रेणु रचनावली-1

[कहानियाँ]

रेणु रचनावली

1

संपादक

भारत यायावर

राजकमल प्रकाशन
नयी दिल्ली इलाहाबाद पटना

मूल्य : ₹ 4800
पाँच खंडों का सम्पूर्ण सेट

पहला संस्करण : 1995
चौथी आवृत्ति : 2012

प्रकाशक : राजकमल प्रकाशन प्रा. लि.
1-बी, नेताजी सुभाष मार्ग
नई दिल्ली-110 002

शाखाएँ : अशोक राजपथ, साइंस कॉलेज के सामने, पटना-800 006
पहली मंजिल, दरबारी बिल्डिंग, महात्मा गांधी मार्ग, इलाहाबाद-211 001

वेबसाइट : www.rajkamalprakashan.com
ई-मेल : info@rajkamalprakashan.com

आवरण और कलापक्ष : सुरेन्द्र राजन

मुद्रक : बी.के. ऑफसेट
नवीन शाहदरा, दिल्ली-110 032

RENU RACHANAWALI-1
Edited by Bharat Yayawar

ISBN : 978-81-7178-735-7 (सम्पूर्ण सेट)

▲ *अमर कथाशिल्पी फणीश्वरनाथ रेणु* फोटो : एस. के. शर्मा

▲ रेणुजी का वर्तमान घर फोटो : राजेश राज

▼ सत्तर के दशक में लिया गया पूरे परिवार का चित्र। (दाएँ से) बड़ी बेटी, बड़ा बेटा वेणु, छोटी बेटी, पत्नी पद्मा रेणु, छोटा बेटा पप्पू, मँझला बेटा अप्पू और बड़ी बहू फोटो सौजन्य : राजेश राज

▲ खेत में धान की रोपाई। दाएँ से तीसरे रेणु और बाएँ से प्रथम बाबा नागार्जुन   फोटो : जयशंकर

▼ सन् 1960 में गेहूँ की लहलहाती बालियों के बीच रेणु   फोटो : जयशंकर

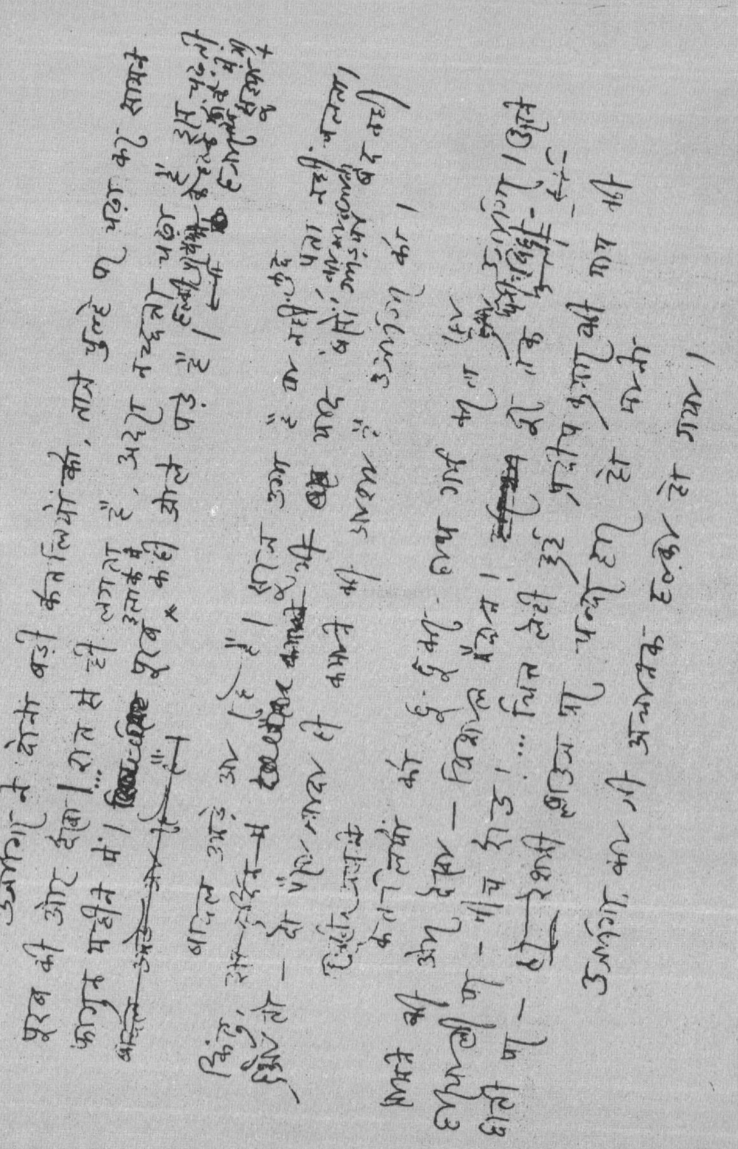
[illegible] ने दोनों बड़ी केतलियों को, ताजे चूल्हे पर चढ़ा कर सामने
पूरब की ओर देखा। ...रात से ही लगता है, अदरा नछत्तर चढ़ा है इस चढ़ती
फागुन महीने में। पूरब कहीं ओले पड़े हैं। [illegible]
बादल उमड़े आ रहे हैं। सूरज उगा है कि नहीं, पता नहीं चलता,
किंतु, [illegible]
[illegible] दो पैसा [illegible] कमाने की आशा में [illegible] कर।
केतलियों को [illegible]
सामने की ओर देखा — [illegible]
[illegible] — नीच [illegible]! ... चित लेटी हुई, प्रदीप [illegible]
धोती पर — [illegible] रेशमी ब्लाउज पर [illegible] हो [illegible]
[illegible] अचानक हल्का हो गया।

▲'अच्छे आदमी' की हस्तलिपि

यह रचनावली

लगभग दस वर्षों के लगातार प्रयास के बाद *रेणु रचनावली* प्रकाशित हो रही है। 'राजकमल' के लिए यह गौरव की बात है। रेणु की जीवन-यात्रा कठिन और संघर्षमय थी। उनकी *रचनावली* के प्रकाशन में भी कई प्रकार की समस्याएँ आईं, किंतु अंततः उन्हें हल कर लिया गया और *रचनावली* आपके सामने है।

रेणु का संपूर्ण प्रकाशित-अप्रकाशित लेखन इस *रचनावली* के पाँच खंडों में संकलित है। अतः रेणु के विशाल पाठक वर्ग के लिए यह *रचनावली* निश्चय ही संग्रहणीय है। आजादी के बाद के, विशेष रूप से रेणु के कथा-साहित्य पर शोध करनेवालों के लिए भी इस दुर्लभ सामग्री की उपयोगिता निर्विवाद है। रेणु की रचनात्मकता का एक महत्त्वपूर्ण पक्ष उसका सामाजिक सरोकार है। स्वतंत्रता के साथ भारतीय गाँव की संरचना में जो बदलाव आया और हर तरह की हलचल शुरू हुई उसका समाजशास्त्रीय अध्ययन करनेवालों के लिए *रेणु रचनावली* एक अमूल्य दस्तावेज है।

रचनावली के प्रकाशन के सिलसिले में मित्रों की प्रेरणा और सहयोग से बराबर बल मिला। रेणुजी की पत्नी लतिकाजी मुझे लगातार याद आती रहीं। लतिकाजी की सेवा से ही बीमार रेणु को नया जीवन मिला और उन्होंने कालजयी साहित्य का सृजन किया।

श्री भारत यायावर ने काफी मेहनत से रेणुजी की छपी-अनछपी सामग्री खोज निकाली। श्री सुरेश शर्मा से इस विपुल सामग्री के संयोजन के सिलसिले में बराबर सलाह मिलती रही। अपने पत्रकार जीवन की व्यस्तताओं के बावजूद सुरेशजी ने कठिन क्षणों में *रचनावली* के लिए सहर्ष समय दिया। श्री सुरेन्द्र राजन ने रचनावली के कलापक्ष को सँवारा। विशेषकर राजेश राज, राबिन शॉ पुष्प, एस. के. शर्मा, और स्व. जयशंकर, श्रवण कुमार गर्ग, अबोध, ननीधर जैसे मित्रों ने दुर्लभ चित्र उपलब्ध कराकर अमूल्य सहयोग दिया। हम उनके कृतज्ञ हैं।

रचनावली में अनुपम प्रकाशन (पटना) से छपे रेणु के दो उपन्यास *कितने चौराहे* और *पल्टू बाबू रोड* तथा भारतीय ज्ञानपीठ (दिल्ली) से प्रकाशित उनका उपन्यास *जुलूस* भी संकलित हैं। दोनों प्रकाशकों ने सहर्ष अनुमति दी इसके लिए हम उनके विशेष रूप से आभारी हैं।

'राजकमल' के उन सहयोगियों का योगदान नहीं भुलाया जा सकता जिनके लगातार श्रम और प्रयास से यह रचनावली प्रस्तुत रूप में पाठकों के सामने है। प्रयास की सफलता-असफलता का निर्णय सुधी पाठक ही करेंगे। अपने सभी मित्रों और सहयोगियों के प्रति मेरा विनम्र आभार।

शीला संधू

प्रस्तावना

फणीश्वरनाथ रेणु रचनावली का अनुबंध 1985 में ही हो गया था। यह 1986-87 में प्रकाशन के लिए प्रस्तावित थी। विलंब मेरे कारण ही हुआ। पर इसका भी कारण है। मैं चाहता था कि 'रेणु रचनावली' में रेणु की कोई भी रचना असंकलित न रह जाए। रेणु की गुम हुई रचनाओं की तलाश में मैंने कलकत्ता से राजस्थान तक के पुस्तकालयों की बारीकी से पड़ताल की और रेणु की अनेक गुमशुदा रचनाएँ उपलब्ध हुईं। कुछ रचनाओं को छोड़कर रेणु की प्रायः सभी रचनाएँ मिल गईं। जो नहीं मिलीं, उनकी खोज मैं कर ही रहा था कि राजकमल प्रकाशन ने कहा कि रचनावली का प्रकाशन अब हो जाना चाहिए। लगभग एक वर्ष इसके संपादन में लगा। वैसे तो बारह वर्षों से रेणु का खोजीराम बना मैं–रेणु की रचनाओं का संपादन ही करता रहा हूँ। जब-जब मैं रेणु की रचनाओं की खोज में उनके गाँव के इलाके में गया, रेणु के आत्मीय, निकटस्थ व्यक्तियों ने बताया कि रेणु स्वयं भी अपने जीवन-काल में अपनी रचनाओं की खोज में जहाँ-तहाँ भटक चुके थे।

रेणु के जीवन-काल में उनकी निम्नलिखित पुस्तकें प्रकाशित हुई थीं : *मैला आँचल* (1954), *परती-परिकथा* (1957), *ठुमरी* (1959), *दीर्घतपा* (1964) (जो बाद में *कलंक मुक्ति* (1972) नाम से प्रकाशित हुई), *जुलूस* (1965), *कितने चौराहे* (1966), *आदिम रात्रि की महक* (1967), *अगिनखोर* (1973)।

रेणु की मृत्यु के ठीक बाद दो पुस्तकें प्रकाशित हुईं–*ऋणजल-धनजल* (1977), *नेपाली क्रांतिकथा* (1977)। 'ज्योत्स्ना' के अंकों से निकालकर 1979 में अनुपम प्रकाशन ने *पल्टूबाबू रोड* (1979) उपन्यास प्रकाशित किया।

बारह वर्षों के अनथक खोज-प्रयासों के तहत मेरे संपादन में रेणु की निम्नलिखित नई पुस्तकें प्रकाशित हुईं : *वन-तुलसी की गंध* , *एक श्रावणी दोपहरी की धूप* (1984), *श्रुत-अश्रुत-पूर्व*, *अच्छे आदमी* (1986), *एकांकी के दृश्य* (1987), *रेणु से भेंट* (1987), *आत्म-परिचय* (1988), *कवि रेणु कहे* (1988), *उत्तर नेहरू चरितम्* (1988), *फणीश्वरनाथ रेणु : चुनी हुई रचनाएँ:* (1990) *समय की शिला पर* (1991), *फणीश्वरनाथ रेणु अर्थात् मृदंगिये का मर्म* (1991), *प्राणों में घुले हुए रंग* (1993), *रेणु की श्रेष्ठ कहानियाँ* (1992)। एक पुस्तक प्रकाश्य में भी है : *चिठिया हो तो हर कोई*

बाँचे।

रेणु की कुल 26 पुस्तकें हैं। इन पुस्तकों में संकलित रचनाओं के अलावा भी काफी रचनाएँ हैं जो संकलित नहीं हो पायीं, कई अप्रकाशित आधी-अधूरी रचनाएँ हैं। असंकलित पत्र पहली बार रेणु रचनावली में शामिल किए जा रहे हैं। इस प्रकार 'रेणु रचनावली' के प्रकाशन से रेणु के रचनात्मक साहित्य की एक मुकम्मल तस्वीर बनती है।

रेणु रचनावली के पाँच खंडों में रेणु की तमाम उपलब्ध कृतियाँ संयोजित हैं। पहला खंड रेणु की संपूर्ण कहानियों का है। ये कहानियाँ किन पत्रिकाओं के किस अंक में छपीं एवं किन संग्रहों में संकलित हैं, इसका उल्लेख परिशिष्ट में कर दिया गया है। कुल 63 कहानियाँ पहले खंड में संकलित हैं। कुछ संस्मरण, स्केच और रिपोर्ताज़ भी कहानी-संग्रहों में कहानी के रूप में छपे थे, उन्हें इस खंड में संकलित नहीं किया गया। उदाहरण के तौर पर 'आदिम रात्रि की महक' में 'पुरानी कहानी : नया पाठ' एक कहानी के रूप में संकलित है, जबकि यह एक कथा-रिपोर्ताज़ है। उसी तरह 'एक श्रावणी दोपहरी की धूप' में 'अपनी कथा' और 'पुरानी याद' कहानी के रूप में संकलित की गई थीं। (इसका कारण यह था कि वे पत्रिकाओं में कहानी-रूप में प्रकाशित हुई थीं या संपादकों ने उन्हें कहानी कहकर छापा था।) जबकि वे संस्मरणात्मक रचनाएँ हैं। ऐसी और भी रचनाएँ हैं, जो इस खंड में शामिल नहीं की गई हैं। रेणु की उपलब्ध 63 कहानियों के अलावा भी कुछ कहानियों की सूचना मिलती है, जो अब तक उपलब्ध नहीं हो पाईं। ऐसी असंकलित कहानियों की संख्या बहुत कम है।

रेणु रचनावली के दूसरे खंड में उनके उपन्यास *मैला आँचल* और *परती-परिकथा* हैं। लगातार प्रकाशित होते रहने के दौरान उनमें प्रूफ की बेहद अशुद्धियाँ आ गई थीं। कई शब्दों के रूप बदल गए थे। इनके वर्तमान पाठ को शुद्ध कर दिया गया है। इस खंड की भूमिका में दोनों उपन्यासों के रचना-काल को स्पष्ट करते हुए इन पर चले वाद-विवादों को संक्षेप में शामिल कर लिया गया है।

तीसरे खंड में रेणु के चार लघु उपन्यास–*पल्टू बाबू रोड*, *कलंकमुक्ति (दीर्घतपा)*, *जुलूस* और *कितने चौराहे* संकलित हैं। इनके अलावा रेणु के एक अधूरे उपन्यास *एक अधूरी कहानी* की पटकथा भी दी गई है। इन उपन्यासों के अलावा रेणु ने एक बड़ा उपन्यास लिखा था, जो 1975 के जून में चोरी चला गया था–प्रकाशन के पूर्व ही। उसकी पाण्डुलिपि अब तक नहीं मिल पाई है।

चौथे खंड में रेणु के संपूर्ण कथा-रिपोर्ताज़, 'दिनमान' में 1965 से 67 के बीच लिखी गई रपटें एवं साक्षात्कार शामिल किए गए हैं। रेणु के कुछ रिपोर्ताज़ असंकलित रह गए हैं, जिनमें प्रमुख हैं–'विराट नगर की खूनी दास्तान', 'डायन कोशी', 'जै गंगा', 'एक-टू आस्ते-आस्ते', 'घोड़े की टाप पर लोहे की रामधुन' तथा 'हिल रहा हिमालय' आदि।

पाँचवें खंड में रेणु के संस्मरण, स्केच, निबंध, नाटक, कविताएँ, हास्य-व्यंग्य

तथा पत्रादि संकलित हैं। रेणु के तमाम पत्र संकलित नहीं हो पाए हैं। फिर भी रचनावली में उनके लगभग डेढ़-दो सौ पत्र संकलित हैं। पाँचवें खंड में रेणु की कुछ आधी-अधूरी, अप्रकाशित रचनाएँ भी संकलित की गई हैं। प्रकाशन के लिए कुछ संशोधन-संपादन भी करना पड़ा है।

रेणु की संकलित रचनाओं के प्रथम प्रकाशन (पत्र-पत्रिकाओं में) के संदर्भ के लिए लंबे समय तक पुरानी पत्र-पत्रिकाओं की खोज में भटकना पड़ा। इनमें रेणु की चार कहानियों के संदर्भ नहीं मिल पाए। ये चारों कहानियाँ–'तीर्थोदक', 'नित्यलीला', 'ठेस' और 'तीन बिन्दिया'–*ठुमरी* में संकलित हैं। इनका रचनाकाल संभवतः 1955 से 1958 के बीच है। असंकलित रचनाएँ विपुल संख्या में हैं। इन रचनाओं की प्राप्ति अनेक लोगों के सहयोग से हुई है, जिनमें कुछ का आभार मैंने रेणु की असंकलित रचनाओं की भूमिकाओं में व्यक्त कर दिया है, यहाँ मैं उन सबके प्रति पुनः आभार व्यक्त करता हूँ। मैं उन पुस्तकालयों में से कुछेक का नामोल्लेख करना चाहूँगा, जिनसे इस खोज-कार्य में मुझे सहयोग मिला है : कलकत्ता के हनुमान पुस्तकालय (सलकिया, हावड़ा), जालान पुस्तकालय, बड़ा बाजार पुस्तकालय, कुमार सभा पुस्तकालय, नेशनल लाइब्रेरी। पटना के राष्ट्रभाषा परिषद् पुस्तकालय, सिन्हा लाइब्रेरी, लालगंज (वैशाली) का पुस्तकालय, पूर्णिया जिला पुस्तकालय, फारबिसगंज का पुस्तकालय, पूर्णिया एवं कटिहार जिलों के स्कूलों के पुस्तकालय, हजारीबाग का रुक्मिणी भवन पुस्तकालय, संत कोलम्बस कॉलेज का पुस्तकालय, राँची का सन्तूलाल पुस्तकालय, धनबाद का जिला पुस्तकालय। वाराणसी का नागरी प्रचारिणी सभा पुस्तकालय, हिन्दी साहित्य सम्मेलन प्रयाग का पुस्तकालय, दिल्ली में तीनमूर्ति भवन का अभिलेखागार तथा फतेहपुर (राजस्थान) का सरस्वती पुस्तकालय आदि। इन पुस्तकालयों के अलावा डॉ. नन्दकिशोर नवल (पटना) एवं. डॉ. चन्द्रशेखर कर्ण के निजी एवं समृद्ध पुस्तकालयों से भी मुझे काफ़ी सहयोग मिला। मैं इन सबके प्रति आभार व्यक्त करता हूँ।

बोकारो स्टील सिटी
25 मार्च, 1994

–भारत यायावर

संपादकीय

फणीश्वरनाथ रेणु ने 1936 के आसपास से कहानी-लेखन की शुरुआत की थी। कई अंतरंग स्रोतों से उपलब्ध जानकारियों से यह ज्ञात हुआ कि उस समय उनकी कुछ कहानियाँ प्रकाशित भी हुई थीं। पर वे किशोर रेणु की अपरिपक्व कहानियाँ थीं। 1942 के आंदोलन में गिरफ्तार होने के बाद जब वे 1944 में जेल-मुक्त हुए, तब घर लौटने पर उन्होंने 'बटबाबा' नामक पहली परिपक्व कहानी लिखी। 'बटबाबा' साप्ताहिक 'विश्वमित्र' के 27 अगस्त, 1944 के अंक में प्रकाशित हुई। रेणु की दूसरी कहानी 'पहलवान की ढोलक' 11 दिसम्बर, 1944 के साप्ताहिक 'विश्वमित्र' में छपी। 1972 में रेणु ने अपनी अंतिम कहानी 'भित्तिचित्र की मयूरी' लिखी। अपने 29 वर्षों के कहानी-लेखन के दौरान रेणु की प्रकाशित कहानियों की सूची बहुत बड़ी नहीं है। उनकी अब तक उपलब्ध कहानियों की संख्या 63 हैं। असंकलित रह गई कहानियों की संख्या दो-चार से ज्यादा नहीं है। इतने लंबे समय तक रचनारत रहने पर भी इतनी कम कहानियाँ लिखने का कारण है। रेणु एक ही कहानी को कई बार और कई तरह से लिखते थे। उनकी कुछ कहानियों के 'रफ-ड्राफ्ट' छह-सात बार लिखे हुए मिले। वे शब्दों के प्रयोग पर सबसे अधिक ध्यान देते थे। उपयुक्त शब्द प्रयोग के लिए लंबे समय तक परेशान रहते थे।

रेणु की पहली औपन्यासिक कृति *मैला आँचल* का प्रकाशन अगस्त, 1954 में हुआ। उसे 'गोदान' के बाद का दूसरा महाकाव्यात्मक उपन्यास माना गया। आलोचकों एवं पाठकों को यह बात आश्चर्य में डालती रही कि प्रेमचंद अपनी रचनाशीलता के अंतिम दौर में जिस ऊँचाई पर दिखाई पड़ते हैं, रेणु ने वहीं से प्रारंभ किया। पर यह सर्वमान्य सत्य है कि कोई रचनाकार अचानक ऐसी कृति नहीं लिख सकता, उसके पीछे उसका लंबा रचनात्मक अनुभव और जीवनानुभव जरूरी है। रेणु के *मैला आँचल* में जो भाषा-शैली और शिल्प दिखाई पड़ता है, उसका विकास किस तरह हुआ, यह *मैला आँचल* के पूर्व प्रकाशित उनकी कहानियों और रिपोर्ताज़ों से देखा-समझा जा सकता है। रेणु ने अपनी पहली कहानी 'बटबाबा' में ही वह भाषा-शिल्प और शैली अर्जित कर ली थी, जो उनकी बाद की रचनाओं में दृष्टिगोचर होती है। उनके उपन्यासों और अन्य कथा-रचनाओं के कई प्रमुख पात्रों का दर्शन पचास के पहले

की उनकी कहानियों में ही हो जाता है। मानवीय आस्था, राजनीतिक विश्वास की पहचान भी उनकी शुरू की कहानियों में दिखाई पड़ती है। राजनीतिक पार्टियों के प्रति मोहभंग की उनकी मनःस्थिति प्रारंभ में ही बन गई थी, जिसका पता 1945 में प्रकाशित कहानी 'पार्टी का भूत' से चलता है। सोशलिस्ट पार्टी के प्रति उनका मोह शुरू से ही रहा, पर उससे भी उनका मोहभंग 'मैला आँचल' के रचनाकाल (1952-53) तक हो चुका था। भारतीय राजनीति में जो आदर्श था, आज़ादी के बाद उसका अस्तित्व भी छिन्न-भिन्न होने लगा। जो आदर्शवादी राजनीतिक संघर्ष के सेनानी-क्रांतिकारी थे, आज़ादी के बाद किस तरह बदतर हालत में जीते रहे, वह 1949 में लिखित कहानी 'धर्मक्षेत्रे-कुरुक्षेत्रे' में साफ़ दिखलाई पड़ता है। आज़ादी के बाद के प्रजातांत्रिक भारत में जो पतनशीलता दिखलाई पड़ने लगी, रेणु की कहानियों और कथा-रिपोर्ताज़ों में उसकी गहरी पकड़ है। उनकी 'खंडहर' कहानी उनके अपने ही जीवन-संदर्भ की कहानी है, जिसके पात्र को अपने अंदर और बाहर के माहौल से एक साथ संघर्ष करना पड़ता है। रेणु भी चाहते तो अपने प्रारंभिक क्रांतिकारी जीवन को भुनाते और किसी ऊँचे पद पर जाकर सुखी जीवन बिताते। पर वे तब तक के लिए संघर्ष का रास्ता अपनाए रखते हैं, जब तक आम लोग सुखी-संपन्न नहीं हो जाते। अपने जीवन के अंतिम दौर में उन्होंने एक पंक्ति लिखी थी–'दिव्य प्रतिवाद से हरदम यह जीवन जलता है।' यह प्रतिवाद, यह संघर्ष रेणु और उनके कथा-साहित्य में इसलिए है, क्योंकि वे जीवन से निश्छल अनुराग करते हैं। उनके हृदय से प्रेम छलकता रहता है, और वे विभिन्न पात्रों की कथा कहते हुए उसे अपने हृदय के प्रयास से सींचते रहते हैं।

नई कहानी के दौर में ग्राम कथा बनाम नगर कथा को लेकर तीखे विवाद चले। लेकिन रेणु इन तमाम विवादों से परे रहकर कहानियाँ लिख रहे थे। इसलिए उनकी कहानियों की ओर आलोचकों की दृष्टि बाद में गई। 'कहानी' पत्रिका के जनवरी, 1956 में प्रकाशित वृहद् कहानी-विशेषांक में डॉ. नामवर सिंह ने उनकी कहानियों की केन्द्रीय विशेषता की चर्चा करते हुए लिखा : "निःसंदेह इन (विभिन्न अंचलों या जनपदों के लोक-जीवन को लेकर लिखी गई) कहानियों में ताज़गी है और प्रेमचंद की गाँव पर लिखी गई कहानियों से एक हद तक नवीनता भी।··· फणीश्वरनाथ रेणु, मार्कण्डेय, केशव मिश्र, शिवप्रसाद सिंह की कहानियों से इस दिशा में आशा बँधती दिखाई दे रही है।" नई कहानी आंदोलन के कथाकारों ने भी बाद में रेणु को श्रेष्ठ कहानीकार के रूप में स्वीकार किया। इनमें प्रमुख हैं–राजेंद्र यादव, कमलेश्वर, निर्मल वर्मा, भीष्म साहनी, रामदरस मिश्र आदि। रेणु से एक दशक पूर्व साहित्य में आए यशपाल, अज्ञेय ने भी रेणु को एक श्रेष्ठ कथाकार के रूप में स्वीकार किया। अज्ञेय ने उन्हें 'धरती का धनी' कहा है। निर्मल वर्मा ने रेणु की 'समग्र मानवीय दृष्टि' का उल्लेख करते हुए अपने समकालीनों के बीच उन्हें 'संत' की तरह उपस्थित बताते हुए लिखा है कि "बिहार के छोटे भूखंड की हथेली पर उन्होंने समूचे उत्तरी भारत के किसान की नियति-रेखा को उजागर किया।"

रेणु प्रेमचंद के बाद ग्रामीण जीवन के सबसे प्रमुख कथाकार हैं। इनकी प्रमुखता का सबसे बड़ा कारण है–ग्रामीण जीवन को अपने कथा-क्षेत्र का आधार बनाते हुए भी प्रेमचंद के कथा-शिल्प से अपने को विलगाना। जबकि उनकी पीढ़ी के अन्य कथाकार, जो ग्राम-केंद्रित कहानियाँ लिख रहे थे, प्रेमचंद के नक्शे-कदम पर चले। पर रेणु की कहानियाँ आज भी अलग ही अंदाज दिखाती हैं। इसका कारण क्या है ? प्रेमचंद और रेणु दोनों के पात्र निम्नवर्गीय हरिजन, किसान, लोहार, बढ़ई, चर्मकार, कर्मकार आदि हैं। दोनों कथाकारों ने साधारण पात्रों की जीवन-कथा की रचना की है, पर दोनों के कथा-विन्यास, रचना-दृष्टि और 'ट्रीटमेंट' में बहुत फर्क है। प्रेमचंद की अधिकांश कहानियों में इन उपेक्षित और उत्पीड़ित पात्रों का आर्थिक शोषण या उनकी सामंती और महाजनी व्यवस्था के फंदे में पड़ी हुई दारुण स्थिति का चित्रण है, जबकि रेणु ने इन सताये हुए शोषित पात्रों की सांस्कृतिक संपन्नता, मन की कोमलता और रागात्मकता तथा कलाकारोचित प्रतिभा का मार्मिक चित्र प्रस्तुत किया है। प्रेमचंद रूसी कथाकार मैक्सिम गोर्की के करीब पड़ते हैं, जबकि रेणु मिखाइल शोलोखोव के। इस तरह रेणु एक अलग ही परंपरा की शुरुआत करते हैं। ये दोनों महान कथा-शिल्पी मिलकर उस 'साधारण' मनुष्य का पूरा चित्र दे पाते हैं। अन्यथा, एक प्रकार से दोनों अपने-आपमें एकांगी हैं। रेणु प्रेमचंद के संपूरक कथाकार हैं। इसका मतलब यह नहीं कि रेणु का जनता की समस्याओं के प्रति ध्यान नहीं। वे कहते हैं–"··· मैंने ज़मीन, भूमिहीनों और खेतिहर मजदूरों की समस्याओं को लेकर बातें कीं। जातिवाद, भाई-भतीजावाद और भ्रष्टाचार की पनपती हुई बेल की ओर मात्र इशारा नहीं किया था, इसे समूल नष्ट करने की आवश्यकता पर भी बल दिया था। ···'आत्म-साक्षी' के द्वारा राजनीतिक पार्टियों के आपसी कलह और जनता से अलगाव की ओर अपने पाठकों का ध्यान आकर्षित किया था। अपनी अन्य कहानियों में मैंने निम्न-मध्यवर्ग, पिछड़े लोगों, भूमिहीनों, खेतिहर मजदूरों तथा समाज के ऐसे लोगों का चित्रण किया, जिन्हें 'हरिजन' कहकर गौरवान्वित तो कर दिया गया, किंतु वे आजादी के बाद भी बे-ज़मीन, पिछड़े और अछूत एवं आक्रांत होते रहे। शोषण तो कभी बन्द नहीं हुआ, बल्कि सारी विकृतियाँ दिन-दूनी, रात-चौगुनी होकर समाज को ग्रसती गयीं।" रेणु के इस आत्म-वक्तव्य से स्पष्ट है कि उनका जीवन और समाज के प्रति सरोकार प्रेमचंद की तरह ही है। यही कारण है कि प्रेमचंद के बाद रेणु को एक बड़ा पाठक वर्ग मिला। बावजूद इसके हिंदी के आलोचकों एवं विद्वानों का एक बड़ा खेमा रेणु के कथा-साहित्य को खारिज करने की कोशिश करता रहा। इस संदर्भ में रेणु का यह आत्म-कथ्य ध्यान देने योग्य है–"मेरे साधारण पाठक मेरी स्पष्टवादिता तथा सपाटबयानी से सदा संतुष्ट हुए हैं और साहित्य के राजदार पंडित-कथाकार-आलोचकों ने हमेशा नाराज होकर मुझे 'एक जीवनदर्शनहीन-अपदार्थ-अप्रतिबद्ध-व्यर्थ रोमांटिक प्राणी' प्रमाणित किया है।··· सारे तालाब को गंदला करनेवाला जीव ! इसके बावजूद कभी मुझसे इससे ज्यादा नहीं बोला गया कि अपनी कहानियों में मैं अपने को ही ढूँढ़ता फिरता हूँ : अपने को अर्थात् आदमी को !···" अर्थात् रेणु के कथाकार ने जो

इतने पात्रों से, इतनी जीवन-स्थितियों से परिचित कराया है–दरअसल उसकी पूरी कोशिश 'आदमी' की तलाश के तहत है और इसी में उसके 'कथाकार होने' की सार्थकता है। अपने पात्रों में स्वयं को खोजना अपनी पूर्णता की तलाश है, साथ ही समाज के हर अंग में स्वयं को समाहित करना भी। साहित्य के राजदार पंडितों-कथाकारों-आलोचकों के तमाम आरोपों के बावजूद, इसीलिए उनसे और कुछ कहते नहीं बनता। वे अपनी कहानियों के बारे में अलग से कुछ नहीं कहते, सिर्फ शमशेर बहादुर सिंह की इन पंक्तियों को प्रस्तुत कर चुप रह जाते हैं–"बात बोलेगी, हम नहीं···भेद खोलेगी बात ही !" अर्थात् रचना यदि स्वयं नहीं बोलती तो अलग से स्पष्टीकरण देना आवश्यक नहीं।··· पर यहाँ देखना यह है कि वह 'आदमी' कौन है, जिसमें रेणु अपने-आपको तलाश करते हैं या जिसके जीवन के चित्रण में अपने जीवन की सार्थकता पाते हैं ? –पंचकौड़ी मृदंगिया ('रसप्रिया')–जो नाच-गाना सिखाकर अपना पेट पालता है, बुढ़ापे में जिसकी बोली 'फटी भाँथी' की तरह हो गई है; हिरामन ('तीसरी कसम')–काला-कलूटा, चालीस-साला गाड़ीवान–प्रेम से परिप्लावित, भोला-भाला; हीराबाई–मेले में नाचने वाली पतुरिया, पर निश्छल, कोमल; सिरचन ('ठेस')–खाने-खाने को मुहताज पर अक्खड़, स्वाभिमानी कलाकार; बिरजू की माँ ('लाल पान की बेगम')–'सर्वे सेटलमेंट' से प्राप्त थोड़ी-सी धनहर ज़मीन पर ही 'लाल पान की बेगम' की तरह दीखती; हरगोबिन संवदिया–मानवीय संवेदना से ओतप्रोत भावुक प्राणी; रात-भर मिट्टी की गंध से मदमाता करमा ('आदिम रात्रि की महक'); गाँव की संकीर्ण वर्णवादिता व आपसी ईर्ष्या-द्वेष को रोकने की खातिर अपने को बलिदान कर देने वाला, 'एकला चलो रे' के दर्शन को माननेवाला किशन महाराज···सांप्रदायिकता के खिलाफ संघर्ष करती फातिमादि !–हजारों पात्र !–यही वे 'आदमी' हैं, व्यवस्था के द्वारा सताये हुए, उपेक्षित, दलित, पर बेहद मानवीय, ज़मीन से जुड़े हुए, सांस्कृतिक संपदा से संपन्न, प्रेम और राग में पगे हुए लोग !··· जिनके जीवन से एकाकार होकर रेणु ने ये कहानियाँ लिखी हैं। या कहें उनके अपार पात्रों से ही निर्मित है रेणु का कथाकार।

रेणु की सभी कहानियों को एक साथ, एक जगह प्रकाशित करने की आवश्यकता बहुत पहले से महसूस की जा रही थी, वह अब रचनावली के रूप में पूरी हो रही है। इन कहानियों को उनके प्रकाशन के क्रम से रखा गया है। कहानियों के अंत में उनके प्रथम प्रकाशन का समय दे दिया गया है। कब लिखी गई और कहाँ छपी इसकी जानकारी परिशिष्ट-3 में है।

–भारत यायावर

अनुक्रम

परिशिष्ट

बट बाबा

गाँव से सटे, सड़क के किनारे का वह पुराना वट-वृक्ष।

इस बार पतझड़ में उसके पत्ते जो झड़े तो लाल-लाल कोमल पत्तियों को कौन कहे, कोंपल भी नहीं लगे। धीरे-धीरे वह सूखता गया और एकदम सूख गया–खड़ा ही खड़ा।

शाम को निरधन साहु की दुकान पर इसी पेड़ की चर्चा छिड़ी हुई थी। जब से इस गाँव के खुशहाल किसान 'मुखिया अनंत मंडर' की दुनिया बिगड़ गयी, उनका बैठकखाना उजड़ गया, तभी से निरधन साहु की दुकान पर ही गाँव के लोगों की मंडली शाम को बैठती। दिन-भर के थके-माँदे किसान, खेतिहर मजदूर नोन-तेल, चावल-दाल लेने अथवा यों ही थोड़ी देर बैठकर चिलम पीने, सुख-दुख की कहानी कहने-सुनने चले आते। शाम को थोड़ी देर बैठकर बातें करने का यही एकमात्र सहारा था। हाँ तो, उस शाम को वहाँ पर इसी पेड़ की चर्चा छिड़ी हुई थी। आठ-दस व्यक्ति बैठे हुए थे। फरजन मियाँ ने कहा–"अरे ! क्या पूछते हैं, हमारे दादा कहते थे कि उनके बाप के बचपन में भी यह ऐसा ही बूढ़ा था।··· ओह !"

बैठे हुए लोगों में से प्रत्येक ने इसी प्रकार की कुछ-न-कुछ बातें कहीं। बूढ़ा निरधन साहु का शरीर काला ज्वर से कंकाल मात्र रह गया था, तिसपर में खाँसी, कुछ बोलते ही 'खाँय-खाँय' करने लगता था। उसकी अठारह वर्ष की बेटी लछमनिया दुकान चलाती थी, बुढ़िया वसूल-तगादा करती और शहर से सिर पर 'सौदा-पत्तर' ले आती थी। बूढ़ा बैठा-बैठा दिन गिन रहा था। अभी जो उसने पेड़ के सूखने की बात सुनी, तो खाँराता और कराहता हुआ घर से बाहर निकल आया। बोला–"बड़कवा बाबा सूख गइले का ?"

बैठी हुई मंडली ने एक स्वर में कहा–"हाँ !"

"अब दुनिया ना रही"–कहकर वह जो खाँसने लगा तो बीस मिनट तक खाँसता ही रहा। खाँसी शान्त होने पर, भर्राये स्वर में, लम्बी निःश्वास लेता हुआ बोला–"अब ना बचब हो राम !"

हिमालय और भारतवर्ष का जो सम्बन्ध है, वही सम्बन्ध उस वृद्ध पेड़ और गाँव का था। वह उन्नत-मस्तक विशाल पेड़ प्रतिदिन सवेरे मटमैले अन्धकार में, गाँव के आँगन-आँगन में दृष्टि दौड़ाकर, पूर्व क्षितिज पर न जाने क्या देखकर एक बार सिहरता··· सिसकता, फिर टप-टप आँसू बहाकर शान्त हो जाता। सोता हुआ गाँव जब अँगड़ाई लेकर उठता तो उसकी जटाएँ हिलती-डुलती रहतीं। पेड़ पर पक्षियों का कलरव होता रहता।

जाड़े का दिन हो या गर्मी का मौसम, चाहे वर्षा की ही झड़ी क्यों न लगी हो, सुबह से शाम तक उसके नीचे औरत, बूढ़े, बच्चे, जवान, गाय-भैंस-बैलों की छोटी-सी टोली बैठी ही रहती थी। चैत्र-वैशाख की दोपहरी में तो सारा गाँव ही उसकी शीतल छाया का सहारा लेता। गाँव का लुहार यहीं बैठकर हल वगैरह की मरम्मत करता, घर बनानेवाले मजदूर बाँस यहीं बैठकर फाड़ते-छीलते। औरतों का ओखल-मूसल चलता रहता, बच्चों का घरौंदा खेल, जटाओं को बाँधकर झूला-झूलना, बूढ़ों की अनुभव अभिमान-मिश्रित बातें तथा नौजवानों की नजर बचाकर–नववधुओं और भाभियों की छेड़-छाड़ भी चलती रहती। पेड़ की एक तरफ की ज़मीन में अनेक खुदे हुए काले चूल्हे, उसके पास जली-अधजली लकड़ियाँ सदा बिखरी रहतीं। रात में व्यापारी गाड़ीवानों का यही 'रैन बसेरा' था। इसके अतिरिक्त कभी बारात तो कभी डोली, कभी गाजे-बाजे, हाथी-घोड़ा थोड़ी देर तक यहीं बैठकर सुस्ताते, गाँववालों का मनोरंजन कर चले जाते। डोलियाँ रुकतीं, किशोरी बालिकाएँ, बाल-वृद्ध 'लाल डोली, लाल डोली, लाल कन्ने है !' रटते दौड़ते, डोली की खिड़की खुलती, सब आश्चर्य से देखते।

किशोरी लड़कियाँ मन-ही-मन अरमान सजाने लगतीं, हौसले भरे छोटे-छोटे लड़के दौड़कर माँ से कहते–'मैं भी ऐछी ही दुलहन लूँगा।'

एक जमाना था, जब प्रत्येक शाम को उसके नीचे 'दिवाली' की बहार रहती थी। प्रत्येक घर से घी से भरा-पूरा एक-एक दीप जाता था। सारी रात जगमग-जगमग··· !! किन्तु इधर कई वर्षों से तो बस सहुआइन का दीपक ही थोड़ी देर तक टिमटिमाकर बुझ जाता, जुगनू की चकमक सारी रात होती रहती।

एकादशी, पूर्णिमा आदि पर्व त्योहारों पर उसकी पूजा भी होती–सिन्दूर-चन्दन, अक्षत, बेलपत्र, धूप-दीप, पान-सुपारी से। वह 'देवता' था हिन्दुओं का भी, मुस्लिमों का भी। इधर कई वर्षों से मुसलमानों ने पूजा-पत्तर छोड़ दिया है। मौलवी साहब एक आये थे, उन्हीं के कहने से। पर 'बट-बाबा' को छोड़कर किसी दूसरे नाम से सम्बोधित करने की हिम्मत अब भी उन लोगों की नहीं हुई। बट-बाबा कितने मानतों के आरजू-मिन्नत को सुनते आये थे। जो उससे निराश होते, सदा के लिए निराश हो जाते। जिनकी मनोकामना पूरी होती, वे निहाल हो जाते।

कल की बच्चियाँ जवान होतीं, बट-सावित्री पूजने आतीं, कुछ दिनों के बाद उसके बेटे की भी छठी पूजी जाती, मुंडन-उत्सव होता, फिर शादी में जब वह वर का आभूषण पहनकर प्रणाम करने आती, तो उसकी जटाएँ सदा की तरह

हिलती रहतीं। गुड़िया-सी दुलहिन आती, सोने-चाँदी के जेवरों से झमझमाती–गाती–बजाती औरतों की टोली उसे ले आती, प्रणाम कराकर ले जाती। वह खड़ा-खड़ा न जाने कितने वर्षों से यह सब देखता आया था, वर-यात्रा, शवयात्रा, भरी लाल माँग, धुली माँग, फूल-सा कोमल बच्चे का माँ की गोद में किलकारी भरना और चिर-निद्रा में मग्न, एक ही दिन, गाँव में दस-दस नवागत शिशुओं का 'सोहर' गाती तथा एक ही साथ पन्द्रह-पन्द्रह अर्थियाँ इत्यादि देखते-देखते वह स्थितप्रज्ञ हो गया था।

इस बार वह खड़ा-खड़ा ही सूख गया। प्रतिवर्ष की भाँति वैशाख की दोपहरी आयी। कड़कड़ाती धूप से आग की वर्षा होने लगी और इस बार गाँव के पशु-पक्षियों में भी कुहराम मच गया। आने-जानेवाले राही-बटोही, गाड़ीवान एक निराशापूर्ण दृष्टि से पेड़ की ओर देखकर आपस में कुछ बोलते-चालते चले जाते।

गाँव के बाहर, सड़क के किनारे अज्ञात काल से वह खड़ा था। ऐसा मालूम होता था मानो भय से हार्ट-फेल करके मरे हुए विकराल राक्षस के कंकाल को खड़ा कर दिया गया है। मुँह और आँखें भय से विस्फारित, दोनों हाथ उठाये हुए कंकाल की तरह !

वह सूख गया, किन्तु गाँववालों की उस पर श्रद्धा और भक्ति की धारा और भी तीव्र हो गयी। यों तो 'आपत-विपद' में उसकी मिन्नतें और पूजा पहले भी होती थी, पर जब से पेड़ धीरे-धीरे सूखने लगा 'पूजा और मिन्नतों' का ताँता-सा लग गया। लोगों की यह धारणा थी कि बाबा जाने के समय सबों की मनोकामना पूरी करेंगे। जिस पर ढल जायें, वह मालामाल हो जाय। अभी उस दिन अनंत मंडर की पतोहू चार आने का बताशा मान आयी थी कि उसका पति जो भारत-रक्षा कानून के अन्तर्गत ढाई वर्षों से जेल में नजरबन्द है और टी. बी. का शिकार हो चुका है–छूट जाय। रोग भी छूट जाय और वह भी। जिस दिन पहली बार ससुराल आयी थी, बनारसी साड़ी, गहनों तथा शिक्षित पति के घमंड में वह बोली थी–'मैं पेड़-पत्थर की पूजा नहीं करती।' लोग कहते हैं और वह भी मानने लगी है कि यह दुर्दिन उसी घमंड का कुफल है। उस दिन वह जो गयी तो शरीर पर सिर्फ एक फटी साड़ी थी, जिसमें पाँच-सात पैबन्द लगे थे, चार-पाँच साड़ी के टुकड़ों की पट्टियाँ लगी थीं, दो-ढाई हाथ कंट्रोल की साड़ी, सुहाग की साड़ी का एक टुकड़ा तथा अन्य साड़ियों के टुकड़ों की पट्टियों से बनी एक 'पंचरंगी' साड़ी से अपनी लाज ढँकते, आँसू पोंछते वह बोली थी, "बाबा। अब इससे बढ़कर और कौन-सी सजा दोगे !" और वह फूट-फूटकर रो पड़ी थी।

निरधन साहु की बेटी 'लछमनिया' रो आयी थी–"बाबा ! गाँव-मुहल्ला, टोला-पड़ोस तथा जाति-बिरादरी के लोग हँस रहे हैं। मैं इतनी बड़ी हो गयी, कोई दूल्हे का बाप एक हजार से नीचे तिलक की बात ही नहीं करता है। बाबू और घर की दशा तुमसे छिपी नहीं है। दुनिया के लिए तुम सूख गये हो, पर तुम्हारा प्रताप

तो नहीं सूखा है। बाबा ! यदि किसी दूल्हे के बाप का मन फेर दो तो मैं आठ आने की मिठाई, सवा हाथ लँगोट और प्रत्येक रविवार को नया दिया और नयी बत्ती जला दूँ।"

कलरू महतो पर जमींदार की कुर्की आनेवाली थी। टहलू पासवान का बेटा फौज में था, भजू धानुक की स्त्री बीमार थी। सब अपने-अपने धन-माल-जान के लिए 'मनौती' मना रहे थे।

आज प्रातःकाल ही जमींदार के अमले-सिपाही चालीस-पचास मजदूर लेकर आये, गाँव के मजदूर भी बेगार में पकड़े गये। लड़ाई का जमाना है, जलावन की भारी कमी। जमींदार साहब का हुक्म है कि पेड़ काटा जायगा। लोग आपस में कानाफूसी कर बातें करने लगे। एक ही साथ पेड़ के सूखे तने पर साठ-साठ कुल्हाड़ों का वार हुआ–'धड़-धड़ खड़-खड़-खड़ाक···' गाय-बैल, घोड़े-बकरे चौंककर गाँव से भागे, कुत्ते भौंकने लगे, भयभीत पक्षियों ने कलरव आरम्भ कर दिया। छोटे-छोटे बच्चे डरकर माँ की छाती से चिपट गये। गाँव के अर्धनग्न नर-नारियों तथा शिशुओं के कंकालों की कतार··· एक टक से देख रही थी। कोई-कोई मर्द भी फूट-फूटकर रो रहा था, मानो सबों के कलेजे पर ही कुल्हाड़े चलाये जा रहे हैं।

··· धड़-धड़-धड़-धड़ाम··· आर्तनाद कर पेड़ गिरा, फिर गाँव में भारी कोलाहल···!!

निरधन साहु कल से बेहोश था। बोलने और सुनने की शक्ति शायद जाती रही थी। अन्तिम घड़ियाँ गिन रहा था। पेड़ गिरने के धमाके से वह भी चिहुँका, अस्फुट स्वरों में बोला–"असमान से··· का गिरल रे लछमनि···! अरे बाप !!"

लछमनिया खिड़की से देख रही थी, और खड़ी-खड़ी सिसक रही थी।

अगस्त, 1944

पहलवान की ढोलक

जाड़े का दिन। अमावस्या की रात–ठण्डी और काली। मलेरिया और हैजे से पीड़ित गाँव भयार्त्त शिशु की तरह थर-थर काँप रहा था। पुरानी और उजड़ी बाँस-फूस की झोपड़ियों में अन्धकार और सन्नाटे का सम्मिलित साम्राज्य ! अँधेरा और निस्तब्धता।

अँधेरी रात चुपचाप आँसू बहा रही थी ! निस्तब्धता करुण-सिसकियों और आहों को बलपूर्वक अपने ह्रदय में ही दबाने की चेष्टा कर रही थी। आकाश से टूटकर यदि कोई भावुक तारा पृथ्वी पर जाना भी चाहता तो उसकी ज्योति और शक्ति रास्ते में ही शेष हो जाती थी, अन्य तारे उसकी भावुकता अथवा असफलता पर खिलखिलाकर हँस पड़ते थे। सियारों का क्रन्दन और पेचक की डरावनी आवाज कभी-कभी निस्तब्धता को अवश्य भंग कर देती थी। गाँव की झोपड़ी से कराहने और कै करने की आवाज, 'हरे राम ! हे भगवान !' की टेर अवश्य सुनायी पड़ती थी। बच्चे भी कभी-कभी निर्बल कंठों से माँ-माँ पुकारकर रो पड़ते थे, पर इससे रात्रि की निस्तब्धता में विशेष बाधा नहीं पड़ती थी। कुत्तों में परिस्थितियों को ताड़ने की एक विशेष बुद्धि होती है। वे दिन-भर राख के घूरों पर गठरी की तरह सिकुड़कर मन मारकर पड़े रहते थे। संध्या या गंभीर रात्रि को सब मिलकर रोते थे। रात्रि अपनी भीषणताओं के साथ चलती रहती और उसकी सारी भीषणता को, ताल ठोककर, ललकारती रहती थी–सिर्फ पहलवान की ढोलक। संध्या से लेकर प्रातः तक एक ही गति से बजती रहती–'चट्-धा, गिड़-धा, चट्-धा, गिड़-धा'। अर्थात–'आजा भिड़जा !!' बीच-बीच में 'चटाक्-चट्-धा चटाक्-चट्-धा' यानी–उठाकर पटक दे !!··· यही आवाज संजीवनी शक्ति भरती रहती थी।

लुट्टन सिंह पहलवान !

यों तो वह कहा करता था–'लुट्टन सिंह पहलवान को 'होल-इंडिया' भर के लोग जानते हैं', किंतु उसके 'होल-इंडिया' की सीमा शायद एक जिले की सीमा के बराबर ही हो। जिले-भर के लोग उसके नाम से अवश्य परिचित थे।

लुट्टन के माता-पिता उसे नौ वर्ष की उम्र में ही अनाथ बनाकर चल बसे थे। सौभाग्यवश शादी हो चुकी थी, वरना वह भी माँ-पिता का अनुसरण करता। विधवा सास ने पाल-पोसकर बड़ा किया। बचपन में वह गाय चराता, धारोष्ण दूध पीता और कसरत किया करता था। गाँव के लोग उसकी सास को तरह-तरह की तकलीफ दिया करते थे। लुट्टन के सिर पर कसरत की धुन लोगों से बदला लेने के लिए ही सवार हुई थी। नियमित कसरत ने किशोरावस्था में ही उसके सीने और बाँहों को सुडौल तथा मांसल बना दिया था। जवानी में कदम रखते ही वह गाँव में सबसे अच्छा पहलवान समझा जाने लगा। लोग उससे डरने लगे और वह दोनों हाथों को दोनों ओर 45 डिग्री की दूरी पर फैलाकर पहलवानों की भाँति चलने लगा। वह कुश्ती भी लड़ता था।

एक बार वह 'दंगल' देखने श्यामनगर मेला गया। पहलवानों की कुश्ती और दाँव-पेंच देखकर उससे रहा नहीं गया। जवानी की मस्ती और ढोल की ललकारती हुई आवाज ने उसकी नसों में बिजली उत्पन्न कर दी। उसने बिना कुछ सोचे-समझे दंगल में 'शेर के बच्चे' को चुनौती दे दी। 'शेर के बच्चे' का असल नाम था–चाँद सिंह। वह अपने गुरु पहलवान बादल सिंह के साथ, पंजाब से पहले-पहल श्यामनगर मेले में आया था। सुंदर-जवान, अंग-प्रत्यंग से सुंदरता टपक पड़ती थी। तीन दिनों में पंजाबी और पठान पहलवानों के गिरोह की अपनी जोड़ी और उम्र के सभी पट्ठों को पछाड़कर उसने 'शेर के बच्चे' की टायटिल प्राप्त कर ली थी। इसलिए वह दंगल के मैदान में लँगोट लगाकर एक अजीब किलकारी भरकर छोटी दुलकी लगाया करता था। देशी नौजवान पहलवान उससे लड़ने की कल्पना से भी घबड़ाते थे। अपनी टायटिल को सत्य प्रमाणित करने के लिए ही चाँद सिंह बीच-बीच में दहाड़ता फिरता था।

दंगल और शिकार-प्रिय श्यामनगर के वृद्ध राजा साहब उसे दरबार में रखने की बात कर ही रहे थे कि लुट्टन ने 'शेर के बच्चे' को चुनौती दे दी। सम्मान-प्राप्त चाँद सिंह पहले तो किंचित उसकी स्पर्धा पर मुस्कुराया, फिर बाज की तरह उस पर टूट पड़ा। शांत दर्शकों की भीड़ में खलबली मच गयी--पागल है, पागल है, मरा-ऐ ! मरा-मरा !!··· पर वाह रे बहादुर ! लुट्टन बड़ी सफाई से आक्रमण को सम्हालकर, निकलकर खड़ा हुआ और पैंतरा दिखाने लगा। राजा साहब ने कुश्ती बंद करवाकर लुट्टन को अपने पास बुलवाया और समझाया। अंत में, उसकी हिम्मत की प्रशंसा करते हुए, दस रुपये का नोट देकर कहने लगे, "जाओ, मेला देखकर घर जाओ··· !"

"नहीं सरकार, हम लड़ेंगे··· हुकुम हो सरकार··· !"

"तुम पागल हो ? जाओ··· "

मैनेजर साहब से लेकर सिपाहियों तक ने धमकाया–'देह में गोश्त नहीं, लड़ने चला है शेर के बच्चे से ! सरकार इतना समझा रहे हैं··· !!'

"दुहाई सरकार, पत्थर पर सिर पटककर मर जाऊँगा···मिले हुकुम···" वह हाथ

जोड़कर गिड़गिड़ा रहा था।

भीड़ अधीर हो रही थी। बाजे बंद हो गये थे। पंजाबी पहलवानों की जमात क्रोध से पागल हो लुट्टन पर गालियों की बौछार कर रही थी। दर्शकों की मंडली उत्तेजित हो रही थी। कोई-कोई लुट्टन के पक्ष में चिल्ला उठता था—"उसे लड़ने दिया जाय !"

अकेला चाँद सिंह मैदान में खड़ा व्यर्थ मुस्कुराने की चेष्टा कर रहा था। पहली पकड़ में ही अपने प्रतिद्वंद्वी की शक्ति का अंदाजा उसे मिल गया था।

विवश होकर राजा साहब ने आज्ञा दे दी—"लड़ने दो !"

बाजे बजने लगे। दर्शकों में फिर उत्तेजना फैली। कोलाहल बढ़ गया। मेले के दुकानदार दुकान बंद करके दौड़े, "चाँद की जोड़ी ? चाँद की कुश्ती हो रही है !!"

चट्-धा, गिड़-धा, चट्-धा, गिड़-धा···

दोनों युवक पहलवान पैंतरा भरने लगे। भारी आवाज में एक ढोल, जो अब तक चुप था, बोलने लगा—ढाक्-ढिन्ना, ढाक्-ढिन्ना, ढाक्-ढिन्न···अर्थात् वाह पट्ठे ! वाह पट्ठे !!

लुट्टन को चाँद ने कसकर दबा लिया था।

"अरे, गया-गया"—दर्शकों ने तालियाँ बजायीं—"हलुआ हो जायेगा, हलुआ—हँसी खेल नहीं, शेर का बच्चा है··· बच्चू।"

'चट्-गिड़-धा, चट्-गिड़-धा, चट्-गिड़-धा'—अर्थात् मत डरना ! मत डरना !!

लुट्टन की गर्दन पर केहुनी डालकर चाँद 'चित' करने की कोशिश कर रहा था।

"वहीं दफना दे बहादुर !" बादल सिंह अपने शिष्य को उत्साहित कर रहा था।

लुट्टन की आँखें बाहर निकल रही थीं। उसकी छाती फटने-फटने को हो रही थी। राजमत, बहुमत चाँद के पक्ष में था। सभी चाँद को शाबाशी दे रहे थे। लुट्टन के पक्ष में सिर्फ ढोल की आवाज थी, जिसके ताल पर वह अपनी शक्ति और दाँव-पेंच की परीक्षा ले रहा था—अपनी हिम्मत को बढ़ा रहा था। अचानक ढोल की एक पतली आवाज सुनायी पड़ी—

'धाक-धिना, तिरकट-तिना, धाक-धिना, तिरकट-तिना··· !!'

लुट्टन को स्पष्ट सुनाई पड़ा। ढोल कह रहा था—"दाँव काटो, बाहर हो जा, दाँव काटो, बाहर हो जा !"

लोगों के आश्चर्य की सीमा न रही। लुट्टन दाँव काटकर बाहर निकला और तुरंत लपककर चाँद की गरदन पकड़ ली।

'वाह रे मिट्टी के शेर !'

"अच्छा ! बाहर निकल आया ? इसीलिए तो··· ।"

जनमत बदल रहा था।

मोटी और भौंड़ी आवाजवाला ढोल बज उठा–'चटाक्-चट्-धा, चटाक्-चट्-धा···' अर्थात्–उठा पटक दे ! उठा पटक दे !!

लुट्टन ने चालाकी से दाँव और जोर लगाकर चाँद को जमीन पर दे मारा। धिक-धिना, धिक-धिना··· । अर्थात्–'चित-करो–चित करो !!'

लुट्टन ने अंतिम जोर लगाया, चाँद सिंह चारों खाने चित हो रहा।

'धा-गिड़-गिड़, धा-गिड़-गिड़···' अर्थात् 'वाह बहादुर ! वाह बहादुर !!'

जनता यह स्थिर नहीं कर सकी कि किसकी जयध्वनि की जाय, फलतः अपने-अपने इच्छानुसार किसी ने 'माँ दुर्गा' की, किसी ने 'महावीरजी' की, कुछ ने 'राजा श्यामानंद' की–जयध्वनि की, अंत में सम्मिलित–'जय' से आकाश गूँज उठा।

विजयी लुट्टन कूदता-फाँदता, ताल-ठोकता सबसे पहले बाजेवाले की ओर दौड़ा, ढोलों को श्रद्धापूर्वक प्रणाम किया। फिर दौड़कर उसने राजा साहब को गोद में उठा लिया। राजा साहब के कीमती कपड़े मिट्टी में सन गये। मैनेजर साहब ने आपत्ति की "हैं-हैं-अरे-अरे !" किन्तु राजा साहब ने स्वयं उसे छाती से लगाकर गद्गद होकर कहा–"जीते रहो बहादुर ! तुमने मिट्टी की लाज रख ली।"

पंजाबी पहलवानों की जमात चाँद सिंह की आँखें पोंछ रही थी। लुट्टन को राजा साहब ने पुरस्कृत ही नहीं किया, अपने दरबार में सदा के लिए रख लिया। तब से लुट्टन राज-पहलवान हो गया और राजा साहब उसे लुट्टन सिंह कहकर पुकारने लगे।

राज-पंडितों ने मुँह बिचकाया–"हुजूर ! जाति का दुसाध··· सिंह··· !"

मैनेजर साहब क्षत्रिय थे। 'क्लीन-शेव्ड' चेहरे को संकुचित करते हुए अपनी पूरी शक्ति लगाकर नाक के बाल उखाड़ रहे थे। चुटकी से अत्याचारी बाल को रगड़ते हुए बोले–"हाँ सरकार, यह अन्याय है !"

राजा साहब ने मुस्कुराते हुए सिर्फ इतना ही कहा–"उसने क्षत्रिय का काम किया है।"

उसी दिन से लुट्टन सिंह पहलवान की कीर्ति दूर-दूर तक फैल गयी। पौष्टिक भोजन और व्यायाम तथा राजा साहब की स्नेह-दृष्टि ने उसकी प्रसिद्धि में चार चाँद लगा दिये। कुछ वर्षों में ही उसने एक-एक कर सभी नामी पहलवानों को मिट्टी सुँघाकर आसमान दिखा दिया। काला खाँ के संबंध में यह बात मशहूर थी कि वह ज्यों ही लँगोट लगाकर–'आ-ली' कहकर अपने प्रतिद्वंद्वी पर टूटता है, प्रतिद्वंद्वी पहलवान को लकवा मार जाता है। लुट्टन ने उसको भी पटककर लोगों का भ्रम दूर कर दिया। उसके बाद वह राज-दरबार का दर्शनीय 'जीव' ही रहा।

चिड़ियाखाने में, पिंजड़े और जंजीरों को झकझोरकर बाघ दहाड़ता–'हाँ ऊँ, हाँ-ऊँ !!' सुननेवाले कहते–"राजा का बाघ बोला।"

ठाकुरबाड़े के सामने पहलवान गरजता–'महा-वीर' ! लोग समझ लेते पहलवान बोला।

मेलों में वह घुटने तक लंबा चोगा पहने, अस्त-व्यस्त, पगड़ी बाँधकर मतवाले हाथी की तरह झूमता चलता। दुकानदारों को चुहल करने की सूझती। हलवाई अपनी दुकान में बुलाता–"पहलवान काका ! ताजा रसगुल्ला बना है, जरा नाश्ता कर लो।"

पहलवान बच्चों की-सी स्वाभाविक हँसी हँसकर कहता–"अरे तनी-मनी काहे ! ले आवा डेढ़ सेर !"··· और बैठ जाता।

दो सेर रसगुल्लों को उदरस्थ करके, मुँह में आठ-दस पान की गिलौरियों को ठूँस, ठुड्डी को पान के रस से लाल करते हुए अपनी चाल में मेला में घूमता। मेला से दरबार लौटते समय उसकी अजीब हुलिया रहती–आँखों पर रंगीन अबरख का चश्मा, हाथ में खिलौनों को नचाता और मुँह से पीतल की सीटी बजाता, हँसता हुआ वह वापस आता। बल और शरीर की वृद्धि के साथ-साथ बुद्धि घटकर बच्चों की बुद्धि के बराबर ही रह गयी थी उसमें।

दंगल में ढोल की आवाज सुनते ही वह अपने भारी-भरकम शरीर का प्रदर्शन करना शुरू कर देता था। उसकी जोड़ी तो मिलती नहीं थी, यदि कोई उससे लड़ना भी चाहता तो राजा साहब लुट्टन को आज्ञा ही नहीं देते। इसलिए वह निराश होकर, लँगोट लगाकर, देह में मिट्टी मल और उछलकर अपने को साँड़ या भैंसा साबित करता रहता था। बूढ़े राजा साहब देख-देखकर मुस्कुराते रहते।

यों ही पंद्रह वर्ष बीत गये। पहलवान अजेय रहा। वह दंगल में अपने दोनों पुत्रों को लेकर उतरता था। पहलवान की सास पहले ही मर चुकी थी, पिता पहलवान की स्त्री भी दो-दो पहलवानों को पैदा करके स्वर्ग सिधार गयी थी। दोनों पिता की तरह गठीले और तगड़े थे। दंगल में दोनों को देखकर लोगों के मुँह से अनायास ही निकल पड़ता–"वाह ! बाप से भी बढ़कर निकलेंगे ये दोनों बेटे !"

दोनों ही लड़के राज-दरबार के भावी पहलवान घोषित हो चुके थे। अतः दोनों का भरण-पोषण दरबार से ही हो रहा था।

प्रतिदिन प्रातःकाल पहलवान स्वयं ढोलक बजा-बजाकर दोनों से कसरत करवाता। दोपहर में, लेटे-लेटे दोनों को सांसारिक ज्ञान की शिक्षा भी देता–"समझे। ढोलक की आवाज पर पूरा ध्यान रखना। हाँ, मेरा गुरु कोई पहलवान नहीं, यही ढोल है, समझे !··· ढोल की आवाज के प्रताप से ही मैं पहलवान हुआ। दंगल में उतर सबसे पहले ढोलों को प्रणाम करना, समझे !" ऐसी ही बहुत-सी बातें वह कहा करता। फिर मालिक को कैसे खुश रखा जाता है, कब कैसा व्यवहार करना चाहिए आदि की शिक्षा वह नित्य दिया करता था।

किंतु उसकी शिक्षा-दीक्षा, सब किये-कराये पर एक दिन पानी फिर गया। वृद्ध राजा साहब स्वर्ग सिधार गये। नये राजकुमार ने राज्य-कार्य अपने हाथ में ले लिया। राजा साहब के समय में जो शिथिलता आ गयी थी, राजकुमार के आते

हीं दूर हो गयी। बहुत से परिवर्तन हुए, उन्हीं परिवर्तनों के चपेटाघात में पड़ा पहलवान भी। दंगल का स्थान घोड़े के रेस ने ले लिया। पहलवान तथा दोनों भावी पहलवानों का दैनिक भोजन-व्यय सुनते ही राजकुमार ने कहा–'टेरिबुल !'

पहलवान को साफ जवाब मिल गया, राज-दरबार में उसकी आवश्यकता नहीं। उसको गिड़गिड़ाने का भी मौका नहीं दिया गया। उसी दिन वह ढोलक कंधे से लटकाकर, अपने पुत्रों के साथ अपने गाँव में लौट आया तो वहीं रहने लगा। गाँव के एक छोर पर, गाँववालों ने एक झोपड़ी बाँध दी। वहीं रहकर वह गाँव के नौजवानों और चरवाहों को कुश्ती सिखाने लगा। खाने-पीने का खर्च गाँववालों की ओर से बँधा हुआ था। सुबह-शाम वह स्वयं ढोलक बजाकर अपने शिष्यों और पुत्रों को दाँव-पेंच वगैरह सिखाया करता था।

गाँव के किसान और खेतिहर-मजदूर के बच्चे भला क्या खाकर कुश्ती सीखते ! धीरे-धीरे पहलवान का स्कूल खाली पड़ने लगा। अंत में, अपने दोनों पुत्रों को ही वह ढोलक बजा-बजाकर लड़ाता रहा। सिखाता रहा। दोनों लड़के दिन-भर मजदूरी करके जो कुछ भी लाते उसी में गुजर होती रही। अकस्मात् गाँव पर वज्रपात हुआ। पहले अनावृष्टि, फिर अन्न की कमी, तब मलेरिया और हैजे ने मिलकर गाँव को भूनना शुरू कर दिया। गाँव प्रायः सूना हो चला था। घर के घर खाली पड़ गये थे। दिन में तो–कलरव, हाहाकार तथा हृदय-विदारक रुदन के बावजूद लोगों के चेहरे पर कुछ प्रभा दृष्टिगोचर होती थी, शायद सूर्य के प्रकाश में। सूर्यास्त होते ही लोग काँखते-कूँखते-कराहते अपने-अपने घरों से बाहर निकलकर अपने पड़ोसियों को ढाढ़स देते थे।

'अरे क्या करोगी रोकर दुलहिन ! जो गया सो चला गया, वह तुम्हारा नहीं था, अब जो है उसको तो देखो।'

'भैया ! घर में मुर्दा रखकर कब तक रोओगे ? कफन ? कफन की क्या जरूरत है, दे आओ नदी में !' इत्यादि।

किंतु सूर्यास्त होते ही जब लोग अपनी-अपनी झोपड़ियों में घुस जाते तो चूँ भी नहीं करते। उनके बोलने की शक्ति भी जाती रहती थी। पास में दम तोड़ते हुए पुत्र को अंतिम बार बेटा कहकर पुकारने की हिम्मत माताओं को नहीं होती थी। रात्रि की विभीषिका को सिर्फ पहलवान की ढोलक ही ललकारकर चुनौती देती रहती थी। पहलवान संध्या से सुबह तक चाहे जिस ख्याल से ढोलक बजाता हो, किंतु गाँव के अर्द्धमृत औषधि-उपचार-पथ्य-विहीन प्राणियों में वह संजीवनी शक्ति ही भरती थी। बूढ़े-बच्चे-जवानों की शक्तिहीन आँखों के आगे दंगल का दृश्य नाचने लगता था। स्पंदन-शक्ति शून्य स्नायुओं में भी बिजली दौड़ जाती थी। अवश्य ही ढोलक की आवाज में न तो बुखार हटाने का कोई गुण था और न महामारी की सर्वनाश गति को रोकने की शक्ति ही, पर इसमें संदेह नहीं कि मरते हुए प्राणियों को आँख मूँदते समय कोई तकलीफ नहीं होती थी, मृत्यु से वे डरते नहीं थे।

जिस दिन पहलवान के दोनों बेटे क्रूर काल के चपेटाघात में पड़े, असह्य वेदना से छटपटाते हुए दोनों ने कहा था–"बाबा ! 'उठा पटक दो' वाला ताल बजाओ !"··· चटाक्-चट्-धा, चटाक्-चट्-धा–सारी रात ढोलक पीटता रहा पहलवान। बीच-बीच में पहलवानों की भाषा में उत्साहित भी करता था–'मारो बहादुर !' प्रातः-काल उसने देखा उसके दोनों बेटे जमीन पर निस्पंद पड़े हैं। दोनों पेट के बल पड़े हुए थे। एक ने दाँत से मिट्टी खोद ली थी। एक लंबी साँस लेकर पहलवान ने मुस्कुराने की चेष्टा की थी–'दोनों बहादुर गिर पड़े !'

उस दिन पहलवान ने राजा श्यामानंद की दी हुई रेशमी जाँघिया पहन ली, सारे शरीर में मिट्टी मलकर थोड़ी कसरत की, फिर दोनों पुत्रों को दोनों कंधों पर लादकर नदी में बहा आया। लोगों ने सुना तो दंग रह गये। कितनों की हिम्मत टूट गयी। किंतु उस रात में फिर पहलवान की ढोलक की आवाज, प्रतिदिन की भाँति ही सुनाई पड़ी। लोगों की हिम्मत दुगुनी बढ़ गयी ! संतप्त पिता-माताओं ने कहा–'दोनों पहलवान बेटे मर गये पर पहलवान की हिम्मत तो देखो, क्या कलेजा है !'

चार-पाँच दिनों के बाद। एक रात को ढोलक की आवाज नहीं सुनाई पड़ी। ढोलक नहीं बोली। पहलवान के कुछ दिलेर किंतु रूठे शिष्यों ने प्रातःकाल जाकर देखा–पहलवान की लाश चित पड़ी है। रात में सियारों ने बायीं जाँघ के मांस को खा डाला है, पेट पर भी···

आँसू पोंछते हुए एक ने कहा–"गुरुजी कहा करते थे कि जब मैं मर जाऊँ तो चिता पर मुझे पेट के बल सुलाना। मैं जिंदगी में कभी 'चित' नहीं हुआ। और चिता सुलगाने के समय ढोलक बजा देना··· " वह आगे नहीं बोल सका।

पास में ही ढोलक लुढ़की पड़ी थी। सियारों ने ढोलक को 'भोज्य-पदार्थ' समझकर उसके चमड़े को फाड़ डाला था।

दिसम्बर, 1944

कलाकार

काशी के बंगाली टोले की एक गन्दी गली में वह कुछ दिनों से रहने लगा था। दुबला-पतला, लम्बा-सा युवक, जिसका गोरा रंग अब उतर रहा था, आँखों के नीचे की हड्डियाँ बाहर निकल रही थीं और चप्पल के फीते टूटे जा रहे थे। गली में कदम रखते ही दुकानदारों की आँखें उस पर बरबस अटक जाती थीं और कविराज अमूल्य भूषण अपनी दुकान में बैठे दोस्तों से, 'गुप्त यौन-व्याधियों को राष्ट्रीय प्रश्न बनाने' पर बहस करने लग जाते थे।

यों तो वह किसी से बोलता बहुत कम था, पर उसकी चाल-ढाल, रहन-सहन और वेश-भूषा को देखकर, उसके पड़ोसी किरायेदारों ने अपनी-अपनी बुद्धि और इच्छानुसार उसका नामकरण कर लिया था। घर की बुढ़िया मालकिन उसे मास्टर समझती थी और 'मास्टरजी' कहकर पुकारती भी थी। बुढ़िया की दृष्टि में वह सीधा-सादा और गरीब किरायेदार था। इसीलिए 'अकेला' रहते हुए भी, उसे बुढ़िया ने एक गंदी कोठरी किराये पर दे दी थी।

दोतल्ले पर रहनेवाले मद्रासी सज्जन उसे 'मिस्टर' कहकर सम्बोधित करते थे। नीचे 'पाइप' खोलकर पानी बर्बाद करनेवाली औरतें जब मद्रासी सज्जन की बातें नहीं समझ सकती थीं, तब लाचार होकर उन्हें नीचे की कोठरी में रहनेवाले 'मिस्टर' की सहायता लेनी पड़ती थी। मिस्टर धारा-प्रवाह अंग्रेजी समझकर सबको दुरुस्त कर देते थे।

विधवा युवती बंगालिन की 'बंगला-मिश्रित हिन्दी' प्रश्न का उत्तर शुद्ध बंगला में देकर वह उसका 'देशेर-लोक' हो गया था। किन्तु जिस दिन उस दुखिया ने उससे, देश में रहनेवाले भाई-भौजाई के पास पत्र लिख देने के लिए कहा था, पत्र का मजमून सुनकर पत्र-लेखक 'देशेर-लोक' की आँखें डबडबा गयी थीं। उस दिन से वह बड़े प्यार से 'दादा' कहने लगी थी।

हस्त-रेखाविद् वृद्ध पण्डित पीताम्बर त्रिवेदी ने—हथेली देखने की कौन कहे—सिर्फ उसकी उम्र और सूरत देखकर जान लिया था कि वह 'फटीचर' है। प्रतिदिन, नौ बजे खा-पीकर, चित्र-विचित्र हथेलियों की छाप, मेग्नीफाइंग ग्लास और पंजिका इत्यादि लेकर, दशाश्वमेध रोड के फुटपाथ पर बैठने जाने के पहले घण्टों खड़ा

होकर वे अपनी षोडसी पत्नी को उस 'फटीचर' की निगाह से बचे रहने की चेतावनी का उपदेश दे जाते थे।

इसी तरह घर-भर के लोग उसके सम्बन्ध में विभिन्न राय रखते थे। बाहर के लोगों में–चायवाला बूढ़ा पुलिन, उसे किसी भद्र परिवार का विपद्-ग्रस्त युवक, घाट होटल का मैनेजर 'निराश-प्रेमी' और अब्दुल बीड़ीवाला 'खुफिया' समझता था। यह तो थी, उससे किसी-न-किसी तरह का सम्पर्क रखनेवालों की धारणाएँ।

उसी गन्दी गली की एक उपगली–कुकुर गली में–'सुषुमा-निकुंज' के झरोखे पर बैठकर भीड़ की ओर दयनीय मुद्रा बनाकर देखनेवाली बीमार, पीली युवती उसे कवि समझे बैठी थी, और स्कूल की लारी पर से उतरकर, नीची निगाह किये, छाती से पुस्तकें चिपकाकर मन्थर गति से घर लौटनेवाली रूप-गर्विता,–सिर्फ एक दिन धक्का खाकर 'गुण्डा नम्बर एक' की उपाधि दे चुकी थी और अपनी सहेलियों को उससे सावधान करा चुकी थी।

'वह क्या था, क्यों था, कौन था और किसलिए मशहूर था' इत्यादि यदि पूर्णरूप से जानता था तो स्वयं वही अथवा मदनपुरे की 'सिल्क-कोठी' का बुड्ढा मालिक मुहम्मद हैदर, जो उससे नित्य नयी साड़ियों के–बोर्डरों के नमूने लेकर रंगों और फूलों की आधुनिकता, उपयोगिता, दुनिया की बदलती हुई 'रुचि-अरुचि' का पूर्ण ज्ञान लाभ कर भी, महीने में उसे सिर्फ चालीस रुपये देने के समय पचास बार दाढ़ी खुजलाता था। मुहम्मद हैदर साहब की नजर में वह एक 'शरीफ गधा' था। गधे को दिन-भर बोझ ढोने के बाद कुछ खाने को मिल जाता है और उसको भी महीना-भर खटने के बाद कुछ खाने और रहने-भर को मिल जाता है। हैदर साहब उसकी बदौलत तिजोरियाँ भर रहे हैं–यह जानते हुए भी उसने चालीस के बदले पचास की माँग नहीं की थी। माँग की कौन कहे, प्रार्थना भी नहीं की थी कभी।

एक दिन जब वह हठात् अपने डिजाइनों की खपत के आँकड़ों को जानने के लिए व्याकुल हो उठा था, तो हैदर साहब का माथा ठनका था। 'गधे को किसी ने बहकाया'–यह सोचकर वे टालमटोल करने लगे थे, किन्तु जब उसने साफ शब्दों में अपनी उत्कंठा का कारण महज यह बतलाया था कि उसका 'स्पेकुलेशन', उसकी 'स्टडी' कितने अंशों में सफल रही; वह इसी के बल पर वर्तमान संसार का भविष्य जान सकेगा, आदि··· तो उन्होंने कुछ छिपाकर भी सच कह दिया था। 'मैंने कहा था न, देखा आपने ? हाँ, देख लिया !' कहकर वह जब उछलने लगा था तो हैदर साहब बड़ी मुश्किल से अपनी हँसी रोक सके थे।

एक बार हैदर साहब के दामाद, जो इस्लामिया-युनिवर्सिटी में इतिहास के रिसर्च स्काउलर थे, तशरीफ लाये थे। उन्होंने तो लुटिया ही डुबानी चाही थी। घंटों न जाने क्या 'डिमडाम-गिटपिट-सिटपिट' भाषा में बहस करने के बाद दामाद साहब

ने शुद्ध उर्दू में फरमाया था–'अमाँ आप तो खुदकुशी कर रहे हैं खुदकुशी। युनिवर्सिटियाँ तो आपकी कदमबोसी करके आँखों में बिठायेंगी, मगर उन्हें आप जैसों का पता भी तो हो।' उस रात को हैदर साहब ख्वाब में भी दामाद को कोसते रहे थे। लेकिन अपने गधे को रोज की तरह ग्यारह बजे हाजिर पाकर उन्होंने मन-ही-मन खुश होकर उसे 'शरीफ गधे' की टायटिल दे दी थी।

2

काम से या बिना काम वह रोज प्रायः ग्यारह बजे अपनी कोठरी से निकलकर गली की भीड़ में छिप जाता था और चार बजे शाम को लौट आता था। अपनी कोठरी में थोड़ी देर बैठकर फिर निकल पड़ता था। पुलिन के यहाँ चाय पी वह घाटों की ओर चल देता था।

दशाश्वमेध घाट पर उसने कई स्थानों को चुन लिया था, उनमें किसी एक को खाली देखकर वह बैठ जाता और उसकी आँखें, घाट पर बैठी कीर्तन सुननेवालियों में से किसी को खोजने लगतीं। पा जाने पर आँखें जरा चमक उठतीं, नहीं पाने पर किसी दूसरी सूरत की खोज होती।··· 'ओ ! वहाँ रही··· ! छीः-छीः, यह क्या गति बना डाली है उसने अपनी !··· कापी··· कापी··· सिर्फ कापी ! इस गहरे रंग की लाल साड़ी पहनने के पहले, वह कान में 'पाशा' झुलाने के पहले उसने जरा यह भी सोचा होता कि कहाँ तक इससे शोभा बढ़ेगी !··· 'हत्या··· हत्या···!'–वह मन-ही-मन बड़बड़ा उठता–'सचमुच हत्या है यह !··· एकदम सहुआइन मौसी बनी बैठी है आज।'–वह मन-ही-मन ठठाकर हँस भी पड़ता, उधर कीर्तन सुननेवालियों की मण्डली भी राधा कृष्ण और गोपियों की रस-भरी ठिठोलियाँ सुनकर खिलखिला पड़तीं।

कीर्तन समाप्त होने के बाद, गंगा के उस पार रामनगर किले का चिराग जल उठता, बालू की सफेदी और खेतों की हरियाली अंधकार में घुलमिलकर एक हो जातीं। राजघाट-पुल पर आने-जानेवाली गाड़ियों की रोशनी पंक्ति बाँधकर भागती जाती–और वह देखता ही रहता।

इस पार मणिकर्णिका घाट में चिताएँ कभी जोर से धधक उठतीं, कभी धुओं का गुब्बारा निकलता। अहिल्या घाट पर शहनाई से 'श्याम-कल्याण' की करुण रागिनी फूटकर निकल पड़ती और वह चुटकियों पर ताल देते-देते सुध-बुध खो बैठता था।

गीत समाप्त होते ही–मानो किसी आवश्यक काम की बात याद हो आयी हो–वह एकाएक उठकर चल देता और उसकी चाल विश्वनाथ गली में जाकर ही धीमी पड़ती। पाजामे के दोनों पाकेट में हाथ डालकर, चप्पल घसीटता हुआ, बगल की दुकानों पर सरसरी निगाह फेंकता वह धीरे-धीरे चलता रहता। साड़ियों की दुकानों में शो-केसों को देखता हुआ बढ़ चलता। बच्चों के खिलौने, सिन्दूर, आलता, रेशम के डोरों की छोटी-बड़ी दुकानों के पास, अथवा किसी 'ब्लाउज-स्टोर' के पास खड़ा

होकर नयी ब्लाउज की पट्टी को ध्यान से देखने लगता।··· क्या चाहिए बाबू ? क्या दूँ बाबू ? आदि प्रश्नों का निराशापूर्ण उत्तर देकर वह चुपचाप चल देता। सबसे अंत में चूड़ियों की दुकानों पर एक हल्की दृष्टि डालकर, कभी-कभी ठिठककर खड़ा भी हो जाता था।···'हुँह···ये कॉलेज की लड़कियाँ हैं ! पतली-पतली मिर्जापुरी चूड़ियों का खब्त सवार है। पहनो भाई ! कौन समझाये तुम्हें ! किसी सिनेमा अभिनेत्री ने इन चूड़ियों को पहन लिया, उनके हाथों में अच्छी लगीं, बस इन लोगों के सिर पर पागलपन सवार हुआ। जरा भी सोचने-समझने की···।' सीढ़ी से टक्कर लेते-लेते वह बच जाता। फिर लायब्रेरी में घुसकर किसी मासिक पत्रिका में छपे भूत, भविष्य अथवा वर्तमानकालीन कला से सम्बन्धित किसी लेख को पढ़ता, लेखक की अनभिज्ञता पर तरस खाकर उठ जाता। फिर उसी गली में, जरा तेज चाल में निकल जाता। घाट-होटल में कच्ची-पक्की रोटियों और बासी तरकारियों से पेट भरकर अपने घोंसले में लौट जाता। बिछौने पर अपने को लुढ़का देता। बिछौने पर पड़े-पड़े दिन-भर का लेखा-जोखा आरम्भ हो जाता। बीड़ियों पर बीड़ियाँ सुलगने और बुझने लगतीं··· 'लेकिन उस ब्लाउज की कद्र कौन करेगा ? किसी मोटी औरत को जँच गयी तो सब गुड़-गोबर !···और चूड़ियों के सेट इस बार कुछ आये हैं—नहीं, इस बार मैं जरूर खरीदूँगा। दो सेट चूड़ियों का, तीन ब्लाउज और पतली-प्लेन फीकी कोरवाली साड़ी। जरूर से जरूर !'··· आखिर किसके लिये ? प्रश्न उठते ही वह तकिये के नीचे माचिस टटोलने लगता, बीड़ी का धुआँ फेंककर वह एक बार हँस देता। निंदिया रानी चुपके से आकर न जाने कब उसकी आँखों में घुल-मिल जाती।

यही उसका दैनिक-कार्यक्रम था। आँधी, तूफान अथवा वर्षा की झड़ी ही उसके दैनिक जीवन-क्रम में बाधा डाल सकती थीं।

3

एक दिन जब वह चूड़ियों की अन्तिम दुकान पर निगाह फेंककर सीढ़ी पर चढ ही रहा था कि दुकान पर किसी परिचित युवक को देखकर रुक गया था। दूर से अच्छी तरह देखकर उसने पहचान लिया, पास जाकर बोला—"माधव ?"

"अरे ! शरदेन्दु ?" कहकर उसने छाती से लगा लिया। चूड़ीवाला हाथ में एक सेट लेकर कुछ कहते-कहते रुक गया।

शरद ने माधव की कमीज के एक ओर के कॉलर को कोट के अन्दर घुसाते हुए कहा—"अच्छे तो हो ?"

"सब ठीक है, खरीदो, क्या खरीद रहे थे !"

माधव ने पास में ही खड़ी स्वस्थ, सुन्दरी युवती की ओर जो अब तक थर्ड परसन की तरह खड़ी मुस्कुरा रही थी—मुड़कर कहा—"मधु ? आओ परिचय करा दूँ। नाम तो मेरे मुँह से न जाने कितनी बार सुन चुकी हो। आज साक्षात् देवता का दर्शन कर लो !··· यही हैं मेरे परम मित्र शरदेन्दु बनर्जी, हिन्दू विश्वविद्यालय

के अमूल्य रत्न, जिनके चित्र पर चीन के कला-मर्मज्ञों ने प्रसन्न होकर पुरस्कार भेजा था और हजरत ने उस पुरस्कार की रकम को दान कर दिया था–कला-केन्द्र के लिए। देख लिया न··· ।"

फिर शरद की ओर देखकर जरा मुस्कुराते हुए बोला–"और शरद ! यह हैं श्रीमती मधुलिका माधव !"

"नमस्ते !" मधुलिका ने आदरपूर्वक हाथ जोड़कर कहा।

शरद ने आश्चर्य प्रकट करते हुए माधव से पूछा–"तुमने शादी कर ली ?"

"तो कौन पाप कर बैठा ?" माधव ने हँसकर कहा।

शरद मधुलिका की ओर देखकर बच्चों की तरह बोल उठा–"नहीं-नहीं, मैंने कहा··· "

"बाबू, कौन-सा सेट··· ?" चूड़ीवाले ने अधीर होकर टोका।

किसी के कुछ कहने के पहले ही, शरद ने आगे बढ़कर उन सेटों को नापसंद करते हुए कहा–"आज से करीब पन्द्रह दिन पहले जो सेट आये थे, वे सब बिक गये क्या ? वह नीली-नीली-मोटी··· मोटी··· "

चूड़ीवाले ने याद करते हुए कहा–"ओ ! जी हाँ, हैं तो··· मगर वह क्या··· " –मधुलिका की ओर इशारा कर बोला–"हुजूर पसंद करेंगी ? युनिवर्सिटी की लड़कियों ने नापसंद··· "

"पसंद करेंगी या नहीं, यह तुमने पहले ही कैसे जान लिया। यदि नहीं भी पसंद करेंगी तो भी वह सेट खरीदा जायेगा !"–शरद ने जरा मुँह विकृत करते हुए कहा–"युनिवर्सिटी की लड़कियाँ··· "

चूड़ीवाला जिज्ञासु दृष्टि से मधु और माधव की ओर देखने लगा। शरद ने जोर से कहा–निकालो !

मधु और माधव ने भी निकालने का इशारा किया। चूड़ीवाले ने निकालकर दिखलाते हुए कहा–"यह देखिए ! मैंने पहले ही कह दिया था कि हुजूर को··· ?"

"चुप रहो !"–सेट से एक चूड़ी निकालकर शरद ने मधुलिका को समझाना शुरू किया–"देखिए ! मोटी है, भोंडी है और शायद सस्ती भी। मगर है आपकी ही चीज। एक बार पहन तो लें, चूड़ियाँ आप ही कहेंगी कि वे क्या हैं ?" उसने चूड़ीवाले से कहा–'पहनाओ !'

मधु और माधव ने एक-दूसरे को देखा और मुस्कुरा दिये। चूड़ियाँ पहनायी गयीं तो मधु आश्चर्य की पुतली हो गयी। उसके मुँह से निकल पड़ा–"सच !"

माधव मुस्कुराने लगा। चूड़ीवाले की आँखें विस्मय से बाहर निकल आयीं।

शरद की पसंद के दो-तीन सेट और निकाले गये। सबों पर शरद ने एक छोटा-मोटा भाषण दिया। वह इस तरह बक रहा था कि अन्य खरीदारों ने उसे चूड़ीवाले का दलाल ही समझ लिया।

सभी सेट खरीदे गये। एक सेट को सँभालते हुए शरद ने कहा–"चलो ! और

चीजें खरीदनी हैं !" वह आगे-आगे चल पड़ा।

माधव ने पूछा–"सुनो शरद ! तुम यहीं हो। मैंने सोचा था कि तुम··· "

"क्या ?"–शरद रुका।

"यही कि तुम किसी युनिवर्सिटी में कला का गला घोंट रहे हो।"

शरद 'ही-ही' कर हँस पड़ा। उसकी हँसी को 'विचित्र हँसी' कहा जा सकता है।

माधव ने फिर पूछा–"अच्छा ! माँ और लता दीदी और तुम्हारे छोटे भाई का नाम भूल रहा हूँ, सब कुशल तो हैं ?"

"सब शेष··· सब शेष···" शरद ने चलते-चलते ही कहा–"इसी दुर्भिक्ष में··· "

"अरे !" माधव ने चीख मारकर कहा–"और तुम क्या करते रहे ?"

"कलकत्ते में दुर्भिक्ष पीड़ित सहायता कमेटी के लिए कारुणिक पोस्टर रँगता रहा। पेट भरने को मिल जाता था।"–शरद ने लापरवाही से उत्तर दिया।

"यहाँ कब आये ?··· क्या करते हो ?"

"बहुत अच्छा लगता है बनारस ! यहीं हूँ।"

"क्या करते हो··· ?"

"अजी ! वह लाल पट्टीवाला ब्लाउज निकालना तो !"–दुकानवाले से शरद कह रहा था।

वह अपनी पसंद की चीजें खरीदता जा रहा था, माधव दाम चुकाता जाता था। उसके इच्छानुसार सभी चीजें खरीदी गयीं। शरद के पाँव–खुशी के मारे–धरती पर नहीं पड़ रहे थे। माधव ने उसमें ऐसी स्फूर्ति पहले कभी नहीं देखी थी।

गली से बाहर होकर तीनों शरबत की दुकान पर बैठे। माधव ने फिर पूछा–"यहाँ क्या करते हो ?"

"मेरे शरबत में बूटी डालना महाराज ! बूटी !"–शरद ने प्रश्न को फिर टाल दिया। माधव ने समझ लिया, उसे इस प्रसंग में कष्ट हो रहा है। वह चुप ही रहा। शरद ने भंग समाप्त करते हुए कहा–"अच्छा ठहरे हो कहाँ ?"

"ब्रह्माघाट पर, मौसी के यहाँ।"

"तब तो नाव से जाओगे ! चलो, मैं भी घाट तक चलूँ।"

तीनों जने घाट की ओर चल पड़े। घाट पर माधव ने साहस करके फिर पूछा–"शरद ! बताओ भाई ! यहाँ क्यों हो ? कहने की हिम्मत तो नहीं हो रही है, फिर भी कहता हूँ, तुम चलो मेरे यहाँ··· कश्मीर ! वहाँ रहकर तुम··· "

शरद ने लम्बी साँस ली। मधुलिका ने भी आँखों से माधव की बातों का समर्थन किया। शरद ने मधुलिका के प्यारे मुखड़े की ओर देखा, फिर उसकी चूड़ियों पर आँख गड़ाकर चुप रहा।

"बोलो शरद !" माधव का गला भर आया था और मधुलिका की आँखों में आँसू।

"तुम यह सब क्या कह रहे हो ? जाओ, नाव पर बैठो !"–शरद ने उसे एक

प्रकार से धकेलते हुए नाव में बैठा दिया।

मधुलिका भी बैठी।

"शरद ! सुनो··· "

'ब्रह्माघाट बाबू ?'–पूछता हुआ मल्लाह ने डाँड़ चला दी–कर्र-र्र-र्र-छपा-छप्, कर्र-र्र-र्र-छपा-छप् !

"पत्र लिखना शरद !"

नाव घाट छोड़ चुकी थी।

पूरब आकाश में पूर्णिमा का चाँद निकलकर हँस रहा था। नाव चली जा रही थी। उस पार बालू और खेत की हरियाली पर चाँदनी नाच रही थी। किले का चिराग जल रहा था। राजघाट-पुल पर गाड़ी की रोशनी पंक्ति बाँधकर भागी जाती थी। मणिकर्णिका में चिताएँ धधक रही थीं। अहिल्या घाट पर शहनाई से कोई करुण रागिनी फूटकर निकल रही थी। गंगा की बहती हुई धारा पर चाँद की किरणें, जाती हुई नाव, और नाव पर मन-मारे आमने-सामने चुपचाप बैठीं दो मूर्तियाँ···।

गंदी कोठरी में बिछौने पर पड़ा-पड़ा वह दिन-भर का लेखा-जोखा कर रहा था। बीड़ियाँ चुक गयी थीं। फेंकी हुई बीड़ियों के टुकड़ों को पुनः बटोरकर काम में लाया जा रहा था।

'अब घाट पर कोई आकर्षण नहीं, विश्वनाथ गली तो श्रीहीन हो गयी, सब मैंने खरीद लिया। अब किधर !–ओ हो ! विक्टोरिया पार्क में छोटे-छोटे बच्चे बहुत सुन्दर खेल खेलते हैं। कल से वहीं··· ।'

उस दिन मकान के किरायेदारों ने पहले-पहल आश्चर्यित होकर सुना–वह आधी रात को आनन्दविभोर होकर विहाग अलाप रहा था।

जनवरी, 1945

प्राणों में घुले हुए रंग

शैशव की सुनहली स्मृति, नील-गगन में उड़ते हुए रंग-बिरंगे पतंगों और मनमोहक रंगीन खिलौनों के आकर्षण को मैं जान-बूझकर छोड़े देता। उन दिनों मैं स्वयं किन्हीं की रंगीन आशाओं और कल्पनाओं का केन्द्र था !

मेडिकल कालेज में दाखिल होकर जिस दिन शरीर-विज्ञान का पहला 'लेक्चर' सुनकर लौटा था, मेरी आँखों के आगे सातों रंग नाचने लगे थे ! और जिस दिन एम. बी. बी. एस. की डिग्री मिल गयी थी, 'सर्जिकल वार्ड' का हाउस-सर्जन बनकर अपने ड्यूटी-रूम में चार्ज लेने जा रहा था, फुदकती हुई मेरी परिचिता अनिंद्य सुन्दरी नर्स मिस चटर्जी ने आकर पहली बार सम्बोधित किया था–'हलो ! डाक्टर··· !!' तो मैं अभ्यास और स्वभाववश उसकी एक मीठी चुटकी ले, ठठाकर हँसने की चेष्टा में भी गम्भीर हो गया था। तब मैं एक लापरवाह स्टुडेंट नहीं रह गया था, डाक्टर का उत्तरदायित्वपूर्ण स्थान जो मिल गया था ! मेरे ओठों पर गम्भीर मुस्कुराहट देखकर वह मेरे दिल की गहराई तक पहुँच गई थी और उसके बाद मैं उसके सदा प्रसन्न मुखमंडल पर कभी भी वह ताजगी, वह रंग नहीं देख पाया। धीरे-धीरे वह सूखती और काली पड़ती गयी। मैं सबकुछ याद कर, सबकुछ समझकर भी अपने को भुलाता रहा। हृदय-रोग से पीड़ित होकर वीमेन हास्पिटल के बेड नम्बर 12 पर पड़ी-पड़ी, नर्सों द्वारा 'बस एक बार' देख जाने का संवाद भेजती रही; किन्तु मैंने जाने की उत्सुकता भी कभी प्रकट नहीं की। मैं नहीं गया, किन्तु निराश होकर दम तोड़ने के समय उसके ओठों पर जो घृणा की रेखा खिंच आयी होगी, उस घृणा-प्रूर्ण मुस्कुराहट की कल्पना मैं अवश्य कर लेता हूँ। जब-जब उसकी कल्पना करता हूँ, मेरे चेहरे पर आत्म-ग्लानि की काली तूलिका फिर जाती है।

'हाउस-सर्जन' की अवधि समाप्त करके घर पहुँचते-पहुँचते मेरी पूज्य माता अपनी जीवन-यात्रा शेष कर चुकी थीं। उनके मुँह में दवा को कौन कहे, एक चुल्लू पानी भी नहीं टपका पाया था। पिताजी तो मुझे डेढ़ साल की उम्र में माँ की गोद में छोड़कर चल बसे थे। अगम, अगोचर भगवान को जिस श्रद्धा और भक्ति से पूजते हैं, उसी श्रद्धा और भक्ति से मैं उनकी पूजा किया करता था। किन्तु उनके

लिये कभी गला फाड़कर रोया नहीं था। मातृहीन होने के बाद मुझे मालूम हुआ कि माँ के स्नेहांचल की ओट से सारी दुनिया रंगीन जान पड़ती थी और अब दुनिया का सारा रंग मरुभूमि की सफेदी में परिवर्तित हो गया है !

अपने गाँव को, अपने घर को छोड़ने की कल्पना करते ही मेरा हृदय फटने लगता था। गाँव में ही जिन्दगी कट रही थी और मेरा 'मातृ-औषधालय' भी चल रहा था। मलेरिया और हैजे के समय में मरते हुए प्राणियों में से थोड़े व्यक्तियों को भी मौत के मुँह से बचाकर मैं अपनी शिक्षा को सफल समझता था। गाँव के प्रतिष्ठित ज़मींदार श्री केदारनाथ ठाकुर मुझसे बहुत प्रसन्न रहते, उनकी गृहिणी मुझे अपने पुत्र घनश्याम से भी बढ़कर प्यार करने लगी थीं। औषधालय का आकर्षण, ज़मींदार दम्पत्ति का स्नेह और गाँववालों का प्रेम पाकर मेरे हृदय के घाव भर रहे थे। एक दिन, ज़मींदार दम्पत्ति ने मुझे बड़े लाड़-प्यार से खिला-पिलाकर, एकान्त कोठरी में अपने दिल की ख्वाहिश जाहिर की, तो मेरा सिर चक्कर खाकर रह गया। ज़मींदार साहब कह रहे थे कि मैं उनकी विधवा भाभी के एकमात्र प्यारे पुत्र भोलानाथ को जहर देकर मार डालूँ। उसे मामूली ज्वर हुआ है, यही मौका है। ज़मींदार साहब के छोटे भाई बद्रीनाथ ठाकुर थे, जिनकी मृत्यु का रहस्य भी उन्होंने कहा। 'माफ कीजिए, छीः छीः' मैं पागलों की तरह चीखकर उनकी कोठरी से भाग आया था। उस दिन से लगातार कई रातों को–रात-रात-भर जागकर–मैं ज़मींदार साहब के दुमंजिले मकान की खिड़की के रंगीन काँचों को देखता रहा। उस कोठरी में रोशनी जलती रहती और मुझे लगता–'असहाय भोला की जिन्दगी का चिराग जल रहा है।' जिस दिन विधवा अपने प्यारे बीमार पुत्र को लेकर मायके चली गयी, उस रात को मैं आनन्द-विभोर होकर सोया, किन्तु स्वप्न में भी उन रंगीन काँचों से छनकर आते हुए प्रकाश को देखता रहा।

ज़मींदार साहब मुझे और मेरे मातृ-औषधालय को मिटाने के लिए कमर कस चुके थे। गरीब रोगी भला कैसे औषधालय में आने की हिम्मत करते। रोगियों का आवागमन एकदम बन्द हो गया था। लेकिन रधिया की माँ ज़मींदार साहब की परवाह न करके, रधिया को सुई दिलवाने के लिए अवश्य पहुँच जाती थी। रधिया की माँ को मैं होश सम्हालने के बाद से ही जानता था। इस रंगीन दुनिया में आकर, माँ की गोद के पहले उसी की गोद में मुझे आश्रय मिला था–वह सैकड़ों बार सुना चुकी थी। रधिया की माँ मेरे परिवार की महरी थी, पर मैं उसे चाची कहता था। कालेज में मुझे जब-जब घर की याद आती थी, आँखों के आगे दो मूर्तियाँ नाच जाती थीं, एक माँ की और दूसरी चाची (रधिया की माँ) की। वह दुखिया विधवा हो गयी थी, उसकी एकमात्र पुत्री रधिया भी जवान होते-होते विधवा हो गयी थी, लेकिन मेरे लिये तो वह वही चाची थी। रधिया को 'पिल्हा' हो गया था। चिकित्सा से जब पूर्णरूपेण स्वस्थ हो गयी, तो एक दिन उसकी माँ छाती

पीटती हुई दौड़ी आयी थी–'देखो लल्ला ! ये सब पानी में आग लगा रहे हैं। बिरादरी और गाँववालों की पंचायत बैठी थी, पंचायत ने रधिया पर दोषारोपण किया था कि तुम्हारे और रधिया के अनुचित सम्बन्ध के फलस्वरूप रधिया को गर्भ रह गया था और तुम सुई देकर गर्भपात··· ।' सुनकर मैं अवाक् हो गया। रधिया मेरा भोजन बनाती थी, बर्तन-भाँडे माँजती थी, घर की चाबी भी उसी के पास रहती थी। मेरे खाने-पीने, सोने-बैठने की फिक्र मुझसे ज्यादा उसको रहती थी। मैं उसका भैया जो था। लेकिन··· !··· मैंने रधिया की माँ से गिड़गिड़ाकर कहा था–'चाची, तुम भी क्या इस बात को सच समझती हो ?' वह रोती हुई बोली थी–'तुम क्या कह रहे हो लल्ला ! ऐसा भी भला हो सकता है ? मैं सब जानती हूँ। बड़ी बहू (ज़मींदार साहब की भाभी) को मैंने मायके जाने के लिए कहा था, ज़मींदार साहब को यह बात मालूम हो गयी। इसी से यह सब हुआ है।' वह रोती हुई चली गयी थी।

दूसरे दिन प्रातःकाल बिछौने पर पड़े-पड़े ही मैंने सुना–रधिया की माँ रधिया को लेकर न जाने कहाँ भाग गयी। पूर्व आकाश में ऊषा की लाली फैल रही थी और मुझे सारी दुनिया पीली दिखाई दे रही थी !

> "मगहिया-डोम, एक खानाबदोश कौम। यह जाति औरत-मर्द-बच्चों के साथ जमात बाँधकर एक गाँव से दूसरे गाँव में डेरा डालती फिरती है। यह बड़ी निडर जाति होती है। मर्द दिन में जंगलों में जाकर गीदड़ों की बोली बोलकर उनका शिकार करते हैं और रात में चोरी; कभी-कभी दल बाँधकर डाका भी डालते हैं। औरतें और बच्चे गाँव में भीख माँगते हैं। जवान औरतें बुरा पेशा भी करती हैं ! बूढ़े और बुढ़ियाँ पड़ाव पर बैठकर गधों की रखवाली करती हैं।"

उपर्युक्त रिपोर्ट मैंने एक मित्र–पुलिस इन्स्पेक्टर की डायरी में पढ़ी थी।

फागुन का महीना। मगहिया डोमों की एक टुकड़ी ने गाँव से बाहर एक मैदान में डेरा डाला। दूसरे दिन गाँव में गन्दी घाघरीवाली औरतें भीख माँगती हुई दिखाई पड़ीं। 'भीख माँगती हुई' कहना उपयुक्त नहीं होगा, क्योंकि वे जिस तरह भीख माँगती थीं, उसे 'भीख माँगना' नहीं, खुराकी वसूल करना कह सकते हैं। लोग चुपचाप भीख देते थे, उनसे बोलने में या तो लोग डरते थे अथवा अपनी हेठी समझते थे।

"ओय··· यू··· यू··· य मोटकी मलकिनियाँ··· याँ··· याँ ! बुढ़ारि में तोहें सिंगार से छुट्टी नाहिं मिलत··· अ्··· ! हम्में भीख दय दो, चलि जायिं···।"

दूसरी उधर चिल्ला रही थी–"भीख देबा कि यहीं दरबज्जे पर पेशाब कय दीं ?"

तीसरी किसी के घृणापूर्ण प्रश्न अथवा व्यंग्यपूर्ण कटाक्ष का उत्तर दे रही थी–"अरी हाँ, हाँ ! गीदड़ खाती हैं हम सब। तें··· हूँ खाले नन्हकी बहुरनियाँ··· तो दिन-भर में··· !"

मैं अपनी कोठरी में लेटे-लेटे **शोलोखोव** की **'क्वायट फ्लोज दी डान'** पढ़ रहा था कि दरवाजे के पास आकर किसी ने हाँक लगायी–"अरी ओं··· यू··· यू··· य मलकिनियाँ··· याँ··· !"

"अरे यहाँ कोई मालकिन-वालकिन नहीं है !" मैंने अन्दर से ही डाँटकर कहा। वह मेरे बरामदे पर–खुली किवाड़ी के सामने–आकर कुछ कहते-कहते रुक गयी। मैंने देखा–बड़ी-बड़ी प्यारी आँखोंवाली, कानों में झुमके, गले में पीतल और काँसे के गहने पहने एक स्वस्थ किन्तु गन्दी, सुन्दर युवती, बगल में भीख की झोली लटकाये खड़ी है। मुझे गौर से देखकर नीची निगाह किये वह बोली–"मालकिन नहिं है त तैंहि दे दा !"

"क्या दे दूँ ?"

"अरे मालिक के दरबार है, सोना-रूपा पहने लाग, रेशम मलमल ओढ़े लाग, खाये लाग जूठा-कूठा··· !" कहते वह मुस्कुरायी।

मैं भी अपनी हँसी नहीं रोक सका। मैंने कहा–"यहाँ तो बोतलों में सिर्फ दवाइयाँ हैं। कहो तो दे दूँ !"

उसने एक बार मुझे गौर से देखा। मेरी आँखों में आँखें गड़ाती हुई वह बोली–"तूँ बैद हुआ ?"

"हाँ।"

वह बैठते-बैठते स्वर को जरा कर्कश बनाकर बोली–"बज्जर गिरे तोरे दवायन पर, हम्में दवाय नाहिं चाहिय, एक मुट्ठी कुछ दे दा, चलि जायिं !"

मैं एकटक उसकी ओर देख रहा था। उसकी सूरत, उसकी आँखें और उसकी बोली कह रही थी कि वह सभ्य समाज की देन है। वह अपनी मीठी बोली को जबर्दस्ती कर्कश बनाने की चेष्टा करती, किन्तु असफल रहती थी। मुझे अपनी आँखें गड़ाकर देखते हुए देखकर बोली–"आँखि फारिके देखत का हुआ हम्में, बड़े-बड़े हाकिम-दरोगन के आँखि के लाली झारि देलि-हाँ !"

मैंने मनीबैग से एक अठन्नी निकालकर फेंक दी। अठन्नी को जमीन पर से उठाकर हँसती हुई बोली–"अरे रम्माँ ! यह अठनियाँ बचे ना पायि, देखहि से मारिके जवनवा हमार काढ़ि लेयि, दारु पिये लाग। कुछो एक मुट्ठी खाये लाग दे दा राजा !"

उसने अन्तिम शब्दों में जो दर्द डाला, मुझे बड़ा स्वाभाविक-सा लगा। मैंने उठकर थोड़ा चावल ला दिया। जाते-जाते उसने मेरी ओर देखकर, किंचित मुस्कुराकर कहा–"अब त हम्म रोजो आब।"

वह चली गयी तो मैं घंटों बैठकर उस असभ्य और बर्बर जाति की युवती के सम्बन्ध में सोचता रहा।

वह दूसरे दिन भी आयी, तीसरे दिन भी आयी और रोज आने लगी। एक दिन मैंने हँसकर कहा—"तुम लोग इस तरह लोगों को डराकर, गालियाँ देकर क्यों भीख माँगती हो ?"

"तू काहे दवा में पानी मिला के लोगन के ठग्गत हुआ ?"

"दवा में पानी मिलाना ही पड़ता है, बिना पानी के दवा नहीं बनती।"

"त बेगर डाँटे-डपटे-गाली दिये कुछ नाहिं मिले—जान रखा।" वह हँस पड़ी थी। मैं स्वीकार करता हूँ, उसकी हँसी ने मुझे मोह लिया था। उसकी मुस्कुराहट में जादू था। एक दिन मैंने पूछ ही लिया—"तुम लोग जादू भी जानती हो ?"

वह खिलखिलाकर हँस पड़ी थी—"अरे राजा ! तोंहके कैसे मालूम ?"

"यों ही पूछता हूँ।"

वह हँसी रोकते हुए बोली थी—"हम्म नाहिं जानि जादू-वादू ! वैसे बुढ़ियन सबके पाँछा देखत नाँहि, गाँव के सगरो जवनवा लागल रहत—ऐ बुढ़िया बताय दे, ऐ बुढ़िया बताय दे ! चावल-दाल-आटा-तरकारी ढेर के ढेर पहुँचायि आवत।"

"सो क्यों ?"

"मन उचाटनेवाला जादू सीखे लाग।" वह हँस रही थी।

मैंने आश्चर्य प्रकट करते हुए पूछा—"क्या बुढ़िया सचमुच में वशीकरण मंत्र जानती है ?"

मुझे आश्चर्यित होते देखकर वह ठठाकर हँस पड़ी थी—"तेंहूँ सीख आवा बैद राजा !"

होली के दिन। गाँव भर में हुरदंग मचा हुआ था। बूढ़े और बच्चों में भी जवानी की लहर आयी हुई थी। अश्लील और श्लील गीतों के तराने मस्ती-भरी हवा के झकोरों पर हिलकोरे खाकर मेरी कोठरी में पहुँच जाते थे। मैं भी रह-रहकर होली के बहाने मर्सिया गुनगुना लेता था—"का के संग खेलूँ फाग !'

"अरे तूँ काहे ना खेलत होरी बैद राजा ?" वह हठात् आकर खड़ी हो गयी थी। एक अलमुनियम की बड़ी कटोरी में मालपुए माँग लायी थी। एक मालपुए को वह दाँतों से काटकर खा रही थी।

मुझे आश्चर्य हुआ। होली के दिन, भले घर की औरतें बाहर पाँव रखने की हिम्मत नहीं करती हैं, और यह निडर होकर गाँव में फिर रही है !

उसने फिर पूछा—"तू काहे ना खेलत होरी ?" मेरे मुँह से मर्सिया की 'भाषा-टीका' निकल पड़ी थी—"किसके साथ खेलूँ ?"

मालपुए को दाँतों से काटते-काटते वह गम्भीर हो गयी थी। मैंने फिर पूछा

था–"तुम आज कैसे आयीं ?"

"पुआ माँगे लाग !"

"लोगों ने कुछ कहा नहीं ?" अपने नथुने को गर्व से फुलाते हुए वह बोली थी–"केकर मजाल हुए कुछ कहे के। हुँ !"–वह बैठ गयी थी।

"किसी ने रंग नहीं डाला ?"

उसने खाते-खाते लापरवाही से कहा था–"तूँ डाल दा। डाल के देखा।"

"यदि डाल दूँ तो ?"

"डाल दा !"

मैं 'रेड-इंक' दावात लेकर उठा, वह मुस्कुराकर घुटनों में ठुड्डी मिलाकर बोली थी–"पीठ पे डाल !"

मैंने उसकी पीठ पर दावात उडेल दी थी। उसकी गंदी चोली पर लाल रोशनाई चमक उठी थी, उसकी मुस्कुराहट और भी रंगीन हो गयी थी। वह मुस्कुराते हुए चली गयी थी। मुझे याद है–मेरी आँखों में भी गुलाबी लाली दौड़ गयी थी।

उसी दिन, पिछले पहर, वह दौड़ी आयी थी। भर्राये स्वर में बोली थी–"बैद राजा ! जरा चलके देख। हम्मर जवनवा के का हो गया ! उलटी आर पेट चलत हुए ! जड़ी-बूटी देत-देत हारि–कुछ काट नहीं मानत। चल बैद राजा !"

"क्या हुआ ?" मैंने अचकचाकर पूछा था।

"हम्मर जवनवा के–उलटी आर पेट चलत हुए।" वह हाँफ रही थी।

'इमर्जेन्सी-बैग' लेकर मैं उसके साथ चल पड़ा। वह आगे-आगे भागी जा रही थी और देवी-देवताओं को रो-रोकर मनौतियाँ मना रही थी।

गाँव से बाहर मैदान में उन लोगों का पड़ाव था। जाकर देखा, एक बलिष्ठ नौजवान धरती पर पड़ा छटपटा रहा है। मैंने परीक्षा की–'प्योर कालरा !'

वह मेरे पास खड़ी थर-थर काँप रही थी। मैंने कहा–"इसे मेरे यहाँ ले चलो। वहीं सुई दूँगा।" सेलाइन देते ही ठीक हो जायेगा–मैंने मन-ही-मन कहा।

"सब त जात हैं !" वह करुण स्वर में बोली थी।

मैंने देखा–पड़ाव में खलबली मची हुई है। सब अपना डेरा तोड़ रहे हैं। गधों पर सामान बोझ रहे हैं।

"तो वे लोग तुम्हें छोड़कर चले जायेंगे ?"

"हूँ !"–वह रो पड़ी थी।

"तुम इसे ले चलो, अभी तुरंत आराम आ जायेगा।"

पास में ही गधा चल रहा था, वह हाँक लायी। एक नौजवान ने आकर दूर से ही कुछ कहा। नौजवान ने एक बार मेरी ओर देखा और चला गया। गधे पर सामान लादकर उसने जोर लगाकर बीमार को उठाया और गधे पर बोझ दिया। एक दुबले-पतले-काले बुड्ढे ने भी आकर कुछ कहा, पर वह मौन रही। रास्ते में

मैंने पूछा–"वह छोकड़ा क्या कह रहा था ?"

"का कहि अरु ! चल हम्मरे साथ, वहि के कौन भरोसा।"

"और वह बुड्ढा··· ?"

"बुढ़वा एति के (बीमार नौजवान का) बाप रहल। कहत रहल चल हमरे साथ रानी बनाय के राखब।"

मैं उसे अपने बरामदे पर लिटाकर 'सेलाइन' देने जा ही रहा था कि ज़मींदार साहब, गाँव के कुछ प्रतिष्ठित व्यक्तियों के साथ आ धमके। उन्होंने घृणा से मुँह विकृत करके दूर से ही कहा–"तुमने तो हद कर दिया। छीः छीः, जरा शर्म भी तो हो ! एक भद्र परिवार की सन्तान होकर इस नीच छोकड़ी पर मर रहे हो। तुम्हें अपनी इज्जत की परवाह न हो, लेकिन गाँववालों की इज्जत की भी तो फिक्र की होती ! छीः छीः।"

"छीः छीः क्यों ?··· इसे हैजा हो गया है, मैं डाक्टर हूँ, दवा···" मेरी बात पूरी भी न होने पायी थी कि सबों ने एक साथ चिल्लाकर कहा–"क्या ! हैजा ?"

"हे भगवान ! यह तो अपने साथ गाँव-भर को ले डूबेगा। देख रहे हो न !" ज़मींदार साहब ने गाँववालों की ओर मुड़कर कहा। फिर क्या था, मुझ पर गालियों की बौछारें होने लगीं। मैं हतबुद्धि-सा हाथ में सीरींज लेकर खड़ा रहा। उस दिन युवती ने परिस्थिति ताड़ ली। उसने मेरी ओर एक बार देखा, फिर जोर लगाकर उस अर्द्धमृत युवक को उठाकर गधे पर बोझ दिया। उठाने के समय युवक ने मुँह बाकर पानी माँगा। असहाय युवती की आँखें बरस पड़ीं। उसने मेरी ओर जाते-जाते एक बार देखा और गधे को हाँकने लगी।

"छीः छीः, बेहया ! निर्लज्ज !! गाँव-भर का सत्यानाश करेगा।" कहकर गाँव के प्रतिष्ठित व्यक्तियों ने भी प्रस्थान किया। मैं हाथ में सीरींज लेकर चुपचाप देखता रहा–गोधूलि की बेला, दूर–बहुत दूर–उसकी जमात रंगीन धूल उड़ाती जा रही थी। गधे पर अपने प्रियतम को लादे, घाँघरी के छोर से आँसू पोंछते हुए वह भी उधर ही जा रही थी। ज्यों-ज्यों वह आगे बढ़ रही थी, उसकी पीठ पर लाल रोशनाई का रंग और भी गहरा दिखलाई पड़ रहा था। धीरे-धीरे वह लाली आग की लपट-सी मेरी धमनियों में समा गयी और उसी दिन से मैं आग से खेलने लगा।

कठोर कारावास से मुक्त होकर–सौभाग्यवश–सेनेटोरियम में जगह मिल गयी है। दीवार पर 'टेम्परेचर चार्ट' लटक रहा है। चार्ट पर एक लम्बी लाल रेखा खिंची हुई है, उसके ऊपर-नीचे चढ़ने और उतरनेवाली बुखार की गति रोशनाई से अंकित की गयी है। मैं चार्ट को देखता रहता हूँ, उसे देखकर तरह-तरह की कल्पनाएँ किया करता हूँ–काशी की गंगा के किनारे-किनारे छोटे-बड़े मंदिरों के गुम्बज··· और नीचे··· गंगा के निर्मल जल में उनकी प्रतिछाया··· !!

दूसरे चार्ट पर मेरी हिस्ट्री लिखी हुई है। डेट ऑफ डेथ (मृत्यु की तिथि) के सामने अभी जगह खाली है। उस स्थान को भरते हुए मैं नहीं देख सकूँगा !

बुखार ! खाँसी !! रक्त-वमन !! उफ् ?

मुँह पर सफेद नकाब डालकर डाक्टर आते हैं, नर्सें आती हैं। मेरी हालत देखकर उन लोगों के चेहरों पर जो रंग चढ़ता-उतरता है–उसको भी लक्ष्य करता हूँ।

कोयल की कूक, मस्ती-भरी फागुन की हवा और वार्ड कुली के 'रँग दे चुनरी हमारी··· !' गीत को सुनकर मैं अन्दाज लगाता हूँ–'होली आ रही है !'

आँखों के आगे, प्राणों में घुले हुए सभी रंग एक-एक करके दौड़ जाते हैं–काला··· नीला··· पीला··· हरा··· लाल··· सफेद··· !!

मार्च, 1945

न मिटनेवाली भूख

आठ बज रहे थें। दीदी बिछौने पर पड़ी चुपचाप टुकुर-टुकुर देख रही थी—छत की ओर। उसके बाल तकिये पर बिखरे हुए थे, इधर-उधर लटक रहे थे। एक मोटी किताब, नीचे चप्पल के पास, औंधी मुँह गिरकर न जाने कब से पड़ी हुई थी। बुधनी की माँ, दबे पाँव कमरे के पास आती थी और झाँककर चुपचाप लौट जाती थी। आठ बजे तक बिछौने पर रोगिनी की तरह चुपचाप पड़ा रहना, मौन साधे, दयनीय मुद्रा बनाकर, टकटकी लगाकर देखते रहना आदि बातें कुछ ऐसे वातावरण की सृष्टि कर रही थीं कि बुधनी की माँ कुछ पूछने की हिम्मत नहीं कर पाती थी। बेचारी हांथ में झाड़ू लेकर बार-बार लौट आती थी। अन्त में छोटी दीदी (मिस फ्लोरा) से जाकर वह बोली, "दीदी के का भैल है, अब ले पड़ल बाड़ी। आखिर···"

"बड़ी मुश्किल है बुधनी की माँ। कल से ही उनका यह हाल है। न खाती हैं, न पीती हैं और कुछ बोलती भी तो नहीं। पूछने पर कहती हैं कि कुछ हुआ ही नहीं। ज्यादे कुछ पूछने की हिम्मत भी तो नहीं होती।" मिस फ्लोरा ने बालों में कंघी चलाते-चलाते ही कहा।

"सुबहे से झाड़ू देबे ले ठाढ़ हई। तनी चलिके···" बुधनी की माँ बात पूरी भी नहीं करने पायी थी कि दीदी की प्रिय छात्रा–चंचला किशोरी 'मदालसा' मुँह लटकाये, आकर खड़ी हो गयी और जिज्ञासु दृष्टि से मिस फ्लोरा और बुधनी की माँ को देखने लगी। बुधनी की माँ खिलकर बोली, "एहे तो कल्ली ! चल त रानी ! देख तोहर दीदी के का भैल है !"

मदालसा चुपचाप दीदी के कमरे में दाखिल हुई। दीदी अपलक दृष्टि से उसे देखती रही। बुधनी की माँ चौखट के पास ही खड़ी रही।

"दीदी !" मदा ने बहुत देर तक चुप रहने के बाद पुकारा।

"हूँ।"

"कैसा जी है दीदी ?"

"हूँ···" दीदी ने बिना हिले-डुले ही उत्तर दिया।

बुधनी की माँ ने पहले बरामदे पर एक-दो बार 'छप-छप' झाड़ू चलाया, फिर

डरते-डरते कमरे में आकर हल्के हाथों झाड़ू देने लगी। मदालसा, दीदी के टेबल पर बिखरी हुई किताबों को सजाकर रखने लगी। कलैण्डर में तारीख बदलकर, दिन भी बदल डाला उसने–दीदी चुपचाप देख रही थी।

"क्यों आज सोमवार हो गया न ?" दीदी ने अकचकाकर पूछा। मदालसा डरी, एक बार कलैण्डर की ओर देखकर वह बोली, "जी नहीं।" वह दिन बदल रही थी कि फिर याद कर रुकी और बोली, "जी हाँ, आज सोमवार ही है। कल रविवार, आज सोमवार···"

"सोमवार हो गया ?" दीदी उठकर बैठ गयी, बोली, "तो बारातवाले चले गये ?"

"हुँ, चार बजे भोर चल गैलन सब।" बुधनी की माँ झाड़ू के तिनकों को सजाती हुई बोली।

दीदी डरते-डरते बिछौने के पासवाली खिड़की को जो स्कूल की ओर खुलती थी–खोलने लगी। खिड़की खोलकर उसने देखा–स्कूल खाली पड़ा है। दो दिनों से बन्द खिड़की जो खुली तो कमरे में एक ताजी हवा आकर खेलने लगी। वह अँगड़ाई लेकर उठी, उसके चेहरे की गम्भीरता तत्क्षण ही दूर हो गयी। मदालसा के ओठों पर भी मुस्कान की एक सरल रेखा दौड़ गयी, बुधनी की माँ को कुछ हिम्मत हुई, पूछ बैठी, "कैसन तबियत है दीदी ?"

"अच्छी है, तू जल्दी से जाकर स्कूल के कमरों को झार-बुहार दे। न हो तो फुलिया को भी बुला लेना। भगेलू से कह दो–गाड़ी पर आज सरजू जायेगा। भगेलू क्लासों में बेंच सजाकर रखेगा। जाओ !" कहती हुई वह तौलिया और साड़ी लेकर 'बाथरूम' की ओर चली। मदालसा ने टोका, "दीदी !"

"क्या है री !" दीदी ने रुककर मुस्कुराते हुए पूछा।

"आप नहीं गयीं, इन्दु बहुत रोती थी, कहती थी–दीदी से भेंट नहीं हो सकी।" पेन्सिल-कटर में पेन्सिल डालकर घुमाते हुए मदालसा बोली। दीदी ने प्रत्युत्तर में सिर्फ एक लम्बी निःस्वास छोड़ दी।

"आप तो उसे उपहार देने के लिए एक चित्र बना रही थीं न ?"

"बना तो रही थी, पर अधूरा ही रह गया। अच्छा भेज दूँगी,···मुझसे बड़ी भारी गलती हो गयी मदा, जाने के दिन उससे मिल नहीं पायी।" कहती हुई दीदी धीरे-धीरे चली गयी।

मदा वहीं बैठकर दीदी का 'एलबम' देखने लगी।

2

श्रीमती उषा देवी उपाध्याय–उर्फ दीदीजी। शहर के गर्ल्स मि. ई. स्कूल की प्रधानाध्यापिका। मझोले कद की, दुबली-पतली, सुन्दरी विधवा युवती। जिस दिन से स्कूल में प्रधानाध्यापिका होकर आयी, स्कूल की उन्नति में चार-चाँद लग गये।

छात्राओं की संख्या चौगुनी हो गयी। परीक्षाफल सुन्दर होने लगा। स्कूल को हाईस्कूल बनाने की चर्चा होने लगी। उस दुबली-पतली मृदुभाषिणी 'दीदी' की मीठी चपत जिस बालिका ने एक बार खा ली, वह उसकी चेरी हो गयी। बालिकाओं और किशोरी छात्राओं की बात तो दूर, अध्यापिकाएँ भी उसके स्नेह की भूखी रहतीं। बुधनी की माँ उसकी प्राइवेट-सेक्रेटरी थी। सदा प्रसन्न रहनेवाली दीदी के ओठों पर मुस्कुराहट सदा खेलती रहती। वह कभी-कभी सितार बजाकर मीरा की पदावली गा लेती थी, टेढ़ी-मेढ़ी रेखाएँ खींचकर कलापूर्ण चित्र भी बना लेती थी। विधवा थी, ओढ़ने-पहनने, खाने-पीने की चीजों में सादगी के कड़े नियमों को मुस्तैदी से पालती थी, लेकिन अन्य अध्यापिकाएँ जो सधवा थीं, वे भी उनकी सादगी पर फिदा थीं।

स्नान-भोजन करके, दीदी अन्य अध्यापिकाओं के साथ जब स्कूल में दाखिल हुई तो बुधनी की माँ फुलिया को लेकर कमरों में झाड़ू दे रही थी और बड़बड़ा रही थी। भगेलू चुपचाप बेंचों को उठा-उठाकर अन्दर कर रहा था। दीदी को देखते ही बुधनी की माँ जोर-जोर से चिल्लाकर बोलने लगी—"छी-छी ! एक दिन में सुअर के खुहार बना देलन सब··· राम-राम··· !"

दीदी ने कमरे में जाकर देखा—दीवाल पर स्थान-स्थान पर पान की पीक पड़ी हुई थी। नीचे फर्श पर सिगरेट के अधजले टुकड़े, सिगरेट के खाली डब्बे और माचिस की जली हुई तीलियाँ बिखरी हुई थीं। दीदी ने किंचित नाक सिकोड़ते हुए कहा, "लो जल्दी साफ करो।" कहकर वह आफिस खोलने चली। वह आफिस खोल ही रही थी कि उसकी आँखें, दीवाल पर लिखे सुन्दर अक्षरों पर अटक गयीं—

"उठ सजनी खोल किवाड़ें, तेरे साजन आये दुआरे !"

दूसरी जगह—"खिड़कियाँ तुम्हारी बन्द रहीं पर मैंने तुमको देख लिया।"

लाल अक्षरों में—"रानी अब अध्यापन छोड़ो, मेरे दिल का राज सँभालो।"

नीले पेन्सिल से—"प्रेम की भाषा सजनि मुझको भी पढ़ा दो।"

पढ़ते-पढ़ते दीदी तिलमिला उठी। आफिस खोलकर धम्म-से कुर्सी पर जा बैठी। उसके ओठों पर कुछ घण्टे पहले जो स्वाभाविक मुस्कुराहट लौट आयी, वह विलीन हो गयी। वह उठी, फिर बैठ गयी। एक कागज पर लिखने लगी—'चेयरमैन की सेवा में' फिर न जाने क्या सोचकर कागज को फाड़कर वह उठ खड़ी हुई।

"फ्लोरा !" दीदी ने पुकारा।

फ्लोरा और उर्दू अध्यापिका सलमा आयीं, दीदी की गम्भीर मुद्रा को देखकर अवाक् खड़ी रहीं।

"क्या है दीदी ?" फ्लोरा ने मौन भंग करते हुए पूछा।

दीदी ने, बाहर आकर दोनों को दीवाल की ओर दिखलाया। दोनों ने पढ़कर घृणा से मुँह विकृत कर लिया। सलमा बोली, "यह बारातियों का काम है !"

"हूँ," दीदी ने कहा, "सभ्य बारातियों ने लिखा है।"

लड़कियाँ दल बाँधकर मुस्कुराते हुए आ रही थीं। सरजू भी स्कूल की गाड़ी

पर लड़कियों को लेकर आ गया था।

"प्रणाम दीदीजी, दीदीजी प्रणाम, प्रणाम···" कहकर, मुस्कुराती हुई लड़कियों की टोली ज्यों ही स्कूल की सीढ़ी पर पाँव रखने लगी, दीदी की गम्भीर वाणी सुनकर सब एकसाथ रुक पड़ीं।

"तब तक बाहर मैदान में खड़ी रहो।"

दीदी तथा अध्यापिकाओं के चेहरों को देखकर लड़कियाँ आपस में कानाफूसी करने लगीं–"देखो-देखो ! दीदी की आँखें लाल हैं !"

"ऐसा तो कभी नहीं···"

"समझी, समझी···" मंजू खुश होकर बोली, "कोई बड़े आदमी मर गये हैं, फिर वही पाँच मिनट चुप···"

"फ्लोरा ! रौलकॉल करके छुट्टी दे दो।" कहती हुई दीदी पुनः आफिस में जा बैठी।

छुट्टी दे दी गयी। छात्राओं ने बुधनी की माँ से पूछा, मदालसा से दरयाफ्त किया, पर कुछ भी पता नहीं चला।

दीदी अपने कमरे में लौट आयी और बिछौने पर लेट गयी। उसके अन्दर एक आग-सी जल रही थी, सिर फटा जा रहा था और रह-रहकर प्यास लग रही थी।

3

शनिवार को शहर के प्रतिष्ठित रईस श्री आनन्दी प्रसादजी के यहाँ बारात आयी थी। उनकी एकमात्र पुत्री 'इन्दु' के शुभविवाहोपलक्ष में स्थानीय धर्मशाला में बारातियों के ठहरने का प्रबन्ध किया गया था। किन्तु सभ्य-असभ्य, साधारण-असाधारण और धनी-गरीब के वर्गीकरण की ओर प्रबन्धकों का ध्यान ही नहीं गया था। सभ्य और सुसंस्कृत बारातियों ने जब 'जेनरल बारातियों' के साथ रहना अस्वीकार कर दिया तो चेयरमैन साहब से अनुमति लेकर 'गर्ल्स स्कूल' में ही ठहरने का प्रबन्ध कर दिया गया था–सभ्य, शिक्षित और सुसंस्कृत बारातियों के लिए।

स्कूल के कम्पाउण्ड में ही अध्यापिकाओं के 'क्वार्टर्स' थे। रविवार की शाम को अन्य अध्यापिकाएँ विवाह-गृह के समारोह में सम्मिलित होने चली गयी थीं, स्कूल की ओर खुलनेवाली खिड़की को बन्द करके दीदी अपने कमरे में बैठी अधूरे चित्र को पूरा कर रही थी। खिड़की के उस पार–स्कूल में सभ्य बारातियों का भोजन-पान शेष हो चुका था। पत्तलों पर कुत्तों की लड़ाई, भिखारी और भिखारिनों की करुण पुकार सुनकर दीदी का ध्यान भंग हुआ। चित्र को अपूर्ण ही छोड़कर–वह न जाने क्या सोचने लगी थी। धीरे-धीरे कुत्तों का भूँकना बन्द हुआ तो भिखमंगों ने आपस में लड़ाई शुरू कर दी थी। लड़ाई जब शान्त हुई तो एक छोटे शिशु के रोने की आवाज सुनायी पड़ी थी। दीदी ने पहचान लिया था, अभागिन मृणाल के बच्चे के कोमल कण्ठ-स्वर को। "ओ बाबा एत झाल, ताई तो बोलि, छेले

आमार काँदछे केन ?" मृणाल खाते-खाते बोल उठी थी। 'मृणाल के छोटे-से शिशु ने जूठन का स्वाद लेना शुरू कर दिया।'··· दीदी कुछ आश्चर्यित हुई थी। दीदी मृणाल को जानती थी, उसे प्यार करती थी, कभी-कभी बुलाकर भरपेट भोजन कराती थी और उसके प्यारे बच्चे को गोद में लेकर पुचकारती भी थी। बंगाल के भुक्कड़ों की जमात में मृणाल जब इस शहर में आयी थी तब उसकी गोदी अथवा देह में यह शिशु नहीं था। रोज शाम को कुछ बासी रोटियाँ पाकर बदले में मृणाल ने दिया था, इस शहर को वही भोला-भाला शिशु···जो कड़वी तरकारी खाकर रो उठा था। मृणाल बंगाल के एक ग्राम के खुशहाल किसान की पुत्री थी।

तो, उस शाम को बैठी-बैठी दीदी बहुत-सी बातें सोच रही थी—कुत्ते, मनुष्य, मृणाल और उसके प्यारे बच्चे के सम्बन्ध में न जाने क्या-क्या सोचते-सोचते आरामकुर्सी पर थकी-सी लेट गयी थी। स्कूल के बरामदे पर किसी ने, किसी सरोज नामक व्यक्ति को पुकारकर कहा था—"सरोजजी ! ओ ! सरोजजी, जरा इधर आइए।"

"क्या है ?" सरोज अथवा किसी दूसरे ने पूछा था।

"देखिए ! यहाँ की भिखारिनों की आँखों में भी एक अजीब जादू है।" पुकारनेवाले व्यक्ति ने दिखलाया था। दीदी की भौंहें ज़रा तन गयी थीं और कान सतर्क हो गये थे। देखनेवाले व्यक्ति ने देखकर कहा था, "ओहो !···'जादू' मत कहिए, 'मद' कहिए 'मद'।"

"अरे आप कवि ठहरे।" प्रथम व्यक्ति ने संशोधन को स्वीकार कर लिया था। एक तीसरी आवाज सुनायी पड़ी थी—"अच्छा कविजी ! कल्पना कीजिए तो, जहाँ की सड़कों पर ऐसी 'परियाँ' मारी फिरती हैं, खिड़कियाँ बन्द कर बैठनेवाली मलकाएँ कैसी होंगी ?"

इस पर जोरों से कहकहे लगे थे और वह व्यंग्य कहकहे के साथ, खिड़की की लकड़ियों को छेदकर 'दीदी' के अन्तःस्तल में घुस गया था।

उसी रात को तीन बजे तक स्कूल के बरामदे पर 'अंगूरीबाई' नाचती रही थी। घुँघरू की छमछमाहट, दर्द-भरी आवाज और 'वाह ! वाह ! क्या खूब !!' को सुनते-सुनते 'दीदी' तकिये में मुँह छिपाकर रोयी भी थी। दूसरे दिन भी वह यों ही बिछौने पर निश्चेष्ट पड़ी रही थी। बिछौने पर से उठते ही उसका सिर चक्कर खाने लगता था। एक ही रात में न जाने कितनी दुर्बलता आ गयी थी। रविवार की शाम को ही अंगूरीबाई कूक पड़ी थी—'अँधेरिया है रात सजन···।'

'अरे भई ! नेकी और पूछ-पूछ···' साजनों में से एक ने फरमाया था, शेष साजनों ने जबर्दस्त कहकहे लगाये थे।

'चुन-चुन कलियाँ सेज बिछायी··· '

'—मजेदार··· '

कहकहों के बवण्डर में 'दीदी' ज्ञानशून्य हो गयी थी, अंगूरीबाई गाती ही रही थी।

···सोमवार को 'रौलकॉल' के बाद छुट्टी देकर जब वह लौटी थी तो उसके अन्दर आग-सी लग रही थी, सिर फटा जा रहा था और उसे रह-रहकर प्यास लगती थी।

एक ही दिन में बुखार ने भीषण रूप धारण कर लिया। लेडी डॉक्टर आयी, नुस्खा देकर चली गयी और दवा होने लगी। मंगलवार को सुबह से ही 'प्रलाप' के लक्षण दिखायी पड़ने लगे। वह बिछौने पर चंचल हो रही थी और वह रह-रहकर कुछ बड़बड़ाती भी थी। कभी-कभी चौंककर पास में बैठी मदालसा को उठकर पकड़ लेती थी और रो पड़ती थी–"मदा ! छिप जाओ बिट्टी मेरी··· वह बीड़ीवाला···बीड़ीवाला !!" ···कहते-कहते वह बेहोश होकर बिछौने पर लुढ़क पड़ती थी।

हाँ, एक बीड़ीवाले को अक्सर 'मिस्ट्रेस क्वार्टर्स' के पास आकर दिल में दर्द पैदा हो जाया करता था और वह इलाही से उस दर्द को न मिटाने के लिए आरजू करता हुआ चला जाता था।

दीदी आँखें खोलकर इधर-उधर देखती, मदा, फ्लोरा, सलमा और बुधनी की माँ करुण नेत्रों से बैठी हुई हैं···"नहीं वह खड़ी है, मृणाल; उसकी गोदी में नन्हा शिशु है ! वह बीड़ीवाला !!··· उँह-हूँ-हूँ !"

"दीदी !" सलमा पुकारती।

दीदी आँखें फाड़े दीवाल की ओर देखती ही रहती–"मजेदार···पीली अंगूरी और वह गूँगी पगली··· गर्भवती पगली हँस रही है–हेंह-हेंह उँहू हेंह उऐं··· !!"

"हेंह-हेंह उँहू हेंह उऐं"–गूँगी-सी, दीदी भी हँस पड़ी।

"दीदी"–प्रायः रोती हुई फ्लोरा ने पुकारा। सलमा ने सिर पर आइसबैग रखा और मदालसा पंखा झलने लगी। दीदी आँखें बन्द किये सोचने लगती–वह पगली गर्भवती है। उस पर भी बलात्कार किये गये। छीः छीः ! वार, वाइन एण्ड वीमेन–सुरा, युद्ध और नारी···सत्यानाशिनी चीजें हैं।···'उठ सजनी खोल किवाड़ें ?' ···वह फिर चौंककर उठ बैठती, बड़बड़ा उठती–'खोल दो खिड़कियाँ··· याँ-याँ··· ।' बुधनी की माँ पकड़कर उसे लिटा देती।

"खिड़कियाँ तो खुली ही हुई हैं।" सलमा कहती।

दीदी चुपचाप आँखें मूँदे रहती··· 'भरी सभा में द्रौपदी चीरहरण··· उसकी करुण पुकार, उसे नंगी देखने की वासना··· ओह !' आँखें मूदे ही अपनी साड़ी के छोर को पकड़ लेती और चिल्ला उठती–"मैं नंगी हो जाऊँगी··· मैं नंगी हो जाऊँगी-गी-गी !!"

"दीदी"–फ्लोरा, मदा और सलमा तीनों प्रायः एक ही साथ पुकार उठतीं। दीदी घृणा से मुँह विकृत कर लेती।

भगेलू लेडी डॉक्टर के यहाँ गया था, लौटकर आया तो चुपचाप खड़ा रहा। बहुत पूछने पर भगेलू ने कहा, "डॉक्टरनी साहेब राजा रघुवीरसिंह के हिंया जाते थे। हम जाकर बोले तो बोलिन कि··· " वह चुप हो रहा।

"क्या बोली ?" फ्लोरा ने डाँटकर पूछा।

"बोलिन कि जाकर अपना दीदी को दूसरा विवाह कर दो, सब ठीक हो जायगा।"

इधर बिछौने पर पड़ी-पड़ी वह दीवाल की ओर एकटक से देख रही थी–स्कूल कम्पाउण्ड में वह मृणाल, नंगी अंगूरी और गूँगी पगली खड़ी है। चहारदीवारी के चारों ओर शहर-भर के लोग–सभ्य-असभ्य, शिक्षित-अशिक्षित और गरीब-अमीर, अपनी-अपनी भाषा में हल्ला मचा रहे हैं–

"तनि हमरो देखद आज सुरतिया पतली कमरिया···"

"तेरे दर पे खड़ा हूँ कब से···"

"उठ सजनी खोल किवाड़ें···"

"तिरछी नजरियावाली रे !···"

"रे पगलिया···"

"री बच्चेवाली छोरी···"

"घूँघट हटाके चाँद-सा मुखड़ा···"

लोगों की भीड़ क्रमशः उत्तेजित हो रही है। सब फाटक पर धक्का दे रहे हैं। अंगूरीबाई आँचल से अपने को ढँक लेती है। मृणाल रो पड़ती है, उसकी गोद का बच्चा छाती में मुँह छिपाकर सिमट गया है। पगली हँस रही है–हेंह-ऐं-उँ अह्-अह् हे-हे···, फाटक टूटने को है। ओह ! दीदी चौंककर उठ बैठी। इस बार उसको देखकर मदा, फ्लोरा वगैरह घबड़ा गयीं ! दीदी अचानक बिछौने पर से उठकर भागी।

"दीदी ! दीदी !! दीदी··· अरी रोको, पकड़ो···" सब पीछे-पीछे दौड़ीं। वह 'हंह उँह ओय अह-अह' करके हँसती और भागती जा रही थी। फाटक के पास जाते-जाते दीवाल से टक्कर खाकर गिर पड़ी। जमीन पर रक्त की धारा बह चली।

4

दीदी, अस्पताल में अन्तिम घड़ियाँ गिन रही थी। 'एवरग्रीन रेस्ट्राँ' में चाय पीनेवाले नौजवानों को एक नया मसाला मिल गया। चाय की चुस्की लेते हुए एक नौजवान ने कहा, "अरुण ! तुमने कुछ सुना··· उसकी हालत बड़ी नाजुक है यार !"

"आखिर ऐसा क्यों हुआ, कुछ पता चला ?"

"भई, आखिर यह भी अपने पहलू में दिल रखती थी, किसी ने छीनकर बेमुरौयती से तोड़ डाला होगा, और क्या ?"

"सुना है कि बारात में उसके कोई पुराने प्रेमी आये थे।"

"तब ठीक है"–एक कहानी-लेखक, जो अब तक चुपचाप बैठे हुए थे, बोल उठे, "मैंने भी ऐसी ही कल्पना की थी।"

"हिं-हिं ऐह हे-हे ओय···" रेस्ट्राँ के सामने सड़क पर गूँगी पगली जो बहुत

निकट भविष्य में ही माता बननेवाली थी, खड़ी-खड़ी हँस रही थी–'ऐह हेंह हों···' हँसते-हँसते पेट में बल पड़ जाने की मुद्रा बना रही थी।

"अरी भाग, हट शैतान!"

"हेंह ऐं"··· वह प्रत्येक डेग से धरती पर एक विशेष जोर डालती हँसती हुई चली गयी।

अप्रैल, 1945

रखवाला

रक्त की प्यासी सभ्य दुनिया से दूर–बहुत दूर–हिमालय के एक पहाड़ी गाँव का अंचल। छोटा-सा झोंपड़ा। पहाड़ी की ओट से छनकर आती हुई सूर्य की किरणों में छोटा-सा सरकंडे का झोंपड़ा सोने के झोंपड़े की तरह चमक रहा था। झोंपड़े के इर्द-गिर्द केले, नारंगी, नासपाती के दरख्त, फल-फूल और हरे-पीले पत्तों से लदे हुए। झोंपड़े के सामने एक अमरूद का पेड़, खूँटे से बँधा एक बछड़ा था। पेड़ के नीचे बैठी वह, जंगली बेंतों और बाँस की पतली-पतली तीलियों से डोको बना रही थी। प्यारा-सा सुकुमार बच्चा गोद में मीठी नींद ले रहा था। किसी गीत की 'कड़ी' को गुनगुनाती हुई वह काम कर रही थी। उसके हाथ मशीन की भाँति चल रहे थे। बेंतों और तीलियों को काटते-सँभालते गुनगुनाहट का क्रम तो रुक भी जाता, पर उसकी स्मृतियों के तार न टूटते थे। हाँ, कभी-कभी सामने की मटमैली... धुँधली पहाड़ी की ओर नजर उठाकर देख लेती, देख लेती अपनी गोद में सोये प्यारे बच्चे को और पेड़ में पके अमरूदों को। तब उसके मानस-पट पर चलनेवाले स्मृतियों के सवाक् चित्रपट के एकाध अस्फुट शब्द बाहर निकल पड़ते।

'... और यह अमरूद का पेड़ तो एकदम बच्चा था उस समय, अब तो फलने लगा है !' मन-ही-मन हिसाब लगाकर जोड़ती–'ग्यारह !' और फिर अतीत की स्मृतियाँ, चल-चित्र के समान क्रमबद्ध चलने लगतीं–ग्यारह वर्ष बीत गये ! अमरूद का यह पेड़ और महज अट्ठारह वर्ष की थी वह ! फागुन का महीना... ऐसी ही धीरे-धीरे बहती हुई वासन्ती हवा, इसी पेड़ के पास खड़ी होकर, सजल नेत्रों से उनको विदाई देती हुई वह ! पीठ पर 'डोको' लादे, सतरंगे ऊनी कमरबंध से 'खुखरी' को कमर में बाँधते हुए उन्होंने कहा था–'रुन्छ्स ? दुत बावली ! म च्यांडे यो डोको फरी रुपयाँ लियेर फरकयूँला, धीरज बहादुर को दुलहिन लाय हेरन ! तेस्को कान को झूमका, नाक को नथिया–जम्मे कलकत्ता को नै कमाई हो, कलकत्ता मा रुपयाँ तैयार हुंछ... !' (रोती हो ? दुत् पगली ! मैं जल्दी ही 'डोको' भर रुपया लेकर लौटूँगा। धीरज बहादुर की स्त्री को देखो न ! उसके कान के झुमके, नाक की नथिया–सब कलकत्ता की कमाई ही तो है। कलकत्ते में रुपये बनते हैं... ।)

ग्यारह वर्ष पहले के–विदा वेला के–आलिंगन-चुम्बन को याद कर उसका हृदय

धड़कने लगता, ओंठ फड़कने लगते और नसों में बिजली दौड़ जाती।

'... गाँव का आवारा, लफंगा बलबहादुर भी उनके साथ ज़ा रहा था। वह इसी पेड़ के पास खड़ी देख रही थी और वे दोनों सामने की उसी मटमैली, धुँधली पहाड़ी की छाया में छिप गये थे।' पेड़ पर तोता अमरूद कुतरता, वह हाथ उठाकर 'हिस्' कर उड़ाती और स्मृतियों का क्रम टूटते-टूटते फिर चलने लगता... 'आठ वर्षों तक वह प्रतिदिन यहीं कुछ देर खड़ी होकर देखती रही थी, किंतु उस धुँधली पहाड़ी की छाया से निकलकर कोई नहीं आया था–कोई भी नहीं।'... खूँटे से बँधा बछड़ा बाँ-बाँ करने लगता, गम्भीर निद्रा में सोये हुए बच्चे को बायें हाथ से कंधे या छाती पर चिपकाकर वह उठ खड़ी होती, बछड़े को पुचकारती-दुलारती और कोमल घास खिलाती–"अरे, तुम्हें इतनी जल्दी भूख लग गयी ?" कहकर प्यार से एक मीठी चपत लगाकर आसमान में सूर्य की ओर देखकर बड़बड़ा उठती–'बेला ढकने को है। सुबह ही बिना खाये गया है सो अभी तक वह नहीं लौटा। उसकी रोज की यही आदत बुरी... ।' कुनकुनाती हुई वह वहीं जाकर बैठ जाती और फिर स्मृतियों के देश में विचरण करने लगती।

आठ वर्षों तक कोई न आया !... तीसरे साल... अगहन महीने में शाम को जब वह आग सुलगाकर बाछा को सेंक रही थी कि 'चन्दू' की माँ ने आकर कहा था–अरी पूनो ! बलबहादुर कलकत्ते से आया है, माँझला के आँगन में है।–सुनते ही वह नवजात बाछा को ठिठुरते छोड़कर दौड़ी थी माँझला के यहाँ। माँझला के यहाँ बूढ़े, बच्चे, लड़के, लड़कियाँ और गाँव-भर की स्त्रियाँ बलबहादुर को घेरे खड़ी थीं। बीच में बैठा बलबहादुर कलकत्ते की हैरत-भरी कहानियाँ सुना रहा था।

... टरेम गाड़ी, मटर गाड़ी... हवैया जहाज... वगैरह की अजीब-अजीब बोलियाँ वह हँस-हँसकर सगर्व सबको सुना रहा था। सब आश्चर्य के पुतले बने सुन रहे थे। अचरज-भरी हँसी हँस रहे थे।... वह उसके पास न जा सकी थी। पिछवाड़े में ही खड़ी सब सुनती रही... ... ... बलबहादुर ने कहा था... हिरण्य दाजू (हिरण्य भैया) पलटन मा भरती भये... ! –सुनते ही वह काँप उठी थी, उसके सिर में चक्कर आने लगा था। वह भाग आयी थी। अपनी झोंपड़ी में पड़ी-पड़ी वह लगातार कई दिनों तक आँसू बहाती रही थी...।

उसकी आँखें डबडबा आयीं। वह उठ खड़ी हुई। जंगल की ओर देखकर पुकारती–'ब... हा-दू... र !!' प्रत्युत्तर में खूँटे से बँधा बछड़ा 'बाँ-बाँ' करता और गोदी का बच्चा रो पड़ता। बच्चे को थपकियों से सुलाती वह फिर बैठ जाती और ताना-बाना बुनने लग जाती–हाँ, वह हफ्तों पड़ी रही थी। और यह बलबहादुर ! उसे कभी भी भला नहीं लगा था यह बलबहादुर ! बचपन से ही वह उसे जानती थी, उसे सैकड़ों बार गालियाँ दे चुकी थी। गाँव की सभी लड़कियाँ उससे घृणा करती थीं। वह जंगल में लड़कियों को छेड़ता था।... लेकिन, उस दिन अपने को समझा-बुझाकर वह उठ बैठी थी। बैठी-बैठी गीत की एक कड़ी गुनगुना रही थी–तिमीत आयो लखन, दाज्यु लाय कहाँ छोड़े ? (तुम तो आये लक्ष्मण, पर भाई

को कहाँ छोड़ आये ?) कि उसने पिछवाड़े से गाकर उत्तर दिया था–'दाज्यु त गये मृगा पछि, म आये तिन्नो रखवारे !' (भाई तो हिरण के पीछे गये, मैं तुम्हारी रखवाली करने आया हूँ।)

उस समय बलबहादुर उसे बड़ा अच्छा लगा था। वह उसको पकड़ लायी थी आँगन में। घंटों बैठकर कलकत्ते की कहानियाँ सुनती रही थी। उसी दिन से वह रोज शाम को आकर कलकत्ते की कहानी सुना जाता। उनकी (पूनो के पति की) बुद्धिमानी और अपनी बेवकूफी की दर्जनों ऐसी कहानियाँ कहता कि हँसते-हँसते पेट में बल पड़ जाते।··· किस तरह वह एक कम्पनी में दरबान था, उसी कम्पनी का एक कुली भद्दे इशारे से 'हुन्छ-हुन्छ दाजू' कहकर चिढ़ाया करता था। वह खून का घूँट पीकर रह जाता था। किस तरह उसने जाकर 'हिरण्य दाज्यू' से शिकायत कर दी और वे जाकर उस कुली को किस तरह 'खुखरी' निकालकर मारने दौड़े और वह कुली किस तरह दुम दबाकर भागा–आदि बातें वह सविस्तार सुनाता। उसे बड़ी अच्छी लगती थीं कलकत्ते की कहानियाँ। कैसा देश है जहाँ बिना तेल की बत्ती अपने-आप शाम होने पर जल जाती है और सुबह को बुझ जाती है !!

बलबहादुर भी उसे अच्छा लगने लगा था। एक दिन वह बलबहादुर को पकड़कर समझाने लगी थी–"बहादुर ! तुम आवारागर्दी छोड़ो। घर बनाकर घरनी लाओ।"

"ऊँह !··· हो-हो-हो–" वह ठठाकर हँस पड़ा था–"भौजी ! तुम भी कैसी हो ! आवारागर्दी छोड़कर घर तो बना सकता हूँ, पर मेरे साथ रहना कौन लड़की पसन्द करेगी ?"

"करेगी ! तू आवारागर्दी तो छोड़।"

कुछ क्षण गम्भीर रहकर, वह मुस्कुराते हुए बोला था–"अच्छा भाभी, एक बात पूछूँ ?"

"पूछो !"

"यदि आवारागर्दी छोड़ दूँ तो तुम भी मेरे साथ···।"

"ऊँह ! फटहा"–कहकर उसके मुँह पर एक हल्की चपत लगाकर, मुस्कुराती हुई गाय खोलने चली गयी थी। बलबहादुर ने उसके हाथ से जबर्दस्ती पगहिया ले ली थी–"दो भौजी ! मैं चरा लाता हूँ।"

उसी दिन से वह साथ रहने लगा। काम करने में तो वह भूत है भूत। जब तक जाकर हाथ न पकड़ो, काम नहीं छोड़ने का।··· 'आज तीन साल से किसके खेत में ऐसे फसल लगते हैं !' वह अपने खेतों की ओर देखती। लहलहाते पौधे, मनमोहक हरियाली··· कितना सुन्दर !

"पू··· नो ! पू··· नो !"··· पास के जंगल से कोई पुकारता। आवाज पहचानकर वह उत्तर देती–"आ··· यी !" और गोदी में बच्चे को सँभालती हुई वह जंगल की ओर दौड़ती।

झाड़ी के पास जाकर फिर पुकारती– "किधर !"

"इधर-इधर !" झाड़ी के उस पार से आवाज आती।

बलबहादुर नवजात बछड़े को पोंछ रहा था। पास ही गाय खड़ी थी। पूनो को देखते ही वह खिल पड़ा–"आओ, आओ !" पूनो की गोदी में बच्चा जग पड़ा था, बच्चे को बलबहादुर की गोदी में देते हुए उसने बछड़े को बड़े प्यार से चुमकारा, फिर बोली–"अब फरक न घर, खाये की पनि छै न।"(अब लौटो घर, खाये भी नहीं हो।)

"ऊहूँ··· अलि पख न, अलि सुन न !" (ज़रा ठहरो न, ज़रा सुनो न !)–उसने गिड़गिड़ाते हुए कहा था ! पूनो की आँखों में एक शरारतभरी लाली दौड़ गयी थी और ओठों पर मुसकान। वह बछड़े को गोद में उठाते हुए बोली थी–"उहूँ, चलो !"

"अलि सुन न··· " बहादुर रोकता ही रहा, वह चल पड़ी।

दूध से सफेद बछड़े को गोद में लेकर पूनो आगे-आगे भागी जाती थी, पीछे-पीछे सद्यःप्रसूता उजरी 'हुँक हुँक हिबं हिबं' करती दौड़ी जाती थी। पास ही झरना कल-कल कर रहा था और डालियों पर पक्षियों का 'कोरस' गान शुरू हो गया था।··· पूनो रुक-रुककर पीछे ही देखती थी।··· सबसे पीछे बलबहादुर··· गोद में बच्चे को लिये, कंधे पर लट्ठ रखे, धीरे-धीरे विजयी वीर की तरह झूमता आ रहा था। उसकी गोदी में बच्चा रो रहा था और वह उसको अजीब लय में गीत गाकर चुप कराने की चेष्टा कर रहा था–"ओ बाबू !··· गोरी को बधैंचा मा, छैन रखवारा, चोरी भयो फल-फूल··· ओ, बाबू !"

मई, 1945

पार्टी का भूत

यारों की शक्ल से अजी डरता हूँ इसलिए
किस पारटी के आप हैं ? वह पूछ न बैठें।

सूखकर काँटा हो गया हूँ। आँखें धँस गयी हैं, बाल बढ़ गये हैं। पाजामा फट गया है। चप्पल टूट गयी है। आशिकों की-सी सूरत हो गयी है। दिन में चैन नहीं, रात में नींद नहीं आती। आती भी है तो बुरे सपने देखकर जग पड़ता हूँ। जी नहीं, आप जो सोचते हैं–वह बीमारी नहीं। यदि वह रहती तो कम-से-कम बेकारी और इन्तजारी में मजे तो लूटता। यह तो 'राँची' का टिकट कटानेवाला रोग है। चूँकि यह दिन दूर नहीं, इसलिए अपनी बीमारी का इतिहास प्रकाशित कर देना, मैं अपना कर्तव्य समझता हूँ। क्योंकि इसके बाद 'न जाने मैं कहाँ और तू कहाँ', की दशा में यह सम्भव नहीं। बात यह है कि मेरे सिर पर 'पार्टी का भूत' सवार है। इसने मुझे कहीं का न रखा। बहुत कम उम्र से ही इसने मुझे अपना शिकार बना लिया है।

पाठशाला से ही प्रारम्भ करता हूँ।

एक दिन पिताजी के पास बैठकर 'आमोद-पाठ' पढ़ रहा था। गाँव की पाठशाला के गुरुजी आये। बहुत देर तक इधर-उधर की बातें करने के बाद गुरुजी ने नम्रतापूर्वक दाँत निपोरते हुए पिताजी से कहा–"लड़ाई-झगड़ा जो कुछ भी है, आप लोगों में है। मेरा क्या कसूर है। आप लोग बड़े आदमी ठहरे। जिस प्रकार एक जंगल में दो सिंह, उसी प्रकार एक गाँव में दो··· हें··· हें··· यह तो भगवान का नियम है। लेकिन पाठशाला तो कुछ उनकी (विरोधी पार्टी के नेता की) नहीं है। पाठशाला में तो मैं हूँ, मेरे लिए जैसे आपके बच्चे···"

"आप नहीं समझते पण्डितजी", पिताजी ने बात काटते हुए कहा–"पाठशाला उसी पार्टी की है। अपने लड़के की बात छोड़िए, गाँव के लड़कों को भी मैं उसमें नहीं भेज सका तो इसमें हमारी पार्टी की बेइज्जती है।"

गुरुजी ने पुनः दाँत निपोरते हुए कहा–"सो तो है, सो तो है। मैं तो··· आप विश्वास कीजिए··· मैं तो आपकी सेवा करना चाहता हूँ।" गुरुजी बलपूर्वक खाँसकर, इधर-उधर देखकर पिताजी से निम्न स्वर में कुछ तथ्य की बातें करने लगे। फल यह हुआ कि मुझे और मेरे गाँव के लड़कों को पाठशाला में पढ़ने जाने की आज्ञा मिल गयी।

दूसरे दिन मैं अपने साथियों के साथ पाठशाला में दाखिल हुआ। गाँव-समाज, पास-पड़ोस, टोले-मुहल्ले, जाति-बिरादरी में, यहाँ तक कि कचहरी की 'बार लाइब्रेरी' में भी यह खबर बिजली की तरह फैल गयी। तरह-तरह के प्रश्न पूछे जाने लगे।

"तो क्या अब गाँव में एकता हो गयी ?" गाँव के गवाही पेशा करनेवालों ने माथा ठोंक लिया।

"अब खान-पान, शादी-ब्याह भी चलेगा ?"–बिरादरी के कर्णधारों के पेट में चूहे कूदने लगे।

"यह जो फौजदारी चल रही है, इसको उठा लिया जायेगा–क्या ?" वकीलों ने लम्बी साँस ली।

किन्तु हुआ कुछ भी नहीं। पार्टियाँ बनी रहीं और पाठशाला में पार्टी कायम हुई। छुट्टी के बाद ढेलेबाजियाँ, छोटी-मोटी लड़ाइयाँ, मार-पीट होने लगी। गुरुजी की छड़ी, जहाँ तक कर सकती, शान्ति स्थापित करती। लड़ाई-झगड़े में मैं सक्रिय रूप से न तो भाग ही लेता था और न मुझ पर गुरुजी की छड़ी ही पड़ती थी, पर इसमें सन्देह नहीं कि मैं अपनी पार्टी की विजय चाहता था। मंत्रणा दिया करता था। इसलिए मेरे लड़ाके, मुझे अपना 'हीरो' समझते थे।

इन लड़ाई-झगड़ों के बीच, एक दिन पाठशाले में दाखिल हुई 'चन्दू', विरोधी पार्टी की एकमात्र कन्या। उस दिन छुट्टी के बाद मैंने अपनी पार्टी के लड़कों को समझा दिया कि लड़ाई-झगड़े से कोई फायदा नहीं। उसी दिन से लड़ाई-भिड़ाई बन्द हो गयी। उसी पार्टी की ओर से एक आध बार इसकी चेष्टा हुई भी, पर इस पार्टी की लापरवाही देखकर वे हतोत्साहित होकर चुप रह गये।

आज 'यौन विज्ञान' की कुछ पुस्तकों को पढ़कर अच्छी तरह समझ गया हूँ कि उन दिनों 'चन्दू' की ओर मैं इतना आकर्षित क्यों हुआ था। 'लैला मजनूँ' की कहानी तो पाठ्य-पुस्तकों में नहीं थी, पर इतिहास कथामाला में 'पृथ्वीराज-संयुक्ता' की कहानी मैंने अवश्य पढ़ी थी। मैं पृथ्वीराज की तरह 'चन्दू' को प्राप्त करना चाहता था। एकान्त में एक दिन मौका पाकर, मैंने चन्दू से कहा–"चन्दू ! पृथ्वीराज और संयुक्ता की कहानी··· "

"मुझसे मत बोलो ! तुम उस पार्टी के हो। हटो।"–उसने डाँट बतायी।

"नहीं, नहीं–मैं उस पार्टी का नहीं हूँ।" मैंने गिड़गिड़ाकर कहा।

"तब ?"–वह जाते-जाते रुक गयी।

"मैं तुम्हारी पार्टी का हूँ।"–मैंने कह दिया।

"सच ?"–वह मेरे पास चली आयी। मैंने उसका हाथ पकड़कर कहा–

"सच।"

फूल की झाड़ी में, मेरी पार्टी का हट्टा-कट्टा लड़ाकू रजना छिपा हुआ बैठा था। उसने प्रकट होकर, दाँत पीसते हुए मेरी ओर देखकर कहा–"धोखेबाज !"

मेरी संयुक्ता और पृथ्वीराज की कहानी अधूरी रह गयी! चन्दू हाथ छुड़ाकर चली गयी। पृथ्वीराज के बदले, इतिहास में सिर्फ रामकथा पढ़नेवाले भी, मुझे जयचन्द कहने लगे।

हा. ई. स्कूल।

पाठशाले की पढ़ाई समाप्त करके शहर के हा. ई. स्कूल में पहुँचा। सौभाग्यवश या दुर्भाग्यवश मेरे पिताजी के वकील एक बंगाली सज्जन थे। अपने मुवक्किल के पुत्र को आपने सहर्ष अपने परिवार में सम्मिलित कर लिया। बंगालियों से घनिष्ठता तो हुई ही, साथ ही बंगला भाषा और बंगला-संगीत की ओर भी मैं झुका। दो-तीन वर्षों के बाद तो स्वयं मुझे सन्देह होने लगा कि मैं अ-बंगाली हूँ ! कुछ दिन के बाद ही 'बंगाली-अबंगाली' की लड़ाई छिड़ी। दोनों ओर से खुलकर गालियाँ दी जाने लगीं।

अबंगाली कहते–"बंगाली जाति डरपोक ! नीच !"

बंगाली प्रत्युत्तर में कहता–"छातूखोर, खोट्टा।"

क्रोधित अ-बंगाली सीमा का उल्लंघन कर जाते। गालियाँ सुनकर मैं सिहर पड़ता। छीः रवीन्द्र, जगदीश वसु, शरत् और सुभाष भी तो बंगाली हैं !!

बंगाली भी ईंट का जवाब पत्थर से देता। मेरे अन्दर का अ-बंगाली बंगाली को डाँट देता।

बंगाली मित्रों ने मेरे सम्बन्ध में राय दी–"जाइ होक, हिन्दुस्तानी शेषे हिन्दुस्तानी ई !"

अ-बंगाली दोस्तों ने मेरी पीठ कोंचते हुए कहा, कहो–"देख लिया न इनकी दोस्ती ! कमीना कौन..."

"चुप भी रहो।"–झल्लाकर इनका भी मुँह बन्द कर दिया।

"यह बात है ?"–कहकर अ-बंगालियों ने सर्वसम्मति से यह प्रस्ताव पास कर ही दिया–"बंगालियों की गाली की हम परवाह नहीं करते क्योंकि वे जो कुछ कहते या करते हैं, प्रान्तीयता के नाम पर। किन्तु, अबंगाली होकर भी जो बंगालियों का पक्ष लेते हैं, वे दगाबाज हैं, मक्कार हैं, मीरजाफर हैं। हमें वैसे व्यक्तियों से कोई सम्बन्ध नहीं रखना चाहिए।"

कालेज की कहानी जरा लम्बी है, मगर है दिलचस्प।

स्कूल से इन विशेषणों से विभूषित होकर कालेज में पदार्पण किया। प्रान्तीयता

के फेर में न पड़ने की प्रतिज्ञा मैंने पहले ही कर ली थी।

'फर्स्ट-इयर' तो देखते-सुनते बीत गया। सेकेण्ड-इयर में पहुँचकर मैंने चोला बदलने की सोची। विशेष कोई परिवर्तन नहीं, सिर्फ धोती छोड़कर पाजामे में आ गया और डेढ़ इंच गले की पट्टीवाला लम्बा कुर्ता बनवा लिया। एक शुभ दिन को वेश बदलकर सिनेमा-हाउस की यात्रा मैंने की। ताँगे पर बैठे हुए मेरे सहयात्री सज्जन ने मेरा नाम, इयर, कम्बीनेशन, होस्टल और रूम नम्बर पूछने के बाद जब पूछा कि "आप किस पार्टी को 'बिलोंग' करते हैं !" तो मैं घबरा गया।

"सी. पी. (कम्यूनिस्ट पार्टी) ?" उन्होंने मुस्कुराकर पूछा।

"जी हाँ !" मैंने पाँच मिनट का मामला समझकर कह दिया।

"आई-सी"–कहकर हँसते हुए उन्होंने बेरहमी से एक धौल जमा दिया। मैं चौंक पड़ा।

"वी आर कामरेड्स, डरो मत।"–वे, मेरे कन्धे पर हाथ रखकर प्यार-भरे शब्दों में, बोले।

उस दिन 'काश्मीर-केबिन' का बिल तो उन्होंने चुकाया, सिनेमा के फर्स्ट-क्लास का टिकट भी खरीद दिया।

दूसरे दिन ज्यों ही क्लास में पहुँचा, मेरे अन्तरंग मित्र विनोद ने आकर मुस्कुराते हुए कहा–"वाह ! पक्के सोशलिस्ट मालूम पड़ते हो ?"

मैंने कहा–"जो भी कह डालो ?"

विनोद बोला–"जो भी कह डालो नहीं, होना होगा।"

"क्या होना होगा ?"–मैंने आश्चर्यित होकर पूछा।

"मेम्बर ! और क्या ? मैं तो समझता था कि तुम किसी पार्टी-पालटिक्स से दिलचस्पी नहीं रखते। लेकिन देखता हूँ तुम कोरे नहीं हो।" वह मुस्कुराने लगा।

मैं आज भी नहीं समझ पाया हूँ कि विनोद ने मुझमें किन गुणों को देखकर पार्टी से दिलचस्पी रखनेवाला पक्का व्यक्ति समझा। जो भी हो, जिस दिन मेरा नाम स्टूडेण्ट फेडरेशन (कम्यूनिस्ट-ग्रुप) के रजिस्टर में दर्ज हुआ उसी दिन मेरे पास यह भी सूचना आ गयी कि मैं स्टूडेण्ड फेडरेशन (सोशलिस्ट-ग्रुप) की वर्किंग कमिटी में ले लिया गया हूँ।

सिर्फ दो ही पार्टियों की बात रहती तो कोई बात नहीं थी, एक दिन तीसरी पार्टी के भी चक्कर में पड़ गया।

"क्यालक्याटा-क्याफे' (साइनबोर्ड के अनुसार) में बैठकर चाय पी रहा था। मेरे हाथ में बंगला की एक मासिक पत्रिका थी। मेरी बगल में मेरी ही उम्र के एक सज्जन चाय पी रहे थे। उन्होंने कई बार मुझें और मेरी हाथ की पत्रिका को घूरकर देखा और अन्त में पूछ ही लिया–"आपनी बांगाली ?" छातूखोर की उपाधि से बचने के लिए मैंने कह दिया–"आग्ये हाँ।"

"ओ ! एखाने पोड़ेन ? की पोड़ेनः ?"

"सेकेण्ड इयर आर्ट्स।"

"भालो" कहकर उन्होंने काफे के एक कोने में बैठकर बहस करते हुए युवकों को पुकारकर कहा–"उहे ! हाबू, भोला, कालू नीलू, फेला ! तोमरा से दिन बलले जे सेकेण्ड इयर आर्ट्स से कोनों मेम्बर नाय। एइजे इनी··· "

"ताइना की ताइना की"–कहते हुए ये सब-के-सब बहस छोड़कर दौड़ आये और मुझे घेरकर बैठ गये। फिर चाय का आर्डर हुआ, बातें हुईं, मिलने-मिलाने के वादे हुए। आर्गेनाइज करने पर जोर दिया गया। सबसे मजे की बात तो यह रही कि मैं उन लोगों की पार्टी का नाम जाने बिना भी, हाँ-हाँ, करता गया। उसमें से एक युवक ने बढ़कर मैनेजर से कुछ कहा फिर मेरे पास आकर धीरे-से बोला–आज धेके कनसेशन। बुझलेन ! पार्टीर काफे तो ! एरा जानतो ना जे आपनी ब्लाकेर मेम्बर।

उस दिन से फारवर्ड ब्लाक के नाम पर 'क्यालक्याटा क्याफे' में मैं कनसेशन रेट पर 'चाय कटलेट' पाने लगा।

रविवार को आराम से लेटकर 'गोदान' पढ़ रहा था कि विनोद ने, धड़धड़ाते हुए, आकर कहा–"अजी ओ वर्किंग कमिटी के मेम्बर साहब ! कुछ पता भी है ? कामरेड रामप्रताप आ रहे हैं। आज कमिटी की अर्जेण्ट मीटिंग है, चार बजे। समझे ! और कल पार्क में सभा होगी।··· अरे ! यह क्या पढ़ रहे हो, गोदान ? सिली !"

"क्यों ?" मैंने महान आश्चर्य प्रकट करते हुए पूछा।

"इट्स ए रिएक्शनरी बुक !··· अच्छा चार बजे आते हो तो ?"–कहकर वह जैसे आया था वैसे ही चला गया और मैं डिक्शनरी उठाकर 'रिएक्शनरी' का अर्थ ढूँढ़ने गया।

ठीक साढ़े तीन बजे मैं सज-धजकर निकला। फाटक पर एक प्रियदर्शिनी 'अप-टु-डेट' युवती माली से पूछताछ कर रही थी। मैंने अपनी चप्पल से लेकर पंजाबी तक पर सरसरी निगाह डाल ली। माली ने मुझे देखते ही मेरी ओर दिखाकर कहा–"वही हैं।" वह मुस्कुराती हुई बढ़ी, मेरे पास आकर एक 'कामरेडी अभिवादन' करके मेरे हाथ में एक पत्र देकर बोली, 'अरजेण्ट लेटर'। मैंने पत्र खोलकर पढ़ा–"··· सोशलिस्ट लीडर रामप्रताप आ रहे हैं। अपनी पार्टी ने उसे चार स्टेशन बढ़कर काला झण्डा दिखाने का प्रस्ताव पास किया है। आप मिस रोस्सा के साथ अभी चले जाइए। कल सुबह से ही वहाँ के मेम्बरों को लेकर प्लेटफार्म पर तैयार रहिएगा। पंजाब मेल के आते ही 'रामप्रताप मुर्दाबाद' आदि पार्टी के नारों के साथ काला झण्डा दिखा दीजिएगा। सेक्रेटरी।" पत्र समाप्त करके मैंने प्रतिवाद के लिए, आँखें जो उठायीं, तो सारा शरीर पुलकित होकर रह गया। मैंने स्वप्न में भी कल्पना नहीं की थी कि मिस रोस्सा जैसी सुन्दरी, मेरी ओर कभी उस मोहक दृष्टि से देखेंगी। नेपोलियन एक आला दिमाग का आदमी था,

मानना पड़ा। मैंने फिर एक बार आँखें उठायीं। वह मुस्कुराती हुई, मिश्री से भी मधुर स्वर में बोली–"चल रहे हैं न ?"

"चलिए।" मैंने मस्ती में झूमते हुए कहा।

ताँगे पर बैठकर हम लोग स्टेशन की ओर चल पड़े। कुछ क्षण के लिए मानो मुझे होश हुआ– 'यह मैं क्या करने जा रहा हूँ ! जिनके लिए मेरे हृदय में अगाध श्रद्धा है उन्हीं का अपमान··· ? वह भी बेमतलब का। नहीं-नहीं, यह मुझसे नहीं होने का।'

"आप सिगरेट नहीं पीते ?"

"... ... ..."

"आप सिगरेट नहीं पीते ?"

"जी ?··· जी नहीं।"–मेरा ध्यान भंग हुआ।

"क्या सोच रहे थे कामरेड ?"–उसने मेरी–आँखों में आँखें डाल दीं।

"सोच रहा था कि··· जी मैं कुछ नहीं सोच रहा था।"–मेरी आँखें बरबस झुक गयीं।

"जाइए, मैं नहीं विश्वास करती। आप सोच तो कुछ जरूर रहे थे। मुझसे मन की बात क्यों छिपाते हैं ? खैर, आप जो भी सोच रहे हों।··· क्या आप सिगरेट··· एकदम नहीं पीते ?"

"जी" एकदम माने··· एकदम नहीं। पीने का आदी यानी 'हैविच्युएटेड' नहीं हूँ।

"तो पीजिए न !"–उसने अनुनय-भरे स्वर में कहा।

ताँगेवाले ने उतरकर सिगरेट का टीन ला दिया। टीन काटकर अदा से मेरी ओर सिगरेट बढ़ाने और माचिस जलाने तक की क्रिया उन्होंने ही की। सिगरेट सुलगाकर मैंने पूछा–"और आप ?"

"मैं नहीं पीती।"–किसी खास सिनेमा स्टार की तरह उसने बड़े अन्दाज से गरदन हिलायी। मैं मुँह बाये देखता रहा।

"आपके आश्चर्यित होने का कारण मैं समझ रही हूँ। बात यह है कि कई चीजों के सम्बन्ध में मेरी खास राय है।"–पूछिए तो कहूँ की मुद्रा बनाकर वह मुस्कुराती रही।

"जैसे ?"–मैंने, सिगरेट का धुआँ बाहर की ओर फेंकते हुए, पूछा।

"धुआँ उधर क्यों फेंक रहे हैं ?"–उसने उलाहना दिया।

"तो किधर फेंकूँ ?"

"नहीं। मेरी ओर फेंकिए !"–बच्चों की भाँति वह मचलकर बोली।

"आपकी ओर ?"

"जी हाँ। मैंने अभी कहा न कि कुछ चीजों के सम्बन्ध में मैं खास राय रखती हूँ। सिगरेट को ही लीजिए न। मैं तो बिना सिगरेट के धुएँ की सुगन्ध के, पुरुषों के साथ की आशा भी नहीं कर सकती। सिगरेट पुरुषों के पीने की चीज है और

उसकी सुगन्ध स्त्रियों के उपभोग की चीज है।" अपनी राय नम्बर एक को वह बड़ी गम्भीरतापूर्वक सुना गयी। मैं सिगरेट की, फिलासफी में डुबकियाँ लेने लगा। दुनिया को भूल गया। वह फिर बोली—"और दूसरी राय मैं नहीं बताती।"—'मैं रूठ गयी, मनाओ साजन' की मुद्रा उसने बनायी।

"बतलाइए न !" मेरी बोली में भी रंग उतर आया।

"पहले आप बतलाइए कि आप उस समय क्या सोच रहे थे ?"

"मैं सोच रहा था···"

"हाँ-हाँ कहिए।"

"क्या बताऊँ ?"—मैंने उसकी ओर देखकर मुस्कुरा दिया।

"आप बड़े वो हैं। ऐसी बातें करते हैं, मानो नये और कोरे मेम्बर हों।"

"मैं सोच रहा था कि मैं··· आप···"

"बस, मैं समझ गयी।"—वह खिलखिला पड़ी। इतनी देर के बाद मुझे दुनिया, सड़क, राही, दुकान और ताँगेवाले की याद आयी। अप्रतिभ होकर इधर-उधर देखने लगा।

"बगल क्या झाँक रहे हैं। आप बताना तो खूब जानते हैं। बड़े आये हैं दुनिया की ओर इशारा करके मेरी परीक्षा लेने। सुनिए, मेरी दूसरी राय पुरुषों की दाढ़ी के सम्बन्ध में है। मैं 'डेली शेव' (दैनिक हज़ामत) के पक्ष में नहीं। एक दिन के बाद एक दिन की बनी हुई दाढ़ी···।"

'सिगरेट-धुआँ-फिलासफी' से वह 'दाढ़ी-फिलासफी' जरा कम गहरी थी। मैं गड़ाप से जमीन तक पहुँच गया। मेरे मुँह से निकल ही पड़ा—"माई गाड···" फिर तुरन्त स्मरण हुआ कि हम कम्युनिस्ट हैं और भगवान की लीला देखिए कि आप-ही-आप शब्द पूरा हो गया '··· रेज' पर जाकर।

"माइ-गाडरेज ! मतलब ?"—वह पूछ बैठी।

"गाडरेज ! गाडरेज नम्बर एक, चाबी ट्रेड मार्क, स्वदेशी याने 'गाडरेज शेविंग-स्टीक'।"—मैंने अपनी हाजिर-जवाबी के लिए मन-ही-मन भगवान को धन्यवाद दिया।

"ओ ! दाढ़ी बनाने की बात सुनकर आपको शेविंग-स्टीक की बात याद आ गयी। क्या आप गाडरेज यूज करते हैं ?"

"जी।"—मैंने थककर संक्षिप्त उत्तर दिया।

"लेकिन···"

ताँगा स्टेशन पर पहुँच चुका था। ताँगेवाले ने टोका—हुजूर, गाड़ी प्लेटफारम पर लग गयी।

ट्रेन में बैठकर, कुली को पैसे देने के पहले उन्होंने सिगरेट का टीन मेरी ओर बढ़ाया। गाड़ी ने सीटी दी और मैंने 'भक्क' से खिड़की के बाहर धुआँ फेंका तथा अपनी गलती के लिए आँखों से ही क्षमा माँगकर, लगातार चार-पाँच बार उनके चेहरे पर धुएँ का गुब्बारा फेंक दिया। उसकी आँखें धुएँ के मीठे अत्याचार को

सहती हुई, झिप गयीं, पर उसकी लम्बी नुकीली नाक, पुलकित होकर सिगरेट-सौरभ का उपभोग करती रही।

दूसरे दिन प्रातःकाल।

गाड़ी आकर प्लेटफार्म पर लगी। और मैंने, अपनी पार्टी के दो दर्जन मेम्बरों (जिनमें अधिकांश किशोर और किशोरियाँ थीं) के साथ नारा लगा ही दिया—"रामप्रताप मुर्दाबाद।" काले झण्डों से प्लेटफार्म भर गया।

"रामप्रताप, काँग्रेस का पुछल्ला !"—यह नारा मिस रोस्सा ने लगाया।

"रामप्रताप, काँग्रेस का दुम !" मैंने इसका हिन्दुस्तानी अनुवाद कर दिया।

यह तो नारा लगाने और झण्डा दिखाने की बात थी, मिस रोस्सा के इशारे पर तो मैं किसी की गर्दन तक मरोड़ सकता था। एक-से-एक वजनी नारे लग रहे थे कि एक कम्पार्टमेण्ट का दरवाजा खुला। भव्य ललाट और प्रभावोत्पादक व्यक्तित्व लिए एक व्यक्ति दरवाजे के पास आकर खड़ा हो गया तथा मन्द-मन्द मुस्काने लगा। उस मुस्कान को पवित्र मुस्कान कह सकते हैं।

"यही है, यही है।" रोस्सा बोली।

"हूँ...।"

"रामप्रताप मुर्दाबाद।" रोस्सा ने नारा लगाया।

"...।" मैंने क्या दुहराया, यह मेरी समझ में नहीं आया।

गाड़ी चल पड़ी। वह व्यक्ति, उसी तरह मुस्काता, खड़ा रहा।

"लेकिन चेहरे पर जरा भी शिकन...।" मैं कह ही रहा था कि रोस्सा बात काटकर बोली—"अरे गाँधी का चेला है न ! सब पोपबाजी गाँधी से इन लोगों ने सीखी है। जूते खाकर मुस्कुराना। हिस् ! रँगे सियार !! बड़े चले हैं समाजवादी बनने ! क्रान्ति करेंगे। ढोंगी।"

होस्टल पहुँचने के बाद मैं दो बातों की आशंका कर रहा था। प्रथम, विनोद से मैत्री-विच्छेद की, दूसरे इस पार्टी की ओर से अपने नाम 'रटी-रटाई', 'छपी-छपाई' गालियों की। कुछ हो जाता तो कम-से-कम पिण्ड छूटने की उम्मीद थी। पर हुआ कुछ भी नहीं। विनोद ने आकर अनुपस्थिति के लिए उलाहना भर दिया और घण्टों सभा की सफलता की बातें करता रहा।

एक-दो महीने तक यही रवैया जारी रहा। कभी-कभी तो पढ़ाई-लिखाई छोड़कर भाग जाने की इच्छा होती। एक ही साथ तीन-तीन पार्टियों का मेम्बर होकर आखिर कब तक कोई अपनी इज्जत को सलामत रख सकता है।

'कलकटा काफे' के कनसेशन और क्रेडिट के आगे सभी पार्टियों को कुर्बान करने जाता, तो मिस रोस्सा की रसभरी आँखें राह रोककर खड़ी हो जातीं। एक दिन 'ब्लाक' के एक मेम्बर ने मुझे एकान्त में ले जाकर एक बंगला 'हैण्ड बिल' दिया और उसका हिन्दी अनुवाद करने का भार सौंप दिया। मैंने अनुवाद कर

दिया। रात-भर में ही उसकी छपाई-सफाई भी हो गयी। दूसरे दिन सुब्रह-सुबह मैं चौक से वापस आ रहा था। ताँगा रोककर 'हैण्ड बिल' का दो गट्ठर मुझे चुपचाप सुपुर्द कर दिया गया। बँटवाना भी पड़ेगा। बाँटनेवाले न मिलें, तो खुद बाँटना भी पड़ेगा, यह था पार्टी का आदेश। एक जमाना था, जबकि माता-पिता के आदेश को विशेष महत्त्व दिया जाता था, माता-पिता के आदेश पर लोग जंगल की खाक तक छानते थे। पर इस वैज्ञानिक युग में पार्टी के आदेश को ही विशेष महत्त्व दिया गया है। माता-पिता की आज्ञा का उल्लंघन करना तो क्रान्तिकारियों का धर्म ही है। सो इन परचों में गर्मागर्म बातें हों या 'एटम-बम' हों, बाँटना या बँटवाना पड़ेगा ही। ताँगा दूसरे चौराहे के पास भी नहीं पहुँचा था कि किसी की मीठी पुकार सुनायी पड़ी–"कामरेड।"

मिस रोस्सा ! वह अपने ताँगे पर से उतरकर मेरे ताँगे पर आ गयी। मानो मेरे ही लिए जोगन-सी वन-वन भटक रही थी। हम लोग सिलसिले से बात करने का पोज़ बना ही रहे थे कि दस कदम पर फिर ताँगा रोका गया। इस बार की रुकावट आखिरी रुकावट थी। सी. आई. डी. इन्स्पेक्टर महोदय थे। हम दोनों को साथ पाकर आपने बेहद खुशी जाहिर की। उन्होंने आवश्यकता से अधिक नम्र होकर फर्माया–"माफ कीजिए, आप लोगों की तलाशी लूँगा।"

पास ही कोतवाली का एक छोटा दफ्तर था। हम लोग वहीं ले जाये गये। बाजाप्ता तलाशी होने लगी। मिस रोस्सा के हैण्ड बेग से कुछ सुगन्धित चिट्ठियाँ मय लिफाफे के निकलीं। मैंने आँखें बचाकर एक पत्र को देखा। शीर्षक था 'मेरी रानी।' कलेजा तो धड़क रहा था ही, आँखों की रोशनी भी गायब हो गयी।

जब गट्ठरों की बारी आयी तो मैं धम्म से एक टूटी कुर्सी पर बैठ गया। गट्ठर खुलने लगे। पुलिसवालों की बाँछें खिल गयीं–"हियर यू आर।"

"कहिए साहब, इन गट्ठरों में शृंगार की सामग्रियाँ और साड़ियाँ थीं न ? ये पर्चे कहाँ से आ गये"–इन्स्पेक्टर साहब ने मुस्कुराते हुए चुटकी ली।

मैं चुप रहा। रोस्सा पीली पड़ गयी, उसकी मुँह से एक हल्की-सी चीख निकल पड़ी–"मेन्सेविख !!"

हम लोग स्थानीय जेल में पहुँचा दिये गये। 'लेडिज-वार्ड' की ओर जाती हुई क्रान्ति की मूर्ति मिस रोस्सा फूट-फूटकर रो पड़ी। जेल में पहुँचकर मैंने राहत की साँस ली।

दूसरे दिन एक पत्र में निकला–"स्टुडेंट-फेडरेशन (कम्यु. ग्रुप) के सदस्य कामरेड पी. राय तथा मिस रोस्सा आपत्तिजनक पर्चों के साथ गिरफ्तार !!"

दूसरे पत्र में खबर छपी–"स्टुडेंट-फेडरेशन (सोशलिस्ट ग्रुप) की कार्यकारिणी समिति के सदस्य कामरेड प्रफुल्ल आपत्तिजनक पर्चों के साथ गिरफ्तार।"

तीसरे पत्र ने लिखा–"अग्रगामी दल के प्रसिद्ध बंगाली कार्यकर्ता मिस्टर राय

सरकार के मेहमान बना लिये गये।"

यदि सच पूछा जाय तो प्रथम श्रेणी के राजनैतिक बन्दियों को घर से भी बढ़कर जेल में आराम रहता है। खाना-सोना, पढ़ना-लिखना। किसी बात की फिक्र नहीं। सो जिन्दगी के दिन चैन से कटने लगे। रोस्सा तो दो दिन के बाद ही छोड़ दी गयी। पर अदालत ने मुझे तीन वर्ष की लम्बी सजा दे दी। सोचा था, पार्टी के भयंकर भूत से पीछा छूटा। लेकिन 1942 का देशव्यापी आन्दोलन छिड़ा। जेल खचाखच भर गयी। देखते ही देखते पार्टी की बीमारी भी फैल गयी। मुफ्त का खाना, आराम से सोना और गला फाड़कर बहस करना–बस। जेल में कम्युनिस्टों की संख्या नहीं के बराबर थी। वे अपनी दाल गलाने की चेष्टा करने की भी हिम्मत नहीं करते थे। गाँधी बाबा के भक्तगण तो चर्खा चलाने के सिवा अध्ययन, पठन-पाठन को भी पार्टी की ही चीज समझते थे। अतः वे इन झंझटों से कोसों दूर रहते थे। बहस करना तो दूर, जेल अधिकारियों के दुर्व्यवहारों के खिलाफ आवाज उठाने को भी वे हिंसा करार देते थे। सोशलिस्टों का बहुमत था और मैंने अपने को सोशलिस्ट कहने में ही अपना कल्याण समझा। कुछ दिनों के बाद मालूम हुआ कि कम्युनिस्ट पार्टीवाले अपने मेम्बरों की रिहाई के लिए अथक परिश्रम कर रहे हैं। उनके सुकर्मों को देख-सुनकर पूरा भरोसा हुआ कि वे अपने मेम्बरों को अवश्य छुड़ा लेंगे। अतः एक दिन छिपकर कम्युनिस्टों को याद दिला आया कि वे मुझे भूल न जायें। यों तो जेल में किसी प्रकार की तकलीफ नहीं थी फिर भी अपनी मुक्ति के लिए दिन-रात छटपटाया करता था। जेल से मुक्ति का अर्थ था पार्टी के दलदल से मुक्ति। इस दलदल से निकलने के लिए मैं जितनी ही चेष्टा करता था, उतना ही उसमें फँसता जाता था। दिन-भर भौतिकवाद पढ़कर ईश्वर की सत्ता को मिटाया करता था और रात में मसहरी के अन्दर भगवान से अपनी मुक्ति के लिए घण्टों रो-रोकर प्रार्थना किया करता था। भगवान ने मुझ जैसे अनन्य भक्त की प्रार्थना सुन ली। मैं बीमार पड़ा। बीमारी ने रंग दिखलाया। पत्रों ने बारी-बारी से मेरी मुक्ति की माँग की। सरकार का ध्यान आकर्षित हुआ और मुझे, समुचित चिकित्सा के लिए जेनरल हास्पिटल भेज दिया गया। चिकित्सा होने लगी। वजन बढ़ने लगा, बुखार घटने लगा और सबसे बड़ी बात तो यह हुई कि पार्टी के भूतों से पिण्ड छूटा। ए. आर. पी. ट्रेनिंग के लिए आयी हुई सुशिक्षिता प्रियदर्शिनी बंगालिन नर्सें मेरी तीमारदारी करती थीं। मैंने देखा कि वे सबकी सब मुझसे खिंची रहती हैं। एक दिन बड़ी चतुराई से इस मन-मुटाव के कारणों को जानने की चेष्टा की तो–पञ्चतन्त्र की उस चक्रवाली कहानी की तरह–सिर पर पार्टी का चक्र सवार होकर नाचने लगा। मुझे गाँधीवादी समझकर वे मुझसे चिढ़ती थीं। क्योंकि गाँधीवादियों ने सुभाष बोस को धोखा दिया था। मैंने, एक अज्ञात प्रेरणा से प्रेरित होकर गाँधीवादियों की जरा निन्दा कर दी और उन लोगों ने मुझसे सैकड़ों प्रश्न पूछकर पता लगा ही लिया कि मैं फारवर्ड-बलाकिस्ट हूँ। फिर क्या था, 'क्षण भर चैन न पाऊँ सजनवाँ तोरे बिना' के सभी लक्षण प्रकट

होने लगे। सरकार ने मुझे शीघ्र ही छोड़कर बुद्धिमानी का परिचय दिया वरना मैं एक नयी बीमारी का शिकार हो जाता।

मुक्ति पाकर मैंने प्रतिज्ञा की कि किसी पार्टी की चर्चा छिड़ते ही वहाँ से भाग खड़ा होऊँगा। चेष्टा तो मैंने खूब की पर एक पार्टी के हिमायती से भेंट हो ही गयी। पुरानी जान-पहचान थी, टालना आसान नहीं था। बातें करते-करते आपने पार्टी की पिटारी खोल ही दी। 'बम्बई योजना' के विरुद्ध–राय योजना का घोषणा पत्र मेरे हाथ में देते हुए आपने फर्माया–"देखिए ! यह रही कामरेड राय की योजना।' बहस करने से ही फँस जाने की पूरी आशंका थी और अपनी राय दिये बिना रायिस्ट महोदय से पल्ला छूटने की आशा नहीं। मेरे मुँह से–'अच्छी है' सुनकर ही आपने दम लिया।

घर पहुँचते-पहुँचते ही मैंने पत्रों में पढ़ा–"कामरेड प्रफुल्ल ने रिहा होकर बम्बई योजना पर वक्तव्य देते हुए बताया कि यह शोषकों की योजना है। राय योजना से इसकी कोई तुलना ही नहीं हो सकती। राय योजना सही अर्थों में शोषितों की योजना है।"

पढ़ाई-लिखाई की तो इतिश्री हो ही गयी थी, घरवालों ने शादी का राग अलापना शुरू कर दिया। जेल जाने के पहले तो कन्या पक्षवालों का ताँता लगा रहता था, मैं एक कीमती सौदा समझा जाता था। किन्तु अब तो लोग मुझ जैसे बेमतलब जेल चले जानेवाले को लड़की देना और लड़की को कुएँ में डाल देना, बराबर समझते थे। फिर भी एक सौभाग्यवती कन्या के अक्खड़ पिता को मुझ पर भरोसा था। माँ और पिताजी की आरजू-मिन्नतों को मानकर मैंने अपनी राय दे दी। बुलाहट हुई। सज-धजकर पहुँचा एक दिन। भावी जामाता के अनुकूल ही आवभगत हुई। कन्या के पिता आधुनिक विचारों के कायल थे और वर्तमान संसार में कुछ अपनी भी राय रखते थे। कन्या देखने-दिखाने के बाद उन्होंने संसार की राजनीति पर भाषण देना शुरू कर दिया। वे सुना रहे थे, मैं सुन रहा था। कुछ देर के बाद मैंने अनुभव किया कि पर्दे के उस पार खड़ी जनता मेरा प्रवचन सुनने को अधीर हो रही है। मैंने सोचा कि कहीं ऐसा न हो कि मुझे 'हाँ में हाँ' मिलानेवाला समझकर लोग छाँट दें। अपनी भावी पत्नी को देखकर मैंने कल्पना के संसार में, नये डिजायन के कितने बंगले बना डाले थे। मुझे मैदाने जंग में उतरना ही पड़ा। बातों का सिलसिला 'क्विट-इण्डिया' तक पहुँच चुका था। मेरे भावी स्वसुर की राय थी कि काँग्रेस ने क्विट-इण्डिया प्रस्ताव पास करके बच्चों की-सी गलती की। मुझे इसका विरोध करना ही पड़ा। वातावरण गर्म हो गया। पर्दे के उस पार की गर्मी का भी मैंने अनुभव किया। मेरी आवाज चौगुनी हो गयी और मैंने यहाँ तक कह डाला कि–"हमारी मंजिल अब दूर नहीं। 1942 के बाद देश ने··· "

"सुनिए !" मेरे एकमात्र भावी साले साहब ने अपनी कोठरी से निकलकर मुझे

रोका, मैंने उनकी जवानी पर विश्वास करते हुए कहा–"कहिए मोहन बाबू ! मैं गलत कह रहा हूँ !"

वे बैठ गये और बड़ी गम्भीरतापूर्वक बोलने लगे–"देखिए प्रफुल्ल बाबू ! अब तक मैं चुपचाप आपकी बातें सुनता रहा। जहाँ तक मेरी शक्ति थी मैंने अपनी आत्मा को धोखा दिया यानी अपने को रोके रहा। लेकिन बातें यहाँ तक बढ़ गयीं कि चुपचाप रहना मैंने सरासर नमकहरामी समझी।..."

"जरूर ! अवश्य !"–मैंने उत्साहित होकर कहा।

"आपने अन्तिम कई बातें ऐसी कही हैं कि जो सोशलिस्टों की बातें हैं और एकदम भारत रक्षा कानून में आ जाती हैं। मेरा जहाँ तक अनुमान है कि आप किसी की ड्यूटी की महत्ता को अवश्य महसूस करते होंगे, इस अवस्था में भी मैं अपनी ड्यूटी नहीं बजा रहा हूँ यह मेरी नमकहरामी के सिवाय और कुछ नहीं तो..." –वे अपने पिता के सिगरेट केस से एक सिगरेट निकालकर सुलगाने लगे।

वृद्ध ने मुस्कुराते हुए मेरी ओर देखकर कहा–"वास्तव में यह पहला मौका है कि मैंने लल्लू को गम खाते देखा।"

"किस मुँह से बोलते हैं"–पर्दे के उस पार से आवाज आयी–"लड़के की नयी नौकरी है, तरक्की के लिए कोशिश करना तो दूर, बैठे-बिठाये बमवालों से रिश्ता जोड़कर नौकरी भी ले डूबने की तैयारी कर रहे हैं। मेरी लड़की क्वाँरी रहेगी, नहीं चाहिए मुझे ऐसा रिश्ता।"

सम्भवतः यह मेरी सास साहिबा की क्रुद्ध वाणी थी। मेरी समझ में कुछ नहीं आया कि माजरा क्या है। मुझे तुरंत ही समझा दिया गया कि मोहन बाबू को खुफिया विभाग में नौकरी मिल गयी है–1943 से। यह उनके दास-जीवन में पहला मौका था कि वे अपनी आँख-कान से देख-सुनकर भी भारत रक्षा विधान के मुजरिम को छोड़ रहे थे। मेरे साथ उन्होंने इतनी-सी रियायत अवश्य की कि मुझे दो घण्टे का समय दे दिया।

मैंने सिर्फ पन्द्रह मिनट में ही तैयार होकर उनका घर तो 'क्विट' कर ही दिया साथ ही शादी की रही-सही आशा को भी 'क्विट' कर दिया। वह सौभाग्यवती खिड़की पर खड़ी दयनीय मुद्रा बनाकर देखती रही। उसकी बड़ी-बड़ी आँखों में आँसू स्पष्ट दिखायी पड़ रहे थे; पर एक लम्बी साँस छोड़कर वापस आने के सिवाय और चारा ही क्या था !

इस छोटे-से 'व्यापारिक कस्बे' को पार्टी पालटिक्स से परे समझकर मैंने यहाँ एक छोटी-सी नौकरी कर ली। किन्तु अब आटे-दाल का भाव मालूम हो रहा है। यहाँ तो सैकड़ों पार्टियाँ हैं। अपने को किसी पार्टी से अलग रखकर एक कदम भी चलना मुश्किल है। महाशय 'क' से जरा हँसकर बात कर ली कि मिस्टर 'ख' की आँखों में चढ़ जाता है। पण्डित 'ग' के यहाँ ट्यूशन करने जाता हूँ तो मुंशी

'घ' मुँह फुला लेते हैं। श्रीमान 'त' एक मिलमालिक हैं, एक दिन मैंने उनका निमन्त्रण स्वीकार कर उनके यहाँ जरा खीर क्या चख ली, कार्ल मार्क्स का सारा 'कैपिटल' कलंकित हो गया। बड़ी-बड़ी दूकानों की बात तो जाने दीजिए, फेरी लगानेवालों की भी पार्टी है। एक दिन बाजार से सिगरेट अचानक गायब हो गया। सिगरेट पीनेवाले लोहे की दूकानों में भी सिगरेट तलाश करते पाये जाते थे। मैंने अपने चाय और सिगरेटदाता श्री शिवजी से पूछा कि भाई तुम कहाँ से सिगरेट ले आते हो ? तो उसने दाँत निपोड़कर कहा–"जी, अपनी पार्टी के लोगों के लिए क्या करें··· हें··· हें ब्लेकमार्केट से···।" समझने में देर नहीं लगी कि पार्टी की बदौलत ही मैं सिगरेट पी रहा हूँ और मैं उसकी पार्टी का ही हूँ।

जब से काँग्रेस ने चुनाव लड़ने की घोषणा की है, यार लोग रंग बदल रहे हैं। जिन्होंने सरकार बहादुर के सामने प्रतिज्ञा की थी कि कभी किसी पार्टी में भाग नहीं लूँगा, उन्होंने भी 1942 की धुली हुई, बक्स में बन्द, गाँधी टोपी निकालकर पहनना शुरू कर दिया। 'काँग्रेस' शब्द को उच्चारण करने के पहले जो इधर-उधर देख लेते थे, वे ही आज राह रोककर चुनाव की चर्चा करने लग गये हैं। मैं भी अब अपने को किसी पार्टी का घोषित कर सकता हूँ। कम्युनिस्टों से मेरी कोई दिलचस्पी नहीं रह गयी, क्योंकि मिस रोस्सा ने एक अमेरिकन सैनिक से शादी करके अपने अन्तर्राष्ट्रीय सिद्धान्त को कार्य में परिणत कर दिया है। सोशलिस्टों को लोग दामन पसारकर दुआएँ दे ही रहे हैं। ब्लाक और काँग्रेस में कोई मतभेद अब रहा ही नहीं। रास्ता साफ है। लेकिन पार्टी की चर्चा छिड़ते ही हृदय की गति बन्द होने को हो जाती है। दिमाग चक्कर खाने लगता है। कुछ स्थिर भी करूँ तो कैसे। दिन-भर में हजार बार प्रश्न पूछे जाते हैं–

"मि. 'ड' और 'ढ' दोनों इस बार काँग्रेस के टिकट पर खड़े होने की सोच रहे हैं। आपकी राय में दोनों में से कौन 'फिट' है ?"

"मिस्टर 'म' पर तो अनुशासन की कार्रवाई हुई थी ?"

"सुनते हैं ? राजा साहब काँग्रेस के विरोध में खड़े हो रहे हैं !"

"अरे साहब ! श्रीयुत 'श' तो हिन्दू सभा के टिकट पर खड़े होंगे। वे तो आपके घनिष्ठ मित्र हैं। मदद तो करनी ही पड़ेगी।" आदि-आदि।

मैं एकदम चुप्पी साध लेता हूँ। मेरी चुप्पी को इतना महत्त्व दिया जाने लगा है कि प्रत्येक पार्टी के मेम्बर मुझे अपनी विरोधी पार्टी का भेद जाननेवाला समझने लगे हैं। नाकों में दम है। मैं सभी पार्टियों का हूँ, मैं किसी भी पार्टी का नहीं हूँ ! किसी एक पार्टी को वरण किये बिना गुजर नहीं, पर जब प्रश्न उठता है कि 'किस पार्टी को ?' तो सिर चक्कर खाकर रह जाता है।

दिन में चैन नहीं, रात में नींद नहीं आती। आती भी है तो बुरे सपने देखने लगता हूँ। देखता हूँ कि मैं सड़क पर भागा जा रहा हूँ ! शहर के आवारे लड़के मेरे पीछे टीन बजा-बजाकर दौड़ रहे हैं। सब चिल्ला रहे हैं–"आप किस पार्टी के ? आप किस पार्टी के ?" मैं चिढ़कर उन लोगों को मारने दौड़ता हूँ, लड़के

ढेले फेंकते हैं, तालियाँ पीटकर हँसते हैं। सड़क पर दौड़ रहा हूँ। दर्जी चिल्लाकर कहता है–"सड़क 'क' पार्टी की है !" सड़क छोड़कर पगडण्डी पगड़ लेता हूँ। नाई आवाज देता है–"पगडण्डी 'ख' पार्टी की !" पगडण्डी छोड़कर नाले में गिर पड़ता हूँ··· चौकी पर से नीचे गिरकर नींद टूट जाती है। उठने की शक्ति शेष नहीं रह जाती है। काला ज्वर से पीड़ित सेवक बुद्धन किसी तरह उठाकर चौकी पर बैठा देता है। सान्त्वना देता है कि यह कुछ नहीं है। वह एक दिन गाँव जाकर अपने चचा को बुला लायेगा। वह झाड़-फूँककर सब ठीक कर देगा। मुझे भूत लगा है। आदि-आदि।

मैं भी मानता हूँ कि मुझे भूत सता रहा है। भूत-प्रेत को नहीं माननेवालों से मेरी प्रार्थना है कि वे कम-से-कम इस भूत पर अवश्य विश्वास करें।

अक्तूबर, 1945

रसूल मिसतिरी

बहुत कम अर्से में ही इस छोटे-से गँवारू शहर में काफी परिवर्तन हो गये हैं। आशा से अधिक और शायद आवश्यकता से भी अधिक।

स्कूल और होस्टल की भव्य इमारत को देखकर कोई कल्पना भी नहीं कर सकता है कि आज से महज आठ साल पहले अधिकांश क्लास पीपल के नीचे लगते थे, बरसात की रात में होस्टल के छात्र–'टूट टाट घर टपकत–खटियो टूट'–की पुनरावृत्ति करते थे।

शहर-भर का कूड़ा जिस स्थान पर फेंका जाता था, वहीं आज विशाल-टाउन हाल है, क्लब है और पुस्तकालय है।

गफूर मियाँ का चमड़े का गोदाम 'तस्वीर-महल' हो गया है। कभी उस गली से गुजरने के समय भगिया मेहतरानी भी ओठ सिकोड़कर नाक पर आँचल डाल लेती थी और आज तो स्वच्छता और पवित्रता की पुतली मिस छाया भी उस गली में मन-ही-मन गुनगुनाने की चेष्टा करती है–'हमको हैं प्यारी हमारी गलियाँ।'

खलीफा फरीद की फटफटानेवाली फटीचर सिंगर-मशीन और उनकी कैंची की काट-छाँट के दिन लद गये हैं। 'माडर्नकट-फिट' के 'लत्तू मास्टर' का जमाना है।

'रेस्ट्राँ' और 'टी-स्टालों' की संख्या तो 'शाक-भाजी' की दुकानों से भी बढ़ गयी है। युद्ध और महँगी के बावजूद नयी-नयी 'स्कीमें' बन रही हैं–बिगड़ रही हैं। शहर का पूरा कायापलट हो गया है।

लेकिन सदर रोड में–उस पुराने बरगद के बगल में रसूल मिस्त्री की मरम्मत की दुकान को तो जैसे जमाने की हवा लगी ही नहीं। कोई परिवर्तन नहीं। कुछ नवीनता नहीं। फटी हुई दरी पर बैठकर मरम्मत के काम में मग्न रसूल और उसका बेटा रहीम; दोनों के बैठने की जगह भी बदली नहीं। आसपास में मरम्मत के लिए आयी हुई चीजें, साइकिल के पुराने चक्के, ट्यूब, सीट, गैंडिल, चेन, हैंडल, ब्रेक, पेट्रोमेक्स, स्टोव, हारमोनियम, ग्रामोफोन वगैरह, इर्द-गिर्द बिखरे हुए औजार, छोटे-बड़े पेंच; एक काठ के पुराने बक्स में प्रायः सभी चीजों के पुराने पुर्जे, रेंच, रेती, छेनी, हथौड़ी, पेचकश, टूटे स्प्रींग आदि। पास में ही एक छोटी-सी पुरानी आलमारी में पुराने और नये डिजाइनों के छोटे-बड़े बिगड़े हुए टाइमपीस, डनलप-ट्यूब

के दो-तीन खाली डब्बे, छोटी-बड़ी कितनी ही चीजें–पर सब पुरानी और बिगड़ी हुई। आलमारी के ऊपर पुराने ग्रामोफोन का एक चोंगा औंधाया हुआ, दीवाल पर डनलप और गुड्-इयर तथा वाच-कम्पनियों के 34, 36 और 38 के पुराने कैलेण्डर, मिस कज्जन की एक फटी हुई रंगीन तस्वीर, दो दीवाल घड़ियाँ–एक बिना डायल की, दूसरी बिना पेंडुलम की। बिना पेंडुलमवाली घड़ी। पता नहीं कितने दिनों से तीन बजा रही है; दूसरी अपने आन्तरिक यन्त्रों का प्रदर्शन कर रही है, उसकी स्प्रींग के पास ही मकड़ी ने अपनी जाली लगा दी है।

दूसरी ओर रहीम बैठा चुपचाप काम कर रहा है। टीन की कुर्सी पर बैठकर ग्राहक अपनी बिगड़ी हुई चीज को बनते देख रहा है।

सामने के बरगद के तने पर, जहाँ रोज नयी दुकानों के विज्ञापन, दवाइयों के पर्चे, नेशनल बार-फांट के नारे, सिनेमा के इश्तहार चिपकाये रहते हैं, एक पुरानी टीन की तख्ती न जाने कितने वर्षों से लटक रही है, जिस पर टेढ़े-मेढ़े अक्षरों में लिखा हुआ है–'रसूल मिसतिरी–यहाँ मरम्मत होता है।'

इस साइनबोर्ड पर बहुत दिनों से पढ़े-लिखे लोगों की मण्डली ने टीका-टिप्पणी की है, व्यंग्य कसे हैं और रसूल के सामने संशोधन के प्रस्ताव रखे गये हैं, पर आज भी वह तख्ती उसी तरह लटक रही है। हाँ किसी शैतान लड़के ने खल्ली से उस पर लिख दिया था–'यहाँ आदमी की भी मरम्मत होती है'–सो उसे भी मिटाने की कोई आवश्यकता शायद नहीं समझी गयी।

रसूल मिस्त्री !

मझोला कद, कारीगरों की-सी काया और नुकीले चेहरे पर मुट्ठी-भर 'गंगा-जमनी' दाढ़ी। साठ वर्ष की लम्बी उम्र का कोई भी विशेष लक्षण शरीर पर प्रकट नहीं हुआ। फुर्ती-चुस्ती जवानों से भी बढ़कर। सादगी का पुतला–मोटिया कपड़े की एक लुंगी और कमीज। पान, चाय और बीड़ी का भक्त। कभी हाथ पर हाथ धरकर चुपचाप बैठना, वह जानता ही नहीं। 'गप्पी' भी नम्बर एक का, पर अपनी जिम्मेदारी को कभी न भूलनेवाला। काम के साथ ही साथ वह बातचीत का सिलसिला भी जारी रख सकता है।

'ठुक्-ठुक्-ठुक्, ठुक्-ठुक्-ठुक्'

"तो समझे न जी, दोजख-बहिश्त, सरग-नरक सब यहीं है, यहीं। अच्छे और बुरे का नतीजा तो यहीं मिल जाता है। रामचन्दर बाबू को देखो न !··· अरे रहीम ! जरा पेचकश फेंकना तो··· रामचन्दर बाबू··· अरे भई छोटावाला ! छोटावाला ! रह गये पूरे 'भोंक्' तुम, इससे भला··· हाँ यही।"

रहीम !

रसूल मिस्त्री का एकमात्र पुत्र। साँवला-सा हट्टा-कट्टा जवान, परम पितृ-भक्त और आवश्यकता से अधिक नम्र। बाप की मौजूदगी में कभी उसे मुँह खोलकर

बोलते नहीं देखा गया। जहाँ दो-चार आदमी काम लेकर आये कि उसकी सहिष्णुता की परीक्षा आरम्भ हो जाती है। छोटी-सी गलती पर भी रसूल मियाँ पिनक उठते हैं, दिन-भर काम में जुटे रहने पर भी आलसी, कामचोर, लापरवाह और कभी-कभी आवारे की उपाधि भी उसे मिल जाती। रसूल मियाँ बकते रहते और वह शान्त होकर चीजवाले को समझाता रहता–"इसका स्प्रींग टूट गया है और होल्डींनट···" बस रसूल मियाँ इसमें भी अपनी टाँग अड़ा देते–"देखें कहाँ क्या हुआ है··· हुँ, वाह रे लड़के ! सिरिफ इसपिरिंग टूटा है। अच्छा ले हम नया इसपिरिंग फिट कर देते हैं, होल्डिंग-नट भी बदल देते हैं, मशीन चलाकर रिकाट (रेकॉर्ड) बजा दे तो समझें कि हो गया पक्का मिसतिरी। अरे उलुवा ! बैलेंस कैसे ठीक होगा बैलेंस !" रहीम अपने ओठों पर एक सलज्ज मुस्कान लाकर निगाहें नीची कर लेता।

शहर से दो मील पूरब एक छोटी-सी बस्ती में मिस्त्री का घर है। मिस्त्री के पूर्वज कभी खुशहाल किसान थे, पर आज तो जायदाद के नाम पर तीन झोंपड़ियाँ और मवेशियों में कुछ बकरियाँ और मुर्गे-मुर्गियाँ रह गयी हैं। आमद का यह हाल है कि जिस दिन दुकान बन्द उस दिन खाना बन्द और खर्च नबाबी। तीसों दिन कबाब और कलिया, हलवे और सेवइयाँ ही पकती हैं। बेटा और पतोहू तो कुछ कहने से रही। रह गयी बुढ़िया, सो वह बेचारी अपनी जवानी के दिनों से ही काट-कपट, कम खर्च और संचय के सभी तरीकों को आजमाकर हार गयी है। मियाँ रसूल की उमरखैय्यामी फिलासफी के आगे उसकी कोई भी दलील न कभी टिकी और न कभी उसकी कुछ सुनी ही गयी। पर वह है कि बोलने से अब भी बाज नहीं आती। ज्यों ही रहीम के हाथ में किसी चीज की पोटली देखती, पूछ ही तो बैठती–"पोटली में का हौ रहीम ?"

"कलेजी है।" रहीम भिनभिनाकर उत्तर देता।

"कित्ता है ? सेर-भर ?··· का भाव दिया ? आ अल्ला ! दू रुपये सेर ? आग लगे ऐसी जीभ में ! दू रुपये सेर कलेजी ? हम पूछे हैं तोसे रहीम कि अल्ला तोरे कब अक्किल दि हैं ? ओके (मियाँ) सिर पर तो खैभूत सवार है खैभूत ? तोरे मुँह में अल्ला-ताला ने बोली न दिया है।"–बुढ़िया बैठकर कलेजी के शौक को कोसती रहती, रहीम चुपचाप वहाँ से खिसक जाता। बुढ़िया की गोद में बैठा हुआ पोता कलेजी की पोटली की ओर बार-बार झपटता और बुढ़िया उसको बार-बार रोकती–"हाय-हाय ! हमरे त कुछ न सूझे है।" घण्टों वह बड़बड़ाती रहती–बाप-बेटे दोनों की बुद्धि मारी गयी है, जमाना देखकर नहीं चलते, खाने-पीने के पीछे लोगों की जो दुर्गति हुई है–आँखों देखी घटनाओं का उदाहरण दे-देकर यह साबित करती कि ऐसे चटोर मरने के समय कफन के लिए भी कुछ नहीं छोड़ जाते आदि।–वह अपनी किस्मत को ठोंकती रहती कि ठीक इसी मौके पर मियाँ रसूल आ पहुँचते।

सबसे पहले जवाब तलब करते कि कलेजी अब तक इस तरह क्यों पड़ी हुई है। बुढ़िया मुँह लटकाये चुप रहती। रसूल मियाँ अन्दर जाकर मिर्जई खोल आते, ओसारे पर जमकर बैठ जाते। पतोहू गुड़गुड़ी दे जाती, दो वर्ष का नटखट पोता करीम दादी की गोदी को छोड़कर दादा की गोद में आकर बैठ जाता और दादी की ओर उँगली दिखलाकर तोतली बोली में दादी की शिकायत करने लग जाता–"खित् खित् बुहिया (खिट खिट बुढ़िया)।" इनाम में लेमनचूस और बिसकुट पाकर, जोर-जोर से पुकार-पुकारकर दादी को चिढ़ाने लगता है–"है खित् खित् बुहिया, है खित् खित् बुहिया।"

रसूल मियाँ गुड़गुड़ी में कस लगाते हुए गम्भीर हो जाते; फिर पूछते–"हम तोरे पूछे हैं रहीम की अम्माँ, कि आखि' तेरी यह रोज-रोज की खिट-खिट की आदत कब छूटेगी ! जब देखो तब वही हाल, जब सुनो तब वही बात। आखिर हम पूछे हैं कि तोरे लाज-शर··· "

"चुप रहअ्, लाज शरम के बात मत ओलअ्"–बुढ़िया तड़क उठती। "चुप करनेवाली की ऐसी तैसी"–रसूल मियाँ भी गर्म पड़ जाते–"हम तो सौ बार नहीं हजार बार कहेंगे कि तोरे लाज-शरम जरा भी नहीं, सब धोकर पी गयी है। तेरा बस चले तो सबको फाका कराके छोड़े। शौक से कभी कोई चीज लाओ कि बिना 'खिट-खिट' किये चैन नहीं।"

"खित् खित् बुहिया"–करीम बिस्कुट खाते-पीते किलकारी भरकर बोल उठता। बेचारी बुढ़िया रो देती। अल्ला-ताला उसे उठा लें, अब कौन-सा दिन देखने के लिए वह जी रही है। वह इस घर की कौन है, वह क्यों बोले, नेकी की बात कहने से वह बेहया हुई, बेशरम हुई···। पतोहू कलेजी की पोटली लेकर काटने लग जाती। रहीम अपनी कोठरी से निकलकर बाहर चल देता, बुढ़िया बैठी सिसकती रहती।

"रसूल काका हैं घर में ?"–बाहर से कोई आवाज देता।

"कौन है ? फकरुद्दीन ! अन्दर आओ, क्या बात है ?" रसूल मियाँ गुड़गुड़ी की नली मुँह से हटाते हुए जवाब देते।

"काका, रशीद को दिन से ही पेट-मुँह दोनों चले हैं। दवा तो सुनवाइए नहीं करे है। देह भी ठण्डा···?"

"तो दिन से कान में तेल डालकर सोया काहे था ??"–रसूल मियाँ बीच में ही बात काटकर उठ खड़े होते !–"चलो देखें। कुछ नहीं होगा, 'खट्टा-मिठा' खायी है, ठीक हो जायेगी।" कहकर वे अन्दर चले जाते।

"इस्मैला कैसा है रे फखरू !"–बुढ़िया पूछती।

"तोरे दुआ से अब अच्छा है काकी। तू तो अब कभी आती भी नहीं। इस्मैला की माँ कहे है कि काकी नाराज है।"

"दुर पागल। नाराज काहे होवे। करीम्माँ के मारे फुर्सत मिले तब तो।"

रसूल मियाँ जेब में छोटी-बड़ी शीशियाँ ठूँसकर निकल पड़ते–"चल।" बुढ़िया

अपने ही अपने बोलती–"जरा ठिकाने से देखिह, जो दवा नहीं रहे शहर से मँगा लिह।"

दादा के चले जाने के बाद करीम मियाँ धीरे-धीरे दादी के पास आकर बैठ जाते और बेमतलब की हँसी हँसकर सन्धि का प्रस्ताव करने लग जाते। यदि दादी अर्धभुक्त बिस्कुट लेकर भी सन्धि कर ले तो कोई हर्ज नहीं।

"चल हट शैतान ! जा अपने दादा के पास। बड़ा आया है वहाँ से बिस्कुट देकर फुसलाने। हम तो खिट-खिट बुढ़िया हैं।" कहकर वह रूठी-सी रहती। पर मियाँ करीम अच्छी तरह जानते हैं कि इन मौकों पर क्या करना चाहिए। जबर्दस्ती गोदी में बैठकर अनुपस्थित दादा की शिकायत करने लग जाते–"दादा फकअ्··· दादा चटो··· (दादा फक्कड़, दादा चटोर)"। दादी के ओठों में छिपी मुस्कान को वह लक्ष्य कर लेता और अजीब भाषा में हँस-बोलकर दादी को रिझाने लग जाता, जिसका यह अर्थ हो सकता है कि दादा के साथ तो क्षणिक सन्धि सिर्फ बिस्कुट के लिए हुई थी। देखा ! कैसे दादा से ठगकर बिस्कुट ले लिया। इसी को कहते हैं राजनीतिक दाँव-पेंच।

कलेजी काटते-काटते अम्मी आँख दिखाकर कहती–"अच्छा आवे हैं तोरे दादा। सब ठगपनी तोरे आज बाहर करवावे हैं।"

करीम मियाँ भला अम्मी की बात को कैसे बर्दाश्त करें ? अम्मी तो घर-भर में सबसे कमजोर और हेय प्राणी है। करीम मियाँ ने उसकी खुशामद न कभी की है और न करेगा। और उसकी यह हिमाकत कि धमकी दे ? थोड़ी देर गम्भीर होकर चुप रहने के बाद मुस्कुराती हुई अम्मी को आप डाँट देते–"चुप फूह (चुप फूहड़)।"

"आये दे दादा को"–अम्मी फिर धमकी देती। इस बार करीम मियाँ पाजामे से बाहर हो जाते। दादी की गोद से उठ खड़े होते और आस-पास प्रहार करने योग्य किसी वस्तु की तलाश करने लग जाते। मोटी लाठी को उठाने में असफल होकर, खाली हाथ ही अम्मी पर धावा बोल देते। बाल पकड़कर घसीटने लग जाते। अम्मी चिल्ला उठती–"छोड़ शैतान, छोड़। नहीं कहूँगी दादा से, छोड़।"

दादी हँसती हुई जाकर उसे पकड़ लाती। करीम मियाँ अपनी भाषा में धमकी देते–"फक्कड़ दादा को, अब्बा को और तुमको मारकर घर से निकाल दूँगा।"

अगर अम्मी मुँह चिढ़ा देती तो फिर मैदाने-जंग में उतरने का उपक्रम करने लग जाते, पर दादी रोक देती। सिर्फ दाँत कटकटाकर, बलबलाकर बैठ जाते। दादी और अम्मी इस संकेत को समझती है। बुढ़िया कहती–"आज दूध पिये के बख़त तोरे हे रुलाके छोड़ेगा–याद रखियो।"

करीम ने इधर कुछ दिनों से एक नया तरीका निकाला है। दूध पीने के समय वह रह-रहकर इसका प्रयोग करता है। अम्मी चीख उठती है–"अम्मा रे !" और अपनी सफलता पर, अम्मी की चीख पर करीम खिलखिलाकर हँस पड़ता है।

रसोईघर में पुतोहू कलेजी पकाती रहती, बुढ़िया पुकारकर कहती–"देखना ज्यादे

कड़ा मत कर देना, नहीं तो खाने के समय तूफान खड़ा कर देगा।" दो-तीन बार बाहर से 'नमक-मिर्च-मसाले' के सम्बन्ध में चेतावनी देने के बाद वह खुद रसोई में पहुँच जाती। पुतोहू की गोदी में करीम को देते हुए बोलती–"जा बाचा जा, मैं देखूँ सालन।" पुतोहू मुस्कुराती हुई रसोई से बाहर हो जाती। गाँव में चक्कर लगाकर रहीम अपनी कोठरी में वापस आ जाता। स्वामी-स्त्री और बेटा, तीनों जने मिलकर पुराने जापानी ग्रामोफोन पर कमला झरिया का गीत सुनने में मशगूल हो जाते–"अदा से आया करो पनघट पर जब तक रहे जिगर में दम।"

रसूल मियाँ जब लौटते तो हाथ में 'बसन्ती ताड़ी' की लबनी रहती। आँगन में दस्तरखान बिछ जाता। ऊँघते हुए करीम मियाँ भी उठ बैठते–रिकाबी, बधना और गिलास घसीट-घसीटकर दादा के पास ले जाते। तीनों जने मिलकर, तृप्तिपूर्वक रोटी-कलेजी खाते रहते, बीच-बीच में ताड़ी का दौर चलता रहता। बुढ़िया पास में बैठकर परोसती रहती।... "वाह सालन तो खूब बना है।"–सुनते ही बुढ़िया निहाल हो जाती।

करीम मियाँ भी एकाध घूँट पीकर झूमने लगते। लबनी में बची हुई ताड़ी बुढ़िया को सुपुर्द करते हुए रसूल मिया फर्माते–"एक गिलास होई है, बहू को दे दे। आजकल तो एकदम चमगुदड़ी हो गयी है। एक गिलास रोज पी ले तो देह लौट आवे। ताड़ी है, ठट्ठा नहीं है। अरे हाँ, हाँ, तूने कभी पी ही नहीं तो जानेगी क्या ?"

कुछ देर के बाद ही झोंपड़ियों में नींद का साम्राज्य छा जाता। कभी-कभी रसूल मियाँ को रात में भी उठकर 'कॉल' में जाना पड़ता था और सारी रात रोगी के पास बैठ बितानी पड़ती थी।

सुबह चुपचाप नाश्ते के बाद ही रसूल मियाँ शहर को चल पड़ते। दोपहर का खाना रहीम लेकर आयेगा। घर से चलने को तो वे चल देते ठीक समय पर, लेकिन खाना लेकर रहीम उनसे अक्सर पहले ही पहुँचता। घर से निकलते ही गाँव-भर के शादी-विवाह, झगड़े-पंचायत, रोग-शोक, दवा-दारू आदि के सम्बन्ध में सलाह लेते-देते बारह बज जाते। गाँव से बाहर होकर, खेतों में काम करते हुए लोगों से 'खेती-बारी' के सम्बन्ध में दो-दो बातें नहीं करें यह, भला कैसे हो सकता है।

'अरे मँहगू, तेरा मेलावाला बाछा कहाँ है ?"

"का कहें मामा ! आज दो दिन से न घास खाता है न पानी पीता है। भगवान जाने क्या हो गया है।"

बस रसूल मियाँ लौट पड़ते। बाछा को देखकर रोग तजबीज कर–'जड़ी-बूटी' बतला देते। सिर्फ इतना ही नहीं, किसके बगीचे में, किस पेड़ के आस-पास वह जड़ी मिलेगी, यह भी बतला देते या स्वयं जाकर ला देते।

दुकान पर पहुँचकर, अपनी जगह पर बैठते-बैठते अपने आप ही बोल उठते–"ओह ! बड़ी देर हो गयी।" फिर रहीम के काम को कुछ मिनट गौर से देखकर

कहते–"ला, इधर दे देखें। तब तक तुम भोला की घड़ी को देखो तो।"

टूटी कुर्सी पर बैठे हुए व्यक्ति ने कहीं पूछ दिया कि 'कौन भोला', तो काम के साथ ही साथ भोला की जीवनी शुरू हो जाती–"अजी, वही भोला। कंगरेसी भोला। है मालूम ? जेल में ही बी. ए. पास कर लिया। खूब लड़का है भोला भी··· यह देखिए, आपकी घड़ी का हियर इसपिरिंग इतना कमजोर है कि क्या कहा जाय ? इसीलिए कहते हैं कि सस्ता रोवे बार-बार।··· मगर भोला है अपनी धुन का पक्का। वैसे तो बहुत लड़कों को देखा है··· "

सुननेवाला अपरिचित भोला की लम्बी-चौड़ी दास्तान की भूमिका ही सुनकर धीरज खो बैठता–"भई, किस भोला की इतनी तारीफ किये जा रहे हो। अरे वही लम्बा-लम्बा बालवाला ?··· "

"अरे साहब नहीं"–बात काटकर रसूल मियाँ कहते–"लम्बे बालोंवाला तो अबनीन्दर है अबनीन्दर। वह भी भोला का ही साथी है। वह भी एक अजीब लड़का है। कविस्स है, है मालूम ? कबित लिखने में उस्ताद है। गौ जैसा सीधा लड़का है, देखने से मालूम होता है आवारा है मगर··· "

"ए हो रसूल काका ! चलूअ देखूअ ता"··· युवती ग्वालिन सुबुकती हुई आकर खड़ी हो जाती–"देखूअ तूअ भला रसूल काका, दूध के बरतन फोड़ देलन, हाथ पकड़के लक्को-झक्को··· ?"

"अरे कौन ? कौन ?"

"छत्तीश बाबू के बेटा।"

"सतीश बाबू से नहीं कहा ?"

"छतीश बाबू उलटे हमरे मारे दौड़लन–भाग हरामजादी।" रसूल मियाँ की त्योरियाँ चढ़ जातीं। काम छोड़कर बड़बड़ाने लगते–"जितना अमीर है सब एक नम्बर का चोट्टा है चोट्टा। जाओ तुम जरा सौदागर सिंघ को बुला ला तो रे सुदमियाँ।" सुदमियाँ ग्वालिन आँसू पोंछती चली जाती पर रसूल मियाँ की बलबलाहट जारी ही रहती–"बड़ा रुपया का गर्मी हो गया है, औरत की इज्जत पर हाथ उठावेगा ? शैतान कहीं का··· "

"अरे मिसतरी, इन छोकड़ियों को कम मत समझो। एक ही खेली-खिलायी होती हैं। भला ऐसी जवान लड़की को शहर में दूध बेचने के लिए आने की क्या जरूरत ?··· "

"चुप रहिए साहब ! यह लड़की मेरी बेटी दाखिल है। गाँव की लड़कियाँ बड़ी सीधी होती हैं, समझे ? आपके शहर के तरह नहीं··· होतीं। मैं पूछता हूँ, दूध की आमदनी से ही जहाँ पेट चलता हो, घर में इस लड़की को छोड़कर सब बीमार हों तो डाक्टर को बुलाने, दूध बेचने जवान लड़की नहीं आवे तो कौन आयेगा ? बतलाइए ! और भले आदमी का यही धरम है कि दूसरे की बहू-बेटी को मुसीबत में देखकर उस पर जुल्म करे !"

सुदमियाँ आकर कहती–"सौदागर काका घर पर नहीं हैं।" रसूल मियाँ सुदमियाँ

के साथ अकेले ही चल पड़ते।

बेला ढलने के बाद कहीं वे वापस आते और बड़बड़ाते हुए दुकान में प्रवेश करते–"बच्चू चलें एक दिन देहात। सरे आम सड़क पर नहीं पिटवा दिया तो रसूल नाम नहीं।" फिर दुकान के एक कोने में बैठी कुञ्जड़िनों से पूछते–"क्यों अब्दुल की माँ, आज बड़ा सबेरे हो गया ?" बस कुञ्जड़िनों की टोली टूट पड़ती–"कब से बैठे हैं, जरा हिसाब कर द बुढ़ऊ।"

"ठहरो-ठहरो। एक-एक करके। हाँ तोरे कित्ता करेला रहा हमीदन ?··· तेरह सेर। क्या भाव बेची ?··· चार आने ?··· हाँ, तो तेरह चौका बावन। बावन आना के सवा तीन रुपया। देखें पैसा ?··· हाँ ठीक है। अच्छा तुम्हारा परवल ?··· ऐ साहब ! उधर रहीम को दिखलाइए, हमको अभी फुर्सत नहीं है। देखते हैं नहीं ?"

हिसाब-किताब करते, खोटे-खरे पैसों की जाँच करते शाम हो जाती। रहीम काम बन्द कर चलने की तैयारी करता। "अरे इन लोगों को साथ लेते जा रहीम, शाम हो गयी न ! मैं जरा उधर से होता आऊँगा।" कुञ्जड़िनों की टोली के साथ रहीम चल पड़ता। धेनूसाह की दुकान पर पहुँचकर कुञ्जड़िनें दो पैसे की जलेबी और सकरपाला लेने में ही घण्टों की देर लगा देतीं और रहीम सड़क पर खड़ा चुपचाप सबों की प्रतीक्षा करता रहता।

रसूल मिस्त्री के यहाँ मरम्मत की हुई चीज पक्की होती है। सब चाहते हैं कि रसूल मियाँ के यहाँ ही अपनी बिगड़ी चीजों को बनवायें। "पर वह दुकान पर जमकर बैठता है कहाँ, और जब बैठता भी है तो अधूरा काम बेटे के सिर पर पटक कहीं चल देता है।" यही लोगों की शिकायत है। वह जरा खरा आदमी है, साफ-साफ बात करना जानता है। इसीलिए गाहक कम आते हैं। वह छोकरा रघ्घू पहले रसूल मियाँ के यहाँ ही नौकर था, आजकल मरम्मत की दुकान खोलकर मालामाल हो गया है। पर रसूल मियाँ की दुनिया जैसी थी, आज भी वैसी ही है।

आज से दस-ग्यारह वर्ष पहले की बात है। मैं 'स्टोव' मरम्मत कराने रसूल के यहाँ पहुँचा। स्टोव खोलकर वह देख ही रहा था कि एक अधेड़ देहाती ने आकर भर्राये स्वर में कहा–"गहना तो नहीं छोड़ता है, कहता है और सूद लाओ··· "

सुनते ही रसूल मियाँ काम छोड़कर उठ खड़े हुए। मैंने टोका–"फिर स्टोव !"

"कल होगा।"

"तो मैं स्टोव ले जाता हूँ।"–मैंने ज़रा चिढ़कर कहा। "ले जाओ जी !"–रसूल ने कड़ककर जवाब दिया–"यहाँ किसी की इज्जत पर पड़ी है और किसी को काम की सूझी है। बेचारे की बेटी का आज रात में गौना है। गहना बन्धक पड़ा है।

महाजन छोड़ता नहीं···"

मैं अपना स्टोव लेकर, मन-ही-मन प्रतिज्ञा करके वापस हुआ कि कभी इसकी दुकान में न आऊँगा और न अपने दोस्तों को आने दूँगा।

पर आज रसूल मियाँ को अच्छी तरह पहचान चुका हूँ। बचपन की उस प्रतिज्ञा पर आज भी मुझे दुख है। सायकिल मरम्मत के लिए दी है। पन्द्रह दिनों से लौट रहा हूँ, रसूल मियाँ से भेंट ही नहीं होती। रहीम कहता है कि उन्हीं से ठीक होगा। किसी दिन संयोग से भेंट भी होती है तो देखता हूँ उनके जिम्मे सायकिल मरम्मत से भी जबर्दस्त काम है। "फटेहाल औरतों को कपड़ा दिलाना है। सात दिन से लौट रही हैं। भीड़ में दम घुटवाकर, कत्तार में खड़ी होकर भी खाली हाथ लौट आती हैं।"

किसी दिन सुनता हूँ–गाँव में मलेरिया जोर से फैला हुआ है, कुनैन मिलता नहीं, इसलिए मिस्त्री कई जड़ी-बूटियों का काढ़ा बनाकर आज गाँव-भर में बाँट रहे हैं।

रोज चुपचाप लौट आता हूँ और रोज उस बरगद के तने पर लटकती तख्ती को पढ़ लेता हूँ–"रसूल मिसतिरी--यहाँ मरम्मत होता है।" खल्ली से किसी शैतान लड़के ने जो लिख दिया है–"यहाँ आदमी की भी मरम्मत होती है।"–उसका मन-ही-मन समर्थन करके भी भूल जाता हूँ कि सायकिल के बिना मुझे बड़ी तकलीफ उठानी पड़ रही है।

फरवरी, 1946

बीमारों की दुनिया में

बीरेन की जवानी में घुन लग गया।

"आय जवानी, जाय जवानी, पानी-सी बह जाय जवानी !!

हाय जवानी !!..."

बुखार–100°, 101°, 102°... ।

खाँसी–भीषण !!

रोग–क्षय के लक्षण।

कथाकारों के नायक प्रायः क्षय ही से पीड़ित होते हैं। खून की कै करते हैं। कथाकार इस रोग को 'रोमाण्टिक' रोग समझते हैं। बीरेन बीमार है, क्षय के लक्षण दिखलायी पड़ते हैं तो वह भी जरूर 'रोमांस' के मजे लूट रहा होगा ?

महीने पर महीने बीत रहे हैं, बिछौने पर पड़े-पड़े एक-डेढ़ वर्ष हो गया। आराम होने के कोई लक्षण दिखाई नहीं पड़ते। उसकी जवानी पटना मेडिकल कॉलेज हास्पिटल के एक वार्ड में, बेड नं. 1 पर शिथिल पड़ी है। जर्जर हो चुकी है। लेकिन कथाकार 'रोमांस' का राग अलाप रहा है। रोमांस ! हिसे-चलती गाड़ी में रोमांस, सड़क पर रोमांस, खिड़की पर रोमांस !!

मार दो गोली इन रोमाण्टिक कथाकारों को !

बीरेन की जवानी किसी काम की न रही !

वह लाख मक्खन खाय, अण्डा तोड़े, दूध पीये और गोल्ड की सुई ले, लेकिन बहा हुआ पानी वापस नहीं आ सकता, बीती हुई जवानी लौट नहीं सकती।

"तुम तो बेकार घबराते हो यार ! यह अब असाध्य रोग नहीं रह गया है। लोग अच्छे होते हैं, रेगुलर लाइफ लीड करते हैं।"

"और म्याँ अब तो लड़कियों के बाप, लड़कों की तस्वीर देखने के बदले उसके फेफड़े का 'एक्सरे' प्लेट देखकर रिश्ता करेंगे। मान लो, थोड़ा इनफिलट्रेशन है, ठीक है। या थोड़ी 'केमिटी' सी है तो कोई बात नहीं। हाँ, जिसका केस 'डेभलप' कर गया है, वह बेचारा छाँट दिया जायेगा।"

नौजवान मेडिकल स्टूडेण्टों की बात सुनकर वह हँस देता है। स्टूडेण्टों की स्वस्थ हँसी में उसकी हँसी घुलमिल जाती है।

"मिस्टर ! इस बार सेनेटोरियम में सीट खाली होते ही आपको भेज दिया जायगा।"

डाक्टर की बस एक ही बात सुनते-सुनते वह थक गया है। इधर कुछ दिनों से हाउस-सर्जन एक सलाह देने लग गया है।

"अरे साहब ! किसी मिनिस्टर को पकड़िए, सब ठीक हो जायेगा।" लेकिन बीरेन जानता है कि मिनिस्टर साहब के पास सिफारिश के लिए समय नहीं है। बीरेन की सिफारिश के लिए कोई मिनिस्टर नहीं बना है।

बगल की 'केबिन' में कोई हैं, जिनके मिलनेवालों में एक कम्यूनिस्ट है। वह कभी-कभी बीरेन के पास भी आता है। जब आता है, सामयिक राजनीति पर एक व्यंग लिये आता है।

"अब क्या है, अब तो अपना राज है जी।"–मिनिस्टरी जिस दिन बनी थी।

"अब तो यार, खुदा पर भरोसा करो।" जयप्रकाशजी ने रिहा होकर, बाँकीपुर लान में भाषण देने के सिलसिले में कहीं 'खुदा जाने' शब्द का व्यवहार किया था।

बीरेन को ढाँढ़स बँधाते हुए वह कभी-कभी कहता है–"अरे कामरेड ! लेनिन भी टी. बी. से ही मरे थे और गोर्की ने सबसे अच्छी किताबें सेनेटोरियम में ही लिखी थीं।"

बीरेन ने भी पलँग पर पड़े-पड़े कहानियाँ लिखने की कोशिश की है। कहानी शुरू करने को तो वह कर देता है पर उसे अन्त करना उसके लिए मुश्किल हो उठता है। फलतः उसकी कापी में बहुत-सी अधूरी कहानियाँ लिखी पड़ी हुई हैं। वह कभी-कभी उन कहानियों को देखता है, उन्हें शेष करने की हिम्मत नहीं होती।

बीरेन की जवानी किसी काम की नहीं रही !!

अस्पताल की रात बड़ी भयानक होती है। रोगियों की दर्द-भरी कराह, कलेजे में चुभनेवाली चीख और बीच-बीच में मृत व्यक्तियों के सम्बन्धियों का सम्मिलित करुण रोदन ! सब मिलकर रात को बड़ी भयानक बना देते हैं। अँधेरी रात और भी क्रूर हो जाती है। चाँदनी रात, कफन जैसी सुफेद और बेजानदार मालूम होती है।

यहाँ मौत बहुत जानी-पहचानी हुई चीज है। जिन्दा रहना, मर जाना, फिर मरते-मरते जी जाना यहाँ कोई अहमियत नहीं रखते। लोग रो-रोकर मौत को गलत और डरावनी बना देते हैं, यों यह बड़ी सीधी-सादी होती है। वह बेड नं. 5 रात को न जाने कब मर गया। चार बजे भोर को नर्स ने देखा, मौत कभी चुपके से आकर चली गयी है। डेथ-सर्टिफाई करने के लिए डाक्टर आये, गुर्दे को छूकर, ऊँघते हुए चले गये। वार्ड के रोगियों की नींद में कोई बाधा नहीं पहुँची। मुर्दाघर के दो मेहतर आये, उसे स्ट्रेचर पर लिटाकर ले चले। अगले मेहतर ने अपनी जिन्दादिली दिखाते हुए कहा–"चल भैया, कदम-कदम बढ़ाये चल।"

यह उसके चुपचाप और लावारिस मर जाने पर एक व्यंग था।

बेड नं. 5 खाली हो गया। उसका 'बेड-हेड-टिकट' और हिस्ट्री-चार्ट लेकर नर्स

चली गयी। उसने अपने रजिस्टर में लिखा—"बेड नं. 5 एक्सपायर्ड···" वगैरह-वगैरह।

उसका एक भला-सा या बुरा-सा नाम रहा होगा, लेकिन मरते-मरते वह सिर्फ बेड नं. 5 ही रह गया। यानी बेड नं. 5 सिर्फ मर गया। वज्रपात नहीं हुआ, दीपक नहीं बुझ गया, सिन्दूर नहीं लुट गया। कुछ नहीं हुआ, वह सिर्फ मर गया। वज्रपात हो जाना, दीपक बुझ जाना, सिन्दूर लुट जाना दूसरी बात है और 'सिर्फ मर जाना' दूसरी बात।

बस, यहीं तक लिखी हुई एक अधूरी कहानी को बीरेन कभी-कभी पढ़ डालता है। वह जब-जब इस कहानी को पढ़ता है, उसका अपना नाम भी मिटने-मिटने को हो जाता है, उसे लगता है जैसे वह बीरेन, बीरू, बीर वगैरह कुछ भी नहीं है, महज बेड नं. 1।

"कहिए बीरेनजी ! कैसे हैं ?"—अजीत आया।

बीरेन का नाम मिटते-मिटते रह गया।

यह अजीत, बीरेन का साहित्यिक दोस्त है, कहानी लेखक और पालिटिकल वर्कर। नयी शैली और विचारधारा को लेकर इन्होंने हिन्दी संसार में प्रवेश किया है। इनकी कहानी की नायिका, हँसते-हँसते स्खलित हो जाती है, भरी प्रदर्शिनी में एक नग्नमूर्ति के पास खड़ी होकर उसके स्तन को देखती फिर अपने स्तन को छूकर देखती है कि मूर्ति की तरह उसका अपना गठीला, नुकीला है या नहीं। इनके नायक, 'काफी-हाउस' में एक प्याली आइसक्रीम चूसते-चूसते मजदूरों के सवालात पर दर्जनों थ्योरियाँ बोल जाते हैं। इनकी भाषा—जज़्बात, अहसास, अहमियत की ठूँस-ठाँस से जरूरत से ज्यादा जानदार हो जाती है।

बीरेन ने करवट लेते हुए कहा—"बैठिए। आप कैसे रहे ?"

"ठीक है"—अजीत ने बैठते हुए कहा—"और आपकी 'उनकी' कोई चिट्ठी-विट्ठी आयी ?"

बीरेन ने गर्दन हिलाकर कहा—"नहीं।"

यह 'शैला' नाम की एक लड़की के बारे में बात हो गयी। शैला बीरेन के साथ बनारस हिन्दू विश्वविद्यालय में पढ़ती थी और बीरेन से उसका बहुत अच्छा-सा सम्बन्ध है। अब वह मद्रास के किसी वीमेन्स कॉलेज में प्रोफेसर थी। अजीत की राय में, शैला ही बीरेन की बीमारी का प्रधान कारण थी।

अजीत एक बार मुस्कुराया, फिर कहने लगा—"देखिए ! हम जिन्दगी को 'कॉफी' के चम्मच से नहीं माप सकते··· "

बीरेन ने याद करने की कोशिश की कि उसने किस अंग्रेजी उपन्यास में ठीक इसी पंक्ति को पढ़ा है।

अजीत कह रहा था—"जिन्दगी किसी की याद में रो-रोकर बिताने के लिए नहीं है। यह एक लहर है जो गरजती है, उबलती है, थपेड़े मारकर जगाती है। यह सुलानेवाला संगीत नहीं। यह एक गति है जो रुकती नहीं···।"

बीरेन आज ऊब गया। वह सब दिन चुप होकर अजीत की सुनता रहा है।

और यह अजीत जब बोलने लगता है तो भूल जाता है कि सुननेवाला भी कुछ सोच सकता है, कुछ कह सकता है।

आज बीरेन बोलेगा। जब से वह पलँग पर पड़ा है, उसने सिर्फ सुना है। वह चुपचाप लोगों की सुनता गया है, बोला है नहीं। उसने बीमार होकर देखा है कि दुनिया में राय देनेवालों का ही बाहुल्य है। बीमार होने का अर्थ है, कड़वी दवा की तरह दूसरों की गलत-सही बातों को पीते जाना। एक बीमार को अपनी राय जाहिर करने का कोई हक नहीं, क्योंकि वह कमजोर है, निष्क्रिय है, निस्तेज है, करवटें लेता है, कराहता है। वह समाज का एक सड़ा हुआ अंग है, जिसे समाज अपनी भलाई के लिए काटकर अलग कर देना पसन्द करता है। उसके पीछे चलनेवाले साथी आज उसे गोली मारने को तैयार हैं, क्योंकि वह चलने में असमर्थ है। बीरेन तकिये के सहारे बैठ गया और कहने लगा–"अजीत बाबू ! आप जिन्दगी, संघर्ष, मुहब्बत वगैरह पर बड़े-बड़े पोथे लिख सकते हैं–सिर्फ लिख ही सकते हैं। आप अपने को प्रगतिशील कहते हैं, यथार्थवादी होने का दावा करते हैं। पोथियों से आपने यथार्थवाद सीखा है–जिसे मैं उधार की चीज कहता हूँ। और मेरा जन्म किसी 'कॉफी-हाउस' के इर्द-गिर्द नहीं बल्कि खलिहान के पास ही एक झोंपड़ी में हुआ है, जहाँ जन्म से लेकर मौत तक–लड़ाइयाँ ही लड़ाइयाँ लड़नी पड़ती हैं। जहाँ की समस्याएँ तर्क करने का मौका नहीं देती हैं। जहाँ सीधी चोट करनी पड़ती है, सीधे वार को सहना पड़ता है। मेरा दावा है कि मैंने जिन्दगी को आपके 'जेम्स जायस' से अधिक पहचाना है। हमारी जिन्दगी हिन्दुस्तान की जिन्दगी है। हिन्दुस्तान से मेरा मतलब है असंख्य गरीब मजदूर, किसानों के हिन्दुस्तान से। हम अपनी मिट्टी को पहचानते हैं, हम अपने लोगों को जानते हैं। हमने तिल-तिल जलाकर जीवन को, जीवन की समस्याओं को सुलझाने की चेष्टा की है। आपने गेहूँ का पौधा देखा है अजीत बाबू ? मेरा ख्याल है कि आपने गेहूँ भी नहीं देखा होगा।

"रही मुहब्बत की बात। सो हमारे दिल के किस्से निराले होते हैं। हमारे यहाँ इश्क पनपते ही मुरझा जाता है, शबाब दम घुटकर मर जाता है। हमें मुहब्बत की लाश ढोनी पड़ती है।…"

बीरेन हाँफने लगा। अजीत निष्प्रभ होकर बोला–"आप अब चुप रहिए।"

अजीत चला गया। बीरेन बहुत देर तक गर्म रहा। उसके नथुने फूले रहे और वह सोचता रहा–डाक्टरों की बात, कम्यूनिस्ट छोकरे की बात, अजीत की बात।

हिन्दुस्तान में यह फेफड़े का रोग 99 प्रतिशत पर हाथ फेरने जा रहा है। जरूरत है उत्तम भोजन, कम मिहनत की। जरूरत है हजार-हजार डाक्टरों की। लेकिन डाक्टरी सभी नहीं पढ़ सकते। फिर जहाँ डाक्टरी पेशा का रूप ले ले वहाँ बीमारी बढ़ती ही जायेगी।–… असल बात है कि हम गुलाम हैं और गुलाम कौम का अर्थ बीमार मुल्क।…

ये कम्यूनिस्ट ! 1942 की क्रान्ति में रोड़े अटकानेवाले क्रान्ति-विरोधी ! आज फब्तियाँ कसे चलते हैं।

रूस इनका काका है और स्टालिन पैगम्बर। स्टालिन की डिक्टेटरशिप को जनता की डिक्टेटरशिप कहते इन्हें शर्म नहीं आती। ज़रा कोई इनसे पूछे कि म्याँ जनता की डिक्टेटरशिप जनता पर तो नहीं हो सकती, आखिर यह डिक्टेटरशिप किस वर्ग पर ? तो बगलें झाँकने लगेंगे, लेनिन को 'कोट' करने लगेंगे; स्टालिन की दुहाई देने लगेंगे।...

और, यह अजीत ! दिन में पच्चीस बार सूट बदलकर होटलों में चक्कर काटते फिरता है, फिलासफी बघारता है। किसानों के सवाल पर आप बोल तो सकते हैं पर किसानों के बीच जाकर काम करने की बात उठते ही उपयुक्त मोर्चे (Suitable Front) की तलाश करने लग जाते हैं।...

अचानक उसके विचारों में बाधा पड़ी। बेड नं. 4 पर गुलाम मुहम्मद गिलानी साहब, उर्दू के शायर हैं। बेचारे भरी जवानी में ही हृदय रोग से पीड़ित हैं। सारी देह में सूजन है, चेहरे पर परेशानी छायी रहती है, लेटने से तकलीफ बढ़ जाती है। मगर उनकी जिन्दादिली है कि उन्हें जिलाये रहती है। हाँ, तो उनकी नौकरानी डेरे से आयी थी और रो रही थी कि उसके घरवाले ने उसे बुरी तरह पीटा है। उसे कसम खिला ली जाय जो उसने कुछ कहा हो। गिलानी साहब ने उसे शान्त करके वापस भेजा। बीरेन ने मुस्कुराकर पूछा–"भाई बात क्या थी ?"

गिलानी साहब ने बड़े अन्दाज से गर्दन हिलाकर, हकला-हकलाकर जवाब दिया–"कसम खिलवा लो जो मैंने आह ! भी की हो।"

"मगर उसने तो पैंतरे बदल-बदलके मारा है।" बीरेन हँस पड़ा और रह-रहकर हँसता रहा।

रात आयी, रातवाली नर्स आयी। बाहरी दुनिया शान्त हो गयी, अस्पताल की दुनिया कराहती, चिल्लाती, दम तोड़ती और जोड़ती चलने लगी। रातवाली सिस्टर राउण्ड लगाने आयी, बेचारी नर्स ऊँघती हुई पकड़ी गयी। तेज, कर्कश आवाज में सिस्टर चिल्ला उठी–"हम रिपोर्ट करेगा, छोड़ेगा नहीं।"

बीरेन का बुखार आज कुछ तेज था, उसे नींद नहीं आ रही थी। उसके जी में आया कि सिस्टर का मुँह नोच ले। चुड़ैल, बड़ी चिल्लाती है। उसने करवट बदली, लोहे का पलँग कचमचा उठा। उसे लगा जैसे यह उसकी हड्डियों की आवाज हो। गिलानी साहब पलँग पर बैठे, 'बेड-रेस्ट' के सहारे हाँफ रहे थे। बीरेन ने पूछा–"क्या हाल है गिलानी भाई ?"

'कुछ मत पूछिए'–वे फिर शायराना अन्दाज से बोले–

'छेड़ दिया हसन ने फिर अपना किस्सा,
बस, आज की रात भी हम सो चुके।'

"लेकिन भाई, हम तो ऐसा सोयेंगे कि लाख सर पटके पे भी न उठेंगे...।"

सुबह बीरेन ने उठकर देखा, गिलानी साहब के बेड के पास भीड़ लगी थी। औरतें दहाड़ मारकर रो रही थीं। गिलानी साहब के हृदय की गति बन्द हो चुकी थी। उसकी जवान बेवा ने अपना सिर फोड़ लिया था, उसे लोग सँभाल रहे थे। पास ही फर्श पर बैठी उनकी छोटी-सी बच्ची, रेलगाड़ी चला रही थी।

बीरेन अपने में ही बोल उठा–"एक यह भी थे जो चले गये।"

मजदूर राज्य कायम हो !

इन्कलाब ! जिन्दाबाद !!

जयप्रकाश ! जिन्दाबाद !!···

चिलचिलाती हुई धूप में, मजदूरों का एक विशाल जुलूस सड़क से गुजर रहा था। बीरेन ने खिड़की से देखा–बड़ा लम्बा-चौड़ा जुलूस था। जुलूस दूर निकल गया था लेकिन नारों की आवाज अब भी सुनायी पड़ रही थी–

'जयप्रकाश ! जिन्दाबाद !!'

सुबह से घबड़ाया हुआ बीरेन, अभी कुछ शान्त हुआ। डाक्टर आये, सुई देकर चले गये। उसने आँखें मूँद लीं और सोने की चेष्टा करने लगा। थोड़ी ही देर बाद उसने अनुभव किया कि उसके शरीर पर कोई हाथ फेर रहा है। उसने आँख खोलकर देखा–

"अहमद !"–वह उछल पड़ा।

"भई लेटे रहो।"

"कब आये ?"

"अपने और साथियों का क्या हाल है ?"

"हाँ"–अहमद ने बड़े उत्साह से कहा–"कृष्णम् केरल का विद्यार्थी इन्चार्ज है। गोपी, अहमदाबाद मजदूर यूनियन में काम कर रहा है। सिन्हा, आर्गनाइज करने के लिए पंजाब भेजा गया है। रियासत 'टाटा' में है। अहद, पार्टी-आर्गेन एडिट करता है। मजदूर, किसान और विद्यार्थी फ्रण्ट पर जोरों से काम चल रहा है। कई जगह वर्कर्स ट्रेनिंग कैम्प भी खुल गये हैं।··· अच्छा तो मैं अब चला।"–अहमद उठा खड़ा हुआ।

"फिर कब मिलोगे ?"

"कह नहीं सकता, कानपुर में जिच चल रही है। अगर लड़ाई शुरू हुई तो जाना ही पड़ेगा। और हाँ, अच्छी याद आयी। कांग्रेसी मिनिस्टिरी ने तो इसे टाल दिया है, लेकिन अपनी पार्टी ने प्रान्तीय वकील सभा की सहायता से एक बोर्ड कायम किया है। 42 के जुल्मी आफिसरों के जुल्मों का लिस्ट तैयार करना है। तुम्हारा केस तो काफी वजनी रहेगा। तुम लिख डालो। हम उन जुल्मियों को खुली अदालत में लाकर छोड़ेंगे। तो मैं चलता हूँ।"

अहमद चला गया। बीरेन ने उसे जाते हुए देखा, फिर आप ही आप मुस्कुराने लगा।

रात आयी!

बीरेन लेटे-लेटे ताना-बाना बुनने लगा! अतीत की कुछ धुँधली और बिखरी हुई स्मृतियाँ–हरे पेड़-पल्लवों से लदा उसका प्यारा गाँव, उसकी माँ–स्नेहमयी, करुणामयी; प्यारी बहन बन्नो। फिर बनारस के दिन, शैला···। 1942 की क्रान्ति··· लाठी चार्ज··· कठोर कारावास··· जेल का भीषण लाठी चार्ज··· बीमारी··· अस्पताल··· कृष्णम् गोपी, सिनहा, रियासत और अहद··· सबके सब रणबाँकुरे हैं। लगा जोर–बस एक बार !!

बीरेन उठकर बैठ गया। उसे लगा कि वह उत्तेजित हो रहा है। वह बहुत देर तक चुपचाप बैठा रहा, लेकिन एक नयी ताकत न जाने कहाँ से उसके अन्दर आ गयी थी जो उसे बार-बार झकझोर जाती थी। इस ताकत के आगे रोग नहीं टिक सकेगा। उसने अनुभव किया कि हजारों हजार साथियों का बल उसे प्राप्त है।

अचानक उसकी विचारधारा में बाधा पड़ी। वार्ड में कुहराम मचा। कोई चल बसा। फिर वही नर्सों का खुट-खुट, डाक्टरों की दौड़, सिस्टर की कर्कश आवाज, मेहतरों की बड़बड़ाहट।

बीरेन ने लेटते हुए कहा कि–"मरो, मरो !! हिन्दुस्तान में जन्म लेकर। इससे ज्यादा क्या उम्मीद करते हो।"

बेचारी विधवा सिर पीट रही थी, उसका इकलौता बेटा था, एकमात्र सहारा था, उसका राजा था, मुन्ना था···।

बीरेन करवटें ले-लेकर गिलानी का शेर दुहरा रहा था–

छेड़ दिया हसन ने फिर अपना किस्सा !
बस आज की रात भी हम सो चुके !!

दिसम्बर, **1946**

इतिहास, मज़हब और आदमी

उस दिन दीवाली थी–लक्ष्मी के शुभागमन का एकमात्र दिन। सुबह उठते ही मनमोहन, माँ से लड़कर 'कैम्प' में चला गया था। आस-पास के गाँवों में जोरों से हैजा और मलेरिया फैला हुआ था। भूख और रोग का संयुक्त मोर्चा। प्रत्येक गाँव से रोज आठ-दस लाशें उठ जाती थीं। बहुत 'लिखा-पढ़ी' खुशामद और लड़-झगड़कर, मनमोहन एक 'मेडिकल कैम्प' ला सका था। वह स्वयं डाक्टरों के साथ, सुबह से शाम तक गाँवों में घूम-घूमकर दवा और पथ्य बाँटता फिरता था।

दोपहर को वह घर लौटा।

नौकर-नौकरानियों के साथ, माँ सफाई के काम में लगी हुई थीं। केले के पौधे गाड़े जा रहे थे, कंदीलें बनाई जा रही थीं, रंगीन कागजों की झंड़ियाँ सजाई जा रही थीं। और इन सजावटों को खड़ी देख रही थी, गाँव के दर्जनों नग्न-रुग्ण भूखे लड़के-लड़कियों की भीड़। वृद्ध नौकर रामटहल बार-बार उन लोगों को अकारण ही डाँट बता देता था और प्रत्येक डाँट पर यह एक कदम पीछे हट जाती थी।

मनमोहन बरामदे में पड़ी हुई एक कुर्सी पर धम्म से जा बैठा।

हवा में चूने और वार्निश की गंध घुल-मिल गयी थी। बगल के एक कमरे में माँ नौकरों से डटकर काम ले रही थी और साथ-साथ बड़बड़ा रही थी।

"··· तुम क्रिस्तान हो जाओ, घर में मुर्गे-मुर्गियाँ पकवाओ, मुसलमानों के साथ खाओ, मैं कुछ नहीं बोलती। तुम देवी-देवताओं की खिल्ली उड़ाते हो, मैं नहीं रोकती। लेकिन जब तुम मेरे धरम-करम में अड़ंगा डालोगे, माँ लक्ष्मी की पूजा नहीं करने दोगे–तो इसे मैं कैसे बर्दाश्त करूँ! बाप का धरम था, तुम्हें पढ़ाया-लिखाया, तुम्हारे लिये जमीन-जायदाद छोड़कर बेचारे सिधार गये। पढ़-लिखकर पंड़ित हुए, नहीं कमाते हो तो हर्ज नहीं, लेकिन बाप की इज्जत, घर की मर्यादा को तो कम से कम निभाओ। सो नहीं, बैठे-बिठाये आवारों के साथ हल्ला, धरम छोड़कर अधरम की बातें और किसान-मजदूर राज्य··· । हो चुका किसान-मजदूर राज्य !"

मनमोहन बरामदे से सब कुछ सुन रहा था। उसने देखा कि माँ का क्रोध अब तक भी शांत नहीं हुआ है। वह उठा और अपने कमरे में दाखिल हुआ। वह थोड़ा लेटना चाहता था किन्तु कमरे में आकर उसने देखा कि पलंग पर एक अपरिचित

वृद्ध आधिपत्य जमाये बैठा है। वह उसकी ओर गौर से देखकर एक कुर्सी पर बैठ गया।

वृद्ध ने तपाक से फर्श पर खैनी थूकते हुए, सड़ी हुई दन्त-पंक्तियाँ निकालकर कहा–"अहा हा ! बबुआजी, माँ लक्ष्मी कल्याण करें। प्रातःकाल से कहाँ रहे बबुआ जी !"

मनमोहन ने अन्यमनस्क होकर मिनमिना दिया–"जरा गाँवों में घूम रहा था।"

"अहा हा !" वृद्ध पुनः थूकता हुआ बोला–"ठीक है, ठीक है, परोपकार तो महा धर्म है बबुआजी ! किन्तु देवी-देवताओं का अनादर, माँ लक्ष्मी का अपमान आदि तो सर्वथा धर्म विरुद्ध आचरण है। अंग्रेजी पठन-पाठन का··· "

"आप ?··· आप कौन हैं ?"–मनमोहन ने टोका।

'अहा, हा ! अपने कुल पुरोहित पंडित दिनमनि पाठक को नहीं पहचानते बबुआजी ?'

"आप ही पुरोहित दिनमनि पाठक हैं ?" मनमोहन ने भौं सिकोड़ते हुए पूछा। पंडितजी पुनः एक बार थूककर, जोर-जोर से हँसने लगे। मनमोहन को सिर्फ दो घण्टे पहले की बात याद आ गयी। महा कंगाल चेथरु मंडल रो-रोकर कह रहा था कि पंडित दिनमनि ने उसे लूट लिया। उसके एकलौते जवान बेटे के श्राद्ध में 5) रु. दक्षिणा तो लिया ही, जबर्दस्ती एक गाय भी खोलकर ले गया। स्त्री के श्राद्ध में अँगूठे का निशान लेकर जी नहीं भरा तो छप्पर पर से कोहड़े, शाक-भाजी भी नोपाकर ले गया··· ।

मनमोहन को गम्भीर देखकर पंडितजी ने सोचा कि वह अपनी अनभिज्ञता पर लज्जित हो रहा है। उन्होंने उत्साहित होकर कहा–"कोई चिन्ता नहीं बबुआजी।··· "

मनमोहन ने सहसा पूछ लिया–"पंडितजी, क्या आप कह सकते हैं, माँ ने जो यह नई जमीन ली है उसके खरीदने में आपका कितना हाथ है ?"

"बबुआजी ! मैंने ही तो सब कुछ किया"–वृद्ध मनमोहन के भावों को नहीं समझ सका। वह प्रसन्न होकर कहता गया–"विधवा तो जमीन बेचने के लिए राजी ही नहीं हो रही थी। बस मैंने धरम की वह लकड़ी फेरी कि सारी अकड़ जाती रही।··· "

"और कैलाशपति के विरुद्ध झूठी गवाही भी आपने ही दी थी ?"

"अरे क्या पूछते हो बबुआजी ! तुम्हें तो सब मालूम है। नहीं रहे मालिक मेरे, वरना सारी लक्ष्मीपुर की जमींदारी अपनी ही होकर रहती। मैं तो सेवक हूँ, बहूजी की आज्ञा पर··· "

"और आप ग्राम हिंदू-सभा के सभापति भी हैं ?"

"अहा हा ! तुम तो सब जानते हो बबुआजी। मालिक ने मुझे जो कुछ भी बनाया, वह हूँ। अब तुम जमींदारी का भार तो सँभालो।··· "

"अहा हा ! माँ दुर्गे !"

'अब आप जा सकते हैं।''–मनमोहन की त्योरियाँ बदल गईं। वृद्ध कुछ बोलना ही चाहता था कि मनमोहन ने कहा–''अब फिर दर्शन देने का कष्ट नहीं कीजियेगा।''

वृद्ध ने अपनी गंदी झोली उठाई और राह पकड़ी।

फर्श पर मक्खियाँ भिनभिना रही थीं। उसकी सफाई के लिए मनमोहन ने नौकर को आवाज दी। अचानक माँ ने कमरे में प्रवेश किया। क्रोध से वह जल-सी रही थी। उसके नथुने फूले हुए थे और वह जोर-जोर से साँस ले रही थी। बोली–''अब मुझे क्या कहते हो, कहो ? माँ लक्ष्मी का अपमान करके जी नहीं भरा तो बेचारे ब्राह्मण को गालियाँ देकर निकाल बाहर किया। अब मुझे गला घोंटकर मार डालो तो स्वर्ग में तुम्हारे पिता को शांति मिले। हे भगवान, मेरे ही कोख से ऐसे अधरमी को जन्म लेना था··· ।''

वह रो पड़ी। मनमोहन पत्थर की तरह बैठा रहा।

माँ आँचल से आँख पोंछती हुई चली गई। मनमोहन जरा लेटना चाहता था, लेकिन पलँग की ओर निगाह उठाकर वह बैठा रहा। कुछ देर के बाद वह उठा और टेबिल पर कोई किताब ढूँढ़ने लगा।

उस दिन भंडारघर की सफाई के सिलसिले में धन्नू की माँ ने एक अलभ्य पुस्तक का जीर्णोद्धार किया था और बड़े उत्साह से मनमोहन के टेबिल पर रख गई थी। टेबिल पर तीन-चार मोटी-मोटी किताबें, जिनके नाम सुनहले अक्षरों में लिखे हुए, चार-पाँच छोटी और पतली, जिनके 'गेट-अप' इतने अच्छे थे कि बरबस पढ़ने को जी मचल पड़े। अंग्रेजी और हिन्दी की कुछ मासिक पत्रिकाएँ और रंगीन पत्थरों के नीचे दबी हुई रंग-बिरंगी चिट्ठियों के बीच वह गंदी और पुरानी किताब आँखों में खटकी। मनमोहन ने उसे उठाकर देखा–'भारतवर्ष का इतिहास।' वह किंचित मुस्कुराया और उसे एक ओर फेंक दिया, फिर कुछ सोचकर उसे उठा लाया और आरामकुर्सी पर लेट गया।

भारतवर्ष का इतिहास

यह किताब मनमोहन की ही है, इसके सबूत में उसके कई पृष्ठों पर लिखा हुआ था–This book belongs to Manmohan Verma. Class VII, H. E. School वगैरह, वगैरह।

शुरू के कुछ पन्ने फट चुके थे, कुछ में कीड़े लग गये थे, लेकिन सबसे अन्त में–सम्राट पंचम जार्ज की तस्वीर और उसके नीचे लिखी हुई पंक्ति–'God save the king' अब तक चमक रही थी।

मनमोहन को याद आई कि 'पुरस्कार वितरणोत्सव' के अवसर पर उसने बड़े

सुरीले स्वर में–God save the king गाकर एक अच्छा-सा पुरस्कार प्राप्त किया था।

आज मनमोहन एम. ए. है। विश्वविद्यालय ने, जिस वर्ष उसे इतिहास में प्रथम श्रेणी एम. ए. घोषित किया, उसी वर्ष भारत सरकार ने उसे शांति का शत्रु कहकर नजरबन्द भी बना लिया था।

वह मुस्कुराता हुआ पन्ना उलटता रहा। स्थान-स्थान पर पंक्तियाँ 'अंडर्-लाइन' की हुई थीं, परीक्षा में पूछे जाने की संभावना प्रकट की गयी थी।··· पानीपत की लड़ाई··· ताजमहल की तस्वीर··· औरंगजेब, छत्रपति शिवाजी··· बहादुरशाह··· अंग्रेजी शासनकाल···

वह रुक गया, राबर्ट क्लाइव की बगल में लिखा हुआ था Most important ··क्लाइव बड़ा बदमाश था। वह स्कूल की खिड़कियों और बेंचों को तोड़-फोड़ डालता था। मनमोहन को याद आया कि सूरज प्रसाद को भी मास्टर साहब राबर्ट क्लाइव कहते थे। बड़ा शैतान था सूरज भी, स्कूल भर में सबसे बदमाश !··· यह सब दिन वैसा ही रहा। 1942 के आंदोलन में उसे फाँसी हो गई। आह ! सूरज नहीं रहा। कितना बड़ा संगठनकर्ता था वह, कितना निडर ! आँधी और तूफानों में भी हँसनेवाला ! सुना कि फाँसी के दिन वह रोया था। क्या वह रोया होगा ?··· वह जरूर अपनी छोटी बहन शारदा को एक बार देखने के लिए रोया होगा !··· शारदा बिना माँ-बाप की बच्ची, भूखों मर गई।··· देश के कितने सूरज अस्त हो गये, कितनी शारदा भूख से बिलख-बिलखकर मर गई होंगी।···

पन्ना उलटा–सिराजुद्दौला। सिराजुद्दौला सिर्फ 20 वर्ष की उम्र में नवाब हुए।···मनमोहन ने अपनी उम्र को जोड़ा–25 वर्ष। एक बार मनमोहन ने सिराजुद्दौला पर कविता लिखी थी–'प्यारे सिराज ! प्यारे सिराज !' ज्योत्सना को वह कविता बड़ी अच्छी लगती थी। वह बार-बार यही कविता सुनना चाहती थी। ज्योत्सना कम्यूनिस्ट पार्टी में काम करती है, अब सुना है, 1942 आंदोलन के समय वह रेडियो पर 'जन संगीत' गाया करती–ट्रामों में आग लगानेवाले गुंडे हैं, बदमाश हैं, और 'क्रांति नहीं है, यह क्रांति नहीं है··· दुश्मन है द्वार पर···

मनमोहन ने किताब पर दृष्टि गड़ाई··· इस अमानुषिक बध को ब्लेकहोल की घटना कहते हैं।

वह मुस्कुराया। बहुत देर तक मुस्कुराता रहा। अचानक रामटहल आकर खड़ा हो गया।

"क्या है ?"

"पूजा शुरू हो गई।"

"तब ?"

"आप नहीं चलिएगा ?"

"नहीं।"

रामटहल चला गया। मनमोहन पुनः किताब के पन्नों में वापस हो गया।··· लार्ड

कार्नवालिस··· जमींदारी प्रथा का जन्म··· जमींदारी प्रथा आज मिट रही है। इस सत्यानाशी प्रथा को कायम रखने के लिए जमींदारों ने क्या-क्या नहीं किया ! आज भी वे सचेष्ट हैं। उन्होंने राष्ट्र सेवक दल नामक एक संस्था भी कायम की है। मुस्लिम नेशनल गार्ड और यह 'राष्ट्र सेवक दल' मुस्लिम और हिन्दू पूँजीपतियों की डूबती हुई नैया को बचा सकेगा ?··· इस गाँव में भी तो काली टोपी लगाये शाम को कुछ लड़के लाठी घुमाया करते थे। आज गाँव में महामारी फैली हुई है। कहाँ हैं वे ?··· कहाँ हैं थापटजी ?···

उसने पन्ने पर निगाह गड़ाकर पूछा, "भूखे, बीमार मुल्क में धर्म के नाम पर लड़ाइयाँ होती हैं अथवा रोटी के लिए ? रोटी के लिए नोवाखाली और बिहार के गाँवों ने कितनी बार सम्मिलित कोशिश की ?··· क्या 'कालीवर्दी का' राज होकर ही रहेगा ?"

दीवाली की संध्या न जाने कब उतर गई। कमरे के अन्धकार में बैठा मनमोहन अपने-आपसे पूछ रहा था–"है हिम्मत ? इन बिगड़ते हुए इतिहास के पन्नों को फाड़कर जलाना होगा।"

असंख्य दीपों की टोली झिलमिला उठी, केले के पौधों में पिरोई हुई मोमबत्तियाँ जलने लगीं–गलने लगीं। पटाखे, फुलझड़ी, आतिशबाजी !! आँगन में एक साथ, घड़ियाल शंख और घंटी घनघना उठी। आरती हो रही है। बड़े घर की दीवाली देखने के लिए, प्रसाद लेने के लिए गाँव-भर की जनता टूट पड़ी। भूखी, बीमार-नग्न जनता। क्या प्रसाद से भूख मिट सकती है ?

श्री लक्ष्मी मैया की जय··· ! जयध्वनि के साथ पूजा शेष हुई। प्रसाद वितरण कोलाहल !!

मनमोहन के कानों के पास गूँज रहा था–'श्री लक्ष्मी मैया की जय !' उसने शब्दों को तोड़ना शुरू किया–

"श्री लक्ष्मी मैया की जय।"

"व्यक्तिगत सम्पत्ति की जय !"

"लूट, बेईमानी, शोषण की जय।"

"पाकिस्तान की जय।"

"लड़ाई की जय !"

'फासिज़्म की जय।"

और यह God save the king ? इस प्रार्थना के बावजूद भी सम्राट मर जाता है तो 'गॉड सेव दि किंग' का मतलब हुआ··· ईश्वर, गुलामी, गरीबी, भूख, मौत, जुल्म, दंगे, लूट, कत्लेआम–सभी को कायम रखें।···

वह बरामदे पर आकर खड़ा हो गया। गाँव के कुछ रोगमुक्त नौजवान, सामने के मैदान में 'मशाल' लीला मना रहे थे। हाथ में बड़े-बड़े जलते हुए मशाल लेकर वे दौड़ पड़े थे। शोरगुल मचा रहे थे। दीवाली की यह शेष विधि उसे बड़ी अच्छी लगी। घोर अन्धकार में लपलपाते हुए मशाल–लाल–लाल !!

धीरे-धीरे मशालों की संख्या बढ़ती गई, शोरगुल में तेजी आती गई। मनमोहन मुस्कुरा पड़ा। उसके पाँव आप ही आगे बढ़ने लगे। उसने उलटकर एक बार दीपों की ओर देखा–कतार में सजे-सजाये हजारों दीप जगमग-जगमग कर रहे थे। जगमग जगमग–शृंगार रस की कविता-सी, रुनझुन–जैसे खुमारी से ऊँघती हुई महफिल में वेश्या नाच रही हो।

उसने मशालों की ओर देखा–एक ताण्डव-नृत्य-सा, मुक्त घर-सा। उसने अपने नसों में गर्म खून का अनुभव किया।

मनमोहन चल पड़ा रोगग्रस्त गाँवों की ओर। और उसके घर से एक मील दूर थे वे गाँव–जहाँ गिध, गीदड़-कुत्ते महीनों से त्योहार मना रहे थे। उन गाँवों के बीच सघन आम के बाग में मेडिकल कैम्प था। दूर से ही रोशनी दिखाई पड़ती है। उसने गाँव में प्रवेश किया।

गाँव का यह प्रवेश भाग शांत था, शांत यानी–इस अंचल की आबादी, एकदम खत्म हो चुकी थी।

गाँव के मध्य भाग में कुछ कुत्ते आपस में मिलकर डरावनी आवाज में रो रहे थे। वह सिहर पड़ा, किन्तु चलता गया। एक अँधेरी और गंदी गली में वह ठिठक पड़ा–सफेद छाया भागकर अँधेरे में जल्दी-जल्दी छिप गई। पहले तो वह डरा, लेकिन तुरन्त ही सम्हल गया। उसने पहचान लिया। डा. सिन्हा और मिस चटर्जी–मेडिकल स्टुडेंट। उसने चलते-चलते सोचा–दोनों एक ही बात है, अस्थिपंजरों के गाँव में फुलझड़ियाँ जलाकर दीवाली मनाना और लाशों पर खड़ा होकर प्रेमालिंगन करना, दोनों एक ही बात है।

वह गाँव के मध्य भाग में आ गया। शुरू में ही हमीद मियाँ का घर था। गाँव-भर का चचा हमीद। हमीद के आँगन में जाकर उसने पुकारा–"रुकिया ! रुकिया !"

"हाय रे ! अरे बाप ! आओ भैया !"–एक झोंपड़ी से काँपती आवाज आई।

"अरे ! तू भी पड़ गयी क्या ? हमीद चाचा कैसे हैं और चाची !" सिर झुकाकर अन्दर चला गया। रुकिया जमीन पर चीथड़ों में लिपटी हुई काँप रही थी। मनमोहन ने जलती हुई कुप्पी उठाई और दूसरी झोंपड़ी में जाकर देखा–हमीद की लाश ऐंठ गयी थी और पास ही बुढ़िया भी मुँह फाड़े पड़ी थी। वह एक लम्बी साँस छोड़कर लौट आया। जमीन पर कुप्पी रखकर बोला–"घबराओ मत रुकिया। मैं यहीं हूँ। डाक्टर आये थे !"

"भाई जी ! बहुत जोरों की सर्दी··· जाड़ा !"

मनमोहन जमीन पर बैठ गया और सोचने लगा कि वह क्या करे ! उसने झोंपड़ी में एक बार निगाह दौड़ाई–चारों ओर गंदगी फैली हुई थी। कपड़ों के नाम पर दो-चार चीथड़े इधर-उधर फेंके हुए थे। तीन-चार मिट्टी के पुराने बर्तन–सर्दी, सिल, नमी और बदबू !

"भैया ! मुझे दबा रक्खो, मेरी हड्डियाँ अलग हो रही हैं।"

मनमोहन ने उसकी पीठ पर अपने को डाल दिया। गंदे कपड़ों की गंध से उसका सिर चक्कर खाने लगा।··· आह··· ! कितनी स्वस्थ और तगड़ी लड़की थी वह ! मेहनत से कभी भागती नहीं थी। गाँव-भर की सेवा की है इसने। कैम्प में आई हुई कालेज की लड़कियों को इसने निःस्वार्थ सेवा का सबक सिखा दिया है।··· इसकी मांसल बाँहें, गठा हुआ शरीर और···

उसने अपने शरीर को जरा खींचा कि रुकिया कराह उठी–"भाई जी ! मैं मर जाऊँगी, मत जाओ। भाई जी !" वह फूट-फूटकर रो पड़ी। मनमोहन ने पुनः उसे दबाया–"डरो मत, मैं कहीं नहीं जाता। मलेरिया है, सुई पड़ते ही अच्छी हो जायेगी।"

वह बैठा रहा। रुकिया कराहती थी, पानी माँगती थी। पानी पीकर कै करती थी। फिर रोने लगती थी। मनमोहन उसकी तीमारदारी कर रहा था।··· आँगन में जमीन सूँघते हुए एक सियार ने प्रवेश किया। रुकिया की कराह पर उसने डरकर झोंपड़ी की ओर देखा। उसकी आँखें अँधेरे में चमक उठीं। वह बहुत देर तक देखता रहा। मनमोहन को लगा जैसे सियार आश्चर्यित होकर देख रहा हो, क्योंकि रुकिया ने उसे दोनों हाथों से जकड़ रखा था।

नवम्बर, 1947

रेखाएँ : वृत्तचक्र (एक)

उँहूँ ! नहीं, यह सब कुछ भी नहीं सोचूँगा। मुझे ऐसा कुछ भी नहीं सोचना चाहिए, जिससे कि मेरा दिल कमजोर पड़ जाय। मेरा घाव जल्दी ही भर जायेगा, मैं चंगा हो जाऊँगा। मैं भी कैसा हूँ ! मरने से डरता हूँ ! मरने की बात सोचते ही जी कैसा-कैसा करने लगता है। बहुत कमजोर हो गया हूँ न, इसलिए। फौजी होने का मतलब यह नहीं है कि वह मरने की बात सोचकर नाच उठे। उस दिन डाक्टर ने खूब कहा, "कैप्टेन, कुछ फिकर मत करो। फर्ज करो कि तुम एक भेड़िये के मुँह में पड़े हुए हिरण के बच्चे को बचाने के सिलसिले में जरा घायल हो गये हो। बस··· भेड़िए के मुँह से हिरण के बच्चे को छुड़ाने के सिलसिले में !··· "

हिरण के बच्चे की कल्पना करते ही मेरी आँखों के आगे 'शकुंतला' फिल्म दौड़ जाती है। शकुंतला-जयश्री, हिरण का बच्चा। जयश्री, शांताराम ! डॉ. कोटनीस की अमर कहानी बड़ी अच्छी तस्वीर है··· अच्छा, यदि मैं इस अस्पताल में मर गया तो··· तो क्या मेरी कहानी भी हर लब पर होगी ! फिल्म बनेगी ? फिल्म का नाम होगा–'कैप्टेन सिन्हा।' न, यह तो कॉपी हो जायेगी। अच्छा होगा–'कश्मीर की घाटी में' सुनने में जरा रोमांटिक भी मालूम होगा। बड़े-बड़े पोस्टरों पर लिखा जायेगा–'कश्मीर की घाटी में'–एक ऐसे कैप्टेन की कहानी जिसने राष्ट्रीय सरकार की इज्जत बचाने के लिए अपनी जान दे दी··· कहानी शुद्ध करने में जरा दिक्कत होगी डायरेक्टरों को। दिखाएगा मेरी जिंदगी का प्रथम अध्याय–मेरा गाँव। एक गाँव, जो वास्तव में होगा बंबई के आसपास के किसी गाँव का हिस्सा अथवा स्टूडियो का कोई कोना। दूर-बिहार के पूर्वी अंचल, पूर्णिया जिले में क्यों जायेंगे···इसके बाद आवारागर्दी, पढ़ा-लिखा बेकार और एक जानकार गरीब। गरीबों की दुनिया में मुहब्बत। ज्योत्स्ना के प्रति मेरी तुकबंदियों को कलापूर्ण कविताओं की संज्ञा दी जायेगी–शायद। मेरी कोई कविता तो मिल नहीं सकेगी उन्हें। बना लेंगे लोग··· ठंडी साँसें, बुलबुल, मीठी नींद, सपने और चाँदनी रातें आदि शब्दों से भरे हुए कुछ गीत। तर्ज तो होगा–यही··· आजकल का पंजाबी··· नायक कौन होगा ? पी. जयराम ठीक है। नहीं, वह मोटा है। तो फिर ?··· एक बार आईने में अपना चेहरा देखने को जी करता है··· कोई भी हो नायक। दृश्य होगा–बेकारी

से ऊबकर, बाल बिखराये हुए, अजीब सूरत में रिक्रूटिंग आफिस में ! फिर लड़ाई के मोर्चे, तमगे, तरक्की,–कैप्टेन ! नायिका-ज्योत्स्ना कौन बनेगी ? कहीं बेगम पारा हुई तो सब गुड़गोबर। ज्योत्स्ना ही शायद उतरे। नहीं, वह नहीं उतरेगी। शायद, अपने 'नाम' की आज्ञा भी न देगी। मनगढ़ंत प्रेम कहानी को, मेरे दिल के किस्से कहकर लोग मुझे एक महान् प्रेमी बना देंगे··· लेकिन यह 10 गुर्खा रेजिमेंट का सूबेदार दिलबहादुर गुरुंग, जो अभी अस्पताल में घायल होकर पड़ा है, इसके काबिल है वी. एच. देसाई ही। बेड पर पड़े-पड़े हर डाक्टर और नर्स को वह 'जयहिंद' कहेगा, बुखार में जब–'कांछा ले कांछी लाय लग्यो बन को बाँटो लालटनी बालेर' गायेगा और हर तेजी से गुजरते हुए डाक्टर को–नानसेंस के लहजे में–'मोरो' तथा नर्स को 'मोरी' कहेगा तो ठहाकों से गूँज उठेगा सारा हॉल। नानसेंस का स्त्रीलिंग नहीं होता, लेकिन 'मोरो' का होता है 'मोरी'। नर्स 'मोरी' का मतलब नहीं समझती।

··· वह दृश्य कितना मार्मिक होगा जब ज्योत्स्ना अपने पति मिस्टर वर्मा के साथ चाय पर बैठकर अखबार पढ़ती रहेगी। मिस्टर वर्मा, अपने मालिक हिन्दू-प्राण सर रामपत ठनठनियाँ की उदारता का जिक्र करते हुए उनका 'हिंदुओं का कर्तव्य' शीर्षक स्टेटमेंट पढ़ने को कहेंगे। पढ़ने के सिलसिले में, अखबार के एक कोने में ज्योत्स्ना पढ़ेगी–कश्मीर अस्पताल में कैप्टेन सिन्हा की मृत्यु··· हाथ से चाय की प्याली गिरकर 'झन्न'··· वह आँखें फाड़े शून्य में ताकती रहेगी, बाल बिखर जायेंगे, आँखों में आँसू छलछला पड़ेंगे, मिस्टर वर्मा घबराकर चिल्ला उठेंगे–जोना ! जोना ! तुम्हें क्या हो गया ?··· बैक ग्राउंड म्युजिक चल पड़ेगा–'शहीदों के मजारों पर, लगेंगे हर बरस मेले···'

मेरी आँखों में भी आँसू आ गये। दिल की धड़कन बढ़ रही है, हिस्स, मैं भी कैसा हूँ ! कैसी-कैसी बेकार की बातें सोचता हूँ। ज्योत्स्ना को तो मेरी मौत की बात भी मालूम नहीं हो पायेगी। अखबारों में हर इन्सान की मौत के बारे में छपने लगा, तो हुआ।··· लेकिन 'शहीदों के मजारों पर' गीत मुझे प्रिय है। शायद मन में शहीद कहलाने की बहुत बड़ी लालसा छिपी हुई है··· मणिपुर की बमबारी के दिनों–अच्छी तरह य़ाद है–मुझे बार-बार यही तकलीफ सताती रही कि मेरी मौत कुत्ते-बिल्लियों की मौत से भी गयी-गुजरी होगी। अपने मुल्क की मिट्टी भी मुझे अपना कहकर कबूल नहीं कर सकेगी··· कितना दुख हुआ था मुझे ! 45 की छुट्टी में गाँव लौटा था। मेरी बहन से 'भारतमाता ग्रामवासिनी' गाने को कहा था तो वह ठठाकर हँस पड़ी थी। उसे आश्चर्य हुआ था कि मैं भी इस तरह के गीतों में दिलचस्पी लेता हूँ। मैंने अनुभव किया था कि मेरे अधिकांश दोस्त मुझे घृणा की दृष्टि से देखते हैं। मनमोहन मुझसे इसलिए बात नहीं करता था कि मैं उसकी पार्टी के विरुद्ध लड़कर आया था। सुधीर, मेरे बचपन का साथी सुधीर ! मेरी

कविताओं पर झूमनेवाला सुधीर !–मेरे साथ साहित्यिक बातें करना फिजूल समझता था क्योंकि उसकी निगाह में मैं कुछ और हो चुका था। और ज्योत्स्ना ?··· वह तो मेरी छाया से भी घबरा जाती थी। उसने मिस्टर वर्मा, एडवोकेट साहब से शादी कर ली। जमींदार का वकील है वर्मा। सुना है, बिहार के दंगे के समय उसने कमाल कर दिखाया है। जमींदार साहब की जीप गाड़ी पर दिन-भर में पचासों गाँवों में जाकर पर्चेबाजी और उत्तेजना फैलाता फिरा। कहा जाता है कि जिस गाँव से उसकी गाड़ी विदा होती, उसके बाद ही वहाँ लंकाकांड और दानवी-लीला शुरू हो जाती है··· गर्भ चीरकर बच्चे को निकालकर भाले की नोक पर··· !!··· राशन के लिए 'क्यू' में खड़ी-खड़ी उस औरत को जो बच्चा हो गया था, कलकत्ते के फुटपाथ पर अमेरिकन सैनिकों ने कितने उत्साह से उसकी तस्वीर ली थी ! हमारे भाई लोग भीड़ हटा रहे थे–हट जाओ, साहब फोटो लेते हैं··· मनमोहन ने एक बार मेरी तस्वीर उतारी थी। बहुत साफ आयी थी मेरी तस्वीर !

मैं यह सब क्यों सोच रहा हूँ। 'इनफीरियारिटी कॉम्पलेक्स' के इशारे पर तो नहीं चल रहा हूँ।··· करवट नहीं ले सकता हूँ। पेट और जाँघ पर पट्टियाँ बँधी हुई हैं। बहुत दर्द है। कमजोरी और प्यास आज बेहद बढ़ गयी है। पेट में सुई गड़ाने की तरह दर्द···! आह ! शायद आज मैं···अब मैं जी नहीं सकूँगा··· हाँ, डाक्टर से कहना भूल गया, कहीं अंत तक भूल ही न जाऊँ, अपने रुपये 'शरणार्थी फंड' में दे जाना चाहता हूँ।

"कैसा है कैप्टेन ?"'–नर्स एलिस आकर पूछती है। एंग्लो इंडियन एलिस ! गुडमार्निंग के बदले आजकल 'ज्योहिन' कहती है। मेरे सिर पर हाथ रखा उसने। 'रेक्टम वसेलाइन' लाने गयी।··· नर्सों की तलहथी और उँगलियाँ इतनी ठंडी क्यों होती हैं ? मेरा तो अब तक का यही अनुभव है। शायद, बराबर हाथ धोती रहती हैं। कश्मीर में भी एंग्लो नर्सें ? यहाँ की खूबसूरत औरतें क्यों नहीं 'नर्सिंग ज्वाइन' करती हैं ? सिर्फ दो-तीन सिस्टर हैं कश्मीरी, बाकी सब एंग्लो। सिस्टर उपाध्याय ही आयी थी उस दिन··· पंडित नेहरू के विजिट के दिन। इन्दिरा गाँधी और सिस्टर उपाध्याय में कितना अंतर ?··· कितने महान् हैं पंडितजी ! मुझे यकीन है कि यदि मेरे पेट और जाँघों पर पट्टियाँ न बँधी होतीं, तो वे मुझे गोद में उठाकर चूम लेते। बातें ही उनकी क्या कम थीं ?–"आजाद हिन्दुस्तान की इज्जत तुमने बचायी है, जवाहर ने नहीं। तुम्हारे जैसा 'भाई' पाकर मुझे आज पहली बार अपने प्रधान-मंत्रीत्व पर गुमान हो रहा है।··· और तुम्हारी जाँनिसारी के किस्से सुनकर तो मैं जवान हुआ जा रहा हूँ, मैं दामन पसारकर तुम्हारी बड़ी उम्र के लिए दुआ माँग रहा हूँ··· "

··· मेरी आँखों में आँसू आ गये थे। उनकी भर्रायी हुई आवाज··· दूसरे थे पटवर्धन साहब। नाम सुना था, देखा नहीं था··· कोहिमा कैंप में चर्चा होती थी

बराबर··· चुपचाप··· जयप्रकाशजी की, अरुणाजी की, पटवर्धन और लोहियाजी की··· बहुत सुंदर मुस्कुराते हैं पटवर्धनजी··· पण्डितजी को जब कहा गया कि मैं बिहार का हूँ तो दोनों ही उछल पड़े थे। पंडितजी भी और पटवर्धनजी भी। 'बिहार' सुनते ही पटवर्धनजी के मन में तुरंत जयप्रकाशजी की तस्वीर आयी होगी। और पंडितजी की आँखों के सामने 1934 के भूकंप-पीड़ित इलाके··· हाल के दंगे के नजारे नाच गये होंगे शायद···

··· उफ, नेहरू सरकार को फेल करने के लिए कितनी नापाक कोशिशें हो रही हैं। क्या उन्हें रात में नींद आती होगी ? यदि इस बार बच गया मैं··· तो··· नहीं, मंसूबे नहीं बाँधना चाहिए। लेकिन मैं कहता हूँ कि सारी प्रतिक्रियावादी ताकतों को कुचल डालने से ही सोने का हिन्दुस्तान बनाकर तैयार हो सकेगा। मुट्ठी-भर कुचक्रियों को प्रश्रय देना, 'फासिज्म' के लिए रास्ता सहल कर देना है। कुछ नहीं··· कोर्ट मार्शल··· फायर··· फायर··· फायर···

··· मैं जोर से तो नहीं बोल उठा ? नहीं, ठीक है, जोरों की प्यास लगी है। बड़ी बेचैनी ! दिलबहादुर के मुँह से, मार्चिंग सौंग के तर्ज पर, सीटी बजा रहा है···यह क्या, ज्यादा देर तक किसी चीज़ को देख नहीं सकता हूँ। आँखें झिलमिलाने लगी हैं। सामने काले, नीले··· तरह-तरह के धब्बे मालूम पड़ते हैं। कमजोरी है। डाक्टर कह रहा था कि मुझे ताजा खून, नया लहू दिया जायेगा। मेरी जान बचाने के लिए जो लहू देगा, उसे न तो मैंने देखा है और न उसने मुझे। लहू मेरे लिए तो नहीं, एक ऐसे सैनिक के लिए जो राष्ट्रीय सरकार की इज्जत के लिए लड़कर घायल है।··· ऐसा लग रहा है कि··· मानो स्पष्ट देख रहा हूँ··· कुछ कॉलेज के लड़के आये हुए हैं, 'ब्लड बैंक' में अपना खून देने। स्वस्थ तगड़े नौजवान। दिल से भी स्वस्थ। लड़कियाँ भी हैं। लड़कों के चेहरे अपरिचित नहीं मालूम होते और लड़कियाँ भी सब जानी-पहचानी-सी लगती हैं। ज्योत्स्ना भी। हाँ, वह बैठी। डाक्टर ने स्पिरिट लगाकर, चमड़े को 'स्टरलाइज' किया। स्पिरिट में भिगोई हुई रुई से सिरिंज की सुई साफ करता है। मुस्कुराकर ज्योत्स्ना से कुछ पूछता है। सुई गड़ा रहा है। अपने को निडर दिखलाने के लिए वह मुस्कुराती हुई सीधे सुई की ओर देखती रहती है।··· अरे ! ज्योत्स्ना का चेहरा बदल गया। कोई दूसरी लड़की है। सुई चुभोई गयी। चेहरे पर जरा-सी सिकन··· फिर मुस्कुराहट··· सिरिंज में खून आ रहा है, धीरे-धीरे··· । लाल-लाल··· ताजा खून··· लाली क्रमशः काली हो रही है।··· मेरे नसों में खून दौड़ रहा है। लाल लहू··· लाल रक्तकणिका और श्वेतरक्तकणिका में लड़ाई हो रही है··· लाल जिंदगी··· सुफेद मौत··· कफन-सी सुफेद··· सुफेद कणिकाओं पर लाल की विजय··· बायोलोजी लैबोरेटरी में काँच के नलों में लड़ाई··· अरे ! वह लड़की बेहोश होकर गिर पड़ी ! बेहोश होकर···

याद आती है उस नागा लड़की की। सारे डिगबोई में श्मशान की-सी शांति। आसमान में टोह लगानेवाले जहाजों की धीमी भनभनाहट। शहर के आम 'रोड' से हमारी टोली गुजर रही। बूटों की छंदमय आवाज··· लेफ्ट-राइट-लेफ्ट ! एक

मोड़ पर कुछ नागा लड़कियाँ सैनिकों पर फूल बरसाने के लिए मुस्कुराती हुई खड़ीं। अपनी भाषा में न जाने क्या चिल्लाकर सब फूल फेंके।··· मेरा जी किया था कि एक फूल उठा लूँ। 'ल्यप··· ठाँ।'··· बाईं ओर मुड़ते हुए मैंने देखा कि वह लड़की जो सबसे बड़ी थी और निडर होकर मुस्कुरा रही थी··· गिर पड़ी। बेहोश होकर।

"कैप्टेन, कैसा है ?"–एलिस आयी। यह क्या ? बोल नहीं सकता हूँ। आवाज नहीं निकल रही है। होश में हूँ तो ?··· हाँ तो। लेकिन बोल नहीं सकता हूँ क्यों ? इशारे से अपनी लाचारी दिखलाता हूँ। खुट खुट खुट··· । एलिस चली गयी। चलती जा रही है। वह रहती है तो अच्छा लगता है। मुझे डर मालूम हो रहा है क्या ? नहीं, डर काहे का ? मरने का ? हमारा भाई प्रधानमंत्री, जिसे न दिन में चैन है न रात में नींद !··· उनका गंभीर चेहरा।··· नाक के बगल से निकलकर जो रेखा ठुड्डी तक चली गयी है, वह क्रमशः गहरी होती जा रही है। मेरे लिए दुआ माँग रहा है। दुआ ? भीख ?··· नहीं, उन्हें भीख नहीं माँगने दूँगा। उस दिन उनसे बात करने के समय मैं मुस्कुराया नहीं, इसीलिए वे आज दुआ माँग रहे हैं। दामन पसारकर भीख माँगते हुए नेहरू की कल्पना··· कितनी बुरी ?··· बिगुल फूँकते हुए नेहरू··· धू··· तू··· धूतू··· तैयार ! हजारों-हजार जवानों की टोलियाँ कूच को तैयार ! मार्च··· । नेहरू मुस्कुराता··· । किसी ने छिपकर उनकी पीठ में छुरा भोंक दिया। वे गिरे··· वे गिरे··· खून से लथपथ, छटपटा रहे हैं··· छिः, क्या सब सोच रहा हूँ। कुवत लाऊँ अपने अंदर··· लेकिन नेहरू की लाश तड़प रही है··· हजारों जवानों की लाशें तड़प रही हैं··· गाँव जल रहे हैं, औरतें चीख रही हैं, बच्चे जलाये जा रहे हैं··· गर्भ चीरकर निकाले हुए बच्चे··· कोटि-कोटि गरीबों की दुनिया जल रही है··· काली फौज बढ़ रही है··· । हम सब घाटियों में छिप रहे हैं··· । वह रहा रामपत ठनठनियाँ··· मिस्टर वर्मा···। ठनठनियाँ नहीं··· मुसोलिनी··· । मिस्टर वर्मा··· उसकी सूरत हिटलर जैसी हो रही है··· काली वर्दी··· । सब साथ हैं··· निशाना साधता हूँ··· हिटलर गायब हो जाता है··· शराफत हुस्सैन पठान··· निशाना साधता हूँ··· पठान गायब··· हिंदूप्राण··· पठान··· छोटे-से हिरण के बच्चे को भेड़िये ने पकड़ा··· छौना छटपटा रहा है··· निशाना साधता हूँ, भेड़िया मुझे अपने जबड़ों से दबोच लेता है··· तेज दाँत··· दर्द··· दर्द···

डाक्टर हैं। बड़े डाक्टर, छोटे डाक्टर, भीड़। मैं शायद बेहोश हो गया था। खून दे रहे हैं। दिलबहादुर अपने बेड पर बैठा मुझे आश्चर्य से घूर रहा है। मुझे क्या हो गया ?··· खून दे रहे हैं डाक्टर··· डाक्टर के गले में स्टेथस्कोप की नली धीरे-धीरे मोटी होती जाती है··· अजगर··· भागो एलिस··· एलिस की आँखें पीली पुतलियाँ ··· मेरी पलकें भारी हो रही हैं··· मोहे नींदा सतावे··· । 'विक्टरी डे' के दिन लल्लन

बाई नाच रही थी··· मोहे नींदा सतावे··· कोहिमा कैम्प में चर्चिल का भाषण सुनते समय मैं ऊँघ रहा था··· जवाब-तलब··· प्रधानमंत्री की आवाज की बेइज्जती ··· जुर्म··· देह में आग लग गयी··· गर्मी··· गर्मी··· डाक्टर··· डाक्टर··· झुर्रीदार चेहरा··· माँ की तरह··· माँ जब हँसती थी, चेहरे पर झुर्रियों की जाली खिल पड़ती थी··· माँ, माँ···

···ठीक हो जायेगा, कमजोरी है–डाक्टर कह रहा है शायद। मेरी नसों में गर्म-गर्म खून दौड़ रहा है। मैं जी पड़ूँगा। ठीक हो जाऊँगा। ज्योत्स्ना··· ? नहीं, एलिस ! एलिस की आँखें··· पीली पुतली, गोल··· पलकें भारी हो रही हैं··· लल्लन बाई ··· हरी··· साड़ी··· मुस्कुराती है··· लाल होंठ··· एलिस··· सुफेद एप्रेन··· सुफेद··· लाल··· हरा··· तिरंगा··· गोल पुतली··· तिरंगा··· 15 अगस्त··· दिल्ली··· बैंड··· परेड··· झंडा··· सलामी··· पंडितजी··· चेहरे पर रेखा गंभीर··· गहरी··· ।

जनवरी, 1948

खँडहर

लड़ाई, झगड़ा, घटना, दुर्घटना, हादसा—इस तरह की कोई भी बात नहीं हुई।

तीन महीने पर गोपालकृष्ण गाँव लौटा था। शाम को बाबूजी ने, लम्बी-चौड़ी भूमिका बाँधकर, दीन-दुनिया के नीच-ऊँच दिखाकर, बड़े प्यार से कहा—"गोपाल बबुआ ! परसों शिवचलित्तर बाबू से कचहरी में भेंट हुई थी। कुशल-समाचार पूछने के बाद तुम्हारे बारे में भी बातें हुईं। बोले कि—गोपाल तो आजकल हम लोगों से भेंट भी नहीं करता है। जिला पबलिसिटी ऑफिसर की जगह खाली है। लेकिन सवाल है कि आवारागर्दी छोड़े तब तो ! ढाई सौ रुपये माहवार, भत्ता, फिर एक लाउड-स्पीकर और एक जीप-गाड़ी··· "

बीच में ही गोपाल हँसकर उठ खड़ा हुआ था। बाबूजी की आँखें लाल हो गयी थीं—दुख से, दर्द से, गुस्से से। एक धक्का-सा लगा था; पुराने मकान की दीवार में अचानक दरारें पड़ गयी थीं।

"··· हुँ; श्रीयुत्त गोपालकृष्णजी ! लीडर साहब ! लेखकजी !··· राजकुमार की तरह से पाला। शहर में, तारा बाबू वकील के बच्चों को जो कुछ भी खाते-पहनते देखा, इसे खिलाया, पहनाया। सीधे शहर में पढ़ने भेजा। पढ़ाई का खर्च ! जब कभी भोला-भाला-सा मुँह बनाकर सामने आ खड़ा होता, पैसों की माँग करता; बस जमा-खरच लेना भूल जाता। ज्यों-ज्यों वकालत पास [करने] की मंजिल करीब आती गयी, मुट्ठी खोलकर रुपये देता गया। मगर कानून पढ़ने के पहले ही सरकार बहादुर का कानून तोड़ बैठा, जेल गया। पैरवी करने गया तो वकीलों ने हँसकर कहा—अरे क्या कीजियेगा पैरवी करके, आपका बेटा तो लीडर हो गया। अब क्या चाहिए !··· जिस दिन जेल से रिहा हुआ, शहर के धूमधाम, उसके गले में फूलमाला और 'गोपाल बाबू की जय' सुनकर मेरा भी मन बदल गया। सोचा, चलो नहीं पास किया तो नहीं। '42 के आन्दोलन में, घर छोड़कर, बाल-बच्चों के साथ रिश्तेदारों के यहाँ जब भटकना और अपमानित होना पड़ता था, सह लेता था। घर की चीजें कुर्क हुईं, खलिहान लुटवा दिया गया। सब हुआ, मगर इसकी याद आते

ही सब भूल जाता था। ताना देकर जब कोई कहता कि अच्छा सपूत निकला गोपाल, तो गाँधीजी और जवाहरलाल की बात सुनाकर उसका मुँह बन्द कर देता था। खैर, वह जमाना भी बीता। अच्छे दिन आये, कांग्रेस का राज हुआ। एम. एल. ए. नहीं हुआ तो कोई बात नहीं, नौकरी नहीं की तो कोई हर्ज नहीं। मगर एम. एल. ए. और सरकारी अफसरों से हेल-मेल रखने में इसकी कौन-सी इज्जत खराब हो जाती। मुंरली प्रसाद सब दिन से कांग्रेस के खिलाफ रहा, कांग्रेसियों को गाली देता रहा। '42 में पुलिसवालों के साथ घरों में आग लगवाता फिरा। लेकिन उसका बेटा आज कांग्रेस का प्रेसिडेन्ट है, अफसरों के साथ मोटर में घूमता है, मिल के मालिक, करोड़पति सब उसके आगे हाथ बाँधे खड़े रहते हैं। और एक यह हैं ! सुराज-सुराज हल्ला करते थे, सुराज भी मिला। अब क्या लोगे ? आसमान का चाँद ?··· बाबू गोपालकृष्ण, सोशलिस्ट लीडर, लेखक ! इसके पीछे घर बर्बाद हो गया। इसके कारण जमींदार से बैठे-बिठाये दुश्मनी हो गयी, जमीन नीलाम हो गयी, इज्जत मिट्टी में मिल गयी।··· और जिंदगी में पहली बार जो जी खोलकर मन का अरमान सुनाया तो हँस पड़ा। माँ की उँगलियों के छल्ले सेठजी के यहाँ बंधक पड़ गये और 'पूँजीवाद नाश हो' का नारा लगाते हैं। घर के लोगों को तो एक शाम खिला नहीं सकते, दुनिया के मजदूरों की चिंता से दुबले हो रहे हैं। लेखक बने हैं, कहानियाँ लिखते हैं और अपने घर की कहानी पढ़ नहीं सकते। कमाना नहीं, सिर्फ खाना जानते हैं। पहले 'क' तब 'ख'। पहले 'कमाओ' तब 'खाओ'। सो नहीं··· "

गोपाल की माँ ने आकर खाने की बात पूछी तो मुँह नोचने को तैयार हो गये। बूढ़ी की समझ में बात नहीं आयी। छोटे बेटे भूपाल ने सारी बातें सुनाईं। सुनकर बूढ़ी का गला भी भर आया। चुपचाप आँगन में लौट आयी। मन-ही-मन कुढ़ गयी–भगवान जाने लड़के को क्या हो गया है। मुझसे तो कभी बोलता भी नहीं है। महीनों के बाद घर आता है तो टिकने का नाम नहीं लेता। अरे, माँ-बाप अब कितने दिन हैं। अपना जो धरम था सो निभाया। भले की बात नहीं कहेंगे ? इसमें हँसने की कौन-सी बात थी ! जिसने पैदा किया उसी पर हँसते हो ! हँसो, पढ़-लिखकर पंडित बने हो, तुम्हारे सामने माँ-बाप क्या हैं ? कुछ नहीं। और बाप ने गोपाल बबुआ छोड़कर 'रे गोपाल' भी कभी नहीं कहा। भूपाल को तो कभी फूटी आँख से भी नहीं देखा, बाप ने। भूपाल को सब लंठ कहते हैं, पढ़ा-लिखा नहीं है, दिनभर अकेला खेतों में लगा रहता है, फिर भी झिड़की सुनता है। पर कभी तो बाप के मुँह पर जवाब नहीं दिया। वैसी ही हैं रानीजी ! बाप के घर में तो महीने में पन्द्रह दिन एकादशी होती है और यहाँ रानी बनी बैठी रहती हैं। एक-न-एक बीमारी लगी रहती है। दोनों प्राणी में एक भी तो हाथ-पैर हिलावे। भूपाल की बहू कुछ बोली कि महाभारत मचा देती है। मैं कुछ नहीं बोलती, लेकिन भूपाल की बहू दिन-भर रसोईघर में खटती है, उसे तो बोलने का हक है। बात बर्दाश्त नहीं करती तो लाट साहब

के साथ ही क्यों नहीं रहती है ? साथ रखे तो उन्हें भी आटे-दाल का भाव मालूम हो।"

"बाबूजी नहीं खायेंगे क्या ?"–भूपाल की बहू ने आकर पूछा।

"नहीं। बंसी की माँ से कहो न, गोपाल को परोस दे।"–माँ भारी गले से बोली।

बंसी की माँ ने सुना तो फट पड़ी–"हाँ, वे क्यों नहीं खायेंगे। पेट पोसने के लिए ही तो घर आते हैं। कुत्तों को भी अक्ल होती है, वे खाना देनेवालों की भौं से उनके मन की बात समझ लेते हैं, मगर ये उससे भी···"–बात अधूरी छोड़कर, गुस्से में पाँव पटकती हुई वह पड़ोस की मौसी के आँगन की ओर चली। वह अंदर ही अंदर रो रही थी।···

–"इनके कारण अब इस घर में रहना मुश्किल है। ये तो कुछ समझते नहीं, झिड़कियाँ और ताने मुझे सहने पड़ते हैं। और मुझे ही कौन कलेजे से लगाये रहते हैं जो इनके लिये बातें सुनूँ। मन का कोई भी शौक पूरा नहीं कर सकी। कभी अपने हाथ से एक फटी हुई चादर भी जो लाकर देते ! रमिया का पति भी तो कांग्रेस में है, घर में गाँठ के गाँठ कपड़े भरे पड़े हैं। आजकल रोज सोनार की दूकान लगी रहती है उसके यहाँ। और एक यह हैं मिट्टी के माधो ! आग लगे जेवर और कपड़े में ! घर में रहें तो समझूँ कि सब कुछ है। एक दिन के लिए कभी आये भी तो मुँह से गिनकर बात निकालेंगे। मुझसे ऐसी बात करेंगे, मानो धोबिन को गंदे कपड़ों का हिसाब बता रहे हों। कलेजे पर पत्थर धरकर इतने दिनों तक सही, अब नहीं। कहाँ से मरने के लिए एक अभागिन जो गोद में आयी है सो इनके हाथ में हमेशा आग लगी रहती है। एक पैसे का बिस्कुट भी बेचारी को कभी नहीं लाकर देते। दूध-दही आँखों के आगे ही बिला जाता है। बिचारी को एक चम्मच भी कभी मयस्सर नहीं होता। जिसको बाप ही नहीं देगा उसे दूसरे क्या देंगे ?··· चंदू की माँ की बातें याद आती हैं तो कलेजा फटने लगता है। कहती थी, अरे तू तो राजरानी बनेगी, राजरानी ! सुराज हो गया है, अब सुराजी का राज है। अब काहे की फिक्र ! सो पास-पड़ोसन साड़ी की चिथियाँ देखकर ताना देती हैं। घर से निकलना भी मुश्किल है। मेरी मौत भी नहीं आती··· ।"

रसोईघर में भूपाल ने थाली पर बैठते हुए बहू से पूछा–"नेताजी का भोग लग गया ?" अपने व्यंग्य पर आप ही वह मुस्कुराया। बहू ने परोसते हुए कहा–"अभी रानीजी फूल लाने गयी हैं !"

एक घर के ओसारे पर भूपाल का बेटा केदार, पड़ोस के दो-तीन बच्चे और बाँसुरी आपस में बत-कटौअल कर रहे थे। चार साल की बाँसुरी ने फटे हुए फ्राक

पर बाप की ढीली-ढीली बंडी पहन ली थी। केदार उसकी बेढब पोशाक पर हँसता। बाँसुरी मुँह बनाकर कहती—"मेरे बाबूजी आये हैं।" पड़ोस का एक बदमाश लड़का बोल उठता—"तुम्हारे बाबूजी का नाम गोपाल। गोपाल बजावे गाल।" बाँसुरी कहती—"मैं बाबूजी के साथ मेला जाऊँगी।" केदार कहता—"मैं मामूजी के यहाँ जाऊँगा। मेरे मामूजी को मोतर गारी है। तुम्हारे मामू को है ?" बाँसुरी कुछ क्षण चुप रहकर जवाब देती—"मुझे बाबूजी मोटर ला देंगे।" सब बच्चे हँस पड़ते—"लुपया कहाँ है जो लावेंगे मोतर गारी।" बाँसुरी हारकर चिल्लाती—"बाबूजी !"

गोपाल दरवाजा बन्द कर अपने कमरे में लिख रहा था—'पूँजीवादी समाज ने मध्यवर्ग, विशेषतया निम्नमध्यवर्ग और सर्वहारा वर्ग के दैनिक जीवन में जैसी विकृतियाँ पैदा की हैं, उनका चित्रण तीव्र अनुभूति के माध्यम से हो। ये विकृतियाँ जीवन के हरेक पहलू में वर्तमान हैं—पारिवारिक, सामाजिक, सांस्कृतिक, मनोवैज्ञानिक। सम्पूर्ण भावसत्ता विकृत हो गयी है। क्या वह स्त्री-पुरुष का प्रेम हो, संतान-प्रेम हो आदि-आदि। सारा जीवन विशृंखल है—व्यक्ति का हर भाग विघटित है। व्यक्ति का विश्लेषण कीजिए, पता चलेगा कि वे कितने 'डिसटॉर्टेड', 'एबनॉर्मल', 'न्यूराटिक' हो गये हैं। लेकिन इन सबके बावजूद समाज में विद्रोहात्मकता जीवित है, वही आशा का केन्द्र है··· ।"

"बाबूजी !" बाँसुरी रो पड़ी।

गोपाल बाहर आया। बच्चे भाग चुके थे। बाँसुरी ने ठुमकते हुए कहा—"बाबू जी, तुम मुझे मोटर नहीं ला दोगे ? मन्नू कहता था तुम्हारे बाबूजी झूठे हैं। केदार भैया कहते थे तुम्हारे बाबूजी के पास रुपैया कहाँ ?"

गोपाल ने प्यार से उसे गोद में लेते हुए कहा—"मेरे पास बहुत पैसे हैं। मैं तुम्हें मोटर ला दूँगा।"—फिर कुछ याद करके हँसा और हँसते हुए बाँसुरी के कान में धीरे-से कहा—"मैं तुम्हें जीप गाड़ी ला दूँगा, चलो अभी खा लें।" वह एक बार फिर ठठाकर हँसा।

आँगन में अँधेरा था। सब कमरे बंद थे। उसने पुकारा—"माँ, बाबूजी ने भोजन कर लिया। बंसी की माँ कहाँ गयी। मुझे भूख लगी है।"

किसी ओर से जवाब नहीं मिला। आँगन में एक गुमसुम उदासी छायी हुई थी—एक खौफनाक खामोशी।

बाँसुरी को बहुत दिनों के बाद बाप की गोदी मिली थी। खुशी से वह फूली नहीं समाती थी। वह आप ही हँसती थी।

अंधकार और मौन। खण्डहर की याद आयी गोपाल को। वह मुस्कुराया। खिलखिलाकर हँस पड़ी उसकी गोद में बाँसुरी—भविष्य की सुन्दर बाँसुरी।

नवम्बर, 1948

धर्मक्षेत्रे-कुरुक्षेत्रे

भादों की रात। तुरत बारिस बन्द हुई है। मेढक टरटरा रहे हैं। साँप ने बेंग को पकड़ा है, बेंग की दर्द-भरी पुकार पर दिल में दया आने के बदले, भय मालूम होता है। आसपास की झाड़ियों में फैला हुआ अन्धकार और भी खौफनाक हो जाता है। उसी झाड़ी से एक गज की दूरी पर खड़ा करामत खाँ सिपाही, कमाण्डर के इशारे की प्रतीक्षा कर रहा है। बाँसों और पाट के खेतों में छर्रों की 'फुरहरी' जैसे जुगनू चमक रहे हैं। बीच-बीच में बिजली चमकती है। केले के पेड़ों से घिरे हुए झोंपड़े सामने में नजर आते हैं। जब-जब झोंपड़े दिखायी पड़ते हैं, करामत को अपने गाँव के अपने झोंपड़ों की याद आ जाती है।··· कहीं उसके झोंपड़े के आसपास भी, रात में, इसी तरह पुलिस और मिलेटरीवाले बन्दूक ताने तो खड़े नहीं होंगे ? कौन जाने ?··· और उसकी प्यारी बीवी अपनी बच्ची को छाती से सटाकर सोयी होगी। माँ शायद जगी हो।···

लेकिन, करामत से पचास गज की दूरी पर, पाटों के झुरमुट में खड़ा 'गोरा' सिपाही 'टाम' यह सबकुछ भी नहीं सोचता है। झाड़ियों के छोटे-छोटे बरसाती जोंकों से वह परेशान है। इन जोंकों के खौफ से वह पेशाब भी नहीं कर पाता हैं। '··· फ्··· ब्लाडी।' बार-बार पतलून का बटन वह खोलता और बन्द करता है। उसकी क्रुद्ध निगाह आसपास की झाड़ियों की फुनगी पर लपलपाते हुए उन 'ब्लडी' हिन्दुस्तानी जोंकों पर और कान चौकस–बिगुल सुनने के लिए। बिजली चमकती है, गाँव के झोंपड़े नजर आते हैं। टाम को याद आती है 'जैक' की बात। कल 'जैक' रेड पार्टी में गया था। 'जशन' मनाया था जैक ने जी-भर। टाम के अन्दर का पशु भी धीरे-धीरे जागता है।··· वह और पेशाब की हाजत को रोक नहीं पाता है।

टार्चसिगनल !–रेड करो !! नींद में विभोर गाँव में घुसता है–आगे-आगे करामत का जत्था और पीछे-पीछे 'टाम' की टुकड़ी।

··· कुत्ते भूँकने लगे। सैकड़ों 'टार्च' की रोशनी जीभ लपलपाने लगी। खूँटे से बँधे हुए जानवर रस्सी तुड़ाकर भागे। 'भागो मट गोली मार डेगा'–दहल उठा गाँव। कुहराम शुरू हुआ। हजारों इन्सान एक साथ रो पड़े। कुत्ते, इन्सान, उनकी आरतें,

उनके बच्चे !···

"वायनट–फिक्स !"

"चार्ज !"

"आह-ह !"···

कुहराम और बढ़ता है। आवाज और भी दर्दीली होती जाती है। कुत्ते और भी तेजी से भूँकने लगते हैं।

"कौन भागटा है !"

"फायर !"

"ट्ठाँय !···।"

बाँसों के झुरमुट में, पास के पेड़ों पर सोये हुए परिन्दे फड़फड़ाकर उड़ भागे। रात अँधेरी होने पर भी आसमान मुक्त है, वे पाँखें फैलाकर उड़ सकते हैं। जहाँ जी चाहे जा सकते हैं। मगर, धरती पर, गाँवों में, झोंपड़ों के इन्सान ? वे तो घिरे हैं !

"बाबा हौ, अरे बाप मरि गेल्हाँ रे बाप !"

"चन्डन कुमार कहाँ है, बटाव ?"

"हुजूर हमरा कुच्छू नै मालूम।"

"गाँडी का बच्चा, काला कुट्टा।"

"घरों में घुसकर खोजा जाय।"

भूखे कुत्तों की तरह टामियों की टुकड़ी टूट पड़ती है। पूर्वी मोर्चे पर मरने से पहले इन्हें खुलकर 'मौज' करने का हुक्म है। हिन्दुस्तानी सिपाही के जत्थे में करामत के सिवा सभी हँसते हुए बढ़े। इस बार औरतों और बच्चों की चीख-पुकार से आसमान भी रो पड़ता है। मूसलाधार बरसा में टार्च की रोशनी अजीब-सी मालूम होती है।··· घर-घर में गोरे और काले सिपाही !

"हे सरकार··· " एक घर के कोनों में से किसी के लम्बे बालों को पकड़कर बाहर घसीट लाता है एक गोरा। लम्बा बाल ! औरत। गोरा उन्मत्त हो जाता है।

"आह··· "

"सिस्–सटअप !"

'आँयग गि-गि-गि··· " मुँह में कुछ ठूँस दिया गया शायद।

गोरा अँधेरे में उसकी छाती टटोलता है फिर तुरन्त उठ खड़ा होता है। बूट की एक ठोकर देकर बड़बड़ाता है–"फ्··· ओल्ड बिच।"

फर्श पर पड़ी बुढ़िया बूट की ठोकर खाकर चिल्लाने की चेष्टा करती है "आँय गि-गि··· ।"

"माय री··· "

टाम के हाथ एक चौदह वर्ष की बालिका पड़ती है। बरसा की रफ्तार और तेज हो जाती है। बिजलियाँ और जल्दी-जल्दी चमकने लगती हैं और फूल जैसी

बालिका के सीने पर बैठा इन्सान और भी जानवर बनता जाता है। बिजली चमकती है–उसके सुन्दर मुखड़े को गोरा काट खाता है। बिजली चमकती, मुखड़े से लहू की बूँदें टपकती हैं। बिजली चमकती है–बच्ची की निष्कलंक आँखें पथराती जाती हैं।··· जमीन पर उसका शरीर निस्पन्द पड़ा रहता है। 'टाम' खड़ा होकर पतलून का बटन लगाता है। फिर बिजली चमकती है–बच्ची की पलकें झिंपती नहीं, खुली की खुली ही रह जाती हैं···

घर-घर से दबोचे हुए मुँह से घिघियाने की आवाज आती है। बलिदान के समय पशु जिस तरह घिघियाते हैं। बच्चों के गले से खून निकल रहा होगा, उनकी रोने की आवाज से ऐसा ही मालूम होता है।···

करामत खाँ आर्म्ड फोर्स का सिपाही नं. 285 एक अँधेरी गली में चुपचाप खड़ा, नमकहरामी और नमकहलाली की सीमा पर झूलता है। वह गिनता है–उसके पास सिर्फ पन्द्रह गोलियाँ हैं। सिर्फ पन्द्रह ?··· उसकी बीवी, उसकी बच्ची, माँ··· सामने कोई छाया उसे देखकर छिप जाती है–"जाने भी दो, कोई बेचारा जान बचाकर भाग रहा है।"–करामत ने पहली नमकहरामी की।

गाँव में कुहराम जारी है। मर्दों पर लाठियाँ, संगीन और कोड़े बरसते हैं। गाँव-भर की बूढ़ियाँ बूट की ठोकरें खा रही हैं, जवान औरतें घर-घर में, झोंपड़े-झोंपड़े में जमीन पर बेहोश, दम तोड़ती कराह रही हैं। और श्री पारस चौधरी, पास के गाँव के ही प्रमुख जमींदार, जो आदतन खद्दरधारी थे और जिन्होंने सिर्फ तारीख 10 अगस्त से मिल का कपड़ा पहनना शुरू किया था। ऐसे पारस चौधरीजी, एस. पी. साहब से कहते हैं, बार-बार कहते हैं–"घर घुसकर खोजा जाय, हुजूर, इस घर में देखा जाय, हुजूर, उसको पीटा जाय, हुजूर, वह भारी कांग्रेसी बदमाश है," उसी पारस चौधरी के कहने पर एक घर में आग लगा दी जाती है। छप्पर भीगा हुआ है, इसलिए आग धीरे-धीरे सुलगती है। किन्तु उस मुर्दार रोशनी से भी अँधेरा दूर हो रहा है। रोशनी में करामत कुछ देखता है और उसका झूलना मानो शेष हो जाता है··· खुले आसमान के नीचे, कीचड़ में एक औरत हाथ-पाँव मार रही है···गोरा नहीं, काला सिपाही···? रामपरीक्षा सिंह ?···और बगल में वह दो बरस की बच्ची गला फाड़कर रो रही है···रामपरीक्षा सिंह···उसकी बीवी··· उसकी बच्ची··· माँ··· नमकहरामी···। वह निशाना लेता है–"ठाँय !"

करामत ने दूसरी नमकहरामी की। वह और चौदह बार नमकहरामी तो कर ही सकता है।··· नमकहलालों से इस अकेला नमकहराम की अब मुठभेड़ होती है··· ठाँय, ठाँय, ठाँय··· !!

अन्त में वह नमकहराम ठीक-ठीक सोलह बार नमकहरामी करने का मजा पाता है। आ··· अल्लाह··· !

भादों की अँधेरी रात। जिस समय गाँव में लूट मची हुई थी, दो माईल दूर एक

जंगल में 'आजाद दस्ते' की बैठक में हिंसा व अहिंसा के सवाल पर मतभेद हो चुका था। इलाके के पुराने और प्रतिष्ठित कांग्रेसी नेता श्री चन्दनकुमारजी, जिन्हें खोजने के लिए एक सारे गाँव का सत्यानाश कर दिया जाता है, अपने साथियों के साथ पूरे अहिंसक हो गये हैं और बाकी लोग अ. भा. कां. क. के 8 अगस्त के फैसले और एलान के मुताबिक अपने को अपना नेता मानकर, अपनी आत्मा की आज्ञा मानकर रायफलों, बमों, रिवाल्वरों और रुपयों का हिसाब-किताब कर रहे हैं। वे हिंसक हो चुके थे···।

करामत की पहली नमकहरामी के कारण, छिपकर भाग आनेवाला 'आजाद दस्ता' का दूत सतना दौड़ता हुआ खबर देता है–"गाँव पर फौजी हमला हो गया है।"

"मगर हम तो दूर हैं, सुरक्षित हैं।" चन्दनकुमारजी जवाब देते हैं। क्योंकि वे उस समय अपने को सारे दल का नेता मानते थे।

"वे लूट रहे हैं !"

"वे तो करेंगे ही।"–चन्दनकुमारजी कहते हैं।

"वे औरतों को बेइज्जत कर रहे हैं !"

'क्या किया जा सकता है ?" लाचारी जाहिर करते हैं चन्दनकुमारजी।

"गाँव-भर में एक औरत नहीं बची।"

"तैयार !" हिंसकों में से एक उठकर कहता है। सभी हिंसक उठ खड़े होते हैं। एक बढ़ता है, उसके पीछे सभी बढ़ते हैं। वे चले जाते हैं और चन्दनकुमारजी अपने दल के लोगों से कहते हैं–""गाँधीजी की अहिंसा का मखौल उड़ानेवाले, इन मूर्खों को कौन समझावे। जाने दो···।" जंगल से बाहर निकलकर, नया कमाण्डर चार-पाँच शब्दों का एक भाषण दे डालता है–"यदि इन्हें छोड़ दिया गया तो हजारों-हजार गाँवों की ऐसी ही दुर्दशा करेंगे ये। हमने यदि आज डटकर मुकाबला किया तो फिर समझ लीजिए, कि ऐसी घटना फिर नहीं घट सकती।"

"और मिलिटरीवालों को बुला लाये थे पारस चौधरीजी।"–दूत 'सतना' कहता है।

"पारस चौधरी ?"

डेढ़ दर्जन हिंसकों ने दाँत पीसा, मानो बिजली चमक उठी। आसमान में नये बादल उमड़-घुमड़ रहे थे।

गाँव में कुहराम थम गया था। कुछ औरतें धीरे-धीरे रो रही थीं और एकाध बच्चे रो रहे थे। जिस घर में आग लगायी गयी थी, वह जलकर खाक हो चुका था, मगर आग लहलहा रही थी।

"मिलेटरीवाले घाट पार कर रहे हैं।"

"चलो।"

आसमान में जोरों से बादल गरज उठता है। मिलेटरी और मिलेटरी अफसरों को लेकर दसों नाव किनारा छोड़ रही थीं। नदी के किनारे ऊँचे कगार पर एक मेंढ़ के बगल में लेटकर डेढ़ दर्जन 'हिंसक' हिंसा के लिए तैयार हैं।

"उन्होंने लूटा है !"

"ट्‌ ठाँय, ट्‌ ठाँय···"

"उन्होंने मारपीट की है, जुल्म किया है !"

"ट्‌ ठाँय,··· ट्‌ ठाँय···"

"उन्होंने औरतों को बेइज्जत किया है।"

"ट्‌ ठाँय, ट्‌ ठाँय···"

"फड़ फड़ फड़र र र र···"

फौजी अफसर का मशीनगन फड़फड़ा उठा।··· घबराओ मत दोस्त ! देबेन की लाश हँटा दो, उसका रायफल ले लो।··· बंशी··· की थैली में देखो कारतूस हैं ! ··· बंशी को एक चुल्लू पानी पिलाओ ! लेट जाओ, दाहिनी नाव पर निशाना करो ···

'धड़ धड़ाम ! धड़ धड़ाम !!'–आजाद दस्ते की ओर से 'हैण्डग्रेनेड' फेंके जाते हैं। बिजली गिरने-जैसी आवाज होती है, नदी का पानी बाँसों उछलता है।···

"··· सब शान्त !"

"शान्त नहीं, पारस चौधरी को देखना होगा।चलो !"चार कम डेढ़ दर्जन हिंसकों ने अपने साथियों की लाशों को कन्धे पर टाँग लिया और चले।

बाद में खबर फैली–"बिसनपुर मिलेटरी रेड में एक मुसलमान सिपाही को बलात्कार करते देखकर एक हिन्दू सिपाही ने रोका। इस पर मुसलमान सिपाही ने उसे गोली दाग दी। इसके बाद तेरह हिन्दू और एक गोरा को उसने मार दिया। आखिर में वह भी मारा गया। इस पर गोरे और हिन्दू सिपाहियों में फिर घाट पर लड़ाई हो गयी। करीब-करीब चालीस गोरा मिलेटरी, दस हिन्दू और पाँच अफसर मारे गये।"

जनता ने, इस खबर को सुनकर, मन-ही-मन उन हिन्दू सिपाहियों की धीरता को सराहा और करामत के नाम पर थूका–"साला।"

यह भी खबर फैली–"राधोपुर के पारस चौधरी के घर में क्रान्तिकारियों ने सशस्त्र डकैती की। रुपये, गहना-जेवर लूट लेने के बाद पारस चौधरी को गोली से उड़ा दिया।"

जनता ने, इस खबर को सुनकर क्रान्तिकारियों के प्रति घृणा प्रकट की।

अभी हाल में ही, एक सभा में श्री चन्दनकुमारजी एम. एल. ए. का समाजवादी विरोधी भाषण हो रहा था क्योंकि समाजवादियों ने यहाँ के किसानों को न जाने कैसे समझा दिया कि अब जमींदारी प्रथा नहीं रह सकती और जमीन पर जोतनेवालों का हक होना चाहिए और किसान मजदूरों के राज का मतलब ही है असली सुराज।

एम. एल. ए. साहब के फायल और बिस्तर ढोनेवाले, स्थानीय कांग्रेस कमिटी के एक पदाधिकारी और भावी एम. एल. ए. साहब ने कहा–"वे गाँव की शान्ति भंग करते हैं।"

चन्दनकुमारजी एम. एल. ए. साहब कह रहे थे–"भाइयो ! याद रखिए। ये वही लोग हैं, जिन्होंने पारस चौधरी जैसे प्रमुख कांग्रेस भक्त को गोली मार दी थी। ये डकैत हैं, देश के दुश्मन हैं..."

उनके फायल ढोनेवाले शान्ति के अग्रदूतजी ने जोरों से ताली पीटकर नारा लगा दिया–"देशद्रोही ! मुर्दाबाद !"

अगस्त, 1949

टौन्टी नैन का खेल

"लड़की मिडिल पास है !"

"मिडिल पास ?"

"मिडिल पास ही नहीं, दोहा-कवित्त जोड़ती है।"

"देखने में भी, सुनते हैं कि गोरी है।"

"सीप्रसाद बाबू की बेटी काली कैसे होगी ?"

"विश्वास नहीं होता है।"

"सुमरचन्ना नहीं आया है ? आ जाय तो सही बात का पता चले।"

"यदि बात सच है तो समझो कि पानी में आग लग गयी !"

"सुमरचन्ना का भाग तेज है।"

"चिड़िया का गुलाम किसका है ? रंग औट करो।" चिड़िया का गुलाम, लाल पान की बीवी से कट गया और खेल खत्म। खेल में अब किसी का जी नहीं लग रहा है, सुमरचन्ना का भाग तेज हो गया, खेल में जी कैसे लगे ?

"लेकिन–सुमरचन्ना तो अपर पास भी नहीं ?"–रमचनरा कहता है।

'अब पास कर जायगा !'–दुलरिया बात बनाना जानता है।

सभी हँस पड़ते हैं। गाँव-भर के निठल्ले नौजवानों के इस ताश के अड्डे को बड़े-बूढ़े बड़ी बुरी निगाह से देखते हैं। देखा करें, उनकी बुद्धि सठिया गयी है। सेमापुरिया 'मेला' की तरह माथा मुड़ाकर रहो तो ये बहुत खुश रहेंगे। जरा-सा थोबड़ा केश बढ़ाकर, थोड़ी-सी बगली छँटाकर सिर में तेल डालते ही इनकी आँखों में लाल मिर्च की बुकनी पड़ जाती है।··· लुच्चा हो गया, आवारा है वगैरह।···सुमरचन्ना बाबड़ी नहीं रखता है, डोमन लौआ से जब वह केश छँटाता है तो गाँव के नौजवानों को एक सप्ताह के लिए हँसने का मसाला मिल जाता है।··· हल जोत दिया है, अब खेसाड़ी बोना बाकी है। और उसी सुमरचन्ना का हल जोता हुआ कपाल इतना उपजाऊ साबित हुआ। रमचनरा आधा मोंछ कटाता है लेकिन। मिडिल पास स्त्री, दोहा-कवित्त जोड़नेवाली और गोरी ! भगवान भी कैसे हैं ?

सुमरचन्ना–श्री सुमरचन्द विश्वास वल्द अमीरचन्द विश्वास जाति··· मौजा–लोरिकगंज, थाना–फारबिसगंज, जिला-पुर्रेनियाँ।

रामपुर के सीप्रसाद मण्डल को कौन नहीं जानता ? जाति-बिरादरी में उनका स्थान ऊँचा है। नयी मातबरी हुई है। सरसों और तम्बाकू से दो हजार रुपये की आमदनी होती है। बन्दूक का लैसन मिलनेवाला है। कंगरेसी हैं। उन्हें कौन नहीं जानता ?

यह बड़े अचरज की बात है कि सीप्रसाद बाबू ने सुमरचन्ना को ही क्यों अपनी मिडिल पास, दोहा-कवित्त जोड़नेवाली और गोरी लड़की के लिए वर चुना ? सुमरचन्ना की माँ ऐसी झगड़ालू है कि दीवाल से भी झगड़ा करती है। बाप बहरा है। धन में धन दो भैंस हैं। और सुमरचन्ना की सूरत ?··· अचरज की बात है। गाँव के निठल्ले नौजवानों के कलेजे पर साँप लोट रहे हैं ! भगवान भी कैसे हैं ?

"ऱे सुमरचन्ना ! इधर आओ इधर ! कहाँ से आ रहे हो ? बीड़ी पिलाते जाओ !"

"हरगोबिन भाय ! रामपुर गये थे ?"

"शादी का दिन ठीक हो गया ?"

"हाँ। यही फागुन एकादशी है !"–सुमरचन्ना 'मोटर मार सिकरेट' सुलगाते हुए कहता है।

"तुम्हारी किस्मत बड़ी तेज है। रुपैया-पैसा भी दिया है ?"

सुमरचन्ना को घेरकर सभी बैठे हुए हैं। बीच में मोटर मार सिगरेट का पाकिट खुला हुआ है। ताश की गड्डी पड़ी हुई है। सभी सिगरेट पी रहे हैं। सुमरचन्द विश्वासजी सुना रहे हैं–"अरे हरगोबिन भाय ! यह तो भोग-भाग की बात है। विधविधाता जिसकी जोड़ी जहाँ मिला दे। रमैन में कहा है–सुनहू भरथ भावी प्रबलऽ बिलख कहे मुनि नाथ··· अर्थात् हे भरथजी !···"

इस 'अर्थात्' में हानि-लाभ के साथ शादी-विवाह और जोड़ी मिलाने की चर्चा कहाँ की गयी है, इस पर ध्यान देने का होश किसको है ?

सुमरचन्ना मिडिल पास भी नहीं लेकिन 'रमैन' और 'महभारथ' और कीरतन में उससे कोई पार नहीं पा सकता है। जब कीर्तन में 'झाँखी' गाने के समय पैर में झुनकी बाँधकर 'झाँखी जुगल मोहनियाँ हो राम' गाता है तो सुननेवालों की आँखों से प्रेम के आँसू झरने लगते हैं।

बात यह हुई कि··· सीप्रसाद बाबू के बूढ़े बाप लामलरैन बाबू बड़े धार्मिक आदमी हैं। गाँव में ठाकुरवाड़ी बनवा दिया है। राम लछमन सीताजी की मूर्ति बनारस से लाये हैं। घर में भी मूर्ति है–सीताराम की जुगल जोड़ी। कीर्तन के बड़े प्रेमी हैं। उस बार ढालगंज के नवकुंज में सुमरचन के गीत पर मोहित हो गये। सीप्रसाद बाबू की छोटी बेटी (जिससे सुमरचन की बातचीत पक्की हो गयी है) लामलरैन

बाबू की बड़ी दुलारी है। बड़ी प्यारी ! दादा के सभी गुण उसमें आ गये हैं। बचपन से ही दादा के साथ में रहकर 'भगवान' और कीर्तन उसके रोम-रोम में रम गया है। इसीलिए दादा ने उसका नाम रखा है–आरती। माँ कहती हैं–अर्ती ! बूढ़े लामलरैन बाबू ने आरती की शादी किसी भगवान-भक्त से ही करने की प्रतिज्ञा की थी।··· पूरा भक्त, कण्ठीधारी वैष्णव हो, भले ही गरीब हो, अपढ़ हो, लेकिन अपनी ही जाति का हो। आरती सतरहवाँ पार कर चुकी, लेकिन उसके जोग वर नहीं मिल रहा था। कोई मिलता भी तो स्वजाति का नहीं। पढ़ाई-लिखाई की बात रहती तो आजकल एमे. बीए. की भी कमी नहीं होती··· लेकिन वैष्णव, भगवान का असली भक्त, कण्ठीधारी कहाँ मिले ? मुर्गी के अण्डे खानेवालों की बात रहती तो एक बात भी थी। बस ढालगंज नवकुंज में लामलरैन बाबू को आरती के जोग वर मिल गया।··· स्वजाति का, भक्त, वैष्णव और कण्ठीधारी सुमरचन्ना !

"ऐंह ! यह तो राजा-रानी का खिस्सा हो गया कि एक राजा था और उसकी एक लड़की थी–" दुलरिया बहुत देर तक रुके हुए साँस को एक ही बार छोड़ते हुए कहता है–"एकदम खिस्सा साढ़े चार यार !"

सभी हँस पड़ते हैं लेकिन यह बात तो सर्व-सम्मति से स्वीकृत हो जाती है कि सुमरचन्ना का भाग बड़ा तेज है। भगवान की महिमा अगम अपार है।

"लड़की मिडिल पास, गोरी, धनी, ससुराल, बूढ़े मालिक का दुलारा जमाई··· और क्या चाहिए ?"–हरगोबिन गम्भीर होकर कहता है।

सभी गम्भीर हो जाते हैं। भाग की बात है। इससे बढ़कर और क्या चाहिए ?

"लेकिन सुमरचन्न भाय ! कीरतन दल को भूल मत जाना, हरमुनियाँ का भाथी एकदम खराब हो गया है। ढोलक भी कठसुरहा हो गया है। गेरुआ पोशाक एक दर्जन बनवा देते तो फिर क्या है ?"

"और एक 'कौरनोट' और एक 'बिहला' बाजा यदि खरीद दो तो समझ लो कि 'हौल इण्डिया' में हम लोगों के दल का नाम हो जाय।"

"अरे भगवान ने चाहा तो सब कुछ हो जायेगा। पंगु होंहि वाचाल मूक चढ़हि ··· नहीं-नहीं··· मूक होंहि वाचाल···।"–सुमरचन्द विश्वास, विश्वास दिलाते हुए कहते हैं– "और हम यदि कीरतन दल को भूल जायँ तो भगवान हमारे गरब को कितनी देर तक रखेंगे ?··· रावन गरब कियो लंका में···।"

फागुन एकादशी ! लामलरैन बाबू ने खबर भिजवा दी है–बर-बरात एकदम नहीं। जो आये वह कीर्तनियाँ हो। ढोल-ढाक, बाजा-गाजा, नाच-तमाशा, रंग-रवायश–कुछ नहीं। सिर्फ कीर्तन !

दुलरिया बड़ा मस्त आदमी है, हरदम हँसते-हँसाते रहता है। सुनते ही कहता है–"तब तो लड़की के लिए भी कोई गहना बनाने की जरूरत नहीं। कण्ठामाला ही ले चलो सुमरचन भाय।"

सुमरचन आजकल दिन-रात सपना ही देखता रहता है। उसे कुबेर का भण्डार मिल गया है। हँसते हुए कहता है–"असल गहना तो कण्ठीमाला ही है दुलारे। पूरब मुलुक बंगाला में जाओ तो ? जब तक माला बदल नहीं होगा, शादी पक्की नहीं समझी जायेगी। पहले जमाने में राजा-महाराजा की राजकुमारी माला डालकर ही सुयेम्वर करती थी। जयमाला !"

'कुमारी आरती देवी मीरा' श्रीमान सुमरचन्द विश्वासजी के गले में जयमाला डालेगी।

आरती देवी मिडिल पास है। घर बैठे ही गीता और रमैन की परीक्षा देकर पास कर चुकी है। मासिक मानव कल्याण पत्रिका की स्थायी ग्राहिका और पाठिका है। कभी-कभी खुद गीतों की रचना कर लेती है–दोहा-कवित्त ! इसलिए अपने नाम के साथ 'मीरा' लिखती है। अठारहवें में पाँव रख रही है। पिछले दो साल से गाते-गाते भगवान के आगे कभी-कभी बेहोश हो जाती है। घण्टों बेहोश रहती है और जब आँखें खुलती हैं तो··· 'सपने में तुम पास रहे प्रभु, जगी हो गये दूर···।' प्रेम-विह्वल हृदय की वाणी कोकिल कण्ठ से फूटकर निकल पड़ती है। बूढ़े लामलैन बाबू प्रसन्न होकर करताल बजाते रहते हैं–'हई बोयो, हई बोयो ! छन, छन, छन, छन।' गेरुआ रंग को छोड़कर और किसी रंग का कपड़ा नहीं पहनती है आरती देवी।

एक बार सोशलिस्ट पार्टी के 'लाल पताका' के सम्पादक 'चिनगारी'जी आये थे। एकदम नास्तिक। हरदम मुँह में सिगरेट, आँख पर चश्मा। खाँसते रहते थे और हवा में डोलते रहते थे। डाक्टर के कहने से मुर्गी का अण्डा खाते थे। जाति-धरम को एकदम नहीं मानते थे। उस बार सीप्रसाद बाबू के साथ आये। शाम को जब उन्होंने आरती देवी का भजन-कीर्तन सुना तो उनकी आँखें एकदम खुल गयीं। प्रेम-विह्वल नारी, गोरा शरीर, सुडौल मुख-मण्डल और गेरुआ वस्त्र में लिपटी हुई पवित्र जवानी ! बस, उसी क्षण से भगवान भक्त हो गये।··· लेकिन लोग जो कहते हैं कि आरती देवी से उनका··· हो गया था सो झूठी बात है। सुनी हुई बात दुनी होती है।

बात यह हुई थी कि सीप्रसाद बाबू ठहरे कंगरेसी आदमी ! उनके यहाँ यदि कोई सोशलिस्ट पार्टीवाला तीसरे दिन पड़ा रहेगा तो उनकी बदनामी नहीं होगी ? इसलिए उन्होंने मना कर दिया था। बाद में 'चिनगारी'जी ने सोशलिस्ट पार्टी को भी छोड़ दिया। आजकल एकदम भक्त हो गये हैं, अपना कीर्तन पार्टी खोले हैं। वह भी अपने से गीत बनाते हैं और गाते हैं।

लामलरैन बाबू ने आरती देवी की शादी के दिन 'अष्टजाम' कीर्तन कराने का निश्चय किया है। दस समाजी को उन्होंने निमंत्रण भेज दिया है। जाति-बिरादरीवाले तो सभी शादी-ब्याह और श्राद्ध में खाते ही हैं। पर आरती देवी की शादी है। भगवान की गायिका की शादी है, इसमें तो सिर्फ कीर्तनियाँ लोगों को ही भाग लेना चाहिए।

शाम से ही कीर्तनियों का दल एक-एक कर आ रहा है। गाते-बजाते और नाचते !

''अरे सोचे सियाजी के मैया हो धेनु कैसे टुटे।''

''धाके धिन्ना ताक धिन्ना।''

छनन छनन छुम्म छन्नन।

"हाँ, यह शायद लखनपुर का दल है। देखना। हरेक समाजी के सभापति से पहले ही पूछ लेना कि कितने लोग हैं ? लखनपुरवालों को नहीं जानते ? तीन बुलावे तेरह आवे।"

''गौरी के माई डराओल हो बमभोला के देखिके।''

धाक धिना ताक धिना।

"हाँ, यह परबत्ता का दल है। देखना रे ! गंगातीर वाली खड़ाऊँ की जोड़ियाँ कहाँ हैं ? उस बार परबत्ता दलवालों ने खड़ाऊँ ही पार कर दिया।"

कान्तपुर के दल के साथ आये हैं 'चिनगारी'जी। आजकल नाम बदल लिया है–'चन्दन'। चन्दनजी ! उनके दल को निमन्त्रण नहीं मिला था लेकिन कान्तपुर में उनका 'ममहर' है। चिनगारीजी··· यानी चन्दनजी ने अब बाल बढ़ा लिया है। लम्बे-लम्बे घुँघराले बाल, दाढ़ी-मूँछें मुड़ी हुई और आँखों पर चश्मा। अब सिगरेट कम पीते हैं–पान खाते हैं।

सभी समाजी आ गये हैं। रात को आठ बजे से अष्टजाम शुरू होगा। तब तक बाराती कीर्तनियाँ समाज भी आ जायगा। इसके पहले बैठकी कीर्तन हो रहा है। एक-एक दल बारी-बारी से गाता है। ऐसा लगता है कि कान्तपुर दल का ढोलकिया आज ढोलक को तोड़ ही देगा ! चिनगारीजी उर्फ चन्दनजी गा रहे हैं। खेल बात है ! इसीलिए ढोलक बजाते-बजाते जोश में ढोलक पर चढ़ जाता है। चिनगारीजी जब गर्म बात अखबार में लिखते थे तो सरकार बहादुर थर-थर काँपने लगता था। चन्दनजी ऐसा कीर्तन गाते हैं कि सुननेवालों पर आग का भी कोई असर नहीं हो। आँख मूँदकर गा रहे हैं, विभोर होकर गा रहे हैं। चेहरे पर पेट्रोमेक्स की पूरी रोशनी पड़ रही है, इसलिए चेहरे पर करुण भाव की छोटी-से-छोटी लहरें भी स्पष्ट दिखाई पड़ती हैं।

अरे नैनों को दरशन सुख दे दो नैनों को···

अरे नैनों को दरशन सुख दे दो

मिटे हृदय की साध···
दरश बिनु नैना है बेकार आज मेरो···

आँगन में चन्दन चर्चित वधु आरती चुपचाप बैठी हुई है, बूढ़े लामलरैन बाबू का हुक्म है–"औरतें और कोई गीत नहीं गा सकतीं। भगवान का ही गीत मंगल गायें। 'रुकमुनी जाइछे'··· नहीं-नहीं··· यह गीत नहीं चलेगा। ओ ! रुक्मिणी का नाम है ? तब तो भगवान का गीत है। यह चलेगा–"

अरे अच्छा-अच्छा चूड़ियाँ बनावे रे भइया लहेरिक।
रुकमिनी जाइछे ससुराल !
अरे ऐसना चोलिया बनावे रे दरजिया कि
छतिया पर जोड़ी रे अनार !

आरती देवी 'मीरा' !··· आरती पुर्जे पर अपना नाम देखकर चमक उठती है। अक्षर तो पहचानती है वह। चरवाहा ने लाकर दिया है। चिट्ठी है। वह उठकर ठाकुर जी के घर में चली जाती है। हाँ, चिट्ठी ही है। चन्दनजी उर्फ चिनगारीजी ने लिखा है–

"मेरे मानस की मीरा !

तुम जिसके गले में जयमाला डालनेवाली हो वह एकदम निपट गँवार है। बात करने का ढंग नहीं। कीर्तन गाता है मगर पुराने जमाने का। पढ़ा-लिखा बहुत कम है। शायद लोअर पास भी नहीं। सिर्फ गला सुरीला है। समझ में नहीं आता कि बूढ़े बाबू ने क्यों तुम्हारा सत्यानाश कर दिया। सीप्रसाद बाबू भी कैसे हैं, उन्होंने क्यों नहीं खुद जाकर देखा। लड़का तो एकदम चिड़िया का गुलाम है... "

चिड़िया का गुलाम ? भगवान ने निपट गँवार ही उसके भाग में लिख दिया है तो वह क्या कर सकती है ? भगवान की मर्जी ! लेकिन चन्दनजी ? उस बार कितनी अच्छी कविता बनाकर चिट्ठी लिखे थे–

तुम मीरा गिरधर की दासी
चन्दन तेरा दास
करो मत मुझको प्रिये निराश !

'दास के सुन लीजै छोटी अरजिया हो रघुवर सुन लीजै मोरी अरजिया !'

ताक धिन्ना ताक धिन्ना।

लोरिकगंज बाराती कीर्तनियाँ समाज आ गया। वर श्री सुमरचन्द विश्वास गा रहे हैं–दास के सुन लीजै···

शादी चाहे किसी भी नियम से हो, शादी आखिर शादी ही है। वर को देखने के लिए औरतें झुण्ड बाँधकर दौड़ पड़ती हैं। कौन ? यही जो बीच में नाच रहा है ?··· माई गे ! ··· माई गे क्या ? वह तुम्हारी उसकी शादी नहीं, आरती की शादी है ! भगवान !

बूढ़े लामलरैन बाबू आरती देवी की माँ को समझा रहे हैं, डाँट रहे हैं और बिगड़कर लेक्चर झाड़ रहे हैं। गुस्से में उनकी पोपले मुँह की बोली ठीक अंग्रेजी की तरह सुनायी पड़ती है–'छिवई की छाजी में भी गौई की माई इछी लयह ओची छी ! किछी अम्मयमी, मुगीखाय छे छाजी होची चो बहुत अच्छा। छें ? भगवाँय का भकच कभी छुजय नहीं होगा। छुंजय छईय किछ काम का ? हंउमायजी।

अर्थात्··· वर अधरमी और मुरगीखोर नहीं। भगवान का भक्त सुन्दर नहीं होता। हनुमानजी सुन्दर थे ? सुन्दर शरीर किस काम का ?

आरती भी सोचती है–सुन्दर शरीर किस काम का !

अष्टयोग शुरू हो गया। वर मण्डप पर पहुँच गया है। हरे राम हरे राम राम राम हरे हरे, हरे कृष्ण हरे कृष्ण···

आरती देवी आँखों को बार-बार रोकती है मगर आँखों ने चोरी से देख ही लिया–'सुमरचन्नजी, भक्तजी··· चिड़िया का गुलाम ?' शादी आखिर शादी है। सुमरचन्नजी वधु निरीक्षणी करके अपनी वधु को मण्डप पर ले चले। आरती का सारा शरीर सिहर उठता है। उसका सुन्दर शरीर किस काम का ?···. पग घुँघरू बाँधी मीरा नाची री।

"हरे राम हरे राम !"

वर-वधु के मण्डप पर पहुँचते ही गानेवालों का जोश और भी बढ़ जाता है। ढोल पर और भी तेजी से ताल बोलने लगता है। करताल और भी तेजी से खनकने लगते हैं। छुम छुम छन्न छन्न ! प्रेम में विभोर होकर बूढ़े लामलरैन बाबू भी करताल बजाकर नाचने लगते हैं–"हये आम हये आम !"

आरती के पाँवों में गुदगुदी लगने लगती है। उसका सारा शरीर सिहरने लगता है। ऐसा लगता है कि वह भी अब नाचने लगेगी। वह बेहोश हो रही है। बेहोश··· छुम छुम छन्न छन्न···। छनाक्।

"ऐ सम्हालो ! सम्हालो !!"

"गिर गयी।"

"पानी लाओ।"

ढोल रुक जाता है, करताल बन्द हो जाते हैं। लामलरैन बाबू करताल बजाते हुए और नाचते हुए कहते हैं–कीचन बंज यहीं हो। जाई यहे··· हये आम हये आम ! छुम छुम छन्न छन्न !

धिक धिन्ना धिक धिन्ना !

"पानी लाओ।"

'पंखा दो !"

आरती देवी आँखें खोलती है। उसके मुँह से एक हल्की-सी चीख निकल पड़ती है–"चिड़िया का गुलाम।"

सुमरचन्द के बहरे बाप ने हल्ला मचाना शुरू किया–"हम जानते थे। लड़की को मिरगी की बीमारी है। हम लोगों को गरीब जान खूब उल्लू बना रहे थे। अरे बाबू ! हमारे खानदान में कभी मिरगी नहीं हुई।··· चल रे सुमरचन्ना !"

लेकिन जब सुमरचन्ना टस से मस नहीं हुआ तो वह गाली-गलौज करते हुए अपने गाँव की ओर चल पड़ते हैं।

रात-भर आरती देवी बेहोश रही। सुबह को ठाकुर साहब ने देखकर कहा–दिमाग पर चोट लगी है। कीर्तन समाजियों को सूचना दे दी गयी–हालत बहुत खराब है। शादी नहीं हो सकेगी। सभी अपने-अपने घर चले जायें !

"जलपान भी नहीं देगा क्या ?"–दुलारे की बात सुनकर रात-भर के भूखे लोगों को भी हँसी आ जाती है।

"चलो खेल-तमाशा खतम।"

गाँव के निठल्लों का ताश का अड्डा गुलजार है। मिडिल पास, दोहा-कवित्त जोड़नेवाली लड़की, धनी ससुराल पाना खेल नहीं। सुना ? कान्तपुर दल का चन्दनजी गवैया चक्का पार कर दिया। अरे वह तो उसी रात को लेकर पार हो गया। अभी तक कहीं पता नहीं चला है।

सुमरचन्ना को सभी चिड़िया का गुलाम कहकर चिढ़ाते हैं। बहरा अमीरचन्द के दोनों भैंस बिक गये हैं, इसलिए सुमरचन्ना को दिन-रात गाली-गलौज करता रहता है। सुमरचन्ना ने कीर्तन भी छोड़ दिया है।

"छोड़ दिया है तो छोड़े। उसके कपार पर तो चिड़िया का गुलाम सवार है।···"

"रंग औट करो रे !"

लाल पान की बीवी से चिड़िया का गुलाम काट लिया जाता है। जीतनेवाले खुशी से ताली पीटते हैं।··· टौन्टी नैन का खेल जारी रहता है।

अप्रैल, 1953

वण्डरफुल स्टुडियो

फोटो तो अपने दर्जनों पोज में उतारे हुए अलबम में पड़े हैं, फ्रेम में मढ़े हुए अपने तथा दोस्तों के कमरों में लटक रहे हैं और एक जमाने में, यानी दो-तीन साल पहले, उन तस्वीरों को देखकर मुझे पहचाना भी जा सकता था। लेकिन 'स्वास्थ्य-संशोधन' के बाद वजन में परिवर्द्धन और चेहरे में परिवर्तन होकर जो मेरी सूरत का नया संस्करण निकला, उसे पहचानने में मैं खुद कई बार भटक गया हूँ। कहाँ वह 95 पाउण्डवाला चेहरा और कहाँ यह 154 पाउण्ड की सूरत !

दोस्तों ने कई बार सलाह दी कि एक नया फोटो उतरवाकर पिछली सभी तस्वीरों के 'केन्सिल' होने की घोषणा कर दूँ, और अपने मन में भी कई बार सोचकर देखा कि यह 'गुलगुली' न जाने कब गायब हो जाय ! चुनाँचे एक नया फोटो खिंचवाने का फैसला कर लिया गया। वरना, मैं तो अपने को ऐसा परिपक्व पॉलिटिसियन समझे बैठा था जिसकी तस्वीर के लिए सैकड़ों नहीं, तो कम-से-कम दस कैमरेवाले नौजवान जरूर चक्कर काटते हैं। असल में अपना फोटो उतरवाना 'बचकाना' शौक-सा मालूम होता था।

फोटो उतरवाने की बात तो तय हो गयी, लेकिन उस शाम को यह फैसला नहीं हो सका कि फोटो कहाँ उतरवाया जाय। हमारे एक मुँहबोले भाईजान हैं, जिन्हें हम इनसायक्लोपेडिया की तरह काम में लाते हैं ! असली जाफरान किस दूकान में मिलती है, मुर्ग-मुसल्लम किस होटल पर बेहतरीन होता है, कॉफ़ी किस 'काफे' की सही जायकेवाली होती है, असली गबरडीन कपड़ा किस दूकान में है, बड़े सर्जन और फिजिशियन कौन-कौन हैं और किस 'टेलरिंग' की क्या विशेषता है, वगैरह बातों के अलावा पारिवारिक उलझनों को सुलझाने में उनसे बराबर मदद मिलती है।

भाईजान ने कहा, "एक जमाना था जब राजू चौधरी अच्छी तस्वीरें बनाया करता था। गवर्मेण्ट हाउस से लेकर 'शहादत-आश्रम' तक उसकी पूछ थी। अव्वल दर्जे के फोटोग्राफर के साथ ही वह पक्का मेहनती भी था। उस बार श्मशान-घाट में पूरे तीन घण्टे तक मेहनत करके डॉ. अग्रवाल की लाश की ऐसी तस्वीर उसने

ली कि जिसे देखकर हर आदमी की ख्वाहिश···"

मनमोहनजी की आदत है कि हमेशा भाईजान की बात को बीच में ही काट देते हैं। बोले, "किस मुर्दे की बात कर रहे हैं, आप ? आजकल चतुर्वेदी-स्टुडियो है जिसके बारे में दो रायें नहीं हो सकतीं ?"

भाईजान ऐसे मौके पर कभी झुँझलाते नहीं हैं। उन्होंने फिर शुरू किया, "इसके बाद घोषाल अपने नये कैमरों के साथ मैदान में उतरा। उसके बारे में यह मशहूर है कि बगैर 'रिटच' किये ही बेहतरीन तस्वीरें बनाया करता था। फिर 'आलोछाया' वालों का युग आया, जो 'लाइट और सेड' की कला में निपुण था। प्रोफेसर किरण की एक ऐसी तस्वीर उसने उतारी थी, जिसे इण्टरनेशनल फोटोग्राफी प्रदर्शनी में प्रदर्शित करने की चर्चा जोरों पर चल पड़ी थी। सिर्फ नाक पर लाइट दिया गया था। ज़रा कल्पना कीजिए, काले कार्ड पर सिर्फ नाक और चश्मे के फ्रेम के एक कोने पर हल्की रोशनी डाली गयी है और आप उस काले कार्ड पर प्रोफेसर किरण की सूरत को स्पष्ट देख रहे हैं। अब तो चतुर्वेदी का मार्केट है, मगर···"

"मगर क्या ?" रमाकिशुनजी ने पूछा।

"मतलब यह कि चतुर्वेदी के यहाँ जानेवालों को अपने पॉकेट पर पूरा भरोसा होना चाहिए।" भाईजान ने फरमाया।

बीरेन को न जाने क्यों यह बात लग गयी। वह बोला, "भाईजी ! आपका यह इल्जाम सरासर गलत और गैरवाजिब है। बेचारा पैसा लेता है तो काम भी करता है। फिल्मों और प्लेटों की बढ़ती हुई कीमतों का भी पता है आपको ?"

मजलिस को बहस के लिए काफी मसाला मिल गया था और मुझे याद आयी कि 'चाय' के पैकेट के खत्म होने की सूचना मुझे सुबह ही दे दी गयी थी। सरकारी ट्रेजरी से चेक का रुपया निकास करना आसान है, लेकिन 'चूल्हे-चौके' की सरकार से पैसे मंजूर करवाकर निकलवाना कितना कठिन है, यह लिखने की बात नहीं। पैसे निकलते हैं जरूर, मगर हड्डी में घुस जानेवाले रिमार्कों के साथ।

"हजार बार कहा कि अपने लिए 'हैपी वैली' लाते हो तो उसके साथ ही ब्रुकबाण्ड के 'होटलब्लेण्ड' वाले डस्ट का भी एक पैकेट ले आया करो। लेकिन इन पर तो 'चाय का शौकीन' कहाने का भूत सवार है। दोस्तों ने कह दिया–यार, चाय के असल शौकीन तो तुम्हीं हो–बस, बन गये उल्लू। पूरे छः रुपये बारह आने पाउण्डवाली चाय पिलाये जा रहे हैं। दुनिया में आग लगी हुई है और यहाँ 'व्हाइट प्रिन्स' पीने के मन्सूबे बाँधे जा रहे हैं···"–यही मेरी सरकार की, सलाह कहें या फटकार कहें, नसीहत है।

'व्हाइट प्रिन्स' नहीं, व्हाइट जेसमिन ! एक दिन हमारी मजलिस में इस बात की चर्चा हो रही थी कि हिन्दुस्तान की कौन-सी शख्सियत कौन-सी चाय और सिगरेट पीती है। मौलाना आजाद के बारे में कहा गया कि वे व्हाइट जेसमिन चाय पीते हैं। मौलाना ने अपनी किताब 'गोबारे खातिर' में कबूल की है। और इसी सिलसिले में हममें से किसी की सरस और चंचल रसना से यह पुरहौसला

उद्गार जरा जोर से निकल पड़ा था–"जिन्दगी कायम रही तो हम भी कभी चख लेंगे भाई !" पर्दे के उस पार यही बात पहुँच गयी थी और उसी दिन से मुझ पर व्हाइट प्रिन्स का व्यंग्यवाण छोड़ा जा रहा था। यहाँ तक कि ससुराल से यह बात यों 'रिडायरेक्ट' होकर पहुँची थी–"व्हाइट एलिफेण्ट साहब व्हाइट प्रिन्स पीने के मन्सूबे बाँध रहे हैं।"

चुन्नीलाल को चाय और सिगरेट के लिए बाजार दौड़ाकर जब मैं वापस आया तब बात एकोनामिक्स के डिप्रेसन के दायरे को पार कर पालिटिक्स के सोशलिज़्म, कम्युनिज़्म और प्रजा-सोशलिज़्म के भँवर में चक्कर काट रही थी। रोज यही होता है। बात कोई भी हो और कहीं से प्रारम्भ किया जाय, उपसंहार यही होता है।

इसलिए उस शाम की मजलिस में यह तय नहीं हो पाया कि फोटो कहाँ उतरवाया जाय।

दूसरे दिन शाम को जब मैं चौक से गुजर रहा था, 'वण्डरफुल स्टुडियो' के वण्डरफुल साइनबोर्ड की जलने-बुझनेवाली रोशनी ने फोटो की याद दिला दी। यह भी याद आयी कि राजन यहीं काम करता है। राजन, हमारा कलाकार मित्र जो शान्तिनिकेतन से फाइन आर्टस् का डिप्लोमा प्राप्त कर साल-भर तक यहाँ फाँके करता रहा। अब इसी स्टुडियो में उसे नौकरी मिल गयी है। आखिर 'वण्डरफुल' में ही फोटो उतरवाने का इरादा मैंने पक्का कर लिया।

दूकान में दाखिल होते ही एक खास ढंग के आदमी से सामना हुआ–"फर्माइए जी। मैं ही वण्डरफुल का डिरेक्टर हूँ।"

"फोटो लेना है।"

"बेहतर जी। चलिए, अन्दर स्टुडियो में।"

सामने मोटे अक्षरों में लिखा हुआ था–"यह दुनिया एक वण्डरफुल स्टुडियो है।"

"राजनजी कहाँ हैं ?" मैंने पूछा।

"कौन राजन ! म्हारा आरटिस्ट ! बो तो आज बिश्व-बाइफ रेडियो सटेशन गया हुआ है। कमरसल आरट पर आज उनका टाक है।" वह आदमी लुढ़कता हुआ आगे-आगे चल रहा था।

अन्दर के एक कमरे में पहुँचकर वह हमारी ओर मुड़ा–"अच्छा जी ब्हाई सा'ब, पोज आपका अपना होगा या हमारे सेट्स के मुताबिक ?"

"क्या मतलब ?"

"मतलब समझा देता हूँ"–उसने अपने गले से लटकते हुए मेगनिफाइंग ग्लास की रेशमी डोरी को उँगलियों में लपेटते हुए कहा, "सा'ब, बात यह है कि हमने अपने कस्टमरों की इच्छा के मुताबिक बड़े-बड़े आरटिस्टों को एम्पलाय करके तरह-तरह के सेट्स बनवाये हैं।··· इधर आइए। (पर्दा हटाकर) यह है हमारा फिल्मी सेट, और ये रहीं तस्वीरें इस सेट की !" उसने एक बड़ा एलबम खोला।

तस्वीरों में देखा, फिल्म की मशहूर अभिनेत्रियों के अभिनय के दृश्य थे। बात कुछ समझ में नहीं आयी। बोला, "ये तो फिल्मी तस्वीरें हैं ?"

"जी सा'ब, देखने से तो यही मालूम होती है"–अपनी काया के अनुपात से एक भारी-भरकम हँसी हँसते हुए उसने कहा, "यही तो म्हारी खसूसियत है। ज़रा गौर से देखना जी–हमने अपने कस्टमरों की ख्वाहिश के मुताबिक उन्हें सुरैया, नरगिस, ललिनी, निम्मी वगैरह के साथ एक्टंग के पोज में खड़ा कर फोटो लिया है !"

अब सभी तस्वीरें मेरी निगाह में एक साथ नाच गयीं। राजकपूर, दिलीपकुमार तथा देवानन्द की तरह बालों को सँवारे हुए नौजवान (और किशोर भी) अभिनय की मुद्रा बनाये हुए हैं। कोई सुरैया की ठुड्डी पकड़कर कुछ कह रहा है। कोई घुटनों तक नेकर और नेवी गंजी पहने हुए, नरगिस के हाथ में हाथ डाले, 'आवारा' के एक पोज में है और कोई निम्मी के कन्धे पर हाथ डाले दिलीपकुमार के अन्दाज में कुछ कहना चाहता है !

"यह सब ? ये अभिनेत्रियाँ ?" मैं सिलसिले से कुछ पूछ भी न सका।

–"ये एक्टरेसस ! हँजी, बो 'डमी' हैं। हमने बड़े-बड़े फनकारों को अपने यहाँ एम्पलाय किया है, वो हमें हर नये पोज के लिए मिट्टी की मूर्तियाँ घड़ देता है।"

"क्या लड़कियाँ भी इसी तरह के पोज में तस्वीरें उतरवाती हैं ?" मैंने ज़रा साहस से काम लिया।

"जी भोत ! उनके लिए हमने एक्टरों की 'डम्मियें' बनवा रक्खी हैं। ज्यादेतर लड़कियाँ अशोककुमार, दिलीप और राजकपूर के साथ 'अपियर' होना चाहती हैं। वैसे तो उस दिन एक कालिजगर्ल ने कामेडियन मिर्जा मुशर्रफ के साथ उतरवाने की खाहिश जाहिर की, मगर एक कस्टमर के लिए कौन डम्मी बनाता है ? पिछले महीने पच्चीस कस्टमरों के आर्डर पर हमने एक 'शेर' की 'डमी' बनवायी, लोग 'सेमसन' की तरह शेर से लड़ते हुए तस्वीर उतरवाना चाहते हैं।"

"लेकिन फोटो में तो ये डम्मी जानदार मालूम होते हैं।" मैंने अपनी मुस्कुराहट को होंठों में ही रोकते हुए कहा।

"जी सा'ब !" वो हमारे लाइट शेड, मेकअप और रिटेच से ठीक हो जाते है।"

लड़के ने आकर कहा, "सा'ब ! फिलम सेट का कस्टमर आया हुआ है।"

"ले आओ"–फिर मुझसे बोला, "चलिए, हम आपको अपना दूसरा सेट दिखावें। आपको मेरा पालिटिकल सेट जरूर पसन्द होगा।"

हॉल के दूसरे पार्टिशन में हम गये। बड़े उत्साह से वण्डरफुल डिरेक्टर साहब ने मुझे अलबम दिखाना शुरू किया–"देखो जी भाई सा'ब ! ये हैं आइना पोजेज !"

एक तस्वीर में देखा, मिलिटरी पोशाक में कुछ लड़कियाँ कवायद कर रही हैं।

"आइना पोज क्या ?"

"आप आइना नहीं समझे ? अरे ! आइना ? इण्डियन नेशनल आर्मी ! ढिल्लन, सहगल, शाहनवाज और काप्टन लक्ष्मी···?"

"ओ ! आई. एन. ए. ?"

"उस समय तो सा'ब, सब लड़कियों को बस यही शौक था, लिहाजा हमने मिलेटरी वर्दियाँ और 'डम्मी' रायफल बनवाये ?"

मैं एक तस्वीर को गौर से देखने लगा—एक दुबली-पतली, लम्बी लड़की, जिसके गालों में गड्ढे थे, आँखें छोटी और अन्दर घुसी हुईं, ठीक कैप्टेन लक्ष्मी के पोज में सेल्यूट··· नहीं··· जय हिन्द कह रही है। उसके दुबले हाथ में रायफल का कुन्दा हाथी के पाँव-जैसा मालूम हो रहा है।

"और इधर देखिए ! हजारों का मजमा है। नेताजी भाषण दे रहे हैं। सामने 'माइक' है।"

फोटो में भीड़ को देखकर कांग्रेस के महाधिवेशनों की याद आ रही थी। मैंने ताज्जुब से कहा, "हजारों का मजमा नहीं, लाखों का कहिए। लेकिन··· इतने लोगों को; यानी इतनी 'डम्मियाँ' आपने कैसे बनवायीं ?"

वह हँस पड़ा, शायद मेरी बेवकूफी पर। फिर बोला, "सा'ब, ये फोटोग्राफक टिरीक हैं। हमने इस तरह के पर्दे बनवा लिये हैं।"

"देखो जी ! ये मजदूरों का लीडर है। हजारों मजदूरों के जलूस की रहनुमाई कर रहा है।"

देखा—हजारों मजदूरों की लम्बी कतार के आगे हाथ में झण्डा (सही रंग नहीं कह सकता, क्योंकि फोटो में काला ही था, और झण्डे के निशान के बारे में जानकर क्या कीजिएगा ?) लिये हुए, बाल बिखराये हुए, मुँह फाड़े हुए, मजदूरों के लीडर कदम आगे बढ़ा रहे हैं। वाह !

"इस पोज में राजनैतिक कार्यकर्ता या लीडर क्यों अपनी तस्वीर उतरवायेंगे ? इसे तो बैठे-ठाले लोग ही पसन्द करते होंगे। फोटो देखकर भी तो यही जाहिर होता है ?" मैंने कहा।

"आप ठीक कहते हैं सा'ब। ज्यादेतर ऐसे-वैसे लोग ही—खासकर व्योपारी, सेठ-साहूकारों के लड़के इसे पसन्द करते हैं ? हमने कुछ जवाहर जैकेट, कुछ सुफेद और रंगीन टोपियाँ बनवा ली हैं। लेकिन अभी उस दिन··· माफ करना जी··· प्राइवेट बात है··· आप किसी से बोलना मत। अभी उस रात को मनिस्टर कृपा बाबू का प्राइवट सिकरटरी चौबे आके हाजिर। बोला, देखो जी पापड़ा, पुरानी दोस्ती है तुमसे, भोत प्राइवट बात है। मनिस्टर सा'ब रायपुर में ब्रच्छ-रोपण में गये थे। बेदर अच्छा नहीं था, तस्वीर साफ नहीं आयी। कोई उपाय करो। कल ही अखबारों में देना है। मैं बोला—मगर मनिस्टर सा'ब को सटुडियो में आना होगा जी ! ग्यारह बजे रात को मनिस्टर सा'ब आये। हमने झण्डोत्तोलनवाला पर्दा लगा दिया, हमारे आरटिस्ट ने झण्डे की जगह ब्लॅक कर दिया, वहीं मनिस्टर सा'ब ने ब्रच्छ-रोपण किया। झण्डोत्तोलन के बदले ब्रच्छ-रोपण ही सही।"

उसने तस्वीर देखने को दी। अरे ! यह तस्वीर तो हाल ही पत्रों में छपी है। मुझे तो इसके ऊपर की सुर्खी और नीचे का चित्र-परिचय भी याद है !

बगल के पार्टिशन से (फिल्म सेट से) आवाज आ रही थी—'कमर को और झुकाइए

"ज़रा··· हाँ··· और उँगलियों को बिखराइए फूलों की पंखुड़ियों की तरह··· इस तरह··· हाँ··· "

वण्डरफुल साहब मुस्कुराकर बोले, "बो डानस का पोज ठीक हो रहा है। नरत्य-निकेतन है न वहाँ··· मोड़ पर, उसी का डिरेक्टर हमारा डानस पोज बनाता है।"

"वाह साहब ! वास्तव में वण्डरफुल है आपका स्टुडियो ! युनिक है।" मैंने कहा।

'सा'ब, हम इसे और डेवलप करेंगे। इधर हमने फिर दो सेट बनवाये हैं। कौमी सेट··· और फरेंच सेट !"

"कौमी सेट ? ज़रा वह भी दिखाइए।"

इस बार वण्डरफुल साहब कुछ हिचकिचाए। फिर बोले, "देखिए जी बाबू सा'ब। आप जब राजन के मित्तर हैं तो हमारे भी मित्तर ही ठहरे; वरना, हम औरों को नहीं दिखाते। आइए।"

तीसरे पार्टिशन में ले जाकर वण्डरफुल ने मुझे दो-तीन तस्वीरें दिखायीं। एक में एक नौजवान को एक लुंगीधारी बूढ़े के पेट में छुरा घुसेड़ते देखा। दूसरे में एक बहादुर युवक शिवाजी की तरह घोड़े को उछालता और तलवार चलाता हुआ दिखायी पड़ा। तीसरे में भारत-माता आसमान से पुष्प-वृष्टि कर रही है और एक वीर राष्ट्रीय झण्डे को फाड़कर चित्थी-चित्थी कर रहा है··· हजारों की भीड़ है।···

"और इधर फरेंच सेट है··· हालीउड फिलम सेट !"

मेरा सिर चकरा रहा था। मैं पास की पड़ी हुई तिपाई पर बैठते हुए बोला, "वण्डरफुल सा'ब ! आपको किन शब्दों में धन्यवाद दूँ। आपने कितना बड़ा कल्याण किया है समाज का—यह कहने की बात नहीं। आपने यदि यह स्टुडियो नहीं खोला होता तो दुनिया के लोग पागल हो गये होते।··· आप इन्सान के मन में सोयी हुई अतृप्त इच्छाओं की तस्वीर लेते हैं। यह तो बेजोड़ है। सही तस्वीर तो आप ही लेते हैं इन्सान की। वाह !"

वण्डरफुल अब बकने लगा, "बाबूजी ! यहाँ बिजनेस का तो कोई मजा ही नहीं। लाहौर में जब हम थे तो ऐसे एक-एक पोज के लिए एक-एक सौ रुपये लोग देते थे। यहाँ तो लोग 'आरट' को समझते ही नहीं।··· अच्छा जी ! अब फर्माइए, आपके लिए कौन-सा सेट लगवाऊँ !"

"मेरे लिए ?··· मेरे लिए सेट लगवाने की जरूरत नहीं। मैं अपने मन का पोज देना चाहता हूँ।" मैंने गम्भीरतापूर्वक कहा।

"बेहतर जी ! फर्माइए।"

"मेरे गले में रस्सी का फन्दा डालकर एक पेड़ से लटका दो। फोटो ऐसा उतरे, जिसमें मेरी आँखें और जीभ बाहर निकली हुई हो और हाथ में एक कागज का टुकड़ा हो जिस पर लिखा हो—'खुश रहो वण्डरफुल वतन हम तो सफर करते हैं'।"

जुलाई, 1953

रसप्रिया

धूल में पड़े कीमती पत्थर को देखकर जौहरी की आँखों में एक नयी झलक झिलमिला गयी—अपरूप-रूप !

चरवाहा मोहना छौंड़ा को देखते ही पँचकौड़ी मिरदंगिया के मुँह से निकल पड़ा—अपरूप-रूप !

···खेतों, मैदानों, बाग-बगीचों और गाय-बैलों के बीच चरवाहा मोहना की सुन्दरता!

मिरदंगिया की क्षीण-ज्योति आँखें सजल हो गयीं।

मोहना ने मुस्कुराकर पूछा, "तुम्हारी उँगली तो रसपिरिया बजाते टेढ़ी हुई है; है न ?"

"ऐं !"—बूढ़े मिरदंगिया ने चौंकते हुए कहा, "रसपिरिया ?··· हाँ··· नहीं। तुमने कैसे··· तुमने कहाँ सुना बे··· ?"

'बेटा' कहते-कहते वह रुक गया।··· परमानपुर में उस बार एक ब्राह्मण के लड़के को उसने प्यार से 'बेटा' कह दिया था। सारे गाँव के लड़कों ने उसे घेरकर मारपीट की तैयारी की थी—'बहरदार होकर ब्राह्मण के बच्चे को बेटा कहेगा ? मारो साले बुड्ढे को घेरकर !··· मृदंग फोड़ दो।'

मिरदंगिया ने हँसकर कहा था, 'अच्छा, इस बार माफ़ कर दो सरकार ! अब से आप लोगों को बाप ही कहूँगा।'

बच्चे खुश हो गये थे। एक दो-ढाई साल के नंगे बालक की ठुड्डी पकड़कर वह बोला था, 'क्यों, ठीक है न बापजी ?'

बच्चे ठठाकर हँस पड़े थे।

लेकिन, इस घटना के बाद फिर कभी उसने किसी बच्चे को बेटा कहने की हिम्मत नहीं की थी। मोहना को देखकर बार-बार बेटा कहने की इच्छा होती है।

"रसपिरिया की बात किसने बतायी तुमसे ?··· बोलो बेटा !"

दस-बारह साल का मोहना भी जानता है, पँचकौड़ी अधपगला है।··· कौन इससे पार पाये ! उसने दूर मैदान में चरते हुए अपने बैलों की ओर देखा।

मिरदंगिया कमलपुर के बाबू लोगों के यहाँ जा रहा था। कमलपुर के नन्दूबाबू के घराने में अब भी मिरदंगिया को चार मीठी बातें सुनने को मिल जाती हैं।

एक-दो जून भोजन तो बँधा हुआ है ही; कभी-कभी रस-चरचा भी यहीं आकर सुनता है वह। दो साल के बाद वह इस इलाके में आया है। दुनिया बहुत जल्दी-जल्दी बदल रही है।··· आज सुबह शोभा मिसर से छोटे लड़के ने साफ़-साफ़ कह दिया–'तुम जी रहे हो या थेथरई कर रहे हो मिरदंगिया ?'

हाँ, यह जीना भी कोई जीना है ? निर्लज्जता है; और थेथरई की भी सीमा होती है।··· पन्द्रह साल से वह गले में मृदंग लटकाकर गाँव-गाँव घूमता है, भीख माँगता है।··· दाहिने हाथ की टेढ़ी उँगली मृदंग पर बैठती ही नहीं है, मृदंग क्या बजायेगा ! अब तो, 'धा तिंग धा तिंग' भी बड़ी मुश्किल से बजाता है।··· अतिरिक्त गाँजा-भाँग सेवन से गले की आवाज़ विकृत हो गयी है। किन्तु मृदंग बजाते समय विद्यापति की पदावली गाने की वह चेष्टा अवश्य करेगा।··· फूटी भाथी से जैसी आवाज़ निकलती है, वैसी ही आवाज़–सों-य, सों-य !

पन्द्रह-बीस साल पहले तक विद्यापति नाम की थोड़ी पूछ हो जाती थी। शादी-ब्याह, यज्ञ-उपनैन, मुण्डन-छेदन आदि शुभ कार्यों में विदपतिया मण्डली की बुलाहट होती थी। पँचकौड़ी मिरदंगिया की मण्डली ने, सहरसा और पूर्णिया जिले में काफ़ी यश कमाया है। पँचकौड़ी मिरदंगिया को कौन नहीं जानता ! सभी जानते हैं, वह अधपगला है !··· गाँव के बड़े-बूढ़े कहते हैं–'अरे, पँचकौड़ी मिरदंगिया का भी एक जमाना था !'

इस ज़माने में मोहना-जैसा लड़का भी है–सुन्दर, सलोना और सुरीला !··· रसप्रिया गाने का आग्रह करता है, "एक रसपिरिया गाओ न मिरदंगिया !"

"रसपिरिया सुनोगे ?··· अच्छा सुनाऊँगा। पहले बताओ, किसने···"

"हे-ए-ए हे-ए··· मोहना, बैल भागे···!" एक चरवाहा चिल्लाया, "रे मोहना, पीठ की चमड़ी उधेड़ेगा करमू !"

"अरे बाप !" मोहना भागा।

कल ही करमू ने उसे बुरी तरह पीटा है। दोनों बैलों को हरे-हरे पाट के पौधों की महक खींच ले जाती है बार-बार।··· खटमिट्ठा पाट !

पँचकौड़ी ने पुकारकर कहा, "मैं यहीं पेड़ की छाया में बैठता हूँ। तुम बैल हाँककर लौटो। रसपिरिया नहीं सुनोगे ?"

मोहना जा रहा था। उसने उलटकर देखा भी नहीं।

रसप्रिया !

विदापत नाचवाले रसप्रिया गाते थे। सहरसा के जोगेन्दर झा ने एक बार विद्यापति के बारह पदों की एक पुस्तिका छपायी थी। मेले में खूब बिक्री हुई थी रसप्रिया पोथी की। विदापत नाचवालों ने गा-गाकर जनप्रिया बना दिया था रसप्रिया को।

खेत के 'आल' पर झरजामुन की छाया में पँचकौड़ी मिरदंगिया बैठा हुआ है; मोहना की राह देख रहा है।··· जेठ की चढ़ती दोपहरी में खेतों में काम करनेवाले भी अब गीत नहीं गाते हैं।··· कुछ दिनों के बाद कोयल भी कूकना भूल जायेगी क्या ? ऐसी दोपहरी में चुपचाप कैसे काम किया जाता है ! पाँच साल पहले तक

लोगों के दिल में हुलास बाकी था।··· पहली वर्षा में भीगी हुई धरती के हरे-भरे पौधों से एक खास किस्म की गन्ध निकलती है। तपती दोपहरी में मोम की तरह गल उठती थी–रस की डाली। वे गाने लगते थे बिरहा, चाँचर, लगनी। खेतों में काम करते हुए गानेवाले गीत भी समय-असमय का ख़याल करके गाये जाते हैं। रिमझिम वर्षा में बारहमासा, चिलचिलाती धूप में बिरहा, चाँचर और लगनी–

"हाँ··· रे, हल जोते हलबाहा भैया रे···
खुरपी रे चलावे··· म-ज़-दू-र !
एहि पन्थे, धनी मोरा हे रूसलि···।"

खेतों में काम करते हलवाहों और मज़दूरों से कोई बिरही पूछ रहा है, कातर स्वर में–उसकी रूठी हुई धनी को इस राह से जाते देखा है किसी ने ?···

अब तो दोपहरी नीरस कटती है, मानो किसी के पास एक शब्द भी नहीं रह गया है।

आसमान में चक्कर काटते हुए चील ने टिंहकारी भरी–टिं··· ई··· टिं-हि-क !

मिरदंगिया ने गाली दी–"शैतान !"

उसको छेड़कर मोहना दूर भाग गया है। वह आतुर होकर प्रतीक्षा कर रहा है। जी करता है, दौड़कर उसके पास चला जाये। दूर चरते हुए मवेशियों के झुण्डों की ओर बार-बार वह बेकार देखने की चेष्टा करता है। सब धुँधला !

उसने अपनी झोली टटोलकर देखा–आम हैं, मूढ़ी है।··· उसे भूख लगी। मोहना के सूखे मुँह की याद आई और भूख मिट गयी।

मोहना-जैसे सुन्दर, सुशील लड़कों की खोज में ही उसकी ज़िन्दगी के अधिकांश दिन बीते हैं।··· विदापत नाच में नाचनेवाले 'नटुआ' का अनुसन्धान खेल नहीं।··· सवर्णों के घर में नहीं, छोटी जाति के लोगों के यहाँ मोहना-जैसे लड़की-मुँहा लड़के हमेशा पैदा नहीं होते। ये अवतार लेते हैं समय-समय पर जदा जदा हि···

मैथिल ब्राह्मणों, कायस्थों और राजपूतों के यहाँ विदापतवालों की बड़ी इज़्ज़त होती थी।··· अपनी बोली–मिथिलाम–में नटुआ के मुँह से 'जनम अवधि हम रूप निहारल' सुनकर वे निहाल हो जाते थे। इसलिए हर मण्डली का 'मूलगैन' नटुआ की खोज में गाँव-गाँव भटकता फिरता था–ऐसा लड़का, जिसे सजा-धजाकर नाच में उतारते ही दर्शकों में एक फुसफुसाहट फैल जाये।

"ठीक ब्राह्मणी की तरह लगता है। है न ?"

"मधुकान्त ठाकुर की बेटी की तरह···।"

"नः ! छोटी चम्पा-जैसी सूरत है !"

पँचकौड़ी गुनी आदमी है। दूसरी-दूसरी मण्डली में मूलगैन और मिरदंगिया की अपनी-अपनी जगह होती। पँचकौड़ी मूलगैन भी था और मिरदंगिया भी। गले में मृदंग लटकाकर बजाते हुए वह गाता था, नाचता था। एक सप्ताह में ही नया

लड़का भाँवरी देकर परवेश में उतरने योग्य नाच सीख लेता था।

नाच और गाना सिखाने में कभी उसे कठिनाई नहीं हुई; मृदंग के स्पष्ट 'बोल' पर लड़कों के पाँव स्वयं ही थिरकने लगते थे। लड़कों के जिद्दी माँ-बाप से निबटना मुश्किल व्यापार होता था। विशुद्ध मैथिली में और भी शहद लपेटकर वह फुसलाता···

"किसन कन्हैया भी नाचते थे। नाच तो एक गुण है।··· अरे, जाचक कहो या दसदुआरी। चोरी, डकैती और आवारागर्दी से अच्छा है अपना-अपना 'गुन' दिखाकर लोगों को रिझाकर गुजारा करना।"

एक बार उसे लड़के की चोरी भी करनी पड़ी थी।··· बहुत पुरानी बात है। इतनी मार लगी थी कि··· बहुत पुरानी बात है।

पुरानी ही सही, बात तो ठीक है।

"रसपिरिया बजाते समय तुम्हारी उँगली टेढ़ी हुई थी। ठीक है न ?"

मोहन न जाने कब लौट आया।

मिरदंगिया के चेहरे पर चमक लौट आयी। वह मोहन की ओर एक टकटकी लगाकर देखने लगा··· यह गुणवान मर रहा है। धीरे-धीरे, तिल-तिल कर वह खो रहा है। लाल-लाल होंठों पर बीड़ी की कालिख लग गयी है। पेट में तिल्ली है ज़रूर !

मिरदंगिया वैद्य भी है। एक झुण्ड बच्चों का बाप धीरे-धीरे एक पारिवारिक डाक्टर की योग्यता हासिल कर लेता है।··· उत्सवों के बासी-टटका भोज्यान्नों की प्रतिक्रिया कभी-कभी बहुत बुरी होती। मिरदंगिया अपने साथ नमक-सुलेमानी, चानमार-पाचन और कुनैन की गोली हमेशा रखता था।··· लड़कों को सदा गरम पानी के साथ हल्दी की बुकनी खिलाता। पीपल, काली मिर्च, अदरक वगैरह को घी में भूनकर शहद के साथ सुबह-शाम चटाता।··· गरम पानी !

पोटली से मूढ़ी और आम निकालते हुए मिरदंगिया बोला, "हाँ, गरम पानी! तेरी तिल्ली बढ़ गयी है, गरम पानी पियो !"

"यह तुमने कैसे जान लिया ? फारबिसगंज के डागडरबाबू भी कह रहे थे, तिल्ली बढ़ गयी है। दवा···।"

आगे कहने की जरूरत नहीं। मिरदंगिया जानता है, मोहना-जैसे लड़कों के पेट की तिल्ली चिता पर ही गलती है ! क्या होगा पूछकर, कि दवा क्यों नहीं करवाते !

"माँ भी कहती है, हल्दी की बुकनी के साथ रोज़ गरम पानी। तिल्ली गल जायेगी।"

मिरदंगिया ने मुस्कुराकर कहा, "बड़ी सयानी है तुम्हारी माँ !"

केले के सूखे पत्तल पर मूढ़ी और आम रखकर उसने बड़े प्यार से कहा, "आओ, एक मुट्ठी खा लो।"

"नहीं, मुझे भूख नहीं।"

किन्तु मोहना की आँखों से रह-रहकर कोई झाँकता था, मूढ़ी और आम को एक साथ निगल जाना चाहता था।··· भूखा, बीमार, भगवान !

"आओ, खा लो बेटा !··· रसपिरिया नहीं सुनोगे ?"

माँ के सिवा, आज तक किसी अन्य व्यक्ति ने मोहना को इस तरह प्यार से कभी परोसे भोजन पर नहीं बुलाया।··· लेकिन, दूसरे चरवाहे देख लें तो माँ से कह देंगे।··· भीख का अन्न !

"नहीं, मुझे भूख नहीं।"

मिरदंगिया अप्रतिभ हो जाता है। उसकी आँखें फिर सजल हो जाती हैं। मिरदंगिया ने मोहना-जैसे दर्जनों सुकुमार बालकों की सेवा की है। अपने बच्चों को भी शायद वह इतना प्यार नहीं दे सकता।··· और अपना बच्चा ! हूँ !··· अपना-पराया ? अब तो सब अपने, सब पराये।···

"मोहन !"

"कोई देख लेगा तो ?"

"तो क्या होगा ?"

"माँ से कह देगा। तुम भीख माँगते हो न ?"

"कौन भीख माँगता है ?" मिरदंगिया के आत्मसम्मान को इस भोले लड़के ने बेवजह ठेस लगा दी। उसके मन की झाँपी में कुण्डलीकार सोया हुआ साँप फन फैलाकर फुफकार उठा, "ए-स्साला ! मारेंगे वह तमाचा कि···"

"ऐ ! गाली क्यों देते हो !" मोहना ने डरते-डरते प्रतिवाद किया।

वह उठ खड़ा हुआ, पागलों का क्या विश्वास ?

आसमान में उड़ती हुई चील ने फिर टिंहकारी भरी··· टिं-हीं··· ई··· टिं-टिं-ग !

"मोहना !" मिरदंगिया की आवाज़ गम्भीर हो गयी।

मोहना ज़रा दूर जाकर खड़ा हो गया।

"किसने कहा तुमसे कि मैं भीख माँगता हूँ ? मिरदंग बजाकर पदावली गाकर, लोगों को रिझाकर पेट पालता हूँ··· तुम ठीक कहते हो, भीख का ही अन्न है यह। भीख का ही फल है यह।··· मैं नहीं दूँगा।··· तुम बैठो, मैं रसपिरिया सुना दूँ।"

मिरदंगिया का चेहरा धीरे-धीरे विकृत हो रहा है।··· आसमान में उड़नेवाली चील अब पेड़ की डाली पर आ बैठी है ?··· टिं-टिं-हिं टिंटिक !

मोहना डर गया। एक डग, दो डग··· दे दौड़। वह भागा।

एक बीघा दूर जाकर उसने चिल्लाकर कहा, "डायन ने बान मारकर तुम्हारी उँगली टेढ़ी कर दी है। झूठ क्यों कहते हो कि रसपिरिया बजाते समय···"

"ऐ ! कौन है यह लड़का ? कौन है यह मोहना !··· रमपतिया भी कहती थी, डायन ने बान मार दिया है।"

"मोहना !"

मोहना ने जाते-जाते चिल्लाकर कहा, "करैला !" अच्छा, तो मोहना यह भी जानता है कि मिरदंगिया 'करैला' कहने से चिढ़ता है !··· कौन है यह मोहना ?

मिरदंगिया आतंकित हो गया। उसके मन में एक अज्ञात भय समा गया। वह थर-थर काँपने लगा। उसमें कमलपुर के बाबुओं के यहाँ जाने का उत्साह भी नहीं रहा।··· सुबह शोभा मिसर के लड़के ने ठीक ही कहा था।

उसकी आँखों से आँसू झरने लगे।

जाते-जाते मोहना डंक मार गया। उसके अधिकांश शिष्यों ने ऐसा ही व्यवहार किया है उसके साथ। नाच सीखकर फुर्र से उड़ जाने का बहाना खोजनेवाले एक-एक लड़के की बातें उसे याद हैं।

सोनमा ने तो गाली ही दी थी–'गुरुगिरी करता है, चोट्टा !'

रमपतिया आकाश की ओर हाथ उठाकर बोली थी–'हे दिनकर ! साच्छी रहना। मिरदंगिया ने फुसलाकर मेरा सर्वनाश किया है। मेरे मन में कभी चोर नहीं था। हे सुरुज भगवान ! इस दसदुआरी कुत्ते का अंग-अंग फूटकर···।'

मिरदंगिया ने अपनी टेढ़ी उँगली को हिलाते हुए एक लम्बी साँस ली।··· रमपतिया? जोधन गुरुजी की बेटी रमपतिया ! जिस दिन वह पहले-पहल जोधन की मण्डली में शामिल हुआ था–रमपतिया बारहवें में पाँव रख रही थी।··· बाल-विधवा रमपतिया पदों का अर्थ समझने लगी थी। काम करते-करते वह गुनगुनाती–'नव अनुरागिनी राधा, किछु नँहि मानय बाधा।'··· मिरदंगिया मूलगैनी सीखने गया था और गुरुजी ने उसे मृदंग धरा दिया था··· आठ वर्ष तक तालीम पाने के बाद जब गुरुजी ने स्वजात पँचकौड़ी से रमपतिया के चुमौना की बात चलायी तो मिरदंगिया सभी ताल-मात्रा भूल गया। जोधन गुरुजी से उसने अपनी जात छिपा रखी थी। रमपतिया से उसने झूठा परेम किया था। गुरुजी की मण्डली छोड़कर वह रातों-रात भाग गया। उसने गाँव आकर अपनी मण्डली बनायी, लड़कों को सिखाया-पढ़ाया और कमाने-खाने लगा।··· लेकिन; वह मूलगैन नहीं हो सका कभी। मिरदंगिया ही रहा सब दिन।··· जोधन गुरुजी की मृत्यु के बाद, एक बार गुलाब-बाग मेले में रमपतिया से उसकी भेंट हुई थी। रमपतिया उसी से मिलने आयी थी। पँचकौड़ी ने साफ़ जवाब दे दिया था–'क्या झूठ-फरेब जोड़ने आयी है ? कमलपुर के नन्दूबाबू के पास क्यों नहीं जाती, मुझे उल्लू बनाने आयी है। नन्दूबाबू का घोड़ा बारह बजे रात को···।' चीख उठी थी रमपतिया–'पाँचू !··· चुप रहो !'

उसी रात रसपिरिया बजाते समय उसकी उँगली टेढ़ी हो गयी थी। मृदंग पर जमनिका देकर वह परबेस का ताल बजाने लगा। नटुआ ने डेढ़ मात्रा बेताल होकर प्रवेश किया तो उसका माथा ठनका। परबेस के बाद उसने नटुआ को झिड़की दी–'एस्साला ! थप्पड़ों से गाल लाल कर दूँगा।'··· और रसपिरिया की पहली कड़ी ही टूट गयी। मिरदंगिया ने ताल को सम्हालने की बहुत चेष्टा की। मृदंग की सूखी चमड़ी जी उठी, दाहिने पूरे पर लावा-फरही फूटने लगे और ताल कटते-कटते उसकी उँगली टेढ़ी हो गयी। झूठी टेढ़ी उँगली !··· हमेशा के लिए पँचकौड़ी की मण्डली टूट गयी। धीरे-धीरे इलाके से विद्यापति-नाच ही उठ गया। अब तो कोई विद्यापति की चर्चा भी नहीं करते हैं।··· धूप-पानी से परे, पँचकौड़ी का शरीर ठण्डी

महफ़िली में ही पनपा था।··· बेकार ज़िन्दगी में मृदंग ने बड़ा काम दिया। बेकारी का एकमात्र सहारा–मृदंग !

एक युग से वह गले में मृदंग लटकाकर भीख माँग रहा है–धा-तिंग, धा-तिंग !

वह एक आम उठाकर चूसने लगा–लेकिन, लेकिन,··· लेकिन··· मोहना को डायन की बात कैसे मालूम हुई ?

उँगली टेढ़ी होने की खबर सुनकर रमपतिया दौड़ी आयी थी, घण्टों उँगली को पकड़कर रोती रही थी–'हे दिनकर, किसने इतनी बड़ी दुश्मनी की ? उसका बुरा हो।··· मेरी बात लौटा दो भगवान ! गुस्से में कही हुई बातें। नहीं, नहीं। पाँचू, मैंने कुछ भी नहीं किया है। ज़रूर किसी डायन ने बान मार दिया है।'

मिरदंगिया ने आँखें पोंछते हुए ढलते हुए सूरज की ओर देखा।··· इस मृदंग को कलेजे से सटाकर रमपतिया ने कितनी रातें काटी हैं !··· मिरदंग को उसने अपनी छाती से लगा लिया।

पेड़ की डाली पर बैठी हुई चील ने उड़ते हुए जोड़े से कुछ कहा–टिं-टिं-हिंक् !

"एस्साला !" उसने चील को गाली दी। तम्बाकू चुनियाकर मुँह में डाल ली और मृदंग के पूरे पर उँगलियाँ नचाने लगा–धिरिनागि, धिरिनागि, धिरिनागि-धिनता !

पूरी जमनिका वह नहीं बजा सका। बीच में ही ताल टूट गया।

–अ्-कि-हे-ए-ए-हा-आआ-ह-हा !

सामने झरबेरी के जंगल के उस पार किसी ने सुरीली आवाज़ में, बड़े समारोह के साथ रसप्रिया की पदावली उठायी–

"न-व-वृन्दा-वन, न-व-न-व-तरु-ग-न, न-व-नव विकसित फूल··· "

मिरदंगिया के सारे शरीर में एक लहर दौड़ गयी। उसकी उँगलियाँ स्वयं ही मृदंग के पूरे पर थिरकने लगीं। गाय-बैलों के झुण्ड दोपहर की उतरती छाया में आकर जमा होने लगे।

खेतों में काम करनेवालों ने कहा, "पागल है। जहाँ जी चाहा, बैठकर बजाने लगता है।"

"बहुत दिन के बाद लौटा है।"

"हम तो समझते थे कि कहीं मर-खप गया।"

रसप्रिया की सुरीली रागिनी ताल पर आकर कट गयी। मिरदंगिया का पागलपन अचानक बढ़ गया। वह उठकर दौड़ा। झरबेरी की झाड़ी के उस पार कौन है ? कौन है यह शुद्ध रसप्रिया गानेवाला ?··· इस जमाने में रसप्रिया का रसिक··· ? झाड़ी में छिपकर मिरदंगिया ने देखा, मोहना तन्मय होकर दूसरे पद की तैयारी कर रहा है। गुनगुनाहट बन्द करके उसने गले को साफ़ किया। मोहना के गले में राधा आकर बैठ गयी है !··· क्या बन्दिश है !

"न-दी-बह नयनक नी··· र !
आहो··· पललि बहए ताहि ती··· र !"

मोहना बेसुध होकर गा रहा था। मृदंग के बोल पर वह झूम-झूमकर गा रहा था। मिरदंगिया की आँखें उसे एकटक निहार रही थीं और उसकी उँगलियाँ फिरकी की तरह नाचने को व्याकुल हो रही थीं।··· चालीस वर्ष का अधपागल युगों के बाद भावावेश में नाचने लगा।··· रह-रहकर वह अपनी विकृत आवाज़ में पदों की कड़ी धरता—फोंय-फोंय, सोंय-सोंय !

धिरनागि-धिनता !

"दुहु-रस··· म··· य तनु-गुने नहीं ओर।
लागल दुहुक न भाँगय जो-र।"

मोहना के आधे काले और आधे लाल होंठों पर नयी मुस्कुराहट दौड़ गयी। पद समाप्त करते हुए वह बोला, "इस्स ! टेढ़ी उँगली पर भी इतनी तेज़ी ?'

मोहन हाँफने लगा। उसकी छाती की हड्डियाँ !

··· उफ़ ! मिरदंगिया धम्म-से ज़मीन पर बैठ गया—"कमाल ! कमाल ! किससे सीखे ? कहाँ सीखी तुमने पदावली ? कौन है तुम्हारा गुरु ?"

मोहना ने हँसकर जवाब दिया, "सीखूँगा कहाँ ? माँ तो रोज़ गाती है।··· प्रातकी मुझे बहुत याद है, लेकिन अभी तो उसका समय नहीं।"

"हाँ बेटा ! बेताले के साथ कभी मत गाना-बजाना। जो कुछ भी है, सब चला जायेगा।··· समय-कुसमय का भी ख़याल रखना। लो, अब आम खा लो।"

मोहना बेझिझक आम लेकर चूसने लगा।

"एक और लो।"

मोहना ने तीन आम खाये और मिरदंगिया के विशेष आग्रह पर दो मुट्ठी मूढ़ी भी फाँक गया।

"अच्छा, अब एक बात बताओगे मोहना ! तुम्हारे माँ-बाप क्या करते हैं ?"

"बाप नहीं है, अकेली माँ है। बाबू-लोगों के घर कुटाई-पिसाई करती है।"

"और तुम नौकरी करते हो ! किसके यहाँ ?"

"कमलपुर के नन्दूबाबू के यहाँ !"

"नन्दूबाबू के यहाँ ?"

मोहना ने बताया, उसका घर सहरसा में है। तीसरे साल सारा गाँव कोसी मैया के पेट में चला गया। उसकी माँ उसे लेकर अपने ममहर आयी है··· कमलपुर।

"कमलपुर में तुम्हारी माँ के मामू रहते हैं ?"

मिरदंगिया कुछ देर तक चुपचाप सूर्य की ओर देखता रहा।··· नन्दूबाबू—मोहना—मोहना की माँ !

"डायनवाली बात तुम्हारी माँ कह रही थी ?"

"हाँ।"

"और एक बार सामदेव झा के यहाँ जनेऊ में तुमने गिरधर-पट्टी मण्डलीवालों का मिरदंग छीन लिया थां।··· बेताला बजा रहा था। ठीक है न ?"

मिरदंगिया की खिचड़ी दाढ़ी मानो अचानक सफ़ेद हो गयी। उसने अपने को सम्हालकर पूछा, "तुम्हारे बाप का क्या नाम है ?"

"अजोधादास !"

"अजोधादास ?"

बूढ़ा अजोधादास, जिसके मुँह में न बोल, न आँख में लोर।··· मण्डली में गठरी ढोता था। बिना पैसे का नौकर बेचारा अजोधादास !

"बड़ी सयानी है तुम्हारी माँ।" एक लम्बी साँस लेकर मिरदंगिया ने अपनी झोली से एक छोटा बटुआ निकाला। लाल-पीले कपड़ों के टुकड़ों को खोलकर कागज़ की एक पुड़िया निकाली उसने।

मोहना ने पहचान लिया–"लोट ? क्या है, लोट ?"

"हाँ, नोट है।"

"कितने रुपयेवाला है ? पँचटकिया। ऐं··· दसटकिया ? ज़रा छूने दोगे ? कहाँ से लाये ?" मोहना एक ही साँस में सब कुछ पूछ गया, "सब दसटकिया हैं ?"

"हाँ, सब मिलाकर चालीस रुपये हैं।" मिरदंगिया ने एक बार इधर-उधर निगाहें दौड़ायीं; फिर फुसफुसाकर बोला, "मोहना बेटा ! फारबिसगंज के डागडरबाबू को देकर बढ़िया दवा लिखा लेना।··· खट्टा-मिट्ठा परहेज़ करना।··· गरम पानी ज़रूर पीना।"

"रुपये मुझे क्यों देते हो ?"

"जल्दी रख ले, कोई देख लेगा।"

मोहना ने भी एक बार चारों ओर नज़र दौड़ायी। उसके होंठों की कालिख और गहरी हो गयी।

मिरदंगिया बोला, "बीड़ी-तम्बाकू भी पीते हो ? ख़बरदार !"

वह उठ खड़ा हुआ।

मोहना ने रुपये ले लिये।

"अच्छी तरह गाँठ में बाँध ले। माँ से कुछ मत कहना।"

"और हाँ, यह भीख का पैसा नहीं। बेटा, यह मेरी कमाई के पैसे हैं। अपनी कमाई के···।"

मिरदंगिया ने जाने के लिए पाँव बढ़ाया।

"मेरी माँ खेत में घास काट रही है। चलो न !" मोहना ने आग्रह किया।

मिरदंगिया रुक गया। कुछ सोचकर बोला, "नहीं मोहना ! तुम्हारे-जैसा गुणवान बेटा पाकर तुम्हारी माँ 'महारानी' हैं, मैं महाभिखारी दसदुआरी हूँ। जाचक, फकीर··· ! दवा से जो पैसे बचें, उसका दूध पीना।"

मोहना की बड़ी-बड़ी आँखें कमलपुर के नन्दूबाबू की आँखों-जैसी हैं···।

"रे मो-ह-ना-रे-हे ! बैल कहाँ हैं रे ?"

"तुम्हारी माँ पुकार रही है शायद।"

"हाँ। तुमने कैसे जान लिया ?"

"रे-मोहना-रे-हे !"

एक गाय ने सुर-में-सुर मिलाकर अपने बछड़े को बुलाया।

गाय-बैलों के घर लौटने का समय हो गया। मोहना जानता है, माँ बैल हाँककर ला रही होगी। झूठ-मूठ उसे बुला रही है। वह चुप रहा।

"जाओ।" मिरदंगिया ने कहा, "माँ बुला रही है। जाओ।··· अब से मैं पदावली नहीं, रसपिरिया नहीं, निरगुन गाऊँगा। देखो, मेरी उँगली शायद सीधी हो रही है। शुद्ध रसपिरिया कौन गा सकता है आजकल ?···

"अरे, चलू मन, चलू मन–ससुरार जइवे हो रामा,
कि आहो रामा,
नैहिरा में अगिया लगायब रे-की···।"

खेतों की पगडण्डी, झरबेरी के जंगल के बीच होकर जाती है। निरगुन गाता हुआ मिरदंगिया झरबेरी की झाड़ियों में छिप गया।

"ले। यहाँ अकेला खड़ा होकर क्या करता है ? कौन बजा रहा था मृदंग रे ?" घास का बोझा सिर पर लेकर मोहना की माँ खड़ी है।

"पँचकौड़ी मिरदंगिया।"

"ऐं, वह आया है ? आया है वह ?" उसकी माँ ने बोझ ज़मीन पर पटकते हुए पूछा।

"मैंने उसके ताल पर रसपिरिया गाया है। कहता था, इतना शुद्ध रसपिरिया कौन गा सकता है आजकल !··· उसकी उँगली अब ठीक हो जायेगी।"

माँ ने बीमार मोहना को आह्लाद से अपनी छाती से सटा लिया।

"लेकिन तू तो हमेशा उसकी टोकरी-भर शिकायत करती थी–बेईमान है, गुरु-दरोही है, झूठा है !"

"है तो ! वैसे लोगों की संगत ठीक नहीं। ख़बरदार, जो उसके साथ फिर कभी गया ! दसदुआरी जाचकों से हेलमेल करके अपना ही नुकसान होता है।··· चल, उठा बोझ !"

मोहना ने बोझ उठाते समय कहा, "जो भी हो, गुनी आदमी के साथ रस-पिरिया···।"

"चौप ! रसपिरिया का नाम मत ले।"

अजीब है माँ ! जब गुर्रायेगी तो बाघिन की तरह और जब खुश होती है तो गाय की तरह हुँकारती जायेगी और छाती से लगा लेगी। तुरत खुश, तुरत नाराज़।···

दूर से मृदंग की आवाज़ आयी–धा-तिंग, धा-तिंग !

मोहना की माँ खेत के ऊबड़-खाबड़ मेड़ पर चल रही थी। ठोकर खाकर गिरते-गिरते बची। घास का बोझ गिरकर खुल गया। मोहना पीछे-पीछे मुँह लटकाकर जा रहा था। बोला, "क्या हुआ, माँ ?"

"कुछ नहीं।"

–धा-तिंग, धा-तिंग !

मोहना की माँ खेत की मेड़ पर बैठ गयी। जेठ की शाम से पहले जो पुरवैया चलती है, धीरे-धीरे तेज़ हो गयी।··· मिट्टी की सौंधी सुगन्ध हवा में धीरे-धीरे घुलने लगी।

–धा-तिंग, धा-तिंग !

"कहता था, तुम्हारे-जैसा गुणवान बेटा ?" मोहना की माँ आगे कुछ न बोल सकी।

"मिरदंगिया और कुछ बोलता था, बेटा ?" मोहना की माँ आगे कुछ न बोल सकी।

"झूठा बेईमान !" मोहना की माँ आँसू पोंछकर बोली, "ऐसे लोगों की संगत कभी मत करना।"

मोहना चुपचाप खड़ा रहा।

1955

तीसरी कसम, अर्थात् मारे गये गुलफ़ाम

हिरामन गाड़ीवान की पीठ में गुदगुदी लगती है।···

पिछले बीस साल से गाड़ी हाँकता है हिरामन। बैलगाड़ी। सीमा के उस पार, मोरंग राज नेपाल से धान और लकड़ी ढो चुका है। कण्ट्रोल के ज़माने में चोरबाज़ारी का माल इस पार से उस पार पहुँचाया है। लेकिन कभी तो ऐसी गुदगुदी नहीं लगी पीठ में !···

कण्ट्रोल का ज़माना ! हिरामन कभी भूल सकता है उस ज़माने को ! एक बार चार खेप सीमेण्ट और कपड़े की गाँठों से भरी गाड़ी, जोगबनी से बिराटनगर पहुँचाने के बाद हिरामन का कलेजा पोख्ता हो गया था। फारबिसगंज का हर चोर-व्यापारी उसको पक्का गाड़ीवान मानता। उसके बैलों की बड़ाई बड़ी गद्दी से बड़े सेठजी खुद करते, अपनी भाषा में···।

गाड़ी पकड़ी गयी पाँचवीं बार, सीमा के इस पार तराई में।

महाजन का मुनीम उसी की गाड़ी पर गाँठों के बीच चुक्की-मुक्की लगाकर छिपा हुआ था। दारोगा साहब की डेढ़ हाथ लम्बी चोरबत्ती की रोशनी कितनी तेज़ होती है, हिरामन जानता है। एक घण्टे के लिए आदमी अन्धा हो जाता है, एक छटक भी पड़ जाये आँखों पर ! रोशनी के साथ कड़कती हुई आवाज–"ऐ-य ! गाड़ी रोको ! साले, गोली मार देंगे !···"

बीसों गाड़ियाँ एक साथ कचकचाकर रुक गयीं। हिरामन ने पहले ही कहा था "यह बीस विषावेगा !" दारोगा साहब उसकी गाड़ी में दुबके हुए मुनीमजी पर रोशनी डालकर पिशाची हँसी हँसे–"हा-हा-हा ! मुँड़ीमजी ई-ई-ई ! ही-ही-ही !··· ऐ-य, साला गाड़ीवान, मुँह क्या देखता है रे-ए-ए ! कम्बल हटाओ इस बोरे के मुँह पर से !" हाथ की छोटी लाठी से मुनीमजी के पेट में खोंचा मारते हुए कहा था, "इस बोरे को ! स-स्साला !···"

बहुत पुरानी अखज-अदावत होगी दारोगा साहब और मुनीमजी में। नहीं तो उतना रुपया कबूलने पर भी पुलिस-दारोगा का मन न डोले भला ! चार हज़ार तो गाड़ी पर बैठा-बैठा ही दे रहा था। लाठी से दूसरी बार खोंचा मारा दारोगा ने। "पाँच हज़ार !" फिर खोंचा–"उतरो पहले।···"

मुनीम को गाड़ी से नीचे उतारकर दारोगा ने उसकी आँखों पर रोशनी डाल दी। फिर दो सिपाहियों के साथ सड़क से बीस-पच्चीस रस्सी दूर झाड़ी के पास ले गये। गाड़ीवान और गाड़ियों पर पाँच-पाँच बन्दूकवाले सिपाहियों का पहरा !··· हिरामन समझ गया, इस बार निस्तार नहीं।··· जेल ? हिरामन को जेल का डर नहीं। लेकिन उसके बैल ? न जाने कितने दिनों तक बिना चारा-पानी के सरकारी फाटक में पड़े रहेंगे—भूखे-प्यासे। फिर नीलाम हो जायेंगे। भैया और भौजी को वह मुँह नहीं दिखा सकेगा कभी।··· नीलाम की बोली उसके कानों के पास गूँज गयी—एक-दो-तीन ! दारोगा और मुनीम में बात पट नहीं रही थी शायद।

हिरामन की गाड़ी के पास तैनात सिपाही ने अपनी भाषा में दूसरे सिपाही से धीमी आवाज़ में पूछा, "का हो ? मामला गोल होखी का ?" फिर खैनी-तम्बाकू देने के बहाने उस सिपाही के पास चला गया।···

एक-दो-तीन ! तीन-चार गाड़ियों की आड़। हिरामन ने फैसला कर लिया। उसने धीरे-से अपने बैलों के गले की रस्सियाँ खोल लीं। गाड़ी पर बैठे-बैठे दोनों को जुड़वाँ बाँध दिया। बैल समझ गये उन्हें क्या करना है। हिरामन उतरा, जुती हुई गाड़ी में बाँस की टिकटी लगाकर बैलों के कन्धों को बेलाग किया। दोनों के कानों के पास गुदगुदी लगा दी और मन-ही-मन बोला, 'चलो भैयन, जान बचेगी तो ऐसी-ऐसी सग्गड़ गाड़ी बहुत मिलेगी।'··· एक-दो-तीन ! नौ-दो-ग्यारह !···

गाड़ियों की आड़ में सड़क के किनारे दूर तक घनी झाड़ी फैली हुई थी। दम साधकर तीनों प्राणियों ने झाड़ी को पार किया—बेखटक, बे-आहट ! फिर एक ले, दो ले—दुलकी चाल ! दोनों बैल सीना तानकर फिर तराई के घने जंगलों में घुस गये। राह सूँघते, नदी-नाला पार करते हुए भागे पूँछ उठाकर। पीछे-पीछे हिरामन। रात-भर भागते रहे थे तीनों जन।···

घर पहुँचकर दो दिन तक बेसुध पड़ा रहा हिरामन। होश में आते ही उसने कान पकड़कर कसम खायी थी—अब कभी ऐसी चीज़ों की लदनी नहीं लादेंगे। चोरबाज़ारी का माल ? तोबा, तोबा !··· पता नहीं मुनीमजी का क्या हुआ ! भगवान जाने उसकी सग्गड़ गाड़ी का क्या हुआ ! असली इस्पात लोहे की धुरी थी। दोनों पहिये तो नहीं, एक पहिया एकदम नया था। गाड़ी में रंगीन डोरियों के फुँदने बड़े जतन से गूँथे गये थे।

दो कसमें खायी हैं उसने। एक चोरबाज़ारी का माल नहीं लादेंगे। दूसरी—बाँस। अपने हर भाड़ेदार से वह पहले ही पूछ लेता है—'चोरी-चमारीवाली चीज़ तो नहीं ?' और, बाँस ? बाँस लादने के लिए पचास रुपये भी दे कोई, हिरामन की गाड़ी नहीं मिलेगी। दूसरे की गाड़ी देखे।

बाँस लदी हुई गाड़ी ! गाड़ी से चार हाथ आगे बाँस का अगुआ निकला रहता है और पीछे की ओर चार हाथ पिछुआ। काबू के बाहर रहती है गाड़ी हमेशा। सो बेकाबूवाली लदनी और खरैहिया। शहरवाली बात ! तिस पर बाँस का अगुआ पकड़कर चलनेवाला भाड़ेदार का महाभकुआ नौकर, लड़की-स्कूल की ओर देखने

लगा। बस, मोड़ पर घोड़ागाड़ी से टक्कर हो गयी। जब तक हिरामन बैलों की रस्सी खींचे, तब तक घोड़ागाड़ी की छतरी बाँस के अगुआ में फँस गयी। घोड़ागाड़ीवाले ने तड़ातड़ चाबुक मारते हुए गाली दी थी !…

बाँस की लदनी ही नहीं, हिरामन ने खरैहिया शहर की लदनी भी छोड़ दी। और जब फारबिसगंज से मोरंग का भाड़ा ढोना शुरू किया तो गाड़ी ही पार !… कई वर्षों तक हिरामन ने बैलों को आधीदारी पर जोता। आधा भाड़ा गाड़ीवाले का और आधा बैलवाले का। हिस्स ! गाड़ीवानी करो मुफ्त ! आधीदारी की कमाई से बैलों के ही पेट नहीं भरते। पिछले साल ही उसने अपनी गाड़ी बनवायी है।

देवी मैया भला करें उस सरकस-कम्पनी के बाघ का। पिछले साल इसी मेले में बाघगाड़ी को ढोनेवाले दोनों घोड़े मर गये। चम्पानगर से फारबिसगंज मेला आने के समय सरकस-कम्पनी के मैनेजर ने गाड़ीवान-पट्टी में ऐलान करके कहा–"सौ रुपया भाड़ा मिलेगा !" एक-दो गाड़ीवान राजी हुए। लेकिन, उनके बैल बाघगाड़ी से दस हाथ दूर ही डर से डिकरने लगे–बाँ-आँ ! रस्सी तुड़ाकर भागे। हिरामन ने अपने बैलों की पीठ सहलाते हुए कहा, "देखो भैयन, ऐसा मौका फिर हाथ न आयेगा। यही मौका है अपनी गाड़ी बनवाने का। नहीं तो फिर आधे-दारी…। अरे, पिंजड़े में बन्द बाघ का क्या डर ? मोरंग की तराई में दहाड़ते हुए बाघों को देख चुके हो। फिर पीठ पर मैं तो हूँ।…"

गाड़ीवानों के दल में तालियाँ पटपटा उठी थीं एक साथ। सभी की लाज रख ली हिरामन के बैलों ने। हुमककर आगे बढ़ गये और बाघगाड़ी में जुट गये–एक-एक करके। सिर्फ़ दाहिने बैल ने जुतने के बाद ढेर-सा पेशाब किया। हिरामन ने दो दिन तक नाक से कपड़े की पट्टी नहीं खोली थी। बड़ी गद्दी के बड़े सेठजी की तरह नकबन्धन लगाये बिना बघाइन गन्ध बरदास्त नहीं कर सकता कोई।

… बाघगाड़ी की गाड़ीवानी की है हिरामन ने। कभी ऐसी गुदगुदी नहीं लगी पीठ में। आज रह-रहकर उसकी गाड़ी में चम्पा का फूल महक उठता है। पीठ में गुदगुदी लगने पर वह अँगोछे से पीठ झाड़ लेता है।

हिरामन को लगता है, दो वर्ष से चम्पानगर मेले की भगवती मैया उस पर प्रसन्न हैं। पिछले साल बाघगाड़ी जुट गयी। नकद एक सौ रुपये भाड़े के अलावा बुताद, चाह-बिस्कुट और रास्ते-भर बन्दर-भालू और जोकर का तमाशा देखा सो फोकट में !

और, इस बार यह जनानी सवारी। औरत है या चम्पा का फूल ! जब से गाड़ी मह-मह महक रही है।

कच्ची सड़क के एक छोटे-से खड्ड में गाड़ी का दाहिना पहिया बेमौके हिचकोला खा गया। हिरामन की गाड़ी से एक हल्की 'सिस' की आवाज़ आयी। हिरामन ने दाहिने बैल को दुआली से पीटते हुए कहा, "साला ! क्या समझता है, बोरे की लदनी है क्या ?"

"अहा ! मारो मत !"

अनदेखी औरत की आवाज़ ने हिरामन को अचरज में डाल दिया। बच्चों की बोली जैसी महीन, फेनूगिलासी बोली !

मथुरामोहन नौटंकी कम्पनी में लैला बननेवाली हीराबाई का नाम किसने नहीं सुना होगा भला ! लेकिन हिरामन की बात निराली है। उसने सात साल तक लगातार मेलों की लदनी लादी है, कभी नौटंकीथियेटर या बायस्कोप सिनेमा नहीं देखा। लैला या हीराबाई का नाम भी उसने नहीं सुना कभी। देखने की क्या बात ! सो मेला टूटने के पन्द्रह दिन पहले आधी रात की बेला में काली ओढ़नी में लिपटी औरत को देखकर उसके मन में खटका अवश्य लगा था। बक्सा ढोनेवाले नौकर ने गाड़ी-भाड़ा में मोल-मोलाई करने की कोशिश की तो ओढ़नीवाली ने सिर हिलाकर मना कर दिया। हिरामन ने गाड़ी जोतते हुए नौकर से पूछा, "क्यों भैया, कोई चोरी-चमारी का माल-वाल तो नहीं ?" हिरामन को फिर अचरज हुआ। बक्सा ढोनेवाले आदमी ने हाथ के इशारे से गाड़ी हाँकने को कहा और अँधेरे में गायब हो गया। हिरामन को मेले में तम्बाकू बेचनेवाली बूढ़ी की काली साड़ी की याद आयी थी।

ऐसे में कोई क्या गाड़ी हाँके !

एक तो पीठ में गुदगुदी लग रही है। दूसरे रह-रहकर चम्पा का फूल खिल जाता है उसकी गाड़ी में। बैलों को डाँटो तो 'इस-बिस' करने लगती है उसकी सवारी।··· उसकी सवारी ! औरत अकेली, तम्बाकू बेचनेवाली बूढ़ी नहीं ! आवाज़ सुनने के बाद वह बार-बार मुड़कर टप्पर में एक नज़र डाल देता है; अँगोछे से पीठ झाड़ता है।··· भगवान जाने क्या लिखा है इस बार उसकी किस्मत में ! गाड़ी जब पूरब की ओर मुड़ी, एक टुकड़ा चाँदनी उसकी गाड़ी में समा गयी। सवारी की नाक पर एक जुगनू जगमगा उठा। हिरामन को सबकुछ रहस्यमय—अजगुत-अजगुत—लग रहा है। सामने चम्पानगर से सिंधिया गाँव तक फैला हुआ मैदान !··· कहीं डाकिन-पिशाचिन तो नहीं ?

हिरामन की सवारी ने करवट ली। चाँदनी पूरे मुखड़े पर पड़ी तो हिरामन चीखते-चीखते रुक गया—अरे बाप ! ई तो परी है !

परी की आँखें खुल गयीं। हिरामन ने सामने सड़क की ओर मुँह कर लिया और बैलों को टिटकारी दी। वह जीभ को तालू से सटाकर टि-टि-टि-टि आवाज़ निकालता है। हिरामन की जीभ न जाने कब से सूखकर लकड़ी-जैसी हो गयी थी !

"भैया, तुम्हारा नाम क्या है ?"

हू-ब-हू फेनूगिलास !··· हिरामन के रोम-रोम बज उठे। मुँह से बोली नहीं निकली। उसके दोनों बैल भी कान खड़े करके इस बोली को परखते हैं।

"मेरा नाम !··· नाम मेरा है हिरामन !"

उसकी सवारी मुस्कुराती है।··· मुस्कुराहट में खुशबू है।

"तब तो मीता कहूँगी, भैया नहीं।–मेरा नाम भी हीरा है।"

"इस्स !" हिरामन को परतीत नहीं, "मर्द और औरत के नाम में फ़र्क होता है।"

"हाँ जी, मेरा नाम भी हीराबाई है।"

कहाँ हिरामन और कहाँ हीराबाई, बहुत फ़र्क है !

हिरामन ने अपने बैलों को झिड़की दी–"कान चुनियाकर गप सुनने से ही तीस कोस मंज़िल कटेगी क्या ? इस बायें नाटे के पेट में शैतानी भरी है।" हिरामन ने बायें बैल को दुआली की हल्की झड़प दी।

"मारो मत; धीरे-धीरे चलने दो। जल्दी क्या है !"

हिरामन के सामने सवाल उपस्थित हुआ, वह क्या कहकर 'गप' करे हीराबाई से ? 'तोहें' कहे या 'अहाँ' ? उसकी भाषा में बड़ों को 'अहाँ' अर्थात् 'आप' कहकर सम्बोधित किया जाता है, कचराही बोली में दो-चार सवाल-जवाब चल सकता है, दिल-खोल गप तो गाँव की बोली में ही की जा सकती है किसी से।

आसिन-कातिक के भोर में छा जानेवाले कुहासे से हिरामन को पुरानी चिढ़ है। बहुत बार वह सड़क भूलकर भटक चुका है। किन्तु आज के भोर के इस घने कुहासे में भी वह मगन है। नदी के किनारे धन-खेतों से फूले हुए धान के पौधों की पवनिया गन्ध आती है। पर्वपावन के दिन गाँव में ऐसी ही सुगन्ध फैली रहती है। उसकी गाड़ी में फिर चम्पा का फूल खिला। उस फूल में एक परी बैठी है।··· जै भगवती !

हिरामन ने आँख की कनखियों से देखा, उसकी सवारी··· मीता··· हीराबाई की आँखें गुजुर-गुजुर उसको हेर रही हैं। हिरामन के मन में कोई अजानी रागिनी बज उठी। सारी देह सिरसिरा रही है। वह बोला, "बैल को मारते हैं तो आपको बहुत बुरा लगता है ?"

हीराबाई ने परख लिया, हिरामन सचमुच हीरा है।

चालीस साल का हट्टा-कट्टा, काला-कलूटा, देहाती नौजवान अपनी गाड़ी और अपने बैलों के सिवाय दुनिया की किसी और बात में विशेष दिलचस्पी नहीं लेता। घर में बड़ा भाई है, खेती करता है। बाल-बच्चेवाला आदमी है। हिरामन भाई से बढ़कर भाभी की इज़्ज़त करता है। भाभी से डरता भी है। हिरामन की भी शादी हुई थी, बचपन में ही गौने के पहले ही दुलहिन मर गयी। हिरामन को अपनी दुलहिन का चेहरा याद नहीं।··· दूसरी शादी ? दूसरी शादी न करने के अनेक कारण हैं। भाभी की जिद्द, कुमारी लड़की से ही हिरामन की शादी करवायेगी। कुमारी का मतलब हुआ पाँच-सात साल की लड़की। कौन मानता है सरधा-कानून ? कोई

लड़कीवाला दोब्याहू को अपनी लड़की गरज में पड़ने पर ही दे सकता है। भाभी उसकी तीन-सत्त करके बैठी है, सो बैठी है। भाभी के आगे भैया की भी नहीं चलती !··· अब हिरामन ने तय कर लिया है, शादी नहीं करेगा। कौन बलाय मोल लेने जाये ! ब्याह करके फिर गाड़ीवानी क्या करेगा कोई ! और सबकुछ छूट जाये, गाड़ीवानी नहीं छोड़ सकता हिरामन।

हीराबाई ने हिरामन के जैसा निश्छल आदमी बहुत कम देखा है। पूछा, "आपका घर कौन जिल्ला में पड़ता है ?" कानपुर नाम सुनते ही जो उसकी हँसी छूटी, तो बैल भड़क उठे। हिरामन हँसते समय सिर नीचा कर लेता है। हँसी बन्द होने पर उसने कहा, "वाह रे कानपुर ! तब तो नाकपुर भी होगा ?" और जब हीराबाई ने कहा कि नाकपुर भी है, तो वह हँसते-हँसते दुहरा हो गया।

"वाह रे दुनिया ! क्या-क्या नाम होता है ! कानपुर, नाकपुर !" हिरामन ने हीराबाई के कान के फूल को गौर से देखा। नाक की नकछवि के नग देखकर सिहर उठा–लहू की बूँद !

हिरामन ने हीराबाई का नाम नहीं सुना कभी। नौटंकी कम्पनी की औरत को वह बाईजी नहीं समझता है।··· कम्पनी में काम करनेवाली औरतों को वह देख चुका है। सरकस कम्पनी की मालकिन, अपनी दोनों जवान बेटियों के साथ बाघगाड़ी के पास आती थी, बाघ को चारा-पानी देती थी, प्यार भी करती थी खूब। हिरामन के बैलों को भी डबलरोटी-बिस्कुट खिलाया था बड़ी बेटी ने।

हिरामन होशियार है। कुहासा छँटते ही अपनी चादर से टप्पर में परदा कर दिया–"बस दो घण्टा ! उसके बाद रास्ता चलना मुश्किल है। कातिक की सुबह की धूप आप बर्दास्त न कर सकियेगा। कजरी नदी के किनारे तेगछिया के पास गाड़ी लगा देंगे। दोपहरिया काटकर···।"

सामने से आती हुई गाड़ी को दूर से ही देखकर वह सतर्क हो गया। लीक और बैलों पर ध्यान लगाकर बैठ गया। राह काटते हुए गाड़ीवान ने पूछा, "मेला टूट रहा है क्या भाई ?"

हिरामन ने जवाब दिया, वह मेले की बात नहीं जानता। उसकी गाड़ी पर 'विदागी' (नैहर या ससुराल जाती हुई लड़की) है। न जाने किस गाँव का नाम बता दिया हिरामन ने !

"छत्तापुर-पचीरा कहाँ है ?"

"कहीं हो, यह लेकर आप क्या करिएगा ?" हिरामन अपनी चतुराई पर हँसा। परदा डाल देने पर भी पीठ में गुदगुदी लगती है।

हिरामन परदे के छेद से देखता है। हीराबाई एक दियासलाई की डिब्बी के बराबर आईने में अपने दाँत देख रही है।··· मदनपुर मेले में एक बार बैलों को नन्हीं-चित्ती कौड़ियों की माला खरीद दी थी हिरामन ने, छोटी-छोटी, नन्हीं-नन्हीं कौड़ियों की पाँत।

तेगछिया के तीनों पेड़ दूर से ही दिखलायी पड़ते हैं। हिरामन ने परदे को ज़रा

सरकाते हुए कहा, "देखिए, यही है तेगछिया। दो पेड़ जटामासी बड़ हैं और एक··· उस फूल का क्या नाम है, आपके कुरते पर जैसा फूल छपा हुआ है, वैसा ही; खूब महकता है; दो कोस दूर तक गन्ध जाती है; उस फूल को खमीरा तम्बाकू में डालकर पीते भी हैं लोग।"

"और उस अमराई की आड़ से कई मकान दिखाई पड़ते हैं, वहाँ कोई गाँव है या मन्दिर ?"

हिरामन ने बीड़ी सुलगाने के पहले पूछा, "बीड़ी पीयें ? आपको गन्ध तो नहीं लगेगी ?··· वही है नामलगर ड्योढ़ी। जिस राजा के मेले से हम लोग आ रहे हैं, उसी का दियाद-गोतिया है।··· जा रे जमाना !"

हिरामन ने 'जा रे जमाना' कहकर बात को चाशनी में डाल दिया। हीराबाई ने टप्पर के परदे को तिरछे खोंस दिया।··· हीराबाई की दन्तपंक्ति।

"कौन ज़माना ?" ठुड्डी पर हाथ रखकर साग्रह बोली।

"नामलगर ड्योढ़ी का ज़माना ! क्या था और क्या-से-क्या हो गया !"

हिरामन गप रसाने का भेद जानता है। हीराबाई बोली, "तुमने देखा था वह ज़माना ?"

"देखा नहीं, सुना है।··· राज कैसे गया, बड़ी हैफवाली कहानी है। सुनते हैं, घर में देवता ने जन्म ले लिया। कहिए भला, देवता आखिर देवता है। है या नहीं ? इन्द्रासन छोड़कर मिरतूभुवन में जन्म ले ले तो उसका तेज कैसे सम्हाल सकता है कोई ! सूरजमुखी फूल की तरह माथे के पास तेज खिला रहता। लेकिन नज़र का फेर, किसी ने नहीं पहचाना। एक बार उपलैन में लाट साहब मय लाटनी के, हवागाड़ी से आये थे। लाट ने भी नहीं, पहचाना आखिर लाटनी ने। सूरजमुखी तेज देखते ही बोल उठी—ए मैन राजा साहब, सुनो, यह आदमी का बच्चा नहीं है, देवता है।"

हिरामन ने लाटनी की बोली की नकल उतारते समय खूब डैम-फैट-लैट किया। हीराबाई दिल खोलकर हँसी।··· हँसते समय उसकी सारी देह दुलकती है।

हीराबाई ने अपनी ओढ़नी ठीक कर ली। तब हिरामन को लगा कि··· लगा कि···

"तब ? उसके बाद क्या हुआ मीता ?"

"इस्स ! कथ्था सुनने का बड़ा शौक है आपको ?··· लेकिन, काला आदमी, राजा क्या महाराजा भी हो जाये, रहेगा काला आदमी ही। साहेब के जैसा अक्किल कहाँ से पायेगा ! हँसकर बात उड़ा दी सभी ने। तब रानी को बार-बार सपना देने लगा देवता ! सेवा नहीं कर सकते तो जाने दो, नहीं रहेंगे तुम्हारे यहाँ। इसके बाद देवता का खेल शुरू हुआ। सबसे पहले दोनों दन्तार हाथी मरे, फिर घोड़ा, फिर पटपटाँग···।"

"पटपटाँग क्या है ?"

हिरामन का मन पल-पल में बदल रहा है। मन में सतरंगा छाता धीरे-धीरे खिल

रहा है, उसको लगता है।··· उसकी गाड़ी पर देवकुल की औरत सवार है। देवता आखिर देवता है !

"पटपटाँग ! धन-दौलत, माल-मवेशी सब साफ़ ! देवता इन्द्रासन चला गया।"

हीराबाई ने ओझल होते हुए मन्दिर के कँगूरे की ओर देखकर लम्बी साँस ली।

"लेकिन देवता ने जाते-जाते कहा, इस राज में कभी एक छोड़कर दो बेटा नहीं होगा। धन हम अपने साथ ले जा रहे हैं, गुन छोड़ जाते हैं। देवता के साथ सभी देव-देवी चले गये, सिर्फ सरोसती मैया रह गयी। उसका मन्दिर है।"

देसी घोड़े पर पाट के बोझ लादे हुए बनियों को आते देखकर हिरामन ने टप्पर के परदे को गिरा दिया। बैलों को ललकारकर बिदेशिया नाच का बन्दना गीत गाने लगा–

"जै मैया सरोसती, अरजी करत बानी;
हमरा पर होखू सहाई हे मैया, हमरा पर होखू सहाई !"

घोड़लद्दे बनियों से हिरामन ने हुलसकर पूछा, "क्या भाव पटुआ खरीदते हैं महाजन ?"

लँगड़े घोड़ेवाले बनिये ने बटगमनी जवाब दिया–"नीचे सताइस-अठाइस, ऊपर तीस। जैसा माल, वैसा भाव।"

जवान बनिये ने पूछा, "मेला का क्या हाल-चाल है, भाई ? कौन नौटंकी कम्पनी का खेल हो रहा है, रौता कम्पनी या मथुरामोहन ?"

"मेले का हाल मेलावाला जाने !" हिरामन ने फिर छत्तापुर-पचीरा का नाम लिया।

सूरज दो बाँस ऊपर आ गया था। हिरामन अपने बैलों से बात करने लगा–"एक कोस ज़मीन ! ज़रा दम बाँधकर चलो। प्यास की बेला हो गयी न ! याद है, उस बार तेगछिया के पास सरकस कम्पनी के जोकड़ और बन्दर नचानेवाले साहब में झगड़ा हो गया था। जोकड़वा ठीक बन्दर की तरह दाँत किटकिटाकर किकियाने लगा था··· न जाने किस-किस देश-मुलुक के आदमी आते हैं ?"

हिरामन ने फिर परदे के छेद से देखा, हीराबाई एक कागज़ के टुकड़े पर आँख गड़ाकर बैठी है। हिरामन का मन आज हल्के सुर में बँधा है। उसको तरह-तरह के गीतों की याद आती है। बीस-पच्चीस साल पहले, बिदेशिया, बलवाही, छोकरा-नाचवाले एक-से-एक गज़ल-खेमटा गाते थे ! अब तो, भोंपा में भोंपू-भोंपू करके कौन गीत गाते हैं लोग ! जा रे जमाना ! छोकरा-नाच के गीत की याद आयी हिरामन को–

"सजनवा बैरी हो ग'य हमारो ! सजनवा··· !
अरे, चिठिया हो तो सब कोई बाँचे; चिठिया हो तो···
हाय ! करमवा, होय करमवा···
कोई न बाँचे हमारो, सजनवा··· हो करमवा··· !"

गाड़ी की बल्ली पर उँगलियों से ताल देकर गीत को काट दिया हिरामन ने। छोकरा-नाच के मनुवाँ नटुवा का मुँह हीराबाई-जैसा ही था।··· कहाँ चला गया वह ज़माना ? हर महीने गाँव में नाचवाले आते थे। हिरामन ने छोकरा-नाच के चलते अपनी भाभी की न जाने कितनी बोली-ठोली सुनी थी। भाई ने घर से निकल जाने को कहा था।

आज हिरामन पर माँ सरस्वती सहाय हैं, लगता है। हीराबाई बोली, "वाह, कितना बढ़िया गाते हो तुम !"

हिरामन का मुँह लाल हो गया। वह सिर नीचा करके हँसने लगा।

आज तेगछिया पर रहनेवाले महावीर स्वामी भी सहाय हैं हिरामन पर। तेगछिया के नीचे एक भी गाड़ी नहीं। हमेशा गाड़ी और गाड़ीवानों की भीड़ लगी रहती है यहाँ। सिर्फ़ एक साइकिलवाला बैठकर सुस्ता रहा है। महावीर स्वामी को सुमरकर हिरामन ने गाड़ी रोकी। हीराबाई परदा हटाने लगी। हिरामन ने पहली बार आँखों से बात की हीराबाई से—साइकिलवाला इधर ही टकटकी लगाकर देख रहा है।

बैलों के खोलने के पहले बाँस की टिकटी लगाकर गाड़ी को टिका दिया। फिर साइकिलवाले की ओर बार-बार घूरते हुए पूछा, "कहाँ जाना है ? मेला ? कहाँ से आना हो रहा है ? बिसनपुर से ? बस, इतनी ही दूर में थसथसाकर थक गये ?··· जा रे जवानी !"

साइकिलवाला दुबला-पतला नौजवान मिनमिनाकर कुछ बोला और बीड़ी सुलगाकर उठ खड़ा हुआ।

हिरामन दुनिया-भर की निगाह से बचाकर रखना चाहता है हीराबाई को। उसने चारों ओर नज़र दौड़ाकर देख लिया—कहीं कोई गाड़ी या घोड़ा नहीं।

कजरी नदी की दुबली-पतली धारा तेगछिया के पास आकर पूरब की ओर मुड़ गयी है। हीराबाई पानी में बैठी हुई भैंसों और उनकी पीठ पर बैठे हुए बगुलों को देखती रही।

हिरामन बोला, "जाइए, घाट पर मुँह-हाथ धो आइए !"

हीराबाई गाड़ी से नीचे उतरी। हिरामन का कलेजा धड़क उठा।··· नहीं, नहीं ! पाँव सीधे हैं, टेढ़े नहीं। लेकिन, तलुवा इतना लाल क्यों है ? हीराबाई घाट की ओर चली गयी, गाँव की बहू-बेटी की तरह सिर नीचा करके धीरे-धीरे। कौन कहेगा कि कम्पनी की औरत है।··· औरत नहीं, लड़की। शायद कुमारी ही है।

हिरामन टिकटी पर टिकी गाड़ी पर बैठ गया। उसने टप्पर में झाँककर देखा। एक बार इधर-उधर देखकर हीराबाई के तकिये पर हाथ रख दिया। फिर तकिये पर केहुनी डालकर झुक गया, झुकता गया। खुशबू उसकी देह में समा गयी। तकिये के गिलाफ पर कढ़े फूलों को उँगलियों से छूकर उसने सूँघा, हाय रे हाय ! इतनी सुगन्ध ! हिरामन को लगा, एक साथ पाँच चिलम गाँजा फूँककर वह उठा है।

हीराबाई के छोटे आईने में उसने अपना मुँह देखा। आँखें उसकी इतनी लाल क्यों हैं ?

हीराबाई लौटकर आयी तो उसने हँसकर कहा, "अब आप गाड़ी का पहरा दीजिए, मैं आता हूँ तुरत।"

हिरामन ने अपनी सफरी झोली से सहेजी हुई गंजी निकाली। गमछा झाड़कर कन्धे पर लिया और हाथ में बालटी लटकाकर चला। उसके बैलों ने बारी-बारी से 'हुँक-हुँक' करके कुछ कहा। हिरामन ने जाते-जाते उलटकर कहा, "हाँ, हाँ, प्यास सभी को लगी है। लौटकर आता हूँ तो घास दूँगा, बदमाशी मत करो!"

बैलों ने कान हिलाए।

नहा-धोकर कब लौटा हिरामन, हीराबाई को नहीं मालूम। कजरी की धारा को देखते-देखते उसकी आँखों में रात की उचटी हुई नींद लौट आयी थी। हिरामन पास के गाँव से जलपान के लिए दही-चूड़ा-चीनी ले आया है।

"उठिए, नींद तोड़िए ! दो मुट्ठी जलपान कर लीजिए !"

हीराबाई आँख खोलकर अचरज में पड़ गयी। एक हाथ में मिट्टी के नये बरतन में दही, केले के पत्ते। दूसरे हाथ में बालटी-भर पानी। आँखों में आत्मीयतापूर्ण अनुरोध !

"इतनी चीज़ें कहाँ से ले आये ?"

"इस गाँव का दही नामी है।... चाह तो फारबिसगंज जाकर ही पाइएगा।"

हिरामन की देह की गुदगुदी मिट गयी। हीराबाई ने कहा, "तुम भी पत्तल बिछाओ।... क्यों ? तुम नहीं खाओगे तो समेटकर रख लो अपनी झोली में। मैं भी नहीं खाऊँगी।"

"इस्स !" हिरामन लजाकर बोला, "अच्छी बात है ! आप खा लीजिए पहले।"

"पहले-पीछे क्या ? तुम भी बैठो।"

हिरामन का जी जुड़ा गया। हीराबाई ने अपने हाथ से उसका पत्तल बिछा दिया, पानी छींट दिया, चूड़ा निकालकर दिया। इस्स ! धन्न है, धन्न है ! हिरामन ने देखा, भगवती मैया भोग लगा रही है। लाल होंठों पर गोरस का परस !... पहाड़ी तोते को दूध-भात खाते देखा है ?

दिन ढल गया।

टप्पर में सोयी हीराबाई और ज़मीन पर दरी बिछाकर सोये हिरामन की नींद एक ही साथ खुली।... मेले की ओर जानेवाली गाड़ियाँ तेगछिया के पास रुकी हैं। बच्चे कचर-पचर कर रहे हैं।

हिरामन हड़बड़ाकर उठा। टप्पर के अन्दर झाँककर इशारे से कहा—दिन ढल गया ! गाड़ी में बैलों को जोतते समय उसने गाड़ीवानों के सवालों का कोई जवाब नहीं दिया। गाड़ी हाँकते हुए बोला, "सिरपुर बाज़ार के इसपिताल की डागडरनी

हैं। रोगी देखने जा रही हैं। पास ही कुड़मागाम।"

हीराबाई छत्तापुर-पचीरा का नाम भूल गयी। गाड़ी जब कुछ दूर आगे बढ़ आयी तो उसने हँसकर पूछा, "पत्तापुर-छपीरा ?"

हँसते-हँसते पेट में बल पड़ गये हिरामन के–"पत्तापुर-छपीरा ! हा हा ! वे लोग छत्तापुर-पचीरा के ही गाड़ीवान थे, उनसे कैसे कहता ! ही-ही !"

हीराबाई मुस्कुराती हुई गाँव की ओर देखने लगी।

सड़क तेगछिया गाँव के बीच से निकलती है। गाँव के बच्चों ने परदेवाली गाड़ी देखी और तालियाँ बजा-बजाकर रटी हुई पंक्तियाँ दुहराने लगे–

"लाली-लाली डोलिया में
लाली रे दुलहिनिया
पान खाये··· !"

हिरामन हँसा।··· दुलहिनिया··· लाली-लाली डोलिया ! दुलहिनिया पान खाती है, दुलहा की पगड़ी में मुँह पोंछती है। ओ दुलहिनिया, तेगछिया गाँव के बच्चों को याद रखना। लौटती बेर गुड़ का लड्डू लेती आइयो। लाख बरिस तेरा दुलहा जीये !··· कितने दिनों का हौसला पूरा हुआ है हिरामन का ! ऐसे कितने सपने देखे हैं उसने ! वह अपनी दुलहिन को लेकर लौट रहा है। हर गाँव के बच्चे तालियाँ बजाकर गा रहे हैं। हर आँगन से झाँककर देख रही हैं औरतें। मर्द लोग पूछते हैं, 'कहाँ की गाड़ी है, कहाँ जायेगी ?' उसकी दुलहिन डोली का परदा थोड़ा सरकाकर देखती है। और भी कितने सपने···

गाँव से बाहर निकलकर उसने कनखियों से टप्पर के अन्दर देखा, हीराबाई कुछ सोच रही है। हिरामन भी किसी सोच में पड़ गया। थोड़ी देर के बाद वह गुनगुनाने लगा–

"सजन रे झूठ मति बोलो, खुदा के पास जाना है।
नहीं हाथी, नहीं घोड़ा, नहीं गाड़ी–
वहाँ पैदल ही जाना है। सजन रे···।"

हीराबाई ने पूछा, "क्यों मीता ? तुम्हारी अपनी बोली में कोई गीत नहीं क्या?"

हिरामन अब बेखटक हीराबाई की आँखों में आँखें डालकर बात करता है। कम्पनी की औरत भी ऐसी होती हैं ? सरकस कम्पनी की मालकिन मेम थी। लेकिन हीराबाई ! गाँव की बोली में गीत सुनना चाहती है। वह खुलकर मुस्कुराया–"गाँव की बोली आप समझिएगा ?"

"हूँ ऊँ-ऊँ !" हीराबाई ने गर्दन हिलायी। कान के झुमके हिल गये।

हिरामन कुछ देर तक बैलों को हाँकता रहा चुपचाप। फिर बोला, "गीत ज़रूर ही सुनिएगा ? नहीं मानिएगा ?··· इस्स ! इतना शौक गाँव का गीत सुनने का है आपको ! तब लीक छोड़नी होगी। चालू रास्ते में कैसे गीत गा सकता है कोई !"

हिरामन ने बायें बैल की रस्सी खींचकर दाहिने को लीक से बाहर किया और बोला, "हरिपुर होकर नहीं जायेंगे तब।"

चालू लीक को काटते देखकर हिरामन की गाड़ी के पीछेवाले गाड़ीवान ने चिल्लाकर पूछा, "काहे हो गाड़ीवान, लीक छोड़कर बेलीक कहाँ उधर ?"

हिरामन ने हवा में दुआली घुमाते हुए जवाब दिया–"कहाँ है बेलीक ? वह सड़क ननपुर तो नहीं जायेगी।" फिर अपने-आप बड़बड़ाया, "इस मुलुक के लोगों की यही आदत बुरी है। राह चलते एक सौ जिरह करेंगे। अरे भाई, तुमको जाना है, जाओ।··· देहाती भुच्च सब !"

ननपुर की सड़क पर गाड़ी लाकर हिरामन ने बैलों की रस्सी ढीली कर दी। बैलों ने दुलकी चाल छोड़कर कदमचाल पकड़ी।

हीराबाई ने देखा, सचमुच ननपुर की सड़क बड़ी सूनी है। हिरामन उसकी आँखों की बोली समझता है–"घबड़ाने की बात नहीं। यह सड़क भी फारबिसगंज जायेगी, राह-घाट के लोग बहुत अच्छे हैं··· एक घड़ी रात तक हम लोग पहुँच जायेंगे।"

हीराबाई को फारबिसगंज पहुँचने की जल्दी नहीं। हिरामन पर उसको इतना भरोसा हो गया है कि डर-भय की कोई बात ही नहीं उठती है मन में। हिरामन ने पहले जी-भर मुस्कुरा लिया। कौन गीत गाये वह ! हीराबाई को गीत और कथा दोनों का शौक है··· इस्स ! महुआ घटवारिन ? वह बोला, "अच्छा, जब आपको इतना शौक है तो सुनिए महुआ घटवारिन का गीत। इसमें गीत भी है, कथ्था भी है।"

··· कितने दिनों के बाद भगवती ने यह हौसला भी पूरा कर दिया। जै भगवती ! आज हिरामन अपने मन को खलास कर लेगा। वह हीराबाई की थमी हुई मुस्कुराहट को देखता रहा।

"सुनिए ! आज भी परमार नदी में महुआ घटवारिन के कई पुराने घाट हैं। इसी मुलुक की थी महुआ ! थी तो घटवारिन, लेकिन सौ सतवन्ती में एक थी। उसका बाप दारू-ताड़ी पीकर दिन-रात बेहोश पड़ा रहता। उसकी सौतेली माँ साक्षात राकसनी ! बहुत बड़ी नजर-चालक। रात में गाँजा-दारू-अफीम चुराकर बेचनेवाले से लेकर तरह-तरह के लोगों से उसकी जान-पहचान थी। सबसे घुट्टी-भर हेल-मेल। महुआ कुमारी थी। लेकिन काम कराते-कराते उसकी हड्डी निकाल दी थी राकसनी ने। जवान हो गयी, कहीं शादी-ब्याह की बात भी नहीं चलायी। एक रात की बात सुनिए !"

हिरामन ने धीरे-धीरे गुनगुनाकर गला साफ किया–

"हे अ-अ-अ सावना-भादवा के-र-उमड़ल नदिया-गे मै-यो-ओ-ओ,
मैयो गे रैनि भयावनि-हे-ए-ए-ए;
तड़का-तड़के धड़के करेज-आ-आ मोरा,
कि हमहुँ जे बार-नान्ही रे-ए-ए···।"

ओ माँ, सावन-भादों की उमड़ी हुई नदी, भयावनी रात, बिजली कड़कती है, मैं बारी-क्वारी नन्ही-बच्ची, मेरा कलेजा धड़कता है। अकेली कैसे जाऊँ घाट पर ? सो भी एक परदेशी राही-बटोही के पैर में तेल लगाने के लिए ! सत-माँ ने अपनी बज्जर-किवाड़ी बन्द कर ली। आसमान में मेघ हड़बड़ा उठे और हरहराकर बरसा होने लगी। महुआ रोने लगी, अपनी माँ को याद करके। आज उसकी माँ रहती तो ऐसे दुरदिन में कलेजे से सटाकर रखती अपनी महुआ बेटी को। गे मइया, इसी दिन के लिए, यही दिखाने के लिए तुमने कोख में रखा था ? महुआ अपनी माँ पर गुस्सायी–क्यों वह अकेली मर गयी; जी-भर कोसती हुई बोली।

हिरामन ने लक्ष्य किया, हीराबाई तकिये पर केहुनी गड़ाकर, गीत में मगन एकटक उसकी ओर देख रही है।··· खोयी हुई सूरत कैसी भोली लगती है !

हिरामन ने गले में कँपकँपी पैदा की–

"हूँ-ऊँ-ऊँ-रे डाइनियाँ मैयो मोरी-ई-ई,
नोनवा चटाई काहे नाहिं मारलि सौरी-घर-अ-अ।
एहि दिनवाँ खातिर छिनरो धिया
तेंहु पोसलि कि नेनू-दूध उटगन···।"

हिरामन ने दम लेते हुए पूछा, "भाखा भी समझती हैं कुछ या खाली गीत ही सुनती हैं ?"

हीरा बोली, "समझती हूँ। उटगन माने उबटन–जो देह में लगाते हैं।"

हिरामन ने विस्मित होकर कहा, "इस्स !"··· सो रोने-धोने से क्या होय ! सौदागर ने पूरा दाम चुका दिया था महुआ का। बाल पकड़कर घसीटता हुआ नाव पर चढ़ा और माँझी को हुकुम दिया, नाव खोलो, पाल बाँधो ! पालवाली नाव परवाली चिड़िया की तरह उड़ चली। रात-भर महुआ रोती-छटपटाती रही। सौदागर के नौकरों ने बहुत डराया-धमकाया–'चुप रहो, नहीं तो उठाकर पानी में फेंक देंगे।' बस, महुआ को बात सूझ गयी। भोर का तारा मेघ की आड़ से ज़रा बाहर आया, फिर छिप गया। इधर महुआ भी छपाक् से कूद पड़ी पानी में।··· सौदागर का एक नौकर महुआ को देखते ही मोहित हो गया था। महुआ की पीठ पर वह भी कूदा। उलटी धारा में तैरना खेल नहीं, सो भी भरी भादों की नदी में। महुआ असल घटवारिन की बेटी थी। मछली भी भला थकती है पानी में ! सफरी मछली-जैसी फरफराती, पानी चीरती भागी चली जा रही है। और उसके पीछे सौदागर का नौकर पुकार-पुकारकर कहता है–'महुआ ज़रा थमो, तुमको पकड़ने नहीं आ रहा, तुम्हारा साथी हूँ। ज़िन्दगी-भर साथ रहेंगे हम लोग।' लेकिन···।

हिरामन का बहुत प्रिय गीत है यह। महुआ घटवारिन गाते समय उसके सामने सावन-भादों की नदी उमड़ने लगती है; अमावस्या की रात और घने बादलों में रह-रहकर बिजली चमक उठती है। उसी चमक में लहरों से लड़ती हुई बारी-कुमारी महुआ की झलक उसे मिल जाती है। सफरी मछली की चाल और तेज़

हो जाती है। उसको लगता है, वह खुद सौदागर का नौकर है। महुआ कोई बात नहीं सुनती। परतीत करती नहीं। उलटकर देखती भी नहीं। और वह थक गया है, तैरते-तैरते।···

इस बार लगता है महुआ ने अपने को पकड़ा दिया। खुद ही पकड़ में आ गयी है। उसने महुआ को छू लिया है, पा लिया है, उसकी थकन दूर हो गयी है। पन्द्रह-बीस साल तक उमड़ी हुई नदी की उलटी धारा में तैरते हुए उसके मन को किनारा मिल गया। आनन्द के आँसू कोई रोक नहीं मानते।···

उसने हीराबाई से अपनी गीली आँखें चुराने की कोशिश की। किन्तु हीरा तो उसके मन में बैठी न जाने कब से सबकुछ देख रही थी। हिरामन ने अपनी काँपती हुई बोली को काबू में लाकर बैलों को झिड़की दी–"इस गीत में न जाने क्या है कि सुनते ही दोनों थसथसा जाते हैं। लगता है सौ मन बोझ लाद दिया किसी ने।"

हीराबाई लम्बी साँस लेती है। हिरामन के अंग-अंग में उमंग समा जाती है।

"तुम तो उस्ताद हो मीता !"

"इस्स !"

आसिन-कातिक का सूरज दो बाँस दिन रहते ही कुम्हला जाता है। सूरज डूबने से पहले ही ननपुर पहुँचना है, हिरामन अपने बैलों को समझा रहा है–"कदम खोलकर और कलेजा बाँधकर चलो··· ए··· छिः छिः ! बढ़के भैयन ! ले-ले-ले-ए हे-य !"

ननपुर तक वह अपने बैलों को ललकारता रहा। हर ललकार के पहले वह अपने बैलों को बीती हुई बातों की याद दिलाता–याद नहीं, चौधरी की बेटी की बरात में कितनी गाड़िया थीं; सबको कैसे मात किया था ! हाँ, वही कदम निकालो। ले-ले-ले ! ननपुर से फारबिसगंज तीन कोस ! दो घण्टे और !

ननपुर के हाट पर आजकल चाय भी बिकने लगी है। हिरामन अपने लोटे में चाय भरकर ले आया।··· कम्पनी की औरत को जानता है वह, सारा दिन, घड़ी-घड़ी-भर में, चाय पीती रहती है। चाय है या जान !

हीरा हँसते-हँसते लोट-पोट हो रही है–"अरे, तुमसे किसने कह दिया कि क्वारे आदमी को चाय नहीं पीनी चाहिए ?"

हिरामन लजा गया। क्या बोले वह ?··· लाज की बात। लेकिन वह भोग चुका है एक बार। सरकस कम्पनी की मेम के हाथ की चाय पीकर उसने देख लिया है। बड़ी गरम तासीर !

"पीजिए गुरुजी !" हीरा हँसी।

"इस्स !"

ननपुर हाट पर ही दीया-बाती जल चुकी थी। हिरामन ने अपना सफरी लालटेन जलाकर पिछवा में लटका दिया।··· आजकल शहर से पाँच कोस दूर के गाँववाले भी अपने को शहरू समझने लगे हैं। बिना रोशनी की गाड़ी को पकड़कर चालान

कर देते हैं। बारह बखेड़ा।

"आप मुझे गुरुजी मत कहिए।"

"तुम मेरे उस्ताद हो। हमारे शास्तर में लिखा हुआ है, एक अच्छर सिखानेवाला भी गुरु और एक राग सिखानेवाला भी उस्ताद !"

"इस्स ! शास्तर-पुरान भी जानती हैं ! ··· मैंने क्या सिखाया ? मैं क्या···?"

हीरा हँसकर गुनगुनाने लगी–"हे-अ-अ-अ-सावना-भादवा के-र···।"

हिरामन अचरज के मारे गूँगा हो गया।··· इस्स ! इतना तेज़ जेहन ! हू-ब-हू महुआ घटवारिन !

गाड़ी सीताधार की एक सूखी धारा की उतरायी पर गड़गड़ाकर नीचे की ओर उतरी। हीराबाई ने हिरामन का कन्धा धर लिया एक हाथ से। बहुत देर तक हिरामन के कन्धे पर उसकी उँगलियाँ पड़ी रहीं। हिरामन ने नज़र फिराकर कन्धे पर केन्द्रित करने की कोशिश की, कई बार। गाड़ी चढ़ाई पर पहुँची तो हीरा की ढीली उँगलियाँ फिर तन गयीं।

सामने फारबिसगंज शहर की रोशनी झिलमिला रही है। शहर से कुछ दूर हटकर मेले की रोशनी··· टप्पर में लटके लालटेन की रोशनी में छाया नाचती है आस-पास।··· डबडबायी आँखों से, हर रोशनी सूरजमुखी फूल की तरह दिखायी पड़ती है।

फारबिसगंज तो हिरामन का घर-दुआर है !

न जाने कितनी बार वह फारबिसगंज आया है। मेले की लदनी लादी है। किसी औरत के साथ ? हाँ, एक बार। उसकी भाभी जिस साल आयी थी गौने में। इसी तरह तिरपाल से गाड़ी को चारों ओर से घेरकर बासा बनाया गया था।···

हिरामन अपनी गाड़ी को तिरपाल से घेर रहा है, गाड़ीवान-पट्टी में। सुबह होते ही रौता नौटंकी कम्पनी के मैनेजर से बात करके भरती हो जायेगी हीराबाई। परसों मेला खुल रहा है। इस बार मेले में पालचट्टी खूब जमी है।··· बस, एक रात। आज रात-भर हिरामन की गाड़ी में रहेगी वह।··· हिरामन की गाड़ी में नहीं, घर में !

"कहाँ की गाड़ी है ?··· कौन, हिरामन ! किस मेले से ? किस चीज की लदनी है ?"

गाँव-समाज के गाड़ीवान, एक-दूसरे को खोजकर, आसपास गाड़ी लगाकर बासा डालते हैं। अपने गाँव के लालमोहर, धुन्नीराम और पलटदास वगैरह गाड़ीवानों के दल को देखकर हिरामन अचकचा गया। उधर पलटदास टप्पर में झाँककर भड़का। मानो बाघ पर नज़र पड़ गयी। हिरामन ने इशारे से सभी को चुप किया। फिर गाड़ी की ओर कनखी मारकर फुसफुसाया–"चुप ! कम्पनी की औरत है, नौटंकी कम्पनी की।"

"कम्पनी की-ई-ई-ई ?"

"??··· ?? x x ···!"

एक नहीं, अब चार हिरामन ! चारों ने अचरज से एक-दूसरे को देखा।··· कम्पनी नाम में कितना असर है ! हिरामन ने लक्ष्य किया, तीनों एक साथ सटक-दम हो गये। लालमोहर ने जरा दूर हटकर बतियाने की इच्छा प्रकट की, इशारे से ही। हिरामन ने टप्पर की ओर मुँह करके कहा, "होटिल तो नहीं खुला होगा कोई, हलवाई के यहाँ से पक्की ले आवें !"

"हिरामन, ज़रा इधर सुनो।··· मैं कुछ नहीं खाऊँगी अभी। लो, तुम खा आओ।"

"क्या है, पैसा ? इस्स !"···पैसा देकर हिरामन ने कभी फारबिसगंज में कच्ची-पक्की नहीं खायी। उसके गाँव के इतने गाड़ीवान हैं, किस दिन के लिए ? वह छू नहीं सकता पैसा। उसने हीराबाई से कहा, "बेकार, मेला-बाज़ार में हुज्जत मत कीजिए। पैसा रखिए।" मौका पाकर लालमोहर भी टप्पर के करीब आ गया। उसने सलाम करते हुए कहा, "चार आदमी के भात में दो आदमी खुशी से खा सकते हैं। बासा पर भात चढ़ा हुआ है। हें-हें-हें ! हम लोग एकहि गाँव के हैं। गौंवाँ-गरामिन के रहते होटिल और हलवाई के यहाँ खायेगा हिरामन ?"

हिरामन ने लालमोहर का हाथ टीप दिया–"बेसी भचर-भचर मत बको।"

गाड़ी से चार रस्सी दूर जाते-जाते धुन्नीराम ने अपने कुलबुलाते हुए दिल की बात खोल दी–"इस्स ! तुम भी खूब हो हिरामन ! उस साल कम्पनी का बाघ, इस बार कम्पनी की जनानी !"

हिरामन ने दबी आवाज़ में कहा, "भाई रे, यह हम लोगों के मुलुक की जनाना नहीं कि लटपट बोली सुनकर भी चुप रह जाये। एक तो पच्छिम की औरत, तिस पर कम्पनी की !"

धुन्नीराम ने अपनी शंका प्रकट की–"लेकिन कम्पनी में तो सुनते हैं पतुरिया रहती है।"

"धत्त् !" सभी ने एक साथ उसको दुरदुरा दिया, "कैसा आदमी है ! पतुरिया रहेगी कम्पनी में भला ! देखो इसकी बुद्धि !··· सुना है, देखा तो नहीं है कभी !"

धुन्नीराम ने अपनी ग़लती मान ली। पलटदास को बात सूझी–"हिरामन भाई, जनाना जात अकेली रहेगी गाड़ी पर ? कुछ भी हो, जनाना आखिर जनाना ही है। कोई ज़रूरत ही पड़ जाये !"

यह बात सभी को अच्छी लगी। हिरामन ने कहा, "बात ठीक है। पलट, तुम लौट जाओ, गाड़ी के पास ही रहना। और देखो, गपशप ज़रा होशियारी से करना। हाँ !"

··· हिरामन की देह से अतर-गुलाब की खुशबू निकलती है। हिरामन करमसाँड़ है। उस बार महीनों तक उसकी देह से बघाइन गन्ध नहीं गयी। लालमोहर ने हिरामन की गमछी सूँघ ली–"ए-ह !"

हिरामन चलते-चलते रुक गया–"क्या करें लालमोहर भाई, ज़रा कहो तो ! बड़ी ज़िद्द करती है, कहती है, नौटंकी देखना ही होगा।"

"फोकट में ही ?"

"और गाँव नहीं पहुँचेगी यह बात ?"

हिरामन बोला, "नहीं जी ! एक रात नौटंकी देखकर ज़िन्दगी-भर बोली-ठोली कौन सुने ?··· देशी मुर्गी विलायती चाल !"

धुन्नीराम ने पूछा, "फोकट में देखने पर भी तुम्हारी भौजाई बात सुनायेगी ?"

लालमोहर के बासा के बगल में, लकड़ी की दुकान लादकर आये हुए गाड़ीवानों का बासा है। बासा के मीर-गाड़ीवान मियाँजानू बूढ़े ने सफ़री गुड़गुड़ी पीते हुए पूछा, "क्यों भाई, मीनाबाज़ार की लदनी लादकर कौन आया है ?"

मीनाबाज़ार ! मीनाबाज़ार तो पतुरिया-पट्टी को कहते हैं।··· क्या बोलता है यह बूढ़ा मियाँ ? लालमोहर ने हिरामन के कान में फुसफुसाकर कहा, "तुम्हारी देह मह-मह महकती है। सच।"

लहसनवाँ लालमोहर का नौकर गाड़ीवान है। उम्र में सबसे छोटा है। पहली बार आया है तो क्या ? बाबू-बबुआइनों के यहाँ बचपन से नौकरी कर चुका है। वह रह-रहकर वातावरण में कुछ सूँघता है, नाक सिकोड़कर। हिरामन ने देखा, लहसनवाँ का चेहरा तमतमा गया है।··· कौन आ रहा है धड़धड़ाता हुआ ?–"कौन, पलटदास ? क्या है ?"

पलटदास आकर खड़ा हो गया चुपचाप। उसका मुँह भी तमतमाया हुआ था। हिरामन ने पूछा, "क्या हुआ ? बोलते क्यों नहीं ?"

क्या जवाब दे पलटदास। हिरामन ने उसको चेतावनी दे दी थी, गपशप होशियारी से करना। वह चुपचाप गाड़ी की आसनी पर जाकर बैठ गया, हिरामन की जगह पर। हीराबाई ने पूछा, "तुम भी हिरामन के साथ हो ?" पलटदास ने गरदन हिलाकर हामी भरी। हीराबाई फिर लेट गयी।··· चेहरा-मोहरा और बोली-बानी देख-सुनकर, पलटदास का कलेजा काँपने लगा; न जाने क्यों। हाँ ! रामलीला में सिया सुकुमारी इसी तरह थकी लेटी हुई थी। जै ! सियावर रामचन्द्र की जै !··· पलटदास के मन में जै-जैकार होने लगा। वह दास-बैस्नव है, कीर्तनिया है। थकी हुई सीता महारानी के चरण टीपने की इच्छा प्रकट की उसने, हाथ की उँगलियों के इशारे से; मानो हारमोनियम की पटरियों पर नचा रहा हो। हीराबाई तमककर बैठ गयी–"अरे, पागल है क्या ? जाओ, भागो !···"

पलटदास को लगा गुस्सायी हुई कम्पनी की औरत की आँखों से चिनगारी निकल रही है–छटक्-छटक् ! वह भागा।···

पलटदास क्या जवाब दे ! वह मेला से भी भागने का उपाय सोच रहा है। बोला, "कुछ नहीं। हमको व्यापारी मिल गया। अभी ही टीशन जाकर माल लादना है। भात में तो अभी देर है। मैं लौट आता हूँ तब तक।"

खाते समय धुन्नीराम और लहसनवाँ ने पलटदास की टोकरी-भर निन्दा की। छोटा आदमी है। कमीना है। पैसे-पैसे का हिसाब जोड़ता है। खाने-पीने के बाद लालमोहर के दल ने अपना बासा तोड़ दिया। धुन्नी और लहसनवाँ गाड़ी जोतकर

हिरामन के बासा पर चले, गाड़ी की लीक धरकर। हिरामन ने चलते-चलते रुककर, लालमोहर से कहा, "ज़रा मेरे इस कन्धे को सूँघो तो। सूँघकर देखो न ?"

लालमोहर ने कन्धा सूँघकर आँखें मूँद लीं। मुँह से अस्फुट शब्द निकला–"ए-ह !"

हिरामन ने कहा, "ज़रा-सा हाथ रखने पर इतनी खुशबू !··· समझे !"

लालमोहर ने हिरामन का हाथ पकड़ लिया–"कन्धे पर हाथ रखा था ? सच ?·· सुनो हिरामन, नौटंकी देखने का ऐसा मौका फिर कभी हाथ नहीं लगेगा। हाँ !"

"तुम भी देखोगे ?"

लालमोहर की बत्तीसी चौराहे की रोशनी में झिलमिला उठी।

बासा पर पहुँचकर हिरामन ने देखा, टप्पर के पास खड़ा बतिया रहा है कोई, हीराबाई से। धुन्नी और लहसनवाँ ने एक ही साथ कहा, "कहाँ रह गये पीछे ? बहुत देर से खोज रही है कम्पनी··· !"

हिरामन ने टप्पर के पास जाकर देखा–अरे, यह तो वही बक्सा ढोनेवाला नौकर है, जो चम्पानगर मेले में हीराबाई को गाड़ी पर बिठाकर अँधेरे में गायब हो गया था।

"आ गये हिरामन ! अच्छी बात, इधर आओ।··· यह लो अपना भाड़ा और यह लो अपनी दच्छिना ! पच्चीस-पच्चीस, पचास।"

हिरामन को लगा, किसी ने आसमान से धकेलकर धरती पर गिरा दिया। किसी ने क्यों, इस बक्सा ढोनेवाले आदमी ने। कहाँ से आ गया ? उसकी जीभ पर आयी हुई बात जीभ पर ही रह गयी··· इस्स ! दच्छिना ! वह चुपचाप खड़ा रहा।

हीराबाई बोली, "लो, पकड़ो ! और सुनो, कल सुबह रौता कम्पनी में आकर मुझसे भेंट करना। पास बनवा दूँगी।··· बोलते क्यों नहीं ?"

लालमोहर ने कहा, "इलाम-बकसीस दे रही है मालकिन, ले लो हिरामन !" हिरामन ने कटकर लालमोहर की ओर देखा।··· बोलने का ज़रा भी ढंग नहीं इस लालमोहरा को।

धुन्नीराम की स्वगतोक्ति सभी ने सुनी, हीराबाई ने भी–गाड़ी-बैल छोड़कर नौटंकी कैसे देख सकता है कोई गाड़ीवान, मेले में।

हिरामन ने रुपया लेते हुए कहा, "क्या बोलेंगे !" उसने हँसने की चेष्टा की।··· कम्पनी की औरत कम्पनी में जा रही है। हिरामन का क्या ! बक्सा ढोनेवाला रास्ता दिखाता हुआ आगे बढ़ा–"इधर से।" हीराबाई जाते-जाते रुक गयी। हिरामन के बैलों को सम्बोधित करके बोली, "अच्छा, मैं चली भैयन !"

बैलों ने, भैया शब्द पर कान हिलाये।

"??··· ?? x x ··· !"

"भा-इ-यो, आज रात ! दि रौता संगीत नौटंकी कम्पनी के स्टेज पर ! गुलबदन

देखिए, गुलबदन ! आपको यह जानकर खुशी होगी कि मथुरामोहन कम्पनी की मशहूर एक्ट्रेस मिस हीरादेवी, जिसकी एक-एक अदा पर हज़ार जान फिदा हैं, इस बार हमारी कम्पनी में आ गयी हैं। याद रखिए। आज की रात। मिस हीरादेवी गुलबदन··· !"

नौटंकीवालों के इस एलान से मेले की हर पट्टी में सरगर्मी फैल रही है।··· हीराबाई? मिस हीरादेवी ? लैला, गुलबदन··· ? फिलिम एक्ट्रेस को मात करती है।

"··· तेरी बाँकी अदा पर मैं खुद हूँ फिदा,
तेरी चाहत को दिलबर बयाँ क्या करूँ !
यही खाहिश है कि इ-इ-इ तू मुझको देखा करे
और दिलोजान मैं तुमको देखा करूँ।"

··· किर्र-र्र-र्र-र्र··· कड़ड़ड़ड़र्र-र्र-घन-घन-धड़ाम !

हर आदमी का दिल नगाड़ा हो गया है !

लालमोहर दौड़ता-हाँफता बासा पर आया–"ऐ, ऐ हिरामन, यहाँ क्या बैठे हो, चलकर देखो जै-जैकार हो रहा है ! मय बाजा-गाजा, छापी-फाहरम के साथ हीराबाई की जै-जै कर रहा है।"

हिरामन हड़बड़ाकर उठा। लहसनवाँ ने कहा, "धुन्नी काका, तुम बासा पर रहो, मैं भी देख आऊँ।"

धुन्नी की बात कौन सुनता है ! तीनों जन नौटंकी कम्पनी की एलानिया पार्टी के पीछे-पीछे चलने लगे। हर नुक्कड़ पर रुककर, बाजा बन्द करके एलान किया जाता है। एलान के हर शब्द पर हिरामन पुलक उठता है। हीराबाई का नाम, नाम के साथ अदा-फिदा वगैरह सुनकर उसने लालमोहर की पीठ थपथपा दी–"धन्न है, धन्न है ! है या नहीं ?"

लालमोहर ने कहा, "अब बोलो ! अब भी नौटंकी नहीं देखोगे ?" सुबह से ही धुन्नीराम और लालमोहर समझा रहे थे, समझाकर हार चुके थे–"कम्पनी में जाकर भेंट कर आओ। जाते-जाते पुरसिस कर गयी हैं।" लेकिन हिरामन की बस एक बात–"धत्त्, कौन भेंट करने जाये ! कम्पनी की औरत, कम्पनी में गयी। अब उससे क्या लेना-देना ! चीन्हेगी भी नहीं !"

वह मन-ही-मन रूठा हुआ था। एलान सुनने के बाद उसने लालमोहर से कहा, "जरूर देखना चाहिए, क्यों लालमोहर ?"

दोनों आपस में सलाह करके रौता कम्पनी की ओर चले। खेमे के पास पहुँचकर हिरामन ने लालमोहर को इशारा किया, पूछताछ करने का भार लालमोहर के सिर। लालमोहर कचराही बोलना जानता है। लालमोहर ने एक काले कोटवाले से कहा, "बाबू साहेब, ज़रा सुनिए तो !"

काले कोटवाले ने नाक-भौं चढ़ाकर कहा–"क्या है ? इधर क्यों ?"

लालमोहर की कचराही बोली गड़बड़ा गयी–तेवर देखकर बोला, "गुलगुल···

नहीं-नहीं··· बुल-बुल··· नहीं···।"

हिरामन ने झट-से सम्हाल दिया–"हीरादेवी किधर रहती हैं, बता सकते हैं ?"

उस आदमी की आँखें हठात् लाल हो गयीं। सामने खड़े नेपाली सिपाही को पुकारकर कहा, "इन लोगों को क्यों आने दिया इधर ?"

"हिरामन !"··· वही फेनूगिलासी आवाज़ किधर से आयी ? खेमे के परदे को हटाकर हीराबाई ने बुलाया–"यहाँ आ जाओ, अन्दर !··· देखो, बहादुर ! इसको पहचान लो। यह मेरा हिरामन है। समझे !"

नेपाली दरबान हिरामन की ओर देखकर ज़रा मुस्कुराया और चला गया। काले कोटवाले से जाकर कहा, "हीराबाई का आदमी है। नहीं रोकने बोला !"

लालमोहर पान ले आया नेपाली दरबान के लिए–"खाया जाय !"

"इस्स ! एक नहीं, पाँच पास। चारों अठनिया ! बोली कि जब तक मेले में हो, रोज़ रात में आकर देखना। सबका खयाल रखती है। बोली कि तुम्हारे और साथी हैं, सभी के लिए पास ले जाओ। कम्पनी की औरतों की बात निराली होती है ! है या नहीं ?"

लालमोहर ने लाल कागज़ के टुकड़ों को छूकर देखा–"पा-स ! वाह रे हिरामन भाई !··· लेकिन पाँच पास लेकर क्या होगा ? पलटदास तो फिर पलटकर आया ही नहीं है अभी तक।"

हिरामन ने कहा, "जाने दो अभागे को। तकदीर में लिखा नहीं।··· हाँ, पहले गुरुकसम खानी होगी सभी को, कि गाँव-घर में यह बात एक पंछी भी न जान पाये।"

लालमोहर ने उत्तेजित होकर कहा, "कौन साला बोलेगा, गाँव में जाकर ? पलटा ने अगर बदमाशी की तो दूसरी बार से फिर साथ नहीं लाऊँगा।"

हिरामन ने अपनी थैली आज हीराबाई के ज़िम्मे रख दी है। मेले का क्या ठिकाना ! किस्म-किस्म के पॉकिटकाट लोग हर साल आते हैं। अपने साथी-संगियों का भी क्या भरोसा ! हीराबाई मान गयी। हिरामन के कपड़े की काली थैली को उसने अपने चमड़े के बक्स में बन्द कर दिया। बक्से के ऊपर भी कपड़े का खोल और अन्दर भी झलमल रेशमी अस्तर ! मन का मान-अभिमान दूर हो गया।

लालमोहर और धुन्नीराम ने मिलकर हिरामन की बुद्धि की तारीफ की; उसके भाग्य को सराहा बार-बार। उसके भाई और भाभी की निन्दा की, दबी ज़बान से। हिरामन के जैसा हीरा भाई मिला है, इसीलिए ! कोई दूसरा भाई होता तो···।

लहसनवाँ का मुँह लटका हुआ है। एलान सुनते-सुनते न जाने कहाँ चला गया कि घड़ी-भर साँझ होने के बाद लौटा है। लालमोहर ने एक मालिकाना झिड़की दी है, गाली के साथ–"सोहदा कहीं का !"

धुन्नीराम ने चूल्हे पर खिचड़ी चढ़ाते हुए कहा, "पहले यह फैसला कर लो कि गाड़ी के पास कौन रहेगा !"

"रहेगा कौन, यह लहसनवाँ कहाँ जायेगा ?"

लहसनवाँ रो पड़ा—"हे-ए-ए मालिक, हाथ जोड़ते हैं। इक्को झलक ! बस, एक झलक !"

हिरामन ने उदारतापूर्वक कहा, "अच्छा-अच्छा, एक झलक क्यों, एक घण्टा देखना। मैं आ जाऊँगा।"

नौटंकी शुरू होने के दो घण्टे पहले ही नगाड़ा बजना शुरू हो जाता है। और नगाड़ा शुरू होते ही लोग पतंगों की तरह टूटने लगते हैं। टिकटघर के पास भीड़ देखकर हिरामन को बड़ी हँसी आयी—"लालमोहर, उधर देख, कैसी धक्कमधुक्की कर रहे हैं लोग !"

"हिरामन भाय !"

"कौन, पलटदास ! कहाँ की लदनी लाद आये ?" लालमोहर ने पराये गाँव के आदमी की तरह पूछा।

पलटदास ने हाथ मलते हुए माफ़ी माँगी—"कसूरवार हैं, जो सज़ा दो तुम लोग, सब मंजूर है। लेकिन सच्ची बात कहें कि सिया सुकुमारी···।"

हिरामन के मन का पुरइन नगाड़े के ताल पर विकसित हो चुका है। बोला, "देखो पलटा, यह मत समझना कि गाँव-घर की जनाना है। देखो, तुम्हारे लिए भी पास दिया है; पास ले लो अपना, तमाशा देखो।"

लालमोहर ने कहा, "लेकिन एक शर्त पर पास मिलेगा। बीच-बीच में लहसनवाँ को भी···।"

पलटदास को कुछ बताने की जरूरत नहीं। वह लहसनवाँ से बातचीत कर आया है अभी।

लालमोहर ने दूसरी शर्त सामने रखी—"गाँव में अगर यह बात मालूम हुई किसी तरह···।"

"राम-राम !" दाँत से जीभ को काटते हुए कहा पलटदास ने।

पलटदास ने बताया—"अठनिया फाटक इधर है।" फाटक पर खड़े दरबान ने हाथ से पास लेकर उनके चेहरे को बारी-बारी से देखा। बोला, "यह तो पास है। कहाँ से मिला ?"

अब लालमोहर की कचराही बोली सुने कोई ! उसके तेवर देखकर दरबान घबरा गया—"मिलेगा कहाँ से ? अपनी कम्पनी से पूछ लीजिए जाकर। चार ही नहीं, देखिए एक और है।" जेब से पाँचवाँ पास निकालकर दिखाया लालमोहर ने।

एक रुपयावाले फाटक पर नेपाली दरबान खड़ा था। हिरामन ने पुकारकर कहा, "ए सिपाही दाजू, सुबह को ही पहचनवा दिया और अभी भूल गये ?"

नेपाली दरबान बोला, "हीराबाई का आदमी है सब। जाने दो। पास है तो फिर काहे को रोकता है ?"

अठनिया दर्जा !

तीनों ने 'कपड़घर' को अन्दर से पहली बार देखा। सामने कुरसी-बेंचवाले दर्जे हैं। परदे पर राम-बन-गमन की तसवीर है। पलटदास पहचान गया। उसने हाथ जोड़कर नमस्कार किया, परदे पर अंकित रामसिया सुकुमारी और लखनलला को। "जै हो, जै हो !" पलटदास की आँखें भर आयीं।

हिरामन ने कहा, "लालमोहर, छापी सभी खड़े हैं या चल रहे हैं ?"

लालमोहर अपने बगल में बैठे दर्शकों से जान-पहचान कर चुका है। उसने कहा, "खेला अभी परदा के भीतर है। अभी जमिनका दे रहा है, लोग जमाने के लिए।"

पलटदास ढोलक बजाना जानता है, इसलिए नगाड़े के ताल पर गरदन हिलाता है और दियासलाई पर ताल काटता है। बीड़ी आदान-प्रदान करके हिरामन ने भी एकाध जान-पहचान कर ली। लालमोहर के परिचित आदमी ने चादर से देह को ढकते हुए कहा, "नाच शुरू होने में अभी देर है, तब तक एक नींद ले लें।··· सब दर्जा से अच्छा अठनिया दर्जा। सबसे पीछे सबसे ऊँची जगह पर है। ज़मीन पर गरम पुआल ! हे-हें कुरसी-बेंच पर बैठकर इस सरदी के मौसम में तमाशा देखनेवाले अभी घुच-घुचकर उठेंगे चाह पीने।"

उस आदमी ने अपने संगी से कहा, "खेला शुरू होने पर जगा देना। नहीं-नहीं, खेला शुरू होने पर नहीं, हिरिया जब स्टेज पर उतरे, हमको जगा देना।"

हिरामन के कलेजे में ज़रा आँच लगी।··· बड़ा लटपटिया आदमी मालूम पड़ता है। उसने लालमोहर को आँख के इशारे से कहा, "इस आदमी से बतियाने की ज़रूरत नहीं।"

···घन-घन-घन-धड़ाम ! परदा उठ गया। हे-ए, हे-ए, हीराबाई शुरू में ही उतर गयी स्टेज पर ! कपड़घर खचमखच भर गया है। हिरामन का मुँह अचरज से खुल गया। लालमोहर को न जाने क्यों ऐसी हँसी आ रही है। हीराबाई के गीत के हर पद पर वह हँसता है, बेवजह।

गुलबदन दरबार लगाकर बैठी है। एलान कर रही है : जो आदमी तख़्तहज़ारा बनाकर ला देगा, मुँहमाँगी चीज़ इनाम में दी जायेगी।··· अजी, है कोई ऐसा फनकार, तो हो जाये तैयार, बनाकर लाये तख़्तहज़ारा-आ ! किड़किड़-किर्रि–! अलबत्त नाचती है। क्या गला है ! मालूम है, यह आदमी कहता है कि हीराबाई पान-बीड़ी, सिगरेट-जर्दा कुछ नहीं खाती !··· ठीक कहता है। बड़ी नेमवाली रण्डी है।··· कौन कहता है कि रण्डी है ! दाँत में मिस्सी कहाँ है। पौडर से दाँत धो लेती होगी। हरगिज नहीं।··· कौन आदमी है, बात की बेबात करता है ! कम्पनी की औरत को पतुरिया कहता है ! तुमको बात क्यों लगी ? कौन है रण्डी का भड़वा ? मारो साले को ! मारो ! तेरी···।

हो-हल्ले के बीच, हिरामन की आवाज़ कपड़घर को फाड़ रही है–"आओ, एक-एक

की गरदन उतार लेंगे।"

लालमोहर दुआली से पटापट पीटता जा रहा है सामने के लोगों को। पलटदास एक आदमी की छाती पर सवार है–"साला, सिया सुकुमारी को गाली देता है, सो भी मुसलमान होकर ?"

धुन्नीराम शुरू से ही चुप था। मारपीट शुरू होते ही कपड़घर से निकलकर बाहर भागा।

काले कोटवाले नौटंकी के मैनेजर नेपाली सिपाही के साथ दौड़े आये। दारोगा साहब ने हण्टर से पीट-पाट शुरू की। हण्टर खाकर लालमोहर तिलमिला उठा; कचराही बोली में भाषण देने लगा–"दारोगा साहब, मारते हैं, मारिए। कोई हर्ज नहीं। लेकिन यह पास देख लीजिए, एक पास पॉकिट में भी है। देख सकते हैं हुजूर। टिकस नहीं पास !··· तब हम लोगों के सामने कम्पनी की औरत को कोई बुरी बात कहे तो कैसे छोड़ देंगे ?"

कम्पनी के मैनेजर की समझ में आ गयी सारी बात। उसने दारोगा को समझाया–"हुजूर, मैं समझ गया। यह सारी बदमाशी मथुरामोहन कम्पनीवालों की है। तमाशे में झगड़ा खड़ा करके कम्पनी को बदनाम··· नहीं हुजूर, इन लोगों को छोड़ दीजिए, हीराबाई के आदमी हैं। बेचारी की जान खतरे में है। हुजूर से कहा था न !"

हीराबाई का नाम सुनते ही दारोगा ने तीनों को छोड़ दिया। लेकिन तीनों की दुआली छीन ली गयी। मैनेजर ने तीनों को एक रुपयेवाले दरजे में कुरसी पर बिठाया–"आप लोग यहीं बैठिए। पान भिजवा देता हूँ।" कपड़घर शान्त हुआ और हीराबाई स्टेज पर लौट आयी।

नगाड़ा फिर घनघना उठा।

थोड़ी देर बाद तीनों को एक साथ ही धुन्नीराम का खयाल हुआ–अरे, धुन्नीराम कहाँ गया ?

"मालिक, ओ मालिक !" लहसनवाँ कपड़घर के बाहर चिल्लाकर पुकार रहा है, "ओ लालमोहर मा-लि-क !"

लालमोहर ने तारस्वर में जवाब दिया–"इधर से, इधर से ! एकटकिया फाटक से।" सभी दर्शकों ने लालमोहर की ओर मुड़कर देखा। लहसनवाँ को नेपाली सिपाही लालमोहर के पास ले आया। लालमोहर ने जेब से पास निकालकर दिखा दिया। लहसनवाँ ने आते ही पूछा, "मालिक, कौन आदमी क्या बोल रहा था ? बोलिए तो ज़रा। चेहरा दिखला दीजिए, उसकी एक झलक !"

लोगों ने लहसनवाँ की चौड़ी और सपाट छाती देखी। जाड़े के मौसम में भी खाली देह !··· चेले-चाटी के साथ हैं ये लोग !

लालमोहर ने लहसनवाँ को शान्त किया।

··· तीनों-चारों से मत पूछे कोई, नौटंकी में क्या देखा। किस्सा कैसे याद रहे ! हिरामन को लगता था, हीराबाई शुरू से ही उसी की ओर टकटकी लगाकर

देख रही है, गा रही है, नाच रही है। लालमोहर को लगता था, हीराबाई उसी की ओर देखती है। वह समझ गयी है, हिरामन से भी ज़्यादा पावरवाला आदमी है लालमोहर ! पलटदास किस्सा समझता है।··· किस्सा और क्या होगा, रमैन की ही बात है। वही राम, वही सीता, वही लखनलला और वही रावन ! सिया सुकुमारी को रामजी से छीनने के लिए रावन तरह-तरह का रूप धरकर आता है। राम और सीता भी रूप बदल लेते हैं। यहाँ भी तख़्तहज़ारा बनानेवाला माली का बेटा राम है। गुलबदन सिया सुकुमारी है। माली के लड़के का दोस्त लखनलला है और सुलतान है रावन।··· धुन्नीराम को बुखार है तेज़ ! लहसनवाँ को सबसे अच्छा जोकर का पार्ट लगा है··· चिरैया तोंहके लेके ना, जइवै नरहट के बजरिया ! वह उस जोकर से दोस्ती लगाना चाहता है।··· नहीं लगावेगा दोस्ती, जोकर साहब ?

हिरामन को एक गीत की आधी कड़ी हाथ लगी है–'मारे गये गुलफाम !' कौन था यह गुलफ़ाम ! हीराबाई रोती हुई गा रही थी–"अजी हाँ, मारे गये गुलफ़ाम !" टिड़िड़िड़ि··· बेचारा गुलफ़ाम !

तीनों को दुआली वापस देते हुए पुलिस के सिपाही ने कहा, "लाठी-दुआली लेकर नाच देखने आते हो ?"

दूसरे दिन मेले-भर में यह बात फैल गयी–मथुरामोहन कम्पनी से भागकर आयी है हीराबाई, इसलिए इस बार मथुरामोहन कम्पनी नहीं आयी है।··· उसके गुण्डे आये हैं।··· हीराबाई भी कम नहीं। बड़ी खेलाड़ औरत है। तेरह-तेरह देहाती लठैत पाल रही है।··· 'वाह मेरी जान' भी कहे तो कोई ! मजाल है !

दस दिन-दिन रात !···

दिन-भर भाड़ा ढोता हिरामन। शाम होते ही नौटंकी का नगाड़ा बजने लगता। नगाड़े की आवाज़ सुनते ही हीराबाई की पुकार कानों के पास मँडराने लगती–भैया··· मीता··· हिरामन··· उस्ताद··· गुरुजी ! हमेशा कोई-न-कोई बाजा उसके मन के कोने में बजता रहता, दिन-भर। कभी हारमोनियम, कभी नगाड़ा, कभी ढोलक और कभी हीराबाई की पैजनी। उन्हीं साजों की गत पर हिरामन उठता-बैठता, चलता-फिरता। नौटंकी कम्पनी के मैनेजर से लेकर परदा खींचनेवाले तक उसको पहचानते हैं।··· हीराबाई का आदमी है।

पलटदास हर रात नौटंकी शुरू होने के समय श्रद्धापूर्वक स्टेज को नमस्कार करता, हाथ जोड़कर। लालमोहर, एक दिन अपनी कचराही बोली सुनाने गया था हीराबाई को। हीराबाई ने पहचाना ही नहीं। तब से उसका दिल छोटा हो गया है। उसका नौकर लहसनवाँ उसके हाथ से निकल गया है, नौटंकी कम्पनी में भर्ती हो गया है। जोकर से उसकी दोस्ती हो गयी है। दिन-भर पानी भरता है, कपड़े धोता है। कहता है गाँव में क्या है जो जायेंगे ! लालमोहर उदास रहता है। धुन्नीराम घर चला गया है, बीमार होकर।

हिरामन आज सुबह से तीन बार लदनी लादकर स्टेशन आ चुका है। आज न जाने क्यों उसको अपनी भौजाई की याद आ रही है।··· धुन्नीराम ने कुछ कह तो नहीं दिया, बुखार की झोंक में ! यहीं कितना अटर-पटर बक रहा था–गुलबदन, तख़्तहज़ारा !··· लहसनवाँ मौज में है। दिन-भर हीराबाई को देखता होगा। कल कह रहा था, हिरामन मालिक, तुम्हारे अकबाल से खूब मौज में हूँ। हीराबाई की साड़ी धोने के बाद कठौते का पानी अतरगुलाब हो जाता है। उसमें अपनी गमछी डुबाकर छोड़ देता हूँ। लो, सूँघोगे ?··· हर रात, किसी-न-किसी के मुँह से सुनता है वह–हीराबाई रण्डी है। कितने लोगों से लड़े वह ! बिना देखे ही लोग कैसे कोई बात बोलते हैं ! राजा को भी लोग पीठ-पीछे गाली देते हैं !··· आज वह हीराबाई से मिलकर कहेगा, नौटंकी कम्पनी में रहने से बहुत बदनाम करते हैं लोग। सरकस कम्पनी में क्यों नहीं काम करती ?··· सबके सामने नाचती है, हिरामन का कलेजा दप-दप जलता रहता है उस समय। सरकस कम्पनी में बाघ को··· उसके पास जाने की हिम्मत कौन करेगा ! सुरक्षित रहेगी हीराबाई ! किधर की गाड़ी आ रही है ?

"हिरामन, ए हिरामन भाय !" लालमोहर की बोली सुनकर हिरामन ने गरदन मोड़कर देखा।··· क्या लादकर लाया है लालमोहर ?

"तुमको ढूँढ़ रही है हीराबाई, इशटीशन पर। जा रही है।" एक ही साँस में सुना गया। लालमोहर की गाड़ी पर ही आयी है मेले से।

"जा रही है ? कहाँ ? हीराबाई रेलगाड़ी से जा रही है ?"

हिरामन ने गाड़ी खोल दी। मालगुदाम के चौकीदार से कहा, "भैया, ज़रा गाड़ी-बैल देखते रहिए। आ रहे हैं।"

"उस्ताद !" जनाना मुसाफिरखाने के फाटक के पास हीराबाई ओढ़नी से मुँह-हाथ ढककर खड़ी थी। थैली बढ़ाती हुई बोली, "लो ! हे भगवान ! भेंट हो गयी, चलो, मैं तो उम्मीद खो चुकी थी। तुमसे अब भेंट नहीं हो सकेगी।··· मैं जा रही हूँ गुरुजी !"

बक्सा ढोनेवाला आदमी आज कोट-पतलून पहनकर बाबूसाहब बन गया है। मालिकों की तरह कुलियों को हुक्म दे रहा है–"जनाना दर्जा में चढ़ाना। अच्छा ?"

हिरामन हाथ में थैली लेकर चुपचाप खड़ा रहा। कुरते के अन्दर से थैली निकालकर दी है हीराबाई ने।··· चिड़िया की देह की तरह गर्म है थैली।

"गाड़ी आ रही है।" बक्सा ढोनेवाले ने मुँह बनाते हुए हीराबाई की ओर देखा। उसके चेहरे का भाव स्पष्ट है–इतना ज्यादा क्या है··· ?

हीराबाई चंचल हो गयी। बोली, "हिरामन, इधर आओ, अन्दर। मैं फिर लौटकर जा रही हूँ मथुरामोहन कम्पनी में। अपने देश की कम्पनी है··· बनैली मेला आओगे न ?"

हीराबाई ने हिरामन के कन्धे पर हाथ रखा··· इस बार दाहिने कन्धे पर। फिर

अपनी थैली से रुपया निकालते हुए बोली, "एक गरम चादर खरीद लेना···।"

हिरामन की बोली फूटी, इतनी देर के बाद–"इस्स ! हरदम रुपैया-पैसा ! रखिए रुपैया ! ··· क्या करेंगे चादर ?"

हीराबाई का हाथ रुक गया। उसने हिरामन के चेहरे को ग़ौर से देखा। फिर बोली, "तुम्हारा जी बहुत छोटा हो गया है। क्यों मीता ?··· महुआ घटवारिन को सौदागर ने खरीद जो लिया है गुरुजी !"

गला भर आया हीराबाई का। बक्सा ढोनेवाले ने बाहर से आवाज़ दी–"गाड़ी आ गयी।" हिरामन कमरे से बाहर निकल आया। बक्सा ढोनेवाले ने नौटंकी के जोकर-जैसा मुँह बनाकर कहा, "लाटफारम से बाहर भागो। बिना टिकट के पकड़ेगा तो तीन महीने की हवा···।"

हिरामन चुपचाप फाटक से बाहर जाकर खड़ा हो गया।··· टीशन की बात, रेलवे का राज ! नहीं तो इस बक्सा ढोनेवाले का मुँह सीधा कर देता हिरामन।···

हीराबाई ठीक सामनेवाली कोठरी में चढ़ी। इस्स ! इतना टान ! गाड़ी में बैठकर भी हिरामन की ओर देख रही है, टुकुर-टुकुर।··· लालमोहर को देखकर जी जल उठता है, हमेशा पीछे-पीछे; हरदम हिस्सादारी सूझती है।

गाड़ी ने सीटी दी। हिरामन को लगा, उसके अन्दर से कोई आवाज़ निकलकर सीटी के साथ ऊपर की ओर चली गयी–कू-उ-उ-इ-स्स··· !

··· छि-ई-ई-छक्क ! गाड़ी हिली। हिरामन ने अपने दाहिने पैर के अँगूठे को बायें पैर की एड़ी से कुचल लिया। कलेजे की धड़कन ठीक हो गयी।··· हीराबाई हाथ की बैंगनी साफी से चेहरा पोंछती है। साफी हिलाकर इशारा करती है··· अब जाओ।··· आखिरी डब्बा गुज़रा; प्लेटफार्म खाली··· सब खाली··· खोखले··· मालगाड़ी के डब्बे ! दुनिया ही खाली हो गयी मानो ! हिरामन अपनी गाड़ी के पास लौट आया।

हिरामन ने लालमोहर से पूछा, "तुम कब तक लौट रहे हो गाँव ?"

लालमोहर बोला, "अभी गाँव जाकर क्या करेंगे ? यही तो भाड़ा कमाने का मौका है ! हीराबाई चली गयी, मेला अब टूटेगा।"

–"अच्छी बात। कोई समाद देना है घर ?"

लालमोहर ने हिरामन को समझाने की कोशिश की। लेकिन हिरामन ने अपनी गाड़ी गाँव की ओर जानेवाली सड़क की ओर मोड़ दी।··· अब मेले में क्या धरा है ! खोखला मेला !

रेलवे लाइन की बगल से बैलगाड़ी की कच्ची सड़क गयी है दूर तक। हिरामन कभी रेल पर नहीं चढ़ा है। उसके मन में फिर पुरानी लालसा झाँकी, रेलगाड़ी पर सवार होकर, गीत गाते हुए जगरनाथ-धाम जाने की लालसा।··· उलटकर अपने खाली टप्पर की ओर देखने की हिम्मत नहीं होती है। पीठ में आज भी गुदगुदी लगती है। आज भी रह-रहकर चम्पा का फूल खिल उठता है, उसकी गाड़ी में। एक गीत की टूटी कड़ी पर नगाड़े का ताल कट जाता है, बार-बार !···

उसने उलटकर देखा, बोरे भी नहीं, बाँस भी नहीं, बाघ भी नहीं··· परी··· देवी··· मीता··· हीरादेवी··· महुआ घटवारिन–को-ई नहीं। मरे हुए मुहूर्तों की गूँगी आवाज़ें मुखर होना चाहती हैं। हिरामन के होंठ हिल रहे हैं। शायद वह तीसरी कसम खा रहा है–कम्पनी की औरत की लदनी···।

हिरामन ने हठात् अपने दोनों बैलों को झिड़की दी, दुआली से मारते हुए बोला, "रेलवे लाइन की ओर उलट-उलटकर क्या देखते हो ?" दोनों बैलों ने कदम खोलकर चाल पकड़ी। हिरामन गुनगुनाने लगा–"अजी हाँ, मारे गये गुलफ़ाम···!"

1956

लाल पान की बेगम

"क्यों बिरजू की माँ, नाच देखने नहीं जाएगी क्या ?"

बिरजू की माँ शकरकन्द उबालकर बैठी मन-ही-मन कुढ़ रही थी अपने आँगन में। सात साल का लड़का बिरजू शकरकन्द के बदले तमाचे खाकर आँगन में लोट-लोटकर सारी देह में मिट्टी मल रहा था। चम्पिया के सिर भी चुड़ैल मँडरा रही है··· आधे-आँगन धूप रहते जो गयी है सहुआइन की दुकान छोवा-गुड़ लाने, सो अभी तक नहीं लौटी; दीया-बाती की बेला हो गयी। आये आज लौटके ज़रा ! बागड़ बकरे की देह में कुकुरमाछी लगी थी, इसलिए बेचारा बागड़ रह-रहकर कूद-फाँद कर रहा था। बिरजू की माँ बागड़ पर मन का गुस्सा उतारने का बहाना ढूँढ़कर निकाल चुकी थी।··· पिछवाड़े की मिर्च की फूली गाछ ! बागड़ के सिवा और किसने कलेवा किया होगा ! बागड़ को मारने के लिए वह मिट्टी का छोटा ढेला उठा चुकी थी, कि पड़ोसिन मखनी फूआ की पुकार सुनायी पड़ी–"क्यों बिरजू की माँ, नाच देखने नहीं जायेगी क्या ?"

"बिरजू की माँ के आगे नाथ और पीछे पगहिया न हो तब न; फुआ !"

गरम गुस्से में बुझी नुकीली बात फुआ की देह में धँस गयी और बिरजू की माँ ने हाथ के ढेले को पास ही फेंक दिया–"बेचारे बागड़ को कुकुरमाछी परेशान कर रही है ! आ-· हा, आय··· आय ! हर्र-र-र-र ! आय-आय !"

बिरजू ने लेटे-ही-लेटे बागड़ को एक डण्डा लगा दिया। बिरजू की माँ की इच्छा हुई कि जाकर उसी डण्डे से बिरजू का भूत भगा दे, किन्तु नीम के पास खड़ी पनभरियों की खिलखिलाहट सुनकर रुक गयी। बोली, "ठहर, तेरे बप्पा ने बड़ा हथछुट्टा बना दिया है तुझे ! बड़ा हाथ चलता है लोगों पर। ठहर !"

मखनी फुआ नीम के पास झुकी कमर से घड़ा उतारकर पानी भरकर लौटती पनभरनियों में बिरजू की माँ की बहकी हुई बात का इन्साफ करा रही थी–"ज़रा देखो तो इस बिरजू की माँ को ! चार मन पाट (जूट) का पैसा क्या हुआ है, धरती पर पाँव ही नहीं पड़ते ! निसाफ करो ! खुद अपने मुँह से आठ दिन पहले से ही गाँव की अली-गली में बोलती फिरी है, 'हाँ, इस बार बिरजू के बप्पा ने कहा है, बैलगाड़ी पर बिठाकर बलरामपुर का नाच दिखा लाऊँगा। बैल अब अपने

घर है, तो हजार गाड़ी मँगनी मिल जायेंगी।' सो मैंने अभी टोक दिया, नाच देखनेवाली सब तो औन-पौन कर तैयार हो रही हैं, रसोई-पानी कर रहे हैं। मेरे मुँह में आग लगे, क्यों मैं टोकने गयी ! सुनती हो, क्या जवाब दिया बिरजू की माँ ने ?"

मखनी फुआ ने अपने पोपले मुँह के होंठों को एक ओर मोड़कर ऐंठती हुई बोली निकाली–"अर्-र्रे-हाँ-हाँ ! बि-र-र-ज्जू की मै··· या के आगे नाथ औ-र्र पीछे पगहिया ना हो, तब्ब ना-आ-आ !"

जंगी की पुतोहू बिरजू की माँ से नहीं डरती। वह ज़रा गला खोलकर ही कहती है, "फुआ-आ ! सरबे सित्तलमिण्टी (सर्वे सेट्लमेण्ट) के हाकिम के बासा पर फूलछाप किनारीवाली साड़ी पहनके यदि तू भी भटा की भेंटीं चढ़ाती तो तुम्हारे नाम से भी दु-तीन बीघा धनहर ज़मीन का पर्चा कट जाता ! फिर तुम्हारे घर भी आज दस मन सोनाबंग पाट होता, जोड़ा बैल खरीदता ! फिर आगे नाथ और पीछे सैकड़ों पगहिया झूलती !"

जंगी की पुतोहू मुँहजोर है। रेलवे स्टेशन के पास की लड़की है। तीन ही महीने हुए गौने की नयी बहू होकर आयी है और सारे कुर्माटोली की सभी झगड़ालू सासों से एकाध मोरचा ले चुकी है। उसका ससुर जंगी दागी चोर है, सी-किलासी है। उसका खसम रंगी कुर्माटोली का नामी लठैत। इसीलिए हमेशा सींग खुजाती फिरती है जंगी की पुतोहू !

बिरजू की माँ के आँगन में जंगी की पुतोहू की गला-खोल बोली गुलेल की गोलियों की तरह दनदनाती हुई आयी थी। बिरजू की माँ ने एक तीखा जवाब खोजकर निकाला, लेकिन मन मसोसकर रह गयी।··· गोबर की ढेरी में कौन ढेला फेंके !

जीभ के झाल को गले में उतारकर बिरजू की माँ ने अपनी बेटी चम्पिया को आवाज़ दी–"अरी चम्पिया-या-या, आज लौटे तो तेरी मूड़ी मरोड़कर चूल्हे में झोंकती हूँ ! दिन-दिन बेचाल होती जाती है !··· गाँव में तो अब ठेठर-बैसकोप का गीत गानेवाली पतुरिया-पुतोहू सब आने लगी हैं। कहीं बैठके 'बाजे न मुरलिया' सीख रही होगी ह-र-जा-ई-ई ! अरी चम्पि-या-या-या !"

जंगी की पुतोहू ने बिरजू की माँ की बोली का स्वाद लेकर कमर पर घड़े को सँभाला और मटककर बोली, "चल दिदिया, चल ! इस मुहल्ले में लाल पान की बेगम बसती है ! नहीं जानती, दोपहर-दिन और चौपहर-रात बिजली की बत्ती भक्-भक् कर जलती है !"

भक्-भक् बिजली-बत्ती की बात सुनकर न जाने क्यों सभी खिलखिलाकर हँस पड़ीं। फुआ की टूटी हुई दन्त-पंक्तियों के बीच से एक मीठी गाली निकली–"शैतान की नानी !"

बिरजू की माँ की आँखों पर मानो किसी ने तेज़ टार्च की रोशनी डालकर चौंधिया दिया।··· भक्-भक् बिजली-बत्ती ! तीन साल पहले सर्वे कैम्प के बाद गाँव की जलन-डाही औरतों ने एक कहानी गढ़के फैलायी थी, चम्पिया की माँ के आँगन

में रात-भर बिजली-बत्ती भुकभुकाती थी ! चम्पिया की माँ के आँगन में, नाकवाले जूते की छाप घोड़े की टाप की तरह !··· जलो, जलो ! और जलो ! चम्पिया की माँ के आँगन में चाँदी-जैसे पाट सूखते देखकर जलनेवाली सब औरतें खलिहान पर सोनोली धान के बोझों को देखकर बैंगन का भुर्ता हो जायेंगी।

मिट्टी के बरतन से टपकते हुए छोवा-गुड़ को उँगलियों से चाटती हुई चम्पिया आयी और माँ के तमाचे खाकर चीख पड़ी—"मुझे क्यों मारती है ! ए-ए-ए ! सहुआइन जल्दी से सौदा नहीं देती है-एँ-एँ-एँ-एँ !"

"सहुआइन जल्दी सौदा नहीं देती की नानी ! एक सहुआइन की ही दुकान पर मोती झरते हैं, जो जड़ गाड़कर बैठी हुई थी ! बोल, गले पर लात देकर कल्ला तोड़ दूँगी हरजाई, जो फिर कभी 'बाजे न मुरलिया' गाते सुना ! चाल सीखने जाती है टीशन की छोकरियों से !"

बिरजू की माँ ने चुप होकर अपनी आवाज़ अन्दाज़ी कि उसकी बात जंगी के झोंपड़े तक साफ़-साफ़ पहुँच गयी होगी।

बिरजू बीती हुई बातों को भूलकर उठ खड़ा हुआ था और धूल झाड़ते हुए बरतन से टपकते गुड़ को ललचायी निगाह से देखने लगा था।··· दीदी के साथ वह भी दुकान जाता तो दीदी उसे भी गुड़ चटाती, ज़रूर ! वह शकरकन्द के लोभ में रहा और माँगने पर माँ ने शकरकन्द के बदले···

"ऐ मैया, एक अँगुली गुड़ दे दे !" बिरजू ने तलहथी फैलायी—"दे ना मैया, एक रत्ती-भर !"

"एक रत्ती क्यों, उठाके बरतन को फेंक आती हूँ पिछवाड़े में; जाके चाटना ! नहीं बनेगी मीठी रोटी !··· मीठी रोटी खाने का मुँह होता है !" बिरजू की माँ ने उबले शकरकन्द का सूप रोती हुई चम्पिया के सामने रखते हुए कहा, "बैठके छिलके उतार, नहीं तो अभी··· !"

दस साल की चम्पिया जानती है, शकरकन्द छीलते समय कम-से-कम बारह बार माँ उसे बाल पकड़कर झकझोरेगी, छोटी-छोटी खोट निकालकर गालियाँ देगी—'पाँव फैलाके क्यों बैठी है उस तरह, बेलज्जी !' चम्पिया माँ के गुस्से को जानती है।

बिरजू ने इस मौके पर थोड़ी-सी खुशामद करके देखा—"मैया, मैं भी बैठकर शकरकन्द छीलूँ ?"

"नहीं !" माँ ने झिड़की दी, "एक शकरकन्द छीलेगा और तीन पेट में ! जाके सिद्धू की बहू से कहो, एक घण्टे के लिए कड़ाही माँगकर ले गयी तो फिर लौटाने का नाम नहीं। जा जल्दी !"

मुँह लटकाकर आँगन से निकलते-निकलते बिरजू ने शकरकन्द और गुड़ पर निगाह दौड़ायी। चम्पिया ने अपने झबरे केश की ओट से माँ की ओर देखा और नज़र बचाकर चुपके से बिरजू की ओर एक शकरकन्द फेंक दिया।··· बिरजू भागा।

"सूरज भगवान डूब गये। दीया-बत्ती की बेला हो गयी। अभी तक गाड़ी···"

चम्पिया बीच में ही बोल उठी–"कोयरीटोले में किसी ने गाड़ी नहीं दी मैया ! बप्पा बोले, माँ से कहना सब ठीक-ठाक करके तैयार रहें। मलदहियाटोली के मियाँजान की गाड़ी लाने जा रहा हूँ।"

सुनते ही बिरजू की माँ का चेहरा उतर गया। लगा, छाते की कमानी उतर गयी घोड़े से अचानक। कोयरीटोले में किसी ने गाड़ी मँगनी नहीं दी ! तब मिल चुकी गाड़ी ! जब अपने गाँव के लोगों की आँख में पानी नहीं तो मलदहियाटोली के मियाँजान की गाड़ी का क्या भरोसा ! न तीन में, न तेरह में ! क्या होगा शकरकन्द छीलकर ! रख दे उठाके !··· यह मर्द नाच दिखायेगा ! बैलगाड़ी पर चढ़कर नाच दिखाने ले जायेगा ! चढ़ चुकी बैलगाड़ी पर, देख चुकी जी-भर नाच··· पैदल जानेवाली सब पहुँचकर पुरानी हो चुकी होंगी।

बिरजू छोटी कड़ाही सिर पर औंधा कर वापस आया–"देख दिदिया मलेटरी टोपी ! इस पर दस लाठी मारने से भी कुछ नहीं होता।"

चम्पिया चुपचाप बैठी रही, कुछ बोली नहीं, ज़रा-सी मुस्कुरायी भी नहीं। बिरजू ने समझ लिया, मैया का गुस्सा अभी उतरा नहीं है पूरे तौर से।

मढ़ैया के अन्दर से बागड़ को बाहर भगाती हुई बिरजू की माँ बड़बड़ायी–"कल ही पँचकौड़ी कसाई के हवाले करती हूँ राकस तुझे ! हर चीज में मुँह लगायेगा। चम्पिया, बाँध दे बगड़ा को। खोल दे गले की घण्टी ! हमेशा टुनुर-टुनुर ! मुझे जरा नहीं सुहाता है !"

'टुनुर-टुनुर' सुनते ही बिरजू को सड़क से जाती हुई बैलगाड़ियों की याद हो आयी–"अभी बबुआनटोले की गाड़ियाँ नाच देखने जा रही थीं··· झुनुर-झुनुर बैलों की झुनकी, तुमने सु··· "

"बेसी बक-बक मत करो !" बागड़ के गले से झुनकी खोलती बोली चम्पिया।

"चम्पिया, डाल दे चूल्हे में पानी ! बप्पा आवे तो कहना कि अपने उड़नजहाज पर चढ़कर नाच देख आयें ! मुझे नाच देखने का सौख नहीं !··· मुझे जगइयो मत कोई ! मेरा माथा दुख रहा है।"

मढ़ैया के ओसारे पर बिरजू ने फिसफिसाके पूछा, "क्यों दिदिया, नाच में उड़नजहाज भी उड़ेगा ?"

चटाई पर कथरी ओढ़कर बैठती हुई चम्पिया ने बिरजू को चुपचाप अपने पास बैठने का इशारा किया, मुफ़्त में मार खायेगा बेचारा !···

बिरजू ने बहन की कथरी में हिस्सा बाँटते हुए चुक्की-मुक्की लगायी। जाड़े के समय इस तरह घुटने पर ठुड्डी रखकर चुक्की-मुक्की लगाना सीख चुका है वह। उसने चम्पिया के कान के पास मुँह ले जाकर कहा, "हम लोग नाच देखने नहीं जायेंगे ?··· गाँव में एक पंछी भी नहीं है। सब चले गये।"

चम्पिया को अब तिल-भर भी भरोसा नहीं। संझा तारा डूब रहा है। बप्पा अभी तक गाड़ी लेकर नहीं लौटे।··· एक महीना पहले से ही मैया कहती थी, बलरामपुर के नाच के दिन मीठी रोटी बनेगी; चम्पिया छींट की साड़ी पहनेगी; बिरजू पैण्ट

पहनेगा बैलगाड़ी पर चढ़कर...

चम्पिया की भीगी पलकों पर एक बूँद आँसू आ गया।

बिरजू का भी दिल भर आया। उसने मन-ही-मन इमली पर रहनेवाले जिन बाबा को एक बैंगन कबूला, गाछ का सबसे पहला बैंगन, उसने खुद जिस पौधे को रोपा है !... जल्दी से गाड़ी लेकर बप्पा को भेज दो, जिनबाबा !

मढ़ैया के अन्दर बिरजू की माँ चटाई पर पड़ी करवटें ले रही थी। उँह, पहले से किसी बात का मनसूबा नहीं बाँधना चाहिए किसी को ! भगवान ने मनसूबा तोड़ दिया। उसको सबसे पहले भगवान से पूछना है, यह किस चूक का फल दे रहो हो भोला बाबा ! अपने जानते उसने किसी देवता-पित्तर की मान-मनौती बाकी नहीं रखी। सर्वे के समय ज़मीन के लिए जितनी मनौतियाँ की थीं... ठीक ही तो ! महाबीरजी का रोट तो बाकी ही है। हाय रे दैव !... भूल-चूक माफ करो महाबीर बाबा ! मनौती दूनी करके चढ़ायेगी बिरजू की माँ !...

बिरजू की माँ के मन में रह-रहकर जंगी और पुतोहू की बातें चुभती हैं भक्-भक् बिजली-बत्ती !... चोरी-चमारी करनेवाले की बेटी-पुतोहू जलेगी नहीं ! पाँच बीघा ज़मीन क्या हासिल की है बिरजू के बप्पा ने, गाँव की भाईखौकियों की आँखों में किरकिरी पड़ गयी है। खेत में पाट लगा देखकर गाँव के लोगों की छाती फटने लगी; धरती फोड़कर पाट लगा है; बैशाखी बादलों की तरह उमड़ते आ रहे हैं पाट के पौधे ! तो अलान, तो फलान ! इतनी आँखों की धार भला फसल सहे ! जहाँ पन्द्रह मन पाट होना चाहिए, सिर्फ दस मन पाट काँटा पर तौलके ओजन हुआ रब्बी भगत के यहाँ।...

इसमें जलने की क्या बात है भला !... बिरजू के बप्पा ने तो पहले ही कुर्मांटोली के एक-एक आदमी को समझाके कहा, 'ज़िन्दगी-भर मज़दूरी करते रह जाओगे। सर्वे का समय आ रहा है, लाठी कड़ी करो तो दो-चार बीघे ज़मीन हासिल कर सकते हो।' सो गाँव की किसी पुतखौकी का भतार सर्वे के समय बाबूसाहेब के खिलाफ खाँसा भी नहीं।... बिरजू के बप्पा को कम सहना पड़ा है ! बाबूसाहेब गुस्से से सरकस नाच के बाघ की तरह हुमड़ते रह गये। उनका बड़ा बेटा घर में आग लगाने की धमकी देकर गया।... आखिर बाबूसाहेब ने अपने सबसे छोटे लड़के को भेजा। बिरजू की माँ को 'मौसी' कहके पुकारा—'यह ज़मीन बाबूजी ने मेरे नाम से खरीदी थी। मेरी पढ़ाई-लिखाई उसी ज़मीन की उपज से चलती है।'... और भी कितनी बातें। खूब मोहना जानता है उत्ता ज़रा-सा लड़का। ज़मींदार का बेटा है कि...

चम्पिया, बिरजू सो गया क्या ? यहाँ आ जा बिरजू, अन्दर। तू भी आ जा, चम्पिया !... भला आदमी आये तो एक बार आज !

बिरजू के साथ चम्पिया अन्दर चली गयी।

"ढिबरी बुझा दे।... बप्पा बुलायें तो जवाब मत देना। खपच्ची गिरा दे।"

भला आदमी रे, भला आदमी ! मुँह देखो ज़रा इस मर्द का !... बिरजू की माँ

दिन-रात मंझा न देती रहती तो ले चुके थे ज़मीन ! रोज़ आकर माथा पकड़के बैठ जायें, 'मुझे ज़मीन नहीं लेनी है बिरजू की माँ, मजूरी ही अच्छी !'··· जवाब देती थी बिरजू की माँ खूब सोच-समझके, 'छोड़ दो, जब तुम्हारा कलेजा ही थिर नहीं होता है तो क्या होगा ! जोरू-ज़मीन जोर के, नहीं तो किसी और के !'···

बिरजू के बाप पर बहुत तेज़ी से गुस्सा चढ़ता है। चढ़ता ही जाता है।··· बिरजू की माँ का भाग ही खराब है, जो ऐसा गोबरगनेश घरवाला उसे मिला। कौन-सा सौख-मौज दिया है उसके मर्द ने ! कोल्हू के बैल की तरह खटकर सारी उम्र काट दी इसके यहाँ, कभी एक पैसे की जलेबी भी लाकर दी है उसके खसम ने !··· पाट का दाम भगत के यहाँ से लेकर बाहर-ही-बाहर बैल-हट्टा चले गये। बिरजू की माँ को एक बार नमरी लोट देखने भी नहीं दिया आँख से !··· बैल खरीद लाये। उसी दिन से गाँव में ढिंढोरा पीटने लगे, बिरजू की माँ इस बार बैलगाड़ी पर चढ़कर जायेगी नाच देखने !··· दूसरे की गाड़ी के भरोसे नाच दिखलायेगा !···

अन्त में उसे अपने-आप पर क्रोध हो आया। वह खुद भी कुछ कम नहीं ! उसकी जीभ में आग लगे ! बैलगाड़ी पर चढ़कर नाच देखने की लालसा किस कुसमय में उसके मुँह से निकली थी, भगवान जानें ! फिर आज सुबह से दोपहर तक, किसी-न-किसी बहाने उसने अठारह बार बैलगाड़ी पर नाच देखने की चर्चा छेड़ी है।··· लो, खूब देखो नाच ! वाह रे नाच ! कथरी के नीचे दुशाले का सपना !··· कल भोरे पानी भरने के लिए जब जायेगी, पतली जीभवाली पतुरिया सब हँसती आयेंगी, हँसती जायेंगी।··· सभी जलते हैं उससे, हाँ भगवान दाढ़ीजार भी !··· दो बच्चों की माँ होकर भी वह जस-की-तस है। उसका घरवाला उसकी बात में रहता है। वह बालों में गरी का तेल डालती है। उसकी अपनी ज़मीन है। है किसी के पास एक धूर ज़मीन भी अपनी इस गाँव में ! जलेंगे नहीं, तीन बीघे में धान लगा हुआ है, अगहनी, लोगों की बिखदीठ से बचें, तब तो !

बाहर बैलों की घण्टियाँ सुनायी पड़ीं। तीनों सतर्क हो गये। उत्कर्ण होकर सुनते रहे।

"अपने ही बैलों की घण्टी है, क्यों री चम्पिया ?"

चम्पिया और बिरजू ने प्रायः एक ही साथ कहा, "हूँ-ऊँ-ऊँ !"

"चुप !" बिरजू की माँ ने फिसफिसाकर कहा, "शायद गाड़ी भी है, घड़घड़ाती है न ?"

"हूँ-ऊँ-ऊँ !" दोनों ने फिर हुँकारी भरी।

"चुप ! गाड़ी नहीं है। तू चुपके से टट्टी में छेद करके देख तो आ चम्पी ! भागके आ, चुपके-चुपके।"

चम्पिया बिल्ली की तरह हौले-हौले पाँव से टट्टी के छेद से झाँक आयी–"हाँ मैया, गाड़ी भी है !"

बिरजू हड़बड़ाकर उठ बैठा। उसकी माँ ने उसके हाथ पकड़कर सुला दिया–"बोले मत !"

चम्पिया भी गुदड़ी के नीचे घुस गयी।

बाहर बैलगाड़ी खोलने की आवाज़ हुई। बिरजू के बाप ने बैलों को ज़ोर से डाँटा–"हाँ-हाँ ! आ गये घर ! घर आने के लिए छाती फटी जाती थी !"

बिरजू की माँ ताड़ गयी, ज़रूर मलदहियाटोली में गाँजे की चिलम चढ़ रही थी, आवाज़ तो बड़ी खनखनाती हुई निकल रही है।

"चम्पिया-ह !" बाहर से ही पुकारकर कहा उसके बाप ने, "बैलों को घास दे दे, चम्पिया-ह !"

अन्दर से कोई जवाब नहीं आया। चम्पिया के बाप ने आँगन में आकर देखा तो न रोशनी, न चिराग, न चूल्हे में आग।··· बात क्या है ! नाच देखने, उतावली होकर, पैदल ही चली गयी क्या··· !

बिरजू के गले में खसखसाहट हुई और उसने रोकने की पूरी कोशिश भी की, लेकिन खाँसी जब शुरू हुई तो पूरे पाँच मिनट तक वह खाँसता रहा।

"बिरजू ! बेटा बिरजमोहन !" बिरजू के बाप ने पुचकारकर बुलाया, "मैया गुस्से के मारे सो गयी क्या ?··· अरे अभी तो लोग जा ही रहे हैं।"

बिरजू की माँ के मन में आया कि कसकर जंवाब दे, नहीं देखना नाच ! लौटा दो गाड़ी !

"चम्पिया-ह ! उठती क्यों नहीं ? ले, धान की पँचसीस रख दे।" धान की बालियों का छोटा झब्बा झोंपड़े के ओसारे पर रखकर उसने कहा, "दीया बालो !"

बिरजू की माँ उठकर ओसारे पर आयी–"डेढ़ पहर रात को गाड़ी लाने की क्या जरूरत थी ? नाच तो अब खत्म हो रहा होगा।"

ढिबरी की रोशनी में धान की बालियों का रंग देखते ही बिरजू की माँ के मन का सब मैल दूर हो गया।··· धानी रंग उसकी आँखों से उतरकर रोम-रोम में घुल गया।

"नाच अभी शुरू भी नहीं हुआ होगा। अभी-अभी बलरामपुर के बाबू की सम्पनी गाड़ी मोहनपुर होटिल-बँगला से हाकिम साहब को लाने गयी है। इस साल आखिरी नाच है।··· पँचसीस टट्टी में खोंस दे, अपने खेत का है।"

"अपने खेत का ?" हुलसती हुई बिरजू की माँ ने पूछा, "पक गये धान ?"

"नहीं, दस दिन में अगहन चढ़ते-चढ़ते लाल होकर झुक जायेंगी सारे खेत की बालियाँ।··· मलदहियाटोली पर जा रहा था, अपने खेत में धान देखकर आँखें जुड़ा गयीं। सच कहता हूँ, पँचसीस तोड़ते समय उँगलियाँ काँप रही थीं मेरी !"

बिरजू ने धान की एक बाली से एक धान लेकर मुँह में डाल लिया और उसकी माँ ने एक हल्की डाँट दी–"कैसा लुक्कड़ है तू रे !··· इन दुश्मनों के मारे कोई नेम-धरम जो बचे !"

"क्या हुआ, डाँटती क्यों है ?"

"नवान्न के पहले ही नया धान जुठा दिया, देखते नहीं ?"

"अरे, इन लोगों का सबकुछ माफ है। चिरई-चुरमुन हैं ये लोग !"

"दोनों के मुँह में नवान्न के पहले नया अन्न न पड़े।"

इसके बाद चम्पिया ने भी धान की बाली से दो धान लेकर दाँतों तले दबाया–"ओ मैया ! इतना मीठा चावल !"

"और गमकता भी है न दिदिया ?" बिरजू ने फिर मुँह में धान लिया।

"रोटी-पोटी तैयार कर चुकी क्या !" बिरजू के बाप ने मुस्कुराकर पूछा।

"नहीं !" मान-भरे सुर में बोली बिरजू की माँ, "जाने का ठीक-ठिकाना नहीं··· और रोटी बनती है !"

"वाह ! खूब हो तुम लोग !··· जिसके पास बैल है, उसे गाड़ी मँगनी नहीं मिलेगी भला ? गाड़ीवालों को भी बैल की कभी कमी होगी।··· पूछूँगा तब कोयरीटोलावालों से !··· ले : जल्दी से रोटी बना ले।"

"देर नहीं होगी !"

"अरे, टोकरी-भर रोटी तो तू पलक मारते बना लेती है; पाँच रोटियाँ बनने में कितनी देर लगेगी !"

अब बिरजू की माँ के होंठों पर मुस्कुराहट खुलकर खिलने लगी। उसने नज़र बचाकर देखा, बिरजू का बप्पा उसकी ओर एकटक निहार रहा है।··· चम्पिया और बिरजू न होते तो मन की बात हँसकर खोलते देर न लगती। चम्पिया और बिरजू ने एक-दूसरे को देखा और खुशी से उनके चेहरे जगमगा उठे–"मैया बेकार गुस्सा हो रही थी न !"

"चम्पी ! जरा घैलसार में खड़ी होकर मखनी फुआ को आवाज दे तो !"

"ऐ फू-आ-आ ! सुनती हो फूआ-आ ! मैया बुला रही है !"

फुआ ने कोई जवाब नहीं दिया, किन्तु उसकी बड़बड़ाहट स्पष्ट सुनायी पड़ी– "हाँ ! अब फुआ को क्यों गुहारती है ? सारे टोले में बस एक फुआ ही तो बिना नाथ-पगहियावाली है।"

"अरी फुआ !" बिरजू की माँ ने हँसकर जवाब दिया, "उस समय बुरा मान गयी थी क्या ? नाथ-पगहियावाले को आकर देखो, दोपहर रात में गाड़ी लेकर आया है ! आ जाओ फुआ, मैं मीठी रोटी पकाना नहीं जानती।"

फुआ काँखती-खाँसती आयी–"इसी से घड़ी-पहर दिन रहते ही पूछ रही थी कि नाच देखने जायेगी क्या ? कहती, तो मैं पहले से ही अपनी अँगीठी यहाँ सुलगा जाती।"

बिरजू की माँ ने फुआ को अँगीठी दिखला दी और कहा, "घर में अनाज-दाना वगैरह तो कुछ है नहीं। एक बागड़ है और कुछ बरतन-बासन। सो रात-भर के लिए यहाँ तम्बाकू रख जाती हूँ। अपना हुक्का ले आयी हो न फुआ ?"

फुआ को तम्बाकू मिल जाये, तो रात-भर क्या, पाँच रात बैठकर जाग सकती है। फुआ ने अँधेरे में टटोलकर तम्बाकू का अन्दाज़ किया।··· ओ-हो ! हाथ खोलकर

तम्बाकू रखा है बिरजू की माँ ने ! और एक वह है सहुआइन ! राम कहो ! उस रात को अफीम की गोली की तरह एक मटर-भर तम्बाकू रखकर चली गयी गुलाब-बाग़ मेले और कह गयी कि डिब्बी-भर तम्बाकू है।

बिरजू की माँ चूल्हा सुलगाने लगी। चम्पिया ने शकरकन्द को मसलकर गोले बनाये और बिरजू सिर पर कड़ाही औंधाकर अपने बाप को दिखलाने लगा–"मलेटरी टोपी ! इस पर दस लाठी मारने से भी कुछ नहीं होगा !"

सभी ठठाकर हँस पड़े। बिरजू की माँ हँसकर बोली, "ताखे पर तीन-चार मोटे शकरकन्द हैं, दे दे बिरजू को चम्पिया, बेचारा शाम से ही··· "

"बेचारा मत कहो मैया, खूब सचारा है !" अब चम्पिया चहकने लगी, "तुम क्या जानो, कथरी के नीचे मुँह क्यों चल रहा था बाबू साहब का !"

"ही-ही-ही !"

बिरजू के टूटे दूध के दाँतों की फाँक से बोली निकली, "बिलैकमारटिन में पाँच शकरकन्द खा लिया ! हा-हा-हा !"

सभी फिर ठठाकर हँस पड़े। बिरजू की माँ ने फुआ का मन रखने के लिए पूछा, "एक कनवाँ गुड़ है। आधा दूँ फुआ ?"

फुआ ने गद्‌गद होकर कहा, "अरी शकरकन्द तो खुद मीठा होता है, उतना क्यों डालेगी ?"

जब तक दोनों बैल दाना-घास खाकर एक-दूसरे की देह को जीभ से चाटें, बिरजू की माँ तैयार हो गयी। चम्पिया ने छींट की साड़ी पहनी और बिरजू बटन के अभाव में पैण्ट पर पटसन की डोरी बँधवाने लगा।

बिरजू की माँ ने आँगन से निकल गाँव की ओर कान लगाकर सुनने की चेष्टा की–"उँहुँ, इतनी देर तक भला पैदल जानेवाले रुके रहेंगे ?"

पूर्णिमा का चाँद सिर पर आ गया है।··· बिरजू की माँ ने असली रूपा का मँगटीक्का पहना है आज, पहली बार। बिरजू के बप्पा को हो क्या गया है, गाड़ी जोतता क्यों नहीं, मुँह की ओर एकटक देख रहा है, मानो नाच की लाल पान की···

गाड़ी पर बैठते ही बिरजू की माँ की देह में एक अजीब गुदगुदी होने लगी। उसने बाँस की बल्ली को पकड़कर कहा, "गाड़ी पर अभी बहुत जगह है। जरा दाहिनी सड़क से गाड़ी हाँकना।"

बैल जब दौड़ने लगे और पहिया जब चूँ-चूँ करके घरघराने लगा तो बिरजू से नहीं रहा गया–"उड़नजहाज की तरह उड़ाओ बप्पा !"

गाड़ी जंगी के पिछवाड़े पहुँची। बिरजू की माँ ने कहा, "जरा जंगी से पूछो न, उसकी पुतोहू नाच देखने चली गयी क्या ?"

गाड़ी के रुकते ही जंगी के झोंपड़े से आती हुई रोने की आवाज़ स्पष्ट हो गयी। बिरजू के बप्पा ने पूछा, "अरे जंगी भाई, काहे कन्ना-रोहट हो रहा है आँगन में ?"

जंगी घूर ताप रहा था, बोला, "क्या पूछते हो, रंगी बलरामपुर से लौटा नहीं, पुतोहिया नाच देखने कैसे जाये ! आसरा देखते-देखते उधर गाँव की सभी औरतें चली गयीं।"

"अरी टीशनवाली, तो रोती है काहे !" बिरजू की माँ ने पुकारकर कहा, "आ जा झट से कपड़ा पहनकर। सारी गाड़ी पड़ी हुई है ! बेचारी !··· आ जा जल्दी !"

बगल के झोंपड़े से राधे की बेटी सुनरी ने कहा, "काकी, गाड़ी में जगह है ? मैं भी जाऊँगी।"

बाँस की झाड़ी के उस पार लरेना खवास का घर है। उसकी बहू भी नहीं गयी है। गिलट का झुनकी-कड़ा पहनकर झमकती आ रही है।

"आ जा ! जो बाकी रह गयी हैं, सब आ जायें जल्दी !"

जंगी की पुतोहू, लरेना की बीवी और राधे की बेटी सुनरी, तीनों गाड़ी के पास आयीं। बैल ने पिछला पैर फेंका। बिरजू के बाप ने एक भद्दी गाली दी– "साला ! लताड़ मारकर लँगड़ी बनायेगा पुतोहू को !"

सभी ठठाकर हँस पड़े। बिरजू के बाप ने घूँघट में झुकी दोनों पुतोहुओं को देखा। उसे अपने खेत की झुकी हुई बालियों की याद आ गयी।

जंगी की पुतोहू का गौना तीन ही मास पहले हुआ है। गौने की रंगीन साड़ी से कड़वे तेल और लठवा-सिन्दूर की गन्ध आ रही है। बिरजू की माँ को अपने गौने की याद आयी। उसने कपड़े की गठरी से तीन मीठी रोटियाँ निकालकर कहा, "खा ले एक-एक करके। सिमराहा के सरकारी कूप में पानी पी लेना।"

गाड़ी गाँव से बाहर होकर धान के खेतों के बगल से जाने लगी। चाँदनी, कातिक की !··· खेतों से धान के झरते फूलों की गन्ध आती है। बाँस की झाड़ी में कहीं दुद्धी की लता फूली है। जंगी की पुतोहू ने एक बीड़ी सुलगाकर बिरजू की माँ की ओर बढ़ायी। बिरजू की माँ को अचानक याद आयी चम्पिया, सुनरी, लरेना की बीवी और जंगी की पुतोहू, ये चारों ही तो गाँव में बैसकोप का गीत गाना जानती हैं।··· खूब !

गाड़ी की लीक धनखेतों के बीच होकर गयी। चारों ओर गौने की साड़ी की खसखसाहट-जैसी आवाज़ होती है।··· बिरजू की माँ के माथे के मँगटीक्के पर चाँदनी छिटकती है।

"अच्छा, अब एक बैसकोप का गीत गा तो चम्पिया !··· डरती है काहे ? जहाँ भूल जाओगी, बगल में मासटरनी बैठी ही है !"

दोनों पुतोहुओं ने तो नहीं, किन्तु चम्पिया और सुनरी ने खँखारकर गला साफ़ किया।

बिरजू के बाप ने बैलों को ललकारा–"चल भैया ! और जरा जोर से !··· गा रे चम्पिया, नहीं तो मैं बैलों को धीरे-धीरे चलने को कहूँगा।"

जंगी की पुतोहू ने चम्पिया के कान के पास घूँघट ले जाकर कुछ कहा और चम्पिया ने धीमे-से शुरू किया–"चन्दा की चाँदनी··· "

बिरजू को गोद में लेकर बैठी उसकी माँ की इच्छा हुई कि वह भी साथ-साथ गीत गाये। बिरजू की माँ ने जंगी की पुतोहू की ओर देखा, धीरे-धीरे गुनगुना रही है वह भी। कितनी प्यारी पुतोहू है ! गौने की साड़ी से एक खास किस्म की गन्ध निकलती है। ठीक ही तो कहा है उसने ! बिरजू की माँ बेगम है, लाल पान की बेगम ! यह तो कोई बुरी बात नहीं। हाँ, वह सचमुच लाल पान की बेगम है !

बिरजू की माँ ने अपनी नाक पर दोनों आँखों को केन्द्रित करने की चेष्टा करके अपने रूप की झाँकी ली, लाल साड़ी की झिलमिल किनारी, मँगटीक्का पर चाँद।··· बिरजू की माँ के मन में अब और कोई लालसा नहीं। उसे नींद आ रही है।

जनवरी, 1957

टेस

खेती-बारी के समय, गाँव के किसान सिरचन की गिनती नहीं करते। लोग उसको बेकार ही नहीं, 'बेगार' समझते हैं। इसलिए, खेत-खलिहान की मज़दूरी के लिए कोई नहीं बुलाने जाता है सिरचन को। क्या होगा, उसको बुलाकर ? दूसरे मज़दूर खेत पहुँचकर एक-तिहाई काम कर चुकेंगे, तब कहीं सिरचन राय हाथ में खुरपी डुलाता हुआ दिखायी पड़ेगा–पगडण्डी पर तौल-तौलकर पाँव रखता हुआ, धीरे-धीरे। मुफ्त में मज़दूरी देनी हो तो और बात है।

··· आज सिरचन को मुफ्तखोर, कामचोर या चटोर कह ले कोई। एक समय था, जबकि उसकी मड़ैया के पास बड़े-बड़े बाबू लोगों की सवारियाँ बँधी रहती थीं। उसे लोग पूछते ही नहीं थे, उसकी खुशामद भी करते थे। '··· अरे, सिरचन भाई ! अब तो तुम्हारे ही हाथ में यह कारीगरी रह गयी है सारे इलाके में। एक दिन भी समय निकालकर चलो। कल बड़े भैया की चिट्ठी आयी है शहर से–सिरचन से एक जोड़ा चिक बनवाकर भेज दो।'

मुझे याद है··· मेरी माँ जब कभी सिरचन को बुलाने के लिए कहती, मैं पहले ही पूछ लेता, "भोग क्या-क्या लगेगा ?"

माँ हँसकर कहती, "जा-जा, बेचारा मेरे काम में पूजा-भोग की बात नहीं उठाता कभी।"

ब्राह्मणटोली के पंचानन्द चौधरी के छोटे लड़के को एक बार मेरे सामने ही बेपानी कर दिया था सिरचन ने–"तुम्हारी भाभी नाखून से खाँटकर तरकारी परोसती है। और इमली का रस डालकर कढ़ी तो हम कहार-कुम्हारों की घरवाली बनाती हैं। तुम्हारी भाभी ने कहाँ से बनायी !"

इसलिए, सिरचन को बुलाने के पहले मैं माँ को पूछ लेता···।

सिरचन को देखते ही माँ हुलसकर कहती, "आओ सिरचन ! आज नेनू मथ रही थी, तो तुम्हारी याद आयी। घी की (खखोरन) डाड़ी के साथ चूड़ा तुमको बहुत पसन्द है न··· ! और बड़ी बेटी ने ससुराल से संवाद भेजा है, उसकी ननद रूठी हुई है, मोथी की शीतलपाटी के लिए।"

सिरचन अपनी पनियायी जीभ को सम्हालकर हँसता–"घी की सौंधी सुगन्ध

सूँघकर ही आ रहा हूँ, काकी ! नहीं तो इस शादी-ब्याह के मौसम में दम मारने की भी छुट्टी कहाँ मिलती है ?"

सिरचन जाति का कारीगर है। मैंने घण्टों बैठकर उसके काम करने के ढंग को देखा है। एक-एक मोथी और पटेर को हाथ में लेकर बड़े जतन से उसकी कुच्ची बनाता। फिर, कुच्चियों को रँगने से लेकर सुतली सुलझाने में पूरा दिन समाप्त।··· काम करते समय उसकी तन्मयता में ज़रा भी बाधा पड़ी कि गेहुँअन साँप की तरह फुफकार उठता—"फिर किसी दूसरे से करवा लीजिए काम ! सिरचन मुँहजोर है, कामचोर नहीं।"

बिना मज़दूरी के पेट-भर भात पर काम करनेवाला कारीगर ! दूध में कोई मिठाई न मिले, तो कोई बात नहीं, किन्तु बात में ज़रा भी झाल वह नहीं बरदाश्त कर सकता।

सिरचन को लोग चटोर भी समझते हैं··· तली-बघारी हुई तरकारी, दही की कढ़ी, मलाईवाला दूध, इन सबका प्रबन्ध पहले कर लो, तब सिरचन को बुलाओ; दुम हिलाता हुआ हाज़िर हो जायेगा। खाने-पीने में चिकनाई की कमी हुई कि काम की सारी चिकनाई खत्म ! काम अधूरा रखकर उठ खड़ा होगा—"आज तो अब अधकपाली दर्द से माथा टनटना रहा है। थोड़ा-सा रह गया है, किसी दिन आकर पूरा कर दूँगा।"··· 'किसी दिन'—माने कभी नहीं !

मोथी घास और पटरे की रंगीन शीतलपाटी, बाँस की तीलियों की झिलमिलाती चिक, सतरंगे डोर के मोढ़े, भूसी-चुन्नी रखने के लिए मूँज की रस्सी के बड़े-बड़े जाले, हलवाहों के लिए ताल के सूखे पत्तों की छतरी-टोपी तथा इसी तरह के बहुत-से काम हैं, जिन्हें सिरचन के सिवा गाँव में और कोई नहीं जानता। यह दूसरी बात है कि अब गाँव में ऐसे कामों को बेकाम का काम समझते हैं लोग—बेकाम का काम, जिसकी मज़दूरी में अनाज या पैसे देने की कोई ज़रूरत नहीं। पेट-भर खिला दो, काम पूरा होने पर एकाध पुराना-धुराना कपड़ा देकर विदा करो। वह कुछ भी नहीं बोलेगा।···

कुछ भी नहीं बोलेगा, ऐसी बात नहीं। सिरचन को बुलानेवाले जानते हैं, सिरचन बात करने में भी कारगर है।··· महाजन टोले के भज्जू महाजन की बेटी सिरचन की बात सुनकर तिलमिला उठी थी—"ठहरो ! मैं माँ से जाकर कहती हूँ। इतनी बड़ी बात !"

"बड़ी बात ही है बिटिया ! बड़े लोगों की बस बात ही बड़ी होती है। नहीं तो दो-दो पटेर की पाटियों का काम सिर्फ़ खेसारी का सत्तू खिलाकर कोई करवाये भला ? यह तुम्हारी माँ ही कर सकती है बबुनी !" सिरचन ने मुस्कुराकर जवाब दिया था।

उस बार मेरी सबसे छोटी बहन की विदाई होनेवाली थी। पहली बार ससुराल

जा रही थी मानू। मानू के दूल्हे ने पहले ही बड़ी भाभी को खत लिखकर चेतावनी दे दी है–"मानू के साथ मिठाई की पतीली न आये, कोई बात नहीं। तीन जोड़ी फ़ैशनेबल चिक और पटेर की दो शीतलपाटियों के बिना आयेगी मानू तो···।" भाभी ने हँसकर कहा, "बैरंग वापस !" इसलिए, एक सप्ताह पहले से ही सिरचन को बुलाकर काम पर तैनात करवा दिया था माँ ने–"देख सिरचन ! इस बार नयी धोती दूँगी; असली मोहर छापवाली धोती। मन लगाकर ऐसा काम करो कि देखनेवाले देखकर देखते ही रह जायें।"

पान-जैसी·पतली छुरी से बाँस की तीलियों और कमानियों को चिकनाता हुआ सिरचन अपने काम में लग गया। रंगीन सुतलियों में झब्बे डालकर वह चिक बुनने बैठा। डेढ़ हाथ की बिनाई देखकर ही लोग समझ गये कि इस बार एकदम नये फ़ैशन की चीज़ बन रही है, जो पहले कभी नहीं बनी।

मँझली भाभी से नहीं रहा गया, परदे की आड़ से बोली, "पहले ऐसा जानती कि मोहर छापवाली धोती देने से ही अच्छी चीज़ बनती है तो भैया को खबर भेज देती।"

काम में व्यस्त सिरचन के कानों में बात पड़ गयी। बोला, "मोहर छापवाली धोती के साथ रेशमी कुरता देने पर भी ऐसी चीज़ नहीं बनती बहुरिया। मानू दीदी काकी की सबसे छोटी बेटी है··· मानू दीदी का दूल्हा अफसर आदमी है !"

मँझली भाभी का मुँह लटक गया। मेरी चाची ने फुसफुसाकर कहा, "किससे बात करती है बहू ? मोहर छापवाली धोती नहीं, मुँगिया-लड्डू। बेटी की विदाई के समय रोज़ मिठाई जो खाने को मिलेगी। देखती है न !"

दूसरे दिन चिक की पहली पाँति में सात तारे जगमगा उठे, सात रंग के। सतभैया तारा ! सिरचन जब काम में मगन रहता है तो उसकी जीभ ज़रा बाहर निकल आती है, होंठ पर। अपने काम में मगन सिरचन को खाने-पीने की सुध नहीं रहती। चिक में सुतली के फन्दे डालकर उसने पास पड़े सूप पर निगाह डाली–चिउरा और गुड़ का एक सूखा ढेला। मैंने लक्ष्य किया, सिरचन की नाक के पास दो रेखाएँ उभर आयीं। मैं दौड़कर माँ के पास गया। "माँ, आज सिरचन को कलेवा किसने दिया है, सिर्फ़ चिउरा और गुड़ ?"

माँ रसोईघर के अन्दर पकवान आदि बनाने में व्यस्त थी। बोली, "मैं अकेली कहाँ-कहाँ क्या-क्या देखूँ !··· अरी मँझली, सिरचन को बुँदिया क्यों नहीं देती ?"

"बुँदिया मैं नहीं खाता, काकी !" सिरचन के मुँह में चिउरा भरा हुआ था। गुड़ का ढेला सूप में एक किनारे पर पड़ा रहा, अछूता।

माँ की बोली सुनते ही मँझली भाभी की भौंहें तन गयीं। मुट्ठी-भर बुँदिया सूप में फेंककर चली गयी।

सिरचन ने पानी पीकर कहा, "मँझली बहूरानी अपने मैके से आयी हुई मिठाई भी इसी तरह हाथ खोलकर बाँटती है क्या ?"

बस, मँझली भाभी अपने कमरे में बैठकर रोने लगी। चाची ने माँ के पास

जाकर लगाया—"छोटी जाति के आदमी का मुँह भी छोटा होता है। मुँह लगाने से सिर पर चढ़ेगा ही।··· किसी के नैहर-ससुराल की बात क्यों करेगा वह ?"

मँझली भाभी माँ की दुलारी बहू है। माँ तमककर बाहर आयी—"सिरचन, तुम काम करने आये हो, अपना काम करो। बहुओं से बतकुट्टी करने की क्या जरूरत ? जिस चीज की जरूरत हो, मुझसे कहो।'

सिरचन का मुँह लाल हो गया। उसने कोई जवाब नहीं दिया। बाँस में टँगे हुए अधूरे चिक में फन्दे डालने लगा।

मानू पान सजाकर बाहर बैठकखाने में भेज रही थी। चुपके से पान का एक बीड़ा सिरचन को देती हुई बोली, इधर-उधर देखकर—"सिरचन दादा, काम-काज का घर ! पाँच तरह के लोग पाँच किस्म की बात करेंगे। तुम किसी की बात पर कान मत दो।"

सिरचन ने मुस्कुराकर पान का बीड़ा मुँह में ले लिया। चाची अपने कमरे से निकल रही थी। सिरचन को पान खाते देखकर अवाक् हो गयी। सिरचन ने चाची को अपनी ओर अचरज से घूरते देखकर कहा, "छोटी चाची, जरा अपनी डिबिया का गमकौआ जर्दा तो खिलाना। बहुत दिन हुए···।"

चाची कई कारणों से जली-भुनी रहती थी, सिरचन से। गुस्सा उतारने का ऐसा मौका फिर नहीं मिल सकता। झनकती हुई बोली, "मसखरी करता है ? तुम्हारी बढ़ी हुई जीभ में आग लगे। घर में भी पान और गमकौआ जर्दा खाते हो ?··· चटोर कहीं के !" मेरा कलेजा धड़क उठा··· यत्परो नास्ति !

बस, सिरचन की उँगलियों में सुतली के फन्दे पड़ गये। मानो, कुछ देर तक वह चुपचाप बैठा पान को मुँह में घुलाता रहा। फिर, अचानक उठकर पिछवाड़े पीक थूक आया ! अपनी छुरी, हँसिया वग़ैरह समेट-सम्हालकर झोले में रखे। टँगी हुई अधूरी चिक पर एक निगाह डाली और हनहनाता हुआ आँगन से बाहर निकल गया।

चाची बड़बड़ायी—"अरे बाप रे बाप ! इतनी तेज़ी ! कोई मुफ़्त में तो काम नहीं करता। आठ रुपये में मोहर छापवाली धोती आती है।··· इस मुँहझौंसे के न मुँह में लगाम है, न आँख में शील। पैसा खर्च करने पर सैकड़ों चिकें मिलेंगी। बाँतरटोली की औरतें सिर पर गट्ठर लेकर गली-गली मारी फिरती हैं।"

मानू कुछ नहीं बोली। चुपचाप अधूरी चिक को देखती रही।··· सातों तारे मन्द पड़ गये।

माँ बोली, "जाने दे बेटी ! जी छोटा मत कर, मानू ! मेले से खरीदकर भेज दूँगी।"

मानू को याद आयी, विवाह में सिरचन के हाथ की शीतलपाटी दी थी माँ ने। ससुरालवालों ने न जाने कितनी बार खोलकर दिखलाया था पटना और कलकत्ता के मेहमानों को। वह उठकर बड़ी भाभी के कमरे में चली गयी।

मैं सिरचन को मनाने गया। देखा, एक फटी हुई शीतलपाटी पर लेटकर वह

कुछ सोच रहा है। मुझे देखते ही बोला, "बबुआजी ! अब नहीं। कान पकड़ता हूँ, अब नहीं।··· मोहर छापवाली धोती लेकर क्या करूँगा ? कौन पहनेगा ?··· ससुरी खुद मरी, बेटे-बेटियों को ले गयी अपने साथ। बबुआजी, मेरी घरवाली ज़िन्दा रहती तो मैं ऐसी दुर्दशा भोगता ? यह शीतलपाटी उसी की बुनी हुई है। इस शीतलपाटी को छूकर कहता हूँ, अब यह काम नहीं करूँगा।··· गाँव-भर में तुम्हारी हवेली में मेरी कदर होती थी।··· अब क्या ?" मैं चुपचाप वापस लौट आया। समझ गया, कलाकार के दिल में ठेस लगी है। वह नहीं आ सकता।

बड़ी भाभी अधूरी चिक में रंगीन छींट का झालर लगाने लगी—"यह भी बेजा नहीं दिखलायी पड़ता, क्यों मानू ?"

मानू कुछ नहीं बोली।··· बेचारी ! किन्तु, मैं चुप नहीं रह सका—"चाची और मँझली भाभी की नज़र न लग जाये इसमें भी !"

मानू को ससुराल पहुँचाने मैं ही जा रहा था।

स्टेशन पर सामान मिलाते समय देखा, मानू बड़े जतन से अधूरी चिक को मोड़कर लिये जा रही है अपने साथ। मन-ही-मन सिरचन पर गुस्सा हो आया। चाची के सुर-में-सुर मिलाकर कोसने को जी हुआ।··· कामचोर, चटोर !

गाड़ी आयी। सामान चढ़ाकर मैं दरवाज़ा बन्द कर रहा था कि प्लेटफ़ार्म पर दौड़ते हुए सिरचन पर नजर पड़ी—"बबुआजी !" उसने दरवाज़े के पास आकर पुकारा।

"क्या है ?" मैंने खिड़की से गरदन निकालकर झिड़की के स्वर में कहा। सिरचन ने पीठ पर लदे हुए बोझ को उतारकर मेरी ओर देखा—"दौड़ता आया हूँ।··· दरवाजा खोलिए ! मानू दीदी कहाँ हैं ? एक बार देखूँ !"

मैंने दरवाज़ा खोल दिया।

"सिरचन दादा !" मानू इतना ही बोल सकी।

खिड़की के पास खड़े होकर सिरचन ने हकलाते हुए कहा, "यह मेरी ओर से है। सब चीज है दीदी ! शीतलपाटी, चिक और एक जोड़ी आसनी, कुश की।" गाड़ी चल पड़ी।

मानू मोहर छापवाली धोती का दाम निकालकर देने लगी। सिरचन ने जीभ को दाँत से काटकर, दोनों हाथ जोड़ दिये।

मानू फूट-फूटकर रो रही थी। मैं बण्डल को खोलकर देखने लगा—ऐसी कारीगरी, ऐसी बारीकी, रंगीन सुतलियों के फन्दों का ऐसा काम, पहली बार देख रहा था।

1957

तीन बिन्दियाँ

गीताली दास अपने को सुरजीवी कहती है। नाद-सुर-ताल आदि के सहारे ही वह इस मंज़िल तक पहुँच सकी है। सभी कहते हैं, उसकी साधना सफल हुई है।··· कितने भोले और बेचारे होते हैं लोग ! साधना के सफल-असफल होने की घोषणा करनेवालों से वह पूछना चाहती है, सफल साधना का कोई सीधा-सा अर्थ। यह ठीक है कि अनेक असांगीतिक वातावरणों को गीताली ने अपने सुनहले सुर और सुगम गीतों से संगीतमय कर दिया है, कि किसी भी संगीत-समारोह या सांस्कृतिक प्रतिष्ठान के संयोजक आज भी गीताली के नाम पर गीत-प्रेमियों को बटोर लेते हैं !··· किन्तु, और कितने दिन ? 'मीताली दी' की सफल साधना का क्या हुआ ? गीताली ने अपनी बड़ी दीदी मीताली की गलतियों से लाभ उठाया है।···

विशुद्ध (?) ठुमरी गायिका मीताली की सफल ज़िन्दगी के महज चौबीस महीनों के सामने अपने सुर-जीवन के 'रोल' किये हुए–परिपाटी से मुड़े हुए–अंश को खोलती है, धीरे-धीरे ! नौ वर्ष ? एक सौ आठ महीने कम नहीं !···

गीताली आजकल अक्सर अपने मन में उत्पन्न होनेवाले सहायक नाद का विश्लेषण करती है।··· सहायक नाद ! जिसको ओवरटोन कहते हैं। नाद कभी अकेला उत्पन्न नहीं होता। उसके साथ-साथ अन्य नादों का भी जन्म होता है। उस स्वर को हम सुन पायें अथवा नहीं, मूल नाद से उत्पन्न होनेवाले इन नादों को सहायक नाद कहा जाता है। स्वयं ही जन्म लेने के कारण इन्हें स्वयम्भू स्वर भी कहते हैं। गीताली ने इन्हीं स्वरों की सहायता से सिद्धि और प्रसिद्धि प्राप्त की है; प्रार्थना के सुर में हरदम बजती हुई ज़िन्दगी के सुर-ताल की सीमा से कभी बाहर नहीं गयी। सीमा को विस्तृत अवश्य किया उसने।··· लेकिन इधर कुछ दिनों से उसको भय होने लगा है। गीत गाते समय, मूर्त होते हुए राग एकाध बार अस्पष्टतर भी हुए हैं।···

··· हुँ-ह-हुँ-हूँ-हूँ-हूँ··· जीवन हुआ है एक प्रार्थना-गीत की त-र-ह !

इस ज़िन्दगी के कुछ अंश को काट लेती है गीताली, टुकड़े-टुकड़े करती है, मसल डालती है। फिर, चूर्ण-विचूर्ण क्षणों की सुर-कणिकाओं को सहायक नाद

की सहायता से परखती है। डॉट-डॉट-डॉट ! गीताली इन नन्ही-नन्ही तीन बिन्दियों को, आँखों के सामने शून्य में उभरनेवाली छोटी-छोटी तारिकाओं को, अब अच्छी निगाह से देखती है; पहचानती है इस शुभ चिह्न को !···

गीताली सुरजीवी है, किन्तु साहित्य-जगत की साधना और प्रगति का भी थोड़ा ज्ञान रखती है। उसके जीजाजी (जमाय बाबू !) अपने को अवसर की ताक में बैठा हुआ, किसी भी दिन प्रसिद्ध हो जानेवाला, प्रच्छन्न आलोचक मानते हैं टाइम-बोमा !··· टाइम-बोमा ना आलू-बोमा ! गरम आलू-चॉप प्लेट में लेकर जीजाजी के कमरे में गयी थी वह। सुदर्शना-अदर्शना भी साथ थीं। दुष्टता-भरी हँसी को ज़ब्त करके गम्भीर होने की चेष्टा करती हुई गीताली ने कहा था, "देखिए जमाय बाबू, यह आलू का बोमा यानी बम है ! आलू के भुर्ते के शेल में हरे चने के दाने बन्द हैं।··· विशुद्ध घी में मर्जित इन अविस्फोटक बमों के फटने का नहीं, जुड़ाने का अवसर उपस्थित हो रहा है।··· अब तक, यह भी आलू के रूप में ताक लगाकर बैठा था।"

शैतान सुदर्शना मुँह बनाकर बोली थी, "न-न आलू मत कहो। जमाय बाबू तो अवसर पाते ही टूटनेवाले हिंस्र प्राणी हो सकते हैं। शिकार सामने आया कि···।" हो-हो-हो ! जमाय बाबू भी हँसे थे। किन्तु दीदी बुरा मान गयी थी।··· जो भी हो, जमाय बाबू की किताब खरीदने की विचित्र आदत से गीताली और उसकी सखियाँ सुदर्शना-अदर्शना भी खूब लाभान्वित हुई थीं। कथा-साहित्य की अच्छी-बुरी पोथियाँ पढ़ने को मिल जाती थीं।···

आधुनिक कथा-साहित्य में एक वर्ग डॉटवादियों का भी है। डॉट-डॉट-डॉट ! अब तक उठा नहीं है, किन्तु प्रश्न किसी भी दिन उठ सकता है कि ऐसी डॉटमयी रचनाओं के रचयिताओं के दिमाग़ में सिर्फ़ डॉट-ही-डॉट तो नहीं ! दिमाग की जगह, मछली के असंख्य अण्डों की थैली तो नहीं ?··· साधारण पाठक अधिकांश ऐसी बिन्दी-बूटेदार रचनाओं को भली नज़र से नहीं देखते। सारी किताब में, पृष्ठ और पंक्ति में यत्र-तत्र सरसों के दाने की तरह बिखरी हुई बिन्दियों के बाहुल्य से पाठकों की आँखें किरकिराने लगती हैं !···

गीताली इन बिन्दियों को अलख-मुखर-जगत् की खिड़की समझती है, तीन गोल-गोल लाल काँचवाली। अन्दर प्रकाश होता है, अलख-मुखर-जगत् का व्यापार शुरू हुआ।···

तीन बिन्दियों के सहारे अप्रासंगिक प्रसंगों और असंलग्न मुहूर्तों को रूपायित करनेवाले, किसी अन्य जगत् की हल्की छवि दिखानेवाले, प्याज़ के छिलके उतारनेवाले, ऐसे किसी शब्द-शिल्पी से कभी भेंट हो तो गीताली कहेगी–'मानो या न मानो; हैं ये सहायक नाद के चिह्न !' पूछेगी, 'इस ओवरटोन या सहायक नादों की सृष्टि स्वयं ही नहीं होती क्या ! मन की अनगिन खिड़कियों से झाँकनेवाले चेहरे खुद नहीं बोलते क्या ?··· बात बोलेगी, मैं नहीं। राज खोलेगी बात ही।'··· किसी शिल्पी का जवाब, गीताली के मन-बन में कौन पाखी रट रहा है !···

गीताली को हठात् मिस्त्री हाराधन यन्त्रकार की याद आयी। कई मुखड़ों के उभरने और बिलाने के बाद डॉट-डॉट-डॉट ! फिर मिस्त्री हाराधन यन्त्रकार का एक तैलचित्र लटक गया उसके मन की दीवार पर।··· न जाने यन्त्रकारजी कहाँ हैं ! गीताली अपने दोनों हाथों को जोड़कर शून्य में एक नमस्कार करती है।

ज़िन्दगी के इर्द-गिर्द झंकृत होनेवाले सहायक नादों से प्रथम साक्षात् परिचय मिस्त्री हाराधन यन्त्रकार ने ही करवा दिया था। मिस्त्री नहीं, गुरु मानती है हाराधन यन्त्रकार को। यन्त्रकारजी के मन्त्र-बल से ही गीत-पागल हुई। '··· जानती है खुकी, सफल शिकारी होने के लिए आदमी को सभी किस्म के शिकारियों से दीक्षा लेनी होती है; शेर-भालू के शिकारियों से लेकर व्याध-लुब्धक और सँपेरों की भी संगति करनी होती है। यन्त्रकार कहो, मिस्त्री कहो या कारीगर, तुम मेरी नातिन की उम्र की हो। नाना की बात सुनोगी ?··· यन्त्र के सहारे ही सहायक नादों की पाँच हज़ार आन्दोलनयुक्त ध्वनियों की बारीकियों का उपभोग कर सकोगी। सदा ध्वनित होनेवाले जाने-अनजाने सुर में तुम्हारे जीवन का प्रत्येक क्षण मुखरित हो उठेगा।··· '

अलख-मुखर-जगत् में दस वर्ष पूर्व की बातें मुखरित हो रही हैं।···

सुर-मन्दिर के मैनेजर को कटुवचन को बाध्य हो गयी थी गीताली '··· शहर की सबसे पुरानी और निर्भर-योग्य बाजे की दुकान की यह हालत ! एक ही सप्ताह में तीन बार तानपूरा ठीक करवाकर ले गयी, फिर जैसे-का-तैसा ! गीत के बीच में ही साथ छोड़ देता है।··· रोग क्या है, यह बतानेवाला कोई विशेषज्ञ नहीं आपके पास ? तो सुर-मन्दिर कहूँ या असुर-मन्दिर ?' मैनेजर का मुँह बेजान माइक की तरह गोल खुला रहा। गीताली तानपूरा लेकर सुर-मन्दिर की सीढ़ियों से उतर गयी थी, फिर कभी न लौटने की प्रतिज्ञा करती हुई। एक-दो-तीन··· !

"ओ दीदी, सुनेन, सुनेन !" कुछ दूर चलने के बाद, पीछे से पुकार सुनकर गीताली मुड़ी—एक नाटा-भूटा, गोल-मटोल लड़का लुढ़कता हुआ आ रहा है फुटपाथ पर। कौन है यह, किमाकार छोकरा ? लड़के ने निकट आकर नमस्कार किया—"आप गीताली दी हैं ? हैं न ?··· हें-हें, हें-हें, तानपूरा क्या, सुर-मन्दिर में सभी बाजों का गला इसी तरह घोंटा जाता है। जब से मिस्त्री हाराधन यन्त्रकार सुर-मन्दिर को सलाम करके निकल गया है, सभी असुर ही रह गये हैं। आपने ठीक ही कहा है गीताली, दी !···"

गीताली ने देखा, लड़का अकाल-परिपक्व नहीं, किसी ग्रन्थि-विकार का शिकार है। बौना नहीं, नाटा और बग़ैर मूँछोंवाला घुघलू ! उसने अपना नाम बताया—घुघलू।··· असम की ओर कहीं जन्म हुआ। मिस्त्री हाराधन यन्त्रकार के साथ गत पन्द्रह-बीस वर्षों से है। कलकत्ते में सात-आठ साल, दो-तीन वर्ष इधर-उधर और यहाँ भी करीब पाँच-सात साल हुए।···

घुघलू ने बताया, "मिस्त्री हाराधन यन्त्रकार अब किसी की दुकान में काम नहीं करता; अपनी गली से बाहर कहीं आता-जाता नहीं। गली में क्या, अपने कमरे

से बाहर निकलने की छुट्टी नहीं।" घुघलू ने कई नये-पुराने यन्त्रवादकों के नाम गिनाये–"जिन्हें ज़रूरत होती है, मिस्त्री हाराधन यन्त्रकार को खोजकर पहुँचते हैं, कलकत्ते से, लखनऊ से, काशी से।..."

गीताली तुरंत राज़ी हो गयी। घुघलू ने रिक्शेवाले को आवाज़ दी–"ए रिक्शावाला, महल्ला, दूधकूप चलेगा ?"

महल्ला दूधकूप की एक गली में कुछ दूर जाने के बाद घुघलू एक खपरैल के घर के पास रुका। बन्द किवाड़ों के एक छेद में आँख लगाकर अन्दर के वातावरण का अन्दाज़ा लगा लिया। फिर साँकल हिलाने लगा। अन्दर से किसी असन्तुष्टात्मा की खनखनाती हुई आवाज़, बन्द किवाड़ों के छेदों से सुनायी पड़ी। अन्दर के व्यक्ति को बहुत-से प्रश्नों के उत्तर देकर कुछ सन्तुष्ट किया घुघलू ने। तब जाकर दरवाज़ा खुला। लगा, अन्दर के किसी व्यक्ति ने अपने कमरे से ही रस्सी खींचकर चटखनी खोल दी। घुघलू अन्दर गया। एक कर्कश झिड़की सुनायी पड़ी–"फिर किसको जुटा लाये, कहाँ से ?..."

घुघलू की दबी आवाज़ से स्पष्ट था कि वह अनुनय के स्वर में कुछ कह रहा है–"मास्टर, ना, बलबेन ना।... उसके सब किये-किराये पर पानी फिर जायेगा।..."

बाहर खड़ी गीताली को घुघलू की यह घिघियाहट अच्छी नहीं लगी। लेकिन बेसुरे बाजे को लेकर क्या रियाज़ कर सकेगी ! वह चुप रही। एक कुढ़ी आत्मा और विकृत चेहरेवाले अधेड़ ने दरवाज़े से झाँककर पूछा, "क्या हुआ ?... सुर-मन्दिरवालों ने तेरह-ठो बजाय दिया है बाजा का ! छोड़ जाओ, तीन दिन बाद आना।... वाह ! इसका खोल तो खूब बहारदार है। यन्त्र का यत्न भी लेती है या ?"

गीताली चमत्कृत हुई थी हाराधन यन्त्रकार की बातचीत सुनकर। सधे हुए स्वर में बेकार कोई झनक कर्कशता की सृष्टि कर रही है। वह चुप ही रही। यन्त्रकार ने थोड़ी देर तक गीताली की मुद्रा को पढ़ने की चेष्टा की। फिर कहा, "क्या किन्तु-परन्तु सोच रही है खुकी ?" यन्त्रकार का सुर कोमल हुआ, "दस मिनट का काम नहीं, बेसुरे को सुरबान बनाना।... आओ, अन्दर आओ !..."

हाराधन के कमरे में प्रवेश करके गीताली प्रसन्न हुई थी। दीवारों पर ग्रामोफोन रेकार्ड कम्पनी द्वारा प्रचारित भारत-प्रसिद्ध कलाविदों की तसवीरें लटक रही थीं। एकाध प्रशंसा-पत्र अथवा सर्टिफिकेट की तरह की चीज़ें ! फर्श पर विभिन्न वाद्य-यन्त्र बिखरे हुए थे।... रेडियो पर वाद्य-संगीत के कार्यक्रम में सरोदवादन हो रहा था।... अकराम ! उदीयमान सरोदवादक अकराम, स्वरचित गत 'अर्चना के बोल' प्रस्तुत कर रहा था। रह-रहकर सरोद के तारों से शंख और घण्टाध्वनि प्रतिध्वनित होती थी। हाराधन यन्त्रकार ने अपने छोटे, पुराने रेडियो-सेट की ओर उँगली दिखाकर कहा, "सुन रही हो ? सात साल हुए अकराम के इस सरोद को। अभी तक जस-का-तस है। यन्त्र का यत्न माने यन्त्र की पूजा !"

हाराधन ने सितार, सरोद, सुरबहार, दिलरुबा, वीणा आदि के प्रसिद्ध वादकों

के नाम लिये। गीताली स्वीकार करती है कि पाँच मिनट के परिचय में यन्त्रकार की बातों पर विश्वास नहीं जमा सकी थी। यन्त्रकार ने भाँप लिया। अपनी अटैची से कई नयी-पुरानी चिट्ठियाँ निकालकर गीताली के सामने रखते हुए बोला, "पढ़ो तो !..."

कलकत्ता से भारत-प्रसिद्ध (स्वर्गीय) सितारवादक उस्ताद क़ादिर हुसेन का आत्मीयता से भरपूर एक खत पाँच साल पहले का : 'भाई हाराधन, तुम तो सचमुच हाराधन हो गये हो हमारे लिए।... मेरे यन्त्र को कुछ हो गया है, फिर जिस-तिस के हाथ में देने का साहस नहीं करता। जानता हूँ, तुम कलकत्ते नहीं आओगे। मैं ही आ रहा हूँ तुम्हारे पास।...'

रेडियो पर, तब, योगेन्द्र सूरी का वायलिन हेमन्त के राग-विस्तार की तैयारी कर रहा था।... कौन कहता है कि साज़ बेजान होते हैं !

गीताली मुग्ध होती गयी। छोटे-बड़े सुरशिल्पियों और उस्तादों के प्यारे-प्यारे पत्रों ने, अकराम के 'अर्चना के बोल' ने, योगेन्द्र सूरी की वायलिन ने, घुघलू की गुरुभक्ति ने, सभी ने मिलकर गीताली के सामने मिस्त्री हाराधन यन्त्रकार की आत्मा की सच्ची तसवीर उपस्थित कर दी।...

घुघलू स्टोव जलाकर चाय की तैयारी में व्यस्त था। बीच-बीच में अपने उस्ताद की बातों में टीप के बन्द की तरह अपनी राय टाँक देता—महादेवलालजी तबलिया हारा हैं, आदमी नहीं।... खाँ साहब तो दाता पीर ही थे; पाकेट से मुट्ठी-भर नोट निकालकर 'परबी' देते थे।... मुन्नूजी सरंगिया मुझसे बहुत नाराज़ है उस दिन से।...

घुघलू चाय दे गया। चाय की पहली चुस्की लेने के बाद हाराधन यन्त्रकार ने कहा, "यन्त्रकार कहो या कारीगर। बेसुरा नहीं कह सकता कोई। ... यह तो अपने किये का फल भोग रहा हूँ खुकी ! बेजान लकड़ी, तार तथा सूखे चमड़े पर सुर चढ़ाकर जीवन बिताने के सिवा और क्या चारा है अब ? शापित जीवन बिता रहा हूँ।... तुम मेरी नातिन की उम्र की हो। विश्वास करोगी, मैं भी गाता था।... मेरी आवाज़ सुनकर हिरणों के झुण्ड दौड़े आते थे।..."

यन्त्रकार ने फिर अपनी अटैची के ढक्कन को उठाया। कुछ ढूँढ़ता हुआ बोला, "मैं जानता हूँ, तुम विश्वास नहीं कर रही हो। खोलकर कहना होगा।... जीबछपुर स्टेट के राजा जीवत्सनारायण देवज्यू का नाम सुना है ? शिकार के अनुभव पर एक मोटी और मशहूर किताब लिख गये हैं अंग्रेजी में। उसमें देखना... पब्लिक लायब्रेरी में है वह किताब... देखना, पृष्ठ बारह, बाईस, चालीस और पचपन में मेरा ज़िक्र है! ग्रुप तसवीर में मुझे देखकर नहीं पहचान सकता कोई अब !... राजा साहब शिकार के अलावा संगीत की भी चर्चा करते थे। उनकी शिकार पार्टी में जेफरी कॅर्डाइन 333-बोर रायफल के साथ सितार की भी आवश्यकता होती। तीन-चार बड़े उस्ताद और दर्जनों शिष्य उनकी ड्योढ़ी में पलते थे। मेरे गुरुजी पण्डित शिवबालक झा उसी दरबार के गायक थे।..."

गीताली ने अपनी घड़ी देखी। घुघलू इस बार एक गिलास में चाय बनाकर ले आया। बोला, "इस कथा को सुनाते समय मेरे उस्ताद इसपिसल चाय पीते हैं।"

जेब से एक गन्दा रूमाल निकालकर गिलास में लपेटते हुए यन्त्रकार ने गीताली की ओर देखा–"खुकी, तुमको देर हो जायेगी, फिर किसी दिन सुना दूँगा कि कैसे हिरणों के झुण्ड दौड़ते आये थे।..."

गीताली हँसी थी–"आधी कहानी सुनने से आधे सिर में दर्द होता है।"

"सुनने से या सुनाने से ? जो भी हो, मैं निश्चिन्त हूँ। सिर-दर्द से डरें सिरवाले। हम पेटवाले हैं !..."

गीताली फिर हँसी।... जब-जब गीताली हँसती, यन्त्रकार की दाहिनी कनपटी के पास की चमड़ी नाचने लगती। झुर्रीदार विकृत चेहरे पर एक चमचमाहट छा जाती।

"तो सुनो।..."

... उस बार गुरु ने कृपा की दृष्टि हाराधन पर भी फेरी। शिकारपार्टी में साथ चलने का आदेश दिया। अब, जंगल में मंगल मनाने की कितनी कहानियाँ सुनाये हाराधन ! लिखने से एक मोटी किताब तैयार हो सकती है।... राजा साहब असली शिकारी थे।

... नेपाल की तराई के मधुमारा जंगल में किरात-सरदार ने चीतलों का शिकार करके दिखाया था।... तराई के जंगलों के बीच थोड़ी-सी खुली जगह, जिसको 'ग्लेड' कहते हैं अंग्रेजी में ! चाँदनी जहाँ लम्बे-लम्बे शाल-वृक्षों की फुनगियों पर टँगती नहीं रहती, श्यामल-मसृण घास पर बिछ जाती है। पास ही बहती हुई पहाड़ी नदी, जो कलकल-कुलकुल नहीं करती। हवा फुसफुसाकर बात करती है।... चाँदनी, चैत की ! प्रकाश में एक ठूँठ विस्मित-सा खड़ा है। छाया में कोई इशारे से कुछ कहता है और सारी तराई में, तराई के जंगलों में एक दर्द-भरी पुकार मँडराने लगी।... कामातुरा हिरणी की पुकार ! नदी के शीतल जल से प्यास बुझाते हुए चीतलों के मन-प्राण में एक दूसरी प्यास जल उठती है, दपदपाकर। हिरणी रह-रहकर पुकार उठती है।... चाँदनी में नर चीतलों के झुण्ड दिखायी पड़े। ... हर चीतल की देह के चकत्ते स्पष्टतर हो जाते हैं। प्रकाश में खड़ा ठूँठ विस्मय अथवा आवेश से हिलता-डुलता है। छाया में फिर कोई इशारा करता है–सिस्-सिस् !... फिर चाँदनी में तारों की चमक... खच्च-खच्च... !

... इसके बाद, मृत-प्रेमियों की लाशों से अपना-अपना तीर खींचकर किरातों के दल नाचने लगे–हा-हिरा-हा-हिरा-हा-हिर्र-र-र-र--ा-ा !

... एक मादा-चीतल को बचपन से पालकर, नकली पुकार पुकारने की बाज़ाब्ता शिक्षा दी जाती है। उस्ताद हिरणी के गले के नीचे उँगलियों से फुरहरी लगाता रहता है और हिरणी समय-असमय पुकार उठती है।

... इस शिकार को देखने के बाद राजा साहब अस्वस्थ हो गये थे। पता नहीं,

उन्होंने इस पद्धति से फिर कभी शिकार किया या नहीं, हाराधन के सिर पर इस शिकार का भूत सवार हो गया था किन्तु कामान्ध चीतलों की चीख, कराह, छटपटाहट और दम तोड़ना देखकर उसके अन्दर का किरात आनन्द से किलकिला उठा था !··· संगीत-साधना छोड़कर हाराधन किरात-सरदार के पास भाग गया।

··· हर साल चैत की चाँदनी रातों में तीन-चार बार यह शिकार होता है। शिक्षिता-मादा-चीतल के साथ उसके शिक्षक की भी पूजा करते हैं किरातगण। ऐसी हिरणी बहुत कीमती और अलभ्य सम्पत्ति समझी जाती है।··· साल-भर तक हिरण के मांस का सुखौता, आग में भूनकर खाते समय हर किरात 'हा-हिस' कहकर उसको स्मरण करता है।··· उस बार तीनों-चारों शिकारों में हाराधन किरातों के साथ रहा। साल-भर किरातों के साथ रहकर भी वह मादा-चीतल को शिक्षा देने का भेद न सीख सका। एक नम्बर पहाड़ के जितने भी पहाड़ी गाँव थे, उन सभी गाँवों के बीच बस एक ही मादा-चीतल थी और उसका मालिक ही एकमात्र गुणी। मूलधन हिरणी !

··· किन्तु हाराधन ने इस मूलधन को सस्ता कर दिया, अपनी साधना से। मादा-चीतल की क्या आवश्यकता ? हाराधन कामातुरा मादा-चीतल की तरह पुकार सकता है।··· किरात-सरदार ने परीक्षा के लिए शिकार का आयोजन किया। चैत की चाँदनी ही क्यों, जब चाहो तब शिकार करो। बारहों महीने···।

··· चाँदनी रात ! रात का अन्तिम पहर··· ब्राह्मवेला में हाराधन ने पहली पुकार दी थी–अविकल-नकल !··· चतरागद्दी के पास, कोसी के किनारे की सफेद-हरी भूमि पर दर्जनों चीतल दौड़ आये थे।··· खच्च-खच्च··· !

··· हाराधन की पूजा होने लगी, एक नम्बर पहाड़ में। इलाके की सबसे अधिक सुन्दरी उसकी सेवा में तैनात हुई।··· किरात-सरदार उसकी जान का दुश्मन हो गया।··· उस बार भीषण भूकम्प हुआ था–1934, जनवरी। भूकम्प के तीसरे दिन सभी किरातों ने स्वीकार कर लिया–यह दैवी कोप हाराधन के कारण ही हुआ है।

··· भगवती की कृपा ! नारी की कृपा से उसकी जान बची।··· मृगचर्म बगल में दबाये गुरु की सेवा में उपस्थित हुआ। गुरु के सामने, राजा साहब के बाग में अपने कण्ठ की कला प्रस्तुत करके एक नयी विपदा की सृष्टि कर दी उसने।··· उस बार चीतल का शिकार देखकर राजा साहब किसी मानसिक रोग के शिकार हो गये थे। बहुत दिनों तक इलाज होने के बाद कुछ स्वस्थ हुए ही थे कि हाराधन की पुकार सुनायी पड़ी। राजा साहब फिर अस्वस्थ हो गये।··· पुराने शिकारी थे ! आवाज़ सुनते ही चीख पड़े–वही, वही मादा-चीतल, छलिनी हिरणी, डायन स्पॉटेड डियर, चित्रा··· ! एक्सप्रेस-500 रायफल हाथ में लेकर शब्द-भेदी निशाना लेकर फ़ायर किया। हाराधन अपनी पुकार के सम पर आ ही रहा था··· उसके गुरु पण्डित शिवबालक के कलेजे में एक सॉफ्ट नोज़्ड एक्सपैडिंग बुलेट आकर घुस गया। हाराधन के गुरु शिष्य द्वारा समर्पित मृगचर्म पर बैठे

थे।··· चीतल के चमड़े पर आज भी खून के दाग हैं।··· हाराधन भागा। जहाँ जाता, ऐसी ही अघटक घटनाएँ घटने लगीं।

कान पर हाथ रखकर हाराधन ने आँखें मूँद लीं। बोला, "तब से, तभी से, गले में एक कर्कश धातव खनक पैदा हो गयी।··· मैंने वाणी को कलंकित जो किया था ! ··· सुर बाँधने का काम करने लगा। लेकिन··· लेकिन··· !"

घुघलू एक पुराना मृगचर्म ले आया अन्दर से। यन्त्रकार ने कहा, "यह उस चंचल युवा नर-चीतल की खाल है जो चार-चार तीर सीने पर खाकर भी मेरे पास पहुँच गया था। मेरे सामने इसने अपनी टाँगें फेंक-फेंककर जान दी थी।··· गुरुजी इसी पर बैठे थे, क्षण-भर !"

हाराधन यन्त्रकार ने मृगचर्म को उठाकर श्रद्धापूर्वक सिर छुवाया। फिर गीताली के सामने रखकर बोला, "उस स्वर्ण-मृग का क्या नाम था, मारीच ? ··· और सीताजी को उस मृगचर्म पर बैठने की वासना या लालसा ही क्यों हुई ? रामायण में कहीं है लिखा हुआ कुछ ? ··· कोई साधना करने के लिए ही, सम्भवतः !"

हाराधन यन्त्रकार ने नेपाल तराई की श्यामल वन्य भूमि, वहाँ की हरी-भरी माया की डोरी से अपनी कथा को बाँधते हुए कहा था, "खुकी !··· नातिन ही कहूँगा अब, नाना मानती हो तो ! अच्छा, अच्छा ! कल भी आओगी ? बहुत अच्छा··· "

दूसरे दिन भी गयी, गीताली। यन्त्रकार ने मिलते ही गीताली की हथेली देखने की इच्छा प्रकट की। गीताली ने अपने दोनों हाथों की तलहथी फैला दी। "··· हूँ-ऊँ ! तुम्हारी दीदी मीताली जो कुछ नहीं कर सकी, वह तुम्हारे द्वारा सम्भव होगा। निश्चय !" गीताली ने देखा, यन्त्रकार उसकी दीदी के संगीत-जीवन की छोटी-बड़ी बातों के अलावा जीवन की छोटी-बड़ी घटनाओं से भी वाकिफ़ है। यन्त्रकार ने कहा था, "नातिन, बुरा मत मानना। तुम्हारी दीदी ने उस टमाटर-जैसे आदमी से ब्याह करके सबकुछ नष्ट कर दिया। ··· ऐसे खटमल को देखा है जो खून चूसकर लाल-गोल बूँद जैसा हो जाता है ? खटमल ही है वह व्यक्ति ! तुम्हारी दीदी का सबकुछ चूस लिया। ··· क्या ? साहित्यिक है ? वह क्या बला है··· ?"

बातचीत के बीच में कभी-कभी यन्त्रकार ऐसे ही उखड़ी-उखड़ी बातें करने लगते हैं। अपने जमाय बाबू की टमाटर और खटमल से तुलना सुनकर उसे ज़रा भी दुख नहीं हुआ। उसने सहमति में अपनी गरदन हिलायी—"ठीक कहते हैं आप ! बला ही है। ··· दीदी भोग रही हैं। तिल-तिल कर मर रही हैं।··· "

संगीत-जगत् से दिलचस्पी रखनेवाले लोग असमय में विलुप्त हुई मीताली की प्रतिभा के लिए विभिन्न जनों को दोषी मानते हैं। कोई उनके गुरु का दोष बताता है, कोई उनके अकाल-मातृत्व की दुहाई देता है, किन्तु मीताली के पति की ओर कोई उँगली तक नहीं उठाता··· जबकि दीदी की ज़िन्दगी में घुन इसी व्यक्ति ने लगाया।··· 'शुचिबाय', पवित्रता का वहम !··· जमाय बाबू को 'विशुद्ध' बोलने का मुद्रादोष है। अशुद्ध ? विशुद्ध··· संकुचित मुख-मुद्राएँ !··· दीदी अब बाथरूम में ही

गाती हैं। हाथ की उँगलियों की ओर तलहथी की चमड़ी हमेशा पानी में रहने के कारण सिकुड़ी रहती है।··· दिन-भर कपड़े धोती हैं।···

घुघलू भी पहचानता है मीताली दी को। बात में फोड़न देते हुए बोला, "जिस आसर (महफ़िल) में मीताली दी का प्रोग्राम होता था, उसमें एकाध बार लाठी ज़रूर चलती थी भीड़ पर।··· क्या हो गया ?···"

होगा क्या ? उनके पतिदेव संगीत सुनकर ही मुग्ध हुए थे। संगीत में भी ठुमरी ! मीताली दी की ठुमरी में कुछ ऐसी विशेषताएँ थीं, जिनके कारण, उन दिनों मीताली-ठुमरी नाम की एक नयी धारा ही प्रचलित हो गयी थी। विवाह के बाद सर्वकला-मर्मज्ञ पतिदेव ने प्यार से समझाया—"मीताली रानी, ठुमरी ही गाती हो तो विशुद्ध ठुमरी गाओ।" पतिदेव की इच्छा ! फिर क्या, दीदी धीरे-धीरे एक राग-विशेष के आश्रय में रियाज़ करने लगीं।··· लखनऊ और बनारस की ठुमरी बिना किसी मिलावट के सुनाने लगीं।··· गुरुजी ने विरोध किया था। उन्होंने मीताली दी के पति को समझाने की चेष्टा की थी—"ठुमरी को आंचलिक संगीत के प्रवाह ने ही अब तक पुष्ट किया है। ख़याल की अनुगामिनी मात्र नहीं है। देहाती सुर से समन्वित ठुमरी, उस्ताद बड़े···।"

"बड़े-बड़े उस्तादों की बड़ी-बड़ी बोलियाँ मत सुनाइए पण्डितजी ! मैं ठुमरी का इतिहास जानता हूँ।··· सवाल है विशुद्धता का !··· ठुमरी के नाम पर वर्णसंकर चीज़ें सिखानेवालों को मैं संगीतज्ञ नहीं मानता।···"

मीताली दी खड़ी गुरु की फ़ज़ीहत देखती रहीं। कुछ बोलीं नहीं !

अब तक मीताली दी अपनी काफ़ी या खम्माच की ठुमरी में कभी कीर्तन, कभी भठियाली और कभी पूर्वी का स्पर्श लगा देती थीं। उनकी प्रसिद्धि का एकमात्र रहस्य यही था। मूल राग से आँख-मिचौली खेलती हुई छोटी-छोटी, आंचलिक रागिनियाँ अजाने ही श्रोताओं को मोह लेतीं।··· मीताली दी ने निर्दयतापूर्वक उनका परित्याग किया।··· "क्या सुबह-सुबह बाजूबन्द खुलि-खुलि जाय खुलि-खुलि जाय··· ! मीताली रानी ! बन्द करो, भगवान के लिए।" ··· ठुमरी बहुरूपी··· ! जिस बेसेन्ट-हॉल में उनकी प्रतिभा का उदय हुआ था, उसी मंच पर अस्त भी हुआ। गीताली कैसे भूल सकती है उस रात को। उस दिन गीताली के घर मातम छाया हुआ था। गुरुजी फूट-फूटकर रो रहे थे··· शरदोत्सव संगीत-समारोह में मीताली दी अलाप के अंग को पूरा भी नहीं कर पायी थीं कि हॉल में कुत्ते-बिल्ली की बोलियाँ प्रतिध्वनित होने लगीं। तरह-तरह की फब्तियाँ—"मेटेरनिटी सेण्टर में भेजो !··· कण्डेम्ड-माल बण्डल !···"

तीन दिन के भूखे-प्यासे हारे गुरुजी के सामने गीताली ने प्रतिज्ञा की थी। उसी दिन गीत-व्रत लिया था गीताली ने। सरल-सुगम-सहज-संगीत को स्वतन्त्र मर्यादा दिलायेगी !··· मीताली दी की परित्यक्ता रागिनियों को उदारतापूर्वक आश्रय दिया उसने।···

रेडियो से समाचार प्रसारित होने लगा तो गीताली को समय का ज्ञान हुआ।

वह चुपचाप बैठकर यन्त्रकार को काम करते देख रही थी। यन्त्रकार आँखें मूँदकर बैठ गया।··· समाचार सुनते समय वह इसी तरह आसन लगाकर बैठता।··· "विशाल विश्व-यन्त्र को स्पर्श करने का सुख अनुभव करता हूँ, समाचार सुनते समय ! समझी नातिन !···"

इसके बाद घुघलू ने रेडियो बन्द कर दिया। गीताली के तानपूरे को गोद में लेकर यन्त्रकार ने कहा, "देखती है, इसमें सिर्फ़ चार ही तार हैं। किन्तु इन्हीं चार तारों से सात स्वर उत्पन्न होते हैं। ··· तुम्हारी दीदी ने सहायक नाद की उपेक्षा की। तुम ऐसा न करना। सौभाग्य से यन्त्र तुम्हारा उत्तम है।···"

इसके बाद यन्त्रकार गीताली के तानपूरे से उलझ गया। "···'प' स्वर में बँधे हुए तार से 'ध नि रे' ही सहायक नाद के रूप में झंकृत होगा। 'सा रे ग म' क्यों ?··· और इसी के साथ तुम अखिल भारतीय सुर-संगम-समारोह में भाग लेने जा रही थीं ? राधे-राधे !···"

गीताली को राधेश्याम की याद आयी, राधे गिटारिस्ट ! जो प्रतिभा विकसित होने के पहले ही शेष हो जाये, उसके लिए किसको दुख नहीं होगा ?··· पँचरंगा जैकेट और तलवारकट मूँछें ! उन दिनों गीताली के घर बहुत आता-जाता था। गीताली के कई गीतों के साथ उसने संगत भी की थी।··· उस दिन यन्त्रकार के यहाँ से लौटी तो राधेश्याम प्रतीक्षा में बैठा हुआ था, जाने कब से। माँ रामकृष्ण आश्रम में कीर्तन सुनने गयी थी। ··· राधेश्याम ! राधेश्याम के चेहरे को उसने गौर से देखा था। यन्त्रकार के कथनानुसार हर कलाकार के मुख-मण्डल के इर्द-गिर्द सुरलहरी काँपती रहती है। सिम्फ़नी कन्सर्ट के कण्डक्टर मिस्टर रैंकिन को पहली बार देखते ही हाराधन यन्त्रकार ने उसके चेहरे के आसपास लहराती हुई सुर-लहरी को देखा था। 'सी' माइनर से 'ई' फ्लैट··· पियानो, हॉर्न, ओबो··· क्लारिनेट···।

राधेश्याम के मुख-मण्डल के पास सुर-लहरियाँ लहरा रही थीं। वह पीकर धुत्त था। गीताली की चुप्पी का ग़लत अर्थ लगाकर उसने लड़खड़ाती हुई आवाज़ में कहा था–"डा-र्लि···!··· डि-इ्-डि-डि-डि-डा-डि-डा डि-डा-आ-आ !··· गी-टा ली, माई गिटा-आ !"··· अकराम के 'अर्चना के बोल', शंख-घण्टाध्वनि, धूप-गन्ध··· राधेश्याम की गिटपिटायी बोली और शराब की गन्ध !··· गीताली के सबसे छोटे भाई की उम्र का यह राधेश्याम !

इतनी हिम्मत इसकी ! गीताली चुपचाप अन्दर चली गयी थी।···

राधेश्याम से पीछा छुड़ाया, तो जमाय बाबू के एक मित्र का आविर्भाव हुआ। गीतकार थे। जीजाजी के शिष्य थे।··· उन्होंने गीताली की ज़िन्दगी के सभी गीतों का ठेका लेने की बात चलायी।··· "कहो तो दिन में पाँच मधुर गीतों की रचना करके दिखा दूँ। तुम गीत-गीत की पंक्ति-पंक्ति में तीन बिन्दियों-सी बिखरी हो, सजनी-ई- सजनी-ई, तुम··· !"

राधेश्याम एकाध फ़िल्मी धुन को लेकर जी रहा था। जमाय बाबू के गीतकार शिष्य को कोई सजनी मिल गयी होगी !···

अकेली गीताली ! गीत गूँथती, सुर देती, गाती।··· दस वर्ष से गा रही है। यन्त्रकार ने एक और बात बतायी थी–"गन्ध ! गीतों से गन्ध का परिवेशन कर सको, ऐसी साधना करो !···"

तीसरे दिन यन्त्रकार का मूड बदला हुआ था। घुघलू बाहर था। गीताली चुपचाप कमरे के कोने में बैठ गयी। अखिल-भारतीय-सुर-संगम-समारोह की अन्तिम तिथियों की घोषणा हो चुकी थी। गीताली ने यन्त्रकार से कहा, "नाना, आशीर्वाद दीजिए ! निमन्त्रण मिला है।"

घुघलू एक दोने में घुघनी और कचरी ले आया। देखते ही यन्त्रकार का मूड सुधर गया। अन्दर से गीताली का तानपूरा ले आया घुघलू। बहारदार खोल से निकालकर गीताली की ओर बढ़ा दिया यन्त्रकार ने–"लो ! सुधर गया है। सबको सुधार देगा ! इसकी पूजा नहीं, तो इज़्ज़त ज़रूर करना !"

गीताली ने उँगलियों से तारों का स्पर्श किया। हाराधन यन्त्रकार ने इधर-उधर देखकर कहा, "मेरी एक बात मानोगी ? अपनी उँगलियाँ छूने दोगी ?··· हाँ-हाँ··· नातिन को अचरज हो रहा है कि बूढ़े की यह क्या आदत, कभी तलहथी देखना चाहता है, कभी उँगलियाँ छूना चाहता है। हो-हो ?···" गीताली की उँगलियों को उसने अपने सिर से छुलाते हुए कहा, "मुझे भय था, तुम्हारे नाखून काटने का ढंग गलत तो नहीं !"··· उँगलियाँ पकड़े ही हँसकर पूछा था, "की नातनी ? मने की बाजछे ? क्यों ? क्या बज रहा है मन में ? क्या कहता है मन ? किस सुर में···"

उस दिन गीताली ने हँसकर जवाब दिया था–"कहो, कोई अजानी रागिनी तो नहीं बजती !"··· किन्तु आज ?··· आज वह सुनती है स्पष्ट–ऐसी रागिनी, जिसको वह बाँध नहीं पाती।··· उसका यन्त्र नहीं हारता, वह हारने लगती है।··· कहाँ है यन्त्रकार ? है या··· ?

उस बार अखिल भारतीय-सुर-संगम-समारोह में सर्वोच्च स्थान प्राप्त करने के बाद ही नाना हाराधन यन्त्रकार को प्रणाम करने गयी थी !··· सुनकर अवाक् हो गयी, घुघलू-सहित हाराधन यन्त्रकार फ़रार है। सुर-मन्दिरवालों ने औज़ार-पाती तथा बहुत-सी चीज़ों की चोरी का इल्ज़ाम लगाकर रपट की है।··· इसके बाद, दस वर्ष हो रहे हैं।··· 'नाना, मैं तुमको नानाधन कहूँगी। नानाधन ! तुम अपना मृगचर्म मुझे दो। मैं इस पर बैठकर साधना करूँगी।'··· 'करोगी ?··· करोगी ? डरती नहीं ? इस अशुभ मृगचर्म से तुम्हारा कोई अशुभ न हो जाय !' ··· मृगचर्म को सिर से छुवाकर, गीताली ने एक ओर रख दिया।··· इस पर बैठकर उसने साधना की है।··· चीतल, चित्रा··· चन्दन के चकत्ते··· खून के धब्बे··· डॉट-डॉट-डॉट !···

दस वर्ष बाद, आज नाना हाराधन यन्त्रकार को स्मरण करते समय मन इमन के पद-विन्यासों का व्यवहार कर रहा है।··· गीताली अब स्वयं को एक यन्त्र समझती है। किसी अनचीन्हे की उँगलियाँ उसे छेड़ जाती हैं बार-बार !··· अलख-मुखर-जगत् के व्यापार में बाधा पड़ी। तीनों जलती हुई बिन्दियाँ बुझ गयीं। दरवाज़े पर डाकिया

पुकारकर चिट्ठियाँ दे गया। ··· कुमारी गीताली दास··· 'गीत महल'··· !

हे देव !··· हे देवी··· यह क्या ? यह सपना तो नहीं ?··· क्या यह सच है ? भारत-प्रसिद्ध सितारवादक अकराम का प्रणय-निवेदन-भरा पत्र है यह तो !··· शंख-घण्टा-ध्वनि··· धूप-गन्ध ! अर्चना के बोल !··· ललित में !··· विलम्बितद्रुत !··· यह कैसे सम्भव हुआ ? दस वर्ष से छिपी हुई बात फैल गयी !··· माँ !···

अकराम के खत में स्वर है ! इसकी पंक्तियाँ झनक रही हैं।···शंख और घण्टाध्वनि के बीच अकराम का कण्ठ-स्वर सुनती है गीताली ! चिरसंगी तानपूरे का सहारा लेती है वह। दोनों हाथों से जकड़कर पकड़ती है।··· चारों तारों से अकराम का कण्ठ-स्वर प्रसारित होता है !··· 'गीताली ! गीताली ··· मैं हूँ अकराम। पिछले आठ साल से सुन रहा हूँ; सुन रहा हूँ क्यों, उपभोग कर रहा हूँ तुम्हारे गीतों की गन्ध।··· धान कूटती हुई, चक्की चलाती हुई, ढोर चराती हुई, सुन्दरियों की देह की नमकीन गन्ध, धान के खेतों की, पोखर और घाट पर पानी भरती हुई सुन्दरियों के आँचल की··· गन्ध··· सुगन्ध··· किसी वनफूल की··· सुरभिमय गीतों की गायिका ने मेरी घ्राण-शक्ति तेज़ कर दी है।··· मैंने गीत-गन्धा और गीताली-गंगा नामक दो गतों की रचना की है।··· उस दिन, किन्तु तुमने कंजूसी की है, या··· ? ऐसा न करो। मैं तुम्हारे कण्ठ से अभी तक अनगाये गीतों का अवतरण कराऊँगा। गीत-गन्धा ! मैं अपना सौभाग्य समझूँगा तुम्हारा साथ··· '

और यह दूसरी चिट्ठी भी बोलती है खनकवाली आवाज़ !··· खोये नानाधन-हाराधन··· 'ओ-गो नातिन ! शिव प्रसन्न हुए हैं। आँखें खोलो।··· पिछले सप्ताह, तुमको सुनने के बाद ही मेरे घर दौड़ा आया मास्टर ! तुम्हारी नातिन का दिल छोटा हो रहा है या दिल चुरा रही है ? लेकिन तुम्हारी चीज़ की गरमी उसकी रगों में उतरी हुई थी। बड़बड़ाने लगा मास्टर। आज तुम्हारी नातिन कचनार के पेड़ के नीचे घड़ा-भर मधु लेकर बैठी थी, गीत की किताब भी थी··· किन्तु··· अनेक किन्तु बोल गया··· कृन्तण··· यह छटपटा रहा है नातिन !··· क्यों, मन में क्या बज रहा है··· बाहर वसन्त ? स्वयम्भू नाद की कृपा है सब ! जाति-विचार ? शिल्पी की जाति ?··· ग्राम-जाति-वादी-संवादी आदि राग को परखने के समय !··· '

तीसरा ख़त गूँगा है !··· पिछले तीन साल के शुभ अवसरों पर कलापूर्ण कार्ड आँककर भेज रहा है··· कलाकार। रामकृष्ण आश्रम के वार्षिकोत्सव में मण्डप और वेदी आदि की रचना करके मनहर राय ने सभी का मन मोह लिया था। ··· गीताली वेदी के पास घण्टों चुपचाप खड़ी रह गयी थी···क्षमा करना मनहर, गीताली चिर-ऋणी रहेगी तुम्हारी।··· तुम चाहते तो गीताली अपना सारा रंग लुटा सकती थी। ··· तुमने उन क्षणों का दुरुपयोग नहीं किया। ··· तीन वर्ष ! तीन शून्य··· गुमसुम रहे तुम, सब दिन। कलाकार !··· गीताली सुरजीवी है। दस वर्ष पूर्व ही वह किसी के सुर में बँध चुकी थी। ··· फिर भी, तुम कुछ बोलते···। आज भी तुम्हारा खत कुछ नहीं बोलता। ··· अकराम शंख-ध्वनि कर रहा है··· प्यारे मनहर !··· अकराम ! प्यारे अकराम ! तुम कितने बड़े गुणी हो ! तुमने कैसे जान लिया सबकुछ !··· गन्ध ?

महाराज, ये तुम्हारी ही कृपा के फल हैं। 'अर्चना के बोल' सुनते समय मुझे जो धूप की गन्ध लगी थी ! तुम्हीं ने यह गन्ध-परिवेशन किया है प्रथम बार ! तुम्हारी ही चीज़, तुम्हीं को··· ! लो, मैं यन्त्र हूँ ! तुम्हारी हूँ ! मुझे बजाओ, धन्य करो !···

गीताली ने पास पड़े तानपूरे के तारों को छूकर झंकृत कर दिया। मूल नाद से नौगुन ऊँचाई पर सहायक नाद उत्पन्न हुए।

··· तुमने सुना होगा अकराम··· नानाधन··· घुघलू बैण्ड पार्टी में हॉर्न बजाता है··· तुम सभी ने सुना··· ! गीताली अकराम के गले में गीतमाला डाल चुकी !··· 'ए' माइनर का तीव्र सुर··· 'एफ' मेजर का आनन्दोल्लास !···

गीताली ने परमहंस देव को नमस्कार किया। परमहंस देव के कथामृत से ध्वनि निकली—'मानुषेर मन जेन सरषेर पुटली।'··· आदमी का मन मानो सरसों की पोटली !

गीताली की आँखों से आँसू झर पड़े। कण्ठ से एक अजानी रागिनी फूटकर निकल पड़ी।···

अलख-मुखर-जगत् में अकराम की पगध्वनि सुन रही है गीताली !···

1957

पंचलाइट

पिछले पन्द्रह महीने से दण्ड-जुरमाने के पैसे जमा करके महतो टोली के पंचों ने पेट्रोमेक्स खरीदा है इस बार, रामनवमी के मेले में। गाँव में सब मिलाकर आठ पंचायतें हैं। हरेक जाति की अलग-अलग 'सभाचट्टी' है। सभी पंचायतों में दरी, जाजिम, सतरंजी और पेट्रोमेक्स हैं–पेट्रोमेक्स, जिसे गाँववाले पंचलाइट कहते हैं।

पंचलाइट खरीदने के बाद पंचों ने मेले में ही तय किया–दस रुपये जो बच गये हैं, इससे पूजा की सामग्री खरीद ली जाये–बिना नेम टेम के कल कब्जेवाली चीज़ का पुन्याह नहीं करना चाहिए। अंग्रेजबहादुर के राज में भी पुल बनाने से पहले बलि दी जाती थी।

मेले से सभी पंच दिन-दहाड़े ही गाँव लौटे; सबसे आगे पंचायत का छड़ीदार पंचलाइट का डिब्बा माथे पर लेकर और उसके पीछे सरदार दीवान और पंच वगैरह। गाँव के बाहर ही ब्राह्मणटोले के फुटंगी झा ने टोक दिया–"कितने में लालटेन खरीद हुआ महतो ?"

"... देखते नहीं हैं, पंचलैट है ! बामनटोली के लोग ऐसे ही ताब करते हैं। अपने घर की ढिबरी को भी बिजली-बत्ती कहेंगे और दूसरों के पंचलैट को लालटेन !"

टोले-भर के लोग जमा हो गये। औरत-मर्द, बूढ़े-बच्चे सभी काम-काज छोड़कर दौड़े आये, "चल रे चल ! अपना पंचलैट आया है, पंचलैट !"

छड़ीदार अगनू महतो रह-रहकर लोगों को चेतावनी देने लगा–"हाँ, दूर से, ज़रा दूर से ! छू-छा मत करो, ठेस न लगे !"

सरदार ने अपनी स्त्री से कहा, "साँझ को पूजा होगी; जल्दी से नहा-धोकर चौका-पीढ़ी लगाओ।"

टोले की कीर्तन-मण्डली के मूलगैन ने अपने भगतिया पच्छकों को समझाकर कहा, "देखो, आज पंचलैट की रोशनी में कीर्तन होगा। बेताले लोगों से पहले ही कह देता हूँ, आज यदि आखर धरने में डेढ़-बेढ़ हुआ, तो दूसरे दिन से एकदम बैकाट !"

औरतों की मण्डली में गुलरी काकी गोसाईं का गीत गुनगुनाने लगी। छोटे-छोटे

बच्चों ने उत्साह के मारे बेवजह शोरगुल मचाना शुरू किया।

सूरज डूबने के एक घण्टा पहले से ही टोले-भर के लोग सरदार के दरवाज़े पर आकर जमा हो गये—पंचलैट, पंचलैट !

पंचलैट के सिवा और कोई गप नहीं, कोई दूसरी बात नहीं। सरदार ने गुड़गुड़ी पीते हुए कहा, "दुकानदार ने पहले सुनाया, पूरे पाँच कौड़ी पाँच रुपया। मैंने कहा कि दुकानदार साहेब, यह मत समझिए कि हम लोग एकदम देहाती हैं। बहुत-बहुत पंचलैट देखा है। इसके बाद दुकानदार मेरा मुँह देखने लगा। बोला, लगता है आप जाति के सरदार हैं ! ठीक है, जब आप सरदार होकर खुद पंचलैट खरीदने आये हैं तो जाइए, पूरे पाँच कौड़ी में आपको दे रहे हैं।"

दीवानजी ने कहा, "अलबत्ता चेहरा परखनेवाला दुकानदार है। पंचलैट का बक्सा दुकान का नौकर देना नहीं चाहता था। मैंने कहा, देखिए दुकानदार साहेब, बिना बक्सा पंचलैट कैसे ले जायेंगे ! दुकानदार ने नौकर को डाँटते हुए कहा, क्यों रे ! दीवानजी की आँख के आगे 'धुरखेल' करता है; दे दो बक्सा !"

टोले के लोगों ने अपने सरदार और दीवान को श्रद्धा-भरी निगाहों से देखा। छड़ीदार ने औरतों की मण्डली में सुनाया—"रास्ते में सन्न-सन्न बोलता था पंचलैट !"

लेकिन··· ऐन मौके पर 'लेकिन' लग गया ! रूदल साह बनिये की दुकान से तीन बोतल किरासन तेल आया और सवाल पैदा हुआ, पंचलैट को जलायेगा कौन !

यह बात पहले किसी के दिमाग में नहीं आयी थी। पंचलैट खरीदने के पहले किसी ने न सोचा। खरीदने के बाद भी नहीं। अब, पूजा की सामग्री चौक पर सजी हुई है, कीर्तनिया लोग खोल-ढोल-करताल खोलकर बैठे हैं और पंचलैट पड़ा हुआ है। गाँववालों ने आज तक कोई ऐसी चीज़ नहीं खरीदी, जिसमें जलाने-बुझाने का झंझट हो। कहावत है न, भाई रे, गाय लूँ ? तो दुहे कौन ?··· लो मज़ा ! अब इस कल-कब्जेवाली चीज़ को कौन बाले !

यह बात नहीं कि गाँव-भर में कोई पंचलैट बालनेवाला नहीं। हरेक पंचायत में पंचलैट है, उसके जलानेवाले जानकार हैं। लेकिन सवाल है कि पहली बार नेम-टेम करके, शुभ-लाभ करके, दूसरी पंचायत के आदमी की मदद से पंचलैट जलेगा ? इससे तो अच्छा है कि पंचलैट पड़ा रहे। ज़िन्दगी-भर ताना कौन सहे ? बात-बात में दूसरे टोले के लोग कूट करेंगे—तुम लोगों का पंचलैट पहली बार दूसरे के हाथ से··· ! न, न ! पंचायत की इज़्ज़त का सवाल है। दूसरे टोले के लोगों से मत कहिए !

चारों ओर उदासी छा गयी। अँधेरा बढ़ने लगा। किसी ने अपने घर में आज ढिबरी भी नहीं जलायी थी।··· आज पंचलैट के सामने ढिबरी कौन बालता है !

सब किये-कराये पर पानी फिर रहा था। सरदार, दीवान और छड़ीदार के मुँह में बोली नहीं। पंचों के चेहरे उतर गये थे। किसी ने दबी हुई आवाज़ में कहा,

"कल-कब्ज़ेवाली चीज़ का नखरा बहुत बड़ा होता है।"

एक नौजवान ने आकर सूचना दी–"राजपूतटोली के लोग हँसते-हँसते पागल हो रहे हैं। कहते हैं, कान पकड़कर पंचलैट के सामने पाँच बार उठो-बैठो, तुरन्त जलने लगेगा।"

पंचों ने सुनकर मन-ही-मन कहा, "भगवान ने हँसने का मौका दिया है, हँसेंगे नहीं ?" एक बूढ़े ने आकर खबर दी–"रूदल साह बनिया भारी बतंगड़ आदमी है। कह रहा है, पंचलैट का पम्पू ज़रा होशियारी से देना !"

गुलरी काकी की बेटी मुनरी के मुँह में बार-बार एक बात आकर मन में लौट जाती है। वह कैसे बोले ? वह जानती है कि गोधन पंचलैट बालना जानता है। लेकिन, गोधन का हुक्का-पानी पंचायत से बन्द है। मुनरी की माँ ने पंचायत में फ़रियाद की थी कि गोधन रोज़ उसकी बेटी को देखकर 'सलम-सलम' वाला सलीमा का गीत गाता है–'हम तुमसे मोहोब्बत करके सलम !' पंचों की निगाह पर गोधन बहुत दिन से चढ़ा हुआ था। दूसरे गाँव से आकर बसा है गोधन, और अब तक टोले के पंचों को पान-सुपारी खाने के लिए भी कुछ नहीं दिया। परवाह ही नहीं करता है। बस, पंचों को मौका मिला। दस रुपया जुरमाना ! न देने से हुक्का-पानी बन्द। आज तक गोधन पंचायत से बाहर है। उससे कैसे कहा जाये ! मुनरी उसका नाम कैसे ले ? और उधर जाति का पानी उतर रहा है।

मुनरी ने चालाकी से अपनी सहेली कनेली के कान में बात डाल दी– "कनेली !··· चिगो, चिध-ऽऽ, चिन··· !" कनेली मुस्कुराकर रह गयी–"गोधन तो बन्द है !" मुनरी बोली, "तू कह तो सरदार से !"

"गोधन जानता है पंचलैट बालना !" कनेली बोली।

"कौन, गोधना ? जानता है बालना ? लेकिन···।"

सरदार ने दीवान की ओर देखा और दीवान ने पंचों की ओर। पंचों ने एकमत होकर हुक्का-पानी बन्द किया है। सलीमा का गीत गाकर आँख का इशारा मारनेवाले गोधन से गाँव-भर के लोग नाराज़ थे। सरदार ने कहा, "जाति की बन्दिश क्या, जबकि जाति की इज़्ज़त ही पानी में बही जा रही है ! क्यों जी दीवान ?"

दीवान ने कहा, "ठीक है।"

पंचों ने भी एक स्वर में कहा, "ठीक है। गोधन को खोल दिया जाये।"

सरदार ने छड़ीदार को भेजा। छड़ीदार वापस आकर बोला, "गोधन आने को राज़ी नहीं हो रहा है। कहता है, पंचों की क्या परतीत है ? कोई कल-कब्जा बिगड़ गया तो मुझे दण्ड जुरमाना भरना पड़ेगा।"

छड़ीदार ने रोनी सूरत बनाकर कहा, "किसी तरह गोधन को राजी करवाइए, नहीं तो कल से गाँव में मुँह दिखाना मुश्किल हो जायेगा।"

गुलरी काकी बोली, "जरा मैं देखूँ कहके !"

गुलरी काकी उठकर गोधन के झोंपड़े की ओर गयी और गोधन को मना लायी। सभी के चेहरे पर नयी आशा की रोशनी चमकी। गोधन चुपचाप पंचलैट में तेल

भरने लगा। सरदार की स्त्री ने पूजा की सामग्री के पास चक्कर काटती हुई बिल्ली को भगाया। कीर्तन-मण्डली का मूलगैन मुरछल के बालों को सँवारने लगा। गोधन ने पूछा, "इसपिरिट कहाँ है ? बिना इसपिरिट के कैसे जलेगा ?"

··· लो मज़ा ! अब यह दूसरा बखेड़ा खड़ा हुआ ! सभी ने मन-ही-मन सरदार, दीवान और पंचों की बुद्धि पर अविश्वास प्रकट किया—बिन बूझे-समझे काम करते हैं ये लोग ! उपस्थित जन-समूह में फिर मायूसी छा गयी। लेकिन, गोधन बड़ा होशियार लड़का है। बिना स्पिरिट के ही पंचलैट जलायेगा—"थोड़ा गरी का तेल ला दो !" मुनरी दौड़कर गयी और एक मलसी गरी का तेल ले आयी। गोधन पंचलैट में पम्प देने लगा।

पंचलैट की रेशमी थैली में धीरे-धीरे रोशनी आने लगी। गोधन कभी मुँह से फूँकता, कभी पंचलैट की चाबी घुमाता। थोड़ी देर के बाद पंचलैट से सनसनाहट की आवाज़ निकलने लगी और रोशनी बढ़ती गयी; लोगों के दिल का मैल दूर हो गया। गोधन बड़ा काबिल लड़का है !

अन्त में पंचलाइट की रोशनी से सारी टोली जगमगा उठी तो कीर्तनिया लोगों ने एक स्वर में, महावीर स्वामी की जय-ध्वनि के साथ कीर्तन शुरू कर दिया। पंचलैट की रोशनी में सभी के मुस्कुराते हुए चेहरे स्पष्ट हो गये। गोधन ने सबका दिल जीत लिया। मुनरी ने हसरत-भरी निगाह से गोधन की ओर देखा। आँखें चार हुईं और आँखों-ही-आँखों में बात हुई—'कहा-सुना माफ करना ! मेरा क्या कसूर !'

सरदार ने गोधन को बहुत प्यार से पास बुलाकर कहा, "तुमने जाति की इज़्ज़त रखी है। तुम्हारा सात खून माफ़। खूब गाओ सलीमा का गाना।"

गुलरी काकी बोली, "आज रात मेरे घर में खाना गोधन !"

गोधन ने फिर एक बार मुनरी की ओर देखा। मुनरी की पलकें झुक गयीं।

कीर्तनिया लोगों ने एक कीर्तन समाप्त कर जय-ध्वनि की—'जय हो ! जय हो !'··· पंचलैट के प्रकाश में पेड़-पौधों का पत्ता-पत्ता पुलकित हो रहा था।

जनवरी, 1958

सिरपंचमी का सगुन

निहाई पर हथौड़े की आख़िरी चोट कुछ ऐसी अस्वाभाविक आवाज़ में बजी कि लुहरसार में बैठे हुए सभी गृहस्थ अचकचा उठे। सभी की आँखें कालू कमार की निहाई पर एक ही साथ केन्द्रित हो गयीं–यह क्या, टेढ़ा फाल ! किसका फाल ! सिंघाय का ? क्या हुआ ?··· ना-दिहन्द गृहस्थ।

सिंघाय मुँह फाड़े देखता रहा। उसके फाल पर आख़िरी चोट देकर उसे काठ के कठौते में डालते हुए कालू कमार ने अर्थपूर्ण दृष्टि से उसकी ओर देखा। कठौते में गरम फाल छनछना उठा। सिंघाय को अचानक ज्ञान हुआ–कालू ने उसका फाल टेढ़ा कर दिया ! हथौड़े की अस्वाभाविक आवाज़ उसके कानों के पास एक बार फिर प्रतिध्वनित हो गयी। बुझते हुए लोहे की लोहाइन गन्ध-भरी भाप लुहरसार में मँडराने लगी।

सिंघाय के दिल में अचानक कुछ सुलग उठा–"अच्छा, तुमने मेरा फाल टेढ़ा कर दिया कालू ?"

"तो क्या करता ?" कालू ने एक हाथ से धौंकनी की कड़ी खींचते हुए कहा, "तो क्या करता ?" फिर दूसरे हाथ की पाँचों उँगलियाँ दिखाकर बोला, "एक नहीं, दो नहीं, पूरे पाँच साल का खैन बाकी है; न अगहनी फसल में एक चुटकी धान और न रबी फ़सल का मुट्ठी चना। खैन के लिए कचहरी में नालिस तो नहीं करने जायेंगे हम ! क्या करता ?"

"ऐन सिरपंचमी के दिन ही ?"

"ऐन-गैन बतकही पंचायत बुलाकर करो, सिंघाय ! बैठे हैं यहाँ जवारभर के गृहस्थ किसान, छोटे-बड़े। इन्हीं लोगों से विचार कराओ।"

टेढ़ा फाल ! जिला-जवार का कोई कमार या लुहार टेढ़े फाल को छू नहीं सकता। जाति की बन्दिश से कौन बाहर जायेगा ? शहर के लुहार भी अब नहीं करते ऐसा काम–चुराकर भी नहीं। जाति की बड़ी सभा में इस बात की भी बन्दिश हो चुकी है, इस बार। कहाँ जायेगा सिंघाय या उसके जैसा ना-दिहन्द हलवाला टेढ़ा फाल लेकर ? कालू कमार का कमाया हुआ खैन मारकर खेती करना खेल नहीं। ट्रैक्टर जोतनेवाले बड़े किसान भी कालू का खैन नहीं काट सके··· फाल

को ऐसे हिसाब से टेढ़ा किया जाता है कि हल की अँकड़ी में पच्चर लगाकर भी न बैठ सके।

सँड़सी से सिंघाय के फाल को पकड़कर कठौते से बाहर किया कालू कमार ने।··· फाल टेढ़ा होकर कितना बदसूरत हो जाता है !

सिंघाय ने एक लम्बी साँस छोड़कर लुहरसार में बैठे हुए गृहस्थों पर निगाह दौड़ायी। ऊँहुँ ! एक भी हमदर्द सूरत नहीं; कोई नहीं !

ठाँ-ठाँ-ठाँ-ठुन्न ! ठाँ-ठुन्न ! कालू अपने देनदार गृहस्थों का फाल पीटता और कठौते में डाल देता—छुँ-छुँ-छुँ-ऊँ गड़र्र-र्र लोहाइन गन्धवाली भाप रह-रहकर मँडरा जाती।

सिंघाय के मन में कुछ धुँधुआ उठा··· नहीं करवायेगा पंचायत ! उसने उठकर अपने उपेक्षा फाल को टोकरी में रख लिया। लुहरसार से बाहर निकलकर उसने ओट में पड़ी हुई खैनी थूक दी।··· थूकते समय 'थू' पर ज़रा ज़्यादा ज़ोर दिया उसने।

सिंघाय के जाते ही अब तक चुप बैठे हुए गृहस्थ किसानों के मुँह खुले। सभी ने कालू कमार के पक्ष का समर्थन किया।··· मुरव्वत की भी एक हद होती है !

सिरपंचमी के दिन सभी किसान बहुत नेक-टेम करके जाते हैं लुहरसार में। बाँस की नयी टोकरी में एक पसेरी धान, दूब और पान-सुपारी के साथ हल का फाल, खुरपी और हँसिया लेकर पहुँचते हैं। नये साल की खेती के लिए सिरपंचमी को ही हल खड़ा किया जाता है।

कालू कमार आस-पास के दस-बारह टोले का हल-फाल कमाता है। उसके दोनों जवान लड़के आरा-वसूली-रुखान लेकर लकड़ी का काम करते हैं, हल-हरेस-जुआ आदि के लिए लकड़ी छीलते हैं। धौंकनी, निहाई और हथौड़े से कालू कमार लोहे का छोटा-मोटा काम करता; फाल, खुरपी और हँसिया बनाता। गाँव के चार-पाँच हल जोतनेवाले किसानों से अच्छी अवस्था है कालू कमार की। बड़े-बड़े किसान भी बेर-बखत पड़ने पर उससे कर्ज ले जाते हैं, कागज़ बनाकर।··· लेकिन बाकी खैन का तो कागज़ नहीं बना देता कोई ! बाकी खैन वसूलने का यही एक जातीय तरीका है–सिरपंचमी के दिन का फाल टेढ़ा कर दो। सारी दुनिया रिरियाता फिरेगा, फाल सीधा कराने के लिए।

सिरपंचमी के दिन सभी किसान अपने-अपने सगुन की ही बात सोचते हैं। उस दिन किसी से बेकार रार न हो, किसी की नज़र न लग जाये, कोई छींक न दे। लुहरसार से लौटकर बैलों को नहलाकर सींग में तेल लगाया जाता है। हल के हरेस पर चावल के आटे की सफेदी की जाती है। औरतें उस पर सिन्दूर से माँ लक्ष्मी के दोनों पैरों की उँगलियाँ अंकित करती हैं। गाँव से बाहर परती ज़मीन पर गाँव-भर के किसान अपने हल-बैल और बाल-बच्चों के साथ जमा होते हैं। नयी खुरपी से सवा हाथ ज़मीन छीलकर केले के पत्ते पर अक्षत-दूध और केले का मोती-प्रसाद चढ़ाया जाता है। धूप-दीप देने के बाद, हल में बैलों को जोतकर

पूजा के स्थान से जुताई का श्रीगणेश किया जाता है। फाल की रेफ पूजा के बीच में पड़े, इसका ख़याल सभी किसान रखते हैं। अपने-अपने हलवाहों को सचेत कर देते हैं–बायें-बायें, ज़रा दाहिने ! पाँच चक्कर दक्षिण से उत्तर और पाँच पूर्व से पश्चिम ! जुताई के समय जिसका बैल मल-मूत्र त्याग करे, उसको खाद-पानी की कमी नहीं होगी इस साल की खेती में। आज जिसका बैल बैठ गया या जुए से खुल गया–उसकी खेती के मालिक सीताराम ! छोटे-छोटे बच्चे भी सतर्क होकर अपने बैलों को देखते रहते हैं–"बाबा देखो, देखो, अपना गोला बैल क्या कर रहा है।" तालियाँ बजाकर नाचते हैं–"सबसे पहले हमारा बैल··· ! "

सिंघाय का सगुन लुहरसार में ही बिगड़ गया। फाल नहीं, कालू ने उसकी तकदीर टेढ़ी कर दी। घर लौटते समय सिंघाय की आँखें कई बार भर-भर आयीं। उसका पाँच साल का बेटा माधो उसकी राह देख रहा होगा। माधो की माँ गुड़ की खिचड़ी बना रही होगी।··· क्या करे सिंघाय ? कहाँ जाये ! क्या जवाब देगा बीवी-बच्चे को ?

सिंघाय का सुलगा हुआ मन धीरे-धीरे बुझने लगा। उसको लगा, अन्दर लोहाइन गन्धवाली भाप घुमड़ रही है।··· ठाँ-ठाँ-ठाँ-ठुन्न ! ··· छुँ-छुँ-छुँ-ऊँ-गुड़्र्-र !

गाँव की सीमा के बाहर ही घर-घर पकती हुई गुड़खिचड़ी की गन्ध ने सिंघाय की चेतना को फिर से झकझोर दिया।··· जाने किस दिन का बदला लिया है कालू ने !

पाँच साल का खैन उसका बाकी ज़रूर है, सिंघाय कबूल करता है। लेकिन इसके बदले कालू ने जाने कितनी बार बेगार करवायी है। दूध, कबूतर, केले, साग-सब्ज़ी का दाम कभी कालू या उसकी बीवी ने नहीं दिया। कालू के लड़कों ने कितनी बार उससे शीशम का पेड़ कटवाया है, तख़्ती चीरते समय घण्टों उससे आरा खिंचवाया है। सिंघाय-जैसा दो-चार जजमान हर टोले में है कालू कमार का। ··· पछिमा टोले के दोरिक के जिम्मे कालू का सात साल का खैन बाकी पड़ा है। दोरिक के पास एक गाछ जेठवा आम है, एक गाछ लीची। सिंगेसर ने आज तक किसी पनिया-पंसारी को खैन नहीं दिया है ज़िन्दगी में, न कमार को, न चमार को, न धोबी को। सिंगेसर तुम्बाफेरी करना जानता है न ! डर से खैन नहीं माँगता कोई। ··· जाने किस बैर का बदला लिया कालू ने !

गाँव में प्रवेश करते समय सिंघाय ने सुना, कागा बोल रहा है।··· अशुभ-असगुन भरी बोली कागा की ! टेढ़ा फाल ! टेढ़ी तकदीर !

"बाबा आ गया ! आ गया ! सबसे पहले हमारा बाबा आ गया !"

सिंघाय के पैर बँध गये। एक पसेरी धान की टोकरी मनों भारी लगने लगी सिर पर। क्या करे सिंघाय ?··· चूल्हे की आग में तपाकर, सिलबट्टे पर लोढ़े से पीटने पर थोड़ा भी सीधा नहीं होगा क्या ? माधो आकर पाँव से लिपट गया–"मेरी

छोटी खुरपी बनवा लाये ? देखूँ, कहाँ है मेरी खुरपी··· !" अपने बाप के हाथ की पकड़ से ही माधो समझ गया, कोई बात है। उसने अपने बाप के मुँह की ओर देखा।

आँगन में आकर जब जलते हुए चूल्हे में फाल झोंक दिया सिंघाय ने, तो उसकी स्त्री 'हा-हा' कहकर दौड़ पड़ी–"तुम्हारी मति मारी गयी है क्या ? हो क्या गया है तुमको ? ऐन सिरपंचमी के दिन फाल को चूल्हे में क्यों झोंक दिया तुमने ?"

"ठीक किया है। फाल ही नहीं, अभी हलहरेस को भी काटकर···"

"चुप करो ! अलच्छन-कुलच्छन बात ज़बान पर मत लाओ। क्या हुआ है, बोलते क्यों नहीं ?"

सिंघाय ने चूल्हे में झोंकने की नीयत से नहीं झोंका था फाल चूल्हे में ! जब माधो की माँ 'हा-हा' कहकर दौड़ी तो उसका दिल भर आया और उसने खेती-बारी को भला-बुरा कहना शुरू किया–"ऐसी खेती-बारी का···!"

सिंघाय के अन्दर मँडराती भाप मुँह, आँख और नाक से एक ही साथ निकलना चाहती है–"माधो बबुआ !" वह ओसारे का खम्भा पकड़कर बैठ गया–"इधर आओ ! रोओ मत !"

"बबुआ को तो चुप कराते हो और खुद कलप रहे हो ! खोलकर कुछ बोलते क्यों नहीं··· माधो के बाबू ?" सिंघाय के पास आकर बोली माधो की माँ। उसने अपने घरवाले की ओर देखा, हृदय की सारी सहानुभूति आँखों में भरकर–"माधो के बाबू··· !"

लोहाइन गन्धवाली भाप बिला गयी। सिंघाय संयत होकर बोला, "अब हम खेती नहीं करेंगे माधो की माँ ! मैंने तय कर लिया है।··· आज कमार ने दस गाँव के लोगों के बीच मुझे बेपानी कर दिया। फाल टेढ़ा कर दिया।"

"फाल टेढ़ा कर दिया ?" माधो की माँ का चेहरा अचानक तमक उठा। उसको चूल्हे में पड़ी फाल की सुधि आयी। उसने चूल्हे की ओर देखा, खिचड़ी का पानी कड़ाही में खौल रहा है।

"दस इयोढ़े पन्द्रह मन धान तो मैं नहीं देने जाता। और दूँगा कहाँ से पन्द्रह मन धान ! बाप रे !"

माधो की माँ चूल्हे से फाल निकालने लगी, बाँस का खोंखा लेकर। धधकते चूल्हे में टेढ़ा फाल ! वह बोली, "खैन-धान की बात नहीं। असल कारन मैं जानती हूँ। उस दिन कालू की घरवाली खेत से एक बोझा ऊख काटकर ले जा रही थी। मुझसे गरमा-गरम बतकही हो गयी।··· बच्चे के लिए ! बच्चे-कच्चे के लिए एक नहीं, चार ऊख ले ले कोई। पर बोझा-भर ऊख कोई बिना पूछे काट ले, तो क्या कहा जाये ? तुनककर ऊख फेंक गयी। उसी दिन मैंने समझा था, वह पतलजीभी···"

सिंघाय ने टोका–"कब ? किस दिन ?"

"पाँच-सात दिन हुए।"

"तुमने मुझसे कहा क्यों नहीं ? और ऊख क्या हुई ? कहाँ दे आयी ?"

सिंघाय का बदलता हुआ रुख देखकर माधो की माँ हुक्के के लिए चिलम तैयार करने लगी। चिलम में तम्बाकू डालती हुई बोली, "कहने की क्या बात थी, औरतों में ऐसे झगड़े होते ही रहते हैं ! ऊख मैंने हाट में बेच दी।"

"सिरपंचमी के पहले क्यों झगड़ने गयी बेकार !" सिंघाय ने हाथ में हुक्का लेते हुए कहा, "अब इस टेढ़े फाल से सिरपंचमी में हल कैसे खड़ा किया जाये ?"

माधो की माँ और गरम हो गयी–"जान-बूझकर झगड़ा मोल लेने आयी थी कालू की घरवाली। उसके पेट में बहुत पहले से बदमाशी फल रही थी। अब समझी, असल कारन···।"

"असल कारन ! औरतों को ही सब कारन मालूम हो जाता है सबसे पहले !" माधो की माँ चुप हो गयी।··· सिरपंचमी के दिन भी मार-पीट करेगा क्या ! सिंघाय ने माधो को फिर अपने पास बुलाया–"माधो ! बबुआ !"

"अब तो गलती हो गयी !" माधो की माँ बोली।

"उदास मत हो माधो की माँ !"

उदास नहीं है माधो की माँ, उपाय सोच रही है। सामने सिरपंचमी का सगुन ! नाक काट ली कालू की बीवी ने; काट नहीं ली, टेढ़ी कर दी। क्या किया जाये। उसने चूल्हे से निकलते हुए फाल की ओर देखा–ऐंठा हुआ, काला-कलूटा लोहे का टुकड़ा, भद्दा, साकार असगुन ! माधो की माँ के सामने कोयले की लहलहाती हुई भट्ठी बार-बार लहक उठती है। ··· कोयले के बड़े-बड़े टुकड़े ! लपलपाती लपटें ! बड़े-बड़े हथौड़े··· अच्छी याद आयी। ठीक ही तो ! रेलवे पुल के पास रेलवे मिस्त्री लोग काम कर रहे हैं कई दिन से। माधो की माँ तीन दिन दूध बेच आयी है। मशीन से चलनेवाली धौंकनी है; लोहे के मोटे-मोटे टुकड़े लाल टेसू हो जाते हैं बात-की-बात में। माधो की माँ ने देखा है, हथौड़ा पीटनेवाले जवान मिस्त्री की आँखों में पानी है। वह बोली, "ठहरो !"

"आज सिरपंचमी के दिन कौन खायेगा ? कबूतर क्यों निकाल रही हो माधो की माँ ?"

"सबुर करो। भगवान ने चाहा तो··· खिचड़ी का पानी उतार दूँ या तुम पकाओगे ?"

"तू जा कहाँ रही है ?" सिंघाय अवाक् देखता रहा।

माधो की माँ ने बरतन से आधा सेर दूध लिया छोटे बरतन में, नया अरवा चावल सेर-भर, मूँग की दाल। अपनी हाटवाली टोकरी में सबकुछ रखकर वह फाल पर पानी डालकर ठण्डा करने लगी।

"कहाँ जा रही है, हाट पर ? कह रहा हूँ, दुनिया का कोई लुहार नहीं छुएगा तुम्हारा टेढ़ा फाल।"

"माधो के बाबू ! तुम बैलों को नहलाओ, मैं अभी आयी। पाव कोस ज़मीन जाते-जाते जितनी देर लगे। माधो को फुसलाकर चुप कराती हुई माधो की

माँ आँगन से निकल गयी। सिंघाय आखिरी बार बड़बड़ाया–"कहाँ गयी भगवान जाने !"

माधो ने हँसकर कहा, "माँ मेरे लिए खुरपी लाने गयी है।"

बूढ़े रेलवे मिस्त्री ने सीधा-सम्बर के साथ माधो की माँ के सलोने स्वास्थ्य को भी आज गौर से देखा। ··· हूँ ! गाँव के लुहार-कमार लोहे और लकड़ी को ही पहचानते हैं, सोने को क्या पहचानें ! तिरपाल की छाया में बैठने को कहा माधो की माँ को। बूढ़े मिस्त्री ने माधो की माँ की दुख-भरी कहानी सुनी, चुपचाप।··· सिरपंचमी का सगुन लेकर आयी है माधो की माँ !

जवान मिस्त्री ने कहा, "इसमें सोचने-विचारने की क्या बात है मास्टर ! पीट दीजिए फाल !"

बूढ़े मिस्त्री ने कहा, "बाद में कोई झंझट करें गाँववाले तो ?"

"झंझट !" जवान मिस्त्री हँसा–"आप भी कैसी बात करते हैं मास्टर ! रेलवई हद के अन्दर कौन झंझट करने आयेगा ? तिस पर देहात का आदमी !"

माधो की माँ ने बूढ़े मिस्त्री की ओर बड़ी करुणा-भरी निगाह से देखा, घूँघट ज़रा सरकाकर।

बूढ़ा मिस्त्री तब तक गाँजे की चिलम शेष कर चुका था। उसने नयी निगाह से देखा माधो की माँ की ओर।··· दोपहर में खिलनेवाले फूल का क्या भला-सा नाम है, प्लेटियर साहब के बँगले पर दोपहरिया फूल !

"अच्छी बात। बैठो, बैठो ! आराम से बैठ जाओ !"

माधो की माँ घूँघट खींचकर टोकरी से फाल निकालने लगी–"ज़रा जल्दी मिस्त्रीजी, सगुन की बेला में अब देर नहीं।"

मशीन से चलनेवाली घरघराती हुई धौंकनी फुफकार उठी–फू-ऊ-ऊ- ! ··· कहाँ का टेढ़ा फाल !

माधो की माँ एकटक अपने फाल को देखती रही। बात-बात में लाल हो गया उसका फाल। जवान मिस्त्री ने माधो की माँ की ओर देखकर कहा, "सौ चोट लुहार की तो एक चोट सरकार की !" माधो की माँ दाँत खोलकर मुस्कुरायी। लाल टेढ़े फाल को निकालकर निहाई पर रखा जवान मिस्त्री ने। ठनाँग-ठनाँग-ठनाँग··· !

प्रत्येक चोट पर क्रमशः मुस्कुराहट खिलती गयी माधो की माँ के होंठों पर। ··· सुधरा हुआ सगुन। वह खिलखिलाकर हँस पड़ी। कितना बढ़िया लगने लगा अब वही फाल ! कृतज्ञता से गद्‌गद हो गयी वह। उसके सिर का कपड़ा बार-बार सरककर गिरा। बूढ़े मिस्त्री की आँखों में बार-बार रंग उतर आया।

फाल के बाद जब माधो की माँ ने एक नंगी मोथरी खुरपी निकाली तो जवान मिस्त्री हँस पड़ा। बोला, "कपड़े के नीचे छिपाकर बैठी है, न जाने और

क्या-क्या !"

माधो की माँ लजा गयी। बोली, "बस, एक खुरपी यह है। और एक छोटी-सी खुरपी बबुआ के लिए यदि बना दो। ··· हँसुआ मैं सिल पर ही तेज़ कर लूँगी।"

बूढ़े मिस्त्री ने कहा, "बना दे धतुरिया, जो-जो चीज़ कहती है बना दे।··· लेकिन खुरपी का बेंट तो हमारे पास न बनेगा।"

धतुरिया ने कहा, "वह भी हो जायेगा। बड़ेवाले औज़ार-बक्स में कई छोटे-बड़े छूँछे बेंट हैं पुराने; लगा दूँगा।"

"लगा दे, लगा दे। तुम छाया में बैठो, दूधवाली ! बना देगा सबकुछ। बना दे धतुरिया।" बूढ़ा गाँजे में दम लगाने लगा।

दो घण्टे में ही सबकुछ बनकर तैयार हो गया। दो घण्टे तक बूढ़े मिस्त्री ने अपने सिरपंचमी के साकार सगुन को जी भरकर निहारा।

माधो की माँ बोली, "कल सिरपंचमी का परसाद दे जाऊँगी। केला अधपका है घर में। ··· गरीब आदमी हैं हम।"

बूढ़ा दो चिलम गाँजा पीने के बाद, मनोकामना पूर्ण करनेवाले, बाबाजी के मूड में आ गया था। बोला, "कौन अमीर है, कौन गरीब है ! ··· तुम्हारा घरवाला भला गरीब ? बस, अभी दस दिन हम लोग हैं यहाँ। चाय के लिए पाव-भर दूध की रोज़ ज़रूरत होती है। परदेसी आदमी···।"

"पाव-भर ही क्यों, मैं रोज़ आध सेर दूध दे जाऊँगी।"

जवान मिस्त्री ने बीड़ी सुलगाते हुए माधो की माँ के सामने एक बीड़ी फेंक दी। माधो की माँ बोली, "मैं बीड़ी-तम्बाकू नहीं पीती भैया !"

टोकरी सिर पर रखने से पहले उसने सूरज की ओर देखा।··· हल उठने से पहले ही वह गाँव पहुँच जायेगी।

बूढ़ा मिस्त्री बहुत देर तक देखता रहा, जब तक वह रेलवे बाँध के नीचे नहीं उतर गयी।

माधो की माँ के पर लग गये हैं। वह इतनी हल्की हो गयी है कि धरती पर पाँव ही नहीं पड़ते हैं मानो। पाव कोस ज़मीन पलक मारते पार हो गयी; अपने गाँव की सीमा पर आकर उसने कमर में बँधे साड़ी के आँचल को खोलकर सिर पर घूँघट लिया। फिर टोकरी कमर में लेकर धीरे-धीरे चलने लगी। आँगन में प्रवेश करने के पहले ही उसकी नज़र बिना नहाए हुए बैलों पर पड़ी। भला आदमी तो सो रहा है कम्बल बिछाकर।

"बबुआ !" बबुआ नहा-धोकर हाथ में पीली धोती लिये पड़ोस में घूम रहा है। माँ की बोली सुनकर दौड़ता हुआ आया।

सिंघाय की नींद खुली। लेकिन सपने का भ्रम छाया रहा उसकी आँखों पर।

माधो अपनी छोटी-सी प्यारी खुरपी दिखला रहा है, लाल बेंटवाली। माधो ने

कहा, "बाबा, जल्दी बैलों को नहलाओ। माँ फाल सीधा करवा लायी। तुम्हारी खुरपी में भी अँगरेज़ी बेंट है।"

"ऐं !" सिंघाय ने माधो और उसकी खुरपी को छूकर देखा। ठीक ही तो ! यह तो सचमुच माधो है !

दबी हुई खिलखिलाहट सुनकर उसने निगाह उठायी–"अरे माधो की माँ !"

माधो की माँ बोली, "ऐसी नींद है तुम्हारी ? और इतना भौंचक्क होकर क्या देख रहे हो ?"

सिंघाय हड़बड़ाकर उठा।··· यह माधो की माँ भी सचमुच माधो की ही माँ है। माधो की माँ ने आँचल में छिपायी हुए टोकरी सामने रख दी। सिंघाय ने झपटकर अपना फाल निकाला–"अरे वा-ह-ह ! ऐसी धार ! और, यह तुम्हारा हँसुआ और मेरी खुरपी में भी अँगरेज़ी बेंट ! ··· माधो की माँ, अब क्या कहूँ, सचमुच तुम जादू जानती हो।···"

"रहने दो। घण्टे में पाँच बार मिज़ाज़ बदलता है मर्द का ! न तुरन्त आँख लाल करके लाठी चमकाते लाज और न दाँत निपोरकर दुम हिलाते लाज !" माधो की माँ मान-भरी मुस्कुराहट बिखराकर बोली, "गाँव के लोग हल-बैल लेकर निकल रहे हैं और तुम सोये हो।"

सिंघाय की देह में दुनिया-भर की फुर्ती आ गयी। बोला, "तुरत !"

गाँव से उत्तर, परती पर सभी किसान जमा हो रहे हैं, हल-बैल और बाल-बच्चों के साथ।

हलवाहों और चरवाहों को नयी धोती मिली है। तेल-लगे बैलों के सींग धूप में चमकते हैं।

गाँवभर के लोग श्रीपंचमी का सगुन देखने आये हैं। एक नौजवान हलवाह रह-रहकर गाँव की ओर मुँह करके पुकारता है–'चल ऽ-ऽ-ऽ ! चल-ऽ ! हल उठे-ए-ए-ए हो-ओ-ओ-ओ !'

गाँव की पुरानी रीत है··· क्या बारह हल जोतनेवाले बड़े और क्या एक हल जोतनेवाले छोटे, सभी किसान एक साथ हल खड़ा करेंगे।

"हलवाहे सभी आ गये, सिंघाय को छोड़कर।"

"सिंघाय को छूटा हुआ ही समझो ! वह नहीं आयेगा।"

"आ रहा है। ··· सिंघाय भी आ रहा है।"

"टेढ़े फाल से ही सिरपंचमी करेगा··· टेढ़े फाल से ?"

सिंघाय ने कन्धे से हल उतारकर जवाब दिया–"भगवान की नज़र टेढ़ी न हो, फिर फाल तो फाल, सिंघाय का बाल भी नहीं टेढ़ा कर सकता कोई !"

सभी चकित हो गये। सीधा फाल ! कहाँ से फाल सीधा करवा आया तुरत ? एक-एक करके सभी सिंघाय के हल के पास आकर जमा हो गये। पहले ही खुरपी से ज़मीन छीलकर अपनी-अपनी पूजा पूज चुके थे सभी। सिंघाय की पूजा के समय गाँव-भर के लोग आकर जमा हो गये हैं··· इसको कहते हैं सगुन ! गाँव

के सरगना किसान की पूजा के समय भी इतनी भीड़ नहीं थी।

"सचमुच ! फाल भी सीधा है और खुरपी का बेंट ? बेंट पर पालिस है। उसके बेटे की खुरपी तो और भी फैन्सी है। लाल बेंट ! अँगरेज़ी बेंट !"

"अँगरेज़ी नहीं जरमनियाँ !" सिंघाय ने कहा, "पूजा के पहले छू-छा मत करो भाई ! हम गरीब आदमी कहाँ से अँगरेज़ी बेंट लायेंगे।"

"पूजा पर बैठे हो, पूजा करो। अँगरेज़ी-फारसी पीछे छाँटना !" माधो की माँ विरक्त होकर घूँघट के नीचे से बोली।

मुट्ठी-भर अक्षत लेकर भक्ति-भरे मन से सिंघाय ने पूजा की। पूजा करने में उसने जान-बूझकर ज़रा देर कर दी। ··· इस शुभ घड़ी का 'पसर' कर उपभोग करे न वह !

माधो की माँ ने आँचल के खूँट से नयी अठन्नी निकालकर पूजा पर रख दी। हल जोतने के बाद, फाल के मुँह पर आम के पल्लव में लपेटकर रुपया या अठन्नी बाँधते हैं।··· माधो की माँ नयी अठन्नी की तरह चमक रही है आज !

सिरपंचमी की रात में होरी गाते समय लोगों ने देखा, सिंघाय के गले में सबसे ज्यादा रस है।

न जाने कितने कुग्रहों की नज़र काटकर एक सगुन शुभ होता है। शुभ सगुन के बाद भी कुग्रहों की नज़र लगी रहती है।

गाँव के स्त्री-पुरुष, सिंघाय और उसकी स्त्री की गतिविधि पर सतर्क दृष्टि डाले बैठे हैं।··· सगुन शुभ कैसे हुआ ? माधो की माँ ने हाट में नयी चोली खरीदी है। माधो का कुरता बाघ छाप कपड़े का है। माधो की माँ चार घण्टे तक पुल के पास बैठती है, मिस्त्री लोगों के पास। जिसने बिगड़े सगुन को शुभ किया, उसका मन तो रखना ही होगा। आध सेर दूध का दाम तीन घण्टे पर मिलता है भला ! सिंघाय बेखबर है। कड़े पानी का फाल है उसका। खूब गहरे जोतता है। खेतों में कड़ा होने से क्या, घर-गृहस्थी में तो मिट्टी का लोंदा हुआ जा रहा है यह सिंघाय !

कालू कमार ने एक दिन अपने लुहरसार में बात छेड़ी–"अब तो जनाना लोग फाल पिटवाने जाती हैं इस गाँव की, रेलवे के लुहार के यहाँ !"

"जनाना लोग मत कहो। एक के चलते सभी को बदनाम मत करो !"

आज सिंघाय की अनुपस्थिति में उसके कई शुभेच्छु उसके पक्ष में बोल उठे, "देखो भाई, सभी की औरतें हाट-बाजार में सौदा बेचती-खरीदती हैं। अकारण ही किसी को दोष मत दो।"

"सिंघाय से कुछ ले-देकर निपटारा कर लो, कालू !"

कालू चुपचाप धौंकनी की कड़ी खींचकर लोहा लाल करता रहा।

हल जोतकर लौटते समय, खड़ी दोपहरी को हरखू से बतकही हो गयी सिंघाय की। हरखू ने गाली के बदले में गाली नहीं दी। लाल लोहे की तरह बात उसने सिंघाय के कलेजे पर बिठा दी–"सिंघाय, यह रेलवे गरमी बहुत देर नहीं रहेगी

तुम्हारी !"

—रेलवे गरमी !

पाँच बाल्टी पानी से नहाने पर भी हरखू की बात की गरमी, सिंघार्य की देह को तपाती रही। खाते समय दाल में अधिक नमक मालूम हुआ। माधो का मुँह देखकर वह चुप रहा। ··· दाल में इतना नमक डालकर भी मार से बच जाये रसोई बनानेवाली ! सिंघाय चुपचाप खा गया, नमक से जली हुई दाल।

हुक्के का पानी पाँच दिन से बदला नहीं गया है। गुड़ की तरह लाल हो गया है। सिंघाय ने बीड़ी सुलगायी।

माधो की माँ हुक्के में ताज़ा पानी और चिलम में टटकी आग डालकर ले आयी।

"सिरपंचमी का सगुन तो हुआ, एक दिन मिस्त्रीजी से भेंट क्यों नहीं कर आते; आज भी कह रहे थे मिस्त्रीजी।"

··· दिन-रात 'मिस्त्रीजी-मिस्त्रीजी' करती है। रेलवे-मिस्त्री तो सभी दिन नहीं रहेगा ? माधो की माँ न जाने क्यों चाहती है कि सिंघाय आज ही जाये रेलवे-मिस्त्री के पास। आज दूध देकर लौटते समय ही उसने तय किया है, माधो के बाप को भेजेगी।

"आज अबेर में खैनी-तमाकू पहुँचाना है मिस्त्रीजी को।"

माधो की माँ ने खोंचा देते हुए कहा, "अब अबेर-कुबेर में मैं तो नहीं जाऊँगी खैनी-तमाकू लेकर।"

सिंघाय कुछ सोचकर बोला, "ठीक है, आज मैं ही जाता हूँ। देखूँ तुम्हारे रेलवे-मिस्त्रीजी को। ··· हरखू की बात ठीक है या तुम्हारी, आज ही देखना है।"

सिंघाय की आँखों के आगे टेढ़ा फाल नाच गया, एक बार।··· हुक्का धुला है !

सिंघाय ने हुक्का पीते हुए पूछा, "माधो कहाँ गया है ?··· तू आज उदास क्यों हैं माधो की माँ ? इधर सुन तो जरा।"

माधो की माँ ने मुस्कुराने की चेष्टा की।

सिंघाय का पैर टीपने लगी वह। हरखू की बात की गरमी उतर गयी धीरे-धीरे।

"राम-राम मिस्त्रीजी ! मैं माधो का बाप हूँ।"

"राम-रा···। माधो का बाप !" बूढ़े मिस्त्री ने सिंघाय को गौर से देखते हुए कहा। जवान मिस्त्री ने कहा, "दूधवाली का घरवाला ?"

"ओ-ओ ! दूधवाली का घरवाला, टेढ़े फालवाला ?" बूढ़े मिस्त्री ने गा-गाकर कहा, "बैठो-बैठो, क्या नाम है तुम्हारा ?"

सिंघाय को बूढ़े मिस्त्री की बात अच्छी नहीं लगी··· दूधवाली का घरवाला, टेढ़े फालवाला ! फिर भी वह चुपचाप बैठ गया। बोला, "मेरा नाम सिंघाय कहार है।"

"लेकिन सींग रहते भी···। ओ-ओ ! कहार न हो ! तुम्हारे गाँव के कमार का

क्या नाम है ?··· कालू कमार ? ओ-ओ !"

सिंघाय ने लक्ष्य किया, बूढ़े मिस्त्री की हर बात में गा-गाकर 'ओ-ओ' कहने की आदत है।··· "बस, एक लड़का ! पहला बेटा ! ओ-ओ भैंस तुम्हारी दुधार है। दो सेर दूध देती है ? ओ-ओ ! ऊख की भी खेती करते हो ? ओ-ओ !"

··· बड़े रसिया हैं, बूढ़े मिस्त्रीजी तो !··· सिंघाय को हरखू की बात याद आयी। ··· दूधवाली !

बूढ़े मिस्त्री ने सिंघाय को चाय पिलायी। पीने से पहले सिंघाय ने एक बार नज़र बचाकर चारों ओर देखा। ज़िन्दगी में पहली बार उसने चाय पी। तामचीन के बर्तन में चाय पीते समय उसे माधो की याद आयी। पहली चुसकी लेते समय ही उसके होंठ जल गये।

दोनों मिस्त्री हँस पड़े–"फूँक-फूँककर पियो··· ! देखता हूँ, तुमसे ज़्यादा होशियार तुम्हारी घरवाली है !"

बूढ़े मिस्त्री का अनुमान गलत निकला। उसने सोचा था, टेढ़े फालवाला बगलोल किस्म का आदमी होगा। चाय पीते समय उसके होंठ भले ही जले, गाँजे की चिलम को एक ही बार में सोंट गया सटसटाकर। और वह दूसरों की पुड़िया भूँजनेवाला नहीं। अपने बटुए में भी एकाध चिलम के लायक माल रखता है। दो चिलम पीने-पिलाने के बाद सिंघाय ज़रा वाचाल हो गया। उसने अपने पुरखों की एक-से-एक कहानियाँ सुनायीं, पौरुष-भरी। वह साधारण कहार नहीं, राज कहार है। उसके पुरखे राजा-रानी को ढोते थे डोली में।··· उसने आठ वर्ष तक अखाड़े की मिट्टी में देह पचायी है। भैंस का दूध··· !

बूढ़े मिस्त्री की मुस्कुराहट को परखता है सिंघाय। ज़रूर कोई फूट की बात बोलेगा बूढ़ा।

बूढ़े मिस्त्री ने गा-गाकर कहा, "बड़े-बड़े अखाड़े के पहलवान भी औरत के फेर में पड़कर एक ही साल में चित्त हो जाते हैं। समझे ? औरत क्या है, धौंकनी। लोहे को गला दे !"

तीसरी चिलम के बाद जवान मिस्त्री ने सिंघाय से ज़रा ललकार-भरे सुर में कहा, "भैंस के दूध और अखाड़े की मिट्टी का मुँहज़बानी बयान तो खूब सुना, दो हथौड़ा चलाओ तो समझूँ।"

सिंघाय तैश में आ गया। उसने कन्धे पर रखी गमछी से कनपट्टी बाँध ली। बूढ़े मिस्त्री ने मशीनवाली धौंकनी चलायी··· फू-ऊ-ऊ ! घर्र र-र !

सिंघाय ने बड़ा हथौड़ा उठाया–ए-ठाँय ! ए-ठाँय ! ए ठाँय ! ए ठ र्र क् !

"सँभाल ! के-ए-ए ! " बूढ़ा मिस्त्री चिल्लाया। सिंघाय उछलकर दूर खड़ा हो गया। उसने जवान मिस्त्री की ओर देखा। सिंघाय का क्या कसूर ! जवान मिस्त्री के हाथ से सँड़सी-सहित लोहा छूटकर छिटक गया। बाल-बाल बच गया सिंघाय का दाहिना पैर।

जवान मिस्त्री अवाक् होकर सिंघाय को देखता रहा। बूढ़े मिस्त्री के मुँह से

निकला–"ओ-ओ !" बूढ़े मिस्त्री ने सिंघाय को अपने पास बिठाया और फिर पालिस की हुई बातें करने लगा--"ऐसी देह-दशावाले का फाल टेढ़ा कर देता है गाँव का कमार-लुहार ? क्या धरा है गाँव में, शहर में तुम्हारे जैसे आदमी एक साल में कमाकर मगरमस्त हो जाये।" बूढ़े मिस्त्री ने बताया, उसके साहब बहुत अच्छे आदमी हैं। उसने सिंघाय-जैसे बहुत-से जवानों को नौकरी दिलवा दी है। सिंघाय गाँव में अपनी हड्डी को बेकार गला रहा है। सिंघाय सोच-विचारकर देखे। घर-बाहर मिलाकर राय-बात करे।

कैसी राय-बात ? गाँव छोड़ने की ? माधो की माँ से ? सिंघाय उपेक्षा-भरी हँसी हँसकर बोला, "शहर जाने की बात घर में सुनाकर घर-झगड़ा कौन मोल लेने जाये ! एक तो मेरी घरवाली शहर और शहरवालों से चिढ़ी रहती है। दूसरे हम ठहरे गँवई-गाँव के आदमी। खेत-खलिहानों में बेकार भी पड़े रहेंगे, तो कोई बात नहीं। शहर में तो···।"

जवान मिस्त्री ने कहा, "तुम्हारी घरवाली तो कह रही थी कि गाँव से बाहर कमाने के लिए जाता ही नहीं है मेरा घरवाला !"

सिंघाय का चेहरा तमतमा गया।··· फाल सीधा कर दिया है तो क्या किसी की घरवाली की बात करेगा ? सिंघाय ने अपनी अधूरी बात पूरी की–"शहर के आदमी की क्या परतीत, हँस-हँसकर बात करेंगे, कलेजे के अन्दर हाथ देंगे ! गाँव की बहू-बेटी क्या जाने !"

"दूधवाली···"

सिंघाय ने बूढ़े मिस्त्री से कहा, "दूधवाली मत कहिए।··· बड़ा खराब लगता है सुनने में।" सिंघाय की रुखाई देखकर बूढ़ा मिस्त्री चुप हो गया।

घर लौटते समय राम-राम कहना भूल गया सिंघाय। जवान मिस्त्री ने कहा, "कल दूध देकर ज़रा जल्दी भेज देना।"

सिंघाय ने कन्धे पर लाठी लटकाते हुए कहा, "कल दूध नहीं हो सकेगा।"

सिंघाय को अपनी भैंस की याद आयी। भैंस के साथ माधो की माँ की भी। रास्ते में रह-रहकर बूढ़े मिस्त्री की कूट-भरी मुस्कुराहट की याद आयी। उस तरह मुस्कुराने के माने ? भैंस तुम्हारी दुधार है, माने ? तुमसे ज़्यादा होशियार तुम्हारी घरवाली है, माने ?··· बूढ़ा साला बड़ा रसिया है ! ओ-ओ ! शहर भगाने का मन्तर भी दे चुका है। ओ-ओ !

गाँव में प्रवेश करने के बाद सिंघाय के पैर खुद-ब-खुद कालू कमार के टोले की पगडण्डी पर बढ़ गये।

कालू विस्मित हुआ। बोला, "मैं भी तुमसे मिलकर बात करना चाहता था। लेकिन तुम्हारी बहू ने ऊख छीनकर बेपानी कर दिया मेरी घरवाली को। नहीं तो तुम्हीं कहो, कभी खैन का तकाज़ा भी किया है ?"

कालू की घरवाली बहुत मीठी बोली बोलना जानती है–"अहा-हा ! सिंघाय को दोख मत दे कोई। आदमी नहीं, मिसरीकन्द है, लेकिन··· अब जाने दो, क्या

कहूँ ! कितने लोग कितनी बातें करते हैं। रेलवे-मिस्त्री लोगों का क्या ठिकाना!"

कालू ने कहा, "फिर एक ही लड़केवाली जनानी तो बूढ़ी नहीं। जवान-जहान की मति है अभी भी ! यों घरवाली तुम्हारी लछमी है, लछमी।"

कालू की बीवी ने मुँह टेढ़ा कर लिया–"लछमी ! सिंघाय को लेकर शहर उड़ने के लिए कल-काँटा ठीक करवानेवाली बहू !"

सिंघाय ने कालू से एकान्त में बात करनी चाही–"एक बात है।"

लड़के की शपथ खिलाकर सिंघाय ने कहा, "रेलवे की बात है, इसीलिए कहते जरा डर लगता है।··· पुल के नीचे पानी में लोहे के छोटे-मोटे टुकड़े डाल देता है काम करते-करते।"

"कहाँ ? पुल के नीचे ? पानी में ? जरूर, वह लोहा हाट के लुहार के पेट में जायेगा। कब तक काम चलेगा यहाँ ? बस, कल तक ?"

सिंघाय ने कहा, "रात में वे लोग माइल-घर में चले जाते हैं।"

कालू खुश हुआ। सिंघाय ने कहा, "मेरे लिए एक कुल्हाड़ा तैयार कर देना, कालू भाई !"

कालू हँसा–"एक कुल्हाड़ा !··· चलो, पहले कुछ खा लो। एक बात करेंगे।"

कालू ने दाल में घी डालकर खिलाया सिंघाय को। कालू की स्त्री ने दूध में गुड़ मिलाकर पीने को दिया ! –"खैन-धान कौन माँगता है तुमसे ! हम लोगों को दिल की भूख है !"

कालू ने सिंघाय को तैयार कर लिया। न जाने क्यों, आज घर लौटने की आवश्यकता नहीं समझी सिंघाय ने। ··· कोई काण्ड हो जायेगा घर जाते ही, इसलिए उसने कालू की बात मान ली।

वसन्तपंचमी के बाद रात में एक विचित्र हवा चलती है इलाके में। जिसे लग जाये, उसे महीनों सुला दे। कालू और सिंघाय को नहीं लग सकती वह हवा। ··· चोर को न साँप काटता है न निमोनिया होता है।

कालू और सिंघाय पुल के नीचे पानी में सतर्क होकर पाँव रखते हैं। कलकल, ठण्डा पानी, कुटकुट काटनेवाला कीचड़ ! पैर में गड़नेवाले लोहे के टुकड़े। ··· दर्जनों छोटे-बड़े टुकड़े। मनों लोहा। कालू की आँखों के आगे कुल्हाड़े, भाले, सरौते आदि की दुकान झलमला गयी। हाट का लुहार इसी कारोबार से मालोमाल हुआ है।

सिंघाय का दिल ठण्डा होने लगा धीरे-धीरे। रेलवे मिस्त्री-लोगों की क्षति करके उसे सन्तोष हुआ। कालू ने उसके दिल को फिर से गरम किया–"यदि तुम हथौड़ा चला दो, तो चार भाग में एक भाग तुम्हारा भी हो जाये। लकड़ी के काम में मेरे दोनों लड़कों की देह ही खराब हो गयी। चार हाथ हथौड़ा नहीं पीट सकते। ··· कोयला मेरे घर में है काफी।"

चार भाग में एक भाग रकम चार आना ! सिंघाय तैयार हो गया। ··· साले जवान मिस्त्री ने जान-बूझकर सँड़सी छोड़ दी थी शायद।

ए-ठाँय, ए-ठाँय ! ··· बस ! ए-ठाँय, ए-ठाँय ! ठीक है ! ए-ठाँय, ए-ठाँय ! अब कल फिर। कालू ने उठकर सिंघाय की बाँह पकड़ी–"वाह सिंघाय भाई, अब आज रहने दो, भोर हो गयी।··· तुम्हारी घरवाली सचमुच लछमी है। क्या जतन से तुम्हारी देह पाल रखी है उसने ! यहाँ तो साली···।"

सिंघाय ने चिलम तैयार करते हुए विरक्त वैरागी की मुद्रा बनायी–"क्या भोर-भोर औरतों की बात लेकर शुरू कर दिया ! घटरमैन !"

"नहीं सिंघाय भाई ! औरतों की बात में पड़कर मैंने तुमसे मनमुटाव कर लिया; और औरत ने तुम्हारे बिगड़े सगुन को सुधार दिया। औरत-औरत की बात !"

"पहले अन्दाज़ बताओ कि कितने का हिसाब बनेगा ?"

"तुम निश्चिन्त रहो। अब जाओ घर, आराम करो। तुम्हारी घरवाली रात-भर सोयी नहीं होगी।"

सोयी नहीं होगी ! सिंघाय ने घर लौटते समय रुपये का हिसाब किया।··· साली सोयी नहीं होगी भला–शहर का सपना देखती रही होगी रात-भर।··· रकम सोलह आने में चार आना। ओ-ओ ! तुम्हारी घरवाली तुमसे ज़्यादा होशियार है। ओ-ओ ! दूधवाली ! टेढ़े फालवाला !

"हे भगवान ! खूब हो तुम, संझा का तारा उगने से लेकर भुरकुवा के डूबने तक टकटकी लगाये बैठी हूँ। माधो तो भूखा ही सो गया। कहाँ रहे रात-भर माधो के बाबू !"

माधो सपने में बड़बड़ा उठा–"मेरी खुरपी मत ले कोई !"

माधो की माँ को लोहाइन गन्ध लगी, सिंघाय की देह में। पैरों में जहाँ-तहाँ खोंच लगे हैं। हाथ ? हे राम ! हाथ में इतने फफोले कैसे हुए ?

सिंघाय की नींद से माती हुई लाल-लाल आँखें झिपने लगीं। मुसलमानटोले में मुर्गे ने बाँग दी। सिंघाय की नाक बोलने लगी।

दोपहर को नहाने-खाने के बाद सिंघाय मन-ही-मन हँसा। उसने माधो की माँ के हाथ से हुक्का लेते हुए कहा, "माधो की माँ ! बैठो। ··· तुम्हारा जी गाँव में नहीं लगता है; शहर जाना चाहती हो ? बोलो, यहाँ धरा ही क्या है ! कहो तो सब कुछ···।"

"क्या हो गया है तुमको, कहो तो ? कैसी अलच्छन-भरी बातें करते हो ! शहर ही जाना था तो सिरपंचमी का सगुन किसलिए ? मुझे क्या लक्का कबूतर समझ रहे हो, उड़ने के लिए छटपटाता है जी मेरा ? माधो के बाबू, इस तरह मेरी ओर मत देखो अब। सच कहती हूँ, मैं सिल पर माथा कूटकर मर जाऊँगी। मुझे चार लाठी मार लो, लेकिन ऐसी बातें मत कहो !"

सिंघाय हँसा–"कालू ने तुमको ठीक पहचाना है।"

"दूसरों की बातों में पड़कर···।"

सिंघाय ने इधर-उधर देखकर हुक्का दीवार के सहारे टिका दिया। फिर माधो की माँ की गरदन पर हाथ रखकर झकझोर दिया। माधो की माँ के बाल बिखर गये।

"मेरी क्या अपनी आँखें नहीं हैं पगली, इधर सुन तो जरा···।"

सिंघाय ने अपनी स्त्री के मुखड़े को ग़ौर से निहारा, साक्षात् लक्ष्मी ! रकम सोलहो आना !

"छिः माधो के बाबू ! ··· क्या हो गया तुमको ? रोते क्यों हो ?"

माधो न जाने कहाँ से तुलसी का एक बिरवा उखाड़ लाया है, खुरपी से ! वह बड़े उत्साह में है। माँ ने उसे गोद में बिठा लिया। बोली, "माधो के बाबू, इधर देखो ! माधो की ओर देखकर कहो, अब कभी ऐसा काम नहीं करूँगा। ··· तुम्हीं सोचो, तुमने अच्छा किया है !"

सिंघाय ने पूछा, "तू फिर सुबह दूध देने गयी थी पुल के पास ?"

"गयी थी ! वहाँ कौन दूध लेता है आज ! दोनों मिस्त्रियों का मुँह सूखा हुआ था। ··· मुझसे बूढ़े मिस्त्री ने पूछा, कालू कमार से तुम्हारे घरवाले का मेल हो गया क्या !"

"तुमने क्या कहा ?"

"मैं क्या जानूँ !"

"ओ-ओ !"

माधो की माँ खिलखिलाकर हँस पड़ी। बोली, "लेकिन तुमको बता देनी ही होगी। बोलो, फिर इस रास्ते पर पाँव नहीं दोगे माधो के बाबू !" सिंघाय ने तुलसी का बिरवा हाथ में लिया। माधो को गोद में लेकर बोला, "बबुआ ! तू फाल-खुरपी छोड़, सिलेट-पेंसिल धर ! ··· हम लोग बैल होकर रहे। बैल की बुद्धि।"

माधो बोला, "आज, तुलसी देवता को रोप लेने दो पहले।"

अप्रैल, 1958

तीर्थोदक

बात अनसुनी करके साइकिल पर सवार होते हुए लल्लू को जब बाप की व्रज-कठोर झिड़की मिली, तो परिवार के अन्य सदस्यों ने परिस्थिति की गम्भीरता का अन्दाज़ लगा लिया।

"लल्लू-उ-उ-उ ! एक ही तमाचे में तुम्हारी सारी फुटफुटी निकल जायेगी।"

साइकिल के पुराने झड़ियल मडगार्ड झरझरा उठे। लल्लू साइकिल से उतर पड़ा। आँगन में, रसोईघर के पास बरतन-बासन माँजती मोतिया की माँ के हाथ से खगड़िया-कटोरी गिरकर झनझना उठी–"बूढ़े मालिक आज असली गुस्सा निकाल रहे हैं ? दैब रे !"

"जिसको जाना है, खुद चली जाये ! टिकट कटाये। इस घर का एक बच्चा भी किसी की झोली-गठरी में हाथ नहीं लगायेगा, न ही यहाँ का एक पंछी साथ जायेगा।"

पिछले दो दिन से वृद्ध बजरंगी चौधरी का मन कड़वाया हुआ है। सामान्य बात में भी पेंच लगाकर बोलते हैं। कभी बड़े लड़के शंकर की छोटी-सी ग़लती पर व्यंग्य-बाण छोड़ते हैं; कभी छोटे लल्लू को दर्जनों घरेलू और जंगली पशु-पक्षियों के नाम से पुकारते हैं–गधा, सूअर, उल्लू, गैंडा, बनबिलाव···। पास-पड़ोस के लोगों पर अकारण ही पिनकते हैं।

गाँव के लोग बजरंगी चौधरी के क्रोध से परिचित हैं। छोटे-बड़े उपसर्गों को देखकर अनुमान-अन्दाज़ लगते हैं–इस बार बाप-बेटे में ठनेगी।··· कुछ होनेवाला है। बस, एक यही परिवार गाँव में टुटरू-टूँ चल रहा है··· कब तक निभे ?··· बात क्या है ?

परिवार का बड़ा बेटा शंकर बैठकखाने की ओर लपका। अपने बाप के क्रोध को वह जानता है। साल में एक या दो बार क्रोधित होते हैं। और उस दिन फिर कुछ होकर रहता है। जाते-जाते बहू की चेतावनी सुनायी पड़ी–"ई न्योतकर बुलाया गुस्सा है। कल कलेऊ की बेला से ही बाबूजी के मुँह पर अँधेरा छाया हुआ है। घर में खटखट-कचकच करके तीरथ जाने का क्या फल मिलेगा ?··· आज सोच-समझकर बात करे बाबूजी से कोई। हाँ !"

मँझला विष्णु पूजा की छुट्टियों में रात की गाड़ी से घर आया है; अभी तक सोया हुआ है। यों भी वह सुबह के आठ बजे तक सोता है। करवट लेते हुए वह अपने बिछावन पर अस्फुट शब्दों में बड़बड़ाया–"हा-ह-हस्स-स-बे-रे-स-बे-रे।" फिर, आँखें मूँदे ही तकिये के नीचे दियासलाई टटोलने लगा।

उधर बैठकखाने में बाप का सारा गुस्सा शंकर के सिर पर बरसा–"तुम चुप रहो ! बड़ा आया है वहाँ से, 'हो क्या गया, हो क्या गया' पूछनेवाला ! मैं पूछता हूँ कि यह घर है या धरमशाला ? जिसका जी जब जहाँ चाहा, चला गया ! परम स्वतन्त्र न सिर पर कोऊ ! कल से समझाकर थक गया, लेकिन···। जैसी माँ, वैसी औलाद। तीनों-के-तीनों नालायक लड़के मेरे ही घर में कैसे हुए ? एक वह, रात में आया है, पढ़ा-लिखा बैल ! चिट्ठी में दो-दो बार लिखा कि आते समय नौगछिया में उतरकर गीतिया को लिवाते आना, तो साफ़-साफ़ जवाब लिखकर भेज दिया, कि 'दीदी को लिवाने के लिए किसी और को भेज दीजिए; लिवाई-जवाई का झमेला मुझे पसन्द नहीं।'··· सूअर ! साथ नहीं लाया, बीमार बहन को ज़रा देखता ही आता। सो भी नहीं। अपनी बहन को साथ लिवा लाने में लाज लगती है और··· !"

विष्णु की नींद टूट गयी–ऐं ! कॉलेज का नागा करके भैया की साली को मुँगेर से जमालपुर पहुँचाने की बात यहाँ भी पहुँच चुकी है ?

दरवाज़े पर गाँव और पास-पड़ोस के कई व्यक्ति आ गये। बजरंगी चौधरी का कण्ठ-स्वर मद्धिम हुआ, किन्तु क्रोधाग्नि अन्दर-ही-अन्दर धुधुआती रही। अपने तीनों लड़के, बहू और अपनी बूढ़ी पत्नी की नादानी की कहानियाँ विस्तारपूर्वक सुनाने के लिए वह चौकी पर बैठ गये।

शंकर की अष्टवर्षीया पुत्री संझा गाँव की पाठशाला से भागकर आँगन में आयी। स्लेट, बही-बस्ता वगैरह फेंककर दादी के पास ठुनकती हुई गयी–"दादी, गठरी क्यों बाँध रही है ? हाँ-य-य ! मैं भी जाऊँगी। ··· लल्लू काका भी जायेगा, क्यों दादी ?"

तीरथ-यात्रा की तैयारी में व्यस्त दादी ने झुँझलाते हुए कहा, "जा, जा ! कोई नहीं जायेगा मेरे साथ।" षोडशवर्षीय लल्लू मुँह लटकाकर आया और माँ के सामने रुपया रखकर, चुपचाप दीवार के सहारे खड़ा हो गया। जगरनाथी लोटे के गले में डोरी की फँसरी लगाती हुई बूढ़ी बोली, "बहुत लोग मिल जायेंगे, टिकस कटा देनेवाले।"

विष्णु की बोली, मंजन के झाग से भरे हुए मुँह में गुड़गुड़ायी। मुँह ऊँचा करके उसने कहा, "मैंऽ-ऽवा !" फिर, ओसारे के बगल में झाग उगलकर बोला, "दूसरे से कर्ज़ लेकर तुम्हारी चीज़ ला दी है। रुपया देती जाओ। आज ही मनीआर्डर से भेज दूँगा। दूसरे का रुपया···।"

बूढ़ी ने आठ महीने बाद घर आये हुए अपने पढ़ुआ लड़के की ओर देखा–"कैसी चीज़ ? किसका रुपया ?"

"बाबूजी की तस्वीर बड़ी करवा लाया हूँ। तुमने कहा था न ! तीस रुपये लगे हैं। दूसरे से लेकर···।"

बूढ़ी रूखी आवाज़ में बोली, "गीतिया को देखते नहीं आये ! ··· काठ हैं सब, काठ ! जैसा बाप, वैसे बेटे। निदरदों का झुण्ड !"

विष्णु ने तौलिये से मुँह पोंछते समय विकृत मुद्रा बनायी–"हूँ। देखते नहीं आये ! ··· मुझे औरतों का रोना-धोना पसन्द नहीं। तिस पर तुम्हारी बेटी कुरता का खूँट पकड़कर, पद जोड़-जोड़कर रोती है।"

भाभी अपने ओसारे पर खड़ी घूँघट के नीचे मुस्कुरायी। विष्णु बोला, "रुपया देती जाओ, नहीं तो दोनों बागड़ों को बेच दूँगा। लौटके देखना।"

बूढ़ी कुछ कहने जा रही थी कि गाँव के प्रसिद्ध शान्तिजीवी, मिष्टभाषी वृद्ध बोधबाबू ने धीरे-धीरे आँगन में प्रवेश किया। आते ही संझा से एक दरिया-दिल्लगी की वृद्ध ने–"क्यों दुलहिन, तू भी जायेगी ?"

मुँह लटकाकर खड़ी संझा ने हमेशा की तरह 'धत्त बुढ़वा बकलोल' नहीं कहा। होंठ बिदकाकर चुप रही। बहू पीढ़ी दे गयी। पीढ़ी पर बैठकर बोधबाबू ने खँखारकर अपना गला साफ़ किया–"लल्लू की माँ ! बात यह है कि पहले मेरी पूरी बात सुन लीजिए। उतावली में काम करके पीछे पछताना पड़ता है। बजरंगी भैया कह रहे हैं, इस बार शिवरात्रि में काशीजी··· "

"बहुत शिवरात सुन चुकी हूँ। अब और नहीं।" बड़े बेटे शंकर को सुनाकर बोली, "मैं किसी की एक कानी कौड़ी लेकर नहीं जा रही।"

शंकर ने समझाने की चेष्टा की–"मैया, तुम्हारी देह छूकर कहता हूँ, इस बार···।"

"फिर मेरी देह की शपथ खाता है ? लाज नहीं आती ? नाती-पोते मेरे गंगा नहा आये और मैं अभागी ऐसी कि गंगा की कौन कहे, पौषी-पूर्णिमा में कभी कोसी की किसी गढ़हिया में भी एक डुबकी नहीं लगा पायी।"

शंकर बोला, "पिछले साल, मामले-मुकदमों के कितने झंझट झेलने पड़े हैं, सो तो किसी से छिपा नहीं।"

शंकर परिवार का कार्यकारी मालिक समझा जाता है। तिजोरी और गोदामघर की चाबियों के गुच्छे उसी के पास रहते हैं। अपने बड़े बेटे और बहू के व्यवहार से बूढ़ी सन्तुष्ट नहीं। बात काटती हुई बोली, "देख चुकी हूँ मामले-मुकदमे का चक्कर ! ··· डाक्टर से जाँच कराने के बहाने अपनी बहू को अटना-पटना, इल्ली-डिल्ली दिखला लाये। माँ की बेर मुकदमा का चक्कर सवार हो गया–बाप-पूत दोनों के सिर।"

बड़ी बहू मद्धिम आवाज़ में घूँघट के नीचे से ही बोली, "मैं किसी के पैसे से इल्ली-डिल्ली नहीं घूमी हूँ। सामने तो खड़ा है पूत। पूछ ले कोई, एक पैसे का पान भी खरीदा था किसी के लिए ? मेरे काका का कितना रुपया खर्च हुआ है, पूछा है किसी ने क़भी ?",

वृद्ध बोधबाबू ने फिर खँखारकर अपनी उपस्थिति का संकेत दिया। बोले, "लल्लू की माँ ! यों तो तीरथ जानेवाले को कोई नहीं रोकता; पाप होता है। लेकिन, पुरुख, तो सब तीरथ से बढ़कर है। पुरुख-वचन काटे जो नारी···।"

"रखिए अपना पुरुख-वचन ! खूब सुन चुकी हूँ पुरुख-वचन। चालीस साल से और किसका वचन सुन रही हूँ ?" बूढ़ी की आँखों में आँसू आ गये। भरे गले से बोली, "कभी बात से बेबात या चाल से कुचाल नहीं चली। तिस पर रोज़ तीन कोड़ी गालियाँ, सास-ससुर और इनकी··· !"

बैठकखाने से बजरंगी चौधरी ने चिल्लाकर कहा, "शं··· कर ! आँगन में बिदेसिया नाच हो रहा है क्या ? जाने क्यों नहीं देते ? क्यों रोकते हो ? कौन रोकता है ?"

सन्नाटा !

बूढ़ी उठी। चुपचाप, गृहदेवता को पायलागी करने गयी : 'जै बाबा बैदनाथ, जै बाबा विश्वनाथ ! बहुत दिनों की लालसा मन की, पूरन करो ठाकुर !" ओसारे पर आकर मोतिया की माँ से बोली, "अरी मखनी, चल, गठरी उठा। टीशन तक पहुँचा दे। पाव कोस ज़मीन चलने से मेरी ऐंड़ी नहीं घिस जायेगी। नहीं चाहिए गाड़ी-छकड़ा। संग-साथ की भी जरूरत नहीं। गाँव के इतने लोग जा रहे हैं, और कितना संग-साथ चाहिए ? तू टीशन तक पहुँचा दे।"

संझा रोयी–"दा-आ-आ-दी।" लल्लू की आँखें बरस पड़ीं। मोतिया की माँ ने गठरी उठायी। बूढ़ी ने लल्लू को झिड़की दी–"जात्रा के समय आँख-नाक मत पोंछो। रोता क्यों है ?"

बहू ने पायलागी की। पिंजड़े में रुनकू तोते ने लल्लू और संझा का नाम लेकर पुकारा–पींपी-पेंपे ! ··· लल्लू संझा !

–दुर्गा-दुर्गा ! आँगन की चौखट से निकलते ही बूढ़ी की नज़र नंग-धड़ंग भूलोटन पर पड़ी। शंकर का दो साल का बेटा भूलोटन इस गोलमाल से फायदे में है। चौके के इस पार छिपकर वह मिट्टी खा रहा था। दादी को देखते ही, मुँह में घुलती हुई चिकनी मिट्टी की गोली निकालकर फेंकते हुए बोला, "डा-आ-डी-ई। थी-थी ! ए-ए !" पेट पर मिट्टी-मिश्रित लार गिरकर सूख रही थी। बूढ़ी के जी में आया, संझा को पुकारकर कहे। किन्तु वह रुकी नहीं। उधर, लल्लू का बाप पुकारकर कह रहा था, "ललवा को दरवाजे से ले जाओ पकड़कर। कोई परतीत नहीं, उसकी।"

बूढ़ी माया-ममता बिसारकर चली। मोतिया की माँ ने उड़ते हुए नीलकण्ठ की ओर दिखलाते हुए कहा, "मालकिन ! लीलकण्ठ देख लीजिए। जातरा बहुत नीक है।"

हर साल देवघर के पण्डे का सिपाही तीर्थयात्रियों को बटोरने आता है। स्टेशन पर पण्डे के सिपाही ने अपने जजमानों की गिनती ली–तीस मरदाना, दस जनाना,

दो नीमजवान लड़के।

तीर्थयात्रा के उत्साह से उत्फुल्ल नर-नारियों के बीच लल्लू की माँ का बुझा हुआ चेहरा भी धीरे-धीरे खिलने लगा।··· दो दिन से दुविधा में फँसा हुआ था मन !

पण्डे के सिपाही ने हाथ जोड़कर दाँत निपोरते हुए कहा, "मायजी ! बहुत दुख की बात कि बड़े घर से सिर्फ़ एक जातरी।··· मैं तो डर के मारे उधर गया ही नहीं। बूढ़े मालिक चार-चार हाथ कूद रहे थे। ··· लीजिए, मैंने पहले ही कटाकर रख लिया था कमीसन-टिकस। बस, एक महीना तक जहाँ-जहाँ जी में आये, घूमिए !"

पण्डे के सिपाही ने अपने जजमानों को सम्बोधित करते हुए कहा, "सुन लीजिए, सब कोय ! पहले चलिए भागलपुर में बाबा बूढ़ानाथ और सुलतानगंज में बाबा अजगैबीनाथ पर जल चढ़ाने–देवघर वैद्यनाथधाम। बाबा-धाम में दो दिन अलख जगाकर तब सीधे बड़ी लैन की गाड़ी पकड़कर काशी विश्वनाथ के दरबार···।"

तीर्थयात्रियों ने एक साथ लम्बी साँस ली–"जै हो ! जै बाबा !" दोनों नीमज़वान लड़कों को पण्डे के सिपाही ने झिड़की दी–"ई दोनों बबुआन फुच्च-फुच्च कर हँसते क्यों हैं ? अजगैबीनाथ नाम सुनकर हँसने की क्या बात !"

सभी तीर्थयात्रियों ने दोनों की ओर देखा।··· लड़कपन ही है।

दोनों नीमजवानों के अभिभावकों ने एक ही साथ कहा, "लड़का है। इसके हँसने का क्या ?"

सिपाही ने फिर से अपने जजमानों की गिनती ली–"ठीक है।" वह सिपाही कहने से नाराज़ होता है–"सिपाहीजी क्यों ? मैं भी ब्राह्मणकुल का हूँ और पण्डाजी भी ब्राह्मण। मैं पण्डाजी का नौकर थोड़े हूँ ? कमीसन पर काम करता हूँ।"

कमीसन-टिकस ! कमीसन-पण्डा ! सभी यात्रियों ने अपने-अपने टिकटों को देखा–कमीसन-टिकस। लल्लू की माँ ने पूछा, "टिकस में कोई गड़बड़ी तो नहीं ? अदला-बदली तो नहीं हुई है किसी से ?"

पण्डे के सिपाही ने दाँत से जीभ काटते हुए कान पर हाथ रखा–"मायजी ! आप निफिकिर रहिए। मैं आपका बेटा हूँ। कोई शंका मत कीजिए, कोई गड़बड़ी नहीं।"

औरतें एक जगह जमा हो गयीं–घूटर साह की बूढ़ी, डोमन की माँ, शशिकान्त की स्त्री···। घूटर साह सपरिवार जा रहा है, गाँव का महाजन है घूटर साह।

घूटर साह की बूढ़ी माँ ने लल्लू की माँ से कहा, "मैं कहती हूँ कि काशीजी तक ही क्यों ? काशीधाम पहुँचकर, तीरथराज परयाग न जायें तो करम का ही दोख समझिए।"

पण्डे के सिपाही ने कहा, "अभी इतने ही धामों का हौसला कीजिए, क्योंकि परदेस की बात है और देह-जाँगर सबके साथ है।"

घूटर साह ने कुढ़ते हुए अपनी बूढ़ी को घुड़की दी–"ईह ! बड़ा हौसला बढ़

गया है, देखता हूँ।" घूटर साह की बूढ़ी का उत्साह कम नहीं हुआ, किन्तु··· पण्डे का सिपाही लल्लू की माँ से लल्लो-चप्पो करता है। घूटर साह की बूढ़ी किस बात में कम है ? यह अगले साल केदार-बदरी जायेगी। इस बार परयागजी तक का मंसूबा है।

शशिकान्त की जवान स्त्री, लल्लू की माँ की गठरी सम्हालती है–"आखिर हम लोग किस दिन के लिए हैं ?"

पण्डे के सिपाही ने अपने खास लहजे में एलान किया–"गठरी-मोटरी-अपाना-अपाना ठीक कीजिए ए-ए। घबड़ाइए नहीं। गाड़ी आ रही है–ए-ए !"

चलती हुई गाड़ी की खिड़कियों से सभी ने अपने गाँव को देखा। भागते हुए बाग-बगीचे, ताड़ का पेड़, पुराना शिवाला, बजरंगीबाबू के दालान का हिस्सा। गाड़ी की चाल तेज़ हुई और देखते-ही-देखते गाँव आँखों से ओझल हो गया।··· सभी के चेहरे पर परदेस की छाया उतर आयी।

लल्लू की माँ के कानों के पास एक बार फिर धारवाली तेज़ बात गूँज गयी–"जैसी माँ, वैसी औलाद !" बूढ़ी का चेहरा उतर गया।··· लल्लू संझा, भूलोटन ! डा-आ-डी-ई !

घूटर साह की बूढ़ी और डोमन की माँ ने मिलकर वैद्यनाथ-महात्म का पद शुरू किया–'चलहु-चलहु रे मनुआँ बैदनाथ के धाम; बाबा बैदनाथ के धाम··· !'

लल्लू की माँ ने पण्डे के सिपाही को पुकारा। उसने कहा, "मायजी ! मेरा नाम खंखड़ ओझा है। आप नाम लेकर ही बुलाइए। ··· नौगछिया टीसन ? अभी कहाँ ? कटिहार में गाड़ी बदलने के बाद, रात में एक बजे नौगछिया !"

नौगछिया स्टेशन से पाँच-सात कोस दूर किसी गाँव में बूढ़ी की बेटी रहती है, ससुराल में। उसने खंखड़ ओझा से कहा, "याद करके, नौगछिया टीसन आने से पहले चेता दीजिएगा !"··· दो स्टेशन भी नहीं गुजरे, घूटर साह की बूढ़ी तीन बार ताना मार चुकी है। लल्लू की माँ को सुनाकर बोली, "ऐसे बेटे-बेटियों से निपूती ही भली। घर-भर लोग रहते हुए भी अकेली तीरथ जा रही है बेचारी !"

डोमन की माँ ने आजकल की बहुओं और उनकी बात में बहके हुए बेटों की निन्दा करते हुए बात का सूत्र अपने हाथ में लिया और अपने सत बेटे डोमन को सुनाकर बोली, "जिस दिन देखूँगी कि मेरा डोमन मेरी बात का जवाब देने के लिए होंठ पटपटा रहा है, तुरन्त आँगन के बीचोंबीच परदा लगवा दूँगी। मुँह भी नहीं देखूँगी।"

लल्लू की माँ कटकर रह गयी, मन-ही-मन। ··· भगवान ने बोलने का मौक़ा दिया है; बोल लें लोग।

कटिहार पहुँचकर डोमन की माँ ने गठरी से चिउड़ा और खुरमा (सूखी मिठाई)

निकालकर बढ़ाते हुए कहा, "मेरी पुतोहू के हाथ का बनाया हुआ खुरमा है।" लल्लू की माँ ने कहा, "चिउड़ा और खुरमा मेरी गठरी में है। मेरा जी अच्छा नहीं है, कुछ नहीं खाऊँगी।"

घूटर साह की स्त्री ने पूरी-मिठाई बेचनेवाले से पूछा, "दालपूड़ी है ?"

घूटर साह कुढ़कर कचपचा उठा–"दालपूड़ी कौन खायेगा ?"

लल्लू की माँ को घूटर साह के दमे की याद आयी। दमे के दौरे के समय घूटर साह की स्त्री जड़ी लेने के लिए आती और बूढ़े के अपथ-कुपथ खाने से लेकर बुढ़ौती में बुढ़भस करने की कोड़ियों कहानियाँ सुना जाती–"बहिन, बूढ़े का दमा तो दम के साथ ही जायेगा, लेकिन मैं बेदम होकर पहले ही मर जाऊँगी। जो-जो मना है, वही खायेगा। लाज की बात क्या बोलूँ··· !"

घूटर साह की बूढ़ी ताजा-भाजावाले को बुलाने लगी। लल्लू की माँ मन में हँसी। ··· घूटर साह की बूढ़ी ने ताजा-भाजा ही क्यों खरीदा ?

शशिकान्त की स्त्री की नज़र प्लेटफ़ार्म पर टहलनेवाली दो बंगालिन लड़कियों पर थी। ऐसी ही किसी लड़की ने उसके पति को शहर में भेड़ बनाकर रख लिया था। पढ़ाई-लिखाई तो चौपट हुई ही, बुद्धि-ज्ञान भी गँवा आये। बाबा वैद्यनाथ उसके पति की बुद्धि फिर से लौटा दें, यही मनौती करने जा रही है वह।··· दुहाई बाबा !

"मायजी, नौगछिया आ रहा है।" खंखड़ ने ऊँघती हुई लल्लू की माँ को जगाया।

बूढ़ी हड़बड़ाकर उठी। माथे पर कपड़ा सरकाकर खिड़की से बाहर देखने लगी। ऊँघता हुआ नौगछिया स्टेशन ! प्लेटफ़ार्म पर भुकभुकाती हुई रोशनी में जाती हुई औरत का मुँह नहीं देख सकी। बूढ़ी ने लम्बी साँस ली–"गीता के ससुराल का टीशन !"

शशिकान्त की स्त्री गठरी की तरह बेंच पर सोयी हुई थी। कटिहार में गाड़ी बदलने के बाद शशिकान्त की स्त्री चुपचाप रोयी थी, घण्टों। लल्लू की माँ ने कहा था, "बहू ! लोटे में पानी है। आँख धो लो; कँकरी पड़ गयी है शायद।"

लल्लू की माँ शशिकान्त की बहू के दर्द को समझती है। सब भाग्य का खेल है; नहीं तो सोने-से लड़के शशिकान्त की ऐसी हालत हो ? पढ़ने में सबसे तेज़, गाने-बजाने में सबसे आगे, कैसा सुन्दर शरीर ! क्या हो गया सब ! अब तो निपट मतिशून्य है।

"आपसे क्या छिपाऊँ ? कपड़ा-बस्तर भी अब मैं ही पहना देती हूँ। सोच रही हूँ, इस बीच कौन देख-सुन करेगा ? कौन दोनों शाम मुँह में कौर डालकर खिलायेगा ?" उसका गला भर आया।

"बाबा बैदनाथ का नाम जाप करो, बहू !" लल्लू की माँ मन-ही-मन जपने लगी–बैदनाथ।

जाप करते-करते लल्लू की माँ ऊँघने लगी। ··· बहू तो तम्बाकू छूती नहीं। लल्लू का बाप हुक्के के बिना एक घड़ी भी नहीं रह सकता। ··· कौन तैयार कर देता होगा ? रोज़ पाँच बार हुक्का पटककर लल्लू पर गुस्सा उतारा जायेगा–'तम्बाकू का डिब्बा भी ले गयी है अपने साथ ! यह कौन सड़ा हुआ तम्बाकू चिलम में डालकर ले आया है ?'··· तम्बाकू और कौन होगा ? चिलम में डालने के पहले ज़रा-सा गुड़ कौन मिला देगा ? लल्लू की माँ ससुराल में पैर रखने के बाद से ही यह काम करती आयी है। सास को हुक्का पिलाकर ही बस में किया था, अन्त में। सास के बाद लल्लू के बाप को हुक्के की लत लगी।··· "गीता की माँ ! सचमुच तुम तम्बाकू में कुछ मिलाती हो। हुक्के में दम लगाने के बाद मन बादशाह हो जाता है !···"

घूटर साह की बूढ़ी जगकर चीख उठी–"हाय रे दैब ! मेरा लोटा ? लोटा कोई ले गया।··· गया लोटा !"

सभी यात्रियों को अपने-अपने लोटे की याद आयी। घूटर साह ने झुँझलाकर कहा, "अच्छा हुआ। हर टीशन पर लोटा बढ़ाकर पानी-पाण्डे को बुलाओ अब।··· घुच्च-घुच्च !"

साह और सहुआइन में ठण्डी लड़ाई चल रही थी, घर से ही शायद ! सहुआइन ने तीखा जवाब दिया–"प्यास लगने पर पानी नहीं तो क्या पिये आदमी ? पानी में भी दाम लगता है ?"

साह ने खनखनाती हुई तीखी और पतली आवाज़ में कहा, "पसेरी भर ताजा-भाजा और···।" आधी बात भद्दे इशारे से पूरी की साह ने।

तिलमिला उठी बूढ़ी–"ताजा-भाजा, ताजा-भाजा ! चुटकी-भर ताजा-भाजा क्या खाया कि इनकी सम्पत चबा गयी। जिसके दाँत हैं वह एक बार नहीं हजार बार खायेगी ताजा-भाजा !"

लल्लू की माँ को अपने घरवाले की याद आयी। ··· लल्लू का बाप ऐसा नहीं। खाने-पीने की बात को लेकर कभी झगड़ा करेगा लल्लू का बाप ? इतना ओछा नहीं। और वह भी क्या सहुआइन की तरह ताजा-भाजा या दाल-पूरी खाती ? कभी नहीं।···

खंखड़ ओझा कान पर से जनेऊ उतारते हुए टट्टी से निकला–"लोटा मेरे पास है। झगड़ा मत कीजिए कोई। खंखड़ ओझा जिस कोठरी में रहेगा उसमें चोर-चुहाड़ झाँकी मारने आयेगा ?··· आप लोग निश्चिन्त होकर अपाना-अपाना जगह के मुताबिक आराम कीजिए।"

सहुआइन शान्त नहीं हुई। बोली, "कल मैं लौटकर जा रही हूँ। नहीं जाती तीरथ करने मरकट-किरपन्नी आदमी के साथ।"

"वैद्यनाथ, वैद्यनाथ !" खंखड़ ओझा ने कहा, "यात्रा में झगड़ा-तकरार और मुँह-फुलौवल करके अपने साथ-साथ दूसरों का भी पुण्य चौपट क्यों करते हैं ? देखिए तो, मायजी क्या शान्ति से बैठी हैं !" खंखड़ ने लल्लू की माँ की ओर

दिखाकर कहा। सहुआइन खंखड़ से कुढ़ी हुई है। ··· लल्लो-चप्पो और आयजी-मायजी करे लल्लू की माँ के पास और ले जाने के समय लोटा सहुआइन का। बड़ा सस्ता है लोटा सहुआइन का ! सभी झगड़े की जड़ है यह खंखड़ ! बोली, "सभी जातरी बराबर हैं तुम्हारे लिए। फिर कटरिया टीशन पर गरम दूधवाले का पच्छ लेकर क्यों बोलने लगे ?"

खंखड़ ओझा तब तक कंकड़ की चिलम सुलगा चुका था। बोला, "सहुआइन ! मैं तुम्हारा कर्ज़दार नहीं। ··· आँखें लाल करके मत बात कीजिए पर-परदेस में। दूधवाले का पच्छ ? घण्टा-भर, दूधवाले को रोककर दर-भाव करेंगे, असली दूध है या पानी मिलाया हुआ, परखेंगे, और तब जाकर एक छटाँक दूध लेंगे साहजी। सो, इतनी देर तक तो इसपरेस गाड़ी छोटे टीशन पर नहीं रुकेगी।" खंखड़ ने जगे हुए यात्रियों की ओर मुखातिब होकर पूछा, "आप ही लोग बताइए ज़रा, रुकेगी ?"

शशिकान्त की स्त्री भी जगकर बैठ गयी थी। उसको लगा, यात्रा में झगड़ा करके सारी मण्डली की यात्रा को अशुभ कर रही है सहुआइन। यात्रा अशुभ होने से पुण्य मिलने में झंझट होगा। ··· एक तो विधाता ने उसको जन्म न जाने किस अशुभ नच्छत्तर में दिया कि मिली हुई पुण्य की गठरी भी हाथ से निकल गयी। सोना छूती है तो माटी हो जाता है।

शशिकान्त की स्त्री धीरे-धीरे रोने लगी।

लल्लू की माँ ने उसकी कलाई पर हाथ रखा और कान के पास मुँह लाकर धीरे-से बोली, "रोओ मत··· बेटी !"

··· बेटी ? शशिकान्त की स्त्री ने आँखें पोंछ लीं।

गाड़ी किसी बड़े पुल को पार कर रही थी। घड़घड़ाहट बढ़ती गयी। सहुआइन अपने बूढ़े के कलेजे को जानती है। कोने में दुबके हुए साहजी की ओर देखकर इशारे से पूछती है–कलेजे की धुकधुकी बढ़ गयी क्या ?

पुल गुज़र गया। घूटर साह कुछ बोला नहीं। पैर की ओर इशारा करके दबाने को कहा। ठीक उसी समय खंखड़ ओझा ने अपने यात्रियों को चेतावनी दी– "बिहपूर ! थाना-बिहपूर आ रहा है। यहाँ गाड़ी बदलैया होगी। आप लोग अपाना-अपाना गठरी-झोला सम्हालते जाइए।··· "

सहुआइन को लगा, खंखड़ ने जान-बूझकर बिहपुर स्टेशन को नज़दीक बुला लिया है। बूढ़े की बाय तेज़ हो गयी है। बिना पैर की नाड़ी टीपे सीधा होकर बैठ भी नहीं सकेगा···।

बाबा बूढ़ानाथ के दर्शन के समय साह और सहुआइन खंखड़ ओझा के गोल से निकल गये–"हम लोगों के दूसरे पण्डाजी हैं, कानकुबुज बाभन।"

खंखड़ ओझा ने चौबे पण्डाजी की बात मान ली। यात्रियों को लेकर वे आपस

में लड़ते हैं, झगड़ते हैं, लेकिन ऐसे यात्रियों को लेकर नहीं। वह मैथिल पण्डे का कारपरदाज-एजेण्ट है। वह कान्यकुब्ज पण्डे के कारपरदाज-एजेण्ट का हक नहीं मारेगा। खंखड़ ने बाकी जजमानों से कहा, आँख टीपकर, "जाने दीजिए, हमेशा का खटखट दूर हुआ !"

यात्रियों में अधिकांश घूटर साह के कर्ज़दार थे, लेकिन साह-दम्पति के विछोह से किसी का दिल छोटा नहीं हुआ।

छोटा हुआ लल्लू की माँ का मन, बूढ़ानाथ के मैथिल पण्डे की बात सुनकर। यात्रियों की वंशपंजी पढ़ते हुए लल्लू के दादा का नाम लिया, फिर लल्लू के बाप का। इसके बाद रुककर बोला, "बजरंग चौधरी की बेवा आयी है ?"··· आँख रहते अन्धा और किसको कहते हैं ! नः नः, तीर्थ के पण्डे को भला-बुरा नहीं कहना चाहिए। लेकिन, सिन्दूर देखकर भी जो बेवा कहे उसको क्या कहा जाये··· जै बाबा बूढ़ानाथ !

लल्लू की माँ मन में दुखी हुई, उसका भी कोई दूसरा पण्डा क्यों नहीं हुआ ? अजगैबीनाथ के पण्डाजी ने ऐसी गलती नहीं की; देखते ही उसने कोई दोहा कहा—"सदा सुहागिन सेवती अजगैबी के पाँव !"

दो नीमजवानों में से एक है शशिकान्त का छोटा भाई चन्द्रकान्त—अपनी भाभी के साथ आया है; अजगैबीनाथ के नाम पर हँसनेवालों में से एक। अजगैबीनाथ की सीढ़ी पर चढ़ते समय रोने लगा—"अब आगे नहीं ऐ बाप··· भौजी गे-ए-ए !"

बीच गंगा में हैं, अजगैबीनाथ, टीले पर !

शशिकान्त की स्त्री भी सीढ़ी पर रुककर रोने लगी—"चन्दरबाबू, कलेजा बाँधिए। बैठिए मत !" लल्लू की माँ ने मीठी झिड़की दी दोनों को—"लाज नहीं आती रे चन्दरा ! औरतों से भी गया-गुजरा है क्या रे ? और, तू क्यों रो रही है ?"

खंखड़ ओझा ने चन्द्रकान्त को सहारा देकर सीधा किया—"अब कहिए बाबू-साहब ! है न सचमुच अजगैबीनाथ ?" खंखड़ ने शशिकान्त की स्त्री की ओर देखा। वह लजाती हुई आँसू पोंछ रही थी।

घूटर साह के पण्डे ने न जाने क्यों अजगैबीनाथ के माहात्म्य को विशेष महत्त्व नहीं दिया। साह दम्पति को लेकर सीधे वैद्यनाथ-धाम चला गया, लारी से।··· अजब महातम ! रास्ते में लारी बिगड़ गयी। खंखड़ के यात्रियों से बारह घण्टे बाद पहुँचे !

खंखड़ ने अपने खास पण्डाजी के घर पर पहुँचकर 'बम वैद्यनाथ' की टेर लगायी—"ओझाजी ! खोलिए किवाड़ी ! कुल जमा बयालीस में से दो घपपप। बाकी बचे उनतीस मर्दाना, नौ जनाना, दो नीमजवान !"

'बम वैद्यनाथ' टेरते हुए खंखड़ के तोंदियल पण्डाजी बाहर आये—"जै हो ! जै हो ! चलिए अन्दर। उत्तरवाले ओसारे पर आप लोग डेरा-डण्डा डालिए।··· खंखड़ ! हिसाब-किताब बाद में, पहले यात्रियों का जुगुत लगा दो। पानीकल, पैखाना,

नाली सबको दिखला दो। भोजन-छाजन··· ?"

ऊपर की माला से झुककर पण्डाइन भी देख रही थी। बोली, "खंखड़ ! आय-माय लोग कितनी हैं ? नौ ? नीचे जगह न हो तो ऊपर ले अइयो बरण्डा पर, यहाँ भी बहुत जगह है।"

खंखड़ ने लल्लू की माँ की ओर दाँत निपोरकर देखते हुए, धीरे-से कहा, "जैसी मर्ज़ी आप लोगों की। सबके साथ नीचे रहिए, यह भी अच्छा। चाहे, नवो जनि ऊपर जाइए, यह भी अच्छा।"

दिन का समय होता तो आँख की कनखी से लल्लू की माँ को सचेत कर देता–'ऊपर नहीं !' किन्तु रात को धुआँकस लालटेन की रोशनी में वह दाँत निपोरने के सिवा और क्या करे ? पण्डाइन ने अँधेरे में भी खंखड़ के चेहरे पर आये हुए भावों को परख लिया। पिछले साल भी खंखड़ ने पण्डाइन के साथ ऐसी ही चालबाजी की थी।

"लेकिन बाहर-भीतर जाने के लिए–याने लघुशंका, दिसा-टट्टी–सबको नीचे ही आना होगा।" खंखड़ ने आख़िरी 'लेकिन' लगाने की चेष्टा की। पण्डाइन ने मानो खंखड़ के सिर पर रोड़ा तानकर मारा, ऊपर की माला से–"खंखड़ ! राह-घाट की बुद्धि अपनी राह-घाट तक ही रखो; घर में नहीं। ··· समझे ! यहाँ पहुँचकर जजमानों का हुकुम मत चलाओ। बाहर-भीतर और ऊपर-नीचे की ज़िम्मेवारी तुम्हारे सिर नहीं।···"

पण्डाजी बाहर आये। बोले, "क्या बात है, खंखड़ ?"

खंखड़ का आत्मसम्मान हठात् सजग हुआ–"होगा क्या ? पूछिए ऊपर जाकर। पैर की धूल भी नहीं धो पाया हूँ अभी, कि ऊपर से खट-मंगल सुना रही हैं। राह-घाट की बुद्धि कैसी होती है ?···"

पण्डाइन ने हाँक दी–"मायजी ! ए, दुलहिन-बेटी। आइए आप लोग ऊपर। इतने मर्दों के बीच क्यों रहिएगा, जगह रहते ?"

खंखड़ बड़बड़ाता हुआ बाहर चला गया–"अच्छी बात। एक ही माघ में जाड़ा नहीं खत्म होता।" पण्डाजी उसके पीछे-पीछे गये–"खंखड़ ! सुन लो। ··· जल्दी लौटना खंखड़ !"

लल्लू की माँ के साथ सभी औरतें ऊपरवाली माला पर गयीं। शशिकान्त की स्त्री ने सीढ़ी पर चढ़ते समय अपने देवर चन्द्रकान्त से पूछा, "चन्दर बाबू ! डर तो नहीं लगेगा ?" चन्द्रकान्त की चुप्पी ने उसका पाँव छेंक लिया। लल्लू की माँ बोली, "डरेगा क्यों ? लल्लू से तीन साल बड़ा है। इतने लोगों के बीच डरेगा ?"

शशिकान्त की स्त्री सीढ़ी से उतर गयी–"पहली बार परदेस आया है। ज़रा समझा-बुझा दें।"

पण्डाइन ने बातों-ही-बातों में सभी औरतों के मन से लेकर गठरी तक की थाह

ले ली। सोने के पहले लल्लू की माँ के कपाल में 'बम बैदनाथ बाम' मल गयी–"दवा नहीं, जादू है जादू ! अभी तुरत सिर का दर्द कहाँ जाता है, सो देखिए !" डोमन की माँ ने तलहथी फैलायी तो पण्डाइन उसका मुँह देखने लगी। बोली, "बेकार लगाने से सिर में दर्द हो जाये। ऐसी दवा है यह !"

डोमन की माँ ने तलहथी समेट ली।··· डोमन की माँ ने पण्डाइन को सिर्फ चिउड़ा दिया। खंखड़ को खुरमा देने नीचे गयी थी।

डोमन की माँ को सहुआइन की याद आयी, अचानक। सहुआइन की अनुपस्थिति उसके मन में ज़ोर से खटकी इस बार। सिरहाने झोला लेती हुई शशिकान्त की स्त्री से बोली, "बहू, जरा पैर टीप दो लल्लू की माँ का।"

लल्लू की माँ बोली, "मैं पैर नहीं टिपवाती।"

डोमन की माँ सतरंजी पर लुढ़कती हुई बोली, "मेरी बहू ने तो मुझे ऐसी आदत लगा दी है कि···। टैन में डोमन ने टीप दिया तो थोड़ी-सी नींद आयी।"

शशिकान्त की स्त्री ने डोमन की माँ के पैर पर हाथ दिया··· न जाने किसका आशीर्वाद फल जाये, तीर्थस्थान में ! डोमन की माँ ने पैर समेटने की चेष्टा की–"क्या करती है बहू ?"

लल्लू की माँ ने कहा, "नींद आ जायेगी, जल्दी। बहू टीप रही है, टिपवा लो।"

"या बुला दूँ तुम्हारे बेटे को ?" पण्डाइन ने जाते-जाते कहा, "जवान बेटे से पैर टिपवाती है, सो भी सतबेटे से; ऐसी बात पहली बार सुन रही हूँ।"

पण्डाइन की दाई बरतन धोती हुई बोली, "भिन्न देश के भिन्न रिवाज।"

साथ की अन्य स्त्रियाँ पहले ही सो चुकी थीं। डोमन की माँ ने पण्डाइन की बात का कोई जवाब नहीं दिया; पर-परदेश, पर-भूमि में कौन लड़ाई-झगड़ा करे ?

शशिकान्त की स्त्री को रात-भर नींद नहीं आयी। पास ही, गली में कोई रह-रहकर पुकार उठता था। गले की आवाज़ ठीक··· उन्हीं की आवाज़-जैसी ! जै बाबा··· बैदनाथ !

लल्लू की माँ ने नींद में ही दो बार शशिकान्त की स्त्री की पीठ को धीरे-से सहलाकर कहा, "मत रोओ बे··· टी···। हाय-य-हा···"

बारह घण्टे पहले पहुँचने से क्या होता है ? घूटर साह, बाहर घण्टे बाद पहुँचकर भी सबसे पहले दर्शन कर आया। ··· खंखड़ का पण्डा बहुत ठण्डे पानी का आदमी है। घरवाली के डर से घर में ही जो चूँ नहीं बोलता, बाहर कैसे फूटेगी उसकी बोली ? घरघुसरा-पण्डा ! दिन-भर घर में ही घुसा रहता है। ··· हाय पैसा कि हाय पैसा ! बीवी, बाल-बच्चे सभी के हाथ हमेशा पसरे ही रहते हैं।···

दर्शन और जलढारी के बाद खंखड़ के जजमान आपस में घुनघुनाकर बातें करने लगे हैं··· पण्डा और पण्डाइन की नज़र, बस, एक ही जजमान पर रहती

है, हमेशा।··· देखना है लल्लू की माँ कितनी अशर्फियाँ लुटाती है, दच्छिना में।··· शिवगंगा में मुँह धो रखे ! एकनजरा पण्डा, दूसरी बार से हम लोग भी क़ानकुबुज पण्डा रखेंगे।

डोमन की माँ अपने बेटे के साथ घूटर साह का बासा देख आयी है। आते ही मुँह-हाथ चमकाकर बोली, "बासा है सहुआइन का ! हाँ, जिसको बासा कहते हैं। तीन-तीन कलटेरी हैं। तीनों से दिन-भर छुर-छुर गिरता रहता है पानी। नया पोख्ता मकान है।··· सहुआइन पलँग पर सोयी थी ! पण्डा की घरवाली पूरी छान रही थी, साह-सहुआइन के लिए। सहुआइन का कानकुबुज पण्डा देखने में भी असली पण्डा लगता है। कहता था, जजमान तो भगवान दाखिल है।"

सामने फाटक से खंखड़ को आते देख, वह चुप हो गयी।··· यह खंखड़ भी नम्बरी फक्कड़ है। शशिकान्त की बहू को न जाने किस अघोरी बाबा के अखाड़े पर ले गया था, सो अभी लौटा है। उसने पूछा, "क्या कहा अघोरी बाबा ने ? कितना गाँजा लिया ? कुछ उम्मेद··· ?"

सदा रोनेवाली शशिकान्त की स्त्री हठात् सनक गयी क्या ? दाँत-पर-दाँत पीसती हुई कर्कश कण्ठ में कलकला उठी–"चुप हरजाई छिनाल ! हर काम में टोकेगी, उठते-बैठते छींकेगी, हर बात में आगे बढ़कर लुब-लुबकर रोकेगी। ··· रे ! सतबेटा-घिनौनी ! जाते समय टोककर कलेजा ठण्डा नहीं हुआ, तो आते ही···"

"सुनते जाइए ! सुन लो सब कोय !" डोमन की माँ दोनों हाथ ऊपर की ओर उठाकर पंचगुहार देने लगी है–"जरा-सा भी मुँह में लगाम इस खलीफा की रखेलिन के ? मारे मुक्का के अभी नाक की हड्डी तोड़ती हूँ। नथियावाली पतुरिया ? मुझे कहती है सतबेटा-घिनौनी ! ··· नैहर के खलीफा से बूटेदार चोलिया मशीन पर सिलाकर पहनो जाकर। देवता-पित्तर को क्या मनाने आयी है ? तू फीता लेकर सीना नपवायेगी, खलीफ़ा की दाढ़ी में मेहँदी लगायेगी और घरवाला अपने चसम से देखकर भी होश में रहेगा, तेरा ? ऐं ? पूछूँगी नहीं ? गाँव का नाम हँसायेगी पर-परदेस में आकर, टोकूँगी नहीं ? रास्ता-भर आँख लड़ाती आयी है, खंखड़वा से···।"

"ए ! ए ! देखिए, हमको मत लपेटिए···। मुँह सम्हालके।"

लल्लू की माँ सीढ़ी से उतरते समय लुढ़क गयी, जल्दबाज़ी में–"आगे-माँ !"

सुलगते हुए झगड़े पर एक घड़ा पानी पड़ गया मानो। सभी दौड़कर लल्लू की माँ के पास गये··· चोट तो नहीं लगी, ज़्यादे ?

डोमन की माँ, डोमन को धिक्कारते हुए रोने लगी–"रे ! दुर-दुर ! तू मरद है रे ? तेरे सामने मुझे बेपर्द करके गाली देती है और तू इसकी नाक के नकबेसर में आँख खोसकर खड़ा है ?"

अब पण्डाइन की खड़ाऊँ खटखटायी–"ए छिः छिः ! कहाँ की ललबेगिया सब आयी हैं तीरथ करने, बाबा-धाम ! जिसको लड़ाई-झगड़ा करना है, जाकर बाहर मोड़ पर कुँजड़ियों के साथ बैठे।"

लल्लू की माँ ने डोमन की माँ का हाथ पकड़कर कहा, "डोमन की माँ, सुनो, तुम चुप रहो।"

डोमन की माँ ने झटककर हाथ छुड़ा लिया—"तिस पर, पच्छ लेने आयी हैं, यह ऊपर से !"

"तू चुप क्यों नहीं रहती बहू ? क्या हुआ ? बात क्या है ? पगली हो गयी क्या ?"

··· शशिकान्त की स्त्री कैसे न पगली हो ! अघोरी बाबा ने गाँजा पीकर आँखें मूँद लीं। इसके बाद फटाफट सबकुछ बता गये—'तुम्हारे साथ एक बेवा आयी है। वही तुम्हारे दुःख का असल कारन है।' गिरोह में डोमन की ही माँ एक बेवा है। हाथों-हाथ पकड़ी गयी है यहाँ आकर। बाबा-धाम में···।

लल्लू की माँ ने डाँट बतायी—"तू अकेली क्यों गयी ? जानती है, यह तीरथ है। कितने ठग-ठठेरे भी साधू-बाबा बनकर लोगों को ठगते हैं ! उनकी बातों की परतीत करती है ?··· लगता है, तुम्हारी बुद्धि भी लोप हो रही है, अब।"

शशिकान्त की स्त्री फिर भिनभिनाने लगी—"खंखड़··· !"

"फिर खंखड़ का नाम लेती है !"

खंखड़ मौका पाकर बाहर चला गया था। ··· झगड़े के सिलसिले में न जाने क्या-क्या खुले !

डोमन की माँ को सहुआइन ने बात दी है, काशीजी जाने का आधा खर्च देगी।

··· लल्लू की माँ को अच्छी तरह पहचान गयी है वह इस यात्रा में। अन्दर-ही-अन्दर पेच लगाती है। डोमन की माँ रोती रही, मद्धिम सुर में। आँख-नाक पोंछते समय बोली बोलकर कोसती, एक-एक यात्री को—"कोई नहीं, कोई नहीं, अपना कोई नहीं। बेटे ने भी कह दिया, 'तुम दूसरों की बात में बेकार पड़ने जाती हो। ठीक हुआ है !' हे राम ! उठा लो बाबा, अपने धाम में ही।"

गिरोह से सिर्फ़ दस जन काशीजी जा रहे हैं।—सात मर्दाना, तीन जनाना ! गिरोह से बाहर के साह और सहुआइन को जोड़कर बारह···

डोमन की माँ उदास होकर लौटी, सहुआइन के बासा से। ··· साह को हँफनी शुरू हो गयी है। सहुआइन का पेट-मुँह दोनों जारी हैं। डाक्टर-पर-डाक्टर, जकशैन-पर-जकशैन पड़ रहा है।··· अब कैसे जाऊँगी काशीजी ! सब तकदीर का फेर !

बारह में से भी चार घट जायेंगे। आठ ?··· आठ-काठ, मुर्दाघाट ? लल्लू की माँ ने गठरी बाँधते हुए कहा, "तकदीर का फेर नहीं, बुद्धि का फेर। टिकस तो कटाना ही नहीं है। रह गया खेवा-खर्चा ? आधा खर्चा मैं दूँगी। चलो, डोमन से कहो गठरी बाँधे।"

काशीजी जानेवाले यात्री घर लौटनेवालों के हाथ अपने-अपने घरवालों को चिट्ठी

भेज रहे हैं। चन्द्रकान्त और डोमन चिट्ठी का मजमून लिख रहे हैं। '··· मालूम हो कि बाबा बैदनाथ जो बाबा विश्वनाथ ओ गंगा माई की दया से हम लोग बाबा-धाम में अलख जगाकर, काशी धाम··· !'

··· लल्लू की माँ नहीं लिखवायेगी चिट्ठी-पत्तरी ! डोमन की माँ मना रही है उसको–"लल्लू की माँ, दो कलम लिखा दो। डोमन लिख देगा।··· कागद-कलम लेकर बैठा है, तभी से।"

··· डोमन और डोमन की माँ ने लल्लू की माँ को हठात् पहचान लिया है। बड़ी दराज़दिल है लल्लू की माँ। आधा खर्च नहीं, डोमन की माँ का पूरा खेवा-खर्चा देगी, डोमन का खर्चा गिरोह-भर के यात्री मिलकर देंगे। मण्डली में यही एक पढ़वा रह जायेगा। चन्द्रकान्त तो वापस जा रहा है अपनी भाभी के साथ। लल्लू की माँ ने बहुत सोचने-विचारने के बाद मोतिया की माँ के नाम एक खत लिखाया। डोमन हँसने लगा।

लल्लू की माँ ने कहा, "लिखना हो तो लिखो। उन लोगों के जाने का समय हो गया। मैं मोतिया की माँ को ही दूँगी चिट्ठी, बस !"

डोमन लिखने लगा–"आगे मखनी को मालूम हो, कि हम लोग आज काशीजी की गाड़ी पकड़ रहे हैं। आगे समाचार, जो बागड़ यदि नहीं बेचा है बिश्नू ने, तो बागड़ बेच देने को कहना बिश्नू से। लल्लू बदमाशी नहीं करे। संझा को उसकी माँ आजकल बहुत मारती-पीटती है। काम कराती है उत्ती जरा लड़की से। बहू से कहियो, मंगलवार को नहाकर अरवाइन करे। भूलोटन के माथे में दो जट छोड़ दे, केश कटाते समय। मेरे काठ के बक्स के पीछे में जो पीपा है, उसमें तम्बाकू है। चिलम में डालने के पहले गुड़ ज़रूर मिला देना, जरा।··· बाबा बैदनाथ और बाबा विश्वनाथ और गंगा माई से तुम लोगों का भला मानती हूँ जो सुनकर दिल आनन्द होय···।"

घर लौटनेवाले यात्रियों की टोली ने 'बम बैदनाथ' की टेर लगायी। खंखड़ साथ जा रहा है। हर जजमान के घर सात-सात दिन तक सत्संग करेगा··· शशिकान्त की स्त्री पैर छूने झुकीं तो लल्लू की माँ ने उसको दोनों हाथों से पकड़ लिया–"बहू ! बाबा बैदनाथ के दरबार में हम लोगों का पैर मत छुओ, जाओ, सबका कल्यान हो।··· जै बाबा बिश्नाथ !"

काशीजी के अपने पण्डे को जानती है लल्लू की माँ। पण्डाजी कई बार उसके घर आये हैं। इतने दिनों के बाद वह बिश्नाथ के दर्शन करने जा रही है, अकेली। पण्डा का नाम याद है, भोलाजी पण्डा। बिसेसरगंज···। पता नहीं भोलाजी पण्डा अब है या नहीं ? अब जो हो, जाने बाबा बिश्नाथ ! अब तो काशीजी की गाड़ी में बैठ गयी है।

··· पच्छिम की ओर भागी जा रही है गाड़ी। ··· पच्छिम··· पच्छिम··· पच्छिम ! कब से सुनती आ रही है लल्लू की माँ, पच्छिम की बात। पच्छिम के गाँव-घर, खेत-खलिहान, औरत-मर्द, बोली-बानी, सभी का झाँकी-दर्शन गाड़ी की खिड़की

से करती रही। ··· झाझा स्टेशन पर जो औरत गाड़ी में आयी थी, उसकी हँसुली का काट कितना बढ़िया था ! ··· किउल जंकशन पर एक लड़का ठीक बिश्नू की तरह, हू-ब-हू बिश्नू-जैसा दिखायी पड़ा। और फिर लल्लू की माँ का मन पूरब की ओर भागा।

··· आते समय यह भी नहीं देखा कि कैसी तसवीर बनवाकर लाया है बिश्नू। एक दिन कह रहा था बिश्नू, कि दोनों को एक संग बैठाकर फोटो लूँगा। माँ-बाप से भी हँसी-खिलवाड़ करते हैं, पढ़वा लड़के। उसका बाप भी तो वैसा ही है। सुनके बोला, कि ठीक ही तो कहता है। कहो भला, इस बुढ़ापे में जोड़ीवाली तसवीर छपाने का शौक··· !

लल्लू की माँ ऊँघने लगी ! ··· जोड़ीवाली, बड़ी-सी··· स्टेशन की दीवार पर चिपकी हुई तसवीर।··· लल्लू का बाप ! जोड़ा छापी···। ऐं ?

चिहुँककर उठ बैठी–यह कैसा सपना ? लल्लू का बाप छापी में बैठा-बैठा ही गिर पड़ा, बेजान ! जै बाबा बिश्नाथ !

··· मुगलसराय ! ··· खाँय-खाँय··· बन्दर खिड़की पर··· डोमन बन्दर··· बन्दर-डोमन। डोमन की माँ की मूँछें ! ऐं-य ?···

डोमन की माँ पुकारती है–"लल्लू की माँ··· कैसा जी है ? अरे, बाप ! देह तो भट्ठी की तरह जल रही है। रे डोमन ! काकी को तो बहुत तेज़ बुखार है।"

सिर धोने के बाद जी कुछ हल्का हुआ।··· गाड़ी की खिड़की से झाँकी-दर्शन किया काशी-बिश्नाथ का ! पुल के भागते हुए खम्भों के बीच से–गंगाजी, काशीजी··· वही है धरहरा ? जै गंगा महारानी की, जै ! जै काशी बिश्नाथ !

भोलाजी पण्डा दिन गुनकर आया था, शायद। ठीक लल्लू की माँ की खिड़की से झाँककर अचकचाया–"अरे जजमानिन ?··· चौधरी भाई कहाँ ?"

··· जै बाबा बिश्नाथ ! सब तुम्हारी दया, सब तुम्हारी माया। नहीं तो भोलाजी पण्डा को किसने भेज दिया, समय पर ?

सभी यात्री भोलाजी पण्डा के डेरे पर गये। भोलाजी पण्डा आजकल बिसेसरगंज में नहीं, मानमन्दिर गली में रहता है। ठीक दशाश्वमेध की बगल में, पोस्ट-ऑफ़िस के पिछवाड़े। भोलाजी पण्डा के दो जवान लड़के हैं। दोनों पढ़े-लिखे कमाऊ पूत हैं। दोनों बहुएँ भी पढ़ी-लिखी हैं। घरवाली नहीं रही, अब। एक प्यारी बेटी छोड़ गयी है–अन्नू। अपना सभी गुन दे गयी है। अन्नपूर्णा बहुत सेवा-जतन करना जानती है। सभी को पूछकर हाजमा-गोली बाँटती है। कटे-जले की दवा देती है। बोली कैसी मीठी है ! फुर्ती कितनी है देह में ! लेकिन बहुओं के गन में काफ़ी गरब-गुमान है।

तीन दिन हुए; दिन-रात सेवा कर रही है अन्नपूर्णा, लल्लू की माँ की।

"माँजी ! आज जी कैसा है ?" कपाल पर हाथ रखकर बोली, "आज तो बुखार

नहीं है। परवल का जूस बना दूँ ?··· आज देह पोंछ दूँगी।"

··देह पोंछ देगी, अन्नपूर्णा ? हाय रे, तकदीर ! काशीजी आकर, गंगा की एक झलक देखकर रह गयी, लल्लू की माँ। गंगा नहाने के बदले देहपोंछन ?

··· आज तीसरा दिन है। यात्री लोग लल्लू की माँ के लिए बैठे रहेंगे क्या ? गंगास्नान, विश्वनाथ-अन्नपूर्णा-दर्शन, आस भैरो-काल भैरो, गनेशजी, गोपालजी, दुर्गाजी–सभी देव-देवियों का दर्शन कर चुके हैं। आज विश्वविद्यालय गये हैं। कल रामनगर जायेंगे, दिन-भर रहेंगे; रात में रामलीला देखकर लौटेंगे।··· तकदीर का फेर।··· सबकुछ समझती है लल्लू की माँ। डोमन को, डोमन की माँ को, सबको पहचान गयी है। दैव रे ! अन्नपूर्णा नहीं रहती तो इसी यात्रा में काशी-लाभ···।

भोलाजी पण्डा चौखट के पास खड़ा है। लल्लू की माँ ने कपड़ा सरका लिया। भोलाजी ने पूछा, "आज तो जी अच्छा है, क्यों जजमानिन ? घबड़ाइए मत, कल गंगा-स्नान, बाबा विश्वनाथ का दर्शन सब हो जायेगा।'

अन्नपूर्णा कठौते में पानी ले आयी। पानी नहीं, गंगोत्री !

··· जै गंगा ! जी जुड़ गया। ··· परवल के जूस में इतना स्वाद होता है ? बेटी··· अन्नपूर्णा··· नींद आ रही है।

··· डोमन ने बीस रुपया वापस नहीं किया ? क्या मतलब है माँ-बेटे के मन में ? लगता है, सभी यात्री लल्लू की माँ के भरोसे ही आये थे। कल पाँच-दस के हिसाब से हर आदमी ने माँग की, बारी-बारी, बुखार में भी। लल्लू की माँ ने एक नम्बरी नोट निकालकर दिया–"कागज पर सभी का नाम लिखकर अस्सी रुपये बाँट दो, बाकी बीस वापस कर देना, मुझे।" लेकिन, डोमन··· ? अब तो एक बार झाँककर हाल पूछ जाता है, बस–'काकी, क्या हाल है ?' डोमन की माँ भी अब जी चुराकर आती-जाती है। धन्न है बेटी अन्नपूर्णा। गीतिया की तरह निरधिन होकर सेवा करती है। ··· इतनी उलटी कभी नहीं हुई किसी बीमारी में ! ···

··· लगता है, यात्री लोग लौट आये। अभी ही डोमन की माँ एक बार झाँककर पूछने आयेगी। लल्लू की माँ किसी से बात नहीं करना चाहती। ··· वाह री बेटी अन्नपूर्णा, सभी को मना कर रही है–"शोरगुल मत कीजए। माँ जी सो रही हैं।"

··· ऐं ? कौन ? रात है या दिन, अन्नू बेटी ?

··· रात ? भोर ?··· हर-हर महादेव शम्भो, काशी विश्वनाथ शंकर ! ··· ठिठुरती हुई आवाज़ें··· बगल में कब आकर सो गयी अन्नपूर्णा ? गाँव-घर की बात कितने चाव से सुनती है ! लल्लू की माँ से परिवार के एक-एक आदमी के बारे में सुन चुकी है। 'रुनकू तोते के लिए क्या ले जाओगी खरीदकर माँजी ?··· '

चार बजे भोर को ही सभी यात्री निकल पड़े। दिन-भर रामनगर में रहेंगे, रात में रामलीला देखकर लौटेंगे। ··· डोमन झाँकी मारकर देखने भी नहीं आया। उसकी माँ को आज प्रातकी गाने का शौक हुआ है–'तेरी गति लखि ना परे हो दयानिधि !"

पुण्य कोई नहीं बाँट देता किसी को। लेकिन बीमारी की छूत लग जाती है।··· दूर रहो ! दूर रहें लल्लू की माँ से सभी, बीमारी लग जायेगी। लाल बोखार–फुलू !

अन्नपूर्णा आँखें मलती हुई उठी–"माँजी ! ··· माँजी !"

··· इस लड़की को आँख में बैठा लेने का मन होता है। सोते-उठते, 'माँजी-माँजी' रटती रहती है। बेचारी, बिना माँ की बेटी। भोलाजी पण्डा कहता है, साथ जायेगा लल्लू की माँ को पहुँचाने। अन्नपूर्णा को भी ले जायेगी लल्लू की माँ। पण्डा भी ब्राह्मण है। कानकुबुज हो या मैथिल, है तो आख़िर ब्राह्मण। तिस पर काशी-वासी ब्राह्मण ! शाम को लल्लू की माँ ने अन्नपूर्णा से कहा था, "अन्नू, तुमको अपने साथ ले जाऊँगी।" सो अभी उठते ही कह रही है, "माँजी ! अभी मैं सपने में तुम्हारे साथ रेलगाड़ी पर चढ़कर बहुत दूर चली गयी थी। हाँ, माँजी ! तुम्हारे देश में बड़े-बड़े साँप हैं ?··· साँप मेरे सामने फन काढ़े खड़ा हो गया। एक भले आदमी ने साँप को डोरी की तरह उठाकर गले में पहन लिया।"

··· भोर-भोर, इतनी प्यारी हँसती है अन्नू ! लल्लू की माँ भी हँसी–"शिवजी ने दर्शन दिया है।"

"नहीं, शिवजी नहीं। उसने अपना नाम बताया–विष्णु !"

"ऐं ?··· सच ?"

"हाँ, देखो न ! अभी तो कलेजा धड़क रहा है साँप के डर से।"

लल्लू की माँ ने अन्नू को छाती से चिपका लिया–ठीक, गीतिया-जैसी देह !···

अन्नपूर्णा अपने बाप के लिए पान लगाने दौड़ी–"आयी !"

मुँह-हाथ धुला गयी है, अन्नू। फिर भी नींद नहीं आ रही है।

··· आज भी यदि गंगा स्नान और विश्वनाथ-दर्शन नहीं कर सकी, तब तो हुआ। कल ही लौट रहे हैं, सभी।··· अन्नपूर्णा ने सपने में बिश्नू को साँप लपेटते देखा है। उसने लल्लू के बाप की तस्वीर को लुढ़कते देखा था।··· क्या चाहते हैं बाबा विश्वनाथ ?

अन्नू से पूछना भूल गयी, सपने में देखे हुए बिश्नू का नाक-नक्शा कैसा था ? आज भोलाजी पण्डा गंगास्नान करने जायेंगे, तो···। छिः-छिः, काशीजी आकर भी लोग चोरी-चमारी करते हैं ? डोमन की माँ की गठरी से, कुर्माटोली की दासिन की खोयी हुई रुद्राक्ष की माला निकली।··· माला ? लल्लू के बाप के लिए खरीदे शंख, आसनी, माला, चन्दन, गोपीचन्दन, पनडब्बा, जर्दा ?··· लल्लू के लिए ! संझा के लिए ? भूलोटन के लिए ? रुनकू तोता के लिए ? अन्नू ने कुछ नहीं पूछा, लल्लू के बाप के बारे में ! कितनी समझदार लड़की है !···

"माँजी··· माँजी ! इधर देखिए, पहचानिए तो कौन है ?"

अरे ! लल्लू ? अकेला ? कैसे ?··· अन्नू किसको देखकर हँस रही है, और ? बरामदे पर चिरपरिचित हल्की खाँसी सुनकर प्रसन्न-लज्जा से लल्लू की माँ का चेहरा लाल-सुर्ख हो गया। सिर पर कपड़ा सरका लिया।··· अपने भी आये हैं !

अन्नपूर्णा की ऐसी हँसी नहीं देखी किसी ने। लल्लू को कमरे में ले आयी–"पैर छूकर प्रणाम करो !" लल्लू ने लजाकर पाँवलागी की।

माँ ने कहा, "अन्नू दीदी के पैर छुओ !"··· अन्नू भागी।

लल्लू की माँ बार-बार आँख मलकर खोलती है, लल्लू को देखती है। आँखों में आँसू टलमला रहे हैं। उधर, बरामदे में पण्डा-जजमान-मिलन हो रहा है–"··· जै हो, जै हो ! बाबा विश्वनाथ की दया ! कुशल समाचार ?··· बेटी अन्नू, एक दँतुअन ला दो चौधरी काका को।··· कैसे पहचान गयी देखते ही !"

अन्नू दौड़कर दँतुअन ले आयी। भोलाजी पण्डा ने पूछा, "क्यों बेटी, लेडी डाक्टर ? तुम्हारी माँजी आज गंगा-स्नान करेंगी तो ?"

"हूँ-उ !" कहती हुई अन्नपूर्णा गंगा-स्नान की तैयारी करने लगी। अन्दर जाकर लल्लू की माँ की गठरी से साड़ी निकालने लगी।

भोलाजी पण्डा और लल्लू के बाप, आगे-आगे चले।··· खाली देह, कन्धे पर धोती, गमछी ! आश्चर्य ! दोनों की लम्बाई, चौड़ाई, मुटाई, कितनी मिलती-जुलती है ! एक ही उम्र के होंगे। पीछे-पीछे लल्लू और अन्नपूर्णा के बीच, लल्लू की माँ धीरे-धीरे चल रही है··· अन्नू सहारा देती है। लल्लू हाथ पकड़ लेता है, गली से बाहर निकलते ही। सड़क पर गंगा-नहनियों की टोलियाँ, छोटी-बड़ी ! बाजेवाले शहनाई और खुरदक बजाते हुए आगे-आगे जा रहे हैं।···

श्रीगंगाजी ! ··· जै-जै गंगे ! दशाश्वमेध घाट की पहली सीढ़ी पर खड़ी होकर लल्लू की माँ ने गंगाजी को प्रणाम किया। गंगा की धारा में तैरती हुई नावें··· भीड़, कीर्तन, जै-ध्वनि, करताल, साँड़, संन्यासी, कोढ़ी लूले··· जै विश्वनाथ !

अन्नपूर्णा का हाथ पकड़कर वह सीढ़ी से नीचे उतरने लगी।··· देह थरथराती है। रोम-रोम पुलक रहे हैं। उसके मन की गंगा में अचानक बाढ़ आ गयी। उमड़ रही है, मन की गंगा··· बेचारी सहुआइन, न जाने कैसी है ! भगवान कल्याण करें।··· शशिकान्त की स्त्री ने कहा था–'गंगाजी से, बाबा विश्वनाथ से मेरी भी अरजी सुनाइएगा।' अरजी सुनो···।

लल्लू की माँ सभी की ओर से प्रार्थना कर रही है। जो नहीं आये हैं, जो नहीं आ सके ! ··· लल्लू का बाप तय करके आया है··· परयागजी, विन्ध्याचलजी, अयोध्याजी, मथुरा, वृन्दावन··· लालसा पूरन करो। ··· सभी का भला हो।··· शंकर, विष्णु, संझा, बहू, भूलोटन··· मिट्टी-मिश्रित लार से भरा गोल मुँह··· डा-आ-डी-ई ! ··· गीता आयी है, ससुराल से। बिश्नू ही जाकर लिवा लाया है। ··· रुनकू तोता··· चित्रकूट के घाट पर भई सन्तन की भीर ! ··· चन्दन, रेल, धूप, दीप, बेलपत्र, फूल ! ··· फूल की चँगेरी लेकर चल रही है अन्नू।···

आखिरी सीढ़ी पर पैर रखते ही तलुवों में गगन-माटी का परस लगा। लल्लू की माँ के मन की उमड़ी हुई गंगा आँखों की राह धार बनकर बह चली।··· लल्लू के सिर पर दो बूँद तीर्थोदक गिरा··· टप-टप ! सिर सहलाने लगी, लल्लू का। ··· लल्लू का बाप गंगा-वन्दना कर रहा है, उँगली में जनेऊ लपेटकर !

जनानाघाट पर, पानी में उतरती हुई अन्नू पुकारती है–"माँजी, खड़ी क्यों हैं !··· आओ लल्लू !"

अन्नपूर्णा ने आकर लल्लू की माँ का हाथ पकड़ा।··· लल्लू की माँ का भाग्य ! खुद, माँ अन्नपूर्णा उसे नहला रही है।

··· गंगे ! गंगे ! जै हो !

पहली डुबकी लेने के एक क्षण पहले लल्लू की माँ को अपनी माँ की सूरत याद आयी–माँ··· !

1958

नित्य लीला

किसन ने गली से झाँककर देखा, नन्दमहर और जशुमति गोशाले की अँगनाई में बैठें किसी गम्भीर बात पर सोच-विचार कर रहे हैं।··· पिता की मुद्रा से स्पष्ट है कि आज उनकी दाढ़ में फिर दर्द उभरा है, और सिर्फ़ गोधूलिवेला को काटने के लिए बैठे हुए हैं। दालान में कमरिया बिछी हुई है; दीया-बाती होते ही लेट जायेंगे। और आज तो माँ के सिर में दर्द होगा ही।

किसन का माथा ठिनका। दैव जाने, आज कितने उलाहने आये हैं !··· उलाहने-अभियोग नहीं, आज ज्योतिष-शिरोमणि गर्ग आये थे। तब तो दो-तीन दिन तक यह दर्द छाया रहेगा !

किसन सोचने लगा··· यह गर्ग पण्डित न जाने किस गैल से आता है, आज-कल ! नारद को तो ख़ैर··· सभी जाने गये हैं। किन्तु, यह गर्ग बड़ा हिसाबी है। ऐसी यात्रा बनाकर चलता है कि गोकुल में प्रवेश करते समय किसन से भेंट ही न हो।··· बूढ़ा, मधुबन में लुक-छिपकर कुछ देखता-वेखता तो नहीं ? न जाने क्या-क्या भूत-भविष्य-वर्तमान की बातें हाँक जाता है कि दो-तीन दिन तक घर-भर के लोगों के मुँह लटके रहते हैं।··· एक दिन भेंट हो जाये तो किसन समझा देगा, फिर से। इस बार समझाने के बाद भी यदि ब्रज में आकर मेष-वृष करेगा, तो किसन भी गर्ग को भविष्यवाणी सुना देगा !··· आज ही सुना देना उचित होता।

गर्ग को क्या ! ऊन की बात दून करके सुनाता है। दक्षिणा-प्रणामी से उसकी गठरी-झोली भरती है। आज ही तो देखा, चार-चार ग्वाले सिर पर अरवा चावल की बोरियाँ और कच्चे केले के घौंद कन्धे पर लेकर उसके साथ जा रहे थे।··· झेलना पड़ता है किसन को।

··· और सबकुछ सह सकता है किसन, किन्तु घर-भर के लोगों के लटके हुए मुँहों के बीच उसका दम घुटने लगता है। उस दिन, गौ-बछड़े भी लम्बी-लम्बी साँसें लेकर रात काटते हैं।··· ब्रजनारियों के उलाहनों से विरक्त होकर जिस दिन माँ मुँह लटकाती है, उस दिन कम-से-कम ऐसी उदासी तो नहीं छाती। एक ओर, दहलीज़ में गोपबालाएँ झुण्ड बाँधकर खड़ी रहती हैं। बारी-बारी से आगे आकर अपना अभियोग सुनाती हैं। बीच दालान में मोढ़े पर बैठी माँ किसन से

पूछती है–"इसका जवाब दो !··· लो, यह क्या कहती है ?··· लाज नहीं आती रे किसना ? छिः-छिः ! समझाकर मैं हारी··· ।" किसन प्रत्येक अभियोग की सफ़ाई देता है। गौओं और बछड़ों की साक्षी देकर कहता है–"क्यों धौली, बात सच है न ?" धौली गौशाले से तुरत 'हुँक-हूँ' कर जवाब देती है। किसी अभियोग के जवाब में किसन इतना ही कहता है–"नन्हा बछड़ा भी वहाँ मौजूद था। वही कहेगा।" फिर तो उलाहना देनेवाली की बोली नन्हे बछड़े की डकराहट में खो जाती है। तार-स्वर में पुकारकर अभियोग के विरुद्ध गवाही देता है नन्हा ! तब किसन हँसकर कहता है–"सुन रही है माँ ! साफ़-साफ़ कह रहा है, सब झूठ ! बोलो माँ, पशु बेचारा किसी के लिए क्यों झूठ बोलेगा ? आँ ?"··· झूठी गोपियाँ खिलखिलाकर हँसती हैं तो दालान में लेटे नन्दमहर डाँट देते हैं–"क्यों एक निर्दोष को रोज़-रोज़ आकर तुम लोग दोष लगाती हो ?" गोपियाँ तलहथी से अपने-अपने मुँह की हँसी मुँह में ही दबाकर भागती हैं।··· किन्तु गर्ग के फैलाये हुए वातावरण में तो बस दर्द-ही-दर्द है।

किसन आज दिन रहते ही मधुबन से लौट आया है। आज वह इस विषाक्त वायुमण्डल को शुरू में ही शुद्ध करके हल्का करेगा।··· पता लगाना होगा, आज गर्ग ने फिर क्या कहा है।

गली के दूसरे छोर पर सलोने बछड़े पर दृष्टि पड़ी। किसन को मधुबन में न देखकर भागा आ रहा है, कुलाचें भरता हुआ।··· टिनिंग-टिनिंग ! उँ-याँ-याँ !

किसन ने पुकारकर कहा, "ओ-ले ! आजा !" किसन ने अपनी तलहथी सामने कर दी। सलोने ने तलहथी में एक हुँत्था दिया–ऊँ-याँ-याँ !··· क्यों भाग आये ?

किसन बछड़े के साथ दौड़ता हुआ गोशाले की अँगनाई में चला गया।··· टिनिंग-टिनिंग ! जशोदा दीप जलाने जा रही थी। सलोने ने प्यार से एक हुँत्था उसे भी लगा दिया। घी-भरा दीप छलक गया–"आ : सलोने !··· कन्हाई !"

किसन ने माँ की विरक्त-वाणी परख ली। वह हतप्रभ-सा खड़ा रहा।

धूप-दीप देने के बाद, शंखध्वनि के समय सलोने ने सुर-में-सुर मिलाकर 'ऊँ-याँ-याँ' कहा। किसन ने डाँट बतायी–"ए ! शंख का मुँह चिढ़ाता है तू और बात सुनूँगा मैं।"

शंख को पानी में पखारती हुई जशुमति तनिक हँसी–"मुँह नहीं चिढ़ाता है। वह शंख के साथ रोज़ जय-ध्वनि करता है।"

कन्हाई ने माँ की हल्की हँसी देखी, तो मन-ही-मन जय-जय किया।··· गर्ग की बात को वह फूसफास करके उड़ा देगा।

जशुमति ने मुँह मीठा करके जलपान करने को कहा। किसन ने अपने घुँघराले बालों को झटककर कहा, "दाऊ को आने दो।"

जशुमति ओसारे पर बैठकर जड़ी-बूटी की झोली से कुछ निकालने लगी। किसन ने ज़रा मद्धिम आवाज़ में पूछा, "बाबा की दाढ़ में दर्द है क्या ?"

माँ चुप रही। किसन ने समझ लिया, गर्ग पर चोट करने का अवसर नहीं

आया है।

कुँअर-कन्हाई ने माँ को अत्यावश्यक सूचना देने के लहज़े में कहा, "सुन लो माँ, मैं आज से दूध नहीं पियूँगा। हाँ !"

नन्दमहरि कोई जड़ी खोंटती हुई बोली, "यह तो रोज़ सुनती हूँ।" उसने किसन की ओर प्रश्न-भरी दृष्टि से देखा–"क्या बात है ?"

किसन ज़ोर-ज़ोर से महत्त्वपूर्ण कारणों-पर-कारण सुनाने लगा।... माँ को बोलने का अवसर ही क्यों दिया जाये ?–"क्यों ? बताऊँ... ? यह तुम्हारा गुणधर सलोना कभी मुँह-दाँत भी धोता है ? कभी भूल से भी दाँत में मिट्टी नहीं लगाता।"

जशुमति खरल में औषधि घोंट रही थी। कुँअर को अप्रस्तुत करने के लिए बोली, "मुँह धोने के बहाने मिट्टी खाने की आदत न पड़ जाये।"

नन्दलला के चेहरे पर क्षण-भर के लिए लजाने का भाव आया। किन्तु वह तुरत ही सहज हो गया। बोला, "मुँह में ऐसी दुर्गन्ध है कि कोई पास भी नहीं बैठ सकता इसके। इसकी माँ के थन में इसकी थूक-लार लग जाती है।... उवाक् !"

–ऊँ-याँ-याँ !

"अमृत भी क्यों न हो, मैं सलोने की माँ का दूध नहीं पियूँगा।" किसन ने लपककर सलोने की थुथनी पकड़ ली–"इधर देखो माँ ! आज जमुना-कछार की मिट्टी से दाँतों को रगड़ दिया है, मैंने। कितने चमक रहे हैं ! किन्तु मुँह में अभी भी गन्ध है।"

–ऊँ-याँ-याँ !

सलोना अपनी थुथनी छुड़ाकर ज़रा परे खड़ा हो गया। नन्दरानी के होंठों पर किसी कोने में दबी मुस्कुराहट की एक झलक देख ली किसन ने। फिर, अपना छोटा मोढ़ा खिसकाकर माँ के पास जा बैठा और आवाज़ को आवश्यकतानुसार मद्धिम करके पते की बात बनाने की मुद्रा बनायी उसने–"सुनती हो माँ, यह असभ्य भी है। थोड़ा नहीं, ज़्यादा ! कपड़ा नहीं पहनता कभी। उस दिन अपनी करधनी इसकी कमर में बाँधकर पीताम्बर की लँगोटी पहना दी मैंने। जानती है क्या किया तुम्हारे दुलारे ने ! सब गोबर !"

–ऊँ-याँ-याँ !

चरवाहा किसन से लड़ने लगा सलोना। किसन हँसा–"आजकल मुझसे हमेशा लड़ना चाहता है। छोटे-छोटे उगते हुए सींगों पर इतना गुमान ? वाह रे लड़ाकू !"

सलोना दो बार हुँत्था मारकर जशोदा के आँचल में जा छिपा–ऊँ-याँ-याँ !

"हारा, हारा !"

"सलोना चिढ़ गया है।... बेचारा !" जशुमति बड़े लाड़ से बछड़े को चुमकारकर हँसी, बोली, "बड़ा आया है कोई इसका मुँह धुलवाने, गंगा-जमुना की माटी से। ए-हे ! दूध नहीं पियेगा जूठा इसका और पूतना राकसनी के बेटे केसर से मुँह धोते थे, क्यों ?... मुँह में गन्ध है ! थुथनी-में-थुथनी सटाकर सोता है रात-

भर, सो ?"

किसन अपनी बाँसुरी के छेदों को देखने लगा। जशोदा दवा कूट चुकी थी। उठने के पहले बोली, "देख, देख ! सलोना मेरे कान में क्या कह गया, धीरे-धीरे। सुना तुमने ? कहता है, मैं तो नन्दी बाबा हूँ। गोपाल अपनी काली कमरी, कौपीन, कछनी, लँगोटी और पीताम्बर अपने पास रखें। यहाँ किसी को लाज नहीं आती-जाती…।"

गोपाल लजा गया। माँ मुग्ध होकर लजाते किसन का रूप देखने लगी, एकटक। किसन को विश्वास हो गया, गर्ग पण्डित ने कोई वैसी बात नहीं कही है आज। वह मोढ़े से उठता हुआ बोला, "कल से गोशाले में पगहिया लगाकर बाँध जाया करूँगा।"

"और दिन-भर यहाँ "ऊँ-याँ-ऊँ-याँ" कर डकारता रहेगा।"

"तो क्या करूँ ? बन में कभी चैन से रहता है यह ? झाड़ी-झुरमुटों में दिन-भर कौन ढूँढ़ता फिरे ! इधर से हँकाया तो उधर जाकर जमुनाजी में कूदने को तैयार !… जानती हो माँ ! जमुना के कछार पर खड़ा होकर पानी को अचरज से देखता है। फिर अपनी परछाईं देखकर भड़कता है, भाग आता है।"

"उसका क्या कसूर ? संग-दोष… ।"

नन्दमहरि दवा-बूटी लेकर नन्द की परचर्या करने चली गयी। बाहर से किसी ने पुकारकर कहा, "तुम्हारी गौवें आयीं, ओ रे किसना !"

किसन दौड़कर बाहर गया। गोप-सखा ने सुनाया, "बलदाऊ मौसी के घर गये।"

किसन उदास हो गया… दाऊ भी नहीं आज !

गौवें हुलसकर रँभाती आयीं, किन्तु किसन को सूँघ-साँघकर चुप हो गयीं। सिर्फ़ सलोना इधर-उधर दौड़कर गले में बँधी हुई झुनकी बजा रहा है—टिनिंग-टिनिंग।

उलाहना देने के लिए आयी हुई गोपिकाएँ नन्दमहरि की शान्त हवेली में गुमसुम खड़े किसन को झाँककर लौट गयीं… साँवरिया पर आज बुरी तरह डाँट पड़ी है शायद !

क्षण में ही सारा गाँव उदास हो गया।

नन्द-जशोदा के इस लाड़ले को ब्रज का एक-एक जन अपने दिये हुए नाम से पुकारता है—काला, साँवरिया, मोहन, कन्हैया, गोपाल, केशव, मुरारी, चोर, छिछोर, बटमार, बनमाली, हरि… हरि के हज़ार नाम !

मनसुखा की माँ लाठी टेकती आयी—"ओ बाँके ! बाँकेबिहारी-ई-ई !"

किसन ने इशारे से बूढ़ी को समझाया कि आज यहाँ सभी के सिर-दाँत-दाढ़-आँख-कान-मन में दर्द है !… दर्द ? मनसुखा की माँ को एकान्त में बतियाने का औसर मिला है बहुत दिन बाद। वह क्यों टले ? बाँके के पास जाकर फुसफुसाकर बोली, "दर्द नहीं, गर्ग ! वो बूढ़ा पण्डित फिर आया था आज। मैं

दोपहर में आयी तो देखा फुसुर-फुसुरकर बतिया रहे हैं सभी। यों तो मैं कान से कम सुनती हूँ, लेकिन पीठ-पीछे बाँके का नाम ले कोई, और मैं न सुनूँ भला !··· वो गर्ग पण्डित कह रहा था कि कितनाहूँ लाड़-प्यार, जोग-जतन करो, लेकिन किसुन किसू का नहीं होगा, किसू का नहीं !"

किसन ने मनसुखा की माँ के कान में मुँह सटाकर पूछा, "और क्या-क्या कह रहा था ?"

"और न जाने क्या-क्या इरिंग विरिंग बता रहा था, एक दीवार की आड़ में। सो भी इस कान से सुनकर मैं क्या समझती ?··· इसी से तो कहती हूँ कि कोई दवा-दारू इस कान की तुम्हारे पास··· क्यों ? सभी तो कहते हैं कि बाँके बैद भी है।··· अच्छी बात। दवां न सही, तू एक बार फिर मेरे कान के पास फुसफुसाकर कुछ कह। या वो गर्ग पण्डित की बात ही ठीक है ?"

किसन ने मनसुखा की माँ के पास बाँसुरी रखकर फूँक दी–सी-ई-ई-ई ! कानों की राह बूढ़ी के मरम में पैठ गयी वंशी-ध्वनि ! बोली, "हाँ रे बाँके ! इस कान से तो अब कुछ-कुछ साफ़ सुन रही हूँ। किसी दिन इस कान में भी··· ।"

जशोदा बाहर आयी तो मनसुखा की माँ ने किसन को आँख की कनखी से समझाया–गर्ग की बात पूछते समय मेरा नाम मत लेना। इसके बाद मनसुखा की माँ बोली–बाणी बदल गयी, हाथ में लाठी लेकर उठ खड़ी हुई–"मेरा मनसुखा ऐसा नहीं था, बाँके ! तुम्हारे साथ रहकर मेरा मनसुखा भी चौपट हो गया।··· किसी को बुरी लगे या भली, मनसुखा की माँ चापलूसी नहीं करती··· जो अपने माँ-बाप का होकर नहीं रहेगा, वह किसू का नहीं हो सकता।"

जशोदा तमककर बोली, "क्या बकने आयी है भरी साँझ की बिरियाँ !"

"हाँ-हाँ, मैं बकती हूँ।"

नन्दराज ने नाराज़ होकर पुकारा, "मनसुखा की माँ-आँ-आँ !" बूढ़ी लाठी टेकती नन्दमहर की हवेली से बाहर हो गयी।

किसन को उदास देखकर जशोदा बोली, "तू दाऊ के लिए बैठा है यहाँ और दाऊ उधर मौसी की आँखों में जाकर समा गया है। चलो, कुछ खा लो मोहना !"

"ना !··· ना ! ना !"

–ऊँ-याँ-याँ।

"कुँअर, चलो, टटकी-टटकी दहेंड़िया बाँछके रखी है मैंने।"

"उँहुक !··· गर्ग पण्डित के साथ क्यों न भेज दीं मटकियाँ ?"

"अहा बेचारा ब्राह्मण··· !"

"सब बेचारे हैं, एक मैं हूँ आवारा। मेरा कोई विश्वास नहीं।··· "

"कौन कहता है ?" जशोदा मनाने लगी किसन को। सलोने ने किसन को एक हुँत्था मारकर समझाया–माँ की बात काटता है ?

रात में किसन उठकर बैठ गया–"मैया, क्या है ? रोती क्यों है ? सिर में दर्द है, बहुत ? लाओ टीप दूँ।"

जशोदा ने किसन की कलाई पकड़ ली–"ना-ना, मैं रो नहीं रही। सपना देख रही थी।··· तू सो जा। आ !"

··· मनसुखा की माँ से जितनी बात मालूम हुई है, बात उससे आगे बढ़ गयी है।··· धक्-धक्-धक्-धक्··· किसन अपनी माँ के कलेजे की धड़कन को स्पष्ट सुनता है। साँसों के चढ़ाव-उतार को परखता है।··· दर्द बहुत गहरे बज रहा है।··· कोख की सन्तान के लिए किस माँ का मन न तरसेगा, रोयेगा !

··· तो क्या सचमुच किसन का कोई अपना नहीं ?

गोकुल की गलियों में, गैल भूल एक गोरी किशोरी भटक रही है और नन्द-जशोदा का घर पूछ रही है–"कोई बताइयो जरा ! नन्दमहर की हवेली को किस राह जाऊँ ?"

अरी, यह कहाँ की गोरी आयी है, गुमान-भरी ? इत्ती-सी छोरी की बोली सुनो, कैसी विष-भरी है ! कोई इस तरह भी राह-घाट पूछती है भला ! अपना नाम-धाम कुछ नहीं बताती···।

गोकुल की गोपियों ने गोरी को चारों ओर से घेर लिया–"ऐसी टेढ़ी-तिरछी बात क्यों करती है री ? तेरे साथ कोई मर्द-पुरुष नहीं ?"

"ना भैया ! देखती हूँ यहाँ के लोग तन के ही नहीं, मन के भी काले हैं। कैसा है यह गोकुल गाँव रे बाबा !"

"सुनती है इसकी बोली !" बड़ी-बूढ़ियाँ भी आकर जमा हो गयीं–"क्या है ? काहे की भीड़ लगा रखी है यहाँ ?"

अपरिचिता किशोरी भीड़ से निकलकर बाहर आयी–"हाँ-ए ! तुम लोगों ने अपनी-अपनी बहू-बेटियों को यह कैसी सीख दी है कि भूली-भटकी परदेसिन को राह भी न बताये कोई ? नन्दराज की ड्योढ़ी किधर है ?"

बूढ़ियाँ भी तिलमिला उठीं–"और तू ही किस राजा की बेटी है कि परदेश में आकर टेढ़ी-टेढ़ी बातें करती फिर रही है ? अपना नाम-धाम क्यों नहीं बतलाती ?"

गोरी का चेहरा टेसू के फूल जैसा रह गया–"मैं मथुरा से आ रही हूँ। बसुदेव राजा की बेटी और महाराजा कंस की भांजी··· ।"

"भांजी ? कंस की ई-ई ?" सभी ग्वालिनें एक साथ चीख पडीं।

"क्यों ?" गोरी मुस्कुरायी।

एक बूढ़ी ने कहा, "यह कंस की भेजी कोई डाकिनी है री !··· कंस की भांजी !"

"कोई बुलइयो यदुराई को ! दौड़ो मुरारी-ई-ई-ई !" एक गोपी चिल्लायी।

गोरी हँसी–"अकेली क्यों, सभी मिलकर पुकारो। कहीं सोया··· "

"तू चुप रह !··· देखती रहो, भागने न पाये। बड़े मौके से गाँव में घुस आयी है।"

गोरी गठरी रखकर बैठ गयी–"देखती हूँ, वह छोकरा ठीक ही कह रहा था।"

"कौन छोकरा ?··· सुन री ललिता, अब किसी छोकरे की बात कर रही है !"

गोरी अपने बाजूबन्द के ढीले बन्धन कसने लगी–"वही काला-कलूटा; घटवार का बेटा होगा।"

"काला-कलूटा ?··· घाट के इस पार या उस पार ?"

"घाट के उस पार के लोग काले नहीं होते और न भैंस-जैसा कोई जानवर ही हम पालते हैं।" गोरी आँखें नचाकर बोली, "नाव लेकर दौड़ा आया मेरे पास। मैं क्यों उसकी नाव पर पाँव रखने जाऊँगी ? जमुना पार करने के लिए नाव का क्या काम ?··· हाँ-हाँ, पैदल नदी पार करके आयी हूँ। पूछना अपने उस घटवार के बेटे से।"

"तो उस लड़के ने क्या कहा ?"

"कहेगा क्या, भला ? कुछ मिनमिनाकर बोला, तो मैंने सुना दिया, मैं कंस की भांजी हूँ।··· राह-घाट में लड़कियों को छेड़नेवाले की सूरत देखकर ही पहचान लेती हैं मथुरा की छोहरियाँ। हाँ-आँ !"

"अभी तुमने बताया न, ठीक कह रहा था वह।··· क्या कहा है उसने ?"

"ओ-हो ! वह तुम्हारे गाँव की लड़कियों के चाल-चलित्तर के बारे में कह रहा था··· कि गोकुल गाँव में ज़रा होशियारी से जाना। वहाँ दो ऐसी चोरनियाँ हैं कि बात-बात में झगड़ा करके आँख के सामने से चीज़ें गुम कर देती हैं।"

"चोरनियाँ ?··· नाम भी बताया किसी का ?"

गोरी ने ललाट पर बल डालकर याद करने की चेष्टा की–"क्या नाम भला··· हाँ, वृषभानु की बेटी एक और उसकी सखी दूसरी।"

··· राधा ललिता ? सभी ब्रजनारियों ने राधा और ललिता की ओर देखा। राधा और ललिता की आँखें आपस में मिलीं।··· सुनती है ?

कई गोपबालाओं ने एक साथ कहा, "यह झूठ बोलती है। किसन ऐसी बात नहीं कह सकता कभी।··· अच्छा, उसने अपना नाम भी बताया।"

"हाँ ! बोला, मेरा नाम बाँसुरीवाला है। मुझे अपनी बाँसुरी सुनाकर थोड़ी देर अटकाना चाहता था।··· जैसे मैं उसकी पीं-पीं-रीं-रीं सुनने के लिए ही गोकुल आयी हूँ।" गोरी गठरी उठाकर चली–"कह रहा था बेचारा बाँसुरीवाला, कि उसकी बाँसुरी कई बार इसी तरह चुरायी गयी है।"

सभी गोपबालाएँ चुप हो गयीं। राधा और ललिता की आँखों में आँसू छलकने लगे। अपमान और ग्लानि के अलावा और न जाने कैसी आग जल उठी सभी के मन में।

मनसुखा की माँ गोरी के पीछे-पीछे चली–"अरी ओ छोहरी ! तेरी गठरी में क्या है ?··· कोई दबा-बूटी भी रखती है कान की ? कहाँ जायेगी ? नन्दमहर

की हवेली ? चल, मैं ले चलती हूँ।"

गोपिकाओं ने राधा और ललिता को समझाया। फिर आपस में तय किया कि चलकर किसन से पूछा जाये··· क्यों ऐसी छिछोरपन की बातें करता है ?··· इस बार जो बोले फिर उस झूठे से··· !

सभी अपनी-अपनी गेंड़ली और गगरी लेकर निकल पड़ीं, घाट की ओर !

जशोदा ठगी-सी खड़ी रही।··· यह कौन अनदेखी-अनजानी लड़की पैर पर माँ कहकर लुढ़क गयी।

"मैया री ! अपनी बेटी को भी नहीं पहचानती ?" गोरी रोने लगी–"अपनी कोख की बेटी को भी नहीं पहचानती ! मैं हूँ योगमाया।"

"योगमाया ?" जशोदा और भी अचरज में पड़ी–"कहाँ से आयी ?"

"क्यों ? मथुरा से।··· ओ, मैं समझ गयी, मैया ! झूठी-झूठी बातें उड़ती-पुड़ती यहाँ भी पहुँची हैं। किसी ने सुनाया होगा, आकाश में उड़ गयी। कोई कहता होगा, कंस ने मार दिया। मैं जानती हूँ।··· मथुरा में एक पण्डित है गर्ग। वह इधर भी आता है क्या ? उसका परतीत मत करना कभी। मेरी हथेली देखकर न जाने क्या-क्या कह दिया माँ से। बस, उसी दिन से माँ मुझसे··· ।"

गोरी ने देखा, जशोदा की आँखों में विश्वास की हल्की रेखा भी नहीं उभरी अब तक। तब वह जशोदा के गले में दोनों हाथ डालकर बोली, "माँ ! तुम्हीं तो मेरी अपनी माँ हो, हो न ? बोलो !"

जशोदा की जीभ ज़रा न हिली, न डुली।

पड़ोस की कोई ग्वालिन चिल्ला-चिल्लाकर लोगों को सचेत कर रही थी–"कंस की भांजी आयी है। होशियार ! कंस की भेजी हुई है।"

जशोदा के कान में बात पड़ी। उसने गोरी का हाथ पकड़ लिया–"तुमको कंस ने भेजा है ? बता कौन है तू राक्षसनी !"

जशोदा के धधकते क्रोध पर एक घड़ा पानी डाल दिया गोरी ने–"ओ माँ ! तू दूसरों की बात को सच और अपनी बेटी को झूठी समझती है ?··· कंस क़ा भांजा तुम्हारे घर में पलता है। उसके लिए इतना दर्द ?··· न जाने कैसी घड़ी में मेरा जन्म हुआ कि जन्म से लेकर अब तक सभी दुरदुराते हैं।"

गोरी रोने लगी।

नन्दमहर ने हवेली में प्रवेश करने के पहले पुकारा–"गोपाल की माँ !"

गोरी चौंक उठी–"बाबा !" दौड़कर दहलीज की ओर गयी–"बाबा ! पहचानो तो मैं कौन हूँ ! तू मत बताइयो माँ !"

अब नन्दजी के मुँह में बोली नहीं। उन्होंने जशोदा की ओर देखा। जशोदा आसनी बिछाती हुई बोली, "कहती है कि मैं योगमाया हूँ।"

"योगमाया ही नहीं, विन्ध्यवासिनी भी। मथुरा की माँ मुझे विन्ध्या कहकर

पुकारती है।"

गोरी नन्द की गोद में बैठ गयी। नन्द ने अब मुँह बा दिया। जशोद्रा बोली, "कैसी-कैसी अजगुत बात बोलती है। यह कहती है, जितनी बातें फैली हैं सब झूठी।"

योगमाया ने नन्द के मन को तुरत थाह लिया। नन्द की दाढ़ी में हाथ लगाती हुई बोली, "एक बात मैं पहले कह दूँ, मैं मथुरा से भागकर आयी हूँ। देवकी-बसुदेव के घर में पैर नहीं दूँगी अब।··· बाबा !" गोरी का गला भर आया। उसने नन्द की छाती में अपना सिर सटा दिया। बाबा का मन विश्वास से भरपूर है। वह कहती गयी–"बाबा, गर्ग ज्योतिषी और नारद की बातें सुन-सुनकर मथुरा की माँ मुझे रोज़ कोसती है। मथुरा के बाबा तो अब बेटी कहकर भी नहीं पुकारते। कहते हैं, कैसी बेटी, किसकी बेटी। बेटी नहीं टेटी। कहाँ से आ गयी ?"

नन्दजी ताव खा गये–"कहाँ से आ गयी ?··· मुझसे भेंट हो तो पूछूँ !"

"आखिर क्यों ? कब से ऐसा व्यवहार कर रहे हैं वे ?" जशोदा ने पूछा।

गोरी ने जशोदा की ओर आँखें उठाकर देखा भी नहीं। वह नन्द के गले की कण्ठी के छोटे-छोटे दाने गिनने लगी, उँगलियों से।

जशोदा की बात का जवाब नन्दमहर ने दिया–"तू इस तरह आँखें तरेरकर क्यों देखती है इसकी ओर ? क्या कह रही है, जरा समझने की कोशिश कर, ठण्डे दिल से।··· हाँ, कहो बेटी, गर्ग पण्डित ने ज़रूर कुछ कहा होगा।"

"बाबा ! सिर्फ कुछ ?" दोनों हाथों को फैलाती हुई बोली गोरी, "इतनी बातें !··· कि इस लड़की के कारन भीख माँगनी पड़ेगी, कि फूहड़ माँ-बाप की बेटी ज़रूर जगहँसाई करवायेगी। सोने-जैसे लड़के के बदले मिट्टी की पुतली···।"

"सुनती हो, हम फूहड़ हैं !"

जशोदा अब बैठ गयी। उसने गोरी को गौर से देखा। योगमाया के मुँह पर उपेक्षिता और अनाथ बालिका की विवशता के भाव छा गये।

"अब बात-बात में ठोना देती है। दही बेचने जायेगी, ओ कण्डेवाली ? एक दिन बोली कि मेरे बेटे से वहाँ गाय की चरवाही कराता है, तुझसे बाग की रखवाली नहीं की जाती ?··· मैया ! मैं भाग आयी।"

गोरी फिर जशोदा के गले से लिपट गयी। जशोदा ने पीठ पर हाथ फेरकर कहा, "अच्छा किया बेटी !"

योगमाया निहाल हो गयी। जशोदा के कन्धे पर सिर रखकर ठुनकती हुई बोली, "माँ ! मुझे अब वापस तो नहीं भेजेगी ?"

नन्दराज आवेश में आकर खड़े हो गये–"कभी नहीं। आये तो कोई !"

नन्दमहर लाठी लेकर निकले, ब्रजवासियों को सूचना देने–उनकी बेटी मरी नहीं।··· उनकी बेटी लौट आयी है। आज फिर बधावा बजेगा ब्रज में। जाते-जाते कह गये–"अब बैठी क्या कर रही है, गोपाल की माँ ? मुँह-हाथ धुलाकर बेटी को कलेवा दो। न जाने कब की भूखी-प्यासी है !"

जशोदा योगमाया को गोद में लेकर हवेली के अन्दर गयी। योगमाया बोली, "एक बात कहूँ माँ !··· किसन को मथुरा वापस भेज दो।"

कलेजा धड़क उठा जशोदा का। हाथ ढीले पड़ गये। योगमाया गोद से खिसककर नीचे गिर पड़ी–"मैया री-ई-ई !"

"ऐसी बात फिर मत बोलना, बेटी !"

योगमाया अपना पैर पकड़कर बैठ गयी। जशोदा को होश हुआ, लड़की गोद से गिर पड़ी है। झटपट बैठकर पैर छूने लगी, योगमाया ने पैर समेट लिये–"फेंकी हुई को एक बार नहीं, दस बार फेंको गोद से ! लेकिन अपने कुँअर-कन्हाई को एक पल के लिए भी मन से दूर नहीं करोगी, क्यों ?"

"सुनो बेटी ! तुमने कुँअर को देखा ही नहीं है। एक बार देख लो, तब कुछ कहना। उसको कैसे दूर किया जा सकता है ? चल, उठ ! आ जा गोद में।"

"रखो अपनी गोद ! यह गोद तुम्हारे किसन के लिए है। मैं पूछती हूँ कि कभी किसन को भी गोद से इस तरह फेंका है ?"

जशोदा निरुत्तर हो गयी।··· इसी उम्र में इतनी तेज़ जीभ ? योगमाया बोलती गयी–"मैं क्या देखूँगी किसन को ! यहाँ किसन का राज, वहाँ किसन की राजधानी। वहाँ भी सब दिन किसन के सहस्र नाम सुनती थी। यहाँ सारा ब्रज किसनमय है।··· वाह रे भाग्य ! रंग गोरा न हुआ। नहीं तो···। अब मेरी देह के रंग की बात ही लो। मैं गोरी हूँ। मेरे माँ-बाप गोरे हैं, मैं भी गोरी हुई। मेरा क्या कसूर ? मेरी गोराई के कारन मुझे वहाँ गोरी गाय कहते हैं सभी।··· रहे यहाँ किसन ही। मैं तो फेंकी हुई हूँ, मरी हुई हूँ, आकाश में उड़ी हुई हूँ। जो उड़कर आया और जुड़ गया है, उसके पैर की पूजा होती है और अपनी देह की सन्तान को ठुकराया जाता है।"

"योगमाया बेटी !" जशोदा दुलार करने लगी–"पहले कुछ जलपान कर लो।"

झनक उठी योगमाया–"किसी का जूठा माखन-मिसरी मैं नहीं खाती। यहाँ सुनती हूँ बिना किसन के जुठाये, कोई कुछ सूँघता भी नहीं।··· कैसी गन्दी आदत है !"

जशोदा प्रतिवाद नहीं कर सकी– सचमुच ! कुछ भी तो अनुच्छिष्ट नहीं किसन के कारण। सारे गाँव में किसी के घर का गोरस निरूठ हो, ऐसी आशा नहीं !

बाहर गोपियों का कलरव सुनायी पड़ा। योगमाया उठकर खड़ी हुई–"मेरे लिए चिन्ता न करो, माँ ! किसन के घर लौटने का समय हो गया। उसके लिए कलेवा तैयार करो। मैं अपने लिए खिचड़ी पका लूँगी। वहाँ भी यही मिलती थी, सिर्फ़ नाम दूसरा था–खिचड़ी नहीं, खेचरान्न।"

योगमाया दहलीज के पास जाकर खड़ी हुई। आँगन में प्रवेश करती हुई गोपियों के झुण्ड की काकली अचानक रुक गयी। योगमाया ने अधिकारपूर्ण स्वर में कहा, "इस तरह आसमान सिर पर उठाती क्यों आ रही हो तुम लोग ? क्या हुआ ? यह धरती रहेगी या डूबेगी ?"

सबसे आगे थी राधा। बढ़कर बोली, "क्यों री भांजी कंस की, बता कहाँ है

बाँसुरीवाला ?"

"अहा-हा ! हाय री मेरी बाँसरीवाला-वाली रे-ए-ए ! दरद देखो जरा !··· माँ से ज़्यादा दरद मौसी को !" योगमाया रास्ता रोककर खड़ी हुई–"पूछती हूँ, किससे पूछकर मेरे आँगन में साँझ के पहले आयी है ? यहाँ कोई मन्दिर नहीं कि रोज़ दीया-बाती और आरती के बाद मिठाई बँटेगी।··· इस घर के लड़के का भविष्य तो हंस के पंखों की तरह उजला कर ही दिया है तुम लोगों ने। क्या समझ लिया है, इस घर में कोई धीया-बेटा नहीं ?"

जशोदा दौड़ी आयी–"क्या हुआ ?"

"कि-किसन··· कहीं नहीं। न जमुना किनारे, न कदम-तले, न वृन्दावन में। घाट-बाट में कहीं नहीं। सभी खोज रहे हैं। बलदाऊ ने कहला पठाया है··· नन्दबाबा कहाँ हैं ?" ललिता हकलाती हुई बोली। राधा ने फिर खोंचा दिया–"और यह कंस की भांजी यहाँ क्यों आयी है ? जब से आयी है, गाँव में काग बोल रहे हैं।"

योगमाया जशोदा के चेहरे पर आते-जाते भावों को देख रही थी।··· जशोदा गला फाड़कर पुकारना चाहती है एक बार। योगमाया को देखकर अपने को सँभालती है। फिर एकदम चुप खड़ी रह जाती है।

एक क्षण के लिए सन्नाटा–सर्वत्र !

अचानक राधा योगमाया से लिपट गयी–"बता तो सखी, तूने बाँसरीवाले को कहाँ देखा था ?"

योगमाया छिटककर परे खड़ी हुई, राधा के बाहुबन्धन से निकलकर–"ए-हे ! इसको मिरगी-उरगी तो नहीं आती ?··· इस तरह थर-थर क्यों काँप रही है ?"

नन्दबाबा आये। सभी गोपियाँ एक साथ ही बोल पड़ीं–"बाबा ! किसन लापता है, कहीं नहीं मिलता। दाऊ ने कहा कि बाबा को जल्दी भेज दें।"

नन्द भी उल्टे पाँव दौड़े। योगमाया ने पुकारा–"बाबा !"

जशोदा चीख पड़ी–"आह ! पीछे से मत पुकारो !"

कोलाहल में नन्दमहर योगमाया की पुकार नहीं सुन पाये। वह मुँह बनाकर बोली, "इतना अधीर होने की क्या बात है ? अभी तो साँझ पड़ी है।··· सुनती हूँ, लुकाचोरी वह रोज़ खेलता है। यह भी हो सकता है कि यहाँ आकर सबसे ज़्यादा रोनेवाली इन्हीं लड़कियों के घर में वह छिपा हो।··· यह लड़कियों के साथ लुकाचोरी खेलने की कैसी गन्दी आदत है !"

गोपियों ने जशोदा की लाचारी देखी; कुछ समझ न सकीं। पास-पड़ोस के गोप-ग्वाल निकले–"चलो, चलो !"

गोपियाँ नन्दमहर की हवेली से निकलीं–"चलो, चलो ! खोजो-ओ-ओ !"

सैकड़ों मशालें वृन्दावन की ओर लपलपाती हुई··· पंक्तिबद्ध··· भग्नपंक्ति··· बुझती-जलती··· झाड़-झुरमुटों में लुकती-छिपती··· एक, फिर अनेक··· रोशनी !

··· गाँव खाली हो गया। गौवों और बछड़ों की गगन-भेदी पुकार क्रमशः हल्की आह पर आकर रुक गयी है। चारों ओर से निःशब्दता बढ़ती जा रही है।··· सुन्न

हो गया सारा संसार ! योगमाया खिचड़ी चढ़ाने चली, चूल्हे पर, बड़बड़ाती हुई। जशोदा अपनी हवेली से जरा बाहर निकलकर किसन को पुकारना चाहती है। कहीं भी होगा, माँ की पुकार का जवाब तुरत दे देगा। वह हवेली के दरवाज़े की ओर बढ़ी कि योगमाया ने टोक दिया–"अब तू कहाँ चली इस अँधेरे में अकेली ?"

जशुमति के पैरों में जंजीर पड़ गयी मानो। योगमाया ने कहा, "बस, खिचड़ी पकने में जितनी देर लगे। खा-पीकर मैं चली जाऊँगी अभी मैया री !··· इससे तो देवकी माँ भली, कभी भूख-भूख करके रोयी नहीं मैं। मैं भूख नहीं सह सकती।"

दूर, वृन्दावन से··· सहस्र कण्ठों से किसन के सहस्रों नामों की पुकार, हवा में तैरती आती है जशुमति के कानों तक। क्रमशः तीव्र होती जाती है पुकार··· आर्त··· करुण··· हाय, न जाने कब तक, कितनी देर तक इसी तरह खड़ी रही जशुमति !

उधर योगमाया खिचड़ी उतारकर परोसने बैठी–"कोई बर्तन-बासन भी नहीं।··· मैं पूछती हूँ कि इस घर के बर्तन-बासन भी किसन को खोजने चले गये हैं क्या ?"

जशोदा पत्थर की मूरत की तरह खड़ी रही। जब योगमाया ने कड़ाही पटककर पुकारा तब होश हुआ–"कड़ाही में ही खाऊँ, क्यों ?"

"सामने पथरौटा है, बेटी··· !"

"उस पर कुँअर-कन्हाई का नाम खुदा हुआ है।"

वृन्दावन से गोकुलवासियों की आर्त पुकार हवा को कँपाती हुई आती है।

इधर योगमाया फूट-फूटकर रो पड़ी–"अरी मैया-या-या ! मैं भूख से छटपटा रही हूँ।··· मेरी उँगलियाँ जल गयीं खिचड़ी में-एँ-एँ···।"

अजीब रोदन ! ऐसा रोना कभी नहीं सुना जशोदा ने। आकाश-पाताल में आ गयी रुलाई ! सारी दुनिया रो पड़ी, मानो। जशोदा दौड़ी गयी–"रो मत बेटी !"··· बहुत देर तक गोद में चिपकाकर दुलराती रही जशोदा !

किन्तु जशोदा की बेटी आज तुली हुई है, दो में से एक को तो निकालना ही होगा मन से।··· किसन को रखो या योगमाया को !

जशोदा कुछ क्षण के लिए किसन को भूल गयी। खिचड़ी परोसकर खिलाने बैठी, चुपचाप। योगमाया ने जिद की–"वहाँ देवकी-माँ को खिलाये बिना मैं कभी मुँह में कौर नहीं डालती थी। खाओ माँ !"

जशोदा के होंठों के पास कौर पहुँचा कि किसन की याद आयी।··· किसन भूखा होगा।··· भूखे किसन की माँ मुँह में अन्न डालेगी; कैसे ?

दो पहर रात !

जशोदा करवट लेती है।··· तो योगमाया सो गयी ? जब से आयी है, एक पल

भी चुप नहीं रही। किसी तरह समझा-फुसलाकर खिलाया-पिलाया। सोने के समय भी बखेड़ा करने लगी।

"जिधर किसन सोता है, उधर नहीं सोऊँगी। दुधाइन गन्ध मुझे अच्छी नहीं लगती।"··· और, अकेली नहीं सोयेगी; आदत ही नहीं। माँ के पैर टीपे बिना उसको नींद ही नहीं आयेगी। जो भी कहो, देवकी माँ ने इतनी-सी भली शिक्षा ज़रूर दी है।··· बेटी के बिना घर की हालत कैसी होती है, यह वह पहली बार आँखों से देख रही है। अब वह अपनी माँ को हाथ-पैर नहीं डुलाने देगी। बेटी ही माँ की सेवा कर सकती है, सच्चे मन से। बिना बेटी की माँ की दुर्दशा, वह देख रही है।··· सचमुच, योगमाया ने उसे टीप-टापकर ऐसा सुला दिया कि दो पहर रात के बाद नींद खुली है ! किसन··· !

योगमाया मानो सपने में बड़बड़ायी–"हाँ-हाँ··· वह अपनी माँ देवकी के कलेजे से सटकर सोया होगा, पलँग पर। तू क्यों··· ?"

जशोदा अब कातर हो गयी। एक कलपती-काँपती आवाज़ निकली उसके कलेजे से–"क-न्हा-ई कुँअर-र ओ-ओ !"

"मैया !" योगमाया जग पड़ी–"बस दो घण्टे की बात है। और दो घण्टे अपने पास सोने दो।··· जो मैं ऐसा जानती, तो खा-पी के चली जाती, साँझ को ही।"

गोरी अपनी बाँह पर हाथ फेरती हुई बोली, "तुम्हारे किसन की देह का रंग झड़ता है क्या ? देखो तो कैसे काले-काले धब्बे पड़ गये हैं ?"

जशोदा ने देखा, सचमुच योगमाया की देह जगह-जगह काली हो गयी है।

सलोना सूँघता हुआ आया और पलँग के पास खड़ा हो गया। योगमाया की बाँह को चाटने के लिए जीभ निकाली सलोने ने। योगमाया डरकर माँ की छाती से सट गयी–"गाय-बछड़ों से बहुत डरती हूँ।"

सलोने ने आगे बढ़कर जीभ से फिर स्पर्श किया। योगमाया चीख पड़ी–"माँ-आँ !"

जशुमति ने सलोने को डाँटकर भगा दिया।

सलोना भागकर बाहर नहीं गया; घर के एक कोने में अरगनी के पास जाकर खड़ा हो गया। अरगनी पर लटके हुए कपड़ों के बीच से किसन के ज़रीदार पीताम्बर को दाँतों से खींच लिया।··· योगमाया की नज़र पड़ी, सलोना तो पीताम्बर चबा रहा है !

"गया··· गया··· मेरे पीताम्बर का कलेवा··· !" योगमाया पलँग से नीचे कूद पड़ी। अस्त-व्यस्त चुनरी पलँग के पाये से उलझकर खुल गयी। बड़े जतन से बाँधे बाल खुलकर बिखर गये–घुँघराले काले-काले। सलोना हर्षोन्मत्त होकर 'ऊँ-याँ-याँ' पुकारता हुआ भागा–टिनिंग ! फिर दौड़ता हुआ आया।

जशुमति की आँखों पर पड़ा हुआ परदा अचानक उठ गया, मानो। मन की जकड़ी हुई खिड़कियाँ खुल गयीं !··· किसन के कृष्णाभ मुखड़े की दुग्धोज्वल मुस्कुराहट को पहचानकर पहले तो लाज से गड़ गयी। फिर दौड़ी–"चो-ओ-ओ-र-किसन !···

किसन, योगमाया, विन्ध्या, लीलाधर !"

सबसे पहले नन्दमहर के गोशाले की गौओं ने हर्ष-ध्वनि की। इसके बाद ब्रज के सभी गोशाले में उदास बैठी गौओं ने प्रसन्न होकर सुर-में-सुर मिलाया—जै हो, जै हो ! बाँ-आँ-य··· ! वृन्दावन के कुञ्ज-कुञ्ज में, वंशीबट-जमुनातट पर किसन को खोजते हुए गोकुल के नर-नारियों ने गाँव की ओर कान लगाकर सुना··· हाँ ! किसन घर लौट आया। सभी दौड़े गाँव की ओर, किसन की नयी लीला देखने।

आकुल राधा सबसे पहले दौड़कर पहुँची जशोदा की हवेली तक। दरवाज़े के पास हठात् ठमककर खड़ी हो गयी। योगमाया की जीभ में विष है।··· कंस की भांजी !

राधा की पीठ पर आयी ललिता—क्यों सखी, खड़ी क्यों है ? ललिता ने हवेली की खिड़की से झाँककर देखा और देखती ही रही।

मधुबन के शुक-पिक ने एक सुर से ब्राह्मवेला शुरू होने की घोषणा कर दी।

राधा और अनुराधा एक-दूसरे से लिपटीं, बेसुध, दरवाजे को पार कर आँगन में जा खड़ी हुईं। अपलक देखती रही राधा···।

सलोना किसन की देह पर पुते गेरू और गोरज के लेप को जीभ से चाट-चाटकर साफ कर रहा है। जशुमति किसन के मुखड़े को साफी से पोंछ रही है। हँस रही है··· छलिया ! माँ से भी छल !

"देखूँ सखी नित्य लीला··· हरि-हरि बोल··· ।" राधा और ललिता के गले से भैरवी कीर्तन की पहली पंक्ति निकली। जशुमति ने उलटकर देखा, खिलखिलाकर हँसी और कीर्तन का पद गाने लगी, राधा और ललिता के साथ, मीठे सुर में।··· आनन्द-विह्वला माँ !

जशुमति ने देखा, जो किसन, वही योगमाया, वही राधा, वही अनुराधा, वही सलोना, वही··· वह भी··· स्वयं जशुमति भी किसन !

ब्रजवासियों के झुण्ड नन्दमहर की हवेली के हर दरवाज़े से आँगन में आ रहे हैं—हँसते-नाचते··· किसन-किसन किसन-किसन-किसन··· कह-कह जशोदा माता, कृष्णकथा··· !

किसन किसी की ओर आँखें उठाकर देखता भी नहीं; चोर की तरह खड़ा है। पास की शीतलपाटी पर योगमाया की गठरी से बरामद चीज़ें पड़ी हुई हैं—राधा की रेशमी चुनरी, ललिता के कंगन, ज्येष्ठा के बाजूबन्द, रोहिणी की पैजनी··· !

आनन्द से सारा ब्रजमण्डल जगमगाने लगा। किसन को घेरकर सभी नाचने लगे··· नन्दमहर भी ! जशोदा भी ! और सलोना कभी घेरे के बीच में किसन के पास जाता है दौड़कर, फिर बाहर निकल वृत्त के चारों ओर दौड़ता है—टिनिंग-टिनिंग··· ऊँ-याँ-याँ !

1958

नेपथ्य का अभिनेता

यद्यपि उसे पहले भी पच्चासों बार देख चुका हूँ, किन्तु उस दिन देखकर चिहुँक-सा उठा। चकित हो गया। लगा, जैसे बिना मौसम के कोई फूल या फल देख रहा होऊँ। सावन-भादों के किचकिच में, लगातार बारिश में ई कहाँ से आ गया ? क्यों ?

मैं ही नहीं, उसे देख सभी परिचित-अपरिचित अकचकाकर रुक जाते हैं। कोई-कोई उसके टेबुल के निकट जाकर कुछ पूछ भी लेता है और मैं यह भी देखता हूँ कि वह घोर अनाटकीय ढंग से छोटा-सा उत्तर दे देता है।

मुझे यह समझने में कोई गलती नहीं हुई कि लोग उसे फारबिसगंज की इस छोटी-सी चाय की दुकान की एक बाँहवाली कुरसी पर बैठा देखकर क्यों कुछ देर के लिए अकचकाकर रह जाते हैं।

मैंने मन-ही-मन अटकल लगायी—प्रायः तीस-इकतीस वर्ष पहले, इस व्यक्ति को पहले-पहल देखा था—सन उन्नीस सौ उनतीस में। उसी साल पहले-पहल गुलाबबाग मेला में इतना सटकर हवाई जहाज देखा था कि वह सन-ईस्वी अभी तक झक-झक मन में याद है। सन उन्नीस सौ उनतीस में मैं आठ-नौ वर्ष का था। उसी वर्ष गुलाबबाग मेला में कलकत्ता की मशहूर थियेटर कम्पनी आयी थी और लोगों की अपार भीड़ जमा हुई थी—तिल धरने की भी जगह नहीं थी। मंच पर ही गाड़ी आती-जाती थी—इंजिन सहित, पुक्का फाड़ती, धुआँ उगलती हुई और लाल-पीली रोशनी में अनेक परियाँ नाचती हुईं··· एह !

जीवन में पहले-पहल थियेटर देखकर कितना उत्तेजित हो गया था—आज भी वह दिन अभी तक मन में है ! कितना आश्चर्यजनक !

किन्तु जब स्कूल खुला, तो सहपाठी बकुल बनर्जी ने मेरे मन को छोटा कर दिया था। यद्यपि वह भी उन दिनों आठ-नौ वर्ष का ही था, किन्तु बहुत ही तेज, जन्मजात आर्ट क्रिटिक ! उसके कथनानुसार इस नकली कम्पनी में पिछले साल नागेसरबाग मेला में आयी असली कम्पनी के निकाले हुए सब लोग थे। बकुल ने कहा था कि नागेसरबाग मेला में आयी कम्पनी की बातें सब कोई जानता है··· चौबीस घण्टे के भीतर-भीतर कम्पनी को मेला छोड़कर चले जाने का हुक्म

कलक्टर साहब ने दिया था। कलक्टर साहब का कहना था कि यदि दो दिन भी यह कम्पनी मेला में रह गयी तो पूरा जिला दरिद्र हो जायेगा, कंगाल हो जायेगा। किन्तु बकुल मुझे उदास देखकर बोला था– 'तब भी एक बात है इस कम्पनी में–जिस मानुष ने रेलवे पोर्टर का पार्ट किया हाई, वह नागेसरबाग मेला में आया हुआ कम्पनी में भी यही पार्ट करता था, यानी वेटिंग रूम में सोये हुए लड़िका को मारता था, छूरा से··· उसको तो नकली नेही कहने सोकते।'

आज भी मेरे मन में उस समय की सभी बातें हैं··· गुलाबबाग मेला··· पंजाब मेल का रेलवे पोर्टर··· लड़के का खून··· बकुल की बातें···

करीब चार या पाँच वर्ष उपरान्त सिंहेश्वर मेला में आयी हुई उमाकान्त झा कम्पनी में इस व्यक्ति को पुनः देखा था ! बिल्वमंगल नाटक में चिंताबाई की मजलिस में भोथिया के बाबाजी के भेष में–'काया का पिंजरा डोले रे, साँस का पंछी बोले' गाता हुआ बड़ा ही सुरगर कण्ठ था। गुलाबबागवाली कम्पनी में लड़के की हत्या करनेवाला, माने हत्यारे का पार्ट करनेवाला, बाबाजी के गेरुआ वस्त्र में। अपनी बोली वह अधिक देर तक नहीं छुपा सका–मैं भट्ट से तुरन्त पहचान गया। किन्तु जब वह पारसी नौटंकी के एक दृश्य में कवित्त पढ़ रहा था–मृदंग कहै धिक है, धिक है··· मंजीर कहै किनको-किनको !··· तब हाथ नचायके गणिका कहती– इनको-इनको-इनको-इनको !··· उस समय मुझे तनिक भी शंका नहीं रह गयी। खूब फरिछाकर पहचान गया था बाबाजी को–वही था, जो गुलाबबाग मेला कम्पनी में वेटिंग-रूम में सूतल लड़के के छुरा भोंकने के पहले काँपते हाथ और थरथराते छुरे को देख, पागल जैसा बड़बड़ा उठा था–"क्यों मेरे हाथ ! तू क्यों थरथरा रहा है ? तू तो केवल अपने मालिक का हुक्म अदा कर रहा है। मत काँप मेरे खंजर··· वक्त बरबाद मत कर ! शिकार··· सोया है चादर तानकर ! ले तू भी अपना काम कर !"

बस कि डुग्गी पर बड़ी जोर से चोट पड़ी थी, सभी हड़बड़ा गये थे–यह सबकुछ मेरे मन में है।

उसके बाद फिर तीसरी बार–आद्याप्रसाद की नाटक कम्पनी के 'श्रीमती मंजरी' खेला में अँगरेज जज का भेष बनाकर टेबुल पर हथौड़ा ठोंककर शान्ति स्थापित करता हुआ यह व्यक्ति बोला था–'वेल मोंजरीबाई ! हाम टुमको सिड़ीमटी मोंजरी का खेटाब डेटा हाइ। आज से टुमको सिड़ीमटी मोंजरी बोलेगा। हम बोलेगा, साव बोलेगा, समझा ?' और इस दृश्य के उपरान्त कुछेक क्षणों में वही गीत गाता हुआ स्टेज पर आया था–'काया का पिंजड़ा डोले रे'–अपनी उसी पुरानी तर्ज में।

मुझे इसे पहचानने में कहीं गलती नहीं हुई। सब जगह उसे चीन्ह गया।

कितनी बार इसे देखा है, परन्तु ऐसा बेमौसम में नहीं। अनटैम नहीं। और झरते हुए सावन-भादों में नहीं। प्रायः इसे मेला के मौसम (असमय) में देखा था अर्थात् कार्तिक से चढ़ते बैशाख तक। इसलिए आज अचानक इस चाय की दुकान पर बैठा देखकर मैं चिहुँक उठा—उस पर इस झँयसी में।

एक अन्दाज लगाया—दस-ग्यारह साल बाद इसे इस इलाके में देख रहा हूँ, इसी से एक विस्मय हुआ और एक उत्सुकता।

वह दुकान की कुरसी पर बैठा था अवश्य, पर था अन्यमनस्क, उदास, उखड़ा हुआ, अपने में खोया हुआ। बादलों की झड़ी वह बहुत देर से एकटक देख रहा था।

वह··· वह··· हत्यारा पोर्टर, बाबाजी··· अँगरेज जज··· उपदेशक··· सिपाही··· डाकू··· अन्धा··· फकीर··· तथा आदि, आदि, आदि—सब एक ही व्यक्ति··· एक ही व्यक्ति !

बहुत जोर से बिजली चमकी, बादल जोर से बरसने लगा और बहुत देर के बाद उसने वही मुद्रा बनायी, जिस मुद्रा में 'काया का पिंजड़ा' वाला गीत गाता था स्टेज पर !

इतने समय के बाद मेरी नजर उसकी पहनी हुई बुश्शर्ट पर पड़ी। कार्टून की छाप मिट रही थी, मैल जम रही है। नयी डिजाइन की टूटी चप्पल। वह उचककर गम्भीर दृष्टि से चायवाले की ओर ताकते हुए बोला, "एक इधर भी···"

उसकी बोली सुनकर यह समझने में रत्ती-भर भी भ्रम नहीं रहा कि जो हत्यारा पोर्टर, या दहलानेवाला भयंकर डाकू था, या रोबीला अँगरेज जज, या शान्त उपदेशक आदि का पार्ट करता था, अब बूढ़ा हो गया है।

चाय उसे भी मिली और मुझे भी।

एक घूँट चाय पीते-पीते मुझे एक बात याद आयी कि उन दिनों रात के स्टेज के एक्टर को दिन के उजाले सड़क पर या मेले में चलता देखकर कितना विस्मय होता था। किस तरह उन लोगों का बोलना, बात करना अद्भुत लगता था—विचित्र, किन्तु अच्छा।

याद आया—फारबिसगंज मेले की एक थियेटर कम्पनी के कुछ ऐक्टरों के पीछे बहुत देर से घूम रहा था। एक पानी की दुकान पर सब खड़े हुए, पीछे मैं भी खड़ा हुआ। उस दल में काफी लोग थे। लैला, मजनूँ और फरहाद, राजा, डकैत के हाथ से राजकुमारी को छुड़ानेवाला राजकुमार और प्रयोजन पड़ने पर जल्लाद बननेवाला और सबके साथ यह 'काया का पिंजड़ा' गानेवाला। मुझे पीछे खड़ा देखकर यह बोला था, "क्यों बे छोकरे, इस तरह क्यों घूम रहा है पीछे-पीछे ? पाकेट मारेगा क्या ?"

उस छोटी अवस्था में भी मेरा मन समझ गया था कि आत्म-सम्मान पर आघात पड़ा है। अहं जाग गया। कड़ाका उत्तर दिया, "आपके पाकेट में है ही क्या, जो

कोई मारेगा ?"

"क्यों ?" वह अप्रतिभ होकर बोला था, "तू यह कैसे जानता है कि मेरा पाकेट खाली है ?"

यद्यपि उन दिनों मैं अपने स्कूल की सबसे ऊपर की क्लास में पढ़ता था और मास्टर साहब के आदेशानुसार प्रत्येक अपरिचित से अँगरेजी में ही बात करने का अभ्यासी हो चुका था, किन्तु फिर भी मैंने खड़ी बोली में ही उत्तर दिया, "क्यों रात जो भीख माँग रहे थे—दाता तेरा भला हो !"

सब ठठाकर हँस उठे थे और बोले थे, "छोकरा तेज है।"

अब मुझे अँगरेजी झाड़नी पड़ी थी, "यू सी मिस्टर–रेलवे पोर्टर-ऐक्टर-डोण्ट से मी छोकरा, आइ एम मैट्रिक स्टुडेण्ट, यू नो ?"

इतनी पुरानी बात याद आने से मेरे होंठों पर हँसी फैल गयी। प्रश्न उठा मन में कि अभी यह किस कम्पनी में काम करता है ? क्या अब भी यह उसी तरह रोबीला डायलाग बोलता है ? वैसे ही वेटिंगरूम में लड़के पर खंजर चलाता है, वैसा ही··· वैसा ही···

मेरा ध्यान भंग हुआ। उसकी चाय खत्म हो गयी थी। वह मेरी टेबुल से सट कर खड़ा हो गया था। पूछा, "आप मुझे पहचानते हो सेठ ?"

उसकी बाँह पकड़कर बैठाते हुए बोला, "मैं सेठ नहीं हूँ। खालिस आदमी हूँ। कहिए, आजकल किस कम्पनी में हैं ? इस बेमौसम में आपको इस इलाके में देखकर मुझे काफी आश्चर्य हो रहा है।"

'साहेब, अब कहाँ की कम्पनी और कैसा थियेटर ! सबको फिलम खा गया।" उसने हँसने की निरर्थक चेष्टा की।

"आपने कितनी कम्पनियों में काम किया है ?"

"साहेब, पन्द्राँ।" लगा, जैसे उसके मन में सबकुछ सँजोकर रखा हुआ हो। निमिष मात्र के उपरान्त मेरी ओर शून्य दृष्टि से ताकता हुआ बोला, "नौ साल की उम्र में पहली बार स्टेज पर उतरा था—क्रिशन के रोल में।"

मुझे अनुभव हुआ कि मेरे सामने बीते युग का एक शेषांक बैठा है–'पारसी थियेटर' का एक टूटा हुआ अभिनेता।

सिगरेट बढ़ाते हुए पूछा, "तो आजकल क्या करते हैं आप ?"

वह एक क्षण चुपचाप मेरी ओर ताकता रहा, फिर सिगरेट सुलगाता हुआ बोला, "क्या करूँगा साहब ! वह जो किसी शायर ने कहा है कि इश्क ने कर दिया निकम्मा··· " उसने हँसने का असफल अभिनय किया, "दस साल बाद इस इलाके में आया हूँ। क्या नाम बताया लोगों ने–मिथिला देश। साहेब, इस इलाके में नाटक के काफी शौकीन लोग हैं··· जाने को तो फिल्म में भी गया। पर जी नहीं लगा।"

इतना कहकर कनखी से एक बार इधर-उधर ताककर, फिर दयनीय दृष्टि से

मेरी ओर देखता हुआ धीमे-से सकुचाता हुआ बोला, "साहेब, एसक्यूज मी, फॉर लास्ट टू डेज आइ एम हंगरी, वेरी हंगरी। माँगने की हिम्मत नहीं होती किसी से··· "

उसका यह अँगरेजी डायलाग घोर अनाटकीय था। मैं कुछ कहने को ही था कि चेहरे पर आज्ञा मानने का भाव प्रदर्शित करता हुआ गिड़गिड़ाने के स्वर में बोल उठा, "हुकुम हो, तो कुछ पेश करूँ··· अब तो यही एक सहारा बचा है, ड्रामे के पुराने शौकीन मिलते हैं, सुना देता हूँ, जी हलका हो जाता है और कुछ···।"

वह अपने अपूर्ण वाक्य को छोड़, कोने में रखी अपनी अटैची कूदकर ले आया। एक काली लुंगी बाहर कर मुँह झाँप लिया। फिर लुंगी का परदा उठाया, तलवार कट मूँछवाला एक विचित्र चेहरा बाहर आया। मद्धिम स्वर में वह बोला, "यह एक उदास-निराश नौजवान प्रेमी का डायलाग है।" एक बार वह खखसा, पुनः बोलना शुरू किया, "जालिम चपला ! यह क्या किया। तुमने मेरे दिल के हजार टुकड़े कर दिये ! जालिम ! तूने यह क्या कर डाला, क्या कर डाला, चपला··· चपला··· चली गयी तूँ चपला। चली गयी तूँ मुझे तड़पता छोड़कर···।"

इसके बाद हिचकियाँ लेते हुए उसने जो संवाद कहे, वह मैं नहीं कह सकूँगा।

दुकान में लोगों की भीड़ लग गयी थी। चारों किनारों से लोग झुक-झुककर देख रहे थे। सबके चेहरे पर एक विचित्रता और कुतूहल का भाव था। किन्तु सभी चुप्प, स्तब्ध ! बाहर बादल रह-रहकर गरज उठता था।

उसने पुनः अपने चेहरे पर लुंगी का परदा गिरा लिया, मानो अपने को ग्रीनरूम में ले गया हो। इस बार बड़ी-बड़ी मूँछवाला सरदार बनकर बाहर आया। परदा उठा, वह गरजा, "क्यों बे बदकार ! बता कहाँ है राजकुमार ? कहाँ है, मक्कार की औलाद···।"

हठात् इस जोशीले संवाद की उठा-पटक में नकली दाँत का सेट छिटककर मुँह से बाहर आ गया।

इसी क्रम में उसने दर्जनों मुखड़े बनाये, कितने ही प्रकार के रास-संवाद सुनाये और अन्त में टोपी को भिक्षा-पात्र बनाकर लोगों की ओर ताककर बोला, "दाता तेरा लाख-लाख भला हो, आना-दो आना··· दो पैसे ही सही··· ।"

मेरा पैर धरती से स्पर्श कर गया। जैसे कहीं थोड़ी चोट लगी हो, एक झटका लगा हो। इस व्यक्ति ने अपनी कला के जादू से कितने वर्ष पीछे धकेल दिया था। मैं पुनः वर्तमान में लौट आया। देखा, बकुल बनर्जी मेरी ओर एकटक ताक रहा है—थोड़ा-थोड़ा ओठों के किनारे से मुस्कुराता हुआ।

बकुल उसे जोर से पूछ बैठा, "क्यों ऐक्टर मोशाय, काल इतना मेहनोत से चान्दा कर दिया, सो सब एक ही रात में भट्ठी में फूँक दिया ? बाह रे मोशाय !"

जन्मजात आर्ट-क्रिटिक मेरा सहपाठी बकुल बनर्जी आज भी कला और

कलाकार को पहचानने का धन्धा उसी प्रकार करता है। सब दिन एक जैसा ही रहा वह ! मेरी ओर ताकता हुआ बकुल बोला, "तू भी इसका बात में फँस गये। मुझसे काल यह कह रहा था–फॉर टू डेज आइ एम हंगरी··· ।"

नहीं जानता क्यों, मुझे उस वक्त बकुल की यह बात अच्छी नहीं लगी। उसे चुप रहने का इशारा किया और फुसफुसाकर पूछा, "बकुल, इसकी डोलती हुई काया के पिंजड़े में जो पंछी बोल रहा है, उसकी बोली को सुनकर तुमको कुछ नहीं लगा ? ठीक-ठीक बताना !"

बकुल जैसे अवाक् रह गया हो। निमिष मात्र स्तब्ध रहा, फिर धीरे-से बोला, "कुछ नहीं लगता, तो काल्ह ठो सारा दिन क्यों इसके साथ भीख माँगता, चोन्दा तो भीख ही हुई।" उसने एक निःश्वास छोड़ा, फिर कहने लगा, "क्या बतायें, कैसा लगा ? लगा··· तुम्हारे अथवा अन्य मित्रगणों के साथ भागकर रात-भर थियेटर देखने गया हूँ, होस्टल से।"

मैंने कहा, "हाँ बकुल, मुझे भी कुछ ऐसा ही लगा।"

इसी बीच वृद्ध ऐक्टर ने अपने दूसरे, पुराने प्रसिद्ध गीत की पहली पंक्ति आरम्भ कर दी–

"सुबह हो गयी निकल गये तारे–
मुझे छोड़ो चलो मेरे प्यारे !"

हठात् पुनः हम लोगों के मन में मेला का मौसम जगमग करने लगा।

मैथिली से अनुवाद : भारत यायावर
1960

कपड़घर

ग्यारह साल की सरकारी नौकरी से, गत माह मैंने इस्तीफा दे दिया है। परिस्थिति के चाप से—और स्वेच्छा से भी। सब-डिप्टी मैजिस्ट्रेट होकर बिरनियाँ जिला आया। ग्यारह साल तक सब-डिप्टी मैजिस्ट्रेट ही रहा। बिरनियाँ में ही रहा। नौकरी से अलग हो गया हूँ। लेकिन, बिरनियाँ से··· ?

याद है, ग्यारह साल पहले की बात। जिला मैजिस्ट्रेट साहब ने अपने बँगले पर समझाते हुए कहा था—"मिस्टर अविनाश ! दो महीना जी को कड़ा करके यहाँ का पानी पचाइए। फिर देखिएगा।··· फिर मैं ही पूछूँगा।"

"नहीं सर ? इस··· इस··· यहाँ यदि मैं दो महीना रह गया तो पागल हो जाऊँगा।"

"गया शहर के ठीक चौक मुहल्ले में जन्मे-पले लड़के का, इस गँवई-जिले के गँवई-हेडक्वार्टर में जी नहीं लगेगा—जानता हूँ। लेकिन, पागल नहीं हो जायगा—इतना विश्वास मुझे है।··· और, आप कहते हैं कि आपने साहित्य में एम. ए. किया है ?"—साहब ने अच्छा खोंचा दिया।

जिला मैजिस्ट्रेट साहब का वह खोंचा, काम कर गया।··· मैंने साहित्य में एम. ए. किया है। मुझे जंगल, वीरान, मरुभूमि, सरस, नीरस; सभी प्रिय होना चाहिए।

दो महीना नहीं, दो सप्ताह के बाद ही जिला-मैजिस्ट्रेट साहब ने मुझे अपने बँगले पर बुला भेजा। मिलते ही जी का हाल पूछा उन्होंने, मुस्कुराकर। जवाब दिया—ठीक है। जिला-मैजिस्ट्रेट साहब ने अपनी मुस्कुराहट को समेटते हुए कहा था—मिस्टर अविनाश ! आप तो जानते ही हैं कि इस वर्ष, सब मिलाकर तेरह मेलों की व्यवस्था सरकार के हाथ में है। मैंने एक केन्द्रीय कमेटी गठित करने की बात सोची है।···

सो, उसी वर्ष पहली बार केन्द्रीय मेला-कमिटी गठित हुई। मुझे सेक्रेटरी बनाकर मेलों की व्यवस्था में लगा दिया, जिला-मैजिस्ट्रेट साहब ने। वे आज सरकार के उच्च अधिकारियों में भी उच्च अधिकारी-पद पर हैं। उनको धन्यवाद ! आज उनके प्रति मेरे हृदय में श्रद्धा का सागर लहरा रहा है।··· जिस दिन, पहली बार बनानीपुर मेला में कैम्प डालने जा रहा था, दास साहब ने मेरे क्वार्टर में अपनी चरणधूलि

दी–मेला हाकिम !

दास साहब ने बताया, अभी कमेटी के बने पाँच ही दिन हुए हैं और तुम्हारा नामकरण हो गया। अभी, तुम्हारे पड़ोसी ने कहा–हाँ, इसी क्वार्टर में मेला-हाकिम रहते हैं।

दास साहब ने मेरी चाय–यानी, मेरी बनायी हुई चाय की खूब प्रशंसा की थी। बोले थे–कुवाँरा आदमी चाय बहुत अच्छी बनाता है, ऐसा देखा गया है। लेकिन, मेले की व्यवस्था और बात है।··· इसीलिए, मैं कहने चला आया।··· देखो अविनाश ! ये मेले ? जिला-भर में फैले हुए जमींदारों के इन मेलों की एक परम्परा है। मेला-मालिकों की भी··· लेकिन, हम सरकारी-चाकरों के हाथ में पड़कर यह परम्परा··· यह धारा··· जो भी कह लो इसे–यह विकृत न हो जाये ! इन मेलों में, देश के प्रसिद्ध पहलवानों के दंगल हुए हैं–देश के प्रसिद्ध संगीतज्ञों की स्वर-लहरी लहरायी है–भारत के प्रसिद्ध पोलो-खिलाड़ियों के घोड़े दौड़े हैं–हर साल हजारों हाथी-घोड़े बिके हैं–अब हमारे हाथ में, सरकारी चाकरों के हाथ में इस जिले की यह सांस्कृतिक-लगाम है।··· इसलिए, मैं तुमसे कुछ कहने आ गया। डेढ़ घण्टे तक दास साहब बोलते रहे !

बनानीपुर मेले में पैर रखते ही सुना–गोलमाल होनेवाला है !···

गोलमाल मूर्ति को लेकर होनेवाला है। यह मेला पिछले साल सरकार के हाथ में आया। बनानीपुर-इस्टेट के वंशधरों ने, पिछले साल भी, मेले में असन्तोष का वातावरण फैलाने की चेष्टा की थी। इस बार उन्हें अच्छा मौका मिला है। मेला के थानेदार साहब ने कहा–हुजूर ! आर्म फोर्स के लिए टेलिग्राम लगा दिया जाय !

"लेकिन, मूर्ति में क्या हुआ ?"

दारोगा साहब ने कहा–लोग कहते हैं–देवीजी की मूर्ति छोटी है। अद्‌भुत हैं यहाँ के लोग। मूर्ति छोटी हो या बड़ी, है तो देवी की ही ! मैंने दारोगा साहब के मन्तव्य पर कान नहीं देने की मुद्रा बनायी। और, दारोगा ने ऐसा भाव प्रदर्शित किया जिसका शाब्दिक अर्थ यही हो सकता है–सीधे कालेज से मेले में हाकिम बनाकर भेजे गये हैं। देखना है, कितने दिनों तक··· मैं सीधे मेला-मैनेजर के पास पहुँचा। मेला-मैनेजर जमींदारी-आफिस का एक उच्च कर्मचारी है। पिछले साल भी यही कर्मचारी-साहब मैनेजर, मेला के सर्वेसर्वा थे। इस बार, अपने सिर पर एक हाकिम को आते सुनकर तनिक असन्तुष्ट थे। कुछ पूछते ही तुनककर जवाब देते।

"क्यों गैनेजर साहब। मूर्ति छोटी क्यों बनी ?"

"हुजूर छोटी नहीं बनेगी तो क्या बनेगी ? कुल एक सौ रुपये में पहाड़-जैसी देवी नहीं बनायी जा सकती ?" मैनेजर-मेला बोला।

मैं शान्त रहा, हालाँकि मेरे अहं को इस व्यक्ति ने पाँच मिनट में दस बार चोट लगा दी थी। मैंने धीरे-से पूछा–पिछले साल ढाई-सौ रुपये की मूर्ति बनी

थी ? जी हाँ–बनी थी··· एकाउन्ट सेक्शन से लम्बा चिट्ठा आया कि देवीजी की मूर्ति के लिए ढाई सौ रुपये क्यों खर्च हुए ?··· सैंक्शन··· देवीजी के भोग के लिए पहले ही सैंक्शन क्यों नहीं लिया गया··· वाउचर पर देवीजी का दस्तखत नहीं माँगा रेवेन्यु-टिकट पर–गनीमत !

देखा, मेला-मैनेजर साहब रसदार आदमी है। मैं हँस नहीं सका जी खोलकर, क्योंकि देवी मन्दिर के पास 'जै जैकार' के बदले–इनकलाब जिन्दाबाद शुरू हो गया था–नहीं चलेगी, नहीं चलेगी–छोटी मूर्ति नहीं चलेगी। मैंने मैनेजर साहब से कहा–पहली पूजा तो परसों से ही शुरू होगी ?··· क्या, कहीं कोई मूर्ति···।

मेला-मैनेजर हँसा–जी खोलकर, बावजूद इसके कि नारे और भी करीब, और भी तेज हो रहे थे। मैनेजर ने ठहाका लगाते हुए कहा–तीन दिन के अन्दर मूर्ति कहाँ से आवेगी, हुजूर ?··· गाछ में तो···।

"शट अप ! हाकिम होने के बाद, यह पहली बार मैंने अपने मातहत को डाँटा–देवी-देवता को लेकर मजाक करते हो, शर्म नहीं आती ?"

गोलमाल करनेवालों के भी लीडर होते हैं।

लीडर बोला–युग-युगान्तर से इस देवी-मन्दिर में बड़ी मूर्ति बनती आयी है। इस बार, छोटी मूर्ति बनाकर हमें फुसलाना चाहती है सरकार ! सारे इलाके की जनता का अकल्याण करवाना चाहती है सरकार ? मैंने लीडर से कहा–परसों से पूजा शुरू है, क्या तीन दिन में मूर्ति बन सकती है ? कुछ क्षण के लिए सन्नाटा छा गया ! लेकिन, पुरोहितजी आगे बढ़ आये अपना 'ग्रिवांस' लेकर–हुजूर ! हमेशा से पूजा पर चढ़नेवाली 'प्रनामी'–पुरोहित पाता था। इस साल मैनेजर ने कहा है, पाई-पाई सरकार की···।

मैंने पण्डितजी से प्रार्थना की–पण्डितजी ! पहले मूर्ति की बात तय हो ले–तब प्रनामी-पूजा की बात !··· बोलिए, यदि तीन दिन के अन्दर मूर्ति बन सके तो··· दो सौ के बदले हम चार सौ देने को तैयार हैं··· !!

भीड़ को चीरकर एक अधेड़, पागल-जैसा आदमी सामने आया–तैयार कर दे सकता हूँ देवीजी की कृपा से··· लेकिन, नैन ? नैन कौन देगा ? अब, सभी की आँखें उस अधेड़ पर मानो गड़ गयीं–कौन है ?··· शायद पागल है··· भिखमंगा है··· यह क्या बतावेगा ?

उसके अन्दर में बैठे हुए कलाकार को चोट लगी–नैन माने आँख के बीच काली बिन्दी कौन देगा ! मैं नहीं दूँगा। नैन देनेवाला कारीगर तैयार कीजिए। मैं आज से ही, अभी से–मिट्टी और कास-घास के काम में लग जाता हूँ। और, आश्चर्य ! देखते-देखते उस व्यक्ति ने देवी मन्दिर की अँगनाई में जाकर जै दुर्गा कहा और काम में जुट पड़ा।··· मिट्टी 'सानने' के पहले सूरज की ओर देखकर कुछ बुदबुदाया !

दोनों मूर्तियों की पूजा होगी !··· लेकिन, नैन ? कौन देगा नैन ? मैंने उस व्यक्ति से नाम पूछा तो उसने मुझे घूरते हुए कहा–नाम ? नाम और क्या होगा–

दुर्गालाल–लेकिन मेरे खानदान में देवी को नैन देने का रिवाज नहीं है। नैन देते ही मैं अन्धा हो जाऊँगा !···

छोटी मूर्ति बनाकर तैयार करनेवाले मूर्तिकारों से पूछा, वे भी नहीं तैयार हुए। उनके दलपति ने कहा–देखिए हुजूर। यह जाति के नियम की बात है। हम दूसरे की बनायी हुई मूर्ति में नैन कैसे दे सकते हैं ? हम लोगों की जाति के सरगना सुनेंगे तो फिर हुक्का-पानी बन्द हो जायगा !

जाति के सरगना का अता-पता लिया और मैंने तय किया कि मैं गाँव जाकर खुद उससे मिलूँगा। एक बार, दुर्गालाल का काम देखने गया··· वह नशे में चूर व्यक्तियों की तरह बोल रहा था–आँधी-पानी-झड़ी-झक्खड़-जो भी आवे, दुर्गालाल की माँ को कुछ नहीं कर सकता–जै माँ ! आओ माँ !!

सारे मेले में एक अजीब-सा सन्नाटा छा गया। बसता हुआ मेला–जो 'अब तक बसें या तोड़ें की अवस्था में पड़ा था' कई दिनों से–बसने लगा, अब।··· मूर्ति देखने के पहले इस मूर्तिकार को देखने के लिए लोग देवी मन्दिर की ओर दौड़े !···

दारोगा साहब और मेला-मैनेजर साहब को विश्वास नहीं हुआ, किन्तु दारोगा साहब ने मुझे सुनाकर अपने हंवलदार से कहा–छबीला सिंह ! देवी-मन्दिर की अँगनाई में–दिन-रात एक सिपाही की ड्यूटी लगा दो !

मेला-मैनेजर ने कहा–हुजूर ! इस आदमी से कुछ लिखा-पढ़ी तो हुई नहीं। फिर, इसके खाने-पीने के लिए कितना सैंक्शन··· जरूर, दारू माँगेगा !

बाईस माइल कच्ची सड़क और पाँच बरसाती नदियों को पार करने के बाद, हम साढ़े-आठ बजे रात में–दुलारगंज गाँव में पहुँचे।

देखा, सरगना सचमुच सरगना है ! बड़ा-सा जमींदार चौखड़ा है। पोखर है, मन्दिर है। बन्दूक है।··· सरगना के दरवाजे पर पंचायत बैठी है ! पेट्रोमेक्स जल रहा है।

तालेवर बाबू ने पंचायत के लोगों की ओर मुखातिब होकर कहा–पंचायत की कार्रवाई जारी रहे !··· हाकिम साहब निजी काम से आये हैं।

पंचायत में, मुझे ऐसा लगा, असामी हाजिर नहीं है।

जाति का नियम तोड़ा है किसी ने ! कौन है वह ?–ध्यान से सुनने पर कानून तोड़नेवाले का नाम ही नहीं–उसकी उम्र का भी पता लग गया। तो, कानून तोड़नेवाले का नाम है बासू और उसकी उम्र सोलह या सत्रह साल की है। क्योंकि तालेवर बाबू कह रहे हैं–देखिए, देख लीजिए सभी जाति भाई–कि किस तरह यह कल का छोकरा जाति के नियम को तोड़कर रख दिया है।··· यह भी ज्ञात हुआ कि बासू को, अपराधी बनाने में ज्यादा हाथ उसकी बेवा बहन का है, जो उसे 'सहका' रही है। जातिवाले विचार करें–।

तालेवर पण्डित ने हमें चाय पिलाते हुए कहा—जातिवाले तो विचार करेंगे ही, हुजूर आ गये हैं इस मौके पर तो, आप भी विचार कीजिए ! बासू का कसूर !··· बासू का कसूर उतना नहीं है जितना कि उसकी बेवा बड़ी बहन का।··· जाति के मुँह पर झाड़ू मारकर खिलौने बनाता है—मुर्गा-मुर्गी, कबूतर, बेंग और न जाने क्या-क्या··· !

तालेवर पण्डित ने बताया, उसकी जाति में खिलौने बनाना अपराध है। सिर्फ देवी-देवताओं की मूर्तियाँ बनाती है उसकी जाति।··· जाति ? हर जाति में साढ़े तेरह उपजाति हैं और सभी के अपने-अपने रस्म-रिवाज हैं। वह जिस उपजाति का सरगना है—उसके सभी कारीगर तालेवर पण्डित के घर को 'गुरुस्थान' मानते हैं, पूजा-परबी से लेकर चढ़ौआ तक चढ़ा जाते हैं। हर मूर्ति बनानेवाले को सालाना एक रुपया, सरगना के नाम सलामी भेजनी होती है। पहली बार मूर्ति गढ़नेवाला एक जोड़ा धोती, एक नारियल, एक सेर सुपारी लेकर सरगना के पास आता है—सरगना की आज्ञा पाकर ही मूर्ति गढ़ सकता है कोई।···

तालेवर पण्डित ने सुनाया कि स्वयं देवी ने अपने मुँह पर मिट्टी साटकर, अपने मुँह का 'साँचा' बना दिया था उसके परदादा को। तभी से, उसके कारीगरों की बनायी हुई मूर्ति बिना 'प्राणप्रतिष्ठा' किये ही 'जाग्रत' हो जाती है।··· लेकिन, यह हरामजादा छोकरा बासू और उसकी बेवा बहन आज सरगना की इज्जत लेने पर तुली हुई है ! सब जमाने का फेर है। नहीं तो मारते झाड़ू के उसकी ऐंठ··· ! हाँ, हुजूर।—सरगना तालेवर पण्डित ने पान से सड़े हुए दाँतों को पीसते हुए कहा था—मारे झाड़ू के उस बसुवा छोकरे की दुर्गत बना डालता और उसकी बहन का 'झोंटा' धरकर घसीटकर घर से निकलवाकर—पंचायत में···।

तालेवर पण्डित को मैंने शान्त किया—तालेवर बाबू, गुस्सा करने से काम नहीं चलेगा।···

तालेवर पण्डित से मैंने अपना दुखड़ा कहा तो वह मौन हो गया। कुछ सोचने के बाद बोला—हुजूर ! काम तो कठिन है। लेकिन, देखा जायगा। अभी खा-पीकर सोइए। सुबह में कोई 'हीला' निकाला ही जायगा।··· जब आप खुद तकलीफ करके आये हैं तो कुछ-न-कुछ करना ही होगा। लेकिन, मुश्किल है।

··· आप जरा सुबह उस बासू को बुलाकर डाँट दीजिए तो उसकी बुद्धि ठिकाने पर आ जाय।

सुबह होते ही सरगना साहब ने हमें चाय पिलाकर बासू का घर दिखा दिया। हुजूर ! चपरासी भेजकर मँगवाइए न, साले को ! आप खुद क्यों जाइएगा।

लेकिन, मैंने खुद जाना अच्छा समझा। बासू अपने आँगन से निकला। गोरा-गोरा और घुँघराले बालोंवाला नौजवान। मैंने पूछा—तुम्हारा ही नाम बासू है ?

बासू ने नम्रतापूर्वक जवाब दिया—जी !

बासू ने बताया कि सरगना कई कारणों से उस पर नाराज है। पहली बात तो यह है कि मैं उनके यहाँ नौकरी को तैयार नहीं हुआ। बाबूजी और माँ के

मरने के बाद भी नहीं। फिर, मेरी तीन बीघे पर उनकी नजर है। क्योंकि, मेरी इस जमीन में चिकनी मिट्टी है।··· और तीसरी बात··· सरगना मेरी दीदी से 'चुमौना' करना चाहता है।··· मेरी दीदी बेवा नहीं हुई, घरवाला लापता हो गया, न जाने कहाँ। दस साल हो गये। अब यह सरगना कहता है, वह तो मर गया।··· इसी बीच, गाँव के कई लोग आ गये। मैंने बासू से कहा, क्या मुझे अपने बनाये हुए खिलौने नहीं दिखलाओगे ?

बासू जरा हिचकिचाया। फिर वह आँगन के अन्दर चला गया।··· दीदी से बूझ आया, शायद। चलिए···

बासू का पहला खिलौना देखकर ही मैं चकित हो गया–एक हिरण। हू-ब-हू जीवित हिरण ?–कृष्ण नगर की कला यहाँ कैसे आयी ? बाघ की आँखें चमकती हैं–। जीवन्त मूर्तियाँ ?

सरगना के नौकर ने कहा–हुजूर, सरगना साहब बुला रहे हैं। हम, बासू के आँगन में से बाहर निकल आये। उन्हें देखते ही मैंने कहा–तालेवर बाबू, जाति का नियम इसने जरूर तोड़ा है। लेकिन, देश का–देश को–। सरगना तालेवर पण्डित ने मुँह विकृत करके कहा–हुजूर ! कोई आदमी दूसरे कारीगर की मूर्ति में नैन देने को तैयार नहीं। ऐसा काम कोई नहीं करेगा। हजार रुपया देने पर भी नहीं–।

रात में मैंने दुर्गालाल को समझा-बुझाकर थोड़ा खिलाया और अपने ही कैम्प में सुलाया।··· सिर्फ खिलाया।··· सिर्फ खिलाया कहना गलत होगा–पिलाया भी। उसकी आँखें चमक उठी थीं–व्हिस्की की बोतल को देखकर–तो, अंग्रेजी खेला होगा ?–खाने पीने के बाद मैंने उसको टटोलना शुरू किया··· तुम तो कारीगर हो ! फिर, अपना कारबार क्यों नहीं करते ?

दुर्गालाल ने कहा–नैन कौन देगा ? मेरे खानदान में नैन देना मना है। जिसके खानदान में नैन देना मना होता है, वह ऐसे घर में शादी करता है जो नैन देते हैं···

"तो, तुमने भी शादी क्यों नहीं कर ली ?" मैंने पूछ दिया।

"शादी ? कौन कहता है शादी नहीं किया ?"–

इतना कहने के बाद दुर्गालाल उत्तेजित हो गया। उसने मेरे तम्बू को गौर से देखा–यह तो कपड़घर है ? राम-राम ! मैं कपड़घर में नहीं सो सकता। छिः-छिः, कपड़घर !

दुर्गालाल देवी-मन्दिर में चला गया।

सुबह हुई और मैं लेटा ही रहा।···

अहमद ने सूचना दी–हुजूर ! कलक्टर साहेब आये हैं। मुझे देखते ही कलक्टर साहब ने कहा–धोती-पंजाबी शुरू कर दिया न ? ठीक-ठीक है। तुम सँभाल लोगे ?–अच्छा, क्या हुआ ? मैं सब सुन चुका हूँ। मूर्ति भी देख आया हूँ।··· मिल

गया नैन देनेवाला ?

मैंने धीमे स्वर में कहा–"नहीं सर !"

दास साहब का चेहरा उतर गया–"तब क्या करोगे ?"

'स्वयं दूँगा।"

"तुम ?"

"हाँ, सर ! साहित्य ही नहीं, चित्रकला से कभी शौक था। मैं अपने को मूर्तिकार भी मानता हूँ–बहुत सारी मूर्तियाँ बनाई थीं, देवी-देवताओं की···।"

"लेकिन··· सोच लो !"

साँझ हुई ! दो घड़ी, तीन घड़ी–फिर, रात आयी। दुर्गालाल ने देवी के अंग-अंग को गहनों से सजा दिया–रंग-टीप, सब दुरुस्त ! अब ? कहाँ है नैन देनेवाला ? बुलवाइए–मेरा काम खत्म ! कहाँ है–कौन नैन देगा ?

रंग-टीप, गहना-कपड़ा से सजी देवी–नैन बिना··· मैं देख नहीं सकता बिना नैन की देवी को ? कहाँ है नैन देनेवाला ?

मैं नहा-धोकर तैयार था, आगे बढ़कर बोला–रंग-कूची दो ! दुर्गालाल ने मुँह बा दिया–आ··· आ··· प ?

"हाँ !"

देवी-मन्दिर में भीड़ लगी हुई थी।···

मूर्ति को कपड़े से घेर दिया गया है। पण्डितजी अवाक् होकर देख रहे हैं। दुर्गालाल ने रंग में कूची डालकर मेरी ओर बढ़ायी !

हठात्, कपड़े के घेरे में बासू और यह कौन ?···

दुर्गालाल के हाथ से कूची लेकर यह कौन बढ़ी, देवी की ओर ? बासू ने कहा–मेरी दीदी नैन देती है।···

दुर्गालाल को न जाने क्या हुआ कि वह दोनों हाथ की तलहथियों से अपनी दोनों आँखों को मूँदकर चीख उठा–अरे ? ओ माँ-ऊँऊँ–यह क्या ? खोल, कपड़-घर ! खोल कपड़घर। कपड़े के घेरे को हटाकर दुर्गालाल भागा।–ओ माँ-ऊँ-ऊँ !! भाग रे, भाग रे !!

ढोल-ढाक-डम्फ-शंख-झाँझ-घड़ियाल एकसाथ घनघना उठे–जै दुर्गा ! जै दुर्गा !!

बासू ने कहा–दीदी की ससुराल में दीदी ही नैन देती थी···।

मैं कुछ भी नहीं सुन सका। मैं देख रहा था, सिर्फ तुरन्त नैन पायी हुई प्रतिमा को जो हँस रही थी–या यह नैन देनेवाली देवी··· छोटी देवी··· बड़ी देवी··· बासू की दीदी ? बड़ी-बड़ी जलती हुई आँखें।

दुर्गालाल ? कहाँ गया दुर्गालाल··· कारीगर ?

साप्ताहिक 'योगी' (पटना) के दीपावली अंक, अक्तूबर 1960 में प्रकाशित।

टेबुल

मिस दुर्बा दास !

अब सिर्फ मिस दुर्बा दास नहीं। मिस दुर्बा दास, असिस्टैंट ब्रांच मैनेजर; कान्टिनेण्टल कास्मेटिक्स एण्ड ड्रग्स लि., कलकत्ता-बम्बई-दिल्ली-पटना। ब्रांच पटना।

ब्रांच आफिस के हर सेक्शन में पिछले सात दिनों से बस एक ही चर्चा; चर्चा का एक ही विषय—दुर्बा दास, दुर्बा दास का भाग्य। डिस्पैच क्लर्क होकर कम्पनी में आयी। फिर, हेडक्लर्क और आठ वर्षों के बाद असिस्टैंट ब्रांच मैनेजर का यह नया पद !

कैण्टीन की सीढ़ी के पास बैठा जमादार अभिलाख राम सुना रहा है नये बैरा सिरामदास को, "मिस साहेब को हम देखा है, जब मिस साहेब फिराक पहनती थी। बहुत बड़ें हिसाबी बंगाली बाबू की बेटी है मिस साहेब। एक दिन झाड़ू देने नहीं जाओ, बस एक दिन की मजूरी तुम्हारी जरूर कटेगी। कहते, हराम का पैसा खाकर हड्डी क्यों गलाना चाहते हो ?"

माली बोला, "तो, खानदानी कंजूस कहो मिस साहेब को। कल मेजर बाग से गुलाब खरीदकर, दुहरा गुलदस्ता बनाया बड़े जतन से। घर पर दे आया—खुशी-खुशी। सो, गुलदस्ता हाथ में लेकर चुटकी-भर हँसके छुट्टी।··· सबके सब बिलेकप्रिंस गुलाब थे।"

सिंगेसर राम जनरल सेक्शन का पियन दूर से ही मुस्कुराता आ रहा है। उसने समझ लिया है, गप मिस साहेब के बारे में ही हो रही है। आते ही बोला, "आज आफिसो कम्पलेट हो गइल, अगले। आज तखतीओ लटक जायी—नेम पिलेट।"

"तब तो आज से तुम्हारे डिपाट में नहीं बैठेगी ?"

"यहाँ बैठेवाला भी आ गइलन।··· बम्बई से, बाड़ा बाबू।"

सिंगेसर कैण्टीन की ओर बढ़ा तो पियन यूनियन का चन्दा उगाहनेवाले पियन जगवतीप्रसाद ने रोककर कहा, "ए नेम पिलेट-कम्पलेट ! किधर ?··· डिपाट में चाह-चू भी देगी मिस साहेब या जै-जै सियाराम ?"

सिंगेसर हँसकर बोला, "ऊ गुड़ नहीं जो मक्खी खाये। न केकरो खात देखलीं—ना

केकरो के खिलावत देखलीं–आज ले।"

सचमुच, मिस दुर्बा को किसी ने खाते-खिलाते नहीं देखा कभी।

जेनरल सेक्शन–जहाँ दुर्बा दास बैठती थी–आज सूना-सूना लगता है। कोने में बैठती थी मिस दुर्बा, हेड क्लर्क। लगता था, एक बड़ा सजा-धजा टेबुल-लैम्प जल रहा हो।··· आठ साल तक वह टेबुल लैम्प–दुर्बा दास का रूपदीप–समान रोशनी लेकर हाल के कोने में जलता रहा–दस से पाँच तक। कभी-कभी सात बजे शाम तक।

दिन-भर में सिर्फ दो-तीन बार उसका कॉलिंग बेल बजता, दो बार पानी पीती। लंच के समय पाउडर की डिबिया जैसे टिफिन-बक्स से एक लीली बिस्कुट निकालकर कुतर लेती। बोलती बहुत कम। मुस्कुराती रहती, हर घड़ी। कहते हैं, इसी अद्भुत मुस्कुराहट के पीछे दुर्बा की सफलताओं का रहस्य छिपा हुआ है। सेक्शन में देश के कोने-कोने से–एक से एक घाघ बाबू आये। जिसने दुर्बा की इस मुस्कुराहट का गलत अर्थ लगाया–वह गया। त्रिपाठी, सिन्हा, लंगड़ा मुखर्जी–सभी ने एक ही गलती की, क्रमशः।

नगीना प्रसाद को बेवजह बात करते समय लेजर के पन्ने उलटने की आदत है और बगैर जीभ से उँगलियों को गीली किये दो पेज से अधिक नहीं उलट सकता। मिस दुर्बा ने लिखकर गन्दी आदत को छोड़ने की चेतावनी दी थी।

आज नगीना प्रसाद अतिरिक्त उत्साह के साथ अनर्गल बातें कर रहा है और उसकी उँगलियाँ–मशीन की तरह–हर दो पन्ने के बाद जीभ से जा चिपकती हैं, "चपाक् ! चट-चट !! चपाक्··· क्यों भाई, बड़ा बाबू बड़े साहेब के कमरे में है, क्यों ?"

ट्रान्सपोर्ट क्लर्क सेन बोला, "अच्छा भाई। हम तो हिन्दी का लिंगऊंग नहीं जानता कुछ··· बताव तो ई मिस दास को··· आइ मिन··· छोटा साहेब को क्या बोलेगा ? बड़ा साहब··· छोटा मेम तो नहीं बोलने सकता।"

सभी हँसे !

मिस दुर्बा दास, हेड क्लर्क ने एक ट्रांसपोर्ट के सेन का हिसाब चेक कर कहा, "हिसाब गलत है।" सेन ने सारा दिन बैठकर हिसाब किया–करवाया। पेट्रोल के कूपनों से लेकर आटोमोबाइल-गैराज के बिलों को दुहराकर देखा। साढ़े चार बजे जो हिसाब पेश किया सेन ने–उस पर सरसरी निगाह डालकर ही मिस दुर्बा दास ने–विशुद्ध बंकिमचन्द्रीय बंगला में कहा था, "आपनि दॅया कॅरिया आपनार ब्रह्म तालुते छागघृत्त अनुलेपन कॅरुन–प्रत्यह !"[1]

पर्चेज सेक्शन के झा ने अधजली सिगरेट को सुलगाकर कहा, "ई जुल्में है कि ?"

"क्या जुल्म है ?"

---

1. कृपा करके आप अपनी खोपड़ी में रोज बकरी के घी की मालिश करें।

"यही कि जनाना जात राज करे और मरद जात··· हमारे यहाँ एक कहनी है कि–जे घर मौगी कैल घरबार–से घर बूझू बंटाढार।"

सेन बोला, "झा बेटा, भानुसिंघ का पँदावली बोलता है। एँ ?"

सभी बाबू जी खोलकर हँसे। आज नये बड़े बाबू के ज्वायन करने का दिन है। स्वागत के मूड में हैं।

"बड़े बाबू अभी तक बड़े साहब के चेम्बर में हैं या छोटे ?"

चापलूस गुलसन मेहता की व्रण-जर्जर साँवली सूरत पर लाली दौड़ी। अवसर पर बोलने के लिए वह कोई अप्रचलित अंग्रेजी शब्द ढूँढ़ रहा था, शायद। किन्तु कुछ बोल नहीं सका। बड़े बाबू–नये बड़े बाबू अनुरंजन गुप्ता दफ्तर में आ गये–बड़े साहब के चेम्बर से।

मेहता ने आगे बढ़कर स्वागत-नमस्कार किया। सहकर्मियों से उनकी सिनियोरिटी के क्रम से परिचय-पात करवाया।

सदा देर से दफ्तर आनेवाले, किन्तु सदा-सर्वदा सभी के काम आनेवाले बिंदा महाराज आज भी देरी से आये। मिस दास ने भी कभी जवाब तलब नहीं किया बिंदा महाराज से। ब्राह्मण, बूढ़ा··· । बिंदा महाराज के घर आज ही सौभाग्य से पूजा थी–तिलकुट ले आये हैं। बड़े बाबू ने श्रद्धापूर्वक प्रसाद ग्रहण किया। बिंदा महाराज धन्य हो गये।

बिंदा महाराज अब अपनी पुरानी मँझली दीदी, नई असिस्टैंट ब्रांच मैनेजर–मिस दुर्बा दास के नये कमरे में गये।

दुर्बा को तिलकुट बहुत पसन्द है। गया ज़ोन से रिप्रेजेण्टेटिव मानस कुमारजी हर साल तीन बार तिलकुट की टोकरी ले आते हैं।

गुलसन मेहता मिस दुर्बा दास के चेम्बर में आया। सबसे पहले हिन्दी में नेम प्लेट बनाने के लिए धन्यवाद दिया। मानो हिन्दी का एकमात्र रक्षक इस सीसीएण्डी (काण्टिनेण्टल कॉस्मेटिक्स एण्ड ड्रग्स) में अकेला वही है। दुर्बा ने झुकी नजरों से मेहता को देखा।

मेहता ने अब नेम प्लेट की तारीफ की, "बहुत बढ़िया बना है।"

"क्या बढ़िया है ? नाम ही गलत लिखा है।"

"एँ ?" मेहता ने चेम्बर से बाहर निकलकर नेम प्लेट को फिर पढ़ा, "कहाँ, क्या गलती है ?–गलती तो कोई नहीं दिखलायी पड़ रही।"

"दुर्वा नहीं, मेरा नाम है–दुर्बा।"

मेहता ने इस गलती पर अपना मुँह संकुचित करके कोट के बटनहोल जैसा बना लिया, "ओ-ओ-ओ ?··· खैर, पेट काट देने से काम चल जायगा।"

मेहता ने अब मिस दुर्बा के नये और विशाल टेबुल की प्रशंसा की, "ग्रैंड है।"

दुर्बा को हठात् कुछ स्मरण हुआ।··· टेबुल ? "नया हेड क्लर्क आ गया दफ्तर ? कहाँ बैठा है ?"

मेहता बोला, "और कहाँ बैठेंगे ? जहाँ आप बैठती थीं।"

दुर्बा अचानक इस तरह गम्भीर हो गयी तो मेहता कान खुजलाने लगा। फिर शनैः-शनैः चेम्बर से बाहर निकल गया··· राम जाने क्या बात हुई।

"क्रिंग-क्रिंग-क्रिंग···"

"हुँ। जी-जी। हाँ। येस्सर। अभी आ रही हूँ।"

"ट्रिं !··· बिसनूसिंघ ?··· तुम्हीं को मेरे मत्थे मढ़ा गया है ? सुनो–पर्चेज सेक्शन के झा से बोलो–बड़ा साहब बुलाता···।"

दुर्बा दास भी बड़े साहब के चेम्बर में गयी। फिर तुरन्त वापस हुई। अभ्यासवश उसके पैर जेनरल सेक्शन की ओर बढ़े। किन्तु, बिसनूसिंघ की विस्फारित दन्त-पंक्ति को देखकर मुड़ी–अपने चेम्बर की ओर।

-

दुर्बा दास की इस असामयिक और अभावनीय उन्नति से बिसनूसिंघ अत्यधिक प्रसन्न है। रूप कहते हैं इसको कि देखिए तो देखते रह जाइए, मुदा न रूप घटे, न आँख हटे। इसको कहते हैं जनाना का खपसूरती। भगवान ने बिसनूसिंघ की प्रार्थना सुन ली है–मनोकामना ! अब सेवा करने का औसर मिला है–इतने दिनों के बाद।

दुर्बा अपने चेम्बर में आयी।

··· उँहु। कुछ अच्छा नहीं लगता। नये फर्नीचरों की गन्ध, वार्निश की गन्ध दुर्बा को अच्छी लगती है। किन्तु आज क्यों नहीं अच्छी लग रही है ? उबकाई क्यों आ रही है ? उसके दोनों हाथ रह-रहकर भटक जाते हैं, मानो। ड्राअर नये ढंग का है, इस मेज का ? नया टेबुल ? ठीक है। यही··· यह टेबुल नहीं पसन्द है दुर्बा को।

अपने दोनों हाथों को दोनों ओर टेबुल पर पसारती है, दुर्बा। मानो आलिंगन कर रही हो, टेबुल का। उसने धीरे-से टेबुल के काँच पर–टाप ग्लास पर–अपना दाहिना गाल रखा। तड़फ उठी, मानो बिजली छू गयी।–नहीं, नहीं। नहीं चलेगा। लेकिन ?···

··· आठ साल से जिस टेबुल पर काम करती आयी है, उसके सिवा और किसी टेबुल के पास बैठने की इच्छा नहीं होती। लगता है, पराये के सामने बैठी हूँ।··· असम्भव !

"ट्रिं !"

"हजोर ?"

"बिसनूसिंघ, मेहता बाबू को···।"

मेहता कान खुजलाता हुआ फुर्ती से आया, "जी ?"

"मिस्टर मेहता ! बड़ा बाबू··· नये बाबू··· हेड क्लर्क आ गया दफ्तर ?··· काम कर रहा है टेबुल पर ?"

"टेबुल पर काम ? जी हाँ।··· जी नहीं। अभी तो सिंगेसर को बुलाकर हथौड़े

से टेबुल की कोई काँटी ठोकदा··· ?"

"क्या-या-या ? काँटी ?"

मेहता का व्रण-खचित मुखमण्डल कंटकित हो गया लगा, अचरज से बोला, "जी हाँ। काँटी माने··· कील !"

दुर्बा सिहर उठी दाँत पर दाँत रखकर–"सि-ई ई !" किन्तु उसने तुरन्त अपने को सँभाल लिया, "ठीक है, आप जाइए !"

··· जाइए ? मेहता मानो किसी अन्य दुर्बा दास को देख रहा है। ऐसी चंचल, इतनी उतावली तो आज तक कभी नहीं दिखी दुर्बा दास ? कील ! काँटी !!··· गुलसन मेहता के मन में रहकर-रहकर काँटी गड़ने लगी–ऐसा क्यों ?

मेहता चला गया !

··· क्या किया जाये ? वह टेबुल दुर्बा को चाहिए, आज चाहिए, अभी चाहिए, उसके सिवा वह एक क्षण चैन से नहीं बैठ सकती।··· नहीं, नहीं, नहीं ! कुछ नहीं हो सकेगा उसके द्वारा। मेमो पर दस्तखत तक नहीं। और, उधर वह गुप्ता–आते ही आते कील क्यों ठोंकना शुरू किया टेबुल में ? पता नहीं किधर कील ठोंक रहा था ? सी-ई-ई ! शायद जिस काँटी को उसने जानबूझकर आधा ही ठोकवाया था–चिटों की नत्थी टाँगने के लिए–उसे तो नहीं ? भगवान जानें ! किन्तु यह अन्याय ही नहीं, अपराध है।··· क्राइम। उसने क्यों ऐसा किया ?

"ट्रिं !"

"हजोर ?"

बिसनूसिंघ ने नये बड़े बाबू को मिस दास साहब का सलाम दिया।

लगा, इसी क्षण की प्रतीक्षा में–इस प्रकार की राह देख रहे थे सभी। बड़ा बाबू अनुरंजन गुप्ता भी ! सभी ने एक-दूसरे को देखा।

मेहता धीरे-से उठकर बड़े बाबू के पास गया। धीरे-से गुनगुनाकर बोला, "ई टेबुल बड़-सुगनिया है। बड़ा बाबू।"

मेहता जब आत्मीयता-भरी बोली बोलता है, तो पहली पंक्ति मगही में अवश्य बोलेगा। उसने पूछा, "सर ! मकान तो मिल गया। या··· ? ठीक है, किसी तरह की कोई भी असुविधा हो–मेहता को याद कीजिए। हमारा फर्ज है, सर। हमारा जन्म इसी शहर में–सिटी-एरिया में हुआ है। जी ही-ही-ही !!"

बड़ा बाबू, अर्थात् अनुरंजन गुप्ता हाल से बाहर चला गया तो सेन ने पूछा, "अच्छा भाय मेटा। तुम भी खूब है भाय। कभी बोलता है हियाँ पर जन्म हुआ है हमारा। उस दिन बड़ा साब को बोला–हुआ पांजाब में चाँदनी-ना-चानी चौक में हुआ। तुम्हारा जन्म केतना जाग्गा में हुआ भाय मेटा ?"

हाल में एक सम्मिलित हँसी गूँजी। किन्तु मेहता ने सदा की भाँति सेन की चोट का ही रुख मोड़ दिया, "समस्वेर माई डियर फ्रेंड्स–कहीं-न-कहीं कोई कील

जरूर गड़ रही है।··· मालूम तो सभी को है कि पिछले साल कलकत्ता में–एक ही साथ ट्रेनिंग में थे, दोनों। मिस्टर ए. गुप्ता एण्ड मिस दुर्बा दास। एक सफलीभूत होकर 'एबीएम' हो गयी–दूसरा बड़ा का बड़ा बाबू ही रहा–पोर हाइलैंडर नौजवान, आवर न्यू हेड क्लर्क !"

मेहता के इस लेक्चर के बाद दफ्तर के कामकाज में लोगों ने अपने को डुबाने की चेष्टा शुरू की। नये बड़े बाबू की निगाह में आज ही न पड़ जाये कोई–इसलिए कृत्रिम मनोयोगपूर्वक काम चालू हुआ।

टाइपराइटरों की गति, कॉलिंग-बेल की पुकार, दराज़ों को खोलने और बन्द करने की आवाज़ें–सारे वातावरण में एक बनावट, एक मिलावट, कपट !

"सिंगेसर।··· कहाँ भाई ? जरा पानी पिलाओ।"

सिंगेसर सब समझता है। बहुत-बहुत बाबुओं को उसने पानी पिलाया है, आज तक। असल प्यास, नकल प्यास और नज़र प्यास–सभी प्यास को वह पहचानता है। जहाँ एक बाबू ने पानी माँगा, सभी बाबुओं की आत्मा मानो प्यास से ऐंठने लगती है।

"सिंगेसर ! कहाँ चला जाता है ? किसी ने कहीं भेजा है ?"

सिंगेसर बड़बड़ाता हुआ आया, "हुजूर। पानी छूके फैलवा हम ना छूएब। भींगल हाथे कौनो कागज ना धरब।··· मिस साहब बहुत बिगड़ेली··· !"

महीने के अन्तिम सप्ताह में कई बाबुओं को सिंगेसर से कर्ज लेने की ज़रूरत पड़ जाती है, दस-पाँच। इसलिए सिंगेसर की झल्लाहट पर कोई ध्यान नहीं देते, शायद। उसके विरुद्ध वक्तव्य अंग्रेज़ी में हो या किसी अन्य भारतीय भाषा में–वह समझ लेता है। अपनी भाषा ठेठ भोजपुरी के अलावा कोई भाषा सीखने-बोलने की उसकी इच्छा ही नहीं हुई ! चाहे बंगाल के बनर्जी बाबू बोलें अथवा मराठा घोंसले साहब से बात-चीत करे, सिंगेसर 'जातानी-खातानी' ही बोलता है।

मेहता के मन में काँटी खुच-खुच चुभती है–क्या बात है ? वह और बैठा नहीं रह सकता !··· एक रेलवे रसीद के बारे में पूछने योग्य प्रश्न गढ़ रहा है वह।··· मिल गया सवाल उसको। वह फायल लेकर 'एबीएम' के चेम्बर में पूछते हुए घुस गया, "मे आई कमिनसा···।"

किन्तु मिस दुर्बा दास ने पदोचित गम्भीरतापूर्वक कहा, "बाद में आइए !"

··· मेहता ने देखा–नये बड़े बाबू के ओठों पर एक अद्‌भुत मुस्कुराहट अंकित है ! और दुर्बा दास के चेहरे पर एक अभूतपूर्व हलचल ?··· मन में कील दो-तीन बार लगातार गड़ी, मेहता के !! वह फिर अनिच्छापूर्वक चेम्बर से बाहर निकल आया।

तब, मिस दास ने पुनः वार्तालाप प्रारम्भ किया।

"आपको घर मिल गया ? अच्छा ? गुड लक, यह बहुत बड़ा प्राब्लेम है पटना का··· "

"हर जगह यही हालत है। मेरे एक परिचित यहाँ रेलवे में हैं–उन्हीं की कृपा

से एक अच्छा घर मिल गया है।··· चिरैयाटाँड़ पुल के पार।" अनुरंजन ने बताया।

मिस दास के अन्दर बहुत देर तक संघर्ष छिड़ा रहा। सामने बैठे युवक से यह उसकी पहली मुलाकात नहीं। एक ही साथ ट्रेनिंग में थी पिछले साल।··· अनुरंजन के नोट्स आज भी उसके पास हैं।··· फिर, वह पचीस पृष्ठ का व्यक्तिगत निबन्ध–ट्रेनिंग से मैंने क्या प्राप्त किया–सरस रोचक साहित्यिक ढंग से लिखने की शर्त थी। उसने अनुरंजन से अनुनय किया था–टी सेण्टर में बैठकर चाय पी है। आमने-सामने बैठकर।–स्टार में शंभूमित्रा का 'रक्त करबी' देख चुकी है, अगल-बगल बैठकर। दक्षिणेश्वर, बेलुड़–। नहीं, उन स्मृतियों को पोंछ देना होगा। चॉक से अंकित भूत क्षणों को 'परिष्कार' कर देना होगा–मन-पटल से। मन, एक काला बोर्ड !

अनुरंजन गुप्ता ने बहुत पहले ही अपने को संयत कर लिया है। यहाँ आने से पूर्व ही वह आँधी-तूफान झेल चुका है। उसने समझौता कर लिया है। बोर्ड ने असिस्टेंट ब्रांच मैनेजर के काबिल नहीं समझा, उसका दुर्भाग्य ! वह क्या करे ? किन्तु तुरन्त पटना ट्रांसफर-आर्डर पाकर वह उद्विग्न अवश्य हुआ था। मन-प्राण से काम करने की अच्छी सजा उसे मिली··· उसने ग्रहण किया। वह दृढ़ होकर अपना कर्तव्य करेगा।···

किन्तु, अभी-अभी कुछ क्षण पूर्व उसका मन फिर डगमगा गया था··· नमस्कार का झिझकता हुआ प्रतिनमस्कार, हाथ उठाने का ढंग, आँखों की असाधारण नमनीयता–सबकुछ देख-सुनकर उसने समझ लिया था, मिस दास के मन में कुछ हो रहा है। उसने कुर्सी से उठने का उपक्रम किया।

दुर्बा बोली, "सुनिए ! मैंने बुलाया था···।"

अनुरंजन फिर कुर्सी पर स्थिर होकर बैठ गया। कुछ क्षण चुप रहने के बाद अनुरंजन ने पूछा, "जी ! कहिए।"

"वह टेबुल··· आइ मिन··· वह टेबुल जिस पर फिलहाल आप बैठे हैं··· वहाँ कल तक मैं बैठती थी··· वह··· वह।"

"जी। वह ? क्या है उस टेबुल में ?"

"वह मेरा टेबुल है···"

"आपका पर्सनल ?"

"जी नहीं। मैंने उस पर आठ साल तक बैठकर काम किया है।"

अनुरंजन ने कहा, "जी, मालूम है। किन्तु मुझे कुर्सी नयी दी गयी है।"

दुर्बा गम्भीर हो गई। अनुरंजन का यह कथन अश्लील-सा लगा।··· कुर्सी बदलने की बात क्यों बोला ? उसने अब मन के सारे संकोच को दूर कर दिया। बोली, "वह टेबुल मुझे–यहाँ–मेरे चेम्बर में भेज दीजिए।"

"यहाँ भेज दूँगा ?··· और यह टेबुल वहाँ जायगा ? लेकिन, वहाँ इतनी जगह

कहाँ है ?"

"नहीं। यह टेबुल भी यहीं रहेगा। वह भी।"

"तो, मैं वहाँ किस टेबुल पर–?"

अधीरतापूर्वक दुर्बा दास बोली, "मैं स्टोर बाबू को बुलाती हूँ। आपको नया टेबुल मिलेगा।"

अनुरंजन ने बिना कुछ सोचे-समझे जवाब दिया, "ठीक है। नया टेबुल आ जाये पहले··· "

"पहले-पीछे क्या ? अभी भेज दीजिए।"

दुर्बा दास फिर सोच में डूब गयी। अनुरंजन ने उसके गालों पर रंगों को इतनी शीघ्रता से चढ़ते-उतरते नहीं देखा था। न स्टार में, न ट्राम में, न बेलुड़ में–कहीं नहीं !

अनुरंजन उठा। दुर्बा दास का ध्यान भंग हुआ। मानो, अपने-आपसे तर्क करती हुई बड़बड़ाई, "उसके बिना मुझसे कोई काम नहीं होगा··· किस्सुई हँबे ना आमार दारा।"

अनुरंजन अपने असिस्टैण्ट ब्रांच मैनेजर के चेम्बर से बाहर निकल आया।

अपने जेनरल सेक्शन में घुसते ही उसे लगा–सेक्शन के हर टेबुल के पास, मानव काया में जड़ित अक्षिगोलकों में कौतूहल, जिज्ञासा और अचरज मिलजुल कर झिलमिला रहे हैं ! छोटी-छोटी बल्ब-जैसी दस जोड़ी जलती हुई आँखें !

ट्रान्सपोर्ट विभाग का दुलाल सेन–जिसे दफ्तर के सहकर्मी ट्रान्सपोटेसन कहते हैं–'मुराद' सिगरेट पीता है। बड़े बाबू को आफर करता हुआ बोला सेन, "सार ! डिविजन ऑफ वर्क का फैसला हो गया क्या ?"

अनुरंजन 'मुराद' सिगरेट का स्वाद लेने लगा, कोई जवाब नहीं मिला सेन को !

सभी जलती आँखों ने बड़े बाबू के चेहरे पर आने-जानेवाले भावों को परखने की चेष्टा की–अपने-अपने कोण से।

बिन्दा महाराज ने पनडब्बा बढ़ाया।··· बड़ा बाबू पान खाते वक्त सिगरेट नहीं पीते।

गुलसन मेहता ने तुरन्त ताईद की, "बहुत अच्छा करते हैं, सर ! पान खाते वक्त सिगरेट पीनेवाले की सिगरेट की थूथनी अजीब··· लाल सी··· अजीब···।"

"··· क्रिं–हजोर !"

"क्या नाम है तुम्हारा ?"

सिंगेसर के साथ सभी बाबुओं ने दुहराया, "सिंगेसर राम !"

"देखो, सिंगेसर राम। यह टेबुल जायगा–एबीएम–माने मिस दास साहब के चेम्बर में··· ?"

बाबुओं की मण्डली एक स्वर से बोली, "मिस दास साहेब के चेम्बर में ? क्यों–यों–यों ?"

सबसे बाद में सिंगेसर ने पूछा, "से काहे हजूर ?"

"वह कहती है··· ।"

"क्या कहती है सर ?" मेहता अब अपनी कुर्सी पर चुपचाप बैठा कैसे रह सकता है ? "क्यों सर ? आप वहीं बैठिएगा ?"

अनुरंजन की भृकुटी तनिक बंकिम हुई। मेहता ने समझ लिया। वह बोला, "ओ ! मैं समझ गया सर !"

अनुरंजन ने समझाया, "इसमें समझने-बूझने की कोई बड़ी बात नहीं। वह किसी दूसरे टेबुल पर काम नहीं कर सकती।"

"तो, दे दें न अपना बड़ा टेबुल ?"

"वह भी नहीं देगी ? दोनों टेबुल रखेगी ?"

"स्टोर में नया टेबुल कहाँ से आवेगा ?"

"जरा स्टोर डायल करो, झा।"

मेहता स्टोर-क्लर्क से पूछता है, "हाँ, बनर्जी दादा सुनिए। स्टोर में कोई सेक्रेटेरिएट टेबुल··· टेबुल नया कोई है ? एँ ? है ?··· दिल्लगी छोड़िए दादा। बड़ा बाबू के लिए। नहीं ?"

मेहता के चेहरे पर खुजलाहट हुई–किसी व्रण में।

सेन ने हँसकर पूछा, "क्या बोला बनर्जी दादा ?"

"पगलू हैं यह बनर्जी दादा भी। कह रहे थे कि अभी शीशम का पेड़ कटावेगा, चिरायी-फड़ायी होगी, तब जाकर टेबुल होता है। गाछ में फलता नहीं। हुँ !"

"क्रिंग-क्रिंग-क्रिंग··· !"

"यः, गुप्ता बोल रहा हूँ। जी ? फिर मैं किस टेबुल पर ! स्टोर में नहीं है। अजीब बात है। काम तो मुझे भी करना है। जी ? लेकिन, मैं बड़े साहब से क्यों कहूँ ? आप ही कहें।··· आइ डोंट··· थिं··· खट्।"

टेलीफोन वार्ता-काल में सभी बाबुओं के मुखड़े पर उत्तेजना और प्रसन्नता की लहरें दौड़ती रहीं। इसके बाद प्रत्येक बाबू ने अपने मन और मुँह के उपयुक्त मुद्रा बनायी।

बिन्दा महाराज कहते हैं, "टेबुल में क्या है ऐसा ?"

मेहता ने ऐसा मुँह बनाया मानो दुर्बा दास ने उसे छड़ी से पीटा है, अभी-अभी। सेन बोला, "साला, काठ का चीज का वास्ते इतना दरद और मानुस का वास्ते कुछ नेंही–भीतर में ?"

अनुरंजन चुप रहा। नगीना प्रसाद की आदत पर उसकी दृष्टि गयी। पृष्ठ उलटते-उलटते जीभ से उँगलियाँ चिपकीं। नगीना प्रसाद पन्नों को उलटते हुए बोला, "बहुत-बहुत स्वार्थी जीव देखा है। लेकिन ऐसा नहीं··· चपाक् चट-चट।"

बनर्जी दादा–स्टोर बाबू ने आकर नये बड़े बाबू से परिचय किया। बोला, "देखिए,

आप हमारे बड़े बाबू हैं। मगर उमेर में हम आपसे बड़ा है ! टेबुल आप हरगिज मत दीजिए साहब।"

"बहुत छोटे हृदय की है।"

"दिल में दया-माया का नाम नहीं।"

"किसी की नौकरी खाते समय भी ऐसी ही हँसी उसके चेहरे पर रहती है।"

"आखिर, आदमियत भी कोई चीज है।"

"भगवान ने औरत बनाके क्यों भेजा इसे ?"

"जुल्में है कि ! एतना रूप मुफ्ते चला गया।"

अनुरंजन सुन रहा है, एक-एक मन्तव्य। किन्तु कोई दुर्बा के चरित्र पर उँगली नहीं उठाता। निष्ठुर, हृदयहीन, स्वार्थी सबकुछ कह रहे हैं लोग। लेकिन किसी ने यह नहीं कहा कि रूप-यौवन देकर उसने उन्नति खरीदी है। उँहू। कोई नहीं कह सकता।

मेहता बोला, "ऐसी जिद तो नहीं करनी चाहिए। अच्छा लेट मि सी··· ।"

मेहता दफ्तर से बाहर निकला। झा ने सेन के कान में कहा, "साला चला अब 'गो-बिटविनी' करने।"

सेन ने आँख टीपकर संकेत दिया, "बेटा, देखना खेला। खेला तो आभी आरम्भ हुआ।"

मेहता लौट आया। दुर्बा दास को इतना उत्तेजित कभी नहीं देखा मेहता ने। किसी ने भी नहीं। रूप-पूजक बिसनूसिंघ पियन ने भी नहीं।

बिसनूसिंघ पिछले सात साल से मिस दास की बिना पैसे की गुलामी करने का अवसर ढूँढ़ रहा था। भगवान ने इतने दिनों के बाद नजर फेरी। आज ही वह निवेदन करना चाहता था कि घर पर भी उससे काम लिया जाए। बिल्कुल काम करेगा बिसनूसिंघ। पैर में जूती भी पहना देगा। लेकिन, आज तो ऐसा मन उचाट है मिस साहेब का कि एक पल चैन से बैठती ही नहीं।

बिन्दा महाराज बड़े साहब से पूछने गये कि इस पूर्णिमा की रात में भी पूजा कराने के लिए कोई पुरोहित चाहिए क्या ? बड़े साहब मिस दास से कह रहे थे, "नहीं। यह कैसी लड़कपन-भरी बातें करती हैं, आप ? आप दो-दो टेबुल रखें और··· आखिर, वह कहाँ काम करेगा ? आखिर उस टेबुल में क्या है ?"

मिस दुर्बा अनुनय-भरे स्वर में बोली, "सर, वह टेबुल तो मुझे चाहिए ही। चाहे जैसे भी मिले। मैं नया टेबुल दे रही हूँ अपना।"

तब बड़े साहब ने बात बदल दी, "उँहूँ ! वह टेबुल एबीएम के लिए है। हेड क्लर्क को नहीं दिया जा सकता। और आप देने-लेनेवाली कौन होती हैं।"

बड़े साहब ने जान-बूझकर रुख कड़ा किया।

"सर, तब मैं कोई काम नहीं कर सकूँगी।"

बड़े साहब के चेहरे पर अब झुँझलाहट स्पष्ट हो गयी।

इसके पहले कभी दुर्बा दास ने ऐसी झिड़की नहीं सुनी थी—किसी भी बड़े साहब की। और न देखी थी ऐसी झुँझलाहट। वह बोली, "सर, सेण्टिमेण्टल कहिए या पागलपन। मैं किसी को उस टेबुल पर नहीं बैठने दूँगी। नहीं···।"

बड़े साहब 'घर बैठे मनोविज्ञान का पंडित बनिए' सिरीज के स्थायी ग्राहक हैं। मिस दास की बातों में कोई मनोवैज्ञानिक उलझन है—जरूर ? बोले, "मिस दास, मेरी बुद्धि में कोई बात नहीं आ रही। मान लो, तुम्हारा ट्रान्सफर हो गया कलकत्ता। तो क्या कलकत्ता ले जाओगी ढोकर··· ?"

"जी ? चाहूँगी अवश्य।"

"और मान लो··· "

"नौकरी नहीं रहे ? तब कम्पनी से अनुरोध करूँगी कि यह टेबुल मेरे हाथ बेच दे।"

"टेरिबल !··· ठीक है, आप जाइए। मैं हेड क्लर्क को बुलाता हूँ।"

बड़े साहब से अनुरंजन ने पूछा, "आप ही बतलाइए, मैं क्या करूँ ?"

बड़े साहब ने मिस दास से फोन पर कहा, "आप व्यर्थ में छोटी-सी बात को लेकर एक समस्या पैदा कर रही हैं। आज नये पद का काम ही बखेड़ों से शुरू कर रही हैं आप।"

अनुरंजन गुप्ता को बिसनूसिंघ ने फिर सलाम लाकर दिया—मिस दुर्बा दास का।

इस बार अनुरंजन ने दुर्बा दास के सुन्दर चेहरे पर अबला नारी की बेबसी देखी। थकी, कुढ़ी, अस्त-व्यस्त कपड़े, सरकी हुई साड़ी—सामने से। अनुरंजन को याद आयी—दक्षिणेश्वर और बेलुड़ से लौटते समय दुर्बा इसी तरह थकी-कुढ़ी थी !

"मिस्टर गुप्ता।"

"हुक्म।"

"हुक्म नहीं। आप वह टेबुल मुझे दे दें।"

जेनरल सेक्शन में एक बाबू ने तलहथी पर उँगली घुमाकर कहा, "लगा है लकड़पेंच !"

मेहता ने स्टोर बाबू—बनर्जी दादा से 'फोना-फोनी' की, "हाँ, दादा। आप वही बात बोलिए कि शीशम का पेड़ कटेगा··· !"

सभी बाबू प्रसन्न हैं।··· क्राइसिस, प्राबलेम अपनी जगह पर जस के तस और घड़ी की सुई आगे बढ़ती गयी—एक, दो, तीन, चार, पाँच !!

दूसरे दिन सभी ने अचरज से सुना, मिस दास अचानक बीमार हो गई है। एक सप्ताह की छुट्टी के लिए आवेदन-पत्र भेजा है, उसने !

पाँच ही दिनों में अनुरंजन ने अपने दफ्तर के प्रत्येक जीव को थोड़ा-बहुत पहचान

लिया है। एक से एक कामचोर पड़े हुए हैं यहाँ। परले सिरे का चापलूस गुलसन मेहता, जिसे पोलसन मेहता कहते हैं।

जो भी हो, मिस दास काम करना जानती है। काम से उसे प्रीत भी है। जिस फाइल में हाथ लगाती है, वह–आइने की तरह साफ ! कहीं कोई भूल-चूक नहीं, उलझन नहीं। लेकिन टेबुल के लिए उसकी जिद ? क्या कहा जाये इसको ! आखिर बात तो होगी कोई ?

मेहता ने कहा, "सर, मैं जानता हूँ कारण।"

अनुरंजन ने पूछा, "क्या कारण है ?"

मेहता अनुरंजन के पास गया। फिर मद्धिम आवाज़ में बोला, "मिस दास की छाती पर–ठीक कॉलरबोन के नीचे–एक रुपया-भर गोल–दाद का चकत्ता है। टेबुल के इस कोने से वह समय-असमय खुजलाती···।"

"मेहता साहब ! आप अपने 'एबीएम' के सम्बन्ध में ऐसी बे-बात की बात मेरे सामने न बोलें तो अच्छा।"

सर्वांगसुन्दरी दुर्बा की देह में दाद ? धेत्त, उसने मेहता को अच्छी तरह पहचाना है। दुनिया-भर की बात कोई इससे पूछे।··· सेन ने कल कहा, "एक दिन बड़ा साब बोला–मेटा ! गाधा कैसा माफिक बोलता है। बास–मेटा झट से आँकू-आँकू बोलने लगा। बलिहारी बाबा मेटा। तुम्हारी जुड़ी एई भूभारत में नेंहीं !"

ऐसे अवसरों पर मेहता सड़ी मछली, भूखा बंगाली और पान्ता भात आदि कहकर सेन को काटने की चेष्टा करता है।

उस दिन दफ्तर के बाद मेहता दौड़ा गया मिस दुर्बा के डेरे पर। दुर्बा बाहर लान में उदास बैठी थी। मेहता पाजी कुत्ते के डर से फाटक के अन्दर नहीं गया। बाहर से ही उसने दुर्बा को संवाद किया, "आज डी. डी. टी. पाउडर और गेमेक्सिन–दोनों मिलाकर टेबुल को डिसइन्फेक्ट किया गया है।"

डीडीटी-ई-ई-ई ! लगा अचेत हो गयी दुर्बा दास संवाद सुनकर।

सातवें दिन मालूम हुआ, मिस दास ने और भी चार दिन की छुट्टी बढ़ाने के लिए आवेदन-पत्र भेजा है।···

अनुरंजन गुप्ता ने–बड़े साहब के आदेशानुसार–असिस्टैण्ट ब्रांच मैनेजर के जिम्मे नियमानुसार दिये जानेवाले कामों का एक लेखा-जोखा तैयार किया। मिस दास की अनुपस्थिति में उसने कुछ काम भी कर दिया है।

उस दिन फिर टेबुल की चर्चा छिड़ी।

सेन ने पूछा "टेबुल पुलिंग है क्या ?··· इसी वास्ते ! हा-हा-हा-हा !"

मिस दास की बढ़ायी हुई छुट्टी भी कटी एक-एक कर तीन दिन !

उस दिन दफ्तर से लौटकर अनुरंजन ने कहा, "माँ, मैं जल्दी से नहा लूँ। चलो, आज तुमको आश्रम दिखला लाऊँ यहाँ का–रामकृष्ण आश्रम। प्रवचन है किसी स्वामीजी का वहाँ आज।"

अनुरंजन बाथरूम से निकला। माँ ने सूचना दी, "एक महिला मिलने आयी है।"

"महिला ?" अनुरंजन अचरज से देखता ही रह गया–अरे यह तो दुर्बा दास है। माँ कहती है, महिला ! आधुनिक बाँह-कट ब्लाउज और कांजीवरम या वरम साड़ी का यह मैच–अखबारों में रोज़ प्रकाशित होनेवाली अन्तर्कंचुकी कम्पनी की उस महिला की छाया–क्या हो गया है आज दुर्बा दास को ?

"नमस्कार !··· अब कैसा है आपका जी, क्या हुआ था ?"

दुर्बा चुप रही। अनुरंजन की माँ दो प्याली चाय दे गयी। अनुरंजन ने परिचय करवाया, "माँ, आप ही हमारे एबीएम–मिस दुर्बा दास ! और··· मेरी माँ !"

माँ रसोई में चली गयी।

"रसोई आपकी माँ स्वयं पकाती हैं, अभी भी ?"

"जी, मेरा सौभाग्य ! माँ के हाथ का··· "

"जी नहीं। इस माने में मैं भी सौभाग्यशालिनी हूँ।"

"आप हर माने में सौभाग्यवती हैं।"

अनुरंजन ने पहचाना, यह कलकत्तावाली दुर्बा दास ही है। परिधान-प्रसाधन तनिक उग्र है। यही फर्क।

"तब ? कैसा लग रहा है पटना ?"

"अच्छी जगह है।"

"खाक अच्छी है। कलक··· बम्बई से भी अच्छी ?"

कलकत्ता कहते समय आँखें आतंकित क्यों हुईं, दुर्बा की ? फिर कुछ क्षणों की चुप्पी।

"तो कल आप दफ्तर आ रही हैं न !"

"कल ?" सपने से जगी दुर्बा मानो, "कल ? मेरा आना आप पर··· तुम पर निर्भर है।"

"मुझ पर ?"

"हाँ।··· तुम पर। अनुरंजन बाबू, तुम पर। मैंने कहा न, उस टेबुल पर किसी का बैठना मुझे सह्य नहीं होगा। उसके बिना··· जानते हो ? इस बीच हर रात मैंने सपने में टेबुल को देखा। देखा, वह टेबुल मुझे मिल गया है। फिर छीन लिया गया है। बहुत बड़ा युद्ध हो गया–मार-काट। दंगे।··· टेबुल में आग लगा दी गयी है, मेरा टेबुल जल रहा है, धू-धू कर।··· कितने सपने ऐसे ही भयावने।"

"मिस दास, सभी को अचरज हो रहा है··· "

"सो मैं जानती हूँ। मैं सभी का कौतूहल मिटाने को बाध्य नहीं हूँ। तुमसे कहूँ–कोई स्त्री किसी अन्य पुरुष के पास पाँव फैलाकर, हाथ पसारकर, जी खोलकर बैठ

सकती है भला ? बोलो।"

अनुरंजन का मुँह न जाने क्यों विकृत हो गया, किंचित् !

दुर्बा अनुनय-भरे स्वर में बोली, "गुप्ता, तुम तो ऐसे नहीं थे ? इतने निष्ठुर तुम हुए कि डी. डी. टी. छिड़कने में भी तुम्हारी आत्मा कुण्ठित नहीं हुई ? तुम ज़ोर-ज़ोर से दराजों को खोलते, बन्द करते हो ? सेन उस पर घुस्सा मारता है ? तुमने कील ठोंक दी ? क्यों ? क्यों गुप्ता ?"

अनुरंजन ने देखा, बातें करते समय दुर्बा की मदमाती आँखें और भी मधु ढालती हैं। उँगलियाँ छन्दबद्ध गति से नाचती हैं।

दुर्बा उठी। खिड़की पर गयी। नाक झाड़कर नासा-रन्ध्रों का 'परिष्कार' किया। हठात्, कलकत्तेवाली दुर्बा लौट आयी। कलकत्तेवाली दुर्बा, जो डकार ले, दाँत से नाखून कुतरे अथवा नाक की सर्दी झाड़े, मुँह विकृत करके भयभीत हो–प्रत्येक अवस्था में सुन्दरी ही दीखती है।··· नब-नब रूपे देखि तोमाय क्षणे-क्षणे !!

"तुम···।"

अनुरंजन ने सचेत करने के सुर में कहा, "क्षमा करें मिस दास। आप मुझे 'तुम' कहती हैं। किन्तु मैं आपको तुम नहीं कह सकता।"

"मैं-तुम ? मैं तुमको 'तुम' कहती हूँ ?··· नहीं-नहीं, मैं तुमको अब 'आप' ही कहूँगी। हुआ न ? तुम भी 'तुम' कहो न ? क्यों नहीं कह सकते ? सिलि···। सुनो गुप्ता, टेबुल की समस्या पर सोच-विचार किया है मैंने–सात दिनों तक। बड़े साहब का कहना है–नया टेबुल तुमको नहीं दिया जा सकता।··· देखो, गुप्ता। बस एक रास्ता है। मुझे उम्मीद है, तुम अब जिद नहीं पकड़ोगे।"

"जिद ? मैंने पकड़ी है मिस दास ?"

"क्यों ! सिर्फ दुर्बा नहीं कह सकते ? अच्छी बात। अब तुमने नाहीं की तो मैं समझूँगी, तुम चाहते हो मैं नौकरी छोड़ दूँ। इतने बड़े परिवार का सारा बोझ मेरे ही सिर है। मालूम है तुमको ? नौकरी छोड़ने पर भी–उस टेबुल के बिना कैसे जी सकूँगी मैं ?"

"मिस दास, आप मुझे बताइए, आपने क्या सोचा है ?"

"नहीं। पहले वचन दो, तुम मानोगे ?"

ठीक, इसी तरह दुर्बा ने पिछले साल वचन लिया था, बोलो, मेरी सहायता करोगे न ? अनुरंजन ने पहले ही दे दिया वचन, "मानूँगा। कहिए।"

"सच ? देखो काम का जो सिलसिला है, तुमको अधिक समय मेरे चेम्बर में ही रहना पड़ेगा। याद है, तुम्हीं ने तो कहा था कि यह नया स्कीम 'एबीएम' वाला क्या है–सीनियर हेडक्लर्क माने असिस्टैण्ट ब्रांच मैनेजर। तो, क्यों न तुम मेरे चेम्बर में ही बैठते ? बात यह है कि टेबुल मेरे चेम्बर में रहेगा, मेरी आँखों के सामने रहेगा तो तुम ज़ोर-ज़ोर से दराजों की खोल-बन्द नहीं करोगे। हथौड़े से कील नहीं ठोकोगे। मेरी उपस्थिति में कम-से-कम···।"

अनुरंजन ने पहले ही वचन दे दिया था। दुर्बा को विश्वास नहीं हुआ, किन्तु।

उसने बार-बार पूछा, "बोलो, तुमको कोई एतराज़ है ? सच ? कल फिर मुकर तो नहीं जाओगे ? किसी की बात में पड़कर 'नट' तो नहीं जाओगे ? वह गुलशन मेहता बड़ा पाजी जीव है। बोलो··· ।"

अन्तिम वाक्य कहते समय दुर्बा ने अनुरंजन का हाथ पकड़ लिया, "बोलो।"

अनुरंजन की माँ ने पूछा, "अब तो आश्रम नहीं जा सकोगे भैया। पीढ़ी डाल दूँ चौके में ?"

दुर्बा असंख्य धन्यवाद देने की मुद्रा में बोली, "तो मैं चली अभी। हैं ? कल दस बजे के पहले ही आओ न ! बड़े साहब साढ़े नौ बजे ही आ जाते हैं। ··· बाद में सभी आ जायेंगे तो फिर टेबल खींच-तान··· "

"नमस्कार।"

अनुरंजन को लगा, दुर्बा उसे चाबुक से पीटकर चली गयी, सपाक् ! सपाक् !

दूसरे दिन दुर्बा नौ बजकर पच्चीस मिनट पर ही दफ्तर आ गयी।

बड़े साहब की गाडी साढे नौ बजे पोर्टिको में आकर लगी। दुर्बा ने आगे बढ़कर नमस्कार किया।

"कहिए मिस दास, अब कैसी हैं ?"

"अब ठीक है सर।" उत्फुल्ल दुर्बा बोली।

साहब अवाक् हुए मन-ही-मन। प्रकट रूप से मुस्कुराते रहे।

दुर्बा बड़े साहब के साथ उनके चेम्बर में गयी। बड़े साहब का पियन जब तक चेम्बर में रहा, वह चुप रही। उसके बाहर जाने के बाद दुर्बा ने साहब के मूड को परखने की चेष्टा की। फिर निवेदन करने लगी, "सर ! टेबुल की समस्या···।"

बड़े साहब उबल पड़े, "सुनो भाई, मिस दास। मैं अब इस समस्या या प्राबलेम के बारे में एक शब्द नहीं सुनना चाहता। आप लोग टेबुल-कुर्सी के लिए बच्चों की लड़ाई करेंगे तो मुझे बाध्य होकर जीएम को लिखना पड़ेगा।··· फनी।"

"नहीं सर, अब कोई प्राबलेम ही नहीं। सब तय हो गया।"

दुर्बा ने समस्या का हल विस्तारपूर्वक सुझाया। उसने यह भी कहा कि कल शाम को अनुरंजन के डेरे पर जाकर अनुरंजन को मना आयी है।"

बड़े साहब ने इस फार्मूले पर सोचा, ठीक है। देखा जाये, कहाँ तक और··· यह अनुरंजन गुप्ता–हेड आफिसर से लेकर–बोर्ड के सभी सदस्य–जिसकी तारीफ के पुल बाँध चुके हैं यही है वह कर्मठ पुरुष ? रीढ़हीन प्राणी ?··· ठीक है, उधर जेनरल सेक्शन में मेहता को अवसर मिलेगा··· डोसालय मेहता। हैण्डी एण्ड हेल्पफुल मेहता और इस सुपुरुष अनुरंजन में क्या फर्क··· ? "ठीक है। किन्तु गुप्ता को यदि कोई एतराज हो ?"

"उसे क्या एतराज होगा ? सर, वह आ ही रहा है।"

दस बजे के पहले ही दुर्बा दास अपना प्रिय टेबुल ले आयी अपने चेम्बर में। टेबुल लाते समय वह कुलियों के साथ थी—कहीं ठेस न लग जाये। आखिर कहाँ तक बचावे कोई ? काँच का तो नहीं टेबुल। ज़रा-सी ठेस लगी, चीख उठी दुर्बा दास।

चेम्बर के एक हिस्से में टेबुल को प्रतिष्ठित किया गया। बिसनूसिंघ जोर-जोर से झाड़न मारकर धूल झाड़ने लगा। चिल्ला उठी दुर्बा दास, "ए—ए—जंगली ! इस तरह जोर-जोर से क्यों मारता है ? लाओ डस्टर।"

दुर्बा ने अपने हाथों टेबुल की धूल को झाड़ा—हौले-हौले।··· हाय रे ! एक पखवाड़े में ही तुम्हारी यह दुर्दशा ? हः, अब जाकर जान में जान आयी है। मैंने समझा था, अब नहीं पाऊँगी तुमको। लाल रोशनाई गिरी कैसे ?

टेबुल झाड़-पोंछकर उसने घड़ी देखी। दस बज रहे हैं। गुप्ता आता ही होगा। उसने दरवाज़े की ओर देखा हैण्डलूम के पर्दे पर भरतनाट्य नृत्य की मुद्रा में खड़ी औरतों की पाँति। उसने, दोनों बाँहों को दोनों ओर पसारकर सदा की भाँति टेबुल के टाप-ग्लास पर अपना एक गाल रखा··· ओ हो ! एक पखवारे के बाद यह स्पर्श-सुख··· सी-ई-ई··· फिर दूसरा गाल··· सी-ई-ई··· रोम-रोम पुलक रहे ! पुलक···

"क्रिं। हजोर !"

बिसनूसिंघ अन्दर आया। दुर्बा ने झटपट अपने को सँभाला, "कुछ नहीं, बाहर जाओ। कॉलिंग बेल आप ही बज उठा कैसे ?"

बड़े साहब ने देखा—पर्दे के उस पार दो पाँव। अनुरंजन गुप्ता आ रहा है। साहब ने एक मोटा फाइल खोलकर अपने को डाल दिया।

अनुरंजन आकर खड़ा रहा। बड़े साहब का ध्यान भंग नहीं हुआ, "सर, क्या मैं बैठ सकता हूँ—थोड़ी देर ?"

"उँ ? हूँ। बैंठो। क्या है ?"

आवेदन-पत्र। एक नहीं, दो ?

"क्या है ?" एक में डेढ़ महीने की छुट्टी की प्रार्थना··· माँ प्रयाग जायेगी कल्पवास करने··· एकलौता बेटा है वह। इसलिए साथ जाना आवश्यक··· दूसरा आवेदन-पत्र है कि··· पटने का जलवायु स्वास्थ्य के प्रतिकूल··· उसे या तो हेड आफिस कलकत्ता भेज दिया जाये या फिर बम्बई। अन्यथा··· अन्यथा। यह आवेदन-पत्र ही त्याग-पत्र ?

"देखो गुप्ता, भावावेश में··· ।"

"नहीं, सर, मैंने बहुत सोच-समझकर देख लिया है। मेरी माँ भी नहीं चाहती।"

बड़े साहब ने आवेदन-पत्र की भाषा और अनुरंजन के चेहरे पर अंकित भाव को पढ़कर समझ लिया, यह सच कहता है। इसने बहुत सोच-समझकर फैसला किया है।··· लोग झूठ नहीं कहते थे ! अनुरंजन गुप्ता···

अनुरंजन ने आज की छुट्टी माँगी—मौखिक ! मिल गयी।

हर सेक्शन में यह खबर फैली—फैलती गयी—

एक साथ बीस टाइपराइटरों की खटपटाहट बन्द हो गयी।

सभी बाबुओं ने एक ही साथ पानी माँगा, "पानी !"

"आ ?"

"वही हुआ—जो मिस दास चाहती थी।"

"त्रियाचरित्रम्···।"

"गजब··· अजब··· औरत ?"

"गुप्ता साहब चले गये ?"

दुर्बा को भी खबर मिली।

कुछ देर तक सन्न रह गयी। उसके चेहरे का रंग उड़ गया। सुफेद मुखमण्डल !··· त्याग-पत्र ? छुट्टी ? वह आया नहीं यहाँ ? लेकिन, उसने तो वचन दिया था ?

उसके चेहरे पर तुरन्त लाली लौट आयी। वह अपनी कुर्सी छोड़कर उठी। अपने प्रिय टेबुल के पास गयी। कुर्सी पर बैठी। होंठों पर अंकित मुस्कुराहट खिलती गयी।··· त्याग-पत्र दे या चूल्हे में जाये मूर्ख अनुरंजन गुप्ता··· मेरा धरम बच गया··· मेरी इज्जत बच गयी··· तुम मेरे ही रहे··· मेरे ही ! काँटा दूर हुआ ! आह··· !!

टेबुल के टाप-ग्लास पर अपने गालों को बारी-बारी रखती, स्पर्श-सुख से सिहरती—सिसकती दुर्बा खिलखिलायी—जाकों जापर सत्य सनेहू··· हँ हँ हँ··· सी ई ई ई !!

मेहता इस अवसर पर कई अप्रचलित अंग्रेजी शब्द ढूँढ़कर ले आया था, बधाई देने के लिए। वह चेम्बर में घुसा। आ—उसने देखा मिस दुर्बा दास एबीएम, टेबुल पर बाँह पसारे, काँच पर गाल रखकर, खिलखिला रही है या रो रही है ! आँखों में आँसू हैं और ओठों पर यह कैसी हँसी ? यह कैसा सुख पा रही है मिस दुर्बा दास ? यह कैसा सुख-दुख ? यह क्या है··· ?

मेहता को लगा, किसी अश्लील दृश्य के सामने वह खड़ा है ! मूढ़-मति वह !—नहीं, यह दृश्य देखने योग्य नहीं।

धर्मयुग / 5 नवम्बर, 1961

कस्बे की लड़की

"लल्लन काका ! दादाजी कह गये हैं कि लल्लन काका से कहना कि सरोज फुआ के साथ··· !"

लल्लन काका अर्थात् प्रियव्रत ने अपनी भतीजी बन्दना उर्फ बून्दी को मद्धिम आवाज में डाँट बतायी, "जा-जा ! मालूम है जो कह गये हैं।"

बून्दी अप्रतिभ हुई किन्तु उसके ओठों पर वंकिम-दुष्टता अंकित रही और लल्लन काका की मद्धिम झिड़की की कोई परवाह किये बगैर अब दादाजी की आज्ञा सुनाने लगी, "दादीज़ी कहती हैं कि सरोज फुआ नहा रही हैं। लल्लन काका से कहो, जल्दी तैयार होकर नाश्ता कर लें। सरोज फुआ को बहुत जगह जाना है। और रिक्शावाला···।"

"जा-जा !" प्रियव्रत पूर्ववत् पाइप पीता रहा।

बून्दी आँगन में लौटी तो उसने मुँह में पेन्सिल डालकर लल्लन काका की नकल करते हुए सुना दिया, दादी को–"जा-जा !"

दादी अचार-पापड़ के मर्तमानों को धूप में डाल रही थी। बड़बड़ायी, "सभी कामचोर हैं।" बून्दी ने सविनय-सदुलार-निवेदन के सुर में कहा, "दादी-ई-ई ! एक हरे मिर्च का अ-चा-र···।"

"जा-जा, बड़ी पतली जीभ है तेरी।"

बून्दी का मुँह लटक गया। दादी ने मर्तमान से एक हरी मिर्च निकालकर देते हुए कहा, "जा भगेलू से कह, सामनेवाली दुकान से···।"

बून्दी दाँत से मिर्च को काटती सिसियायी, "सि-ई-ई ! सारी सुबह मैं इधर-उधर करती रहूँगी तो स्कूल कब जाऊँगी ? जिधर जाओ, उधर ही जा-जा ! जा-जा !! सरोज फुआ बाथरूम से बाहर ही नहीं होतीं। मैं कब नहाऊँगी, कब खाऊँगी··· यह लो, आ गयी गाड़ी स्कूल की !"

प्रियव्रत सुबह से ही तनिक झुँझलाया हुआ है। रात-जैसी गर्मी हजारीबाग में कभी नहीं पड़ी। नींद नहीं आयी रात-भर। हालाँकि परिवार के और लोग हल्की ऊनी चादर डालकर सोये थे। प्रियव्रत की माँ बारहों महीने रजाई ओढ़ती है। हल्की-फुल्की रजाई गर्मियों में और भारी सर्दियों में।··· और उनींदी रात की प्रतिक्रिया

दूसरे दिन सुबह बाथरूम से ही शुरू होती है। दाढ़ी कई स्थान पर कट गयी है। कनपटी के पास मीठा-मीठा दर्द है। वह सुन चुका है। बाबूजी का हुक्म, "लल्लन से कहना सरोज को जहाँ-जहाँ जाना है, ले जाय। बेचारी अकेली कहाँ-कहाँ जायेगी ?" हूँह !··· सरोजदी देहात से अकेली पन्द्रह-पन्द्रह स्टेशन रेलयात्रा करके यहाँ सकुशल आ सकती है तो शहर में ही कौन दिन-दहाड़े डाके पड़ते हैं कि सरोजदी के साथ एक सशस्त्र अर्दली जाय ?–पुरुष माने सशस्त्र !··· और सरोजदी का रूप भी इतना मारात्मक नहीं !···

प्रियव्रत सुबह से ही सरोजदी के सम्बन्ध में सोच रहा है। सरोजदी ! बाबूजी के एक मुफसिनल के मुवैक्किल मित्र की बेटी ! एकदम देहातिन नहीं कह सकते सरोजदी को। मैट्रिक पास करके गाँव के स्कूल में पढ़ाती हैं। स्कूल के काम से ही आयी हैं। इसके पहले भी बहुत बार आयी हैं। मिडिल की परीक्षा देने आयी थीं। सरोजदी के बाबूजी भी साथ आये थे। मैट्रिक का इम्तहान देने आयीं, अकेली। अकेली नहीं, दूर के एक चाचा पहुँचा गये थे। सरोजदी के पिता की मृत्यु उसी साल हुई थी। लेकिन सरोजदी के पिता ही क्यों, सरोजदी भी जब आयीं, कभी खाली हाथ नहीं आयीं। घी, शहद, महीन चावल, दही-पपीते–सब विशुद्ध ! जब से देख रहा है प्रियव्रत, सरोजदी ऐसी ही हैं। सदा से···।

प्रियव्रत सोच रहा है, कैसा अन्याय है ? एक ओर सरोजदी हैं जो इतनी चीजें, इतना प्यार से लेकर आती हैं और दूसरे ही दिन भाईजी और भाभीजी का मुँह लटक जाता है। तीसरे दिन माँ भी उखड़ी हुई बातें करने लगती हैं उनसे। भाभी चुपके-चुपके मुँह बनाकर कहेंगी, "इतने जोर से खुर्राटा लेती है सरोज। घण्टों बाथरूम बन्द रखती है, सरोज··· आज 'उनके' प्राइवेट रूम में चली गयी सरोज। वे अपने दोस्तों के साथ ड्रिंक कर रहे थे और यह भैयाजी-भैयाजी कहकर क्या-क्या रोने-गाने लगी।" भाभी बहुत स्वार्थी हैं। लेकिन, दूसरी ओर भाभी की आध दर्जन बहनें या भाईजी के साले की सहेलियाँ खाली हाथ आती हैं। बिना मक्खन के रोटी नहीं खाती हैं और भाईजी की गाड़ी का इंजन हमेशा गर्म रहता है उन दिनों–बोकारो, कोनार, तिलैया, रामगढ़, राँची··· । सरोजदी ने कभी नहीं कहा कि बिना कार के मैं एक कदम नहीं चल सकती। क्या सरोजदी के मन में भाईजी की गाड़ी पर चढ़ने की वासना नहीं हुई होगी ? कौन जाने !···

सरोजदी साँवली नहीं, काली हैं। कद मँझौला है। मोटी नहीं, देह दुहरी है। सम्भवतः किसी ग्लैण्ड की गड़बड़ी के कारण उनकी बोली में तनिक गूँगेपन का सुर मिला हुआ है। चलते समय हर डग पर अस्वाभाविक ढंग से जोर देती हैं और प्रसन्न होकर हँसते समय मुँह से लार टपक पड़ती है, यदा-कदा। ओंठ सदा भीगे रहते हैं।

प्रियव्रत को याद है, मैट्रिक की परीक्षा देने आयी थीं सरोजदी। बाबूजी का मुहर्रिर इब्राहिम रोज़ टमटम पर साथ जाता था। फिर, चार बजे जाकर ले आता था। उस बार भाभी ने झूठ-मूठ सरोजदी पर आरोप लगाया था। बून्दी के गले

की सोने की 'सिकरी' भाभी के बक्स से ही निकली थी !

सरोजदी बाथरूम से बाहर आ गयीं, नहा-धोकर।··· "लल्लन बाबू !" प्रियव्रत ने अब अपने से सीधा सवाल किया, "क्यों लल्लन बाबू, भाईजी की किसी साली या भाईजी के साले की किसी साली के साथ एक रिक्शे पर, शहर घूमने में तुमको कभी कोई ऐतराज होता ?"

अन्दर आँगन में बून्दी भाभी से कुछ कह रही है, "क्या भगेलू जायेगा सरोजदी के साथ ?"

भाभी कहती हैं, "तो क्या हुआ ? रिक्शा के पायदान पर बैठेगा भगेलू।"

बाबूजी बाहर से आ गये।

साथ में हैं एक दूसरे वृद्ध-देवधर के अंजनी बाबू वकील। बाबूजी अब नियमानुसार अपने पुत्रों की निन्दा से शुरू करेंगे, और हर बेटे की तारीफ़ तनिक तफशील से अन्त में करेंगे, "हाँ, बड़ा देवव्रत–मन्नन–इण्टर नेशनल टुबाको में है। बोला, 'सरकारी नौकरी नहीं करेंगे, चाहे सरकार अपनी हो या बिरानी।'··· नहीं करोगे तो मत करो। साली, सरकारी नौकरी में धरा ही क्या है, अब ! मँझला लल्लन–प्रियव्रत–एम. ए. करके तीन साल से बैठा है। वह भी सरकारी नौकरी नहीं करेगा। हाँ, हाँ, आपने ठीक पहचाना है, वही प्रियव्रत ! कविता ही लिखता है और सबसे छोटा दहन–सत्यव्रत भागकर नेवी में चला गया। चिट्ठी आयी तो मैंने भी कहा, 'डूबने दो कम्बख्त को। नेवी में जाय या एयरफोर्स में।' लिख दिया, 'मेरा लड़का सबकी राजी-खुशी से नेवी में भर्ती हो रहा है।' और क्या करें ? इस साल ट्रेनिंग खत्म करके अफसर हो जायेगा।··· भगेलू ! कहाँ जा रहा है भगेलू ? लल्लन कहाँ गया ? सरोज के साथ भगेलू क्यों जायेगा ? मैं जाऊँगा।"

प्रियव्रत धड़फड़ाकर उठा–अब एक सप्ताह घर की शान्ति गयी। दिन-रात बड़बड़ाते रहेंगे। ब्लडप्रेशर बढ़ेगा। डॉक्टर विनय आयेंगे, फिर दोनों मिलकर घर-भर के लोगों की दुर्गत कर डालेंगे। अन्दर जाकर बोला, "किसने कहा कि मैं नहीं जा रहा हूँ ?"

कमरे में कपड़े बदलती हुई सरोज ने कहा, "लल्लन को छुट्टी नहीं है तो भगेलू ही चले न !"

माँ बोली, "नहीं सरोज, लल्लन तैयार है।"

सरोज कमरे से बाहर आयी। चप्पलों को बेतरतीबी से खिसकाती हुई। भीगे ओठों पर मूकजनोचित मुस्कुराहट छायी हुई··· गिलगिलाती मुस्कुराहट !

रिक्शावाले की दृष्टि और मन्द मुस्कुराहट को परखता है प्रियव्रत। वह रिक्शे में सिकुड़कर, एक किनारे जा बैठा। सरोज पास आकर बैठी। सरोजदी कोई सस्ता किन्तु चालू पाउडर लगाती है, शायद। केश में कोई आयुर्वेदिक तेल डालती है क्या ? साड़ी तो हैण्डलूम की है। एक बार प्रियव्रत की भाभी कह रही थी–सरोज

का ब्लाउज सर्दी के मौसम में भी बगल से भीग जाता है। अभी तो भीगा हुआ नहीं है ? नहीं, भाभी अधिक नहीं, तनिक निष्ठुर भी है।···

रिक्शाचालक ने पहला प्रश्न किया, "मेमसाहब राँची से आयी हैं क्या ?" प्रियव्रत उसे डाँटना चाहता था, लेकिन इसके पहले ही सरोज बोल पड़ी, "नहीं भैया ! मैं हँसुआ से आयी हूँ। शिक्षक-संघ का दफ्तर देखा है ?"

"कीचक संघ तो···।"

"मुझे मालूम है।" प्रियव्रत ने कहा, "चलो, मदनबाड़ी रोड।"

प्रियव्रत का घर शहर से तीन मील दूर है। तीन पहाड़ी के पास, इस गाँव में प्रियव्रत के पिता ने जब घर बनवाया था तो लोग हँसते थे–वकील साहब जंगल में बस रहे हैं। आज, इस गाँव में बसने के लिए शहर के लोग, जमीन की डाक बोलकर भी जमीन नहीं पा रहे हैं।

सरोज अपनी देह को भरसक संकुचित करती हुई बोली, "लल्लनजी ! ठीक से बैठो, आराम से···।"

गाड़ी कुछ दूर आगे बढ़ी तो सरोज ने यहाँ की सड़कों पर अपना मन्तव्य प्रकट किया, "हजारीबाग की सड़कों से मुझे बड़ी चिढ़ होती है। दस कदम पर चढ़ाई और दस कदम पर उतराई। हजारीबाग की सब चीजें मुझे अच्छी लगती हैं, इन सड़कों को छोड़कर।"

प्रियव्रत ने बात को मोड़ने के लिए पूछा, "कहाँ-कहाँ जाना है आपको ?"

सरोज ने कहा, "पहले शिक्षक-संघ के दफ्तर में, फिर शिवयोगी बाबू के यहाँ होते हुए स्कूल इन्स्पेक्टर साहब के डेरे पर।"

प्रियव्रत ने पूछा, "यह शिवयोगी बाबू कौन हैं ?"

प्रियव्रत ने लक्ष्य किया, सरोजदी हर बार बोलने के पहले एक अस्फुट हँसी हँसती है।

"हँहँ ! शिवयोगी बाबू हैं हमारे हँसुआ रेलवे स्टेशन के स्टेशन मास्टर के दामाद। हर बार स्टेशन मास्टर साहब मेरे हाथ से कुछ-न-कुछ भेजते हैं। इस बार नाती के लिए 'जन्तर' बनवाकर भेजा है।"

सामने चढ़ाई थी। यहाँ सभी रिक्शावाले रिक्शे से उतरकर गाड़ी खींचते हैं। लेकिन इस रिक्शावाले ने दोनों को उतर जाने के लिए कहा, "बिना उतरे ई-दु-दु मन, ढाई-ढाई मन का लहास ?"

प्रियव्रत को अपना गुस्सा उतारने का मौका मिला। पैसा चुकाते हुए बोला, "तुम जा सकते हो। लेकिन फिर कभी कोर्रागाँव की ओर कोई सवारी लेकर मत आना। समझे ?"

दोनों उतर पड़े। अभी तुरत दूसरा रिक्शा मिल जायेगा।

मंजरे हुए आम और जामुन के युग्म-पेड़ के नीचे वे जा खड़े हुए। यहाँ के लोग कहते हैं–जुड़मा गाद्द ! झड़ती हुई मंजरियों के कई छींटे, जामुन के कुछ फूल सरोज के सिर पर झरे। कवि प्रियव्रत को पिछले साल रेडियो से सुने हुए

एक लोकगीत की याद आयी–जिसकी पंक्तियाँ याद नहीं, अर्थ है–'ओ गोरी ! तू आज रात फिर किसी कारण–मंजरे हुए आम के तले जाकर खड़ी हुई थी–निश्चय ही। तेरे बालों के लट जटा गये हैं। मंजरी का मधु चू-चूकर तेरे सिर पर गिरा है। ओ गोरी ! तू आज़ रात फिर किसी महुए के तले जाकर खड़ी थी–तेरे बालों से महुए के दारू की बास आती है। मेरी आँखें झपक रही हैं–मतिया गयी हैं–तेरा जूड़ा कैसे बाँधूँ ?'

सरोज बोली, "हँह, लल्लनजी ! मैंने तुमको बेकार कष्ट दिया।"

राँची-रोड पर एक बग्घीगाड़ी दिखायी पड़ी। प्रियव्रत ने पूछा, "घोड़ागाड़ी पर चढ़िएगा।" सरोज के कण्ठ से सिर्फ 'हँह' निकला। प्रियव्रत ने बग्घीवाले को आवाज़ दी।

घोर श्यामवर्ण, मँझोली, दुहरी सरोज सुफेद साड़ी और सुफेद ब्लाउज में सभी का ध्यान आकर्षित करती है। घड़ी की पट्टी भी सुफेद, चप्पल के फीते भी। घोड़ागाड़ी वाले ने गौर से सरोज को ही देखा। प्रियव्रत को वह पहचानता है।

बग्घी पर आमने-सामने बैठने की जगह थी। किन्तु सरोज जिस तरह रिक्शे पर बैठी थी, उसी तरह प्रियव्रत से सटकर बैठी। इस तरह सटकर बैठने की कोई जरूरत नहीं थी। जगह काफी चौड़ी थी ! सरोज बोली, "इस चढ़ाई-उतराई के समय मेरी जान निकल जाती है। लगता है, सब खाया-पिया निकल जायेगा। हँह !"

हर चढ़ाई-उतराई पर सरोज ने तमाशा किया। उतराई के समय प्रियव्रत की एक कलाई जोर से पकड़कर आँख मूँदे हँसती-खिलखिलाती रही। प्रियव्रत को लाज आयी।

शिक्षक-संघ के दफ्तर में जिस अधिकारी से मिलना था, सरोज की उससे फाटक पर ही भेंट हो गयी। काम भी हो गया–अगली मीटिंग के बारे में पूछना था। अधिकारी महोदय बार-बार प्रियव्रत की ओर देखते ही रहे। फिर बोले, "आप प्रियव्रतजी हैं न ?" जी हाँ, सुनकर भी अधिकारी महोदय का कौतूहल कम नहीं हुआ, शायद।

"चलो सरोजदी ! शिक्षक-संघवाला काम तो शिक्षक-संघ के बाहर ही हो गया।" गाड़ी पर जान-बूझकर दूसरी ओर बैठते हुए प्रियव्रत बोला और सरोज पहले तो सामनेवाली गद्दी पर बैठी। फिर उठकर प्रियव्रत के पास जाकर, उससे सटकर बैठी। सरोज ने चलती हुई गाड़ी में प्रियव्रत से दबी हुई आवाज में कहा, "लल्लनजी, तुम साथ थे, इसलिए जल्दी छुट्टी मिल गयी। नहीं तो, यह रामनिहोरा प्रसाद मुझे बेकार बैठाकर तरह-तरह की बातें करता। शादी-ब्याह की बात पूछनेवाला यह कौन होता है, भला ? बोलो तो ? और बातें करते समय बातें करो–यह रह-रहकर पीठ पर थप्पड़ मारने की और बाल पकड़कर खींचने की जैसी भद्दी आदत ? अपने काकाजी भी तो बाबूजी के दोस्त थे। कभी ऐसा नहीं करते। बोलो तो लल्लनजी, क्या यह ठीक है ?"

प्रियव्रत को हँसी आयी। वह पूछना चाहता था, क्यों नहीं ठीक है सरोजदी ? लेकिन वह कुछ बोला नहीं। हँसता रहा। सरोज कुछ क्षण बाहर की ओर देखती रही। फिर, दबी आवाज में ही बोली, "अच्छा लल्लनजी, तुम नौकरी करोगे तो तुम भी गाड़ी रखोगे न ?"

"यदि गाड़ी रखने लायक नौकरी मिली···।"

"हँह, तुमको भला गाड़ी रखने लायक नौकरी नहीं मिलेगी ?"

प्रियव्रत चौंका, ··· तो सरोजदी का मुखड़ा भी कभी-कभी सुन्दर दीखता है ? सरोजदी जब भाव-शून्य दृष्टि से उसको देखती है, सुन्दर लगती है। उसने पूछा, "क्यों सरोजदी ?"

सरोजदी इस बार मुस्कुरायी नहीं। और भी दबी आवाज में बोली, "तुम सुन्दर हो। जिसमें रूप और गुण दोनों हों, उसी को ऊँची नौकरी मिलती है।"

प्रियव्रत का चेहरा लाल हो गया। उसने कहा, "यह किसने कहा है तुमसे ?"

"रामभाई ने। रामभाई कहते थे, व्यक्तित्व के बिना विद्वत्ता कुछ नहीं। यदि व्यक्तित्व होता तो रामभाई भी···।"

हजारीबाग चौक पर हमेशा की तरह भीड़ थी। गाड़ीवान ने पूछा, "भैयाजी ! मायाजी बोल रही थीं, चौक पर कुछ खरीदना है।" सरोज भूल गयी थी कि उसे कुछ खरीदना है। स्कूल की लड़कियों ने कापी-किताब-पेंसिल लाने के लिए पैसे दिये हैं। सरोज झोले से डायरी निकालकर पढ़ने लगी–यशोदा–तीन कापी रूल की हुई, दो बगैर रूल। जगमती–भारतवर्ष का भूगोल, साहित्यदर्पण, छोटी नीलू–एक दर्जन जलछवि !···

सरोज हमेशा जिस दुकान से सामान खरीदती है उसी दुकान में जायेगी। पास ही प्रियव्रत के मित्र, हिमांशु की दुकान थी। उसने कहा भी, "सरोजदी, इस दुकान में···।" लेकिन सरोज ने उधर नजर उठाकर देखा भी नहीं।

दुकानदार-छोकरा राखालचन्द्र उर्फ याबला ने सरोज को देखकर एक विचित्र मुखमुद्रा बनायी और अभद्रतापूर्व आँखें नचाकर पूछा, "कहिए, कहिए। बहोत दिन बाद···।" प्रियव्रत पर दृष्टि पड़ते ही याबलाराम अवाक् हो गया। तुरन्त भद्र हो गया उसका चेहरा। सरोज डायरी खोलकर धीमी आवाज में पढ़ती गयी और प्रियव्रत जोर-जोर से दुहराता गया।

दुकान से बाहर निकलकर सरोज बोली, "इस बार तुम साथ थे, इसलिए उसने मुझे मीठी गोलियाँ नहीं दीं। नहीं तो जबर्दस्ती दर्जनों मीठी गोलियाँ झोले में डाल देता और जिद्द करके एक गोली दुकान में ही बैठकर चूसने को कहता। चाहे एक चीज लो या दस, एक घण्टा अटकावेगा यह लड़का।··· बेईमान नहीं, लेकिन !"

सामने, 'विवेकानन्द मिष्ठान भण्डार' में बैठकर चाय पीते हुए लोगों ने आँखें

फाड़-फाड़कर सरोज और प्रियव्रत की ओर देखना शुरू किया। सरोज बोली, "विवेकानन्द का कालोजाम नामी है। है न ? हँह !" सरोज के पैर लड़खड़ाए। प्रियव्रत ने पूछा, "कालाजाम खाओगी सरोजदी ?"

""हँह ! तुम नहीं खाओगे ?"

विवेकानन्द मिष्ठान भण्डार में कई मिनटों तक 'कालोजाम, कालोजाम' का गुंजन होता रहा ! डी. वी. सी. के बंगाली कर्मचारियों के दल में कानाफूसी शुरू हुई, "कालाजाम्मेर संगे चमचम ?" एक ने ढाका की बोली में कहा, "एबार घ्याशे (अर्थात् देशे) एड्डा काईनी ब्यार हुदद्दे–नामडा काकहोंसिनी !··· कामहंसिनी ! कालोजाम !!"

प्रियव्रत ने सब समझा। अच्छा हुआ, सरोजदी ने कुछ नहीं समझा। स्वाद ले-लेकर कालाजाम का रस जब प्लेट में जीभ लगाकर चाटने लगी तो प्रियव्रत ने पूछा, "और मँगाऊँ कालाजाम ?"

"हँह ! पेट फट जायगा जो।"

सरोज के इस जवाब से प्रियव्रत को फिर लाज आयी।

किन्तु, इस बार गाड़ी में वह प्रियव्रत के सामने बैठी, "चलो बटम बाजार !"

प्रियव्रत ने देखा, सरोजदी डकार लेते समय और भी असुन्दर हो जाती है, उसके गीले ओठ और भी गिलगिले हो जाते हैं। डकार लेने के बाद सरोज ने बताया, "रामभाई को भी कालाजाम पसन्द है बहुत।"

गाड़ी बटम बाजार की ओर मुड़ी।··· फिर उतराई ? सरोज उठ खड़ी हुई और टलमलाकर प्रियव्रत पर गिर पड़ी। "तुम भी गाड़ी से बाहर गिर पड़ते छिटक-कर··· हँह !!"

हठात् सरोज ने फिर मद्धिम आवाज में पूछा, "अच्छा लल्लनजी ! मैं बहुत काली हूँ।" याने मुझसे भी ज्यादा काली होती हैं या नहीं···।

प्रियव्रत ने समझा, पूरा प्रश्न भी नहीं पूछ सकी सरोजदी। क्योंकि प्रियव्रत का चेहरा अचरज और लाज से अजीब-सा हो गया था। सरोज ने फिर पूछा, "मैं बहुत मोटी हूँ ? हँह !"

प्रियव्रत को तुरन्त जवाब सूझा, "मोटी नहीं।··· देहात में स्वास्थ्य ज़रा अच्छा रहता ही है।"

सरोज बोली, "रामभाई तो कहते हैं कि तुम्हारा तन काला है, पर मन काला नहीं–सादा है।"

प्रियव्रत ने इस बार सरोज के रामभाई पर विशेष ध्यान दिया··· रामभाई ने कहा है, व्यक्तित्व के बिना··· रामभाई को कालाजाम प्रिय है··· रामभाई कहते हैं कि तुम्हारा तन···। प्रियव्रत ने रामभाई के बारे में कुछ नहीं पूछा, किन्तु।···

शिवयोगी बाबू के घर पहली बार नहीं आयी है सरोज। लेकिन कभी तो इतनी खातिरदारी नहीं हुई ?··· हँह ! सारे परिवार के लोगों ने मिलकर दोपहर के भोजन

और विश्राम के लिए हार्दिक आग्रह किया तो सरोज प्रियव्रत का मुँह देखकर कुछ देर तक सिर्फ हँह-हँह करती, हँसती रही। प्रियव्रत ने बग्घीवाले को विदा किया।

साढ़े तीन बजे चाय पिलाकर, शिवयोगी बाबू के परिवारवालों ने छुट्टी दी। स्कूल इन्स्पेक्टर से प्रियव्रत के बड़े भाई साहब की मित्रता है। इसलिए तय हुआ कि वहाँ का काम भाईजी करवा देंगे। सरोज मान गयी।

प्रियव्रत ने पूछा, "और कोई काम बाकी तो नहीं रहा ?"

सरोज उदास हो गयी अचानक ! बोली, "नहीं लल्लनजी।"

"तो अब घर चलें ?"

"चलो।"

पुलिस-ट्रेनिंग-कालेज के पास एक सड़क, उत्तर की ओर केनाड़ी, पहाड़ी नेशनल पार्क जाने के लिए निकली है। सरोज ने साइन-बोर्ड पढ़कर दुहराया, "नेशनल पार्क जाने का रास्ता।··· नेशनल ! हँह !! नेशनल पार्क में क्या है लल्लनजी ?"

प्रियव्रत के मुँह से नेशनल पार्क का वर्णन सुनकर सरोज उत्तेजित हो गयी। फिर तुरत उदास होकर बोली, "नहीं, लल्लनजी ! अब मैं ज्यादा परेशान नहीं करूँगी तुमको। तुम्हारा दिन का सोना खराब किया मैंने।"

प्रियव्रत ने रिक्शावाले से नेशनल पार्क चलने को कहा। सरोज बोली, "तुम्हारी इच्छा नहीं तो घर लौट चलो लल्लनजी !"

"मैं रोज जाता हूँ, इसी समय।··· वहाँ मेरी अपनी जगह है, सरोजदी।" प्रियव्रत हँसकर बोला।

मोड़ पर सरोज ने फिर डकार लिया।

बहुत दूर तक उतराई है, कोना-कोठी के पास। रिक्शेवाले यहाँ पैडिल चलाना बन्द कर देते हैं। बहुत देर तक 'फ्री व्हील' की करकराहट होती रहती है—'क्रिरि-रि-रि-रि-रि-रि···।' सरोज की सारी देह में मानो गुदगुदी लगा रही है यह किरकिरी··· रि-रि-रि-रि। हँह ! हँह !!

केनाड़ी पहाड़ी करीब आती गयी और सरोज अपने-आप हँसती रही। एक नील गाय भागी जा रही है। सरोज अचरज से मुँह बाकर देखने लगी। राल टपकी इस बार।··· खरगोश फलाँगता हुआ झाड़ियों में गया—हँह ! पहाड़ी नदी की पतली धारा पर अस्तगामी सूर्य की रोशनी झिलमिलायी—हँह ! पहाड़ी की चोटी के पास बादल का एक टुकड़ा—हँह ! फूलों से लदा हुआ बन-तगर का पेड़ हँह ! हँह···।

रिक्शा से उतरकर सरोज बोली, "रामभाई भी कहते थे कि नेशनल पार्क एक चीज बनी है—देखने की।"

वन में मोर बोला। सरोज डरी, "हाँ लल्लनजी, सुना है नेशनल पार्क में बाघ-सिंह भी हैं ? हँह !"

प्रियव्रत हँसा, "लेकिन, सरोजदी ! एक अजब बात है कि नेशनल पार्क में आकर कोई भी जंगली जानवर हिंस्र नहीं रहता और आदमी जानवर बन जाते हैं यहाँ

आकर—इनके बहुत प्रमाण मिले हैं ?"

"अच्छा !"

"अच्छा !"

पिकनिक करके लौटनेवाली मण्डली का एक अशिष्ट लड़का चिल्लाया, "भाग रे ! बाइसन, बाइसन··· अरणा भैंस !"

मुखर्जी-परिवार की सुन्दरियाँ, कुमारियाँ 'जमायबाबू टाइप' के एक व्यक्ति के साथ आयी हैं आज ! गाड़ी पर कलकत्ते का नम्बर है। सुन्दरियाँ बात-बात पर खिलखिला रही हैं। जमायबाबू निश्चय ही कोई गुदगुदानेवाली कहानी सुना रहे हैं··· अमलतास की छाया में। एक सुन्दरी ने न जाने क्या देखा कि चीख पड़ी, "उ-ई-ई-भूत !" बाकी लड़कियाँ खिलखिला पड़ीं। प्रियव्रत समझाता है, चीखनेवाली को वह जानता है—अंजू-अंजना, सरोजदी को देखकर ही अंजना चीख पड़ी है।

प्रियव्रत बोला, "पहाड़ की चोटी पर 'टावर' है—वहाँ से सारा नेशनल पार्क दिखायी पड़ता है। चलोगी ऊपर ?"

"नहीं लल्लनजी, मुझे डर लगता है।"

"तो चलो, तुमको अपनी जगह दिखाऊँ।"

केनाड़ी पहाड़ी की तलहटी में बिखरा वनखण्ड केनाल और बड़ी-बड़ी चट्टानों के इर्द-गिर्द पुटुस फूल की झाड़ियाँ। केनाल के किनारे कदम्ब के पेड़ पर—ठीक एक घण्टे बाद छोटे-छोटे पंछियों का घनघोर कलरव शुरू होगा—घण्टों होता रहेगा ! इन्हीं चट्टानों के उस पार प्रियव्रत रोज बैठता है।

"यही है मेरी जगह। मैं इसी पत्थर पर बैठता हूँ, रोज।"

"हँह ! बैठे-बैठे क्या करते हो ?"

इस प्रश्न का कोई उत्तर देना आवश्यक नहीं समझा प्रियव्रत ने। "बैठो सरोजदी ! मैं तुमको एक मजे का खेल दिखलाऊँ।"

प्रियव्रत पुटुस की एक फूली डाली तोड़ लाया। फूल और पत्तों को नोंचकर एक छड़ी बनायी उसने, "इधर देखो सरोजदी !"

सरोज ने देखा—सामने की धरती पर लजौनी लता पसरी हुई है कुछ दूर तक। लगता है, एक गलीचा··· हँह··· लज्यावती, लाजवन्ती, लजौनी, छुईमुई, "अरे-रे लल्लनजी ! यह क्या कर रहे हो ? हँह !"

प्रियव्रत रोज इसी तरह इन सजीव लताओं को छेड़ता है आकर। पुटुस की डाल की छड़ी से पहले एक क्रास बनाता है। छड़ी छुआता जाता है, पत्तियाँ मुँदती जाती हैं। अन्त में, अन्धाधुन्ध छड़ी चलाकर सबको सुला देता है।

सरोज प्रियव्रत के इस खिलवाड़ को अचरज से देखती रही। जब प्रियव्रत ने सभी पत्तियों को सुला दिया तो सरोज ने एक लम्बी साँस ली। बोली, "लल्लनजी, तुम ठीक कहते हो। यहाँ आकर आदमी जानवर हो जाता है, कभी-कभी। हँह !"

प्रियव्रत हँसा। वह अपनी जगह पर जा बैठा। उत्तर आकाश का बादल क्रमशः काला होकर झुकता जा रहा है। हवा गुम है ! भाभी ठीक ही कहती थीं। सरोज का ब्लाउज भीग गया है–बाँह के नीचे अर्द्धवृत्ताकार।

सरोज प्रियव्रत के पास आकर बैठ गयी, "एक बात बताऊँ लल्लनजी ?"

बिजली चमकी। सरोज के गोल ओठों पर भी बिजली चमकी, मानो। प्रियव्रत अवाक् होकर देखता रहा। सरोज को इस तरह लाज से गड़ते कभी नहीं देखा प्रियव्रत ने।

सरोज कुछ बोल रही थी, लेकिन राल टपक पड़ी तो चुप हो गयी। फिर पुटुस के नन्हें फूलों को नाखून से खोंटकर दाँत से चबाने लगी।

क्षण-भर दोनों मौन रहे।

"किस सोच में पड़ गयीं, सरोजदी ?" प्रियव्रत ने सरोज की देह छूकर मानो जगाया, "सरोजदी, अब चलो लौटें। पानी बरसेगा।"

सरोज हँसी, "पानी बरसे-हँह-हम रुई नहीं हैं ! लल्लनजी यह क्या कर रहे हो ? लल्लन··· पगला··· बचपन की आदत··· हँह··· ठीक इसी तरह गोदी में सिर रखकर··· इसी तरह मेरी छाती से सिर रगड़ते थे तुम··· मैंने रामभाई से भी कहा है··· हँह··· हँह··· तुम अभी भी पाँच साल के शिशु हो··· लल्लनजी··· तुम जानवर हो··· जानवर··· हँह··· हँह··· कवि··· एम. ए.··· सुन्दर-सुपुरुष तुम··· इतने प्यारे··· इतने प्यारे तुम··· तुमको हँह··· मैं जानवर नहीं बनने दूँगी··· मैं ही जानवर हो गयी हूँ··· लल्लनजी मुझे माफ करो··· इस कुरूपा बहन पर दया करो··· ! मुझे लजौनी लता की तरह मत रौंदो··· !!"

प्रियव्रत ने ध्यानमग्ना नारीमूर्ति को फिर छूकर जगाया, "सरोजदी, तुम किस सोच में पड़ गयीं यहाँ आकर ?··· चलो, घर चलें।"

सरोज मानो नींद से जगी, "हँह !··· नहीं लल्लनजी, यहाँ आकर आदमी कभी-कभी देवता भी हो जाता है ! देवता भी··· !"

प्रियव्रत को लगा, सरोजदी अचानक सर्वांग-सुन्दरी हो गयी हैं। वह फिर अपनी जगह पर आ बैठा।

हवा का झोंका आया। मेघ बरसने लगा। दोनों दो चट्टानों पर बैठे, भीगते रहे। प्रियव्रत फिर उठा। सरोज के पास गया। हाथ पकड़कर उठाया, "चलो !"

दोनों भीगते हुए जंगल पार कर सड़क पर आये। सरोज बोली, "अब मेरा हाथ छोड़ दो, लल्लनजी !··· अब मैं कभी हजारीबाग नहीं आऊँगी !··· रामभाई मुझे नहीं आने देंगे, अब।"

सरोज सड़क पर लड़खड़ायी। प्रियव्रत ने फिर हाथ पकड़ लिया। सरोज कुछ नहीं बोली। फिर दो बार हँह-हँह करके चुप हो गयी।

नवम्बर, 1961

अतिथि-सत्कार

भला आदमी मंदाक्रांता गति से बातें कर रहा था, गा-गाकर बोलता हो मानो। मैंने बाधा डालते हुए पूछा था, "किन्तु प्रधान अतिथि क्यों ?"

उनकी मंद मुस्कुराहट ज़रा भी मंद नहीं हुई और उन्होंने मेरे इस सवाल में छिपे सवाल को समझकर मेरा मुँह बन्द कर दिया। वह बोले, "जी, सभापतित्व तो हमारी तोच्छ संस्था में··· बस हमारे सभापति ही कर सकते हैं। यों तो, हमारी उत्कट अभिलाषा तो थी···।"

मैंने यह पहले ही लक्ष्य कर लिया था कि भले आदमी 'तो' का अति उदार भाव से यत्र-तत्र व्यवहार तो करते ही हैं। एक ऐसा भी 'तो' आता है, जहाँ पहुँचकर श्रीमान एक विनीत मुद्रा बनाकर हाथ मलने लगते हैं।

उनका यह हाथ मलना मुझे पहले अच्छा नहीं लगा। अब उनका यह कर्म भला ही जँचने लगा। बाद में देखा कि श्रीमान विनीत मुद्रा से एक सप्तक आगे तक भी जा सकते हैं। हाथ मलते हुए, खीसें निपोड़कर, पान-सुर्ती-रंजित बत्तीसी दिखलाकर पहाड़ को भी पिघला सकते हैं।

इस बार उन्होंने मुझे जीत लिया। मैंने पूछा, "तो ?"

"तो अभिलाषा तो थी कि आपके कर-कमलों से अपनी तोच्छ संस्था का उद्घाटन करवाया जाये, किन्तु उसके लिए तो पहले से आदमी तय था।"

मैंने टोका, "आप बार-बार तोच्छ संस्था क्यों कहते हैं ?"

"जी, नाम ही तोच्छ संस्था है।" वह फिर हाथ मलने लगे। इस बार हाथ मलते समय उनका मुखमंडल गंभीर हो गया। मुझे अचरज में थोड़ी देर तक पड़ा रहने दिया। फिर उन्होंने रहस्योद्घाटन किया, "जी, 'तो' का अर्थ हुआ तोतापुर और 'च्छ' हुआ लच्छी बाबू के नाम का एक मात्राहीन संयुक्ताक्षर। दोनों मिलकर हुआ तोच्छ। तो···।"

"यह लच्छी बाबू कौन हैं ?"

"जी, मैंने तो पहले ही अर्ज किया था कि वह हैं हमारी इस संस्था के एकमात्र संस्थापक, संचालक, सभापति।"

"ओ ! और यह तोच्छ संस्था नामकरण भी··· ?"

"जी हाँ, तो ऐसा नाम भला हमारी तुच्छ बुद्धि में कहाँ से पनपेगा ?"

मुझे उत्सुक देखकर वह हर्षित हुए। बोले, "हमारे लच्छी बाबू उच्च कोटि के कल्चर-जीवी व्यक्ति हैं। सुखी-सम्पन्न तो हैं ही। उनकी रुचि-सम्पन्नता का ही परिपक्व फल है यह तोच्छ संस्था।"

इस संस्था का उच्च और पावन उद्देश्य पूछकर भले आदमी को छोटा करने का जी नहीं हुआ। पूछा, "आपकी इस संस्था में होता क्या-क्या है ?"

"जी, सबकुछ। कुश्ती-दंगल से लेकर संगीत और कवि-दरबार तक। तो, कहा न, हमारे अनुमंडल और प्रमंडल में जितने ग्राम हैं, उसमें सर्वोपरि है हमारा ग्राम–तोतापुर। अखबार में बराबर खबर छपती है।"

इसके बाद विनीत मुद्रा-सह हाथ मलने की प्रक्रिया। मेरी इच्छा इनकी बत्तीसी देखने की तनिक भी नहीं थी, किन्तु मेरे मन में एक प्रश्न बहुत देर से पाँखें फड़फड़ा रहा था। पूछ लिया, "क्या तोतापुर में तोते बहुत होते हैं ?"

"जी, तोते ? तोते तो…!"

मैंने उन्हें समझाया, "प्रधान अतिथि वगैरह का झंझट-बखेड़ा हटाइए। मैं यों ही आऊँगा।"

"जी, यों ही आऊँगा माने ? हम तोतापुरी अपने प्रधान अतिथि का सम्मान करना जानते हैं। हालाँकि स्टेशन से हमारा गाँव बीस माइल दूर है, रास्ते में पाँच-पाँच नदियाँ हैं; फिर भी आप देखिएगा तो कहिएगा कि तोतापुर आखिर तोतापुर ही है।"

चलते-चलते अंतिम अस्त्र का प्रयोग करके देख लिया भले आदमी ने। बोले, "तो, देहात में और कुछ शुद्ध मिले या न मिले, भोजन आदि की सामग्री आपको 'पियोर विशुद्ध' मिलेगी।"

आँखों के आगे देहाती दूध पर पड़ी हुई मोटी मलाई, रबड़ी, दही और घी की नदी उमड़ने लगी। मैंने वचन दे दिया।

मैंने कहा, "आप तो देखते ही हैं, मैं यों ही बातें करने में भी तुतलाता हूँ। भाषण-वाषण देने की कहिएगा तो बोली ही बन्द हो जायेगी।"

"तो, उसके लिए आप कोई चिन्ता न करें।"

क्या कहता है यह आदमी ? मेरी बोली बन्द हो जायेगी और मैं कोई चिन्ता ही न करूँ !

उन्होंने उठते समय फिर एक मुद्रा बनायी, जिसका यही अर्थ हो सकता है कि बोली बन्द हो जायेगी, तो बोली का इन्तजाम भी है।… सब इन्तजाम है !

बोले, "तो, आज्ञा दीजिए। अब जरा लाउडस्पीकरवाले के यहाँ जाना है।"

तो, निश्चित तिथि को मैंने चुपचाप तोतापुर के लिए प्रस्थान कर दिया। तोतापुर जाने के लिए सेमलबन स्टेशन का टिकट कटाना पड़ता है। अचरज की बात ! तोच्छ संस्था, कल्चर-जीवी लच्छी बाबू, तोतापुर और सेमलबन।

सेमलबन स्टेशन छोटा-सा गँवई स्टेशन है, जहाँ गाड़ी मानो बहुत अनिच्छा से

ठहरती है। मेरे हाथ में तो मात्र झोली थी। किन्तु उस लाउडस्पीकरवाले के साथ बहुत-कुछ लटकन-झटकन सामान था। भोंपा उतारकर गाड़ी पर चढ़ा तो फिर उतर नहीं सका। चलती हुई गाड़ी से बड़े-बड़े लकड़ी के बक्सों के साथ कैसे उतरता ? उसने तार-स्वर में मुझसे कुछ कहा। समझ गया, भोंपे की निगरानी करने के लिए कह गया और यह कि लौटती गाड़ी से वह वापस आ रहा है।

सेमलबन स्टेशन पर कुछ नहीं दिखलायी पड़ा–न गाड़ी, न घोड़ा, न सायकिल। बार-बार उस व्यक्ति की बातें 'तोकार' के साथ ध्वनित होने लगीं–'तो, अपने प्रधान अतिथि का यथोचित आदर करना हम तोतापुरी जानते हैं।'

स्टेशन पर कोई कुली नहीं। एक व्यक्ति पर जरा संदेह हुआ और शायद मन-ही-मन पुकारा, 'कुली !'

वह आदमी तमककर खड़ा हो गया। आँखें तरेरकर बोला, "क्या बोला ?"

मैंने तत्परता से परिस्थिति को सँभाल लिया। "जी, आपसे मिलकर धन्य हो गया। कहिए, आपकी क्या सेवा करूँ ?"

वह आदमी भी तुरंत तैश में आ गया। बोला, "यहाँ कोई भी कुली का काम नहीं करता, लेकिन ऐसे कहिए तो दस कोस तक अपने माथे पर सामान ढोकर ले जायेंगे यहाँ के लोग। लाइए झोली इधर। और यह ससुर भोंपा भारी ही कितना होगा !"

दस कोस तक ढोकर ले जानेवाला बन्धु मिल गया। धन्य तो पहले ही हुआ। अब पुलकित भी होने लगा रह-रहकर। स्टेशन से कुछ दूर कई झोंपड़े थे। मेरे बन्धु का घर इन झोंपड़ों के उस पार है। घर के नाम पर एक मड़ैया··· जोरू-जाता कुछ नहीं। मड़ैया के सामने बाँस का मचान।

भोंपा देखते ही गाँव के सब बच्चे पीछे लगे और अनुनय करने लगे, "बाजा बजाइए ! बजाइए न बाजा, ऐ बाजावाला !"

मैंने उन्हें सच्ची बात बता दी, "बजनेवाली चीज़ पीछे ही रह गयी है। आयेगी, तो बाजा बजेगा।" लेकिन यह सतयुग तो नहीं। बच्चों ने विश्वास ही नहीं किया। बहरहाल बच्चों का रटना भी जारी रहा और हम लोगों का चलना भी। अचरज हुआ··· इन बारह-तेरह झोंपड़ों में ही इतने बच्चे ! सबसे आगे भोंपे को कंधे पर लादे मेरा बन्धु, उसके पीछे मैं और मेरे पीछे बच्चों का हजूम। मुझे 'पाइड पाइपर ऑफ़ हेमलिन' की याद आयी। एक सबसे छोटे, नंग-धड़ंग बालक ने तो बाजाप्ता धमकी भी दी, "ऐ बाडावाला··· बाडा बडा !"

बच्चों के बाद औरतों की बारी आयी। मुझसे नहीं, मेरे बन्धु से ही वे बातें कर रही थीं। लेकिन बातें कर रही थीं मेरे ही बारे में, इस बाजे के सम्बन्ध में। वे अपनी ही बोली बोल रही थीं। उसका हिन्दी अनुवाद अक्षरशः नहीं लिख सकता। भावार्थ यही था, "अरे धन्नू ! इस मूड़ीकाट बाजेवाले को कहाँ से बझा लाया ?"

दूसरी ने कहा, "यह सूथनावाला दवा-बूटी भी बेचता है क्या ?"

एक बोली, "अरे ई तो बीड़ीवाला है। बाजा बजावेगा, फिर बीड़ी लुटावेगा।"

अब इसके बाद बाजा और बीड़ी दोनों की सम्मिलित माँगों के नारे बुलन्द होने लगे, "बीड़ी लुटाओ··· बाजा बजाओ !"

मैं अपने मित्र धन्नू की शरण में था, इसलिए उसने दो-तीन उच्च स्तर की गालियाँ देकर बच्चों को भगाने की चेष्टा की। नतीजा उलटा हुआ। झगड़ा खड़ा हुआ, ऐसा झगड़ा, जिसमें एक साथ दर्जनों औरतें दल बाँधकर भाग ले रही हों, खुले गले से। झगड़े में 'तेरे बाजे को और तेरे बाजेवाले को' लक्ष्य करके कितनी ही फूहड़ गालियाँ बरसायी गयीं। बच्चों ने भोंपे पर कंकड़ी फेंककर नारे लगाने शुरू किये–"बीड़ी लुटाओ··· बाजा बजाओ !"

लुटाने के लिए तो क्या, मेरे पास पीने के लिए भी बीड़ी नहीं थी। धन्नू को बीड़ी के लिए पैसे देते हुए कहा, "धन्नूजी, बीड़ी खरीदकर लुटा दीजिए।"

इसी समय गाँव के पूरब एक भैंसागाड़ी दृष्टिगोचर हुई। सभी की आँखें भैंसागाड़ी की ओर मुड़ीं। गाड़ी करीब आती गयी। गाड़ी पर आधे दर्जन से ज़्यादा लोग और उससे ज़्यादा लाठियाँ दिखलायी पड़ीं। बैठे हुए लोगों में एक परिचित मुखड़े पर दृष्टि पड़ी। मन प्रसन्न हो गया। लेकिन भैंसागाड़ी ! सो भी बिना नाथ के !

गाड़ी रुकी। सब उतरे। सभी तोतापुरी ही थे। सभी के ओठ पान से 'लालम लाल'। सभी के हाथ में तेल पीकर लाल हुई लाठियाँ। मैंने मुस्कुराते हुए कुछ कहा। किन्तु 'तोच्छ संस्था' के प्रतिनिधि की हैसियत से जो मुझे निमंत्रण देने गये थे, उन्होंने मुझे नमस्कार तक नहीं किया। देखा, उनकी छाती पर स्वागत-उपमंत्री का बिल्ला लटका हुआ है। और सबसे ज़्यादा लटका हुआ था उनका मुँह। एक ने स्वागत-उपमन्त्री से पूछा, "यही है ?"

स्वागत-उपमन्त्री ने कहा, "है तो यही।"

मेरी बुद्धि में कोई बात नहीं समा रही थी। मैंने पूछा, "क्यों ? इसी भैंसागाड़ी पर ही जाना होगा तो ?"

स्वागत-उपमन्त्री ने कहा, "कहाँ जाना होगा ? अभी तो···।"

··· कहाँ जाना होगा ? क्या कहता है यह भला आदमी ! कहाँ गयीं इनकी वे विनीत मुद्राएँ···! इनकी बत्तीसी आज कटकटा क्यों रही है ? उन्होंने अपने दल के सरगना से कुछ कहा। सरगना आगे बढ़ आया मेरे पास।

मुझसे पूछा, "आपका नाम ?"

मैं हैरान ! धन्नू की मड़ैया के पास गाँव-भर के लोग आकर जमा होने लगे··· बाजा चुराकर भागनेवाला पकड़ा गया है। चोर··· बाजाचोर !

स्वागत-उपमन्त्री ने विषण्ण मुद्रा में कहा, "तो बता दीजिए नाम। नाम छिपाने का क्या मतलब है ?"

तोतापुरी गाड़ीवान ने ऊँची आवाज़ में कहा, "अरे नाम-धाम पूछकर क्या होगा ! जब यही आदमी है, तो लगाइए न हाथ। देरी क्यों ?"

सभी तोतापुरियों ने लाठी तान लीं। मैंने अपना नाम बताया।

सरगना ने कहा, "तो वहाँ जो कल से ही प्रधान अतिथि बनकर 'पुजा' रहा है, वह कौन है ?"

"माने ?" मेरे मुँह से बरबस निकला।

"जी हाँ, उसका भी वही नाम है जो आपका है। वह कल ही पहुँच चुका है।"

मैंने स्वागत-उपमन्त्री की ओर देखा। वह बोले, "तो कहिए, आपने पहले ही, उसी दिन, क्यों न बतला दिया कि आप 'असली आप' नहीं हैं ? आप भी साहित्यिक, वह पहुँचा हुआ आदमी भी साहित्यिक। असल-नकल का क्या प्रमाण, क्या पहचान ?"

मैंने कहा, "मैं तुतलाता हूँ।"

"वह भी तुतलाता है।"

तोतापुरी सरगना ने आपस में तोतापुरी बोली में ही बातें कीं, "गजब का नकल उतारा है। कुरता-पाजामा से बुलबुली-बाबड़ी तक हू-ब-हू उसी की तरह !"

सरगना बोला, "देखिए साहब, आपने हमारी तोच्छ संस्था के साथ धोखेबाजी की है, गद्दारी की है, हमारे प्रतिनिधि को फुसलाकर गुमराह किया है। चलिए, असली प्रधान अतिथि दस कोस जमीन पर आकर बैठा है मिट्टी लगाकर। वहीं असल-नकल की पहचान होगी।"

सरगना ने मेरा हाथ पकड़कर उठाया। मेरी बोली ही बन्द हो गयी। लगा, हाथ उखड़कर अलग हो गया देह से। मैंने कलेजा मज़बूत करके कहा, "मुझे कोई पहचान नहीं करवानी है। मैं वापस जा रहा हूँ।'

सभी तोतापुरियों ने हुंकार भरकर कहा, "क्या ? वापस ?"

··· तो, वापस भी नहीं जाने देंगे ? मेरे तो हाथ के तोते उड़ गये।

सरगना ने कहा, "मैंने कहा न, वही आदमी असली है। दस कोस आगे बढ़ आया है। देह में मिट्टी लगाकर बैठा है।"

"तो कुश्ती ?"

"नहीं तो और क्या ? देहाती समझकर ठगने चले थे !"

मेरी कलाई रह-रहकर सरगना की पकड़ में कड़मड़ा रही थी। मैंने कहा, "कोई ज़बरदस्ती है ! मुझे जाने दीजिए।"

गाँववालों ने कहा, "भागने न पावे। पकड़े रहो।'

स्वागत-उपमन्त्री ने कहा, "तो मैंने कहा था न, हमारा तोतापुर अनुमंडल और प्रमंडल के ग्रामों में सर्वोपरि है। बराबर अखबार में खबर छपती है–तोतापुर के पास दिन-दहाड़े हत्या !"

अन्त में बहुत मुश्किल से समझौता हुआ। लम्बी कहानी है, क्या कीजिएगा किसी के बेपानी होने की कहानी सुनकर। पच्चीस रुपये तेरह आने बतौर हरजाने के अदा करने का हुक्म हुआ। मेरे पास सिर्फ बीस थे। एक तोतापुरी के पैर में मेरा नया जूता आ गया, वह ले गया। गाँव के सरगना ने हल्ला मचाना शुरू

किया, "वाह, वाह ! जिस गाँव में चोर पकड़ा गया, वहाँ के लोगों को कुछ नहीं ! नहीं छोड़ेंगे आसामी को··· पकड़ रे !" सरगना ने धन्नू के हाथ से मेरी झोली ले ली।

तोतापुरियों ने जाते-जाते लाठी दिखलाकर चेतावनी दी, "फिर ऐसा काम मत कीजिएगा।" धन्नू से कहा, "स्टेशन तक सकुशल पहुँचा सकोगे, बन्धु ?"

धन्नू ने कहा, "ऐसे कहिए, तो दस कोस तक यों ही पहुँचा दे सकता हूँ। आखिर ससुर भारी ही कितना है !"

दिसम्बर, 1961

तॅबे एकला चलो रे

'...बात शुरू होगी उसके जन्म से ही, सात साल पहले से।

यद्यपि उसने पुरुष होकर एक पर्व के दिन जन्म लिया था...पर, उसके भूमिष्ठ होने के बाद उसे देखकर लोगों के मुँह विकृत हुए, नाक संकुचित हुई; अमंगल-वचन निकले–सभी के विकृत मुँह से।

उसका जन्म भी जन्माष्टमी की रात में हुआ था, इसलिए मैंने परिवार के लोगों को सुनाकर बार-बार कहा–इसका नाम श्रीकृष्ण रख दो।

लोगों को लगा, मैं जले पर नून छिड़क रहा हूँ। गँवार पत्नी मुँह बिदकाकर बोली–"ऐ-हे ! ई मुआ... करकुट्टे-काले का नाम होगा किसन महराज ?"

सभी हँसे। मेरा प्रस्तावित नाम हँसी में उड़ गया। पत्नी का दिया फूहड़ और अपभ्रंश नाम चल गया–किसन महराज !

किसन महराज के जन्म से मैं–परिवार के अन्य सदस्यों की तरह–निराश नहीं हुआ था। घोर श्यामवर्ण, घुँघराले बालोंवाला शिशु। कितना प्यारा !... चः-चः !!

और, दूसरी ओर उसकी छठी के पहले से ही लोगों ने भविष्यवाणी शुरू कर दी–भादो में जन्म हुआ है। कहीं आसिन में कसके झड़ी-बदरी लदी तो किसनजी दो दिन में ही द्वारिकापुरी सिधारेंगे, नंगे पाँव।... छिः-छिः ! किसी बच्चे के बारे में, किसी भी शिशु के सम्बन्ध में ऐसी बातें 'राक्षसगण' वाला आदमी ही कर सकता है।

छठी की रात में परिवारवालों ने अपने 'बथान' के इतिहास पर आँसू बहाया; माँ षष्ठी से प्रार्थना की, परिवार की बड़ी-बूढ़ी ने–"जै मैया छठी ! मानुस को दो बेटा, पसु को बेटी।... ले जा मैया पाड़ा, दे जा मैया पाड़ी।"... ले जा; माने उठा लो, बलिदान लो। बथान में बेटा-बच्चा कभी मत दो !

आज हमारे परिवार के बथान पर मात्र दो भैंसें हैं। कोसी-कछार पर बसनेवाले बारहो-बरन के किसान, जमींदार भैंस पालते हैं। जिसके बथान पर तीन कोड़ी भैंसें न हों, उसे दरिद्र समझा जाता था–आज से दस वर्ष पूर्व तक। अब इतनी भैंसें वे ही पोसते हैं जिनका दूध-घी के सिवा और कोई कारोबार नहीं। किन्तु, बथान छोटा हो या बड़ा, ग्वाले का हो अथवा किसान का, पाड़े का जन्म सभी

अवस्था में मनहूस माना जाता है।

मुझे इसी बात की विशेष प्रसन्नता थी कि उसका जन्म मेरी ही दुखभरी पुकार पर हुआ था··· इसकी खुराक का अधिकांश क्षीर मुझे ही मिलेगा; दही, जिसकी दुर्दिन में इस दुर्बल शरीर के लिए बहुत बड़ी आवश्यकता थी। दूध-दही हमारे गाँव में भी दुर्लभ पदार्थ हो चुका है और बैदजी ने केले की रोटी के साथ सिर्फ दही खाने को कहा है। दही नहीं मिले, मट्ठा से भी काम चल सकता है। किन्तु ख़बरदार ! न एक 'रावा' नमक का, न एक दाना चीनी का···।

···मुझे ऐसा लगा था, मेरे कष्ट को दूर करने के लिए ही उसने ठीक समय पर जन्म ग्रहण किया है। अब इस माटी की काया में–जो सभी तीर्थों से बढ़कर है–फिर से जान आयेगी। अब धर्म बच जायेगा ! आसिन की झड़ी-बदरी अथवा माँ षष्ठी इसे उठा भी ले, मेरे 'दधि-कदली-कल्प' में कोई बाधा नहीं पड़ेगी।

··· ऊँयें ! किसन महराज बथान पर बोले।

गाँव में उन दिनों अकेला मैं ही ऐसा मर्द-पुरुष था जो दिन-भर अपनी खाट पर लेटा टुकुर-टुकुर देखता रहता। भदई-फसल कटनी के दिन थे, लोग खेतों में ही रहते थे दिन-भर। उधर, बथान पर किसन महराज को छोड़कर दूसरा बेटा-बच्चा नहीं। उसकी माँ-मौसी भी खेतों में ही रहतीं।

किसन महराज को कौए तंग करते, मुझे मक्खियाँ !···बेचारा शुभ दिन में धरती पर आया और जन्म से ही अपमान और लांछना सह रहा है ! पाड़ी होती तो गले में कौड़ियों की माला के साथ एक टुनटुनी भी पड़ी होती। कोई आँख के कीचड़ पोंछ जाती, हवेली से बाहर निकलकर। कोई बड़ी जतन से दूध में जड़ी घिसकर पिलाती–चुचकारकर। घर की बड़ी-बूढ़ी सदा तीर-धनुष लेकर बथान को अगोरती। उड़नेवाले हर परेवा-पंछी को कौआ समझकर हाँकती–हा-स्-स !

··· उ-यें-ऐं-ऐं ! किसन महराज ने दुखी होकर पुकारा।

याद है, खड़ाऊँ पहनकर कीचड़-गोबर की गिलगिली ढेरी को पार करके मैं बथान पर गया। अचरज से वह मेरी ओर तकता रह गया था–कुछ देर तक। मैंने पूछा था–क्या है महराज ? कौए तंग कर रहे हैं ?

वह उठ खड़ा हुआ। मैंने उसके घुँघराले बालों को सहलाना शुरू किया। देखा, कई कुकुरमाछियों ने कान के पास अड्डा बना लिया है। एक जोंक न जाने कब से खून पीकर गोल हो गयी थी।

उसे सूखी जमीन पर ले आया। उसका डगमग करके चलना··· ठुमकि-ठुमकि प्रभु चलहि पराई !

घाव पर चूना लगा दिया। आँख के कीचड़ को झिंगुनी के पत्ते से पोंछा। कीचड़ ही नहीं, उसकी आँखों से आँसू भी चू रहे थे।

अपने चौपाल के पास, ठीक अपनी खाट के सामने खूँटे से उसे बाँध दिया। स्थान-परिवर्तन से अथवा मेरा साहचर्य पाकर वह प्रसन्न हुआ था, रह-रहकर नाचने की चेष्टा करता।

उस दिन मैंने उसके सम्बन्ध में बहुत देर तक सोचा था।···आसिन की जानलेवा झपसी से उबर भी जाये, पुरुष होने का पाप जीवन-भर भोगना पड़ेगा। तीन-चार साल के बाद ही किसी मेले में बेच दिया जायेगा। पूरब मुलुक से आये हुए व्यापारियों के दल का कोई 'लबाना' (पाड़ा खरीदनेवाला) इसके पुट्ठे पर हाथ रखकर परीक्षा करेगा—अभी तो एकदम बच्चा है। हल में लगने काबिल नहीं··· लेबोना, एटा लेबोना।

शायद, हर बात में 'लेबोना, लेबोना' सुनकर ही लोगों ने इन व्यापारियों को 'लबाना' कहना शुरू किया।··· लेबोना, लबाना !

उसी दिन किसन महराज से मैंने अपनी भी तुलना की थी—बेकाम का आदमी, बीमार आदमी, परिवार का बोझ। किसन महराज को बेचकर परिवारवालों को साठ-सत्तर रुपए प्राप्त हो जायँगे। मुझे मुफ्त में भी नहीं लेगा कोई।··· पेट का रोगी चिड़चिड़ा क्यों हो जाता है, यह मैं जानता हूँ।

शाम होने के पहले ही परिवार का सर्वकनिष्ठ सदस्य पाठशाला से बही-बस्ता लटकाकर लौटा और अचरज से ठिठककर हमें देखने लगा। मैंने झिड़की दी थी—इस तरह उल्लू की तरह आँखें गोल कर क्या देखता है ?

उसे दिखलाकर मैंने पाड़े के मुँह के पास अपना मुँह लाकर चुचकार दिया—चुः चुः !! ईर्ष्या अथवा आश्चर्य के मारे आदमी के उस पिद्दी बच्चे ने मेरी ओर घृणा-भरी दृष्टि से देखा। फिर धरती पर थूकता हुआ आँगन की ओर भागा—"राम ! राम !! तोबा, तोबा ! बाबूजी निरघिन डोम भेल—पाड़ा'क थुथनी में चुम्मा लेल ···!"

अपनी हँसी को ओठों से समेटती-सिकोड़ती मेरी गँवारिन फिर आयी—"ऐ-ऐ ! किसन महराज तो आज दालान पर बँधे हैं।"

"बँधे हैं माने ? आज से यह यहीं बँधेगा। इसी जगह।"

"मालूम है, दूध-पीते पाड़ा का गोबर ठीक··· ही-ही-ही-ही !"

पेचिश से पीड़ित व्यक्ति की पत्नी को इस तरह दाँत निपोड़कर नहीं हँसना चाहिए—कौन समझाए !

"और तुम्हारे बच्चे तो मलयागिर चंदन ही गोबर करते हैं !"

उसकी हँसी और भी जहरीली हो गयी। जाते-जाते चोट कर गयी—"इह ! वही जो कहा है न कि दुबला काहे तो 'टिड़िस' के मारे। मैं समझती हूँ—यह रीस। इनके सामने न हाथ से गिरे नून, न पात से गिरे चून ! सो, रीस कीजिए चाहे खीस, गुस्साइए या पगलाइए। बैदजी ने कहा है, चाय की एक बूँद नहीं।"

बैदजी ने मीठी बोली सुनाना भी मना किया है, शायद··· मीठी बोली एक बूँद नहीं··· हुँ !

शाम तक सभी लोग खेत-खलिहान, पानी-मैदान से वापस आये। प्रत्येक व्यक्ति ने पाड़े को पलानी में बँधा देखकर अचरज प्रकट किया, विरोध किया। इधर मेरे मन में गाँठ-पर-गाँठ पड़ती गयी—वज्र गाँठ।··· पाड़ा यहीं बँधेगा।

थोड़ी देर के बाद ही बथान की महिषी आयी। हुँकरती-डिकरती बथान पर गयी—पाड़ कहाँ-आँ-आँ ? किसन महराज ने पलानी से जवाब दिया—मैं यहाँ-आँ-आँ!

पाड़े की माँ को सबसे अधिक अचरज हुआ था !

आज विस्तारपूर्वक उसके सम्बन्ध में कहने का अवसर है। सात साल के युवक किसन महराज के कृत्यों के लिए मुझे अपराधी प्रमाणित करने की चेष्टा की जा रही है। मुझसे जवाब तलब किया गया है...।

जानता हूँ, कचहरी में ऐसे बयान आजादी की लड़ाई के दिनों क्रांतिकारी लोग ही देते थे, जिन्हें तत्कालीन हाकिम न पढ़ते थे, न सुनते थे। किन्तु, आपके सम्बन्ध में मशहूर हो चुका है कि आप किसी भी मुकदमे की राई-रत्ती तक पढ़ते हैं, सुनते हैं। इसलिए, साहस करके इतना लम्बा-चौड़ा बयान तैयार किया है।

तो यह हुई किसन महराज के बचपन की कहानी !

संक्षेप में कहने पर भी इतना कहना आवश्यक है कि दिन-रात मेरे साथ रहने के कारण वह मेरी हर बात को समझने लगा, और मैं हो गया उसकी भाषा का पंडित।

आसिन में आठ दिनों तक झपसी लदी रही, उस बार। पाड़ा दिन-भर कूदता-फलाँगता रहा, आठों दिन। उसकी कृपा से मेरे असाध्य रोग में आशातीत सुधार हुआ।... दही खाने से चिड़चिड़ापन भी दूर हो जाता है !

बैदजी ने सुबह-शाम अगहनी धान के खेतों के आसपास टहलने की सलाह लिख भेजी। कहना नहीं होगा, पाड़ा भी मेरे साथ वायु-सेवन करने जाता–नित्य। एहि भाँति... बालकांड समाप्त।

पेट का रोग दूर हुआ, किन्तु पेट की चिंता बढ़ गयी।

जिस दिन गाँव छोड़कर शहर जा रहा था, पाड़ा बैलगाड़ी के पीछे बहुत दूर तक आया था।... "जा किसन, लौट जा अब !" मेरी बोली कंठ में अटक गयी थी।

मेरी अनुपस्थिति में पाड़े को कोई कष्ट न हो, परिवारवाले उसे बेच न दें–पत्नी को प्रत्येक पत्र में याद दिलाता। जब परिवार के एक सदस्य ने जिद पकड़ ली तो मेरी पत्नी ने लिखवाया–'कन्हाई बाबू दिन-रात पाड़े की ही बात करते हैं। कहते हैं, लोगों की फसल 'नुकसान' करता है। कौन दिन-रात उलहना सुने ! बोल रहे थे कि गाँव का ही मकदूम मियाँ नब्बे रुपया दे रहा है। मैं कहती हूँ, भेज दीजिए कन्हाई बाबू को उनका हिस्सा पैंतालीस रुपया। कलेजा फटा जा रहा है उनका...।'

रुपए नहीं भेजे। चार दिन की छुट्टी लेकर गाँव आया। गाँव पहुँचकर देखा, जो सोचा था ठीक वही हुआ है। पाड़ा बेच दिया गया है।

मकदूम मियाँ के बथान पर मोटी रस्सी में जकड़े हुए किसन महराज को देखकर मेरा रोम-रोम कलपने लगा। उसको बस में लाने के लिए मकदूम ने उसे बेरहमी से पीटा था। सारी देह में साटी के दाग... लम्बे-लम्बे पड़े थे।

एक सौ दस रुपए नकद लेकर मकदूम ने पाड़ा छोड़ा।

उसी बार, गाँव के पाँच पंचों के बीच कह आया–"यह पाड़ा आज से सबका

हुआ–गाँव का, इलाके का।"

उस बार, चार दिन तक पाड़े से ही मन की बातें कीं। पत्नी बोली–"कन्हाई बाबू ने रुपए गिनकर मकदूम के हाथ में पाड़े की रस्सी थमा दी, लेकिन पाड़ा रस्सी तुड़ाकर आँगन भाग आया, मेरे पास। मैं रसोई-घर में थी। वहाँ पहुँचकर डिकरने लगा।...एह ! आँख से लोर झहर-झहर झर रहे थे...आँचल में छिपने की कोशिश कर रहा हो, मानो।"

इसके बाद की कहानियाँ मैंने भी सुनी हैं।

जब-जब गाँव आया, एक-न-एक कहानी सुनी पाड़े की। अलौकिक कहिए या असाधारण, कहते हैं पाड़े में कई विशेष गुण प्रकट हुए, क्रमशः।

सूधा तो वह ऐसा निकला कि गाँव-भर के बच्चे उसकी पीठ पर सवारी करते। किन्तु, बड़े-बूढ़े आदत से लाचार होकर, कभी गाली देकर बात करते तो पाड़े के नथुने से फोंस-फोंस आवाज निकलने लगती।

उजड्ड रामबुहारन बिना गाली के कोई बात बोल ही नहीं सकता। एक बार उसने कहा–"सरवा पाड़ा ...।" बस, सरवा सुनते ही किसन महराज पैर से खुर्री काढ़ने लगा। एक टोकरी धूल उड़ाकर रामबुहारन की आँखों में झोंक दिया।

मकदूम मियाँ के मन से लोभ-मोह दूर नहीं हुआ था, हालाँकि उस पर नजर पड़ते ही पाड़ा अगिया-बैताल हो जाता। मकदूम हमारे टोले का रास्ता ही भूल गया था, किन्तु दिन-रात पाड़े के लोभ में वह तरह-तरह की बातें सोचता। उसने अपने दूर गाँव के एक यगाना से परामर्श किया। मुस्तंड मवेशी-चोर यगाना उसको बोला–"लोहे की सिकड़ी और दाँतवाले नाथ से तो शेर भी थर-थर काँपता है। और यह कमबख्त भैंस का पाड़ा ?"

एक रात को वे आये, चुपचाप पाड़े की चोरी करने–मकदूम, असगर।

ऐसा लगता है, किसन महराज ने धूल उड़ाकर उन्हें सचेत करने की चेष्टा की होगी–पहले। जब असगर ने भाला फेंककर पुट्ठे पर घाव कर दिया तब उसने निरुपाय होकर सीधे हमला बोल दिया होगा। बारी-बारी से चहेटकर उसने मकदूम और असगर के हाथ-पैर तोड़े थे।

इस घटना के बाद ही उसने गाँव की चौकीदारी शुरू की होगी। वह कब से रात में पहरा देता है, किसी को नहीं मालूम। तनुकसाह के पिछवाड़े से किसी की चीख सुनायी पड़ी, एक रात। तनुकसाह के परिवारवाले जगे, किन्तु साहस नहीं हुआ पिछवाड़े की ओर जाने का। चीख-पुकार क्रमशः बढ़ती गयी–'बचाइए हो गाँव के लोग...अरे बाप, मर गये !' लोग हा-हू करते दौड़े आये। देखा, तनुकसाह के पिछवाड़े में एक आदमी लहूलुहान पड़ा कराह रहा है और पास खड़ा किसन महराज रह-रहकर हुँत्था मारता है।...चोर ने ही पाड़े की कहानी बतायी। जब वह गाँव में घुस रहा था, पाड़े ने उसे अचरज से देखा था। फिर जैसे ही सेंध लगाना शुरू किया, न जाने किधर से आकर पाड़े ने उसे हुँथियाना शुरू किया।

तनुकसाह के साथ गाँववालों ने भी एक स्वर से उसे 'देवहा' पाड़ा कहकर उसकी

पूजा की—सींगों में घी लगाकर, सिर पर अक्षत-दूब डालकर।···कच्चा केला उसका प्रिय फल है, मेरी पत्नी ने बताया था। इसलिए तनुकसाह ने दो दर्जन कच्चे केले खिलाये थे किसन महराज को।

लेकिन दो दर्जन केले खिलाकर उसको नीति-भ्रष्ट नहीं कर सका तनुकसाह। एक दिन सुबह उठकर तनुकसाह ने हाय-हाय कर पंचगुहार की—"पाड़े ने दो बीघे तम्बाकू को रौंदकर समापत्तन कर दिया। दो सौ रुपए का माल मेरा—हाय रे हाय !"

गाँव के किसी पंच ने हमदर्दी नहीं दिखलायी। बच्चे-बच्चे के मुँह से निकला—"ठीक किया है। जैसी करनी ···। परसों ही बेचारे अजबलाल दास के मवेसी की कुरकी करवायी है, तनुकसाह ने। बेईमानी से तीन सौ रुपए का चिट्ठा बनाया। फिर नालिस करके··· चुपचाप 'डिगरी' करवा ली थी।··· अच्छा किया है पाड़े ने।"

दूसरे दिन भरी दोपहरी में तनुकसाह ने चिल्लाना शुरू किया—"देखो, देखो हो लोगो—पाड़ा पगला गया हो ओ-ओ !"

गाँव-भर के लोगों ने तमाशा देखा—तनुकसाह के चार बीघे में फूली-फुलायी सरसों रौंद रहा है पाड़ा; उन्मत्त होकर खेत में दौड़ रहा है इस छोर से उस छोर तक।··· पीली चदरी चित्थी-चित्थी हो रही है, मानो।

तनुकसाह चुपचाप देखता रहा। उसके मुँह से एक शब्द भी नहीं निकला। उसी शाम को उसने अजबलाल दास से 'डिगरी' की सफाई कर ली—असल तीस रुपये लेकर। सूद भी नहीं लिया—एक पैसा···।

संतोखी ततमा की बेवा मुसम्मात दिन-भर किसानों के घर में धान-चावल कूटती-छाँटती। तीसरे पहर दौड़ी जाती दो मील दूर टेसन की गुदरी पर—हल्दी और हरी मिर्च बेचने। लौटती बेर कभी-कभी गुदरी पर ही दीया-बाती जल जाती। संतोखी की बेवा पाड़े को पुकारती हुई पगडंडी पकड़ती। पाड़े के लिए वह रोज एक छीमी कच्चा केला खरीदकर लाती थी। पाड़े के प्रति उसकी भक्ति के पीछे है एक अंधकार की घटना। संतोखी की बेवा ने मेरी पत्नी को सुनाया है—

गाँव के एक प्रतिष्ठित व्यक्ति की नजर में संतोखी की बेवा बहुत दिन से नाच रही थी।

एक दिन घात में बैठे—पाट के खेत में···।

गुनगुन करती, अपने-आप न जाने किससे झगड़ती-बड़बड़ाती संतोखी की बेवा खेत के पास आयी। भले आदमी ने अचानक हमला नहीं किया, हालाँकि उनकी अवस्था उस समय जानवर से भी बदतर थी···।

बाज़ाप्ता प्रेम-निवेदन से प्रारम्भ किया बाबू साहब ने।

तीन आने की हल्दी बेचकर, इकन्नी का नून लेकर लौटती हुई संतोखी की बेवा दस रुपये का नोट देखकर काँप उठी थी।··· लगा, बाबू साहब के पाकिट से साँप निकला, फन काढ़े हुए। लेकिन वह चीख नहीं सकी; चिल्ला भी नहीं सकी क्योंकि बाबू साहब पैर पर गिर पड़े···।

"छिः-छिः, उठिए बाबू साहेब !"

ठीक, इसी समय पता नहीं किधर से पाड़ा आकर हाजिर।

पाड़े को देखते ही गाँव के नरपुंगव की पुं-शक्ति समाप्त हो गयी।

"... सच कहती हूँ मालकिन, उस दिन किसन महराज नहीं आ जाता तो मैं डूब चुकी थी," संतोखी की बेवा ने मेरी पत्नी के कानों में फिसफिसाकर कहा था।

किसन महराज रघुबर महतो के कूप का पानी छोड़ और किसी गड्ढे-तालाब में मुँह नहीं रोपता। ठीक दोपहर को रघुबर महतो के कूप के पास आकर खड़ा हो जाता। बूढ़ा रघुबर महतो अपने हाथ से पानी भरकर पिलाता था–नियमपूर्वक। रघुबर महतो के 'कच्चा-मीठा' आम के दो पेड़ हैं। आम के मौसम में–टिकोला लगते ही पेड़ों के नीचे मचान गाड़कर बैठता बूढ़ा, दिन-रात। पिछले साल बूढ़ा बीमार पड़ा। दिन-भर उसकी बेटी बतसिया ने पहरा किया। किन्तु रात में ? रात में कौन पहरा करेगा ?

रघुबर महतो का कहना है–"सूरज डूबने के पहले ही पाड़े ने पेड़ के पास आकर डेरा डाल दिया। फिर दूसरे दिन सुबह जब बतसिया पेड़ के पास गयी तो उठा। ...पाड़ा नहीं, देव है देव !"

अब अंतिम कहानी। मेरी देखी-सुनी।

बिहार विधानसभा में, जमीन-हदबन्दी के सवाल पर विचार होना अभी भी बाकी है। लेकिन, जिस दिन यह प्रस्ताव सदन में पेश हुआ उससे दो माह पहले से ही छोटे-बड़े किसानों के मन में पाप समा गया। जिले में किसान और गरीब बँटाईदारों में कई जगह गुत्थमगुत्थी भी हो गयी–यह तो किसी से छिपा नहीं है।

मुझे भी चिट्ठी गयी, गाँव से।...जमीन-जायदाद में मेरा भी हिस्सा है, इसलिए मुझे स्वयं इस झंझट के समय उपस्थित रहना चाहिए। पत्नी ने लिखवाया–'कन्हाई बाबू कहते हैं कि भैया के कारण ही पैमायस-बन्दोबस्त के समय पचास बीघे जमीन चली गयी–मुफ्त में। दान-खैरात करनी हो... अपने हिस्से की जमीन करें...।'

गाँव पहुँचते ही मुझे गुप्त सूचना दी, छोटे भाई कन्हाई बाबू ने–"इस बार बँटाई करनेवाले फसल काटकर नहीं ले जायें–सभी बड़े किसान चिंतित हैं। एक चुटकी धान नहीं देंगे बाँटकर वे, सुना है। इसलिए हम लोगों ने, माने आसपास के कई छोटे-बड़े किसानों ने मिलकर गुप्त परामर्श करके यह तय किया है...। नहीं-नहीं। मैं ऐसा मूर्ख नहीं–छतिऔना के शिवशंकर सिंह को चोट पर चढ़ाया है, सबसे पहले। तय हुआ है कि पहले शिवशंकर अपने किसानों की फसल कटवाकर ले जायेंगे–अपने खलिहान पर। इसके बाद हम भी अपने बँटाईदारों से कहेंगे, जब दीगर गाँव का किसान फसल काटकर अपने खलिहान पर ले गया तो हम क्यों तुम्हारे खलिहान पर फसल जाने दें ?...आप मेहरबानी करके चुप रहिएगा इस बार, नहीं तो...।"

मैंने पूछा–"यदि बँटाईदार लोग अपने-आप ही–राजी-खुशी से–फसल हमारे

खलिहान पर ले आयें तो ?"

कन्हाई बाबू तुनककर बोले–"देखिए भैया, आप फिर इस बार सबको फेरे में डालिएगा, लगता है। भला वे क्यों लायेंगे ?"

मैंने तर्क छोड़ा नहीं–"क्या आपस में, सुलह से कोई रास्ता नहीं निकल सकता ?··· मान लो, यह तय किया जाये कि न किसान अपने खलिहान पर ले जायें और न बँटाईदार। गाँव से बाहर एक 'पंचायती-खलिहान' बने···।"

कन्हाई बाबू चिढ़कर आँगन की ओर चले गये। जाते समय कुछ बोले नहीं, किन्तु उनकी मुद्रा बोली–'आपके जैसा मूर्ख कहीं नहीं देखा।'

मेरी पत्नी आँगन से मुँह लटकाकर आयी। उसकी दलील सुनकर मैं चुप हो गया–"जब जगह-जमीन ही नहीं रहेगी तो बाल-बच्चे खायेंगे क्या ? कन्हाई बाबू कहते हैं कि अखबार की नौकरी भी कोई नौकरी है ? सुनते हैं, पिनसिल भी नहीं मिलता।··· आपके पैरों पड़ती हूँ, आप चुप रहिए।"

चुप रहा मैं पाँच दिन तक।··· अखबार की नौकरी भी कोई नौकरी है ?

पाँचवें दिन अभिसंधि के अनुसार छतिऔना के किसान शिवशंकर सिंह हरवे-हथियार, लुटेरे जन-मजदूरों और लठैतों के साथ जमीन पर आ धमके।

गाँव के सभी बँटाईदार अवाक् हो गये–यह क्या ? अचानक कौन नया कानून पास हो गया ? अंधेर है ! जुलुम है !!

मुझे लगा, अचानक कुत्सित रोग मधुमेह का शिकार हो गया मैं।

एक-एक कर सभी गरीब बँटाईदार हमारे दरवाजे पर आये–दौड़ते, रोते-चिल्लाते। मैंने देखा, कन्हाई बाबू निर्विकार भाव से पान में चूना लगा रहे हैं। पान मुँह में डालकर गंभीर हो गये–"हमें क्या कहने आये हो ?"

"आप लोग चलकर शिवशंकर बाबू से पूछिए कि···।"

"उँहूँ !"

इसके बाद अभागे बँटाईदारों ने मेरी ओर देखा। बेकारी के समय मैंने भी गरीबों की पार्टी का झंडा ढोया था। सम्भवतः मेरी खादी की धोती को देखकर ही उन्हें मुझ पर भरोसा हुआ था। मेरे पास गिड़गिड़ाने लगे–"लाल बाबू !··· यही उचित है ? साल-भर से खेती में बाल-बच्चे, औरत-मर्द मिलकर हमने फसल लगाया··· और आज··· आप लोगों के रहते···।"

लाल बाबू चुप रहे–अपने पसीजते हुए दिल को मन-ही-मन पत्थर बनाने की चेष्टा में व्यस्त ! आँखें मूँद लीं लाल बाबू ने !–बहुत मुश्किल से बोले–"मैं क्या करूँ ? मैं क्या कर सकता हूँ ? मेरे हाथ में क्या है ?··· अखबार की नौकरी भी कोई नौकरी है ? पुलिस का सिपाही होता तो मेरी वरदी का प्रभाव पड़ सकता था।"

हाय छोड़कर वे चले गये।

बँटाईदारों के टोले में कुहराम शुरू हुआ। औरतें छाती पीटने लगीं। बच्चे बिलखने लगे। कुत्ते रोने लगे।

उधर खेतों में लुटेरे जन-मजदूरों और लठैतों की सम्मिलित जयध्वनि

हुई'–होहोहोहो–होहोहोहो !!

मेरे स्नायु-मंडल पर प्रतिक्रिया शुरू हुई। ऐसे अवसरों पर मेरा शरीर काँपने लगता है–मलेरिया बुखार चढ़ते समय जैसी कँपनी होती है, वैसी ही।

··· बाबू रे-ए ए ! हेए ए, अब क्या खाओगे रे ए-ए ?

··· माई-ई-ई ! कलेजे पर हँसुआ चला-आ-आ !

··· बाल-बच्चे मर जायेंगे !

··· हाय ! हाय !!

··· होहोहोहो–होहोहोहो !!

कौन दौड़ी जा रही है ? नंगी औरत–पगली औरत ? एकदम नंगी ? नाच रही है–लूट ले। लूट ले–रें दुश्मनवाँ लूट ले !···

कौओं का काँव-काँव ? अथवा मैं ही पगला गया ?

··· लाल बाबू ! आप देवता हैं।··· काँव-काँव !

लाल बाबू···! आप राक्षस हैं।··· काँव-काँव !!

लाल बाबू ? लाल बाबू ? काँव-काँव !!

··· लाल बाबू ! जरा खेत पर चलिए।

मैं क्या कर सकता हूँ ? मैं··· मैं··· !

कौन है ? शिवशंकर सिंह का छोटा भाई देवशंकर सिंह ? मुझे क्यों बुलाने आया है ? मैं कहीं नहीं जा सकता। मुझे बहुमूत्र रोग है। मैं एक डग भी नहीं चल सकता। मैं नशे में चूर हूँ। मैं जानवर हूँ। मुझे कोई क्यों बुलाएगा ?

"··· लाल बाबू !" देवशंकर ने कड़ककर मुझे होश में लाने की चेष्टा की। बोला–"आप अपने पाड़े को पुकार लीजिए। वहाँ खेत में···।"

क्या ! खेत में पाड़ा ? अर्थात ! किसन महराज पहुँच गये हैं धर्मक्षेत्र में, कुरुक्षेत्र में ? ऐ ! तब फिर क्या–जिधर कृष्ण–उधर विजय !!

"लाल बाबू। जल्दी चलिए।"

"भैया। जाइए न। पुकार लीजिए पाड़े को।"

मेरी कँपकँपी रुक गयी हठात। मेरी घुटती हुई उत्तेजना को रास्ता मिला, "मैं क्यों जाऊँ ? पाड़ा मेरा नहीं, सारे गाँव के लोगों का है। मैं क्यों पुकारने जाऊँ ? मैं किसी का नौकर नहीं; न तुम्हारा, न तुम्हारे शिवशंकर सिंह का।"

देवशंकर चला गया। नंगी औरत रोती-भागती चली गई। कन्हाई बाबू भी चले गये।

खेत से फिर हो-हो की आवाज आयी। मैंने उत्कर्ण होकर सुना–इस बार जयकार अथवा हर्ष-ध्वनि नहीं !··· धर्मक्षेत्र से, कुरुक्षेत्र से, किसन महराज को भगाने के लिए हल्ला किया जा रहा है–हुस्स ! होय-होय !

··· मारो। मारो। अ-रे-रे-रे-रे !

··· ढुई ! ढुईस। अँह-अँह–हुस्स !

··· भाग रे-ए-ए ! हो हो हो हो।

शोरगुल बढ़ता गया। अब किसन महराज अगले पैरों से खुर्री काटकर धूल उड़ा रहा होगा।

··· अश्रुगैस !

··· मारो। मारो। होहोहोहो !

··· ट्रट्ठाँय ! ट्रट्ठाँय !!

झूठा फायर ? अथवा··· अथवा ?

··· भागो। भागो !!

ट्रट्ठाँय !

आह ! इस बार झूठा फायर नहीं।

मैं दौड़ा।

खेत पर पहुँचते-पहुँचते किसन महराज का रथ दूर जा चुका था। परिवर्त-क्रिया के झोंके पर उसकी देह थरथरा रही थी; रह-रहकर पैर झटक रहे थें।··· किसन रे !

मेरे किसन ने किसी की जान नहीं ली। वह गरीबों के हक की रक्षा कर रहा था। ईंट-पत्थरों की मार खाकर भी धूल उड़ाता रहा, सिर्फ। चेतावनी देता रहा। फिर लाठी चली। वह अहिंसक रहा। सींगों से डराना, धूल उड़ाना, हिंसा नहीं। तीर और भालों से घायल हुआ–देह छलनी हो गयी। तब उसने दो लुटेरे लठैतों के हाथ-पैर तोड़े पटककर। शिवशंकर ने झूठे फायर किये, किन्तु देवशंकर ने गोली दाग दी–कलेजे पर ! गोली खाकर भी उसने किसी की हत्या नहीं की। मरते-मरते उसने शिवशंकर और देवशंकर को घायल ही किया। वह जान ले सकता था।··· अन्त में गाँव की ओर भागा। भागा नहीं। यह निश्चय ही मेरे पास आ रहा था। मेरी पत्नी के आँचल में मुँह छिपाकर सोने के लिए··· रघुबर महतो के कूप का पानी पीने के लिए··· संतोखी की बेवा के हाथ से केला खाने के लिए··· मेरे बेटे के हाथ से फरही-गुड़ खाने के लिए··· !

कुछ दूर आया··· डगमगाया··· गिरा··· !

मैंने उसके कान के पास मुँह लाकर पुकारा–"किसन रे ! हाय-हाय मैंने तुझे पहले ही क्यों न पुकार लिया ?···लेकिन मैं जानता हूँ–तुम आज मेरे पुकारने पर भी नहीं आते।··· तुम धर्मयुद्ध से कैसे मुँह मोड़ सकते थे··· ?"

अब मैं पुलिस द्वारा लगाये गये आरोप के जवाब दे दूँ–अन्त में !

पुलिस की रपट है–मैंने गाँव में अशांति फैलायी है।

उत्तर में निवेदन है–गाँव में सर्वत्र शान्ति विराज रही है–पवित्र शान्ति ! गाँव के छोटे-बड़े किसानों ने अपने बँटाईदारों से कह दिया–जहाँ जी में आये ले जाओ फसल काटकर। शिवशंकर को उसका हिस्सा भदई धान मिल चुका है। कन्हाई बाबू की फसल बँटाईदारों ने क़न्हाई बाबू के खलिहान पर ही रखी।··· कहीं भी किसी किस्म की अशान्ति नहीं।

किसन की मृत्यु के बाद कुछ लोग उत्तेजित हुए थे, अवश्य। किन्तु रामधुन सुनकर वे शान्त हो गये। रात-भर उसकी लाश को घेरकर 'निरगुन' गाये गये। सुबह को धूमधाम से माटी दी गयी। उसकी समाधि पर आसपास के दस गाँवों के लोगों ने आँसू से गीली मिट्टी दी; बारी-बारी से औरतों ने आँचल पसारकर समाधि पर छाया की। धूप-दीप और शंखध्वनि··· अशान्ति नहीं फैलाती।

घटना की खबर शहर पहुँची। खेतिहर मजदूर संघ के मंत्रीजी आये, किसान सभा और कांग्रेस के कार्यकर्ता भी आये। दारोगा साहब आये। कौन-कौन आये, कौन गये, मुझे कुछ नहीं मालूम। किसन की मृत्यु के बाद से ही मेरी बोली बन्द थी। आँखें बन्द थीं···।

समाधि देने के समय एकत्रित लोगों ने बार-बार जय-ध्वनि की थी। सभी अपने को दोषी समझ रहे थे। किसन के बिना सभी अपने को असहाय अनुभव कर रहे थे, इसलिए कभी-कभी सम्मिलित रुदन भी करते थे–हाय-हाय कर।··· किन्तु इससे भी शान्ति भंग नहीं हुई···।

पुलिस रपट में कहा गया है–गरमागरम भाषण दिये गये। लोगों को उभाड़ने के लिए, हिंसात्मक कार्रवाई करने के लिए क्रान्तिकारी गीत गाये गये !

जहाँ तक मुझे याद है, भाषण किसी पेशेवर नेता ने नहीं दिया था। गाँव के एक भावुक विद्यार्थी ने अपनी टूटी-फूटी भाषा में तुतलाकर कुछ कहा था, जरूर। लेकिन वह कोई गरम बात नहीं थी। उसने कहा, 'जब आदमी के दुख को आदमी ने नहीं समझा, किसन महराज ने पशु होकर भी आदमी का काम किया। आदमी का काम नहीं, देवता का। उसने अपनी जान देकर साबित कर दिया कि हम जानवर से भी गये-बीते हैं···।'

और, मेरे टोले की चम्पा ने, अपनी तीनों बहनों के साथ मिलकर विश्वकवि का प्रसिद्ध गीत गाया–'यदि तोर डाक सुने केउ ना आसे···।'

दारोगा साहब ने लिखा है–समाधि पर लाल झंडे गाड़े गये हैं।

इस बात पर, इस विषाद-भरे क्षण में भी मुझे हँसी आ रही है। गाँव के किसी भी देवस्थल पर लाल-सालू का झंडा फहराया जाता है। हनुमानजी का झंडा हो, चाहे माँ चंडिका का–रंग लाल ही होता है..।

[मुझे आश्चर्य तो तब हुआ–जब कि आपने उनकी इस रपट के आधार पर यह सवाल किया–आपके नाम 'लाल बाबू' का 'लाल' किसी 'राजनैतिक लाल' का संकेत है क्या ?··· मैं आपके विनोदप्रिय मिजाज की सराहना करता हूँ !]

किसन महराज की समाधि पर गड़े झंडे भी लाल हैं–स्वीकार करता हूँ।

गाँव के दरजी ने झंडों पर पाड़े की आकृति बनाने की चेष्टा की है, सफेद कपड़े से। मुझे लगता है कि दारोगा साहब ने झंडों में अंकित किसन महराज के सींगों को हँसिया समझा··· पैर को हल··· पूँछ को चक्र··· मुँह को हथौड़ा ···!

दोष उनकी दृष्टि का है।

जनवरी, 1962

एक लोकगीत के विद्यापति !

(भूमिका !···

महाकवि विद्यापति पर 'खोज' करते समय मैंने अनुभव किया, एक अध्याय का शीर्षक रखना पड़ेगा—'खेतिहर-मजदूरों और गाड़ीवानों के कवि विद्यापति !' क्योंकि, पूर्णिया-सहरसा के इलाके में आज भी विद्यापति की पदावली गा-गाकर—भाव दिखलाकर नाचनेवालों की मण्डली पायी जाती है। इन मण्डलियों के नायक—भैंसवार, चरवाहे और गाड़ी हाँकनेवाले ही होते हैं, प्रायः। मैथिल पण्डितों से पूछा, यह कैसे हुआ ? बोले, आप किस फेर में पड़े हैं ? इन्हीं मूर्खों के कारण आज विद्यापति की दुर्दशा हो रही है। ऐरे-गैरे-नत्थू-खैरे जिसके जी में जब आया—विद्यापति के नाम पर 'चार पदावली' जोड़ दी।··· आप गुमराह हो गये हैं !···

मिथिला के पण्डितों की वर्जना-वाणियों को अनसुनी करके मैंने सहर्ष सहरसा (या सहर्षा ?)—यात्री की तैयारी शुरू कर दी।

··· कनचीरा गाँव एक ऐसा गाँव है, जिस पर दो-दो जिला के जिला अधिकारियों का शासन चलता है। आधा गाँव सहरसा में, आधा गाँव पूर्णिया में।

··· कनचीरा की विद्यापति-मण्डली का नाम—दोनों जिला की जनता लेती है।

··· जिस दिन कनचीरा गाँव पहुँचा, गाँव में एक अघट घटना घट गयी थी। दस साल से इलाके का प्रतिनिधित्व करनेवाले नेताजी चुनाव में चारों खाने चित्त हो गये थे। इसलिए, उस रात को नाचने-गाने का दूसरा ही मतलब निकाला जा सकता है, इस डर से 'विद्यापति-मण्डली' के 'नायक' जनकदास ने नाच करने की अनुमति नहीं दी।

दूसरी रात को उन्होंने, बहुत खुशामद करवाने के बाद अनुमति दी। नायक जनकदास ने बहुत तर्क किया और घुमा-फिराकर, बार-बार यह कहा कि, 'विद्यापति नाच' का जन्म उसी के परिवार में ही, पहली बार हुआ था ! विस्तारपूर्वक उन्होंने, कभी कुछ नहीं कहा। और, उनको जब यह विश्वास

हो गया कि 'विद्यापति-नाच-मण्डली' के नाम पर, खर्च करने के लिए हजार-दो हजार सरकार के खजाने से लेकर मैं नहीं निकला हूँ—तब, उन्होंने मृदंग पर थाप दी !

रात-भर नाच देखता रहा। गाय चरानेवाला लड़का। साड़ी पहनकर बिरहिनी-राधा बन गयी और रो-रोकर गाने लगी—'कतेक दिवस हरि खेपब हो, तुम एसकरि नारी !'

दूसरे दिन, जनकदास से इस नाच की उत्पत्ति का इतिहास पूछा तो, वह बोला—पता नहीं कब से हमारे खानदान में इस नाच की 'मूलगैनी' चली आ रही है। जनकदास की इस उदासी का कारण था—मेरा टेपरेकार्डर। ···चुपचाप सब गीत फीता में आप भर लिये, चालाकी से। फोकट में अपना काम बना लिया आपने ?

और, अन्ततः पचास रुपये नकद देने के बावजूद उसने मेरे इस प्रश्न का कोई जवाब नहीं दिया कि खेतिहर-मजदूर, चरवाहे और गाड़ीवानों ने कैसे और कब विद्यापति की पदावली को गा-गाकर नाचना शुरू किया। जनकदास की पलानी में पुआल पर लेटा रहा दिन-भर—उसको दया नहीं आयी। उसकी बेवा जवान बेटी ने मेरी ओर से वकालत की—तब भी वह नहीं पसीजा—अपने खानदान की 'हँसाई' की बात भला कौन 'गजट' में 'छापी' करवाना चाहेगा ?

बूढ़ा जनकदास बैलों को खोलकर चराने चला गया।

मैं उसकी पलानी में पड़ा रहा और उसके बाद ही एक कहानी सुनी या सपना देखा अथवा—'भरम' में पड़ गया—नहीं कह सकता !)

बैशाख शुक्ल चतुर्दशी का चाँद, एक घड़ी साँझ को जबर्दस्ती पनघट पर रोक रहा है, गाँव की लड़कियों को। कोसी की दुबली-पतली धारा में जलकेलि कर रही हैं, वे। इसी समय गाँव के दक्षिण छोर से एक पुकार सुनायी पड़ी—कोइली बेटी-ई-ई-ई !!

कोइली को होश हुआ—बप्पा बुला रहे हैं। जरूर कोई बात है। बप्पा कभी इस तरह व्यग्र होकर नहीं पुकारते अपनी मातृहीना बच्ची को !

वह, कमर पर गगरी रखकर चली। सखियों ने कहा, "जा-जा। तेरा सम्बन्ध लेकर कहीं का नाई आया होगा।"

कोइली ऐंठकर बोली, "कतऽ चतुरान मरि-मरि जावत··· !"

"बेटी ! अतिथि आये हैं, एक। उच्च वर्ण के अतिथि !"

कोइली तुनककर बोली, "उच्च वर्ण के हैं तो हम नीच-जन के घर क्यों आये हैं ? उन्हें ब्राह्मण टोली का रास्ता दिखला दीजिए।"

"नहीं बेटी, गाँव में किसी ने रात-भर के लिए भी जगह नहीं दी। हर दरवाजे

से भगा दिया, गृहपतियों ने। बेचारा ज्वर से बेकल है।"

बाँस की 'फरकी' पर गीली साड़ी पसारती हुई कोइली बोली, "बप्पा ! तुम दिन-दिन बच्चा होते जा रहे हो। जरा सोचो–जिस आदमी पर गाँव के लोगों ने 'परतीत' नहीं किया उसको तुमने अपनी मड़ैया में जगह दे दी।··· दिन काल कैसा बीत रहा है सो नहीं देखते। अब तो भला का बदला बुरा भोगना पड़ता है।···"

बाहर, मड़ैया में लेटा हुआ अतिथि ज्वर में बड़बड़ाने लगा–समुचित औषदे ने रहय बेयाधि ! हे हरि, हे हरि··· !!

कोइली चौंकी। अतिथि का प्रलाप सुनकर उसकी देह सिहर उठी, "इतनी मधुर वाणी !"

कोइली ने झाँककर देखा, एक दिव्य पुरुष मड़ैया में लेटा हुआ है, "कुंचित-केश, गौर वर्ण।··· पैर में छाले पड़ गये हैं ?··· किन्तु, किन्तु··· बप्पा ! इस अतिथि को तो तुम जल भी नहीं पिला सकते ! हम अछूत हैं और यह निश्चय ही ब्राह्मण-सन्तान है··· क्या करोगे ?"

बाप ने कहा, "मेरा मृदंग ले आओ !··· धृनागि धिन्ना ! धड़िंग-धाड़िंगा–गणपति गंगा !!"

पाँच दिनों तक कोइली की मड़ैया में उसका अतिथि ज्वर से बेसुध पड़ा रहा। जिस दिन स्वस्थ हुआ–चारों ओर देखकर तनिक कुण्ठित हुआ–फिर अपनी राह लग गया।

विद्यापति कवि राजा शिवसिंह से रूठकर न जाने कहाँ चले गये हैं। चारों ओर ढिंढोरा पीट दिया गया है–राजा शिवसिंह और रानी लखिमा ठकुरानी 'खटपासी' लेकर पड़ी हैं। जब तक विद्यापति लौटकर नहीं आते–वे अन्न-जल स्पर्श भी नहीं करेंगे !!

चारों ओर दूत दौड़े !··· खोजो, खोजो। कहाँ है कवि विद्यापति ?

राजा 'लवेजान' है। रानी अन्तिम साँस ले रही है–विद्यापति कहाँ ? कहाँ हो कवि ?

पूरब से खबर आयी–विद्यापति इधर कहीं नहीं !

पश्चिग से लोग खोजकर आये–उधर नहीं।

दक्षिण, समुद्रतट तक दूत ढूँढ़ आया–निराश होकर।

उत्तर राज नेपाल से संवाद मिला–विद्यापति यहाँ हैं।

तुरत, राज्य-मन्त्री विदा हुए।

नेपाल-नरेश ने एक दिन और बिलमाने की चेष्टा की। मन्त्री बोले–राजा-रानी के प्राण ओष्ठगत हैं। हा-विद्यापति-हा-विद्यापति रटकर जान दे देंगे–वे !

रूठे हुए विद्यापति ने स्वयं आतुरता प्रकट की और कवि को लेकर राजा शिवसिंह

के मन्त्री लौटे–सदल-बल।

एक गाँव के पास आकर कवि ने कहा, "यहाँ पालकी रोको !"

"क्या है महाराज ?"

"यहाँ··· यहाँ··· इस गाँव में मेरा कुछ खो गया है।"

"क्या खो गया है ?"

"हाँ, इसी गाँव में। क्या खो गया है सो नहीं कह सकता। लेकिन कुछ अवश्य खोया है, मेरा इस गाँव में ! पता लगाओ।"

सिपाहियों ने मन्त्रीजी से कहा। मन्त्री ने कवि से पूछा, "महाराज ! क्या खोया है यह जाने बिना आखिर किस चीज का पता लगावें।"

कवि बोले, "मैं जब आ रहा था··· इसी गाँव में आकर साँझ हुई थी। गाँव में किसी ने मुझे टिकने नहीं दिया। सभी ने दुरदुरा दिया। तब गाँव से बाहर एक सुन्दर मड़ैया··· रक्तचम्पा के दो पेड़ हैं, लिपे-पुते दो-तीन मिट्टी के घर हैं। घर का मालिक एक बूढ़ा है। उसकी जवान, विधवा बेटी···।"

इतनी लम्बी हुलिया के बाद भला मुजरिम छिपा रहे ?

तुरत, मड़ैया को घेर लिया सिपाहियों ने। बूढ़ा, बैल खोलकर चराने के लिए जा रहा था। सिपाहियों ने उसे गिरफ्तार किया, "बीमार आदमी को खूब लूटा तुम लोगों ने।"

"लूटा ? किसको ? हरि-हरि !"

"चौप साले ! तुम्हारी बेटी कहाँ है ?"

कोइली उस समय कोसी के घाट पर सखियों के साथ गा रही थी–'कमलनयन मनमोहन रे कहि गेल अनेके···।'

बाप ने कातर स्वर में पुकारा, "बेटी ! राजा के सिपाही-ई-ई !!"

गाँव के बाहर ही कोइली को सारी बात मालूम हो चुकी थी। सखियों ने ताना मारा, "जा-जा तेरा कमलनयन मनमोहन आया है फिर ! घुँघराले बालोंवाला, गीत जोड़नेवाला !!"

कोइली नहीं, नागिन फुफकारती हुई आयी, "मैंने कहा था न, बप्पा ! उस दिन तुमने नहीं सुना। अब भोगो भलाई का बदला !···"

हवलदार चिल्लाया, "जल्दी निकालो, चोरी का माल !"

मन्त्री बोले, "समय बर्बाद मत करो !"

कोइली बोली, "लेकिन, निकालूँ क्या ? कहाँ हैं आपके राजकवि ? कहिए महाराज ?"

कोइली को देखते ही महाकवि मूक हो गये !

कोइली हँसी, "क्या खोया है आपका ?"

"पता नहीं। लेकिन कुछ खोया है मेरा अवश्य !"

कोइली बोली, "मैं बताती हूँ। महाराज जब हमारी मड़ैया में अचेत पड़े थे तब बेहोशी में पदावली बार-बार दुहराते थे।"

कवि बोले, "हाँ, हाँ, मेरी पदावली··· ठीक, ठीक।"

मन्त्री चिल्लाए, "समय नहीं है। जल्दी निकालो।"

हवलदार ने कहा, "कहाँ है पदावली ? चोर··· !"

कोइली के नथुने फड़के, "चोर ? नहीं, हमने चोरी नहीं की। ज्वर से बेकल कवि के कण्ठ से जो पदावली निकली उन्हें हमने चुराया नहीं–रख अवश्य लिया–सुरक्षित।"

"कहाँ है पदावली ?"

कोइली बोली, "बप्पा ! निकालो मृदंग।"

कोइली अपने पैरों में घुँघरू बाँधती हुई बोली, "जानते हैं दिनमणि ठाकुर–हमने इनकी पदावली चोरी नहीं की।···हमने इन्हें अपने हाथ का जल तक नहीं पिलाया–एक घूँट, इन्हें स्पर्श नहीं किया।··· रागिनी को बप्पा बुलाते थे, रोज। रागिनी ही इनकी सेवा करती थी और, पदावली ? वह तो बप्पा के मृदंग और मेरे घुँघरू में सुरक्षित है !"

मन्त्री बोले, "देर हो रही है। शीघ्र निकालो।"

कोइली बोली, "ठीक है, पालकी उठाइए। हम राह चलते-चलते महाकवि की थाती लौटा देंगे।"

"राह चलते ?"

"हाँ। बप्पा, दो मृदंग पर हाथ !"

रुकी हुई पालकी उठी।

पालकी के अगल-बगल में कोइली और कोइली का बूढ़ा बाप !··· बूढ़ा मृदंग बजाता–पदावली की पंक्तियाँ मुखरित होतीं और कोइली के घुँघरू उन पदों को सुर देते।

महाकवि अपनी भूली हुई पदावली की पंक्तियाँ दुहराने लगे।

दस कोस तक कोइली, राह के किनारे दौड़-दौड़कर नाचती रही। उसका बूढ़ा बाप मृदंग बजाता रहा।

पालकी के अगल-बगल दौड़ती-नाचती कोइली एक जगह 'झमा' कर गिर पड़ी। मृदंग का ताल टूट गया। डोली रुकी। सभी रुके।··· कोइली के पैर, लहूलुहान हैं !

कोइली ने पानी माँगा !

किन्तु बूढ़ा बाप मृदंग बजा ही रहा था। उसकी उँगलियाँ अब भी नाच रही थीं–मृदंग की सूखी चमड़ी पर।

महाकवि को हठात् ज्ञान हुआ। पालकी से कूदकर उतरे और नदी की ओर दौड़े।···

महाकवि के हाथ से चुल्लू-भर पानी पीकर कोइली ने आँखें खोलीं, "महाराज !

अब हमारे पास आपका कुछ नहीं।"

कोइली ने आँखें मूँद लीं।

कवि ने पुकारकर कहा, "देवी ! मुझे क्षमा करती जाओ। ये पदावली मेरी नहीं, तुम्हारी है। तुम्हारी ही··· !!"

जनकदास ने स्वीकार किया–पहले इस नाच में 'राधा' बनती थी–मूलगैने की बड़ी बेटी ही। राधा बनती थी, पदावली गाती थी और पैर में घुँघरू बाँधकर नाचती थी।

[और, विद्यापति-नाच की पदावली स्वयं विद्यापति ने उसके परिवार को दी थी–इस बात की भी उसने पुष्टि की। किन्तु उसने बार-बार अनुनय किया, यह बात किसी 'गजट' में छापी हो तो उसको पैसा जरूर मिले–इसका मैं ख्याल रखूँ।]

मई, 1962

अच्छे आदमी

उजागिर ने दोनों बड़ी केतलियों को ताजे चूल्हे पर चढ़ाकर सामने–पूरब की ओर देखा।··· रात से ही 'अदरालछत्तर' (आर्द्रा नक्षत्र) चढ़ा है। सूरज उगा है या नहीं, पता नहीं चलता। बादल हल्की पुरवैया के झोंके पर उमड़े आ रहे हैं। दूर फुहिया वर्षा में पेड़ की पाँतियाँ छिप रही हैं। सामने–खुला हुआ विशाल मैदान ! हरियाली पर बिछी हुई–पिच रोड। नयी सड़क !

उजागिर का जी न जाने क्यों, अचानक हल्का हो गया। मन में रात-भर उस 'पसिंजर' की बोली चुभ रही थी–खच-खच !–तुम तो मुँह देखकर चाय में चीनी डालते ही हो, उधर पकौड़ी में भी हाथ-सफाई का खेला होता है। किसी को 'हरियर मिरिच' (हरी मिर्च) और अदरख के टुकड़े डालकर कुरमुरी पकौड़ी दी जाती है और किसी को सड़े प्याज और बासी बेसन की।

··· जरूर वह पसिंजर जोगबनी या फारबिसगंज से दारू पीकर चला होगा। ऐसा मुँहफट्ट पसिंजर उजागिर ने कभी नहीं देखा था।

उजागिर ने फिर मैदान की ओर देखा !

मैदान का दाहिना हिस्सा फुहिया वर्षा में ढक-छिप रहा है। सरकारी जंगल विभाग के नये बाँस के बन में हजारों पताके उड़ रहे हैं, मानो बाँस के नये पौधों की नयी 'कंचियों' के हरे पताके–कास के सफेद गलीचे–सब ढक गये।··· दो ही साल के बाद यह बाँस का जंगल 'बिजूबन-बिजूखण्ड' हो जायेगा !

उजागिर का घर, गाँव के सबसे दक्षिन-छोर पर ऊँची जगह पर है। सामने बहुत दूर तक ढालू जमीन है। कोसी की मारी हुई जमीन कोसी की सूखी और बालू से भरी धारा तक, ऊबड़-खाबड़ है। कटिहार से जोगबनी तक पक्की सड़क पिछले साल ही बनकर तैयार हुई है–खुली है। जब, पहली बार कागजवाला नक्शा धरती पर अंकित हुआ, तो लगा कि उजागिर के घर तक आने के लिए ही सड़क इधर आयी है। उजागिर के घर को छूकर फिर दाहिनी ओर मुड़ गयी है।

उजागिर ने देखा··· लेटी हुई धरती के गले में चन्द्रहार की तरह पड़ी–पिच रोड !

एक केतली का पानी गनगना उठा।

फिर दूसरी केतली का भी !

उजागिर की आँखों में 'प्रदीपकुमार की माय' के गले में पड़ी चन्द्रहार की झलक लगी।··· आज प्रदीपकुमार की माय इतनी सुस्त क्यों है ? केतलियों में चाय का पानी खौल रहा है। अभी तक न बेसन का गमला खनखनाया और न कड़ाही-कल्छी ही। आखिर बात क्या है ?

उजागिर ने अपने तीन वर्ष के एकलौते बेटे को पुकारा, "क्या हो प्रदीप कुमार ! बबुआ ! माय से कहो, सादा गाड़ी के आने का समय हो गया। इधर, हमारे 'डिपाट' का सब काम 'फिनिस' है !"

अन्दर से कोई आवाज नहीं आयी।

उजागिर ने अपने 'डिपाट' पर निगाह डाली। उजागिर का विभाग–चाय डिपाट–कप, तश्तरी, गिलास, छन्ना, चम्मच, चाय, दूध–सब। सब ठीक है। लेकिन, आखिर बात क्या है ?

उजागिर का घर, इस इलाके का 'गैरसरकारी बस पड़ाव' है। करीब, बीस-पच्चीस गाँव के लोग यहीं आकर चढ़ते, उतरते हैं बसों में। दक्खिन, कटिहार से आनेवाली बस अररिया कोर्ट से डेढ़ घण्टे में और उत्तर जोगबनी-फारबिसगंज से चलनेवाली गाड़ी को एक से सवा घण्टे तक लग जाता है। इसलिए उजागिर के घर और दुकान के सामने दस-पन्द्रह मिनट रुकती है।

इस 'लाइन' (सड़क) में उजागिर की दूकान के पकौड़े और चाय का खूब नाम हो गया है। सादा, खाकी और लाल गाड़ियों के ड्राइवर-कण्डक्टर, पसिंजर, क्लिनर, सभी तारीफ करते हैं।

प्रदीपकुमार की माय आयी।

नहायी-धोयी प्रदीपकुमार की माय को देखकर उजागिर का हल्का जी और गुदगुदा उठा। गिलास में गर्म पानी डालते हुए वह मुस्कुराया। प्रदीपकुमार की माय भी तनिक मुस्कुरायी। मानो, मन की बात को वह मन में अब नहीं रख सका। बोल पड़ा, "अब रेडियो फिट कराना जरूरी है !"

कल तक उजागिर की समझ से, दूकान में एक दीवारघड़ी फिट करना जरूरी था। आज अचानक रेडियो की जरूरत सुनकर प्रदीपकुमार की माय को अचरज हुआ। वह अकचकायी।

उजागिर बोला, "रेडियो में एक ही बात नहीं, तीन-तीन बात हैं। मन हो तो गाना सुनो, मन हो तो खबर सुनो और जानना हो तो टैम भी मालूम कर लो।"

प्रदीपकुमार की माय ने कड़ाही चढ़ा दी।

आँगन से आँखें मलता हुआ प्रदीपकुमार निकला। उजागिर ने प्यार से बुलाया, "इधर आओ बाबू।··· बबुआ !"

हर रोज, पहला तीन गिलास··· सबसे पहले प्रदीपकुमार को, फिर प्रदीप कुमार की माय को और तब खुद··· प्रदीपकुमार दिन-भर में पाँच गिलास चाय पीता है !

बसों में चढ़नेवाले 'कचहरिया-पसिंजर' एक-एक कर आने लगे। बैलगाड़ी पर कोई नयी दुलहिन है क्या ? सावन-भादों में नैहर जा रही है। यह सायकिलवाला आकर फिर तंग करेगा। यह सायकिल रखने की जिम्मेवारी अब उजागिर अपने ऊपर नहीं ले सकता। ताला लगाने पर भी नहीं।

पहली बोहनी की किसनपुर के बाबू ने, चार आने के पकौड़े और दो गिलास चाय। दूध-चीनी बराबर-बराबर, गिलास जरा बढ़िया से धोकर।

प्रदीपकुमार की माय ने घूँघट के अन्दर से ही देखा–किसनपुर के बाबू की नजर उसकी कलाई से लेकर बाँह तक गुदी हुई मछलियों पर है। कई जोड़ी मछलियाँ ! चुलबुला रही हैं !

प्रदीपकुमार की माय ने बाँह की मछलियों को आँचल खींचकर ढक लिया। किसनपुर के बाबू ने कहा, "पकौड़े तनि और खरे-कुरमुरे···।"

छनौटा में छने पकौड़ों को फिर से खौलते हुए तेल में डाल दिया प्रदीपकुमार की माय ने।

गीली पुरवैया के झोंके में गर्म पकौड़े की सोंधी-सलोनी सुगन्ध गाँव में धीरे-धीरे फैलने लगी।

··· पकौड़े ! चाह ! चाय ! चहा !

गाँव का बूढ़ा सन्तोखीसिंघ रोज इसी समय आता है।··· रोज, 'नित्तम' दिन, टैम बँधा हुआ है, यही। यदि बोहनी नहीं हुई तो परम सन्तोषपूर्वक प्रतीक्षा करता है। बोहनी हुई कि उसकी चुटकी बजी, "जै सिरि सित्ताराम !"

आज बोहनी होने के बाद भी सन्तोखीसिंघ की ओर ध्यान नहीं दिया उजागिर ने। सन्तोखीसिंघ ऐसे अवसरों पर कोई गप शुरू कर देता है। गप निश्चय ही किसी चोरी-डकैती अथवा 'घरघुस्सी' की होगी। घरघुस्सी में पकड़े गये चोर को 'चमचोर' कहते हैं।

आज सन्तोखीसिंघ ने, पास के गाँव में हुई चमचोरी में पकड़े गये किसी चमचोर की कहानी शुरू की।

सन्तोखीसिंघ को इस इलाके के सभी नामी-गरामी लोग जानते हैं। जातिवालों ने मिलकर बूढ़े सन्तोखीसिंघ को बहिष्कृत कर दिया है। जाति का हुक्का-पानी छूटे, मगर सन्तोखीसिंघ उजागिर की दूकान की चाय और पकौड़े को नहीं छोड़ सकता। और अब तो पकौड़े-चाय खा-पीकर ही वह सारा दिन रहता है। न आगे नाथ, न पीछे पगहा। सन्तोखीसिंघ रिटायर्ड दफादार है। बहुत-बहुत 'इसपी' और दरोगा के मातहत काम कर चुका है वह। जब कहीं कोई नयी घटना नहीं घटती है तब सन्तोखीसिंघ कोई पुरानी कहानी, बिना किसी प्रसंग के ही शुरू कर देता है।

किन्तु आज की कहानी, टटकी है, जो कल रात को ही घटी है।

किसनपुर के बाबू ने, हरी मिर्च की कड़ुवाहट पर 'सी-सी' करते हुए इस बात की पुष्टि की, "हाँ, इसीलिए रात में उधर हल्ला-गुल्ला हो रहा था, क्यों ?···

सी-सी !"

मामले को गाँव के पंचों ने मिलकर 'रफा-दफा' कर दिया है, सन्तोखीसिंघ को यह खबर भी मिल चुकी है। मुद्दई, बेचारी साधोसाह की बेवा, क्या कर सकती है ? पाँच पंच की बात से बाहर कैसे जाये बेचारी !

प्रदीपकुमार की माय ने पकौड़ा नहीं दिया।

उजागिर ने चाय का गिलास बढ़ाते हुए कहा, "सन्तोखी काका, पकौड़े गाड़ी जाने के बाद।"

"सो क्यों ?" सन्तोखीसिंघ ने नकद पैसा देकर खानेवाले खरे गाहक की तरह खनखनाकर पूछा।

प्रदीपकुमार की माय ने घूँघट के अन्दर से ही उजागिर को इशारे से कुछ कहा। केले के पत्ते पर गर्म पकौड़े लाकर सामने रख दिए उजागिर ने। इधर कई दिनों से सन्तोखीसिंघ इसी तरह तेवर चढ़ाकर बातें करने लगा है।

सन्तोखीसिंघ ने किसनपुर के बाबू से कहा, "रासो बाबू, यह ससुरी सड़क जब से चालू हुई है—चोरी-चुहाड़ी और भी बढ़ गयी है। पहले तो साला गाँव के आसपास के ही चोर-डकैत चोरी-डकैती करते थे। अब तो मनिहारी घाट का चोर साला जोगबनी आकर चोरी कर जाता है—रातोंरात—बेदाग !"

किसनपुर के बाबू ने विरोध किया, "इसमें सड़क का क्या कसूर ? बिना सड़क खुले ही कलकत्ता के लोग कटिहार में पाकिट मारते हैं।"

किसनपुर के बाबू को मालूम है, सड़क बनते समय इलाके में कई सड़क-विरोधी आन्दोलन हुए थे। लोगों को उभाड़ने के लिए आन्दोलन के नेताओं ने इस बात को प्रमुख प्रचार-अस्त्र बनाया था—सड़क खुलते ही कलकतिया पाकिटमार से लेकर पटनिया ठग दिन-दहाड़े गाँवों में घुसकर उतपात मचावेंगे।

किसनपुर के बाबू ने अपनी कलाई पर बँधी घड़ी देखी, फिर कान के पास लाकर सुना—बस लेट है या घड़ी बन्द है ?

उजागिर बोला, "दोनों तरफ की गाड़ी आज लेट है। रात में जोगबनी की ओर जोर की बरखा हुई है।"

सन्तोखी बोला, "पूरब भी हुई है !"

उजागिर को चोरी-डकैती की कहानी जरा भी नहीं अच्छी लगती। तिस पर आज चमचोरी का किस्सा !

उजागिर ने चमचोरी प्रसंग को अच्छी तरह बदलने के लिए बात की छोर अपने हाथ में ले ली, "पूरब-पच्छिम, उत्तर-दक्खिन सब तरफ पानी बरसा है। सिर्फ अपने इलाके में···।"

सन्तोखीसिंघ ने बीच में ही काट दिया, "अरे ! इस इलाके में क्या पानी होगा ! साला, दिन-दहाड़े चमचोरी जहाँ होता है, वहाँ पानी बरसेगा। बज्जर गिरेगा—हड़हड़िया बज्जर !"

बादल सचमुच गरजा ! प्रदीपकुमार की माय घूँघट के नीचे हँसी। "बादल नहीं,

बस की आवाज।"

प्रदीपकुमार की माय को पिछले साल की बरसात की बात याद आयी। वर्षा में पकौड़े और चाय की बिक्री बढ़ जाती है। छाता-धोती बन्धक रखकर भी आदमी पकौड़ी खाकर चाय पीता है !

किसनपुर के बाबू ने थैले से, 'प्लास्टिक पेपर' के बड़े थैले से वाटरप्रूफ निकाला। मलेरिया-विभाग के दवा छिड़कनेवाले से बहुत पैरवी के बाद यह बरसाती मिली है। झमाझम पानी पड़े मुदा कपड़े का एक सूत भी नहीं भीगता।

किसनपुर के बाबू ने उठते-उठते उजागिर को सलाह दी, "इधर, चार हाथ और बढ़ाकर बैठने की जगह बनाकर छवा क्यों नहीं देते ?"

प्रदीपकुमार की माय ने बाँह के ऊपर साड़ी खींचकर उजागिर से कुछ कहा। किसनपुर के बाबू की आँखों में गुदी हुई मछलियाँ फिर चुलबुलाने लगीं।

उजागिर ने कहा, "रासो बाबू ! एक गाड़ी बाँस के बिना सब काम रुका हुआ है। आपके दरबार में एक दिन 'इस्दुआ' लेकर··· !"

किसनपुर के बाबू ने देखा, घूँघट से एक जोड़ी आँखें भी कुछ कह रही हैं। बोले, "अच्छी बात है। एक दिन आना। एक गाड़ी क्यों, दो गाड़ी बाँस मिल जायेगा।"

उजागिर ने दाँत निपोड़कर प्रदीपकुमार की माय की ओर देखा। प्रदीपकुमार की माय ने आँखों से ही बातें कीं, "मैंने कहा था न, रासो बाबू अच्छे आदमी हैं।"

सन्तोखीसिंघ बोला, "एक गाड़ी घास क्यों नहीं माँगी तुमने ! आज रासो बाबू का दिल 'दरियाब' हो गया है।"

वर्षा शुरू हुई। दोनों ओर से बस आयी। एक ही साथ !··· पकौड़ी ! चाय ! पैसे। नये पैसे।

उजागिर को आज बात करने की फुरसत नहीं।

"एक पत्तल पकौड़ी, बिना मिर्च की।"

प्रदीपकुमार की माय ने घूँघट के नीचे से ही कुछ कहा। वह आज बिना मिर्च की पकौड़ी अलग से किसी गाहक के लिए नहीं बना सकेगी !

"लाल गाड़ी के ड्राइवरजी माँगते हैं !"

प्रदीपकुमार की माय बिना मिर्चवाला बेसन फेंटने लगी।

लाल गाड़ी का ड्राइवर अच्छा आदमी है। मनिहारी घाट में जहाज से उतरनेवाले यात्रियों को भी वह उजागिर की दूकान की पकौड़ी और चाय की तारीफ सुनाकर फाँस लाता है–"भाई, रास्ते में कहीं चाय पीना और पैसा फेंकना बराबर है। चाय, नाश्ता चलकर रहिकपुर में कीजिएगा। एक बार चखकर देखिएगा, तो फिर कभी नहीं भूलिएगा। गर्मागर्म चाय और कुरमुरे पकौड़े !'

लाल गाड़ी का ड्राइवर ऐसी जगह पर गाड़ी लगाता है, जहाँ से प्रदीपकुमार की माय की आँखें, तिरछी निगाह से देखने पर टकरा जाती हैं।

गाड़ी में बैठें हुए यात्रियों की नजर दूकान के सामनेवाले हिस्से पर ही पड़ती है। जिधर प्रदीपकुमार की माय बैठती है उधर बाँस की 'झझनी' की टट्टी लगी हुई है–छोटी-सी, आड़ में बैठी हुई प्रदीपकुमार की माय का सिर्फ हाथ दिखलायी पड़ता है। पकौड़े डालती हुई अंगुलियाँ ! छनौटे से पकौड़े निकालकर बर्तन में रखते समय काँच की चूड़ियाँ मीठे सुर में बज उठती हैं।

उजागिर को इधर-उधर देखने की छुट्टी कहाँ ?

गिलास, चीनी, पानी, पत्ती, चम्मच, पैसा, गाहक !

पत्तल पकौड़ा लेते समय एक बार वह प्रदीपकुमार की माय की ओर जरूर देख लेता, "देखिए भाई, हल्ला-गुल्ला नहीं। शान्ती से–शान्ती से !"

दोनों गाड़ियाँ आकर चली गयीं।

प्रदीपकुमार की माय उठकर अन्दर गयी। उजागिर रेजगारियों का हिसाब करने लगा।

सन्तोखीसिंघ को एक कप चाय और चाहिए। जोरों की बारिश शुरू हुई। उजागिर ने कहा, "पानी गरम होने दीजिए।"

उजागिर ने लड़कपन से ही चाय बनाने का काम किया है।

कमलदह के जमींदार की इयोढ़ी में हर काम के लिए अलग-अलग नौकर-चाकर थे–चाय बनानेवाला, चिलम सुलगानेवाला, तेलमालिश करनेवाला, भंग घोटनेवाला !

कमलदह के जमींदार की जमींदारी चली गयी। लेकिन, उजागिर के हाथ का 'इलम' हाथ में ही रह गया। इसी 'इलम' ने उसकी मनोकामना पूरी की। घर में लक्ष्मी आयी…!

रहिकपुर गाँव की अपनी बपौती जमीन पर घर बनाकर एक 'रूपवाली' घरनी लाने की लालसा उसके मन में बचपन से ही बनाकर बैठी थी। कमलदह के छोटे बाबू की दुलहिन-जैसी घरवाली मिल जाये, तो उजागिर सारी उम्र सिर्फ 'रूप' पीकर रह सकता है।

रूपवाली दुलहिन !

बालूवाली जमीन का कूप और गाँव की लड़की का रूप–दोनों बराबर। बालूवाली जमीन के कूप का पानी 'कंचनठण्ढा' होता है। एक घूँट पीकर ही आत्मा जुड़ा जाये। गाँव की लड़की का रूप, एक बार निहारकर नींद आ जाती है, आँखों में। लेकिन, बलुवाही कूप दो साल में ही 'भथ' जाता है। गाँव का रूप साल लौटते ही 'ढल' जाता है।

उजागिर ने भागलपुर, दरभंगा और पटना-जैसे शहरों में घूम-घूमकर नौकरी की। कहीं रूप की झलक नहीं मिली। सब नकली–कच्ची कली कचनार-जैसी ऊपर से…। इसको भला रूप कहते हैं ?

शहर से वह रुपये की गठरी ले आया। मन की झोली उसकी खाली ही रही।

गाँव के 'घटक-दलालों' ने उजागिर को ठगकर बहुत पैसा खाया। बिरादरी के पंचों ने पान-सुपारी के नाम पर पचासों रुपये 'झीट' लिये—रूपवाली घरनी नहीं मिली।

किन्तु उजागिर निराश नहीं हुआ। कमलदह की छोटी दुलहिन ने एक दिन कहा था, "उजागिर, चाय पिलाकर तुम इन्द्रासन की परी को भी 'फुसला'कर मुट्ठी में कर सकते हो !"

उजागिर ने छोटी दुलहिन की बात याद की और एक दिन घर से निकल पड़ा—कहीं चाय की दूकान पर नौकरी भी मिल जाय, वह करने को तैयार है।

उजागिर उस (शुभ) दिन को कभी भूल सकता है भला !

कुरसेला स्टेशन पर उतरकर वह बहुत देर तक बैठा रहा।

खीरा खरीदकर खाते समय उसको अपने बचपन के एक खेल की याद आयी थी। बच्चे खीरे-ककड़ी के बीज को अँगुलियों में दबाकर कहते, "फलान की शादी किधर होगी ? बीज छिटककर जिस ओर गिरे—उधर ही। उसी दिशा में।"

उजागिर ने खीरे के एक बीज को अँगुलियों में दबाकर मन-ही-मन कहा था, 'बीज जिस ओर छिटकेगा, मेरी होनेवाली रूपवती दुलहिन उधर ही होगी।'

बीज उत्तर की ओर छिटका और बिना कुछ सोचे-विचारे वह कुरसेला से रानीगंज जानेवाली बस पर जा बैठा था।

कण्डक्टर ने पूछा, "कहाँ जायेगा ?"

उजागिर क्या जवाब दे ? न जाने यह गाड़ी कहाँ-कहाँ जाती है। तब तक बगल के यात्री ने बिरौली का टिकट माँगा और उजागिर ने भी बिरौली तक का टिकट कटा लिया।

गाड़ी बिरौली पहुँचकर पकौड़ीवाली सहुआइन की दूकान के सामने रुकी। बिरौली में उतरनेवाले उतर गये। उजागिर बैठा रहा। बिरौली गाँव में उतरकर वह क्या करेगा ? वह आँखें मूँदकर कुछ सोच रहा था कि कण्डक्टर ने उसको ठेलकर जगाया, "ए, बिरौली आ गया। उतरो।"

उजागिर ने अपनी झोली सँभाली। अनिच्छापूर्वक उतरा।

बस से उतरे हुए लोग पकौड़ीवाली दूकान पर थोड़ी देर रुके और जलपान करके चले गये। उजागिर चुपचाप बगल में एक मोढ़े पर बैठा रहा। बूढ़ी सहुआइन ने पकौड़ी की कड़ाही उतारकर उजागिर से पूछा, "कहाँ जाना है ?"

उजागिर ने कुनमुनाकर जवाब दिया, "कहीं नहीं। एक आने की पकौड़ी हमको भी चाहिए।"

बूढ़ी झुंझलायी, "इतनी देर से मुँह सीकर बैठे रहे। अब कड़ाही उतारने के बाद, एक आने की पकौड़ी ! अब पकौड़ी नहीं, बैंगनी खाना है, तो बोलो चढ़ाऊँ

कड़ाही ?···अरी ओ सितिया ! कब तक बैठकर बैंगन काटेगी ! एँ ? दे जा, जितना हुआ है। गाहक बैठा हुआ है यहाँ।"

झोंपड़े के अन्दर से उसी अन्दाज से पतली आवाज में जवाब आया, "कल से मैं काना-कुबड़ा बैंगन नहीं काटूँगी। एक-एक बैंगन में पाँच-पाँच पिल्लू !"

बूढ़ी ने सितिया नाम की लड़की को 'बैंगन लगाकर' एक भद्दी-सी गाली दी।

सितिया सूप में बैंगन के टुकड़े लेकर आयी, "मैं रोज तुमसे कहती हूँ मौसी, परदेसी जातरी के सामने गाली मत बका करो।"

उजागिर सितिया उर्फ सीता का रूप देखकर पसीने से तर-बतर हो गया था ! एक-एक बैंगन में पाँच-पाँच पिल्लू और बैंगन-भरी गाली सुनकर उसको मतली आ रही थी, सो सीता को देखने के बाद ही दूर हो गयी।··· यही है रूप ! यहीं है रूप !

उसने गला साफ किया, "माताराम ! एक आने की बैंगनी नहीं, चार आने की।"

बूढ़ी बोली, "ऊँ ! ई आदमी का मन रह-रहकर बदलता है। जो बोलना हो, एक ही बार क्यों नहीं बोलते ?"

उजागिर चुप रहा। किन्तु गाहक का पक्ष लेकर बोली सीता, "एक बार बोले, चाहे हजार बार–तू इस तरह गाहक से बात-बात पर 'रगड़' करेगी, तो एक पाई की बैंगनी भी नहीं बिकेगी।"

बूढ़ी कड़ाही में बैंगनी डालती हुई बोली, "बड़ी आयी है 'भतार' का पच्छ लेने !"

जब बूढ़ी और जवान जीभों की 'बतकुट्टी' जोर पकड़ने लगी, तो उजागिर ने मर्दानगी दिखलायी, "छिः-छिः, आप लोग इस तरह बेवजह लड़िएगा तो रखिए अपनी बैंगनी ! ऐसी बैंगनी कौन खाये ?"

सीता बोली, "लो, सुनती हो ? अब छानो बैठकर चार आने की बैंगनी। देखूँ कौन खाता है ?"

बूढ़ी बोली, "नहीं खायेगा, तो पैसा दे जायेगा।"

सीता ने उजागिर को पहली बार नजर उठाकर देखा और मुँह की बात मुँह में ही रखकर अन्दर चली गयी।

उजागिर बैठकर सोचता रहा, "चार आने की बैंगनी वह खा सकेगा ? यह चंगेरी-भर बैंगनी !"

बूढ़ी सहुआइन ने फिर पुकारा, "अरी, ओ सितिया ! पत्तल कहाँ है ? बैंगनी तेरे कपाल पर परोसूँ ?"

उजागिर बैंगनी खाने लगा। तब बूढ़ी ने नरम सुर में कहा, "भैया, बुरा मत मानना। मुँहजली सितिया सीधी बात कभी सुनती ही नहीं। ठहरो, मैं पानी ला दूँ।"

बूढ़ी के उठने के पहले ही सितिया पानी दे गयी, "मैं जानती हूँ। अब गाड़ी आने का समय हुआ तो, तू कोई न कोई बहाना बनाकर चूल्हे के पास से उठेगी

ही। कड़ाही उठाकर सड़क पर फेंक दूँगी। हाँ !"

बूढ़ी बैठ गयी फिर। वह कोई भद्दी गाली जीभ पर चढ़ा रही थी कि उजागिर ने टोक दिया, "यहाँ एक चाह की दूकान खूब चलेगी, माताराम ?"

सहुआइन ने पोपले मुँह को तनिक विकृत करके पूछा, "क्या चलेगी खूब ?"

"चाह की दूकान।"

"कौन खोलेगा ?"

"कोई भी खोले, चलेगी खूब।"

बूढ़ी अब कुढ़कर बोली, "आग लगे चाह की दूकान में। एक पकौड़ी के चूल्हे में ही मेरी हड्डी जलकर 'छार' हो रही है।"

सीता ने इस बार फिर उजागिर को देखा। चाह की दूकान की बात सुनकर ही उसने ऐसी निगाह से 'हेरा' है। उजागिर बोला, "चाह में अठगुना नफा है। चार आने के माल में दो रुपये मुनाफा !"

"दो रुपये !" बूढ़ी मौसी और जवान सीता ने एक ही साथ अचरज-भरे स्वर में कहा, "दो रुपये !"

बूढ़ी कुछ क्षण चुप रहने के बाद बोली, "रहने दो, बाबा, मुनाफा। यहाँ चाह कौन पियेगा ?"

सीता ने कहा, "मिलने पर सभी पियेगा।"

उजागिर बोला, "वाजिब बात।"

बूढ़ी ने छनौटा चमकाकर पूछा, "मैं पूछती हूँ, चाह बनायेगा कौन, तेरा भतार ? एँ ?"

सीता ने इस बार जवाबी गाली दी, "मेरा नहीं, तेरा !"

आश्चर्य ! गाली सुनकर पोपली बूढ़ी हँस पड़ी। सीता भी हँसी और उजागिर का कलेजा जोर से धड़कने लगा। कुछ देर तक चुप रहने के बाद उसने तौलकर बात शुरू की, "हाँ, चाह की दूकान तो मर्द-पुरुस ही चला सकता है।"

बूढ़ी ने लम्बी साँस ली। सीता फिर आँगन के अन्दर चली गयी।

उजागिर बहुत देर तक बूढ़ी मौसी को विस्तारपूर्वक चाय की दूकान की योजना के सम्बन्ध में समझाता रहा।

दूसरी गाड़ी के लौटने के पहले ही उजागिर ने बूढ़ी को अपनी मीठी बोली से मोह लिया, "माताराम ! आप लोगों की मर्जी हो तो मैं आज ही जाकर सामान ले आऊँ।"

"तुम्हारा घर कहाँ है ?"

"रहिकपुर।"

"कौन जात ?··· अरे, तब तो बिरादरी के ही निकले।"

बात पक्की हो गयी।

उजागिर कुरसेला बाजार आया और चाय की दूकान का सारा सामान खरीदकर रात की गाड़ी से ही वापस लौटा। बूढ़ी ने कहा, "अरे, तुम सचमुच

लौट आये ? मैं तो समझ रही थी कि कोई लुच्चा-लबड़ा आकर ऊन का दून हाँककर चला गया।"

अन्दर सीता ने झिड़की दी, "मौसी, तू बूढ़ी हुई, लेकिन आदमी को पहचानना नहीं आया।"

चाय की दूकान का सामान देखकर बूढ़ी और जवान आँखें अचरज से बड़ी हो गयीं, "इतना सामान लगता है चाह की दूकान में ?"

रात में सीता ने अपने हाथ से भात-दाल परोसकर खिलाया था—पहली बार। पुरानी बातें याद करके आज भी उजागिर की देह सुड़सुड़ाने लगती है। सीता की बोली, सीता की हँसी ! सीता का चलना-फिरना। दिन-रात उजागिर मानो सपनों की दुनिया में ही रहता था—रूप पीकर जीता था।

चाय की दूकान खुली और चल निकली।

गाँव-भर में बात फैल गयी, 'बूढ़ी सहुआइन का एक रिश्तेदार आया है। चाय की दूकान खोले है। अब पियो घर बैठे—चाह गरमागरम !'

बस के ड्राइवर, कण्डक्टर, पैसेंजर, क्लीनर ने एक स्वर से प्रशंसा की, "अलबत्त चाह बनाता है ज़वान ! चलेगी दूकान।"

लेकिन, चाय की दूकान छः महीने भी नहीं चल सकी। पाँचवें महीने में ही सीता ने उजागिर को उकसाया, "क्यों ? तुम्हारा कलेजा इतना छोटा है ? बूढ़ी से साफ-साफ कहते क्यों नहीं ?"

"यदि बूढ़ी 'नकार' जाये ?"

"बला से। पहले कहके देखो।"

"यदि कहे 'घरजमाई' रहना पड़ेगा ?"

"अभी मान लेना। बाद में फिर···।"

बूढ़ी मौसी आँख से कम देखती थी और कान से जरा कम सुनती थी। किन्तु बिना कुछ देखे-सुने ही वह सबकुछ समझ चुकी थी। इसलिए जिस दिन उजागिर ने हकला-तुतलाकर प्रस्ताव किया था, बूढ़ी ने एक भद्दी गाली दी थी, "सौ बार सतुअन और भतार के आगे दतुअन। अब बाकी ही क्या रहा है ?··· छुतहर-कलस में अब कौन पण्डित-पुरोहित बेद-मन्तर पढ़ेगा ?··· खूब पियो गरमागरम चाह !"

बूढ़ी सहुआइन अपनी पकौड़ी की दूकान पर बैठी आज भी गालियाँ दे रही होगी, "उस मिठवचना ने आते ही चाह पिलाकर इस मुई को मुट्ठी में कर लिया।··· दिन-रात खुसुर-फुसुर मैं नहीं देख सकती थी।" जवाब दे दिया—"तुम लोग अपना रास्ता देखो।"

और, इसी को कहते हैं 'तिरिया के भाग से मिले राज !'

सीता नहीं, लक्ष्मी !

रानीगंज से कुरसेला जानेवाली बस पर सवार होकर, रूपवाली दुलहिन को साथ लेकर उजागिर गाँव लौट आया। लौटकर उसने सुना, "इधर भी नयी सड़क खुलनेवाली है। बहुत जल्दी ही !"

सचमुच, लक्ष्मी है प्रदीपकुमार की माय !

बननेवाली नयी सड़क के ठेकेदार ने उजागिर की झोंपड़ी में ही डेरा डाला था।

गाँव के लोगों ने घुमा-फिराकर उजागिर को समझाया, "घर में जवान और खूबसूरत बहू और बाहर 'पलानी' में परदेसी का बासा, अच्छी बात नहीं।"

सन्तोखीसिंघ जब मिलता दिन दहाड़े 'चमचोरी' की कोई कहानी सुनाना नहीं भूलता। उजागिर घर लौटकर अपनी रूपवती को निहारते हुए कहता, "जानती हो ? गाँव के लोग क्या कहते हैं ?"

"गाँव के लोगों की बात सुनोगे या ठेकेदारजी की ? ठेकेदारजी कहते हैं, सड़क जब खुलेगी, चाह और पकौड़ी की दूकान तब खोलना। अभी इतने 'जन-मजूरे' काम कर रहे हैं। अभी चावल-दाल की दूकान खोल दो। मजदूरों को उधार खिलाओ और हफ्ता के बाद एक का डेढ़ वसूलो। यही मौका है।"

"सच ? और यदि उधार खाकर भाग जायें सभी–तब ?"

"भागकर कहाँ जायेंगे ? उनकी चुटिया तो ठेकेदारजी के हाथ में है।"

"सच ? तुम ठीक कहती हो बिरौलीवाली। ठेकेदार साहब सचमुच बहुत अच्छे आदमी हैं ?"

"ए ? तुम मुझे बिरौलीवाली क्यों कहते हो ? मुझे अच्छा नहीं लगता।"

"तब क्या कहूँ ?" उजागिर खिलखिलाकर हँसता, "ओ ! अब मैं भी ठेकेदार साहब का दिया हुआ नाम ही कहूँगा, रेशमबहू। ठेकेदार साहब सचमुच बहुत अच्छे आदमी हैं।"

गाँव के आवारा नौजवानों ने उजागिर को चिढ़ाने के लिए एक बोली निकाली, "ठेकेदार साहब सचमुच अच्छे आदमी हैं।"

अच्छा आदमी को अच्छा आदमी नहीं कहे, तो क्या कहे ? गाँव के लोग जलते हैं। उजागिर की बहू रूपवती है। सुलच्छनवाली है। है किसी की बहू ऐसी, गाँव में ? जिसके आते ही गाँव में नयी सड़क खुल गयी, इलाके में ! चावल-दाल की छोटी-सी दूकान खोलकर, पाँच ही महीने में दस बीघे जमीन किसने खरीदी है ? लोग तो जलेंगे ही। ठेकेदार साहब अंग्रेजी में चिट्ठी लिखते हैं। है कोई अंग्रेजिया इस गाँव में ? रेशमबहू ठीक ही कहती है–काम ऐसा करो कि 'देख पड़ोसी जल मरे'।

बबुआ का जब जन्म हुआ, तो ठेकेदार साहब ने चमड़े की थैली से पचीस रुपये निकालकर मुँह-दिखायी दी थी। छठी की रात में, खुशी के मारे रात-भर बैठकर रमैन बाँचते रहे। और यह प्रदीपकुमार नाम भी उन्हीं का रखा हुआ है। गाँव के दुखमोचन पण्डित ने तो बस, पतासू नाम रख दिया था। भला, पतासू भी कोई नाम है !

पता नहीं ठेकेदार साहब आजकल किस इलाके में हैं। कहीं भी रहें, आदमी अच्छे हैं। प्रदीपकुमार की माय आज भी हर महीने याद करती है। बोले थे कि बीच-बीच में आकर प्रदीपकुमार को देख जायेंगे।

उस दिन छितनू का रमडोलवा बेटा कह रहा था कि प्रदीपकुमार का मुँह ठीक ठेकेदार साहब-जैसा है। पगला है साला !

लाल गाड़ी के ड्राइवरजी भी बहुत भले आदमी हैं। रोज कहते, "देखो, उजागिर भाई, चूल्हे के पास बैठते-बैठते प्रदीपकुमार की माय का रंग बादामी हो गया है। देह में गमकौआ पौडर लगाने से रंग ठीक रहेगा।" और दूसरे ही दिन एक डिब्बा पौडर खरीदते आये–पुरनिया साहा कम्पनी से। ऐसा भला आदमी, इस गाँव में क्या, इस इलाके में भी खोजने पर मिलेगा ?

यह नये दारोगा साहब भी हीरा आदमी हैं। कह रहे थे, इसपी साहेब तुम्हारे पकौड़े की खूब तारीफ करते हैं। और, जोगबनी के लाला के बेटे की जीभ तो पकौड़े के नाम से ही 'पनिया' जाती है। बारह बजे रात में, गाड़ी पर दारोगा साहेब के साथ आता है और चुराकर पकौड़े खाता है। वैष्णव लाला, जिसके चौके में प्याज नहीं चढ़ता हैं कभी, वह उजागिर की दूकान में बैठकर कैसे खा सकता है प्याजवाले पकौड़े ? प्रदीपकुमार की माय कहती है, लाला का बेटा एकदम गौ जैसा सीधा है। जरा दुबला-पतला है, इसलिए पकौड़े के साथ चाह नहीं, अंग्रेजी दारू पीता है। उस रात को प्रदीपकुमार की माय की देह में दर्द था साँझ से ही। दारोगा साहेब ने कहा–एक गिलास ले आओ ! एक घूँट पीते ही सब दर्द छूमंतर हो जायेगा। सचमुच ! हुआ भी वही। साँझ से ही कुहरती हुई प्रदीपकुमार की माय टनटनाकर उठ बैठी और लाला के बेटे से मुँहा-मुँही गप करने लगी। लक्ष्मी है प्रदीपकुमार की माय !

तीन बजेवाली गाड़ी आ रही है !

"कहाँ हो, बबुआ ! माय से कहो कि तिनबज्जी गाड़ी आ रही है। मेरे डिपाट का सब काम रैट है।"

"बबुआ ! प्रदीपकुमार ? माय कहाँ ?"

प्रदीपकुमार सुबह की मीठी नींद में सोया हुआ था। उजागिर चुपचाप बैठकर बीड़ी पीने लगा। आज इतना सबेरे ही प्रदीपकुमार की माय उठकर कहाँ गयी है। तबियत खराब है क्या ? नहीं, लाल गाड़ी के ड्राइवरजी ठीक ही कहते हैं–जान है तो जहान है। प्रदीपकुमार की माय दिन-भर चूल्हे के पास बैठी रहती है, यह ठीक नहीं। पकौड़ी बनाने के लिए, सुगनी की माय को मजदूरी देकर रखना होगा।

उजागिर बैठा रहा। जब भुरुकुवा तारा डूब गया और उजाला हुआ और प्रदीपकुमार की माय कोठरी में नहीं आयी, तो वह बाहर निकला। बाहर बर्तन-बासन सब बिखरे पड़े हैं। दोनों लोटे भी हैं। तब कहाँ गयी ?

उजागिर ने कोठरी में आकर देखा–पेटी खुली पड़ी हुई है–रेशमी साड़ी और रेशमी बिलौज क्या हुआ ? लगा, धरती अचानक घूमने लगी। उसने चिल्लाकर अपने बेटे को जगाया, "बेटा ! बबुआ !! प्रदीपकुमार–माय कहाँ ?"

प्रदीपकुमार उठकर जोर-जोर से रोने लगा, "मैया कहाँ आँऽ आँऽ आँ !"

प्रदीपकुमार को चुप कराने के लिए उजागिर ने अपने को सँभाला। फिर बोला, "बेटा, माय गंगा तीर का मेला गयी है। दोपहर की बरबज्जी (बारह बजेवाली) गाड़ी से आवेगी।"

उसने अपने मन को भी समझाया, 'कहाँ जायेगी ? कहीं काम से ही गयी होगी।'

सुबह की गाड़ियों के आने का समय हुआ। सन्तोखीसिंघ ठीक समय पर ही आया। उसने आते ही टोका, "आज पकौड़ी का चूल्हा नहीं सुलगा है ?"

उजागिर ने जवाब दिया, "प्रदीपकुमार की माय की मौसी का संवाद आया कि वह लबेजान है। इसलिए रात की गाड़ी से ही चली गयी।"

प्रदीपकुमार ने कहा कि, "मैया गंगा-तीर का मेला गयी है।"

सन्तोखीसिंघ ने पुरानी दफादारी की तरह जिरह करते हुए पूछा, "रात में तो सादा गाड़ी लौटी नहीं। फिर किस गाड़ी से गयी ?"

उजागिर ने आज बिना 'बोहनी' हुए ही सन्तोखीसिंघ को चाय का बड़ा गिलास दिया। सन्तोखीसिंघ ने चाय पीते हुए कहा, "जमाना बहुत खराब है। जनाना जात अकेली बाहर जाये...।"

दोनों ओर से गाड़ियाँ आयीं। उजागिर ने लाल गाड़ी की ओर देखा... नया ड्राइवर ? 'लाल गाड़ी के ड्राइवरजी कहाँ गये ?' 'छुट्टी में ?' 'कितने दिन की छुट्टी ?' 'आज पकौड़े नहीं, सिर्फ चाह मिलेगा, भैया !'

दोपहर के बाद उजागिर ने दूकान बन्द कर दी।

उसका दिल अन्दर ही अन्दर टूटने लगता। तब, वह जोर-जोर से रोना चाहता। लेकिन प्रदीपकुमार का मुँह देखकर वह अपने को सँभाल लेता। वही रोने लगेगा तो, बच्चे की क्या दुर्दशा होगी।

"बप्पा ! बरबज्जी गाड़ी आ रही है।"

प्रदीपकुमार की माय नहीं आयी ? "बेटा, अभी नहीं आयी तो 'तिनबज्जी' गाड़ी से आवेगी।"

"बप्पा ! तिनबज्जी गाड़ी आ रही है।"

"नहीं आयी !"

इस बार बाप-बेटा मिलकर आँगन में रोने लगे। जब प्रदीपकुमार हिचकियाँ लेते हुए दाँत पर दाँत बैठाकर घिघियाने लगा, तब उजागिर को होश हुआ। उसने आँसू पोंछकर कहा, "रात की गाड़ी से जरूर आवेगी। तुम्हारे लिए बिस्कुट लावेगी।... खिलौने !"

प्रदीपकुमार की माय रात की गाड़ी से ही आयी।

"आ गयी, मैया ! मैया आ गयी !"

प्रदीपकुमार जोर-जोर से रोने लगा। उजागिर भी रोने लगा, "कहाँ चली गयी थीं तुम, प्रदीपकुमार की माय-य-य ?"

"लो लो, क्या हो गया है तुम दोनों को ?"

"कहाँ गयी थीं ? किस गाड़ी से गयीं ?"

"काम से गयी थी, पुरैनिया। गाड़ी से नहीं, ट्रक से गयी थी।"

"कहकर जातीं।"

"काम के पहले, बात कही नहीं जाती।"

प्रदीपकुमार खिलौना पाकर खुश हो गया। उसकी माँ ने गठरी से बिस्कुट का डिब्बा निकाला। उजागिर चुपचाप, अपलक दृष्टि से देखता रहा–कितने दिनों के बाद प्रदीपकुमार की माय ने रेशमी साड़ी पहनी है।··· रूप जरा भी मलिन नहीं हुआ है। कौन कहता है कि गाँव का रूप साल लौटते ही ढल जाता है।

अब, प्रदीपकुमार की माय ने आँचल के खूँट से कागज का एक टुकड़ा निकालकर दिखलाते हुए कहा, "बोलो तो क्या है ?"

उजागिर ने लालटेन की रोशनी में कागज को उलट-पलटकर देखा, "भगवान जाने क्या है ! बोलो न, क्या है ? देखने में तो सरकारी कागज-जैसा लगता है।"

प्रदीपकुमार की माय हँसी, "ठीक ही पहचाना है तुमने। सरकारी कागज ही है।··· परमिट !"

"परमिट ? किस चीज की परमिट ?"

"सिमेण्ट, कोयला और लोहे के छड़ की।"

"क्या करोगी परमिट ?"

प्रदीपकुमार की माय बोल उठी, "गाँव के दुश्मनों को जरा और भी अच्छी तरह जलाऊँगी।"

"जलायेगी ! माने ? ओ-हो, समझा। पक्का घर एँ ? सच कहता हूँ, प्रदीपकुमार की माय, तुम धन्न हो। अच्छा किया तुमने जो मुझसे पहले ही नहीं कहा। इतनी बड़ी बात मेरे पेट में हरगिज नहीं पचती। सच कहता हूँ, मैं पागल हो जाऊँगा। सच, तुम लछमी हो–साच्छात् !"

"मैंने क्या किया ? सब लाल गाड़ी के ड्राइवरजी की मेहरबानी है। हाकिम के किरानी से उनकी दोस्ती है।···और जानते हो–इसी परमिट से घर बनाने का आधा रुपया भी निकलेगा।"

"सो कैसे ?"

"देखना, आने दो लालाजी के बेटे को।"

"सच ? हद है ! हद है ! कल साले सन्तोखीसिंघ को पाँच गिलास चाय बोहनी के पहले ही पिलाऊँगा।··· अब तुमको क्या कहें, प्रदीपकुमार की माय ?"

"रेशमबहू !"

"हि हि हि हि !"

उजागिर के घर की नींव पड़ गयी। एक बाँस में पुराना झाड़ बाँधकर गाड़ दिया गया–बुरी नजर को काटने के लिए। गाँव के लोग मन-ही-मन जल-भुनकर खाक

होने लगे।

किन्तु इधर कई दिनों से उजागिर का मन भी अन्दर-ही-अन्दर सुलग रहा है। न जाने क्यों ! परमिट का कागज लालाजी के बेटे को देकर, ईंट-सिमेण्ट-लोहा लिया गया। ठीक है। लालाजी के बेटे ने परमिट लेते समय प्रदीपकुमार की माय की अँगुलियाँ टीप दी थीं। इसमें भी कोई हर्ज नहीं। दारोगाजी ने उस दिन दारू के झोंक में कबूतरी कह दिया। सरकारी आदमी का सात खून माफ है। लाल गाड़ी के ड्राइवरजी ने होली के दिन गाल पर अबीर लगा दिया। होली की बात ! फिर ड्राइवरजी भले आदमी हैं। लेकिन···

केतली का खौलता हुआ पानी टोंटी से गिरने लगा। प्रदीपकुमार की माय ने कहा, "लो, लो। तुम्हारा ध्यान कहाँ है ? होश में हो या··· ?"

उजागिर बोला, "खूब होश में हूँ।"

उसने केतली उतार दी। मकान बनानेवाला यह छुछुँदर-मुँहा राज-मिस्त्री बिना कहे-सुने आँगन के अन्दर क्यों गया ? जाने के पहले प्रदीपकुमार की माय को उस तरह आँख की मटकी क्यों मार गया ? प्रदीपकुमार की माय उस तरह हँसी क्यों ? उठकर आँगन में गयी क्यों ?

उजागिर का मन धुएँ से भर गया मानो।

उसने पुकारा, "बबुआ ! बेटा प्रदीपकुमार ?"

प्रदीपकुमार आया। उसका मुँह भी तमतमाया हुआ है। उजागिर ने धीरे-से पूछा, "बबुआ, माय कहाँ है ? क्या कर रही है ?"

प्रदीपकुमार बोला, "बप्पा, मिस्तरी बड़ा बदमाश है। हमको पतासू कहता है।"

उजागिर गुस्सा से दपदपा उठा। उस छुछुँदर-मुँहा की इतनी हिम्मत ! मेरे बेटे को, प्रदीपकुमार को पतासू कहेगा ?

वह उठकर दहलीज के पास गया। आँगन में घुन-घुन करके क्या प्राइविट बात हो रही है ? आमने-सामने बैठकर ? मिस्तरी साला इस तरह जाँघ के कपड़े हटाकर क्यों बैठा है ?

उजागिर के सिर पर अँगीठी जलने लगी मानो, वह आँगन में जाकर गरजा, "मिस्तरी ! दीवाल की गन्थाई यहीं हो रही है क्या ?"

मिस्तरी अप्रतिभ होकर उठा। हँसती हुई प्रदीपकुमार की माय भी चौंक पड़ी। उजागिर ने धड़ाम से दहलीज का दरवाजा बन्द कर दिया।

प्रदीपकुमार की माय उजागिर की आँखें देखकर डर गयी। उजागिर ओठ को दाँतों से भींचता हुआ उसके पास गया। फिर धीरे-से बोला, "तू कुत्ती है ! कुत्ती ! कुतिया !"

प्रदीपकुमार की माय ने आवाज ऊँची करके कहा, "क्या हो गया है तुमको ?"

उजागिर चुपचाप अपनी कोठरी में चला गया। अन्दर से ही उसने पुकारा, "बेटा प्रदीपकुमार ! यहाँ आओ।"

प्रदीपकुमार अपने बाप के पास चला गया। बाहर, दूकान में चूल्हे सुलगते रहे।

गाड़ियाँ आयीं। ड्राइवरों ने हॉर्न बजा-बजाकर पुकारा। सन्तोखीसिंघ ने आवाज दी। आँगन से कोई जवाब नहीं मिला। किसी ने कहा, "भाई अब पक्का मकान बनवा रहा है। दूकान पर क्यों बैठेगा ?"

गाड़ियाँ आतीं, रुकतीं, हॉर्न देतीं, फिर चली जातीं।

दिन-भर उजागिर घर से नहीं निकला। प्रदीपकुमार भी दम साधकर बाप के बगल में पड़ा रहा। प्रदीपकुमार की माय ओसारे पर बैठी गुन-गुन सुर में, धीरे-धीरे रोती रही।

साँझ हुई। उजागिर उठा और प्रदीपकुमार की माय के पास जाकर बोला, "उस छुछुंदर-मुँहे मिस्तरी के साथ जाती क्यों नहीं, हरामजादी ! निकल जा मेरे आँगन से।"

प्रदीपकुमार की माय बोली, "इतनी तेजी है तो कल से तुम्हीं देखो जन-मजदूरों को ! पक्का घर बनवाना खेल···"

"जहन्नुम में जाये साली तेरा पक्का घर !"

"और दूकान पर हजारों लोगों के सामने···।"

"आग लगे तेरी दूकान में।"

उजागिर बाहर गया और लात मार-मारकर दोनों चूल्हों को तोड़-फोड़ आया। दहलीज का दरवाजा बन्द करते हुए बोला, "निकल जा, पिछवाड़े की राह चुपचाप। नहीं तो आज खून कर डालूँगा।"

अब प्रदीपकुमार रोने लगा। उजागिर उसको गोद में लेकर अपनी कोठरी में चला गया। प्रदीपकुमार की माय ओसारे पर ही बैठी रही। प्रदीपकुमार रोते-रोते सो गया।

साँझ बीती। रात आयी। सड़क पर एक ट्रैक्टर भड़भड़ाता हुआ चला गया। उजागिर ने बाहर निकलकर देखा, प्रदीपकुमार की माय ओसारे पर ही लेट गयी है।

उजागिर दबे-पाँव उसके पास गया।··· "जाकर मिस्तरी की खटिया पर क्यों नहीं सोती ? नखरा पसारकर यहाँ जमीन पर क्यों सोयी है ?"

उजागिर ने धक्का दिया, "उठ साली ! तिरिया-चरित्तर कहीं और जाकर दिखला !"

प्रदीपकुमार की माय उठकर बैठ गयी और दोनों हाथों से उजागिर का पाँव पकड़कर बोली, "प्रदीप के बाबू ! तुम्हारे पैर पड़ती हूँ ! मेरा गला घोंटकर मार डालो !··· मार डालो मुझे !"

उजागिर ने दोनों हाथों से उसकी गर्दन को झपटकर पकड़ा। लम्बे बाल छितरा गये, खुलकर, "हाँ, मार डालूँगा।"

"मार डालो। मैं जीना नहीं चाहती।"

"मार डालूँगा, गला टीपकर। हरामजादी।"

"मारो। प्रदीप के बा···! आ··· आक !"

"बोल, कल से तू आँगन के बाहर पैर रखेगी ?"

"नहीं रखूँगी।"

"किसी से हँसेगी-बोलेगी नहीं। बोल।"

"नहीं।"

"मिस्तरी से ?"

··· "नहीं।"

"दारोगा से ?"

··· "नहीं।"

"उस लाला के बेटे से ?"

··· "नहीं।"

"लाल गाड़ी के ड्राइवर से ?"

··· "नहीं ! नहीं ! नहीं।··· प्रदीप के बाबू-उ-उ-उ !"

प्रदीप की माय उजागिर की छाती से मुँह सटाकर बिलखने लगी। उसे लगा, विवाह के बाद आज पहली बार वह अपने घरवाले के साथ–अपने पुरुष के साथ सुहागरात मना रही है।··· अंग-अंग में सिहरन··· लहरें··· तूफान··· प्रदीप के बाबू, मुझे मार··· डा··· लो··· मार··· डालो !!

सड़क से एक ट्रक हड़बड़ाती हुई गुजर गयी।

जून, 1962

संवदिया

हरगोबिन को अचरज हुआ—तो, आज भी किसी को संवदिया की जरूरत पड़ सकती है ! इस जमाने में, जबकि गाँव-गाँव में डाकघर खुल गये हैं, संवदिया के मार्फत संवाद क्यों भेजेगा कोई ? आज तो आदमी घर बैठे ही लंका तक खबर भेज सकता है और वहाँ का कुशल-संवाद मँगा सकता है। फिर उसकी बुलाहट क्यों हुई ?

हरगोबिन बड़ी हवेली की टूटी इयोढ़ी पार कर अन्दर गया। सदा की भाँति उसने वातावरण को सूँघकर संवाद का अन्दाज लगाया।...निश्चय कोई गुप्त समाचार ले जाना है। चाँद-सूरज को भी नहीं मालूम हो। परेवा-पंछी तक न जाने।

"पाँव लागी बड़ी बहुरिया !"

बड़ी हवेली की बड़ी बहुरिया ने हरगोबिन को पीढ़ी दी और आँख के इशारे से कुछ देर चुपचाप बैठने को कहा। बड़ी हवेली अब नाममात्र को ही बड़ी हवेली है। जहाँ दिन-रात नौकर-नौकरानियों और जन-मजदूरों की भीड़ लगी रहती थी, वहाँ आज हवेली की बड़ी बहुरिया अपने हाथ से सूपा में अनाज़ लेकर झटक रही है। इन हाथों में सिर्फ मेहँदी लगाकर ही गाँव की नाइन परिवार पालती थी। कहाँ गये वे दिन ? हरगोबिन ने लम्बी साँस ली।

बड़े भैया के मरने के बाद ही जैसे सब खेल खत्म हो गया। तीनों भाइयों ने आपस में लड़ाई-झगड़ा शुरू किया। रैयतों ने जमीन पर दावे करके दखल किया। फिर, तीनों भाई गाँव छोड़कर शहर में जा बसे, रह गयी बड़ी बहुरिया—कहाँ जाती बेचारी ! भगवान् भले आदमी को ही कष्ट देते हैं। नहीं तो एक घण्टे की बीमारी में बड़े भैया क्यों मरते ?...बड़ी बहुरिया की देह से जेवर खींच-छीनकर बँटवारे की लीला हुई थी, हरगोबिन ने देखी है अपनी आँखों से द्रौपदी-चीर-हरण लीला ! बनारसी साड़ी को तीन टुकड़े करके बँटवारा किया था, निर्दय भाइयों ने। बेचारी बड़ी बहुरिया !

गाँव की मोदिआइन बूढ़ी न जाने कब से आँगन में बैठकर बड़बड़ा रही थी—उधार का सौदा खाने में बड़ा मीठा लगता है और दाम देते समय मोदिआइन की बात कड़वी लगती है। मैं आज दाम लेकर ही उठूँगी।

बड़ी बहुरिया ने कोई जवाब नहीं दिया।

हरगोबिन ने फिर लम्बी साँस ली। जब तक यह मोदिआइन आँगन से नहीं टलती, बड़ी बहुरिया हरगोबिन से कुछ नहीं बोलेगी। वह अब चुप नहीं रह सका, "मोदिआइन काकी, बाकी-बकाया वसूलने का यह काबुली-कायदा तो तुमने खूब सीखा है।"

'काबुली-कायदा' सुनते ही मोदिआइन तमककर खड़ी हो गयी, "चुप रह मुँह-झौंसे ! निमौछिये··· !"

"क्या करूँ काकी, भगवान् ने मूँछ-दाढ़ी दी नहीं, न काबुली आगा साहब की तरह गुलजार दाढ़ी··· !"

"फिर काबुल का नाम लिया तो जीभ पकड़कर खींच लूँगी।"

हरगोबिन ने जीभ बाहर निकालकर दिखलायी। अर्थात्–खींच ले।

··· पाँच साल पहले गुल मुहम्मद आगा उधार कपड़ा लगाने के लिए गाँव में आता था और मोदिआइन के ओसारे पर दूकान लगाकर बैठता था। आगा कपड़ा देते समय बहुत मीठा बोलता और वसूली के समय जोर-जुल्म से एक का दो वसूलता। एक बार कई उधार लेनेवालों ने मिलकर काबुली की ऐसी मरम्मत कर दी कि फिर लौटकर गाँव में नहीं आया। लेकिन इसके बाद ही दुखनी मोदिआइन लाल मोदिआइन हो गयी।··· काबुली क्या, काबुली बादाम के नाम से भी चिढ़ने लगी मोदिआइन ! गाँव के नाचनेवालों ने नाच में काबुली का स्वाँग किया था : "तुम अमारा मुलुक जायगा मोदिआइन ? अम काबुली बादाम-पिस्ता-अकरोट किलायगा··· !"

मोदिआइन बड़बड़ाती, गाली देती हुई चली गयी तो बड़ी बहुरिया ने हरगोबिन से कहा, "हरगोबिन भाई, तुमको एक संवाद ले जाना है। आज ही बोलो, जाओगे न ?"

"कहाँ ?"

"मेरी माँ के पास !"

हरगोबिन बड़ी बहुरिया की छलछलायी आँखों में डूब गया, "कहिए, क्या संवाद है ?"

संवाद सुनाते समय बड़ी बहुरिया सिसकने लगी। हरगोबिन की आँखें भी भर आयीं।···बड़ी हवेली की लक्ष्मी को पहली बार इस तरह सिसकते देखा है हरगोबिन ने। वह बोला, "बड़ी बहुरिया, दिल को कड़ा कीजिए।"

"और कितना कड़ा करूँ दिल ?··· माँ से कहना मैं भाई-भाभियों की नौकरी करके पेट पालूँगी। बच्चों के जूठन खाकर एक कोने में पड़ी रहूँगी, लेकिन यहाँ अब नहीं···अब नहीं रह सकूँगी।···कहना, यदि माँ मुझे यहाँ से नहीं ले जायेगी तो मैं किसी दिन गले में घड़ा बाँधकर पोखरे में डूब मरूँगी।···बथुआ-साग खाकर कब तक जीऊँ ? किसलिए··· किसके लिए ?"

हरगोबिन का रोम-रोम कलपने लगा। देवर-देवरानियाँ भी कितने बेदर्द हैं। ठीक

अगहनी धान के समय बाल-बच्चों को लेकर शहर से आयेंगे। दस-पन्द्रह दिनों में कर्ज-उधार की ढेरी लगाकर, वापस जाते समय दो-दो मन के हिसाब से चावल-चूड़ा ले जायेंगे। फिर आम के मौसम में आकर हाजिर। कच्चा-पक्का आम तोड़कर बोरियों में बन्द करके चले जायेंगे। फिर उलटकर कभी नहीं देखते··· राक्षस हैं सब !

बड़ी बहुरिया आँचल के खूँट से पाँच रुपये का एक गन्दा नोट निकालकर बोली, "पूरा राह-खर्च भी नहीं जुटा सकी। आने का खर्चा माँ से माँग लेना। उम्मीद है, भैया तुम्हारे साथ ही आवेंगे।"

हरगोबिन बोला, "बड़ी बहुरिया, राह-खर्च देने के जरूरत नहीं। मैं इन्तजाम कर लूँगा।"

"तुम कहाँ से इन्तजाम करोगे ?"

"मैं आज दस बजे की गाड़ी से ही जा रहा हूँ।"

बड़ी बहुरिया हाथ में नोट लेकर चुपचाप, भाव शून्य दृष्टि से हरगोबिन को देखती रही। हरगोबिन हवेली से बाहर आ गया। उसने सुना, बड़ी बहुरिया कह रही थी, "मैं तुम्हारी राह देख रही हूँ।"

संवदिया ! अर्थात् सन्देशवाहक !

हरगोबिन संवदिया !··· संवाद पहुँचाने का काम सभी नहीं कर सकते। आदमी भगवान् के घर से ही संवदिया बनकर आता है। संवाद के प्रत्येक शब्द को याद रखना, जिस सुर और स्वर में संवाद सुनाया गया है, ठीक उसी ढंग से जाकर सुनाना, सहज काम नहीं। गाँव के लोगों की गलत धारणा है कि निठल्ला, कामचोर और पेटू आदमी ही संवदिया का काम करता है। न आगे नाथ, न पीछे पगहा। बिना मजदूरी लिये ही जो गाँव-गाँव संवाद पहुँचावे, उसको और क्या कहेंगे !··· औरतों का गुलाम। जरा-सी मीठी बोली सुनकर ही नशे में आ जाये, ऐसे मर्द को भी भला मर्द कहेंगे ? किन्तु, गाँव में कौन ऐसा है, जिसके घर की माँ-बहू-बेटी का संवाद हरगोबिन ने नहीं पहुँचाया है।··· लेकिन ऐसा संवाद पहली बार ले जा रहा है वह।

गाड़ी पर सवार होते ही हरगोबिन को पुराने दिनों और संवादों की याद आने लगी। एक करुण-गीत की भूली हुई कड़ी फिर उसके कानों के पास गूँजने लगी :

> "पैयाँ पड़ूँ दाढ़ी धरूँ···
> हमरो संवाद ले ले जाहु रे संवदिया-या-या !···"

बड़ी बहुरिया के संवाद का प्रत्येक शब्द उसके मन में काँटे की तरह चुभ रहा है—किसके भरोसे यहाँ रहूँगी ? एक नौकर था, वह भी कल भाग गया। गाय खूँटे से बँधी भूखी-प्यासी हिकर रही है। मैं किसके लिए इतना दुःख झेलूँ ?

हरगोबिन ने अपने पास बैठे हुए एक यात्री से पूछा, "क्यों भाई साहेब, थाना बिंहपुर में डाकगाड़ी रुकती है या नहीं ?"

यात्री ने मानो कुढ़कर कहा, "थाना बिंहपुर में सभी गाड़ियाँ रुकती हैं।"

हरगोबिन ने भाँप लिया, यह आदमी चिड़चिड़े स्वभाव का है, इससे कोई बातचीत नहीं जमेगी। वह फिर बड़ी बहुरिया के संवाद को मन-ही-मन दुहराने लगा।··· लेकिन, संवाद सुनाते समय वह अपने कलेजे को कैसे सँभाल सकेगा ! बड़ी बहुरिया संवाद कहते समय जहाँ-जहाँ रोयी है, वहाँ भी रोयेगा !

कटिहार जंक्शन पहुँचकर उसने देखा, पन्द्रह-बीस साल में बहुत कुछ बदल गया है। अब स्टेशन पर उतरकर किसी से कुछ पूछने की जरूरत नहीं। गाड़ी पहुँची और तुरन्त भोंपे से आवाज अपने-आप निकलने लगी–थाना बिंहपुर, खगड़िया और बरौनी जानेवाले यात्री तीन नम्बर प्लेटफार्म पर चले जायें। गाड़ी लगी हुई है।

हरगोबिन प्रसन्न हुआ–कटिहार पहुँचने के बाद ही मालूम होता है कि सचमुच सुराज हुआ है। इसके पहले कटिहार पहुँचकर किस गाड़ी में चढ़ें और किधर जायें, इस पूछताछ में ही कितनी बार उसकी गाड़ी छूट गयी है।

गाड़ी बदलने के बाद फिर बड़ी बहुरिया का करुण मुखड़ा उसकी आँखों के सामने उभर गया–'हरगोबिन भाई, माँ से कहना, भगवान् ने आँखें फेर लीं, लेकिन मेरी माँ तो है··· किसलिए··· किसलिए··· मैं बथुआ-साग खाकर कब तक जीऊँ ?'

थाना बिंहपुर स्टेशन पर जब गाड़ी पहुँची तो हरगोबिन का जी भारी हो गया। इसके पहले भी कई भले-बुरे संवाद लेकर वह इस गाँव में आया है, कभी ऐसा नहीं हुआ। उसके पैर गाँव की ओर बढ़ ही नहीं रहे थे। इसी पगडण्डी से बड़ी बहुरिया अपने मैके लौट आवेगी। गाँव छोड़कर चली जावेगी। फिर कभी नहीं जावेगी !

हरगोबिन का मन कलपने लगा–तब गाँव में क्या रह जायेगा ? गाँव की लक्ष्मी ही गाँव छोड़कर चली आवेगी !··· किस मुँह से वह ऐसा संवाद सुनाएगा ? कैसे कहेगा कि बड़ी बहुरिया बथुआ-साग खाकर गुजर कर रही है।···सुननेवाले हरगोबिन के गाँव का नाम लेकर थूकेंगे–कैसा गाँव है, जहाँ लक्ष्मी-जैसी बहुरिया दुःख भोग रही है !

अनिच्छापूर्वक हरगोबिन ने गाँव में प्रवेश किया।

हरगोबिन को देखते ही गाँव के लोगों ने पहचान लिया–जलालगढ़ गाँव का संवदिया आया है !··· न जाने क्या संवाद लेकर आया है !

"राम-राम भाई ! कहो, कुशल समाचार ठीक है न ?"

"राम-राम भैयाजी। भगवान की दया से आनन्दी है।"

"उधर पानी-बूँदी पड़ा है ?"

बड़ी बहुरिया के बड़े भाई ने पहले हरगोबिन को नहीं पहचाना। हरगोबिन ने अपना परिचय दिया, तो उन्होंने सबसे पहले अपनी बहिन का समाचार पूछा, "दीदी कैसी हैं ?"

"भगवान की दया से सब राजी-खुशी है।"

मुँह-हाथ धोने के बाद हरगोबिन की बुलाहट आँगन में हुई। अब हरगोबिन

काँपने लगा। उसका कलेजा धड़कने लगा···ऐसा तो कभी नहीं हुआ ?···बड़ी बहुरिया की छलछलायी हुई आँखें ! सिसकियों से भरा हुआ संवाद ! उसने बड़ी बहुरिया की बूढ़ी माता को पाँवलागी की।

बूढ़ी माता ने पूछा, "कहो बेटा, क्या समाचार है ?"

"मायजी, आपके आशीर्वाद से सब ठीक हैं।"

"कोई संवाद ?"

"एँ ?···संवाद ?···जी, संवाद तो कोई नहीं। मैं कल सिरसिया गाँव आया था, तो सोचा कि एक बार चलकर आप लोगों का दर्शन कर लूँ।"

बूढ़ी माता हरगोबिन की बात सुनकर कुछ उदास-सी हो गयी, "तो तुम कोई संवाद लेकर नहीं आये हो ?"

"जी नहीं, कोई संवाद नहीं।···ऐसे बड़ी बहुरिया ने कहा है कि यदि छुट्टी हुई तो दशहरा के समय गंगाजी के मेले में आकर माँ से भेंट-मुलाकात कर जाऊँगी।" बूढ़ी माता चुप रही। हरगोबिन बोला, "छुट्टी कैसे मिले ! सारी गृहस्थी बड़ी बहुरिया के ऊपर ही है।"

बूढ़ी माता बोली, "मैं तो बबुआ से कह रही थी कि जाकर दीदी को लिवा लाओ, यहीं रहेगी। वहाँ अब क्या रह गया है ? जमीन-जायदाद तो सब चली ही गयी। तीनों देवर अब शहर में जाकर बस गये हैं। कोई खोज-खबर भी नहीं लेते। मेरी बेटी अकेली···!"

"नहीं मायजी ! जमीन-जायदाद अभी भी कुछ कम नहीं। जो है, वही बहुत है। टूट भी गयी है, तो आखिर बड़ी हवेली ही है। 'सवांग' नहीं है, यह बात ठीक है। मगर, बड़ी बहुरिया का तो सारा गाँव ही परिवार है। हमारे गाँव की लक्ष्मी है बड़ी बहुरिया।··· गाँव की लक्ष्मी गाँव को छोड़कर बाहर कैसे जायेगी ? यों, देवर लोग हर बार आकर ले जाने की जिद्द करते हैं।"

बूढ़ी माता ने अपने हाथ हरगोबिन को जलपान लाकर दिया, "पहले थोड़ा जलपान कर लो, बबुआ।"

जलपान करते समय हरगोबिन को लगा, बड़ी बहुरिया दालान पर बैठी उसकी राह देख रही है–भूखी-प्यासी···! रात में भोजन करते समय भी बड़ी बहुरिया मानो सामने आकर बैठ गयी··· कर्ज-उधार अब कोई देते नहीं।··· एक पेट तो कुत्ता भी पालता है। लेकिन मैं ?··· माँ से कहना··· !!

हरगोबिन ने थाली की ओर देखा–दाल-भात, तीन किस्म की भाजी भी, पापड़, अचार।··· बड़ी बहुरिया बथुआ-साग उबालकर खा रही होगी।

बूढ़ी माता ने कहा, "क्यों बबुआ, खाते क्यों नहीं ?"

"मायजी, पेट-भर जलपान जो कर लिया है।"

"अरे, जवान आदमी तो पाँच बार जलपान करके भी एक थाल भात खाता है।"

हरगोबिन ने कुछ नहीं खाया। खाया नहीं गया।

संवदिया डटकर खाता है और 'अफर' कर सोता है, किन्तु हरगोबिन को नींद नहीं आ रही है।···यह उसने क्या किया ? क्या कर दिया ? वह किसलिए आया था ? वह झूठ क्यों बोला ?···नहीं, नहीं, सुबह उठते ही वह बूढ़ी माता को बड़ी बहुरिया का सही संवाद सुना देगा–अक्षर-अक्षर : 'मायजी, आपकी इकलौती बेटी बहुत कष्ट में है। आज ही किसी को भेजकर बुलवा लीजिए। नहीं तो वह सचमुच कुछ कर बैठेगी। आखिर, किसके लिए वह इतना सहेगी !···बड़ी बहुरिया ने कहा है, भाभी के बच्चों के जूठन खाकर वह एक कोने में पड़ी रहेगी···!'

रात-भर हरगोबिन को नींद नहीं आयी।

आँखों के सामने बड़ी बहुरिया बैठी रही–सिसकती, आँसू पोंछती हुई। सुबह उठकर उसने दिल को कड़ा किया। वह संवदिया है। उसका काम है सही-सही संवाद पहुँचाना। वह बड़ी बहुरिया का संवाद सुनाने के लिए बूढ़ी माता के पास जा बैठा। बूढ़ी माता ने पूछा, "क्या है, बबुआ ? कुछ कहोगे ?"

"मायजी, मुझे इसी गाड़ी से वापस जाना होगा, कई दिन हो गये।"

"अरे, इतनी जल्दी क्या है ! एकाध दिन रहकर मेहमानी कर लो।"

"नहीं, मायजी। इस बार आज्ञा दीजिए। दशहरा में मैं भी बड़ी बहुरिया के साथ आऊँगा। तब डटकर पन्द्रह दिनों तक मेहमानी करूँगा।"

बूढ़ी माता बोली, "ऐसी जल्दी थी तो आये ही क्यों ? सोचा था, बिटिया के लिए दही-चूड़ा भेजूँगी। सो दही तो नहीं हो सकेगा आज। थोड़ा चूड़ा है बासमती धान का, लेते जाओ।"

चूड़ा की पोटली बगल में लेकर हरगोबिन आँगन से निकला तो बड़ी बहुरिया के बड़े भाई ने पूछा, "क्यों भाई, राह-खर्च है तो ?"

हरगोबिन बोला, "भैयाजी, आपकी दुआ से किसी बात की कमी नहीं।"

स्टेशन पहुँचकर हरगोबिन ने हिसाब किया। उसके पास जितने पैसे हैं, उससे कटिहार तक टिकट ही वह खरीद सकेगा। और यदि चौअन्नी नकली साबित हुई तो सैमापुर तक ही।···बिना टिकट के वह एक स्टेशन भी नहीं जा सकेगा। डर के मारे उसकी देह का आधा खून सूख जायेगा।

गाड़ी में बैठते ही उसक़ी हालत अजीब हो गयी। वह कहाँ आया था ? क्या करके जा रहा है ? बड़ी बहुरिया को क्या जवाब देगा ?

यदि गाड़ी में निरगुन गानेवाला सूरदास न आता, तो न जाने उसकी क्या हालत होती ! सूरदास के गीतों को सुनकर उसका जी स्थिर हुआ, थोड़ा–

···कि आहो रामा !
नैहरा को सुख सपन भयो अब,
देश पिया को डोलिया चली···ई···ई···ई,
भाई रोओ मति, यही करम की गति···!!

सूरदास चला गया तो उसके मन में बैठी हुई बड़ी बहुरिया फिर रोने लगी–किसके

लिए इतना दुःख सहूँ ?

पाँच बजे भोर में वह कटिहार स्टेशन पहुँचा।

भोंपे से आवाज आ रही थी–बैरगाद्दी, कुसियार और जलालगढ़ जानेवाले यात्री एक नम्बर प्लेटफार्म पर चले जायें।

हरगोबिन को जलालगढ़ जाना है, किन्तु वह एक नम्बर प्लेटफार्म पर कैसे जायेगा ? उसके पास तो कटिहार तक का ही टिकट है।··· जलालगढ़ ! बीस कोस !··· बड़ी बहुरिया राह देख रही होगी।··· बीस कोस की मंजिल भी कोई दूर की मंजिल है ? वह पैदल ही जायेगा।

हरगोबिन महावीर-विक्रम-बजरंगी का नाम लेकर पैदल ही चल पड़ा। दस कोस तक वह मानो 'बाई' के झोंके पर रहा। कसबा शहर पहुँचकर उसने पेट-भर पानी पी लिया। पोटली में नाक लगाकर उसने सूँघा–अहा ! बासमती धान का चूड़ा है। माँ की सौगात–बेटी के लिए। नहीं, वह इससे एक मुट्ठी भी नहीं खा सकेगा··· किन्तु, वह क्या जवाब देगा बड़ी बहुरिया को !

उसके पैर लड़खड़ाए।··· उँहूँ, अभी वह कुछ नहीं सोचेगा। अभी सिर्फ चलना है। जल्दी पहुँचना है, गाँव।··· बड़ी बहुरिया की डबडबायी हुई आँखें उसको गाँव की ओर खींच रही थीं–मैं बैठी राह ताकती रहूँगी !···

पन्द्रह कोस !··· माँ से कहना, अब नहीं रह सकूँगी। सोलह··· सत्रह··· अठारह जलालगढ़ स्टेशन का सिगनल दिखलायी पड़ता है···गाँव का ताड़ सिर ऊँचा करके उसकी चाल को देख रहा है। उसी ताड़ के नीचे बड़ी हवेली के दालान पर चुपचाप टकटकी लगाकर राह देख रही है बड़ी बहुरिया–भूखी-प्यासी : 'हमरो संवाद ले ले जाहु रे संवदिया··· या··· या··· !!'

लेकिन, यह कहाँ चला आया हरगोबिन ? यह कौन गाँव है ? पहली साँझ में ही अमावस्या का अन्धकार। किस राह से वह किधर जा रहा है ?··· नदी है ? कहाँ से आ गयी नदी ? नदी नहीं, खेत है।··· ये झोंपड़े हैं या हाथियों का झुण्ड ? ताड़ का पेड़ किधर गया ? वह राह भूलकर न जाने कहाँ भटक गया··· इस गाँव में आदमी नहीं रहते क्या ?··· कहीं कोई रोशनी नहीं, किससे पूछे ?··· कहाँ, वह रोशनी है या आँखें ? वह खड़ा है या चल रहा है ? वह गाड़ी में है या धरती पर ···?

"हरगोबिन भाई, आ गये ?" बड़ी बहुरिया की बोली, या कटिहार-स्टेशन का भोंपा बोल रहा है ?

"हरगोबिन भाई, क्या हुआ तुमको··· ?"

"बड़ी बहुरिया ?"

हरगोबिन ने हाथ से टटोलकर देखा, वह बिछाबन पर लेटा हुआ है। सामने बैठी छाया को छूकर बोला, "बड़ी बहुरिया ?"

"हरगोबिन भाई, अब जी कैसा है ?··· लो, एक घूँट दूध और पी लो।··· मुँह खोलो··· हाँ··· पी जाओ। पीओ !"

हरगोबिन होश में आया।··· बड़ी बहुरिया दूध पिला रही है ?

उसने धीरे-से हाथ बढ़ाकर बड़ी बहुरिया का पैर पकड़ लिया, "बड़ी बहुरिया। ···मुझे माफ करो। मैं तुम्हारा संवाद नहीं कह सका।···तुम गाँव छोड़कर मत जाओ। तुमको कोई कष्ट नहीं होने दूँगा। मैं तुम्हारा बेटा ! बड़ी बहुरिया, तुम मेरी माँ, सारे गाँव की माँ हो ! मैं अब निठल्ला बैठ नहीं रहूँगा। तुम्हारा सब काम करूँगा। ··· बोलो, बड़ी माँ तुम··· तुम गाँव छोड़कर चली तो नहीं जाओगी ? बोलो··· !!"

बड़ी बहुरिया गर्म दूध में एक मुट्ठी बासमती चूड़ा डालकर मसकने लगी।··· संवाद भेजने के बाद से ही वह अपनी गलती पर पछता रही थी।

अक्टूबर, 1962

हाथ का जस और बाक का सत्त

इस बार तीन साल के बाद गाँव लौटा।

स्टेशन के पास, बद्रीं भगत के पिछवाड़े में खड़े बूढ़े गूलर के पेड़ की दुर्गति देखकर समझ गया–पिछले कई महीने से इलाके में कोई भीषण शिशु-रोग फैला हुआ है और जग्गू पंसारी जीवित है।...गूलर के तने पर खाल नहीं, समझो (गाँव का) अच्छा हाल नहीं। गूलर का दूध और बाकल (वल्कल) उस अनाम शिशु-रोग की एकमात्र रामबाण दवा है–आज भी ?...जग्गू पंसारी आज भी चुनौती-भरे सुर में कहता हो–सिविल सरजण्ट हो चाहे टैनबनरजी डॉक्टर, इस रोग का नाम ही नहीं जानता कोई। दवा क्या करेगा ?...

गाड़ीवान से पूछा–"क्यों कुसुमलाल ! जग्गू पंसारी जिन्दा है ?"

कुसुमलाल ने सुर खींचकर एक शब्द में जवाब दिया है–हैं–ए-ए-ए ! जिसका अर्थ हुआ–हाँ, किसी तरह जी रहा है। होंठों में दबे खैनी-तम्बाकू को थूककर उसने अपने वक्तव्य को स्पष्ट किया–जिन्दा तो है लेकिन, समझिए कि मुर्दा होकर जी रहा है।

"बीमार है ? क्या हुआ है ?"

कुसुमलाल ने बैलों को एक भद्दी गाली दी। फिर बोला, "होगा क्या ?"

कुसुमलाल ने मुस्कुराने की चेष्टा की–"पिछले साल मति भरम गयी, समझिए। इस बुढ़ापे में एक 'जवान तड़तड़' पहाड़िन को घर में बैठा लिया। तब से, दवा-दारू और हाट-बाजार सब बन्द। दिन-भर आँगन में बैठकर पहाड़िन से लील्ला...भला कहिए, बूढ़ा आदमी गावेगा कि मेरा मन डोले कि मेरा तन डोले।"

तीन साल के बाद गाँव लौट रहा हूँ। कुसुमलाल गाड़ीवान इन तीन वर्षों में मूक से वाचाल हो गया है–यह तो स्टेशन पर ही समझ गया था। अब समझा कि कुसुमलाल वाचाल ही नहीं, रसदार गप्पी भी हो गया है। मुझे अचरज हुआ तो कुसुमलाल के उत्साह में वृद्धि हुई, जग्गू प्रसंग फिर शुरू हुआ–'बेटे से लड़ाई-झगड़ा, मार-फसाद, पर-पंचायत, बाँट-बखरा... रोज बखेड़ा ! आजिज होकर बेटा रसिकलाल भिन्न हो गया। अब तो, दवा-दारू, हाट-बाजार, सबकुछ रसिकलाल ही करता है। सो हाथ में जस है रसिकलाल के। बाप से बीस निकलेगा–उन्नीस

नहीं।''' इस बार खूब कमाया है। रुपया पीटकर ढेर कर दिया। पक्का मकान बनवा रहा है।'

'''हाथ से निकल चुके कुसुमलाल के बेटे को रसिकलाल ने ही यमदूतों के हाथ से छुड़ाया है, कार्तिक महीने में। वह रसिकलाल को धन्वन्तरी..का अवतार मानता है। माने। मेरी भी जान जग्गू पंसारी की बसारी की बचायी हुई है। और मैं भी मानता हूँ कि जग्गू की कई जड़ी-बूटियों में कई संजीवनी-बूटी भी हैं। संजीवनी-बूटी न भी हो, उसी जाति की (ग्रुप की) कोई बूटी उसके पास जरूर है। लेकिन, कुसुमलाल तुला हुआ है। बेटे को 'बीस' और बाप को 'अट्ठारह' साबित करने के लिए, जग्गू पंसारी की निन्दावली शुरू की—सुनते हैं कि जवान बनने की सबसे कीमती जड़ी—जितनी उसकी झोली में थी''' मांने, दस बूढ़ों के खुराक—सब एक ही साथ खा गया। जाड़े की रात में भी तीन बार नहाना शुरू किया जग्गू बूढ़े ने !''' जी नहीं, पहले ऐसा नहीं था। लड़के का गौना हुआ, नयी दुलहिन घर में आयी। इसके बाद से ही उसको न जाने क्या हो गया। दूसरे ही महीने में न जाने कहाँ से एक जवान-तड़तड़''' ।

कुसुमलाल जग्गू की पहाड़िन-स्त्री के बारे में जब बोलता है, 'जवान-तड़तड़' विशेषण लगाना नहीं भूलता। 'रसिकलाल की नयी दुलहन भी जवान है। सिंगार-पटार भी करती है। करना ही चाहिए, लेकिन''' '

—लेकिन क्या ?

''' लेकिन इस बूढ़े ने तो कमाल कर दिया। रसिकलाल की बहुरिया एक दिन जालीदार कुर्ता पहनकर नाच देखने गयी—बायस्कोप का। दूसरे ही दिन जग्गू बूढ़े ने अपनी जवान पहाड़िन को 'इसपिरिंगवाला मेमकाट कुर्ता' पहनाकर घर से निकाला कि देखनेवालों की आँखें'''।

कुसुमलाल जिस बात को 'हाइलाइट' करना चाहता है, उसे अधूरी छोड़ देता है। मुझे पूछना ही पड़ा—क्यों, क्या हुआ ? देखनेवालों की आँखें फूटी-ऊटी तो नहीं ?

कुसुमलाल ने मुझे कनखियों से पूछा। उसने चुप होने के पहले एक पंक्ति की मोटी निन्दा की—अब न उसके हाथ में जस है और न बाक में सत्त। सब पहाड़िन ने खींच लिया।

हाथ का जस, बाक का सत्त !

जग्गू के 'जस' और 'सत्त' की सैकड़ों कहानियाँ प्रचलित हैं। तीस-चालीस वर्षों से जग्गू के 'जस' और 'सत्त' के बारे में कहानियाँ सुनी जाती हैं। सम्भव है, अधिकांश कहानियाँ खुद जग्गू की गढ़ी हुई हों। छोटी-से-छोटी और बड़ी-से-बड़ी अचरज-भरी कहानियाँ''' गोदान के बाद जग्गू आया और रोगी की नाड़ी पर हाथ रखकर बोला—"कौन कहता है कि दम टूट गया ? बस, एक पुड़िया दवा दिया कि बूढ़ा उठकर बैठ गया।''' कसबा-शहर की मशहूर जमींदारिन को बुढ़ापे में सभी दाँत फिर से उग आये। भुने हुए चने की शौकीन बूढ़ी जमींदारिन, अस्सी साल की

उम्र में पत्थर के दाँत में मिस्सी लगाती है।"

चालीस साल पहले की बात !

जब दूर देहातों में–सौ रोग की कोई-एक पेटेण्ट दवा के सिवा कोई अंग्रेजी दवा नहीं पहुँचती थी। इलाके में पीलिया-रोग जोर-शोर से फैला था। औकादवालों ने शहर से बड़े डॉक्टरों को बुलाकर देखा–इस रोग की कोई दवा डॉक्टरों के पास नहीं।···कोई अंग्रेजी दवा बनी ही नहीं है।'

··· सारे इलाके में एक पीली प्रेतनी नाच रही थी। रोज दो-तीन आदमी टूटते। बच्चे आध दर्जन से डेढ़ दर्जन तक। खेलता-कूदता, भोला-भाला बालक हठात् बुखार से चीख उठता। फिर सारी दुनिया पीली···हल्दी की ढेरी···रक्तहीन देह···हल्दी में रँगी हुई लाशें !! दिन-रात गाँव के आस-पास चील-काग, कुत्ते-सियार लड़ते रहते।

ऐसे ही दुर्दिन में गाँव की गलियों में एक अजीब आवाज में किसी ने हाँक लगायी–ति-वा-आ-आ-री-ई-ई··· बैद-बैद-बैद-अ-अ-द-वा-आ-आ-ई-ई-ले जा, लेजा !!

लोगों ने झाँककर देखा–पीली पगड़ी बाँधकर आगे-आगे तिवारी अर्थात् वैद्य और कन्धे पर बहंगी ढोता हुआ उसका चाकर। हाँक, चाकर ही लगाता था। औरतों से रोगों के बारे में पूछताछ और दर-दस्तूर भी वही करता !

उसी दिन सारे मौजा में कानों-कान फैल गयी बात–पीलिया कहो या पियरी चाहे हल्दिया पिशाच–चुटकी बजाकर इस रोग को उड़ा देनेवाला बैद आ गया है।

नवटोली गाँव में तिवारी बैद ने अपना डेरा डाला।

उसका चाकर जग्गू, दिन-भर बैठकर जड़ी-बूटी कूटता और रह-रहकर रोगियों की भीड़ पर अभयवाणी की वर्षा करता, 'पीलिया कहो या पियरी या हल्दिया पिशाच···अंग्रेज लोग क्या बनावेंगे इसकी दवा। पीलिया का नाम सुनते ही उनके चेहरे पीले पड़ जाते हैं···बैदजी को हिमालय पर्वत से लौटते हुए साधू ने जड़ी बता दी थी। इसलिए, इस रोग की दवा का पैसा नहीं लेते। सिर्फ प्रनामी लेते हैं, धर्मशाला के लिए। गुरु का वचन ! यथाशक्ति तथा भक्ति !!'

शक्ति के अनुसार भक्ति दिखलायी सिमराहा के साहूकार ने। एकलौते बेटे को पीलिया के पंजे से छुड़ाने के लिए मोहन साहूकार ने 'प्रनामी' में पाँच सौ रुपये की थैली थमा दी। नवटोली गाँव का नाम ही बदल गया। गाँव का नाम मशहूर हुआ हल्दिया। अर्थात् जहाँ हल्दिया यानी पियरी-जैसे भीषण रोग को चुटकी बजाकर उड़ा देनेवाला बैद आया है। हल्दिया बैद ! हल्दिया गाँव !

··· कि पन्द्रहवें दिन तिवारी बैद को सूरज की रोशनी पीली दिखलायी पड़ी, दोपहर की धूप भी पीली ! तिवारी बैद ने समझ लिया–पीली प्रेतनी ही है। बीसवें दिन अपने चतुर चाकर जग्गू की सेवा और दवा के बावजूद पियराकर गिर पड़े बैदजी।··· लाल टेसू देह बैद की अमलतास के फूलों के ढेर-जैसी···

आसपास के बीसों गाँव में सन्नाटा छा गया–'अब ? अब क्या होगा भगवान ?'

"घबराने की बात नहीं।" बैद के चाकर ने कहा, "आठ साल के उम्र से ही बैद की बहंगी बेकार नहीं ढोयी है। पीलिया कहो या पियरी चाहे जोन्डिस···।"

हजारों भयभीत प्राण फिर मुस्कुराये–"सच ?···हाँ, बैद का चाकर बैद से बीस ही है, उन्नीस नहीं। चुटकी बजाने की भी जरूरत नहीं। उँगली उठाकर रोगी की ओर इशारा करता है, रोग छू-मन्तर···।"

अपने सद्यः स्वर्गीय गुरु के प्रति भक्ति-भरी वाणी बोलने के बाद बैद का चाकर जग्गू अपनी आवाज को तनिक मद्धिम करके कहता, "भाई ! नीयत ही सबकुछ है। गुरु का हुकुम था कि धरमशाले के खाते में एक सौ रुपया पूरते ही फौरन कुटिया के पते पर मनिआडार कर देना–सीधे हरदुआर। निन्नानबे रुपये तक अपने पास रख सकते हो।···सो गफलत कहिए या नीयत चाहे भावी प्रालब्ध···पीलिया कहिए या भगदान की मार !"

बैद का चाकर जग्गू ! चाकर नहीं, अब सोलह आना बैद !!

गुरु से भी तेज, जग्गू बैद ! साल-भर में, सारे इलाके से पीलिया को जड़-मूल से उखाड़कर फेंका जग्गू ने। उसने प्रतिज्ञा की थी–'या तो मैं ही यहाँ जड़ जमाऊँगा या यह पापिन पीलिया ही।' जरूर मनिऑर्डर ठीक समय पर–निन्नानबे के बाद सौ होते ही–भेजता होगा, कुटिया के पते पर–हरदुआर !

पीलिया समाप्त होते ही जग्गू ने ऐलान किया–"सिर्फ पीलिया ही नहीं, सभी असाध्य रोगों की दवा चला सकता हूँ।" लोगों ने देखा, जग्गू सचमुच अपने गुरु से भी ज्यादा सच्चा है। जो कहता है, कर दिखाता है।··· बुखार में खट्टा दही और भात, पथ्य खिलाता है। इमली की चटनी भी !

दवा और जड़ी-बूटी के अलावा जग्गू की छोटी-मोटी कहानियों का प्रभाव रोगियों पर अधिक पड़ता था शायद। दवा कूटते-छाँटते, रोगी की नाड़ी देखते समय भी उसकी कहानी बन्द नहीं होती। रोग-जाँच करते वक्त वह अपनी कहानी की मोटी-मोटी बातें ही सुनाता। जाँच के बाद कोई चमत्कारपूर्ण कथा।

यथा : तम्बाकू के मशहूर व्यापारी को डेढ़ लाख रुपये का घाटा लगा। उसने सोचा कि इस जान को अब देह के पिंजड़े में बन्द करके रखना बेकार है। दोनों पैर में 'महिषा-दादा'। महिषा-दादा कहो या इकजिमा, बात एक ही है। इसी इकजिमा के कारण डेढ़ लाख का घाटा। और इकजिमा को अंग्रेज लोग असाध्य मानते हैं। किसी ने मेरा नाम बता दिया।···जाकर देखिए, परसों से कीर्तन करवाने का जोगाड़ लगा रहा है। मिठाई बँटेगी। सिर्फ चार दिनों में साला इकजिमा, भूसी की तरह देह से झड़ गया। जाकर देख सकते हैं।···

ऐसी कहानियों के प्रसंग में जग्गू, पटने के प्रसिद्ध डॉक्टर टी. एन. बनर्जी साहब का नाम दो-तीन बार अवश्य लेता–एक बार की बात है···।

पुरानी खाँसी से परीशान बूढ़ी की कुकुर-खाँसी, इस कहानी की प्रथम पंक्ति को सुनकर ही रुक जाती। जग्गू, अपने सफरी हुक्के पर चिलम रखकर कुछ देर

तक गुड़गुड़ाता रहता। फिर—एक बार की बात है। परसा राज के मनिजर के दामाद का पेशाब अटक गया।··· बैदजी से चार महीने की छुट्टी लेकर मैं भी परसा गया था। परसा में मेरा ससुराल है।··· मनिजर साहब के दामाद के पेशाब अटकने की बात तुरत गजट में छापी हो गयी। मनिजर की नौकरानी, रिश्ते में मेरी साली लगती थी। मैंने मनिजर की नौकरानी से कहा कि गजट-छापी से भला पेशाब होगा ? जाओ कुल्थी का पानी पिलाओ। नौकरानी बोली मनिजरानी से, मनिजरानी बोली जाकर डॉक्टर से तो 'सिविल सरजंट' बोला कि नहीं, जब तक पटने से टैनबनर्जी साहेब डॉक्टर नहीं आते हैं, दवा क्या एक बूँद पानी भी नहीं चलेगा किसी का।··· लो भाई, आने दो टैनबनर्जी साहेब को। हम भी दर्शन कर लेंगे।··· डॉक्टर हैं टैनबनर्जी ! सौ डॉक्टर पर एक डॉक्टर, समझिए कि हौल इण्डिया से भी बाहर जिनका 'जस' फैला हुआ है ! ऐसे डॉक्टर का दर्शन भी दुर्लभ है।··· सो, हवाई जहाज गिनगिनाता हुआ उतरा परसा पोलो-मैदान में ! हवाई जहाज से उतरे टैनबनर्जी साहेब।··· हरदम हँसते रहते हैं टैनबनर्जी डॉक्टर। क्या डॉक्टर है बाबा। मोटर से हवेली में आये। रोगी की नाड़ी पर हाथ रख दिया। पेट को टटोलकर देखा और चिल्लाए—कुलुथ ! जल्दी से कुलुथ का पानी पिलाओ। तुरत···।

सो, मनिजरानी तो पहले से ही पानी में कुल्थी डालकर बैठी थी। हाँ, मनिजरानी इसके पहले मुझसे, पच्चीस साल पुराना सिरदर्द झड़वा चुकी थी। तुरत चम्मच से कुल्थी का पानी पिलाया।···

जग्गू की ऐसी कहानियाँ प्रायः 'डबल-क्लाइमेक्स' वाली होतीं।

··· सो, पहला चम्मच ही पिया कि टोटा जो फूटा—तो फिर बिछावन, चादर, गजट-कागज-अखबार और कपड़ा-लत्ता—सब ज-ला-म-य ?? लगा, कटिहार-टीशन की पानी की कलटेरी खुल गयी हि-हि-हि-हि !!

खाँसी से जरजर पोपली बूढ़ी के ओठों पर सलज्ज मुस्कुराहट खिल पड़ती। हँसी की फुलझड़ी छूटती जवान लड़कियों के कण्ठ से। बच्चे हँसते-हँसते बेहाल !!

बूढ़ी की खाँसी से परीशान, परिवार के लोग उस रात को गहरी नींद से सोते।

रोग को छुड़ाने के लिए, रोगियों के दुःख-दर्द को दूर करने के लिए जग्गू अपने अनेक गुणों का प्रयोग करता—आवश्यकतानुसार। टोटका, तन्त्र-मन्त्र, झाड़-फूँक, मुष्ठियोग। किन्तु, प्रत्येक गुण के प्रयोग के पूर्व तत्सम्बन्धी कम-से-कम आध दर्जन कहानियाँ वह जरूर सुना डालता !

कहानियाँ, रोग-परीक्षा, निदान, टोटके और मुष्टियोग की दो श्रेणियाँ थीं। एक भद्र और दूसरी अभ्रद।··· अभद्र रोगों में भद्र टोटके से क्या हो ? कहानियाँ वह रुचि को परखकर ही सुनाया करता। यों, प्रत्येक कहानी में 'ग्राम्य-रस' कुछ ज्यादा ही ढालता था, वह।

कमर-दर्द से पीड़ित रोगी रविवार की पहली भोर में उठकर किसी ताड़ के पेड़ को अंकवार में भरकर आलिंगन-आदर करे। दर्द तुरत फुर्र-र-र !··· शर्त है,

कोई देखे नहीं, कोई टोके नहीं।

गलफुल्ली (मम्स !) से ग्रसित व्यक्ति साँहुड़ के पेड़ के पास बैठकर 'दियाधरी' से पहले, पुक्का फाड़कर रोये। बैलून-जैसे गाल तुरत 'चुपस' कर बटुआ-जैसा हो जायेगा।

कुछ टोटके कान में ही फुसफुसाकर बताये जा सकते हैं।···अभद्र रोग का कोई अभद्र टोटका !

पन्द्रह साल पहले, स्टेशन पर मलेरिया सेण्टर खुला।

सरकारी डॉक्टर-कम्पाउण्डरों के अलावा और भी कई डॉक्टर [हेमो और एलो] आकर गाँव में बसे। फिर, प्रतिभावान 'अच्छर कट्टु' लड़के भी थे कई, जो मिडिल पास-फेल करने के बाद घर बैठे डॉक्टरी पास कर–लाठी के हाथ डॉक्टरी चला रहे थे।··· क्वैक !

जग्गू 'क्वैक' का अर्थ किसी जानकार से पूछकर जान चुका था।

इसलिए, जब सरकारी डॉक्टर और कम्पाउण्डरों ने आपस में बातें करते समय जग्गू को 'क्वैक' कहा तो उसने तुरत विरोध किया था–नहीं हुजूर। गुरु की दया से जो कुछ मेरे पास है, वह गुरुमुख से ही मिला है–कुवैक नहीं कहिए–डॉक्टर बाबू !

इतने डॉक्टर और कम्पाउण्डरों के आगमन से जग्गू की 'प्रेक्टिस' में कोई अन्तर नहीं आया। लोगों ने देखा, डॉक्टरों की घरवालियाँ भी अपने बच्चों की अथवा अपनी दवा जग्गू से ही करवाती हैं।

हाट के दिन, हाट के चौरस्ते पर चट्टी लगाकर, कपड़े की सैकड़ों छोटी-बड़ी रँगी-बदरँगी झोलियों को वह सजाता–प्रतीक्षा करते हुए लोग उसकी चट्टी के चारों ओर जमा हो जाते। देखते-देखते भीड़ बढ़ जाती।··· किन्तु, हाट के भीड़-भड़ाके में भी नाड़ी देखने में जग्गू पंसारी कभी नहीं गड़बड़ाया।

हाट में तुरत जाँच, तुरत नुस्खा !

हाट में उसकी कहानी-कला तो नहीं, शब्द-प्रयोग की एक अभिनव चातुरी काम करती, उसकी।···

कोई हाथ दिखला रहा है। दूसरा पथ्य के बारे में पूछ रहा है। तीसरा घूँघट के अन्दर से ही नकिया-नकियाकर धारा-प्रवाह कुछ सुनाती जा रही है। जग्गू सबकी सुन रहा है–गुन रहा है। कभी नहीं गड़बड़ाया है। सभी को सही दवा और वाजिब सलाह देता जा रहा है–पेट ? गन्दा ? एँ ? ठीक है न ? भूख ? भूख मन्दा ? है न ? मुँह कड़वा और पेशाब कड़क ? है न ?··· ? काढ़ा-कुटकी चिरैता भोर में। समझे ? और, जीरा कालानून बुकनी दही-घोल में···चार आने की कुटकी-चिरैता। बढ़ाइए हाथ !···

··· बहिनजी ! हाँ–दिन-रात माथा भारी ? है न ? हर महीने बीमारी ! एँ ?

है न ? आँख के आगे उड़े जुगनू—कान के पास हमेशा घुनघुन ? है न ?··· अशोक के बाकल का काढ़ा, बकरी का दूध गाढ़ा··· यह तुतिया किसका है भाई—लीजिए नीला थोथा··· अदरख के साथ काला मोथा ! पुराना शहद, काली गाय का गोंत !!

गाँव पहुँचकर देखा, कुसुमलाल ही नहीं; जग्गू पंसारी की निन्दा करते समय हर आदमी रस-भरी बातें बोलने लगता है। हाथ के 'जस' और बाक के 'सत्त' को लोगों ने मानो अपनी आँखों से देखा हो—एक जोड़ी चिड़िया की तरह फुर्र से उड़ गयी।··· अब क्या है जग्गू के पास ?

सबसे अचरज की बात ! रसिकलाल ही सारे इलाके में रस-भरी कहानियाँ—अपने बाप की—सुनाता-फिरता है—रोज नयी कहानी !

रसिकलाल को देखकर मैं दंग रह गया। वह अपने को डॉक्टर रसिकलाल कहना-सुनना पसन्द करता है। पेटेण्ट दवाओं की एजेन्सी उसने ली है। साइनबोर्ड पर लिखा हुआ है—'हजारों रोग की एक दवा 'रामबिन्दु'—डॉक्टर रसिकलाल, मोकाम हल्दिया के पास भी मिलता है।'

कहानियाँ रसिकलाल भी सुनाता है। किन्तु, उसकी कहानी एकदम आधुनिक होती है। अंग्रेजी शब्दों से वह अपनी कहानी को बीच-बीच में बघारता रहता है—स्टेशन मास्टर साहब की बड़ी लड़की रात में सपने में खराब 'ड्रीम' देखकर डर जाती। 'ड्रीम' देखती—स्टेशन का 'सिंगल' कभी 'डौन' और कभी 'अप' हो जाता है। सूखकर काँटा हो गयी थी। स्टेशन मास्टर ने नहीं, बताया स्टेशन मास्टर की घरवाली ने। सो, एक ऐसा टोटका बता दिया कि फिर काहे को सपने में खराब-खराब ड्रीम देखेगी और काहे को साला सिंगल फिर अप और डौन होगा !

कहानी सुननेवालों को जब और भी कुछ सुनना होता तो कोई 'लेकिन युक्त बात' से उसको उकसा देते—लेकिन, जग्गू तो कहता है कि रसिक ढोढ़ा-साँप का मन्तर भी नहीं जानता। झूठ-मूठ लोगों को ठगता-फिरता है।

रसिकलाल तब बार-बार सिगरेट सुलगाता और बाँटता है। धुआँ फेंकता हुआ अपने बाप को एक भद्दी गाली देता है। फिर एक अश्लील कहानी अपने बाप की शुरू कर देता है—कल रात की बात क्या बतावें ? ओसारे पर उलंग होकर···।

सभी कीर्ति-कथाओं को सुनने के बाद ऐसा लगा कि जग्गू अब पूरा पशु हो गया है। गाँववालों की बातों से यह भी मालूम हुआ कि कोई ऐसी व्यवस्था हो रही है—गुप्त रूप से—कि जग्गू को अपनी झोली-झण्डी लेकर इस गाँव से भागना पड़ेगा अब।··· घिना दिया इस बूढ़े ने ?

चालीस साल पहले आकर जड़ जमानेवाला जग्गू कहाँ जायेगा ? अपना गाँव ? जब इकलौता बेटा ही अपना नहीं हुआ तो गाँववाले तो उसे पहचानेंगे भी नहीं। चालीस साल पहले जिस गाँव को छोड़कर आया—वहाँ अब क्या धरा

होगा ?

मैं जग्गू से मिलना चाहता था। बच्चों के लिए एक बोतल 'हींग पाचक' बनवाकर शहर ले जाना है।

जग्गू की झोंपड़ी के पास ही उसके लड़के की हवेली बन रही है। रसिकलाल ने नमस्कार करके स्वागत किया, "आइए !"

किन्तु, मैंने जान-बूझकर उससे पूछा, "तुम्हारे बाबूजी कहाँ हैं ? मुझे जग्गू बैद से काम है।"

रसिकलाल अप्रतिभ हुआ। उसने झोंपड़ी की ओर उँगली उठाकर कहा, "जाइए, अंग्रेज़ी बायस्कोप का खेला हो रहा होगा। देखिए···।"

रसिकलाल अपनी बात पर आप ही हँसा।

जग्गू की झोंपड़ी मेरी जानी-पहचानी थी। दरवाजे पर ऐसा सन्नाटा कभी नहीं देखा। जहाँ हमेशा मेला लगा रहता था—वहाँ—??

जग्गू ने मेरी खाँसी सुनकर मुझे पहचाना।

दरवाजे पर पहुँचकर मैंने पुकारा, "लाल बाबू हैं क्या ?" और अन्दर से जवाब मिला, "आइए, आइए। अन्दर ही आ जाइए।"

जग्गू की पहाड़िन पर पहली नजर पड़ी—अन्दर आँगन में पैर रखते ही। जग्गू दहलीज में खाट पर बैठा हुआ था। पहाड़िन को देखकर ही समझ गया—कुसुमलाल 'तड़तड़ जवान' क्यों कहता है।

जग्गू ने कहानी शुरू की :

देखा, पुराना कथाकार मरा नहीं है। किस तरह उसके पुत्र ने नादानी की, कैसे जग्गू ने माफ किया ! फिर, गौना के बाद किस तरह बुरा व्यवहार करने लगे दोनों। यहाँ तक कि इस बुढ़ौती में कलंक भी लगा दिया।—मेरे गुरु ने कहा था—'बेटा हो या स्त्री, जब तक 'गुण' रखने के काबिल नहीं हो जाये, उनके हाथों में कुछ नहीं देना।' सच कहा था गुरु ने !···सो, अभी दिया ही कहाँ था कुछ मैंने। कहिए भला, शीशी की दवा चलता है। ऊपर हैं भगवान ! सब देखते हैं। जो थोड़ा-बहुत हाथ में है वह भी नहीं रहेगा।

मैंने टोक दिया—लेकिन, दवा-दारू और हाट-बाजार बन्द करके इस तरह दिन-रात आँगन में बैठे रहने से तो 'गुण' आपके हाथ में भी नहीं रहेगा। लोग तरह-तरह की बात कर रहे हैं।···

जग्गू के चेहरे पर एक चमक फैल गयी ! उसके नथुने फड़के !

पहाड़िन खरल में कोई दवा कूट रही थी—ओसारे पर ! वह शुरू से ही भाव-शून्य दृष्टि से मेरी ओर देख लेती थी। इस बार उसने जग्गू की ओर देखा। जग्गू चुप था। पहाड़िन का दवा कूटना रुक गया। वह उठी और जग्गू के पास आकर पहाड़िन में ही बोली, "इस भले आदमी को क्या लेना है ? नहीं लेना-देना है कुछ··· घर जाने को कहिए। यहाँ क्या है ? मेला है ?"

पहाड़िन अब जग्गू की गंजी खोपड़ी में तेल लगाने लगी।

जग्गू बोला, "गाँववालों की बात पर आपने भी परतीत कर ली ?···आप बहुत दिनों के बाद गाँव आये हैं ! तो सुनिए !"

"मेरे हाथ का गुण मेरे मरने के बाद भी मेरे हाथ में रहेगा। और उसके बाद भी मेरे खानदान में–मेरी ही औलाद के हाथ में गुण रहेगा। मेरे बेटे का नाम हौल इण्डिया से बाहर···।"

मैंने कहा, "लेकिन रसिकलाल तो···।"

इस बार जग्गू तड़प उठा, "उसका नाम मत लीजिए बाबू साहेब ! वह मेरा बेटा नहीं। सचमुच मेरा बेटा नहीं।"

"तब आपने जो कहा कि···।"

"क्या कहा ?"

जग्गू आवेश में आ गया, "रसिकललवा पहले अपनी कागवन्ध्या स्त्री का तो इलाज करे ! बाबू साहेब, मैं धरती पर तीन लकीर खींचकर कहता हूँ कि नाक रगड़कर धरती में मर जायेगा···वह, उसकी बीवी के कोख से चूहा भी नहीं निकलेगा।"

"देखिए, वह आखिर लड़का ही है, आपका ?"

"फिर वही बात ? वह मेरा बेटा नहीं। मेरा बेटा तो··· ?"

जग्गू ने तेल लगाती हुई पहाड़िन का आँचल उठाकर, हाथ से पेट छूकर दिखलाते हुए कहा, "मेरा बेटा यहाँ है। यहाँ··· ?"

मैं गूँगा हो गया, अचानक ? पहाड़िन पूर्ववत् जग्गू के सिर में तेल लगाती रही। उसके चेहरे पर किसी तरह का परिवर्तन नहीं ! न लजाई, न गुस्साई !

"लोग कहते हैं कि जग्गू के हाथ में अब 'जस' नहीं ! देखेंगे, लोग देखेंगे··· मेरी इस कांछी को फारबिसगंज मिल के बदमाश मजदूरों ने लगातार चार साल तक अपने कब्जे में रखा। तरह-तरह की अंग्रेजी दवा खिलाकर इसकी बच्चादानी को बेकार बना दिया था।···मेरे पास जब आयी तो, पहले मैंने सोचा कि रखेलिन की तरह रहेगी ! लेकिन, बाबू साहेब–यह औरत, औरत नहीं–साक्षात सती है। सो, जब रसिकलाल ने अपनी नीयत बिगाड़ी–मैंने सोचा, अब नहीं··· !"

मैंने लक्ष्य किया जग्गू का स्वास्थ्य पहले से अच्छा है।

"बाबू साहेब, पाँच महीने तक सिर्फ इसका कोख 'सुद्ध' किया मैंने। आप तो जानते ही हैं कि मैं सब रोगों की दवा चलाता था लेकिन कोख और कोखदानी की गड़बड़ीवाले केस को साफ जवाब दे देता था। क्योंकि गुरु का कहना था कि बच्चा देना विधाता के हाथ में है। जो बैद विधाता के इस काम में टाँग अड़ाता है–विधाता उससे एक दिन पूछते हैं ? सो, जब परेम हो गया तो फिर क्या जात, क्या पात।··· बाबू साहेब, सालों ने इसकी दूह-दूहकर देह ढीला कर दिया था। सो कोख सुद्ध करने के बाद इसकी ढढर-ढीली देह का इलाज किया।··· बोलिए तो कांछी की क्या उमर होगी ! देह का गढ़न ऐसी देख रहे हैं न, सब दवा खाने के बाद हुआ है···।"

जग्गू रुका। मैं घबराया। पेट दिखलाने के बाद अब कहीं··· ?

मैं बोला, "हींग पाचक तैयार है !"

"बाबू साहेब, पाचक-वाचक नहीं। आजकल मैं वह सब मामूली दवा बनाने में बेकार समय बर्बाद नहीं करता।···सो, जब कांछी का कोख सुद्ध हुआ–एकदम पियोर हो गया तब मैंने गुरु का नाम लेकर कांछी को घर में बैठा लिया। सिर्फ हाथ के 'जस' और बाक के 'सत्त' को अपने खानदान में रखने के लिए !···आप तो जानते ही हैं कि बिजू आम से बढ़कर होता कलम आम ! मगर, कलम लगाना बहुत कठिन काम है।···"

मैं उठना चाहता था। क्योंकि, जग्गू की पहाड़िन उसकी खल्वाट खोपड़ी पर तेल-मालिश करने के बाद–कमर की ओर हाथ बढ़ा रही थी।··· झोलंगी-खटिया रह-रहकर चरमरा उठती थी और पहाड़िन हर बार 'अइयो' कहकर जग्गू से कहती, 'पुग्यो ?'

"सो, बाबू साहेब ! जब मैंने सबकुछ सुद्ध करके कांछी को घर में बैठा लिया, तब···तब उस हरामजादे ने क्या किया, जानते हैं ?···मैं फारबिसगंज गया था और साले ने फिर 'असुद्ध' कर दिया।···जी हाँ, रसिकलाल ने ! मैं घर आया तो कांछी बोली– फिर असुद्ध··· !"

अब मैं उठ खड़ा हुआ।··· मैं सिर से पैर तक अशुद्ध होता जा रहा था।

"बाबू साहेब, सुनते जाइए।··· कांछी के पेट में जो बच्चा है, वह आपके गाँव का, समाज का, हौल इण्डिया का नाम रखेगा।··· इसलिए, कांछी ने जिस दिन सुबह-सुबह उठकर कै किया–उसी दिन से मैं दिन-रात घर में रहता हूँ ! कहीं नहीं जाता। कैसे जाऊँ ? छै महीने तक 'बबुआ' पर किसी की छाया नहीं पड़ने दूँगा। अभी तो दो महीने का ही है। क्यों कांछी, आज सिमुलाकन्द खायी है, तो ? तुमको कुछ खयाल नहीं कि बेचारा बबुआ··· ?"

जग्गू ने फिर कांछी के पेट पर पड़ा हुआ आँचल उठाया, "देखते हैं बाबू साहेब, इसको कहते हैं हाथ का जस ! रसिकललवा की बीवी कहाँ पायेगी ?"

मैं आँगन से बाहर निकल आया।

1962

एक श्रावणी दोपहरी की धूप

शादी के बाद फिर 'मेस' में कौन रहता है। किन्तु, पंकज ने मेस के साथ अपने 'मेस-मित्रों' को भी छोड़ दिया।··· दुनिया-भर के लफंगों का अड्डा !

इतना ही नहीं, पिछले साल तक उसने बहुत बार निश्चय किया था–यदि छोटे साहब की भद्दी दिल्लगी बन्द नहीं हुई तो वह 'मेरी एण्ड मेरी' कम्पनी की नौकरी भी छोड़ देगा। एक मिनट भी देरे से पहुँचने पर अभद्र छोटे साहब को मौका मिल जाता–क्यों दास ! 'मार्निंग-शो' में जाना हुआ था ?

इसके बाद सहकर्मियों की दबी हुई विषैली हँसी !

एक रेलवे-रसीद की गड़बड़ी पर छोटे साहब ने कहा था–गलती माने ? यदि तुम्हारे सिनेमा के टिकट के नम्बरों में ऐसी ही गलती हो जाये, तब !··· माल कहीं और 'आर-पार' कहीं ?

सिनेमा ? असल में सिनेमा-हॉल से ही पूर्वराग-पर्व शुरू हुआ था–पंकज-झरना के प्रेम का। झरना अपनी माँ और बहनों के साथ आयी थी। पंकज ने, प्रथम-परिचय के दिन दस पैकेट टनटन-भाजा के खरीदे थे। छोटे साहब को उसके सहकर्मियों ने टनटन-भाजा की भी बात बता दी थी। इसलिए, छोटे साहब कॉलिंग-बेल को 'टनटन-बाजा' कहने लगे।

पंकज ने ठीक ही समझा था, शादी के बाद सभी उससे ईर्ष्या करने लगे थे। और, छोटे साहब की मोटी-बीवी को पंकज ने देखा था। वैसी बेडौल औरत का स्वामी और कैसी बातें करेगा, भला ? कई बार पंकज के जी में हुआ था, फाइल पटककर साफ-साफ कह दे–मुझे आप सिनेमा का 'गेट कीपर' कहते हैं ? जनाब, आप 'गोल कीपर' हैं।

किन्तु, बेकारी का जिसे कड़वा अनुभव हो, वह लगी हुई नौकरी को क्षणिक आवेश में आकर नहीं ठुकरा सकता। उसने सोच-विचारकर देखा था–आदमी को सहिष्णु होना चाहिए।··· क्यों न वह अपना उपनाम 'सहिष्णु' रख ले। नाम का कुछ प्रभाव, स्वभाव पर निश्चय ही पड़ता होगा।

झरना ने भी यही कहा था, "पंकज नाम का प्रभाव तुम्हारे तन-मन पर ऐसा पड़ा कि··· !"

वक्तव्य अधूरा छोड़कर झरना ने पंकज के कन्धे पर अपना सिर रख दिया

था, "क्या सभी 'लव मैरेज' करनेवालों के नाम ऐसे ही सुन्दर होते हैं ?"

"छोड़ो भी, नाम में क्या रखा हुआ है।"

अपने दफ्तर में अकेला पंकज ही है, जिसने इस प्रेमहीन-संसार में आकर 'लव-मैरेज' किया है। उसकी स्त्री झरना अपूर्व सुन्दरी है।. सितार बजाती थी, गीत गाती थी। शादी के बाद फिर कौन लड़की सितार बजाती है और गीत गाती है !

शादी के पहले, मेस में कई दिनों तक 'प्रेम-परिणय' पर बेकार की बहस चली थी। अवधेश की बात रह-रहकर आज भी याद आती है, पंकज को–लव-मैरेज करनेवालों को यदि मौका मिले, तो सारा जीवन 'लव' और 'मैरेज' करने में ही गुजार दें।

तो, अवधेश के कहने का अर्थ हुआ, यदि झरना को शादी के बाद भी मौका मिले तो वह किसी को 'लव' करना शुरू कर देगी ? असम्भव !

मेस के सभी मित्र उससे जलते थे। एक साथ बैठकर किसी तालाब में 'बन्सी' से मछली फँसानेवालों के बीच, किसी साथी को बड़ी मछली मिल जाय तो ऐसा ही होता है।

विवाह के पहले पंकज को भी सन्देह था कि इस आर्यावर्त में अब सती-साध्वी नारी जन्म ही नहीं लेती। सो, भ्रम दूर हुआ–शादी के बाद। सीता और सावित्री के साथ-साथ झरना का नाम स्वयं ही निकल पड़ता, पंकज के मुँह से।

इसी बात पर जगन से उसकी लड़ाई हो गयी थी और पंकज को मेस छोड़ने का एक बहाना मिल गया था। जगन नीच है। नीच आदमी और कैसी बात करेगा भला ! मुँह बिदकाकर बोला था, "जी हाँ साहब। सभी अपनी स्त्री को सीता-सावित्री ही समझते हैं। दुनिया के आश्चर्यों में, एक महान आश्चर्य की बात यह भी है।"

जगन ने इसी सिलसिले में मुहल्ला-मुहर्रमबाग के किसी रमणीमोहन का नाम लिया था, "मुहर्रमबाग की कौन ऐसी कुमारी लड़की है जो रमणीमोहन की गाड़ी पर चढ़कर मनेर-डाकबंगलों में पिकनिक करने नहीं गयी होगी। लड़कियाँ उसे 'गाड़ीवाला दादा' कहती हैं।"

पंकज ने उसी रात को, जरा घुमा-फिराकर 'गाड़ीवाला दादा' के विषय में पूछ लिया था, "यह 'गाड़ीवाला दादा' कौन हैं तुम्हारे मुहल्ले में ?"

झरना का चेहरा इस नाम को सुनकर जरा उतर गया था। पंकज के दिल की धड़कन तेज हो गयी थी। झरना ने सप्रतिभ होकर स्वीकार किया था, "हाँ, गाड़ीवाला दादा हैं। सुना है, बहुत 'लूज कैरेक्टर' है उनका। डोरे तो उसने मुझ पर भी डाले थे, जरूर। मगर, क्या मजाल जो कभी मुँह से कुछ बोले !"

पंकज के गालों का ताप अचानक तेज हो गया था। बहुत देर तक झरना को बाहु-बन्धन में बाँधकर, सिर्फ एक ही बात बार-बार दुहराता रहा, "तुम सती हो, तुम सती हो !"

मेस छोड़ने के बाद, पंकज दो महीने तक ससुराल में ही रहा। यों, झरना उसे

रोज याद दिलाती—घर-वर का पता लगा कहीं ?

पंकज को यह बात बड़ी भली लगती—झरना को अपने पति का अपने मैके में अधिक दिन रहना पसन्द नहीं। झरना की माँ रोज यह कहना नहीं भूलती कि पड़ोस के लोग पंकज को 'घरजमाई' समझते हैं।

झरना को माँ की बात से दुःख हुआ था। उस दिन जरा रुखाई से वह बोली थी, "यदि घर नहीं मिले तो आज फिर यहाँ लौटकर मत आना। मैं सबकुछ सह सकती हूँ, किन्तु पति का अपमान···"

पंकज ने झरना की पीठ पर हौले-हौले हाथ फेरकर शान्त किया था, "आज जैसे भी हो, जहाँ भी मिले, घर ठीक करके ही लौटूँगा।"

"घर क्यों नहीं मिलेगा ? 'घरनी' होनी चाहिए साथ में।"

पंकज को घर मिल गया। झरना को लेकर अपना घर-संसार बसाने के लिए मखनियाकुआँ की कुकुरगली में आया तो, झरना ने कहा, "शहर में घर लेते समय मुहल्ले का भी खयाल रखना चाहिए।"

झरना ने गली में पैर रखते ही नाक-भौं सिकोड़कर कहा था, "भले लोगों की गली नहीं यह।"

मखनियाकुआँ मुहल्ले को दोष नहीं देता है, पंकज। किन्तु, कुकुरगली में वे एक महीना से अधिक नहीं रह सके। घर के सामने का हलवाई बड़ा भारी असभ्य निकला। झरना ने बताया कि दोपहर को वह अपने दोनों जंघों को उघाड़कर खिड़की के सामने बैठता है और रह-रहकर खिड़की की ओर देखकर किसी मिठाई का नाम लेकर बेवजह पुकारता है—रसगुल्ला है—रसगुल्ला !!

हलवाई की देखादेखी फलवाले का आवारा लड़का हाथ में सन्तरा लेकर चिल्लाता रहता है—चार आने जोड़ा, जोड़मजोड़ा—मीठा केंवला !!

झरना ने बताया कि इस गली की औरतें भी वैसी ही हैं।

मखनियाकुआँ से कुनकुनसिंघ लेन; कुनकुनसिंघ लेन से बिहारी-सावगली और अन्त में पिछले साल नालारोड पर घर बदलकर आ बसा है पंकज। झरना को वह इलाका भी पसन्द नहीं। किन्तु, पंकज ने फिर घर की समस्या पर, झरना के कुनमुनाने के बावजूद कभी ध्यान नहीं दिया···मुहल्ला अच्छा हो, पड़ोसी अच्छे हों, गली के कुत्ते रात में शोर न मचायें, ऐसा घर कहाँ मिलेगा शहर में ? झरना कुछ नहीं सोचती ?

सिर्फ घर की समस्या पर ही नहीं—इधर कुछ दिनों से पंकज ने झरना द्वारा उठायी गयी सभी समस्याओं को टालना शुरू किया है।

आज दफ्तर आने के पहले जब झरना ने ग्वाले के देर से आने की शिकायत की तो पंकज तनिक चिढ़ गया—बड़े-बड़े अफसरों के घर में एकाध दिन देर-सबेर से दूध पहुँचता है।

पति की रुखाई को परखकर झरना चुप रही।

आफिस आने के पहले, मुँह में पान का बीड़ा डालने के बाद, पंकज अपनी

पत्नी को हल्के ओठों से चूमता आया है। अब यह क्रिया यन्त्रवत् होती है। इधर कई महीनों से पंकज सोच रहा है, झरना को किसी दन्त-विशेषज्ञ के पास ले जायेगा। पायरिया का शिकार हो गयी है, निश्चय ही।

आज झरना लजाकर पूछ रही थी, "इस बार सरकारी फार्म का दूधिया भुट्टा नहीं आया है बाजार में ?"

"ध्यान नहीं दिया है। आज देखूँगा। मिलेगा तो··· "

"नहीं-नहीं। मैंने यों ही पूछा।"

पति के जाने के बाद झरना, कुछ क्षण खड़ी देखती रही। टिफिन की झोली से 'खट-खट' आवाज क्यों आती है ? डब्बा खुला हुआ तो नहीं रह गया ?

वह एक बार फिर नहाने के घर में घुसी। देह धोकर बाहर आयी। सिन्दूर लगाते समय आइने में अपने चेहरे को ध्यानपूर्वक देखा। उँगली से जरा-सा स्नो छूकर गाल पर मल लिया। छाती पर 'घमोरी' के दाने निकल आये हैं। पाउडर छिड़कने के पहले उराने अँगिया खोल ली।··· यहाँ कौन देखने आता है ?

किन्तु, झरना के अन्दर कहीं कुछ सुलग रहा है। ज्वाला शान्त नहीं हो रही। भोजन करने बैठी तो कुछ रुचा नहीं। जबर्दस्ती दो-चार ग्रास मुँह में डालकर उठ गयी।

दोपहर को उसे सोने की आदत है। गर्मियों में वह फर्श पर शीतलपाटी बिछाकर—नंगे बदन सोती है। शीतलपाटी की छाप उसकी गोरी देह पर पाँच बजे तक उभरी रहती है। मछली के काँटे जैसा दाग ?

शीतलपाटी पर लेटते ही उसे पंकज की रूखी और झुँझलाहट-भरी बातों की याद आयी।···क्या हो गया है आजकल ? हर बात पर चिढ़ जाता है, हमेशा मुँह लटका रहता है। बोली में कोई रस नहीं ! डर के मारे झरना आजकल कुछ पूछने का साहस नहीं करती।

पहले, ऑफिस से लौटने के बाद, कम-से-कम पन्द्रह मिनट तक इस तरह अँकवार में जकड़े रहते थे मानो मुद्दत की खोयी हुई चीज मिली हो। हर बात का जवाब चुम्बन से देते थे। दिन-भर परिश्रम करने के बावजूद, रात में देर तक जगे रहते, जगाये रहते। अब तो बिस्तर पर पड़ते ही कुम्भकरन की नींद उतर आती है, आँखों में। और, खुर्राटे की आवाज इधर इतनी कर्कश हो गयी है कि झरना सो नहीं पाती है।

उस दिन पड़ोसी के गुण्डे लड़के ने झरना को फिर छेड़ा। लेकिन, पति ने कहा—कौन क्या कहता है, क्या बोलता है, क्या देखता है, क्यों देखता है; आदमी इन बातों पर ध्यान देने लगे तो उसका जीना मुश्किल हो जाये। तीन साल से बस इन्हीं छोटी बातों को लेकर कम-से-कम पचास आदमी से लड़ाई मोल ले चुका हूँ।

पिछले साल तक झरना को गली की ओर खुलनेवाली खिड़की के पास खड़ी

देखकर पंकज बड़बड़ाने लगा था–जब जानती हो कि गली में हरामियों का अड्डा है तो खिड़की के पास उस तरह खड़ी क्यों होती हो ?

और, अब ? अब इसका कहना है कि आजकल की सफल गृहिणियाँ ग्वाले, धोबी और फेरीवाले के सामने जान-बूझकर ब्लाउज के एक-दो बटन खोलकर, चीजों का दर-भाव करती हैं।···छिः-छिः, कितना गन्दा हो गया है इस आदमी का मन !

किन्तु, बात सच है।

एक दिन झरना, एक फेरीवाले से पुराने कपड़ों के बदले काँच के बर्तन ले रही थी। फेरीवाला लौण्डा शुरू से ही रट लगाए हुए था–मायजी, खादी कपड़ा नहीं लेंगे। सो, न जाने कैसे झरना की छाती के सामने की साड़ी जरा सरक गयी। फिर, झरना ने खादी कपड़े की गुदड़ी-चिथड़ों की गठरी सामने रख दी। लौण्डे के मुँह से विरोध का एक शब्द भी नहीं निकला।

दूध लेते समय जब से अनजाने में ग्वाले की उँगली जरा छू गयी है–दूध में पानी की मिलावट कम हो गयी है।

झरना को आज नींद नहीं आयेगी। उसने सामने की खिड़की खोल दी। वह जानती थी, ठीक इसी समय पीली कोठी के मुँडेर पर एक रोगी युवक नीम की छाँव में आ बैठा होगा। खिड़की खुली रहे या बन्द, उसकी नजर इधर ही टँगी रहती है।

झरना ने उसे देखकर भी नहीं देखने का भाव दिखलाया। वह फिर शीतलपाटी पर आकर सो गयी। इस बार उसने अस्त-व्यस्त साड़ी को समेटकर एक किनारे कर दिया। सिर्फ पेटीकोट पहनकर लेटी रही और कनखियों से छत पर बैठे रोगी युवक को देखने लगी ! अब उसका मन रोने का बहाना ढूँढ़ने लगा।···इनके लिए, अपने पतिदेव पंकज के लिए, वह दाल-भात-जैसी चीज हो गयी है। किन्तु, झरना की एक झलक पाने के लिए अब भी लोग टकटकी लगाकर बैठे रहते हैं।···यह पड़ोसी का गुण्डा लड़का जो अभी जोर-जोर से गीत गा रहा है, वह किसी और को सुनाने के लिए नहीं। झरना समझती है !

करवट लेते समय वह बड़बड़ायी–हाय रे पुरुष की जाति !···अच्छा, वह भुट्टा लावेगा तो ? नहीं, कभी नहीं। आकर कहेगा–दिखायी नहीं पड़ा कहीं बाजार में फार्म का भुट्टा।

झरना की जीभ पनिया गयी। भुट्टे की सौंधी गन्ध··· नींबू··· हरी मिर्च !!

अचानक कुछ सुनकर वह चौंक पड़ी–अरे ! यह तो गाड़ीवाला दादा की गाड़ी का हॉर्न है ?

वह उठ बैठी। साड़ी पहनते समय उसने लक्ष्य किया, रोगी युवक का चेहरा तमतमा गया है। तेज ज्वर चढ़ गया है, मानो।···हाँ, सच ! यह तो गाड़ीवाला दादा की ही गाड़ी है। बिना कुछ सोचे ही उसने खिड़की से पुकार दिया, "दादा !"

नारी-कण्ठ की पुकार दादा नहीं सुनें, भला !

"अरे तुम ? इस मुहल्ले में कब से हो ?"

"माँ कैसी हैं ?"

"तो, माँ की खोज-खबर अब तक लेती हो ?"

"माँ से कहिएगा कि···।"

गाड़ीवाला दादा ने कहा, "मैं सब्जीबाग से तुरत लौट रहा हूँ।"

अब झरना क्या करे ? तीन-साढ़े तीन वर्षों के बाद अचानक उसे आज क्या हो गया ? शादी के बाद, राह-चलते कई बार गाड़ीवाला दादा पर उसकी दृष्टि पड़ी और हर बार नजर चुराकर, मुँह फेरकर उसने अपनी जान बचायी है। इस आदमी का कोई भरोसा नहीं। झरना को पुष्पा की बात याद है। पुष्पा अपने पति के साथ सिनेमा गयी थी। गाड़ीवाला दादा ने देखते ही कहा–"क्यों पुष्पा, पुराने दिनों को भूल गयी हो, सो तो ठीक किया है तुमने। किन्तु, पुरानी जान-पहचान के लोगों को देखकर भी नहीं पहचानोगी, ऐसी उम्मीद तुमसे नहीं थी।"

पुष्पा कह रही थी, उसके पति ने इस बात को लेकर पुष्पा को जीवन-भर खोंचा दिया। मरते समय भी कह गया–"तुम्हारे तो बहुत लोग हैं, पुरानी जान-पहचान के–पुराने मित्र !"

अब ? वह तो आवेगा। आवेगा क्या, आ ही रहा होगा। आवेगा तो आवेगा। अच्छा होगा। झरना मन-ही-मन लड़ने लगी–वह आज जी भरकर बातें करेगी गाड़ीवाला दादा से।

झरना ने गली की ओर खुलनेवाली खिड़की बन्द कर दी। नहाने के घर से चेहरा धो आयी। बालों को कंघी से सँवारा। चेहरे पर फिर एक उँगली स्नो–आँखों में एक सलाई काजल और मुँह में एक बड़ा पान डालने के बाद, धुली हुई साड़ी निकालने लगी। बक्स से निकली हुई, धुली साड़ी की गन्ध झरना को सदा उत्तेजित करती है। एक नशा छा जाता है क्षण-भर के लिए।

आइने के सामने खड़ी झरना ने गली में फेरीवाले की आवाज सुनी। चाबी के झब्बों को बजाता हुआ वह आदमी ठीक इसी समय आकर हाँक लगा जाता है। न जाने क्या कहता है। इसके बाद ही आवेगा, ढाकई-साड़ी बेचनेवाला रिफ्यूजी फेरीवाला–चा–य–का–धो-ओ-ओ-ड़ !

झरना सभी फेरीवालों की आवाज पहचानती है। सभी के आने का, अपना-अपना बँधा हुआ समय है।

गाड़ीवाला दादा का हॉर्न !

सीढ़ियों पर जूते की आवाज क्रमशः निकट होती गयी। झरना ने एक बार फिर अपने को आइने में देख लिया।··· यह नयी ब्रेजरी दुःख दे रही है, जरा। पीठ पर 'हुक' गड़ रहा है।

गाड़ीवाला दादा ने कमरे में प्रवेश करते ही पूछा–"बगलवाले बरामदे की कोठरी में कौन रहता है ? उस महिला को, लगता है, मैं पहचानता हूँ।"

उसने एक सरसरी निगाह से झरना की गृहस्थी को देखा और पलक मारते ही सबकुछ भाँप गया। अनुभवी शिकारी की तरह उसने एक गिलास पानी माँगा। सिर्फ पानी !

झरना सुराही से पानी डालते समय मुस्कुरायी, पानी पीकर दादा निश्चय ही कोई उद्‌गार प्रकट करेंगे--आ-ह ! कलेजा जुड़ गया ! अथवा--तुम्हारी सुराही का पानी इतना ठण्डा है ?

सचमुच दादा ने यही कहा, "तुम्हारी सुराही का पानी...।"

झरना की पतली कमर को एक हाथ से आवेष्ठित करते हुए दादा ने अपने सिर को झरना की छाती से टिकाने की चेष्टा की।

"नः-नः दादा ! कोई देख लेगा।"

झरना ने दबी हुई आवाज में विरोध किया, "दादा !"

दादा, अधर-सुधा-रस पान नहीं कर सके। झरना अपने को छुड़ाकर दूसरे कमरे में चली गयी, "मैं चाय बना लाती हूँ।"

"चाय नहीं। जरा, इधर सुनो। क्या कहूँगा तुम्हारी माँ से ?"

झरना सोच में पड़ गयी, वह क्या कहे ? बोली, "बहुत दिन हुए माँ को देखे।"

"तो, चलो न।"

"चलू ?"

तीन बज रहे हैं। दो घण्टे में ही वह लौट आयेगी। और दो घण्टे के बाद भी लौटे तो क्या ? उसकी परवाह किसे है ? वह नहीं भी लौटे तो उसके पति को अब कोई दुःख नहीं होगा। सिर का बोझ है वह। और, उनके पास दूसरी चाबी तो है ही। सम्भवतः कोई दूसरी प्रेमिका भी हो, कहीं।

"क्या सोचा ?"

झरना लजायी, "चलूँगी, लेकिन...।"

"लेकिन, क्या ?"

"आप मुझे सीधे माँ के घर पहुँचा देंगे तो !"

"इतना डर है फिर..."

"नः-नः, डर नहीं !"

दिन-भर उमस के बाद अभी पुरवा हवा चली है। बादल उमड़-घुमड़ रहे हैं।

ताला लगाते समय, दादा ने पूछा, "क्यों, किसी से कुछ कहना नहीं है ? एक पुर्जा छोड़ दो लिखकर।"

झरना चुप रही। गाड़ी में वह पिछली गद्दी पर बैठी। दादा मुस्कुराए...तो, झरना सयानी हो गयी है ? झरना ने पूछा, "आजकल पारुल दीदी कहाँ हैं।"

दादा इस प्रश्न का अर्थ समझते हैं। झरना जानना चाहती है कि पारुल से उसका गुप्त सम्बन्ध अब भी है या नहीं ?

दादा ने कहा, "दुनिया-भर की खबर तो पूछती हो। मगर, अपनी खबर नहीं लेती ?"

"अपनी खबर ?"

"तीन साल हो गये। दो से तीन तुम लोग कब ···?"

गाड़ीवाला दादा अपनी भोंडी रसिकता पर स्वयं हँसा। झरना चुप रही तो उसने फिर कहा, "तुम लोग चेष्टा ही नहीं करते।"

दादा ने उलटकर झरना की ओर देखा।

गाड़ी, साहित्य-सम्मेलन-भवन के पास आकर दाहिनी ओर मुड़ गयी। यह बादल बरसेगा अब ! किरानियों को रुलानेवाली वर्षा ! सभी 'बाबू' भीगते हुए घर पहुँचेंगे··· एक प्याली गर्म चाय··· कुछ गर्म··· कुछ गर्म-गर्म पकौड़े··· कॉफी··· भुट्टा नींबू··· हरी मिर्च !!

"जो भी हो, तुमने अपनी देह को अब तक पहले-जैसा पालकर रखा। स्वास्थ्य देखकर मुझे खुशी हुई है।" दादा ने झरना की छाती पर दृष्टि टिकाकर अपना वक्तव्य समाप्त किया। थोड़ी देर और इधर निगाह रह जाती तो जरूर उस सायकिलवाले को धक्का मार देते, गाड़ीवाला दादा।

बाकरगंज नुक्कड़ के पास गाड़ी की चाल धीमी हुई। सामनेवाले फुटपाथ पर छोटी-सी भीड़ लगी हुई है। न जाने क्या बिक रहा है !

झरना चिहुँक पड़ी, "आँ !"

"क्या हुआ ?" दादा ने पूछा।

झरना आँचल में मुँह छिपाकर, फुटपाथ की ओर कुछ खोज रही है। हाँ, उसका पति ही है। पंकज ही है। कुछ खरीद रहा है।

ट्राफिक-पुलिस ने हाथ से राह रोकी। सभी गाड़ियाँ रुक गयीं। झरना का दिल जोर-जोर से धड़कने लगा। उसे अचानक ज्वर हो गया क्या ? नहीं, भीड़ में उसका पति खो नहीं सकता। झरना देख रही है लेकिन पंकज उसको नहीं देख पायेगा। क्या खरीद रहा है ! भुट्टा ? दूधिया भुट्टा ? झरना के लिए ही !

भुट्टावाले की हाँक बीच-बीच में सुनायी पड़ती है–सरकारी फारम का भुट्टा, तीन आने जोड़ा !

बादल, गांधी मैदान पर छाने के लिए दल बाँधकर उतर रहे हैं। झरना को अचानक भुने हुए भुट्टे की सौंधी गन्ध लगी। भुट्टा-नींबू–हरी मिर्च ? झरना की जीभ पनिया गयी।

ट्राफिक-पुलिस ने रास्ता छोड़ दिया। सभी रुकी हुई गाड़ियाँ, गियर बदलते समय गुर्रायीं। झरना बोली, "दादा जरा रोकके !"

दादा के 'क्यों' का कोई जवाब दिये बिना ही झरना एक झटका देकर गाड़ी से उतर गयी। उसने फिर उलटकर देखा भी नहीं। भीड़ में खो गयी–झटपट।

भीड़ में पंकज को लगा उसके हाथ का झोला कोई खींच रहा है, "ए ! कौन है ? झोला क्यों··· अरे तुम ?"

पंकज की ऐसी उत्फुल्ल मुस्कुराहट बहुत दिनों के बाद छलकी है। लगा, उसे युगों बाद मिली है झरना। झरना बोली, "मैंने सोचा कि तुम भुट्टा लाना भूल जाओगे।

इसलिए खुद चली आयी।"

"वाह, भूल कैसे जाऊँगा ! चलो, ठीक है। अच्छा ही किया। आज बहुत दिनों के बाद दफ्तर से जरा पहले ही क्यों छुट्टी मिली है, जानती हो ? आज बड़े साहब खुश थे। दो-दो इन्क्रीमेण्ट एक साथ !···अरे-रे, अब तो तुम्हारी यह साड़ी भीगकर लथपथ हो जायेगी।–ए ! रिक्शा !"

बारिश शुरू हुई। भीड़ की भगदड़ में दोनों ने एक-दूसरे को देखा और रिक्शा में जा बैठे। रिक्शावाले ने पर्दे के फीते को बाँधते हुए पूछा, "कहाँ चलना है बाबू ?"

झरना ने झोले से एक भुट्टा निकालकर कहा, "देखो-देखो, इसके बाल कैसे लगते हैं, ठीक पादरी साहब की भूरी दाढ़ी।"

पर्दे से ढँके हुए रिक्शे के अन्दर ही झरना की मुस्कुराहट रोशनी बिखेरती है–रह-रहकर।

"जरा इधर खिसक आओ। और भी जरा। भीग जाओगी। सोचा था, आज हम कहीं बाहर भोजन करने जायेंगे। लेकिन यह साँझ की वर्षा और यह सुनहली साँझ···!"

पंकज की झोली में न जाने कितने दिनों का संचित रस उतर आया है !··· एक-दूसरे के स्पर्श में वैसा ही सुख–अब भी जीवित है !! वैसी ही मादक उत्तेजना···?

झरना सरककर पास नहीं गयी। वह सीधे पंकज की गोदी में जा बैठी और पंकज की गर्दन पकड़, पाँच साल की बच्ची की तरह मचलती हुई–लटक गयी !

अक्टूबर, 1962

रोमांस-शून्य प्रेम-कथा की एक भूमिका

आज वह 'हल्दी-चिरैया' फिर आयी है ? बरसात-भर यह रोज इसी तरह समय-असमय आयेगी और किसी पेड़ की डाली पर भीगती हुई या पंख सुखाती हुई–सुरीले-स्वर में एक लम्बी पंक्ति दुहराएगी ! संस्कृत-श्लोक की कड़ी–का कस्य परिवेदना ! स्पष्ट ! हू-ब-हू !!··· पता नहीं क्या बोलती है ! पवित्रा को अचरज होता है, यहाँ के लोग इस 'पाखी' का नाम नहीं जानते। पूछने पर मुँह बिदकाकर कहेंगे–पता नहीं क्या नाम है। हल्दी-चिरैया नाम पवित्रा ने ही गढ़ लिया है !

यही एक पखेरू है, जो उसके देश में नहीं होता। या, होता भी हो तो पवित्रा ने कभी नहीं देखा। सचमुच इस 'देश' में कुछ भी ऐसा नहीं, जो पवित्रा के 'देश' में नहीं था। पेड़, फल, फूल, फसल, जानवर, पंछी··· सिर्फ, एक 'हल्देपाखी' को छोड़कर।··· माँछराँगा को यहाँ के लोग मछलोकनी कहते हैं। पवित्रा के गाँव का अर्थात् 'पूवबंग' का 'पेंचा' ही यहाँ का उल्लू है, यह उसने यहाँ आकर जाना। उल्लू को वह भालू के जैसा कोई जानवर समझती थी। लोगों के नामों में लाल, प्रसाद और झा तथा नारायण लगा देने से क्या होता है, चेहरे तो नहीं बदलते ? लेकिन, इस 'कॉलोनी' (नबीनगर गाँव) के सैकड़े-निन्नानबे लोग ऐसे हैं जो पवित्रा की इस राय से सहमत नहीं। वे कहेंगे–की मुश्किल दीदी ठाकरुन··· परछाद-टाइटेल अपने गाँव के किसी आदमी के नाम में लगा दो, देखोगी फिट ही नहीं करेगा ! नाम के माफिक चेहरा भी होना होगा दीदी ठाक···! की मुश्किल !!

गाँव बसने के बाद पवित्रा एक दिन गाँव के लोगों को समझा रही थी–हम लोगों का भाग्य अच्छा है कि हमें इस जिले में बसाया गया। यहाँ धान और पाट की खेती होती है। हम भी अपने 'देश' में धान और पाट की खेती करते थे। यहाँ के लोग भी मछली-भात खाते हैं। गाँव-घर, बाग-बगीचे, पोखरे और नदी, सबकुछ अपने ही 'देश' जैसा···।

सूखी हुई कायावाले हरलाल साहा ने तीखी आवाज में विरोध किया था–से हुति पारेना··· ऐसा होना असम्भव है ! कहाँ अपना देश और अपने देश की मिट्टी और अपने देश का चावल और कहाँ इस अद्भुत देश का सब 'आजगूबी-

व्यापार'।··· पता नहीं, तुमने क्या देखा है दीदी ठाकरुन ! यहाँ की मछली में क्या वही स्वाद है, जो 'पद्दा के इलिच' (पद्मा नदी की हिलसा मछली !) में··· ?

हरलाल साहा की बात पर सभी इस तरह मुस्कुराये मानो वह सबके दिल की बात कर रहा हो।

गाँव मे ट्यूबवेल गाड़ने के लिए सरकारी आदमी आया है। वह बंगाल से आये हुए शरणार्थियों के लिए कई गाँव बसा चुका है, यानी गाँवों में ट्यूबवेल लगवा चुका है। इसलिए, 'पूव बंगाल' की बोली 'कुछ-कुछ' समझने का दावा करता है। उसे देखते ही हरलाल साहा ने आँख टीपकर अपनी बात बन्द कर दी। सभी चुप हो गये।

किन्तु वह सरकारी आदमी चुप नहीं रहा। उसने मुस्कुराकर सीधे पवित्रा से पूछा—"यह आप लोग 'अपना देश-अपना देश' क्या बोलते हैं ? देश का क्या मतलब ? क्या माने ?"

··· देश का माने आर केया होगा··· देश का माने देश··· हरिधन मोड़ल को इस ट्यूबवेल गाड़नेवाले 'खुदे मनिब' (क्षुद्र-अधिकारी) से न जाने क्यों चिढ़ है··· 'माइयाँ-छायला' (लड़कियाँ) देखते ही बात करने के लिए इसकी जीभ 'सुड़सुड़ाती' रहती है। मानो हर बात का माने खोजता है बेटा !

··· देश का माने देश, तो क्या हिन्दुस्तान अपना देश नहीं है ? आप लोगों का देश नहीं है ?

··· हिन्दुस्तान कैसे 'आपना-देश' होगा ?

काला चाँद घोष चतुर नौजवान है। उसने अपनी भारी और मोटी हँसी से बात को हल्का करने की चेष्टा की—हे-हे-हे-हे ! अरे बाबू, आप देश का जो माने बूझता है 'आसल' में हम लोगों का देश का माने वो नेंही है। देश का माने ? जैसे बांग्ला-देश, बिहार-देश, उड़ीसा-देश ! वैसे माफिक। हे-हे-हे-हे !

"तो प्रदेश बोलिए। प्रान्त कहिए।"

छिदामदास सरकारी कर्मचारियों से बातें करने का अवसर ढूँढ़ता रहता है। उसने दाँप निपोरकर कहा—ओवरसियेर बाबू—यह देश बोलिए, प्रदेश बोलिए या कि प्रान्त कहिए—अब तो जो भी है सो बस यही नोबीननगर ग्राम !

सरकार-आदमी न जाने क्यों ठठाकर हँस पड़ा था। छिदामदास की बुद्धिमानी देखकर पवित्रा मुस्कुरायी थी और उस ट्यूबवेल-फिटर साहब की नजर शुरू से अन्त तक पवित्रा पर ही गड़ी हुई थी। जेब से बीड़ी निकालकर बाँटने के बाद सभी के मुँह के सामने, बारी-बारी से सच्च-सच्च लाइटर जलाकर बीड़ी सुलगा दिया, फिटर साहब ने।

वह अपने काम पर चला गया। छिदामदास ने कहा—देखा ? फिटर साहेब को ओवरसियेर बाबू कह देने से कितना खुश हुआ ?

सभी अपने देश की हँसी हँसे थे—जी खोलकर, एक साथ ! किन्तु पवित्रा बोली थी—जो भी कहो, वह ठीक ही कहता था। देश माने हिन्दुस्तान अर्थात् भारत।

···दीदी ठाकरुन, देश माने हिन्दुस्तान की कयरे हॅय बुझाइया दिन···कैसे देश माने हिन्दुस्तान हो ? हम लोगों के इस गाँव का नाम है नोबीननगर और यहाँ के लोग कहते हैं पाकिस्तानी-टोला ?···की करे हय बुझाइया दिन ! काला चाँद घोष की माँ वाजिब बात कहती है !

अधेड़ गोपालदा बहुत कम बोलनेवाला आदमी है। मैट्रिक तक पढ़ा हुआ है और गाँव में स्थापित होनेवाले स्कूल का उम्मीदवार मास्टर है। उसने टोका था–काला की माँ ! साइनबोर्ड लगने दो गाँव के बाहर। स्कूल चालू होने दो एक बार; तब देखना, फिर कैसे लोग पाकिस्तानी-टोला कहते हैं, हमारे इस नोबीननगर को !

छिदामदास अपने पेट से गंजी को तनिक ऊपर की ओर सरकाकर पेट पर हाथ फेरते हुए बोला था–आसल चीज है यह साला पेट ! ई बेटा पेट का वास्ते जो कुछ सुनना पड़े, कहना पड़े–सब कबूल !

··· हल्दी-चिरैया फिर बोली–का कस्य परिवेदना !

नोबीननगर नहीं–नबीननगर !

न नोबीननगर, न नबीननगर। इस गाँव का सही नाम है नबीनगर।

राज्य के पुनर्वास-उपमन्त्री मुहम्मद इस्माइल नबी ने, इस गाँव के शिलान्यास समारोह के अवसर पर बोलते हुए कहा था–यह सब उस बापू की महिमा है कि मेरे-जैसे अदना खिदमतगार, जनता के इस छोटे सेवक के नाम पर आज नगर बसाया जा रहा है।···

इसके बाद डिप्टी-मिनिस्टर नबी साहब ने वीराने को बसाने और बसे को उजाड़ने की बात पर एक शेर पढ़ा था। गाँव के अधिकांश लोगों ने जिसका कोई मतलब नहीं समझा। लेकिन, तालियाँ खूब जोर से बजायी थीं···

बसे को उजाड़ना ?

पवित्रा इस नये बसे हुए गाँव नबीनगर की एक झोंपड़ी में लेटी हुई अपने उजड़े गाँव में पहुँच जाती है–जिला मैमनसिंघ के जुमापुर गाँव में।

··· पवित्रा के पिता, जुमापुर गाँव के एकमात्र हिन्दू-जमींदार ! एकमात्र ब्राह्मण परिवार। एकमात्र सवर्ण हिन्दू !

गाँव में तीन और जमींदार थे। तीनों मुसलमान। मुसलमानों की तेरह टोली और हिन्दुओं के–सब मिलाकर–ढाई मुहल्ले। गाँव के सभी लोग–हिन्दू-मुसलमान–पवित्रा के पिता को 'पिता ठाकुर' कहते थे। और पवित्रा की हवेली का नाम मशहूर था–ठाकुरबाड़ी !

काशीनाथ चटर्जी–पवित्रा के पिता–बंगला और संस्कृत के ही पण्डित नहीं, उर्दू और फारसी के भी अच्छे जानकार थे।···जुमापुर की 'मजलिस' में दूर-दूर के मौलवी और मुल्ले आते थे और 'पिता ठाकुर' उन लोगों से घण्टों इस्लाम की बारीक बातों पर बहस करते। घर में, जब किसी बात पर उन्हें तरस आता तो वे प्रायः

फारसी का कोई पद्य दुहराते थे। उस समय सारे घर में एक दबी हुई हँसी खेल जाती। किन्तु, जब उसका अर्थ ठेठ बंगला में सुनाया जाता, तो व्यंग्यवाण से घायल शिकार छटपटाकर रह जाता। माँ चिढ़कर कहती–तुम हर बात में 'कलमा' पढ़कर जीतना चाहते हो ···!

··· कलमा··· कादिर··· कासिम··· कासिम नहीं–कासिमदादा··· कासिमदादा नहीं, कसाई !

··· कादिर अब्बा के घर, हर साल 'ठाकुरबाड़ी' से दो बार सौगात भेजे जाते। ईद और दुर्गापूजा में। अपने पिता के साथ पवित्रा बचपन से ही ईद के मौके पर कादिर अब्बा की हवेली में जाती। कासिम, शमीम, शबनम–कादिर अब्बा के सभी बच्चे–दुर्गापूजा में 'ठाकुरबाड़ी' आते थे।

··· किन्तु, इस बार 'ईद' के दिन पवित्रा नहीं गयी। कासिमदादा खुद आये। पवित्रा ने हँसकर कहा था–ईद मुबारक कासिमदादा !

··· कासिमदादा ने इधर-उधर देखकर कहा था–चाँद तो मैंने अभी देखा है।–कासिमदादा क्या बक रही हो ?··· तुमी आमार चाँद !··· किन्तु, कासिमदादा चाँद तो आकाश में रहता है।

··· उसी बार पवित्रा ने अपने पिता से स्पष्ट शब्दों में कह दिया था–बाबा, यह कासिमदादा बड़ा फ़ाजिल··· माने··· बदमाश हो गया है।

··· बाबा उन दिनों गांधीजी की तरह सप्ताह में एक दिन मौन व्रत रखते थे। उन्होंने लिखकर उत्तर दिया था, कागज के एक टुकड़े पर–बदमाश हो या शैतान–प्रेम से सबको जीता जा सकता है। प्रेम सदा विजयी होता है !···आसल जिनिस होलो भालोबासा ! गांधीजी बलेछेन··· !!

··· इसके बाद, एक रात को अचानक महा विनाश लीला शुरू हुई।··· आग··· मार···काट···बन्दूकों की आवाजें···ईद का जशन···फुलझड़ी··· बन्देमातरम्··· गांधीजी की जय···पवित्रा के पिता की आवाज ठाकुरबाड़ी में मँडरा रही है···आग की लपलपाती हुई लपटों में पवित्रा ने देखा था–कासिम ढूँढ़ रहा है। कोथाय ?–कहाँ है वह ?

··· फिर, पवित्रा ठाकुरबाड़ी से निकलकर कैसे बागदीपाड़ा में पहुँच गयी, वह नहीं जानती। उसकी आँखें खुली थीं–हिन्दुस्तान के एक शरणार्थी कैम्प में–कटिहार स्टेशन पर। होश में आते ही पवित्रा ने पूछा था–बाबा कहाँ हैं ? माँ कहाँ ? और लोग कहाँ हैं ?··· किसी ने कोई जवाब नहीं दिया। उसने फिर कोई सवाल नहीं किया। एक लम्बी साँस लेकर वह चुप हो गयी। तभी से वह चुप है। सभी अपने गाँव और गाँव के लोगों की, बिछड़े हुए आत्मीय-स्वजनों की चर्चा करते हैं। वह मुँह बिदकाकर मुस्कुराती रहती है। अर्थात्–क्या मूर्खता-भरी बातें करते रहते हैं लोग !

··· जिला मैमनसिंघ, गाँव जुमापुर !

नबीनगर कॉलोनी के सैकड़े-पचहत्तर-निवासी एक ही जिला और गाँव के रहनेवाले

हैं ! पवित्रा को छोड़कर सभी पिछड़ी जाति के लोग हैं—सतगोप, काँदू, नमः-शूद्र, कैवर्त और बागदी।

योगेशदास बारिसाल से आया है, शारदा बर्मन और माखन त्रिपुरा जिले के निवासी थे—बेतिया शरणार्थी कैम्प में जुमापुरवालों के दल में आ मिले, इनके परिवार !

··· तीन-चार शरणार्थी कैम्पों में, कई वर्षों तक जुमापुरवालों का दल, पवित्रा के बल पर ही टिका रहा। जुमापुर का एक बच्चा भी दल से बिछुड़कर कहीं जाना नहीं चाहता। और, पवित्रा के कारण ही उन्हें कोई कष्ट नहीं हुआ—कहीं भी। जुमापुरवालों के सारे अभाव-अभियोग की सुनवायी सबसे पहले होती है। ···दीदी ठाकरुन की आज्ञा के बिना न तो कोई रेशन का एक दाना छू सकता था और न सरकारी-सहायता का एक पैसा। वे कहते—जाने दीदी ठाकरुन !

··· और, हर जगह पवित्रा को एक जोड़ी आँखें घूरती रहतीं। उन आँखों से कासिम झाँककर कहता—यहाँ है। मेरा चाँद। पवित्रा सुनती, कासिम कह रहा है—तुम जो कहोगी—करने को तैयार हूँ। आग में कूदने कहो, पानी में डूबने कहो !

··· पवित्रा हुक्म देती—चावल, दूध, बिस्कुट, दवा, कपड़े जल्दी भेजो !··· कैम्प सुपरवाइजर की बदली करो।··· रिलीफ-क्लर्क को बर्खास्त करो !!···कासिम कहता—जो हुक्म ! जैसी मर्जी ! लेकिन, लेकिन··· मेरी अर्जी ? यानी, कम-से-कम एक बोसा भी नहीं ?

ऐसे सवालों पर पवित्रा मुँह बिदकाकर मुस्कुरा देती। अर्थात्—नानसेन्स !···किन्तु, बेतिया कैम्प के इन्स्पेक्टर की आँखों से झाँकता हुआ कासिम अधीर होकर टूट पड़ा था—चाँद को पकड़ने।

··· पवित्रा मुँह बिदकाकर हँसती रही और एक दर्जन जुमापुरी शरणार्थियों ने मिलकर इन्स्पेक्टर का सिर मूड़ दिया, मुँह पर कालिख और चूना पोतकर कैम्प से बाहर निकाल दिया था—समारोह के साथ।

··· इसके बाद सबसे बड़े अफसर की आँखों में कासिम की झलक पाते ही पवित्रा ने हुक्म दिया था—जुमापुरी-शरणार्थियों को ऐसी जगह में भेजो, जहाँ वे मछली-भात पेट-भर खा सकें। धान उपजा सकें, पाट की खेती कर सकें।

··· सबसे बड़े अफसर ने कहा—जो हुक्म ! सभी जुमापुरी पूर्णियाँ जायेंगे। आँखों की खिड़की से कासिम ने झाँककर कहा—किन्तु, तुमको मेरे साथ जाना होगा। मेरे दिल में एक वीरान जगह है, तुम अपना घर वहीं बाँधो।···पवित्रा मुँह बिदकाकर हँसती रही, गाड़ी पूर्णियाँ की ओर चली—सभी जुमापुरी-शरणार्थियों को लेकर।

··· और पूर्णियाँ पहुँचकर आर. ओ. साहब के पी. ए. यानी रिहेबिलेशन आफिसर के पर्सनल् असिस्टेंट की आँखों में देखा—कासिम विराजमान है, पहले से ही।

··· इसलिए, सबसे अच्छी जगह और अच्छे इलाके में जुमापुरवालों की 'कॉलोनी' बसायी गयी। जहाँ की धरती उपजाऊ है, जहाँ की नदियों में हर किस्म की मछलियाँ हैं। गोड़ियर गाँव के दक्षिण गैरमजुरवा जमीन पर 'कॉलोनी' की नींव खुद

आर. ओ. साहब ने डाली ! उस दिन, कासिम आर. ओ. की आँखों में था। पी. ए. ने आँख उठाकर देखने का साहस भी नहीं किया।

एक सरकारी लिफाफा हाथ में लेकर गोपालदा चिल्ला रहे हैं–सभी भाई-बहन सुन लीजिए। मंजूर हो गया ! हो गया मंजूर। स्कूल हो गया।

पवित्रा को अचरज होता है, बहुत कम बोलनेवाला, कम सुननेवाला और कम सोनेवाला गोपालदा इधर इतना 'बकबक' क्यों करने लगा है ? स्कूल तो होना ही था। इस तरह चिल्लाने की क्या जरूरत ?

उसने गोपालदा के सारे उत्साह को अचानक बुझा दिया, मानो–गोपालदा, स्कूल तो हुआ मगर आपके पोख्ता-साइन-बोर्ड का क्या हुआ ? स्कूल का नाम पाकिस्तानी-स्कूल तो नहीं रख देंगे, हाकिम लोग ?

गोपालदा ने इस बार ध्यान से–एक-एक शब्द पर जोर देकर पत्र पढ़ना शुरू किया–गोड़ियर गाँव के पाकिस्तानी टोला में स्कूल खोलने के प्रस्ताव पर··· ?

इससे आगे वह नहीं पढ़ सका। उसका गला भर आया–सचमुच, यह पाकिस्तानी टोला नाम अब कभी नहीं मिटेगा ?···गोड़ियर···गोड़ियर··· चूल्हे में जाये यह गोड़ियर गाँव।

··· नहीं, गोपालदा ! ऐसा नहीं कहते। सभी गाँव फूलें-फलें। पवित्रा ने समझाया–गोड़ियर गाँव के साथ आपका नोबीननगर भी चूल्हे में चला जायेगा।

कालाचाँद घोष अब तक चुप था। उसको अपनी कीर्तन-पार्टी में दिलचस्पी है। स्कूल खुले या गाँव का नाम बदले ! उसने गोपालदा की ओर देखकर गाना शुरू किया–

> नोबीननगर नेंई बाबा–
> नोबीनगर बोलो
> पाकिस्तानी टोलार नामे–स्कूल
> का रजिस्टर खोलो
> बोलो हरि बोलो !

सभी हँस पड़े और गोपालदा फूट-फूटकर रो पड़ा। पवित्रा ने आँखों से ही कालाचाँद को डाँटा।

गोड़ियर गाँव।

पन्द्रह घर मैथिल ब्राह्मण, चार परिवार राजपूतों के–यह हुआ गोड़ियर गाँव का बाबूटोला। बीस घर ग्वाले, आठ कैवर्त, तेरह घर गोढ़ी। गोड़ियर गाँव का असल नाम इसी गोढ़ीटोला से हुआ–जहाँ गोढ़ी (मछली पकड़नेवाली जाति) लोग रहते हों–गोढ़िहार। गोढ़िहार से हुआ गोड़ियर। गोड़ियर गाँव का सबसे सुखी और सम्पन्न परिवार गोढ़ी का ही है। तालेवर गोढ़ी के यहाँ रुपया 'गन्ध' करता है। अर्थात् सुँगठी (सूखी मछलियाँ) की तरह जमे हुए पैसे से गन्ध निकलती है।

ब्राह्मण टोली में चौधरी परिवार और राजपूतों में गिन-गूँथकर बस एक ही ऐसा घर है, जिनके पास थोड़ी जमीन है। बाकी लोग यजमानी, पहलवानी, गाड़ीवानी, घोड़ा लदाई, दुकान, नौकरी, खेत-मजदूरी और चोरी करके जीवनयापन करते हैं।

'कॉलोनी' में स्कूल खुलने की खबर गोड़ियर गाँव के सभी टोलों में तुरन्त पहुँच गयी। तालेवर गोढ़ी के दरबार में मुँहलगुए और चापलूसों की भीड़ लगी हुई है। धानुकटोले का मोहना दफादार चूँकि सरकारी आदमी है, इसलिए वह गैर-कानूनी बातें नहीं करता कभी। उसने कहा—गाँव के लोग दस साल से चिल्ला रहे हैं। स्कूल-स्कूल। मगर स्कूल के नाम पर एक चटसार भी नहीं खुला, अब तक। उधर देखिए, पाखिस्थनियाँ सबको आये छः महीने भी नहीं हुए हैं, मिडल स्कूल खोलने का औडर पास हो गया!

सभी ने एक ही साथ अचरज से कहा—क्या-आ-आ-आ ? स्कू-ऊ-ऊ-ऊ-ल ? पाखिस्थनियाँ-टोला में ?

इसके बाद कुछ देर तक खामोशी छायी रही। सभी की आँखें वृद्ध तालेवर गोढ़ी पर जा अटकीं। तालेवर गोढ़ी ने हाथ की 'सुमरनी' को, 'सत नाम-सहसर-नाम' कहकर झोले में रख दिया। और निर्विकार-चित्त से कहा—जो सचमुच अपने बच्चों को पढ़ाना चाहते हैं, उनके लिए सरकार जरूर स्कूल खोलेगी। इसमें अचरज करने की क्या बात है ?

—वाजिब बात। वाजिब बात!

तालेवर गोढ़ी की वाजिब बात सुनकर सभी के चेहरे मुर्झा गये।···आज बुढ़वा 'खखुवाया' हुआ है, शायद। आज कोई काम बनने की उम्मीद नहीं।

तालेवर गोढ़ी ने लोगों के मुरझाये हुए चेहरों को फिर खिला दिया। बोला—भैया, तुम लोग कहाँ हो ? पाखिस्थनियाँ सब भला बसेगा ? बसने का होता तो ये जहाँ बसे हुए थे, वहाँ से भागते ही क्यों ?

"वाजिब बात। वाजिब बात।"

दोनों सौतेले भाई—जयराम सिंघ और रामजय सिंघ—आजकल तालेवर गोढ़ी के बिना-पैसा के लठैत हैं। जयराम सिंघ बोला—साला, जहाँ-जहाँ कॉलनी बसाया—वहाँ जाकर देखिए। ई बंगलिया सब देखने में 'निबोलिया' लगते हैं, लेकिन 'भीतरे-भीतर' बड़े 'मारखू' होते हैं। रातों-रात सिमेंट, लोहा-लक्कड़ बेचकर गाँव-के-गाँव 'परेट' (अर्थात् भाग गये)। सिसुआ में, महिचन्दा में—सब जगह यही हाल हुआ कॉलनी का।

"कामचोर हैं सब।"

"फैशन देखा है ?"

"साला, जनाना भी खड़ाऊँ पहनकर चलेगी। धरती पर पैर नहीं देगी, कभी।"

"धरती पर पैर कैसे दे ? सरकार बहादुर का रुपया है, घर की मुर्गी है चाहे दाल बनाओ ···"

पण्डित रामचन्दर चौधरी अब तक चुप थे। खैनी थूकते हुए बोले—यदि स्कूल

का रुपया हजम करके पखिस्थनियाँ लोग नहीं भागे तो, मेरा नाम रामचन्द्र चौधरी नहीं–कुकुरचन्द्र चौधरी कहना। जितने निठल्ले और कामचोर लोग थे, सभी रिफूजी हो गये हैं। मगर पंजाबी-रिफूजी ऐसे नहीं। पटना में, जबीशन रोड के बगल में, लौलीसेन के सामने एक पंजाबी-रिफूजी की पकौड़ी की दुकान थी। जब हम लोग अपील करने के लिए हायकोठ गये थे तो बूढ़ा-बूढ़ी दिन-रात पकौड़ी और घुघनी बेचता था। और जब केस का जजमेण्ट सुनने गये तो देखा कि न पकौड़ी है न पकौड़ी की दुकान और न बूढ़ा है, न बूढ़ी है···!

"कहाँ चले गये ? सरकारी कर्जा खाकर भाग गये ?"

"नहीं भाई, वे क्यों भागेंगे ? भागें ये बंगाली रिफूजी। अब क्या बतलावें ? कहाँ तो टीन की टूटी हुई 'छती' और कहाँ तीन मंजिला ब्लिडिंग···!"

"ब्लिडिंग क्या ?"

मोहना दफादार ने पूछनेवाले को 'ब्लिडिंग' का अर्थ समझा दिया और बात की छोर को अपने हाथ में ले लिया–चौधरीजी ठीक कहते हैं। मेहनत के नाम से इनका भूत भागता है और दिन-भर एक जगह गोल बाँधकर बैठेंगे और बीड़ी 'धकेंगे' और हमेशा कचर-पचर करके आपस में बहस करेंगे। सभी को 'सालार बेटा साला' कहेंगे···।

चौधरी रामचन्दर को मोहना दफादार की यह आदत अच्छी नहीं लगती। बात के बीच में बोलने का साहस ? वे झुँझलाकर बोले–सालार बेटा साला कहता है तो कौन-सी बड़ी कहता है ! साला तो जैसे बिहार में, वैसे बंगाल में। अजी, कॉलनी का छोटा-छोटा बच्चा भी हम लोगों के लड़कों को कहता है–असब्बो, जोंगूली, खोट्टा···

"असब्बो माने ?"

मोहना दफादार खुद 'असब्बो' का अर्थ नहीं जानता। कैसे समझाए ? मतलब पूछनेवाले को ?

रामजय सिंघ बोला–मगर सारे कॉलनी में एक ही जनाना ऐसी है कि देखिए तो बस देखते ही रह जाइए–एकटक !

इस बार मोहना दफादार एक सरकारी बात बोला–अरे हाँ ! वह औरत नहीं, चाबी है चाबी ! सभी हाकिम से मुँहा-मुँही बोलती है और हाकिम लोग गुम हो जाते हैं।···दारोगा साहब कह रहे थे, उस पर नजर रखना। शायद कौमनीस है।···

"कौमनीस क्या ?"

तालेवर गोढ़ी ने कहा–कौमनीस का माने भी नहीं जानते ? अजी, जिसको हिन्दी में कमसिन कहते हैं, उसी को उर्दू में कौमनीस कहते हैं।

मोहना ने बाधा डालने की चेष्टा की–नहीं, नहीं···।

इस बार पण्डित रामचन्दर चौधरी चिढ़ गये–मोहना, तुम एक साल की दफादारी में ही तालेवर भाई की बात को नहीं काट सकते। एक तुम्हीं अर्थ समझनेवाला

हो इस गाँव में ?

मोहना बोला–कौमनीस का माने कमसिन है। मगर ऐसा कमसिन···।

मोहना को किसी ने बोलने नहीं दिया।

सामने की सड़क से नबीनगर-कॉलोनी के फेरी करनेवाले लड़कों का एक झुण्ड गुजरा–गले और पीठ पर टीन के कनस्तर लटकाए। बिस्कुट, लेमंचूस, गमछा की फेरी करने के लिए ट्रेन और बस से दूर-दूर तक जाते हैं। फिर रात को दस-ग्यारह बजे तक लौटेंगे।

पवित्रा 'ऑफिस-घर' के दक्षिण में कटहल के छोटे पेड़ के पास खड़ी है···न जाने कहाँ देख रही है। न जाने क्या देख रही है !!

गोपालदा ने पवित्रा का ध्यान भंग किया–की देखसेन ?···स्कूल की जगह देख रही है। और देखना नहीं होगा। हम लोगों के नोबीन-नगर के स्कूल का साइट–एकदम फस्ट क्लास···।

"नहीं गोपालमास्टर ! मैं कुछ और ही देख रही हूँ। आपको भी दिखलाती हूँ, अभी। सभी जुमापुरवालों को बुलाकर दिखलाना होगा।"

"क्या ?"

पवित्रा हँसी। बोली–इधर आइए ! यहाँ खड़ा होइए।···अब, देखिए–वहाँ उस ···उधर नहीं, सीधे–दूर, उस टेढ़े पेड़ को। देख रहे हैं न ? अब, उससे भी दूर जो काला जंगल दिखलायी पड़ रहा है···और टाइल-खपड़े के वे घर–खजूर के दोनों पेड़ों के उस पार–देखा ?···अच्छा, बोलिए तो गोपाल मास्टर–हम लोगों के जुमापुर गाँव से अछिमुद्दिनपुर हाट जैसा दिखलायी पड़ता था···मान लीजिए आप जुमापुर के 'ठाकुर पोखरे' पर पूरब मुँह खड़े हैं और दूर दिखलायी पड़ रहा है–अछिमुद्दिनपुर हाट का काला-जंगल। वह पेड़, ठीक ऐसा ही टेढ़ा पेड़ उस रास्ते में भी था। और खजूर का जुड़वा-गाछ···आपको याद है ?···देखिए तो ? बोलिए तो ?

गोपालदा ने आँखों के ऊपर तलहथी रखकर दूर तक दृष्टि दौड़ायी और फिर अपनी आँखों को रगड़ा। फिर देखता ही रहा–ए की लीला ?

–मैं कल से ही देखकर हैरान हूँ।

गोपालदा एक-डेढ़ मिनट तक चुपचाप खड़ा देखता रहा, फिर न जाने कैसे सबकुछ भूल गया। उसे लगा, वह जुमापुर गाँव के ठाकुर पोखरा पर खड़ा होकर अछिमुद्दिनपुर हाट की ओर देख रहा है। पीठ की ओर है 'ठाकुरबाड़ी'–काशीनाथ चटर्जी की ड्योढ़ी।···गोपालदा अभी तुरत पाठशाला से लौटा है। कुछ जरूरी बातें करनी हैं सेक्रेटरी (पिता ठाकुर) से। बाग्दीपाड़ा में पाठशाला खोलने की बात हो रही है और कादिर जमींदार का बेटा कासिम विरोध कर रहा है। लोगों को भड़का रहा है। पिता ठाकुर, अछिमुद्दिनपुर गये हैं, 'गोरूगाड़ी' (बैलगाड़ी) पर।··· टेढ़े पेड़

के पास 'गोरूगाड़ी' देखकर गोपालदा का कलेजा धड़क उठा था–पता नहीं, कमिटी में किसकी जीत हुई ? पिता ठाकुर का कोई प्रस्ताव कभी नहीं गिरा। इस बार देखा जाय। ठाकुरबाड़ी चबूतरे पर खड़ी पवित्रा पुकार रही है–गोपाल मास्टर, बाबा अब आ ही रहे हैं। यहाँ आकर बैठिए न···!

"गोपाल मास्टर, की होलो ?"

"पाठशाला नहीं खोलने दिया तो··· आमि हांगार-स्ट्राइक कोर्बो !"

"लेकिन, स्कूल की मंजूरी तो मिल गयी है। कल मकान बनानेवाला ठेकेदार भी आ रहा है।"

"कोथाय ?···सालार बेटा साला कादिरेर बेटा कासिम, तार साला जालिम···आमि हांगार···!"

"क्या बक रहे हो मास्टर ?"

"मैं बक रहा हूँ ?"

अचानक, गोपाल मास्टर को किसी ने नबीनगर कॉलोनी के ऑफिस-घर के सामने लाकर पटक दिया। उसकी आँखों से आँसू की झड़ी लग गयी–ए की देखाले दीदी ठाकरुन ?··· यह क्या दिखलाया तुमने ? यह कैसे हुआ ?

–सोचती हूँ, गाँव का रुख इस ओर कर दिया जाय। जैसा जुमापुर में था।

" 'आलबत्त' (अवश्य) बदल दीजिए।"

गोपाल मास्टर को इतनी बड़ी बात मिल गयी और वह चुपचाप खड़ा रहेगा ? उसने जुमापुर के एक-एक निवासी को नाम ले-लेकर पुकारना शुरू किया–देखे जास-देखे जास–आकर यहाँ देखो–अपनी जननी जन्मभूमि की एक झलक–देखे जास !

छिदामदास, कालाचाँद घोष, हरेराम, हरिधन, राखाल विश्वास, हरलाल साहा, लखीकान्त सरकार–सभी दौड़े आये–भूत-ऊत तो नहीं ?

खेत-खमार से लौटे हुए और हाट-बाजार से आये हुए लोगों को गोपालदा चौरस्ते पर–कॉलोनी के बाहर ही–चेतावनी दे देता है–एक अद्भुत-व्यापार ! दीदी ठाकरुन एक 'मजा' की चीज दिखलायेगी।··· चल ! चल !!

पवित्रा ने कालाचाँद से भी उसी तरह खड़ा होने को कहा–हाँ, तुम एक बार आँखों को मूँदकर कल्पना करो कि तुम जुमापुर के ठाकुर पोखरे पर खड़े होकर अछिमुद्दिनपुर हाट की ओर देख रहे हो–सामने पूरब की ओर। फिर, आँखें खोलो। लो, आँखें बन्द करो।

कालाचाँद हँसा–आँख मूँदने से क्या होगा ? पैर जो इस 'पर-भूमि' पर है !

"तुम मूँदो भी। और, जैसा कहा है···।"

आँखें खोलकर कालाचाँद ने कुछ देर तक पूरब की ओर देखा और उसका चेहरा पीला पड़ गया।··· उसी जुड़वाँ खजूर के पेड़ पर चढ़कर उसने 'टीया' (तोता) के दोनों बच्चों को उतारा था–राम-लखन का जोड़ा।···अछिमुद्दिनपुर हाट का आलूचौप खाने के लिए वह घर से पैसे चुराकर हर 'हाटबार' को भाग जाता था।··· वह,

वहाँ जो बगुल उड़ रहे हैं, वही है 'बीबी दीघी'–मछलियों से भरी हुई छोटी नदी। उसी के किनारे मुहर्रम का मेला लगता है। जंगल के उस पार अछिमुद्दिनपुर गाँव है। जंगल के पास वह··· दरगाह है। उसी जंगल से, एक दिन हजारों लोग जुलूस बनाकर निकले थे।··· बन्दे मातरम ! बन्दे मातरम !! महत्ता·· गाँधी की जै !

पवित्रा ने हँसकर पूछा–नारा क्यों लगा रहे हो ?

कालाचाँद ने भरे गले से कहा–दीदी ठाकरुन, इस पर-भूमि में–

पवित्रा ने डाँट बतायी–फिर 'पर-भूमि' कहते हो ?

–नहीं दीदी ठाकरुन ! यह तो··· सचमुच जुमापुर में ही हैं हम लोग।··· जुगीदा आप नहीं समझिएगा। बारिसाल का नहीं–जुमापुर गाँव की छवि देखना चाहते हैं जो–देखे जास, देखे जास !!

पच्चीस साल और इससे अधिक उम्रवालों ने उस दिन बार-बार जुमापुर गाँव की छवि देखी। अपने 'देश' की झलक !!

लखीकान्त सरकार, मंसूर साहेब की दुकान में नौकरी करता था। रोज सुबह उठकर हाट की ओर जाने के पहले, पूरब की ओर देख लेता–ठाकुर-साँड तो नहीं हैं, उधर ? ठाकुर-साँड लखीकान्त को देखकर आगबबूला हो जाता था। लाल रंग का कोई कपड़ा नहीं–लीग के झण्डे के लिए मंसूर साहेब की दुकान में गाँठ-के-गाँठ कपड़े आये थे। उसी कपड़े का कुर्ता, मंसूर साहेब ने अपनी दुकान के सभी नौकरों को बनवा दिया था। जिस दिन लखीकान्त उस कपड़े का कुर्ता पहनकर निकला, सदा शान्त रहनेवाला ठाकुर-साँड उसे देखकर ऐसा बिगड़ा कि लखीकान्त की जान पर बन आयी।··· किसी तरह उस दाहिनेवाले खजूर पर चढ़कर, दो घण्टों तक वह लटका रहा···।

पन्द्रह साल के लड़के-लड़कियों की बुद्धि में कोई बात नहीं आ रही !

इनमें से अधिकांश का जन्म भागते समय–खानाबदोशी की हालत में विभिन्न कैम्पों में हुआ था–मालदह, कटिहार, पटना, बेतिया के कैम्पों में। इसके बावजूद वे उन खुले खेतों की ओर, खजूर के पेड़ों को, काले जंगल को, लाल खपरैलवाले घरों की ओर टकटकी लगाकर देख रहे हैं··· वह अछिमुद्दिनपुर क्यों होने लगा, वह परवाहा गाँव है। कल ही उस गाँव से बिस्कुट बेच आया है, अन्दू !

जुगापुर-निवासी शरणार्थियों को रात-भर नींद नहीं आयी–यह क्या दिखला दिया दीदी ठाकरुन ने ? रात के अन्धकार में भी वही झलक ? हू-ब-हू अछिमुद्दिनपुर हाट की रोशनी ! ऐसी ही झिलमिलाती हुई रोशनी !!

रात-भर, जब तक वे जगे रहे, जुमापुर में ही रहे। वहीं की याद, वहीं की चर्चा। किसी ने खाया–कोई यों ही लेटा रह गया।

रात के तीसरे पहर में, नींद के साथ सपने आये–सभी को।

सुबह में एक-दूसरे के सपने की बात सुनते और एक लम्बी साँस छोड़कर चुप

हो जाते। राखाल ने कहा, आज वह खेत पर नहीं जा सकेगा। रात-भर उसकी 'खुड़ी' (चाची) पुकारती रही है—ओ रे राखाल ! को थाय गेलि रे !! ,

तीस जुमापुर-निवासियों में बीस स्त्री-पुरुषों ने उस दिन कोई काम नहीं किया। किन्तु, फेरीवाले नौजवानों और किशोरों ने समय पर अपना काम किया—एक-दूसरे को पुकारकर बुलाया। नहाया-धोया और अपनी-अपनी झोली-टोकरी, कनस्तर और बक्से लेकर निकले—चल रे ! साढ़े आठ-टा बाजलो।··· गाड़ी फेल होने पर आज 'बस' नहीं है, फिर।

फेरी करनेवाले नौजवानों का 'दलपति' है—बिश्टू। ट्रेन में, चेकर और गार्ड से मिलकर, अपने साथियों के दुख-दर्द की कहानी सुनाकर, ट्रेन में फेरी करने का मौखिक 'औडर' लेना, बस के ड्राइवर और कण्डक्टरों को खुश रखना और सामूहिक खर्च का हिसाब रखना बिश्टू का काम है। महाजन भी उसकी 'जामिन' (जमानत) माँगते हैं।

कॉलोनी से बाहर निकलकर उसे याद आयी, दीदी ठाकरुन ने बुलाया था। कोई चिट्ठी भेजनी है कहीं।

पवित्रा ऑफिस-घर में एकत्रित लोगों को समझा रही थी—काम पर नहीं जाने का क्या कारण ? क्या मतलब ?··· देखो, 'देश' की याद—अपनी जन्म-भूमि की याद करते-करते हमारा हृदय कुण्ठित हो गया है। किसी काम में जी नहीं लगता। हमें किसी चीज से प्यार नहीं—न यहाँ की धरती से, न यहाँ के लोगों से और न यहाँ के पशु-पक्षी से। किसी चीज पर विश्वास जमता ही नहीं। इसीलिए, भगवान ने सोचा कि चलो, इन्हें अपनी लीला दिखला दो ताकि ये यहाँ की मिट्टी को प्यार कर सकें, यहाँ के मनुष्य-सी प्रीति जोड़ सकें। जुमापुर और नबीनगर एक ही है ···।

बिश्टू आकर चुपचाप खड़ा हो गया। पवित्रा बोली—नहीं बिश्टू ! तुम जाओ। मेरा काम हो गया।

सभी चले गये। पवित्रा अपने काम का लेखा-जोखा लेने लगी—चार टेबुल-क्लाथ, दो आसनी, दो दर्जन गिलास ढँकने के नेट-कवर, पाँच बटुए ! दो महीने का उत्पादन—बस इतना ही ?

पवित्रा कॉलोनी-मेम्बर है। जिला-कॉलोनी-कमिटी के कई महत्त्वपूर्ण विभागों से उसका सम्बन्ध है। हर महीने में एक बार उसे 'सदर' जाना पड़ता है। परसों आवश्यक बैठक है। वह चाहती थी, बिश्टू के हाथ एक पत्र भेजकर···।

··· कालाचाँद की माँ फिर कहाँ आ रही हैं ?

"क्या है काला की माँ ?"

"कुछ नहीं। एक बात पूछने आयी हूँ।"

वह बैठ गयी, चटाई पर। पवित्रा ने पूछा—क्या बात है ?

उधर, योगेशदास की बेटी सन्ध्या, दीदी ठाकरुन के सिखाए नये गीत का 'रियाज़' कर रही है—देशे-देशे मोर घर आछे, आमि सेई घर खुजि मरिया··· !!

कालाचाँद की माँ का रंग-ढंग देखकर पवित्रा समझ गयी, आज यह बूढ़ी सचमुच कोई गम्भीर बात पूछने आयी है।··· कालाचाँद की माँ, 'ठाकुरबाड़ी' की नौकरी करती थी। पवित्रा के घर की बहुत-सी बातें जानती है। वह यह भी जानती है कि जुमापुर की विनाश-लीला के पीछे धर्म और जाति नहीं—क्योंकि, इलाके-भर के लोगों ने 'पिता ठाकुर' को एक दिन पूर्व तक विश्वास दिलाया था—आप निश्चिन्त रहें। यहाँ कुछ नहीं होगा। काला की माँ ने ही बेतिया कैम्प में चुपचाप बतलाया था—कासिम भाले की नोक पर 'विनोद' का कटा हुआ सिर लेकर सबसे आगे था। विनोद मुखर्जी। लखिमपुर के राय साहब विकास मुखर्जी का बेटा—जो 'पिता ठाकुर' के नाम अपने बाप का गुप्त सन्देश लेकर आ रहा था। अथवा—उसके मन में जो बैठी हुई थी, उसी की सुधि लेने आ रहा हो।···अछिमुद्दिनपुर हाट पर कासिम ने उसे देखा और भुलावा देकर अपने घर ले गया।

कालाचाँद की माँ बोली—दीदी ठाकरुन ! एक बात पूछूँ ?··· बुरा न मानिएगा। आप 'पढ़वा-पण्डित' हैं। भूल-चूक हो—माफ कर दीजिएगा।

सबकुछ तो मिला। अपने देश का अन्न, 'चास-बास', माछ, 'तरी-तरकारी'—सबकुछ अपने जुमापुर गाँव में जैसा मिलता था—यहाँ भी मिलता है। हवा-पानी भी वही है।··· लेकिन, 'मन के मानुस' के जैसा··· कोई यहाँ नहीं ? मुझे माफ करना—दीदी ठाकरुन !··· तुमने एक बार कहा था—यहाँ भी सैकड़ों कासिम हैं।···

पवित्रा समझ गयी, कालाचाँद की माँ क्या कहना चाहती है। पवित्रा को लगा, कालाचाँद की माँ ने उसके हृदय के सबसे 'स्पर्श कातर' स्थल को छू दिया।

नबीनगर के आकाश पर, कौओं का एक झुण्ड बेतरह शोर मचाता हुआ—चक्कर मारने लगा।

पवित्रा ने अपने को सँभाल लिया। उसने मुस्कुराने की चेष्टा की—काला की माँ, अचरज की बात ! 'मन के मानुस' जैसा भी 'मानुस' है यहाँ। अपने मन की बात—आँखों में लिखकर, वह भी ले आता है। आँखों से ही जवाब उसे मिलता है···।

काला की माँ बोली—देखने में हू-ब-हू विनोद बाबू-जैसा है न ? मैं बतलाऊँ ? वह··· वह 'खबर के कागज' का बाबू ?

पवित्रा इस बार हँस पड़ी। कालाचाँद की माँ ने कहा—मैंने ठीक ही पकड़ा है ?··· किन्तु विनोद बाबू की तरह··· माने··· उसने कुछ कहा नहीं है ? आपने··· आपने··· दीदी ठाकरुन, सब भगवान की लीला है। लेकिन, बात आँखों में···

"काला की माँ ! सबसे अचरज की बात सुनोगी ? विनोद की तरह हँसता-बोलता है, तुतलाता है।··· मिठाइयों में इसको भी सर्वप्रिय है—चन्द्रपुलि !"

"दीदी ठाकरुन ! मैं तुम्हारे पाँव पड़ती हूँ। भगवान ने शायद उन्हें ही फिर भेजा है, मन की बात कहने के लिए।"

मन की बात तो वह कह चुका।

"तुमने क्या जवाब दिया, दीदी ठाकरुन ?"

··· तुम पागल हो गयी हो काला की माँ ? तुम क्या चाहती हो, खोये हुए धन को पाकर–मैं फिर खो दूँ !··· मैं सिर्फ पवित्रा नहीं–मैं आग हूँ, मैं तलवार हूँ, मैं बर्छी हूँ, मैं-मैं···जहर हूँ···साँपिन हूँ···वह मुझे पाकर अथवा मेरे मन को पाकर कितनी देर तक जी सकेगा ?···और, तुम लोगों को छोड़कर मैं कहीं जाऊँगी तो कितने दिनों तक–तुम लोग मुझे अपने दरवाजे से इस तरह ठेलकर बाहर नहीं फेंक देना ! और··· तुम··· तुम काला की माँ–मेरी माँ हो ! भगवान के लिए, फिर कभी ऐसी बात मुँह से न निकालना।··· वह···उसे यह बात···इस बात की भनक भी नहीं लगे··· दुहाई··· उसे जीने दो ! नहीं तो, तुम लोगों को दीदी ठाकरुन···!

पवित्रा दहाड़ मारकर रो पड़ी।

कालाचाँद की माँ उसके उमड़ते हुए आँसू को पोंछते हुए खुद रो पड़ी।–नहीं माँ ! मैं तुझे अपने कलेजे से सटाकर रखूँगी। अपनी 'खुकुमणी' (बिटिया) को आँखों में बिठाकर रखूँगी।··· तुमी जे आमार प्राण !!

दिसम्बर, 1963

काक चरित

किसनलाल ने सुबह उठकर अपनी दोनों तलहथियों को देखा। फिर इष्ट-नाम का जाप किया।··· भजन का प्रोग्राम हो गया ? आठ बज गये ? सावित्री बाजार चली गयी ?

वह उठकर बैठ गया और बाएँ हाथ से दाहिने कंधे को छूकर देखा··· नहीं, दर्द नहीं। फिर उसने बाँह को टीपकर देखा–नहीं, दर्द नहीं। दो-तीन बार नथुने से लम्बी साँस लेकर परीक्षा की–दोनों 'नकबासे' एकदम 'क्लियर' ! आज शाम को 'अधकपाली' दर्द की भी कोई आशंका नहीं, बशर्ते···

नहीं, उसकी शंका निर्मूल थी। वह प्रसन्न होकर कोई गीत गुनगुनाने लगा; सामने मैदान की ओर देखने लगा। प्रातः भ्रमण करनेवाले घर लौट रहे हैं।··· लेकिन उस मोटे आदमी का मोटापा इस जीवन में अब कम नहीं होगा। सुबह को गोल मार्केट के गोल पार्क के चारों ओर दुलकी चाल में दौड़ता है। शाम को अँधेरे में मिठाई की दुकान में आधा दर्जन रसगुल्ले और क्रीम चॉप खा आता है। उसके खाने के ढंग को देखकर कोई भी कह सकता है कि उसे मिठाई की मनाही है और वह चुराकर 'कुपथ्य' भोजन कर रहा है; एक रसगुल्ला मुँह में डालता है और चारों ओर देखता है।

किसनलाल को हँसी आयी। उस दिन भले आदमी के साथ उसका बेटा भी था। शायद उसके साथ भेजा गया था। भले आदमी ने उसको फुसलाकर एक ओर टरका दिया था। लेकिन ऐन मौके पर पकड़े गये बेचारे। बेटे ने बाप को धमकी दी–"बाबा ! की होच्छे ? मा के बोले दिबो !"··· भले आदमी ने चार 'पनतुआ' घूस देकर बेटे का मुँह बन्द किया था।

पता नहीं, क्या नाम है उनका ? किसनलाल को उनसे सहानुभूति है। एक दिन परिचय-पाँत करने के लिए किसनलाल उनको रसगुल्ला खिलाएगा।

सामनेवाले बिजली के खंभे पर एक कौआ न जाने कब से बैठा काँय-काँय कर रहा था। एक बार उसने बहुत कर्कश स्वर में काँय-य-य-य किया। तब किसनलाल का ध्यान उधर गया।···अरे-रे, यह कौआ साला क्या कर रहा है ? मर्करी बार में लगे पतले तार को चोंच से खींच रहा है··· रात को अँधेरा छाया रहेगा। कई

दिन तक अँधेरा रहेगा। शायद महीनों। फिर, किसी दिन किसी को खयाल होगा तो तार जुड़ेगा और रोशनी होगी।··· घर के सामने रात में महीनों अँधेरा छाया रहेगा ?··· साला कौआ भी तोड़-फोड़ करता है ? 'सैबॅटाज' करता है ?

किसनलाल ने पहले मुँह से 'हास-हुस्स' करके उसको उड़ाने की चेष्टा की। लेकिन, कौआ उसी तरह काँय-काँय करता रहा और रह-रहकर तार को चोंच से खींचता रहा।··· इस बार तोड़ ही देगा।

किसनलाल ने इधर-उधर देखा। आस-पास कोई ढेला-कंकड़ नहीं। वह रसोईघर में घुसा। कोयले का एक टुकड़ा हाथ में लिया। फिर रख दिया।··· कोयला दिन-दिन महँगा होता जा रहा है। उसने तरकारी की डाली से एक आलू निकाला। फिर रख दिया।··· नहीं, आलू क्यों बरबाद करे ? इस छोटे और सूखे प्याज से काम चल जायेगा। 'अँकुराया' हुआ प्याज है। मिट्टी पाकर जड़ जमा लेगा। बेकार नहीं जायेगा।

सूखे और अँकुराये हुए प्याज को कौए की ओर फेंका उसने। अचानक हाथ का दर्द जोर से चिनचिना उठा। कौआ नहीं उड़ा लेकिन। दर्द के मारे उसके मुँह से एक हल्की-सी चीख निकल पड़ी। और तभी सावित्री आ गयी।

"क्या है ? क्या हुआ ?"

"दर्द !"

सावित्री ने मुँह बनाकर मछली की थैली एक ओर रख दी। सावित्री का मुँह बनाना वह समझता है। वह कब किस बात पर कैसा मुँह करती है, किसनलाल को छोड़कर और कौन समझेगा ? अभी सावित्री के मुँह बनाने का अर्थ हुआ–यह दर्द तुम्हारी मौत के साथ जायेगा।··· इतनी बड़ी बात ?

जब से किसनलाल के हाथ में दर्द हुआ है, दुनिया ही उससे निराश हो गयी है; सभी उसे कामचोर, बहानेबाज और झूठा समझने लगे हैं। आठ महीने के बाद उसकी पत्नी भी उसके दर्द को भूल गयी है। कहती है, तुम्हारा वहम है।··· वहम ? कोई शौक से महानारायण तेल क्यों मालिश करेगा भला–जिसकी गंध से दुनिया के सभी जीव-जन्तुओं को उबकाई आती हो ?

··· यह क्या ? बोआली मछली ले आयी है। बोआली मछली खाने से पुराना दर्द भी उभर जाता है, यह क्या उसकी पत्नी नहीं जानती ? अथवा, जान-बूझकर ही ले आयी है ? उसने झुंझलाकर पूछा, "यह बोआली मछली कौन खायेगा ?"

सावित्री चूल्हा सुलगा रही थी। उसने कोई जवाब नहीं दिया। किसनलाल ने इस बार तीखे स्वर में कहा, "मैं अभी ही कह देता हूँ। खाने के समय फिर मुझे मत कहना। मैं बोआली मछली नहीं खाऊँगा !"

"बोआली मछली में क्या है ?"

"यह बादी होता है सो तुम नहीं जानतीं ?"

सावित्री ने फिर मुँह बनाया। अर्थात्, तुम्हारे लिए दुनिया की हर चीज बादी है।

"तुम्हारा वहम !"

किसनलाल का मन दुख और ग्लानि से भर गया।···एक उस मोटे आदमी की बीवी है जो रोज उसको बिछावन से उठाकर गोल पार्क के चारों ओर दुलकी चाल में दौड़ने के लिए भेजती है। पति बाहर निकलकर कुछ 'अपथ-कुपथ' न खा ले, इसलिए बेटे को साथ में लगा देती है। और एक उसकी स्त्री है जिसका नाम सावित्री है, पर अपने पति के साथ इस तरह दुर्व्यवहार कर रही है !

न, आज का दिन बुरी तरह कटेगा। दर्द बढ़ रहा है; बढ़ता जा रहा है। दर्द अब उसके कन्धे तक आ गया। उसकी कनपटी गरम हो रही है। दाहिना नथुना बन्द हो गया। दोपहर को ही 'अधकपाली' शुरू हो जायेगी आज !

कौआ साला फिर लौटकर आ गया। शायद वह किसनलाल को चिढ़ाने आया है कि वह अपने मन से उड़कर गया था और अपने ही मन से फिर लौटकर आया है; उसको कोई नहीं उड़ा सकता।···शायद क्यों, यह साला सचमुच उसको चिढ़ाने आया है। किसनलाल की ओर मुँह करके चोंच नचाकर 'काँय-काँय' करता है। सिर्फ काँय-काँय नहीं, काँ-य-य-य !!

क्या यह कौआ ही सारे अशुभ और असगुन का वाहक है ?···जिस दिन वह फिसलकर गिरा था उस दिन भी क्या सुबह को यह इसी तरह काँय-काँय कर गया था ?···आठ महीने पहले की बात याद नहीं। लेकिन जरूर इसने अशुभ सुर में काँय-काँय किया होगा।

किसनलाल के कानों के आस-पास कौओं की तरह-तरह की बोलियाँ गूँजने लगीं।··· कःका-कःका-काँ-आँ-आँ–काँ-याँ-याँ–कुर्रर-का–केंका-केंका !

अभी गुलेल होता या बन्दूक ? नहीं, इस साले की जान लिये बगैर किसनलाल के जीवन में कभी सुख-चैन नहीं लौटेगा !··· किसी दोस्त के पास हवाई बन्दूक भी नहीं ?···चौधरी के पास पिस्तौल है। एक दिन वह चौधरी को चाय पर बुला लायेगा। लेकिन क्या पिस्तौल से कौए को मारा जा सकता है ?

किसनलाल रसोईघर में घुसा। सावित्री ने पूछा, "क्या चाहिए ?"

उसने कोई जवाब नहीं दिया और कोयले का एक मँझोला-सा टुकड़ा उठा लिया।

"क्या करोगे ?"

किसनलाल ने कोई जवाब नहीं दिया। सावित्री उसके पीछे-पीछे बरामदे में आयी–"क्या होगा इस कोयले का ?"

किसनलाल ने हाथ उठाया।··· दर्द !··· कौआ तार काटने में मशगूल है। उसने कहा, "देखती नहीं, कौआ क्या कर रहा है ! महीने-भर तक अँधेरा छाया रहेगा।"

सावित्री ने देखा। उसे भी अचरज हुआ। सचमुच, कौआ तार को नोच रहा है।··· मरेगा नहीं ? शॉक नहीं लगता ?

सावित्री ने अपनी तीखी आवाज में 'हस्स' किया और कौआ काँ-आ-आ कहकर उड़ गया।

किसनलाल बाँह थामे खड़ा रहा। दर्द अब सारी देह में छा गया है।

सावित्री बोली, "कौआ भी अजब पंछी होता है।"

किसनलाल ने कहा, "एक बार सारे गाँव को जलाकर स्वाहा कर दिया था एक कौए ने। चोंच में जलता हुआ लकड़ी का अंगारा ले उड़ा और एक आदमी के फूस के छप्पर पर रख दिया।··· सारा गाँव राख हो गया जलकर !"

"अच्छा ?"

"एक बार मेरे बाबूजी कचहरी जा रहे थे। घर के बाहर पैर निकाला ही था कि 'काँ-य'··· बस, मुकदमा सेशन-सुपुर्द हो गया।"

"अच्छा !"

सावित्री रसोईघर से ही बोली, "बड़ा मनहूस पंछी होता है यह कौआ भी।"

किसनलाल बोला, "एक बार रायसाहब के अरबी घोड़े की आँख में चोंच मार दिया। हजार रुपये का घोड़ा बेकार हो गया।··· एक बार साहेबगंज में···।"

"नाश्ता कर लो !"

किसनलाल नाश्ता करने लगा।

"एक बार साहेबगंज में मौलवी साहेब के घर पर बैठकर ऐसी बोली बोल गया एक कागा कि कॉलेरा हो गया।···गीत में जो कहा है कि नकबेसर कागा ले भागा, सो झूठ नहीं। जरूर, नकबेसर लेकर भागा होगा साला।"

किसनलाल को लोकगीत की पंक्तियाँ याद आयीं।···उड़-उड़ कागा छतिया पर बैठे, छतिया का सब रस ले भागा—नकबेसर···।

"और, मैं जो गिरा था सो जानती हो ? उस दिन सुबह को साला अशुभ बोली बोला था।"

"तुम्हारा वहम !"

किसनलाल को गुस्सा चढ़ आया।···दुनिया-भर के लोगों से सावित्री को सहानुभूति है अपने पति के सिवा !

"मैं सच कहता हूँ !"

सावित्री चुप रही। किसनलाल को तब बोआली मछली की याद आयी। उसने कहा, "लेकिन मैं बोआली मछली हरगिज नहीं खाऊँगा।··· छूना भी मना है।"

किसनलाल का मन फिर दुख और ग्लानि से भर गया। वह मुँह पोंछकर उठा।···नहीं, आज का दिन ठीक नहीं। आज मौन-व्रत पालन करके भी गृहकलह को वह नहीं टाल सकेगा।··· कौआ यों ही नहीं बोलता !

किसनलाल अब समझ गया है, उसके दुर्भाग्य के मूल में कागा और कौआ ही है। उसके सारे दुख-दर्द का कारण···!

"मैं बोआली मछली नहीं खाऊँगा। यह मैं आखिरी बार कह रहा हूँ।"

सावित्री ने कोई सीधा जवाब नहीं दिया। वह अब कलह की भूमिका बाँधने लगी। विवाह के बाद से शुरू करेगी और अन्त इस दर्द पर होगा। इस सिलसिले में वह किसनलाल को ही नहीं, किसनलाल के सभी हितमित्रों को समेटेगी। किसनलाल के चरित्र की व्याख्या करेगी।··· हुआ शुरू !

किसनलाल ने तय किया, वह आज दिन-भर शर्मा के घर पर रहेगा। शाम को लौटेगा।...लेकिन वह बोआली मछली हरगिज नहीं खायेगा। जहर खा सकता है वह, मछली नहीं।

कौआ फिर लौट आया !

"कहाँ जा रहे हो ?"

किसनलाल ने कोई जवाब नहीं दिया तो सावित्री स्वयं बड़बड़ाने लगी—"जायेगा और कहाँ ! शर्मा और सिन्हा जैसे निठल्ले दोस्तों को छोड़कर किसके पास इतना फाजिल समय है।...शतरंज ! मैं पूछती हूँ कि शतरंज के राजा और वजीर को मारकर ही दुनिया चलेगी...?"

किसनलाल ने तय किया, आज वह शाम को भी घर नहीं लौटेगा।

सावित्री कह रही थी—"दर्द, दर्द ! हाथ का दर्द ! सिर का दर्द ! जिसके दिल में अपनी बीवी के लिए, अपने घर के लिए दर्द नहीं, उसकी सारी देह में दर्द...!"

किसनलाल को मौन-व्रत भंग करना पड़ा। वह चिल्लाया, "इस घर में कौन रह सकता है ! जहाँ दिन-रात इसी तरह काँय-काँय...!"

"मैं काँय-काँय करती हूँ ?"

बिजली के खंभे पर बैठा हुआ कौआ जोर से 'कः-काँ-आँ' कहकर उड़ गया। किसनलाल की देह झनझना उठी। लगा, एक शब्दभेदी वाण मारकर भाग गया कौआ।

...नहीं। किसी के रोके नहीं रुक सकता। जो होनेवाला है, आज अच्छी तरह होकर रहेगा !

रसोईघर में बर्तन झनझनाने लगे। सावित्री अब बड़बड़ाती नहीं—रो रही है; नाक-आँख पोंछ रही है।

किसनलाल को अब अपनी जिन्दगी भार लगने लगी। उसको अपनी देह पर, अपने नाम पर, अपनी बाँह पर, अपने सबकुछ पर क्रोध हो आया। उसने कहा, "मैं कहता हूँ...।"

—काँ-आँ-आँ-आ !!

दरवाजे पर किसी ने 'असभ्यतापूर्वक' दस्तक दी।

—काँ-आँ-आ-आ !!

दरवाजे की कुंडी जोर से खड़खड़ायी।

किसनलाल सिर तोड़ देगा। जो भी हो। इस तरह किसी भले आदमी के घर की कुंडी खटखटायी जाती है !

—काँ-आँ-आँ !!

"क्या है ?"

"एक्सप्रेस डेलिवरी !"

किसनलाल ने गुस्से में 'शानदार-दस्तखत' कर दिया। पिउन सलाम करके चला

गया।

पत्र पढ़कर किसनलाल चीख पड़ा—"सावित्री !"

"क्या है ?" सावित्री रसोईघर से निकल आयी।

किसनलाल का चेहरा लाल हो गया है, उत्तेजना के मारे। उसके होंठ थरथरा रहे हैं।

"क्या है ?"

"शुभ समाचार !··· खुशखबरी !"

"खुशखबरी ?"

"देखो न ! पढ़ लो खुद !"

—काँ-आँ-आँ-आँ !!

पत्र पढ़कर सावित्री खिल पड़ी। वह 'ठाकुरजी' की मूर्ति के सामने चिट्ठी रखकर शंख फूँकने लगी।

—काँ-आँ-आँ-आँ !!!

किसनलाल बोला, "बोआली मछली का चॉप बहुत लाजवाब होता है। सो भी, तुम्हारे हाथ का।"

"नहीं, बोआली मछली से तुम्हारा दर्द बढ़ता है तो मत खाओ।"

"अरे, कहाँ का दर्द··· ?"

"नहीं बाबा, बादी चीज···।"

"सावित्री, कौआ हमेशा अशुभ ही नहीं 'भाखता' है।··· बोआली मछली हमेशा बादी नहीं होती।"

किसनलाल ने मछली की थाली से भूनी हुई मछली का एक टुकड़ा उठाया, बरामदे पर गया और जोर से कौए की ओर फेंकते हुए कहा, "ले जा ! ले-ले ! आ··· !"

कौआ एक बार 'काँय-य-य' करके उड़ा। फिर धरती पर पड़े हुए मछली के टुकड़े को चोंच में लेकर ताड़ के पेड़ पर जा बैठा।

किसनलाल बोला, "वह गीत याद है तुमको ?··· सोने से चोंच मढ़ा दूँ रे कागा ! जरा गाओ न !"

सावित्री हँस पड़ी। किसनलाल जिद्द करने लगा—"डार्लिंग !··· सुनो न !··· इधर जरा··· सच कहता हूँ··· सावित्री !··· तुम बहुत सुन्दर लग रही हो।"

—काँ-आँ-आँ !!

किसनलाल बरामदे में आया। बोला, "अभी नहीं। चॉप बनने दो। पूरा चॉप खिलाऊँगा आज तुझे।"

—काँ-आँ-आँ-आँ !!

अक्टूबर, 1964

एक आदिम रात्रि की महक

…न: … करमा को नींद नहीं आयेगी।

नये पक्के मकान में उसे कभी नींद नहीं आती। चूना और वार्निश की गन्ध के मारे उसकी कनपटी के पास हमेशा चौअन्नी-भर दर्द चिनचिनाता रहता है। पुरानी लाइन के पुराने 'इस्टिसन' सब हजार पुराने हों, वहाँ नींद तो आती है।… ले, नाक के अन्दर फिर सुड़सुड़ी जगी ससुरी…!

करमा, छींकने लगा। नये मकान में उसकी छींक गूँज उठी।

"करमा, नींद नहीं आती ?" 'बाबू' ने कैम्प-खाट पर करवट लेते हुए पूछा।

गमछे से नथुने को साफ करते हुए करमा ने कहा, "यहाँ नींद कभी नहीं आयेगी, मैं जानता था, बाबू !"

"मुझे भी नींद नहीं आयेगी," बाबू ने सिगरेट सुलगाते हुए कहा, "नयी जगह में पहली रात मुझे नींद नहीं आती।"

करमा पूछना चाहता था कि नये 'पोख्ता' मकान में बाबू को भी चूने की गन्ध लगती है ? कनपटी के पास दर्द रहता है हमेशा क्या ?… बाबू कोई गीत गुनगुनाने लगे। एक कुत्ता गश्त लगाता हुआ सिगनल-केबिन की ओर से आया और बरामदे के पास आकर रुक गया। करमा चुपचाप कुत्ते की नीयत को ताड़ने लगा। कुत्ते ने बाबू की खटिया की ओर थुथना ऊँचा करके हवा में सूँघा। आगे बढ़ा। करमा समझ गया–जरूर जूताखोर कुत्ता है, साला !… नहीं, सिर्फ सूँघ रहा है। कुत्ता अब करमा की ओर मुड़ा। हवा सूँघने लगा। फिर मुसाफिरखाने की ओर दुलकी-चाल से चला गया…।

बाबू ने पूछा, "तुम्हारा नाम करमा है या करमचन्द या करमू ?"

…सात दिन तक साथ रहने के बाद, आज आधी रात के पहर में बाबू ने दिल खोलकर एक सवाल के जैसा सवाल किया है।

"बाबू, नाम तो मेरा करमा ही है। वैसे लोगों के हजार मुँह हैं, हजार नाम कहते हैं।… निताय बाबू कोरमा कहते थे, घोस बाबू करीमा कहकर बुलाते थे, सिंघजी ने सब दिन कामा ही कहा और असगर बाबू तो हमेशा करम-करम कहते थे। खुश रहने पर दिल्लगी करते थे–हाय मेरे करम !… नाम में क्या है, बाबू ?

जो मन में आये, कहिए। हजार नाम…।"

"तुम्हारा घर सन्थाल परगना में है, या राँची-हजारीबाग की ओर ?"

करमा इस सवाल पर अचकचाया, जरा ! ऐसे सवालों के जवाब देते समय वह रमता-जोगी की मुद्रा बना लेता है। 'घर ? जहाँ धड़, वहाँ घर। माँ-बाप–भगवानजी !'… लेकिन, बाबू को ऐसा जवाब तो नहीं दे सकता !

…बाबू भी खूब ! नाम का 'अरथ' निकालकर अनुमान लगा लिया–घर सन्थाल परगना या राँची-हजारीबाग की ओर होगा, किसी गाँव में ? करमा-पर्व के दिन जन्म हुआ होगा, इसीलिए नाम करमा पड़ा। माथा, कपाल, होंठ और देह की गठन देखकर भी…।

…बाबू तो बहुत 'गुनी' मालूम होते हैं। अपने बारे में करमा को कुछ मालूम नहीं। और बाबू नाम और कपाल देखकर सबकुछ बता रहे हैं। इतने दिन के बाद एक बाबू मिले हैं, गोपाल बाबू जैसे !

करमा ने कहा, "बाबू, गोपाल बाबू भी यही कहते थे ! यह 'करमा' नाम तो गोपाल बाबू का ही दिया हुआ है !"

करमा ने गोपाल बाबू का किस्सा शुरू किया–"…गोपाल बाबू कहते थे, आसाम से लौटती हुई कुली-गाड़ी में एक 'डोको' के अन्दर तू पड़ा था, बिना 'बिलटी-रसीद' के ही–लावारिस माल।"

…चलो, बाबू को नींद आ गयी। नाक बोलने लगी। गोपाल बाबू का किस्सा अधूरा ही रह गया।

…कुतवा फिर गस्त लगाता हुआ आया। यह कातिक का महीना है न ! ससुरा पस्त होकर आया है। हाँफ रहा है।… ले, तू भी यहीं सोयेगा ? उँह ! साले की देह की गन्ध यहाँ तक आती है–धेत्त ! धेत्त !

बाबू ने जगकर पूछा, "हूँ-ऊ-ऊ ! तब क्या हुआ तुम्हारे गोपाल बाबू का ?"

कुत्ता बरामदे के नीचे चला गया। उलटकर देखने लगा। गुर्राया। फिर, दो-तीन बार दबी हुई आवाज में 'बुफ-बुफ' कर जनाने मुसाफिरखाने के अन्दर चला गया, जहाँ पैटमानजी सोता है।

"बाबू, सो गये क्या ?"

…चलो, बाबू को फिर नींद आ गयी ! बाबू की नाक ठीक 'बबुआनी-आवाज' में ही 'डाकती' है !… पैटमानजी तो, लगता है, लकड़ी चीर रहे हैं !… गोपाल बाबू की नाक बीन-जैसी बजती थी–सुर में !!… असगर बाबू का खर्राटा… सिंघजी फुफकारते थे और साहू बाबू नींद में बोलते थे–'ए, डाउन दो, गाड़ी छोड़ा… !'

…तार की घंटी ! स्टेशन का घंटा ! गार्ड साहब की सीटी ! इंजिन का बिगुल ! जहाज का भौंपा !… सैकड़ों सीटियाँ… बिगुल… भोंपा… भों-ओं-ओं-ओं… !

…हजार बार, लाख बार कोशिश करके भी अपने को रेल की पटरी से अलग नहीं कर सका, करमा। वह छटपटाया। चिल्लाया, मगर जरा भी टस-से-मस नहीं हुई उसकी देह। वह चिपका रहा। धड़धड़ाता हुआ इंजन गरदन और पैरों को

काटता हुआ चला गया।… लाइन के एक ओर उसका सिर लुढ़का हुआ पड़ा था, दूसरी ओर दोनों पैर छिटके हुए ! उसने जल्दी से अपने कटे हुए पैरों को बटोरा… अरे, यह तो एन्टोनी 'गाट' साहब के बरसाती जूते का जोड़ा है ! गम-बूट !… उसका सिर क्या हुआ ?… धेत, धेत ! ससुरा नाक-कान चबा रहा है… !

"करमा !"

–धेत् !-धेत् !

"उठ करमा, चाय बना !"

करमा धड़फड़ाकर उठ बैठा।… लै, बिहान हो गया। मालगाड़ी को 'थूरू-पास' करके, पैटमानजी हाथ में बेंत की कमानी घुमाता हुआ आ रहा है।… साला ! ऐसा भी सपना होता है, भला ? बारह साल में, पहली बार ऐसा अजूबा सपना देखा करमा ने।

बारह साल में एक दिन के लिए भी रेलवे-लाइन से दूर नहीं गया, करमा। इस तरह 'एकसिडंटवाला सपना' कभी नहीं देखा उसने !

करमा रेल-कम्पनी का नौकर नहीं। वह चाहता तो पोटर, खलासी, पैटमान या पानी-पाँडे की नौकरी मिल सकती थी। खूब आसानी से रेलवे-नौकरी में 'घुस' सकता था। मगर मन को कौन समझाए ! मन माना नहीं। रेल-कम्पनी का नीला कुर्ता और इंजिन-छाप बटन का शौक उसे कभी नहीं हुआ।

रेल-कम्पनी क्या, किसी की नौकरी करमा ने कभी नहीं की। नाम-धाम पूछने के बाद लोग पेशे के बारे में पूछते हैं। करमा जवाब देता है–

"बाबू के 'साथ' रहते हैं।"… एक पैसा भी मुसहरा न लेनेवाले को 'नौकर' तो नहीं कह सकते !

… गोपाल बाबू के साथ, लगातार पाँच वर्ष ! इसके बाद कितने बाबुओं के साथ रहा, यह गिनकर बतलाना होगा। लेकिन, एक बात है–'रिलिफिया-बाबू' को छोड़कर किसी 'सालटन-बाबू' के साथ वह कभी नहीं रहा।… सालटन-बाबू माने किसी 'टिसन' में 'परमानन्टी' नौकरी करनेवाला–फैमिली के साथ रहनेवाला !

… जा रे गोपाल बाबू ! वैसा बाबू अब कहाँ मिले ? करमा का 'माय-बाप, भाय-बहिन, कुल-परिवार', जो बूझिए–सब एक गोपाल बाबू !… बिना 'बिलटी-रसीद' का लावारिस माल था, करमा। रेलवे अस्पताल से छुड़ाकर अपने साथ रखा गोपाल बाबू ने। जहाँ जाते, करमा साथ जाता। जो खाते, करमा भी खाता।… लेकिन आदमी की मति को क्या कहिए ! रिलिफिया-काम छोड़कर सालटनी काम में गये। फिर, एक दिन शादी कर बैठे।… बौमा… गोपाल बाबू की 'फैमली'–राम-हो-राम ! वह औरत थी ? साच्छात चुड़ैल !… दिन-भर गोपाल बाबू ठीक रहते। साँझ पड़ते ही उनकी जान चिड़िया की तरह 'लुकाती' फिरती।… आधी रात को कभी-कभी 'इसपेसल' पास करने के लिए बाबू निकलते। लगता, अमरीकन रेलवे-इंजिन के

'बायलर' में कोयला झोंककर निकले हैं।··· करमा 'क्वाटर' के बरामदे पर सोता था। तीन महीने तक रात में नींद नहीं आयी, कभी।··· बौमा 'फों-फों' करती–बाबू मिनमिनाकर कुछ बोलते। फिर शुरू होता रोना-कराहना, गाली-गलौज, मार-पीट। बाबू भागकर बाहर निकलते और वह औरत झपटकर माथे का केश पकड़ लेती।··· तब करमा ने एक उपाय निकाला। ऐसे समय में वह उठकर दरवाजा खटखटाकर कहता, "बाबू, 'इसपेसल' का 'कल' बोलता है···।" बाबू की जान कितने दिनों तक बचाता करमा ?··· बौमा एक दिन चिल्लायी, "ए छोकरा हरामजादा के दूर कोरो। यह चोर है, चो-ओ-ओ-र !"

···इसके बाद से ही किसी 'टिसन' के फैमिली-क्वाटर को देखते ही करमा के मन में एक पतली आवाज गूँजने लगती है–चो-ओ-ओ-र ! हरामजादा ! फैमिली-क्वाटर ही क्यों–जनाना मुसाफिरखाना, जनाना दर्जा, जनाना···जनाना नाम से ही करमा को उबकाई आने लगती है।

···एक ही साल में गोपाल बाबू को 'हाड़-गोड़' सहित चबाकर खा गयी, वह जनाना ! फूल-जैसे सुकुमार गोपाल बाबू ! जिंदगी में पहली बार फूट-फूटकर रोया था, करमा।

···रमता-जोगी, बहता-पानी और रिलिफिया-बाबू ! हेड-क्वाटर में चौबीस घंटे हुए कि 'परवाना' कटा–फलाने टिसन का मास्टर बीमार है, सिकरिपोट आया है। तुरत 'जोआयेन' करो।··· रिलिफिया-बाबू का बोरिया-बिस्तर हमेशा 'रेडी' रहना चाहिए। कम-से-कम एक सप्ताह, ज्यादा-से-ज्यादा तीन महीने से ज्यादा किसी एक जगह में जमकर नहीं रह सकता, कोई रिलिफिया-बाबू।···लकड़ी के एक बक्से में सारी गृहस्थी बन्द करके–आज यहाँ, कल वहाँ।···पानीपाड़ा से भातगाँव, कुरैठा से रौताड़ा। फिर, हेड-क्वाटर, कटिहार !

··· गोपाल बाबू ने ही घोस बाबू के साथ लगा दिया था–'खूब भालो बाबू। अच्छी तरह रखेगा।' लेकिन, घोस बाबू के साथ एक महीना से ज्यादा नहीं रह सका, करमा। घोस बाबू की बेवजह गाली देने की आदत ! गाली भी बहुत खराब-खराब ! माँ-बहन की गाली !··· इसके अलावा घोस बाबू में कोई ऐब नहीं था। अपने 'सवांग' की तरह रखते थे।··· घोस बाबू आज भी मिलते हैं तो गाली से ही बात शुरू करते हैं–"की रे··· करमा ? किसका साथ में है आजकल मादर्च··· ?"

··· घोस बाबू को माँ-बहन की गाली देनेवाला कोई नहीं। नहीं तो समझते कि माँ-बहन की गाली सुनकर आदमी का खून किस तरह खौलने लगता है। किसी भले आदमी को ऐसी खराब गाली बकते नहीं सुना है करमा ने, आज तक।

···राम बाबू की सब आदत ठीक थी। लेकिन···भा-आ-री 'इश्की आदमी।' जिस टिसन में जाते, पैटमान-पोटर-सूपर को एकान्त में बुलाकर घुसुर-फुसुर बतियाते। फिर रात में कभी मालगोदाम की ओर तो कभी ज़नाना मुसाफ़िरखाना में, तो कभी

ज़नाना-पैख़ाना में··· छिः-छिः··· जहाँ जाते छुछुआते रहते–'क्या जी, असल-माल-वाल का कोई जोगाड़-जन्तर नहीं लगेगा ?'···आखिर वही हुआ जो करमा ने कहा था–'माल' ही उनका 'काल' हुआ। पिछले साल, जोगबनी-लाइन में एक नेपाली ने खुकरी से दो टुकड़ा काटकर रख दिया। और उड़ाओ माल !···जैसी अपनी इज्जत, वैसी परायी !

···सिंघजी भारी 'पुजेगरी' ! सिया सहित राम-लछमन की मूर्ति हमेशा उनकी झोली में रहती थी। रोज चार बजे भोर से ही नहाकर पूजा की घंटी हिलाते रहते। इधर 'कल' की घंटी बजती।···जिस घर में ठाकुरजी की झोली रहती, उसमें बिना नहाए कोई पैर भी नहीं दे सकता था।···कोई अपनी देह को उस तरह बाँधकर हमेशा कैसे रह सकता है ? कौन दिन में दस बार नहाए और हजार बार पैर धोए ? सो भी, जाड़े के मौसम में !···जहाँ कुछ छूओ कि हूँहूँहूँ-हाँहाँहाँ-अरेरेरे–छू दिया न ?···ऐसे छुतहा आदमी को रेल-कम्पनी में आने की क्या जरूरत ?···सिंघजी का साथ नहीं निभ सका।

···साहू बाबू दरियादिल आदमी थे। मगर मदक्की ऐसे कि दिन-दोपहर को पचास-दारू एक बोतल पीकर मालगाड़ी को 'थूरूपास' दे दिया और गाड़ी लड़ गयी। करमा को याद है, 'एकसिडंट' की खबर सुनकर ही साहू बाबू ने फिर एक बोतल चढ़ा लिया।···आखिर डॉक्टर ने दिमाग खराब होने का 'साटिकफिटिक' दे दिया।

···लेकिन, उस 'एकसिडंट' के समय भी किसी रात को करमा ने ऐसा सपना नहीं देखा !

···न···भोर-भोर ऐसी कुलच्छन-भरी बात बाबू को सुनाकर करमा ने अच्छा नहीं किया। रेलवे की नौकरी में अभी तुरत 'घुसवै' किये हैं।

···नः ···बाबू के मिजाज का टेर-पता अब तक करमा को नहीं मिला है। करीब एक सप्ताह तक साथ में रहने के बाद, कल रात में पहली बार दिल खोलकर दो सवाल-जवाब किया बाबू ने। इसीलिए, सुबह को करमा ने दिल खोलकर अपने सपने की बात शुरू की थी। चाय की प्याली सामने रखने के बाद उसने हँसकर कहा, "हँह बाबू, रात में हम एक अ-जू-ऊ-ऊबा सपना देखा। धड़धड़ाता इंजिन··· लाइन पर चिपकी हमारी देह टस-से-मस नहीं··· सिर इधर और पैर दोनों लाइन के उधर··· एन्टोनी गाट साहेब के बरसाती जूते का जोड़ा··· गमबोट··· !"

"धेत्त ! क्या बेसिर-पैर की बात करते हो, सुबह-सुबह ? गाँजा-वाँजा पीता है क्या ?".

···करमा ने बाबू को सपने की बात सुनाकर अच्छा नहीं किया।

करमा उठकर ताखे पर रखे हुए आईने में अपना मुँह देखने लगा। उसने 'अ-जू-ऊ-ऊ-बा' कहकर देखा। छिः, उसके होंठ तीतर की चोंच की तरह···।

"का करमचन ? का बन रहा है ?"

···पानी-पाँडे ? यह पानी-पाँडे भला आदमी है। पुरानी जान-पहचान है इससे,

करमा की। कई टिसन में संगत हुआ है। लेकिन, यह पैटमान लटपटिया आदमी मालूम होता है। हर बात में पुच-पुच कर हँसनेवाला।

"करमचन बाबू कौन जाति के हैं ?"

"क्यों ? बंगाली हैं।"

"भैया, बंगाली में भी साढ़े-बारह बरन के लोग होते हैं।"

"पानी-पाँडेजी, सो तो मैं नहीं जानता। मगर बहुत गुनी-आदमी हैं। आपका नाम का मतलब निकालकर–चेहरा देखकर सबकुछ बता देंगे···लीजिए, घंटी पड़ गयी दुबज्जी गाड़ी की, और मेरी तरकारी अभी तक चढ़ी हुई है।"

पानी-पाँडे जाते-जाते कह गया, "थोड़ी तरकारी बचाकर रखना, करमचन !"

···घर कहाँ ? कौन जाति ? मनिहारी घाट के मस्तान बाबा का सिखाया हुआ जवाब, सभी जगह नहीं चलता–हरि के भजे सो हरि के होई ! मगर, हरि की भी जाति थी !··· ले, यह घटही-गाड़ी का इंजन कैसे भेज दिया इस लाइन में आज ? संथाली-बाँसी जैसी पतली सीटी–सी-ई-ई !!

···ले, फक्का ! एक भी पसिंजर नहीं उतरा, इस गाड़ी से भी। काहे को इतना खर्चा करके रेल-कम्पनी ने यहाँ टिसन बनाया, करमा की बुद्धि में नहीं आता। फायदा ? बस, नाम ही आमदपुरा है–आमदनी नदारद। सात दिन में दो टिकट कटे हैं और सिर्फ पाँच पसिंजर उतरे हैं, तिसमें दो बिना टिकट के।···इतने दिन के बाद पन्द्रह बोरा बैंगन उस दिन बुक हुआ। पन्द्रह बैंगन देकर ही काम बना लिया, उस बूढ़े ने।···उस बैंगनवाले की बोली-बानी अजीब थी। करमा से घुलकर गप करना चाहता था बूढ़ा। घर कहाँ है ? कौन जाति ? घर में कौन-कौन ? ···करमा ने सभी सवालों का एक ही ज़वाब दिया था–ऊपर की ओर हाथ दिखलाकर ! बूढ़ा हँस पड़ा था।··· अजीब हँसी !

··· घटही-गाड़ी ! सी-ई-ई-ई !!

करमा मनिहारीघाट टिसन में भी रहा है, तीन महीने तक एक बार, एक महीना दूसरी बार।···मनिहारीघाट टिसन की बात निराली है। कहाँ मनिहारीघाट और कहाँ आमदपुरा का यह पिद्दी टिसन !

··· नयी जगह में, नये टिसन में पहुँचकर आसपास के गाँवों में एकाध चक्कर घूमे-फिरे बिना करमा को न जाने 'कैसा-कैसा' लगता है। लगता है, अन्ध-कूप में पड़ा हुआ है।··· वह 'डिसटन-सिंगल' के उस पार दूर-दूर तक खेत फैले हैं।··· वह काला जंगल···ताड़ का वह अकेला पेड़···आज बाबू को खिला-पिलाकर करमा निकलेगा। इस तरह बैठे रहने से उसके पेट का भात नहीं पचेगा।···यदि गाँव-घर और खेत-मैदान में नहीं घूमता-फिरता, तो वह पेड़ पर चढ़ना कैसे सीखता ? तैरना कहाँ सीखता ?

···लखपतिया टिसन का नाम कितना 'जब्बड़' है ! मगर टिसन पर एक सत्तू-फरही की भी दुकान नहीं। आस-पास में, पाँच कोस तक कोई गाँव नहीं। मगर, टिसन से पूरब जो दो पोखरे हैं, उन्हें कैसे भूल सकता है करमा ? आईना की तरह

झलमलाता हुआ पानी।···बैशाख महीने की दोपहरी में, घंटों गले-भर पानी में नहाने का सुख ! मुँह से कहकर बताया नहीं जा सकता !

···मुदा, कदमपुरा–सचमुच कदमपुरा है। टिसन से शुरू करके गाँव तक हजारों कदम के पेड़ हैं।··· कदम की चटनी खाये एक युग हो गया !

···वारिसगंज टिसन, बीच कस्बा में है। बड़े-बड़े मालगोदाम, हजारों गाँठ पाट, धान-चावल के बोरे, कोयला-सीमेंट-चूना की ढेरी ! हमेशा हजारों लोगों की भीड़ ! करमा को किसी का चेहरा याद नहीं।··· लेकिन टिसन से सटे उत्तर की ओर मैदान में तम्बू डालकर रहनेवाले गदहावाले मगहिया डोमों की याद हमेशा आती है।–घाघरीवाली औरतें, हाथ में बड़े-बड़े कड़े, कान में झुमके··· नंगे बच्चे, कान में गोल-गोल कुंडलवाले मर्द !··· उनके मुर्गे ! उनके कुत्ते !

···बथनाहा टिसन के चारों ओर हजार घर बन गये हैं। कोई परतीत करेगा कि पाँच साल पहले बथनाहा टिसन पर दिन-दोपहर को टिटही बोलती थी !

···कितनी जगहों, कितने लोगों की याद आती है !···सोनबरसा के आम···कालूचक की मछलियाँ··· भटोतर का दही··· कुसियार गाँव का ऊख !

···मगर सबसे ज्यादा आती है मनिहारीघाट टिसन की याद। एक तरफ धरती, दूसरी ओर पानी। इधर रेलगाड़ी, उधर जहाज। इस पार खेत-गाँव-मैदान, उस पार साहेबगंज-कजरोटिया का नीला पहाड़। नीला पानी–सादा बालू !··· तीन एक, चार ! चार महीने तक तीसों दिन गंगा में नहाया है, करमा। चार 'जनम तक' पाप का कोई असर तो नहीं होना चाहिए ! इतना बढ़िया नाम शायद ही किसी टिसन का होगा–मनिहार।··· बलिहारी ? मछुवे जब नाव से मछलियाँ उतारते तो चमकके मारे करमा की आँखें चौंधिया जातीं।

···रात में, उधर जहाज चला जाता–धू-धू करता हुआ। इधर गाड़ी छकछकाती हुई कटिहार की ओर भागती। अजू साह की दुकान की 'झाँपी' बन्द हो जाती। तब घाट पर मस्तानबाबा की मंडली जुटती।

···मस्तानबाबा कुली-कुल के थे। मनिहारीघाट पर ही कुली का काम करते थे। एक बार मन ऐसा उदास हो गया कि दाढ़ी और जटा बढ़ाकर बाबाजी हो गये। खंजड़ी बजाकर निरगुन गाने लगे। बाबा कहते, "घाट-घाट का पानी पीकर देखा–सब फीका। एक गंगाजल मीठा···।" बाबा एक चिलम गाँजा पीकर पाँच किस्सा सुना देते। सब बेद-पुरान का किस्सा ! करमा ने ग्यान की दो-चार बोली मनिहारीघाट पर ही सीखीं। मस्तानबाबा के सत्संग में। लेकिन, गाँजा में उसने कभी दम नहीं लगाया।··· आज बाबू ने झुँझलाकर जब कहा, "गाँजा-बाँजा पीते हो क्या"–तो करमा को मस्तानबाबा की याद आयी। बाबा कहते–हर जगह की अपनी खुशबू-बदबू होती है !··· इस आदमपुरा की गंध के मारे करमा को खाना-पीना नहीं रुचता।

···मस्तानबाबा को बाद देकर मनिहारीघाट की याद कभी नहीं आती।

करमा ने ताखे पर रखे आईने में फिर अपना मुखड़ा देखा। उसने आँखें अधमुँदी

करके दाँत निकालकर हँसते हुए मस्तानबाबा के चेहरे की नकल उतारने की चेष्टा की–'मस्त रहो !··· सदा आँख-कान खोलकर रहो।···धरती बोलती है। गाछ-बिरिच्छ भी अपने लोगों को पहचानते हैं।··· फसल को नाचते-गाते देखा है, कभी ? रोते सुना है कभी अमावस्या की रात को ? है··· है··· है··· है–मस्त रहो···।'

··· करमा को क्या पता कि बाबू पीछे खड़ा होकर सब तमाशा देख रहे हैं। बाबू ने अचरज से पूछा, "तुम जगे-जगे खड़ा होकर भी सपना देखता है ?···कहता है कि गाँजा नहीं पीता ?"

सचमुच वह खड़ा-खड़ा सपना देखने लगा था। मस्तानबाबा का चेहरा बरगद के पेड़ की तरह बड़ा होता गया। उसकी मस्त हँसी आकाश में गूँजने लगी ! गाँजे का धुआँ उड़ने लगा। गंगा की लहरें आयीं। दूर, जहाज का भोंपा सुनायी पड़ा–भों-ओं-ओं !

बाबू ने कहा, "खाना परोसो। देखूँ, क्या बनाया है ? तुमको लेकर तो भारी मुश्किल है···।"

मुँह का पहला कौर निगलकर बाबू करमा का मुँह ताकने लगे, "लेकिन, खाना तो बहुत बढ़िया बनाया है !"

खाते-खाते बाबू का मन-मिजाज एकदम बदल गया। फिर रात की तरह दिल खोलकर गप करने लगे, "खाना बनाना किसने सिखलाया तुमको ? गोपाल बाबू की घरवाली ने ?"

··· गोपाल बाबू की घरवाली ? माने बौमा ? वह बोला, "बौमा का मिजाज तो इतना खट्टा था कि बोली सुनकर कड़ाही का ताजा दूध फट जाये। वह किसी को क्या सिखायेगी ? फूहड़ औरत ?"

"और यह बात बनाना किसने सिखलाया तुमको ?"

करमा को मस्तानबाबा की 'बानी' याद आयी, "बाबू, सिखलाएगा कौन ?··· सहर सिखाए कोतवाली !"

"तुम्हारी बीवी को खूब आराम होगा !"

बाबू का मन-मिजाज इसी तरह ठीक रहा तो एक दिन करमा मस्तानबाबा का पूरा किस्सा सुनाएगा।

"बाबू, आज हमको जरा छुट्टी चहिए।"

"छुट्टी ! क्यों ? कहाँ जायेगा ?"

करमा ने एक ओर हाथ उठाते हुए कहा, "जरा उधर घूमने-फिरने···।"

पैटमानजी ने पुकारकर कहा, "करमा ! बाबू को बोलो, 'कल' बोलता है।"

··· तुम्हारी बीवी को खूब आराम होगा !··· करमा की बीवी ! वारिसगंज टिसन··· मगहिया डोमों के तम्बू··· उठती उमेरवाली छौंड़ी··· नाक में नथिया··· नाक और नथिया में जमे हुए काले मैले··· पीले दाँतों में मिस्सी !!

करमा अपने हाथ का बना हुआ हलवा-पूरी उस छौंड़ी को नहीं खिला सका। एक दिन कागज की पुड़िया में ले गया। लेकिन वह पसीने से भीग गया। उसकी

हिम्मत ही नहीं हुई।···यदि यह छौंड़िया चिल्लाने लगे कि तुम हमको चुरा-छिपाकर हलवा काहे खिलाता है ?··· ओ, मइयो-यो-यो-यो-यो··· !!

···बाबू हजार कहें, करमा का मन नहीं मानता कि उसका घर संथाल-परगना या राँची की ओर कहीं होगा। मनिहारीघाट में दो-दो बार रह आया है, वह। उस पार के साहेबगंज-कजरौटिया के पहाड़ ने उसको अपनी ओर नहीं खींचा कभी ! और वारिसगंज, कदमपुरा, कालूचक, लखपतिया का नाम सुनते ही उसके अन्दर कुछ झनझना उठता है। जाने-पहचाने, अचीन्हे, कितने लोगों के चेहरों की भीड़ लग जाती है ! कितनी बातें—सुख-दुख की ! खेत-खलिहान, पेड़-पौधे, नदी-पोखरे, चिरई चुरमुन—सभी एक साथ टानते हैं, करमा को !

···सात दिन से वह काला जंगल और ताड़ का पेड़ उसको इशारे से बुला रहा है। जंगल के ऊपर आसमान में तैरती हुई चील आकर करमा को क्यों पुकार जाती है ? क्यों ?

रेलवे-हाता पार करने के बाद भी जब कुत्ता नहीं लौटा तो करमा ने झिड़की दी, "तू कहाँ जायेगा ससुर ? जहाँ जायेगा झाँव-झाँव करके कुत्ते दौड़ेंगे।···जा ! भाग। भाग !!"

कुत्ता रुककर करमा को देखने लगा। धनखेतों से गुजरनेवाली पगडंडी पकड़कर करमा चल रहा है। धान की बालियाँ अभी फूटकर निकली नहीं हैं।···करमा को हेडक्वाटर के चौधरी बाबू की गर्भवती घरवाली की याद आयी। सुना है, डाक्टरनी ने अन्दर का फोटो लेकर देखा है—जुड़वाँ बच्चा है पेट में !

···इधर 'हथिया-नच्छत्तर' अच्छा 'झरा' था। खेतों में अभी भी पानी लगा हुआ है।··· मछली ?

···पानी में मांगुर-मछलियों को देखकर करमा की देह अपने-आप बँध गयी। वह साँस रोककर चुपचाप खड़ा रहा। फिर धीरे-धीरे खेत की मेंड़ पर चला गया। मछलियाँ छलमलायीं। आईने की तरह थिर पानी अचानक नाचने लगा।···करमा क्या करे ?··· उधर की मेंड़ से सटाकर एक 'छेंका' देकर पानी को उलीच दिया जाये तो··· ?

···है है—है है ! साले ! बन का गीदड़, जायेगा किधर ? और छलमलाओ !··· अरे, काँटा करमा को क्या मारता है ? करमा नया शिकारी नहीं।

आठ मांगुर और एक गरई मछली ! सभी काली-मछलियाँ ! कटिहार हाट में इसी का दाम बेखटके तीन रुपया ले लेता।···करमा ने गमछे में मछलियों को बाँध लिया। ऐसा 'संतोख' उसको कभी नहीं हुआ, इसके पहले। बहुत-बहुत मछली का शिकार किया उसने !

एक बूढ़ा भैंसवार मिला जो अपनी भैंस को खोज रहा था, "ए भाय ! उधर किसी भैंस पर नजर पड़ी है ?"

भैंसवार ने करमा से एक बीड़ी माँगी। उसको अचरज हुआ–कैसा आदमी है, न बीड़ी पीता है, न तम्बाकू खाता है। उसने नाराज होकर जिरह करना शुरू किया, "इधर कहाँ जाना है ? गाँव में तुम्हारा कौन है ? मछली कहाँ ले जा रहे हो ?"

···ताड़ का पेड़ तो पीछे की ओर ही 'धसकता' जाता है ! करमा ने देखा, गाँव आ गया। गाँव में कोई तमाशावाला आया है। बच्चे दौड़ रहे हैं। हाँ, भालू वाला ही है। डमरू की बोली सुनकर करमा ने समझ लिया था।

···गाँव में पहली गन्ध ! गन्ध का पहला झोंका !

···गाँव का पहला आदमी। यह बूढ़ा गोभी को पानी से पटा रहा है। बाल सादा हो गये हैं, मगर पानी भरते समय बाँह में जवानी ऐंठती है।··· अरे, यह तो वही बूढ़ा है जो उस दिन बैंगन बुक कराने गया था और करमा से घुल-मिलकर गप करना चाहता था। करमा से खोद-खोदकर पूछता था–माय-बाप है नहीं या माय-बाप को छोड़कर भाग आये हो ?··· ले, उसने भी करमा को पहचान लिया !

"क्या है, भाई ? इधर किधर ?"

"ऐसे ही। घूमने-फिरने !··· आपका घर इसी गाँव में है ?"

बूढ़ा हँसा। घनी मूँछें खिल गयीं।··· बूढ़ा ठीक सत्तो बाबू टीटी के बाप की तरह हँसता है।

एक लाल साड़ीवाली लड़की हुक्के पर चिलम चढ़ाकर फूँकती हुई आयी। चिलम को फूँकते समय उसके दोनों गाल गोल हो गये थे। करमा को देखकर वह ठिठकी। फिर गोभी के खेत के बाड़े को पार करने लगी। बूढ़े ने कहा, "चल बेटी, दरवाजे पर ही हम लोग आ रहे हैं।"

बूढ़ा हाथ-पैर धोकर खेत से बाहर आया, "चलो !"

लड़की ने पूछा, "बाबा, यह कौन आदमी है ?"

"भालू नचानेवाला आदमी।"

"धेत !"

करमा लजाया।··· क्या उसका चेहरा-मोहरा भालू नचानेवाले-जैसा है ? बूढ़े ने पूछा, "तुम रिलिफिया-बाबू के नौकर हो न ?"

"नहीं, नौकर नहीं।··· ऐसे ही साथ में रहता हूँ।"

"ऐसे ही ? साथ में ? तलब कितना मिलता है ?"

"साथ में रहने पर तलब क्या मिलेगा ?"

··· बूढ़ा हुक्का पीना भूल गया। बोला, "बस ? बेतलब का ताबेदार ?"

बूढ़े ने आँगन की ओर मुँह करके कहा, "सरसतिया ! जरा माय को भेज दो, यहाँ। एक कमाल का आदमी···।"

बूढ़ी टट्टी की आड़ में खड़ी थी। तुरत आयी। बूढ़े ने कहा, "जरा देखो, इस 'किल्लाठोंक-जवान' को। पेट भात पर खटता है।··· क्यों जी, कपड़ा भी मिलता है ?··· इसी को कहते हैं–पेट-माधोराम मर्द !"

···आँगन में एक पतली खिलखिलाहट !··· भालू नचानेवाला कहीं पड़ोस में ही

तमाशा दिखा रहा है। डमरू के इस ताल पर भालू हाथ हिला-हिलाकर 'थब्बड़-थब्बड़' नाच रहा होगा—थुथना ऊँचा करके।··· अच्छा जी भोलेराम, नाच तो खूब बनाया, तैने। अब एक बार दिखला दे कि फूहड़ औरत गोद में बच्चा को सुलाकर किस तरह ऊँघती है !··· वाहजी भोलेराम !

··· सैकड़ों खिलखिलाहट !!

"तुम्हारा नाम क्या है जी ?···करमचन ? वाह, नाम तो खूब सगुनिया है। लेकिन काम ? काम चूल्हचन ?"

करमा ने लजाते हुए बात को मोड़ दिया, "आपके खेत का बैंगन बहुत बढ़िया है। एकदम घी जैसा···।" बूढ़ा मुस्कुराने लगा।

और बूढ़ी की हँसी करमा की देह में जान डाल देती है। वह बोली, "बेचारे को दम तो लेने दो। तभी से रगेट रहे हो।"

"मछली है ? बाबू के लिए ले जाओगे ?"

"नहीं। ऐसे ही··· रास्ते में शिकार···।"

"सरसतिया की माय ! मेहमान को चूड़ा भूनकर मछली की भाजी के साथ खिलाओ !··· एक दिन दूसरे के हाथ की बनायी मछली खा लो जी !"

जलपान करते समय करमा ने सुना—कोई पूछ रही थी, "ए, सरसतिया की माय ! कहाँ का मेहमान है ?"

"कटिहार का।"

"कौन है ?"

"कुटुम ही है।"

"कटिहार में तुम्हारा कुटुम कब से रहने लगा ?"

"हाल से ही।"

···फिर एक खिलखिलाहट ! कई खिलखिलाहट !!···चिलम फूँकते समय सरसतिया के गाल मोसम्बी की तरह गोल हो जाते हैं। बूढ़ी ने दुलार-भरे स्वर में पूछा, "अच्छा ए बबुआ ! तार के अंदर से आदमी की बोली कैसे जाती है ? हमको जरा खुलासा करके समझा दो।"

चलते समय बूढ़ी ने धीरे-से कहा, "बूढ़े की बात का बुरा न मानना। जब से जवान बेटा गया, तब से इसी तरह उखड़ी-उखड़ी बात करता है।··· कलेजे का घाव···।"

"एक दिन फिर आना।"

"अपना ही घर समझना !"

लौटते समय करमा को लगा, तीन जोड़ी आँखें उसकी पीठ पर लगी हुई हैं। आँखें नहीं—डिसटन-सिंगल, होम-सिंगल और पैट-सिंगल की लाल-लाल गोल-गोल रोशनी !!

जिस खेत में करमा ने मछली का शिकार किया था उसकी मेंड़ पर एक ढोंढ़ा-साँप बैठा हुआ था। फों-फों करता हुआ भागा।···हद है ! कुत्ता अभी तक बैठा उसकी

राह देख रहा था ! खुशी के मारे नाचने लगा करमा को देखकर !

रेलवे-हाता में आकर करमा को लगा, बूढ़े ने उसको बनाकर ठग लिया। तीन रुपए की मोटी-मोटी माँगुर मछलियाँ एक चुटकी चूड़ा खिलाकर, चार खट्टी-मीठी बात सुनाकर···।

···करमा ने मछली की बात अपने पेट में रख ली। लेकिन बाबू तो पहले से ही सबकुछ जान लेनेवाला–'अगरजानी' है। दो हाथ दूर से ही बोले, "करमा, तुम्हारी देह से कच्ची मछली की बास आती है। मछली ले आये हो ?"

···करमा क्या जवाब दे अब ? जिंदगी में पहली बार किसी बाबू के साथ उसने विश्वासघात किया है।··· मछली देखकर बाबू जरूर नाचने लगते !

पन्द्रह दिन देखते-देखते ही बीत गये।

अभी, रात की गाड़ी से टिसन के सालटन-मास्टर बाबू आये हैं–बाल-बच्चों के साथ। पन्द्रह दिन से चुप फैमिली-क्वाटर में कुहराम मचा है। भोर की गाड़ी से ही करमा अपने बाबू के साथ हेड-क्वाटर लौट जायेगा।··· इसके बाद, मनिहारीघाट ?

···न···आज रात भी करमा को नींद नहीं आयेगी। नहीं, अब वार्निश-चूने की गन्ध नहीं लगती।··· बाबू तो मजे में सो रहे हैं। बाबू, सचमुच में गोपाल बाबू जैसे हैं। न किसी जगह से तिल-भर मोह, न रत्ती-भर माया।··· करमा क्या करे ? ऐसा तो कभी नहीं हुआ।···'एक दिन फिर आना। अपना ही घर समझना।··· कुटुम है··· पेटमाधोराम मर्द !'

···अचानक करमा को एक अजीब-सी गन्ध लगी। वह उठा। किधर से यह गन्ध आ रही है ? उसने धीरे-से प्लेटफार्म पार किया। चुपचाप सूँघता हुआ आगे बढ़ता गया।··· रेलवे-लाइन पर पैर पड़ते ही सभी सिंगल–होम, डिसटंट और पैट–जोर-जोर से बिगुल फूँकने लगे।··· फैमिली-क्वाटर से एक औरत चिल्लाने लगी–'चो-ओ-चो-र !' वह भागा। एक इंजिन उसके पीछे-पीछे दौड़ा आ रहा है।··· मगहिया डोम की छौंड़ी ?···तम्बू में वह छिप गया।···सरसतिया खिलखिलाकर हँसती है। उसके झबरे केश, बेनहाई हुई देह की गन्ध, करमा के प्राण में समा गयी।···वह डरकर सरसतिया की गोद में···नहीं, उसकी बूढ़ी माँ की गोद में अपना मुँह छिपाता है।···रेल और जहाज के भोंपे एक साथ बजते हैं। सिंगल की लाल-लाल रोशनी···।

"करमा, उठ ! करमा, सामान बाहर निकालो !"

···करमा एक गन्ध के समुद्र में डूबा हुआ है। उसने उठकर कुरता पहना। बाबू का बक्सा बाहर निकाला। पानी-पाँडे ने 'कहा-सुना माफ करना' कहा। करमा डूबा रहा !

···गाड़ी आयी। बाबू गाड़ी में बैठे। करमा ने बक्स चढ़ा दिया।···वह 'सरवेंट-दर्जा'

में बैठेगा। बाबू ने पूछा, "सबकुछ चढ़ा दिया तो ? कुछ छूट तो नहीं गया ?"… नहीं, कुछ छूटा नहीं है।… गाड़ी ने सीटी दी। करमा ने देखा, प्लेटफार्म पर बैठा हुआ कुत्ता उसकी ओर देखकर कूँ-कूँ कर रहा है।… बेचैन हो गया कुत्ता !

"बाबू ?"

"क्या है ?"

"मैं नहीं जाऊँगा।" करमा चलती गाड़ी से उतर गया। धरती पर पैर रखते ही ठोकर लगी। लेकिन सँभल गया।

नवम्बर, 1964

उच्चाटन

ठीक वही हुआ, उसी तरह शुरू हुआ, जैसा उसने सोचा था। बरसों से मन में 'गुनी' हुई बात अक्षर-अक्षर फल गयी। रात की गाड़ी से वह गाँव लौटा—दो साल के बाद। और 'मरकट-महाजन' बूढ़े मिसर को रात में ही खबर मिल गयी। 'किरिन' फूटने के पहले ही वह 'बाभन-बनिया' खड़ाऊँ खटखटाता हुआ आया और उसके दरवाजे पर उकासी करके कफ थूकने लगा।

पहले तो उसको ऐसा लगा कि वह भोर का सपना देख रहा है।··· दो साल से, भोर में आनेवाले सपने का 'सिरगनेश' ठीक इसी तरह होता !

कफ से बझी हुई कंठ-नली से एक गिलगिलाती हुई 'गिटकारी-भरी' बोली निकली—"बिलस-वा-वा-वा !··· आ य-हँ-क्-थो-ह !"

बेसुध, चित्त होकर सोयी हुई उसकी अधनंगी बीवी हड़बड़ाकर उठी और कपड़े सहेजने लगी—"मिसर महाराज ?"

··· महाराज ? नहीं, सपना नहीं। बुढ़वा साला सचमुच ही आया है !

उसे अचरज हुआ··· ठीक वैसा ही हो रहा है। ठीक इसी घड़ी की प्रतीक्षा और इससे जीवट बाँधकर जूझने की तैयारी वह पिछले चौबीस महीने से कर रहा था। इसके बावजूद उसका दिल धड़का। हड्डी के अंदर एक पुराने डर का तार काँप गया। गाल और कनपटी दहकने लगीं—'डरामा' में परदा उठते ही अचानक 'पाट' भूल गया, मानो।

उसने देखा, उसकी बीवी की आँखों में नींद के बदले भय समाया हुआ था। वह आँखों से ही पूछ रही थी—"महाराज को क्या··· ?"

अपनी बीवी की घबरायी हुई सूरत को देखकर वह सँभला। मद्धिम आवाज में बड़बड़ाया—"तेरे महराज की···! तू इस तरह क्या देख रही है ? अचम्भा का बच्चा ?"

बाहर, मिसर ने खाँसी के पहले वेग को झेल लिया था। इस बार उसकी आवाज में स्वाभाविक 'खनक' थी—"बिलसि-या-या-या !"

उसने आँगन में निकलकर देखा, बूढ़ी माँ एक कोने में दुबक गयी है—गठरी-जैसी ! डर के मारे हाथ का हुक्का नहीं पी रही··· कहीं गुड़गुड़ाहट न सुन लें

मिसर महाराज !

सुनहले बटनवाला 'टीसाट' पहनते हुए उसने आँगन से जवाब दिया–"कौन है जी ?··· इस तरह हल्ला काहे कर रहे हैं साहेब ?"

ऐसा नुकीला जवाब सुनकर उसकी माँ-बीबी ही नहीं, बाहर खड़ा बहत्तर साल का बूढ़ा इस गाँव का मालिक मिसर भी अवाक् हो गया–नशा-पानी खाया है क्या ?

उसकी बीवी हाथ में छोटी मचिया लेकर दरवाजे की ओर बढ़ी। उसने डाँट दिया–"कहाँ चली मचिया लेकर मटकती हुई उधर ? आँच सुलगाकर पानी गरम कर।"

आँगन से बाहर निकलकर उसने बीड़ी का धुआँ फेंका।··· नहीं, इतने दिन का रटा हुआ 'पाट' अब वह नहीं भूलेगा। बोला, "कहिए, क्या बात है ?"

मिसर के लिए इतना ही काफी था।··· न प्रणाम, न पाँवलागी ? मुँह पर बीड़ी का जूठा धुआँ फेंक दिया !

"अरे, तू तो एकदम बदल गया है, बिलसिया !"

··· अचरज की बात ! मिसर ने ठीक वही बात कही !

उसने अपना 'तैयार-जवाब' दिया, "बिलसिया-बिलसिया क्या बोलते हैं ? मेरा नाम रामबिलास है··· रामबिलास सिंघ।"

रामबिलास ने अपनी माँ को पुकारकर कहा, "माय, जरा एक टोकरी गोबर और एक झाड़ू लेकर इधर आना तो··· !"

रामबिलास की बीवी ने अपनी बूढ़ी सास की ओर देखा।··· पहले पानी गरम करने को कहा, अब गोबर और झाड़ू माँगता है !

बूढ़ी आँगन से ही बोली, डरती-डरती, "झाड़ू-गोबर का क्या होगा, बेटा ?"

मिसर की आँखें गोल हो गयीं। दम फूलने लगा–सशब्द ! अपमान, क्रोध और भय के मारे मिसर के गले में फिर खसखसाहट शुरू हुई। खाँसी को रोकने की चेष्टा करते उसका 'थुथना' विकृत हो गया। पेट में कुपित वायु··· !

"बहू पूछती है कि गरम पानी का क्या होगा ?"

रामबिलास कुढ़ गया– "बस, लगी जिरह-बहस करने। पानी क्या होगा तो झाड़ू क्या होगा ? आकर देखो, किस तरह मारे कफ-थूक के दरवाजा 'घिना' गया है।··· ए ! ए मिसरजी, थूक-थाक जरा उधर खेत में हँ-हँ-हँहँ··· !"

गिरार ने सँभालने की कोशिश की, लेकिन उनकी गमछी गन्दी हो गयी।

रामबिलास ने घृणा से मुँह-नाक सिकोड़ते हुए कहा, "ऐसी 'बेसँभाल' खाँसी है तो गाँव-घर में 'चल-फिर' क्यों करते हैं ? इस बीमारी को पोसे हुए हैं, इलाज क्यों नहीं करवाते ?··· फोटो करवाकर देखिए, 'टीबी-उबी' न हो गया हो !"

किंतु मिसर की इस खाँसी-उकासी ने सारा खेल ही बिगाड़ दिया मानो। जैसा कि रामबिलास ने सोच रखा था रामबिलास के 'टीबी-उबी' वाले संवाद के

बाद, मिसर को बोलना था–'चुप साला बेटीच्···टीबी हो तुम्हें और तुम्हारी औलाद को···!'

लेकिन मिसर 'पाट' छोड़कर 'बेपाट' की बात बतियाने लगा। बोला, "बबुआ! अब क्या इलाज और क्या डागडर, क्या बैद! टीबी हो या दमा। अब तो चलाचली की बेला है।"

···पिछले साल, महेन्द्रपुर मोहल्ला दुर्गापूजा के 'डरामा' में जुगल महतो पनवाड़ी ने इसी तरह खेला चौपट किया था। जल्लाद का 'पाट' लेकर उतरा और तलवार उठाकर मारते समय रटा हुआ 'पाट' ही भूल गया और बेपाट की बात बोलते-बोलते तलवार फेंककर रोने लगा।···मिसर भी रोता है क्या? नहीं, नाक पोंछ रहा है।

मिसर समझ गया···'राड़' की बाढ़! जब देखो राड़ की बाढ़, मुँह सँभालकर बोली काढ़!

रामबिलास की बूढ़ी माँ हाथ में झाड़ू लेकर बाहर आयी–"पाँव लागी महराज!"

···बूढ़ी ने हाथ में झाड़ू लेकर ही पाँवलागी की?

"प्रभु हो! प्रभु हो!! अब तो बिल··· रामबिलास बबुआ, इज्जत-आबरू के साथ चले जायें, यही मना रहा हूँ। इधर से जा रहा था तो सुना कि रात को बिल··· रामबिलास बबुआ लौटा है तो बड़ी खुशी हुई।···वाह! खूब उन्नति किये हो। वाह!!"

अब रामबिलास क्या जवाब दे!···बेपाट की बात!

"हम तो समझे कि आप बकाया रुपये का तकादा करने आये हैं। रात में तो आया ही हूँ। भागा जा रहा हूँ क्या? खैर, जब आ गये हैं तो लेते जाइए अपना बकाया।"

बूढ़ी ने पूछा, "बहू पूछती है कि पानी गरम हो गया। अब क्या···?"

"हर बात में जिरह! पानी गरम करने कहा है चा बनाने के लिए।"

मिसर बोला, "बाकी-बकाया का हिसाब-किताब होता रहेगा। जल्दी क्या है?"

"नहीं···।" उठकर आते समय भी बिलसिया ने पाँवलागी नहीं की!

रामबिलास अपने नये सूटकेस से चाय-चीनी-प्याली निकालने लगा। बहू बोली, "अभी तो मिसर महराज मैदा के हलुवा-जैसा नरम हो गये। मैया से पूछो, किस तरह महीने में दो बार आकर भैंस 'कुरुक' करने की धमकी देते थे दोनों–बाप-पूत मिलकर।"

"तो उस समय बोली क्यों नहीं? मुँह में क्या था, केला?"

रामबिलास को याद आयी। मिसर की बेबात की बात सुनकर ही वह 'परन' ठानकर घर से भागा था–शहर, रुपया कमाने!···'साले, रुपया लेकर 'बिहा-गौना' किया। अब बीवी की टाँग पर टाँग चढ़ाकर सोते हो और मेरे रुपये की बात भूल गया? एँ?··· ···मैं यदि रुपया नहीं देता तो अभी 'गुलगुला' कैसे खाते रोज, एँ?'

"साला ! कान गरम हो जाता है अब भी, याद करके।

"बेटा ! अब क्या बताऊँ ? अभी उस दिन मिसर का बड़ा बेटा दूध लेने आया। दूध बिक गया था, सब। कहाँ से देती ? तो बर्तन उठाकर जाते समय जीभ ऐंठकर बोला–'जमाना ही उलट गया है। नहीं तो इसी टोले से भैंस के बदले औरत का दूध दूहकर ले गये हैं हमारे सिपाही बरकंदाज' !"

रामबिलास की जीभ जल गयी। चाय को फूँकते हुए वह बोला–"तो उस समय बोली क्यों नहीं ? मुँह में क्या था, केला ?"

...औरत का दूध ? साला, कलेजा काट देनेवाली बात !

रामबिलास ने अपनी बीवी से कहा, "सूटकेस में नयी अँगिया है। निकालकर पहन ले।... अंग्रेजी-अँगिया।"

"राम-राम पालवेत !"

सूरज की रोशनी के साथ गाँव में बात फैलती गयी।

...बिलसिया घर लौटा है, रात में ! ऐ ? अब उसको बिलसिया मत कहना कोई ! मिसर को 'भोरे भोरे' बेपानी कर दिया। बोला, 'बिलसिया मत बोलिए, रामबिलास कहिए।'... मिसर की नाक पर दो सौ रुपये का 'पुलिंदा' फेंक दिया।... हाँ, उसके कुरता के पाकिट में 'लैसन्स' है, सरकारी मोहरवाला। पटना में 'रिक्शा-डलेवरी' करता है तो सरकारी मोहरवाला लैसन्स जरूर मिला होगा।...जानते हो ? अपनी घरवाली को नाम धरकर बुलाता है–'ए, झुमकी !'

झुमकी–रामबिलास की घरवाली–लाल अँगिया पहनकर पानी भरने गयी। औरतों ने उसे घेर लिया। "देखें जरा अँगरेजी अँगिया; मेमिन लोग पहनती हैं... पेट 'उघारे'। अरे, इस बित्ते-भर अँगिया का दाम पाँच टका ? बट्टम नहीं है तो खोलती-पहनती हो कैसे ? ऐसा ही 'सकिस्त' रहता है हरदम ? साड़ी भी ले आया होगा ? रात में कब आया ? पहली-पहर रात में ही ?"

झुमकी लजाती-हँसती कहती, "मैं तो डर गयी कि रात में नालवाला जूता पहनकर कौन आया रे बाप ! मैया डरकर 'कोठाली' के पीछे छिप गयी दम साधकर।... सहर जाकर आदमी की आवाज तक बदल जाती है। मगर, कारी भैंस ने उसकी बोली को ठीक पहचान लिया।... ऊँय-ऊँय करती रस्सी तुड़ाकर आँगन में दौड़ी आयी। सिर से पैर तक चाटने लगी मारे दुलार से।... सो, आते ही उलाहना दे दिया मरद ने–तुम लोगों से भली है मेरी यह कारी भैंस।... आदमी से बढ़कर।"

"तब इसके बाद ? खाने को क्या दिया 'उत्ती' रात को ?"

"क्या बताऊँ दिदिया, लाज की बात। संजोग ऐसा देखो कि घर में न एक चुटकी चावल, न चूड़ा और न भूजा। मुदा, दही जम गया था तब तक।... सो, दही खाते समय ही उलाहना दे दिया–'कारी नहीं होती तो घर आकर रात में उपास ही करना पड़ता' !"

"तब ? इसके बाद ?"

"चोली रात में ही पहनी ?"

"गुल रोगन का तेल भी लाया होगा ?"

"तब ? और भी कोई उलाहना दिया ?"

"सहर जाकर आदमी की आवाज ही बदली है या··· ।"

झुमकी मुँह बनाकर मुस्कुरायी। पनभरनियाँ हँस पड़ीं, सभी। सभी की आँखों में झुमकी की लाल अँगिया की लाली तैरने लगी। सचमुच, अँगिया पहनकर झुमकी का रूप खुल गया है।

दोपहर का पानी भरने आयी तो झुमकी के दोनों कानों में कुंडल लटक रहे थे।··· झुमकी का रूप खुलता ही जाता है।

नहाने के समय औरतों और लड़कियों की भीड़ लग गयी। सभी ने झुमकी से 'मुनलैट-साबुन' का झाग माँग-माँगकर देह में लगाया।···झुमकी अब रोज साबुन लगाकर नहाएगी ? तब तो, एकदम मेमिन-बंगालिनी की तरह गोरी हो जायेगी ? है कि नहीं ?

अबेर में दुकान पर गयी–कपाल पर चकमक-बिंदी लगाकर। राह में ही, बहरी मौसी की गली में शिवधारी खड़ा था। झुमकी को देखकर सिहर गया–"एह ! आब जीयब कठिन··· अब ? अब मेरा क्या होगा ?"

"धेत्त ! राह चलते हँसी-दिल्लगी मुझे पसन्द नहीं।"

···हँसी-दिल्लगी पसन्द नहीं ? मुँह बनाकर बड़बड़ाती हुई गयी ? कहीं घर जाकर कह न दे !···सुनते हैं कि शहर से नाम में सिंघ लगवाकर आया है। अच्छा, देखना है, कितने दिन तक यह गुमान ? शहर का मलीदा खाया हुआ मरद गाँव में कब तक रहेगा ?··· इतने दिन का सब 'लिया-दिया, किया-धिया'–सब फुस ?

दुकान पर उतने लोगों के बीच भी मोदियाइन ने बात को घुमा-फिराकर झुमकी से कहा, "तनि अपनी सास से होशियार रहना। अकेले में बेटा को फुसलाकर बस में करने के लिए इधर-उधर की बात न लगा दे, तुम्हारे खिलाफ ! रुपया-पैसा न 'हथिया' ले बूढ़ी कहीं !"

झुमकी सदा की भाँति नयी बहुरिया की रीत निभाते हुए घूँघट के अन्दर से ही बोली, "मौसी, कोई कुछ लगावे-बझावे। ऊपर भगवान तो हैं ! टोला-समाज, अड़ोस-पड़ोस के लोग तो हैं ! यह भैंस न होती तो न जाने क्या नतीजा होता ? दो-दो बरस किस तरह खेपा है सो सभी जानते हैं !"

···झुमकी भी बात को घुमा-फिराकर कहना जानती है। सभी समझ गये, इस बात को शिवधारी की बात पर बैठायी गयी है। अर्थात्, शिवधारी नहीं होता तो भैंस की चरवाही कौन करता ? रात की चरवाही 'ठट्ठा' नहीं।

झुमकी बोली, "पिछवाड़े में दो धूर जमीन 'सर्वे' में हुआ है, लेकिन जमीन होने से ही तो नहीं होता है, उसको जोतना-कोड़ना जनाना का काम तो नहीं !···बीस रुपये की गोभी और प्याज-लहसुन दस रुपये का दो साल से हुआ–सो ऐसे ही नहीं।··· इस गाँव में कैसे-कैसे 'जमामार लोग' हैं सो किसी से छिपा है ? लेने के समय दूध-दही मीठा लगता है और दाम देने के बेर खट्टा ! हाट-बाजार में

लोगों को 'पिठिया' कर दूध-दही का दाम वसूलते फिरना तो जनाना जात नहीं कर सकती !"

दुकान से लौटते समय झुमकी बहरी मौसी के आँगन में गयी। शिवधारी मुँह लटकाये, सुतली का 'ढेरा' घुमा रहा था। झुमकी तनिक बिहँसकर बोली–"मैं तुम पर गुस्साई हूँ। सुबह से सभी लोग आये और तुम भैंस दूहकर बथान पर से ही क्यों भाग आये ?··· सुबह से तुम्हारे बारे में दस बार पूछ चुका है। नहीं जाओगे तो उसको कैसे मालूम होगा कि तुमने कैसे-कैसे दिन में क्या-क्या किया है ? अपने जानते, जितना हो सका, मैंने कहा है।··· तुमको डर काहे का लगता है ? साँच को आँच क्या ?"

झुमकी ने टोकरी से बीड़ी का एक 'मुट्ठा' निकालकर ओसारे पर रख दिया–"यह रही तुम्हारी बीड़ी-सुपारी।··· मुँहचोर होकर रहोगे तो वह जो कुछ सुनेगा पतिया लेगा।"

शिवधारी का तन-बदन झनझना उठा। लगा, जान लौट आयी।··· नहीं, उसकी बुद्धि सचमुच थोड़ी मोटी है। झुमकी भौजी का गुस्सा जायज है !

···झुमकी के कान के कुंडल··· लाल अँगिया··· चकमक बिंदी··· महमह महक देह की··· जानलेवा हँसी !

शिवधारी की देह तप गयी··· आग लगा गयी हो जैसे !

शिवधारी ओसारे पर रखे बीड़ी के मुट्ठे से एक बीड़ी निकालकर सुलगाने लगा। उसका दिल अचानक बुझ गया··· सब दिन ललचाती ही रही।··· 'कहीं भागी जा रही हूँ ?'

···अब तो भेंट-मुलाकात भी चोरी-चोरी ही कर सकता है वह।

शिवधारी बहुत देर तक बीड़ी का धुआँ उड़ाता रहा।

रामबिलास के 'मचान' पर सुबह से ही बीड़ी के धुएँ का गुब्बारा उड़ रहा है। रह-रहकर हँसी की लहरें आती हैं। एक-से-एक दिल को गुदगुदानेवाला किस्सा सुना रहा है, रामबिलास–पटनियाँ किस्सा !

···दो साल पहले, चैत महीने की आधी रात में गाँव छोड़कर चुपचाप भागा था रामबिलास–गाँव छोड़कर और मिसर की नौकरी छोड़कर; मिसर का करजा पचाकर।

···दूसरे दिन उसके मचान के पास और आँगन में ऐसी ही भीड़ लगी थी। उसकी माँ रो-रोकर लोगों को सुना रही थी, गौना के बाद से ही उसके लाड़ले बेटे बिलसिया की मति फिर गयी। पराये घर की बेटी ने आकर उसके पाले हुए सुग्गे को उड़ा दिया।

झुमकी घूँघट के अन्दर से ही बुढ़िया को कोस रही थी और खूँटे पर बँधी भैंस रह-रहकर बहुत करुण सुर में पुकारती जाती थी–ऊँ-यें-यें-यें-यें-यें-हँ-हँ !!

बूढ़े मिसर के सिपाही रामसिंघासन सिंघ ने कहा था–"हम खूब समझते हैं। लीला पसार रही हैं दोनों ! बिलसिया चुपचाप नहीं भागा है। अपनी माँ-बीवी से सलाह करके 'घसका' है, गाँव छोड़कर। भागकर जायगा कहाँ ?···ई 'भैंसिया' तो मालिक के बथान पर जइबे करी, एक-न-एक दिन !"

"वह साला आजकल कहाँ है ?···नौकरी छोड़कर चला गया क्या ?" रामबिलास के इस सवाल को सुनकर सभी ने एक ही साथ अचरज प्रकट किया–"ओ-ओ-ओ ! तुमको नहीं मालूम ?"

पटनियाँ किस्सों के मुकाबले में एक 'गँवैया-घरैया' किस्सा सुनाने का मौका मिला है, घोतना को।

"हाँ-हाँ, सुनाओ तुम्हीं, घोतना।"

"रामबिलास भाय ! तुमने आज जैसी बहादुरी की है उससे बढ़कर मर्दानगी का काम किया पिछले साल, पछियाली टोली की मुसम्मात की नयी पुतोहू ने।··· जानते ही हो, सिधवा साला कैसा 'घरढुक्का' था ! गाँव में कोई नयी बहुरिया आयी कि उसकी नींद गयी।···बिलार की तरह घर में पैठकर, बिना 'छिंका' को हिलाये ही दही के ऊपर की मलाई साफ कर देता था। लेकिन सब मलाई निकाला मुसम्मात की पुतोहू ने !···साले को ऐसा 'कसकसाकर' पकड़ा कि ऊपर-नीचे दोनों तरफ की हवा गुम !"

"एँ ?"

"पूछो, सभी से।···आखिर अररिया-अस्पताल में औपरेसन करके 'बधिया' किया तब जाकर होस हुआ। सुनते हैं, अस्पताल का डागडर पूछता था कि कहीं चक्की के दो पाट में पड़ गया था क्या सिंघजी ? सो, अस्पताल से निकलने के बाद इस गाँव की ओर मुँह नहीं किया, फिर। साला, एकदम बधिया ! आ-आ-हा-हा···!"

"इस औरत को तो सरकारी तगमा मिलना चाहिए। सहर में होती तो अखबार में खबर 'औट' हो जाती, फोटो के साथ···।"

"फोटो कैसे औट होता ?··· कसकसाकर पकड़े हुए ही ! हू-ब-हू ?"

फोटो की बात पर रामबिलास को अपनी तसवीर की बात याद आयी। पॉकेट से लाइसेंस निकालकर दिखलाया। सभी ने बारी-बारी से हाथ में लेकर फोटोवाला रिक्शा-डलेवरी-लाइसेंस को देखा।··· नहीं, रामबिलास झूठ नहीं कहता। लोगों ने झूठमूठ खबर उड़ा दी थी कि 'क्रस्थान होटिल' में बर्तन माँजता है।··· लोगों ने नहीं, उस दूबे के बड़े बेटे ने। जनेऊ की कसम खाकर कहता था कि हम अपने 'चसम' से देखा है, उसको।

शिवधारी को देखकर सभी चुप हो गये।···रामबिलास को 'लाटसाट' का किस्सा मालूम हुआ या नहीं ?··· मालूम हुआ कि जान से खतम कर देगा।··· बात छिपेगी थोड़ी !

"क्या रे सिवधरिया ! सुबह से कहाँ 'लापत्ता' थे ?"

"जरा टिसन चला गया था, भैया !"

जरूर घड़े का पानी फेंककर पानी भरने निकली है अभी रामबिलास की बहू !··· शिवधारी की बोली सुनकर आँगन में कैसे रहे ?

बहू पानी लेकर वापस आयी और घूँघट के अन्दर से ही बोली—"अभी सहजो पीसी कह रही थी, तुम्हारे पिछवाड़े से मुसलमान-टोली की तरह महक क्यों आ रही है ? मुर्गी का अंडा पकाया जा रहा है कहीं ?"

रामबिलास ने जाने क्या समझा। बोला, "कल से यहाँ मुर्गा बनेगा, मुर्गा ! देखें, कौन साला क्या बोलता है !··· साला, यह भी कोई जगह है ? आलू की तरकारी में जरा-सा गरम मसाला डलवा दिया तो सारे गाँव में मुर्गी के अंडे की महक फैल गयी ? बोलो !"

शिवधारी ने कहा, "इस गाँव की बलिहारी है ! बिना पर की चिड़िया उड़ाने वाले बहुत लोग हैं।"

"सहर में सभी अपनी औरत को नाम लेकर बुलाते हैं। मैं अपनी बीबी को हजार नाम लेकर पुकारूँ, किसी साले का क्या ?"

रामबिलास ने अपनी बहू को पुकारकर कहा, "ए, झुमकी ! सिवधरिया आया है। इसके लिए एक कुलफी चा भेज दो।"

आँगन में बहू ने सास से कहा, "माई ! सुनते हैं इस मरद की बोली-बानी !"

कमाऊ पूत की मस्ती देखकर, मसाले की गन्ध सूँघकर बूढ़ी प्रसन्न है। कहती है, "बोली-बानी क्या सुनूँगी ? आदमी जहाँ रहेगा, चाल वहीं का चलेगा !"

"साला ! हम दिन-भर चा पीयें या रात-भर दारू पीयें, इससे लोगों का क्या ?··· सिवधरिया, टिसन की कलाली में पचास दारू असली मिलता है या पानी मिलाया हुआ ! आज दो बोतल चढ़ेगा।"

शिवधरिया दारू का हाल क्या जाने ! वह गाँजा के बारे में कह सकता है।

"ए झुमकी ! इधर आ !··· तू एक हाथ घूँघट क्यों काढ़ती है ?"

झुमकी लजाकर आँगन की ओर भागी।

सबकुछ हुआ। रामबिलास ने पटना में बैठकर जो-जो सपने देखे थे, सभी सच हुए।··· मिसर का 'जहरदाँत' उसने उखाड़कर फेंका। गाँव में इस बात को लेकर रामबिलास का जै-जैकार हो रहा है। गाँव के हर घर में उसका नाम दिन में दस बार लिया जा रहा है।—बेटा हो तो ऐसा !··· मरद हो तो ऐसा !

उसका मचान गाँव के मालिक मिसर का चौपाल हो गया है, मानो। अब बाँभन-राजपूतटोले के जवान भी आकर बैठते हैं। दिन भर चाय बीड़ी, ताश और रात में 'अंग्रेजी ताश' !

उस दिन मिसर का बड़ा बेटा दिन-भर रामबिलास के मचान पर तास खेलता रहा। साँझ हुई तो रामबिलास ने कहा, "अब यहाँ अंग्रेजी ताश का खेल होगा।··· खेलिएगा··· ? एक ही घूँट !"

मिसर का बड़ा बेटा अब रोज साँझ को पाव-भर पी जाता है और दाम पूरे

बोतल का देता है।

गाँव के सभी नौजवान रामबिलास के साथ पटना जाना चाहते हैं, इस बार। रामबिलास के मुँह से चटकदार पटनियाँ किस्सा सुनकर गाँव कौन रहना चाहेगा, भला !

"···रजिन्नरनगर ? अब क्या बताबें कि कैसा है ? लगता है कि सरकारी इंजिनियर इन्दरासन में जाकर फोटो खींच लाया है, हू-ब-हू वैसा ही सहर बसा दिया।··· सड़क के दोनों ओर रंग-बिरंग के फूल। और हर फूल की झाड़ी में एक लड़की बैठी हुई··· गीत गाती हुई !"

"एह ! तब तो सचमुच इन्दरासन की इन्दरसभा··· ?"

"अजी, जहाँ की जमादारिन···जमादारिन माने पुलिस-जमादार की बहू नहीं, सड़क पर झाड़ू देनेवाली···पटना की जमादारिन को देखोगे तो लगेगी किसी बड़े जमींदार की बहू है।"

"ऐसी खपसूरती ?"

"देखने में काली होने से क्या होता है ? असल चीज है, देह की गठन।··· एक है रनबतिया। हमारे 'रिक्सा-खटाल' के पास ही रहती है। साली, सुबह-सुबह छापेदार साड़ी पहनकर, कन्धे पर झाड़ू-डंडा का झंडा लेकर इस तरह ऐंठती हुई निकलती है जैसे राज जीतने जा रही है, झाड़ू देने नहीं।"

"एह !"

···भला कौन जवान रहना चाहेगा, इस मनहूस गाँव में ?

··· रामबिलास भैया, इस बार आपके साथ मैं भी जाऊँगा।··· मैं भी !··· मैं भी !!··· मैं भी !!!··· यहाँ साल-भर हलवाही करते हैं सिरफ एक सौ आठ रुपये में। वहाँ, एक महीना में दो सौ ?···रामबिलास काका, मैं भी !···रामबिलास पाहुन, मुझे मत भूलिएगा। रिक्शा-डलेवरी नहीं तो किसी होटल में रखवा दीजिएगा। साला, हम चिनियाँ-बादाम बेचेंगे।··· मामा, आप उस दिन कह रहे थे कि रद्दी कागज-सीसी-बोतल का कारबार भी खूब नफावाला होता है···।

एक शिवधरिया को छोड़कर सभी ने शहर जाने का इरादा पक्का कर लिया है। शिवधरिया ने कभी चर्चा भी नहीं की।

सबकुछ हुआ, लेकिन रामबिलास के मन में एक छोटा-सा काँटा कई दिनों से 'खच-खच' कर गड़ जाता है–समय-असमय। उस रात झुमकी ने वैसा क्यों कहा ? क्यों ?··· 'सब ठीक है। मुदा··· !'

"क्या मुदा ? बोल !"

··· झुमकी आँखें मूँदकर हँसती है।

"आँख क्यों मूँद रखी हैं ?"

"लालटेन क्यों जलाकर रखे हो ? बुझा दो।"

रामबिलास ने अनचाहे लालटेन की रोशनी मद्धिम कर दी। झुमकी बोली, "नहीं, एकदम बुझा दो।"

"साली ! औरत है या चमगादड़ ?

शिवधारी गाँजा पीता है। बहुत जिद्द करने भी उसने किसी दिन दारू का एक घूँट नहीं लिया। चखने के लिए एक बूँद भी नहीं !

सुबह, नींद खुलने के बाद ही रात की बात मन में 'खचखचा' कर गड़ गयी–'सबकुछ ठीक है। मुदा… !'

अब चार ही दिन रह गये हैं।…रमाँ-आँ रहा एक दिन अबधि अधारा-आ-आ-आ रम्माँ हो रमाँ-आँ !… रामबिलास के मन में आजकल हमेशा एक विदाई गीत–समदाऊन–गूँजता रहता है…मिली लेहु सखिया, दिवस भेल रतिया कि चित भेल जग से उदा-आ-आ-आ-स !!

गाँव के सभी जानेवाले नौजवान कल स्टेशन-हाट से बाल कटवाकर आये हैं।…रामबिलास बोला था कि शहर में केश के फैशन से ही लोग समझ जाते हैं कि कहाँ का आदमी है।…सभी की देह की बोटी-बोटी में 'उछाह' है, लेकिन रामबिलास के मन में रह-रहकर काँटा गड़ जाता है।

…आज रात में वह झुमकी से फिर पूछेगा।

"झुमकी, अब तो यहाँ चार ही दिन रहना है।"

"हूँ ऊँ ऊँ !"

रामबिलास बहुत देर तक चुप रहा। तब बहू ने पूछा, "फिर कब आओगे ?"

"आने का क्या ठिकाना !"

आज रामबिलास ने दारू नहीं पी है। स्टेशन हाट की पचास-दारू एकदम खाँटी होता है, गाँव के खाँटी दूध की तरह।…एक ही प्याली में नशा सिर पर सन्न से सवार हो जाता है।…आज अंग्रेजी-ताश नहीं होगा, भाई !

रामबिलास की 'निरगुनियाँ-बोली' का कोई जवाब नहीं दिया झुमकी ने, लेकिन है जगी हुई ही।

"झुमकी !"

"हूँ !…आज तुम दारू क्यों नहीं पीये ?"

"आज सारी रात जगा रहूँगा।"

…सचमुच, सारी रात जगा रहा रामबिलास। भोर को जब कौआ-मैना बोलने लगा तो झुमकी ने कहा, "जरा मद्धिम आवाज में बोलो !"

अब तीन दिन 'फक्कत' ! चौथे दिन साँझ की गाड़ी से–बरौनी पसिंजर से बीसों जवान रवाना हो जायेंगे, एक शिवधारी को छोड़कर। कई दिन से वह भैंस भी दूहने नहीं आता है। रामबिलास खुद दूहता है।

"झुमकी !"

"क्या है ?"

"आज मैंने दारू नहीं, गाँजा पीया है। लगता है, आसमान में उड़ रहा हूँ।"

"सिवधारी अब रात में भैंस नहीं चरावेगा। उसकी बहरी मौसी आकर कह गयी है।"

"मारो साले को गोली ! कल एक भैंसवार ठीक कर दूँगा !"

"भैंसवार कौन चरावेगा तुम्हारी भैंस ?"

"क्यों ?"

"सभी गिरस्तों के हलवाहे-चरवाहों को तुम भगाकर सहर ले जा रहे हो।"

"किसने कहा कि मैं भगाकर ले जा रहा हूँ ?"

"गाँव के सभी गिरस्त बोलते हैं !"

"सभी गिरस्त नहीं। बोलता होगा, तुम्हारा वह सिवधरिया !"

झुमकी चुप रही। रामबिलास ने घुटने से ठोकर मारते हुए कहा, "क्यों ? ठीक कहता हूँ न ?"

"जो कहो तुम।"

"मैं जो कहता हूँ, ठीक कहता हूँ।"

झुमकी ने एक लम्बी साँस ली।

"ठीक कहता हूँ न ?"

"हूँ !"

"चौथे दिन से खूब मौज करना।"

"मैं मौज करूँ या दुख से मरूँ, तुमको क्या ? मौज करेगी रजबतिया-डोमिनियाँ तुम्हारे साथ।"

"क्या बोली ?"

झुमकी चुप रही। रामबिलास ने फिर घुटने से एक ठोकर लगाकर पूछा, "क्या बोली ?"

"मारना है तो जान से मार दो।"

"साली ! जाने के पहले तुमको और तुम्हारे सिवधरिया को खतम करके ही…।"

रामबिलास के सिर पर कोई भूत सवार है। आज वह दो चिलम गाँजा पीकर आया है।

"चिल्लाओ मत, इस तरह।"

"साली ! पटना का बड़ा-से-बड़ा बालिस्टर हमारी बोली को बन्द नहीं कर सकता और तुम कहती हो, चिल्लाओ मत !"

"तो चिल्लाते रहो।"

"आज तो मैंने दारू नहीं पी है। तू उधर मुँह फिराकर क्यों सोयी है ? इधर पलट, तेरी…!"

"नहीं।"

"सु-सु-सा-ली !"

…आज रामबिलास खून कर देगा। चीर-फाड़कर रख देगा झुमकी को। "…क्या समझ लिया है ?… ऐं ?… रिक्शा-डलेवरी करने से आदमी जनखा हो जाता है ?… ऐं ?… बोल ?… कहती है, सब झूठ है !… मिसर से चौगुने सूद पर करजा लेकर उस सिवधरिया ने तुमसे बिहा किया था ?… ऐं ? बोल ! चौप साली !… खा

कसम !··· क्या समझ लिया है ? सहर में रहने से, दारू पीने से आदमी··· चौप साली ! हम सब समझते हैं।"

झुमकी बहुत देर तक रोती रही। रामबिलास जब बिछावन छोड़कर उठने लगा तो झुमकी ने उसकी गंजी पकड़ ली।

"क्या है ?"

"तुम पटना मत जाओ।"

"क्या बकती है ?"

"हाँ, मैं पैर पड़ती हूँ, मत जाओ।"

"हूँ।··· सहर नहीं जाऊँगा तो काम कैसे चलेगा ?"

"इतने लोगों का काम कैसे चलता है ?"

"उँहु !"

"तब मुझे भी साथ लेते चलो।"

"और सिवधरिया ?"

झुमकी रोने लगी फूट-फूटकर। सूरज, बाँस-भर ऊपर उग आया। बूढ़ी ने पुकारा–"बहू-ऊऊऊ !"

गाँव के सभी जवान एक ही साथ आसमान से गिरे। रामबिलास आज मिसर के दरबार में कह रहा था कि घर की आधी रोटी भली।···शहर में क्या है ? जितनी आमदनी होती है उससे चौगुना लहू खर्च होता है। गाँव आखिर गाँव है।···मिसरजी ने बाकी करजे का एक पाई भी सूद नहीं लिया। शहर में इस तरह कोई सूद छोड़ देता ?···पटना कहो या दिल्ली, जो मजा अपने गाँव में है, वह इन्द्रासन में भी नहीं।

···सुना है, मिसर का बड़ा बेटा आँटा-धानी का मिल बैठावेगा। रामबिलास मैनेजरी करेगा उसका !

··· सुना है, गाँव के गृहस्थों ने मिलकर चुपचाप रामबिलास को 'घूस' दिया है। सभी के हलवाहे-चरवाहे भागे जा रहे थे न !

···सुना है, रामबिलास पटना में एक डोमिन से फँस गया था, इसलिए अब नहीं जाना चाहता। डोमिन को बच्चा होनेवाला है।

और चौथे दिन सभी ने सुना, शिवधारी गाँव छोड़कर भाग गया।···कल स्टेशन-हाट में दारू पीकर धुत्त था।

उसकी बहरी मौसी कह रही थी कि रामबिलास की बहू साँझ से आकर न जाने क्या फुसुर-फुसुर कह गयी और रात में ही शिवधरिया हवा हो गया।

रामबिलास ने कहा, "झुमकी, सुना वह सिवधरिया साला भाग गया !"

"दो कोड़ी रुपया मेरा लेकर भागा है।"

"तू पहले ही क्यों न बोली ? मुँह में क्या केला था ?"

"ऐसी नमकहरामी करेगा वह, सो कौन जानता था ?"

"तू आदमी को नहीं पहचानती !"

"कभी तो आवेगा मुँहझौंसा ! तब पूछूँगी।"

रामबिलास ने झुमकी को खींचकर छाती से लगा लिया। बाँहों में उसके सिर को भरकर बोला, "मारो साले को गोली ! वह साला सहर से बचकर कभी वापस नहीं आवेगा !··· साले को दारू खा जायगा ! देखना !"

झुमकी हठात् उठ बैठी–"भैंस क्यों 'डिकर' रही है इस तरह ?"

रामबिलास ने कहा, "सुबह भैंसा की खोज में जाना होगा। भैंस 'उठ' गयी है, लगता है।"

आज झुमकी फिर नयी बहुरिया की तरह लजाकर मुस्कुराती है। बिना पीये ही रामबिलास मतवाला हो गया।

"ऐ ! जरा दारू चखेगी ?··· बस, एक घूँट।"

झुमकी हँसने लगी–"नहीं !···नहीं !!···नहीं !! मुझे दारू की बास··· उयेक्···ऊँ-हूँ-हूँ-हूँ··· !!"

नवम्बर, 1964

आत्म-साक्षी

भात की हाँड़ी से उबले हुए आलुओं को निकालकर छील रहा था गनपत, कि बाहर किसी ने खखासकर अपने आनें की सूचना दी—सूचना नहीं, चेतावनी। उसने पूछा, "कौन है ?"

"कौन हैं अंदर ? गनपतजी ?... इधर ऑफिस में अँधेरा क्यों है ? लालटेन दे जाइए इधर।"

गनपत को अचरज हुआ। कॉमरेड बलरामजी कब आये पटना से ? और कॉमरेड लोग अभी रैली से लौटे नहीं। बलरामजी कब और कैसे लौट आये ?

उसने आलू की टोकरी को थाली से ढँक दिया, और लालटेन लेकर बाहर आया।

"लाल सलाम, साथी ! कहिए रैली का कुशल-समाचार !"

बलराम का लटका हुआ मुँह देखकर गनपत का हुलसा हुआ मन अचानक बैठ गया। बलराम की विकृत मुख-मुद्रा को देखकर उसका जी धड़का।...लक्षण अच्छे नहीं।

"ऑफिस खोलिए जरा।"

गनपत ने मन-ही-मन कहा, 'जरा क्यों ! पूरा ही खोल देता हूँ। मुँह-नाक इस तरह सिकोड़कर क्यों बतियाते हैं ?'...पटना एक बार पहुँचते ही साथियों को न जाने क्या हो जाता है !

उसने ऑफिस नामक झोंपड़ी का दरवाजा खोल दिया। कई दिन से बन्द कमरे से एक गुमी हुई गंध निकली। लालटेन की रोशनी दो-तीन बार भुकभुकाकर काँपने लगी।

बलरामजी ने अपने मुँह को और भी बिगाड़कर कहा, "लालटेन में तेल है या पानी ? एक चिमनी क्यों नहीं खरीद लेते ?"

गनपत को भात की याद आयी। ठंडा भात वह नहीं खा सकता। खाते ही 'बाय' उखड़ जाता है। उसने रसोईघर की ढिबरी जलाते हुए कहा, "तेल और चिमनी की बात पूछते हैं कॉमरेड, तो पहले हमको भोजन कर लेने दीजिए, तब जवाब देंगे।...आप चाह-चू पीजिए तो बोलिए, पानी चढ़ा दें। चूल्हे में आग है। पुड़िया में थोड़ी पत्ती और कागजी नींबू भी है।"

चूल्हे पर अलमूनियम की काली देगची चढ़ाकर गनपत ने जलावन को धधकाया, और आलू निकालकर छीलने लगा।…आलू का भुर्ता और गरम-गरम भात ! गनपत के लिए इससे बढ़कर लोभनीय पदार्थ इस संसार में और कुछ नहीं। कुसमी कहती है कभी-कभी, 'भुता खौका मरद !' और गनपत हँसकर जवाब देता है, 'भतार-खौकी !' बलरामजी ने 'खखास'कर चेतावनी दी थी उस समय। यदि अन्दर कुसमी होती उस समय, तो गनपत का चेहरा लाल हो जाता, और वह जोर-जोर से बेवजह कुसमी को डाँटने लगता–'काम करने का मन नहीं है तो छोड़ दो। जैसे तुम्हारा बेटा कामचोर, वैसी ही तुम।' कुसमी हँसती हुई, घूँघट के नीचे से जवाब देती…।

भुर्ता बनाते समय गनपत को आज के अखबार में पढ़ी हुई बात याद आयी–'हमारे जवानों ने दुश्मनों के टैंकों का भुर्ता बना डाला…।'

तेल, प्याज, मिर्च और धनिया की कतरी हुई पत्ती को भुर्ता में मिलाकर उसने गोला तैयार किया। पीतल की चमचमाती हुई थाली में भात डालते समय भाप की महक उसके तन-मन में समा जाती है। भात की यह ललचानेवाली गंध उसे सबसे पहले सन् तीस में लगी थी–स्वयं-सेवक शिविर में। तब से आज तक न जाने कितने आश्रम, शिविर, रैली, सम्मेलन और जेलों के सामूहिक भोजनालयों में गनपत ने पत्तल जूठा किया है, मगर ऐसी गंध क्या हर जगह और हर रोज मिलती है ?

तृप्तिपूर्वक पेट-भर भोजन कर लेने के बाद गनपत ने जूठी थाली और जूठे चौके को माँज-धोकर पवित्र किया। सुबह कुसमी आकर चिकनी मिट्टी से लीप-पोत देगी। उसने पुकारकर कहा, "शोभित लाल ! भात ले जा रे !"

काठ के बक्स से प्याली निकालकर बलरामजी के लिए नींबूवाली चाय तैयार की गनपत ने। फिर भुने हुए सौंफ की बुकनी मुँह में डालकर, हाथ में चाय की प्याली लेकर वह ऑफिस-घर में आया। सौंफ की बुकनी के अलावा किसी किस्म की लत नहीं है गनपत को। न बीड़ी-सिगरेट पीता है, न पान-तम्बाकू खाता है।

चाय की पहली चुस्की लेते ही बलरामजी का बिगड़ा हुआ मुखड़ा सुधर गया। चमड़े के थैले में कागज-पत्तर डालते हुए बलरामजी ने पूछा, "आप खुद क्यों खाना बनाते हैं ? शोभित की माँ क्या करती है ?"

गनपत कूट-भरी बोली का मतलब समझता है। अर्थात् तीन रुपये महीना शोभित को और पाँच रुपये माहवार उसकी माँ कुसमी को किस काम के लिए दिये जाते हैं ?

बलरामजी ने दूसरा सवाल किया, "तब ?…इधर कुछ चन्दा-फन्दा वसूल हुआ है, या…?"

गनपत ने डकार लेते हुए कहा, "वही तो कह रहा था, कॉमरेड…!"

बलराम ने टोक दिया, "देखिए, आप इस तरह बात-बात में कॉमरेड जोड़कर क्यों बोलते हैं ?"

"कॉमरेड को कॉमरेड न कहें तो क्या कहें ? और यह कुछ नयी बात तो नहीं। सन् तीस से ही जब से 'पाटी' का प्लेज लिया, तभी से कॉमरेड···।"

"तब की बात छोड़िए। आजकल कोई नहीं बोलता।···आपकी बोली सुनकर लोग हँसते हैं, इसी के चलते।"

"इसमें हँसने की क्या बात है ?"

"खैर, बहस छोड़िए ? आपसे बहस में कौन पार पायेगा ? हाँ, तो क्या कह रहे थे आप चन्दा के बारे में ?"

"कहना क्या है ? पिछले छै महीने से साहू की दुकान का बकाया बढ़ते-बढ़ते ढाई सौ पर पहुँच गया है। जिला रैली के समय टीसन के मारवाड़ी का पचास रुपया बकाया अब तक चुकता नहीं हुआ। पाट के समय चन्दा की उम्मीद थी। मगर भुखमरी के समय कौन माँगता है, और कौन देता है चन्दा ? अब धान का समय आया है तो सभी कॉमरेड साथी महीना-भर से 'फिड़ाड़' हैं···।"

बलराम चौंका–"फिरार ? कौन है फिरार ?"

गनपत मुस्कुराकर बोला, "फिड़ाड़ माने वह फिड़ाड़ नहीं। माने अभी सभी कॉमरेड क्षेत्र से बाहर हैं।"

बलरामजी गंभीर हो गये। उठते हुए बोले, "गनपतजी, आप ठीक कहते हैं। लगता है, सभी अब फिरार हो जायेंगे।"

"मतलब ?"

"मतलब आप समझकर क्या कीजिएगा। वह सब 'हाई लेवेल' और 'सिद्धांत की लड़ाई' की बात आप क्या समझिएगा ?"

गनपत और कुछ समझे या नहीं, आदमी के मन की बात को पढ़ना जानता है। बलरामजी की बात में उसको एक खास किस्म की 'झाँस' लगी।··· आलू के भुर्ते में खराब तेल की गंध ?

हाई लेवेल ! बलराम अंग्रेजी पढ़ा-लिखा नहीं है तो क्या ? सैकड़ों अंग्रेजी के शब्दों का मतलब वह समझता है। बोलता है–केपिटलिस्ट, बुर्जुआ, प्रोलेतारियत, कुलक, रिएक्शनरी, गांधियाइट, पीस, पार्टी-लिटरेचर, और भी अनेक शब्द।

बलरामजी ही नहीं, सभी 'नये कॉमरेड' गनपत को तीन कौड़ी का आदमी भी नहीं समझते हैं। अभी साथी जियाउद्दीन या शैलेन्दरजी अथवा गोपालजी होते तो क्या किसी रैली से या मीटिंग से लौटकर इसी तरह मुँह लटकाकर, भौंह चढ़ाकर बातें करके घर चले जाते–बीवी के पास सटकर सोने ? ऑफिस सेक्रेटरी बलरामजी का जब से गौना हुआ है, सूरज डूबने के पहले ही ऑफिस बन्द करके घर भाग जाते हैं।

इधर कई वर्षों से गनपत को लगता है कि हर तरफ एक मनहूसियत घनी होकर छा रही है। कहीं किसी के मन में किसी बात के लिए उत्साह नहीं। आखिर यह रोग गनपत की 'पाटी' को भी लग गया ? इस बार जिला कान्फ्रेंस में वह जी खोलकर इस सवाल को पेश करेगा।

वह जानता है कि सवाल पेश करने के लिए वह ज्यों ही उठेगा, नवतुरिया कॉमरेड लोग आपस में फुसफुसाकर मुस्कुराने लगेंगे, कपट-खाँसी खाँसेंगे, और कोई-कोई चिल्लाकर कहेंगे, 'कॉमरेड गनपत ! यह सवाल कलचरल प्रोग्राम के समय स्टेज पर पेश कीजिएगा।'

"हूँ ! स्टेज पर ! स्टेज···।"

उँगलियों पर जोड़ने की जरूरत नहीं। गनपत का सबकुछ जोड़ा हुआ है। पैंतीस साल पहले वह सबसे पहले आर्यसमाजी सभा-मंच पर खँजड़ी बजाकर 'अछूतोद्धारवाला गीत' गाने के लिए खड़ा हुआ था।

उस सभा की याद आते ही परबतिया की याद आ जाती है, जिसके हाथ का पानी पीने से जाति मारी जाये, प्रेम में पड़कर गनपत ने 'नीच कुल' की उसी परबतिया के मुँह का 'चुम्मा' लिया था। 'सत्त' किया था–सबकुछ छूट जाये, परबतिया को वह कभी नहीं छोड़ेगा। जाति-समाज के अलावा घर के लोगों ने गनपत को तरह-तरह की यातनाएँ दीं। गनपत ने हारकर आर्यसमाज के मंत्री के पास अरजी दी। लेकिन तब तक परबतिया का बाप परिवारसहित गाँव छोड़कर भाग गया था।

गनपत फिर लौटकर घर नहीं गया, गाँव नहीं गया। माँ-बाप, भाई-बहन, कुटुम्ब-परिवार, गाँव-समाज–सबसे 'नेह-छोह' तोड़कर 'देश' और 'दस' के काम में लग गया। जहाँ कहीं भी सभा होती, गनपत सबसे पहले हाथ में खँजड़ी लेकर गीत शुरू कर देता–'हिन्दुओ ! दिल में सोचो-विचारो जरा–अपने भाई से नफरत···।'

और सन् तीस में इसी गीत को गाने के अपराध में वह पकड़ा गया, जेल गया, सजा भोगी। उसी बार जेल में ही सरमाजी की कृपा से वह कॉमरेड हो गया···।

सरमाजी ने उसकी 'टिक्की' को दाढ़ी बनानेवाली 'पत्ती' से कतर दिया था, और जनेऊ को उतारकर पैजामा में फँसा दिया था। और बोले थे, "आज से तुम कॉमरेड गनपत। सिंघ-उंघ कुछ भी नहीं। सिर्फ कॉमरेड···।"

याद है, बावनदास और चुन्नीदास ने मिलकर गनपत को कितना 'धिक्कारा' था ! मगर वह टस-से-मस नहीं हुआ। उसने बावनदास को चिढ़ाने के लिए सरमाजी से सीखा हुआ सवाल पेश कर दिया था–"बावनदासजी, चर्खा चलाने और बकरी का दूध पीने से सुराज कैसे मिलेगा, समझा दीजिए जरा।"

जेल से निकलने के बाद सारे जिले में गनपत ही अकेला 'पाटी कॉमरेड' रहा कई वर्षों तक। एक ही साल में बिहार प्रांत के कई 'किसान फ्रंट' और मजदूर-मोर्चों पर पहुँचकर गनपत ने मेहनतकशों की लड़ाई में साथ दिया, नारा लगाया, धरना दिया, खँजड़ी बजाकर गीत गाये, अछूतोद्धार के बदले सरमाजी का सिखाया हुआ 'अंतर्राष्ट्रीय-गीत' गाया–'उग रहा है आफताब लाल-लाल आफताब···जाग रे किसान भाई, जाग ! जाग रे मजदूर भाई, जाग···!'

वैष्णव माँ-बाप का बेटा गनपत ! जन्म से ही वैष्णव था। जिसको कहते हैं 'गर्भदास'। सो सरमाजी ने जब परीक्षा ली तो वह खरा उतरा।··· मुर्गी का अंडा नहीं, बिना किसी घृणा और संकोच के वह 'मुर्गमुसल्लम' खा गया था। सरमाजी बोले थे, "शाबाश कॉमरेड ! तुम जन्मजात इन्कलाबी हो !"

स्कूल-कॉलेज के फेलियर लौंडे-लहेंगड़े क्या समझेंगे कि कॉमरेडशिप किसको कहते हैं !··· डेहरी ऑफिस में सात साथियों के बीच बस दो पाजामे, तीन हाफ-पैंट और एक ही धोती। और उसी में सभी साथी मजे में काम चला लेते थे। सप्ताह-भर सत्तू घोलकर पीते थे, प्रेम से मिल-जुलकर।··· अब तो हर रैली के समय पत्तल पर ही 'इन्कलाब' छेड़ देते हैं साथी लोग—"यह क्या बात है ? खाने के समय कोई खाये पुआ-पूड़ी, कोई भूजा फाँके ? अन्याय है ! जुल्म है !"

आज किसी साथी से सभा का ऐलान करने को कहिए, बिना जीप और लाउडस्पीकर के। तुरत तमककर जवाब देगा, "हम क्या 'भोलटियर' हैं ?" अपनी पार्टी की सभा का ऐलान करने में इन्हें लाज आती है। पार्टी का झंडा कंधे पर लेकर चलने में इज्जत चली जाती है। गनपत ने अकेले ढोल बजाकर मुनादी और ऐलान किया है—"भाइयो ! देश की गरीबी को दूर करने के लिए, पूँजीवाद का खात्मा करके किसानों और मजदूरों का राज कायम करने के लिए, आज चार बजे दिन में··· !"

और गनपत नहीं होता तो उस गाँव में यह 'शहीद किसान आश्रम' कभी खुलता भी ? तीन-तीन नामी जुल्मी और जालिम जमींदारों के इस खूनियाँ इलाके में किसी पार्टी का 'वर्कर' कभी खाँसी करने के लिए भी नहीं आता था—डर के मारे। दिन-दहाड़े मारकर लाश को गायब कर देनेवाले तीनों जमींदारों की आठ-सौ एकड़ जमीन पर 'बकाश्त-संघर्ष' छेड़ने का प्रस्ताव पास करके 'पाटी' चुपचाप महीनों बैठी रही। न किसी बहादुर कॉमरेड का कदम कभी आगे बढ़ा और न कोई क्रांतिकारी किसान आगे आया। तब गनपत ने ही बीड़ा उठाया था।···जमींदार के सिपाहियों ने अपनी समझ में उसको मारकर फेंक दिया था। मगर गनपत मरते-मरते जी गया था। होश में आते ही वह अस्पताल में नारे लगाने लगा था—'बकाश्त आन्दोलन जिंदाबाद ! बिसनपुर के किसान जिंदाबाद !' यदि गनपत उस दिन घायल होकर अस्पताल नहीं पहुँचता तो मामला 'बकाश्त बोर्ड' में कभी नहीं जाता।··· आठ सौ एकड़ जमीन मुफ्त में जीतने के बाद बिसनपुर के किसानों ने दो एकड़ जमीन मिल-जुलकर आश्रम खोलने के लिए दिया—सो भी बहुत कहने-सुनने और 'धिक्कारने' पर।

आश्रम जब से खुला है, जिले-भर के कॉमरेड शुरू अगहन में ही बोरे-बोरियाँ लेकर पहुँच जाते हैं—धान वसूली के लिए। किसी को बहिन की शादी में मदद चाहिए, किसी को 'घर-खर्च' के लिए। गनपत को एक ही साथ अपने इलाके की लाज और पाटी-कॉमरेडों की इज्जत रखनी पड़ती है।

जिले-भर में बस यही एक क्षेत्र है, जहाँ से पार्टी का उम्मीदवार विधान सभा

के लिए विजयी हुआ—सिर्फ इसी आश्रम की महिमा से।

लालटेन भुकभुकाकर बुझ गयी। गनपत के मन में अचानक 'निरगुन' की एक कड़ी गूँज गयी—तेरो जनम अकारथ जाय मूरख...!

गनपत ने सपने में देखा—चोर 'पाटी' ऑफिस का बक्सा उठाकर भागा जा रहा है। उसने जोर से पुकारने की चेष्टा की—चो—ओ—ओ—ओ ! चो—चो—चो...!

गनपत का सपना झूठ नहीं, सच साबित हुआ।

सुबह कॉमरेड चंद्रिकाजी ने आकर महाअशुभ समाचार सुनाया—"पार्टी दो टुकड़ों में बँट गयी!"

गनपत को लगा, कॉमरेड चंद्रिका के मुँह से निकली हुई बात ने वज्रपात कर दिया। कागजात, चंदा-बही, रसीद वाउचर, मोहर—सबकुछ गायब। गनपत ने कहा, "कल पहली पहर रात में कॉमरेड बलराम आये थे...।"

गनपत की बात पूरी भी नहीं हो पायी थी कि कॉमरेड चंद्रिका ने उसके गाल पर कसकर तमाचा जड़ दिया। वह तिलमिलाकर कुछ कहना चाहता था, मगर कॉमरेड चंद्रिका चिल्लाने लगा—"आखिर आपको यहाँ किस काम के लिए रखा गया है ? चंदा वसूल कर पेट पालने के लिए सिर्फ ! आप जानते नहीं थे कि बलराम डिसिडेन्ट, माने बागी मेम्बरों के साथ है ? ऐं ?"

"नहीं जानता था," गनपत ने सीधा और सही जवाब दिया, "कौन बागी है, और कौन दागी, यह मुझे क्या मालूम ?"

"आप गद्दार हैं," चंद्रिका ने उँगली उठाकर पिस्तौल का निशाना लेने के लहजे में कहा, "आपने पार्टी के साथ गद्दारी की है। आप मक्कार हैं !"

एक-से-एक तेज और नुकीली गाली गनपत की देह में धँसती जा रही है। आस-पास गाँव-भर के लोग—औरत-मर्द—जमा हो गये हैं।... गद्दार, मक्कार ! फटकार !

कॉमरेड चंद्रिका ने चलते समय चेतावनी दी, "इसका नतीजा बाद में जो कुछ भी हो, मैं अभी आपको बरखास्त करता हूँ। चले जाइए...!"

कॉमरेड चंद्रिका के जाते ही कॉमरेड बलराम अपने नये साथियों के साथ आया। गनपत की डबडबायी हुई आँखें झरने लगीं।

बलराम ने कहा, "कॉमरेड गनपत, रोइए मत। बहादुरी से इन डिक्टेटरशाहों का मुकाबला करना होगा। पेटी-बुर्जुआ के बच्चों ने पार्टी को अपनी जमींदारी समझ लिया था।"

गनपत ने भर्रायी हुई आवाज में कहा, "कॉमरेड बलरामजी, आपने ऐसा काम क्यों किया ? यदि जानता कि आप पाटी आफिस से सामान लेने आये हैं, तो हरगिज...।"

बलराम के बदले में इस बार बोला अकालू महतो का अधपगला बेटा सुधीर महतो, "गनपतजी, आप डूबकर पानी पीते हैं, और समझते हैं कि बात छिपी हुई है। पार्टी ऑफिस दिन-रात बेवा मुसम्मात के साथ इश्कबाजी करने के लिए नहीं बना है।"

गनपत अब बेपानी हो गया। आम जनता के बीच उसकी इज्जत उतर गयी। उसको नंगा कर दिया सुधीर महतो ने। वह गद्दार है, मक्कार है, बदचलन है। अब क्या रह गया है देखने-सुनने को !

बलराम ने जाते समय लाल रंग के पर्चों का एक बंडल देकर कहा, "आज हाट में, स्टेशन पर, हर जगह यह पर्चा बँट जाना चाहिए। समझे ?"

गनपत अपनी झोंपड़ी के अन्दर चला गया और बिछावन पर कटे हुए पेड़ की तरह गिर पड़ा। उसकी देह के रोम-रोम में गालियाँ गड़ रही थीं। उसने लाल पर्चे को टटोलकर पढ़ना शुरू किया। पार्टी के कई बड़े लीडरों ने जनता को सावधान किया है–'किसान-मजदूरों के नाम पर, पूँजीपतियों की थैली से पार्टी चलानेवाले धोखेबाजों से होशियार···!'

इससे आगे एक शब्द भी नहीं पढ़ सका वह। गाली-गलौज, कीचड़-गोबर !··· सब गुड़-गोबर !

गनपत के पेट में पित्त का प्रकोप शुरू हुआ। अब 'बाय' भी जोर मारेगा। हाँ, मिचली आने लगी।

कौन असली, कौन नकली ? कॉमरेड चोरघड़े या कॉमरेड जादव ? पिछले साल प्रांतीय किसान सभा का सभापतित्व करने आये थे चोरघड़ेजी। स्वागत-भाषण में जादवजी ने उनकी कितनी तारीफ की थी !··· सब झूठ ! और चोरघड़ेजी ने बिहार की पार्टी को देशद्रोहियों का दल कह दिया है इस पर्चे में।

गनपत ने तय किया कि वह पटना जायेगा, दिल्ली जायेगा। हर जगह के बड़े और छोटे साथियों से मिलकर बातें करेगा, रोयेगा, कलपेगा, जनता की दुर्दशा की कहानियाँ सुनाएगा। खँजड़ी बजाकर गीत गायेगा–भैया, झगड़ न जाहु कचहरिया···!

जादवजी और चोरघड़े केंद्रीय पाटी ऑफिस के सामने लड़ रहे हैं। तलवार लेकर एक-दूसरे पर हमला करते हैं, और गनपत उन दोनों के बीच जाकर खड़ा हो जाता है–'सान्ति, सान्ति !' मगर दोनों की तलवार गनपत की गरदन पर।

गनपत की आँखों के आगे पंद्रह साल पहले देखे हुए किसी नाटक का दृश्य उपस्थित हुआ, फिर बिला गया। उसकी देह रह-रहकर सिहरने लगी। मलेरिया बुखार चढ़ने के पहले ऐसी ही सिहरन और कँपकँपी देह को झिंझोड़ जाती है।

गनपत ने कम्बल ओढ़ लिया, कै किया, सौंफ की बुकनी मुँह में डालकर लेट गया। सिहरन के बाद तेज बुखार के साथ 'बाय'। वह बकने लगा। चालीस साल के बाद–देश से मलेरिया उन्मूलन के बाद गनपत पहली बार बीमार पड़ा है। इस बीच कभी सिर-दर्द भी नहीं हुआ। उसके मुँह से पहली बार करुण पुकार

निकली–"मैया–गे-ए-ए-ए ! पारबती–ई-ई-ई !"

उसने देखा, सरमाजी आये हैं, हाथ में लाल-लाल सेब और नारंगी लेकर। फल का रस निकालकर गनपत से कहते हैं–'पी लो, कॉमरेड ! कलेजा ठंडा हो जायेगा।' गनपत एक घूँट पीता है। उसका ग़ला जलने लगता है। कड़वा जहर !

परबतिया आयी। पैताने में बैठकर पाँव सहलाने लगी। मगर गनपत के बड़े भाई और बाबूजी हाथ में भाला लेकर आये, और आँखें तरेरने लगे।

रेशम मजदूर यूनियन भागलपुर की हड़ताल ! गनपत खँजड़ी बजाकर जुलूस के आगे गा रहा है–'दुनिया के मजदूरो, एक हो···!'

पुलिस आँसू-गैस छोड़ती है। घुड़सवार सिपाही घोड़े को दौड़ाता, हड़तालियों को चाबुक से पटापट पीटता, रौंदता, धूल उड़ाता हुआ चला जाता है।

गनपत ज़ेल के एक गंदे सेल में पड़ा हुआ है। सिर पर पट्टी बँधी हुई है। परबतिया–परबतिया–परबतिया पारो–ओ–ओ···!

सात दिन सताने के बाद 'सतैया बुखार' उतर गया। अस्पताल के डॉक्टर साहब ने जी-जान से इलाज किया। कुसमी कह रही थी–"दो-दो 'जकशैन' एक साथ देते थे डागडर बाबू।" और इसी डॉक्टर के खिलाफ गनपत ने, बलराम के कहने पर, पर्चा छपाकर बँटवाया था–बिसनपुर अस्पताल के जुल्मी डॉक्टर को जल्दी बरखास्त करो !

सिर्फ सात दिन का बुखार नहीं, गनपत को लगता है, पैंतीस साल से चढ़ा हुआ ज्वर आज उतरा है। इतने दिनों तक एक 'अंध सुरंग' में वह चल रहा था–बेमतलब, बेकार, अकारथ।

कुसमी गरम दूध में धान का लावा डालकर ले आयी। "डागडर साहब बोले हैं कि पथ्य में माँगुर मछली चाहिए। शोभित को भेज दिया है। साँझ होते-होते एकाध सेर मछली जरूर ले आवेगा।"

फिर कुसमी बोली, "सात दिन में गाँव का बच्चा-बच्चा आकर देख गया, कुसल पूछ गया। मगर कोई 'साथी कामरेट' झाँकी मारकर देखने के लिए भी नहीं आया। कल बलराम बाबू आकर कह गये हैं कि 'गनपत को अपने घर ले जाओ। पाटी आफिस खाली कर दो। उसको बरखास्त कर दिया गया है।' "

परिवार, जाति, धर्म, समाज, सरकार और हर अन्याय, अत्याचार से हमेशा लड़नेवाला लड़ाकू गनपत आज अखाड़े में हारे हुए पहलवान की तरह पड़ा हुआ है। सभी उसकी पीठ पर एक लात लगाकर, गाली देकर चले जाते हैं।··· पैंतीस साल तक साधु-संन्यासियों की तरह लंगोटबन्द रहकर, जीभ-मुँह और मन में लगाम लगाकर, उसने पब्लिक का काम किया। किसी का एक तिनका न चुराया, न पार्टी का एक पैसा गोलमाल किया। माँ-बाप, भाई-बहन, गाँव-समाज और परबतियाँ से भी बढ़कर पार्टी और पार्टी के झंडे को प्यार किया। सब बे-का-र···!

गनपत को लगता है कि चाँद-सूरज में भी दरार पड़ गयी है। दुनिया की हर चीज आज दो भागों में बँटी हुई-सी लगती है। हर आदमी के दो टुकड़े, दो मुखड़े और दरका हुआ दिल।

जिन बातों को आज तक पूँजीपतियों और साम्राज्यवादियों और जंगबाजों की बात समझकर अनसुनी कर देता था, आज वे ही बातें बार-बार याद आती हैं–

गनपत, तुम्हारे लीडर लोग, यानी तुम्हारी पार्टी, जाति और धर्म को अफीम कहती है। मगर तुम्हारे लीडर लोग अपने बच्चे-बच्चियों की शादी किसी दूसरी जाति में क्यों नहीं करते ? लड़के की शादी में कॉमरेड रामलगन सरमा ने पचीस हजार रुपये तिलक में गिनवा लिया। तुम्हारे लीडरों के बच्चे दार्जिलिंग और देहरादून में पढ़ते हैं। तुम्हारे सेक्रेटरी की बीवी कांग्रेसी-मिनिस्टर होने के लिए जाति की गुटबन्दी करती है। तुम्हारे तूफानजी ने मिल-मालिक से मिलकर मजदूरों की गरदन पर छुरी···!

गनपत के सामने एक-से-एक बड़े कॉमरेड की तसवीर उभरती है–चोरघड़ेजी, जादबजी, गोपालजी, सिनहा साहेब, ठाकुरजी, तूफानजी। सभी तसवीरों के मुँह से बस एक ही बात निकली है–"हम गलत रास्ते पर थे···।"

एक अंध-सुरंग से बाहर निकलकर गनपत बेदम पड़ा हुआ है। उसके पीले मुखड़े पर उसकी खिचड़ी मूँछ लटकी हुई हैं।··· पैंतीस साल तक वह गलत रास्ते पर गलत दिशा की ओर चलता रहा। न जाने उसने कितनी गलतियाँ कीं ! न जाने कितने लोगों को गुमराह किया !

यदि परबतिया का पेट गिराया न जाता तो उसकी संतान पैंतीस साल की होती। यदि बेटा होता तो बलराम की उम्र का होता अब।

परबतिया को उसने धोखा दिया। पहली गलती, जिसका फल वह आज तक भोग रहा है।

कुसमी पिछले पाँच साल से गनपत से प्रेम-भाव का बरताव करती है। गनपत सबकुछ समझकर भी कुछ नहीं समझने का भाव दिखलाता है। मगर बेवा कुसमी सतीनारी की तरह टुकुर-टुकुर उसका मुँह देखती रहती है। तिस पर अकालू महतो का पियक्कड़ बेटा ताना मार गया–बेवा मुसम्मात के साथ इश्कबाजी···!

कुसमी भरथा नाई को बुला लायी। हजामत बनाते समय कुसमी ने कहा, 'मूँछ भी छाँट दो। दूध-बार्ली पीते समय 'लस्टम-पस्टम' हो जाती है···।"

आलू का भुर्ता और गरम भात खाकर मुँह का कसैलापन दूर हुआ। सौंफ की बुकनी मुँह में डालकर, उसने आईने में अपना मुखड़ा देखा।··· आश्चर्य ! उसका मुँह ठीक उस मरियल घोड़े की तरह लम्बा हो गया है, जिसके (पैंतीस साल पहले) अगले दोनों पैरों को 'छान' कर कसाई मालिक ने छोड़ दिया था। जमीन पर लेटा हुआ, 'हुकुर-हुकुर' करके साँस लेता हुआ, टाँगों को झटकारता ! कौओं ने जिसकी देह में न जाने कितने घाव कर दिये थे। पर परबतिया हँसिया लेकर दौड़ी गयी थी। पैरों के बंधन कट जाने के बाद, 'मरतुहार' घोड़ा बैठ गया था, सिर झुकाकर।

फिर धीरे-धीरे धरती को सूँघने लगा था···।

गनपत ने धीरे-धीरे अपने पैर फैलाये।

बाहर कॉमरेड चंद्रिका की आवाज सुनायी पड़ी। एक लाल पगड़ीवाले सिपाही ने झाँककर अँगनाई की ओर देखा और बोला, "चपरासी साहेब त ऽ होने चटाई पर पैर पसारके पसरल बाड़न।"

थाने के दारोगा और सिपाही को देखकर गनपत की खाली, खोखली काया में कुछ भरने लगा। उसकी शिराओं में झनझनाहट शुरू हो गयी। उसने एक बार कॉमरेड चंद्रिका की ओर देखा। दारोगा साहेब ने कहा, "देखो जी गनपत, तुम आश्रम के चपरासी हो न ?"

"तुम-ताम मत बोलिए। मैं चपरासी नहीं किसी का।"

दारोगा ने चंद्रिका की ओर देखा।

चंद्रिकाजी बोले, "देखो गनपत, दारोगा साहब आश्रम पर दफा 144 लगाने आये हैं। तुम···!"

गनपत अब अच्छी तरह सँभल चुका था। उसने स्वस्थ और निडर स्वर में जवाब दिया–"यहाँ आश्रम कहाँ है ? यह मेरा घर है। मेरी जमीन है। यह सार्वजनिक सम्पत्ति नहीं, किसी पाटी-बन्दी का अखाड़ा नहीं।"

पुलिस का सिपाही अँगनाई की ओर झाँककर कुछ देख रहा था। गनपत ने कड़ककर कहा, "ए सिपाहीजी, उधर 'जनाना हबेली' में क्या ताक-झाँक कर रहे हैं ? नौकरी भारी हुई है क्या ?"

दारोगा ने पूछा, "तुम··· तुम्हारे··· आपके पास कोई सबूत है ?"

"सबूत ? कैसा सबूत ! कागजी या जुबानी ! गवाही ?···शोभित की माँ, मेरी झोली इधर दे जाना।"

शोभित की माँ, यानी कुसमी घूँघट काढ़कर, बाहर आयी। गनपत झोली से अपना 'पोथी-पत्तर' निकालने लगा–'मार्क्सवाद की मोटी बातें', 'किसानों और मजदूरों के गीत', 'जालिम जमींदरवा···' गीत, बैजवाड़ा का मशहूर प्रस्ताव, तैलंगाना की लाल भवानी, शहीद फिल्म के गाने, 'देश के दुश्मन', गनतंत्र···यह लीजिए कागजी सबूत। और जुबानी गवाही ? गाँव के बच्चे-बच्चे से पूछ लीजिए।"

दारोगा साहब ने दस्तावेज के मुड़े हुए पन्नों को सीधा करके शुरू से अन्त तक पढ़ा। फिर मुस्कुराकर, चंद्रिकाजी की ओर देखने लगे, "यह तो ठीक ही कहता··· कहते हैं। जमीन-जायदाद सब इन्हीं के नाम से रजिस्टरी हुआ है।"

चंद्रिकाजी अब चिल्लाने लगे–"बेइमान कहीं का ! 'पब्लिक प्रापर्टी' को हड़पना चाहता है ? देखना है कि तुम···!"

गनपत उठकर खड़ा हो गया। "पब्लिक का नाम मत लो चंद्रिका, पब्लिक अन्धी नहीं, सबकुछ देखती है, समझती है। अपने 'स्वारथ' के लिए पाटी को टुकड़े-टुकड़े करनेवाले···!"

कुसमी अन्दर से ही बोली, "इन लोगों के मुँह लगने की क्या जरूरत ? डागडर

साहब ने मना किया है न !··· 'लड़ि मरे बरदा, और बैठा खाय तुरंग' ।"

किन्तु गनपत ने तब तक नारा बुलंद कर दिया था–"इनकिलाब, जिंदाबाद ! ··· फूटपरस्तो, मुर्दाबाद !··· पाटी के दुश्मन, सफेदपोश !"

एकत्रित भीड़ में तुरंत उत्तेजना की लहर दौड़ गयी। लोगों ने गनपत के साथ नारा लगाना शुरू किया तो दारोगा साहब जल्दी से बाहर चले गये। उन्होंने चंद्रिका से अंग्रेजी में कुछ कहा।

सिपाही ने घबराकर कहा, "हुजूर, यह पाटीवालों का घरेलू झगड़ा है। अब यहाँ ठहरिएगा तो मामला बिगड़ जायगा।"

दारोगा और चंद्रिका के जाने के बाद एकत्रित लोगों ने जय-जयकार किया, 'बोलिए एक बार प्रेम से–गनपतजी की जै ! किसानों के नेता–गनपतजी ! मजदूरों के नेता–गनपतजी ! गनपतजी जिंदाबाद ! जो हमसे टकराएगा, चूर-चूर हो जायेगा !'

पैंतीस साल में पहली बार अपनी 'जय' और 'जिंदाबाद' के नारे सुनकर गनपत का दिल उमड़ आया।

कोलाहल और कलरव के बीच किसी ने भाषण देना शुरू कर दिया–"भाइयो, इस बार ग्राम-पंचायत के चुनाव में, मुखिया के चुनाव में, इन लम्बे कुरते और पाजामेवाले फोकटिया बाबुओं के छक्के छुड़ा दो।··· आज रात यहाँ खूब धूम से 'किसान कीर्तन' होना चाहिए।"

जब सभी चले गये, और एकांत हुआ, तो गनपत ने झोंपड़ी के अन्दर से आवाज दी–"शोभित की माँ !··· जरा इधर आना।"

कुसमी अन्दर गयी। गनपत का चेहरा देखकर वह डरी–फिर बुखार आ गया क्या ? उसने गनपत के कपाल पर हाथ धरा। गनपत ने कुसमी की कलाई पकड़ ली। उसके ओंठ थरथराये। उसने कुसमी के चेहरे को अपने मुँह के पास खींच लिया। काँपती हुई आवाज में बोला, "कुसुम··· लेकिन यह पाप है, अन्याय है। पब्लिक की सम्पत्ति, पाटी की जमीन··· आश्रम में··· यह पाप–यह घोर पाप है··· !"

कुसमी को भुने हुए सौंफ की गंध बहुत भली लगी। वह मान-भरे स्वर में बोली, "कैसा पाप ? चंद्रिका बाबू ने पाटी के चंदे से पुरैनियाँ में पुख्ता घर बनवा लिया। रामलगन बाबू ने जमींदारों से घूस लेकर गरीब रैयतों के मुकदमों को खराब कर दिया। सो···।"

"कुसुम, लोग कुछ भी करें। मुझसे यह पाप-कर्म नहीं होगा। तुम मुझे··· तुम मुझे जिलाना चाहती हो तो अपनी झोंपड़ी में ले चलो।"

कुसमी ने कुछ क्षण गनपत की डबडबायी हुई आँखों और तमतमाये हुए चेहरे को देखा। फिर बोली, "और··· यह आश्रम ?"

"मैं जमीन वापस दे दूँगा लोगों को। दस जन की दी हुई चीज 'धर्मदा' होती है। इसे अकेला भोगनेवाला कभी सुख-चैन से नहीं रह सकता।···और अब मुझसे पब्लिक का काम नहीं हो सकेगा। जब पाटी ही टूट गयी··· !"

वह बच्चों की तरह हिचकियाँ लेकर रोने लगा।

कुसमी अपने गंदे आँचल से गनपत के आँसू पोंछती हुई बोली–"रोइए मत।"

गनपत ने कुसमी को छाती से चिपका लिया।··· आह ! पैंतीस साल के बाद औरत की छाती की गरमी उसकी देह में पहली बार आँधी की तरह समा गयी। उसने कुसमी के काले-काले ओठों को चूमने के लिए मुँह बढ़ाया, किन्तु रुक गया।

"नहीं कुसुम, यहाँ नहीं···। यहाँ नहीं···चलो अपने घर। यहाँ एक क्षण भी रहने का मुझे अधिकार नहीं।"

कुसमी उठ खड़ी हुई। गनपत का हाथ पकड़कर उठाते हुए बोली, "चलो।"

"माँ ! मैया ! देख, कितनी मछली ले आया हूँ !"

शोभित ने बाँस की टोकरी सामने रख दी। काली-काली माँगुर मछलियाँ छलमलाने लगीं।

कुसमी बोली, "मछली का सगुन सुभ होता है।"

गनपत हँसा।

कुसमी ने अपने इकलौते जवान बेटे से कहा, "बबुआ, तुम काका को सहारा देकर ले चलो। मैं बिछावन समेटकर ले आती हूँ।"

शोभित ने अपनी माँ का मुँह देखते हुए कहा, "कहाँ ?"

गनपत बोला, "जहाँ तुम्हारा जी चाहे, बेटा !"

गनपत ने एक बार उलटकर देखा। पार्टी का झंडा बदरंग होकर भी फड़फड़ा रहा है, हवा में। उसे लगा कि वह खुद पार्टी का झंडा है, जिसे शोभित कंधे पर ढोकर ले जा रहा है···।

जनवरी, 1965

आजाद परिन्दे

जब बग्गी-गाड़ी के कोचवान को मालूम हुआ कि पीछे पाँवदान पर कोई शैतान लौंडा लटका हुआ है, तो उसने चाबुक फटकारकर एक गाली दी पीछे की ओर–"उतर ! हरामी का पिल्ला !"

हरबोलवा हँसकर उतर गया और पासवाली गली में घुसने से पहले उसने एक हवाई गाली फेंकी–"साले ! खनगिन का खसम !"

हरबोलवा ने यह गाली दो ही दिन पहले सीखी है। ठेलावाले भुजंगी और भाजीवाले हलमान में कजिया शुरू हुआ। भुजंगी ने हलमान को बहन की गाली दी। हलमान उसकी छाती पर चढ़ बैठा–"बोल साले, खनगिन का खसम··· !"

इस गली में बहुत दिन के बाद आया है हरबोलवा। इस गली में एक स्कूल है। छोटी-छोटी लड़कियाँ पढ़ती हैं।···नहीं। स्कूल के चपरासी ने उसी दिन अच्छी तरह पहचान लिया था हरबोलवा को–"साले, तुमको पहचानते हैं। तू ही न, उस दिन मेरी बकरी को पकड़कर दूह रहा था ? सब्जी बाग की कसाई-गली में रहता है न साले ! यहाँ क्या करने आया है··· ?"

हरबोलवा ने हिम्मत बाँधकर जवाब दिया, "ए ! गाली काहे देते हैं ? हम यहाँ गली में खड़े हैं, किसी का कुछ लेते हैं ?"

"साले ! मुँह लगता है फिर ? नाक की हड्डी तोड़ दूँगा, मारे झापड़ के। साला, यहाँ नाली में 'बेबी' लोग, 'तीन-मिनट' करती है और तू देखता है ? भागो, साले !"

उस दिन, हरबोलवा ने अपने यार फरजन से कहा था, "ए ? 'तीन-मिनट' का माने जानता है, फरजनवाँ ?"

··· फरजन के मामू ने उस दिन फरजन को सजा दी थी–सुबह का नाश्ता बन्द कर दिया था। हरबोलवा उसके लटके हुए मुँह को देखकर समझ गया था। यार को दिलासा देने के लिए उसने कहा था–"अरे, तेरा एक ही दिन नाश्ता बन्द हुआ और इसी से तू हिम्मत हार गया ? मेरा तो कभी-कभी दिन-भर का खाना 'गोल' कर दिया जाता है। ऊपर से मार और गाली अलग।···लो, सुनो ! मैं तुमको 'तीन मिनट' का माने बतलाता हूँ।"

फरजनवाँ को दिखलाकर सामने चिपकी हुई एक विज्ञापन की तसवीर पर 'तुर्री' मारकर वह पेशाब करने लगा–"समझे 'तीन-मिनट' का माने ?···; हे हे हे हे !"

हरबोलवा ने देखा, स्कूल का फाटक बन्द है। छुट्टी है। उसने इधर-उधर देखा और पास की नाली में–जहाँ उस दिन छौंड़िया सब···। नहीं, दरबान के डर से उसका 'तीन-मिनट' नहीं उतरा।··· आज जब इधर आ ही गया है तो एक चक्कर मौसी के घर का लगा लेना ठीक होगा। उसने धीरे-धीरे अपनी नयी गाली पर सुर चढ़ाया–एक फिल्मी धुन–खनगिन का खसम, खनगिन का खसम, खनगिन···!

गली से बाहर निकलकर उसने देखा, उसी की उम्र के कुछ लड़के एक गधे की पूँछ में फूटा कनस्तर बाँधने की कोशिश में लगे हुए हैं। मगर गधा है चालाक ! पूँछ को इस तरह समेट लिया है कि।

हरबोलवा ने अपने पॉकेट को टटोलकर देखा–हाँ, तार का 'हुक' है। उसने बिन माँगे ही मदद दी–"अजी, वैसे नहीं होगा। लो यह 'हुक'; इसको रस्सी में बाँधकर दुम में लपेट दो। फिर हुक खोंस दो।"

और, यहीं सुदरसन से उसकी दोस्ती हो गयी। गधे के पीछे तालियाँ बजा-बजाकर, कुछ दूर दौड़कर बहुत खुश हो गया हरबोलवा का मिजाज। गधा भागा जा रहा है और कनस्तर ढनढना रहा है। सुदरसन ने कहा, "ऐन मौके पर तुम आ गये भला।··· कहाँ रहते हो ? बाप क्या करता है ? माँ है ? भाई-बहन ?"

सुदरसन ने बतलाया, उसकी सौतेली माँ है, लेकिन बहुत दुलार करती है। मगर बाप कसाई है। असल में उसका बाप ही है सौतेला ! "माने, नहीं समझे ? मेरा असल बाप जब मर गया, तो इस बाप ने मेरी माँ को फुसलाकर एक दिन अपने घर बुलाया और दरवाजा बन्द करके सिंदूर दे दिया माँग में–जबरदस्ती। माँ रोने लगी। मगर रोने से क्या है ? सिंदूर दे दिया एक बार तो···। आखिर, मेरी माँ इसी शर्त पर राजी हुई कि सुदरसन को अपने बेटे की तरह रखोगे तो मैं तेरी बीवी, नहीं तो···।"

"ए ! सुदरसनवाँ ! तेरा बाप आ रहा है, इधर ही।"

"आने दे।"

हरबोलवा बोला, "मैं जाता हूँ। मुझे मौसी के घर जाना है।"

सुदरसन ने कहा, "ठहरो यार !"

"क्यों बे सूअर ? बारह बज गये और तू सड़क पर 'खचड़इ' करता है ?"

सुदरसन ने कहा, "आज छुट्टी है दुकान में।"

सुदरसन के 'कठबाप' ने कड़ककर कहा, "छुट्टी है तो घर क्यों नहीं गया अभी तक ?··· साले, एक दिन तेरी पीठ की चमड़ी फिर सेंकनी होगी। जा, घर जा !"

सुदरसन का कठबाप जब मोड़ के पार चला गया तो सुदरसन ने अपने चेहरे पर हाथ फेरकर मुँह बनाया। मानो चेहरे पर लगी हुई गालियों को पोंछकर फेंक

दिया। फिर बोला, "तू कहाँ जा रहा है ?"

"मौसी के घर।"

"कहाँ रहती है तेरी मौसी ?"

"पगलखनवा के पास।"

हरबोलवा ने पूछा, "और तुम्हारा घर किधर है ? किस दुकान में काम करते हो ?"

सुदरसन ने हाथ से एक ओर दिखलाते हुए कहा, "यहीं, गली में। पीर साहेब का मजार देखा है ? उसी के पास। चलो यार ! देखें तुम्हारी मौसी का घर। चलो।"

"तुम ? तुम मेरी मौसी के घर क्यों जाओगे ?"

हरबोलवा नहीं चाहता था कि सुदरसन, जिससे उसकी जान-पहचान नहीं कभी की, ऐसे लड़के को अपनी मौसी के घर ले चले। मगर, सुदरसनवा तो जोंक की तरह चिपक गया है।

कारपोरेशन के सामने, पानी का बंबा बिगड़ा हुआ देखकर दोनों प्रसन्न हुए। पानी का फव्वारा !

"नहाएगा ?"

"और तुम ?"

सुदरसन ने पैंट खोलकर बंबे के फव्वारे से अपनी देह को ढँक लिया मानो। हरबोलवा किन्तु आगे-पीछे की बात सोचने लगा। फिर अपने पाकेट से साबुन का एक टुकड़ा निकालकर जमीन पर फेंकते हुए बोला, "जरा पाजामा साफ कर लें।"

दोनों बहुत देर तक फव्वारे में नंगे नहाते रहे। बीच-बीच में टोंटी में उँगली डालकर पिचकारी छोड़ते।

लेकिन मुहल्ले के लड़कों को तब तक सूचना मिल गयी थी। वे एक-दूसरे को नाम लेकर पुकारते हुए दौड़े–धर-धर-धर सालों को···!

हरबोलवा डरा। मगर सुदरसनवा लापरवाही से कुल्ला करता रहा।

मुहल्ले के लड़कों का 'मेट', एक भालू-जैसा लड़का, आगे बढ़कर बोला, "कहाँ रहता है बे ? यहाँ लँगटा होकर नहाने आया है, खचड़े ?"

हरबोलवा ने अपने अधसूखे पाजामे को ही जल्दी-जल्दी पहन लिया। सुदरसन हँसा। और सुदरसन की हँसी ठीक जगह पर जाकर लगी। मेट ने अपनी टोली को सावधान किया–"यह साला बड़ा चालू मालूम होता है। होशियार रहना !"

सुदरसन ने कहा, "तुम्हारा नाम डफाली है न ?"

आश्चर्य ! सुदरसन के मुँह से अपना नाम सुनकर डफाली के सिर के 'कदमकुट्टी बाल' खड़े हो गये। उसकी आँखें गोल हो गयीं। बोला, "तुम··· तुम कहाँ रहते हो ? तुम कौन··· तुमने मेरा नाम कैसे जाना ?"

सुदरसन बोला, "तुम्हारी माँ तुमको साथ लेकर एक दिन हकीम साहेब के दवाखाने

में गयी थी न ?"

डफाली का मुँह खुल गया। वह बोला, "हाँ !"

सुदरसन हँसता रहा, पूर्ववत। डफाली ने अपनी टोली के सदस्यों से कहा, "अरे, यह जान-पहचान का है रे !"

डफाली अपनी टोली के साथ गली में गायब हो गया। तब सुदरसन बोला, "जानते हो, इतना बड़ा हो गया है और बिछावन में पेशाब करता है !"

हरबोलवा भी हँसने लगा, "इसीलिए भागा ससुर।"

किन्तु आज हरबोलवा की मौसी उसको देखकर जरा भी खुश नहीं हुई। सुदरसन को देख बोली, "और ई कौन है ?··· दिदिया तुमको पीटती है, सो ठीक ही करती है। दुनिया-भर के लुच्चे-लफंगों के साथ इधर-उधर मटरगस्ती करता फिरेगा तो एक दिन जेल जायेगा। जा, घर जा !"

हरबोलवा की समझ में नहीं आया कुछ। आज मौसी इस तरह अचानक बिगड़ क्यों गयी ?

सुदरसनवा ने रास्ते में पूछा, "यार, वह झोंपड़ी के अन्दर कौन बैठा था ? वही तुम्हारा मौसा है ?"

"मौसा ? नहीं तो। मौसा तो बरौनी में रहते हैं।"

"तब वह लाल कमीजवाला कौन था ?"

"किधर ?"

"अरे, मैंने झाँककर देखा था। इसीलिए तुम्हारी मौसी धड़फड़ाकर झोंपड़ी के बाहर आयी थी और तुमको डाँटने लगी थी।"

"ओ !"

हरबोलवा चुप रहा। सुदरसन बोला, "एक बात कहूँ, बुरा तो नहीं मानेगा ? ··· तेरी मौसी छिनाल है।"

"धेत्त !"

"धेत्त क्या ?··· मैंने झाँककर देखा तो···।"

सुदरसनवा की हँसी पर हरबोलवा का चेहरा ठीक डफाली की तरह हो गया। मानो वह भी बिछावन में पेशाब करता हो ! और यह बात सुदरसन को मालूम हो गयी।

लौटती बार कारपोरेशन के सामनेवाले बंबे के पास वे कुछ देर तक रुके रहे।

हरबोलवा ने पूछा, "तुम किस चीज की दुकान में काम करते हो ?"

"दफतरी की दुकान में।··· साला, सँड़ी हुई बासी लेई की गंध के मारे तुम्हारा दिमाग फट जायेगा !··· करेगा काम ?"

"कितना मिलता है ?"

"मोट पन्द्रह रुपये।"

"बस ?"

"तो कागज पर लेई लगाने का और कितना मिलेगा–एक सौ ? बोल, काम

करेगा ?"

मखनियाँ कुआँ के नुक्कड़ पर कुछ हो गया है। दोनों ने दुलकी चाल पकड़ी। लेकिन जब वे पहुँचे, खेला खत्म हो चुका था। स्कूटर-रिक्शा एक्सिडेंट में दो आदमी घायल हुए थे और दोनों अस्पताल जा चुके थे ! दोनों को पछतावा हुआ।

हरबोलवा ने उलटकर देखा, सुदरसन एक बीड़ी की दुकान पर रुक गया है। बीड़ी सुलगाकर वह तेजी से हरबोलवा के पास आया–"बीड़ी पीयेगा ?"

"बीड़ी नहीं पीता।"

हरबोलवा जब अपने मुहल्ले की ओर जाने लगा तो सुदरसन का दिल अचानक बुझ गया। उसने हरबोलवा को पुकारा–"ए ! सुनो !"

हरबोलवा रुका–"क्या है ?"

सुदरसन बोला, "तुम्हारे घर चलूँ तुम्हारे साथ ?"

"नहीं। बेकार, मेरी माँ तुमको भी गाली देगी।"

"तू काम करेगा ?"

"बाबू से पूछूँगा ?··· ···मुझे देरी हो रही है, चलता हूँ।"

"ठहरो जरा, यार !··· सच··· लगता है तुमसे बहुत दिनों की जान-पहचान है।"

हरबोलवा हँसा।··· शायद, उसकी हँसी ने सुदरसन को मोह लिया है। उसने पूछा, "तुम लकड़ी के कोयले से मंजन करते हो ?"

"हाँ।"

"मैं भी करूँगा।"

हरबोलवा चलने लगा तो सुदरसन ने उसके दोनों हाथों को पकड़कर हँसते हुए कहा, "कहा-सुना माफ करना, भाई !"

सुदरसन की आँखों में न जाने क्या देखा कि हठात हरबोलवा का दिल उमड़ आया। वह रुक गया। उसने उदास सुदरसन से पूछा, "क्या हुआ ?"

"साला आज बहुत मार पड़ेगी।"

"मुझे ?"

"साला, जब तक मूँछ नहीं जमेगी, तब तक बालिग नहीं हो सकते और जब तक नाबालिग रहोगे, इसी तरह रोज लत्तम-जुत्तम ! साला घर जाने का जी नहीं करता।··· कहीं भाग चलने का मन करता है।"

बाकरगंज मसजिद के पास दोनों बहुत देर तक उदास खड़े रहे–नीम की छाया में।

"जब तक बालिग नहीं हो जाते, रोज लत्तम-जुत्तम सहना होगा। साला !···सुनो, एक काम करेगा ? सलीमा में 'टनटन भाजा' बेचेगा ?"

"सलीमा में टनटन भाजा ?"

सुदरसन ने बतलाया–'लौन-सलीमा' के पास एक टनटन भाजा कम्पनी है। उसमें उसके कई दोस्त काम करते हैं। खूब मौज का काम है, यार ! मगर जमानतदार

ही नहीं मिलता कोई। और, बाप साला काहे चाहेगा कि उसका बेटा टनटन भाजा बेचकर पैसा जमा करे ?

सुदरसन ने बतलाया, "बीस रुपये महीना ! एकदम आजादी का काम और फोकट में सलीमा देखो, सो ऊपर से।"

सुदरसन ने अपने बाप से कहा था। मगर सुदरसन के बाप ने कहा, "टनटन भाजा कम्पनी का मालिक एक सौ रुपया पेशगी देगा ? दफतरी ने दो सौ रुपया एडवांस दिया है।"

सुदरसन ने हरबोलवा के कंधे पर हाथ रखकर बहुत प्यार-भरे सुर में पूछा, "बोल ना यार, टनटन भाजा कम्पनी में काम करेगा ?"

"मगर जमानतदार ?"

"उसका इन्तजाम हो जायेगा।"

"कहाँ ?"

"हमारे मुहल्ले में एक अमजद मिस्तरी है। मगर भारी खचड़ा है।"

सुदरसन ने थूक फेंकते हुए कहा, "यार, एक बार कोई जमानत हो जाये। एक बार टनटन भाजा कम्पनी की नौकरी मिल जाये, फिर कौन बाप ले जाता है पकड़कर घर और कौन साला मारता है ?··· मगर अमजद मिस्तरी साला भारी खचड़ा है।"

"खचड़ा है तो जमानत कैसे··· ?"

सुदरसन हँसा–"खचड़ा है इसीलिए तो जमानतदार होगा।"

बाकरगंज मुहल्ले के पास ही कहीं शादी के ढोल बजने लगे। दोनों ने एक लम्बी साँस ली।

हरबोलवा ने कहा, "इस साल खूब लगन हैं। तुम्हारे मुहल्ले में कोई शादी नहीं ? हमारी गली में एक ही रात में पाँच···।"

सुदरसन हँसा–"मारो यार गोली ! शादी ! जब तक मूँछ-दाढ़ी नहीं उगता साला, नाबालिग ही रहेंगे हम लोग।··· चलो, अमजद मिस्तरी के घर चलें।"

हरबोलवा को हठात लगा, सुदरसन ही उसका सबकुछ है। सुदरसन के सिवा इस दुनिया में अपना कोई नहीं। उसका दुख समझनेवाला यह सुदरसन···।

सुदरसन के हाथों को हरबोलवा ने पकड़ लिया–"मुझे डर लगता है लेकिन···।"

"काहे का डर ?"

"बाप···।"

"अरे, एक बार कम्पनी में घुसने तो दे, तब देखना है बापों को।··· ए देख, इधर··· इसमें तेल लगावेगा आकर तुम्हारा और हमारा बाप-माँ, मौसा-मौसी–सब। समझे ?"

हरबोलवा ने हँसकर सुदरसन के गले में हाथ डाल दिया–"तो मिल जायेगी नौकरी ?"

"अमजद मिस्तरी को तेल लगाना होगा।"

"लगायेंगे ! कम्पनी की नौकरी के लिए जो करना होगा करेंगे। अब लौटकर घर नहीं जाना है।…थूक है घर को !"

"पक्का ?"

"पक्का !"

फरवरी, 1965

संकट

मैं यह नहीं कहता कि मेरा 'सिक्स्थ-सेंस' बहुत तेज है। आदमी को यह विशेष ज्ञान नहीं दिया है, प्रकृति ने। पशुओं में, कुत्ते की षष्ठेन्द्रिय बहुत सक्रिय होती है। मैं, आदमी होकर यह दावा कैसे कर सकता हूँ ? किन्तु, प्राणी विज्ञान के विशेषज्ञों के नाम, कभी किसी अखबार में एक पत्र लिखकर—एक सूचना देने की इच्छा अवश्य है कि पशु-पक्षी पालनेवाला—खासकर कुत्ता पालने में धीरे-धीरे षष्ठेन्द्रिय-ज्ञान का विकास हो जाता है। आदमी भी सूँघकर—अशरीरी छायाओं का पीछा कर सकता है। वह भी आनेवाले संकट की घण्टी चौबीस घण्टा पहले ही सुन सकता है। संक्रामक रोग, सामूहिक शोक अथवा आँधी-तूफान की सूचनाएँ—उसे भी पहले ही मिल जाती हैं। उसकी अन्य किसी बुद्धि का लोप हो जाता है अथवा अन्य इन्द्रियाँ शिथिल होती हैं या नहीं, कह नहीं सकता !···

कटिहार जंक्शन पर सुबह आँखें खुलीं। खिड़की की झिलमिली उठाकर, कुहरे में लिपटे हुए, रेलवे-यार्ड, मालगाड़ियों के डिब्बे, शंटिंग करते हुए इंजनों को देखता हुआ—प्लेटफार्म पर मैंने काँच को गिरा दिया। हवा का पहला झोंका—ठण्डा-गरम, खुशबू-बदबू··· संकट की गन्ध लगी ? सं··· क··· ट ?

हाँ, संकट की गन्ध ही है। कटिहार के इस प्लेटफार्म पर मैंने इसके पहले भी कई बार संकटों को पहले ही गूँथा है। प्लेटफार्म पर ही नहीं—सारे स्टेशन और बाजार, ओवरब्रिज, आसपास के क्वार्टरों पर संकट की छाया को छू-छूकर मैंने अनुभव किया है। जाना है कि पेड़, सिगनल, मैदान, कौआ, खलासीटोले का हनुमानजी का पताका—सभी दम साधकर प्रतीक्षा में हैं। कोई भारी आँधी आनेवाली है ? महामारी ?··· बम ?

सन् 1940-41 : ठीक इसी मौसम में, सुबह को ही इस स्टेशन के इसी—चार नम्बर—प्लेटफार्म पर पहली बार ऐसी अनुभूति हुई थी। दो दिनों की यात्रा के बाद—अवध-तिरहुत रेलवे की गाड़ी, हमें बनारस कैण्ट जंक्शन से ढोकर—कटिहार जंक्शन पर पहुँचा जाती। कटिहार पहुँचते ही हमें लगता, घर की ड्योढ़ी पर पहुँच गये। प्लेटफार्म पर एकत्र भीड़ का एक-एक आदमी हमारे घर का है। सभी जाने-पहचाने लगते। रास्ते की सारी थकावट दूर हो जाती। मन में रह-रहकर

गुदगुदी लगती। आज भी, ऐसा ही होता है।

उस बार, प्लेटफार्म पर भरथजी को देखकर पहले प्रफुल्लित हुआ था। फिर, एक अज्ञात आशंका हुई थी–इतने दिनों के बाद घर लौटा हूँ। पता नहीं, भरथजी कौन-सा प्रोग्राम लेकर···।

हम उन दिनों नाम के लिए ही पढ़ते थे। यानी हम पढ़ने का, बहाना बनाकर–'राष्ट्रीय' काम करते थे। देश का काम। हम, विभिन्न राजनीतिक दलों द्वारा संचालित स्टुडेण्ट फेडरेशन के सदस्य, उन दिनों अपने-अपने दल का सन्देश हर कॉलेज में सुनाते फिरते। लीडरी करने के सभी नुस्खे, अपने दल के बड़े नेताओं और कामरेडों से हम सीख चुके थे। कोकटीखादी का गेरुआ पाजामा और कुर्ता, चप्पल और सिगरेट–मैं किन्तु सिगार पीता था–'टेट' वर्मा चूरुट ! कामरेड बोखारी के पहनावे-ओढ़ावे ने मुझे काफी प्रभावित किया था। वह सिगार पीता था।··· लाल-लाल पतले ओठों पर–काला सिगार !

भरथजी, हमारी मूल पार्टी के सदस्य थे। हालाँकि, हमारा सम्बन्ध तत्कालीन यू. पी. और अभी के उत्तर प्रदेश के नेताओं से था। लेकिन, भरथजी की दौड़ बनारस-कानपुर तक थी। हर दो या तीन महीने बाद भरथजी अचानक किसी दिन पहुँचते। वे अक्सर रात को हमारे होस्टल में आते। अपने चारों ओर एक रहस्य, एक गुप्त-आवश्यक प्रोग्राम, एक गश्ती-चिट्ठी–एक सतर्क व्यक्तित्व लेकर। हर बार उन्हें कुछ रुपयों की आवश्यकता होती, जिसकी व्यवस्था करने के लिए हमें कभी-कभी चोरी भी करनी पड़ती। उन दिनों किसी-न-किसी रूप से स्टोव, अँगूठी, घड़ी या कलम गुम हो जाया करती। लेकिन, ऐसा तभी होता जब हममें से किसी के पास भरथजी की आवश्यकता-पूर्ति के लिए या–सिगरेट पीने के भी पैसे नहीं होते ! किन्तु, यह भी सच है कि भरथजी के लिए पैसे जुटाने के काम को भी हम देश का काम समझते थे। इसलिए, उन चोरियों को पाप नहीं–पुण्य मानते थे।

किन्तु, उस बार भरथजी को अपने होम-डिस्ट्रिक्ट के प्रिय जंक्शन पर देखकर आशंका हुई थी। मन में झुंझलाहट भी हुई थी।··· इतने दिनों के बाद घर लौट रहा हूँ। नया चूड़ा, नया चावल, नयी साग-सब्जी, नया गुड़, नवान्न, श्रीपंचमी और मेलों का आनन्द, सिर्फ एक महीने में कितना-सा उपभोग कर सकता है कोई। और यहाँ भी कोई प्रोग्राम लेकर पहले से ही भरथजी उपस्थित हैं ! पता नहीं, कहाँ जाना पड़े ?···

भरथजी की मुस्कराहट देखकर हम सबकुछ भूल गये। असल में भरथजी को देखते ही हमारी, खासकर मेरी हालत तेलचट्टे की तरह हो जाती, जिसे 'भिडिंग' या 'कुम्हार-ततैया' नामक घोर नीला और चमकीला भौंरा अपने सूँड से अन्धा कर देता है। फिर खींचता हुआ अपने मिट्टी के घर में ले जाता है और बाद में सुना है–अपने ही जैसा 'भिडिंग' बना डालता है।··· कितनी बार देखा है, तेलचट्टा भागने की कोशिश करता है। मगर, अन्धा तेलचट्टा किधर भागे ?···

उस दिन भी कुहरे की मसहरी को उठाकर सूरज ने खुले प्लेटफार्म पर रोशनी बिखेर दी थी। भरथजी हँसे थे–हुँ ! देखता हूँ साथ में विश्वनाथ महाराज का 'परसाद' भी है।···

मैं कुनमुनाया था–जी ! माँ के लिए हर बार यह सब और गंगाजल ले जाना पड़ता है।

मैं लज्जित हुआ था कि मेरे पास विश्वनाथ का 'परसाद' और काशी की गंगा का 'जल' है। जी हुआ था खिड़की से बाहर फेंक दूँ, इन्हें। मगर, भरथजी ने भाँपकर कहा–मदर से इसके एवज में पैसे वसूलते हो या नहीं ? अरे कहते क्यों नहीं कि हर बार पण्डा दस रुपये दक्षिणा लेता है। और, एक झारी गंगाजल के लिए घाट के पण्डा को पाँच रुपये···।

भरथजी जोर से हँसे थे। और, मैंने उस बार घर पहुँचकर पन्द्रह रुपये का हिसाब सुना दिया था माँ को–पन्द्रह रुपये टैक्स के लगे हैं।

माँ को अचरज हुआ तो कह दिया–जानती नहीं, लड़ाई शुरू हो गयी है। वार फण्ड में आखिर पैसा कैसे जमा करेगी अंग्रेजी सरकार ?···

भरथजी का प्रोग्राम ? उन्होंने कहा था–एकाध दिन कटिहार आ जाना। मैं यहीं मिलूँगा–अन्नपूर्णा होटल में।···

जब तक बनारस में रहता–मन गाँव के लिए मचलता रहता। घर पहुँचकर, दो-चार दिनों में ही सबकुछ फीका-फीका लगने लगता। आवारा-मन उचट जाता। फिर, किसी-न-किसी बहाने घर से फिरण्ट !

उस बार कटिहार आकर मालूम हुआ कि भरथजी एक महत्त्वपूर्ण उद्देश्य से कटिहार में कैम्प डाले हुए हैं। मेरे पहुँचने पर वे बहुत खुश नहीं थे। उन्होंने बतलाया था कि पिछले कई दिनों से इस गली की नुक्कड़ पर एक आदमी उनको 'वाच' कर रहा है।··· तुम आ गये हो, ठीक़ है। मैं अब कई दिनों तक स्टेशन नहीं जाऊँगा।···

दूसरे दिन मुझे महत्त्वपूर्ण कार्य की जिम्मेदारी देते हुए कहा था–देहाती की तरह सभी से बोलना-बतियाना। सबको बाबू-बाबू कहकर बात करना। काम कुछ नहीं था। रोज कितनी गाड़ियाँ–मिलेटरी-स्पेशल पास करती हैं, देखना। बस, देखना !

मैंने जिरह किया–बस देखना ?

–हाँ। बस देखना !

उसी दिन, पहली बार आसमान में करीब पचास हवाई-जहाजों को जाते देखा। उसी दिन देखा–स्टेशन की छत से लेकर फर्श तक कालिख पोता जा रहा है। खिड़कियों और बिजली के बल्बों को अन्धा किया जा रहा है। पहली बार सुना और रात में देखा–ब्लैक आउट !

उस दिन कड़ाके की सर्दी पड़ी थी। मगर, स्टेशन अथवा शहर में, कहीं बाहर में अलाव नहीं नजर आ रहा था। दिन में ही पता चल गया था–रात साढ़े दस

बजे एक मिलेटरी-स्पेशल है ! तार-बाबू ने छोटे तार-बाबू को चार्ज देते समय कहा था, बंगला में–साड़े दश टाय···।

दीवारों पर, बड़े-बड़े पोस्टर चिपके हुए थे। 'अफवाहों पर कान मत दीजिए'–'आपकी बात दुश्मन के फायदे की हो सकती है'–'अफवाह फैलानेवाला दुश्मन है !!'

रोज, आसाम की ओर जानेवाले मिलेटरी-स्पेशलों को देखता। प्लेटफार्म पर फौजियों के सामूहिक लंगर, भोजन। विभिन्न रंगों, जातियों, देशों के लोग। समाज के चुने-चुनाये, स्वस्थ-सुगठित शरीरोंवाले नौजवान–जिन्हें मिलेटरी कहते हैं–पेट के लिए अपनी जान देने जा रहे हैं। अंग्रेजी सरकार की फौज !

हठात्, एक दिन मैं डर गया। मैंने भरथजी से कहा–भरथजी ! मुझे सबकुछ अजब-अजब-सा लगता है। मुझे लगता है, मैं भी किसी दिन चला जाऊँगा, किसी मिलेटरी-स्पेशल पर चढ़कर !

मैंने पूछा था, साहस बटोरकर–आखिर, रोज-रोज मिलेटरी-गाड़ी देखने से हमारी पार्टी का क्या फायदा होगा ?

भरथजी ने मुझे छुट्टी दे दी–तुम अब घर जा सकते हो। लेकिन, मैं घर नहीं गया। नहीं जा सका। अँधेरे में प्लेटफार्म पर, रात ग्यारह बजे तक बेकार इधर-उधर खड़ा होकर लोगों से, सौनोली जानेवाली गाड़ी या मनिहारी से आनेवाली गाड़ी अथवा जोगबनी की ओर जानेवाली गाड़ियों के बारे में पूछताछ करने का नशा सवार हो गया था, मानो।

लेकिन, मैं भीषण डरा हुआ था। चारों ओर एक अद्भुत छायाओं से घिरा हुआ पाता था, अपने को। मिलेटरी-गाड़ियों और पैसेंजर ट्रेनों के प्लेटफार्म छोड़ने के बाद, लगता–हर गाड़ी में मेरा अपना आदमी चला गया है, कोई। जो अब नहीं लौटेगा। जिन्हें अब कभी नहीं देख पाऊँगा। वह मराठा रेजीमेण्ट का नौजवान, जो सोरावजी रेस्ट्राँ में 'पिक्ल' खोजने आया था, वह बिना अँचार खाये ही मर जायेगा। गोरखा, बलुच, जाट, राजपूत। सौनोली की ओर जानेवाली एक पार्सल ट्रेन में जो बच्चा रो रहा था उसकी आवाज मेरा पीछा करती रही।

मैंने भरथजी से कहा, "मुझे लगता है, बहुत जल्दी ही हमला होगा !"

भरथजी मेरा मुँह देखने लगे थे, "कहीं सुना कुछ ?"

"नहीं ! मुझे लगता है।"

और, उसके दो-तीन दिन बाद ही बर्मा पर जापानियों ने चढ़ाई कर दी।

भरथजी दो-तीन दिनों के लिए पटना गये। उनके बदले में दो साथी आये–रहीम साहब और चनरभूसन।

दस-पन्द्रह दिनों के बाद ही चारों ओर कोहिमा, इम्फाल, डुमडुमा नामों की डुगडुगी हर आदमी के कानों के पास बजने लगी।

जिधर मिलेटरी-स्पेशल जाती थी अर्थात् आसाम की ओर से अब आने लगीं भरी गाड़ियाँ–लदी गाड़ियाँ–'इवैक्वी' शब्द उसी दिन पहली बार सुना !

रोज तीन-चार गाड़ियाँ आतीं और प्लेटफार्म पर हजारों नर-नारियों को उतार देतीं।··· थके, हारे, भागे, बीमार, परिवार से बिछुड़े, भूले, अधपगले इन्सान !···

पार्टी के आदेश पर हम सभी, विभिन्न सार्वजनिक सेवा-समितियों के वालेण्टियर हो गये। मैं भारत-रिलीफ सोसायटी का स्वयंसवेक बना और रहीम साहब केन्द्रीय सेवा-समिति में गये।

लेकिन, मैं अपने साथियों में सबसे बड़ा कापुरुष और रिएक्शनरी निकला। क्योंकि 'मृतक सत्कार विभाग' में दस दिनों तक रहकर भी मैं कुछ 'संचय' नहीं कर सका। असल में हम सेवा कर रहे थे–'कलेकसन' के लोभ में। जो भी मिल जाये–सोना, चाँदी, बर्तन, कारतूस, बैटरी, घड़ी। चनरभूसन इस मामले में सबसे ज्यादा मिलिटेण्ट निकला। उसने और सिर्फ उसी ने सबसे ज्यादा कलेकसन किया था।··· कोई उस तरह, अपने गुप्तांग में कीमती पत्थरों की छोटी पोटली छिपाकर रख सकता है, भला ? चनरभूसन मृतक सत्कार समिति में हो गया था। बनजरवा मेहतर से उसने यह शिक्षा ली थी। हर मुर्दे को उलट-पुलटकर टटोलकर देखने की कला में वह प्रवीण हो गया था।

दिन-रात चीख-पुकार, आह-कराह, पागलों के प्रलाप, हँसी के बीच मिलेटरी-गाड़ियाँ जातीं। चनरभूसन एक टोमीगन चुराने में सफल हुआ। मैं एक बीमार पंजाबी लड़की के प्रेम में पड़ गया। उसका घरवाला सबकुछ खोकर उसके साथ कटिहार तक आया। मगर, उससे आगे नहीं चल सका। कैम्प-अस्पताल में उसको मरते हुए मैंने देखा था। उसकी बीमार बीवी को खबर भी मैंने ही सुनायी थी। वह कुछ नहीं बोली थी। चुपचाप मुझे देखती रही। फिर, मुँह में चुहनगम की तरह कोई चीज डालकर उससे दाँत रगड़ने लगी थी।

चनरभूसन ने कहा था–तुम अस्पताल की ड्यूटी के भी काबिल नहीं। रहीम जायेगा तुम्हारे बदले।

रहीम ने उस पंजाबी लड़की के ब्लाउज के अन्दर हाथ डालकर बटुआ निकाल लिया था। जिससे, सिर्फ दस रुपये का एक नोट निकला था। एक ताबीज !

वह लड़की जिस दिन मरी, मैं घर भाग आया। भाग आया मुजरिम की तरह। लगा, मैंने ही उसके स्वामी का गला टीपकर मार दिया है ! मैंने उस, बीमार औरत की अस्मत लूटी है। मैंने, हमने। हम सभी ने मिलकर !··· ताबीज मेरे पास है, आज भी।

सात साल बाद–दूसरी बार संकट की सूचना मिली। सूचना नहीं, आभास मिला !

इस बार, गाड़ियों में लदकर जो लोग आये उन्हें 'रिफ्यूजी' कहा गया।

भरथजी बहुत बड़े नेता हो चुके थे। चनरभूसन भी बहुत बड़ा मजदूर नेता हुआ, रहीम साहब दंगे में मारे गये और मैं कापुरुष कुछ नहीं कर सका। चार

साल तक जेल में सिर्फ उसी पंजाबी लड़की की लाश के पास में लेटकर काट दिया। कोई लिटरेचर, कोई शास्त्र नहीं पढ़ा। न किसी से लड़ा, न किसी का विरोध किया।

शरणार्थियों की सेवा का अवसर मिला। कटिहार, पार्वतीपुर के कई कैम्पों में महीनों सेवा करता रहा। हाँ, इस बार भी कई पार्टियों के स्वयं-सेवक थे। हमारी पार्टी के भी थे। मानो, इस बार मुझे अन्तिम अवसर दिया गया था।

पार्वतीपुर के कैम्प में मैं एक दिन फूट-फूटकर रो पडना चाहता था। बेवजह ! किन्तु, मैं रोया नहीं, दाँत को चुहनगम-जैसे पदार्थ से साफ करती हुई, उस लाश के सामने मैं रो नहीं सका। चुपचाप, एक कागज पर रोने लगा। कई दिनों तक रोया–रोता रहा।

पार्टी में एक ऐसे तबके के लोग भी थे जो बैठे-बैठे ही तीर-कमान छोड़ते थे। कई वर्षों के बाद, इसी वर्ग के एक साथी ने, चुराकर मेरा वह रोना पढ़ना शुरू किया और रोने लगा।–उसने कहा–यार, यह तो लिटरेचर है ! यह समाजवादी-यथार्थवाद का उत्कृष्ट उदाहरण है।

किन्तु, डॉक्टरों ने मेरे घरवालों को राय दी कि काँके में कुछ दिन रखकर देखिए। अभी शुरूआत है। सही भी हो सकता है दिमाग !

इस बार, फिर कटिहार जंक्शन पर मैंने वैसी ही अशरीरी छायाएँ देखी हैं--बहुत दिनों के बाद। और, मैं जानता हूँ कि ये सारे लक्षण वही हैं।···संकट के बादल नहीं, पहाड़ टूटनेवाला है। मैं कहता हूँ, मैं कहता हूँ···।

मगर, एक बार जिसे पागल करार दे दिया जाये, उसकी बात पर जीवन-भर कोई ध्यान नहीं देते।

मैं कुत्ते की तरह धरती सूँघता हुआ चला जाऊँगा, किसी दिन–किसी भी तरफ ! आसपास ही कहीं वह पंजाबी-इवैक्वी लड़की दफनायी गयी थी। पासवाले बाग में ही रिफ्यूजी सावित्री एक खेमे के अन्दर धीरे-से कराह उठी–मरे गेलाम !

सभी प्रतीक्षा कर रहे हैं–वेटिंगरूम में।

मार्च, 1965

नैना जोगिन

रतनी ने मुझे देखा तो घुटने से ऊपर खोंसी हुई साड़ी की 'कोंची' को जल्दी से नीचे गिरा लिया। सदा साइरेन की तरह गूँजनेवाली उसकी आवाज कंठनली में ही अटक गयी। साड़ी की कोंची नीचे गिराने की हड़बड़ी में उसका 'आँचर' भी उड़ गया।

उस सँकरी पगडंडी पर, जिसके दोनों ओर झरबेरी के काँटेदार बाड़े लगे हों, अपनी 'भलमनसाहत' दिखलाने के लिए गरदन झुकाकर, आँख मूँद लेने के अलावा बस एक ही उपाय था। मैंने वही किया। अर्थात् पलट गया। मेरे 'पीठ पीछे' रतनी ने अपने उघड़े हुए 'तन-बदन' को ढँक लिया और उसके कंठ में अटकी हुई एक उग्र-अश्लील गाली पटाके की तरह फूट पड़ी।

मैं लौटकर अपने दरवाजे पर आ गया और बैठकर रतनी की गालियाँ सुनने लगा।

नहीं, वह मुझे गाली नहीं दे रही थी। जिसकी बकरियों ने उसके 'पाट' का सत्यानाश किया है, उन बकरीवालियों को गालियाँ दे रही है वह। सारा गाँव, गाँव के बूढ़े-बच्चे-जवान, औरत-मर्द उसकी गालियाँ सुन रहे हैं। लेकिन··· लेकिन क्यों, शायद सच ही, उनके सुनने और मेरे सुनने में फर्क है। मैं 'सचेतन रूपेण' अर्थात् जिस तरह रेडियो से प्रसारित महत्त्वपूर्ण वार्ताएँ सुनता हूँ, इन गालियों को सुन रहा हूँ। कान में उँगली डालने के ठीक विपरीत··· एक-एक गाली को कान में डाल रहा हूँ। उसकी एक-एक गाली नंगी, अश्लील तसवीर बनाती है—'ब्लू फिल्म' के दृश्य।

···उदाहरण ? उदाहरण देकर 'थाना-पुलिस-अदालत-फौजदारी' को न्योतना नहीं चाहता।

रमेसर की माँ ने टोका शायद !

गाँव-भर की बकरीवालियों को सार्वजनिक गालियाँ दागने के बाद रतनी ने रमेसर की माँ के 'प्रजास्थान' को लक्ष्य करके एक महास्थूल गाली दी। रमेसर की माँ ने टोका—"पहले खेत में चलकर देखो। एक भी पत्ती जो कहीं चरी हो···।"

रतनी अब तक इसी टोक की प्रतीक्षा में थी, शायद। अब उसकी बोली लयबद्ध

हो गयी। वह प्रत्येक शब्द पर विशेष बल देकर, हाथ और उँगलियों से भाव बतलाकर कहने लगी कि वह पाट के खेत में जाकर क्या देखेगी, अपना··· ? (भले घर की लड़की होती तो कहती 'अपना सिर', किन्तु रतनी सिर के बदले में अपने अन्य हिस्से का नाम लेती है !)

इसके बाद बहुत देर तक रतनी की बातें सुनता रहा।··· लेकिन उन्हें लिख नहीं सकता। वारंट का डर है।

किन्तु, रतनी के बारे में अब कुछ नहीं लिखा गया तो जीवन में कभी नहीं लिखा जायेगा। क्योंकि रतनी की गालियों में मर्माहत और अपमानित करने के अलावा उत्तेजित करने की तीव्र शक्ति है–यह मैं हलफ लेकर कह सकता हूँ।

रतनी का नाम 'नैना जोगिन' मैंने ही दिया था, एक दिन। तब वह सात-आठ साल की रही होगी।··· नैना जोगिन ? देहात में झाड़-फूँक करनेवाले ओझा गुणियों के हर 'मंतर' के अन्तिम आखर में बन्धन लगाते हुए कहा जाता है–दुहाए इस्सर महादेव गौरा पारबती, नैना जोगिन··· इत्यादि। लगता है, कोई नैना जोगिन नाम की भैरवी ने इन मंत्रों को सिद्ध किया था।

··· सात साल की उम्र में ही रतनी ने गाँव के एक धनी, प्रतिष्ठित, वृद्ध को 'फिल चक्कर' में डाल दिया था। उसकी बेवा माँ, वृद्ध की हवेली की नौकरानी थी। पंचायत में सात साल की रतनी ने अपना बयान जिस बुलन्दी और विस्तार से दिया था, कोई जन्मजात नैना जोगिन ही दे सकती थी ! अब तो उसकी जामुन की तरह कजराई आँखें भी उसके नाम को सार्थक करती हैं, किन्तु सात साल की उम्र में ही इलाके में कहर मचानेवाली लड़की से आँख मिलाने की ताकत गाँव के किसी बहके हुए नौजवान में भी नहीं हुई कभी। उसको देखते ही आँखों के सामने पंचायत, थाना, पुलिस, फौजदारी, अदालत, जेल नाचने लगते।

··· रतनी की माँ सरकारी वकील को भी कानून सिखा आयी है।··· बहस कर आयी है सेशन-कोर्ट में !

सो, पिछले ग्यारह वर्षों में रतनी की माँ ने मुँह के जोर से ही पन्द्रह एकड़ जमीन 'अरजा' है। पिछवाड़े में लीची के पेड़ हैं, दरवाजे पर नींबू। सूद पर रुपये लगाती है। 'दस पैसा' हाथ में हैं और घर में अनाज भी। इसलिए अब गाँव की जमींदारिन भी है वही। गाँव के पुराने जमींदार और मालिक जब किसी रैयत पर नाराज होते तो इसी तरह गुस्सा उतारते थे। यानी उसकी बकरी, गाय वगैरह को परती जमीन पर से ही हाँककर दरवाजे पर ले आते थे और गालियाँ देते, मार-पीट करते और अँगूठे का निशान लेकर ही खुश होते थे।

रमेसर की माँ कल हाट जाते समय लीची की टोकरी नहीं ले गयी ढोकर, इसलिए रतनी और रतनी की माँ ने आज इस झगड़े का 'सिरजन' किया है–जान-बूझकर।

रमेसर का बाप मेरा हलवाहा है। रमेसर हमारे भैंसों का रखवाला यानी भैंसवार है। रमेसर की माँ हमारे घर बर्तन-बासन माँजती है, धान कूटती है। इसलिए रतनी

अब अपनी गालियों का मुख धीरे-धीरे हमारी ओर करने लगी—"तू किसका डर दिखलाती है ? सहर से आये भतार का ? रोज मांस-मछली और 'ब्रंडिल' पीकर तेरे (प्रजास्थानम्) तेल बढ़ गया है ! एँ··· ?"

मुझे अचानक रमेसर की माँ की गंदी—हल्दी-प्याज-लहसन पसीना-मैल की सम्मिलित गंध भरी साड़ी की महक लगी। लगा, अब रतनी मुझे बेपर्द करेगी। नंगा करेगी। खुद अपने को उसने पिछले एक घंटे में साठ बार नंगा किया है अर्थात् जब-जब उसने गाली का रुख हमारी ओर किया, हर बार यह कहना नहीं भूली कि रमेसर की माँ जिसका डर दिखलाती हैं वह 'व्यक्ति' (मुनसा !) रतनी का 'अथि' भी नहीं उखाड़ सकता !···ऐसे-ऐसे 'मद्दकी मुनसा' को वह अपने 'अथि' में दाहिने-बाएँ बाँध रखेगी।··· बगुला-पंखी धोती-कुरता और घड़ी-छड़ी-जूतावाले शहरी छैलकिनयाँ लोग ऊपर से लकदक और भीतर फोक होते हैं।···सफाचट मोंछ मुँडाए मुछमुंडा लोगों की सूरत देखकर भूलनेवाली बेटी नहीं रतनी !··· रतनी की माँ को इसका गुमान है कि बड़े-बड़े वकील-मुख्तार के बेटों को देखकर भी उसकी बेटी की 'अथि' अर्थात् जीभ नहीं पनियायी कभी। डकार भी नहीं किया।

रतनी अपने आँगन से निकल आयी थी। रमेसर की माँ ने कोई जवाब नहीं दिया होगा शायद। अब रतनी और रतनी की माँ दोनों मिलकर नाचने लगीं। उसका घर हमारे दरवाजे से दस रस्सी दूर है, लेकिन सामने है। मैं रतनी और रतनी की माँ का नाच देखने को बाध्य था। रतनी की काव्य-प्रतिभा ने मुझे अचम्भे में डाल दिया। उसकी टटकी और तुरत रची हुई पंक्तियों में वह सबकुछ था जो कविता में होता है—बिम्ब, प्रतीक, व्यंग्य तथा गंध ! बतौर बानगी—अटना का साहब और पटना की मेम, रात खाये मुरगी और सुबह करे नेम, तेरा झुमका और नथिया और साबुन महकौवा—तू पान में जरदा खाये नखलौवा···।

रतनी और रतनी की माँ की यह काव्य-नाटिका समाप्त हुई तो मैंने दरवाजे पर बैठे गाँव के दो-तीन नौजवानों की ओर देखा। मेरा चेहरा तमतमाया हुआ था, किन्तु वे निर्विकार और निर्मल मुद्रा में थे। परिवार तथा 'पट्टीदार' के 'मर्द पुरुषों' की ओर देखा, वे पान चबा रहे थे, हुक्का गुड़गुड़ा रहे थे। लगता था, इन लोगों ने रतनी की गालियाँ सुनीं ही नहीं। मैंने जब भोजन के समय बात चलायी तो परिवार के एक व्यक्ति ने (जिन्हें शहर के नाम से ही जड़ैया बुखार धर दबाता है) हँसकर कहा, "शहर से आने के बाद आप कुछ दिन तक ऐसी असभ्यता ही करेंगे, यह हमें मालूम है। इन छोटे लोगों की गाली पर इस तरह ध्यान कोई भलामानुस नहीं देता। इस तरह गालियों के अर्थ को प्याज के छिलके की तरह उतार-उतारकर समझने का क्या मतलब ! शहर में क्या औरतें गाली नहीं देतीं ?"

अजब इन्साफ है—गाली सुनकर समझना अन्याय है ! असभ्यता है ! मन में मैल है मेरे ?

अश्लील और घिनौने मुकदमे के कारण रतनी की बदनामी बचपन से ही फैलती

गयी। जवान हुई तो बदनामियाँ भी जवान हुईं। फलतः गाँव के हिसाब से 'पक' जाने पर भी कोई दूल्हा नहीं मिलता। मिलता भी तो 'घर-जमाई' होकर नहीं रहना चाहता। दो साल हुए, एक निमोंछिया जवान न जाने किस गाँव से आया साँझ में और रात में भात खाने के लिए घर के अन्दर गया तो रतनी की माँ एक हाथ में सिन्दूर की पुड़िया और दूसरे में फरसा लेकर खड़ी थी—"छदोड़ी की सींथ में सिन्दूर डालो, नहीं तो अभी हल्ला करती हूँ, घर में चोर घुसा है।"...तो सींकिया नौजवान जो हर सुबह को शीशम की कोमल पत्तियाँ तोड़कर ले जाता है, वही है रतनी का रतन-धन ?

पूछताछ करने पर पता चला कि हाल ही में एक रात को रतनी ने इसको लात से मारा; घर से निकालकर चिल्लाने लगी, "पूछे कोई इससे कि इतना दूध, मलाई, दही, मांस-मछली, कबूतर तिस पर 'धात-पुष्टई' दवा, तो अलान-ढेकान खाकर भी जिस 'मर्द' को आधी पहर रात को हँफनी शुरू हो, उसको क्या कहा जाय ? लोग 'दोख' देते हैं मेरे कोख को, कि रतनी बाँझ है। निमकहराम और किसको कहते हैं ?"

मैं अब इसे मानसिक विकार मानने लगा हूँ। अब तक 'सामाजिक' समझ रहा था कि छोटी जात की औरत गाँव की मालकिन हुई है...।

नहीं, सामाजिक भी है। मेरे पट्टीदार के एक भाई ने कहा, "कोई उसका क्या बिगाड़ सकता है ? गाँव के सभी किस्म के चोर अर्थात् लत्ती-पत्ती और सिन्ना चोर दिन डूबते ही उसके आँगन में जमा हो जाते हैं। इलाके का मशहूर डकैत परमेसरा रतनी की बात पर उठता-बैठता है। मुखिया और सरपंच रतनी की माँ के खिलाफ चूँ भी नहीं कर सकते।...रतनी की माँ से कोई 'रार' मोल नहीं लेना चाहता। इसीलिए, दिन-भर गाँव के हर टोले में दोनों घूम-घूमकर झगड़ा करती फिरती हैं।...रतनी अकेली खस्सी बकरे को जिबह कर देती है; रतनी की माँ चोरी का माल खरीदती है—थाली-लोटा-गिलास...।"

सुबह को मालूम हुआ, शहर से लाया हुआ मेरा प्रेस्टिज प्रेशर कूकर गायब है। दोपहर के बाद धोती गुम ! रात में रमेसर की माँ फिसफिसाकर आँगन में कह रही थी—"रतनी बोलती थी कि 'सिद्ध' करके छोड़ेगी इस बार !...उस दिन इस तरह पीठ दिखाना अच्छा नहीं हुआ, शायद !"

और यह सब इसलिए कि मैंने रतनी के तथाकथित 'पुरुष' को बुलाकर उसका पता-ठिकाना पूछा था, और उसको समझाया था कि गाँव में अब एक नयी बात चल पड़ी है। उसने बीवी की मार सह ली—नतीजा यह हुआ कि कई औरतों ने अपने घरवाले को पीटा इस गाँव में...।

रतनी ने चिल्ला-चिल्लाकर सारे गाँव के लोगों को सूचना देने के लहजे में सुनाया था, "सुन लो हो लोगो ! अब इस गाँव में फिर एक सेशन मोकदमा उठेगा सो जान लो ! ई शहर का कानून यहाँ छाँटने आया है ! कोई अपने घरवाले को लात मारे या 'चुम्मा' ले, दूसरा कोई बोलनेवाला कौन ? देहात से लेकर शहर

तक तो 'छुछुआते' फिरता है, काहे न कोई 'मौगी' मुँह में चुम्मा लेती है ?"

मैं रोज हारता, रतनी रोज जीतती। मुझे स्वजनों ने सतर्क किया–साँझ होने के पहले ही मैदान से घर लौट आया करूँ। किसी ने शहर लौट जाने की सलाह दी। मुझे लगता, रोज ताल ठोककर एक नंगी औरत-पहलवान मुझे चुनौती देती है। थप्पड़-घूँसे चलाती है। भागूँगा तो गाँव की सीमा के बाहर तक पीछे-पीछे फटा कनस्तर पीटती और बकरे की तरह 'बो बो बो बो ' करती जायेगी। गाँव-भर के लोग तालियाँ पीटकर हँसेंगे।

मुझे हथियार डाल देना चाहिए। एक औरत, सो भी ऐसी औरत से टकराना बुद्धिमानी नहीं। एक सप्ताह तक चोरी-चपाटी करवाने के बाद एक नया उत्पात शुरू किया। रात-भर हमारे दरवाजे और आँगन में हड्डियों की 'बरखा' होती। ··· नंगी औरत ताल ठोककर ललकार रही है–मर्द का बेटा तो मैदान में आ···!

मैदान में मुझे उतरना ही पड़ा। रात में नींद खुली। दरवाजे के सामने जो नया बाग हम लोगों ने लगाया है, उसमें भैंस का बच्चा घुस गया है, शायद ! मैं धीरे-धीरे बाड़े के पास गया। पटट···!

अमलतास के कोमल पौधे को तोड़कर, गुलमोहर की ओर बढ़ते हुए हाथ को मैंने 'खप्प' से पकड़ा ! कलम-घिसाई के बावजूद पंजे की पकड़ में अब तक खम बचा हुआ था !··· "क्यों ?" मैंने बहुत धीरे-से पूछा।

"छोड़िए !" जवाब भी उसी अन्दाज में मिला।

"क्यों तोड़ा है ? क्या मिला ? क्यों ?"

"तोड़ा तो क्या कर लीजिएगा ?"

"मैं लोगों को पुकारता हूँ।"

"खुद फँस जाइएगा।··· हाथ छोड़िए।"

"फँसाके देखो। मैं नहीं डरता हूँ।"

"क्या चाहते हैं आप ?"

"मैं जानना चाहता हूँ कि तुम··· तुम इस तरह मेरे पीछे क्यों पड़ी हो ? इस पौधे को क्यों तोड़ा है ?"

"वह तो पौधा ही है। जी तो आपको ही तोड़ देने को करता है।··· हाथ छोड़िए !"

मैंने देखा उसकी कनपटी पर एक साँप का फण–फण नहीं, भाला ! बरछे की फली ! मैंने हाथ छोड़ दिया। वह भागी नहीं, खड़ी रही। मुझे चुप और अवाक् देखकर बोली, "चिल्लाऊँ ?"

"कोढ़ी डरावे थूक से !"

रतनी हँसी। तारों की रोशनी में उसकी हँसी झिलमिलायी।

"जाइए, थोड़ा 'ब्रांडिल' और चढ़ाइए !"

"तुम–तुम नैना जोगिन···!"

"हाँ, नैना जोगिन ही हूँ। तब ? माधो बाबू···" अब रतनी करीब सट आयी,

"मेरा क्या कसूर जो बारह साल से बनवास दिये हुए हैं आप लोग ! उस बूढ़े को करनी का फल चखाया तो क्या बेजा किया ? मैं उस समय उसकी पोती की उम्र की थी।··· सो, आप लोगों ने खासकर आप दोनों भाइयों ने हम लोगों को 'रंडी' से बदतर कर दिया।··· आखिर आपके जन्म के दिन रतनी की माँ ही सौर घर में थी–पाँच साल तक आप रतनी की माँ की गोद और आँचर में रहे, और आपकी आँख में जरा भी पानी नहीं।··· मैं जवान हुई, आप लोगों ने आँख उठाकर कभी देखा नहीं कि आखिर गाँव-घर की एक लड़की ऐसी जवान हो गयी और शादी क्यों नहीं होती ?··· अब इस बार आये हैं तो कभी आपके मन में यह नहीं हुआ कि रतनी की शादी हुए ढाई साल हो रहे हैं और रतनी को कोई बच्चा क्यों न हुआ ? अटना-पटना-दिल्ली-दरभंगा में आपके इतने डागडर-डागडरनी जान-पहचान के हैं···आखिर, रतनी की माँ का दूध साल-भर तक पिया है, आपने। रतनी की माँ को बहुत दिन तक आपने माँ कहा था, लोगों को याद है।··· दूध का भी तो एक सम्बन्ध होता है।"

मैंने कहा, "रतनी ! रमेसर जग गया है।··· मैं कुछ नहीं समझता। तुम जाओ। कोई देख लेगा।"

"देखकर क्या कर लेगा ?"

रतनी ने बेलाग-बेलौस एक अश्लील बात अँधेरे में, आग की गोली की तरह उगल दी–"देखकर आपका 'अथि' और मेरा 'अथि' उखाड़ लेगा ?··· बोलिए, मैं पापिन हूँ ? मैं अछूत हूँ ? रंडी हूँ ? जो भी हूँ, आपकी हवेली में पली हूँ··· तकदीर का फेर··· माधो बाबू··· रतनी नाम भी आपके ही बाबूजी का दिया है। आपने उसको बिगाड़कर नैना जोगिन दिया ! किस कसूर पर ? आप लोगों का क्या बिगाड़ा था रतनी की माँ ने जो इस तरह बोल-चाल, उठ-बैठ एकदम बन्द !"

मैंने धीरे-से कहा, "ऐसे गाँव में अब कोई भला आदमी कैसे रह सकता है ?"

लगा, नागिन को ठेस लगी; फुफकार उठी–"भला आदमी ? भला आदमी ? भला आदमी को 'पूछ-सिंग' होता है ?"

"नहीं होता है। इसीलिए···।"

पूछ-सिंग–जानवर–औरत-मर्द–नंगे–बेपर्द–अंधकार–प्रकाश–गुर्राहट–आँखों की चमक–बड़े-बड़े नाखून–बिल्ली–शिवा शैवा–गुह्यासया–योनिस्या भगिनी–भोगिनी–महांकुश–स्वरूप–छिन्नमस्ता अट्टहास···!

अट्टहास सुनकर चौंका–रतनी कहाँ है ? वह तो साक्षात नील सरस्वती थी !

इस बार गाँव में, गाँव के आसपास, यह खबर बहुत तेजी से फैली कि नैना जोगिन का 'जोग' माधो बाबू पर खूब ठिकाने से लगा है !··· रमेसर की माँ को एक दिन खोयी हुई चीजें टोकरी में मिलीं–घर में ही। रतनी ने माधो बाबू को भेड़ा बनाया

है तो माधो बाबू ने रतनी का 'विषदंत' उखाड़ दिया है। बोले तो अब एक भी गाली–गंदी या अच्छी ?

रतनी और उसके नामर्द मर्द को मैं अपने साथ शहर लेता आया हूँ। डॉक्टर को अचरज होता है कि मैं रतनी के लिए इतना चिन्तित क्यों हूँ ! उन्हें कैसे समझाऊँ कि यदि रतनी को कोई बच्चा नहीं हुआ तो वह··· वह मेरे बाग के हर पौधे को तोड़ देगी; गाँव के सभी पेड़-पौधों को तोड़ देगी; गाँव के सभी लोगों को तोड़ेगी; गाँव में हड्डियाँ बरसावेगी; नंगी नाचेगी, अश्लील गालियाँ देती हुई सभी को ललकारेगी ! वह साँवली-सलोनी लम्बी स्वरूप पूर्ण यौवना नैना योगन ! जाँच-पड़ताल के समय जब रतनी की लम्बाई नापी जाती है, वजन लिया जाता है, पेट टटोला जाता है··· तो··· मेडिकल कॉलेज की लेडी स्टूडेंट्स से लेकर डॉक्टर तक हैरत से मुँह बाये रहते हैं !··· औरत, ऐसी ?

पाँच दिन हुए हैं, पड़ोस के मलहोत्रा साहब की नौकरानी को दो दिन वह फ्लैट से नीचे उठाकर फेंकने की धमकी दे चुकी है।··· शहर की सड़ी हुई गरमी को रोज पाँच अश्लील गालियाँ देती है !

उसका घरवाला गाँव लौटने को कुनमुनाता है तो वह धुड़क देती है··· "हाँ, जब आ गयी हूँ तो यहाँ हो चाहे लेहेरिया सराय, चाहे कलकत्ता··· जहाँ से हो, कोख तो भरके लौटूँगी, गाँव तुमको जाना हो तो माधो बाबू टिकस कटाकर गाड़ी में बैठा देंगे। मैं किस मुँह से लौटूँगी खाली··· ?"

कोई जादू जानती है सचमुच रतनी !

कोई शब्द उसके मुँह में अश्लील नहीं लगता !

अगस्त, 1965

विकट संकट

दिग्विजय बाबू को जो लोग अच्छी तरह जानते-पहचानते हैं, वे यह कभी नहीं विश्वास करेंगे कि दिग्विजय उर्फ दिगो बाबू कभी क्रोध से पागल होकर सड़क पर, खाली देह और ऊँची आवाज में किसी को अश्लील गालियाँ दे सकते हैं। लोग उनको अजातशत्रु मानते हैं। और भूल-चूक से एकाध शत्रु कहीं पैदा भी हुआ हो तो उन्होंने दिगो बाबू को कभी ऊँचे स्वर में बोलते नहीं सुना होगा। अपनी क्रोधहीनता के कारण ही उन्होंने जीवन के हर क्षेत्र में सफलता प्राप्त की है।

किन्तु लोगों ने देखा और पहचाना कि अपने अतिपुरातन भृत्य को बीच सड़क पर बेंत से पीटने और गालियाँ देनेवाले सचमुच दिगो बाबू ही हैं। उनके इस अभूतपूर्व कोप का कारण पूछनेवाले भी दिगो बाबू के मुँह से होनेवाली 'प्रथम वर्षा' में भीग गये। आसपास एकत्रित सभी लोगों को 'सालो' कहकर सम्बोधित करते हुए उन्होंने कहा कि उन्हें सबकुछ मालूम है और वे सभी को ठीक करके दम लेंगे। तमाशा देखनेवालों को अच्छी तरह दिखला देंगे। लोग सब्र करें।

इतना कहकर वे अपनी कोठी के अहाते में गये, फिर बँगले के बरामदे पर रखे हुए कई गमलों को लात मार-मारकर नीचे गिरा देने के बाद अन्दर चले गये। निःशब्द खुलने और बन्द होनेवाला दरवाजा आज पहली बार चूँ-चूँ कर उठा। ताड़ित भृत्य रामटहल अँगोछे से अपनी पीठ झाड़ता हुआ उनके पीछे-पीछे चला गया। बस !··· लोग सब्र करें ? पता नहीं फिर कितनी देर के बाद वे अच्छी तरह तमाशा दिखाने को बाहर निकलें ?··· उन्हें लोगों के बारे में सबकुछ पता है और लोगों को यह नहीं मालूम कि उन्होंने दिगो बाबू का क्या बिगाड़ा है। उनके घर में जिनका 'आना-जाना' है, वे भी आज उनकी 'शान्ति-कुटी' में पैर देने का साहस नहीं करते। फिर कारण कैसे मालूम हो··· ?

कामवाले अपने-अपने काम पर गये और बेकाम के लोग कई घण्टों तक बेकार न बैठकर सामने पार्क में ताश खेलते रहे। किन्तु किसी खिड़की या दरवाजे से फिर कोई बाहर नहीं आया, न किसी प्राणी या वस्तु की आवाज ही बाहर आयी। जैसी नाटकीयता से गमलों पर पदाघात करके और जिस वेग से वे अन्दर गये

थे, उस हिसाब से अन्दर पहुँचने के एक मिनट बाद ही 'ठाँय-ठाँय' विस्फोट अथवा काँच के बर्तनों की टूटती आवाज अथवा किसी के अचानक फूट-फूटकर रोने का स्वर गूँज जाना चाहिए। परन्तु दो घण्टे बाद भी कुछ नहीं हुआ और धीरे-धीरे रहस्य गम्भीर होता गया।

रात के दस बजे इस रहस्य को भेदन करके एक उड़ती-सी खबर फैली कि दिगो बाबू के घर में मुकम्मल हड़ताल है। दिगो बाबू के अतिरिक्त कोठी में रहनेवाले अन्य सभी प्राणी दिगो बाबू के विरुद्ध असहयोग-आन्दोलन कर रहे हैं। अर्धांगिनी अपने पूरे अंग को समेटकर अँगनाई की एक छोटी कोठरी में चली गयी हैं; प्रजा अर्थात् पुत्र अराजक हो गया है; भृत्य किसी वचन का पालन नहीं करता; महाराज मनपसन्द भोजन बनाने लगा है। यहाँ तक कि घर की बिल्ली भी गुर्राती है देखकर।··· हाय रे, दिगो बाबू का सुख का संसार ! हाय री उनकी 'शान्ति-कुटी', अर्थात् न्यू पटेलपुरी में नवनिर्मित दिगो बाबू की कोठी !!

दूसरे दिन सूर्योदय से पहले ही तमाशा शुरू हो गया।

दिगो बाबू के लाड़ले बेटे श्रीहर्ष ने अपनी कोमल मधुर आवाज को कर्कशतम् कर, भोले-भाले चेहरे को कठोर-क्रूर बनाकर अखबार देनेवाले लड़के से कहा, "अभी अखबार पहले 'छोटी कोठी' में देगा अब से—समझा ?"

'छोटी कोठी' अर्थात् कोठी की अतिथिशाला, जिसमें श्रीहर्ष रहता है। सभी पत्र-पत्रिकाओं को बगल में दबाकर खुले आम माचिस जलाकर, सिगरेट सुलगाकर, धुएँ का गुब्बारा छोड़कर श्रीहर्ष अपनी छोटी कोठी की ओर चला गया।

थोड़ी देर बाद, श्रीहर्ष की माताजी यानी श्रीमती धर्मशीला अपने पति को, न जाने किस बात पर धिक्कारती हुई बाहर बरामदे पर आयी। जिस महिला को लोगों ने हर एकादशी की साँझ को अपने पति का चरणोदक पीते देखा है, वह कह रही थी—"भोर-ही-भोर जो इनका नाम ले ले, उसका सारे दिन का सगुन चौपट !"

कल जिस पर मार पड़ी थी वही चाकर आज निडर होकर लॉन में, आरामकुर्सी पर लेटकर बीड़ी खींच रहा है। और, महाराज अपने दीर्घ दाँतों को दँतुअन से रगड़ता हुआ यत्र-तत्र थूकता जाता है—मैं किसी का नौकर नहीं। जिसको 'चाह' पीना है 'होटिल' से मँगवा ले। मैं अभी गंगाजी में नहाकर, बिड़ला मन्दिर जाऊँगा ! आकथो···

आश्चर्य ! लगता है दिगो बाबू को जीवन में सिर्फ कल ही—पहली और अन्तिम बार—क्रोध हुआ। आज वे पुनः धीर-गम्भीर और सौम्य-शान्त हैं—सबकुछ देख-सुनकर भी।

कन्धे पर धोती-तौलिया डालकर बाहरवाले खुले नल पर जाते देखकर किसी को विश्वास नहीं हुआ कि दिगो बाबू बाहर ही नहायेंगे, जहाँ नौकरानी बर्तन माँजती है।

दिगो बाबू ने सड़क पर हाँक लगानेवाले पूरी-भाजेवाले को पुकारा। राह चलते

पतौरे-पकौड़े-कचालू-छोले खानेवाले लड़कों को सुबह-शाम निःशुल्क स्वास्थ्यपूर्ण सीख देनेवाले दिगो बाबू को इस तरह बासी पूरी-भाजी खाते देखकर एक सहृदय-पड़ोसी का हृदय हिल गया और उसने 'अरे-रे यह क्या, यह क्या···' कहकर सहानुभूति-विगलित स्वर में कुछ कहने की चेष्टा की। किन्तु दिगो बाबू ने एक अंग्रेजी वाक्य का ठेठ भारतीय अनुवाद करके कपट-नम्र उत्तर दिया, "जनाब ! आप अपने चरखे में जाकर तेल डालें।"

दोपहर को उनके पूर्वी पड़ोसी एक 'अर्थपूर्ण बात' अर्थात् रुपये-पैसे से सम्बन्धित बात सुनाने गये, "श्रीहर्ष बाबू ने रोड नम्बर पाँच के फ्लैट के किरायेदारों को आज नोटिस दिया है कि मकान का किराया श्रीहर्ष बाबू के हाथ में ही···!"

दिगो बाबू ने बीच में ही काट दिया, "हाँ, प्लॉट और फ्लैट श्रीहर्ष के नाम है, इसलिए मकान का किराया उसी को मिलना चाहिए।"

श्रीहर्ष ने किरायेदारों को ही नहीं, दिगो बाबू को भी नोटिस दिया है–जीवन-बीमा के पैसे का 'नामिनी' वह नहीं रहना चाहता। उसे पैसे नहीं चाहिए।··· वह किसी का आश्रित नहीं।

श्रीमती धर्मशीला ने भी कुछ ऐसा कहा, जिसका आशय यही होता है कि वह भी दिगो बाबू के आश्रय को श्राप समझती है।

दिग्विजय बाबू एकदम चुप रहे। उनकी लम्बी और गम्भीर चुप्पी से माँ-बेटा, नौकर-चाकर सभी उत्तेजित हो गये, "इनको क्या है ? चुप रहें या बोलें–मौज में ही रहेंगे। संकट तो हम लोगों के सिर है !

"आप भला तो जग भला। इनके सुख-चैन में कोई कमी न हो कभी। कोई मरे इनकी बला से।"

दिग्विजय बाबू ने अपनी उँगली में दाँत काटकर देखा; नहीं, वह सपना नहीं देख रहे !

आखिर, बात तरह-तरह की बातें लेकर उड़ी। सारे शहर के हर 'नगर' और 'पुरी' में फैलती गयी। तब, दिग्विजय बाबू के हर वर्ग और समाज के मित्रों का आगमन शुरू हुआ।

'शान्ति-कुटी' में प्रवेश करनेवालों की दृष्टि दूर से ही रामटहल के गन्दे-चिकट लँगोट पर पड़ती, जिसे उसने बतौर बगावत के झण्डे के दिगो बाबू की खिड़की पर पसार दिया है।

दिगो बाबू के एक वकील मित्र ने जिरह करके मामले के मूल-सूत्र को पकड़ने की चेष्टा की।··· नौकर को पीटने के बाद ही पत्नी और पुत्र ने विद्रोह किया या पहले ? और नौकर यानी रामटहल तो बहुत पुराना चाकर है। दिगो बाबू जब कालेज में पढ़ने आये थे, रामटहल को साथ ले आये थे। दिगो बाबू की पढ़ाई खत्म हुई, नौकरी शुरू हुई–खत्म हुई–रामटहल सदा साथ रहा। शादी और गौने में भी वह दिगो बाबू से सटकर खड़ा था···

दिगो बाबू के दूसरे मित्र खुफिया विभाग में काम करते हैं और उनका यह

विश्वास है कि संसार में जितने भी अपराध या अघटन होते हैं उनके पीछे कहीं-न-कहीं किसी स्त्री का कोमल हाथ जरूर होता है।··· इस मामले में औरत तो सीधे सामने है। लेकिन इसके अलावा कोई और औरत तो कहीं नहीं ?

श्रीमती धर्मशीला से बहुत देर तक बेमतलब की बातें करके वे अपने मतलब की बात नहीं निकाल सके। किसी औरत या लड़की का पता नहीं चला। पति से इस 'विराग' और असहयोग का कारण पूछने पर श्रीमती धर्मशीला रामटहल की ओर देखकर चुप हो जाती।

तब, दिग्विजय बाबू के खुफिया-विभागीय मित्र ने दूसरे सिरे से शुरू किया··· कहीं श्रीमती धर्मशीला ही तो वह 'औरत' नहीं ? अतः उन्होंने रामटहल की देह में नुकीले सवाल गड़ाकर 'थाहना' शुरू किया।··· एक बार इसी तरह कटहल में लोहे की कमानी गड़ाकर चोरी का सोना बरामद किया था।

लेकिन रामटहल शुरू से अन्त तक हर सवाल का एक ही जवाब देता रहा—"मालकिन असल सती नारी हैं !"

उन्होंने तब उन गमलों की परीक्षा की जिन्हें दिगो बाबू ने लात मारकर गिराया था, पर कुछ हाथ नहीं लगा।

तीसरे दिन किसी अज्ञात हितचिन्तक ने दिगो बाबू के बड़े बेटे को तार लगा दिया—"बाय लबेजान है, जल्दी आइए।"

दिगो बाबू के निर्जला मौन-व्रत ने लोगों को भी हैरत में डाल दिया है। जिन अपराधों के लिए कोई भी अपनी स्त्री, बेटे, नौकर, सभी को बाहर निकाल सकता है, उन्हें चुपचाप सहने का क्या अर्थ हो सकता है भला ? दिमाग सही है या वह भी दीवार-घड़ी की तरह बन्द हो गया है ?

दुर्गापुर से दिगो बाबू का बड़ा बेटा श्रीपार्थ अपनी स्त्री श्रीमती भवानी के साथ दौड़ा आया। उनकी अगुवानी के लिए श्रीमती धर्मशीला और श्रीहर्ष एक ही साथ दौड़े। श्रीहर्ष ने कहा, "भैया ! डॉण्ट··· !!"

"बाबूजी कैसे हैं ?"

"अरे, उनको क्या है बेटा ! संकट तो हम लोगों के सिर है। वे तो मौज में हैं और मौज में रहेंगे।"

श्रीपार्थ तथा उसकी पत्नी को स्टेशन पर ही मालूम हो गया था कि बाबूजी लबेजान नहीं, 'सनक' गये हैं।··· सनक गये हैं माने पागल ? सुनते ही श्रीमती भवानी की देह में कँपकँपी, कलेजे में धड़कन, गले में घिघ्घी और सिर में चक्कर—सब एक साथ ! श्रीपार्थ ने समझा-बुझाकर अपनी पत्नी का दिल मजबूत किया—"पागल हो गये हैं तो क्या—हैं तो हमारे बाप ही !"

किन्तु परिवार के सभी प्राणियों की कोठी के फाटक की ओर झपटते देखकर भवानी देवी फिर भय से पीली पड़ गयीं।··· श्रीहर्ष का रह-रहकर 'भैया, डॉण्ट', श्रीमती धर्मशीला की आतंकपूर्ण आँखें, खिड़की पर प्रसारित रामटहल का गन्दा-चिकट लँगोट, फिसफिसाहट और इशारों में बातें देख-सुनकर श्रीपार्थ की अवस्था भी शोचनीय

हो गयी।

वे सभी दल बाँधकर, दबे-पाँव चुपचाप बरामदे में आये। श्रीमती भवानी सबसे पीछे थीं। रामटहल दिगो बाबू के कमरे का दरवाजा खोलकर इस तरह खड़ा हुआ मानो पिंजड़े में बन्द किसी हिंस्र प्राणी की झाँकी दिखला रहा हो। दिगो बाबू ने 'गीता रहस्य' में गड़ी हुई आँखों को ऊपर उठाने की चेष्टा नहीं की। श्रीपार्थ ने दूर से ही मूक प्रणाम किया। श्रीमती भवानी, साहस बटोरकर आगे बढ़ रही थीं कि रामटहल ने दरवाजा बन्द कर दिया।

सभी ने एक साथ लम्बी साँस ली।

श्रीमती धर्मशीला बोली, "बेटा ! तुम तो इनके 'आश्रित' नहीं। तुम लोगों को क्या डर ? संकट तो हमारे सिर है !"

तब तक रसोईघर में महाराज ने हनुमान-चालीसा का स-स्वर दैनिक पाठ शुरू कर दिया था, "संकट मोचन नाम तिहारो···।"

पाँच मिनट में ही हर व्यक्ति के मुँह से पच्चीस बार 'संकट' सुनकर श्रीपार्थ के मन में एक काँटा-सा गड़ने लगा—संकट··· कंटक··· सं··· कट ! उसने पूछा, "संकट क्या है ?"

रामटहल ने कुछ कहना चाहा तो श्रीपार्थ ने उसे चुप कर दिया। श्रीहर्ष संकटकालीन समस्याओं पर पूर्ण प्रकाश डालने को उत्सुक हुआ, किन्तु श्रीपार्थ ने उसको अंग्रेजी में समझा दिया कि वह सभी से अलग-अलग (इनडिविजुअली) बातें करना चाहता है। अतः माँ को छोड़कर बाकी सभी इस कमरे से बाहर निकल जायें। जिसको पुकारा जाये, वही आये। कोई किसी को कुछ सिखाये-पढ़ाये नहीं।

श्रीमती भवानी उधर से तनिक खुश, ज्यादा परेशान होकर आयी और अपने स्वामी से पूछने लगी, "बाबूजी मुझे बुला रहे हैं !··· हाँ, बहुत प्यार से बुला रहे हैं। मैं खिड़की से झाँककर देखने गयी तो पुकारा—बेटी !"

श्रीपार्थ ने अपनी माता की ओर देखा। श्रीमती धर्मशीला चुपचाप अपना बयान देने लगी और श्रीमती भवानी 'क्या करे नहीं करे' का सवाल अपने मुखड़े पर जड़कर वहीं खड़ी रही।

श्रीमती धर्मशीला, श्रीहर्ष, रामटहल और महाराज से अलग-अलग साक्षात्कार सम्पन्न करके श्रीपार्थ ने संकट का सूत्र पकड़ा। और, तब उसको अचानक ज्ञात हुआ कि उसके पिता दिग्विजय बाबू सचमुच अभूतपूर्व पुरुष हैं। लगातार तीन-चार दिन तक ऐसे विकट संकट में रहकर भी जिनका दिमाग सही-सलामत है, वे निश्चय ही देवता हैं।

श्रीपार्थ अपने उत्पीड़ित पिता की चरणधूलि लेने के लिए दौड़ा। उसने श्रीमती भवानी को निकट बुलाकर कुछ कहा। श्रीमती भवानी ने घबराकर श्रीहर्ष, रामटहल और अन्त में श्रीमती धर्मशीला की ओर देखा··· इतने पागलों के बीच··· हे भगवान !

श्रीमती भवानी अपने पति के पास भागकर चली गयी।

संकट की मूल-कहानी इस तरह शुरू होती है :

··· अष्टग्रह की भयावह अफवाहों के बीच एक दिन इस नगर की 'बूढ़ी-सेठानी-धर्मशाला' में एक त्रिकालदर्शी ज्योतिषी ने अपना डेरा डालकर ऐलान करवा दिया कि वह एक पखवारे से एक दिन भी ज्यादा इस शहर में नहीं रहेगा। जिन्हें अपने भूत, भविष्य और वर्तमान का दर्शन करना अथवा बिगड़ी तकदीर को सुधारना हो जल्दी करें।

अखण्ड संकीर्तनों के असंख्य ध्वनि-विस्तारक यन्त्रों के आतंकपूर्ण हाहाकार और महायज्ञ के कटु-पवित्र धुएँ से ढके हुए इस नगर में त्रिकालदर्शीजी आशा की किरण नहीं, उम्मीद का सूरज लेकर आये। लोगों की जान-में-जान आयी।

तब एक दिन उपयुक्त अवसर देखकर श्रीमती धर्मशीला ने अपने पति से निवेदन किया कि क्यों न एक दिन त्रिकालदर्शन···

श्रीमती धर्मशीला अपने पति की मुद्रा देखकर घबरायी। किन्तु दिग्विजय बाबू ने झिड़की नहीं दी। प्रेम-लपेटे शब्दों में ही उन्होंने पूछा कि अक्ल से बड़ी भैंस कैसे हो सकती है ?

श्रीमती धर्मशीला मुस्कुराकर रह गयी। वह जानती थी कि उसके 'कर्मयोगी' पति यही कहेंगे। दिगो बाबू ने उस दिन के समाचारपत्र में प्रकाशित पण्डित जवाहरलाल नेहरू का वक्तव्य पढ़कर सुना दिया।

किन्तु लगातार तीन बार बी. ए. की परीक्षा में असफल होने के बाद श्रीहर्ष को 'तकदीर के लेख' पर अटूट विश्वास जम गया था। वह दूसरे ही दिन काशी से प्रकाशित एक प्रतिष्ठित पत्र की कतरन ले आया–"माँ, देखो यह श्री सम्पूर्णानन्द की चेतावनी, नेहरूजी के नाम। जरा बाबूजी को दिखला दो–माने–पढ़ने को कहो !"

दिगो बाबू ने कतरन पर सरसरी निगाह डालकर देखा। फिर, सस्वर गुनगुनाने लगे, 'होइहै सोइ जो राम रचि राखा··· !'

श्रीमती धर्मशीला को बल मिला। किन्तु रामटहल, राम एवं चुनमुन झा यानी महाराज सुबह-शाम ताजा और भयानक अफवाह लेकर घर लौटने लगे, रोज। श्रीहर्ष को रात में नींद नहीं आती। आँख खुलते ही बुरे सपने देखता और चीख पड़ता।

श्रीमती धर्मशीला चिन्तित हुई फिर। भय से सूखे हुए श्रीहर्ष ने सूचना दी कि मुन्सिफ साहब तथा दूसरे छोटे-बड़े हाकिमों ने ज्योतिषी से अपनी कुण्डली दिखवायी है।··· सिविल-सर्जन साहब दिन-रात ज्योतिषीजी के साथ ही रहते हैं।··· कलकत्ता का एक बड़ा भारी सेठ स्पेशल हवाई जहाज से उड़कर आया है–परिवारसहित।

जीवन-भर पेशकारी का पेशा करके दिग्विजय बाबू का 'कर्म' में दृढ़ विश्वास जम गया है। इसलिए बुद्धि भी बलवती हो गयी है। पर हाकिम-हुक्काम का नाम सुनते ही वे तुरन्त प्रभावित हुए बिना नहीं रह सकते। अदालत और फौजदारी के हाकिमों के बारे में सुना तो सोच में पड़ गये। फिर बोले, "मेरी तो कुण्डली

ही नहीं।" पत्नी बोली, "तो क्या हुआ ? किसी फूल का नाम लेते ही कुण्डली बना देते हैं, सुना है।" "लेकिन मैं धर्मशाला में जाकर अपना भविष्य नहीं देखना चाहता।" दिगो बाबू ने एतराज किया।

"डबल फीस लेकर घर पर भी जाते हैं ज्योतिषीजी।"

अन्ततः तय हुआ कि श्रीहर्ष डबल फीस लेकर जायेगा और फिटन पर ज्योतिषीजी को सादर लिवा लायेगा।

सभी को अपार हर्ष हुआ... घर के 'कर्ता' के भविष्य के साथ ही सभी की किस्मत 'नत्थी' है।... मालिक राजी हो गये, यही बड़ी बात है।

ज्योतिषीजी को फिटन लेकर श्रीहर्ष बुलाने गया। श्रीमती धर्मशीला ने अपने पति को सलाह दी, "जब डबल फीस दिया गया है तो बातें भी 'डबल' करके पूछ लीजिएगा।"

"डबल करके माने ?"

"मतलब, अपने अलावा घर के और लोगों के बारे में खुलासा पूछ लीजिएगा।"

ज्योतिषीजी आये। जटा-दाढ़ी और त्रिपुण्ड-भभूतवाले ज्योतिषियों को लोगों ने देखा है। सूट-बूटवाले इस ज्योतिषी को देखते ही लोगों को अपने-अपने भविष्य की हल्की झलक मिल गयी, मानो...। यह आदमी जरूर जादू जानता है।

डॉक्टरों की तरह एक हाथ में बैग और कण्ट्राक्टर की तरह दूसरे हाथ में एक बड़ा पोर्टफोलिया-बैग लटकाकर फिटन से ज्योतिषीजी उतरे। दिगो बाबू को देखते ही उन्होंने अपनी पहली ही वाणी से विस्मित और अप्रतिभ कर दिया। बोले, "मैं विशुद्ध-वैज्ञानिक ढंग से गणना करता हूँ। इसलिए मेग्निफाइंग-ग्लास के अलावा स्टेथस्कोप, ब्लडप्रेशर-ऑपरेटस और थर्मामीटर भी रखता हूँ। ज्यॉमितिक-कोष्टक-अंकन और अंशादि के सही माप के लिए इन्स्ट्रूमेण्ट-बाक्स, विभिन्न राज्य एवं जिलों के नक्शे रखना आवश्यक हो जाता है।"

दिगो बाबू की 'शान्ति-कुटी' के निवासियों ने मन-ही-मन जय-जयकार किया। किन्तु तब तक दिगो बाबू ने एक नयी शर्त लगा दी। वे एकदम एकान्त में अपने भविष्य की गणना करवायेंगे।

दिगो बाबू के कमरे का दरवाजा बन्द हुआ। सभी ने एक साथ अपने-अपने ललाटों पर एक अद्‌भुत गुदगुदी का अनुभव किया। सभी की हथेली एक साथ 'कपाल' पर पहुँची।... जै भगवान् !

पूरे तीन घण्टे के बाद ज्योतिषीजी हँसते हुए कमरे से बाहर निकले। दिगो बाबू के उत्फुल्ल मुखमण्डल में सभी को अपना-अपना भविष्य उज्ज्वल दिखायी पड़ा। अतः श्रीहर्ष दूने उत्साह से ज्योतिषीजी के साथ फिटन पर जा बैठा।

सबसे पहले श्रीमती धर्मशीला ने पूछा, "भगवान की दया से सबकुछ सही ही बताया होगा ! है या नहीं ?" "अरे मारो गोली। ठग हैं सब।" "क्यों ? कुछ 'ऐसी-वैसी' बातें हाँक गया ?"

"अरे, हाँकेगा क्या ? नक्शा और थर्मामीटर से भविष्य देखनेवाला इतना चतुर

तो होगा कि न्यू पटेलपुरी में इतनी बड़ी कोठी बनानेवाला, पेन्शनयाफ्ता आदमी–जिसका बड़ा बेटा हाकिम हो और छोटा स्वस्थ, सुन्दर और बेवकूफ, जिसकी पत्नी का नाम धर्मशीला... ।"

श्रीमती धर्मशीला अपने प्रौढ़ पति की इस बचकानी मुद्रा को देखकर बहुत दिनों बाद पुलकित हुई।... सचमुच त्रिकालदर्शी हैं न ?

श्रीहर्ष ने लौटकर अपनी माता से अपने पिता के भविष्य के बारे में पूछा।

"अरे, वे तो कहते हैं कि मुफ्त में पैंतीस रुपये... ?"

"मुफ्त में ? कुछ बतलाया नहीं ?"

"कहते हैं, ठग हैं सब।"

"हुँ !...तुम एक बार मौका देखकर फिर पूछोगी ? क्योंकि ज्योतिषीजी की बात से ऐसा लगा कि कहीं कुछ 'गड़बड़' है भविष्य में... ।"

"गड़बड़ है ?" श्रीमती धर्मशीला के निर्मल चेहरे पर आतंक की छाया फैल गयी–"क्या कहा उन्होंने ?"

"माँ, पाँच रुपये घूस, या प्रणामी जो भी कहो, लेकर भी कुछ खुलासा नहीं बतलाया। बोले कि मनुष्य का भविष्य अन्धकार और प्रकाश से मिलकर बनता है। सो, अन्धकार और प्रकाश के कुप्रभाव से बचने के उपाय भी हैं... ।"

श्रीमती धर्मशीला और श्रीहर्ष ने ज्योतिषीजी के इस 'पंचटकिया वचन' के गूढ़ार्थ को समझकर एक ही निष्कर्ष निकाला–निश्चय ही कहीं कुछ गड़बड़ी है भविष्य में, जिसको सुधारने का उपाय भी उन्होंने बतलाया होगा। और सम्भवतः वह उपाय महँगा है, इसलिए 'गृहकर्ता' की ऐसी प्रतिक्रिया... ।"

माता और पुत्र को समान रूप से भयभीत और उदास देखकर रामटहल ने भी मुँह लटका लिया। उसने बारी-बारी से 'माता और पुत्र' की ओर आँख में एक ही सवाल डालकर देखा। फिर धीमे स्वर में पूछा, "अच्छा, छोटे भैया ! 'आसरित' का क्या मतलब होता है ? आसरित ?"

"आसरित या आसरहित ?"

रामटहल ने सही शब्द को जीभ पर चढ़ाने की यथासाध्य चेष्टा करके कहा, "आसरीत !" रामटहल ने इधर-उधर देखकर कहा कि वह ज्योतिषीजी को चाय और पान देने के लिए कमरे में गया था तो ज्योतिषी मालिक से कह रहे थे कि उनको अष्टग्रह का कोई डर नहीं। सुख-चैन ही मिलेगा। लेकिन संकट है आसरीत लोगों के सिर !

"ओ ! आश्रित ?"

श्रीहर्ष ने विशाल शब्द-कोश निकालकर धूल झाड़ते हुए शब्दार्थ ढूँढ़ना शुरू किया। श्रीमती धर्मशीला ईष्ट नाम का जाप करने लगी और रामटहल की आँखें गोल होती गयीं।

पाँच मिनट के अथक तथा निःशब्द परिश्रम के बाद श्रीहर्ष को सफलता मिली– "हाँ। आश्रित ?...आश्रित...सं....ब्रेकेट में, किसी के सहारे...फिर...ठहरा, टिका

हुआ… पु.–वह जो भरण-पोषण के लिए किसी पर अवलम्बित हो, स्त्री–बच्चे, नौकर-चाकर, मन और ज्ञानेन्द्रिय…।”

ऐसा लगा, तीनों के बीच एक हथगोला आकर गिर पड़ा और जोरों का धड़ाका हुआ। जब तीनों को होश हुआ तो देखा कि हथगोला नहीं, श्रीहर्ष के हाथ से विशाल शब्द-कोष छूटकर गिरा था… अब क्या हो ? आश्रित का अर्थ–स्त्री-बच्चे नौकर ?… इस लपेट से न रामटहल बचकर निकल सकता है और न महाराज ?… दुहाय बाबा नरसिंह !

भयातुर आश्रितों ने अन्तिम चेष्टा करके यह पता लगा लेना आवश्यक समझा कि आश्रितों के भीषण संकट के प्रतिकार के लिए गृहस्वामी ने कुछ किया है अथवा नहीं ?

दोपहर को, भोजन के समय श्रीमती धर्मशीला आज प्रेमपूर्वक पंखा लेकर बैठी। पति के मुँह में प्रथम ग्रास पहुँचा तो श्रीमती धर्मशीला ने अपने मुँह की बात निकाली, “यदि भविष्यफल में कोई गड़बड़ी हो तो उसका उपाय भी बतलाया होगा ? अपने अलावा अपने को आ-आ-आ-स-र…।”

दिगो बाबू तिलमिला उठे, “महाराज ने आज यह… किस चीज की सब्जी है… यह तो जहर है… इतनी मिर्च… दिन-रात भविष्यफल जानने के लिए पागल रहती हो, मगर एक बार रसोईघर में झाँककर नहीं देखती कि आज क्या… ओहो… मार डाला…।”

दिगो बाबू न भोजन कर सके, न क्रोध। चुपचाप सिसकारी लेते हुए कुल्ली-आचमन करने लगे।

चाय के समय भी ‘चेष्टा’ करने की चेष्टा विफल हुई, हालाँकि चाय में मिर्च या नमक नहीं, चीनी पड़ी थी।

श्रीहर्ष ने रात्रि के भोजन के पहले इस संकट से उबरने का एक ‘साइण्टिफिक उपाय’ ढूँढ़ निकाला। और कोई चारा नहीं। शान्ति-कुटी के आश्रितों के समक्ष अपनी गुप्त योजना रखते हुए उसने खासतौर से अपनी माँ को समझाया, “यह तय है कि बाबूजी हम लोगों को संकट से उबारने के लिए कुछ नहीं करेंगे। हम उन्हें स्वार्थी नहीं कहते। किन्तु वे निर्दय अवश्य हैं। उपाय क्या करना होगा यह भी नहीं बतलाते ? ऐसी अवस्था में अपनी बुद्धि से निकले हुए उपाय के द्वारा ही प्रतिकार कर सकते हैं हम। बाबूजी हर हालत में सुख-चैन से ही रहेंगे। उन पर कोई खतरा नहीं। संकट उनके आश्रितों के सिर है। हम हर हालत में उनके आश्रित ही रहेंगे। रहना पड़ेगा हमें–हमारी मजबूरी है। ऐसी अवस्था में ‘साँप भी मरे और लाठी न टूटे’–जैसा कोई वैज्ञानिक तरीका अख्तियार करना होगा। यदि सभी सहमत हों…।”

सर्वसम्मति से संत्रस्त आश्रितों ने तय किया कि वे आत्मरक्षार्थ गृह-स्वामी का ‘अहिंस्र विरोध’ करेंगे, अर्थात् बचाव के लिए विरोध। वे आश्रित रहते हुए भी आश्रित न रहने का भाव दिखलायेंगे। चूँकि गृहस्वामी हर हालत में चैन से ही

रहेंगे, उनका कुछ नहीं बिगड़ेगा।···

इसके बाद श्रीहर्ष ने विस्तारपूर्वक अपने 'लाइन ऑफ एक्शन' का 'डायरेक्ट एक्शन' बतलाया।

तय हुआ कि कल सुबह सबसे पहले रामटहल को ही बगावत का झण्डा फहराना होगा, क्योंकि वही पहला आश्रित है, जिसका नाम लेकर गृहस्वामी सुबह में पहले पुकारते हैं। श्रीमती धर्मशीला की शंकाओं का समाधान और निवारण करते हुए श्रीहर्ष ने कहा, "चाय उन्हें जरूर मिलेगी लेकिन देर से मिलेगी। उन्हें कष्ट देने के लिए नहीं, अपने को कष्टमुक्त करने के लिए हम विरोध करेंगे।··· विरोध शुरू करने के पहले सभी अपने-अपने कलेजे को टटोल लें।"

रामटहल को कलेजा नहीं टटोलना पड़ा।

सुबह को पहली पुकार पर उसके मुँह से पहला जवाब निकल ही रहा था कि उसने कसकर दाँतों का ब्रेक लगा दिया जीभ पर।··· पचीस साल की आदत !

तीन बार पुकारने पर भी रामटहल ने कोई जवाब नहीं दिया। दिगो बाबू को तनिक अचरज हुआ। उन्होंने करवट लेकर देखा, रामटहल सामने बरामदे पर लेटा हुआ है, अपनी जगह पर। इस बार उन्होंने गला खोलकर पुकारा, "रामटहल !"

"भोर-हि-भोर रामटहल-रामटहल काहे चिल्ला रहे हैं ! बोलिए न, क्या कहना है ?"

दिगो बाबू को विश्वास हो गया कि वे खुद नींद में हैं, इसलिए चुप हो गये। लेकिन रामटहल चुप नहीं रहा। उसने कहा, "चाय के लिए महाराज को पुकारिए। बूझते हैं ?"

दिगो बाबू स्वप्नलोक से फिर 'शान्ति-कुटी' के कमरे में उतरे। उधर रामटहल तलहथी पर खैनी-तम्बाकू रगड़ता हुआ, सन् तीस के एक भूले हुए 'सुराजी-गीत' की पंक्ति याद कर रहा था। कलेजे को मजबूत बनाये रखने के लिए उसने गीत शुरू किया, जोर से–'कि बन्दर की तरह बन में 'बिटिस' को नचा देंगे, बन्दर की तरह···।'

दिग्विजय बाबू को तनिक भी सन्देह नहीं रहा कि रामटहल ने अब गाँजा पीना शुरू कर दिया है। अपमान, क्रोध, दुःख, ग्लानि के सम्मिलित और अकस्मात् आक्रमण से उनकी देह झुलस उठी। वे उठे और लाठी लेकर झपटे। रामटहल पहले से ही भागने को तैयार बैठा था। वह भागा, लेकिन सड़क पार नहीं कर सका। बीच सड़क पर ही घेरकर दिगो बाबू ने उसे पीटना शुरू किया। गालियाँ सुनकर सारे मुहल्ले के लोग ज़ाग पड़े।··· लोगों ने अपनी आँखों से देखा और पहचाना, दिगो बाबू ही हैं।

आसपास एकत्रित लोगों को चेतावनी और तमाशा दिखाने की धमकी देकर, गमलों को पैरों से गिराने के बाद वे अपने कमरे में चले गये। उनको यह समझने में देरी नहीं लगी कि पड़ोसियों ने उनके पुराने नौकर को बहकाया है। वे इसका बदला चुकाने का रास्ता खोजने लगे। तब तक महाराज हाथ में 'आश्रितों का

ऐतिहासिक स्मरण-पत्र' लेकर कमरे में हाजिर हो चुका था।

दिगो बाबू ने पढ़ा—"आपने अकारण ही अपने एक विश्वासी, वफादार एवं असहाय आश्रित को अन्यायपूर्वक पीटा है। हम इसका घोर विरोध करते हैं। हमें खेद है कि हम सभी आपके इस दुर्व्यवहार से दुःखी होने को बाध्य हैं। अतः आपकी घोर निन्दा करते हैं। भविष्य में···।"

दिगो बाबू आगे नहीं पढ़ सके, क्योंकि तब तक 'छोटी कोठी' में एक पुराने किन्तु काफी गरम गीत का रेकार्ड बजने लगा था—हो पापी, जोबना का देखो बहार··· हो पापी—हो पापी···!

श्रीहर्ष ने विरोध के लिए, ऐसे ही गीतों के रेकार्ड, नंगी तस्वीरोंवाली तथाकथित-स्वास्थ्यपूर्ण किताबें, खुलेआम धूम्रपान और चन्द आवारा दोस्तों के साथ ताश खेलने का कार्यक्रम बनाया। उसने सभी आश्रितों के लिए अलग-अलग 'एक्शन' तय करके समझा दिया था।

श्रीहर्ष ने माँ को याद दिलाकर कहा था, "गलती से पैर छूकर प्रणाम मत कर बैठना। भक्ति और पूजा, बाबूजी की तस्वीर की करो। हर्ज नहीं। लेकिन बाबूजी के साथ बुरा बर्ताव करके ही संकट को टाल सकोगी।"

तीन दिन तक, दिन-रात सभी आश्रितों ने ईमानदारी और दृढ़ता से अपना विरोध जारी रखा। गृहस्वामी को चिढ़ाने के लिए नित नये उपाय सोचे गये, प्रयुक्त हुए। मगर दिगो बाबू ने मौनव्रत धारण करके 'गीता रहस्य' में अपने को इस तरह डाल दिया कि 'मेन-स्विच' ऑफ कर देने और जोर से रेडियो खोलने पर भी उससे बाहर नहीं निकले।··· रामटहल ने गन्दा लँगोट पसारकर उनकी क्रोधाग्नि को पुनः-पुनः भड़काने की चेष्टा की, किन्तु व्यर्थ।

श्रीमती भवानी को अपने देवता-तुल्य ससुर की सेवा करने का सुअवसर अब तक नहीं मिला था। श्रीमती धर्मशीला किसी कारणवश अपनी पुत्रवधू पर मन-ही-मन अप्रसन्न रहती थी। इसलिए पति के सामने यदा-कदा तथा कभी-कभी सर्वदा उसकी बुराई ही करती थी।

इस बार श्रीमती भवानी ने अपने गुणों से दिग्विजय बाबू को दो दिन में ही मुग्ध कर लिया। उनके मन से 'पुत्रहीन' होने का एकमात्र दुःख हमेशा के लिए दूर हो गया।

उस दिन श्रीपार्थ ने फैसला सुनाने के लहजे में अपने पिता के सभी विद्रोही आश्रितों को सुना दिया—"अब तुम लोग पिताजी के आश्रित नहीं रहे। अब किसी संकट की आशंका नहीं। पिताजी अब मेरे आश्रित होकर दुर्गापुर में रहेंगे, क्योंकि ज्योतिषी ने यह भी बतलाया है कि अब उन्हें किसी के आश्रय में रहना चाहिए।"

श्रीपार्थ ने अपनी माता को 'सोशल-वर्क' करने, श्रीहर्ष को 'घरेलू नौकरों की यूनियन' बनाने, रामटहल को मूँगफली बेचने तथा महाराज को गंगाजी के घाट

पर भिक्षाटन करने की उचित और लाभदायक सलाह देकर, श्रीमती भवानी को दुर्गापुर लौटने की तैयारी तुरन्त करने का आदेश दिया।

दिग्विजय बाबू बालकों की तरह प्रसन्न और उत्साहित होकर अपना सामान सहेज रहे थे कि आँगन में कोलाहल सुनायी पड़ा। श्रीमती धर्मशीला क्रोध से काँपती हुई महाराज से पूछ रही थी, "बोलो ! तुम जान-बूझकर यह सब कर रहे थे ? आखिर क्यों ? हम लोगों का सुख तुमसे देखा नहीं जाता था··· ऐसे में सारे परिवार के लोग पागल नहीं होंगे भला ?"

श्रीपार्थ ने यात्रा के समय इस कलह का कारण जानना चाहा। श्रीमती धर्मशीला बोली, "बेटा, तुम हाकिम हो। तुम्हीं इस बात का इन्साफ करो। इस बार तुम्हारे बाबूजी ने गाँव से 'पाट-साग' का बीज मँगवाया था। महाराज ने बोते समय चुटकी-भर भंग का बीज मिला दिया था। पिछले पाँच-सात दिनों से नौकरानी भंग के पौधों सहित साग ले आती थी और महाराज आँख मूँदकर कड़ाही में डाल देता।··· ऐसे में घर-भर के लोग पागल क्यों नहीं होंगे ?"

रामटहल ने कहा, "अब समझा कि मेरा माथा हमेशा क्यों उस तरह चकराता था।"

श्रीहर्ष बोला, "रामटहल, अभी तुरन्त आबकारी पुलिस को बुला लाओ।"

महाराज हाथ जोड़कर गिड़गिड़ाने लगा, "मालिक–बड़े भैया–छोटे भैया–मालकिन–इस बार माफ कर दीजिए। 'भविष्य' में कभी ऐसी गलती नहीं होगी। दुहाई···।"

'संकट' का सही कारण ढूँढ़ निकालने के बाद श्रीमती धर्मशीला एक गिलास ठण्डा पानी लेकर अपने पति के कमरे में चली गयी।

सितम्बर, 1963

अभिनय

छन्दा ने जिस दिन घर-भर के लोगों के छप्पर-फोड़ ठहाके के बीच मुझे 'दादू' कहकर सम्बोधित किया, मैं थोड़ा अप्रतिभ हुआ था। मेरे (अकाल) परिपक्व केश के कारण ही छन्दा (जिसकी माँ मुझे देवर मानती है और जिसकी दादी मेरा नाम लेकर पुकारती है) ने मुझे 'दादू' यानी 'बाबा' कहा था। मुझे 'केशव-केशन' की याद आयी थी और मैं मन्द-मन्द सुर में दोहा पढ़ने लगा था।

सबसे पहले छन्दा की दादी (जिसे मैं जेठी माँ अर्थात् बड़ी चाची कहता हूँ) ने 'दोहा' का अर्थ पूछा था। और मतलब समझकर छन्दा की छोटी चाची (जो असाधारण सुन्दरी है) ने मुझे ढाढ़स बँधाया था, "किन्तु··· बांग्ला माने हम लोगों का दादू लोग खूब मौज में रहता है। जानते हैं न ?"

छन्दा की सदा बीमार माँ के पीले मुखड़े पर भी हँसी की रेखा फूटी थी, "दादू और पोती में खुलकर दिल्लगी चलती है। खूब फस्टीनस्टी ···।"

छन्दा की छोटी चाची ने आँखों को नचाते हुए कहा था, "अब आप भी छन्दा को 'गिन्नी' बोलके डाकिये। गिन्नी का माने बूझते हैं ? गृहिणी।"

और, इस बात पर फिर एक बार सामूहिक ठहाका लगा था।

छन्दा की छोटी चाची (जो राजकपूर का नाम सुनते ही आइसक्रीम की तरह गल जाती है !) बात करने का ढंग जानती है। (मेरे एक निन्दक पड़ोसी मेरी निन्दा करते समय लोगों से कहते हैं कि छन्दा की छोटी चाची से बातें करने के लिए मैं दफ्तर से कैजुअल-लीव ले लिया करता हूँ !) वह सामनेवाली कुर्सी पर आकर बैठ गयी और दुनिया-भर के दादुओं की कीर्ति कथा सुनाने लगी, "कोलकाता में हमारा भी एक ऐसा ही दादू था···।"

"ऐसा ही माफिक माने ?"

"आपका ही माफिक। पातानो-दादू ?"

"पातानो-दादू ?"

"मुँहबोला-दादू।"

छन्दा का छोटा भाई सन्तू, जो अब तक चुप था, बोल उठा, "तब ठाक्माँ (दादी) से काका बाबू का··· कौन··· सम्बन्ध···"

बेचारा अपनी बात पूरी भी नहीं कर पाया था कि हँसी का हुल्लड़ शुरू हुआ। और सबसे ऊपर छन्दा की मयूरकण्ठी-हँसी। हँसी नहीं, पिहकारी। सारे गोलमार्केट में उसकी हँसी कुछ देर तक मँडराती रहती है। पास-पड़ोस के लोगों ने छन्दा के फ्लैट को, इसी उन्मुक्त-हँसी के कारण 'नाइट-क्लब' का नाम दे दिया है।

उस रात को (छन्दा का दादू बनकर) लौटते समय बत्तीस नम्बर के (सीदा-सादा दीखनेवाला नम्बर एक शैतान) सज्जन ने कपट-नम्रता से पूछा था, "क्यों अरुण बाबू ! पच्चीस नम्बर में किसी डिरामा-उरामा का रिहलसल-उहलसल चल रहा है क्या ?"

मैंने कहा था, "जी हाँ।"

बत्तीस नम्बर मुँह बाकर मुझे थोड़ी देर तक देखता रहा था। फिर पूछा, "कौन नाटक ?"

"दादू चरित।"

छन्दा रेलवे-कण्ट्राक्टर बी. घोष की बड़ी बेटी है। साँवरी-सुन्दरी और चंचल लड़की है। नाचती है, गाती है, अभिनय करती है। सौभाग्यवश, अब तक कुमारी है। मेरा दृढ़ विश्वास है कि किसी कण्ट्राक्टर की सन्तान विवाह के मामले में और प्रेम के व्यापार में धोखा नहीं खा सकती। दुधमुँही बच्ची-जैसी भोली-भाली छन्दा 'लोलिता' पढ़ चुकी है। मेरे-जैसे अनेक मूढ़ लोगों को नचा चुकी है। फिर भी, सबकुछ जानते हुए भी, लोग उसकी मीठी बोली सुनकर भ्रम में पड़ जाते हैं।

मैं सोचने लगा, इतने दिनों के बाद आखिर छन्दा ने मुझसे यह नया रिश्ता क्यों जोड़ा ? दादू और पोती में खुल्लमखुली दिल्लगी चलती है।··· मेरे मुँह से 'गिन्नी' सम्बोधन सुनने के लिए अथवा··· अथवा··· ?

यों मुँहबोले-काका की हैसियत से भी मैं छन्दा से हल्की-फुल्की दिल्लगी किया करता था। छन्दा के राही-प्रेमी (रिक्शे के पीछे सायकिल भगाकर 'होगा कि नहीं' पूछनेवाले) के बारे में पूछता था। जिस लड़के के बाप ने छन्दा की तस्वीर मँगवायी है, उसकी मूँछों की ऐंठन देखकर डरेगी तो नहीं छन्दा ?··· यह गीत और नाच किस काम आयेगा··· सुहाग की रात में घुँघरू बाँधकर नाचेगी छन्दा ? आदि-आदि।

फिर, इसे नये रिश्ते की क्या जरूरत थी ? छन्दा के (बाप के) बैठक में जिस सोफा पर मैं पहली बार बैठा था, उसी पर आज तक बैठता आया हूँ। कल भी उसी सोफे पर बैठूँगा। लेकिन छन्दा मुझे दादू कहेगी।

दूसरे दिन फ्लैट में पैर रखते ही छन्दा ने स्वागत किया, "कि बूड़ो ?··· क्यों बुड्ढे, दाँत में दर्द-वर्द तो नहीं। आज चने की घुँघनी बनी है।"

मैं हठात् अधेड़ हो गया। मुझे लगा, मेरे चेहरे पर झुर्रियाँ पड़ गयी हैं और दमे से परेशान हूँ, कि गठिया के मारे मेरे घुटनों में रात-भर दर्द था, मगर किसी

ने गरम पानी का थैला नहीं दिया। मैंने कराहते हुए जवाब दिया, "दर्द की क्या पूछती हो गिन्नी। कहाँ नहीं दर्द है ?"

छन्दा की छोटी चाची देर से आयी, मगर दुरुस्त होकर आयी। बोली, "किन्तु दादू होने में खतरा भी है।"

"कैसा खतरा ?"

"लड़कियों के नाबालिग-प्रेमी लोग दादुओं से बहुत नाराज रहते हैं। हाथ में छड़ी लेकर सुबह-शाम पोती-नतनी की रखवाली करनेवाली दादुओं को वे फूटी नजर भी नहीं देखना चाहते। अतएव, हमेशा होशियार रहिएगा।"

उधर छन्दा के छोटे भाई ने गाना शुरू कर दिया था—"मैं का कलूँ लाम मुझे बुढ्ढा मिल गया...।"

तीसरे दिन मालूम हुआ कि धनबाद से एक कोयला खदान के मालिक का बड़ा बेटा छन्दा को देखने आ रहा है। मैंने कहा, "गिन्नी ? आखिर इस काला-हीरा की ही गले में डालेगी ?"

छन्दा लजानेवाली लड़की नहीं। बोली, "सुनती है काकी ? मारे डाह के जल-भुनकर भुर्ता हुआ जा रहा है। बुड्ढा !"

मैं एक लम्बी साँस लेकर उदास हो गया।

छन्दा की छोटी चाची चाय लेकर आयी (आज तक चाय लाने का काम किसी और ने नहीं किया) और बोली, "छन्दा ने आपके लिए...।"

तब तक छन्दा, हाथ में एक साप्ताहिक पत्रिका लेकर मेरे पास आ गयी। बोली, "आज ही कार्ड लिखकर बी. पी. मँगा लो दादू। पढ़कर देखो, लिखा है केश काले न हों तो दाम वापस।"

मैंने तत्परता से कहा, "दया करके इसकी कटिंग मुझे दे दो।... हाय। दुनिया में हमदर्दों की कमी नहीं।... क्या लिखा है ? जवानी में बुढ़ापा क्यों भोग रहे हैं।... वाह ! आज ही लिख देता हूँ। काला-हीरा से मुकाबला है, खेल नहीं।"

लगातार चार महीने तक दादू की भूमिका अदा करने के बावजूद, मुझसे गलती हो ही जाती। तब, छन्दा की छोटी चाची अथवा माँ या दादी मुझे टोककर सुधारती—"ऐसा नहीं, इस तरह...।"

किन्तु, छन्दा कभी कोई गलती नहीं करती। आध-दर्जन नाती-पोतोंवाली बूढ़ी की तरह वह बोलती-बतियाती। मेरी गलतियों (बेवकूफियों) पर ताने देती हुई कहती, "तुम्हारे मन में भी भारी-जवान चोर है बुड्ढे।"

एक दिन छन्दा ने मुझसे धीमे स्वर में कहा, "दादू, तुमने कुछ मार्क किया है ? तुम्हारे आते ही दादी सिर पर कपड़ा सरका लेती है।"

"सचमुच ?"

छन्दा की छोटी चाची दाँतों-तले जीभ दबाकर हँसी। फिर, फिसफिसाकर बोली, "हाँ, कल कह रही थी कि बेचारे अरुण को छन्दा बहुत दिक करती है। और छन्दा ने तुरत उल्टा जवाब दिया—तो, तुम अपने बूढ़े को सँभालती क्यों

नहीं।··· इस पर माँ हँसते-हँसते लोट-पोट हो गयीं।"

मैंने छन्दा से पूछा, "क्यों बूढ़ी ? मुझे धकेल रही हो ?"

छन्दा हँसती रही। बोली, "और, इधर दादी आपसे बहुत कम बातें करती है, यह आपने लक्ष्य किया है ? आते ही अचानक गम्भीर हो जाती है।"

छन्दा की दादी ने पूजा-घर से ही कहा, "छन्दा, पूछो तो आश्रम में इस बार पूजा होगी या नहीं ?"

"तू लाज से गड़ी क्यों जा रही है ?"

"अब मार खायेगी तू, हाँ···।"

"···· चिढ़ी है।··· बात लगी है ?" छन्दा टेबुल पीटकर हँसने लगी।

तो, छन्दा ने मेरे मुँह से 'गिन्नी' सुनने के लिए नहीं, मुझसे एक 'मधुर सम्बन्ध' के लिए नहीं, अपनी दादी को चिढ़ाने के लिए ही मुझे दादू कहना शुरू किया है ? अब तो स्पष्ट शब्दों में वह अपनी दादी की भारी-भरकम देह और मेरी दुबली-पतली काया की जोड़ी लगा देती है। उस दिन एक व्यंग्य-चित्र दिखलाकर बोली, "आप लोगों की युगल-जोड़ी···।"

छन्दा की दादी विधवा है। मांस-मछली नहीं खाती। पान का नशा है–मगर मुँह में दाँत नहीं। इसलिए पान के बीड़े को कूटकर खाती है। छन्दा ने मुझसे एक दिन यह कर्म भी करवाया और उसकी दादी हँसती रही।

उठते समय, उस दिन फिर हो-हल्ला शुरू हुआ। छन्दा की माँ से उसकी दादी ने चुपके से कहा कि अरुण को कल रात यहीं खाने को कहो···; छन्दा ने सुना और ले उड़ी, "सिर्फ खाने का निमन्त्रण ?"

छन्दा की दादी के हाथ में जादू है, सुन रखा था। अचानक निमन्त्रण पाकर मैंने पूछा, "लेकिन मांस-मछली तो···।"

छन्दा बोली, "आपके लिए सब नियम-कानून तोड़ सकती है–मांस-मछली छूने की क्या बात ?"

दूसरे दिन, सुबह ही सन्तू एक लिखित निमन्त्रण-पत्र दे गया–"एक बार आकर देख जाइए कि आपकी 'मोटकी' दिगम्बरी रसोईघर में किस तरह पसीने से नहा गयी है।··· इसी को कहते हैं प-रे-म।"

मैं नहीं गया। शाम को भी अपने समय पर नहीं गया। तय किया, ठीक भोजन के समय जाऊँगा।

शाम को मैदान का एक चक्कर लगाकर लौट रहा था। हथुआ-मार्केट के सामने आते ही पान खाने को मन ललच पड़ा।

जाफरानी-पत्ती मुँह में घुलाते हुए मैंने पूछा, "यह कैसी पत्ती है ?"

"बाबूजी, वाराणसी-पत्ती है। आपने तो पान छोड़ ही दिया।" विश्वनाथ ने कहा।

"क्या कीमत है ?"

"ढाई रुपये।"

पॉकेट टटोलकर देखा, पचास पैसे कम पड़ेंगे। विश्वनाथ ने कहा, "कोई बात नहीं।"

मैं जान-बूझकर ही देर से छन्दा के फ्लैट गया। सुना, दादी निराश होकर सो गयी है। निराश ही नहीं, नाराज होकर भी।

छन्दा बोली, "बाबा ! अब मैं कुछ नहीं बोलूँगी। दादी का कहना है कि मेरे ही कारण, आप···।"

मेरी बोली सुनकर छन्दा की दादी कपड़े सँभालती हुई आयी। मैंने देरी के लिए एक झूठी सफाई दी। वह बोली, "सभी चीजें ठण्डी हो गयी होंगी।"

छन्दा कुछ कहना चाहती थी। किन्तु, हाथों से मुँह ढँककर अन्दर चली गयी। छन्दा की छोटी चाची रसोईघर की ओर गयी। छन्दा की दादी बैठी, "मुँह-हाथ धो चुके हो ?"

मैंने पॉकेट से जर्दा की डिबिया निकालकर बूढ़ी की ओर बढ़ाया।

वह मद्धिम आवाज में बोली, "की जिनिस ?"

"वाराणसी-जाफरानी जर्दा।"

बूढ़ी ने डिबिया को खोलकर सूँघा। मुस्कुराकर चुपचाप आँचल में बाँधने लगी, "क्या जरूरत थी ? कितना दाम लिया ?"

"अच्छी चीज है।" मैंने कहा।

"गन्ध तो बहुत अच्छी है।" बूढ़ी ने आँचल को एक बार सूँघकर छिपा लिया।

कि अचानक छन्दा, सन्तू और छन्दा की चाची ने एक साथ कमरे में प्रवेश किया। छन्दा ने पूछा, "क्यों ? क्या घुसुर-फुसुर हो रहा है ?"

सन्तू बोला, "की मिष्ठी गन्धो।"

"यह खुशबू कैसी है बुड्ढे ?" छन्दा ने मुझसे पूछा।

मैंने छन्दा की दादी की ओर देखा। लाज के मारे बूढ़ी का चेहरा लाल हो गया था।

"क्यों दादी ? आँचल में क्या छिपाया··· देखूँ··· यह··· क्या··· ?"

"कुछ नहीं··· जर्दा···।"

"किसने दिया ?"

अब मेरी देह काँपने लगी। कान गर्म हो गये। लाज से मेरी आँखें झुक गयीं और पच्चीस नम्बर फ्लैट में एक बार फिर छप्पर-फोड़ ठहाका गूँजा।

छन्दा की छोटी चाची ने कहा, "ठाकुरपो (देवरज़ी) आज एकदम सही··· ओके···। जरा भी गलती नहीं की आपने।··· ठीक, दादू। हू-ब-हू !"

छन्दा डाँट रही थी दादी को, "ऐं ? तुम डूब-डूबकर पानी पीती थी बूढ़ी ?"

सन्तू बोला, "सिंकिंग-सिंकिंग-ड्रिंकिंग वाटर··· ?"

नवम्बर, 1965

विघटन के क्षण

रानीडिह की ऊँची जमीन पर–लाल माटीवाले खेत में–अक्षत-सिंदूर बिखरे हुए हैं–हजारों गौरैया-मैना सूरज की पहली किरण फूटने के पहले ही खेत के बीच में 'कचर-पचर' कर रही हैं। बीती हुई रात के तीसरे पहर तक, जहाँ सारे रानीडिह गाँव की कुमारी-कन्याएँ कचर-पचर नृत्य-गीत-अभिनय कर चुकी हैं।

रात में शामा-चकेवा 'भँसाया' गया है··· प्रतिमा-विसर्जन !

श्यामा, चकवा, खंजन, बटेर, चाहा, पनकौआ, हाँस, बनहाँस, अधँगा, लालसर, पनकौड़ी, जलपरेवा से लेकर कीट-पतंगों में भुनगा, भेम्हा, अँखफोड़वा, गंधी, गोबरैला तक की मिट्टी की छोटी-छोटी नन्हीं-नन्हीं मूर्तियाँ गढ़ी गयी थीं, रँगी गयी थीं। दो रात तक उन्हें ढेलेवाले खेतों में चराया गया अर्थात उनकी पूजा की गयी। रात को विसर्जन !

बिरनाबन (बृन्दावन ?) जले हैं–सैकड़ों। हजारों चुगलों के पुतले ! पुतलों की शिखाएँ जली हैं–घर-घर में तू झगड़ा लगावे, बाप-बेटा से रगड़ा करावे; सब दिन पानी में आगि लगावे, बिनु कारन सब दिन छुछुवावे–तोर 'टिकी' में आगि लगायब रे चुगला··· छुछुन्दरमुहें··· मुँहझौंसे··· चुगले··· हाहाहाहा !

सैकड़ों लड़कियों की खिलखिलाहट ! तालियाँ !

तारे झरे, पायल झनके। हुस्नहिना कें गुच्छों ने लम्बी साँस ली। रात भीग गयी···।

धरती पर बिखरे अक्षत-सिंदूर। दूबों पर बिखरे मोती के दाने।··· छोटे-छोटे इन्द्रधनुषों के टुकड़े !

··· अचानक, एक चील ने डैना फड़फड़ाया। सभी चिरैयाँ एक साथ भड़ककर उड़ीं। गौरैयों की विशाल टोली सरसों के खेत में जा बैठी।

बहुत दिनों के बाद–कोई पाँच बरस के बाद–धूमधाम से 'शामाचकेवा' पर्व मनाया है रानीडिह की कुमारियों ने।

एक चदरी-भर सरदी पड़ गयी। अगहनी धान के खेतों में अब हलकी लाली दौड़ गयी है अर्थात अब दानों में दूध सूख रहा है। आलू के पौधों में पत्तियाँ लग गयी हैं। सुबह-सुबह गोभी की सिंचाई कर रहे हैं, सभी।

"बिजैयादि ! तू इतना सबेरे 'कोबी' जो पटाती हो, सो बेकार ही ना ? तू तो अब पटना में रहेगी···।"

"चुप हरजाई !" गंगापुरवाली दादी ने चिढ़कर चुरमुनियाँ को झिड़की दी, "दिन-भर बेबात की बात बकबक करती रहती है यह रत्तीभर की छौंड़ी।"

चुरमुनियाँ, रत्ती-भर की छोकरी चुप नहीं रही। आँखें नचाकर, ओठों को बिदकाकर बोली, "हुँह ! तोरे तो मजा है। कोबी रोपकर पटा रही है बिजैयादि और टोकरी भर-भरके फूल बेचेगी तू। और जब हिसाब पूछेगी पटना से आकर मलकिन-काकी तो··· तो··· ई ऊँगली तोड़ना, ऊ ऊँगली मोड़ना मगर भूलल हिसाब कभी न जोड़ना··· हिहिहिहि··· !"

दादी ने इस बार एक गन्दी गाली दी। गाली सुनकर चुरमुनियाँ ने विजया की ओर देखा। विजया शुरू से ही मुस्कुरा रही थी। इस काली-कलूटी लड़की की मीठी शैतानी को वह खूब समझती है। जहर है यह छोकरी ! लछमन की पोती !

गंगापुरवाली दादी को चुरमुनियाँ की बात लगी नहीं, किन्तु वह नकियाकर कुछ बोली। चुरमुनियाँ ने समझ लिया। बोली, "क्यों दादी, मैं झूठ कहती हूँ ? बेचारी गंगापुरवाली दादी, जो गंडा से आगे गिनती न जाने, उससे मलकिन-काकी पूछेगी, 'पाँच टके सैकड़ा के दर से डेड़ सौ बीजू आम का दाम ?' हे-हे-ए—हा-हा-हा बस; दादी को तो 'आकाशी' लग गयी—ही-ही-ही-ही !"

विजया बोली, "जल्दी-जल्दी हौज भर दे।"

आठ-नौ साल की इस लड़की से पार पाना खेल नहीं। विजया को छोड़कर उससे और कोई काम नहीं ले सकता, उसकी माँ भी नहीं। बाप को तो वह बोलने ही नहीं देती कुछ।

जब से विजया रानीडिह आयी है, चुरमुनियाँ दिन-रात 'बड़घरिया' हवेली में ही रहती है।

कल चुरमुनियाँ कह रही थी, "बिजैयादि, तू आयी है तो लगता है रानीडिह गाँव में कोई 'परब-त्योहार'··· माने··· ठीक देवी-दुर्गा के मेला के समय जैसा लगता है वैसा ही लगता है। अब तो तुम भी ठीक 'खरगेंट' (खंजन) चिरैया की तरह साल में एक बार आओगी, जैसे मलकिन-काकी आती है।··· अब तुम भी शहर में जाकर 'चोंचवाली अँगिया' पहनोगी।"

"लात खायेगी अब तू।" दादी ने साग खोंटते चेतावनी दी, "है तनिक भी बड़े-छोटे का लिहाज इस छिनाल को ?"

दादी बीच-बीच में बाल पकड़कर घसीटती-पीटती भी है, और उस दिन सारे गाँव में कुहराम मच जाता है; चुरमुनियाँ किसी राख के घूरे में लोट-लोटकर एकदम 'भूतनी' हो जाती है और उसके मुँह से छंदबद्ध पंक्तियाँ—'रुदनगीत' की—अनायास ही निकलती रहती हैं—"री-ई-ई बुढ़िया गंगपरनी, बड़घरिया की घरनी, हमरो सौतिनी-ई-ई बिना रे करनवा हमरा मारलि गे-ए-बुढ़िया गंगपरनी-ई-ई ···।" लड़की

तो नहीं, एक 'अवतार' है, समझो।

गंगापारवाली दादी की मुस्कुराहट पोपले मुँह पर देखने योग्य होती है। हँसती हुई कहती है, "जानती है बिजै, भागलपुरवाली को इस निगोड़ी ने कैसा 'बेपानी' किया था ?"

गंगापुरवाली दादी ने मद्धिम आवाज में कहा, "भागलपुरवाली उस बार आयी भादों में। एक दिन 'बक्कस' से कपड़ा निकालकर धूप में सुखाने को दिया। कपड़ों को पसारते समय यह 'लौंगी-मिर्च-छौंड़ी' अचानक चिल्लाने लगी–ले ले लाला··· जर्मनवाला··· रबड़वाला··· गेंदवाला··· चोंचवाला ···। मैंने झाँककर देखा, बाँस की एक कमानी में भागलपुरवाली की 'अँगिया' लटकाये चुरमुनियाँ नचा-नचाकर चिल्ला रही है। उधर, दरवाजे पर, दरवाजा-भर पंचायत के लोग।··· भागलपुरवाली जलती 'उकाठी' लेकर दौड़ी थी।"

गंगापुरवाली दादी के साथ विजया भी हँसते-हँसते लोट-पोट हो गयी।

चुरमुनियाँ खोजकर बड़ी बाल्टी ले आयी।

आठ बजेवाली गाड़ी आने से पहले ही गोभी की सिंचाई हो गयी। बाल्टी-लोटा-डोरी लेकर चुरमुनियाँ के साथ विजया भाजी कि बगिया से बाहर आयी। इस बार चुरमुनियाँ अपने झबरे बालों में उँगली चलाते हुए बोली, "बिजैयादि, सचमुच कल ही चली जाओगी ? धेत्त··· मत जाओ बिजैयादि !"

इस बार विजया ने एक लम्बी साँस ली।

'बड़घरिया हवेली'। पहले यही अकेली हवेली थी।

पहले सिर्फ 'बड़घरिया' कहने से ही लोग समझ लेते थे–रानीडिह का चौधरी-परिवार। अब 'हवेली' जोड़ना पड़ता है, क्योंकि रानीडिह में अब एक नहीं, कई 'बड़घरिया' हैं।

बड़घरिया हवेली के एकमात्र वंशधर श्री रामेश्वर चौधरी एम. एल. ए. पिछले कई वर्ष से पटना में ही रहते हैं, सपरिवार। दूर-रिश्ते की एक मौसी यानी गंगापारवाली दादी बड़घरिया हवेली का पहरा करती है। हलवाहा सीप्रसाद खेती-बारी देखता है। लोग उसे 'मनीजर' कहते हैं। मखौल में रखा हुआ नाम ही अब 'चालू' हो गया है, सीप्रसाद का–'मनीजर'।

'छिटपुट जमीन' यानी आधीदारी पर लगी हुई जमीनों की हर साल बिक्री करके रामेश्वर बाबू अब 'निझंझट' हो गये हैं; खुदकाश्त में थोड़ी-सी जमीन है, पोखर और बाग-बगीचे हैं। जिस दिन कोई बड़ा गाहक लग जाये, बेचकर छुट्टी ! छुट्टी माने, इस रानीडिह गाँव से, अपनी 'जन्मभूमि' से कोई लगाव–किसी तरह का संबंध नहीं रखना चाहते रामेश्वर बाबू।··· मजबूरी है !

पिछले पन्द्रह साल से रामेश्वर बाबू पटना में रहते हैं–पटना के एम. एल. ए. क्वार्टर में। अब राजेन्द्रनगर में घर बनवा रहे हैं। इस बार सम्भव है, 'पार्टी-टिकट'

नहीं मिले। किंतु, अब गाँव रानीडिह लौटकर नहीं आ सकते। किसी गाँव में अब नहीं रह सकते…!

स्वर्गीय बड़े भाई सिद्धेश्वर चौधरी की विधवा की हाल ही में मृत्यु हो गयी। बड़े भाई की एकमात्र सन्तान विजया, जो अपनी माँ के साथ पिछले सात-आठ साल से मामा के घर थी, सोलहवाँ साल पार कर रही है। विजया के बड़े मामा ने कड़ी चिट्ठी लिखी विजया के काका को इस बार–'जिनके त्याग और बलिदान का मीठा फल आप खा रहे हैं उनकी स्त्री को तो झाड़ू मारकर ऐसा निकाला कि …। खैर, वह मरी और दुख से उबरी। लेकिन, आपका 'सिरदर्द' दूर नहीं हुआ है। अभी आपको थोड़ा और कष्ट भोगना बाकी है। विजया अब ब्याहने के योग्य हो गयी।… यदि आप मेरे इस पत्र पर ध्यान नहीं देंगे तो मुझे मजबूर होकर आपकी पार्टी के प्रधान को लिखना पड़ेगा !'

इस बार दुर्गापूजा की छुट्टी में रामेश्वर बाबू अपनी स्त्री (भागलपुरवाली) के साथ रानीडिह आये। नारायणगंज आदमी भेजकर विजया को बुलवा लिया। काली-पूजा के बाद जब पटना वापस आने लगे तो गंगापुरवाली ने कहा, "बिजै यहाँ दस दिन और रहकर 'साग-भाजी' लगा जाती। फिर भागलपुरवाली बहू तो धान कटाने के लिए एक महीना के बाद आवेगी ही। उसी के साथ जायगी !"

रामेश्वर बाबू को बात पसन्द आयी। कहा, "ठीक है। 'नवान्न' के बाद ही विजया जायगी, पटना।"

लेकिन परसों चिट्ठी आयी है–धान कटाने के लिए इस बार नहीं आ सकती। मकान बन रहा है। दिन-रात मजदूरों के सिर पर सवार रहना पड़ता है। अगले सप्ताह 'ढलैया' शुरू होगी। इसलिए 'शामा-चकेवा' के बाद विजया अपने छोटे मामा के साथ चली आवे पटना… जरूर-से-जरूर …।

आज शाम तक विजया के छोटे मामा नारायणगंज से आ जायेंगे। कल गाड़ी से विजया पटना चली जायेगी।

चुरमुनियाँ अपने घर का बस एक काम करती है। साँझ को पूरब-टोले के साहू की दूकान से सौदा ला देती है–मकई, चना, नून, तेल, बीड़ी। हिसाब जोड़ने में कभी एक पाई भी गलती नहीं करती। अपने दादा-दादी से ज्यादा हिसाब जानती है वह। साहू की दूकान पर होनेवाली 'गप' में चुरमुनियाँ 'रस' डाल देती है–"अब बिजैयादि भी चली जायगी। कल ही जायगी।"

"और गंगापुरवाली ?"

"ऊ चली जायगी तो यहाँ कलमी आम का 'बगान' कौन 'जोगेगी' रात-भर जगकर ?"

चुरमुनियाँ की बात सुनकर सभी हँसे। रामफल की घरवाली ने पूछा, "और तुझे नहीं ले जा रही बिजैया ?"

"धेत्त ! मैं क्यों जाऊँ ?"

सच्चिदा पाँच पैसे का कपूर लेने आया था। विजया के कल ही जाने की खबर

सुनकर स्तब्ध रह गया।

उजड़े हुए हिंगना-मठ पर खंजड़ी बजाकर सतगुरु का नाम लेनेवाला एकमात्र बाबाजी सूरतदास बैरागी कहता है, "सभी जायेंगे। एक-एक कर सभी जायेंगे···।"

गाँव की मशहूर झगड़ालू औरत बंठा की माँ बोली, "ई बाबाजी के मुँह में 'कुलच्छन' छोड़कर और कोई बात नहीं। जब सुनो तब–सभी जायँगे ! जब से यह बानी बोलने लगा है बूढ़ा बाबाजी, गाँव के 'जवान-जहान' लड़के गाँव छोड़कर भाग रहे हैं। पता नहीं, शहर के पानी में क्या है कि जो एक बार एक घूँट भी पी लेता है फिर गाँव का पानी हजम नहीं होता। गोबिन गया, अपने साथ पंचकौड़िया और सुगवा को लेकर। उसके बाद, बाभन-टोले के दो बूढ़े अरजुन मिसर और गेंदा झा···।"

रामफल की बीवी ने बीच में ही बंठा की माँ को काट दिया, "अरजुन मिसर और गेंदा झा की बात कहती हो, मौसी ? तो पूछती हूँ कि गाँव में वे दोनों करते ही क्या थे ? 'बिलल्ला' होकर इसके दरवाजे से उसके दरवाजे पर खैनी 'चुनियाते' और दाँत निपोड़कर भीख माँगते दिन काटते थे। अब शहर में जाकर 'होटिल' में भात राँधते हैं दोनों। पिछले महीने अरजुन मिसर आया था। अब बटुआ में पनडब्बा और सुर्ती रखता है। तोंद निकल गया है।"

"तो तू भी रामफल को क्यों नहीं भेज देती ? तोंद निकल जायगा।"

किसी ने कहा, "एह ! सभी जाकर शहर में 'रिश्कागाड़ी' खींचते हैं। हे भगवान ! अंधेर है।"

जवाब मिला, "क्यों ? रिक्शा खींचना बहुत बुरा काम है क्या ? पाँच रुपये रोज की कमाई यहाँ किस काम में होगी, भला ?"

सभी ने देखा, कैवर्तटोली का सच्चिदा, जो पाँच पैसे का कपूर लेने आया था, पूछ रहा है, "बताइए ?"

किसी ने कोई जवाब नहीं दिया।

सच्चिदा चला गया तो चुरमुनियाँ ने ओंठ बिदकाकर कहा, "इसके भी पंख फड़फड़ा रहे हैं।··· ई भी किसी दिन उड़ेगा। फुर्र-र।"

हँहँहँहँ ! बहुत देर से रुकी हँसी छलक पड़ी। लोग बहुत देर तक उसकी बात पर हँसते रहे। चुरमुनियाँ की दादी पुकारने लगी, "अरी ओ चुरमुनियाँ !"

रात में चुरमुनियाँ बड़घरिया-हवेली में ही सोती है, गंगापुरवाली दादी के साथ। दादी सुबह-शाम चाय पीती है और चुरमुनियाँ को चाय की आदत पड़ गयी है। आज रविवार है। आज रात में दो बार चाय पियेगी, गंगापुरवाली दादी।

लेकिन आज चाय पीने का जी नहीं होता। चुरमुनियाँ चुपचाप अपनी कथरी में सिमट-सिकुड़कर अँगीठी पर चढ़ी केतली में पानी की 'गनगनाहट' सुन रही है। दादी ने दिल्लगी के सुर में पूछा, "आज तुमको किसका 'बिरह-बिजोग' सता रहा है जो इस तरह··· ?"

चुरमुनियाँ चिढ़ गयी, "मुझे अच्छी नहीं लगती तुम्हारी यह बानी।"

"ऐ-हे ! अच्छी बानी की नानी रे। आखिर तुझको हुआ क्या है ?"

क्या जवाब दे चुरमुनियाँ !

सभी, एक-एक कर गाँव छोड़कर जा रहे हैं। सच्चिदा भी चला जायेगा तो गाँव की 'कबड्डी' में अकेले पाँच जन को मारकर दाँव अब कौन जीतेगा ? आकाश छूनेवाले भुतहा-जामुन के पेड़ पर चढ़कर शहद का 'छत्ता' अब कौन काट सकेगा ? होली में जोगीड़ा और भड़ौआ गानेवाला–अखाड़े में ताल ठोकनेवाला··· सच्चिदा भैया !

··· पिछले साल से होली का रंग फीका पड़ रहा है। आठ-नौ साल की चुरमुनियाँ की नन्हीं-सी जान, न जाने किस संकट की छाया देखकर डर गयी है।–क्या रह जायेगा ?

चुरमुनियाँ गा-गाकर रोना चाहती है करुण सुर में–एक-एक पंक्ति को जोड़कर गाकर रोना जानती है, वह। धीमे सुर में उसने शुरू किया–'आ गे मइयो यो यो···।'

गंगापुरवाली दादी ने झिड़की दी, "ऐ-हे। ढँग देखो इस रत्ती-भर छिनाल का। नाक से रोने बैठी है भरी साँझ की बेला में। उठ, जाके देख बिजै काहे पुकार रही है।"

"गोलपारक क्या, भैया ?"

गाँव के नौजवानों के तन-मन में 'फुरहरी' लग रही है, फुलकन की शहरी-गप सुनकर। मजेदार गप ! इस गप में एक खास किस्म की गंध है–फुलकनी के 'बाबड़ी-केश' से जैसी गंध आती है, ठीक वैसी ही।

फुलकन फुलझड़ी उड़ा रहा है, "रजिन्नरनगर ? अब उसके बारे में कुछ मत पूछो, भैयो ! साला, ऐसा सहर कि लगता है कि धरती फोड़कर 'गोबर छत्ते' की तरह रोज मकान उगते जा रहे है। होगा नहीं भला ? वहाँ कोई भी काम हाथ से थोड़ो होता है ? सुर्खी कुटाई से लेकर सिमटी-सटाई और चुना-पुताई–सबकुछ 'मिशिन' से। बाल कटाने जाओ तो नाई एक ऐसा 'मिशिन' लगा देगा कि चटपट हजामत खत्म।··· दस कदम पर एक-एक गोलपारक···।"

"गोलपारक क्या, भैया ?"

"अब क्या बतावें कि गोलपारक क्या है और कैसा होता है ? वह देखने पर ही समझोगे। मुँह की बोली में उतने किस्म का रंग कहाँ से लावेंगे ? समझो कि 'सीकी' की एक बहुत बड़ी सतरंगी 'डलिया' धरती पर रखी हुई है।··· जब साँझ को लम्बे-लम्बे 'मरकली' के डंडे छटाक-छटाक कर जल उठते हैं और साँझ के झुटपुटे में ठंडी-ठंडी हवा खाती हुई अधनंगी लड़कियाँ··· लड़की तो नहीं, समझो कि 'फिलिंइस्टार'···।"

"फिलिं··· क्या··· ?"

"धेत्तेरे की ! फिलिंइस्टार भी नहीं समझते ? अरे, पिक्चर की लड़की रे, पिक्चर की !"

"पिक्चर–?"

"अब तुम लोगों को क्या समझावें !··· माने, सिनेमा की छापी की लड़की। समझे ?"

"··· पिक्चर की लड़की, छापी की लड़की ?" क्या-क्या बोलता है, फुलकन ? क्या था और क्या से क्या होकर लौटा है ! गाँव के नौजवानों की देह कसमसाने लगती है। फुलकन पटना में, 'रिश्कागाड़ी' खींचता है।··· खींचता नहीं है, 'डलेवरी' करता है। फुलकन रिश्का-डलेवर है।

"अच्छा ! रिश्का-डलेवरी कितने दिनों में सीखा जा सकता है ?"

"सिखानेवाला उस्ताद हो और सीखनेवाला 'जेहन' का तेज हो तो तीन ही दिन में 'हैंडिल' थिर हो जा सकता है।··· असल 'चीजवा' है 'हैंडिल' !"

··· गाँव के लड़कों ने लक्ष्य किया, फुलकन खास-खास बात में 'वा' लगाकर बोलता है–टिकटिवा, कगजवा, बतवा, चीजवा।

फुलकन ने अब पॉकेट से 'छापियों' का लिफाफा निकाला, "और देखो देखने-वालो··· !"

"ऐ हे ! बाप··· !!"

"फिलिं की छापी की तसवीर की लड़की ?"

"अँय ! राह-घाट में इसी तरह 'कच्छा-लँगोटा' पहनकर चलती है ? कोई कुछ कहता नहीं ?"

सभी 'लहेंगड़े-लौडों' के सिर पर छापियाँ नाचने लगीं। नाचती रहीं।··· रात में, सपने में भी छापी की लड़कियाँ नाचती रहीं और एकाध को 'भरमा' भी गयीं।

विजया को अचरज होता है ! गाँव खाली होने का, गाँव टूटने का जितना दुख-दर्द इस छोटी-सी चुरमुनियाँ को है, उतना और किसी को नहीं। विजया इस गाँव में सात-आठ साल के बाद आयी है तो क्या ? है तो इसी गाँव की बेटी।

जब से पटना जाने की बात तय हुई है, अन्दर-ही-अन्दर वह फूट रही है··· रजनीगंधा के डंठलों की तरह। वह पटना नहीं जाना चाहती। वह इसी गाँव में रहना चाहती है।··· बाबूजी की याद आती है, माँ की याद आती है। मिल-जुलकर आती है। कलेजा टूक-टूक होने लगता है तो इमली का बूढ़ा पेड़, बाग-बगीचे, पशु-पंछी–सभी उसे ढाढ़स बँधाते हैं। एक अदृश्य आँचल सिर पर हमेशा छाया रहता है। यहाँ आते ही लगता है, बाबूजी बाग में बैठे हैं, माँ रसोई-घर में भोजन बना रही हैं। इसीलिए, मामा का गाँव-घर कभी नहीं भाया उसे। अपने बाप के 'डिह' पर वह टूटी मड़ैया में भी सुख से रहेगी। लेकिन···।

"बिजैयादि !"

··· चुरमुनियाँ ने आज चोरी पकड़ ली, शायद ! विजया जब से आयी है, रोज रात में चुपचाप रोती है। रोज सुबह उठकर तकिये का गिलाफ बदल देती है।

"बिजैयादि ?" चुरमुनियाँ अब उठकर बैठ गयी।

गंगापुरवाली दादी करवट लेती हुई बड़बड़ायी, "क्यों गुल मचाकर जगा रही है, नाहक ?"

विजया ने कनखी-नजर से देखा, चुरमुनियाँ सोयी हुई गंगापुरवाली दादी का मुँह चिढ़ाती है, ओठों को बिदकाकर। इसका अर्थ होता है, 'तुमको क्या ? दो बार 'चाह' पी चुकी है। यहाँ बिजैयादि कल से ही अन्न-पानी छोड़कर पड़ी हुई है।'

विजया ने देखा, चुरमुनियाँ उठकर बाहर गयी। आकाश के तारों को देखा। फिर बड़बड़ाती अंदर आयी, "इह, अभी बहुत रात बाकी है।"

चुरमुनियाँ आकर विजया के पैताने में बैठ गयी और धीरे-धीरे उसके पैरों को सहलाने लगी।

··· इस लड़की ने तो और भी जकड़ लिया है, माया की डोर से। उसने पैर समेटकर कहा, "यह क्या कर रही है ?"

चुरमुनियाँ हँसी, "थीं तो जगी हुई ही। फिर जवाब क्यों नहीं दिया ?"

"तुझे नींद नहीं आती ?"

चुरमुनियाँ ने गंगापुरवाली दादी की ओर दिखलाकर इशारे से कहा, "दादी की नाक इस तरह बोलती है मानो 'अरकसिया' आरा चला रहा हो !"

विजया को हँसी आयी। उसने डाँट बतायी, "क्यों झूठ बोलती है ? दादी की नाक आज एक बार भी नहीं बोली है।"

"तुम जगी नहीं थीं तो तुमने जाना कैसे ?" चुरमुनियाँ जीत गयी। "जानती है बिजैयादि ? लगता है, सच्चिदा भी अब सहर का रास्ता पकड़ेगा।··· जाओ भाई, सभी जाओ। यहाँ गाँव में क्या है ? सहर में बायस्कोप है, सरकस है, सलीमा है···।"

"सोने भी देगी ?" विजया का जी हलका हुआ थोड़ा।

"नहीं।"

"क्यों ?"

"कल रात से तो और तुमको नहीं पाऊँगी। आज रात-भर सताऊँगी।"

कुछ देर तक चुप्पी छायी रही। दोनों ने लम्बी साँस ली।

"बिजैयादि ?" चुरमुनियाँ सटकर सो गयी।

"क्या है रे ?"

"सहर के दुल्हे से सादी मत करना।"

विजया ठठाकर हँसना चाहती थी। उसने बहुत मुश्किल से अपनी हँसी को जब्त करके पूछा, "सो क्यों ? शहर के लोगों ने तेरा क्या बिगाड़ा है ?"

"मेरा क्या बिगाड़ेगा कोई !"

"तो, किसका बिगाड़ेगा ?"

"तुम्हारा··· बिजैयादि ? तू सादी ही मत करना। वे लोग तुमको कभी फिर इस गाँव में नहीं आने देंगे।"

"क्यों ?"

"जब गाँव का आदमी ही गाँव छोड़कर सहर भाग रहा है तो सहर का आदमी अपनी 'जनाना' को गाँव आने देगा भला ?"

"मुझे बाँध रखेंगे क्या ?"

"हाँ, बाँधकर रखेंगे। कमरे में बन्द करके।"

गंगापुरवाली दादी उठकर बैठ गयी और 'जाप' करने लगी। दोनों चुप हो गयीं।

गंगापुरवाली दादी बाहर गयी। विजया ने देखा, चुरमुनियाँ सो गयी है। वह धीरे-धीरे उसके झबरे बालों पर हाथ फेरने लगी।

सुबह उठकर बाहर निकलते ही चुरमुनियाँ चिल्लायी, "देख-देख बिजैयादि, 'लीलकंठ' देख लो !"

गोढ़ी-टोले से एक जिंदा मछली ले आयी चुरमुनियाँ और मिट्टी के बर्तन में पानी डालकर सामने रख दिया। फिर गाँव से उत्तर, बाबा जीन-पीर के थान की मिट्टी लाने गयी। सुबह से ही वह काम में मगन है, चुपचाप। विजया के मामा ने कई बार छेड़कर चिढ़ाने की चेष्टा की। विजया ने भी कई बार चुटकी ली। मगर वह चुप रही। आज वह गंगापुरवाली दादी की गालियों का न जवाब देती है और न ओठों को बिदकाकर मुँह चिढ़ाती है।··· कल कह रही थी, "जानती है बिजैयादि, तुम चली जाओगी तो कल से दादी गाली भी नहीं देगी। दिन-रात मुँह फुलाकर बैठी रहेगी या आँख मूँदकर जाप करेगी।"

दोपहर को जब विजया के मामा भोजन करने बैठे तो चुरमुनियाँ ने मुँह खोला, "मामा, बिजैयादि को भी अपने सामने बैठकर खाने को कहिए। कल से ही मुँह में··· कुछ··· नहीं।"

लगा, बालू का बाँध अरराकर टूट गया है। फफककर फूटकर रो पड़ी चुरमुनियाँ, "बिजैयादि यहाँ से··· भूखी-प्यासी··· जायगी ई-ई-ई···!"

चुरमुनियाँ की बरसती हुई, लाल-लाल आँखों में विजया ने कुछ देखा और वह सिहर पड़ी।··· रोते-रोते मर जायेगी यह लड़की ! उसने रुँधे हुए गले से चुरमुनियाँ को समझाना शुरू किया, "चल ! पहले उठकर नहा ले ! मैं तुम्हारे साथ ही बैठकर खाऊँगी। उठ !"

विजया के मामा को अचरज हुआ। आज तक विजया ने किसी बच्चे-बच्ची को इस तरह दुलार-भरे सुर में नहीं पुचकारा। वे जल्दी-जल्दी भोजन करके बाहर दालान पर चले गये।

विजया ने चुरमुनियाँ को नहलाया-धुलाया। गंगापुरवाली दादी ने बाहर निकलकर कई भद्दी गालियाँ दीं। किन्तु आज उसकी गाली सुनकर भी चुरमुनियाँ

रोती है।··· कल से दादी गाली देना भी बन्द कर देगी।

खाने के समय विजया ने टोका, "पेट भरकर खा।"

चुरमुनियाँ बोली, "मैं भी वही कह रही थी तुमसे।"

फिर दोनों हँस पड़ीं। हँसते-हँसते रोने लगीं।

बाहर मामा ने सूचना देने के लहजे में कहा, "तीन बज रहे हैं।" अर्थात, अब दो घंटे और। साढ़े छह बजे की गाड़ी पकड़ने के लिए पाँच बजे ही घर से निकल पड़ना होगा।

चुरमुनियाँ बोली, "जमराज !"

विजया हँसते-हँसते लोट-पोट हो गयी।··· मन की बात कही है चुरमुनियाँ ने।

देखते-ही-देखते सूरज ढल गया। अब, एक घंटा और !

सामान वगैरह बाहर दालान में भेजकर विजया ने चुरमुनियाँ को 'पूजा-घर' में पुकारा। गंगापुरवाली दादी रसोईघर में पकवान छान रही थी। चुरमुनियाँ अन्दर गयी।

"देख चुरमुन, इधर आ। इस घर में रोज झाड़ू-लेपन, साँझ-धूप-बाती देना मत भूलना।"

"तुमको कहना नहीं होगा। मैं घर के 'देवता-पित्तर' से लेकर गाँव के देवता-बाबा जीन-पीर के थान में रोज झाड़ू-बुहारी दूँगी–यह मनौती मैंने की है कि हे मैया गौरा पारबती !··· कि हे बाबा जीन-पीर··· हमारी बिजैयादि को कोई सहर में बाँधकर नहीं रखे।··· जिस दिन तू लौटकर आयेगी, मैं देवी के 'गहवर' में नाचूँगी··· सिर पर फूल की डलिया लेकर। तू लौट आवेगी तो सब कोई लौटकर आवेंगे। भूले-भटके, भागे-पराये–सभी आवेंगे। तू नहीं आयेगी तो इस गाँव में अब धरा ही क्या है ? जो भी है, वह भी एक दिन नहीं रहेगा। सिर्फ गाँव की निसानी, घरों के डिह··· "

"नहीं चुरमुन, ऐसी बात मत बोल।"

"तो, सत्त करो। मेरी देह छूकर कहो···।"

चुरमुनियाँ अपलक नेत्रों से विजया को देखती रही। विजया भी उसकी आँखों में डूब गयी, "चुरमुन, मैं शहर में नहीं रह सकूँगी। मैं लौट आऊँगी। यहीं जीऊँगी, यहीं मरूँगी···।"

"नः नः, 'जातरा' के समय कुलच्छन-भरी बात मत निकालो मुँह से।··· जानती है बिजैयादि, मुझे कैसा लगता है, कहूँ ?··· लगता है, तू मेरी बेटी है और मैं तुम्हारी माँ। तू मुझे··· माने··· अपनी माँ को हमेसा के लिए छोड़कर जा रही है।"

विजया चौंकी, तनिक। उसने चुरमुनियाँ के चेहरे पर उमड़ने-घुमड़नेवाली घटाओं को देखा। वह बोली, "हाँ, तू मेरी माँ है।··· तू ही मेरी माँ है।"

चुरमुनियाँ आनन्द-विभोर हो गयी, "बिजैयादि, जी छोटा मत करो। रोओ मत !··· कलेजा मजबूत करो।··· 'कहल-सुनल' माफ करना।··· अच्छा तो, पाँव लागों।"

बैलगाड़ियाँ चल पड़ीं। दालान के पास, गंगापुरवाली दादी के साथ चुरमुन टुकुर-टुकुर देखती रही ···।

विजया उँगलियों पर जोड़ती है–ग्यारह महीने ! ग्यारह-तीसे, तीन सौ तीस··· ?

चुरमुनियाँ ने ठीक ही कहा था। सच्चिदा भी शहर आ गया है और एक प्रायवेट कम्पनी में दरबानी करता है। गाँव से जो भी आता है, विजया सबसे पहले चुरमुनियाँ के बारे में पूछती है; फिर पूछती है, "गाँव छोड़कर क्यों आये ?" सच्चिदा ने बताया, "चुरमुनियाँ तो पूरी 'भगतिन' बन गयी है। रोज भोर में नहाकर सिव मन्दिर जाती है।··· लोग कहते हैं कि लड़की पर कोई 'देव' ने सवारी की है।"

··· जिस दिन विवाह की बात पक्की हुई, विजया का कलेजा धड़का था। उसे चुरमुनियाँ की बात याद आयी थी। शादी के समय भी चुरमुनियाँ की बात मन में गूँज गयी थी।

··· उसने ठीक ही कहा था। चुरमुनियाँ पर सचमुच कोई 'देव' की सवारी हुई है। विवाह के बाद, पाँच महीने भी नहीं बीते सुख-चैन से ! विजया फिर उँगलियों पर कुछ जोड़ती है।

··· अब उसके पति इस बात को अच्छी तरह प्रमाणित करने पर तुले हुए हैं कि विजया को गाँव के किसी लड़के से प्रेम था और उसी के विरह में वह विवाह के बाद से ही अर्ध-विक्षिप्त हो गयी है ···।

··· विजया के काका को वकील का नोटिस देकर पूछा गया है कि इस धोखेबाजी के लिए उस पर मुकदमा क्यों नहीं चलाया जाये ?

··· विजया के पति पाँच हजार रुपए बतौर हर्जाना के वसूल करना चाहते हैं, उसके काका से !··· विजया कुछ भी नहीं जानती। कुछ भी नहीं समझती। कुछ समझने की चेष्टा भी नहीं करती। सिर्फ उँगलियों पर कुछ जोड़ती है। जोड़ती ही रहती है।

हिंगना-मठ के सूरतदास बाबाजी से एक पोस्टकार्ड लिखवाकर भेजा है, चुरमुनियाँ ने। कई डाकघरों में धूमती-भटकती हुई चिट्ठी विजया के पति को कल मिली है, "बिजैयादि कब आओगी ? अब नहीं ही आओगी।" इसके बाद सूरतदास बाबाजी ने अपनी ओर से लिखा है, "चुरमुन एक महीने से बिछावन पर लबेजान है और दिन-रात तुम्हारा नाम···।"

विजया अपने पति को कुछ भी नहीं समझा सकी कि यह चुरमुन कौन है, जिसकी बीमारी की ख़बर पाकर वह इस तरह बेचैन हो गयी। विजया की बस एक ही जिद–"मैं आज ही जाऊँगी। अभी···।"

तब, हमेशा की तरह उसे घर में बन्द करके कुंडी चढ़ा दी गयी। किन्तु इस बार विजया न रोयी, न चीखी, न चिल्लायी, न दरवाजा पीटा, न बर्तन-बासन तोड़ा। करुण-कंठ से गिड़गिड़ाने लगी, "मैं आपके पैर पड़ती हूँ। आप जो भी

कहिएगा, मानूँगी।··· मुझे एक बार अपने साथ ही गाँव ले चलिए। मैं खड़ी-खड़ी उस निगोड़ी को देख लूँगी। मरे या जीये। मैं उलटे-पाँव वापस चली आऊँगी–आप ही के साथ।"

"यह चुरमुनियाँ आखिर है कौन ?"

"मेरे गाँव की··· एक··· पड़ोसी की लड़की।"

"लेकिन, लगता है तुम्हारी कोख की बेटी हो।"

"हाँ, वह मेरी माँ है। माँ है ···।"

"मुझे देहाती-उल्लू मत समझना।"

हर दिन की तरह, विजया अचानक चुप हो गयी और आँख मूँदकर अपने गाँव-मैके रानीडिह भाग गयी। अब उसे कोई मारे, पीटे या काटे–घंटों अपने गाँव में पड़ी रहेगी। वह··· दूर से ही दिखलायी पड़ता है, गाँव का बूढ़ा इमली का पेड़। वह रहा बाबा जीन-पीर का थान।··· वह रही चुरमुनियाँ।··· रानीडिह की ऊँची जमीन पर··· लाल माटीवाले खेत में··· अक्षत-सिंदूर बिखेरे हुए हैं। हजारों गौरैया-मैना सूरज की पहली किरण फूटने के पहले ही खेत के बीच में कचर-पचर कर रही हैं। चुरमुनियाँ सचमुच पखेरू हो गयी ? उड़कर आयी है, खंजन की तरह !··· विजया की तलहथी पर एक नन्हीं-सी जानवाली चिड़िया आकर बैठ गयी।··· चुरमुन रे ! माँ···!

··· डॉक्टर ने सूई गड़ायी या किसी ने छुरा भोंक दिया ?–कोई मारे या काटे, विजया अपने गाँव से नहीं लौटेगी, अभी !

फरवरी, 1966

जलवा

फातिमादि को कभी देखूँगा और इस तरह देखूँगा, इसकी मैंने कल्पना भी नहीं की थी। इसलिए, कुछ देर तक 'पटना-मार्केट' को स्वप्नलोक समझकर खोया-खोया-सा खड़ा रहा–जूते की दूकान पर।··· बुरके में सिर से पैर तक ढँकी दो महिलाएँ और साथ में नौ-दस साल की गुड़िया-जैसी खूबसूरत लड़की। लड़की ने दुबारा पूछा–"मौसी पूछ रही हैं कि पटना कब आये आप ?"

दुकानदार ने रेजगारी गिनते हुए कहा, "वह आप ही से पूछ रही है।"

लड़की हँस पड़ी। बुरके के अन्दर भी हँसी खनकी।··· परिचित हँसी ! लड़की हँसी अपनी मौसी की किसी बात पर। बोली, "मेरी मौसी आपकी फातिमादि हैं।"

अब कत्थई रंग के बुरके के अन्दर से फातिमादि की चिर-परिचित बोली स्पष्ट सुनायी पड़ी–"सुना, दिल्ली या बम्बई में रहते हो ?"

"मैं पिछले दस साल से पटना में हूँ।"

"अजब बात ! पटना में हो और कभी देखा नहीं ?"

"और आप··· ?" इतनी देर के बाद मेरा होश लौटा, मानो।

मेरी बात को बीच में ही काटकर बुरका-पोश फातिमादि बोलीं, "मेरी छोड़ो। अपनी बताओ। शादी-वादी की ?"

मुझे सकपकाया देखकर वह बोलीं, "बाकरगंज-गली में 'दानिशमंजिल' देखा है न ? वहीं रहती हूँ। बहू को लेकर किसी दिन आओगे ? कल ही आओ न, सुबह आठ बजे।"

लड़की बोली, "कल सुबह आठ बजे तो हमीदा खाला के घर जाना है।"

"ओ-ओ !··· परसों आओ !"

मेरे मुँह से अनायास ही निकल पड़ा–"प्रणाम !"

"खुश रहो।"

फातिमादि को कभी 'आदाब अर्ज़' नहीं कहा हमने। वह हमारे 'प्रणाम' को कबूल कर हमेशा 'खुश रहो' कहकर आशीर्वाद देतीं। किन्तु फातिमादि को इस तरह सिर से पैर तक ढँका हुआ कभी नहीं देखा। उन दिनों भी नहीं, जब वह परिचितों की निगाहों से बचकर रहती थीं।

रात-भर नींद नहीं आयी। आँखें मूँदते ही कत्थई रंग के बुरके में ढँकी हुई छाया आकर खड़ी हो जाती।··· एक जोड़ी जालीदार आँखें ! लाख कोशिश करके भी बुरके को हटाकर फातिमादि का चेहरा नहीं देख सकता। और झुँझलाकर आँखें खोल लेता।

अपने घरवाले की लम्बी साँसों और छटपटाहटों को देख-सुनकर कोई भी गृहिणी सशंक हो सकती है। मगर कथाकार की पत्नी जानती है कि कहानी गढ़ते समय उसका घरवाला इसी तरह बेवजह, बेकार, बेकरार होकर लम्बी साँसें लेता करवटें बदलता है। अतः वह सुख से सोयी रहती है।

उस रात जगी हुई थी। पूछा, "तुमसे कभी फातिमादि के बारे में कहा है मैंने ?"

"नहीं तो ! कौन फातिमादि ?"

"एक कहानी की फातिमादि।" बात को टालकर मैंने करवट ली।

कहानी की फातिमादि ! अचरज हुआ कि फातिमादि के बारे में अब तक अपनी पत्नी को कुछ क्यों नहीं सुनाया !··· नहीं, अचरज की कोई बात नहीं। कट्टर सनातनी की बेटी और हिन्दू-सभाइस्ट भाई की बहन को जान-बूझकर ही मैंने कभी फातिमादि की कोई बात नहीं बतायी। डर था कि सुनकर मुँह बिदकाकर कुछ कह देगी। कहेगी–ऐबसर्ड !

ऐबसर्ड नहीं ! असाधारण !

आज से छत्तीस साल पहले भी लोगों ने कहा था–एबनॉर्मल।··· अधपगली !

मेरा सौभाग्य कि मैंने इस असाधारण महिला को बहुत करीब से देखा है।

··· याद आती है 1930 की उस सभा की। स्कूल के पिछवाड़े में भारी भीड़। ठाकुरबाड़ी के चबूतरे पर गांधी-टोपी पहने कई लोग बैठे थे। एक दस-ग्यारह साल की लड़की 'लेक्चर' दे रही थी। लड़की को पाजामा और कुरता पहने देखकर बहुत अचरज हुआ था। सुना, सोनपुर के मौलवी साहब की बेटी है। मौलवी साहब 'खिलाफत' के समय से ही 'मोटिया' पहनते हैं, चर्खा कातते हैं। सफेद पाजामा-कुरता पहने, कन्धे पर तिरंगा झंडा लेकर खड़ी लड़की !

··· 1934 के प्रलयंकारी भूकम्प के बाद, दूसरी बार देखा था। चार साल में ही काफी बड़ी दीख रही थी। महात्मा गांधी भूकम्प-पीड़ित क्षेत्र के दौरे पर आये थे। मंच पर गांधीजी के पास खड़ी लड़की को पहचानने में कोई दिक्कत नहीं हुई थी।··· प्रार्थना-सभा में कुरानशरीफ की आयतों का सस्वर-पाठ करती हुई मौलवी साहब की बेटी ! हाल ही दो साल की सजा काटकर जेल से निकली है। कहते हैं, गिरफ्तारी के समय पुलिस के डंडे से बुरी तरह घायल हो गयी थी।

··· 1937 में तीसरी बार। निकट से देखने का पहला अवसर मिला। स्कूल के मैदान में जिला राजनैतिक-सम्मेलन का आयोजन किया गया था। कांग्रेसी-मिनिस्टरी के दिन थे। इसलिए स्कूल में ही प्रतिनिधियों के ठहरने की व्यवस्था की गयी थी और स्कूल के बालचर कांग्रेस-सेवादल के स्वयंसेवकों के साथ मिलकर काम कर रहे थे। सेवादल की जी. ओ. सी. मौलवी साहब की बेटी को पहली बार

'फातिमादि' कहकर पुकारा था। उस सभा में प्रोफेसर अजीमाबादी की तकरीर के समय, मुस्लिमलीगियों ने गड़बड़ी मचाने की कोशिश की। फातिमादि लपककर मंच पर गयी थीं। और उनकी तेज आवाज पंडाल में गूँज उठी थी–"गद्दारो ! शरम करो।"

··· और, 1943 में पाँच महीने तक दिन-रात उनके साथ रहना पड़ा। बनारस, लखनऊ, इलाहाबाद और गोरखपुर की गलियों में, 'आजाद दस्ता' के क्रान्तिकारी कार्यक्रमों को लेकर अलख जगानेवाली फातिमादि की तसवीरें आँखों के आगे आती हैं, एक-एक कर।··· गिरफ्तारी के समय पुलिस-सार्जेंट की भद्दी गालियों के जवाब देते समय उनके चेहरे पर जो बिजली कौंधी थी; 1947 में हिन्दू-मुस्लिम दंगे के समय उपद्रवियों से जूझते समय उनके मुखमंडल पर जो आभा छायी रहती थी, सबको इस कत्थई रंग के बुरके ने कैसे ढँक दिया ? यह कैसे हुआ ?

··· मैं उनके चेहरे पर पड़े परदे की चित्थी-चित्थी उड़ा देना चाहता हूँ। मैं फातिमादि की सूरत देखना चाहता हूँ और वह चीखकर अपनी दोनों हथेलियों से अपना मुँह ढँक लेती हैं–'नहीं-नहीं। ओजू !··· अजीत··· मेरा चेहरा मत देखो···।'

सपना टूटने के बाद बहुत देर तक मैं चुपचाप पड़ा रहा। ऑल इंडिया रेडियो का 'सिगनेचर-ट्यून' शुरू हुआ। हठात्, मन में एक खयाल आया–आकाशवाणी के 'सिगनेचर-ट्यून' को बदलने के लिए अब तक कोई 'हंगामा' क्यों नहीं हुआ ? यह तो शुद्ध 'अज़ान' का सुर है।··· वायलिन पर चढ़ती-उतरती नमाज की पुकार।

'दानिश-मंजिल' की सीढ़ियों पर चढ़ते समय मुझे लगा, इस पुरानी इमारत की हर ईंट मुझे ताज्जुब-भरी निगाहों से देख रही है।

"किससे मिलना है ?"

"फातिमादि से।"

"किससे ?"

"फातिमादि से।"

सवाल पूछनेवाला अचरज से बुत बना खड़ा रहता है। फिर बुदबुदाता है–"फातिमादि ?"

गुड़िया-जैसी खूबसूरत लड़की हँसती हुई आती है, सलाम करती है और कहती है, "मौसी पूछती हैं कि बहू को क्यों नहीं ले आये ?"

मैं समझ गया, फातिमादि आज भी मेरे सामने नहीं आयेंगी। आज भी इसी लड़की को बीच में रखकर बातें चलायेंगी।

उधर कई कमरों के दरवाजे जोर से बन्द हुए। मद्धिम आवाज में बजते हुए रेडियो अचानक चुप हो गये। हवा में फिसफिसाहट और सरगोशियाँ।

"सुना है, अफसाने लिखते हो ?" चिक की आड़ से सवाल पूछा गया।

फर्श पर बिछी फटी दरी की ओर देखते हुए मैंने जवाब दिया–"जी हाँ, झूठ बोलने की आदत को अब पेशा···।"

खिलखिलाहट सुनकर 'दानिश-मंजिल' की कई खिड़कियाँ चरमराकर खुलीं। भुने हुए प्याज की गन्ध से कमरा भारी हो गया। और इसी गन्ध ने मेरे दिमाग में हाल की एक घटना की याद जगा दी।··· एन. सी. सी. के कैम्प के बावर्चीखाने में 'जहर-कातिल' की शीशी के साथ पकड़े गये उस मुसलमान नौजवान का नाम क्या था ?

गुड़िया-जैसी लड़की का नाम नग़मा है। वह एक प्याली चाय ले आयी। मैं झूठ बोलना चाहता था, मगर बोल नहीं सका। चाय की प्याली हाथ में लेकर मैंने पूछा–"तो फातिमादि··· आप इतने दिन से··· मेरा मतलब··· आप न जाने कहाँ खो गयीं ?"

जवाब मिला, "बहू को लेकर कब आ रहे हो ?"

मैं आँखें मूँदकर चाय पी गया। मैं समझ गया, फातिमादि मेरे सवाल का जवाब नहीं देना चाहतीं। मुझे अब थोड़ा सन्देह भी होने लगा, यह ख़ातून हमारी फातिमादि नहीं, कोई और हैं।

मैं कुरसी छोड़कर उठा। नग़मा तश्तरी में पान ले आयी। इस बार साफ-साफ झूठ बोल गया, "मैं पान नहीं खाता।"

चलते समय मैंने हिम्मत बाँधकर कह दिया, "माफ करें। मुझे लगता है, आप हमारी वह फातिमादि नहीं···।"

"तुमने ठीक समझा है, अज़ीज़।"

अज़ीज़ ? मैं फिर चौंका। याद आयी, फातिमादि मुझे अजीत नहीं, अज़ीज़ कहा करती थीं। मैं खामोश खड़ा रहा और चिलमन के उस पार फिर एक खुली खिलखिलाहट खनक उठी।

'दानिश-मंजिल' की सीढ़ियों से उतरते समय मुझे लगा, इस पुरानी इमारत की हर ईंट मुझे नफरत-भरी निगाह से देख रही है।··· मैं उस नौजवान का नाम याद करने की कोशिश करने लगा, जिसने एक हजार 'कैडेट' के भोजन में जहर मिला दिया था।

'अमजदिया-होटल' के सामने दीवार पर एक उर्दू 'पोस्टर' चिपकाया जा रहा है। मोटे हरूफ़ों में लिखा हुआ है–'नेशनलिस्ट-मुस्लिम कनवेन्शन मुर्दाबाद !··· गद्दारों से होशियार !'

उस नफ़रत-आमेज़ पोस्टर को पढ़कर एक मौलाना तैश में बड़बड़ाने लगा–'इन नद्दाफ़ के बच्चों ने रुई धुनना छोड़कर अब कौम को धुनना शुरू किया है। इन्हें सबक़ सिखाना होगा। नेशनलिस्ट के बच्चे··· !"

मुझे मितली आने लगी। रिक्शा पर बैठकर मैंने अपनी नाड़ी पर उँगली रखी। दिल जोर-जोर से धड़कने लगा। पसीने से देह तर-ब-तर हो गयी।··· चाय के स्वाद में थोड़ी तुर्शी थी न ?··· दाहिनी ओर जनरल हॉस्पिटल है और बायीं ओर पुलिस

चौकी। सोचने लगा, पहले किधर जाना ठीक होगा ?

किन्तु रिक्शावाले ने पूछा तो जवाब दिया, "राजेन्द्रनगर ले चलो।"

एक कहानी-गोष्ठी में 'नयी कहानी', 'अ-कहानी', 'आज की कहानी', 'आनेवाले कल की कहानी' पर लगातार चार घंटों तक चुपचाप वाद-विवाद सुनने के बाद सीधे घर लौटने की हिम्मत नहीं हुई। ऐसी हालत में गंगा के किनारे अथवा किसी 'बार' में बैठकर ही अपने को ढूँढ़ना पड़ता है। लेकिन रिक्शावाले ने पूछा तो जवाब दिया, "राजेन्द्रनगर चलो।"

'गोलमार्केट' के पास पहुँचकर हमेशा की तरह अपने फ्लैट और कमरे को दूर से ही देखा। अपने कमरे में रोशनी देखकर माथा ठनका–अब कहाँ जायेंगे ?

दिल को कड़ा किया–कोई भी हो, माफी माँग लूँगा। कोई बहाना बनाकर विदा कर दूँगा।

सीढ़ियों पर चढ़ते-चढ़ते मैंने सारी दुनिया की परेशानी ओढ़ ली। दुनिया से बेज़ार एक आदमी का मुखौटा चेहरे पर लगाकर दरवाजा खटखटाया। किन्तु दरवाजा खुला तो देखा पत्नी के मुख-मंडल पर खुशी की लाली बिखरी हुई है। मेरी लटकी हुई सूरत पर उसकी नजर ही नहीं पड़ी। हुलसती हुई बोली, "कहो तो कौन आये हैं ?"

मुझे अवाक् होने का मौका ही नहीं मिला। हँसती-मुसकाती नग़मा ने आकर सलाम किया। पत्नी बोली, "ओहो ! तीन घंटे से हम हँस रहे हैं।··· तुम कहाँ थे ?··· और, तुम भी खूब हो ! कभी बताया नहीं।"

"क्या नहीं बतलाया ?" मैंने पूछा।

"यही कि तुम हिन्दू नहीं, मुसलमान हो !" मेरे कमरे से आवाज आयी।

देखा, फातिमादि सारे फ्लैट को रौशन करके बैठी हैं। बुरका फर्श पर पड़ा हुआ है। बुरका नहीं, चित्थी और चीथड़े !

"यह कैसे हुआ ? किसने··· ?"

पत्नी बोली, "और कौन ! तुम्हारी दुलारी बेटी नौमी··· जब तक बुरका नहीं उतारा, भौंकती रही। और जब बुरका उतारकर रखा तो दाँत से नोंच-नोंचकर छुट्टी कर दिया।"

"वह है कहाँ ?"

देखा, फातिमादि की गोदी में आँचल के नीचे दुबककर बैठी है, शैतान। कोई अपराध करने के बाद वह इसी तरह मुँह बनाकर बैठती है।

"गोदी से उतरती ही नहीं। गुर्राती है।" नग़मा बोली।

उन्नीस-बीस साल के बाद देखा, फातिमादि जैसी की तैसी हैं। सिर्फ, आँखों के पास कई नयी रेखाएँ उभर आयी हैं।

पत्नी की हँसी छलक रही थी रह-रहकर। किस्सा सुनाने लगी–"नौमी को बाँधकर

मैंने दरवाजा खोला। इन्होंने पूछा, 'अज़ीज़ हैं घर में ?' मैं बोली, कौन अजीज ?··· अजीज नहीं, अजीत। तो बोलीं–'अरे हाँ-हाँ, सुना है उसने अपने नाम का एक हरूफ बदलकर अपने को हिन्दू बना लिया है और एक बेचारी हिन्दू लड़की से शादी कर ली है।' मैं तो अवाक्··· !"

"अच्छा ! तो भाभीजान अब तक मुगालते में हैं। क्यों अज़ीज़ ? इस तरह किसी का धरम बिगाड़ना कुफ्र नहीं तो और क्या है ? लेकिन मान गयी तुमको। हो उस्ताद ! बुतपरस्त बनने के बाद अपना देवता भी चुना तो एक ऐसे दाढ़ीवाले को जिसने कलमा पढ़कर···।"

उन्हें श्रीरामकृष्ण परमहंस देव की मूर्ति की ओर इस तरह इशारा करते देखकर हम सभी ठठाकर हँस पड़े।

हँसी की हिलोरें थमीं तो मैंने पूछ लिया, "अच्छा, अब बताइए। आप कहाँ थीं ? कहाँ हैं ?"

"कब्र में थी, कब्र में हूँ।"

पत्नी रसोईघर में चली गयी। मुझे लगा, अभी यह सवाल पूछना उचित नहीं हुआ।

फ़ातिमादि ने पूछा, "तुमने क्या सोचा था ?··· पाकिस्तान चली गयी है। है न ?"

"आपने पॉलिटिक्स क्यों छोड़··· ?"

"यह मुझसे क्यों पूछते हो ? अपने उन नवाबजादों से कभी क्यों नहीं पूछा, जो रातोंरात 'देश-भगत' बनकर कांग्रेस के खेमे में दाखिल हो गये–बगल में छुरी दबाकर। अपने नेताओं से क्यों नहीं जवाबतलब करते ? कल तक गांधी-जवाहर-पटेल को सरेआम गालियाँ देनेवाले, कौमी झंडे को जलानेवाले फिरकापरस्त लीगियों की इज्जत अफजाई की गयी और मुल्क के लिए मरने-मिटनेवालों को दूध की मक्खियों की तरह निकाल फेंका।··· तुम खुद अपने से यह सवाल क्यों नहीं पूछते ?" फातिमादि का चेहरा लाल हो गया। मुझे खुशी हुई।

मैंने टोका–"लेकिन, आपका इस तरह खामोश हो जाना···।"

"खामोश ?" लगा, सिंहनी तड़फ उठी–"इन ज़ालिमों ने मुझ पर क्या-क्या क़हर ढाये, यह तुम्हें क्या मालूम ?··· और, हमने किस दरवाज़े की कुंडी नहीं खटखटायी ! मगर, दिल्ली से पटना तक के खुदाबन्दों ने मुझे अकल की दवा करने की सलाह दी। शादी करके बच्चे पैदा करने की नसीहत दी। और आखिर में धमकियाँ··· ओह··· अज़ीज़··· !"

फातिमादि का गला भर आया। पत्नी न जाने कब आकर खड़ी हो गयी थी। बोली, "तुम भी अजब आदमी हो···।"

नौमी, जो अब तक दुबककर बैठी थी, फातिमादि के चेहरे को सूँघकर 'कुँई-कुँई' करने लगी।

"अब भी लोगों को होश नहीं हुआ है। इन्हें, सिर्फ़ अपनी गद्दी की फ़िक्र है।

देश जहन्नुम में जाये। इन्हें क्या ?" फातिमादि की बोली में गहरी पीड़ा उतर आयी थी—"तुम··· तुम··· अफसाने लिखते हो न ?··· याद है, आजादी के पहले जिन तरक्की-पसन्द अदीबों की नज्मों और अफसानों में हिन्दू-मुस्लिम इत्तहाद की बातें, 'मानवता' की दुहाई और न जाने क्या-क्या ठुँसी रहती थीं, आजादी के बाद अचानक उनकी बोलियाँ बन्द ही नहीं, बदल गयीं···। अव्वाम की कसमें खानेवाले टुकुर-टुकुर देखते रहे और फिरकापरस्त अजदहों ने पूरी कौम को लील लिया।"

पत्नी ने टोका—"फातिमादि, खाना ठंडा हो जायेगा।"

टाउन-हाल में 'नेशनलिस्ट-मुस्लिम-कान्फ्रेन्स' की तैयारी धूमधाम से हो रही है। देश के कोने-कोने से प्रतिनिधियों के आने की खबरें छप रही हैं। और इन्हीं खबरों के साथ मोटी सुर्खियों में इस कान्फ्रेन्स की मुखालिफत के समाचार भी छपते हैं। रोज दोनों ओर से, सैकड़ों नामों के साथ बयान शाया होते हैं। विरोधियों का कहना है कि कोई 'गैर-नेशनलिस्ट' नहीं, सभी मुसलमान नेशनलिस्ट हैं। और अपने को नेशनलिस्ट कहनेवाले खुलेआम कहते हैं कि पुराने 'मुस्लिम-लीगियों' के दिल-दिमाग में फिरकापरस्ती का जहर है। उन पर यकीन नहीं किया जा सकता।··· बहुत दिन से किसी राजनैतिक जलसे में शरीक नहीं हुआ था। किन्तु इस बार अपना 'कर्तव्य' समझकर इस सम्मेलन में सम्मिलित होने के लिए पहुँचा। किंतु, वहाँ का दृश्य देखकर फुटपाथ पर ही ठिठककर खड़ा रहा।

टाउन-हाल के सामने सड़क के दोनों ओर हजारों लोग खड़े नारे लगा रहे थे। गालियाँ, नारे और रह-रहकर रोड़े और पत्थरों की बौछार !

पुलिस के सिपाही चुपचाप कतार बाँधकर खड़े थे, क्योंकि प्रदर्शनकारियों की रहनुमाई 'कुलीन मुस्लिम' नेताओं के साहबजादे और बड़े अफसरों के लड़के कर रहे थे। मुझे लगा, हम फिर सन् 1947 साल में लौट गये हैं। हवा में फिर वही जुनून, वही नारे, वही नज्जारे, वही चेहरे !!

"लेना। लेना। जा रहा है काफिर का बच्चा !"

"तड़तड़ाक् ! तड़तड़ाक् !"

"यह रहा हरामखोर ! मारो साले को !"

"सुअर की औलाद !"

"तड़तड़ाक् !"

अब वे हर डेलीगेट को पकड़कर पीटने लगे। उत्तेजना की लहरें तेज होती गयीं। नारे, गालियों और रोड़ों की वर्षा जोर-शोर से होने लगी।

"महात्मा गांधी की जय !"

एक महीन किन्तु तेज आवाज ! हठात सबकुछ रुक गया। लोगों ने देखा, अंजुमन इस्लामिया हॉल के प्रवेशद्वार—अब्दुल बारी-दरवाजा—के सामने एक औरत खड़ी नारे लगा रही है।

फातिमादि ? मुझे अपनी आँखों पर विश्वास नहीं हुआ। देखा, फातिमादि ही हैं।

"कौन है यह औरत ?"

"कोई हिन्दू··· ?"

"अरे नहीं। पहचानते नहीं। यह वही कुतिया है···।"

"फातिमा ?··· साली फिर कहाँ से आ गयी ?"

"कुत्ती !"

पागलों का एक जत्था नाचता, अश्लील गालियाँ देता हुआ फातिमादि की ओर झपटा। फातिमादि मुस्कुराती खड़ी रहीं। देखते-ही-देखते दरिन्दों ने उनको जमीन पर पटक दिया और बाल पकड़कर घसीटना शुरू किया। दोनों ओर खड़ी भीड़ ने तालियाँ बजायीं–'शाबाश !' जब तक पुलिस के सिपाहियों की टुकड़ी पहुँचे, उन्होंने फातिमादि के सभी कपड़े उतार लिये थे।··· मैं इससे आगे और कुछ नहीं देख सका।

कई दिन के बाद बहुत हिम्मत बाँधकर हम दोनों अस्पताल में फातिमादि को देखने पहुँचे।

केबिन के दरवाजे के पास ही नग़मा खड़ी मिली। हमें देखते ही बिलख-बिलखकर रोने लगी।

"जानवरों ने फातिमादि के चेहरे पर एसिड की शीशी उड़ेल दी थी। चेहरा झुलसकर काला हो गया है। एक आँख खराब हो गयी है।··· हाथ की हड्डी टूट गयी है।"

आहट पाकर उनके ओंठ थरथराए। शायद मुस्कुराने की कोशिश कर रही हैं। फिर धीमे स्वर में बोलीं–"दुर पगला ! यहाँ रोने आया है ? जलवा देख।··· भाभी ! कल सूजी का 'पायस'··· क्या कहते हैं उसको··· 'परमान्न'··· बनाकर ले आना। नौमी को भी साथ लाना।"

फातिमादि को कभी इस तरह देखूँगा, इसकी कल्पना भी नहीं की थी हमने।

अगस्त, 1966

ना जाने केहि वेष में···

उस दिन अखबार में अपने दैनिक राशिफल में देखा—आदि से अन्त तक हर जगह 'शुभ' और 'लाभ' ही लिखा हुआ था। यात्रा : शुभ, अमृतयोग धनागम, राज्य-सम्मान तथा मित्र-लाभ !

पता नहीं, चार दिन के बाद राशिफल में कौन-सा 'फल' हो, इसलिए जहाँ चार दिन के बाद जाना है, वहाँ आज ही चल देना लाभदायक समझा और बोरिया-बिस्तर लपेटकर निकल पड़ा।

ट्रेन में बैठते ही राशिफल के सभी लुभावने फल मेरी आँखों के आगे आकर लटक गये—यात्रा शुभ, धनागम, राज्य-सम्मान तथा मित्र-लाभ। रह-रहकर मन में गुदगुदी लगने लगी। लगा, पॉकेट में पड़े दुबले-पतले पर्स में पैसे खुद-ब-खुद दुगने हो रहे हैं। सामने बैठे खादीधारी सज्जन किसी मिनिस्टर के निकट सम्बन्धी-से लगने लगे और हर स्टेशन पर कम्पार्टमेंट में हड़बड़ाकर घुसते हुए व्यक्तियों के चेहरों पर मित्रता के लक्षण दीखने लगे। किन्तु, डेढ़ घंटे तक कुछ नहीं हुआ, यानी कोई 'लाभ' नहीं हुआ; कुछ भी नहीं फला। मन को भरोसा दिया—अभी तो दस-ग्यारह घंटे बाकी हैं। जब 'योग' इतना जोरदार है तो कभी-न-कभी, कहीं-न-कहीं, कोई-न-कोई फल अवश्य फलेगा।

कुछ ही देर बाद गाड़ी कटिहार-जंक्शन स्टेशन पर पहुँची, जहाँ चारों ओर की गाड़ियाँ आती हैं, जाती हैं। धड़कते हुए दिल से हर तरफ निगाह दौड़ाने लगा। दोनों ओर की खिड़कियों को खोल दिया, ताकि 'धन' या 'सम्मान' या 'मित्र' के आगमन में कोई बाधा न पहुँचे। पर दस-पन्द्रह मिनट यों ही यानी निष्फल ही निकल गये। जब गाड़ी खुलने का समय हुआ तो जी छोटा होने लगा। इतने में खिड़की से झाँकता हुआ एक अपरिचित मुखड़ा मुझे देखते ही प्रफुल्लित हो उठा। पान से लबालब भरे मुँह से 'अहा' शब्द पान की पीक के साथ अनायास ही छलक पड़ा। और चलती हुई गाड़ी में दौड़कर फुर्ती से वे चढ़ गये। डब्बे में घुसते ही दोनों भुजाओं को पसारकर बोले, "अहो भाग्य ! कहिए ! कुशल-क्षेम ठीक है न ! अहा··· धन्य है !"

टाट की झोली को ऊपरवाले बर्थ पर रखकर वे मेरे पास आकर बैठ गये,

और पुनः-पुनः अपने-आप पुलकित होने लगे—"प्रसन्न तो हैं न ? कहिए, इधर नया क्या-क्या लिखा ?··· कल ही आपके बारे में··· कल क्यों, आज ही सुबह 'कचनारजी' से आपके बारे में घंटों बातें हो रही थीं। और संयोग देखिए कि आपके दर्शन··· हें-हें··· 'जाको जा पर सत्य सनेहू, सो तेहि मिलहि न कछु संदेहू'··· पान खाते हैं न ?" कहकर उन्होंने अपनी झोली उतारी।

यों उनकी झोली पर एक प्रसिद्ध आयुर्वेद-भवन प्राइवेट लिमिटेड की बलवर्द्धक औषधि का नाम 'ट्रेडमार्क' सहित अंकित था, किन्तु अन्दर रंगीन लुंगी, सफेद पाजामा और गंदे तौलिये में लिपटा पान का डब्बा था। यों उनका पान का डब्बा भी 'एफार मेंटल' का डब्बा था और जर्दे की डब्बी विटामिन 'बी' की गोलियों की शीशी थी। वह पान लगाने लगे और मैं उन्हें और उनके 'कचनारजी' को याद करने की असफल चेष्टा करता रहा··· नहीं, इससे पहले न कभी इनके दर्शन हुए और न कभी कचनारजी का नाम सुना।··· मुझे राशिफल की याद आयी—ना जाने केहि वेष में नारायण अर्थात मित्र-लाभ हो जाये। इसलिए चुप रहा।

मुझे पान देते हुए वे बोले, "कचनारजी कह रहे थे कि आपने कोई महाकाव्य लिखना शुरू किया है। क्या नाम है ?··· अँय ? शुरू नहीं किया ?··· देखिए, देर मत कीजिए।"

वह मुँह में पान डालकर, जर्दा फाँककर और चूना चाटकर जुगाली करने लगे तो मुझे फिर थोड़ा-सा अवसर मिला। मैंने लक्ष्य किया, कम्पार्टमेंट के अन्य यात्रियों पर भी उनके आगमन और संभाषण की तीव्र प्रतिक्रिया हुई है। बंगालिन 'मायजी' और उनके 'कत्ता' उनकी ओर बार-बार एक साथ देखते हैं और उनकी बेटी रह-रहकर हँस पड़ती है। ऊपर के बर्थ पर लेटे हुए सज्जन लगातार सिगरेट फूँकने लगे हैं। सामने बैठे मौलवी साहब की आँखें गोल हो गयी हैं।

वह खिड़की से बाहर पीक थूकने लगे तो मैंने समझ लिया, अब फिर कचनारजी की कोई बात उन्हें याद होगी। उन्होंने मुझसे पूछा, "जानते हैं ?" और उत्तर की प्रतीक्षा में ओठों पर लाल मुस्कुराहट बिछाकर मेरी ओर देखने लगे।

मैं कुछ भी नहीं समझ सका कि मैं क्या जानता और क्या नहीं जानता हूँ। मुँह से निकला, "जी नहीं।"

बोले, "कचनारजी ने एक 'लघू उपनियाँस' लिखा है। जानिएगा कैसे ? कल ही, नहीं-नहीं, तीन दिन पहले लिखकर समाप्त किया है—दो ही रातों में। नाम क्या रखा है, जानते हैं ?··· हें-हें, सुनिएगा ? नाम रखा है 'अबोली'··· हें-हें, है न बढ़िया नाम ?"

मैंने गरदन हिलाकर छोटा-सा 'हूँ' कहा कि वे तड़प उठे—"आपको पसन्द आया नाम ? सचमुच ? रहिए, मैं आज ही उनको लिख देता हूँ। और 'उपनियाँस' की 'प्लौटिंग' जानते हैं ? एकदम अनूठी ! समझ लीजिए कि एक ऐसी लड़की है जो कुछ बोलती नहीं, एक शब्द भी नहीं, फिर भी सबकुछ बोलती है। मगर··· ठहरिए, मैं इतमीनान से आपको कहानी की 'प्लौटिंग' और 'कम्पलेक्स' सुनाऊँगा।

जरा अगले स्टेशन पर एक आदमी को देखना है।"

मैंने साहस बटोरकर कहा, "आप कहाँ तक चल रहे हैं ?"

बोले, "जाना तो था भागलपुर, मगर अब आप मिल गये तो पटना ही चला चलूँगा। ऐसा मौका बार-बार थोड़ो हाथ आता है किसी के ? यह तो नदी-नाव का संयोग समझिए···।"

बात को अधूरी रख वह मौलवी साहब की किसी परीशानी को दूर करने लगे। मौलवी साहब जानना चाहते थे कि यह गाड़ी मुजफ्फरपुर होकर जायेगी या नहीं ?

"नहीं, आपको बरौनी उतरना पड़ेगा।" इतना कहने के बाद उन्होंने बड़ी चतुराई से जान लिया कि किस यात्री को कहाँ जाना है और कहाँ से आ रहे हैं। फिर रेलवे स्टेशन पर सूचना देनेवाले लाउडस्पीकर की तरह यानी उसी तर्ज पर बजने लगे–"मूंगेर जानेवाले यात्रियों को मानसी स्टेशन पर उतरना पड़ेगा। जो लोग समस्तीपुर जा रहे हैं उन्हें मेल से जाना चाहिए। छपरा स्टेशन पर गाड़ी पन्द्रह मिनट रुकती है। यह गाड़ी कल ठीक दो बजे बनारस कैंट स्टेशन पर पहुँच जायगी।"

इस व्यक्ति की 'घुलन-शक्ति' को देखकर मैं दंग रह गया। ऐसे ही आदमी को शायद 'टमाटर-टाइप' का व्यक्ति कहते हैं–आलू, मटर, सेम, गोभी, मछली, मांस जिसमें जी चाहे मिला दीजिए, रंग और स्वाद दोनों चोखा। मैं जानता था कि 'सूचना'-समाप्ति के बाद इन्हें फिर कचनारजी तथा उनकी 'अबोली' की याद आयेगी और तब इतमीनान से मुझे कहानी की 'प्लौटिंग'···।

अगला स्टेशन आया और वे खिड़की से गरदन निकालकर 'एक आदमी' को ढूँढ़ने लगे। गाड़ी खुली तो बोले, "नहीं आया। अभागा है। सोचा था, मिल जायगा तो आपसे मिला दूँगा। चलिए···।"

वे बर्थ पर अब 'अर्धासन' लगाकर, यानी एक पैर को मोड़कर, दूसरे को लटका कर, बैठ गये। फिर धोती को घुटने तक सरकाकर जाँघ पर इस तरह उँगलियाँ फेरने लगे मानो सितार के तार मिला रहे हों। मैंने समझ लिया, अब इनको इतमीनान हो गया। किन्तु उनकी इस हरकत को देखकर बंगालिन मायजी ने अपनी पुत्री से कुछ कहा और मुँह फेरकर बैठ गयी। मायजी के 'कत्ता' ने, भद्र या अभद्र, सभ्य या 'ओसोब्बो' किसी शब्द का उच्चारण करके मुँह को संकुचित किया। ऊपर बर्थ पर लेटे सज्जन ने सिगरेट सुलगाते हुए कहा, "टेर्रिबल !" तब उनको हठात किसी बात की याद आयी। सामने बैठे हुए मौलवी साहब ने पूछा, "आप लोग इन्हें नहीं पहचानते ? इनसे परिचय नहीं ?"

'इन्हें' कहकर उन्होंने मेरी ओर इशारा किया। मौलवी साहब ने तस्बीह पर उँगलियाँ फेरते हुए नकारात्मक ढंग से गरदन हिलायी तो इन्होंने बंगाली बाबू से यही सवाल किया। और हर बार एक ही जवाब सुनकर उनके चेहरें पर अचरज की रोशनी और कंठनली में ताज्जुब-भरी आवाज बढ़ती गयी। जब ऊपर बर्थ वाले सज्जन ने भी 'नहीं' कह दिया तो उनके मुँह से एक चीख-सी निकल पड़ी–"हद

है, हद है !"

मैं उन्हें कचनारजी की 'अबोली' की याद दिलाकर अपनी ओर मुखातिब करना चाहता था। किन्तु उनके सिर पर तो अचरज और दुख का पहाड़ गिर चुका था। बोले, "हद है ! यानी आप लोगों को यह भी नहीं मालूम कि आपके साथ कितना बड़ा कवि यात्रा कर रहा है ? धन्य हैं आप लोग और धन्य है हमारा यह भारत देश !"

इस बार उन्होंने मेरी ओर देखा तो मुझे मौका मिला। मैंने कहा, "आप क्यों नाहक इस तरह परीशान···।"

"नाहक परीशान ?" उन्होंने कहा, "अरे, इतने बड़े कवि के साथ लोग बगैर जान-पहचान के मुफ्त में सफर करें और···।"

बंगालिन मायजी के 'कत्ता' महाशय ने कुढ़कर कहा, "आपका बड़ा-कोबी को जामा पर एक नेमप्लेट लिखकर टाँगाय लेने को बोलिए ना ?"

किन्तु मौलवी साहब ने शराफत से पूछा, "इनकी तारीफ ?"

"अजी साहब ! तारीफ तो इनकी कविता सुनने के बाद आप खुद कीजिएगा। पहचान लीजिए··· देख लीजिए ए साहब··· आप ही हैं प्रसिद्ध कवि श्री निर्झरणीजी, 'परिपालन' के लेखक···।"

यहाँ पर मैंने अपने तथा अपनी किताब के बिगड़े हुए नामों को सुधारने की चेष्टा की–"जी, निर्झरणी नहीं, मेरा नाम निर्झर है और किताब का नाम है, परिप्लावन···।"

उन्होंने मुझे बीच में ही काटते हुए कहा, "एक ही बात है। आप कृपया चुप रहिए।··· तो सुनिए साहब ! इनकी कविता सुनिएगा तो आपका हृदय विगलित हो जायेगा। इनकी किताब पढ़िएगा तो आपका कलेजा मुँह में आ जायेगा। समझे ?"

बंगालिन मायजी बोली, "तबे थाक बाबा। काज नेई एरकम कोबिता सुने।"

किंतु डेली-पैसेन्जरी करनेवाले यात्री, दो-चार स्टेशन तक खड़े-खड़े सफर करनेवाले नौजवानों ने फरमाइश शुरू कर दी–"तो हो जाय एकाध कविता।··· हम अपना हृदय विगलित करवाने को सहर्ष तैयार हैं।"

ऊपरवाले बर्थ पर सोये हुए सज्जन दक्षिण भारतीय थे। अतः उन्होंने मुझसे मेरी किताब के नाम का मतलब अंग्रेजी में पूछा। और यहीं बात एक झटके के साथ दूसरी ओर मुड़ गयी। मेरे मेहरबान ने घनघोर विरोध के स्वर में कहा, "आप भी साहब खूब हैं ! यह अपमान···!"

मैं कुछ कहूँ, इसके पहले ही कम्पार्टमेंट में भाषा और प्रांत और जाति और सभ्यता तथा संस्कृति के नाम पर एक 'खंडयुद्ध' की तैयारी शुरू हो गयी। यदि बंगालिन मायजी बीच में नहीं पड़तीं तो अंततः किसी का सिर 'अखंड' नहीं बचता। उन्होंने अपने 'कत्ता' महोदय को समझाया–"मिछे-मिछे झगड़ा कोरे की लाभ ? तुमी चुप थाको।" फिर मेरे मित्र से बोली, "बाबा, जेतना भाषा है··· सोब भालो

भाषा है। आसल चीज है–भालोबासा। लेड़ाई-झगड़ा करने से···।"

मेरे मित्र महोदय शायद 'भालोबासा' का मतलब समझते थे, इसलिए तुरत ठंडा हो गये। अब उनकी बोली बदल गयी–"माताजी ! हामी भालोबासा का माने खूब भालो बूझी। बांगला-भाषा मधु से भी जास्ती मिस्टी आछे, किन्तु···।"

किन्तु गाड़ी एक दूसरे जंक्शन-स्टेशन पर आकर लगी और बंगालिन मायजी अपने 'कत्ता' और पुत्री के साथ उतर गयीं–"ए कम्पार्टमेंटे थाका निरापद नेई।"

डब्बे में नये यात्री आये और मेरे मित्र ने उन्हें मेरी ओर दिखलाकर पूछा–"आप पहचानते हैं ?··· नहीं ?··· पहचान लीजिए, आप ही हैं···।"

मैंने उन्हें बुलाकर नाराज होते हुए कहा, "आपने यह क्या शुरू किया है ?"

उन्होंने हाथ जोड़कर नम्रतापूर्वक कहा, "मैं अपना कर्तव्य-पालन कर रहा हूँ। आपकी नहीं, अपने साहित्य की सेवा कर रहा हूँ। आप कृपया चुप रहें। अच्छा, भोजन कीजिएगा तो ? यहाँ भोजन बढ़िया देता है।"

मैं मना करता रहा। वह लपककर गये और दो थाल का ऑर्डर दे आये। भोजन करते समय उन्हें फिर कचनारजी की याद आयी। मुँह का कौर चबाते हुए बोले, "कचनारजी कह रहे थे कि 'परिपालन' का यदि अंग्रेजी में 'टंसलेसन' हो जाये तो तुरत 'नौभेल पुरस्कार' मिल सकता है। तो क्यों नहीं करवा लेते हैं ? अब तो 'स्वदेसी नौभेल प्राइज' भी मिलने लगा है, लोगों को !"

जब बैरा बिल लेकर आया, वह पान लाने के लिए प्लेटफार्म पर चले गये थे। थोड़ी देर के बाद साथ में एक कंडक्टर गार्ड और पैसेंजर साहब को लेकर लौटे और दरवाजे के पास से ही मेरी ओर उँगली दिखलाकर कहने लगे, "देखिए, कोई कह सकता है कि यही 'परिपालन' के प्रसिद्ध कवि श्री निर्झरणीजी हैं ! ऐसे ही लोगों को देखकर किसी शायर ने कहा होगा कि 'इस सादगी पर कौन ना मर जाय ए खुदा···।' है कि नहीं ?"

हालाँकि, साँझ के साढ़े सात ही बजे थे, किन्तु इनसे पिंड छुड़ाने का मुझे एक ही उपाय सूझा। मैं लम्बी तान सो गया। अब वे कम्पार्टमेंट के हर व्यक्ति को जोर से खाँसने और हँसने और बोलने से मना करने लगे–"सिः सिः ! जोर से मत बोलिए। जानते नहीं, यह कौन सोये हैं ? नहीं 'मालूम' ? अजी, यही हैं···।"

मेरे जी में अब बार-बार एक विचार जोर पकड़ने लगा कि उठकर उन्हें अंग्रेजी में अच्छी तरह डाँटकर झगड़ा मोल ले लूँ। किन्तु तुरंत खयाल हुआ कि तब चुप रहने के बदले वह हर स्टेशन पर 'मुर्दाबाद-जिन्दाबाद' के नारे लगाकर भीड़ जमा करने लगेंगे।

आखिर, गलत परिचय और झूठी तारीफ करते-करते जब वह थक गये, तो ऊपरवाले बर्थ पर जाकर सोने की तैयारी करने लगे। मौलवी साहब ने अपने लड़के को हिदायत दी–"म्याँ, जूते सिरहाने में रखकर सोओ।"

जब मेरे मित्र की नाक बजने लगी तो मैं उठ बैठा। बंगालिन मायजी से मुझे एक प्रेरणा मिली थी। तय किया कि बरौनी जंक्शन स्टेशन पर चुपके से उतर

जाऊँगा। फिर सुबह किसी गाड़ी से पटना··· । गाड़ी बरौनी पहुँची। (उन दिनों राजेन्द्र पुल नहीं बना था।) मैं चुपचाप अपना बिस्तर और बैग लेकर गाड़ी से उतर पड़ा। उतरते समय मेरा कलेजा धड़क रहा था कि यदि इनकी नींद टूट गयी तो फिर ख़ैर नहीं। जब गाड़ी चल पड़ी तो मेरी अवस्था सहज हुई। वेटिंग-रूम के एक कोने में बिस्तर बिछाकर लेटा तो महसूस किया कि अब जाकर दिल और दिमाग सही-सही काम कर रहे हैं।

कोई मधुर-मनोहर-सा सपना देख रहा था कि किसी ने झकझोरकर मुझे जगा दिया। आँखें खोलकर देखा : सुबह की सुनहली धूप के साथ ताम्बूल-रंजित दंत-पंक्तियों से छनकर आती हुई मेरे मित्र की मुस्कुराहट चारों ओर बिछी हुई है। मैं आँखें मलने लगा, शायद सपना हो। मगर फिर आँखों को खोलकर देखा—नहीं, सपना नहीं। यह वही अपना···।

वे ठठाकर हँस पड़े—"हें-हें ! आप भी खूब हैं ! बरौनी को सोनपुर समझकर उतर गये ? है न ? उधर सोनपुर में मेरी आँख खुली तो मद्रासी ने कहा—आपका ग्रेट-पोयट तो उधर में ही उतर गया। सो लौटती गाड़ी से आ गया कि आपको कहीं कोई कष्ट न हो।"

मैं हड़बड़ाकर उठा। बिस्तर समेटकर बगल में दबाया और वेटिंग-रूम के बाहर भागा। सामने खड़ी गाड़ी सीटी देकर खुल चुकी थी। जो डब्बा सामने मिला, उसी में सवार हो गया। किन्तु मेरे मित्र चलती गाड़ी पर सवार होने में मुझसे ज्यादा माहिर थे। वे बोले, "मगर यह गाड़ी तो उधर ही जा रही है, जिधर से हम आये हैं।"

मैंने कुढ़कर कहा, "जी हाँ, उधर ही जाना है।"

"क्या ? पटना नहीं जाइएगा ? हें-हें··· मैं समझ गया। कवियों के मूड का क्या ठिकाना, जब जिधर जी चाहा, चल दिये। है न ?"

मैंने कहा, "जी हाँ। मगर आप तो महाकवि मालूम पड़ते हैं !"

वह दाँत निपोड़कर बोले—"आखिर एक दिन और एक रात के बाद ही सही, आपने मुझे सही-सही पहचाना तो। हें-हें··· यदि महाकाव्य लिखनेवाले को महाकवि कहते हैं तो··· मैंने हाल ही में एक महाकाव्य लिखकर समाप्त किया है।"

मैं अवाक् होकर उनकी ओर देखने लगा तो वे तनिक दुख और नाराजगी जाहिर करते हुए रुआँसी आवाज में बोले, "मैं कल से ही आपकी प्रशंसा करता रहा, सभी अपरिचितों को आपका परिचय देता रहा। किन्तु आपने एक बार भी मुझसे मेरा परिचय तक नहीं पूछा !"

टाट की झोली से उन्होंने एक मोटी कापी निकाली—"यह रहा मेरा महाकाव्य। यों इसे कचनारजी को समर्पित करना चाहता था, किन्तु वह तो 'उपनियाँस-लेखक' हैं, सो भी लघु-उपनियाँस-लेखक··· अब आप मिल गये हैं। तो यह आपके ही कर-कमलों में सादर···।"

मैंने कापी अर्थात उनके महाकाव्य को हाथ में लेकर देखा। मोटे अक्षरों में

लिखा हुआ था–गुनगुनायन··· एक बेतुकांत महाकाव्य··· रचीता··· श्री भैंरो प्रसाद 'भौंरा।'

उन्होंने मेरे हाथ से कापी लेकर मौखिक भूमिका शुरू की–"यों देखने में तो यह बेतुकांत छन्द में बद्ध रचना-सी लगती है··· एक सर्वथा नवीन प्रयोग, कि हर शब्द पर यानी हर अक्षर पर अनुस्वार लगाया गया है। किन्तु काव्य और छन्द गुनगुनाने के लिए इससे बढ़िया टटका प्रयोग क्या हो सकता है ? सुनिए–

हँर कलीं में सों रहाँ हैं भौंरें का मँधुर गाँन–
आँज मैं जँगा रहाँ हूँ सुँप्त ताँन गुँप्त गाँन
गुनगुनगुन मँधुर-मँधुर
अँमर मेरें गींत सुनों
सँमर कों हों जाँओं तैंयार देंश कें जँवान।"

मैंने देखा, महाकवि 'भौंरा' के मित्रों का दायरा काफी लम्बा-चौड़ा है। टिकट-कलक्टर से लेकर डाइनिंग कार के बैरे-बावर्ची तक उनकी कविता के प्रेमी हैं। अगला स्टेशन आते-आते एक 'रनिंग-कवि-गोष्ठी' जम गयी और रास्ते-भर उनके 'गुनगुनायन' का सानुनाषिक-पाठ श्रवण करता हुआ जहाँ से चला था, वहीं वापस आ गया।

लेकिन यह कैसे कहूँ कि इस यात्रा में मुझे कुछ लाभ नहीं हुआ ?

नवम्बर, 1966

जड़ाऊ मुखड़ा

बटुक बाबू ने मन-ही-मन तय कर लिया—ऑपरेशन करवाना ही होगा। और, इसी जाड़े में।

बटुक बाबू पिछले एक सप्ताह से मानसिक अशान्ति भोग रहे थे, चुपचाप ! जब-जब उनकी इकलौती बेटी बुला सामने आती, बटुक बाबू का चेहरा उतर जाता। बुला की ओर आँखें उठाकर देख नहीं सकते। उनकी ऐसी गम्भीर और उदास मुद्रा को देखकर बुला डर से कुछ नहीं बोलती। बाप के जी के बारे में माँ से भी कुछ पूछने की हिम्मत नहीं होती।

पत्नी ने कई बार पूछा तो कोई खुलासा जवाब नहीं दे सके बटुक बाबू।

कल रात बुला अपनी माँ के साथ मच्छरदानी के अन्दर सो रही थी। बटुक बाबू धीरे-से उठे। हाथ में छोटा टॉर्च लिया। फिर कुछ सोचकर रख दिया। टेबिल-लैम्प का स्विच दबाया। दबे-पाँव पलँग के पास गये। और सोयी हुई बुला के चेहरे को गौर से देखने लगे; कुछ देखकर सिहर पड़े। पत्नी शायद सबकुछ देख रही थी। धीमी आवाज में बोली, "यह क्या ?"

बटुक बाबू हड़बड़ाकर उठे। इशारे से कुछ कहा और टेबिल-लैम्प ऑफ करके बैठक में गये। इशारा समझकर पत्नी उनके पीछे-पीछे गयी।

बटुक बाबू ने हाथ के इशारे से ही पत्नी को अपने पास बैठने को कहा। पत्नी धीरे-से सोने के कमरे का दरवाजा बन्द कर आयी। बटुक बाबू ने फुसफुसाकर कहा, "बुला के चेहरे पर··· 'मस्से' पर एक रोयाँ उग आया है। तुमने देखा है ?"

पत्नी ने लम्बी साँस ली। जी हलका हुआ। बोली, "हाँ ! देखा है।··· तो क्या हुआ ?"

"तो क्या हुआ ?" बटुक बाबू को अचरज हुआ। माँ होकर भी इन बातों की ओर ध्यान नहीं देती। बोले, "मैं आज ही नकुल को चिट्ठी लिख देता हूँ। इसी छुट्टी में पटना चलकर ऑपरेशन···।"

'ऑपरेशन' का नाम सुनकर पत्नी सिहर पड़ी—"हुँहुँ···!"

"क्या, हुँहुँ ?"

"ऑपरेशन-उपरेशन करके कहीं और भी चेहरा खराब···।"

"प्लास्टिक-सर्जरी के जमाने में भी तुम ऐसी बातें करती हो ?"

पिछले सोलह साल से जब-जब बटुक बाबू ने ऑपरेशन करवाने का प्रस्ताव किया, पत्नी ने समर्थन नहीं किया। और राई-भर का 'मस्सा' बढ़ते-बढ़ते अब गोलमिर्च के बराबर हो गया है; उसमें एक केश भी उग आया है।··· अब भी कहती है कि ऑपरेशन नहीं !

बटुक बाबू ने नाक सिकोड़कर कहा, "कितना भद्दा लगता है यह रोयाँ !··· तितली के सूँड की तरह।··· परम सुन्दर चेहरे पर यह गोलमिर्च-जैसा मस्सा और उसमें··· छिः-छिः !"

पत्नी को ऑपरेशन के बदले अपने बड़े भैया की बात याद आयी–"तुम लोग इतमीनान से बैठे हो, क्यों ? लड़की बड़ी हो रही है। 'भोलेनाथ' (अर्थात बटुक बाबू) से कहो, 'सुपात्र' पर नजर रखें।"

पत्नी ने पूछा, "भगवानपुर से फिर कोई चिट्ठी नहीं आयी ?"

बटुक बाबू नाराज हो गये–"भगवानपुर से क्या चिट्ठी आयेगी ?··· दुनिया में सुन्दर लड़कियों की कमी है जो तुम्हारी··· ऐसी लड़की को वे पसन्द करेंगे, जिसके गाल पर गोलमिर्च-जैसा··· ?"

पत्नी हँस पड़ी। बटुक बाबू चिढ़ गये–"तुम हँसती हो ?"

"तो अभी इतनी रात में रोकर क्या होगा ?"

"मुझे नींद नहीं आयेगी।"

पत्नी समझ गयी, बात हँसी में टलनेवाली नहीं। अतः वह भी गम्भीर हो गयी। दोनों बहुत देर तक विचार-विमर्श करते रहे। बात तय हो गयी–इसी छुट्टी में यानी पन्द्रह दिन के अन्दर ही चलकर ऑपरेशन करवा दिया जाये !

दूसरे दिन से बटुक बाबू से ज्यादा परेशान उनकी पत्नी दीखने लगी। वह जब-जब बुला के चेहरे को गौर से देखती, बुला अवाक् हो जाती। उसके गाल पर जड़े हुए काले मस्से का रोयाँ थर-थर काँपने लगता। बुला की माँ को लगता, तितली का सूँड बढ़ता आ रहा है··· आ रहा है ! वह सिहर उठती।

पटना से बटुक बाबू के छोटे भाई प्रोफेसर नकुल बाबू की चिट्ठी आयी और पति-पत्नी ने पटना चलने का प्रोग्राम बना लिया। पास-पड़ोस के लोग जान गये। लेकिन ऑपरेशन करवाने की बात उन्होंने किसी से नहीं बतायी।··· क्या जरूरत ?

सत्रह साल पहले बुला का जन्म हुआ। उसके बाद फिर कोई संतान नहीं हुई। बटुक बाबू के छोटे भाई प्रोफेसर नकुल ने कई बार अपने भाई और भाभी को समझाकर कहा–"मामूली ऑपरेशन डी. एन. सी. करवा लेने से ही फिर···।"

किन्तु वे कभी तैयार नहीं हुए। हँसकर उड़ा देते–"क्या जरूरत है ?··· बुला ही हमारी बेटी, बुला ही बेटा !"

बुला पिछले साल स्थानीय कॉलेज में दाखिल हुई है। विज्ञान पढ़ती है। बटुक बाबू को जीवन में अब तक कभी सिर-दर्द नहीं हुआ। मौसमी सर्दी-बुखार के

अलावा पत्नी भी बीमार नहीं पड़ी। इसलिए बुला का स्वास्थ्य भी सुन्दर है। मुफस्सिल के कस्बे में जन्मी और पली बुला अपने कॉलेज की 'कबड्डी-टीम' की कैप्टन है।

बटुक बाबू इतिहास के शिक्षक हैं। किन्तु स्वभाव से पूरे दर्शनशास्त्र-विभाग के व्यक्ति हैं। इसलिए कभी-कभी गृहिणी से मनमुटाव भीं हो जाता है।··· पाँच साल पहले, इसी तरह बुला को लेकर उन्होंने एक 'समस्या' खड़ी कर ली थी–अपने दिमाग में। अपनी स्त्री से बार-बार कहते–"माँ होकर भी तुम इन बातों की ओर ध्यान नहीं देतीं !··· वह डर के मारे सूखकर काँटा हो गयी है। समझती है, कोई रोग हो गया है।··· उसको सिखाना होगा··· सेनिटरी-टॉवेल और स्पंज का इस्तेमाल कैसे··· तुम माँ होकर भी इन बातों पर···।"

बटुक बाबू को साहित्य और संगीत में तनिक भी रुचि नहीं। उपन्यास और कहानियों से उतना ही चिढ़ते हैं जितना सिनेमा और थियेटर से। इसलिए चाहते थे कि उनकी पत्नी और पुत्री न कभी उपन्यास-कहानी पढ़ें और न सिनेमा-थियेटर देखें। किन्तु पत्नी महीने में दो-तीन बार सिनेमा देख आती है। बुला उपन्यास-कहानी पढ़े बिना रह नहीं सकती। बाप से तर्क करने लगी–"बाबा ! तुम सभी को एक ही लाठी से हाँकते हो···।" अन्त में मालूम हुआ कि बटुक बाबू उपन्यास-कहानी के विरुद्ध नहीं, 'प्रेम-विवाह' यानी 'लव मैरेज' के खिलाफ हैं··· ?

बुला हँसते-हँसते लोट-पोट हो गयी थी।

बुला कभी पटना नहीं गयी। लेकिन काकी और चचेरे भाई-बहनों के मुँह से बहुत बार पटना के मुहल्ले और सड़कों के बारे में सुन चुकी है।··· बाँकीपुर स्टेशन पर पहुँचकर उसे लगा–यहाँ वह पहले भी आ चुकी है।

पटना आकर बुला को मालूम हुआ कि सैर-सपाटे के लिए नहीं, उसके 'मस्से' के ऑपरेशन के लिए पटना आना हुआ है। चचेरी बहन मीरा ने बताया।

बुला काकी के ड्रेसिंग-टेबिल के आइने में अपने गाल के बड़े मस्से को देखती रहती है।··· सभी उसके चेहरे की ओर देखते हैं। चेहरे को नहीं, मस्से को। मस्से में उगे हुए 'लोम' को। उसकी अपनी ही आँखें हमेशा अपने गाल पर केन्द्रित रहने लगीं।

प्रोफेसर नकुल ने प्लास्टिक-सर्जन डॉक्टर चोपड़ा से बातें कर ली थीं। इसलिए दूसरे ही दिन रो रिलसिला शुरू हुआ। डॉक्टर चोपड़ा आये। मस्से को देखा। उँगली से छूकर देखा। अपने सहायक युवक डॉक्टर को कुछ नोट करवाया और चले गये।

बटुक बाबू और उनकी पत्नी ने डॉक्टर चोपड़ा के सहायक युवक से एक ही साथ

पूछा–"आप कंपाउंडर हैं ?... स्टूडेंट ?"

जवाब दिया हँसकर नकुल बाबू की बड़ी बेटी मीरा ने, "कंपाउंडर-स्टूडेंट नहीं। डॉक्टर उमेश हैं। 'स्टेट्स' से आये हैं।"

"किस 'स्टेट' से ?" बटुक बाबू ने पूछा। फिर तुरंत समझकर बोले, "ओ ! स्टेट्स... माने... अमेरिका से !"

डॉक्टर उमेश बोले, "खून की जाँच...।"

"खून की जाँच ?" बटुक बाबू अचरज में पड़े, "छोटे-से मस्से के ऑपरेशन के लिए भी खून की जाँच ?"

पत्नी बोली, "मस्सा कोई रोग तो नहीं।"

डॉक्टर ने बताया, "एक ही किस्म की परीक्षा नहीं। आज डब्ल्यू. आर. के लिए खून देना होगा। कल आकर एस. आर. और टोटल डेफरेंसियल।"

बटुक बाबू ने पूछा, "यह डब्ल्यू. आर. क्या है ?"

"वाशरमैंस रिएक्शन।"

पत्नी बोली, "इसमें धोबी की क्या बात... ?"

डॉक्टर ने समझाया, "खून में गरमी-सिफलिस वगैरह के बीजाणु हैं या नहीं... ?"

डॉक्टर उमेश अपनी बात पूरी नहीं कर सके। बटुक बाबू ने घोर प्रतिवाद के स्वर में कहा, "आप कैसी बात करते हैं ! सिफलिस-गरमी ?"

डॉक्टर उमेश ने बताया कि बेकार बहस करने को उनके पास समय नहीं। बिना इस 'जाँच' के कोई ऑपरेशन नहीं हो सकता।

किन्तु बात सुलझने के बदले उलझती गयी। बटुक बाबू को लगा, डॉक्टर उमेश ने उनके पूर्व-पुरखों को ही नहीं, उनकी पत्नी के दादे-परदादे तक को भद्दी गालियाँ दे दी हैं।... जरा भी 'शील-स्वभाव' नहीं। मुँह में जो आया, बोलता गया।

डॉक्टर उमेश ने बताया कि देर करने से पैथोलॉजी डिपार्टमेंट बन्द हो जायेगा। फिर आज खून नहीं लिया जा सकेगा। बटुक बाबू अपनी स्त्री और पुत्री के साथ डॉक्टर उमेश की गाड़ी में जा बैठे। रास्ते-भर वह मन-ही-मन कटते रहे। और जब मेडिकल-कॉलेज के पैथोलॉजी डिपार्टमेंट में पहुँचे तो उनको लगा, उनकी देह में दुनिया-भर के बुरे-छुतैले रोगों के कीटाणु कुलबुला रहे हैं। बेंचों पर बैठे हुए और बरामदे में आस-पास खड़े लोगों से अपनी देह बचाकर वे एक किनारे नाक पर रूमाल डालकर खड़े रहे। पत्नी को मिचली आने लगी। किन्तु डॉक्टर ने जब बुला का नाम लेकर पुकारा, तो वह निडर होकर आगे बढ़ गयी। बटुक बाबू और उनकी पत्नी को डॉक्टर ने अन्दर नहीं जाने दिया–"ओनली पेशेन्ट...!"

डॉक्टर उमेश ने पूछा, "डर तो नहीं लगता ?"

बुला बोली, "जी नहीं।"

सुई डॉक्टर उमेश ने नहीं, दूसरे डॉक्टर ने गड़ायी। बहुत देर तक उन्हें नस

ही नहीं मिली। थोड़ा रक्तपात हुआ। डॉक्टर उमेश पास खड़े थे और बुला को भरोसा दे रहे थे।

बुला डॉक्टर उमेश के साथ बाहर निकली। उन्होंने देखा, सीढ़ियों के नीचे बटुक बाबू सिर थामकर बैठे हैं और पत्नी अखबार से उनके सिर पर हवा कर रही है।··· बटुक बाबू ने खिड़की से झाँककर देखा था–बुला के 'लहूलुहान' बाँह से टप-टप कर चूता हुआ खून। बस, चक्कर आ गया।··

डॉक्टर उमेश ने बताया कि एस. आर. के लिए अब यहाँ आने की जरूरत नहीं होगी। घर पर ही खून ले लिया जायेगा। रास्ते में बटुक बाबू के मुँह से एक बार फिर निकला, "एक छोटे-से मस्से को काटने के लिए इतना हंगामा !"

डॉक्टर ने कहा, "फर्ज कीजिए, मस्सा काटने के बाद खून बन्द नहीं हो। तब ?"

"ऐसा भी होता है ?" बटुक बाबू की आँखें गोल हो गयीं।

"हाँ। इसीलिए इतनी परीक्षा और जाँच।"

बुला की माँ ने पूछा, "तब तो मामूली नहीं, खतरनाक ऑपरेशन है यह ?"

"है तो मामूली ही। लेकिन खतरा तो है। फर्ज कीजिए, घाव बिगड़ जाए तो 'ग्राफ्टिंग' करना होगा···।"

"ग्राफ्टिंग क्या ?"

"जिन्दा चमड़ी की चिप्पी।"

"जिन्दा चमड़ी ?"

"हाँ, हिप यानी चूतड़ यानी पुट्ठे की चमड़ी तराशकर···।"

"किसकी ? किसके पुट्ठे की ?"

"रोगी के।"

इस बार ऐसा लगा कि पति-पत्नी दोनों एक ही साथ बेहोश हो जायेंगे। लेकिन बुला चुपचाप बैठी मुस्कुराती रही।

डेरे पर पहुँचकर बटुक बाबू ने नकुल बाबू से सारा किस्सा बताया। नकुल बाबू हँसे। बोले, "भैया, आप लोग नाहक क्यों परेशान होते हैं ! कल से जहाँ कहीं भी जाना होगा, बुला के साथ मीरा जायेगी।"

डॉक्टर उमेश सुबह आकर बुला का खून ले गये और बुला को दस बजे डॉक्टर चोपड़ा के क्लिनिक में बुलाया।

बुला के साथ मीरा गयी।

बटुक बाबू ने अपनी स्त्री से कहा, "लगता है, मामूली ऑपरेशन नहीं, लेकिन कोई चारा भी नहीं।"

पत्नी को अब भी मिचली आ रही है। इशारे से बोली, "अब भगवान जो करें !"

बुला और मीरा दो घंटे के बाद लौटीं। पति-पत्नी 'धड़फड़ा'कर उठे। मानो, खोयी हुई लड़की मिल गयी।

डॉक्टर उमेश साँझ को बुरी खबर ले आये–"डब्ल्यू. आर. के लिए फिर खून

देना होगा।··· सन्देहजनक है।"

सुबह बुला-मीरा फिर गयीं। और चार घंटे के बाद लौटीं। मीरा बोली, "हम लोग अस्पताल के मैदान में लगी प्रदर्शनी देख आये। डॉक्टर उमेश का पाँच रुपया खर्चा करवा दिया··· 'क्वालिटी' की आइसक्रीम···।"

बटुक बाबू ने पूछा, "अब तो खून नहीं देना होगा ?"

बटुक बाबू को रह-रहकर डॉक्टर उमेश की बातें याद आती हैं–'फर्ज कीजिए, खून बन्द नहीं हो।–ग्राफ्टिंग, चूतड़ की जिन्दा चमड़ी तराशकर···।'

तीन-चार दिन तक यही सिलसिला रहा। बुला और मीरा रिक्शा में बैठकर क्लिनिक जातीं। बटुक बाबू अपनी पत्नी के साथ लक्ष्मीनारायण मंदिर, कालीबाड़ी और पटनदेवी के मंदिर की ओर जाते।

सातवें दिन नकुल बाबू ने संवाद दिया, "डॉक्टर उमेश कह रहे थे कि ऑपरेशन नहीं हो सकेगा।"

"क्यों ?" पति-पत्नी ने एक ही साथ पूछा।

नकुल बाबू मुस्कुराकर बोले, "पता नहीं क्यों ? क्यों मीरा, क्या बात है ? बात क्या है ? बुला कहाँ है ?"

मीरा हँसती हुई और बुला तनिक लजाती हुई आयी।

नकुल बाबू ने पूछा, "क्या बात हुई, मीरा ? डॉक्टर उमेश क्या कह रहे थे ?"

"दीदी से पूछ रहे थे कि मस्से को क्यों कटवाना चाहती है ?"

बटुक बाबू बोले, "यह डॉक्टर उमेश थोड़ा पागल है···।"

नकुल ने कहा, "भैया ! डॉक्टर उमेश पर पटना मेडिकल कॉलेज को गर्व है··· गौरव हैं डॉक्टर उमेश !"

मीरा कहती गयी, "दीदी बोली कि माँ और बाबूजी चाहते हैं। तब डॉक्टर साहब ने कहा–वे क्यों कटवाना चाहते हैं ? मस्सा तो आपके चेहरे पर है; आप नहीं चाहें तो···। दीदी कुछ नहीं बोली। तब डॉक्टर साहब ने पूछा–आपको बुरा लगता है यह मस्सा ? दीदी कुछ भी नहीं बोली। तो डॉक्टर साहब बोले–इसको काटने के बाद आपका चेहरा बदसूरत भी हो जा सकता है, किसी की नजर में। फिर बोले कि जैसे यह आपके गले में जो जड़ाऊ हार है, इसका पत्थर निकाल दिया जाये तो कैसा लगेगा ?"

बटुक बाबू का चेहरा लाल हो गया–"नकुल, यह डॉक्टर तुम्हारे पटना मेडिकल कॉलेज का गौरव हो या जो कुछ भी हो, मगर यह आदमी अच्छा नहीं। इतनी और ऐसी-ऐसी बातें पूछने की क्या जरूरत ?"

नकुल बाबू की स्त्री ने बटुक बाबू की पत्नी को हँसकर अन्दर बुलाया– "दीदी ? जरा अन्दर आइए···।"

मीरा बोली, "डॉक्टर उमेश की माँ आयी हैं।"

बटुक बाबू की समझ में कोई बात नहीं आयी।

अन्दर न जाने क्या हुआ कि मीरा की बंगालिन सहेलियों ने मिलकर शंख फूँकना

शुरू किया। एक साथ कई शंख बज उठे।

नकुल बाबू का अष्टवर्षीय पुत्र गोपाल दौड़ता हुआ आया—"बुला दीदी को डॉक्टर उमेश की माँ ने गोदी में बैठाकर चुम्मा ले लिया···।"

एक साथ कई शंख बज रहे थे। नकुल बाबू हँस-हँसकर अपने बड़े भाई बटुक बाबू को समझा रहे थे। और बटुक एकदम नहीं समझ पा रहे थे कि डॉक्टर उमेश के नहीं चाहने पर ऑपरेशन क्यों नहीं होगा ?

फरवरी, 1967

प्रजा-सत्ता

"नहीं, अब लाज-लिहाज और डर के मारे चुपचाप नहीं रहा जा सकता।"

अजीब बात ! आदमी की उम्र बढ़ती है तो सुनते हैं, काम-वासना धीरे-धीरे घटती ही जाती है। यहाँ उलटी बात देख रहा हूँ··· बढ़ती ही जाती है !

"अभी छत पर कौन जा रही है ? विमला ? छोटकी को ले जा रही होगी ऊपर, टट्टी करवाने। ऊपर नहीं जा सकी। सीढ़ी पर ही···।"

पूछता हूँ, "छोटकी का पेट फिर गड़बड़ाया क्या ?"

विमला के सिर में दर्द है, शायद। या नींद से माती हुई है ? या माँ ने मारा है ? फिर पूछता हूँ–"कौन है ? विमली ! बोलती क्यों नहीं ?"

छोटकी का 'लीवर' फिर खराब हुआ। दुर्गन्ध से ही जान गया। विमला ने फिर कोई जवाब नहीं दिया। छोटकी को डाँटने लगी–"और खाओ ठूँसकर तिलकुट !"

विमला माँ की बेटी है। निर्मला, अमला, सरला, कमला और यह छोटकी (पता नहीं, क्या नाम रखा है !) सभी बाप की बेटियाँ हैं।··· पाँचू बाबू बंगाली ठीक ही कहते हैं–"अरे रामप्यारे ! तुम्हारा बाप तो बंगाली को भी मात कर दिया। ओरे बाबा–छै-छै ठो लेड़की !"

ऐसी बातें जब कोई कहता है तो उस पर गुस्सा नहीं आता। इन पर–बूढ़े-बूढ़ी पर–जी कुढ़ जाता है।··· आदमी को खुद समझना चाहिए।

बाबूजी दारू पीते हैं। नशे में आदमी जानवर हो जाता है। लेकिन माँ !··· हाँ, माँ भी 'ड्रिंक' करती है। दोनों जानवर !··· घर में चार-चार जवान बेटियाँ हैं। एक आठ साल की कमला और एक दो साल की छोटकी। तिस पर पता नहीं फिर··· आदमी को खुद सोचना चाहिए। कौन समझाए किसको !

कल परिवार-नियोजनवाला एक बड़ा पोस्टर लाकर घर की दीवार पर चिपका दूँगा। खजांचीबाग सेन्टर में 'लूप' लगाने का खास इन्तजाम किया गया है। उस रास्ते से गुजरते समय रोज देखता हूँ, देहात से आयी हुई औरतों की भीड़ लगी रहती है। और इन्हें जरूरत ही नहीं···।

जब से मेरी स्त्री–नवादावाली–मरी है, माँ को एक मौका मिल गया है। डॉक्टरों

और नर्सों के नाम से ही चिढ़ती है। पड़ोसियों को सुना-सुनाकर कहेगी–'मैं पहले से ही मना कर रही थी कि लेडी डाक्टर और अस्पताल के चक्कर में मत पड़ो, बबुआ ! मगर बबुआ ने नहीं माना। हम क्या बोलते ? जिसका आदमी, उसकी मरजी। बस, तुरत रिक्सा मँगवाकर दोनों प्राणी तैयार। वहाँ डाक्टरनी बोली–पेट चीरकर बच्चे को निकालना होगा। आपरेसन का रुपया लगेगा। खून लगेगा···।'

··· विमला फिर कहाँ आ रही है ?

"भैया, दियासलाई दो।"

"क्या होगी दियासलाई ?"

"छोटकी के लिए दूध बनेगा।"

"छोटकी का पेट चल रहा है और दूध पियेगी ?"

"माँ कहती है···।"

विमला को मेरी स्त्री बहुत 'मानती' थी। मेरी स्त्री से दो-तीन साल छोटी होगी विमला। यदि ससुराल में बसती होती तो अब तक माँ बन चुकी होती। लेकिन बाबूजी और माँ के चलते ही विमला को ससुराल का सुख नसीब नहीं हुआ और न होगा। बिना कुछ समझे-बूझे या पूछताछ किये (शायद नशे में ही) बिहारशरीफ के एक 'फोकट दलाल' साहूकार के 'नामर्द' लड़के को एक सौ एक रुपये तिलक दे आये। सात दिन बाद ही शादी हुई और जब शादी हो गयी तो मालूम हुआ कि विमला के घरवाले को···।

विमला दियासलाई लेकर चली गयी तो मुझे 'मिल्क सप्लाई' के उस लौंडे की याद आयी जो कान में 'इतर' का फाहा खोंसकर आता है। बोतल देते और लेते समय विमला को देखकर मुस्कुराता है। मैंने कई दिन 'मार्क' किया है। जिस दिन विमला के बदले निर्मला या अमला होती है, उसका चेहरा उतर जाता है। इधर-उधर देखता है··· लेकिन, विमला को क्या कहूँ ! माँ हमेशा विमला को ही दूध लेने के लिए नीचे भेजती है। कहेगी, 'विमला ! कल 'संकरात' है। माधो से कहना, कल एक बोतल दूध फाजिल चाहिए।'··· माधो दो बोतल फाजिल दे जाता है।

इसी दूध को लेकर नवादावाली से यानी मेरी स्त्री से पहली बार माँ ने झगड़ा किया था। जिस दिन मेरी बहू घर में आयी, माँ एकदम बदल गयी।··· याद है, पहली बार का झगड़ा। रात में दुकान से लौटा तो देखा, दहलीज के सामने जमीन पर दूध की बोतल लुढ़की पड़ी है–दूध फैला हुआ। बिल्ली चाट रही है।··· नवादावाली घर के अन्दर सिसकियाँ लेकर रो रही थी। बाबूजी बड़बड़ा रहे थे–"अभी आये हुए तीन महीने भी नहीं हुए और अभी से घर फोड़ने की तैयारी !"

माँ कह रही थी–"यह आज आयी है दूध पिलाने ! इतने दिन तक रामप्यारे पानी पीकर रहता था ! जिसने छाती का दूध पिलाकर इतना बड़ा किया, वह अपने बेटे को दूध में पानी मिलाकर देती है ! आज पराये की बेटी आयी है मेरे पेट के बेटे को दूध पिलाने··· !"

इसके बाद माँ ने कहा था, "कल से अलग दूध का बोतल ही नहीं, मक्खन की टिकिया लेकर खिलाओ। घरवाले को जोर होगा तो जोर-जोर से कमर चलायेगा···।"

माँ को जरा भी लाज नहीं आयी ! मैं लाज और गुस्से से थर-थर काँपने लगा था।··· मैंने ही नवादावाली से कहा था कि आजकल दूध एकदम फीका 'पनसाह' लगता है। मैं माँ से भी कहना चाहता था कि सचमुच इधर दूध अच्छा नहीं आ रहा है। लेकिन, किसी से कुछ कहने के पहले मैं अपनी सिसकती हुई स्त्री को लात और घूँसे से मारने लगा। वह चिल्ला-चिल्लाकर रोने लगी। विमला दौड़ी आयी। मैंने जोर से दरवाजा बन्द कर लिया और फिर पिटाई शुरू की। मारते समय मेरे मुँह से उसकी माँ और बहन के नाम की भद्दी-भद्दी गालियाँ अपने-आप निकलने लगीं···।

सारा मुहल्ला जग गया। औरतें पूछने लगीं और माँ दो बजे रात तक रो-गाकर किस्सा सुनाती रही।

नवादावाली चौकी के नीचे बैठी बहुत रात तक हिचकियाँ लेकर रोती रही। जब चारों ओर सन्नाटा छा गया, मैं उसे मनाने लगा। वह मेरा हाथ झटककर बैठी रही। मैं उसकी पीठ पर हाथ फेरकर सहलाने लगा। वह मेरी गोदी में मुँह छिपाकर रोने लगी। मैंने उसके आँसू से भीगे और मार से लाल हो गये गालों को चूमा। जहाँ-जहाँ मारा था उन जगहों को चूमता रहा।··· माँ की बात रह-रहकर कानों के पास गूँजने लगी– 'जोर-जोर से कमर चलायेगा' ! आज आयी है दूध पिलाने !'

नवादावाली मान गयी थी। उसने देह ढीली कर दी। मैंने उसके कान में धीरे-से कहा था, "मैं अलग दुकान करूँगा।"

"मुझे नवादा भेज दो।"

"नहीं। तुमको मैं अपनी आँखों से एक पल के लिए भी ओझल नहीं होने दूँगा। कभी नहीं··· कभी नहीं···।"

उस रात की बात कभी नहीं भूल सकूँगा। गौने के बाद वह पहली रात थी जब स्त्री का वैसा सुख मुझे मिला। हर रात की तरह नवादावाली पैरों के बजनेवाले कड़े-छड़े उतारना चाहती थी। मैंने ऐसा करने का मौका ही नहीं दिया। वह चौकी से नीचे उतरना चाहती थी।··· घर में कई खाट-पलँग हैं। लेकिन हमें यह चरमरानेवाली चौकी ही दी गयी थी (शायद जान-बूझकर ही), इसलिए हमें समय पर नीचे उतरना पड़ता। उस रात मैंने उसको चौकी से नहीं उतरने दिया। जान-बूझकर ही !··· मैं किसी से डरता नहीं !··· लाज की क्या बात ? जब बूढ़े-बूढ़ी को लाज नहीं, तब हम तो जवान-जहान हैं।··· पैरों के कड़े-छड़े ही नहीं, हाथ की चूड़ियाँ भी बजती हैं। उसके रोम-रोम से सुख-दर्द-भरी सिसकियाँ निकलने लगीं।··· मैंने पहली बार जाना कि मेरी देह में इतनी ताकत है ! लाज और डर का मारा आदमी कभी सुख पायेगा ?

दूसरे दिन सुबह को मैंने मार्क किया, माँ का चेहरा लटका हुआ था।··· हारी हुई बिल्ली की तरह माँ ने खम्भा नोंचना शुरू किया था। विमला से लेकर कमला तक की पिटाई करने के बाद बड़बड़ाने लगी। अपनी बेटियों को गालियाँ देने लगी–"जान से मार डालूँगी, गले पर लात चढ़ाकर, एक-एक को।··· हरजाई सब ! क्या समझ लिया है ? अब इस घर में कौन रहेगा ? यहाँ तो अब 'कलब' का खेला होने लगा। न लाज, न लिहाज है। हे भगवान, ऐसा न कभी देखा, न कभी सुना !··· मुहल्लेवाले थू-थू करते हैं।"

बाबूजी हारे हुए सिपाही की तरह बैठकर दातौन कर रहे थे। जीभी से जीभ को साफ करते समय जोर-जोर से 'उकासी' करते हुए बोले–"ठीक तो है। अब पैसा खर्च करके सिनेमा क्यों देखने जायगी; घर बैठे ही 'डानस' देखो···।"

माँ महीने में तीन-चार बार सिनेमा देखती है। पान और सिनेमा की आदत बहुत पुरानी है। रोज पचास बीड़े पान खाती है। बाबूजी मछली के बिना एक कौर मुँह में नहीं डाल सकते। कहते हैं, मछली खानेवालों के बच्चे ज्यादा होते हैं। बच्चों में भी, लड़कियाँ ! सात बहनों में एक बहन जन्मते ही–सौरघर में ही–मर गयी। छह बहनों में विमला और निर्मला की शादी हुई है।··· निर्मला का गौना नहीं हुआ है। लेकिन उसका दूल्हा जब आता है, निर्मला के साथ सोता है। मुझे यह जरा भी पसन्द नहीं। मगर माँ चाहती है। और खुद निर्मला को कमरे में ठेल आती है।··· निर्मला के दूल्हा से माँ 'मुँहामुँही' बतियाती ही नहीं, हँसी-दिल्लगी भी करती है। साथ में सिनेमा जाती है। कहेगी–'लजाने की क्या बात ? जैसा बेटा रामप्यारे, वैसा ही रामबिलास !'

हुँ ! वैसा ही रामबिलास ! बिलसवा साला इतना बड़ा हरामजादा है कि एक दिन विमला को 'मोलेस्ट' कर दिया। विमला रोने लगी तो माँ ने हँसकर कहा, "हँसी-दिल्लगी में भी रोती है ?"··· हँसी-दिल्लगी नहीं, रामबिलास मुँगेर के बड़े साहूकार का बेटा है। बीड़ी कम्पनी और गल्ले की आढ़त है। उसके दो छोटे भाई हैं। और माँ को विश्वास है कि उसके भाइयों से अमला और सरला की बात पक्की हो जायेगी–रामबिलास चाहे तो···।

इसलिए रामबिलास जो चाहता है, करता है। बाबूजी भी चुप लगा जाते हैं। मैं भी कुछ नहीं बोलता। सुना है, नयी गाड़ी खरीद रहा है। खरीदेगा नहीं भला ? अनाज का व्यापारी है। कंकड़-पत्थर के पैसे हैं। माँ अभी से रामबिलास की गाड़ी पर चढ़कर बनारस-प्रयाग जाने का प्रोग्राम बना रही है।

माँ जब बनारस या कोई 'तीरथ' करने की बात करती है, मुझे 'बिल्ली चली हज' वाली कहावत याद आती है।··· बेचारी नवादावाली ! सोनपुर मेला देखने की लालसा मन में लेकर ही चली गयी !

मैं जानता हूँ, माँ जब तीरथ पर जायेगी–विमला को भी ले जायेगी ! नहीं तो छोटकी की 'आयागिरी' कौन करेगी ? दिन-रात पिपहीबाजा की तरह रोती रहती है और पेट-मुँह हमेशा चालू···!

और विमला यदि गयी माँ के संग, वह साला बिलसवा 'तीरथ' में कहीं-न-कहीं विमला को–माने 'क्रिमिनली-एसाल्ट' करेगा !··· इसके बाद कहीं कुछ हो गया तो मरूँगा मैं। बूढ़े-बूढ़ी को क्या है ? न लाज–न धरम !··· मिल्क-सप्लाई का छोकरा साला गुंडा है। यदि इसी तरह हर 'संकरात' और एकादशी और पूर्णिमा को एक बोतल फाजिल दूध वह देता रहा तो किसी दिन विमला को लेकर भाग भी जा सकता है।··· सिर्फ दूध ही नहीं, आजकल माँ के लिए एक दिन बाद एक 'ढोली' मगही पान भी ले आता है, हरामी !

अभी कौन जगा ? किस कमरे का दरवाजा खुला ? सीढ़ी से ऊपर कौन आया ? नीचेवाली बेवा बंगालिन ऊपर क्यों आयी ? यह औरत भी एक ही 'छटी' हुई है; अपने को पूरब बंगाल की कहती है। बड़ी चालू ! सिंदूर लगाकर सधवा हो जाती है और अपने बीमार पति के लिए चंदा उगाहती फिरती है। फिर दूसरी बार चंदा करने निकलती है सिंदूर पोंछकर–पति के मरने पर ! तीसरी बार लड़की की शादी कराने के लिए··· दो बेटियाँ हैं। बड़ी की दो बार शादी करा चुकी है। दोनों बार एक सप्ताह स्वामी के साथ रहकर भाग आयी उसकी लड़की। लेकिन दोनों बार मुकदमा जीत गयी। पिछले साल से हम लोगों के नीचेवाले कमरे में रहती है। माँ से दो बार लड़ चुकी है। मुझसे छिपकर बात करती है। जब बाबूजी दुकान पर नहीं रहते हैं, वह अपनी बेटी के साथ पहुँच जाती है।··· कह रही है, बड़ी को रख लो, माने शादी कर लो। छोटी लड़की ने मुझे उस दिन 'जमाय बाबू' कहकर पुकारा तो उसकी माँ और बड़ी बहन हँस पड़ीं।··· उसकी माँ कह रही थी–'दू-दू बार शादी हुआ तो क्या ! लड़की किसी के साथ सोयी ही नहीं··· !'

यह कहाँ आयी थी इतनी रात को ? किसके साथ गप करके–फिसफिसाकर–चली जा रही है ? धीरे-से सीढ़ी पर इसे जाकर पकड़ूँ। कह दूँ–तुम्हारी बेटी से अभी शादी करेगा हम ? नहीं, चुपचाप रहना ही ठीक होगा। लो, साली सीढ़ी पर फिसलकर लुढ़क गयी शायद। बंगला में कोई गाली दी उसने ! किसको ?

लेकिन ससुरी आयी थी कहाँ ? अब कौन जा रही है सीढ़ी पर से नीचे ? टोकूँ ? नहीं, चुप रहना ही अच्छा है। आज माँ ने जरूर 'ड्रिन्क' किया है। जिस दिन माँ सिर 'टीपने' के लिए बाबूजी के कमरे में शाम से बन्द रहती है, सभी जानती हैं, यहाँ तक कि छोटकी भी जानती है कि उस दिन माँ पर कोई प्रेतनी आकर सवार हो जाती है। बाबूजी चार बजे भोर तक के लिए एकदम बेहोश हो जाते हैं। माँ जब तक जगी रहती है, घर में कुहराम मचा रहता है। लड़कियाँ हर बात में मार खाती हैं। छोटकी (पता नहीं, क्या नाम रखा है उसका !) रात-भर रोती रहती है। विमला उसे 'आ-हा, ओ-हो, आ रे तोता, आ रे मैना' गा-गाकर सुनाती खुद सो जाती है। जरा भी आँख लगी कि छोटकी समझ जाती है और जोर से चीखने लगती है। इस पर भी विमला नहीं जगी तो माँ लात से मारकर जगाती है। कभी-कभी छोटकी के साथ विमला की 'रुलाई' भी सुनायी पड़ती है···।

सीढ़ी की रोशनी जली। किसके गले की आवाज ?··· लो, यह साला नाम लेते ही पहुँच गया–बिलसवा ! इसीलिए, आज माँ की नींद खुली है ! अभी कोई मर भी जाता तो माँ नहीं उठनेवाली थी। तो नीचे की बंगालिन 'जमाई बाबू' के आने की सूचना ही देने आयी थी ? मैंने समझा कि 'घर-भाड़ा' के बारे में कुछ कहने के लिए आयी है।··· पिछले छह महीने का किराया मैंने कबूल लिया है कि मैं पा गया।··· छोटकी ने अब छत फोड़नेवाली आवाज में रोना शुरू किया। विमला उसको लेकर बाहर निकली। विमला को मना कर दूँ–रामबिलास से बोलना-बतियाना मत ! अभी पीकर 'डाउन' होगा। नहीं, चुप ही अच्छा··· !

नहीं, अब चुप रहना ठीक नहीं; अब कुछ करना होगा। बाबूजी की नाक जोर से बज रही थी। जी करता है, जाकर नाक में 'सुड़सुड़ी' लगा दूँ। लेकिन कुछ करो, अभी आँख नहीं खोलेंगे। मुझे आज कुछ करना ही होगा। मैं माँ के साथ विमला को नहीं जाने दूँगा।··· मिल्क-सप्लाई से दूध लेना बन्द कर दूँगा। बाबूजी से कल साफ-साफ कह दूँगा–अब बरदाश्त नहीं कर सकता !

मैंने तभी पुकारकर कहा, "विमला ! पाहुन को बगलवाले कमरे की चाबी दे दो। और तुम लोग अपने कमरे में जाओ !" बिलसिया साला न जाने क्या-क्या बेबात की बात बोल रहा था। चुप हो गया।

बाहर निकलकर देखा, माँ बाल खोले प्रेतनी की तरह खड़ी चुपचाप देख रही थी और रामबिलास विमला को छू-छूकर दिल्लगी कर रहा था।

मैंने कड़े स्वर में माँ से कहा, "तुम यहाँ इस तरह खड़ी क्या कर रही हो ?"

माँ ने सिर पर क़पड़ा लिया और कमरे में चली गयी, तुरंत, डरती हुई ! मुझे अच्छा लगा माँ का इस तरह डरना। विमला ने जल्दी-जल्दी दरवाजा बन्द किया। बाहर की रोशनी बुझा दी गयी। मुझे यह भी अच्छा लगा। किन्तु इसके बावजूद हुंकारकर कहा, "मुझे यह सब बेहयाई एकदम पसन्द नहीं !"

विमला ने रोती हुई छोटकी को डराया–"चुप ? भैया मारेंगे !" छोटकी तुरंत चुप हो गयी। माँ ने कहा, "मेरे पास आयेगी छोटकी ?" छोटकी पिपही की तरह रोती हुई बोली, "हाँ-आँ।" माँ ने उसे अपने पास बुला लिया। माँ के पास जाते ही 'टन-टन' कर बतियाने लगी छोटकी। मैंने आज जाना कि छोटकी बोलना भी जानती है ! बहुत मीठी बोली है छोटकी की ! माँ ने पूछा–"तुम्हारे भैया का नाम क्या, छोटकी ?" उसने तुतलाकर मेरा नाम भी ठीक ही बताया। मुझे बहुत अच्छा लगा।

छोटकी से बोलती-बतियाती माँ सो गयी, शायद। छोटकी भी सो गयी। खिड़की से झाँककर देखा, मद्धिम रोशनी में··· माँ चित्त सोयी है। उसकी छाती पर छोटकी सो गयी है, दूध पीती हुई !··· गौर से देखा, छोटकी की ललाट मेरी ही तरह है और उसका चेहरा मुझसे मिलता-जुलता है।··· मैं भी इसी तरह माँ की छाती पर सोया होऊँगा कभी।··· कितनी अच्छी है मेरी माँ !

कल माँ को सिनेमा दिखाने ले जाऊँगा। सिनेमा ही नहीं, 'तीरथ' में ही ले

जाऊँगा। माने, बिलसवा के साथ नहीं जाने दूँगा। नहीं, नहीं, हरगिज नहीं !

सभी सो गये ? अब मेरा मन बार-बार सीढ़ियों से उतरकर उस कमरे के दरवाजे पर 'ठक-ठक' करना चाहता है जिसमें दो-दो मर्दों को धोखा देकर भाग आयी जवान लड़की सोयी हुई है···!

मैं सीढ़ियों से नीचे उतर रहा हूँ–चोर की तरह नहीं, एकदम निडर होकर। सिगरेट सुलगाया। खखासकर गला साफ किया।··· मैं चाहता हूँ कि माँ, बाबूजी, विमला, सभी जानें कि मैं नीचे के उस कमरे में जा रहा हूँ···।

अप्रैल, 1967

मिथुन राशि

रूमा जब चली गई तो मैं ड्रेसिंग-टबुल के पास जाकर अपना मुखड़ा दर्पण में देखने लगा।··· नहीं, एक भी बाल कहीं सुफेद नहीं। चेहरे के किसी कोने में झुर्री नहीं। किन्तु रूमा जब तक रही, मुझे लगता रहा कि, मेरे सिर के सभी केश पटसन की तरह सुफेद हो गए हैं, चेहरे पर झुर्रियां पड़ गई हैं और मेरी दन्तपंक्तियाँ नकली हैं।

रूमा मेरे फ्लैट में अकेली कभा नहीं आई। जब आती, अपने छोटे भाई गोपू या छोटी बहन डॉली के साथ। तब कभी मैंने ऐसा महसूस नहीं किया बल्कि, ठीक उलटा ! यानी, जब तक रूमा रहती, मेरी कनपटी गर्म रहती। नाक और होंठों के कगार पर लगता—चींटी चल रही है, रह-रहकर। और, मेरी आँखों में रूमा न जाने, क्या देखती कि अपनी छाती के आसपास के कपड़े ठीक करने लगती।···

किन्तु इस बार लगा, कि वह मेरे मुँह पर तमाचा मारकर चली गई है। उसको अकेली आई देखकर, मुझे अचरज हुआ था। मैंने पूछा था, "अकेली ही आई हो ?"

वह हँसकर बोली—"अकेली हूँ, तो 'दुकेली' कैसे आऊँ ? किसको साथ लाऊँ ?"

"क्यों, गोपू, डॉली··· ?"

रूमा हँसने लगी—सशब्द ! हँसती-हँसती लोट-पोट हो गई। फिर बोली—"जानते हैं ? अरूप भाई ने 'गोपू, डॉली' का क्या नाम दिया··· ?"

अरूप का नाम लेते समय आज उसकी आँखों में लाज की हल्की झलक दिखलाई पड़ी। बोली—"काका !··· 'एक प्रॉब्लम' लेकर आई हूँ।"

"ठहरो, मैं पहले चाय का 'प्राब्लम' हल कर लूँ।"—कहकर मैं रसोईघर में घुसा।

"नहीं।··· चाय-वाय का झमेला छोड़िए। आज कुछ भी खाने-पीने का जी नहीं होता।··· सुनिए न··· !"—कहती हुई वह रसोईघर में घुस आई।

मैं रूमा का साहस देखकर चकित था। वह मेरे कंधों को छूकर, बच्ची की तरह मनुहार-भरी बोली बोलने लगी—"हुँ-ऊँ-ऊँ। काका ! कहिए ना··· मैं क्या

करूँ ? काका···।"

मुझे अवाक् देखकर भी उसके हाव-भाव में कोई परिवर्तन नहीं हुआ। कहती गई–"चाय-वाय रहने दीजिए ! पहले मेरी बात···।"

"बिना चाय पीए, मैं अपनी ही कोई समस्या नहीं सुलझा सकता–यह तुमको शायद नहीं मालूम। चलो, तुम उस कमरे में बैठो।"

चाय पीते हुए मैंने पहला सवाल किया–"यह बताओ, कि भाई साहब या भाभी को यह मालूम है कि तुम मुझसे मिलने···।"

वह हाथ के 'पोथी-पत्तर' की ओर दिखलाकर हँसी–"पढ़ने आई हूँ। बाबा को मालूम है, कि आपने 'कबीर' का गहरा अध्ययन किया है।"

"लेकिन उन्हें यह भी अच्छी तरह पता है कि मैं 'संत कबीर' नहीं।" वह खिलखिलाकर हँस पड़ी थी। उसकी खुली हँसी मुझे भली लगी। मैंने पूछा–"अब बताओ, कैसी समस्या है। दैहिक, दैविक या··· ?"

हालाँकि हम दोनों के अलावा वहाँ कोई तीसरा नहीं था, फिर भी वह मोढ़ा खिसकाकर, मेरे पास आ गई और आवाज को एकदम मद्धिम करके कहने लगी–"काका !··· आपसे क्या लाज ?··· बात यह है कि··· अरूप भाई··· अरूप भाई··· क्या बताऊँ···!"

मैंने कहा–"बताने की जरूरत नहीं। समझ गया। अरूप भाई नहीं, सिर्फ अरूप कहो।"

लगा, रूमा मुझसे लिपट जायगी। मगर, लिपटी नहीं। बोली–"आप कितने अच्छे हैं काका ! इसीलिए तो आपकी शरण आई हूँ। अरूप भाई··· अरूप ने भी कहा···।"

मैंने गम्भीर होकर कहा–"तो मामला 'ढाई आखर' का है ?"

"हाँ, काका !"–रूमा हँसती गई।

"शादी करना चाहते हो तुम लोग ?"

"जाहिर है।"

"बाधा क्या है ?"

"जी, बाधा··· बाधा··· जाति की··· समाज की···"

मैंने कैलेंडर की ओर देखा–9 जुलाई, 1969 ! और, एक लम्बी साँस लेकर मन-ही-मन आवृत्ति करने लगा–"हे मोर दुर्भाग्य-देश जादेर कोरेछे··· अपमान···।" बोला–"क्या करना होगा मुझे ?"

"जी अभी कुछ नहीं। लेकिन, बाद में आपको ही सबकुछ करना होगा।"

"तात्कालिक समस्या क्या है ?"

"तात्कालिक ? मैं अरूप भा··· मैं अरूप से खुलकर बातें कर लेना चाहती हूँ।"

"अब तक खुलकर बातें भी नहीं हुईं ?"

"कहाँ हुईं कभी। हालाँकि, वह रोज आते हैं···।"

"आते हैं नहीं। आता है···।"

रूमा हँसी नहीं। बोली–"रोज आता है। घंटों बैठता है। बाबा से, माँ से दुनिया-भर की बातें करता है। गोपू के साथ खेलता है और जाते वक्त रोज, बाहर के दरवाजे के पास, धीमे स्वर में इतना ही कह पाता है–रूमा !"

"खत नहीं देता ?"

"नहीं।"

"तुम क्यों नहीं लिखतीं।"

"लिखा-पढ़ी के हजार बखेड़े हैं।"

"तो, तुम क्या जवाब देती हो ?"

"कुछ नहीं।"

"कितने दिनों से यह सब चल रहा है ?"

"पिछले छै महीने से... ।"

मैंने हिसाब लगाकर देखा कि 1970 तक लोग, इस अवधि में, कहाँ से कहाँ तक पहुँच जाते ! बोला–"अरूप तो बहादुर लड़का है। एकदम अल्ट्रा मॉडर्न दाढ़ी रखता है। और व्यक्तित्व भी, जिसका कहते हैं डैशिंग... ।"

"जी उसकी सारी बहादुरी मेरे घर में आकर हवा हो जाती है। इसलिए... ।"

"इसीलिए ?"

"आपकी शरण में आई हूँ। अरूप ने भी कहा–"काका का फ्लैट... इज द बेस्ट प्लेस।"

इतनी देर के बाद मेरी आँखें मानो खुलीं। चुस्त पायजामा और तंग कुर्ता में, कभी रूमा की देह पर, बातें करते समय एक लहर दौड़ जाती है और वह हर शब्द के साथ अपनी हथेली की उँगली को, कत्थक-नर्तकी की तरह नचाती है। फर्श पर उसके चपल-चरण थिरकने लगते हैं। मैं कुछ क्षण तक मन के पर्दे पर रूमा और अरूप को 'ट्विस्ट' करते देखता रहा। फिर, खुद 'शैक' नाच के ताल पर गर्दन हिलाने लगा। वह जो कुछ समझाने आई थी, समझ गया। यानी, रूमा कल से मेरे फ्लैट में, सप्ताह में दो बार आएगी–'कबीर' पढ़ने। अरूप भी आवेगा। मैं फ्लैट में रहूँ या नहीं रहूँ–कोई फर्क नहीं पड़ता। सिर्फ, 'डुप्लिकेट चाभी' दे देने से ही काम चल जाएगा।... जब तक अरूप से खुलकर बातें न हो जाएँ !

मैंने गम्भीर होकर कहा–"और, कबीर ?"

रूमा ने उठते हुए कुछ ऐसी मुद्रा बनाई, जिसका सीधा मतलब यही हो सकता है–'गोली मारिए उसको !'

सो, रूमा जब चली गई तब मुझे लगा, वह मेरे मुँह पर तमाचा लगाकर चली गई है। अपमान और ग्लानि से मेरा सारा शरीर झनझना उठा।

मैंने संत-साहित्य का अध्ययन किया है। लेकिन मैं संत नहीं। लोगों की नजर में जीता-जागता 'असंत' हूँ। पिछले पन्द्रह साल के दर्म्यान, जिसने तीन-तीन भले घर की लड़कियों का क्रमशः पाणिग्रहण किया हो और छोड़ा हो, वैसे खूँखार और

हिंस्र व्यक्ति के पास, किसी कोमल मति बालिका को अकेले जाने की अनुमति कैसे दे सकता है कोई ? और, रूमा कहती है कि वह मुझसे न डरती है, न लजाती है !

रूमा को जब पहली बार देखा था, फ्रॉक पहनती थी, और दसवें दर्जे में पढ़ती थी। लीला (मेरी तीसरी संगिनी) उसके स्कूल में पढ़ाती थी। इसीलिए वह कभी-कभी अपनी माँ के साथ फ्लैट में आती थी।

रूमा की माँ जब आती, किसी-न-किसी बहाने लीला से मेरी पहली संगिनियों की चर्चा करना नहीं भूलती। किसी दिन 'रेणुका' (पहली) के गीत और गले की तारीफ कर जाती। किसी दिन कमला (दूसरी) के रूप का वर्णन करने लगती। लीला चुपचाप मुस्कुराती सुनती रहती। कभी हँसकर कहती—"रूप-गुण कुछ नहीं दीदी, ऐसे मर्दों को नित्य 'नूतन' चाहिए।"

वे दोनों घंटों घुमा-फिराकर बात को मेरी ओर ले आतीं और किसी कहावत से बात को समाप्त करने की चेष्टा करतीं। किन्तु जब रूमा की माँ चली जाती तो मास्टरनी लीला तुरंत अपना सही रूप धर लेती। सौ बार पूछे गए सवाल को वह फिर पूछती और मैं अपना रटा हुआ-सा जवाब हमेशा की तरह दुहरा देता :

"रेणुका का गला बहुत मीठा था।"

"अब भी है ! रोज बोलती है, गाती है। सुबह 'यह आकाशवाणी है' से लेकर रात 'जय हिन्द' तक। सुनती नहीं ?"

"मुझे तो तनिक भी मीठी नहीं लगती।"

"मुझे भी नहीं लगती।

"कमला अपूर्व सुन्दरी थी न ?"

"भीषण सुन्दर ! अब भी है ! पाटिलपुत्र मेडीकल कॉलेज अस्पताल की तीन सौ तिरासी नर्सों में आज भी सबसे सुन्दर समझी जाती है"—कहकर मैंने कमला की तस्वीर की ओर देखा। रेणुका और कमला की तस्वीरों को लीला ने अपनी आलमारी में बन्द कर रखा था और जिस दिन मुझसे झगड़ना चाहती, सुबह उठने के बाद ही दो में से एक की तस्वीर आलमारी से बाहर निकालकर 'रेडियोग्राम' पर रख देती। किसी दिन रेणुका की तस्वीर, किसी दिन कमला की !...

"हाँ, हाँ, मैंने देखा है। मुझे तो कोई खास खूबसूरत नहीं लगती।"

मैंने सही जवाब मन में ही दुहराया—'मोह न नारि नारि कर रूपा !'

क्योंकि मैं सोना चाहता था, झगड़ना नहीं चाहता था। बोला—"मुझे भी नहीं लगती।"

"रेणुका को क्यों छोड़ा।"

"मैं उसके हिसाब से था ही 'ताल मात्रा' के अनुसार 'बेताला'।"

ऐसे जवाब पर लीला कभी-कभी खिलखिलाकर हँस पड़ती। मुझे दुनिया के हर प्राणी की हँसी और खुली हँसी भली लगती है। एक बार इस तरह हँस लेने

के बाद वह स्खलित-सी हो जाती और तब झगड़ने का इरादा भी बदल देती। किन्तु, उस दिन वह तुली हुई थी, मानो।

"और कमला ? उसको तुमने छोड़ा या··· ?"

"हाँ, कमला को मैंने ही छोड़ा।"

"क्यों ?"

"जब तक मैं बीमार न पड़ जाता, वह मुझे कभी प्यार नहीं करती थी।"

"अब तुम बात बनाने लगे"–लीला चिढ़कर कहती।

मुझे झकझोरकर जगाती हुई कहती–"तुम अपने गाँव की किसी औरत से शादी कर लो। समझे !"

मैं गम्भीरतापूर्वक कहता–"बात यह है कि गाँव की औरतों को सप्ताह में दो-तीन बार नहीं पीटो तो समझती हैं कि उनका पति उन्हें प्यार नहीं करता। और, औरतों को पीटना असभ्यता है न।"

"मुझे भी छोड़ दोगे किसी दिन ?"

"कौन किसको छोड़ेगा, यह कौन कह सकता है ?"

और लीला जिस रात को इस फ्लैट से निकलकर हॉस्टल में रहने चली गई, उस दिन सारी दोपहरी रूमा की माँ हमारे फ्लैट में थी। रात में लीला ने पूछा था–"तुम इतनी शराब क्यों पीने लगे हो ?"

"तुम इधर शराबबन्दी पर इतना ज्यादा लेक्चर क्यों पिलाने लगी हो ?"

"मुझे मालूम है सब। जब किसी और से पिंड छुड़ाना होता है, तुम ज्यादा पीने लगते हो। है न ?"

"होगा। सम्भव है···।"

"तुम जानवर हो।"

"अचरज की बात है। आखिरी रात को रेणुका और कमला ने भी यही कहा था, हू-ब-हू।"

"मैं आखिरी रात भी नहीं रहूँगी। अभी जाती हूँ···।"

यदि उस रात को मैं पलँग से उठकर दरवाजे के पास जाकर खड़ा हो जाता और पुरुषोचित दर्पभरी बोली में उसे डाँटकर प्यार प्रदर्शित करता और बाँहों में जकड़कर कहता–'मैं मर जाऊँगा, मर जाऊँगा। तुम मत जाओ। लीलारानी–मेरी जान–मुझे माफ कर दो··· ' तो, संभव है वह रुक जाती। किन्तु उस दिन व्हिस्की में शायद टिंचर-आयोडिन मिला हुआ था। वर्ना तीन ही पेग में मेरी वैसी दुर्दशा क्यों होती !··· उठकर दरवाजा भी बन्द नहीं कर सका। रातभर, पुरवैया के झोंके पर, किवाड़ के पल्ले धड़ाम् से खुलते-बन्द होते रहे रह-रहकर। और हर धमाके पर तनिक आँखें खुलतीं तो लगता, मैं तूफान मेल के स्लीपिंग-कोच में लेटा हुआ हूँ और गाड़ी अपनी पूरी रफ्तार में भागी जा रही है···।

सुबह जब उठा तो तब तक लीला के, घर छोड़कर जाने की बात, सारे जवाहरनगर में फैल चुकी थी–सूरज उगने के बहुत पहले ही।

रूमा का पिता मेरा मित्र है। मुझसे तीन-चार साल ही बड़ा होगा। मगर खोपड़ी गंजी हो गई है। रसिक व्यक्ति है। रस-भरे वातावरण में ही उससे पहली मुलाकात हुई थी। पर बीवी के सामने चूँ भी नहीं कर सकता कभी। मेरा अनुमान है, बीवी उसे पीटती होगी।

मुझे याद है, लीला के जाने के बाद एक दिन रास्ते में, मुझे देखकर, हमेशा की तरह उसने गाड़ी रोक दी थी–"घर चल रहे हो न ? आओ।"

मुझे उसने सैकड़ों बार लिफ्ट दिया था। वह मुझे फ्लैट के पास कभी नहीं छोड़ता। सीधे अपने फ्लैट में ले जाता। हँसते हुए अपनी बीवी को पुकारकर कहता–"देखो, किसको पकड़कर लाया हूँ। अब इसके बहाने मुझे भी एक कप कॉफी···।"

किन्तु उस दिन मेरे फ्लैट के सामने गाड़ी रोककर उसने कहा, " 'मेरी मदाम' आजकल तुमसे इस कदर नाराज हैं कि तुम्हारा नाम भी नहीं सुनना चाहतीं। लीला से उसकी गहरी दोस्ती हो गई थी न !"

मैंने गाड़ी से उतरते हुए कहा था–"उसकी दोस्ती रेणुका और कमला से भी गहरी हो गई थी।"

करीब डेढ़ साल के बाद, पिछले महीने अचानक खादी ग्राम उद्योग भवन में रूमा की माँ जब मिली, तो ऐसा लगा कि वह मुझसे मिलने के लिए न जाने कब से आतुर थी। उस दिन उसके उग्र, तीव्र और मारात्मक 'मेकअप' के कारण मैं उससे बातें करने का साहस नहीं बटोर सका था। इसलिए रूमा से पूछने लगा–"कैसी हो रूमा ?"

डेढ़ वर्षों में ही रूमा काफी बड़ी हो नहीं गई थी, बड़ी दीखने लगी थी। मैंने उसकी माँ से कहा था–"रूमा तो आपकी छोटी बहन कनक की तरह लगती है।"

रूमा की माँ गद्‌गद होकर बार-बार घर आने का निमंत्रण देने लगी–"आइए न किसी दिन !"

लेकिन मैं वादा करके भी नहीं गया। तब गोपू और डॉली के साथ रूमा को मेरे पास मुझे बुला लाने को भेजा गया था। इसके बाद रूमा के पिता ने मुझे फिर रास्ते में गाड़ी देकर लिफ्ट देना शुरू कर दिया। रूमा की माँ अपने बच्चों के साथ फिर फ्लैट में आने लगी। अब कभी रेणुका, कमला अथवा लीला की चर्चा नहीं छेड़ती। तीनों की तस्वीरों को अगल-बगल टँगी देखकर भी नहीं। इसीलिए रूमा के माता-पिता और रूमा ने मुझे अचानक इस तरह 'इंद्रियजीत और संत' समझना शुरू किया तो मुझे अचरज हुआ था। रूमा मुझसे नहीं डरती और न लजाती है–यह सब अपमानजनक था मेरे लिए। उस दिन रूमा के जाने के बाद मैंने अपने को फिर ढूँढ़कर निकाला। अपने ऊपर पड़ी हुई धूलगर्द को बहुत झाड़-पोंछकर देखा, रोम-रोम में आग की बूँदें अब भी जगमगा रही हैं !··· नखों और दाँतों की धार अब भी वैसी ही तेज है ! किसी भूख की आग मंद नहीं हुई है !

दूसरे दिन रूमा आई और आते ही पूछा–"अरूप नहीं आया है ?" फिर घड़ी देखकर उसने सवाल का जवाब खुद ही दिया था–"आता ही होगा।"

मैंने पूछा–"अरूप के आने के बाद मुझे कितनी देर के लिए बाहर चला जाना होगा ?"

"एक मिनट के लिए भी नहीं। आप उस कमरे में रहेंगे।"

"तुम्हें कोई असुविधा तो नहीं होगी ?"

"कैसी असुविधा ?··· छिः काका ! आप भी कैसे हैं ! हम सिर्फ बातें करेंगे।··· आप चाहें तो इस कमरे में बैठे रह सकते हैं।"

दरवाजे की कुंडी खड़की। रूमा दौड़कर दरवाजा खोलने गई। अरूप नहीं, डाकिया टेलिग्राम लेकर आया था। रूमा को देखकर डाकिया ऐसा अप्रतिभ हुआ कि दूसरे का टेलीग्राम मुझे थमाने लगा। मुझे उसकी हालत पर हँसी आई··· बेचारा !

रूमा बेचैन हो गई। एक घंटा गुजर गया। अरूप नहीं आया। वह उदास होकर धीरे-धीरे बुझने लगी।··· लगा, अब रो देगी।

एक बार कुंडी खड़की तो रूमा उठी नहीं। मैंने दरवाजा खोलकर देखा, अरूप आया है। मैंने कहा–"रूमा कब से इन्तजार कर रही है।" किन्तु अरूप हकलाने लगा। पहले तो अकबकाया, फिर सँभलकर मेरे चरण छूने के लिए झुका और मेरे दोनों घुटनों को छूकर प्रणाम किया।··· चरण के बदले घुटनों को छूकर प्रणाम करने की प्रथा इधर चल पड़ी है। किन्तु इस अल्ट्रा-मॉडर्न दाढ़ी को, इस तरह झुकते देखकर, मुझे अचरज हुआ। उसकी झुकी निगाहें, उसके सिर के अस्तव्यस्त ढंग से सँवारे गए बालोंवाले चेहरे से, मेल नहीं खा रही थीं ?

रूमा आकर अरूप को ले गई। मैं दूसरे कमरे में जा रहा था, रूमा ने टोका–"काका ! आप··· !"

"मैं जी. पी. ओ. से हो आता हूँ। यह रही चाभी।"

"आपको असुविधा···।"

मैं इस समय रूमा की कोई बात नहीं सुनना चाहता था। अरूप के आते ही मेरे अंदर ग्लानि-सी छा गई थी। मैंने रूमा के अंतिम सवाल का भी कोई जवाब नहीं दिया। जी. पी. ओ. जाने की जल्दबाजी में ऐसे सवालों के जवाब नहीं दिए जा सकते हैं।

मुझे कहीं नहीं जाना था। रात देर से सोया था। इसलिए अभी सोना चाहता था। लेकिन··· अपनी मूर्खता के कारण इस चिलचिलाती धूप में भटकने के लिए निकल पड़ा। क्या जरूरत थी ऐसे मामलों में पड़ने की ? मैं रूमा को डाँट सकता था। यानी, उसके प्रस्ताव को सुनकर मुझे नाटकीय ढँग से उसके पिता के मित्रोपयोगी संवादों को दुहराना उचित था। किन्तु, रूमा के अधकचरे प्रेम की इस नाजुक घड़ी में, मैंने प्रेमियों का उपकार करनेवाले एक भद्रजन की भूमिका स्वीकार कर ली।··· अहा ! दो दिलों को मिलाने में कितना पुण्य, कितना आनन्द··· !

मुझे अपने-आप पर क्रोध बढ़ता गया और अपने को सजा देने के लिए मैं

गांधी मैदान तक पैदल चलता गया। जब पसीने से लथपथ और प्यास से बेकल हो गया, तो स्वयं पर दया आ गई और सेन्ट्रल-बार में अपने को बीयर पिलाकर मनाने के लिए दाखिल हो गया।··· दो बोतल बीयर पीने के बाद, मैंने अपनी एक झलक झाग-भरे बीयर के झिलमिलाते मग पर देखी–दाँत और नाखून तेज करता हुआ, घात लगाकर बैठा हुआ प्राणी ! वासना की आग में जलता हुआ जाम ! ··· अब घर चलो मेरी जान !

लौटकर दरवाजे पर ताला नहीं लटका देखकर झुँझलाया। कह रही थी कि हम सिर्फ बातें करेंगे काका !··· अब तक बातें ही कर रही है ! रूमा ने दरवाजा खोलकर अपनी जो सूरत दिखलाई, उसे पढ़ने के लिए मुझे अपने को तनिक सँभालना पड़ा। पूछा–"क्या बात है ?"

रूमा बोली–"काका ! यह अरूप तो सचमुच महा बोदा किस्म का लड़का है।"

"तुम नहीं जानतीं कि निहायत बोदे किस्म के लोग ही अच्छे और निर्भर योग्य पति ? सफल प्रेमी होते हैं !"–मैंने गंभीरतापूर्वक कहा।

रूमा अब हँसने लगी। और, इसी हँसी को देखकर मैं मूर्खता करना शुरू कर देता हूँ। बोली–"अरे, यह तो दादी की दुहाई देने लगा कि दादी चाहती है कि··· और दादी के इस पोते ने यह भी कह दिया कि फलाने बाबू चालीस हजार नकद दे रहे हैं तिलक !"

मैं जब दिलचस्पी लेने लगा तो रूमा को याद आई अचानक। "काका ! आपको बहुत कष्ट दिया आज। माफ करेंगे।"

"आखिर बात कहाँ तक पहुँची ?"–मैंने असभ्यता शुरू कर दी। किन्तु रूमा अप्रतिभ नहीं हुई, तनिक भी। बोली–"बात ? काका, वह तो थरथर काँप रहा था और जब तक रहा, उसको यकीन ही नहीं हुआ कि आप कहीं बाहर चले गए हैं। और रहा ही कितनी देर। आपके जाने के बीस मिनट बाद ही वह यहाँ से इस तरह भागा, मानो कोई ताला लगाकर कमरे में बंद किए हुए था !··· छिः, आइ हेट !"

"देखो, अभी 'हेट-वेट' मत करो। एकाध बार फिर बातें करके देख लो।"–मैंने सलाह दी।

वह चलने लगी तो बोली–"तो आपकी यह चाभी रख लेती हूँ··· एक दिन फिर बुलाया है।"

मैंने यह नहीं पूछा कि किस दिन बुलाया है, क्योंकि ऐसे समय में मुझे फिर रूमा के एक ऐसे काका का तन-मन प्राप्त हो गया, जिससे रूमा एकदम नहीं डरती। रूमा बोली–"दो घंटे तक क्या जी. पी. ओ. में ही रहे ?" तब मुझे याद आया कि मुझे एक सप्ताह के लिए पटना से बाहर जाना पड़ेगा–कल ही। सुनकर रूमा बोली–"आपकी अनुपस्थिति में क्या मैं··· हम लोग··· यहाँ नहीं आ सकते ?"

"क्यों नहीं, चाभी तो तुम्हारे पास ही है।"

रूमा ने बच्चों की तरह मचलकर कहा–"काका ! आप मुझ पर कितना विश्वास

करते हैं।"

मैं कहना चाहता था कि मुझ पर इतना विश्वास करके, मुझे लज्जित और अपमानित मत करो रूमा !··· किन्तु अन्दर बैठा हुआ कोई मुझे मन की बात कहने और करने के पहले ही सतर्क कर देता—"अभी एक शब्द नहीं !··· अभी कोई हरकत नहीं।··· तुम कुछ मत बोलो।"

एक सप्ताह बाहर बिताकर लौटा। ताला खोलकर अंदर कदम रखते ही समझ गया कि यहाँ लोग बराबर आते हैं। कमरों के फर्नीचर और आलमारियों और तस्वीरों को इधर से उधर और उधर से इधर कर दिया गया है··· रेडियोग्राम की जगह बदल दी गई है।

रूमा आई तो सबसे पहले कमरों में इस तरह रद्दोबदल के लिए माफी माँगने लगी—"उस कमरे से आपकी सभी तस्वीरों को हटा दिया। इधर पर्दा लगाया। मगर, सब बेकार।··· अब क्या बताऊँ कि यहाँ आते ही उसकी कैसी हालत हो जाती।··· अंग्रेजी फिल्मों में दिखलाया जाता है न··· चलते-चलते हठात् सबकुछ रुक जाता है—स्टैन्डस्टिल—ठीक वैसा ही।"

मैंने कहा—"उसको फिल्म की भाषा में फ्रीज कहते हैं।"

रूमा बोली—"बस, समझिए कि फ्रीज···।"

मैंने मन के पर्दे पर देखी—अरूप की फ्रीज-छवि !

रूमा उदास नहीं थी। कहने लगी—"अच्छा हुआ।··· मैंने तो कह दिया इस बार—मैं बाल-बाल बच गई अरूप ! अगर, इस तरह मिलने का मौका नहीं मिलता तो मैं तुम्हारे प्रेम में डूबकर मर जाती।"

जब रूमा ने उस दिन भी जाते समय चाभी नहीं दी तो मैंने मन-ही-मन तय किया—ताला बदल दूँगा।

शाम को बाहर निकल रहा था कि रूमा की माँ ने दरवाजे पर दस्तक दी। दरवाजा खोलते ही झड़ी लग गई—"क्या, रूमा यहाँ आती है ? किससे मिलने ? अरूप ? आपने हमें इसकी सूचना क्यों नहीं दी ? अपने फ्लैट की चाभी क्यों दी ? आपको क्या कहा जाय ? आप हमारे शुभचिंतक होते तो··· क्या रूमा के शुभचिंतक··· हमसे बढ़कर, माँ-बाप से बढ़कर शुभचिंतक आप हैं ?··· क्या ? वह कब आती है और कब जाती है, यह आपको नहीं मालूम ? मुझे आप बच्ची समझते हैं ? मैं आपको अच्छी तरह पहचानती हूँ। अरूप का नाम तो आप बेकार लेते हैं—छिः-छिः, आदमी को जरा इस बात का भी ख्याल करना चाहिए कि···। आप बड़े चालाक समझते हैं अपने को ? बेचारे अरूप के नाम पर खेलना चाहते हैं ?"···

दूसरे दिन रूमा की माँ सुबह ही आ धमकी—"यह मत समझो कि रूमा बालिग हो गई है और वह अपने मन की कर सकती है। यह मत समझो कि हम लोग चुपचाप बैठे रहेंगे। तुम्हें हथकड़ी पहनाकर जेल न भेजा, तो हमारा नाम नहीं !"

शाम को फिर आई—"मैं तुमसे भीख माँगने नहीं आई हूँ। मैं तुमको चेतावनी देने आई हूँ—मैं अपनी बेटी को जानती हूँ। उसके अन्दर कितना जहर है, यह मैं जानती हूँ। वह कमला, रेणुका, लीला नहीं—रूमा है। एक महीने में छट्टी का दूध याद करा देगी समझे ? वह बच्ची नहीं।"

उस दिन दोपहर में रूमा आई तो पूछने लगी—"माँ आज भी आई थी ?"

मैंने कहा—"नहीं तो।"

रूमा बोली—"मैं आज चली आई हूँ।"

"क्या मतलब !"

"मैं अब यहीं रहूँगी। मैंने माँ से कह दिया है।"

"लेकिन, मुकदमेबाजी मुझे पसन्द नहीं।"

"कौन करेगा मुकदमा ? माँ ?"—रूमा हँसी।

"वह रोज धमकियाँ दे जाती हैं।"

रूमा हँसती रही। फिर बोली—"माँ आपको बहुत दिनों से प्यार करती है। वह आप पर नाराज नहीं हो सकती कभी।"···

"यह तुमको कैसे मालूम ?"

"मैं उनकी बेटी हूँ न !"

उसी दिन शाम को गोपू और डॉली के साथ रूमा का नौकर रूमा के कपड़े और किताबों की गठरी लेकर आया ! रूमा ने गोपू और डॉली को प्यार से कहा—"रोज आना एक बार ! समझे ?"

कई दिनों के बाद, दोपहर को, दरवाजे की कुंडी इस तरह खड़खड़ाई कि मैं चिढ़ गया। रूमा की माँ थी। बोली—"मैं रूमा से एक बार मिलना चाहती हूँ। यह मत समझना कि हम चुपचाप···"

मैंने मद्धिम आवाज में कहा—"रूमा अभी सो रही है। आप जोर-जोर से बोलेंगी, तो उसकी कच्ची नींद खुल जाएगी और फिर सिर-दर्द शुरू होगा तो रात-भर छटपटाती रहेगी···।"

वह मारे गुस्से के दाँत कटकटाने लगी—"बड़ी आई है सोनेवाली ! कच्ची नींद निकालती हूँ अभी···।"

वह अन्दर आना चाहती थी। मैंने दरवाजा बंद करते समय इस बात का पूरा ख्याल रखा कि जोर का धमाका न हो, यद्यपि रूमा कमरे से इशारे से जो कुछ कह रही थी उसका मतलब था—'जोर से धमाके के साथ दरवाजा बन्द कर दो।'

मैंने सुना—सिर्फ मैंने ही सुना—रूमा की माँ दरवाजे के उस पार फिसफिसाकर कह रही थी—"माथुर ! मैं तुम्हारे भले के लिए ही कह रही हूँ··· ! सुनो··· !!"

1970

अक्ल और भैंस

जब अखबारों में 'हरी क्रान्ति' की सफलता और चमत्कार की कहानियाँ बार-बार विस्तारपूर्वक प्रकाशित होने लगीं, तो एक दिन श्री अगमलाल 'अगम' ने भी शहर का मोह त्यागकर, खेती करने का फैसला कर लिया। गाँव में, उनके चार-पाँच बीघे जमीन थी जिसे बटाईदारी पर उठाकर, अगमलालजी 'अगम' आज से सात साल पहले ही गाँव छोड़कर जिला के सदर शहर में आ बसे थे। चूँकि उनके नाम के साथ उनका 'उपनाम' भी लगा हुआ था, इसलिए शहर के लोगों को यह जानने में देरी नहीं लगी कि 'अगमजी' एक साहित्यिक प्राणी हैं। एक मित्र से किसी वकील की मुहर्रिरी करने की पैरवी करवाई तो वकील साहब ने उनके उपनामयुक्त नाम पर ही एतराज किया–"एकही साथ दो नाम रहना गैर-कानूनी है। और जिसका नाम ही गैरकानूनी हो वह कानूनी कारबार कैसे कर सकता है ?"... एक सेठजी के घर बच्चों को पढ़ाने का 'टप्पस' लगाया तो सेठजी भी उनके नाम और उपनाम से भड़के। पूछा–क्यों जी ? गाणा-वाणा तो नहीं बजाते हो ?... नहीं जी, हमें ऐसा मास्टर नहीं चाहिए। चारों ओर से हारकर आखिर एक दिन 'अगम'जी अपने नाम की कुर्बानी करने को तैयार हो गए। अपने नाम के अतिरिक्त-अंश को कतरकर अलग करना चाहते थे कि नौकरी दिलानेवाले देवता अचानक प्रसन्न हो गए, मानो। एक पुराने प्रेस में 'प्रूफ' देखने की नौकरी मिल गई और तब से अगमलालजी 'अगम' अपने अखंड नाम के साथ ही, प्रूफ देखते हुए साहित्य-सेवा में संलग्न थे। किन्तु इस 'हरी क्रान्ति' की हवा ने 'अगम'जी के हृदय को ऐसा हरा बना दिया कि उन्हें चारों ओर हरी-हरी ही सूझने लगी। और अंततः एक दिन शहर छोड़कर बोरिया-बिस्तर समेत गाँव वापस आ गए।

गाँव के लोगों ने जब 'अगम'जी के ग्राम-प्रत्यागमन का समाचार कारण सहित सुना, तो उन्हें खुशी नहीं, अचरज हुआ। कई निकट के सम्बन्धियों और शुभचिंतकों ने उन्हें नेक से नेक सलाह देकर शहर वापस भेजना चाहा। किंतु 'अगम'जी की आँखों के आगे सदैव 'उन्नत किस्म' के गेहूँ की बालियाँ झूमती रहतीं, 'शंकर मकई' के भूरे-भूरे बाल लहराते रहते। और जब आँखों में नींद आती, तो अपने साथ नये किस्म के उन्नत सपने ले आती–आलू की ढेरी, ऊख के अम्बार और हरे

चने और मटर की मखमली खेतीवाले सपने ! सो 'अगम' पर किसी की सलाह का कोई असर नहीं हुआ और वे उत्साहपूर्वक अपने जीवन की 'प्रूफ रीडिंग' यानी भूलों को सुधारने में लग गए।

खेती करने के लिए सबसे पहले हल, बैल और हलवाहे की आवश्यकता होती है। हल और बैल तो खरीद लिए गए। किन्तु हलवाहा की समस्या जटिल प्रतीत हुई। अव्वल तो आजकल गाँव का सबसे निकम्मा आदमी ही हलवाही करता है। निकम्मा अर्थात् जिसे 'घर-घरहट' 'छौनी-छप्पर' और 'कोड़-मकान' का कोई 'लूर' नहीं, जो गाड़ी-बैल भी नहीं हाँक सकता—ऐसे 'फूहड़' आदमी के लिए गाँव में हलवाही के सिवा और कोई धंधा नहीं। ऐसे लोग, किसी भी गाँव में, आजकल बहुत कम ही मिलते हैं। एकाध हुए भी तो ऐसे लोगों को गाँव के बड़े-बड़े किसान बहुत पहले से ही चारा-पानी खिलाकर यानी 'अग्रिम पारिश्रमिक' (कर्ज नहीं) देकर अनुबंधित कर लेते हैं, सो बहुत खोज-ढूँढ़ करने के बाद, गाँव का सबसे अपाहिज और काहिल पुरुष बिल्लू दास—'अगम'जी की किस्मत में आकर जुटा। बहुत 'खुशामद-दरामद' और प्रलोभन के बाद—नित्य सुबह-शाम एक गिलास गर्म चाय पिलाने की शर्त पर बिल्लू महाराज राजी हुए अगम जी ने सबसे पहले उनके नाम को 'प्रूफ रीडिंग' करके सुधारा—बिल्लूदास नहीं, बिलोमंगल ! बिलोमंगलजी गाँव के सर्वश्रेष्ठ आलसी माने जाते थे। किन्तु 'मुहुरत' के दिन ही 'अगम'जी ने उनको एक गिलास 'औरेंज पिकोदार्जिलिंग' चाय पिलाकर उनकी सारी सुस्ती इस तरह दूर कर दी कि वे तत्काल ही इतने चुस्त हो गए कि उनके अंग-अंग फिल्मी गीतों पर डोलने लगे। हल जोतते समय जब गाँव के अन्य हलवाहे-मजदूर 'बिरहा-बारहमासा' गाते तो बिलोमंगलजी के पैर 'मस्तानी महबूबा' के तर्ज पर थिरकते रहते। इसी प्रक्रिया में एक दिन दाहिने बैल के पिछले पैर में 'फाल' लग गया। 'अगम'जी को यह नहीं मालूम था कि हल का फाल भी इतना खतरनाक हो सकता है कि जरा-सा लग जाने पर महीनों तक बैल लँगड़ा होकर बैठा रहे !

खैर, शुभचिंतकों और संबंधियों से बैल और भैंसा मँगनी करके, 'अगम'जी ने किसी तरह खेतों को तैयार करवाया। कस्बे से रासायनिक खाद खरीद लाए और 'बीज-वपन' के लिए शुभ दिन देखकर—गेहूँ की 'बोवाई' हो गई। 'बोवाई' के बाद दोनों—अगम और बिलोमंगल—इतने प्रसन्न हुए कि रात-भर मिल-जुलकर—डुएट-भाव से—'मिट्टी में सोना' उपजानेवाले गीत गाते रहे। उसी दिन 'अगम'जी ने अपने शहरी साहित्यिक मित्रों को कई लम्बी-लम्बी चिट्ठियाँ लिखीं, जिनमें 'नई खेती' के 'नए अनुभवों' के आधार पर उन्होंने घोषित किया कि खेती करने में, कविता और चित्रकारी करने का आनन्द, एक ही साथ प्राप्त होता है।

कई दिनों तक स्वामी-सेवक 'बोआई' के आनन्द में मग्न रहे कि एक दिन सूर्योदय के एक घंटा पहले ही एक शुभचिन्तक ने आकर दरवाजा पीटना शुरू कर दिया। सुबह के सुनहले सपने को खोकर 'अगम'जी अत्यन्त अप्रसन्न हुए। शुभचिंतकजी

को भला-बुरा कहना चाहते थे किन्तु, इसके पहले ही शुभचिन्तकजी ने सूचना दी–"तुम सोए हो ! जाकर देखो, तुम्हारे खेत में गेहूँ का एक भी दाना बचा भी है या नहीं।"

अगमजी समझ गए, सुबह-सुबह दिल्लगी करके चाय पीने आया है। वे बोले–"क्यों ? गेहूँ के दाने कहाँ चले जाएँगे ?"

शुभचिंतक बोले–"अरे, जाकर देखो ना, हजारों-हजार कौआ, मैना और दुनिया-भर की चिड़ियों का झुंड तुम्हारे ही खेतों में पड़े हैं। गेहूँ के दाने चुग रहे हैं।"

"क्या सुबह-सुबह दिल्लगी करने आ गए ?"–अगमजी ने कहा।

"मैं दिल्लगी करने नहीं आया, तुमको 'चेताने' आया हूँ।"

अगमजी ने तकिये के नीचे से 'गेहूँ की सफल खेती' नामक पुस्तिका शुभचिंतक के सामने फेंकते हुए कहा–"मुझे इतना उल्लू मत समझना। मैंने गेहूँ की सफल खेती के बारे में एक-एक शब्द पढ़ लिया है और जहाँ-जहाँ 'प्रूफ' की गलतियाँ थीं उन्हें शुद्ध भी कर दिया है। समझे ? इस किताब को खोलकर कहीं भी किसी अध्याय की किसी भी पंक्ति में खोजकर निकाल दो कि गेहूँ की 'बोआई' के बाद 'चिड़ियाँ-उड़ाई' भी आवश्यक···।"

शुभचिंतकजी ने अप्रसन्न होकर जवाब दिया–"तुम्हारी इस किताब में क्या लिखा है और क्या नहीं लिखा है–यह मैं नहीं जानता। सामने तुम्हारे खेत हैं। जाकर खुद देखते क्यों नहीं कि खेतों में चिड़ियों के कितने अध्याय और कितनी पंक्तियाँ हैं···।"

'बोआई' के बाद सभी किसानों के हलवाहे-रखवाले, सूर्योदय के बहुत पहले ही खेतों पर चले जाते हैं। दुनिया-भर की चिड़ियों की टोलियाँ··· कचर-पचर करती हुई खेतों में उतरना चाहती हैं। किन्तु वे पटाखे छोड़कर तथा फटे कनस्तरों को पीट-पीटकर उन्हें उड़ाते रहते हैं–हा, हा-ए !

अगमलालजी 'अगम' ने गाँव से बाहर जाकर देखा–सचमुच अद्भुत व्यापार !··· जो बात किताब के किसी पृष्ठ पर नहीं, वह खेत पर लिखी हुई है··· आधुनिक कविता की पंक्तियों की तरह। और जिस तेजी से उन पखेरुओं के चोंच चल रहे थे, उतनी तेजी से किसी प्रेस में 'ऑटोमेटिक कम्पोजिंग' भी नहीं होती होगी। एक ही घंटा में सब गेहूँ चुनकर खत्म कर देंगे !··· 'अगम'जी के अन्तर से पूरी शक्ति के साथ बस एक ही शब्द अनायास निकल पड़ा··· 'हा–हाय !'

किन्तु उनके 'हाय' का कोई खास असर नहीं हुआ और हाथ की तालियों से जब पंछियों के एक पंख भी नहीं फड़के, तो उन्होंने एक ढेला उठाकर फेंका। ढेला खेत में गिरा, तो इधर चरती हुई चिड़ियाँ उड़कर उधर जा बैठीं और चुगने लगीं। अगमजी दौड़कर उस मेंड़ पर गए, तो पंछियों के दल उड़कर दूसरे तरफ बैठ गए। तब तक बिलोमंगलजी भी सहायता के लिए पहुँच गए थे। अगमजी को राहत मिली। पटाखे या कनस्तर तो थे नहीं इसलिए दोनों बहुत देर तक इस मेंड़ से उस मेंड़ पर दौड़-दौड़कर 'ढेलेबाजी' करते रहे। सूरज बाँस-भर चढ़ आया

और पूस की सुबह का कुहासा तनिक छँटा और चिड़ियों के पेट भर गए तो वे स्वयं ही उड़कर बाँसों तथा पेड़ों की फुनगियों पर जा बैठे।

उस दिन लौटकर 'अगम'जी ने 'गेहूँ की सफल खेती' नामक पुस्तिका के अन्तिम पृष्ठ पर नोट लिखा—"बीज की 'बोआई' के बाद ही··· 'चिड़ियाँ-उड़ाई' पर विस्तारपूर्वक एक अध्याय लिखकर पुस्तिका के अगले संस्करण में जोड़ दिया जाए।"

'नोट' लिखने के बाद अगमजी ने बिलोमंगल से कहा—"कल सूरज से दो घड़ी पहले ही खेत पर एक फूटा कनस्तर लेकर पहुँच जाना।"

"फूटा कनस्तर कहाँ से लावेंगे ?"—बिलोमंगल का सवाल था।

"कनस्तर ?··· तुमको कहीं फूटा हुआ कनस्तर भी नहीं मिलेगा ?"

ज़वाब मिला—"जी हमारी नजर में तो कोई फूटा कनस्तर नहीं पड़ा। आपने कहीं देखा हो तो कहिए, ले आता हूँ।··· हाँ, सहुआइन की दुकान में साबुत कनस्तर जरूर मिल सकता है।"

बिलोमंगल लौटकर एक रुपया में एक कनस्तर उधार ले आए। कनस्तर को अगमजी के कान के पास पीटकर परीक्षा देते हुए कहा— "देखिए, एकदम साबूत है।"

कनस्तर की समस्या हल करने के बाद ही बिलोमंगल ने दूसरा सवाल पैदा कर दिया—"लेकिन हमसे यह काम नहीं होगा।"

"क्यों ?"

बिलोमंगल ने सर्वप्रथम कारण बतलाया, "··· बात यह है कि बाबूसाहेब कि हम ठहरे बैस्नव आदमी। भोरे-भोरे इतने 'प्राणी' के मुँह का आहार छीनने का काम हमसे मत करवाइए।"

अगमलालजी को अचरज हुआ··· क्या कहता है यह आदमी ! झुँझलाए, "··· तो क्या चिड़िया उड़ाने के लिए दूसरा आदमी रखना होगा ?"

बिलोमंगल ने भी झुँझलाकर जवाब दिया, "··· एक तो जाड़े का मौसम तिस पर सूरज उगने के दो घड़ी पहले ही उठना। इसके बाद, खेत पर पाँव-पैदल जाना। आजकल सुबह-सुबह ऐसी कनकनीवाली पछिया हवा चलती है कि देह क्या जीभ भी सुन्न हो जाता है···"

अन्ततः सम्मानपूर्ण शर्तिया समझौता हुआ—कल से सूरज उगने के दो घंटा पहले नहीं, एक घंटा पहले, बिलोमंगल अगमजी का ऊनी ओवरकोट और 'कनझप्पा टोपी' पहनकर, पैरों में काबुली चप्पल डालकर एक गिलास गरम चाय पीने के बाद—एक बीड़ी सुलगाकर दूसरी जेब में रखते हुए—कनस्तर लेकर खेत पर पहुँचेगा। वह चिड़ियों को उड़ायेगा नहीं, सिर्फ 'चल उड़ जा रे पंछी' गीत गाता हुआ, ताल पर कनस्तर बजाया करेगा।

'चिड़ियाँ-उड़ाई' के बाद जब खेत में गेहूँ की पीके फूटे और धीरे-धीरे तब अगम जी को मालूम हुआ कि बिलोमंगल की दाहिनी आँख जन्म से ही दृष्टिहीन है। जिस स्थान पर बैठकर वह नित्य कनस्तर पर टेका बजाया करता था, उसके दाहिनी

ओर के खेतों में बहुत कम पौधे उगे।

अस्तु पौधे बढ़ने लगे। हरियाली गहरी होती गई और अगमजी दूर होते गए और बिलोमंगलजी 'हरियाली और रास्ता' के गीत गाते रहे। किन्तु सिंचाई करने का समय आया तो बिलोमंगलजी फिर अकड़ गए–"हम हलवाही करने के लिए बहाल हुए हैं, पानी पटाने के लिए नहीं।"

इस बार भी सम्मानपूर्ण समझौता हुआ–बिलोमंगल जलपान करके खेत में जल सींचने के लिए खाली हाथ जाएगा, किन्तु गाँव के किसी किसान से 'झगड़ा-कचिया' नहीं करेगा। कोई जोर-जबर्दस्ती करे, तब भी नहीं।

पहली सिंचाई के अंतिम दिनों में भी जब अगमजी ने अपने खेतों में धूल उड़ते देखा, तो उनका माथा ठनका। खेतों में जाकर देखा–एक चुल्लू पानी भी किसी दिन नहीं पड़ा है। कारण पूछने पर बिलोमंगलजी के सम्मान को चोट लगी। उन्होंने समझौते की शर्तों का स्मरण दिलाते हुए कहा–"बाबू साहेब ! यहाँ तो कहावत चालू हो गया कि 'जो दिखावे मर्दानी–वह पावे पानी।' हम ठहरे हलवाहा आदमी। उधर गाँव के बड़े-बड़े बाबू किसान खुद पानी के लिए आते हैं। उनसे 'बतकुटी' करके मार खाने कौन जाए ? आप खुद क्यों नहीं जाते ?"

अंततोगत्वा, अगमजी स्वयं ही सिंचाई के लिए पानी लाने के लिए खेत पर गए। वहाँ पहुँचकर उन्होंने देखा–हर नहर, आहर, छहर और पैन पर गाँव के बड़े-बड़े किसान लाठी और लठैतों के साथ जमे हुए हैं। अगमजी ने जब देखा कि बगैर लाठी और लठैती के पानी पाना असम्भव है, तो उन्हें 'सत्याग्रह' की याद आई। उन्होंने ऐलान करके कहा–"सभी लोग सुन लें। कल से अगर मुझे पानी नहीं लेने दिया गया तो मैं यहीं इसी 'साइफन' पर बैठकर 'आमरण-अनशन' शुरू कर दूँगा।"

लेकिन नहर-विभाग में 'पार्ट-टाइम' करनेवाले, गाँव के एक किसान नौजवान ने उनकी आमरण-अनशन-घोषणा को एक ही बात से निस्तेज कर दिया–"आपने तो पानी के लिए 'सट्टा' ही नहीं करवाया है तो पानी कैसे मिलेगा ?"

"सट्टा ? यह 'सट्टा-पट्टा' क्या होता है ?" अगमजी ने पूछा।

"जी, 'सट्टा' माने 'एग्रिमेंट'। जिन्होंने सट्टा करवाया है, पानी उन्हें ही मिलेगा। 'अनअथाराइज्ड' पानी लेने पर तुरत मुकदमा दायर हो जाता है।"

अगमजी की सिट्टी-पिट्टी गुम हो गई। वे चुपचाप मुँह बाए अपने सहायक बिलोमंगलजी की ओर देखते रहे। बिलोमंगल ने उनको फिसफिसाकर बताया–"बाबू साहेब ! यहाँ हर बात में 'पाटीपोलटिस' होता है।"

"पाटीपोलटिस"–अगमजी मुँह बाए ही रहे।

"जी ! गाँव 'दोपाटी' है। 'पुआरी-टोल' पाटी और 'पचियारी-टोल' पाटी। आपका घर दोनों टोले के बीच 'सीवान' पर पड़ता है। आपको लोग न इस टोल की पाटी में समझते हैं, न उस टोल की पाटी में...।"

अगमजी गम खाकर गुमसुम लौट आए। रात-भर उनको अपनी निर्बलता पर,

उनके अपने ही हृदय में ग्लानि और क्षोभ के बादल घुमड़ते रहे ! और अंत में निर्बल के बल रामजी को उन पर ऐसी दया आई कि आसमान में घने काले बादल उमड़ आए और घनघोर वृष्टि शुरू हुई। अपने सहायक को 'बरसात' का गीत गाने के लिए उन्होंने पुरस्कार दिया प्रसन्न होकर। सुबह जाकर देखा कि बगैर 'सट्टा-पट्टा' के ही उनके खेत में पानी छलमला रहा है : ... पानी रह गया उनका !

पौधे एक बालिस्त-भर और बढ़े तो अगम का हौंसला भी डेढ़ हाथ बढ़ा। बढ़ता ही जा रहा था कि सुबह को बिलोमंगलजी आकर कोई आवश्यक सूचना देते हुए तुतलाने लगे। बार-बार "भैंस-भैंस' सुनकर अगमजी ने समझा कि आज दूधवाले ने दूध नहीं दिया। किन्तु बात दूसरी ही थी और थी भीषण-मारात्मक ! रात में गाँव के भैंसवारों ने उनके तीनों खेतों की फसल को चराकर साफ कर दिया।

अगमजी दौड़कर खेत पर गए। वे रोना चाहते थे किन्तु रो भी नहीं सके। गाँववालों को कोई अचरज नहीं हुआ। और न किसी ने इस अन्याय के लिए किसी से कुछ कहा। बल्कि, ठहरानेवालों ने अगमजी को इसके लिए 'दोषी' ठहराया। ... खेत में फसल लगाकर–बेसुध होकर घर में सोने से खेती चरेगी ही।

अगमजी ने अपने सहायक की ओर देखा। बिलोमंगल ने कहा–"बाबू साहेब ! असल में बात यह है कि 'जिसका काम उसी को साजे, और करे तो डंडा बाजे।' आप ठहरे 'कागद-कलम'वाले आदमी। अगर खेती करना हो तो यहाँ के लोग जैसा करते हैं, जो करते हैं, वह आपको भी करना होगा।... यहाँ 'अकल' से बढ़कर भैंस है। और, क्यों न हो ? भैंस का दूध मीठा है। बहुत ताकत होता है। और जब ताकत होगा, तो लाठी भी मजबूत होगी। जब लाठी मजबूत होगी, तब दूसरे का भैंस भी आप हाँककर अपने बथान पर ला सकते हैं।... और, भैंस तो 'जीप' गाड़ी से भी बढ़कर होती है। रात-बेरात जब जी में आवे, इस पर सवार होकर आप 'बिजूबन-बीजूखंड' में भी जा सकते हैं। न साँप-बिच्छू का डर, न भूत-पिशाच का कोई भय और न बाघ-भालू। कीचड़, पानी, कादों ओसे, पल्ली–सबसे बचाकर, खेत की हर मेड़ पर ले जाएगी और कोई सवारी ? सोचिए जरा।"

अगमलालजी ने सोचकर देखा–और बिलोमंगल को मान गए। इसलिए गाँव के कई तथाकथित शुभचिंतकों ने एकांत में आकर अब अमुक-अमुक व्यक्तियों के चरवाहों पर मुकदमा दायर कर देने की गुप्त सलाह दी, तो उन्होंने इन्कार कर दिया–कौन देगा उसकी गवाही ? चश्मदीद गवाह कहाँ मिलेंगे ? नहीं-नहीं। उन्होंने जो करना है, उसका फैसला कर लिया है।

अगमलालजी ने विचार कर देखा–अभी 'मेला-तमाशा' शुरू होनेवाला है। तीन महीने तक 'प्रेस' में खूब 'ओवरटाइम' काम रहता है। उसके बाद ही शुरू हो जाएगा–एलेक्शन का काम। वोटर-लिस्ट छपाई के दिनों दस-पन्द्रह रुपये रोज 'ऊपरी-आमदनी' हो जाती है...फिर खेती के नये अनुभवों के आधार पर वह 'गेहूँ की सफल खेती' से भी अच्छी पुस्तिका लिख ले सकता है।... इन पैसों को जमा

करके अगमजी सबसे पहले एक गुजराती भैंस खरीदेंगे–धर्मगंज के मेले में। इसके बाद, गंगाजी के मेले से बनबाँस की मजबूत लाठी खरीद लावेंगे। तब कलम को छोड़कर लाठी गहेंगे और भैंस चरावेंगे, दूध पीएँगे, डंड पेलेंगे··· लाठी को तेल नहीं··· घी पिलाकर लाल बना लेंगे और तब खेती करने के लिए खेत पर उतरेंगे !··· अभी शहर लौट जाना ही श्रेयस्कर है।

गाँव छोड़कर पुनः शहर की ओर आने के दिन बिलोमंगलजी ने उनकी यात्रा को 'शुभ' करने के लिए कहा– "बाबू साहेब ! आपने हमको साल-भर के लिए बहाल किया था। अब आप बीच में ही हमको छोड़कर जा रहे हैं ! क्या यही 'इंसाफ' है ?··· खैर, आपकी जो मर्जी। मगर मेरी एक अरजी है कि आप हमको भी अपने साथ ले चलिए। वहाँ जब आपको काम मिल गया है, तो मेरा भी कहीं-न-कहीं 'डौल' लग जायेगा।··· और कुछ नहीं तो आपके दुश्मनों की 'यात्रा' तो रोज खराब कर ही सकता हूँ। कहावत है कि काना आदमी सेवक रहे तो मालिक की यात्रा को शुभ और मालिक के दुश्मनों की यात्रा अशुभ करता है। वैसे आपकी मर्जी !"

अगमजी बिलोमंगलजी के साथ आज ही सुबह की गाड़ी से शहर वापस चले गए।

सितम्बर, 1970

रेखाएँ : वृत्तचक्र (दो)

अस्पताल के सर्जिकल वार्ड से मैं सदा दूर-दूर ही रहा करता था। कभी किसी घायल आत्मीय अथवा बीमार दोस्त को देखने के लिए गया, तो वार्ड के बरामदे पर ही पसीने से लथपथ और सिर में चकराहट, चारों ओर मिट्टी के बरतन-बासन की तरह टूटे-फूटे लोग। सफेद पट्टियों और प्लास्टर से बँधे उनके भंग अंग। कटे-छँटे हाथ या पाँव। चीरे हुए पेट से लगी हुई रबर की नली। पलँग के पास स्टैण्ड से लटकती हुई खून, अथवा प्लाज्मा या सलाइन की बोतल। हवा में ईथर की उत्कट गन्ध और चीख-कराह-पुकार··· इस बार बीमार होकर जब से सर्जिकल वार्ड में भरती हुआ हूँ, सबकुछ सामान्य और श्लील लगता है। घबराहट नहीं। सिर में चक्कर नहीं। कहीं कोई दुर्गन्ध नहीं। जब से होश में आया हूँ, अपनी हालत पर खुद हँसकर प्राणांतक कष्ट सह लेता हूँ। आज हठात् अपनी इस बेबस अवस्था पर मुझे भीष्म पितामह की याद आयी। महाभारत की वह तस्वीर आँखों के सामने स्पष्ट हो गयी··· ब्लड की बोतल, बेड रेस्ट, राइस-ट्यूब, सलाइन की बोतल से लगी रबर की नली मेरे पाँव की नस में बिंधी हुई··· उमा से मैंने कहा, "मैं शर-शय्या पर सोये हुए भीष्म पितामह की तरह नहीं लग रहा क्या ?"

उमा के होंठों पर हल्की-सी मुस्कुराहट दौड़ गयी। वह बोली—कल नाई को बुला लाऊँगी··· दाढ़ी कितनी बढ़ गयी है···!

मैंने पहले एतराज जाहिर किया, फिर कुछ सोचकर कहा—आज ही क्यों न बुला लातीं···?

सोचा, आज अगर हजामत नहीं बनी और आज ही कुछ हो गया··· कुछ हो गया, साफ-साफ क्यों नहीं कि यदि मर गया, तो आखिरी तस्वीर कितनी बदसूरत उतरेगी ! बढ़ी हुई दाढ़ी, खुला हुआ विकृत मुँह, चेहरे पर आतंक··· नहीं नहीं, आखिरी तस्वीर में मेरे होंठों पर मुस्कुराहट अंकित रहे, मरते-मरते चेष्टा करूँगा··· स्माइल प्लीज···!

जलधरजी की याद आती है। जलधरजी की शव-यात्रा की तस्वीरें 'माधुरी', 'फिल्मफेयर', 'चित्रपट' आदि पत्रिकाओं में प्रकाशित हुई थीं,··· चेहरे पर कैसी शान्ति छायी थी ! होंठों पर एक अपूर्व मुस्कान, ललाट पर चन्दन। फूलमालाओं से ढँका

प्रसिद्ध सिने गीतकार जलधर··· आँखें मूँदकर किसी मधुर गीत का मुखड़ा सोच रहा हो, मानो ! किन्तु पुष्पलाल ! अत्याधुनिक विद्रोही कवि, कथाकार पुष्पलाल के एक दर्जन से भी अधिक कैमरावाले मित्र थे। जब वह जीवित था, तो मित्रों ने उसकी कई नंगी तस्वीरें उतारी थीं। किन्तु उसकी आखिरी तस्वीर किसी के पास नहीं। किसी ने उतारी नहीं, अथवा उसने मौका ही नहीं दिया। पुष्पलाल के पेट में जब एकाध पेग 'माल' पहुँच जाता, यानी जब वह मौज में आता, तो हर बात के पहले मैथिली की एक भद्दी गाली उगलता–धीचो-ओ-ओ··· ! सुना है, मरने के पहले उसके मुँह से यह गाली निकली थी। उसके एक मित्र का कहना है कि उसनें भगवान को गाली दी थी। वह जिसे भी गाली दे, मैं उसके मरते हुए चेहरे की कल्पना करता हूँ। दोनों होंठों को संकुचित करके गोल बनाते हुए वह गाली दागता था–धीचो-ओ-ओ···! सामनेवाले वार्ड में पिछले साल पुष्पलाल ने चोला छोड़ा था। मैं जानता हूँ, मेरी बीमारी का समाचार सुनकर लोगों ने जलधर और पुष्पलाल को याद किया होगा। किसने क्या कहा होगा, अनुमान से ही मैं सही-सही बता सकता हूँ।

उमा इस तरह चिन्तित होकर क्यों आ रही है उधर से ? कहती है, ब्लड बैंक में 'ओ' ग्रुप का ब्लड नहीं है। कल कोई रक्तदाता 'ओ' ग्रुपवाला नहीं आया, तो क्या होगा··· ? उमा चिन्तित हो फिर उधर चली गयी।

साला ! न जाने कैसे-कैसे और किस-किस पेशे के लोगों के खून ! एक दिन बाद देकर 300 सी. सी. रक्त शिराओं के द्वारा बूँद-बूँद कर डेढ़ घण्टे तक मेरे शरीर के अन्दर पहुँचाया जाता है और डेढ़ घण्टे तक निश्चल चित लेटा हुआ मैं स्टैण्ड से लटकती हुई उल्टी बोतल की ओर देखता रहता हूँ। रबर की नली के बीच से लगे काँच के बल्ब में टपकते हुए गाढ़े खून की बूँदों को गिनता हूँ। फिर बूँदों के टपकने के ताल पर मन में मुखरित होनेवाली बात स्वयं ही पद्यबद्ध-सी होती जाती है :

दौड़ाया जा रहा है रोज / मेरी शिराओं में तीन सौ सी. सी. रक्त
किसी आततायी आक्रामक बूचड़ ब्रह्मचारी कृपालु ईश्वर का··· !

और अब कोई मेरे अन्दर ही मुझे गाली देता हुआ कहता है– साले ! अब तू कविता करने लगा··· ?

इस बार अस्पताल में होश सम्हालने के बाद ही से ऐसा होता है। मन-ही-मन किसी पंक्ति की आवृत्ति, तुकबन्दी और अश्लील मुहावरे गढ़ने का खिलवाड़ ! अथवा यह भी मेरे मूल रोग का कोई उपसर्ग है ? कई बड़ी बीमारियों के बाद ऐसे ही लक्षण प्रकट होते हैं··· दाँत से नाखून कुरेदना, बार-बार नाक पोंछना, हाथ की उँगलियों को नचाना, जीभ से होंठ चाटना···

उमा ब्लड का प्रॉब्लेम सॉल्व कर आयी है। उसके साथ मुस्कुराती आयी है एक मोटी अधेड़ बंग-महिला। उमा कहती है–इनका भी 'ओ' ग्रुप है। कई साल से

बराबर ब्लड बैंक में ब्लड डोनेट कर रही हैं।

महिला अपने बैग से एक लाल कार्ड निकालकर उमा की ओर बढ़ाती हुई कहती है–एमरजेन्सी में ही हमेशा हमारा ब्लड लगता है !

उमा उससे बातें करने लगी। वह कल सुबह आठ बजे आकर ब्लड बैंक में अपना खून दे जायेगी। और, बारह बजे से मेरी नसों में इस स्कूल मास्टरनी का रक्त टपकने लगेगा। वह नमस्कार करके चली गयी, तो मेरा मुँह खुला–औरत का ब्लड ? तिस पर इस औरत का··· ? हरगिज नहीं ! कभी नहीं ! मैं लूँगा ही नहीं !

उमा चुप रही, तो मैं लगातार दुहराने लगा–मैं लूँगा ही नहीं ! नहीं लेना है··· नहीं लेना है··· नहीं लेना है··· !

–क्या लड़कपन कर रहे हो ! उमा किंचित् हँसती हुई मुझे डाँटती है।

–मैं हरगिज नहीं लूँगा !

–मत लेना ! अभी चुप तो रहो !

–मैं चुप भी नहीं रहूँगा ! मैं अभी दूध भी नहीं पीऊँगा ! दवा भी नहीं !

उमा फीडिंग-कप में दूध डालकर चम्मच से दवा मिलाती रहती है और मैं कटे हुए रेकॉर्ड की तरह बजता रहता हूँ–दवा भी नहीं ! दूध भी नहीं ! दवा भी नहीं ! दूध भी नहीं··· !

यदि नाइट-नर्स मिस नीलम्मा नहीं आ जाती, तो लगातार दस-पन्द्रह मिनट तक आँखें मूँदकर इसी तरह बोलता रहता और उमा हाथ के फीडिंग कप में चम्मच चलाती मुझे डाँटती, पुचकारती रहती। इस लड़की को मैं मन-ही-मन रजनीगन्धा की खिली हुई कली कहता हूँ। रात-भर इसी तरह तरो-ताजा यह मन्द-मन्द मुस्कुराती और मह-मह महकती रहेगी।

–यह कौन-सा गाना चल रहा था ? नीलम्मा अपनी 'केरालायी हिन्दी' में पूछती है।

मेरे मुँह में फीडिंग-कप की टोटी डालती हुई उमा मुस्कुराकर जवाब देती है–दूध भी नहीं ! दवा भी नहीं··· !

–वाह ! कित्ता अच्छा गाना है ! कल से फीडिंग-कप नहीं, फीडिंग-बॉट्ल ले आइए ! नीलम्मा थर्मामीटर झाड़ती आगे बढ़ आती है। मुझे आज्ञाकारी बालक की तरह दूध पीते देखकर कहती है–दूध पीके खूब गाना गा !

उमा और नीलम्मा एक ही साथ हँस पड़ती हैं।

नीलम्मा बुखार मापकर चली गयी, तो उमा उसकी नकल करती हुई बोली–दूध पीके खूब गाना गा··· !

किन्तु मैं हँस नहीं सकता हूँ। गाना, गीत, सांग, म्यूजिक लैब, टेप, रेकार्डिंग, प्लेबैक वगैरह शब्द सुनते ही मुझे हिचकी आने लगती है। हिचकी अर्थात् हिकप, जिसे सात दिन तक, दिन-रात दवा अदल-बदलकर डाक्टरों ने मुश्किल से दूर किया है। हिचकी के बाद मतली, यानी नॉशिया। फिर अंतड़ियों में सोया दर्द धीमे-धीमे

शूल बनकर चुभने लगता है। तब शुरू होता है वमन। सब दवा, पथ्य, टेब्लेट्स, ग्रेन्युल्स, पिल्स, कैप्सूल, ड्राप्स एक साथ बाहर ! वमन के बाद ही कॉमा, संज्ञा-हीनता !

हिचकी शुरू हुई और उमा ड्यूटी-रूम की ओर भागी। उमा के साथ खुट-खुट करती तेजी से नीलम्मा आती है। मेरी नाड़ी पर उँगली रखती है और फिर तेजी से ड्यूटी-रूम में चली जाती है। निश्चय ही बड़े डाक्टर को कॉल देने···

–शि-बू-ऊ-ऊ ! लगा, गंगा के उस पार से कोई मुझे पुकार रही है। मैं जवाब देना चाहता हूँ, आवाज नहीं निकलती। आँखें खुलती हैं। मेरे नासाछिद्र में लगी राइस-ट्यूब में मोटी सीरिंज लगाकर नीलम्मा मेरी अंतड़ियों में जमे हुए दूषित-कुपित पित्तज तरल पदार्थ को खींच-खींचकर बाहर निकालती जा रही है। पास खड़े बड़े सर्जन डाक्टर अजय चुपचाप मेरी ओर देख रहे हैं···

पेट का शूल धीरे-धीरे कम हो रहा है। शायद हिचकी रोकनेवाली सुई लगायी गयी है। इस सुई के बाद एक पेग स्कॉच का नशा-सा हो जाता है··· जो आज कामा में नहीं गया ? कॉमा ! हास्यरस के उन बनारसी कविजी का नाम भूल रहा हूँ, जिनकी एक कविता की पंक्ति है··· जिन्दगी एक सेन्टेन्स है··· कॉमा फुल-स्टॉप··· ?

लेकिन मैं कॉमा को समाधि कहता हूँ। मूर्च्छा को संन्यास रोग भी कहा जाता है न ! आश्चर्य ! बेहोशी में देखते हुए सपनों के दृश्य मुझे विस्तारपूर्वक याद हैं।

देखा, सभी लोग पेट पकड़कर झुके हुए हैं, झुक गये हैं, अचानक जो जहाँ है, वह अपने दोनों हाथ कमर पर रखकर झुका हुआ है। खेत-खलिहान में काम करते हुए लोग, नहर के किनारे खड़े लोग, चने के खेत में साग खोंटती हुई औरतें, सभी दर्द से छटपटा रहे हैं। हवा में एक विचित्र प्रकार की खटास है। सबकुछ खट्टा-खट्टा। हवा का एक झोंका आता है और सभी एक साथ चीखकर और भी झुक जाते हैं। सभी व्यक्तियों के शरीर मुड़कर विकृत स्वस्ति का चिन्ह जैसे··· मैंने सुना, कोई रेडियो पर किसी स्टेशन से एलान कर रहा है–भाइयो ! भाइयो ! यह कोई एटॉमिक गड़बड़ी हुई है। जमीन पर पेट के बल लेट जाइए। वैक्वम आ रहा है। वैक्वम ! ओ-य-क ! ओ-य-क ! हजारों लोग एक साथ वमन कर रहे हैं। सभी के मुँह से एक ही शब्द–वैक्वम ! वैक्वम ! वैक्वम···! किन्तु उमा स्वस्थ है। दौड़ी आ रही है–भयनेई, भय नेई ! आर वैक्वम एदिके आसव ना ! डरने की कोई बात नहीं, गलती से ऐसा हो गया है। किसने की ऐसी गलती ? यह जानलेवा गलती किसकी है ? अमरीकी वैज्ञानिकों की, या रूसी, या चीनी या, पाकिस्तानी, अथवा भारतीय··· जुडिशियल इन्क्वायरी हो ! गलती करनेवाले को सजा दो ! नहीं तो गद्दी छोड़ दो !

समाधि भंग होने पर अपने चारों ओर डाक्टरों को खड़ा देखकर मैं पूछना चाहता था–आखिर किसकी गलती थी ? लेकिन कुछ पूछ नहीं सका। ऑक्सीजन-सिलिण्डर लगी हुई नली से मुझे नाथ दिया गया था···

दूसरा दृश्य : अशोक राजपथ पर एक बड़ा-सा जुलूस आ रहा है। कोई नारा नहीं। शोर-गुल नहीं। जुलूस करीब आता गया। सड़क के दोनों किनारे असंख्य लोग पंक्तियों में खड़े इस जुलूस की प्रतीक्षा कर रहे हैं। किन्तु यह जुलूस आदमियों का नहीं, सफेद बत्तखों का है। मुड़ी हुई गरदन, दूध की तरह सफेद डैने, गुलाबी चोंच··· हजारों-हजार बत्तखें पैंक-पैंक-पैंक-पैंक-पैंक-पैंक करती हुई अस्पताल की ओर मुड़ गयीं। फिर गंगा किनारे सभी बत्तख पंक्तिबद्ध पानी में उतर गयीं। गंगा के इस पार से उस पार तक बत्तखों का एक पुल बन गया। नील जल पर सफेद पुल, जीवन्त पुल··· पैंक-पैंक-पैंक-पैंक··· उमा मुझे हाथ पकड़कर उठाती है–शिबू ! ताड़ाताड़ी ओ पारे चलो··· शिग्गिर··· नइले पुल भेंगे जाब। पैंक-पैंक-पैंक··· मैं टटोलकर उमा का हाथ पकड़ता हूँ। बत्तख के डैने मेरे हाथ से फड़फड़ाकर निकल जाते हैं, सशब्द··· पैंक-पैंक-पैंक-पैंक··· मैं पुकारता हूँ किन्तु उमा जवाब नहीं देती। मैं उमा का नाम लेकर पुकारता हूँ, किन्तु मेरे कण्ठ से भी सिर्फ बत्तखों की बोली निकलती है–पैंप-पैंक-पैंक··· !

संज्ञा लौटने पर देखा, मेरे सिरहाने से कोहनी टिकाकर स्टूल पर झुकी बैठी उमा सो गयी है। मैंने उमा को पुकारा, पर मेरे मुँह से निकला–माँ ! माँ !

माँ होती, तो इसी तरह झुकी, सिर के बालों में हाथ फेरती हुई कहती–शिबू रे ! अपना गाँव छोड़कर तू यहाँ क्यों आया बेटे ? कितना अच्छा था तू ! क्या-से-क्या हो गया यहाँ आकर ! लौट चल, बेटा ! हम नूनभात खाकर रहेंगे, पेड़ के तले सोयेंगे मगर···

लगता है, आधी रात गुजर गयी। बेड नम्बर दस के पास इतनी भीड़ क्यों है ? वार्ड-कुली मेरे पलँग के पास से ऑक्सीजन-सिलिण्डर घसीटकर ले जा रहा है। लगा, क्राइसिस मेरे पलँग के पास से बेड नम्बर दस के पास जा रहा है। फर्श पर भारी लोहे के घसीटने की आवाज से सारा वार्ड आतंकित है। बेड नम्बर पाँच पर छुरेबाजी से घायल बिहारशरीफ का टैक्सी-ड्राइवर अचानक चिल्लाना शुरू कर देता है–कहाँ रे, छोटना ! कहाँ है चोट्टीवाले ! सामने आ ! अब निकाल छुरा··· !

बेड नम्बर दस के पास अचानक कुहराम ! किडनी का मरीज, अस्सी साल का बूढ़ा चल बसा। बेटी, पतोहू, नतनियों और पोतियों की भीड़ ने रोना शुरू किया। और मैं उनका रोना सुनकर समझ जाता हूँ, वे उत्तर बिहार के किसी गाँव के हैं।

पुष्पलाल अक्सर कहता, पता नहीं अपनी बात कहता था या कहीं पढ़ी हुई–कविता लिखने का एकमात्र महान् विषय है मृत्यु !

पुष्पलाल की कविता या कहानी कभी मेरी समझ में नहीं आयी। पुष्पलाल से मेरी पहली मुलाकात कलकत्ता के एक खाँटी-बंगाली बार में हुई थी जहाँ स्पेशल आर्डर देने पर तेल में तली कचरी और माँ काली मार्का देशी माल की बोतल मिल जाती है। करीब एक दर्जन बंगाली छोकरों के बीच कचरी कचरता और

गटागट ठर्रा पीता पुष्पलाल अपनी अंग्रेजी कविता जोर-जोर से सुना रहा था, कविता मेरी समझ में नहीं आयी, मेरे पल्ले में दो-तीन शब्द ही पड़े–'औ लुमुंबा-लुमुंबा-लुमुंबा' तथा 'क्रास एण्ड शिवलिंगा' !

आज दोपहर को हमारे एक परिचित व्यक्ति ने उमा को 'आर्ट एण्ड आर्टिस्ट्स', अंग्रेजी त्रैमासिक का ताजा अंक भेज दिया है। हमारे किसी शुभचिन्तक ने उसमें अपना एक लेख प्रकाशित कराया है, उस लेख में हमारी भी चर्चा की गयी है। मैंने उमा से कई बार पढ़ने को कहा, किन्तु वह टालती गयी। बोली–क्या होगा सुनकर ? क्या फायदा ? कोई गलत थोड़ो लिखा है ! तुम लोगों की कीर्ति-कथा··· सही-सही··· !

उमा की यही आदत मुझे अच्छी नहीं लगती। वह कुछ देर के लिए बाहर गयी, तो मैंने अपने पड़ोसी के नौजवान एटेण्डेण्ट को बुलाकर लेख पढ़ने को कहा। कुछ तो उसके मगहिया उच्चारण के कारण, कुछ अपनी अल्पज्ञता के चलते, मैं लेख का पूरा आनन्द नहीं ले सका। हाँ, मूल वक्तव्य समझने में कोई कठिनाई नहीं हुई। लिखने की शैली निश्चय ही प्रशंसनीय थी–तीन साल पहले बम्बई में फिल्म के प्रसिद्ध गीतकार जलधर के घर पर साल-भर तक सान्ध्य गोष्ठी में नित्य चार नामी-गिरामी कलाकार एकत्र होते। वे सभी एक एक्सपेरिमेण्टल फिल्म बनाने के सिलसिले में, पटकथा, संवाद तथा गीतों के बोल पर बहस करने के लिए वहाँ जमा होते। किन्तु बात खुलने के पहले बोतल खुल जाती और बात जहाँ की तहाँ रह जाती। बात कभी शुरू होती भी, तो वे आपस में झगड़ बैठते। वे अर्थात् जलधर, लोकगीत-गायक शिवनाथ, बंगाल का मूर्तिकार रामरंजन और बर्मा को अपनी जन्मभूमि माननेवाला हिन्दी का मैथिल कवि पुष्पलाल, इन पंक्तियों के लेखक के अलावा 'आर्ट-फिल्म' तथा 'न्यु सिनेमा मूवमेण्ट' के सभी प्रेमियों को इस 'चतुरंग-गोष्ठी' से बड़ी-बड़ी आशाएँ थीं। किन्तु अब यह प्रमाणित हो रहा है कि यह आत्महन्ताओं का गिरोह मात्र था और वे मरने के लिए ही हर शाम को मिलकर बैठते थे। पिछले साल जलधर की मृत्यु लीवर के घाव से हुई और तीन महीने के बाद ही पुष्पलाल पेट के कैन्सर से मरा। इस बार पेट के दर्द से संज्ञाहीन होकर शिवनाथ पटना के अस्पताल में पड़ा हुआ है। और अभी-अभी समाचार मिला है कि रामरंजन को कलकत्ता की एक नगरवधू के कोठे की सीढ़ियों पर नशे में चूर और घायल पाया गया। दोनों की हालत गम्भीर बतायी जाती है···।

इसके बाद ही लेख का मूल वक्तव्य एक प्रश्न से प्रारम्भ हुआ है–ऐसा क्यों ? फिर, विद्वान् लेखक ने मनोवैज्ञानिक तथा दार्शनिक विश्लेषण करते हुए स्वयं ही इसका उत्तर दियां है। सम्भव हुआ, तो कभी खुद पढ़कर समझ लूँगा। अभी मेरे दिमाग में इस लेख के कई शब्द तथा पंक्तियाँ ही रह-रहकर मुखरित होते हैं–पर्सनालिटी डिसआर्डर··· ईडिपस काम्पलेक्स··· डेथविश··· सेल्फ डिस्ट्रिक्टिव··· शापेनहावर जस्टिफाईड सुसाइड, बट नेवर कमिटेड इट··· ए मैन इज द प्रॉडक्ट

ऑफ हिज कल्चर, एण्ड हिज इनविरोनमेण्ट···

मैं साहित्य का साधारण पाठक ! मुझे इन बहसों से क्या लेना-देना ! उमा कभी-कभी एक बंगला मुहावरा दुहराकर मुझे समझाती–अदरक के व्यापारी को जहाज की खबर लेने की क्या जरूरत ? किन्तु वह मुझे जितना समझाती, मैं उतने ही उत्साह से साहित्य तथा कला की चर्चा में लीन हो जाता। पुष्पलाल कहता–शिबूदा ! यह 'हैया हो हाय-हाय' यानी लोक-फोकगीत गाना छोड़कर लिखना शुरू कीजिए···

मैंने लिखना तो नहीं शुरू किया, मगर दाढ़ी रख ली। रामरंजन दा ने अपने हाथ से एक दिन मेरी दाढ़ी को तराशकर अल्ट्रामॉडर्न बना दिया और उसी दिन मेरी, पुष्पलाल और रामरंजन दा में मॉडर्न और काण्टेम्पररी शब्दों को लेकर मारपीट तक हो गयी। पुष्पलाल जब कभी अपनी गलत बात को सही करने के लिए बतंगड़ खड़ा करता, रामरंजन दा ऐसा ही करते। हममें सबसे बड़े रामरंजन दा और सबसे कनिष्ठ पुष्पलाल। दोनों की यह लड़ाई उपभोग करने की चीज···।

सो, सब तो ठीक है, मगर साले, तुम मॉडर्न होने क्यों गये ? सचमुच, मैं क्यों इस चपेट में पड़ गया ? कैसे पड़ गया ? किन्तु मेरा क्या दोष ?

राजनीति करता था, सभाओं में मुख्य वक्ताओं तथा नेताओं के भाषण के पहले, भीड़ शान्त रखने के लिए, गीत से भुलाये रखने के लिए मेरी जरूरत होती, और साथ में घुँघरूवाली खंजनी लेकर मैं मंच पर अलापता हुआ प्रकट होता–भैया किसनवाँ हो, दुश्मन तोहार बड़का ज-मीं-दा-आ-आ-र··· !

अगर मेरे गले में एक खास किस्म की मिठास नहीं होती और यदि लोकगीत आधुनिक रुचिसम्पन्न शहरी लोगों के लिए फैशन नहीं बन जाता, तो आज मेरी जगह कहाँ होती ? तब शायद राजनीति नहीं छूटती और दल बदलते-बदलते पता नहीं आज किस दल में होता ! अगर पटना में रेडियो स्टेशन नहीं खुलता, तो मैं जो था, वही रहता···

याद आती है, पहली बार रेडियो से मैंने जब 'सारंगा-सदाबृज' गीतकथा प्रसारित की थी, भाव-विभोर होकर, स्टूडियो से बाहर आते ही सबसे पहले अहिन्दी भाषिणी 'पेक्स' (प्रोग्राम एक्जिक्यूटिव) मिस नैनीकुट्टी ने गद्‌गद होकर मुझे बधाई दी थी–मैंने गीत का एक शब्द भी नहीं समझा, किन्तु लगा कि मेरे अन्दर कोई घटना घट रही है !

इसके बाद से ही हर सप्ताह सुबह-शाम मेरे गीत प्रसारित होने लगे, कुछ ही दिनों में लोगों की जबान पर मेरे गीत थे, मेरा नाम हर सांस्कृतिक समारोह के पर्चों में मोटे अक्षरों में, विशेषण सहित, छपने लगा : 'जिसके गीत माटी की सौंधी सुगन्ध बिखेर देते हैं··· ' 'जिनके कण्ठ में मिथिला की विरहणी आकर बैठ जाती है··· ' 'जो जीवन का गीत गाता है··· ' आदि-आदि, उधर फिल्म जगत् में पंजाबी भाँगड़ा की लहरें धूम मचाकर लौट गयी थीं। नये दौर में लोकगीत की बारी आयी

और इसके साथ ही मेरी जिन्दगी में एक नया तूफान चलने लगा··· बम्बई, मद्रास, कलकत्ता··· शराब, औरत, जुआ··· दुश्चरित्र जीवन-विलास··· काम से जी चुराने के साथ धोखाधड़ी, जालसाजी··· मिट्टी में गड़े हुए ग्रामीण शब्दों को उखाड़कर अनगढ़ ढंग से दर्जनों कहानियाँ गढ़कर, गीतकथा बनाकर पुरातन तथा ट्रैडिशनल लोकगीत के नाम पर मैंने चतुराई से चला दिये··· महुआ घटवारिन, नैका सुन्नरी, नैना जोगिन, मैनावन्ती, ढोलन सरदार, दुखामाँझी··· एक फिल्म के लिए तो 'डायनों का सामूहिक नृत्यगीत' तक रचकर मैंने एक प्रोड्यूसर-डाइरेक्टर की आँखों में धूल झोंक दी–जनाब, नेपाल की मोरंग तराई में बसनेवाली कोच जाति के 'ओझागुणी' तथा थारू जाति के 'भगता', 'किरात', 'धामियों' के चरणों की सेवा करके ही इसे प्राप्त किया है। वह सामूहिक नृत्यगीत बाद में सेन्सरवालों ने कटवा दिया··· हॉल में बच्चे ही नहीं, बूढ़े और जवान भी डरकर बेहोश हो गये थे !

उमा नहीं होती, तो मैं जलधर और पुष्पलाल से पहले ही हवा हो जाता किन्तु पिछले साल उमा ने एक दिन हारकर कह दिया–तुम्हारी जो मरजी हो, करो ! मैं अब कुछ नहीं बोलूँगी ! मेरे बूते के बाहर की बात है··· मैं नहीं कह सकती··· आमि आर पारी ना··· !

तब मुझे अचानक गायब होने का बहाना मिल गया और करीब दस महीने तक काठमाण्डू, कामरूप कामाख्या और सिंहभूम के जंगलों-पहाड़ों में एक नयी सभ्यता, एक नये जीवन-दर्शन का मसीहा बनकर आधा दर्जन देशी-विदेशी लड़के-लड़कियों के साथ अलख जगाता फिरा··· ! यौनाचार··· चीनाचार··· वामाचार··· !

साले ! यह अस्पताल है, चर्च नहीं !

नहीं, नहीं, मैं कोई कसूर कबूल नहीं कर रहा। मेरा मतलब है, मैंने कोई कसूर किया ही नहीं। इस दुनिया, अर्थात् इस विराट् वेश्यालय में मैं ही सबसे बड़ा पुण्यात्मा हूँ, क्योंकि मैं ही इसे समाप्त करना चाहता हूँ··· ध्वंस··· !

उमा जग गयी है। मेरी ओर देखकर कहती है–नाक से ट्यूब क्यों निकाल दिया··· ? आमि आर पारी ना !

–नाक के अन्दर घाव हो गया है।

–किसने कहा !

–कहेगा कौन··· !

उमा शायद नीलम्मा को बुलाने गयी। भोर होने को है, किन्तु नीलम्मा उसी तरह खिली हुई है, कहती है–नाम में 'नाथ' रखता है और नाक में 'पसन्न' नहीं ? लीजिए, निगलिए··· और थोड़ा··· ठीक है, वोमिट करेगा, तो हम देखेगा··· ठीक··· वाह··· ! लोक्खी छेयले !

नीलम्मा ने जाने कहाँ से 'लख्खी छेले' कहना सीख लिया है। उपयुक्त अवसर पर इसका प्रयोग करती है–अबी नली खोलेगा, तो अबी इधर आके पलँग में दोनों हाथ बाँध देगा।

मैं क्या नीलम्मा को प्यार करने लगा हूँ ? क्या उमा समझती है कि मैं नीलम्मा को प्यार करने लगा हूँ ? देखता हूँ, प्रेम में पड़ जाने का एकमात्र स्थान आज भी अस्पताल ही है।

हरामजादे ! नीलम्मा या किसी को प्यार करके अब क्या करेगा तू ? जब तक साँस चलना बन्द नहीं हो, काम की आग शायद नहीं बुझती। नीलम्मा को देखते ही मेरे शरीर का रोम-रोम बज उठता है। ठीक पन्द्रह वर्ष पहले उमा को देखकर ऐसा ही होता था।

नीलम्मा मेरी ! ऑक्सिजन सिलिण्डर। प्रेम को पुनः पनपानेवाली मिथुन राशि की कन्या··· अनन्या··· !

साले फिर कविता ?

पुष्पलाल ने अपने लेटरपैड के एक कोने पर मिथुन राशि का प्रतीक चित्र छपवाया था··· यौनलीला के लिए प्रस्तुत बैठी अर्धनग्न स्त्री-पुरुष की जोड़ी ! पिछले पाँच वर्षों से उमा मेरे साथ नहीं सोती। नहीं सोती, यानी यौनसम्पर्क से दूर रहती है। वह मेरे अंग-प्रत्यंग को अपवित्र और घिनौना समझने लगी है। और तब से मैं उमा से लजाने लगा हूँ। एक बार किशोरावस्था पार करने के बाद, यानी गुप्त प्रदेशों में नन्हें-नन्हें काले-काले घुँघराले बालों की पहली फसल के दिनों, एक सुबह आठ बजे तक मुझे सोता देखकर माँ ने गुस्से से मसहरी हटाकर देह से चादर छीन ली थी और चादर के नीचे मैं एकदम नंगा था··· लाज के मारे मैं सात-आठ दिन तक माँ से आँखें नहीं मिला सका था··· वैसी ही लाज ! यहीं, मुझ पर अपने परिवेश, परिवार और प्रेम के सम्बन्धों को कलुषित करने का दोषारोपण किया जाता है।

यह सबकुछ नहीं, असल में मैं हर माने में दिवालिया हो चुका हूँ। शराब ? साली साँप के जहर से बनी हुई शराब भी मैंने पी है। शराब, गाँजा, चरस और सिगरेट के अतिरिक्त सेवन से मेरी आवाज विकृत हो गयी है। यह अब बाजार में नहीं चल सकेगी। जिस कण्ठ में मैं चम्पाकली की तुनुक पँखुड़ियों के टूटने के शब्द को कुशलता से प्रस्तुत कर दिया करता था, उससे अब फटे झाँझ की-सी आवाज निकलती है। और, जब गा ही नहीं सकूँगा, तो जीकर क्या होगा ? फ्लैट में मेरी अलमारी में अब भी डिम्पल की भरी-पूरी बोतल खड़ी होगी। मैं नहीं रहूँगा, तो वह किसके काम आयेगी ? उमा उसे अलमारी से निकालकर खिड़की से बाहर फेंक देगी। नहीं··· नहीं, फेंक नहीं सकेगी, फेंकना चाहकर भी रख लेगी, जब तक जीयेगी, उसे यत्नपूर्वक रखेगी, सम्भवतः अपने पूजा घर के कोने, महाकाली के पट के पास रखेगी··· गंगाजल की बोतल के पास ही··· गंगा··· गंगा !

पटना की गंगा को मगह की गंगा अर्थात् पुण्यहरा कहते हैं लोग। इसलिए पटना की गंगा के कोई पक्का घाट नहीं, एक-दो हैं भी, तो इतने गन्दे कि उधर कोई मुँह भी नहीं फेर सके। पटना की गंगा के किनारे जलनेवाले मुर्दों को न शान्ति मिलती है, न मुक्ति। इसलिए पुष्पलाल जैसे विद्रोही की लाश भी उस पार

सेमरिया घाट ले जाकर जलायी गयी··· किन्तु इसी गंगा के किनारे 'पटना क्लब' के रमणीय लॉन में बैठकर मौज से दारू पीते समय और पटना मेडिकल कॉलेज अस्पताल के किसी बेड पर बेबस पड़े दवा पीते वक्त आदमी के मन में पटना की गंगा की जय-जय-ध्वनि अपने-आप गूँज उठती है। मेरा विश्वास पक्का है कि इस अस्पताल के सत्तर प्रतिशत रोगी सर्वरोग विनासिनी गंगा की हवा के प्रताप से ही स्वस्थ होते हैं, मरते-मरते जी जाते हैं। अपने देश में किसी दरिया के किनारे और कहीं कोई अस्पताल है, मुझे नहीं मालूम।

घाट से कोई स्टीमर खुलने की तैयारी कर रहा है शायद। आजकल नये किस्म का साइरन बजता है··· अथाह जल के अन्दर से आती हुई घुटती हुई-सी आवाज, इस साइरन का सही नाम क्या है, पूछना होगा।

नहीं, स्टीमर नहीं ! यह है क्राइसिस ! अर्थात् ऑक्सिजन सिलिण्डर लाया जा रहा है। फर्श पर भारी लोहे के घसीटने की आवाज क्रमशः नजदीक आती जा रही है। क्यों ? मेरे पास फिर क्यों ? मैं होश में हूँ। जगा हुआ हूँ। पलँग से स्टूल सटाकर, मेरे बाएँ कन्धे के पास सिर रखकर उमा सो गयी है। धीरे-से पुकारता हूँ–उमा ! मुँह से आवाज निकलने के पहले ही सिलिण्डर घसीटकर लानेवाला आदमी उछलकर मेरा मुँह दबा देता है। सिलिण्डर घसीटकर लानेवाला व्यक्ति वार्डकुली नहीं, पुलिस का दारोगा है। उसके साथ पुलिस के कई सिपाही हैं, जो मेरे पलँग के चारों ओर आकर मुझे घेर लेते हैं··· वे मेरी तलाशी लेंगे। मैंने रजाई के नीचे अश्लील पुस्तकें, अवैध गाँजा और नर्स नीलम्मा की लाश छिपा रखी है। उमा ! देखो तो, वे क्या कह रहे हैं ? दारोगा चिल्लाता है–चुप रह साले ! एक सिपाही मेरी रजाई हटाना चाहता है। मैं विरोध करता हूँ–रजाई के नीचे मैं नंगा हूँ··· एकदम नंगा हूँ··· सालो··· हरामजादो··· मादरचो-ओ··· बेटीचो··· कुत्ती का बच्चा··· ! दनादन दोनों लातें चलाना शुरू किया मैंने··· और उसी ताल पर लड़ाई का नगाड़ा बजने लगा··· किसी के मुँह पर, किसी के पेट पर, अण्डकोष और चूतड़ पर मेरी लातें लगती हैं और वे एक-एक कर, नगाड़े के ताल पर भागते जाते हैं। हद है ! उमा उसी तरह झुकी हुई है। यहाँ इतना शोर-गुल हो गया, कान के पास लड़ाई का नगाड़ा बज गया, किन्तु उसकी नींद में कोई बाधा नहीं पड़ी। तब रजाई के नीचे से गरदन निकालकर नीलम्मा मुझसे पूछती है–पुलिस का लोग सब चला गया ? अब तुम चुपचाप मुझे मार डालो। आओ। रजनीगंधा की सुगन्ध मेरी नाक में समाती जा रही है और नीलम्मा अब अनुनय-भरे स्वर में कह रही है–प्लीज किल मी ! मैं उमा को झकझोरकर जगाता हूँ। उमा लुढ़ककर फर्श पर गिर पड़ती है और उसके गिरने की आवाज जलतरंग की तरह··· या नीलम्मा खिलखिलाकर हँस पड़ी है ! मैं भी उसके साथ हँसना चाहता हूँ, किन्तु हँसने के बदले मैं माँ-माँ पुकारकर रोने लगता हूँ। मैं रोता जाता हूँ और नीलम्मा उसी तर्ज पर बंगला का 'रामप्रसादी' अलापती है–माँ-माँ-आँ-आँ ! असल में रोने के

बदले गा ही रहा हूँ मैं !

समाधि नहीं, सपना ? पता नहीं, क्या सच है और क्या सपना ! जो भी हो, मैंने नीलम्मा की हत्या नहीं की है। वह डाक्टर की मदद कर रही है। डाक्टर कहते हैं, मैं सपने में हाथ-पाँव मार रहा था। नीलम्मा हँसकर कहती है–हमारा इधर में ऐसा किक मारा कि हमको नोवल्जिन लेना पड़ा···

मुझे कोई सुई दी जा रही है, शायद !

उमा इस तरह घबराकर मुझे क्यों देख रही है ? ऐसी घबराहट उसके चेहरे पर जीवन में कभी नहीं देखी। रुँधे गले से पूछ रही है मुझसे–की होये छे ? ऐसा क्यों कर रहे हो ? कैसा लग रहा है ? बोलो ना··· बोलते क्यों नहीं··· बाबू··· शिबूबाबू रे··· !

उमा हठात् चीख पड़ती है। लगा, आकाश चरचराकर फट गया··· तारे झड़ रहे हैं झहर-झहर–माँ गो-ओ-ओ ! आमार सर्वनाश कोरो नाँ··· आमार केउ नेई··· डाक्टर बाबू ! मेरा कोई नहीं इसके सिवा··· हाहा-हाहा··· डाक्टर बाबू !

मैं सबकुछ देख रहा हूँ। सबकुछ सुन रहा हूँ। पर कुछ कह नहीं पा रहा। नीलम्मा उमा को दोनों हाथों से पकड़कर उठाती हुई समझा रही है–एक नया ड्रग दिया गया था, उसी का रिएक्शन हुआ है। अभी ठीक हो जायेगा। सुई पड़ा है···

सर्जन अजय की झिड़की सुनायी पड़ती है–उमा ! यह क्या हो रहा है ?

–मेरा शिबू बोलता क्यों नहीं, डाक्टर ?

–बोलेगा··· अभी बोलेगा··· तुम चुप रहो !

–अच्छा, मैं चुप रहूँगी ! मैं चुप हूँ।

हार्ट स्पेशलिस्ट डाक्टर श्रीनिवास आये हैं। उनकी सफेद लम्बी दाढ़ी को देखकर मुझे कविराज चक्रवर्ती की याद आती है। कविराज चक्रवर्ती सूँघ करके ही रोग का निदान करते थे। डाक्टर श्रीनिवास भी दूर से ही मुझे देखकर कहते हैं–हार्ट नॉर्मल है···

मेडिसिन के डाक्टर दास आये। वह भी मुझे दूर से देखते हैं। कोई मुझे छूता तक नहीं। वे मुझसे बोलने को कह रहे हैं। मैं हाथ के इशारे से कहता हूँ–आवाज नहीं निकल रही ! डाक्टर दास कहते हैं–हाँ, रिएक्शन ही हुआ है।

मैं जानता हूँ, मैंने देखा है, कण्ठ के कैन्सर में ऐसा ही होता है। बोली अचानक बन्द हो जाती है, यदि बोली नहीं लौटी तो ! वोकल कार्ड डैमेज तो नहीं हो गया ? मैं डाक्टर से पूछना चाहता हूँ–डाक्टर···

सभी के मुँह से एक साथ एक स्वर से निकल पड़ता है–आ गयी !

बिजली गुल होने के बाद, जब लौटती है, तो लोगों के मुँह से इसी तरह एक स्वर से निकल पड़ता है–आ गयी !

किन्तु उमा को विश्वास नहीं हो रहा। वह मेरे पास आकर पूछती है–बोलो तो, मैं कौन हूँ ?

मुझे हँसी आ गयी। मैंने पूछा–यह सब सपना तो नहीं ?

–तोमार की मने हय ? उमा पूछती है।

मैं करवट लेने की चेष्टा करता हूँ। उमा मना करती है··· पेट के बीचोंबीच भीषण यन्त्रणा··· यह क्या··· मेरे पेट पर भारी क्या लदा है ? जरा भी हिल-डुल नहीं सकता। या नीलम्मा ने सचमुच मुझे पलँग से बाँध दिया है !

'पटना टाइम्स' का स्टाफ रिपोर्टर वित्तन आया है। उमा से वह कुछ पूछता है। उमा कहती है–ऑपरेशन के ठीक दस घण्टा बाद, अभी कुछ देर पहले होश में आये हैं। अब ठीक हैं।

–ऑपरेशन ? किसका ऑपरेशन ? कब हुआ मेरा ऑपरेशन ?

उमा चुपचाप मुस्कुराती है–डाक्टर अजय दस घण्टे के बाद अभी डेरे पर गये हैं !

–और डाक्टर श्रीनिवास, डाक्टर दास ? वे कब गये ?

उमा अचरज से पूछती है–डाक्टर श्रीनिवास और डाक्टर दास ? वे यहाँ कब आये ?

मैं पूछता हूँ–मेरी आवाज फटे झाँझ की तरह सुनायी पड़ती है ?

–नहीं तो !

–मुझे ड्रग रिएक्शन हुआ था न ? मेरी बोली अचानक बन्द हो गयी थी न ?

–तुम तो दस घण्टे से अज्ञान थे।

–और नीलम्मा ? बुलाओ न उसे एक बार !

–कौन नीलम्मा ? उमा को फिर अचरज होता है।

मैं अपनी देह में चिकोटी काटकर देखता हूँ, मैं हूँ, या मैं भी नहीं हूँ। नहीं, मैं हूँ। सपना नहीं यह सब··· मैं सपना नहीं। किन्तु, फिर शंका होती है। फिर पूछता हूँ, डरते-डरते–अच्छा उमा, पुष्पलाल उस सामनेवाले वार्ड में ही मरा था न ?

इस बार उमा तनिक झुँझलायी–कौन पुष्पलाल ? पता नहीं, क्या-क्या बोल रहे हो ! बोलो मत, डाक्टर ने मना किया है।

मुझे अब विश्वास हो रहा है, यह सपना ही है। और, इस सपने से अब निस्तार नहीं, छुटकारा नहीं ! क्या होगा छुटकारा पाकर ! अच्छा हो, गंगा के किनारे चलकर पानी में अपनी काया को एक बार जी-भर निहारते हुए, इस सुन्दर आवरण की स्तुति करूँ··· जीवनभर दुनिया की हर चीज और हर व्यक्ति में अपना प्रतिबिम्ब खोज़ता रहा, देखता रहा, मुग्ध होता रहा··· नारसिसस ? नानसैन्स ! सपने में एक बार गाकर देखना चाहता हूँ··· मेरी आवाज कहाँ तक पहुँचती है। गंगा के उस पार··· सफेद बालुचरों के पार, हरे-भरे खेतों के ऊपर उड़ती हुई··· अथवा अतल जल में बजनेवाले साइरन की तरह, अगाध जल के नीचे की ओर, घुटती हुई···

दिसम्बर, 1970

तव शुभ नामे

एक-एक कर बहुत सारे शब्दों को 'नकारता' जा रहा हूँ, 'नकार' दिया है। नेति-नेति ! माता, मातृभूमि, जन्म-भूमि, देश, राष्ट्र, देशभक्ति-जैसे चालू शब्दों की अब मुझे जरूरत नहीं होती। माँ की 'ममता' और मातृभूमि पर मर-मिटने के संवाद और गीतों की बातें अब सिर्फ बम्बई और मद्रास के फिल्म प्रोड्यूसर ही करते हैं। गाँव-समाज से नेह-छोह तोड़े दो दशक हो गये। अब कभी अपने गाँव की याद नहीं आती। गाँव के 'चौपाल' और 'गोहाल' और 'अलाव' के किस्से भूल चुका हूँ। कोसी कछार की हवा मुझे समय-असमय निमन्त्रण नहीं देती और न दूर किसी गाँव के ताड़ या खजूर या नारियल के पेड़ ही इशारों से मुझे बुलाते हैं। 'कमलदह' और 'रानी-पोखर' के पुरइन-फूलों के जंगल में भूला 'मन-भमरा' अब गुन-गुन नहीं करता··· धीरे-से आना बगियन में रे भोंमरा, धीरे-से आना बगियन में··· पंकज मल्लिक का यह गीत अब मन में गुदगुदी पैदा नहीं कर पाता।

जिस गाँव में मेरा जन्म हुआ, उसका नाम भी चेष्टा करके भूल गया हूँ। किन्तु इस कटिहार जंक्शन रेलवे-स्टेशन के मोह को अब भी नहीं काट सका हूँ। गाँव छोड़ा, जिला छोड़ा, प्रान्त छोड़ा, मगर हर पाँच या सात वर्षों के बाद कोई-न-कोई बहाना बनाकर कटिहार चला आता हूँ। नम्बर दो ओवरब्रिज पर आकर घण्टों खड़ा होकर चारों ओर देखता हूँ।

···पहली बार, गंगा-स्नान को जाते समय, बचपन में माँ के साथ मैं इस ओवरब्रिज के इसी स्थान पर आकर खड़ा हुआ था। माँ ने उत्तर-पूर्व की ओर हाथ उठाकर दिखलाते हुए कहा था—"वह है 'कामच्छा-कमिच्छा' जानेवाली गाड़ी, पच्छिम की ओर वह गाड़ी काशीजी-प्रयागजी तक जायेगी और दक्षिणवाली वह लाइन गंगा के मनिहारी घाट तक चली गयी है।"

तब से आज तक न जाने कितनी बार इस स्थान पर आकर खड़ा हुआ हूँ। तब से अब तक इस रेलवे के कितने नाम अदल-बदलकर पड़े··· ई. बी. रेलवे, बी. ए. रेलवे, ए. बी. रेलवे, ओ. टी. रेलवे और नॉर्थ-ईस्ट फ्रण्टियर रेलवे; किन्तु अब तक मैं ई. बी. रेलवे ही समझता हूँ। यहाँ आकर मैं दिशाहारा-सा हो जाता हूँ, अर्थात् पूरब-पच्छिम, उत्तर-दक्षिण के बदले कामरूप-कमिच्छा की ओर,

काशी-प्रयाग की ओर और गंगा की ओर के रूप में दिशाओं का अनुभव करता हूँ। सात वर्षों के बाद आया हूँ, लेकिन लगता है पिछले सप्ताह की बात है ! कभी-कभी तो सिर्फ एक दिन के लिए ही दौड़ा आया एकदम सीधे बम्बई से ! रेलवे के एक रिटायर्ड अफसर से सुना था कि प्लेटफार्म के इस छोर से उस छोर तक चक्कर लगाकर गाड़ी के यात्रियों को देखना एक रोग है और हर रेलवे स्टेशन के आसपास रहनेवाले कुछ लोग इस रोग के शिकार हो जाते हैं। और, इस रोग का सम्बन्ध सीधे यौन-विकार से है।

एक किस्म का एक और रोग है, चलती हुई गाड़ी में सम्भोग-सुख प्राप्त करने की लालसा। सम्भव है, कटिहार जंक्शन से मेरा यह लगाव भी वैसा ही रोग हो, नहीं तो क्यों इस तरह बेदार होकर दौड़ा आता हूँ ? काशी, इलाहाबाद, पटना, कलकत्ता आदि से लौटते समय, दूर से ही कटिहार स्टेशन का टॉवर देखकर लगता था, कटिहार जंक्शन सिर ऊँचा किये, मुस्कुराता हुआ हमें देख रहा है।

इस बार, अब तक कटिहार जंक्शन ने मुझे नहीं पहचाना है। घने कोहरे में टॉवर छुपा हुआ था। ओवरब्रिज पर आते ही लगा, प्रतीक्षालय के बूढ़े चौकीदार की तरह पोपली हँसी हँसकर किसी ने कहा—"इस बार बहुत दिनों के बाद इधर आना हुआ, शायद··· !" दो नम्बर प्लेटफार्म पर उतरते ही पियक्कड़ पगलू जमादार हड़बड़ाकर उठ बैठता है—बाबू, मीना बाजार आनेवाला है फिर क्या ? मीना बाजार ! पैंतीस साल पहले मीना बाजार देखने आया था। पूजा बाजार स्पेशल ! कलकत्ते से आती थी वह गाड़ी। कलकत्ते की कई प्रसिद्ध कम्पनियाँ अपनी दूकानें लेकर आती थीं··· ज्वेलर्स, पर्फ्यूमर्स, बन्दूकवाले और बाग बाजार के रसगुल्लेवाले। पूरे प्लेटफार्म पर दिन-भर मेला लगा रहता। रात में प्लेटफार्म पर ही मुफ्त सिनेमा दिखलाया जाता। उस बार 'स्ट्रीट सिंगर' फिल्म दिखलायी गयी थी। दुर्गोत्सव के पहले एक दिन का अतिरिक्त उत्सव। पगलू जमादार से पहली बार मीना बाजार में ही परिचय हुआ था। एल. एस. डी. खाने के बाद लोग तरह-तरह के अलौकिक दृश्य देखते हैं, वैसा ही कुछ होता है यहाँ आकर।

··· अभी तीन नम्बर प्लेटफार्म पर पहुँचते ही पोर्टर कामरूप-कमिच्छा की ओर से आनेवाली गाड़ी का सिगनल डाउन कर देगा। सारे प्लेटफार्म की रोशनियाँ बुझा दी जायेंगी। दफ्तरों और रेल के कम्पार्टमेण्ट की रोशनियों के गिर्द कोलतार पोत दिया जायेगा। घुप्प अँधेरे में सिर्फ हरी और लाल रोशनियाँ टिमटिमाती-सी दिखायी पड़ने लगेंगी। दीवारों पर, पोस्टरों में चेतावनियाँ चिपक जायेंगी··· नम्बर एक प्लेटफार्म पर मिलेटरी-स्पेशल आकर रुकेगी। मित्र-पक्ष के सिपाही··· न जाने किस-किस मुल्क के ! कोहिमा, दीमापुर, इम्फाल, डिब्रूगढ़ आदि कई नाम हवा में फिसफिसाकर लिये जायेंगे। इसके बाद उधर से आयेगी इवैक्वी-स्पेशल, बर्मा, रंगून को खाली करके, पैदल ही नदी-पहाड़ पार करके आनेवाले प्रवासी भारतीयों को लेकर ! रामकृष्ण

मिशन के संन्यासियों के साथ, स्वयंसेवक का बिल्ला लगाकर, प्लेटफार्म पर पहले से ही तैयार है··· गाड़ियाँ चीखती हुई आती हैं। रोती हुई, सिर धुनती हुई। हर कम्पार्टमेण्ट में पीले-पीले औरत-मर्द-बच्चे-बूढ़े ठुँसे हुए। अस्थि-पंजर मात्र शेष देह पिंजर, कोटरों में धँसी आँखें ! अधमरे लोगों को लेकर गाड़ी आयी है। गाड़ी के रुकते ही हर कम्पार्टमेण्ट से नरकंकालों की टोलियाँ उतरती हैं··· न हँसती हैं, न रोती हैं। अचानक वे एक साथ चिल्लाने लगते हैं, पागलों की तरह वे इधर-उधर दौड़ते हैं। ठोकर खाकर गिरते हैं। हँसते हैं, रोते हैं। नंगे-अधनंगे, चित्थी-चित्थी चीथड़ों में लिपटे लोग हवा में हाथ नचा-नचाकर पता नहीं क्या-क्या बोल रहे हैं। पगलू जमादार, मृतक-सत्कार समिति का बैज लगाये, कन्धे पर स्ट्रेचर लेकर मेरी ओर आता है—बाबू, मीनाबाजार ही आया है··· समझिए ! होमियोपैथी दवा की गोलियाँ खाकर एक पीली लड़की मुझे बहुत देर तक घूरती रहती है··· फिर उससे पूछती है··· बरमचारी, मैं क्या सचमुच जिन्दा हूँ ? इतना कहकर वह खिलखिलाकर हँस पड़ती है। उसकी पीली दन्त पंक्तियों में जड़ा सोना कितना गन्दा है। इवैक्वी··· इवैक्वी··· धनपाल को छोड़कर भागनेवाले।

बीहड़ रास्ते में परिवार के सदस्यों को खोकर, अपनी जान किसी तरह बचाकर आसाम तक पहुँचनेवाले भाग्यशालियों के दल की वह पीली लड़की कैम्प अस्पताल में दम तोड़ते समय मुझे अपने पास बुलाती है। इशारे से अपने गले के लॉकेट को खोलने के लिए कहती है। एक काले डोरे में लटकती सिस्टर निवेदिता की तस्वीर, दूसरी ओर महीन अक्षरों में कुछ लिखा हुआ है। मृतक-सत्कार समिति का एक स्वयंसेवक मेरे हाथ से लॉकेट लेते हुए कहता है—अरे, यह तो रोल्डगोल्ड है ! यदि मृतक-सत्कार समितिवाले कुछ देर बाद आते, तो मैं उस लड़की की लाश के पास बैठकर दो बूँद आँसू जरूर गिराता··· आँखों में अटके आँसुओं की उन बूँदों को अब तक आँखों में ही सहेजकर रखना आसान नहीं।

पगलू जमादार हँसता है—आज कुछ भी हाथ नहीं लगा ! अरे बाबू, उस दिन की उस पीली लड़की के दाँतों में असली सोना था, असली ! पोर्टर अब घण्टा बजाकर आसाम-लखनऊ मेल आने की सूचना देता है। लाउडस्पीकर पर ऊँघती हुई आवाज में ऐलान किया जाता है : आसाम-लखनऊ मेल ट्रेन पाँच नम्बर प्लेटफार्म पर आ रही है। जिन यात्रियों को सोनपुर, छपरा, गोरखपुर होते हुए लखनऊ की ओर जाना है··· सभी बुझी हुई रोशनियाँ जल पड़ती हैं एक साथ।

भोर का तारा आकाश पर चमक उठा। उषा की लाली प्लेटफार्म पर छा गयी है और ऐसे ही समय पाँच नम्बर प्लेटफार्म पर पार्वतीपुर पैसेन्जर 'इन' करती है··· रिफ्यूजी··· रिफ्यूजी··· फिर वही लोग, वही नरकंकाल और फिर वही पीली लड़की ? इस बार वह मुझे देखते ही पहचान लेती है। मैं उसके पास जाता हूँ ? वह मुझे दोनों हाथों से जकड़कर कहती है—तुमी आमा के छेड़े को थाय पालियेगेले ? कहाँ भाग गये थे तुम मुझे अकेली छोड़कर ? उन्होंने मेरे दाँत से असली सोने का पत्तर निकाल लिया ! हाय, हाय ! पगलू जमादार आकर ढाढस

बँधाता है–अरे, बबुनी, धरम बच गया, यही बहुत है··· ! मृतक-सत्कार समितिवाले इस बार जबरदस्ती उस लड़की को स्ट्रेचर पर सुलाकर ले गये। वह चीखती रही। मुझे नाम लेकर पुकारती रही। मैं कुछ न बोल सका।

उस लड़की की देह आग की तरह सुलग रही थी··· हर कम्पार्टमेण्ट में काननबाला, यूथिका राय, अंगूरबाला, भारती-यमुना, मंजु एक स्वर से नजरुल गीत गाने लगीं : हो ओ धरमे ते धीर होओ करमे ते वीर होओ उन्नत सिर नाहिं भय; मैं मेडिकल अफसर को समझा रहा हूँ कि एक लड़की को जीवित ही जलाने को ले गये हैं लोग। डाक्टर मुझे समझाता है कि सती प्रथा का अन्त ईश्वरचन्द्र विद्यासागर और राममोहन राय के युग में ही हो गया है। पगलू जमादार ने आकर मुझे धीरे-से कहा–इस बार उसके गले में असली सोने का लॉकेट था और उसमें आपकी तस्वीर लगी थी, बाबू !

लाउडस्पीकर पर फिर कोई ऐलान शुरू हुआ। फिर एक गाड़ी रिफ्यूजी ! रिफ्यूजी-स्पेशल। हठात् साइरन बजने लगा। रोशनियाँ फिर एक-एक कर बुझने लगीं। तीन नम्बर प्लेटफार्म पर फिर अन्धकार छा गया। लाल और हरी रोशनियाँ आकाश में टिमटिमाने लगीं। कामरूप मेल आकर अन्धकार में खड़ी हो गयी। हर कम्पार्टमेण्ट में कच्ची उम्र के जवान हिन्दू, मुसलमान, सिक्ख··· उनके चेहरे गुस्से से तमतमाये हुए हैं। चीखती, धड़धड़ाती आती है आसाम की ओर से एक के बाद दूसरी गाड़ी··· घायलों, मृतकों और अधमरे लोगों को लेकर ! आसाम, गोहाटी, डिब्रूगढ़ से भागे हुए इवैक्वी··· इवैक्वी··· इस बार वह पीली लड़की अपने चेहरे पर घूँघट डालकर आयी है··· सेठानी की तरह। वह मेरे पास आकर धीमे-से बोली–मास्टरजी, मेरे साथ मेरा देश जायेगा ? बकसीस मिलेगा पूरा। चलेगा ? पगलू जमादार मुझे आँखों के इशारे से कहता है–बाबू, उसके साथ मत जाइएगा। उसके बक्शे में नेपाली गाँजा भरा हुआ है ! कामरूप कमिच्छा की ओर से फिर एक स्पेशल ट्रेन आ रही है। प्रतीक्षालय का बूढ़ा चौकीदार पोपली हँसी हँसता हुआ, मुझसे कहता है–साहब, आपकी गाड़ी आ रही है। रेडियो पर 'जन गण गन' गाया जा रहा है यानी स्टेशन अब बन्द हो रहा है। 'तव शुभ नामे' के पास रेकार्ड कटा हुआ है, शायद। 'तव शुभ नामे–तव शुभ नामे' बार-बार बज रहा है !

जुलाई, 1971

एक अकहानी का सुपात्र

पिछले कई वर्षों से लगातार यह सुनते-सुनते कि अब 'कहानी' नाम की कोई चीज दुनिया में ऐसे ही रह गई है—मुझे भी विश्वास-सा हो चला था कि कहानी सचमुच मर गई। हमारा मौजूदा समाज 'कहानीहीन' हो गया है, हठात्। कहीं, किसी घर के किसी कोने में भी कहानी नहीं घट रही। सभी लोग, अकहानीमय जीवन बिना किसी परेशानी या दुख के जीए जा रहे हैं। फलतः समाज के सभी कहानीकार बेकार हो रहे हैं, हुए जा रहे हैं।··· मैंने इन तथ्यों के आधार पर अकहानी की एक मोटी-सी परिभाषा समझ ली थी। बेकार कथाकार बेकारी के क्षण में जो कुछ भी गढ़ता है, उसे अकहानी कहते हैं।

किन्तु, ऐसे ही दुर्दिन में हठात् एक दिन मेरी छोटेलाल से मुलाकात हो गई और मेरा सारा भ्रम दूर हो गया। यानी मुझे दृढ़ विश्वास हो गया कि कहानी के मरने की खबर गलत थी। छोटेलाल के प्रथम दर्शन और संभाषण से ही मैं आश्वस्त हो गया—हमारा समाज अभी पूर्णतः कथाहीन नहीं हो पाया है। छोटेलाल का समस्त अस्तित्व ही मुझे अकहानी से ओत-प्रोत प्रतीत हुआ।··· जी नहीं, छोटेलाल कोई कथाकार नहीं—नगर में खोया हुआ एक ग्राम्य-कथापात्र है। और जब तक छोटेलाल-जैसे सुपात्र जीवित रहेंगे, कहानी मरकर भी जी जाया करेगी।

मेरी छोटेलाल से मुलाकात अपने नगर के नुक्कड़ पर पिछले साल—ठीक श्रावणी पूर्णिमा के दिन हुई थी, पान की दुकान पर। वह बार-बार पानवाले का नाम ले-लेकर जल्दी से आठ 'खिल्ली' मीठा पान लपेटने को कह रहा था—"ए क्रिस्ना ! लपेट न यार··· !"

नगर के ऐसे गृहसेवकों के साधारण चरित्रों से मेरा साधारण परिचय है। अतः उन्हें पहली ही निगाह में पहचान लेता हूँ और वे भी मेरे चेहरे-मोहरे और बातचीत से समझ गए हैं कि मैं उन्हीं की कोटि का जीव हूँ। किन्तु छोटेलाल को पहचानने में मैंने गलती की—यह मैं स्वीकार करता हूँ। पानवाले ने जब झुँझलाकर पहले के बाकी-बकाए का तकादा किया, तो वह तनिक भी अप्रतिभ नहीं हुआ। बोला—"अरे यार, बाकी-बकाया लेकर कोई भागा जा रहा है ! पहले मोड़ न आठ मीठा पत्ती··· !"

ऐसे अवसरों पर मैं अक्सर कुछ नहीं बोलता। लेकिन उस दिन बोल पड़ा–"अजी, बाकी-बकाया का हिसाब-किताब मालिक से करना। नौकर से क्यों उलझ रहे हो बेकार··· "

कि छोटेलाल ने चोट-खाए हुए प्राणी की तरह मुझ पर प्रत्याक्रमण किया–"जरा आदमी देखकर बात कीजिए साहेब। यहाँ कोई किसी का नौकर नहीं···।"

पानवाले लड़के ने कहा–"परफेस्वर बाबू के छोटे भाई हैं।"

मैंने तुरन्त छोटेलालजी से क्षमा-याचना की।–"माफ कीजिए भाई साहब !"

पान की दूकान से सटे ही एक छोटी-सी चाय की दूकान है जो डबल-रोटी और बिस्कुट के अलावा उबले हुए अंडे भी बेचता है। मैं अपने उन दोस्तों को, जो मेरे कुत्ते से घबराते हैं अथवा जिनकी बोली सुनकर मेरा कुत्ता चिढ़कर भूँकने लगता है अथवा जो तिमंजिले की सीढ़ियों पर चढ़ने से लाचार होते हैं या जिन्हें अपने फ्लैट में ले चलने में मैं लाचार होता हूँ–इसी चाय की दूकान पर लाकर 'चाय पान सिगरेट आदि' से सत्कार करता हुआ उनका अबोध संभाषण सुनता रहता हूँ।

छोटेलाल ने मुझे सिर से पैर तक तजबीज करते हुए पूछा–"आप कौन हैं ?"

मैंने अपना नाम बतलाया और यह भी कि मैं तीन नम्बर रोड के एक वकील साहब का क्लर्क हूँ। छोटेलाल बोला–"सीधे मोहरिल कहते लाज लगती है, इसीलिए क्लर्क···।"

छोटेलाल मुझ पर आक्रमण करके प्रसन्न हुआ। फिर अपने वक्तव्य की व्याख्या करता हुआ बोला–"शहर की हर बात पर ऊपरी सजावट। अब देखिए न–यही 'रच्छाबंधन'। देहात में 'सलोनी पुरनिमाँ' के दिन···।"

"सलोनी पुरनिमाँ ?"–मैंने अस्फुट शब्दों में जिज्ञासा प्रकट की। छोटेलाल ने मुझे महामूरख समझकर मुझ पर तरस खाने की मुद्रा बनाई–"सलोनी पुरनिमाँ नहीं समझते ? आज ही है सलोनी पुरनिमाँ !"

मैंने फिर अपनी गलती के लिए छोटेलालजी से क्षमायाचना की–"ओ ? श्रावणी··· यानी··· सावनी··· हाँ सावनी पूर्णिमा की रात तो सलोनी होगी ही।"

मुझे छोटेलाल ने अनजाने ही एक सुन्दर पंक्ति दे दी–सावनी सलोनी पूर्णिमा की रात। मुँह से निकल पड़ा, "वाह भाई !"

छोटेलाल ने अपने अधूरे वक्तव्य का सूत्र पुनः पकड़ा–"सो सलोनी पुरनिमाँ के दिन देहात में 'बाभन सब' हाथ में रंग-बिरंगी राखी की लच्छियाँ लेकर घर-घर घूम घूमकर जजमानों को राखी बाँधते हैं–'जैन-बन्धूबलिराजा' मन्तर पढ़कर। मगर शहर में राखी–'छौड़ी सब' बाँधती है। अपने भाइयों को नहीं साहेब–मुँहबोले भाइयों को··· !"

मैंने फिर अपनी अज्ञता प्रकट की–"मुँहबोले भाई ?"

छोटेलाल ने इस बार मुझको करुणा की दृष्टि से घूरते हुए मुझसे पूछा–"भाई साहब ! आप किस 'डिस्टिक' के रहनेवाले हैं जो मुँहबोला भाई का मतलब भी

नहीं समझते ?"

समझाने की आवश्यकता नहीं हुई। मैं स्वयं ही तत्काल समझ गया। छोटेलाल ने पानवाले को पान में भरपूर मीठा मसाला डालने की ताकीद करने के बाद फिर शुरू किया—"भैया की भी दो मुँहबोली बहन आई हैं—राखी बाँधने···।"

पानवाले क्रिस्ना ने टोका—"तो आपके भैया की मुँहबोली बहन आपकी भी मुँहबोली बहन ही लगेगी···।"

छोटेलाल का चेहरा तमतमा उठा फिर—"यार क्रिस्ना ! तुम भी एकदम बेबात की बात··· ? भैया की मुँहबोली बहनों से मेरा क्या रिश्ता ? न तीन में, न तेरह में। तिस पर शहर की 'लपस्टिक लड़कियाँ'··· जी, भाई साहेब, आपका चेहरा देखकर मैं बूझ गया कि आप फिर मतलब पूछना चाहते हैं··· लपस्टिक लड़की का मतलब आपको फिर कभी समझा देंगे।··· यार क्रिस्ना—लपेटना, देखते नहीं कि एक ही घंटे में चार बार चाह-बिस्कुट और टौफी-लेमनचूस लेने के लिए इस चौबटिया पर आ चुका हूँ··· अब यही देखिए न—यह लेमनचूस। देहात में यह बच्चों को फुसलानेवाली मिठाई है और यहाँ ? यहाँ यह लड़कियों की—खासकर स्कूल-कॉलेज की लड़कियों की···। कहते हो जल्दी क्या है ? अभी दोनों को पहुँचाने के लिए जाना होगा। एक रहती है ईरगाट तो दूसरी मीरघाट। भौजी सुबह को ही अपने मुँहबोले भाइयों को राखी बाँधने गई है सो अभी तक लौटी नहीं। अगर कहीं 'बरखा-बुन्नी' के मारे अटक गई तो उनको भी ढूँढ़कर लाने के लिए इस छोटेलाल को ही जाना होगा।··· और शहर में लड़कियों को पहुँचाने के लिए कहीं जाना कितना मुश्किल का काम है—यह··· अरे भैया—पीछे-पीछे सायकल पर रिक्शा के साथ जाना होगा। पीछे सायकिल पर रिक्शा के साथ जाना खेल नहीं ! एक दिन किसी लड़की को कहीं पहुँचाकर देखो न··· यहाँ के सभी छुरेबाज छोकरों को पहचान गया हूँ··· लेकिन, जो कहो—रास्ता चलते वे जब लड़कियों पर ऐसे-ऐसे 'शब्दभेदी बान' छोड़ते हैं कि कभी-कभी तो हमको भी हँसी आ जाती है।"

'बरखा-बुन्नी' शब्द को सुनकर मन हर्षित हुआ। शायद आकाश में मँडरानेवाले काले-काले बादल भी प्रसन्न हुए—नन्हीं-नन्हीं बूँदें पड़ने लगीं। हम सभी चायवाले के छज्जे के नीचे—बेंचों पर जा बैठे। छोटेलाल ने आर्डर दिया—"तो बनाओ यार, एक इसपिसिल चाह···।"

छोटेलाल ने, शहर के दूध और दूधवालों से लेकर गायों तक की निन्दा कर लेने के बाद अपने गाँव के दूध पर पड़नेवाली मलाई की तुलना भागलपुरी रेशम की रजाई से की। तब, चायवाले से नहीं रहा गया, शायद। वह कुढ़कर बोला—"तो वैसी मोटी मलाई छोड़कर यहाँ शहर का घासी-घी खाने क्यों आए ? देहात में ही रहते !"

लगा, छोटेलाल के पास चायवाले का उधार-बाकी कुछ ज्यादा ही था पानवाले से। लेकिन छोटेलाल तनिक भी छोटा नहीं हुआ। तमककर बोला—"आया हूँ क्या अपने मन से ? तीन साल पहले एक बार गाँव से भागकर आया था तो तीन

दिन भी नहीं रहने दिया था–भैया-भौजी ने। अब जब छोटेलाल की जरूरत हुई है, तो पाँच दिन तक खुशामद करके गाँव से बुला लाए हैं...।"

इस सिलसिले में छोटेलाल ने विस्तारपूर्वक अपने प्रोफेसर भैया के शहर की एक 'लपस्टिक लड़की' से 'लटपटा' जाने से लेकर रजिस्ट्री-शादी तक के किस्से सुना दिए–उदारतापूर्वक। अंत में 'क्लाइमेक्स' पर आकर गर्व से बोला–"और जब से वह बंदा यानी छोटेलाल आया है, तब से 'दोनों प्राणी' सुख-चैन से सोते हैं। भैया की गैरहाजिरी में अब कोई 'मस्तान' हमारी गलीवाली खिड़की के आसपास कोई 'दिलफेंक फिल्मी गाना' गाकर देख ले जरा !... पहले तो यहाँ के 'इन सुथनसाह बादशाहों' ने मुझे देहाती-भुच्चा समझकर सिगरेट के धुएँ से उड़ा ही देने की कोशिश की। लेकिन जब छोटेलाल ने एक फुटफुटीबाज का 'गट्टा' पकड़ा कसके तो पहले तो सालों ने ठीक सिनेमा के 'फैट' के अन्दाज में बाँके तिरछे कायदे दिखाए–बाद में जब छोटेलाल का पहला 'झापड़' पड़ा कि बाकी साले ऐसे भागे... तो, कहते हो कि क्यों आए ! नहीं तो, आज के दिन से ही, माने सलोनी पुरनिमाँ के दिन से ही, 'क्रिस्नाकुम्भर' मेले में होनेवाले 'ड्रामा' का 'रिहलसल' शुरू हो जाता है। ओह ! इस बार, अभी क्या जो होता होगा वहाँ... ?"

छोटेलाल को गाँव की याद में इस तरह खोते हुए देखकर मैंने उसे जगाया–"आप ड्रामा में क्या करते थे ?"

मेरा सवाल पूरा भी नहीं हो पाया। इसके पहले ही छोटेलाल ने जवाब दिया–"क्या नहीं करता था ? पर्दा-पोशाक जमा करने से लेकर 'रिहलसल' के लिए दरी-जाजिम-लैटपंचलैट-चाहहलवा-भाँगबूटी का इन्तजाम...और ड्रामा हो चाहे कुश्ती, चाहे घुड़दौड़–बिना छोटेलाल के हो तो जाए कोई काम ?... यह मत समझिए कि देहात में एकदम देहाती ड्रामा करता होगा। जी नहीं, एकदम नहीं। स्टेज पर बजते 'फौकसिंग' के खेला होता था–'बगदाद का सोदागर' तो, 'सुलताना डाकू' तो, 'भगतसिंह'... तो खेला ऐसा कि गुलाबबाग मेला में आनेवाली दि ग्रेट 'ठेठरिकल' कम्पनी औफ इण्डिया भी मात ! समझे ?"

पहली मुलाकात के बाद से ही हम मित्र हो गए। उससे बातें करके सदा मुझे कुछ नये शब्दों और मुहावरों की प्राप्ति हो जाती है। कभी-कभी एक ही साथ कई कहानियाँ–'सच्ची कहानी', 'बनती हुई कहानी', 'बिगड़ती हुई कहानी', 'धारावाहिक कहानी' ! छोटेलाल समझ गया है कि उसके 'देहाती माल' से लेकर 'शहरी मसाला' का असल गाहक मैं ही हूँ। कभी चाय, कभी बिस्कुट अथवा उबला हुआ अंडा पाकर वह चटपटी प्रेम कहानियाँ सुनाने लगता है–"अरे भैया ! देहात में जिसको 'लाट-साट' या 'लटपटा जाना' कहते हैं, उसको ही शहर में 'लभ' चाहे 'प्रेम' कहते हैं–हमारी 'दइया' है न... उसके जिम्मे एक-से-एक 'मोहब्बत मार्का' किस्सा है।... इस नगर के पाँच रोड के पचास 'फेमिली' के नौकर और दाई और जमादार-जमादारी से मेरा हेलमेल है। सो, रोज तीन-चार प्रेम-पिहानी... वह छोटकी गाड़ी में चंडोल-सफाचट बूढ़ा अभी गया न–वह अपनी जमादारनी से 'इशकबाजी'

··· अरे बूढ़ा है ? दिल भी कहीं बूढ़ा होता है··· उस लौंडे को देखते हैं न··· वही जो 'लेडिजफिंगर' खरीद रहा है–अपनी अधेड़ मालकिन का 'खानगी' नौकर है–मौज कर रहा है–मैं उसको क्या कहता हूँ जानते हैं ? बैसाखी खीरे का बतिया !··· तीन नंबर के लाल बंगले के छत पर हर रात को 'जिन्दा-सिनेमा' होता है।··· और, 'लभ' वाली शादी कहिए चाहे प्रेमविवाह–मगर है यह बालू की दीवार··· अब मेरी भाभी को ही देखिए न··· भैया के जितने दोस्त आते हैं, सभी 'लभ' की नजर से देखते हैं। माने, एक बार एक आदमी से 'लभ' करनेवाली लड़की हमेशा किसी-न-किसी आदमी से 'लभ' करती ही रहती है–लोग वही समझते हैं। मेरा भी यही अनुमान है। फिर किसी दिन सुनाएँगे आपको···।"

कभी-कभी वह बहुत ही उदास दीखता तो मैं टोक देता–"आज कुछ उदास नजर आ रहे हो छोटे ? क्यों, क्या बात है ?"

उस दिन क्रिस्ना के कोंचने और चिढ़ाने पर भी वह कोई जवाब नहीं देता। किन्तु मेरे सवाल के जवाब में प्रायः वह कहा करता–"जी करता है, उड़कर चला जाऊँ।"

"कहाँ ?" मैं अचरज से पूछता।

"और कहाँ ? गाँव।"

सात-आठ महीने की बैठकों में मैं उसके भैया-भौजी, गाँव-घर, टोला-समाज के लोगों के अलावा उसके गाँव के आस-पास के खेत-मैदान, नदी-पोखरे, हाट-घाट से अच्छी तरह परिचित हो चुका था। पूछता–"क्यों ? रानीगंज हाट की जलेबी खाने का जी करता है या रजौली पोखरे की मछली ?"

उस दिन ऐसा लगा कि वह मेरी प्रतीक्षा कर रहा था। उदासी का कारण पूछते ही वह मुझे चाय की दूकान पर ले गया हाथ पकड़कर–"अब आप ही बतलाइए जी। मैं क्या करूँ ? भैया-भौजी की लड़ाई अब आखिरी सीमा पर पहुँच गई है। अब तो कभी-कभी मार-पीट, 'पझड़ा-पझड़ोवल' भी हो जाती हैं। जब दोनों झगड़ने लगते हैं तो मैं रेडियो को और तेज कर देता हूँ। पानी के दोनों नलों को 'फुलस्पीड' में खोल देता हूँ, ताकि बाहर के लोगों तक–पास-पड़ोस में उनके झगड़े की आवाज नहीं पहुँच सके। मगर अब लगता है, बात फैल जाएगी। अब मैं क्या करूँ ? किसका साथ दूँ ?··· भौजी को सन्देह समा गया है कि भैया किसी मुँहबोली बहन के साथ 'लभ' में लटपटा गए हैं और भैया कहते हैं कि शहर की लड़की से शादी करके उनकी शांति समाप्त हो गई। अब मैं अगर भैया का 'पच्छ' लेता हूँ तो भौजी और भौजी के तरफ से बोलूँ तो भैया–दोनों ओर से जाता हूँ–दोनों मुझसे नाराज··· अजीब साँसत में मेरी जान फँसी है। बताइए न, क्या करूँ ?"

आज छोटे बहुत प्रसन्न है। उसने भैया के गृहकलह को शांत कर दिया है। मैंने भैया से एकांत में कहा–"भाभी की गैरहाजिरी में अब अगर किसी मुँहबोली लड़की को घर पर लाइएगा तो मैं भाभी को बता दूँगा।" और भाभी को धमकी दी–"मैके जाने का बहाना बनाकर आप इस मुहल्ले की मौसी और उस मुहल्ले की मामी के घर जाना बन्द करिए भाभी ! नहीं तो बिलट रिक्शावाला को गवाही में लाकर खड़ा कर दूँगा कि आप कहाँ-कहाँ जाती हैं और किस-किससे मिलती हैं।"

अन्त में, सबसे बड़ी खुशखबरी देते हुए वह तनिक लजाया। फिर मुस्कुराया–""अब आप ही बतलाइए न, मैं क्या करूँ ? भाभी के एक मौसी है। उसकी छै लड़कियाँ। लेकिन चौथी लड़की ठीक भाभी की तरह है, देखने में। भाभी उसको खूब मानती हैं। कभी-कभी वह आकर दो-तीन दिन रह भी जाती है। सो··· अब क्या बतावें। अपने जानते तो मैं बड़ा होशियारी से रहता आया हूँ, इस शहर में। मगर वह लड़की पता नहीं कैसे और कब से मुझसे 'लभ' करने लगी कि मुझसे पहले भाभी को पता चल गया। अब भाभी कहती हैं कि छोटे! अब क्या बताऊँ कि भाभी क्या कहती है ? एकदम, सीधे शादी कर लेने को कहती है। अब आप ही बतलाइए न–मैं क्या करूँ ? अगर 'लभ' नहीं करने लगी होती तो मैं साफ-साफ कह देता कि शहर की लपस्टिक लड़कियाँ मुझे पसन्द नहीं। लेकिन अब ऐसा कहने से उसका दिल टूट जाएगा न। है कि नहीं ?

अगस्त, 1971

जैव

निर्मल ने मंद-मंद मुस्कुराती, कमरे में प्रवेश करती हुई–विभावती से पूछा–"क्यों क्या बात है ?"

विभावती हँसती हुई बोली–"बात क्या होगी ? बात जो होनी थी सो हो गई।"

विभा ने स्वामी के हाथ में आज की डाक से आई हुई चिट्ठी दी। निर्मल ने पढ़ना शुरू किया–"पूजनीया भाभी,··· आगे समाचार यह है कि पिछले सप्ताह से ही सुबह उठकर उल्टी-मतली··· लेकिन, मेरी सासजी बहुत खुश हैं···।"

पत्र में ननद ने 'भौजाई' को विस्तारपूर्वक यानी खोलकर सबकुछ लिखा है। किन्तु निर्मल इससे आगे कुछ नहीं पढ़ सका।

"जो बात होनी थी सो हो गई न ? मैं जानती थी। चाहे पचास रुपये की किताब दीजिए 'प्रेमोपहार' या सौ रुपये की–जो बात होनी थी सो हो गई।"–विभा हँसकर बोली।

निर्मल चिढ़ गया–"बेमौके की ऐसी हँसी सुनकर मेरी देह जल जाती है।"

विभावती समझ जाती है, कि पति अभी बहुत चिढ़े हुए हैं। वह कमरे से बाहर चली गई, हँसती-मुस्कुराती।

निर्मल के सिर पर मानो वज्र गिर पड़ा है। उसका माथा चकरा रहा है। कान के पास झींगुर बोलने लगे हैं।··· शारदा गर्भवती माने प्रेगनेन्ट हो गई ? उसकी एकमात्र छोटी बहन, सोलह साल की शारदा–बिना माँ-बाप की–'कोरपच्छ' लड़की। निर्मल से ग्यारह साल छोटी शारदा ! निर्मल की माँ ने आँख मूँदने के पहले–विभावती से कहा था–"बहू ! अब तू ही इसकी माँ···।" पिता ने मरते समय निर्मल से कहा था–"बेटा ! बस, एक दायित्व तुम्हारे सिर पर दे जाता हूँ। शारदा को 'सुपात्र' के हाथ में देना।"··· इतना खर्च-वर्च सब बेकार ? यह तो पूरा 'कुपात्र' निकला। ··· और इसी 'कुपात्र' के फेर में पड़कर उसने अपनी दुलारी बहन की शादी कच्ची उम्र में ही कर दी··· अंग्रेजी तथा हिन्दी में उपलब्ध–दाम्पत्य-जीवन को सुखमय बनानेवाली प्रसिद्ध किताबों का एक सेट उसने विशेष रूप से भेंट किया था शारदा के पति प्रोफेसर सुकुमार राय को।···

निर्मल ने हिसाब लगाकर देखा··· तो, इसका अर्थ हुआ कि सुहागरात में ही···?

शारदा की शादी हुए तीन ही महीने हुए हैं। अभी 'प्रिंस होटल' का बिल भुगतान देना बाकी है। और… और…?

पड़ोस के फ्लैट की बूढ़ी मौसी आई है। शारदा को बहुत प्यार करती थी बूढ़ी मौसी। विभावती ने मौसी को भी शुभ संवाद सुना दिया—"हाँ, तीन महीने…"

"विभा !"—निर्मल ने उच्च स्वर में ही पुकारा। प्रसन्नता से बूढ़ी मौसी के चेहरे की झुर्रियाँ खिल पड़ीं।

"कर दिया न ब्राडकास्ट ? तुम लोगों के पेट में कोई बात जो पचे…।"

इस बार विभा ने जवाब दिया—"तुम तो चिढ़कर बेकार भुर्ता हुए जा रहे हो।"

"बेकार माने ?… शर्म की बात है। इस कच्ची उम्र में… मुश्किल है… शारदा मर गई समझ लो।"

"क्यों 'कुलच्छन' की बोली बोलते हो ? माथा गर्म करने से कुछ नहीं होगा। आज ही अस्पताल में 'साइड-रूम' के लिए दर्खास्त दे दो।"

विभा रसोईघर में चली गई।

निर्मल सोचने लगा—सच ही तो ! माथा गर्म करने से क्या होगा। आज ही अस्पताल में 'साइड-रूम' के लिए दर्खास्त दे देना ठीक होगा। प्रोफेसर सुकुमार राय ! फर्स्ट क्लास फर्स्ट… गोल्ड मेडलिस्ट हैं। कुपात्र कहीं का !… आजकल के नौजवानों में यही ऐब—डिग्री से लदे हुए गधे !… लेकिन, हिसाब से तो…? सुहागरात में ही 'कंसीव' किया होगा शारदा ने। क्योंकि उसके बाद 'मेहमान' भागलपुर चला गया था। दो महीने के बाद आकर शारदा को ले गया है। और एक महीने के बाद यह पत्र…?

दोपहर को भोजन 'रुचा' नहीं तो विभा ने मुँह फुला दिया—"इस तरह खाना-पीना छोड़ने से क्या होगा ?"

"विभा ! मैं प्रार्थना करता हूँ… मुझे शान्तिपूर्वक इस समस्या पर कुछ सोचने भी दोगी ?"

"पूछती हूँ, यह भी कोई समस्या है ?"

"तुम भी बूढ़ी मौसी के सुर में सुर मिलाकर ऐसी बातें करोगी, इसकी मुझे उम्मीद नहीं थी।"

"तो क्या करूँ ? सिर पकड़कर रोऊँ ?"

"विभा"—निर्मल की आँखें डबडबा आईं—"शारदा मर जाएगी। जरूर मर जाएगी।"

"तुम्हारे कहने से मरेगी ? कुछ नहीं होगा। तुम्हारी दुलारी बहन शारदा को एक गोलमटोल सुन्दर मुन्ना के सिवा और कुछ नहीं होगा।"

"वह इतनी दुबली है सो…।"

"सो जानेगी डॉक्टर मिस जोजेफ और जानेंगे स्त्रीरोग के पुरुष विशेषज्ञ डॉक्टर शर्मा…।"

डॉक्टर शर्मा का नाम सुनते ही निर्मल को काम की बात सूझी—क्यों न डॉक्टर

शर्मा की फोन करके सलाह ले ? उसने डिरेक्टरी में डॉक्टर शर्मा का नम्बर खोजकर निकाला और डिरेक्टरी के मुखपृष्ठ पर लिखने के बाद उसने डायल पर नम्बर मिलाया। चोंगा रखकर फिर डायल किया। बहुत देर तक उधर घंटी बजती रही। फिर किसी आदमी ने चिढ़ी आवाज में पूछा–"हैलो ?"

"एँ ? डॉक्टर शर्मा हैं ? नहीं हैं। अस्पताल में ? देखिए साहब, इस तरह झल्लाइए मत। आप कौन हैं ?··· तुम डॉक्टर साहब के ड्राइवर होकर ऐसी बातें कहोगे··· ?"

उस छोर पर चोंगा रख दिया गया। इसके बाद जब अस्पताल का नम्बर लगाया तो टूँ-ऊँ-ग, टूँ-ऊँ-ग···।

निर्मल के कमरे से बहुत देर तक टेलीफोन डायल करने की आवाज आती रही–क्रिर, क्रिर, क्रिर !!

फिर मन कड़वा हो गया निर्मल का।

विभा आई और पास बैठकर गम्भीरतापूर्वक बातें करने लगी–"देखो ! तुम क्या सलाह लेना चाहते हो डॉक्टर से। यही न कि कम उम्र की कमजोर लड़की···।"

"विभा ! तुम फिर छेड़ने आईं···।" निर्मल कहते-कहते रुक गया। उसने अपनी पत्नी के चेहरे पर सहानुभूति की रेखाएँ देखीं। उसे विभा का इस तरह गम्भीर हो जाना अच्छा लगा।

दोपहर के भोजन के बाद विभा रोज एक बीड़ा पान खाती है। पान मुँह में रखकर जब वह बोलने लगती है तो निर्मल उसके क्रमशः लाल होते हुए ओठों को देखता रहता है। विभा बोली–"तुम सुकुमार को एक चिट्ठी लिख दो और अगले महीने ही जाकर शारदा को लिवा लाओ।"

"तुम ठीक कहती हो। मैं भी यही सोच रहा था।"

विभा अब मुस्कुराई। निर्मल बोला–"जानवर है। क्या कहा जाए इस सुकुमार को ?"

विभा ने बात पूरी की–"किसको कहा जाए ? न बहन शारदा को धैर्य और न बहनोई सुकुमार साहब को संतोष···।"

"अब मार खाएगी विभा।"

विभा हँसती हुई लेट गई पति के बगल में और अपनी उँगलियों पर जोड़ने और जोड़कर हिसाब निकालने लगी। शारदा का 'एसपेक्टिंग डेट' यानी 'संभावित तिथि' अर्थात् फरवरी में 'मासिक धर्म' बंद हुआ है तो नवम्बर के दूसरे सप्ताह में ? वह पति को गुदगुदाती बोली–"होनेवाले मामू साहब ! एक 'टोकरी' ऊन चाहिए··· जाड़े में जन्म लेनेवाले शिशु को गर्म रखने के लिए पसमीना-ऊन···।"

भाई और भाभी ने मिलकर शारदा को बचा लिया। चौथे महीने में ही निर्मल भागलपुर जाकर, लड़-झगड़कर शारदा को पटना लिवा लाया। पहले हर महीने, बाद में प्रत्येक पखवारे में 'हेल्थ विजिटर' और 'मिडवाइफ' से जाँच करवाकर–वे सलाह लेते और तदनुसार परिश्रम, भोजन और दवा की व्यवस्था। इसके बावजूद

शारदा की जान संकट में पड़ गई। नवम्बर के दूसरे सप्ताह में शारदा बारह घण्टे तक अस्पताल में सिर कटी हुई चिड़िया की तरह दर्द से तड़फती-छटपटाती रही। अन्त में सी. एस. (सिजेरियन-सेक्शन अर्थात् पेट चीरकर) करके बच्चा निकाला गया। बच्चा स्वस्थ है–छै पौंड का बेबी !

अस्पताल से पन्द्रह दिन के बाद जब डेरे पर आई शारदा तो एक दिन चोर की तरह मुँह छिपाता हुआ आकर खड़ा हुआ प्रोफेसर सुकुमार। विभा हँसकर बोली–"आ गए, आ गए ! जुलियस सीजर के पिता सुकुमार साहब··· प्रोफेसर ऑफ बोटानी।"

शाम को निर्मल और विभा तस्वीर देखने गए–बहुत दिनों के बाद। पिछले दो महीने से दोनों परेशान होकर दौड़ते-भागते रहे हैं।

राह में विभा बोली–"मेहमान शायद शारदा को लेने आया है।"

निर्मल बोला–"बोले तो मेरे सामने। जूता खाएगा।"

लौटते समय विभा बोली–"कल एक बार डॉक्टर जोंजेफ की क्लिनिक में चलोगे ?"

"क्यों ? अब क्या है ?"–निर्मल ने चौंककर पूछा।

विभा बोली–"शारदा कहती थी कि एक बार डॉक्टर जोजेफ ने बुलाया है।"

विभा और निर्मल। विवाह के पाँच वर्ष बाद भी जब विभा को 'कुछ' नहीं हुआ तो निर्मल ने डॉक्टरों को दिखलाकर सलाह ली थी। एक छोटा-सा ऑपरेशन भी हुआ था। किन्तु अन्ततः दोनों ने मन-ही-मन मान लिया था–कुछ नहीं होगा। विधि के विधान को उन्होंने स्वीकार कर लिया था। वे प्रसन्न थे, सुखी थे, कहीं कोई रिक्तता नहीं। कोई कमी नहीं महसूस करते थे। किन्तु उसकी बहन शारदा के आने के बाद से···

दूसरे दिन डॉक्टर जोजेफ की क्लिनिक से लौटकर शारदा अपने पति और भाभी के साथ खिलखिलाकर हँस रही थी–"देखा भाभी ! मैंने कहा था न ? ठीक हुआ न, मेरी छूत लग गई न ? हा-हा ? मैं जानती थी। तुम्हारे लक्षण सभी··· "

निर्मल ने पूछा–"क्या बात है शारदा ?"

वे सभी चुप हो गए। उस कमरे से विभा की गिड़गिड़ाती आवाज और शारदा की मद्धिम खिलखिलाहट के साथ शारदा के शिशु के किलकने की सम्मिलित आवाज आई। निर्मल ने फिर पूछा–"शारदा ! क्या है ?"

शारदा ने कोई जवाब नहीं दिया। वह उठकर पूजाघर में गई और शंख फूँकने लगी–"धू-ऊ-ऊ। तू-ऊ-ऊ !!"

प्रोफेसर सुकुमार लजाते और मुस्कुराते हुए निर्मल को समझा रहे थे–"भाईजी ! वनस्पति-जगत् में भी ऐसा होता है। इस प्राकृतिक प्रक्रिया को हमारे शास्त्र में 'पोलिनेशन' कहते हैं–पी. ओ. एल. एल. आई. एन. ए. टी. इ. अर्थात् फर्टिलाइजिंग ए फ्लावर बाइ कनवेईंग··· नारियल या पपीता अथवा सुपारी का कोई पेड़ अगर नहीं फलता है तो पास में एक दूसरा पेड़ लगाया जाता है और

जब दूसरा पेड़ फूलने-फलने लगता है तो पहला निष्फला पेड़ भी···।"

निर्मल ने झुँझलाकर कहा–"क्या बक रहे हो, मैं कुछ नहीं समझ रहा।··· देखो सुकुमार, मैं कोई बहस, कोई बात नहीं करना चाहता–नहीं सुनना चाहता। शारदा सालभर यहाँ रहेगी। इस बीच कोई···।"

सुकुमार तुतलाकर कह रहा था–"भाई साहब··· मतलब··· आप तो बेकार···"

हँसती हुई शारदा ने खिड़की के उस पार से ही अपने भाई और पति और दुनिया-जहान को सुनाने के लहजे में कहा–"मैं जाऊँगी ही नहीं। कोई जबर्दस्ती ले जाएगा क्या ?··· भाभी को डॉक्टर ने···।"

लगा, शारदा का मुँह किसी ने दबा दिया। उसकी बोली मुँह में ही रह गई।

सुकुमार ने झाँककर देखा–भाभी अपनी ननद का मुँह हथेली से बंद करके हँस रही है।

सुकुमार ने कहा–"अच्छी बात है भाभी ! यह 'शुभ संवाद' मुझे ही सुनाने का अवसर आपने दे दिया। बहुत धन्यवाद ! भाईजी, बात यह है कि भाभी··· भाभी को डॉक्टर जोजेफ ने जाँच कर 'पक्की' रिपोर्ट दे दी है–मतलब भाभी ने 'कंसीव'··· अर्थात्–वही जो मैं कह रहा था न–पोलिनेशन···"

अक्टूबर, 1972

मन का रंग

मैं समझ गया, वह जो आदमी दो बार इस बेंच के आस-पास चक्कर लगाकर मेरे चेहरे को गौर से देखकर गया है न–वह मेरे पास ही आकर बैठेगा। बैठने से पहले मद्धिम आवाज में 'कपट विनय' भरे शब्दों से मुझे जरा-सा खिसक जाने को यानी 'तनि डोल' जाने को कहेगा। और यदि मैं उसके गाल के गलमुच्छों और गले के गुलबन्द से ढँकी आवाज को नहीं सुनने का बहाना बनाऊँ तो तनिक ऊँची आवाज में बेरुखाई से कहेगा–"सुनते हैं ? आप ही से कहा जा रहा है···।"

··· हाँ-हाँ, मुझे नहीं तो और किससे कहेंगे ?··· पता नहीं, मेरे चेहरे पर क्या लिखा हुआ पढ़ लेते हैं लोग कि ट्रेन या बस में अथवा प्लेटफार्म या पार्क के बेंच पर ही नहीं–इस विशाल संसार के किसी कोने में भी बैठा रहूँ तो ये मुझे ही तनिक-सा सरककर बैठने को कहेंगे। पास में जगह नहीं हो तो मेरी ही गठरी पर बैठते हुए मुझसे पूछेंगे–"इसमें टूटनेवाला कोई सामान तो नहीं ?"–मैं कितना ही अखबार पढ़ने में तल्लीन होने की मुद्रा बनाऊँ, चेहरे पर नहीं, सारे शरीर पर गुरु-गम्भीरता का लबादा ओढ़कर भारी बनना चाहूँ–मगर उनकी आँखों ने मुझे पहले ही पासंग-सहित तौल लिया है। इतने लोगों के बीच–प्लेटफार्म के इस ओर से उस छोर तक–उनकी निगाह में मैं ही एकमात्र ऐसा हल्का आदमी हूँ, जिसे मद्धिम आवाज से ही तनिक-सा सरकाया जा सकता है। बगल में बैठनेवाले इन अनचाहे बगलगीरों के अलावा खड़ा होकर तमाशा देखनेवाले तमाशबीनों में भी ऐसे लोग रहते हैं जो मुझे ही खोजते रहते हैं। लॉन में कोई बड़ी सभा हो या फुटपाथ पर होनेवाला मदारी का खेल–ये मुझे वहाँ पा लेते हैं और ठीक मेरे सामने आकर खड़े हो जाते हैं। मेरे दृष्टिपथ को उनका 'मुण्ड' पूरी तरह छेंक लेता है। तब यदि मैं दाहिनी ओर सिर झुकाऊँगा, तो वह 'मुण्ड' भी दाहिने झुकेगा और बायें मोड़ूँ तो वह भी तत्काल उधर मुड़ जाएगा। इसके बाद सभा के सारे लोग नेताजी का भाषण, उनके हाथ-पाँव भाँजने के साथ देखेंगे-सुनेंगे; मदारी के मजमे के लोग कबूतर गायब होने का तमाशा देखेंगे और मैं देखा करूँगा सिर्फ इनका मुण्ड। इसको पकड़कर–आसपास के अन्य मुण्डों से टकरा देने का जी बार-बार

करने के बावजूद–वैसा नहीं कर पाता। और वैसा नहीं कर पाने का दुख··· ? आत्मग्लानि की उन अनुभूतियों के दंश से मन बस चिढ़ा रहता है। अपनी कायरता के लिए अपने-आपको धिक्कारता रहता हूँ। जीभ पर अपने लिए कोई हल्की-फुल्की गाली भी कढ़ आती है, जिसे मैं चुपचाप निगल जाता हूँ।··· सुना है, जापान के लोग गाली नहीं बकते और न कसमें ही खाते हैं। शायद इसलिए वहाँ 'हाराकिरी' यानी आत्महत्या करने का प्रचलन पनपा है। गाली तो··· (क्या कहते हैं उसको, जो प्रेसर-कूकर में लगा रहता है ?)··· हाँ, सेफ्टी-बल्ब है।··· लीजिए, वे आ गए। वे मुझे ही कह रहे हैं–"तनि डोलिएगा ?"

सरकने या खिसकने के बदले 'डोलना' शब्द का प्रयोग, जिस पर इस तेवर के साथ कि अगर मैं नहीं डोलना चाहूँ, अथवा डोलने में मुझे कोई कष्ट हो, तो वे स्वयं मुझे डुला देंगे !

मुझे डोलना नहीं पड़ा। आप बैठ गए हैं। और अब मुझसे कुछ पूछना चाह रहे हैं।··· पता नहीं, मेरे चेहरे पर क्या है कि लोग मुझसे ही दुनिया भर के सवाल करते हैं। मेरी विरक्त मुद्रा ने काम किया। उन्होंने कुछ पूछना चाहकर भी कुछ नहीं पूछा। मुझे संतोष हुआ, अपनी विरक्त मुद्रा को कारगर होते देखा। किन्तु एक ही क्षण के बाद फिर दपदपाकर जी जल उठा। सामने बड़े बोर्ड पर एक रेलवे कर्मचारी खूब बड़े-बड़े अक्षरों में लिख गया–'फोर्टी डाउन ट्रेन तीन घण्टा लेट !'

एक हल्की-सी चीख मेरे मुँह से निकल पड़ी शायद। बगलगीरजी बैठते ही ऊँघने लगे थे। मेरी अस्फुट चीख पर चिहुँककर जगते हुए बोले–'का हुआ ?'

देखता हूँ, सुनता हूँ–मेरे मुँह से ही नहीं–गाड़ी के लेट आने की सूचना पाकर सारे प्लेटफार्म के लोगों के मुँह से कुछ-न-कुछ भला-बुरा निकल रहा है। बहुत देर से रुकी हुई भुनभुनाहट अचानक फिर शुरू हो गई है !

··· तीन घण्टे लेट ? अर्थात् दस तीन तेरह–एक बजे रात में आएगी गाड़ी। ऐसा ही होता है। पता नहीं ऐसा क्यों होता है कि जब कभी मैं कहीं की यात्रा पर निकलता हूँ अथवा किसी को 'रिसीव' और 'सी ऑफ' करने के लिए स्टेशन आता हूँ, तो गाड़ी लेट हो जाती है। मैं जानता था आज भी वही होगा। सो, हुआ।··· इस चायवाले को अबकी डाँटूँगा, अगर उसने मेरी ओर मुँह टेढ़ा कर उस तरह 'च्ये-हे-य !' कहकर पुकारा तो।

गाड़ी के तीन घण्टा लेट आने की सूचना के साथ ही प्लेटफार्म के उस छोर से उसकी आवाज बुलंद हुई है, जो क्रमशः निकटतर होती जा रही है–'च्हे-हे-य !'

"ऐ ! इधर सुनो जी। पहले भी तुम मुझसे पाँच बार पूछ चुको हो। इस बार सुन लो मैं चाय नहीं पीता। समझे ?"

चायवाला कुछ अप्रतिभ हुआ। नहीं, अप्रतिभ हो ही रहा था कि मेरे पड़ोसी की नींद खुली और उन्होंने चायवाले को पुकारा–"देना एक कुलफी।"

चायवाले का चेहरा बदल गया। उसने टेढ़ी निगाह से मेरी ओर देखकर फिर हाँक लगाई–'च्हे-हे-य !' और मुझे जो जवाब मिलना चाहिए, मिल गया। पुनः आत्मग्लानि हुई। इस चायवाले की चिढ़ानेवाली आवाज को नहीं बन्द कर पा सकने की ग्लानि। कई लोगों ने एक ही साथ चाय की माँग की तो उसने मेरी ओर एक बार देखा। इस बार उसकी आँखों में मेरे प्रति दया का भाव था। मेरे बगलगीर ने तश्तरी में चाय डालकर फूँकते हुए कहा–"मेरा बोहनी कैसा सगुनियाँ है, देखा ? पाँच कुलफी एक साथ।" फिर मेरी ओर देखकर मुखरित हुए–"पीजिए न आप भी एक कुलफी। गाड़ी तो तीन घण्टा लेट है !"

क्या जवाब दूँ इस भले आदमी को; गाड़ी तीन घण्टे लेट है, इसलिए मैं भी एक कुलफी चाय पीऊँ उनके आग्रह पर। इसमें क्या तुक है भला ?

मेरी ओर से निरुत्साहित होकर उन्होंने चायवाले से ही फिर बातचीत जारी रखी–"का जी ? रोज कितना कमा लेते हो ?"

मैं जानता था, चायवाला यही जवाब देगा–"जी, कोई ठीक नहीं, किसी दिन सात–किसी दिन दस–जब जैसा···।"

हठात् मेरे मन में भी हुआ कि चायवाले से पूछूँ कि अगर तुमको सात रुपये रोज अथवा दो-ढाई सौ रुपये महीने पर कोई नौकर रखे तो क्या इसी तरह दिन-रात प्लेटफार्म के इस छोर से उस छोर तक घूम-घूमकर चाय बेचा करोगे ? किन्तु मैंने पूछा नहीं। क्योंकि मैंने उसकी चाय खरीदी थी और फोकट के ऐसे सवालों के जवाब वह इस तरह नकद देगा–"ढाई सौ क्या, पाँच सौ भी दे कोई, नौकरी नहीं करेंगे साहेब !"

लाउडस्पीकर पर खुसफुसाहट हुई, तो उत्कर्ण हुआ। गाड़ियों के आने-जाने की सूचना देनेवाले इस यन्त्र से आती हुई आवाज में–ग्यारह बजे रात के बाद से नींद घुल जाती है। यानी ग्यारह बजे के बाद से इनकी आवाज में धीरे-धीरे विहाग का स्पर्श लगता जाता है और तब इसका भी वही प्रभाव पड़ता है, जो फिल्मी लोरियों के सुनने पर पड़ता है–'यात्रीगण··· कृपया ध्यान दें··· थट्टिन अप गाड़ी··· !!"

इस घोषणा के बाद मेरे पास बैठे सज्जन ने मुझसे पूछा–"आपको किधर जाना है ?"

अब मैं अपने को समझाने लगता हूँ कि किस तरह दिन-रात दुनिया से बेवजह नाराज रहना अच्छा नहीं, उचित नहीं।··· इस आदमी ने मुझसे कुछ पूछकर अन्याय नहीं किया है बल्कि, इसका उचित उत्तर नहीं देना असंगत और अनुचित होगा। और अन्ततः मैं अपने-आप पर नाराज हो जाता हूँ। फिर अपने-आपकी प्रतिरक्षा करने लगता हूँ–"क्या मैं बेवजह ही सुबह से शाम तक नाराज रहा करता हूँ ? अपना गाँव-घर छोड़कर, पराये नगर में आकर रहने को मजबूर आदमी भी कभी खुश रह सकता है क्या ? किसी प्राइवेट कॉलेज का पार्ट-टाइम प्राध्यापक भी कभी प्रसन्न रह सकता है ?"

ठीक वही हुआ जो ऐसे मौकों पर संयोग से हुआ करता है। ऐसे तर्क-वितर्क

के क्षणों में ही कोई मेरी आँखों में उँगली डालकर–इसी तरह जवाब दिखला देता है··· सामने सोई हुई भिखारिन का छोटा-सा शिशु बहुत देर से उठकर बैठा है, और चुपचाप स्वयं ही किलकारियाँ लेकर प्रसन्न हो रहा है। भिखारिन हठात् हड़बड़ाकर उठ बैठती है, फिर अपने प्रसन्न शिशु को मस्त होकर खेलते देखकर आह्लादित होती, बच्चे को दुलारने लगती है–"बबुआ जाग गइल हो ? आज बहुत सबेरे जगलन है हमार बबुआ !··· " फिर उसका हुलसकर बच्चे को छाती से लगाना···? मेरा भी मन अजाने प्रसन्न होने लगा। और अचानक ही योजना मन में कौंध गई। योजना नहीं, एक विचार। जिस नगर में मैं रहता हूँ वह एक नया बसा हुआ नगर है। सड़क के दोनों ओर बनते हुए मकानों को देखकर नाराज होने के बदले इस नगर में आकर बस जानेवाले परिवारों का एक सर्वेक्षण प्रस्तुत करना उचित नहीं क्या ? मेरे नगर में सैकड़े में निन्नानवे बासिन्दे गाँव से आकर बसे हैं। सिर्फ एक प्रतिशत परिवार ही पैदाइशी शहरी हैं। मगर बाकी आबादी उसी एक प्रतिशत की नकल में दिन-रात व्यस्त है।··· कल ही तो, गाँव में जन्मे, पले और बड़े होकर बूढ़े होनेवाले रामनिहोरा बाबू (डॉक्टर रामस्वारथ बाबू के पिताजी) कह रहे थे–"जानते हैं ?–आधुनिक डॉक्टरों का आधुनिक मत है कि शुद्ध दूध और घी स्वास्थ्य के लिए बहुत ही हानिकारक है।"··· और मेरी अपनी अधेड़ मौसी उस दिन जिस वेश में मेरे फ्लैट में आई थी–वह किसी सचित्र साप्ताहिक पत्रिका के किसी रंगीन विज्ञापन के मॉडल से क्या कम लगती थी ?··· अचानक मेरे मन में दूसरा ख्याल आया–क्यों न अपने नगर में भी एक 'ब्यूटी कन्टेस्ट' का आयोजन किया जाए ?··· फिर अचरज हुआ यह सोचकर कि कलर फोटोग्राफी के डेवलप होते ही सारा समाज एक ही साथ किस तरह रंगीन हो उठा है ? चारों ओर घोर गाढ़े नीले-पीले, बैंगनी-गुलाबी और तोतापंखी रंगों के धब्बे ! मैं अब तक इन रंगों से चिढ़ता रहा हूँ। लेकिन अब सोचता हूँ कि रंग से चिढ़ना क्यों ? रंग तो हमारी सभ्यता के मूल में ही है। मोरमुकुट और पीताम्बर, रंग भरी एकादशी। मेरे अन्दर का कुढ़ता हुआ आदमी भिखारिन के बच्चे को निकलते देखकर ही हार मान चुका था। अब वह मुझ पर व्यंग्य करने लगा–क्यों ? दुनिया रंगीन मालूम होने लगी ?··· मैं उसको जवाब देता हूँ··· क्यों नहीं मालूम होगी रंगीन दुनिया–जब यह सचमुच रंगीन है ? तीन सौ रुपये के वाउचर पर दस्तखत करके डेढ़ सौ रुपये माहवार, तीन महीने के बाद पाता हूँ, तो क्या मुझे खुश रहने का अधिकार नहीं ?···

मेरे बगलगीर की गर्दन नींद से झुकती हुई मेरे कंधे पर आ गई है। मेरे अन्दर का नाराज व्यक्ति होता तो तुरन्त कंधा खींच लेता और उसका मुण्ड बेंच से 'खट' आवाज के साथ टकरा जाता। किन्तु मैं अब पूर्ण स्वस्थ हो गया हूँ। गाड़ी आने में अब बस आधा घण्टा रह गया है। मैं अपने बगलगीर का सिर पकड़कर धीरे-से जगा देता हूँ। फिर चायवाले को पुकारता हूँ और बगलगीर के हाथ में एक कुलफी चाय थमाकर आग्रह करता हूँ–पीजिए ? एक कप मैं भी पी लूँगा आज।

जनवरी, 1972

लफड़ा

उस बार 'युनिट' के 'प्रोडक्शन मैनेजर' ने मेरे ठहरने की व्यवस्था 'दि डायना गेस्ट हाउस' में की थी। इसके पहले मुझे खार स्टेशन के पास 'होटल सदाबहार' में टिकाया जाता था। इसलिए, नयी जगह के बारे में तरह-तरह के सवाल मुँह से अनायास निकलते गए और 'आफिस-ब्वाय' गर्दन हिलाकर सभी सवालों के जवाब में 'हाँजी-हाँजी' कहता गया। बोला–"साब ! डायना गेस्ट हाउस में भी 'इंडस्ट्री' का लोग सब रहता है। एक गोआनीज लेडी का है···।"

गोआनीज लेडी ? याद आई, होटल सदाबहार में रहते समय इस गेस्ट हाउस के किस्से सुना करता था। जब-जब हमारे होटल सदाबहार में कोई 'लफड़ा' होता, उस दिन कोई-न-कोई व्यक्ति 'डायना' की कोई नई कहानी जरूर सुनाता।

होटल सदाबहार में भी 'इंडस्ट्री' अर्थात् 'फिल्मइंडस्ट्री' के लोग ही रहते हैं। इसके प्रोप्रायटर बूढ़े सरदारजी और उनके लड़के, हर नए व्यक्ति को हर कमरे की विशेषता बतलाते समय, फिल्मी दुनिया की किसी बड़ी हस्ती का नाम लेते हैं–'म्यूजिक डिरेक्टर' रबिनदेव मजुमदार का नाम सुना है ? जब पहली बार बम्बई आया था, तो इसी कमरे में डेढ़ साल तक था और सुमन्त कुमार जब आया था···।"

यों, लफड़े तो सदाबहार होटल के भी एक से एक दिलचस्प हैं। लेकिन डायना गेस्ट हाउस के किस्से दिलचस्प होने के साथ 'हॉट' भी हैं।··· गोआनीज लेडी का नाम लेते ही मेरी आँखों के सामने गर्मागर्म 'स्पाइस्ड-पोर्क' का एक प्लेट आ जाता है !

गेस्ट हाउस के सामने टैक्सी लगी। तीन-चार परिचित चेहरे एकसाथ दिखलाई पड़े और सभी एकसाथ किलक पड़े–"अरे ! दादा ? आप ?··· कब आए ?"

मुझे राहत मिली। सुना, यदुवीर भी इसी गेस्ट हाउस में रहता है। उसके दोस्त रामपाल ने कहा–"दादा ! आपको क्या बताएँ ? बगैर एक बार आपकी चर्चा किए यदुवीर कभी 'बेड-टी' तक नहीं लेता। और, इस बार आपको यहाँ ठहराने का इन्तजाम उसी हरामजादे ने करवाया होगा। वह बोलता था–दादा को एक बार इस गेस्ट हाउस में जरूर टिकाना होगा···।"

इन परिचितों की कृपा से मुझे इस नई जगह में आकर कोई प्रारम्भिक परिश्रम नहीं करना पड़ा। सचमुच गेस्ट की तरह बैठा रहा। रामपाल दौड़कर गया और दो-तीन 'मूरत' को साथ ले आया। कमरे की सफाई से लेकर बाथरूम की धुलाई तुरत हो गई। रामपाल ने हर 'मूरत' का परिचय दिया—"दादा ! यह है गफूर। यह रामदास और यह दास गुप्ता। हाँ, बंगाली दास गुप्ता। ये सभी आपके 'बंदे' हैं। सभी साले 'चाइल्ड-हीरो' बनने के लिए घर से भागे थे और अब··· दादा ! अब आप आ गए हैं। कसम खुदा की—आपको रोज एक नया प्लॉट मिलेगा यहाँ।··· अभी तो आप हमारी 'मैडम' से मिले ही नहीं।"

बाहर एक तीखी और पतली आवाज गूँज उठी। रामपाल ने दाँतों से जीभ काटते हुए कहा—"आ गई ! आ गई चुड़ैल !"

नीले रंग के स्कर्ट में एक नाटी, काली और मोटी महिला दरवाजे पर प्रकट हुई, और अचरज से मुझे देखने लगी। फिर रामपाल पर बरस पड़ी—"तुम ? तुम इदर में कहाँ ? नया गेस्ट के पास हमारा चुगली खाने आया है ? इडियट ! ठहरो, आज तुमको निकालेगा। अब्बी निकालेगा···।"

रामपाल ने आज्ञाकारी पुत्र की तरह मुखमुद्रा बनाकर कहा—"मैडम ! क्या बोलता है आप ? हम अभी पेट-भर बैदे की भुर्जी और बटाटा-फ्राय खाया है, तुम्हारा चुगली किस पेट में खाएगा ? पूछ लो, दादा को इस 'गेस्ट हाउस' में लाया कौन ? मैडम, हम तुम्हारा भला छोड़कर कभी बुरा नहीं किया। और, तुम···।"

मैडम तुरत खुश हो गई। बोली—"अरे नहीं बेटा। तुमको हम खूब पहचानता है।··· बोलो ना, तुम्हारा यह नया गेस्ट··· यह दादा किदर से आया है ?"

रामपाल ने जवाब दिया—"आप हैं हमारे दादा। स्टोरी और डॉयलॉग लिखते हैं। खुदा कसम, ए फर्स्ट क्लास जैंटलमैन···।"

"रखो तुम्हारा खुदा कसम। अरे, जब आता है, तो सभी फर्स्ट क्लास जैंटलमैन होता है।"—मैडम बोली—"मगर, तुम लोग सबको बिगाड़कर छुट्टी कर देता है। एकदम 'थर्ड क्लास' कर देता है।"

इस बार रामपाल के तेवर बदल गए—"मैडम प्लीज बी सिरियस ! दादा तुम्हारे इस 'रेचेड गेस्ट हाउस' में आ गए हैं तो इसका मतलब नहीं कि···।"

"अरे बेटे ! गाली काहे कूँ बकता है ? हम तो 'लव' में बोला और तुम बोम मारने लगा।"—मैडम अब खुशामद के सुर में बोलने लगी—"दादा ! आपका यह रामपाल··· हि इज ए चाइल्ड··· लड़का है एकदम।"

बाहर, फटी हुई आवाज में किसी ने पुकारा—"मैडम !"

मैडम ने सिर पकड़कर कहा—"यह कुत्ता का बच्चा इदर में किदर से काहेकूँ आ गया ? जरूर ड्रंक है।"

मैडम बाहर चली गई। मुझे मुस्कुराते हुए देखकर रामपाल उत्साहित हुआ—"दादा, आप आ गए हैं। कसम खुदा की, आप खुश होकर लौटिएगा इस बार बम्बई

से।··· ठहरिए, मैं यदुवीर को फोन करता हूँ। साला आजकल 'वेरी बिजी हीरो' के साथ लगा हुआ है।"

मैंने पूछा–"और तुम ?"

"अप्पन तो वही 'हैपी वैली' साहब का साथ है। 'दर्द का दरिया' में फर्स्ट असिस्टेण्ट लगा हुआ हूँ।··· अभी आया दादा। आप तक तक नहा-धो लीजिए। बाथरूम में जाइएगा, तो कमरा अन्दर से बन्द कर लीजिएगा।"

रामपाल चला गया। मैं नहाने की तैयारी में लग गया। कंधे पर लुंगी-तौलिया और हाथ में साबुनदानी लेकर दरवाजा बंद करने जा रहा था कि मैडम आई–"दादा, एक्सक्यूज मी, डिस्टर्ब किया आपको। लेकिन···।"

वह इधर-उधर देखकर मेरे करीब चली आई। फिर धीरे-से बोली–"यह रामपाल को तुम कितने दिन से जानता है ?··· बस ? दो साल से ? यों लड़का अच्छा है। मगर, मैं कहती हूँ–थोड़ा 'केयरफुल' रहना। यहाँ किसी का भरोसा नहीं। डोण्ट बिलीव एनीबडी। तुमको फुर्सत में बतलाएगा··· दे आर वेरी डर्टी ! अच्छा दादा, तुम ड्रिंक तो नहीं करता ? हाँ, खबरदार···।"

बाहर फिर किसी ने पुकारा–"मै-ड-म !"

मैडम ने मुँह बनाकर कहा–"इदर सभी शैतान हैं मगर मैं भी शैतान का खाला है। मेरे पास कोई लफड़ा नहीं। अब्बी गड़बड़ किया कि अब्बी गेट आउट किया। तुम इनकी बात में नहीं आना। सब डेंजरस है। फुर्सत में तुमको सब बतलाएगा···"

बाहर यदुवीर का ठहाका सुनाई पड़ा। मैडम बोली–"यह आया दूसरा शैतान का बच्चा। वो रामपाल है न, फिर भी अच्छा है। यह यदुवीर··· तुम जानता है उसको ? कब से ?··· ओह, बहुत गन्दा बहुत···।"

"क्यों मदर ? दादा से पुराना रिश्ता है क्या ?"–यदुवीर के ठहाके से कमरा हिलने लगा।

मैडम बोली–"देख यदुवीर ! हमेशा 'मस्करी' ठीक नहीं। तुम इस तरह पागल का माफिक हँसता क्यों है ?"

"मदर··· !"

"फिर मदर बोलता है ?"

"मदर नहीं तो क्या बोलेगा ? ग्रैण्ड मदर ?"

"अब्बी निकालेंगा···।"

"किसको ?"

"तुमको।"

"देखता हूँ कौन निकालता है किसको !"

"हम निकालेंगा–हम। पाँच महीने का रेन्ट बाकी पड़ा है। ऊपर से वीकली दस-पन्द्रा कर्जा खाता है रेगुलरली··· लाज नहीं ?"

"काहे की लाज ?"

"तुम दिन में भी ड्रिंक करने लगा ?"

"ड्रिंक किया तो किसी के मरे हुए खसम का क्या ?"

"अब्बी निकल जाओ ?"

"नहीं निकलेंगे !"

"नहीं ?"

"नहीं निकलता।"

"नहीं ?"

"नहीं। नहीं। नहीं !"

"माई गॉड···!"

मैडम सिर पीट-पीटकर रोने लगी। पैर पटक-पटककर नाचती, न जाने किस भाषा में क्या-क्या बोलने लगी।

मैंने अवाक् और अप्रसन्न होकर यदुवीर की ओर देखा। यदुवीर अप्रतिभ नहीं हुआ। उसने आँखें मटकाकर मुझे संकेत किया—"मजा देखिए ना।"

मैडम कमरे से बाहर चली गई, तो यदुवीर फिर ठठाकर हँस पड़ा। मैंने कहा—"यह कहाँ आ गया मैं ?"

"दादा, आपको यहाँ ठहराने की व्यवस्था मैंने ही करवाई है। एक सप्ताह ही रहकर देख लीजिए···।"

रामपाल हँसता हुआ आया—"चूतिए ! देखना मैडम आज तुमको निकालकर ही पानी पीयेगी। कह रही है, नया गेस्ट के सामने हमारा इनसल्ट किया, हमारे मरे हुए खसम का नाम लिया।··· रो रही है, ऑफिस का दरवाजा बन्द करके।"

"मारो साली कुतिया को !"—यदुवीर ने बिछावन पर लुढ़कते हुए कहा—"और बतलाइए दादा···।"

बांद्रा के 'दि डायना गेस्ट हाउस' की मालकिन, अधपगली गोआनीज मोटी मेम को बांद्रा से खार तक का बच्चा-बच्चा जानता है। राह चलते बड़बड़ाती रहती है। 'तंदुरी चिकन' कहने से बेहद चिढ़ती है। छोटे-छोटे बच्चे 'तंदुरी चिकन' कहकर गली में भाग जाते हैं और मैडम मोड़ पर खड़ी होकर गालियाँ सुनाती रहती है—"तेरी मदर तंदुरी चिकन, तेरा बाप तंदुरी चिकन···।"

उसी शाम को यदुवीर ने नया तमाशा दिखाया। दिन-भर की रूठी और नाराज मैडम को चुटकी बजाकर खुश कर दिया। यदुवीर ने बड़े प्यार से 'हैलो मैडम' कहा और वह रोने लगी—"नहीं, नहीं, हम तुमसे नहीं बोलेंगा। नहीं···।"

"मैडम ! डियर··· डार्लिंग··· मेरी सुनो···।"

"कुच्छ नहीं सुनेंगा।··· हम तुमसे 'लव' में बात किया और तुम नया गेस्ट के सामने हमको गाली बोला। नहीं-नहीं···।"

चौबीस घण्टे में ही मेरा सिर बार-बार चकराने लगा।—मैं कहाँ आ गया। पागल हो जाऊँगा यहाँ···।

डायना गेस्ट हाउस बाहर से जितना नया और साफ-सुथरा दिखाई पड़ता है,

अन्दर से उतना ही पुराना और गन्दा है। लकड़ी की खिड़कियाँ और रंगीन टाइल के इस मकान की उम्र एक सौ साल से कम नहीं होगी। सब मिलाकर बीस बड़े और पाँच छोटे कमरे हैं। बड़े में चार और छोटे में दो गेस्ट रहते हैं। हर कमरे के बीच में लकड़ी का एक पार्टीशन और दरवाजा है जो दोनों ओर से बंद रहता है। हर कमरे के बाथरूम का फ्लश बिगड़ा हुआ है और झरना हमेशा चूता-टपकता रहता है। तेलचट्टों की टोलियाँ दिन-रात टहलती रहती हैं। दीवारों के पलस्तर छूते ही झरझराकर झड़ने लगते हैं। पलंग पर खटमलों का और कमरों में मच्छरों का राज। किचन तो 'हेल' ही है। फिर भी, यहाँ रहनेवाले गेस्ट को हमेशा एहसास होता है कि मैडम की विशेष कृपा यानी एहसान से ही उन्हें यह जगह मिली है।

मैडम फिल्मी लोगों से घृणा करती है। कहती है—"एक आदमी होता है शराबी, कोई होता है छोकरीबाज, कोई जुआड़ी। अलग-अलग आदमी में अलग-अलग ऐब। मगर यह फिल्म का आदमी एक ऐसा जानवर होता है जिसको सिंग भी होता है, जहरीले दाँत भी, तेज नाखून और हाथी के जैसा सूँड भी··· आई हेट··· आई हेट···।"

लेकिन, उसकी घृणा के बावजूद उसके गेस्ट हाउस के हर कमरे में हमेशा फिल्मी लोग ही रहते हैं और रहेंगे। मैडम रोज शराब के खिलाफ हर गेस्ट के कमरे में जाकर भाषण और चेतावनी देती है—"नो वाइन एण्ड नो वीमन··· दारू भी नहीं, छोकरी भी नहीं।" और रोज शराब भी आती है और लड़कियाँ भी। खुद मैडम शराब पीती है और उसके लिए एक अधेड़ आदमी हर शनिवार को आता है जिसको ऑफिसवाले कमरे में बन्द करके मैडम खुद छोकरी हो जाती है। सभी जानते हैं···!

उस रात रामपाल और यदुवीर दोनों रेस में हारकर लौटे थे। इसलिए टैक्सी से उतरकर सीधे मैडम के पास हाजिर हुए। रामपाल ने गिड़गिड़ाते हुए कहा—"मैडम ! हमारी जान आज तुम्हारे हाथ ! बाहर टैक्सी में 'छोकरी' का मवाली बैठा हुआ है। प्लीज मैडम···।"

"क्या-आ-आ ? छोकरी लेकर आया है ?"

"नहीं मैडम।"—कान पकड़ते हुए रामपाल ने कहा—"ऐसा काम हम कभी नहीं करेंगे।"

"तब ?"

"उधर ही 'खलास' करके आया।··· मैं समझा कि यदुवीर साले के पास पैसा और यदुवीर समझा कि रामपाल साले के पास पैसा होगा···।"

"एक ही छोकरी था या दो ?"—मैडम ने दिलचस्पी के साथ पूछा।

"नहीं मैडम ! एक ही···।"

"गेट आउट···।"

"मैडम ! मवाली टैक्सी में बैठा है। हमारी जान ले लेगा। खुदा की कसम···"

"और तुम ?"—मैडम ने यदुवीर की ओर मुड़कर कहा—"तुम चुप काहे कूँ है।

अब बोलता क्यों नहीं ? एँ ? उदर में छोकड़ी के साथ ऐश करके आया है। इदर में अब बाहर जाकर मवाली के जूते खाओ ना।··· ठीक है, अच्छा है !"

यदुवीर बोला–"तुम यहाँ लाने ही नहीं देती मैडम !"

"हम तुमको कब मना किया ? बोलो ? मना किया कबी ? कसम खाकर बोल–तुमको कबी बोला··· ?"

बाहर टैक्सी का कर्कश हॉर्न बजा।

रामपाल हाथ जोड़कर गिड़गिड़ाया–"मैडम प्लीज !"

"कितना माँगता है ?"

"दो सौ।"

मैडम चीख पड़ी–"ऊ-य-हू ! टू हंड्रेड ? एक कुतिया के वास्ते–हंड्रेड रूपी पर हेड ? माई गॉड··· बेटे रामपाल, बेटे जदबीर ! तुम दोनों का जवाब नहीं। जवाब नहीं।··· कैसी थी छोकरी ?"

"मैडम, पहले मेहरबानी करके रुपये दो। फिर सबकुछ बताऊँगा। सबकुछ···।"

मैडम ने यदुवीर की ओर देखकर नाक सिकोड़ते हुए कहा–"तुम लोगों को नरक में भी जगह नहीं मिलेगी। समझे ?"

सौ-सौ के दो नोट रामपाल के हाथ में थमाकर मैडम बोली–"आइ हेट यू बोथ··· तुम दोनों को कल ही यहाँ से निकालेगा। देख लेना। गेट आउट।"

सुना, रामपाल और यदुवीर ने ऐसा नाटक बहुत बार किया है। और हर बार मैडम ने इसी तरह की धमकियों के साथ कर्ज दिए हैं।

एक दिन यदुवीर ने कहा–"आज आपको यहाँ का 'सिनेमास्कोप' दिखलाऊँगा। आज शनिवार है न ?"

"सिनेमास्कोप ?"

वे दोनों एक ही साथ हँसे। रामपाल ने फिसफिसाकर यदुवीर से कुछ पूछा। यदुवीर ने बताया–"तीन-तीन पेयर का प्रोग्राम है आज। दस नम्बर–फ्लूट बनाने वाले बंगाली फटिक की पंजाबन भी आज आएगी। चार नम्बर जवान सरदार की बुढ़िया··· और आठ नम्बर में तो आज 'कोरस'···।"

यदुवीर बोला–"और साली मदर का साला फादर भी तो आज ही आएगा !"

एक बोतल काजू की शराब और कई बोतल कोला लेकर छोकरा दास गुप्ता आया। रामपाल ने कहा–"दादा, कसम खुदा की–इसके सामने स्कॉच भी कुछ नहीं। साली पहला 'किक' ही ऐसा जमकर लगाती है कि आदमी सीधे 'आउटर-स्पेस' में पहुँच जाता है।"

दास गुप्ता छोकरा आँखों में कोई संकेत लेकर आया। यदुवीर ने गटगटाकर गिलास खाली किया और उठकर दरवाजा बन्द कर आया। फिर बीचवाले लकड़ी के दरवाजे के पास जाकर बैठ गया।

रामपाल ने धीमे स्वर में पूछा–"क्यों ? चालू है ? साला, इतना 'अर्ली' ही शुरू कर दिया इस भूखे बंगाली ने ?"

रामपाल गिलास हाथ में लिए ही यदुवीर के पास गया। यदुवीर को ठेलकर, खुद छेद में आँखें सटाकर देखने लगा। फिर दोनों ने इशारे से मुझे बुलाया। मैंने सिर हिलाकर कहा–"नहीं।" दोनों ने ऐसी मुद्रा बनाई जिसका मतलब था–"एक बार आकर देखिए तो ! ऐसा 'शो' फिर कभी देखने को नहीं मिलेगा।"

अचानक कमरे का दरवाजा कचमचाकर खुला। कमरे में मैडम दाखिल हुई। दोनों पार्टीशनवाले दरवाजे के पास उठ खड़े हुए। मैडम ने पहले अचरज से हमें बारी-बारी से देखा। फिर बगैर कुछ बोले पार्टीशनवाले दरवाजे के पास घुटने के बल बैठ गई और छेद से देखने लगी। अचानक वह छिटककर फर्श पर लुढ़क गई। ऐसा लगा, बिजली मार गई। रामपाल और यदुवीर ने दौड़कर मैडम को सँभाला। मैडम दोनों के बाँह में अधलेटी-सी थर-थर काँप रही थी और बोलने की चेष्टा कर रही थी–"माई गॉड··· यह बीमार बंगाली जरूर मरेंगा। देखा नहीं, छोकरी ने 'पलटपोज' लगाया है। यह जरूर मरेंगा। देख लेना। अब्बी निकालेंगा उसकू···।"

यदुवीर और रामपाल, दोनों एकसाथ मैडम को प्यार-भरी खुशामद किए जा रहे थे–"मैडम ! प्लीज··· डोन्ट डिस्टर्ब··· 'शो' बर्बाद मत करो··· मरने दो साले को··· तुम्हारा क्या, हमारा क्या··· डार्लिंग··· तुम कितनी अच्छी हो।"

जून, 1972

अग्निसंचारक

लगता है फिर कहीं किसी पर्वत शिखर पर हिमपात हुआ है। सुबह की हवा में पर्याप्त 'कनकनी' व्याप्त है। फिर शीतलहरी चलेगी। मैं बाघ से उतना नहीं डरता हूँ, जितना माघ की इस कनकनी से। इसी के डर से कभी दार्जिलिंग नहीं गया–जो हमारे घर से ज्यादा दूर नहीं। जाने की बात दूर–कभी कल्पना भी नहीं की आज तक। यों, उम्र के हिसाब से अथवा अन्य किसी हिसाब से मैं वृद्ध नहीं। किन्तु हर साल अगहन से माघ तक अपने को 'थुरथुर बूढ़े' से भी हीन अनुभव करता हूँ।··· सबकुछ ठंडा-ठंडा ! चाय, कॉफी तथा अन्य उष्ण एवं उत्तेजक द्रव्य के अहर्निश और अनर्गल सेवन का कठोर दंड पेट की अंतड़ी को भोगना पड़ता है। इसलिए हर साल फागुन महीना के तीसों दिंन, प्राकृतिक चिकित्सा के उपचार में··· समझिए कि यों ही यानी 'अलोने' बीत जाते हैं।

'शीतलहरी' शब्द के उच्चारण और श्रवण मात्र से मुझे लगता है कि कोटि-कोटि नन्हीं सूइयाँ, मेरे अंग-प्रत्यंग में बिद्ध होने के लिए पंक्तिबद्ध उड़ती हुई आ रही हैं। सो ऐसी ही एक कनकन-ठंडी दुर्दिन की रात में एक बार हजारीबाग रोड स्टेशन पर 'उनसे' मेरी पहली और अंतिम मुलाकात ! माघ महीने की शीतलहरी की लहर पर काँपती-सिहरती छोटा-नागपुर की पहाड़ी धरती। हजारीबाग रोड स्टेशन के प्रतीक्षालय में गाड़ी की प्रतीक्षा में जमकर बरफ होता जा रहा था कि अचानक 'उनका' अचानक आविर्भाव !

प्रतीक्षालय में प्रवेश करके उन्होंने एक बार चारों ओर देखा और फिर सीधे मेरे पास आकर मुस्कुराने लगे। मैं उनकी असामयिक मुस्कुराहट का अर्थ नहीं समझ सका तो वे बोले–"लगता है, आप भी पटना जानेवाली गाड़ी की प्रतीक्षा कर रहे हैं ?"

मेरे मुँह से कोई शब्द नहीं निकल सका। स्वीकारात्मक मुद्रा बनाकर गर्दन हिला दी और उनकी ओर जिज्ञासापूर्ण दृष्टि से देखता रहा।

उन्होंने अपना परिचय दिया–"मैं हूँ अग्निबोध। हें-हें··· पत्र-पत्रिकाओं में मेरी रचनाओं से कदाचित् परिचय हुआ हो। और मेरी आगामी कृति 'अग्निरथ' का विज्ञापन तो आपने अवश्य देखा होगा।"

मैंने पूछा—"अग्निबोध तो आपका 'धराऊ नाम' हुआ। 'घराऊ' नाम क्या है ?"

इस प्रश्न से उनकी मुखमुद्रा तनिक विकृत हुई। बोले—"मान लीजिए कि मेरा घराऊ नाम अजबलालदास हो तो इससे क्या ? वह लेकर आप क्या कीजिएगा। मैंने अपना शुभ और साहित्यिक नाम बतलाया है।... और आप अपना परिचय दें अथवा नहीं दें—मैंने आपको पहचान लिया है।"

मैंने कम्बल के नीचे समेटे हुए अपने मुखड़े को जरा बाहर किया और अचरज में पड़कर सोचने लगा कि इस अजनबी अजबलालदास उर्फ अग्निबोध ने मुझे कैसे पहचान लिया और क्या पहचान लिया है। मुझे अचरज में पड़ा देखकर वे प्रफुल्लित ही हुए। मैंने कुनमुनाकर कहा—"आपने मुझे कैसे पहचान लिया अग्निबोधजी ! मेरा नाम तो आपने सुना भी नहीं होगा कभी।"

"अर्थात् ?"—अग्निबोधजी ने पासवाली कुर्सी पर दखल जमाते हुए पूछा।

"अर्थात् मेरा नाम है हिमकूट हुस्सा !... क्यों, विश्वास नहीं हो रहा है न ?"

उनके आश्चर्यमिश्रित अप्रतिभ मुखमंडल को देखकर समझ गया कि मेरे कथन का उन्हें रत्तीभर विश्वास नहीं रहा तो मैंने कहा—"जाने दीजिए ! नाम में क्या है ? नाम में क्या रखा है ?"

इस पर वे तमककर बोले—"सो क्यों ? नाम में सबकुछ रखा हुआ है। आपका नाम यदि वास्तव में हिमकूट हुस्सा है तो आपके सम्पूर्ण व्यक्तित्व और अस्तित्व से हिमकूट हुस्सा का बिम्ब, प्रतिबिम्ब और संत्रास...।"

मैंने बीच में ही टोक दिया—"देख नहीं रहे हैं कि जाड़े और ठंड से दंतपंक्तियाँ कटकटा रही हैं और ऊपर से खादी ग्रामोद्योग का 'धुस्सा' ओढ़े हुए हूँ। इससे बढ़कर और क्या प्रतिबिम्ब आप खोज रहे हैं ?"

इस पर वे चिल्ला-चिल्लाकर हँसने लगे। आदमी ऐसी विकट और उत्कट हँसी भी हँसता है, मुझे ज्ञात नहीं था। वेटिंग रूम में सोए और ऊँघते हुए सभी लोग आतंकित होकर उठ बैठे। अगर एक हँसी को फुलझड़ी कहते हैं तो इस हँसी को क्या कहेंगे ? पटाखा हँसी ?

वातावरण में तनिक उष्णता का आभास आ गया। उनकी हँसी के विस्फोट से समस्त प्रतीक्षालय सरगर्म हो उठा।

अब अग्निबोध बोले—"जाड़े से दाँत कटकटा रहा है तो सुनिए...।"

इतना कहकर वे चालू हो गए अर्थात् अपनी कविता का पाठ शुरू किया—"कविता का शीर्षक है अग्नि-नियंत्रण...।"

उनकी कविता अंगारे की तरह उनके मुँह से विगलित होने लगी। ...रामायण की एक चौपाई भी मुझे याद नहीं, यद्यपि बचपन से ही पारायण करता आ रहा हूँ। किन्तु, अग्निबोध की कविता तो हृदय को दग्ध कर गई है न। इसलिए आज तक प्रत्येक पंक्ति मेरे मानस में रेडियम-डायलवाली घड़ी की तरह जगमगा रही है।

शीर्षक की घोषणा के बाद मूल कविता शुरू हुई :

"आओ सभी बंधुगण
सादर निमंत्रण है,
नहीं कोई बाधा, न कोई नियंत्रण है
शीताकुल जितने जीव, प्राणी शीतल
काँप रहे हैं जीर्ण-शीर्ण दुलाई और
तार-तार उघरे कम्बल के नीचे
सभी सुन लें–निमंत्रण है, निमंत्रण है !!
युग के जमे हुए गोयठे और भूसे राशि राशि
टूटी-फूटी और दरकी असंख्य आशाओं और
आकांक्षाओं के स्तूप, पुरानी धुरानी संस्कृति
सभी को जगाकर लगा दो एक 'घूर'
मैं इस घूर अर्थात् अलाव में
तुम्हारी पुंजीभूत क्रोधाग्नि की दियासलाई
लहका दूँगा··· आओ तापो तापो
नवयुग की पहली आग··· ।"

मेरी देह उत्तप्त हो गई। लगा, प्रतीक्षालय में हठात् इलेक्ट्रिक हीटर अथवा शीततापनियंत्रक मशीन चालू हो गई है। सभी लोग अपनी रज़ाई, दुलाई, चादर आदि फेंककर अग्निबोध के पास पतंगे की तरह आकर एकत्र होने लगे। उनकी पहली कविता से ही चतुर्दिक् अग्निसंचार हो गया था।

कविता समाप्त करके अग्निबोधजी ने सभी को एक बार देख लिया। मुझे लगा कि वे अब दूसरी कविता सुनाने की तैयारी कर रहे हैं तो डर गया। एक ही कविता के प्रभाव से यह हाल है, तो दूसरी कविता से तो लाक्षागृह की तरह धधक उठेगा यह प्रतीक्षालय। मैंने हड़बड़ाकर रोकने की चेष्टा की–"अग्निबोधजी ! जरा घाम सूखने-सुखाने दीजिए··· ।"

किन्तु अग्निबोधजी ने छान्ह-पगहा तुड़ाकर भागनेवाले 'बन्हौटा-घोड़ा' की तरह दुलकी छोड़कर 'दुटप्पा' उठाया–"इस कविता का कोई शीर्षक नहीं···

अजी ओ ! ओ जी ओ !!
तुम्हीं से कह रहा हूँ कि
रोमांटिक लोर से भींगी और भुआई
अपनी दियासलाई की डिबिया
फेंको, फेंको उसमें अब आग नहीं
एक बूँद चिनगारी तक नहीं
प्रतिगामी बारूदवाली तिलियाँ
किसी काम की नहीं। अतः

लाया हूँ तुम्हारे ही लिए खासकर
कितनी बाधा, विपत्तियों को 'पास' कर...
सीमा के उस पार से
स्टेनलेस स्टील के विदेशी लाइटर
जिस पर किसी देश का 'मेक' दर्ज नहीं
(यही इसकी विशेषता है !)
झड़ी हो–बतास हो
वर्षा हो,–बुन्नी हो अथवा तूफान !
जब जी चाहे बटन दबाइए
आग उपजाइए,
नवयुग की नयी आग !!"

इस कविता के बाद सुननेवालों की समस्त सत्ता जमे हुए घी की तरह पिघल चुकी थी। मुझे ऐसा लगा कि एक सौ पाँच डिग्री ज्वर से मेरी देह तप रही है। अब यदि किसी कविता की एक या आधी पंक्ति भी पढ़ी गई तो हम राख हो जाएँगे। अतः गिड़गिड़ाने के पहले कोई शीतल शब्द ढूँढ़ने लगा। तब तक अग्निबोध ने अपने चमड़े के बैग से एक सेल्युलाइट का डिब्बा निकालकर बाहर किया और शुरू किया "यही है ! नये साल का नया स्टौक। दाम भी ज्यादा नहीं। फकत तीन रुपये ! लीजिए, बटन दबाइए और आग जन्माइए ! नये युग की नयी आग, नयी आग !!"

देखते ही देखते अग्निबोध ने आधा दर्जन 'लाइटर' बेच लिया !... वे मेरी ओर एक उड़ती और हलकी निगाह डालकर देखते रहे। मैं तो हैरत के मारे गूँगा हो गया था। अतः वे अब 'नयी आग-नयी आग' हाँक लगाते हुए प्लेटफार्म की ओर चले गए।

जब अग्निबोधजी प्रतीक्षालय से बाहर चले गए, तो प्रतीक्षालय के एक कोने में शुरू से अन्त तक सोए हुए एक भोजपुरी भाई ने न जाने किससे पूछा–"ई सरवा अगिनबोट चल गैल का !"

मैं हर साल की शीतलहरी अब अग्निबोधजी की तथा उनकी कविताओं की याद करके कुशलतापूर्वक काट लेता हूँ।

जुलाई, 1972

एक रंगबाज गाँव की भूमिका

सड़क खुलने और बस 'सर्विस' चालू होने के बाद से सात नदी (और दो जंगल) पार का पिछलपाँक इलाके के हलवाहे-चरवाहे भी 'चालू' हो गये हैं··· ! 'ए रोक्-के !' कहकर 'बस' को कहीं पर रोका जा सकता है और 'ठे-क्हेय !' कहकर 'बस' की देह पर दो थाप लगा देते ही गाड़ी चल पड़ती है–इस भेद को गाँव का बच्चा-बच्चा जान गया है। और मिडिल फेल करके गाँव-भर में सबसे बेकार बने छोकरे हाथ में एक 'एकसरसाइज-बुक' लेकर, चुस्त पैण्ट-बुश्शर्ट पहनकर दिन-भर, जहाँ तक जी चाहे, बस में बैठकर 'स्टुडेण्टगिरी' कर आते हैं। किन्तु, पिछलपाँक इलाके का रंगदा गाँव अचानक इतना 'चालू' हो जायेगा–यह किसको मालूम था ?

सदर शहर से सड़क के द्वारा जुड़ जाने के बाद जब महानन्दा प्रोजेक्ट का काम शुरू हुआ, उसके पहले ही रंगदा गाँव के प्रोजेक्ट का 'इन्स्पेक्शन बँगला' बन चुका था। डाक बँगला या होटिल बँगला (हाल्टिंग बँगला) कहने पर रंगदा गाँव के गँवार भी हँसते हैं–"देखो 'आइबी' को होटिल बँगला कहता है !"

आइबी के मकान बनने के पहले ही चारों ओर गुलमुहर के पेड़ों के छतनार हो चुके थे और कई तो फूलने भी लगे थे। अब तो गुलमुहर फूलने के मौसम में दूर से ही, रंगदा गाँव के आकाश की रंगीनी को देखकर लोग पहचान लेते हैं–'वह रहा··· लाल रंग का रंगदा गाँव !'

रंगदा गाँव और इसके निवासियों को 'चालू' करने का श्रेय रंगदा 'आइबी' और गुलमुहर के सैकड़ों पेड़ों को ही है।

दो साल पहले प्रोजेक्ट के चीफ इंजिनियर के साथ एक बंगाली दोस्त आये थे। उन्होंने दो-तीन दिनों तक बैलगाड़ियों में रंगदा गाँव के आस-पास चक्कर काटने के बाद अपने इंजिनियर मित्र से पूछा था–"गाँव का नाम पहले से ही रंगदा था या आप लोगों ने दिया है ?··· एक ओर तीन पतली नदियों का संगम, दूसरी ओर बाँस के पुराने जंगल, तीसरी ओर कोसों फैली परती धरती। और, इसके मध्य बसा यह गाँव और आपका यह 'आइबी'··· हर नदियों में असंख्य कमल-फूल और आकाश में मँडराते नाना रंग वर्ण के पखेरुओं के झुण्ड··· 'की सुन्दर

जायगा !' (कैसी सुन्दर जगह !)··· मैं बहुत 'इन्स्पायर' हूँ, सिंघजी। मैं आपको धन्यवाद देता हूँ कि आपने मुझे ऐसी जगह का पता दिया।"

इंजिनियर साहब के बंगाली दोस्त दो सप्ताह तक 'आइबी' में रहे। कमरे में दिन-भर चुपचाप बैठकर लिखते थे और शाम को 'आइबी' के चौकीदार के बातूनी चाचा के साथ परमान नदी के तिमुहाने पर जाते थे। कभी बाँस वन के आसपास चक्कर लगाते और किसी दिन जीप लेकर परती-मैदान की ओर चले जाते।

दो सप्ताह के बाद वे चले गये। किन्तु, दो महीने के बाद ही 'धनकटनी' के दिनों–अगहन महीने के शुरू में ही–अपने पूरे दल-बल के साथ आ धमके तीन 'डिलक्स बस' में भरकर कलकत्ता के 'फिलिमवाले' ! तब जाकर मालूम हुआ, कि इंजिनियर साहब के बंगाली दोस्त 'फिलिम' बनानेवाले डाइरेक्टर साहेब हैं।

पन्द्रह-बीस दिनों तक गाँव में किसी ने कोई काम नहीं किया। अगर किया भी तो मुफ्त में ही इतनी मजदूरी मिलती कि उन्हें भ्रम होने लगता कि 'नोट' जाली तो नहीं !··· आइबी के झकसू पासवान चौकीदार के बातूनी चाचा बेंगाई पासवान को तो बजाप्ता 'पाट' ही दे दिया और 'देवी दुर्गा'-जैसी रूपवती लड़की से (अरे देखो-देखो, सिनेमा की हिरोइन को लड़की कहता है ?) रू-ब-रू बात कराकर फोटो लिया और जाते समय साथ-साथ कलकत्ता ले गया। बेंगाई अब कलकत्ता में ही रहता है।··· बासमती मुसम्मात की बेटी जमुनिया की तस्वीर–पानी में पैठाकर, लिया साड़ी के साथ एक सौ रुपये का एक नम्बरी नोट।··· तेतरी दीदी की दीवार पर–हाथी-घोड़ा-मयूर-तोता और फूल आँके देखकर डाइरेक्टर साहब 'लट्टू' हो गये–तेतरी दीदी के नंगे बेटे को ओसारे पर बैठाकर फोटो लिया··· लौंडा रोये तो भी फोटो खिंचाता था और हँसता भी तो फोटो छापनेवाली मशीन–कुर्र-कुर्र-कुर्र फोटो छापती जाती !··· सन्तूदास को काम मिला था कि लाल झण्डी देखते ही परमान के कुंड में ढेला फेंके। ढेला फेंकते ही हजारों-हजार पंछी पाँखें फड़फड़ाकर उड़ते, उड़ने लगते। उधर दनादन फोटो होता रहता। मँहगू की दो धुर जमीन का सरसों बर्बाद हुआ तो पाँच सौ रुपये हर्जाने में मिले।

जिस दिन वे लोग जाने लगे–गाँव के लोग उदास हो गये। बेंगाई पासवान ने सभी को भरोसा दिया था–'बाबू लोग बोलते हैं कि फिर आवेंगे।'

सचमुच, बेंगाई ने ठीक ही कहा था। तीन-चार महीने के बाद, बेंगाई कलकत्ते से लौटा, तो गाँव के लोग पहले उसको पहचान ही नहीं सके। बड़े-बड़े बाबू-बबूआन की तरह 'धोती-अँगरखा' पहने, आँख पर चश्मा।··· दो बक्सा कपड़ा ले आया था, अपने भतीजे-भतीजी और नाती-पोतों के लिए। बेंगाई बोला–"अरे भैया ! अपने रंगदा गाँव ने तो सिनेमावालों पर ऐसा रंग डाल दिया है कि अब इस गाँव में जो भी हो जाये, अचरज मत करना। बंगाली बाबुओं ने कलकत्ता में जाकर रंगदा की इतनी तारीफ शुरू कर दी कि मैं भी हैरत में पड़ गया। कहते थे–रंगदा गाँव के दूध पर ऐसी मोटी छाली पड़ती है, वहाँ की मछली-जैसा स्वाद कलकत्ते में कभी नहीं पाओगे।··· और आदमी लोगों की भी तारीफ करते थे।··· सो, जान

लो ! इस बार दूसरे साहब आ रहे हैं। यह जरा दूसरे 'सुभाव' के आदमी हैं। मगर घबड़ाने की बात नहीं। यह भी भले आदमी हैं। ये रंगीन खेला बनायेंगे–इसीलिए गुलमुहर और सेमल फूल के मौसम में आवेंगे।··· मैं यहाँ से तार करूँगा और दूसरे ही दिन सभी दनादन पहुँचते जायेंगे। हाँ, ये साहब हम लोगों के 'सिरुआ पर्व' के धूमधाम और 'नन्ही-मुन्ही नाच' की शूटिंग करेंगे। अजी, शूटिंग का मतलब वही है जो फोटो छापने का। लेकिन दूसरे गाँव का आदमी जो कुछ भी कहे–अपने गाँव के लोगों को इसका मतलब समझा दो। शूटिंग, हीरो, हिरोइन, कैमरा और लोकेशन··· सबका 'अरथ' समझ लो।··· सरसतिया की माँ से कहो कि सरसतिया का नाम अब 'लक्ष्मी' रख दे। उसकी आँखों की छापी की वहाँ इतनी तारीफ हुई है कि इस कम्पनी के डाइरेक्टर साहब ने अपने खेला की 'लछमी' का काम सरसतिया से ही करवाने का फैसला किया है।··· पाँच हजार ! पूरा पाँच हजार ! बोल, सरसतिया की माँ ? अब भी बेंगाई पासवान को 'करमजरबा' कहेगी ?"

नहीं-नहीं, अब बेंगाई को करमजरुआ या कामचोर कौन कह सकता है ? सूरज पर कौन थूक सकता है ? दिन-भर खैनी खाकर 'बकर-बकर' करनेवाले बातूनी बेंगाई की बात की इतनी कीमत ! यह जो कुछ बोलता है, डाइरेक्टर साहेब एक छोटी बही में 'चट' टीप लेते हैं। कितना किस्सा-कहानी, कितना गीत-भजन, कितना फिकरा-मुहावरा···।

सिरुआ-पर्व के ठीक पाँच दिन पहले ही कलकतिया बाबू लोग पहुँच गये। दल में कुछ पुराने लोग थे, कुछ नये। पहलेवाली हिरोइन के साथ एक हिरोइन और आयी है। गाँव गुलजार है !

सारे गाँव में सिरुआ-पर्व मनाने का खर्च कम्पनीवालों ने दिया है। कोई घर ऐसा नहीं, जिसकी दीवारों पर तेतरी दीदी के हाथ में बने हुए फूल-पत्ते, हाथी-घोड़े न बने हों। तेतरी दीदी को भी डाइरेक्टर साहब कलकत्ता ले जायेंगे। कह रहे थे कि उसको सरकार से 'बकसीस' दिलायेंगे।

एक बात और खास है, रंगदा गाँव में। इस जिले में बस इसी इलाके और गाँव में 'थारू-कोंच' जाति के लोग रहते हैं। इसीलिए 'पहरावे-ओढ़ावे' से लेकर 'पर्व-त्योहार' भी सभी के लिए नये लगते हैं। औरतें पर्दा नहीं करतीं। स्वस्थ होती हैं !

नये डाइरेक्टर साहब ने सरसतिया का पहले बाँस बन की छाया में गाय के बछड़े के साथ दौड़ाकर 'शूटिंग' लिया। फिर, धान कूटते समय–ढेंकी के ताल पर गीत गाते हुए। कलकत्ते से आयी हुई छोटी हिरोइन के साथ झूला झूलते हुए।··· धन्य है। धन्य है !!

तब से रंगदा गाँव इतना 'चालू' हो गया है कि इस गाँव में सीधे कलकत्ते से महीने में चार-पाँच मनीआर्डर आते हैं। बेंगाई पासवान के अलावा सरसतिया और उसकी माँ, उसका बड़ा भाई भी कलकत्ता गया है। तेतरी दीदी की खुशामद

एक ओर उसका बाप करता है—दूसरी ओर उसका बूढ़ा ससुर भी दिन-रात आकर रोता-गाता है।··· गाँव का रंग ही बदल गया है, तब से !

इसलिए, रंगदा गाँव के लड़के क्यों न अपने को रंगबाज कहें ?···

असल में, इस गाँव के बारे में इतनी 'भूमिका' बाँधने की जरूरत आ पड़ी थी। इस बार सरसतिया का छोटा भाई कलकत्ते से, होली के पहले घर आ रहा था। कटिहार जंक्शन पर पुलिसवालों को कुछ सन्देह हुआ, तो पकड़ लिया। पूछा—कहाँ घर ? तो, जवाब दिया—रंगदा का 'रंगबाज' हूँ। यह रंगबाज क्या है ?··· तुम्हारे पास इतने पैसे कहाँ से आये ? तो, छोकरे ने सिगार सुलगाते हुए, लापरवाही से कहा—मैं हिरोइन का छोटा भाई हूँ—'रंगबाज' फिल्म का नाम सुना है ? अभी यहाँ नहीं आया है ? आयेगा तो देखिएगा।··· अबकि हमको भी 'चान्स' मिलनेवाला है।

पुलिसवालों ने उसको 'रंगबाज' अर्थात् गुण्डा नक्सली समझकर चालान करना चाहा। किन्तु, उस लड़के ने 'तार' देकर बेंगाई दास को गाँव से बुला लिया। और बेंगाई ने आकर अपने गाँव रंगदा की भूमिका बाँधी, तभी जाकर उसको छुट्टी मिली।

दरोगा ही नहीं, एस. पी. साहब के लड़के और लड़कियाँ भी उस दिन से बेंगाई की खुशामद कर जाते हैं—रंगदा गाँव में आकर—"बेंगाई दादा ! एक बार 'चान्स' दिला दो। जिन्दगी-भर गुलामी कर दूँगा···।"

बेंगाई दास किसी को भरोसा नहीं दे सकता है।··· कैसे दे सकता है ? यह तो रंगदा गाँव की महिमा है कि आज बेंगाई दास की तस्वीर सिनेमा के अखबारों में छपती है।

सितम्बर, 1972

दसगज्जा के इस पार और उस पार

सुना है, पश्चिम में कई खूँखार और भयानक असामाजिक अपराधियों ने जेल की काल-कोठरियों में बैठकर भोगी हुई जिन्दगी और किए गए अपराधों-कुकर्मों के नंगे अनुभव लिखकर रातों-रात प्रसिद्धि प्राप्त कर ली है। मैं अब तक किसी ऐसे अपराध में पकड़ा नहीं गया हूँ और खुले आकाश के नीचे–'नो मेन्सलैण्ड' के कछार पर बैठकर यही सब लिख रहा हूँ···।

किन्तु इस 'नो मेन्सलैण्ड' यानी 'दसगज्जा' के 'इस पार' या 'उस पार' मुझे जीवित या मृत 'कैप्चर' करनेवाले अथवा करवा देनेवाले को इनाम में अच्छी रकम मिल सकती है। सम्भव है, कोई सरकारी खिताब अथवा वीरता की कोई राष्ट्रीय पदवी भी मिल जाय। यदि मुझे जीवित पकड़ा गया तो मेरी गिरफ्तारी के बाद अपराधों की एक लम्बी फेहरिश्त तैयार करके मेरे नाम के साथ नत्थी कर दी जाएगी। देशद्रोह या शत्रुपक्ष की जासूसी के इलजाम भी लगाए जा सकते हैं। और कोई अजब नहीं कि मुझे किसी नई और उग्रतम राजनीतिक पार्टी का एकमात्र नेता मशहूर कर दिया जाए। अथवा कई कुख्यात अन्तर्राष्ट्रीय गिरोह से मेरा सम्बन्ध जोड़कर मुझसे कबूल करवाने की हरचन्द कोशिश की जाए।··· ज्यादा उम्मीद तो इसी बात की है कि मुझे देखते ही–'इस पार' में या 'उस पार' में–गोली मार दी जाय। दोनों ओर के पुलिस तथा खुफिया-विभाग के दर्जनों कर्मचारी और अफसर मुझे पहचानते हैं। लेकिन मेरी सूरत देखकर–मुझे पहचानकर भी हर बार वे एक क्षण के लिए भ्रम में पड़ जाते हैं। और उसी एक क्षण में मैं अपने को इस तरह सँभाल लेता हूँ कि वे मुझे कोई अन्य आदमी समझकर निश्चिन्त हो जाते हैं।··· मैं इस बार यहाँ हर बात के लिए तैयार होकर बैठा हूँ।

और मैं 'यह सब' क्यों लिख रहा हूँ ? क्यों··· क्यों ? ठीक-ठीक बता नहीं सकता। किंतु प्रसिद्धि के लोभ में हरगिज नहीं। और न ही अपनी कोई सफाई के लिए। असल में मैं इस 'दसगज्जा' के बारे में–इसके 'इस पार' और 'उस पार' के गाँवों, लोगों और जानवरों के सम्बन्ध में कुछ लिखे बगैर नहीं रह सकता–अब ! शायद मन के किसी कोने में यह उम्मीद भी छिपी हुई हो कि जिस दिन–कभी भी–यह प्रकाश में आएगा, आदमी को लेकर कारबार करनेवालों को मानव-चरित्र

के कुछ अद्भुत उदाहरण, कई विचित्र नमूने मिल जाएँगे।···

मैंने जीवन में कभी भी डायरी नहीं लिखी ! सचमुच प्रतिपल मृत्यु की परीक्षा करते हुए खुले आकाश के साये में तारों की रोशनी में–लिखने में एक अपूर्व आनन्द का अनुभव कर रहा हूँ। हमेशा इस 'दसगज्जा' के पास आते ही मेरे अन्दर एक तूफान-सा घुमड़ने लगता है। इस बार लगता है उस तूफान को कोई दिशा मिल गई है।···

दसगज्जा ! भारत और नेपाल की सीमा-रेखा की दस गज जमीं–'नो मेन्सलैंड'। पूर्णिया जिले का उत्तर-पच्छिमी हिस्सा–चक्करघट्टी। मौजा–चक्करघट्टी, थाना, जोगबनी··· कटिहार-जोगबनी ब्रांच-लाइन की गाड़ी जहाँ पहुँचकर वापस हो जाती है। रेलवे स्टेशन से हमारा गाँव पाँच कोस दूर था–लेकिन दसगज्जा से ठीक पच्चीस गज दूर। हमारे गाँव के पास आकर सीमा-रेखा चक्राकार हो गई है। इसीलिए इस इलाके का नाम चक्करघट्टी पड़ा होगा, शायद।···

यदि मेरे घर से पच्चीस गज की दूरी पर यह ऐतिहासिक दसगज्जा नहीं होता, तो मैं आज जो कुछ भी हूँ, वह नहीं होता। मैं ही क्यों, मेरे इलाके के बहुत सारे नामी लोगों की प्रसिद्धि के पीछे–दो देशों की सीमा-रेखा इस दसगज्जा के लम्बे हाथ हैं। दो देशों के बीच–दस गज धरती की 'पट्टी', जिस पर किसी का अधिकार नहीं। न तो हिन्दुस्तान का, न नेपाल का।··· कहते हैं, चालीस-पचास साल पहले तक 'इस पार' (भारत) या 'उस पार' (नेपाल) में अपराध करके यदि कोई अपराधी 'दसगज्जा' में आकर खड़ा हो जाता तो उसको न हिन्दुस्तान की और न नेपाल की पुलिस पकड़ सकती थी···हमने कभी ऐसे अपराधी को 'दसगज्जा' में खड़ा होकर आत्मरक्षा करते नहीं देखा। किन्तु दसगज्जा में गिद्ध-सियार-काग-कुत्तों से घिरी लावारिस लाशों को बहुत बार देखा है। औरत-मर्द, जवान-बूढ़े की लाशें। कभी 'देसवाली'–कभी 'नेपाली'। जब-जब दोनों देशों के सरकारी अधिकारी मिल-जुलकर जाँच करने के लिए पहुँचते–दसगज्जा पर बिखरी हुई हड्डियाँ, कंकाल और मुण्ड के सिवा और ऐसा कुछ नहीं रह जाता जिसे देखकर लाश की पहचान हो सके।···

ऐसे अवसरों पर हम बच्चों के कौतूहल का एक ही विषय होता था कितने सियार, कुत्ते, चील, गिद्ध और काग किस देश के हैं। यानी कितने उस पार से आए हैं। हम गिनने की चेष्टा करते–दो गिद्ध, एक चील, पाँच कुत्ते, तीन सियार अपने देश के, चार सियार, दो कुत्ते, दस गिद्ध और पाँच चील उस पार के। याद है; जब भी अपने देश के पशु-पक्षियों की संख्या कम होती अथवा लाश की छीना-झपटी में अपने देश के पशु-पक्षी हार जाते, तब हमें वैसा ही दुःख होता, जैसा अपने गाँव के कबड्डी-दल के पड़ोसी गाँव से हार जाने पर।···किन्तु, उन लाशों की 'राष्ट्रीयता' ने हमारे मन में कभी कोई ऐसा भाव नहीं जगाया। यानी, किसी 'देसवाली' लाश को देखकर न हमें दुःख हुआ और न नेपाली लाश को देखकर सुख।···

अंग्रेजी राज में भी चक्करघट्टी के लोगों ने कानून की परवाह नहीं की। दसगज्जा

से दस कोस उत्तर, नेपाल की धरती और दक्षिण बारह कोस तक भारत की भूमि चक्करघट्टी के लोगों को उनकी पगध्वनि से ही पहचान लेती थी। दसगज्जा को आधार मानकर–एक वृत्त–लाल रोशनाई का घेरा बनाकर पुलिस-विभाग के नक्शे में आज भी दर्ज है–'क्रिमिनल-एरिया'। जिसके एक ओर, यानी उत्तर की ओर नेपाल की घनी तराई, धरान-धनकुट्टा पहाड़ी इलाके तक फैली हुई; पश्चिम की ओर कल-कल कर बहती हुई कोसी नदी। पूरब और दक्षिण का हिस्सा, कई कोसों तक–आठ महीने अथाह पानी में डूबा रहता है और बाकी चार महीने नरकट-सरकट, झाउ-झलास, खर-पतवार, जंगली बाँसों से ढँका रहता है। बिना हाथी की सवारी किए–चक्करघट्टी इलाके में निरापद नहीं पहुँचा जा सकता। हिरन, बनैले सूअर और तराई के तेंदुए के लिए मशहूर शिकारगाह ! इसलिए इस अंचल का नाम 'चक्करघट्टी-टापू' भी चालू है। बाद में सिर्फ 'टापू' कह देने से ही काम चलने लगा और सन् बावन के 'सर्वे' के समय नये नक्शे और खतियान में चक्करघट्टी के बदले 'टापू' ही दाखिल हो गया है।···

'टापू' इलाके पर असल राज–पाँच-सात दशक पहले तक–जाहिद अली का था। जाहिद अली का नाम सुनकर पूर्णिया जिले के लोगों की देह भय से थर-थर काँपने लगती है। रोते हुए बच्चों को माताएँ चुप करने के लिए आज भी डराती हैं–'चुप रह। आ रहा है जाहिद अली का सिपाही।'

जाहिद अली के सिपाही ?

जाहिद अली कुल जमा बीस बीघे जोत का मामूली काश्तकार था। लेकिन उसके डेढ़ हजार सिपाही थे।··· सारे इलाके में किसी भी जमीन में अच्छी फसल लगी हो, बाग में फल लगे हों, यदि किसी के पास दुधार गाय-भैंस या तेज चलनेवाले घोड़े, गाड़ी के बैल हों और जवान पहलवान लड़का हो–तो वह सबकुछ समझिए कि जाहिद अली का।···

उसके सिपाहियों में मुसलमानों से अधिक हिन्दुओं की संख्या थी और दोनों देशों के सभी फरार, खूँखार, खूनी डकैत, हत्यारे··· जाहिद अली की खिदमत में हाजिर होकर ईमान-धरम से सबकुछ खुलासा कबूल कर लो–फिर न नेपाल का करनल-जनरल और न भारत का कमिश्नर-कलक्टर-पुलिस-दरोगा–किसी का कोई डर नहीं। सब मिलाकर ढाई सौ छोटे-बड़े गाँव के लोग जाहिद अली की मर्जी से सुखी और दुःखी होते थे, जीते थे, मरते थे।

दोनों देशों के सरकारी अफसर जाहिद अली की भी कदर करते थे। अपने देश में 'आमन सभा' के मेम्बर थे, 'खाँ बहादुरी' मिली थी। नेपाल के करनल हर बार दीवाली में, पाँच दिनों तक जाहिद अली के साथ जुआं खेलते थे। राजकनैली के राजासाहब जब भी शिकार पर आते, पन्द्रह दिन पहले ही जाहिद अली को खबर भेजना नहीं भूलते। कलकत्ता के मशहूर 'टिम्बरलैंड' कम्पनी के बड़े सेठ जी जब कभी जोगबनी आते, जाहिद अली से अपने स्पेशल सैलून में घंटों बातें करते। और जाहिद अली की सलाह पर ही किसी जंगल का ठेका लेते अथवा

छोड़ते···।

···इस समय मैं एक अजीब हालत में हूँ। मैं देख रहा हूँ–आबकारी विभाग के आधा दर्जन सिपाही दसगज्जा के इस पार छोटी-सी चाय की दुकान पर बैठकर चाय पी रहे हैं। एक सिपाही तलहथी पर नेपाली गाँजा मसलता हुआ कंकड़ सुलगाने की तैयारी कर रहा है। उसके छोटे अफसर को मैं अच्छी तरह पहचानता हूँ। पन्द्रह हजार रुपये घूँस देकर उसने अपना ट्रांसफर यहाँ करवाया था। हवलदार होकर आया था–अब छोटा इन्स्पेक्टर है। 'सर-सर' कहकर मुझसे बातें करता है। उसके बड़े अफसर को मैं 'तुम' कहता हूँ–वह जानता है।··· किन्तु अभी उसकी निगाह मुझ पर पड़ी कि वह अकस्मात् उत्तेजित हो जाएगा। मुझे तनिक भी भय नहीं हो रहा। एक ही डपट में मैं इस सालों को 'डिमोरलाइज्ड' कर सकता हूँ। आबकारी के सिपाहियों और अफसरों से निबटने के सभी भेद मुझे मालूम हैं।···नेपाली गाँजा, चरस, शराब के बड़े व्यापारियों के सभी एजेन्ट मुझे पहचानते हैं। मिलते ही मुझे 'नजराना' चढ़ाते हैं–एक सौ एक रुपये नगद और एक बोतल नेपाली ब्राण्डी। डाकुओं और चोरों के गिरोह के दलपति–दोनों देशों के–अब भी मदद के लिए मुझे ढूँढ़ते फिरते हैं। काठमाण्डू के आसाम तक के चोरबाजारिए सेठों के कारकून मुझे ही अपना असल मालिक समझते हैं। मुझे इन लोगों से कोई खतरा नहीं। मुझे खतरा है, दोनों देशों के ऐसे 'क्रिमिनल' से, जिसके मुखौटे में कभी भी उलटकर उन्हें बेनकाब कर दे सकता हूँ। उनकी राष्ट्रीयता, देश-प्रेम और मानवता की बड़ी-बड़ी बातों की सारी कलई मैं एक लमहे में खोल दे सकता हूँ। वे अब जान गए हैं मैं उनके काम का आदमी नहीं रहा, बल्कि मैं उनकी राह का एक रोंड़ा-मात्र हूँ। उन्हें मुझसे खतरा है। और इसीलिए मैं सदा सतर्क रहता हूँ। ऐसे क्षणों में मेरे कानों के पास जाहिद अली साहब की वाणी गूँज जाती है–जिस समय कोई अपने दुश्मन को मारने का मनसूबा बाँधता रहता है, ठीक उसी समय उसका दुश्मन खंजर लेकर उसको मारने के लिए आधी राह में होता है···!

'दसगज्जा' पर एक लाश, गोलियों से छलनी होकर कई दिनों तक पड़ी रही। दोनों देशों के अधिकारी मिल-जुलकर जाँच-पड़ताल करके आश्वस्त हो गए कि यह 'भारत-नेपाल' की सीमा का मशहूर क्रिमिनल रामरतन राय उर्फ 'श्री आर' की ही लाश है।

ठीक इसके दस दिन के बाद नेपाल-तराई के बड़े हाकिम ने इस 'रिपोर्ट' का खण्डन करते हुए सूचना दी कि रामरतन राय मरा नहीं है। वह किसी और की लाश है। और उसकी झोली में जो अधूरी कहानी पाई गई है, वह रामरतन की लिखी हुई नहीं।

नवम्बर, 1972

अगिनखोर

सूर्यनाथ बाहर जाने के लिए तैयार हो रहा था। पत्नी ने टोक दिया, "कहाँ जा रहे हो ? अभी दस बजे आभा का बेटा आएगा।"

सूर्यनाथ कुर्ते का बटन लगा रहा था। उसका हाथ रुक गया। याद आई। कल रात को घर लौटने पर पत्नी ने कहा था, "जानते हो, आज आभा का बेटा अचानक बाजार में मिला···अरे ? आभा की याद नहीं !···तुम्हारी दुलारी आभारानी राय। और, उसका बेटा माने, वही बेटा !"

सूर्यनाथ ने पूछा था, "देखने में कैसा है ?···मेरा मतलब है कि चेहरा किससे मिलता-जुलता है। एंबुलेंस ड्राइवर से या उस कपड़े की दूकान के बूढ़े मालिक से···?"

पत्नी बोली थी, "मैंने उतना खयाल करके नहीं देखा। कल सुबह दस बजे वह आएगा। देखकर मिला लेना, किससे मिलता है किससे नहीं।"

"लेकिन तुम तो बाहर निकल रही हो।" कुर्ता उतारते हुए सूर्यनाथ बोला।

"वह तुमसे मिलने आ रहा है। कह रहा था, उनको एक 'इनफार्मेशन' देना है।" वह मुस्कुराती बोली, "अरे ! उस लड़के ने तो मुझे कल अजीब हैरत में डाल दिया, कुछ देर के लिए। अचानक, न जाने किधर से आकर बीच राह में खड़ा हो गया–'आप अन्नपूर्णा मौसी हैं न ? मुझे पहचानिए तो, मैं कौन हूँ···', फिर खुद ही बोला, 'पहचानिएगा कैसे ? कभी देखा तो नहीं। मैं आपकी आभारानी का बेटा हूँ'···, मैं तो अवाक् !"

"आपकी दुलारी आभारानी नहीं कहा ?" सूर्यनाथ ने व्यंग्य किया।

अन्नपूर्णा वर्किंग वीमेंस एसोसिएशन की गश्ती चिट्ठी अपने बैग में डालती हुई बोली, "मेरी या तुम्हारी दुलारी ?"

"तुम्हारी।"

"बेकार की बातें मत करो।" अन्नपूर्णा अर्थपूर्ण हँसी हँसकर बाहर चली गई। जाते-जाते कह गई, "लड़का पहली बार आ रहा है। बिस्कुट हैं, मिठाई है–जलपान करा देना।"

पत्नी चली गई। सूर्यनाथ के मन के पर्दे पर, सत्रह-अठारह साल पहले की कई स्मरणीय घटनाओं, मुहूर्त और क्षणों की तस्वीरें 'फ्लैशबैक' के रूप में उभरने लगीं···

···उस बार अन्नपूर्णा मेटरनिटी सेंटर की ऑनरेरी सेक्रेटरी चुनी गई थी। सो, घर पर अक्सर लेडी-हेल्थ विजिटर, नर्स, मिडवाइफ और ट्रेनिंग के लिए आई हुई लड़कियाँ आती रहतीं। बाद में अन्नपूर्णा ने उन्हें मना कर दिया था।

··· किंतु, आभारानी राय जब सेंटर में ट्रेनिंग लेने के लिए दाखिल हुई, तो अन्नपूर्णा स्वयं उसे अपने साथ डेरे पर ले आई थी, एक दिन, "लो, अब कितना सुनोगे बंगला कीर्तन··· यह आभारानी राय है। हमारे सेंटर में ट्रेनिंग लेने आई है। रिफ्यूजी नहीं, बेचारी 'विडो' है। कीर्तन बहुत सुंदर गाती है।"

"श्यामा संकीर्तन या··· ?" सूर्यनाथ ने पूछा, तो आभारानी ने धीमे स्वर में जवाब दिया था, "कृष्ण कीर्तन !"

सूर्यनाथ ने आँखें उठाकर गौर से आभा के ललाट को देखा था। भरी जवानी में विधवा होनेवाली उसकी कई परिचिता लड़कियों के ललाट भी ठीक ऐसे ही··· लेकिन चेहरे पर प्रचुर लावण्य देखकर उसने कहा था, "यथायोग्य नाम है आपका।"

अन्नपूर्णा से पहले सूर्यनाथ के वक्तव्य का अर्थ आभा ने ही समझा था। वह तनिक विहँसकर बोली थी, "आपनि कोवि मानुष··· आप कवि ठहरे।"

"किसने कहा कि मैं कवि हूँ ? श्रीमती अन्नपूर्णा ने ?"

अन्नपूर्णा हँसती हुई आई, "नहीं, मैंने कवि नहीं, साहित्यिक कहा था।"

"एकई कथा··· एक ही बात है।"

'एकई कथा' कहते समय आभारानी ने अपनी दाहिनी आँख की पपनियों को जिस तरह मूँदा, उसे सिर्फ सूर्यनाथ ने ही देखा और समझा था।

आभा के जाने के बाद अन्नपूर्णा बोली, "विधवा नहीं, बेचारी परित्यक्ता है। स्वामी ने छोड़ दिया··· "

सूर्यनाथ ने ठीक आभारानी की तरह दाहिनी आँख की पलकों को दबाकर कहा था, "एकई कथा।"

"कैसे एक ही बात हुई ?"

"अगर स्वामी इसे छोड़ नहीं देता, तो बेचारा मर ही जाता और यह विधवा हो जाती।" सूर्यनाथ के कहने के ढंग से ऐसा लगा मानो वह आभा को भली भाँति पहचानता है। अन्नपूर्णा पूछ बैठी थी, "तुम पहले से ही जानते हो इसको ? उधर ही कहीं, माने··· पूर्णियाँ-सहरसा की ओर रहती है किसी कस्बे में··· "

"कहीं की भी हो। यह किसी की पत्नी होकर रहने के लिए पैदा ही नहीं हुई। देखा नहीं, कैसा 'सखि-सखि' भाव है स्वभाव में। यह किसी की 'सखि' होकर ही रह सकती है।" कहकर सूर्यनाथ हँसने लगा था।

पति की ऐसी कुटिल हँसी देखकर अन्नपूर्णा को संदेह हुआ था, निश्चय ही किसी 'असभ्य' बात की ओर संकेत किया है, "क्या मतलब ?"

"श्रीमतीजी, मतलब समझने के लिए आपको संपूर्ण 'वैष्णव साहित्य' सुनाना पड़ेगा।"

"सखि होकर ही रह सकती है–इसका क्या मतलब ?"

सूर्यनाथ समझ गया था, अन्नपूर्णा को शंका हो रही है कि बात, उसकी होस्टल के दिनों की सखि ओलिव डाइसन को 'छुआ' कर, कही गई है। और, ऐसी बात की भनक पाकर ही वह इस तरह नाराज हो जाती है कि सूर्यनाथ घंटों आरजू-मिन्नत करके, किस्म-किस्म की कसमें खाकर भी उसको 'मना' नहीं पाता है। इसलिए उसने सहज ढंग से कहा था, "सखि का अर्थ मित्र होता है न ? मेरा मतलब है कि इस 'किस्म' की लड़की पुरुष के साथ मित्र की हैसियत से ही रह सकती है।"

अन्नपूर्णा उस रात को तुरंत ही सहज हो गयी थी। लेकिन, उसने दूसरा सवाल किया था, "तुमने यह क्यों कहा कि अगर स्वामी इसको नहीं छोड़ देता, तो बेचारा मर जाता··· "

"कपाल देखकर मैंने कहा।"

"बड़े आए हैं सामुद्रिक बघारनेवाले।"

"त्रिभुजाकार, ऊँचा कपाल और चमकती हुई माँग··· और ऐसी देह की बनावट जिसकी हो तनिक अधिक 'एनर्जेटिक' होती है··· मत्ता, प्रमत्ता, अतिमत्ता, महामत्ता !"

"ए ! आभा ने जो 'कवि मानुष' कहा था, उसका तात्पर्य तुमने समझा था ?"

"कवि मानुष माने रसिक पुरुष।"

"जी नहीं, उसका तात्पर्य इसके अलावा भी–इससे आगे भी कुछ था··· साहित्यिक लोग जरा चरित्रहीन होते हैं, वह दुनिया-जहान जानती है।"

"जरा नहीं, पूरे।" सूर्यनाथ ने एप्रूवर यानी मुखबिर की मुद्रा बनाकर कबूल किया था।

उस रात को बहुत देर तक दोनों एक-दूसरे को गुदगुदाकर हँसाते-चिढ़ाते जग रहे थे···

··· और 'हरिसभा' की वह शाम !

पहली बार 'हरिसभा' में आभारानी का कीर्तन सुनकर सूर्यनाथ और अन्नपूर्णा सचमुच मंत्रमुग्ध हो गए थे किन्तु, जब आभा ने उनके घर पर आकर कीर्तन सुनाने की इच्छा प्रकट की, अन्नपूर्णा राजी नहीं हुई, "कीर्तन और भजन हरिसभा और ठाकुरबाड़ी में ही सुनना अच्छा लगता है।"

अन्नपूर्णा की चतुराई को चतुरा आभा ताड़ गई थी और मन-ही-मन दाँत पर दाँत रखकर पीसती रही थी।

एक दिन आभा बाजार की झोली हाथ में लटकाकर आई, "दीदी··· मैं अपनी दीदी और जमाय बाबू को एक विशेष 'मेनू' बनाकर खिलाने आई हूँ। विथ इयू रेसपेक्ट आई बेग··· "

उस दिन आभा ने बहुत जतन से 'मलाई करी' बनाकर सूर्यनाथ और अन्नपूर्णा को चखाई थी। सूर्यनाथ ने चखकर चटखारे लेते हुए कुछ कहने की मुद्रा बनाई। अन्नपूर्णा ने प्यार-भरी झिड़की दी थी, "मैं जानती हूँ, आप क्या कहना चाहते हैं। कहेंगे–'चोमोत्कार', यही न ?"

"नहीं, एकदम नहीं। मैं कहना चाहता था, 'भीषोण सुंदोर', लेकिन अब आपने टोक दिया, तो कहूँगा, अपूर्बो··· "

कच्चे नारियल की गरी को पीसकर दूध निकाला गया और उसमें रोहित मत्स्य के कंटकशून्य खंड··· सूर्यनाथ ने बंगाली वैष्णव संप्रदाय की भाषा में कहा था, "अहा ! ए तो क्षीरसागरे स्वयं भगवान मत्स्यावतार··· "

"जमाय बाबू ! आप रसिक ही नहीं, सुरसिक हैं।"

"सुरसिक नहीं, चटोर और पेटू। एक बार दिल्ली में इसी तरह आकंठ ठूँसकर··· "

सूर्यनाथ ने डकार लेते हुए कहा था, "अवस्थीजी के घर ? हाँ, ऐसा ही भूरि-भोजन–और, वहाँ भी कई व्यंजन और पकवान अवस्थीजी की साली ने बनाए थे। ठीक इसी तरह परोसकर खिलाया था ! उसी बार अवस्थीजी ने बताया था, साली को संस्कृत में 'केलिकुंजिका' भी कहा जाता है।"

अन्नपूर्णा हँसकर बोली थी, "सावधान, आभा !"

हँसी के हिलोर पर सुपरइंपोज होती है, वर्षा की एक शाम।

··· भीगती हुई आभा अकेली आई थी, "दीदी ! दीदी नहीं हैं घर में ?"

सूर्यनाथ ने अचरज से पूछा था, "अरे ! आप नहीं गईं ?··· आपको साथ नहीं ले गई अन्नपूर्णा ? आज वर्किंग वीमेंस के लिए 'चैरिटी-शो' है न।"

"मेरी आज 'आफ्टरनून-ड्यूटी' थी। मैं एकदम भीग गई हूँ जमाय बाबू··· "

बाथरूम से अन्नपूर्णा की साड़ी और अँगिया पहनकर आभा बाहर निकली। सूर्यनाथ हाथ में चाय की प्याली लेकर खड़ा था, "चाय नहीं। गुलबनसफा का काढ़ा, अदरक और नींबू के रस के साथ··· बहुत जोरों का फ्लू फैला हुआ है, चारों ओर। गटगटाकर पी जाइए और निश्चिन्त रहिए··· "

आभा ने चखकर देखा था, सचमुच काढ़ा ही है। सूर्यनाथ पूछ बैठा था, "आपको किस चीज का संदेह हुआ ? बतलाइए न··· "

"सुनिए, आप मुझे यह आप-आप क्यों कहते हैं ?" आभा तुनुककर बोली थी।

"आपको संदेह हुआ कि चाय में कोई नशा मिला दिया है, मैंने ?"

"आप लोगों का क्या विश्वास ! आप लोग सबकुछ कर सकते हैं।" वह हलाल

कस्बेवाली हँसी हँसकर सूर्यनाथ को देखती रही।

"लेकिन, आपमें साहस तो कम नहीं।"

"मुझे आप कहिएगा, तो जवाब नहीं दूँगी।"

सूर्यनाथ उसके पास आकर बैठ गया था। वह बालों को पीठ पर बिखेरकर सुखा रही थी। आभा अचानक पूछ बैठी, "सचमुच चाय में और कुछ नहीं मिलाया था आपने ?··· तब मेरी देह इस तरह झनझना रही है, क्यों ? सिर चकरा रहा है।"

सूर्यनाथ ने 'रॉ टी' मैं गुलबनफसा, नींबू और अदरक के रस के सिवा और कुछ नहीं मिलाया है। इसके बावजूद यदि आभा पर नशा सवार हो गया है, तो सूर्यनाथ उसे विश्वास दिलाने की चेष्टा क्यों करे ?

"आभारानी !"

आभा ने सफल अभिनेत्री की तरह सूर्यनाथ के कंधे पर अपना सिर रख दिया था। सूर्यकान्त की देह अचानक तप उठी थी। स्वचालित यंत्र की तरह उसकी भुजाओं ने आभा को जकड़ लिया। बाहर आकाश में बिजली कौंधी थी। मेघ गर्जन हुआ था और सूर्यनाथ का तप्त शरीर तत्काल ठंडा हो गया था। वह छिटककर आभा से अलग हो गया था। आभा अस्फुट स्वर में बोली थी, "कोई नहीं··· हवा से खिड़की का पल्ला खुल गया है। सूर्योदा··· जमाय बाबू··· आप कहाँ चले गए··· ?"

इस घटना के बाद आभा ने सूर्यनाथ से बोलना बन्द कर दिया। और कई दिनों के बाद अन्नपूर्णा ने उसको अपने घर पर आने को मना कर दिया था। पड़ोस की बुढ़िया महरी ने फिसफिसाकर अन्नपूर्णा से कहा था, "ऊ छौंड़िया 'छिनार' है बहूजी। घर में उसकी 'आवाजाही' बन्द कर दो··· "

अपमानिता आभा ने अपना तबादला मंगलतालाब सेंटर में करवा लिया। इसके बाद वह जब कभी अन्नपूर्णा के सेंटर में किसी काम से आती तो अन्नपूर्णा को नमस्कार तक नहीं करती थी।

दस-ग्यारह महीने के बाद एक शाम को आभा अचानक आई। अन्नपूर्णा को पैर छूकर प्रणाम किया। अन्नपूर्णा ने प्रसन्न होकर कहा था, "पास कर गई न ?"

आभा ने सिर झुकाकर ही जवाब दिया था, "जी, दीदीजी !"

उसी रात को अन्नपूर्णा ने सूर्यनाथ को बताया था, "तुमने ठीक ही कहा था। अरे, इस लड़की का साहस तो देखो। छह महीने का पेट लेकर बिना लाज-भय के घूम रही है। छिः छिः, अब गिराना चाहती है। रो रही थी किसी तरह 'उद्धार' करवा दीजिए··· डाँटकर भगाती नहीं, तो अभी घंटों घुनघुनाकर रोती रहती।"

सूर्यनाथ ने कहा था, "मैंने एंबुलेंस के ड्राइवर के साथ कई बार सिनेमा हाल में देखा है··· "

अन्नपूर्णा बोली, "वह कहती है कि कपड़े की दूकान के बूढ़े मालिक ने फुसलाकर उसका सर्वनाश कर दिया है···"

सूर्यनाथ कुछ कहना चाहता था। किन्तु अन्नपूर्णा कहती गई, "यह तो भला हुआ कि उसने यहाँ से अपना तबादला करवा लिया, नहीं तो और न जाने किस-किसका नाम बदनाम करती।"

सूर्यनाथ चाहकर भी कुछ नहीं बोल सका था। अन्नपूर्णा एक उदास-सी हँसी हँसकर बोली थी, "वह जो गाती थी न–'मरिबो मरिबो सखि निश्चय मरिबो···' अब सचमुच मरेगी निगोड़ी।"

किन्तु आभारानी राय मरी नहीं थी। होली फेमिली हॉस्पिटल में पुत्र-रत्न को जन्म देकर, न जाने कहाँ चली गई। 'मदर' के नाम एक पुर्जा लिख गई थी···

···और, आभारानी का वही बेटा आज सूर्यनाथ को एक आवश्यक समाचार देने के लिए आ रहा है।

सूर्यनाथ के मन के पर्दे पर लावण्यमयी आभारानी का मुखड़ा उभरकर स्थिर हो जाता है। और पृष्ठभूमि कीर्तन के आलाप से मुखरित–'आमार··· सकलि··· गरल··· भेल···'

'गें-ए-क्-गेंक्-गेंक्-गेंक्··· गें-ए-क्··· !'

'बजर' अस्वाभाविक सुर में बज उठा। लगता है, कोई खिलवाड़ कर रहा है। सूर्यनाथ ने विरक्त मुद्रा के साथ दरवाजा खोला। बजर के बटन पूर्ववत दबा-दबाकर बजाता, वह हँस रहा था, "हाउ फेंटास्टिक !··· मैं आभारानी का बेटा···"

"अन्दर आ जाइए।"

गेहुँआँ रंग, दुबली-पतली काया, मझोला कद और बिखरे हुए भूरे बाल और मुखश्री ठीक आभारानी की,··· ठीक आभारानी पर पड़ा है उसका बेटा।

अन्दर आकर उसने कहा–"मैं पाँव या घुटना अथवा कोई अन्य अंग छूकर किसी को नमस्कार नहीं करता। दरअसल, मैं किसी को अभिवादन करता ही नहीं। आप बुरा मानें या भला–ठेंगे से। आइक्··· स्ला !"

सूर्यनाथ के पीछे-पीछे वह बैठक में आ गया। कमरे में पहुँचते ही उसने ठहाका लगाया, "साहब आप तो ऐसी तैयारी करके–सज-धजकर बैठे हैं मानो कोई आपका 'सचित्र इंटरव्यू' लेने आ रहा हो–आइक् स्ला–इधर तो लगातार आपकी कई भेंट-वार्ताएँ प्रकाशित हुई हैं। जी अघाया नहीं, शायद ? लेकिन मैं आपसे कोई–आइक्-स्ला–साहित्यिक अथवा अखबारी मुलाकात के लिए नहीं आया। और, आपका और आपकी पीढ़ी का कूड़ा-कचरा··· आइक्-स्ला–साहित्य मैं नहीं पढ़ता। लेकिन बिना पढ़े ही कह सकता हूँ कि आपकी पूरी पीढ़ी मुर्दा हो चुकी है··· कमर्शियल चीजें मैं नहीं पढ़ता। इट्स नॉसिएटिंग-आइक्-स्ला-सो निराश मत होइएगा। मैं आपको एक सूचना मात्र देने आया हूँ।"

सूर्यनाथ अप्रतिभ होकर भी मुस्कुराने की चेष्टा करता रहा। उसने पूछा—"आप बीच-बीच में वह कौन-सा शब्द··· यह 'आइक्-स्ला' क्या है··· ?"

"यह मेरे व्यक्तिगत शब्द-भंडार का शब्द है, जिसका अर्थ कुछ भी हो सकता है।" उसने सोफे पर बैठते हुए लापरवाही से कहा।

उसने कमरे की दीवारों पर नजर डाली और एक कुटिल हँसी हँसकर बोल पड़ा, "हाउ डिसगस्टिंग—आइक्-स्ला—आपने तो अपनी छाया-छवियों, अभिनन्दन पत्र, उपाधि और 'सर्टिफिकेट आफ मेरिट' की एक अच्छी-सी प्रदर्शनी लगा रखी है··· कमरे में दाखिल होते ही आगंतुक को आपका व्यक्तित्व तेंदुए की तरह उछलकर दबोच डालता होगा। है न ? उद्देश्य ही यही होगा। लेकिन एक बात पूछूँ ? आपको स्वयं यह सब 'वलगर' नहीं लगता ?"

सूर्यनाथ ने संक्षिप्त उत्तर दिया, "एकदम नहीं।"

"आइक्-स्ला—क्यों लगेगा ? पेशे का सवाल है न। कमर्शियल लेखकों की मजबूरी··· लेकिन, मैं आपके साहित्य के बारे में कुछ नहीं बोलूँगा। और अगर बोलने लगूँ, तो मुझे मना कर दीजिएगा।"

सूर्यनाथ के क्रमशः अप्रतिभ होते हुए चेहरे को देखकर उसका उत्साह बढ़ता जा रहा है। कहता है, "मौसी बाहर गई हैं न ? मैं जानता हूँ, वह आपको अकेला छोड़कर अक्सर बाहर निकल जाती हैं। मुझे सब पता है··· आपको यह फ्लैट, इट्स एन आइडियल प्लेस फॉर आत्मरति··· आइक्-स्ला !"

सूर्यनाथ ने खखारकर गला साफ करते हुए कहा, "तो, आप आभारानी राय के पुत्र हैं ?"

उसने लापरवाही से कहा, "हूँ। फिलहाल, धनबाद में रहता हूँ। मेरे कई नाम हैं। कोई नाम छद्म नहीं, सभी असली नाम। अभी मैं आपसे अपने सूतपुत्र नाम के अनुसार बातें कर रहा हूँ।"

सूर्यनाथ हँसने की चेष्टा करके भी नहीं हँस सका। सूतपुत्र ने अपना वक्तव्य जारी रखा, "मेरा कवि नाम है—आइक्-स्ला—शिवलिंगा।"

सूतपुत्र शिवलिंगा ने सूर्यनाथ से पूछा, "क्यों चौंक गए न ?"

"चौकूँगा क्यों ? मेरे पड़ोस में ही निजलिंगा साहब रहते हैं।" सूर्यनाथ ने सप्रतिभ स्वर में कहा, "अब आप अपने आगमन का उद्देश्य बतलाएँ—आइक्-स्ला, यानी कृपया !"

सूतपुत्र ने कनखी निगाह से सूर्यनाथ को देखा। आभारानी ठीक इसी तरह पलकों को तनिक मूँदकर देखती थी। उसने कहा, "उद्देश्य अति शुभ है। आपको एक समाचार सुनाने आया हूँ। बस··· "

"आपकी माताश्री··· "

सूर्यनाथ के मुँह से बात छीनते हुए सूतपुत्र ने कहा, "आपकी केलिकुंजिका आभारानी का कोई समाचार मुझे नहीं मालूम। मेरे पास मेरी जन्मदायिनी की एक मोटी डायरी है—1955-56 की··· होली फेमिली हॉस्पिटल की 'मदर' ने सहेजकर

रख दी थी··· समझे ?''

"समझा आइक्-स्ला। अब समाचार सुनाइए।'' सूर्यनाथ के स्वर में दृढ़ता लौट आई थी।

"समाचार सुनाने के पहले मैं यह देख लेना चाहता हूँ कि आपका मानसिक धरातल उस समाचार को ग्रहण करने योग्य है अथवा नहीं। देखिए, मैंने आपका लिटरेचर नहीं पढ़ा। इसलिए नहीं जानता कि आप किस कोटि के प्राणी हैं। किन्तु, यह मुझे मालूम है, आपकी पूरी पीढ़ी इल्लिटरेट और हाफलिटरेट है··· सबसे पहले आपका कौतूहल मिटा दूँ। है न ? तो, होली फेमिली हॉस्पिटल से यतीमखाना, वहाँ से टाँटी झरिया, कलकत्ता, जबलपुर, इलाहाबाद आदि जगहों में मेरा बचपन बीता और जवानी आई। पढ़ाई-लिखाई जो हुई, बुरी नहीं हुई। कवि, कथाकार, नाटककार और चित्रकार हूँ। लेकिन, वे आपकी बुद्धि के बाहर की बातें हैं। आइक्-स्ला–मैं अभी धनबाद में हूँ और मजे में हूँ और सानन्द अपना इस्तेमाल होने दे रहा हूँ··· आपका बाथरूम किधर है ?''

सूतपुत्र लैवेटरी में बन्द हुआ। सूर्यनाथ को सहज और सबल होने का अवसर मिला। उसने लक्ष्य किया सूतपुत्र अब 'आइक्-स्ला' का व्यवहार क्रमशः कम करता जा रहा है।

सूर्यनाथ ने समझ लिया–यह लड़का एक 'वस्तु' है, यानी चालू भाषा में जिसको 'माल' कहते हैं, इसके बाल, पोशाक, स्वास्थ्य सबकुछ 'बीट' और हिप्पियों से विपरीत हैं। लेकिन तेवर वही हैं। सूर्यनाथ को हँसी आई–आते ही तड़ातड़ चाबुक लगाए जा रहा है पट्ठा। होना ही चाहिए–नेच्युरली···

स्नानागार से बाहर निकलकर उसने कहा, "बाथरूम में जिन मासिक पत्रिकाओं का पारायण करते हैं, उनके संपादकों को लिख दीजिए–कुछ 'रोचक साहित्य' भी प्रकाशित करें।··· और एक बात ! आपने देश-विदेश के इतने बिग बगर्स–आइक्-स्ला–सोकाल्ड वी. आई. पी. न'ज़ के साथ इतनी सारी तस्वीरें छपवाकर लटका रखी हैं चारों ओर। लेकिन··· व्हाय नॉट ए न्यूड ? मैं कहूँ, आप अपनी एक नंगी–एकदम मादरजाद–खिंचवाकर टाँग दें और उसके नीचे लिख दें–'विद माइसेल्फ !'··· क्यों ठीक रहेगा न ?''

सूर्यनाथ समझ गया था–स्नानागार से बाहर निकलकर, बैठकखाने में पहुँचकर इस तरह असभ्यतापूर्वक पैंट के बटन लगाते हुए–यह ऐसी ही बातें करेगा। अतः वह मंद-मंद मुस्कुराता रहा।

तब उसने सूर्यनाथ को अप्रतिभ करने के लिए अपना सवाल छेड़ा–"··· अच्छा अब यह बताइए कि आपका सम्बन्ध अपनी स्वीटी सौफ्टी साली आभारानी से कैसा और कहाँ तक–आइक्-स्ला··· ''

"आप जो समाचार देने आए हैं, पहले वह दे दीजिए। आप मेरा 'इंटरव्यू' तो नहीं लेने आए। फिर कोई सवाल-जवाब कैसा ?'' सूर्यनाथ अब पालथी मारकर कुर्सी पर बैठ गया।

"आइक्-स्ला—मैंने पहले कह दिया है कि मैं पहले यह जान लेना चाहता हूँ··· "

"आइक्-स्ला—मैं पहले—आइक्-स्ला—आपका—आइक्-स्ला—समाचार सुन लेना चाहता हूँ—आइक्-स्ला ! बस !" सूर्यनाथ ने गंभीरतापूर्वक कहा।

सूतपुत्र हँसा। सूर्यनाथ ने लक्ष्य किया, हँसी में तनिक कपड़े की दुकान की छाया झलकती है।

"अच्छा ? आपके बाल तो कुदरती काले हैं ? मैंने समझा था कि आप 'डाय' करते हैं। क्योंकि मेरी माँ की डायरी में आपके बालों की खूब तारीफ लिखी हुई है। अब तक इतने काले हैं ? और आपकी दंतपंक्तियाँ नकली सेट्स की नहीं ? अब तो अभी एक दशक और प्रेम कहानियों का व्यापार चला सकते हैं आप। पचास की उम्र में ऐसे घने काले बाल और हड्डियों के ज्वायंट्स को कड़कड़ाकर तोड़नेवाली दंतपंक्तियाँ··· आइस्··· मतलब इसका योगा से कोई ताल्लुक है क्या ? आप कोई हर्ब इस्तेमाल करते हैं ?"

सूर्यनाथ के जी में आया कि इस छोकरे को वह नुस्खा दे दे—चपरकनाती। नीला थोथा दही में घोलकर··· किन्तु उसने जवाब दिया, "यह ट्रेड-सीक्रेट है मेरा।"

ठठाकर हँस पड़ा सूतपुत्र। सूर्यनाथ ने पहचान लिया है, यह अपने को 'फायरईटर'—अगिनखोर समझता है। 'सेल्फ पोज्ड लोनली रिबेल' का एक नकली नमूना। उसे एक और लेखक याद आया जो कहा करता था—'आई एम बॉर्न बिफोर माइ टाइम··· '

"आप करते क्या हैं ? यानी रोटी कौन देता है ?" सूर्यनाथ ने साधिकार पूछा।

"जो मेरा इस्तेमाल करता है।"

"ट्रेड यूनियन के सदस्य हैं आप ?"

"मैं आवाँगार्द हूँ। आपने अतर्कवाद का नाम सुना है ?"

"अतर्कवाद या कुतर्कवाद ?"

"आपको समझाने के लिए कुतर्क आवश्यक है। मैं पूछता हूँ कि आप विलियम ब्लेक, ज्याँ कोक्तो, ज्याँ जेने को जानते हैं ? 'मेटामॉरफसिस' का लेखक कौन है और हेनरी मिलर··· ?"

"मुझे यह सब जानने की जरूरत कभी नहीं हुई। मैं सिर्फ यह जानना चाहता हूँ कि तू करता क्या है ?"

"देखिए, यह 'तू-आ-तू' मेरे साथ नहीं चलेगा। आइक्-स्ला··· "

"आइक्-स्ला।"

"मतलब ?"

"आपने कहा था न, इसका कोई भी मतलब हो सकता है। कृपया बताइए कि आप··· "

"मैंने कवि कर्म छोड़कर फिलहाल, अपनी रोटी के लिए 'कॉमेडियन' का काम शुरू किया है। धनबाद, झरिया, जमशेदपुर और कलकत्ते के कई गुप्त क्लब और डिसकोथेक्स में अपना 'शो' दे चुका हूँ··· "

"सीधे कह न कि भँड़ैती करता हूँ।" सूर्यनाथ ने ठेठ बिहारी बाबू के लहजे में कहा।

"नहीं, भँड़ैती नहीं। यह एकदम नई 'विधा' है, जिसका नाम आपके ग्रेट ग्रैंडफादर ने भी नहीं सुना होगा। मैं गालियाँ देता हूँ। फूहड़, भद्दी और अश्लील अश्रव्य गालियाँ।"

"वह जो 'साईं' सजकर साँझ-सवेरे मुरादपुर की गलियों में घूमता फिरता है–एक पैसा लूँगा, पाँच गालियाँ दूँगा। चुन-चुनके गालियाँ दूँगा, बाप-दादे को गालियाँ दूँगा··· "

सूतपुत्र ने कहा, "इस कॉमेडियनवाले कारबार में मेरा ट्रेड नेम है–डोगलास। अर्थात् अब मैं डोगलास की भाषा में आपसे बातें करूँगा। फिलहाल, गालियाँ और अपशब्द भोजपुरी से अंग्रेजी में अनुवाद करके व्यवहार करता हूँ। लेकिन, ऐसे घरेलू माहौल में शुद्ध मगही या मैथिली में भी··· "

सूर्यनाथ ने एक बार सोचा, अब इसको बाइज्जत फ्लैट से बाहर कर दिया जाए; किन्तु कुछ सोचकर थोड़ी देर और उसे सहन करने का निश्चय किया··· कुछ भी हो, उस 'शोध-छात्र' से तो अच्छा है जो कई दिन पहले अपने मौलिक विषय 'हिन्दी साहित्य में रामघराना'–के माल-मसाले के लिए आया था। छात्रराम ने अनुसंधान नहीं, अनुनय किया था, "सर ! ऐसे साहित्यिक, जिनके नाम के शुरू, मध्य या अन्त में 'राम' जुड़ा हो, उनके व्यक्तित्व और कृतित्व पर 'राम' का प्रभाव प्रमाणित करते हुए··· जी, बचपन में आपको किसी ने, कभी-न-कभी, राम सूरजनाथ जरूर कहा होगा। इस आधार पर यदि आपको भी 'रामघराना' में युक्त कर लूँ तो आपको कोई आपत्ति ?"

सूर्यनाथ ने शांत चित्त से कहा, "आप अभूतपूर्व काम कर रहे हैं। गालियाँ देकर लोगों को हँसाते हैं। लोग प्रसन्न होकर आपको पैसे देते हैं।"

"ऐसी-वैसी हँसी नहीं। एकदम रेक्टम रप्चरिंग यानी फेफड़ाफाड़ लाफ ! समझे ?" डोगलास ने कहा।

"हमारे जिले में एक राजा साहब अपने दरबार में एक 'बुड़िराज' अर्थात 'मूरखराज' रखते थे··· "

"आइक्-स्ला–योर राजा साहब ! आप सामंती युग की बातें करने लगे–फिर ? मैं अकस्मात् आघात करके वस्तुस्थिति से अवगत कराने में विश्वास करता हूँ।" डोगलास बोला।

"डोगलास्साहब ! मैं नहीं जानता कि आप क्या 'शो' देते हैं, लेकिन, आज से तीस साल पहले उस 'बुड़िराज' के जो तमाशे मैंने देखे हैं, मेरा खयाल है कि उसमें से एक का ही वर्णन सुनकर समझेंगे। आप इसको अपने काम में भी इस्तेमाल कर सकते हैं।"

डोगलास राजी हुआ। सूर्यनाथ ने शुरू किया, "राजा के मेले में बड़े-बड़े नामी पहलवानों की कुश्ती होती थी। एक बार, एक चैंपियन पहलवान सभी को पछाड़कर,

गर्व से छाती फुलाकर दुलकी चाल में अखाड़े में चक्कर लगा रहा था··· यानी–'है कोई माई का लाल तो आजा मैदान में !' बुड़िराज ताव खा गया और कूदकर अखाड़े में उतर पड़ा। अपने सारे कपड़े फेंककर 'आ-जा-आ-जा' कहकर उस चैंपियन पर टूटा, ताल ठोंकता हुआ। जनता एकसाथ ठठाकर हँस पड़ी। चैंपियन पहलवान कुछ क्षण तक भौंचक होकर देखता रहा। फिर, अचानक भागा। एक विशालकाय आदमी को, एक नंगधड़ंग पिद्दी-जैसे आदमी के डर से उस तरह भागते देखकर सारी जनता हँसते-हँसते बेदम हो गई।"

डोगलास को यह कहानी अच्छी लगी, "मैं इस पर 'वर्क' करके इसको रिफाइन करके इस्तेमाल करूँगा··· मैंने हाल में अपना एक 'स्क्रिप्ट' प्रस्तुत किया है। एक व्यक्ति लघुशंका के लिए दो पहर रात को होटल के कमरे में, किस तरह 'वाश-बेसिन में··· "

सूर्यनाथ ऐसा अवसर हाथ से जाने नहीं देगा। बस, यही है–ब्रेकिंग-प्वाइंट ! मुस्कुराकर उसने डोगलास्साहब को काटा, "अरे ? वह पादरीवाला प्रहसन··· यह तो, अमेरिकन कॉमेडियन लेनी ब्रूस की कृति है। आज से दस-ग्यारह साल पहले ही उसने इसका अभिनय करके प्रचुर ख्याति प्राप्त कर ली है। आप कहते हैं कि··· "

लेनी ब्रूस का नाम सुनते ही डोगलास का चेहरा अचानक बुझ गया, "आप लेनी ब्रूस को जानते हैं। आइक्-स्ला–आप लेनी ब्रूस के बारे में कैसे जान गए ?"

"जानता ही नहीं, 1964 में उसकी रिहाई के लिए 'अपील' पर मैंने भी हस्ताक्षर किए थे। आज तक मेरे कई पॉलिटीकल मित्र उन्हीं हस्ताक्षरों के कारण मुझे गालियाँ दे रहे हैं और बदनाम कर रहे हैं कि मैं–आइक्-स्ला–लेकिन अब तो लेनी स्वर्ग में देवताओं और देवियों को गालियाँ देकर प्रसन्न कर रहा है। अतः अब आप अपने को इस 'विधा' का भारतीय आवाँगार्द घोषित कर सकते हैं।" सूर्यनाथ ने घड़ी देखी।

डोगलास साहब, सूतपुत्र के सिर से उतर गए। सूतपुत्र तुतलाने लगा, "अब मैं काम की बात करूँ··· मेरे पास मेरी माँ की डायरी है। डायरी के मुताबिक आप ही मेरे जनक हैं और मैं आपकी ही प्रजा··· "

"असंभव।"

"असंभव नहीं। यह आपका ही क्रोमोजोम है जो··· आप घबराइए मत। मैं आपकी संपत्ति पर दावा नहीं करूँगा।"

"डायरी आपके पास है, यहाँ ?"

सूतपुत्र अपने बैग से डायरी निकालकर पृष्ठ पलटने लगा। बोला, "बंगला तो आप अच्छी तरह लिख-पढ़ लेते हैं। पढ़कर देख लीजिए।"

सूर्यनाथ ने देखा, लिखावट आभारानी की ही है। लिखा है, "आज के सूर्योदा

आमार संगे जा कॅरलेन, आमार जीवने आर केउ करे नि··· " (आज सूर्यदा ने मेरे साथ जो कुछ किया, जीवन में और किसी ने नहीं किया।)

सूतपुत्र का चेहरा पुनः दमकने लगा। सूर्यनाथ ने पूछा, "जिस 'मदर' ने आपको यह डायरी सौंपी, उसने आपका 'डेट ऑफ बर्थ' भी जरूर दिया होगा।"

'ऑफ कोर्स··· दैट्स देयर। डायरी में ही लिखा है।"

"आपने इस रोजनामचे की तारीख से अपनी जन्म तिथि मिलाकर देखी है ?"

"आप ऐसे ज्वलंत प्रमाण को झुठला नहीं सकते, पिताजी महाराज !"

सूर्यनाथ ने उसके सुर में सुर मिलाकर कहा, "सूतपुत्तर सरकार ! आप मानें या न मानें ठेंगे से। मैं जानता हूँ कि यह सच नहीं। असल में··· बावजूद आकर्षण के, आभारानी के साथ मेरा सम्बन्ध हुआ ही नहीं। कामातुरा सुन्दरी के साथ एकान्त के उस क्षण में मैं मदनोन्मत अवश्य हुआ था। किन्तु··· किन्तु··· उस लावण्यमयी लास्यमयी रमणी के मुँह में ऐसी उत्कट दुर्गन्धं थी कि मैं अचानक विरक्त हो गया··· "

"दुर्गन्ध ?"

"जी। बदबू ! उतना सुन्दर सलोना मुखड़ा। वैसी सुरीली आवाज और मधुर कीर्तन—और वैसे मुँह में सड़ी हुई गंध ? ओह ! आज भी याद करके वोमिट हो जाता है।"

सूतपुत्र के मुँह से एक हल्की-सी चीख निकल पड़ी। वह थर-थर काँपने लगा। उसकी आँखें डबडबा आईं। वह कुछ नहीं बोल सका···

सूर्यनाथ ने अब समझा, इस छोकरे को इतनी देर तक सहन करने का एक कारण यह भी है कि कभी-कभी इसके चेहरे पर आभा के मुखड़े की मासूमियत झलक जाती है। उसने शान्त स्वर में कहा, "किन्तु आप असंस्कृति और अपरम्परा के इतने कट्टर हिमायती होकर अपने पिता को क्यों खोज रहे हैं ?"

"आइक्-स्ला—खोज नहीं रहा। पिछले आठ-नौ साल से मेरी यह धारणा दृढ़ हो गई थी कि मेरा बाप एक प्रसिद्ध साहित्यकार है। मेरी रगों में दौड़नेवाले लहू का सम्बन्ध एक महान् कलाकार से है··· अपने पिता को अपना दुश्मन मानकर मुझे अपार बल मिलता था। इसी के सहारे मेरा सबकुछ··· मेरी प्रेरणाओं का मूल स्रोत ही अचानक सूख गया··· "

वह फूट-फूटकर खोए हुए बालक की तरह रो पड़ा। सूर्यनाथ सोचने लगा—कवच-कुंडलहीन 'कर्ण' भी क्या इसी तरह रोया था ?··· उसके जी में आया—आभारानी के रोते हुए बेटे के बालों पर हाथ फेरकर चुप कराए। किन्तु सहानुभूति, दया, करुणा और किसी प्रकार की कृपा की गंध लगते ही यह लड़का तुरन्त गुस्से में गालियाँ बकने लगेगा। वायलेंट भी हो सकता है। उसने कहा, "अब आप जाइए अगिनखोरजी ! मुझे अब एकदम एकान्त की जरूरत है।"

सूतपुत्र तुरन्त उठकर खड़ा हो गया, "हाँ, हाँ। आइ एम ए फायरईटर··· अगिन-खोर ! ठीक है, यह एक नाम भी रहा। आइक्-स्ला··· "

नवम्बर, 1972

भित्तिचित्र की मयूरी

फुलपतिया की माँ हाथी के सूँड में काला रंग भरकर सींकी से मयूरी के पंख उकेरने में तन्मय थी। अचानक, बिजली-सी कौंधी। उसने उलटकर देखा तो एक हाकिम-जैसा जवान आदमी छोटा पनबट्टा-जैसे काले डिब्बे में आँख सटाकर खड़ा था। वह घबराकर अपने अस्तव्यस्त कपड़े सँभालने लगी फिर बिजली चमकी। तब वह डर गई। उसके मुँह से अस्फुट स्वर में निकला–"हजूर !"

लेकिन, उस आदमी ने फुर्ती से झुककर फुलपतिया की माँ के पैर छू लिए–"माताजी, मैं हजूर नहीं, कोई। आपका बेटा हूँ।"

फुलपतिया की माँ की हालत अब और खराब हो गई। वह थर-थर काँपने लगी। बहुत चेष्टा करने के बाद उसके मुँह से किसी तरह एक पुकार निकली–"फुलपत्ती रे !"

तब तक गाँव के करीब डेढ़ दर्जन बच्चे घटनास्थल पर पहुँच गए थे। फुलपत्ती अपने आँगन में अरवा चावल सिलौटे पर रखकर पीस रही थी। एक आठ-दस साल के लड़के ने दौड़कर उसको सूचना दी–"फुलपतिया दैया··· अरी, फुलपतिया दीदी ! तू यहाँ बैठी चावल पीस रही है, वहाँ दरवाजे पर मौसी को 'निसपिट्टर साहेब' ने रैस्ट कर लिया है···।"

"ऐं ? कौन निसपिट्टर रे, नहरवाला ?"

"मालूम नहीं, 'नहर'वाला है या 'करज'वाला। चलकर देख ना ! वही सुनो, मौसी बुला रही है।"

"फुलपत्ती रे ए-ए-ए।"

माँ की पुकार सुनकर फुलपतिया बिना हाथ धोए ही दरवाजे की ओर दौड़ी। दरवाजे पर पहुँचकर उसने देखा, 'निसपिट्टर' मौसी के पास घुटने मोड़कर बैठा है–"माताजी, आप अपना काम खत्म कर लीजिए, तब मैं अपने काम की बात करूँ !"

फुलपतिया पर अचानक 'भगवती थान' की कोई देवी सवार हो गई, मानो। उसकी माँ के पास एक घूर जमीन नहीं। न अपनी, न बटैयादारी की। लेकिन नहर के हाकिम ने पानी का खजाना 'लगान' करके चपरासी के मार्फत 'लोटिस'

भेज दिया है कि पन्द्रह दिनों के अन्दर खजाना नहीं चुकाने से माल-मवेशी 'कुरुक' हो जाएगा। इसी को कहते हैं, पानी में आग लगाना। वह बरस पड़ी—"देखिए, हाकिम साहेब, रैस्ट करना है हमको करिए। जेहल ले चलना है, हमको ले चलिए। अपनी माँ को इस बुढ़ौती में हथकड़ी नहीं लगने दूँगी—इसके चलते चाहे जो हो जाए···।"

तब तक गाँव के 'मर्द-पुरुष' लोग भी खबर पाकर, खेत-खलिहान और बगीचे-बागन से दौड़े आए। अठारह वर्ष की लड़की फुलपतिया अपनी माँ को अगोरकर बैठी जोर-जोर से चिल्ला रही थी—"चाहे जान चली जाए, लहाश निकल जाए··· "

गाँव का मशहूर 'पुच-पुच' कर हमेशा बेमतलब हँसनेवाला 'हंसनाह-मर्द' तोफालाल साह सबसे पहले दौड़ा आया था और हाकिम को सलाम करने के बाद, मन्द-मन्द मुस्कुराता कुछ बोलने का मौका खोज रहा था। गाँव के किसी के सिर कोई आफत आई हो, किसी घर में कोई बुरी घटना घटी हो, बाप-बेटे में झगड़ा होता रहे अथवा कोई अपनी औरत को पीट रहा हो—सबसे पहले तोफालाल ही हँसता हुआ घटनास्थल पर पहुँचता है। लोगों को दुख में देखकर अद्‌भुत आनन्द आता है उसको। लेकिन, किसी का कोई शुभ समाचार सुनकर वह कहीं नहीं जाता। और फुलपतिया की माँ की गिरफ्तारी की खबर सुनकर उसको अपने हिसाब से वाजिब और हार्दिक प्रसन्नता हुई थी। अपनी भतीजी की शादी में उसने कितनी खुशामद की थी, फुलपतिया की माँ की—"भौजी, तुम चलकर 'मंडवा की भित' पर सिर्फ 'लिखनी' खींच दो—रंग भरने का काम, फुलपतिया फुर्सत में जाकर कर देगी।"

मगर वह जरा भी टस-से-मस नहीं हुई थी। बहाना बनाकर बोली थी—"कमर में बहुत दर्द है।" इस पर फुलपतिया 'कूट' करती हुई बोली थी—"जाओ न, तोफा काका शहर से 'डाँगडर' मँगाकर इलाज करा देंगे।" इतने दिनों के बाद तोफालाल को, फुलपतिया की माँ और फुलपतिया पर हँसने का अवसर मिला है। उसने हँसते हुए फुलपतिया से कहा—"अरी, इतनी बड़ी 'वारी कुमारी' होकर तुम काहे जेहल जाओगी ? अभी माँ को ही जाने दो। जेहल जाएगी तो मुफ्त में ही सरकारी डॉक्टर से इलाज कराने···।"

फुलपतिया ने घुड़की देकर बीच में ही उसकी बोली बन्द कर दी—"तुम क्यों आ टपके बीच में ? हूँ ! 'हँसनाह-मर्द' और 'पदनाह-घोड़ा' भागो यहाँ से।"

तब तक गाँव के 'सरपंच' ताहा मियाँ भी पहुँच गए थे। आते ही ताहा मियाँ ने 'सरकारी आदमी' के लहजे में फुलपतिया को डाँटा—"तेरा माथा खराब हो गया है क्या ? चुप क्यों नहीं रहती !"

फुलपतिया आज किसी को नहीं छोड़ेगी, चाहे मुखिया हो या सरपंच। उसने ताहा मियाँ की बात को काटकर दो टूक करते हुए कहा—"आज हमसे जो भी लगेगा, उसको नहीं छोड़ेंगे, सरपंच हो या खड़पंच···।"

बच्चों की टोली इस उक्ति पर ठठाकर हँस पड़ी।

तब खुद 'हाकिम' हाथ जोड़कर फुलपतिया के पास जाकर खड़े हुए–"सुनिए, मैं न नहर विभाग का हाकिम हूँ, और न मैं किसी को गिरफ्तार करने आया हूँ। मैं 'कुटीर शिल्प पटना' की ओर से··· बात यह है कि···।"

उनकी बात सुनकर वहाँ उपस्थित सभी जन एक साथ हँस पड़े–"धत्तेरे की ! बेकार में बिना जाने-समझे-बूझे बात लेकर···।"

लेकिन बात हँसी में उड़ नहीं गई। बल्कि धीरे-धीरे गाँव में फैल गई, फैलती गई–"कुछ सुना ? समझो कि जुल्म हो गया। पटना से एक 'जैंटुलमैन बाबू' आया है। फुलपतिया के हाथ की बनाई 'लिखन-पढ़नी' देखकर कहता है, इसकी 'छापी' खींचकर अमेरिका या रूस या न जाने कहाँ भेजेंगे···।"

"किसको 'मिरकारूस' भेजेगा। फुलपतिया की माँ को ?"

"कहता है, डबल बकसीस मिलेगा।"

"मगर वह आदमी तो देखने में ठीक 'देसवाली' लगता है 'विलैती आदमी' की तरह बिलरमुँहा नहीं।"

"फुलपतिया तभी गरज रही थी न। अभी जाकर देखो, शहरी मेहमान के लिए कोंहड़े के फूल का 'बचका' बना रही है–हँस-हँसकर।"

"वह भात ही खाएगा ? किस जात का है ?"

"फुलपतिया की माँ का भाग फिर गया समझो।"

"अरे भैया, बेचारी जर-जमीन और घरवाले को गँवाने के बाद से कम दुख झेल रही है ! जिनगी-भर 'शुभ-लाभ' और 'परब-पावन' के समय गाँव के लोगों की 'भित' पर 'फूल-पत्ती' के बीच देवी-देवता लोगों की 'मूरती' बनाती रही है। उसी का 'सुफल' है यह। भगवान एकदम अंधा नहीं है जी !"

"अब फुलपतिया की शादी हो जाएगी। तिलक के लिए 'टका' 'मिरकारूस' से आएगा।"

"तुम लोग भी खूब हो भाई !" 'गुलाब-तकिया' पर गाँजे की पत्ती रखकर 'प्रेमकटारी' से कतरते हुए अनूपलाल ने कहा–"अभी से लगे अटकल लगाने। पहले देखो तो कि आदमी असली है या नकली। लबटोलिया गाँव के मरचू महतो का पचास रुपया ठगकर वह नकली लौट्री का नकली एजेंट ले गया था, सो याद नहीं ? सारे इलाके में खबर फैल गई थी मरचू महतो 'खाखपति' से लाखपति हो गया है। सिर्फ पचास रुपये का 'इस्टाम' खरीदकर कागज पर लगाता है, क्योंकि गाँव में दो मरचू महतो हैं। कागज पर इस्टाम लगाकर 'आफीडिफी' करके दाखिल करते ही बैंक से एक लाख टका के 'कड़कड़िया-लोट' सब निकल आएँगे तुरन्त। इसके बाद जो हुआ सो मालूम ही है। वह तो धन्न कहो कि मरचू महतो पागल नहीं हो गया।"

सभी हँसते हैं। रामफल बात गढ़कर बोलना जानता है। कहता है–"मरचू को लाख टका नहीं मिला। मगर 'भोटर-लिस्ट' में नाम के साथ महतो के बाद लखपति तो दर्ज हो गया। अरे, एक ही गाँव में दो मरचू और दोनों महतो। भोटर-लिस्ट

लिखनेवाला बोला–दोनों का पेसर भी एक ही है। बड़ा गड़बड़ है। तब चौकीदार ने कहा–एक मरचू महतो को गाँव में लोग दिल्लगी में 'लखपति कहते हैं। बस, कागज में वही दर्ज कर दिया लिखनेवाले मोहरिल ने।"

नागेसर दास गाँव में सबसे बड़ा झूठ बोलनेवाला समझा जाता है। लेकिन उसकी बात को लोग चाव से सुनते हैं। वह बोला–"और, मरचू महतो की लाटरी ने एक और 'भितरिया-खेला' लगाया था सो किसी को है मालूम ? जोखन चौधरी को जब मालूम हुआ कि मरचू का नाम लाटरी के 'टिकस' में निकल आया है तो उसने तुरन्त जोख-तौलकर एक तरीका निकाला। मरचू से जाकर बोला कि अगर पाँच हजार खर्च करने का वादा करो तो तुम्हारा 'चुमौना' तक 'तड़तड़-जवान' बेवा से करवा दे सकता हूँ–तुरन्त। मरचू महतो तैयार हो गया तो जोखन बोला–सादा कागज बना दो। मरचू को लौटरी तो मिला नहीं, जोखन ने उसी सादे कागज पर किए अँगूठा के निशान के बल पर उसकी दोनों भैंस···।"

"भैया, हमको तो 'परतीत' नहीं होता है कि यह आदमी असली है। जरूर कोई 'शीआयडी' है। नहीं तो, शहर में फोटू, छापी और तस्वीर की कोई कमी है ? एक से एक देवी-देवताओं के 'कलैण्डर' छोटी से छोटी पान की दूकान पर लटकते रहते हैं। तब, शहर का आदमी गाँव में आकर–देहाती तस्वीर पर 'लट्टू' हो जाए–यह भी परतीत करने काबिल बात है, भवा ?" एक सदा बीमार ग्रामीण अधेड़ ने कहा।

गाँव के हर टोले और घर में दिनभर फुलपतिया की माँ और फुलपतिया की चर्चा होती रही। उधर इतनी ही देर में वह 'जेन्टुलमैन' फुलपतिया और उसकी माँ से इस तरह दूध-मिश्री की तरह घुल-मिल गया मानो सचमुच 'सर्वांग' हो।

शाम की गाड़ी से लौटने के पहले उसने फुलपतिया की माँ से कहा– "अगले सप्ताह ही आप लोगों को चिट्ठी लिखकर सब खबर भेज दूँगा।"

फुलपतिया की माँ ने पूछा–"बबुआ, तुमने सबकुछ तो बतलाया, मगर अपना नाम ही बतलाना भूल गए।"

उसने हँसकर कहा–"मेरा नाम सनातन प्रसाद है, माताजी।"

फुलपतिया लजाती हुई बोली–"अनजाने में, गुस्सा के झोंक में न जाने क्या-क्या निकल गया। उसको मन में नहीं रखिएगा।"

सनातन ने गम्भीर होने की मुद्रा बनाई और शरारत-भरी निगाह से देखते हुए कहा–"उँहूँ, मन में ही रखूँगा। आपने क्या कहा था, याद है–हमको 'रैस्ट' करिए।"

फुलपतिया का चेहरा लाज के मारे 'लाल-टेसू' हो गया। वह भागकर आँगन में चली गई।

इसी को कहते हैं भगवान छप्पर फाड़कर भी देता है।

फुलपत्ती की माँ के छप्पर पर आज छाजन के फूस भी नहीं। अठारह-उन्नीस साल पहले फुलपत्ती के बाबूजी मुकदमाबाजी में जगह-जमीन सब झोंककर आखिर खुद भी झोंक में आकर चले गए। हार के शोक में, कुछ खाकर सो रहे। तबसे–फुलपत्ती

की माँ गाँव-घर के किसानों के घर में कूट-पीसकर गोदी की इकलौती सन्तान को पालती रही। हाथ में एक गुण था—जिसके कारण थोड़ी पूछ और प्रतिष्ठा होती थी। अब वह भी नहीं। अब, शादी-ब्याह, पर्व-त्यौहार के अवसरों पर 'भित्त' पर कागज में छपे देवी-देवताओं की तस्वीरों के अलावा बाइस्कोप की तस्वीरें लटकाई जाती हैं। लेकिन, कल जब डाकपियून आकर फुलपत्ती की माँ के नाम ढाई सौ रुपये का मनिआर्डर दे गया, तब से गाँव के लोगों ने स्वीकार कर लिया—पुराने जमाने की सभी चीजें फालतू नहीं। गाँव में तुरन्त बात फैल गई—पटना से आया हुआ वह आदमी 'नकली' नहीं 'असली' था !

आठ-दस दिनों के बाद सनातन प्रसाद फिर आया। गाँव में इन दिनों फुलपत्ती की माँ के भाग फिरने की बात को छोड़कर और कोई बात नहीं होती। उसके आँगन में औरतों की भीड़ जमा रहती है, सदा। दरवाजे पर मुखिया और सरपंच आकर 'कुशल-खेम' पूछ जाते हैं।

और एक दिन अचानक लोगों ने सुना—"फुलपत्ती की माँ, अपने को संग लेकर—पटना नहीं 'डिल्ली' गई है। सनातन ही ले गया है। डिल्ली में एक ही 'भित्त' पर 'लिखाई' करने की मजदूरी एक हजार।"

"मजदूरी नहीं, बकसीस कहो।"

"और, फुलपत्ती ? वह नहीं गई साथ ?"

"नहीं। उसकी मास्टरनी मामी आई है। दस-पन्द्रह दिन रहेगी। छुट्टी लेकर आई है।"

"अब देखना, मामा-मामी, मौसा-मौसी, फूफा-फूफी के अलावा ममेरे-फुफेरे, अपने-पराये सब जुटेंगे आकर—जो कभी झाँककर भी नहीं देखने आते थे।"

कई दिन के बाद स्टेशन-बाजार का बदरी भगत हाथ में एक अखबार लेकर आया, जिस पर फुलपत्ती की माँ की तस्वीर छपी है। 'बड़े-लाट' साहब के हाथ से बकसीस ले रही है फुलपत्ती की माँ !

बदरी भगत स्टेशन-बाजार पर रहता है। बनिया है मगर आटे-दाल के भाव के अलावा दुनिया-भर की खबर याद रखता है। खूब अखबार पढ़ता है। वह कहता है—"चाची जिस दिन लौटेगी, हम लोग धूमधड़ाके के साथ स्टेशन पर उसका स्वागत करेंगे। घास-फूस का 'गेट' बनाकर उस पर मिट्टी की लिपाई-पोताई करके—फुलपत्ती के हाथ से लिखाई करवाई जाएगी···। अरी, फूलो दीदी, माँ की 'ईलम' जो मिली है उसको मन लगाकर साधोगी तो एक दिन तुमको भी सरकारी 'प्राइज' मिलेगा।··· अपने गाँव का नाम औल इंडिया में क्या, इंडिया से भी बाहर चला गया समझो। अखबार में लिखा है कि श्रीमती पनियाँ उर्फ पन्ना देवी अपनी बनाई हुई तस्वीरों पर टेढ़ी-मेढ़ी देवनागरी में अपने नाम के साथ, अपने गाँव और जिला का नाम लिखना नहीं भूलतीं। अब बतलाओ, गाँव का नाम बढ़ाया या नहीं ?"

"ठीक बात !"

गाँव के नौजवानों ने एक स्वर से नारा लगा दिया–"बोलिए, एक बार प्रेम से–पन्ना देवी की जै··· जै–"

औरतों की बैठकी में बैठी फुलपत्ती की मामी हमेशा 'कचहरी' बोली में बोलती रहती है–'जाती हूँ, खाती हूँ, पीती हूँ' सुनकर गाँव की औरतें घूँघट की ओट में कभी-कभी हँसती भी हैं।

"हाँ फुलपत्ती के हाथ में रकम आठ आना गुण आ गया है।"

"आएगा नहीं ? इसके चलते दीदी के हाथ की मार क्या कम खाई है फुल-पतिया ?" फुलपत्ती की मामी कहती है।

फुलपत्ती की मामी अपने गाँव–पोठिया के कन्या पाठशाला में पढ़ाती है। हमेशा पान खाती रहती है और किसी बाहरी 'मरद-पुरुख' से बात करने में जरा भी नहीं 'थखाती' है। बदरी भगत उसकी मजलिस में आया तो उसने कपड़ा सरकाकर सिर भी नहीं ढँका। बोली–"बाकी सब काम तो फुलपत्ती ही करती थी, पिठार के चावल को खूब महीन करके सिलबट्टे पर पीसना। पिठार को दूध में घोलना। थोड़ी देर के बाद, ठीक समय पर जंगली पेड़–'मेदाकाठ' की कोमल पत्तियों को उसमें डालकर मथते रहना, सींकी की काठियों में कपड़े और छोटे-छोटे लत्ते लपेटकर–अलग-अलग रंग के लिए तैयार करना; रंग घोलना–सब काम तो फुलपत्ती बचपन से ही करती आई है।··· और, कहीं जो पिठार जरा-सा मोटा हुआ, काठी के लत्ते ढीले पड़े या रंग गाढ़ा, पतला हुआ थोड़ा भी कि झोंटा पकड़कर दे धुमक्का दे धुमक्का।

बदरी भगत ने कहा–"मामी, अपने घर पर रखकर फुलपत्ती को 'दो अच्छर' आगे और पढ़ा देती तो···।"

मामी बोली–"भैया, हम क्या करें। लोअर तक पढ़ाकर रामायण बाँचना सिखाकर, अपर में पढ़ाना चाहती थी। मगर, उसकी माँ की जिद–अब आगे नहीं पढ़ाना है। और, दीदी की वह इकलौती बेटी ठहरी। हम क्या करें ?"

"अब एक बढ़िया घर-वर देखकर हाथ पीले करवा दो मामी। तिलक-दहेज भी थोड़ा देना पड़े तो···"

मामी बदरी भगत का दिया हुआ जर्दा मुँह में डालती हुई बोली–"बढ़िया घर-वर मिलने-मिलाने की बात तो बदरी बाबू, बस भगवान के हाथ है। तब, यह बात ठीक है कि अब सुगम हो जाएगा। जानते ही हो, इसका तो गाना भी बन गया है सिनेगा में 'पैसा फेंको, तमाशा देखो'···।"

नागेसर दास ने फिर एक किस्सा लोगों को सुनाना शुरू किया है–"जानते हो, जोखन ने यहाँ भी तौल-जोखकर मोल-तोल किया है। फुलपत्ती की माँ अगर पाँच हजार पेशगी दे तो एक दुलहा उसके–समझिए कि पाकिट में है। मगर फुलपत्ती की मामी ने उसकी चालाकी नहीं चलने दी।"

फुल्पत्ती की माँ लौट आई है।

"साथ में तीन बैलगाड़ियों पर सिर्फ इनाम में मिले हुए असबाब लदके आए हैं।"

स्टेशन पर खूब धूमधाम और जयजयकार करके स्वागत हुआ। सचमुच देखने के काबिल गेट बनाया था स्टेशनवालों ने। फुलपत्ती के हाथ में आठ आना ही नहीं, बारह आना गुण आ गया है। सनातन भी साथ में आया है। गाड़ी से उतरकर उसकी नजर सबसे पहले गेट की कारीगरी पर–चौकठ, कलस और फूल-पत्तियों पर पड़ी थी। बहुत देर तक वह गौर से देखता रहा था। फिर घर पहुँचकर फुलपत्ती से पूछा था–"लाल रंग की मछली किस नदी में पाई जाती है ? वहाँ कलस के आस-पास, आपकी आँकी हुई दोनों मछलियों के रंग लाल देखने के बाद से ही यह सवाल मेरे मन में छलमला रहा है।"

फुलपत्ती ने कहा–"क्यों ? हमारी इस गँवई नदी चन्द्रभागा में जेठ-असाढ़ में पहली वर्षा के बाद जाकर देखिएगा–कभी-कभी नदी की धारा लाल हो जाती है–हजारों-लाखों मछलियों के जीरे···। वे क्या पटना की ओर किसी नदी में कभी नहीं जातीं ?"

"कैसे जाएँगी। उधर चन्द्रभागा या कोसी को कोई धारा गई ही नहीं।"

फुलपत्ती के मामा नरोत्तम बाबू को लोग एक मिनट की भी छुट्टी नहीं देते–"दिल्ली का किस्सा और सुनाइए थोड़ा !"

फुलपत्ती की मामी आकर कहती है–"भैया, भले आदमी को अब थोड़ी घर-गृहस्थी की भी बात करने दो !"

फुलपत्ती की मामी ने अपने पति को आँगन के एकान्त घर में बुलाकर धीरे-से कहा–"यह सनातन क्या कहता है ! जानते हो ?"

"जानता हूँ, जो कहता है, ठीक ही कहता है। यहाँ धरा ही क्या है ? चार झोंपड़े और एक दादा-आदम के जमाने के पुराने चोबारा-चौखड़ा के मोह में क्यों पड़ी रहेगी दीदी ? जब भगवान ने आँख खोलकर हेरा है तो शहर में क्यों नहीं रहेगी दीदी ? पाँच सौ से नौ सौ तक माहवारी और रहने के लिए 'लोहियानगर' की वैसी कोठी।··· ठीक ही कहता है, सनातन !" फुलपत्ती के मामा ने कहा।

"सनातन है किस बिरादरी का ?"

"बिरादरी को कौन पूछता है आजकल। पूछो कि आदमी क्या है, हैसियत क्या है। एक बड़े आदमी का बेटा है। बाप अच्छी सम्पत्ति छोड़कर मरा है। बाप की बनाई कोठी है, मोटरगाड़ी है। साल में दस-बारह हजार रुपये की तस्वीरें ही खरीदता है। पटना में लिखने, पढ़ने, नाचने, गाने और आँकनेवालों के बीच खूब 'बोलबाला' है। कला-अकादमी पटना का सेक्रेटरी है। और क्या चाहिए ?"

"दीदी तैयार··· माने··· दीदी क्या कहती है ?"

"तैयार क्यों नहीं होंगी ? अगर नहीं तैयार हों तो उनको तैयार कराना हम लोगों का काम है।"

फुलपत्ती की माँ तो गौ है गौ। उसके मन में कोई छल-कपट नहीं। वह सब कुछ सुन-समझकर तुरंत राजी हो गई। मगर, यह लड़की फुलपत्ती !

फुलपत्ती एकदम राजी नहीं। जब से इस प्रस्ताव की भनक उसके कान में पड़ी है–नहाना, धोना, खाना, पीना, छोड़कर घर में पड़ी हुई है। माँ समझाकर थक गई। मामा गए और निराश होकर लौटे। तब मामी ने कहा, "एक बार मैं भी देखूँ !"

"फुलपत्ती बेटी !"

"मामी, अब तू आई है जलाने ? तेरा भी मन दिल्ली और पटना जाने के लिए डोल गया ? मैं कहती हूँ, अपने बाप-दादे की 'डीह' छोड़कर कहीं नहीं जा सकती मैं। मेरी लहाश ही निकलेगी, इस घर से··· हाँ··· " वह अब रोने लगी।

"भारी जिद्दी है बचपन से ही··· "

सनातन सोच में पड़ा हुआ है। पिछली दो रातों से उसकी आँखों में नींद नहीं आ रही। आँख मूँदते ही उसको लगता है–उसके अन्दर कोई बैठा हुआ है जो उसे आँखें तरेरकर देखता है और पूछता है–यह क्या कर रहा है तू ? बलात्कार ? कुमारी को अपवित्र करेगा तू ? अपनी वासना पूरी करने के लिए कला का यह व्यापार ? हाहाहाहा··· बिगस्केल फोक-आर्ट इंडस्ट्री ? हीहीही··· इंडस्ट्री नगर में–तुम्हारी फैक्टरी में–फुलपत्ती और उसकी माँ का जिबह मोथरी छुरी से करेगा न ? मधुबनी शैली का प्रमुख ज्ञाता, वक्ता अधिकारी बनकर तू लोक-कल्याण वातावरण का पर्दा डालकर अपने प्राइवेट चेम्बर में बैठा रहेगा और फुलपत्ती, उसकी माँ ही नहीं वरन् सैकड़ों की तादाद में तुम्हारे 'स्लाटर-हाउस' में जिबह होती, चीखती रहेंगी··· ?"

आज वह फुलपत्ती से स्वयं बातें करेगा।

उसने देखा, फुलपत्ती आज थोड़ा प्रसन्न है। वह अपने दरवाजे की 'भित' पर माँ की उकेरी हुई अधूरी मयूरी रेखाओं में रंग भर रही है।

सनातन ने पास जाकर कहा–"मयूर नाचता है या मयूरी ?"

"मयूरी को नाचने-नचानेवाले पंख होते ही कितने हैं, जो वह नाचेगी ?"

"आपने मोर को नाचते देखा है कभी ?"

"इस घोर जंगली देहात के करीब हर प्राणी ने हर वर्षा के समय उसकी बोली सुनी होगी और जंगल में उसे नाचते देखा होगा। आप क्या कहना चाहते हैं–सीधे क्यों नहीं कहते !"

"मैं कह रहा था कि आप एक बार फिर सोचकर··· "

"बार-बार सोचकर क्या होगा। जो सोचना था एक ही बार···। देखिए सनातन बाबू, आप माँ को ले जाइए यदि वह जाना चाहती है तो ! हमसे कुछ मत कहिए।"

"लेकिन, याद कीजिए–आपने कहा था कि 'रैस्ट' करना हो···।"

"छोड़िए बेकार की बातें। नहीं तो गुस्से में मुँह से कुछ भला-बुरा निकल जाएगा तो···।"

"सो तो, जिस दिन आया–उसी दिन सुन चुका हूँ।"

"आप क्या हमको–हम लोगों को–तस्वीर ही समझते हैं ?"

"क्या मतलब ?"

"आप समझते हैं कि आप सबकुछ खरीद सकते हैं !"

"कहाँ ? मैं तो बिकना चाहता हूँ।"

"सनातन बाबू, आप तो बहुत पढ़े-लिखे आदमी हैं। फिर भी आप समझते क्यों नहीं ?"

सनातन ने चुप होकर समझने की चेष्टा की। बोला–"ठीक है, लेकिन आप मेरे एक सवाल का जवाब दे दें तो, बड़ी कृपा हो। आखिर वह कौन··· कौन है वह सौभाग्यवान, जिसके बंधन को आप··· देखिए, मुझे बड़ी खुशी होगी अगर आप···।"

फुलपत्ती ने 'भित्ति' पर बने हुए सजे-सँवरे कलंगी ऊँची किए, पंख छत्राकार फैलाए, नाचते हुए मयूर की ओर दिखलाते हुए अँगुली उठाई–"वह, वहाँ··· वही··· नाच रहा है जो। समझे ?"

सनातन ने एक लम्बी साँस लेकर कहा–"समझकर क्या होगा ! अच्छी बात। अब मेरा एक दूसरा प्रस्ताव··· यानी··· दूसरी प्रार्थना है··· "

सनातन उसको अपना दूसरा प्रस्ताव सुनाता रहा–अति उत्साहपूर्वक और फुलपत्ती भित्तिचित्र की मयूरी के पंखों में रंग भरती रही।

सनातन को लगा–मयूरी हठात् पंख फैलाकर किलक उठी। केका ध्वनि से उसके अन्दर का घनघोर 'बिजूबन' मुखरित हो उठा। आम के बाग में झूले पर बारहमासा गाती हुई लड़कियों के कंठ से निकली एक कड़ी–उसके मन के मेघाच्छादित आकाश में बहुत देर तक मँडराती रही–"बिजूबन कुहुक मयूर··· "

गाँव में फिर एक बार जोर से एक नई खबर फैली–"नहीं-नहीं। फुलपत्ती की माँ नहीं जाएगी गाँव छोड़कर। अपने पति की डीह छोड़कर वह कहीं नहीं जाएगी। लेकिन, सनातन ने यहाँ एक 'सेन्टर' खोलने का फैसला किया है। पटना और दिल्ली और कलकत्ता से चुनी हुई लड़कियाँ तीन महीने की ट्रेनिंग लेने आएँगी, यहाँ। फुलपत्ती की माँ को घर बैठे ही समझो–पाँच सौ से हजार रुपये तक मिलेंगे और जिले और गाँव की लड़कियों को भी मुफ्त में सिखाया जाएगा··· अखबार में भी यह खबर छप गई है। बदरी भगत सबको सुना रहा है। इस बार गाँव का पूरा नाम छपा है अखबार में–"मोहनपुर के 'मधुबनी आर्ट सेंटर' के भवन शिलान्यास के लिए देश के प्रसिद्ध चित्रकार हुसैन से अनुरोध किया गया है···।"

सुननेवालों ने एक स्वर से जयजयकार कर दिया–"मोहनपुर गाँव की जै··· जै··· "

नवम्बर, 1972

परिशिष्ट

अणिमा

1. 'ठुमरी' की भूमिका

स्वरलिपि

इस संग्रह में ठुमरी नाम की कोई कहानी नहीं; सभी संयोजित कहानियाँ ठुमरी धर्मा हैं।

अन्तर्मार्ग एक ही है सभी कथाओं का।

[··· गीत के अन्तर्भाग में, बीच-बीच में विभिन्न स्वरों के प्रयोग से जो वैचित्र्य और कारु-कार्य सम्पादित होता है, उसको अन्तर्मार्ग कहते हैं।]

एक स्वर को लेकर, विभिन्न स्वरों से उसकी क्रमिक संगति दिखला-दिखलाकर ही किसी राग के रूप को प्रकाशित किया जाता है।

ठुमरी के कथागायक ने ऐसी चेष्टा की है। एकाधिक कथाओं में, एक ही विशेष मुहूर्त को विभिन्न परिवेश मे रखकर, रूपायित किया गया है। ···पौनःपुनिकता दोष से दूषित नहीं।

2. 'प्रिय कहानियाँ' की भूमिका

'मेरी प्रिय कहानियाँ' पुस्तकमाला के अंतर्गत संकलित इन नौ कहानियों के अलावा मेरी अन्य कहानियाँ मुझे तनिक भी अप्रिय नहीं। अपनी कोई रचना मुझे कभी अप्रिय नहीं लगी···नहीं लगती। कोई 'प्रियतर' अथवा 'प्रियतम', 'प्रियतमा' भी नहीं। इसका कोई कारण–शो कॉज़ (Show Cause)–नहीं बतला सकूँगा। क्योंकि जानता नहीं !···

मेरे अशिक्षित कथाकार के लिए अपनी रचनाओं की लंबी भूमिका बहुत ही कठिन और अप्रिय लेखन है। ऐसे अवसरों पर व्यर्थ पांडित्य-प्रदर्शन की हास्यास्पद प्रचेष्टा के बदले मैंने सदा साफगोई का सहारा लिया है। कवि शमशेर बहाद्दुर सिंह की इस प्रसिद्ध पंक्ति को दुहराया किया है–"बात बोलेगी, मैं नहीं ! राज खोलेगी, बाते

ही··· मैं नहीं !··· ”

मेरे साधारण पाठक मेरी स्पष्टवादिता तथा सपाटबयानी से सदा संतुष्ट हुए हैं। और साहित्य के राज़दार पंडित-कथाकार-आलोचकों ने हमेशा नाराज होकर मुझे 'एक जीवनदर्शनहीन-अपदार्थ-अप्रतिबद्ध-व्यर्थ-रोमांटिक प्राणी' प्रमाणित किया है।··· सारे तालाब को गँदला करनेवाला जीव ! इसके बावजूद कभी मुझसे इससे ज्यादा नहीं बोला गया कि अपनी कहानियों में मैं अपने को ही ढूँढ़ता फिरता हूँ : अपने को, अर्थात् आदमी को।··· बंगला में एक मुहावरा प्रचलित है–"पेटे बोमा मारलेऊ मुख दिये 'क' बेरूबे ना", अर्थात् पेट पर बम मारने पर भी मुँह से 'क' नहीं निकलेगा। हो, तब तो निकले ! तब भी, अपनी कई कहानियों के बारे में मुझे कई प्रतिष्ठित पत्रिकाओं के मित्र संपादकों को बज़ाप्ता हलफ़नामा लिखकर देना पड़ा है : (तब समझा कि पेट पर बम कैसे मारा जाता है और अपने को ढूँढ़ना इतना खतरनाक काम है !) ईमान से, धरम से, जो कह रहा हूँ सच कह रहा हूँ, कि जो लिखा है सो झूठा लिखा है, यानी इस कहानी के सभी स्थान-पात्र और घटनाएँ सरासर कपोल-कल्पित हैं··· कि किसी राष्ट्र, देश, धर्म, जाति, संप्रदाय, समाज, पार्टी, वर्ग या व्यक्ति के विरुद्ध घृणा या विद्वेष फैलाने के उद्देश्य से यह कहानी नहीं लिखी गई है।

फिर भी, यानी शपथपूर्वक कहने के बाद भी, मित्र संपादकों ने कहानियों की कई पंक्तियों को आपत्तिजनक मानकर काट दिया और कई शब्दों के बदले 'श्लील शब्द' देकर ही छापा।···इस संकलन में मैंने उन कटी पंक्तियों को जोड़ दिया है और सही शब्दों को मूल स्थानों पर फिर से स्थापित कर दिया है।

1973

3. कहानियों के संदर्भ

1. बट बाबा : जून 1944, साप्ताहिक 'विश्वमित्र' (कलकत्ता, 27 अगस्त 1944) में प्रकाशित।

2. पहलवान की ढोलक : साप्ताहिक 'विश्वमित्र', 11 दिसम्बर '45; प्राणों में घुले हुए रंग में संकलित।

3. कलाकार : साप्ताहिक 'विश्वमित्र', 22 जनवरी '45; 'प्राणों में घुले हुए रंग' में संकलित।

4. प्राणों में घुले हुए रंग : साप्ताहिक 'विश्वमित्र', 5 मार्च '45; 'प्राणों में घुले हुए रंग' में संकलित।

5. न मिटनेवाली भूख : साप्ताहिक 'विश्वमित्र', 23 अप्रैल '45; 'एक श्रावणी दोपहरी की धूप' में संकलित।

6. रखवाला : साप्ताहिक 'विश्वमित्र', 21 मई '45; 'प्राणों में घुले हुए रंग' में संकलित।

7. पार्टी का भूत : दैनिक विश्वमित्र, पूजा दीवाली विशेषांक, अक्टूबर '45; 'अच्छे आदमी' में संकलित।

8. रसूल मिसतिरी : मासिक 'विश्वमित्र', फरवरी '46; 'अच्छे आदमी' में संकलित।

9. बीमारों की दुनिया में : मासिक विश्वमित्र, दिसम्बर '46; 'अच्छे आदमी में संकलित।

10. इतिहास, मज़हब और आदमी : साप्ताहिक 'विश्वमित्र', 19 नवम्बर '47; 'प्राणों में घुले हुए रंग' में संकलित।

11. रेखाएँ : वृत्तचक्र (एक) : समाज (बनारस) 1 जनवरी '48; 'प्राणों में घुले हुए रंग में संकलित। इसी शीर्षक से रेणु ने 1970 में भी एक कहानी लिखी है।

12. खंडहर : साप्ताहिक 'जनता', 21 नवम्बर '48; 'प्राणों में घुले हुए रंग' में प्रकाशित।

13. धर्म क्षेत्रे-कुरु क्षेत्रे : अपने ही द्वारा संपादित 'नई दिशा' के शहीद विशेषांक (9 अगस्त 49) में 'संजय' छद्मनाम से प्रकाशित। 'प्राणों में घुले हुए रंग' में संकलित।

14. टौंटी नैन का खेल : 'राष्ट्र संदेश' (पूर्णिया), 4 अप्रैल 53; 'अच्छे आदमी' में संकलित।

15. वंडरफुल स्टूडियो : मासिक 'अवंतिका' (पटना) जुलाई 53; 'एक श्रावणी दोपहरी की धूप' में संकलित।

16. रसप्रिया : 'निकष' (इलाहाबाद, सं. धर्मवीर भारती) 1955; ठुमरी में संकलित।

17. तीसरी कसम, अर्थात् मारे गये गुलफाम : 1956 में लिखित, 57 में संशोधित, अपरम्परा (पटना, 1957 में प्रकाशित, 'ठुमरी' में संकलित। शैलेन्द्र ने इस पर तीसरी कसम फिल्म भी बनाई।

18. लाल पान की बेगम : 1956, 'कहानी' (इलाहाबाद), जनवरी 1957; 'ठुमरी' में संकलित।

19. पंच लाइट : 'सुप्रभात' (कलकत्ता), जनवरी, फरवरी 58, 'ठुमरी' में संकलित।

20. सिरपंचमी का सगुन : 'कल्पना' (हैदराबाद), अगस्त 58, 'ठुमरी में संकलित।

21. तीर्थोदक : 'ठुमरी' में संकलित। (रचनाकाल 55 से 58 के बीच)

22. तीन बिंदिया : 'ठुमरी' में संकलित। (रचनाकाल 55 से 58 के बीच)

23. ठेस : 'ठुमरी' में संकलित। (रचनाकाल 55 से 58 के बीच)

24. नित्य लीला : 'ठुमरी' में संकलित। (रचनाकाल 55 से 58 के बीच)

25. नेपथ्य का अभिनेता : मूलतः मैथिली में, अभिव्यंजना (सं. मयानंद मिश्र) 1960 में प्रकाशित, 'अच्छे आदमी' में संकलित।

26. कपड़ घर : साप्ताहिक 'योगी' (पटना), दीपावली विशेषांक, अक्टूबर '60

में प्रकाशित, 'अच्छे आदमी' में संकलित।

27. टेबुल : 'धर्मयुग', 5 नवम्बर 61, 'रेणु की श्रेष्ठ कहानियाँ (सं. राजेन्द्र यादव) और 'अच्छे आदमी' में संकलित।

28. कस्बे की लड़की : 'धर्मयुग', 31 नवम्बर 61; 'एक श्रावणी दोपहरी की धूप' में संकलित।

29. अतिथि सत्कार : 'सारिका', दिसम्बर '61; 'आदिम रात्रि की महक' में संकलित।

30. तँबे एकला चलो रे : कल्पना, जनवरी '62; 'आदिम रात्रि की महक' में संकलित।

31. एक लोक गीत के विद्यापति : ज्योत्स्ना (पटना) मई 1962; 'एक श्रावणी दोपहरी की धूप' में संकलित।

32. अच्छे आदमी : 'धर्मयुग', 5 जून '62; 'रेणु की श्रेष्ठ कहानियाँ' तथा 'अच्छे आदमी' नामक संग्रह में संकलित।

33. संवदिया : सारिका, अक्टूबर 1962, 'मेरी प्रिय कहानियाँ' में शामिल; 'एक श्रावणी दोपहरी की धूप' में संकलित।

34. एक श्रावणी दोपहरी की धूप : ज्योत्स्ना, अक्टूबर '62; इसी नाम के संग्रह में संकलित।

35. हाथ का जस और बाक का सत : अपने ही संपादन में तीन कथाकारों (रेणु, रणधीर सिन्हा, हिमांशु श्रीवास्तव) के संग्रह 'हाथ का जस' में शामिल। 'एक श्रावणी दोपहरी की धूप' में संकलित।

36. रोमांस शून्य प्रेमकथा की भूमिका : 'नयी कहानियाँ' (प्रेमकथा विशेषांक), दिसम्बर '63; 'अच्छे आदमी' में संकलित।

37. काक चरित : 'ज्योत्स्ना', अक्टूबर '64; 'आदिम रात्रि की महक' में संकलित।

38. एक आदिम रात्रि की महक : 'नयी कहानियाँ', नवम्बर '64; इसी नाम के संग्रह में संकलित।

39. उच्चाटन : 'ज्ञानोदय' (भारतीय कहानी विशेषांक), नवम्बर 1964; 'आदिम रात्रि की महक' में संकलित।

40. आत्म साक्षी : 'माया' (संपादक मार्कण्डेय), जनवरी '65; 'आदिम रात्रि की महक' में संकलित।

41. आजाद परिन्दे : 'फुर्र-र-र' शीर्षक से 'ज्योत्स्ना' (फरवरी '65) में प्रकाशित। 'आदिम रात्रि की महक' में संकलित।

42. संकट : 'ज्योत्स्ना', मार्च '65; 'एम श्रावणी दोपहरी की धूप' में संकलित।

43. नैना जोगिन : 'ज्योत्स्ना', अगस्त '65; 'आदिम रात्रि की महक' में संकलित।

44. विकट संकट : 'नयी कहानियाँ', सितम्बर '65; 'एक श्रावणी दोपहरी की धूप' में संकलित।

45. अभिनय : 'ज्योत्स्ना', नवम्बर '65; 'एक श्रावणी दोपहरी की धूप' में संकलित।

46. विघटन के क्षण : 'नई धारा' (वृहद् कहानी विशेषांक, सं. कमलेश्वर) जनवरी-फरवरी '66; 'आदिम रात्रि की महक' में संकलित।

47. जलवा : 'धर्मयुग', 14 अगस्त '66; 'आदिम रात्रि की महक' में संकलित।

48. ना जाने केहि वेश में : 'ज्योत्स्ना', नवम्बर '66; 'आदिम रात्रि की महक' में संकलित।

49. जड़ाऊ मुखड़ा : 'ज्योत्स्ना' फरवरी '67; 'आदिम रात्रि की महक' में संकलित।

50. प्रजा सत्ता : 'ज्योत्स्ना', अप्रैल '67; 'आदिम रात्रि की महक' में संकलित।

51. मिथुन राशि : 'शीर्षकहीन' नाम से 'स्थापना' (सं. शिवचंद्र शर्मा) 1970 में प्रकाशित। 'अगिनखोर' में संकलित।

52. अक्ल और भैंस : 'ज्योत्स्ना', सितम्बर '70; 'अगिनखोर' में संकलित।

53. रेखाएं वृत्त चक्र : 'सारिका', दिसम्बर '70; 'अगिनखोर' और 'अच्छे आदमी' में संकलित।

54. तव शुभ नामे : 'सारिका', जुलाई '71; 'अगिन खोर' में संकलित।

55. एक अकहानी का सुपात्र : 'ज्योत्स्ना', अगस्त '71; 'अगिनखोर' में संकलित।

56. जैव : 'ज्योत्स्ना', अक्टूबर '71; 'अगिनखोर' में संकलित।

57. मन का रंग : 'ज्योत्स्ना', जनवरी '72; 'अगिनखोर' में संकलित।

58. लफड़ा : 'ज्योत्स्ना', जून '72; 'अगिनखोर' में संकलित।

59. अग्नि संचारक : 'ज्योत्स्ना', जुलाई '72; 'अगिनखोर' में संकलित।

60. एक रंगबाज गाँव की भूमिका : 'ज्योत्स्ना', सितम्बर '72; 'एक श्रावणी दोपहरी की धूप' में संकलित।

61. दसगज्जा के इस पार और उस पार : 'ज्योत्स्ना', नवम्बर '72; 'एक श्रावणी दोपहरी की धूप' में संकलित।

62. अगिनखोर : 'धर्मयुग' के 5 नवम्बर और 12 नवम्बर '72 के अंक में प्रकाशित। 'अगिनखोर' में संकलित।

63. भित्तिचित्र की मयूरी : 'साप्ताहिक हिन्दुस्तान', 5 नवम्बर '72, 'अगिनखोर' में संकलित।

रेणु रचनावली-2

[उपन्यास : मैला आँचल, परती : परिकथा]

रेणु रचनावली

2

संपादक

भारत यायावर

राजकमल प्रकाशन
नयी दिल्ली इलाहाबाद पटना

मूल्य : ₹ 4800
पाँच खंडों का सम्पूर्ण सेट

पहला संस्करण : 1995
चौथी आवृत्ति : 2012

प्रकाशक : राजकमल प्रकाशन प्रा. लि.
1-बी, नेताजी सुभाष मार्ग
नई दिल्ली-110 002

शाखाएँ : अशोक राजपथ, साइंस कॉलेज के सामने, पटना-800 006
पहली मंजिल, दरबारी बिल्डिंग, महात्मा गांधी मार्ग, इलाहाबाद-211 001

वेबसाइट : www.rajkamalprakashan.com
ई-मेल : info@rajkamalprakashan.com

आवरण और कलापक्ष : सुरेन्द्र राजन

मुद्रक : बी.के. ऑफसेट
नवीन शाहदरा, दिल्ली-110 032

RENU RACHANAWALI-2
Edited by Bharat Yayawar

ISBN : 978-81-7178-735-7 (सम्पूर्ण सेट)

▲ *अप्रतिम कथाकार रेणु*   फोटो : राबिन शॉ पुष्प

▲ *राजेंद्र नगर, पटना में रेणु का आवास* फोटो : सुरेश शर्मा

▼ *कोशी अंचल : धूसर वीरान अन्तहीन प्रान्तर...*
('परती परिकथा' का प्रारम्भ) फोटो : जयशंकर

▲ *लतिका रेणु (1993)* फोटो : सुरेश शर्मा

▼ *रेणु का गाँव औराही-हिंगना* फोटो : राजेश राज

मैला आँचल

एक नये उपन्यास का प्रकाशन !
एक नयी प्रतिभा का जन्म !

"अपने ढंग का सर्वप्रथम आंचलिक उपन्यास" —डॉ० धर्मवीर भारती।

बिहार के पूर्णिया जिले के एक छोटे-से गाँव की कहानी, जिसमें आपको भारतीय ग्राम्य जीवन, देश की सामाजिक व राजनीतिक उथल-पुथल से झकझोरा जाकर, अपनी परम्परागत विवशताओं से आक्रान्त लेकिन अपनी सीमाओं को तोड़कर उफनने के प्रयास में और नये युग के साथ कदम मिलाकर बढ़ने को अधीर, गर्म-ठण्डी साँसें लेता हुआ स्पष्ट दीख पड़ेगा। जन-जीवन के अतिरिक्त इस उपन्यास का कोई नायक नहीं है। "मैला आँचल" की कथावस्तु के यथार्थ से आप पराभूत हो जाएँगे।

लेखक :

फणीश्वर नाथ 'रेणु'

अपने इस प्रथम उपन्यास की भूमिका में लेखक कहते हैं :

"इसमें फूल भी हैं, शूल भी है, धूल भी है गुलाल भी ; कीचड़ भी है चन्दन भी ; सुन्दरता भी है कुरूपता भी—मैं किसी से भी दामन बचाकर निकल नहीं पाया। कथा की सारी अच्छाइयों और बुराइयों के साथ साहित्य की दहलेज पर आ खड़ा हुआ हूँ।

पृष्ठसंख्या ४१० : पक्की जिल्द : मूल्य ४)

वितरक :

राजकमल प्रकाशन

दिल्ली बम्बई नई दिल्ली

▲ *प्रकाशन समाचार (फरवरी, 1955) में प्रकाशित 'मैला आँचल' का दुर्लभ विज्ञापन*

संपादकीय

रेणु रचनावली के इस खंड में हिंदी के कालजयी उपन्यास–'मैला आँचल' और 'परती : परिकथा' संकलित हैं। इन दोनों उपन्यासों की चर्चा इनके छपते ही हिंदी के अलावा अन्य कई भारतीय भाषाओं में भी होने लगी। इन दोनों उपन्यासों को लेकर तरह-तरह के विवाद और बहसें लंबे समय तक चलती रहीं। आज भी कमोबेश वह स्थिति बरकरार है। इन दोनों उपन्यासों के आधार पर 'आंचलिक उपन्यास' की एक नई अवधारणा हिंदी के अलावा अन्य भारतीय भाषाओं में भी निर्मित हुई। 'आंचलिकता' को लेकर आज भी कई बहस-तलब लेख लिखे जा रहे हैं। इन दोनों उपन्यासों के छपने के बाद 'प्रेमचंद की परंपरा' पर भी हिंदी में सार्थक बहसें हुईं।

'मैला आँचल' का प्रकाशन अगस्त, 1954 में हुआ और इसके तीन वर्ष बाद सितम्बर, 1957 में 'परती : परिकथा' का। इन दोनों उपन्यासों ने न सिर्फ रेणु को हिंदी साहित्य में एक बड़े लेखक के रूप में प्रतिष्ठित किया, बल्कि हिंदी की उपन्यास-विधा में एक युगांतर भी उपस्थित किया। इन दोनों गौरवशाली उपन्यासों ने हिंदी भाषा की अभूतपूर्व व्यंजना-क्षमता और संगीतात्मकता से पहले-पहल परिचित कराया। यह कहना बिल्कुल सही है कि "रेणु ने भाषा को पार्श्व संगीत दिया।"

'मैला आँचल' का प्रकाशन 1954 में हुआ, पर उसके लेखन में रेणु 1950 में ही लग गए थे। उन्होंने पहले 'मैला आँचल' का प्रारूप दूसरा तय किया था। बाद में बदल दिया। '50 में 'मैला आँचल' लिखना शुरू करने की चर्चा उन्होंने गोपीकृष्ण प्रसाद के एक पत्र में की है : "समय मिलते ही मैं कुछ न कुछ लिखने बैठ जाता हूँ। बड़ी चीज के कैनवास पर रेखाएँ खींच रहा हूँ–रंग घोल रहा हूँ।··· गोपीजी, सच कहता हूँ–डर लगता है, इतनी बड़ी चीज सँभाल सकता हूँ या नहीं।"

'मैला आँचल' का प्रकाशन कितनी मुश्किलों से किस तरह हुआ, इसकी एक लंबी कहानी है। रेणु इसकी पाण्डुलिपि लेकर प्रकाशन के लिए लंबे समय तक दौड़-धूप करते रहे। अंत में लतिकाजी के गहने बेचकर कागज की व्यवस्था की और यूनियन प्रेस, पटना में इसका मुद्रण-कार्य प्रारंभ हुआ। प्रकाशन का नाम रखा गया–समता प्रकाशन। 'मैला आँचल' के छपने में लगभग एक साल लग गया। छपने के बाद 'मैला

आँचल' के महत्त्व की धीरे-धीरे चर्चा शुरू हुई। राजकमल प्रकाशन के तत्कालीन प्रबन्ध निदेशक श्री ओमप्रकाश ने अपने प्रकाशन से इसे छापना चाहा। उन्होंने रेणु से संपर्क किया। रेणु ने उन्हें नए सिरे से 'मैला आँचल' छापने की स्वीकृति दे दी। यह भी तय हुआ कि छपी हुई प्रतियों का वितरण भी राजकमल ही करेगा। इस तथ्य की जानकारी रेणु के इस पत्रांश से मिलती है :

> "राजकमल प्रकाशन ने सोल एजेंसी स्वीकार कर ली है। वह हमें वही कमीशन देंगे, जो 'बलचनमा' पर दिया है। और 30 प्रतिशत कमीशन पहले ही चुका देंगे। राजकमल एक तगड़ी प्रकाशन संस्था है। सारे भारत में उसकी पहुँच है। 'प्रकाशन समाचार' निकालकर वह अपनी किताबों का जोरदार वैज्ञानिक प्रचार भी करता है। 'आलोचना' त्रैमासिक उसी की है और हिंदी का एक बेजोड़ पत्र समझा जाता है। फोल्डर छापने के लिए कुछ लोगों की राय का संग्रह कर लिया है–बतौर Review के। नागार्जुन, नलिन विलोचन शर्मा, दिवाकर प्रसाद विद्यार्थी, नर्मदेश्वर प्रसाद, अनूप आदि की राय मिल चुकी है। नर्मदेश्वर जी ने बहैसियत सोशियोलॉजी के हेड ऑफ डिपार्टमेंट लिखा है–'किताब समाज विज्ञान के विद्यार्थियों के लिए भी उपयोगी है'।"

रेणु का यह पत्र अपने एक ग्रामीण बंधु को 10 फरवरी, 1954 को लिखा गया है। इस पत्र से रेणु के मन में राजकमल प्रकाशन के प्रति तीव्र आकर्षण के कारण का पता चलता है। रेणु ने 'मैला आँचल' के साथ एक फोल्डर भी छपवाया था, जिसमें 'मैला आँचल' पर पटना के कई विद्वानों की समीक्षात्मक टिप्पणियाँ भी छपी थीं। नर्मदेश्वर प्रसाद की एक पंक्ति को रेणु ने इस पत्र में उद्धृत किया है। 'मैला आँचल' का मुद्रण मार्च, 1954 तक पूर्ण हो चुका थां, पर आर्थिक दिक्कतों के कारण यह अगस्त में छपकर बाहर आया। अगस्त के अंत में ही रेणु के पटना-निवास पर इसका विमोचन हुआ। जैसाकि रेणु के पत्र से ज्ञात होता है, नलिनविलोचन शर्मा ने इसके प्रकाशन के पूर्व ही इसे पढ़ लिया था और एक समीक्षात्मक टिप्पणी लिखी थी। इसके छपने पर नलिनजी ने विस्तृत समीक्षा लिखी, जो आकाशवाणी से प्रसारित हुई। कहा जाता है कि इस समीक्षा से ही हिंदी साहित्य का ध्यान इस उपन्यास की ओर गया। नलिनविलोचन शर्मा ने इस समीक्षा का सारांश बाद में 'आलोचना' के पन्द्रहवें अंक में प्रकाशित करवाया। नलिनजी ने 'मैला आँचल' पर महत्त्वपूर्ण बातें कही थीं :

> 'मैला आँचल' फणीश्वरनाथ रेणु का प्रथम उपन्यास है। यह ऐसा सौभाग्यशाली उपन्यास है, जो लेखक की प्रथम कृति होने पर भी उसे ऐसी प्रतिष्ठा प्राप्त करा दे कि वह चाहे तो कुछ और न भी लिखे।··· 'मैला आँचल' गत वर्ष का ही श्रेष्ठ उपन्यास नहीं है, वह हिंदी के दस श्रेष्ठ उपन्यासों

> में सहज ही परिगणनीय है।…मैंने इसे 'गोदान' के बाद हिन्दी का वैसा दूसरा महान् उपन्यास माना है।…
>
> 'मैला आँचल' की भाषा से हिन्दी समृद्ध हुई है। रेणु ने कुशलता से ऐसी शैली का प्रयोग किया है, जिसमें आंचलिक भाषा-तत्त्व परिनिष्ठित भाषा में घुलमिल जाते हैं।
>
> हिन्दी के उपन्यास-साहित्य में, यदि गत्यवरोध था, तो इस 'कृति' से वह हट गया है।

'मैला आँचल' एक वर्ष के भीतर ही श्रेष्ठ उपन्यास के रूप में प्रसिद्ध हो गया था। हिंदी के महत्त्वपूर्ण लेखकों ने और लगभग सभी पत्रिकाओं ने इस पर लिखा। अचानक मिले इतने अधिक यश का परिणाम बाद में यह हुआ कि 'मैला आँचल' को खारिज करनेवाले लेख छपने लगे। पटना से प्रकाशित मासिक 'अवंतिका' पत्रिका के नवम्बर, 1955 अंक में लक्ष्मीनारायण भारतीय की एक टिप्पणी छपी—'मैला आँचल : एक दृष्टिकोण'। इसमें 'मैला आँचल' को निम्नकोटि का उपन्यास साबित करनेवाले कई तर्क दिए गए। ये तर्क रेणु जैसे निर्लिप्त रहनेवाले कलाकार को भी तिलमिला देनेवाले थे। इसके प्रतिक्रियास्वरूप 'अवंतिका' के जनवरी, '56 अंक में 'मैला आँचल : स्वस्थ दृष्टियाँ और उचित दृष्टिकोण' नामक रचना सुश्री गौरा, एम.ए., के नाम से छपी। यह रचना रेणुजी के हस्तलेख में छपने आई थी, जिसे पटना के उनके कुछ निकट के लेखकों ने छपने के पूर्व देख लिया। इस बात को प्रचारित भी किया गया। तत्पश्चात् रेणुजी ने गौरा के सही मायने में लेखक होने की संपुष्टि की। राजकमल के 'प्रकाशन-समाचार' में गौरा का एक पत्र भी छपा। पर वह रचना रेणु ने ही लिखी थी, यह निर्विवाद है। इसमें रेणु का एक इण्टरव्यू भी है, जिससे रेणु की कई मान्यताओं का पता चलता है। इस लेख में 'मैला आँचल' के विरुद्ध दिए गए तर्कों का उचित उत्तर तो दिया ही गया है, इससे रेणु के एक भिन्न व्यक्तित्व का भी पता चलता है। इस लेख को *रचनावली* के पाँचवें खंड में संकलित किया जा रहा है। 'मैला आँचल' पर जो आरोप लगाए गए थे, उनमें प्रमुख हैं—अनैतिकता, भ्रष्ट भाषा, दूसरी भाषा में अनुवाद का संकट आदि। रेणु ने इन आरोपों को एक जगह संकलित कर 'मैला आँचल' का एक विज्ञापन तैयार किया था, जिसे पढ़ने से उस पर लगाए गए आरोपों का खुलासा होता है :

> 'मैला आँचल' ? वही उपन्यास जिसमें हिन्दी का एक भी शुद्ध वाक्य नहीं है ? जिसे पढ़कर लगता है कि कथानक की भूमि में सती-सावित्री के चरण-चिह्नों पर चलनेवाली एक भी आदर्श भारतीय नारी नहीं है ? मद्य-निषेध के दिनों में जिसमें ताड़ी और महुए के रस की इतनी प्रशस्ति गायी गयी है कि लेखक जैसे नशे का ही प्रचारक हो ! सरकार ऐसी पुस्तकों को प्रचारित ही कैसे होने देती है जी !
>
> वही 'मैला आँचल' न जिसमें लेखक ने न जाने लोक-गीतों के किस संग्रह

से गीतों के टुकड़े चुराकर जहाँ-तहाँ चस्पाँ कर दिये हैं ? क्यों जी, इन्हें तो उपन्यास लिखने के बाद ही इधर-उधर भरा गया होगा ?

'मैला आँचल' ! हैरत है उन पाठकों और समीक्षकों की अक्ल पर जो इसकी तुलना 'गोदान' से करने का साहस कर बैठे ! उछालिए साहब, उछालिए ! जिसे चाहे प्रेमचंद बना दीजिए, रवीन्द्रनाथ बना दीजिए, गोर्की बना दीजिए ! ज़माना ही डुग्गी पीटने का है !

तुमने तो पढ़ा है न 'मैला आँचल' ? कहानी बताओगे ? कह सकते हो उसके हीरो का नाम ? कोई घटना-सूत्र ? नहीं न ! कहता ही था। न कहानी है, न कोई चरित्र ही पहले पन्ने से आखिरी पन्ने तक छा सका है। सिर्फ ढोल-मृदंग बजाकर, 'इन्किलास जिंदाबाघ' जरूर किया गया है। 'पाटी' और 'कलस्टर' और 'संघर्ख' और 'जकसैन'–भोंड़े शब्द भरकर हिंदी को भ्रष्ट करने का कुप्रयास खूब सफल हुआ है !

मुझे तो लगता है कि हिन्दी साहित्य के इतिहास में या यों कहूँ कि हिन्दी-साहित्यिकों की आँखों में, ऐसी धूल झोंकाई इससे पहले कभी नहीं हुई। मैला आँचल, मैला आँचल सुनते-सुनते कान पक गये। धूल भरा मैला-सा आँचल ! लेखक ने इस धूल की बात तो स्वयं भूमिका में कबूल कर ली है। एक तरह से !! फिर भी...

अरे, हमने तो यहाँ तक सुना है, 'मैला आँचल' नकल है किसी बँगला पुस्तक की और बँगला पुस्तक के मूल लेखक जाने किस लाज से कह रहे हैं, "नहीं, मैला आँचल अद्वितीय, मौलिक कृति है।" एक दूसरे समीक्षक ने यह भी कह दिया, जाने कैसे, कि एक ही पृष्ठभूमि पर लिखी गयी कृतियाँ विभिन्न हो सकती हैं तो ये हैं !

पत्थर पड़े हैं उन कुंदजेहन आलोचकों के और तारीफ के पुल बाँधनेवालों के जो इसे ग्रेट नॉवल कह रहे हैं। ग्रेट नॉवल की तो एक ही परख हमें मालूम है, उसका अनुवाद कर देखिए ! कीजिए तो मैला आँचल का अनुवाद अंग्रेजी में, फिर देखिए उसका थोथापन !

रेणु में आत्मालोचन और अपनी ही हँसी उड़ाने की प्रवृत्ति अपने समकालीन लेखकों में सबसे अधिक है। 'मैला आँचल' पर तरह-तरह के जितने आरोप लगाए जा रहे थे, उनका कोई ठोस उत्तर न देकर उन्होंने व्यंग्य की शैली में इस प्रकार दुहरा दिया है कि वे आरोप हास्यास्पद लगने लगते हैं।

'मैला आँचल' के संदर्भ में एक बात का और उद्‌घाटन करना चाहूँगा। रेणु के आत्मीय शिष्य जयशंकर ने एक बार उनसे पूछा कि इस उपन्यास में इतने अधिक चरित्र हैं, पर आप कहीं नहीं नजर आते। रेणु ने बताया कि इसमें मेरा चरित्र भी एक जगह आया है। जब आजादी का जुलूस निकाला जाता है, तो वे भी एक नारा लगाते हैं–'यह

आजादी झूठी है ! देश की जनता भूखी है।' इस पर मेरीगंज के लोग बिगड़ जाते हैं। बालदेवजी कहते हैं–'अरे भाई, हिंगना-औराही का सोसलिट है, तो हिंगना-औराही में जाकर अपने गाँव का नारा लगाये। यहाँ काबिलयती छाँटने का क्या जरूरत था ? अपना मुँह है–बस लगा दिया नारा–यह आजादी झूठी है !'

इतने लंबे समय के बाद देश आजाद हुआ। आजादी के नशे में पूरा देश मगन। पर रेणु 'मैला आँचल' के द्वारा असली आजादी के लिए संघर्ष करते हुए दिखाई पड़ते हैं। आजाद भारत की सच्ची तस्वीर पेश करते हुए उनकी आस्था बामनदास की मृत्यु के साथ टूट जाती है। लोग अशिक्षा, अज्ञान, सांप्रदायिकता, जातिवाद, रूढ़िवादिता के अंधकार में जी रहे हैं–भूखे, बदहाल, विपन्न। आदमी जानवर से भी बदतर जीवन जी रहा है। 'मैला आँचल' के डॉक्टर को सब रोगों की जड़ में भूख और गरीबी दिखाई पड़ती है और उसे लगता है कि अभी पहला काम है जानवर को आदमी बनाना।

'मैला आँचल' के प्रकाशन के बाद उसको लेकर दो महत्त्वपूर्ण घटनाएँ घटीं। पहली यह कि रेणु पर मानहानि का मुकदमा दायर किया गया। और दूसरी, उसे सतीनाथ भादुड़ी के उपन्यास 'ढोंढ़ाईचरितमानस' की नकल प्रचारित किया गया। मुकद्दमा लड़ते हुए रेणु ने वाचस्पति पाठक को इसका पूरा ब्यौरा एक पत्र में लिख भेजा। रेणु ने लिखा है–"कानून और कचहरी के पैंतरे ! भगवान बचायें। मुकद्दमा दिलचस्प है, इसलिए मेरी तारीख के दिन कचहरी में भीड़ लग जाती है। ... मेरे गाँव के पास एक सज्जन हैं–उन्होंने 'मैला आँचल' के तहसीलदार को अपनी तस्वीर समझ लिया है। मूरख आदमी है, पुराना मुकद्दमेबाज है। संभवतः उसने अपने वकील से पहले भी सलाह ली होगी।"... रेणु उसी पत्र में आगे लिखते हैं–"मुकद्दमे की पेशी के दिन संचालक-सूत्रधार छाते की ओट से फौजदारी कचहरी कंपाउण्ड के बाहर, दीवानी कचहरी के आसपास चक्कर मारते रहते हैं। पिछली तारीख को दलित-संघ के सेक्रेटरी साहब भी कचहरी में नहीं आये, क्योंकि वकीलों की टोली 'मैला आँचल' तथा अन्य रचनाओं के जीते-जागते पुतलों को उँगलियाँ बता-बताकर इधर-उधर चक्कर मारती है। बेवजह पान की दुकान पर खड़े एक आदमी से नाम पूछ लेते हैं–'आपका नाम ? क्या आपका घर फारबिसगंज थाना है ?–'जी मेरा नाम... ?' पान खाते हुए नौजवान वकील ने नाम को एक बार दुहराया, फिर ठठाकर हँस पड़ा–'ओ, आप 'मैला आँचल' के फलाने जी हैं।' एक नया वकील–जो अपने को लेखक भी समझता है–इन मौकों का फायदा उठा रहा है। उसने सिर्फ तीन ही पेशी के दिनों घूम-घूमकर देख लिया है–'अलबत्ता तस्वीर उतारी है, तस्वीर बनानेवाले ने !' "

रेणु की कथाकृतियों के अधिकांश पात्र वास्तविक भूमि पर भी वैसी ही छवि रखनेवाले हैं। आप कभी रेणु के इलाके में जाइए तो लोग बताएँगे 'मैला आँचल या 'परती:परिकथा' या अमुक कहानी के अमुक पात्र ये हैं, वे हैं आदि। रेणु और उनकी रचनाओं से उस क्षेत्र के अधिकांश लोग परिचित हैं।

'मैला आँचल' की अपार लोकप्रियता के कारण बिहार के कई तथाकथित लेखकों में उनके प्रति ईर्ष्या-द्वेष का भाव उदित हुआ और वे रेणु पर और उनकी रचनाशीलता पर तरह-तरह के आरोप लगाते-फिरे। इनका उत्तर राजकमल प्रकाशन के तत्कालीन प्रबंध निदेशक ओमप्रकाशजी ने अप्रैल, 1956 के 'प्रकाशन-समाचार' में विस्तार से दिया। वे लिखते हैं–" 'मैला आँचल के शिल्प और वस्तु ने एक अनुपम चमत्कार के समान हिंदी क्षेत्र को अभिभूत कर लिया। एकदम इस नितान्त अपरिचित कलाकार को जो ख्याति और यश मिला, उसे पाने का बहुत ही कम लेखकों को सौभाग्य हुआ होगा। अपने पहले ही प्रयत्न से वह साहित्यकारों की अगली पाँत में आ बैठे। हिंदी की प्रत्येक साहित्यिक पत्रिका में 'मैला आँचल' की विस्तृत, मुख्यतः प्रशस्तिमूलक, समीक्षाएँ प्रकाशित हुईं। इस प्रतिभा के स्वागत में मानो होड़-सी मच गई, जो स्वयं में एक आश्चर्य से कम नहीं है। लेकिन यह उत्साह स्वस्थ मनोभाववाले, उदारचेता साहित्यिकों तक ही सीमित था। यह तब मालूम हुआ, जबकि दिसम्बर, 1955 में, जबकि रेणु की सफलता की गाथा इस छोर से उस छोर तक फैल रही थी, बिहार से ही यह 'व्हिस्परिंग कैंपेन' आरम्भ हुआ कि 'मैला आँचल' बंगाली के प्रसिद्ध लेखक श्री सतीनाथ भादुड़ी कृत 'ढोंढ़ाईचरितमानस' का अनुवाद है।…" जो साहित्यकार महोदय रेणु पर यह आरोप लगा रहे थे, उन्होंने भादुड़ीजी से इस संदर्भ में पत्राचार किया। भादुड़ीजी ने उनके पत्र का उल्लेख करते हुए रेणु को बँगला में पत्र लिखा, जिसका हिंदी अनुवाद इस प्रकार है : "प्रियवर, आपका पत्र अभी मिला। कुछ दिन पूर्व किसी हिंदी साहित्यिक ने 'ढोंढ़ाईचरितमानस' और आपकी पुस्तक के सामंजस्य के विषय में एक प्रश्नात्मक पत्र लिखा था। उनके पत्र के उत्तर में मैंने लिखा था कि मेरी पुस्तक की विषयवस्तु है 1905 से 1945 ई. का समाज और आपकी पुस्तक का विषय है 1946 ई. के बाद की सामाजिक स्थिति। इस कारण सामंजस्य का प्रश्न ही नहीं उठता। पत्र लेखक का नाम है श्री…। मौखिक प्रचार के विरुद्ध लिखित प्रचार करने की क्या बहुत ही आवश्यकता है ! अभियोग का लिखित उत्तर देने की अपेक्षा तो यही अच्छा होगा कि हम अपनी ओर से उस हिंदी पत्र में उसका प्रतिवाद करें। … जी क्या आपके मित्र हैं ? मित्र होने के नाते तो वे अपने पत्र में इन बातों को स्थान दे सकते हैं। 'ढोंढ़ाईचरितमानस' का अनुवाद यदि हिंदी में हो जाए तो इस विवाद का अंत ही हो जाएगा। इस तरह की कुछ व्यवस्था होनी चाहिए। साहित्यिक का विचार आखिर साहित्य द्वारा ही होगा। नमस्कार स्वीकार करें।–सतीनाथ।"

ओमप्रकाशजी ने भी भादुड़ीजी को एक पत्र लिखा, जिसका उत्तर भादुड़ीजी ने अंग्रेजी में उन्हें दिया था–"आपके पत्र के लिए धन्यवाद। मैं समझता हूँ कि आपमें से किसी ने भी मेरी पुस्तक 'ढोंढ़ाईचरितमानस' नहीं पढ़ी है। मेरा उपन्यास 1905-1945 के बीच की, एक अपेक्षाकृत पिछड़े संप्रदाय की सामाजिक, राजनीतिक चेतना को व्यक्त करता है, जबकि 'मैला आँचल' उन घटनाओं पर दृष्टिपात करता है जो खास तौर पर 1945 के बाद में घटित हुईं। दोनों का घटनाक्रम अलग है। 'मैला

आँचल' एक मौलिक कृति है और उसके लेखक पर ऐसे आरोप लगाना अन्याय होगा !"

रेणु के विरोधी अब भी यत्र-तत्र उन पर यह आरोप लगाते दीख जाते हैं, इसीलिए यह प्रसंग यहाँ प्रस्तुत किया गया है। 'ढोंढ़ाईचरितमानस' का हिंदी अनुवाद प्रकाशित हुए कई वर्ष हो गए हैं और इस आरोप का खोखलापन जाहिर हो चुका है।

'मैला आँचल' पर जब तरह-तरह के आरोप लगाए जा रहे थे, आलोचना-प्रत्यालोचना का माहौल गर्म था, रेणु 'परती : परिकथा' के लेखन में जुटे थे। इलाहाबाद से उपेंद्रनाथ अश्क के संपादन में 'संकेत' नामक वृहद् संकलन प्रकाशित हुआ, जिसमें रेणु का रिपोर्ताज 'एकलव्य के नोट्स' छपा। 'एकलव्य के नोट्स' के कई अंश रेणु ने 'परती : परिकथा' में शामिल किए। इस उपन्यास का लेखन उन्होंने पटना में शुरू किया, पर वहाँ जब रेणु के विषय में तरह-तरह की अफवाहें उड़ाई जाने लगीं, तो वे गाँव चले गए। पर गाँव में अनेक तरह की समस्याएँ और झंझट ! वे वहाँ से हजारीबाग चले आए और 'परती : परिकथा' के एक भाग को यहीं लिखा। हजारीबाग में रेणुजी की ससुराल थी। वे यहाँ भी लंबे समय तक नहीं रह सकते थे। उस वक्त राजकमल प्रकाशन और ओमप्रकाशजी की मुख्य गतिविधियों का केंद्र इलाहाबाद था। ओमप्रकाशजी ने रेणु को इलाहाबाद में बुलवा लिया और रेणु वहाँ लूकरगंज मुहल्ले में एक मकान लेकर रहने लगे। 'परती : परिकथा' का तीन-चौथाई भाग वहीं लिखा गया। बाद में, इलाहाबाद में भी रेणु को परेशान करनेवाली शक्तियाँ ज्यादा कारगर होने लगीं, तो वे बनारस चले गए और उपन्यास वहीं पूरा किया। बनारस के ही सन्मति मुद्रणालय में इसका मुद्रण हुआ। सितम्बर, 1957 में इसका प्रकाशन हुआ। राजकमल प्रकाशन इस उपन्यास का विज्ञापन काफी पहले से कर रहा था और इस कृति की प्रतीक्षा इसके प्रकाशन के पूर्व ही होने लगी थी। राजकमल प्रकाशन ने दिल्ली और पटना में इसका भव्य प्रकाशनोत्सव मनाया। दिल्ली के तीन दैनिक पत्रों– 'हिन्दुस्तान टाइम्स', 'हिंदुस्तान' तथा 'नवभारत टाइम्स' में यह विज्ञापन छपवाया गया कि 'परती : परिकथा' के लेखक श्री रेणु पुस्तक के प्रकाशन के दिन यानी 21 सितम्बर, 1957 को 2 से 5 बजे सायं तक राजकमल प्रकाशन में उपस्थित रहेंगे, तथा जो पाठक इस उपन्यास को खरीदेंगे, उस पर अपने हस्ताक्षर देंगे। पाठकों तथा लेखकों में इस प्रकार संपर्क स्थापित करने का यह पहला प्रयास था। अनेक पाठकों ने 'मैला आँचल' लिखकर एकाएक ख्याति पानेवाले अपने प्रिय लेखक से व्यक्तिगत परिचय प्राप्त करने के इस सुअवसर का लाभ उठाया और लेखक को भी अनेक जीवन-स्तरों से आनेवाले पाठकों से मिलकर एक नया अनुभव हुआ। यही कार्यक्रम 28 सितम्बर, 1957 को राजकमल प्रकाशन के पटना कार्यालय में दुहराया गया। दिल्ली में 21 सितम्बर, 1957 को शाम के छह बजे वेंगर रेस्टोराँ में 'परती : परिकथा' के प्रकाशनोत्सव के उपलक्ष्य में जलपान का आयोजन हुआ। इस अवसर पर हिंदी के उदीयमान और वयोवृद्ध लेखकों तथा प्रकाशकों का जो सम्मिलन हुआ, वह अभूतपूर्व था। श्री दिनकर, बालकृष्ण शर्मा नवीन, जैनेंद्र, बनारसीदास चतुर्वेदी, आचार्य चतुरसेन शास्त्री, नगेंद्र,

उदयशंकर भट्ट, बारान्निकोण, रामधन शास्त्री, नरेश मेहता, रघुवीर सहाय, महावीर अधिकारी, गोपालकृष्ण कौल, लक्ष्मण राव जोशी, सुहैल अजीमाबादी, प्रयागनारायण त्रिपाठी, मन्मथनाथ गुप्त, सत्यवती मल्लिक, सावित्री देवी वर्मा, विष्णु प्रभाकर, क्षेमचंद्र सुमन, शिवदानसिंह चौहान, संतराम, नेमिचंद्र जैन, राधामुकुंद मुखर्जी, शमशेरसिंह नरूला, श्रीराम शर्मा 'राम' तथा नर्मदेश्वर चतुर्वेदी आदि लेखक मौजूद थे। इस अवसर पर शिवदानसिंह चौहान ने 'परती : परिकथा' पर अपना लंबा भाषण दिया। 'परती : परिकथा' पर बोलते हुए उन्होंने कहा–"यह हिंदी का अब तक का सर्वश्रेष्ठ उपन्यास है, इसे सर्वश्रेष्ठ भारतीय उपन्यासों में रखा जा सकता है और पाश्चात्य साहित्य में इस बीच (यानी पिछले पाँच-सात वर्षों में) जो महत्त्वपूर्ण उपन्यास प्रकाशित हुए हैं, उनमें से किसी से भी यह टक्कर ले सकता है।··· यह हम सबके लिए गर्व का विषय है।" बालकृष्ण शर्मा नवीन ने कहा–"आपमें निरीक्षण और स्थिति-चित्रण का अद्‌भुत सामर्थ्य है। भारतीय ग्राम-जीवन में जो कुछ कुत्सित, द्वेषपूर्ण, संकुचित, कलहप्रिय, नीच-वृत्ति है, उसे आपने अत्यंत, अत्यंत सहानुभूतिपूर्वक व्यक्त किया है। इस निम्न वृत्ति में आप खो नहीं गए हैं। भारत के गाँवों में आपने मानवत्व को देखा है। आप निराश नहीं हैं। आप पराजयवादी नहीं हैं। आपने आशावादिता को पंक से कमलवत् उत्थित, विकसित और पुष्पित किया है।···'परती : परिकथा' उपन्यास नहीं है, वह तो भारतीय जन की आत्मकथा है।"

पटना में 'परती : परिकथा' का प्रकाशनोत्सव शनिवार, 28 सितम्बर, 1957 को शाम छह बजे सिन्हा लाइब्रेरी के हॉल में मनाया गया। इसमें सैकड़ों लेखक, संपादक, प्रकाशक तथा नगर के प्रतिष्ठित व्यक्ति मौजूद थे। इनमें प्रमुख व्यक्तियों के नाम हैं–आचार्य शिवपूजन सहाय, रामधारीसिंह दिनकर, नलिनविलोचन शर्मा, छविनाथ पाण्डेय, नवलकिशोर गौड़, हरिमोहन झा, अनूपलाल मण्डल, नर्मदेश्वर प्रसाद, बी.एन. माधव, प्रफुल्लचंद्र ओझा मुक्त, कामताप्रसाद सिंह 'काम', देवेंद्रप्रसाद सिंह, सुशीला कोइराला (बी.पी. कोइराला की पत्नी), रामदयाल पांडेय, हिमांशु श्रीवास्तव, शिवचंद्र शर्मा, सुमन वाजपेयी, रंजन सूरिदेव आदि। आचार्य शिवपूजन सहाय ने रेणु को आशीर्वाद दिया। नलिनविलोचन शर्मा ने रेणु के कृतित्व का संक्षिप्त परिचय देते हुए बधाई दी। दिनकरजी ने इस अवसर पर कहा कि 'परती : परिकथा' में लेखक ने जो ईमानदारी बरती है, उससे अधिक ईमानदारी की किसी लेखक से उम्मीद भी नहीं की जा सकती। उन्होंने बताया कि उपन्यास ने उन्हें इतना पकड़ा कि ज़रा भी फुर्सत पाने पर वे उसे पढ़ने बैठ जाते थे।

'परती : परिकथा' के छपते ही संपूर्ण हिंदी जगत में इसकी धूम मच गई। वरिष्ठ कथाकार यशपाल ने 'परती : परिकथा' पढ़कर उन्हें एक लंबा पत्र लिखा, जिसे धरोहर की तरह यहाँ उद्धृत किया जा रहा है : "(पुस्तक) आज दोपहर तक पूरी पढ़ डाली है। इस बीच दाँत-दर्द ने भी कुछ शिथिलता की और 'परती : परिकथा' ने दाँत-दर्द सहने में सहायता दी।

"बीसियों लोगों ने प्रशंसा की होगी। जिसे नहीं रुची, उसकी समझ कुछ और

ही ढंग की होगी। मुझे तो आरम्भ से अन्त तक इतना सुन्दर लगा कि प्रशंसा में अत्युक्ति का भय ही नहीं रहता। अभिव्यक्ति के लिए ध्वनियों का प्रयोग, मुहावरों के लटके और भाषा की सरलता की क्या प्रशंसा करूँ ! भाषा का चुनाव वस्तु-वर्णन के बिना भी एक विशेष वातावरण और चेतना जगाए रखता है। सहज भाषा के लिए क्या कहूँ, वह आपकी अपनी भाषा और आपके रक्त और स्वभाव में रमी हुई है। जैसे भाव उसी में से उद्‌भूत हैं ! हम इस भाषा को लाख सीखें, परन्तु आपका सहज कौशल हमारी पहुँच में कैसे आएगा ? प्रयोजन को भी आपने ऐसे बैठाया है कि प्ले-बैक के जोड़ की अनुभूति या उखड़न कहीं नहीं हो पाती। शब्द और अर्थ दोनों ही ढंग का हास्य भी, पुलाव में काली मिर्च की तरह अंदाज से बिखरा हुआ है, आद्यंत चमक बनी रहती है।"

एक ओर इस कृति को हिंदी के महानतम उपन्यास के रूप में स्वीकारा जा रहा था, तो दूसरी ओर इसकी प्रतिकूल समीक्षाएँ भी आईं। श्रीपत राय, जिन्होंने 'मैला आँचल' की बेहद प्रशंसा की थी, 'कल्पना' के फरवरी, 1958 के अंक में 'उपन्यास के मौलिक आग्रह तथा 'परती:परिकथा' लेख लिखकर इसे उपन्यास तक मानने से इनकार किया। बालकृष्ण राव, शम्भुनाथ सिंह आदि ने भी श्रीपत राय की तरह ही इसकी प्रतिकूल समीक्षा की और इसे उपन्यास के शास्त्रीय निकष पर एक असफल कृति माना। यहाँ तक कि आचार्य नलिनविलोचन शर्मा ने 'साहित्य' के जनवरी, 1958 के अंक में 'परती : परिकथा' को खारिज करते हुए लेख लिखा। इसी क्रम में डॉ. रामविलास शर्मा ने 1958 में ही रेणु के 'मैला आँचल' और 'परती : परिकथा' पर तीखा आलोचनात्मक लेख लिखा, जो उनकी पुस्तक 'आस्था और सौंदर्य' में संकलित है। रेणु के प्रति इन आलोचकों के इस रवैये पर यशपालजी बेहद क्षुब्ध हुए और उन्होंने 'नया पथ' के मार्च, 1958 के अंक में एक आक्रामक लेख लिखा–'आलोचना का उल्कापात : 'परती : परिकथा' की अद्‌भुत समीक्षाएँ।'

'मैला आँचल' और 'परती : परिकथा' स्वातंत्र्योत्तर कथा-साहित्य की बहुत बड़ी उपलब्धि हैं। हिंदी में अब तक इन दोनों उपन्यासों के समान विस्तृत परिदृश्य के बहुत कम उपन्यास लिखे गए। इन दोनों कथा-कृतियों पर अनेक खारिज करनेवाले तीखे लेख लिखे जा चुके हैं, फिर भी इनका महत्त्व आज तक बना हुआ है और अब भी ये उपन्यास प्रमुख कथा-समीक्षकों के सामने नई दृष्टि से मूल्यांकन के लिए आकर्षित करते हैं। इन दोनों उपन्यासों ने हिंदी साहित्य में 'आंचलिक उपन्यास' नामक एक नयी विधा का जन्म दिया और आंचलिकता पर उस समय से अब तक एक लंबी बहस जारी है।

'मैला आँचल' और 'परती : परिकथा' धरती-पुत्रों की सिर्फ व्यग्र-कथा प्रस्तुत करनेवाली कथा-कृतियाँ ही नहीं हैं, न सिर्फ भूमि-संघर्षों को उजागर करनेवाली कथा-कृतियाँ। इनमें सिर्फ लोक-संस्कृति की रंगारंग अर्थ-छवियाँ ही नहीं हैं। इन उपन्यासों में भारत की राष्ट्रीय समस्याओं, बदलते हुए राजनीतिक, सामाजिक मूल्यों

पर गहरी नजर है। ये उपन्यास आंचलिक होते हुए भी देश की वास्तविक छवि को प्रस्तुत करनेवाले हैं। हिंदी में ऐसी कथा-कृतियाँ बहुत कम हैं, जो अपनी स्थानीयता या स्थानीय रंग के कारण याद तो की ही जाती हों, साथ ही जो अपनी संकेतात्मकता या मूल आशय में इतनी परिव्याप्ति भी लिए हुए हों।

5 सितम्बर, 1993
बोकारो स्टील सिटी

भारत यायावर

अनुक्रम

मैला आँचल

बाबूजी के लिए

प्रथम संस्करण की भूमिका

यह है 'मैला आँचल', एक आंचलिक उपन्यास। कथानक है पूर्णिया। पूर्णिया बिहार राज्य का एक जिला है; इसके एक ओर है नेपाल, दूसरी ओर पाकिस्तान और पश्चिम बंगाल। विभिन्न सीमा-रेखाओं से इसकी बनावट मुकम्मल हो जाती है, जब हम दक्खिन में सन्थाल परगना और पच्छिम में मिथिला की सीमा-रेखाएँ खींच देते हैं। मैंने इसके एक हिस्से के एक ही गाँव को—पिछड़े गाँवों का प्रतीक मानकर—इस उपन्यास-कथा का क्षेत्र बनाया है।

इसमें फूल भी हैं, शूल भी, धूल भी है, गुलाब भी, कीचड़ भी है, चंदन भी, सुंदरता भी है, कुरूपता भी—मैं किसी से दामन बचाकर निकल नहीं पाया।

कथा की सारी अच्छाइयों और बुराइयों के साथ साहित्य की दहलीज पर आ खड़ा हुआ हूँ; पता नहीं अच्छा किया या बुरा। जो भी हो, अपनी निष्ठा में कमी महसूस नहीं करता।

पटना **फणीश्वरनाथ 'रेणु'**

9 अगस्त, 1954

प्रथम खंड

एक

गाँव में यह खबर तुरत बिजली की तरह फैल गई—मलेटरी ने बहरा चेथरू को गिरफ्फ कर लिया है और लोबिनलाल के कुएँ से बाल्टी खोलकर ले गए हैं।

यद्यपि 1942 के जन-आंदोलन के समय इस गाँव में न तो फौजियों का कोई उत्पात हुआ था और न आंदोलन की लहर ही इस गाँव तक पहुँच पाई थी, किंतु जिले-भर की घटनाओं की खबर अफवाहों के रूप में यहाँ तक जरूर पहुँची थी। ... मोगलाही टीशन पर गोरा सिपाही एक मोदी की बेटी को उठाकर ले गए। इसी को लेकर सिख और गोरे सिपाहियों में लड़ाई हो गई, गोली चल गई। ढोलबाजा में पूरे गाँव को घेरकर आग लगा दी गई, एक बच्चा भी बचकर नहीं निकल सका। मुसहरू के ससुर ने अपनी आँखों से देखा था—ठीक आग में भूनी गई मछलियों की तरह लोगों की लाशें महीनों पड़ी रहीं, कौआ भी नहीं खा सकता था; मलेटरी का पहरा था। मुसहरू के ससुर का भतीजा फारबिस साहब का खानसामा है; वह झूठ बोलेगा ? पूरे चार साल के बाद अब इस गाँव की बारी आई है। दुहाई माँ काली ! दुहाई बाबा लरसिंह !

यह सब गुअरटोली के बलिया की बदौलत हो रहा है।

बिरंचीदास ने हिम्मत से काम लिया; आँगन से निकलकर चारों ओर देखा और मालिकटोला की ओर दौड़ा। मालिक तहसीलदार विश्वनाथप्रसाद भी सुनकर घबड़ा गए, "लोबिन बाल्टी कहाँ से लाया था ? जरूर चोरी की बाल्टी होगी ! साले सब चोरी करेंगे और गाँव को बदनाम करेंगे।"

मालिकटोले से यह खबर राजपूतटोली पहुँची—कायस्थटोली के विश्वनाथप्रसाद और ततमाटोली के बिरंची को मलेटरी के सिपाही पकड़कर ले गए हैं। ठाकुर

रामकिरपालसिंघ बोले, "इस तरह तहसीलदारी का मजा निकलेगा। जरूर जमींदार का लगान वसूल कर खा गया है। अब बड़े-घर की हवा खाएँगे बच्चू !"

यादवटोली के लोगों ने खबर सुनते ही बलिया उर्फ बालदेव को गिरफ्तार कर लिया। भागने न पाए ! रस्सी से बाँधो ! पहले ही कहा था कि यह एक दिन सारे गाँव को बँधवाएगा।

तहसीलदार विश्वनाथप्रसाद एक सेर घी, पाँच सेर बासमती चावल और एक खस्सी लेकर डरते हुए मलेटरीवालों को डाली पहुँचाने चले, बिरंची को साथ ले लिया। बोले, "हिसाब लगाकर देख लो, पूरे पचास रुपए का सामान है। यह रुपया एक हफ्ता के अंदर ही अपने टोले और लोबिन के टोले से वसूल कर जमा कर देना। तुम लोगों के चलते···।"

मलेटरीवाले कोठी के बगीचे में हैं। बगीचे के पास पहुँचकर विश्वनाथप्रसाद ने जेब से पलिया टोपी निकालकर पहन ली और कालीथान की ओर मुँह करके माँ काली को प्रणाम किया, "दुहाई माँ काली !"

बगीचे में पहुँचकर तहसीलदार साहब ने देखा, दो बैलगाड़ियाँ हैं; बैल घास खा रहे हैं; मलेटरीवाले जमीन पर कंबल बिछाकर बैठे हैं। ऐं···। मूढ़ी फाँक रहे हैं ! और बहरा चेथरू भी कंबल पर ही बैठकर मूढ़ी फाँक रहा है !

"सलाम हुजूर !"

बिरंची ने सामान सिर से नीचे उतारकर झुककर सलाम किया, "सलाम सरकार !"··· बकरा भी मेमिया उठा।

"आ रे, यह क्या है ? आप कौन हैं ?" एक मोटे साहब ने पूछा।

"हुजूर, ताबेदार राजा पारबंगा का तहसीलदार है, मीनापुर सर्किल का।"

"ओ, आप तहसीलदार हैं ! ठीक बात ! हम लोग डिस्ट्रिक्ट बोर्ड का आदमी है। यहाँ पर एक मैलेरिया सेंटर बनेगा। ऊपर से हुकुम आया है, यहीं बागान का जमीन में। मार्टिन साहब डिस्ट्रिक्ट बोर्ड को यह जमीन बहुत पहले दे दिया।"

तहसीलदार साहब फिर एक बार सलाम करके बैठ गए। बिरंची हाथ जोड़े खड़ा रहा।

राजपूतटोली के रामकिरपालसिंघ जब कोठी के बगीचे में पहुँचे, तो उन्होंने देखा कि बगीचे के पच्छिमवाली जमीन की पैमाइश हो रही है; कुछ लोग जरीब की कड़ी खींच रहे हैं, टोपावाले एक साहब तहसीलदार साहब से हँस-हँसकर बातचीत कर रहे हैं।

और अंत में यादवटोली के लोग बालदेव के हाथ और कमर में रस्सी बाँधकर हो-हल्ला मचाते हुए आए। उसकी कमर में बँधी हुई रस्सी को सभी पकड़े हुए हैं। फिरारी सुराजी को पकड़नेवालों को सरकार बहादुर की ओर से इनाम मिलता है–एक हजार, दो हजार, पाँच हजार ! लेकिन साहब तो देखते ही गुस्सा हो गए, "क्या बात है ? इसको क्यों बाँधकर लाया है ? इसने क्या किया है ?"

"हुजूर; यह सुराजी बालदेव गोप है। दो साल जेहल खटकर आया है; इस

गाँव का नहीं, चन्ननपट्टी का है। यहाँ मौसी के यहाँ आया है। खध्धड़ पहनता है, जैहिन्न बोलता है।"

"तो इसको बाँधा है काहे ?"

"अरे बालदेव !" साहब के किरानी ने बालदेव को पहचान लिया, "अरे, यह तो बालदेव है। सर, यह रामकृष्ण कांग्रेस आश्रम का कार्यकर्त्ता है; बड़ा बहादुर है।"

यादवों के बंधन से मुक्ति पाकर बालदेव ने साहब और किरानी को बारी-बारी से 'जाय हिंद' किया। साहब ने हँसते हुए कहा, "आपका गाँव में मलेरिया सेंटर खुल रहा है। खूब बड़ा डाक्टर आ रहा है। डिस्ट्रिक्ट बोर्ड का तरफ से मकान बनेगा। लेकिन बाकी काम तो आप लोगों की मदद से ही होगा।"

तहसीलदार साहब ने जमींदार खाते और नक्शे को तजवीज करके कहा, "हुजूर, जमीन एक एकड़ दस डिसमिल है।"

ठाकुर रामकिरपालसिंघ को अब तक साहब को सलाम करने का भी मौका नहीं मिला था। विश्वनाथप्रसाद ने बाजी मार ली। जिंदगी में पहली बार सिंघ जी को अपनी निरक्षरता पर ग्लानि हुई। सचमुच विद्या की महिमा बड़ी है। लेकिन भगवान ने शरीर दिया है, उच्चजाति में जन्म दिया है। इसी के बल पर बहुत बाबू-बबुआन, हाकिम-हुक्काम और अमला-फैला से हेलमेल हुआ, जान-पहचान हुई। मौका पाते ही सलाम करके जोर से बोले, "जै हो सरकार की ! हुजूर, पबली को भलाय के वास्ते इतना दूर से कष्ट उठाकर आया है, और हम लोग हुजूर, का कोई सेवा नहीं कर सके। गुसाईं जी रमैन में कहिन हैं—'धन्य भाग प्रभु दरसन दीन्हा··· ।' हुजूर, सेवक का नाम रामकिरपालसिंघ वल्द गरीबनेवाजसिंघ, मोत्तफा, जात राजपूत, मोकाम गढ़बुंदेल राजपुताना, हाल मोकाम मेरीगंज।"

"सिंह जी, हमारा कोई सेवा नहीं चाहिए। सेवा के वास्ते मैलेरिया सेंटर खुल रहा है। इसी में मदद कीजिए सब मिलकर। यही सबसे बड़ा सेवा है।" साहब हँसते हुए बोले।

यादवटोली के लोग एक-एक कर, नजर बचाकर, नौ-दो-ग्यारह हो चुके थे। उन्हें डर था कि बालदेव को बाँधकर लानेवालों का साहब चालान करेंगे।

साहब ने चलते समय कहा, "सात दिन के अंदर ही डिस्ट्रिक्ट बोर्ड का मिस्तिरी लोग आवेगा। आप लोग बाँस, खढ़, सुतली और दूसरा दरकारी चीज का इंतजाम कर देगा। तहसीलदार साहब, आप हैं, बालदेवप्रसाद तो देश का सेवक ही है, और सिंह जी हैं। आप सब लोग मिलकर मदद कीजिए।"

सबने हाथ जोड़कर, गर्दन झुकाकर स्वीकार किया। साहब दलबल के साथ चले। खस्सी मेमिया रहा था। बालदेव गाड़ी के पीछे-पीछे गाँव के बाहर तक गया।

बालदेव ने लौटकर लोगों से कहा, "डिस्टीबोट के बंगाली आफसियरबाबू थे परफुल्लो बनरजी, और उनका किरानी जीत्तनबाबू, पहले कांग्रेस आफिस के किरानी थे।"

दो

पूर्णिया जिले में ऐसे बहुत-से गाँव और कस्बे हैं, जो आज भी अपने नामों पर नीलहे साहबों का बोझ ढो रहे हैं। वीरान जंगलों और मैदानों में नील कोठी के खंडहर राही-बटोहियों को आज भी नीलयुग की भूली हुई कहानियाँ याद दिला देते हैं।··· गौना करके नई दुलहिन के साथ घर लौटता हुआ नौजवान अपने गाड़ीवान से कहता है–"जरा यहाँ गाड़ी धीरे-धीरे हाँकना, कनिया[1] साहेब की कोठी देखेगी। ··· यही है मकै साहब की कोठी।··· वहाँ है नील महने का हौज !"

नई दुलहिन ओहार के पर्दे को हटाकर, घूँघट को जरा पीछे खिसकाकर झाँकती है–झरबेर के घने जंगलों के बीच ईंट-पत्थरों का ढेर ! कोठी कहाँ है ?

दूल्हे का चेहरा गर्व से भर जाता है–अर्थात् हमारे गाँव के पास साहेब की कोठी थी; यहाँ साहेब-मेम रहते थे।

गंगा-स्नान करके लौटते हुए, तीर्थयात्रियों की बैलगाडियाँ यहाँ कुछ देर रुक जाती हैं। गाडियों से युवतियाँ और बच्चे निकलकर, डरते-डरते, खंडहरों के पास जाते हैं। बूढ़ियाँ जंगलों में जंगली जड़ी-बूटी खोजती हैं।···

ऐसा ही एक गाँव है मेरीगंज। रौतहट स्टेशन से सात कोस पूरब, बूढ़ी कोशी को पार करके जाना होता है। बूढ़ी कोशी के किनारे-किनारे बहुत दूर तक ताड़ और खजूर के पेड़ों से भरा हुआ जंगल है। इस अंचल के लोग इसे 'नवाबी तड़बन्ना' कहते हैं। किस नवाब ने इस ताड़ के वन को लगाया था, कहना कठिन है, लेकिन वैशाख से लेकर आषाढ़ तक आस-पास के हलवाहे-चरवाहे भी इस वन में नवाबी करते हैं। तीन आने लबनी ताड़ी, रोक साला मोटरगाड़ी ! अर्थात् ताड़ी के नशे में आदमी मोटरगाड़ी को भी सस्ता समझता है। तड़बन्ना के बाद ही एक बड़ा मैदान है, जो नेपाल की तराई से शुरू होकर गंगाजी के किनारे खत्म हुआ है। लाखों एकड़ जमीन ! वंध्या धरती का विशाल अंचल। इसमें दूब भी नहीं पनपती है। बीच-बीच में बालूचर और कहीं-कहीं बेर की झाड़ियाँ। कोस-भर मैदान पार करने के बाद, पूरब की ओर काला जंगल दिखाई पड़ता है; वही है मेरीगंज कोठी।

आज से करीब पैंतीस साल पहले, जिस दिन डब्लू. जी. मार्टिन ने इस गाँव में कोठी की नींव डाली, आस-पास के गाँवों में ढोल बजवाकर ऐलान कर दिया–आज से इस गाँव का नाम हुआ मेरीगंज। मेरी मार्टिन की नई दुलहिन थी जो कलकत्ता में रहती थी। कहा जाता है कि एक बार एक किसान के मुँह से गलती से इस गाँव का पुराना नाम निकल गया था। बंस, और जाता कहाँ है ? साहब ने पचास कोड़े लगाए थे, गिनकर। इस गाँव का पुराना नाम अब किसी को याद नहीं अथवा

1 दुलहिन।

आज भी नाम लेने में एक अज्ञात आशंका होती है। कौन जाने ! गाँव का नाम बदलकर, रौतहट स्टेशन से मेरीगंज तक डिस्ट्रिक्ट बोर्ड से सड़क बनवाकर और गाँव में पोस्ट ऑफिस खुलवाने के बाद मार्टिन साहब अपनी नवविवाहिता मेम मेरी को लाने के लिए कलकत्ता गए। गाँव की सबसे बूढ़ी भैरो की माँ यदि आज रहती तो सुना देती—"अहा हा ! परी की तरह थी साहेब की मेम, इंद्रासन की परी की तरह।'

लेकिन मार्टिन साहब का आयोजन अधूरा साबित हुआ। मेरीगंज पहुँचने के ठीक एक सप्ताह बाद ही जब मेरी को 'जड़ैया' ने धर दबाया तो मार्टिन ने महसूस किया कि पोस्ट ऑफिस से पहले यहाँ एक डिस्पेंसरी खुलवाना जरूरी था। कुनैन की टिकिया से जब तीसरे दिन भी मेरी का बुखार नहीं उतरा तो मार्टिन ने अपने घोड़े को रौतहट की ओर दौड़ाया। रौतहट स्टेशन पहुँचने पर मालूम हुआ कि पूर्णिया जानेवाली गाड़ी दस मिनट पहले चली गई थी। मार्टिन ने बगैर कुछ सोचे घोड़े को पूर्णिया की ओर मोड़ दिया। रौतहट से पूर्णिया बारह कोस है। मेरीगंज में किसी से पूछिए, वह आपको मार्टिन के पंखराज घोड़े की यह कहानी विस्तारपूर्वक सुना देगा··· जिस समय मार्टिन पुरैनिया के सिविलसर्जन के बँगले पर पहुँचा, पुरैनिया टीशन पर गाड़ी पहुँची भी नहीं थी।

किंतु मार्टिन का पंखराज घोड़ा और सिविलसर्जन साहब की हवागाड़ी जब तक मेरीगंज पहुँचे, मेरी को मलेरिया निगल चुका था।··· ट्यूबवेल के पास गढ़े में घुसकर, घुँघराले रेशमी बालोंवाले सिर पर कीचड़ थोपते-थोपते मेरी मर गई थी।'

मेरी की लाश को दफनाने के बाद ही मार्टिन पूर्णिया गया, सिविलसर्जन, डिस्ट्रिक्ट मैजिस्ट्रेट, डिस्ट्रिक्ट बोर्ड के चेयरमैन और हेल्थ ऑफिसर से मिला; एक छोटी-सी डिस्पेंसरी की मंजूरी के लिए जमीन-आसमान एक करता रहा। डिस्पेंसरी के लिए अपनी जमीन रजिस्ट्री कर दी। अधिकारियों ने आश्वासन दिलाया—अगले साल जरूर डिस्पेंसरी खुल जाएगी। ठीक इसी समय जर्मनी के वैज्ञानिकों ने एक चुटकी में नीलयुग का अंत कर दिया। कोयले से नील बनाने की वैज्ञानिक विधि का प्रयोग सफल हुआ और नीलहे साहबों की कोठियों की दीवारें अरराकर गिर पड़ीं। साहबों ने कोठियाँ बेचकर जमींदारियाँ खरीदनी शुरू कीं। बहुतों ने व्यापार आरंभ किया। मार्टिन की दुनिया तो पहले ही उजड़ चुकी थी, दिमाग भी बिगड़ गया। बगल में रद्दी कागजों का पुलिंदा दबाए हुए पगला मार्टिन दिन-भर पूर्णिया कचहरी में चक्कर काटता फिरता था, हर मिलनेवाले से कहता था, "गवर्नमेंट ने एक डिस्पेंसरी का हुक्म दे दिया है; अगले साल खुल जाएगा।" कहते हैं कि पटना और दिल्ली की दौड़-धूप के बाद एक बार वह बहुत उदास होकर मेरीगंज लौटा; मेरी की कब्र पर लेटकर सारा दिन रोता रहा—'डार्लिंग ! डाक्टर नहीं आएगा।' इसके बाद उसका पागलपन इतना बढ़ गया कि अधिकारियों ने उसे काँके[1] भेज दिया और

1. राँची स्थित पागलखाना।

काँके के पागलखाने में ही उसकी मृत्यु हो गई।

कोठी के बगीचे में, अंग्रेजी फूलों के जंगल में आज भी मेरी की कब्र मौजूद है। कोठी की इमारत ढह गई है, नील के हौज टूट-फूट गए हैं; पीपल, बबूल तथा अन्य जंगली पेड़ों का एक घना जंगल तैयार हो गया है। लोग उधर दिन में भी नहीं जाते। कलमी आम का बाग तहसीलदार साहब ने बंदोबस्त में ले लिया है, इसलिए आम का बाग साफ-सुथरा है। किंतु, कोठी के जंगल में तो दिन में भी सियार बोलता है। लोग उसे भुतहा जंगल कहते हैं। ततमाटोले का नंदलाल एक बार ईंट लाने गया; ईंट में हाथ लगाते ही खत्म हो गया था। जंगल से एक प्रेतनी निकली और नंदलाल को कोड़े से पीटने लगी–साँप के कोड़े से। नंदलाल वहीं ढेर हो गया। बगुले की तरह उजली प्रेतनी !

मेरीगंज एक बड़ा गाँव है; बारहो बरन के लोग रहते हैं। गाँव के पूरब एक धारा है जिसे कमला नदी कहते हैं। बरसात में कमला भर जाती है, बाकी मौसम में बड़े-बड़े गढ़ों में पानी जमा रहता है–मछलियों और कमल के फूलों से भरे हुए गढ़े ! पौष-पूर्णिमा के दिन इन्हीं गढ़ों में कोशी-स्नान के लिए सुबह से शाम तक भीड़ लगी रहती है। रौतहट स्टेशन से हलवाई और परचून की दूकानें आती हैं। कमला मैया के महातम के बारे में गाँव के लोग तरह-तरह की कहानियाँ कहते हैं।··· गाँव में किसी के यहाँ शादी-ब्याह या श्राद्ध का भोज हो, गृहपति स्नान करके, गले में कपड़े का खूँट डालकर, कमला मैया को पान-सुपारी से निमंत्रित करता था। इसके बाद पानी में हिलोरें उठने लगती थीं, ठीक जैसे नील के हौज में नील मथा जा रहा हो। फिर किनारे पर चाँदी के थालों, कटोरों और गिलासों का ढेर लग जाता था। गृहपति सभी बर्तनों को गिनकर ले जाता था और भोज समाप्त होते ही कमला मैया को लौटा आता था। लेकिन सभी की नीयत एक जैसी नहीं होती। एक बार एक गृहपति ने कुछ थालियाँ और कटोरे चुरा रखे। बस, उसी दिन से मैया ने बर्तनदान बंद कर दिया और उस गृहपति का तो वंश ही खत्म हो गया–एकदम निर्मूल ! उस बिगड़ी नीयतवाले गृहपति के बारे में गाँव में दो रायें हैं–राजपूतटोली के लोगों का कहना है, वह कायस्थटोली का गृहपति था; कायस्थटोलीवाले कहते हैं, वह राजपूत था।

राजपूतों और कायस्थों में पुश्तैनी मन-मुटाव और झगड़े होते आए हैं। ब्राह्मणों की संख्या कम है, इसलिए वे हमेशा तीसरी शक्ति का कर्तव्य पूरा करते रहे हैं। अभी कुछ दिनों से यादवों के दल ने भी जोर पकड़ा है। जनेऊ लेने के बाद भी राजपूतों ने यदुवंशी क्षत्रिय को मान्यता नहीं दी। इसके विपरीत समय-समय पर यदुवंशियों के क्षत्रित्व को वे व्यंग्यविद्रूप के बाणों से उभारते रहे। एक बार यदुवंशियों ने खुली चुनौती दे दी। बात तूल पकड़ने लगी थी। दोनों ओर से लोग लगे हुए थे। यदुवंशियों को कायस्थटोली के मुखिया तहसीलदार विश्वनाथप्रसाद मल्लिक ने विश्वास दिलाया, मामले-मुकदमे की पूरी पैरवी करेंगे। जमींदारी कचहरी के वकील बसंतोबाबू कह रहे थे, "यादवों को सरकार ने राजपूत मान लिया है।

इसका मुकदमा तो धूमधाम से चलेगा। खुद वकील साहब कह रहे थे।"

राजपूतों को ब्राह्मणटोली के पंडितों ने समझाया–"जब-जब धर्म की हानि हुई है, राजपूतों ने ही उनकी रक्षा की है। घोर कलिकाल उपस्थित है; राजपूत अपनी वीरता से धर्म को बचा लें।"··· लेकिन बात बढ़ी नहीं। न जाने कैसे यह धर्मयुद्ध रुक गया। ब्राह्मणटोली के बूढ़े ज्योतिषीजी आज भी कहते हैं–"यह राजपूतों के चुप रहने का फल है कि आज चारों ओर, हर जाति के लोग गले में जनेऊ लटकाए फिर रहे हैं।–भूमफोड़ क्षत्री तो कभी नहीं सुना था।··· शिव हो ! शिव हो !"

अब गाँव में तीन प्रमुख दल हैं, कायस्थ, राजपूत और यादव। ब्राह्मण लोग अभी भी तृतीय शक्ति हैं। गाँव के अन्य जाति के लोग भी सुविधानुसार इन्हीं तीनों दलों में बँटे हुए हैं।

कायस्थटोली के मुखिया विश्वनाथप्रसाद मल्लिक, राज पारबंगा के तहसीलदार हैं। तहसीलदारी उनके खानदान में तीन पुस्त से चली आ रही है। इसी के बल पर तहसीलदार साहब आज एक हजार बीघे जमीन के एक बड़े काश्तकार हैं। कायस्थटोली को गाँव की अन्य जाति के लोग मालिकटोला कहते हैं। राजपूतटोली के लोग कहते हैं–कैथटोली।

ठाकुर रामकिरपालसिंघ राजपूतटोली के मुखिया हैं। इनके दादा महारानी चंपावती की स्टेट के सिपाही थे और विश्वनाथप्रसाद के दादा तहसीलदार। कहते हैं कि जब महारानी चंपावती और राजपारबंगा में दीवानी मुकदमा चल रहा था तो विश्वनाथप्रसाद के दादा राज पारबंगा स्टेट की ओर मिल गए थे। स्टेटवालों को महारानी के सारे गुप्त कागजात हाथ लग गए और महारानी मुकदमे में हार गई। काशी जाने से पहले महारानी ने रामकिरपालसिंघ के नाम अपनी बची हुई तीन सौ बीघे जमीन की लिखा-पढ़ी कर दी थी। रामकिरपालसिंघ कहते हैं कि उनके दादा ने महारानी को एक बार डकैतों के हाथ से अकेले ही बचाया था, इसी के इनाम में महारानी ने दानपत्तर लिख दिया था।··· कायस्थटोली के लोग राजपूतटोली को 'सिपैहियाटोली' कहते हैं।

यादवों का दल नया है। इनके मुखिया खेलावन यादव को दस बरस पहले तक लोगों ने भैंस चराते देखा है। दूध-घी की बिक्री से जमाए हुए पैसे की बात जब चारों ओर बुरी तरह फैल गई तो खेलावन को बड़ी चिंता हुई। महीनों तहसीलदार के यहाँ दौड़ते रहे, सर्किल मैनेजर को डाली चढ़ाई, सिपाहियों को दूध-घी पिलाया और अंत में कमला के किनारे पचास बीघे जमीन की बंदोबस्ती हो सकी। अब तो डेढ़ सौ बीघे की जोत है। बड़ा बेटा सकलदीप अररिया बैरगाछी में नाना के घर पर रहकर, हाईस्कूल में पढ़ता है। खेलावनसिंह यादव को लोग नया मातबर कहते हैं। लेकिन यादव-क्षत्रियटोली को अब 'गुअरटोली' कहने की हिम्मत कोई नहीं करता। यादवटोली में बारहो मास शाम को अखाड़ा जमता है। चार बजे दिन से ही शोभन मोची ढोल पीटता रहता है–ढाक ढिन्ना, ढाक ढिन्ना ! ढोल

के हर ताल पर यादवटोली के बूढ़े-बच्चे-जवान डंड-बैठक और पहलवानी के पैंतरे सीखते हैं।

सारे मेरीगंज में दस आदमी पढ़े-लिखे हैं–पढ़े-लिखे का मतलब हुआ अपना दस्तखत करने से लेकर तहसीलदारी करने तक की पढ़ाई। नए पढ़नेवालों की संख्या है पंद्रह।

गाँव की मुख्य पैदावार है–धान, पाट और खेसारी। रब्बी की फसल भी कभी-कभी अच्छी हो जाती है।

तीन

डिस्टीबोट के मिस्तिरी लोग आए हैं। बालदेव के उत्साह का ठिकाना नहीं है। आफसियरबाबू ने तहसीलदार साहब और रामकिरपालसिंघ के सामने ही कहा था–"आप तो देश के सेवक हैं।" सबों ने सुना था। दुनिया में धन क्या है ? तहसीलदार साहब और सिंघ जी के पास पैसा है, मगर जो इज्जत बालदेव की है, वे कहाँ पाएँगे ? यादवटोली के लोगों ने बालदेव से उसी दिन माफी माँग ली थी, "बालदेव भाई !··· हम लोग मूरख ठहरे और तुम गियानी। हम कूप के बेंग[1] हैं। तुम तो बहुत देश-विदेश घूमे हो, बड़े-बड़े लोगों के साथ रहे हो। हमारा कसूर माफ कर दो।"

उसी दिन से खेलावनसिंघ यादव बालदेव को अपने यहाँ रहने के लिए आग्रह कर रहे हैं, "जात का नाम, जात की इज्जत तो तुम्हीं लोगों के हाथ में है। तुम कोई पराए हो ? तुम्हारी मौसी मेरी चाची होगी। हम-तुम भाई-भाई ठहरे।"

खेलावन की डेरावाली खुद आकर बालदेव की बुढ़िया मौसी से कह गई, "घर-आँगन सब आपका ही है। जिस घर में एक बूढ़ी नहीं, उस घर का भी कोई ठिकाना रहता है ! मैं अकेली क्या करूँ, दूध-घी देखूँ कि गोबर-गुहाल ?"

बालदेव की बुढ़िया मौसी की दुनिया ही बदल गई। कल तक घर-घर घूमकर कुटाई-पिसाई करती फिरती थी और आज गाँव की मालकिन आकर उसे सारे घर की मालकिन बना गई !

मिस्तिरी लोग आए हैं। बालदेव गाँव के टोले में घूमता रहा। "डिस्टीबोट से मिस्तिरी जी लोग आए हैं। कल से काम शुरू हो जाना चाहिए।··· मलेरिया

---

1. मेंढ़क।

बोखार मच्छड़ काटने से होता है। मगर कुनैन खाने से, जितना भी मच्छड़ काटे, कुछ नहीं होगा।" ततमाटोली (तंत्रिमाक्षत्रियटोली) में मँहगूदास के घूर के पास, बालदेव की बातों को लोग बड़े अचरज से सुन रहे हैं। आँगन की औरतें भी घूँघट काढ़े, टट्टी के पास खड़ी होकर सुन रही हैं, "अब रात-भर गोइँठा जलाकर धुआँ करने का झंझट नहीं, काटे जितना मच्छड़ !"

पोलियाटोली, तंत्रिमा-छत्रीटोली, यदुवंशी छत्रीटोली, गहलोत छत्रीटोली, कुर्म छत्रीटोली, अमात्य ब्राह्मणटोली, धनुकधारी छत्रीटोली, कुशवाहा छत्रीटोली, और रैदासटोली के लोगों ने बचन दिया, "सात दिन तक कोई काम नहीं करेंगे। मालिक लोगों से कहिए—हल-फाल, कोड़-कमान बंद रखें। करना ही क्या है ? एक इसपिताल का घर, एक डागडरबाबू का घर, एक भनसाघर[1] और एक घर फालतू। सात दिनों में ही सब काम रैट हो जाएगा।"

धनुकधारीटोली के तनुकलाल ने एक सवाल पैदा कर दिया, "लेकिन हलफाल, काम-काज बंद करने से मालिक लोग मजूरी तो नहीं देंगे ! एक-दो दिन की बात रहे तो किसी तरह खेपा भी जा सकता है। सात दिन तक बिना मजूरी के ? यह जरा मुश्किल मालूम होता है !··· ततमा और दुसाधटोली के लोगों की बात जाने दीजिए। उनकी औरतें हैं, सुबह से दोपहरिया तक कमला में कादो-पानी हिड़कर एक-दो सेर गैंची मछली निकाल लाएँगी। चार सेर धान का हिस्सा लग जाएगा। बाबू लोगों के पुआल के टालो[2] के पास धरती खरोंचकर, चूहे के माँदों को कोड़कर भी कुछ धान जमा कर लेंगी। नहीं तो कोठी के जंगल से खमरआलू उखाड़ लाएँगी। रौतहट हाट में कटिहार मिल के कुल्ली लोग चार आने सेर खमरआलू हाथोंहाथ उठा लेते हैं। लेकिन, और लोगों के लिए तो बड़ा मुश्किल है।"

बालदेव ने निराश होकर पूछा, "अब क्या किया जाए ?"

तनुकलाल के पास समस्या का समाधान पहले से ही मौजूद था। बोला, "एक उपाय है, यदि मालिक लोग आधे दिन की मजूरी दे दें तो काम चल जाए।"

तनुकलाल के इस प्रस्ताव पर विचार करता हुआ बालदेव मालिकटोला की ओर चला। विश्वनाथ बाबू तो मान लेंगे, सिंघ जी के बारे में कुछ कहना मुश्किल है। सिपैहियाटोली का बिरजूसिंघ कल कह रहा था। "सिंघ जी इसपिताल में कोई मदद नहीं करेंगे। कहते थे, इसपिताल का मालिक-मक्तियार है विश्वनाथ और बलदेवा !"

ब्राह्मणटोली से तो कुछ उम्मीद करनी ही बेकार है। जिस दिन से अस्पताल होने की बात उन लोगों ने सुनी है, दिन रात डाक्टर और अंग्रेजी दवा के खिलाफ तरह-तरह की कहानियाँ सुनाते फिर रहे हैं। जोतखी जी का विश्वास है कि डाक्टर लोग ही रोग फैलाते हैं, सुई भोंककर देह में जहर दे देते हैं, आदमी हमेशा के लिए कमजोर हो जाता है; हैजा के समय कूपों में दवा डाल देते हैं, गाँव-का-गाँव

1. रसोईघर, 2. घास की ढेरी

हैजा से समाप्त हो जाता है। कालाबुखार का नाम पहले लोगों ने कभी सुना था ? पूरब मुलुक कामरू कमिच्छा हासाम[1] से कालाबुखारवालों का लहू शीशी में बंद करके यही लोग ले आए थे। आजकल घर-घर काला बुखार फैल गया है।··· इसके अलावा, बिलैती दवा में गाय का खून मिला रहता है।

भगमान भगत की दुकान के पास ही विश्वनाथबाबू से भेंट हो गई। तनुकलाल के प्रस्ताव को सुनते ही विश्वनाथबाबू चिढ़ गए। "··· धानुकटोली का तनुकलाल ? अपने को बड़ा काबिल समझता है। हर बात में वह एक-न-एक 'लेकिन' जरूर लगाएगा। तुम भी तो बालदेव पूरे 'बमभोलानाथ' हो। उससे पूछा नहीं कि अस्पताल से सिर्फ मालिक लोगों की भलाई होगी क्या ?"

भगमान भगत हमेशा सुपारी चबाता रहता है। बोलने के समय ऐसा लगता है कि वह बात को भी चबा रहा है, "अरे ! ई तो दस आदमी के काम बा, जे-बा-से एकरा में सब के मिल के मतत[2] करे के चाहीं। का हो सीप्रसाद ?"

भगत की दुकान पर यों भी हमेशा चार-पाँच आदमी बैठे रहते हैं। विश्वनाथबाबू की आवाज सुनकर दो-चार व्यक्ति और जमा हो गए। बूढ़े सुमरितदास को लोग लबड़ा समझते हैं। मगर वह समय पर पते की बात बता जाता है। आते ही बोला, "अरे तहसीलदार, आप समझे नहीं। तनुकलाल अपने मन से नहीं बोला है, इसमें कनकशन है। जरा इधर एकांत में आइए तो बतावें।" तहसीलदार और सुमरितदास भगत की दुकान से जरा दूर जाकर बतियाने लगे। दुकान में बैठे हुए किसी ने कुढ़कर कहा, "बूढ़ा लुच्चा इसी को कहते हैं–हर बात में एकांती !"

भगत ने आँख टीपकर मना कर दिया–जोर से मत बोलो, बालदेव है।

सुमरितदास से प्रायबिट करने के बाद तहसीलदार का मिजाज बदल गया। आकर बोले, "अच्छा तो बालदेव, तुम जाकर ततमाटोली और पोलियाटोलेवालों से कहो, मैंने पचास रुपया माफ कर दिया। उस दिन आफसियरबाबू को जो डाली दी गई थी सो तो तुम्हारे ही सामने की बात है। बिरंची भी था।··· अब जरा सिपैहियाटोला जाओ, देखो वे लोग क्या कहते हैं। कोई कुछ करे, हमारा जो धरम है हम करेंगे ?"

बालदेव जब सिंघजी के दरवाजे पर पहुँचा तो सिंघजी घोड़े पर सवार हो चुके थे। शायद कटिहार जा रहे हैं। जात्रा का टोकना अच्छा नहीं, इसलिए बालदेव चुप ही रहा। सिंघजी के दरवाजे पर पाँच-सात आदमी बैठे हुए थे। किसी ने बालदेव को बैठने के लिए भी नहीं कहा। बालदेव ने सबों को एक ही साथ 'जाय हिंद' कहा। शिवशक्करसिंघ के बेटे हरगौरी ने बालदेव से पूछा, "कहिए बालदेव लीडर, क्या समाचार है ?"

"आप लोगों की किरपा से सब अच्छा है। बाबूसाहेब, आप स्कूल से कब आए ?" बालदेव पास के पड़े हुए खाली मोढ़े पर बैठते हुए पूछा।

---

1. आसाम, 2. मदद

"सुना कि आपकी लीडरी खूब चल रही है।"

"बाबूसाहेब, गरीब आदमी भी भला लीडर होता है ! हम तो आप लोगों का सेवक है।"

"आप तो लीडर ही हो गए। तो आजकल कांग्रेस आफिस का चौका-बर्तन कौन करता है !" हरगौरी अचानक उबल पड़ा। "अरे भाई, सभी काशी चले जाओगे ? पत्तल चाटने के लिए भी तो कुछ लोग रह जाओ। जेल क्या गए, पंडित जमाहिरलाल हो गए। कांग्रेस आफिस में भोलटियरी करते थे, अब अंधों में काना बनकर यहाँ लीडरी छाँटने आया है। स्वयंसेवक न घोड़ा का दुम !"

"बाबूसाहेब, मुँह खराब क्यों करते हैं ? आप बिदमान हैं और हम जाहिल। हमसे जो कसूर हुआ है कहिए।"

"उठ जाओ दरवाजे पर से। बेईमान कहीं के ! डिस्ट्रिक्ट बोर्ड से अस्पताल की मंजूरी हुई है, रुपया मिला है। सब चुपचाप मारकर अब बेगार खोज रहे हैं। चोर सब !··· उठ जाओ दरवाजे पर से !"

हरगौरी तमतमाकर बालदेव को धक्का देने के लिए उठा। बैठे हुए लोगों ने 'हाँ-हाँ' करके हरगौरी को पकड़ लिया। बालदेव चुपचाप बैठा रहा, "मारिए, यदि मारने से ही आपका गुस्सा ठंडा हो तो मारिए।"

हल्ला-गुल्ला सुनकर भीड़ जम गई। हरगौरी का लड़कपन किसी को पसंद नहीं। शिवशक्करसिंघ भी सुनकर दुखित हुए, "लीडरी करे या भोलटियरी, तुमको किस बात की चिढ़ लगी ? तुम्हारा क्या बिगाड़ा था··· अच्छा बालदेव, बुरा मत मानना। हँसी-दिल्लगी में उड़ा दो।··· छोटा भाई है।"

"शिवशक्कर मौसा, बाबूसाहब गाली-गलौज करके मारने चले। मगर हम कोई लाजमान[1] बात मुँह से निकालते हैं ? पूछिए सबों से। महतमाजी कहिन हैं···"

नीम के पेड़ का कागा कायँ-कायँ कर उठा।

हरगौरी गुस्से से थर-थर काँप रहा है।··· ये लोग भी अजीब हैं। एक घंटा पहले बालदेव की टोकरी-भर शिकायत कर रहे थे, लीडरी सटकाने की बात कह रहे थे, और अभी उसका बाप भी बालदेव की खुशामद कर रहा था ! ग्वाला होकर लीडरी··· ?

"गुअरटोलीवाले हँसेरी[2] लेकर आ रहे हैं", एक लड़का दौड़ता-हाँफता आकर खबर दे गया। ऐं !··· गाँव के उत्तर में शोरगुल हो रहा है। खूँटे में बँधे हुए बैलों ने चौकन्ने होकर कान खड़े किए। गाँव के बाहर चरती हुई बकरियाँ दौड़ती-मिमियाती हुई गाँव में भागी आ रही हैं। कुत्ते भूँकने लगे।··· बात क्या हुई ?

"अरे बेटा रे ! गौरी बेटा रे !··· आँगन में आ जा बेटा रे ! गुअरटोली का कलिया पगला गया है !" हरगौरी की माँ छाती पीटती और रोती हुई आई, और हरगौरी को घसीटकर आँगन में ले गई। बच्चे रोने लगे।

---

1. अपशब्द, 2. बलवा करनेवाला दल।

"अरे, बात क्या हुई ?"

"भाला निकालो छत्तर !"

"हमारी गंगाजीवाली लाठी कहाँ है ?"

"तीर निकाल रे !"

"अरे बात क्या है ? हँसेरी क्यों··· ?"

कौन किसका जवाब देता है ! किसे फुरसत है ! सारे गाँव में कुहराम मचा हुआ है। हरगौरी की माँ अब शिवशक्करसिंघ को आँगन में बुला रही है। चिल्ला रही है, "गुअरटोली का रौदी बूढ़ा आया है।··· गुअरटोली में बूढ़े-बच्चे खौल रहे हैं कि हरगौरी ने बालदेव को जूते से मारा है। कुकुरू का बेटा कलचरना काली किरिया[1] खाया है–हरगौरी का खून पीएँगे।··· आँगन में आ जाओ गौरी के बाबू !"

"ओ !" बालदेव दौड़ा, "आप लोग अकुलाइए मत। हम देखते हैं। नासमझ लोग हैं, समझा देते हैं।"

"एक बार बोलिए प्रेम से··· महाबीरजी की··· जै !"

"जै ! जाय··· जाय !"

बालदेव को देखते ही यादव सेना खुशी से जयजयकार कर उठी। "बोलिए एक बार प्रेम से··· गन्ही महतमा की··· जै ! जाय··· जाय। ऐ ! शांती ! शांती ! चुप रहो बालदेव जी क्या कहते हैं, सुनो !···"

"पियारे भाइयो, आप लोग जो अंडोलन किए हैं, वह अच्छा नहीं। अपना कान देखे बिना कौआ के पीछे दौड़ना अच्छा नहीं। आप ही सोचिए, क्या यह समझदार आदमी का काम है !··· आप लोग हिंसावाद करने जा रहे थे। इसके लिए हमको अनसन करना होगा। भारथमाता का, गाँधी जी का यह रास्ता नहीं···।"

सचमुच गियानी आदमी हैं बालदेव जी। अंडोलन, अनसन, और··· और क्या ? ···हिंसाबात ! किसी ने समझा ! गियानी की बोली समझना सभी के बूते की बात नहीं।···

"अनसन क्या करेंगे ?"

"अंट-संट ?"

कलिया कहता था–उपास करेंगे बालदेव जी। कलिया को बुलाकर बालदेव जी कहते थे–कालीचरन, तुम बहुत बहादुर लौजमान हो। लेकिन जोस में होस भी रखना चाहिए। हम खुस हैं, लेकिन उपास करेंगे।

"सचमुच यदि उस दिन बालदेव जी ठीक समय पर नहीं आ जाते तो कालीचरन इस पार चाहे उस पार कर देता।··· अरे, हरगौरिया ! कल का छौंड़ा इस्कूल में चार अच्छर पढ़ क्या लिया है लाटसाहेब हो गया है।"

"अरे, पढ़ता क्या है, दाढ़ी-मोच हो गया है और अपना सकलदीप से दो गिलास[2] नीचे पढ़ता है। एकदम फेलियर है। इस साल भी फैल हो गया है। उसका बाप

---

1. कसम। 2. क्लास।

मास्टर को घूस देने गया था। मास्टर गुस्साकर बोला–भागो, नहीं तो तुमको भी फैल कर देंगे।"

"अरे पढ़ेगा क्या ! सुनते हैं कि लालबाग मेला में लाल पढ़ना में पास हो गया है।"

बात बनाने में दुलरिया से कोई जीत नहीं सकता। "लाल पढ़ना नहीं समझे ? ...हा-हा...हा-हा...खी-खी ! लाल पढ़ना !"

–ढाक-ढिन्ना, ढाक-ढिन्ना !

"चलो रे, अखाड़ा का ढोल बोल रहा है।"

चार

सतगुरु हो ! सतगुरु हो !

महंथ साहेब सदा ब्रह्म बेला में उठते हैं। "हो रामदास। आसन त्यागो जी ! लक्ष्मी को जगाओ !... सतगुरु हो ! ये कभी जो बिना जगाए जागें। रामदास ! हो जी रामदास !"

रामदास आँखें मलते हुए उठता है, बाहर निकलकर आसमान में भुरूकुआ[1] को देखता है, फिर रामडंडी[2] को खोजता है।... अभी तो बहुत रात बाकी है। महंथ साहब आज बहुत पहले ही जग गए हैं... "माघ का जाड़ा तो बाघ को भी ठंडा कर देता है।... सरकार, रात तो अभी बहुत बाकी है।"

"रात बहुत बाकी है, तो क्या हुआ ? एक दिन जरा सवेरे ही सही। सोओ मत। धूनी में लकड़ी डाल दो। कोठारिन को जगा दो।... सतगुरु साहेब ने सपना दिया है।"

लछमी उठी। उठकर महंथसाहब के आसन के पास आई। हाथ जोड़कर 'साहेब बंदगी' किया और आँखें मलते हुए कुएँ की ओर चली गई।

... लछमी के रग-रग में अब साधु-सुभाव, आचार-विचार और नियम-धरम रम गया है। साहेब की दया है। और यह रामदास ? गुरु जाने, इसकी मति-गति कब बदलेगी ! बचपन से ही साधु की संगति में रहकर भी जो नहीं सुधरा, वह अब कब सुधरेगा ?... भक्ति-भाव ना जाने भोंदू पेट भरे से काम ! बस, दो ही गुण हैं–सेवा अच्छी तरह करता है और खंजड़ी बजाने में बेजोड़ है। "अरे हो

1. भोर का तारा। 2. तीन-तरवा।

रामदास ! ···फिर सो गए क्या ?···गंगाजली में जल भर दो।"

जागहु सतगुरुसाहेब, सेवक तुम्हरे दरस को आया जी
जागहु सतगुरुसाहेब··· ।
··· डिम-डिमिक-डिमिक, डिम-डिमिक-डिमिक !
भोर भयो भव भरम भयानक भानु देखकर भागा जी,
ज्ञान नैन साहेब के खुलि गयो, थर-थर काँपत माया जी।
जागहु सतगुरुसाहेब···

माघ के ठिठुरते हुए भोर को मठ से प्रातकी[1] की निर्गुणवाणी निकलकर शून्य में मँडरा रही है। बूढ़े महंथ साहब पहला पद कहते हैं। दंतहीन मुँह से प्रातकी के शब्द स्पष्ट नहीं निकलते। गले की थरथराहट सुर में बाधा डालती है, बेसुरा राग निकलता है। दमे से जर्जर शरीर में दम कहाँ !··· लेकिन लछमी सब सँभाल लेती है। पाँच साल पहले प्रातकी गाने के समय उसकी आँखों की पलकें नींद से लदी रहती थीं। महंथ साहब जब गीत की दूसरी पंक्ति 'भोर भयो भव भरम' गाते थे तो वह बहुत मुश्किल से अपनी हँसी रोक पाती थी–भोर भयो भव भरम··· ! लेकिन अब नहीं। उसकी बोली मीठी है। उसका सुर मीठा है। वह तन्मय होकर गाती है। उसकी सुरीली तान के साथ महंथ साहब के बेसुरे और मोटे राग का मेल नहीं खाता, फिर भी संगीत की निर्मल धारा में कहीं विरोध नहीं उत्पन्न होता। महंथ साहब का मोटा राग लछमी के कोमल लय को सहारा देता है। शहनाई के साथ सुर देनेवाली शहनाई की तरह–भों ओं ओं ओं ओं··· !

रामदास की खँजड़ी की गमक निःशब्द वातावरण में तरंगें पैदा करती है। खँजड़ी में लगी हुई छोटी-छोटी झुनकियों की हल्की झुनुक ! मानो किसी का पालतू हिरन नाच रहा हो, दौड़ रहा हो ! डिम डिमिक ! रुन झुनुक-झुनुक !

प्रातकी के बाद बीजक 'शबद'। "रामुरा झीं झीं जंतर बाजे। करचर्ण बिहुना नाचे। रामुरा झीं-झीं··· ।"

और तब सत्संग ! रोज इसी वेला में सत्संग होता है। प्रातकी सुनते ही मठ के अन्य साधु-संन्यासी, अतिथि-अभ्यागत तथा अधिकारी-भंडारी वगैरह जग जाते हैं। प्रातकी और बीजक में कोई सम्मिलित हो या नहीं, सत्संग में भाग लेना अनिवार्य है। मठ का भंडारी इसी समय रोज की हाजिरी लेता है। इस समय जो अनुपस्थित रहे उसकी चिप्पी[2] बंद हो जाती है। सत्संग में महंथ साहब साधुओं और शिष्यों को उपदेश देते हैं, प्रश्नों के उत्तर देते हैं, अज्ञान अंधकार को अपनी वाणी से दूर करते हैं।

···सतगुरु सेवा सत्य करि माने सत्य विचार।
सेवक चेला सत्य सो जो गुरु वचन निहार।।···

---

1. प्रभाती। 2. राशन।

फिर सातचक्र परिचय !

प्रथम चक्र आधार कहावे गुद स्थल के माँही
द्वितीय चक्र अधिष्ठान कहिए लिंगस्थल के माँही।
तृतीय चक्र मणिपूरण जानो नाभी स्थल…

सत्संग समाप्त होते ही भंडारी उपस्थित 'मूर्तियों' की गिनती लेता है–"रानीगंज के तीन गो मुरती तो आज सात दिन से धरना देले हथुन। जाए ला कहै हियेन्ह, त कहै हथिन बलु सरकार से आज्ञाँ ले ली है। बेला मठ के एक मुरती के बुखार लगलैन्ह है, दोकान में सबुरदाना न भेटाई है…।"

कोठारिन लक्ष्मी दासिन का रोज इसी समय बक-बक झक-झक बहुत बुरा लगता है, सत्संग से प्राप्त की हुई मन की पवित्रता नष्ट हो जाती है। लेकिन क्या करे ? मठ के इस नियम को यदि जरा भी ढीला कर दिया जाए तो साधु-वैरागी एक महीने में ही मठ को उजाड़ देंगे। बाहर के साधुओं के लिए चार ही दिन रहने का नियम है, मगर…। "रानीगंज के मूर्तियों को खुद सोचना चाहिए। यहाँ कोई कुबेर का भंडार तो नहीं…।"

"लक्ष्मी," महंथ साहब कहते हैं, "आज-भर रहने दो। भंडारी, जितने मुरती आज हैं, सबों का बालभोग[1] और प्रसाद[2] आज लगेगा। सभी मुरती बैठ जाइए। आज सतगुरु साहेब सपना दीहिन हैं।"

धूनी में फिर सूखी लकड़ियों के छोटे-छोटे टुकड़े डाल दिए गए। सभी मुरती फिर धूनी के चारों ओर अर्धवृत्ताकार पंक्ति में बैठ गए। लछमी की महंथ साहब के आसन के पास ही लगती है…। सभी महंथ साहब की ओर उत्सुकता से देख रहे हैं।

"आज मध्य रात्रि में, सतगुरु साहेब सपने में मेरे आसन के पास आए। हम जल्दी से उठके 'साहेब बंदगी' किया। हमको 'दयाभाव' देके साहेब कहिन–सेवादास, तुम नेत्रहीन हो, लेकिन तुम्हारे अंतर के नैनों का जोत बड़ा विलच्छन्न है। हम भेख बदल करके आए और तूँ पहचान लिया ? तुम्हारे ज्ञान-नेत्र में दिब्बजोत है। सो तुम्हारे गाँव में परमारथ का कारज हो रहा है और तुमको मालूम नहीं ? गाँधी तो मेरा ही भगत है। गाँधी इस गाँव में इसपिताल खोलकर परमारथ का कारज कर रहा है। तुम सारे गाँव को एक भंडारा दे दो। कहके साहब अंतरधियान हो गए। हमारी निद्रा भंग हो गई। सतगुरु के विरह में चित्त चंचल हो गया। विरह अगिन तक कैसे बूझे, गृहबन अंधकार नहीं सूझे। आखिर, सतगुरु आज्ञा शब्द विचारकर चित्त को शांत किया।"

महंथ साहब के सपने की बात तुरंत गाँव-भर में फैल गई। बालदेव-हरगौरी संवाद और यादव सेना के अचानक हमले से गाँव की दलबंदी को नया जीवन

---

1. जलपान। 2. भात।

प्रदान कर दिया था। जोतखी की राय है, "यादव लोग बार-बार लाठी-भाला दिखाते हैं; राजपूतों के लिए यह डूब मरने की बात है। फौजदारी में यतलाय[1]/देकर इन लोगों का मोचिलका करवा लिया जाए। लेकिन सिंघजी थाना-फौजदारी से घबराते हैं। बात-बात में गाली और डेग-डेग पर डाली ! कानूनी-कचहरी की शरण जाना तो अपनी कमजोरी को जाहिर करना है। समय आने पर बदला ले लिया जाएगा। अकेले यादवों की बात रहती तो कोई बात नहीं थी, इसमें कायस्त समाया हुआ है। मरा हुआ कायस्त भी बिसाता है। फिर, वह बदमाशी हरगौरी की ही है। मेरे दरवाजे पर किसी को उठ जाने के लिए कहना, मेरे दरवाजे पर किसी को मारने के लिए उठना, यह तो अच्छी बात नहीं।"

यादवटोली में अब दोपहर से ही ढोल बजने लगता है–ढाक-ढिन्ना ढाक-ढिन्ना ! शोभन मोची को एक नया गमछा और नई गंजी मिली है। कालीथान के बड़ के पास गाय-भैंस बथान करके दोपहर से ही कुश्ती खेलने लगते हैं यादव संतान। बालदेव जी ने जिस दिन अनसन किया था, शाम को खेलावन यादव के दरवाजे पर कीर्तन हुआ था। बालदेव जी का सिखाया हुआ सुराजी कीर्तन "धन-धन गांधी जी महराज, ऐसा चरखा चलानेवाले' कीर्तन के बाद बालदेव जी ने भैंस का कच्चा दूध पीकर व्रत तोड़ा था। कहते थे, अब हिंसाबात करने से फिर अनसन करेंगे, अब के दो दिनों का ! सुराजी कीर्तन, लहसन का बेटा सुनरा खूब गाता है। बालदेव जी जबकि फिर उपवास करेंगे तो सुनना। अभी और सीख रहा है।… सिपैहियाटोला में तो अब दिन में ही उल्लू बोलता है। तहसीलदार कह रहे थे–राजपूतों की सिट्टी गुम हो गई है। हल्दी बोला[2] दिया है। कालीचरन बहादुर है !

इसपिताल के सभी घर बनकर तैयार हो गए हैं। सिर्फ मिट्टी साटना बाकी है। बिरसा माँझी ने कहा है–संथालटोली की सभी औरतें आकर मिट्टी लगा देंगी आज। अलबत्त मिट्टी लगाती हैं संथालिनें ! पोखता मकान भी मात ! अगले सनिचर को डागडरबाबू ने बालदेव जी से दसखत करा लिया है। भैंसचरमनबाबू[3] जरूर यादव ही होंगे। किसी दूसरी जाति का ऐसा नाम क्यों होगा–भैंसचरमनबाबू ! तहसीलदार के यहाँ जाकर देखो–खुरसी, ब्रींच, बड़े-बड़े बक्से में दवा, बाल्टी, कठौत, लोटा। पानी का कल गाड़ा जाएगा, जैसे रोतहट के मेला में गड़ता है।

सनिच्चर को ही महंथ साहेब का भंडारा है–पूड़ी-जिलेबी का भोज। सारे गाँव के औरत-मरद बूढ़े बच्चे–और अमीर-गरीब को महंथ साहेब खिलावेंगे। सपनौती हुआ है।

यादवटोली का किसनू कहता है, "अंधा महंत अपने पापों का प्राच्छित कर रहा है। बाबाजी होकर जो रखेलिन रखता है, वह बाबाजी नहीं। ऊपर बाबाजी भीतर दगाबाजी ! क्या कहते हो ? रखेलिन नहीं, दासिन है ? किसी और को सिखाना। पाँच बरस तक मठ में नौकरी किया है; हमसे बढ़कर और कौन जानेगा

1. इत्तला 2. चित्त कर देना। 3. वाइस चेयरमैन।

मठ की बात ? और कोई देखे या नहीं देखे, ऊपर परमेसर तो है। महंथ जब लछमी दासिन को मठ पर लाया था तो वह एकदम अबोध थी, एकदम नादान। एक ही कपड़ा पहनती थी। कहाँ वह बच्ची और कहाँ पचास बरस का बूढ़ा गिद्ध ! रोज रात में लछमी रोती थी–ऐसा रोना कि जिसे सुनकर पत्थर भी पिघल जाए। हम तो सो नहीं सकते थे। उठकर भैसों को खोलकर चराने चले जाते थे। रोज सुबह लछमी दूध लेने बथान पर आती थी, उसकी आँखें कदम के फूल की तरह फूली रहती थीं। रात में रोने का कारण पूछने पर चुपचाप टुकुर-टुकुर मुँह देखने लगती थी··· ठीक गाय की बाछी की तरह, जिसकी माँ मर गई हो··· ! वैसा ही चंडाल है यह रमदसवा। वह साला भी अंधा होगा, देख लेना।··· महंथ एक बार चार दिन के लिए पुरैनिया गया था। हमने सोचा कि चार रात तो लछमी चैन से सो सकेगी। ले बलैया। बाघ के मुँह से छूटी तो बिलार के मुँह में गई। उसके बाद लछमी ऐसी बीमार पड़ी कि मरते-मरते बची। पाप भला छिपे ? रामदास को मिरगी आने लगी और महंथ सेवादास सूरदास हो गए। एकदम चौपट !··· हमारा तीन साल का दरमाहा बाकी रखा है। भंडारा करता है ! हम उन लोगों को साधू नहीं समझते हैं।"

महंथ सेवादास इस इलाके के ज्ञानी साधु समझे जाते थे–सभी सास्तर-पुरान के पंडित ! मठ पर आकर लोग भूख-प्यास भूल जाते थे। बड़ी पवित्र जगह समझी जाती थी। लेकिन जब महंथ दासिन को लाया, लोगों की राय बदल गई। बसुमतिया मठ के महंथ से इसी दासिन को लेकर कितने लड़ाई-झगड़े और मुकदमे हुए। बसुमतिया का महंथ कहता था, लछमी दासिन का बाप हमारा गुरु-भाई था इसलिए बाप के मरने के बाद उस पर मेरा हक है। सेवादास की दलील थी, लछमी पर हमारा अधिकार है। अंत में लछमी कानूनन सेवादास की ही हुई। सेवादास के वकील साहब ने समझाकर कहा था–महंथ साहब ! इस लड़की को पढ़ा-लिखाकर इसका शादी करवा दीजिएगा। महंथ साहब ने वकीलसाहब को विश्वास दिलाया था–वकीलसाहब, लछमी हमारी बेटी की तरह रहेगी··· लेकिन आदमी की मति को क्या कहा जाए ! मठ पर लाते ही किशोरी लछमी को उन्होंने अपनी दासी बना लिया। लछमी अब जवान हुई है, लेकिन लछमी के जवान होने से पहले ही महंत सेवादास की आँखें अपनी ज्योति खो चुकी थीं। पता नहीं, लछमी की जवानी को देखकर उसकी क्या हालत होती ! अब तो महंथ सेवादास को बहुत लोग प्रणाम-बंदगी भी नहीं करते।··· धर्म-भ्रष्ट हो गया है। बगुलाभगत है। ब्रह्मचारी नहीं, व्यभिचारी है।

पूड़ी-जिलेबी और दही-चीनी के भंडारे की घोषणा के बाद जनमत बदल रहा है।··· कैसा भी हो, आखिर साधु है ! किसने आज तक इतना बड़ा भोज किया ! तहसीलदार ने अपने बाप के श्राद्ध में जाति-बिरादरीवालों को भात और गैर जाति के लोगों को दही-चूड़ा खिलाया था। सिंघजी ने अपनी सास के श्राद्ध में अपनी जाति के लोगों को पूरी-मिठाई और अन्य जाति के लोगों को दही-चूड़ा खिलाया

था। खेलावन के यहाँ, पिछले साल, माँ के श्राद्ध में जैसा भोज हुआ सो तो सबों ने देखा ही है। फिर, सारे गाँव के लोगों को, औरत-मरद–बच्चों को, आज तक किसने खिलाया है ? चीनी मिलती नहीं। भगमान भगत ने कहा है कि बिलेक में एक बोरा चीनी का दाम है एक नमरी[1]। चरमन चीनी–दो नमरी !

तंत्रिमा, गहलोत और पोलियाटोली के अधिकांश लोगों ने पूड़ी-जिलेबी कभी चखी भी नहीं। बिरंची एक बार राज की गवाही देने के लिए कचहरी गया तो तहसीलदार ने पूड़ी-जिलेबी खिलाई थी। गाँव में, न जाने कैसे, यह हल्ला हो गया कि बिरंची ने तहसीलदार का जूठा खाया है।··· जनेऊ देने के लिए जाति के पंडित जी आए थे। बिरंची के सिर पर सात घंटे तक घैला-सुपाड़ी रखने की सजा दी गई थी–पाँच सुपारी पर घैला भर पानी ! ज़रा भी घैला हिला, एक बूँद भी पानी गिरा कि ऊपर से झाड़ की मार ! तहसीलदार साहब क्या कर सकते हैं ! जाति-बिरादरी का मामला है, इसमें वे कुछ नहीं बोल सकते। आखिर पाँच रुपैया जुरमाना और जाति के पंडित जी को एक जोड़ा धोती देकर बिरंची ने अपना हुक्का-पानी खुलवाया था।··· पूड़ी-जिलेबी का स्वाद याद नहीं !

"जीवनदास !"

"बालदेव जी आए हैं। बनगी बालदेवबाबू !"

"बनगी नहीं, जाय हिंद बोलो, जाय हिंद !··· हाँ जी, इस टोले में कितने लोग हैं, हिसाब करके बताओ तो। औरत-मरद, बच्चों का भी जोड़ना। क्या गिनना नहीं जानते ? बिरंची कहाँ है ?"

बालदेव जी घर-घर घूमकर मर्दुमशुमारी कर रहे हैं। बड़ा झंझट का काम है। सिर्फ पोलियाटोले में सात कोड़ी[2] चार नहीं··· चार कोड़ी सात; ततमाटोली में पूरे पाँच कोड़ी, दुसाधटोली में दो कोड़ी, कोयरीटोले में छः कोड़ी तीन।··· यादवटोली का हिसाब कालीचरन कर रहा है। भगवान जाने, सिपैहियाटोली के लोग इसमें भी मीनमेख निकालकर बखेड़ा न खड़ा कर दें। क्या ठिकाना है ! बाभनों ने तो साफ इनकार कर दिया है। यदि बाभनों के लिए अलग प्रबंध न हुआ तो सरब संघटन में नहीं खाएँगे। बाभन-भोज़न ही नहीं हुआ तो फिर भोज क्या ! महंथ जी से कहना होगा। बाभन हैं ही कितने, सब मिलाकर दस घर।

महंथ साहब ने सब सुनकर कहा, "सतगुरु हो ! सतगुरु हो ! बाभन लोगों का अलग इंतजाम कर दो बालदेवबाबू ! इसमें हर्ज ही क्या है ! नहीं हो, तो उन लोगों का प्रबंध मठ पर ही कर दो।"

इसी समय लछमी दासिन ने आकर खबर दी, "सिपैहियाटोला के लोग भी नहीं खाएँगे। हिबरनसिंघ का बेटा आकर कह गया है, ग्वाला लोगों के साथ एक पंगत में नहीं खाएँगे। हम लोगों के गाँव का आटा-घी-चीनी अलग दे दिया जाए, हम लोग अलग बनवा लेंगे।"

---

1. सौ रुपए का नोट। 2. एक कोड़ी में बीस संख्या होती है।

"सतगुरु हो ! यह तो अच्छा बखेड़ा खड़ा हुआ। अब यादव लोग कहेंगे कि धानुक लोगों के साथ एक पंगत में नहीं खाएँगे।"

"हिबरनसिंघ के बेटे ने तो यह भी कहा कि बालदेव यदि इंतजामकार रहेगा तो महंथ साहेब का भंडारा भंडुल होगा।"

"गुरु हो ! गुरु हो !"

"तो महंथ साहेब, हमारे रहने से लोग विरोध करते हैं तो हम खुसी-खुसी..."

"वाह रे ! यह भी कोई बात है ! महंथ साहेब, मैं कह देती हूँ, यदि बालदेव जी को छोड़कर और किसी को प्रबंध करने का भार दिया तो समझ लीजिए कि भंडारा चौपट हुआ। मैं इस गाँव के एक-एक आदमी को पहचानती हूँ।"

बालदेव ने पहली बार लछमी की ओर गरदन उठाकर देखने की हिम्मत की। निगाहें ऊपर उठीं और लछमी की बड़ी-बड़ी आँखों में वह खो गया।... आँखों में समा गया बालदेव शायद।

पाँच

मठ पर गाँव-भर के मुखिया लोगों की पंचायत बैठी है। बालदेव जी को आज फिर 'भाखन' देने का मौका मिला है। लेकिन गाँव की पंचायत क्या है, पुरैनिया कचहरी के रामू मोदी की दुकान है। सभी अपनी बात पहले कहना चाहते हैं। सब एक ही साथ बोलना चाहते हैं। बातें बढ़ती जाती हैं और असल सवाल बातों के बवंडर में दबा जा रहा है। सिंघ जी चिल्ला-चिल्लाकर कहते हैं, "उस दिन यदि हम घर में रहते तों खून की नदी बह जाती।" कालीचरन चुप रहनेवाला नहीं है, "वाह रे ! दरवाजे पर एक भले आदमी को बेइज्ज़त करना 'इंसान' आदमी का काम है ?" तहसीलदार साहब कहते हैं, "अस्पताल तो सबों की भलाई के लिए बन रहा है। इससे सिर्फ हमारा ही फायदा नहीं होगा। ओवरसियरबाबू कह गए थे कि तहसीलदार साहब जरा मदद दीजिएगा। हम अपने मन से तो अगुआ नहीं बने हैं। तुम्हीं बताओ खिलावन भाई !"

बूढ़े जोतखी जी भविष्यवाणी करते है, "कोई माने या नहीं माने, हम कहते हैं कि एक दिन इस गाँव में गिद्ध-कौआ उड़ेगा। लक्षण अच्छे नहीं हैं। गाँव का ग्रह बिगड़ा हुआ है। किसी दिन इस गाँव में खून होगा, खून ! पुलिस-दारोगा गाँव की गली-गली में घूमेगा। और यह इसपिताल ? अभी तो नहीं मालूम होगा।

जन्न कुएँ में दवा डालकर गाँव में हैजा फैलाएगा तो समझना। शिव हो ! शिव हो !"

बालदेव भाखन के लिए उठना चाहता था कि लछमी हाथ जोड़कर खड़ी हो गई, "पंच परमेश्वर !"

मानो बिजली की बत्ती जल उठी। सन्नाटा छा गया। सफेद मलमल की साड़ी के खूँट को गले में डालकर लछमी हाथ जोड़े खड़ी है, "पंच परमेश्वर !"

"लछमी", महंथ साहब शून्य में हाथ फैलाकर टटोलते हुए कहते हैं, "लछमी तुम चुप रहो।"

लछमी रुकी नहीं, कहती गई, "जोतखी जी ठीक कहते हैं। गाँव के ग्रह अच्छे नहीं हैं। जहाँ छोटी-मोटी बातों को लेकर, इस तरह झगड़े होते हैं, जहाँ आपस में मेल-मिलाप नहीं, वहाँ जो कुछ न हो वह थोड़ा है। गाँव के मुखिया लोग ही इसके लिए सबसे बड़े दोखी हैं! सतगुरुसाहेब कहिन हैं–'जहाँ मेल तहाँ सरग है।' मानुस जन्म बार-बार नहीं मिलता। मानुस जन्म पाकर परमारथ के बदले सोआरथ देखें तो इससे बढ़कर क्या पाप हो सकता है ? परमारथ में जो 'विघिन' डालते हैं वे मानुस नहीं। आप लोग तो सास्तर-पुरान पढ़े हैं, जग्ग भंग करनेवालों को पुरान में क्या कहा है, सो तो जानते ही हैं। हमारे कहने का मतलब यह है कि सब कोई भेदभाव तेयाग के, एक होकर के परमारथ कारज में सहयोग दीजिए। आप लोग तो जानते हैं–"परमारथ कारज देह धरो यह मानुस जन्म अकारथ जाए।' बस हाथ जोड़कर पंच परमेश्वर से बिनै है, झगड़ा तेयागकर मेल बढ़ाइए। सतगुरु साहेब गाँव का मंगल करेंगे। आगे आप लोगों की मरजी।"

लछमी बैठ गई। उसका चेहरा तमतमा गया है, गाल लाल हो गए हैं और कपाल पर पसीने की बूँदें चमक रही हैं। पंचायत में सन्नाटा छाया हुआ है, मानो जादू फिर गया हो। बालदेव जी का भाखन देने का उत्साह कम हो गया है। वह दोहा-कवित्त नहीं जानता, सास्तर-पुरान भी नहीं पढ़ा है। जेहल में चौधरी जी उसे पढ़ाया करते थे। तीसरा भाग में–'भारी बोझ नमक का लेकर एक गधा दुख पाता था' के पास ही वह पढ़ रहा था कि चौधरी जी की बदली हो गई। उसी दिन से उसकी पढ़ाई भी बंद हो गई। लेकिन··· वह जरूर भाखन देगा। उसने लछमी की ओर देखा तो और मानो नशे में उठकर खड़ा हो गया, "पियारे भाइयो !"

"बोलिए एक बार प्रेम से··· गंधी महतमा की जै !" यादवटोली के नौजवानों ने जयजयकार किया।

"पियारे भाइयो ! कोठारिन साहेब जितना बात बोली, सब ठीक है। लेकिन सबसे बड़ा दोखी हम हैं। हमारे कारन ही गाँव में लड़ाई-झगड़ा हो रहा है। हम तो सबों का सेवक हैं। हम कोई बिदमान नहीं हैं, सास्तर-पुरान नहीं पढ़े हैं। गरीब आदमी हैं, मूरख हैं। मगर महतमा जी के परताप से, भारथमाता के परताप से, मन में सेवा-भाव जन्म हुआ और हम सेवक का बाना ले लिया। आप लोगों को तो मालूम है, जयमंगलबाबू, जो मेनिस्टर हुए हैं, अपना दस्तखत भी नहीं जानते

हैं। बहुत छोटी जात का है। वह भी गरीब आदमी थे, मूरख थे। मगर मन में सेवा-भाव था और महतमा जी उसको मेनिस्टर चुन लिए। महतमा जी कहिन हैं–"बैस्नब जन तो उसे कहते हैं जो पीर पराई जानता है रे।" मोमेंट में जब गोरा मलेटरी हमको पकड़ा तो मारते-मारते बेहोस कर दिया। पानी माँगते थे तो मुँह में पेसाब कर दिया था···"

बालदेव जी का 'भाखन' शुरू होते ही पंचायत में फिर कानाफूसी शुरू हो गई थी। राजपूतटोली के लोग और भी जोर-जोर से बात करने लगे। बालदेव के भाखन के इस रोमांचक अंश ने ज़रा असर किया। मुँह में पेशाब करने की बात सुनते ही पंचायत में फिर सन्नाटा छा गया। बालदेव ने झट अपनी कमीज खोल ली, चारों ओर घूमकर पीठ दिखलाते हुए उसने अपना भाखन जारी रखा, "आप लोगों को विश्वास नहीं हो तो देख सकते हैं !"

"अरे बाप ! चीता-बाघ की तरह देह हो गया है··· धन्न हैं।"

"देखिए आप लोग", यादवटोली का एक नौजवान कहता है, "हम लोग गाँधी जी का जै करते हैं तो आप लोगों के कान में लाल मिर्च की बुकनी पड़ जाती है। देखिए !"

"अरे भाई ! यह सब महतमा जी का परताप है। कौन सह सकता है ? जब गुड़ गंजन सहे तो मिसरी नाम धराए।"

"··· लेकिन पियारे भाइयो, हमने भारथमाता का नाम, महतमा जी का नाम लेना बंद नहीं किया। तब मलेटरी ने हमको नाखून में सूई गड़ाया, तिस पर भी हम इसबिस[1] नहीं किया। आखिर हारकर जेलखाना में डाल दिया। आप लोग तो जानते ही हैं कि सुराजी लोग जेहल को क्या समझते हैं–'जेहल नहीं ससुराल यार हम बिहा करने को जाएँगे।' मगर जेहल में अँगरेज सरकार हम लोगों को तरह-तरह की तकलीफ देने लगा। भात में कीड़ा मिला देता था, घास-पात का तरकारी देता था। बस, हम लोगों ने भी अनसन शुरू कर दिया। पियारे भाइयो ! पाँच दिन तक एकदम निरजला अनसन। उसके बाद कलकटर, इसपी, जज, सब आया। माँग पूरा कर दिया, खाने को दूध-हलुआ दिया। हम लोग बोले–दूध-हलुआ अपने बाल-बच्चों को खिलाओ, हम लोगों को बढ़िया चावल दो। सो पियारे भाइयो ! सेवा-वर्त जब हम लिया है तो इसको छोड़ नहीं सकते···। 'अंधी होकर पुलिस चलावे पर डंडों का परिवाह नहीं !' आप लोग अपने गाँव में सेवा नहीं करने दीजिएगा, हम चन्ननपटी चले जाएँगे। वहाँ आसरम है, घर-घर चरखा-करघा चलता है। घर-घर में औरत-मरद पढ़ते हैं। महतमा जी, जमाहिरलाल, रजीन्नरबाबू और दूसरे बड़े-बड़े लीडर लोग साल में एक बार जरूर आते हैं। चौधरी जी हमको बार-बार खबर भेज देते हैं।··· बालदेव अपने गाँव में चले आओ। हम कहे कि चौधरी जी, आप हमारा गुरु हैं, आपका वचन हम नहीं काट सकते। लेकिन अपना

---

1. चूँ-चपड़

गाँव तो उन्नति कर गया है। जो गाँव उन्नति नहीं किया है, हम वहीं सेवा करेंगे।··· हम मेरीगंज की चन्ननपटी की तरह बनाना चाहते हैं। हम अपने से गाँव में झाड़ू देंगे, मैला साफ करेंगे। हम लोगों का सब किया हुआ है। महतमा जी खुद मैला साफ करते थे। जहाँ सफाई रहती है वहाँ का आदमी भी साफ रहता है। मन साफ रहता है। साहेब लोगों को देखिए, उनके देस का गाछ-बिरिछ भी साफ रहता है। कोठी के बगीचे में कलकटर के गाछ को देखिए, एकदम बगुला की तरह उजला है। लेकिन, आप लोग हमको नहीं चाहते हैं तो हम चले जाएँगे। आप लोगों को बिसबास नहीं हो, जो पढ़ना जानते हैं, इस चिट्ठी को पढ़ लीजिए कि इसमें क्या लिखा हुआ है। टैप में छापी किया हुआ है। दो साल पहले की चिट्ठी है।"

कौन पढ़ेगा ! बड़े मौके से सभी इसकुलिया अँगरेजिया लोग भी घर में ही हैं। पढ़ो जी कोई। खेलावन ने अपने लड़के सकलदीप से कहा, "जाओ पढ़ दो।" लेकिन वह बड़ा शरमीला है। "हरगौरी, पढ़ो जी !"

पासवानटोले के रामचंदर का भतीजा मेवालाल उठकर खड़ा हुआ, बालदेव के हाथ से चिट्ठी लेकर पढ़ने लगा।

"जरा जोर से पढ़ो। गला साफ कर लो। थर-थर क्यों काँपते हो ?"

"सेवा में, बालदेवसिंह जी। महाशय ! आपको विदित हो कि कस्तुरबा स्मारक निधि की एक अस्थाई कमेटी गठन करने के लिए काँग्रेसजनों की एक विशेष बैठक ता. 8-12-45 को पूर्णिया धर्मशाला में होगी। इस बैठक में बिहार के भूतपूर्व प्रीमियर भी उपस्थित रहेंगे। इस महत्त्वपूर्ण बैठक में आपकी उपस्थिति आवश्यक है। आपका, विश्वनाथ चौधरी।"

"अरथ भी समझा दो मेवालाल !··· अरे नहीं, अरथ क्या समझाएगा ! टैप में छापी किए हुए खत का अब अरथ समझाएगा ?"

"चौधरी जी भी बालदेव जी से राय लिए बिना कुछ नहीं करते हैं। यह अपने गाँव का भाग है कि बालदेव जी जैसा हीरा आदमी यहाँ आकर रहते हैं। अपना गाँव भी अब सुधर जाएगा जरूर···। सुनो, सिंघ जी क्या कहते हैं।"

"बालदेव ! तुम यहाँ से चले जाओगे तो यह मेरीगंज गाँव का दुरभाग होगा, सरम की बात होगी। गाँव में तो लड़ाई-झगड़े लगे ही रहते हैं। दो हंडी एक जगह रहे तो ढनमन होना जरूरी है। तुम लोगों का काम है, गाँव में मेल-मिलाप बढ़ाना गाँव की उन्नति करना। इसमें जो बाधा डालता है, वह अधर्मी है। तुम लोग देश के सेवक हो। खल और कुटिल लोगों को सुमारग पर चलाना तुम्हीं लोगों का काम है। गोसाईं जी ने रमैन में पहले खल और कुटिल की ही वंदना की है। तुम गाँव से मत जाओ। तहसीलदार और हम तो छोटे-बड़े भाई हैं। बचपन के साथ खेले-कूदे, लड़े-झगड़े और फिर मिल गए। आओ जी तहसीलदार भाई, लोग तो हम लोगों के खानदान को बदनाम करते ही हैं कि कायस्थ और राजपूत ने मिलकर महारानी चंपावती के इस्टेट को ही पार कर दिया। अब हम लोग

एक बार फिर मिल जाएँ।" सिंघ जी ने अपना लंबा-चौड़ा वक्तव्य समाप्त करते हुए पंचायत में बैठे लोगों की ओर देखा।

पंचायत में जोर का ठहाका पड़ा। लोग हँसते-हँसते लोट-पोट हो गए।··· एकदम 'बम भोलानाथ' हैं सिंघ जी ! मन में कोई सात-पाँच नहीं रखते। सादा दिल के आदमी हैं।

सिंघ जी ने तहसीलदार को हाथ पकड़कर उठा लिया। दोनों गले मिलने लगे।

"बोलिए एक बार प्रेम से··· गन्ही महतमा की जै !"

"जै ! जै !"

अब भंडारा जमेगा। दो दिन से तो ऐसा मालूम होता था कि लोगों के पत्तल में परोसी हुई पूड़ी-जिलेबी अब गई··· तब गई।··· उस दिन कीर्तन और नाच करेंगे। ··· अगमू चौकीदार क्या कहता था, महतमा जी का झंडा पत्तखा नहीं उड़ाना होगा, वह मार खाएगा अब। उसको कहो, अपने नाना दारोगा साहेब से पूछे कि राज किसका है। अनसन करने से लाट, हाकिम, कलट्टर सब डर जाता है।

सारी पंचायत में दो ही व्यक्ति ऐसे हैं जिनके ऊपर मेल-मिलाप की खुशी का उलटा असर हुआ है। खेलावन सिंह यादव को सिंघ ने जिस चालाकी से एक किनारे किया है, इसे कोई नहीं समझ पाए, लेकिन खेलावन ने सब समझ लिया। खेलावन की चर्चा भी नहीं की सिंघ ने। और इस तहसीलदार को तो देखो, तुरत गिरगिट की तरह रंग बदल लिया। लड़ाई-झगड़ा यादवटोली से था और गले मिले तहसीलदार जी। खेलावन को सठबरसा[1] नहीं समझना। सब चालाकी समझते हैं। दुनिया की ज्ञान-गुदड़ी बघारता है बालदेव, मगर इतना भी समझ में नहीं आया कि सिंघ तहसीलदार से क्यों मिल रहा है। मेल-मिलाप तो यादवटोली के मुखिया से होना चाहिए। सुराजी होने से क्या हुआ, जात सुभाव नहीं छूटते। इतना मान-आदर से अपने यहाँ रखते हैं, खिलाते-पिलाते हैं और समय पड़ने पर सब धान बाईस पसेरी !

जोतखी जी खेलावन के चेहरे को देखकर ही सबकुछ समझ लेते हैं। मोटी चमड़ी पर असर हुआ है ! "खेलावनबाबू, सकलदीप बबुआ की जन्मपत्री काशी जी से बनकर आ गई क्या ? जरा एक बार हम भी देखते। आज तक हम जो गणना किए हैं उसको काशी के पंडितों ने भी कभी नहीं काटा।"

"कल सुबह में आइएगा जोतखी काका ! आप तो बहुत दिन से आए भी नहीं हैं। सकलदीप तो हायस्कूल में संसकिरत भी पढ़ता है। जरा आकर देखिएगा तो संसकिरत में उसका जेहन कैसा है ?"

ठीक दोपहर से पंचायत की बैठक शुरू हुई, शाम को खत्म हुई। बहुत दिन बाद गाँव-भर के लोग पंचायत में बैठे थे। बहुत दिन बाद फिर मेल-मिलाप हुआ।

कल ही भंडारा है। सुबह से ही इसपिताल के सामने की जमीन को साफ

---

1. साठ वर्ष तक समझदारी का न आना।

करके जाफरा से घेरना होगा, शामियाना टाँगना होगा, सजाना होगा। हलवाई लोग सुबह से ही आ जाएँगे। आजकल दिन छोटा होता है। बिजै होते-होते शाम हो जाएगी। डॉक्टर साहब को लाने के लिए चार बैलगाड़ियाँ जाएँगी टीशन–भैंसचरमनबाबू ने बालदेव से कहा है। कल भोर को ही इसपिताल में सब-कोई जमा होंगे; काम का बँटवारा होगा। इतने बड़े भोज को सँभालना खेल नहीं।

सभी बारी-बारी से महंथ साहब को 'साहेब-बंदगी' करके विदा हुए। बालदेव जी को महंथ साहब ने रोक लिया है। "बालदेव बाबू, तुम जरा ठहर जाना। कल फिर समय नहीं मिलेगा। अभी एक बार हिसाब-किताब कर लेना अच्छा होगा। थोड़ी देर बैठ के बीजक बाँचो, हम डोलडाल[1] से हो आएँ। कहाँ हो रामदास ? गंगासागर में जल भर दो !"

बालदेव धुनी के पास बैठकर बीजक के पन्ने उलटता है–

···बीजक बतावे बित्त को जो बित्त गुप्ते होय,
शब्द बतावे जीवको बूझे बिरला कोय।।

लछमी लालटेन जलाकर सामने रख गई। अक्षर स्पष्ट हो गए–"संतो, सारे जग बौराने।" ··· लछमी के शरीर से एक खास तरह की सुगंध निकलती है। पंचायत में लछमी बालदेव के पास ही बैठी थी। बालदेव को रामनगर मेला के दुर्गा मंदिर की तरह गंध लगती है–मनोहर सुगंध ! पवित्र गंध ! ··· औरतों की देह से तो हल्दी, लहसुन, प्याज और घाम की गंध निकलती है !

छह

बालदेव जी को रात में नींद नहीं आती है।

मठ से लौटने में देर हो गई थी। लौटकर सुना, खेलावन भैया की तबियत खराब है; आँगन में सोये हैं। यदि कोई आँगन में सोया रहे तो समझ लेना चाहिए कि तबियत खराब हुई है, बुखार हुआ है या सरदी लगी है अथवा सिरदर्द कर रहा है। जिसको आँगनवाली[2] ही नहीं वह आँगन में क्यों सोएगा ? आँगन में सोने का अर्थ है आँगनवाली के हाथों की सेवा प्राप्त करना। खाने के समय भौजी से मालूम हुआ, पेट में बाय हो गया है। कड़वा तेल लगाकर पेट ससारते समय

1. नित्य क्रिया। 2. पत्नी।

गों-गों बोलता था।

भौजी भी बहुत अनमनी थी। और दिनों की तरह बैठकर बातें नहीं की भौजी ने। भौजी बोरसी[1] के पास बैठकर हुक्का पीती रहती थी, बालदेव जेल की गप सुनाता रहता। बालदेव जी आज पंचायत की गप भौजी को सुनाते, लेकिन आज गप जमाने का लच्छन नहीं देखकर बालदेव जी सोने चले आए।

··· नींद नहीं आती है। जेल का बी. टी. कंबल आज बड़ा गड़ रहा है। खद्दर की धोती मैली हो जाने पर बहुत ठंडी हो जाती है।··· बार-बार लछमी दासिन की याद आती है। आते समय कह रही थी–आज यहीं परसाद पा लीजिए बालदेव जी ! ··· परसाद ! लछमी के शरीर की सुगंध ! ··· आज माँ की भी याद आती है। गाँव के लोग बालदेव को 'टुरवा' कहते थे। सुनकर माँ बहुत गुस्सा होती थी। बाप के मरने से कोई टूअर[2] नहीं होता। बाप मरे तो कुमर, माँ मरे तब टूअर ! मेरा बालदेव तो कुमर है; मेरा बालदेव टूअर नहीं। ऐसा लगता है, माँ ने अभी तुरंत ही पीठ सहलाई है।

माँ के मरने के बाद, बालदेव बहुत दिन तक अजोधी भगत की भैंस चराता था। अजोधी भगत की याद आते ही बालदेव की देह सिहर उठती है। कैसा पिशाच था बुड्ढा ! बूढ़ी तो और भी खटाँस थी, खेकसियारी[3] की तरह हरदम खेंक-खेंक करती रहती थी। दिन-भर भैंस चराकर आने के बाद बालदेव की उँगलियाँ भगत का देह टीपते-टीपते दर्द करने लगती थीं। आँखें नींद से बंद हो जाती थीं। लेकिन जरा भी ऊँघे कि चटाक्। उस बूढ़े की उँगलियों की चोट बड़ी-बड़ी कड़ी होती थी। बालदेव ने बचपन से ही मार खाई है–थप्पड़, छड़ी और लाठी की मार। शायद सूखी चमड़ी की चोट ज्यादा लगती है।··· लेकिन रूपमती का कलेजा मोम का था। वैसे बेदर्द माँ-बाप की बेटी वैसी दयालु कैसे हुई, समझ में नहीं आता है। बूढ़े–बूढ़ी को रात में नींद नहीं आती थी। आध पहर रात को ही भैंस चराने के लिए जगा देता था। आध पहर रात होते ही पीपल के पेड़ पर उल्लू अपनी मनहूस बोली में कचकचा उठता था और इधर बूढ़ा ठीक उसी तरह की आवाज में चिल्ला उठता,"रे टुरवा, भोर हो गई, भैंस खोल !" ··· रूपमती कभी 'टुरवा' नहीं कहती थी। छोटा-सा नाम 'बल्ली' उसी का दिया हुआ है। चार सेर सुबह और तीन सेर शाम को दूध होता था, लेकिन बुढ़िया कभी सितुआ-भर घोल भी नहीं खाने देती थी। रूपमती रोज चुराकर भात के नीचे दूध की छाली रख देती थी। बूढ़ा-बूढ़ी का जमाया हुआ पैसा आखिर डकैत ही ले गए।··· इस बार रूपमती को देखा था। बहुत दिन बाद ससुराल से आई थी। तीन बच्चे हैं, बड़ी बेटी ठीक रूपमती जैसी है। ठीक वैसी ही हँसी।

··· याद आती है माये जी की ! माये जी–रामकिसूनबाबू की इसतिरी ! पहले-पहल सभा हुई थी चन्ननपटी में। सभा में रामकिसूनबाबू, उनकी इसतिरी, चौधरी जी और तैवारी जी आए थे।··· अलबत्त रूप था रामकिसून-बाबू का ! बड़ी-बड़ी आँखें !

---

1. अँगीठी। 2. अनाथ। 3. लोमड़ी।

भाखन देते थे, जैसे बाघ गरजे ! सुनते हैं, जब वोकालत करते थे तो बहस करने के समय पुरानी कचहरी की छत से पलस्तर झड़ने लगता था। क्या मजाल कि हाकिम उनके खिलाफ राय दे दें! लेकिन महतमा जी का उपदेश सुनकर एक ही दिन में सबकुछ छोड़-छाड़ दिया। इसतिरी के साथ गाँव-गाँव घूमने लगे। माये जी के पाँव की चमड़ी फट गई थी। लहू से पैर लथपथ हो गए थे। लाल उड़हूल ? माये जी का दुख देखकर, रामकिसूनबाबू का भाखन सुनकर और तैवारी जी का गीत सुनकर वह अपने को रोक नहीं सका था। कौन सँभाल सकता था उस टान को ! लगता था, कोई खींच रहा हो। "··· गंगा रे जमुनवाँ की धार नयनवाँ से नीर बही। फूटल भारथिया के भाग भारथमाता रोई रही।" ··· माये जी के पाँव की चमड़ी फट गई थी, भारथमाता रो रही थी। वह उसी समय रामकिसूनबाबू के पास जाकर बोला था–" मेरा नाम सुराजी में लिख लीजिए।" उस दिन की सभा में तीन आदमियों ने नाम लिखाया था– बालदेव, बावनदास और चुन्नी गुसाईं। चौधरी जी उसे जिला आफिस में ले आए थे। मायेजी बराबर आफिस आती थीं। कभी गुस्सा होते नहीं देखा माये जी को; जब बोलती थीं तो हँसकर। एक बार देहात से लौटते समय उसको बुखार हो गया था; देह जल रही थी, सिर फटा जा रहा था, कोई होश नहीं। रात में, आँख खुली तो जी बड़ा हल्का मालूम हुआ। "कैसे हो बालदेव भाई ?" कौन बावन ? गरदन उलटाकर देखा, माये जी पास ही कुरसी पर बैठी हुई हैं। "कैसे हो बोलो ? बुखार था तो देहात क्यों गया था ? ··· सोओ···।" माथे पर हाथ रखते हुए माये जी बोली थीं, "बुखार उतर गया है।" माये जी के हाथ रखते ही नींद आ गई थी। दूसरे दिन बावनदास ने कहा, "माये जी को जैसे ही मालूम हुआ कि तुमको बुखार है, वैसे ही मुझे लेकर आफिस आईं। जंतर[1] लगाकर बुखार देखते ही चिल्लाने लगीं–"पानी लाओ··· पंखा दो।" उसी समय से माथे पर पानी की पट्टी देती रहीं, बारह बजे रात तक।··· भगवान् भी कैसे हैं, अच्छे आदमी को ही अपने पास बुला लेते हैं। दो-तीन साल के बाद ही रामकिसूनबाबू एक ही दिन के बुखार में सरगवास हो गए। हे भगवान ! उस दिन माये जी की ओर कौन देख सकता था ! देखने की हिम्मत नहीं होती थी। माये जी का उस दिन का रूप··· गंगा रे जमुनवाँ की धार नयनवाँ से नीर बही। फूटल भारथिया के भाग भारथमाता रोई रही ! ··· सचमुच सबों के भाग फूट गए। सराध के दिन से जिला आफिस का नाम हो गया 'रामकिसून आसरम'। सराध के दूसरे दिन ही माये जी कासी जी चली गईं। गाड़ी पर चढ़ने के समय, पैर छूकर जब्ब परनाम करने लगा था तो माये जी एकदम फूट-फूटकर रो पड़ी थीं–ठीक देहाती औरतों की तरह। बावनदास को माये जी 'ठाकुर' कहती थीं, "हामार ठाकुर रे।" धरती पर लोटते हुए बावनदास को उठाते हुए माये जी बोली थीं, "महतमा जी पर भरोसा रखो। वह सब भला करेंगे। महतमा जी का रास्ता कभी मत छोड़ना।" ··· पता नहीं माये जी कहाँ हैं !

1. थर्मामीटर।

आँसू की गरम बूँदें बालदेव की बाँह पर ढुलककर गिरी। माँ, रूपमती, माये जी और लछमी दासिन ! माये जी जैसा ही लछमी भी भाखन देना जानती है। लछमी भाखन दे रही है।···

··· विशाल सभा ! जहाँ तक नजर जाती है आदमी-ही-आदमी दिखाई पड़ते हैं। बाँस के घेरे को तोड़कर लोग मंच की ओर बढ़े आ रहे हैं। मंच पर बालदेव के बगल में लछमी बैठी हुई है। लछमी के भी पैर की चमड़ी फट गई है। मंच की सुफेद चादर पर लहू की बूँदें टप-टप गिर रही हैं।··· लछमी भाखन दे रही है। कौन, हरगौरी ? हरगौरी लछमी के गले में माला डालने के लिए आगे बढ़ रहा है। लछमी माला नहीं पहनती है। माला लेकर बालदेव को पहना देती है–गेंदे के फूलों की माला ! फूल से लछमी के शरीर की सुगंधी निकलती है !··· भीड़ मंच की ओर बढ़ी जाती है। हरगौरी आगे बढ़ आया है, लछमी को पकड़ रहा है।··· बालदेव चिल्ला रहा है, लेकिन आवाज नहीं निकल रही है। लोग हल्ला कर रहे हैं। बहुत जोर लगाकर बालदेव चिल्लाता है–"हरगौरी बाबू !"

"गन्ही महतमा की जै!"

"जै !"

बालदेव हड़बड़ाकर उठता है; आँखें मलते हुए बाहर निकल आता है ! सबेरा हो गया है। गाँव-भर के नौजवानों को बटोरकर जुलूस बनाकर कालीचरन जय-जयकार करता हुआ जा रहा है। वाह रे कालीचरन ! बुद्धिमान है, बहादुर है और बुद्धिमान भी। यह पुलोगराम[1] कब बनाया था ? रात में ही शायद !··· जरूर मेरीगंज की चन्ननपटी की तरह नाम करेगा। और भोर का सपना ?

"खेलावन भैया, कैसी तबियत है ?"

"तुम रात में कब लौटे ? कहाँ देर हुई, सिपैहिया टोली में ? कायस्थ–राजपूत की जोड़ी मिल गई, अब क्या है, सुराज हो गया ! लेकिन भाई बालदेव, हम ठहरे सीधे-सादे आदमी। कलिया पर नजर रखना। उसमें और भी बहुत गुन हैं, सो तो तुमको मालूम ही हो जाएगा। किसी किस्म का उपद्रो करेगा तो हम जिम्मेदार नहीं हैं। पीछे यादवटोली के मुखिया के ऊपर बात नहीं आवे। हाँ भाई, कायस्थ और राजपूत का क्या विश्वास ?"

खेलावन किसके ऊपर अपना दिल का बुखार उतारे, समझ नहीं पा रहा था। भैंस-चरवाहा भैंस दूहने के लिए बरतन ले आया था। खेलावन आज भी अपने ही हाथों भैंस दूहता है। उसका कहना है, "भैंस के थन में चार आदमी के हाथ लगे कि भैंस सूखी।" चरवाहा पर बिगड़ पड़ा, "साला ! अभी भैंस थिराई भी नहीं है, दूहने के लिए हल्ला मचा रहा है। पूड़ी–जलेबी क्या अभी ही बँट रही है ? जीभ से पानी गिर रहा है !··· "परनाम जोतखी काका !"

---

1. प्रोग्राम।

जोतखी जी कान पर जनेऊ टाँगे, हाथ में लोटा लटकाए इनारे की ओर जा रहे थे। खेलावन ने टोका," आइए, यहीं पानी मँगवा देते हैं।"

"खेलावनबाबू, गाँव में तो सुराज हो गया, देखते हैं। अच्छा-अच्छा ! देखिएगा गाँव के लौंडे सब आज फुच्च-फुच्च कर रहे हैं। "छुद्र नदी चलि भरी उतराई, जस थोरे धन खल बौराई।" ऐसा ही सिमरबनी में भी हुआ था। हमारे मामा का घर सिमरबनी में ही है। आज से दस-बारह साल पहले की बात कहते हैं। हम मामा के यहाँ गए थे। मामा के बड़े पुत्र का जग्योपवित था। प्रातःकाल उठके देखते हैं कि गाँव-भर के लौंडे इसी झंडा-पत्तखा लेकर 'इनकिलास-जिंदाबाघ' करते हुए गाँवों में घूम रहे हैं। मामा से पूछा कि "मामा, बात क्या है ?" तो मामा बोले कि गाँव के सभी लड़कों ने भोलटियरी में नाम लिखा लिया है। 'इनकिलास जिंदाबाघ' का अर्थ है कि हम जिंदा बाघ हैं। ··· जिंदा बाघ भी उसी शाम को देखा। इस्कूल से पच्छिमी कँगरेसी तैवारी नीमक कानून बनानेवाला था। बड़े-बड़े चूल्हे पर, कड़ाहियों में चिकनी मिट्टी और पानी डालकर खौला रहे हैं। खूब गीत-नाद, झंडा-पत्तखा ! पूछा कि यह क्या है भाई ! तो कहा कि नीमक कानून बन रहा है। हम भी खड़ा होकर तमाशा देखने लगे। इसी समय हल्ला हुआ, दारोगा आ रहा है। इस्कूल के हाता से एक टोपावाला और चार-पाँच लाल पगड़ीवाला निकला ! बस, फिर क्या था, जिंदा बाघ आ गया; जो जिस मुँह से खड़ा था, उधर ही भागा। एक-दूसरे के ऊपर गिर रहा है। कहाँ झंडा, कहाँ पत्तखा और कहाँ इनिकलास जिंदाबाघ ! दारोगा साहब तैवारी को पकड़कर ले गए। इसके बाद गाँव के घर-घर में घुसकर खाना-तलाशी ! गाँव के सभी जिंदाबाघ माँद में घुस गए। सुनने में आया कि जब कँगरेसी राज हुआ तो फिर घर-घर में भोलटियर घरघराने लगा। फिर इनकिलास जिंदाबाघ ! पुलिस-दारोगा को देखकर और जोर से चिल्लाते थे सब। लो भाई, चिल्लाओ, तुम्हारा राज है अभी ! पुलिस-दारोगा मन-ही-मन गुस्सा पीकर रह गए। पिछले मोमेंट में जिंदाबाघों ने जोस में आकर अड़गड़ा जला दिया, कलाली लूट लिया। दूसरे ही दिन चार लौरी में भरके गोरा मलेटरी आया और सारे गाँव में जला-पका, लूट-पीटकर एक ही घंटा में ठंडा कर दिया। पचास आदमी को गिरिफ्फ किया। दो को तो मारते-मारते बेहोश कर दिया। एक को कीरीच भोंक दिया। अंग्रेज़ बहादुर से यही दुग्गी-तिग्गी लोग पार पाएँगे। बड़ा-बड़ा घोड़ा बहा जाए तो नटघोड़ी पूछे कितना पानी। अंग्रेज बहादुर ने अभी फिर ढील दे दिया। सब उछल-कूद रहे हैं। इस बार बिगड़ेगा तो खोपसहित कबूतराय··· !"

"नहीं जोतखी काका, अब वैसा नहीं हो सकता," बालदेव इससे आगे नहीं सुन सका, "पिछले मोमेंट में सरकार का छक्का छूट गया है। सिमरबनी के बारे में आप जो कह रहे हैं सो आप इधर सिमरबनी गए हैं ? नहीं। तब क्या देखिएगा ! एक बार वहाँ जाकर देखिए—इसपिताल, इस्कूल, लड़की-इस्कूल, चरखा सेंटर, रायबरेली[1], क्या नहीं है वहाँ ? घर-घर में ए-बी-सी-डी पास ! सिवानंदबाबू को

1. लायब्रेरी।

जानते हैं ? उनका बेटा रमानंद हम लोगों के साथ जेहल में था; अब हाकिम हो जाएगा। पक्की बात !"

खेलावन भी कुछ कहना चाहता था कि चरवाहे ने पुकारा, "पाँड़ा भैंस पी रहा है।"

खेलावन भैंस दुहने चला गया। बालदेव के पास बेकार बहस करने के लिए समय नहीं है। गाँव में जय-जयकार हो रहा है–"गन्ही महतमा की जै !"

सात

प्यारू को सबों ने चारों ओर से घेर लिया। डागडर साहेब का नौकर है। डागडर साहेब कब तक आएँगे ? तुम्हारा क्या नाम है ? कौन जात है ? दुसाध मत कहो, गहलोत बोलो गहलोत ! जनेऊ नहीं है ?

बालदेव जी प्यारू को भीड़ से बाहर ले आते हैं। "भाई, तुम लोगों ने आदमी नहीं देखा है कभी ? जाओ, अपना काम देखो ! हलवाई जी लोगों के पास कौन है ?"

बालदेव जी सबों के नाम के साथ 'जी' लगाकर बोलते हैं। रामकिसून आसरम में लीडर लोग इसी तरह सबों के नाम के साथ 'जी' लगाकर बोलते हैं–"ड्राइवर जी', 'ठेकेदारजी', 'हरिजन जी' " !

पूछताछ के बाद मालूम हुआ, प्यारू डागडर साहेब के पास नौकरी करने आया है। रौतहट टीसन में जो हेमापोथी डागडर साहेब थे, प्यारू उनके यहाँ पाँच साल नौकरी कर चुका है। डाक्टरबाबू आ रहे हैं। सो प्यारू डाक्टरबाबू के पास नौकरी करने आया है।

चूड़ा–गूड़ का जलखै[1] करके प्यारू बालदेव जी से कहता है, "डागडरबाबू का सामान कहाँ है ? टेबल-कुर्सी लगाना होगा। अलमारी को झाड़ना-पोंछना होगा। पानी के ढोल के पास एक बोल[2] रखना होगा, एक साबुन और एक गमछा। डागडरबाबू आते ही पहले साबुन से हाथ धोएँगे..."

सचमुच प्यारू डाक्टर का पुराना नौकर है। टेबल-कुर्सी ठीक से लगा दिया है। तीन पैरवाली लोहे की सीढ़ी पर पानी का ढोल रख दिया; सीढ़ी में ही लगी हुई गोल कड़ी में ललमुनियाँ[3] का कठौत बिठा दिया है। ढोल में कल लगा हुआ

1. जलपान। 2. कठौत। 3. अलमुनियम

है। कल टीपने से पानी गिरने लगता है। बक्से से गमछा निकालकर वहीं लटका दिया है। खस्सी-बकरी की अँतड़ी का भीतरी हिस्सा रोयाँदार होता है, वैसा ही गमछा है। साबुन ? साबुन नहीं है ? अरे, कपड़ा धोनेवाला साबुन नहीं, गमकौआ साबुन चाहिए। भगत की दुकान में गमकौआ साबुन कहाँ से आवेगा ? कटिहार में मिलता है। तहसीलदार साहब की बेटी कमली जब गमकौआ साबुन से नहाने लगती है तो सारा गाँव गमगम करने लगता है। तहसीलदार साहब कहते हैं, कमली दीदी से साबुन माँगकर ला दो !··· सचमुच प्यारू पुराना डागडरी नौकर है। बड़े मौके से वह आ गया, नहीं तो इतना इंतजाम कौन करता ? बेला झुक गया है, अब डागडरबाबू भी आ जाएँगे। तहसीलदार साहब कहते हैं, "भरुकुवा उगने के पहले ही बैलगाड़ियों को रवाना कर दिया है। साथ में गया है अगमू चौकीदार।"

सारा गाँव महक रहा है। मेले में ठीक ऐसी ही महक रहती है। तहसीलदार साहब के गुहाल में हलवाई लोग सुबह से ही पूड़ी-जलेबी बना रहे हैं। पूड़ी बनाकर ढेर लगा दिया है। गाँव के बच्चे सुबह से ही जमा हैं। राजपूत और कायस्थों के बच्चे दूसरे टोले के बच्चों को उधर नहीं जाने देते हैं–"भागो, छू जाएगा !"

सिंघ जी खुद जाकर खेलावनसिंघ यादव को पकड़ लाते हैं। "तहसीलदार देखो, इसके पेट में बाय उखड़ गया है। भोज खाने के पहले ही अन्नसर्जी हो गई है। अरे भाई, औरतों की तरह रूठने से क्या फायदा ! तुम्हीं कहो तहसीलदार, हम ठीक कहते हैं या नहीं। लड़ो-झगड़ो और फिर गले-गले मिलो। यह रूठने का क्या माने ? हमको तो बालदेव से मालूम हुआ। जाकर देखो तो कागभुसुंडी इसके कान में मंतर पढ़ रहा है।··· ऐ बालदेव सुनो, डागडर साहेब आएँ तो पहले इसी का इलाज कराओ। कहना कि आठवाँ महीना है··· ।"

हा हा हा हा हा··· हा··हा !

"रामकिरपाल भाई, लड़कों के सामने भी आप दिल्लगी करते हैं ? अच्छा हाथ छोड़िए। सब कोई तो हैं ही, सिर्फ हमारे नहीं रहने से कौन काम हरज हो रहा था ?"

सिंघ जी मजेदार आदमी हैं। सुबह से ही सबों की हँसा रहे हैं। खेलावन यादव रूठे थे, उसको भी पकड़ लाए। जोतखी जी नहीं आए। बोले, दाँत में दर्द है। सिंघ ज़ी कहते हैं, "पता नहीं उनके पेट के दाँत में दरद है शायद। सुनते हैं आजकल डागडर लोग पत्थर का नकली दाँत लगा देते हैं। डागडर साहेब से कहकर जोतखी जी का दाँत बनवा दो भाई !" अजी, सभागाछी[1] में लड़कीवाले दाँत को हिला-डुलाकर देखते हैं थोड़ो !"

"डाग्डर साहेब आ रहे हैं।"

"आ रहे हैं ? कहाँ।"

"पछियारीटोला के पास पाँचों बैलगाड़ियाँ आ रही हैं। अगमू चौकीदार आगे-आगे

---

1. विवाहार्थी मैथिलों का मेला।

दौड़ता हुआ आ रहा है। डाक्टर साहेब टोपा पहने हुए हैं।"

अगमू आ गया। "कंधे पर क्या है, बक्सा ?"

कामकाज छोड़कर सभी जमा हो गए—डाक्टर साहब आ रहे हैं।"

"हट जाइए !" अगमू कहता है, "डाक्टर साहब बोले हैं, इंतजाम से रखना ठेस नहीं लगे। बेतार का खबर है।"

बालदेव जी कहते हैं, "रेडी[1] है या रेडा ! अब सुनिएगा रोज बंबै-कलकत्ता का गाना। महतमा जी का खबर, पटुआ का भाव सब आएगा इसमें। तार में ठेस लगते ही गुस्साकर बोलेगा—बेकूफ। बिना मुँह धोए पास में बैठते ही तुरत कहेगा—क्या आपने आज मुँह नहीं धोया है ?"

"जुलुम बात !"

डाकडर साहेब !

सभी हाथ जोड़कर खड़े हैं। डॉक्टर साहब भी हँसते हुए हाथ जोड़ते हैं। बालदेव जी 'जाय हिंद' कहते हैं। देखादेखी कालिया भी आजकल 'जाय हिंद' कहता है। प्यारू शामियाने में कुर्सी लाकर रखता है, डॉक्टर साहब के हाथ से टोप ले लेता है। डाक्टर साहब के चेहरे का रंग एकदम लाल है। 'लालटेस' ! मोंछ नहीं है क्या ? नहीं मोछ सफाचट कटाए हैं।

बालदेव जी हाथ जोड़कर पूछते हैं, "रास्ते में कहीं तकलीफ तो नहीं हुई ?" ··· सब तैयार है, भोजन कर लिया जाए। इनका नाम विश्वनाथ प्रसाद है, राजपारबंगा के तहसीलदार हैं। इनका नाम रामकिरपालसिंघ है, सिपै··· राजपूतटोली के मालिक हैं। इनका नाम खेलावनसिंह यादव है, यादव छत्रीटोले के 'मड़र' हैं। इनका नाम कालीचरन है, बड़ा बहादुर नौजवान है। और ये लोग 'इसकुलिया' हैं।··· आइए बाबू साहब, आप लोग डागडर साहेब से बतियाइए। इस गाँव के महंथ साहेब, ने इसपिताल होने की खुशी में गाँववालों को आज भंडारा दिया है।

डाक्टर साहब हाथ जोड़कर सबों को फिर नमस्कार करते हैं। कहते हैं "हम अभी नहीं खाएँगें। सबको खिलाइए !"

सचमुच प्यारू पुराना नौकर है। देखो, डागडरबाबू ने सबसे पहले साबुन से हाथ धोया।

मठ से महंथ साहेब, कोठारिन लछमी दासिन, रामदास और दो मुरती आए हैं। महंथ साहेब की बैलगाड़ी के आगे एक साधु तुरही फूँकता हुआ आ रहा है। धुतुतुतुऽऽ··· धुतुतु ! और तुरही की आवाज सुनते ही गाँव के कुत्ते दल बाँधकर भोंकना शुरू कर देते हैं। छोटे छोटे नवजात पिल्ले तो भोंकते-भोंकते परेशान हैं। नया-नया भोंकना सीखा है न !

सबसे पहले कालीथान में पूड़ी चढ़ाई जाती है। इसके बाद कोठी के जंगल की ओर दो पूड़ियाँ फेंक दी जाती हैं, जंगल के देव-देवी और भूत-पिशाच के

---

1. रेडियो

लिए। इसके बाद साधु और बाभन भोजन ! बालदेव जी ने बहुत कहा, लेकिन डाक्टर साहब नहीं माने। प्यारू ठीक कहता था, डागडर लोग हलवाई की बनाई हुई पूड़ी-जिलेबी नहीं खाते हैं। 'कल के चूल्हे' पर प्यारू डागडरबाबू के लिए भात बना रहा है। जल्दी से बिजे[1] खत्म हो तो बेतार के खबर का गाना सुनें। क्या ? आज गाना नहीं होगा ? हाँ भाई, कल-कब्जा की बात है। इतना जल्दी कैसे होगा ! फिर कटिहार जंकशन में रेलगाड़ियों और मिलों का अभी इतना शोरगुल होता होगा कि यहाँ तक खबर आ भी नहीं सकेगी।"

"बिझै ! बिझै !"

"हर टोले के लोग अलग-अलग पंगत में बैठो। अपने-अपने बगल में एक फाजिल पत्ता लगा देना भाई ! अपने-अपने घर की जनाना लोगों के लिए कमबेस नहीं।..."

गुअरटोली के रौदी बूढ़ा को सभी मिलकर चिढ़ा रहे हैं। रौदी गोप गाँव-गाँव में घूमकर दही बेचता है। उसकी चाल-चलन, उसकी बोला-बानी सबकुछ औरतों जैसी है। सिर और छाती पर से कपड़ा जरा-सा भी सरक जाने पर औरतों की तरह लजाकर ठीक कर लेता है। मर्दों से बातें करने के समय लजाता है, औरतें उसके सामने किसी भी किस्म कां परदा नहीं करतीं। हाट जाते और लौटते समय वह औरतों के झुंड में ही रहता है।... अभी सब मिलकर रौदी बूढ़ा को चिढ़ा रहे हैं–"तुम्हारा हिस्सा आँगन में भेज दिया जाएगा। देखो, लालचन ने तुम्हारा पत्ता लगा दिया है।"

"दुर ! मुँहझौंसे ! बूढ़े-पुराने से हँसी-दिल्लगी करते लाज नहीं आती ? हम पूछते हैं तुम लोगों से, कि तुम लोग अपनी बूढ़ी दादी और नानी से भी इसी तरह हँसी-मसखरी करते हो ? इस गाँव के लौंडे-छौंड़े बिगड़ गए हैं। और सारा दोख इसी सिंघवा का है। जहाँ बूढ़े बदचाल हों तो लौंडों का क्या हाल ! हम कह देते हैं, हाँ सुन रखो ! हाँ।... "

महंथ साहब रात में भोजन नहीं करते हैं।

"सतगुरु हो ! डागडर साहेब, आपको कितना मुसहरा मिलता है ? दो सौ ? ... हाँ, यहाँ ऊपरी आमदनी भी होगी। असल आमदनी तो ऊपरी आमदनी है। ... बहुत अच्छा हुआ।... गाँधी जी तो अवतारी पुरुख हैं।–डागडर साहेब ! आज से करीब पाँच साल पहले एक बार हमारी आँखें आईं, उसके बाद दो महीने तक आँखों में लाली छाई रही। पुरनियाँ के सिविलसार्जन साहेब को पचास रुपया फीस देकर दिखलाया। बहुत दिनों तक इलाज भी करवाया। मगर बेकार। अब तो आप आ गए हैं। अपने घर के डागडर हुए !... "

लछमी दासिन टकटकी लगाकर डाक्टर साहब को देख रही है।... कितना सुंदर पुरुष है ! बेचारे का इस देहात में मन नहीं लग रहा है। नौकरी कोई भी हो, आखिर नौकरी ही है। मन घर पर टँगा हुआ होगा। बीवी-बच्चों की याद

---

1. खाना-पीना

आती होगी।··· कुछ दिनों में मन लग जाएगा। फिर बाल-बच्चों को भी ले आवेंगे। अचानक वह पूछ बैठती है, "आपके घर पर और कौन-कौन हैं डाक्टर बाबू ?"

"जी," डाक्टर ने जरा हकलाते हुए कहा, "जी, मेरा कोई नहीं। माँ-बाप बचपन में ही गुजर गए।"

लछमी समझ लेती है कि यह सवाल पूछना उचित नहीं हुआ। उसे स्वयं आश्चर्य हो रहा था कि उसने ऐसा प्रश्न किया ही क्यों !··· मेरा कोई नहीं !

"लछमी ! रामदास को बुलाओ। अच्छा तो डागडरबाबू, अब आज्ञा दीजिए। आप भी भोजन करके आराम कीजिए। कभी मठ की ओर भी आइएगा। सतगुरु साहेब कहीन हैं–"दरस-परस सतसंग ते छूटे मन का मैल'।"

लछमी हाथ जोड़कर नमस्कार करती है।

ब्राह्मणटोली के लोग बालदेव जी से पूछते हैं, "डागडरबाबू का नौकर तो दुसाध है। और डागडरबाबू कौन जात हैं ? दुसाध का बनाया हुआ खाते हैं ?"

बोलिए प्रेम से··· महतमा गन्ही की जै !

भंडारा समाप्त हो गया। कोई 'तरुटी' नहीं हुई। सबको 'पूर्ण' हो गया। जो भूल-चूक से छूट गए हैं, उनका हिस्सा कल ले जाइएगा।

बालदेव जी अगमू चौकीदार और बिरंची के साथ इसपिताल में सोएँगे। आज पहली रात है !

आठ

लछमी का भी इस संसार में कोई नहीं !

··· जी, मेरा कोई नहीं !··· लछमी सोचती है, उसका दिल इतना नरम क्यों है ? क्यों वह डाक्टर को देखकर पिघल गई ? यह अच्छी बात नहीं। ··· सतगुरु मुझे बल दो।

सतगुरु के सिवा कोई और भी उसका नहीं। माँ की याद नहीं आती। पसराहा मठ के पास अपनी झोंपड़ी की याद आती है। सुबह होते ही बाबू जी कंधे पर चढ़ाकर मठ ले जाते थे। महंथ रामगुसाईं कितना प्यार करते थे–"आ गई लच्छो ! ले, मिसरी खाएगी ? चाह पीएगी ?" भंडारी एक कटोरे में चाहचूड़ा दे जाता था। बाबू जी बैठकर महंथ साहेब के लिए गाँजा तैयार करते थे। एक चिलम, दो चिलम, तीन चिलम ! पीते-पीते महंथ साहेब की आँखें लाल हो जाती थीं। कभी-कभी बाबूजी भी थर-थर काँपने लगते थे। भंडारी दही लाकर देता था–"खा लो रामचरन भाई ! नशा टूट जाएगा।" बाबू जी को महंथ साहेब बहुत मानते

थे। कोई काम नहीं। दिन-भर महंथ साहेब की धूनी के पास बैठे रहो, गाँजा तैयार करो, चिलम चढ़ाओ। मठ पर ही हमारा खाना-पीना होता था।

गाँव में जब हैजा फैला तो बाबू जी को महंथ साहेब ने कहा, "रामचरन ! तुम मठ पर ही रहो।" उन दिनों, दिन-भर में कभी चिलम ठंडी नहीं होने पाती थी। एक दिन महंथ साहेब का बीजक जल गया। न जाने कैसे चिलम की आग बीजक पर गिर पड़ी। महंथ साहेब ने रोते हुए कहा था, "रामचरन, साहेब करोध कीहिन है, दंड भोगना पड़ेगा। अमंगल होगा।"··· दूसरे ही दिन मठ के एक साधु का पेट-मुह चलने[1] लगा। तीसरे दिन साधु ने देह 'तेयाग' दिया तो महंथ साहेब बीमार पड़े। बाबू जी ने महंथ साहेब की बड़ी सेवा की। शरीर त्यागने के पहले महंथ साहेब ने कहा था, "रामचरन एक बार आखिरी चिलम पिलाओ बेटा !" बाबू जी चिलम तैयार करने के लिए धूनी से आग ले ही रहे थे कि धूनी में ही उलटी होने लगी। महंथ साहेब ने शाम को और बाबू जी ने सुबह को काया बदल दिया। भंडारी ने दूर से ही बाबू जी का दरसन करा दिया था। भंडारी ने कहा था, "मरे हुए आदमी के पास नहीं जाना चाहिए।"

"लछमी ! ओ लछमी !"

"आई !" लछमी कुनमुनाती उठती है। ··· उस दिन बीजक छूकर कसम खाए थे और आज फिर पुकारने लगे। सतगुरु हो, तुम्हारी बुलाहट कब होगी ? बुला लो सतगुरु अपने पास दासी को।

"लछमी !"

"महंथ साहेब चित्त को शांत कीजिए। सतगुरु का ध्यान कीजिए। माया··· "

"सब माया है लछमी। लेकिन एक बार पास आओ।"

अंधा आदमी जब पकड़ता है तो मानो उसके हाथों में मगरमच्छ का बल आ जाता है। अंधे की पकड़। लाख जतन करो, मुट्ठी टस-से-मस नहीं होगी! ··· हाथ है या लोहार की 'सँड़सी' ! दंतहीन मुँह की दुर्गंध ! ··· लार ! ··· "महंथ साहेब ! महंथ साहेब, सुनिए !" रामदास धूनी के पास ही है। "महंथ साहेब ! अरे रामदास ! रामदास ! जल्दी उठो जी ! महंथ साहेब को क्या हो गया !"

महंथ साहेब को सतगुरु ने अपने पास बुला लिया।

सुबह को सारे गाँव के लोग जमा होते हैं। ··· महंथ साहेब सिद्ध पुरुख थे ! इच्छा-मृत्यु हुई है ! रात को बैठकर, गाँव के बूढ़े-बच्चों को खिलाकर आए और रात में ही चोला बदल लिए। दुनिया में ऐसी मरनी सबों को नसीब नहीं होती। गियानी महातमा थे।

रामदास कहता है, "भंडारा से लौटकर जब सरकार आए और आसन पर

---

1 कै-दस्त होना।

'धेयान' लगाकर बैठे तो देह से 'जोत' निकलने लगा। हम मसहरी लगाने गए तो इसारे से मना कर दिया। हम धूनी के पास बैठकर देखते रहे। सरकार के देह का जोत और तेज हो गया और सरकार एकदम बच्चा हो गए। जोत की चमक से हमारी आँखें बंद हो गईं। हम वहीं धूनी के पास लेट गए। कोठारिन जी जब हल्ला करने लगीं तो आँखें खुलीं...।"

लछमी सुबह कुछ नहीं बोलती। ... साधुओं को माटी देने की रीत भी नहीं मालूम ? जटा बढ़ा लिया और हाथ में कमंडल ले लिया, हो गए साधू! ... "चरनदास ! पहले बीजक पाठ होगा, तब माटी ! इसके बाद सभी संतन के गोर[1] पर माटी दी जाएगी। इतना भी नहीं जानते ?"

"माया जाल बिखंडने सुर गुरु दुख परहरता
सरबे लोक जनाच जेन सततं,
हिया लोकिता... ।"

...नमोस्तु सतगुरु साहेब को
चरणकमल धरी शीश !

सबसे पहले रामदास माटी देता है ! उसके बाद लछमी दासिन मुट्ठी-भर माटी महंथ साहेब की सफेद चादर पर डाल देती है। फिर फूलों की माला। साधु लोग कुदाली से गोर में मिट्टी भरने लगते हैं। चरनदास कहता है, "महंथ साहेब को लगाकर दस महंथों को माटी दिया है। माटी देना भी नहीं जानेंगे ?"

गाँव के 'कीरतनियाँ लोग' समदाउन शुरू करते हैं–

"हाँ रे, बड़ा रे जतन से सुगा एक हे पोसल,
माखन दुधवा पिलाए।
हाँ रे, से हो रे सुगना बिरिछी चढ़ि बैठल
पिँजड़ा रे धरती लोटाए... "

गौर के बाद रामदास खँजड़ी बजा-बजाकर 'निरगुन' गाता है–

"कँहवाँ से हंसा आओल, कँहवाँ समाओल हो राम,
कि आहो रामा हो, कोन गढ़ कयल मोकाम, कवन लपटाओल हो राम !"

डिम डिमिक डिमिक...
"सुरपुर से हंसा आओल, नरपुर समाओल हो राम,
कि आहो रामा हो, कायागढ़ कयला मोकाम,
मायहि लपटाओल हो राम !"

---

1. समाधि

"जै हो, सतगुरु की जै हो ! महंथ साहेब की जै हो ! सब संतन की जै हो !"

मठ सूना लगता है। जीवन में आज पहली बार लछमी समझ रही है महंथ साहेब की कीमत को। ··· नेत्रहीन हो गए थे, कुछ देख नहीं सकते थे, बिना रामदास के सहारा के एक पग चल भी नहीं सकते थे, किंतु ऐसा लगता था कि मठ भरा हुआ है। बिना महंथ के मठ और बिना प्राण के काया !

काँचहि बाँस के पिंजड़ा,
जामें दियरो न बाती हो,
अरे हंसा उड़ल आकाश,
कोई संगो न साथी हो !

··· जो भी हो, संसार में सबसे बढ़कर लछमी को प्यार करते थे महंथ साहेब। चढ़ती जवानी में, सतगुरु साहेब की दया से माया को जीतकर ब्रह्मचारी रहे। बुढ़ौती में तो आदमी की इंद्रियाँ शिथिल हो जाती हैं, माया के प्रबल घात को नहीं सँभाल सकती हैं। इसीलिए तो साधु-ब्रह्मचारी लोग बुढ़ापे में ही माया के बस में हो जाते हैं। यह तो महंथ साहेब का दोख नहीं। उसका भाग ही खराब है। यदि वह नहीं होती तो महंथ साहेब सतगुरु के रास्ते से नहीं डिगते। यह ध्रुव सत्त है। दोख तो लछमी का है। एक ब्रह्मचारी का धरम भ्रष्ट करने का पाप उसके माथे है। अब उसका अपना कौन है ? कोई नहीं ! ···

"महंथ साहेब ! महंथ साहेब ! हमको छोड़कर आप कहाँ चले-गए ? दासी के अपराध को छिमा करना गुरु। जीवन में तुम्हारी कोई सेवा सुखी मन से नहीं कर सकी। मरने के समय भी तुमको सुख नहीं दे सकी प्रभू ! ··· छिमा करो !"

जिंदगी-भर के जमे हुए आँसू आज निकल जाना चाहते हैं, रोके रुकते नहीं।

"जाय हिंद कोठारिन जी !"

"दया सतगुरु के ! बालदेव जी, बैठिए !"

बालदेव जी सब भूल गए। लछमी को सांत्वना देने के लिए रास्ते में जितनी बातें सोची थीं, दोहा, कवित्त, सब भूल गए। उसे माये जी की याद आ जाती है। माये जी का वह रूप··· "गंगा रे जमुनवाँ की धार नयनवाँ से नीर बही।'

बालदेव जी की गढ़ी हुई ढाढ़स की बाँध इस तेज धारा में नहीं टिक सकेगी। बालदेव जी की भी आँखें छलछला जाती हैं। फल्गू में भी बाढ़ आती है। वह दिल को मजबूत करके कहते हैं, "कोठारिन जी, सब परमेसर की माया है। हानि-लाभ जीवन-मरन जस-अपजस बिधि हाथ। ··· हम तो सूरज उगने के पहले ही डागडर साहेब के साथ बाहर निकल गए थे। डागडर साहेब को गाँव की चौहद्दी दिखलानी थी। दखिन संथालटोली से सुरू करके, दुसाधटोली तक गली-कूची, अगवारा-पिछवारा देखते-देखते दस बज गए। वहीं मालूम हुआ कि महंथ साहेब इंतकाल कर गए हैं। डागडर साहेब का भी मन उदास हो गया। वे इसपिताल लौट गए। बाकी टोलों को कल देखेंगे। ··· आज रौतहट हाट में ढोल भी दिला देना है—इसपिताल

खुल गया है। शोभन मोची को भेजकर हम यहाँ आए हैं।"

लक्ष्मी के आँसू थम चुके थे। बालदेव जी ठीक समय पर आ गए। महंथ साहेब बालदेव जी को बहुत प्यार करने लगे थे। पाँच-सात दिनों की जान-पहचान में ही महंथ साहेब ने बालदेव जी को अच्छी तरह पहचान लिया था। रुपैया को बजाकर देखा जाता है और आदमी को एक ही बोली से पहचाना जाता है। महंथ साहेब कहते थे, "सुद्ध विचार का आदमी है। संसकार बहुत अच्छा है।" इसके पहले महंथ साहेब ने किसी पर इतना विश्वास नहीं किया था। मठ में रोज तरह-तरह के साधु-संन्यासी आते थें। महंथ साहेब रोज यह कहना नहीं भूलते थे–"लछमी इन लोगों का कोई विश्वास नहीं। रमता लोग हैं। इन लोगों से ज्यादे मिलना-जुलना अच्छा नहीं !" नई उमर के साधुओं को पैर की आहट से ही वे पहचान लेते थे। उनके अंतर की दृष्टि बड़ी तेज थे। पिछले साल एक दिन सत्संग में एक नौजवान साधु आकर बैठ गया। रात में आया था, बराहछत्तर[1] जा रहा था। उसके नैन बड़े चंचल ! सत्संग में बैठकर लछमी की ओर टकटकी लगाकर देखने लगा। महंथ साहेब, 'साहेब वचन' सुना रहे थे। आखर[2] कहते-कहते अचानक रुक गए। बोले–"हो नौगछिया के नौजवान उदासी जी ! अरे साहेब, बचन पर धेयान दीजै जी ! लछमी के सरीर पर क्या नैन गड़ाए हैं ? माटी का सरीर तो मिथ्या है, साहेब बचन सत्त !" ... बेचारा बिना 'बालभोग' किए ही आसन छोड़कर चला गया था। लेकिन बालदेव जी पर उनका बड़ा विश्वास था। ... "असल तेयागी यही लोग हैं लछमी !"

बालदेव जी को देखते ही लछमी का दुख आधा हो गया। बालदेव जी कहते हैं, "बड़े भाग से ऐसे लोगों का दरसन मिलता है। हमको तो दरसन मिला, लेकिन सेवा का औसर नहीं मिला। हमारा अभाग... है।"

"बालदेव जी आप तो दास हैं ?"

"जी ! मेरी माँ भी दास थी। माँस-मछली छूती भी नहीं थी।"

"तब तो आप 'गरभदास' हैं। फिर कंठी क्यों नहीं ले लेते ?"

बालदेव जी ज़रा होंठों पर हँसी लाकर कहते हैं, "कोठारिन जी, असल चीज है मन। कंठी तो बाहरी चीज है।"

दूसरा साधू होता तो कंठी को बाहरी चीज कहते सुनकर गुस्सा हो जाता। रामदेव गुसाईं हाते तो तुरंत चिमटा लेकर खड़े हो जाते, गाली-गलौज करने लगते। लेकिन लछमी शांत होकर कहती है, "कंठी बाहरी चीज नहीं है बालदेव जी ! भेख है यह। आप विचार करके देखिए। जैसे आपका यह खध्धड़ कपड़ा है। मलमल और मारकीन कपड़ा पहननेवाले मन से भले ही महतमा जी के पंथ को मानें, लेकिन आप उन्हें सुराजी तो नहीं कहिएगा ?"

लछमी की बातों का जवाब देना सहज नहीं। जब-जब लछमी से बातें होती हैं, बालदेव जी को नई बातों की जानकारी होती है।

---

1. बराहछेत्र, एक तीर्थस्थान। 2. पंक्ति।

"आप कहती हैं तो ले लेंगे कंठी।"

"किससे लीजिएगा ?"

"आप ही दे दीजिए।"

लछमी हँस पड़ती है। शोकाकुल वातावरण में लछमी की मुसकराहट जान डाल देती है। ··· कितने सूधे हैं बालदेव जी ! मुझे गुरु बनाना चाहते हैं !

"नहीं बालदेव जी, मैं आपको आचारज जी से कंठी दिलाऊँगी। आचारज जी काशी जी में रहते हैं। मैं आपको अपना बीजक देती हूँ। इसका रोज पाठ कीजिए। बीजक पाठ से मन निरमल होता है, अंतर की ज्योति खुलती है।"

··· बीजक ! एक छोटी-सी पोथी ! 'गयान' का भंडार ! बालदेव जी का दिल धक-धक कर रहा है। लछमी कहती है, "सब हाथ का लिखा हुआ है। उस बार काशी जी से एक विद्यार्थी जी आए थे। बड़े जतन से लिख दिया था। मोती जैसे अच्छर हैं।"

बीजक से भी लछमी की देह की सुगंधी निकलती है। इस सुगंध में एक नशा है। इस पोथी के हरेक पन्ने को लछमी की उँगलियों ने परस किया है··· "पोथी पढ़ि-पढ़ि जग मुआ, पंडित भया न कोय, ढाई आखर प्रेम का पढ़ा सो पंडित होय।"

लछमी को देखने से ही मन पवित्र हो जाता है।

नौ

डाक्टर प्रशांतकुमार !

जात ?···

नाम पूछने के बाद ही लोग यहाँ पूछते हैं—जात ? जीवन में बहुत कम लोगों ने प्रशांत से उसकी जाति के बारे में पूछा है। लेकिन यहाँ तो हर आदमी जाति पूछता है। प्रशांत हँसकर कभी कहता है—"जाति ? डाक्टर !",

"डाक्टर ! जाति डाक्टर ! बंगाली है या बिहारी ?"

"हिंदुस्तानी," डाक्टर जवाब देता है।

जाति बहुत बड़ी चीज़ है। जात-पात नहीं माननेवालों की भी जाति होती है। सिर्फ हिंदू कहने से ही पिंड नहीं छूट सकता। ब्राह्मण हैं ? ··· कौन ब्राह्मण ! गोत्र क्या है ? मूल कौन है? ··· शहर में कोई किसी से जात नहीं पूछता। शहर के लोगों की जाति का क्या ठिकाना ! लेकिन गाँव में तो बिना जाति के आपका पानी नहीं चल सकता।

प्रशांत अपनी जाति छिपाता है। सच्ची बात यह है कि वह अपनी जाति के

बारे में खुद नहीं जानता। यदि उसे अपनी जाति का पता होता तो शायद उसे बताने में झिझक नहीं होती। तब शायद जाति-पाति के भेद-भाव पर से उसका भी पूर्ण विश्वास नहीं हटता। तब शायद ब्राह्मण कहने में वह गर्व अनुभव करता।

हिंदू विश्वविद्यालय में नाम लिखाने के दिन भी प्रशांत को कुछ ऐसी ही समस्याओं का सामना करना पड़ा था। रात-भर वह जगा रह गया था। ··· प्रशांतकुमार, पिता का नाम अनिलकुमार बनर्जी, हिंदू, ब्राह्मण। सब झूठ ! बेचारा डा. अनिलकुमार बनर्जी, नेपाल की तराई के किसी गाँव में अपने परिवार के साथ सुख की नींद सो रहा होगा। प्रशांत कुमार नामक उसका कोई पुत्र हिंदू विश्वविद्यालय में नाम लिखा रहा है, ऐसा वह सपना भी नहीं देख सकता। ··· लेकिन प्रशांत अपने तथाकथित पिता डा. अनिलकुमार को जानता है। मैट्रिक परीक्षा के लिए फार्म भरने के दिन डा. अनिल उसके पिता के रिक्तकोष्ठ में आकर बैठ गए थे।

बचपन से ही वह अपने जन्म की कहानी सुन रहा है। घर की नौकरानी, बाग का माली और पड़ोस का हलवाई भी उसके जन्म की कहानी जानता था। लोग बरबस उसकी ओर उँगली उठाकर कहने लगते थे–"उस लड़के को देखते हो न ? उसे उपाध्याय जी ने कोशी नदी में पाया था। बंगालिन डाक्टरनी ने पाल-पोसकर बड़ा किया है।" फिर लोगों के चेहरों पर जो आश्चर्य की रेखा खिंच जाती थी और आँखों में करुणा की हल्की छाया उतर आती थी, उसे प्रशांत ने सैकड़ों बार देखा है। ··· एक लावारिस लाश को भी लोग वैसी ही दृष्टि से देखते हैं।

प्रशांत अज्ञात कुलशील है। उसकी माँ ने एक मिट्टी की हाँड़ी में डालकर बाढ़ से उमड़ती हुई कोशी मैया की गोद में उसे सौंप दिया था। नेपाल के प्रसिद्ध उपाध्याय-परिवार ने नेपाल सरकार द्वारा निष्कासित होकर, उन दिनों सहरसा अंचल में 'आदर्श आश्रम' की स्थापना की थी। एक दिन उपाध्याय जी बाढ़-पीड़ितों की सहायता के लिए रिलीफ की नाव लेकर निकले, झाऊ की झाड़ी के पास एक मिट्टी की हाँड़ी देखी–नई हाँड़ी। उनकी स्त्री को कौतूहल हुआ, "ज़रा देखो न, उस हाँड़ी में क्या है ?" नाव झाड़ी के पास पहुँची, पानी के हिलोर से हाँड़ी हिली और उससे एक ढोढ़ा साँप गर्दन निकालकर 'फों-फों' करने लगा। साँप धीरे-धीरे पानी में उतर गया और हाँड़ी से नवजात शिशु के रोने की आवाज आई, मानों माँ ने थपकी देना बंद कर दिया। ··· बस, यही उसके जन्म की कथा है, जिसे हर आदमी अपने-अपने ढंग से सुनाता है।

'आदर्श आश्रम' में एक दुखिया युवती थी–स्नेहमयी। स्नेहमयी को उसके पति डा. अनिलकुमार बनर्जी ने त्यागकर एक नेपालिन से शादी कर ली थी। उपाध्याय जी के आदर्श आश्रम में रहकर वह हिरण, खरगोश, मयूर और बंदर के बच्चों पर अपना स्नेह बरसाती रहती थी। तरह-तरह के पिंजड़ों को लेकर वह दिन काट लेती थी। जब उस दिन उपाध्याय-दंपति ने उसकी गोद में सोया हुआ शिशु दिया, तो वह आनंद-विभोर होकर चीख उठी थी–"प्रशांत! ··· आमार प्रशांत !" उस दिन से प्रशांत स्नेहमयी का एकलौता बेटा हो गया। कुछ दिनों के बाद नेपाल सरकार

ने निष्कासन की आज्ञा रद्द करके उपाध्याय-परिवार को नेपाल बुला लिया–आदर्श आश्रम के पशु-पक्षियों के साथ। स्नेहमयी और प्रशांत भी उपाध्याय-परिवार के ही सदस्य थे। उपाध्याय जी ने नेपाल की तराई के विराटनगर में आदर्श-विद्यालय की स्थापना की। स्नेहमयी उसी स्कूल में सिलाई-कटाई की मास्टरनी नियुक्त हुई।

स्नेहमयी के स्नेहांचल में पलते हुए किशोर प्रशांत पर कर्मठ उपाध्याय-परिवार की रोशनी नहीं पड़ती तो वह सितार के झलार ओर रवींद्र-संगीत के बसंत-बहार के दायरे से बाहर नहीं जा सकता था। उपाध्याय जी का ज्येष्ठ पुत्र बिहार विद्यापीठ का स्नातक था और मँझला देहरादून के एक प्रसिद्ध अंग्रेजी स्कूल का विद्यार्थी। पुत्री शांतिनिकेतन में शिक्षा पा रही थी। छुट्टियों में जब वे एक जगह इकट्ठे होते तो शांतिनिकेतन में शिक्षा पानेवाली बहन चर्खा चलाना सीखती, विद्यापीठ के स्नातक आश्रम-भजनावली की पंक्तियों पर राविंद्रिक सुर चढ़ाते और अंग्रेजी स्कूल का स्टूडेंट सेवादल के कवायदों के हिंदी कमांड के वैज्ञानिक पहलू पर बहस करता–'एटेंशन' में जो फोर्स है वह 'सावधान' में नहीं ! एटेंशन सुनते ही लगता है कि दर्जनों जोड़े बूट चटख उठे।

ऐसे ही वातावरण में प्रशांत के व्यक्तित्व का विकास हुआ।

हिंदू विश्वविद्यालय से आई. एस-सी. पास करके के बाद वह पटना मेडिकल कालेज में दाखिल हुआ। माँ की इच्छा थी कि वह डाक्टर बने। लेकिन अपने प्रशांत को वह डाक्टर के रूप में नहीं देख पाई। काशीवास करते-करते, काशी की किसी गली में वह हमेशा के लिए खो गई! ··· एक बार लाहौर से प्रशांत के नाम पर एक मनिआर्डर आया था–विजया का आशीर्वाद लेकर। भेजनेवाली थी–श्रीमती स्नेहमयी चोपड़ा। ··· एक माँ ने जन्म लेते ही कोशी मैया की गोद में सौंप दिया और दूसरी ने जनसमुद्र की लहर को समर्पित कर दिया।

डाक्टरी पास करने के बाद जब वह हाउस सर्जन का काम कर रहा था, 1942 का देशव्यापी आंदोलन छिड़ा। नेपाल में उपाध्याय-परिवार का बच्चा-बच्चा गिरफ्तार किया जा चुका था। अंग्रेजी सरकार को पूरा पता था कि उपाध्याय-परिवार हिंदुस्तान के फ़रार नेताओं की सिर्फ मदद ही नहीं करता है, गुप्त आंदोलन को सक्रिय रूप से चला भी रहा है। मँझला पुत्र बिहार की सोशलिस्ट पार्टी का कार्यकर्ता था, वह पहले ही नजरबंद हो गया था। प्रशांत भी तो उपाध्याय-परिवार का था, वह कैसे बच सकता था ? उसे भी नजरबंद कर लिया गया। जेल में विभिन्न राजनीतिक दलों के नेताओं और कार्यकर्ताओं के निकट संपर्क में रहने का मौका मिला··· सभी दल के लोग उसे प्यार करते थे।

1946 में जब कांग्रेसी मंत्रिमंडल का गठन हुआ तो एक दिन वह हेल्थ मिनिस्टर के बँगले पर हाजिर हुआ। वह पूर्णिया के किसी गाँव में रहकर मलेरिया और काला-आज़ार के संबंध में रिसर्च करना चाहता है, उसे सरकारी सहायता दी जाए। मिनिस्टर साहब ने कहा था–"लेकिन सरकार तुमको विदेश भेज रही है। स्कालर-शिप··· "

"जी, मैं विदेश नहीं जाऊँगा," पूर्णिया और सहरसा के नक्शे को फैलाते हुए

उसने कहा था, "मैं इसी नक्शे के किसी हिस्से में रहना चाहता हूँ। यह देखिए, यह है सहरसा का वह हिस्सा, जहाँ हर साल कोशी का तांडव नृत्य होता है। और यह पूर्णिया का पूर्वी अंचल जहाँ मलेरिया और काला-आज़ार हर साल मृत्यु की बाढ़ ले आते हैं।"

मिनिस्टर साहब प्रशांत को अच्छी तरह जानते थे। इस विषय पर प्रशांत से तर्क में जीतना मुश्किल है। "लेकिन सवाल यह है कि··· "

"सवाल-जवाब कुछ नहीं। मुझे किसी मलेरिया सेंटर में ही भेज दीजिए !"

"मलेरिया सेंटर में ? लेकिन तुम एम. बी. बी. एस. हो और मलेरिया काला-आज़ार सेंटरों में एल. एम. पी. डाक्टर लिए जाते हैं।"

"जब तक मैं यह रिसर्च पूरा नहीं कर लेता, मैं कुछ भी नहीं हूँ। मेरी डिग्री किस काम की ?"

बहुत मेहनत से नई और पुरानी फाइलों को उलटकर और पूर्णिया डिस्ट्रिक्ट बोर्ड के चेयरमैन से लिखा-पढ़ी करके मिनिस्टर साहब ने मि. मार्टिन की दी हुई जमीन के बारे में पता लगाया। बीस-बाईस वर्ष पहले मिनिस्टर साहब पूर्णिया में ही वकालत करते थे। पगले मार्टिन को उन्होंने देखा था।

अंत में केंद्रीय सरकार से सलाह-परामर्श के बाद एक दिन प्रसे-नोट में यह खबर प्रकाशित हुई कि पूर्णिया जिले के मेरीगंज नामक गाँव में मलेरिया स्टेशन खोला गया है (··· दि स्टेशन विल अंडरटेक मलेरिया ऐंड काला-आज़ार इन्वेस्टिगेशन इन ऑल ऐस्पेक्ट्स–प्रिवेन्टिव, क्यूरेटिव ऐंड इकोनामिक)।

प्रशांत के इस फैसले को सुनकर मेडिकल कालेज के अधिकारियों, अध्यापकों और विद्यार्थियों पर तरह-तरह की प्रतिक्रिया हुई। मशहूर सर्जन डा. पटवर्धन ने कहा, "बेवकूफ है !"

ई. एन. टी. के प्रधान डाक्टर नायक बोले, "पीछे आँखें खुलेंगी।"

मेडिसन के डाक्टर तरफदार की राय थी, "भावुकता का दौरा भी एक खतरनाक रोग है। मालूम ?"

लेकिन प्रिंसिपल साहब खुश थे, "तुमसे यही उम्मीद थी। मैं तुम्हारी सफलता की कामना करता हूँ ! जब कभी तुम्हें किसी सहायता की आवश्यकता हो, हमें लिखना।"

प्रशांत का गला भर आया था।

मद्रास के मेडिकल गजट ने संपादकीय लिखकर डा. प्रशांत का अभिनंदन किया।

··· और जिस दिन वह पूर्णिया आ रहा था, स्टीमर खुलने में सिर्फ पाँच मिनट की देरी थी, उसने देखा, एक युवती सीढ़ी से जल्दी-जल्दी उतर रही है। कौन है ? ममता ! हाँ, ममता ही थी।

आते ही बोली, "आखिर तुम्हारा भी माथा खराब हो गया। तुमने तो कभी बताया नहीं। बलिहारी है तुम्हारा ! ··· ओह, प्रशांत, तुम कितने बड़े हो, कितने महान् ! ··· मैं तो अभी आ रही हूँ बनारस से। आते ही चुन्नी ने तुम्हारी चिट्ठी

दी।"

रूमाल से फूल और बेलपत्र निकालकर प्रशांत के सिर से छुलाते हुए ममता ने कहा था, "बाबा विश्वनाथ जी का प्रसाद है। बाबा विश्वनाथ तुम्हारा मंगल करें। पहुँचते ही पत्र देना।"

दस

डाक्टर पत्र लिख रहा है–

"ममता,

तुमने कहा था, पहुँचते ही पत्र देना। पहुँचने के एक सप्ताह बाद पत्र दे रहा हूँ। तुम्हारे बाबा विश्वनाथ ने मेरे आने से पहले ही अपने एक दूत को भेज दिया है। प्यारू सचमुच देवदूत है। इसलिए तुमको चिंता करने की आवश्यकता नहीं। सात ही दिनों में वह दो बार रूठ चुका है–'कहने को तो डाक्टर हैं, मगर समय पर नहीं खाने-पीने से देह पर कितना खराब असर होता है नहीं जानते ?' इसी से प्यारू का पूरा परिचय तुम्हें मिल गया होगा।

"यह एक नई दुनिया हैं। इसे वज्र देहात कह सकती हो। गाँव का चौकीदार सप्ताह में एक बार हाजिरी देने थाने पर जाता है; वह मेरी डाक लाएगा और ले जाएगा।

"काम शुरू कर दिया है। सुबह सात बजे से ही रोगियों की भीड़ लग जाती है। अभी जनरल सर्वे कर रहा हूँ; खून लेकर परीक्षा कर रहा हूँ। प्यारू कहता है, यहाँ कौआ को भी मलेरिया होता है।

"… यहाँ गड्ढ़ो और तालाबों में कमल के पत्ते भरे रहते हैं। कहते हैं, फूलों के मौसम में छोटी-छोटी गड़हियाँ भी किस्म-किस्म के कमल और कमलिनी से भर जाती हैं। … लेकिन यहाँ के लोगों को तुम लोटस ईटर्स नहीं कह सकती हो ! गड्ढ़ों की परीक्षा कर रहा हूँ। … यहाँ की धरती बारहों महीने भीगी रहती है शायद !

"गाँव के लोग बड़े सीधे दीखते हैं; सीधे का अर्थ यदि अपढ़, अज्ञानी और अंधविश्वासी हो तो वास्तव में सीधे हैं वे। जहाँ तक सांसारिक बुद्धि का सवाल है, वे हमारे और तुम्हारे जैसे लोगों को दिन में पाँच बार ठग लेंगे। और तारीफ यह है कि तुम ठगी जाकर भी उनकी सरलता पर मुग्ध होने के लिए मजबूर हो जाओगी। यह मेरा सिर्फ सात दिन का अनुभव है। संभव है, पीछे चलकर

मेरी धारणा गलत साबित हो। मिथिला और बंगाल के बीच का यह हिस्सा वास्तव में मनोहर है। औरतें साधारणतः सुंदर होती हैं, उनके स्वास्थ्य भी बुरे नहीं··· !"

"डाक्टर साहब !"

"कौन ?"

"विश्वनाथप्रसाद।"

"आइए। कहिए क्या है ?"

"डाक्टर साहब, जरा एक बार मेरे यहाँ चलिए। मेरी लड़की बेहोश हो गई है।"

"बेहोश ! क्या उम्र है ? इससे पहले भी कभी बेहोश हुई थी ?"

"जी ! दो-तीन बार और ऐसा ही हुआ था। उम्र ? यही सोलह-सत्रह साल धर लीजिए। जरा जल्दी···।"

"चलिए।"

बंद कमरे में एक चारपाई पर, नीली रजाई में लिपटी हुई युवती का गोरा मुखड़ा बाहर है। बाल खुले और बिखरे हुए हैं। आँखें बंद हैं। कोठरी में लालटेन की मद्धिम रोशनी हो रही है–रोशनी कम और धुआँ ज्यादा।

डाक्टर खिड़कियाँ खोलने के लिए कहता है और जेब से टार्च निकालकर युवती के चेहरे पर रोशनी देता है। ··· चेहरा ठीक है। साँस ? ठीक है। नाड़ी भी दुरुस्त है।

डाक्टर आँखों की पलकों को उलटता है, मानो कमल की पंखुड़ियाँ हों–ब्राइट! ··· पेट ? कब्ज तो नहीं ?

कोई जवाब नहीं देता है। घूँघट काढ़े खड़ी औरतों के घूँघट आपस में मिलते हैं। एक अधेड़ स्त्री आगे बढ़ जाती है। युवती की माँ है। "जी, कब्जियत नहीं है।"

घर की नौकरानी पर्दा नहीं करती है। कहती है, "डागरडरबाबू, लर लगाकर देखिए न !"

लर, अर्थात् स्टेथस्कोप। यहाँ के लोगों का विश्वास है कि इससे डाक्टर रोगी के अंदर की सारी बातों को जान लेता है–क्या खाया है, पेट में पचा है या नहीं, अब।

"सूई दीजिएगा ?"

"हूँ !"

डाक्टर सिरिंज ठीक करता है। युवती आँखें खोल देती है–

"सुई ? ··· नहीं, सूई नहीं। माँ ! अरे बाप··· !"

"अच्छा सुई नहीं देंगे। कैसी तबियत है ? अच्छी बात है। हूँ। क्यों बेहोश हो गईं। हाँ, बेहोशी कैसे हुई ? डर लगा था। हूँ ! काहे का डर लगा था ? ··· तब ? इसके बाद ? देह घूमने लगी। ठीक है। अब कैसी हैं ? डर तो नहीं लगता ?

दवा भेज दूँगा, अब डर नहीं लगे।…

"दवा ? … दवा नहीं। माँ, मैं दवा नहीं पियूँगी।"

"वाह, सुई भी नहीं और दवा भी नहीं? …मीठी दवा ?"

सभी हँस पड़ते हैं। युवती के मुरझाये हुए लाल होंठों पर मुस्कराहट दौड़ जाती है। आँखों की पलकें ज़रा उठाकर मानों डाक्टर को डाँट देती हैं–"हट ! दवा भी कहीं मीठी होती है !"

बाहर आकर डाक्टर तहसीलदार से कहता है, "घबराने की बात नहीं दवा भेज देता हूँ। इसके पहले कितनी देर तक बेहोश रहती थीं ?"

"करीब एक घंटा। जोतखी जी से एक बार जंतर बनवाके दिया। झाड़-फूँक भी करवाकर देखा। डाक्टर साहब, बस यही मेरा बेटा, यही मेरी बेटी… सबकुछ यही है।"

"ठीक हो जाएँगी।"

सेंटर में आकर डाक्टर सोचता है, क्या दिया जाए ! मीठी दवा ! कार्मिनेटिव मिक्श्चर या ब्रोमाइड! … "अजी, तुम्हारा क्या नाम है ?"

"मेरा नाम ? जी, नाम रनजीत।"

"तहसीलदार साहब के यहाँ कितने दिनों से नौकरी करते हो ?"

"बहुत दिन से। लड़कैयाँ से। … एक ठो बीड़ी है तो दीजिए दागदरबाबू।"

"प्यारू, रनजीत को बीड़ी पिलाओ।"

प्यारू बीड़ी-दियासलाई दे जाता है। बीड़ी सुलगाकर रनजीत अपने आप कहता है, "दागदरबाबू ! तहसीलदार को दिन-दुनियाँ में बस यही एक बेटी है। कितना मानत-मनौती के बाद कमला मैया ने निंहारा भी तो बेटी ही हुई। मगर… !"

रनजीत बीड़ी की राख झाड़कर चुप हो जाता है। डाक्टर ने लक्ष्य किया है, रनजीत ने 'मगर' पर आकर पूर्ण विराम दे दिया है।

"मगर क्या ?"

"यही देखिए न ! तीन जगह बातचीत चली, मगर… पहली जगह से तो पान देने की बात भी पक्की हो गई थी। ठीक तिलक-पान के दिन लड़के की माँ मर गई। दूसरी जगह बातचीत ठीक हुई तो उसके घर में आग लग गई। तीसरे लड़के को 'मैया' हो गया, इंतकाल हो गया। अब कोई लड़क़ावाला तैयार ही नहीं होता। हजार, दो हजार, पाँच हजार रुपैया भी कबूलते हैं, मगर… । आखिर में एक 'पछवरिया कैथ' को घर-जमैया रखने के लिए लाए, बस उसी दिन से कमली को मिरगी आने लगी। लोग तो कहते हैं कि कमला मैया नहीं चाहती हैं कि कमली की सादी हो। कमला मैया भी कुमारी ही थीं न ! अब आप लगे हैं। किसी तरह कमली दैया को आराम कर दीजिए दागदर बाबू ! जो बक्सीस माँगिएगा, तहसीलदार दे देंगे।"

"देखो रनजीत, तीन खुराक दवा है। मीठी दवा है। तुम्हारी कमली दैया आराम हो जाएँगी। कल सुबह फिर एक बार खबर देना। समझे !"

"तीन खोराक ! खाएगी क्या ?"

"अभी ? अभी रोटी-दूध।"

"रनजीत !" एक आदमी दौड़ा हुआ आता है।

"कौन रामदेल, क्या है ?"

"कमली दैया फिर बेहोश हो गईं। तहसीलदार साहेब कहिन हैं कि दागदरबाबू फिर एक बार ज़रा तकलीफ करें।"

डाक्टर घड़ी देखता है। ··· नौ बजकर दस मिनट। कुछ ही देर में समाचार होंगे। डाक्टर कुछ सोचकर कहता है, "रजनीत ! वह बक्सा उठाओ ! ··· ले चलो।"

"बेतार का खबर ?"

"हाँ, तुम्हारी कमली दैया का इलाज बेतार से ही होगा।"

कमला फिर पहले की तरह बेहोश पड़ी हुई है। उसकी आँखें बंद हैं ! बाल बिखरे हुए हैं। डाक्टर को रोग का निदान मिल गया है। वह अपने बैग से शीशी, सिरिंज वगैरह निकालता है।

"सूई ? सूई नहीं।" कमला फिर होश में आती है।

"बगैर सूई के आपका रोग आराम नहीं होगा।" डाक्टर सिरिंज ठीक करता है।

"दवा दीजिए डाक्टर साहब ! मैं सूई नहीं लूँगी।"

"फिर डर लगा था ?"

"हाँ।"

"रनजीत, दवा की शीशी कहाँ है ? लाओ, बक्सा यहाँ लाकर रखो। ··· हाँ, पी लीजिए। ··· ठीक है। कैसी है दवा ? मीठी है न ?"

डाक्टर पोर्टेबल रेडियों को खोलकर मीटर ठीक करता है–"यह ऑल इंडिया रेडियों है। रात के सवा नौ बजे हैं। अब आप हिंदी में समाचार सुनिए··· ।"

"डर लगता है। माँ··· !"

"देखिए, डर की कोई बात नहीं। सुनिए··· ।"

"मुझे उठा दो माँ !"

"उठिए मत। लेटी रहिए।"

"··· अब आप सवितादेवी से एक मैथिली लोकगीत सुनिए !"

माइगे, हम ना बियाहेब अपन गौरा के
जौं बुढ़वा होइत जमाय गे माई !

"ओ माँ !" कमला खिलखिलाकर हँस पड़ती है, "शादी का गीत हो रहा है।"

हम ना बियाहेब अपन गौरा के···

कोठरी ओर आँगन में घूँघट काढ़े औरतों की भीड़ लग जाती है। कमला

पर ब्रोमाइड का असर हो रहा है, उसकी आँखों में नींद झाँक रही है।

डाक्टर लौटकर खत को पूरा करने बैठ जाता है। सुबह सात बजे से रोगियों की भीड़ लग जाती है। अगमू चौकीदार कल हाज़िरी देने जाएगा। पाँच बजे भोर को ही आकर वह पुकारेगा। डाक्टर लिखता है–

"पत्र अधूरा छोड़कर एक केस देखने गया था। केस अजीब है। केस-हिस्ट्री और भी दिलचस्प है। तुम्हारी शीला रहती तो आज खुशी से नाचने लगती; हिस्टीरिया, फ़ोबिया, काम-विकृति और हठ-प्रवृत्ति जैसे शब्दों की झड़ी लगा देती। शीला से भेंट हो तो कहना–मैंने अपने पोर्टेबेल रेडियो से उसके दिमाग को झकझोरकर दूसरी ओर करने की चेष्टा की है।... "

ग्यारह

नहीं तोरा आहे प्यारी तेग तरबरिया से
नहीं तोरा पास में तीर जी !···

एक सखी ने पूछा कि हे सखी, तुम्हारे पास में न तीर है न तलवार।

··· नहीं तोरा आहे प्यारी तेग तरबरिया से
कौनहि चीजवा से मारलू बटोहिया के
धरती लोटाबेला बेपीर जी ई ई ई।···

यह सुनकर जो औरत सदाब्रिज पर मोहित थी, बोली–

··· सासू मोरा मरे हो, मरे मोरा बहिनी से,
मरे ननद जेठ मोर जी !
मरे हमर सबकुछ पलिबरवा से,
फसी गइली परेम के डोर जी !···

इतना कहकर वह सदाब्रिज के पास आई और पान्री पिलाकर प्रेम की बातें करने लगी।···

··· आजु की रतिया हो प्यारे, यहीं बिताओ जी !

तंत्रिमाटोली में सुरंगा-सदाब्रिज की कथा हो रही है। मँहगूदास के घर के पास लोग जमा हैं। पुरैनिया टीसन से एक मेहमान आया है, रेलवै में काज करता है।

तंत्रिमाटोली के लोग कहते हैं–खलासी जी ! खलासी जी सरकारी आदमी हैं। खलासी जी यदि लाल पत्तखा दिखला दें तो डाक-गाड़ी भी रुक जाए। रुकेगी नहीं ? लाल पत्तखा देखते ही रेलगाड़ी रुक जाती है। लाल ओढ़ना ओढ़कर गाड़ी पर चढ़ने जाओ तो !··· गाड़ी रुक जाएगी और ओढ़ना जप्पत हो जाएगा। खलासी जी बहुत गुनी आदमी हैं। पक्का ओझा हैं। चक्कर पूजते हैं। भूत-प्रेत को पेड़ में काँटी ठोंककर बस में करते हैं। बाँझ-निपुत्तर को तुकताक[1] कर देते हैं। कुमर विज्जैभान, लोरिका और सुरंगा-सदाब्रिज का गीत जानते हैं। गला कितना तेज है! ··· उस बार सुराजी हूलमाल[2] में खलासीजी ने लिख दिया था–"बैगनबाड़ी के जमींदार के लड़के ने रेल का लैन उखाडा है।' बस, फाँसी हो गई ! हैकोठ और नंदन[3] तक फाँसी बहाल रही। लेकिन मँहगूदास को कौन समझाए ? बेचारे खलासी जी एक साल से दौड़ रहे हैं। मँहगूदास की बेवा बेटी फुलिया से पच्छिम की बातचीत पक्की करने के लिए। हर बार खलासी जी झोरी में मोरंगिया (नेपाली) गाँजा लाते हैं, तंत्रिमाटोली के पंचों को पिलाते हैं, सुरंगा-सदाब्रिज गाते हैं, गाँव के बीमार लोगों को झाड़-फूँक देते हैं। उस बार उचितदास की डेरावाली को तुकताक कर दिया, मरने के चार दिन पहले बूढ़ा उचितदास संतान का मुँह देख गया। ··· लेकिन मँहगूदास को कौन समझावे ? फिर खलासी जी लेन-देन की बात भी करते हैं। एक कौड़ी नगद न देंगे, जाति-बिरादरी को एक साम भोज कबूलते हैं और क्या चाहिए ? सरकारी आदमी जमाई होगा। कभी तीरथ करने के लिए जाएँगे, तो रेल में टिकस भी नहीं लगेगा।

रमजूदास की स्त्री तंत्रिमाटोली की औरतों की सरदारिन है। हाट-बाजार जाने के समय, मालिकों के खेतों में धान रोपने और काटने के समय और गाँव में शादी-ब्याह के समय टोले-भर की औरतें उसकी सरदारी में रहती हैं। राजपूत, बाभन और मालिकटोले सभी बाबू-बबुआन से मुँहामुँही बात करती है, दिल्लगी का जवाब हँसकर देती है। और समय पड़ने पर हाथ चमका-चमकाकर झगड़ा भी करती है। एक बार तो सिंघ जी की भी सीसी सटका दिया था–"ऊँह बूढ़ा हो गया है, चाट लगी हुई है। सिर के बाल सादा हो गए हैं, मन का रंग नहीं उतरा है।··· हमारा मुँह मत खुलवाइए सिंघ जी !'··· उससे सभी डरते हैं। न जाने कब किसका भेद खोल दे ! सभी उसकी खुशामद करते हैं; टोले-भर की जवान लड़कियाँ उसकी मुट्ठी में रहती है। उससे कोई बाहर नहीं। खलासी जी इस बार लालबाग मेला से उसके लिए असली गिलट का कंगना ले आए हैं। चाँदी की तरह चमक है। "··· मौसी, किसी तरह फुलिया से चुमौना ठीक कर दो।"

अरे सूतें ले देबौ हो प्यारे लाली पलँगिया से···
खाए ले गुआ खिल्ली पान जी !···

---

1. टोटका। 2. आंदोलन। 3. लंदन

खलासी जी आज दिल खोलकर गा रहे हैं। उन्हें आज ऐसा लग रहा है कि वे खुद सदाब्रिज हैं। लेकिन न तो उसकी फुलिया उसे रहने के लिए बिनती करती है और न मँहगूदास चुमौना की बात मंजूर करता है !··· "अरे सूते ले देबौ हो प्यारे लाली पलँगिया से··· !"

फुलिया क्या करे ? माँ-बाप के रहते वह क्या बोल सकती है ! अंदर-ही-अंदर मन जलकर खाक हो रहा है, लेकिन मुँह नहीं खोल सकती। लोग क्या कहेंगे ! ··· रमजूदास की स्त्री फुलिया के जलते हुए दिल की बात जानती है। उस दिन फुलिया कह रही थी–"मामी, काली किरिया, किसी से कहना मत। खलासी जी इतने दिनों से दौड़ रहे हैं। बाबा कोई बात साफ-साफ नहीं कहते हैं। आखिर वह बेचारा कब तक दौड़ेगा ? यहाँ नहीं तो कहीं ओर ढूँढ़ेगा। दुनिया में कहीं और तंत्रिमा की बेटी नहीं है क्या ?··· जब एक दिन कुछ हो जाएगा तो सहदेब मिसर देह पर माछी भी नहीं बैठने देगा। तब करो खुशामद नककट्टी चमाइन की और चिचाय की माँ की ! मुसब्बर चबाओ और ऐंड़ी से पेट को आँटा की तरह गुँथवाओ। उस बार जोतखी का बेटा नामलरैन ने क्या दिया ? अंत में नककट्टी को गाभिन बकरी देकर पीछा छुड़ाया··· "

याद जो आवे है प्यारी तोहरी सुरतिया से
शाले करेजवा में तीर जी··· !

खलासी जी का तीर खाया हुआ दिल तड़प रहा है। फुलिया क्या करे ? लेकिन रमजूदास की स्त्री का मुँह कौन बंद कर सकता है ?··· "अरे फुलिया की माये ! तुम लोगों को न तो लाज है और न धरम। कब तक बेटी की कमाई पर लाल किनारीवाली साड़ी चमकाओगी ? आखिर एक हद होती है किसी बात की ! मानती हूँ कि जवान बेवा बेटी दुधार गाय के बराबर है। मगर इतना मत दूहो कि देह का खून भी सूख जाए।"

"अरे हाँ-हाँ, बेटा-बेटी केकरो, घीढारी करे मंगरो। चालनी कहे सुई से कि तेरी पेंदी में छेद ! हाथ में कंगना तो चमका रही हो, खलासी को एक पुड़िया सिंदूर नहीं जुटता है ?" फुलिया की माँ ने जब से रमजूदास की स्त्री के हाथ कंगना देखा है, उसका कलेजा जल रहा है। मँहगूदास पर गुस्सा करने से कोई फायदा नहीं। खलासी की बुद्धि ही मारी गई है। रमजू की स्त्री को कुटनी बहाल किया है, कंगना दिया है। रमजू की स्त्री काली माई है जो लोग उसकी बात को मान लेंगे।

"मुँह सँभालकर बात कर नेंगड़ी ! बात बिगड़ जाएगी। खलासी हमारा बहन-बेटा है। बहन-बेटा लगाकर गाली देती है ? गाली हमारी देह में नहीं लगेगी। तेरे देह में तो लगी हुई है। अपने खास भतीजा तेतरा के साथ भागी तू और गाली देती है हमको ? सरम नहीं आती है तुझको ! बेसरमी, बेलज्जी ! भरी पंचायत में जो पीठ पर झाड़ू की मार लगी थी सो भूल गई ? मुअरढोली के कलरू के साथ रात-भर

भैंस पर रसलील्ला करती थी सो कौन नहीं जानता है। तूँ बात करेगी हमसे ?"

"रे, सिंघवा की रखेली ! सिंघवा के बगान का बंबै आम का स्वाद भूल गई। तरबन्ना में रात-रात-भर लुकाचोरी मैं ही खेलती थी रे ? कुरअँखा बच्चा जब हुआ था तो कुरअँखा सिंघवा से मुँह-देखौनी में बाछी मिली थी, सो कौन नहीं जानता ?"

"... एतना बात सुनते ही सदाब्रिज फिर मूर्च्छित होकर धरती पर गिर पड़ा।... "

मँहगूदास के धूर के पास होनेवाली सुरंगा-सदाब्रिज की कथा में औरतों के झगड़े से कोई बाधा नहीं पहुँचती है। औरतों के झगड़े पर यदि मर्द लोग आँख-कान देने लगें तो हुआ ! औरतों के झगड़े का क्या ? अभी झगड़ा किया, एक-दूसरे को गालियाँ सुनाईं, हाथ चमका-चमकाकर, गला फाड़-फाड़कर एक-दूसरे के गड़े हुए मुर्दे उखाड़े गए, जीभ की धार से बेटा-बेटी की गर्दन काटी गई, काली माई को काला पाठा कबूला गया, हाथ और मुँह को कोढ़-कुष्ठ से गलाने की प्रार्थना की गई और एक-दो घंटे के बाद ही सफाई मेल-मिलाप हो गया। एक-दूसरे के हाथ से हुक्का लेकर गुड़गुड़ाने लगीं। साग माँगकर ले गईं और बदले में शकरकंद भेज दिया—"कल साम को मालिक के खेत से अँधेरे में उखाड़ लाया है लड़के ने। मालिक देखते तो पीठ की चमड़ी खींच लेते।"

पहले झगड़ा का सिरगनेस दो ही औरतों से होता है। झगड़े के सिलसिले में एक-एक कर पास-पड़ोस की औरतों के प्रसंग आते-जाते हैं और झगड़नेवालियों की संख्या बढ़ती जाती है। झगड़े से उनके कामकाज में भी कोई बाधा नहीं पहुँचती है। काम के साथ-साथ झगड़ा भी चल रहा है। जब सारे गाँव की औरतें झगड़ने लगती हैं, तब कोई किसी की बात नहीं सुनतीं; सब अपना-अपना चरखा ओटने लगती हैं... लेकिन फुलिया आज़ झगड़े में हिस्सा नहीं ले रही है। वह टट्टी की आड़ में खड़ी होकर सुरंगा-सदाब्रिज की कथा सुन रही है।... खलासी जी के गले में जादू है। ओझा गुनी आदमी है। कथा और गीत में फुलिया यह भी भूल जाती है कि सहदेब मिसर शाम से ही कोठी के बगीचे में उसके इंतजार में मच्छड़ कटवा रहा है।... खलासी के गले में जादू है !

"मामी !"

"क्या है रे ? बोल ना ! सहदेब मिसरवा के पास जाएगी क्या ?"

"नहीं मामी, एक बात कहने आई हूँ। काली किरिया, किसी से कहना मत। ... खलासी जी तो तुम्हारे गुहाल में सोते हैं न ? काली किरिया !"

सुरंगा-सदाब्रिज की कथा समाप्त हो गई है। झगड़ा लंकाकांड तक पहुँचकर शेष हो गया। सहदेब मिसर मच्छड़ों से कब तक देह का खून चुसवाते ?... साला खलसिया ! साली हरामजादी !... अच्छा, कल देखूँगा।

गाँव में सन्नाटा छाया हुआ है और रमजू की स्त्री के गुहाल में सुरंगा कह रही है सदाब्रिज से, "अभी नहीं, जब बाबा चुमौना के लिए राजी नहीं होंगे तब मैं तुम्हारे साथ भाग चलूँगी।"

"उनको राजी कैसे किया जाए ? कौन एक मिसर है, सुना है··· ।" सदाब्रिज बेचारा ठीक कहता है।

"सब झूठी बात है। तुम बालदेव जी से कहो।"

"कौन बालदेव ! पुरैनियाँ आसरमवाला ?"

"हाँ। सभी उनकी बात मानते हैं ! बाबू-बबुआन भी उनसे बाहर नहीं। तुम बंदगी मत करना, जै हिन्न कहना।"

"लेकिन वह तो हम पर बड़ा नाराज है। देश दुरोहित[1] के फिरिस में नाम दे दिया है।"

"··· माँ के लिए नाक की बुलाकी ले आना, असली पीतल की बुलाकी।"

बारह

मठ पर आचारजगुरु आनेवाले हैं, नए महंथ को चादर-टीका देने के लिए ! मुजफ्फरपुर जिला का एक मुरती आया है—लरसिंघदास। आचारजगुरु मुजफ्फरपुर जिले के दुपड़ी मठ पर भंडारा में आए हैं। लरसिंघदास खबर लेकर आया है—आचारजगुरु आ रहे हैं। मठ के सभी सेवक-सती, आस-पास के बाबू-बबुआन लोगों को पहले ही खबर दे दी जाए !

रामदास को महंथी की टीका मिलेगी ! महंथ सेवादास का एकमात्र चेला वही है।··· रामदास सोचता है, यदि खँजड़ी बजाना नहीं जानते तो आज तक बेलाही के जमींदार की भैंस की पूँछ हाथ से नहीं छूटती। महंथ साहब के साथ भागकर मेरीगंज मठ पर आ गया··· पंद्रह साल पहले की बात ! पंद्रह साल बाद रामदास का भाग फिरा है। "जै हो सतगुरु साहेब की !"

नियमानुसार सभी पंचों की उपस्थिति में नया महंथ एक एकरारनामा लिख देगा—हमेशा 'लँगोटाबंद' रहकर सतगुरु के स्थल की रक्षा करेंगे। किसी तरह का मादक द्रव्य नहीं सेवन करेंगे। दासी-रखेलिन नहीं रखेंगे··· आदि-आदि। इसके बाद आचारजगुरु एक सुरतहाल[2] पर दस्तखत करके नए महंथ को देंगे। फिर चादर-टीका की विधि !··· दही की टीका और सिर पर दूब-धान ! बस, नए महंथ साहेब उस दिन से नौ सौ बीघे की पतनी[3] के एकमात्र मालिक हो जाएँगे।

लरसिंघदास तो आचारज जी का संदेशा लेकर आया था, किंतु मेरीगंज मठ

---

1. दोशद्रोही। 2. महंती का दस्तावेज। 3. छोटी जमींदारी।

पर एक ही रात रहने के बाद उस पर महंथी का मोह सवार हो गया। नौ सौ बीघे की काश्तकारी। कलमी आम का बाग। दस बीघे में सिर्फ केला ही लगा हुआ है। एक-एक घौर में हज़ार केले फले हैं। हज़रिया केला ! दो कोड़ी गाय, चार गुजराती भैंस और सबसे कीमती संपत्ति–अमूल्य धन–लछमी दासिन। लछमी दासिन कहती है, "महंथ साहेब को बस यही एक चेला है–रामदास ! तो कानूनन रामदास ही होनेवाला अधिकारी महंथ है।" रामदास ! काठ का उल्लू रामदास ! सतगुरु हो ! यह अंधेर है। रामदास महंथ नहीं हो सकता। छुछुंदर की तरह तो सूरत है, वह महंथ होगा ? नहीं, ऐसा नहीं हो सकता। और यह लछमी··· ? श्रापभ्रष्ट अप्सरा !

लछमी ने लरसिंघदास की आँखों में न जाने क्या देखा है कि उसकी छाया से भी वह बचकर चलती है; रात में किवाड़ मजबूती से बंद करके सोती है। किवाड़ की छिटकनी लगाने के बाद एक ओखल किवाड़ में सटा देती है।··· लरसिंघदास को शायद बहुमूत्र की बीमारी है; रात-भर में दस-ग्यारह बार पेशाब करने के लिए उठता है। हर बार धूनी के पास सोया हुआ रामदास उसे टोकता है–"कौन ?" लरसिंघदास किसी बार जवाब नहीं देता। कल रात एक बार गुस्से में जवाब दिया–"महंथ होने के पहले ही अंधे हो गए क्या ? देखते नहीं हो ? ··· जैसा गुरु वैसा चेला !" रामदास कुनमुनाकर रह गया था। सुबह को सत्संग के समय ही लछमी बरस पड़ी–"क्यों आप वैसी भाखा बोले थे ? महंथ होने के पहले ही अंधे हो गए ? जैसा गुरु···। गुरु-निंदा सुनहिं जो काना···। मैं गुरु-निंदा नहीं सुन सकती, नहीं सह सकती। रामदास को आप क्या समझते हैं ? वह इस मठ का अधिकारी महंथ है। आपके जैसे एक कोड़ी बिलटा[1] साधुओं को वह रोज़ परसाद देगा।··· बात करना भी नहीं जानते ? आने दीजिए आचारज जी को।"

रामदास भी सुना देता है–"रात में हम छोड़ दिया, लेकिन अब बोलोगे तो सीधे पच्छिम का रास्ता दिखा देंगे। हाँ, समझ रखो !"

भंडारी तो नंबरी शैतान है। कल से ही उसने बदमाशी शुरू की है। दाल की कटोरी में सिर्फ पानी रहता है। आलू की भुजिया दुबारा नहीं देता। घी माँगने पर कहता है–"दाल घी से बघारल है।" केला बिक्री होने के लिए हाट भेज दिया जाता है। दूध में पानी मिलाकर देता है। बालभोग में पहले दही-चूड़ा देता था, कल से सिर्फ चूड़ा लाकर रख देता है।

बिलटा साधू ?··· रंडी की यह हिम्मत ! उसे बिलटा साधू कहती है ? अच्छा ! अच्छा !

··· लछमी पहले से ही तो उसे नहीं जानती। कैसे जान सकती है ? वह कभी पहले यहाँ आया नहीं। पुपड़ी मठ से भी तो कभी कोई मुरती यहाँ नहीं आया। सोनमतिया कहारिन भी तो नहीं आई है यहाँ। संभव है उस बार अपनी बेटी रधिया को खोजने के लिए यहाँ भी पहुँची हो। ठीक है··· । रधिया ! रधिया को

---

1. आवारा

पहली बार जब देखा तो उसके मन की ऐसी हालत हुई थी। कनपट्टी के पास हमेशा गर्म रहता था। लेकिन रधिया अल्हड़ थी। एक ही चक्कर में जाल में आ गई थी। लछमी तो पुरानी है, ख़ेली-खिलाई है। सत्तर चूहे खाई हुई है।··· यदि वह रधिया को लेकर नौटंकी कंपनी में नहीं शामिल होता तो रधिया हाथ से नहीं निकलती। नौटंकी कंपनी के मालिक की ही बात रहती, तो वह सह ले सकता था, हारमोनियम और नगाड़ावाले भी रधिया को कभी फुर्सत नहीं देते थे। कभी ताल को रिहलसल करना है, तो कभी नाच सिखाना है।··· रधिया साली भी कुत्ती ही थी। वह भी तो बदल गई थी।

लरसिंघदास अपने सिर के दाग पर हाथ फेरकर मफलर से ढक लेता है–साले नगाड़ची ने ठीक सामने कपाल पर ही डंडा चलाया था।

··· मठ लौटने पर महंथ साहेब ने खड़ाऊँ से मरम्मत की थी। लेकिन सात दिन से उपवास किए हुए शरीर में इतना दम कहाँ था जो भागते ! सिर का घाव ताज़ा ही था। महंथ साहेब की ख़ड़ाऊँ गुरु की खड़ाऊँ थी। महंथ साहेब के पैर पर वह लेटा रहा था। वे बहुत दयालु पुरुष थे। लरसिंघदास उनका एकलौता चेला था। गुरु ने छिमा कर दिया। महंथ साहेब के शरीर त्यागने के बाद पुपड़ी-मठ की महंथी उसे ही मिलती, लेकिन रामबरन कोयरी ने उसकी मती फेर दी थी।··· लरसिंघदास, नेपाली गाँजा में बड़ा नफा होता है। दस रुपए का लाओ और चार सौ बनाओ। नेपाल में चार आने सेर गाँजा मिलता है। बराहछत्तर मेला के समय चलो !"

महंथ साहेब ने जब शरीर त्याग किया तो वह जेल में था। महंथ साहेब ने मरने के समय जीऊतदास को चेला कबूलकर 'वील' लिख दिया।··· नहीं तो वह भी एक मठ का महंथ होता। तब लछमी उसे बिलटा साधू नहीं कह सकती। तब तो पैर पखारकर, पैर के दसों नाखूनों को धोकर वह परेम से चरनोदक पीती। ··· लेकिन वह लछमी को चरनोदक पिलाकर छोड़ेगा।

"रामदास।"

"क्या है ? रामदास मत बोलिए, अधिकारी जी कहिए।"

"कोठारिन से कहो कि लरसिंघदास आज जा रहे हैं।"

"जा रहे हैं तो जाइए।"

"तुम कोठारिन से कहो···।"

"तुम-ताम मत करो। कोठारिन जी से क्या कहेंगे, राह-खर्च कल ही कोठारिन जी ने दे दिया है!"

रामदास झोली से एक पाँच रुपए का नोट निकालकर लरसिंघदास के आगे फेंक देता है।

"हम पूछना चाहते हैं कि कोठारिन ने हमारा अपमान काहे किया ? हमको बिलटा काहे बोली ? हमारे आचारजगुरु को काहे गाली दिया ?"

"आचारजगुरु को कब गाली दिया है ?"

"दिया है। बोली नहीं थी,··· पूजा-बिदाई लेने के समय आचारजगुरु हैं, बेर-बखत

पड़ने पर सीधा जवाब मिलता है। आज आचारजगुरु हुए हैं, कल तक तो गुरुभाई थे। यह गाली नहीं तो और क्या है ?"

"संसार में सत्त का भी लेस ज़रा रहने दीजिए साधू महाराज," लछमी अंदर से निकलकर कहती है, "साधू का काम झूठ बोलना नहीं है। छिः-छिः !"

"छिः-छिः क्या ? हमको बिलटा नहीं कहा है··· आ··· आ··· आप··· तुमने ?"

"रामदास !" लछमी गरज उठती है, "गरदनियाँ देकर निकाल दो इसको। यह साधू नहीं, राक्षस है। उसके सिर पर माया सवार है। इससे पूछो, आज सवेरे जब मैं स्नान कर रही थी तो बाँस की पट्टी में छेद करके यह क्या देखता था ? सैतान !"

लछमी फुफकारती हुई अंदर चली जाती है।

रामदास उठकर लरसिंघदास के गले में हाथ लगाकर धक्का देता है। लरसिंघदास सीढ़ी पर गिर पड़ता है। नाक से खून निकल रहा है।

"जाय हिंद रामदास जी ! क्या है ? क्या हुआ ?" बालदेव जी लहू देखकर घबरा जाते हैं।

"कुछ नहीं, पछवरिया साधू है। काया में कहीं साधू-सुभाव नहीं। कोठारिन जी से बतकुट्टी[1] करता था।"

"तो मारपीट क्यों हुई ? सांती से सब काम करना चाहिए। हिंसा-बात नहीं करना चाहिए।

"रामदास ! बालदेव जी को अंदर भेज दो !"

लरसिंघदास नाक का खून पोंछते हुए देखता है—बालदेव नाम का यह खध्धड़धारी आदमी अंदर जा रहा है—सीधे लछमी की कोठरी में !··· जायहिंद बालदेव जी !

··· शायद यह खध्धड़धारी और लछमी एक ही आसनी पर बैठे हैं। एकदम आसपास-देह-से-देह सटाकर !··· अच्छा !

तेरह

गाँव के ग्रह अच्छे नहीं !

सिर्फ जोतखी जी नहीं, गाँव के सभी मातबर लोग मन-ही-मन सोच-विचार कर देख रहे हैं—गाँव के ग्रह अच्छे नहीं !

तहसीलदार साहब को स्टेट के सर्किल मैनेजर ने बुलाकर एकांत में कहा है,

---

1. वाद-विवाद।

"एक साल का भी खजाना जिन लोगों के पास बकाया है, उन पर चुपचाप नालिश कर दो। बलाय-बलाय[1] से नोटिस 58 बी. तामील करवा लो। कुर्की और इश्तहार निकास करवाकर सरज़मीन पर चपरासी को ले जाने की जरूरत नहीं कचहरी में ही बैठकर गाँव के चमार से अँगूठा का टीप लेकर ढोल बजाने की रसीद बनवा लो।··· गाँव के एक-दो गवाहों को भी ठीक करके रखो। स्टेट से उनको भत्ता मिलेगा। इन काँगरेसियों का कोई ठीक नहीं।"

सिंघ जी यादवटोला के नढ़ेलों[2] का सीना तानकर चलना बरदाश्त नहीं कर सकते। जोतखी जी ठीक कहते थे–बार बार लाठी-भाला दिखलाते हैं। हौसला बढ़ गया है। अब तो राह चलते परनाम-पाती भी नहीं करते हैं यादव लोग ! कलिया कभी-कभी चिढ़ाने के लिए नमस्कार करता है। देह में आग लग जाती है सुनकर। लेकिन सिंघ जी क्या करें ? राजपूतटोली के नौजवान लोग भी ग्वालों के दल में ही धीरे-धीरे मिल रहे हैं। अखाड़े में ग्वालों के साथ कुश्ती लड़ते हैं। रोज शाम को कीर्तन में भी जाने लगे हैं। हरगौरी ठीक कहता था–यदि यही हालत रही, तो पाँच साल के बाद ग्वाले बेटी माँगेंगे। तब काली कुर्तीवालों के बारे में जो हरगौरी कहता था, उन लोगों को बुला लिया जाए ? कहता था, लाठी-भाला सिखानेवाला मास्टर आवेगा। संजोगकजी या सनचालसजी, क्या कहता था, सो आवेंगे। हिंदू राज–महराना प्रताप और शिवाजी का राज होगा। हरगौरी आजकल बड़ी-बड़ी बातें करता है !

भंडारा के दिन सिंघ जी रूठे हुए खेलावनसिंह यादव को घर से जबर्दस्ती खींचकर ले गए थे, लेकिन खेलावनसिंह का मन रूठा ही हुआ था। जोतखी काका रोज़ आते हैं। उन्होंने कहा है, सकलदीप का अठारह साल की उम्र में माता या पिता का बिजोग लिखा हुआ है। सकलदीप का यह सत्रहवाँ जा रहा है। सकलदीप की माँ बेटे का गौना करवाने के लिए रोज तकादा करती है। बेटे को वोकील बनाने की इच्छा शायद काली माई पूरी नहीं होने देगी। गौना के बाद फिर क्या पढ़ेगा ! माता-पिता का बिजोग ? बालदेव को सारी दुनिया की भलाई तो सूझती है, मगर जिसका नमक खाता है उसके लिए एक तिनका भी तो सोचे। दिन-भर तहसीलदार के यहाँ बैठा रहता है और शाम को कीर्तन ! कमला किनारेवाले एक जमा में कलरु पासवान के दादा के नाम कायमी बटैयादार की हैसियत से दर्ज है। बालदेव से कहा की कलरु से कह-सुनकर सुपुर्दी लिखवा दो या रजिस्ट्री करवा दो, तो कान ही नहीं दिया। हलवाहा गोनाय ततमा कल से हल जोतने नहीं आता है। कहता है, पिछले साल का बकाया साफ कर दीजिए तो हल उठावेंगे। बालदेव टुकुर-टुकुर देखता रहा, कुछ बोला भी नहीं, उलटे हमसे बहस करने लगा,··· गरीब लोगों का दरमाहा नहीं रोकना चाहिए भाई साहब !

जोतखी जी की अठारह साल की नववधू कनचीरावाली के पेट में रोज खाने

---

1. घूस देकर। 2. बदमाशों।

के बाद दर्द हो जाता है। पिछले एक साल से वह खाने के बाद पेट पकड़कर सो जाती है। इस साल तो और भी दर्द बढ़ गया है।··· डागडरी दवा ? नहीं, नहीं। डागडर तो पेट टीपेगा, जीभ देखेगा, आँख की पपनियाँ उलटाकर देखेगा, पेसाब और पाखाना के बारे में पूछेगा, सायद लहू भी जाँच करे। इधर वह रोज कहती है, डागडरबाबू ने कोयरीटोला की छोटी चंपा को एक ही जकशैन में आराम कर दिया है। इसी तरह उसके पेट में भी दर्द रहता था।··· औरत को समझाना बड़ा कठिन काम है। सभी औरतें एक समान। जो जिद पकड़ेगी, पकड़े रहेगी। जोतखी जी को अपनी चार स्त्रियों का अनुभव है। पहली बेचारी को तो सिर्फ मेला-बाजार देखने का रोग था। कोई भी मेला नहीं छोड़ती थी वह। जहाँ मेला आया कि जोतखी जी के तीसों दिन परमानन झा की खुशामद करने में ही बीतते थे। परमानन की भैंसागाड़ी पर ही मेला जाएगी। परमानन बेचारा खुद गाड़ी हाँककर मेला ले जाता था, कभी भाड़ा नहीं लिया। आखिर बेचारी की मृत्यु भी मेले में ही हुई। उस साल अर्धोदय के मेले में वह जोरों का हैजा फैला था।··· दूसरी को हुक्का पीने की आदत थी। ब्राह्मण का हुक्का पीना ? लेकिन जोतखी जी क्या करते—औरत की जिद्द ! जब वह बीमार पड़ती थी तो बहुत बार जोतखी जी को ही हुक्का तैयार कर देना पड़ता था।··· पुरानी खाँसी से खाँसते-खाँसते वह भी मर गई। ··· तीसरी को इस बात की जिद्द लग गई थी कि वह गाँव के लड़कों से हँसना-बोलना बंद नहीं करेगी।··· और कनचीरावाली को डागडरी दवा की जिद लग गई है। एकमात्र पुत्र रामनारायण तो कुपुत्र निकला। बिदापत नाच करता है। ततमा पासवानों के साथ रहता है। सारी ब्राह्मण मंडली में उसकी शिकायत फैल गई है। कोई बेटी देता ही नहीं। जोतखी जी क्या करें ? हाथ की उर्ध्व-रेखा तो सीधे तर्जनी में चली गई है, लेकिन कुंडली के दसम घर में शानि है। समझाते-समझाते थक गया कि अपना नाम रामनारायण मिश्र कहा करो, लेकिन वह भी गँवार की तरह नामलरैन ही कहता है।··· रामनारायण के साथ कनचीरावाली को एक दिन इसपिताल भेज दें ? घर पर बुलाने से तो डागडर फीस लेगा।

लरसिंघदास गाँव के घर-घर में जाकर पंचों से कह रहा है—"आचारज गुरु आ रहे हैं। मठ का अधिकारी महंथ वही है; उसी को चादर-टीका मिलनी चाहिए, महंथ की रखेलिन या दासिन को मठ के मामले में कुछ बोलने का अधिकार नहीं। रामदास तो भैंसवार है। इतने बड़े मठ को चलाना मूरख आदमी के बूते की बात नहीं। वह 'बीए' पास है। अंग्रेजी में ही बीजक बाँचता है। इसीलिए तो बाबड़ी-केश रखता है, धोती-कुर्ता पहनता है और आधी मूँछ कटाता है।··· मठ पर एक स्कूल खोलेंगे। गाँववालों की भलाई करेंगे। आप लोग बुद्धिमान आदमी हैं, खुद विचारकर देख सकते हैं। दासिन रखेलिन मठ को बिगाड़ देती है; साधू-धरम को भ्रष्ट कर देती है। आप लोग खुद विचारकर देख सकते हैं।"

तंत्रिमाटोले में पंचायत हुई ! बंदिश हुई है—तंत्रिमाटोले की कोई औरत अब बाबूटोला के किसी आँगन में काम करने नहीं जाएगी। बाबू-बबुआन लोग शाम

को गाँव में आवें, कोई हर्ज नहीं; किसी की अंदरहवेली में नहीं जा सकते। मजदूरी में जो एक-आध सेर मिले, उसी में सबों को संतोख रखना होगा। बलाई आमदनी में कोई बरकत नहीं। अनोखे और उचितदास छड़ीदार हुआ है। जिसे चाल से बेचाल देखेगा, बाँस की छड़ी से पीठ की चमड़ी उधेड़ लेगा।

तंत्रिमा लोगों की इस बंदिश के बाद गहलोत छत्री, कुर्म छत्री, पोलियाटोले, धनुखधारी और कुशवाहा छत्रीटोले के पंचों ने भी ऐसी ही व्यवस्था की है।··· सिर्फ जनेऊ लेने से ही नहीं होता है, करम भी करना होगा। जाए तो कोई बाबू कभी संथालटोली में, शाम या रात को ! उनकी औरतों से कोई दिल्लगी भी कर सकता है !··· संथालों के तीर पर जहर का पानी चढ़ाया रहता है।

कुर्म छत्रीटोले के लौजमानों ने कल रात को शिवशक्करसिंह को बेपानी कर दिया। झुबरी मुसम्मात का घर तो टोले के एक छोर पर है न, सिपैहियाटोली की बाँसवाड़ी के ठीक बगल में ! लेकिन शिवशक्करसिंघ को क्या मालूम कि बाँस की झाड़ियों में छोकरे पहले से ही छिपे हुए हैं !··· झुबरी मुसम्मात को दस रुपए जरिमाना हुआ है। जहाँ से दे, देना तो होगा ही, नहीं तो हुक्का-पानी बंद। शिवशक्करसिंघ से रुपया लेकर दे। इसी बार लालबाग मेला में पंचलैट[1] खरीद होगा। बिना पंचलैटवाली पंचायत की क्या कीमत ? लैट के दाम में बीस रुपैया और कम है। एक दिन फिर बाँसवाड़ी में एक घंटा मच्छड़ कटवाना होगा, और क्या ?

कालीचरन का अखाड़ा आजकल खूब जमता है। शाम को कीरतन भी खूब जमता है। नया हरमुनियाँ खरीद हुआ है। गंगा जी के मेले से गंगतीरिया ढोलक लाया गया है। खूब गम्हड़ता है।

बालदेव जी को कीरतन तो पसंद है, लेकिन अखाड़ा और कुश्ती को वे खराब समझते हैं।··· शरीर में ज्यादा बल होने से हिंसाबात करने का खौफ रहता है। असल चीज़ है बुद्धि। बुद्धि के बल से ही गन्ही महतमा जी ने अंग्रेजों को हराया है। गाँधी जी की देह में तो एक चिड़िया के बराबर भी मांस नहीं। काँगरेस के और लीडर लोग भी दुबले-पतले ही हैं।

लेकिन कालीचरन का अखाड़ा बंद नहीं हो सकता। ढोल की आवाज में कुछ ऐसी बात है कि कुश्ती लड़नेवाले नौजवानों के खून को. गर्म कर देती है।

ढाक ढिन्ना, ढाक ढिन्ना !

शोभन मोची ने ढोल पर लकड़ी की पहली चोट दी कि देह कसमसाने लगता है।

ढिन्ना ढिन्ना, ढिन्ना ढिन्ना··· !

अर्थात्–आ जा, आ जा, आ जा, आ जा !

---

1. पेट्रोमेक्स।

सभी अखाड़े में आए। काछी और जाँघिया चढ़ाया, एक मुट्ठी मिट्टी लेकर सिर में लगाया और 'अज्ज्ज्जा' कहकर मैदान में उतर पड़े। कालीचरन 'आ-आ-अली' कहकर मैदान में उतरता है। चंपावती मेला में पंजाबी पहलवान मुश्ताक इसी तरह 'आली' (या अली) कहकर मैदान में उतरता था···

तब शोभन ताल बदल देता है–

चटधा गिड़धा, चटधा गिड़धा !

··· आ जा भिड़ जा, आ जा भिड़ जा !

अखाड़े में पहलवान पैंतरे भर रहे हैं। कोई किसी को अपना हाथ भी छूने नहीं देता है। पहली पकड़ की ताक में है। वह पकड़ा···

धागिड़ागि, धागिड़ागि, धागिड़ागि !

···कसकर पकड़ो, कसकर पकड़ो !

चटाक चटधा, चटाक चटधा !

··· उठा पटक दे, उठा पटक दे !

गिड़ गिड़ गिड़ धा, गिड़ धा गिड़ धा !

··· वह वा, वह वा, वाह बहादुर !

पटक तो दिया, अब चित्त करना खेल नहीं ! मिट्टी पकड़ लिया है। सभी दाव के पेंच और काट उसको मालूम हैं !

ढाक ढिन्ना, तिरकिट ढिन्ना !
··· दाव काट, बाहर हो जा !

वाह बाहदुर ! दाव काटकर बाहर निकल आया ! फिरी, धा-चट गिड़ धा ! आ जा भिड़ जा !

ढोल के हर ताल से पैंतरे, दाँव-पेंच, काट और मार की बोली निकलती है।

कालीथान में पूजा के दिन इसी ढोल की ताल एकदम बदल जाती है। आवाज़ भी बदल जाती है–धागिड़ धिन्ना, धागिड़ धिन्ना !

···जै जगदंबा ! जै जगदंबा !
गाँव की रक्षा करो माँ जगदंबा।

चौदह

चढ़ली जवानी मोरा अंग अंग फड़के से
कब होइहैं गवना हमार रे भउजियाऽऽऽ !

पक्की सड़क पर गाड़ीवानों का दल भउजिया का गीत गाते हुए गाड़ी हाँक रहा है। "आँ आँ ! चल बढ़के। दाहिने··· हाँ, हाँ, घोड़ा देखकर भी भड़कता है ! साला···!"

हथवा रँगाये सैयाँ देहरी बैठाई गइले
फिरहू न लिहले उदेश रे भउजियाऽऽऽऽ !

ननदिया के दिल की हूक गाड़ीवानों के गले से कूक बनकर निकल रही है। भउजिया ?··· कमली की कोई भौजी नहीं, किससे दिल की बात कहे ? भउजिया की ननदिया की तो शादी हो चुकी है, कमली का तो हाथ भी पीला नहीं हुआ है।··· 'प्रेमसागर' में मन नहीं लगता है–'श्री सुकदेव जी बोले कि हे राजा ! एक दिन कृष्ण कन्हैया वंशी बजैया कदम के बिरिछ पर बैठके बंशी बजाए रहे थे।" चीरहरणलीला की तस्वीर को देखकर कमली का जी न जाने कैसा-कैसा करने लगता है ! वह 'प्रेमसागर' बंद कर देती है।

–सुबह प्यारू आया था। कितना गौ आदमी है प्यारू !··· आज क्या बना था प्यारू ? डाक्टर साहब आज ठीक समय पर खाए थे या शीशी-बोतल लेकर पड़े हुए थे ? प्यारू हँसकर हमेशा की तरह जवाब देगा, "अरे, क्या पूछती हो दैया ! इस आदमी का हमको कोई ताल-पता[1] नहीं लगता है। रोज कहेंगे कि प्यारू आज खाना जरा जल्दी बनाओ, और खाते फिर वही रात में ग्यारह बजे और दिन में दो बजे। आज बंधा का झोल बना था। झोल क्या खाएँगे ? मिर्च-मसाला छूते भी नहीं हैं। आज संथालटोली के जोगिया माँझी को कह रहे थे–चार खरगोश और एक दर्जन चूहा पकड़कर दे जाओ। पूरा इनाम मिलेगा।"

प्यारू को गाँव-भर की औरतें प्यार करती हैं। गाँव-भर में उसकी मामी, मौसी, नानी, दादी और काकी हैं। सभी जवान लड़कियों को वह 'दैया' कहता है।

··· डाक्टर की मुस्कराहट बड़ी जानलेवा है। जब आवेगा तो मुस्कराते हुए आवेगा–डर लगता है ?··· हाँ-हाँ, डर लगता है तो तुमको क्या ? तुमको तो मज़ा मिलता है न ! मुस्कराए जाओ।··· गले में आला लटकाए फिरते हैं बाबू साहब ! छाती और पीठ में लगाकर लोगों के दिल की बीमारी का पता लगाते हैं। झूठ ! इतने दिन हो गए, मेरे दिल की बात, मेरी बीमारी को कहाँ जान सके ! या जान-बूझकर

---

1. ठौर-ठिकाना।

अनजान बनते हो डाक्टर ! तुम्हारी मुस्कराहट से तो यही मालूम होता है।··· अच्छा डाक्टर ! सच-सच बताना, तुम क्यों मुस्कराते हो ? तुम मुझे जलाने के लिए इस गाँव में क्यों आए ? नहीं, नहीं, तुम नहीं आते तो पागल हो जाती। रोज सपने में कमला नदी की बाढ़ में मैं बह जाती थी। बड़े-बड़े साँप ! तरह-तरह के साँप काटने दौड़ते थे तुम आए, मैं डूबते-डूबते बच गई।··· मेरी आँखों की पपनियाँ उलटकर देखो, मेरी पीठ पर आला लगाकर देखो, मेरे दिल की बात सुनो।··· तुम डाँटते हो, बड़ा अच्छा लगता है ! तुम मुझे सूई से डराते हो, चिढ़ाते हो। कितना अच्छा लगता है मुझे ! फिर मीठी दवा भेज दूँगा ?··· हाँ जी, भेज देना, पूछते हो क्या ! तुम्हारी बोली क्या कम मीठी है ! लेकिन तुग एक बार जरूर आया करो। नहीं आओगे तो मुझे डर लगेगा !··· सिपैहियाटोली की कुसमी कहती थी, डाक्टर मुझसे भी पूछता था–मीठी दवा चाहिए क्या ?··· मैं नहीं विश्वास करती, डाक्टर ऐसा नहीं है। कुसमी झूठ बोलती है। मीठी दवा और किसी को मिल ही नहीं सकती है। डाक्टर, खबरदार ! कुसमी बड़ी चालबाज लड़की है। बहुतों को बदनाम किया है उसने। उसने हरगौरी उसका मौसेरा भाई है, लेकिन जाने ··· दो, क्या करोगे सुनकर ? उसकी ससुराल फारबिसगंज में है। घरवाला एक मारवाड़ी का सिपाही है। रात-भर सिपाही पहरा करता है और कुसमी 'बैसकोप' देखने जाती है।···

"··· श्री सुकदेव जी बोले कि हे राजा ! एक दिन यशुमती सभी ग्वालिनों को बुलाए।"

"कमली !"

"माँ !"

"पढ़ना बंद करो। डाकडरबाबू ने मना किया है न ! दवा पी लो। मैं तुम्हारी किताब बक्से में बंद कर ताला लगा दूँगी। हाँ, ऐसे तुम नहीं मानोगी।"

"पढ़ने से क्या होगा माँ !"

"लड़की की बात तो सुनो जरा ! पढ़ने से क्या होगा सो तो डाकडर से पूछना !"

"डाक्टरबाबू से ?··· माँ, तुम्हारा डाक्टर क्या है जानती हो ? माटी का महादेव !"

माँ ठठाकर हँस पड़ती है, "एक-एक बात गढ़कर निकालती है तू ! अच्छा, ठहर। आज आने दे डाकडरबाबू को ।"

माँ-बाप के नैनों की पुतली है कमला ! तहसीलदार साहब बेटी की इच्छा के खिलाफ कुछ भी नहीं कर सकते। माँ कमला की हर आवश्यकता को बिना मुँह खोले ही पूरा कर देती है। बाप ने खुद पढ़ाया-लिखाया है रामायण, महाभारत, नल-दमयंती, सावित्री-सत्यवान, पार्वती-मंगल और शिवपुराण। कमला रोज शिव पूजती है–'ओं शिवशंकर सुखकर नाथ बरदायक महादेव !··· महादेव ! मिट्टी का महादेव !"

"माँ चुप रहो।" कमली माँ से लिपटकर हाथों से मुँह बंद कर देती है। "पूछो न अपने डाक्टर से, खरगोश पालकर क्या करेंगे !"

डाक्टर कोई जवाब नहीं देता है, सिर्फ मुस्कराता है। फिर गंभीर होते हुए कहता है, "अब तो सूई देनी ही पड़ेगी; दवा से बेहोशी तो दूर हो गई, लेकिन पागलपन··· !"

सभी ठठाकर हँस पड़ते हैं···तहसीलदार साहब, माँ और प्यारू। कमली का चेहरा लाल हो जाता है–"मैं आज खून का दबाव नहीं जाँच कराऊँगी। नहीं-नहीं, ठीक है। हाँ, मैं पगली हूँ !"

"दीदी !" तहसीलदार साहब बेटी को दीदी कहकर पुकारते हैं, "आओ, डाक्टरसाहब को देर हो रही है।"

ब्लड प्रेशर जाँच करते समय डाक्टर गंभीर होकर यंत्र की ओर देखता है। कमली तिरछी निगाहों से चोरी-चोरी डाक्टर को देखती है–हाँ जी, मुझे पगली कहते हो ! लेकिन मुझे पगली बना कौन रहा है ?

गाँव में सिर्फ तहसीलदार साहब चाय पीते हैं, बढ़िया चाय की पत्ती का व्यवहार करते हैं। डाक्टर यहाँ हर शाम को चाय पीने आता है। कमला की माँ का अनुरोध है–"रोज शाम को चाय पी जाइए।"

तहसीलदार साहब कहते हैं, डाक्टर तो अपने समाँग की तरह हो गया है। डाक्टर को भी तहसीलदार साहब से घनिष्ठता हो गई है। तहसीलदार साहब से गाँव-घर और जिले की बहुत-सी नई-पुरानी बातें सुनने को मिलती हैं।···राज पारबंगा स्टेट के जनरैल मैनेजर डफ साहब कैसा आदमी है ! आजकल एकदम हिंदुस्तानी हो गया है। धोती-कुर्ता पहनता है। कभी-कभी रोरी का टीका भी लगाता है। राज पारबंगा के कुमार जी उसकी मुट्ठी में हैं। डफ साहब की बेटी जब तक रहेगी, कुमार जी डफ साहब को नहीं हटा सकते हैं।··· महारानी चंपावती जाति की मुसहरनी थीं।··· राजा भूपतसिंह को 'मेमरानी' से दो लड़के हैं। बड़ा ऐयाश है राजा भूपत ! पोलों का जब्बड[1] खिलाड़ी ! दार्जिलिंग रेस में हर साल उसका घोड़ा जीतता है। आजकल भी बाईस घोड़े हैं। बड़ा ऐयाश ! पुन्याह में बनारस, इलाहाबाद और लखनऊ से इतनी बाई जी आती हैं कि तीन दिन तीन रात महफिल जमी रहती है, एक मिनट भी बंद नहीं होती।··· पैरिस की शराब पीता है। असल राजा तो वही है। राज पारबंगावाला तो मक्खीचूस है।··· जिला का सबसे बड़ा किसान है भोला बाबू ! तीस हजार बीघा जमीन है ! रहुआ इस्टेट के गुरुबंशीबाबू भी किसान ही हैं। उनकी बात निराली है। दाता कर्ण हैं। 'वारफन' में सबसे ज्यादे रुपैया दिया और कांग्रेस के 'सहायताफन' में भी सबसे ज्यादे रुपैया दिया और इसी को कहते हैं दुनिया का इन्साफ ! दिल खोलकर दान देने का सुफल क्या मिला है, जानते हैं ? लोगों ने झूठ-मूठ अफवाह फैला दिया है कि नोट बनाता है। अरे भाई, नोट तो बनाती है उसकी कोशी-गंगा किनारे की हजारों बीघा जमीन, जिसमें न हल लगता है न बैल, न मेहनत न मजदूरी ! बाढ़ का पानी हटा ओर

1. जबर्दस्त।

कीचड़वाली घरती पर चना, खेसारी, मटर, सरसों, उरद वगैरह छींट दिया। बस, छींटने में जितनी मेहनत लगे। कोशी और गंगा के पानी से नहाई हुई धरती माता दिल खोलकर अपना धन लुटा देती है।··· जिला कांग्रेस के सबसे बड़े लीडर हैं शिवनाथ चौधरी जी।··· ओ, आप तो जानते ही हैं उनको ! वह भी बड़े किसान हैं।··· पूर्णिया कचहरी में जो वकालत सीसीबाबू कर गए, वह अब कोई वकील क्या करेगा ! हाईकोर्ट के बालिस्टर भी उनके बनाए हुए मिसिल को नहीं काट सकते थे। लेकिन फौजदारी कचहरी में कभी पैर नहीं रखते थे। एक बार राजा भूपत दस हजार फीस देने लगा, खूनी केस था। सीसीलबाबू ने अपना प्रण नहीं तोड़ा, कचहरी नहीं गए। कागज पढ़कर सिर्फ एक जगह एक लाइन काट दिया और एक जगह एक अक्षर जोड़ दिया। राजा भूपत बेदाग छूठ गया।··· अब तो न वह अयोध्या है और न वह राम।···

"बाबा !"

"दीदी !"

"डाक्टर साहब आज यहीं खाएँगे।"

"प्यारू से झगड़ा मोल लेना चाहती है ?"

"प्यारू से कह दिया है।"

"तब डाक्टर साहब !··· हमारी तो कभी हिम्मत नहीं हुई। दीदी कहती है, यदि शरधा हो तो··· ।"

"श्रद्धा-अश्रद्धा की बात नहीं। बात यह है कि मैं···"

"मिर्च-मसाला नहीं खाते," कमली बीच में ही बोल उठी, "उबली हुई चीजें खाएँगे। यही न ?"

डाक्टर समझ रहा है–रोग दिन-प्रतिदिन बढ़ता ही जा रहा है··· शीला रहती तो तुरंत कुछ कह देती। शायद कहती, 'भावात्मक संक्रमण' अथवा 'प्रत्यावर्तन' के मोड़ पर रोग पहुँच गया है।

पंद्रह

सुमरितदास को लोग लबड़ा आदमी समझते हैं, लेकिन समय पर वह पते की बातें बता जाता है। आजकल उसका नाम पड़ा है–बेतार की खबर। संक्षेप में 'बेतार'। बात छोटी या बड़ी, कोई भी नई बात बेतार तुरंत घर-घर में पहुँचा देता है।

तहसीलदार का वह रोटिया[1] गवाह है। गवाही देते-देते वह बूढ़ा हो गया है; वसूल-तगादा के समय तहसीलदार के साथ रहता है। किसी को दाखिल खारिज करवानी है, किसी रैयत की जमीन में झंझट लगा है या किसी को बंदोबस्ती लेनी है, तहसीलदार से पहले सुमरितदास से बातें करे। वह रैयतों को एकांत में ले जाकर कहेगा–तहसीलदार तो हमारी मुट्ठी में हैं। हमको पान-सुपारी खाने के लिए कुछ दो या नहीं दो, तुम्हारी मर्जी; लेकिन तहसीलदार साहब को तो··· वाजिब जो है सो··· !

रैयतों से छोटी-छोटी चीजें तहसीलदार साहब खुद कैसे माँग सकते हैं ? वह सुमरितदास ही माँगता है–कद्दू, खीरा, बैंगन, करेला, कबूतर, हल्दी, मिर्चा, साग, मूली और सरसों का तेल ! वह सब तो सुमरितदास अपने लिए लेता है। लेकिन चीजें लेते समय सुमरितदास रैयत से एकांत में कहता है, "अरे भाई, ये सब चीजें मैं लेकर क्या करूँगा ? न घर है न घरनी, न चूल्हा है न चौका। एक पेट के लिए मँगनी क्यों करूँ ? यह सब तो··· ।" कभी एक पैसे की तरकारी तहसीलदार साहब के यहाँ खरीदी नहीं जाती। सुमरितदास भला मँगनी करेगा ! आज उसकी हालत खराब हो गई है तो क्या वह खानदान की इज्जत को भी लुटा देगा ! उसके परदादा के दरवाजे पर हाथी झूमता था। सब करम का फेर है।··· सुमरितदास के पेट में कोई बात नहीं पचती। कालीचरन कहता है–मुँह में दाँत हैं नहीं, बात अटके भी तो कैसे ? बेतार !

बेतार को बहुत-सी बातें मिल गई हैं। पहली बात तो यह कि पच्छिम से मठ पर आचारजगुरु आ रहे हैं, लरसिंघदास को कलकटर साहब ने भी महंथ मान लिया है। दूसरी बात यह कि कल से खम्हार[2] खुलने वाला है, बीच में भदवा पड़ गया है। तहसीलदार साहब ने कहा है–कल शुभ दिन है।

तहसीलदार साहब के खम्हार के साथ ही गाँव के और किसानों का खम्हार खुलता है। तहसीलदार साहब का खम्हार बड़ा खम्हार कहलाता है। 'जरीदहाड़'[3] से बचकर भी दो हजार मन धान होता है।

··· हाँ, तीसरी बात तो कहना भूल ही गया बेतार ! वह लौटकर सुना जाता है, "कपड़ा, तेल और चीनी की पुर्जी बाँटने का काम बालदेव को मिला है। नाम तो उसमें डाकडरबाबू का भी है, लेकिन डागडरबाबू कहते हैं–हमको फुर्सत नहीं। हमसे कहते थे कि हमारा काम आप ही कीजिए दास जी ! हम बोले कि हमको भी फुर्सत कहाँ है।"

आचारजगुरु के आने की खबर को कोई मोल नहीं भी हो, बाकी दो बातें, यदि सच हैं, तो वास्तव में कीमती हैं।

बात सच है। बालदेव जी भी कहते हैं, बात ठीक है।

खम्हार ! साल-भर की कमाई का लेखा-जोखा तो खम्हार में ही होता है।

---

1. गवाही की रोटी खानेवाला। 2. खलिहान। 3. बाढ़-सूखा।

दो महीने की कटनी, एक महीना मड़नी, फिर साल-भर की खटनी। दबनी-मड़नी करके जमा करो, साल-भर के खाए हुए कर्ज का हिसाब करके चुकाओ। बाकी यदि रह जाए तो फिर सादा कागज पर अँगूठे की टीप लगाओ। सफाई करनी है तो बैल-गाय भरना रखो या हलवाहा-चरवाहा दो। फिर कर्ज खाओ। खम्हार का चक्र चलता रहता है। खम्हार में बैलों के झुंड से दबनी-मड़नी होती है। बैलों के मुँह में जाली का 'जाब' लगा दिया जाता है। गरीब और बेजमीन लोगों की हालत भी खम्हार के बैलों जैसी है।–मुँह में जाली का 'जाब'।··· लेकिन खम्हार का मोह ! यह नहीं टूट सकता। भुरुकवा उगते ही खम्हार जग जाता है। सूई की तरह गड़नेवाली, माघ के भोर की ठंडी हवा का कोई असर देह पर नहीं होता। ओस और पाले से देह शून्य हो जाता है। जब हाथ से अपनी नाक भी नहीं छूई जाती है तब घूर में फिर से सूखे पुआल डालकर नई आग पैदा की जाती है। घूर में शकरकंद पकता रहता है। घूर के पास देह गर्माने की बारी जिसकी रहती है, वह प्रातकी गाता है–"हरि बिनू के पूरिहैं मोर सुआरथ, हरि बिनू के।···" अथवा "निरबल के बल राम हो संतो, निरबल के बल राम !"

दिन-भर धान झाड़-फटककर जमा किया। फिर धान के बोझे छींट दिए गए और शाम से फिर दबनी-मड़नी शुरू हो गई। शाम को घूर के पास 'लोरिक' या कुमर 'बिज्जेभान' की गीत-कथा होती है–

अरे राम राम रे दैवा रे इसर रे महादेव,
बामे ठाढ़ी देवी दुरगा दाहिन बोले काग।
अपन मन में सोच करैये मानिक सरदार,
बात से नाहीं माने वीर कनोजिया गुआर···।

कपड़ा, तेल और चीनी की पुर्जी कमलदाहा के कमरुद्दीबाबू बाँटते थे। मेरीगंज से कमलदाहा दस कोस है। दस कोस जाना तो कोई बड़ी बात नहीं, लेकिन पुर्जी पाना बड़े भाग की बात समझी जाती है। कमरुद्दीबाबू कुँजड़ा हैं; बैंगन की बिक्री से ही जमींदार हुए हैं; मुस्लींग के लीडर हैं। कटिहार-पूर्णिया मोटर रोड के किनारे पर ही घर है। हमेशा हाकिम-हुक्काम उनके यहाँ आते रहते हैं। महीने में साठ मुर्गियों का खर्च है। लोग कहते हैं कि नए इसडिओ जब आए तो सारे इलाके में यह बात मशहूर हो गई कि बड़े कड़े हाकिम हैं; किसी के यहाँ न तो जाते हैं और न किसी का पान ही खाते हैं। लेकिन कमरुद्दीबाबू भी पीछा छोड़ने वाले आदमी नहीं। इसडिओ का डलेबर मुसलमान है। उसको कुरान की कसम देकर पान-सुपारी खाने के लिए दिया। बस, एक बार कटिहार से लौट रहे थे इसडिओ साहब, ठीक कमरुद्दीबाबू के घर के सामने आकर मोटरगाड़ी खराब हो गई। दस बजे रात को इसडिओ साहब और कहाँ जाते ?··· उसके बाद से ही कमरुद्दीबाबू आँख मूँदकर बिलेक करने लगे। एक बार पुरैनिया मिटिन में कँगरेसी खुशायबाबू ने हाकिम से कहा–'पबलिक बहुत शिकायत करती है।" कमरुद्दीबाबू ने हँसते हुए

पूछा–"हिंदू पबलिक या मुसलमान ?" हाकिम भी समझ गए–कमरुद्दीबाबू लीगी हैं, इसीलिए लोग झूठ-मूठ दोख लगाते हैं।··· अब तो बालदेव जी पुर्जी देंगे। बालदेव जी को बिलैती कपड़ा से क्या जरूरत ? खध्धड़ को छोड़कर दूसरे कपड़े को छूते भी नहीं।··· छूते हैं ? छूने में हर्ज नहीं।···

"जै हो, गन्ही महतमा की जै हो !"··· कल खम्हार खुलेगा, पिछले साल तो खम्हार खुलने के दिन जालिमसिंह का नाच हुआ था। जालिमसिंह सिपैहिया ने एक डोमिन से शादी कर ली थी।··· लेकिन इस बार कीर्तन होना चाहिए। सुराजी कीर्तन ! बेतार कहता है–इस बार बिदापत नाच होगा। डागडरबाबू, बिदापत नाच देखेंगे।··· तहसीलदार साहब तो हँसते-हँसते लोट-पोट हो गए। कितना समझाया कि डागडरबाबू, वह तो बहुत पुराना नाच है। खाली बिकटै[1] होता है। डागडरबाबू कहने लगे–"बिदापत ही करवाइए।" पासवानटोली के लिबड़ू पासवान को खबर दे दी गई है। लिबड़ू नाच का मूलगैन है। मूलगैन, अर्थात् म्यूजिक डायरेक्टर !

कालीचरन का कीरतन नहीं होगा ? अच्छा कोई बात नहीं, डाक्टर साहब को एक दिन कीरतन सुना देंगे।

बालदेव जी को डागडर बाबू की बुद्धि पर अचरज होता है–बिदापत नाच क्या देखेंगे ? बड़ा खराब नाच है। कोई भला आदमी नहीं देखता। खराब-खराब गीत गाता है। नाच ही देखने का मन था तो तहसीलदार साहब से कहकर सिमरबनी गाँव की ठेठर कंपनी को बुला लेते। आने-जाने और पचास आदमी के खाने का खर्चा क्या तहसीदार साहब नहीं दे सकते थे ?··· गाँववाले देखते तो आँखें खुलतीं। सिमरबनी का ठैठर कंपनी मशहूर है, महाबीर जब दुर्जोधन का पाठ लेकर हाथ में तरवार लेकर गरजते हुए निकलता है तो एक कोस तक उसकी बोली साफ सुनाई पड़ती है–"बस बंद करा दो यह मृदंग बाज़ा, हमको अच्छा नहीं लगता।"

धिन्ना धिन्ना धिन्ना निन्ना निन्ना !
धिन तक धिन्ना, धिन तक धिन्ना !

बिदापत नाच का मृदंग 'जमीनका' दे रहा है–चलो ! चलो ! चलो !

धिनक धिनक धा तिरकिट धिन्ना !
धिनक धिनक धा तिरकिट धिन्ना !

गाँव-भर के लोग तहसीलदार साहब के खम्हार में जमा हुए हैं। शामियाना तान दिया गया है। शामियाना खचमखच है। डाक्टरबाबू, सिंघ जी और खेलावनसिंघ यादव कुर्सी पर बैठे हैं ! कालीचरन अपने दल के साथ है। जोतखी जी नहीं आए हैं। सिंघ जी ने कहा–"आज भी उनके दाँत में दरद है भाई !" सभी ठठाकर हँस पड़ते हैं। सभी जोतखी जी के नहीं आने का कारण जानते हैं–उनका बेटा

---

1. कॉमिक।

नामलरैन भी बिदापत नाच का समाजी है।–बाभन नाचे तेली तमाशा देखे ! कुपुत्र निकला रामनारायण ! शिव हो !··· बालदेव जी नहीं आए हैं। कोई भला आदमी नहीं देखता बिदापत नाच ! अब मृदंग पर 'चलती' बज रहा है–

तिरकिट धिन्ना, तिरकिट धिन्ना !
धिन तक धिन्ना, धिन तक धिन्ना !
धिनक धिनक धा,
धिक् धिक् तिन्ना !

"ओ··· ! होय ! नायक जी !"

बिकटा[1] आया। भीड़ में हँसी की पहली लहर खेल जाती है–सैकड़ों मुक्त हृदयों की हँसी !··· पायल की झनकार !

मुँह पर कालिख-चूना पोतकर, फटा-पुराना पाजामा पहनकर लोकायदास बिकटा बन गया है। वह जन्मजात बिकटा है। भगवान ने उसे बिकटा ही बनाके भेजा है। ऊपर का ओंठ त्रिभुजाकार कटा है। सामने के दाँत हमेशा निकले रहते हैं और शीतला माई ने एक आँख ले ली है। बात गढ़ने में उस्ताद है।

"ओ ! होय ! हो नायक जी !"

"क्या है ?"

"अरे, यह फतंग-फतंग क्या बज रहे हैं ?"

"अरे, मृदंग बज रहा है। यह करताल है, यह झाल है।"

"सो तो समझा। यह धड़िंग धड़िंगा, गनपतगंगा क्या बजाते हैं ?"

"नाच होगा नाच, विद्यापति नाच !"

"ओ, हम समझे कि 'लीलामी' का ढोल बोल रहा है।"

··· धिन ताक धिन्ना, धिन ताक धिन्ना !

आहे ! उत्तरहि राज से आयेल हे नटुकवा कि आहे मैया
कि आहे मैया सरोसती है परथमे बन्नोनि हे तोहार !
··· हमहूँ मूरख गँवार कि आहे मैया,
सरोसती, भूलल आखर जोड़िके आहे मैया,
कंठे लीहै हे बास !

"ओ··· ओ, होय नायक जी !" बिकटा जोर से चिल्ला उठता है। ताल भी कट चुका है। ठीक ताल काटने के समय बिकटा को चिल्लाना चाहिए, इसलिए मृदंग के ताल का ज्ञान बिकटा को होना ही चाहिए।

"तुम कैसा बेकूफ हो जी !"

"अरे हो नायक जी ! यह आप लोग किसका बंदना कर रहे हैं ?"

---

1. विदूषक

"हा-हा ! हा ! हा-हा-हा !··· हँसी की दूसरी, लेकिन हल्की लहर।

"बेकूफ ! सुनते नहीं हो, सरोसती माता का बंदना है !"

"यह सुरस्सु सुरती··· सुर··· सुरसस्सती माता को तुम देखा है ?··· हमको तुम बेकुफ कहते हो ? बेकुफ तो तुम खुद हो। अरे, सरस्सती का बंदना तो पढ़ल पन्नित लोग करता है।"

··· हा ! हा ! हा-हा !··· भीड़ में खिलखिलाहट।

"तो हम लोग किसको बंदेंगे ?"

"ऊँह, तुम खाँटी चलानी घी हो, जिस चलानी घी की पूड़ी भंडारा में हुई थी जिसको खाकर हमारा पेट दस दिन खराब रहा था।··· बिना किसी मिलावट के तुम भी खाँटी बेकूफ मालूम होते हो। इतना भी नहीं जानते ? सुनो ! जरा बजाने कहो–धिनक धिन्ना, तिरकिट धिन्ना !"

"अरे दाल बंदो, भात बंदो, साग बंदो बथुआ !

"यह तो हुआ कच्ची, सरकार !" अब जरा पक्की सुनिए–

"अरे चूड़ा बंदो, भूजा बंदो, रोटी बंदो मड़ुआ !"

··· हा ! हा ! हा !··· हा ! हा !···

"अब फल मेवा, सरकार !

"अरे गुलर बंदो, डूमर बंदो और बंदो अल्हुआ !"

हा ! हा ! हा !··· सैकड़ों खिलखिलाहट !

"हल बंदो, बैल बंदो और बंदो गइआ !

"··· अब सबसे बड़ा भगवान !

बिकटा मुँह बनाता है।

"चटाक पटपट दड़त सिर पर भागत बाप के भूतवा।
सबसे बढ़ि के तोहरे बंदो मालिक बाबूक जूतवा !"

बिकटा खेलावन के पैर के सलमसाही जूते को प्रणाम करता है।

डाक्टर साहेब तो अचरज से गुम हो गए हैं; एकदम खो गए हैं नाच में। ··· इस बार नाच जमेगा। आखिर यह सब पुरानी चीज है, क्यों भाई !··· सब बात तो ठीक ही कहता है।

···धिन्ना धिन्ना, धिन्ना तिन्ना। समाजी लोगों ने शुरू किया :

आहे लेल परवेश परम सुकुमारी हे,
हँस गमन बिरखामान दुलारी हे।

मृदंग के ताल पर दबे पाँवों नटवा आता है। ताल पर ही चलकर सबसे पहले मृदंग को प्रणाम करता है, फिर झाल-करताल की ओर, अंत में मूलगैन लिबडू पासवान का पैर छूकर प्रणाम करता है। पोलियाटोली के छीतनदास का बेटा चलित्तरा लड़कियों की तरह लंबा बाल रखता है। नाक में बुलाक भी हमेशा पहने रहता

है। वह नटवा है अभी साज-पोशाक पहनकर एकदम बाभिन की तरह लग रहा है छौंड़ा।··· कान में कनफूल किसका है ? कमली दीदी का ?··· वाह रे छौंड़ा, आज यदि यह कान का कनफूल बकसीस में जीत ले तो समझें की असल बिदपतिया का चेला है।··· मृदंग बजाता है उचितदास ! क्या कहा–असल बिदपतिया ?··· हम सहरसा के गैनू मिरदंगिया का चेला है। – जानते नहीं, गैनू मिरदंगिया एक बार अपने समाजी के साथ कहीं से नाचकर आ रहा था। चोर लोग जानते थे कि गैनू मिरदंगिया का समाज एक-एक सौ रुपैया नकद, धोती, कुर्ता, गमछा वगैरह लेकर घर लौटता है। बस, ठुट्ठी पाखर के पेड़ के पास चोरों ने घेर लिया गैनू मिरदंगिया को। वह पीछे पड़ गया था–दिसामैदान के लिए सायद। गैनू मिरदंगिया ने क्या किया ? बोलो तो ! नहीं जानते ? हा-हा ! मिरदंग पर थाप दिया। दाहिने पूरे पर अंगुलियाँ फिरकी की तरह नाचने लगीं–धृकिट धिन्ना ना निन्ना ना निंन्ना ना ना। तो मृदंग के पूरे की सूखी चमड़ी मानो जी उठी; साफ आदमी की तरह बोली निकली–'ठुट्ठी पाखैर तर चोर घेरलक हो, चोर घेरलक !"··· लिबडूदास का समाजी है, खेल नहीं ! नाच बेटा !···

धिरिनागि धिरिनागि धिरिनागि धिनता !

आहे तन मन बदन मदन सहजोर हे,
आहे दामिनी ऊपर···

"है रे ! है रे ! है रे !" बिकटा कलेजा पकड़कर मुँह बनाता है।

···धिनक धिनक ता, धिनक धिनक ता···
आहे, दामिनी ऊपर उगलय चान हे।

बिकटा मूर्छित होकर गिर पड़ता है–"अरे बाप !"

"अरे क्या हुआ ?"

"अरे बाप !"

"अरे ! बोलो भी तो ? क्या हुआ ?"

"अच्छा नायक जी, एक बात बताइए। जल्दी बताइए। आस्मान का चान यदि धरती पर उतर आया है तो धरती के चान को ऊपर जाना पड़ेगा ?"

"अरे धरती पर भी कहीं चान होता है ?"

"सुनिए जरा इसकी बोली ! इसीलिए न कहा था कि खोंटी चलानी घी हो। अजी हमारी एक ही बिजली बत्ती खराब है, तुम्हारी क्या दोनों खराब हैं ?··· आजकल रेलगाड़ी में सुनते हैं कि बत्ती नहीं जलती। पहले बिलेकोट तब तो बिलेक मारकेट।" ··· हा ! हा ! हा ! हा !··· साला कटिहार नानी के यहाँ बराबर जाता है। रेलगाड़ी की भी गलती निकालता है। अंग-भंग आदमी सारी दुनिया को अंग-भंग देखता है। सुनो क्या कहता है, धरती का चान किसको बनाता है ?

"अरे भकुआ नायक जी, धरती का चान अपनी छतीसों कल्ला के साथ तुम्हारे

सामने खड़ा है, चौंधिया गए हो क्या ? जरा छट्ठम लैट जलाकर देखो।"

··· हा ! हा ! हा ! हा !··· साला अलबत्त बात बनाता है !

"छट्‌ठम लैट नहीं जानते ? देखो पंचम लैट तो यही है जो अभी पंच परमेसर के बीच में जल रहा है।··· छट्‌ठम लैट तुम्हारे घर में आजकल जलता है ! तेल मिलता ही नहीं–एक पटुआ के संठी में आग लगाकर हाथ में लेकर खड़ा रहो, भकभक गैशबत्ती की-सी रोसनी होने लगेगी। हम आजकल यही करते हैं।··· अच्छा, आप ही लोग देखिए पंच परमेसर, हमसे ज्यादे सुन्नर यहाँ कोई हैं ?"

"नहीं नहीं, आप तो कामदेव के औतार हैं।" सिंघ जी कहते हैं।

हा ! हा ! हा ! हा ! हा ! हा ! नाचो रे चलितरा ! आज मोहड़ा[1] पड़ा है ! जी खोल के नाच बेटा !···

ध्रिनागि धिन्ना, तिरनागि तिन्ना
धिनक धिनता तिटकत ग-द-धा !···
आहे चलहु सखि सुखधाम, चलहु !
आहे कन्हैया जहाँ सखि हे,
रास रचाओल हे ! चलहु हे चलहु !
··· धिन्ना तिन्ना ना धि धिन्ना !
आहे सिर बिरनाबंन कुंज गलिन में
कान्हु चरावत धेनु,
आहे मुड़ली जे टेड़े बिरीछी के ओटे,
आहे अबे ग्रिहे···
··· धिरिनागि धिरिनागि धिरिनागि···
आहे ! अबे ग्रिहे रहलो नि जाए, चलहु हे चलहु !

ततमाटोली की औरतों के गिरोह में बैठी फुलिया का जी ऐंठता है··· अबे ग्रिहे रहलो नि जाए !

तहसीलदार साहब की हवेली की सामनेवाली खिड़की खुली हुई है। कमली दीदी भी देख रही है। नहीं देखेगी तो बक्सीस कैसे देगी ?

"देखा बेटा ! फिरकी की तरह नाच ! पुरइन के फूल की तरह घाँघरी खिल जाए !"

"अरे हो नायक जी ! एक बात तो बताइए। वह हमको छोड़कर कहाँ जा रही है ? चलहु-चलहु–कहीं मेला-तमासा है या भोज है ? या कपड़ा की पुर्जी बँटती है ?"

"अजी वह तुम्हारे ही पास जा रही है। तुम्हीं किसुनकन्हैया हो न ! तुम्हारे रूप पर मोहित हो गई है।"

"आ !··· वही तो हम भी कहते थे कि हमको छोड़कर कहाँ जा रही है !

---

1. मोर्चा।

हम कन्हैया हैं, लेकिन कन्हैया के बाप का नाम तो नंद था और हमारे बाप का नाम उजाडूदास।"

··· हा-हा ! हा-हा ! हा-हा !

"अरे उल्लू ! तुम्हारे बाप का नाम उजागिरदास था। तुम इसको खराब करके काहे बोलते हो ?"

"उजागिरदास तो माय-बाप ने रख दिया था। लेकिन जिस मालिक के यहाँ भैंस-गाय चराने के लिए भरती होते थे, वही उनको कुछ दिन बाद मार-पीटकर निकाल देता था। मेरे बाबू जी गाय-भैंस लेकर जाते थे और मालिक के ही हरे-भरे खेत में छोड़कर सो जाते थे—मिहनत किया है लछमी ने, बैल ने ! मालिक लोग दूध-घी खा-खाकर जिस भैंस के दूध से मोटे हो गए हैं, इस उपजा में तो इनका भी हिस्सा है। खाओ लछमी !··· इसलिए लोगों ने उनका नाम उजाडूदास रख दिया।"

नटवा अब गाँजा में दम मार आया है। अब देखना, नाच जमाएगा छौंड़ा आज।

धिरनागि धिन्ना···

आहे कुंज भवन से निकलल हो,
आहे सखि रोकल गिरधारी !

"हाँ चोरी-चोरी घर से निकलकर कोठी के बागान में जाओगी, रसलील्ला करने, तो रोकेगा नहीं ? अच्छा किया है।" बिकटा अपने-आप बड़बड़ाता है।

नटुआ दोनों हाथ जोड़कर, फन काढ़े गेहुअन साँप की तरह हिलतु-डुलते, कमर के सहारे बैठ रहा है। धरती पर घाँघरी पुरैन के पत्ते की तरह बिछी हुई है। ··· मिनती करती है। है रे··· ! है रे !··· वाह रे छौंड़ा ! नाम रखा लिया गाँव का !

आहे, एकहि न-ग-र बसू माधव हो,
आहे जनि करू बटवा-वा-री !
आहे छोडू छोडू जदूपति आँचर हो,
हो भाँगत न-ब सारी।

"हाँ भैया ! कोटा-कनटरोल का जमाना है। कपड़ा नहीं मिलता है। जरा होसियारी से··· !"

अरे अपजस होइत जगत भरि हो,

"ओह बड़ी कुलमंती बनी है ! लछलछ किरिया खाए कुलमंत, मोर मन नहिं पतिआए।" बिकटा बीच-बीच में टोकता रहता है।

आजु परेम रख लय लीह हो,
आहे पंथ छाडू झटकारी !

"सब दही जुठैलकर रे किसना। आहि रे बाप !" बिकटा चिल्लाता है।

आहे संग के सखि अगुआइल हो
आहो कान्हा, ह-म-हू एकसरि नारी !

"है रे ! है रे ! एकसरि नारि रे !"

भनहिं विद्यापति गाओल हो, सुनू कूलमंती नारी
हरि के संग किछु डर नाहिं हे···।

"हाँ, हरि के संग काहे दोख होगा ! जितना दोख, हम सब लोगों के साथ। अपने खेले रसलील्ला, हमरे बेला में पंचायत का झाड़ू और जूत्ता।"

क्या है ? क्या हुआ··· डागडर साहब का नेंगड़ा नौकर आकर क्या बोलता है ?··· कमली दीदी ने कनफूल दे दिया ?···रे ?··· वाह रे छौंड़ा ! नाम किया ! ··· जीओ रे चलित्तरा ! जीओ !

बिकटा भी क्यों पीछे रहे ? वह भी आज 'थै-थै' कर देगा। नाच जमा है आज ! "अरे होय नायक जी ! हमारे दुख को देखनेवाला, सुननेवाला कोई नहीं।"

"क्या हुआ ?"

"लेकिन कहें कैसे ?" बिकटा तहसीलदार की ओर उँगली उठाकर डरने की मुद्रा बनाता है।

"अरे ! हम समझ गए। तो कहो न भाई," तहसीलदार समझ जाते हैं, "दुनिया में सिर्फ हम ही एक तहसीलदार-पटवारी हैं ? बात तो तुम ठीक ही कहोगे। सुनते हैं डाक्टर साहब, अब यह तहसीलदार का बिकटै करेगा !"

"नायक जी ! हमको धीरज बँधानेवाला कोई नहीं। सुनते हैं कि बराहछत्तर में सरकार बहादुर कोसी मैया को बाँध रहा है, लेकिन हमारे दिल को बाँधनेवाला कोई नहीं !"

"अरे कहो भी तो !"

"अच्छा तो सुनो ! पचास साल पहले से सुरू करते हैं, सर्वे सितलमंटी[1] साल से।"

...सुनो ! सुनो ! जरूर कोई नई बात जोड़ा है। यह भी बकसीस वसूल करेगा।

"बजाने कहो—ताकधिन-ता:कधिन !"

अरे केना के बाँधवै रे धीरजा, केना के बाँधवै रे,
अरे मुद्दई भेल पटवारी रे धीरजा केना के बाँधवै रे !

"सर्वे जब होने लगा !"

दस हाथ के लग्गा बनैलके
पाँचे हाथ नपाई !

---

1. सर्वे सेटलमेंट।

··· पाँच हाथ पार ? हा··· हा··· हा !···

गल्ली-कुची सेहो नपलकै,
ढीप-ढाप सेहो नपलकै,
घाट-बाट सेहो नपलकै,
डगर-पोखर सेहो नपलकै।

"तब ?"

हाथी जस भलवेसन बैठलकै,
जम्मा भेलै भारी रे धीरजा के केना बाँधबै रे !

"इधर जमींदार सिपाही छप्पर पर का कद्दू, लत्तर का खीरा, बकरी का पाठा और चार जोड़ा कबूतर सिरिफ तलबाना में ही साफ कर गया।"

"तब ?"

थारी बेंच पटवारी के देलियै,
लोटा बेंच चौकीदारी।
बाकी थोड़ेक लिखाई जे रहलै,
कलक देलक धुराई रे धिरजा।

"आखिर··· "

कहे कबीर सुनो भाई साधो
सब दिन करी बेगारी
खँजड़ी बजाके गीत गवैछी
फटकनाथ गिरधारी रे धिरजा।

ओ-हो-हा-हा, खी-खी-खी··· हा-हा !··· शामियाना फट जाएगा। कमाल कर दिया साले ने। अलबत्ता जोड़ा। वाह !··· वाह रे लौकायदास !

डाक्टर तहसीलदार से पूछता है, "गीत तो विद्यापति का गाता है। बिकटै की रचना किसने की है ?"

"आप भी डाक्टरबाबू क्या पूछते हैं", तहसीलदार साहब हँसते हैं, "इनकी रचना के लिए भी कोई तुलसीदास और बाल्मीकि की जरूरत है ? खेतों में काम करते हुए तुक पर तुक मिलाकर गढ़ लेता है।",

··· डाक्टर साहब ने बिकटा को क्या दिया ?··· पँचटकिया लोट ?··· बाजी मार लिया बिकटा ने भी।

आहे परथम समागम पहुसंग हे···

धिरनागि धिरनागि !

भुरुकवा उगने के बाद नाच खत्म हुआ। खूब जमा।–अब खुलेगा खम्हार।

बिछावन पर लेटकर डाक्टर सोचता है–कोमल गीतों की पंक्तियाँ ! अपभ्रंश शब्द भी कितने मधुर लगते हैं !··· "पिया भइले डुमरी के फूल रे पियवा भइले। ··· चाँद बयरि भेल बादल, मछली बयरि महाजाल, तिरिया बयरि दुहु लोचन-हिरदए के भेद बताए। –भोंमरा-भोंमरी–रोई-रोई कजरा दहायल, घामे तिलक बहि गेल। ··· चान के उगयत देखल सजनिगे··· लट धोए गइली हम बाबा की पोखरिया–पोखरि मैं चान केलि करे।'

डाक्टर सोचता है–विद्यापति की चर्चा होते ही कविवर 'दिनकर' का एक प्रश्न बरबस सामने आकर खड़ा हो जाता था–"विद्यापति कवि के गान कहाँ ?" बहुत दिनों बाद मन में उलझे हुए उस प्रश्न का जवाब दिया–ज़िंदगी-भर बेगारी खटनेवाले, अपढ़ गँवार और अर्धनग्नों में, कवि ! तुम्हारे विद्यापति के गान हमारी टूटी झोंपडियों में ज़िंदगी के मधुरस बरसा रहे हैं।–ओ कवि ! तुम्हारी कविता ने मचलकर एक दिन कहा था–

चलो कवि, बनफूलों की ओर !

···बनफूलों की कलियाँ तुम्हारी राह देखती हैं।

सोलह

मुसम्मात सुनरी !

टक्का कटपीस–एक गज।

छींट–डेढ़ गज।

मलेछिया साटिन–एक गज।

साड़ी–एक नग।

बालदेव जी कपड़े की पुर्जी बाँट रहे हैं। रौतहट टीशन के हंसराज बच्छराज मरवाड़ी के यहाँ कपड़ा मिलेगा।

खेलावन यादव के दरवाजे पर खड़े होने को भी जगह नहीं। सुबह से पुर्जी बाँट रहे हैं, दोपहर हो गई।··· साड़ी नहीं है !··· नहीं ?··· बालदेव जी ! हमको एक साड़ी··· रौफा की माए एकदम नगन हो गई है बालदेव जी !

बालदेव जी कहते हैं, "देखिए ! मौजे-भर में सिरफ सात साड़ियाँ दी गई थीं। चार फर्दी हैं, वह तो मालिक लोगों के घर में पहनने की चीज है··· चौदह रुपए जोड़ी। बाकी तीन साड़ियों को हमने इस तरह बाँट दिया है, ऐसे लोगों को दिया

है जो एकदम बेपरदे... "

"बेपरदे तो सारा गाँव है बालदेव जी !"

खेलावन यादव कहते हैं, "इतने दिनों से जब कमरुद्दीबाबू पूर्जी बाँटते थे, उस समय गाँव की औरतें बेपरदे और नगन नहीं थीं क्या ? भाई, जितना है उसी में इनसाफ से बाँट-बखरा कर लो।"

कालीचरन जिद्द कर रहा है, पुर्जी पर दो गज छींट और लिख दीजिए : हरमुनियाँ का खोल बनावाएँगे। बालदेव जी नहीं मानते।... आदमी के पहनने के लिए कपड़ा नहीं, हरमुनियाँ-ढोलक को चपकन सिलाकर पहनावेगा ?... देखो तो भला !

बालदेव जी का राह चलना मुश्किल हो गया है। कपड़ा की मेंबरी मिली है कि बलाए है ! दिसा-मैदान जाते समय भी लोग पीछा नहीं छोड़ते हैं।... जाय हिंद बालदेव जी ! आए थे तो आपके ही पास। दुलारी का गौना है।... अच्छा-अच्छा चलिए, हम दिसा से आते हैं।... कपड़ा अब कहाँ है। रिचरब[1] में भी नहीं है। सिरिफ कफन और सराध का कपड़ा है।... उसी में से ? कैसे देंगे ? कफन और सराध का कपड़ा गौना में ?

बालदेव जी को क्या मालूम की दुलारी का गौना पाँच साल पहले ही हो गया है और उसके तीन बच्चे भी हैं।

लछमी दासिन ने रामदास को भेजा था, "आचारज जी आ रहे हैं। आपको तो आजकल छुट्टी ही नहीं रहती है। उधर जाते भी नहीं। कंठी लेने की बात हुई थी ?... सो आपकी क्या राय है ? आचारज जी आ रहे हैं। चादर-टीका के लिए चादर के अलावे पूजा-विदाई के लिए भी एक जोड़ी धोती चाहिए–बिना कोर की, महीन मारकीन की या ननकिलाठ की धोती।... और कोठारिन जी को भी कपड़ा नहीं है।"

बड़ी मुश्किल है ! रिचरब में थोड़ा कपड़ा है सो सादी-बिहा और सराध के लिए। कैसे दिया जाए ? ओ ! आचारज जी महंथसाहेब के सराध में ही आए हैं। तब ठीक है।... सिरिमती... नहीं, सिरिमती नहीं। दासिन लछमी कोठारिन–ननकिलाठ, दस गज ! फैन मारकीन, दस गज। चद्दर, एक !

रामदास याद दिला देता है, "लँगोटा-कोपीन के लिए भी एक गज।"

बड़ी मुश्किल है ! बालदेव जी को अब रोज दस-पंद्रह बार से ज्यादे झूठ बोलना पड़ता है। क्या किया जाए ? बड़ा संकट का काम है।... इधर जिला कांग्रेस की मिटिन भी है। मेनिस्टर साहब आ रहे हैं। गाँव से झंडा-पत्तखा और जत्था भी ले जाना होगा। जिला सिकरेटरी गंगुली जी ने चिट्ठी दी है। परचा भी आया है...।

चलो ! चलो ! पुरैनियाँ चलो ! मेनिस्टर साहब आ रहे हैं। औरत-मर्द, बाल-बच्चा, झंडा-पत्तखा और इनकिलास-जिंदाबाघ करते हुए पुरैनियाँ चलो !... रेलगाड़ी का

1. रिजर्व।

टिकस ?··· कैसा बेकूफ है ! मेनिस्टर साहब आ रहे है और गाड़ी में टिकस लगेगा ? बालदेव जी बोले हैं, मेनिस्टर साहब से कहना होगा, कोटा में बहुत कम कपड़ा मिलता है।··· चलो-चलो, पुरैनियाँ चलो। भुरुकवा उगते ही कालीथान के पास जमा होकर जुलूस बनाकर चलो !

"बोलिए एक बार–काली माय की जाये !"

"जाये ! जाये !"

"बोलिए एक बार परेम से–गन्ही महतमा की जै !"

"जाये। जाये !"

फरर··· र··· र··· र, पेड़ पर घोसलों में सोए हुए पंछी पंख फड़फड़ाकर उड़े। कालीचरन कहता है, यदि गुलेटा रहता तो अँधेरे में भी अभी एक-दो हरियल को मारकर गिरा देते। वासुदेव कहता है–चुप रहो। बालदेद जी ने नहीं सुना, नहीं तो अभी फिर अनसन···।

गिनती करो। कितनी औरत, कितने मरद ? अभी बच्चों को मत लो, झंझट होगा। कालीचरन और गूदर सबों की देह छू-छूकर गिनते हैं। कालीचरन कहता है–पाँच कोरी चार औरत। गूदर हिसाब करता है–चार कोरी दस मरद।··· मातबर लोग काहे जाएगा ? मातबर लोग तो हमेशा गदारी करते हैं।··· बालदेव जी ने आज फिर एक नई बात कही–गदारी ! गदारी !··· गदारी ?

जुलूस में गाने के लिए बालदेव जी को दो ही गीत याद हैं। एक नीमक कानून के समय का सीखा हुआ–"आओ बीरो मरद बनो अब जेहल तुम्हें भरना होगा।" दूसरा, बियालिस, मोमेंट के समय जेहल में सुना था–'जिंदगी है किरांती की किरांती में लुटाए जा।" लेकिन यह तो सोशलिस्ट पाटीवाला गाता है।··· पुराना ही ठीक है··· आओ बीरो मरद बनो··· ! आज बालदेव जी खुद गाते हैं : सुनरा भी गीत का आखर धरता है।

तंत्रिमाटोली के मंगलू ततमा को कँपकँपी लग जाती है। जेहल ! अरे बाप ! ··· ये लोग जेहल ले जा रहे हैं। पन्द्रह साल पहले उसको चोरी के केस में सजा हुई थी। जेल के जमादार की पेटी की मार वह आज भी नहीं भूला है। चार हौद[1] पानी रोज भरना पड़ता था। नहीं !··· वह पेशाब करने के बहाने पीछे रह जाता है और नजर बचाकर घर की ओर भागता है। सब पगला गया है !

सहर पुरैनियाँ !··· यही है सहर पुरैनियाँ–पक्की सड़क, हवागाड़ी, घोड़ागाड़ी और पक्का मकान !··· "एक रत्ती चिनगी चिनगल जाए, सहर पुरैनियाँ लूटल जाए ? ··· क्या है, बोलो तो ?" 'आग !'··· गाँव के बच्चे आज भी बुझौवल बुझाते समय शहर पुरैनियाँ का नाम लेते है। मेरीगंज के इस जुलूस में चार आदमी ऐसे भी

---

1. होज

हैं जो शहर पुरैनियाँ पहले भी आए हैं। बहुत तो आज ही पहली बार रेलगाड़ी पर चढ़े हैं। कलेजा धकधक करता है। जिसके हाथ में गन्ही महतमा का झंडा रहा है, उससे गाटबाबू, चिकिहरबाबू, टिकस नहीं माँगता है।··· सचमुच में रेलगाड़ी "जै जै काली छै छै पैसा" कहते हुए दौड़ती है ! जै जै काली ?··· यही है कालीपुल। बालदेव जी दिखलाते हैं–यही कालीपुल है। पुल बाँधने के समय पाँच आदमी की बलि दी गई थी।··· बाप रे ! पाँच ?··· जै काली ! नीमक कानून के समय इसी पुल के नीचे पुलिस के सिपाहियों ने जाड़े की रात में भोलटियरों को लाकर, पानी में भिंगो-भिंगोकर पीटा था। पानी में डुबो देता था, सिर को हाथ से गोते रहता है। दम फूलने लगता था, नाक में पानी चला जाता था।··· वह है इसपिताल। अपने गाँव का इसपिताल तो उसके सामने बुतरू[1] है··· जेहल ? यही जेहल ? जेहल नहीं ससुराल यार हम बिहा करन को जाएँगे··· आओ बीरो जेहल भरो।··· फुलिया पुरैनियाँ टीसन से ही कुछ ढूँढ़ रही है··· खलासी जी तो काला कुरता पहनते हैं। ··· यह है कचहरी। यहीं कर-कचहरी में लोग मर-मुकदमा करने के लिए आते हैं। इसी तरह उपसर्ग लगाकर सब बोलते हैं–कर-कचहरी, खर-खजाना, गर-गरामित, घर-घरहट, चर-चुमौना, जर-जमीन, पर-पंचायत, फर-फौजदारी, बर-बरात, मर-मुकदमा या मर-महाजन !

शहर के लोग भी अचरज से इस जुलूस को देख रहे हैं। इनकिलास··· जिंदाबाघ ! ··· कचहरी के मोड़ पर, फल की दुकान पर बैठे हुए मौलवी हँसते हैं–"सब कपड़ा लेने आए हैं ! जाओ-जाओ, मिलेगा कपड़ा इन्कलाब बोलता है। मतलब भी समझता है या··· !"

झंडा ? बड़ा झंडा आसमान में लहरा रहा है, वही है रामकिसून आसरम। ऐ ! यहाँ सब कोई खड़े हो जाओ। कपड़ा ठिकाने से पहन लो। उस कल के पास जाकर मुँह धो लो। डरते हो काहे ? बालदेव जी हैं। यहाँ से सत्तरबंदी होकर चलना होगा। बालदेव जी सबसे आगे रहेंगे। सबसे पहले कालीचरन नारा लगाएगा–इनकिलाब; तब तुम लोग एक साथ कहना–ज़िंदाबाघ। वैसे गड़बड़ा जाता है। कालीचरन कहेगा–अंग्रेजी राज; तुम लोग कहना–नास हो। लगाओ नारा कालीचरन ! कालीचरन छाती का जोर लगाकर चिल्लाता है–"इनकिलाब !"

"नाश हो, ज़िंदा··· नाश !"

"ऐ ! ठहरो, नहीं हुआ।"

शिवनाथ चौधरी जी, गंगुली जी, शशांक जी, नाथबाबू, सभी आश्चर्य से देखते हैं। चौधरी जी बालदेव पर बड़े खुश हैं। नाथबाबू कहते हैं, "ऐसे ही सभी वरकर अपने फील्ड में वर्क करें तब तो ? दो महीने में इतने गाँव को अकेले ही आरगेनाइज कर लिया है। चवन्निया मेंबर कितना बनाया है ? पाँच सौ ? तब तो तुम··· आप जिला कमिटी के मेंबर हो गये।" गांगुली जी तो बालदेव को पहले से ही आप

---

1. बच्चा।

कहते हैं, आज नाथबाबू भी आप कहते हैं।

चौधरी जी कहते है, "अरे बालदेव, चरखा-सेंटर खुलवाओ। रचनात्मक काम कुछ होता है या नहीं ?"

खादी भंडारवाले छत्तीसबाबू कहते हैं, "खादी भंडार में खाँटी गाय का घी भेजो देहात से बालदेव !"

सचमुच बालदेव जी गियानी आदमी हैं, बड़े आदमी हैं। जिस सीढ़ीवाली चौकी पर बाबू-बबुआन लोग टोपी पहनकर बैठे हैं उसी पर बालदेव जी बैठे हैं।··· अरे, वह कौन है ? बौना ? डेढ़ हाथ का आदमी ! देखने में चार साल के लड़के जैसा लगता है। दाढ़ी-मूँछ देखो ! बोली कितनी भारी है ! धुधुक्का[1] में तो सबों की बोली भारी मालूम होती है। किसी की बोली समझ में नहीं आती है। न जाने कौन देश की बोली बोलता है–हिंदुस्तान, आजादी और गाँधी जी को छोड़कर और कोई बात नहीं बूझी जाती है··· ताली काहे बजाया ? बस, सभा खतम ? मेनिस्टर साहेब कहाँ हैं ? कौन ? वही दुबला-पतला, बड़ी-बड़ी मोंचवाला आदमी ? बोलता था एकदम परेम से··· आस्ते-आस्ते। माथा की टोपी भी लब्बड़-झब्बड़। उस बार गाँव में दारोगा साहेब आये थे, देखा था ? सारे देह में चमोटी लपेटा हुआ था। मेनिस्टर साहब ऐसे ही हैं ? यह कैसा हाकिम !

कालीचरन कहता है, "मेनिस्टर साहब नहीं, यह रजिन्नरबाबू थे। सुराजी कीर्तन में रोज सुनते हो नहीं··· देसवा के खातिर मजरूलहक भइले फकिरवा हो, दीन भेलै रजिन्नरपरसाद देसवासियों।··· देस के खातिर अपना सब हक-हिस्सा, जगह-जमीन, माल-मवेशी गँवाकर फकीर हो गए।··· आहा-हा !··· हूँ ! आजकल मेनिस्टर से भी जादे पावरवाला आदमी हैं। ठीक है, होगा नहीं ? देश के खातिर अपना मजरूलहक माने बिल्कुल हक खतम कर दिया।··· "

चौधरी जी ने बालदेव जी को दस रुपैया का नोट दिया है–"सबों को जलपान करा देना।"

जै, जै ! चलो ! चलो !

कालीचरन कहाँ है ? बासुदेव भी नहीं है। नहीं, नहीं, लौटते समय लारा लगाने की जरूरत नहीं। लेकिन कालीचरन और बासुदेव कहाँ रह गए ? भीड़ में से किसी ने कहा–वे दोनों एक पैजामावाला सुराजीबाबू के साथ न जाने कहाँ जा रहे थे। बोला, कल जाएँगे।··· पैजामावाला सुराजीबाबू ? लेकिन बिना पूछे क्यों गया ? सहरवाली बात है। बालदेव जी कालीचरन पर आजकल खुश नहीं, कालीचरन भी आजकल बालदेव जी से अलग-थलग रहता है।

"कालीचरन नहीं, कामरेड कालीचरन। कामरेड माने साथी। हम सभी साथी, आप भी साथी। यहाँ कोई लीडर नहीं। सभी लीडर, सभी साथी हैं।··· अच्छा कामरेड, आपके गाँव में सबसे ज्यादे किस जाति के लोग हैं ?··· यादव ! ठीक है। भूमिहार ?

---

1. लाउड-स्पीकर का भोंपा।

··· एक घर भी नहीं ? गुड ! जुलूस में कितने आदमी थे, सब क्या बालदेव जी से प्रभावित हैं ? माने ब्लाइंड फौलोअर,··· यानी आँख मूँदकर विश्वास करनेवाले तो नहीं ? अंध-भक्त तो नहीं ?"

"जी, अंधा भक्त तो महंथ सेवादास था, सो मर गया। उसकी कोठारिन तो··· ।"

"···ठीक है। अच्छी बात है। आपने सारी बातें समझ लीं न ? मेंबरी की जिल्द ले जाइए। कुछ लिटरेचर दे दीजिए इनको राजबल्ली जी ! जरा कामरेड सैनिक जी को इधर भेज दीजिएगा।··· ये हैं कामरेड गंगाप्रसाद सिंह यादव सैनिक जी, और आप लोग हैं, कामरेड कालीचरन और··· क्या नाम ? हाँ, बासुदेव जी। आज मेरीगंज से रामकृष्ण आश्रम में जो जुलूस आया था, इन्हीं लोगों की सर्दारित में। पार्टी प्लेज पर साइन कर दिया है। मेरीगंज में सबसे ज्यादे यादवों की आबादी है। वहाँ आपका जाना ही ठीक होगा। वहाँ आर्गेनाइज करने में कोई दिक्कत नहीं होगी।··· वही, बस बालदेव है एक।··· अच्छा कामरेड कालीचरन ! आपको और भी कुछ पूछना है ?" सोशलिस्ट पार्टी के जिला-मंत्री जी पूछते हैं।

"जी, यदि हम कोई काम करने लगें, दस पबलिक की भलाई का काम, और उसको कोई 'हिंसाबात' कहकर रोके तो हम क्या करेंगे ?" कालीचरन को बस यही पूछना है।

जिला-मंत्री जी कुछ सोचने लगते हैं। लेकिन कामरेड राजबल्ली जी को कुछ सोचने में समय नहीं लगता; बस, तुतलाने में कुछ देरी लगे तो लगे–"अ-अ-अरे ! काम-काम-रेड, उससे साफ ल-प-लप-लफ्जों में कह दीजिए कि फो-फो-फो-फो ट्टी-टी-टू के मुभमेंट में अहिंसा के भरोसे रहते तो आ-आ-आ-जग-ग-द्दी नसीब नहीं होती। उससे साफ लप-लप-लफ्जों में कह दीजिए कि तुम रि-रि-रि-ऐक्शनरी हो ! डि-डि-डि-डिम-डिमोर-लाइज्ड हो। यह ले जाइए, 'डा-डा-डा डायले डायलेक्टि ··· द··· द··· द··· द्वंद्वात्मक भौतिकवाद', 'स-स-समाजवाद ही क्यों', दो किताबें। इसमें सबकुछ लिखा हुआ है। 'लाल प-प-पताका' की एक कापी ले जाइए ! इसका ग्राह-ग्राह-आ-ह-ग्राहक बनाइए। लाल झंडा ले लिया है न ?"

लाल झंडा !

उठ मेहनतकश अब होश में आ
हाथ में झंडा लाल उठा,
जुल्म का नामोनिशान मिटा
उठ होश में आ बेदार हो जा !

कॉमरेड कालीचरन और कॉमरेड बासुदेव !··· सुशलिंग पाटी !··· रास्ते में कालीचरन बासुदेव को समझाता है, "यही पाटी असल पाटी है। गरम पाटी है। 'किरांतीदल' का नाम नहीं सुना था ?··· 'बम फोड़ दिया फटाक से मस्ताना भगतसिंह', यह गाना नहीं सुना हो ? वही पाटी है। इसमें कोई लीडर नहीं। सभी साथी हैं, सभी लीडर हैं। सुना नहीं। हिंसाबात तो बुरजुआ लोग बोलता है। बालदेव जी तो बुरजुआ

है, पूँजीबाद है।… इस किताब में सबकुछ लिखा हुआ है। बुरजुआ, बेटी दुरजुआ, पूँजीबाद, पूँजीपति, जालिम जमींदार, कमानेवाला खाएगा, इसके चलते जो कुछ हो।… अब बालदेव जी की लीटरी नहीं चलेगी। हर समय हिंसाबात, कुछ करो तो बेस अनसन।… कपड़ा की मेंबरी किसी तरह मिल जाए, तब देखना !"

स्टेशन पर बासुदेव जी ने एक किताब खरीदी, सिर्फ एक आने में। 'लाल-किताब' ! एक आदमी झोली में लेकर बेच रहा थाईशू संदेश !

दो किताबें हुईं अब–'ईशू संदेश' और 'द्वंद्वात्मक भौतिकवाद' !

सत्रह

आचारजगुरु कासी जी से आए हैं।

सभी मठ के जमींदार हैं, आचारजगुरु। साथ में तीस मुरती आए हैं–भंडारी, अधिकारी, सेवक, खवास, चिलमची, अमीन, मुंशी और गवैया। साधुओं के दल में एक नागा साधू भी है। यद्यपि वह दूसरे मत को माननेवाला मुरती है, फिर भी आचारज जी उसको साथ में रखते हैं, बड़ा करोधी मुरती है। हाथ में छोटा-सा कुल्हाड़ा रखता है। लंबी दाढ़ी, जटा, सारे देह में भभूत और कमर में सिर्फ चाँदी की सिकड़ी ! नंगा रहता है। महंथ साहेब के साथ वह जिस मठ पर जाता है, वहाँ के महंथ और अधिकारी को छट्टी का दूध याद करा देता है। क्या मजाल कि सेवा में किसी किस्म की तरोटी[1] हो ! इसीलिए आचारजगुरु उसको साथ में रखते हैं।

नागा बाबा जब गुस्सा होते हैं तो मुँह से अश्लील-से-अश्लील गालियों की झड़ी लग जाती है।… आते ही लछमी दासिन पर बरस पड़े–"तैरी जात को मच्छड़ काटे ! हरामजादी ! रंडी ! तैं समझती क्या है री ? ऐं, दुनियाँ को तैं अंधा समझती है ? बोल !… लाल मिर्च की बुकनी डाल दूँ छिनाल ! तैं आचारजगुरु को गाली देती है ? तेरे मुँह में कुल्हाड़े का डंडा डाल दूँ बोल ! साली, कुत्ती ! साधू का रगत बहाती है और बाबू लोग से मुँह चटवाती है ! दूँ अभी तेरे गाल पर चाँटा; हट जा यहाँ से, कातिक की कुतिया !"

लछमी हाथ जोड़कर बैठी रहती है। नागा साधू की गालियों पर लोग ध्यान नहीं देते, बुरा नहीं मानते। वह तो आशीर्वाद है। वह नागा बाबा का पाँव पकड़कर कहती है, "छिमा कीजिए परभू दासिन का अपराध !"

---

1. त्रुटि

रामदास की तो खड़ाऊ से पीटते-पीटते देह की चमड़ी उधेड़ दी है नागा बाबा ने–"सूअर के बच्चे, कुत्ते के पिल्ले ! तैं महंथ बनेगा रे ! आ इधर ! तुझको खडाऊँ से टीका दे दूँ महंथी का ! तेरी बहान को ! (खटाक्) तेरी माँ को ! (खटाक्) घसियारे का बच्चा ! जा लक्कड़ लाकर धूनी में डाल !"

लरसिंघदास खुश है। इसीलिए तो वह अगवानी करने स्टेशन तक गया था। सारी बातें सुनकर आचारज जी भी तो क्रोध से लाल हो गए थे।··· दासिन को मठ से निकालना होगा। नागा बाबा को पाँच-'भर' गाँजा दिया है लरसिंघदास ने। अधिकारी जी को एक सौ रुपया कबूला है।··· महंथी ती धरी हुई है। सतगुरु की दया है।

आचारजगुरु ने लछमी से स्पष्ट कह दिया है–"रामदास को महंथी का टीका नहीं मिल सकता। क्या सबूत है कि वह महंथ सेवादास का चेला है ? है कहीं लिखा हुआ ? कोई वील है ? पंथ के नियम के मुताबिक चेलाहीन मठ का महंथ आचारज ही बहाल कर सकता है। तू मठ पर नहीं रह सकती। सेवादास ने तुझे रखेलिन बनाया था। सेवादास नहीं है, अब तू अपना रास्ता देख।"

"साहेब की जो मरजी !"

साहब की मरजी !··· नागा बाबा की जो मरजी !

नागा बाबा रात में उठकर एक बार चारों ओर देखते हैं, फिर लछमी की कोठरी की ओर जाते हैं खाली पैर। खड़ाऊँ तो खट-खट करेगी !

··· हरामजादी किवाड़ बंद करके सोती है। यहाँ कौन सोया है ? वही पिल्ला, रामदसवा !··· अरे उठ, तेरी जात को मच्छड़ काटे। दासिन को जगा। बाबा का गाँजा मारकर सेज पर सोई हुई है। कहाँ है मेरा गाँजा ? जानता नहीं, तीन–'भर' रोज की खुराकी है ? कहाँ है ?"

"सरकार ! आधी रात में गाँजा···।"

"चुप हरामजादे ! दासिन को जगा।"

"आज्ञा प्रभु !" लछमी किवाड़ खोलकर निकलती है।"

"गाँजा कहाँ है ?"

"हाजिर है सरकार !" लछमी एक बड़ी-सी पुड़िया नागा के हाथ में देती है।

"··· अरे ! हरामजादी के पास इतना गाँजा कहाँ से आया ? पूरा तीन 'भर' मालूम होता है।··· यह साला रमदसवा, कोढ़ी का बच्चा यहाँ खड़ा होकर क्या करता है ?"···

"अबे सूअर के बच्चे, तैं यहाँ खड़ा होकर क्या करता है ?"··· खट्-खटाक् ! लछमी जल्दी से किवाड़ बंद कर लेती है।

"अच्छा, कल देखना, तुझे बाल पकड़ मठ से घसीटकर नहीं निकाला तो कसम गुरु मचंदरनाथ की !"

लरसिंघदास एकांत में एक बार लछमी से कहना चाहता है, "तुम घबड़ाओ मत लछमी ! महंथ तो मैं ही बनूँगा। तुम मठ में ही रहोगी। तुमको मठ से कोई

निकाल नहीं सकता। तुम निराश मत होओ !" लेकिन मौका ही नहीं मिलता है। शायद सुबह ही लछमी कहीं चली न जाए।

आचारजगुरु के जवान अधिकरी को भी रात-भर नींद नहीं आई, "पुरैनियाँ जिला में कंबल के नीचे भी घुसकर ससुरे मच्छर काटे हैं हो !"

सुबह को लछमी बालदेव जी के पास जाती है। बालदेव जी पुरजी बाँट रहे थे। सारी बातें सुनकर बोले, "कोठारिन जी, आचारजगुरु तो सभी मठ के नेता हैं। वे जो करेंगे, वही होगा। इसमें हम लोग क्या कर सकते हैं ? बड़ा धरम-संकट है ! किसी के धरम में नाक घुसाना अच्छा नहीं है।··· तीसरे पहर टीका होगा ? हम आवेंगे।"

लछमी दासिन को बालदेव जी पर पूरा भरोसा था। तहसीलदार साहब घर में नहीं हैं। डाक्टर साहब पर-पंचायत में नहीं जाते हैं। सिंघ जी सुनकर गुम हो गए। खेलावन जी ने तो बालदेव जी पर ही बात फेंक दी–जाने बालदेव !··· सतगुरु हो ! कोई उपाय नहीं।

"साहेब बंदगी कोठारिन जी !"

"कौन ! कालीचरन बबुआ ! दया सतगुरु के !"

"हाँ, टीका कब होगा ? कीरतन नहीं करवाइएगा ?"

लछमी दासिन कालीचरन को रो-रोकर सुनाती है, "काली बाबू ! ऐसी खराब-खराब गाली ! उफ़ ! सतगुरु हो !··· मैं अब कहाँ जाऊँगी ? कौन सहारा है मेरा ?"

"अच्छी बात ! आप कोई चिंता मत कीजिए।··· बालदेव जी क्या करेंगे, वह तो बुरजुआ हैं। रोइए मत।"

लछमी देखती है कालीचरन को··· उस बार परयाग जी के जादूघर में एक आबलूस की मूर्ति देखी थी, ठीक ऐसी ही।

मठ पर सभी साधू-सती, बाबू-बबुआन, दास-सेवकान शमियाने में बैठे हैं। लरसिंघदास ने सिर का जुल्फा छिलवा लिया है। अधकट्टी मूँछ को भी मुड़वा लिया है। साधुओं की भाषा में कहते हैं–मोंछभदरा। सुफेद मलमल की नई लँगोटी ओर कोपीन, देह पर चादर नहीं है।··· चादर तो आचारजगुरु देंगे। आचारजगुरु का मुंशी एकरारनामा और सूरतहाल लिख रहा है। लछमी एक किनारे चुपचाप बैठी है जमीन पर। रामदास की सारी देह में हल्दी-चूना लगा है। बालदेव जी को लछमी पर बड़ी दया आ रही है। लेकिन क्या किया जाए !

"सभी साधू-सती, सेवक-सेवकान, सुन लीजिए !" आचारज जी का मुंशी दलील पढ़ता है, "लिखित लरसिंघदास चेले गोबरधनदास मोतफा जात बैरागी फिरके···। अब आप लोग इस पर दस्तखत कर दीजिए।"··· लछमी फूट-फूटकर रो पड़ती है। सतगुरु हो !

"तैं चुप रह हरामजादी ! चुप रहती है या लगाऊँ डंडा !" नागा बाबा चिल्लाते हैं, "तैं चुप !"

जो दस्तखत करना जानते हैं दस्तखत कर रहे हैं। बालदेव जी ने भी दस्खत कर दिया। उनका हाथ जरा भी नहीं काँपा।··· कालीचरन दलील हाथ में लेकर उठता है–"आचारज जी ! आप कहते हैं, महंथ सेवादास बिना चेला के मरा है। आप क्या गाँव के सभी लोगों को उल्लू ही समझते हैं ?"

"कालीचरन !" बालदेव मना करते हैं, "बैठ जाओ।"

"कालीचरन !" खेलावन यादव डाँटते हैं।

लेकिन कालीचरन आज नहीं रुकेगा। कोई हिंसाबाद कहे या अनसन करे ! वह भी भाखन दे सकता है।

"··· हम जानते हैं और अच्छी तरह जानते हैं कि रामदास इस मठ का चेला है, महंथ सेवादास का चेला है। उसको महंथी का टीका न देकर, आप एक नंबरी बदमास को महंथ बना रहे हैं।··· मठ में हम लोगों के बाप-दादा ने जमीनें दान दी है, यह किसी की बपौती संपत्ति नहीं··· ।"

"तेरी जात को मच्छड़ काटे, चुप साले ! कुत्ते के बच्चे ! अभी कुल्हाड़े से तेरा··· ! तेरी माँ को···।"

"चुप रह बदमास !" कामरेड वासुदेव उछलकर खड़ा होता है।

"पकड़ो सैतान को !" कामरेड सुंदर चिल्लाता है।

"भागने न पावे !···

"मारो !"

··· ले-ले ! पकड़-पकड़ ! मार-मार, हो-हो !··· रुको, ऐ बासुदेब ! ऐ सुंदर ! ··· ऐ !

नागा बाबा दाढ़ी छुड़ाते हैं, जटा छुड़ाते हैं, थप्पड़ों की मार से आँखों के आगे जुगनू उड़ते नज़र आ रहे हैं। गाँजे का नशा उतर गया है।··· आखिर दाढ़ी और जटा नोंचवाकर, कुल्हाड़ा छोड़कर ही भागते हैं।··· पकड़ो, पकड़ो ! छोड़ दो, छोड़ दो ! अब मत मारो ! नागा बाबा भागे जा रहे हैं। भभूत लगाया हुआ नंग-धड़ंग शरीर, बिखरी हुई जटा ! दौड़ते समय उनकी सूरत और भी भयावनी मालूम होती है। गाँव के कुत्ते पागल हो जाते हैं। भौ ! भौं !··· नागा बाबा के पीछे दर्जनों गँवार कुत्ते दौड़ रहे हैं। अधिकारी महंथ लरसिंघदास तो चार चाँटे में ही चें बोल जाते हैं–"नहीं लेंगे महंथी, छोड़ दीजिए हमको !"

"छोड़ दो ! छोड़ दो ! कालीचरन हुक्म देता है। लरसिंघदास भी भागते हैं।

पंचों को लकवा मार गया है; साधुओं की हालत खराब है। पंचों के मुँह पर हवाइयाँ उड़ रही हैं। और सबों के बीच, कालीचरन हाथ में दलील लेकर सिकन्नरशाह बादशा की तरह खड़ा है। पलक मारते ही क्या-से-क्या हो गया ! ··· जैसे रामलीला का धनुसजग हो गया!···

"अब आचारज जी, आपसे हम अरज करते हैं कि सुरतहाल पर रामदास

जी का नाम चढ़ाकर महंथी का टीका दे दीजिए !"

आचारजगुरु काँपते हुए कहते हैं, "ब-बुआ ! हम तो सतगुरु की दया से··· हमको तो लोगों ने कहा कि सेवादास का कोई चेला ही नहीं था। जब रामदास उसका चेला है तो वही महंथ होगा।··· मुंशीजी, लिखिए सूरत-हाल ! ले आओ, चादर, दही का बरतन !"

रामदास नहा-धोकर, देह के हल्दी-चूने के दाग को छुड़ा आया है। दही का टीका कपाल पर पड़ते ही सारे देह की जलन मिट गई।··· सतगुरु हो ! सतगुरु हो !

पूजा-विदाई लिए बिना ही आचारज जी आसन तोड़ रहे हैं। पंचायत के लोग भी चुपचाप अपने-अपने घर की ओर वापस होते हैं। लछमी हाथ में पूजा-विदाई की थाली लेकर खड़ी है–"कबूल हो प्रभू ! दासनि का अपराध छिमा करो प्रभू !"

"काली बाबू !"

बालदेव जी उलटकर देखते हैं। लछमी कालीचरन को बुलाकर अंदर ले जा रही है।··· कालीचरन ने अन्याय किया है, घोर अन्याय किया है, हिंसाबाद किया है। इस बार दो दिन का अनसन करना पड़ेगा।

खेलावन जी जाति-बिरादरी की पंचायत बुलाकर सब बदमाशों को ठीक करेंगे। हे भगवान ! साधुओं के शरीर पर हाथ उठाना !

कालीचरन कुश्ती लड़ता है। उस्ताद ने कहा है, कुश्ती लड़नेवालों को औरतों से पाँच हाथ दूर रहना चाहिए।··· वह पाँच हाथ से ज्यादे दूरी पर खड़ा है।

अठारह

"क्या नाम ?"

"सनिच्चर महतो।"

"कितने दिनों से खाँसी होती है ? कोई दवा खाते थे या नहीं ?··· क्या, थूक से खून आता है ? कब से ?··· कभी-कभी ? हूँ !··· एक साफ डिब्बा में रात-भर का थूक जमा करके ले आना।··· इधर आओ।··· ज़ोर से साँस लो।··· एक-दो-तीन बोलो।··· ज़ोर से। हाँ, ठीक है।"

"क्या नाम ?"

"दासू गोप।"

"पेट देखें ?··· हूँ !··· पिल्ही है। सूई लगेगी। सूई के दिन पुरजी लेकर आना। कल खून देने के लिए सुबह ही आ जाना। समझे !"

"क्या नाम ?"

"निरमला।"

"डागडरबाबू !" एक बूढ़ा हाथ जोड़कर आगे बढ़ आता है। गिड़गिड़ाता है–"हमारी बेटी है। आज से करीब एक साल पहले भोंमरा ने एक आँख में झाँटा मारा। इसके बाद दोनों आँखें आ गईं। बहुत किस्म की जंगली दवा करवाए, लेकिन कोई फ़ायदा नहीं हुआ। अब तो एकदम नहीं सूझता।"

बला की खूबसूरत है यह निरमला। दूध की तरह रंग है चेहरे का।··· विशुद्ध मिथिला की सुंदरता। भौंरे ने गलती नहीं की थी। आँखें देखें !··· और आगे बढ़ आइए।··· आह !··· एक बूँद आईड्राप के बगैर दो सुंदर आँखें सदा के लिए ज्योतिहीन हो गईं।···अब तो इलाज से परे हैं।···

डाक्टर ने आँखों की पपनियाँ उलटकर रोशनी की हल्की रेखा भी खोजने की चेष्टा की।··· ऊँहूँ ! पुतलियाँ कफ़न की तरह सफेद हो गई हैं। वह सोचता है, यदि तूलिका से इन पुतलियों में रंग भरा जा सकता ! हाँ, कोई चित्रकार ही अब इन आँखों को सुंदर बना सकता है, ज्योति दे सकता है।

"डागडरबाबू !" रोगिनी कहती है। आवाज़ में कितनी मिठास है ! "बहुत नाम सुनकर आई हूँ। बहुत उम्मीद लेकर आई हूँ, बाईस कोस से। भगवान आपको जस दें !"

प्रकाश दो ! प्रकाश दो ! अँधेरे में घुटता हुआ प्राणी छटपटा रहा है, आत्मा विकल है–रोशनी दो ! डाक्टर क्या करे ?··· डाक्टर को भावुक नहीं होना चाहिए।

"घबराइए नहीं, दवा दे रहा हूँ। यहाँ ठीक नहीं होगा तो पटना जाना पड़ेगा।"

"हाँ, दूसरा रोगी !··· क्या नाम है ?"

"रामचलित्तर साह।"

"क्या होता है ?"

"जी ! कुछ खाते ही कै हो जाता है। पानी भी··· "

"कब से ?"

"सात दिन से।"

"अरे ! सात दिन से !··· जरा इधर आओ।"

"जी ? बेमारी तो घर पर है।"

"घर कहाँ ?"

"जी, सरसौनी बिजलिया। यहाँ से कोस दसेक है।"

हठात् सभी रोगी एक ओर हट जाते हैं, खूँखार जानवर को देखकर जिस तरह गाय-बैलों का झुंड भड़क उठता है; सभी के चेहरे का रंग उतर जाता है। औरतें अपने बच्चे को आँचल में छिपा लेती हैं। सबकी डरी हुई निगाहें एक ही

ओर लगी हुई हैं।

डाक्टर उलटकर देखता है—एक अधेड़ स्त्री।··· भद्र महिला !

"कहिए, क्या है ?"

"डागडरबाबू ! यह मेरा नाती है, बस यही एक नाती ! मेरी आँखों का जोत है यह। एक साल से पाखाने के साथ खून आता है। इसको बचा दीजिए डागडरबाबू ! ··· यह नहीं बचेगा।"

"घबराइए नहीं।··· इधर आओ तो बाबू ! क्या नाम है ?··· गनेश ! वाह ! जरा पेट दिखलाइए तो गनेश जी !"

गनेश की नानी दवा लेकर चली जाती है। रोगियों का झुंड फिर डाक्टर के टेबल को घेर लेता है।

चिचाय की माँ कहती है, "पारबती की माँ थी। डाइन है ! तीन कुल में एक को भी नहीं छोड़ा। सबको खा गई। पहले भतार को, इसके बाद देबर-देबरानी, बेटा-बेटी, सबको खा गई। अब एक नाती है, उसको भी चबा रही है।"

चिचाय की माँ ने ऐसा मुँह बनाया मानो वह भी कुछ चबा रही हो।··· डाक्टर चिचाय की माँ को देखता है।··· काली, मोटी, गंदी और झगड़ालू यह बुढ़िया चिचाय की माँ, जो बेवजह बकती रहती है; चिल्लाती रहती है।··· यह डाइन नहीं ? सुमरितदास उस दिन कहता था—"चिचाय की माये तो जनाना डाकडर है। पाँच महीने के पेट को इस सफ़ाई से गिरा देती है कि किसी को कुछ मालूम भी नहीं होता।" यह डाइन नहीं और गनेश की नानी डाइन है ? आश्चर्य !

··· गनेश की नानी ! बुढ़ापे में भी जिसकी सुंदरता नष्ट नहीं हुई, जिसके चेहरे की झुर्रियों ने एक नई खूबसूरती ला दी है। सिर के सफेद बालों की घुँघराली लट ! होठों की लाली ज्यों-की-त्यों है। ठुड्डी में एक छोटा-सा गड्ढा है और नाक के बगल से एक रेखा निकल नीचे ठुड्डी को छू रही है। सुंदर दंतपंक्तियाँ ! ··· जवानी की सुंदरता आग लगाती है, और बुढ़ापे की सुंदरता स्नेह बरसाती है। लेकिन लोग इसे डाइन कहते हैं। आश्चर्य !

"कहाँ रहती है ?"

"इसी गाँव में ! कालीचरन का घर देखा है न ! उसी के पास। बैस बनियाँ है।··· कितना ओझागुनी थक गया, इसको बस नहीं कर सका। जितिया परब[1] की रात में कितनी बार लोगों ने इसको कोठी के जंगल के पास गोदी में बच्चा लेकर नंगा नाचते देखा है। गैनू भैंसवार ने एक बार पकड़ने की कोशिश की थी। ऐसा झरका बान[2] मारा कि गैनू के सारे देह में फफोले निकल आए। दूसरे ही दिन गैनू मर गया।··· "

रोज रात में डाक्टर केस-हिस्ट्री लिखने बैठता है।··· अभी उसके हाथ में कालाआज़ार के पचास ऐसे रोगी हैं, जिनके लक्षण कलाआज़ार के निदान को

1. जीताष्टमी। 2. अग्निबाण।

भटकानेवाले साबित हो सकते हैं।

एक : (क) सेबी मंडल, उम्र 35, हिंदू (मर्द), गाँव मेरीगंज, पोलियाटोली। तकलीफ : दाँत और मसूड़े में दर्द। दतुअन करने के समय खून निकलना, मुँह महकना, देह में खुजली, भूख की कमी। बुखार : नहीं। निदान : पायोरिया। दवा : कारबोलिक की कुल्ली। विटामिन सी का इंजेक्शन।

(ख) पंद्रह दिन के बाद : शाम को सरदर्द की शिकायत। बुखार 99.5, रात में पसीना।··· कैलशियम पाउडर।

(ग) पाँच दिन के बाद पेट खराब हो गया है। बुखार : 100°। कार्मिनटिव मिक्शचर। कालाआज़ार के लिए खून लिया गया।

(घ) अल्डेहाइट टेस्ट का फल : (+ +) कालाआज़ार ! चिकित्सा : नियोस्टिबोसन का इन्जेक्शन।

दो : (क) तेतरी, उम्र : 17, हिंदू (औरत), गाँव पासवानटोली, मेरीगंज।

तकलीफ : हड्डियों के हर जोड़ में दर्द। कभी-कभी नाक से खून गिरता है।

बुखार : नहीं (थर्मामीटर से देखा 99.5)। भूख : नहीं। रोग अनुमान : गठिया, वात।

दवा : विटामिन बी का इंजेक्शन। मालिश का तेल। डब्ल्यू. आर. के लिए खून लिया।

(ख) डब्ल्यू. आर. (गरमी) : (–) गरमी नहीं।

(ग) एक सप्ताह बाद नाक से खून गिरा।··· पेट खराब हुआ। कालाआज़ार के लिए खून लिया।

(घ) अल्डेहाइड टेस्ट का फल : संदेहात्मक। फिर खून लिया।

(ङ) ब्रह्मचारी-टेस्ट का फल : (+)

चिकित्सा–यूरिया स्टिबामाइन (ब्रह्मचारी)।

तीन : (क) रामेसर का बच्चा : उम्र-2 महीने। नाभी में घाव। रात में रोता है, दूध फेंकता है... माँ को कैलशियम पाउडर।

(ख) एक सप्ताह के बाद सारे देह में चकत्ते। अनुमान : एलरजिक।

(ग) चार दिन के बाद : चकत्तों में पानी भर गया है। डब्ल्यू. आर. के लिए माँ का खून लिया। फल : (–) नहीं।

(घ) कालाआज़ार के लिए माँ का खून लिया। फल : (–) नहीं। कालाआज़ार के लिए बच्चे का खून लिया। फल : (+ + +) कालाआज़ार।

और इस बच्चे की यदि मृत्यु हुई तो जरूर किसी डाइन के मत्थे दोष मढ़ा जाएगा। देह में फफोले ! गनेश की नानी पर संदेह किया जाएगा। गनेश की नानी ! न जाने क्यों वह गनेश की नानी से कोई प्यारा-सा संबंध जोड़ने के लिए बेचैन हो गया है। कमली कहती है, "मौसी ! मौसी में बहुत गुन हैं। सीकों से बड़ी अच्छी चीजें बनाती है–फूलदानी, डाली, पंखे। कशीदा कितना सुंदर काढ़ती है ! पर्व-त्योहार और शादी-ब्याह में दीवार पर कितना सुंदर चित्र बनाती है–कमल

के फूल, पत्ते और मयूर ! चौक कितना सुंदर पूरती है !"··· वह भी उसे मौसी कहेगा !

"मौसी !"

"कौन ?"

"मैं हूँ। डाक्टर। गनेश कहाँ है ?"

"डागडरबाबू ! आप ? आइए, बैठिए। गनेश सो रहा है। मैं तो अकचका गई, किसने मौसी कहकर पुकारा !" बूढ़ी की आँखें छलछला आती हैं।

"मौसी ! सुना है तुम एक खास किस्म का हलवा बनाती हो ?" मौसी हँस पड़ती है, "अरे दुर ! किसने कहा तुमसे ? पगली कमली ने कहा होगा जरूर। ··· कमली कैसी है अब ? इधर तो बहुत दिन से आई ही नहीं है। पहले तो रोज आती थी।"

"अच्छी है।··· अच्छी हो जाएगी। मौसी ! एक बात पूछूँ ?··· तुम्हारी कोई बहन, माँ, बेटी या और कोई··· सहरसा इलाके में, हनुमानगंज के पास कभी रहती थी ?" डाक्टर अपने बेतुके सवाल पर खुद हँसता है।

"सहरसा इलाके में हनुमानगंज के पास ?··· रहो, याद करने दो।··· नहीं तो ? क्यों, क्या बात है ?"

"यों ही पूछता हूँ। ठीक तुम्हारे ही जैसी एक मौसी वहाँ भी है।" बात को बदलते हुए डाक्टर कहता है, "मुझे एक फूल की डाली दो न मौसी !"

उफ !··· सचमुच डाइन है यह बुढ़िया। इसकी मुस्कराहट में जादू है। स्नेह की बरसा करती है। ऐसी आकर्षक मुस्कराहट ?

गनेश बड़ा भोला-भाला लड़का है ! बड़ा खूबसूरत ! गोरा रंग, लाल ओठ और घुँघराले बाल उसे नानी के पक्ष से ही मिले हैं।··· बड़ा अकेला लड़का मालूम होता है। मौसी कहती है, "किसके साथ खेले ! गाँव के बच्चे अपने साथ खेलने नहीं देते।··· मेरे ही साथ खेलता है।"

"गनेश जी, जरा पेट दिखाइए तो !··· मौसी ! कल इसे सुबह ले आना तो ! खून लूँगा। होंठ मुरझाए रहते हैं।"

गनेश को अब एक मामा मिल गया।

"सचमुच ऐसा हलवा कभी नहीं खाया मौसी !··· विश्वास करो।··· गनेश को भी दो ! कोई हरज नहीं।"

"मामा देखो !" गनेश गले में स्टेथस्कोप लटकाकर हँसता है।

"वाह ! मेरा भानजा डाक्टर बनेगा।"

डाक्टर जब मौसी के घर से निकला तो उसने लक्ष्य किया, कालीचरन के कुएँ पर पानी भरनेवाली स्त्रियों की भीड़ लग गई है। सभी आँखें फाड़े, मुँह बाए, आश्चर्य से डाक्टर को देखती हैं–"इस डाक्टर को काल ने घेरा है सायद।"

"लाल सलाम !" कालीचरन मुट्ठी बाँधकर सलाम करता है, और डाक्टर को एक लाल परचा देते हुए कहता है, "कामरेड मंत्री जी आपको पहचानते हैं डाक्टर साहब !"'. हाँ, कृष्णकांत मिश्र जी !"

आइए ! आइए ! जरूर आइए !

कमानेवाला खाएगा, इसके चलते जो कुछ हो !

किसाना राज : कायम हो।

मजदूर राज : कायम हो।

प्यारे भाइयों ! ता··· को मेरीगंज कोठी के बगीचे में किसानों की एक विशाल सभा होगी। सोशलिस्ट पार्टी पूर्णिया के सहायक मंत्री साथी गंगाप्रसादसिंघ यादव सैनिक जी··· ।

"परसो सभा है ! आइएगा।··· लाल सलाम !"

उन्नीस

चलो ! चलो ! सभा देखने चलो !

सोशलिस्ट पार्टी की सभा की खबर ने संथालटोली को विशेष रूप से आलोड़ित किया है। गाँव में अस्पताल खुलने की खुशखबरी की कोई खास प्रतिक्रिया संथालों पर नहीं हुई थी। गाँव के लड़ाई-झगड़े और मेल-मिलाप से भी उन्हें कुछ लेना-देना नहीं। लेकिन यह सभा ? जमीन जोतनेवालों की ?··· कर्तव्यनिष्ठ और मेहनती संथाल किसानों के दिमाग की मुद्दत से उलझी हुई गुत्थी का सही सुलझाव ! जमीन जोतनेवालों की सभा !

"जमीन किसकी ?··· जोतनेवालों की ! जो जोतेगा वह बोएगा, जो बोएगा वह काटेगा। कमानेवाला खाएगा, इसके चलते जो कुछ हो !" कालीचरन समझा रहा है।

चारों ओर स्वस्थ, सुडौल, स्वच्छ और सरल इंसानों की भीड़। श्याम मुखड़ों पर सफेद मुस्कराहट, मानो काले बादलों में तीज के चाँद के सैकड़ों टुकड़े। बिरसा माँझी का जवान बेटा मंगल माँझी कालीचरन के वाक्यों को गीतों की कड़ी में जोड़ने की चेष्टा करता है···

जोहिरे जोतबे सोहिरे बोयबे···

सनियाँ मुरमू कालीचरन की हर बात पर खिलखिलाकर हँसती है—हँ हँ हँ

हँ हँ हँ हँ ! सरगम के सुर में हँसती है सनियाँ। पर तीतर की आवाज की तरह हँ हँ हँ हँ ! पीछे की ओर झूलता हुआ रंगीन आँचल रह-रहकर चंचल हो उठता है, मानो नाचने के लिए मोरनी पंख तौल रही हो। उसके चरण थिरकने के लिए चपल हो उठे हैं।

मनर की मंद आवाज··· रिंग रिंग ता धिन-ता !
डिग्गा की अटूट ताल··· डा डिग्गा, डा डिग्गा !
उन्मुक्त स्वर लहरी··· जोहिरे जोतबो सोहिरे बोयबे !
मुरली की लय पर पायलों का छुम छुम, छन्न छन्न !

डा डिग्गा डा डिग्गा
रिंग रिंग ता धिन-ता !

चल चल रे, सभा देखेला।···

चार पुश्त पहले की बात ! संथाल परगना के तीन पहाड़ी अंचल की पथरीली माटी का मोह तोड़कर, ऊबड़-खाबड़ पहाड़ी रास्ते को तय करके जब इनके पूर्वज इस गाँव की नरम माटी पर आकर बसे थे ! गाँववालों ने जमींदार के पास जाकर फरियाद की थी, "हुजूर ! माई-बाप ! जंगली लोग हैं। सुनते हैं तीर-धनुष से जान मार देने पर भी सरकार बहादुर इनको कुछ नहीं कर सकता है। इन्हें हरगिज नहीं बसाया जाए हुजूर !"

लेकिन जमींदार ने समझाकर कहा था, "ऐसी बात नहीं। वे बड़े मिहनती होते हैं। धरमपुर इलाके में जाकर देखो, राजा लछमीनाथसिंघ ने इनसे हजारों बीघा बनजर जमीन आबाद करवा लिया है; परती और भीठ जमीन से ही तेजू बाबू को दो हजार मन गेहूँ उपजाकर संथालों ने दिया है। मालूम ?"

जमींदार ने गाँववालों को विश्वास दिलाया था कि इन्हें गाँव से अलग ही बसाएँगे। सभी जमींदारों ने इन्हें जंगलों में ही बसाया है।

इसके बाद से ही बबूल, झरबेर और साँहुड़ के पेड़ों से भरे हुए जंगल हर साल साफ़ होकर आबाद होते गए। आज जहाँ सैकड़ों बीघे जमीन में मोती के दानों से भरी हुई गेहूँ की बालियाँ पुरवैया हवा में झूम रही हैं, धरती का वह टुकड़ा सर्वे के कागजात और नक्शे में जंगल के नाम से दर्ज है, जिस जंगल में बाघ का शिकार खेलने के लिए ज़िले-भर के राजा और जमींदार जमा होते थे। गाँव के नई उम्र के लड़के तो विश्वास नहीं करते।

नीलहे साहबों के नील के हौज़ ज्यादातर इन्हीं मूक इंसानों के काले शरीर के पसीने से भरे रहते थे।

साहबों के कोड़ों की मार खाकर, जमींदारों की कचहरियों में दिन-भर मोगलिया

बाँधी[1] की सजा भुगतने के बाद शाम को मोहन की जादू भरी-वंशी बजी और सब के कष्ट दूर हो गए।

रिंग रिंग ता धिन-ता
डा डिग्गा डा डिग्गा !...

सोने के अनाज से भरे हुए, धरती के गुप्त भंडार का उद्‌घाटन करनेवाले पर धरती माता का कोप होना स्वाभाविक है। यही कारण है कि आज जमीन के मालिकों ने, जमीन के व्यवस्थापकों ने और धरती के न्याय ने धरती पर इनका किसी किस्म का हक नहीं जमने दिया है। जिस जमीन पर उनके झोंपड़े हैं, वह भी उनकी नहीं। हल में जुता हुआ बैल दिन-भर खेत चास[2] करता है, इसलिए बैलों को भी धरती का हकदार कबूल किया जाए ? यह कैसी बात है ?

1947 के कांग्रेसी मंत्रिमंडल के समय इस जिले में एक अंग्रेज कलक्टर आया था। उसने इस व्यवस्था को अन्याय समझ सुधारने की चेष्टा की थी। ज़िले-भर के भूमिहार, जमींदार और राजा घबरा गए थे। जिले के अधिकांश नेता भूमिहार और जमींदार थे। अंग्रेज कलक्टर पर इलजाम लगाया गया--संथालों को उभारकर, जिले में अशांति फैलाकर, कांग्रेसी मंत्रिमंडल को असफल बनाने का षड्यंत्र करता है ! 'कांग्रेस संदेश' के संपादकीय में संथालों के प्रति थोड़ी समवेदना प्रकट की थी। बेचारे विद्यालंकार संपादक को उसी दिन मालूम हुआ था कि विद्या का अलंकार कितना बेमानी है। जिला-मंत्री ने आँखें लाल करके कहा था, "विद्यापीठ का शास्त्र यहाँ काम नहीं देगा। विद्यापीठ में गधे के सर पर सींग तो नहीं जम सकती है।"...

जमींदारों ने अपने भाड़े के लठैतों को जगह-जगह संथालों की लहलहाती फसलों पर हुलका[3] कर, संथाल टोली पर चढ़ाई करवाकर, रुपए लाठी के हिसाब से बटोरे हुए लठैतो को संथालों के तीरों से जख्मी करवाकर, सबल प्रमाण पेश कर दिया था--संथालों के जोर-जुल्म का मुख्य कारण है यह अंग्रेज कलक्टर। इसी के बल पर वे कूद रहे हैं।

अंग्रेज कलक्टर की तुरंत बदली हो गई। बहुत-से संथाल सरकारी गोली से घायल हुए और सैकड़ों ने बिहार के विभिन्न जेलों में सफैयाकमान[4] में काम करते-करते सारी उम्र बिता दी। उसके बाद फिर कौन चूँ करता है ! लेकिन मानर और डिग्गा की आवाज कभी मंद नहीं हुई, बाँसुरी कभी मंद नहीं हुई और न उनके तीरों में ही जंग लगे। आज भी कभी कभी बनैले जानवरों के शिकार के समय, सूरज की किरणों में चमकदार चकाचौंध पैदा कर देते हैं इनके तीर !

मलेरिया और कालाआज़ार की क्रीड़ा-भूमि में भी ये सबल और स्वस्थ रहकर क्रीड़ा करते हैं। हड्डियों पर कलापूर्ण ढंग से तराशकर बैठाए जैसे मांस का उभार

1. एक कड़ी सजा। 2. जोतना। 3. धावा करना। 4. मेहतर कमांड।

कभी सूखा नहीं; ताले फूलों की पंखड़ियों जैसे उनके ओठ कभी जर्द नहीं हुए और न किसी संथाल के पेट में कभी पिल्ही बढ़ जाने की बात ही सुनी गई। अस्पताल खुलने से उनका क्या फायदा होगा ? लेकिन जमीन !··· जोतनेवालों की ?···

"चलो ! चलो ! सभा देखने चलो !"

किसान राज : कायम हो ।
मजदूर राज : कायम हो !
गरीबों की पाटी : सोशलिस्ट पाटी,
सोशलिस्ट पाटी : जिंदाबाद !

"··· यह जो लाल झंडा है, आपका झंडा है, जनता का झंडा है, अवाम का झंडा है, इन्कलाब का झंडा है। इसकी लाली उगते हुए आफताब की लाली है, यह खुद आफताब है। इसकी लाली, इसका लाल रंग क्या है ?··· रंग नहीं ! यह गरीबों, महरूमों, मजलूमों, मजबूरों, मजदूरों के खून में रँगा हुआ झंडा है !" कामरेड सैनिक जी भाषण दे रहे हैं।

"ऐं ! खून में रँगा हुआ झंडा !" बादरदास ने कालीचरन के कहने से हाथ में झंडा लिया था। बादरदास वैष्णव है, मांस-मछली छूता भी नहीं; और यह आदमी के खून में रँगा हुआ झंडा ? उसका धरम भ्रष्ट कर दिया कालिया ने। छिः-छिः ! वह हाथ में झंडे का बाँस थामे खड़ा है ?··· वह अचानक ही झंडे के बाँस को छोड़ देता है ! आदमी के खून में रँगा हुआ झंडा !

जोतकी काका कहते हैं, "पताखा पतन, अशुभ, अमंगल और अनिष्ट की सूचना है।"

सैनिक जी अपना भाषण जारी रखते हैं। भाषण के बीच में रुक जाने से फिर, शुरू से याद करना पड़ता है–"जिस तरह सूरज का डूबना एक महान् सच है, पूँजीवाद का नाश होना भी उतना ही सच है। मिलों की चिमनियाँ आग उगलेंगी और उन पर मजदूरों का कब्जा होगा। जमीनों पर किसानों का कब्जा होगा। चारों ओर लाल धुआँ मँडरा रहा है। उट्ठो, किसानों के सच्चे सपूतो ! धरती के सच्चे मालिको, उट्ठो ! क्रांति का मशाल लेकर आगे बढ़ो !"

"बोलिए एक बार प्रेम से–सोशलिस्ट पाटी की जै !" यंही पार्टी असली है। किसानों की पार्टी, गरीबों की पार्टी। सभा-स्थल पर ही तीन सौ मेंबर बन गए। संथालटोली का एक आदमी भी गैर-मेंबर नहीं रहा। सब लाल ! सिर्फ सरदार टुड्डू का तेरह साल का लड़का रह गया है। वह रोता है, सरदार टुड्डू सैनिक जी के पास जाकर अपील करता है, "इश्का नाम लेंबरी में नहीं लिखा जाएगा ? क्यों ? उमेर कम नहीं, देखिए, इश्को मोंच का रेख आ रहा है।"

बालदेव जी कुछ बोलने को खड़े होते हैं। बासुदेव तुरत उठकर कहता है, "बालदेव जी, आपका बिख्यान हम लोग बहुत बार सुन चुके हैं। आप पूँजीबाद

हैं। इस सभा में आप नहीं बोल सकते।"

जनता ने भी विरोध किया, बैठ जाइए ! जाइए, कपड़ा का पुर्जी बाँटिए, चीनी बिलेक क़ीजिए।"

··· अरे बाप ! कितना टीन छोआ कहा नेताजी ने ? एक हजार टीन छोआ बिलेक कर दिया मेनिस्टर कांग्रेसी ने ! इसीलिए तो देहात से हुक्का उठ रहा है। अब लोग बीड़ी न पीयें तो क्या करें। हुक्का के तंबाकू के लिए छोआ गूड़ कहाँ से आएगा। सब बिलेक हो गया। अन्याय है !

तहसीलदार साहब को तो नेताजी ने भरी सभा में बेज्जत कर दिया, अलबत्त गाली देते हैं नेताजी।··· जमींदार के दुम ये तहसीलदार ! मुफ्तखोर !

मगर तहसीलदार साहब हँसते ही रहे थे। उस रात को बिदापत नाच के बिकटा की भँड़ैती सुनने के समय जैसी मंद मुस्कराहट उनके चेहरे पर थी, आज भी है।

कालीचरन अब खेलावनसिंह के कब्जे से बाहर है। कालीचरन यादव कुल-कलंक है। बूढ़ा कुकरू बुढ़ापे तक खेलावन का बैल चराता था और उसका बेटा लीडर हो गया। सुश्लिग लीडर ! इसको काबू में रखने का कोई हथियार भी नहीं। अँगूठे का टीप भी कभी नहीं लिया इससे !

सिपैहियाटोली का एक बच्चा भी इस सभा में नहीं था। उनके टोले में कटिहार से काली टोपीवाले दल के संजोजकजी आए हैं। लाठी-भाला टरेनि देते हैं। छोटी जात के लोगों की सभा में वे नहीं जा सकते।

कालीचरन ने सैनिक जी के रहने का प्रबंध मठ पर किया है। महंथ रामदास जी तो नाम के महंथ हैं, मठ की असल मालकिन तो लछमी है।··· पंद्रह सेर दूध को जलाकर खोआ बना है, मालपुआ की सोंधी सुगंध हवा में फैल रही है।

लछमी पूछती है, "काली बाबू ! नेताजी डोलडाल से आकर स्नान नहीं करेंगे ?"

सैनिक जी के साथ में 'लाल पताका' साप्ताहिक पत्र के संपादक श्री चिनगारी जी भी आए हैं। दुबले-पतले हैं, दिन-भर खाँसते रहते हैं; आँख पर बिना फ्रेम वाला चश्मा लगाते हैं। दिन-भर सिगरेट पीते रहते हैं। शायद इसीलिए 'चिनगारी जी' नाम पड़ा है। डॉक्टर ने अंडा खाने के लिए कहा है। बिना अंडा खाए इतना गरम अखबार कोई कैसे निकाल सकता है ?··· लेकिन मठ पर अंडे का प्रबंध कैसे हो सकता है ?

लछमी के अतिथि-सत्कार को भूलना असंभव है। चिनगारी जी रात में सोते समय सैनिक जी से कहते हैं, "मैं लछमी जी पर एक मुक्तछंद लिखना चाहता हूँ···

"··· ओ महान् सतगुरु की सेविका
गायिका पवित्र धर्मग्रंथ की
ओ महान् मार्क्स के दर्शन की दर्शिका,
सुदर्शने, प्रियदर्शिनी,
तुम स्वयं द्वंद्वयुक्त भौतिकवाद की
सिनथिसिस हो !"

बीस

कमली डाक्टर को पत्र लिखती है–

"प्राणनाथ !··· तुम कल नहीं आए। क्यों नहीं आए ? सुना कि रात में···।

कमली डाक्टर को रोज पत्र लिखती है। लिखकर पाँच-सात बार पढ़ती है, फिर फाड़ डालती है। उसकी अलमारी के एक कोने में फाड़ी हुई चिट्ठियों का ढेर लग गया है। पत्र लिखने और लिखकर पढ़ने के बाद उसको बड़ी शांति मिलती है। जी बड़ा हल्का मालूम होता है, और नींद भी अच्छी आती है।

"··· सुना कि रात में तुम गेहुँअन साँप से बाल-बाल बच गए। भगवान को इसके लिए लाख-लाख धन्यवाद !"

रात में डाक्टर गेहुँअन साँप से बाल-बाल बच गए। गेहुँअन नहीं? घोड़-करैत। गेहुँअन और करैत का दोगला। घोड़े से ज्यादा तेज भाग सकता है। घोड़-करैत का काटा हुआ आदमी ओझा-गुणी का मुँह नहीं देख सकता। आधी रात को खरगोश और चूहे अपने-अपने पिंजड़ों में घबराकर दौड़-भाग करने लगे। डाक्टर साहब ने प्यारू को पुकारा, लेकिन प्यारू की नींद नहीं टूटी। जानवरों के कमरे का दरवाजा खोलकर टार्च देते ही डाक्टर तड़पकर पीछे हट गए–साँप ठीक किवाड़ के पास ही अपनी पूँछ पर सारे धड़ को खड़ा किए फुफकार रहा था। तब तक प्यारू भी जग चुका था। उठते ही उसने बाएँ हाथ से ही ऐसी लाठी चलाई कि साँप वहीं ढेर हो गया। अढ़ाई हाथ का साँप ! डाइन का मंतर अढ़ाई अक्षरों का होता है और डाइन का भेजा हुआ साँप अढ़ाई हाथ का !

सुबह को जिसने यह बात सुनी, बस एक ही राय कायम की–यह तो पहले से ही मालूम था। डाक्टरबाबू को इतना समझाया-बुझाया की पारबती की माँ से इतना हेल-मेल नहीं बढ़ावें। नहीं माने, अब समझें। बह राच्छसनी किसी को छोड़ेगी ? जिसको प्यार किया, उसको जरूर खाएगी। डाक्टर बेचारा भी क्या करे ! वह अपने मन से तो कुछ नहीं करता। उस पर तो पारबती की माँ ने जादू कर दिया है; वह अपने बस में नहीं। मुफ्त में बेचारे की जान चली जाएगी एक दिन। चू: चू: !

कमली को डाइन, भूत और डाकिन पर विश्वास नहीं। तहसीलदार साहब भी इसे मूर्खता समझते हैं। कालीचरन तो आदमी से बढ़कर बलवान किसी देवता को भी नहीं समझता, फिर डाइन-भूत, ओझा-गुणी किस खेत की मूली हैं ! इन्हें छोड़कर गाँव के बाकी सभी लोग डाइन के बारे में एकमत हैं। बालदेव जी ने तो बहुत बार भूत को अपनी आँखों से देखा है। भैंस के पीछे-पीछे खैनी-तंबाकू माँगता है भूत ! डाकिन का पाँव उल्टा होता है और वह पेड़ की डाल से लटककर झूलती है। भूत-प्रेत झूठ है ? तब कमला किनारे, कोठी के जंगल के पास में

रात को जो भक्क-से राकस जल उठता है, दौड़ता है और देखते-ही-देखते एक से दस हो जाता है सो क्या है ?

"डाक्टर साहब अब रोज मौसी के यहाँ जाते हैं। मौसी के यहाँ एक बार बिना गए उनको चैन नहीं," प्यारू कहता है। कमली सुनती है और हँसती है।

"डाक्टर साहब गनेश को देखने जाते हैं, प्यारू !"

"वह लड़का तो आराम हो गया है। मुटाकर कोल्हू होता जा रहा है। उसको क्या देखने जाते हैं !"

"अच्छा प्यारू, डाक्टर साहब तो मेरे यहाँ भी रोज आते हैं।"

"तुम्हारे यहाँ की बात दूसरी है दीदी !"

"क्यों ? दूसरी बात क्या है ?"

डाक्टर साहब हँसते हुए आते हैं, "अच्छा ! तो प्यारू जी यहाँ दरबार कर रहे हैं। वह बुखारवाला खरगोश कैसे भाग गया ?"

"जी, हम दोपहर का दाना देने गए तो देखा कि पिंजड़ा खाली।"

"सुबह सूई देने के बाद तो मैंने पिंजड़ा बंद कर दिया था। तुमने पानी पिलाने के बाद पिंजड़ा बंद नहीं किया होगा। महीने-भर की मेहनत बेकार गई।"

प्यारू को इन चूहों और खरगोशों से बेहद नफरत है।... आदमी के इलाज से जी नहीं भरता है, तो जानवरों का इलाज करते हैं ! दिन-भर पिंजड़ों को लेकर पड़े रहते हैं। बुखार देखते हैं, सूई देते हैं और खून लेते हैं। जब से ये जानवर आए हैं, डाक्टर साहब को प्यारू से बात करने की भी छुट्टी नहीं मिलती।... अब भाँगड़टोली के लोगों से कह रहे हैं–"दो-तीन सियार के बच्चों की जरूरत है। उस दिन मदारी से बंदर माँग रहे थे। अजीब सौख है !"

प्यारू चुपचाप चला जाता है। माँ हँसती हुई आती है, "डाक्टर साहब ! मैंने विषहरी माई को एक जोड़ी कबूतर और दूध-लावा कबूला है !"

"और मैंने भी विषहरी दवा के लिए लिख दिया है।"

"विषहरी दवा ?"

"हाँ, एंटिवेनम एक दवा है, साँप के काटे हुए का इलाज होता है ! मैं ऐंटिवेनम से भी ज्यादा प्रभावशाली और सस्ती दवा की खोज करना चाहता हूँ। सुनते हैं, रौतहट स्टेशन के पास सँपेरों का टोला है। साँप पकड़वाकर रखना होगा।"

"तब माटी के महादेव नहीं, असली महादेव हो जाइएगा।" कमली व्यंग्य करना जानती है।

डाक्टर साहब हँस पड़ते हैं और माँ हँसी को रोकते हुए कमली को डाँटती है, "जो मुँह में आया बोल दिया। जरा भी लाज-लिहाज नहीं। इसके बाप ने तो इसे और भी बतक्कड़ बना दिया है। तुम यहाँ आकर चुप बैठो तो जरा, मैं चाय बना लाऊँ।"

"तहसीलदार साहब कहाँ गए हैं ?" डाक्टर पूछता है।

"कटिहार। सर्किल मैनेजर के कैंप में गए है," कमली जवाब देती है। आज

पहली बार कमली ने डाक्टर को अपने पास अकेला पाया है। वह अपने चेहरे को देख नहीं सकती, लेकिन ऐसा लगता है कि उसका चेहरा धीरे-धीरे लाल होता जा रहा है। आँखों की पलकों पर भारी बोझ लद गए हैं, कान की इयररिंग थरथरा रही है। सारी देह गुदगुदी लग रही है। देह हलकी लग रही है।··· बेहोशी ? वह बेहोश होना नहीं चाहती। नहीं, नहीं ! डा··· क्टर !

"कमला !"

"जी !"

"कमला ! इधर देखो कमला !"

"डाक्टर, मुझे बचाओ !"

"कमला, आँखें खोलो !"

कमला ने आँखें खोल दीं। उसका सिर डाक्टर की गोद में है। माँ हाथ में चम्मच लिए खड़ी है, भय से माँ का मुँह पीला हो गया है, लेकिन डाक्टर साहब मुस्करा रहे हैं।

"डाक्टर साहब, इसकी बीमारी का तो टेर-पता ही नहीं चलता है।"

"लेकिन रोग तो धीरे-धीरे घट रहा है। बेहोश हुई, पर पाँच मिनट में ही स्वस्थ भी हो गई। इसी तरह एक दिन जड़ से यह रोग दूर हो जाएगा।....कमला को ही चाय बनाने दीजिए। जाओ कमला !"

कमला उठकर इस तरह दौड़ी मानो कुछ हुआ ही नहीं था। डाक्टर कमला की किताब हाथ में लेकर उलटता है–नल-दमयंती ! अस्याधिकारिणी कुमारी कमलादेवी।...दूसरी जगह कुमारी को काट दिया गया है और नाम के अंत में बनर्जी जोड़ दिया गया है –कमलादेवी बनर्जी। डाक्टर जल्दी से पृष्ट उलटता है–आर्ट पेपर पर नल-दमयंती की तस्वीर। नल के नीचे नीली पेंसिल से लिखा है 'प्रशान्त' और दमयन्ती के नीचे लाल पेंसिल से 'कमला'। डाक्टर के ललाट पर पसीने की छोटी-छोटी बूँदें चमक उठती हैं। उसे याद आता है, एक बार ममता के साथ बाँकीपुर स्टेशन से लौट रहा था। रिक्शा पर बैठने के समय एक भिखारी ने घेर लिया था–"जुगल जोड़ी कायम रहे, सुहाग अचल रहे माँ का, बाल-बच्चा बनल रहे !" ममता ने बैग से इकन्नी निकालकर दी थी और डाक्टर की ओर देखकर खिलखिलाकर हँस पड़ी थी; और डाक्टर के ललाट पर इसी तरह पसीने की बूँदें चमक उठी थीं।

"डाक्टर साहब, कमली के लिए एक अच्छा-सा वर ढूँढ़िए न ! आपके देश में... आपके साथी-संगी..." माँ कहते-कहते सिर पर घूँघट सरकाकर चुप हो जाती है। तहसीलदार साहब आ गए। रनजीत के हाथ में एक बड़ी रोहू मछली है।

"यह नजराना कहाँ मिला ?" डाक्टर साहब हँसते हैं।

"पकरिया घाट पर मछुआ लोग आज मछली मार रहे थे," तहसीलदार साहब ने मोढ़े पर बैठते हुए कहा।

कमला चाय ले आई।

"डाक्टर साहब, आज पाप की गठरी फेंक आया हूँ।" तहसीलदार साहब ने चाय की प्याली में चुस्की लेते हुए कहा।

"मलतब ?"

"यह तहसीलदारी पाप की गठरी ही तो थी। यह नया सर्किल मैनेजर आते ही 'आग पेशाब' करने लगा। 'लाल पताका' अखबार ने ठीक ही लिखा था, 'राज पारबंगा के मीरापुर सर्किल का नया मैनेजर नादिरशाह का भतीजा है।' अब आप ही बताइए डाक्टर साहब, कि जिन रैयतों के यहाँ सिर्फ एक ही साल का बकाया है, उन पर नालिश कैसे किया जाए ? फिर चुपचाप डिग्री जारी करवाकर नीलाम करो और जमीन खास कर लो। इतना बड़ा अन्याय मुझसे तो अब नहीं होगा। जमाना कितना नाजुक है, सो तो समझते हैं नहीं। मैंने साफ इनकार कर दिया तो कड़ककर बोले, "नहीं कर सकते तो इस्तीफा दे दो।" गंगा-स्नान से भी बढ़कर ऐसे पुण्य का अवसर बार-बार नहीं मिलता। तुरंत इस्तीफा दे दिया। सारी जिंदगी तो गुलामी करते ही बीत गई। ...कमला की माँ, आज मत्स भगवान आए हैं। कमला से कहो, डाक्टर साहब को निमंत्रण दे दे।"

तहसीलदार साहब की रसिकता ने डाक्टर को एक बार फिर नल-दमयंती की याद दिला दी। कमली मुस्करा रही है। माँ कहती है, "बग़ैर मिर्च-मसाला की मछली कमली ही बना सकती है।"

डाक्टर महसूस करता है, कमला के निमंत्रण को अस्वीकार करने की हिम्मत उसमें नहीं। ...कमला बनर्जी। ...कमला की आँखें !

चाँद बयरि भेल बादल, मछली बयरि महाजाल
तिरिया बयरि दुहु लोचन...

इक्कीस

रात को तंत्रिमाटोली में सहदेव मिसर पकड़े गए !

यह राव खलारी की करतूत है। ऊपरी आदमी[1] के सिवा ऐसा जालफरेब गाँव का और कौन कर सकता है ? पुश्त-पुश्तैनी के बाबू लोग छोटे लोगों के टोले में जाते हैं। खेती-बारी के समय रात को ही जनो[2] को ठीक करना होता है, सूरज उगने से एक घंटा पहले ही खेतों पर मजदूरों को पहुँच जाना चाहिए।

---

1. परदेशी। 2. मजदूर।

इसलिए सभी बड़े किसान शाम या रात को ही अपने-अपने जनों को कह आते हैं। तंत्रिमाटोली में जब से खलासी का आनाजाना शुरू हुआ है, तभी से नई-नई बातें सुनने को मिल रही हैं। देखा-देखी, दूसरे टोले में भी नियम-कानून, पंचायत और बंदिश हो गई है। बेचारे सहदेव मिसर को रात-भर तंत्रिमा लोगों ने बाँधकर रखा। ...फुलिया के घर में घुसा था तो फुलिया ने हल्ला क्यों नहीं किया ? जिसके घर में घुसा उसकी नींद भी नहीं खुली, माँ-बाप को आहट भी नहीं मिली और उसका कुत्ता भी नहीं भूँका। गाँव के लोगों को बेतार से खबर मिल गई। यह खलासी की बदमाशी है। रही हालत यही तो छोटे लोगों के टोले में जन के लिए जाना मुश्किल हो जाएगा। कौन जाने, किस पर कब झूठ-मूठ कौन-सी तोहमत लग जाए ? पंचायत होनी चाहिए। राजपूतों ने यदि इस पंचायत में ब्राह्मणों का पक्ष नहीं लिया तो ब्राह्मण लोग ग्वालों को राजपूत मान लेंगे।

"हमको कुछ नहीं मालूम," फुलिया पंचों के बीच हाथ जोड़कर कहती है, "जब आँगन में हल्ला होने लगा तब मेरी आँखें खुलीं।"

सहदेव मिसर के पास मँहगूदास के अँगूठे की टीप है–सादा कागज पर। मँहगू की टीक[1] सहदेव के हाथ में है। सहदेव जो चाहे कर सकता है। दोनों गायें और चारों बाछे कल ही खूँटे से खोल कर ले जाएगा। इसके अलावा साल-भर का खरचा भी तो सहदेव ने ही चला दिया है। एक आदमी की मजदूरी से तो एक आदमी का भी पेट नहीं भरता है। ...लेकिन अब फुलिया के हाथ में ही सहदेव मिसर की इज्जत और अपने बाप की दुनिया है; उसकी बोली में जरा भी हेर-फेर हुआ कि सहदेव की इज्जत धूल में मिल जाएगी और उसके बाप की दुनिया भी उजड़ जाएगी।

पंचायत में गाँव-भर के छोटे-बड़े लोग जमा हुए हैं। तहसीलदार साहब पुरैनिया गए हैं। पंचायत में अकेले सिंघ जी बोल रहे हैं। काली टोपीवाले संयोजक भी हैं। बालदेव जी भी हैं। कालीचरन बिना बुलाए ही आया है। सिंघ जी अकेले ही जिरह-बहस कर रहे हैं। तहसीलदार साहब रहते तो थोड़ी सहूलियत होती सिंघ जी को।

"...बात पूछने पर एक घंटे में तो जवाब मिलता है। ...हाँ, जब आँगन में हल्ला होने लगा तब तुम्हारी नींद खुली। ...सुन लीजिए सभी पंच लोग। ...अच्छा, जब तुम्हारी नींद खुली तो तुमने क्या देखा ?"

"सहदेव मालिक को आँगन में घेरकर सभी हल्ला कर रहे थे।"

"अच्छा, तुम बैठो। कहाँ, सहदेव मिसर ? अब आप बताइए कि मँहगूदास के यहाँ उतनी रात को आप क्यों गए थे ?"

"रात में हमारे पेट में जरा दर्द हुआ। लोटा लेकर बाहर निकले। जब दिसा-मैदान से हम लौट रहे थे तो देखा कि कमला किनारेवाले खेत में किसी का बैल गहूँम

---

1. चुटिया।

चर रहा है। इसीलिए मँहगू को जगाने गया था।"

"क्यों ?"

"कमला किनारेवाली जमीन का पहरा करने के लिए मँहगूदास को ही दिया है।"

"अच्छा, तब ?"

"जब हम जा रहे थे तो रबिया और सोनमा को आपके खेत में सकरकंद उखाड़ते पकड़ा। दोनों को डाँट-डपट दिया। मँहगूदास को जगाकर जैसे ही हम उनके आँगन से निकल रहे थे कि रबिया, सोनमा, तेतरा और नकछेदिया ने हमको पकड़ लिया और हल्ला करने लगे।"

"क्या बताएँ, हमारा पाँच बीघा सकरकंद इन्हीं सालों ने चुराकर खत्तम कर दिया। ...अच्छा, आप बैठ जाइए। ...कहाँ मँहगू ?"

"जी सरकार," मँहगू बूढ़ा हाथ जोड़कर खड़ा होता है।

"सहदेव मिसर ने तुमको जाकर जगाया था ?"

"जी सरकार !"

"अब पंच लोग फैसला करें कि असल बात क्या है।"

कालीचरन कैसे चुप रह सकता है ! पंचायत में एकतरफ़ा बात नहीं होनी चाहिए। रबिया और सोनमा पार्टी का मेंबर है। यह तो पंचायत नहीं, मुँह देखी है। कालीचरन कैसे चुप रह सकता है–"सिंघ जी, जरा हमको भी कुछ पूछने दीजिए।"

पंचायत के सभी पंचों की निगाहें अचानक कालीचरन की ओर मुड़ गईं। सिंघ जी गुस्से से लाल हो गए। लेकिन पंचायत में गुस्सा नहीं होना चाहिए। राजपूतटोली के नौजवान आपस में कानाफूसी करने लगे। संयोजक जी ने पाकेट टटोलकर देख लिया–सीटी लाना भूल तो नहीं गए हैं ? जोतखी जी एतराज करते हैं–"कालीचरन को हम लोग पंच नहीं मानते।"

"तो पहले इसी बात का फैसला हो जाए कि पंचायत के कितने लोग हमको पंच मानते हैं और कितने लोग नहीं। एक आदमी के चाहने और न चाहने से क्या होता है !... अच्छा, पंच परमेसर ! क्या हमको इस पंचायत में बैठने, बोलने और राय देने का हक नहीं ? क्या हम इस गाँव के बासिंदे नहीं हैं ?" कालीचरन खड़ा होकर कहता है, "यदि आप लोग हमको पंच मानते हैं तो हाथ उठाइए।"

गुमसुम बैठे हुए सैकड़ों मूक जानवरों के सिर में मानो अरना[1] भैंसा के सींग जग गए। सैंकड़ों हाथ उठ गए।

"दोनों हाथ नहीं, एक हाथ ! ठहरिए, गिनने दीजिए। एक... दो, तीन, चार, पाँच... एक सौ पाँच।"

बालदेव जी ने हाथ नहीं उठाया।

"एक सौ पाँच। अब जो लोग हमको पंच नहीं मानते, हाथ उठाएँ।... एक,

---

1. जंगली।

दो, तीन, चार, पाँ... पंद्रह।"

"सिर्फ पंद्रह !" सिंघ जी को विश्वास नहीं होता। खुद गिनते हैं। राजपूत और ब्राह्मणटोली के लोग कहाँ चले गए ? जोतखी जी के लड़के नामलरैन ने भी कलिया के पक्ष में ही हाथ उठाया है ?...

"फुलिया !" कालीचरन की बोली सुनकर डर लगता है। फुलिया फिर खड़ी होती है।

"देखो, यह पंचायत है। पंचायत में परमेसर रहते हैं। पंचायत में झूठ बोलने से हाथोंहाथ इसका फल मिलता है। सच-सच बताओ ! सच्ची बात क्या है ?"

"......"

"बोलो !"

"सहदेव मिसर हमारे घर में घुसे थे।"

"तुमने हल्ला क्यों नहीं किया ?"

"......"

"बोलो, डरने की कोई बात नहीं।"

"बाबा के डर से।"

"बाबा के डर से ?"

"हाँ, बाबा सहदेव मिसर का करजा धारते हैं।"

"बैठ जाओ।"... मँहगू !

मँहगू हाथ जोड़कर फिर खड़ा होता है।

"क्या बात है ?"

"......"

"फुलिया जो कहती है, ठीक है ?"

"......"

"डरो मत ! जो बात है, बताओ !"

"कौन गाछ ऐसा है जिसमें हवा नहीं लगती है और पत्ता नहीं झड़ता है !"

"दूसरों की बात मत कहो, अपनी बात बताओ !"

"अकेले हमको क्यों दोख देते हैं ? गाँव-भर का यही हाल है। कौन घर ऐसा है..."

"मैं तुमसे पूछता हूँ।"

"पहले तुम अपनी माँ से जाकर इमान-धरम से पूछो कि तुम किसके बेटा हो।" जोतखी जी हिम्मत करके कहते हैं। क्रोध से उनकी आँखें लाल हो उठी हैं।

"जोतखी काका, हमको अपने बाप के बारे में मालूम है।"

"जोतखी जी अपनी स्त्री से पूछें कि उनके पेट में किसका बच्चा है।" चिल्लाकर कहता है।

"कौन नहीं जानता कि जोतखी जी का नौकर..."

"चुप रहो सुंदर !" कालीचरन लोगों को शांत करता है, "चुप रहो ! शांती ! शांती !"

'टू टू... टू टू,' संयोजक जी सीटी फूँकते हैं।

एक दर्जन से भी ज्यादा नौजवान राजपूतटोली से हाथ में लाठी लेकर दौड़ आए और पंचायत को चारों ओर से घेर कर खड़े हो गए।

"सिंघ जी, इन लाठीवाले नौजवानों को आपने बुलाया है ?... तो आप पंचायत नहीं, दंगा करवाना चाहते हैं ?" कालीचरन पूछता है।

सिंघ जी कहते हैं, "अब यह पंचायत नहीं हो सकती। पाटीबंदी से कहीं इंसाफ होता है ?"

सिंघ जी राजपूत टोली के पंचों के साथ उठ खड़े होते हैं। काली टोपीवाले जवान, सिंघ जी को, संयोजक जी को और राजपूतटोली के पंचों को चारों ओर से घेरे में लेकर, फौजी कवायद करते हुए चले जाते हैं।

जोतखी जी के साथ ब्राह्मणटोली के पंच लोग भी चेहूदानी में फँस गए हैं। खेलावनबाबू का सहारा है। बालदेव जी भी हैं। लेकिन कालीचरन का गुस्सा ?...

"तो पंचायत का यह फैसला है कि मँहगूदास अपनी बेटी फुलिया का चुमौना खलासी के साथ करा दे, और आज से सभी टोले के लोग बाबू लोगों पर नजर रखें।

पंचायत के सभी पंच एक स्वर से कालीचरन की राय का समर्थन करते हैं। जोतखी जी भी हाथ उठाते हैं और बालदेव जी भी।... यह तो नियाय बात है, इसमें डिफेट करना अच्छा नहीं।

"सहदेव मिसर के पास सादे कागज पर मेरा अँगूठा का टीप है। यदि उसे भरकर नालिस कर दे तब ?" मँहगूदास गिड़गड़ाकर कहता है।

"सहदेव मिसर जब मुकदमा करेंगे, सभी पंच तुम्हारी गवाही देंगे। वह एक पैसा भी तुमसे नहीं पा सकते।"

बाईस

सतगुरु हो ! सतगुरु हो !

महंथ रामदास भी छींकने, खाँसने और जमाही लेने के समय महंथ सेवादास जी की तरह ही चुटकी बजाते हैं, 'सतगुरु हो', सतगुरु हो' कहते हैं और आँखें स्वयं ही बंद हो जाती हैं।

भजन, बीजकपाठ और सतसंग को अब लछमी ही सँभालती है। महंथ रामदास जी पढ़ना-लिखना नहीं जानते, सतगुरु-वचन की गंभीरता की तह तक नहीं पहुँच सकते, लेकिन खँजड़ी पर तो उनका पूरा अधिकार है। यों तो खँजड़ी भंडारी भी बजाता है, लेकिन कोठारिन लछमी दासिन उसके ताल पर गड़बड़ा जाती है। तब महंथ रामदास जी भंडारी के हाथ से खँजड़ी ले लेते हैं। लछमी मुस्कराकर गाने लगती है...

संतो हो, करूँ बँहियाँ वल आपनी
छाडूँ बिरानी आस !
संतो हो, जिंहिं अँगना नदिया बहै,
सो कस मरे पियास ! हो संतो, सो कस मरे पियास !

सो कस मरे पियास ? महंथ रामदास के आँगन में नदी बह रही है और वह प्यास से मर रहे हैं।... सतगुरु बचन में कहा है–"जस खर चंदन लादे मारा, परमिल बास न जानु गमारा।" परमिल वास महंथ रामदास को नहीं लगती, सो बात नहीं। परमिल वास से उनका भी मन मत्त हो जाता है, लेकिन वह क्या करें ? एक दिन मुँह से निकल गया था, "लछमी ! जरा इधर आना तो।" बस, चार घंटे तक कोठारिन ने सतगुरु बचनामिरित की झड़ी लगा दी थी–"अंतर जोति सबद इक नारी, हरि ब्रह्मा ताके त्रिपुरारी। ते तिरिए भंगलिंग अनंता, तेऊ न जाने आदि न अंता। महंथसाहेब, आप अपने चित्त को मत विचलित कीजिए। यह आपके पूर्वजन्म का पुण्य है कि आपको महंथी की गद्दी मिली है, नहीं तो आपके जैसे लोगों को भैंस चराने के सिवा और कोई काम भी नहीं मिल सकता। आप मेरे गुरुबेटा हैं, मैं आपकी गुरुमाई।"

एक-डेढ़ महीने में ही महंथ रामदास जी का कलेवर बदल गया है। लछमी बड़े जतन से सेवा करती है। दूध, मक्खन और ताजे फलों के सेवन से महंथ साहब के श्यामल मुखमंडल पर भी लाली दौड़ गई है। पेट जरा बाहर की ओर निकल रहा है, और तन का ताप भी कभी-कभी मन को बड़ा बेचैन कर देता है। लछमी सतगुरु वचनामृत बरसाकर शांत करने की चेष्टा करती है। सतगुरु वचनामृत से भी बढ़कर तन के ताप को शीतल करती है कालीचरन की याद ! कालीचरन रोज मठ पर एक बार थोड़ी देर के लिए ही, जरूर आता है। कभी पार्टी के लिए चंदा, आफिस-घर बनाने के लिए बाँस-खड़ माँगने आता है। लछमी कहती है–"कालीचरन असल नियायी आदमी है। गाँव के सभी बड़े लोग सिर्फ कहने को बड़े हैं। कालीबाबू का सुभाव जरा तिब्र है, लेकिन दुनिया के लोग अब इतने कुटिल हो गए हैं कि सीधे लोगों की यहाँ गुजर नहीं। फिर सुभाव में जरा कड़ापन तो सुपुरुख का लच्छन है... ।"

महंथ रामदास को पहले कालीचरन पर बड़ा संदेह था। जब वह मठ पर आता तो महंथ साहब छिपकर लछमी और काली की बातें सुनते थे, बाँस की

अट्टी में छेद करके देखते थे। लेकिन कालीचरन हमेशा लछमी से चार हाथ दूर ही हटकर खड़ा रहता था। उसकी बोली में भी माया की मिलावट नहीं रहती थी। लछमी से बातें करते समय कभी उसकी पलकें शरमाकर झुकती नहीं थीं। बहुत कम लोगों को ऐसा देखा है रामदास ने। कालीचरन को बस अपनी सुशलिट पाटी से जरूरत है। लाल झंडा और सुशलिट पाटी को वह औरत की तरह प्यार करता है।...उस पर संदेह करना बेकार है। लेकिन बालदेव जी ? वह तो आजकल आते ही नहीं। उनकी नजर बड़ी मैली है।

लछमी बालदेव जी को भूली नहीं है। कहती है, साधू सुभाव के पुरुष हैं; किसी का चित्त दुखाना नहीं चाहते। बालदेव जी मठ पर नहीं आते हैं, कहते हैं, लछमी दासिन ने हिंसाबात करवाया है मठ पर, मठ पर नहीं जाएँगे।...बहुत सीधे हैं बालदेव जी। सच्चे साधू हैं। उनसे छिमा माँगना होगा।

महंथ रामदास जी सोच-विचारकर देखते हैं, कालीचरन के डर से ही वह प्यासा है। कोई बात हुई कि लछमी उससे कह देगी; और उसके बाद ? चादरटीका के दिन कालीचरन और उसके गणों ने जो कांड किया था उसे भूलना मुश्किल है। ...और उन्हीं की बदौलत तो रामदास महंथ बना है।

माना कि कालीचरन के बल से उसे महंथी मिली है। इसका यह अर्थ नहीं कि कालीचरन मठ के सभी मामले में दखल देगा। इंसाफन महंथी की गद्दी पर तो उसका अधिकार था ही। यदि कल कालीचरन कहे कि गद्दी पर तुम्हारा हक नहीं तो क्या वह मान लेगा ?...महंथ रामदास जी धीरे से उठते हैं। दबे पाँव लछमी की कोठरी के पास जाते हैं। किवाड़ी खुली है ? नहीं, बंद है। महंथ साहब बाहर से भी किवाड़ की छिटकनी खोलना जानते हैं। पतली-सी लकड़ी फँसाकर खोलते हैं।...लछमी अब किवाड़ में ओखल नहीं लगाती है।...लछमी सोई है। उसके कपड़े अस्त-व्यस्त हैं, बाल बिखरे हुए हैं। लालटेन की मद्धिम रोशनी में भी उसकी सूरत चमक रही है।...

"कौन ?"

"रामदास ?"

"........."

"रामदास ! हाथ छोड़ो। बैठो। आखिर तुम चित्त को नहीं सँभाल सके। माया ने तुम्हें भी अंधा बना दिया।"

"माया से कोई परे नहीं। माया को कोई जीत नहीं सकता, " महंथ साहब आज लक्ष्मी को हर बात का जवाब देंगे।

"तुम नरक की ओर पैर बढ़ा रहे हो। अब भी चेतो।"

"अब चेतने से फ़ायदा नहीं। मुझे सरग नही चाहिए।... इस नरक में पहली बार नहीं आया हूँ।"

लछमी को बचपन की बातों की याद दिलाना चाहता है रामदास। लछमी हाथ छुड़ाकर बिछावन पर से उठना चाहती है, लेकिन महंथ साहब ने दस मिनट

पहले ही चौथी चिलम गाँजा फूँका है।

"मैं तुम्हारी गुरुमाई हूँ रामदास !"

"कैसी गुरुमाई ? तुम मठ की दासिन हो। महंथ के मरने के बादनए महंथ की दासी बनकर तुम्हें रहना होगा। तू मेरी दासिन है।"

"चुप कुत्ता !" लछमी हाथ छुड़ाकर रामदास के मुँह पर जोर से थप्पड़ लगाती है। दोनों पाँवों को जरा मोड़कर, पूरी ताकत लगाकर रामदास की छाती पर मारती है। रामदास उलटकर गिर पड़ता है।...सतगुरु हो !

संतो अचरज भौ एक भारी
पुत्र धयल महतारी।
एके पुरुष एकहि नारी
ताके देखु बिचारी।

"भंडारी ! भंडारी !"

"सरकार !"

"पानी लाओ !"

लछमी थर-थर काँपती है। महंथ सेवादास की दम तोड़ती हुई मूर्ति उसकी आँखों के सामने दिखाई पड़ रही है। नहीं, मरा नहीं है। भंडारी कहता है, "महंथ साहब को फिर मिरगी की बीमारी शुरू हुई ? कल रामपुर मठ से जो साधू आया है, मिरगी की दवा जानता है। कल ही दिलवा दीजिए।"

सतगुरु हो !

महंथ साहब को बुखार है, छाती में दर्द है ! डाक्टर साहब ने मालिश का तेल भेजा है। लछमी महंथ साहब की छाती पर तेल-मालिश कर रही है। महंथ साहब कराह रहे हैं, "सतगुरु हो ! अब नहीं बचेंगे। हमको कासी जी भेज दो कोठारिन ! हम अपने पाप का प्राच्छित करेंगे।... हमको जाने से ही क्यों न मार दिया ?... हाय रे ? सतगुरु हो !"

"जाय हिंद कोठारिन जी !"

"जै हिंद ! आइए बालदेव जी ! बहुत दिन बाद ?"

"रामदा... महंथ साहब को क्या हुआ है ?"

"बुखार है, छाती में दर्द है।"

"दर्द है ? पुरानी गाये के घी की मालिस कीजिए।"

पुरानी गाये का घी अर्थात् गाय का पुराना, सड़ा घी। सुनते ही लछमी को मिचली आने लगती है। महंथ सेवादास को भी जब दमे का दौरा होता था तो गाय का घी ही मालिश करवाते थे।

"कोठारिन जी ! सिवनाथबाबू आ रहे हैं। यहाँ एक चरखा-संटर खुलना चाहिए। कुछ मदत दिया जाए।"

"चरखा-संटर ! इसमें क्या होगा ?"

"चरखा-संटर में ? यही चरखा, करघा, धुनकी और बिनाई की टरेनि होगी।"

"गाँव में तो रोज नया-नया संटर खुल रहा है—मलरिया-संटर, काली-टोपी संटर, लाल झंडा संटर, और अब यह चरखा संटर !"

"हाँ, नए जमाने में तो रोज नई-नई बात होगी। सुनते हैं आपने सोशलिट पाटी को काफी मदत दी है।...लेकिन कोठारिन जी ! गन्ही महतमा का रस्ता ही सबसे पुराना और सही रस्ता है। नई-नई पाटी खुल रही है, मगर किसी का रस्ता ठीक नहीं। सब हिंसाबाद के रस्ते पर हैं।"

"सतगुरु हो ! सतगुरु हो ! कोठारिन, इसको जो चन्ना देना है, देकर बिदा करो। सतगुरु हो !" महंथ साहब दर्द से छटपटाते हैं।...बालदेव जी की नजर बड़ी मैली है। दस रुपए का एक नोट निकालकर देते हुए लछमी कहती है, "आजकल तो हाथ एकदम खाली है। आप तो आजकल इधर का रास्ता ही भूल गए हैं। हमसे जो अपराध हुआ है, छिमा कीजिए।"

"नहीं कोठारिन जी, आजकल छुट्टी ही नहीं मिलती है कभी। कपड़े की पुर्जी बाँटने का काम क्या मिला है, एक आफत में जान फँस गई है। काँगरेस का भी कोई काम नहीं कर सकता हूँ। उधर दूसरी पाटीवालों को मौका मिल गया है। कालीचरन दिन-रात खटता है। हमारे काँगरेस के मिंबरों को भी सोशिलट पाटी का मिम्बर बना लिया है। इसलिए सिवनाथबाबू को बुला रहे हैं। चरखा-संटर खुलेगा। एक पुराना काजकर्ता बावनदास भी आ रहा है। पुराना तो नहीं है, मेरे ही साथ सुराजी में नाम लिखाया था।...बावनदास बौना है, सिरफ डेढ़ हाथ ऊँचा। वैष्णव है। आएगा तो यहाँ ले आएँगे। जाय हिंद !"

"जै हिंद !"

बालदेव जी को फिर लछमी की देह की सुगंध लगी। कितनी मनोहर !

लछमी देखती है, बालदेव जी आजकल बहुत दुबले हो गए हैं। बालदेव जी के दिल में जरा भी मैल नहीं। कितने सरल हैं !... न जाने क्यों, लछमी का जी आज बालदेव जी को देखकर इतना चंचल हो रहा है। बालदेव जी सच्चे साधू हैं।

बिरह की ओदी लाकड़ी
सपुचै और धुधुआए।
दुख से तबहिं बाचिहौं
जब राकलौ जरि जाए !

तेईस

गाँव के लोग अर्थशास्त्र का साधारण सिद्धांत भी नहीं जानते। 'सप्लाई' और 'डिमांड' के गोरख-धंधे में वे अपना दिमाग नहीं खपाते। अनाज का दर बढ़ रहा है; खुशी की बात है। पाट का दर बढ़ रहा है, बढ़ता जा रहा है, और भी खुशी की बात है। पंद्रह रुपए में साड़ी मिलती है तो बाहर रुपए मन धान भी तो है। हल का फाल पाँच रुपए में मिलता है, दस रुपए में कड़ाही मिलती है तो क्या हुआ पाट का भाव भी तो बीस रुपए मन है। खुशी की बात है।

अनाज के ऊँचे दर से गाँव के तीन ही व्यक्तियों ने फायदा उठाया है–तहसीलदार साहब ने, सिंघ जी ने और खेलावनसिंह यादव ने। छोटे-छोटे किसानों की जमीनें कौड़ी के मोल बिक रही हैं। मजदूरों को सवा रुपए रोज मजदूरी मिलती है, लेकिन एक आदमी का भी पेट नहीं भरता। पाँच साल पहले सिर्फ पाँच आने रोज मजदूरी मिलती थी और उसी में घर-भर के लोग खाते थे।

तहसीलदार साहब ने धान तैयार होते ही न जाने कहाँ छिपा दिया है। दरवाजे पर दर्जनों बखार हैं, लेकिन इस साल सब खाली। चमगादड़ों के अड्डे हैं...सरकार शायद धान-जप्ती का कानून बना रही है।

कपड़े के बिना सारे गाँव के लोग अर्धनग्न हैं। मर्दों ने पैंट पहनना शुरू कर दिया है और औरतें आँगन में काम करते समय एक कपड़ा कमर में लपेटकर काम चला लेती हैं; बारह वर्ष तक के बच्चे नंगे ही रहते हैं।

शिवनाथ चौधरी सभा में खादी के अर्थशास्त्र पर प्रकाश डाल रहे हैं। आँकड़े देकर साबित कर रहे हैं कि यदि घर का एक-एक व्यक्ति चरखा चलाने लगे तो गाँव से गरीबी दूर हो जाएगी; अन्न-वस्त्र की कमी नहीं रहेगी।

चरखा सेंटर खुल गया है। अब गाँव में गरीबी नहीं रहेगी। पटना से दो मास्टर आए हैं–चरखा मास्टर और करघा मास्टर। एक मास्टरनी भी आई हैं–औरतों को चरखा सिखाने के लिए। औरतों से कहती हैं, "चरखा हमार भतार-पूत, चरखा हमार नाती; चरखा के बदौलत मोरा दुआर झूले हाथी।"

चरखा की बदौलत हाथी ? जै...गाँधी जी की जै !

सैनिक जी और चिनगारी जी की तरह गरम भाखन शिवनाथ चौधरी जी नहीं देते हैं, लेकिन बात पक्की कहते हैं। एकदम हिसाब से सब बात कहते हैं। खूब ज्ञान की बात कहते हैं। कल का पिसा हुआ आटा नहीं खाते हैं। चीनी नहीं, गुड़ खाते हैं। त्यागी आदमी हैं। चौधरी जी के साथ में दरभंगा जिले में तमोड़िया टीशन से रमलगीना बाबू आए हैं। सुनते हैं, पानी से ही बीमारी का इलाज करते हैं। आग में पकाई हुई चीज नहीं खाते हैं। साग की हरी पत्तियाँ चबाकर खाते हैं। कहते हैं, इसमें बहुत ताकत है। वह भी असल त्यागी हैं। देह

में सिर्फ हड्डियाँ बाकी बच गई हैं, मांस का लेश भी नहीं। दिन-भर में करीब पंद्रह बार हाथ में लोटा लेकर मैदान की ओर जाते हैं।

सादा कागजवाला एक फाहरम[1] बाँट हुआ है। फाहरम पर महतमा जी की छापी[2] है और नीचे लिखा है...

बापू कहते हैं :

जो पहने सो काते,
जो काते सो पहने।

रोशलिट पाटीवालों ने भी फाहरम बाँट किया था। लेकिन वह लाल रंग का था और उसमें एक दोहा ज्यादा था...

जो जोतेगा सो बोएगा।
जो बोएगा सो काटेगा।
जो काटेगा वह बाँटेगा।

बालदेव जी की जगह पर बौनदास आया है। यही पुरैनियाँ सभा में रजिन्नर बाबू के सामने भाखन देता था। बालदेव जी को पुर्जी बाँटने से छुट्टी नहीं मिलती है, इसीलिए पबलि का काम करने के लिए बौनदास को यहाँ भेजा गया है। बड़ा बहादुर है बौनदास ! कहते हैं, जब 42 के मोमेंट में लोग कचहरी पर झंडा फहराने जा रहे थे तो मलेटरी ने घेर लिया था। बौनदास एक मलेटरी के फैले हुए पैर के बीच से उस पार चला गया और कचहरी के हाता में झंडा फहरा दिया...रमैन में हलुमान जी ने सुरसा को मसक रूप धरकर जिस तरह छकाया था, उसी तरह।

"इस आर्यावर्त में केवल आर्य अर्थात् शुद्ध हिंदू ही रह सकते हैं" काली टोपीवाले संयोजक जी बौद्धिक क्लास में रोज कहते हैं, "यवनों ने हमारे आर्यवर्त की संस्कृति, धर्म, कला-कौशल को नष्ट कर दिया है। अभी हिंदू संतान म्लेच्छ संस्कृति की पुजारी हो गई है। शिव जी, महाराणा प्रताप... ।"

बौद्धिक क्लास ! सोशलिस्ट पार्टी का बासुदेव कहता है...बुद्धू किलास। बासुदेव ही नहीं, काली टोपीवाले बहुत से जवान भी बुद्धू किलास ही कहते हैं।

लाठी, भाला और तलवार हाथ में लेते ही खून गरम हो जाता है राजपूत नौजवानों का ! उस दिन हरगौरी कह रहा था—संयोजक जी ! यवनों पर मुझे क्रोध नहीं होता। यवनों का पक्ष लेनेवाले हिंदुओं की तो गरदन उड़ा देने को जी करता है।" संयोजक जी जरा दूर हट गए थे, नहीं तो हरगौरी ने इस तरह तलवार चलाई थी कि संयोजक जी की गरदन ही धड़ से अलग हो जाती।...आरजाब्रत !... मेरीगंज का ही नाम अब शायद 'आरजाब्रत' हो गया है ! लेकिन इस गाँव में तो एक भी मुसलमान नहीं !...

---

1. परचा। 2. तस्वीर।

गाँव-भर के हलवाहों, चरवाहों और मजदूरों का नेता कालीचरन है। छोटा नेता बासुदेव सबों को समझाता है, "भाई, आदमी को एक ही रंग में रहना चाहिए। यह तीन रंग का झंडा...थोड़ा सादा, थोड़ा लाल और पीला... यह तो खिचड़ी पाटी का झंडा है। कांग्रेस तो खिचड़ी पाटी है। इसमें जमींदार हैं, सेठ लोग हैं और पासंग मारने के लिए थोड़ा किसान-मजदूरों को भी मेंबर बना लिया जाता है। गरीबों को एक ही रंग के झंडेवाली पार्टी में रहना चाहिए।"

तहसीलदार साहब भी कांग्रेसी हो गए हैं।

उन्होंने चरखा सेंटर के लिए अपना गुहाल-घर दे दिया है; खद्दर पहनने लगे हैं। बोलते थे, सारी जिंदगी तो झूठ-बेईमानी करते ही गुजर गई। आखिरी उम्र में पुण्य भी करना चाहिए।...तहसीलदार साहब चवन्निया मेंबर नहीं बने हैं। चवन्निया मेंबर तो सभी बनते हैं। तहसीलदार साहब चार-सौ-टकिया मेंबर बने हैं। देखा नहीं ? शिवनाथबाबू ने रसीद काटकर दिया और तहसीलदार साहब ने तुरंत मंधाता[1] तंबाकू के पत्तों के बराबर चार नंबरी नोट निकालकर दे दिया। खड़-खड़ करता था नोट !... अब सोशलिस्ट पाटी का चलना मुश्किल है। पाटी में एक भी धनी आदमी नहीं है। मठ की कोठारिन कब तक पाटी चलाएगी।

दफा 40 की लोटिस आई है।

जिला कांग्रेस के मंत्री जी ने लोटिस भेज दिया है। सोशलिस्ट पार्टी तो जोर-जबर्दस्ती जमीन पर कब्जा करने को कहती है। कांग्रेस के मंत्री जी ने दफा 40 कानून पास करके नोटिस भेज दिया है। बालदेव जी हाट में लोटिस बाँट रहे हैं;... दफा 40 कानून पास हो गया। अधिया, बटैयादारी करनेवाले किसान अपनी जमीन नकदी करा लें, बहती गंगा में हाथ धो लें। नया कानून पास हो गया। हिंसाबाद करने की जरूरत नहीं। पुरैनियाँ कचहरी में दफा 40 का हाकिम आ गया है। दरखास दे दो, बस, जमीन नकदी हो जाएगी।

वाजिब बात कहते हैं बालदेव जी। यदि बिना तूलफ़जूल किए ही जमीन नकदी हो रही है तो सोशलिट पाटी में जाने की क्या जरूरत है ? कांग्रेस का राज है, जिस चीज की जरूरत हो, कांग्रेस के मंत्री जी से कहो। कानून बना देंगे। तब, एक बात है। इस तरह छिटपुट होकर कहने से कांग्रेस के मंत्री भी कुछ नहीं कर सकते हैं। सबों को एक जगह मिलना चाहिए, मिलकर एक ही बात बोलनी चाहिए। दस मिलकर करो काज, हारो-जीतो क्या है लाज !... गलती तो पबलि की ही है, कोई कांग्रेस में तो कोई सुशलिट में तो कोई काली टोपी में, इस तरह तितिर-बितिर रहने से पबलि की कोई भलाई नहीं हो सकती। बालदेव जी ठीक कहते हैं !

"फाट्टी बी. टी. ऐक्ट ?" सोशलिस्ट पार्टी के जिला मंत्री जी कॉमरेड कालीचरन को समझाते हैं, "फौट्टी बी. टी. ऐक्ट तो कोई नया कानून नहीं। यह तो पुराना

---

1. तंबाकू की एक किस्म।

कानून है। कांग्रेस के मंत्री ने परचे बँटवाए हैं ? ठीक है। आप भी गाँव के किसानों से कहिए कि जितने बड़े किसान हैं, सबों की जमीन पर धावा कर दें। कोई किसी के खिलाफ गवाही नहीं दे। कानून से क्या होता है ? असल चीज है, साबित करना। सबूत पक्का होना चाहिए। गवाहों के इजहार में भी जरा डेढ़-बेढ़ नहीं हो। यह तो तभी हो सकता है जब सभी गरीब एक झंडे के नीचे एक पार्टी में, एक सूत्र में बँध जाएँ। तहसीलदार साहब कांग्रेसी हो गए हैं। बस, उन्हीं की जमीन पर किसानों द्वारा दावा करवा दीजिए। रंग खुल जाएगा। तब देखिएगा कि कांग्रेस के मंत्री जी की नोटिस-बाजी की क्या कीमत है !··· 'लाल-पताका' के इस अंक में चिनगारी जी का इस संबंध में एक विशेष आर्टिकल है, ज्यादे कौपी ले जाइए इस बार।"

"···दफा 40, आधी और बटैयादारी करने वालों की जमीन पर सर्वाधिकार दिलाने का कानून है। लेकिन कानून में छोटा-सा छेद भी रहे तो उससे हाथी निकल जा सकता है।··· जितने दफा 40 के हाकिम नियुक्त हुए हैं, सभी या तो जमींदार अथवा बड़े-बड़े किसानों के बेटे हैं। उनसे गरीबों की भलाई की आशा बेकार है। लेकिन, एकता की शक्ति कानून से भी बढ़कर है। सोशलिस्ट पार्टी के लाल झंडे के नीचे होकर हम प्रतिज्ञा करें कि जमीदारों और बड़े किसानों के पक्ष में गाँव का एक बच्चा भी गवाही नहीं देगा। 'लाल पताका' आधीदारों को विश्वास दिलाता है··· ।"

कहना वाजिब है !

"बात वाजिब नहीं, यह बात का बतंगड़ है !"

जोतखी जी सभी बात में मीन-मेख निकालते हैं, "दो भैंस की लड़ाई में दूब के सिर आफत। कांग्रेस और सुशलिंग अपने में लड़ रहा है। दोनों अपना-अपना मेंबर बनना चाहता है। चक्की के दो पाट में गरीब लोग ही पीसे जाएँगे।"

"गरीब पीसे नहीं जाएँगे, गरीबों की भलाई होगी। एक पाटी रहने से काम नहीं होता है। जब दो दलों में मुकाबला और हिड़िस[1] होता है तो फायदा पबलि का ही होता है। उस बार रौतहट मेला में बिदेसिया नाचवाला आया था। मन लगाकर न तो नाच करता था और न गाना ही अच्छी तरह गाता था। तीसरे दिन बलवाही नाच[2] का भी एक दल आ गया। दोनों में मुकाबला हो गया। साम ही से दोनों ने नाच शुरू किया; कितना गजल, कौवाली, खेमटा और दादरा गाया, इसका ठिकाना नहीं। सूरज उगने तक दोनों दलवाले नाचते ही रहे। तब मेला मनेजर बाबू ने दोनों दलों के लोगों को समझा-बुझाकर नाच बंद करवाया था।"

···

1. प्रतियोगिता। 2. बाउल सुर में गीत गाकर नाचनेवाला दल।

चलित्तर कर्मकार आया है।

किरांती चलित्तर कर्मकार ! जाति का कमार है, घर सेमापुर में है। मोमेंट के समय गोरा मलेटरी इसके नाम को सुनते ही पेसाब करने लगता था। बम-पिस्तौल और बंदूक चलाने में मसहूर ! मोमेंट के समय जितने सरकारी गवाह बने थे, बसों के नाक-कान काट लिए थे चलित्तर ने। बहादुर है। कभी पकड़ाया नहीं। कितने सी.आई.डी को जान से खतम किया। धरमपुर के बड़े-बड़े लोग इसके नाम से थर-थर काँपते थे। ज्यों ही चलित्तर का घोड़ा दरवाजे पर पहुँचा कि 'सीसी सटक'। दीजिए चंदा।··· पचास ! नहीं, पाँच सौ से कम एक पैसा नहीं लेंगे। नहीं है ? चाबी लाइए तिजोरी की। नहीं ?··· ठाएँ। ठाएँ !··· दस खूनी केस उसके ऊपर था, लेकिन कभी पकड़ा नहीं गया। आखिर हारकर सरकार ने मुकदमा उठा लिया ! किरांती चलित्तर कर्मकार कालीचरन के यहाँ आया है ? बस, तब क्या है ? करैला चढ़ा नीम पर। चलित्तर भी सोशलिट पाटी में है ? तब तो जरूर बम-पेस्तौल की टरेनि ही देने आया है। बम-पेस्तौल के सामने काली टोपीवालों की लाठी क्या करेगी ? हाथी के आगे पिद्दी !

चरखा-कर्घा, लाठी-भाला और बम-पेस्तौल ! तीन टरेनि !

चौबीस

हाँ रे, अब ना जीयब रे सैयाँ
छतिया पर लोटल केश,
अब ना जीयब रे सैयाँ !

महँगी पड़े या अकाल हो, पर्व-त्योहार तो मनाना ही होगा। और होली ? फागुन महीने की हवा ही बावरी होती है। आसिन-कातिक के मैलेरिया और कालाआज़ार से टूटे हुए शरीर में फागुन की हवा संजीवनी फूँकं देती है। रोने-कराहने के लिए बाकी ग्यारह महीने तो हैं ही, फागुन-भर तो हँस लो, गा लो। जो जीये सो खेलै फाग। दूसरे पर्व-त्योहार को तो टाल भी दिया जा सकता है। दीवाली में एक-दो दीप जला दिए, बस छुट्टी। लेकिन होली तो मुर्दा दिलों को भी गुदगुदी लगाकर जिलाती है। बौरे हुए आम के बाग से हवा आकर बच्चे-बूढ़ों को मतवाला बना जाती है।··· चावल का आटा, गुड़ और तेल ! पूआ-पकवान के इस छोटे-से आयोजन के लिए मालिकों के दरवाजे पर पाँच दिन पहले से ही भीड़ लग जाती है। बखार के मुँह खोल दिये जाते हैं। मालिक बही-खाता लेकर बैठ जाते हैं,

पास में कजरोटी खुली हुई रहती है। धान नापनेवाला धान की ढेरी से धान नापता जाता है।... बादरदास को एक मन !... सोनाय ततमा को तीन पसेरी।... सादा कागज पर अँगूठे का निशान देते जाओ। भादों महीने में यदि भदै धान चुका दोगे तो ड्योढ़ा, यानी एक मन का डेढ़ मन। यदि अगहनी फसल में चुकाओगे तो डेढ़ मन का तीन मन। सीधा हिसाब है।

गाँव के सभी बड़े-बड़े किसानों का अपना-अपना मजदूर टोला है–सिंघ जी का ततमाटोला और पासवानटोला; तहसीलदार साहब का पोलियाटोला, धानुकटोला, कुर्मीटोला और कियोटटोला; खेलावन यादव का गुआरटोला और कोयरीटोला। संथालटोली पर किसी का खास अधिकार नहीं।

इस बार तहसीलदार साहब को छोड़कर किसी ने मजदूरों को धान नहीं दिया। ... अँगूठे का निशान नहीं देंगे और धान लेंगे ? बाप-दादे के अमल से अँगूठे का निशान देते आ रहे हैं, कभी बेईमानी नहीं हुई। इस साल बेईमानी कर लेंगे ? कालीचरन ने टीप देने को मना किया है तो कालीचरन से ही धान लो।

तहसीलदार को नए टीप की जरूरत नहीं। पुराने टीप ही इतने हैं कि कोई इधर-उधर नहीं कर सकता। दूसरे किसानों के मजदूरों को भी तहसीलदार साहब ने इस बार धान दिया है, लेकिन कालीचरन को जमानतदार रखकर। धान वसूलवा देना कालीचरन का काम होगा। अरे, ड्योढ़ नहीं तो सवैया ही सही।... जो भी हो, तहसीलदार के दिल में दया-धर्म है। बाकी मालिक लोग तो पिशाच हैं, पिशाच !

एक ओर लौटस बारी रे बिहउबा !

फागुआ का हर एक गीत देह में सिहरन पैदा करता है। फुलिया का चुमौना खलासी जी से हो गया है। खलासी जी बिदाई कराने के लिए आए थे। लेकिन फुलिया इस होली में जाने को तैयार नहीं हुई ! खलासी जी बहुत बिगड़े; धरना देकर चार दिन तक बैठे रहे। आखिर में रूठकर जाने लगे। फुलिया ने रमजू की स्त्री के आँगन में खलासी जी से भेंट करके कहा था–"इस साल होली नैहर में ही मनाने दो। अगले साल तो...।"

नयना मिलानी करी ले रे सैयाँ, नयना मिलानी करी ले !
अबकी बेर हम नैहर रहवौ, जे दिल चाहय से करी ले !

दोपहर से शाम तक रमजूदास की स्त्री के आँगन में रहकर फुलिया ने खलासी जी को मना लिया है। होली के लिए खलासी जी ने एक रुपया दिया है।... बेचारा सहदेव मिसिर इस बार किससे होली खेलेगा ? पिछले साल की बात याद आते ही फुलिया की देह सिहरने लगती है। "भाँग पीकर धुत्त था सहदेव-मिसर। एक ही पुआ को बारी-बारी से दाँत से काटकर दोनों ने खाया था।... अरे, जात-धरम ! फुलिया तू हमारी रानी है, तू हमारी जाति, तू ही धरम, सबकुछ।"... बाबू को दारू पीने के लिए डेढ़ रुपया दिया था और माँ को अठन्नी।... रात-भर सहदेव

मिसर जगा रह गया था।··· फुलिया की देह के पोर-पोर में मीठा दर्द फैल रहा है। जोड़-जोड़ में दर्द मालूम होता है। कोई बाँहों में जकड़कर मरोड़े कि जोड़ की हड्डियाँ पटपटाकर चटख उठें और दर्द दूर हो जाए।··· सहदेव मिसर को खबर भेज दें !··· लेकिन गाँववाले ?···ऊँह, होली में सब माफ है।··· वह आवेगा ? नाराज जो है।

अरे बँहियाँ पकड़ि झकझोरे श्याम रे
फूटल रेसम जोड़ी चूड़ी
मसकि गई चोली, भींगावल साड़ी
आँचल उड़ि जाए हो
ऐसो होरी मचायो श्याम रे··· !

कमली की आँखें लाल हो रही हैं; पिछले साल होली के ही दिन वह बेहोश हुई थी। इस बार क्या होगा ? वह बेहोश नहीं होगी इस बार। इस बार डाक्टर है; उसे बेहोश नहीं होने देगा।··· लेकिन सुबह से ही डाक्टर बाहर है। रोगी देखने गया है रामपुर। यदि वह आज नहीं आया तो ? नहीं, वह जरूर आएगा। माँ ने एक सप्ताह पहले ही निमंत्रण दे दिया है। रंग, अबीर··· गुलाल ! पिचकारी !

"माँ !"

"क्या है बेटी ?"

"तुम्हारा डाक्टर आज नहीं आवेगा ?"

"क्यों, क्या बात है बेटी ?"

"मेरा जी अच्छा नही।"

"ऐसा मत कहो बेटी, दिल को मजबूत करो। कुछ नहीं होगा।"

···आजु ब्रज में चहुदिश उड़त गुलाल !

चारों ओर गुलाल उड़ रहा है। डाक्टर को कोई रंग नहीं देता है। रामपुर में भी किसी ने रंग नहीं दिया। रास्ते में एक जगह कुछ लड़के पिचकारी लेकर खड़े थे, लेकिन डाक्टर को देखते ही सहम गए।··· रंग नहीं, गोबर है। रंग के लिए इतने पैसे कहाँ ! डाक्टर को लोग रंग नहीं देते। वह सरकारी आदमी है, सरकारी उर्दी पहने हुए है। सरकारी उर्दी को रंग देने से जेल की सजा होती है। डाक्टर सरकारी आदमी है, बाहरी आदमी है। वह गाँव के समाज का नहीं। ··· यह डाक्टर की ही गलती है। शुरू से ही वह गाँव से, गाँववालों से अलग-अलग रहा है। उसका नाता सिर्फ रोग और रोगी से रहा। उसने गाँव की जिंदगी में कभी घुलने-मिलने की चेष्टा नहीं की। लेकिन डाक्टर को अब गाँव की जिंदगी अच्छी लगने लगी है, गाँव अच्छा लगने लगा है और गाँव के लोग अच्छे लगते हैं वह गाँव को प्यार करता है। उसे कोई रंग क्यों नहीं देता ? वह रंग में, गोबर में, कीचड़ में सराबोर होना चाहता है !

"अर र र र ! कोई बुरा न माने, होली है !"

डाक्टर के सफ़ेद कुर्त्ते पर लाल-गुलाबी रंगों की छींटें छरछराकर पड़ती हैं।

"ओ कालीचरन !"

"बुरा मत मानिए डाकटर साहब, होली है।"

डाक्टर मनीबेग से दस रुपए का नोट निकालकर कालीचरन को देता है–होली का चंदा ! रंग और अबीर का चंदा !

होली है ! होली है ! होली है !

गनेश हाथ में पिचकारी लिए मौसी का आँचल पकड़कर खड़ा है। मौसी हँसकर कहती है, "सुबह से ही रंग खेलने के लिए जिद्द कर रहा है। मेरी एक साड़ी को तो रंग से सराबोर कर दिया है। अब जिद्द पकड़ा है कि गाँव के लड़कों के साथ खेलेंगे।"

"आओ भैया गनेश।" कालीचरन गनेश का हाथ पकड़कर ले चलता है। गनेश खुश होकर डाक्टर पर रंग की पिचकारी से फुहारें बरसाता हुआ कालीचरन के साथ भाग जाता है। मौसी खुश है।

"जुगजुग जियो काली बेटा !"

"कमली पाँच बार पुछवा चुकी है–डाक्टर साहब लौटे हैं या नहीं। मुझे धमकी दे गई है–आज डाक्टर को तुम नहीं खिला सकतीं। आज मेरे यहाँ निमंत्रण है।"

ढोल-ढाक, झाँझ-मृदंग और डम्फ !
होली, फगुआ, भड़ौवा और जोगीड़ा।

कालीचरन का दल बहुत बड़ा है। दो ढोल, एक ढाक है, झाँझ-डम्फ। सभी अच्छे गानेवाले भी उसी के दल में हैं। सुंदरलाल, सुखीलाल, देवीदयाल और जोगीड़ा कहनेवाला महंथा। मिडिल में पढ़ता है; पढ़ने में बड़ा तेज ! दोहा-कवित्त जोड़ने में उसको चाँदी की चकत्ती मिली है। गाँव के छोटे-छोटे दल भी कालीचरन के दल में मिल गए हैं।

जोगीड़ा सर... र र... ...

जोगीड़ा सर-र र...
जोगी जी ताल न टूटे
तीन ताल पर ढोलक बाजे

ताक धिना धिन, धिन्नक तिन्नक
जोगी जी !
होली है ! कोई बुरा न माने होली है !

बरसा में गड्ढे जब जाते हैं भर
बेंग हजारों उसमें करते हैं टर्र

वैसे ही राज आज कांग्रेस का है
लीडर बने हैं सभी कल के गीदड़··· जोगी जी सर···र र···!
जोगी जी, ताल न टूटे
जोगी जी, तीन-ताल पर ढोलक बाजे
जोगी जी, ताक धिना धिन !
चर्खा कातो, खध्धड़ पहनो, रहे हाथ में झोली
दिन दहाड़े करो डकैती बोल सुराजी बोली···
जोगी जी सर···र र··· !

सिर्फ जोगीड़ा ही नहीं। महंथा ने नया फगुआ गीत भी जोड़ा है। बटगमनी फगुआ–राह में चलते हुए गाने के लिए।

आई रे होरिया आई फिर से !
आई रे !
गावत गाँधी राग मनोहर
चरखा चलावे बाबू राजेंदर
गूँजल भारत अमहाई रे ! होरिया आई फिर से !
वीर जमाहिर शान हमारो,
बल्लभ है अभिमान हमारो,
जयप्रकाश जैसो भाई रे ! होरिया आई फिर से !

होली है ! होली है ! होली !

कोयटीटोले का बूढ़ा कलरू महतो कहता है, "अरे डागडर साहेब ! अब क्या लोग होली खेलेंगे ! होली का जमाना चला गया। एक जमाना था जब कि गाँव के सभी बूढ़ों को नंगा करके नचाया जाता था, एकदम नंगा। उस बार राज के मनेजर जनसैन साहब के साथ तीन-चार साहेब आए थे। काला बक्सा में आँख लगाकर छापी लेते थे। बाद में खानसामाँ से मालूम हुआ कि बिलैत के गजट में छापी हुआ था। एकदम नंगा !"

कामरेड वासुदेव 'भँड़ौवा' गाने के लिए कह रहे हैं, "अब एक नया भँड़ौवा हो। एक दम नया ताजा माल ! जर्मनवाला !"

ढाल ढिन्ना, ताक ढिन्ना।

अरे हो बुड़बक बभना, अरे हो बुड़बक बभना,
चुम्मा लेवे में जात नहीं रे जाए।
सुपति-मउनियाँ लाए डोमनियाँ, माँगे पियास से पनियाँ
कुआँ के पानी न पाए बेचारी, दौड़ल कमला के किनरियाँ,
सोही डोमनियाँ जब बनली नटिनियाँ, आँखी के मारे पिपनियाँ
तेकरे खातिर दौड़ले बौड़हवा, छोड़के घर में बभनिया।

जोलहा धुनिया तेली तेलनियाँ के पीये न छुअल पनियाँ
नटिनी के जोबना के गंगा-जमुनुवाँ में डुबकी लगाके नहनियाँ।
दिन भर पूजा पर आसन लगाके पोथी-पुरान बँचनिया
रात के ततमाटोली के गलियन में जोतखी जी पतरा गननियाँ।
भकुआ बभना, चुम्मा लेवे में जात नहीं रे जाए !

कोई बुरा न माने होली है ! होली है !

तहसीलदार साहब की इयोढ़ी पर पैर रखते ही डाक्टर के मुँह पर गुलाल मल दिया गया। डाक्टर की आँखें बंद हैं, लेकिन स्पर्श में ही वह समझ गया है कि गुलाल किसने मला है। कमली !··· वसंतोत्सव की कमली ! डाक्टर याद करने की चेष्टा करता है, एक बार किसी चित्रकार का 'मैथिली' शीर्षक चित्र किसी मासिक पत्रिका में देखा था !··· कौन था वह चित्रकार !

"डाक्टर बेचारे के पास न अबीर है और न रंग की पिचकारी। यह एकतरफा होली कैसी !··· लीजिए डाक्टरबाबू, अबीर लीजिए। और इस बाल्टी में रंग है।" माँ बेहद खुश है आज। पिछले साल होली के दिन इसी आँगन में मातम हो रहा था और इस साल उसकी बेटी चहकती फिर रही है।··· दुहाई बाबा भोलानाथ !

बेचारा डाक्टर रंग भी नहीं देना जानता; हाथ में अबीर लेकर खड़ा है। मुँह देख रहा है, कहाँ लगावे !

"जरा अपना हाथ बढ़ाइए तो।"

"क्यों ?"

"हाथ पर गुलाल लगा दूँ ?"

"आप होली खेल रहे हैं या इंजेक्शन दे रहे हैं। चुटकी में अबीर लेकर ऐसे खड़े हैं मानो किसी की माँग में सिंदूर देना है !" कमली खिलखिलाकर हँसती है। रंगीन हँसी !

डाक्टर अब पहले की तरह कमली की बोली को एक बीमार की बोली समझकर नहीं टाल सकता है। कमरे में लालटेन की हलकी रोशनी फैली हुई है; सामने कमली खड़ी हँस रही है। ऐसी हँसी डाक्टर ने कभी नहीं देखी थी। वह स्वस्थ हँसी है–विकारशून्य ! कमली का अंग-अंग मानो फड़क रहा है। डाक्टर अपने दिल की धड़कन को साफ-साफ सुन रहा है। उसके ललाट पर आज भी पसीने की बूँदें चमक रही हैं। सामने दीवार पर एक बड़ा आईना है। डाक्टर उसमें अपनी सूरत देखता है··· ललाट पर पसीने की बूँदें मानो दूल्हे के ललाट पर चंदन की छोटी-छोटी बिंदियाँ सजाई गई हैं !··· डाकटर को भवभूति के माधव-मालती की याद आती है। होली को पहले मदनमहोत्सव कहा जाता था। आम की मंजरियों से मदन की पूजा की जाती थी। इसी मदनोत्सव के दिन माधव और मालती की आँखें चार हुई थीं और दोनों प्रेम की डोरी में बँध गए थे। जहाँ राधेश्याम खेले होरी !

डाक्टर अबीर की पूरी झोली कमली पर उलट देता है। सिर पर लाल अबीर बिखर गया—मुँह पर, गालों पर और नाक पर।··· कहते हैं, सिंदूर लगाते समय जिस लड़की के नाक पर सिंदूर झड़कर गिरता है, वह अपने पति की बड़ी दुलारी होती है।..

ऐसी मचायो होरी हो,
कनक भवन में श्याम मचायो होरी !

पचीस

बावनदास आज़कल उदास रहा करता है।

"दासी जी, चुन्नी गुसाईं का क्या समाचार है ?" रात में बालदेव जी सोने के समय बावनदास से बातें करते हैं।

"चुन्नी गुसाईं तो सोशलिट पाटी में चला गया।"

बालदेव जी भाई, अचरज की बात नहीं। भगवान जो करते हैं अच्छा करते हैं।

"याद है दास जी, चन्ननपट्टी की सभा, तैवारी जी का लेक्चर और तनुकलाल का गीत ! याद करके आज भी रोवाँ कलप उठता है।··· गंगा रे जमुनवाँ की धार···।"

"लेकिन भारथमाता अब भी रो रही हैं बालदेव ! बावनदास को नींद आ रही है !

बालदेव जी चमक उठते हैं। भारथमाता अब भी रो रही हैं ? ऐं ?··· क्या कहता है बावनदास ?

बावनदास करवट लेते हुए कहता है, "बिलैती कपड़ा के पिकेटिंग के जमाने में चानमल-सागरमल के गोला पर पिकेटिंग के दिन क्या हुआ था, सो याद है तुमको बालदेव ? चानमल मड़बाड़ी के बेटा सागरमल ने अपने हाथों सभी भोलटियरों को पीटा था; जेहल में भोलटियरों को रखने के लिए सरकार को खर्चा दिया था। वही सागरमल आज नरपतनगर थाना कांग्रेस का सभापति है। और सुनोगे ?··· दुलारचंद कापरा को जानते हो न ? वही जुआ कंपनीवाला, एक बार नेपाली लड़कियों को भगाकर लाते समय जो जोगबनी में पकड़ा गया था। वह कटहा थाना का सिकरेटरी है।··· भारथमाता और भी, जार-बेजार रो रही हैं।"

बालदेव जी को आश्चर्य होता है। वह बावनदास से बहस करना चाहता है।

लेकिन बावन तो खर्राटा लेने लगा।··· बालदेव जी के समझ में कोई बात नहीं आ रही है।··· भारथमाता जार-बेजार रो रही हैं ?···

बावनदास, चुन्नी गुसाईं और बालदेव जी ! तीनों ने एक ही दिन इस संसार के माया-मोह को त्यागकर सुराजी में नाम लिखाया था।

गृहस्थ चुन्नी गुसाईं ! चार बीघे जमीन, दो-चार आम-कटहल के पेड़, एक गाय और दो छोटे-छोटे लड़कों का एकमात्र अभिभावक। स्वभाव से धर्मभीरु। चंदनपट्टी में सभा देखने गया। तैवारी जी ने भाखन दिया और तनुकलाल ने गीत गाया। सभी रोने लगे। चुन्नीदास के मन का मैल भी आँसुओं की धारा में बह गया। उसी दिन सुराजी में नाम लिखा लिया। चर्खा-कर्घा, झंडा-तिरंगा और खद्दर को छोड़कर सभी चीजें मिथ्या हैं। सुदेशी बाना, विदेशी बैकाठ !

अरे देसवा के सब धन-धान विदेसवा में जाए रहे।
मँहगी पड़त हर साल कृसक अकुलाय रहे।

दुहाई गाँधी बाबा !··· गाँधी बाबा अकेले क्या करें ! देश के हरेक आदमी का कर्त्तव्य है···।

का करें गाँधी जी अकेले, तिलक परलोक बसे,
कवन सरोजनी के आस अबहिं परदेस रही।

दुहाई गाँधी बाबा। चुन्नीदास को अपने शरण में ले लो प्रभु !··· विदेशी कपड़ा बैकाठ··· नीमक कानून··· जेल। गाँजा-दारू छोड़िए प्यारे भइयो··· जेल। व्यक्तिगत सत्याग्रह··· जेल। 1942 ··· जेल।··· सब मिलकर दस बार जेल-यात्रा कर चुका है चुन्नी गुसाईं !

और वह सोसलिट पाटी में चला गया ?

बावनदास !

पूर्वजन्म का फल अथवा सिरजनहार की मर्जी। प्रकृति की भूल अथवा थायराएड, थायमस और प्युटिटिरी ग्लैंड्स के हेर-फेर ! डेढ़ हाथ की ऊँचाई ! साँवला रंग, मोटे होंठ, अचरज में डाल देनेवाली दाढ़ी और चौंका देनेवाली मोटी-भोंड़ी आवाज। ऊँचाई के हिसाब से आवाज दसगुना भारी। अजीब चाल, मानो लुढ़क रहा हो। अज्ञात कुलशील। जन्मजात साधू। जिस ओर होकर गुजरता, लोगों की निगाहें बरबस अटक जातीं। फिर ताज्जुब की हँसी-मुस्कराहट। पीछे-पीछे बच्चों का हुजूम, तमाशा; कुत्ते भूँकते, इंसान हँसते ! गर्भवती औरतें छिप जातीं अथवा छिपा दी जातीं !··· और जब भगवान ने उसे चलता-फिरता तमाशा ही बनाकर भेजा है, लोग उसे देखकर खुश हो लेते हैं तो क्यों न वह पारिश्रमिक माँग ले।··· दे-दे मैया कुछ खाने को ! भगवान भला करेंगे। सेत्ताराम, सेत्तराम !

चंदनपट्टी की उस सभा में, तैवारी जी के भाखन और तनुकलाल के गीत ने इस डेढ़ हाथ के आदमी को भी झकझोर दिया था।··· न जाने पूर्वजन्म के किस

पाप का फल भोग रहा हूँ। क्या होगा यह सरीर रखकर ? चढ़ा दो गाँधी बाबा के चरण में, भारथमाता की खातिर !

अरे देसवा के खातिर मजहरुलहक भइले फकिरवा से
दी भइलै राजेंदर प्रसाद देशवासियो !

और वह तो फकीर ही है।··· चुन्नी गुसाईं ने नाम लिखा लिया ? मेरा भी नाम लिख लिया जाए।–रामकिसुनबाबू की स्त्री उसे देखते ही चिल्ला उठी थी–भगवान। "बावन भगवान !"··· उन्होंने पूर्णिया आने के लिए कहा था।

सेत्ताराम ! सेत्ताराम ! बंदेमहातरम् ! बंदेमहातरम् !

जिले की राजनीति के जनक रामकिसुनबाबू के बँगले पर वह जिस समय हाजिर हुआ, उस समय पुलिस की लौरी खड़ी थी। दारोगा साहब इंतिजार कर रहे थे। रामकिसुनबाबू अपना आभारानी को जरूरी हिदायतें दे रहे थे।

बंदेमहातरम् ! बंदे महातरम् !

"तुमि जाओ ! आमार जन्ये भेबो ना। ओई द्याखो, भगवान आमार काछे निजेई ऐसे गेछेन।" आभारानी की आँखें आनंद से चमक उठी थीं।

आभारानी ने बावनदास को 'भगवान' छोड़कर किसी दूसरे नाम से कभी नहीं पुकारा।

कुछ दिनों बाद आभारानी भी गिरफ्तार हुईं। बावन भी पकड़ा गया। पुलिस ने एकाटा डंडा लगाकर उसे भगा देना चाहा, पर पहले ही डंडे की चोट को आभारानी ने झपटकर अपने शरीर पर ले लिया तो पुलिस के पाँव के नीचे की मिट्टी खिसक गई थी। ···"आमार भगवान के मारो ना···।" खून से लथपथ खादी की सफेद साड़ी। पत्थर को भी पिघला देनेवाली, करुणा से भरी बोली, "आमार भगवान !" बावन के पूर्वजन्म के सारे पाप मानो अचानक ही पुण्य में बदल गए। सूखे ठूँठ में नई कोंपल लग गई। उसके मुँह से मोटी आवाज निकली थी–"माँ !"

माँ ! महात्मा गाँधी जी भी आभारानी को माँ ही कहते। 1934 में भूकंप-पीड़ित क्षेत्रों के दौरे पर जब बापू आए थे, साथ में थे रामकिसुनबाबू, आभारानी और बावनदास। बावनदास के बिना आभारानी एक डग भी कहीं नहीं जा सकतीं। गाँधी जी हँसकर बोले था, "माँ तुम्हारे भगवान से ईर्ष्या होती है।"··· दंतहीन, पोपले मुँह की वह पवित्र हँसी, बच्चों की हँसी जैसी !

फुलकाहा बाजार ! लाखों की भीड़। ऊँचा मंच··· "महात्मा गाँधी की जय !' ··· रह-रहकर आकाश हिल उठता है। जय ! फिर आकाश हिलता है। रेलमपेल ! पुष्पवृष्टि। ··· चरणधूलि ! सीटी··· स्वयंसेवक। कॉर्डन डालो··· घेरा··· घेरा !

मंच पर आगे-आगे रामकिसुनबाबू, आभारानी के कंधे का सहारा लिए गाँधी जी।··· वही गाँधी जी ! जै ! ··जै··· आभारानी हाथ का सहारा देकर फिर किसी को मंच पर चढ़ा रही हैं ? कौन है वह ?··· अरे बावनदास ! बौना !··· गाँधी जी तर्जनी से सबों को शांत रहने के लिए कह रहे हैं। ···लाखों की भीड़ में बावनदास

खँजड़ी बजाकर गाता है 'एक राम-नाम धन साँचा जग में कछु न बाँचा हो !' आवाज दूर तक नहीं पहुँचती। लेकिन बावनदास ! डेढ़ हाथ ऊँचा यह 'झर-आदमी' कितना बड़ा हो गया है ! महात्मा जी भीख माँगते हैं। हरिजनों के लिए दान दीजिए ! रुपए की थैली, सोने की अँगूठी, चेन, बुताम, हार, कंगन, अठन्नी, चवन्नी, दुअन्नी, अकन्नी, पत्थर का टुकड़ा। किंतु सबकुछ देकर भी बावनदास से बड़ा होना असंभव।

बावनदास को मानो कुबेर का भंडार मिल गया; ठूँठ के कोंपल नवपल्लव हो गए···बापू !

1937। पंडित जवाहरलाल नेहरू चुनाव के तूफानी दौरे पर आए हैं। बावनदास को देखकर ताज्जुब की मुद्रा बनाकर कुछ देर तक देखते ही रह गए। फिर ललाट पर बल और नाक पर अँगुली डालते हुए, गाँगुली जी से अंग्रेजी में बोले; "आई रिमेंबर दि नेम ऑफ दैट बुक।" (मुझे उस किताब का नाम याद नहीं आ रहा है)।

"किंग ऑफ दि गोल्डन रिवर !" गांगुली जी ने छूटते ही जवाब दिया। फिर दोनों एक ही साथ हँस पड़े।

अब बावनदास भजन ही नहीं गाता, बिख्यान देना भी सीख गया है। वह बोलने को उठता है। माइक-स्टैंड काफी ऊँचा है। ऑपरेटर हैरान है। जल्दीबाजी में वह क्या करे ? कभी ऊँचा कभी नीचा करता है, फिर भी बावनदास से काफी ऊँचा है माइक-स्टैंड। नेहरू जी बड़ी फुर्ती से उठकर जाते हैं, माइक खोलकर हाथ में ले लेते हैं। झुककर बावनदास के मुँह के पास ले जाते हैं, "बोलिए !" जनता हँसती है। बावन जरा घबरा जाता है। नेहरू जी मुस्कराकर उसके गले में माला डाल देते हैं, "बोलिए !" प्रेस रिपोर्टरों के कीमती कैमरों के बटन एक ही साथ 'क्लिक-क्लिक' कर उठे थे। 'नैशनल हेरल्ड' के मुखपृष्ठ पर बड़ी-सी तस्वीर छपी थी–बावन दास के गले में माला है, नेहरू जी हाथ में माइक लेकर झुके हुए हैं, मुस्करा रहे हैं। तस्वीर के ऊपर लिखा हुआ था, "माइक ऑपरेटर नेहरू !"

अगस्त, 1942। कचहरी पर चढ़ाई। धाँय-धाँय। पुलिस हवाई फायर करती है। लोग भाग रहे हैं। बावनदास ललकारता है, जनता उलटकर देखती है। डेढ़ हाथ का इंसान सीना ताने खड़ा है। ···'बंबई से आई आवाज !'··· जनता लौटती है। बावनदास पुलिसवालों के पाँवों के बीच से घेरे के उस पार चला जाता है और विजयी तिरंगा शान से लहरा उठता है। महात्मा गाँधी की जय !

बावन को गाँधी जी जानते हैं, नेहरू जी जानते हैं और राजेंद्रबाबू भी पहचानते हैं। प्रांत-भर के लीडर और राजनीतिक कार्यकर्ता जानते हैं। कैंप जेल में सुपरिंटेंडेंट की बदनामी के खिलाफ कैदियों ने सामूहिक अनशन किया था। अंत तक बावनदास और चुन्नी गुसाईं ही टिके रहे थे ! पच्चीस दिन का अनशन ! 'दरफोर्ड और आर्चर ने इन दोनों को 'देखने माँगा' था। गाँधी जी की कठोर परीक्षा में, सत्य की परीक्षा

में, सत्याग्रह की परीक्षा में, खरे उतरनेवाले दो कुरूप और भद्दे इंसान !

'सुराजी' में नाम लिखने के बाद सिर्फ दो बार बावन को माया ने अपने मोहजाल में फँसाने की कोशिश की थी। दोनों बार वह चेत गया था। मोहफाँस में फँसते-फँसते वह बच गया था। ··· महात्मा जी की कृपा !

एक बार रामकिसुनबाबू ने सिमरबनी से मुठिया में वसूल हुआ चावल लाने को भेजा था–"चावल बेचकर रुपया ले आना।" पाँच रुपए तीन आने। लौटती बार सिमराहा स्टेशन बाजार में जगमोहन साह की दूकान पर वह दही-चूड़ा खाने गया था। जगमोहन साह जलेबियाँ छान रहा था और सहुआइन जलेबियों को रस में डुबो रही थी। बावनदास के मन में बहुत देर तक रस में डूबी जलेबियाँ चक्कर काटती रहीं। ··· पथराहा के फागूबाबू ने अपने बाप के श्राद्ध में कंगाल भोजन कराया था। एक युग हो गया, बावन ने फिर जलेबी नहीं चखी। आखिर बावनदास ने दही-चूड़ा पर दो आने की जलेबियाँ ले लीं।

लेकिन पेट में पहुँचने के बाद उसे अचानक ज्ञान हुआ। उसकी आँखों के आगे से माया का पर्दा उठ गया।··· ये पैसे ? मुठिया ? ··· उसकी आँखों के सामने गाँव की औरतों की तस्वीरें नाचने लगीं। ··· हाँडी में चावल डालने के पहले, परम भक्ति और श्रद्धा से, एक मुट्ठी चावल गाँधी बाबा के नाम पर निकालकर रख रही हैं। कूट-पीसकर जो मजदूरी मिली है, उसमें से एक मुट्ठी ! भूखे बच्चों का पेट काटकर एक मुट्ठी ! और बावन ने उस पैसे से अपनी जीभ का स्वाद मिटाया ? ··· व्रतभंग ! तपभ्रष्ट !··· दुहाई गाँधी बाबा ! छिमा करो ! बावन फूट-फूटकर रोने लगा। उसकी आँखों से आँसू झड़ रहे थे और वह कंठ में अँगुलियाँ डालकर कै करता जाता था !··· सेत्ताराम ! सेत्ताराम ! दो दिनों का उपवास ! आत्मशुद्धि, प्रायिश्चत्त ! रामकिसुनबाबू ने बहुत समझाया, आभारानी परोसी हुई थाली लेकर सामने बैठी रहीं, लेकिन बावन ने उपवास नहीं तोड़ा। ··· "माँ, इस अपवित्तर मन को दंड देने से मत रोको। अशुद्ध आतमा मुझे बाबा की राह से डिगा देगी !"

माया का दूसरा फंदा···

नमक कानून तोड़ने के समय श्रीमती तारावती देवी पटना से आई थीं। उनकी बोली में मानो जादू था। वह जहाँ जातीं, लोग उनके भाषण सुनने के लिए उमड़ पड़ते थे। ··· जवान औरत ! सिर पर घूँघट नहीं ! भगवती दुर्गा की तरह तेजी से जल-जल करती है, सरकार को पानी-पानी कर देती है। "मुट्ठी-भर अंग्रेजों को हम नाच नचा देंगे। गोली, सूली और फाँसी का डर नहीं।" पुलिस-दारोगा डर से थर-थर काँपते हैं। "··· अंग्रेजों के जूठे पत्तल चाटनेवाले ये हिंदुस्तानी कुत्ते ?" जरूर उसमें भगवती का अंश है। सभा खत्म होने के बाद उनके निवास-स्थान पर भी भीड़ लग जाती थी। बहुत-सी बाँझ-निपुत्तर औरतें चरण-धूलि लेने आती थीं। भगवती ! उनके खाने-पीने और आराम करने के समय भी लोग जमे रहते थे। आखिर स्वयंसेवकों के पहरे का प्रबंध करना पड़ा था।

एक दिन चंदनपट्टी आश्रम में, दोपहर को तारावती जी बिछावन पर आराम

कर रही थीं। सामने के दरवाजे पर पर्दा पड़ा हुआ था और पर्दे के इस पार ड्यूटी पर बावनदास। फागुन की दोपहरी। आम की मंजरियों का ताजा सुवास लेकर बहती हुई हवा पर्दे को हिला-डुलाकर अंदर पहुँच जाती थी। तारावती जी की आँखें लग गईं। बावन ने हिलते-डुलते पर्दे के फाँक से यों ही जरा झाँककर देखा था। उसका कलेजा धक् कर उठा था, मानो किसी ने उसे जोर से पीछे की ओर धकेल दिया हो।... धीरे-धीरे पर्दे को हिलानेवाली फागुन की आवारा हवा ने बावन के दिल को भी हिलाना शुरू कर दिया। बावन ने एक बार चारों ओर झाँककर देखा, फिर पर्दे के पास खिसक गया ! झाँका। चारों ओर देखा और तब देखता ही रह गया मंत्र-मुग्ध-सा !... पलँग पर अलसाई सोई जवान औरत ! बिखरे हुए घुँघराले बाल, छाती पर से सरकी हुई साड़ी, खद्दर की खुली हुई अँगिया !... कोकटी खादी के बटन !... आश्रम की फुलवारी का अंग्रेजी फूल 'गमफोरना', पाँचू राउत का बकरा रोज आकर टप-टप फूलों को खा जाता है।... बावन के पैर थरथराते हैं। वह आगे बढ़ना चाहता है।... वह जानता है ! वह इस औरत के कपड़े को फाड़कर चित्थी-चित्थी कर देना चाहता है। वह अपने तेज नाखूनों से उसके देह को चीर-फाड़ डालेगा। वह एक चीख सुनना चाहता है। वह अपने जबड़ों से पकड़कर उसे झकझोरेगा। वह मार डालेगा इस जवान गोरी औरत को। वह खून करेगा। ... ऐं ! सामने की खिड़की से कौन झाँकता है ? गाँधी जी की तस्वीर ? दीवार पर गाँधी जी की तस्वीर ! हाथ जोड़कर हँस रहे हैं बापू !... बाबा ! धधकती हुई आग पर एक घड़ा पानी ! बाबा, छिमा ! छिमा ! दो घड़े पानी ! दुहाई बापू ! पानी, पानी, पानी ! शीतल जल ! ठंडक... !

बावन आँखें खोलता है। रामकिसुनबाबू पानी की पट्टी दे रहे हैं। माँ पंखा झल रही हैं। गांगुली जी चुपचाप खड़े हैं और घबराई हुई तारावती कह रही हैं, "चीख सुनकर मेरी नींद खुली तो देखा यह धरती पर छटपटा रहा है।"

दूसरे दिन आभारानी एक गिलास टमाटर का रस देते हुए बोली थीं, "भगवान, आज थेके तोमाय रोज एक गिलास ऐई रस, आर रात्रे दुध खेते हबे।"

लेकिन, बावन तो सात दिनों का उपवास-व्रत ले चुका था। आत्मशुद्धि, इंद्रियशुद्धि, प्रायश्चित्त ! आभारानी ने गांगुली के पास जाकर धीरे-धीरे सारी कहानी सुना दी–"गांगुली जी ! आप माँ को समझा दीजिए। मैं व्रत तोड़ नहीं सकता। कल माया ने... !"

गांगुली जी ने हँसते हुए आभारानी से कहा था, "भगवानेर व्रत-भंग हउबा असंभव। कारण गुरुतर। तबे आपनार भाग्य भालो जे बेचारा के सूरदासेर कथा मने पड़े नि, नईले एतखन आर भगवानेर चोख थाकतो ना।" (भगवान का व्रत-भंग होना असंभव है। आपका भाग्य अच्छा है कि उन्हें सूरदास की बात याद नहीं आई, वर्ना अब तक भगवान की आँखें नहीं रहतीं।)

आभारानी अवाक् होकर गाँगुली की ओर देखती रह गई थीं, "की जानी बापू ?"

देवताओं और मंदिरों के नगर, बनारस में रहकर भी आभारानी को सबसे

पहले अपने 'भगवान' की याद आती है। कभी-कभी गांगुली जी के नाम मनीआर्डर आता है, "भगवानेर कापड़ेर जन्य। ··· भगवानेर दूधेर जन्य।"

··· और वही बावन दास कहता है, भारथमाता जार-बेजार हो रही हैं !

बालदेव जी को लछमी दासिन की याद आती है। ··· वह भी रो रही थी।

··· लेकिन कालीचरन ? सोसलिट पाटी !···

बालदेव निराश नहीं होगा। उसे नींद नहीं आ रही है। बहुत खटमल हैं। ··· हाँ, वह कल बावनदास से पूछेगा, यदि घर में खटमल ज्यादा हो जाएँ तो क्या घर में ही आग लगा देनी चाहिए ?

छब्बीस

बाबू हरगौरी सिंह राज पारबंगा के नए तहसीलदार बहाल हुए। 'बेतार का खबर' सुमरितदास सबों को कहता है, "देखो-देखो, कायस्थ के जूठे पत्तल में राजपूत खा रहा है। तहसीलदार विश्वनाथ बाबू को राज पारबंगा के कुमार साहेब ने बुलाकर बहुत समझाया-बुझाया, लेकिन तहसीलदार ने कहा, थूक फेंककर चाटना आदमी का काम नहीं। ··· तहसीलदारी में अब क्या मजा है ! अब तो यह सूखी हड्डी है।"

वास्तव में अब तहसीलदारी में कोई मजा नहीं रह गया है। जमाना बदल गया है। तहसीलदार साहब के बाप देवनाथ मल्लिक सिर्फ पाँच रुपए माहवारी पर बहाल हुए थे। लेकिन ऊपरी आमदनी ? तीन साल बीतते-बीतते अस्सी-नब्बे बीघे धनहर[1] जमीन के मालिक बन गए थे। आदमी की ऊपरी आमदनी ही असल आमदनी है। और तहसीलदारी रोब का क्या पूछना ! तहसीलदार के खेत में मजदूरी करनेवालों को कभी मजदूरी नहीं मिलती थी। राज पारबंगा के राजा तो तिरहुत में रहते थे, उन्हें किसी ने कभी देखा भी नहीं। असल राजा तो बूढ़े देवनाथ मल्लिक ही थे। उस समय कटिहार शहर ठिकाने से बसा भी नहीं था। बूढ़े तहसीलदार साहब अपने सलीमशाही जूतों के तल्ले में ही काँटियाँ पुरैनियाँ से ठुकवाकर मँगाते थे और तीन महीने में ही काँटियाँ झड़ जाती थीं। सुनते हैं, वे बोलते बहुत कम थे, कान से कुछ कम सुनते थे; और जब बोलते थे तो "··· मारो साले को दस जूता।" कमला नदी के बगल में जो गड्ढा है, उसी में जोंक पालकर रखा था। जिसने तहरीर, तलबाना या नजराना देने में देर की, उसे गड्ढे में चार घंटे तक खड़ा करवा दिया। पाँव के अँगूठे से लेकर जाँघ तक मोटे-मोटे जोंक घुँघरू की

1. धान की खेतीवाली

तरह लटक जाते थे। ...वह जमाना तो बूढ़े तहसीलदार के साथ ही चला गया।

"जब नीलकाठी के साहबों के भी जुल्म से ऊबकर जगह-जगह किसानों ने बलवा करना शुरू किया तो जमीदारों ने अपने तहसीलदार और पटवारियों को गुप्त रूप से हिदायत दी, ज्यादा जोर-जुल्म मत करो !"

विश्वनाथ बाबू ने भी अच्छी तरह ही निभाया। रैयतों पर विशेष जोर-जुल्म करने की कभी जरूरत नहीं पड़ी। उनके पूर्वजों ने रैयतों के दिल और दिमाग पर तहसीलदार की ऐसी धाक जमा रखी थी कि उन्हें विशेष कुछ नहीं करना पड़ता था। कहावत मशहूर थी, जमदूत थोड़ा मुहलत भी दे सकता है, पर तहसीलदार नहीं। हर बार तमादी के पहले जनरल मैनेजर डफ साहब का खीमा आता था। खीमा आने के पहले ही बगैर जोत-जमीनवाले आदमी भी गाँव छोड़कर नेपाल के जिले मोरंग भग जाते थे। ...कोठी के बगीचे में पचासों छोटे-बड़े तंबू और शामियाने तान दिए जाते थे। पचास सिपाही, चार हाथी, मोटरगाड़ी, खानसामा, बावर्ची, नाई और धोबी। पाँच गाँव की बैलगाड़ियों पर खीमे के सामान लदकर आते थे।

इलाके-भर के बदमाश और टेढ़े लोगों की फेहरिस्त तहसीलदार पहले ही बनाकर रखते थे। सुमरितदास मोटे असामियों को चुपचाप एकांत में ले जाकर खबर सुना देता था–तुम्हारा नाम तो फेहरिस्त में सबसे ऊपर है !

... ऐं ? सबसे ऊपर ? सुननेवालों पर मानो वज्र गिर पड़ता था। ... जैसे भी हो, नाम तो कटाना ही होगा !

फ़ेहरिस्त बनाने के समय तहसीलदार सांहब सुमरित दास की भी राय लेते थे। सुमरितदास साल-भर की घटनाएँ याद करते हुए लिखाता था–"हाँ, अनंत पर्व के दिन रनजीत दूध लाने के लिए गया था तो गुअरटोली के सतकौड़ी ने झूठ बोलकर बर्तन वापस कर दिया था–भैंस सूख गई। कुंजरटोली के फरजंदमियाँ ने करैला नहीं दिया था– ।" तहसीलदार साहब ऐसे लोगों के नाम याद करते जिन्होंने राज के मुकद्दमों में गवाही देने से इनकार किया; दाखिल-खारिज करवाकर तहसीलदार का नजराजा हड़प गया, किन लोगों को पैसे की गर्मी हो गई है, कौन राह चलते ऐंठकर चलते हैं और पंचायत में उनके सिपाहियों के विरुद्ध किन लोगों ने गवाहियाँ दी थीं।

डफसाहब खजाना-वसूली से ज्यादा महत्त्व देते थे राज के रोब को। राज का रोब ही असल चीज है। उनका कहना था–"अमारा स्टेट में एक भी बडमाश को अम नहीं देखने माँगटा। टुम अमारा टेसीलडार को जूठा बोला। अमारा अमला जूठा ? तुम साला का बच्चा सच्चा ?"

"चेंटरू मांडल।"

"माय-बाप !" हाथ जोड़े एक अर्धनग्न आदमी थर-थर काँपता हुआ खड़ा हुआ।

"टुम मुकडमा में गुआई क्यों नई डिया ?'

"माय-बाप··· !"

"फँ··· माय-बाप का बच्चा ! सिपाय, चाबुक डेगा।"

शपाक् ! शपाक् ! शपाक् ! ··· कोड़े बरसने लगते !

"सिं। टुम चेटरी आए ? राचपट आए ? टुम अमारा टेसीलडार से नेई जीट सकेगा। हम टुमको बेज्जट करेगा। बडमाश···"

और इसके बाद साल-भर तक इलाके में अमन-चैन का राज ! तहसीलदार साहब के डर से लोग थर-थर काँपते रहते थे। लेकिन अब ? जमाना बदला ही नहीं है, साफ उलट गया।

सिंघजी ने बहुत कोशिश पैरवी करके हरगौरीसिंघ को तहसीलदारी दिला दी है। मैनेजर साहब को पूरे चार सौ रुपए की सलामी दी गई है। सुना है, बही-बस्ता लेते समय हीं छींक पड़ गई है। अब नए तहसीलदार की तहसीलदारी कैसी चलती है, देखना है।

राजपूतटोली का बच्चा-बच्चा खुश है। शिवशक्करसिंघ सबों से कहते हैं, "हरगौरी एक किलास और पढ़ लेता तो मनेजरी धरी थी···"

काली कुर्तीवाले संयोजक जी बौद्धिक क्लास में समझा रहे हैं–"जिस तरह यह तहसीलदारी कायस्तों के हाथ से राजपूतों के हाथ में आई है, उसी तरह सारे आर्यावर्त के राजकाज का भार हिंदुओं के हाथ में आएगा। और उस दिन आर्यावर्त के कोने-कोने में हिंदू-राज की पताका लहराएगी।"

जोतखी जी सलाह देते हैं–"बिना लछमी की पूजा किए बही-बस्ता में हाथ नहीं लगाया जाए। शुक्रवार को शुभ दिन है। कार्यारंभ, यात्रा, गृहनिर्माण आदि।"

बालदेव जी को बार-बार अपने सपने की बात याद आती है–विशाल सभा, हरगौरी माला पहना रहा है लछमी को।

कॉमरेड कालीचरन और बासुदेव अपनी पार्टी के मेंबरों से कहते हैं, "पुराने तहसीलदार यदि नागनाथ थे तो यह नया तहसीलदार साँपनाथ है। दोनों में कोई फर्क नहीं। दोनों ही जालिम जमींदार के कठपुतले हैं। सोशलिस्ट पार्टी के सिक्रेटरी साहब ने कहा है, लोग संघर्ष के लिए तैयार रहें।"

बावनदास के लिए यह गाँव नया है, गाँव के लोग नए हैं। वह अभी चुप है। न जाने क्यों, उसका जी नहीं लगता है।

चरखा सेंटर में सिर्फ चरखा-कर्घा ही नहीं, बूढ़े लोगों को रात में पढ़ाया भी जाता है। औरतों और बच्चों को मास्टरनी जी पढ़ाती हैं और बूढ़ों को मास्टर जी। बूढ़ा विरंचीदास दस दिनों से 'क ख ग घ, पढ़ रहा है, लेकिन 'क' के बदले 'ग' से ही ककहरा शुरू करता है··· 'ग घ क ख'। मास्टर जी हैरान हैं··· क्या सचमुच ही बूढ़ा तोता पोस नहीं मानता ?

सत्ताईस

डाक्टर की जिंदगी का एक नया अध्याय शुरू हुआ है। उसने प्रेम, प्यार और स्नेह को बायोलॉजी के सिद्धांतों से ही हमेशा मापने की कोशिश की थी। वह हँसकर कहा करता, "दिल नाम की कोई चीज आदमी के शरीर में है, हमें नहीं मालूम। पता नहीं आदमी 'लंग्स' को दिल कहता है या 'हार्ट' को। जो भी हो, 'हार्ट' 'लंग्स' या 'लीवर' का प्रेम से कोई संबंध नहीं है।"

अब वह यह मानने को तैयार है कि आदमी का दिल होता है, शरीर को चीर-फाड़कर जिसे हम नहीं पा सकते हैं। वह 'हार्ट' नहीं वह अगम अगोचर जैसी चीज है, जिसमें दर्द होता है, लेकिन जिसकी दवा 'ऐड्रिलिन' नहीं। उस दर्द को मिटा दो, आदमी जानवर हो जाएगा। ···दिल वह मंदिर है जिसमें आदमी के अंदर का देवता बास करता है।

बचपन से ही वह अपने जन्म की कहानी को कभी भूल नहीं सका। प्रत्येक इतिहास पर गौरव करनेवाले युग में पले हुए हर व्यक्ति को अपने खानदान की ऐसी कहानी चाहिए जिसके उजाले से वह दुनिया में चकाचौंध पैदा कर दे। लेकिन डाक्टर के वंश-इतिहास पर काली रोशनाई पुती हुई है–जेल की सेंसर की हुई चिट्ठियों की तरह । काली रोशनाई से किसी हिस्से को इस तरह पोत दिया जाता है कोई कल्पना भी नहीं कर सकता कि उस हिस्से में कभी कुछ लिखा हुआ था। ··· जन्म देनेवाली माँ ने भी जिसे दूर कर दिया। ··· अँधेरे में एक अभागिन माँ, दिल का दर्द और भयावनी छाया आकर हाथ बढ़ाती है, माँ अंतिम बार अपने कलेजे के टुकड़े को, रक्त के पिंड को, एक पलक निहारती है, चूमती है। भयावनी छाया उसके हाथ से शिशु को छीन लेती है। माँ दाँतों से ओठ दबाए खड़ी रह जाती है !

डाक्टर ने अपनी माँ के स्नेह को, अँधेरे में खड़ी 'सल्हुटेड' तस्वीर-सी माँ के दुलार की कीमत को, समझने की चेष्टा की है। वह गला टीपकर मार भी तो सकती थी। खटमल को मसलने के लिए अँगुलियों पर जितना जोर डालना पड़ता है, उस पाँच घंटे की उम्र के शिशु की जीवन-लीला समाप्त करने के लिए उतने-से जोर की ही आवश्यकता थी। माँ ऐसा नहीं कर सकी। ··· शायद उसने चेष्टा की होगी। गले पर एक-दो बार अँगुलियाँ गई होंगी। सोया हुआ शिशु मुस्करा पड़ा होगा और वह उसे सहलाने लगी होगी। ··· उसने अपनी बेबस, लाचार और अभगिनी माँ के मन में उठनेवाले तूफान के झकोरे की कल्पना की है। ··· वह अपनी माँ के पवित्र स्नेह का; अपराजित प्यार का जीता-जागता प्रमाण है !

किसी भी अभागिन माँ की कहानी सुनते ही वह मन-ही-मन उसकी भक्ति करने लगता है। पतिता, निर्वासित और समाज की दृष्टि में सबसे नीच माँ की गोद में वह क्षण-भर के लिए अपना सिर रखने के लिए व्याकुल हो जाता है।

··· किसी स्त्री को प्रेमिका के रूप में कभी देखने की चेष्टा उसने नहीं की। वह मन-ही-मन बीमार हो गया था। एक जवान आदमी को शारीरिक भूख नहीं लगे तो वह निश्चय ही बीमार है, अथवा 'एब्नॉर्मल' है।

डाक्टर ने एक नए मोड़ पर मुड़कर देखा, दुनिया कितनी सुंदर है !

वह लोक-कल्याण करना चाहता है। मनुष्य के जीवन को क्षय करनेवाले रोगों के मूल का पता लगाकर नई दवा का आविष्कार करेगा। रोग के कीड़े नष्ट हो जाएँगे, इंसान स्वस्थ हो जाएगा। दुनिया-भर के मेडिकल कालेजों में उसके नाम की चर्चा होगी। 'प्रशांत मेथड', 'प्रशांत रिऐक्शन'। डब्ल्यू. आर. की तरह पी. आर. कहेंगे लोग। इसके बाद ! ···'टेस्टट्यूब बेबी' किसे माँ कहेगा ? तब शायद माँ एक हास्यास्पद शब्द बनकर रह जाएगा। ···जानते हो, पहले माँ हुआ करती थीं ?···एक अर्धनग्न से भी कुछ आगे लड़की, 'टेली-काफ' के द्वारा अमेरिकन पेस्ट्री का घर बैठे स्वाद लेती हुई मुड़कर कहेगी–"प्रीटेस्ट ट्यूब एज ? सि-सि ! ···म्वाँ ! ट्यूब म्वाँ !"

··· माँ ! माँ वसुंधरा, धरती माता ! माँ अपने पुत्र को नहीं मार सकी, लेकिन पुत्र अपनी माँ को गला टीपकर मार देगा। शस्य श्यामला !···

भारतमाता ग्रामवासिनी !
खेतों में फैला है श्यामल,
धूलभरा मैल-सा आँचल !

'मैला आँचल' ! लेकिन धरती माता अभी स्वर्णांचला है ! गेहूँ की सुनहली बालियों से भरे हुए खेतों में पुरवैया हवा लहरें पैदा करती है। सारे गाँव के लोग खेतों में हैं। मानो सोने की नदी में, कमर-भर सुनहले पानी में सारे गाँव के लोग क्रीड़ा कर रहे हैं। सुनहली लहरें ! ताड़ के पेड़ों की पंक्तियाँ झरबेरी का जंगल, कोठी का बाग, कमल के पत्तों से भरे हुए कमला नदी के गड्ढे ! डाक्टर को सभी चीजें नई लगती हैं। कोयल की कूक ने डाक्टर के दिल में कभी हूक पैदा नहीं की। किंतु खेतों में गेहूँ काटते हुए मजदूरों की 'चैती' में आधी रात को कूकनेवाली कोयल के गले की मिठास का अनुभव वह करने लगा है।

सब दिन बोले कोयली भोर भिनसरवा ···वा···वा
बैरिन कोयलिया, आजु बोलय आधी रतिया हो रामा ···आँ ···आँ
सूतल पिया के जगावे हो रामा ···आँ ···आँ

किसी के पिया की नींद न टूट जाए ! गहरी नींद में सोए हुए पिया के सिरहाने पंखा झलती हुई धानी को डर है, पिया की नींद न खुल जाए; सपना न टूट जाए !

डाक्टर भी किसी की दुलार-भरी मीठी थपकियों के सहारे सो जाना चाहता है, गहरी नींद में खो जाना चाहता है। जिंदगी की जिस डगर पर बेतहाशा दौड़ रहा था, उसके अगल-बगल, आस-पास, कहीं क्षणभर सुस्ताने के लिए कोई छाँव नहीं मिली। उसने किसी पेड़ की डाली की शीतल छाया की कल्पना भी नहीं

की थी। जीवन की इस नई पगडंडी पर पाँव रखते ही उसे बड़े जोरों की थकावट मालूम हो रही है। वह राह की खूबसूरती पर मुग्ध होकर छाँह में पड़ा नहीं रह सकेगा। मंजिल तक पहुँचने का यह कितना जबरदस्त रास्ता है जो राही को मंजिल तक पहुँचाने की प्रेरणा देता है !··· वह क्षण-भर सुस्ताने के लिए उदार छाया चाहता है। प्यार !···

सूतल पिया के जगावे हो रामा !

पिया जग गए, धानी ने पिया को बिदाई दी। पिया को जाना है। हिमालय की चोटी को उषा की प्रथम किरण ने छूकर स्वर्णिम कर दिया। आम के बागों में कोयल-कोयली, दहियल और बुलबुल ने सम्मिलित सुर में मंगल-गीत गाए ! खेतों से गीत की कड़ियाँ पुरवैया के सहारे उड़ती आती हैं और डाक्टर के दिल में हलचल मचा जाती हैं। ···गेहूँ की काटनी हो रही है। झुनाई हुई रव्वी की फसल की सोंधी सुगंध चारों ओर फैल रही है।

"डाक्टर साहब !"

"क्या है ?"

"जरा चलिए ! मेरी बहन को कै हो रही है।"

"पेट भी चलता है ?"

"जी !"

डाक्टर तुरत तैयार होकर चल देता है। पास के ही गाँव में जाना है।···डॉयरिया होगा। लेकिन 'सेलाइन ऐपरेटस' भी ले लेना अच्छा होगा।

"तीस बार पेट चला है ?"

बिछावन पर पड़ी हुई युवती पीली पड़ गई है। उसके हाथ-पाँव अकड़ रहे हैं। पेशाब बंद है। हैजा ही है। डाक्टर 'सेलाइन ऐपरेटस' ठीक करता है। स्पिरिट स्टोव जलाता है, नार्मल-सेलाइन की बोतल निकालता है। बूढ़ा बाप हाथ जोड़कर कुछ कहना चाहता है, और आखिर कह ही डालता है, "डाक्टर साहब, यह जो जकसैन दे रहे हैं इसका कितना होगा ?"

छोटे जकसैन का फीस तो दो रुपया है। इतने बड़े जकसैन का तो जरूर पचास रुपया होगा।

"क्यों ? पचास रुपया," डाक्टर मुस्कराता है।

"तो रहने दीजिए। कोई दवा ही दे दीजिए।"

"दवा से कोई फायदा नहीं होगा।"

"लेकिन मेरे पास इतने रुपए कहाँ हैं ?"

"बैल बेच डालो," डाक्टर पहले की तरह मुस्कराते हुए सेलाइन देने की तैयारी कर रहा है।

"डाक्टरबाबू, बैल बेच दूँगा तो खेती कैसे करूँगा ? बाल-बच्चे भूखों पर जाएँगे। ...लड़की की बीमारी है।"

"क्या मतलब ?"

"हुजूर, लड़की की जात बिना दवा-दारू के ही आराम हो जाती है !"

...लड़की की जाति बिना दवा-दारू के ही आराम हो जाती है ! लेकिन बेचारे बूढ़े का इसमें कोई दोष नहीं। सभ्य कहलानेवाले समाज में भी लड़कियाँ बला की पैदाइश समझी जाती हैं। जंगल-झार !

डिग-डिग, डिडिग-डिडिग !

"...कल सुबह को इसपिताल में हैजा की सुई दी जाएगी। सभी लोग—बाल-बच्चे, बूढ़े-जवान, औरत-मर्द—आकर सूई ले लें।" ...डिग-डिग डिडिग ! गाँव का चौकीदार ढोलहा दे रहा है।

हैजा के पहले रोगी को बचा लिया गया, लेकिन गाँव को नहीं बचाया जा सका। डाक्टर ने ढोल दिलवाकर लोगों को सूई लेने की खबर दी, लेकिन कोई नहीं आया। कुआँ में दवा डालने के समय लोगों ने दल बाँधकर विरोध किया—"चालाकी रहने दो ! डाक्टर कूपों में दवा डालकर सारे गाँव में हैजा फैलाना चाहता है। खूब समझते हैं !"

डाक्टर ने बालदेव जी, कालीचरन और चरखा—सेंटर के लोगों को खबर देकर बुलवाया। सहायता माँगी, "यदि लोगों ने सूई नहीं लगवाई और कुओं में दवा नहीं डालने दी तो एक भी गाँव को बचाना मुश्किल होगा।"

दोपहर को बालदेव जी, कालीचरन और चरखा सेंटर के मास्टर-मास्टरनी जी डाक्टर साहब के साथ दल बाँधकर निकले और कुओं में दवा डाल दी गई। सूई देने की समस्या जटिल थी। कालीचरन ने कहा, "एक बात ! आज कोठी का हाट है। हाट लगते ही चारों ओर घेर लिया जाए और सबों को जबर्दस्ती सुई दी जाए ! जो लोग बाकी बचे रहेंगे, उन्हें घर पर पकड़कर दी जाए।"

डाक्टर को यह सुझाव अच्छा लगा, लेकिन बालदेव जी ने एतराज किया, "किसी की इच्छा के खिलाफ जोर-जबर्दस्ती करना...।"

"क्या बेमतलब की बात बोलते हैं," चरखा सेंटर की मास्टरनी जी बालदेव जी की बात काटते हुए बोली, "कालीचरन जी ठीक कहते हैं।"

बालदेव जी की कनपट्टी गर्म हो जाती है। ...यह औरत बोलने का ढंग भी नहीं जानती ! नारी का सुभाव करकस नहीं होना चाहिए। कोठारिन जी कितनी मीठी बोली बोलती हैं। और यह तो मर्दाना औरत है। चरखा सेंटर की मास्टरनी ! हूँ ! बहुत महिला कांग्रेसी को देखा है—माये जी, तारावती देवी, सरस्सती, उखादेवी, सरधा देवी। लेकिन कोई तो इतना करकस नहीं बोलती थी। ...हुँ ! कालीचरन जी ठीक कहते हैं !... जबर्दस्ती करना हिंसाबाद नहीं तो और क्या है ?

कालीचरन के दलवालों ने हाट को घेर लिया है। डाक्टर साहब आम के पेड़ के नीचे टेबल पर अपना पूरा सामान रखकर तैयार हैं। कालीचरन एक-एक आदमी को पकड़कर लाता है, मास्टरनी जी स्पिरिट में भिगोई हुई रुई बाँह पर मल देती हैं और डाक्टर साहब सूई गड़ा देते हैं। तहसीलदार साहब नाम लिखते जाते हैं। हाट में भगदड़ मची हुई है। लेकिन भगकर किधर जाओगे ? चारों ओर सुस्लिंग पाटी का सिपाही खड़ा है।

"माई गे ! माई गे ! हे बेटा काली !"

"क्यों, रोती क्यों है ?"

"हे बेटा !"

"सारी देह में गोदना गोदाने के समय देह में सूई नहीं गड़ी थी। चलो !"

सात सौ पचास लोगों को सूई दे दी गई है। अब जो लोग घर में रह गए हैं, उन्हें कल सुबह ही सूरज उगने के पहले ही दे देनी होगी।

डाक्टर साहब कहते हैं, "बीमारों की सेवा के लिए स्वयंसेवक चाहिए।"

कालीचरन अपने दल के साठ स्वयंसेवकों के साथ रात को अस्पताल में दाखिल हो जाएगा।

चरखा सेंटर की मास्टरनी जी बड़ी निडर हैं। वह भी सेवा करने के लिए अपना नाम लिखाती हैं।

बावनदास हँसकर कहता है, "मुझे देखकर तो रोगी लोग डर जाएँगे डाक्टर साहब, मुझे और कोई काम दीजिए।"

बालदेव जी चुप हैं। उनको हैजा का बहुत डर है।

अट्ठाईस

डाक्टर आदमी नहीं, देवता है देवता !

तंत्रिमाटोली पोलियाटोली, कुर्मछत्रीटोली और रैदासटोली में सब मिलाकर सिर्फ पाँच आदमी नुकसान हुए। घर-घर में एक-दो आदमी बीमार थे, लेकिन डाक्टर देवता है। दिन-रात, कभी एक पल चैन से नहीं बैठा। मास्टरनी जी भी देवी हैं। कालीचरन भी बहादुर हैं। कै और दस्त से भरे बिछावन पर लेटे हुए रोगी की सेवा करना, कपड़े धोना, दवा डालकर गंदगी जलाना आदमी का काम नहीं, देवता ही कर सकते हैं। एक पैसा भी फीस नहीं लिया और मुफ्त में रात-रात-भर जगकर लोगों का इलाज करते रहे। रेसमलाल कोयरी के इकलौते बेटे को जम

के मुँह से छुड़ा लिया। रेसम ने डाक्टर को खुशी-खुशी एक गाय बक्सीस दी, लेकिन डाक्टर साहब ने कहा, "अपने लड़के को इस गाय का दूध पिलाओ। दूध बिक्री मत करो। यही हमारी बक्सीस है।"

बावनदास भी अवतारी आदमी हैं। रात-भर नीम के पेड़ के नीचे बैठकर खँजरी बजाकर गाते रहते थे ..."मालिक सीताराम सोच मन काहे करो ! सेत्ताराम ! सेत्ताराम ! बंदे महातरम् ! ...मालिक सीताराम !"

भयावनी रात में, जबकि आदमी अपनी छाया से डरते थे, बावन का गीत डरे हुए लोगों को बल देता था... "मालिक सीताराम सोच मन काह करो। ...निर्बल के बल राम !"

ब्राह्मणटोली में तीन आदमी मरे। और जोतखी जी की स्त्री तो दूसरी बीमारी से मरी। बच्चा अटक गया था। ...कायस्थटोली, संथालटोली और यादवटोली में एक भी आदमी बीमार नहीं हुआ। राजपूतटोली में पाँच-सात आदमी को रोग ने पकड़ा, 'लेकिन डाक्टर साहब ने सबों को बचा लिया। पंद्रह दिनों के बाद कमली ने डाक्टर की सूरत देखी है।

कमली ने मन-ही-मन कितनी बातें गढ़ रखी थीं। वह रूठी रहेगी, बोलेगी नहीं। ...पंद्रह दिनों में एक बार भी तो आते ! रहने दीजिए, यही होता न कि रोग का छूत मुझे लग जाता। मैं मर जाती। आपका क्या बिगड़ता ? चरखा सेंटर की मास्टरनी जी जो थीं !... रात-भर खूब चाय बनाकर पिलाती थीं न ?

लेकिन डाक्टर को देखते ही वह सबकुछ भूल गई। डाक्टर का चेहरा एकदम काला हो गया है। आँखें धँस गई हैं। प्यारू ठीक ही कहता था, "डाक्टर साहब दुनिया-भर को आराम कर रहे हैं, लेकिन खुद बीमार होते जा रहे हैं। खाना-पीना तो एकदम कम हो गया है।" ...कमली चाहती है कि माँ थोड़ी देर के लिए डाक्टर को अकेला छोड़ दे। आज वह डाक्टर से लिपट जाएगी।

"कहिए हैजा डाक्टर साहब !" कमली हँसते हुए डाक्टर के पास जाती है।

"हैजा डाक्टर ? सुनिए लड़की की बात जरा ! मैं पूछती हूँ तुमसे कि तुम दिन-दिन क्या होती जा रही हो ?" माँ डाँटते हुए कहती है।

"वाह रे ! रामपूर के बटैयादार लोग उस दिन आकर बाबू जी से पूछ रहे थे कि हैजा डाक्टर कहाँ रहता है। सुना था नहीं। लोग इन्हें हैजा डाक्टर ही कहते हैं।" कमला खिलखिलाकर हँसती है।

माँ हँसते हुए चली जाती है। डाक्टर मुस्कराते हुए कहता है, "लोग हैजा डाक्टर कहते हैं, लेकिन तुमको तो कहना चाहिए बेहोशी डाक्टर !"

"अहा-हा ! बेहोशी डाक्टर की सूरत तो आज पंद्रह दिनों बाद दूज के चाँद की तरह देखने को मिली है और बात बनाते हैं !" कमली मुँह फुलाती है।

"नहीं कमली, इस बीच मुझे बराबर यही डर लगा रहता था कि यदि तुमने कुछ गड़बड़ी पैदा की तो क्या होगा।"

"तो मैं जान-बूझकर बेहोश होती हूँ, क्यों ?"

"हाँ, जान-बूझकर।"

"क्यों ?"

"क्योंकि बेहोश होने से ही बेहोशी डाक्टर आता है।"

"ऊँ ! डाक्टर आवे न आवे मेरी बला से !"

"अच्छी बात है, ता मैं चला।"

"ऊँ !"

"डाक्टर साहब इतने दिनों बाद आए हैं, चाय बना देगी, सो तो नहीं, बैठकर झगड़ा कर रही है।" माँ अंदर से ही कहती है।

कमली दाँत से जीभ को दबाते हुए उठ भागती है–माँ सब सुन रही थी शायद।

डाक्टर ने इस बार आस-पास के पंद्रह गाँवों का परिचय प्राप्त किया है; भयातुर इंसानों को देखा है, बीमार और निराश लागों की आँखों की भाषा को समझने की चेष्टा की है। उसे मध्यवित्त किसानों की अंदर हवेली और बेजमीन मजदूरों की झोंपड़ियों में आने का सौभाग्य या दुर्भाग्य प्राप्त हुआ है। रोगियों को देखकर उठते समय, छींके पर टँगी हुई खाली मिट्टी की हाँड़ियों से उसका सिर टकराया है। सात महीने के बच्चे को बथुआ और पाट के साग पर पलते देखा है। उसने देखा है··· गरीबी, गंदगी और जहालत से भरी हुई दुनिया में भी सुंदरता जन्म लेती है। किशोर-किशोरियों और युवतियों के चेहरे पर एक विशेषता देखी है उसने। कमला नदी के गड्ढों में खिले हुए कमल के फूलों की तरह जिंदगी के भोर में वे बड़े लुभावने, बड़े मनोहर और सुंदर दिखाई पड़ते हैं, किंतु ज्यों ही सूरज की गर्मी तेज हुई, वे कुम्हला जाते हैं। शाम होने से पहले ही पपड़ियाँ झड़ जाती हैं !··· कश्मीर के कमल और पूर्णिया के कमल में शायद यही फर्क है। ···और कमली तो राजकमल !

"मैं तुम्हें राजकमल कहूँगा।"

"और मैं तुम्हें प्रशांत महासागर कहूँगी।" कमला ने आज अनजाने ही 'तुम' कह दिया।

"प्रशांत महासागर में राजकमल नहीं खिलता, मैं कमला नदी का गड्ढा ही होना पसंद करूँगा।" डाक्टर हँसता है।

कमली की बड़ी-बड़ी आँखों की पलकें एक बार ऊपर उठकर झुक गईं।

"तुमने मुझे आज तक अपना अस्पताल क्यों नहीं दिखलाया ? तुम्हारे चूहे, खरगोश, सियार और नेवले···"

"माँ और बाबू जी तुम्हें अस्पताल जाने देंगे ?"

"क्यों नहीं ?"

"तो आज ही चलो, अभी।"

कमली डाक्टर के साथ अस्पताल की ओर जा रही है। चैत का सूरज पच्छिम

की ओर निष्प्राण-सा, पूर्णिमा के उगते हुए चाँद का-सा मालूम हो रहा है। दिन-भर धू-धूकर चलनेवाली पछिया हवा गिर गई है।

गाँव के पनघट पर स्त्रियों की भीड़ आँखें फाड़कर इन दोनों को देखती है, झगड़े बंद हो जाते हैं, पानी भरना रुक जाता है। नजर से ओझल होने के बाद फिर सबों के मुँह से अपनी-अपनी राय निकलती है। ...कमली अब आराम हो गई। डाक्टर साहब ने इसको बचा लिया। ...दोनों की जोड़ी कैसी अच्छी है ! सतलरैना बैसकोप का एक किताब लाया है, उसमें ऐसी ही एक जोड़ी की छापी है, ठीक ऐसी ही ! ...डाक्टर भी कायस्थ है क्या ? कौन जात है ? क्या जाने बाबा, इलाज करते-करते कहीं... ! क्या बकती है–सिर की गर्मी शाम को मैदान की हवा में ठंडी होती है, जानती नहीं ? मौसी ने जब जुगलजोड़ी देखी तो उसके हाथ स्वयं ही आँचल के खूँट पर चले गए। आँचल पसारकर मन-ही-मन बोली, "दुहाई कमला मैया !"

गणेश पास ही गुल्ली खेल रहा था। वह जोर-जोर से चिल्लाया...

पूलव से छाहेब आया
पच्छिम छे मेम
छाहेब बोले गिटिल-पिटिल
खिल-खिल हँछे मेम !

कमला और डाक्टर ने उलटकर देखा। गणेश ताली बजाकर हँस रहा था, "देखो नानी, छाहेब-मेम।"

दोनों ने हँसते हुए मौसी को प्रणाम किया। गणेश भागकर मामी के आँचल में छिप जाता है। कमली चिल्लाकर कहती है, "अच्छा, ठहरिए गोबर गणेश जी ! अभी लौटती हूँ तो कान पकड़कर चाँद दिखाऊँगी।"

तहसीलदार साहेब रास्ते में ही मिले। हँसते हुए बोले, "आज शायद यही पागलपन सवार हुआ था !... अच्छी बात है, सुबह-शाम की हवा में बहुत गुण हैं।"

सभी एक ही साथ हँस पड़े।

कोठी के बाग में गुलमुहर की बड़ी-बड़ी डालियाँ, लाल-लाल फूलों से जलती हुई, हवा के हल्के झोंकों में हिल-डुल रही थीं। अमलतास के पीले फूल नववधू की पीली ओढ़नी की याद दिला रहे थे। योजन-गंधा शाम की हवा में पागलपन बिखेर रही थी। शिरीष के फूलों की पंखुड़ियाँ मंगलआशीष की तरह झड़ रही थीं।... मार्टिन ने बड़े जतन से फूल लगाए थे। बाग लगाते समय उसने ऐसी ही शामों की कल्पना की होगी–बाँहों में पड़ी हुई मेरी के लाल होंठों की ताजगी को और भी प्राणमय बनाने के लिए। पानी पटानेवाले मालियों पर वह कड़कते हुए बोला

होगा–"डेको ! एक भी गाछ सूखने पर पचास बेंट डेगा।"

चैत की गोधूली में अपनी सारी तेली खोकर सूरज ने श्याम-सलोनी संध्या के आँचल में अपना मुँह छिपा लिया था। दूर तक फैली हुई ताड़ों की पंक्तियाँ, कुछ मटमैली, कुछ सिंदूरी-सी पृष्ठभूमि में गर्दन ऊँची करके सूरज को अतल गहराई में डूबते हुए देख रही थीं। गाय और बैलों के साथ घर लौटते हुए चरवाहे सावित्री-नाच का गीत गा रहे थे···

आहे सखी चलू फुलवारी देखे हे
देखिबो सुंदर रूप
नाना रसना फूल अनूप, चलू फुलवारी देखे हे !

गुलमुहर के लाल-लाल फूल बुझ गए और अमलतास की पीली ओढ़नी न जाने कब सरककर गिर पड़ी। किंतु योजन-गंधा अब भी पागल बना रही है। ···डाक्टर देवता नहीं, आदमी बनना चाहता है !

एक जोड़ी निर्मल आँखों की पलकें जरा ऊपर की ओर उठीं और फिर झुक गईं।

उनतीस

कल 'सिरवा' पर्व है।

कल पड़मान में 'मछमरी' होगी–मछमरी अर्थात् मछली का शिकार। आज चैत्र संक्रांति है। कल पहली वैशाख, साल का पहला दिन। कल सभी गाँव के लोग सामूहिक रूप से मछली का शिकार करेंगे। छोटे-बड़े, अमीर-गरीब सभी टापी और जाल लेकर सुबह ही निकलेंगे। आज दोपहर को सत्तू खाएँगें। सतुआनी पर्व है आज। आज रात की बनी हुई चीजें कल खाएँगे। कल चूल्हा नहीं जलेगा। बारहों मास चूल्हा जलाने के लिए यह आवश्यक है कि वर्ष के प्रथम दिन में भूमिदाह नहीं किया जाए। इस वर्ष की पकी हुई चीज उस वर्ष में खाएँगे।

सारे मेरीगंज के मछली मारनेवालों का सरदार है कालीचरन। भुरुकवा उगने के समय ही निकलना होगा। बारह कोस जमीन तय करना होगा। इस कालीचरन ने ऐलान कर दिया है, जुलूस बनाकर चलना होगा, लाल झंडे के साथ। नारा भी लगाते चलना होगा। जमींदार फैजबख्श अली ने इस बार पड़मान नदी के 'जलकर' को खास में रखा है ! उसके अमलों ने कहा है कि मछली नहीं मारने

देंगे, मलेटरी मँगाकर तैनात रखेंगे। देखना है मलेटरी को !

नए तहसीलदार बाबू हरगौरीसिंह के यहाँ नया खाता खुलेगा। शाम को सतनारायण की पूजा होगी। डाक्टर को भी निमंत्रण है।

तहसीलदार विश्वनाथ प्रसाद ने तहसीलदारी छोड़ दी है तो क्या, नया ख़ाता भी न करेंगे ? उनके यहाँ भी सत्यनारायण व्रत्त की कथा होगी। डाक्टर साहब को निमंत्रण है।

मौसी ने होली में डाक्टर को नहीं खिलाया था। इस बार डाक्टर को वही खिलाएगी।

मठ पर भी नया खाता होता है। इस बार नए महंथ रामदास जी के हाथ से खाता खुलेगा। इसीलिए विशेष आयोजन है। बीजक पाठ, साहेब भजनावली, ध्यान और अंत में वैष्णव-भोजन। बालदेव जी और बावनदास को विशेष निमंत्रण है। लछमी दासिन ने भंडारी के मार्फत कहला भेजा है, "बालदेव जी जरूरी आवें। गाँव में वैष्णव है ही और कौन !"

बेतार सुमरितदास अब नए तहसीलदार का कारपरदाज है। वह कहता फिरता है, "हरगौरीबाबू हीरा आदमी है। सारा कागज-पत्तर हमीं पर फेंककर निश्चिंत ! देखिए तो, हम कितना समझाते हैं कि बाबू साहेब ! बही-बस्ता, सेयाहा और कर्चा किसी दूसरे को छूने नहीं देना चाहिए। लेकिन हरगौरीबाबू हीरा आदमी हैं। विश्वनाथपरसाद तो एक नम्मर के मखीचूस और सक्की आदमी हैं। कायस्त और राजपूत का कलेजा बराबर हो भला ! हूँ ! कँगरेसी हुए हैं ! सुमरितदास से कौन बात छिपी हुई है ? अब तो गाँव का चाल-चलन एकदम बिगड़ जाएगा। जवान बेटी को एक परदेसी जवान के साथ हँसी-मसखरी करने की, घूमने-फिरने की आजादी दे दी है विश्वनाथपरसाद ने। गाँव का चाल-चलन नहीं बिगड़े तो सुमरितदास का नाम बदल देना।"

नए तहसीलदार बाबूहरगौरीसिंघ के यहाँ रात में एक भी रैयत नहीं आया। पुन्याह में जो सलामी मिलती है, वह रकम जमींदार की होती है, लेकिन खाता खुलने के दिन की सलामी तो तहसीलदार की खास आमदनी है। सुमरितदास ने आकर खबर दी—"सभी रैयत विश्वनाथपरसाद के यहाँ गए थे। डेढ़ सौ रुपए सलामी में पड़े थे। मछली मारकर लौटते समय रास्ते में रैयतों ने मिटिन किया था कि नए तहसीलदार के यहाँ नहीं जाएँगे। कुकरा का बेटा कालिया लीटरी करता है। बाप काटे घोड़ा का घास और बेटा का नाम दुरगादास ! अभी ततमाटोली का बिरंचिया कहता था कि रैयतों का पेट जो भरेगा वही असल जमींदार है। नए तहसीलदार ने कभी एक चुटकी धान भी दिया है ? शास्तर-वचन कभी झूठ नहीं होता ...रांड़ एड़ं कनमोचड़, जूता मारं पवित्तरम ! समझे तहसीलदार साहब, राड़ और काँटों को काँटीवाले जूते से बस में किया जाता है।"

बालदेव जी का काम छूट गया।

कपड़े, चीनी और किरासन तेल की पुर्जी अब तहसीलदार विश्वनाथप्रसाद देंगे।

बालदेव जी को क्यों छुड़ा दिया ? ...सायद उनका बिलेक पकड़ा गया। पाप कितने दिनों तक छिपेगा ? खेलावन ने जो परमेसरसिंघ की जमीन मोल ली है, सो किस रुपए से ? वह बालदेव जी की ही जमीन है। खेलावन के घर में जाकर देखा, आज भी गाँठ-के-गाँठ कपड़ा पड़ा हुआ है; टीन-का-टीन तेल है। खेलावन के सभी सगे-संबंधियों के यहाँ कपड़े गए हैं। यह बात कितने दिनों तक छिपी रहेगी ? सुनते हैं कि काँगरेस ने अपना खौफिया बहाल किया है। अँगरेजी का खौफिया तो ऊपर से ही किसी बात का पता लगाता था, कँगरेस के खौफ़िया को हाँड़ी के चावल का भी पता रहता है।

स्त्री की मृत्यु के बाद जोतखी जी बहुत गुमसुम रहते हैं। ...डाक्टर को कितना कहा कि कोई दवा देकर रामनारायण की माँ को उबारिए, लेकिन कौन सुनता है ! बस, एक ही जवाब। बच्चा को पेट काटकर निकालना होगा। शिव हो ! शिव हो ! पराई स्त्री को बेपर्द करने की बात कैसे उसके मुँह से निकली ?... पारबती की माँ ने बदला ले लिया। पाँच साल पहले पंचायत में जोतखी जी ने कहा था कि पारबती की माँ को मैला घोलकर पिलाया जाए। विश्वनाथप्रसाद ने पारबती की माँ का पक्ष लिया था, नहीं तो उसी बार उसका सभी 'गुण-मंतर' शेष हो जाता। ...इस बार पारबती की माँ ने बदला चुका लिया। ...अच्छा ! ब्राह्मण का श्राप निष्फल नहीं होगा। देखना, देखना ! इस कलियुग में भी असल ब्राह्मण रहता है, देखना !

अरे ! वह जमाना चला गया जब राजपूतटोली और बाभनटोली के लोग बात-बात में लात-जूता चलाते थे। याद नहीं है ? एक बार टहलू पासवान का गुरु घोड़ी पर चढ़कर आ रहा था। गाँव के अंदर यदि आता तो एक बात भी थी। गाँव के बाहर ही सिंघ जी ने घोड़ी पर से नीचे गिराकर जूते से मारना शुरू कर दिया था–"साला दुसाध, घोड़ी पर चढ़ेगा !" ...अब वह जमाना नहीं है। गाँधी जी का जमाना है। नया तहसीलदार हुआ है तो क्या ? हमारा क्या बिगाड़ लेगा ? न जगह न जमीन है; इस गाँव में नहीं उस गाँव में रहें, बराबर है। ...धमकी देते हैं कि जूते से रैट करेंगे। अच्छा ! अच्छा !

युगों से पीड़ित, दलित और उपेक्षित लोगों को कालीचरन की बातें बड़ी अच्छी लगती हैं। ऐसा लगता है, कोई घाव पर ठंडा लेप कर रहा हो। लेकिन कालीचरन कहता है–"मैं आप लोगों के दिल में आग लगाना चाहता हूँ। सोए हुए को जगाना चाहता हूँ। सोशलिस्ट पाटी आपकी पाटी, गरीबों की, मजदूरों की पाटी है। सोशलिस्ट पाटी चाहती है कि आप अपने हकों को पहचानें। आप भी आदमी हैं, आपको आदमी का सभी हक मिलना चाहिए। मैं आप लोगों को मीठी बातों में भुलाना नहीं चाहता। वह काँगरेसी का काम हे। मैं आग लगाना चाहता हूँ।"

कालीचरन आग उगलता है, लेकिन सुननेवालों का जलता हुआ कलेजा ठंडा हो जाता है। ...जमीन, जोतनेवालों की ! पूँजीवाद का नाश !

बावनदास फिर एक फाहरम लाया है। मंत्री जी ने भेज दिया है। इस बार

पटनों का छापा फाहरम है, पुरैनियाँ का नहीं। पटना का फाहरम कच्चा नहीं हो सकता। ···इस फाहरम पर अपना नाम, अपने बाप का नाम, जमीन का खाता नंबर, खसरा नंबर लिखकर पुरैनियाँ कचहरी में दे दो 'दफा 40' के हाकिम को। जमीन नकदी हो जाएगी। सच ? ···हाँ, अँगूठे का टीप देना होगा। ···और जिन लोगों ने चरखा सेंटर में दसखत करना सीख लिया है, उन्हें भी टीप देना होगा ?

बालदेव जी क्या करें ? खेलावन भैया कुछ समझते ही नहीं। रोज कहते हैं, "बालदेव, कमला किनारेवाली जमीन में कलरू पासवान के दादा का नाम कायमी बटैयादार की सूरत से दर्ज है। कलरू से कहकर सुपुर्दी दिला दो। ···लेकिन बालदेव जी क्या करें ? चौधरी जी को वह सब दिन से गुरु की तरह मानता आ रहा है। कभी किसी काम में तरौटी नहीं होने दिया। इतना चौअन्नियाँ मेंबर बनाकर दिया। गाँव में चरखा सेंटर खुलवा दिया, लेकिन जिला कमेटी के मेंबर तहसीलदार साहब हो गए। बालदेव को कोई खबर नहीं दी गई। कपड़े की मेंबरी भी नहीं रही। नीमक कानून के समय से जेल जाने का यही बख्शीस मिला है। कालीचरन की पाटीवाले ठीक कहते हैं, "काँगरेस अमीरों की पाटी है।"··· लेकिन वह कालीचरन की पाटी में तो नहीं जा सकता। कालीचरन की आँखें उसने ही खोलीं। रात-रात-भर जागकर कालीचरन को जेहल का कितना किस्सा, गाँधी जी का किस्सा, जमाहिरलाल का किस्सा सुनाया। कालीचरन उसका चेला है। वह आखिर चेला की पाटी में जाएगा ? नहीं, ऐसा नहीं हो सकता ! ···खेलावन भैया कुछ नहीं समझते हैं। पासवानटोली में अब उसकी पैठ नहीं। कलरू उसकी बात नहीं मानेगा। उसका लीडर कालीचरन है। ···तहसीलदार साहब को तो लोग डर से लीडर मानते हैं।

नए तहसीलदार साहब भी फेहरिस्त तैयार कर रहे हैं। सुमरितदास सबों का नाम लिखा रहा है–"सबसे पहले लिखिए बिरंचिया का नाम। सोनमा दुसाध, किराय कोयरी, ये सब देनदार कलम हैं। अब लिखिए–झोपड़िया कलम। हाँ, जिन लोगों को अपनी झोंपड़ी के सिवा कुछ भी नहीं। ···बस, यह फिरिस्त मनेजरसाहब को दे दीजिएगा और कहिएगा कि खेमा लेकर जल्दी इलाके में आवें, नहीं तो सारा सर्किल खराब हो जाएगा।"

लछमी दासिन के दिल में बालदेव जी ने घर कर लिया है। खाता-बही के दिन आए थे। एकदम सूख गए हैं बालदेव जी। लछमी कितनी समझाती है कि कामकाज छोड़कर कुछ दिन आराम कीजिए, लेकिन कौन सुनता है ? पहले जान तब जहान ! जब शरीर ही नहीं रहेगा तो परमारथ का कारज कैसे होगा ? शरीर ही तीरथ है। कितना कहने पर, सतगुरुसाहेब की कसम धराने पर यह मंजूर किया है कि एक बेला रोज मठ पर आया करेंगे। शाम के सतसंग में बैठेंगे। भंडारी से कह दिया है घी और दूध की मलाई रोज कटोरे में चुराकर रख दिया करेगा। रामदास बालदेव का आना पसंद नहीं करता है। ···जैसे भी हो, बालदेव जी के शरीर की सेवा करेगी लछमी। अब बालदेव जी के आने में जरा भी देर होती है तो लछमी का दिल धड़कने लगता है; मन चंचल हो जाता है। सतगुरुसाहेब

ने कहा है :

ई मन चंचल, ई मन चोर,
ई मन शुध ठगहार
मन मन करत सुर नर मुनि
मन के लक्ष दुआर ।

लछमी का मन चंचल है, पर चोर नहीं। बालदेव जी चोरी से उसके मन में नहीं आते हैं। मन के लक्ष दुआर हैं, बालदेव जी एक ही साथ लक्ष दुआर से उसके मन में पैठ जाते हैं··· एक लक्ष बालदेव जी !

तीस

अखिल भारतीय मेडिकल गजट में डाक्टर प्रशांत, मैलेरियोलॉजिस्ट के रिसर्च की छमाही रिपोर्ट प्रकाशित हुई है। गजट के संपादक-मंडल में भारत के पाँच डाक्टर हैं। इस रिपोर्ट पर उन लोगों ने अपना-अपना नोट दिया है। ···मद्रास के डाक्टर टी. रामास्वामी एम. एस-सी., डी. टी. एम. (कैल.), पी. एच-डी. (एडिन.), एफ. आर. एस. जे. (एडिन.) ने लिखा है : "हमें विश्वास हो गया कि डाक्टर प्रशांत मैलेरिया और कालाआजार के बारे में ऐसे तथ्यों का उद्‌घाटन करेंगे जिनसे हम अब तक अनभिज्ञ थे। ···नई दवा तथा नए उपचार की संभावनाओं के लिए सारा मेडिकल-संसार उनकी ओर निगाहें लगाए बैठा है।"

प्रशांत की विस्तृत रिपोर्ट में मैलेरिया और कालाआजार से संबंधित मिट्टी, हवा-पानी तथा इसमें पलनेवाले प्राणियों पर नई रोशनी डाली गई है। अपनी रिपोर्ट में डाक्टर ने एक जगह लिखा है :

"यहाँ के लोग सुबह को बासी भात खाकर, पाट धोने के लिए गंदे गड्ढों में घुसते हैं और करीब सात घंटे तक पानी में रहते हैं। गंदे गड्ढों को देखने से ऐसा लगता है कि पानी के आध इंच धरातल की जाँच करने पर एक लाख से ज्यादा मच्छड़ के अंडे जरूर पाए जाएँगे। किंतु यहाँ के मच्छड़ गंदे गड्ढों में बहुत कम अंडे देते पाए गए हैं। इनका कोई-कोई ग्रुप तो इतना सफाई-पसंद होता है कि निर्मल और स्वच्छ तालाबों को छोड़कर और कहीं अंडे देता ही नहीं। ···बेचारे खरगोशों को क्या पता कि उनकी जीभ में जो दाने निकल आते हैं, कानों के अंदर जो खुजलाहट होती है, कोमल-से-कोमल घास की पत्तियाँ भी खाने में अच्छी नहीं मालूम होती हैं, ये कालाआजार के लक्षण हैं।

मनुष्य के शत्रु, कीड़े-मकोड़ों के बारे में डाक्टर ने लिखा है–"मच्छड़ों को नष्ट करने के उपाय जो हमें बहुत पहले बता दिए गए हैं, हम उन्हीं को आज भी आँख मूँदकर दुहरा रहे हैं। जिन कीड़ों को हम नष्ट करना चाहते हैं, उनके बारे में हमारी जानकारी बहुत थोड़ी होती है। हमें उनकी आदत, स्वभाव और व्यवहार के ढंगों के बारे में जानना होगा। ...एनोफिलीज के भी कई ग्रुप हैं, हर ग्रुप के अलग-अलग ढंग हैं। किंतु किसी ग्रुप में भी तरह-तरह के छोटे-छोटे सब-ग्रुप होते हैं जिनकी आदतों और प्रजनन-ऋतु में विभिन्नता पाई गई है। ...उनके लुकने-छिपने, पसंदगी और नापसंदगी में भी फर्क है। ...मैंने एक ही ग्रुप के मच्छड़ों को तीन किस्म से अंडे छोड़ते पाया है और हर ग्रुप में कुछ दल-विशेष हैं जो हवा में अंडे छोड़ते हैं। ...इनकी चालाकी और बुद्धिमानी का सबसे दिलचस्प उदाहरण यह है कि एक ही मौसम में एक ही ग्रुप के मच्छड़ हमले के लिए पंद्रह तरह के तरीके व्यवहार करते हैं। ...कुछ तो एकदम डाइव फ्लाइंग करके ही हमला करते हैं।"

इसके अलावा डाक्टर ने मैलेरिया और कालाआजार में रक्त-परिवर्तन पर भी कुछ नई बातें कहीं हैं।

ममता की चिट्ठी आई है ..."पटना मेडिकल कालेज को इस बात पर गर्व है कि बिहार का एकमात्र मैलेरियोलॉजिस्ट डाक्टर प्रशांत उसी की देन है।" ममता ने और भी बहुत-सी बातें लिखीं हैं। बहुत-सी बातें; जिसे प्रशांत करीब-करीब भूल गया है या भूल जाना चाहता है। ...पटना क्लब का नाम पाटलिपुत्र क्लब हो गया है। मिस रेवा सरकार ने बैडमिंटन में रोमेश पाल को हरा दिया..." इन बातों में प्रशांत को अब कोई दिलचस्पी नहीं, लेकिन ममता जब पत्र लिखती है तो वह कुछ भी बाद नहीं देती, छोटी-से-छोटी बात का जिक्र करती है... "पटना मार्केट के सामने जो चाय की दुकान थी, उसका बूढ़ा मालिक मर गया। तुम्हें याद है ! वही जो तुमको रोज सलाम करके चाय के लिए निमंत्रित करता था ... कश्मीरी चाय ?..." प्रशांत को हँसी आती है। बेचारी ममता ! उसे क्या मालूम कि मछली को लेकर पालतू नेवले से झगड़ा करने में जो आनंद आता है, वह किसी खेल में नहीं। प्रशांत कभी स्पोर्ट्समैन नहीं रहा। वह किसी भी खेल का खिलाड़ी नहीं रहा। फिर भी उसे खेलों में बड़ी दिलचस्पी रहती थी। उसने ताश के पत्तों को कभी हाथ से स्पर्श नहीं किया, लेकिन साप्ताहिक ब्रिज नोट्स को वह गंभीरता से पढ़ जाता था। चर्चिल का भाषण पढ़ना भले ही भूल जाए, कलकत्ता के आइ. एफ. ए. के मैचों की रिपोर्ट वह सबसे पहले पढ़ लेता था। ...लेकिन अब तो वह खुद खिलाड़ी है। नेवले का गुर्राना, चिल्लाना, पूँछ के रोओं को खड़ा कर हमला करना और हमला करते हुए इसका खयाल रखना कि चोट नहीं लग जाए, नाखून नहीं गड़ जाए। स्पोर्ट्समेन्स स्पिरिट और किसको कहते हैं ?

डाक्टर ममता श्रीवास्तव ! दरभंगा के प्रसिद्ध डाक्टर कालीप्रसाद श्रीवास्तव की सुपुत्री ममता ने डाक्टरी पास करने के बाद हेल्थयूनिट की स्थापना की है।

शहर के गरीब मुहल्लों में यूनिट ने अपने सेवा-कार्य का जो परिचय दिया है, वह प्रशंसनीय है। पटना की महिला-समाज-सेविकाओं में ममता का नाम सबसे पहले लिया जाता है। गरीब की झोंपड़ी से लेकर गवर्नमेंट हाउस तक उसकी पहुँच है। जो उसके निकट संपर्क में रह चुके हैं, उनका कहना है कि ममता दीदी दिन-रात मिलाकर सिर्फ चार घंटे ही आराम करती हैं। दूर से देखनेवाले उसके चरित्र पर भी संदेह करते हैं। उसकी सार्वजनीन मुस्कराहट लोगों को कभी-कभी भ्रम में डाल देती है। और जिन लोगों का काम सिर्फ बैठकर आलोचना करना है, वे कहते हैं कि तरह-तरह के जाल फैलाकर सरकार से रुपया वसूलना और उड़ाना ही ममता देवी का काम है। ...विकारपूर्ण मस्तिष्कवाले किसी मिनिस्टर का नाम लेकर मुस्करा देते हैं–मिस ममता श्रीवास्तव नहीं मिसेज ...कहो !

डाक्टर प्रशांत ममता का ऋणी है। ममता से उसे प्रेरणा मिली है।

..."डाक्टर ! रोज डिस्पेंसरी खोलकर शिव जी की मूर्ति पर बेलपत्र चढ़ाने के बाद, संक्रामक और भयानक रोगों के फैलने की आशा में कुर्सी पर बैठे रहना, अथवा अपने बँगले पर सैकड़ों रोगियों की भीड़ जमा करके रोग की परीक्षा करने के पहले नोटों और रुपयों की परीक्षा करना, मेडिकल कालेज के विद्यार्थियों पर पांडित्य की वर्षा करके अपने कर्तव्य की इतिश्री समझना और अस्पताल में कराहते हुए गरीब रोगियों के रुदन को जिंदगी का एक संगीत समझकर उपभोग करना ही डाक्टर का कर्तव्य नहीं !"

...ममता को प्रशांत पर संदेह है। वह समझती है कि घोर देहात में प्रशांत छटपटा रहा है; अपनी गलती पर पछता रहा है ! इसलिए वह हर पत्र में, शहर की सामाजिक जिंदगी पर कुछ लिख डालती है। एक पत्र में उसने लिखा है, "बुशशर्ट का युग है। पाँच साल पहले बाँकीपुर की सड़कों पर, पार्कों और मैदानों में दानापुर कैंट के गोरे फौजियों ने जिंदगी के जिन कुत्सित और बीभत्स पहलुओं का प्रदर्शन किया, हमारे समाज के अचेतन मन पर उसकी ऐसी गहरी छाप पड़ी कि आज हर आदमी के अंदर का भूखा टामी अधीर हो उठा है। युद्ध के विषैले गैसों ने सारे समाज के मानव को विकृत कर दिया है। काले बाजार के अँधेरे में एक नई दुनिया की सृष्टि हो गई है, जहाँ सूरज नहीं उगता, चाँद नहीं चमकता और न सितारे जगमगाते हैं ?... इस दुनिया में माँ-बेटा, पिता-पुत्र, भाई-बहन और स्वामी-स्त्री जैसा कोई संबंध नहीं। ...कल एक गरीब ने विटामिन 'सी' की सूई आठ रुपए में खरीदी है। पाँच आने का छोटा-सा ऐम्प्यूल ! ...मेरे मुहल्ले के महाराज महता को तुम जरूर जानते होगे, उसकी छोटी बेटी फुलमतिया, जो मिल्क सेंटर में पिछले साल तक दूध पीने आती थी और ताली बजा-बजाकर नाचती थी उसे तुम भूले नहीं होगे, शायद ! परसों से अस्पताल में पड़ी हुई है। रामनवमी की शाम को नई रंगीन साड़ी पहनकर फुदकती हुई राममंदिर गई थी और रात को दो बजे पुलिस ने 'सिटी' के एक पार्क में उसे कराहते हुए पाया। फुलमतिया का बयान है–टेढ़ीनीम गली के पास एक मोटरगाड़ी रुक गई और दो आदमियों ने

पकड़कर उसे मोटर में बिठा दिया। ...बड़े-बड़े बाबू लोग थे !...

मंजरअली रोड से लेकर अशोकपथ तक विदेशी शराब की दस दुकानें खुल गई हैं।

"...कल बिलिंगडन हॉल में टी. बी. सेनेटोरियम के लिए स्थानीय महिला कालेज की लड़कियों ने एक 'चैरिटि शो' का आयोजन किया था। ज्योंही वीणा (बैरिस्टर प्राणमोहन सिन्हा की पुत्री) स्टेज पर उतरी कि ऊपर की गैलरी से दुअन्नी-इकन्नी फेंकी जाने लगीं और तरह-तरह की भद्दी आवाजें कसी जाने लगीं। पुलिस ने शांति कायम करने की चेष्टा की, किंतु उन पर ईंट-पत्थरों की ऐसी वर्षा की गई कि हॉल के सभी दरवाजों और खिड़कियों के काँच टूट गए। बहुत लोग घायल हुए। घायलों में महिलाओं और बच्चों की संख्या ही ज्यादा थी। ...और सबसे आश्चर्य की बात सुनोगे ? कहा जाता है कि खुराफातियों का लीडर था अमलेश सिन्हा, वीणा का चचेरा भाई। प्राणमोहन बाबू ने, कुछ दिन हुए, अपने घर में अमलेश का आना-जाना बंद कर दिया था। शराब के नशे में अमलेश ने कई बार घर की नौकरानियों के साथ अशोभनीय व्यवहार किया था। इसलिए (उनकी पुत्री और अपनी चचेरी बहन) वीणा के पीछे हाथ धोकर पड़ गया है।"

...कोठी के जंगल में संथालिनें लकड़ी काट रही हैं और गा रही हैं। कुछ दिन पहले इसी जंगल में संथालिनों ने एक चीते को कुल्हाड़ी और दाब से मार दिया था। शोरगुल सुनकर गाँव के लोग जमा हो गए थे। मरे हुए बाघ को देखकर भी लोगों के रोंगटे खड़े हो गए थे और बहुत तो भाग खड़े हुए थे, किंतु संथालिनें हमेशा की तरह मुस्करा रही थीं। मकई के दानों की तरह सफेद दंत-पंक्तियाँ ...और वही सरल मुस्कराहट ! चीते के अचानक हमले से दो-तीन युवतियाँ सामान्य घायल हो गई थीं। उनके होंठों पर भी वैसी ही मुस्कराहट खेल रही थी। उनके जख्मों को धोकर मरहम-पट्टी करते समय डाक्टर के शरीर में एक बार सिहर की हल्की लहरें दौड़ गई थीं। और संथालिनें खिलखिलाकर हँस पड़ी थीं... हँ... ! हँ... हँ ! जख्म पर तेज दवा लगने पर इस तरह हँसना डाक्टर ने पहली बार देखा, सुना।

आबनूस की मूर्तियाँ, जूड़े में गुँथे हुए शिरीष और गुलमुहर के फूल ! संथालिनें गाती हैं :

छोटी-मोटी, पुखरी, चरकुलिया पिंड रे
पोरोइनी फूटे लाले-लाल
पासचे तेरी फूल देखी फूलय लाबेलब
पासचे तेरी आधा दिन लगित !

चारों ओर से बँधाए हुए एक छोटे-से पोखरे में पुरइन (कमल) के लाल-लाल फूल

खिले हैं। उस फूल पर तुम मुग्ध हो। मुझे भी देखकर तुम मोहित होते हो। किंतु वह मोह, आधे दिन का ही तो नहीं ?···

नहीं, नहीं ! आधे दिन के लिए नहीं। प्राणों में घुले हुए रंगों का मोह आधे दिन में ही नहीं टूट सकता।

इकतीस

मंगलादेवी, चरखा-सेंटर की मास्टरनी जी बीमार हैं।

डाक्टर ने खून जाँचकर देखा, कालाआजार नहीं, टाइफायड है। चरखा-सेंटर के दोनों मास्टर तहसीलदार साहब के गुहाल में रहते हैं और मास्टरनी जी भगमान भगत की एक झोंपड़ी में। भगमान भगत ने गाड़ी-बैल रखने के लिए एक झोंपड़ी बनाई थी, लेकिन अब अगले साल टीन का मकान देने का इरादा है, इसलिए इस बार गाड़ी-बैल नहीं खरीद सका। चरखा-सेंटर खुलने पर गाँव के लोगों ने भगमान भगत से कहा–"घर तो खाली ही है। मास्टरनी जी के रहने के लिए घर नहीं है ! चरखा-सेंटर का घर बनेगा तो आपका घर खाली कर दिया जाएगा।" ··· कोटापरमिट के जमाने में कँगरेसी लोगों की बात काटना ठीक नहीं। नहीं तो कटिहार में इतनी बड़ी झोंपड़ी का ही किराया पंद्रह रुपया मिलता !

मंगलादेवी ने हैजा के समय रात-रात-भर जागकर रोगियों की सेवा की और जब वह खुद बीमार पड़ी तो उसके पास बैठनेवाला भी कोई नहीं। चरखा-सेंटर के दोनों मास्टर साहब बारी-बारी से एक-एक घंटा ड्यूटी दे जाते हैं। रात में चिचाए की माँ आकर सोती है। लेकिन, बूढ़ी इतना हुक्का पीती और खाँसती है कि मंगलादेवी के ज्वर की ज्वाला और भी तीव्र हो जाती है। बुढ़िया जब सोती है तो इतने जोरों के खर्राटे लेती है कि पास-पड़ोस की नींद खुल जाए। डाक्टर कहता है–यदि यही हालत रही तो सँभालना मुश्किल होगा। घर खत लिखकर किसी को बुला लेना ठीक होगा।

घर ? यदि घर से कोई आनेवाला होता अथवा खबर लेनेवाला होता तो मंगला देवी चरखा-सेंटर में क्यों भर्ती होती ? उसे घर छोड़े हुए पाँच साल हो रहे हैं। मंगला देवी ने दुनिया को अच्छी तरह पहचाना है। आदमी के अंदर के पशु को उसने बहुत बार करीब से देखा है। विधवा-आश्रम, अबला-आश्रम और बड़े बाबुओं के घर आया की जिंदगी उसने बिताई है। अबला नारी हर जगह अबला ही है। रूप और जवानी ?··· नहीं, यह भी गलत। औरत होना चाहिए, रूप और उम्र

की कोई कैद नहीं। एक असहाय औरत देवता के संरक्षण में भी सुख-चैन से नहीं सो सकती। मंगला देवी के लिए जैसा घर वैसा बाहर। उसका कौन है अपना ? कोई नहीं।

"कौन··· ? ···कालीचरन बाबू !"

"डाक्टर साहब ने कहा है कि इस झोंपड़ी में आपकी बीमारी अच्छी नहीं होगी। हम लोगों का कीर्तनवाला घर साफ-सुथरा है, हवादार है।"

मंगलादेवी यादव टोली के कीर्तन-घर में आ गई है। कीर्तन-घर में ही सोशलिस्ट पार्टी का ऑफिस है। कालीचरन इसे ऑफिस ही कहता है।··· लेकिन सोशलिस्ट ऑफिस का नाम सुनकर मंगलादेवी शायद नहीं आती।

"दवा पी लीजिए।"

"नहीं पियूँगी।"

"पी लीजिए मास्टरनी जी ! दवा···"

"कालीबाबू, एक बात कहूँ ?"

"कहिए !"

"आप मुझे मास्टरनी जी मत कहिए।"

"तब क्या कहूँ ?"

"क्यों ? मेरा नाम नहीं है ?"

"मंगलादेवी ?"

"नहीं।"

"तो ?"

"सिर्फ ···मंगला।"

"दवा पी लीजिए।"

"मंगला कहिए।"

"मंगला !"

पंद्रह दिनों से कालीचरन मंगलादेवी की सेवा कर रहा है। दिन में तो और लोग भी रहते हैं, लेकिन रात में कालीचरन की ड्यूटी रहती है। डाक्टर कहते हैं, अब कोई खतरा नहीं। कमजोरी है, कुछ दिनों में ठीक हो जाएगी।

मंगला देवी के शरीर में सिर्फ हड्डियाँ बच रही हैं। बाल झड़ रहे हैं। वह खाने के लिए बच्चों की तरह रूठती है, रोती है और बर्तन फेंकती है। ···बार्ली नहीं पियूँगी। छेना का पानी भी कोई भला आदमी पीता है ! कालीचरन हाथ में पथ्य का कटोरा लेकर घंटों खुशामदें करता—"लीजिए, इसमें नीबू डाल दिया है। अब खा लीजिए। कल नहीं, परसों भात मिलेगा।"

कालीचरन का व्रत टूट गया। उसके पहलवान गुरु ने कहा था—"पट्ठे ! जब तक अखाड़े की मिट्टी देह में पूरी तरह रचे नहीं, औरतों से पाँच हाथ दूर रहना।" कालीचरन का व्रत टूट गया। पाँच हाथ दूर रहने से मंगलादेवी की सेवा नहीं की जा सकती थी। बिछावन और कपड़े बदलते समय, देह पोंछ देने के समय

कालीचरन को गुरु जी की बात याद आती थी, लेकिन क्या किया जाए !

"काली कहाँ गया ? काली !"

"क्या है ?"

"कहाँ की चिट्ठी है ?"

"सिकरेटरी साहब ने लिखा है, सोमवार को जिला पार्टी की रैली है। लेकिन ...मैं कैसे जाऊँगा ?"

"क्यों ...तुम जाओ। मैं तो अब अच्छी हो गई।"

रैली के बाद सेक्रेटरी साहब ने कालीचरन को रोक लिया है—"कामरेड आप दो दिन और रह जाइए। सैनिक जी की स्त्री अस्पताल में भर्ती हैं। सैनिक जी पटना गए हैं। परसों आ जाएँगे। अस्पताल में दोनों बेला खाना पहुँचाना है ...कोई है नहीं।"

सेक्रेटरी साहब की बात को टालना बड़ा कठिन है। कामरेड की स्त्री !...कालीचरन को रह-रहकर मंगला की याद आती है। वह राह देख रही होगी। बासुदेव जाकर कहेगा कि दो दिन बाद आएँगे। सुनते ही उसका मुँह सूख जाएगा, चेहरा फक् हो जाएगा। एकदम बच्ची की तरह है मंगला का मुँह ! ...कालीचरन ने बिहदाना और संतोला भेज दिया है। वह छुएगी भी नहीं। बासुदेव क्या समझाएगा ? हत्तेरे की ! ये शहर के लौंडे बड़े बदमाश होते हैं। ठीक पीठ के पास जाकर सैकिल की घंटी बजाएगा। अ... अभी तो सब खाना गिर जाता।

"उल्लू कहीं का ! गिलास ऐसे ही धोता है ?" ...उल्लू। कालीचरन के गाल पर मानो किसी ने जोर से एक तमाचा जड़ दिया। उल्लू ! उसका सारा शरीर झिनझिन कर रहा है। सैनिक जी की स्त्री ने उसे क्या समझा है ? ...नौकर ?

"बहन जी, गिलास..."

"खबरदार ! बहिन जी मत बोल !"

बगल की खाट पर जो चमगादड़-जैसी औरत लेटी हुई थी, बोली, "कौन देस का आदमी है ! आदमी है या भूत ? बात भी नहीं करना जानता है !"

"अरे जानती नहीं हैं, ग्वाला साठ बरस तक...।" सैनिक जी की स्त्री बोली।

कालीचरन पूरा सुन नहीं सका। उसका सिर चकराने लगा। सैनिक जी भी तो ग्वाला ही हैं ! कालीचरन की आँखों के आगे सरसों के फूल-जैसी चीजें उड़ने लगीं। यदि किसी मर्द ने ये बातें कही होतीं तो आज खून हो जाता, खून। कालीचरन की कनपट्टी गर्म हो गई है। ...मंगलादेवी भी तो औरत ही है। हुँ ! कहाँ मंगला और कहाँ यह भूतनी ! ...गले की आवाज एकदम खिखिर[1] की तरह है। खेंक, खेंक। बातें करती है तो लगता है मानो दाँत काटने के लिए दौड़ रही है। शायद यह भी कोई रोग ही है।

---

1. लोमड़ी।

रौतहट स्टेशन पर गाड़ी से उतरकर कालीचरन जल्दी-जल्दी घर लौट रहा है। ···उसे देखते ही मंगला खुशी से खिल जाएगी। संतोला सूख गया होगा, बिहदाना पड़ा हागा। दोनों ओर का रेल-भाड़ा बचाकर कालीचरन ने एक पैकेट बिस्कुट खरीद लिया है। डाक्टर साहब ने मंगला को बिस्कुट खाने के लिए कहा है। कालीचरन ने कभी बिस्कुट नहीं खाया है। शायद इसमें मुर्गी का अंडा रहता है। वह रह-रहकर बिस्कुट के डब्बे को छूकर देखता है ! इसके अंदर 'कुड़-कुड़' क्या बोलता है ? कहीं अंडा फूटकर ···!

"सेत्ताराम ! सेत्ताराम ! जै हिंद, काली जी !"

"ऐ ? ओ बावनदास जी, हम तो चमक गए। यहाँ क्यों पड़े हैं ?"

"आप तो इस तरह आँख मूँदकर सरेसा[1] घोड़े की तरह चल रहे हैं···!"

जंगली जामुन के पेड़ की छाया में बावनदास लेटा हुआ था। छाया में जाने पर कालीचरन को मालूम हुआ कि धूप कितनी तेज है।

"हम तो रात की गाड़ी से ही उतरे। कल दफा ४० का फैसला हो गया।"

"हो गया ? ···क्या हुआ ?"

"अरे होगा क्या ? सबों की दरखास खारिज हो गई। ···हम पहले ही जानते थे। कल गाँव के सभी रैयत आए थे। फैसला सुनकर सभी रोने लगे। अब जमींदार जमीन भी छुड़ा लेगा।"

"जमीन छुड़ा लेगा ? ···नहीं, उस दिन हम लोगों की रैली में परसताब पास हो गया। जमींदार लोग रैयतों को जमीन से बेदखल नहीं कर सकते। इसके लिए पाटी संघर्ख करेगी।"

"कालीबाबू ! परसताब-उरसताब से कुछ नहीं होता है।" बावनदास के होंठों पर भेद-भरी मुस्कान दौड़ जाती है।

"आप बैठिए दास जी, हमको जरा जल्दी है।"

"हाँ, आप जाइए। ···हम आपके डेग पर जा भी नहीं सकेंगे।"

कालीचरन चलते-चलते सोच रहा है, अब ठीक हुआ है। यदि रैयत की दरखास मंजूर हो जाती तो सभी लोग कँगरेस में चले जाते। अब संघर्ख में सभी सोशलिस्ट पार्टी में ही रहेंगे।

"क्या है ? बिस्कुट !" मंगलादेवी प्यार-भरी झिड़की देती है, "किसने कहा फिजूल पैसा खर्च करने को ? वह देखो तुम्हारा, संतरा और बेदाना पड़ा हुआ है। मैं नहीं खाती।"

"डाक्टर साहब ने कहा था···"

"डाक्टर साहब ने कहा था !" मंगला बनावटी गुस्सा दिखाते हुए कहती है,

---

1. दौड़नेवाले घोड़े की जाति।

"डाक्टर साहब ने कहा था कि खुद भूखे रहकर संतरा, बेदाना और बिस्कुट खरीदकर लाना ?"

कालीचरन को सैनिक जी की स्त्री की याद आती है। उल्लू ! ...साठ साल तक नाबालिग !"

"खा लो मंगला !"

"पहले तुम एक बिस्कुट खाओ।"

बिस्कुट मीठा, कुरकुरा और इतना सुआदवाला होता है ? इसमें दूध, चीनी और माखन रहता है, अंडा नहीं ?

बत्तीस

बैशाख और जेठ महीने में शाम को 'तड़बन्ना' में जिंदगी का आनंद सिर्फ तीन आने लबनी बिकता है।

चने की घुघनी, मूड़ी और प्याज, और सुफेद झाग से भरी हुई लबनी !... खट-मिट्ठी, शकर-चिनियाँ और बैर-चिनियाँ ताड़ी के स्वाद अलग-अलग होते हैं। बसंती पीकर बिरले पियक्कड़ ही होश दुरुस्त रख सकते हैं। जिसको गर्मी की शिकायत है, वह पहर-रतिया पीकर देखे। कलेजा ठंडा हो जाएगा, पेशाब में जरा भी जलन नहीं रहेगी। कफ प्रकृतिवालों को संझा पीनी चाहिए; रात-भर देह गर्म रहता है।

साल-भर के झगड़ों के फैसले तड़बन्ना की बैठक में ही होते हैं और मिट्टी के चुक्कड़ों की तरह दिल भी यहीं टूटते हैं। शादी-ब्याह के लिए दूल्हे-दुलहिन की जोड़ियाँ भी यहीं बैठकर मिलाई जाती हैं और किसी की बीवी को भगा ले जाने का प्रोग्राम भी यहीं बनता है।

जगदेवा पासमान, दुलारे, सनिच्चर और सुनरा ताड़ी पी रहे हैं, सोमा जट आज आनेवाला है। रौतहट के हाट में उसने कहा था, एतबार को तड़बन्ना में आएँगे। सोमा जट हाल ही में जेल से रिहा हुआ है। नामी डकैत है, लेकिन अब सोशलिस्ट पार्टी का मेंबर बनना चाहता है। सुनरा ने कालीचरन से पूछा और कालीचरन ने जिला सिक्रेटरी साहब से पूछा। सिक्रेटरी साहब ने कहा, "साल-भर तक उनके चाल-चलन को देखकर तब पार्टी का मेंबर बनाया जाएगा। उस पर नजर रखना होगा।"

नजर क्या रखना होगा, बीच-बीच में सिकरेटरी साहब को जाकर कहना

होगा—सोमा का चाल-चलन एकदम सुधर गया है। कालीचरन को वासुदेव समझा होगा। ···सोमा यदि पाटी में आ जाए तो सारे इलाके के बड़े लोग ठीक हो जाएँ। पाटी में आ जाने से थाना-पुलिस क्या करेगा ! सिकरेटरी साहब क्या दारोगा साहब से कम हैं ? देखते हो नहीं, जब भाखन देने लगते हैं तो जमाहिरलाल को भी पानी-पानी कर देते हैं। मजाल है दारोगा-निसपिट्टर की कि पाटी के खिलाफ मुँह खोले ? खेल है ! 'लाल पताका' अखबार में तुरत 'गजट छापी' हो जाएगा···'दारोगा का जुलम !'

···चलित्तर करमकार को तो पाटी से निकाल दिया है। सीमेंट में बहुत पैसा गोलमाल कर दिया। हिसाब-पत्तर कुछ भी नहीं दिया तो उसको निकालेगा नहीं ? पाटी का बंदूक-पेस्तौल भी नहीं दिया। ···लेकिन सिकरेटरी साहब कालीचरन जी से प्रायविट में बोले हैं, किसी तरह उससे बंदूक-पेस्तौल ऊपर करो। सरकार को जमा देना है। इसीलिए कालीचरन जी उससे हेल-मेल कर रहे हैं। ···वह बात एकदम गुपुत है। खबरदार, कहीं बोलना नहीं सनिचरा ! हाँ, नहीं तो जानते हो ? किरांती पाटी की बात खोलने की क्या सजा मिलती है ? ···ढाएँ ! लोग पूछें तो कहना चाहिए कि···

"क्या पाटी को अब बंदूक-पेस्तौल का काम नहीं है ?"

"नहीं।" सुंदर मुस्कराता है। अर्थात् इतनी जल्दी तुम लोग सभी बातों को जान लेना चाहते हो ? अभी कुछ दिन और मेंबरी करो। जब तुम्हारा कानफारम[1] हो जाएगा तब सारी बातें जानोगे। नए मेंबरों का कान कच्चा होता है। यहाँ सुना और वहाँ उगल दिया। कानफारम होने दो···।

"कामरेड सोमा ? आओ ! तुम्हारी ही बात हो रही थी ? आसरा में बैठे-बेठें दो लबनी ताड़ी खतम हो गई।" सुंदर हँसता है।

सुंदर आजकल हमेशा खद्दर का पंजाबी कुर्ता पहने रहता है। पंजाबी कुर्ते के गले में दो इंच की ऊँची पट्टी लगी हुई है। इसको 'सोशलिट-काट' कुर्ता कहते हैं; सोशलिट को छोड़कर और कोई नहीं पहन सकता। गाँव के मेंबरों में सिर्फ तीन मेंबर ही ऐसा कुर्ता पहनते हैं—काली, बासुदेव और सुंदर। बाकी मेंबरों ने जीवन में कभी गंजी भी नहीं पहनी है। लेकिन बिना सोशलिट-काट कुर्ता पहने कोई कैसे जानेगा कि सोशलिट है, किरांती है ! एक कुर्ते में सात रुपए खर्च होते हैं। ···बासुदेव आजकल बीड़ी नहीं पीता, मोटरमार-सिकरेट पीता है। सिक्रेटरी साहब सैनिक जी, चिनगारी जी, मास्टर साहब, सभी बड़े-बड़े लीडर सिकरेट पीते हैं। सोशलिट पाटी के मेंबर को बीड़ी नहीं, सिकरेट पीना चाहिए।

आज की बैठकी का पूरा खर्चा सोमा ही देगा। इसलिए हाथ खींचकर चुक्कड़ भरने की जरूरत नहीं। ढाले चलो। एक लबनी, दो लबनी, तीन लबनी !··· चरखा सेंटर वाले कह रहे हैं, अगले साल से ताड़ी का गुड़ बनेगा। कोई ताड़ी नहीं पी

---

1. कन्फर्म।

सकेगा। इस साल पी लो, जितना जी चाहे।

सोमा का शरीर कालीचरन से भी ज्यादा बुलंद है। पुलिस-दारोगा की मार से हड्डियाँ टूटकर गिरहा[1] गई हैं। गिरहवाली हड्डी बहुत मजबूत होती है। कालीचरन की देह में हाथीदाँत का कड़ापन है और सोमा के चेहरे पर लोहे की कठोरता। कालीचरन की आँखों में पानी है और सोमा की आँखें बिल्ली की तरह चमकती हैं।

"कौन हरगौरी ? शिवशक्करसिंह का बेटा ? ···तहसीलदार हुआ है ? कालीचरन जी हुकुम दें तो एक ही रात में उसकी हड्डी-पसली एक कर दें।" सोमा मूँछ में लगी हुई ताड़ी की झाग को पोंछते हुए कहता है।

"कामरेड ! अब मूँछ कटाना होगा। पार्टी का मेंबर होने से मूँछ नहीं रखना होगा।" सुंदर कहता है।

"कटा लेंगे, लेकिन कालीचरन जी हुकुम दें तो···!"

"अच्छा-अच्छा, कामरेड अभी ठहरो। संघर्ख होने वाला है। परसताब पास हो गया है। तब देखेंगे तुम्हारी बहादुरी !"

"बलदेवा को गाँव से भगा नहीं सकते हो तुम लोग ? सुनते हैं कि मठ की कोठारिन से खूब हेल-मेल हो गया है। कालीचरन जी हुकुम दें तो एक ही दिन में उसको चन्ननपट्टी का रास्ता दिखला दें।"

"अरे, बालदेव जी तो मुर्दा हो गए, मुर्दा ! अब उनको कौन पूछता है ! उनको एक बच्चा भी अब मुँह नहीं लगाता है। कँगरेस में भी उनकी बदनामी हो गई है। वह तो हम लोगों के बल पर ही कूदते थे। ···कोठारिन तो सत्तर चूहा खाई हुई है। बालदेव जी को उसके फेर में पड़ने तो दो। हम लोग यही चाहते हैं। हाँ ···समझे ? ···चरखा-सेंटर पर भी अब अपना ही कब्जा समझो। मास्टरनी जी बिना कालीचरन के पूछे पानी भी नहीं पीती हैं। कुछ दिन में वह भी कामरेड हो जाएँगी। ···एक बौनदास है, सो डेढ़ बित्ते का आदमी कर ही क्या सकता है ?"

चार लबनी संझा ताड़ी खत्म हो रही है। सूरज डूबनें के समय जो लबनी पेड़ से उतारी जाती है, उसकी लाली तुरत ही आँख में उतर आती है। नशा के माने हैं और भी थोड़ा पीने की ख्वाहिश ? ···और एक लबनी !

"अरे, बेचारे डाक्टर के पास पैसा कहाँ ? मुफ्त में तो इलाज करता है। एक पैसा भी तो नहीं छूता है।"

"डाक्टर के पास पैसा नहीं ? ···क्या कहते हो ? ···लोचनपुर के डाक्टर ने पोख्ता मकान बना लिया है। जीवछगंज के डाक्टर ने तीन सौ बीघे की पत्तनी खरीदी है। सिझवा गरैया का डाक्टर डकैती करता है, सरदार है डकैती का। जैसा डाक्टर है तुम्हारे गाँव का ?"

"हसलगाँव के हरखू तेली ने अलबत्त पैसा जमाया है। पैसा मँहकता है।"

---

1. गाँठदार हो जाना।

"महमदिया के तालुकचंद को बंदूक का लैसन मिल गया है और लोहा का बक्सा कलकत्ते से ले आया है।"

"अरे, कितने बंदूक और तिजोरीवालों को देखा है ! ...बल्लम-बर्छा से ही तो सारे इलाके को हम मछली की तरह भूनकर खाते रहे। यदि एक नाल भी बंदूक हाथ लग जाए तो साले भूपतसिंह की कचहरी के नेपाली पहरेदारों को भी देख लें।"

जो कभी नहीं गाता है, वह भी नशा होने पर गाने लगता है और सुंदर तो कीर्तनियाँ हैं, सुराजी कीर्तन भी गाता है और किरांती-गीत भी। नशा होने पर किरांती-गीत खूब जमता है !

अरे जिंदगी है किरांती से, किरांती में बिताए जा।
दुनिया के पूँजीवाद को दुनियाँ से मिटाए जा।

सनिचरा लबनी को औंधा कर तबला बजाता है, और मुँह से बोल बोलता है :

चकै के चकधुम मकै के लावा...
दुनियाँ के गरीबों का पैसा जिसने चूस लिया,
अरे हाँ, पैसा जिसने चूस लिया,
हाँ जी, पैसा जिसने चूस लिया,
उसकी हड्डी-हड्डी से पैसा फिर चुकाए जा !
हँस के गोली दागे जा !
हँस के गोली खाए जा !

"वाह-वाह ! क्या बात है ! इन्किलाब है, जिंदाबाद है। जरा खड़ा होकर बतौना बताके[1] कमर लचका के सुंदर भाई !"

सुंदर खड़ा होकर नाचने लगता है–"जिंदगी है किरांती से, किरांती में...।"

चकै के चकधुम मकै के लावा...

कालीचरन ने आज शाम को बैठक बुलाई थी। ऊपर से सबसे बड़े लीडर आ रहे हैं पुरैनियाँ। थैली के लिए चंदा वसूलना है। सिक्रेटरी साहब कह रहे थे ...सबसे बड़े लीडर जी पुरैनियाँ आने के लिए एकदम तैयार नहीं हो रहे थे। बहुत कहने-सुनने पर, सारे जिले से दस हजार रुपए की थैली पर राजी हुए हैं। कालीचरन को तीन सौ रुपए वसूलकर देना है। ...इस बार की रसीद-बही पर सबसे बड़े लीडर की छापी है।

"लेकिन तुम लोग कहाँ गए थे ? ...ओ ! आसमान-बाग। बड़ी देर हो गई।

ऐसा करने से पार्टी का काम कैसे चलेगा ? बोलो, कौन कितना रुपैया वसूल करेगा ? तीस सौ रुपैया दस दिन में ही वसूल कर देना है।"

"बस तीन सौ ? कोई बात नहीं, हो जाएगा।"

"दस दिन क्या, पाँच ही दिन में हो जाएगा।"

"तीन सौ रुपए की क्या बात है ?"

"इनकिलाब, जिंदाबात है !"

तैंतीस

अमंगल !

"गाँव के मंगल का अब कोई उमेद नहीं।"

हरगौरी तहसीलदार दुर्गा के वाहन की तरह गुर्राता है—"साले सब ! चुपचाप दफा 40 का दर्खास देकर समझते थे कि जमीन नकदी हो गई। अब समझो। बौना और बलदेवा से जमीन लो। सब सालों से जमीन छुड़ा लेने के लिए कहा है मैनेजर साहब ने। लो ज़मीन ! राम नाम का लूट है ! ...अरे, काँगरेसी राज है तो क्या जमींदारों को घोलकर पी जाएगा ?"

सुमरितदास बेतार की जीभ थकती नहीं। सुबह से ही बक-बक करता जा रहा है। ततमाटोली में, पासवानटोली में और कोयरीटोले में घूम-घूमकर वह लोगों को सुना रहा है—"मैनेजरसाहब ने परवाना में क्या लिखा है मालूम ? नया तहसीलदार तो एकदम घबड़ा गया था। मैंने कितना समझाया—तहसीलदार, आप एकदम चुपचाप रहिए। जिन लागों को दरखास देना है, देने दीजिए। जिस दिन मुकदमे की तारीख होगी, उससे एक दिन पहले हम आपको एक नोक्स बता देंगे। वही हुआ। जमींदार वकील तो सुनकर उछलने लगा। चाहे जो भी कहो, तहसीलदार बिस्नाथपरसाद ने कभी कोई नोक्स हमसे छिपाकर नहीं रखा। ...मैनेजर साहब ने क्या लिखा है, मालूम है ? सुमरितदास को एक बार सरकिल कचहरी में भेज दो। सुस्लिंग-मुस्लिंग क्या करेगा ?"

"सुमरितदास ! बुढ़ापे में यदि इज्जत बचानी है तो जरा होस-हवास दुरुस रखकर बोला करो। समझे ?" कालीचरन की आँखें लाल-लाल हैं। सुबह से ही वह सुमरितदास को खोज रहा है। सोसलिस्ट पाटी के खिलाफ बूढ़ा कल से ही अटर-पटर[1] परोपगण्डा कर रहा है।

---

1. अलूल-जलूल।

"समझे ? हाँ। ...पीछे यह मत कहना कि सोसलिस्ट पाटी के लौण्डों को बड़े-छोटे का विचार नहीं।"

"हम क्या बोले हैं ? पूछो, लोगों से पूछो ! बोलो जी गुलचरन ! सुस्लिंग पाटी... ।"

"सुस्लिंग मत कहिए, सोसलिस्ट कहिए। ...बात तो सही मुँह से निकलती ही नहीं है और मुन्सियाती बघारते हैं। ...जमींदार के तहसीलदार से और अपने मैंनेजर से भी जाकर कह दो, रैयतों से जमीन छुड़ाना हँसी-ठट्टा नहीं। पाटी के एजकूटी में परसताब पास हो गया हैं संघर्ख होगा संघर्ख ! समझे ?"

कालीचरन गर्दन ऐंठता हुआ चला गया। करैत साँप को गुस्से में ऐंठते देखा है न, ठीक उसी तरह ! सुमरितदास को कँपकँपी लग जाती है। आस-पास बैठे हुए लोगों की भी धुकधुकी तेज हो जाती है। अभी तो ऐसा लगता था कि जुलुम हो जाएगा। ...अलबत्त देह बनाया है कलिया ...कालीचरन् ने। देखकर डर लगता है। सुस्लि ...सुस्लि... सोसलिस्ट पाटी में जाकर तो और भी तेजी से जल-जल कर रहा है। संघर्ख क्या होगा ?...

डा डिग्गा, डा डिग्गा !

सन्थालटोली में दो दिनों से दिन-रात मादल बजता रहता है। डा डिग्गा, डा डिग्गा ! औरतें गाती हैं। नाचती हैं–झुमुर-झुमुर ! ...दरखास्त नामंजूर हो गई ! जमींदार जमीन छीन लेगा। कोठी के जंगल में, जामुन और गूलर में बहुत फल लगे हैं इस बार। जंगली सूअर के बच्चे भी किलबिल कर रहे हैं। हल के फाल को तोड़कर तीर बनाओ। लोहा महँगा है। रे ! हाय रे हाय ! डा डिग्गा, डा डिग्गा...!

कालीचरन ने कहा है–संघर्ख करेंगे। संघर्ख क्या ? परसताब क्या ?

रिंग-रिंग-ता-धिन-ता !

डा डिग्गा, डा डिग्गा !

...खेत में पाट के लाल पौधों को देखकर जी ललच रहा है। धान की हरी-हरी सूई खेत में निकल आई है। माटी का मोह नहीं टूटता। बधना पर्व[1] की रात में तूने जो जूड़े में फल लगाया था, उसे नहीं भूला हूँ। धरती का मोह भी नहीं टूट रहा। प्यारी, हमारे दादा, परदादा पुरैनियाँ के जेल में मर-खप गए। मकई के बाल की तरह उनके बाल भूरे हो गए होंगे। हमारे बच्चों के दाँत दूधिया मकई के दानों की तरह चमकेंगे। उनसे कहना, धरती माता के प्यार की जंजीर में हम बँध गए। रे ! हाय रे हाय ! रिंग-रिंग-ता-धिन-ता ! डा डिग्गा, डा डिग्गा !...

"यदि जमीन पर कोई आवे तो गर्दन काट लो !"

---

1. संथालों का एक प्रसिद्ध पर्व।

तहसीलदार हरगौरी सिंह ने रैयतों के साथ जमीन बंदोबस्ती का ऐलान कर दिया है ···बस, एक सौ रुपए बीघा सलामी देकर कोई भी रैयत जमीन की बंदोबस्ती के लिए दर्ख़ास्त दे सकता है। ···अरे, तुम लोग बेकूफ़ हो। ये जमीन एक साल पहले ही नीलाम होकर खास हो गई हैं। पुराने तहसीलदार ने ही सारी कार्रवाई की थी। नीलाम होकर खास हुई जमीन पर दफा 40 की दर्खास्त करने से नकदी कैसे होगी ? ···हाँ, नए बंदोस्त लेनेवालों को जमा बाँध देंगे। यह तो हमारे हाथ की बात है। इसके लिए कचहरी को दौड़-धूप करने की क्या जरूरत है ? ··· अरे सूखानूदास, मुकदमा में कितना खर्च हुआ तुम लोगों का, जरा इन लोगों को बता दो। ···हाँ, कँगरेसी और सोसलिस्ट पाटीवालों की खुराकी भी जोड़ना। ··· सुना ? हरेक तारीख में चंदा वसूलकर पैरवीकार नेताजी लोगों को देना पड़ा था–दस रुपए नकद; सिकरेट और पान की बात तो छोड़ ही दीजिए। यही पेशा है भाई, इन लागों का। ···हाँ, जिसकी जमीन नीलाम हो गई है, वह यदि जमीन पर आवे तो उसकी गर्दन उड़ा दो। राज से मदद मिलेगी।

राम नाम की लूट है, लूट सके तो लूट !

गाय-बैल, बाछा-बाछी और भैंस के पाड़ा की बिक्री धड़ाधड़ हो रही है। दूने सूद पर भी रुपया कर्ज लेकर जमीन मिल जाए तो फ़ायदा ही है। पाट का भाव पंद्रह रुपया है; ऊपर पचास भी जा सकता है। सौ भी हो सकता है। धान सोने के भाव बिक रहा है। जमीन ! जिसके पास जमीन नहीं, वह आदमी नहीं, जानवर है। जानवर घास खाता है, लेकिन आदमी तो घास खाकर नहीं रह सकता ! अरे ! छोड़ो जी कँगरेसी और सुशलिट पाटी की बात को। ···दरखास नामंजूर हो गई। जमीन बंदोबस्ती···

गाँव के मंगल की अब कोई उम्मीद नहीं।

हर टोले के लोग आपस में ही लड़ेंगे क्या ? कोयरीटोले के भजू महतो की जमीन उसी का भगिना सरूप महतो बंदोबस्ती ले रहा है। सोबरन की जमीन पर उसका चचा रामेसर नजर लगाए बैठा है। सोबरन की जमीन सोना उगलती है। यादवटोली के सभी रैयतों की नीलाम हुई जमीन खेलावनसिंह यादव ले रहे हैं। संथालों की जमीन राजपूत टोल के लोग ले रहे हैं। ···सुमरितदास कहते हैं, यह बात गुपुत है। किसी से कहना मत कि संथालों की जमीन खुद तहसीलदार साहब ले रहे हैं। लेकिन, अपने नाम से तो नहीं ले सकते। इसलिए दूसरों के नाम से लिया है।

गाँव के मंगल की अब कोई उम्मीद नहीं। तहसीलदार विश्वनाथ प्रसाद जी बालदेव और बावनदास को पंचायत बुलाने को कहते हैं। ···"पंचायत तुम्हीं लोग बुलाओ। मेरे बुलाने से ठीक नहीं होगा।"

कालीचरन की पाटी के सबसे बड़े लीडर पुरैनियाँ आ रहे हैं। कामरेडों ने पाँच ही दिनों में तीन सौ रुपए वसूल किए हैं। अकेले सोमा ने दो सौ पचास रुपए दिए हैं। सबसे बड़े लीडर से कहना होगा। गाँव में इस तरह फूट रहने

से तो संघर्ष नहीं होगा। फिर एक बार सैनिक जी और चिनगारी जी को लाना होगा। बहुत दिनों से सभा नहीं हुई है। खेत में कोड़-कमान नहीं करने से जिस तरह जंगल-झाड़ हो जाता है, उसी तरह इलाके में सभा मीटिंग नहीं करने से इलाका भी खराब हो जाता है। सिक्रेटरी साहब को भी इस बार लाना होगा। इस बार लौडपीसर भी लाना होगा।

चरखा-सेंटर की मास्टरनी जी और मास्टर जी लोगों में झगड़ा हो गया है।

करघा-मास्टर टुनटुन जी को मंगलादेवी का सोशलिस्ट आफिस में रहना बड़ा बुरा लगता है। जब तक बीमार थीं, वहाँ थीं, तो थीं। अब अच्छी हो गईं तो वहाँ रहने की क्या आवश्यकता! और मंगलादेवी को पटना से ही जानते हैं टुनटुनजी। 'गाँव तरक्की सेंटर' में जब ट्रेनिंग लेती थीं तभी से उड़ती थीं। व्यवस्थापिका जी इनके मिलने वालों से परेशान रहती थीं। रोज नए-नए लोग! बहुत बार मंगलादेवी को चेतावनी भी दी गई–लेकिन इनके मिलनेवालों में कालेज के विद्यार्थी, एम. एल. ए., साहित्य-गोष्ठी के मंत्री जी, चरखा-संघ के कार्यकर्ता तथा कई हिंदी दैनिकों के सहायक संपादक भी थे। व्यवस्थापिका जी हार मानकर चुप हो गईं। मंगलादेवी की स्वतंत्रता पर आघात करके यह एक दर्जन से ज्यादा व्यक्तियों का कोप-भाजन नहीं बनना चाहती थीं। इसीलिए व्यवस्थापिकाजी ने मंगलादेवी को इस पिछड़े हुए गाँव में भेजा था। लेकिन यहाँ भी···?

मंगलादेवी बात करने में मर्दों के भी कान काटती हैं; पाजामा और कुर्ता पहनती हैं, बाहर निकलते समय खद्दर का दुपट्टा भी डाल लेती हैं। कद नाटा, रंग साँवला और शरीर गठा हुआ है। आँखें बड़ी अच्छी, खास तिरहुत की आँखें! करघा-मास्टर को वह ताँत-मास्टर कहती हैं और चरखा-मास्टर को धुनिया मास्टर। जोलाहा-धुनिया मंगलादेवी से क्या बात करेंगे ? ···जब बीमार पड़ीं तो झाँकी मारकर भी देखने के लिए नहीं आते थे और आज नैतिकता पर प्रवचन दे रहे हैं! मंगलादेवी इन लोगों को खूब पहचानती हैं। व्यवस्थापिका जी को लिखेंगे तो लिखें। क्या करेंगी व्यवस्थापिका जी ? ऐसी धमकियों से मंगलादेवी नहीं डरतीं। टुनटुन जी जो चाहते हैं, सो वह जानती हैं। पटना से आते समय समस्तीपुर में उसे लेकर उतर गए। बोले, गाड़ी बदलनी होगी। बाद में मालूम हुआ कि वही गाड़ी सीधे कटिहार जाती है। दूसरी गाड़ी फिर सुबह आठ बजे। रात को बारह बजे धर्मशाला में ले गए। ···टुनटुन जी का परिचय और कहना नहीं होगा!

बालदेव जी को खेलावनसिंह यादव ने साफ जवाब दे दिया है। सकलदीप का गौना होनेवाला है। नई दुलहिन ससुराल में बसने के लिए आ रही है। बाहरी आदमी का परिवार में रहना अच्छा नहीं। चंपापुर के आसिनबाबू की बेटी है। जरा भी इधर-उधर होने से बाप को चिट्ठी लिख देगी। बड़े आदमी की बेटी है···!

बालदेव जी ने झोली-झंडा खेलावन के यहाँ से हटा लिया है। बालदेव की मौसी गाँव में घूम-घूमकर शिकायत कर रही है। लेकिन बालदेव जी साधु आदमी हैं; मान-अपमान से परे हैं। वे चुप हैं।

लछमी उन्हें कंठी लेने के लिए जिद कर रही है। पुपड़ी मठ के महंत रामसरूप गुसाईं आए हुए हैं। बालदेव जी कण्ठी ले लें तो मठ पर रहने में कोई असुविधा नहीं हो।

बावनदास का मन बड़ा अविश्वासी हो गया है। किसी पर विश्वास करने को जी नहीं करता है। गाँधी जी को छोड़कर अब किसी पर विश्वास नहीं होता। वह गाँधी जी को एक खत लिखवाना चाहता है। गंगुली जी जरूर लिख देंगे। बराबर लिख देते हैं ! उसके मन में बहुत-सी शंकाएँ उठ रही हैं।

चौंतीस

फुलिया पुरैनियाँ टीसन से आई है।

एकदम बदल गई है फुलिया। साड़ी पहनने का ढंग, बोलने-बतियाने का ढंग, सबकुछ बदल गया है। तहसीलदार साहब की बेटी कमली अँगिया के नीचे जैसी छोटी चोली पहनती है, वैसी वह भी पहनती है। कान में पीतर के फूल हैं। फूल नहीं, फुलिया कहती है–कनपासा। आँचल में चाबी का गुच्छा बाँधती है, पैर में शीशी का रंग लगाती है। ...हाँ, खलासी जी बहुत पैसा कमाते हैं शायद। ... अरे ! खलासी के मुँह पर झाड़ू मारो ! वह क्या खाकर इतना सौख-मौज करावेगा ? क्या पहनावेगा ? फुलिया ने खलासी को छोड़ दिया है। खलासी को खोक्सीबाग की एक पतुरिया से मुहब्बत था, रोज ताड़ी पीकर वहीं पड़ा रहता था। तलब मिलने के दिन वह पतुरिया खलासी का पीछा नहीं छोड़ती थी। तलब का एक पैसा इधर-उधर हुआ कि पैर की चट्टी खोलकर हाथ में ले लेती थी। आखिर फुलिया कितना बर्दास करती। टीसन के पैटमान जी नहीं रहते तो फुलिया की इज्जत भी नहीं बचती। फुलिया अब पैटमान जी के यहाँ रहती है। खलासी एक दिन पैटमान से लड़ाई करने आया। टीसनमास्टर बाबू ने कहा कि यदि खलासी टीसन के हाता में आवे तो पकड़कर पीटो। उसी दिन खलासी जो दुम दबाकर भागा तो फिर खाँसी भी नहीं करने आया कभी। पैटमानजी जात के छत्री हैं–तंत्रिमा छत्री नहीं, असल बुँदेला छत्री : पान-जर्दा खाते-खाते दाँत टूट गए हैं; पत्थर का नकली दाँत लगाते हैं। कहने को नकली दाँत हैं, मगर असली दाँत से भी बढ़कर हैं। चना भुट्टा और अमरूद सबकुछ चबाकर खाते हैं पैटमान जी। पचीस साल पहले हासाम[1] मुलुक में चाह पीते और पान-जर्दा खाते-खाते दाँत टूट गए हैं, उमेर

1. आसाम।

तो अभी कुछ भी नहीं है। दस बरस से 'बेवा' थे, मन के लायक स्त्री मिली ही नहीं। पैटमान जी ने महँगूदास के लिए एक पुरानी नीली कमीज भेज दी है। कमीज पहनने पर मँहगू को पहचानने में गलती हो जाती है। ठीक रेलवे का आदमी ! ···बुढ़िया के लिए नई साड़ी भेज दी है। एक बित्ता काली किनारी है। ···इस बार के कोटा में असली 'संतीपुरी साड़ी' मिलेगी तो फुलिया को भेज देगा। फुलिया कहती है, इस बार माँ को भी साथ ले जाएगी।

फुलिया का भाग ! रमपियरिया की माँ कहती है—"रमिया भी अब बिहाने के जोग हो गई। बिना बाप की बेटी है ! जब से तुम ससुराल हो गई हो, रोज एक बार तुम्हारा जिकर करती है रमिया—'फुलिया दीदी कब आवेगी ? इस बार फुलिया दीदी आवेगी तो साथ में मैं भी जाऊँगी।' यदि उधर कोई बर नजर में आए तो रमिया को भी अपने साथ ले जाओ फूलो बेटी ! कोयरीटोले के छोकड़े दिन-दिन बिगड़ते जा रहे हैं।···"

सहदेव मिसर पर तंत्रिमाटोली का कुत्ता भी भूँकता है ! बहुत दिनों के बाद वह तंत्रिमाटोली में आया है—फुलिया के बुलाने पर। ···दस दिन रहेगी, फिर चली जाएगी। फुलिया अब जात-समाज से नहीं डरती। वह तंत्रिमा छत्री नहीं, वह असल बुंदेला छत्री की स्त्री है। आँगन में अपने से पकाकर खाती है। ···माँ का छुआ भी नहीं खाती !

वह तो मेहमान होकर आई है। उसके जी में जो आवे, वह करेगी। कोई कुछ नहीं बोल सकता। ···वह सहदेव मिसर को बैठने के लिए चटाई देती है। एक काँच की छोटी-सी थरिया में सुपारी, सौंफ और दालचीनी के टुकड़े बढ़ा देती है। ···तो फुलिया भूली नहीं है उसे ? वाह ! सहर का पानी चढ़ने पर बाहर तो एकदम बदल गया है, पर भीतर जैसा-का-तैसा। काजलवाली आँखें और भी बड़ी मालूम होती हैं। अँगिया और नक्सा कोर की सफेद साड़ी। सहदेव मिसर डरते-डरते कहता है—

"फुलिया !"

"क्या ?" फुलिया मुस्कराती है।

सहदेव मिसर का चेहरा एकदम लाल हो रहा है। कान लाल हो गए हैं। नाक के पासवाला सिरा धकधक कर रहा है—"फुलिया, जब से तुम गई मैंने कभी इस टोले में पैर नहीं दिया।"

"रहने दो ! गहलोतटोले में नहीं जाते थे ? ···पनबतिया के यहाँ कौन जाता था ? झूठ मत बोलो।" फुलिया हँसती है।

"नहीं फूलो !"

ढिबरी की रोशनी में सहदेव मिसर फुलिया की आँखों की नई भाषा को पढ़ता है। ···हवा के झोंके से ढिबरी बुझ जाती है। फुलिया बालों में महकौआ[1] तेल लगाती है। अँगिया के नीचेवाली छोटी चोली में रब्बड़[2] लगा रहता है। शायद। ···फुलिया

---

1. सुगंधित। 2. रबर

की देह से अब घास की गंध नहीं निकलती है। सौंफ, दालचीनी खाने से मुँह गमकता है। ...शहर की बात निराली है। शहर की हवा लगते ही आदमी बदल जाता है। तहसीलदार की बेटी तो कभी शहर गई भी नहीं। ...जाति की बंदिश और पंचायत के फैसले को तो सबसे पहले पंच लोगों ने ही तोड़ा है। ...तंत्रिमाटोली का छड़ीदार है नोखे और उचितदास ; जिसे चाल से बेचाल देखेगा, छड़ी से पीठ की चमड़ी खींच लेगा। नोखे की स्त्री रामलगन सिंह के बेटे से फँसी हुई है और उचित दास की बेटी कोयरीटोले के सरन महतो से। पंचायत का फैसला ज्यादा-से-ज्यादा दस दिनों तक लागू रह सकता है। पुश्त-पुश्तैनी से जो रीति-रेवाज गाँव में चला आ रहा है, उसको एक बार ही बदल देना आसान नहीं। जिनके पास जगह-जमीन है, पास में पैसा है, वह भी तो अपने यहाँ का चाल-चलन नहीं सुधार सकते। ...बाबूटोली के किस घर की बात छिपी हुई है। ...पंच लोग पंचायत में बैठकर फैसला कर सकते हैं, उसमें कुछ लगता तो नहीं। लेकिन पंचायत के फैसले से चूल्हा तो नहीं सुलग सकता ? पंचों को क्या मालूम कि एक मन धान में कितना चावल होता है ! सास्तर में कहा है, 'जोरू जमीन जोर का, नहीं तो किसी और का।' और देह के जोर से आजकल सब कुछ नहीं होता। जिसके पास पैसा है वही बोतल मिसर[1] पहलवान है। वही सबसे बड़ा जोरावर है।

... तहसीलदार साहब की बेटी शाम से ही, आधे पहर रात तक, डागडरबाबू के घर में बैठी रहती है; चाँदनी रात में कोठी के बगीचे में डागडर के हाथ-में-हाथ डालकर घूमती है। तहसीलदार साहब को कोई कहने की हिम्मत कर सकता है कि उनकी बेटी का चाल-चलन बिगड़ गया है ?... तहसीलदार हरगौरीसिंह अपनी खास मौसेरी बहन से फँसा हुआ है। बालदेव जी कोठारिन से लटपटा गए हैं। कालीचरन ने चरखा स्कूल की मास्टरनी जी को अपने घर में रख लिया है। उन लोगों कोई कुछ कहे तो ?... जितना कानून और पंचायत है सब गरीबों के लिए ही ? हूँ !

जमीन के लिए गाँव में दलबंदी हुई। जिन लोगों की जमीन नीलाम हुई है, दर्खास्तें खारिज हुई हैं, वे एक तरफ हैं। जिन्होंने नई बंदोबस्ती ली है अथवा जमींदार से माफी माँग ली है, सुपुर्दी लिखकर दे दी है या जो जमीन बंदोबस्त लेना चाहते हैं, वे सभी दूसरी तरफ हैं। गरीबों और मजदूरों के टोलों पर भी इसका प्रभाव पड़ता है। खेलावन के हलवाहों को कालीचरन ने हल जोतने से मना कर दिया हे। तहसीलदार हरगौरीसिंह का नाई, धोबी ओर मोची बंद करने के लिए कालीचरन घर-घर घूमकर भाखन देता है। गाँव के सारे पुराने बाँध टूट गए हैं, मानों बाढ़ का नया पानी आया हो।...

गरीबों और मजदूरों की आँखें कालीचरन ने खोल दी हैं। सैकड़ों बीघे जमीनवाले किसानों के पास पैसे हैं, पैसे से गरीबों को खरीदकर गरीबों के गले पर गरीबों के जरिए ही छुरी चलाते हैं।... होशियार ! जिन लोगों ने नई बंदोबस्ती ली है,

---

1. मिथिला का एक प्रसिद्ध पहलवान।

वे गरीबों की रोटी मारनेवाले हैं··· !

कालीचरन ने चमारटोली में भात खा लिया ?

जात क्या है ! जात तो दो ही हैं, एक गरीब और दूसरी अमीर।··· खेलावन को देखा, यादवों की ही जमीन हड़प रहा है।··· देख लो आँख खोलकर, गाँव में सिरिफ दो जात हैं।

अमीर-गरीब !

तहसीलदार हरगौरीसिंह काली टोपीवाले नौजवानों से कहते हैं, "इस बार मोर्चे पर जाना पड़ेगा। हिंदू राज कायम करने के लिए गाँव में ही लोहा लेना पड़ेगा··· ।"

संयोजक जी आजकल महीने में दो बार घर मनिआर्डर भेजते हैं। संयोजक जो कहेंगे उसे काली टोपीवाले नौजवान प्राण रहते नहीं काट सकते हैं। आग और पानी में कूद सकते हैं; इसी को कहते हैं अनुशासन !

बावनदास जिला काँग्रेस के नेताओं को खबर देने गया है–"गाँव में जुलुम हो रहा है।"

पैंतीस

तहसीलदार विश्वनाथप्रसाद के सामने विकट समस्या उपस्थिति है। नई बंदोबस्तीवाले किसान रोज उनके यहाँ जाते हैं। मामला-मुकदमा उठने पर विश्वनाथ प्रसाद की गवाही की जरूरत होगी। बेजमीन लोग अपनी पार्टीबंदी कर रहे है; जमीनवालों को भी भेदभाव, लड़ाई-झगड़ों को भूलकर एक हो जाना चाहिए।··· तहसीलदार हरगौरीसिंह दिन-रात विश्वनाथबाबू के घर पर ही रहते हैं !

"काका ! इस बार इज्जत बचा लीजिए ! क्या आप यही चाहते हैं कि नाई, धोबी और चमार के सामने हम हाथ जोड़कर गिड़गिड़ावें ?··· कल से ही रामकिरपाल काका की गुहाल में गाय मरी पड़ी है। चमार लोगों ने उठाने से इनकार कर दिया है ! जीवेसरा चमार को लीडर आपने ही बनाया है··· राजपूतटोले के लोगों को देखिए, दाढ़ी कितनी बड़ी-बड़ी हो गई है। नाइयों ने काम करना बंद कर दिया है। आपके हाथ में सबों की चुटिया है। आप एक बार कह दें तो सबों की नानी मर जाए··· "

कालीचरन आकर कहता है, "बिसनाथ मामा, आप काँगरेस के लीडर हैं। इसी बार देखना है कि काँगरेस गरीबों की पाटी है या अमीरों की।··· आज तक

मैंने आपको देवता की तरह माना है। लेकिन गरीबों के खिलाफ कदम बढ़ाइएगा तो हम भी मजबूर होकर··· ।"

तहसीलदार विश्वनाथप्रसाद क्या करें, क्या नहीं करें, कुछ समझ नहीं पा रहे हैं।

बावनदास पुरैनियाँ से लौट रहा है।

वह गया था 'जुलुम हो रहा है' सुनाने। उसने पुरैनियाँ में देखा, जुलुम हो रहा है।

कचहरी में जिले-भर के किसान पेट बाँधकर पड़े हुए हैं। दफा 40 की दर्खास्त नामंजूर हो गई हैं, 'लोअर कोट' से। अपील करनी है।··· अपीलो ? खोलो पैसा, देखो तमाशा। क्या कहते हो ? पैसा नहीं है ! तो हो चुकी अपील। पास में नगदनारायण हो तो नगदी कराने आओ।···

कानून और कचहरी कंपौड में पलनेवाले कीट-पतंगे भी पैसा माँगते हैं।

जिला काँग्रेस आफिस में जुलुम हो रहा है। जिला काँग्रेस के सभापति का चुनाव होनेवाला है। चार उम्मीदवार हैं, दो असल और दो कमअसल[1]। राजपूत भूमिहार में मुकाबिला है। जिले-भर के सेठों और जमींदारों की मोटरलारियाँ दौड़ रही हैं। एक-दूसरे के गड़े मुर्दे उखाड़े जा रहे हैं। कटिहार कॉटन मिलवाले सेठजी भूमिहार पार्टी में हैं और फारबिसगंज जूट मिलवाले राजपूतों की ओर।··· पैसे का तमाशा कोई यहाँ आकर देखे ।

बावनदास सोचता है, अब लोगों को चाहिए कि अपनी-अपनी टोपी पर लिखवा लें–भूमिहार, राजपूत, कायस्थ, यादव, हरिजन !··· कौन काजकर्ता किस पार्टी का है, समझ में नहीं आता।

"जुलुम हो रहा है ?"

"जी हाँ जुलुम हो रहा है।"

"देखिए बावनदास जी, बात यह है कि 95 सैकड़े लोगों ने तो गलत और झूठा दावा किया होगा, इसमें कोई संदेह नहीं। सही और वाजिब हकवाले बाकी रैयत भी इन्हीं झूठे दावे करनेवालों के कारण बेमौत मर गए। इसमें कानून का क्या दोष है? लोगों का नैतिक पतन हो गया है। देखिए, इस बार जिला कमिटी में, इस संबंध में एक प्रस्ताव पास होनेवाला है।"

"बेदखल किसानों से क्या कहेंगे ?"

"क्या कहिएगा ? कहिए कि जमींदारी प्रथा खत्म हो रही है। आज बिहार मंत्रिमंडल ने ऐलान कर दिया है–जमींदारी प्रथा को खत्म करने के लिए बिहार सरकार कटिबद्ध है।"

---

1. डम्मी कैंडिडेट।

बावनदास किसानों से क्या कहेगा ?

जमींदारी प्रथा खत्म हो जाएगी ? तब ये काँग्रेसी जमींदार लोग क्या करेंगे ? सब मिल खोलेंगे शायद। इसीलिए प्रायः हरेक छोटे-बड़े लीडर के साथ एक मारवाड़ी घूमता है। बावनदास को याद आती है पाँच महीने पहले की बात ! पुरैनियाँ टीसन में तीलझाड़ी के शंकरबाबू ने अपने साथ के दस काजकर्ताओं को पूरी-मिठाई का जलपान कराया, और पैसा दिया तीलझाड़ी हाट के मारवाड़ी चोखमल जुहारचंद के बेटे ने।··· "हाँ, जी खाओ जी ! तुम्हीं लोग तो देश के असल सेवक हो। जेहल में खिचड़ी खाते-खाते जिंदगी बिता दी। सारे इलाके के काजकर्ता को खिलाया और एक-एक सेर मिठाई भी खरीद दी।··· चोखमल जुहारचंद का बेटा आजकल अररिया सबडिविजन काँग्रेस का खजांची है। साठ रुपए जोड़ी खादी की धोती पहनता है। चरखासंघ के बाबू कितना खातिर करते हैं !

"जुलुम हो गया।"

"क्या हुआ ?"

"जमीदारी परथा खत्तम।"

"जुलुम बात !"

यहाँ के लोग सुख-संवाद सुनकर भी कहते हैं–जुलुम बात ! जुलुम हँसी, जुलुम खुशी ! बँगला के 'भीषण सुंदर' की तरह।

"जुलुम बात !"

"क्या है ?"

"बावनदास ने जमींदारी परथा खत्तम कर दिया।" कामरेड बासुदेव दौड़ता हुआ आकर कालीचरन को खबर देता है।

"बावनदास ने ?"

"नहीं। बावनदास खबर लेकर आया है। काँग्रेस के मंत्री जी ने जमींदारी का नास कर दिया है।"

"जब तक 'लाल पताका' अखबार मे यह खबर छापी नहीं हो, इस पर बिसवास मत करो कामरेड । यह सब काँगरेसी झाईं है, खैर, मैं कल ही सिकरेटरी साहेब से पूछ आता हूँ। तुम लोगों ने मेंबरी का पैसा जमा नहीं किया आफिस में। सब कामरेड को खबर दे दो। इस बार आखिरी तारीख है, इसके बाद 'लाल पताका' में नाम निकल जाएगा।"

"सनिचरा ने तो मेंबरी के पैसे से सोसलिस्ट-काट कुर्त्ता बना लिया है। कहता है, सन-पटुआ होने पर पैसा जमा कर देंगे।"

"जुलुम बात है। मेंबरी के पैसे से कुर्त्ता ? नहीं, उससे कहो, पैसा जमा करना होगा।"

तहसीदार हरगौरी और तहसीदार विश्वनाथप्रसाद अब एक पान को दो टुक करके

खाते हैं। सच ? सच नहीं तो क्या ? बेतार सुमरितदास सबों से कहता फिरना है... "कलम और कानून की बात जहाँ आएगी, वहाँ लाठी-भाला चलानेवाले क्या करेंगे ? तहसीलदार बिस्नाथपरसाद पुराने तहसीलदार हैं। राज पारबंगा के नीमक-पानी से ही सब कुछ हुआ है। कायस्थ नमकहरामी नहीं कर सकता कभी। ... कँगरेसी हुए हैं तो क्या अपने पैसे को भूल जाएँगे ?"

संथालटोली में मादल बज रहा है–

सोनो रो रूप, रूपे रो रूप
सोनो रो रूप लेका गातेञ मेलाय
गातेञ दिसाय रे सोना मुन्दोम
गातेञ उईहय जीवोदो लोकतिंय।

डा डिग्गा, डा डिग्गा ! रि-रि-ता-धिन-ता !

सोने और चाँदी के बीच मेरे प्रियतम का रूप सोने की तरह है। सोने की अँगूठी को देखकर अपने प्रियतम की याद आती है।

संथाल परगना के आदिवासी संथालों को सोने की झलक लगी है या नहीं, कौन जाने ! लेकिन यहाँ के संथाल, सोने और चाँदी में क्या फर्क है, जानते हैं।

... जमींदारी प्रथा खतम हो गई। अब जमींदार जमीन से बेदखल नहीं कर सकता। हमने उन्हें जमीन से बेदखल कर दिया। जो जोतेगा, जमीन उसकी है। जो जितना जोत सको, जिसकी जमीन मिले जोतो, बोओ, काटो। अब बाँटने का भी झंझट नहीं।... धरती माता का प्यार झूठा नहीं। फिर खेतों में जिंदगी झूमेगी। आसाढ़ के बादल बजा रहे हैं मादल, बिजली नाच रही है। तुम भी नाचो।... नाचो रे ! मादल बजाओ जोर-जोर से। पँचाय[1] का नशा आज नहीं उतरेगा; जब तक पूर्णिमा का चाँद डूब नहीं जाए, घने बादलों में नाचना बंद नहीं होगा। चाँदनी की तरह प्रियतमा की मुस्कराहट, बाँसुरी-सी मीठी बोली तीर की तरह दिल पर घाव करती है।... मेरे कलेजे पर फूलों से भरा हुआ सिर रख दो।

डा डिग्गा, रिं-रिं ता धिन !...

1. संथालों के घर में बनी हुई शराब।

छत्तीस

डाक्टर पर यहाँ की मिट्टी का मोह सवार हो गया। उसे लगता है, मानो वह युग-युग से इस धरती को पहचानता है। यह अपनी मिट्टी है। नदी तालाब, पेड़-पौधे, जंगल-मैदान, जीवन-जानवर, कीड़े-मकोड़े, सभी में वह एक विशेषता देखता है। बनारस और पटना में भी गुलमुहर की डालियाँ लाल फूलों से लद जाती थीं। नेपाल की तराई में पहाड़ियों पर पलास और अमलतास को भी गले मिलकर फूलते देखा है, लेकिन इन फूलों पर रंगों ने उस पर पहली बार जादू डाला है।

गोल्डमोहर–गुलमुहर–कृष्णचूड़ा !··· गुलमुहर का कृष्णचूड़ा नाम यहाँ कितना मौजूँ लगता है ! काले कृष्ण के मुकुट में लाल फूल कितने सुंदर लगते होंगे !

आम से लदे हुए पेड़ों को देखने के पहले उसकी आँखें इंसान के उन टिकोलों पर पड़ती हैं, जिन्हें आमों की गुठलियों के सूखे गूदे की रोटी पर जिंदा रहना है··· और ऐसे इंसान ? भूखे, अतृप्त इंसानों की आत्मा कभी भ्रष्ट नहीं हो या कभी विद्रोह नहीं करे, ऐसी आशा करनी ही बेवकूफी है।··· डाक्टर यहाँ की गरीबी और बेबसी को देखकर आश्चर्यित होता है। वह संतोष कितना महान है जिसके सहारे यह वर्ग जी रहा है ? आखिर वह कौन-सा कठोर विधान है, जिसने हजारों-हजार क्षुधितों को अनुशासन में बाँध रखा है ?

··· कफ से जकड़े हुए दोनों फेफड़े, ओढ़ने को वस्त्र नहीं, सोने को चटाई नहीं, पुआल भी नहीं ! भीगी हुई धरती पर लेटा न्यूमोनिया का रोगी मरता नहीं है, जी जाता है !··· कैसे ?

··· यहाँ विटामिनों की किस्में, उनके अलग-अलग गुण और आवश्यकता पर लंबी और चौड़ी फहरिस्त बनाकर बँटवानेवालों की बुद्धि पर तरस खाने से क्या फायदा !··· मच्छरों की तस्वीरें, इससे बचने के उपायों को पोस्टरों पर चित्रित करके अथवा मैजिक लालटेन से तस्वीरें दिखाकर मैलेरिया की विभीषिका को रोकनेवाले किस देश के लोग थे ?··· यहाँ तो उन मच्छरों की तस्वीरें देखते ही लोग कहते हैं–"पुरैनियाँ जिला को लोग मच्छर के लिए बेकार बदनाम करते हैं, देखिए पच्छिम का मच्छर कितना बड़ा है, एक हाथ लंबा देह, चार हाथ मूँड़। बाप रे !"

डी. डी. टी. और मसहरी की बात तो बहुत बड़ी हुई, देह में कड़वा तेल लगाना भी स्वर्गीय भोग-विलास में गण्य है।··· तेल-फुलेल तो जमींदार लोग लगाते हैं। स्वर्ग की परियाँ तेल-फुलेल लेकर पुण्य करनेवालों की सेवा करती हैं···।

खेतों में फैली हुई काली मिट्टी की संजीवनी इन्हें जिलाए रहती है। शस्य-श्यामला, सजला-सुफला··· इनकी माँ नहीं ? अब तो शायद धरती पर पैर रखने का भी अधिकार नहीं रहेगा। कानून बनने के पहले ही कानून को बेकार करने के तरीके गढ़ लिए जाते हैं। सूई के छेद से हाथी निकाल लेने की बुद्धि

ही आज सही बुद्धि है।··· और लोग तो बकवास करते हैं, बुद्धि-विभ्रम रोग से पीड़ित हैं। जिसके पास हजारों बीघे जमीन है, वह पाँच बीघे जमीन की भूख से छटपटा रहा है।··· बेजमीन आदमी आदमी नहीं, वह तो जानवर है !

डाक्टर ममता को लिखता है–

"तुम जो भाषा बोलती हो, उसे ये नहीं समझ सकते। तुम इनकी भाषा नहीं समझ सकतीं। तुम जो खाती हो, ये नहीं खा सकते। तुम जो पहनती हो, ये नहीं पहन सकते। तुम जैसे सोती हो, बैठती हो, हँसती हो, बोलती हो, ये वैसा कुछ नहीं कर सकते। फिर तुम इन्हें आदमी कैसे कहती हो।"

··· वह आदमी का डाक्टर है, जानवर का नहीं।··· 'टेस्ट ट्यूबों' में आदमी और जानवर के खून अलग-अलग रखे हुए हैं। दोनों के सिरम की अलग-अलग जरूरतें हैं। डाक्टर आदमी के खूनवाले ट्यूब को हाथ में लेकर, जरा और ऊपर उठाकर, गौर से देखता है। वह जानना चाहता है, देखना चाहता है, कि इन इंसानों और जानवरों की रक्तकणिका में कितना विभेद है, कितना सामंजस्य है।···

खून से भरे हुए टेस्ट-ट्यूबों में अब कोई आकर्षण नहीं !···

क्या करेगा वह संजीवनी बूटी खोजकर ? उसे नहीं चाहिए संजीवनी। भूख और बेबसी से छटपटाकर मरने से अच्छा है मैलेग्नेण्ट मैलेरिया से बेहोश होकर मर जाना। तिल-तिलकर घुल-घुलकर मरने के लिए उन्हें ज़िलाना बहुत बड़ी क्रूरता होगी··· सुनते हैं, महात्मा गाँधी ने कष्ट से तड़पते हुए बछड़े को गोली से मारने की सलाह दी थी। वह नए संसार के लिए इंसान को स्वच्छ और सुंदर बनाना चाहता था। यहाँ इंसान हैं कहाँ ?··· अभी पहला काम है, जानवर को इंसान बनाना !

उसने ममता को लिखा है–

"यहाँ की मिट्टी में बिखरे, लाखों-लाख इंसानों की जिंदगी के सुनहरे सपनों को बटोरकर, अधूरे अरमानों को बटोरकर, यहाँ के प्राणी के जीवकोष में भर देने की कल्पना मैंने की थी। मैंने कल्पना की थी, हजारों स्वस्थ इंसान हिमालय की कंदराओं में, त्रिवेणी के संगम पर, अरुण, तिमुर और सुणकोशी के संगम पर एक विशाल डैम बनाने के लिए पर्वततोड़ परिश्रम कर रहे हैं। लाखों एकड़ बंध्या धरती, कोशी-कवलित, मरी हुई मिट्टी शस्य-श्यामला हो उठेगी। कफन जैसे सफेद बालू-भरे मैदान में धानी रंग की जिंदगी के बेल लग जाएँगे। मकई के खेतों में घास गढ़ती हुई औरतें बेवजह हँस पड़ेंगी। मोती जैसे सफेद दाँतों की चमक··· !"

डाक्टर का रिसर्च पूरा हो गया; एकदम कम्पलीट। वह बड़ा डाक्टर हो गया। डाक्टर ने रोग की जड़ पकड़ ली है···।

गरीबी और जहालत–इस रोग के दो कीटाणु हैं।

एनोफिलीज से भी ज्यादा खतरनाक, सैंडफ्लाई[1] से ज्यादा जहरीले हैं यहाँ के···

---

1. कालाआजार का मच्छर।

नहीं। शायद वह कालीचरन की तरह तुलनात्मक उदाहरण दे बैठेगा।··· कालीचरन किसानों के बीच भाषण दे रहा था, "ये पूँजीपति और जमींदार, खटमलों और मच्छरों की तरह सोसख हैं।··· खमटमल ! इसीलिए बहुत-से मारवाड़ियों के नाम के साथ 'मल' लगा हुआ है और जमींदारों के बच्चे मिस्टर कहलाते हैं। मिस्टर··· मच्छर !"

दरार-पड़ी दीवार ! वह गिरेगी ! उसे गिरने दो ! यह समाज कब तक टिका रह सकेगा ?

··· कविवर हंसकुमार तिवारी की कविता की कुछ पंक्तियाँ याद आती हैं–

दुनिया फूस बटोर चुकी है,
मैं दो चिनगारी दे दूँगा।

गुलमुहर–आज का फूल ! सारी कुरूपता जल रही है। लाल ! लाल !

··· कमल–कमला नदी के गड्ढों में कमल की अधमुँदी कलियाँ अपने कोष में नई जिंदगी के पराग भरकर खिलना ही चाहती हैं।

"ओ ! तुम ! कमला ! इतनी रात में ?··· अकेली आई हो ?"

"डाक्टर !··· बोलो। सच बोलो। मैं डेढ़ घंटे से खड़ी देख रही हूँ। तुमको क्या हो गया है ? क्या तुम्हें भी अब डर लगता है ?··· सिर चकराता है ? देखो, कान के पास गर्मी-सी मालूम होती है ?··· डाक्टर !··· डाक्टर !··· प्यारू !"

···कमल की भीनी-भीनी खुशबू ! कोमल पंखुड़ियों का कमनीय स्पर्श। कमला !··· ओ ! मैं कमला की गोद में हूँ ? मुझे नींद न लग जाए। मुझे उठकर बैठ जाना चाहिए। मेरी मंजिल।

"कमला, चलो तुम्हें पहुँचा दूँ।"

"लेटे रहो बेटा !"

"ओ ! मौसी ! तुम आ गईं ?"

प्यारू कहता है, "कल सुबह से ही सिरफ चाय पीकर हैं, तो सिर नहीं चक्कर देगा ?"

सैंतीस

तहसीलदार विश्वनाथप्रसाद के दरवाजे पर पंचायत बैठी है। दोनों तहसीलदार के अगल-बगल में बालदेवजी और कालीचरन जी बैठे हैं। बाभन-राजपूत के साथ में बैठा है यादव–एक ही ऊँचे सफरे[1] पर। अरे ! जीबेसर मोची भी उसी कंबल

पर बैठा है ? बस, अब रास्ते पर आ रहा है। देखो, आज तहसीलदार हरगौरी किस तरह हँस-हँसकर कालीचरन से बात कर रहा है–मानो एक प्याली का दोस्त है। हाँ, तो यादवों को अब जमाहिरलाल भी छत्री मान लिए हैं। कौन क्या बोल सकता है ?··· बावनदास कौन जात है ?··· कहाँ है बावनदास ? पुरैनियाँ गया है ? आज पंचायत के दिन उसको रहना चाहिए था।··· अरे भाई बाहरी आदमी फिर बाहरी आदमी है। उसको इस गाँव से कौन जरूरत है ? यहाँ नहीं, वहाँ। लेकिन कालीचरन··· बाल··· ।··· डोमन ठाकुर क्या कहता है, सुनो !

"ठाकुर (नाई) टोले से और रजकटोले से एक-एक आदमी को ऊँचे सफरे पर बैठने के लिए चुन लिया जाए।"

"ओ ! आओ डोमन भाई ! अपने टोले से किसको पंच चुनते हो ? बोलो ! तुम्हीं आओ ! और रजकटोले से तो प्यारेलाल है ही। आओ प्यारे !" कालीचरन प्यारे को अपने ही पास बिठलाता है।

"तो बात यह है कि," तहसीलदार विश्वनाथप्रसादजी सुपारी कतरते हुए कहते हैं, "जमाना बहुत खराब आ रहा है। जो लोग अखबार-गजट पढ़ते हैं, वही जानते हैं कि कितना खराब जमाना आ रहा है।··· बंगाल की तरह अकाल फैलेगा। बंगाल के अकाल के बारे में नहीं जानते ?··· अरे, चरवाहा सब गाता है, सुने नहीं हो–

बड़ जुलुम कइलक अकलवा रे
बंगाल मुलुकवा में।
चार करोड़ आदमी मरल···

"··· पूछो कालीचरन से, बालदेव भी कहेगा कि बंगाल के अकाल जैसा अकाल कभी पड़ा ?··· उम्र ज्यादा होने से क्या हुआ ? जो लोग अखबार नहीं पढ़ते हैं, वे दुनिया की बातों से वाकिफ कैसे हो सकते हैं ? मैं ही पहले से यदि कर-कचहरी, कटिहार-पूर्णिया नहीं जाता तो कूपमण्डू रहता। कुएँ का बेंग !··· देखो, सरकार सभी धानवालों से धान वसूल रही है। क्यों ? सरकार को पूरा डर है कि अकाल फैलेगा। इसलिए अपने हाथ में बर-बखत के लिए पूरी स्टोक रखना जरूरी है। अरे, तुमको तो तीन आदमी की फिक्र करनी पड़ती है तो साल-भर बाप-बाप चिल्लाते हो, कभी इंद्र भगवान से पानी माँगते हो, सूरज भगवान से धूप उगाने के लिए कहते हो, नौकरी करते हो, कर्ज लेते हो ! और जिसको समूचा भारथवरश-हिंदुस्थान की फिक्र करनी पड़ती है, उसकी क्या हालत होती होगी ? अभी तुरत ही तो सभी लीडर जेहल से निकले हैं; तुरत मिनिस्टरी लिया है। यदि अकाल पड़ गया तो सुराज मिलनेवाला है, वह नहीं मिलेगा। यदि मिलेगा भी तो जो उसकी सारी ताकत तो लोगों का खिलाने में ही लग जाएगी। इसलिए हम लोगों को धरती से ज्यादा अन्न उपजाना चाहिए।··· अभी मान लो कि कर-कचहरी, फर-फौजदारी

---

1. बिछावन, दरी।

करके तुम खेत पर दफा 144 लगा देते हो, फिर 145 होगा, इससे जमीन में धान तो रोपा नहीं जाएगा ! खेत परती रहेगा और अन्न होगा नहीं। इसके बाद मालिक लोगों से ही यदि धान माँगोगे तो कहाँ से देंगे मालिक लोग ? अपने खर्च के लायक धान मालिकों के पास होगा नहीं और सरकार वसूल करेगी लाठी के हाथ से, कानून से । बड़े मालिकों के बखारों में भी चमगादड़ झूलेंगे।··· तो हमारा यही कहना है कि सभी भाई आपस में विचारकर, मिलकर देखो कि किस काम में भलाई है !"

··· अरे ! तो यह पंचायत सिरफ बेजमीनवालों को ही सीख देने के लिए बैठाई गई है !··· चुप रहो ! तहसीलदार जो कह रहे हैं, नहीं समझ रहे हो पक्की बात कहते हैं तहसीलदार !··· काबिल आदमी हैं। अरे, आज ही यह कालीचरन और बालदेव आया है न ! पहले तो हम लोगों के आँख-कान यही थे। इन्हीं के यहाँ बैठकर गजट में सुना था कि नेताजी सिंघापूर में पुसुप बिमान पर आ गए हैं। ··· तहसीलदार ठीक कहते हैं।

"तहसीलदारबाबू ? माए-बाप,··· आप ठीक ही कहते हैं। अब आप ही कोई रास्ता बताइए।"

"हाँ, हाँ, तहसीलदार काका, आप ही जो कहिए।"

"ठीक है !··· क्या कालीचरन जी ?" तहसीलदार हरगौरी हँसकर पूछता है।

"कालीचरन को 'जी' कहते हैं हरगौरी बाबू भी !"

"ठीक है। ठीक है। तहसीलदार साहब ठीक कहते हैं।"

"··· तो भाई, हम तो हिंदुस्थान, भारथवरश की बात नहीं जानते। हम अपने गाँव की बात जानते हैं। आप भला तो जग भला। हम तो इसी में गाँव का कल्याण देखते हैं कि सभी भाई, क्या गरीब क्या अमीर, सब भाई मिलकर एकता से रहें। न कोई जमीन छुड़ावे और न कोई गलत दावा करे। जैसे पहले जोतते-आबादते थे, आबाद करें, बाँट दें। न रसीद माँगें, न नकदी के लिए दर्खास्त दें।··· दोनों को समझना होगा।··· क्यों हरगौरीबाबू ! सुनते हो तो ? अपने मैनेजर से जाकर कह देना कि हुजूर अब भी होश करें। यदि इस तरह रैयतों के साथ दुश्मनी करेंगे, कम-से-कम हमारे यहाँ के रैयतों से, तो फिर बात बिगड़ जाएगी।··· सभी बात तो हमारे ही हाथ में है। हम अभी गवाही देदें, कि हाँ हुजूरआली, यह सब फर्जी काम हमसे करवाया गया है, और कल कागज-पत्तर, चिट्ठी-चपाती, रुक्का-परवाना दिखला दें तो बस खोप सहित कबूतराय नमः···।"

हँ-हँ, हो-हो !··· पंचायत के सभी लोग मुक्त अट्टहास कर बैठते हैं।

"अरे तो, किस खानदान का तहसीदार है, यह भी तो देखना चाहिए ?" सिंघ जी हँसते हुए कहते हैं।

"महारानी चंपावती··· "

हो-हो-हो-हो··· हँसी का दूसरा वेग, सैकड़ों सरलहृदय इंसानों को गुदगुदी लगाती है।

"अच्छा ! अच्छा ! अब काम की बात हो।··· सुनो कालीचरन बेटा ! लीडर बने हो तो बड़ा अच्छा काम है। बाबू-गाँव का नाम तो इसी में है। कोई सोशलिस्ट का लीडर है, तो कोई कँागरेस का, तो कोई काली टोपी का। लेकिन देख लो भैया, हम गाँव के सभी लौंडों के अकेले मालिक हैं। यदि गाँव में इधर-उधर कुछ किए तो पीठ की चमड़ी उधेड़ लें।··· खेलावन ! जोतखी जी ! आप ही लोग कहिए, जो लौंडे हमको कहते हैं क़ाका, मामा, भैया, फूफा, उन लड़कों की गलती पर यदि हम कान पकड़कर मल दें या दो कड़ी बात कह दें तो हमको कोई दोख देगा ?"

"नहीं, नहीं। आप वाजिब बात कहते हैं।"

"हम गाँव से बाहर थोड़े ही हैं, लेकिन एक बात हम भी पहले ही कह देते हैं। अभी आप जैसा करने के लिए कहते हैं, हम लोग करें। बाद में फिर हमारी गर्दन पर छुरी चले तब ?" कालीचरन कहता है।

इसका जिम्मा हम लेते हैं। अरे, हमने कहा न कि सभी खेला मेरे हाथ में है।"

"तो ठीक है। हम गाँव से बाहर थोड़े हैं।"

"ठीक बात ! ठीक बात !"

"लेकिन सभी भाई सुन लीजिए। यदि गाँव के बाहर का कोई बाहरी हम पर हमला करे तो इसका मुकाबला सभी को मिलकर करना होगा। हाँ, यदि बाहरवाले इस गाँव के जमीनवालों पर हमला करें तो सबों को सहायता करनी होगी।··· गाँव की जमीन गाँव में रहेगी। बाहरवाले क्यों लेंगे समझे ?"

"हाँ-हाँ, ठीक है। ठीक है। बहुत रात हो गई। आसमान में बादल उमड़ आए हैं। बरसा होगी।··· दुहाई इंद्र महाराज ! बरसो, बरसो !"

हर साल बरसात के मौसम में यही होता है। भगवान के हाथ की बात इंसान क्या जाने ! इंद्र भगवान से प्रार्थना की जाती है–बरसाओ ! हे इंद्र महाराज !··· जरा भी आसमान के किसी कोने में काले बादलों का जमाव हुआ, बिजली चमकी, फिर 'बरसो', 'बरसो' की पुकार घर-घर से सुनाई पड़ती है। जमीनवालों, बेजमीनों, सबों की रोटी का प्रश्न है। और यदि लगातार पाँच दिन तकऽघनघोर बरसा हुई और खेतों के आल डूबे कि '··· जरा एक सप्ताह सबुर करो महाराज !'

इन्द्र महाराज की ख़ुशी ! यदि उनका मिजाज अच्छा रहा तो प्रार्थना पर विचारकर एक सप्ताह सब्र कर गए। मौके से बरसा होती गई, धूप भी उगती रही तो फिर धान रखने की जगह नही मिलेगी। "मूसिन पूछे मूस से कहाँ के रखबऽधान"[1]। ··· तहसीलदार विश्वनाथप्रसाद के पास डाक-वचनामृत, भविष्यफल और खान-बचन है। पंजिका से हिसाब निकालकर बता देंगे कि यह पक्ष सूखेगा या झरेगा।··· नक्षत्रों

1. घाघ की एक सूक्ति।

की गणना में यदि स्त्री-स्त्री का संयोग हुआ तो शून्य, यदि पुरुष-पुरुष संयोग निकला तो शून्य। एक बूँद भी बरसा नहीं होगी, चिल्लाने से क्या होगा ?···

··· ततमाटोला, पासवानटोला, धानुक-कुर्मीटोला तथा कोयरीटोला की औरतें हर साल ऐसे समय में इंद्र महाराज को रिझाने के लिए, बादल को सरसाने के लिए, 'जाट-जट्टिन' खेलती हैं।

आज भी 'जाट-जट्टिन' का आयोजन है। कल तो पिछयारीटोले की औरतों ने किया था। बादल का एक टुकड़ा थोड़ी देर के लिए आकर चाँद को ढँक गया था। आज पुरनिमाँ है। कल से यदि बरखा नहीं हुई तो सारा पख सूखा रहेगा। ··· ततमाटोली की औरतों ने बाबूटोला की औरतों को निमंत्रण दिया है–"एक साथ सब मिलकर जाट-जट्टिन खेलें, जरूर बरखा होगी।"

गुआरटोली और कायस्तटोली के बीच में जो पंद्रह रस्सी मैदान खाली है, उसी में औरतें जमा हुई हैं।

··· जाट के पास हजारो-हजार भेंसें हैं। वह उन्हें चराने के लिए कोशी के किनारे जाता है। जट्टिन घर में रहती है; दूध, घी और दही की बिक्री करती है, हिसाब रखती है।··· सास या पति से झगड़कर, रूठकर जट्टिन नैहर चली गई। जाट उसे ढूँढ़ने जा रहा है। जट्टिन बड़ी सुंदरी थी, उसकी सुंदरता की चारों ओर चर्चा होती थी।

सुनरी हमर जटिनियाँ हो बाबूजी
पातरि बाँस के छौकिनियाँ हो बाबूजी,
गोरी हमर जटिनियाँ हो बाबूजी,
चाननी रात के इँजोरिया हो बाबूजी !
नान्हीं-नान्हीं दँतवा, पातर ठोरवा···
छटके जैसन बिजलिया··· ।

इसलिए जाट को गाँव के हरेक मालिक, नायक या मंडल पर संदेह।··· जट्टिन नैहर नहीं जा सकेगी, किसी ने जरूर उसे अपने घर में रख लिया होगा।··· रास्ते में कितने गाँव हैं, कितनी नदियाँ हैं, कितने घाट हैं और घटवार हैं। वह रास्ते के हर गाँव के मालिक मड़र[1], और नायक के यहाँ जाता है :

नायक जी हो नायक हो,
खोले देहो किवड़िया हो नायक जी,
ढूँढ़े देहो जटिनियाँ हो नायक जी···

जट्टिन बनी है रमपियरिया, और जाट बनी है कोयरीटोला की मखनी। मखनी ठीक मर्दों-जैसी लगती है।

---

1. मंडल, प्रमुख, मालिक

'जाट-जट्टिन' अभिनय के साथ और भी सामयिक अभिनय तथा व्यंग नाट्य बीच-बीच में होते हैं।··· फुलिया बनी है डाक्टर। उसने कमल के फल की डंडी को किस तरह जोड़-तोड़कर डाक्टर के गले में झूलनेवाला आला बनाया है। सनिचरा का नया पैजामा माँग लाई है और बिहुला नाचवालों के यहाँ से साहबी टोपा और कोट माँग लाई है।

"ए मैन ! इदार आता हाए। बोलो क्या होता हाए !"

"हुजूर ! थोड़ा सिर दुखता है, थोड़ा आँख भी दुखता है, थोड़ा कान भी दरद करता है ओर कलेजा भी धुकधुक करता है। सर्दी भी होता है, गर्मी भी लगता है। भूख भी नहीं लगता है और जब भूख लगता है तो खाना नहीं मिलता है।" ···रोगी बनी है धानुकटोले की सुरती ! खूब बात जोड़ती है··· हा-हँ-हँ-हँ-हँ !···

"अरे बाप रे बाप ! ऐसा बेमारी तो कभी नाहीं देखा। तुम्मारा नेबज देके ! (देखकर) उँहू ! तुम नेही बचेगा। तुमारा बेमारी को कीड़ा हो गया।··· जकसैन लगेगा।"

दूसरी रोगिनी आती है–कुर्मीटोले की ताराबत्ती।

"ऐ औरत ! तुमको क्या हुआ ?"

"हमारा दिल दकदक करता है।"

"अरे बाप ! यहाँ तो सबों का दिल धकधक करता हाए। अमारा भी दिल धकधक करने लगा !"

डाक्टर और रोगिनी दोनों डरते हुए एक-दूसरे को बाँहों में पकड़ लेती हैं–दिल धकधक दिल दकदक !

··· औरतों की मण्डली हँसते-हँसते लोटपोट हो जाती है। बूढ़ियों की खाँसी उभर आती है। हो-हो-हो, खों-खों, अक्खों !··· खूब किया !

मर्दों को 'जाट-जट्टिन देखने का एकदम हक नहीं है। यदि यह मालूम हो गया कि किसी ने छिपकर भी देखा है तो दूसरे ही दिन पंचायत में चली जाएगी बात !··· जिसको मूँछें नहीं उगी हैं, वह देख सकता है।

अंत में औरतें मिलकर हल जोतती हैं। हल और बैल किसी का ले आती हैं और जोतते समय गाँव के बड़े-बूढ़े किसानों को गाली देती हैं–"अरे बिस्नाथ तहसीलदरवा ! जल्दी पानी ला रे ! पियास से मर रहे हैं रे !"

"अरे ! सिंघवा सिपैहिया रे ! पानी लाओ रे !"

"अरे रमखेलोना रे !··· पानी ला रे !"

··· इस गाली को कोई बुरा नहीं मानते। बल्कि किसी बड़े किसान का नाम छूट जाए तो उसे तकलीफ होती है।··· बहुत दुख होता है।

इस बार डाक्टर को भी गाली दी जाती है–"अरे डकटरवा रे !··· अरे परसंतो रे, जल्दी से बोतल में पानी लेके आ रे !··· "

हो-हो-हा-हा···

आसमान में काले बादल घुमड़ रहे हैं।··· बिजली भी चमक रही है।

अड़तीस

दो दिन से बदली छाई हुई है। आसमान कभी साफ नहीं होता। दो-तीन घंटों के लिए बरसा रुकी, बूँदा-बाँदी हुई, फिर फुहिया। एक छोटा-सा सफेद बादल का टुकड़ा भी यदि नीचे की ओर आ गया तो हरहराकर बरसा होने लगती है। आसाढ़ के बादल···!

रात में मेंढकों की टरटराहट के साथ असंख्य कीट-पतंगों की आवाज शून्य में एक अटूट रागिनी बजा रही है–टर्र ! मेंक् टर्रर··· मेंकू ! ···झि-झि-चि··· किर-किर्र ··· सि, किटिर-किटिर ! झि ···टर्र···।

कोठारिन लछमी दासिन को नींद नहीं आ रही है; चित्त बड़ा चंचल है। रह-रहकर ऐसा लगता है कि उसके शरीर पर कोई पतंगा घुरघुरा रहा है। वह रह-रहकर उठती है, बिछावन झाड़ती है, कपड़े झाड़ती है। लेकिन वही सरसराहट···। वह लालटेन की रोशनी तेज कर बीजक लेकर बैठ जाती है–

जाना नहिं बूझा नहिं
समुझि किया नहीं गौन !
अंधे को अंधा मिला
राह बतावे कौन ?

कौन राह बतावे ? नहीं, उसने बालदेव जी को जाना है, अच्छी तरह पहचाना है। ···महंथ सेवादास जी कहते थे–"लछमी ! बालदेव साधु पुरुष है।"··· लेकिन बालदेव जी तो इतने लाजुक हैं कि कभी एकांत में बात करना चाहो तो थरथर काँपने लगें; चेहरा लाल हो जाए। लाज से या डर से ? ···लेकिन बिरहबाण से घायल लछमी का मन सिसक-सिसककर रह जाता है।

बिरह बाण जिहि लागिया
ओषध लगै न ताहि।
सुसकि-सुसकि मरि-मरि जिवैं,
उठे कराहि कराहि !

किंतु बालदेव जी को क्या पता !··· लछमी क्या करे ?

···टर्र-र-मेंक्, मेंक्, झी ···ई ···टिंक-टिंक–झी रिं !···

नहीं। लछमी अब नहीं सह सकेगी। वह बालदेव जी के पास जाएगी। पसहरी नहीं है बालदेव जी को ! मच्छर काटता होगा। ...नहीं। वह नहीं जाएगी। वह क्यों जाएगी ?···

पानी प्यावत क्या फिरो
घर-घर सायर बारि,
तृषावंत जो होयगा,
पीवेगा झख मारि !...

रामदास–महंथ रामदास अब लछमी से बहुत कम बोलते हैं। वे नाम के महंथ हैं। वे कुछ नहीं जानते, कुछ नहीं समझते। उन्हें कुछ भी नहीं मालूम। कितनी आमदनी और कितना खर्च होता है–उनको क्या पता ? बीस से ज्यादा तो गिनना नहीं जानते। कोड़ी का हिसाब जानते हैं। ...रामदास जी समझ गए हैं कि यदि लछमी मठ को एक दिन के लिए भी छोड़ दे तो रामदास के लिए यहाँ टिका रहना मुश्किल होगा। लछमी जादू-मंतर जानती है। क्या कागज-पत्तर, क्या खेती-बारी और क्या हाकिम-महाजन, सभी में वह अव्वल है। महंथ रामदास जी समझ गए हैं कि यदि इज्जत के साथ बैठकर दूध-मलाई भोग करना हो तो लछमी को जरा भी अप्रसन्न नहीं किया जाए। ...तन का ताप मन को चंचल तो करता है, लेकिन क्या किया जाए ! ...यदि एक दासिन रखने का हुकुम लछमी दे दे तो...! गड़गड़ाम ...गड़गड़... बादल घुमड़ा। बिजली चमकी और हरहराकर बरसा होने लगी।

हाँ, अब कल से धनरोपनी शुरू होगी। ...जै इंदर महाराज, बरसो, बरसो ! ...लेकिन बीचड़[1] के लिए धान कहाँ से मिलेगा ? आज तो पंचायत में सभी बड़े मालिक लोग बड़ी-बात बोलते थे, कल ही देखना कैसी बात करते हैं... 'अपने खर्चा के जोग ही धान नहीं है', 'बीहन नहीं है' अथवा पहले हमको बोने दो'।

गड़ागड़ाम ...गुडुम !

"बीहन का धान मालिकों को देना होगा। हमेशा देते आए हैं, इस बार क्यों नहीं देंगे ?" कालीचरन आफिस में सोए, अधसोए और लेटे लोगों से कहता है, "और बार दूना लेते थे, बीहन का दूना, इस बार सो सब नहीं चलेगा। यदि तहसीलदार मामा ने ऐसा प्रबंध नहीं किया तो फिर ...संघर्ख।"

बिजली चमकती है। बादल झूम-झूमकर बरस रहे हैं।

मंगला अब कालीचरन के आँगन में रहती है। कालीचरन की माँ अंधी है। कालीचरन की एक बेवा अधेड़ फूफू है। मंगला की मीठी बोली सुनकर कालीचरन की माँ की आँखें सजल हो उठती हैं और फूफू की आँखें लाल ! जब-जब बिजली चमकती है, पछवारिया घर के ओसारे पर सोई फूफू पुअरिया घर की ओर देखती है। आदमी की छाया ? नहीं। बाँस है। ...पुअरिया घर में सोई मंगला भी जगी है। बादलों के गरजने और बिजली के चमकने से उसे बड़ा डर लगता है। बचपन से ही वह बादल, बिजली और आँधी से डरती है। और यहाँ की बरसा तो... । फिर, बिजली चमकी। "कौन...!" मंगला फुसफुसाकर पूछती है, "कौन ?"

भीगे हुए पैरों के छाप बिजली की चमक में स्पष्ट दिखाई देते हैं।

---

1. बीहन (बीज) धान, धान का छोटा पौधा।

सोनाये यादव अपनी झोंपड़ी में बारहमासा की तान छेड़ देता है :

एहि प्रीति कारन सेत बाँधल,
सिया उदेस सिरी राम हे।
सावन हे सखी, सबद सुहावन,
रिमिझिमि बरसत मेघ हे !…

रिमिझिमि बरसत मेघ ! …कमली को डाक्टर की याद आ रही है। कहीं खिड़कियाँ खुली न हों। खिड़की के पास ही डाक्टर सोता है। बिछावन भींग गया होगा। कल से बुखार है। सर्दी लग गई है। …न जाने डाक्टर को क्या हो गया है ? …कहीं मौसी सचमुच में डायन तो नहीं ? डाक्टर को बादल बड़े अच्छे लगते हैं। कल कह रहा था–"मैं वर्षा में दौड़-दौड़कर नहाना चाहता हूँ।"

छररर ! छररर ! …बादल मानो धरती पर उतरकर दौड़ रहे हैं। छहर …छहर …छहर !

बिरसा माँझी अब लेटा नहीं रह सकता। …परसों गाँववालों ने मिटिन किया है–बाहरी आदमी यदि चढ़ाई करे तो सब मिलकर मुकाबला करेंगे। कालीचरन भी था और बालदेव भी !…संथाल बाहरी लोग हैं।

तहसीलदार हरगौरी का सिपाही आज जमीन सब देख रहा था–अखता भदै धान पक गया है। काटेंगे क्या ! किस खेत में कौन धान धोएँगे ? तो क्या सचमुच में संथालों की जमीन छुड़ा लेंगे तहसीलदार ? जमींदारी पर्था खतम हुई, लेकिन तहसीलदार जमीन से बेदखल कर रहा है। …बात समझ में नहीं आ रही है।…क्या होगा ? कल ही देखना है। जमीन पर हल लेकर आवेगा तहसीलदार, भदै धान काटने आवेगा, तब देखा जाएगा। पहले से क्या सोच-फिकर ? …वह अब लेटा नहीं रह सकता। …लेटे-ही-लेटे मादल पर वह हाथ फेरता है–रिं-रिं-ता-धिन-ता।

गुड़गुडुम …गुडुम… गुडुम !

बिजलियाँ चमकती हैं !

कल बीचड़ मिलेगा या नहीं ? …बालदेव जी को मच्छर क्यों नहीं काटता है, कालीचरन की फूफी सोती क्यों नहीं, और डाक्टर की खिड़की बंद है या खुली, इसका जवाब तो कल मिलेगा। अभी जो यह सोनाय यादव बारहमासा अलाप रहा है, इसको क्या कहा जाए ?…गाँव-घर में गाने की चीज नहीं बारहमासा… अजीब है यह सोनाय भी। कुमर बिजैभान या लोरिक नहीं, बारहमासा ! खेत में रोपनी करते समय गानेवाला गीत बारहमासा ! धान के खेतों में पाँवों की छप-छप आवाज के साथ वह गीत इतना मनोहर लगता है कि आदमी सबकुछ भूल जाए। …यह संथालटोली में माँदर क्यों बजा रहा है, बेवजह, और जब यह सोनाय बारहमासा गा ही रहा है तो चार कड़ी सुनने दो बाबा ! बेताल के ताल बजा रहे हो ! बरसा की छपछपाहट और बादलों की घुमड़न में माँदर की आवाज स्पष्ट नहीं सुनाई पड़ती है, गनीमत है। ओ ! सोनाय ने अब झूमर बारहमासा शुरू किया है–

अरे फागून मास रे गवना मोरा होइत
कि पहिरू बसंती रंग हे,
बाट चलैत-आ केशिया सँभारि बान्हू,
अँचरा हे पवन झरे हे ए ए ए !

डाक्टर अब गाँव की भाषा समझता ही नहीं, बोलता भी है। ग्राम्य गीतों को सुनकर वह केस-हिस्ट्री लिखना भी भूल जाता है। गीतों का अर्थ शायद वह ज्यादा समझता है। सोनाय से भी ज्यादा ? ···अँचरा हे पवन झरे हे ! ···आँचल उड़ि-उड़ि जाए !

···गाँव के और लोग कहेंगे कि रात में रह-रहकर वर्षा होती थी। आधा घंटा बंद, फिर झर-झर ! लेकिन डाक्टर कहेगा, सारी रात बरसा होती रही, कभी बूँद रुकी नहीं। विशाल बड़ के तले, 'करकट टीन' के छप्परवाले घर पर जो बूँदें पड़ती थीं ! कोठी के बाग में झरझराहट कभी बंद नहीं हुई !···

तो सुबह हो गई। ···सोनाय अब खेत में गीत गा रहा है। सोनाय अकेला नहीं है, सैकड़ों कण्ठों में एक-एक विरहिन मैथिली बैठी हुई कूक रही है–

आम जे कटहल, तूत जे बड़हल
नेबुआ अधिक सूरेब !
मास असाढ़ हो रामा ! पंथ जनि चढ़िहऽ,
दूरहि से गरजत मेघ रे मोर !

बाग में आम-कटहल, तूत और बड़हल के अलावा कागजी नीबू की डाली भी झुकी हुई है और दूर से मेघ भी गरजकर कह रहा है–आ पन्थी ! अभी राह मत चलना ! ···लोग दूर के साथी को अपने पास बुलाते हैं, बिरह में तड़पते हैं, मेघों के द्वारा संदेश भेजते हैं और घर आया हुआ परदेशी बाहर लौट जाना चाहता है ? नहीं, नहीं ! ···बिजली की हर चमक पर मैं चौंक-चौंककर रह जाऊँगी। बादल जब गरजते हैं तो कलेजे की धड़कन बढ़ जाती है।

अऽरे मास आ सा ढ़ हे ! गरजे घन
बिजूरी-ई चमके सखि हे ए ए !
मोहे तजी कन्ता जाए पर-देसा आ ···आ
कि उमड़ू कमला माई हे !
···हँऽर ! हँऽर···

कमला में बाढ़ आ जाए तो कंत रुक जाएँ। इसलिए कमला नहीं को उमड़ने के लिए आमंत्रित किया जाता है। ···जिनके कंत परदेश से लौट आए हैं, उनकी खुशी का क्या पूछना ! झलनी रागिनी उन्हीं सौभाग्यवतियों के हृदय के मिलनोच्छ्वास से झूम रही है खेतों में !

मास असाढ़ चढ़ल बरसाती
घर-घर सखी सब झूलनी लगाती।
झूली गावे,
झूली गावति मंगलबानी
सावन सखि अलि हे मस्त जवानी...
देखो, देखो !
देखो, देखो सखि री बृजबाला
कहाँ गए जशोधाकुमार, नंदलाला,
...देखो, देखो।

घर का कंत कहीं गाँव में ही राह न भूल जाए ! ...देखो, देखो, कहाँ गए ? किसी की झूलनी पर झूल तो नहीं रहे ?

"चाय !"

"कौन ? कमला !" डाक्टर अकचका जाता है।

"हाँ, चमकते हो क्यों ? तुमको भी सूई का डर लगता है ! यह मीठी दवा नहीं, मीठी चाय है डाक्टर साहब ! जब चाय पीकर ही जीना है तो आँख खुलते ही गर्म चाय की प्याली सामने रखने की जरूरत है।" कमला पास की कुर्सी पर बैठकर चाय बनाती है। प्यारू खड़ा-खड़ा मुस्करा रहा है। ...प्यारू को इतना खुश बहुत कम बार देखा गया है। ..."अब समझें ! यह प्यारू नहीं कि हर बात में 'नहीं' कर टाल दिया। ...चाय बनावें ? तो नहीं। अंडा बनावें ? तो नहीं। खाना परोसें ? तो नहीं। ...अब समझें !"

उनतालीस

संथाल लोग गाँव के नहीं, बाहरी आदमी हैं ?

"...जरा विचार कर देखो। यह तंत्रिमा का सरदार है...अच्छा, तुम्हीं बताओ जगरू, तुम लोग कौन ततमा हो ? मगहिया हो न ? अच्छा कहो, तुम्हारे दादा ही पच्छिम से आए और तुम्हारी बेटी तिरहुतिया तंत्रिमा के यहाँ ब्याही गई है। मगहिया चाल-चलन भूल गए। अब तिरहुतिया और मगहिया एक हो गए हो। लेकिन संथालों में भी कमार हैं, माँझी हैं। वे लोग अपने को यहाँ के कमार और

माँझी में कभी खपा सके ? नहीं। वे तो हमेशा हम लोगों को ही छोटा कहते हैं। गाँव से बाहर रहते हैं। ...कहो तो गाने किसी संथाल को, बिदेशिया का गाना या एक कड़ी चैती ! कभी नहीं गावेगा। इसका दारू हरगिज नहीं पिएगा। जब पिएगा तो 'पँचाय' ही। समझो ! सोचो !" तहसीलदार साहब दरवाजे पर बैठे हुए बीहन लेनेवालों से कहते हैं। ...डेढ़ सौ से ज्यादा लोग हैं। कालीचरन जी भी हैं, बासुदेव जी और बालदेव जी भी हैं।

तहसीलदार साहेब एकदम ठीक कह रहे हैं। ...नीं भाई जो भी हो तहसीलदार साहेब ही एक आदमी हैं जो कि गाँव की भलाई-बुराई की बात समझते हैं...ठीक कहते हैं तहसीलदार साहेब। एकदम से 'फाटक खोल' हुकुम दे दिए हैं, "कोई बात नहीं। इस बार तुम लोगों को संदेह क्यों हुआ ? अधियादार लोग ही बीहन के वाजिब हकदार हैं। और जो लोग मेरे अधिया नहीं हैं, उन्हीं से पूछो कि किसी साल हमने लौटाया है किसी को ? तब यह है कि पिछले-साल जैसी उपज हुई थी सो देखा ही हुआ है। तिस पर पेडीलाभी[1] कानून का देना अभी बाकी है। बहुत कोशिश-पैरवी करके किसी तरह एक सौ मन कराया है। हरगौरीबाबू की किरपा से तो पाँच सौ मन लग गया था। इनसे शायद दारोगा साहेब ने पूछा और उन्होंने बता दिया कि पाँच हजार मन धान होता है। वह तो थाना काँग्रेस के सिकरेटरी ने कितनी कोशिश करके इसको एक सौ मन बनाया है।" ...हरगौरीबाबू से पूछ रहे थे कि कहिए बाबू हरगौरी जी ! यदि पाँच सौ मन धान अभी दे देते तो गाँववालों को बीहन और खर्चा कहाँ से मिलता ? तहसीलदार होने से ही नहीं होता।...

ठीक बात ! ठीक बात !... वाजिब कहते हैं तहसीलदार साहेब।

...कालीचरन के मन में बहुत-से सवाल आते हैं, पर वह नहीं पूछेगा। उस दिन सिकरेटरी साहेब ने साफ कह दिया कि 'कामरेड, अभी संघर्ष मत छोड़ो। सबसे पहले अभी किसी एक इलाके में, एक एरिया लेकर इसको इसपारमिन[2] करें, तब इसके बाद और इलाके में इसके लिए हुकुम देंगे। सो भी संघर्ष से एक महीना पहले दरखास्त लेना होगा लोगों से, फिर इनकुआएरी, फिर ऐंजुकूटी मिटिंग, तब जाकर राय मिलेगी कि संघर्ष करना चाहिए कि नहीं। मेल-माफत और पंचायत से अभी जो काम चले, चलाइए। कुछ दिनों के बाद तो पार्टी एकदम धावा बोल देगी।

"हाँ, तहसीलदार साहेब ठीक कहते हैं।" कालीचरन भी कहता है। बालदेव जी भी कहते हैं। ...बौनदास कहाँ है ? पुरैनियाँ से लौटकर नहीं आया है।

हरगौरीबाबू भी अच्छी तरह समझ गए हैं कि काली टोपीवाले नौजवानों की लाठियों से ज्यादा खतरनाक हथियार है–कानूनी नुक्स ! तहसीलदार विश्वनाथ प्रसाद इसके माहिर हैं। उनसे अभी बैर लेना ठीक नहीं।

---

1. पैड़ी लेवी कानून। 2. एक्सपेरिमेंट।

सिंघ जी को हरगौरी की तहसीलदारी पर पूरा भरोसा था, काली टोपीवाले संयोजक जी पर पूरा विश्वास था ···लेकिन तहसीलदार विश्वनाथ ने तो कानून की ऐसी लकड़ी लगाई है कि भूमिहार भी मात ! राजपूत का बल्लम-बर्छा उसके आगे क्या करेगा···? ऊपर से कितना हँसमुख और कितना मीठबोलिया है तहसीलदार बिसनाथ, लेकिन पेट में जिलेबी का चक्कर है। राज का नया सरकिल मैनेजर दाँतों तले उँगली दबाता है। ऐसा कानूनची आदमी ! ···कहा, इस्तीफा दे दो। इसीलिए तड़ाक् से दे दिया। काँगरेसी का लीडर हो गया। हद है ! इससे पार पाना मुश्किल है !

हरगौरी ने सिंघ जी के नाम संथालटोली की पचीस एकड़ जमीन बेनामी करवाई है, जिसमें से दो एकड़ सिंघ जी को मिलेगी।···

खेलावन ने भी पाँच बीघा संथालटोली की बंदोबस्त ली है।

बेतार का खबर सुमरितदास कोयरीटोलावालों से कहता है, "यदि हरगौरी तहसीलदार ने तहसीलदार बिसनाथपरसाद के नाम दो सौ बीघे और मेरे नाम से पचास बीघे की लिखा-पढ़ी नहीं की तो फिर देख लेना ! हाँ कायस्त है, खेल नहीं।"

सुमरितलाल बेतार अब फिर तहसीलदार विश्वनाथप्रसाद के साथ है। अब तो जैसे हरगौरी तहसीलदार, वैसे विश्वनाथ तहसीलदार। लेकिन शर्त यही है···।

संथालों को सब मालूम है।

अभी बालदेव जी, बावनदास जी और कालीचरन जी सब एक हो गए। संथाल लोग अच्छी तरह जानते हैं, कोई साथ देनेवाला नहीं। धरमपुर में देखा नहीं ? ऐसा ही हुआ। इसीलिए बड़े-बूढ़े ठीक कह गए हैं–यहाँ के लोगों का विश्वास मत करना। जब जिससे जो फायदा हो ले लेना, मगर किसी के साथ मत होना। संथाल संथाल है और दिक्कू दिक्कू[1] पाँचाय देह को पत्थल की तरह मजबूत बनाता है और पीकर देखो यहाँ का दारू, पत्थल को गला देगा। हरगिन नहीं। दिक्कू आदमी, भट्ठी का दारू, इसका बिसवास नहीं। ···अरे, तीर तो है ! यही सबसे बड़ा साथी है। साथी छोड़ सकता है, तीर कभी चूकता नहीं···।

चुनका माँझी क्या बोलता है ?··· डाक्टर से क्या पूछने गया था पूछना चाहिए था कालीचरन से, बालदेव जी से, तहसीलदार साहब से।.

बालदेव और कालीचरन लोगों को धान दिला रहे हैं, तहसीलदार साहब से।

"डाक्टर ने कहा कि तुम लोग ही जमीन के असल मालिक हो। कानून है, जिसने तीन साल तक जमीन को जोता-बोया है, जमीन उसी की होगी।"

"डाक्टर ने कहा है ?"

डाक्टर ने ? सीनियाँ मुरमु हँसती है–हँ हँ हँ ! "डाक्टर हम लोगों का नाच देखना चाहता है। रोज टोकता है। हँ हँ हँ !"

---

1. संथाल लोग गैर-संथाल को दिक्कू कहते हैं।

जबान जोगिया माँझी तीर से पूँछ पर जंगली हँस के पैरों को बाँधते हुए कहता है, "डाक्टर ने खरगोस का दाम दिया था दस रुपैया। बारह रुपैया दर्जन चूहा।··· दो सियार के बच्चों का दाम पचास रुपैया। दे सकता है कोई बड़ा आदमी इतना दाम ? सरकारी आदमी है, मगर घूसखोर नहीं।"

कालीचरन को एकांत में कहती है मंगलादेवी। एकदम अनुनय करके कहती है, "काली, तुम मत जाना। संथाल लोग नहीं मानेंगे; जरूर तीर चलावेंगे। मैं जानती हूँ। तुम नहीं जानते कालीबाबू, ये लोग कैसे होते हैं उनकी सूरतें भ्रम में डालनेवाली हैं। देखने से पता चलेगा कि बहुत सीधे हैं, मगर··· । तुम मत जाना काली, तुम्हें मेरे सिर की कसम।"

ठीक ही तो है, जो सरगना मेंबर हैं, वे क्यों जाएँगे !

···वासुदेव, सुनरा और सनिचर भी नहीं जाएगा !

···हाँ प्यारे भी नहीं जाएँगे।

···सोमा जट जाएगा ?··· जाने दो, वह मेंबर नहीं है।

बालदेव जी तो ऐसी जगह जाएँगे ही नहीं। वहाँ हिंसा का भय है; वे नहीं जा सकते। ···तहसीलदार साहब लीडर हुए हैं, खुद जाएँ या लठैतों को भेजें। हिंसा करें या अहिंसा करें। बालदेव जी तो सिर्फ चवन्निया मेंबर हैं। बावनदास यदि रहता तो अभी अकेले सबको, मय तहसीलदार बिसनाथ के कानून के, मात कर देता। लेकिन उसका दिमाग खराब हो गया है। सात दिन हुए चिट्ठी लिखाने गया है, सो लौटा नहीं। गाँधी जी को चिट्ठी देगा। ···गाँधी जी को इतनी फुर्सत कहाँ है, बाबा, जो तुमको जवाब देंगे ? ···लेकिन नहीं, बचन ने बहुत बार चिट्ठी लिखवाई है और हर बार जवाब आया है–"भाई बावनदास जी, आपका खत मिला।" उस बार ससांक जी सबको पढ़कर सुना रहे थे–महात्मा जी ने बावनदास को परनाम लिखा है। ···बावनदास को महात्मा भी 'भगवान' कहते थे। ··· बावन जरूर अवतारी आदमी है। वह ठीक कहता था–भारथमाता और भी जार-बेजार रो रही है !

"मैया रे मैया ! बाबा हो बाबा !···"

कौन रोती है ? ···रमपियरिया रोती है, उसके भाई गनोरी को तीर लग गया ? कहाँ गया। किसने मारा ? ···संथालों ने ? कहाँ ? लोग भागे क्यों आ रहे हैं ?···

गाँव में कुत्ते भूँक रहे हैं। कौए काँव-काँव कर रहे हैं। ···जोतखी काका ठीक कहते थे–गाँव में चील-काग उड़ेगा।···

"हँसेरी ! बलवा ! लाठी निकार रे !"

"कहाँ हँसेरी ?'

"भाला निकालो रे !"

"कहाँ हँसेरी ? कैसा बलवा ? क्या बात है ?"

"संथाल लोग तहसीलदार बिसनाथपरसाद के चालीस बीघावाले बीहन के खेत में बीहन लूट रहे हैं।"

"नई बंदोबस्तीवाली जमीन में ?"

"नहीं भाई, अपनी खास जमीन में, कोठी के पासवाली जमीन में, ...लाठी निकालो।"

"गनोरी ने हल्ला किया; तीर छोड़ दिया। जाँघ में लगा है तीर। लहू की नदी बह रही है। बेहोस है। इसपिताल में डाक्टर लाया गया है। ...संथाल लोग बेखौफ धान का बीचड़ उखाड़ रहे हैं।"

चलो ! चलो ! मारो ! ...साला संथाल ! बाहरी आदमी ! ...जान जाए तो जाए। तहसीलदार बिसनाथपरसाद की ही जमीन पर धावा किया है ! ...चलो रे !...

...भौं-भौं भूँ ऊँ-ऊँ ! कुत्ते परेशान हैं भूँकते-भूँकते।

...रिंग-रिंग-रिंग-रिंग !

...डा-डा-डा-डा-डा-डा...

संथालों के डिग्गा और मादल एक स्वर में बोल उठे—रिंग-रिंग-रिंग-रिंग रिंग ! डा-डा-डा-डा-डा !

आज रिंग-रिंग-ता-धिन-ता अथवा डा-डिग्गा-डा-डिग्गा नहीं सिर्फ रिंग-रिंग-रिंग..., ड-डा-डा-डा !... यह खेत में बजा रहा है, संथालिनों को सचेत कर रहा है, तुम लोग भी तैयार रहो... डा-डा-डा-डा ! ...संथालिनें जवाब देतीं...रिं-रिं-रिं-रिं ! अर्थात् तैयार है, जूड़े में फूल खोंसने में बस जितनी देर लगे ! तैयार हैं !...

"जै, काली माई की जै !" दो सौ गलों की आवाज सुनकर कालीथान के बड़गाछ पर बैठे हुए कौए एक ही साथ काँव-काँव कर उड़ते हैं। कुत्ते और भी जोर से भूँकने लगते हैं।

"जै ! काली माई की जै !"

"महात्मा गाँधी की जै !"

"इनकिलाब जिंदाबाद !"

"भारथ माता की जै !"

"सोशलिस्ट पाटी जिंदाबाद !"

"झंडा हिंदू राज का !"

"हिंदू राज की जै !"

"तहसीलदार बिस्नाथपरसाद की जै !"

"बालदेव जी की जै !"

"घेर लो चारों ओर से ! भागने न पावे !"... हो-हो-हो-हो !...

अब नारा नहीं। सिर्फ हो-हो-हो-हो !...

"घेर। घेर। ...मारो। हो-हो-हो !"

"तीर चला रहा है। लेट जाओ। ...तीर चलाओ !"

"मारो ? गुलेटा चलाओ।"

"बिरसा माँझी भागा जा रहा है, मारो भाला !"

...बिरसा पानी में गिर पड़ा—छप् ! भाला लग गया।

...सुखानू को क्या हुआ। तीर लग गया, कलेजे में ?

संथालिन भी तीर चलाती हैं ?

बच्चे भी ?

"बिरसा माँझी गिर पड़ल रे ! डा-डा-डा-डा-डा !"

···रिं-रिं-रिं-रिं ! "गिरने दो। तुम भी गिरो !"

"बैठके तीर चला सोनिया !"

"सुखी मुरमू गिरल रे !" डा-डा-डा-डा !

"गिरने दो ! ···तुम भी गिरो !" रिं-रिं !

"जगारी बेटा, ठीक निसाना लगा बेटा। हरगौरी तहसीलदार के कलेजे पर ! हाँ वाह बेटा !"

···डा-डा-डा-डा !" ···हरगौरी तहसीलदार गिरलरे !"

"गिरने दो !" ···रिं-रिं-रिं-रिं !

···तहसीलदार ? हरगौरी तहसीलदार गिर पड़ा ? ···भागो मत। ऐ ! सुनो ! तुम लोगों को अपना माँ-बहन की कसम, गुरु-देवता की कसम, काली किरिया ! ···जो भागे वह दोगला ! ···संथालों के तीर खतम हो रहे हैं। अब घेर के मारो। ···मंगलदास को सँभालो। चलो ! जै, काली माई की जै !

"मारो भाला ! अरे बच्चा नहीं है, इसी ने तहसीलदार को मारा है।"

"वाह बहादुर ! ठीक है। ···अब लगाओ गुलेटा उस बूढ़े को, साला डिंग्गा बजा रहा है !"

"भाग रहा है। साले सब भग रहे हैं। घेरो ! भागने न पावें ! संथालिनें पाट के खेत में छिपी हुई हैं। घेर लो।"

"···एकदम 'फिरी' ! आजादी है, जो जी में आवे करो ! बूढ़ी, जवान, बच्ची जो मिले। आजादी है। पाट का खेत है। कोई परवाह नहीं है। ···फाँसी हो या कालापानी, छोड़ो मत।"

संथालिनें भी रोती हैं, दर्द से छटपटाती हैं ···चिल्ला-चिल्लाकर रोती हैं या गाती हैं ?

···कुहराम मचा हुआ है पाट के खेतों में, कोठी के जंगल में। ···कहाँ दो सौ आदमी और कहाँ दो दर्जन संथाल, डेढ़ दर्जन संथालिनें ! सब ठंडा। ···सब ठंडा ?

संथालटोली के चार आदमी ठंडे हुए, सात घायल हुए और एक लड़के की हालत खराब है। संथालिनें दुहरे दर्द से कराह रही हैं।···

तहसीलदार की हँसेरी में दस गुंडे ठंडे हुए, बारह बुरी तरह जख्मी हुए और तीस आदमी को मामूली घाव लगा है।

संथालटोली को लूट लिया गया। तहसीलदार हरगौरी की हालत बहुत खराब है, शायद नहीं बचेंगे।

चालीस

जोतखी ठीक कहते थे–गाँव में चील-काग उड़ेंगे और पुलिस-दारोगा गली-गली में घूमेगा।

पुलिस-दारोगा, हवलदार और मलेटरी, चार हवागाड़ी में भरकर आए हैं।··· दुहाई माँ काली !

इसपी, कलक्टर, हाकिम अभी आनेवाला है।

लहास ! ···लहास ! ···बाप रे–कौन कहता था कि अँगरेजबहादुर का अब राज नहीं रहेगा ?

"तहसीलदार हरगौरी भी मर गए ? ···ऐं ! कोई घर से मत निकलो ! पाखाना-पेसाब सब घर के ही अंदर करो। घर से निकले कि गिरिफ्फ कर लेगा। ···दुहाई काली माई !"

"बालदेव जी को दारोगा साहेब ने बुलाया है ? कलिया ···कालीचरन जी को भी ? ···देखें, ये दोनों तो किसी से डरनेवाले नहीं हैं, क्या होता है ? ···दो लीडर तो हैं।"

"ओ ! आप ही यहाँ के लीडर हैं" दारोगा साहब बालदेव जी से पूछते हैं। इसपिताल के फालतू घर में दारोगा साहब कचहरी लगाकर बैठे हैं, मलेटरी ने संथालों को गिरिफ्फ कर लिया है। जखमी, घायल और बूढ़े-बच्चों को भी !··· सबको गिरफ्तार किया है ? नहीं, जखमी लोगों को मरहम-पट्टी तो कल ही डाक्टर साहब ने कर दी है। दो संथाल और चौदह गैर-संथाल घायलों को पुरैनियाँ के बड़े इसपिताल भेजा गया है। सबों की लहास भी चली गई है। सिंघ जी, शिवशक्करसिंघ और हरेक टोला से दो-चार आदमी लहास के साथ गए हैं। न जाने कब लहास मिले ? ऊँह, चीर-फाड़कर मिलेगी ! हे भगवान !···

बालदेव जी क्या जवाब दें ?··· लीडर हैं। किसके लीडर ? संथालों के या गैर-संथालों के ?···खखारकर गले को साफ करते हुए बालदेव जी के मुँह से बस वही पुराना जवाब निकलता हैं, जो उसने हरगौरी को दिया था जिस दिन कलिया पगला गया था।

"नहीं हुजूर ! हम तो मूरख और गरीब ठहरे। मूरख आदमी, चाहे गरीब आदमी, कभी लीडर हुआ है हूजूर ?

दारोगा साहब बालदेव जी को पास की कुर्सी पर बैठने को कहते हैं, "अरे, हम आपको जानते हैं। बालदेव जी, बैठिए ?"

बासुदेव और सुंदर एक-दूसरे का मुँह देखते हैं। ···कालीचरन जी को कुछ पूछा भी नहीं ?··· लो, तहसीलदार साहब सँभाल लेते हैं।

"दारोगा साहब यही हैं, कालीचरनबाबू, यहाँ के सोशलिस्टों के लीडर ! बहादुर

हैं ! लेकिन सिर्फ बहादुर ही नहीं, मगज भी हैं !"

"ओ हो ! कालीचरन जी हैं ? आइए साहब, आप लोग तो साहब, क्या कहते हैं, जो न करवाइए !" दारोगा साहब मुँह में पान-जर्दा डालते हुए कहते हैं, "लेकिन यहाँ तो सुना कि आप लोगों ने बड़े दिमाग से काम लिया है। हमको तो सुबह आते ही सारी बातों का पता चल गया। तारीफ करने के काबिल ! वाह !···बैठिए।"

कालीचरन बैठते हुए कहता है, "देखिए दारोगा साहब यदि आपस की पंचायत से सारी बात का फैसला हो जाए तो हम लोगो को पागल कुत्ते ने नहीं काटा है जो···"

"आपस की पंचायत से ? यह खूनी केस···?" दारोगा साहब का पान भरा मुँह एकदम गोल हो जाता है।

"नहीं, यह नहीं, यही आधी बट्टेदारी का सवाल !"

"ओ !" दारोगा साहब ने पीक की कुल्ली फेंकते हुए कहा, "ओ ! सो तो ठीक है ! अरे आप ही हैं, सोशलिस्ट पार्टीवाले हैं। कहिए तो, जो काम पंचायत से चार आदमी की राय से नहीं होगा, वह क्या कहते हैं, तूल-फजूल से हो सकता है ?"

"हिंसा के रास्ते पर तो हरगिज जाना ही नहीं चाहिए।" बालदेव जी बहुत गंभीर होकर कहते हैं।

"क्या कहते हैं !" दारोगा साहब बालदेव जी की बात में टीप का बंद लगा देते हैं, "क्या कहते हैं !" दारोगा साहब बात करते समय हाथ खूब चमकाते हैं और कनखी भी मारते हैं।

बासुदेव और सुनहरा एक-दूसरे को देखते हैं–बालदेव जी जानते ही क्या हैं जो बोलेंगे। देखा, कालीचरन जी ने कैसा गटगटाकर जवाब दे दिया।

"हिंसा अहिंसा का सवाल नहीं है बालदेव जी, असल है बुद्धि ! यहीं पर हमारी पार्टी के कोई और कामरेड रहते तो हो सकता है, दूसरी बात होती। बुद्धि की बात है।" कालीचरन बालदेव जी को जवाब देता है।

कालीचरन और बालदेव जी ने दारोगा जी को दिखला दिया कि बुद्धि है ! उमेर देखकर मत भूलिए दारोगा साहेब, अब वह बात नहीं है !

"अच्छा तो बालदेव बाबू; जब यह वकूआ हुआ तो, क्या कहते हैं, आप कहाँ थे ?" दारोगा साहब पूछते हैं।

बालदेव जी फिर खखारते हैं–"ह ख जी ! हुजूर ! हम तो मठ पर थे।··· जी, बात यह है कि यह वैष्णव हैं। उस दिन हमको गुरु जी कंठी देनेवाले थे। सुबह तो धान दिलाने में ही कट गई। पिछले पहर को हम जैसे ही कंठी लेकर उठे कि ···ततमाटोली की रमपियरिया रोती हुई गई।"

"ओ ! आपको पहले से कुछ पता नहीं था ?" दारोगा साहब गंभीर होकर पूछते हैं।

"जी ! इनको क्या, किसी को पता नहीं।" खेलावनसिंघ यादव हिम्मत से

काम लेते हैं। आखिर दारोगा साहब के लिए इतना खाने का इंतजाम भी तो वही कर रहे हैं। यह दारोगा साहब से क्यों नहीं बोलेंगे ? तहसीलदार साहब कुछ नहीं बोलते हैं।

"ओ ! खेलावन जी आइए बैठिए !"

"ठीक है। हम यहीं हैं। ...जरा हुजूर, जल्दी किया जाए ! उधर ठंडा हो जाएगा।" खेलावन जी कहते हैं।

सिर्फ यहाँ के दोनों लीडर ही बुद्धिवाले नहीं। और लोग भी बुद्धि रखते हैं !...

"हुजूर ! हमारा लड़का अभी रहता तो हुजूर से अभी अंग्रेजी में बतिया लेता। रमैन जैसी एक किताब है, लाल, मोटी ...उसी में देखकर वह आपसे अंग्रेजी में बतिया लेता।" खेलावनसिंघ यादव कहते हैं।

"अच्छा ? आपका लड़का अंग्रेजी बोल लेता है ?"

"हाँ, डागडरबाबू से बराबर अंग्रेजी में ही बोल लेता है।"

"मोकदमा का राय भी पढ़ लेता है।" बालदेव जी कहते हैं।

"एड किलास में पढ़ता है।" कालीचरन जी कहते हैं।

"अच्छा, आप कहाँ तक पढ़े हैं कालीचरन जी ?...कोई स्कूल में नहीं ?...वाह साहब, क्या कहते हैं, आपकी बोली सुनकर तो कोई नहीं कह सकता कि आप जाहिल ...ओ ! पढ़-लिख लेते हैं, अखबार भी पढ़ लेते हैं ? वाह ! रमैन भी पढ़ते हैं ? महाभारत भी ? ओ, क्या कहते हैं कि...।"

"बालदेव भी 'अकबार' पढ़ता है," खेलावनसिंह यादव कहते हैं, "अकबार तो हम लोग भी पढ़ लेते हैं। ...लेकिन बहुत झूठ बात लिखता है अकबार में। उस बार लिखा था कि एक औरत थी, सो कुछ दिनों के बाद मर्द हो गई। कहिए भला !"

"अच्छा तो कालीचरन जी, आप कहाँ थे, जब यह वक़ूआ हुआ ?" दारोगा साहब कमर के बेल्ट को खोलते हुए कहते हैं।

अगमू चौकीदार को डर होता है, कहीं दारोगा जी पेटी खोलकर मारना न शुरू कर दें बालदेव और कालीचरन जी को। ...जहाँ दारोगा जी पेटी खालते हैं कि अगमू का चेहरा फक् हो जाता है। ...नहीं, ऐसा नहीं कर सकते हैं दारोगा जी !

"जी, मैं तो उसी दिन सुबह को धान दिलाकर, ठीक बारह बजे दिन में ही पुरैनियाँ चला गया था। तहसीलदार हरगौरी ...तहसीलदार बिस्नाथपरसाद जी जानते हैं।"

"ओ ! आप पुरैनियाँ गए थे।" दारोगा साहब एक लंबी साँस छोड़ते हैं।

"अच्छा, तो अब उस पहर को काम कीजिएगा दारोगा साहब !" तहसीलदार साहब कहते हैं।

"नहीं तहसीलदार साहब ! एम.पी. आनेवाले हैं। हमको अभी सब काम खत्म

कर रखना है। गवाहों का इजहार···"

"जी, कुछ असल गवाही, दो-तीन लीजिए। और सब बाद में। ···अरे कालीबाबू, बालदेवबाबू, तुम लोग तो जो सच्ची बात है, वही कहोगे। कोई झूठी गवाही तो नहीं ···लिख लीजिए इन दोनों के बयान, दस्तखत करना दोनों जानते हैं।"

"आप लोगों का क्या खयाल है ?" दारोगा साहब धीरे से पूछते हैं।

"हाँ, दसखत करने में क्या है ?" कालीचरन कहता है।

···कालीचरन जी हाथ झाड़कर दस्तखत करते हैं और बालदेव जी बड़े 'परेम' से आस्ते-आस्ते लिखते हैं। ···भाई बालदेव जी सचमुच में साधु हैं।

"बलदव ?" दारोगा साहब कहते हैं, "बालदेव जी, जरा 'ब' में एक लाठी लगा दीजिए और 'द' के ऊपर, क्या कहते हैं, एक तलवार-सी। ···और बाकलम खुद !"

"दारोगा साहब, बालदेव जी नाम में भी लाठी-तलवार नहीं लगाते हैं। हिंसाबाद··· !" कालीचरन मुस्कराकर खड़ा हो जाता है।

दारोगा साहब ठठाकर हँस पड़ते हैं। इसके बाद सभी लोग हँस पड़ते हैं।

अलबत्ता जवाब दिया कालीचरन जी ने। ···दारोगा साहब पानी-पानी हो गए।

···देखो ! बुद्धि है या नहीं ?

इकतालीस

नौ आसामी का चालान कर दिया।

नौ संथालों के अलावा जो लोग घायल होकर इसपिताल में पड़े हैं वे लोग भी गिरिफ्फ हैं। पुरैनियाँ इसपिताल में बंदूकवाले मलेटरी का पहरा है।

गैर-संथालों में कोई गिरिफ्फ नहीं हुआ। ···लेकिन, यह मत समझो कि मुफ्त में यह काम हुआ है। ···दारोगा साहब कहने लगे कि खेलावन जी, आपके बारे में एस.पी. साहब को संदेह हो गया है कि आपने सभी यादवों को हँसरी में जाने के लिए, जरूर हुकुम दिया होगा। ···खेलावन जी की हालत खराब हो गई। वह तो तहसीलदार भाई थे, तो पाँच हजार पर बात टूट गई। नहीं तो ···नहीं तो अभी बड़े घर की हवा खाते रहते खेलावन जी ! सिंघ जी घर में नहीं थे; शिवशक्करसिंघ भी नहीं। अब सिंघ जी लोगों के मन में क्या है सो कौन जाने ? ···दारोगा भी तो राजपूत ही है। आदमी के मन का कुछ ठिकाना नहीं, कब क्या करे। ···मुफ्त में सबकी गर्दन नहीं छूटी है। पाँच हजार !

तहसीलदार बिस्नाथ को कुछ लगा कि नहीं ? ···सुमरितदास बेतार को आज तीन दिनों से पेट में सूल हो गया है, नहीं तो सब बात कह जाता। ···अरे ! बहुत दिनों जिएँगे सुमरितदास जी ! बहुत उमेर है !"

"तो हमारा उमेर तुम लोग क्या लगाते हो ?"

"यही चालीस।"

"चालीस नहीं पैंतीस। ···जामुन का सिरका बिना पानी के पी गए थे, इसीलिए दाँत सब झड़ गए।"

"अच्छा सुमरितदास जी, कुछ पता है कि···?"

"अरे ! यह मत समझो कि सुमरितदास सूल से घर में पड़ा हुआ था। रामझरोखे बैठके सबका मुजरा लें···। पूछो, क्या जानना चाहते हो ?"

"क्या तहसीलदार साहेब को भी रुपैया लगा है ?"

"तहसीलदार बिस्नाथपरसाद को इतना बेकूफ नहीं समझना। वह दारोगा तो यह तहसीलदार। 'तुम कौआ तो हम कैथ' वाली कहांनी नहीं सुने हो ?"

"तहसीलदार हरगौरी बेचारा···"

"अति संघर्ष करे जो कोउ, अनल प्रगट चंदन ते होहिं ! सियावर रामचंद्र की जै !"

"लेकिन राजपूतटोले को तो इसपी साहेब भी नहीं छोड़ सकते हैं। जानते हो इसपी साहेब क्या कहते थे ? "···यह समझ में नहीं आता है कि तहसीलदार बिस्नाथपरसाद की जमीन से बीहन बचाने के लिए तहसीलदार हरगौरीसिंघ क्यों गए ! जरूर कोई बात है !" ···सिंघ जी को एक चरन लगेगा।"

"गवाही में किन लोगों के नाम हैं ?"

"अरे, गवाही क्या , बोलो तुम्हीं, ईमान-धरम से कि संथाल लोग ने जोर-जबर्दस्ती किया है या नहीं ?"

"इसमें क्या संदेह है !"

"तो गवाही के लिए कोई बात नहीं। ···लेकिन गाँव की तकदीर चमकी है। इतना बड़ा केस कभी हाथ नहीं लगेगा। इसमें जो गवाही देने जाएगा, उसके तो तीन-तीन खिलानेवाले रहेंगे। तीनों एक ही केस में नत्थी हैं। समझे ? ···खबरदार ! मेरा नाम नहीं लेना। हाँ !··· और मेरा भी तो फैसला नहीं हुआ है। हमको क्या देते हैं लोग ? जितना कागज-पत्तर, लिखा-पढ़ी होगी, सब तो सुमरितदास के मत्थे पड़ेगा। लेकिन इस बार नहीं। पहले फैसला कर लें।"

"संथालों में किस-किसकी गवाही हुई ?"

"अरे, संथालटोली में गवाह आवेगा कहाँ से, सभी तो आसामी हैं। बड़का माझी का बारह साल का बेटा भी। ···दारोगा जी ने जब पूछा कि बताओ क्यों बीचड़ लूट रहे थे, तो बिरसा ने जवाब दिया कि हम लगाया है। इसके बाद, दारोगा जी ने झाड़-झपटके पूछा तो बिरसा के बाद सबों ने तुरंत कबूल कर लिया कि बीचड़ तहसीलदार बिस्नाथपरसाद का है। औरतों और बच्चों ने भी

कहा–तहसीलदार का बीचड़ है। तब ? उखाड़ता था जबर्दस्ती क्यों तुम लोग ? तो जवाब दिया कि जमींदारी परथा खत्तम हो गई, लेकिन हमारे गाँव के जमींदारों ने मिलकर हमारी जमीन छुड़ा ली है। इसीलिए लूट लिया।"

"हा-हा-हा-हा ! साफ जवाब ! जमीन छुड़ा लिया तो बीहन लूट लिया ! हा-हा-हा ! सच ? काली किरिया ! ऐसा ही जवाब दिया ?"

"नहीं तो तुम समझते हो कि सुमरितदास झूठ कहता है ? अरे, यदि संथालों ने ऐसा बयान नहीं दिया होता तो क्या समझते हो, तुम लोग अभी घर में बैठकर हा-हा ही-ही करते ? अभी जेहलखाना में कोल्हू पेड़ते रहते। समझे ! दारोगा जी ने भी सोचा कि आग लगते झोंपड़ा, जो मिले सो लाभ ! ⋯इसीलिए न कहा कि तहसीलदार इतना बेकूफ नहीं। तब, दारोगा जी का इलाका है, जो ऊपरी झाड़-झपड़, पान-सुपाड़ी वसूल सकें। इसमें तहसीलदार साहेब क्या कर सकते हैं ?⋯सिंघ जी को पाँच हजार और शिवशक्करसिंघ को भी उतना ही लगेगा। ⋯डागडर से भी कुछ पूछा है दारोगा साहब ने ! पता नहीं, अंग्रेजी में क्या डिमडाम बात हुई। इसपी साहेब से भी डागडर साहेब अंग्रेजी में ही बोल रहे थे। आदमी काबिल है यह डागडर ! ⋯हरेक लहास के बारे में क्या लिखा है, जानते हो ? लिखा है कि संथालों की मार से मालूम होता है और घाव के मुँह देखकर मालूम होता है कि किसी ने अपनी जान बचाने के लिए ही इस पर हमला किया है। ⋯और, इधरवालों के लहास को लिखा⋯।"

"⋯लहास ?"

⋯लहास ! लाश ! पुलिस-दारोगा, मलेटरी ! मार ! जेहल !⋯ कालापानी ! नहीं, फाँसी ! ⋯सचमुच ! यदि तहसीलदार बिस्नाथपरसाद नहीं होते तो आज फाँसी ! ⋯कालीचरन के आफिस में जाने से और बातों का पता लग जाएगा।

सोशलिस्ट पार्टी के आफिस में भीड़ लगी हुई है। ⋯कालीचरन ने कहा है, आज सुराजी, सोशलिस्ट और भगवान कीर्तन एक साथ गाए जाएँगे। सबसे पहले पुराने जमाने का कीर्तन नारदी-भठियाली कीर्तन होगा। बूढ़े लोगों के गले में अब भी जादू है !

आजु से बिराजु श्याम कदली के छैयाँ,
आवत मोहनलाल बंशी बजैयाँ !
पीतबसन मकराकृत कुंडल⋯!

यही नारदी है ! मृदंग कैसा बजता है–धिधनक-तिधनक ! धिधनक-तिधनक !⋯

"अब किरांती कीर्तन! "⋯गंगा रे जमुनवाँ' बहुत पुराना हो गया। वह रुलानेवाला कीर्तन मत गवाइए कालीचरन जी !⋯"

बम फोड़ दिया फटाक से मस्तानां भगतसिंघ !

···है ! वाह रे सुनरा ! क्या सँभाला है ! वाह ! भारत का वीर लड़ाका था, मस्ताना भगतसिंघ ! ···सिंघ ? भगतसिंघ कौन बता कौन जात था ?

मस्ताना भगतसिंघ जानते हो ? ···कालीचरन जी कहते थे, पाँच बार फाँसी की रस्सी खींचा। दस-दस आदमी एक-एक ओर लटक गए। खींचने लगे, खींचते रहे और उधर भगतसिंघ के मुँह से निकलता जाता था—इनकिलाब, जिंदाबाघ।

"इनकिलाब, जिंदाबाद ?"

जै ! जै···

"हाँ, आज, कौन इतने जोरों से नारा लगा रहा है ? सोमा जट ? ···अरे बाप ! तीन दिन से एकदम लापता था ! एकदम लापता ! लेकिन जानते हो, हँसेरी में सबसे ज्यादा मार किसने किया था ? चार को सोमा ने अकेले गिराया है।···हाँ, खबरदार ! तहसीलदार साहेब ने मना किया है, सोमा का नाम कोई नहीं ले।··· दागी है ! लेकिन, देखते हैं, इधर सुधर रहा है। कालीचरन जी सुधार देंगे।···

अब एक सुराजी कीर्तन होना चाहिए। हाँ, भाई ! सब संतन की जै बोलो। गाँव के देवताओं के परताप से, काली माय की कृपा से, महात्मा जी की दया से और किरांती···इनकिलास जिंदाबाघ से, गाँव के लोग बालबाल बच गए। सभी कीर्तन होना चाहिए।

भारत का डंका लंका में
बजवाया बीर जमाहिर ने

राजबल्ली महतो भी हरमुनिया बजाता है। कहाँ सीखा ? ···सिरिफ दाँत बड़े हैं सामनेवाले। गाने के समय मुँह कुदाली की तरह हो जाता है। ···भारथ का डंका लंका में···

···बालदेव जी कहाँ हैं ? सुना कि बालदेव जी साधु हो रहे हैं। कंठी ले ली है। कंठी पर किसका नाम जपा करेंगे ? महतमा जी का या सतगुरु का ?

चर्खा स्कूल की मास्टरनी जी कितना मुटा गई हैं ! अरे बाप रे ! ···सिरिफ कालीचरन जी से ही हँसकर बोलती हैं। कालीचरन जी आज कुर्ता में गोल-गोल क्या लगाए हुए हैं ? सुसलिट पाटी का मोहर है ? ···देखा, कालीचरन जी मोहरवाले लीडर हो गए हैं। बालदेव जी को, बावनदास को या तहसीलदार साहब को मोहर है ? मास्टरनी जी उसमें क्या लगा रही हैं ? फूल ? वाह ! अब और बना ! फूलमोहर छाप सिकरेट ! ···डाकडर साहब का नौकर कहाँ आया है ! ···ऐ ! चुप रहो ! चुप रहो ! शांती, शांती !···

"कालीचरन जी को डाक्टरबाबू बुलाते हैं," प्यारू मंगलादेवी से कहता है।···

"अ···ज्जा ! काली ! डाक्टरबाबू को निमंत्रण नहीं दिया ? तहसीलदार साहेब, खेलावन जी वगैरह तो कचहरी गए हैं। डाक्टर साहेब तो थे। ···जाओ, बुला रहे

हैं।"

क्या बात है ?... जरूर कोई बात है। ...सुमरितदास बेतार कहाँ है ? एक बार बोलिए प्रेम से...

काली माई की जै !
महात्मा गाँधी की जै !
सोसलिट पाटी की जै !
इनकिलास...

"कालीचरन जी !"

"जी !"

"एक बात कहूँ ! बुरा मत मानिएगा। ...हरगौरी बाबू की माँ रो रही है और दूसरे टोले में भी औरतें रो रही हैं। आप लोग कीर्तन कर रहे हैं, यह अच्छा नहीं लग रहा है। मुझे लगता है कि आज के कीर्तन से आपके भगवान भी दुःखी होंगे।"

"हम लोग भगवान को नहीं मानते," कामरेड बासुदेव ने बीच में ही टोक दिया।

"तुम चुप रहो !" कालीचरन कहता है, "हर जगह मत टपका करो।"

सब चुप हैं। हरगौरी की माँ अब भी रो रही है–राजा बेटा रे !...गौरी बेटा रे !

कालीचरन की आँखें भी सजल हो जाती हैं। बचपन से ही वह हरगौरी के साथ खेला-कूदा था। पूँजीवादी हो या बूर्जूआ, आखिर वह बचपन का साथी था। वह आज नहीं है। उसकी माँ रो रही है। यह हरगौरी की माँ नहीं रो रही है–सिर्फ 'माँ' रो रही है !

"वासुदेव !"

"... ..."

"सबों से जाकर कहो–कीर्तन बंद करें। और कोठी के बगीचे में कल सोक-सभा होगी। ऐलान कर दो। समझे !"

बासुदेव सोचता है, सब बात तो समझे, मगर सोक-सभा का क्या मतलब ? उसमें गीत नहीं गावेगा, भाखन नहीं होगा ?...बस, पाँच मिनट चुपचाप खड़ा रहना होगा ?...वाह रे सभा !

बयालीस

हरगौरी की माँ रो रही है–"राजा बेटा रे ! ...गौरी बेटा रे !"

हरगौरी की सोलह साल की स्त्री बिना गौना के ही आई है। वह बहुत धीरे-धीरे रोती है। घूँघट के नीचे उसकी आँखें हमेशा बरसती रहती हैं।

शिवशक्करसिंघ पूर्णिया से लौट आए हैं। पुत्र का दाह-कर्म करके लौटे हुए पिता को देखकर डर लगता है। झुकी कमर पर हाथ रख शिवशक्करसिंघ बैलों की ओर देख रहे हैं। दो दिनों से घास-पानी छोड़े बैठे हैं दोनों बैल। आँखों में आँसू भर-भरकर, दोनों कभी-कभी चौकन्ना होकर इधर-उधर देखते हैं। फिर एक लंबी साँस लेकर एक-दूसरे को देखते हैं। एक-दूसरे को जीभ से चाटते हैं, मानो ढाढ़स बँधा रहे हों। ...हरगौरी इन्हें कितना प्यार करता था ! जब ये दो साल के बाछे थे, तभी से हरगौरी इनके साथ खेलता था। उसकी बोली सुनते ही दोनों खुशी से नाचने लगते थे। जान से भी बढ़कर प्यार करता था वह...।

शिवशक्करसिंघ की आँखें आँसू से धुँधली हो रही हैं। ...जब तक हरगौरी की लाश नहीं मिली थी, उन्हें अपने गिरफ्तार होने का डर लगा हुआ था। दाह-क्रिया समाप्त करके वोकील साहब ने रामकिरपालसिंघ को रोका, तो शिवशक्करसिंघ को लगा कि पुल नीचे धँस रहा है, धरती हिल रही है।

दारोगा साहब रामकिरपालसिंघ को गिरिफ्त करके उधर ले गए और शिवशक्करसिंघ अपने साथियों के साथ वहीं से लौट गए। टीसन तक दौड़ते ही आए थे। न जाने दारोगा साहब के मन में कब क्या हो... भाग की बात हुई कि बिरजूसिंघ फिसलकर गिर गए और गाड़ी खड़ी हो गई, नहीं तो शिवशक्करसिंघ वहीं लाटफारम पर ही खड़े रह जाते। सबने तो कूद-कूदकर हत्था पकड़ लिया, सिंघ जी ने ज्यों ही एक हत्था में हाथ लगाया कि एक काले कोटवाले ने पकड़कर खींच लिया। सिकन्नर के पास जाते-जाते बिरजूसिंघ गिर गए तो गाड़ी खड़ी हो गई। बेचारे बिरजूसिंघ का एक हाथ कट गया। गाटबाबू[1] उसको कटिहार इसपिताल ले गए। जब तक घर नहीं पहुँच गए थे, शिवशक्करसिंघ को भरोसा नहीं था। क्या जाने किधर से लाल पगड़ीवाला निकल पड़े ! हसलगँव हाट के पास एक लाल चादरवाले को देखकर उनका कलेजा धुकधुका उठा था। ...भले आदमी ने लाल चादर की पगड़ी क्यों बाँध ली थी ?

घर जाते ही हरगौरी की माँ को छाती पीटते और जमीन पर लोटकर रोते देखा, तो वे भी बच्चों की तरह बिलख-बिलख रोने लगे। 'पुबरिया घर' के ओसारे पर हरगौरी की विधवा बहू घूँघट काढ़े रो रही थी। सामने दीवार पर हरगौरी

1. गार्डबाबू।

का फोटो टँगा हुआ है। रौतहट मेला में छपाया था–पगड़ी बाँधकर, हाथ में तलवार लेकर।

"बेटा रे ! ···गौरी बेटा रे !"

शिवशक्करसिंघ बैल की गर्दन पकड़कर रो रहे हैं–बेटा रे ! गौरी बेटा रे !"

सुमरितदास के कान में सबसे पहले आवाज पहुँचती है–ओ ! शिवशक्करसिंघ आ गए शायद !

"शिवशक्करबाबू ! रोइए मत ! देखिए, कलेजा पोख्ता कीजिए। ···आप ही इतना जी छोटा कीजिएगा तो औरतों का क्या हाल होगा ? हे···! हरगौरी की माँ मर जाएगी। उसको समझाइए सिंघ जी ! रोइए मत ! सुमरितदास शिवशक्करसिंघ को अकबार[1] में पकड़कर ले जाते हैं, समझाते हैं तथा आस-पास खड़े लोगों से कहते हैं–"भाई ! क्या समझाया जाए, किसको समझाया जाए ! पुत्रसोक से बढ़कर और कोई सोक क्या हो सकता है ! हम क्या समझाएँगे ! हमको तो···खुद भोगा हुआ है। एक-एक कर चार लाल को कमला किनारे अपने हाथ से जला आए हैं। कलेजा पत्थल हो गया है। पुत्र सोक ! हे भगवान ! किसी को न हो।"

शिवशक्करसिंघ और जोर-जोर से रोने लगते हैं। धीरे-धीरे भीड़ बढ़ती जाती है। सभी आकर यही जानना चाहते हैं कि और आगे क्या हुआ ? ···हरगौरी की मृत्यु से ज्यादा दिल दहलानेवाली बात थी रामकिरपालसिंघ की गिरफ्तारी ! क्यों गिरफ्तारी किया ? कैसे गिरफ्तार हुआ ? और किन लोगों पर ···उवारंट है ? तहसीलदार बिस्नाथ पर भी ?

"तहसीलदारसाहब आ रहे हैं। मोढ़ा दो रे !"

तहसीलदार को देखते ही शिवशक्करसिंघ फिर धरती पर लोट गए और जोर-जोर से रोने लगे–"बिस्नाथ भैया ! कलेजा टूक-टूक हो रहा है। भैया हो ! कलेजा···"

तहसीलदारसाहब समझाते हैं–"शिवशक्करसिंघ, रोइए मत ! यह रोना तो जिंदगी-भर के लिए मिला है। एक दिन रोने से दिल ठंडा नहीं होगा। लेकिन, अभी रोने का समय नहीं। मालूम होता है, मुकदमा खराब हो गया। सिंघ जी के गिरफ्तार होने का मतलब ही है कि मुकदमा खराब हो गया। अब किसके सिर पर कौन आफत है, कौन जाने ! खूनी केस है ! उठिए, आपसे प्राइबिट में एक बात करना है।"

शिवशक्करसिंघ तुरत उठकर खड़े हो गए और तहसीलदार साहब के साथ दरवाजे से जरा दूर चले गए। सुमरितदास भी प्राइबिट सुनेगा ···तब ठीक है, असल बात का पता भी तुरत लग जाएगा।

दरवाजे पर खड़े सभी एक ही साथ लंबी साँस छोड़ते हैं–अब किसके सिर पर क्या आफत है, कौन जाने ! हे भगवान !

---

1. बाँहों में भरकर, अँकवार।

"परनाम जोतखी काका !"

जोतखी काका के साथ खेलावन भी आया है। जोतखी जी पास के खाली मोढ़े पर बैठ जाते हैं। खेलावन भी तहसीलदार साहब के प्राइबिट में जाकर शरीक हो जाता है। जोतखी जी धीमी आवाज में लोगों से कहते हैं–तुम लोग यहाँ खड़े होकर क्या कर रहे हो ?" उनके कहने का ढंग ही ऐसा था, जिसके माने निकलते थे–"तुम लोगों की जान बलाई हुई क्या ? यहाँ से जितना जल्दी हो सके, खिसक जाओ ! वर्ना क्या ठिकाना !"

सब जल्दी से मौका देखकर उठ खड़े होते हैं। जोतखी जी कहते हैं–"यहीं चले आइए तहसीलदार ! सभी चले गए।"

"...लेकिन बात यह है कि एसपी ने तो यह नोक्स पकड़ा है–तहसीलदार विश्वनाथ की जमीन का बीहन बचाने के लिए तहसीलदार हरगौरी क्यों गया था ?" तहसीलदारसाहब कहते हैं।

"रामकिरपाल भैया तो हैं नहीं। हम आपको क्या क्या कहें ?...लेकिन मोकदमा तो आपका ही है। वाजिबन खर्चा तो ...आपको ही देना चाहिए।" शिवशक्करसिंघ गिड़गिड़ाकर कहते हैं।

जोतखी जी कुछ कहने के लिए खखारते हैं, लेकिन सुमरितदास बेतार बीच में ही जवाब देता है–"शिवशक्करसिंघ मोकदमा तहसीलदार बिस्नाथ का नहीं, तहसीलदार हरगौरी का है। पूछिए कैसे ? तो बात यह है कि असल में यह सब 'खुरखार', बेदखली-नीलामी तो हरगौरीबाबू ने ही शुरू किया था। हमसे ज्यादे कौन जानेगा ?...तहसीलदारी कारबार को आप क्या समझिएगा ? यदि बेदखली और नई बंदोबस्ती की बात नहीं उठती तो गाँव में यह लंकाकांड नहीं होता। पहले तो तहसीलदार हरगौरी ने ही सुरू किया। तहसीलदार बिस्नाथ उनके मदतगार हुए तो इन्हीं की जमीन पर संथालों ने धावा कर दिया। अब बताइए कि असल में यह मोकदमा किसका हुआ ? असल बात हम जानते हैं...दारोगा को दस हजार देना ही होगा।"

खेलावन कहता है–"तहसीलदार, अब जैसे भी हो, सब कोई सलाह करके गाँव के इस गरह को टालिए।"

"रामकिरपालभैया हैं नहीं, हम क्या कहेंगे ?" शिवशक्करसिंघ बस यही एक जवाब देते हैं।

बहुत देर के बाद जोतखी जी कहते हैं, "जो भी हो न्याय बात तो यही है कि विश्वनाथबाबू इस मुकदमे में अभी पूरी पैरवी करें।"

अंत में यही तय हुआ कि सबसे पहले रामकिरपालसिंघ जी को जमानत पर छुड़ाया जाए। इसके बाद सब मिलकर, जो वाजिब हो, सोचें। जो खर्चा होगा, सिंघ जी लोगों को देना होगा।

जोतखी जी ने मुस्कराते हुए कहा, "आज 'शोशलिस्ट' लोग शोक-शभा करने गए। एक भी आदमी शभा में नहीं गया। अब लोग शभा का अर्थ समझ रहे

हैं !···हुँ, कोई बात हुई तो फुच्च से शभा ! हम कहते थे न, गाँव में एक दिन चील-काग उड़ेगा !"

"जोतखी काका, सभा-जुलूस को दोख मत दीजिए।" कालीचरन बगल में, अँधेरे में खड़ा था।

"आओ काली !" तहसीलदार साहब हँसते हुए कहते हैं, "तुम लोगों को गवाही देनी होगी, सो जानते हो न ? बालदेव जी को भी। तुम्हीं दोनों लीडरों की गवाही पर सारी बात है।"

कालीचरन ने मोढ़े पर बैठते हुए कहा, "गवाही देनी होगी तो देंगे। जो बात जानते हैं वह कहने में क्या है ! दारोगा हो, इसपी हो, चाहे मजिस्टर-कलक्टर हो। सच्ची बात कहने में किसका डर है !"

"वाजिब बात ! वाजिब बात !" जोतखी जी को छोड़कर बाकी सभी कहते हैं–"वाजिब बात !"

तहसीलदार साहब का नौकर रनजीत दौड़ता-हाँफता आता है, "कमली दैया ···फिर !"

"तो यहाँ क्या है ? डाक्टर के यहाँ जाओ !" तहसीलदार साहब झुँझलाते हुए उठते हैं, "भगवान जाने क्या दवा करते हैं डाक्टर लोग ! इतने दिन हो गए, बीमारी सोलह आना से बाहर आना भी नहीं हुई !"

···तो असल में बात खुल गई ! मामले-मुकदमे की सोलहों आने बात जो है कालीचरन और बालदेव के हाथ में है !

"शिव हो ! शिव हो !" जोतखी काका उठते हुए कहते हैं, "कालीबाबू, कल जरा अपना हाथ दिखाना तो ! देखें, तुम्हारे हाथ की रेखा क्या कहती है। जन्मदिन और महीना याद है ?"

जोतखी जी के पेट में डर समा गया है–कालीचरन और बालदेव के ही हाथ में जब सबकुछ है तो वे जिसका नाम बतला दें, वह गिरिफ्फ हो जाएगा–तुरत। और कालीचरन, कालीचरन ही क्यों, बालदेव भी उन पर मन-ही-मन नाराज है ? ···बालदेव का तो उतना डर नहीं, मगर कलिया ···शिव हो ! शिव हो ···

तेंतालीस

लछमी दासनि आज मन के सभी दुआर खोल देगी। एक लक्ष दुआर !

"बालदेव जी !"

"जी !"

"रामदास फिर बौरा गया है। कल भंडारी से कह रहा था, लछमी से कहो एक दासी रखने की आज्ञा दे। ...कहिए तो भला !"

बालदेव जी क्या जवाब दें। दासी रखना धरम के खिलाफ है, यह उनको नहीं मालूम। ...दो-तीन महीने ही हुए, उन्होंने कंठी ली है। मठ के नियम-धरम, नेम-टेम के बारे में वे क्या कह सकते हैं ! लेकिन महंथ सेवादास ने भी तो...।

लछमी कहती है–"आप उसे समझाइए बालदेव जी ! वह बौरा गया है। आजकल ततमाटोली में आना-जाना शुरू कर दिया है। भगवान भगत ने कल हिसाब किया है, रमपियरिया की माँ को चार सेर चावल दिलवा दिया है रामदास ने। मैंने पूछा तो बोला–"मठ का पुराना नौकरान है, भूख से मरेंगे वे लोग ? जब दिन-भर बैठकर सिरिफ बीजक बाँचनेवाला दूध-मलाई खाता है तो...।" लछमी कहते-कहते रुक जाती है।

बालदेव जी आजकल कुछ 'मतिसून्न' हो गए हैं। सीधी बात भी समझ में नहीं आती। ...कुछ नहीं समझते हैं। कितने सीधे-सूधे हैं !

"आपका मठ पर रहना उसको पसंद नहीं।" लछमी बालदेव की ओर देखती है।

"तो हम चले जाते हैं। यदि हमारे रहने से मठ का नियम भंग होता है तो हम चले जाते हैं।"

"कहाँ जाइएगा ?"

"चन्ननपट्टी !"

लछमी का कलेजा धड़क उठता है–धक्...! इधर कई दिनों से बालदेव जी बहुत उदास रहते हैं। खाना-पीना भी बहुत कम हो गया है। कहीं घूमने-फिरने भी नहीं जाते। आसन पर पड़े बीजक पाठ करते रहते हैं। तहसीलदारसाहब कह गए हैं–'बालदेव जी की गवाही पर ही मुकदमे की सारी बात है।" बालदेव जी सुनकर बोले, गवाही के लिए हम कठघरा में नहीं चढ़ सकते। महतमा जी कहिन हैं–झगड़ू न जाहू कचहरिया, बेइमनवाँ के ठाठ जहाँ। ...आज मठ सूना है, आज ही लछमी सबकुछ कह देगी बालदेव जी से।

"आप चन्नपट्टी चले जाइएगा... और मैं ?"

"आप ?"

लछमी बालदेव जी की आँखों में आँखें डालकर देखती है। लछमी जब-जब इस तरह देखती है, बालदेव जी न जाने कहाँ खो जाता है !...एक मनोहर सुगंध हवा में फैल जाती है। पवित्र सुगंध ! बीजक से जैसी सुगंधी निकलती है।

"हाँ ! मैं कहाँ जाऊँगी ? मेरा क्या होगा ? महंथ की दासी बनकर ही मैं मठ पर रह सकती हूँ।" लछमी की आँखें भर आती हैं।

"नहीं लछमी, तुम ...रामदास की दासी नहीं। मैं... तुम... आप...।"

"बालदेव जी !" लछमी पागल की तरह बालदेव जी से लिपट जाती है, "रच्छा

करो बालदेव जी ! तुम कह दो एक बार–तुम्हें रामदास की दासी नहीं बनने दूँगा ! तुम बोलो–चन्ननपट्टी नहीं जाऊँगा। मुझे छोड़कर मत जाओ बालदेव ! दुहाई !"

"लछमी !" बालदेव जी लछमी को सँभालते हुए कहते हैं, "कोई देख लेगा।"

लछमी बालदेव जी के गले से हाथ छुड़ाकर अलग बैठ जाती है। सिर नीचा करके सिसकती है।

बालदेव जी की सारी देह झन्न-झन्न कर रही है। कनपट्टी के पास, लगता है, तपाए हुए नमक की पोटली है। ...एक बार आसरम में उसके कान में दर्द हुआ था। गाँगुली जी ने नमक की पोटली से सेंकने के लिए कहा था। ...कलेजा धड़-धड़ कर रहा है। लछमी की बाँह ठीक बालदेव के नाक से सट गई थी। लछमी के रोम-रोम से पवित्र सुगंधी निकलती है। चंदन की तरह मनोहर शीतल गंध निकल रही है। बालदेव का मन इस सुगंध में हेलडूब[1] कर रहा है। वह लछमी को छोड़कर चन्ननपट्टी में कैसे रह सकेगा ?... रूपमती, मायजी, लछमी !

"महतमा जी के पंथ को मत छोड़िए, बालदेव जी ! महतमा जी अवतारी पुरुख हैं। आजकल उदास क्यों रहते हैं ? महतमा जी पर भरोसा रखिए। जिस नैन से महतमा जी का दरसन किया है उसमें पाप को मत पैसने दीजिए। जिस कान से महतमा जी के उपदेस को सरबन किया है, उसमें माया की मीठी बोली को मत जाने दीजिए। महतमा जी सतगुरु के भगत हैं।" लछमी आँखें मूँदकर ध्यान की आसनी पर बैठ गई है। सफेद मलमल की साड़ी पर बिखरे हुए लंबे-लंबे, काले बाल ! ...और गोरा मुख-मंडल ! ध्यान-आसन पर इस तरह बैठकर उपदेश देनेवाली यह लछमी कोई और है !. ...बालदेवजी के हाथ स्वयं ही जुड़ जाते हैं।

लछमी की पवित्र आत्मा की वाणी फिर मुखरित होती है–"दुनिया के दोख-गुन को देखने के पहले अपनी काया की ओर निहारो ! मन मैला तन सूथरो, उलटी जग की रीत ! ...पहले मन को साफ करो। मन पवित्र नहीं, इसलिए वह दुखी होता है, निरास होता है। तुम पंथ पर उदास होकर क्यों बैठ रहे हो ? डरते क्यों हो ?"

चलते-चलते पगु थका
नगर रहा नौ कोस,
बीचहिं में डेरा परौं
कहहु कौन का दोख !

बालदेव को लगता है, खुद भारथमाता बोल रही है। यही रूप है ! ठीक यही रूप है जिसके पैर खून से लथपथ हैं। जिनके बाल बिखरे हुए हैं। ...बावनदास कहता था, भारथमाता जार-बेजार रो रही हैं। नहीं, माँ रो नहीं रही। अब पंथ बता रही है। उचित पंथ पर अनुचित करम करनेवालों को चेता रही है। बावनदास

---

1. डूबना-उतराना।

'भरम' गया है। ···और खुद बालदेव, महतमा जी के पंथ पर निरास और उदास होकर चल रहा है।

"···भारथमाता की जै ! महतमा जी की जै ! भारथमाता, भारथमाता !"

महंथ रामदास बहुत देर से कनैल गाछ की आड़ में खड़े होकर देख-सुन रहे थे। ···ध्यान-आसन पर बैठी हुई लछमी उपदेश दे रही है और बालदेव जी हाथ जोड़े एकटक से लछमी को देख रहे हैं। अचानक बालदेव जी लछमी के चरन पड़कर हल्ला करने लगे–भारथमाता की जै !

"भंडारी ! भंडारी !" महंथ रामदास पिछवाड़े की ओर भागते हुए चिल्लाते हैं, "भंडारी ! बालदेव पागल हो गया ! दौड़ो !"

मठ पर तुरंत भीड़ लग गई। डाक्टर साहब, तहसीलदारसाहब, कालीचरन और खेलावनसिंघ यादव भी आए हैं। बालदेव की बूढ़ी मौसी बीच-बीच में गा-गाकर रोने-रोने की सुरखुर[1] करती है, किंतु एक ही साथ इतने लोग डाँट देते हैं कि वह चुप हो जाती है और बारी-बारी से सबके मुँह की ओर देखती है। कुछ देर के बाद ही वह फिर शुरू करती है–"बाबू रे !···"

"ऐ बूढ़ी ! ठहर !···चुप !"

डाक्टर साहब बालदेव के बाँह में रबड़ की पट्टी बाँधकर, मुट्ठी से एक छोटे से गेंद को दबाते हैं। ···ओ ! इसी मीसीन से तो तहसीलदार की बेटी कमली का भी जाँच होता है ! ओ !

बालदेव जी रह-रहकर बाँहें ऐंठकर, हाथ छुड़ाकर उठ खड़े होते हैं, "आप लोग क्या समझते हैं मैं पागल हो गया हूँ ? कभी नहीं, हरगिस नहीं। ···हमको पागल कहते हैं ? इस गाँव में क्या था ? कोई जानता भी था इस गाँव का नाम ? इसको होल इंडिया में मशहूर कौन किया ? हमको छोड़ दीजिए ! हम महतमा जी के पंथ से नहीं हट सकते।"

भीड़ में कोई कहता है–"मठ पर रहने से गाँजा पीने की आदत हो जाती है।"

"कौन कहता है हम गाँजा पीते हैं ? दारू-गाँजा-भाँग की दूकान में पिकेटिन किया है हम, और हम गांजा पीयेंगे ? छिः छिः ! हम महतमा जी के पंथ को कभी नहीं छोड़ सकते। साच्छी हैं महतमा जी !"

बालदेव की बुढ़िया मौसी अब नहीं मानती। वह गा-गाकर रोती है–"डागडर ने तहसीलदार की बेटी कमला की बेमारी को उतारकर बालदेव पर चढ़ा दिया है। यह भले आदमी का काम नहीं। तहसीलदार की बेटी अभी तक कुमारी है। हे भगवान ! अब बालदेव का बिहा नहीं होगा ! दैबा रे दैबा !"

"बालदेव जी !" लछमी कहती है, "चित्त को सांत कीजिए।"

"ओ ! लछमी ! ···लछमी दासिन ! साहेब बंदगी ! ···ठीक है, कोई बात नहीं। हम पर कभी-कभी महतमा जी का भर[2] होता है। चुन्नी गुसाईं को तो रोज भोर को होता है।" बालदेव जी चुपचाप बैठ जाते हैं।

---

1. तैयारी। 2. देवी-देवता का सवार होना।

"डाकडर साहेब ! बालदेव जी इधर कई दिनों से बहुत उदास रहा करते थे। रात में नींद, पता नहीं, आती थी या नहीं। एक सप्ताह पहले, एक दिन बोखार लगा था। बोखार की पीली गोली एक ही साथ सात ठो खा गए।"

"पीली गोली ? सातों एक ही बार ?" डाक्टर आश्चर्य से पूछता है।

"जी ! बोखार की पीली गोली बाँटने के लिए मिली थी न ? उसी में से सात ठो एक ही बार खा गए। बोले कि रोज कौन् खाए ! एक ही साथ सात दिनों का खोराक ले लेते हैं !"

डाक्टर ठठाकर हँस पड़ता है, "कितना बढ़िया हिसाब है। बालदेव जी, दस दिनों तक घोल का शर्बत पीजिए। ठीक हो जाएगा। कुछ नहीं है, दबा की गर्मी ही है।"

रामकिरपालसिंघ कहते हैं, "बिहदाना, अनार, संतोला का रस तो ठंडा होता है, गरमी को सांती करेगा। ...जेहल में हम सिरिफ बिहदाना-संतोला खाकर रहते थे। दो बिहदाना मेरे पास अभी भी हैं।"

बालदेव और कालीचरन के बयान पर ही सबकुछ है–जिसको चाहें फँसा दें, चाहें बचा दें। खुद दारोगा साहब कहते थे कि बालवेद की गवाही की बहुत कीमत है !

खेलावनसिंघ यादव आजकल कालीचरन का आगा-पीछा खूब करते हैं। पार्टी आफिस के बगल में एक चौखड़ा घर बनवा देंगे, सुनते हैं, 'साथी निवास' घर ! जैसा घर जिला पाटी आफिस में है। मीटिंग के दिन जितने साथी आते हैं, उसी घर में रहते हैं। जो सिकरेटरी होगा, वह आफिस घर में रहेगा।... कालीचरन ने खेलावनसिंघ से कहा तो वे तुरंत तैयार हो गए।

जोतखी काका ने कालीचरन का हाथ देखा है–"खूब नक्छत्तरबली है कालीचरन ! राजसभा में जश है। बेटा-बेटी भी है। धन भी है। मगर एक गरह बड़ा 'जब्बड़' है... ।"

सिंघजी बालदेव जी को बिहदाना-संतोला खाने के लिए मना रहे हैं–"खा लो बालदेव जी ! बड़ा पूस्टीकारी चीज है। दवा की गरमी दूर हो जाएगी।"

गवाही ने बालदेव जी की खोई हुई कीमत को फिर बहुत तेजदर कर दिया है।

बालदेव जी कहते हैं, "महतमा जी का रस्ता हम कभी छोड़ नहीं सकते।

झगड़ू न जाहू कचहरिया, दललवा के ठाठ जहाँ।"

लेकिन बालदेव जी को तो कुछ भी कहना नहीं पड़ेगा। उनसे पूछा जाएगा कि यह दसखत आपका ही है ? ये कहेंगे कि–हाँ। बस, और कुछ कहना ही नहीं है। दसखत तो बालदेव जी ने किया था। यह तो झूठ बात नहीं। कालीचरन ने भी किया था।

...चाहे जैसे भी हो, बालदेव जी को गवाही के लिए राजी करना ही होगा, नहीं तो सारे गाँव पर आफत है। ...कोठारिन लछमी दासिन को तहसीलदारसाहेब समझाकर कह दें तो बात बैठ जाएगी।

चवालीस

इधर कुछ दिनों से डाक्टर मौसी के यहाँ ज्यादा देर तक बैठने लगा है। मौसी के यहाँ जब तक रहता है, ऐसा लगता है मानो वह शीतल छाया के नीचे हो। काम में जी नहीं लगता है। ऐसा लगता है, उसका सारा उत्साह स्पिरिट की तरह उड़ गया। क्या होगा मानव-कल्याण करके ? मान लिया कि उसने कालाआजार की एक रामबाण औषधि का अनुसंधान कर लिया; अमृत की एक छोटी शीशी उसे हाथ लग गई। किंतु इसके बाद ? इसके बाद जो होता आया है, होगा। आखिर, पाँच आने का एक ऐंपुल पचास रुपए तक बिकेगा। यहाँ तक उसकी पहुँच नहीं होगी ! …और यहाँ का आदमी जीकर करेगा क्या ? ऐसी जिंदगी ? पशु से भी सीधे हैं ये इंसान। पशु से भी ज्यादा खूँखार हैं ये। …पेट ! यही इनकी बड़ी कमजोरी है। मौजूदा सामाजिक न्याय-विधान ने इन्हें अपने सैकड़ों बाजुओं में जकड़कर ऐसा लाचार कर रखा है कि ये चूँ तक नहीं कर सकते। …फिर भी ये जीना चाहते हैं। वह इन्हें बचाना चाहता है। क्या होगा ?

मौसी कहती है, "बेटा, तुम भागवत गीता नहीं पढ़ते ?"

डाक्टर मौसी की ओर अचकचाकर देखता है। जेल में उसने 'गीता-रहस्य' पढ़ने की चेष्टा की थी। ममता भी हमेशा 'गीता' तथा 'राम-कृष्ण कथामृत' झोली में लिए फिरती है। शायद समझती भी हो। ममता ने कई बार कहा है–"फुरसत के समय गीता जरूर पढ़ो, नहीं… समझे, कुछ ढूँढ़ो। कुछ-न-कुछ जरूर मिलेगा।' …वह गीता पढ़ेगा !

"डाक्टर साहेब ! जय हिंद !"

"आओ कालीचरन ! क्या हाल है ? तुम भी पूर्णिया गए थे न ?"

"जी। अभी तुरत आ ही रहा हूँ। उम्मीद है, गाँव के सभी लोग छूट जाएँगे। हम लोगों को तो सत्तो बाबू वोकील ने जिरह में बहुत तोड़ना चाहा, मगर उनको भी मालूम हो गया। बालदेव जी की बात हम नहीं जानते, लेकिन सुना है वह भी खूब डटकर जवाब दहिन हैं। …हमसे कहा कि आप पढ़ना-लिखना नहीं जानते, आप दसखत करना भी नहीं जानते। मैंने कहा, मैं पढ़ना-लिखना भी जानता हूँ और दसखत करना भी जानता हूँ। दारोगा साहेब के सामने भी दसखत किया था। आप कहिए तो आपको भी दिखा दूँ। …हाकिम ने कहा कि आप अपना दसखत चीन्हिए। हमको भी क्या चसमा की जरूरत है ? फटाक से चिन्हिए तो दिया !"

"लेकिन जिस कागज पर तुम लोगों ने दस्तखत किया था उसमें क्या लिखा हुआ था ?" डाक्टर पूछता है।

"क्या लिखा हुआ था ? सो तो …सो… तो नहीं पढ़ा। दारोगा साहेब ने तो

अंग्रेजी में लिखा था। ...सरकारी कागज पर कोई खिलाफ बात थोड़े लिखेगा !"

"हो-हो-हो-हो !" डाक्टर ठठाकर हँस पड़ता है, "और बालदेव जी ने भी वही कहा होगा !"

"हाँ, लेकिन इसमें हँसने की क्या बात है ?" कालीचरन जरा रूखा होकर कहता है।

"हाँ भाई, हँसने की बात नहीं। ...बात रोने की है कालीचरन ! मुझे तो कुछ बोलना नहीं चाहिए लेकिन...! मत समझना कि संथालों की जमीन छुड़ाकर ही जमींदार संतोष कर लेगा। अब गाँव के किसानों की बारी आएगी। और तुमको तथा बालदेव जी को ही उन्होंने अपना पहला हथियार बनाकर इस्तेमाल किया है। यह रोने की बात नहीं ?" डाक्टर एक ही साँस में सब कह गया।

"लेकिन... लेकिन, आपने भी तो लिख दिया है कि संथालों की मार को देखकर पता चलता है कि किसी ने अपनी जान बचाने के लिए इन पर हमला किया है ?" कालीचरन तमतमा गया है।

"यह किसने कहा तुमसे ?" डाक्टर आश्चर्य से मुँह फाड़ते हुए कहता है, "ऐसा कहीं लिखा जाता है ? मैंने तो सिर्फ़ जख्म के बारे में लिखा है। संथाल अथवा गैर-संथाल मैं नहीं जानता। मैं तो रोग और घावों की जाति के बारे में ही जानता हूँ।" डाक्टर उत्तेजित होकर कहता ही जाता है, "काली, तुम लोगों को दोष भी तो नहीं दे सकता हूँ।"

"तहसीलदार साहब तो आपको खूब मानते हैं।" कालीचरन सीधी बात करना जानता है, "कमली दीदी ...कमली दीऽदी..."

"क्या मतलब ?" डाक्टर बीच में ही टोक देता है।

"...क्या कहना चाहता है ? मौसी कहती हैं, कमली दीदी खूब मानती हैं। उसकी माँ भी इज्जत-खातिर करती हैं। यही न ?"

"हाँ।" कालीचरन को मानो सहारा मिलता है।

"तो क्या हुआ ?" तहसीलदार साहब गाँव के रईस हैं। मुझसे उम्र में बड़े हैं। कमला की बीमारी के चलते मुझे कुछ ज्यादा आना-जाना पड़ता है। वे मुझे बहुत प्यार करते हैं। मैं भी उन लोगों की इज्जत करता हूँ। लेकिन इसका यह मतलब नहीं कि मैं तहसीलदार साहब के अन्याय का भी समर्थन करूँगा अथवा पक्ष लूँगा !"

कमली बहुत देर तक मौसी के आँगन में खड़ी होकर सुन रही थी। डाक्टर की अंतिम बातों को सुनकर उसका कलेजा धक्-धक् करने लगता है। वह अपने को सँभाल नहीं सकती है। उस पर घटनाओं की प्रतिक्रिया बड़ी तीव्र गति से होती है। नाटकीय ढंग से वह प्रवेश करती है।

"इसीलिए आप आजकल मेरे यहाँ नहीं आते। इसीलिए आपने उस दिन कहला भेजा था कि तहसीलदार साहब कमली को पटना ले जाएँ, यहाँ इलाज नहीं होगा। क्यों ?"

सभी एक ही साथ चमक उठते हैं। मौसी हँसकर कहती है, "तू आज लड़ने के लिए कमर कसकर आई है ? पगली ! ...बैठ।"

डाक्टर कमली की ओर टकटकी लगाकर देख रहा है–चेहरा लाल हो गया है कमला का। आँखें डबडबाई हुई हैं। गले के पास ही रग तीव्र गति से फड़क रही है। ...डाक्टर ने बहुत बड़ा अन्याय किया है। रक्त का दबाव जरूर बढ़ गया होगा। कमला के ओठ फड़क रहे हैं, थरथरा रहे हैं। ...वह रो पड़ती है–"मौसी !"

"कमला !" डाक्टर जोर से कहता है, "तुमनें तो कुछ समझा-बूझा नहीं और लगीं आकर बरसने। मैं तो कालीचरन को समझा रहा था कि यदि मैं किसी राजनीतिक पार्टी में होता तो ऐसा नहीं करता...।"

डाक्टर ने वातावरण को हल्का बनाने की पूरी कोशिश की। लेकिन अच्छा होता यदि कमला उससे रूठी रहती। इसी दिन के इंतजार में वह था। आज कमला को पूर्ण स्वस्थ बनाया जा सकता था। लेकिन अब वह चूक गया। ...अब परिणाम के लिए तैयार रहना था।

जब तक डाक्टर बोलता रहा, कमली चुपचाप सुनती रही। अचानक उसके मुख-मंडल पर छाए बादल फट गए। एक हल्की मुस्कुराहट उसके ओंठों पर धीरे-धीरे जगने लगी, नाक के बगल की नीली रेखा धीरे-धीरे खिल रही है, मानो कमल की पंखुड़ियाँ धीरे-धीरे खुल रही हों।

मौसी चुपचाप कभी कमली की ओर, कभी डाक्टर की ओर देखती है। उसके ओंठों पर भी मंद मुस्कराहट खिंची हुई है।

"प्यारू मेरे यहाँ दो बार खोज गया है। शायद आज भी कोई खरगोश भाग गया है।" कमली मौन भंग करती गई। उसकी बोली सहज हो गई है।

कालीचरन कमली के चेहरे पर कुछ देखकर चमक उठता है। उससे बातें करते-करते, कभी-कभी मंगला के चेहरे पर भी ऐसे ही भाव आ जाते हैं। इसी तरह तुनुक-तुनुककर बोलती है। वह डाक्टर की ओर देखता है, फिर उठ खड़ा होता है, "अच्छा तो बैठिए डाक्टर साहब ! हम अभी चलते हैं। ...फिर कल भेंट करेंगे।"

मौसी भी उठकर जाते हुए कहती है, "तुम लोग चाय तो जरूर पीयोगे !"

कुछ देर तक दोनों चुप रहते हैं। ...कमली पास में पड़ी सीकी की बनी हुई फूलडलिया को उठाकर उसकी बुनावट देखने लगती है। डाक्टर मुस्कराते हुए पूछता है, "एक बात पूछूँ कमला, बुरा तो न मानोगी ? अपने बाप की शिकायत कोई नहीं बरदाश्त कर सकता है, क्यों ?"

"कैसे बरदाश्त कर सकता है कोई ?"

"मुझे क्या मालूम ? मुझे ...मुझको अपने बाप की याद नहीं।"

कमली मुस्कराती जाती है। कहती है, "विवाह के गीत में ...एक जगह शिवजी पार्वती के पिता की टोकरी-भर शिकायत करते हैं–

एक बेर गेलीं गौरा तोहरो नैहरवा से,
बइठे ले देलक पुआर,
कोदो के खिचुड़ी रँधाओल मैना सासू···!"

"हा-हा-हा-हा !"

"हा-हा-हा-हा !" दोनों ही एक साथ हँस पड़ते हैं। मानो पंछी का एक जोड़ा एक ही साथ दिल खोलकर किलक पड़ा हो ! नर और नारी के पवित्र आकर्षण की रुपहली डोरी लकपक रही है। नर आगे बढ़ता है··· नारी को खींच लेता है···।

बड़ी-बड़ी, मद-भरी आँखों की जोड़ी ने मुस्कुराकर पूछा, "आप··· मेरी शिकायत बरदाश्त कर सकते हैं ?"

"रोज तो कर रहा हूँ।" दो लापरवाह आँखों ने मानो चुटकी ली, 'कमली दवा नहीं पीती है। कमली रात में देर तक बैठकर पढ़ती है···कमली पगली है। ···पगली है कमली। ···तू पगली है ! तू मेरी पगली है ! पागल-पगली···"

···अधरक मधु जब चाखन कान्ह,
तोहर शपथ हम किछु यदि जानि !

दूसरा खंड

एक

सुराज मिल गया ?

"अभी मिला नहीं है, पंद्रह तारीख को मिलेगा। ज्यादा दिनों की देर नहीं, अगले हफ्ता में ही मिल जाएंगा। दिल्ली में बातचीत हो गई। ...हिंदू लोग हिंदुस्थान में, मुसलमान लोग पाखिस्थान में चले जाएँगे।" बावनदास जी फिर एक खबर ले आए हैं। ताजा खबर !

...दफा 40 की लोटस की तरह झूठ-मूठ कोई फाहरम तो नहीं लाया है। बावनदास ? ...झूठ नहीं सच बात है। डागडरबाबू के बेतार में भी बोला है, सुनते हैं।...

"तहसीलदार साहेब भोज खिलाएँगे उस दिन," सुमरितदास बेतार घर-घर खबर फैला रहा है। "सब इसमिट[1] अभी-अभी हम पक्का करके आ रहे हैं। पूड़ी, जिलेबी, हलुआ, दही और चीनी !"

"जै हो ! जै हो !"

"महातमा गाँधी की जै !"

महंथ साहेब के भंडारा से भी बड़ा भोज होगा। तीन मेर[2] नाच होगा–बलवाही, बिदेसिया, कमला और महमदिया की नौटंगी कंपनी। कालीचरन का सुसील कीरतन भी होगा। पुरैनियाँ में अंग्रेजी बाजा आएगा।... अरे ! अंग्रेजी बाजा नहीं जानते ? रौतहट मेला में सरकल के नाच में बजते नहीं सुना है–भेकर-भेकर भें-भें !... धमदाहा-संकरपुर का बिदापद। बँसगड़ा की बलवाही, औराही-हिंगना का भठियाली

---

1. एस्टिमेट। 2. दल।

भकतै[1]। सुध नारदी[2] गाते हैं औराहीवाले। कोयलू खोलवाहा और सीतानाथबाबू मुलगैन ! सीतानाथबाबू का गला बुढ़ारी में भी कितना तेज है !

"मुसलमानों का हिस्सा सुराज पाखिस्थान में चला जावेगा ? ···एकदम काटकर हिस्सा लेगा ?"

"हाँ, जब हिंदू-मुसलमान भाई-भाई हैं तो भैयारी हिस्सा तो रकम आठ आना के हिसाब से ही मिलेगा।"

"बावनदास ने सुराज को काटते देखा है या अंदाज से ही बोल रहा है। चलो, पूछें।"

बावनदास कहता है–"अरे सुराज क्या कद्दू-कोंहड़ा है जो काटकर बँटेगा ?"

"···तब सुराजी कीरतन में जो कहा है कि 'जब तक फल सुराज नहीं पावें, गाँधी जी चरखा चलावें, मोहन हो ? गाँधी जी चरखा चलावें···' "

"कीर्तन की बात छोड़ो। सुराज माने···" बावनदास जी समझाते हैं, "सुराज माने अपना राज, भारथवासी का राज। अब अँगरेज लोग यहाँ राज नहीं कर सकते। ···'ए अँगरेजो। भारथ छोड़ो' क्यों कहा था गाँधी जी ने ? इसीलिए।"

"अपने गाँव का तो राज तहसीलदार साहेब को ही मिलेगा। राज पारबंगा के तहसीलदार हरगौरी तो अब हैं नहीं।"

बालदेव जी का दिमाग बहुत शांत हो गया है। जिस दिन उन्होंने परसाद उठाया[3], उसी दिन से माथा ठंडा हो गया। लछमी तीन-चार दिन तक सतसंग करती रही। आखिर बालदेव जी हार गए। बालदेव जी अब गृहस्थ नहीं रहे, साधू हो गए। ···मोछभदरा[4] करवाकर बालदेव जी का मुँह ठीक सोलह पटनियाँ आलू की तरह हो गया है।

"···साहेब बंदगी बालदेव जी !"

"साहेब बंदगी ! जाय हिंद !" बालदेव जी आजकल साहब बंदगी और जाय हिंद को एक साथ नत्थी करके बोलते हैं।

"जाय हिंद कौमरेड बालदेव जी !" कालीचरन मुट्ठी बाँधकर कहता है–कौमरेड !

"नहीं। हम कौमरेड नहीं हैं।" बालदेव जी ने नाक सिकोड़ते हुए कहा, "हमको कौमरेड क्यों कहते हो ?"

"कौमरेड कोई गाली नहीं बालदेव जी ! कौमरेड माने साथी। जो भी देस का काम करे, पब्लिक का काम करे, वह कौमरेड है।" कालीचरन हँसते हुए कहता है।

"तुम नहीं जानते," बालदेव जी चिढ़कर कहते हैं, "तुम तो आज आए हो, हम सन् तीस से ही जानते हैं। टीक-मोंछ काटकर, मुर्गी का अंडा खिलाकर कौमरेड बनाया जाता है। कंफ-जेहल में कितने लोगों को कौमरेड होते देखा है। ···मोजफ्फरपुर के एक सोसलिस्ट नेता थे। उनका काम यही था–लोगों की टीक-मोंछ काटना।

---

1. भठियाली कीर्तन। 2. नारदी-सुर। 3. वैरागी धर्म स्वीकार करना। 4. क्षौर कर्म।

जेब में कैंची रखे रहते थे। जाति के बामन थे। ...और हमको कौमरेड का माने सिखाते हो तुम ?"

लगता है बालदेव जी फिर सनकेंगे।

सबों ने एकमत होकर कहा, "हाँ कालीचरनबाबू, यह गलती तुमसे हो गई। आज तुम लीडर हो गए हो, खुशी की बात है, लेकिन हो तो तुम बालदेव जी के ही चेला ! तुम मानो या नहीं मानो, बात वाजिब है।"

कालीचरन लजा जाता है। ...तब उस दिन सिकरेटरीसाहब जो कह रहे थे, बाप-बेटा दोनों कौमरेड हो सकता है ? ...शायद सुनने में ही गलती हो गई।... वह अपनी गलती मान लेता है–"हाँ, अभिमन्नू-बध नाटक में अरजुन ने दुरनाचारज के पैर पर फूल का तीर मारा था।"

वाह रे कालीचरन ! अब बात समझता है ! पहले तो बात समझने के पहले ही लड़ाई कर लेता था।

बालदेव जी भी हँसते हैं। कहते हैं, "सुराज उतसब के लिए तुम लोगों की पाटी की ओर से क्या हुकुम आया है ?"

"ठीक है। सुराज क्या अकेले काँगरेस को ही मिला है ?"

"सुराज उतसब के दिन रहोगे या नहीं ?" बालदेव जी पूछते हैं।

"जरूर ! उस दिन हाथी पर भारथमाता की मुरती बैठाकर जुलूस निकलेगा," कालीचरन गर्व से छाती फुलाकर कहता है, "अपने गाँव का जुलूस, कटहा थाना में क्या, हौल इंडिया में फस्ट होगा। मुरती का औडर दे दिया है।"

बालदेव जी की आँखों के सामने भारतमाता के विभिन्न रूप आ रहे हैं–माँ, रूपमती, मायजी और लछमी।

...लछमी को हाथी पर नहीं बैठाया जा सकता है ?...भारतमाता का रूप ? आजकल लछमी भी खद्धड़ पहनती है, चरखा कातती है। ...महीन सूत कातना तो वह पहले से ही जानती है।

जै ! भारथमाता की जै !

दो

मुकदमा में भी सुराज मिल गया।

सभी संथालों को दामुल हौज[1] हो गया है। धूमधाम से सेसन केस चला।

---

1. आजीवन कारावास।

संथालों की ओर से भी पटना से बालिस्टर आया था। बालिस्टर का खर्चा संथालिनों ने गहना बेचकर दिया था। बालिस्टर पर भी बालिस्टर हैं। यदि इस मुकदमा में तहसीलदार साहेब जैसे कानूनची आदमी नहीं लगते तो इस खूनी केस से शिवशक्करसिंघ, रामकिरपालसिंघ और खेलावनसिंघ तो हरगिस नहीं छूटते। ...खर्चा ? अरे भाई ! जान है तो जहान है ! जब फाँसी ही हो जाती तो जगह-जमीन, रुपैया-पैसा क्या काम देता ?

रामकिरपालसिंघ ने संथालटोली की नई बंदोबस्ती जमीन में से दस एकड़ तहसीलदार विश्वनाथ प्रसाद को लिख दी है ...हाँ, सुमरितदास बेतार को भी चार कट्ठा जमीन मिली है। ...खेलावनसिंह यादव को भी देन हो गया है... देन कैसे नहीं होगा भाई, पास में जितना कच्चा रुपया था वह तो दारोगा साहब के पान-सुपाड़ी में चला गया। पुराना पटुआ हाथ से पहले ही निकल गया था। इसीलिए करीब डेढ़ हजार हथफेर-पैंचा हो गया है। तहसीलदार साहेब ने कहा, कागज बनाने की क्या जरूरत है, जब सन-पटुआ बिके तो दे देना।

मुकदमा उतसब भी सुराज उतसब के दिन होगा ? ...हाँ, सुराज उतसब दिन में, मुकदमा उतसब रात में।

तहसीलदार साहब ने कहा है, महमदिया की नौटंकी कंपनी जितना में हो, एक सौ, दो सौ, जो ले, मगर सट्टा करा लेना। सुमरितदास कहते हैं–"इसमें कनकसन है, पीछे बतावेंगे।"

...महमदियावाले भी पूरी तैयारी कर रहे है। नखलौ से बाई जी मँगाया है, चंदा करके। नौटंकी के कंपनी[1] हैं नितलरैन बाबू। लछमी महारानी ने उनको खूब निहारा है, अपनी आँखों से ही निहारा है।...

इस इलाके के मँझले दर्जे के किसानों के पास यदि थोड़ी पूँजी हो गई, तंबाकू, धान, पाट और मिर्चा का भाव एक साल चढ गया, घर में शादी-गमी नहीं हुई तो वह तुरंत टनमना[2] जाते हैं। यदि मालिक जवान हो तो तुरंत औन-पौन करने लगता है। हरमुनियाँ, फर्श, शतरंजी, शामियाना, जाजिम, लैट, पंचलैट, पहाड़िया घोड़ा, शंपनी, टेबल-कुर्सी, बेंच खरीदकर ढेर लगा देता है। इससे भी जब गरमी कम नहीं होती है तब बन्नूक के लैसन के लिए आफिसरों को डाली देना शुरू करता है। ...लालबाग मेला के समय रात-रात-भर मुजरा सुनता है और दिन-भर आफिसरों के साथ कचहरी में घूमता है। बन्नूक के लैसन के बाद नौटंकी कंपनी खोलता है। इससे भी मगज ठंडा नहीं होता तो कोई खूनी केस होकर समापत्तन[3]। ...महमदिया के नितलरैनबाबू नौटंकी के कंपनी हैं। तहसीलदार साहब ने कहा है, महमदिया की नौटंकी कंपनी का सट्टा लिखा जाना चाहिए।

"बड़ा भारी कनकशन है जी इसमें !" सुमरितदास बेतार कब तक पेट में बात रखे, "एकदम प्राइबिट गप है। महमदियावाली को क्यों बुलाया जा रहा है,

---

1. मालिक। 2. खुशहाल हो जाना। 3. समाप्त।

समझे नहीं ? नौटंकी की बाई जी के बिलौज पर टका साटा जाएगा। अब समझे कुछ ?"

संथाल लोग इस सुराज उतसब में नाचेंगे ...कहीं नाचने के समय तीर चला दें, तब ? नहीं, नहीं, डागडर साहेब बोलते थे कि संथालिनें खुद आकर कह गई हैं–नाचबौ। तहसीलदार साहेब को भी इसमें एतराज नहीं होना चाहिए।... भाई, जो भी कहो, संथाली नाच देखते समय होस गुम हो जाता है। जूड़े में सादे फूलों के गुच्छे, कसमकस देह, उजले दाँत की पाँती की चमक ! सफेद आँचल ! जब झुमुर-झुमुर कर नाचने लगती हैं तो मन करता है, नाच में उतर पड़ें।

डा-डिग्गा डा-डिग्गा !
रिं-रिं-ता धिन-ता !

आज से ही वे पराटिस कर रहे हैं। ...लेकिन माँदर और डिग्गा की बोली सुनकर डर लगता है। हँसेरी के दिन तो ऐसा लगता था कि जमराज नगाड़ा बजा रहा है और जमदूत सब उसी ताल पर नाचकर तीर चला रहे हैं।

तीन

"खबरदार ! गरम जिलेबी मत खाना !"

आजकल सुमरितदास बेतार का बोलबाला है। हमेशा एक नई खबर ! आजकल किसी भी टोले के नौजवान से भेंट होते ही वह फिक् से हँसकर एक दिल्लगी कर लेता है, "खबरदार ! गरम जिलेबी मत खाना !"

"माने ?"

"माने सुनोगे ? गरम जिलेबी का तासीर बड़ा गरम होता है। सर्दी से नाक बंद हो, सिर दुख रहा हो, गरम जिलेबी खा ली ! भक से नाक खुल जाएगी। इतना जल्दी असर करता है ! ...आज हम डागडरी में जरा दिनाय[1] की दवा लाने के लिए गए थे। जानते हो ? डागडरबाबू ने फुलिया–अरे वही मँहगूदास की बेटी फुलिया–को क्या कहा है ? ...फुलिया को गरमी की बेमारी हो गई है। चेहरे पर फुसरी-फुसरी[2]-सा हो गया है। डागडर ने कहा कि पुरैनियाँ जाओ। ...इसीलिए लौजमान लोगों से कहते हैं कि खबरदार ! गरम जिलेबी मत खाना !"

---

1. दाद। 2. दाने-फुंसी।

"लेकिन दास जी ! लौजमानों से पहले बूढ़ों को सँभालिए।"

"चुप, चुप ! सभी बेपर्द हो जाएँगे।"

सुमरितदास बेतार जब फिक् से हँसता है तो उसके लाल मसूड़े दिखाई पड़ते हैं। लाल हँसी हँसता है बेतार !··· बेतार फिर फिक् से हँसकर कहता है, "और कुछ मालूम है ? महंथ रामदास जी रमपियरिया को दासिन रखेंगे। कोठारिन ने हुकुम दे दिया है। ···बालदेव तो कोठारिन के पीछे बैरागी ही हो गया।"

कालीचरन का चेहरा अचानक उतर जाता है। ···अब मंगला के बारे में तो कुछ नहीं बोलेगा बेतार ? लेकिन बेतार जानता है कि कहाँ कैसी बात करनी चाहिए। बात में उससे जीतना मुश्किल है।

चरखा सेंटर के मास्टरों और मास्टरनी में लड़ाई-झगड़े हो गए हैं। टुनटुन जी इस्तीफा देकर चले गए। दूसरे मास्टर साहब का सूल उखड़ गया; देस चले गए। अब अकेली मंगलादेवी वहाँ चरखा सेंटर के नाम पर गाँव-घर में घूमती है, बातें करती है गाँधी जी की, जमाहिरलाल की और सुराज की··· कालीचरन कहता है, "हाथी पर भारथमाता की मुरती के पास बैठकर मुरछल[1] डुलाने के लिए मंगलादेवी को ही कहना चाहिए।"

बालदेव जी तहसीलदार साहब से कहते हैं, "लेकिन यदि अपने गाँव में औरत नहीं रहे तब बाहरी औरत से कहना चाहिए। यदि गाँव में ही मिल जाए ! कमली दीदी ही क्यों न बैठेंगी ?"

"नहीं, कमली की बीमारी का बड़ा डर है। कब क्या हो जाए !"

"तब कोठारिनी जी से कहा जाए। अब तो खद्धड़ पहनती हैं। सूब नेमटेम भी करती हैं। रोज नहाने के बाद महतमा जी की छापी पर फूल चढ़ाती हैं।"

···लो मजा ! मंगला देवी को हाथी का बड़ा डर ! हाथी को देखते ही उसका सब सरीर केले की भालर[2] की तरह थर-थर काँपने लगता है। कालीचरन ने कितना समझाया-बुझाया, 'बूध-भरोसा' दिया , मगर तैयार नहीं हुई। आखिर में कहने लगी, कालीचरन यदि साथ में रहे तब वह हाथी पर चढ़ सकती है। लेकिन कालीचरन को लाज हो गई, सायद। बोला, "धत् !"

दुलरिया भी अलबत्त बात जोड़ता है। इधर-उधर देखकर, मटकी[3] मारकर, देह-हाथ फैलाकर कहता है–"मंगला देवी जी जब लीला सिलवार पहनकर निकलती हैं तो लगता है कि मोकनी हथिनी[4] झूमती चली जा रही है।"

"हो-हो-हो-हो ! हा-हा खी-खी !"

भौऔथ !···औ औ !

डाक्टर साहब की घड़ी में ठीक दोपहर रात का 'टैम' देखकर टीन के करनाल में मुँह सटाकर कालीचरन ने हल्का किया, "भौ औ थ ···औ औ !"

इसके बाद लौजवानों दे दोहराया–"भारथ आ जा द !"

---

1. चँवर। 2. पत्ता। 3. कनखी। 4. जवान हथिनी।

मठ पर खँजड़ी डिमक उठी–डिम-डिम-डिम-डिमिक ! बालदेव जी भावावेश में चौकीदार की तरह हाँक लगाई– 'ह-ह-ह-ह-ह-ह ! भारथ आजाद हो गया। ह-ह-ह-ह-ह-ह-हो-य ! महतमा गाँधी की जै !"

रिं-रिं-ता-धिन-ता !
डा-डिग्गा !

संथालटोली में माँदर और डिग्गा घनघना उठते हैं।

तू-ऊ-ऊ-ऊ। मौसी शंख फूँकती हैं–तू-ऊ-ऊ-ऊ !

सात माइल दक्खिन, कटिहार की पाँचों बड़ी-बड़ी मिलों के भौंपे एक साथ बज रहे हैं–"भौं औं ओं ···धू ऊ ऊ ।" आवाज एकदम साफ सुनाई पड़ती है।

"···डिल्ली में बाँटबखरा करके सुराज मिल गया। जै! जै! इसलामपुर पाखिस्थान में रहेगा या हिंदुस्थान में ? पाखिस्थान में ? अभी पाखिस्थान में मारे खुशी के खचाखच गोरू काट रहा होगा। ···धत्, गोरू ने क्या बिगाड़ा है ?··· बड़े भाग से मेरीगंज बच गया। दस मुसलमान भी होते तो पाखिस्थान लेकर ही छोड़ता !"

चार

भौ औ थ ! औ औ !

कालीचरन का गला बैठ गया। नारा लगाते समय भाथी की तरह गले से आवाज निकलती है–फोयें-फोंये सोयें-सोयें !··· सुबह से कामरेड बासुदेव और कामरेड सोमा जट बारी-बारी से नारा लगा रहे हैं। ···नारा बंद नहीं हो, जारी रहे–'अष्ठजाम कीरतन' की तरह ! सुराज-उतसब जब तक खतम नहीं हो, नारा बंद नहीं हो !

टन-टनाक्, टन-टनाक् ! सजाई हुई मोकनी हथिनी जा रही है।

ढन-ढन, ढनाँग-ढनाँग ! कीर्तनियों का घड़ीघंट बोल रहा है।

धू-ऊ-ऊ-तु-तू-तू ! शंखनाद।

भो-भो-पों !···भों-पों-पों ! अँगरेजी बाजा।

तक-तक तक-तक धिनाग-धिनाग ! अमहरा का चानखोल[1] बजा।

पीं पीं पीं ई ई ई पीं पीं पीं··· ! चानखोलवालों की पीपही गा रही है :

चाँदो बनियाँ साजिलो बरात ओ हो
एक लाख हाथी सजिलो, दुई लाख घोड़ा

---

1. एक तरह का बाजा।

चार लाख पैदल, दुलहा बाला लखिंदर !

पीपही पर बिहला[1] नाच का बरातवाला गीत बजा रहा है।

धू-धू-धू-धू-धू-तु-धुतु-धुतु ! करनाल बोलता है।

हिं-हिं-हिं-हिं-हिं-हिं-हिं ! पहड़िया घोड़ा हिनहिनाया। किसका घोड़ा है ? धरमनाथबाबू का या हरिबाबू का ?

भारत में आयल सुराज
चलु सखी देखन को…

वह नया सुराजी कीर्तन किसने जोड़ा है ? वाह ! एकदम ताजा माल है। सुनो, सुनो !

कथि जे चढ़िये आयेल
भारथमाता
कथि जे चढ़ल सुराज
चलु सखी देखन को !
कथि जे चढ़िये आयेल
बीर जमाहिर
कथि पर गंधी महराज। चलु सखी…
हाथी चढ़ल आवे भारथमाता
डोली में बैठल सुराज ! चलु सखी देखन को
घोड़ा चढ़िये आये बीर जमाहिर
पैदल गंधी महराज। चलु सखी देखन को।

वाह ! खूब कीर्तन जोड़ा है उजाडू दास ने। उजाडू दास को नहीं चीन्हते हो ? बारा-मानिकपुर में घर है। वह भी सन् तीस से ही सुराजी में है।

कू-कू ! मोकनी हथिनी ठीक[2] ताल पर कैसा कूकती है ! वाह !

अलबत्त सजाया है हाथी को फिलवान ने। ठीक कपाल पर पुरैन[3] का फूल बनाया है–फुलखल्ली से। कितना रंग-टीप किया है ! भारथमाता की मुरती तो ठीक दुरगा माई की मुरती जैसी लगती है ! लछमी, सरस्वती, पारबती-गौरा और भारथमाता सब सगी बहन हैं। ओ। …इसलिए ! बालदेव जी देखते हैं–सदा खद्धड़ की साड़ी ! गले में फूल की माला ! लंबे-लंबे काले बाल बिखरे हुए पीठ पर ! ठीक भारथमाता के ठोर[4] पर जैसी हँसी है कोठारिन वैसी ही हँसी हँस रही है और धीरे-धीरे मुरछल डुला रही है।

धिन, तक-तक-तक, ताक धिनाधिन, भठियाली कीर्तन का खोल बोल रहा है–ताक धिनाधिन, तिन्नक-तिन्नक !

---

1. सती बेहला। 2. सिंघा बाजा। 3. कमल। 4. ओठ।

हाँ रे मोरी रे ए ए ए ! हाँ आँ आँ
आँ आँ आँ आरो हे !
बहु कस्टे सू रा ज पैलो रे
भारऽऽथऽऽ संतान ओ रे
कोटि कोटि छइला पोयेला
दिलो बो लि दान आ रे
हाँ रे मोरी रे ए ए ए ! हाँ आँ आँ !

औराही-हिंगना का भकतिया है बाबू। खेल नहीं। सीतानाथबाबू ने पूबा बोली[1] में कैसा भठियाली कीर्तन जोड़ा है, देखो। ...सीतानाथबाबू ने जोड़ा है कि उनका छोटका बेटा महेंदर ने ? ...महेंदरबाबू भी गीत खूब जोड़ते हैं, सुना है।

झरक-झरक झर-झर्र ररर ! एकपूरिया ढोल तो सब बाजा को मात कर देता है। सभी बाजा को 'झाँप' लिया है।

ढमाक्-डमाक्-डिम ! एकपूरिया ढोल के साथ एक छोटी ढोलकी बोलती है।

भौ औ थ ! औ औ !

"महतमा गाँधी की जै !"

"जमाहिरलाल नेहरू की जै !"

"रजिन्नर बाबू की जै !"

"जयपरगास जिंदाबाघ !"

"यह आजादी झूठी है !"

"देस की जनता भूखी है।" ...यह नया लारा कौन लगाता है ?

"ऐ ! ऐ ! ...नहीं हुआ।"

"सुन लो पहले !"

"आजादी झूठी। मारो साले को ! कौन बोला ?"

"जरूर गाँव का नहीं, बाहरी आदमी है।"

"ऐ ऐ ! बाजा बंद करो !"

"हटो ! हटो !"

"ऐ कालीचरन ! ऐ बासुदे...!"

"बालदेव !...सांती करो !"

"अरे ! बात क्या हुई है ?"

"हर बात में ऐसे ही कोई 'लेकिन' लगाएगा ये लोग ?"

"सुनिए तहसीलदार साहेब ! बात यह हुई कि"' ...बालदेव जी आज फिर

1. बँगला बोली, पूरब की बोली।

सनके हैं, "बात यह हुई कि बाबू कालीचरन के पेट में रहता है कुछ और, और कहता है कुछ और ! हम इससे पहले ही पूछ लिए थे कि तुम्हारी पार्टी की ओर से क्या हुकुम हुआ है सुराज उतसब के बारे में। तो बोला कि सुराज क्या सिरिफ कँगरेसी को मिला है !... अभी देखिए, सुभलाभ करके जब हम लोग जुलूस निकाला है तो बाहरी आदमी को मँगा करके हम लोगों के उतसब को भंग कर रहा है। यह कैसी बात है ! अरे भाई, हिंगना-औराही का सोसलिट है तो हिंगना-औराही में जाकर अपने गाँव का लारा लगावे। यहाँ काबिलयती छाँटने का क्या जरूरत था। अपना मुँह है–बस, लगा दिया लारा–यह आजादी झूठी है !"

"ठीक बात ! वाजिब बात !" जनता एक ही साथ कहती है।

"ओंएँ सोंएँ सोंएँ..." कालीचरन क्या कहता है, समझा नहीं जाता है।

"अरे हाँ-हाँ गलती हो गई !" कामरेड बासुदेव समझा रहा है। यानी कालीचरन जी की बात को जोर-जोर से सुना रहा है–"अरे गलती हो गई। वह नहीं जानता था। चमड़े की जीभ है, लटपटा गई। कालीचरन जी का इसमें कोई दोख नहीं !"

यहाँ के सोसलिट पाटी वालों को भी यह बात अच्छी नहीं लगती है। ... दूसरे गाँव से आकर यहाँ लारा लगाने की क्या जरूरत थी ? कालीचरन जी का गला बझ गया था तो बासुदेव और सोमा तो लारा लगा ही रहे थे। बीच में फुटानी छाँटकर सब गड़बड़ा दिया।

"अच्छा ! अच्छा ! माफ कर दो !"

"हाँ-हाँ, छोड़ो ! आज सुराज का दिन है।"

टन्-टनाक् टन्-टनाक् ! मोकनी हथिनी फिर चली। जुलूस आगे बढ़ा ! सभी ढोल-बाजे एक ही साथ बजने लगे। डिम्-डिम् झर्र-झर्र... पी-ओ-धू-ऊ-तक-तक-धिन।

भों-ओं-धू-तू-ताक्-धिनाधिन।

कूई-कू ! कूई-कू ! मोकनी हथिनी ताल पर कूकती है।

बालदेव जी फिर सनके हैं क्या ? हाथ में झंड़ा लेकर अब हाथी के आगे-आगे नाच रहे हैं। झंडे को इस तरह भाँजते हैं मानो गाटसाहेब रेलगाड़ी को झंड़ी दिखला रहे हों ! हाँ भाई, सुराज का असल हथियार है तेरंगा झंडा। पहले के जमाने में तलवार से लड़ाई होती थी, इसलिए लोग हाथ में तलवार लेकर नाचते थे। सुराज की लड़ाई का हथियार झंडा है। इसलिए झंडा नचा रहे हैं बालदेव जी। सनके हैं नहीं। जिसका जो हथियार...!

किर्र र र घन घन धड़ाम धा, धड़ाम धा ! नौटंकी का नगाड़ा बोल रहा है।

...भोज तो दिन से ही खाते-खाते मन अघ गया है। ...इधर देरी तो आगे में जगह नहीं मिलेगी। चलो, जल्दी !

कि-र्र-र-र-घन-घन धड़ाम-धा, धड़ाम-धा !

अरे खिस्सा होता गुरु अब सुनहु पंच भगवानों की,
गाँधी महतमा वीर जमाहिर करे सदा कलियानों की !

किर्र-र-घन-घन-धड़ाम-धा, धड़ाम-धा !

···कौन खेला होगा ? क्या कहा ? मस्ताना भगतसिंघ ! वाह ! अभी जाकर रंग औट किया। दिन से पूछते थे तो बोलता था कि सुलताना डाकू का पाठ होगा।

जिसका जो हथियार ! ···भगतसिंह का पाठ खुद नितलरैनबाबू लिए हैं। दाहिने हाथ में पिस्तौल है और बाएँ हाथ में बेल के बराबर गोल क्या है ? बम !··· अरे बाप ! हाँ, जिसका जो हथियार ! भगतसिंह का हथियार तो बम-पिस्तौल ही था।

किर्र-र-घन-घन-धड़ाम-धा !

अजी बेटा हम मादरे बतन भारथ का
हमें डर नहीं फाँसी सूली का···!

किर्र-र-किर-किर-धड़ाम-धड़ाम-धड़ाम !

भगतसिंघ नाच रहा है। एक हाथ में बम और दूसरे में पिस्तौल। नाचकर स्टेट[1] के एक कोने से दूसरे कोने पर जाता है। खूब नगाड़ा बजाता है नगड़ची ! ठीक पन्नालाल कंपनी के तरह ! इटहरा का नकछेदी है। और कौन ऐसा साफ हाथ बजावेगा !··· सिरिफ ताल काटने के समय जरा डर लगता है। ताल काटने के समय धड़ाम-धा, धड़ाम-धा ताल पर भगतसिंह बमवाले हाथ को दो बार पवलि की ओर चमकाता है, मानो बम फेंक रहा हो। अब जब-जब वह ऐसा करता है आगे में बैठे सभी लोग जरा करबट होकर एक-दूसरे की पीठ के पीछे मुँह छिपा लेते हैं। ···कौन डिकाना, कहीं इधर ही फेंक दे तब ? ···कभी नकली तलवार से देह नहीं कटता है क्या ? तब नकली बम हो चाहे असली, हाथ से छूट जाने पर कुछ-न-कुछ घवैल तो जरूर करेगा ! अरे, नखलौ[2] की बाई जी कहाँ है ? उसको सामने लाओ ! डोली में क्या छिपाकर रखा है ? ···ताली बजाओ तब निकलेगी।

"आ गई ! ऐ, देखो नखलौ की बाई जी को !"

"आकर चुपचाप खड़ी काहे हो गई ?"

"गला से तो जरूर पकड़ी जाएगी। गाने तो दो जरा !"

"रोगन-पौडर लगाकर खपसूरत लगती है। दिन में देखना, खपरी की पेंदी की तरह··· ।"

"हो-हो-हो ! साला दुलरिया बात बनाने जानता है।"

बाई जी शुरू करती है :

खादी के चुनरिया रँग दे छापेदार रे रँगरेजबा
बहुत दिनन से लागल बा मन हमार रे रँगरेजबा !

धड़-धड़ाम, धड़-धड़ाम !

---

1. स्टेज। 2. लखनऊ।

"नाचती है तो नाचती है, दाँत बिचकाकर हँसती क्यों है ?"

"ए राम ! दाँत और ठोर तो एकदम काला भुजुंग है !"

"अजी दाँत नहीं, काबली अनार के दाने हैं दाने !"

...हो-हो ! हो-हो ! वाह, ठीक कहा दुलरिया ने !

बाई जी गा रही है :

कहीं पे छापो गंधी महतमा
चर्खा मस्त चलाते हैं,
कहीं पे छापो वीर जमाहिर
जेल के भीतर जाते हैं।
अँचरा पे छापो झंडा तेरंगा
बाँका लहरदार रे रँगरेजबा !...

किर्र-रि-रि-रि-रि-धड़क-धड़क, धड़क-धड़म-धा-धड़म-धा !

अजी अँगिया पर छापो... ।

...ऐ ! ऐ ! वाह ! हो-हो ! ...वाह-वाह !

"साटो इसके बिलोज पर टका !" एक आवाज आती है।

"जरूर साटो ?"

"अरे टका मत बोलो, मिडिल बोलो मिडिल। देहाती की तरह काहे बात करते हो ! चाँदी की चकती को 'मिडिल' कहते हैं।"

"सुनो... भगतसिंघ फिर काहे स्टेट पर आया ?"

"प्यारे भाइयो, आप लोग हल्ला मत कीजिए... । अब एक गाना होगा–'मोरा बाँका सिपैहिया टट्टू से गिरा जाय' !"

"अरे लचकर काहे झाड़ता है ? बजाओ नगाड़ा। ...रात-भर का सट्टा है। तेरी सिपैहिया की ऐसी तैसी ! खेला सुरु करो !"

"हाँ ये लोग तो यही चाहते हैं कि इसी तरह 'रिब-रिब' में ही रात काट दें। ...नाचो !"

"ए ! पंचलैट में हवा दो ! भुकभुका रहा है !"

"हवा क्या देगा, आँधी आ रही है। पानी भी बरसेगा !"

"किर्र-घन-घन-धड़ाम-धा धड़ाम धा ! नगाड़ा घनघनाया।

गुड़-गुड़म ! आसमान में बादल घुमड़े।

फटाक् ! पटाखा फूटा।

अजी भगतसिंह है नामी इनमें सरदार अजी
करना है उसको गिरिफदार !

...किर्र-किर्र-घन-घन-धड़ाम-धा !

"मारो साले को ! यही साला सब असल देशदुरोहित है, पहचान रखो।"

"मारो ! मारो ! ...रे मार साले को !"

"हो-हो ! हो-हो !" आँधी आ रही है सायद... । गाय-बैलों को घर से निकालकर बाहर करना होगा। चूल्हों में आग छोड़कर ही जलाना[1] लोग सो जाती है। बहुत खराब आदत है। आग रखती है हुक्का पीने के लिए। रे चलो... । बाँस-फूस के घर का क्या ठिकाना ! आँधी आई, उड़ा ले गई। बरसा हुई तो टपकने लगी और चिनगी भी कभी उड़ी तो सोहा ! ...चलो। क्या देखेंगे अब नाच ! कटिहार की चवनियाँ माल को उठा लाया है और कहता है कि नखलौ की है। चलो !

गुड़गुड्डुम ! गुड़गुड्डुम !

•

कमली को डाक्टर ने अपनी बाँहों में जकड़ लिया है ! ...तीन बजे दिन में ही संथाली नाच देखने अस्पताल आई थी कमली ! नाच खत्म हो गया, शाम हो गई, उधर नौटंकी कब शुरू हुई, कब खत्म हुई, शायद दोनों में से कोई नहीं बता सकेगा। ... जब बादल गरजे, बिजलियाँ चमकीं और हरहराकर वर्षा होने लगी तो कमली को डाक्टर ने अपनी बाँहों में जकड़ लिया।

कमली ने बाँहें छुड़ाने की एक हल्की चेष्टा की।...

बिजली चमकी।

गुड़गुड्डुम ! गुड़गुड्डुम !

रिं-रिं-ता-धिन-ता !

डिग्गा-डा-डिग्गा !

संथाली नाच के माँदर और डिग्गा की ताल पर दोनों की धुकधुकी चल रही है। छम्म-छम्... आज कमली इस इलाके मे पहने जानेवाले सभी किस्म के गहनों से लदी है। ...बाँक, हँसुली, बाजू, कँगना, अनंत, चूर, झँझनी; अर्थात् झुनुक-झुनुक बजनेवाली बेड़ियाँ जिसे 'झँझनी-कड़ा' कहते हैं। ...और चूर तो देह के सिहरन पर भी खनकते हैं–टुन-टुन !

टुन-टुन !

छम्-छम् !

गुड़गुड्डुम !

छम्म, जम् ! छम्म्, छम् !

टुन-टुन !

डाक्टर ! डा क ट र ! ओ !... प्र शा न्त म हा सा ग र !

रा ज क म ल...!

---

1. जनाना।

पाँच

बावनदास को अब अपने पर भी परतीत नहीं होता है। ···बालदेव जी कहते हैं–चित्त चंचल हो गया है बौनदास का और थोड़ा 'भरम' भी गया है। बस, सिरिफ गाँधी जी पर भरोसा है बावन को। ···बापू सब पार लगावेंगे ! बहुत-बहुत कठिन परीच्छा में बापू अकेले सबको सँभाल लेंगे। जै ! बाबा ! बापू !

···लेकिन उसके दिल में न जाने क्या समा गया है कि हर बात का खराब रूप ही पहले देखता है। संदेहात्मक दृष्टिकोण से ही वह सारी दुनिया को परखता है। बापू ने चिट्ठी का जवाब दिया है :

"भगवान बावनदास जी ! आप ही धीरज छोड़ दोगे तो भक्तजनों का क्या होगा ? ···बापू के प्रणाम !"

बावन कठहँसी हँसते हुए कहता है, "गंगुली जी ! बापू को देखिए ! ···अब हम क्या करें ! मन में संदेह होता है, दिल उदास हो जाता है। फिर आदमी को अपने काम पर भी बिसवास कैसे हो ! बापू से पूछते हैं तो दिल्लगी में ही टाल देते हैं। लिखते हैं कि आप धीरज छोड़ दीजिएगा। ···अरे ! छलिया रे ! जनम-जनम छल करके ठगा, कभी राम औतार तो कभी क्रिसना औतार और···"

"कभी बावन अवतार !" गाँगुली जी चट से कह देते हैं।

"धत् ! आप भी तो···हो-हो-हो !" बहुत दिनों के बाद आज ही बावन ऐसा दिल खोलकर हँसा है।

बावनदास जब दिल खोलकर हँसता है तो उसकी आँखें खुद-ब-खुद बंद हो जाती हैं, और तब ऐसा लगता है मानो एक बड़ा-सा सेलुलाइड का खिलौना हिल रहा हो। बावन अवतार !

रावन अवतार ! यह चलित्तर रावन का औतार बनकर आया है। भाई, सुने हो या नहीं, हसलगंज के हरखू तेली के घर में डकैती हो गई !

···आँएँ ! कब ? ···सुराज उतसब की रात में ही बंदूकवाले थे ? घवैल तो नहीं हुआ कोई ? ···दो खून ? ऐं ?

सुमरितदास बेतार अभी तुरत कटिहार से आया है।

"बात यह है कि हसलगंज के हरखू तेली की कंजूसी के बारे में तो सभी जानते ही हो ! ···चलित्तर करमकार, या भगवान जाने कौन था सो, एक दिन ठीक दोपहर को उसके दरवाजे पर आया। पानी पीने के लिए माँगा तो, सुनते हैं कि पैसा माँगा। लेकिन सहुआइन कहती हैं, दूकान पर जलपान करके, हाथ-मुँह पोंछके जाने लगा तो हम पैसा माँगा। बोला कि तुम्हारे यहाँ एक गिलास पानी पिएँगे

तो पैसा माँगोगी ? भाई, हम भी सुनती-उड़ती बात कहते हैं, खाँटी हाल एक-दो दिन में खुद औट हो जाएगा। ···सुनते हैं कि सुराज उतसब की रात में एक दर्जन लोगों को लेकर, पहड़िया घोड़ा पर सवार होकर आ गया। आते ही बोला–कहाँ सहुआइन ! पूछी बनाओ !···नहीं बनाएगी कैसे ? हाथ में रैफल-बन्नूक लेकर दो-दो आदमी सहुआइन के अगल-बगल में एकदम तैयार। हरखू साह को चारों ओर से घेरकर चौकी पर बैठाया और कहा कि रमैन पढ़ो। गाँव में दो आदमी चले गए, लोगों से कहा कि हम लोग हरखू साह की लड़की को देखने आए हैं।··· सुबह होते-होते सब काम फिनिस ! जहाँ-जहाँ मिट्टी के नीचे घड़ा गाड़कर रखा था, सब खोद लिया। एक जगह खोदकर गिनता था और हिसाब करके कहता था–"नहीं, और है। बताओ बुड्ढे ! नहीं तो चढ़ाओ इसको चूल्हे पर, ढालो ऊपर से किरासन तेल।" सहुआइन तो रात-भर पूड़ी छानती रही और मिठाई बनाती रही। सुनते हैं, सहुआइन बीच-बीच में कहती थी–"ऐ बेटा ! तीरथ करे खातिर कुछ रखली है, कुछ छोड़ दिहऽऽ··· ।" उसको एक हजार रुपैया दे दिया। ···हरखू साह को कहा कि तुम आठ साल से एक ही धोती पहन रहे हो, तुमको रुपए की क्या जरूरत है ?···जनाना लोगों को देह पर हाथ भी नहीं दिया, सुनते हैं ! मगर जाते-जाते दो खून कर दिया।"

सुमरितदास बात करते-करते चारों ओर देखते हैं। क्यों ? ···कहते-कहते रुक क्यों जाते हैं ? आज फिक् से हँसते भी नहीं हैं। मुँह बड़ा चटपटाया हुआ देखते हैं। क्या बात है ? ऐसा तो कभी नहीं देखा ?···'सुनते हैं, सुनते हैं' की झड़ी लगाए हुए हैं। आखिर असल बात क्या है ?

"अरे दास जी ! कोई प्राइबिट बात ?"

"नहीं, प्राइबिट बात कुछ नहीं है ! ···दंगा हो रहा है। सुनते हैं कि डिल्ली, कलकत्ता, नखलौ, पटना सब जगह हिंदू-मुसलमान में लड़ाई हो रही है। गाँ-के-गाँव साफ !··· आग लगा देते हैं।" सुमरितदास हाथ में लोटा लेकर दिसा मैदान की ओर चले जाते हैं।

···बालदेव अनसन करेंगे। क्यों, क्या बात हुई इस बार ? बालदेव जी कहते हैं, "पियारे भाईयो ! हम अभी डाक्टर साहेब के बेतार में खबर सुनकर आ रहे हैं। अँधेर हो गया। एकदम सब पगला गए हैं, मालूम होता है। गाँधी जी खिलाफत के जमाना से ही कह रहे हैं–हिंदू-मुसलमान भाई-भाई हैं। तैवारी जी भी गीत में, आज से पंद्रह-बीस साल पहले कहिन हैं :

अरे, चमके मंदिरवा में चाँद
मसजिदवा में बंसी बजे !
मिली रहू हिंदू-मुसलमान
मान-अपमान तजो !

"···सो, गाँधी जी की बात काटकर जो लोग यह सब अंधेर कर रहे हैं, वे

भी एक दिन अपनी गलती मान लेंगे। ...गाँधी जी अनसन करेंगे सायद। ... आजकल नूवाँखाली गए हैं। अभी बावनदास आया है पुरैनियाँ से। बोलता है कि गाँधी जी ने रामलालबाबू को नूवाँखाली बुलाया है। गाँधी जी ने सिवनाथ चौधरी जी को चिट्ठी दिया कि सन तीस में गाँधी आसरम में जो आदमी पुरैनियाँ से आया था, उसको नूवाँखाली भेज दो। रमैन पढ़ैगा। ...रामलालबाबू जब गा-गाकर रमैन पढ़ने लगते हैं तो सुननेवालों की आँखों से वह खुद ही लोर ढरने लगता है।...”

जोतखी काका आजकल बहुत चुप रहते हैं। फिर भी इतनी बड़ी-बड़ी घटनाओं पर वह कुछ नहीं बोले, यह कैसे हो सकता है ! उनकी राय है कि यह सब सिर्फ सुराज का नतीजा है। ...जिस बालक के जन्म लेते ही माँ को पक्षाघात हो गया और दूसरे दिन घर में आग लग गई, वह आगे चलकर और क्या-क्या क़रेगा, देख लेना। कलियुग तो अब समाप्ति पर है। ऐसे-ऐसे ही लड़-झगड़कर सब शेष हो जाएँगे।

अब लोग सोशलिस्ट पार्टी आफिस में भी दरखास-फरियाद लेकर आते हैं। जुमराती मियाँ रोता हुआ आया है। सुमरितदास ने उससे पाँच रुपया छीन लिया है। “कालीबाबू ! जुलुम... अब गरीब लोग कैसे रहेंगे !”

“अच्छा-अच्छा ! आज साम को यहीं पाटी आफिस में रहिए। रात में आपकी पंचैती कर देंगे।” कालीचरन विश्वास दिलाता है।

“कामरेड बासुदेव !... सुमरितदास को बुला लाओ तो !” शाम को कालीचरन गंभीर मुद्रा बनाए हुए हैं।

मच्, मच्, मच् ! बासुदेव कल पुरैनियाँ से लौटा है। भाटा कंपनी का जूता खरीदा है चौबीस रुपए में। चलने के समय मच्-मच् बोलता है। रात में भी, आँख पर धूप-छाँहा काला चसमा लगाकर, पैजामा-कुर्ता पहनकर, जूता मचमचाकर चलने के समय थोड़ा नसा जैसा लगता है। परेड करते हुए चलने का मजा आ जाता है। ...बासुदेव स्टेशन पर पान-बीड़ी-सिकरेटवालों की तरह बात को ऐंठकर आवाज गहरी करके पुकारता है–“सो म रे ट डै स !”

सुमरितदास की पिल्ही चमक गई होगी। बासुदेव मन-ही-मन हँसता है–“स् यो म रे ट डैस !”

एक छोटी-सी छपरी में किधर छिपेंगे दास जी ! बासुदेव ने पहले ही देख लिया है। वह उसे हाथ पकड़कर घसीट लाता है। सुमरितदास थरथर काँप रहे हैं। “ह जौ र, दुहाई...!”

“बेतार, बुलाहट !” बासुदेव हँसते हुए कहता है।

“कौ... कौन, बा...बासुदेव ? हेत् ! हम समझे कि...दारोगा साहेब हैं। वाह ! खूब डराया ! अलबत्त बोली सीखे हो बाबू ! होनी ही चाहिए। देस-बिदेस घूमते हो तुम लोग। किसने बुलाया है ? ...कालीचरन ने ? अच्छा एक बात, बहुत दिन से, पूछते-पूछते भूल जाते हैं। कहो तो, तुम्हारी पाटी में भी दो पाटी है क्या ?”

“काहे ?”

"पहले बताओ तो," सुमरितदास फिक् से हँसता है।

"नहीं, पहले आप बताइए," बासुदेव कम जिद्दी नहीं।

"यही ···कालीचरन एक दिन बोल रहा था कि सिकरेटरी-साहेब बासुदेव पर विश्वास नहीं करते हैं। हम बोले कि बासुदेव में तो कोई डिफेट नहीं तो बोला कि दास जी आप क्या जानिएगा भीतरी बात ! ···इसीलिए पूछते हैं कि···"

"अरे हाँ-हाँ दास जी, हम समझ गए। असल में कालीचरन है धरमपुरी जी की पाटी का। धरमपुरी जी भी सोशलिट पाटी में ही हैं, मगर हमारा सकरेटरी साहब के सामने वह कुछ नहीं हैं। एकदम ठंडा खेयाल के आदमी हैं। सभी से हँस-हँसकर बोलेंगे, काँगरेसियों के साथ बैठकर दुकान में दही-चूड़ा खाते हैं। अब सोचिए कि ···यह फलहार करने वाला आदमी, इस किरांती पाटी में कैसे ?··· आप सोचिए दास जी !"

"ओ ! ओ··· ओ ! यह बात है ?" सुमरितदास गंभीर होकर कहता है, "वाजिब बात है।"

"हाँ, और यह कालीचरन जी उन्हीं की पाटी में है।" फिर फिसफिसाकर कहा, "मंगलादेवी के साथ आजकल ऐसा रसलील्ला होता है कि क्या कहेंगे ! ···यही सब बात हम सिकरेटरी साहब से बोले। कालीचरन को सिकरेटरी साहेब ने डाँटा है। इसीलिए ऐसा बोलता होगा··· देखिए न ! इसी बार मजा लगेगा, सम्मेलन में जाने के समय।"

"ओ-ओ-ओ। ···हाँ भाई ! हर जगह यह पाटीबंदी ठीक नहीं। ···लेकिन आखिर एक हद है। धरमपुरी जी के बारे में तुमने जैसा कहा, वैसा आदमी किरांती पाटी में कैसे रह सकता है ! वाजिब बात ! ···अलबत्त ···बोलता है तुम्हारा सिकरेटरी किसनकांत जी–गरमागरम ! बोलने के समय बाँह जब मरोड़ता है तो लगता है कि··· अच्छा, हाकिम का परवाना क्यों जारी हुआ है ? क्यों बुलाहट है !"

"अरे, वही जुमराती मियाँ न जाने क्या-क्या कहा है जाकर। बोलता था कि रुपैया छीन लिया है।" बासुदेव आँख पर काला चश्मा चढ़ाते हुए कहता है, "मुसलमानों का क्या बिस्वास !"

"समझो जरा !" सुमरितदास फिक् से हँसकर कहता है, "समझने की बात है !"

"मैं जाकर कह दूँगा कि घर पर नहीं है। कोई लाट साहेब थोड़ी हैं जो लोग हाथ बाँधे खड़े रहेंगे। हम किसी का परवाह नहीं करते।" बासुदेव पैकेट से सिगरेट निकालकर दियासलाई के डब्बे पर ठोंकता है–"दिन-भर हम लेक्चर झाड़ते रहे हैं, सिगरेट मत पियो, अंडा मत खाओ। और भीतरे-भीतरे···" बासुदेव माचिस जलाकर सुलगाने लगता है।

···दियासलाई की रोशनी चश्मे के दोनों शीशों पर चमक उठती है। काले चश्मे पर जलती हुई माचिस ! सुमरितदास के सारे देह में एक सिहरन दौड़ जाती है, रोयें खड़े हो जाते हैं। ···लेकिन वह हँसते हुए कहता है, "डूबकर पानी पियो,

एकादसी का बाप भी न जाने।"

"हुँ !" बासुदेव धुएँ का गुबारा छोड़ते हुए खाँसता है।

...दारू की महक ! सुमरितदास की आँखें चमक उठती हैं, "बासुदेव-बाबू ! कुछ नेपलिया माल आया है क्या ? जरा हमको भी तो चखाओ !"

"औल रेट ! कल चखावेगा। लाल सलाम !"

मच्, मच्, मच्, मच्।

छह

तंत्रिमाटोली में आज घमाघम[1] पंचायत हो रही है।

बहुत दिनों की बंदिस है कि पंचायत में कोई भी घर की बोली नहीं बोले। काहे-कूहे, याने कचराही-मोगलाही[2] जितना बोल सको, अच्छा है। पंचायत में कोई हटा नहीं सकता। लौजमानों के दल ने रमपियरिया के दासिन होने का घोर विरोध किया है।

"खेल बात है ? जात है कि ठट्ठा है ? जब जिसका मन हुआ किसी की रखेलिन बन गई, दासिन बन गई, रंडी बन गई ?" आज गरभू भी गरम होकर बोलता है।

पंचायत में सबों को बोलने का हक है, इसीलिए घमाघम पंचायत हो रही है।

"कहाँ है रमपियरिया की माये ?"

सबों की निगाह अट्टी की आड़ में खड़ी औरतों पर जाती है। रमजूदास की स्त्री खखारकर गला साफ करती है, "रमपियरिया की माये को क्या कहते हैं ?"

"तुम मत बोलो !"

"धान न बोले, बोले भूसा टन !"

"हम बोलेंगे ही !" रमजूदास की स्त्री उठ खड़ी होती है। ...लगता है आज मारपीट भी होगी।

"कहाँ, उचित और नोखे ! छड़ीदार काहे बने हो ?"

"हाँ, मारने कहो छड़ी। ...जो न छड़ी से पीटे वह दोगला का बेटा !... रमपियरिया की माये के मुँह में बोली नहीं है तो आज घोघी का भी मुँह खुला है ! ...रमपियरिया

---

1. गरम। 2. कचहरी में बोली जानेवाली उर्दू।

जवान है, उसके जो जी में आवे कर सकती है।...पंचायत में तो बड़ा फड़फड़ करते हो गरभू, रमपियरिया तो तुम्हारी भतीजी लगेगी न , बोल, खोल दें बात ?... सात बेटे का बाप है छीत्तन, इससे पूछिए कि रमपियरिया के माये के मचान पर दिन-रात, भूख-पियास भूलकर पेट के बल क्यों पड़ा रहता है ? यही निसाफ है ?... अरे, जवान-जहान की बात हो तो कहा जा सकता है कि एक दिन पैर भँस[1] गया। इस घुर-घुर बूढ़े की यह चाल !"

"चुप रहो। ...ऐ ! चुप ! ...कहाँ छीत्तन ?"

"सिर में तो अब एक भी काला बाल खोजने पर मिलेगा नहीं और यह तेजी ? ...काहे जी छीत्तन, क्या कहती है रमपियरिया की माये ?"

छीत्तन का तोतरहवा[2] बेटा गरम हो जाता है, "मूँ स सँभाय कय बोओ !"

"मारो ! पकड़ो !"

"ऐ ! ऐ !"

"लगाओ गले में कपड़ा ! मारों झाड़ू ऊपर से ! ...सान दिखाता है !"

नोखे और उचितदास छड़ीदार हैं। पंचायत जब घमाघम होने लगती है, तब वे दोनों छड़ी हाथ में लेकर नचाते रहते हैं। नोखे और उचितदास छीत्तन को पकड़कर गले में कपड़ा लगा देते हैं। मँहगूदास, चेथरू, मुसहरू, अनपू और घोतन बीच-बिचाव करते हैं–"मारो मत।"

"सभी बूढ़े एक तरफ हैं," एक आवाज आती है।

अब रमपियरिया की माये के बदले छीत्तनदास की पंचैती होती है। छिः छिः ! लाज से डूब मरने की बात है ! इस बार पाँच ही रुपैया जरिमाना हुआ। सस्ते छूट गए !

छीत्तनदास को पाँच रुपैया जुर्माना हुआ है और उसके तोतरहवा बेटा को पाँच बार कान पकड़कर उठने-बैठने की सजा। नोखे गिनता है–"एक, दो, तीन, चार, पाँच... बस !"

रमपियरिया की माये को एक साम भोज देना होगा। महंथ साहेब जात ले रहे हैं तो भात दे। ...क्या कहती है रमपियरिया की माये ? ...देगी ? ...तब ठीक है। बोलिए पंच-परमेश्वर, क्या विचार ? ...जो दस का विचार !

दस का विचार हो गया–रमपियरिया दासिन बन सकती है। जाति का बंदिस में जरा ढील देने से सब गड़बड़ा जाता है। इसी तरह बराबर पंचायत होती रहे तब तो ? अभी यह भोज तो फोकट में चला जाता हाथ से।

रमजू की स्त्री रमपियरिया की माये के आँगन में बैठी समझा रही है रमपियरिया को–"जब दूध की छाली और मालभोग केला खाकर आँख पर चरबी चढ़ जाएगी,

---

1. बहक जाना। 2. तोतला।

तब मौसी को पहचानोगी भी नहीं। महंथ से कहा देना, जोड़ा साड़ी से काम नहीं चलेगा। दही खिलाने से बाकी मोजर नहीं होगा। ···कठसर[1] लेकर छोड़ेंगे।"

रमपियरिया हँसती है–"उनको तो जो कहेंगे, करेंगे। मगर कोठारिन···"

"कैसी पगली है रे ! कोठारिन वह कैसी ! अब तो कोठारिन तूँ है। इसी मुँह से मठ पर रहेगी रे ! ···लछमिनियाँ को कम मत समझो। उसका जहरचौ आ[2] यदि नहीं उखाड़ सकी तब तो तुम्हारा महंथ सब दिन खँजड़ी बजाकर फटकनाथ गिरधारी गाता रहेगा। पगली ! इसी लूरमुँह से···"

"सुनती है रे ! रमपियरिया ! कहाँ गई उठकर ? ···सायद महंथ आया है···" उसकी माँ पुकारती है।

"साहेब बंदगी हो महंथ ! पिछवाड़े में अब काहे छिपे हो ? अब तो तुम अपने आदमी हुए··· इधर आओ !" रमजू की स्त्री आँख टीपकर मुस्कराती है।

महंथ साहेब रमपियरिया के साथ केलाबाड़ी से निकलकर आँगन में आते हैं।

"पीढ़ी दो रे ! ···बैठिए !"

"जातवाले तो भात माँग रहे हैं। हमने तो कबूल लिया है, "रमपियरिया की माये चिलम फूँकते हुए कहती है।

"लछमी से पूछेंगे," महंथ साहेब आँखें नीची करके कहते हैं। रमपियरिया की माये अब उनकी सास है। सास के सामने जरा लिहाज से बातें करनी चाहिए।

"क्या बोले ?" रमजू की स्त्री फटे कनस्तर की तरह झनझना उठती है, "लछमी से पूछेंगे ? रमपियरिया की माये ! सुनती हो ? हम कहा था न, उसने तो इनको भेंड़ा बना लिया है। अरे, महंथ साहेब ! लछमी कौन होती है जो आप उससे पूछिएगा ?"

"नहीं, वह बोली है···"

"महंथ साहेब ! बुरा मत मानिएगा, आप हिजड़ा हैं।" रमजू की स्त्री जाने के लिए उठ खड़ी होती है, "रमपियरिया को लछमिनियाँ की लौंडी बनावेंगे महंथ साहेब, हम सब समझ गए।"

"नहीं, नहीं ! ऐसा नहीं हो सकता। ड़मपियाड़ी जो कहेगी···वही होगा।" रामदास जी के दोनों हाथ जुड़ जाते हैं।

"···ड़मपियाड़ी जो कहेगी !" महंथ साहेब हर बात में अब कहते हैं।–"जाने ड़मपियाड़ी।"

"रमपियरिया क्या जानती है ?" लछमी कुढ़ जाती है, "सालभर तो उसे मठ के नेम-टेम सीखने में ही लग जाएगा। हाथ की सभी अँगुलियों को सही-सही गिन भी नहीं सकती है और उसके पास जन-मजूरी का हिसाब है। सतगुरु हो, सतगुरु हो !"

---

1. कंठसर, एक गहना। 2. विषदंत।

जिस दिन से रमपियरिया मठ पर दासिन होकर आई है, लछमी का मुँह हाँड़ी की तरह लटका रहता है। ···महंथ रामदास सबकुछ समझते हैं। रमपियरिया को मजूरों की मजूरी का धान नापने को कहते हैं महंथ साहेब, "नहीं जानती है हिसाब-किताब, तो समझा दो ! सिखावेगी-पढ़ावेगी तो कुछ नहीं, बस खाली लचकर झाड़ती रहेगी !"

"मैं लचकर झाड़ती हूँ ? सतगुरु हो ! मुझे अपने पास बुला लो.प्रभू ! अरे, अभी उसकी देह में एक मन साबून धँसो तब कहीं उसके सरीर में प्याज-लहसुन की गंध कम होगी। भोर को उठना सिखाओ। मुँह तो कभी धोती भी नहीं है। बीड़ी पीती है। डोलडाल[1] से आकर नहाती भी नहीं है। जूठे हाथ से बीजक उठाती है। मैं क्या सिखाऊँ-पढ़ाऊँगी ? तुम क्या कहते हो ? आँचल में चाबी लटकाए बिना कुछ नहीं सीख सकती, तो लो न चाबी अपने भंडार की। मुझे चाबी लटकाने का सौख नहीं है। जानते हैं। सतगुरु ! लछमी झन् से चाबी का गुच्छा फेंक देती है।

···महंथ रामदास देखते हैं, यह तो सिर्फ गोदामघर की चाबी है। संदूक की चाबी कहाँ है ?···"चाबी काहे फेंकती हो ! बात-बात में इतना गुस्सा होने से कैसे काम चलेगा।" महंथ साहेब गंभीर होकर कहते हैं, तुम मेरी गुरुमाई हो ! ···ड़मपियाड़ी को रास्ते पर लाना तुम्हारा काम है।"

"देह का मैल भी मैं ही छुड़ा दूँगी। कपड़ा मैं ही साफ कर दूँगी ! ···दस दिन भी नहीं हुए हैं, गद्दीघर[2] की दीवाल पर थूक-खखार की ढेरी लग गई। अधजली बीड़ी के टुकड़ों से घर भरा हुआ है। वह भी मैं ही साफ करूँगी ! ···अब यह मठ नहीं, सूअर का खुहार है खुहार।"

"तुमको ड़मपियाड़ी के देह का मैल छुड़ाने के लिए कहेंगे ! हम पागल नहीं हैं। तुम बाबू बालदेव की गर्दन की मैल छुड़ाओ···" महंथ रामदास क्यों छोड़ देंगे ! सच्ची बात तो लोग अपने बाप के मुँह पर भी कह देते हैं।

"बालदेव जी का नाम मत लो।"

"क्यों नहीं लेंगे ? ···मठ को सूअर का खुहार बनाया कौन ?"

"मैंने बनाया है ?"

"हाँ, तुमने बनाया है। मेरा भीतर जल रहा है। बात मत बढ़ाओ।"

"भीतर जलता है तो मारकर ठंडा कर लो।"

मारपीट का नाम सुनकर बालदेव जी कैसे चुप रहें ! हिंसाबात का डर है। "महंथ साहेब ! ···कोठारिन जी ! सांती ! सांती से सब बात कीजिए !"

"अहा-हा ! कोठारिन रे कोठारिन !" रमपियरिया को बचपन से ही झगड़ने की तालीम मिली है। वह किवाड़ की आड़ से निकल आती है और हाथ चमका-चमकाकर कहती है–"रोज आध पहर रात को कोठारिन की कोठरी खुलती

---

1. नित्यक्रिया। 2. बीजक और महंथ के रहने का कमरा।

है। ···संदूक की चाबी कहाँ है ? ···गुदामघर में है क्या ? सब तो बेंच-बाँचकर छुट्टी कर दिया।"

लछमी के नथने फड़कने लगते हैं। लगता है किसी ने बाँस की पतली छड़ से उसकी पीठ पर शपाक् से मार दिया। ···बारह बजे रात को कोठरी खुलती है ! ···सब बेंच-बाँचकर छुट्टी कर दिया ! ···सतगुरु हो, किस पाप का दंड रहे रहे हो प्रभू ?

"रामदास ! अपनी फेकसियारी[1] का मुँह बंद करो, नहीं तो अच्छा नहीं होगा। क्या चाहते हो तुम लोग ? ···संदूक की चाबी के लिए कलेजा ऐंठ रहा है तो ले लो !" लछमी संदूक की चाबी भी फेंक देती है।

रमपियरिया अब गद्दी से बकर-बकर कर रही है। ···अलबत्त बोल सकती है रमपियरिया ! लौंगी-मिरचा की तरह वह तेज है। उसकी बातें सुनकर देह लहरने लगता है। बात में भी ऐसा ···झाल ?

"लड़ि मरे बरदा, बैठल खाए तुरंग। दिन-भर बैठकर महतमा जी-महतमा जी कहता है बालदेव, कभी एक लोटा पानी भी किसी पेड़ में दे तो समझें कि हाँ ! सुबह से साम तक ऐना-ककही लेकर महरानी सिंगार-पटार करेगी ! यहाँ कोई किसी का नौकर नहीं। ···मेरे देह में मैल है, मन में नहीं। ऊपर से तो गमकौआ साबून और चंपा-चमेली का तेल लगाती हो–भीतर ? राम-राम ! रात-भर मुँह में मुँह सटाकर सोनेवाली, भोर में मुँह धोकर सुध तो नही हो सकती। ···नट्टिन ! कसबिन !" रमपियरिया बड़बड़ा रही है।

"ड़मपियाड़ी ! बेसी मत बोलो, सिर में दरद हो जाएगा।" रामदास जी कहते हैं, "ऐसा जानता तो···"

लछमी दासिन कुछ नहीं बोलती है। चुपचाप, टकटकी लगाकर नीबू के पेड़ की ओर देखती है।

रमपियरिया की एक-एक बात तीर की तरह उसके मर्मस्थल में गुँथ गई है। ···गमकौआ साबून और चमेली का तेल ! ···महंथ सेवादास ने उसे यही एक बहुत खराब आदत लगा दी है, बिना साबून के वह नहा ही नहीं सकती है। मन पवित्र ही नहीं होता है बिना साबून के ! केशरंजन तेल तो सिर-दर्द के दिन ही अब लगाती है वह। ···महंथ साहेब जब पुरैनियाँ कचहरी से लौटते तो झोरी में तेल, साबून, किसमिस-अखरोट और तरह-तरह का फल-मेवा ले आते थे। कोई भी नई चीज बिकते देखा, बस खरीद लिया।

···महंथ सेवादास के साथ सभी तीरथ कर चुकी है लछमी। ···क्या इसी नरक भोग के लिए ! उसकी तकदीर ही खराब है। अब मठ में रहना नरकवास है ! है! छिः छिः, दस दिन हुए, परसाद जरा भी नहीं रुचता है, पानी में मछली की गंध पहले ही रोज लग गई, सो अब पानी पीते ही कै हो जाती है। ···मठ पर

1. लोमड़ी की एक जाति।

आने के समय रमपियरिया की माये ने ठूँस-ठूँसकर मछली खिला दिया था। सतगुरु हो ! ...सबकुछ करो, पंथ मत भरस्ट करना गुरु ! ...वह कल ही अलग हो जाएगी मठ से। महंथ साहेब उसके नाम से तीस बीघा जमीन और कलमी आमों का एक बाग लिख गए हैं। उस पर मठ का कोई अधिकार नहीं ! ...सब एक सप्ताह में ही, सतगुरु की कृपा से, ठीक हो जाएगा।

लछमी की आँखों के आगे सपनों-जैसी एक दुनिया बस रही है। ...कलमी आमों के बाग में, ठीक बंबई आम के पेड़ के पास, दो खूबसूरत झोंपड़ियाँ हैं। वह चरखा चला रही है ! बालदेव जी बीजक बाँच रहे हैं...

"बालदेव जी ! अब आसन तोड़िए !"

"बालदेव जी लछमी के चेहरे की ओर भकर-भकर[1] देखते हैं। जब-जब वह लछमी की आँखों में खोते हैं, उनका चेहरा ठीक ऐसा ही अर्थ-भावहीन हो जाता है। ...आसन तोड़ना होगा ?

हाँ, आसन तोड़ना होगा। यहाँ धरम नहीं बचेगा," लछमी की आँखें डबडबा आती हैं।

आ रे ! जोगिया के नग्र बसे मति कोई
ओहो संतो... जा रे बसे सो जोगिया...होई !

...डिम डिमिक-डिमिक्, डिम डिमिक-डिमिक् !

सात

कमली दिन-दिन खूबसूरत होती जा रही है।

गले में अब दो रेखाएँ ऐसी उभरती हैं जो उसके मुख-मंडल को और भी आकर्षक बना देती हैं। आँखों में चंचलता नहीं, एक मद है। ...अचानक देखने पर लगता है कि आँखों में काजल पड़ा है।

"माँ ! अब तुम्हारा डाक्टर ...खुद बेहोश होने लगा है। आध घंटे से दीवार की ओर एकटक देख रहा है।" कमली कमरे में बाल झाड़ रही है।

माँ डाँटती है, "कमली ! डाक्टर साहेब गोल कमरे में बैठे हैं।"

"तो क्या हुआ ?"

---

1. अर्थ–भावहीन दृष्टि से देखना।

कई दिनों से माँ चाहती है कि कमली को कहे, इतना हेल-मेल अच्छा नहीं। लेकिन, अभी उसकी ओर देखते ही माँ ने जाने क्या देखा कि मोम की तरह गल गई। ...दुधिया वर्ण और सुडौल बाँहें, लंबे-लंबे बाल, सुगठित मांसपेशियाँ, गौर आँखों में यह क्या ? ...काँप जाती है माँ। यह क्या रे अभागी ! हतभागिन ! आँचल को मैला मत करना बेटी, दुहाई ! नहीं, नहीं ...वह भी कैसी है ! उसकी बेटी तो 'माँ कमला' है। ...वह जो चाहे, करे ! माँ के ओठों पर स्वाभाविक मुस्कराहट लौट आती है, "मालूम होता है, तुम्हारा रोग उतारकर डाक्टर ने अपने ऊपर ले लिया है।"

"हो-हो !" डाक्टर अब हँसी जब्त नहीं कर सकता है, "हो-हो !" कमली पर्दे की आड़ से गला निकालकर इशारे से कहती है, "चुप ! आप बीमार हैं। मालूम ?"

तहसीलदार साहब की खड़ाऊँ खटखटाती है। हँसी सुनकर वे भला कोई और काम कर सकते हैं !

डाक्टर को तहसीलदार साहब के दोनों रूपों के दर्शन हो चुके हैं। जब वह घर-गृहस्थी, मामले-मुकदमे, लेन-देन, नफा-घटी वगैरह की बातें करते रहें तो उनका कोई और रूप देखिएगा। घर में, आराम से बैठकर दीन-दुनिया की बातें करते समय अथवा रामायण-महाभारत, देश-बिदेश से लेकर घरेलू चीजों पर टीका करने के समय, किसी और तहसीलदार साहब को आप देखिएगा। ...हास्यप्रिय, रसिक और कुशल गृहस्थ ! भोला-भाला इंसान !

डाक्टर को उनके प्रथम रूप से बेहद घृणा है, किंतु दूसरे रूप के इंद्रजाल में तो वह फँस ही चुका है।

"क्या बात थी ?" तहसीलदार साहब हँसी का टटका स्वाद लेने के लिए तुरत पूछ बैठते हैं–"कमली की माँ ! क्या बात थी ? ये दोनों नहीं बतावेंगे।"

"अरे, तुम्हारी पगली बेटी के मुँह में जो आता है बक देती है। तुम्हारी बहकाई हुई बेटी अभी कह रही थी कि डाक्टर साहेब अब खुद बेहोस हो जाते हैं।"

"अच्छा ! ...तब ?" तहसीलदार साहब मुस्कराहट को रोकने की मुद्रा बनाकर, चाय के प्याले में चुस्की लेते हुए पूछते हैं, "तब फिर ?"

माँ हँसी को रोकते हुए कहती है, "तो मैंने कहा कि मालूम होता है, तुम्हारा रोग उतारकर उन्होंने अपने ऊपर ले लिया है। डाक्टर साहेब भी सुन रहे थे..."

"हा-हा-हा-हा !" तहसीलदार साहब की ऐसी हँसी को कमली कहती है, "बाबा पछतिया[1] हँसी हँराते हैं।

तहसीलदार साहब भी देखते हैं, कमली के स्वभाव में बहुत परिवर्तन हुए हैं। ऐसी बेटी का बाप चुपचाप बैठा है; लाचार है। भगवान ! शंकर भगवान !

---

1. देर से फलने-फूलनेवाली।

कमली पर कृपा-दृष्टि फेरो!

डाक्टर तहसीलदार साहब की बुझती हुई हँसी को गौर से देखता है। ...यह शायद एक तीसरा रूप है जिसे देखकर पत्थर भी पिघल जाए। कितना करुण।

"डाक्टर साहेब!" माँ दो प्लेटों में जलपान ले आती है, "कमली रेडियो की दीदी से मटर-पोलाव सीखकर आई है उस दिन!"

"तो यह ऑल-इंडिया रेडियोवाला मामला है! शुरू कीजिए डाक्टर साहब! देखिए कि मटर की घुघनी को किस सफाई से मटर-पुलाव बना दिया है।"

"कुछ भी हो, खयाली-पुलाव से तो अच्छा है," डाक्टर कमली की ओर हँसते हुए देखता है।

"हो-हो-हो-हो!"

"हँसी-खुशी के इंद्रजाल में फँसकर डाक्टर अपने कर्त्तव्य की अवहेलना तो नहीं कर रहा है? वह कभी-कभी रुककर सोचता है। वह जो कुछ भी कर रहा है, उसके विरोध में हृदय के किसी कोने का तार बेसुरा तो नहीं बज उठता है? ...नहीं, वह जो भी कर रहा है, सही हो या गलत, अच्छा लगता है उसे!"

प्यारू ने कई बार कहा है, आँगन की ओर खुलनेवाली खिड़की पर भी पर्दा रहना चाहिए। नंगी-सी लगती है यह खिड़की! डाक्टर प्यारू को इसीलिए इतना प्यार करता है। ...कमली अब रोज डाक्टर के यहाँ आती है।

"मौसी कहती थी... कहती थी कि... तू गलत कर रही है। तुम दोनों गलत कर रहे हो। ...इसके बाद क्या होगा, सोचा है कभी? क्या होगा इसके बाद डाक्टर? कहो तो!" कमली आम के फाँकों-जैसी आँखों से मधु ढालते हुए पूछती है।

"कहो तो डाक्टर! क्या होगा?"

"क्या होगा! जो भी हो, बुरा न होगा।"

"तुम हमेशा मेरे पास नहीं रह सकते?"

"फिर पागलपन?"

"डाक्टर! तुम जिन तो नहीं?"

"जिन! क्या जिन?"

"जिन एक पीर का नाम है। वह कभी-कभी मन मोहनेवाला रूप धरकर कुमारी और बेवा लड़कियों को भरमाता है। गरीब-से-गरीब को धनी बना देना उसकी चुटकी बजाने-भर की बात है। जिस पर बिगड़े, बरबाद कर दे, जिस पर ढरे उसे निहाल कर दे।" कमली के गले की दोनों नई रेखाएँ जल्दी-जल्दी बनती-बिगड़ती हैं। ...वह डर तो नहीं रही? ...वह डाक्टर को पकड़ लेती है।

"क्यों झूठ-मूठ डरने लगीं। फिजूल की बातें भरे रहती हो दिमाग में।"

"नहीं, मुझे डर नहीं लगता है। यदि तुम जिन भी रहो तो ...मैंने तुमका जीत लिया है।"

"इतना भरोसा?" डाक्टर कमली की आँखों में चमकते विश्वास का स्पष्ट रूप देख लेता है। ...कमला नीरोग है! स्वस्थ है कमला!

"तुम बाँहों पर उस दिन कौन-सा जेवर पहनकर आई थीं ? अब क्यों नहीं पहनतीं ?"

"बाजू। ...क्यों, ग्वालिन-जैसी लगती थी न ? गोकुल की ग्वालिन !" कमली ठठाकर हँस पड़ती है।

इसी को रासलीला कहते हैं। ...देखते हो ? अभी दो पहर रात को डाकडर का नेंगड़ा नौकर लैट भुकभुकता हुआ, तहसीलदार की बेटी को घर पहुँचाने जाता है।...सादी ही क्यों न करा देते हैं ? एकदम साहेब मेम ! डाकडर साहेब भी कैसे आदमी हैं !

"डाक्टर साहेब कैसा आदमी है ?" अगमू चौकीदार से कटहा थाना के नए दारोगा साहब पूछते हैं।

"हुजूर ! अच्छा आदमी है, मगर ..."

"मगर क्या रे ? साला आधा बात बोलता है, बटच् ...आधा बात पेट में रखता है। साले, हमको चीन्ह लो। हम दूसरे जिला के नहीं, हमारा घर इसी जिला में है। जानते हो न ? हमसे साले बात छिपाते हो। क्या मगर ?" नए दारोगा साहब जलजल करते हैं। हवा को भी गाली देते हैं, "साला ! रात में बटच्...ऐसा हवा बहता था हवलदार साहब, कि नींद तो बूझिए कि बोझ दिया। हवलदार साहब। जरा वह फाइल दीजिए तो ! देखें, क्या सब पूछा है। नया-नया पार्टी होता है, साला हम लोगों को जान जाता है।"

दारोगा साहब नई उम्र के हैं। कहते हैं कि इस जिले के पहले पाँच दारोगों में से एक हैं। बातें करते समय वह यह कहना नहीं भूलते—"साहब ! मैं बाहरी आदमी नहीं, इसी जिले का हूँ।" हर मौके पर इसका बढ़िया इस्तेमाल करते हैं—"मैं यदि एक पैसा खा भी लूँगा तो इसी जिले में रहेगा।" दारोगा साहब जबर्दस्त गलतफहमी से परेशान रहते हैं कि बाहर के जितने भी लोग यहाँ आए हैं, उन्हीं के हिस्से का सुख-मौज लूट रहे हैं। ...फारबिसगंज के नवतुरिया नेता छोटनबाबू जिला कांग्रेस के सिक्रेटरी हुए हैं। ...लिखा है ...यह डाक्टर कोमनिस्ट पार्टी का है।

दारोगा साहब ने अस्पताल को चारों ओर से एक दर्जन सिपाहियों से घिरवा रखा है।

"आपका घर ...असल में कहाँ है ?" दारोगा साहब हैरान होकर पूछते हैं।

"विराटनगर।"

"विराटनगर तो नेपाल में है। आप नेपाली हैं ?"

"नहीं।"

"तब ?"

"आप इतना हैरान क्यों हो रहे हैं, दारोगा साहब ? मैं जो कुछ भी कहता

हूँ, लिखते जाइए !"

"सो ···लिखते जाइए ! वाह ! आखिर क्या लिखें ?"

"मैं जो कुछ भी जवाब देता हूँ।"

तहसीलदार साहब पसीने से तर-बतर हो रहे हैं। प्यारू का मुँह सूख गया है। ···लेकिन आश्चर्य ! कमली पर इसकी कोई प्रतिक्रिया नहीं होती। "···'डाक्टर को कुछ नहीं हो सकता। कोई बात नहीं है," कमली को दृढ़ विश्वास है।

दारोगासाहब डाक्टर को दो बात में ही पहचान गए हैं–"अजीब किस्म का आदमी है यह डाक्टर !"

सुमरितदास बेतार से आज बच्चा-बच्चा पूछता है–"सुमरितदास ! डागडर साहेब ने क्या किया है जो दारोगा साहेब पकड़ने आए हैं ? ···घूस लेने की शिकायत तो नहीं किया है किसी ने ?"

"देखो न जी ! बड़ा खराब है यह दुनिया। किसी का बिसवास नहीं··· रमैन में कहा है न–बिस रस भरे कनक घट जैसे ! यह डाकडर तो सुनते हैं कि···जरमनवाला का आदमी है ! जोतखी जी ठीक ही कहते थे··· जरमनवाला का सी.आई.डी है यह डाकडर। यहाँ के लोगों को सूई भोंककर कमजोर करने का काम करता था। कुआँ में दवा डालकर सचमुच में हैजा फैलाया है। जरमनवाला का एक पाटी है यहाँ, कमसीन ···कौम-नीस पाटी सुनते हैं, उसी पाटी का आदमी है।"

इस दारोगा की हरकतों पर डाक्टर को ताज्जुब होता है। बार-बार कहता है, "हम इसी जिले के हैं।' बेवकूफों की तरह सवाल करता है, "आपको ···बहुत लड़कियों से ताल्लुक रहा है ?"

"रहा है। कम-से-कम चार सौ लड़कियों के साथ मैं दिन-रात रह चुका हूँ," डाक्टर मुस्कराता है।

"चार सौ !" दारोगा साहब को जब किसी बात पर अचरज होता है तो उनकी आँखें उल्लू की आँखों की तरह गोल हो जाती हैं, 'चार··· चार सौ ! बटच्··· इतनी लड़कियाँ कहाँ से मिलीं ?"

"मेडिकल काजेल हॉस्पिटल में।"

"ओ ! ···नहीं, मेरे पूछने का मतलब है कि भले घर की लड़कियाँ···"

"क्यों, हॉस्पिटल में भले घर की लड़कियाँ नहीं जातीं ?"

"मेरा मतलब। ···खैर, छोड़िए इन बातों को। 'कौमनिस्ट पाटी' वालों से आपका कैसा रिस्ता है ?"

"मेरे बहुत-से दोस्त कम्युनिस्ट हैं।"

"आपने संथालों को भड़काया··· समझाया था कि जमीन पर जबर्दस्ती हमला कर दो ? संथालों ने अपने बयान में कहा है।"

"संथाल लोग समय-समय पर मुझसे पुराने कागजात पढ़वाने आया करते थे–जजमेंट वगैरह···।"

"आप अपनी किताबें दिखला सकते हैं ?" दारोगा साहब उठकर किताबों

की अलमारी के पास जाते हैं।

…साला, सब डाक्टरी किताबें हैं ! …चिल्ड्रेन ऑफ़ यू. एस. एस. आर.। लाल रूस, लेखक : बेनीपुरी। …लाल चीन, लेखक : बेनीपुरी।

"ये सब तो रूस की किताब है !"

"रूस की नहीं, रूस के बारे में।"

"दोनों एक ही बात है," दारोगा साहब उस किताब को निकालकर उलटते हैं–मानो किताब के पन्नों में बम छिपा हो। बहुत सतर्क होकर पृष्ठ उलटते हैं।

…डागडर साहेब गिरिफ़्फ। … जुलुम बात ! संथालों क़ो डागडर साहेब ने ही भड़काया था। गाँव में हैजा भी उन्होंने फैलाया था। …गाँव के लोगों को कमजोर कर दिया। …हाँ, हैजा की सूई लेने के बाद… आज भी जब काम-धन्धा करने लगते हैं तो आँखों के आगे भगजोगनी उड़ने लगती है। …देखने में कैसा बमभोला था ! मालूम होता था, देवता है। भीतर-ही-भीतर इतना बड़ा मारखू[1] आदमी था सो कौन जाने ! जोतखी काका ठीक ही कहते थे।

…गोनौरी के यहाँ फारबिसगंज का एक मेहमान आया है। कहता है, उसके गाँव के पास, सिझवा-गरैया में एक डागडर है जो डकैती कराता है। डागडर तो घर-घर में जाता है, अगवार-पछवार सब देखता है, रुपैया का बक्सा भी वह देखता है। …वह अपने दलवालों को पूरा नकसा बता देता है। घरवाले को सोने की दवा दे देता है, उधर चोरी-डकैती करवा देता है। गाँव के आसपास के लोगों को सूई भोंककर डरपोक बना दिया है। …जो उसकी बात से बाहर हुआ, उसका बैल-गाय कटवा देता है, भैंस चोरी करवा देता है या घर में आग लगवा देता है। कई बार बेल केस[2] उस पर चला, लेकिन रुपैया खर्च करके जीत जाता है। नाम भी अजीब है–डागडर नटखटपरसाद !

"हाँ भाई ! किसी का बिसवास नहीं।"

"सोमा जट कल तामगंज मेला में गिरफ़्फ हो गया।" सोमन मोची कहता है–"अभी मेला से जो लोग आए हैं, बोल रहे हैं। …अब हम अखाड़ा में ढोल नहीं बजाएँगे।"

---

1. बदमाश। 2. बी. एल. के केस।

आठ

जोतखी काका आजकल बहुत खुश रहते हैं।

गाँव के लोग आजकल दिन में पाँच बार परनाम करते हैं। ...अलबत्त बरमगियानी हैं जोतखी काका ! कलजुग में भी यदि कुछ तेज बाकी है तो बाभन में ही।... जोतिस बिद्दा हँसी-खेल नहीं। ...बरमतेज अभी भी है। सोना यदि कीचड़ में रहे तो उस पर काई नहीं लग सकती। ...परनाम जोतखी काका !

"जीयो, आओ बैठो ! क्या बात है ?"

"जोतखी काका, हम लुट गए। मेरा तोता कल उड़ गया। हँसते-खेलते चला गया जोतखी काका !" पोलियाटोली का हीरू जोतखी काका के पाँव पर लोटकर रोता है।

"ऐ हीरू क्या हुआ ? जोतखी जी पूछते हैं।

"मेरा बेटा ! मेरा बच्चा जीबानन, कल ही ...एक दिन के बुखार में ...कलेजा तोड़कर चला गया। मेरा सिखाया-पढ़ाया तोता उड़ गया जोतखी कका !" हीरू अब सिर पर हाथ रखकर झुककर बैठा हुआ रो रहा है।

"इतना जल्दी ! कल कौन दिन था—सोमवार ? हुँ ! सोम को मरा है न ?"

"हाँ, ठीक सूरज डूबने के समय !"

"करसामाँ[1] है। डाइन का करसामाँ है। समझे हीरू ! शुक्रवार को अमावस्या है। जिस पर तुमको संदेह हो, उसके पिछवाड़े में बैठ रहना। ठीक दो पहर रात को वह निकलेगी। उसका पीछा करना। वह तुम्हारे बच्चे को जिलाकर, तेल-फुलेल लगाकर, गोदी में लेकर जब नाचने लगेगी तो ...उस समय यदि उससे बच्चा छीन लो तो फिर उस बच्चे को कोई मार ही नहीं सकता। ...इंद्र का वज्र भी फूल हो जाएगा।"

"इसमें और संदेह की क्या बात है जोतखी काका ! ...सफासफी ऐना की तरह बात झलकती है। ...पाँच महीना पहले, दफा चासील के समय, जब सभी लोग दरखास देने लगे तो हमने भी दे दिया। मेरा साला कचेहरी में मोहर्रिल है। उसके पैरवी से जमीन हमको नगदी हो गई। सभी की दरखास नामंजूर हो गई और हमको जमा बाँध दिया। एक दिन पारबती की माँ गेहूँ हिस्सा माँगने लगी तो हम कह दिया कि अब बाँटकर नहीं देंगे। हमको नगदी हो गया है जमीन—दफा चालीस में। बस, तुरत आसीखसराप देने लगी। इसकी दसों बीघा जमीन हम जोतते थे बस, वही गोस्मा मन में पालती रही और कल हमको लूट लिया राच्छसनी ने।"

---

1. करिश्मा।

"ऐ हीरू ! रोओ मत। हल्ला मत करो। चुपचाप, अमावस्या की रात को, दो पहर रात का··· । याद रखना !"

अमावस्या की रात !

पारबती की माँ के पिछवाड़ में मरद भर-भर भाँग की झाड़ी है। हीरू उसी झाड़ी में बैठकर खैनी चुनता और खाता है। ···मोरंगिया गाँजे का नशा बड़ा तेज होता है। कातिक महीने से ही रात में सीत गिरने लगती है। हीरू का देह एकदम ठंडा हो गया। खैनी खाकर गर्म हो लेता है। कहता है–"साली घर में गुटुर-गुटुर कर बोलती है, बाहर नहीं निकलती है। निकलो आज ! ···कहीं घर में ही तो नहीं नाचेगी ? यदि बाहर नहीं हो ···तब ? जोतखी काका ने भी नहीं बताया।"

मौसी को शाम से परेशान कर रखा है गणेश ने ! आज उसकी आँखों से नींद गायब हो गई है। रह-रहकर वह ऐसी-ऐसी बात पूछ बैठता है कि मौसी को अच्छी तरह समझ-बूझकर जवाब देना पड़ता है।

"मामा को जेहल में मारता होगा ?"

"नहीं रे ! तुम्हारा मामा चोर-डकैत नहीं।"

"तो फिर, पकड़ा क्यों ? जेहल काहे ले गया ?"

"सरकार की जो मरजी।"

"सरकार की जो मरजी ! सरकार से तुम क्यों नहीं पूछतीं ?"

"चुप रहो ! सो जाओ बेटा !"

"नानी !"

"बाबू !"

"हमको बाहर ले चलो ! ···पेसाब करेंगे।"

"चलो !"

खट् ! किवाड़ खोलती है मौसी। पिछवाड़े से भँग की झाड़ी हिलती है। हीरू बोतल में दारू ले आया है, जल्दी-जल्दी बोतल में मुँह लगाकर पीता है। ···हाँ, निकली तो राच्छसनी ! ठीक दो पहर रात है। रमडंडी सिर पर आ गया है। सियार बोल रहे हैं। ठीक दो पहर रात है। ···कपड़ा क्यों सँभालती है ? नंगी हो रही है ?

–सटाक् !···!

"आ···ह···! बेटा ग ने स !"

"ना···नी !"

–सटाक् ! सटाक् ! ···फट सटाक् !

"गि-गि-गि-गि···गि ि···"

"नानी !··· कमली··· दीदी ! नानी !"

सब शांति ! मगर जीवानंद··· हीरू का बेटा कहाँ है ? हीरू का नशा अचानक

टूट गया। छर-छर बहती हुई खून की धारा को देखकर वह थर-थर काँपने लगता है। लाठी उसके हाथ से छूटकर गिर पड़ती है। खून ?

पुलिस-दारोगा··· जेहल ···फाँसी-सुल्ली ! हीरू भागता है।

सबसे पहले तहसीलदार साहब हल्ला करते हुए, बंदूक का दो-तीन फैर करते हैं। ठायँ-ठायँ !

सारा गाँव जग गया है। कुत्तों के मारे कुछ सुना भी नहीं जाता है कि हल्ला किधर हुआ, क्यों हुआ। क्या है ? क्या है ? सभी अपने आँगन से ही पूछते हैं। क्या है रामदेव ? अरे नागेसर ! क्या है ?··· पता नहीं ?

तहसीलदार साहब चिल्लाते हैं, "अरे कालीचरन ! आवाज पारबती की माँ-जैसी लगी। तुम लोग घर से निकलते क्यों नहीं ?··· लगता है सारे गाँव के लोग मुर्दा हो गए हैं।"

पारबती की माँ···अरे बाप ! खून से नहा गई है। साँस देखो मरी है या···। हुक-हुक करती है ? तब अभी जान है। और···यह गनेस है ? ···दाँती लगी हुई है। पानी लाओ ! ···किसका काम है यह ? हे भगवान !···लाठी है ? तहसीलदार साहेब के जिम्मे लगा दो लाठी ! इसी से पता चल जाएगा।

"अगमू !" तहसीलदार साहब कहते हैं, "तुम अभी दौड़ जाओ थाना।··· कल पूर्णिया अस्पताल यदि ठीक समय पर पहुँच जाए···"

"नानी··· नानी ! मामा ! डाक्टर मामा !··· दीदी, दीदी !" गणेश रोता जाता है। कमली आँखों को पोंछते हुए गणेश को अपने घर ले आती है। बुद्धि यदि कम होती गणेश को तो अच्छा था। ···कमली के साथ वह आता है। ···बातें भी करता है। कमली कहती है, "भगवान हम सबों के बाप हैं···उन्होंने नानी को अपने पास बुला लिया।"

"हाँ··· यें···" लंबी हिचकी पर गणेश कब्जा नहीं पा सकता है, "नानी !···कमली दीदी ! नानी !"

···हाय रे अभागा ! तेरी कमली दीदी किसके पास रोने जाए ! "बाबू गनेस ! ···तुम्हारे मामा आवेंगे। रोओ मत।"

हीरू पकड़ा गया है। ···पकड़ावेगा कैसे नहीं भाई ! गाँव में किसकी लाठी को कौन नहीं पहचानता ! हीरू की ठुट्ठी लाठी तो मसहूर है–हरहँसेरी में उसकी ठुट्ठी लाठी कमाल दिखाती थी न ! रात में ही लोगों ने पहचान लिया, मगर डर से नहीं बोला कोई ! ···इसके अलावे उसके दोनों पैर खून में लथपथ ! धोया भी नहीं था। ···लगता है, मारने के बाद लहास को थोड़ी दूर घसीटनें की कोशिश की थी हीरू ने। ···सुबह को तो एकदम बघौछ[1] लगे हुए पागलों की तरह ! उसे देखकर डर लगता था।

1. मतिशून्य।

उसकी आँखें बताती थीं, वह अभी और भी कई खून कर सकता है। ...मुँह से लार भी गिरता था। दारोगा ने गिरिफ़्फ कर लिया, मगर वैसा ही ! दारोगा ने दो लात मारी, हवलदार ने दो-तीन हंटर गर्म किए और सिपाही ने तीन-चार तमाचे जड़े, "साला ! बोलता काहे नहीं ? ...नाम गिनाव ऽऽअपन बाप के जे साथ र ह ल न। हौने मुँह का देखऽऽताड़ऽऽ–चच्चा के तरफ देखके बोलऽ ! साला हतियारा कहीं का ! ...नरक में भी जग्हा ना मिली ससुरे !"

मगर वह बकता रहा–"हम अकेले मारा।"

"ससुरे ! ई नीलगाय-जैसन औरत के तूँ अकेले मारा ! बन्नूक-उन्नूक..."

"ऐ सिपाही जी ! छोड़ दीजिए !" छोटे दारोगा साहब बड़े भले आदमी हैं। कहते हैं, "साले ! यदि फाँसी से बचने के लिए पागल हुए हो तो दो ही दिन की मार में मर जाओगे।"

लहास को एकदम ढँककर पालकी में ले जाने का बंदोबस्त करते हैं दारोगासाहब। एक उँगली भी नहीं दिखाई पड़े। ...अतर-गुलाब भी डलवा दिया। अरे ! लहास के साथ गनेस भी जाएगा ? साथ में प्यारू जा रहा है। पुरैनियाँ खजाँचीधरमसाला के पास ही गनेस की एक चाची रहती है। ...वह जब नहीं रखेगी तो अनाथालय में ...

मौसी चली गई हमेशा के लिए।

कमली फूटकर रो पड़ती है।

जोतखी जी को लकवा मार गया–अरधांग ! मुँह टेढ़ा हो गया है। एक आँख एकदम पथरा गई है। पैखाना-पेसाब सब बिछावन पर ही होता है। रामनारायण उनके पास अकेले बैठने में डरता है। रामनारायण जानता है सारी बातें। ...पारबती की माँ की हत्या की रात से ही उनकी हालत खराब हो गई थी। पेट खूब चला ! खून का पैखाना होने लगा–एकदम टटका खून ! लाल-लाल ...इसके बाद गाँव से लाश जैसी ही निकली, लकवा मार गया। भगवान के इस टटका इंसाफ को देखकर रामनारायण डर गया था। इतनी जल्दी पाप को फलते बहुत कम देखा है। ...पैखाने में इतना दुर्गंध है कि चार बीघा आसपास के लोगों को कै हो जाए ! नरक-भोग और किसको कहते हैं ?

...लेकिन जोतखी जी ने कहा था ठीक। ...सुनते हैं जिस दिन पारबती की माँ के केस में दारोगासाहब आए, उस दिन भी बोले हैं, "अभी क्या हुआ है... और भी बाकी है !"

भगवान जाने और क्या-क्या होगा !

जै बाबा 'जिन-पीर', गाँव की रच्छा करो महतमा !

नौ

कोठारिन लछमी दासिन बालदेव जी के साथ मठ से अलग हो गई।

कलम-बाग में बाँस-फूस के तीन सुंदर बँगले खड़े हो गए हैं। इस इलाके की यह भी एक बड़ी कारीगरी है—बाँस-फूस का चौखड़ा। एक ही डर होता है—आग का ! लेकिन होता है खूब ! मेहराव और जाफरी गूँथकर लगा दिया है। फूल तो पहले से ही लगे हैं ! बाग की खपसूरती तो अठारह गुना बढ़ गई है। वाह रे कोठारिन ! चार सौ रुपए में एक जोड़ा बाछा खरीदकर मँगवाई है—मोतीचूर हाट से। बड़ा तेज है। हल्की-सी बाछा-गाड़ी बनवाई हैं बाँस के पोर-पोर को छीलकर उसमें तरह-तरह के रंग लगाए गए हैं। हर बंधन को और खासकर बल्ला की डोरी को सतरंगे लड़ों में गूँथा है। छोटे-छोटे लटकन-फुदने—लाल, हरे, पीले, नीले। बाँछों के सर पर पीतल के पान हैं, गले में कौड़ी की लड़ियाँ और घंटी है। एक छोर मीढ़ी झुनकी भी है। झुन-झुन टुन-टुन, झुन-झुन टुन-टुन ! सुनो··· वही ! बालदेव जी गोसाईं साहेब की बग्घी-सम्पनी निकली ! झुन-झुन टुन-टुन !

··· बालदेव जी अब कितने साफ-सुथरे रहते हैं ! बगुला के पाँखों की तरह खादी की लुंगी और मिर्जई दप-दप करती है। देह भी थोड़ा साफ हो गया है। लछमी अपने हाथों से सेवा करती है।··· मठ पर तो अब कौआ-मैना के 'गू' के साथ आदमी के बच्चों के भी पैखाने भिनकते रहते हैं। रमपियरिया की माये दिन-भर पड़ी रहती है; साथ में छोटे-छोटे तीन-चार बच्चे रहते हैं। भंडारी उस दिन आकर कलप रहा था—"दासिन, परसाद चित्त से उतर गया है। रोज रात को सपना देखते हैं कि पीने के पानी में मछली छलमला रही है··· सतगुरु हो !"

एक महीने में 'ड़मपियाड़ी' ने माया के जाल में महंथ रामदास के अंग-अंग को फाँस लिया है।

महंथ साहब इस जाल से निकल भागने के लिए छटपटा रहे हैं, मगर जाल की गिरहें और उलझती जा रही हैं।··· कल गाली-गलौज और मार-पीट हो गई। महंथ साहब ने रौतहट हटिया से सुबह को एक भरी गाँजा मँगवाया था; रात में सोने के समय ड़मपियाड़ी ने कहा, "महंथ साहेब, गाँजा फुरा गया[1] !"··· सुनते ही महंथ साहब चिढ़ गए, "ऐं, सुबह को ही न एक भर ला दिया है भंडारी ने !"

रमपियरिया महंथ साहब की मर्दानगी देख चुकी है ! वह चुप क्यों रहे ? दम लगाने के समय होस रहता है कि नहीं ?" दिन-भर घोड़ा के दुम की तरह चिलिम मुँह में तो लगा ही रहता है··· !"

"चुप चमारिन ! अखाड़ा को भरस्ट कर दिया। सतगुरु हो··· लछमी ठीक कहती

---

1. चूक जाना।

थी !"

इसके बाद रमपियरिया की माये और बच्चों ने मिलकर ऐसा हल्ला मचाया कि बात कुछ समझ में ही न आई।··· महंथ रामदास चिल्ला रहे हैं, चिमटा खनखना रहे हैं, और रमपियरिया गा-गाकर सर चढ़ाकर रो रही है, "अरे ! तोऽऽरा हाथ में कोढ़ फूटे रे कोढ़िया ! अरे लछमिनियाँ के खातिर···"

··· सतगुरु हो ! सतगुरु हो ! बंद करो ! बंद करो !···

बालदेव जी को पारबती की माँ के खून के बाद से रात को बड़ा डर लगता है। रात-भर··· कलेजा धड़-धड़ करता रहता है। जरा भी कुछ आवाज हुई कि बिछावन पर तड़क उठते हैं। लछमी कहती है–निरमल चित्त पर खराब छाप पड़ने से ऐसा ही होता है !··· बालदेव जी की आँखें ही बता रही हैं।

डिम डिमिक-डिमिक्, रुन झुनुक-झुनुक् ! लछमी आज खुद खँजड़ी बजा रही है। बालदेव जी आसनी पर बैठे हुए हैं। खिड़की के कमरे में चाँदनी का एक टुकड़ा उतर पड़ा है। दीवारगीर की हल्की रोशनी में लछमी की आँखें स्पष्ट नहीं दिखाई पड़ती हैं।···

ज्वाला बिरह वियोग की, रही कलेजे छा-य।
प्रेमी मन मानै नहीं, दरसन से अकुला-य !

बालदेव जी टकटकी लगाकर लछमी की ओर देख रहे हैं। खँजड़ी बजाकर गाने के समय लगता है कि लछमी की बोटी-बोटी नाच रही है। घुटने के बल बैठी है···! 'इंदर सभा' नाटक में 'हूर परी, मसहूर परी, सबुज परी' झँझनी बजाकर जैसे गाती थी, उसी तरह।··· रह-रहकर पारबती की माँ की खून से लथपथ लाश की याद आ जाती है, एक पलक के लिए।···बालदेव जी आँखें मूँद लेते हैं।··· लछमी की देह से जो सुगंधी निकलती है, वह आज और तेज हो गई है··· लछमी की आवाज काँप रही है।··· रो रही है लछमी ? ऐ ? गाल पर लोर ढुलक रहे हैं ?··· लछमी !

"लछमी ! लछमी ! रोओ मत लछमी !" बालदेव जी की बाँहों में भी इतना बल है ?··· लछमी को बाँहों में कसे हुए हैं। लछमी गाती ही जाती है।

गृह आँगन बन गए पराए
कि आहो संतो हो !
तुक बिनु कंत बहुत दुख पाए··· !

डिम डिमिक-डिमिक् !
रुन झुनुक-झुनुक् !

एके गृह, एक संग में, हौं बिरहिण संग कंत
कब प्रीतम हँस बोलिहैं जोह रही मैं पंथ !

ढन-ढन रुनुक-झुनुक ! झन-न··· खँजड़ी हाथ से छूटकर गिर पड़ती है। बालदेव जी के ओठों पर आज पहली बार ऐसी मुस्कराहट देखती है लछमी। गेहुआँ मुख-मंडल, छोटी-छोटी दाढ़ी-मूँछ···

··· बालदेव जी के पाँव के अँगूठों से आँखें छुलाते हुए लछमी नजर मिलाती है, "सा··· हे··· ब ब न्द गी !"

दस

कामरेड बासुदेव और सुंदरलाल भी गिरिफ्फ़।··· कैसे नहीं गिरिफ्फ़ होगा भाई ! एक साल पहले तक किसी ने कभी गंजी भी पहनते नहीं देखा सुनरा को, सो इस गरमी के मौसम में कोट, पेंट, गुलबन मोजा, जूता और चस्मा लगाकर कटिहार जक्सन के मुसाफिरखाना में बैठने से, लोग संदेह नहीं करेगा ? एक डिब्बा सिगरेट खरीदकर दसटकिया लोट तोड़ाते थे दोनों। सुनते हैं, आधा घंटा में ही दोनों ने करीब-करीब सभी फेरीवालों को बुलाया और सौदा किया, "ए चाहवाला, सुनता है नहीं ! देहाती समझ लिया है क्या··· चाह लाओ। बिस्कुट खाओगे जी सुन्नर ? अरे, थड़किलासी बिस्कुट क्या खाओगे जी !" कटिहार के फेरीवाले कैसा चाँई[1] होते हैं सो सबों को मालूम है। उन लोगों ने बहुत बड़े-बड़े लोगों को देखा है, पर ऐसा नहीं। भिखमंगे को चौअन्नी दे दिया, "जाओ, नास्ता कर लो !"··· लड़ाई के जमाना में अमरीकन साहेब लोग इसी तरह सिगरेट और बिस्कुट लुटाते थे। बस, सी-आई-डी कहाँ नहीं है ! तुरंत दोनों को गिरफ्फ़ कर लिया। भगवान जाने अब और किसका-किसका नाम गिनाता है !

जोतखी जी ठीक कहते थे–अभी क्या हुआ है, अभी और बाकी है !

"बासुदेव ने कालीचरन का भी नाम बताया है, सुनते हैं।"

"ऐ···! कालीचरन है कहाँ ?"

"मंगलादेवी को कटिहार रखने गया है।"

मंगलादेवी कटिहार चली गई। गाँव का चरखा सेंटर टूट गया।··· कटिहार में मंगला के दूर के रिश्ते के बहनोई रहते हैं। कालीचरन पहुँचाने गया है। पाटी आफिस में सुमेरन जी बोले, "सुनते हैं तुम पर भी वारंट है।"

"वारंट ?"

"हाँ, बासुदेव और सुनरा ने तुम्हारा भी नाम बताया है··· जरा होशियारी से

---

1. धूर्त

घर लौटना !"

"बासुदेव ! सुनरा !... बेईमान, झूठा !"

कालीचरन अँधेरे में कोठी के बाग के पास छिपा हुआ है। जरा रात हो जाए तब घर जाएगा। बासुदेव और सुनरा को सोमा ने इतना आगे बढ़ा दिया। उसको ताज्जुब होता है। डकैती के तीन दिन बाद ही कालीचरन को सब पता लग गया था। सिकरेटरी साहब को चुपचाप कहने के लिए पुरैनियाँ गया वह, लेकिन सिकरेटरी साहब पटना चले गए थे। सिकरेटरी साहेब से सारी बातें कहनी होंगी। चलित्तर कर्मकार से हेलमेल बढ़ाने का यही फल है। हम पर बिसवास नहीं हुआ उनको तो... बासुदेव को चारिज दिए कि चलित्तर से मिलते रहो।... बंदूक-पेस्तौल चलित्तर देता है। काली को जेहल का डर नहीं, पाटी की कितनी बड़ी बदनामी हुई !... अरे बाप, पटना के बड़े लीडर लोग को कैसे मुँह दिखलाएँगे ? सब चौपट कर दिया। कोई आ रहा है सायद !

कोठी-बाग के पास ही अँधेरे में चेथरू से मुलाकात हुई। जड़ी उखाड़ने आया था। उसने बतलाया, "गाँव में पुलिस-दरोगा कम्फु लेकर आए हैं।" कालीचरन ने चेथरू को दो रुपया दिया, "माँ को दे देना !... और यह तुम लो एक रुपया !"

जड़ी उखाड़ने के बदले चेथरू गाँव की ओर भागा।... फिरारी किरांती को पकड़ा देनेवालों को बहुत रुपैया इनाम मिलता है। तुरत ही उसने दारोगा साहब को चुपचाप खबर दी, "हम कालीचरन को कोठी के बगीचे में देखा है।"

... दारोगा साहब मलेटरी लेकर जब तक आवें, कालीचरन पबन[1] हो गया।

चेथरू कहता है, "यहीं से पश्चिम की ओर हनहनाता हुआ चला गया, घोड़पाड़ा की तरह।"

खेलावनसिंह यादव बेचारे को फिर एक चरन लग गया। इधर खेलावन जरा जादे हेलमेल रखता था कालीचरन से। दारोगा साहब ने कहा, "जरूर डकैती का माल आपके यहाँ रहता है। आपने उन लोगों को चौखड़ा घर बनवा दिया है। क्यों ?"

... लगता है, खेलावनसिंह यादव का दिन अब घटती पर है।... जब चढ़ंती पर रहता है किसी का दिन, तब वह माटी भी छू देगा तो सोना हो जाएगा। दिन बिगड़ने पर चारों ओर से खराब खबरें ही आती हैं।...तहसीलदार साहेब का डेढ़ हजार मुँहजुबानी बाकी था।... कमला किनारे की बंदोबस्तीवाली जमीन में से दस बीघा सूद-रेहन रखकर और भी एक हजार रुपैया तहसीलदार से लिया है खेलावन ने। कल अररिया-बैरगांछी से खबर आई है, सकलदीप नानी का दस भर सोना चुराकर न जाने कहाँ भाग गया है।... सुनते हैं, मदनपुर मेला में एक ठेठर कंपनी आई थी कलकत्ता से। उसमें एक लैला थी। उसी ने सकलदीप को फँसा लिया है। जवान तड़-तड़ बहू घर में है। सकलदीप के ससुर आसिनबाबू तो बड़े आदमी हैं, खोज निकाल लेंगे !... खेलावन की स्त्री कहती है, "जिन पीर बाबा के दरघा पर घर नहीं है, वहाँ एक झोंपड़ी बनाने के लिए तीन साल से

---

1. हवा।

कह रही थी, आखिर नहीं बनाए। कालीचरन की बात पर फुच्च हो गए, चौखड़ा घर बनवा दिया।··· दुहाई बाबा जिन पीर ! भूल-चूक माफ करो। मेरे बच्चा का मति फेर दो महतमा ! सिरनी और बद्धी चढ़ाऊँगी, एक भर गाँजा दूँगी।"

मँहगूदास के यहाँ खलासी जी आए हैं !··· फुलिया की सारी देह में घाव हो गया है। पैटमान जी के पास कई बार संवाद भेजा फुलिया ने। एतबारी बूढ़ा को उस दिन भेजा तो मालूम हुआ पैटमान जी की बदली हो गई बथनाहा, नेपाल सीमा के पास। चौकी-खाट वगैरह सब बेच दिया है पैटमान जी ने। सरकारी नौकरीवाले की जब बदली होती है तो वह सभी चीज़ें बेच देता है। नई जगह में जाकर नई चीज़ें मिलती हैं ! इसलिए क्या जनाना को भी छोड़ देगा कोई ? खलासी जी ने सुना तो दौड़े आए हैं !··· कोई कुछ कहे, खलासी का कोई दोख नहीं। सारा दोख फुलिया का है !··· जो बेचारा इतना खरच करके तुमसे चुमौना किया, वह तुमको अगोरकर बैठा रहेगा तो चूल्हा कैसे जलेगा ? खलासी बेचारा दिन-भर रेलबी लैन पर काम करता था और इधर पैटमान जी लैन किलियर देकर, गाड़ी पास करने के बाद फुलिया के यहाँ आकर बैठे रहते थे। आखिर एक दिन लड़ाई-झगड़ा, मार-पीट करके फुलिया उनके यहाँ भाग गई। खलासी जी का इसमें क्या कसूर है ? पाप भला छिपे ?··· सारी देह गल गई है, मगर अभी भी होस नहीं हुआ है फुलिया को।··· रमपियरिया उसके यहाँ रोज आती है और फुलिया फुसुर-फुसुर करके उसको सिखाती है–महंथ से कोई चीज माँगने का कौन समय है··· कैसे क्या कहना चाहिए।

खलासी जी कहते हैं, "दुनियाँ-भर के लोगों की गरमी की बेमारी आराम करें हम, और हमारी घरवाली इस रोग से भोगे ?··· तीन गोली में ही ठीक हो जाएगी। एक बात है, गरमी निकलेगी तो एक अंग को लेकर–आँख, नाक, दाँत, अँगुली, इसमें कोई एक अंग झूठा हो जाएगा !"

गाँव के बारे में खलासी जी कहते हैं, "गाँव में बनरभुत्ता लगा है। बंदर का भूत ! गाँव-के-गाँव इसी तरह साफ हो जाते हैं। कोई बंदर मरा था इस गाँव में ?"

"ठीक बात ! एकदम ठीक ! डागडरबाबू तो तीन बंदर पालते थे। न जाने कौन सूई दिहिन कि दोनों बेचारा केंकाते-केंकाते मर गया।··· रात-भर किकियाया था, याद नहीं ?"

"ठीक बात ! ठीक बात ! एह, यह डागडर ऐसा जुल्मी आदमी था ! सारे गाँव को चौपट कर दिया।"

"कोई पर्वाह नहीं।" खलासी जी कहते हैं, "हम रात में चक्कर पूजकर, इस टोला के बाँध देंगे। कुछ नहीं होगा।"

रमजूदास के गुहाल में चक्कर पूजा है खलासी ने··· चावल, दूध और अड़हुल

के फूल से चक्कर बनाया है। बीच में माटी का एक बड़ा-सा दीया है और उसमें एक बड़ी-सी बत्ती जल रही है। एक बोतल दारू पीकर खलासी जी बैठे हैं, रह-रहकर दीया की जलती बाती को मुँह में ले लेते हैं।···अरे बाप! अलबत्त ओझा है खलासी जी। अरे ! रे ! रे !··· जीभ में सुई गड़ा लिए, इस पार से उस पार !

अरे आजु के रैनिगे मैया
बड़ा अन्हकाल लागे
दाहिने डाकिन, बामे पिचास बोले

हुँ··· हुँ··· हुँ··· हुँ··· हुँ !

दोहाय गौरा पारबती इसर महादेव
नैना जोगिन, जो सत से बेसत जाय
···अंग अंग फूट बहराय !

–फूत··· फूत !
हिं-हिं-हिं-हिं···!
"अब गाइए आप लोग 'गोचर'।"
गाँव के 'भकतिया' लोग शुरू करते हैं–मृदंग पर देवी का गीत
'गोचर !
धि-धिनक् ति-धिनक् !

कँहवाँ के जे आ गे मैया आ आ···

खलासी जी दीया की बाती को नचा रहे हैं और मुँह में लेकर बत्ती बुझाते हैं, फूँक मारकर भक् से फिर दीया जलाते हैं··· कबूतर को कच्चा ही चबाकर खा रहे हैं।··· असल ओझा हैं खलासी जी !

ग्यारह

"कमली के बाबू ! कमली के बाबू !···"

नींद में तहसीलदार साहब की नाक बहुत बोलती है–खुर्र खुर-र··· कमला की माँ पलँग के पास खड़ी है। उसके चेहरे पर भय की काली रेखा छाई हुई है–"कमली के बाबू ?"

"ऊँ यें !··· क्या है ?"

माँ धीरे-से पलँग पर बैठ जाती है।··· तहसीलदार साहब भी अचकचा जाते हैं, "क्या है ?"

"कुछ नहीं," माँ फिसफिसाकर कहती है, "कमली ने··· कमली ने तो आँचल में दाग लगवा लिया···।"

"आँ यें ?··· आँचल में ?" तहसीलदार साहब को लगा कि कमली के कपड़े में आग लग गई है। कमली जल रही है।

"हाँ, चार महीना···!"

तहसीलदार साहब और माँ दोनों एक ही साथ लंबी साँस छोड़ते हैं।

"हे भगवान !"

"अब क्या होगा ?"

"समझो !"

"कैसे पता चला ?"

"मुझे तो पिछले महीने में ही थोड़ा संदेह हुआ था। आज पूछने लगी तो चुपचाप टुकुर-टुकुर मुँह देखने लगी।··· डाक्टर ने तो खूब इलाज किया ! अब मुँह पर कालिख जो लगी है, इसको कौन छुड़ावेगा ?"

तहसीलदार साहब का मुँह सूख जाता है। आखों के आगे भयावने दृश्य एक-एक कर आते-जाते हैं—उनके मुँह में कालिख पुती हुई है, और सभी लोग ताली बजाकर हँस रहे हैं, पीछे-पीछे दौड़ रहे हैं।

"मैं पहले ही कहती थी, इतना हेलमेल अच्छा नहीं। आग और फूस एक साथ कब तक रहें ?··· और तुम्हारी दुलारी पर तो मानो जादू कर दिया है डाक्टर ने। अभी भी कह रही है, डाक्टर ने कहा है···।"

"क्या कहा है डाक्टर ने ?" तहसीलदार साहब तिनके का सहारा ढूँढ़ रहे हैं।

"साफ-साफ कहाँ कहती है कुछ ! कहती है कि डाक्टर ने कहा है—जो होगा, मंगल होगा।"

"मंगल ! हुँह ! मंगल !··· पाजी, सूअर, नमकहराम, कुत्ते का बच्चा, साला ! अब गले में रस्सी का फंदा लगाकर मरो कमली की माँ !··· क्या करोगी ?"

"लेकिन मैं सपथ खाकर कह सकती हूँ; मेरी बेटी का इसमें कोई दोख नहीं···।" माँ रो पड़ती है, "कमली का कोई कसूर नहीं। डाक्टर ने फुसलाकर उसका सत्यानास किया है।"

कमली भी अपने बिछावन पर लगी हुई है। आज उसे बार-बार डाक्टर की याद आती है। डाक्टर का हँसना, बोलना, रूठना-झगड़ना, मीठी-मीठी बातें करना और बाँहों में जकड़कर···। उसकी आँखें भर-भर आती हैं। लेकिन डाक्टर ने कहा है, जो होगा, मंगलमय होगा !··· यदि डाक्टर को दामुल हौज[1] हो जाए तब ?

---

1. कालापानी, आजीवन कैद।

··· माँ रोती क्यों थी ? महाभारत में कुंती, देवयानी, अहल्या, द्रौपदी, कौन ऐसी है जिसको···? डाक्टर ने कहा है, हम दोनों को कोई अलग नहीं कर सकता।

"डाक्टर ने क्या कहा है ?" तहसीलदार साहब, सुबह-सुबह चाय पीते समय पूछते हैं, "पूछो कमली से साफ-साफ, डाक्टर ने क्या कहा है ?"

"कहती है, डाक्टर कहता था, हम लोगों को कोई अलग नहीं कर सकता !" माँ धीरे-धीरे इधर-उधर देखकर कहती है।

"सो तो समझा !" तहसीलदार साहब का चेहरा फिर बुझ-सा जाता है, "लेकिन सवाल है कि वह तो जेल में है, अब क्या सजा होती है, सो कौन जाने ?··· फिर मरद की बात का क्या ठिकाना ?··· कमली के पास उसकी कोई चिट्ठी-पत्तरी है ?"

तहसीलदार साहब कानूनची आदमी हैं। कागज पर आपके हाथ का 'क' भी लिखा रहे तो उससे वह सारी दस्तावेज ऐसी बना दें कि पटना का इस्पाट[1] भी नहीं पहचान पाए कि असली है या जाली !

"चिट्ठी-पत्तरी यदि होगी भी तो वह देगी नहीं। वह कह रही थी कि हमको गुदाम-घर में बंद रखो। लोग तो जानते ही हैं कि कमली बीमार है। तब तक डाक्टर आ जाएगा।··· लड़की की बातें सुनकर कलेजा थिर नहीं रहता है। कहती थी, माँ, अपराध के लिए आखिर कोई सजा तो मिलनी ही चाहिए। हमको घर में जेहल दे दो !"

"इस्-इस् !" तहसीलदार साहब का भी दिल कसक उठता है, "कमली की माँ ! मेरी बेटी अब मेरे सामने नहीं आवेगी ? क्यों ? एक बार उससे बात करना चाहता हूँ। तुम क्या कहती हो ?"

उफ् ! कमली के चेहरे पर दिनों-दिन तेज आता जा रहा है। मुखमंडल चमक रहा है, लेकिन आज उसकी निगाहें नीची हैं। चुपचाप आकर पर्दे की आड़ में खड़ी हो जाती है।

"दीदी !"

"..."

"इधर आओ दीदी ! तुम्हारा कोई कसूर नहीं बेटा !"

"बाबू जी, मेरी सूरत मत देखिए !··· मुझे गुदाम-घर में बंद कर दीजिए।" कमली रो पड़ती है, फफक्-फफक् !

और कोई उपाय भी तो नहीं।

कमली कहती है—"लगता है कि यह डाक्टर नहीं जिन है··· एक बार गौरी मौसी ने जिन-पीर की कहानी सुनाई थी।"

"डर तो नहीं लगता ?"

"नहीं माँ ! डाक्टर अब मेरे पास हमेशा रहता है। मुझे डर नहीं लगता है। इसलिए मैं एकांत में, अँधेरे में रहना चाहती हूँ। माँ, डाक्टर का कोई कुसूर नहीं,

---

1. विशेषज्ञ, एक्सपर्ट।

वह सचमुच जिन है।"

सुनते हैं कि जिन जिस पर प्रसन्न हो उसको तुरत कुछ-से-कुछ बना देता है। रुपया-पैसा, जगह-जमीन, तुरत ढेर लगा देता है। और जिन जब लेने लगे तो धान के बखार-के-बखार में चूहे लग जाएँगे··· तंबाकू पर पत्थल गिर पड़ेगा··· किसी बड़े सेशन-केस में फँसना होगा।··· तहसीलदार साहब हिसाब करके देखते हैं, डाक्टर जब से उस परिवार में घुला-मिला है, रोज अलाए-बलाए की आमदनी होती ही रहती है। जिस बात से सारे गाँव का नुकसान हुआ है, उसमें भी नफा ही रहा तहसीलदार को। मुकदमे में मुल्ले फँस गए और इतना बड़ा सेशन केस दूसरों के सिर पर ही खेप लिया। अपने घर से तो एक पैसा गया ही नहीं, ऊपर से पाँच हजार के करीब फायदा ही हुआ। खेलावन, रामकिरपाल सिंघ वगैरह की जमीन मिली सो मुफ्त में ही। कमला ठीक कहती है–डाक्टर जिन है।

कमली ने एक सप्ताह बहुत मजे में काट दिया। कुछ किताबें पढ़ने को माँगी हैं–"विषवृक्ष, इंदिरा, राजसिंह, आनंदमठ, देवदास, श्रीकांत, रंगभूमि, गोदान और··· हरिमोहन बाबू की कन्यादान। बस, अभी इतना ही ! डाक्टर साहब की अलमारी में हैं किताबें।··· हाँ, हाँ, निकलवाइए।··· प्यारू से कहिएगा !"

गुदाम-घर की ऊपरवाली खिड़कियों से चाँद झाँकता है।··· शरत् की चाँदनी ! चाँद बादलों में छिप जाता है।··· माँ दुर्गा के आने की सूचना मिल गई है। इस बार देवी किस चीज पर चढ़कर आवेंगी, बाबा से लिखकर पूछना होगा ! जरूर हाथी पर आई होंगी ! जिस बार हाथी पर आती हैं माँ···

बारह

जै ! दुर्गा माता की जै !

चंपापुर के कुमार साहब ने इस बार फिर बड़े-बड़े पहलवानों को बुलाया है। कुश्ती, शिकार, संगीत और साहित्य, सबका एक सम्मिलित पीठस्थल रही है चंपापुर की ड्योढ़ी।

"बूढ़े राजा के समय की बात जाने दीजिए। अभी भी कुछ कम नहीं–विश्वकवि रवींद्र ने जिस ड्योढ़ी की साहित्य-गोष्ठी में अपनी प्रसिद्ध रचना 'राजा-रानी' की आवृत्ति की है, जहाँ की संगीत-मंडली में पूरे एक सप्ताह तक फैयाजखाँ की अमर स्वर-लहरी लहरा चुकी है। बूढ़े राजा ने शिकार पर कई किताबें लिखी हैं···।"

···पंजाबी पहलवान मुश्ताक का चेला 'चाँद' आया है, इस बार। जमेगा !···

कालीचरन बनमंखी के पास एक गाँव में है। दूर के रिश्तेदार बहुत चालाक आदमी हैं। उसका नाम बदल दिया है–रुस्तम खाँ। लोगों से कहता है रुस्तमखाँ तंबाकू का दल्लाल है, पूबा[1] है। कल चाँद अखाड़े में जाँघिया लगाकर उतरा, मगर सुनते हैं कि कोई जोड़ा ही नहीं मिला।···कालीचरन ऐंठ जाता है। वह जाएगा, ज़रूर-ज़रूर !

··· चंपापुर मेले का दंगल है बाबू !··· देखनेवालों पर कभी-कभी ऐसा जाम सवार होता है कि आसपास के लोगों में धक्कममुक्की शुरू हो जाती है। सिपाही जी लोग छड़ी नहीं चमकाते रहें तो हर साल एक-दो आदमी दबकर मर जाएँ !

आज भी चाँद जाँघिया लगाकर घूम रहा है। कालीचरन भीड़ में से देखता है, "वाह ! बलिहारी दोस्त ! शरीर को खूब बनाया है ! बलिहारी है दोस्त !"

··· ऐं ! आज भी चाँद का जोड़ा नहीं मिला ?··· जै-जै ! दुरगा माई की जै ! जोड़ा नहीं मिला ! जै !

भेंपों-भेंपों-भें-भें··· ! पों-पों-पों !

चटाक् चट-धा। चट-धा गिड़-धा !

"अ··· ज-ज-जा। आ-आली !" हाफ कमीज और पाजामा फाड़कर चित्थी-चित्थी करते हुए कालीचरन मैदान में उतर पड़ता है।

"ऐ ! ऐ ! पागल है, मारो, मारो !"

"नहीं जी !··· जाँघिया है अंदर में !"

··· अरे ! वाह ! यह तो असल जोड़ा है।··· कौन है ? अखाड़े में उतरने का ढंग ही कुछ ऐसा है कि सबकी आँखें चमक उठती हैं।··· सभी की निगाहें आपस में मिलती हैं–हाँ, यही है चाँद की जोड़ी !

मंडल जी नाम-धाम पूछकर जल्दी से कुस्ती सुरू करवाने का हुकुम दे रहे हैं सरकार !

सभी बाजे-गाजे अचानक थम गए हैं।··· क्या हुआ ? कुस्ती होगी या नहीं ? पहलवान मुश्ताक अली हाथ जोड़कर क्या कह रहा है बड़े कुमार साहेब से ? क्या नाम कहा ?··· रुस्तम अली ! जोगबनी का ? मोरंगिया है ? नहीं-नहीं, देसिया ही है।··· वाह, अलबत्त जोड़ा है !

चटाक् चटधा ! चटधा गिड़धा !

"अरे वाह रे उस्ताद ! ले-ले-ले बच गया।···अरे, यह तो बिजली है–बिजली !" चाँद नाच रहा है। यह पंजाबी पैंतरा है। रुस्मत चुपचाप मुस्करा रहा है···मंगला ··· उस्ताद ! आज की बाजी यदि हार गए तो समझेंगे कि मंगला को छूना पाप हुआ।··· यदि जीत गए तो··· गह परीन्छा है मेरी !"··· चाँद को क्या ऐब लगा दिया है उसके गुरु ने ? इतना पागल होकर टूटता क्यों है ? काली··· रुस्तम मुस्कराकर एक छोटी दुलकी लेता है; चाँद ने अचानक ही फिर हमला किया।

"अ-जा-जा !"··· भैया, यह रुस्तमखाँ भी तो कमाल है ! कोई जादू जानता

---

1. पूरब का।

है क्या ? हाँ, चाँद को मालूम हो गया होगा।

"नहीं जी, कहाँ पंजाबी और कहाँ देसिया !"

... कहीं दारोगा साहेब तो देख नहीं रहे हैं ?—क्या ठिकाना ! खेल दिखाने का समय नहीं। जल्दी फैसला हो जाना चाहिए...।

"अरे, ला-ला-रा-जा-हा-हा... हा, हो-हो, जै-जै !"

पीछेवाले उचक-उचककर देखते हैं। पास के पेड़ की एक डाली टूट गई। क्या हुआ ?... साफ ?... कौन ? डेढ़ गज के एक-छोटे से चक्कर में रुस्तम घूमा और चाँद को आसमान दिखा दिया।

"कहाँ गया ? रुस्तम कहाँ गया ?" बड़े कुमार साहब भाव विह्वल होकर पुकार रहे हैं। शक्ति का पुजारी खोज रहा है—"रुस्तम !... भीड़ को हटाइए। रुस्तम कहाँ गया ?"

... लगता है, जौहरी को कीमती पत्थर हाथ लग गया है। नहीं, नहीं, हाथ में आते-आते खो गया। कहाँ गया।

रुस्तम लापता हो गया।

बहुतों ने कहा—चलित्तर कर्मकार ही नाम बदलकर अखाड़े में उतरा था। चलित्तर को सुनते हैं, लाल-धूजा, हनुमानी झंडा का महातम मिला है—वह कहीं हार नहीं सकता।

मेला में लाल फाहरम बाँट हुआ है। लिखा है—"कम्युनिस्ट पार्टी के लाल झंडा को बुलंदी से ढोनेवाले चलित्तर कर्मकार के ऊपर से वारंट हटाओ।"

कालीचरन वनमंखी के रिश्तेदार के यहाँ से फारबिसगंज की ओर चला जाता है। सिकरेटरी साहब उससे नहीं मिलना चाहते हैं। लेकिन वह मिलेगा। सुनते हैं, सिकरेटरी साहब ने कहा है, कालीचरन वगैरह पार्टी के मेंबर नहीं, किसान सभा के दुअन्निया मेंबर हैं। मिलकर वह सारी बातें समझाएगा। उस रात वह पाटी आफिस में था।... धरमपुरी जी से भी भेंट नहीं हुई, बंबे गए हैं। कालीचरन अपनी पूरी सफाई देकर ही हाजिर होगा।

"अरे। तुम ! काली !" मंगला डरते-डरते सँभल गई, "क्या डफाली मियाँ की तरह सूरत बनाई है ! अंदर आ जाओ। कोई डर नहीं। अकेली हूँ।"

कालीचरन मंगला से मिलने आया है—अचानक।

कालीचरन को एक पुराने रेलवे क्वार्टर के अंदरवाले कमरे में बिठाकर मंगला लोटा-गिलास लेकर पानी के नल पर चली जाती है। कालीचरन देखता है—चरखा है, धुनकी भी है, खाट पर कंबल के ऊपर सफेद खादी की चादर है।... उसकी आँखों में खुमारी है। रात-भर बैलगाड़ी पर जगा ही रह गया। रेल पर भी ऊपरवाली तखती पर लेटा आया है।... लोटा-गिलास चकमक करता है। ठंडा पानी ! नीबू का शरबत !

मंगला गिलास बढ़ाते हुए मुस्कराती है, "मैं तो डफाली मियाँ ही कहूँगी। रुस्तम अली तो जोगबनी मिल का बूढ़ा सरदार है।"

कालीचरन हाथ में गिलास लेकर मंगला की ओर टकटती लगाकर देखता है। मंगला कितनी दुबली हो गई है ! रंग भी जरा चरका हो गया है !

"खबरदार ! हैंडसप् !"

खट-खट-खट-खट !

··· दारोगासाहब, पिस्तौल ताने खड़े हैं। आठ-दस सिपाही बंदूक की नली को इस तरह ताने हुए खड़े हैं।

"दारोगा साहब ! पानी पी लेने दीजिए !" मंगला को थाना-पुलिस का क्या डर !

"आप··· तुम··· कौन हो इसकी ? तुम क्या करती हो, तुमको भी गिफ्तार किया जाता है।"

"दारोगा साहब, इनको पानी पी लेने दीजिए।"

मंगला अपना सर्टिफिकेट देखने के लिए देती है।

"ओ ! आप चरखा सेंटर की महिला हैं···" दारोगा साहब मंगला के सर्टिफिकेट को देखकर वापिस देते हैं।

"हाँ, मेरीगंज में काम करती थी। जान-पहचान थी, एक साथ काम किया था। इसीलिए···!"

"नोच लो साले की दाढ़ी ! तेरी माँ को··· ।"

"आह !" मंगला झट से दरवाजा बंद कर लेती है।

ऊपर से बंदूक के कुंदे जड़ रहे हैं काली के कंधे पर ! वह शरबत का डकार लेता हुआ पुलिस-लारी पर जा बैठता है। कातिक महीने के कागजी नीबू में कितनी सुगंध होती है !··· सर से झर-झर खून गिर रहा है। लेकिन, उसका सारा शरीर संतुष्ट है, शून्य है।

दारोगा साहब उसके मुँह में हंटर डालते हुए कहते हैं–"साला ! मर जाएगा, मगर नहीं कबूलेगा। सोमा साला भी ठीक ऐसा ही है। अरे !··· चलित्तर करमकार तेरी माँ का भतार है, है न ?"

कालीचरन के हाथों की हथकड़ी एक बार झनक उठी। घायल पुट्ठों में एक नया दर्द उभर आया, आँखों में खून उतर आया।··· लेकिन नहीं। उसकी पाटी बदनाम हो रही है। वह सबकुछ सहेगा।

"भेज दो साले को !··· बासुदेवा और सुनरा तो दो ही थप्पड़ में बक-बक उगलने लगा। उन दोनों को क्या है ? सरकारी गवाह हो गए हैं। रिहा हो जाएँगे दोनों।··· मरेगा यही दोनों।··· डकैती विद मर्डर !"

नीबू का शरबत !··· डकार अभी भी आ रहा है कालीचरन को !

–मंगला, मुझे माफ़ करना !

तेरह

बालदेव जी रामकिसुन आसरम बहुत दिनों बाद आए हैं।··· एकदम बदल गया है आसरम ! लोग भी बदल गए हैं। थोड़ा चालचलन भी बिगड़ गया है आसरम का। अब तो लोग मछली और अंडा भी चौका ही में बैठकर खाते हैं। अमीनबाबू सिकरेटरी हुए हैं। कहते हैं, "मछली-मांस आश्रम में न तो बनाया-धोया जाता है और न चूल्हे पर पकता ही है। लोग शहर से पका-पकाया ले आते हैं, खाते हैं। इसमें हर्ज ही क्या है ?"

"हरज क्या है ?" बालदेव जी हक्का-बक्का होकर अमीनबाबू का मुँह देखते हैं, "लेकिन··· पहले तो आसरम के हाता में भी नहीं आता था।"

"यह जो नया रसोईघर बना है, वह आश्रम का जमीन में नहीं, कुबेर साह की जमीन में है। अब तो आप जगह-जमीनवाले आदमी हो गए, खाता-खतियान, नक्शा-परचा देखना तो जरूर सीखे होंगे।··· जाइए, जाकर कचहरी में नकल निकास करवाकर देख लीजिए। समझे !" फारबिसगंज के नवतुरिया नेता छोटनबाबू कहते हैं।

बालदेव जी कटमटाकर उनकी ओर देखते हैं। छोटन, फारबिसगंज का यह लुच्चा लौंडा हर बात में फुच-फुच करता है। अमीनबाबू के साथ दिन-रात रहता है न, इसलिए मुँहजोर भी हो गया है।··· झूठा तो नंबर एक का ! फारबिसगंज का नाम फरेबगंज करेगा यह, इसमें कोई संदेह नहीं।

"छोटनबाबू ! खाता-खतियान, नक्शा-परचा देखकर हम क्या करेंगे। रामकिसूनबाबू के जमाने में···।"

"रामकिसूनबाबू का जमाना रामकिसूनबाबू के साथ चला गया।" छोटनबाबू का टंडेल-भोलटियर[1] मटरा भी बोलता है, यह काँग्रेस आफिस है, बाबा जी का मठ नहीं।"

बालदेव जी की अकिल गुम हो रही है।

खैनी से सड़े हुए दाँतों को निकालकर मटरा हँसता है। फिर मटकी मारकर कहता है, "कबिराहा में तो 'सब धन साहेब का' ही होता है।··· खँजड़ी बजाना सीखे हैं या नहीं ?"

"हा-हा-हा-हा !" सभी ठठाकर हँस पड़ते हैं।

चन्ननपट्टी का गुदरू कहता है–"बालदेव ! अब अपने गाँव में आओगे तो जतियारी भोज से पकड़कर उठा दिए जाओगे।"

"बालदेव मेरीगंज का एकांती मजा छोड़कर गाँव क्यों जाएगा ?··· अंधों में

---

1. किसी नेता का व्यक्तिगत नौकर।

काना बनकर मौज कर रहा है।"

"हा-हा-हा-हा-हा-हा !"

बालदेव जी की आँखों में आँसू आ जाते हैं। यदि दोरिक सरमा नहीं आ जाते तो वह फूटकर रो पड़ता। सरमा ने आते ही कहा–"क्या है, क्या है ? बालदेव जी को तुम लोग क्यों चिढ़ाते हो ?"

"चिढ़ाते कहाँ हैं ? हम लोग सतसंग करते हैं।" छोटनबाबू हँसकर बोले।

सरमा ने पास की खाली कुर्सी पर बालदेव जी को बैठाते हुए कहा "बालदेव जी ! यहाँ बैठिए, हम जवाब देते हैं।··· सतसंग की बात कहते हैं छोटन जी ! यह बालदेव, दोरिक शर्मा, नेवालाल, फगुआ, सहदेवा, बौनदास, उजाड़ू, चुन्नीदास, पिरथी, जगरनथिया, छेदी, गंगाराम वगैरह के सतसंग का ही फल है कि आपके जैसे लाल पैदा हुए हैं।··· अभी चेभर-लेट गाड़ी पर लीडरी सीख रहे हैं आप ! आप क्या जानिएगा कि सात-सात भूजा फाँककर, सौ-सौ माइल पैदल चलकर गाँव-गाँव में काँग्रेस का झंडा किसने फहराया ? मोमेंट में आपने अपने स्कूल में पंचम जारज का फोटो तोड़ दिया, हेडमास्टर को आफिस में ताला लगाकर कैद कर दिया, बस आज आप लीडर हो गए। यह भेद हम लोगों को मालूम रहता तो हम लोग भी खाली फोटो तोड़ते।··· गाँव के जमींदार से लेकर थाना के चौकीदार-दफादार जिनके बैरी ! कहीं-कहीं गाँववाले दल बाँधकर हमें हड़काते थे, जैसे मुड़बलिया[1] को लोग सूप और खपरी बजाकर हड़काते हैं।···आप नहीं जानिएगा छोटनबाबू ! आपका जन्म भी नहीं हुआ था। उस समय आपके बाबू जी दारू की दूकानों की ठेकेदारी करते थे।··· हम लोग उनकी गाली सुन चुके हैं।··· क्या बालदेव ! याद है ?··· वही कटफर भट्ठी की बात ?"

गूदर तुरंत रंग बदलना जानता है··· वह भी तो नीमक कानून के समय से ही झोला टाँग रहा है–"सरमा जी ! गिधवास हाट पर··· ।"

"चुप चोट्टा कहीं का !" शर्मा जी डाँटते हैं, "जिधर चाँद उधर सलाम !··· बालदेव जी को सभी मिलकर चिढ़ाता था, क्यों रे !··· बालदेव जी जरा साफ कपड़ा पहनने लगे हैं, यरवदा चक्र खरीदे हैं, चेहरा-मोहरा पहले से जरा चिकना लगता है, पास मैं पैसा है, इसीलिए तुम लोगों का कलेजा जल रहा है।··· चलिए बालदेव जी, गाँगुली जी के यहाँ हम भी बहुत दिनों से नहीं गए हैं।"

"अभी मिटिन जो है।" बालदेव जी कहते हैं।

"अरे, आप भी तो बालदेव जी सब दिन एक ही समान रह गए !··· मिटिंग में रहकर क्या कीजिएगा। फारबिसगंजवालों का कजिया फैसला होनेवाला है। खुशायबाबू एक घोड़ा-गाड़ी में भरकर कागज-पत्तर, फाइल-रजिस्टर, भौचर, डिबलूकट[2] और गुकदमों के कागज ले आए हैं। उधर फगुनीसिंघ भी एक सौ आदमी को भँजाकर ले आए। आज रात-भर खूब धमाधम होगा। चलिए, क्या देखिएगा

1. बिना सिरवाला प्रेत। 2. डुप्लिकेट।

राँड़ी-बेटखौकी का झगड़ा !"

बालदेव जी दोरिक शर्मा के साथ चले गए तो गूदर ने आँख टीपकर फिसफिसा के कहा, "अरे ! गाँगुली जी के यहाँ जाता है थोड़ो ! जा रहा है तिरपित भंडार में, अभी बालदेव जी को चोट पर चढ़ाएगा। रसगुल्ला झाड़ेगा।"

छोटनबाबू कहते हैं, "अमीनबाबू से कहना होगा। मेरीगंज में अब बालदेव से काम नहीं चलेगा। चरख सेंटर को चौपट कर दिया। घर-घर में सोशलिस्ट घरघराने लगे। अभी तो सब डकैती केस में ऐरेस्ट हैं। उस गाँव का डाक्टर कोमनिस्ट था, वह भी ऐरेस्ट है।··· उसको तो हम्हीं ने ऐरेस्ट कराया है। कटहा का नया दारोगा हमारा क्लास फ्रेंड है।"

"लीजिए ! एक बरमगियानी गए तो दूसरे कठपिंगल जी आ रहे हैं।··· यह तो आजकल और भी काबिल हो गया है।"

बावनदास जी आ रहे हैं।··· आश्रम के बूढ़े कुत्ते बिलेकपी (ब्लैक प्रिंस) ने बावनदास को दूर से ही पहचान लिया है। अशोक गाछ के नीचे वह इसी तरह लेटा रहता है और हर आने-जानेवाले को देखता है। बावनदास को देखके कान खड़ा कर गर्दन उठाकर देखता है। दुम भी हिला रहा है।··· ससांक जी ने इस कुत्ते का नाम रखा था–ब्लैक प्रिंस। सोशलिस्ट पार्टी के चिनगारी जी ने 'लाल पताका' में, जिला के एक मारवाड़ी को ब्लैक प्रिंस लिखा था, अर्थात् जो ब्लैक करने में मशहूर हो। चूँकि मारवाड़ी एकदम नौजवान था इसलिए प्रिंस लिखा था। मारवाड़ी ने मुकदमा ठोंक दिया था कि 'लाल पताका' के संपादक ने उसे कुत्ता कहा है।··· बिलेकपी ने ठीक पहचाना है।··· बावनदास जी भी अशोक की छाया में बिलेकपी के पास आकर बैठ गए। अहा··· हा !··· प्यार का भूखा बिलेकपी ! खुशी से उछल-कूदकर, दौड़कर कभी बावनदास जी की झोली दाँत से पकड़कर खींचता है, कभी लाठी लेकर भागता है ! अ-हा-हा !

"अ-हा-हा ! बिलेकपी रे !–बाल झड़ रहे हैं। पहले तो रबिबार को निरजला-अनसन करते थे। तुम दूध-हलुवा भी नहीं सूँघते थे। सुनते हैं, आजकल मूर्गी की हड्डी चबाते हो। तुम्हारा क्या कसूर भैया ! घाव भी हो गया है।··· बदमासी मत करो। झोली में क्या है जो देंगे ! जाओ, झोली में कुछ नहीं है !"

"काऊँ-काऊँ-क्यूँ !" बिलेकपी धरती पर चित्त होकर लेटा हुआ काऊँ-काऊँ कर रहा है और बावनदास की झोली को दाँत से खींचता है।

बावनदास जी धीरे-से एक कागज की पुड़िया निकालते हैं। बिलेकपी और भी जोर-जोर से काऊँ-माऊँ करने लगता है। उसकी यही आदत है बावनदास जब आता है, उसके लिए एक आने का मंडा खरीदता आता है। दास एक टुकड़ा मंड़ा उसे देता है। बिलेकपी चट से खाकर मुँह देखता है बावनदास का।

"अब क्या लेगा, अंडा ?"

चौदह

तहसीलदार साहब अपने नए दोमंजिले की छत पर बैठकर देखते हैं–धान के खेतों में अब धानी रंग उतर आया है। बालियाँ झुक गई हैं। पचीस दिन कातिक के बीत गए हैं। अखता धान की अब कटनी शुरू हो जाएगी।···चारों ओर तहसीलदार साहब की जमीन ! पूरब, वह जो ताड़ का पेड़ दिखाई पड़ता है कमला के उस पार··· वहाँ तक और उत्तर, बूढ़े बरगद तक। दक्खिन में, संथालों की जमीन दखल करने के बाद, पिपरा गाँव तक तहसीलदार के पेट में चला आया है। घर के पच्छिम ततमाटोला के पास पचास एकड़ जमीन की एक ही जमा है। खजाना लगता है सिर्फ दस रुपया। तहसीलदार साहब के बाप ने भी इस जमा को दखल करने की हरचंद कोशिश की थी, मगर गोटी नहीं बैठी। तहसीलदार साहब ने भी अपनी तहसीलदारी के समय बहुत कलम चलाई, लेकिन तुम कैथ तो वह भूमिहार ! वह जमीन धरमपुर के भैरोबाबू की है। तहसीलदार साहब की आँख की किरकिरी वह जमीन ! इस दोमंजिले की छत पर बैठने से जमीन की भख और तेज हो जाती है। लिखा-पढ़ी, दलील-दस्तावेज, मरम्मत से लेकर, अकेले में बैठकर, तरह-तरह के पैंट भी यहीं सोचते हैं वह।··· नीचे उतरते ही उनका चेहरा बदल जाता है। तब पोखर में स्नान करने से लेकर भोजन पर बैठने तक वह न जाने कौन शास्तर का मंतर बुदबुदाते रहते हैं, ओं-ग-मिरिंग··· शिवा··· आ··· य। ओं-ग-मिरिंग··· !

रोज खाने के समय तहसीलदार साहब धीरे से पूछते हैं, "दीदी कैसी है ?"

"आज बहुत खुश है तुम्हारी बेटी !"

"सच ? कमली की माँ, रात तो मुझे नींद हीं नहीं आई।" तहसीलदार साहब जिस दिन खाने के समय खुश हुए, उस दिन जो भी सामने जला-पका, मीठा-नमकीन रहा, सब खा जाते हैं।

"अभी कहती थी कि 'इंदिरा' को उसका स्वामी मिल गया।··· बहुत खुश है।"

"पगली !" तहसीलदार साहब हँसते हैं।

"रात को अचानक कमली के कमरे से रोने की आवाज आई !···कमली हिचकियाँ लेकर रो रही थी। माँ को तो जड़ैया-बुखार की तरह कँपकँपी लग गई। तहसीलदार साहब की आँखों से आँसू की झड़ी लग गई। माँ ने अपने को बहुत सँभालके पूछा, "क्या है बेटी, क्या हुआ ! बोल कमल ! कमली ! बेटी ! बोल बेटा ! मैना मोरी !"

"माँ ! मैं अपने लिए नहीं रोती हूँ।··· यह··· देखो न ! इंदिरा के लिए··· ।" कमला कहते-कहते फिर हिचकियाँ लेती है।

"कौन इंदिरा ?··· कौन है वह ?"

"कौन इंदिरा ?··· हाँ, तुम क्या जानो ! माँ, इस किताब की इंदिरा के लिए

रो रही हूँ।··· बेचारी पहले-पहल ससुराल जा रही थी, डोली पर चढ़के। मन में क़ितने मनसूबे बाँधकर दुलहिन इंदिरा ससुराल जा रही थी। एक पुराने तालाब के किनारे डोली रुकी। वह पोखर बिजूवन-बिजूखंड जैसे एक जंगल के पास ही था। बहुत खुनियाँ जगह थी। इसीलिए साथ में सिपाही लोग थे। लेकिन, इंदिरा को डकैत लोग डोली सहित उठाकर ले गए। दिन-दहाड़े डकैती हो गई। लेकिन माँ, उसकी सबसे बड़ी चीज बच गई है, उसकी इज्जत ! अभी वह उसी बिजूवन-बिजूखंड जैसे घोर जंगल में है माँ ! बेचारी इंदिरा !"

कमला बंकिमबाबू की पुस्तक 'इंदिरा' पढ़कर रो रही थी।··· आज वह खुश है। इंदिरा को उसका स्वामी फिर मिल गया।

तहसीलदार साहब कहते हैं—"यह पागलपन नहीं कमला की माँ ! बेटी मेरी बड़ी समझदार है। मोम का कलेजा है ! बाबा विश्वनाथ ! मंगल करना !"

"कल डाक्टर से भेंट किए या नहीं ?" माँ पूछती है।

"हाँ, रात में तो सुना ही नहीं सका। बड़ा झंझट का काम है। दर्खास्त दिया तो पूछा कि डाक्टर आपके कौन हैं। मैं क्या जवाब दूँ ? कहा, कोई नहीं। बस, नामंजूर कर दिया दर्खास्त। किरानीबाबू बड़े भले आदमी थे। वे बोले कि डाक्टर साहब नजरबंद हैं, इसलिए वे सिर्फ माँ, बाप, स्त्री और बहन से ही खत-किताबत कर सकते या मिल सकते हैं। क्या कानून है ! बहन को चिट्ठी दे सकते हैं, बहनोई को नहीं। स्त्री से भेंट कर सकते हैं, लेकिन साथ में ससुर रहे तो वह बेचारा अपने जमाई का मुँह भी नहीं देख सकता !" तहसीलदार साहब मुँह धोकर, बगल की कोठरी में जाते-जाते कहते हैं, "प्यारू वहीं पूर्णिया में ही रहता है। एक होटल में खाता-पीता है। जेल के अंदर से ही डाक्टर ने गनेश का इंतिजाम कर दिया है, वरमो-समाज मंदिर में। हर महीने दस्तखत करके चिक भेज देता है डाक्टर। प्यारू और गनेश के नाम से अलग-अलग चिक देता है। जो भी कहो, आदमी बहुत अच्छा है यह डाक्टर ! प्यारू कहता था, एक दिन वह दूध के ठेकेदार के साथ अंदर चला गया। अंदर जाकर, फाटक के पास ही, डाक्टर साहब से भेंट हो गई। डाक्टर साहब जेल आफिस में आ रहे थे। प्यारू को देखकर अचकचा गए डाक्टर साहब। फिर कहा, क्यों आए ? प्यारू ने कुछ जवाब नहीं दिया तो पूछा, मेरीगंज से कब आए हो ?··· कमला कैसी है ?"

"ऐं ? पूछा ? डाक्टर ने पूछा था ? प्यारू ने क्या जवाब दिया ?"

कमली की माँ एक ही साँस में उतावली होकर पूछती है, "न जाने क्या बता दिया उसने ?"

"नहीं, प्यारू वेवकूफ नहीं है। जवाब दिया, अच्छी है। आपका फोटो ले गई है, रोज सुबह उठकर देखती है।"

"अच्छा ? कहा उसने ? कितना होशियार है प्यारू ! आ-हा-हा ! भगवान भी कैसे हैं ? कोई नहीं है बेचारे को।··· तब डाक्टर ने क्या कहा ?"

"कहता था, हँसते-हँसते चले गए।" तहसीलदार साहब ने मुँह में पान डाल

लिया।··· अब बात फुरा गई।

मारे खुशी के कमली की माँ भरपेट खा भी नहीं सकती है। माँ-बेटी साथ ही खाती हैं रोज। आज कमली बार-बार टोकती है, "माँ, खाओ भी, पुरैनियाँ की कथा पीछे होगी।··· बलैया मेरी किसी का फोटो देखेगी !"

आज से माँ बैठकर उपनियास सुनेगी। कमली फिर शुरू से इंदिरा पढ़कर सुना रही है। कमली कहती है, "माँ शकुंतला, सावित्री आदि की कथा पढ़ने में मन लगता है, लेकिन उपन्यास पढ़ते समय ऐसा लगता है कि यह देवी-देवता, ऋषी-मुनि की कहानी नहीं, जैसे यह हम लोगों के गाँवघर की बात हो।"

आज दो दिनों से खाने-पीने के बाद कमली के गर्भ में पलता हुआ शिशु हाथ-पाँव फड़फड़ाता है। लाज से वह कुछ कहती नहीं है माँ को। लेकिन जब से उसे आनेवाले की आहट मिली है, कमली का मन किसी दूर में खो-सा गया है। एक ही साथ बहुत-से बच्चों के मुखड़े खिलखिला उठते हैं उसकी आँखों के आगे ! बच्चे उसके साथ आँखमिचौनी खेल रहे हैं ? कौन है वह ? सभी प्यारे ! ताजे कमल की तरह खिले हुए। वह किसका हाथ पकड़े ? वह एक चंचल बालक को उठाकर गोद में ले लेती है। कितने कोमल हैं उसके हाथ-पैर, कैसी मीठी मुस्कराहट ! कितना चंचल ! मेरा··· चुलबुला राजा रे !··· कमली की छाती से दूध झरने लगता है।

"कमली की माँ !" तहसीलदार साहब दोमंजिले की कोठरी से पुकारते हैं।

"जरा इधर तो आना कमली की माँ !"

दोमंजिले पर पैर रखते ही तहसीलदार साहब की बुद्धि, उनके विचार, उनकी बोली-बानी सब बदल जाती है। जबड़े की हड्डियाँ खुद-ब-खुद चलती रहती हैं, मानो कोई चीज चबा रहे हों।

"कमली की माँ ! मैं अब-फाँसी लगाकर मर जाऊँगा। मुझे नींद नहीं आती है। क्या होगा ? कुछ सोचती हो ?··· कोई उपाय ? दुश्मन को भी ये दिन कभी देखने न पड़ें ! तुम तो अब दिन-रात बेटी के पास रहती हो, मेरा जी अकेले में घबराता है। तुम्हारी नागिन बेटी ने ऐसा डँसा है कि···" तहसीलदार साहब आवेश में आकर खड़े हो जाते हैं।

"छिः ! कमली के बाबू ! कैसी बातें करते हो ?"

"चुप रहो तुम ! तुम दोनों ने मुझे···। हट जाओ !"

"कमली के बाबू, बैठ जाओ ! चिल्लाओ मत, लड़की सुन लेगी।"

"सुन लेगी ! हुँ, बड़ी लाट साहब की बेटी आई है !"

"कमली के बाबू !"

"चौप !"

बूढ़ी नौकरानी आकर कहती है, "चाह पीयै ले बजबै छथिन दाय··· नीचाँ !"

"चलो !"

कमली अब भी रोज दोनों वक्त अपने हाथों से चाय बनाकर भेजती है अपने

बाप को। कमली कहती है, "बाबा एक सौ प्यालियों के बीच, सिर्फ रंग देखकर मेरी बनाई हुई चाय पहचान लेंगे।"

नीचे के कमरे में बैठकर, चाय की प्याली में चुस्की लेते ही तहसीलदार साहब की तनी हुई रगें ढीली पड़ जाती हैं, चेहरा स्वाभाविक हो जाता है।

"सेबिया को रजाई भरवा दो इस बार, नहीं तो बूढ़ी इस जाड़े में गठिया से नहीं उबर सकेगी।" तहसीलदार साहब कहते हैं।

"तुम्हारी बेटी तुम्हारे लिए ऊनी गंजी बिन रही है।··· किताब खोलकर सामने रख लेती है, दोनों हाथों में सलाई लेकर किताब में देख-देखकर जब बिनने लगती है कमली, तो लगता है हाथ नहीं मिसीन है।"

"सच ? अहा ! बेचारी··· ! मेरे-जैसे अभागे के घर में जन्म लेकर बचपन से दुख-ही-दुख भोगती आ रही है दीदी मेरी ! कमली की माँ, तुमको याद है, जब सिर्फ एक साल की थी कमली, उसी समय मैंने कहा था कि मेरी बेटी संतोख की पुतली बनकर आई है।"

सेबिया हँसती हुई अधूरा स्वेटर ले आती है।

"यही देखो !" माँ हाथ में लेकर दिखलाती है, "अपनी बेटी की कारीगरी देखो !"

तहसीलदार साहब मुस्कराते हुए देखते हैं, फिर सेबिया को इशारा करते हुए कहते हैं, "यह तो बहुत बड़ा होगा मेरी देह में। मेरे लिए तो इतना छोटा (··· एक बच्चे के बराबर)··· चाहिए ! इ त ना छोटा !"

"ऊँ !" सेबिया गाल पर हाथ रखकर हँसते हुए कहती है, "बतहा[1] !"

माँ कहती है, "दे आओ ! कहना, बहुत बढ़िया है।"

बहुत पुरानी नौकरानी है सेबिया। कमली की माँ के बचपन की सहेली है वह ! साथ-साथ खेली है। बचपन में ही बेवा हुई, चुमौना की बात सुनते ही हफ्तों रोती रहती और नदी में डूबने जाती। कमली की माँ के साथ यहाँ आई और अब तक है। गठिया के कारण शरीर बहुत कमजोर हो गया है और एक कान से कम सुनती है।

कमली कहती है—सेबिया माई !

"ए ! सेबिया माई !"

बूढ़ी रोज चुराकर चूल्हे की लाल मिट्टी के टुकड़े दे आती है कमली को। कितनी सोंधी लगती है चूल्हे की मिट्टी !

"माँ, सेबिया माई पूछती थी, जमाई कब आवेगा ?"

तहसीलदार साहब दोमंजिले की छत पर खड़े होकर देख रहे हैं। पच्छिम की ओर डूबते हुए सूरज की लाल रोशनी 'धरमपुर-मिलिक' के खेतों पर फैली हुई है। रंग धीरे-धीरे बदल रहा है। लाल धुँधला लाल, मटमैला··· ! अब अँधियारी

---

1. पागल।

बढ़ी आ रही है।··· तहसीलदार साहब की इयोढ़ी, चहारदीवारी भी अब अँधेरे में डूब गई।

पंद्रह

बालदेव जी घोड़ागाड़ीवाले से कहते हैं–"देखो जी, आप यदि 'टैन' पकड़ा दो तो आठ आना बकसीस देंगे !"

"देखिए, अपने जानते कोसिस तो हम खूब करेंगे !··· चल बेटा ! कदम-कदम बढ़ाके।" घोड़ेवाला छोकरा घोड़े को चाबुक लगाते हुए गाता है, "झगड़ा सुरू हुआ है सारे हिंदुस्तान में, हिंदू-मुसलमान में ना···"

बालदेव जी को आज मालूम हुआ कि महतमा जी दो महीने से लगातार पटना में थे। रोज़ प्रार्थना-सभा में 'भाखन' देते थे महतमा जी !··· आजकल 'डिल्ली' में हैं।

"··· ऐं ! कौन गाड़ी बिगुल दिया जी ?"

"अभी सिंगल डौन भी नहीं हुआ है। देरी है।"

"देरी है ? वाह बहादुर !"

स्टेशन पर बालदेव जी ने भाड़ा के अलावा एक अठन्नी बकसीस में दिया तो घोड़ागाड़ीवाले छोकरे ने बड़े 'कैदा' से हाथ चमकाके सलाम किया, "सलाम हजौर !"

किसी जवान स्त्री को देखते ही बालदेव जी को झट से लछमी की याद आ जाती है। मन-ही-मन सोचते हैं, यदि थोड़ी देर गाँगुली जी के यहाँ और हो जाती तो आज सरमा जी आने नहीं देते। चलते-चलते सरमा जी ने आखिर दिल्लगी कर ही लिया, "अच्छा तो बालदेव, जाओ ! हम बेकूफ जो तुमको रोकेंगे ? तुमको यहाँ रोक लें और उधर तुम्हारी कोठारिन किसी से 'सतसंग' करने लगे तो हुआ !··· हा-हा-हा ! माफ करना, अच्छा तो जै हिंद !"

"जै हिन्न बालदेव जी !"

"कौन ? खलासी जी ! कहिए क्या हाल है ?"

"हम तो अभी आ रहे हैं मेरीगंज से।··· जाइए रौतहट टीसन मे आपकी बैलगाड़ी लगी हुई है। गए थे रोकसती[1] कराने के लिए। आज दस दिन के बाद लौटे हैं। हमारे जलाना को गरम हवा[2] लग गया था। झाड़-फूँककर साथ लेते आए हैं !···

1. रुखसत। 2. भूतप्रेत की हवा।

अ हा ! आज दस बजे हम आपके आसरम के तरफ गए थे, एक जड़ी खोजने के लिए। आसरम देखकर मन होता था कि यहाँ से कहीं नहीं जाएँ। आप तो थे नहीं, कोठारिन जी थीं। साहेब बनगी किया, सुपाड़ी-कसैली खाया। एक नवतुरिया साधू जी इतना बढ़िया गा-गाकर बीजक-पढ़ रहे थे कि जी होता था बैठे रहें। ··· अच्छा तो जै हिन्न !"

नवतुरिया साधू ?··· काशी जी का बिदियारथी जी है। महंथ सेवादास के समय से ही मठ पर आता है, साल-दो-साल के बाद। महंथ साहब जाने के समय धोती, चादर, किताब का दाम और राह-खर्चा देते थे।··· मोती के जैसा अक्षर लिखता है।··· लछमी ने जो बीजक दिया था बालदेव जी को, इसी बिदियारथी जी का लिखा हुआ था। इस बार आए हैं तो कहते हैं कि मठ पर जी नहीं लगता है। लेकिन लछमी तो अब मठ की कोठारिन नहीं ! एक भले घर की 'इसतिरी' है।

··· जब मैं घर में नहीं था तो वह क्यों गया ? आखिर लोग क्या सोचते होंगे ? नहीं, यह अच्छी बात नहीं ? लछमी को समझा देना होगा।

बालदेव जी की मौसी रोज सुबह ही उनके आसरम के सामने आकर बैठ जाती है और गिन-गिनकर गालियाँ सुना जाती है, "अरे भकुआ रे !··· एही दिन के लिए पाल-पोसके इतना बड़ा किया था रे !··· मुड़िकटौना रे ! लछमिनियाँ ने तो तुमको धोखा की माटी[1] खिलाकर बस कर लिया है। भेंडा बनाकर रख लिया है। रे बेलज्जा, मोटकी-घुमसी की सूरत पर कैसे भूल गया रे !" और लछमी कभी सेर-भर चावल, पाव-भर दाल अथवा गेहूँ, आलू वगैरह देकर उसे विदा करती है।

एक पहर साँझ हो गई है। सर्दी काफी पड़ने लगी है अब। बालदेव जी चादर से कान को ढँक लेते हैं लेकिन, कान तो गर्म है।··· बिदियारथी जी···

"अरे हाँ, हाँ ! ठहर ! साला ! आदमी देखकर भी भड़कता है ?" गाड़ीवान ने बैलों को रोकते हुए पुकारा, "गोसाईं जी !··· उठिए, आ गए घर।"

बालदेव जी जगे ही हुए हैं। उठते ही दूर पेड़ की छाया में किसी को जाते देखते हैं।··· ओ ! बिदियारथी जी अभी जा रहे हैं। इसीलिए बैल भड़के थे !

"साहेब बंदगी !" लछमी पैर छूकर साहेब बंदगी करती है।

बालदेव जी मिनमिनाकर कुछ कहते हैं और सीधे अपनी आसनी पर चले जाते हैं।

"मेरा कंबल कौन ओढ़ा था ?" बालदेव जी बिछावन पर पड़े हुए कंबल को नाक सिकोड़कर देखते हुए पूछते हैं, "मेरा कंबल क्यों ओढ़ा था वह ?"

"कौन ?"

"और कौन ? मालूम होता है सपना देखती हो !" बालदेव जी का माथा गर्म है।

---

1. बस में करने का एक टोटा।

"रामफल ! तुम लोग खा लो ! हमको भूख नहीं ! हम नहीं खाएँगे।" बालदेव जी जोर-जोर से कंबल झाड़ते हुए कहते हैं, "दुनियाँ-भर का आदमी आकर आसन पर सोएगा !"

लछमी कई दिनों से देखती है, बालदेव जी बात-बात पर बिगड़ जाते हैं। वह आकर दरवाजे के पास खड़ी हो जाती है, "आसन झाड़ा हुआ है।··· बिदियारथी जी तो ओसारे पर बैठे थे।"

"क्यों ? ओसारे पर क्यों थे ? घर में क्यों नहीं बैठते हैं बिदियारथी जी ? सूने घर में जैसा घर, वैसा ओसारा।" बालदेव जी के ओंठ फड़क उठते हैं।

"बिदियारथी जी आते हैं सतसंग करने के लिए··· !"

"हाँ, हाँ ! खूब समझते हैं। सतसंग··· ! हुँ··· सतसंग !" बालदेवजी घृणा से मुँह सिकोड़ लेते हैं।

न जाने क्यों, आज सतसंग सुनते ही उनकी देह में झरक-सी लगती है। छोटनबाबू ने कहा था–"सतसंग कर रहे हैं।"··· दोरिक सरमा ने आखिर कह दिया, "कोठारिन किसी के साथ सतसंग··· !"

"सतसंग ही करना है तो उनकी आसनी यहीं लगा दो। दिन-रात खूब सतसंग करती रहना।" बालदेव जी ओंठ टेढ़ा करके एक अजीब मुद्रा बनाकर, हाथ चमकाकर कहते हैं, "सतसंग !"

"गुसाईं साहब !" लछमी के भी नथने फड़क उठते हैं, "ऐसा क्यों बकते हैं !"

"तुम हमको टिरिकबाजी दिखाती हो ?··· हम सब समझते हैं।"

"क्या समझते हैं ?"

बाँहें क्यों मरोड़ती है लछमी ?··· मारपीट करेगी क्या !

गुस्सा से थर-थर काँपती है, "बोलिए ! क्या समझते हैं··· रंडी समझ लिया है क्या ? ठीक ही कहा है, जानवर की मूँड़ी को पोसने से गले की फाँसी छुड़ाता है मगर आदमी की मूँड़ी··· !"

"हम तुम्हारे पालतू कुत्ता नहीं। हम अभी चन्ननपट्टी चले जाएँगे, अभी !" बालदेव जी उठकर खड़े होते हैं।

"गोस्सा मत होइए गोसाईं साहेब ! करोध पाप को मूल ! जाते-जाते देह में अकलंग[1] लगाकर मत जाइए।"

बालदेव जी कुछ सोचकर बैठ जाते हैं।··· लछमी की देह से गंध निकलती है। चुपचाप लछमी की ओर देखते हैं वह। लछमी चुपचाप किवाड़ के सहारे खड़ी आँसू पोंछते हुए सिसकती है, "मेरी तकदीर ही खराब है।"

लछमी रो रही है !··· बालदेव जी का गुस्सा धीरे-धीरे उतर जाता है। वह उठते हैं, लछमी के सर पर हाथ फेरते हुए कहते हैं, "रोओ मत ! तुम पर भला संदेह करेंगे ? रोओ मत ! लेकिन तुमको अब खुद समझना चाहिए कि तुम अब

---

1. कलंक।

मठ की कोठारिन नहीं, मेरी इसतरी हो। लोग क्या कहेंगे··· ।"

लछमी बालदेव जी के पाँव पर गिर पड़ती है, "छमा प्रभू ! दासी का अपराध··· ।"

"छिः-छिः ! लछमी, उठो; चलो भूख लगी है।"

सोलह

डाक्टर नजरबंद है।

जेल अस्पताल के एक सेल में उसे रखा गया है। हर सप्ताह कोई-न-कोई ऑफिसर आकर उसे घंटों परेशान करता है, तरह-तरह के प्रश्न पूछता है।··· चलित्तर कर्मकार के दल से डाक्टर का कोई संबंध प्रमाणित करने के लिए पुलिस जी-तोड़ परिश्रम कर रही है।

"आप जानते हैं चलित्तर कर्मकार किसी पार्टी का मेंबर है ?"

"जी नहीं। मैंने चलित्तर कर्मकार का नाम भी नहीं सुना।"

"नहीं सुना ? जिले-भर के बच्चे तक जानते हैं।"

चलित्तर को कौन नहीं जानता ! बिहार सरकार की ओर से पंद्रह हजार इनाम का ऐलान किया गया है। हर स्टेशन के मुसाफिरखाने में उसकी बड़ी-सी तस्वीर लटका दी गई है। पुलिस, सी.आई.डी. और मिलिटरी का एक स्पेशल जत्था उसे गिरफ्तार करने के लिए साल-भर से जिले के कोने-कोने में घूम रहा है। नए एस. पी. साहब ने प्रतिज्ञा की है, या तो चलित्तर को गिरफ्तार करेंगे अथवा नौकरी छोड़ देंगे।··· घर-घर में चलित्तर की कहानियाँ होती हैं। नेताजी के सिंगापुर में आने के समय गाँव-घर, घाट-बाट, नाच-तमाशा में लोग जैसी चर्चा करते थे, वैसी ही चर्चा चलित्तर की भी होती है।··· कटहा के बड़े दारोगा से थाने पर जाकर, भेंट करके, बातचीत करके, पान खाकर और नमस्ते करके जब उठा तो हँसकर कहा, हम ही चलित्तर कर्मकार हैं। दारोगा साहब को दाँती लग गई।··· कलक्टर साहेब दार्जिलिंग रोड से कहीं जा रहे थे, डंगरा घाट की नाव बह गई थी। कलक्टर साहेब लौटे आ रहे थे कि एक आदमी ने आकर सलाम किया और कहा कि "चलिए, उस पार पहुँचा देते हैं।" कलक्टर साहेब तो मोटर में बैठे ही रहे, उस आदमी ने मोटर सहित कलक्टर साहेब को नदी तैरकर पार कर दिया। सिरिफ मोटर का एक पहिया एक हाथ से पकड़े रहा। उस पार जाकर कलक्टर साहेब ने खुश होकर इनाम देने के लिए नाम-गाम पूछा तो बताया–चलित्तर कर्मकार।···

कलक्टर साहेब के हाथ से कलम छूटकर गिर गई।··· रोते हुए बच्चे को रात में माँ डराती है–आ रे ! चलित्तर, घोड़ा चढ़ी !

और डाक्टर कहता है कि उसने चलित्तर का नाम भी नहीं सुना ! कैसे विश्वास किया जाए ?··· विराटनगर के बड़े हाकिम ने लिखा है, डाक्टर नेपाल की प्रजा नहीं।··· बंगालवालों का जवाब आया है, बंगाल से उसका कोई संबंध नहीं। तो आखिर कहाँ का आदमी है ? पुरानी फाइलों को उलटने से बातें और भी उलझ जाती हैं। अजब झंझट है ! उधर विधान सभा में सवाल पूछा गया है–डाक्टर को क्यों नजरबंद किया गया है ? बड़ी मुश्किल है ! एस. पी. साहब बहुत कड़े आदमी हैं। कटहा के छोटे दारोगा को गलियाकर ठीक कर दिया है।

जेल में दाखिल होने के बाद डाक्टर को लगा, इसकी बहुत बड़ी आवश्यकता थी। जेल ! अस्पताल का यह सेल ! ऑफिसरों का आना-जाना और पूछताछ पंद्रह-बीस दिनों के बाद ही बंद हो गई।··· गाँधी जी पटना की प्रार्थना सभा में रोज प्रवचन देते हैं। दैनिक पत्रों के ये पृष्ठ कभी पुराने नहीं होंगे। इन प्रवचनों पर बहस नहीं की जा सकती है, किसी सेल में बैठकर इसका अध्ययन किया जा सकता है।··· अभी कल कुछ संप्रदायवादियों के एक बड़े जलसे का उद्घाटन किया है प्रांत के एक बड़े जग-जाहिर नेता ने।··· मालूम होता है चालबाजी बहुत दूर तक चली गई है। महात्मा गाँधी से भी काली-टोपी स्वयं-सेवक दल के लिए प्रशंसा के शब्द वसूलना हँसी-खेल की बात नहीं ! मन में किसी ने कहा था, उन्हें धोखा दिया गया है। और तीसरे ही दिन बात स्पष्ट हो गई। गाँधी जी ने बयान में कहा, "इस संस्था के संचालकों ने मेरे पास अपनी संस्था का उद्देश्य छिपाया, इसका मतलब हुआ, उनकी आत्मा कहती है कि वे असत्य मार्ग पर हैं। फिर कोई सही दिमागवाला आदमी उन्हें कैसे कहेगा कि वे सही रास्ते पर हैं !"··· मेरीगंज की याद आती है !··· कमला की बड़ी चिंता थी, मगर सुना है, वह ठीक है। कमला की याद आते ही जेल की सारी कुरूपताएँ सामने आकर खड़ी हो जाती हैं। कालीचरन, बासुदेव वगैरह डकैती-केस में फँसकर आए हैं। बासुदेव, सुंदर और सोमा की बात नहीं जानता, लेकिन कालीचरन ? विश्वास नहीं होता। कुछ कहा भी नहीं जा सकता है।··· तहसीलदार विश्वनाथ प्रसाद की अब पाँचों उँगलियाँ घी में होंगी। लेकिन यह अन्याय कितने दिनों तक चलेगा ?··· तहसीलदार विश्वनाथ प्रसाद ने एक दिन हँसकर कहा था, "जिस दिन धनी, जमींदार, सेठ और मिलवालों को लोग राह चलते कोढ़ी और पागल समझने लगेंगे उसी दिन, उसी दिन असल सुराज हो जाएगा। आप कहते हैं कि ऐसा जमाना आवेगा। जब जमाना आवेगा तो हमारी संपत्ति छीनी जाएगी ही। और अभी संपत्ति बटोरने पर तो कोई प्रतिबंध नहीं। तो फिर बैठा क्यों रहूँ ? तहसीलदार साहब भी अजीब आदमी हैं। लेकिन वह जेल से छूटकर मेरीगंज ही जाएगा। और कहाँ जाएगा वह ?··· नेपाल ? नेपाल के लोगों ने 'नेपाल राष्ट्रीय कॉंग्रेस' की स्थापना की है। नहीं, राजनीति में वह नहीं जाएगा। वह राजनीति के काबिल नहीं। एक बार ममता ने बातें करते हुए

राजनीति की तुलना डाइन से की थी।··· डाइन !··· मौसी को लोगों ने मार ही डाला ! मौसी··· गणेश ! कमला ! लाख चेष्टा करने पर भी उसकी सूरत आँखों के आगे आ जाती है !

"डाक्टर साहब !" असिस्टेंट जेलर साहब आए हैं, "ब्रह्मसमाज मंदिर के सेक्रेटरी आए हैं। आपका भांजा बीमार है। आपसे उसके इलाज के बारे में कुछ सलाह लेने आए हैं। जेलर साहब आपको बुला रहे हैं।"

"ओ··· चलिए !"

•

सत्रह

डेढ़ महीने से कालीचरन जेल में है। बासुदेव, सुनरा, जगदेवा, सोमा और सोनमा सब एक ही केस में नत्थी हैं। इस बीच एक तारीख को कचहरी के मजिस्टरी-इज़लास में हाजिरी हुई है। एक गाड़ी मिलिटरी आगे और एक गाड़ी पीछे ! सभी को हथकड़ी और बेड़ी डालकर कचहरी लाया गया था। उस दिन कालीचरन की निगाह, पुलिस की लौरी से जितनी दूर जा सकती थी, चारदीवारी पर थी।··· कचहरी की हाजत में पेशाब की गंध इतनी तेज क्यों होती है। कालीचरन की निगाह सेक्रेटरी साहेब पर पड़ी, उनसे आँखें मिलीं। कालीचरन का चेहरा खिल गया। तीन महीनों से जिनकी सूरत आँखों के आगे नाच रही थी। "सेक्रेटरी साहेब !··· कृष्णकांत मिश्रजी !" कालीचरन ने चिल्लाकर कहा, "जय हिंद कामरेड !" सेक्रेटरी साहब ने तुरंत कनपट्टी इस तरह फेर ली मानो कान के पास मधुमक्खी ने अचानक काट लिया। फिर उसी तरह गर्दन टेढ़ी किए आगे बढ़ते गए। कालीचरन को सिपाही ने डाँट दिया, "का हो ससुरे ! बिना हंटर के बात न मनबऽ !" उधर सेक्रेटरी साहब काँटेवाले तार के घेरे में फँसते-फँसते बचे।··· एकमुँहा होकर जो चलेगा वह काँटे में तो जरूर फँसेगा। तिस पर इधर सिपाही जी ने कालीचरन को डाँटा ··· सुनरा तो खिलखिलाकर हँस पड़ा। लेकिन इसमें सिकरेटरी साहेब का क्या कसूर ! चोर-डकैतों से सभी भले लोगों को दूर रहना चाहिए। वासुदेव, सुनरा, सोमा, सनिचरा वगैरह आखिर डकैत ही तो हैं !··· और सिकरेटरी साहेब उसे भी डकैत समझ रहे हैं। कोई उपाय नहीं।

··· कोई उपाय नहीं ? लेकिन आज मांस का दिन है। जाड़े के समय सप्ताह में एक साम, कैदियों को मांस मिलता है। साम को बैस्नव और साकट का खिलाते-खिलाते काफी अँधेरा हो जाता है। अस्पताल के पिछवाड़े के वाडर साहेब

मांस जोगाड़ करने के लिए चले जाते हैं। आज कोसिस करके देखना चाहिए !···

कालीचरन ने फैसला कर लिया है। यदि मौका मिला तो वह जरूर कोसिस करेगा। हाँ, वह भागेगा। और कोई उपाए नहीं। उसने सब पता लगा लिया है। जेल से भागने की सजा सिरिफ छः महीना है। डंडा-बेड़ी और लाल टोपी पहननी पड़ेगी। लोग कहेंगे ललटोपिया, और क्या ? लाल रंग खराब तो नहीं।··· सिकरेटरी साहेब और धरमपुरी जी से मिलकर वह बात करना चाहता है। उसके बाद उसे फाँसी-सूल्ली जो भी मिले, वह खुशी-खुशी झेल लेगा। पाटी की इतनी बड़ी बदनामी कराके वह जीकर ही क्या करेगा !

··· बासुदेव, सुनरा और सनिचरा तो चोर-डकैतों के साथ इस तरह हिलमिल गए हैं कि उन्हें देखकर लाज आती है कालीचरन को। बासुदेव ने डाक्टर नटखट प्रसाद से दोस्ती कर ली है। डाक्टर नटखट !··· नामी सिकचिल्ली[1] आदमी है यह डाक्टर। फारबिसगंज की तरफ का है। डकैती केस में आया है। अचरज की बात है ! उस डाक्टर को देखकर किसी को विश्वास ही नहीं होगा कि उसने आदमी को मारने के सिवा कभी जिलाने का भी काम किया है। चेहरा ठीक कसाई की तरह है। बासुदेव का उसके साथ भी खूब हेलमेल देखते हैं। रात में जूआ भी खेलता है। बासुदेव कालीचरन से नहीं बोलता है। वह दूसरे खटाल में रहता है। उस दिन दाल-कमान में थोड़ी देर के लिए भेंट हुई। कालीचरन ने सिरिफ इतना ही पूछा, "बासुदेव तुमको यही करना था ?"··· बासुदेव के साथ एक कलकतिया पाकिटमार था। दोनों एक साथ खिलखिलाकर हँस पड़े। जाते समय बासुदेव ने कहा, "जिस समय सात सौ रुपैया का पुलिंदा बाँधकर सिकरेटरी साहब को देने गए थे, उस दिन क्यों नहीं पूछा था कि चार दिन के भीतर कहाँ से इतना रुपैया वसूल हुआ ?···" उसी शाम को पानी-टंकी के पास डाक्टर नटखट ने उसको रोककर कहा था, "कालीचरन, कोई रास्ता नहीं। तुम यदि चाहो तो तुम्हारा जमानतदार भी होगा और मुकदमा में बेदाग छूट भी जाओगे। सोचना ! सोचकर देखना ! पाटीवाटी कोई काम नहीं देगी।"

··· थू ! थू ! जेल में आकर काली को खैनी की आदत पड़ गई है। डाक्टर साहेब··· अपने गाँव के डाक्टर ने जमादार से उस दिन जेल-गेट पर हँसकर कहा था, "सिपाही जी ! कालीचरन का जरा खयाल रखिएगा।"··· देवता है डाक्टर साहेब ! जरूर देवता है !··· सिरिफ खैनी ही नहीं, कभी-कभी बीड़ी भी जमादार साहेब दे देते हैं।··· थू ! थू ! थूक है ऐसे पैसे पर ! डाक्टर नटखटप्रसाद की बात वह नहीं मानेगा। सोमा ने भी एक बार दबी जबान कहने की कोसिस की थी, "उस्ताद··· !" "चुप उस्ताद का बच्चा !" कालीचरन ने डाँट बता दी थी।

उस्ताद ! जेल से बाहर, फिरार हालत में चलित्तर करमकार से उसकी भेंट हुई थी।··· कौन कहता है कि वह बड़ा भारी कलेजावाला आदमी है ! कुसियारगाँव

1. शेखचिल्ली।

टीसन के पास बड़का-धत्ता के बीच दोगछिया की छाया में भेंट हुई थी। कालीचरन को देखते ही वह अपने साथियों के साथ हाल-हथियार लेकर खड़ा हो गया था। ··· हेंसप् ! दारोगा साहेब जिस तरह चिल्लाए थे, उसी तरह चिल्ला उठा था चलित्तर। ··· कालीचरन को हँसी आ गई थी। उसके मुँह से अनजाने ही निकल पड़ा था, "अरे ! हम हैं उस्ताद ! खाली-हाथ पाटीवाला कालीचरन !" चलित्तर ने एक बार कहा था, "इस खाली हाथवाली पाटी में रहकर सब दिन खाली हाथ ही रहोगे !" पीछे तो बहुत बहस किया। आखिर में चलित्तर ने कहा था, "तुमने हमको उस्ताद कहा है। गाढ़े बिपत में कभी जरूरत पड़ने पर याद करना।" कालीचरन ने हँसकर कहा था, "उसकी जरूरत नहीं होगी···" दुबारा उस्ताद कहते-कहते वह रुक गया था।··· आज भी चलित्तर की वह बात कान में गूँज रही है, "देखना है तुम्हारी उस्तादी !"

··· लेकिन, आज बासुदेव और सोमा की मदद लेनी ही होगी। एक बार मिल तो जाए, वह पटिया लेगा।

गोटी बैठ गई।··· सोमा और बासुदेव को कालीचरन ने पटिया लिया है। अस्पताल के पिछवाड़े में··· !

ठीक है, अस्पताल के पिछवाड़े में, दीवाल की छाया में बासुदेव और सोमा ही हैं। ठीक है ! दोनों ने कंधे की ओर इशारा किया।

··· सब ठीक ! हत्तेरे की ! कालीचरन गिर पड़ा। तब बासुदेव और सोमा कंधा-से-कंधा भिड़ाकर खड़े हुए।··· ठीक है ! जरा-सा, जरा-सा और ! बस, चार अंगुल ! बासुदेव और सोमा के कंधों पर कालीचरन जरा उचकता है। दोनों के कंधों का भार जरा हल्का मालूम होता है। "ऐ, ठीक है।··· भागो !"

"भागा ! भागा !"

"टु-टू-ऊ-ऊ··· टु-टू-ऊ-ऊ ! जेल-अस्पताल के पिछवाड़े से सिपाही सीटी फूँकता है।

टु-टू-टू-टू ! बहुत-सी सीटियों की मिली हुई आवाज।

ढन-ढन, ढनाँग-ढनाँग··· ! जेल-फाटक का बड़ा घंटा घनघना उठा।

··· कालीचरन पाँच मिनट तक जेल के बाहर, दीवार के पास जमीन पर बेसुध पड़ा रहा।··· सीटी और घंटे की आवाज ने उसे सजीव कर दिया।··· नहीं, ज्यादा चोट नहीं आई है। सिरिफ कमर में मोच आ गई है।··· ढनाँग-ढनाँग !··· जेल का घंटा घनघना रहा है··· वह भागता है।

फर्ड़-र्र-र्र-र ! एक साथ कई बंदूकें गरज उठीं।

··· अँधेरे में कुछ सूझता भी तो नहीं।··· एक घड़ी रात भी नहीं हुई है। ओस से धरती-धरती पच-पच करती है, पैर फिसल जाते हैं ?···

भर्र-भर्रर-र-र, सामने दार्जिलिंग रोड पर पाँच-सात मिलिटरी-लौरियाँ दौड़ रही हैं।

कालीचरन, पाँचूबाबू वकील के घर के पिछवाड़े की एक झाड़ी में छिपकर

हाँफता है…सड़क कैसे टपा जाए ?… किधर से जाना ठीक होगा ? दाहिने ओर भी लोग हल्ला करने लगे हैं। पास की गली होकर घुड़सवार लोग जा रहे हैं।…

कालीचरन तय करता है, सामने बाँसवाड़ी पार करके मोबरलीसाहेब की पुरानी कोठी की बगल से जाना ही अच्छा होगा। अब देर नहीं करनी चाहिए।

… ऐं ? मोबरली साहेब की कोठी के पास कालीचरन को ऐसा लगा कि पीछे से कोई टार्च मार रहा है… हाँ, यह तो टार्च की ही रोशनी है।… वह जंगल में घुस जाता है। बस, थोड़ी देर यहाँ सुस्ताकर, टार्चवाले को देखकर, फिर एक दुलकी ! एक जूम[1] खैनी दिन में ही उसने चुनाकर, कपड़े के खूँट में बाँध ली थी। बहुत मौके पर अभी उस पर हाथ पड़ गया। खैनी खाकर वह झड़बेरी की झाड़ी से निकलकर साफ मैदान की ओर आता है ! कहाँ है टार्च की रोशनी ? बाप ! एकदम पास ही !… कालीचरन भागता है। टार्च की तेज रोशनी उसका पीछा कर रही है और फिर जंगल की निःस्तब्धता को भंग करके राइफल की आवाज गूँज उठती है–फर्ड़-र-र-र !

जंगल-झाड़, काँट-कुस और अड्डा-खाई को टापता हुआ कालीचरन भाग रहा है। जंगल की लत्ती पैर छांद लेती है, मगर वह झाड़ देता है !… जाँघ में, लगता है, खोंच लग गई है।

… पार्टी आफिस के पिछवाड़े में जो घना जंगल है, वहाँ पहुँचकर उसे लगा, वह निरापद है।… अरे ! यह तो खोंच नहीं ! अरे बाप ! इतना खून ! आधा बित्ता माँस उधेड़ दिया है। खलरा लटक गया है। ओ ! गोली लगी है शायद ! … खून बंद नहीं हो रहा है।

"कौ औऽन ?… काली च र न ?" आफिस सेक्रेटरी राजबल्ली जी किवाड़ खोलकर सचमुच अवाक् हो गए । जीभी की नोक पर बोली चढ़ी ही नहीं।…

"ऐं ? कौन ! कालीचरन ?" सेक्रेटरी साहब भी फड़फड़ाकर कमरे से बाहर आते हैं–"ओ कालीचरन ! तुम हो ?… इसीलिए शहर में इतना हल्ला हो रहा है ? जेल से भाग आए हो ?"

"जी ! लगता है, जाँघ में गोली लग गई है… ।"

"तुम्हारे कलेजे पर गोली दागी जानी चाहिए। डकैत ! बदमाश !"

"सिकरेटरी साहेब ! इसीलिए तो… । इसीलिए तो… आपके पास आए हैं। सुन लीजिए।…माँ कसम, गुरु कसम, देवता किरिया ! जिस रात…उस रात को हम… यहाँ जिला पाटी आफिस में था।"

"राजबल्ली जी, आपको बघोछ लग गया है ? किवाड़ बंद कीजिए, हटाइए इसे।… बाबू, मिहरबानी करो, चले जाओ। नहीं तो… ।"

"आ आ आ प हल्ला काहे करते हैं ! आ आ प अंदर जाइए।" राजबल्ली जी मौन भंग करते हैं।

---

1. खुराक।

कालीचरन पत्थर की मूर्ति की तरह खड़ा है।

मोबरली साहेब की कोठी की ओर धड़ाधड़ फायर हो रहे हैं··· फर्ड़-र्र-र्र !

साथी राजबल्ली जी ! सिकरेटरी···साहेब···को समझा दीजिएगा। मेरा कोई··· कसूर नहीं···।

कालीचरन हिलता है। थोड़ी देर तक खड़े रहने के बाद, अब तो चला भी नहीं जा रहा है। वह दोनों पाँवों को बारी-बारी झाड़ता है। सामने कच्चू के पत्तों पर कुछ झरझराकर गिरा।··· वह धीरे-धीरे फिर बगंल के जंगल में चला जाता है।··· अब ?··· वह पुरानी धोती के एक खूँट को चीरकर घाव को बाँधते हुए सोचता है—अब ?

··· चलित्तर कर्मकार ने कहा था—"गाड़े बिपद में खबर करना, याद करना !"

चलित्तर कर्मकार।

अठारह

"भाग ! भाग ! मलेटरी, मलेटरी··· !"

अरे बाप ! लाल पगड़ीवाला पुलिस नहीं है, एकदम··· गोरखा मलेटरी ! सुनते हैं, गोरा मलेटरी से भी ज्यादा चांसवाला होता है गोरखा। मारने लगता तो मारते-मारते जान से ही मार देगा।··· हसलगंज हाट पर कटिहारवाले बाबू साहेब की कचेहरी पर सुबह से ही आकर खड़ी है—दो मोटरगाड़ी—ठसमठस ! मोहर्रिलजी बोले कि गाँव में रौन[1] देने आया है।··· रात में कौन देगा ?··· गोरखा मलेटरी ?

"अरे, क्या बात है ?··· कौन झूठमूठ खबर लाया ?"

"झूठ नहीं ! ततमाटोली का बबुअन अभी दौड़ता-हाँफता आया है। उसको इमान-धरम सौर माय का किरिया खिलाकर पूछिए तो !"

"ऐ ! सुनो ! मोटरगाड़ी की आवाज हुई न ?"

"हाँ··· पछियारीटोला के पास आ रही है मोटरगाड़ी।"

"··· भागे ! एकदम लाल इड़हुल रंग की मोटरगाड़ी आ रही है।"

"··· भागो किधर ? मोटरगाड़ी तो आ गई !"

भर्र-र्र केंक-केंक् भर्र र··· ! मिलिटरी लारी लीक छोड़कर बेलीक ही अड्डा-खाई-आल-गोड़ा टपते, तहसीलदार साहब के दरवाजे की ओर जाती है।

"कौन ? सुमरितदास बेता··· ?"

"सिस् ! चुप··· !" सुमरितदास फिसफिसाकर कहता है, "कलिया जेहल से भाग

गया है। इसीलिए मलेटरी आया है।··· खबरदार ? सुसलिट पाटी का नाम भी नहीं लेना। पूछे तो कहना, हम लोग काँगरेस में हैं। कालीचरन से कोई रिस्ता मत बताना।··· समझे ? लाल झंडा जिसके घर से निकलेगा तुरंत गिरिफ्फ हो जाएगा।"

सुमरित दास बेतार की देह में इस 'बुढ़ारी' में भी कितना तेज है ! पुराना पानी पिया हुआ बुड्ढा है।··· कलिया तो अपने साथ अपने गर-गरामत, पर-परोसिया और गाँव-समाज सबको ले डूबना चाहता है।··· क्या है, लाल सालू ? खबरदार ! झंडा और सालू में क्या फरक है ! फाहरम-परचा सब जलाओ !··· सब फँसेगा !

"खबरदार ! कलिया 'घसकंतोबाचः' हो गया है। सुसलिट पाटी और कालीचरन का नाम··· हरगिस नहीं।··· लच्छन लगता है समूचे गाँव को 'कुरुक' करेगा।"

"ऐ !··· कौन ?" कालीचरन की अंधी माँ हुक्का पीना बंद कर पूछती है, "कौन भाग गया ?··· सरसतिया, परमेसरी,··· तराबत्ती··· अरे, कौन भाग गया बेटी ?"

"अरे कौन ?··· तुम्हारे कुलबोरन बेटा कालीचरन के चलते आज सारा गाँव बन्हा रहा है।"

"भाग ! भाग !··· मलेटरी !"

गुरखा सिपाहियों ने कालीचरन के घर को चारों ओर से घेर लिया है। एस. पी. साहब कालीचरन की बूढ़ी माँ से पूछते हैं, "हुँ··· अंधी है या ढंग करती है ? सुन बुड्ढी ! तेरा कलिया जेल से भाग आया है। अब रोना-गाना छोड़कर सीधे-सीधे बता कि वह यहाँ आया है या नहीं ?"

"मेरा बेटा !··· वह डकैत नहीं दारोगाबाबू !··· दुसमन लगा हुआ है उसके पीछे हजूर ! जाने सूरुज भगवान।"

"ठीक-ठीक बताओ ? उसके साथ और कौन-कौन··· उसके साथी-संगी का नाम बताओ !"

"हजूर··· हमरा कुछ नै मालूम।"

"अच्छा, सब मालूम हो जाएगा।··· ले चलो बुढ़िया को !"

कालीचरन की माँ को जड़ैया बुखार आ गया।··· जैसे ही नेपाली सिपाही ने उसकी कलाई पकड़ी, वह जोर-ज़ोर से डिकरने लगी—लोहे से दागने के समय बैल-गाय वगैरह जैसे डिकरते हैं, उसी तरह।

"अ् य बाँ-बाँ-बाँ-आँ···।"

माघ की संध्या ठिठुरते हुए गाँव को धीरे-धीरे अपने आँचल में छिपा रही है। भयार्त पशु की आँखों की तरह किसी-किसी घर में ढिबरी भुकभुका रही है। ··· घूर के पास आज कौन बैठेगा ! सभी अपने-अपने घर के कोने में छुपे हुए हैं।··· सन्नाटा ! और इस सन्नाटे को चीरकर कालीचरन की माँ की यह दर्द-भरी पुकार गाँव के कोने-कोने में फैली !···

"एह ! अरे बाप ! मालूम होता है बुढ़िया को कीरिच से जबेह कर रहा है। ··· हे भगवान !"

कालीचरन की माँ की डिकराहट में कुछ ऐसी बात थी कि एस. पी. साहब

का दिल पसीज गया। उन्होंने कहा, "छोड़ दो !··· छोड़ दो बुढ़िया को !"

बुढ़िया अचानक चुप हो गई।

गाँव-घर, बगीचा-बाड़ी और अगवारे-पिछवारे में दम साधकर छिपे लोगों ने समझा–बुढ़िया को सचमुच जबेह कर दिया।

"किसकी बोली है, पहले पहचान लो।··· टट्टी में कान लगाकर सुनो।"

"अगमू चौकीदार है।··· सुमरितदास भी है।"

"जै भगमान ! जै भगमान !"

"ऐ भगमान भगत ! भगमान भगत··· दरवाजा खोलो जी !" सुमरितदास खखारते हैं, "अह-ख्-ख् !··· भगमान भगत ! डरने की बात नहीं।··· सिकरेट है, सिकरेट ? मलेटरी साहेब हैं··· पैसा देते हैं।"

पछियारी घर में संदूक के पीछे भगमान भगत दम साधकर घुसके हुए हैं। "आहि रे दादा रे दादा ! ई त हमरे नाम लेके···।" भगतइन फिसफिसाकर कहती है, "अरे जा न !··· कौनो बाघ थोड़ो बा !" भगत डाँटता है–"अरे, चुप !"

"अहूँख् !··· के ? दास जी ?" भगताइन खखारकर अंदर से पूछती है, "का लेंब हो ?"

"अरे खोलो भगताइन !··· भगत जी कहाँ हैं ?"

भगताइन टीन की टट्टी खोलते हुए देखती है, "बाप रे बाप !··· ई कौन देस के आदमी बा रे देबा ? हुँड़ार[1] जैसन मुँह बा।···"

"दास जी ! अंदर आके जे लेब से ले जा।··· बुढ़वा के बुखार बा, हमरो सिर बथता···।"

सुमरितदास टीन की टट्टी को ठेलकर अंदर जाता है, "इस्··· ! तुम लोगों को लगता है कि कलेजा है ही नहीं। झूठ नहीं कहा है, बनियाँ का कलेजा धनियाँ ! 'इसपी' साहेब अभी तुरंत सबों को बुला रहे हैं तहसीलदार साहेब का दरवाजे पर।··· मिटिन है। इसमें जो नहीं जाएगा अभी, उसको कालीचरन की पाटी का आदमी समझा जाएगा।··· लाओ पाँच पाकिट असली कैंचीमार सिकरेट !··· कलिया जेहल से भाग गया।"

"हँ-हँ-ख् !··· के ? सुमरित भाई ?" भगमान भगत काँखते हुए आता है, "अरे ! ई बुखार त जान लेके छोड़ी। का बात बा ?"

"बात का बा !" सुमरितदास हाथ चमका-चमकाकर कहते हैं, "··· चीनी पाँच सेर, गरम मसाला आठ आने का, चार पाकिट सिगरेट लेकर अभी तुरत तहसीलदार साहेब बुलाए हैं।··· इसपी साहब मिटिन बुला रहे हैं, सबों को।··· हाँ, सिपाही जी को पाँच पाकिट दिया, उसका भी पैसा लोगे ?"

"अरे ! हम का हुकुम से बाहर बानी !··· चलीं, हम आबतानी।" भगत बात चबाते हुए कान खुजलाता है।

---

1. भेड़िया।

'गोरखा मलेटरी' कहता है, "ऊँह ! नहीं !··· हम मुफ्त में नहीं लेगा। काहे लेगा ? हम पैसा तीरकर[1] चुरुट लेगा··· काहे लेगा ? हम बायर का मलेटरी नहीं, हम इसी देस का है। मुफ्त में काहे लेगा ?"

तहसीलदार साहब के दरवाजे पर लोग जमा हो रहे हैं। अगमू चौकीदार और अब्दुल्ला बक्सी सबों को हाँकते आ रहे हैं, "डेग बढ़ाओ !··· घसर-फसर काहे करते हो··· लगता है धान की दबनी करने के लिए बैलों को हाँककर लाया जा रहा है !··· बालदेव जी भी हैं, रामकिरपालसिंघ भी हैं। बहुत दिनों से रामकिरपालसिंघ, पर-पंचायत या सभा-मिटिन में नहीं जाते हैं। एकदम गुमसुम रहते हैं।··· पचास बीघा जमीन धनहर, एक लाटबंदी[2], एक ही जमा, और खजाना सिर्फ पाँच रुपए ! ऐसी जमीन जिसकी बिक जाए, या महाजन के यहाँ सूद-रेहन लग जाए तो दिल चकनाचूर होगा नहीं ?··· खेलावनसिंघ यादव का कलेजा धकधक कर रहा है–जगह-जमीन, रुपैया-पैसा तो पहले ही मुकदमा में सोहा हो गया, अब एक कोरी भैंस है। तहसीलदार की नजर लगी हुई है।

एस. पी. साहब चाय पीकर खड़े हो जाते हैं। जै भगवान ! दुहाई काली माई !

"प्यारे भाइयो ! मैंने आप लोगों को एक बहुत बड़े काम में मदद के लिए बुलाया है। आप लोग डरिए नहीं। मैं बदमाशों के लिए महा-बदमाश हूँ, और सीधे लोगों का सेवक !··· हाँ, हम तो आप लोगों के नौकर हैं।"

"जै हो ! जै हो ! धन्न हैं, धन्न हैं !" लोगों की देह में अब थोड़ी गर्मी आती है।

एस. पी. साहेब कहते हैं, "अभी इस जिले में एक बड़ा भारी डकैत उत्पात मचा रहा है। उसका नाम आप लोगों ने जरूर सुना होगा··· !"

"जी नहीं।··· हम लोग तो कूपमंडूक हैं।"

"देखिए ! झूठ मत बोलिए ! डगरिन से पेट छुपाते हैं ?··· चलित्तर कर्मकार इस गाँव में कभी नहीं आया है ?"

"हाँ, हाँ, चलित्तर !"

"नहीं, नहीं··· नहीं आया है।"

"··· देखिए ! जरा रोशनी और करीब लाइए।··· देखिए, यही है उसका फोटो।"

"हाँ, ठीक है। यही है। यही है।"

"तब देखिए। आप लोग झूठ काहे कहते थे। जानते हैं, डकैत से बढ़कर होता है डकैत का झँपैत[3], आप लोगों ने झँपैत का काम किया है।"

"नहीं हजूर, माये-बाप ! मालूम नहीं था।"

"··· खैर ! सुन लीजिए। चलित्तर कर्मकार को न तो देश से मतलब है, न गाँव से और न समाज से। उसका पेशा है डकैती करना, लूटना। वह समाज का दुश्मन है, देश का दुश्मन है।··· अभी देखिए, हाल में ही कम्यूनिस्ट पार्टीवालों ने

---

1. पैसा चुराकर। 2. होल्डिंग। 3. छुपाने वाला।

एक पर्चा निकाला है। लिखा है, कामरेड चलित्तर पर से वारंट हटाओ। चलित्तर कर्मकार किसानों और मजदूरों का प्यारा नेता है।··· अब आप ही बताइए कि कोई हत्यारा और डकैत कैसे किसी का प्यारा नेता हो सकता है !··· खैर, मेरा भी नाम बजरंगीसिंह है। मैंने ऐसे-ऐसे बहुत-से हत्यारों को ठीक किया है, फाँसी पर लटकवाया है।··· ऐसा आदमी किसी की भी हत्या कर सकता है।···"

"बाबा !··· गाँधी जी मारे गए !" कमली अंदर हवेली से ही पगली की तरह चिल्लाती है–"गाँधी जी··· !"

"क्या हुआ ?"

"क्या हुआ ?"

तहसीलदार साहब अंदर हवेली की ओर दौड़ते हैं।··· सुमरितदास कहता है, "हुजूर, तहसीलदार साहेब की बेटी का मगज जरा खराब है।"

"अनर्थ हो गया हुजूर !" तहसीलदार साहब दौड़ते हुए आते हैं, "गाँधीजी मारे गए।"

"ऐं ?··· कहाँ ? कैसे ?"

"रेडियो में खबर आई है।"

"कहाँ है रेडियो। अंदर हवेली में ? मेहरबानी करके यहाँ ले आइए।" एस. पी. गिड़गिड़ाते हैं।

"अरे-रे-रे ! बालदेव जी को सँभालो !··· बेहोश हो गए।"

तहसीलदार साहब 'पोर्टेबल रेडियो सेट' ले आते हैं, "हुजूर, इसके कल-काँटे का भेद हमको मालूम नहीं।··· डाक्टरसाहब का है।"

"इधर लाइए।" एस. पी. साहब जल्दी-जल्दी मीटर ठीक करते हैं।··· चारों ओर एक··· एक मनहूस अँधेरा छाया हुआ है··· हमारी आँखों के आगे अँधेरा है, दिल में अँधेरा है।··· ऐसे मौके पर हम किन लफ्जों में, कै···से, किन शब्दों में आपको ढाढ़स बँधाएँ ! गम के बादल में सारा मुल्क गर्क है।··· एक पागल ने बापू की हत्या कर डाली। जाहिर है, पागल के सिवा कोई ऐसा काम नहीं कर सकता। अब हमें अपने गम और गुस्से को दबाकर सोचना है··· ।"

"नेहरू जी बोल रहे थे सायद !"

नेहरू जी !··· जमाहिरलाल बोल रहे थे ! बीच में एक जगह गला एकदम भर गया था; लगा–रो रहे हैं।

"सुनिए ! अब पटेल साहब, सरदार पटेल बोल रहे हैं।" एस. पी. साहब का चेहरा एकदम काला हो गया है।

बेतार के खबर में क्या बोला ? गाँधी जी का हत्यारा पकड़ा जा चुका है ? ··· अरे ! कैसे नहीं पकड़ावेगा भाई ! हाय रे पापी। साला··· जरूर जंगली देश का आदमी होगा। हत्यारा !··· मराठा ? यह कौन जात है भाई ! मारा ढा ! अरे,

बाभन कभी ऐसा काम नहीं कर सकता, जरूर वह साला चंडाल होगा।

एस. पी. साहब हाथ जोड़कर कहते हैं, "भाइयो ! कहा-सुना माफ करेंगे। आप लोग जैसा समझें करें··· लेकिन देखते हैं न ! अरे जिसने एक गरीब बनिया को बाल-बच्चा सहित मार डाला··· वही हत्यारा गाँधी, जवाहर, पटेल की सबकी हत्या कर सकता है।··· हत्यारा !··· हम अभी जाते हैं। आप लोग कल शाम को, नदी के किनारे जल-प्रवाह कीजिएगा।··· और खबर सब तो रेडियो में आती ही रहेगी; तहसीलदार साहब हैं, सबो को सुना देंगे ! अच्छा तो चलते हैं। जय हिंद !'

भर्र-र-र-र-र-र !

"रघुपति राघव राजाराम, पतीत पामन सीताराम···।" बालदेव जी आँखें मूँदकर गाना शुरू करते हैं।

आज आखर धरनेवाला भी कोई नहीं—काली, बासुदेव, सुनरा सनिचरा, कोई नहीं। जाड़े से दलक रहे हैं बालदेवजी।··· जरा, यहाँ एक धूनी लगा दी जाती, तो अच्छा होता।

"अरे कोठारिन, लछमी दासिन।"

लछमी आई है। साथ में है रामफल पहलवान, लालटेन लेकर !··· बालदेव आँखें मूँदकर गा रहे हैं—"इसवर अल्ला तेरो नाम, सबको संपत दो भगमान।"

"जै रघुनंदन जै घनश्याम, जानकीबल्लभ सीताराम।" लछमी दासिन अगला आखर उठाती है।

इस बार भीड़ के आधे लोगों ने साथ दिया।···

"रघुपति राघव राजाराम··· !"

बावन ठीक ही कहता था, भारथमाता और भी जार-बेजार रो रही है !··· बालदेव जी का सारा शरीर सुन्न हो गया है। रास्ते में नाचते-नाचते गिर पड़ते हैं।

"सीताराम··· सीताराम··· जै रघुनंदन··· !"

··· 31 जनवरी, 48 की रात ! कमली सोचती है—सारा संसार अभी बस एक ही महा-मानव के लिए रो रहा है।··· रेडियो पर गीतापाठ हो रहा है। लगता है, गीता के एक-एक श्लोक की सीढ़ी महात्मा जी को ऊपर उठाए लिए जा रही है—ऊपर—ऊपर—और ऊपर !

अंतवंत इमे देहा नित्यस्योक्ता शरीरिणः।
अनाशिनोऽप्रमेयस्य तस्माद्ध्यस्व भारत।।

अँधेरे में एक महाप्रकाश !··· आँखें चौंधिया जाती हैं कमली की ! महात्मा जी

खिलखिलाकर हँस पड़ते हैं–"रोती है क्यों माँ !··· माँ ! रोती क्यों है ?"

"मत रोओ बेटी !" माँ समझाती है, "बेटी रोओ मत !" अचानक डाक्टर की याद आती है–डाक्टर !··· डाक्टर को कौन ढाढ़स बँधाता होगा। मत रोओ डाक्टर ! मत रोओ !

कमली रेडियो की आवाज को और तेज कर देती है :

वासांसि जीर्णानि यथा विहाय नवानि गृह्णानि नरोपराणि।
तथा शरीराणि विहाय जीर्णान्यन्यानि संयाति नवानि देही।
नैनं छिदंति शस्त्राणि नैनं दहति पावकः !···

उन्नीस

जोतखी काका के दरवाजे पर भीड़ लग गई है।

···ठीक कहते थे जोतखी काका। अभी क्या हुआ है, अभी और बाकी है। अच्छर-अच्छर सब बात फल गई।···ऐसे अगरजानी आदमी की बात काटने का नतीजा सारा गाँव भोग रहा है।

जंगली जड़ी-बूटी से ही जोतखी काका टनमना गए हैं। खुद उठ नहीं सकते, बोली साफ नहीं हुई है; घिघियाकर, मुँह टेढ़ा करके बोलते हैं, "छयअआँछ !··· छयअआँछ !···आँ, आँ !"

अर्थात सर्वनाश ! सर्वनाश ! हाँ, सर्वनाश होगा।

"जोतखी काका, आज हुकुम हुआ है कि सारा दिन बासी-मुँह रहकर साम को कमला के किनारे जलपरवाह करना होगा।" खेलावन यादव अब जोतखी जी की बात कभी नहीं काट सकता।···जोतखी जी ने कहा था, अट्ठारह साल की उमेर में सकलदीप को माता-पिता-बियोग लिखा हुआ है।··· एकदम फल गई बात। सकलदीप दो महीने तक बिलल्ला की तरह कलकत्ते में भटकता रहा।··· ससुर पकड़ लाया है। उसका भी पराच्छित करना होगा।··· होटल में बर्तन माँजता था।

जोतखी जी इशारे से कहते हैं, "नहीं हरगिज नहीं ! ऐसा काम मत करो !"

जोतखी काका ने क्या कहा ? गाँधी जी काहे मारे गए।··· क्या कहते थे, अच्छा हुआ ! धेत्त् ! उनका मगज अब सही नहीं है।

दूसरे पहर को जुलूस निकला। बाँस की एक रंथी बनकर सजाई गई है–लाल, हरे, पीले, कागजों से। एक ओर बालदेव जी ने कंधा दिया है, दूसरी ओर सुमरितदास, जिबेसर मोची और सकलदीप ने।··· खेलावन यादव नहीं आया है। सकलदीप को

बहुत समझाया, गाली दिया–मगर सकलदीप ने तो आकर रंथी में कंधा ही लगा दिया।

टन-टनाँग ! घड़ीघंट बजता है।

तिन्न तिरकिट-तिन्ना ! धिन्ना धा-धा-धिन्ना !

आँ रे ! काँ च हि बाँस के खाट रे खटोलना···

गाँव के भकतिया लोगों ने समदाउन शुरू किया। समदाउन की पहली कड़ी ने सबके रोएँ को कलपा दिया, सबके दिल गम्हड़ उठे और आँखें छलछला आईं।

आँ रे काँचहि बाँस के खाट रे खटोलना
आखैर मूँज के र हे डोर !
हाँ रे मोरी रे ए ए ए हाँ आँ आँ रामा रामा !
चार समाजी मिली डोलिया उठाओल
लई चलाल जमूना की ओर !
हाँ रे मोरी रे ए··· !

अब कोई अपने को नहीं सँभाल सकता है। सब फफक-फफककर रो पड़ते हैं। जुलूस आगे को बढ़ रहा है। धीरे-धीरे सभी जुलूस में आकर मिल जाते हैं, रोते हुए चलते हैं। बूढ़े रोते हैं, बच्चे रोते हैं; जवान रो रहे हैं, औरतें रो रही हैं।··· सकलदीप की जवान बहू दहलीज से देखती है। उसके ओठ काँप रहे हैं। रह-रहकर ओठ थरथराते हैं और अंत में वह अपने को सँभाल नहीं सकती है। वह दौड़ती है जुलूस के पीछे। खेलावनसिंह चिल्लाते हैं, "कनियाँ, कनियाँ !··· ऐ कनियाँ !"

हाँ आँ रे गोड़ तोरा लागौं हम भैया रे कहरिवा से
घड़ी भर डोली बिलमाव !
माई जे रोवय···

··· माँ रो रही है। भारथमाता रो रही है।

रामदास हाथ में खँजड़ी लिए चुपचाप रो रहा है।··· उसी के पाप से महात्मा जी मारे गए हैं। उसने साधू के अखाड़े को भरस्ट किया है।··· परसों रमपियरिया की माये गाँव से मछली का सालन माँगकर लाई थी। रमपियरिया रात में उठकर चुराकर खा रही थी। महंथ रामदास ने रँगे हाथ पकड़ लिया था–बुआरी मछली की कुट्टा !

रमजूदास की स्त्री छाती पीट-पीट कर रो रही है।··· ठिठरा चमार की बारह साल की बेटी रो रही है–बाबा हो !··· बाबू हो !

बापू !

···कमली रेडियो अगोरकर बैठी हुई है। उसकी आँखों से आँसू टप-टपकर

गिर रहे हैं। माँ आँचल से बेटी के आँसू पोंछती है और खुद रोती है, "वे तो नर-रूप धारन कर आए थे···लीला दिखाकर चले गए।"

रेडियो से आँखों देखा हाल प्रसारित हो रहा है। "अब··· अब चंदन की चिता तैयार है। बस, अब कुछ ही क्षणों में···देखिए, पंडित नेहरू देवदास गाँधी जी से ··· महात्मा जी के सुपुत्र से कुछ कह रहे हैं।··· नरमुंड··· नरमुंड, कहीं भी एक तिल रखने की जगह नहीं··· (कोलाहल की आवाज क्रमशः तेज हो रही है।··· जय··· जय !) अपार जन-समूह में मानो लहरें आ गई हैं; सभी एक बार, अंतिम बार महामानव की पवित्र चिता को अंतिम बार देखना चाहते हैं।··· एंबुलेंस गाड़ियाँ बेहोश लोगों को ढो रही हैं !··· औ··· औ··· आह ! अब··· पश्चिम आकाश में सूर्य अपनी लाली बिखेरकर अस्त हो रहा है और इधर···महामानव की चिता में अग्निशिखा ··· धरती का सूरज अस्त हो रहा है। क्षिति-जल-पावक··· पाँच तत्त्वों का पुतला ··· (गीता-वाणी सुनाई पड़ती है)–जन्मबंधविनिर्मुक्ताः पदं गच्छन्त्यानामयम्···।

"माँ, माँ !"

"माँ, माँ···" कमली स्पष्ट सुनती है, कोई पुकार रहा है। कौन पुकारता है उसे माँ !

"क्या हुआ बेटी ?" माँ बाहर से दौड़ी आती है।

"मेरा बच्चा··· मेरा··· मेरा बेटा··· !"

ओं शांति ! शां··· ति··· !

बीस

"सेत्ताराम ! सेत्ताराम !"

"ओ बावनदास जी ! आइए !" लछमी मोढ़ा देती है।

"बालदेव जी कहाँ हैं ?"

"आइए, साहेब बंदगी, जै हिंद !" बालदेव जी आ गए।

"जै हिंद !"

बावनदास को देखकर डर लगता है–एकदम सूखकर काँटा हो गए हैं।··· बाल इतना ज्यादा कैसे पक गया ?··· ओ ! आज टोपी नहीं पहने हैं, इसीलिए। आवाज भी बदल गई है। बालदेव जी कहते हैं "आपको तो अब यहाँ समय ही नहीं है। ··· उस दिन हम अकेले जिस समय से रेडियो में सुने, उसी समय से लेकर दूसरे दिन जलपरवाह तक, सबकुछ किए। किसी तरह सँभाल लिया। सराध के दिन

तहसीलदार साहब भोज देनेवाले हैं; बामन-राजपूत, यादव और हरिजन सभी एक पंगत में बैठकर खाएँगे। अच्छा हुआ, आप भी आ गए। अकेले हम···।"

"नहीं बालदेव जी, हम रहेंगे नहीं। हम जरूरी काम से जा रहे हैं। सोचा, एक बार आप लोगों से भेंट करते चलें। हम तुरत··· अभी चले जाएँगे।"

"अच्छा, उधर का हाल-समाचार क्या है, सुनाइए !"

"हाल क्या सुनिएगा ! अब सुनना-सुनाना क्या है ! रामकिसुन आसरम में भी हरिजन-भोजन होगा।··· बिलेकपी कल मर गया। सिवनाथबाबू आए हैं पटना से। ··· ससांक जी परांती[1] सभापति हो गए हैं, वह भी पटना में ही रहेंगे।··· सब आदमी अब पटना में रहेंगे। मेले[2] लोग तो हमेशा वहीं रहते हैं।··· सुराज मिल गया, अब क्या है !··· छोटनबाबू का राज है। एक कोरी बेमान, बिलेक मारकेटी के साथ कचेहरी में घूमते रहते हैं। हाकिमों के यहाँ दाँत खिटकाते फिरते हैं। सब चौपट हो गया···" बावनदास कहते-कहते रुक जाता है।

"छोटनबाबू की बात मत पूछिए। अब तो घर-घराना सहित काँग्रेसी हो गए हैं।"

"नहीं बालदेव, छोटनबाबू-जैसे छोटे लोगों की बात जाने दो। यह बेमारी ऊपर से आई है। यह पटनियाँ रोग है।··· अब तो और धूमधाम से फैलेगा। भूमिहार, रजपूत, कैथ, जादव, हरिजन, सब लड़ रहे हैं।··· अगले चुनाव में तिगुना मेले चुने जाएँगे। किसका आदमी ज्यादे चुना जाए, इसी की लड़ाई है। यदि रजपूत पाटी के लोग ज्यादा आए तो सबसे बड़ा मंतरी भी राजपूत होगा।··· परसों बात हो रही थी आसरम में। छोटनबाबू और अमीनबाबू बतिया रहे थे–गाँधीजी का भसम लेकर ससांक जी आवेंगे। छोटनबाबू बोले, जिला का कोटाभसम जिला सभापति को ही लाना चाहिए।···ससांक जी क्यों ला रहे हैं। इसमें बहुत बड़ा रहस[3]।··· हा-हा-हा-हा !" बावनदास विचित्र हँसी हँसता है। ऐसी हँसी तो कभी नहीं देखी–बालदेव जी ने भी नहीं।

"काहे ? हँसते काहे हैं दास जी ?"

"हा-हा-हा-हा !··· अरे, वही अमीनबाबू तुरत उठकर बैठ गए; बोले, आप ठीक कहते हैं छोटनबाबू। गाड़ी तो चली गई। कटिहार जाने से गाड़ी मिल सकती है।··· तुरंत मोटर इस्टाट करके दोनों रमाना हो गए। सभापति-मंतरी··· हो राम ! राम मिलाए जोड़ी···। हा-हा ! चले दोनों··· हा-हा ! भसम लाने··· हा-हा ! देस को भसम कर देंगे ये लोग ! भसमासुर !"

"दास जी, मालूम होता है कोई सोसलिट ने आपको···"

"सोसलिस ? सोसलिस ? क्या कहेगा सोसलिस हमको ?··· सब पाटी समान। उस पाटी में भी जितने बड़े लोग हैं, मंतरी बनने के लिए मार कर रहे हैं। सब मेले-मंतरी होना चाहते हैं बालदेव ! देस का काम, गरीबों का काम, चाहे मजूरों

---

1. प्रांतीय। 2. एम. एल. ए.। 3. रहस्य।

का काम, जो भी करते हैं, एक ही लोभ से।··· उस पाटी में बस एक जैपरगासबाबू हैं। हा-हा-हा ! उनको भी कोई गोली मार देगा।··· फिर भसम लेने के लिए सभापति-मंतरी साथे-साथ··· !"

नया चूड़ा और नया गुड़ एक थरिया में ले आती है लछमी–"जरा बालभोग कर लीजिए।··· थोड़ा-सा है। दूध-दही तो भोज के लिए जमाया जा रहा है।"

बावनदास बगल की झोली का मुँह फैलाते हैं। लछमी कहती है, "यह क्या ? ··· जलपान कीजिए ! झोली में क्यों लेते हैं ?"

लछमी की आँखें न जाने क्यों सजल हो जाती हैं।··· इतने दिनों के बाद एक वैष्णव आया और बिना पत्तल जुठाए चला जाएगा ?··· नहीं, वह ऐसा नहीं होने देगी।

"नहीं। बालभोग तो आपको करना ही होगा", लछमी जिद्द करती है, "दास जी, बिनती करती हूँ··· !"

बालदेव जी देखते हैं, बावनदास को कुछ हो गया है··· बड़ा अटर-पटर बोलते हैं ! चेहरा भी एकदम बदल गया है, आँखें लाल हैं, कपड़ा कितना मैला हो गया है ! वह सोलह-सत्रह साल से बावनदास के साथ हैं, कभी तो ऐसा हँसते नहीं देखा।··· अलमुनियाँ का लोटा और बाटी नहीं छोड़ते हैं कभी।

जलपान करके हाथ धोते हुए बावनदासजी कहते हैं, "बालदेव जी, अब हम चलेंगे। पुवरिया-लैन की गाड़ी कोदलिया टीसन में जाकर पकड़ेंगे।··· आपसे एक काम है।"

बावनदास झोली से लाल रंग का एक बस्ता निकालते हैं। बस्ता खोलकर कागज का छोटा-सा पुलिंदा निकालते हैं। "बालदेव जी !··· सब महतमा जी के खत हैं। गंगुली जी ने एक बार कहा था–जरूरत पड़ने पर हमें दीजिएगा··· आने के समय याद ही नहीं रहा। आप पुरैनियाँ कब तक जाइएगा ?··· चार-पाँच दिन के बाद ? तब ठीक है, आप रख लीजिए। गंगुली जी को दे दीजिएगा··· जरूर !"

परम श्रद्धा-भक्ति से सहेजी हुई पवित्र चिट्ठियों को बावनदास एकटक देख रहा है।··· फिर एक-एक कर अलग-अलग छाँटता है। हवा से एक चिट्ठी उड़कर बिछावन के नीचे चली गई, बावनदास ने चट से उठकर सर से छुला लिया।··· उसे एक अक्षर का भी बोध नहीं, लेकिन वह प्रत्येक चिट्ठी के एक-एक शब्द पर निगाह डालता है; लगता है, सचमुच पढ़ रहा हो।··· आखिरी चिट्ठी खत्म कर वह एक लंबी साँस लेता है।

बस्ता हाथ में लेकर बावनदास थोड़ी देर तक बेकार ही उसकी डोरी को उँगलियों में लपेटता और खोलता है। फिर एक लंबी साँस लेकर अचानक ही खड़ा हो जाता है, "लीजिए··· सेत्ताराम-सेत्ताराम !"

बालदेव जी बस्ता लेकर लछमी के हाथ में दे देते हैं, "पौंती-पिटारी में रख दीजिए !"

लक्ष्मी बस्ता लेकर सर से छुलाती है, फिर छाती से लगाती है। वह एकटक बावनदास को देख रहा है।··· इस चिरकुट खद्धड़ की दोलाई से जाड़ा कैसे काटते हैं बावनदास जी ?

"दास जी !··· इस चादर से जाड़ा कैसे काटते हैं ?··· ठहरिए, एक पुराना कंबल है। ले लीजिए।" लछमी विनती के सुर में ही कहती है।

"नहीं माई !" बावनदास कंधे से झोली को लटकाते हुए कहता है, "नहीं माई, कंबल की जरूरत नहीं।"

लछमी चुप हो जाती है।··· बावनदास जी को अब कंबल की जरूरत नहीं। अब उन्हें किसी चीज की जरूरत नहीं। लछमी मानों सबकुछ समझ जाती है।

धरती फाटे मेघ जल
कपड़ा फाटे डोर।
तन फाटे की औखदी
मन फाटे नहीं ठौर !

"अच्छा तो अब··· जै हिंद !"

"जै हिंद !"

बावदास लुढ़कता हुआ जा रहा है।··· सोबरन का कटहा कुत्ता खिट-खिटाकर भूँकते हुए उस पर टूटता है। लेकिन, बावनदास उधर देखता तक नहीं है।··· कुत्ता भी आश्चर्य से चुप हो जाता है। जरा-सा धेत्त-धेत्त भी नहीं किया ?··· कैसा आदमी है ! कुत्ता बावनदास के पीछे-पीछे दुम हिलाते, मिट्टी सूँघते कुछ देर तक जाता है।

"बावनदास जी का मन एकदम फट गया है।" लछमी कहती है।

बालदेव जी कहते हैं, "अरे मन फटेगा क्या ! थोड़ा ढंग भी करता है।··· गंगुली जी चिट्ठी लेकर क्या करेंगे ?··· दूसरे की चिट्ठी भले लोग नहीं पढ़ते हैं, दोख होता है।"

कोदलिया टीसन पर गाड़ी में बैठकर बावनदास को लगता है, वह कोई तीरथ करने जा रहा है। बहुत दिनों से उसके मन में लालसा है–एक बार जगरनाथ जी जाने की !··· केदारनाथ, बदरिकानाथ वह गया है। उसकी आँखों के आगे जगरनाथ का पट–छाता और छड़ी–लिए तीर्थ से लौटे हुए बावनदास की मूर्ति आ खड़ी होती है।

जगरनथिया रौ भाय,
बाबा रौ विराजे उड़िया देस में।

एक यात्री ने कहा, 'अरे, माघ महीना में कौन जगरनाथ से लौटा है भाई !"

दूसरे ने कहा जरा जोर से, "बावन गुसाईं जी !"

बावनदस खिड़की से बाहर की ओर देखता है। खेतों में लोग धान काट रहे

हैं।··· नदी में मछली मार रहे हैं, भैंस चरा रहे हैं। बावन ने बहुत सफर किया है, लैन से–कलकत्ता काँगरेस, लखनौ काँगरेस, बैजवाड़ा, साबरमती आसरम, महात्मा गाँधी की जन्मभूमि काठियावाड़, फिर बंबै।··· रेलवे लैन के किनारे काम करते हुए लोगों के मुखड़े, विभिन्न प्रदेश के लोगों के मुखड़े, उसकी आँखों के आगे इकट्ठे हो जाते हैं।··· खगड़ा टीसन पर उतरकर एक बार नत्थूबाबू के यहाँ जाने का विचार था, लेकिन नत्थूबाबू कलकत्ता गए है। खोखी दीदी और काकी जी भी गई हैं।··· खोखी दीदी ने एक बार बावनदास की तस्वीर बनाई थी।··· बोली, बस आप जैसे बैठे हैं, बैठे रहिए। एक कागज पर पेंसिल से तस्वीर बनाने लगी। ··· काकी जी ठीक माये जी की तरह बोलती हैं। नाथबाबू रहते तो बावन को आज बहुत भारी मदद मिलती।··· बहुत कड़े आदमी हैं। गोस्सा में जब होते हैं तो किसी को कुछ नहीं बूझते हैं।···कंफ जेहल के साहेब की जिनगी भर याद रहेगा। ··· नाथबाबू का चेहरा लाल हो गया था उस दिन, एकदम लाल टेसु।··· पिछले साल नाथबाबू और चौधरी जी बंबै जो रहे थे। बावन भी साथ में था।··· मोगलसराय टीसन पर गाड़ी में भीड़ देखकर होस गुम ! इस छोर से उस छोर तक घूम आए, मगर कहीं घुसने ही नहीं दिया।··· चौधरी जी हँसते हुए बोले, "एहो गाड़ी छूटतऽ लच्छन लगैछेहों।" नाथबाबू ने एक डिब्बा के हैंडिल को जैसे ही पकड़ा कि अंदर से एक आदमी ने गुस्सा होकर कहा, "देखता है नहीं, इस पर लिखा हुआ–बंगाल के मेंबर के वास्ते रिजप है।"

नाथबाबू ने भी गुसाकर जवाब दिया था–"खूब देखता है।··· बंगाल में अब आप लोगों के जैसा आदमी फलने लगा है, यह भी देखता है। हाम भी ए. आई. सी. सी. का मेंबर है, आप भी उसी का मेंबर है, मगर आदमियत···।"

भीतर से किसी ने रसिकता की थी, "आदमियत[1] तूले आर कोथा बोलबेन ना मोशाय।··· आसून, आपनार तो देखची ऐकेबारे त्रिमूर्ति··· "

बात भी कुछ ऐसी ही हो गई कि सभी हँस पड़े–चौधरी जी भी, नाथबाबू भी और डिब्बे के सभी मेंबर।··· हँसनेवाली बात नहीं है ? चौधरी जी एकदम लंबा, याने चौधरी जी की लंबाई की बात तो सभी जानते ही हैं। पूरा ऊँचे कद का आदमी भी उनके कंधे के बराबर आता है। और, इधर नाथबाबू ठेठ-नाटे कद के ! गोल चेहरा, चेहरे पर हरदम मुस्कराहट, वह भी छोटी-सी ! और तीसरा मूर्ति–सेवक बावनदास !··· विचार कर देखिए–हँसने की बात है या नहीं !··· चौधरी जी ने ऊपर बेंच पर अपना बिस्तर लंबा किया था, नाथबाबू और बावनदास नीचे।

"एँ ? खगड़ा आ गया ?··· सेत्ताराम ! सेत्ताराम !"

खगड़ा स्टेशन पर उतरकर, बावनदास एक बार ऊपर आसमान की ओर देखता है। वह शाम तक पहुँच जाएगा।··· नहीं, नाथबाबू से नहीं भेंट होगी तो अब किससे भेंट करने जाए वह !···

---

1. कृपया आदमियत का प्रश्न मत उठाइए। आइए, हमें तो एक साथ ही त्रिमूर्ति के दर्शन का सौभाग्य मिल रहा है।

कलीमुद्दींपुर की ओर जा रहा है बावन !··· कलीमुद्दींपुर पाकिस्तान में जाते-जाते बच गया है। एक बार हल्ला हुआ कि पाकिस्तानवाले कहते थे कि गाँव का नाम इस्लामी है, इसलिए इसको··· ! क्या बच्चों-जैसी बुद्धि !···

··· सेत्ताराम ! सेत्ताराम ! बावनदास जल्दी-जल्दी डेग बढ़ाता है,··· आज जैसे हो, शाम तक उसे पहुँचना ही है एक जगह··· । उस जगह का नाम भी अभी वह अपने मन में नहीं लाएगा।

चलते-चलते वह कभी-कभी रुककर उसाँसें लेता है–बहुत देर तक रोने पर बच्चे जिस तरह उसाँसें लेते हैं, उसी तरह ! बावन की झोली में खँजड़ी है। खँजड़ी में लगी हुई झुनकी उसकी गति को एक लय में बाँध रही है–किन्न, किन्न, किन्न, किन्न ! खेतों की मेड़ों पर, मैदान में, सड़कों पर, ऊँची-नीची जमीन पर उसके चरण पड़ते हैं। मंजिल करीब है अब। किन्न किन्न, किन्न, किन्न··· ! और थोड़ी दूर··· और आधा कोस ! किन्न, किन्न··· !

"जै महतमा जी ! जै बापू !··· माँ ! माँ··· धन्न हो प्रभू ! एक परीक्षा से तो पार करा दिया प्रभू ! बस यहीं···इसी साँहुड़ के नीचे ! इसी कच्ची लीक के पास··· डाल दो डेरा रे मन !

··· नागर नदी के किनारे ! नागर को एक बहुत बड़ा गवाह बनाया है, दोनों देसवालों ने। नागर नदी ही सीमा-रेखा है।··· एक किनारा हिंदुस्तान, दूसरा किनारा पाकिस्तान ! इस पार हिंदुस्तान, दूसरी ओर पाकिस्तान। नागर बारहों मास बहती है, सूखती नहीं कभी। शायद इसीलिए··· !" रामडंडी माथा पर आ गया।

माघ की ठिठुरती हुई सर्दी !···पछिया हवा भी चलती है। लगता है, आज की रात बदरीनाथ की तरह यहाँ भी बरफ गिरेगी। रामडंडी सिर पर आ गया··· ! बावन निराश नहीं होता है। जब तक सूरज नहीं उगेगा, वह टलेगा नहीं।··· बात ही कुछ ऐसी है। यदि इस रास्ते से नहीं आई गाड़ी तो··· ! वह दूर, बहूत दूर किसी गाँव की रोशनी को देखता है। दोनों हाथों को मलकर गर्म हो लेता है। ··· हाँ, गाड़ियाँ आएँगी। पचासों गाड़ियाँ !··· कपड़े और चीनी और सीमेंट से लदी हुई गाड़ियाँ··· जिसने खबर दी है उसे–उसका नाम वह जान जाने पर भी नहीं खोलेगा। बावन ने गाँधी जी की कसम खाई है। बेचारा गरीब··· उसकी नौकरी चली जाएगी।··· कटहा के दुलारचंद कापरा, वही जूआ कंपनीवाला, जिसकी जूए की दुकान पर नेवीलाल, भोलाबाबू और बावन ने फारबिसगंज मेला में पिकेटिन किया था। जूआ भी नहीं, एकदम पाकिटकाट खेला करता था और मोरंगिया लड़कियों, मोरंगिया दारू-गांजा का कारबार करता था।··· आज कटहा थाना कौंग्रेस का सिकरेटरी है !··· उसी की गाड़ियाँ हैं। सपलाई निसपिट्टर और कटहा थाना के दारोगा और यहाँ कलीमुद्दींपुर के नाकावाले हवलदार मिलाकर रकम आठ आना और इधर दुलारचंद कापरा रकम आठ आना। गाड़ियाँ सदर-चालू सड़क से नहीं आएँगी। चौरपैड़ा[1]

---

1. चोर रास्ता।

होकर चोरघाट होकर पार करेंगी। फिर उधर के व्यापारी को उस पार पहुँचा देगा। उधर के हाकिम-हुक्कामों को भी इसी तरह हिस्सा मिलेगा। लाखों रुपया का कारबार है।··· वे आ गईं हाँ, गाड़ियाँ··· कच्ची लीक में पहियों की आवाज! ··· हाँ गाड़ी ही है।

"जै भगवान ! जै महतमा जी ! सेत्ताराम ! सेत्ताराम !··· बल दो प्रभू ! परीक्षा में पार करो गुरु ! बापू ! बापू !··· माँ, माँ, ? झोली के अंदर वह कुछ टटोलता है।

वह झोली को कंधे से लटकाकर खड़ा हो जाता है।··· नदी किनारे कोई पखेरू बोला, टिंटिक्।··· किन्न ! खँजड़ी की झुनकी जरा झनकी ।

"भगवान ! महतमा जी !··· बापू ! माँ ! मुझे बुला लो अपने पास ! क्या करूँगा इस दुनिया में रहकर !··· धरम नहीं बचेगा।"

गाड़ियाँ आ गईं, एकदम करीब ।

"अरे बा-आ-आ-प रे-भू-ऊ-त।" अगला गाड़ीवान डरा और दबी आवाज में अपने साथी से कहता है, "भूत !"

"छिऊँ···"बैल भड़कते हैं। कचकचाकर गाड़ियाँ रुक जाती हैं।

"सेत्ताराम ! सेत्ताराम !"

कलीमुद्दींपुर नाका के सिपाही जी आगे बढ़ आते हैं, खखारकर पूछते हैं, "कौन है ?"

बगल की झाड़ी से सामने आकर बावन ने कहा, "हम हैं। सेवक बावनदास !"

"बा व न दा स !" सिपाही जी का मुँह खुला-का-खुला रह जाता है। इस आदमी को वह सन् तीस से ही जानता है। चान टरे, सूरुज टरे··· !

सिपाही जी मुरेठा की पूछरी से मुँह छिपाते हैं। बावनदास हँसकर कहता है, "मुह क्यों छिपाते हैं रामबुझावनसिंह जी ! आज खुलकर खेला होना चाहिए ! मुँह मत छिपाइए।"

"दास जी, हमारा क्या कसूर ! आप तो जानते ही हैं··· "

"सिंघ जी, बातचीत कुछ नहीं। गाड़ियाँ जाएँगी खगड़ा !··· लौटाइए।"

गाड़ी त ना लौटी।"

"लौटी ना त ठाढ़ रही।"

अढ़ाई हजार रुपए हिस्से में मिल चुके हैं रामबुझावनसिंह को। क्या किया जाए ?···

"दास जी ठहरिए !··· हम तुरत आते हैं।"

"अच्छी बात ! ले आइए आज ज़ो लोग पर्दे में हैं। जाइए !"

कलीमुद्दींपुर में एक होटिल-बँगला[1] है।··· हाकिम-हुक्काम लोग बराबर आते रहते हैं। बाँस-फूल का बड़ा-सा चौखड़ा है, गाँव के एकदम बाहर।

होटिल-बँगला में सप्लाई इंस्पेक्टर, दुलारचंद कापरा और कलीमुद्दींनपुर के

---

1. हाल्टिंग बँगला।

हवलदार साहब टेबल के चारों ओर बैठकर मोरंगिया माल पी रहे हैं। कलीमुद्दीनपुर होटिल-बँगला के वेरसपतिया बावर्ची के हाथ का मुर्ग-मुसल्लम जिसने खाया, उसी ने जी खोलकर बक्कीस दिया।

सप्लाई इंस्पेक्टर साहब गिलास में चुस्की लगाते हुए मुस्कराते हैं, "अरे धत्त ! इस मुर्ग-मुसल्लम से गर्मी थोड़ी आएगी ! हवलदार साहब ! अरे, कोई दो टाँगवाली मुर्गी··· ।"

"क्या पूछते हैं, आज··· महतमा जी के सराध की वजह से सभी भोज खाने चली गई हैं।"

दुलारचंद कापरा कहता है, "ऊँह ! ऐसा जानता तो कटहा से ही दो रेप्यूजिनी को उठा लाते। सब मजा किरकिरा कर दिया।"

कड़कड़–कड़क् ! सप्लाई इंसपेक्टर चतुरानंदसिंह जी मुर्गी की टाँग चबाते हैं।

कड़कड़ कड़क् ! बाहर साइकिल की आवाज होती है।

"कौन ?"

"सलाम ! हम रामबुझावनसिंह।"

"क्या हाल है ?"

"सब चौपट ! बावनदास··· "

"आँ यें ! बावनदास ? कहाँ ?"

··· सभी गुम हो गए। बेरसपतिया बावर्ची इशारे से कहता है हवलदार साहब को, "मिल सकती है मुर्गी··· , मगर··· " रुककर दोनों हाथों की उँगलियाँ दिखलाता है।

हवलदार साहब कहते हैं, "अच्छा सभी ठहरो, तुम बाहर जाओ।"

"क्या हो अब ?" सभी एक साथ लंबी साँस लेते हैं।

"अकेला है या··· ?"

"एकदम अकला !"

"मगर इसका मतलब जानते हैं ?"

"दुलारचंद··· कापरा जी !"

सबकी निगाहें मिलती हैं आपस में। दुलारचंद गिलास में बोतल से शराब ढालकर गटगटाकर पी जाता है। सभी उसकी ओर आशा-भरी दृष्टि से देखते हैं–"मैं पंजाबी हूँ जी !··· मगर आगे आप लोग जानो। मैं अपना फरज अदा करने जाता हूँ।"

··· सिटसिट कर पछिया हवा चल रही है। हवलदार साहब साइकिल का पैडल चलाते हुए कहते हैं, "कापरा जी, आसपास के गाँववालों का डर जरा भी मत कीजिए।··· ऐलान किया हुआ है कि सरहद के आस-पास रात-बरात जो निकलेगा, उसे गोली लग जा सकती है।"

बावनदास ठीक पत्थर की मूर्ति की तरह खड़ा है–बीच लीक पर।

दुलारचंद कापरा देखता है–हाँ, बावन ही है।

"कौन ?··· कापरा जी ! गाड़ी के पीछे से क्या झाँकते हैं ? सामने आइए !" बावनदास हँसता है।

"बावन··· रास्ता छोड़ दो। गाड़ी पास होने दो।"

"आइए सामने। पास कराइए गाड़ी। आप भी काँगरेस के मेंबर हैं और हम भी। खाता खुला हुआ है; अपना-अपना हिसाब-किताब लिखाइए।··· आज के इस पवित्तर दिन को हम कलंक नहीं लगने देंगे।"

कापरा जानता है, इससे माथा-पच्ची करना बेकार है। वह हवलदार के कान में कुछ कहता है। फिर पुकारता है, "इसपिरिंग खाँ ! कहाँ··· "

यह इसपिरिंग खाँ कापरा का अपना आदमी है। नाम फर्जी है।··· एक गाड़ी पर से उतरता है, फिर चुपचाप अगली गाड़ी पर जाकर बैठ जाता है।

"बावनदास··· मान जाओ।"

"... "

"हाँको जी गाड़ी इसपिरिंग खाँ !"

गाड़ी में जुते हुए दोनों जानवर अचरज से चौंक पड़ते हैं। भड़कते हैं। छिऊँ, छिऊँ ! नाक से आवाज करके आगे बढ़ने से इन्कार करते हैं। कापरा एक बैल की पूँछ पकड़कर ऐंठता है। हड्‌डी पट्‌ से बोली, मगर बैलों ने लीक छोड़ दिया और गाड़ी को बगल की ओर लेकर भागे।

दूसरी गाड़ी··· ! एक बैल को हवलदार और दूसरे को कापरा, पूँछ मरोड़कर आगे बढ़ाते हैं। गाड़ीवान अवाक् होकर हाथ में रास थामे हुए है।··· यह क्या हो रहा है ?

बैलगाड़ी पास हो गई।··· पास हो रही है। बावनदास बीच लीक पर खड़ा है और गाड़ियाँ ऊपर से आर-पार कर रही हैं। बैल भड़के जरूर, मगर···।

तीन-चार ! चार गाड़ियाँ ?

अब बावनदास ठीक बैल के सामने आकर खड़ा होता है। बैल उसे हुँत्था पारकर गिरा देता है। वह लीक पर लुढ़क जाता है।··· ठीक पहिए के नीचे।

मड़-मड़-मड़ !

··· बापू ! माँ··· !

गाड़ी पास ! कट-कर्रर-कट !

गाड़ियाँ पास हो रही हैं। पचास गाड़ियाँ !

आखिरी गाड़ी जब गुजर गई तो हवलदार और रामबुझावनसिंह मिलकर, बावन की चित्थी-चित्थी लाश, लहू के कीचड़ में लथ-पथ लाश को उठाकर चलते हैं। ··· नागर नदी के उस पार पाकिस्तान में फेंकना होगा। इधर नहीं··· हरगिस नहीं।

दुलारचंद कापरा बावन की झोली लेकर उनके पीछे-पीछे जाता है।

नागर पार करते समय बावन के गले की तुलसी-माला नागर की बहती हुई धारा में गिर पड़ती है–सेत्ताराम !

चार बजे भोर को पाकिस्तान पुलिस ने घाट-गश्त लगाने के समय देखा–लाश !

"अरे यह तो उस पार के बौने की है। यहाँ कैसे आई ? ओ, समझ गए। ··· उठाओ जी, हनीफ और जुम्मन, ले चलो उस पार !"

बावन की ठंडी लाश झोली-झंडा के साथ फिर उठी।

बावन ने दो आजाद देशों की, हिंदुस्तान और पाकिस्तान की–ईमानदारी को, इंसानियत को, बस दो डेग में ही नाप लिया !

नागर नदी के बीच में पहुँचकर पाकिस्तान के पुलिस अफसरसाहब ने कहा–"नदी में ही डाल दो। इसकी झोलवी को उस पार दरख्त से लटका दो। जल्दी।"

नागर की धारा हठात् कलकला उठी। सिपाही खँजड़ी को पानी में फेंकते हुए कहता है–"डमरू बजाके रघुपति राघव गाते रहो !"

झनक··· !

इक्कीस

मेरीगंज गाँव के एकमात्र मालिक, एकछत्र जमींदार, तहसीलदारबाबू विश्वनाथ मल्लिक का खम्हार देख लो !··· जिस बड़े चौताल पर एक पंक्ति में बैठकर, गाँधीजी के सराध के दिन लोगों ने सरबघटन भोज खाया, उसी को घेरकर खलिहान बनाया है तहसीलदार साहब ने। दस बीघे का घेराव है।

रामकिरपालसिंघ अपनी बची-खुची जमीन, फसल-सहित, तहसीलदार के यहाँ सूद-रेहन रखकर तीरथ करने जा रहे हैं–काशी, केदार जी, जहाँ तक जा सकें। तहसीलदार साहब ने कहा है, "बाकी रुपया जहाँ से लिखिएगा, मनीआर्डर से भेजते रहेंगे।"

बाकी खजाना, घर-खर्चा, जाड़े का कपड़ा, सकलदीप के प्राच्छित और सतनारायण-पूजा के लिए खेलावन दो सौ रुपया माँगने लगा। तहसीलदार साहब ने साफ जवाब दे दिया–"हाथ में एक पैसा नहीं है।"··· घर के पिछवाड़े की जमीन, जिसमें धान करीब-करीब तैयार हो गया था, लिख दी तो तीन सौ रुपए दिए।

सब मिलाकर पाँच हजार मन से क्या कम होगा धान इस बार !

तंत्रिमा-छत्रीटोली, कुर्म-छत्रीटोली, कुसवाहा-छत्रीटोली, धनुषधारी-छत्रीटोली और गहलोत छत्रीटोली के जन-मजदूरों की हाँड़ी माघ महीने में ही टँग गई है। ··· खम्हार में जितना धान हिस्सा होगा, उससे चौगुना तो कर्जा है। सब काट लिया जाएगा··· और इस बार तो लगता है गाँव में गुजर नहीं चलेगा। खेलावन यादव

पाँच हल चलाते थे, इस साल एक ही हल चलावेंगे, एक हल अधहरी[1] पर चलेगा। रामकिरपालसिंघ ने तो खेती-बारी उठा ही दी। बुढ़िया को लेकर तीरथ चले गए। शिवशक्करसिंघ दो हल चलावेंगे।–तहसीलदार साहब इस बार टक्टर[2] खरीद रहे हैं। बेतार कहता था, "उसी में सबकुछ होगा–हल, चौंगी, विधा, कोड़कमान, कादी-गोरा और धनकटनी भी ! आदमी की क्या जरूरत ? पानी का पंपू आवेगा। इंदर भगवान् की खुशामद की जरूरत नहीं। कमला नदी में पंपू लगा दिया, मिसिन इसटाट कर दिया, और हथिया सूँड[3] की तरह सब पानी सोखकर खेत पटा देगा।" ··· जब इंदर भगवान को ही नून-नेबू चटा रहे हैं तहसीलदार साहेब, तो आदमी उनके हुजूर में क्या है ? कटिहार में एक जूट मिल और खुला है। तीन जूट मिल ?··· चलो, चलो, दो रुपैया रोज मजदूरी मिलती है। गाँव में अब क्या रखा है !

एक महतमा जी का भरोसा था, उनको भी मार दिया।··· बालदेव से पूछो न, महतमा जी की जगह पर अब कौन आवेंगे ! जमाहिरलाल ? मगर महतमा जी तो एक ही कोपिन पहनते थे।···

विरंची कहता है, जहाँ सभी जात भाई का, बारहो बरन का, ऊँच-नीच का पत्ता जूठा हुआ है, उस खम्हार में बरक्कत तो उधियाकर होगा।··· तहसीलदार साहेब आज कह रहे थे, इस बार सभी को अपने हिस्से में से औकाद मुताबिक धान देना होगा–एक कट्ठा, आध कट्ठा, एक सेर, आध सेर !··· महतमा जी का चन्ना हो रहा है।"

"महतमा जी का चन्ना ? क्या होगा चन्ना ? सराध तो हो गया !"

"नहीं !··· रहुआ के गुरुबंसीबाबू ने डिल्ली में आकर एक करोड़ या··· एक लाख··· पता नहीं एक हजार··· याद नहीं, मगर एक मोट रुपैया गुरुबंसीबाबू ने जमाहिरलाल को जाकर दिया है।··· महतमा जी का चन्ना ! सुनते हैं, और भी देंगे।"

"ऐं ! कौन हल्ला करता है उधर ?"

"अरे कौन, रमपियरिया है।"

रमपियरिया और रमपियरिया की माँ के गले की आवाज सुनी जाती है। ···मठ पर झगड़ा हो रहा है। आज लगता है, मारपीट ज्यादा हुई है।

"रामदास गुसाईं आजकल दिन-भर गाँजा पीता है। एक-न-एक दिन वह भी खून करेगा।"

"साला, इन्हीं लोगों के पाप से धरती दलमला रही है।··· भरस्ट कर दिया। अब वह मठ है ! लालबाग मेला का मीनाबाजार हो गया है। दस-दस कोस का लुच्चा-लफंगा सब आकर जमा होता है।"

---

1. आधा हल। 2. ट्रेक्टर। 3. इंद्रधनुष।

तहसीलदार साहब आजकल रात में ऊपर के कोठे पर सुमरितदास के साथ कागज-पत्तर ठीक करते रहते हैं। किसी-किसी दिन सुमरितदास सीढ़ी पर लड़खड़ाकर गिर जाता है।··· संथालों के घर में चुलाया हुआ महुआ का दारू बड़ा तेज होता है। गगाई माँझी रोज आधा कंटर दे जाता है। कभी-कभी तहसीलदार साहब भी नीचे उतरकर खूब हल्ला करते हैं; कमली की माँ को, कमली को, सेबिया बूढ़ी, सबको गोली से उड़ा देने की धमकी देते हैं।

··· एक रात को तो इतना मात गए तहसीलदार साहब कि कमली की माँ डर से छाती पीटने लगी थी।··· ऐसी खराब-खराब गाली तो जिंदगी में कभी एक बार भी उनके मुँह से नहीं सुनी गई, कमली की बंद किवाड़ के सामने आकर जोर-जोर से बकने लगे। कमली दरवाजा खोलकर बाहर आई और बोली, "बाबा! मुझे जो सजा देनी हो दो। मगर माँ को गाली मत दो। उनका क्या कुसूर ?"

कमली को देखते ही तहसीलदार साहब का नशा उतर गया, वे ऊपर भागे।

उस दिन से माँ कमली को एक मिनट भी अकेली नहीं छोड़ती है। बिलार को देखकर बच्चेवाली बिल्ली की सतर्क आँखें कैसी तेज हो जाती हैं। कमली की माँ को डर है, तहसीलदार साहब किसी दिन कोई कांड करेंगे।··· एक सप्ताह पहले शराब में एक दवा मिलाकर दिया उन्होंने—"कमली को पिला दो। एकदम खलास हो जाएगी।··· बड़ी मुश्किल से जोगाड़ किया है।"

उन पर कैसे विश्वास किया जाए ! न जाने कब क्या कर दें।

गाँव के घर-घर में 'हे भगवान' की पुकार मची हुई हैं। सुबह से शाम तक रात-भर धान-दबनी कर जो मजदूरी मिलती है, खलिहान पर रही बाकी मोजर हो जाता है। नाब-धोबी और मोची का खन भी नहीं जुड़ेगा इस बार।··· मिल का भोंपा बजता है रोज, सुनते नहीं ? बुला रहा है—'आओ-ओ-ओ-हो-हो-हो-हो !"

रात के सन्नाटे में जोतखी काका की खाँसी बड़ी डरावनी सुनाई पड़ती है—खाँयें-खाँयें।··· दिन में ठीक दोपहर को अमड़ा गाछ पर बैठकर कागा जिस तरह बोलता है, ठीक उसी तरह खाँएँ-खाएँ !

··· खाएगा ! सबको खा जाएगा। पिंगलवर्णा देवी क्रमशः बढ़ी आ रही है। उसके हजारों गण दाँत निकाले हैं, जीभ लपलपा रही है।··· खाएगा··· खाएगा !

भयार्त शिशु की तरह सारा गाँव कुहरे में दुबका हुआ थर-थर काँप रहा है !

"खबरदार—हो-य-य-य-य—खबरदार !"

तहसीलदार साहब ने खलिहान जोगाने के लिए तीन संथालों को और ड्योढ़ी के पहरा के लिए पहड़िया सिपाहियों को बहाल किया है। एक नाल बंदूक का लैसन फिर मिला है।··· चलित्तर कर्मकार जब तक पकड़ाता नहीं है, पैसेवालों को रात में नींद नहीं आएगी। पहरेवालों की बोली भी डरावनी मालूम होती है। आजकल कोठी के जंगल में शाम को ही एक रोशनी जलती है—बहुत तेज; फिर रात में और फिर भोर को।

बालदेव जी जगे हुए हैं। शाम को पुरैनियाँ से लौटे हैं··· उनको नींद नहीं आ रही है। पुरैनियाँ जाने के समय लछमी ने बावनदास का बस्ता, गाँधी जी की चिट्ठियोंवाला बस्ता देते हुए कहा था, लघुसंका करने के समय पॉकिट से निकाल-कर···। गांगुली जी से वह भेंट करने गया था। गाँगुली जी ने पूछा था, "बावनदास ने कुछ दिया है आपको ?"

"जी, ऊँहूँ··· नहीं !" बालदेव जी इस जाड़े के मौसम में भी पसीना-पसीना हो गए थे।

न जाने क्यों गांगुली जी अचानक उदास हो गए।

··· बालदेव अब जान रहते इन चिट्ठियों को नहीं दे सकता। इन चिट्ठियों को देखते ही जमाहिरलाल नेहरू जी बावनदास को मेनिस्टर बना देंगे, नहीं तो डिल्ली जरूर बुला लेंगे।··· यों भी आज तक जितने लीडर आए, सबों ने बावनदास से ही हँसकर बातें कीं।

··· उस बार मेनिस्टर साहेब आए। बड़े-बड़े लीडरों, मारवाड़ियों ने, वकीलों, मुक्तियारों और जमींदारों ने दसखत करके दरखास दिया, "भगवतीबाबू सरकारी वकील को काँग्रेस का मेंबर बहाल कर लिया जाए।" मगर मेनिस्टर साहब ने बावनदास से पूछा, "क्यों बावनदास जी ?" भगवतीबाबू बहाल नहीं हुए। आखिर बावन की ही बात रही।··· भगवतीबाबू ने बियालीस में सुराजिया को फाँसी पर झुलाने के लिए खूब बहस किया था।

और ये चिट्ठियाँ !··· नहीं, वह हरगिस नहीं देगा।··· लछमी को न जाने क्या हो गया है ! जिस दिन से बस्ता मिला, दोनों बखत सतसंग के समय सिर छुलाकर सामने रखती थी।··· रोज चंदन और फूल चढ़ाती थी इस पर। कभी-कभी चिट्ठियों को खोलकर पढ़ती और रोती। पुरैनियाँ से लौटने पर कुशल-मंगल पूछना तो दूर, पूछ बैठी, "गांगुली जी को दे दिया न ?"

"हाँ-हाँ दे दिया। इतना ना-परतीत था तो मेरे हाथ में दिया ही क्यों था ?"

बालदेव जी को नींद नहीं आ रही है। बैलगाड़ी पर पुआल के नीचे बस्ता छिपाकर रख दिया है। धूनी तो धू-धू कर जल रही है।···

बालदेव जी उठकर बाहर जाते हैं।

"होये !··· खबरदार !" पहरू चिल्लाता है।

बालदेव जी धूनी के पास बैठकर लकड़ियों को जरा इधर-उधर करते हैं, फिर कनखी से लछमी के बिछावन की ओर देखते हैं। धीरे से बस्ता निकालकर खोलते हैं। उनका सारा देह सिहर रहा है, जीभ सूखकर काठ हो गई है, मुँह में थूक नहीं है।··· धूनी की आग लहलहा उठी है, लकड़ियाँ चिट्-चिट् बोलती हैं।··· बालदेव ने एक चिट्ठी निकाली···।

"दुहाई गाँधीबाबा ! बाब रे··· !" लछमी बिछावन पर से ही झपटती है–"गुसाईं साहेब ! छिः छिः यह क्या कर रहे हैं !···सतगुरु हो, छिमा करो ! बालदेव !··· पापी, ··· हत्यारा !"

धूनी की आग लछमी के कपड़े में लग जाती है। "लगने दो आग ! मुट्ठी खोलिए ! बस्ता दीजिए बालदेव जी ! मैं जलकर मर जाऊँगी, मगर···।"

बालदेव जी की कसी हुई मुट्ठी खुल जाती है। लछमी बस्ते को कलेजे से चिपकाकर खड़ी होती है। कमर से लिपटा हुआ कपड़ा खुद-ब-खुद गिर पड़ता है। बालदेव जी कमंडल से पानी लेकर छींटते हैं।

"हे भगवान ! सतगुरु हो ! जै गाँधी जी !··· बाबा··· जै बावनदास जी ! ह। हः !" लछमी रो रही है।

वस्त्रहीन खड़ी लछमी रो रही है।

लछमी के हाथ-पाँव जल गए हैं; बड़े-बड़े फफोले निकल आए हैं।

बालदेव जी अपनी मसहरी में आकर छिप जाते हैं। लेटकर सोचते हैं–नहीं, अब यहाँ रहना अच्छा नहीं। वह किस मुँह से यहाँ रहेगा ?··· लछमी की ओर अब यह निगाह उठाकर कभी देख नहीं सकेगा।··· वह पुरैनियाँ जाएगा, वहीं से चन्ननपट्टी चला जाएगा। वह अब अपने गाँव में रहेगा, अपने समाज में, अपनी जाति में रहेगा।··· जाति बहुत बड़ी चीज है।··· जाति की बात ऐसी है कि सभी बड़े-बड़े लीडर अपनी-अपनी जाति की पाटी में हैं।–यह तो राजनीति है ! लछमी क्या समझेगी ?··· कासी जी का बरमचारी तो लगता है, अब यहीं खुट्टा गाड़ेगा ··· ठीक है।··· नहीं, लछमी पर जाते-जाते अकलंग लगाकर नहीं जाएगा वह···

"गुसाईं साहेब, उठिए ! सतसंग का समय हो गया !" लछमी कराहते हुए उठती है। सारा देह जल गया है।

रोज की तरह लछमी उठती है, उठकर बालदेव जी के बिछावन के पास आती है। मसहरी हटाकर बालदेव जी के अँगूठों में आँखें लगाती है, "सा हे ब–बंदगी !"

बालदेव जी रोते हैं–सिसकियाँ लेकर, "ल-छ-मी !"

"उठिए, गुसाईं साहेब !"

बाईस

तीन महीने बाद !

1948 साल के अप्रैल की एक सुबह।

इस इलाके में अखतिया पटुआ-भदै बानेवाले किसानों को चाहिए कि सूरज उगने के पहले ही खेत को चार चास कर दें ! भुरुकुआ तारा जगमग कर रहा है। कमला नदी के गड्ढे में उसकी छाया झिलमिला रही है। लगता है, नीलकमल

खिला है।

कंधे पर हल लिए मरियल बैलों को हाँकता हुआ जा रहा है विरंची··· कोयरीटोला के सोबरन का तीन बीघा खेत मनकुत्ता पर जोतता है। मगर इस साल टोटा पड़ेगा। उसकी सूरत, दियासलाई की डिबिया में जैसे हलवाहे की छापी रहती है–एकदम दुबला-पतला, काला-कलूटा, कमर में बिस्ठी–वैसी ही है।

खेलावन अब खुद भैंस चराता है। तीन बजे रात में भैंस जैसा चरती है वह दिन-भर में नहीं चरेगी। अब तो उसको अपना रमना[1] भी नहीं है, इसीलिए धत्ता की ओर ले जाता है। खेलावन यादव, यादवटोली का मड़र, भैंस चराकर लौट रहा है।

आसमान साफ हो रहा है। सबके चेहरों पर सुबह का प्रकाश पड़ता है–झमाई हुई ईंट जैसे चेहरे !

तहसीलदार साहब का ट्रैक्टर लेकर डलेवर साहब निकले–भट-भट-भट-भट-भट !

तहसीलदार साहब दोमंजिले की छत पर खड़े, हाथों को पीछे की ओर बाँधे टहल रहे हैं। भट-भट-भट-भट-भट ! छत्त दलकती है। उसी के ताल पर उनका कलेजा धुकधुका रहा है।··· कौन आ रहा है ? कौन ? सेबिया ?··· चुप !··· धीरे से ! क्या ?

"क्या ?" तहसीलदार साहब पूछते हैं।

ऊँ ! बतहा ! नाती भेलहौं !" सेबिया हँसती है।

"चुप ! जिंदा है या···।"

"ऊँह ! गुजुर-गुजुर हेरैछै !"

··· उफ ! भगवान ! तहसीलदार साहब थरथर काँप रहे हैं।

कमला नदी के उस पार, अधपके रब्बी की फसल के उस पार, सेमलबाड़ी के जंगल के उस पार आसमान लाल हो गया है। दक्खिन··· कोठी के बाग में गुलमुहर की लाल-लाल डालियाँ दमक उठती हैं।

इयोढ़ी के उस पार बच्चे के रोने की आवाज नहीं जान पावे ! इंतिजाम हो रहा है।··· कोई इंतिजाम जरूर हो जाएगा।··· यदि बच्चा जोर से रोए ! ऐं, गला टी··· प दो। मार डालो !

दिल्ली में, राजघाट पर, बापू की समाधि पर रोज श्रद्धांजलियाँ अर्पित होती हैं। संसार के किसी भी कोने का, किसी भी देश का आदमी आता है, वहाँ पहुँचकर अपनी जिंदगी को सार्थक समझता है।

कलीमुद्दींपुर में, नागर नदी के किनारे, चोरघट्टा के पास सौंहुड़ के पेड़ की डाली से लटकती हुई खद्दर की झोली को किसी ने शायद टपा दिया है।··· कौन लेगा ? दुलारचंद कापरा ने एक महीने के बाद जाकर देखा, झोली तो लटक रही

---

1. चरागाह।

है··· डाली से। जिला काँग्रेस का कोई भी वरकर देखते ही पहचान लेगा—बावनदास की झोली है। झोली कापरा ने टपा दी। मगर झोली का फीता अभी भी डाली में झूल रहा है।

किसी दुखिया ने इसे चेथरिया पीर[1] समझकर मनौती की है, अपने आँचल का एक खूँट फाड़कर बाँध दिया है—"मनोकामना पूरी हो तो नया चेथरा बधाऊँगी !" बहुत बड़ी आशा और विश्वास के साथ वह गिरह बाँध रही है।··· दो चीथड़े।

पूर्णिया जेल के सामने बड़ा पुराना वटवृक्ष है। उसके नीचे सूखी हुई पत्तियाँ हवा में इधर-उधर उड़ रही हैं। वट के बँधाए चबूतरे के पास एक युवती खड़ी है। ··· साथ में है प्यारू !

खाली देह पर एक पुराना गमछा रखे, सिर्फ जाँघिया पहने एक वार्डर साहब बार-बार बारिक से निकलकर युवती को देखते हैं, "आप डाक्टर साहेब की वाइफ हैं ?"

युवती ने गर्दन हिलाकर कहा—"नहीं !"

वार्डर साहेब प्यारू की ओर देखते हैं। प्यारू इस वार्डर को जानता है—बड़ा बेकूफ है। हमेसा खराब-खराब बात बोलता रहता है। वह मुँह फेर लेता है।

जेल का लौह-कपाट झनझनाकर खुलता है। युवती के चेहरे पर से प्रतीक्षा की बेचैनी हट जाती है। उसके चेहरे पर हाल ही में जो छोटी-छोटी झुर्रियाँ पड़ गई थीं धीरे-धीरे खिल पड़ती हैं।

डाक्टर इस तरह मुस्कराता, डेग बढ़ाता, हाथ में छोटा बैग लिए आ रहा है, मानो लेबोरेटरी से छुट्टी पाकर लौटा है।

प्यारू का चेहरा देखने काबिल हो रहा है। वह अपने अंदर में उठनेवाले खुशी के आवेगों को दबाता है, किंतु उसका मुँह अस्वाभाविक रूप से खुला हुआ है।

"तुम भी किसी जेल में थीं क्या ?"

"नहीं बाबा ! ऐसी किस्मत लेके नहीं आई।··· झुको ! बाबा विश्वनाथ का प्रसाद है !" युवती रूमाल से सूखे बेलपत्तर और फूल निकालकर डाक्टर प्रशांत के सिर से छुलाती है।

"तब प्यारू··· क्या हाल है ? ममता ! प्यारू से बातचीत हुई है या नहीं ?"

"सुबह से और कर क्या रही हूँ !" ममता हँसते हुए कहती है, "घोड़ा-गाड़ी बुलाइए प्यारिचाँद सरकार !"

प्यारू हँसता-लँगड़ाता कचहरी की ओर जाता है।

"तीन बजे रात में पहुँची पूर्णिया स्टेशन।··· ज्योति-दी तो आजकल यहीं हैं

---

1. जिस पेड़ को पीर समझकर चीथड़ा चढ़ाते हैं।

न ! उनके डेरे पर गई, सुबह उठकर कलक्टर साहब के बँगले पर गई। दस्ता आर्डर साथ में था तुम्हारी रिलीज का। ज्योति-दी ने कहा, यदि कलक्टर साहब टूर पर निकल गए तो फिर देर हो जा सकती है !··· तो अभी कहाँ चलना है ?" ममता मुस्कराती है।

"तुम मेरीगंज नहीं चलोगी ?"

"क्यों नहीं ?··· मैंने पंद्रह दिन की छुट्टी ले ली है।"

एस. पी. साहब का चपरासी खत लेकर आया है। एस. पी. साहब ने डाक्टर को अपने बँगले पर निमंत्रित किया है।

तेईस

तहसीलदार साहब अब नीचे नहीं उतरते हैं। ऊपर ही रहते हैं। दिन भर ताड़ी पीकर रहते हैं, रात में संथालटोली का महुआ का रस। कभी होश में नहीं रहते हैं। सुमरितदास बेतार से रोज पूछते हैं, "सोचा उपाय ?"

"मेरा तो मगज नहीं काम कर रहा है।"

"नहीं काम कर रहा है, तो लो एक गिलास। पियो साले ! यदि कहीं बोले तो देख लो बंदूक !"

कमली की माँ दरवाजा कभी नहीं खोलती। कुएँ की ओर खुलनेवाला दरवाजा कभी-कभी खोलती है।··· कमरे के अंधकार में, एक कोने में, एक छोटा-सा दीप जल रहा है। कमली की गोदी में उसका शिशु कपड़े में लिपटा सो रहा है।··· कमली कजरौटी में काजल पार रही है।

भट-भट भर्र-र्र

एक स्टेशन वैगन पूर्णिया-मेरीगंज रोड पर भागी जा रही है।

चलते समय ममता की नजर बचाकर प्यारू ने डाक्टर के हाथ में एक लिफाफा दिया है। आगे ड्राइवर की बगल में बैठा हुआ प्यारू कभी-कभी गर्दन उलटकर पीछे की ओर देखता है। डाक्टर साहब चिट्ठी पढ़ रहे हैं।

"प्राणनाथ !"

कमला की चिट्ठी है–एक सप्ताह पहले की चिट्ठी।

"प्राणनाथ !"

पता नहीं, समय पर यह पत्र तुमको मिले या नहीं। देर या सबेर, कभी भी मेरी यह चिट्ठी तुम्हें मिल ही जाएगी, मुझे पूरा विश्वास है। तुम मेरे पास दौड़े आओगे !··· तुम जानते हो, अब मुझे डर लगने लगा है। तुम्हारा··· तुम्हारा··· कैसे लिखूँ ?··· माँ कहती है, यदि तुम किसी तरह बाबा को लिख दो या मालूम करा दो कि मेरी होने वाली संतान के तुम पिता हो, तो मैं जी जाऊँ। विश्वास नहीं करती माँ ! बाबू जी अब एकदम पागल हो गए हैं। न जाने कब क्या हो ! तुम्हारी किताबों ने मुझे बहुत-कुछ सिखाया है। मुझे कितना बड़ा सहारा मिला है तुम्हारी किताबों से ! लेकिन अब एक नई किताब चाहिए जिसके पृष्ठ-पृष्ठ में लिखा हुआ हो—कमला ! विश्वास करो ! डरो मत ! जो होगा, मंगलमय होगा··· !"

डाक्टर एक ही साँस में इतना पढ़ गया। इसके बाद उसने ममता की ओर निगाह डाली। रात-भर की जगी ममता गाड़ी के हिचकोलों पर मीठी झपकी ले रही है।··· चोट लग जाएगी !

"और कितनी दूर ?" ममता जागकर पूछती है।

"और एक घंटा," प्यारू कहता है।

डाक्टर आगे पढ़ता है—"··· बाबा तुम्हारे बच्चे को मार डालेंगे।"

"नहीं ! नहीं !"

"ऐं ?" ममता पूछती है, "क्या है ?"

डाक्टर ममता के हाथ में पत्र देकर बाहर की ओर देखता है। प्यारू गर्दन उलट-उलटकर डाक्टर साहब की ओर देखता है।

ममता आँखें मलते हुए पढ़ती है—"प्राणनाथ !··· किसकी चिट्ठी है ? कमला की ?"

ममता पढ़ रही है। डाक्टर ने एक बार ममता की ओर देखा—ममता की नींद से माती आँखें एक बार चमकती हैं। पत्र शेष करके वह पूछती है, "और कितनी दूर ?"

"अब और एक घंटा। रास्ता कच्चा है !"

"और वह गणेश कहाँ है ?"

"उसकी तो एक लंबी कहानी है। ब्रह्मसमाज मंदिर में उसे रखवा दिया था। न जाने कहाँ से उसके एक चाचा ऊपर हो गए। बहुत बखेड़ा हुआ, जाति-धर्म का बवंडर उठाया। मैंने भी कह दिया ले जाओ !"

"उससे भैंस चरवाता है," प्यारू कहता है, "उसके गाँव का आदमी बराबर कचहरी आता है न !"

"मैंने मेडिकल गजट में तुम्हारी रिपोर्ट दे दी है। एक संक्षिप्त रिपोर्ट है—जंगली जड़ी-बूटी और यहाँ के गाँवों में प्रचलित टोटकों के बारे में—तुम्हारी चिट्ठियों से सार्ट करके लिख दिया।"

"लेकिन, मैंने तो फैसला कर लिया है, रिसर्च असफल होने की घोषणा कर दूँगा।"

"कोई रिसर्च कभी असफल नहीं होता है डाक्टर ! तुमने कम-से-कम मिट्टी को तो पहचाना है।··· मिट्टी और मनुष्य से मुहब्बत। छोटी बात नहीं।"

डाक्टर ममता की ओर देखता है–एकटक। ममता बाहर की ओर देख रही है–विशाल मैदान !··· वंध्या धरती !··· यही है वह मशहूर मैदान–नेपाल से शुरू होकर गंगा किनारे तक–वीरान, धूमिल अंचल। मैदान की सूखी हुई दूबों में चरवाहों ने आग लगा दी है–पंक्तिबद्ध दीपों-जैसी लगती है दूर से।··· तड़बन्ना के ताड़ों की फुगनी पर डूबते हुए सूरज की लाली क्रमशः मटमैली हो रही है।

भर्र-र-र्र···

"सुमरितदास ! अभी ट्रैक्टर क्यों चला रहा है ? कहाँ ले जा रहा है, ड्राइवर से पूछो तो।" तहसीलदार साहब दोमंजिले की छत पर से पुकारते हैं।

"ट्रैक्टर नहीं। मोटर है, मोटर !"

"मोटर ?··· कौन है ?"

"डागडर !"

"कौन डाक्टर ?"

सुमरितदास दौड़कर छत पर जाता है, "अपने··· डागडरबाबू। साथ में एक जलाना है।··· प्यारू भी है।"

तहसीलदार साहब हाथ में बंदूक लेते हैं। सुमरितदास थर-थर काँपते हुए कहता है–"दुहाई ! ऐसा काम मत कीजिए।"

"ऐसा काम नहीं करूँ ?··· तब क्या करूँ ?"

प्यारू पुकारता है, "मौसी !··· ओ मौसी !"

"कौन ? प्यारू ?" माँ दरवाजे की फाँक से कहती है, "क्या है ?"

"डागडरबाबू !"

'ऐहें-ऐहें-आँ-आँ," सौर-गृह में कमली का नन्हा रोता है, "ऐं-हें-ऐं-हाँ !"

ममता जल्दी से किवाड़ के पास जाकर कहती है, "किवाड़ खोलो मौसी !··· मैं हूँ ममता। खोलो पहले !"

किवाड़ के पल्ले खुल जाते हैं। ममता सौर-गृह के अंदर चली जाती है।··· डाक्टर अकेला, चुपचाप खड़ा है। सीढ़ी पर खड़ाऊँ की आवाज होती है–भारी-भरकम आवाज ! कोई जोर-जोर से पैर पलटकर चल रहा है।

"कौन है ? डाक्टर ?" तहसीलदार साहब चिल्लाते हैं।

"आइए ! बैठिए डागडरबाबू।" सुमरितदास मसूढ़े निकालकर हँसता है, "आइए !"

"नहीं !··· सुमरितदास, इससे पूछो, कहाँ आया है ? किसके यहाँ आया है ? क्या करने आया है ? क्या लेने आया है ?··· पूछो !"

सुमरितदास बेतार डाक्टर के पास आकर कनखी और इशारों से समझाता है, "आजकल जरा ज्यादा ढलने लगी है न··· इसीलिए !"

सौर-गृह के दरवाजे की फाँक से कमली की माँ कहती है, "कमली के बाबू ! कैसे हो तुम ? जमाई को···"

"जमाई को क्या ? अपने जमाई को क्यों नहीं कहती हो ? वह मेरा पैर छूकर प्रणाम कहाँ करता है ?"

डाक्टर तहसीलदार की चरण-धूलि लेता है।

तहसीलदार साहब अचानक फूटकर रो पड़ते हैं, डाक्टर साहब को बाँहों में जकड़कर रोते हैं, "मेरा बेटा ! बाबू !··· मेरा बेटा !"

सुमरितदास बेतार ने रात में ही घर-घर खबर पहुँचा दी–"कमली की सादी तो पहले ही डागडर बाबू से हो गई थी।··· तुम लोग तो जानते हो ! पाँच पंच को जानकर जब-जब सादी की बात पक्की हुई, एक-न-एक विघिन पड़ गया। इसीलिए कासी के पंडितों ने गंधरब-विवाह कराने को कहा। गंधरब विवाह की बात किसी को मालूम नहीं होने दी जाती है। यदि बच्चा हो तो सबसे पहले बाप उसको देखेगा तब और लोग।··· डागडरबाबू आ गए हैं। अब कल छट्ठी के भोज का निमंत्रण देने आया हूँ तुम लोगों को। कल सुबह से ही आनन-बधावा मचेगा।"

"इस्स् ! यह तो खिस्सा-कहानी जैसा हो गया ! एकदम किसी को पता नहीं !"

ब्राह्मणटोली के पुरोहित देवानन झा ने लोगों से कहा, "अँगरेजी फैसनवालों का सात खून माफ है।"

जोतखी जी के कानों में बात पड़ी; उन्होंने घृणा से मुँह सिकोड़ लिया।

खेलावन यादव ने कहा, "पैसावाला अधरम भी करेगा तो वह धरम ही होगा।"

लेकिन निमंत्रण अस्वीकार करने की हिम्मत किसी में नहीं।

सुबह को गाँव के चमारों ने आकर नाच-नाचकर ढोल बजाना शुरू किया। औरतें झुंड बाँध-बाँधकर सोहर गाती हुई आने लगीं। लेकिन सबके चेहरे पर एक उदासी एक मनहूस काली रेखा खिंची हुई है।··· मन में रंग नहीं।

तहसीलदार साहब बहुत देर तक अपने कमरे में चुपचाप बैठकर कुछ सोचते हैं; फिर बाहर आकर कहते हैं, "सुमरितदास ! लोगों से कह दो··· हरेक परिवार को पाँच बीघा के दर से जमीन मैं लौटा दूँगा। साँझ पड़ते-पड़ते मैं सब कागज-पत्तर ठीक कर लेता हूँ।... और संथालटोली में जाकर कहो··· वे लोग भी आकर रसीद ले जाएँ। एक पैसा सलामी या नजराना, कुछ भी नहीं ! अरे, मैं क्यों दूँगा ? दे रहा है नया मालिक !··· मालिक साहब का हुकुम है, सुनते हो नहीं ! रो रहा है वह ! वह हुकुम दे रहा है। लौटा दो ! दे दो, खेलावन को उसकी जमीन का सब धान दे दो।"

डाक्टर प्रशांत और ममता की आँखें चार होती हैं।

"मुँह क्या देखते हो ? मुझे पागल समझते हो ? ठीक है, पागल क्यों नहीं समझोगे ?··· योगेश्वर कृष्ण ने अपनी सारी विद्याबुद्धि लगाकर कोशिश की, मगर

दुर्योधन ने साफ कह दिया—सूई की नोक पर जितनी मिट्टी चढ़ती है उतनी भी नहीं दूँगा।··· जमीन !··· धरती ! एक इंच जमीन के लिए हायकोठ तक मुकदमा लड़ते हैं लोग ! और मैं सौ बीघे जमीन दे रहा हूँ। पागल तो तुम लोग हो ! अरे, यह जमीन तो उन्हीं किसानों की है, नीलाम की हुई, जब्त की हुई, उन्हें वापस दे रहा हूँ। मैं कहता हूँ, ऐलान कर दो, मालिक का हुकुम है !"

जै ! जै !··· जै हो !

बोलिए प्रेम से—महतमा जी की जै !

डिग-डिग-डिडग।

रिंग-रिंग-ता-धिन-ता।

डा-डिग्गा-डा-डिग्गा !

झुमुर-झुमुर··· हुर्रर-हुर्रर-हुर्रर !

हाँ··· अब··· अब ठीक है। अब देखो, सब चेहरों पर, मुर्दा चमड़ों पर लाली लौट रही है। सैकड़ों जोड़ी आँखें खुशी से चमक उठती हैं, मानों दीप जले हों।

कुमार नीलोत्पल की आज बरही है।

हाँ, ममता ने कमला के पुत्र को नाम दिया है—कुमार नीलोत्पल। डाक्टर ने आज पहली बार अपने पुत्र को गोद में लिया और देखा है।··· दुबला-पतला, पीले रंग का रक्त-मांस का पिंड ! ममता कहती है, "पटना ले चलो। एक महीने में ही तुम्हारा बेटा लाल हो जाएगा !" डाक्टर ने सैकड़ों 'डिलिवरी' केस किए हैं। किंतु कुमार नीलोत्पल ! कमला का पीला चेहरा लाज से लाल हो गया था। डाक्टर की गोद में शिशु को देते वक्त उसकी बड़ी-बड़ी आँखों की पलकें झुकी हुई थीं। उसके ललाट पर सिंदूर का बड़ा-सा टीप जगमगा रहा था··· अँधेरे में खड़ी 'सिल्हुटिड' तस्वीर-सी खड़ी माँ हाथ बढ़ाकर एक भयावनी छाया के हाथ में अपने शिशु को सौंप रही है।··· अँधेरा··· ! भयावनी छाया !··· नहीं, नहीं। डाक्टर ने अपने बाएँ हाथ की उँगलियों से नीलोत्पल के 'हार्ट' की धड़कन का अनुभव किया था, "अहा ! नन्हा-सा दिल, धुक-धुक कर रहा है।"

सौर-गृह में, बारह दिन के शिशु की लंबी उम्र, सुंदर स्वास्थ्य, विद्याबुद्धि और धन-संपत्ति के लिए मंगलगीत गाए जा रहे हैं। डाक्टर जगा हुआ है।··· उसका रिसर्च ? ममता कहती है, "असफल नहीं हुआ है। मिट्टी और मनुष्य से इतनी गहरी मुहब्बत किसी 'लेबोरेटरी' में नहीं बनती।"

लेबोरेटरी !··· विशाल प्रयोगशाला। ऊँची चहारदीवारी में बंद प्रयोगशाला। ··· साम्राज्य-लोभी शासकों की संगीनों के साये में वैज्ञानिकों के दल खोज कर रहे हैं, प्रयोग कर रहे हैं।··· गंजी खोपड़ियों पर लाल-हरी रोशनी पड़ रही है। ··· मारात्मक, विध्वंसक और सर्वनाशा शक्तियों के सम्मिश्रण से एक ऐसे बम की रचना हो रही है जो सारी पृथ्वी को हवा के रूप में परिणत कर देगा··· ऐटम ब्रेक

कर रहा है मकड़ी के··· जाल की तरह ! चारों ओर एक महा-अंधकार ! सब वाष्प ! प्रकृति-पुरुष··· अंड-पिंड ! मिट्टी और मनुष्य के शुभचिंतकों की छोटी-सी टोली अँधेरे में टटोल रही है। अँधेरे में वे आपस में टकराते हैं।

··· वेदांत··· भौतिकवाद··· सापेक्षवाद··· मानवतावाद !··· हिंसा से जर्जर प्रकृति रो रही है। व्याध के तीर से जख्मी हिरण-शावक-सी मानवता को पनाह कहाँ मिले ?··· हा-हा-हा ! अट्टहास ! व्याधों के अट्टहास से आकाश हिल रहा है। छोटा-सा, नन्हा-सा हिरण हाँफ रहा है। छोटे फेफड़े की तेज धुकधुकी !··· नीलोत्पल ! नहीं-नहीं ! यह अँधेरा नहीं रहेगा। मानवता के पुजारियों की सम्मिलित वाणी गूँजती है–पवित्र वाणी ! उन्हें प्रकाश मिल गया है। तेजोमय ! क्षत-विक्षत पृथ्वी के घाव पर शीतल चंदन लेप रहा है। प्रेम और अहिंसा की साधना सफल हो चुकी है। फिर कैसा भय ! विधाता की सृष्टि में मानव ही सबसे बढ़कर शक्तिशाली है। उसको पराजित करना असंभव है, प्रचंड शक्तिशाली बमों से भी नहीं··· पागलो ! आदमी आदमी है, गिनीपिग नहीं।··· सबारि ऊपर मानुस सत्य !

अनेकवक्त्रनयनमनेकाद्भुतदर्शनम् ।
अनेक दिव्याभरणं दिव्यानेकोघतायुधम् ।
दिवि सूर्यसहस्र··· ।

··· ममता गा रही है ! सुबह हो रही है। बगल के कमरे में तहसीलदार साहब खर्राटे ले रहे हैं। डाक्टर उठकर खिड़कियाँ खोल देता है। मटमैली, अँधियारी में कोठी का बाग ठिठका हुआ किसी की प्रतीक्षा कर रहा है। गुलमुहर, अमलतास और योजनगंधा की नई कलियाँ मुस्कराने को तैयार हैं।··· नान्तं न मध्यं न पुनस्त्वादि··· ।

"प्रशांत !" ममता मुस्कराती हुई कमरे में प्रवेश करती है–सुबह को हौले-हौले बहानेवाली हवा-जैसी। सद्यःस्नाता ममता के भीगे-बिखरे केशगुच्छ को डाक्टर छू लेता है।

"अरे धेत्त् ! औरतों का भीगा केश नहीं छूना चाहिए। दोष होता है। पूछती हूँ, चाय पियोगे ? कुमार साहब का दूध गर्म हो रहा है। लगता है, रात-भर जगे रहे हो। कुल्ली कर लो। मैं चाय ले आती हूँ।" ममता मुस्कराती हुई जाती है।

बेचारी ममता की जिंदगी का एकमात्र विलास–चाय ! शीला कहती थी एक बार, "ममता-दी चाय पीने का बहाना ढूँढ़ती रहती है। दिन-भर में दस-पंद्रह प्याली··· ।"

चाय की प्याली प्रशांत के हाथ में देते हुए ममता पूछती है, "पढ़ गए··· महात्माजी की आखिरी लालसा ? मैं तो कहती हूँ, यह वह महाप्रकाश है, जिसकी रोशनी में दुनिया निर्भय हजारों बरस का सफर तय कर सकती है।"

"ममता ! मैं फिर काम शुरू करूँगा–यहीं, इसी गाँव में। मैं प्यार की खेती करना चाहता हूँ। आँसू से भीगी हुई धरती पर प्यार के पौधे लहलहाएँगे। मैं

साधना करूँगा, ग्रामवासिनी भारतमाता के मैले आँचल तले ! कम-से-कम एक ही गाँव के कुछ प्राणियों के मुरझाए ओठों पर मुस्कराहट लौटा सकूँ, उनके हृदय में आशा और विश्वास को प्रतिष्ठित कर सकूँ··· ।"

ममता हँसती है–"मन करता है, किसी को आँचल पसारकर आशीर्वाद दूँ–तुम सफल होओ ! मन करता है, किसी कर्मयोगी के बढ़े हुए चरणों की धूलि लेकर कहूँ···" कहकर ममता प्रशांत के पैरों की ओर हाथ बढ़ाती है।

"ममता !"

"ममता-दी !··· लो इसे। दूध फेंकता है।" कमली अपने शिशु को गोदी में लेकर हँसती हुई आती है।

"दो ! कैसे फेंकता है ? कैसे पिलाती हो ? बोतल दो।" ममता आलथी-पालथी मारकर बैठ जाती है और बच्चे को गोद में ले लेती है। "तुमने टेब्लेट खा लिया कमला ? खा लो !"

प्रशांत चुपचाप ममता को देख रहा है। शरतबाबू के उपन्यासों की यह नारी अपने विश्वास पर अडिग होकर आज भी आगे बढ़ रही है; रूप बदल दो, नाम बदल दो, समय बदल दो, जगह बदल दो, पर यह कभी बदल नहीं सकती।

कमली पूछती है, "प्यारू भी पटना चलेगा ?"

"हाँ", ममता संक्षिप्त-सा उत्तर देती है।

"आएँ-ऐं··· ऐं···," नीलू रोता है।

"ना-ना···। पी लो बाबू ! राजा ! सोना !··· मानिक !··· नीलू !··· रोओ मत ! अब रोने की क्या बात है प्यारे ?" ममता हँसती है।

कलीमुद्दींपुर घाट पर चेथरिया-पीर में किसी ने मानत करके एक चीथड़ा और लटका दिया।

●●●

परती : परिकथा

भैया महेन्दर,
तुम नहीं रहे, तुम्हारी कल्पना साकार हुई है !
सिमराहा की सपाट धरती पर
हजारों पेड़ लग गये हैं।

—भैया

प्रथम परिवर्त

धूसर, वीरान, अन्तहीन प्रान्तर।

पतिता भूमि, परती जमीन, वन्ध्या धरती...।

धरती नहीं, धरती की लाश, जिस पर कफन की तरह फैली हुई हैं बालूचरों की पंक्तियाँ। उत्तर नेपाल से शुरू होकर, दक्षिण गंगातट तक, पूर्णिया जिले के नक्शे को दो असम भागों में विभक्त करता हुआ–फैला-फैला यह विशाल भूभाग। लाखों एकड़ भूमि, जिस पर सिर्फ बरसात में क्षणिक आशा की तरह दूब हरी हो जाती है।

सम्भवतः तीन-चार सौ वर्ष पहले इस अंचल में कोसी मैया की यह महाविनाश-लीला हुई होगी। लाखों एकड़ जमीन को अचानक लकवा मार गया होगा। एक विशाल भू-भाग, हठात् कुछ-से-कुछ हो गया होगा। सफेद बालू से कूप, तालाब, नदी-नाले पट गये। मिटती हुई हरियाली पर हल्का बादामी रंग धीरे-धीरे छा गया।

कच्छपपृष्ठसदृश भूमि! कछुआ-पीठा जमीन? तन्त्रसाधकों से पूछिए, ऐसी धरती के बारे में वे कहेंगे–असल स्थान वही है जहाँ बैठकर सबकुछ साधा जा सकता है। कथा है...।

कथा होगी अवश्य इस परती की भी। व्यथा-भरी कथा वन्ध्या धरती की। इस पाँतर की छोटी-मोटी, दुबली-पतली नदियाँ आज भी चार महीने तक भरे गले से, कलकल सुर में गाकर सुना जाती हैं, जिसे हम नहीं समझ पाते।

कथा की एक कड़ी, कार्तिक से माघ तक प्रतिरात्रि के पिछले प्रहर में, सुनायी पड़ती है–आज भी! सफेद बालूचरों में चरनेवाली हंसा-चकेवा की जोड़ी रात्रि की निस्तब्धता को भंग कर किलक उठती है कभी-कभी। हिमालय से उतरी परी बोलती है–केंक्-केंक्-कें-एँ-एँ-गाँ-आँ-केंक्!

एक बालूचर से दूसरे बालूचर, दूसरे से तीसरे में–हजारों जोड़े पखेरू अपनी-अपनी भाषा में इस कड़ी को दुहराते हैं। दूर तक फैली हुई धरती पर सरगम के सुर में

'प्रतिध्वनि की लहरें बढ़ती जाती हैं–एक स्वरतरंग !

हिमालय के परदेशी पंछियों की टोलियाँ, नाना जाति-वर्ण-रंग की जोड़ियाँ प्रतिवर्ष हजारों की संख्या में पहाड़ से उतरती हैं–हहास मारती हुईं। फिर, फागुन-चैत के पहले ही लौट जाती हैं। भूली-भटकी एकाध रह जाती है जो कभी-कभी उदास होकर पुकारती और अपनी ही आवाज की प्रतिध्वनि सुनकर, विकल होकर पाँखें पसारकर उड़ती-पुकारती जाती है–केंक्-केंक्-कें-एँ-एँ !

परदेशी चिरैया की करुण पुकार से वन्ध्या धरती की व्यथा बढ़ती है। कौन समझाये भूली पहाड़ी चकई को ? तुत्तू–चुप-चुप !

वन्ध्या धरती की व्यथा को पण्डुकी ही समझती है, जो बारहों मास अपना दुख-दर्द सुनाकर मिट्टी के मन की पीड़ा हरने की चेष्टा करती है। वैशाख-जेठ की भरी दोपहरी में सारी परती काँपती रहती है, सफेद बालूचरों की पंक्तियाँ मानो आकाश में उड़ने की पाँखें तौलती रहती हैं। रह-रहकर धूलों का गुब्बारा–धूर्णिचक्र-सा–ऊपर उठता है !··· इस धूर्णिचक्र में देव रहते हैं।

परती पर बहुत-से देव-दानव रहते हैं। किन्तु, वन्ध्या धरती की पीड़ा हरने की क्षमता किसी में नहीं। पण्डुकी व्यथा समझती है, क्योंकि वह एक वन्ध्या रानी की परिचारिका रह चुकी है। वैशाख की उदास दोपहरी में वह करुण सुर में पुकारती है–तुर तुत्तू-उ-उ, तू-उ, तु-उ तूः। अर्थात्, उठ जित्तू–चाउर पूरे, पूरे-पूरे !

वैशाख की दोपहरी और भी मनहूस हो जाती है। किन्तु, निराश नहीं होती पण्डुकी। अपने मृत पुत्र जित्तू को भूलने का बहाना करती है। आँसू पोंछ, उठ खड़ी होती है, फिर नाच-नाचकर शुरू करती है। सुर बदल जाता है और छोटे घुँघरू की तरह शब्द झनक उठते हैं :

तु त्तु तुर, तुरा तुत्त।
बेटा भेल–लोकी लेल।
बेटी भेल–फेंकी देल।

क्या करोगी बेटा-बेटी लेकर, ओ रानी माँ, क्या होगा बेटा लेकर ? मुझे देखो, बेटा हुआ। कलेजे से सटा लिया। खुशी से नाचने लगी। इस खुशी में बेटी को फेंक दिया।··· बेटा को काल ले गया। अब ? सब बिध-बिधाता का खेल है रानी माँ ! दुख मत करो। मुझे देखो, दुख से कलेजा फटता है, फिर भी कूटती हूँ, पीसती हूँ, कमाती हूँ, खाती हूँ, गाती हूँ, नाचती हूँ : तु त्तु-तुर, तुरा-तुत्त !

किन्तु, वन्ध्या धरती माता की पीड़ा और भी बढ़ जाती है–ओ पण्डुकी सखी ! कोखजली की ग्लानि तुम क्या समझो !

तब, पण्डुकी पुनः अपने प्यारे जित्तू को आतुर होकर पुकारने लगती है–उठ जित्तू-ऊ, चाउर पूरे, पूरे-पूरे !

··· वन्ध्या रानी माँ का धान कूटती थी पण्डुकी। जित्तू जब गोदी में ही था, डगमगाकर चलता था, थोड़ा-थोड़ा। उसी उम्र में जित्तू को कहानी सुनने का कितना

शौक था ! आँचल पकड़कर रोता फिरता। काम के बीच में कभी-कभी पण्डुकी उसे गोद में लेकर दूध पिलाती और एक कथा सुनाकर सुला देती। रोज-रोज नयी कथा कहाँ से आये ! रानी माँ के मुँह से सुनी रानी माँ की दुख-दर्द-भरी कहानी के एकाध टुकड़े चुपचाप सुना देती।··· रानी माँ पण्डुकी से सत्त कराकर अपनी कहानी सुनाती। पण्डुकी सत्त करती—एक सत्त दो सत्त··· किसी और से नहीं कहूँगी, रानी माँ !··· जित्तू तो कोई और नहीं। उसे सुनाने में क्या दोष !

एक दिन ऐसा हुआ कि भरी दोपहरी में, काम के बेर जित्तू आकर रोने लगा—बिजूबन-बिजूखण्ड का पता पूछने लगा।··· वह देवी मन्दिर का खाँड़ा लेगा, पंखराज घोड़े पर सवार होकर बिजूबन-बिजूखण्ड जायेगा। राक्षस के घर में वन्ध्या रानी की सुख-समृद्धि एक कलस में बन्द है। वह लड़ाई करेगा···। भोला जित्तू !

जित्तू वन्ध्या रानी माँ की उमड़ती हुई आँखों को पोंछना चाहता है। अपनी माँ के आँसुओं को भी वही पोंछा करता था। पण्डुकी बोली—देख बेटा ! रोज-रोज चावल घट जाता है। समय पर तैयार नहीं होता। चावल पुर जाये तो तुझे सब कथा सुना दूँगी। तब तक उस पाकर पेड़ के नीचे जाकर सो रहो। जित्तू चला गया, चुपचाप। सो रहा पेड़ की छाया में—माँ के मुँह से सब कथा सुनने की आशा में। पण्डुकी धान कूटने में मगन हो गयी। उधर काल ने आकर जित्तू की कहानी समाप्त कर दी।

चावल पूरा हो गया। धान कूटते समय ही पण्डुकी कथा की कड़ी जोड़ चुकी थी। जित्तू को पुकारा—उठ बेटा, जित्तू, चावल पूरा हो गया—तुर-तुत्तु-उ-उ···।

एक बार जित्तू उठ जाये, एक ही क्षण के लिए। पण्डुकी ऐसी कहानी सुनायेगी, ऐसी कहानी कि फिर···। बेचारा जित्तू अधूरी कहानी के सपने देखता सोया हुआ है।

आँखें खोलो, पाँखें तोलो··· बोलो ! ओ जित्तू, ओ जित्तू ! उठ जित्तू ··· !

चिरई-चुरमुन की कहानी पर परतीत न हो, सम्भव है।

परती की अन्तहीन कहानी की एक परिकथा वह बूढ़ा भैंसवार भी कहता है। गँजेड़ी है तो क्या !

गुनी आदमी जरा अमल पाँत लेता ही है। एक चिलम गाँजा कबूलकर कितने पीर-फकीर और साईं-गोसाईं से तन्त्र-मन्त्र और वाक् लेते हैं लोग !

कथा का एक खण्ड—परिकथा !

—कोसी मैया की कथा ? जै कोसका महारानी की जै !

परिव्याप्त परती की ओर सजल दृष्टि से देखकर वह मन-ही-मन अपने गुरु को सुमरेगा, फिर कान पर हाथ रखकर शुरू करेगा मंगलाचरण जिसे वह बन्दौनी कहता है : हे-ए-ए-ए, पुरुबे बन्दौनी बन्दौ उगन्त सिरुजे ए-ए···

बीच-बीच में टीका करके समझा देगा—कोसका मैया का नैहर ! पच्छिम-तिरहौत

राज। ससुराल–पुरुब।

कोसका मैया की सास बड़ी झगड़ाही। जिला-जवार, टोला-परोपट्टा में मशहूर। और दोनों ननदों की क्या पूछिए ! गुणमन्ती और जोगमन्ती। तीनों मिलकर जब गालियाँ देने लगतीं तो लगता कि भाड़ में मकई के दाने भूने जा रहे हैं : फड़र्र-र्र-र्र। कोखजली, पुतखौकी, भतारखौकी, बाँझ ! कोसी मैया के कान के पास झाँझ झनक उठते !

एक बार बड़ी ननद ने बाप लगाकर गाली दी। छोटी ने भाई से अनुचित सम्बन्ध जोड़कर कुछ कहा और सास ने टीप का बन्द लगाया–और माँ ही कौन सतवन्ती थी तेरी।··· कि समझिये बारूद की ढेरी में आग की लुत्ती पड़ गयी। कोसका महारानी क्रोध से पागल हो गयी : आँ-आँ-रे··· ए··· ए···

रेशमी पटोर मैया फाड़ि फेंकाउली-ई-ई,
सोना के गहनवाँ मैया गाँव में बँटाउली-ई-ई,
आँ-आँ-रे-ए-ए, रु-उ-पा के जे सोरह मन के चू-उ-उर,
रगड़ि कैलक धू-उ-र जी-ई-ई !

दम मारते हुए, मद्धिम आवाज में जोड़ता है गीतकथाकार–रूपा के सोलह मन के चूर ? बालूचर के बालू पर जाकर देखिए–उस चूर का धूर आज भी बिखरा चिकमिक करता है !

सास-ननद से आखिरी लड़ाई लड़कर, झगड़कर, छिनमताही कोसी भागी। रोती-पीटती, चीखती-चिल्लाती, हहाती-फुफनाती भागी पच्छिम की ओर–तिरहौत राज, नैहर। सास-ननदों को पँचपहरिया मूर्छाबान मारकर सुला दिया था कोसी मैया ने !··· रास्ते में मैया को अचानक याद आयी–जा, गौर में तो माँ के नाम दीप जला ही न पायी !

गीत-कथा-गायक अपनी लाठी उठाकर एक ओर दिखायेगा–ठीक इसी सीध में है गौर, मालदह जिला में। हर साल, अपनी माँ के नाम दीया-बाती जलाने के लिए औरतों का बड़ा भारी मेला लगता है।··· महीना और तिथि उसे याद नहीं। किन्तु, किसी अमावस्या की रात में ही यह मेला लगता है, ऐसा अनुमान है।

–अब, यहाँ का किस्सा यहीं, आगे का सुनहु हवाल। देखिए कि क्या रंग-ताल लगा है ! कोसी मैया लौटी। गौर पहुँचकर दीप जलायी। दीप जलते ही, उधर सास की मूर्छा गयी टूट, क्योंकि गौर में दीप जलाने से बाप-कुल, स्वामी-कुल दोनों कुल में इँजोत होता है। उसी इँजोत से सास की मूर्छा टूटी। अपनी दोनों बेटियों को गुन मारकर जगाया–अरी, उठ गुनमन्ती, जोगमन्ती, दुनू बहिनियाँ !

छोटी ने करवट लेकर कहा–माँ ! चुपचाप सो रहो। बीस कोस भी तो नहीं गयी होगी। पचास कोस पर तो मैं उसका झोंटा धरकर घसीटती ला सकती हूँ।

बड़ी बोली–सौ कोस तक मेरा बेड़ी-बान, कड़ी-छान गुन चलता है। भागने दो, कहाँ जायेगी भागकर ?

माँ बोली—अरी आज ही तो सब गुन-मन्तर देखूँगी तुम दोनों का। तुम्हें पता है, कोसी-पुतोहिया ने गौर में दीप जला दिया ? तुम्हारे जादू का असर उस पर अब नहीं होगा।

—ऍंय ? क्या-आ-आ ? दोनों बहनें, गुनमन्ती-जोगमन्ती हड़बड़ाकर उठीं। अब सुनिए कि कैसा भौचाल हुआ है। तीनों—माँ-बेटियाँ—अपनी-अपनी गुन की डिबिया लेकर निकलीं।

छोटी ने अपनी डिबिया का ढक्कन खोला—भरी दोपहरी में आठ-आठ अमावस्या की रातों का अन्धकार छा गया।

बड़ी ने अपनी अँगूठी के नगीने में बन्द आँधी-पानी को छोड़ा।

—उधर कोसी मैया बेतहासा भागी जा रही है, भागी जा रही है। रास्ते की नदियों को, धाराओं को, छोटे-बड़े नालों को, बालू से भरकर पार होती, फिर उलटकर बबूल, झरबेर, खैर, साँहुड़, पनियाला, तिनकटिया आदि कँटीले कुकाठों से घाट-बाट बन्द करती छिनमताही भागी जा रही है। आँ-आँ-रे-ए···

थर-थर काँपे धरती मैया, रोये जी आकासः
घड़ी-घड़ी पर मूर्छा लागे, बेर-बेर पियासः
घाट न सूझे, बाट न सूझे, सूझे न अप्पन हाथ···

मूर्छा खाकर गिरती, फिर उठती और भागती। अपनी दोनों बेटियों पर माँ हँसी—इसी के बले तुम लोग इतना गुमान करती थीं रे ! देख, सात पुश्त के दुश्मनों पर जो गुन छोड़ना मना है, उसे-ए-ए छोड़ती हूँ—कुल्हड़िया आँधी, पहड़िया पानी !

कुल्हड़िया आँधी के साथ एक सहस्र कुल्हाड़ेवाले दानव रहते हैं, पहड़िया पानी तो पहाड़ को भी डुबा दे।

अब देखिए कि कुल्हड़िया आँधी और पहड़िया पानी ने मिलकर कैसा परलय मचाया है : ह-ह-ह-र-र-र-र··· ! गुड़गुडुम्-आँ-आँ-सि-ई-ई-ई-आँ-गर-गर-गुडुम !

गाँव-घर, गाछ-बिरिच्छ, घर-दरवाज़ा कतरती कुल्हड़िया आँधी जब गर्जना करने लगी तो पातालपुरी में बराह भगवान भी घबरा गये। पहड़िया पानी सात समुन्दर का पानी लेकर एकदम जलामय करता दौड़ा।··· तब कोसी मैया हाँफने लगी, हाथ-भर जीभ बाहर निकालकर। अन्दाज लगाकर देखा, नैहर के करीब पहुँच गयी है। और पचास कोस ! भरोसा हुआ। सौ कोसों तक फैले हुए हैं मैया के सगे-सम्बन्धी, भाई-बन्धु। मैया ने पुकारा, अपने बाबा का नाम लेकर, वंश का नाम लेकर, ममेरे-फुफेरे, मौसेरे भाइयों को—भइया रे-ए-ए, बहिनी की इजतिया तोहरे हाथ !

फिर एक-एक भौजाई का नाम लेकर, अनुनय करके रोयी—"भउजी, हे भउजी, लड़िका तोहर खेलायब हे भउजी, ओढ़नी तोहर पखारब हे भउजी-ई-ई, भइया के भेजि तनि दे-ए !"

कुल्हड़िया आँधी, पहड़िया पानी अब करीब है। एकदम करीब ! अब ? अब क्या हो ?··· कोसी की पुकार पर एक मुनियाँ भी न बोली, एक सीकी भी न डोली।

कहीं से कोई-ई जवाब नहीं। तब कोसी मैया गला फाड़कर चिल्लाने लगी–अरे ! कोई है तो आओ रे ! कोई एक दीप जला दो कहीं !

कोई एक दीप जला दे, एक क्षण के लिए भी, तो फिर कोसी मैया से कौन जीत सकता है ? कुल्हड़िया आँधी कोसी का आँचल पकड़ने ही वाली थी··· कि उधर एक दीप टिमटिमा उठा ! कोसी मैया की सबसे छोटी सौतेली बहन दुलारीदाय, बरदिया घाट पर, आँचल में एक दीप लेकर आ खड़ी हुई। बस, मैया को सहारा मिला और तब उसने उलटकर अपना आखिरी गुन मारा।

पातालपुरी में बराह भगवान डोले और धरती ऊँची हो गयी।

गुनमन्ती और जोगमन्ती दोनों बहिनियाँ अपने ही गुन की आग में जल मरीं। ·· सास महारानी झमाकर काली हो गयी !

उजाला हुआ। कोसी मैया दौड़कर दुलारीदाय से जा लिपटी। फिर तो··· आँ-आँ-रे-ए···

दूनू रे बहिनियाँ रामा गला जोड़ी बिलखय,
नयना से ढरे झर-झर लोर !

गला भर आया है बूढ़े कथागायक का।

दोनों बहन गला जोड़कर घण्टों रोती-बिलखती रहीं।

हिचकियाँ लेती हुई बोली दुलारीदाय–"दीदी, जरा उलट के देख। धरती की कैसी दुर्दशा कर दी है तुम लोगों ने मिलकर। गाँव-के-गाँव उजड़ गये, हजारों-हजार लोग मर गये। अर्ध-मृतकों की आह-कराह से आसमान काँप रहा है।"

"मरें, मरें ! सब मरें ! मेरे पिता के टुकड़े पर पलनेवाले ऐसे आत्मीय सम्बन्धियों का न जीना ही अच्छा। जो मेरे वंश की एक अभागिन कन्या की पुकार पर अपने घर की खिड़की भी न खोल सके। धरती का भार हल्का हुआ–वे मरें !"

"धरती कहाँ है दीदी ! अब तो धरती की लाश है। सफेद बालूचरों के कफन से ढकी धरती की लाश !"··· इस इलाके में सबसे छोटी बहन को बड़े प्यार से दाय कहकर सम्बोधित करते हैं। दुलारीदाय बहनों में सबसे छोटी–सो भी सौतेली। बड़ी प्यारी बहन ! शील-सुभाव इतना अच्छा कि··· ।

"दीदी, अब भी समय है। उलटकर देखो। क्रोध त्यागो। दुनिया क्या कहेगी ?"

कोसी मैया ने उलटकर देखा–सिकियो न डोले ! कहीं हरियाली की एक रेखा भी न बची थी। सिहर पड़ी मैया भी ! बोली–"नहीं, धरती मरेगी नहीं। जहाँ-जहाँ बैठकर मैं रोयी हूँ, आँसू की उन धाराओं के आसपास धरती का प्राण सिमटा रहेगा। ··· हर वर्ष पौष पूर्णिमा के दिन उन धाराओं में स्नान से पाप धुलेगा। युग-युग के बाद, एक-एक प्राणी पाप से मुक्त होगा। तब, फिर सारी धरती पर हरियाली छा जायेगी।··· धाराओं के आस-पास सिमटे हुए प्राण नये-नये रंगों में उभरेंगे।"

दुलारीदाय ने चरण-धूलि ली और मुस्कराकर खड़ी हो गयी। कोसी मैया खिलखिलाकर हँस पड़ी–"पगली ! दुलारी !··· हँसती क्यों है ?" मैया हँसी–दुलारी

के आँचल में नौ मन हीरे झरे। हाँ, कोसी मैया हँसे तो नौ मन हीरा झरे और रोये तो दस मन मोती ! दुलारीदाय को वरदान मिला–"युग-युग तक तुम्हारा नाम रहे। तुम्हारे इलाके का एक प्राणी न भूख से मरेगा, न दुख से रोयेगा। न खेती जरेगी और न असमय में अन्न झरेंगे। गुनी-मानी लोग तुम्हारे आँगन में जनमेंगे।··· कछुआ-पीठा जमीन पर तन्त्र-साधना करके तुम्हारा मान बढ़ायेगी तुम्हारी सन्तान।"

आज भी देखिए–दुलारीदाय के आँचल-तले पलते जनपद को, गाँवों को, गाँव के लोगों को। उनकी एक परम्परा है।··· परानपुर की बात अभी छोड़िए–यह तो इस अंचल का प्राण ही है। हाँसा, बिसुनपुर, पानपत्ती, गीतबास कोठी, महेन्द्रपुर, मधुचन्दा, मधुलता, कँचनार टोली, पलासबनी,··· रानीडूबी।

सिर्फ रानीडूबी गाँव पुराकाल से अपनी बदनामी ढो रहा है। बाकी सभी गाँव किसी-न-किसी अंश में अपने नाम की लाज बचा रहे हैं।

दुलारीदाय के दोनों बाजुओं में पलते इन सुखी-समृद्ध गाँवों का प्राण है परानपुर ! दुलारीदाय के पूरबी महार पर बसा हुआ है यह गाँव। गाँव के पश्चिम-उत्तर कोण में है बरदिया घाट जहाँ दुलारीदाय आँचल में दीप लेकर प्रकट हुई थी।···

"अब तो बैमान जमाना आ गया है बाबू साहब ! किसी चीज का न धरम है और न है तेज। न रहे कोई देवता, नहीं रहे देव। जब से रेलगाड़ी आयी, सभी देव-देवी भागे पहाड़। एकाध पीर, फकीर, साईं-गुसाईं रह गये तो वे भी अब रेलगाड़ी में चढ़कर दूर-दराज हज, तीरथ करने चले जाते हैं। नहीं तो, दुलारीदाय के इलाके में लगातार चार साल सूखा पड़े भला ? अँधेर है ! पहले तो हर साल बरदिया घाट पर मानिक दियरा जलता था, किसी-न-किसी रात में। पिछले दस-बारह साल से वह भी जलना बन्द है। कलियुग जो समाप्ति पर है !"··· बूढ़े गीतकथाकार की वाणी पर विशेष ध्यान उचित नहीं। कोसी मैया की बातों पर भी हँसने की आवश्यकता नहीं।··· मैया के माँ-बाप का नाम ? जिसका कोई बाप नहीं, बाबा भोला उनका बाप; जिसकी कोई माँ नहीं, माता उसकी गौरा पारवती।

किन्तु, पण्डुकी का जित्तू आज भी सोया अधूरी कहानी का सपना देख रहा है। वन्ध्या रानी माँ का सारा सुख-ऐश्वर्य छिपा हुआ है सोने के एक कलस में, बिजूबन-बिजूखण्ड के राक्षस के पास। देवी का खाँड़ा कौन उठाये ? पंखराज घोड़े पर सवार होकर कौन जायेगा कलस लाने ?

कथा-गायक बूढ़ा भैंसवार सारे युग को बेईमान कह रहा है।··· एक-एक आदमी पाप-मुक्त जिस दिन हो जायेगा, सारी परती हरी-भरी हो जायेगी।···प्राणों के नये-नये रंग उभरेंगे !

परानपुर गाँव के पूरब-उत्तर–कछुआ-पीठा भूमि पर खड़ा होकर एक नौजवान देख रहा है–अपने कैमरे की कीमती आँख से–धूसर, वीरान, अन्तहीन प्रान्तर। पतिता

भूमि, बालूचरों की शृंखला। हिमालय की चोटी पर डूबते हुए सूरज की रोशनी चमकती है।

अर्धवृत्ताकार होकर चली गयी है ईस्टर्न रेलवे की एक ब्रांच लाइन। लाइन के किनारे के खम्भों की पंक्तियों के तारों पर बैठी हुई पंक्तिबद्ध किस्म-किस्म की चिड़ियों के मुँह लाइन की ओर !··· ठीक गाड़ी आने के समय, सिगनल के गिरते ही, परती पर चरती हुई चिड़ियों में एक हल्की चुनमुनाहट होती है और वे टेलीग्राफ के तारों पर जा बैठती हैं; चुपचाप बैठी नहीं रहतीं, अपनी बोली में कचर-पचर बोलती ही रहती हैं। युवक कैमरामैन श्री भवेशनाथ एम. ए. की परीक्षा देकर आया है–परती के विभिन्न रूपों का अध्ययन करने। कैमरे का व्यू-फाइण्डर उसकी अपनी आँख है, असली आँख है। वह मन-ही-मन सोचता है··· तीस साल ! बस, तीस साल और ! इसके बाद तो सारी धरती इन्द्रधनुषी हो जायेगी। तब तक रंगीन फोटोग्राफी का विकास भी हो जायेगा।··· झक-झका-झक-झका··· ! मालगाड़ी जा रही है। रोज तीन मालगाड़ियाँ !

गाड़ी परानपुर स्टेशन पर कुछ देर रुककर खुल जाती है।··· आश्चर्य ! गाड़ी जाते ही चिड़ियों की टोलियाँ भी फुर्र हो गयीं। मानो किसी की प्रतीक्षा में वे सामूहिक रूप से पंक्तिबद्ध होकर रोज बैठती हैं··· निराश भी नहीं होतीं कभी।

भवेशनाथ को वराहक्षेत्र की याद आती है। पिछले आठ-नौ साल से वह वराहक्षेत्र जाता है। पुरातन तीर्थ तो है ही–भवेश का वह नया तीर्थ है। वहाँ आदमी लड़ रहा है !··· बड़े-बड़े टनल के अन्दर काम होते उसने देखा है; पहाड़ काटनेवाले कितने पहाड़ी जवानों के क्लोज़-अप उसके पास हैं। अरुण, तिमुर तथा सुणकोशी के संगम पर बैठकर पानी मापनेवाले, सिल्ट की परीक्षा करनेवाले विशेषज्ञों को वह भूल नहीं पाता है। पहाड़ों की कन्दराओं में तपस्या में लीन देवगण !··· प्राणों में घुले हुए रंग धरती पर फैलते क्यों नहीं ? वह रंगीन फोटोग्राफी में दक्ष है।

भवेश ने देखा है, धरती पर रंग फैलते हैं।··· दस साल पहले, एक शुभचिन्तक व्यक्ति की कृपा से, रोटरी क्लब में, उसने एक छायाचित्र देखा था–टैनिसी वैली स्कीम का आयोजन ! बीसवीं सदी के अर्थनैतिक जगत् के महान् महाजन मुल्क के अन्तर्गत टैनिसी अंचल के किसानों की अवस्था देखकर वह अवाक् हो गया था। हिन्दुस्तान के अभागे किसानों से किसी भी माने में कम नहीं। इसी तरह पुराने हल से खेती करते थे, टूटे-फूटे झोंपड़ों में रहते थे। राह-घाट-बाट की असुविधा, ठीक इसी तरह।··· इसके बाद दिखलाया गया टैनिसी योजना का सूत्रपात; इस सम्बन्ध में जनमत-ग्रहण !··· योजना के पक्ष में राय लेने, इसकी उपयोगिता के सम्बन्ध में स्पष्ट धारणा पैदा करने का आयोजन !··· और छायाचित्र के अन्त में स्कीम के कामयाब होने के बाद, उस उजाड़, बंजर और बेकार अंचल में युगान्तरकारी परिवर्तन। दिन फिरे हैं किसानों के, खेतों में ट्रेक्टर चल रहे हैं, नयी-नयी मशीनों के द्वारा फसल काटी जा रही है। हाइड्रो-इलेक्ट्रिसिटी की सहायता से बड़े-बड़े कल-कारखाने खुल गये। सब मिलकर एक स्वप्नलोक की सृष्टि साकार···।

आसमान में पचमी का चाँद हँसता है—और परती पर भवेश की हल्की छाया डोलती है !

बैलगाड़ी पर जा रहे हैं सुरपतिराय। दरभंगा जिले से आये हैं। डॉक्टरेट की तैयारी कर रहे हैं। नदियों के घाटों के नाम, नाम के साथ जुड़ी हुई कहानी नोट करते हैं, गीत सुनते हैं और थीसिस लिखते हैं।

रानीडूबी घाट, नदी दुलारीदाय, परगना हवेली, थाना··· ।

रहिकपुर राज की रानी ने अपने वृद्ध राजा को पान में विष देकर खिला दिया और डोली में बैठाकर नवाबी दरबार में भेज दिया। रास्ते में कहारों ने देखा, राजा साहब निष्प्राण पड़े हैं। जवान कोतवाल साहब ने धोखेबाजी की। बोले, "रानी, राजपाट आधा दे दो, नहीं तो दरबार में भेद खोल दूँगा।" रानी के कोमल हृदय को इससे बड़ी चोट लगी, क्योंकि उसने जवान कोतवाल के प्रेम में पड़कर राजा को विष दिया था।··· रात में रानी उठी और गले में घड़ा बाँधकर दुलारीदाय के एक कुण्ड में डूब मरी !··· रानीडूबी ?

सुरपति अभी तक तीन ही घाटों की कहानियाँ बटोर सका है। सो भी भूली-बिसरी, आधी-पूरी कहानी के टुकड़े। आश्चर्य ! सभी कहानियों के सूत्र परानपुर की ओर ही !··· परानपुर के पण्डित, परानपुर के ओझागुणी, परानपुर की डायन, परानपुर का ब्रह्मपिशाच··· आदि-आदि ! सात घाट का पानी पी चुकने पर सुरपति को भी विश्वास हो जायेगा—चिरई-चुरमुन और भैंसवार ही असल कथाकार हो सकते हैं।··· सैकड़ों वर्षों की कहानियाँ, सोने की पुरातन मुद्राओं की तरह।

परानपुर बहुत पुराना गाँव है।··· 1880 साल में मि. बुकानन ने अपनी पूर्णिया रिपोर्ट में इस गाँव के बारे में लिखा है—पुरातन ग्राम परानपुर। इस इलाके के लोग परानपुर को सारे अंचल का प्राण कहते हैं। अक्षरशः सत्य है यह कथन। गाँव से पश्चिम बहती हुई दुलारीदाय की धारा। तीन ओर विशाल प्रान्तर, तृण-तरुशून्य लाखों एकड़ बादामी रंग की धरती ! दुलारीदाय इसकी पश्चिमी रेखा है—जहाँ से हरियाली शुरू होकर पच्छिम की ओर गहरी होती गयी है। अपने दोनों हाथों से दोनों कछार की धरती पर सुख-समृद्धि बाँटती हुई दुलारीदाय, वन्ध्या धरती की संवेदना में बहती अश्रुधारा-जैसी !··· गाँव के दक्खिन हजारों सेमल के पेड़ों का बाग है, सेमलबनी। फूलों के मौसम में लाल आसमान को मैंने देखा है—अपलक नेत्रों से, अचरज-भरी निगाहों से। लाल आसमान !

सेमल का बाग आज भी है। हर पाँच-सात साल के बाद नयी पौध। सात साल पहले एक दियासलाई कम्पनी का ठेकेदार आया और सेमल—जिसके फल को गिलहरी भी न खाये, जिसकी लकड़ी से कोई मुर्दा भी न जलाये—शीशम के दर बिकने लगा। लेकिन, इसी को कहते हैं तकदीर का खेल। सेमलबनी के जमींदार के अधपगले

पुत्र जित्तन बाबू ने साफ जवाब दे दिया—एक भी पेड़ नहीं बेचूँगा। साठ हजार रुपये की आखिरी डाक देकर कम्पनी का ठेकेदार चला गया।··· अब हाय-हाय करने से क्या होता है? जमींदारी खत्म हो गयी। सेमलबनी पर सरकार का कब्जा हो गया है। सरकार जो चाहे करे। सुना है, जित्तन बाबू ने हाईकोर्ट में अरजी दी है—सेमल के बाग का सर्वनाश न किया जाये!

पागल आदमी को कौन समझाये! किन्तु जित्तन बाबू का परिवार पुराना है। परानपुर गाँव के एक उजड़े खण्डहर-जैसे मकान की एक कोठरी में बैठकर जित्तन बाबू यानी श्री जितेन्द्रनाथ मिश्रजी एकटक खिड़की से देख रहे हैं—पोखरे में सुपारी, नारियल, साबूदाना तथा यूक्लिप्टस के वृक्षों की परछाइयों को। हल्की चाँदनी की चदरी धीरे-धीरे बिला रही है···। कमरे में हरिकेन का प्रकाश है। दीवार पर देगाँ की एक तस्वीर की कापी फ्रेम में लटकी है—आध दर्जन अर्धनग्न नर्तकियों की टोली—नृत्यरता नायिकाएँ! स्वस्थ फ्रेंच युवतियों की इन रंगीन तस्वीरों की कृपा से जित्तन बाबू इधर काफी कुख्यात हो गये हैं, गाँव में।··· धौली की माँ ने गाँव-भर में प्रचार किया है, "हवेली में झाड़ू देने कौन जाये? नहीं करती ऐसी नौकरी! सारी कोठरी में मार नंगी मेम की छापी टाँगे हुए है। आँख मूँदकर कोई कैसे झाड़ू दे, कहो?"

गाँव के प्रसिद्ध और पुराने लाल बुझक्कड़ भिम्मल मामा ने ग्राम पुस्तकालय के पठनागार में घोषणा की—"बुद्धि भ्रष्ट होने से आदमी सबकुछ कर सकता है।—जित्तन इज़ सफरिंग फ्रॉम सेक्सोलौजिया। मैलेरिया, फैलेरिया, डायरिया, पायरिया आदि रोगों से भी मारात्मक रोग है यह सेक्सोलौजिया।"

भिम्मल मामा जित्तन बाबू की इयोढ़ी में रोज जाते हैं, किन्तु उनके कमरे में कभी पाँव नहीं देते। कहते हैं—"बूचड़खाने में लटकते हुए खस्सी बकरों की कटी-छिली हुई देह देखकर माथा चक्कर खाने लगता है। आइ काण्ट स्टैण्ड फ्लेश विद ब्लड··· बरदाश्त नहीं कर सकता मांस के लोथड़ों के बीच···।"

गाँव की सबसे फैशनेबल युवती जयवन्ती का कहना है—"उस दिन फिलिमकट ब्लाउज पहनकर हवेली के पिछवाड़े से जा रही थी। छिः-छिः, कितना असभ्य हो जाता है आदमी शहर में रहते-रहते? एकटक देखता ही रहा, देखता ही रहा। मैं डर गयी—आँखें हैं उसकी या···?"

जितेन्द्रनाथ रोज इन तस्वीरों की ओर देखकर मन-ही-मन बुदबुदाते हैं—"पिजारो, वैन गॉग, रेनोआँ, देगाँ! तुम्हारी प्रेमिकाओं को प्रणाम! मानुमेण्ट को एक क्षण भी प्यार करनेवाली भद्र महिलाओं को श्रद्धापूर्ण नमस्कार!"

गाँव के लड़कों ने जित्तन बाबू के पागल होने का बहुत-सा प्रमाण एकत्रित किया है; सिलसिलेवार सुनने को मिलता है पठनागार में।

किन्तु इस पागल अथवा सनकी को छोड़ने से काम नहीं चलेगा। इस गाँव के सामने फैली विशाल परती की डेढ़ हजार बीघे जमीन का मालिक अकेला वही है। दुलारीदाय के बीच प्रसिद्ध कुण्डों का स्वामी, बरदियाघाट से लेकर मीरघाट तक

की धरती का जमींदार !

दस-पन्द्रह वर्षों के बाद गाँव लौटे हैं जित्तन बाबू।··· परानपुर के पानी में अब फिर मिठास लौट आयी है शायद। छः महीने हो रहे हैं, गाँव में जमकर बैठे हैं। टूटते हुए गाँव में यह साबुत किन्तु सनकी आदमी···।

परानपुर ही नहीं, सभी गाँव टूट रहे हैं। गाँव के परिवार टूट रहे हैं, व्यक्ति टूट रहा है–रोज-रोज, काँच के बर्तनों की तरह।··· नहीं !··· निर्माण भी हो रहा है।··· नया गाँव, नये परिवार और नये लोग !

गाँवों का नवनिर्माण हो रहा है। टूटे हुए खण्डहरों को साफ करके नींवें डाली जा रही हैं। शिलान्यास हो रहा है। खूब धूमधाम से नयी इमारतों की बँधाई-गँथाई चल रही है।··· नयी ईंट के साथ पुरानी किन्तु काम के योग्य ईंटों को मिलाकर दिवाल बना रहा है राजमिस्त्री। अपनी बसूली से वह पुरानी ईंटों को बजा-बजाकर कहता है–"इसी ईंट को असली सूरजमुखी ईंट कहते हैं।··· यह हमारे ठेकेदार साहब की ईंट नहीं कि मुट्ठी में मसलकर, आँख में झोंक दिया···।"

गाँव के बड़े-बूढ़ों का कहना है, कूप खोदते समय, नींव लेते समय मिस्त्री और मजदूरों की पीठ पर सवार रहना चाहिए। माटी के नीचे से न जाने कब क्या चीज निकल आये !

सतर्क दृष्टि से देखना होता है; चमकदार चीज को पैर के नीचे दबा रखते हैं ये। समय-समय पर इन गड्ढों में खुद उतरकर देखना बुद्धिमानी है। नयी इमारत की बुलन्द होनेवाली दीवारों की गँथाई देखिए–कच्ची ईंटों पर नजर रखिए !

जित्तू अधूरी कहानी के सपने देखता सोया पड़ा है। वह कैसे जगेगा ? वह नहीं जगेगा तो देवी मन्दिर का खाँड़ा कौन उठायेगा··· ? एक-एक आदमी पाप-मुक्त कब तक होगा ? उठ जित्तू ! तुर-तुत्तु-उ-तू-ऊ-तू-ऊ !

ग्राम परानपुर, थाना रानीगंज, परगना हवेली···।

जिले के अन्य परगनावाले हवेली परगनावालों पर व्यंग्य करते हैं। चुटकी लेते हुए कहते हैं–कहाँ घर है ? हवेली परगना ?··· हवेली परगना में लड़का भी पैदा होता है ?

परानपुर के नौजवानों ने हमेशा मुँहतोड़ उत्तर दिया है–"परगना हवेली में होने से क्या हुआ ? हम लोग परानपुर के प्रतिष्ठित समाज के वंशधर हैं।" नौजवानों की बात में सच्चाई है। परानपुर की प्रतिष्ठा सारे जिले में है। सबसे उन्नत गाँव समझा जाता है। इस इलाके में सबसे उन्नत गाँव है परानपुर। किन्तु, जिस तरह बाँस बढ़ते-बढ़ते अन्त में झुक जाता है, उसी तरह यह गाँव भी झुका है।··· अब इस सब-डिविजन-भर के लोग यहाँ के दस वर्ष के लड़के से भी बात करते समय

अपना पाकेट एक बार टटोलकर देख लेते हैं। फारबिसगंज बाजार की किसी दुकान में चले जाइए, ज्यों ही मालूम हुआ कि परानपुर का ग्राहक आया है, दुकानदार अपनी बिखरी हुई चीजों को समेटना शुरू कर देता है।··· हाकिम हुक्काम भी यहाँ के लोगों से बातें करते समय इस बात का खयाल रखते हैं कि सिर्फ एक गाँव में, एक ही वर्ष के अन्दर सरकार के तीन-तीन विभागों के अधिकारियों की आँखों में धूल झोंकी गयी।··· ट्रेन के चेकर जानते हैं, परानपुर के लोग टिकट लेकर गाड़ी में नहीं चलते। चार्ज करनेवाले चेकर को रोड़े और पत्थरों से भाड़ा चुकाते हैं ये।

गाँव की आबादी है करीब सात-आठ हजार। विभिन्न जातियों के तेरह टोले हैं। मुसलमान टोली छोटी है, पचास घर रह गये हैं अब। परानपुर की पुरानी प्रतिष्ठा की रक्षा आज भी ये सामूहिक रूप से करने की बात सोच सकते हैं। पहले पढ़े-लिखे लोगों की ही बात लीजिए! आठ ग्रेजुएट, दो एम. ए., एक शास्त्री (काशी विद्यापीठ), पचास मैट्रिक्युलेट, एक सौ मिडिल पास। डेढ़ दर्जन कवि, दो साहित्यालंकार और एक नाटककार। लड़कियाँ भी पढ़ी-लिखी हैं। जिले की एकमात्र साहित्यिक साप्ताहिक पत्रिका में एक कुमारी कवयित्री की रचनाएँ हमेशा सचित्र छपती हैं। ··· और रग्घू रामायनी को क्या कहियेगा? एक अक्षर का भी बोध जिसे नहीं, किन्तु बालकाण्ड से उत्तरकाण्ड तक क्षेपक सहित जिसके कण्ठ में है! गोस्वामी तुलसीदास जिसे स्वप्न में दर्शन देते हैं··· जो तुलसीकृत रामायण को गाँव की बोली में जोड़कर गाता है—सारंगी का गीत!

उस पुराने पोखरे के पास जो झण्डे का बाँस दिखलायी पड़ता है, वही है स्कूल—उच्चांगल विद्यालय। सन् 1929 में ही मिडिल वर्नाकुलर स्कूल की स्थापना हुई थी। उच्चांगल तो दस साल से हुआ है। हाईस्कूल के लिए पैसे जिस वृद्ध दाता ने दिये थे, उसके लड़कों ने अपने पिता के नाम पर स्कूल के नामकरण का विरोध किया था! 'चमरू चौधरी हाईस्कूल' नहीं, दि ब्राह्मण एच. ई. स्कूल'! 'दि' जोड़ा है भिम्मल मामा ने। गत पाँच वर्षों से इस स्कूल में कोई हेडमास्टर नहीं टिक पाते। जाति और पंचायत के झगड़े! गाँव की दलबन्दी के ऊपर चढ़े करेले की भुजिया स्कूल कमिटी की कड़ाही में भूँजी जाती है न! पिछले साल हेडमास्टर ने कई मास्टरों को अपनी पार्टी में कर लिया और दूसरे ही दिन असिस्टेण्ट हेडमास्टर साहब की मरम्मत कर दी। असिस्टेण्ट हेडमास्टर साहब को विरोधी दल के लोगों के अलावा स्वजाति के लोगों की मदद मिली। गाँव में 'मेजरौटी' शब्द का अर्थ सभी समझते हैं। जब मेजरौटी है तो क्या बात है! सारे स्कूल को घेरकर लाठी, ईंटों और पत्थरों से सभी को अच्छी शिक्षा दी थी।··· भिम्मल मामा ने इसलिए इस स्कूल के आगे 'दि' जोड़ दिया। एक कन्या विद्यालय है। उस केले के बड़े-बड़े पत्तों के बीच से जो नये मकान का हिस्सा दिखायी दे रहा है, वही है गर्ल-स्कूल। गाँव की ही अध्यापिकाएँ हैं। विद्यालय की लड़कियाँ कोरस में जन-गण-मन बहुत सुन्दर गाती हैं।

डिस्ट्रिक्ट बोर्ड ने प्रस्ताव पासकर परानपुर अस्पताल को बन्द कर दिया

है।··· भूमिहार डॉक्टर को राजपूतों ने मिलकर धमकी दी। कायस्थ डॉक्टर के खिलाफ दरखास्त दी गयी थी–पैसा लेकर भी दूसरी जातिवालों को बढ़िया दवा नहीं देता, और कायस्थों को मुफ्त में दवा और सूई देकर इलाज करता है।··· डिस्ट्रिक्ट बोर्ड ने अस्पताल को बन्द कर दिया, पाँच साल पहले।

पुस्तकालय भी है। 1930 में ही स्थापना हुई है। 1944 से सरकारी सहायता मिलती है। पाँच साल पहले रेडियो भी दिया गया, राज्य सरकार की ओर से। आजकल बन्द है।··· पुस्तकालय के कुछ सदस्यों का कथन है–छित्तनबाबू के बड़े भाई साहब ने ही पुस्तकालय के लिए अपने बँगले की एक कोठरी दी थी। चार महीना पहले की बात है, छित्तनबाबू ने स्पष्ट शब्दों में कह दिया–"यहाँ लायब्रेरी कहाँ है? खबरदार, यदि बँगले की सीढ़ी पर किसी ने पैर भी रखा तो फौजदारी हो जायेगी। ट्रेसपासिंग का मुकद्दमा कैसा होता है, किसी वकील से जाकर पूछो।"··· छित्तनबाबू अन्यायी हैं, सार्वजनिक पुस्तकालय को इस तरह हथिया लेना छोटी बात नहीं! निन्दा का प्रस्ताव पास···।

छित्तनबाबू सुनाते हैं–"पिछले दस वर्षों से पुस्तकालयवाले सरकार से घरभाड़ा के नाम पर चालीस रुपये महावार वसूलते हैं। पूछिए, कभी एक पैसा भी दिया है मुझे? चार-पाँच हजार रुपये की बात है, खेल नहीं।··· कहाँ गये रुपये, कुछ हिसाब तो होना चाहिए? सरकारी रेडियो बिकूबाबू की सुहागरात में बजने के लिए गया, उसी रात से उनके यहाँ खराब होकर पड़ा है। लेकिन, बैटरी का पैसा सरकार से बराबर वसूला गया है।"

बिकूबाबू और छित्तनबाबू के झगड़े में जातिवाद के पैंतरे। फिर से सेक्रेटरी-प्रेसीडेण्ट कलह-काण्ड।··· इसलिए, छित्तनबाबू का पंचवर्षीय पुत्र 'दीपशिखा' के पृष्ठों को काट-काटकर दीवार पर चिपकाता है, उसे कौन मना कर सकता है?

पिछले साल 'नवीन परानपुर ग्राम पुस्तकालय' खुला है। नाट्यशाला का पक्का स्टेज आज भी है। टीन की ऊँची छत आँधी में उड़ गयी है। स्थापना–1920 में। 1921 में राजबनैली चम्पानगर के दरबार में कलकत्ता की लड्डन कम्पनी को पानी-पानी कर दिया था परानपुर-नाटक-मण्डली ने। चार-पाँच साल पहले तक नाटक खेले गये हैं। अब तो···।

बहुत उन्नत गाँव है परानपुर। सात-आठ हजार की आबादी है। प्रत्येक राजनीतिक पार्टी की शाखा है यहाँ। धार्मिक संस्थाओं के कई धुरन्धर धर्मध्वजी इस गाँव में विराजते हैं।··· पण्डित नेहरू तीन बार पर्दापण कर चुके हैं इस गाँव में। लाहौर कांग्रेस के बाद पहली बार, दूसरी बार 1936 में चुनाव के दौरे पर और पिछले साल कोसी प्रोजेक्ट देखने आये थे जब।···

पिछले आम चुनावों में सॉलिड वोट कांग्रेस को नहीं मिला, इसलिए इस बार सॉलिड वोट प्राप्त करने के लिए हर पार्टी की शाखा प्रत्येक मास अपनी बैठक में महत्त्वपूर्ण प्रस्ताव पास करती है।

पिछले आठ-दस वर्षों से जातिवाद ने काफी जोर पकड़ा है। राजनीतिक पार्टियाँ

भी जातिवाद की सहायता से संगठन करना जायज समझती हैं। राजनीति के दंगल में सबकुछ माफ है।

गाँव में अंग्रेजी शब्दों के शुद्ध और अपभ्रंश रूप का धड़ल्ले से व्यवहार होता है—नामनेशन, मेजरौटी, पौलटीस, पौलीसी।

और सारे गाँव के मामा—भिम्मल मामा—पढ़े-लिखे पागल समझे जाते हैं। उनके गढ़े हुए शब्दों का प्रचलन हो रहा है धीरे-धीरे—दिमाकृषि, प्रद्युस, ट्रा—अर्थात् डेमॉक्रेसी, प्रोड्यूस, टेलीग्राम !

परानपुर गाँव के पच्छिमी छोर पर परानपुर इस्टेट की हवेली है।

पोखरे के दक्खिनवाले महार पर नारियल, सुपारी, साबूदाना तथा यूक्लिप्टस के पेड़ों में बया के सैकड़ों घोंसले लटक रहे हैं। महार से दस रस्सी दूर हैं कलमी आमों के बाग। पोखरे के पच्छिमी महार पर कचहरी-घर है; पच्छिम-दक्षिण कोण पर इस्टेट की हवेली की पुरानी इमारत का एक अंश आज भी टिका हुआ है। ढहती हुई हवेली की एक-एक ईंट पर नागरी अक्षर प. पु. ह. का मार्का है। प. पु. ह. अर्थात् परानपुर हवेली। परानपुर इस्टेट के मालिक की ड्योढ़ी—परानपुर हवेली। परानपुर इस्टेट।

करीब सत्तर-अस्सी साल पहले हवेली की नींव डालने के दिन इस्टेट के मालिक स्वर्गीय श्री शिवेन्द्रनाथ मिश्रजी ने काली-बाड़ी में प्रार्थना की थी—"पतनीदार से जमींदार, जमींदार से राजा, राजा से महाराजा का खिताब हासिल करा दो··· माँ तारा !"

पतनीदार शिवेन्द्र मिश्र ने मरने के दिन भी मान-भरे स्वर में कहा था—"माँ ! मेरी मनोकामना तुमने पूरी नहीं की। पतनीदार का पतनीदार ही रह गया सारा जीवन !"

शिवेन्द्र मिश्र की एकान्त मनोकामना भले ही पूरी न हुई हो, किन्तु परानपुर इस्टेट का नाम जिले के कोने-कोने में फैला हुआ है—आज भी। इलाके के मुकदमेबाज़ आज भी दीवानी तथा फौजदारी मुकदमों की राय सुनने के दिन शिवेन्द्र मिश्र के नाम का जाप करते हैं—पचास बार। अपनी मनोकामना पूरी करने के लिए शिवेन्द्र मिश्र ने जो-जो करतब किये, वे कथा-उपकथा, परिकथा तथा किंवदन्तियों के रूप में आज भी सुने जाते हैं—घाट बरदिया का व्यवहार, करो बेगारी उतरो पार !

गाँव के उत्तर-पच्छिम कोण में, पाव कोस दूर जो अकेला ताड़ का पेड़ खड़ा है, वही है बरदिया घाट। वहीं, दुलारीदाय आँचल में दीप लेकर प्रकट हुई थी। इस घाट को पार करनेवालों को घटवारी नहीं लगती। लेकिन बेगारी ? पन्द्रह साल पहले तक चाहे लाट साहब की गाड़ी हो या राजा साहब की सवारी, घाट के दोनों ओर बरसात के पहले सड़क पर एक कुदाली मिट्टी जरूर डालनी पड़ती थी। आजकल, दोनों ओर की सड़कों में कमर-भर गड्ढे हो गये हैं।

बेगारी बन्द हो गयी है, किन्तु घाट पार करते समय अब भी दूर के

गाड़ीवान–हिन्दू हों या मुसलमान–हवेली की ओर माथा झुकाकर नमस्कार करते हैं।

हवेली के पिछवाड़े में पाँच रस्सी दूर मिट्टी का ऊँचा बुर्ज है, चालीस फीट ऊँचा।··· मिसर बुरुज !

बुर्ज पर मन्दिरनुमा एक छोटा-सा घर है–जो सदा से राही-बटोहियों को रहस्य-रोमांचपूर्ण परिकथाओं का सदावर्त बाँटता आया है।

और इस अकेले ताड़वृक्ष पर ब्रह्मपिशाच रहता है। विशाल परती पर डेढ़-डेढ़ सौ एकड़ की पाँच परिधियों पर इस ब्रह्मपिशाच का राज्य था। प्रत्येक वर्ष शरद की चाँदनी में वह इन पाँचों चक्रों में अपना रुपया पसारकर सूखने देता था। असली चाँदी के रुपये, सोने की मुहरें !··· मानो, आषाढ़ की पहली वर्षा में दुलारीदाय की सारी पोठी मछलियाँ परती के बलुवाही पानी के लोभ में धरती पर छटपटा रही हों ! चाँदनी में चमकते हुए चाँदी के रुपये।··· छटपटाती हुई पोठी मछलियाँ! चितपट-चितपट-छटपट !···

··· ब्रह्मपिशाच तथा उसके रुपयों को बहुतों ने अपनी आँख से देखा, पर किसी की हिम्मत नहीं हुई कि कभी उसे टोके भी। किसकी माँ ने ऐसा अगिया बैताल पैदा किया है जो ब्रह्मपिशाच को देखकर भी होश दुरुस्त रख सके ?

किन्तु, होश दुरुस्त रखा था शिवेन्द्र मिश्र ने। एक चाँदनी रात के दूसरे पहर में एक बार ब्रह्मपिशाच से उनकी मुठभेड़ हो गयी। एक ओर ब्रह्मपिशाच तो दूसरी ओर देवी के दो-दो पीठ का सिद्ध तान्त्रिक और उसका नीलवरन घोड़ा। शालिहोत्र में कहा है–नीलवरन घोड़ा···। खड़क-खड़क-खड़-ड़-ड़ !

ताड़ के सूखे पत्ते हवा में खड़खड़ा उठते हैं !

··· ब्रह्मपिशाच को अन्त में परास्त कर कैद किया मिश्र ने। सारे रुपये और सारी जमीन। डेढ़-डेढ़ सौ एकड़ के पाँच चक्र। आसामी बामाल ! लेकिन पिशाच का धन जाता भी है पैशाचिक ढंग से ही। बाढ़ के पानी की तरह न आते देर और न जाते देर !

इस चाँदनी रात में भी मिसर-बुर्ज पर पेट्रोमेक्स जल रहा है।··· बुर्ज की सीढ़ियों की मरम्मत हुई है। मन्दिरनुमा घर को तोड़कर नये तर्ज की एक मीनार बनायी गयी है। जितेन्द्र बाबू जब से गाँव आये हैं, तीसों दिन उस पर पेट्रोमेक्स जलता है।··· कुलदीपक प्रमाणित करने के लिए ही, शायद !

कुलदीपक जितेन्द्रनाथ मिश्रजी दस-पन्द्रह वर्षों के बाद गाँव लौटे हैं।

मुंशी जलधारीलाल दास तहसीलदार और रामपखारन सिंह सिपाही। परानपुर इस्टेट के इन दो कर्मचारियों ने मिलकर, कलम की नोक और लाठी के जोर से, जमींदारी की रक्षा की। जमींदारी-उन्मूलन की चपेट से इस्टेट को बचाने का सारा श्रेय मुंशी जलधारीलाल दास को है। साबित कर दिया–परानपुर पट्टी पतनी है, जमीन खुदकाश्त है, बकाश्त है, रैयती हक है–आदि-आदि !

इस लैण्ड सर्वे सेटलमेण्ट की आँधी में गाँव आये हैं जित्तन बाबू। मुंशी जलधारी के चक्षुकर्ण से देखते-सुनते हैं, और रामपखारन की विद्याबुद्धि से समझते-बूझते हैं।

किसी की कोई बात नहीं सुनते। किसी से मुँह खोलकर बात नहीं करते।

नया ट्रेक्टर खरीद हुआ है। बँटाई करनेवाले किसानों को जमीन से बेदखल किये बिना फार्म बनाना असम्भव है।

दुलारीदाय-जमा की जमीनों में पाट और भदई धान की खेती करने के लिए रोज निकलते हैं जित्तन बाबू। ट्रैक्टर पर सवार, आँखों पर धूपछाँही चश्मा तथा सिर पर ताड़ की पत्तियों का बड़ा कनटोप !

बेदखल किये गये किसान दल बाँधकर रोज नारा लगाते हैं, गलियाते हैं—जालिम, मक्कार, गिरगिट, शराबी, जुआड़ी, इत्यादि !

लैण्ड सर्वे सेटलमेण्ट !

जमीन की फिर से पैमाइश हो रही है, साठ-सत्तर साल बाद। भूमि पर अधिकार ! बँटैयादारों, आधीदारों का जमीन पर सर्वाधिकार हो सकता है, यदि वह साबित कर दे कि जमीन उसी ने जोती-बोयी है।

चार आदमी—खेत के चारों ओर के गवाह, जिसे अरिया गवाह कहते हैं—गवाही दे दें, बस हो गया। कागजी सबूत ही असल सबूत नहीं !

बिहार टेनेन्सी एक्ट की दफा 40 के मुताबिक लगातार तीन साल तक जमीन आबाद करनेवालों को मौरूसी हक हासिल हो जाता था, किन्तु कचहरी की करामात और कानूनी दाँव-पेंच से अनभिज्ञ किसानों की इसमें कोई भलाई नहीं हुई। जमींदारी की प्रथा को खत्म करने के बाद राज्य सरकार ने अनुभव किया—पूर्णिया जिले में एक क्रान्तिकारी कदम उठाने की आवश्यकता है।··· हिन्दुस्तान में, सम्भवतः सबसे पहले पूर्णिया जिले पर ही लैण्ड सर्वे ऑपरेशन का प्रयोग किया गया। जिले के जमींदारों और राजाओं की जमींदारियों का विनाश अवश्य हुआ। किन्तु, हिन्दुस्तान के सबसे बड़े किसान यहीं निवास करते हैं।··· गुरुबंशी बाबू जमींदार नहीं, किसान हैं। दस हजार बीघे जमीन है, दो-दो हवाई जहाज रखते हैं। दूसरे हैं भोला बाबू। पन्द्रह हजार बीघे जमीन है, डेढ़ दर्जन ट्रैक्टर रखते हैं। पर यह बात भी सच्ची है कि वे जमींदार नहीं। किसान सभा की सदस्यता से किस आधार पर वंचित करेंगे उन्हें ? यहाँ पाँच सौ बीघेवाले किसान तृतीय श्रेणी के किसान समझे जाते हैं और हर गाँव पर इन्हीं किसानों का राज है। भूमिहीनों की विशाल जमात ! जगती हुई चेतना !··· जमींदारी-उन्मूलन के बाद भी हर साल फसल कटने के समय एक-डेढ़ सौ लड़ाई-दंगे और चालीस-पचास कत्ल होते रहे तो फिर से जमीन की बन्दोबस्ती की व्यवस्था की गयी।··· सारे जिले में गत तीन वर्षों से विशाल आँधी चल रही है।

बौण्डोरी ! बौण्डोरी !···

सर्वे का काम शुरू हो गया है। अमीनों की फौज उतरी है !··· बौण्डोरी, बौण्डोरी !

बौण्डोरी अर्थात् बाउण्ड्री। सर्वे की पहली मंजिल। अमीनों के साथ ही गाँव में नये शब्द आये हैं–सर्वे से सम्बन्धित ! बच्चा-बच्चा बोलता है, मतलब समझता है।

सर्वे की पहली मंजिल–बाउण्ड्री। फिर, मुरब्बा, किश्तवार, तब खानापूरी, तनाजा, तसदीक, और दफा तीन, छः, नौ !

जरीब की कड़ी, तख्ती, राइटेंगल, गुनियाँ, कम्पास आदि लेकर अमीन लोग अपने टण्डैलों के साथ धरती के चप्पे-चप्पे पर घूम रहे हैं। जरीब की कड़ी खनखनाती हुई सरक रही है–खन, खन, खन ! सर्वे के अमीन साहब का कहना है–"यदि किसी प्लॉट पर कौआ भी आकर कह दे कि जमीन मैंने जोती-बोयी है, तो उसका नाम लिखने को हम मजबूर हैं।··· यही कानून है। यह मत समझो कि बौण्डोरी बाँध रहा हूँ।"

जिले-भर के किसानों और भूमिहीनों में महाभारत मचा हुआ है। सिर्फ भूमिहीन नहीं, डेढ़ सौ बीघे के मालिकों ने भी दूसरे बड़े किसानों की जमीन पर दावे किये हैं !··· हजार बीघेवाला भी एक इंच जमीन छोड़ने को राजी नहीं।

दुखरन साह के कुल में कोई रोनेवाला नहीं। अस्सी वर्ष की उम्र है। छोटी दुकान है और पचास बीघे जमीन। उसने सोचा–भूदान में दो बीघे जमीन दान देने से अड़तालीस बीघे तो बच जायेंगे। जब हर चप्पे पर तनाजा पड़ने लगा तो पागल हो गया, दुखरन साह बेचारा बूढ़ा, सीधे विनोबाजी के पास रवाना हुआ–क्या बाबा ! तुरत दान देकर तो मेरा महाकल्यान हो गया ! लौटा दीजिए मेरी जमीन–मेरा दान-पत्तर !···ले लो अपनी कण्ठीमाला !

छै महीने में ही गाँव का बच्चा-बच्चा पक्की गवाही देना सीख गया !

छै महीने में ही गाँव एकदम बदल गया है। बाप-बेटे में, भाई-भाई में अपने हक को लेकर ऐसी लड़ाई कभी नहीं हुई। अजीब-अजीब घटनाएँ घटने लगीं।

सरबन बाबू की ही बात लीजिए···। सरबन बाबू इलाके के नामी-गरामी आदमी हैं। गाँव में अब भी काफी प्रतिष्ठा है। जवार-भर की पंचायतों में जाते हैं। हाल ही में काशीजी से शिवलिंग मँगवाकर स्थापना करवायी है। उनके छोटे भाई लालचन बाबू को किसी ने बताया कि सभी पर्चों पर सरबन बाबू अपने लड़कों के नाम या स्त्री का नाम चढ़वा रहे हैं। लालचन बाबू का नाम कहीं भी नहीं–एक प्लॉट पर भी नहीं। जिन पर्चों पर सरबन बाबू का नाम चढ़ा है, लालचन बाबू का नामोनिशान नहीं। सरबन बाबू के नाम के साथ वगैरा भी नहीं है, जो लालचन बाबू कभी दावा भी कर सकें।

लालचन बाबू पढ़े-लिखे नहीं हैं तो क्या हुआ ? इतनी-सी बात उनको समझ में नहीं आयेगी ? उनके वकील साहब ने फीस लेकर सलाह दी है, मुफ्त में नहीं। आपको आगे बढ़ने–याने कानून-कचहरी करने–की कोई जरूरत नहीं; बड़े भाई को ही पहले आगे बढ़ाइए !

लालचन बाबू ने दूसरे ही दिन मार लाठी से सिर फोड़कर, सरबन बाबू को

यानी अपने बड़े भाई साहब को आगे बढ़ा दिया है।

धन्य हैं सरबन बाबू ! भरी कचहरी में हल्फ लेकर कह दिया–"लालचन मेरा कोई नहीं।... इसके बाप का ठिकाना नहीं। मेरे बाबूजी के मरने के तीन बरस बाद... ।"

टेर्रिबल !– हाकिम ने अचरज से मुँह फाड़ते हुए कहा था–टेर्रिबल ! बड़े-बड़े इज्जतदारों की हवेली में बन्द, घूँघटों में छिपी बेवा औरतें पर्दे को चीरकर आगे बढ़ आयी हैं; अपने नाबालिग वंशधरों की उँगलियाँ पकड़े खड़ी हैं–"हुजूर ! देखा जाये।... जरा इन्साफ किया जाये हुजूर ! इसका बाप कमाते-कमाते मर गया। कोल्हू के बैल की तरह सारी जिन्दगी खटते-खटते बीती। और खाते में कहीं भी उसके लड़के का नाम नहीं ? नाम दरजकर लिया जाये हुजूर !"

कॉलेजों में पढ़नेवाले विद्यार्थी परीक्षा की तैयारी छोड़कर दौड़े आये हैं।...छोटे को प्राणों से भी बढ़कर प्यार करते हैं बाबूजी। छोटे के नाम से सारी उपजाऊ जमीनें लिखवा दे सकते हैं !... कोई भरोसा नहीं किसी का। खटा-खट, खटा-खट-खट-खट ! –गाँव की अली-गली, अगवार-पिछवाड़ की ओर निकलनेवाली पगडण्डियाँ बन्द की जा रही हैं। डर है नक्शा बन जाने का। खेत के बीचोबीच पगडण्डी यदि दर्ज हो गयी नक्शे में, तो हो चुकी खेती !

तीन साल से चल रही है आँधी।

उधर, दीवानी कचहरियों में–बेदखली, फसल-जब्ती, टाइटल-सूट का बाजार गर्म है। ठलुवे वकीलों को भी दस रुपये रोज की आमदनी होने लगी है।

अमीन साहब कहते हैं–"असल चीज है बाउण्ड्री। अभी जिसका नाम दर्ज हो गया, समझो, पत्थर पर रेखा पड़ गयी।" इसीलिए जमीन के मालिक, बँटैयादार, सभी उन्हें हमेशा घेरे रहते हैं। न जाने कब कोई आये और तनाजा दे दे जमीन पर। तनाजा सर्वे का सबसे ज्यादा धारवाला शब्द है। तनाजे का फैसला कानूनगो साहब करते हैं। इनको अमीन से ज्यादा पावर है। सभी अमीन और सुपरवाइजर इनके अण्डर में रहते हैं।... दिन-रात कचहरी लगी रहती है कानूनगो साहब की। कानूनगो के चपरासीजी को इलाके के बड़े-बड़े जमीनवाले हाथ उठाकर जयहिन्द करते हैं–"जयहिन्द चपरासीजी !... कहिए, कानूनगो साहब को चावल पसन्द आया ? असली बासमती चावल है, अपने खर्च के चावल से निकालकर भेजा था।... जी, जी, जी, हाँ !... घी आज आ जायेगा।"

कचहरी लगी रहती है देश-सेवकों की, समाज-सेवकों की। कांग्रेसी, समाजवादी, कम्युनिस्ट, सभी पार्टीवालों ने अपने बाहरी वर्कर मँगाये हैं। गाँव के वर्करों की बात उनके अपने ही परिवार के अन्य सदस्य नहीं मानते। बहुत-से वर्करों का ट्रायल हुआ है, होनेवाला है। सेवकों की सेवाओं की परख हो रही है। सभी पार्टी के कार्यकर्त्ता सतर्क हैं, सचेष्ट हैं, बँटाईदारी करनेवालों के नाम पर्चा दिलवाने का व्यापार बड़ा टेढ़ा है।

किन्तु लुत्तो की बात निराली है ! शासक-पार्टी का कार्यकर्त्ता है–थाना कमिटी

के सभापति के प्रियजनों में से एक।··· थाना कमिटी के सभापतिजी जाहिल हैं। उनका विश्वास है कि पढ़े-लिखे लोग काम कम, बात ज्यादा करते हैं। इसलिए थाने-भर की ग्राम कमिटियाँ एक-से-एक जाहिलों के जिम्मे लगायी गयी हैं। फिर, लुत्तो ने अपने एक-एक लीडर को खुश किया। वर्कर के ही बल पर लीडर, लीडर के बल पर मिनिस्टर !··· बड़े लोगों की सेवा कभी निष्फल नहीं जाती।···सर्वे के समय लुत्तो की कीमत और बढ़ गयी है। सभी धीरे-धीरे जान गये हैं, सोशलिस्ट और कम्युनिस्ट पार्टीवाले जिनकी मदद करेंगे, उन्हें जमीन हर्गिज नहीं मिल सकती, ब्रह्मा-विष्णु-महेश उठकर आयें, तब भी नहीं।··· इसमें बहुत बड़ा रहस्य है, जिसे सिर्फ लुत्तो ही जानता है।

ब्राह्मण-छतरी उसकी चरण-पूजाकर जाते हैं। बी. ए., एम. ए. को तो लुत्तो बाबू गाय-बैल समझता है—गोशाला का।

··· खेत-खलिहान, घाट-बाट, बाग-बगीचे, पोखर-महार पर खनखनाती हुई जरीब की कड़ी घसीटी जा रही है—खन-खन-खन !

नया नक्शा बन रहा है।

नया खाता, नया पर्चा और जमीन के नये मालिक।

तनाजा के बाद तसदीक। तसदीक करने के लिए कानूनगो से ज्यादा पावरवाले नये हाकिम साहब आये हैं। ए.एस.ओ. साहब—असिस्टेण्ट सर्वे ऑफिसर। हर नया हाकिम नया एलान करता है—बाउण्ड्री-तनाजा हम कुछ नहीं जानते। हम फिर शुरू से जाँच करेंगे।··· यही सरकुलर आया है।

आठ वर्षों से जातिवाद के दीमकों का मुख्य आहार रहा है मनुष्य का हृदय। सर्वे की आँधी में छलनी-जैसा आदमी का दिल—पीपल के सूखे पत्ते की तरह उड़ रहा है।

पिछले डेढ़ साल से गाँव में न कोई पर्व ही धूमधाम से मनाया गया है और न किसी त्योहार में बाजे ही बजे हैं। इस दरम्यान, संसार में आनेवाले नये मेहमानों के स्वागत में—सोहर का गीत, सो भी कहीं नहीं गाया गया। लड़के-लड़कियों के ब्याह रुके हुए हैं।··· गीत के नाम पर किसी के पास एक शब्द भी नहीं रह गया है मानो। मधुमक्खी के सूखे मधुचक्र-सी बन गयी है यह दुनिया !

सर्वे सेटलमेण्ट के हाकिम साहब परीशान हैं। परानपुर इस्टेट की कोई भी जमा ऐसी नहीं जो बेदाग हो। सभी जमा को लेकर एकाधिक खूनी मुकदमे हुए हैं; आदमी मरे हैं, मारे गये हैं।··· ऐसे मामलों में बगैर जिला सर्वे ऑफिसर से सलाह लिये वे अपनी कोई राय नहीं दे सकते।

सर्वे की कचहरी छित्तनबाबू के गुहाल में लगी है। हाकिम इजलास पर बैठ गये।··· पुरानपुर इस्टेट के कारपरदाज मुंशी जलधारीलाल दास की सूरत से ही नफरत है ए.एस.ओ. साहब को।

"कहाँ-आँ-आँ जितेन्द्रनाथ मिसरा आ-आ-आ ! जितेन्द्रनाथ मिसरा हा-आ-आ-जिर हो ! कहाँ मीर समसुद्दीन···" सेटलमेण्ट ऑफिसर के चपरासी ने हाँक लगायी। दो हाँक लगाने के बाद, विरक्त होकर बड़बड़ाने लगा–"इस्टेट के कारकुन के कान के पास लौडपीसकर कौन लगाने जाये !"

मुंशी जलधारीलाल दास कान से कम सुनते हैं। कितना कम सुनते हैं, यह कहना कठिन है। अपने काम की बात सुनते हैं जल्दी, बेकाम की बातों के समय निपट बधिर बने मुस्कराते रहते हैं।

हाकिम को मुंशी जलधारी की यह मुस्कराहट जरा भी नहीं सुहाती। आज दुलारीदाय-जमा की नत्थी खुलेगी। दासजी कागजात की झोली लेकर कचहरी-घर में दाखिल हुए।

हाकिम ने देखते ही चिढ़कर कहा–"जितेन्द्रनाथ आज भी कचहरी नहीं आये ? मालूम है सब मिलाकर डेढ़ सौ रुपये जुर्माना हो चुका है।··· पहले जुर्माना दाखिल कीजिए।"

मुंशी जलधारीलाल दास झोली से डेढ़ सौं रुपये निकालकर पेशकार साहब के सामने गिनते हैं। तीस नत्थी का, पाँच रुपये के दर से–डेढ़ सौ रुपये !

हाकिम को भी जिद सवार है, देखें कितना जुर्माना भरते हैं जितेन्द्रनाथ बहादुर !

मुंशी जलधारीलाल को भरी कचहरी में मदारी के बन्दर-जैसा नाचने में आनन्द आता है हाकिम को, कभी-कभी। मुंशी की चमड़ी निश्चय ही गैंड़े की चमड़ी-जैसी है। उनकी खिचड़ी मूँछों के अन्दर की मुस्कराहट को कभी मन्द नहीं कर सके हाकिम साहब !

"इस लकड़ी के डिब्बे में क्या ले आये हैं दासजी ? बुलबुलतरंग है क्या ?" हाकिम ने हँसते हुए पूछा।

"हा-हा-हा-हा-हा"–कचहरी के लोग ठठाकर हँस पड़े–"बुलबुलतरंग !"

"दस्तावेज है हुजूर। दुलारीदाय-जमा का सेलडीड–दानपत्तर।"

"दानपत्र ? डिब्बे में ?" हाकिम साहब पुनः मुस्कराकर कोई बात ढूँढ़ रहे हैं। डिब्बे को हाथ में लेते ही बोले–"यह तो पूरा अलादीन का चिराग मालूम होता है।"

"हा-हा-हा-हा-हा–अलादीन का चिराग–अलबत्त दिलद्दार यार हैं हाकिम साहेब··· !"

"चिराग गोल होता है, इसकी लम्बाई बारह इंच है हुजूर !" दासजी की दबी हुई बोली मूँछों की झुरमुट से निकली।

हाकिम जरा अप्रतिभ हो गये।··· चन्दनकाष्ठ का कास्केट। हाकिम ने कास्केट को नाक से सूँघते हुए पूछा–"दानपत्तर में इत्र लगाकर रखा गया है क्या ?"

"दानपत्तर–इत्तर–हा-हा-हा-हा !"

"नहीं हुजूर ! असली मलयागिरि चन्दनकाठ है।" दासजी अपनी मुस्कराहट को धीरे-धीरे खोलना जानते हैं।

कास्केट की कारीगरी पर हाकिम की आँखें हठात् स्थिर हो जाती हैं।··· पेड़, पहाड़, झरना और काठ का मन्दिर। चित्रकला से थोड़ी-सी दिलचस्पी रखनेवाला पहचान सकता है, यह नेपाली कारीगरी है।

"पशुपतिनाथ मेला, नेपाल में खरीद हुआ था हुजूर !"

"अच्छा ?" हाकिम साहब कास्केट के कील-कब्जे को ध्यान से देखते हैं।

"असली सोना है।" कास्केट के अन्दर से गोल लपेटा हुआ दानपत्र निकालकर, जरीदार रेशमी डोरी और डोरी के झब्बों को कुछ देर तक देखते हैं। दानपत्र के प्रारम्भिक अंश में जापानी पद्धति से—कदलीवृक्ष, मंगलघट, जौ की बालियाँ अंकित हैं। सधे हुए हाथ के मोती-जैसे अंग्रेजी अक्षर !

हाकिम साहब ने पिछले साल आई. ए. एस. परीक्षा की तैयारी के समय ही नन्दलाल बसु का नाम सुना था—पहली बार। आजकल प्रश्नों में, साधारण ज्ञान की बातों में यह सब भी पूछा जाता है—चित्रकार, गवैया, बजवैया, नचवैया ! आदमी कितने नाम याद रखे !

"क्या लिखा है ? लाइखाट··· ?"

"लिखितम् है हुजूर। रोमन में लिखा हुआ है—लिखितम्।"

हाकिम ने मुंशी जलधारीलाल की ओर गौर से देखा—कौन कहता है यह आदमी बहरा है ?

"यह मिसेस रोज़उड कौन थी ?"

कौन थी यह मेम, हाकिम साहब के सिर के छोटे-छोटे बाल अचरज से खड़े हो गये, मानो ! सुपुष्ट अंग्रेजी लिपि में संस्कृत वाक्य—देवपुत्रतुल्य मम प्राणाधिक चिरंजीवी जितेन्द्रनाथ—लिखनेवाली अंग्रेज महिला कौन थी ?

दुलारीदायवाली जमा में मुसलमान टोली के मीर समसुद्दीन ने तनाजा दिया है। ढाई सौ एकड़ प्रसिद्ध उपजाऊ जमीन की एक चकबन्दी और पाँच कुण्डों में तीन पर पन्द्रह साल से आधीदारी करने का दावा किया है उसने।

समसुद्दीन मीर मुसलमान टोली का मुखिया है। स्वराज होने से पाँच दिन पहले तक अपने चेले-चाँटियों के साथ ढोलक पर कव्वाली गाता था—'कांगरेसी मुस्लमाँ मक्कार हैं, गद्दार हैं, काफिरों के चन्द टुकड़ों पर पले··· ।' लेकिन, स्वराज्य होते ही—रातोंरात सिर्फ परानपुर गाँव की मुसलमान टोली में ही नहीं, आसपास के गाँवों के मुसलमानों में भी एक ऐसी कानाफूसी का प्रचार उसने किया कि एक तिहाई मुसलमानों ने पाकिस्तान भाग जाने में ही अपना कल्याण समझा। समसुद्दीन कहता है—"जो रह गये हैं, सब मीर समसुद्दीन के साथ नमाज पढ़ते हैं। जो मीर समसुद्दीन कहेगा, वही बाकी मुसलमान भी दुहरायेंगे।"

समसुद्दीन कुछ दिनों तक स्थानीय राजनीतिक दलों के बाजार का बिना बिका हुआ कीमती सौदा बनकर दल के नेताओं को सुनाता रहा—जिस तरह हिन्दुओं में ब्राह्मण, उसी तरह मुसलमानों में मीर-पीर-फकीर ! मैं तीन हजार साढ़े आठ सौ

मुसलमानों का मीर हूँ। जो कहूँगा, तीन हजार साढ़े आठ सौ मुँह से। जो करूँगा–तीन-दूना··· ।

थाना कांग्रेस के सभापतिजी यों ही लुत्तो को इतना नहीं मानते !··· लुत्तो में एक बड़ा गुण है, उसको बात बहुत जल्दी सूझती है। किसी भी समस्या की सदरी चाबी नहीं मिल रही हो तो लुत्तो से कहिए, तुरत एक चोरचाबी तैयार कर देगा। जब समसुद्दीन मीर ने अपनी कीमत एम. एल. ए., एम. पी. के रूप में बतायी तो सभी पार्टीवालों ने आपस में सोच-विचार करने के लिए बैठक बुलायी।··· सभी पार्टीवाले तैयार हुए। लेकिन थाना कांग्रेस के सभापति साहब के जिला सभापति साहब तैयार नहीं हो रहे थे।··· डिस्ट्रिक्ट बोर्ड-वोर्ड की मेम्बरी समसुद्दीन क्यों लेगा, जब दूसरी पार्टीवाले उसे तकदीर लड़ जाने पर मिनिस्टर तक बनाने को तैयार हैं। लुत्तो ने कहा–"सभापतिजी ! आप लोग तो बेकार परेशान हो रहे हैं। खुशामद करने की क्या जरूरत ? मैं जानता हूँ साफ बात ! वह पाकिस्तानी एजेण्ट है। कितना सबूत लीजिएगा आप ? हम देंगे, चलिए··· । अभी भी उसके घर में रजाकार-मार्का टोपी है।"

दोनों सभापति एक ही साथ मुस्करा उठे–"जाहिल ही है लुत्तो, लेकिन है असल राजनीतिक लंगीबाज !"

राजनीतिक लंगी लग गयी मीर समसुद्दीन को और तीसरे ही दिन मीर समसुद्दीन कांग्रेसी हो गया। थाना कमिटी का मेम्बर है वह। एम. एल. ए. या एम. एल. सी. नहीं बनायें कोई बात नहीं, सर्वे में पैरवी करके जमीन दिलवा देना कांग्रेस का कर्तव्य है। इसलिए, समसुद्दीन की ओर से पैरवी कर रहा है खुद लुत्तो !

दस्तावेज से प्रभावित होकर हाकिम टिफिन के लिए उठ गये हैं। इतनी देर में लुत्तो ने अपनी बुद्धि लड़ाकर बहुत-सी कटहा बातें तैयार कर ली हैं। हाकिम के आते ही लुत्तो ने कहा–"हुजूर ! भारी जालिया खानदान है मिसर खानदान ! कौन नहीं जानता, एक जमाने में ऐसे-ऐसे दस्तावेज मिसर के घर में रोज बनते थे। हुजूर, इस खानदान का तो गाना भी छापी होकर बिक चुका है, एक जमाने में !"

हाकिम मुस्कराने लगे। तब लुत्तो का कलेजा डेढ़ हाथ का हो गया। कचहरी-घर में जमी भीड़ की ओर देखकर कहा लुत्तो ने–"भाई, कोई बूढ़ा-पुराना नहीं है ? याद है किसी को वह गीत ?"

भीड़ में एक हल्की मुस्कराहट फैली–बालिस्टर का भी कान काट लीहिस लुत्तो ! क्यों ?" एक बूढ़ा गाने को तैयार है, बशर्ते कि···

हाकिम ने कहा–"गीत-भजन छोड़िए। कागजी सबूत दिखलाइए।"

इस बात पर लुत्तो अड़ गया··· । हाकिम को मालूम होना चाहिए कि लुत्तो भी कोई पोजीशन रखता है कांग्रेस में···जितेन्द्र बाबू के एक कागज के बक्से को एक घण्टे तक निहारा है हाकिम ने ! लुत्तो जनता का लीडर है। लुत्तो की ओर से पेश होनेवाले गीत की एक कड़ी सुननी ही होगी हाकिम को। क्योंकि इसी गीत से साबित होगा

कि मिसर खानदान कितना भारी जालिया खानदान है। जब जालिया खानदान एक बार साबित हो चुका है तो फिर सब कागज जाली !... शुरू करो जी भूलोटन मड़र !

"अरे, लोटवा जे जाल करि मोहर भँजउलऽ हो सिवेन्दर मिसिर... ।"

हाकिम ने अपनी मुस्कराहट को समेटने की चेष्टा की। क्या किया जाये ? जिला-सर्वे-ऑफिसर ने चेतावनी दी है, वे चुपचाप गीत सुन रहे हैं।

लोटवा जे जाल करि मोहर भँजउलऽ हो सिवेन्दर मिसिर।
पड़लऽ मेमनियाँ के फेर हो सिवेन्दर मिसिर।
गीरकी मेमनियाँ जे बड़ी रे जोगनियाँ हो सिवेन्दर मिसिर।
हँसी-हँसी लेलक सब टेर हो सिवेन्दर मिसिर !

वाह ! लुत्तो ने तो हसन इमाम बालिस्टर को भी मात कर दिया। हसन इमाम ने कचहरी में गीत पेश करवाया था कभी ? नहीं, तब ? लुत्तो ने गीत पेश किया है, साक्षी-पक्ष की ओर से !

"वाह ! वाह ! खवास के खानदान में अलबत्त निकला लुत्तो बालिस्टर !" रामपखारन सिंघ के गले की आवाज खनखनायी–"वाह ! वह !" लोगों ने उलटकर रामपखारन सिंघ की ओर इस तरह देखना शुरू किया मानो गंगास्नान करके पवित्र हुए पुण्यार्थियों के बीच कोई कसाई घुस आया हो।

"देख रहे हैं न हुजूर, किस तरह हुजूर के सामने भी आँख लाल करके कूट बोली बोलता है ?"

हाकिम ने कहा–"वह तो आपकी तारीफ कर रहा है।"

"खवास का बेटा जो कहा !"

"लेकिन आपके बाप के नाम के साथ खवास सिरनामा लिखा हुआ है, लरेना खवास।"

"एं ! खवास लिखा हुआ है ?" सब बालिस्टरी सटक गयी लुत्तो की ! आज तक उसने इस ओर ध्यान नहीं दिया था।

"हुजूर ! सब कारसाजी पहले के जमींदारी अमला लोगों की है। जो मन में आया लिख दिया। मेरे बाप का नाम नारायणराय है।"

"आखिर खवास से आप चिढ़ते क्यों हैं ?"

"हुजूर, खवास का माने हुआ जो जूठा बर्तन माँजता हो, उगलदान उठाता हो, चिलम सुलगाता हो"–मुंशी जलधारी ने दाद खुजलाते हुए कहा–"तेलमालिश से लेकर कपड़ा-धुलाई और भंग-पिसाई... ।"

लुत्तो इससे आगे नहीं सुन सकता। बोला–"हुजूर, जाति की बात लेकर बात बढ़ी तो बात बिगड़ जायेगी। समझा दीजिए मुंशी जलधारीलाल को।... कायस्थों के बारे में मैं भी बहुत कटहा बात कह सकता हूँ।"

खवास टोली के एक अधेड़ आदमी ने तैश में आकर कहा–"हुजू-उ-उ-र ! मुंसीजी

को समझाय दीजिए। जात लेकर बात करेंगे मुंसीजी तो··· ।"

हाकिम ने इस झंझटवाली नत्थी में फिर दूसरी तारीख देते हुए कहा–"अगली तारीख को कागजी सबूत लेकर आइए समसुद्दीन मियाँ। मुंशीजी, सुन लीजिए। जितेन्द्रनाथ से कहिए, तारीख के दिन हाजिर होकर जो कुछ कहना हो कहें।···चपरासी, पुकारो–अनूपलाल दावेदार, रंगलाल जमींदार।"

"कहाँ अनुपलाल··· !"

लुत्तो को मरमचोट लगी है। मर्मस्थल में चोट लगती है उसके, जब कोई उसे खवास कह बैठता है। अपने पुरखे-पीढ़ी के पुराने लोगों पर गुस्सा होता है। दुनिया में इतने नाम रहते जाति का नाम खवास रखने की क्या जरूरत थी ? और, लगता है खवासी के सिवा और कोई काम ही नहीं था पुराने जमाने में। आज किसके मुँह में ताला लगावे लुत्तो !

शाम को भिम्मल मामा बात का बतंगड़ बनाकर सुननेवालों को सुना रहे थे। लुत्तो खून का घूँट पीकर रह गया। क्यों ? सिर्फ इसलिए कि वह खवास का बेटा है और भिम्मल मामा कोई गैरवाजिब तो नहीं कह रहे थे। बात भी तो सही ही है। लेकिन, उसको अपने ढंग से सुनाते हैं भिम्मल मामा !

खवास का अर्थ ? खा-वास ! पुराकाल के पुष्ट किसानों ने खैन नामक प्रथा प्रचलित की थी। कमार, कुम्हार, चमार आदि को खैन देते थे और बदले में सालभर काम लेते थे। हल के हिसाब से ही सभी किस्म के खैन की दर नियत होती थी। एक हलवाले को अगहनी धान एक मन, भदई एक मन। लेकिन, खवास तो दिन-रात आँगन से लेकर दरवाजे तक का काम करते थे, इसलिए उन्हें ऐसी जमीन दी जाती थी, जिस पर खेती-बारी मालिक के ही हल-बैल से होती। उपज काटकर खवास ले जाते। खा-वास का अर्थ हुआ–खाओ और वास करो।

खवासी जमीन ? नहीं चाहिए लुत्तो की ऐसी जमीन !

भिम्मल मामा से खवास का अर्थ सुनने के बाद लुत्तो की लंगीबाज बुद्धि में एक बात आयी थी।··· जब खवास के माने खाओ और वास करो है तो क्यों न वह फिर से एक दावा करे, अलग से ? पच्चीस एकड़ पर उसने तनाजा दिया है, आधीदार हैसियत से। पच्चीस एकड़ पर और दावा कर दिया जाये, कि खवासी में मिली थी जमीन। जगजाहिर बात है कि शिवेन्दर बाबू का खवास था लरे··· नारायणराय ! बगैर किसी कागजी सबूत और बिना किसी पैरवी के ही जमीन खट से मिल जायेगी। खवासी जमीन !···

नहीं चाहिए लुत्तो को ऐसी जमीन, जिससे जाति की इज्जत माटी में मिल जाये ! और छोटी जाति के लोग तो अपनी जगह पर ठीक हैं। आजकल हरिजन भी कहलाने लगे हैं। लेकिन, खवास ? – न जलो, न थलो। बामनों की चालाकी खूब समझता है लुत्तो। समझकर मन-ही-मन कुढ़ता है। सियार पण्डित ! डोम, चमार, काछी-हाड़ी को तो गाँव से बाहर बसाया। शूद्रों में कुछ साफ-सुथरे घराने का पानी चला दिया,

नहीं तो पानी खुद भरकर पीना होगा। दही-चूडा का भार कौन ले जाता ढोकर—बीस कोस, पच्चीस कोस बँहगी में टाँगकर, दुलकी लगाते ? खवास ? भिम्मल मामा की आखिरी बात लुत्तो की समझ में नहीं आयी। अन्दाज से ही वह समझ गया कि कोई कटहा बात होगी।

—खवास सुरूप होते हैं। सवर्णों के सत्संग, संस्कार तथा आन्तर्मिलन के फलस्वरूप···। जरूर कोई कटहा बात होगी। तो लुत्तो क्या करे अकेले ? जाति के लोगों की हालत तो है कुत्ते की दुम की तरह। सीधी हो, तब तो ! जूठन खायी हुई जीभ बूढ़ों की पनिया जाती है। इतना बन्दिश किया, फिर भी भगेलू की बहू, लँगड़ा बूढ़ा, मौलीदास वगैरह हैं जो चुराकर जूठन माँग लाते हैं, बबुआन टोली से। छिः छिः ! माना कि किसी-किसी मालिक के दरबार में खवासों की खूब चलती थी। मालिकों की हवेली में, उनकी बहुएँ आधी मालकिन समझी जाती थीं। किसी खानदान में आँगन की मलिकाइन अपने स्वामी के खवास पर जितना विश्वास करती उतना···! छट्टू-खवास का किस्सा कौन नहीं जानता है ! दही के ऊपरवाली मलाई छट्टू खाये, पाँति लेके पिठौरा जाये ! ऊपरली छाली छट्टू खाये ! छाली-मलाई के लोभ से ही पुरखों ने इस मलाईदार पेशे को अपनाया था। लुत्तो को मरमचोट लगती है।

"धरकट्ट कहीं के ! और कोई पेशा ही नहीं मिला ?"

"बासी बिछावन से किसको गाली दे रहे हो लुत्तो ?"

लुत्तो आँख मलते हुए उठा, "जै हिन्द, जै हिन्द ! आइए। बैठिए।"

बीरभद्दर बाबू इतना भोर में आये हैं तो जरूर कोई खास बात होगी। बीरभद्दर बाबू ने इधर-उधर देखकर कहा, "चाह पिलाओ तो बैठूँ। इतना सबेरे भैंस तो नहीं दुहवाया होगा ?"

लुत्तो ने अपने भाँजे को पुकारकर कहा, "रे बँगटा ! भैंस दुह। और डेरा में जाकर कहो, चाह का पानी चढ़ाये।"

"बात यह है कि कुबेर बाबू की चिट्टी आयी है पटने से।" बीरभद्दर बाबू ने जेब से एक लिफाफा निकालकर कहा, "कुबेर बाबू को मैं भैया कहकर चिट्ठी लिखता हूँ न !"

लुत्तो की औंधाई आँखें अचानक चमक उठीं। बोला, "चिट्ठी बन्द कीजिए। गरुड़धुज झा आ रहा है। नम्बरी फोकट दलाल है।"

गरुडधुज झा अपनी लम्बाई का फायदा सोलकन्ह टोली में खूब उठाता है। दहलीज की टट्टी से एक बालिश्त ऊपर ही उसकी गर्दन रहती है। उसने देखा, लुत्तो के आँगन में बटलोही चढ़ी हुई है, चाह का पानी गरम हो रहा है।

"क्यों बीरो बाबू, कांग्रेसी चाहपाटी चुपेचाप होता है !" गरुड़धुज झा ने दूर से बात फेंकी, राह चलते। बीरभद्दर बाबू गरुड़धुज को खुश रखना चाहते हैं, बीच-बीच में चाह-चू पिलाकर। बोले—"आइए, आइए !"

गरुड़धुज झा हवा का रुख देखकर बात करना जानता है। उसने बैठते ही कहा,

"लुत्तो ! तुमने तो ऐलान किया था कि जित्तन को एक महीना के अन्दर ही गाँव छोड़कर भागना होगा। सो, पाँच महीने हो रहे हैं, जित्तन तो डटा हुआ है !"

"देख लीजिएगा। जल्दी काम शैतान का ! जित्तन को भागना ही होगा। शहर से आधा पागल होकर आया है, गाँव से पूरा पागल होकर जायेगा ! देखिएगा तमाशा !"

"तुम चाहो तो वह कल ही सिर पर पैर लेकर भाग जाये। तुमने ढील दे दी है। ऐसे-ऐसे हाफ-मैड आदमी गाँव में तीन-चार हो जायें तो सारा गाँव ही चौपट समझो !"–गरुड़धुज झा अंग्रेजी नहीं जानता। लेकिन उसका लड़का अंग्रेजी पढ़ता है। आजकल गरुड़धुज झा भी एकाध अंग्रेजी शब्द मिलाकर बात बोलता है। सभी बोलते हैं, फिर गरुड़धुज ही क्यों न बोले ?

लुत्तो भी आजकल फर्स्टबुक पढ़ता है, अर्जुनलाल के यहाँ जाकर–ए फैट कैट सैट ऑन दैट मैट। एक मोटी बिल्ली बैठी है उस चटाई पर।··· लुत्तो को थाना और जिला कमेटी के सभापति ने मिलकर परानपुर गाँव का लीडर बनाया है। सभापतिजी ने कहा था, "जरा-सा अंग्रेजी कटर-मटर जानता लुत्तो तो थाना का सेक्रेटरी हो जाता।" लुत्तो ने गरुड़धुज झा को जवाब देने के लिए एक शब्द ढूँढ़कर निकाला, बहुत देर के बाद। याद ही नहीं आवे। आगे-आगे भागता हुआ शब्द–"झा जी ! इस 'डंजरस' आदमी को मैं पानी पिला-पिलाकर जिलाऊँगा और नाच नचाकर मारूँगा। आप लोग यदि सहायता··· ।" बीरभद्दर बाबू ने आँख मारकर मना किया।··· इससे आगे नहीं।

गरुड़धुज झा ने कहा, "मेरे गिलास में आधा पाव दूध डलवाकर चाह मँगाओ लुत्तो बाबू ! एक तो चाह मैं पीता नहीं। बीरभद्दर बाबू जानते हैं, जब पीता हूँ तो आध पाव से एक बूँद भी कम हुआ दूध कि तुरत मैण्ड चकराने लगता है।"

लुत्तो मन-ही-मन कहता है–'इतने ऊँचे आदमी का माथा नहीं चकरायेगा, भला ?'

किसी का माथा थिर नहीं। गाँव के एक-एक आदमी का माथा चकरा रहा है।

सर्वे का चक्कर पिछले डेढ़ साल से लट्टू की तरह हरेक आदमी को नचा रहा है।··· बीच में जो लड़खड़ाकर गिरते हैं, फिर डोरी में लपेटकर उन्हें फेंका जाता है। नाचते लट्टू-जैसे गाँव के लोग ! माथा थिर कैसे रहे !

रोशन बिस्वाँ गाँव का सबसे बड़ा महाजन है आजकल। जमीन कम थी। लेकिन इस सर्वे में वह भी पूरी हो गयी। बँधकी, सूद-रेहन जमीन के अलावा कवाला बनकर बहुत-सी जमीन खरीदी है। सारे गाँव में बस रोशन बिस्वाँ ही एक है जिसकी जमीन पर एक भी तनाजा नहीं पड़ा। असल में, उसके पास जितनी जमीन थी, सब रेहन और बँधकी। उस पर तनाजा देने से क्या फायदा ?··· सर्वे के समय हजार-बारह सौ रुपैया हमेशा घर में मौजूद रखने के लिए जमीनवालों ने रोशन बिस्वाँ से रुपया

माँगा। बिस्वाँ ने सबको एक ही जवाब दिया—"जमीन बँधकी कौन लेता है आजकल ? जेबर लाइए। नहीं तो जमीन फरोखतनामा लिख दीजिए!"··· तीन सौ बीघे जमीन खरीदी है उसने। रोज कर्ज लेनेवालों की भीड़ लगी रहती है।

रोशन बिस्वाँ का सिर भी चकराया हुआ है।

नट्टिनटोली की गेंदाबाई के घर बारह बजे रात तक वह गुलरोगन मालिश करवाता है। फिर भी··· । क्या करे बेचारा रोशन बिस्वाँ ! घरवाली दगा देकर दस साल पहले ही चली गयी। गेंदाबाई के घर न जाये तो क्या करे माथा चकराने पर ? ··· जवान बेटा-पुतोहु घर में हैं तो इससे क्या ? बेटा को नालायक कहता है, हमेशा। जब बात करेगा अपने बेटे से तो, साले से शुरू कर हरामजादा पर शेष करेगा।··· आज लड़के ने मुँह पर जवाब दे दिया है, उल्टाकर—"मैं आपका साला हूँ, मैं हरामजादा हूँ ! आप क्या हुए तब ? विचारकर देखिए !" रोशन बिस्वाँ, जूता उठाकर मारने दौड़ा तो भाग गया। आधी रात बीत रही है, लौटकर नहीं आया है। बिस्वाँ ने अपने नौकर को पुकारकर कहा, "रे सगमाँ ! डेरा में पूछ के आ, लेल्हू बाबू लौटे हैं कि नहीं।"

रोशन बिस्वाँ को अब अपने इकलौते लड़के के लिए जरा भी दिल में मोह नहीं। उसने अपने लड़के को, अच्छे नाम से, पोसन बिस्वाँ कहकर कभी नहीं बुलाया। गुस्साने पर केल्हुआ या लेल-बकलेल, खुश रहने पर लेल्हू बाबू।··· अब तो एक माशा-भर भी स्नेह नहीं रह गया है बेटे के लिए। लेकिन, बेचारी पुतोहु का क्या दोष ! माथा चकरा रहा है रोशन बिस्वाँ का।··· बेटा घर में नहीं है। घर छोड़कर वह गेंदाबाई के यहाँ कैसे जाये आज रात ?

बीरभद्दर बाबू और लुत्तो ! आस-पास नाचते हुए, एक ही गति से घूमते हुए दो लट्टू !

परानपुर इस्टेट के भैंगनमान हैं—बीरभद्दर बाबू।

सबसे बड़े बलभद्दर। तब बीरभद्दर। सबसे छोटा—शिवभद्दर।

शिवेन्द्र मिश्र के मरने के बाद जमींदारी का काम-काज सँभालने के लिए बहुत लोग आये। शिवेन्द्र मिश्र की विधवा ने धीरे-धीरे सबको विदा किया। रह गये एक आदमी, दूर के रिश्ते के ननदोई—पण्डित सुखन चौधरी ! पण्डित सुखन चौधरी ने दस साल मैनेजरी की, किन्तु मुसम्मात ने कभी उन पर विश्वास नहीं किया। सुखन चौधरी से ज्यादा भरोसा करती मुंशी जलधारीलाल दास पर।··· एक बार इलाके में खजाना-वसूली के समय गये। तीस हजार रुपये वसूल हुए। मुंशी जलधारीलाल दास दूसरे इलाके में गया था। सुखन चौधरी ने हिसाब दिया, दस हजार का। दूसरे दिन मुंशी जब इलाके से लौटा तो उसने कहा, "तीस हजार रुपये से एक पाई कम नहीं, बल्कि तीन सौ पच्चीस रुपये तीन आने ज्यादा। तीस हजार तीन सौ पच्चीस रुपये तीन आने !" और, तब एक भी सफाई नहीं सुनी मुसम्मात ने।··· बोली, "ठीक है। रुपया लौटाने की जरूरत नहीं। जो पेट में गया उसे वमन नहीं कराऊँगी, लेकिन भले आदमी की तरह, कल सूरज उगने से पहले, हवेली से बच्चा-कच्चा झोली-डण्डा

के साथ निकल जाइए !"

"पखारनसिंघ ! कोई है नहीं ? कहाँ गये सब ?"

बलभद्दर बाबू कभी भूल नहीं सकते।··· गुस्सायी बाघिन की तरह, भोर होने के पहले कचहरी-घर की सीढ़ी पर खड़ी होकर गरजती हुई–मलिकाइन मामी··· मामी ! ··· धेत् ! कैसी मामी ?··· पिशाचिन की तरह चिल्लाती हुई जित्तन की माँ–"कोई भी नहीं। एक बच्चा भी नहीं रहे मेरी हवेली के अन्दर। मेरी चौहद्दी के अन्दर से निकाल दे। कोई नहीं मेरे अपने।··· अरे कैसा ननदोई ? मेरे स्वसुर इतने मूर्ख नहीं थे। उन्होंने बेटी पैदा ही नहीं की।··· राकस सबकुछ भकोस जायेगा।··· मेरे जित्तन को कल मार डालता कनेर फूल का बीज खिलाकर वह बलभदरा ! फुसलाकर कहा, बादाम है काबुली बादाम।··· साँप के बच्चों को पोसकर यही होता है।··· मेरा बेटा बादाम नहीं पहचानेगा, काबुली बादाम ?··· निकालो सबको। अभी-ई-ई-ई। बेइमानों को-ओ-ओ-ओ !··· "

बलभद्दर बाबू गर्दन हिलाकर भूलने की चेष्टा करते हैं। बलभद्दर बाबू को लगता है, अभी-अभी तुरत गाल पर तमाचे पड़े हैं··· "दुश्मन रे दुश्मन ! मेरे लाल को जहर खिला रहा था !" तड़ाक् ! तड़ाक् ! बलभद्दर बाबू ने जिस बिरवे को बचपन में ही काटकर साफकर देना चाहा था, वह आज तक उनकी छाती को जला रहा है।··· ठीक सर्वे के समय आकर हाजिर हो गया जित्तन। वर्षों के बाद गाँव आया है, आखिर किसलिए ? जमीन बचाने के लिए ही न !··· उसकी जमीन एक धूर भी नहीं बचने पाये। एक धूर भी नहीं–बीरभद्दर ! बीरभद्दर बाबू !

"क्या हुआ भाई साहब !" बीरभद्दर बाबू आकर अपने बड़े भाई को सँभालते हैं–"इतनी रात में क्या हुआ··· ?"

"एक धूर नहीं।··· समझे, बीरो ! यदि तुम अपने को अपने बाप का बेटा समझते हो तो सुन लो। जैसे भी हो, कंगरेस के जरिये नहीं हो तो किसी भी पाटी की मदद से, जित्तन की धूर-धूर जमीन तितर-बटेर करवा दो। तब समझूँगा बाप का बेटा ! मरते समय बाप क्या कहकर गया है ?"

"हाँ, हाँ, याद है।" बीरभद्दर भूल जानेवाला बेटा नहीं··बाप ने जो कहा था, अक्षर-अक्षर पालन कर रहा है उसका बेटा। देख लीजियेगा !"

लुत्तो का बाप कुछ कहकर नहीं मरा है।

शिवेन्द्र मिश्र का दुलरुवा खवास था, उसका बाप लरेना खवास··· नारायण राय ! दुलारा खवास !

विश्वासपात्र इतना कि सपने में भी उस पर सन्देह नहीं करते थे शिवेन्द्र मिश्र।··· किन्तु, कोठीवाल प्लांटर्स ने उसे खरीद लिया, आखिर ! विश्वासघाती को अपने मरने से पहले सजा देकर मरे शिवेन्द्र मिश्र !··· लोहे की दगनी आग में तपाकर लाल हुई, और लरेना खवास को रामपखारन सिंघ ने उठाकर पटक दिया। मुंशी

जलधारी तपी हुई लाल दगनी से उसकी पीठ पर लिखने लगा–द··· ! आ ह रे बप्पा–आ-आ-आ !

गा··· ! चीं ही-ई-ई-रे-ए-ए ! बा··· ! रे-ए-बा-आ-आ ! ज··· !

दगाबाज !··· कैथी अक्षर में जलधारीलाल ने लिख दिया था, दगाबाज ! इसीलिए, आज भी मुंशी जलधारीलाल दास मौका पड़ने पर, दाद खुजलाकर व्यंग्य-भरी बोली बोलता है–"सिर्फ कागज-कलम से लिखनेवाला नहीं, दगनी से देह की चमड़ी पर भी लिखनेवाला मुंशी मैं हूँ।" तब लुत्तो चुपचाप अपने मन की जलन सहने के लिए दाँत-पर-दाँत बैठा लेता है। कभी-कभी जवाब भी देता है–"अच्छी बात, जमाना लौटकर आया है। तुम्हारी पीठ पर भी दगनी से लिखा जायेगा–नरक का कीड़ा !" किन्तु, जलधारी लाल बधिर हो जाता है।

आह रे-ए-ए-बप्पा-अ-आ-रे-ए-ए ! चीं-ई-हीं !

बैल या भैंस पर नम्बर चढ़ाने के लिए जिस तरह पटककर दागा जाता है। ठीक बैल की तरह गों-गोंकर उठा था लुत्तो का बाप ! पोखने के महार पर, दूर खड़ी माँ छाती पीटने लगी थी–"हाय दैबा रे-ए !" लुत्तो माँ का आँचल पकड़कर खड़ा था। डर से वह भी चीख उठा था। माँ उसे गोद में लेकर कलेजे से सटाकर चीखने लगी।··· माँ की छाती में कान सटाकर लुत्तो ने रोते-रोते ही सुना था–'धमाधम, धमाधम !' लगता था, माँ की छाती के नीचे सैकड़ों ओखल धान कूटे जा रहे हैं। लुत्तो कभी भूल सकता है ? 'धमाधम, धमाधम !'··· दूसरे दिन सुबह को छटपटाकर उसका बाप मर गया, शिवेन्द्र मिश्र से पहले। मरने के समय शिवेन्द्र मिश्र ठठाकर हँसे थे–"हा-हा ! जा साले, जगह ठीककर रखना···मैं आ रहा हूँ, वहाँ भी तुमको दगवा दूँगा यदि··· !" लुत्तो भी दागेगा। शिवेन्द्र मिश्र की सन्तान को दागेगा–पटककर !

बीरभद्दर बाबू ने पुकारा, "लुत्तो ! लुत्तो हो घर में !"

"आइए, आइए। डेरा में ही आइए।"

"मार दिया छक्का हाथ !" बीरभद्दर बाबू ने हँसते हुए लुत्तो के आँगन में प्रवेश किया। लुत्तो की स्त्री ने घूँघट के अन्दर से मुस्कराकर बीरभद्दर बाबू को देखा और लुत्तो से कुछ पूछे बिना ही बटलोई उठाकर चाय बनाने चली। लुत्तो ने हँसते हुए कहा, "आज एक सेर दूध में दो गिलास चाय बनाओ बिठैलीवाली !"

"सुनो, रोशन बिस्वाँ और गरुड़धुज झा ने भी कहा है, शालिग्राम और हरिवंश छूकर, तन-मन-धन से मदद देंगे। बिस्वाँ ने कहा, कहिए तो राह चलते पिटवा दें। मैंने कहा–अभी रहिए। देखा जायेगा !"

लुत्तो ने चुटकी बजाकर कहा–"छक्का हाथ !"

सुरपति राय सात घाटों का पानी पी चुका है।

कर्बला, रानीडूबी, संझा तथा गीतवास घाट के आसपास के गाँवों में पिछले छै महीने से घूम रहा है वह। बरदिया घाट का फाइल अभी अछूता है, किन्तु अधिकांश

लोककथाओं में बरदिया घाट की चर्चा है। इसलिए, उन सारी कहानियों को छाँटकर अलग रखना आवश्यक है।··· 'वेरिफाई' करना होगा !

गीतवास कोठी के पास, रजौड़ गाँव के ताँती परिवार में उसे कागज़ात का एक गट्ठर मिला है। परिवार की कोई स्त्री गीतवास कोठी की, 'मेड सर्वेण्ट' थी, चालीस-पचास साल पहले। आश्चर्य, भगवान् शकरखोरे को शक्कर ही देते हैं ! ··· फटे-चिटे, दीमकभुक्त कागजों में लोकगीत तथा लोककथा संकलित है। कागज के बण्डल को खोलते समय सुरपति की देह रोमांचित हो उठती है। कागज के छोटे-छोटे पुर्जे को भी वह बड़ी सावधानी से स्पर्श करता है–डियर··· !

फटी हुई चिट्ठी का एक अंश : सिर्फ तीन पंक्तियाँ पढ़ी जा सकती हैं–"डियर ली, तुम्हारे अनुरोध पर इस अंचल के कुछ लोकगीत और परियों की कहानियाँ भेज रही हूँ। पता नहीं तुम्हारे किसी काम··· ।"

पत्रलेखिका का हस्ताक्षर अस्पष्ट है। किन्तु, सुरपति ने ठीक ही पढ़ा–रोजउड। मिसेस···रोजउड !

1910 ? पैंतालीस साल पहले–इसी अंचल में, दुलारीदाय की धारा के कछार पर बसे गाँवों में ग्रामगीत तथा कथा के लिए उसी के जैसा कोई अन्य प्राणी भी भटका है ! यह सोचकर सुरपति के मन में लहरें आती हैं।··· एक विदेशी महिला की मूर्ति ! लहरों से खेलती महिला ! मैथिली लोकगीत की एक करुण रागिणी सुरपति के कानों के पास मँडराने लगती है–"सखि हे-ए-ए-ए-ए। हमर दुखक नहिं ओर··· ।"

"मिस्टर राय !"

सुरपति ने देखा, स्वयं जित्तन बाबू हाथ में चाय की प्याली लेकर उपस्थित हैं। पलँग पर से उठते हुए सुरपति इतना ही बोल सका–"आप क्यों तकलीफ··· ।"

"बैठिए। आपने रात में मेरी चाय की तारीफ की है, सुना। इसलिए, अभी आपको एक स्पेशल टी देने आ गया।" जित्तन बाबू ने बड़ी सतर्कता से चाय की प्याली तिपाई पर रखकर अपनी मुस्कराहट खोली। पास की कुर्सी पर बैठते हुए बोले–"रात में आपकी छींक सुन रहा था। गलती हुई, रात में ही आपको गार्गल के लिए गर्म पानी भेज देना उचित होता। खैर, यह इस्पेशल टी है। रॉ टी में लेमन है, पाल्युड्रिन है और एक चम्मच रम है। जून की सरदी मैलेरिया की आगमनी समझी जाती है। ··· वर्षा में कहीं भीगना पड़ा है। है न ?··· आइ नो !"

सुरपति ने चाय में पहली चुस्की लेकर देखा–एक अनास्वादित पेय !

"बाइ द वे–आप वैष्णव तो नहीं ?"

सुरपति को न जाने क्यों बंगाल के वैष्णव सम्प्रदाय की याद आ गयी। उसने तुरन्त कहा–"जी नहीं, मैं मैथिल ब्राह्मण··· ।"

"हम लोग शाक्त हैं मिस्टर राय। शाक्त अतिथियों को कभी निरामिष भोजन हम नहीं देते।"

सुरपति ने लज्जित होते हुए कहा–"वैष्णव-शाक्त की बात मैं नहीं जानता।

मांस-मछली अच्छी नहीं लगती। अण्डा खाता हूँ, क्योंकि···।"

"अच्छा लगता है। गू-उ-उ-ड !" जित्तन बाबू ने सिगरेटकेस बढ़ाते हुए कहा।

सुरपति ने दोनों हाथ जोड़कर माफी माँगी। जित्तन बाबू जरा अप्रस्तुत हुए। फिर अपने लिए सिगरेट निकालकर बोले–"गू-उ-उ-ड !"

खिड़की से बाहर तालाब का अंश दिखलायी पड़ता है–कमल के पत्तों से आच्छादित। उत्तर आकाश में उमड़ते हुए काले बादलों ने पूरब की ओर आकर सूरज को ढँक लिया है। हवा के हल्के झोंके के पीछे इठलाते हुए बादल ! परती प्रान्तर के प्राणियों के परमप्रिय बादलों पर जित्तन बाबू की आँखें गड़ गयीं।

दिलबहादुर जलपान का ट्रे ले आया। पर्वतिया भाषा में ही जित्तन बाबू ने कहा, "दिलबहादुर ! चिया दियेर अलि रामपखारन सिंघ लाय बुलाउ त ऽ ऽ। च्याँडै।"[1]

"होस ! होस !" दिलबहादुर ने दो बार धीमी आवाज में जवाब दिया और ट्रे रखकर भागा। जित्तन बाबू ने घी में भूना हुआ चूड़ा अपनी प्लेट में लेते हुए कहा, "शुरू कीजिए रायजी ! अण्डा तो आपको अच्छा लगता है।" सुरपति चुपचाप, मुस्कराकर जलपान करने लगा। जित्तन बाबू की बातचीत, भोजन, टी-सेट, ड्रेसिंग गाउन आदि को गौर से देखने-सुनने के बाद सुरपति को बस एक ही शब्द सूझा–रिफाइण्ड आदमी !

रामपखारन सिंघ और दिलबहादुर के साथ एक कम उम्र का दुबला-पतला गोरा लड़का हाथ में एक कटोरदान लेकर प्रकट हुआ।

रामपखारन सिंघ ने अपनी लम्बी मूँछों में बात लटकाकर आँख की कनखी से कुछ कहा। लड़के ने एक बार सुरपति की ओर देखा, फिर कुरते के पॉकेट से एक पुर्जा निकालकर जित्तन बाबू के हाथ में दे दिया।

कटोरदान चाँदी का है शायद। उस पर खुदे हुए अक्षर घिस गये हैं। सुरपति ने अपनी प्लेट में निगाह झुका ली··· जित्तन बाबू पुर्जा पढ़ रहे हैं।

पुर्जा पढ़कर जित्तन बाबू ने अपनी लम्बी साँस को धीरे-धीरे छोड़ा और दिलबहादुर से कटोरदान खोलने को कहा।··· केसरिया दूध। दूध में आम का रस डालकर सेवईं बनायी गयी है। प्रत्येक कटोरे में आम के कतरे हुए चार टुकड़े रखे हुए हैं।

सुरपति से बगैर कुछ पूछे जित्तन बाबू ने एक छोटी कटोरी में सेवईं डाल दी–"चखकर देखिए। याद रखने की चीज है। आम-पयास !"

एक चम्मच सेवईं मुँह में डालकर, कुछ क्षण तक अन्यमनस्क रहे जित्तन बाबू। फिर उस लड़के से पूछा, "ताजू अब कैसी है ?··· दवा खाती है न !··· ताजमनी कौन होती है तुम्हारी ?"

लड़के ने कोई जवाब नहीं दिया। उसका ध्यान जित्तन बाबू के कॉकर स्पेनियल 'मीत' पर था, जो कटोरदान को सूँघता पीछे-पीछे आ गया था।···

---

1. चाय देकर जरा रामपखारन सिंह को बुलाओ तो। जल्दी !

"मी-ई-त !" जित्तन बाबू ने हल्की झिड़की दी। मीत ने अब जित्तन बाबू की ओर देखना शुरू किया।

लड़के की जान साँसत में थी। वह कटोरदानं बन्द करता हुआ भागा।

सुरपति आँखें मूँदकर सेवईं में मिश्रित पदार्थों को पहचानने की चेष्टा कर रहा था। बाहर जोरों की झड़ी शुरू हुई। अब, आगे-आगे वेगवती हवा और पीछे-पीछे जल से लदे बादलों के दल !

"पखारन सिंघ, अब तो, आज चन्नीपाट की बोआई नहीं हो सकेगी।··· मिस्टर राय, माफ कीजिएगा, मैं जरा खेती-बारी की बात कर लूँ।···क्यों ? अब तो सोनाबंग, लालमेघ और जापानी पाट के पौधे रोज एक इंच बढ़ेंगे।··· हाँ, पानी रुकते ही जाकर केयटटोलीवालों से कह दो, कलमबाग होकर मवेशी न हाँकें। कलमबाग होकर डगर नहीं।"

"अभी तुरतै, एक मिलिट में तमासा देखा देते हैं हम। एही हुकुम तो हम आज पन्द्रह दिन से माँगता रहा, सरकार !"

"और··· ।" जित्तन बाबू ने रामपखारन सिंघ को चुपकर दिया–"ड्राइवर से कहो, ट्रैक्टर में मोबिल डाल देगा। आज परती की जोताई होगी।"

"परती की जोताई ?" रामपखारन सिंघ ने मुँह बाकर आश्चर्य प्रकट किया–"परती में का होगा बौवाजी ?"

"परती में ?···परती पर गुलाब की खेती होगी !" जित्तन बाबू मुस्कराकर बोले।

"ओ !" रामपखारन सिंघ ने गम्भीरता से गर्दन हिलाकर कहा, "एहि बात तो हमहुँ··· ।"

टीकोजी के नीचे से टीपॉट निकालकर, प्यालियों में चाय डालते हुए बोले जित्तन बाबू–"क्यों मिस्टर राय ! गुलाब की खेती का आइडिया कैसा है ?··· चीनी आप खुद डाल लें।"

सुरपति ने मुस्कराने के सिवा कोई जवाब नहीं दिया। रामपखारन सिंघ चला गया।

जित्तन बाबू ने इतनी देर के बाद पलँग पर तितर-बितर कागजों को देखा।

"अच्छा, घाट हाकिम··· ह्वाट्स दिस घाट हाकिम ?"

"घाट हाकिम ?"

"हाँ, पखारन सिंघ ने रात में कहा, घाट हाकिम साहब आये हैं। आपको इस इलाके के लोग घाट हाकिम ही कहते हैं। आप इस गाँव में एक बार पहले भी आ चुके हैं ?"

"जी हाँ, मैं नदियों के घाटों के नाम, घाटों के आसपास के अंचल में प्रचलित लोकगीत, कथा, कहावत··· ।"

"ओ-हो-हो-हो-हो !" जित्तन बाबू कलेजा खोलकर ठहाका लगाते हैं–"डॉक्टरेट की तैयारी हो रही है। यों कहिए।···हाँ तो रोज नये डिपार्टमेण्ट खुलते हैं, नये हाकिम बहाल होते हैं। मैंने समझा घाटों की बन्दोबस्ती के लिए कोई हाकिम आये हैं।

हो-हो-हो-हो ! मछली हाकिम, मुर्गा हाकिम, शीशम हाकिम ! कितने किस्म के हाकिम आते ही रहते हैं।··· ओ-हो-हो-हो··· प्रोफेसर शशांक के शिष्य हैं आप ?"

"जी हाँ।"

"प्रोफेसर शशांक मेरे अतिप्रिय मित्र हैं।–तब तो सिर्फ एक रात की मेहमानी से काम नहीं चलेगा। महीनों रहना होगा आपको। आपके सब्जेक्ट से मुझे भी दिलचस्पी है। अच्छी बात। गू-उ-उ-ड !"

सुरपति की आँखें अचरज से चमकने लगीं।

"अच्छी बात। आप निश्चिन्त होकर अपना काम कीजिए।···दिलबहादुर ! साहब के लिए बरामदे पर कुरसी डाल दो और इधर कोई हल्लागुल्ला न हो।" "होस ! होस !"

··· सनकी ? सुरपति ने जित्तन बाबू के बारे में सैकड़ों बातें सुन रखी थीं ! सिनिक या सनकी समझकर अब तक उसने जित्तन बाबू से भेंट नहीं की थी।···इतना जल्दी कुछ समझ सकना भी सम्भव नहीं। तब एक बात है, आँखों की पुतलियाँ अस्वाभाविक ढँग से थरथरा उठती हैं। कुछ क्षण के लिए कहीं खो जाते हैं शायद। बातों का सूत्र ढूँढ़ते हैं···मैं क्या कह रहा था ? उम्र अपनी बतलाते हैं, पैंतालीस साल। स्वास्थ्य की सुन्दरता मुखमण्डल पर निखरी हुई है।··· बातें भी कोई ऐसी नहीं करते। तब फिर, क्यों पागल कहते हैं लोग ?

भट-भट-भट-भट-भट-टृ-ट ! ड्राइवर ट्रैक्टर ले आया।

जित्तन बाबू ने बाहर निकलकर आसमान की ओर देखा।···बादलों का अन्तिम दल अभी तुरत बरस गया है। दूर, उत्तर आकाश में काले-काले बादलों के दल, जो अभी बहुत दूर हैं। जित्तन बाबू ट्रैक्टर पर सवार हुए। लाल गमबूट, वाटरप्रूफ कोट की जगह घासी रंग का एक वाटरप्रूफ-शॉल, जिस पर रासायनिक रंग से आँके सुनहले बेलबूटे चमकते हैं।··· क्या कहा जाये इस वाटरप्रूफ को ?··· वाटरप्रूफ कैप, स्कार्फ या दुशाला ?

सुनहले घुँघराले बालों से लदा मीत कूदकर ट्रैक्टर पर जा बैठा, अपनी जगह पर। हाँ, ट्रैक्टर कम्पनी के इंजीनियर से मीत के लिए जगह बनवायी है जित्तन बाबू ने।

मीत हवा में अपनी थूथनी ऊँची कर इधर-उधर कुछ सूँघता है।

दिलबहादुर अपनी सुनहरी दन्तपंक्तियों की आभा बिखराकर हँसा··· परवतिया बोली में बोला–"पानी मा भ्यागुते हेरेर काँऊ-काँऊ कराउँ छ मीत ! मऽतऽ छक्क पर्ने !"···अचरज से घुड़कती हुई आँखें दिलबहादुर की··· । पानी में मेढकों को देखकर, मीत उत्तेजित होकर चेन खुलवाने के लिए काँऊँ-काँऊँ चिल्लाता है। दिलबहादुर अचरज में है। बेचारा मीत पहली बार गाँव की वर्षा देख रहा है।···पोखरे में नहाते समय जब तैरता है मीत, ठीक सुनहले बत्तक जैसा !

बॉख-बॉख !! दिलबहादुर की हँसी से चिढ़ गया, मीत शायद–छक्क पर्ने !

"दिलबहादुर। मेरो हैट ?"

दिलबहादुर दौड़कर ले आया।··· तालपत्र तथा बाँस की खप्पच्चियों का बना हलवाही हैट। मालदह की ओर से आये हुए मलदहिया और पाकिस्तान से भागकर आये हुए पूर्वी बंगाली किसानों ने इसका प्रचार किया है। पहिराव-पोशाक देखकर ही गाँववालों ने पागल कहना शुरू किया है शायद ?

–भट-भट-भट-ट-ट्-ट ! भट-भट, भँट-भट ! चले जित्तन बाबू, परती की जोताई करने।

··· आज शुक्रवार ता. 8 जुलाई ' 55 को, न जाने कितने सौ वर्षों की पड़ी हुई वीरान धरती पर, पुरानी परती पर, ट्रैक्टर चलाने जा रहे हैं, जित्तन बाबू। ऐसी जमीन, जिस पर सिर्फ बरसात में क्षणिक आशा की तरह हरियाली छा जाती है।···

सुरपति अपनी डायरी में लिखता है लाल रोशनाई से !

सैकड़ों वर्षों से पड़ी हुई धरती !

ट्रैक्टर का फाल धरती उधेड़ रहा है–भट-भट-भट-भट !

दूब की जड़ों के झब्बे, बनलहसुन के उजले-उजले बल्ब–लहसुन की तरह।··· बनलहसुन, लिली जाति का एक जंगली पौधा, जिसके फूलने का मौसम है अभी !

फैली हुई हरियाली पर तितलियों जैसे सफेद फूल–यहाँ, वहाँ··· ।

झर-झर-झहर-झहर-झर-र-र ! गड़-गड़-गुडुम !

बादल दूर थे किन्तु हवा तेज थी। मूसलाधार वृष्टि शुरू हुई।

अब, दूर तक दृष्टि नहीं जाती है परती पर। धीरे-धीरे, चतुर्दिक एक सफेद पर्दा छा जाता है।··· गाँव-घर की वर्षा और परती की वर्षा में अन्तर है। धरती और आकाश का सीधा सम्बन्ध।

भट-ट-ट-ट भड़भड़-भड़भड़ भर्र-र र !

ट्रैक्टर रोककर उतर पड़े जित्तन बाबू। उनसे पहले, कूदकर उतरा मीत। झर-झर-झहर-झहर-झर-झर !

झूमकर बरस रहे हैं बादल। हिमालय से उतरे हुए बादलों को पहली विशाल परती मिली है। जित्तन बाबू देखते हैं–असंख्य नर्तकियाँ, झीनी-झीनी जलछाँही चुनरियों में मोती बाँधकर नाच रही हैं। मोती झर रहे हैं–झर-झर, झहर-झहर।

मीत आनन्द से कुलाचें मारकर दौड़ रहा है, पैंतरे दिखला रहा है। जित्तन बाबू के पास आकर भूँकता है–चलो, तुम भी दौड़ो ! बॉख !

"मीत !" जित्तन बाबू पुकारते हैं। किन्तु, मीत आज मगन है।

भीगने के बाद भी मीत सुन्दर दीखता है। सुनहले घुँघराले बाल सीधे हो गये

हैं। कान के बाल और लम्बे मालूम होते हैं। दौड़ते समय मुँह से जीभ निकालकर एक ओर कर लेता है।

कड़-कड़-कर्र-र-र-घड़-घड़-कर्राक् ! बिजली कड़की।

मीत का नाचना-कूदना अचानक बन्द हो गया। उसने अचरज से आसमान की ओर देखा। फिर, चुपचाप मुँह लटकाकर जित्तन बाबू के पास भाग आया—बॉख, बॉख !

जलते हुए पावरिन की गन्ध ने मिट्टी की सोंधी सुगन्ध को आत्मसात् कर लिया है। इस मौसम में दुलारीदाय की जोती हुई जमीन से खसखस की टटकी खुशबू आती है, गहरी सुगन्ध ! जित्तन बाबू एक मुट्ठी गीली बलुआही मिट्टी लेकर सूँघते हैं—"उँहु, कोई गन्ध नहीं। गन्धहीन माटी !"

विशाल परती पर डेढ़-डेढ़ सौ एकड़ की पाँच परिधियाँ ! परानपुर गाँव के नक्शे में, परती पर पाँच वृत्त बने हुए हैं। लोग कहते हैं, किसी जमाने में पंचचक्र सिद्धि के लिए इन वृत्तों की रचना की थी, किसी तान्त्रिक ने।··· गाँव के लोग कहते हैं, चक्कर-परती !

जित्तन बाबू को बचपन के एक खेल की याद आती है—

चक्कर-परती चक्कर-परती
नाचे रे चिरैया,
हाथी चढ़ी राजा जाये
दौड़े रे सिपैहिया !

सभी लड़के-लड़कियाँ एक-दूसरे का हाथ पकड़कर घेरा बनाते। बीच में एक लड़की आँखें मूँदकर नाचती। नाचते-नाचते किसी को छू देती।··· ताजमनी बार-बार अपने जिद्दा को छू देती—आँख मूँदकर सिपाही की तरह मेरे पीछे-पीछे दौड़िए जित्तन बाबू !"

मुंशी दरबारीलाल ने अमीन की सहायता से बाँस की छोटी-छोटी खुट्टियाँ गड़वायी हैं। बाँस की खुट्टियों को लाल रंग से रँग दिया गया है।

वृत्त के घेरे की लाल-लाल बिन्दियाँ··· ।

जित्तन बाबू वाटरप्रूफ चादर को झाड़कर फीता बाँधते हुए एकटक परती की ओर देख रहे हैं। बरसा रुक गयी है।

दूर सन् ' 32-33 में हिमालय एक्सपिडीशन के समय निर्मित हवाई अड्डे पर पानी चमक रहा है। पास, लाल-लाल बिन्दियों के वृत्त !··· ताजमनी भूली नहीं है, 'बम्बई' आम पकते ही उसने आम-पायस बनाकर भेज दिया। जित्तन बाबू की माँ चिट्ठियों में लिखती थी—"बम्बई आम का पेड़ लग गया है। तीन दिन से गछपके आम आ रहे हैं। तुम आ जाओ, आम-पायस करके खिला दूँगी। तब तो कोई मुँह में आम देगा ! तेरा बाप जो कह गया है मरते-मरते··· ।"

जित्तन बाबू चक्करपरती पर हुई जुताई को देख रहे हैं। मीत अपनी जगह

पर जा बैठा है और ठिठुरता हुआ कातर दृष्टि से देख रहा है जित्तन बाबू की ओर !

एक एकड़ धरती की जुताई हो चुकी है। आज मुहूरत के दिन पाँच एकड़ जरूर जोतना चाहिए··· । भट-भट-भट-भट ! जित्तन बाबू ने ट्रैक्टर स्टार्ट किया।

सारे परानपुर गाँव में ट्रैक्टर की भटभटाहट की तरह बात फैल रही है, भटभटाती हुई। अली-गली में। घर में, चुल्हसार से घैलसार तक, बाहर सरकारी कुएँ के पास और रूदल साह बनिया की दुकान पर··· बबुआन-टोली के बैठकखाने में और सोलकन्हटोली के मचान पर–बस, एक ही चर्चा :

"पगलवा को यह क्या सनक सवार हुआ है ?"

"राम जाने !··· गुदड़ी उधेड़कर सी रहा है।"

"बड़े-बड़े गये तो बड़गज्जू आयेवाली बात ! क्या कहते हैं, लाट साहब खुद आकर मिट्टी ले गये। बड़े-बड़े आलिम-फाजिल जिनियर से लेकर सैनियर खोपड़ीवाला जरमनियाँ जिनियर तक ने, अमरीका, चीन, जापान भेजकर मिट्टी इसपारमिन किया ! सभी देश का बड़ा-बड़ा माथावाला, माटी परेखनेवाला माथा लड़ाकर हार गया। मतरकि, सभी देश का आदमी एक ही बात बोला–'इसमें कुछ भी नहीं हो सकता।'··· और, अब यह पगलैण्ट साहब इसमें बासमती धान उपजायेगा ! इह् ! बड़ा आया है··· !"

"बासमती धान नहीं, रामपखारन सिंघ अभी कह रहा था, बौवाजी कहते हैं गुलाब की खेती करेंगे !"

"हो-हो-हो-हो ! हा-हा-हा-हा !"

"अब पैण्ट खोलकर चलना शुरू करेगा, देखना !"

"अरे, मुबलग जमा एक पगलैण्ट भिम्मल मामा से ही तो सारा गाँव परेशान था। अब इस नये पागल के नये-नये उत्पातों से भगवान् बचावें ! पाँच भाषा में बकेगा। ओ बाबा !!"

"जो कुछ भी कहिए, आदमी है काबिल।" पोस्टमास्टर कह रहा था, "इंग्लैण्ड, अमरीका, रूस, चीन, दुनिया-जहान से चिट्ठी आती है।"

"अरे चलो, चलो ! दो रुपया खर्च करो, तुमको भी देश-विदेश से पँतिया पर पँतिया लिख-लिख··· "

"हो-हो-हो-हो !"

"बुर्ज पर चाँदनी रात में पेट्रोमेक्स जलाने का तो एक मतलब भी हो सकता है। ठीक है, सिवेन्दर मिसर का बेटा जितेन्दर मिसर आसमान में बत्ती जलाता है तो अपना जलाता है, गाँव में भी थोड़ी रोशनी हो जाती है। मगर, इस ऊसर जमीन को तोड़कर किसलिए बरबाद कर रहा है, समझ में बात नहीं आती।··· कुछ आमदनी क्यों नहीं होती है ? हर साल, कोसी की बाढ़ से मारे हुए इलाके के लोग, सहरसा

जिला के मवेशीवाले किसान अपनी गाय-भैंस लेकर आते हैं। दो रुपया फी गाय और तीन रुपये हर भैंस का तो बँधा हुआ है। दस हजार की आमदनी हर साल होती थी, जित्तन को !"

"सुना नहीं आपने ? उसका सिपाही-कम-ए-डी-कौं रामपखारन सिंघ कह रहा था–गुलाब की खेती में खूब फायदा है। बौवाजी गुलाब की खेती करेंगे।"

"हा-हा-हा-हा-हा !"

–घर्र-घर्र-घर्र-घर्र-र-र ! ड-बॉ-क् ! सरकारी कुएँ की जंजीर घरघराती हुई कूप के अन्दर गयी।

"मार परती तोड़ के छोड़ दिया मिसर के बेटे ने !" पनघट पर आकर किसी ने सनसनाती हुई खबर दी।

"हैं-हैं, क्या कहा ? परती तोड़ दिया ? हाय रे दैया ! अब तो निपट्ट पगला हो गया दीदी ई तो। ठीक पगला गया अब कि ! ठीक, ऐसे ही कीहिन थे,··· आकि देखो, टीकापट्टी के सूरतदास। गाँव का लँगटा-लुच्चा से लेकर भला-पुराना लोग मना करते थक गये। कुछ नहीं बूझे। बोले कि हम मण्डिल-उण्डिल कुछ नहीं मानता है, मण्डिल अपने जगह पर है, इतना जमीन काहे फाजिल रहेगा ? हम उसमें हँसपताल खोलेगा।··· खोलेगा तो खोलेगा ! खोलने से ही तो नहीं होता है। हँसपताल खोल दीहिन, डाँगडर बैठा दीहिन, मारे कण्टर-के-कण्टर दवा लाके ढेर कर दीहिन। आकि देखो, ऐसा हुआ दी-दी-ई-ई, कि एक्को रोगी नहीं बचा हँसपताल के डाँगडर के हाथ से ! अरे आराम नहीं हो, नहीं होवे। सब-के-सब रोगी मर कैसे जायेगा ?··· आकि देखो, इसी को कहते हैं नीयत। दस आदमी के मन के खिलाफ देवता भी नहीं चलता है।···आकि देखो, देख लेना इसका भी वही हवाल होगा··· हाँ-आँ-आँ !" गंगोलाटोली की फेकनी की माय की आवाज परानपुर के लोग दो कोस दूर से ही सुनकर 'सुवाद' लेते हैं। यदुवंशी टोली के भिखारी सिंघ की बेटी सेमियाँ इस बार मिडिल में गयी है। स्कूल में खेल-कूद में बराबर फर्स्ट होती है। लेकिन, इस टोली के लोग जानते हैं कि वह नामी बतकट्टी है। बतकट्टी ?··· जो बात को घास की तरह काटकर अपनी गाय को खिला दे। बात काटने का ऐसा मौका कैसे छोड़ दे ! झनकती हुई बोली–"जंजीर छोड़ के गला भाँजा करो फेकनी की माय ! एक तुम्हीं पानी भरनेवाली तो नहीं ? तुमको घर में कोई काम न हो, मुझे तो अभी जाकर तीन पेज हेण्डरैटिंग लिखना है। पत्तरचन्निरका रटना है !···परती तोड़ते हैं जितेन्दर बाबू अपने बाप की। उनका भैंसा है, वह कुल्हाड़ी से ही नाथेंगे। दूसरों की छाती क्यों फटती है–मेरी समझ में नहीं आती बात !"

–घर्र-घर्र-घर-घर-ड-बॉ-क् !

"अरी पलटा की माँ, सुनती है ? तू उस समय पूछ रही थी न, कि गुलाब की खेती करके क्या करेंगे जित्तन बाबू ? देखती नहीं कि गुलाबबाग लगाने के पहले ही 'चल-चल चमेली बाग में फुलगेन्दा चढ़ाऊँगी' जैसी उँचली एड़ियावाली छौड़ियाँ

सब तैयार हो रही हैं।" भूमिहारटोले की बिधवा फुहा दी ने मीठी चुटकी ली।

और, बात लग गयी जाकर ब्राह्मणटोली की बिमला की मौसी को। उसकी बेटी भी जूता पहनती है, स्कूल जाती है। सेमियाँ से बहिनापा है उसकी बेटी का। गन्दे कपड़े में साबुन लगाती बोली–"तुम्हारी ससुराल तो गुलाबबाग मेले के पास ही थी। तकदीर में गुलाबबाग का शौक लूटना लिखा रहे तब तो ?"

उधर फेकनी की माँ नागिन की तरह फुफकार उठी–"आब ऊ जमाना नहीं कि बाभन-छतरी मनमानी करे और सोलकन्ह लोग–आकि देखो, छोड़ के बात कहे ! इनकिलाफ तो इनकिलाफ।" कमर से घड़ा उतारकर, अपने बँधे हुए बालों को खोल लेती है। फिर कमर पर दोनों हाथ रखकर नाचने का अभिनय करती हुई कहती है–"आकि देखो, सलीमा-ठेठर का डानस ऐसा डँसेगा बाभन-छतरी की बेटी-पुतोहु को-ओ-ओ-ओ, कि एक तो ऐसे ही–एके बहुरिया पाँच तोहर बर, कोई सूते दुआरदालान कोई-कोहवर···।"

अन्तिम चरण कहते समय फेकनी की माँ ने ठीक ताल पर ही धरती पर पैर पटका–एके बहुरिया के बाद–धम्म, पाँच तोहर बर के बाद–धम्म !

"खबरदार, बाभन-छतरी की बेटी-पुतोहु का नाम मत लो !"

फत्तू खलीफा की दूसरी घरवाली नवविवाहिता, फारबिसगंज के बाजार के पास की लड़की है। ओढ़नी में बधना छिपाकर बहुत देर से खड़ी थी। आजिज आकर बोली, ओढ़नी के अन्दर से ही–"आ-अल्ला ! बाहर आओ तो बाहर भी कच-कच कजिया और भीतर मियाँ की बोली और कैंची का कच-कच। इस कच-कच से अल्ला कसम···।"

भट-भट-भट-भट-भट··· !

उत्तर में नये बादलों के दल तैयार हो रहे हैं। जित्तन बाबू ने पाइप सुलगायी, घड़ी देखी और टैक्टर की चाल तेज की–और एक घण्टा !··· इस मूसलाधार वृष्टि में लोग अपने मन के हुलास को किस तरह दबाकर चुप हैं ? कहीं कोई गीत की एकाध कड़ी भी सुनायी पड़ती है ? जेठ के बादलों को देखते ही जहाँ के लोग सुख-दुख को भूलकर अलाप उठते थे, वहाँ रिमझिम का सुर सूना पड़ा हुआ है।··· भट-भट-भट-भट !

जित्तन बाबू ट्रैक्टर के ताल पर गुनगुनाने लगे, गाँव का बरसाती गीत। अभी भी याद है कुछ पंक्तियाँ, एक करुण, मायामय गीत की–

मचिया बैसली-ई-ई··· मालिन बेटी रे मोहनियाँ-याँ-याँ !
राम रे-ए-ए-ए,ओरमल लामी-लामी केशिया-रे-काहे तो रे-ए··· !
भट-भट-भट-भट-भट-भट, भट-भट-भट-भट-भट-भट···
डाली भरी फूलबा-बा-बा-रे मौलिये गेल अँखियाँ-या-याँ

राम रे-ए, हेरि-हेरि केकर पन्थ रोवई रे मोहनि-याँ-याँ !

भट-भट··· !

"हु-जू-उ-उ-र ! बौवाजी !"

मीत ने उलटकर देखा। जित्तन बाबू की भी आँखें मुड़ीं–रामपखारन सिंघ बेतहासा दौड़ा आ रहा है। जित्तन बाबू ने इंजन को बन्द कर दिया। भट-भट-भर्र-र्र-र !

"क्या है ?"

"केयटटोली के लठैतों को लुत्तो ने कलमबाग के पास जमा किया है। कहता है, लाश गिरे तो गिरे, लेकिन मवेशी कलमबाग होकर ही हाँकेंगे !" रामपखारन सिंघ हाँफने लगा।

"तो मेरे पास क्यों दौड़ आये !" जित्तन बाबू ने विरक्त होकर कहा।

"हुकुम··· !"

"हुकुम-उकुम कुछ नहीं। तुम लोग सिर्फ बात बनाना जानते हो !" जित्तन बाबू ने ट्रैक्टर स्टार्ट किया–भड़र्र-र्र-भट-भट··· ।

ट्रैक्टर गाँव की ओर चला।

कुँजड़ाटोली के पास एकत्रित लड़कों ने नारा लगाया :

–जमींदार का बिख का दाँत,
–तोड़ेंगे–तोड़ेंगे !
–जमींदार का माथ-हाथ,
–तोड़ेंगे–फोड़ेंगे !

जित्तन बाबू का ट्रैक्टर जब करीब आया तो लड़कों ने और जोर-जोर से नारे लगाये। सिर्फ अन्तिम लाइन कहने की हिम्मत नहीं हुई–'जमींदार का माथ-हाथ, तोड़ेंगे-फोड़ेंगे !' ट्रैक्टर आगे बढ़ जाने के बाद सबसे बड़े लड़के ने टीन के भोंपे में मुँह लगाकर एलान करना शुरू किया–"जा रहा है, जा रहा है। केयटटोली पर जुलुम करने जा रहा है। इसी तरह यह हर टोले पर जुलुम करेगा। आज केयटटोली पर हमला किया है, आज ही मुकाबला करके दाँत खट्टा कर दो। चलो !" हवेली के दक्खिनवाले कलमबाग में काफी लोग जुटे हैं। हर आदमी के हाथ में लाठी, भाला, गँड़ासा अथवा झण्डा है। कागज का ही सही, मगर झण्डा है। ट्रैक्टर पहुँचते ही सबके चेहरे एक साथ तमतमा उठे। जित्तन बाबू ने ट्रैक्टर में बैठे-बैठे सामने के आदमी से पूछा–"क्या बात है ? क्यों भीड़ लगा रखी है तुम लोगों ने ?"

लुत्तो आगे बढ़ आया। उत्तेजित होकर बोला–"आपने क्या समझ लिया है, गरीबों का कोई माय-बाप नहीं है ?"

"तुम कौन हो ?" जित्तन बाबू ने पाइप से धुआँ निकालते हुए कहा, "मैं तुमसे बात नहीं कर रहा।"

"मैं··· मैं··· कौन हूँ ? वाह रे ! आप इतना भी नहीं जानते। मैं जनता का लीडर

हूँ।"

"जनता के लीडर को मालूम होना चाहिए कि किसी के कलमबाग में दल बाँधकर लाठी-भाला लेकर घुस आना गैरकानूनी है।"

"कानूनी-गैरकानूनी हम लोग कुछ नहीं जानते। कलमबाग होकर मवेशी हम हाँकेंगे, हाँकेंगे।" भीड़ से एक आवाज आयी।

"इसके चलते एकाध लहास गिरे तो गिरे।" दूसरी आवाज !

"कलमबाग भी हमारा है।" तीसरी आवाज !

"हमारा है, हमारा है !" सम्मिलित आवाजें।··· कुछ नौजवानों ने कूद-फाँद करना शुरू किया। एक बूढ़ा ताल ठोककर नाचने लगा।

लुत्तो के ओठों पर कुटिल मुस्कराहट खेलने लगी। उसने हँसते हुए हाथ उठाकर कहा–"अभी हल्ला नहीं।··· ए ! औडर, औडर !"

लुत्तो की 'जनता' शान्त हो गयी। जित्तन बाबू ने बाग के माली को पुकारा, "शिवसरन ! शिवसरन !"

"हम यहाँ हैं।" भीड़ के बीच से शिवसरन ने जवाब दिया।

"अरे ?" जित्तन बाबू ने जरा हँसकर कहा–"जनता में तुम भी हो !"

"अचरज काहे लगता है आपको ? हाँ, हाँ, है 'जनता' में, सभी गरीब 'जनता' के साथ हैं।" लुत्तो ने कहा।

"और 'जनता' तुम्हारे साथ है ?"

"जरूड़।"

"इसलिए 'जनता' को लेकर दिनदहाड़े डकैती करने आये हो ?"

"गरीबों के लीडर को तुमताम मत कहो।"

"हम भी आपको 'जितना' कहेंगे।"

"तुम-तुम, जितना मिसर, तुम-तुम !"

"दुम-दुम, घोड़े का दुम-दुम।"

"एक बार बोलो, कलेजा खोलकर–गरीबों के नेता लुत्तो बाबू की-ई-ई··· "

"जै, जै, जै !"

गाँव के नाका पर हवलदार साहब रहते हैं। साथ में एक कॉन्स्टेबल को लेकर हड़बड़ाये हुए आये–"का जी, का बात है ? ई भीड़ काहे खातिर लगाया है ?"

"हवलदार साहब, इस हिटलरसाही का कोई जवाब है ?" लुत्तो से हवलदार की पुरानी साँठ-गाँठ है–"दादा आदम के जमाने से इस बगीचे के बीच रास्ता है। आज बन्द कर रहे हैं। चारों ओर के खेत में फसल लगी है, लोग मवेशी किस रास्ते से हाँकेंगे ?"

जित्तन बाबू ट्रैक्टर पर चुपचाप बैठकर पाइप खींच रहे हैं। हवलदार ने ट्रैक्टर के पास आकर ज़रा मद्धिम आवाज में कहा–"बाबू साहेब ! बेकार का बखेड़ा काहे करते हैं ! जमाना नाजुक है। जब जैसी हवा चले···।"

"क्या मतलब ? आप देख रहे हैं न ! इतने लोग लाठी-भाला लेकर मेरे कलमबाग

में जुटे हुए हैं। मैं अकेला हूँ, निहत्था हूँ, अपनी जमीन पर खड़ा हूँ।··· बखेड़ा मैं कर रहा हूँ ?"

"रास्ता बन्द करना मुनासिब नहीं है।" हवलदार को जित्तन बाबू की बोली से ही पता चल गया कि इस आदमी को एक 'पुलीसी घुड़की' में ही किनारे किया जा सकता है।

जित्तन बाबू हँसे—"गैरमुनासिब, नाजायज या गैरकानूनी काम करनेवालों के लिए हमारी सरकार के पास बहुत-से यन्त्र-तन्त्र हैं।"

हवलदार साहब पगड़ी की जुल्फी को ठीक करते हुए यन्त्र-तन्त्र का मतलब ढूँढ़ने लगे। जित्तन बाबू के बारे में इतना ही मालूम था कि गाँव के जमींदार का आवारा बेटा है, जो शहर में रहकर खूब रुपैया उड़ाता है।··· इस हाथी को फँसाने के लिए पिछले डेढ़ महीने से थाना कांग्रेस के प्रेसिडेण्ट साहब, बड़े थानेदार साहब से सलाह-मशविरा कर रहे हैं।··· उधर, अब तक चुपचाप भीड़ में एक हल्की हँसी लहरायी—"वाह रे हमारी सरकारवाला !···इसी का सरकार है, बपौती ! हा-हा-हा-हा !! पण्डित प्रेममिलिस्टर का मुँह देखो जरा ! ही-ही-ही-ही ?··· हवलदार साहब, बेकार क्यों देरी कर रहे हैं !"

"तऽ आप कनूनियें कर्रवाय चाहते हैं ?" हवलदार साहब ने मानो बहुत गम्भीरता से सोचकर चुनौती-भरा सवाल कियाा—"कर द कानूनी कर्रवाय ?··· हमको का है ? अभी दन्न दने टीशन में जाकर टेलीफोंक कर देते हैं। बड़ा दारोगा साहब आकर दफा एक सौ चौआलिस लागू कर देंगे। ठीक है··· !"

जमाना वास्तव में नाजुक है। दस मिनट में ही लुत्तो ने एक 'पैण्ड'[1] तैयार कर लिया। बोला—"हवलदार साहेब, बगीचा शिवसरन को अधिया है। हाँ, हाँ—बटैयादारी है !"

"तनाजा दिया है शिवसरन ने ?" हवलदार साहब ने पूछा।

"नहीं दिया है तो क्या ? तनाजा देने में क्या लगता है ? अभी तुरत पड़ जायेगा। मेरे लिए सर्वे कम्फ का दरवाजा कभी बन्द नहीं हो सकता। हाकिम ने खुद कहा है—रात में बारह बजे भी यदि कोई तनाजा देना चाहेगा, हम लेंगे।"

"अब का कहते हैं आप, मिसरजी ?" हवलदार ने आँख चमकायी।

"मैं आपसे पूछता हूँ, आप क्या कर रहे हैं ?" जित्तन बाबू की आवाज तेज हुई।

"आँख लाल मत करिये बाबू साहेब !··· आपको पुलिस से मोलाकात नहीं हुआ है।"

'ठीक है, आप आज भेंट-मुलाकात करा दीजिए। बड़ी मेहरबानी··· ।"

जित्तन बाबू उछलकर ट्रैक्टर से उतरे। मीत अब तक सिर्फ जित्तन बाबू की जबर्दस्ती से चुप था। कान पकड़े रहने का अर्थ ही है, एक शब्द नहीं, चूँ नहीं !

---

1. प्वायण्ट

··· जित्तन बाबू से पहले ही वह धरती पर कूद चुका था—बॉख-बॉख-बॉख !

हवलदार साहब पीछे की ओर हटे और उनकी साइकिल झड़झड़ाकर गिर पड़ी। साथ ही, दिलबहादुर की किकियाहट शुरू हुई—"छिँ-उँ-उँ-उँ छिँ-उँ-उँ-उँ !"

दिलबहादुर, न जाने कब, ट्रैक्टर के पीछे आकर खड़ा हो गया था। जित्तन बाबूके उछलते ही वह खुकरी निकालकर नचाने लगा—"काट-छूँ ?··· काटी दिन्छूँ। जय पशुपतिनाथ, जय दन्तऽकाली। मऽतऽकाटि दिन्छूँ-उँ··· छिँ-उ-उ-छिँउ !"

हवलदार साहब की साइकिल गिरी, दिलबहादुर विकट आवाज में कचकचाकर काट देने को टूटा। मीत तब तक दो-तीन से भिड़ चुका था। छत्रभंग···! लोग एक-दो कर भागने लगे और लुत्तो को भागते देखकर उसकी 'जनता' उससे पहले भागकर—पाट के खेत में जा छिपी।

हवलदार साहब के साथ जो कॉस्टेबल आया था और अब तक चुपचाप खड़ा था, जित्तन बाबू के पास दौड़ गया—"जित्तन बाबू ! कुत्ते को क्यों बुलाते हैं ? दाजू को सँभालिए पहले ! वह मुफ्त में दो-तीन को काट देगा, एकदम साफ खतम कर देगा खुखड़ी से··· !"

"छिँ-ऊँ-ऊँ-ऊँ !" दिलबहादुर पागलों की तरह चिल्ला रहा था, हाथ की नंगी भुजाली चमचमाती थी, उसके सुनहले दाँत की पंक्तियों से मानो आग की चिनगारी छिटककर निकल रही थी—"म-त-काटछूँ-ऊँ-ऊँ ! त्यो लुते लाय काटछूँ-ऊँ-ऊँ-ऊँ !"

"हँम जानता है। अकेला मान्छे को घेरकर मारने को वास्ते आया ! जै दन्तकाली ! रगत पीयेंगा। काटछूँ-ऊँ-ऊँ !"

हवलदार साहब साइकिल के पैडल पर पाँव रखते हुए चिल्लाये—"अभी-अभी, तुरत हम टेलीफोंक करते हैं। एसपी, डीएसपी सबको फौरन फोर्स लेकर··· !"

मीत मान गया, लेकिन दिलबहादुर पर जित्तन बाबू की पुकार की कोई भी प्रतिक्रिया नहीं हुई।

नारे गूँज रहे हैं—खवासटोली में, कुर्माटोली में, केयटटोली में ! हो-हल्ला हर टोले में बढ़ने लगा, बढ़ता ही गया। जित्तन बाबू ने दिलबहादुर को पुचकारकर कहा—"दाज्यु। अस्तो न गर न मेरो दाज्यु।···भने को कुरा सुनऽ-ऽ !···ऐसा मत करो। बात सुनो, दाज्यु। भाई !"

प्यार-भरी बोली सुनते ही दाज्यु सहज हो गया। गम्भीर होकर बोला—"अगाड़ी आप हबेली तिर फर्केगा।··· पहले आप हबेली की ओर जाइये।"

सुरपति ने देखा, जित्तन बाबू का चेहरा सिंदुरिया आम की तरह लाल हो गया है। आरक्त मुखमण्डल ! ललाट पर कई नयी रेखाएँ खिंच आयी हैं। वक्र ओठों से घृणा मानो टप-टप चू रही है।··· सुरपति को घटना की पूरी खबर लग चुकी है। उसकी इच्छा हुई कि दौड़कर जाये और कुशल पूछे। किन्तु, कुछ सोचकर वह गेस्ट-हाउस की खिड़की से चुपचाप देखता रहा।··· अभी जाना अच्छा नहीं !

जित्तन बाबू अपने बँगले के बरामदे में पड़ी कुर्सी पर बैठकर मडबूट उतार रहे हैं। गोबिन्दो ने आकर कुछ पूछा और कोई संक्षिप्त उत्तर पाकर अन्दर भागा।··· खाना कितना अच्छा बनाता है गोबिन्दो ! सुरपति अपनी तलहथी सूँघता है–शुद्ध घी में फ्राय किया हुआ बासमती चावल का भात, मूँग की दाल, डिमझोल ! कागजी नीबू-पुदीना के हरे कतरे पत्ते। दही, मिठाई और आम ! गोबिन्दो ने आज तक ऐसा आदमी नहीं देखा, जो मुर्गी का अण्डा खाता है, लेकिन मांस-मछली नहीं।

"रात में पानी पोड़ गया कि नेहीं। इसी वास्ते पुकुर का माछ नेहीं पकड़ने सका ! फिन रात में माछ।···आप माछ नेहीं खाता ? माँस भी नहीं ? आर डीम खाता है ?" ··· गोबिन्दो के ओठ बाहर की ओर निकले हुए हैं, चोंच की तरह। आश्चर्यित होने पर और भी नुकीला हो जाता है, उसका चेहरा।

जित्तन बाबू गेस्ट-हाउस की ओर आ रहे हैं।··· रेशमी बर्मी लुंगी, कपड़े के फीते से बगल बँधा हुआ कुर्ता और पाँव में खड़ाऊँ !

"भोजन हो चुका, मिस्टर राय ?" जित्तन बाबू ने बाहर से ही पुकारकर पूछा।

"जी हाँ। अब आप भोजन करें।···"

"गोबिन्दो से बातचीत··· यानी जान-पहचान हो चुकी है आपकी ? तब ठीक है।" जित्तन बाबू हँसकर बोले।

सुरपति अवाक् होकर देखता रहा··· जित्तन बाबू हमेशा इसी तरह मुस्कराते रहते हैं क्या ?

जित्तन बाबू बोले–"गोबिन्दो की सूरत देखकर आपको कुछ पता चला ? बासठ साल उम्र बतलाता है अपनी। बचपन से ही चूल्हा फूँकने और रसोई करने के सिवा उसने और कोई काम नहीं किया। दस वर्ष की उम्र से ही हमारे यहाँ है। हा-हा-हा ! उसकी पैनी नुकीली नाक और चोंच, मैं समझता हूँ पाक होते हुए पदार्थों को सूँघते-सूँघते ही शायद··· ।"

सुरपति अपनी हँसी को जब्त करने में व्यस्त था। अचानक ठठाकर हँस पड़ा–"हा-हा-हा-हा !" ठठाकर हँसता है सुरपति। तब जित्तन बाबू से दोस्ती होने में देर नहीं, अब।

"जित्तन बाबू का पहड़िया नौकर नंगी भुजाली भाँज रहा है ! अभी भी ?"

"सुनते हैं, उसके हाथ से भुजाली छूटती ही नहीं !"

दिलबहादुर की नाचती हुई तस्वीर ! हाथ में नंगी भुजाली ! सुनहले दाँत से आग की चिनगारी छिटकती··· मऽतऽकाटछूँ। काटी दिन्छूँ ! सभी टोली की आँखों के आगे नाच-नाच जाती है वह तस्वीर ! हर जगह इसी बात की चर्चा है।

"क्या कहा रूदल साह ने ? पगला गया परबतिया ?"

"हाँ, हाँ। उसको हवेलीघर में बन्द करके रखा गया है, ताला-चाबी में !"

"कहाँ ताला-चाबी ? हम अभी अपने चसम से देख आये हैं। नंगी भुजाली हाथ

में लेकर, कलमबाग में उत्तर से दक्खिन, फिर दक्खिन से उत्तर, पलटनियाँ-परेड कर रहा है।"

यों, गाँव में ऐसी-ऐसी घटनाएँ हमेशा होती रहती हैं। किसी की जमीन की मेंड़ एक इंच इधर-से-उधर हो जाये, सिर पर खून सवार हो जाता है, तुरत। बात पीछे, पहले काम।··· खेत की सीमा या मेंड़ तोड़नेवाले किसान को लोग सींगवाला आदमी कहते हैं। सींगवाला आदमी हमेशा लड़ने की चुनौती देता है : 'जिसकी मेंड़ टूटी है, वह अमीन बुलावे और खर्चा देकर खेत की पैमाइश करवाये !'··· और अमीन लाकर खेत की मेंड़ का फैसला करवानेवाले को सभी मन-ही-मन, बिना मूँछ का आदमी समझते हैं। 'सीधा रास्ता है, उसने एक बालिश्त मेंड़ तोड़ी है तो तुम मेंड़ को ही उड़ा दो।··· घर आकर लाठी में तेल लगाओ !'

सर्वे के समय मेंड़, आल, पगडण्डी, डगर तथा निकास के झगड़े बेतरह बढ़े हैं। हर सप्ताह दो-तीन फौजदारियाँ होती हैं। किन्तु, कलमबाग की घटना ने सारे गाँव को हिला दिया है। 1934 वाले भूकम्प के दिन भी गाँव में ऐसा कुहराम नहीं मचा था।

"लुत्तो ने तार दिया है पटना ?"

"जरूर दिया होगा। वह भी छोड़नेवाला बेटा नहीं है।"

"हवलदार साहब को भुजाली से काटने दौड़ा ! खेल है ?"

"दाजू को··· साले परबतिया को कालापानी होगा।"

"परती को जोतने का फल हाथों-हाथ मिलेगा मिसिर के बेटे को।"

लुत्तो शहर फारबिसगंज से लौटा है, सायकिल पर। हवलदार साहब भी चार बजेवाली गाड़ी से थाना में खबर देकर लौटै हैं।

लुत्तो के सभापतिजी ने कहा–"असल में काम का सिडूल ही खराब कर दिया तुम लोगों ने। आखिर सिडूल का क्या माने हुआ ? पहले से ही जिस काम के सभी रास्ते साफ़ कर लिये जाते हैं, उसी को सिडूल किया हुआ काम कहते हैं। सिडूल कर दिया था कि लुत्तो कुर्मटोली और खवासटोली के लोगों को लेकर कलमबाग में जायेगा और हल्ला मचायेगा, नारा लगायेगा।"

"सो तो किया !" लुत्तो ने कहा।

"अच्छा, तब सिडूल था कि बालगोबिन हरिजन अपने टोले के हरिजनों को लेकर दूर से ही कुहराम मचाता हुआ आवेगा।" सभापतिजी ने कहा।

"पूछिए, बालगोबिन से। इसलिए, उसको भी ले आये हैं। हमारा जो फरज था, जो धरम था, सो हम किया।"

बालगोबिन मोची ने थूक निगलते हुए कहा–"मैं जब-जब आऊँ, लुत्तो बाबू हवा हो गये थे।"

"हट्ट !" लुत्तो कड़ककर कहता है–"झूठा आदमी कहीं का ! हमको खूब पता है सभापतिजी ! यह अपने घर में घुसा हुआ था। गाँव के लोगों से कह दिया, यह हरिजनों का मामला नहीं। इसमें बेकार जान देने कोई क्यों जायेगा ? झूठा कहीं का ! आखिर जात का असर··· । हमको कहता है कि हवा हो गये !"

"देखिए, सभापतिजी ! यह इसी तरह हमेशा हट्ट-हट्ट कर धोपता है, हमको। जात का नाम लेकर मसखरी करता है। समझा दीजिए !" बालगोबिन मोची ने हाथ जोड़कर विनती करते हुए कहा–"हमेशा चमार-चमार कहता है। कहता है, यह राजनीयत की बात है, ढोल-पोंपी बजानेवाले क्या समझें··· ।"

सभापतिजी बोले–"तब सिड्यूल था, बीरभद्दर बाबू अपने दल के साथ कलमबाग पर हमला बोल देंगे। इसके बाद नाका के हवलदार साहब जाकर दफा 144 लगा देंगे। इस सिड्यूल की सफलता से तत्काल फायदा तो यह होता कि जनाब जित्तन साहब क्या, हवेली का एक कौआ भी मुँह में आम नहीं लगा सकता। एक फसल की बरबादी होती। असफलता का कारण··· ।"

थोड़ा-थोड़ा दोष तीनों के मत्थे थोपकर सभापतिजी ने समझाया–"आप तीनों की गलती है, थोड़ी-थोड़ी। भविष्य में ऐसा नहीं हो। कोई परवाह नहीं, बहुत मौका है सामने। घबराने की बात नहीं। तीनों जने मिलकर काम कीजिए, कन्धा से कन्धा लगाकर !"

"सो, लुत्तो बाबू कन्धा में कन्धा भिड़ाने दें, तब तो ? केंहुनाठ कर रखते हैं हमेशा हमको !" बालगोबिन मोची ने फिर अरजी की।

सभापतिजी ने आँख की कनखी मारकर लुत्तो को संकेत दिया···फुसला-चुमियाकर रखो इसको ! लुत्तो ने कहा–"तुम कायरता की बोली बोलना छोड़ो तब तो !··· जो बात बोलने कहेंगे सो तो बोलोगे नहीं। राजनेतिक बात को ढोल बजा-बजाकर सारे गाँव में पहले से ही परुपगण्डा करने से काम बिगड़ेगा नहीं ?"

लुत्तो ने बालगोबिन मोची से रास्ते में कहा–"यह मत बोलना कि सभापतिजी ने कहा है कलमबाग के मामले में जान नहीं है, आगे बढ़ने का !···कहना होगा, खबर दिल्ली तक चली गयी है–नेहरूजी के पास ! तब, वहाँ से खबर अखबार में छप जायेगी। इतना-सा झूठ बोलने में क्या लगता है ! नहीं तो, टोले के लोगों को तो जानते ही हो। तुरत, धोती ढीली हो जायेगी !"

धोती ढीली हुई उस दिन बहुत लोगों की।··· भरी बैठक में !

सोशलिस्ट पार्टी के जयदेवसिंह और रामनिहोरादास का आपसी मतभेद इतना बढ़ गया कि भरी बैठक में ही दोनों के दलवाले लड़ पड़े।··· जयदेवसिंह परानपुर पार्टी का इनचार्ज है और रामनिहोरादास ऑफिस सेक्रेटरी। जयदेवसिंह से उसकी हमेशा लड़ाई हुई है–बचपन से ही। स्कूल के मास्टर साहब ने नाम रखा था–सुन्द-उपसुन्द !··· सो जयदेवसिंह को विश्वासी साथियों से पता चला कि

रामनिहोरादास के पास पार्टी की पुरानी रसीदबही है जिस पर वह चुपचाप चन्दा वसूलता है, खाता है। बात खुली, जब सिरचन बढ़ई ने आकर जयदेवसिंह के पास फरियाद की—"बावन रुपये का है पलँग, बाबू साहेब ! पलँग बनवाकर ले गये रामनिहोरा बाबू। एक महीना दौड़ने के बाद, दाम के नाम पर एक डिबलूकट रसीद काटकर दीहिन हैं। रसीद लेकर हम क्या करें ?"

बैठक के दिन जयदेवसिंह को खबर मिली—रामनिहोरादास ने अपने शिष्य-साथियों में भी जिल्द वितरण की है। वे लोग, हाट-बाजार में रुपया-अठन्नी का सामान खरीदकर हाथ में रसीद थमा देते हैं। जयदेवसिंह ने इतना सुन लेने के बाद भी रामनिहोरादास पर कोई सीधा चार्ज नहीं लगाया। जयदेवसिंह रोनी सूरत बनाकर प्रार्थना-भाषण की भाषा में पार्टी मोरेल पर प्रवचन की तैयारी करने लगे कि रामनिहोरादास मुट्ठी बाँधकर खड़ा हो गया—"कमानेवाला खायेगा !"

उसके शिष्य-साथियों ने दुहराया—"इसके चलते जो कुछ हो !" रामनिहोरादास को भी मालूम है, सबकुछ। वह बोला—"पार्टी किसी की बपौती जमींदारी नहीं। इनचार्ज बेईमानी करे, रुपया हड़प जाये। चाहे पार्टी को जहन्नुम में भेज दे, कर्ज चढ़ाकर। कोई बात नहीं। अपने पॉकेट-कॉमरेडों की बीवी-दीदी-फुफुओं के लिए चुनाव-फण्ड से पैसे निकालकर दिये जाते हैं। साड़ी-सेमिज-ब्लाउज के लिए··· हाँ, हाँ ! रामनिहोरादास प्रूफ देगा। चौबीसों घण्टे काम करनेवाला साथी यदि चार-आठ आने पैसे बतौर मदद के ले लेता है तो बात हाय कमाण्ड तक पहुँच जाती है—पटना !"

इसके बाद छड़ी, छाता, झोली, टार्च, थप्पड़, खड़ाऊँ आदि से सबकुछ फैसला हो गया और बैठक की कार्यवाही समाप्त हो गयी !··· गाँव के लड़के आपस में बात करते समय कहते हैं—उस दिन से दोनों दल के बाबुओं की धोती ढीली ही है। पार्टी में फूट होने से यही होता है। सूद के साथ मूल भी पार !

लुत्तो अपनी पार्टी को मजबूत करने के लिए बालगोबिन मोची की बात सह लेता है। बालगोबिन मोची कहता है—"राजनीयत··· !"

लुत्तो समझाकर कहता है—"राजनीयत नहीं, राजनेति कहो।"

"दाजू", ताजमनी दिलबहादुर को बैठाकर समझा रही है—"जित्तन बाबू पर हमेशा नजर रखना। गाँव के लोगों के सिर पर शैतान सवार है। क्या जाने, कब क्या कर गुजरें !"

दिलबहादुर ने अपनी सुनहली मुस्कराहट को समेटते हुए कहा—"हुन्छ ! त्यो मूजी लुते···। उस मूजी लुत्तो को मैं खूब पहचानता हूँ।"

दिलबहादुर ने अच्छी तरह समझ लिया है, ताजमनी के सिवा इस गाँव में जित्तन बाबू को प्यार करनेवाला कोई नहीं।··· माया को कुरा ! प्रेम की बात भला छिपी रहे ? किन्तु, दिलबहादुर की समझ में यह बात नहीं आ रही कि ताजमनी हवेली

के अहाते में पैर क्यों नहीं देती !

कटोरदान में चन्द्रपुड़ी बन्दकर ताजमनी बोली—"ठहरो दाजू, पकवान जरा चख लो, तब जाना।"

दिलबहादुर चुपचाप बैठा ताजमनी की ओर देखता रहा··· कस्तो राम्री ! कितनी प्यारी है यह ताजमनी ! उँहूँ, वह ताजमनी नहीं कहेगा ताज्दी कहेगा—"ताज्दी, मेरो भाग भी इसी में डाल दीजिए। जितूदाजु कभी अकेले कोई चीज नहीं खाते। थोड़ा भी हो, लेकिन बाँटकर खाते हैं।"

जित्दाजु ! दिलबहादुर नौकर नहीं। जित्तन बाबू ने बहुत समझा-बुझाकर दिलबहादुर से भाईचारे का रिश्ता कायम किया है।

बारह-तेरह साल से जित्तन बाबू के साथ है वह। आज भी दिलबहादुर कभी-कभी उस दिन को याद करता है।··· अपने देश की सीमा पार कर जोगबनी स्टेशन के प्लेटफार्म पर बैठा, अचरज से भौंचक्का होकर सबकुछ देख रहा था। चारों ओर अचरज-ही-अचरज ! मालगाड़ी के इंजन ने सीटी दी और दिलबहादुर की आँखें आश्चर्य से चित्ती कौड़ी-जैसी हो गयीं। और, थोड़ी देर के बाद उसे हँसी आयी, इतना बड़ा जानवर और बोली इसकी—कू-कू ! दिलबहादुर ने इंजन की ओर देखकर नकल करते हुए कहा—'कू-कू !'··· प्लेटफार्म पर टहलते हुए एक बाबू साहब उसकी चेष्टाओं को बहुत देर से ध्यानपूर्वक देख रहे थे। पास आकर बोले—"बहादुर कता हिंड़े को ?··· कहाँ जा रहे हो बहादुर ?"

"तलऽतिर !" दिलबहादुर ने अपनी भाषा में ही संक्षिप्त उत्तर दिया। नीचे की ओर ! पहाड़ पर रहनेवाले, समतल भूमि को तलऽ कहते हैं। दिलबहादुर तीन नम्बर पहाड़ पर रहता है। नेपाल की तराइयों के उत्तर, तीन पहाड़ियों के बाद ! तीन नम्बर पहाड़ ! नीचे उतरने में चार दिन लग जाते हैं···।

एक छोटा-सा झरना। किनारे पर बसा पाँच घरों का गाँव, दिलबहादुर का गाँव। गाँव में सिर्फ बूढ़े, औरतें और बच्चे ही रहते हैं। लड़के जवान होते ही, तलऽतिर मधेश की ओर चले जाते हैं। हर साल लफटनबाजे दिलबहादुर के गाँव में जाते। हाल ही में जवान हुए पहाड़ी लड़के उन्हें हमेशा घेरे रहते। अचरज-भरी कहानियाँ सुनते-सुनते उनके दिल तड़प उठते, तलऽतिर उतरने के लिए। जहाँ नमक की कोई कमी नहीं है ! बिना तेल की रोशनी जहाँ जलती है ! टरेनगाड़ी, पानी-जहाज, हवाजहाज। लफटनबाजे का सिखाया हुआ गीत मिल-जुलकर गाने में कितना आनन्द आता था ! दिलबहादुर की देह के भी रोयें खड़े होते हैं !

धन-धन अँगरेजऽ स-र-कार
पानी मा जहाज चलाये को
धन-धन देवता सरकार···
आकाश मा जहाज उड़ाये को !

–लड़ाई मा मर्नाले सोझै स्वर्ग पुगिंच्छ ! लफटनबाजे कहते, लड़ाई में मरने से सीधे स्वर्ग पहुँच जाता है आदमी। यदि कोई पलटन में नहीं भर्ती होना चाहे, कोई बात नहीं। लफटनबाजे दूसरे किस्म के भी काम दिलवा सकते हैं।

किन्तु, उस बार लफटनबाजे ने कहा, "सिर्फ पलटन में भर्ती होनेवाले नौजवानों को ही ले जाऊँगा।" यों किसी ने पलटन में भर्ती होने की अनिच्छा नहीं प्रकट की थी, आज तक। दिलबहादुर पलटन में भर्ती होने से क्यों घबराये ! घबरायी थी उसे प्यार करनेवाली लड़की कांछीमाया–"दिले ! पलटन मा किन भर्ना हुने ?··· पलटन में क्यों भर्ती होने जाओगे ? मुगलान में बहुत तरह के काम हैं। धनमानबहादुर, जापला, मांगला, पिछले साल जो गये हैं–कोई भी पलटन में नहीं गये।··· पलटन में मत जाओ, दिले !" इसीलिए, दिलबहादुर ने लफटनबाजे से कहा–"पलटन में नहीं भर्ती होऊँगा !"

लफटनबाजे ने साफ जवाब दे दिया–"तब तुम हम लोगों के साथ नहीं जा सकते। क्योंकि, इस बार मैं उन्हीं लोगों को साथ ले जाने के लिए आया हूँ, जो पलटन में भर्ती होंगे।··· जिसका नमक खाओ, उसका बदला तो देना होगा ? रास्ते में रक्सी[1], ऊख की शराब, रम, अंग्रेजी, दारू में नहाते हुए जायेंगे मेरे नौजवान। भेड़-बकरी का ताजा गोश्त, मन लाग्ने कुरा, छोरी-केटी राम्री राम्री ! जिसके पैसे से स्वर्ग का सुख धरती पर भोगते जाओगे, उसका बदला तो देना ही होगा।"

कांछीमाया को सुन्तुला[2] के पेड़ तले, अँधेरी रात में समझाते-समझाते थक गया, दिलबहादुर। किन्तु, कांछीमाया उसको कलेजे से सटाकर बोली–"मेरो रगत खाने··· मेरा खून पीयो यदि पलटन में जाओ !"··· दूसरा नौजवान होता तो कांछीमाया की चिपटी नाक पर एक घुस्सा मारकर बेहोश कर देता और पलटन में चला जाता। किन्तु, दिलबहादुर ऐसा नहीं कर सका। कांछीमाया का खून वह नहीं पी सकता।

गाँव के नौजवानों ने दिलबहादुर को चिढ़ाया, "नाक में बुलाक पहन लो, दिले !" लड़कियों ने हँसी उड़ायी–"दिले ! तुम हम लोगों के साथ सुन्तुला चुनने को चलो। और क्या कर सकते हो तुम ?"··· गाँव के नौजवानों ने अपनी माताओं, बहनों, स्त्रियों और प्रेमिकाओं से विदाई ली। गाँव के बाहर झरना के किनारे तक पहुँचाने गये सभी। दूर से उनके गीत की कड़ी स्वर-तरंगों पर लहराती हुई आयी :

खुकरी भिरे-र जान्छौं,
हामी हरू जर्मन को धावै माँ-आँ-आँ !

–खुकरी से लैस हम जर्मन की लड़ाई में जा रहे हैं··· पलटनियाँ नौजवानों के जाने के बाद, दिलबहादुर भी एक दिन तिलऽतिर हिन्दुस्तान की ओर चल पड़ा !··· सुन्तुला की डाली पकड़कर खड़ी कांछीमाया की धुँधली तस्वीर, घने कुहरे में खो गयी ! वह ढलान की पगडण्डी से नीचे उतरता गया–अकेला ! राह में साथी मिले, बिछुड़े। पहाड़ी के घने जंगलों में, लकड़ी काटती हुई पहाड़िनों के झाउरे[2] का जवाब खूब रसा-रसाकर दिलबहादुर ने दिया। चीसापानी झोरा के पास सुनी झाउरे की एक कड़ी :

---

1. नेपाली देसी शराब 2. सन्तरा।

3. एक पहाड़ी लोकगीत, जिसमें राही से प्रश्न पूछे जाते हैं। राही भी गा-गाकर जवाब देता है।

मधेश तिरऽ हिंड़े को मांछे
शहर लख्नो कैले जाने-ऐं-ऐं-ऐं
गारद मा बस्ने मेरो लोग्निलाई··· !

—ओ, मधेश की ओर जानेवाले ! यदि तुम कभी लखनऊ शहर जाओ, तो वहाँ के गारद में रहता है जो भला आदमी, उससे कहना—तुम्हारा बेटा दौड़ना सीख गया है और काली बाछी को तीसरा बाछा हुआ है।···जंगल में लकड़ी काटते समय मेरे हाथों में सोने के चूर झनकेंगे—झनक-झनक ! सुनकर तुम निश्चय ही मुझे पहचान लोगे। कोई ऐसा काम न करना, लाज ले मरन गराई—लाज से मैं इसी जंगल में मर जाऊँगी !···

जंगल, जंगल ! ढलान, उतार ! उतरती राह, उलटकर कोई पन्थी नहीं देखता। दिलबहादुर उतरता गया। समतल में बसे नेपाली कस्बों के कुछ देशवासियों ने उसे अटकाने की कोशिश की; फुसलाया, डराया, मोगलान में लड़ाई हो रही है। बन्दूक की लड़ाई नहीं, ऊपर से बम गिरता है हवाईजहाज से।··· दिलबहादुर बम से क्यों डरे ! वह लड़ाई में भर्ती होने नहीं जा रहा। उस पर कोई क्यों बम गिरायेगा ? उसकी प्रेमिका, कांछीमाया ने सौगन्ध देकर कहा है, 'मेरो रगत खाने। चाँदी-सोने का पहाड़ भी मिले, पलटन में मत जाना··· ओ मेरो दिले ! कल से मैं तुम्हारी बाँसुरी नहीं सुन सकूँगी। मैं बैठी रहूँगी। तीन बार सुन्तुला की डाली में फूल लगेंगे। तीन बार सुन्तुला की डाली झुक-झुक जायेगी फलों से। सुन्तुला तोड़ते समय तुम्हारे गालों की याद आयेगी मुझे। तुम नहीं लौटोगे तो मेरी माँ मुझे उस नमक के बूढ़े व्यापारी के हवाले कर देगी। सुंगठी[1] की गन्ध उस बूढ़े की साँसों में बसी है।'

तीन साल !···तीन साल तक प्रतीक्षा में खड़ी रही होगी कांछीमाया। इसके बाद ? दिलबहादुर मन-ही-मन कहता है, इसके बाद क्या ? एत्रो !··· चार साल तो जेल में ही कट गये। कांछीमाया उसके लिए क्यों बैठी रहेगी ? उसका बच्चा दौड़ता होगा। उसका बूढ़ा बाप उसको परेड करना सिखाता होगा, लेफ्टऽ··· । दिलबहादुर क्या करे, पहाड़ से उतरकर उसने मधेश में पैर रखा ही था कि··· !

हाँ, दिलबहादुर पोलिटिकल सफ़रर है। और, पीड़ित-राजनीतिक-सहायता-कोषवाले उसकी क्षतिपूर्ति नहीं कर सकते। जित्तन बाबू अपने दिलबहादुर के बारे में सुना रहे हैं—"उसे मेरा नौकर मत समझिए ! वह मेरा बन्धु··· ।"

सन् बयालीस के फरार जित्तन बाबू से दिलबहादुर की भेंट जोगबनी स्टेशन पर हुई।··· शंटिंग करते हुए, इंजन की सीटी की नकल करते समय। जित्तन बाबू ने पूछा—"क्यों बहादुर, नौकरी करेगा ?"

"पलटन को काम छाडेर··· सब काम कर सकता है।"

जित्तन बाबू को अपनी साहबी पोशाक के उपयुक्त एक अंगरक्षक मिला। किन्तु

1. सूखी मछली

कटिहार पहुँचकर जब दिलबहादुर को विदा करने लगे, वह तन गया–"किन ?··· क्यों, काम में क्या गलती हुई ?" जित्तन बाबू ने समझाकर कहा–"मुझसे अच्छे साहब मिलेंगे तुमको।" किन्तु, दिलबहादुर तो उनके ही साथ रहेगा··· "दया करके दो-तीन दिन अपने साथ में और रखिए, फिर आपकी जैसी मर्जी।" और उसी रात को कटिहार धर्मशाला पर पुलिसवालों ने छापा मारा। सुबह को, गिरफ्तार आसामियों के बीच दिलबहादुर की उपस्थिति···जाल में फँसी मछलियों के बीच एक फौकचा मछली-जैसा !

दारोगा ने पूछा–"क्यों बहादुर ! तुम कैसे ? तुम भी आजाद दस्ता में है ?"

"होस ! होस !" दिलबहादुर ने कहा–"पलटन छाड़ेर–सब दस्ता में है।"

"पलटन में नहीं जायेगा ?" दारोगा ने पूछा–"जाओ तो छोड़ दूँ !"

दिलबहादुर ने दृढ़तापूर्वक कहा–"नहीं, हम पलटन में नहीं जायेगा। हम अपने साहब के साथ रहेगा।"···दिलबहादुर के साहब को सुबह की रोशनी में गौर से देखकर दारोगा साहब खुशी से चीख पड़े–"हैलो ! तो आप नेपाल से आ रहे हैं ? कहिए, हनुमाननगर रेड के बाद चले हैं आप ?"

पुराने परिचित पुलिस इन्सपेक्टर ने सफल शिकारी के उत्साह में कहा था–"लेते जाइए बहादुर को भी। वह आपको छोड़ना ही नहीं चाहता।"··· राजनीतिक बन्दियों के वार्ड में पहुँचकर जित्तन बाबू ने नया रिश्ता जोड़ा दिलबहादुर से–दाजुभाई !

जित्तन बाबू का तबादला हुआ। जाते समय कह गये–"दाजुभाई ! फिर भेंट होगी। तुम्हारी भी बदली होगी। सम्भव है, मैं आ ही जाऊँ। किसी मुकदमे की पेशी में मुझे जरूर लायेंगे यहाँ।"··· रिहा होकर जेल के बाहर हलवाई के यहाँ साल-भर नौकरी करता रहा दिलबहादुर–जीतभाई की बदली कभी-न-कभी इस जेल में होगी।

जेल से लौटकर सीधे गांगुली मोशाय के घर जाने की नियत से जित्तन बाबू पूर्णिया स्टेशन पर ही उतर गये। उनका रिक्शा जेल के सामने से गुजरा और इसके बाद दोनों भाई फिर मिले।

"जितुदाज्यु, जिद्दायो। होय-होय। पर्ख, पर्ख। ऐय रिसकावाला, रिसका रोको !"··· दिलबहादुर ? दाजुभाई ?"··· जित्तन बाबू ने दिलबहादुर को गले से लगाया ! भरत-मिलाप हो गया मानो !

और, तब से दिलबहादुर अपने भाई जिद्दाजु के साथ छाया की तरह है। उसको कोई जित्तन बाबू का नौकर नहीं समझे !–कड़ी हिदायत है जित्तन बाबू की।

रामपखारन सिंघ दो-तीन बार दिलबहादुर के क्रोध का शिकार हो चुका है। आज भी, चारों ओर एक बार देखकर तब कुछ बोलता है, रामपखारन सिंघ–"अरे ई परबतिया का कुछ मत पूछो ! बिलाड़ के लेखा, अचानक खखुआकर टूटता है। उससे होशियार रहना गोबिन्दो !"

"गोबिन्दो को आर समझाने नेंहि होगा। वो हमारा बोंधू दाजू हो गिया है। मतरिक, तुम्हारा ऊपर भारी खफ्फा है, बहादुर ! तुम हुशियारी से रहना सिंघजी !" गोबिन्दो हँसता है।

खपसूरती में तजमिनियाँ की जोड़ी नहीं, गाँव में !

थोड़ा-थोड़ा मलारी में उसके चेहरे का काट आया है। है कि नहीं ? सारे परानपुर गाँव के लोग मानते हैं, ताजमनी अद्वितीय सुन्दरी है। सुडौल शरीर और सुघड़ बनावट। चम्पई रंग और बालिका-सुलभ चेहरा। मेघवर्ण कुंचित केशपाश ! आँखों में परिपूर्ण प्राण की गम्भीर छाया··· अजान-सुजान उसे षोडशी समझते हैं। किन्तु, गाँव की सोलह-वर्षीया कन्याओं से वह बीस साल बड़ी है। गाँव के कई नये नौजवान, कभी गलती से उसको कमसिन समझकर ठिठोली कर बैठे। ताजमनी ने मुस्कराकर जवाब दिया–"भैयाजी, तुम्हारी सबसे बड़ी बहन और तुम्हारे साथी की माँ मुझसे दो साल छोटी है उम्र में। और, आजकल स्कूल-कॉलेज में सिनेमा के गीत ही पढ़ाये जाते हैं क्या ?"

"रूप के घमण्ड में हमेशा चूर रहती है। किसी को कुछ समझती ही नहीं।"

"रूप ही नहीं। धनवाले की चहेती ठहरी। किसी को एक तिनका क्यों लगायेगी ?"

"किसी से भर-मुँह बोलती नहीं।"

"बोली का मोल है, बाबू ! उसकी बोली की कीमत दे सकोगे ?"···

"किसकी चर्चा कर रहे हो ? लेकिन, याद रहे ! ऑल राइट्स रिजर्व्ड···सर्वाधिकार श्री जितेन्द्रनाथ मिश्र के अधीन है।"

"अहा-हा ! इसी बात पर मुझे दुज्जी की वह पंक्ति याद आ गयी–बिका हुआ धन हूँ सौदागर, मोल-तोल करते क्या हो, पा न सकोगे जिसे व्यर्थ उसके खातिर मरते क्या हो ?"

"वाह ! वाह ! पूरनियाँ कॉलेज में पैर रखते ही लड़के को काव्य की सपनौती होने लगती है।··· मलारी पर कुछ शेर-ओ-शायरी हो अब ! क्यों ?"

कालेज पहुँचे हुए नौजवानों और हाई-इंगलिश-स्कूल के कुछ जुवाये हुए विद्यार्थियों में खूब पटती है। वे आपस में दिलखोल व्यवहार रखते हैं। स्कूल के एक रसिक किन्तु भुसकोल विद्यार्थी ने कहा–"हर दूसरे दिन एक छोटा-सा लड़का हाथ में टिफिन-केरियर भरकर माल ले जाता है, नट्टिनटोले से हवेली की ओर। सेवा में, श्री जित्तन बाबू··· तर माल ! हमारे हेड पण्डितजी रोज उसके बारे में पूछते हैं, राह में देखकर। कल तो क्लास में ही दोहा-कवित्त जोड़ने लगे–'प्रेम-कटोरी रस-भरी, लखि रसना सरसाय···।"

"कौन ? तुम्हारे मुच्छन पण्डितजी ? अच्छा ? –हा-हा-हा !"

"किन्तु, सच कहूँ। ताजमनी सचमुच ब्रजभाषा का···कालीन नायिका जैसी लगती है, कम-से-कम मुझे तो !"

"और मलारी ? दि हरिजन ग्लोरी।"

ताजमनी नट्टिन की बेटी है। और मलारी मोची-कन्या ! हरिजन।

परानपुर के बबुआन टोले की औरतें सुनकर मुँह बिदकायेंगी, नाराज होंगी।

किन्तु यह बात सच है कि ताजमनी और मलारी-जैसी सुन्दरी कन्याएँ उनके घर नहीं पैदा हुईं, आज तक। दो दीपों की तरह जगमगा रही हैं, दोनों। एक नट्टिनटोली में, दूसरी मोचीटोले के बीच।··· मलारी ने गाँव के स्कूल से मिडिल पास किया है। हाई-इंगलिश-स्कूल में नाम लिखाकर तीन महीना क्लास में भी गयी। इसके बाद, कुछ शिक्षकों और सहपाठियों की कृपा से उसकी पढ़ाई रुक गयी।··· महीचन रैदास की बेटी को कौन नहीं जानता ?

"डिस्टिकबोट के चेयरमैन से मुँहामुँही बतियाती है। कन्या पाठशाला की मिसट्रेसी धरी हुई है मलारी की।"

"उसका बाप बड़ा कटहा किस्म का आदमी है और उसका कुत्ता भी बड़ा बदमाश है। उसके दरवाजे पर कभी गये हो ? सबसे पहले तो उसका बाप तुमको इस तरह देखेगा मानो तुम कुछ छीनकर भागते आये हो। इसके बाद उसका कुत्ता ! दोनों तुमको सूँघने लगेंगे। और फिर दोनों··· ।"

"तो, आप भी अछूतकन्या में पार्ट कर रहे हैं ? मलारी की गली में भटक चुके हैं ? लेकिन, मलारी किसी के नाम पर जवानी निछावर करके बैठेगी नहीं। वह ताजमनी नहीं, सो जान लो प्यारे भाइयो !"

"ताजमनी यों ही नहीं बैठी हुई है। जित्तन बाबू ने नथिया उतारा था, सुनते हैं।"

"सदरी नहीं, चुराकर उतारा था जित्तन बाबू ने। ढोल-ढाक बजाकर नहीं।··· इसलिए सच्ची बात क्या है, कोई नहीं जानता।"

"ताजमनी हवेली में नहीं जाती है, लेकिन··· ।"

"कौन कहता है, नहीं जाती है ? कोई पहरा करता है किसी का ? वह नहीं जाती होगी तो जित्तन बाबू जाते होंगे नट्टिनटोली।"

·

नट्टिन की बेटी है, ताजमनी।

किन्तु, पली है परानपुर इस्टेट की हवेली में। स्वर्गीय शिवेन्द्रनाथ मिश्र के गुरुभाई की रक्षिता थी ताजमनी की माँ।··· परानपुर में हिन्दू नट्टिनें तीन पुश्त से बसी हुई हैं। जितेन्द्रनाथ मिश्र की विधवा माता ने ताजमनी को नट्टिनटोली से बुलवाकर पालना शुरू किया था। ताजमनी की माँ राजमनी को भागलपुर में गंगा-लाभ हुआ। कहाँ जाती बेचारी ताजू ? हवेली की बेटी की तरह पली है, ताज़मनी।··· ताजमनी अन्तिम समय तक बूढ़ी के मुँह के सामने रही। काशी में मरते समय ताजमनी के हाथ की गंगोतरी प्राप्त हुई। हँसकर बोली थी जित्तन की बूढ़ी माँ–"तेरे दिल में बैठा है जित्तन ! वही मुझे पानी पिला रहा है। मैं अपने बेटे के हाथ का पानी पी रही हूँ।"

ताजमनी बैठकर याद कर रही है, अपनी मालकिन माँ को !··· काशी की गलियाँ, घाट और सीढ़ियाँ ! दशाश्वमेध पर श्यामकल्याण छेड़ती शहनाई ! रामनगर किले की रोशनी उस पार झिलमिलाती। राजघाट पुल से गुजरती हुई गाड़ी··· रामपखारन

सिंघ और जलधारीलाल दास मुंशी लौटे हैं, खाली हाथ ! पेरोल मंजूर हुआ जित्दा का। लेकिन नाम जिद्दा नहीं रहे तब तो ? पत्थर ! नहीं आये अपनी माँ का मुँह देखने। जिद से जले हुए बेटे ने भागलपुर जेल से फुफकारकर जवाब भेजा–"शर्त लिखकर माँ का मुँह देखने जाऊँ, मुझे मंजूर नहीं !"

"ताजू बेटी ! नहीं आया न ? मैं जानती थी। अब क्या देखती है ? चन्द्रायनव्रत का ओरियावन करो मेरे लिए।"···शरीर रखने को आतुर हंसा को जिसने नहीं देखा, वह कैसे समझेगा ? ताजमनी ने देखा है, रोज-रोज, तिल-तिलकर स्थिर होती हुई काया को। मृत्यु के पूर्व मालकिन-माँ के मुखमण्डल पर एक अपूर्व रोशनी छा गयी थी। डेढ़ घण्टे तक बोलती रही थीं ताजमनी की मालकिन-माँ ! बातें याद करके ताजू रो लेती है, घड़ी-दो-घड़ी !···

राजघाट पुल पर गाड़ी की गड़गड़ाहट··· ताजमनी काशीविश्वनाथ को लौटती बेर प्रणाम करते समय रो पड़ी। मणिकर्णिका पर जलती हुई चिता की लपलपाती रोशनी !–मालकिन-माँ··· तेरे लड़के को कौन समझाये ? वह तो खुद पढ़ा पण्डित है। तुमने काशी में बैठके इष्टनाम जाप किया है माँ, तेरे बेटे का अमंगल नहीं होगा। अक्षर-अक्षर पालूँगी तुम्हारी बात। माँ अन्नपूर्णा··· ! तारा-तारा !

सुधना जब लौटकर आया तो ताजमनी के कलेजे की धड़कन धीरे-धीरे सहज हुई।

"झूठ तो नहीं बोलते, सुधो ! मिट्टी तुमने किधर फेंकी ?"

"नहीं दिदिया, झूठ नहीं कहता। असल में, मुझे कुत्ते का बड़ा डर है, इसलिए पहले राजी नहीं होता था।" सुधना ने हँसते हुए पॉकेट से यूक्लिप्टिस के सूखे पत्ते निकालकर कहा–"तुझे सर्दी लगी है, चाह बनाकर पी ले, गुड डालकर।"

सुधना यूक्लिप्टिस के पत्ते चाय के लिए नहीं लाया है। इसको कहते हैं, चिह्नवानी ! सुधना हवेली तक पहुँचकर वापस आया है, इसका प्रमाण है–पत्ता।

"सुधो भैया, आज तुमको चीनीवाली चाय पिलाऊँगी। पैर में काँटा-वाँटा तो नहीं गड़ा है ?" ताजमनी ने सुधना के सिर के बालों पर हाथ फेर दिया। फिर सकुचाती हुई बोली–"तुमको किसी ने देखा तो नहीं ? टोका तो नहीं ?"

"एक पंछी ने भी नहीं। मैं सीधे पोखरवाले बाग के पास गया, फिर दक्खिनवाली राह पकड़कर हवेली के पिछवाड़े।"

"चः चः ! बेचारा !··· अँधेरे में डर तो जरूर लगा होगा ?"

"तुमने बताया था न 'सिव सिवेन्दर भाग कलन्दर' मन्तर पढ़ना, डर लगे तो ?" सुधना ने बात का प्रसग बदलते हुए कहा–"कल फिर सेवई बनाकर नहीं भेजेगी जिद्दा को ?"

"क्यों ?" ताजमनी मुस्करायी। सुधना ने उसके मन की बात कैसे जान ली ? अभी-अभी वह सोच रही थी, कल कमलगट्टे का हलवा बनाकर भेजेगी। "सेवई, खीर और हलवा बनाकर भेजने के सिवा और कोई काम नहीं मुझे, क्यों ?"

सुधना अप्रस्तुत हुआ। बोला–"मैं मीत से दोस्ती करना चाहता हूँ। देखने में

भोला-भाला झबरा, कितना प्यारा कुत्ता है! उसका केश कितना चमकता है दिदिया!"

सुधना अपनी किताब ले आया और लालटेन के पास पढ़ने बैठा। ताजमनी उठी और घर के अन्दर जाकर माँ काली की तस्वीर के सामने हाथ जोड़कर खड़ी हो गयी—"श्यामा! माँ!··· उसका एक रोम भी न कलपे। जिद्दा का अमंगल न हो। मुझे जितना भी दुख देना है दे, उसके बदले!" सुधना, फुफेरा भाई है ताजमनी का। अनाथ भाई को ले आयी है लहेरियासराय से। सुधना को स्वर्ग मिला है। जन्म लेने के बाद इतना प्यार उसे कभी न मिला। अपने प्यार के भागीदार जित्तन बाबू के प्रति अपने असली मनोभाव को कभी प्रकट नहीं होने देता। इतना चालाक लड़का!··· किन्तु, मीत से मिताई करने के लोभ में पड़कर उसने समझौता कर लिया है, मन-ही-मन। नहीं तो, माँ तारा और जित्तन बाबू, उसकी दिदिया के प्यार के भागीदार!··· कोई बात हो, दिदिया अपने जिद्दा का उदाहरण दे बैठती है—"जिद्दा जब तुम्हारी उम्र के थे तो रामायण का सुन्दरकाण्ड से लेकर किचकिन्धाकाण्ड तक···।" जिद्दा-जिद्दा-जिद्दा! माँ तारा, तारा माँ, श्यामा-श्यामा! काली!

अब सुधना भी हमेशा मीत की बात करेगा—'दिदिया, दिदिया। मीत, मीत, मीत। जीत···!'

सुधना जैसा ही भोला-भाला लड़का—जीत!···

रेशमी कुरता और लाल धोती पहने, सम्पनी गाड़ी पर बैठकर ताजमनी की ओर देख रहा है, मेले में। ताजमनी भी उस समय बच्ची थी। उसकी माँ ने पहली बार रंगीन घाघरीवाला कुरता खरीद दिया था। ताजमनी अपनी सम्पनी गाड़ी पर गयी थी।···

बैलगाड़ियों की दौड़! ताजमनी की बैलगाड़ी हर साल मेले में जीतती। उस बार भी उसके बैल घुँघरू झनकारते, पूँछ ऊपर उठाये सबसे आगे निकल आये! बेचारा भोला-भाला लड़का जीत रोने लगा—उसकी बैलगाड़ी क्यों हार गयी?···

बच्ची थी ताजमनी भी। किन्तु जीत को रोते देखकर वह हँस पड़ी थी—"वाह रे लड़का! इतना बड़ा हो गया है, बैल हार गया है तो रोता है! बैलों को कभी अपने हाथ से गरम रोटी गुड़ के साथ खिलाते हो? फिर बैल हारेंगे नहीं?"

ताजमनी अपनी सम्पनी-गाड़ी में बैठकर जरमनियाँ बाजा मुँह से बजाने लगी थी। एक साथ सात सुर बोलते—हँ-सँ-रँ-अँ-गँ··· !

रोता हुआ जीत चुप होकर ताजमनी की ओर देखने लगा। जीत की भीगी पलकें···! लम्बी मूँछ और बड़ी लाठीवाले एक आदमी··· रामपखारन सिंघ ने पत्ते में मिठाई लाकर दी। जीत ने पत्ते के दोने को बैलों के आगे फेंक दिया था, गुस्से में! ताजमनी बाजा बजाना बन्दकर मन-ही-मन बोली—'वाह रे दुलरुआ! इतना गुस्सा!'

घर लौटते समय, ताजमनी अपने गाड़ीवान कारू मियाँ से बोली थी—"उस सम्पनी गाड़ी को आगे-आगे रहने दो।··· बेचारे की गाड़ी दौड़ में हार गयी है।"

गाड़ीवान कारू मियाँ ने हँसकर कहा था—"हाँ-आँ-आँ!··· दुलहा पसन्द है?

कारू मियाँ के विरुद्ध उसने माँ के पास नालिश की थी—"मेले में रोनेवाले लड़के को मेरा दुलहा कहता है कारू मियाँ !"

"कारू-उ-उ ! ऐसी ठिठोली ठीक नहीं।"

आज ताजमनी ने सपने में अपनी मालकिन-माँ की नौड़ी, जिवछी फुआ को देखा है··· ! "ओ मालकिन-माँ ! तुम्हारे गुरुदेव की समाधि की माटी से मैंने हवेली की चौहद्दी बाँध दी है। तुम्हारे पुत्र का अकल्यान नहीं होगा !"

होल्डिंग डाँग-ओ-सॉवजेवाद्धः !

भिम्मल मामा की इस पेटेण्ट पंक्ति का अर्थ आज तक कोई नहीं बता सका। जो बतायेगा, उसको एक अँगरेजी डिक्शनरी से पुरस्कृत करेंगे, मामा। भिम्मलीय पुरस्कार !

भिम्मल मामा, सारे परानपुर के मामा !··· परिवार के हर व्यक्ति के मामा ! मामा ग्रामवासी योगी हैं। तीस साल पहले नारी मुई उनकी, मुकदमेबाजी में घर की सम्पत्ति नाशी। दोनों बड़े भाई तो हिम्मत बाँधकर गृहस्थी में लगे रहे। किन्तु, भिम्मल मामा तीस साल की उम्र में ही बिना मूड़ मुड़ाये संन्यासी हो गये।

लगातार, आठ वर्षों तक उन्होंने अपनी मेट्रिकफेल विद्याबुद्धि से बहुत किस्म के उद्योग किये, धन्धे फैलाये; मगर हाथ कुछ न आया। पिछले बीस वर्षों से उनके आचरण और दिमाग के बारे में तरह-तरह की फुलझड़ी कहानियाँ सुनी-सुनायी जाती हैं। गाँव के हर टोले के लोग कुछ-न-कुछ जानते हैं, मामा के बारे में।

"इन्दरजाल पढ़ते-पढ़ते पगला गये मामा !"

"नः नः, वह सब लग्गो बात है। असल बात है कि मैटरी में तीन बार लगातार फैल करने के बाद भिम्मल मामा की स्त्री ने··· ।"

"दुत्त। क्या बेबात की बात बोलते हो ! आदमी बड़े काबिल हैं भिम्मल मामा। जरा सनकाहा हैं। ज्यादा काबिल होने से ऐसा ही होता है। सच्ची बात मुँह पर कहते हैं, इसीलिए किसी से पटरी नहीं खाती।"

"अजी, किस महामूर्ख कुकाठ की बात कर रहे हो ? सुसरा पागल है। सीधी बात ! परानपुर की मिट्टी में यही एक ऐब बड़ा भारी है।"

साठा हैं भिम्मल मामा, किन्तु पाठा नहीं। इसलिए नयी पीढ़ी से नहीं पटती है। हिसाब लगाकर देखा गया है, पिछले बीस साल में गाँव से पढुआ लोगों के सात-आठ दल निकले। जित्तन बाबू, मनमोहन बाबू, जयदेव, रामनिहोरा, मकबूल, परमा, प्रयागचन्द आदि के दल। हर दल में एक-दो काबिल लड़के निकले। किन्तु किसी काबिल को भिम्मल मामा ने कबूल नहीं किया—"कोच्छ नहीं, कोच्छ नहीं, ऑल अडेल्ट्रेशन विदाउट लिमिटेशन··· ! बनस्पतिया नौजवान हैं, सब !"

"रामायण की सिर्फ तीन चौपाइयों की शंका का समाधान कहाँ कर सका कोई ?

एक चौपाई के एक पैर का भी नहीं। 'होल्डिंग डॉंग-ओ-सॉवजेवाद्ध' का अर्थ नहीं बता सका कोई। तो, क्या किया ? तो क्या पढ़ा-लिखा ? कोच्छ नहीं, कोच्छ नहीं··· !"

नवीन परानपुर पुस्तकालय में पठनागार है, जिसे कभी-कभी गप्प-घर बना दिया जाता है।··· छुट्टियों में स्कूल-कॉलेज के विद्यार्थी गाँव आते हैं। पठनागार में बैठकर नाटक-ड्रामा का रिहर्सल करते हैं। अथवा सभी बारी-बारी से अपने कॉलेज की उन शहरू लड़कियों की कहानी कहते-सुनते हैं, जो, हिम्मत बाँधकर, कमर कसकर उनके साथ, एक साथ बैठकर पढ़ने के लिए कॉलेज में उतर पड़ी हैं··· ।

"गजब की इण्टेलिजेण्ट हैं मिस चटर्जी। एक-से-एक प्रोफेसर के दुलरुवा मेल स्टूडेण्ट की नाक काट ली उसने ! फर्स्ट क्लास फर्स्ट ?"

"देखने में कैसी है ? यह तो बताओ। उसमें कौन क्लास ?"

भिम्मल मामा पठनागार के एक कोने में बैठकर किसी बासी मासिक पत्रिका में डूबे रहते हैं। श्रवण-शक्ति को क्षीण करने के लिए बटुए से देव-कपास निकालकर कानों में डाल लेते हैं। क्योंकि, ऐसी बातों में पड़ने का अर्थ है, बनस्पतिया नौजवानों से खटपट खड़मंगल !

"केन यु से ह्वाट पाकिस्तान वाण्ट्स ? कह सकते हो तुम, क्या चाहता है पाकिस्तान ?··· नो, नो। नहीं, नहीं–कह नहीं सकते तुम, कह नहीं सकता वह। जाने और कहे तो कहे भिम्मल !" अनवरत बुदुर-बुदुर बोलते रहते हैं। राह चलते लोगों से प्रश्न करते हैं, परिभाषा माँगते हैं और विभिन्न भाषाओं में अभिवादन करते हैं। गाली, सिर्फ मैथिली भाषा में ही देते हैं।

मामा दैनिक अथवा साप्ताहिक पत्रिका नहीं पढ़ते। बासी मासिक पत्रिका ही पढ़ते हैं। उपन्यास नहीं पढ़ते, क्योंकि उपन्यास की सही परिभाषा आज तक किसी ने नहीं सुझायी है। और किसी बात को बगैर परिभाषा के गाँव में चलाना चाहे कोई, चला ले। लेकिन भिम्मल मामा अपने सामने उसको नहीं चलने देंगे।–"धूल किसी अन्य के अक्षिगोलकों में झोंकना ! प्रताप से सैनिक और मतवाला से हिन्दूपंच कण्ठगत है अभी भी। हिन्दूपंच का बलिदान-अंक और चाँद का फाँसी-अंक जब जप्त हुआ तो मैंने ललकारकर कहा था–कर लो जप्त ! परवाह नहीं। दोनों अंक हैं मेरे कण्ठ में !"

तीन साल पहले जिला साहित्य-सम्मेलन के मन्त्री को तीन लेख सुनाये थे भिम्मल मामा ने। बीच-बीच में कुछ टूट पड़ गये थे–शेषांक अमुक पृष्ठ पर पढ़िए, तथा कई विज्ञापनों के साथ रट गये थे विशेषांकों को।··· उसी दिन से गाँव में यह बात फैली थी कि भिम्मल मामा शुद्ध पगलेंटी नहीं करते, कुछ रखते भी हैं। किन्तु इधर जब से दिमाग गड़बड़ाया है, ज्यादा पगलेंटी ही करते हैं। उपन्यास की परिभाषा ?

"अजी, उपन्यास की परिभाषा किसी और के सामने पसारना।··· चन्द्रकान्ता के

बाद हिन्दी में कोई उपन्यास निकला ही नहीं। ऑल··· बनस्पतिया। उपन्यास की गलत परिभाषा क्यों मान लूँ तुम्हारी ? जबरदस्ती है कोई ?"

सब कोई माने, माने–माने सुरज चानवाँ,
तबहूँ ना माने रामाँ–हमर भिम्मल मामवाँ-आँ !

गाँव के लड़के आज भी उपर्युक्त गीत की कड़ियों को दुहराते हैं।

भिम्मल मामा राजनीति में भी रह चुके हैं, कुछ दिन।

बहुत दिनों तक कांग्रेस के सदस्य रहे। मतान्तर हुआ, खटपट खड़मंगल के बाद कांग्रेस से खड़ाऊँ खटखटाते हुए निकल आये। मुस्लिम लीग की मेम्बरी के लिए दरखास्त की। जिला के रजाकार से लेकर सदर तक का पसीना छूटने लगा था।··· भिम्मल मामा अपने अकाट्य तर्कों से भरा तरकस लेकर बोले–"क्यों ? मैं बगैर अपनी जाति को बदले लीग का सदस्य होना चाहता हूँ। देश में कोई ऑपोजीशन पार्टी ऐसी नहीं, जिसके सिद्धान्तों से मेरा मत मिलता हो। मुस्लिम लीग में अपने राजनीतिक स्वार्थ के लिए आना चाहता हूँ।

पता नहीं, बात कहाँ तक सच है। लेकिन, भिम्मल मामा का कथन है कि मरहूम कायदे-आजम ने विशेष नियम बनाकर सूबाई मुस्लिम लीग के सदर को लिखा था–"मिस्टर भिम्मल को लीग का मिम्बर बना लिया जाये !"

गाँववालों को याद है··· सिर पर नीली टोपी, हाथ में चाँद-सितारा मार्क झण्डी एक लाठी में फहराते हुए जब भिम्मल मामा ने पहली बार गाँव में प्रवेश किया था। गाँव के अधिकांश लोग उनके इस पागलपन से दुखी हुए। किन्तु आर. एस. एस. के कुछ लड़कों के खून में बहुत गर्मी आ गयी। गाँव की सीमा पर जाकर रोका। समरेन्दर के भाई अमरेन्दर ने चेतावनी दी–"खबरदार ! एक कदम भी आगे बढ़ने की कोशिश मत कीजिए।"

भिम्मल मामा ने बड़ी लापरवाही से हाथ की झण्डी हिलाकर कहा–"तो तुम लोगों ने मुसोलिनिज्म का प्रयोग शुरू कर दिया ? गाँव के आदमी को गाँव में लौटने नहीं दोगे ?"

"मुसलो··· मुसोलिनिज्म क्या बकते हैं ?"

"मुसोलिनी की पार्टी भी स्यापोश और तुम्हारे दल में काले··· !"

"स्याहपोश का क्या अर्थ ?"

"तुमको अब किस भाषा में समझाऊँ ? जरमनियाँ भाषा मे ? क्योंकि वाइड मैन कैम्फ आर्यभाषा तो जरमनियाँ भाषा ही हो सकती है।"

भीड़ बढ़ गयी थी। गाँव के कई बड़े-बूढ़े आ गये। कुछ शान्त प्रकृति के शीतल शब्द कहे–"परमा ! जरा उम्र का खयाल करो। जाने दो मामा को।"

किन्तु भिम्मल मामा ने इस तरह जाने में अपना अपमान समझा–"नो, नो ! होल्डिंग डाँग-ओ-सॉवजेवाह्न ! अपनी काष्ठपादुका को एक तिल भी आगे नहीं जाने

दूँगा। लेट कायदे-आजम डिसाइड··· । हाँ-हाँ ! आइ वाण्ट पाकिस्तान। मैं चाहता हूँ पाकिस्तान, विदाउट एनी एडल्ट्रेशन एण्ड विद सम लिमिटेशन।"

"आप हिन्दू होकर भी पाकिस्तान क्यों चाहते हैं ?"

"हाँ, मैं चाहता ही नहीं, आइ ट्राई, मैं चेष्टा करता हूँ। आइ क्राई, मैं रोता हूँ या चिल्लाता हूँ। क्योंकि, पाकिस्तान बनने के बाद जो बचा रहेगा–वह स्वयं मुसल्लम हिन्दुस्तान बन जायेगा। इसलिए, जितना जल्दी पाकिस्तान बने, आइ ट्राई, आइ क्राई !"

एक-एक शब्द के लिए लड़नेवाले भिम्मल मामा ने बहुत-से शब्दों की रचना की है। उनके साथ उन्हीं के शब्दों में बातें करने से बहुत प्रसन्न होते हैं।

दुखान्त नहीं दुखदाएण्ड। सुखान्त नहीं, सुखदायक। टेलीग्राम शब्द से बहुत चिढ़ते हैं–"नो-नो, इतना बड़ा नाम नहीं चलेगा। इसके लिए उपयुक्त है–ट्रा। टक्वा ट्रा, ट्रा-ट्रा !··· प्रोड्युस और प्रस्तुत को मिलाकर प्रद्युस्य क्यों नहीं ?"

भिम्मल मामा की 'साइकिल्स' में सैकड़ों कहानियाँ हैं। उनके नाम की भी कहानी है। सही नाम–विजयमल्लसिंह। सिंह को मामा ने सन् उन्नीस सौ बीस में कतरकर फेंक दिया। तब लिखने लगे–व्ही. मल्ल., म. म.। चूँकि भिम्मलकृत भानुमती पेटिका के एक भी प्रश्न का उत्तर नहीं दे सका कोई, एक साल तक प्रतीक्षा करने के बाद भिम्मल मामा ने अपने नाम के साथ महामहोपाध्याय जोड़ना शुरू कर दिया। संक्षेप में–म. म. ! व्ही. मल्ल, म. म.। कालान्तर में भिम्मल मामा। वे किसी के मामा नहीं, कोई उनका भांजा नहीं।

खटम-खड़म, खटम-खड़म !

भिम्मल मामा सार्वजनिक सर्वदलीय सभा में जा रहे हैं–"चलो, चलो ! परानपुर के पीड़ितो, पतितो, दलितो, गलितो··· ।"

"अच्छा ? तो भिम्मल मामा ने भी अब जित्तन बाबू का साथ छोड़ दिया ?"

"आज की सभा तो जित्तन बाबू के खिलाफ हो रही है, उसमें इस तरह उत्साहित होकर लोगों को गुहारते जा रहे हैं। इससे तो यही अर्थ निकलता है।"

"हाँ भाई, दो पागलों में और कितने दिनों तक दोस्ती रह सकती है ?"

"चलो, चलो। परानपुर के पीड़ितो, पतितो, दलितो ! अश्वत्थामा हतो नरो वा कुंजरो–अर्थात् जो अश्वत्थामा को मारे वह आदमी, नहीं तो हाथी–हा-हा-हा। चलो, चलो !"

लुत्तो सभामंच पर खड़ा होकर देख रहा है, एकत्रित भीड़ में खोज रहा है–उँहु। एक भी सोसलिस्ट नहीं, कौमलिस्ट का एक बच्चा तक नहीं आया है सभा में ! ठीक है, इसी बार रंग डिकलियर हो जायेगा।

"ए मिस्तरीजी, सिनेमा का गानावाला रिकाट मत चढ़ाइए। हाँ, हाँ, सभापतिजी का ही हुक्म है, सिनेमा का एक भी गाना नहीं।"

लाउडस्पीकर का ऑपरेटर कहता है–"लेकिन, रास्ट्री गीत तो एक्के गो है। वही 'माता के सिर पर ताज' वाला। सो भी थोड़ा कटा हुआ है।"

"जो भी है, जैसा भी, उसी रिकाट को बजाइए। जानते हैं नहीं, उस बार क्या हुआ था ? गाँव कौन है, सो याद है ? परानपुर है। हाँ !"

उस बार क्या हुआ था ?··· चार महीना पहले की बात, जिला सभापतिजी का प्रोग्राम था, परानपुर में। लुत्तो ने बहुत मेहनत की थी। खूब बड़ी सभा हुई थी। इस मैदान में तिल धरने की जगह नहीं रह गयी थी। दो घण्टे तक बोलते रहे थे सभापतिजी ! मुँह से झाग उड़ने लगी थी। उसी सभा के बाद से लुत्तो को कांग्रेसी लोगों ने लुत्तो बाबू कहना शुरू किया। क्योंकि, खुद जिला सभापति ने कहा था–"वाह ! लुत्तो बाबू ! आपने तो इस गाँव को पूरी तरह कैपचर कर लिया है !"

सोशलिस्ट लोग चिढ़कर बैंगन का भर्ता हो गये, उस सभा के बाद ! गाँव में इतनी बड़ी सभा कभी नहीं हुई,··· पण्डित जवाहरलालजीवाली सभाओं को छोड़कर। सो, कम्युनिस्ट पार्टीवालों को और कुछ नुक्स नहीं मिला तो हारे हुए बच्चे की तरह मुँह चिढ़ाकर सन्तोष किया। जिले की एक कांग्रेस-विरोधी पत्रिका में उस सभा की एक व्यंग्यपूर्ण रिपोर्ट प्रकाशित करवायी–जिला सभापति ने इस सभा की कार्यवाही, 'आ जा मोरे बालमा तेरा इन्तजार है' गीत से शुरू की। और सभा समाप्त हुई–'हल्ला-गुल्ला ला-ए-ला' भजन से !

ताज-ताज-ताज-ताज··· !

'मेरी माता के सर पर ताज' वाला कटा हुआ रेकर्ड ताज पर आकर 'ताज-ताज-ताज' कर रहा है।

"ए मिस्तरीजी ! रिकाट ठीक कीजिए !"

"ए मिस्तरीजी ! अब गाना रहने दीजिए अभी। जरा-सा इनका भासन होगा। लौडपीस्कर का कलकाँटा ठीक कीजिए।"

"ऐं ? जयमंगल ताँती भी लेक्चर देगा ? क्यों नहीं देगा ? कॉलेज में पढ़ता है। तिस पर सरकार के पैसे से पढ़ता है। कहाँ लिखा हुआ है, किस कानून की किताब में लिखा हुआ है कि भासन-लेक्चर सिर्फ ऊँची जातिवाला ही देगा ? ताँतीटोलीवालों को कम सताया है इसटेटवालों ने ?··· वाह, जयमंगल ताँती लौडस्पीकर के सामने कितना शोभता है, देखो-देखो !"

"इस सभा में समवेत समादरड़ींय सन्तप्त साथियो ! तथा, मैंयो··· माँम्-भाइयों-बहिनों !"

"सुधार लीहिस ! हमको तो डर हुआ कि शुरू में ही मेंमियाने लगा। खूब लम्बा घेर बाँधा है जयमंगल ताँती ने !"

केयटटोली की बहरी बूढ़ी को उसकी जवान पोती ने समझाया–"जयमंगल कहता

है कि इस सभा में जो आये हैं, सबको एक साथ रहना होगा। माँ-बहन की सौगन्ध देकर जयमंगल··· ।"

लाउडस्पीकर के भोंपे से निकली अपनी आवाज को सुनकर जयमंगल की देह रोमांचित हो उठी। उसके खून में एक लहर आयी–"भाइयो! आप लोगों ने ब्रमपिचाश या ब्रह्मपिशाच का नाम जरूर सुना होगा! और, यह भी सुना होगा आपने कि बरदिया घाट के ताड़ पर एक पुराना ब्रमपिचाश रहता है। आप लोगों ने सिर्फ सुना है। किसी ने आँख से देखा नहीं।··· आपने, एक-एक आदमी ने उस ब्रमपिचाश को देखा है! आपने कभी पहचानने की कोशिश ही नहीं की!"

"देखा है? किसने देखा है? सबने देखा है, कहता है!" सभा में एकत्रित अधिकांश लोगों के मुँह अचरज से खुल गये?··· भिम्मल मामा अपनी बही पर पेंसिल रोककर, रुके हुए भाषणकर्ता की अगली बात की प्रतीक्षा कर रहे हैं। गत बीस वर्षों में गाँव में जितनी सभाएँ हुईं, किसी भी दल या पार्टी की ओर से भाषण हुआ, भिम्मल मामा ने इसी मोटी बही में नोट किया है। तीन-तीन बार थानेदार साहब ने उनकी इस बही को जप्त किया है। अभी भी मोहर मारा हुआ है।

जयमंगल ने श्रोताओं में ब्रह्मपिशाच का भय दो मिनट तक फैलने दिया। इस अवधि में उसने अपनी बात माँज ली। फिर, उसने नाटकीय ढंग से अपना दाहिना हाथ उठाया–"जिन्हें देखना हो, अभी भी जाकर देख सकते हैं। बरदिया घाट पर जाकर देख सकते हैं। लम्बे-लम्बे बाल! आँख पर कोल्हू के बैलोंवाला काला चश्मा! साथ में कुत्ता, हाथ में छड़ी और मुँह में··· पैपचुरुट!"

भिम्मल मामा मंच के पास ही बैठे हैं। धीरे से कहते हैं–"पैप-चुरुट क्या? सीधे नलचिलम कहो।···वाह! जयमंगल ने खूब रसीला लेक्चर देना सीखा है, कॉलेज में!···बात कहाँ से शुरू कीहिस और कहाँ-से-कहाँ फेंक दीहिस! समझे? ब्रमपिशाच!"

"लेकिन!" जयमंगल ताँती ने अपनी बड़ी उँगली उठाकर कहा–"याद रखिए, साधारण ओझा-गुनी इस ब्रमपिचाश को काबू में नहीं ला सकते। यह उसी ब्रमपिचाश का बच्चा है, जिसके जुल्मी बाप ने गाँव को ही नहीं, सारे सबडिवीजन को तबाह किया था···!"

"फुलस्टाप प्लीज!" भिम्मल मामा अपनी बही बन्द कर खड़े हुए–"कृपया पूर्णविराम! सभा के प्रधान महोद्‌य, क्या मैं इस गाली-गलौज-सभा का विधि-विधान जान सकता हूँ?"

"बैठ जाइए, बैठ जाइए।··· पागल आदमी है। अजी, उसको बैठाओ! ऐ स्वयंसेवक!"

"अरे भाई, बोलने दो न! क्या कहता है, जरा सुनो भी तो!"

"दिमाकृषि! दिमाकृषि के दामन में दाग मत लगाइए प्रधान महोदय! व्यक्तिगत विद्वेषपूर्ण···", भिम्मल मामा की आवाज क्रमशः तेज होती गयी–"देन, आइ से··· । इसका कोई विधि-विधान नहीं तो, मैं कहता हूँ, दिस मोबोकृषि विल स्वीप यु आउट। लीप-पोतकर बराबर कर देगा यह भेंड़-भिड़ौवल गुण्डावाद दैट इज

मोबोकृषि··· !"

"परानपुर गाँव के बँटैयादार ! जिन्दाबाद !"

लुत्तो ने जयमंगल को एक ओर हटाकर, माइक पर नारा लगाना शुरू किया। वह जानता है, सभा में किसी किस्म की गड़बड़ी फैलने लगी तो तुरत जोर-जोर से नारा लगाना चाहिए।

"लगाइए, आप लोग जोर से नारा–इतने जोर से कि सुनकर दुश्मन का कलेजा काँप उठे और हाट फैल हो जाये !"

भिम्मल मामा खड़ाऊँ खटखटाते हुए चले–"गॉड सेव पण्डित नेहरू, भगवान् बचायें। कांग्रेस की बढ़ी हुई प्रतिष्ठा को ये मूड़ने पर तुले हुए हैं··· दे' ल शेव दि लाँग एण्ड ग्रीन प्रेस्टिज ऑफ दि रूलिंग पार्टी, क्लीनली। सीलपट चौपट सफाचट्ट !"··· खड़म-खटक खड़म-खटक !

लुत्तो ने जयमंगल ताँती को बैठने का इशारा किया और माइक में फूँक मारी–'फूँ-ऊँ-ऊँ-ऊँ !'

'फुस-टक-टक-टक !'

लाउडस्पीकर के भोंपे में लुत्तो की फूँक और उँगली की खटखटाहट की आवाज को सुनकर सभा में बैठी एक औरत ने कहा–"देखो, गुनमन्तर फूँककर, चुटकी बजाकर भिम्मल पगलवा को किस तरह भगा दिया लुत्तो ने ! खवास होने से क्या हुआ, बाभनों का सभी गुन सीख लिया है उसने।"

लुत्तो ने दो-तीन गर्म नारे लगाने के बाद कहा–"जमींदारी के एजण्ट को देख लिया न आप लोगों ने ? इसी को कहते हैं–दलाल। गाँव में ऐसे-ऐसे बहुत दलाल हैं। होशियार ! आज की सभा में जो लोग नहीं आये हैं, वे लोग भी दलाल हैं। आँखों के सामने, दिन-दहाड़े जुल्म होता है और हमारे सोसलिस्ट और कौमलिस्ट भाई कमलिया तानकर सोये रहते हैं।···अभी भी, जिन्हें देखना हो, जाकर देख सकते हैं–परानपुर स्टेशन पर। आमों के पचास टोकरे पारसल से पटना, भागलपुर और हजारीबाग भेजे जा रहे हैं। जरा विचारकर देखिए, परानपुर के बाग का आम परानपुर के एक बच्चे को भी नसीब में नहीं और कानपुर की कोकलाबाई और हजारीबाग की··· क्या नाम है, बेगम हजारा, तो पटने की मेमिन के नाम पारसल-पर-पारसल भेजे जा रहे हैं, सो भी ट्रेन से नहीं, पूर्णिया से हवाईजहाज में उड़ेंगे, आम के टोकरे। जरा गौर से सोचिए, परानपुर के आदमी ने कभी टमटम तक नहीं देखा और साला आम–क्या नाम हैं, एलोप्रेम से उड़ता है। देखिए भला···। जुल्म की एक हद होती है !"···

"हः हः, आम के टोकरे हवैया जहाज में उड़े ! अन्याय बात है। आदमी से बढ़कर साला आम का टोकरा हो गया ? अंधेर कर रहे हैं जित्तन बाबू !"

लुत्तो ने चुनौती के शब्द निकालने से पहले अपनी मुट्ठी बाँध ली। फिर, मुँह में ऐंठती हुई बोली निकाली–"याद रखिए, शिवचरन के दादा-परदादा ने आम के बगीचों की मालीगीरी की है।··· की है या नहीं ? कानूनन, शिवचरन आधीदार ही

नहीं, बगीचे का असल मालिक है।"

"ठीक है। माली नहीं, मालिक है।"

चेतावनी दी लुत्तो ने आम जनता को, हाथ की उँगली दिखाकर–"इस बदचलन आदमी से होशियार ! गाँव के सीधे-सादे भाइयो, सावधान ! आपकी बहू-बेटियों की इज्जत खतरे में है। क्या आप चाहते हैं कि शहर से हरकाया हुआ एक कुत्ता··· ?"

"लुत्तो बाबू, जरा गुस्सा पर कण्ट्रोल !" प्रेसीडेण्ट साहब ने दबी हुई आवाज में कहा। लेकिन, लुत्तो आज किसी की बात नहीं सुनेगा। उसके जी में जो कुछ है, कह डालेगा।··· बीरभद्दर बाबू ने भी आँख की कनखी दी, चलाये चलो ! गरुड़धुज झा पत्थर का दाँत चमकाकर हँसा और रोशन बिस्वाँ ने जीभ से ओठ चाटकर देखा लुत्तो की ओर। उस दिन से, बागवाली घटना के बाद से, जनता में लुत्तो की इज्जत कम घटी है ? फिर मिसिर के बेटे को दागने के लिए ही तो वह कांग्रेस में आया है। बोली से हो, चाहे गोली से, वह भी दागेगा, इस आदमी के बाप के बारे में दुनिया-जहान को मालूम है कि कितना बड़ा··· बदमाश आदमी था ! बदमाश का बेटा बदमाश ही नहीं, नम्बरी बदमाश होकर शहर से आया है। रण्डियों में जमीन बाँटी जाती है और किसान-मजदूरों पर गोरखा सिपाही की भुजाली चलती है !

लुत्तो बाबू भी अब बड़ा सैनियल लेक्चर देते हैं। देखते नहीं, खोज-खोजकर पाताल से एक-एक बात निकाल रहे हैं ?··· बाप का बदला लेगा। जरूर लेगा।

लुत्तो ने आखिरी नारा दिया–"होशियार ! तैयार !"

थाना कांग्रेस के सभापतिजी ने इस सर्वे ऑपरेशन को गंगा और पूर्णिया जिला कांग्रेस के सभापति को भगीरथ प्रमाणित किया। जिले-भर के कांग्रेसी–सगरपुत्र। अब, जनता खुद फैसला करे कि किसान और मजदूरों का असल साथी कौन है ? कांग्रेस के लोग या वे लोग जो सुबह उठकर मक्खन और अण्डा चाभते हैं, दिन में चार बार दाढ़ी बनाते हैं और सिगरेट का धुआँ उड़ाते हुए किसान-मजदूर-राज की दुहाई देते हैं ? वे अपने को बामपन्थी कहते हैं। बामपन्थी नहीं समझा ? सभापतिजी ने बामपन्थी का अर्थ समझाया–"आपका सही रास्ता दाहिनी ओर है तो ये लोग आपको बायें रास्ते से ले जायेंगे। बाममार्गी के बारे में किसी पढ़े-लिखे लोग से पूछ लीजिएगा।" सभापतिजी के पास समय नहीं है, दूसरी पार्टी की निन्दा करने को। वे इस सर्वे में जमीन हासिल करने का एक मूल-मन्त्र बताने आये हैं, "लोग सुन लें कान खोलकर–कांग्रेस के झण्डे के नीचे एकत्र होकर कसम खाइए। एक भी गरीब अपने गरीब भाई के खिलाफ गवाही नहीं देगा। पक्ष में एक बच्चा भी गवाही नहीं दे, तो क्या मजाल है कि जित्तन बाबू एक धूर जमीन भी रख ले !"

"जै हो ! जै हो !··· 'चढ़ो बहादुर गढ़ महुए पर चाहे जान रहे या जाय', साले को अल्हा-उदल मचा दो !"

धोबी, चमार, नाई, बढ़ई, और खवासों को विशेष रूप से संगठित होने को कहा है, सभापतिजी ने।··· विशेषरूप का अर्थ समझाता है लुत्तो, "माने, अपनी-अपनी

जात की बैठक करो और परसताब पास करो कि हम लोग, बाल-बच्चा समेत कांगरेस की कुमेटी में हैं, समझे ? धोबी, चमार, नाई और बढ़ई और खवासों ने काम बन्द किया,··· कि देखना, अजगर साँप खुद-ब-खुद छटपटाकर खत्म हो जायेगा।"

"परसताब पासे-पास समझिए। अजगर ! जित्तन बाबू शाम को जो लम्बा कुरता पहनकर निकलते हैं, अजगर साँप के खाल का तो नहीं ? चित्ता-चित्ता छापवाला कुरता ?"

सभा के दूसरे दिन, सूरज उगने से पहले ही छित्तन बाबू के गुहाल-घर के पास भीड़ लग गयी।··· गुहाल नहीं, सर्वे-कचहरी है। कचहरी की मिट्‌टी से कपाल पर टीका लगाकर, देवी-देवता को सुमरकर तनाजा फेंक रहे हैं लोग। दिन-भर तनाजे पड़ते रहे। डेढ़ सौ तनाजे।

–चप्पे-चप्पे पर, धूर-धूर पर !

बाग, पोखरा, कलमबाग और पिछवाड़े की फुलवारी पर भी दावे किये गये हैं।

"दावे किये हैं तो क्या होगा ? जमीन ही लेंगे। जान तो नहीं लेंगे लोग ?" ताजमनी कहती है, गंगा काकी से, "और नाई-धोबी बन्दकर जित्तन बाबू का क्या बिगाड़ेंगे ? जिसके बाप को सारे तिरहुत के ब्राह्मणों ने मिलकर अजात कर दिया, अभी तक जाति में लिया नहीं है।··· तो क्या हुआ ?"

गंगा काकी समझाने आयी थी ताजमनी को। गंगा काकी जानती है, ताजमनी मीठी बोली से ही बस मानती है। काकी की आँखें छलछला आयीं–"बेटी ताजू, सिर्फ जमीन की बात रहती तो क्या बात थी, कहते हुए कलेजा सहस्सर टुकड़ा हो रहा है !"

"क्या-या-या-या ?" ताजमनी के मुखमण्डल पर भय की हल्की छाया दिखलायी पड़ी।

"हाँ बेटी !··· लुत्तो नहीं छोड़ेगा। अब वह भी बहुत पावरवाला आदमी हो गया है। वह अपने बाप का बदला लेगा, छोड़ेगा नहीं। देख लेना।" गंगा काकी ने आँखों को आँचल में पोंछ लिया–"देने को तो तनाजा मैंने भी दिया है। जमीन लेकर भाग तो नहीं जाऊँगी ? लेकिन जित्तन बाबू के चेहरे को देखकर तो कलेजा फट जाता है।"

"काकी, रोती क्यों है ?" ताजमनी के चेहरे पर अब जरा भी कोई काली छाया नहीं, "लुत्तो यदि दुलारीदायीवाली जमीन लेकर बाप का बदला लेना चाहता है, ले बदला। जमीन··· ।"

"जमीन भी लेगा और जान भी।" गंगा ने खखासकर गला साफ किया। ताजमनी के ओठों पर मानो उसकी मालकिन-माँ आकर बैठ गयी ! जित्तन बाबू की माँ ऐसी

बातों से डरानेवाली औरतों की फजीहत करती थी।

"क्या सुना रही है गंगा काकी ! जान लेने और देने की बात लुत्तो के हाथ नहीं। जिसने उसको बित्ते-भर का कपाल देकर भेजा है, वही सबकुछ कर सकता है।" गंगा काकी ने अपनी आँखों की सौगन्ध देकर कहा–"इस बात में मेरा नाम मत लेना। सारा गाँव एक तरफ है। मेरा नाम मत कहना कि गंगा काकी बोल रही थी। खवासटोली के खच्चरों को जानती नहीं तू।··· बिना लैसन का बन्नूक-पेस्तौल रखता है···।"

साँझ देने की बेला हो गयी है। ताजमनी ऐसी-ऐसी बातें सुनने के लिए बैठी नहीं रह सकती। चिराग जलाने को अन्दर चली गयी।

गंगा काकी ने नाक-भौं सिकोड़कर एक भद्दी मुद्रा बनायी और अपने आँगन की ओर चली।··· "देखबो कोयली तोहर अण्डा। खूब सेवो अण्डा !"

ताजमनी तीन पहर रात तक काली की मूर्ति के सामने बैठकर रोती रही थी :

पद तले-ए-ए चिरकाल
लोटय जेकर महाकाल-अ-अ-आ,
की-ई-ई-ई करे तुच्छ काल,
कालाँ-आँ-आँ-त का-आ-आ-ली माय के-ए-ए-ए-
शरणे।
तोहर चरने जॅबा-रंग प्रान
तोहर रँगल जॅबा चरने एँ-एँ··· ।

भोर को उसने सपना देखा, मालकिन-माँ आकर उसे उठा रही हैं–"उठ बेटी, फूल लोढ़ने नहीं जायेगी ? आज जित्तन का जन्म-दिन है।"

"सुधो ! भैया सुधो !" ताजमनी जगकर बोली–"आज फूल लाने नहीं जाओगे ?"

मुंशी जलधारीलाल दास अठारह वर्ष की उम्र से ही जमींदारों के दरबार में काम कर रहा है। राजपारवंगा, गुनवन्ती इयोढ़ी, सुलतानपुर स्टेट तथा राज नैनगंज की कचहरियों में कलम के हजार करतब सीखकर दिखा चुका है।

–रेड स्लेव !··· अंग्रेजी जाननेवाले लड़के भिम्मल मामा का दिया हुआ नाम ही व्यवहार करते हैं–रेड स्लेव। यानी, लाल दास। बिना पढ़े-लिखे लोग कहते हैं–सरबसोधनलाल दास। जिस कचहरी में रहा, उसका सबकुछ सोध लिया।··· इसका भी सोधेगा। सिर्फ पाँच रुपये माहवार पानेवाले इस कलमजीवी ने जिस वफादारी से अपने मालिकों का काम किया है, वह इस युग में दुर्लभ है।

साठ साल से ज्यादा उम्र। लहीम-सहीम देह, साँवला रंग, नाटा कद और खिचड़ी

दाढ़ी-मूँछवाली सूरत पर भेद-भरी मुस्कराहट हमेशा खेलती रहती है। दोनों कानों पर सफेद बालों के घुँघराले गुच्छ, गरदन पर दाद के बड़े-बड़े चकत्ते और ताम्बूल-रंजित काले दाँत।

···कागज लिखते समय जलधारीलाल दास कान के बालों को बार-बार चुटकी से पकड़े तो समझो किसी रैयत का हक हड़पा जा रहा है। दाद के चकत्तों को आँखें बन्दकर कलम के पिछले हिस्से से खुजलाते समय कानूनी दाँव-पेंच सुलझाता है। और हठात् मुस्कराये तो समझो, मन-ही-मन कह रहा है–हा-हा-हा-हा ! वः मारा !

परानपुर स्टेट के संस्थापक शिवेन्द्र मिश्र एक दुख को कफन में लपेटकर गये–पतनीदार का पतनीदार ही रह गया। माँ तारा !··· पतनी, खुदकाश्त करनेवाला छोटा जमींदार, पतनीदार। छिः ! मरते समय उन्हें अपनी छोटी-सी हैसियत पर लाज हो आयी थी। मुंशी जलधारीलाल ने इसी पतनी शब्द के बल पर प्रान्तीय सरकार के रेवेन्यू डिपार्टमेण्ट की आँखों में धूल झोंकी। सन् 1937 की कांग्रेसी मिनिस्टरी के समय ही उसने सारे स्टेट को तेरह टुकड़ों में बाँटकर छोड़ दिया था। इस बार जमींदारी-उन्मूलन के समय बड़े-बड़े हाकिम सिर पटककर रह गये। लेकिन, मुंशी जलधारीलाल की कलम की मार और मार की बारीकी को वे नहीं पकड़ सके। परानपुर स्टेट बेदाग बच गया। इससे छोटी हैसियत के जमींदारों की जमींदारी चली गयी। ···सर्वे की आँधी में इसे बचाना असम्भव है। फिर भी, मुंशी जलधारीलाल दास अपनी जान रहते अपनी कलम की लाज तो नहीं जाने देगा।

पिछले दस-ग्यारह वर्षों से उसनें, एकमात्र मालिक होकर स्टेट को चलाया है। कागज-कलम के अलावा खेती-गृहस्ती में भी निपुण है मुंशी। उसकी कीमत सिर्फ जित्तन बाबू ही जानते हैं। और जित्तन बाबू के सिवा यह बात कोई नहीं जानता कि मुंशी जलधारीलाल दास छद्मवधिर है, रामपखारन सिंघ भी नहीं।

"दासजी, सुना है आपने ! एक-एक चप्पे जमीन पर तनाजा दिया गया है ?"

"देने दीजिए सरकार ! आप सिर्फ बैठै रहिए, सब ठीक हो जायेगा।" जलधारीलाल दास धीमी आवाज में पूछता है–"सरकार का जी कैसा है ?"

"ठीक है।··· क्या काम है ?" जित्तन बाबू ने पूछा–"आप कुछ पूछना चाहते हैं ?" मुंशी जलधारीलाल ने अपनी मिर्जई के पॉकेट से एक मुड़ा हुआ अखबार निकालकर जित्तनबाबू के सामने रख दिया, 'हुआ सवेरा'।

–मेमने की खाल कें अन्दर खूँखार भेड़िया !··· हिटलर मर गया लेकिन उसकी औलाद जिन्दा है ! परानपुर गाँव के हजारों किसानों के गले पर छुरी··· ।

'हुआ सवेरा' प्रान्त का प्रमुख गालीबाज साप्ताहिक पत्र। साल में जिसके दो या तीन अंक ही निकलते हैं। प्रान्तीय चीफ मिनिस्टर से लेकर अदना बस-कण्डक्टर के घर की भद्दी कहानियाँ छापकर उसके सम्पादक ने नाम कमाया है। लोग उसके नाम से आतंकित रहते हैं। दर्जनों मुकदमे, दीवानी और फौजदारी कचहरियों में चल रहे हैं, किन्तु इन मुकदमों से भी सम्पादक 'हुआ सवेरा' को लाभ ही होता है।··· पिछले साल उसके सम्पादक ने टेलीफोन विभाग के सुपरिण्टेण्डेण्ट मि. नारायनम

से कहा–"कृपया टेलीफोन का दो सौ रुपया आप चुका दें।" मि. नारायनम की समझ में कोई बात नहीं आयी, वे न तो 'हुआ सवेरा' पत्र को जानते थे और न उसके एडिटर-इन-चीफ श्री निडर पटनियाँ से उनकी जान-पहचान थी। निडरजी ने अकड़कर कहा–"वन-टू-थ्री।··· मैं कहता हूँ, पीछे दोष मत दीजिएगा मिस्टर नारायनम !"

मि. नारायनम ने झल्लाकर रिसीवर रख दिया और डाइरेक्टरी खोलकर देखा–'हुआ सवेरा', सम्पादक श्री निडर पटनियाँ।··· उन्हें आश्चर्य हुआ, एक पत्र का सम्पादक ऐसी गैर-जिम्मेदारी की बातें कैसे कर सकता है। उन्होंने अपने असिस्टेण्ट को बुलाकर पूछा–"मामला क्या है ?" पूछताछ के बाद मालूम हुआ–ट्रंक कॉल के पूरे साढ़े पाँच सौ रुपये का बिल उनके नाम बकाया है। नोटिस दिया गया है।··· दूसरे ही दिन 'हुआ सवेरा' का हॉकर चिल्लाता हुआ निकला–"पढ़िए, पढ़िए !" शराब के नशे में धुत्त कुमारी नारायनम··· मेजरबाग में पड़ी पायी गयी। पढ़िए, पढ़िए ! मिस नारायनम ने महिला कॉलेज के उत्सवों में 'भरतनाट्यम्' प्रस्तुत कर जो प्रसिद्धि प्राप्त की थी, उसे 'हुआ सवेरा' के एक ही अंक ने मिट्टी में मिला दिया। समाचार में कहा गया था–'मिस साहिबा के कपड़े फटे थे, बाल अस्त-व्यस्त थे। लगता है, उसके किसी प्रेमी ने रात्रि-विहार··· ।' मिस्टर नारायनम ने नौकरी छोड़ दी। उन्होंने देखा, 'हुआ सवेरा' के सम्पादक से सभी भय खाते हैं और फैलायी गयी खबर पर लोग अविश्वास नहीं करना चाहते।··· श्री निडर पटनियाँ अपनी जुबान के पक्के हैं। डेढ़ हजार रुपया लेकर उसने दूसरे अंक के एक कोने में प्रकाशित कर दिया :

'पिछले सप्ताह मेजरबाग में बेहोश पड़ी लड़की का नाम मिस नारायनम नहीं, मिस राय है। पाठक सुधारकर पढ़ें।'

जित्तन बाबू अच्छी तरह जानते हैं 'हुआ सवेरा' वालों को। उन्होंने पढ़ना शुरू किया–'यह आदमी पटना में, बिहार की राजधानी में भी रह चुका है। पटना के सम्भ्रान्त परिवार की लड़कियाँ आज भी अपनी बर्बाद जिन्दगी ढो रही हैं।··· राजनीति, साहित्य तथा पत्रकारिता को बारी-बारी से कलंकित करने के बाद यह आदमी गाँव के पवित्र दामन को कलंकित करने पहुँचा हुआ है।··· वेश्याओं और बदमाशों के जरिये भले घर की भोली-भाली लड़कियों को अपने बँगले पर लाना और गुलछर्रे उड़ाना, यही एकमात्र पेशा है इसका। गाँव की जनता त्राहि-त्राहि कर रही है··· ।' जित्तन बाबू का चेहरा लाल हो गया। उन्होंने मुंशी जलधारी की ओर देखा। मुंशी ने मुस्कराकर कहा–"अभी छपा नहीं है, अखबार का आदमी आया हुआ है। कहता है, जित्तन बाबू यदि चाहें तो खबर नहीं छपेगी।"

"कहाँ है वह आदमी ?"

"वह तो फारबिसगंज डाक-बँगले में है। स्टेशन के बाजार में मुझसे मिला··· ।"

"क्या कहता था ?··· कितना रुपया माँगता था ?" जित्तन बाबू ने अधीर होकर पूछा।

"उसने कुछ बताया तो नहीं; लेकिन मेरा जहाँ तक अन्दाज है, हजार-बारह सौ··· ।"

"एक कौड़ी भी नहीं। कानी कौड़ी भी नहीं।" जित्तन बाबू उत्तेजित होकर बोले–"मैं चाहता हूँ यह समाचार प्रकाशित हो।"

मुंशी जलधारीलाल मुँह देखने लगा। जित्तन बाबू ने कहा–"ब्लैकमेल का मतलब समझते हैं आप ?"

"जी नहीं। पंजाब मेल, बम्बई मेल का नाम तो सुना है, लेकिन··· ।"

जित्तन बाबू हँस पड़े। बोले–"भिम्मल मामा से पूछ लीजिएगा। और, याद रहे ! एक कौड़ी भी नहीं··· । वह यहाँ आयेगा ?"

"जी नहीं। मैंने बहुत कहा कि सरकार से मिलकर सब तय कर लीजिए। मगर उसने लापरवाही से जवाब दिया–जिसको मिलना हो फारबिसगंज डाकबँगले में आकर मिले।" मुंशी जलधारी ने गरदन का दाद खुजलाते हुए कहा–"हुजूर, ये लोग तो बस टुकड़े चाहते हैं। मेरी राय है कि कुछ ले-देकर इनका मुँह बन्द कर देना··· ।"

"मुंशीजी, कल के मुकदमों की नत्थी दे जाइए।"

"अभी दे जाता हूँ।" जलधारीलाल ने मुस्कराकर कहा।

प्रसन्नवदन जलधारीलाल ने देखा–बमभोलेनाथ को बात लगी है। पहले तो रोज कहते थे, 'दासजी मुझे माफ कीजिए। मैं भीख माँगकर खाऊँगा, पेड़ के तले सोऊँगा। मुझे नहीं चाहिए जमीन।··· मैं इस गाँव में एक दिन भी नहीं रहना चाहता।'

"होय, होय दास्बाबू ! साब आपको फिर बुलाता है।" दिलबहादुर ने पीछे से आवाज दी।

"दासजी। छबीला की बेवा आकर रो रही थी। कितनी जमीन है उसके पास ?"

"हुजूर, छबीला की बेवा को कम मत समझिए। हजार बार कहा कि तनाजा मत दे जमीन में। तुमको रसीद काट दूँगा।···अब तिरिया-चलित्तर पसारे फिरती है।"

"उसको कबूल कर लीजिए। छबीला जिन्दगी-भर इस्टेट की नौकरी करते-करते मरा। क्या हर्ज है ?"

"हर्ज तो कुछ नहीं है सरकार ! तब बात यह है कि छबीला की जमीन उसकी बेवा नहीं, लुत्तो का चाचा लेना चाहता है। छबीला की बहु को तो बेकार खड़ा किया गया है। फर्जी··· ।"

"जो भी हो, मैं चाहता हूँ··· ।"

"ठीक है, कबूल कर लिया जायेगा।"

"मुंशी जलधारीलाल दाद खुजलाने लगा। जित्तन बाबू ने कहा–"अब आप जा सकते हैं।"

जित्तन बाबू कुछ देर तक 'हुआ सवेरा' के पृष्ठों को उलटते रहे।··· सिर्फ दो समाचारों से ही उन्होंने पता लगा लिया कि श्री कुबेरसिंह 'हुआ सवेरा' के सम्पादक

की पीठ ठोंक रहे हैं। कुबेरसिंह ... ! जित्तन बाबू के सामने एक भोंडी सूरत आकर नाचने लगती है–कुबेरसिंह !... पन्द्रह साल पहले की बात। काशी विद्यापीठ में पढ़ते थे जित्तन। परीक्षा देकर आये तो अपने फूफाजी के यहाँ कुबेरसिंह से पहली मुलाकात हुई थी। फूफाजी हाथी का कारबार करते थे। आसाम से हाथी खरीदकर लाते, खगड़ा तथा सोनपुर के मेले में बेचते।... कुबेरसिंह से उनकी दोस्ती सोनपुर मेले में हुई थी। कुबेरसिंह हाथी के अच्छे दलाल थे।

...हाथी के उस दलाल ने जित्तन बाबू को बड़ी चालाकी से फाँस लिया। कुबेरसिंह हाथी की दलाली के साथ राजनीतिक कारबार भी करते थे। खद्दर पहनते थे, गर्म-गर्म बातें करते थे; बिहार के कुछ गर्म-पन्थियों और कई आतंकवादियों के नाम इस तरह लेते थे मानो वे सब-के-सब कुबेरसिंह के शिष्य हों–"समझे जित्तन, मुजफ्फरपुर बम-केस में तो लोटनराय ने ऐसी गलती की थी कि क्या बताऊँ। दल के सभी लोग एक ही साथ गिरफ्तार हो जाते। लेकिन, किस्मत की बात, मैं हाजीपुर से वापस आ गया था। "... कुबेरसिंह अपने बैग में 'जाग्रतकिसान' का एक अंक हमेशा रखते थे। खजूरी किसान-सम्मेलन का विशेषांक ! कुबेरसिंह उस सम्मेलन के स्वागताध्यक्ष थे। उनकी तस्वीर छपी थी, उनके भाषण के ठीक बीच में–समझे जित्तन। मैं इस बार किसान सभा के काम से ही इस जिले में आया हूँ।... अब पढ़ाई-लिखाई छोड़ो। तुम्हारे जैसा नौजवान, शास्त्री-फास्त्री के चक्कर में पड़ रहे, यह मैं बरदाश्त नहीं कर सकता।... मारो गोली। कूद पड़ो। बिहार प्रान्तीय किसान सभा ही एक ऐसी संस्था है जिसमें तुम्हारी सही कीमत आँकी जायेगी।"

... लगातार एक पखवारे तक बातें करके कुबेरसिंह ने जित्तन को किसान सभा का सदस्य बना लिया। शास्त्री की परीक्षा दे आया था। माँ ने बहुत समझाया। किन्तु, उन्होंने फैसला कर लिया था–"माँ, इस बार मत रोको। सन् तीस में मैंने तुम्हारी बात रख ली। इस बार यदि तुमने रोका तो समझ लो... ।"

माँ ने आँसू पोंछते हुए कहा था–"अपनी माँ तेरे लिए कुछ नहीं ? दुनिया की माताओं के दुख-दर्द से तू छटपटा रहा है और मैं तीन दिन से रो रही हूँ, सो कुछ नहीं !... कहाँ का लुच्चा-लफंगा आया और तू इसकी बात में भूल गया !... तुम अपने फूफा को नहीं जानते ? वे तो चाहते हैं कि किसी तरह तुम घर से निकल जाओ, बेटा !"

... माँ के साथ खड़ी थी चुपचाप, ताजमनी। छाया की तरह माँ के साथ रहती थी ताजू। माँ जब रोने लगी तो ताजमनी के होंठ भी फड़कने लगे थे। उसने एक बार आँखें उठाकर जित्तन बाबू की ओर देखा था... और जित्तन की जिद्द में एक गिरह और लग गयी थी–बचपन से ही माँ ने उसकी इच्छाओं को अपनी जिद्द से कुचला था।... आखिर क्या चाहती है माँ ? वह इस बार कुछ भी नहीं सुनेगा।

उस रात को किसी ने पत्तल भी नहीं जूठा किया। जित्तन कमरा बन्दकर लेटे थे। माँ अपनी पूजा की कोठरी में जाकर रोती रही थी।...

... दरवाजे पर किसी ने हल्का धक्का दिया था। पैर की आहट से जित्तन ने

पहचान लिया था, ताजमनी ! अँधेरी रात का तीसरा पहर। ताजमनी उससे मिलने आयी थी। माँ की सौगन्ध को काटकर जित्तन से एकान्त में बात करने आयी थी–"जिद्दा ! तुम्हें जरा भी दया नहीं आती ?"

ताजमनी कुछ देर तक चुप खड़ी रही। कमरे के अन्धकार में भी वह जित्तन से आँखें नहीं मिला सकती थी। माँ की सौगन्ध को काटकर वह बात करने आयी थी।··· उसने अपनी मालकिन-माँ के पैर छूकर सत्त किया था। तीन सत्त।··· एक सत्त, दो सत्त, ब्रह्मा-बिसुन सत्त, जो सत्त से बेसत्त जाय, रौरव् नरक सिधाय।··· जिद्दा से कभी एकान्त में नहीं मिलेगी, जिद्दा से कभी आँखें चार नहीं करेगी। नजर उठाकर उसको देखेगी भी नहीं। वह एक सत्त से बेसत्त हुई थी, लेकिन दूसरे सत्त को भगन नहीं करेगी। कुछ देर चुप रहने के बाद वह बोली थी–"आपको देश का काम करने से रोकती नहीं हैं मालकिन-मैया। घर में रहकर, गाँव में रहकर क्या देश का काम नहीं हो सकता है ? दरभंगा, मुजफ्फरपुर या पटना में ही देश का काम··· ?"

जल उठा था जित्तन ! माँ ने इस लड़की की बुद्धि हर ली है। इसे क्या समझाया जाये–"देखो ताजू ! माँ को समझाओ। मैं कल ही जाऊँगा। हर बात में इस तरह जिद्द करती है माँ, यह अच्छी बात नहीं। मैंने उनकी हर बात मानी है।··· अब नहीं। और, घर में रहने की बात ? माँ और तू जिस घर में एक साथ रहेंगी उसमें जित्तन का वास नहीं हो सकता, साफ-साफ सुन लो।"

ताजमनी के कुछ कहने के पहले ही कमरे के बाहर से माँ ने पुकारकर कहा था–"चली आ ताजू ! पत्थर पर माथा पटकने से कोई फायदा नहीं। तू किससे बात करने गयी है ?··· कसाई के आगे रोने गयी है ? चली आ !" ताजमनी हड़बड़ाकर कमरे से बाहर भागी थी। माँ की आवाज और तेज हो गयी थी–"जिसे जाना है, अभी चला जाये घर छोड़कर।··· मैं देश का काम करने से नहीं रोकती। लेकिन, उस बिलार-मुँहा बदमाश कुबेर के साथ अपने लड़के को जाने का हुक्म नहीं दे सकती। कोई बढ़कर ताड़ का पेड़ भले ही हो जाये, पढ़कर विद्यासागर हो जाये, लेकिन आदमी को पहचानना और बात है !··· उस मुँहझौंसे का गुलाम मेरा बेटा हो, यह मैं बरदाश्त नहीं कर सकती।··· ताजमनी और माँ को क्यों रहने देगा घर में? वाह रे साहस ! ··· जिसे जाना हो चला जाये, अभी !"··· सारी हवेली काँप उठी थी। हवेली के सभी कमरे थरथरा उठे थे–चला जाये। चला जा !

दालान के आँगन में कोई अजनबी पंछी अचानक केंक-केंककर उठा। केंक ! केंक !··· कर्कश आवाज हवेली को कँपा गयी। मीत ने अचानक भूँकना शुरू किया। जित्तन बाबू को लगा, दरवाजे के पास से कोई हौले-हौले पाँव भागा जा रहा है–कौन ?··· कौन ? जित्तन बाबू ने पुकारा–"कौन है ?"

बाहर, दिलबहादुर ने मीत को विश्वास दिलाया–'चुप गर-ऽ-ऽ- ! मीत !' कचहरीघर की दीवाल-घड़ी में दो घण्टा बजा। पोखर में एक बड़ी-सी मछली कूदी। जित्तन बाबू ने 'हुआ सवेरा' पर निगाह डाली, लालटेन की मद्धिम रोशनी में एक

समाचार का हेड लाइन स्पष्ट पढ़ा जा सकता है–'प्रान्तीय कांग्रेस के उपमन्त्री श्री कुबेरसिंह को मिनिस्टर बनाओ।'

जित्तन बाबू ने लालटेन की रोशनी को और तेज कर दिया··· 'प्रान्तीय शासन में उलट-फेर होना आवश्यक है। वर्तमान मन्त्रिमण्डल में हेर-फेर किये बिना बिहार की जनता का दिल जीतना असम्भव है। यह हर्ष की बात है कि कांग्रेस में अभी भी ऐसे-ऐसे त्यागी, तपस्वी तथा कर्मठ लोग हैं जिनकी ईमानदारी पर बिहार की जनता का भरोसा है। ऐसे लोगों में श्री कुबेरसिंहजी क़ा नाम सबसे पहले आता है। किसान-मजदूरों के प्रिय नेता के रूप में···।'

जित्तन बाबू के मुखमण्डल पर एक अपूर्व आभा चमकने लगती है।··· ठीक है। मैदान में कुबेरसिंहजी हैं। तब ठीक है।···ताल ठोककर मैदान में उतरेगा वह। लड़ना चाहता है वह, कुबेरसिंह को दिखलाना चाहता है···।

पोखरे के पास, मन्दिरवाले बाग में कोहबर राँड़ी किलकिलाकर कूक पड़ी ··· घेर-घेर-घेर··· घेर··· पकड़-ले-ले-आ तो ! पकड़-ले आ तो !

पीले रंग के पाँखोंवाली एक चिड़िया, कोहबर राँड़ी ! बरसात में, इसी तरह वह रह-रहकर रात में किलकिला उठती है अचानक ! तुर-तुर-तुर-तुर-तुरा-तू-तू-तू ! घेर-घेर-घेर-पकड़-ले-आ तो !

बचपन में माँ ने इस कोहबर राँड़ी की कहानी सुनायी थी। जित्तन और ताजमनी ने एक साथ सुनी थी यह कहानी–कोहबर राँड़ी सत्त से बेसत्त हो गयी थी, इसलिए वह कोहबर में यानी वासर-घर में ही राँड़ हो गयी। बाहर सुहाग रात की शहनाई बजती ही रही। इधर वर ने ज्योंही दुलहिन के घूँघट को उठाया, देवी की शराप लग गया।··· कोहबर राँड़ी ने जिस लड़के के हाथ अपने सत्त को लुटाया था, वह पहले से ही पलँग के नीचे छिपकर बैठा था। खाँड़ा निकालकर टूट पड़ा और कोहबर राँड़ी के दुलहे का गला काटकर भागा। कोहबर राँड़ी चिल्ला उठी–घेर-घेर-घेर-पकड़-ले-आ तो !

जित्तन और ताजमनी ने कहानी को सुनकर एक-दूसरे को देखा था–दोनों की आँखें छलछलायी हुईं !

कोहबर राँड़ी किलकती हुई दूसरे बाग की ओर उड़ी। नट्टिनटोली की एक झोंपड़ी में करवटें लेती हुई ताजमनी सुधना को डाँट रही है–"हाँ-हाँ ! कोहबर राँड़ी यही है। तू चुपचाप सो जा। इतनी रात तेरी नींद कैसे खुली ?"

"कोहबर राँड़ी की बोली सुनकर जग गया।"

इस्स ! रत्ती-भर के लड़के को कहानी चुभी है ?··· जीत भी तो रोज पूछता था मालकिन-मैया से–तब क्या हुआ माँ ? कोहबर राँड़ी ने क्या किया तब ?

जब-जब बरसात की रातों में कोहबर राँड़ी बोलती, ताजमनी को जित्तन की आँखों की याद हो आती है। भोला-भाला मुँह, आँखों में उमड़ते आँसू !

ताजमनी की आँखों से आँसू ढुलक पड़ते हैं।

"धेत्त ! तू तो रोती है दिदिया।··· रोती है दिदिया फिर ?"

"नहीं रे, रोती नहीं।"

"फिर रोती है ? अच्छी बात। मैं कल अपने काका को चिट्ठी लिख देता हूँ। वह आकर मुझे ले जायेगा। तू रायेगी, तो तेरे पास कौन रहेगा ?"

आँचल से आँख पोंछती ताजमनी कहती है–"ऐं-हे ! बड़ा चिट्ठी लिखनेवाला बना है ! सभी को चिट्ठी लिखकर बुलाता है। चुपचाप सो रहो।"

"और तुम रात-भर मा-त-रे-मा-त-रे करती रहो !" सुधना ने मुँह बिदकाकर कहा–"कौन है यह मा-त··· ।"

"देख सुधना, हर बात में टाँग नहीं अड़ाते। गाँव के पके हुए अरियासमाजी लड़कों की बोली सीखी है तूने। कुछ समझता भी है ? खबरदार, जो कभी माँ तारा के नाम ठिठोली की !" ताजमनी ने आँखें मूँदकर मन-ही-मन काली की मूर्ति को स्मरण करके कहा–'माफ करना माँ ! बच्चे की बुद्धि ही कितनी !'

सुधना ने भी मन-ही-मन फ्रेम में मढ़ी, रक्त-चन्दन के छींटों से धुँधली काली माँ की तस्वीर को याद किया–'जीभ निकालकर खड़ी है, तो खा लो न मुझे !··· दिदिया इतने दिनों से रो-रोकर पूजा करती है, मान-मनौती करती है। लेकिन, माँ तारा तो और रुलाती ही है।··· रोज पण्डितजी के बाग से अड़हुल फूल लाकर देता हूँ··· और क्या चाहिए ? मुझे ही खा लो न··· !' सुधना लाल-लाल अड़हुल फूलों का सपना देखने लगा।

ई-ई-ई··· ल-ल-ल-ल-ल-रा-रा ! हो-ओ-ओ-ला-रा-रा-आ-आ··· ।

गहलौटा टोले के निरसू पर परती का परमदेव सवार हुआ है। हाथ-भर जीभ बाहर निकालकर निरसू हाँफता है, दौड़ता है और किलकिलाता है–ई-ई-ई···ल-ल-ल !

पाँच-पाँच तगड़े जवानों को झाड़कर गिरा देता है और परती की ओर भागता है–"ई-ई-ल-ल··· बलदान लेगा, बलदान लेगा, लहू पियेगा, बलदान लेगा।"

गहलौटा, केयट, खवास और गंगोलाटोली के लोग परती के परमदेव को पूजते हैं। साल में एक बार पूज़ा दी जाती है। घर-घर से लोग पान-सुपारी, कबूतर और बत्तक लेकर पहुँचते हैं।··· सवर्णटोले के लोग इस देव को नहीं मानते। वे कहते हैं–"परमा तो छोटी जातिवालों का देवता है !"

लेकिन, ठाकुरबाड़ी के पण्डित सरबजीत चौबेजी कहते हैं–"देव तो आखिर देव ही है। चाहे वह बड़ी जाति का हो या छोटी जाति का। परमादेव हमारे पुरखों के देव हैं। परती के जाग्रत देवता हैं; आपद-विपद में सारे गाँव की रक्षा करते हैं। ··· उनके गहवर को ट्रैक्टर से जोत रहा है जित्तन ! परमादेव को माननेवाले यदि चुपचाप परती उधेड़ना देखते रहेंगे तो सारे गाँव पर गुस्सा उतारेंगे परमादेव। सब मिलकर सोचो, विचारो और इसके लिए उपाय करो।"

लुत्तो ने भी कहा–"आज तीन दिन हो गये। लोगों को समझा रहा हूँ। हर

टोलेवालों से कहता हूँ–सभी मिलकर ट्रैक्टर की भटभटी बन्द करो। लेकिन, हर टोले में मालूम होता है जमींदार का दलाल अपनी दलाली कर रहा है। कोई कहता है, परती जोतते हैं जित्तन बाबू अपनी, इसमें हम लोग क्यों पड़ने जायें ! किसी ने जवाब दिया–परती में झगड़ा-फसाद खड़ा करने से असल जमीन का मुकदमा खराब हो जायेगा। अपने देवता-पित्तर को हम लोग भूल गये हैं। कहावत है न, पहले भीतर, तब देवता-पित्तर··· ।"

गहलौटा, केयट, खवास और गंगोलाटोली के लोगों के दिल में परमादेव की भक्ति उमड़ आयी। तय किया, निरसू भगता को फूल उठाने के लिए न्योता दिया जाये।–हर टोले के लोग पूजा-परसाद के लिए आना-दो आना हर घर से चन्ना वसूलें। फिर, परमादेव से पूछें कि क्या किया जाये। परमादेव जो फरमायेंगे, सभी मिलकर वही करेंगे।

पन्द्रह-बीस वर्षों से भगता की असवारी नहीं हुई है।··· याद है, आखिरी असवारी हुई थी बहलियापीर की। गंगोलाटोली के फटकन भगता ने फूल उठाया था। उस पर बहलियापीर की असवारी हुई थी। बहलियापीर ! वह भी बड़ा भारी अगियाबैताल देव था भाई ! सो, बाबूटोले के अरियासमाजी लड़कों ने उस बार ऐसी ठिठोली की, ऐसा बखेड़ा उठाया कि बहलियापीर नाराज होकर चले गये।··· उसके बाद से फिर कभी भगता की असवारी नहीं हुई।··· हँसी-ठिठोली भला देवी-देवता बरदाश्त करें ? आखिर, जो शराप देकर बहलियापीर गये वह अच्छर-अच्छर फला। देख लो, सभी अरियासमाजी को। सभी बेजात हो गये। कोई टीक-जनेऊ कटाकर सोसलिस में जात दे दिया, तो कोई मुर्गा-मुर्गी खाकर कौमनीस में अपना धरम दे दिया।··· लेकिन, याद रखो ! इस बार यदि बाबूटोला का कोई हँसी-ठिठोली करे या बेबात करे तो सभी मिलकर पीटो··· इसके चलते जो कुछ हो। देव है, हँसी-खेल नहीं !

चौबेजी ने भी कहा–"ठीक बात। किसी के देव-पित्तर को कोई अपमानित नहीं कर सकता।··· मुसलमानों के मसजिद के पास जरा ढोल बजाकर या शंख फूककर देखो कि क्या होता है। तुरत, दंगा-फसाद शुरू हो जायेगा।···और, सरकार भी इसका कानून मानती है। किसी को हक नहीं है कि किसी देव-देवी की पूजा में बिघिन डाले।

निरसू भगता ने फूल उठाने का न्योता कबूल किया। गाँव के भगतिया लोगों ने गोचर परमादेव को गुहारा। आध पहर रात से गुहराते रहे, लेकिन एक बार का भड़का हुआ देव बहुत मुश्किल से असवारी पर आता है। एक ही घण्टे में तीन जोड़ी कबूतर की बलि दी गयी और भगतिया लोगों ने गोचर छोड़कर ओरहना गाना शुरू किया। जब गोचर से देव नहीं सुनते, तब ओरहना गाते हैं भगतिया लोग :

कोई नाँहि पूजतउ रे परमादेव तोहरो चरनवाँ है-ऐ-आ-आ-आ !
कोई नाँहि पूछतउ रे परमादेव तोहरो जे नमवाँ है-ऐ-आ-आ-आ !

कोई तुम्हारी पूजा नहीं करेंगे ! कोई तुम्हारा नाम भी नहीं लेंगे। यदि तुमने कृपा

करके भगत पर असवारी नहीं की, तो फिर कभी कोई तुम्हारे गहवर पर न एक फूल देगा और न एक अक्षत चढ़ायेगा। निरसू भगता के हाथ का फूल जरा-सा काँपकर रह गया। भगतिया लोगों का हौसला बढ़ा। मिट्टी की धूपदानी में लोहबान जलाकर मूलगैन भगतिया गोबर पासवान उठ खड़ा हुआ··· ।

परानपुर के मशहूर मिरदंगिया जनकदास ने मृदंग पर चलती बजाकर नाचना शुरू किया—धिरिंग-धिरिंगा-तावत-बरतन, तावत बरतन !

—ई-ई-ई-लॅ-लॅ-ल-रा-रा ! दधि नेनु ला रे-ए-ए-ए-ए।

निरसू भगता अचानक किलकिलाकर घर से बाहर भागा—ई-ई-ई-लँ-ल ! गहलौटा, केयट, खवास और गंगोलाटोली के सभी—औरत-मर्द-बूढ़े-बच्चे जगकर दौड़े—आ गये ! आ गये बाबा ! जै हो परम बाबा ! चल-रे-ए-ए !

—बलदान लेगा। बलदान लेगा। खून पियेगा, लहू पियेगा-आ-आ-हा-हा-हा-रे-ए ! करमू गहलौटा की भौजाई, धरमू गहलौटा की बेवा ने गले में आँचल डालकर परमादेव के गहवर में पाँवलागी की और धरती पर लोट गयी—"दुहाय परमा बाबा ! दूध से तुम्हारा गहवर लिपवा दूँगी बाबा ! करोध को सान्ती करिए। भूल-चूक माफ करिए !"

दूध के लोटे को परमा बाबा ने ठोकर मारकर उलटा दिया। दूध धरती पर बहने लगा।

—ई-ई-ल-ल। भूल-चूक ? हँसी-मसखरी ? छाती पर हल चला दिया रे-ए-ए ! लकड़ी का हल नहीं, लोहे का ! बलदान लेगा··· ।

औरतों की टोली एक ही साथ रो पड़ी—"दुहाई परमा बाबा ! ऐसा तो कभी नहीं गुसाये थे बाबा !"

—दधि नेनु ला रे-ए-ए !

"दही की मटकी ले आ छोटकी बहू। नयी मटकी का दही। देखना, किसी खरछुताही की देह से न छू जाये !"

एक बूढ़ी औरत ने धरमू की बहू के कान में कहा—"गर्भवालियों को हटा दो धरमू की बहू ! बड़ा रिसियाये हैं बाबा। हाँ ! मैंने अपनी जवानी में देखी है इनकी रीस।"

"जिसने छाती पर हल चलाया है, उसका कलेजा चबाकर खाइए बाबा ! हम लोगों का कोई दोख नहीं। इस्स, हाय रे दैब ? बाबा की छाती से लहू निकल रहा है ! दही की मटकी लेकर निरसू भगता ने मुँह में दही कोंचना शुरू किया··· ।

"खबरदार ! निरसू भगता दही खा रहा है, मत कहो। बोलने का ढंग नहीं ? कहो, परमा बाबा खा रहे हैं।" निरसू भगता के मुँह के मारफत परमा बाबा भोग लगा रहे हैं। गीत गानेवाली औरतों ने भगतिया लोगों को दम लेने की छुट्टी दी। गोसाईं का गीत गाने लगीं औरतें :

बन्दिबऽ बन्दिबऽ हो बाबा चरना तोहार !
पहिले पहर बाबा-राकस के रूपे
आगाँ-आगाँ डाकिन चले पाछाँ-पाछाँ भूते !

बबुआनटोली में भी पुकार पहुँचती है।

सूरज की किरणों के साथ घर-घर में परमादेव के आगमन की कहानी फैलने लगी। घर की बड़ी-बूढ़ी पूजा-प्रसाद की सामग्री जुटाने लगी।–देव आखिर देव ही हैं। पूजा देने में जाति नहीं जाती।

भूमिहारटोली के मनमोहन बाबू की चाची गला फाड़कर चिल्ला रही है, मनमोहन बाबू से झगड़ रही है–"तुम देवी-देवता नहीं मानते, मत मानो। भोर-भोर मुँह से अंग्रेजी गाली क्यों निकालते हो ? जानती कि इस घर के पान-फूल पर भी मेरा कोई हक नहीं तो मैं क्यों मरने जाती ? आग लगे मेरे हाथ में, मैं क्यों फूल तोड़ने गयी ! दो साल से मेरा बेटा बिछावन पर पड़ा है। दवा-दारू की बात को कोई पूछता नहीं। परमादेव से बाक लेने जा रही थी··· ।"

मनमोहन बाबू क्रोध से थर-थर काँप रहे हैं। कितने जतन से आस्ट्रेलियन जिनिया के कुछ पौधों को लगाया था ! कल ही तीन फूल खिले थे। सुबह को चाची ने सभी पौधों के फूल और कलियों को नोचकर ठूँठकर दिया।

कामरेड मकबूल अपनी भाभी को समझा रहा है–"परमा बाबा के बाप भी उठकर आये, बिना ऑपरेशन के बच्चा होना असम्भव है। बिना डी एण्ड सी कराये···

मकबूल के बड़े भाई नीलाम्बर झा को बुरी लगती है बात–"अरे, कितना भिटामिन खायेगी और ? डाक्टरों के पास जितने किस्म के भिटामिन हैं, ए-बी-सी-डी, सब खा चुकी है।···तुम्हारे कहने से बेचारी ने मुर्गी का अण्डा खाकर धर्म भी भ्रष्ट किया, लेकिन कहाँ हुआ कुछ ?"

मकबूल अपने बड़े भाई को समझाने की चेष्टा करता है–"भैया ! मैं विटामिन की बात नहीं कहता। डी एण्ड सी माने डाइलुटेशन एण्ड क्युरिटेशन··· ।"

मकबूल की भाभी अपनी मौसी के साथ पूजा-प्रसाद की डाली लेकर गहलौटाटोली की ओर निकल पड़ती है, सन्तान माँगने !

–दुहाय परमा बाबा !

सभी काम-काज छोड़कर लोग गहलौटाटोली की ओर दौड़ रहे हैं।

"सुनते हैं, शुद्ध संस्कृत में बोल रहा है निरसू !"

"सच ?"

"सच नहीं तो क्या ! जाकर देखिए, बाभनटोली के पण्डितों से, ठाकुरबाड़ी के चौबेजी से बेदपुरान बतिया रहा है।"

"आश्चर्य की बात है !"

स्कूल-कॉलेज में पढ़नेवाले लड़के भी दौड़ रहे हैं। सन्तूसिंह का बेटा गुरबचनसिंह जिले की साप्ताहिक पत्रिका का निजी संवाददाता है··· ऐसा न्यूज हमेशा हाथ नहीं लगता ! गुरबचन इस संवाद को भारत-भर के पत्रों में भेजेगा। कहीं, उसके पहुँचने के पहले ही न उतर जायें परमादेव ! जित्तन बाबू कहते हैं–"मिस्टर राय। डोण्ट मिस इट। जरूर जाइए।··· आग पर चलेगा। खौलते हुए दूध की हाँडी में हाथ डालेगा। घी और सिन्दूर पुते हुए बाँस पर चढ़ेगा !"

भवेश को सलाह देते हैं, जित्तन बाबू–"तुम्हारी मूवी किस दिन के लिए है ? ले जाओ··· घबराते क्यों हो ?"

सुरपति और भवेश भागे गहलौटाटोली की ओर।

"सभी मनोकामना पूरी कर सकते हैं परमादेव ? तब तो जमीन की कामना भी पूरी करेंगे ?··· ठीक बात ! चलो। मन की बात मन में ही रखो !"

घी और सिन्दूर पुते हुए बाँस पर चढ़कर परमादेव एक पाँव के सहारे खड़ा है।–"ठट्ठा समझते हो ? चढ़े तो कोई ऐसे चिकने बाँस पर !··· बँसचढ़ी नाचवालों को छोड़कर और कोई चढ़ ही नहीं सकता।"

"मनोकामना अपने मन में रखकर पूजा-प्रसाद की डाली चढ़ा दो। फिर आँचल फैलाकर ऊपर की ओर देखो। परमादेव पूजा की डाली अपने माथे पर रखकर माथा हिलायेंगे। आँचल में सिर्फ अच्छत गिरे तो समझो कपाल खराब है। यदि फूल या फल गिरे तो मनोकामना पूरी समझो।··· बारह-बारह साल की कागबाँझों को बच्चा दिया है परमादेव ने ! अब तो लोगों को किसी बात पर परतीत नहीं। बैजू की बहू को याद है, आँचल में केला और अमरूद गिरा। दूसरे दिन सुबह से ही उसको मिचली आने लगी, उलटी होने लगी। गले हुए कोढ़ी करिया सामू को परमादेव के बाक ने आराम किया।"

आतंक और कौतूहल-भरी खबरें गाँव में बहुत तेजी से फैलती हैं। एक मुँह से दूसरे कान में, दूसरे से तीसरे तक पहुँचते-पहुँचते बात में एक हाथ की बढ़ोत्तरी हो जाती है।

भगता के गहवर में जब किसी बड़े देवता की असवारी होती है, तो उस गहवर में दूसरे देव-देवी के आगमन की सम्भावना सदा रहती है।

महीचन रैदास की बेटी मलारी की देह रह-रहकर सिहर उठती है।··· सुवंशलाल एकटक उसको देख रहा है।

मलारी की माँ ने पूछा–"ऐसा कछमछ क्यों कर रही है रे ?"

"कुछ नहीं, मेरा माथा चर्खी की तरह चक्कर दे रहा है मैया !"

"ऐंय ?"

मलारी बाल खोलकर सिर हिलाने लगी हठात् !

"ऐ, ऐ ! देखो, क्या हुआ उसको ? क्या उस पर भी सवारी हुई ? कौन देव ?··· देव नहीं, देवी। देवी परमेसरी।"–"लेकिन देवी परमेसरी रैदास की बेटी पर कैसे सवार हुई ?"–"रैदास है तो क्या हुआ ? आजकल आदमी तो छुआछूत मानता नहीं, देव-देवी क्यों मानेंगे ? कोई सँभालो उसको ? पूछो, कौन देवी है ?"

"आ-गे मइयाँ-आँ-आँ !"

"रो रही है ? तब देवी परमेसरी नहीं, दुलारीदाय है, जरूर। दुलारीदाय को छोड़कर और कोई देवी रोती हुई नहीं आती गहवर में। सुनो-सुनो रोदन का पद

सुनो। क्या कहती है ?"

आगे-माइयो-ओ-ओ !
कोई नाहिं बरजे, कोई नाहिं दूसय
कोई नाहिं डाँटय कोई नाहिं रोकय
कोई नाहिं जाई के समुझावय गे-मा-इ-ओ !

"हाय, हाय ! रो रही है ! दुलारीदाय। मिसर खानदान की कुल-लछमी है। इसी देवी के प्रताप से हर साल मानिक दियरा बलते हुए देखता था। मिसर के मरने के बाद से ही रो रही है दुलारीदाय ! लेकिन ऐसा रोदन तो कभी नहीं पसारती थी ?"

आगे-माइयो-ओ-ओ !
केकरा लाये राखब सोना के कलसवा
केकरा लाय जोगब रूपा के मण्डिलवा
केकर पुन्न से मानिक दियरा-आ-आ
लेसब गे माइयो-ओ-ओ !

एक-एक कर सभी औरतें रोने लगीं।···परमादेव को भगतिया लोग दिशा-मैदान कराने के लिए ले गये हैं। औरतें रो रही हैं। बड़ी करुणा-भरी रोदना कर रही है दुलारीदाय ! ···"मिसर खानदान में जब से यह पगलवा हुआ है, तभी से सब धरम-करम चला गया हवेली का। रोयेगी नहीं ? हाय-हाय ? कुकर्म से कुकर्म करने पर तुल गये हैं जित्तन बाबू। परमादेव का गहवर जोत रहे हैं। चक्कर परती ही तो परमादेव की आसनी है। उसी को टकटर लेकर···।"

मलारी की माँ ने अपनी बेटी को सँभालने की चेष्टा की। देह झाड़कर दुलारीदाय ने उसको दो रस्सी दूर फेंक दिया। तब, सेमियाँ कमर कसकर आगे बढ़ आयी। दुलारीदाय को अकबार में समेटकर, काबू में लाती है सेमियाँ। मलारी के घुँघराले लटों को चेहरे पर से हटा दिया उसने ! झुकी हुई गर्दन को ऊपर कर दिया–दुलारीदाय, मलारी !···गौर मुखमण्डल, आरक्त कपोल, झुकी पलकें, लाल-पतले ओठ। आँखों की बारीक बंकिम···।

–क्रि-रि-रि-रि-रि-रिं-रि-रि··· कचक् !

"फोटू हो रहा है, फोटू ! ऐ, सब कोई मुँह बन्द करो। नहीं तो, सब दिन दाँत निकला रहेगा फोटू में। परमादेव का फोटू नहीं होगा ? क्या कहता है, होगा ? आग में चलने के समय ? ठीक है, ठीक है !"

दूर के गाँवों से लोग बैलगाड़ियों पर लदकर आये हैं। गाड़ी रखने की जगह नहीं है, करमू गहलौटा के दरवाजे पर।

"ऐ सुनो। अब जल्दी से अगिनसागर खोदो। परमा बाबा के पीछे-पीछे आग

पर कौन-कौन चलेगा ? नहा-धोकर तैयार हो जाओ। फोटू होगा।"

अगिनसागर ! साढ़े पाँच हाथ लम्बा, डेढ़ हाथ चौड़ा और सवा हाथ गहरा अगिनसागर। काठ की चैलियों को एक बूढ़ा अगिनसागर में सजा रहा है।–परमा बाबा आते ही इसमें अपने हाथ से आग लगायेंगे। जब आग धू-धू कर लहकने लगेगी, वे इस अगिनसागर में खाली पाँव प्रवेश करेंगे··· । फिर उसके बाद मान-मनौती !

सभी लोग मान-मनौती करने आये हैं। एक हजार डालियाँ–पूजा की सामग्री से भरी डालियाँ–जमा हुई हैं। गहवर में अब जगह नहीं। अच्छत, चन्दन, फूल-पान, केला-अमरूद, दही-दूध, सिंघाड़े, मखाने ! जिसने डाली नहीं दी है, वह डाली की कीमत, आठ आना, चार आना, हाथ में लेकर मनौती कर सकता है।–"दुहाय परमादेव ! दस बीघे जमीन का पर्चा यदि मिल जाये तो अगले साल दस सेर अच्छत से भरी डाली गहवर में लेकर हाजिर··· ।"

"पाँ-आँ-बिड़ेसिक-रे-ए-ए-ट ! बीड़ी पाँ-आँ !"

गाँव के पनवाड़ियों को खूब फायदा है।··· फोकट में एक मेला जैसा मजमा हाथ लग गया है। कैसा खिल्ली पान पर लोग टूट रहे हैं।

–अरे बाप ! अब तो बिजली छटकाकर फोटू ले रहा है। छटक् ! छटक् !

"बीरभद्दर बाबू, बस समझ लीजिए इस काम में भी छक्का हाथ मार दिया।"

"अलबत्त दिमाग है, तुम्हारा। मैं मान गया लुत्तो ! अब लुत्तो नहीं, आज से मैं भी तुमको लुत्तो बाबू कहूँगा। इसी को कहते हैं कूटनीति ! वाह, लो पान खाओ !"

"आज मैं खाली पान नहीं खाऊँगा, भाभी के हाथ की मिठाई··· ही-ही-ही !"

"अच्छा, अच्छा। आगे सुनाओ, और क्या-क्या हुआ ?"

–होगा क्या ? जो 'सिड्यूल' था, उसी के मुताबिक काम हुआ।··· जो-जो सिखा दिया था निरसू को, वही-वही भखा।··· कमेसरा को क्या कहा, जानते हैं ? कहा, तुम दुतियाकार हो। सोलकन्ह होकर तुम बाबू-बबुआन के पच्छ में हो। तुम्हारा नाश होगा !··· गहवर से जाने के पहले परमादेव ने साफ-साफ कहा–परती तोड़कर मेरी आसनी को जिसने बरबाद किया है, मेरी छाती पर जिसने हल चलाया है, उससे बदला लो। ठाकुरबाड़ी में रामलला हैं। रामलला की पूजा करनेवाले पुजारी की बात सुनो, कल्याण होगा।

"लुत्तो बाबू, बहुत अफसोस की बात ! मैं ऐसा जानता तो आज फारबिसगंज नहीं जाता। यह तो देखने-सुनने जोग तमाशा था।··· लेकिन, ठाकुरबाड़ी के पुजारी पण्डित सरबजीत चौबे को 'टैट' कर दिया है या नहीं ?"

"इसके लिए आपको कहना नहीं होगा। उस पर पक्का पालिस चढ़ गया है !"

थप-थप ! दूसरे कमरे से ताली बजाकर अन्दर बुलाया बीरभद्दर बाबू की स्त्री ने–"हलवा तो खिलाइयेगा, उसकी जूठी कटोरी कौन धोयेगा ?"

"चुप-चुप ! धीरे-धीरे, लुत्तो बा··· वह सुन लेगा।"

"सुन लेगा तो क्या होगा ?"

"आजादी देवी, देखो। समझो जरा। बहुत इम्पौटें...।"

"मुझे आजादी देवी मत कहिए। मुझे उलटी होने लगती है, इस नाम से।"

"छिः !"

"तो धोइएगा आप झूठी कटोरी ?"

"आजा दी...।"

ताजमनी !

सुरपति राय कल ही किसी बहाने नट्टिनटोली की ओर जायेगा। ताजमनी के बारे में उसने अजीब-अजीब बातें सुनी हैं। सुरपति उसको देखना चाहता है। एक झलक ! भवेश कह रहा था उस दिन, पवित्र सुन्दरता की साकार प्रतिमा है...। इसके बाद भवेश बुरी तरह तुतलाकर चुप हो गया।

पवित्र सुन्दरता ?

–उँ-याँ-याँ ! हुँआँ-हुँआँ-आँ-हुँआँ !

सियार बोलते हैं। दो पहर रात बीत गयी ?... दूर-दूर तक प्रतिध्वनित होती हुई बोली, सियार की।

तारा मन्दिर की घन-अन्धकार अँगनाई में खड़ी है, ताजमनी। चार घण्टों से खड़ी है। और एक पहर रात कटे, तब वह यहाँ से टलेगी। पिछली तीन-चार रातों से बुरे सपने देखती है।–जै माँ तारा ! मन्दिर में चिराग की मद्धिम रोशनी में माँ तारा की मूर्ति–काली-काली-काली !

काले रंग का सागर ! घनघोर अन्धकार ! लाल जीभ माँ तारा की ! अड़हुल फूल की लाली !... माँ हँसती है ?–जै माँ तारा।...

"माँ ! तुम्हारी उल्लासिनी मूर्ति ? यह मैं क्या देख रही हूँ ? इतने दिनों का सपना पूरा हुआ ! माँ हँसती है ?" किन्तु, ताजमनी कैसे हँसे ? हँसते-हँसते रोना पड़ा है, बार-बार।...

"ओ माँ ! माँ गो-ओ-ओ ! मालकिन-माँ ने अपना पहला बच्चा तुझे चढ़ाया था, क्या इसी दिन के लिए। तुम्हारा दिया हुआ बेटा, मालकिन-माँ का। उसका अमंगल कैसे देख सकेगी तू ? और, तुम तो सबकुछ जानती हो, जगत्-जननी ! मेरे जिद्दा को धन-दौलत, जमीन-जमींदारी का एक राई लोभ नहीं !... बारह साल से इस पिटारी को कलेजे से सटाकर मैं अपने जिद्दा की मंगल-कामना कर रही हूँ। मेरे माथे पर भेज दो सब दुख...! साक्षी हो तुम। मालकिन-माँ के आगे सत्त करने के बाद, जिद्दा के चरन भी नहीं छू सकी हूँ, आज तक। मैं आज जिद्दा की चरनधूलि लेने जा रही हूँ। बारह साल के बाद सत्त तो बज्र सत्त हो जाता है। मालकिन-माँ की पिटारी आज उसके बेटे को सौंपने जा रही हूँ।... तू भी अपना आशीष भर दे

इस पिटारी में !"

मौलश्री का एक पीला पत्ता टूटकर गिरा। ताजमनी अँधेरे में उस पत्ते को ढूँढ़ने लगी–"हाँ, यही पत्ता है ! पत्ता नहीं, तुम्हारा आशीष है ! बल दो, जिद्दा के सामने मैं पत्थर की मूरत बन जाऊँ !" सींक की बनी हुई एक छोटी-सी पिटारी, जिसके अन्दर भोजपत्र पर एक मन्त्र लिखा हुआ है। दूसरे पत्रे पर पाँच चक्र अंकित हैं– श्रीचक्र 1, श्रीचक्र··· 2! एक गोमुखी रुद्राक्ष का दाना, सिन्दूर की डिबिया में। और, चाँदी का एक सिक्का, जिस पर टेढ़ी-मेढ़ी अरबी लिपि में लिखा है–अलिफ़, लाम, मीम !

टप्पा-टप्पा-टः टः टः टप्पा-टा-ट्रिं !··· क्रेंक !

जितेन्द्रनाथ अपने कमरे में बैठकर टाइप कर रहा है। खिड़की के फ्रेम में एक टुकड़ा नीले आकाश का, दो तारे जड़े !··· ट्रैक्टर चलाने से उँगलियों की बनावट जरा बदल गयी है। इसलिए टाइपराइटर की चाबियाँ उसके गलत चाप की छाप ज्यादा आँक रही हैं, आज। पिछले पाँच महीने से उसने एक पंक्ति भी नहीं लिखी है। कुछ-एक पत्र भी नहीं। फिर, उसके श्रद्धेय बन्धु प्रोफेसर मिश्रा द्वारा प्रस्तुत कीबोर्डवाला हिन्दी टाइपराइटर आया है। जितेन्द्रनाथ आज प्रसन्न है··· उसके अन्य मित्रों की बात गलत निकली। प्रोफेसर मिश्रा का सपना पूरा हुआ। जितेन्द्रनाथ को बल मिला है। प्रोफेसर मिश्रा के नाम एक संक्षिप्त और सन्तुलित बधाई पत्र टाइप किया है उसने–पहले-पहल ! मात्र तीन गलतियाँ। पुनश्च में लिख दिया–मात्र तीन गलतियाँ हुई हैं जिनको रबर से इरेज किया जा सकता था। मैंने रहने दिया है। टप्पा-टप्पा-टः-टः-ट्रिं !

–सेवा में, सम्पादक पाटलीपुत्र टाइम्स ! गत पाँच महीने की लम्बी चुप्पी के बाद अवसरवादी को पत्राचार का अवसर प्राप्त हुआ है। क्या कहिए, अवसर की बात !··· आप अवसरवादी द्वारा परिचालित स्तम्भ की घोषणा कर सकते हैं। मैं फिर से अवसर की बात को चालू करना चाहता हूँ। टः-टः-टः !

टप्पा-टप्पा-टः-टः !

–सेवा में, सम्पादक राजकाज··· इत्यादि ! तटस्थ राजनीति-वार्ता के लाउडस्पीकर साहब फिर हाजिर हैं, हुजूर के आगे ! टः टः !

··· ट्रिं !

–सम्पादिका, सचित्र सुन्दरी नारी ! आपका पत्र, भटकने के बाद ही सही, मिल गया है। मैं गाँव आ गयी हूँ। अपने नैहर में हूँ। पत्रोत्तर में विलम्ब के लिए क्षमा···। प्रसन्न हूँ। आप 'सोलह सिंगार-विशेषांक' निकाल रही हैं। सचित्र (अपनी तस्वीर नहीं !) रचना शीघ्र भेज रही हूँ, विशेषांक के लिए। मेरे छोटे भाई भवेश को फोटोग्राफी से दिलचस्पी है। उसके कुछ छायाचित्र हैं। नवनीता आपकी। टप्पा-टप्पा-ट्रिं ! क्रेंक

सेवा में··· !

बॉख, बॉख, बॉख !

मीत अपने मोढ़े से उछलकर अपने कमरे से बाहर, हवेली की ओर भागा। हवेली के पिछवाड़े में जाकर भूँकने लगा—बॉख, बॉख !

"अहा, चः चः ! मीत ! मुझे तुम नहीं पहचानोगे बाबू ?··· काटोगे ? काट लो भैया। लेकिन, मुझे एक बार हवेली के अन्दर जाने दो। सूँघता क्या है ? चः चः ! सुनती हूँ, तू बहुत समझदार है ! सुधना कहता था, तुम अंग्रेजी बोली समझते हो।"··· मीत पाँव चाटने लगा ताजमनी का। ताजमनी की देह बार-बार रोमांचित हुई।

घुप्प अँधेरा !··· वह तुलसी चौरा ! तुलसी चौरा के पास माथा टेकती है। उसकी आँखें बरस पड़ीं। झड़ी शुरू हुई, सावन भादों की !··· तुलसी-चौरा पर एक बिरवा भी नहीं ? कल ही एक लगवाना होगा। यह क्या ? कोई दीया-बाती भी नहीं देता होगा ! ताजू ने आँखों को पोंछकर बायीं ओर की कोठरी की ओर देखा, मालकिन-माँ जहाँ बैठकर रोज रामायन-महाभारत पढ़ती थीं, रेहल पर रखकर। मालकिन-माँ ! खटक् ! कौन ? तू आयी है ताजू ! दे आ पिटारी पहले जित्तन को। फिर आकर मेरे पास बैठना। तेरा मुँह सूखा क्यों है बेटी ? रोती है ? छिः छिः, तू रोती है ताजू··· ?

—कूँई ! ईं ! बॉख, बॉख, बॉख ! मीत भूँकता है, खड़ी क्यों है चुपचाप ? चलो, बॉख ! ताजू ने मालकिन-माँ के बैठने की जगह की मिट्टी ली, सिर से छुलाकर आँचल में बाँधने लगी।··· और अब वह बेसुध हो गयी। तन्मय ! भण्डारघर !··· यहाँ बैठकर ताजू नौकर नौकरानियों को सीधा बाँटती थी—रामपखारन काका आज रोटी नहीं खायेंगे, भात खायेंगे। चावल कितना दूँ माँ ?··· देगी कितना, जानती नहीं ? डेढ़ सेर तो सिर्फ कलेवा···।

यह ड्योढ़ी ! यहाँ बैठकर मालकिन-माँ चिक की आड़ से अपने अमला कारिन्दों से बातें करतीं··· ! टप्पा टप्पा-टा-टा-ट्रिं ! क्रेंक !

मीत कमरे के अन्दर हाँफता आया—बॉख··· कमरे से बाहर देखो, कौन आयी है !

"मी-ई-त !" जितेन्द्रनाथ ने झिड़की दी।

—बॉख !

"आज क्या हो गया है तुझे ? बाँध दूँगा !"

मीत कमरे से बाहर भागा, दरवाजे के पास खड़ा कटी हुई दुम हिलाने लगा।

चाकलेट कलर के पर्दे की ओट से ताजू प्रकट हुई।

"ता-जू ?"

परिचिता आँखों के बीच एक जोड़ी आँख, मीत की ! दो कदम आगे बढ़कर ताजू झुकी। घुटने के बल बैठकर पाँवलागी की उसने। उसके गले में लटकती ताबीज फर्श पर बज उठी—खट् !

मीत प्रसन्न मुद्रा में बैठा देख रहा है—कभी जित्तन बाबू की ओर, फिर ताजू

को। उसकी निगाह हाथ की पिटारी पर है। क्या है उसमें ? मिठाई की गन्ध तो नहीं आ रही ! माँ की पिटारी ? जितेन्द्र को याद आती है··· पिताजी कहीं जा रहे हैं। माँ हाथ में पिटारी लेकर खड़ी है। सिर से छुलाकर चले गये बाहर !

ताजू के हाथ से पिटारी लेकर जितेन्द्रनाथ ने अपने सिर से छुलाया–माँ का विश्वास, निर्मल गंगाजल !

हरिकेन लालटेन की रोशनी जरा-सी तेज हो गयी।··· सामने की दीवार पर युगों बाद एक जोड़ी मूक छाया प्रतिबिम्बित हुई है, फिर ! मंगलकामना में तन्मय नारी की प्रतिमूर्ति और श्रद्धा से अवनत पुरुष का प्रतिबिम्ब !

ताजू ?··· निस्तब्ध वातावरण में परती पर चलते हुए पंछी की बोली झंकृत होती है–कैं-ऐं ! सामने खड़ी ताम्रमूर्ति-जैसी ताजमनी। चेहरे पर रोशनी चमकती है। अपलक नेत्र के कोरों पर दो मोती जगमगाये !

सामने की दीवार पर प्रतिबिम्बित छाया ! मिकी-माउस की आकृतियाँ ?··· लालटेन की जगह बदल दी गयी। आँख के मोती झर चुके थे। ताजू का विश्वास, अन्धविश्वास बढ़ा है। वह जानती थी, जितेन्द्रनाथ श्रद्धापूर्वक स्वीकार करेंगे इस पिटारी को।··· मालकिन-माँ कहती, नहीं-नहीं।··· ताजमनी माँ के कहे हुए शब्दों को, माँ की बातों को दुहराने की शक्ति बटोर रही है–दुर्गे-दुर्गे !

–कहना, इसे जादू-टोना नहीं समझें। हँसी-खेल में न उड़ावें। बड़ा पढ़-लिखकर विद्यासागर हो गये हैं आप ? भोजपत्र पर लिखे पंच चक्र, श्रीचक्रों के पास लिखे मन्त्रों का अर्थ निकालिए। यही कुलगुरु ने कहा है। देख ताजू, दिल को बाँधकर, मेरी तरह कहना। समझी ?··· बाप ने उसका मतलब नहीं समझा। बड़े-बड़े जतन किये। मुझे भरोसा है, मेरा बेटा इसका कोई सही अर्थ निकाल लेगा, ढूँढ़कर। और, उसी दिन मिश्रवंश की पाँच पीढ़ियों के प्यासे पितरों को पहली बार पानी मिलेगा, मेरे बेटे के हाथ से। उसी दिन मुझे भी नसीब होगा !

ताजू के ओठ फड़के।

"इसे खोलूँ ?"

ताम्रमूर्ति के ओठों पर एक वक्र मुस्कराहट अंकित हो गयी, ताजू की मुस्कराहट !··· वही वक्रता !

–पंचचक्र ? श्री पंचचक्र ! भोजपत्र पर अंकित पंचचक्रों को देखकर प्रफुल्ल-वदन हुआ जितेन्द्रनाथ ! ताजमनी की आँखें अब उसके चेहरे पर टँग गयीं। मुस्कराहट की वक्रता बिला गयी।··· ताजमनी के दाँत झलकते हैं–"जानते हैं इसका अर्थ ?"

"क्या ?··· अर्थ ? नहीं। क्या अर्थ है ?"

ताजमनी के चेहरे पर फिर आकर लटक गयी, वक्र मुस्कराहट।··· लगाम से कसी हुई मुस्कराहट।

"पाँच पीढ़ी के प्यासे पितरों को पानी कब मिलेगा ?" ताजमनी की आँखें नहीं झुकीं।

जितेन्द्रनाथ के कानों के पास माँ की बातें स्वयं ही मँडरा गयीं··· मेरे जित्तन

ने अपने पिता को मरते समय गंगाजल पिलाया है, तीन घण्टे तक ! मेरे स्वामी को छोड़कर, आज तक इस मिश्रवंश में किसी को मरते समय अपने पुत्र के हाथ का पानी नहीं मिला। मरकर आग नहीं मिली, पुत्र के हाथ से ! जित्तन ने तो···।

जितेन्द्रनाथ को अचरज हुआ, ताजमनी के कण्ठ में बैठकर माँ बोल रही है ? ताजू के चेहरे पर स्पष्ट छाप, माँ की एक परिचित मुद्रा की ! ताजू की ठुड्डी में भी गड्ढा पड़ जाता है बोलते समय ? आश्चर्य !

"दुलारीदाय में पाँच कुण्ड हैं। और, परती के पाँचों चक्कर···।"

जितेन्द्रनाथ की आँखों के आगे पहिये-ही-पहिये, चक्र नाच रहे। कुल-व्यवहार में पंचचक्र पूजन की विशेष विधि मिश्रवंश में··· तारा मन्दिर के बगल में पंचकन्याओं की पत्थर की मूर्तियाँ आज भी गड़ी हैं··· मिश्रवंश की पाँच कुमारी कन्याएँ दुलारीदाय के कुण्डों में डूब मरी हैं ! चक्र··· ताजमनी के कानों में हाथी-दाँत के चक्र, जिस पर सोने के बुन्दे !

"किन्तु आपको सुनना मना है, क्यों डूबी थीं कुमारी बेटियाँ !"

"जितेन्द्रनाथ के ललाट पर तुरत तीन रेखाएँ त्रिशूल की तरह उभरीं—सुनना मना है ! ऐसी सड़ी-गली मनगढ़न्त कहानियाँ हजारों सुन चुका हूँ। कोई गले में घड़ा बाँधकर डूबी होगी। कोई फूल के लोभ में पड़कर कुण्ड में गयी होगी, पुरइन के फूल में सोये हुए किसी देवपुत्र ने उसका सत्त-भंग कर दिया होगा। फिर··· मैं जानता हूँ ऐसी-ऐसी कहानियाँ··· !"

मुस्कराहट को समेटकर मुँह देखने लगी ताजमनी··· जिद्दा ! यही है उसके जिद्दा का सही सरूप ! ऐसे में, छोटी-सी बात भी चिढ़ा देगी।··· ताजमनी चिढ़ाने में चूकती नहीं है—"सुन्नरि नैका की गीत-कथा जानते हैं ? सुन्नरि नैका के डीह पर तो बचपन से खेल चुके हैं।"

"सुन्नरि नैका की गीत-कथा है ?"

"यह भी नहीं मालूम आपको ?"

फिर भड़केंगे जिद्दा !··· नहीं। त्रिशूल कपाल पर नहीं, बेचारा सुरपति !

"वह एक हाकिम आया है न, उसको ऐसी कथाओं की जरूरत है !"

"मैं जानती हूँ, कथा-हाकिम साहेब को। लेकिन, आपकी एक हजार कहानियाँ लिखते-लिखते ही पाँच साल बीत जायेंगे, उनके !"

मात खाये जितेन्द्रनाथ की सूरत नहीं देख सकती ताजू। तुरत कहती है—"सुरपति बाबू से कहिए रघ्घू रामायनी को बुलाकर सुन्नरि नैका की गीत-कथा सुनें। पाँच रात में समाप्त होगी कहानी।"

"रघ्घू रामायनी जिन्दा है ?"

अब ताजू हँस पड़ी··· जिद्दा को क्या मालूम कौन मरा, कौन जिया !

—बॉख-बॉख-बॉख ! मीत इस तरह खड़ा होकर बातें करने में कोई तुक नहीं देखता। बाहर से आये हुए आदमी के सामने, घर का आदमी इस तरह आमने-सामने

खड़ा होकर बातें करें ? ऐसा उसने कम ही देखा है, नहीं देखा है ! दो में से एक भी बैठे तो मीत उसकी गोदी में अपना मुँह रखकर··· । कानों के पास कोई सहला क्यों नहीं देता–बॉख-बॉख !

"ताजू, बैठो !"

··· ता-आ-जू-उ-उ-उ ! ता-आ-जू-उ-उ-उ ।

मालकिन-माँ की आवाज गूँज रही हवेली में। ताजू सिहर पड़ी।

सचित्र साप्ताहिक में तस्वीरें छपी हैं–परमा बाबा की, भगतिया लोगों की–झाल-मृदंग के साथ ! आग पर चलते हुए लोगों की कतार ! दुलारीदाय··· मलारी। बड़ी-बड़ी, काजलवाली आँखें, नशे में माती। दोनों गालों पर रोशनी पड़ी है। घुँघराले काले केश बिखरे, लरजते बादलों की तरह !

पुस्तकालय के वाचनालय में, फोटो देखने के लिए भीड़ लग गयी। अपढ़ लोग भी आये, दर्जनों !··· देखें जरा परमादेव की मूरत ! श्रद्धा से झुककर पाँवलागी की–जै हो बाबा परमादेव ! हमारी मनोकामना पूरी हो गयी, किसी की हो या न हो। दर्द उभरा सुवंशलाल का। भिम्मल मामा ने ठीक ही कहा, इस फोटोमाला का सिरोनामा यदि 'आग से खेलनेवाले और आग' दिया गया होता !··· आग ही है मलारी का रूप, सुवंश के लिए। छः महीने से सुलगती हुई आग भड़क उठी है दिल की। सुवंशलाल छटपटा रहा है आज। पुस्तकालय के वाचनालय का कार्यालय-मन्त्री है वह। वाचनालय में मलारी की तस्वीर, वह देखकर भी नहीं देख सका। घर ले आया है, सचित्र पत्रिका। दो प्रतियाँ आती हैं, एक स्त्री सदस्याओं के लिए। कन्या पाठशाला में सचित्र साप्ताहिक पत्रिका वह स्वयं देने गया था। हेडमिस्ट्रेस उसकी अपनी फुफेरी बहन है। मलारी अपनी तस्वीर देखकर मुस्करायी थी; लजाती हुई मुस्कराहट !···

लेकिन, मलारी के मन में भी ऐसी ही छटपटाहट लगे अब तो ?··· कैसे लगेगी ? मर्द के मन की बात तो आँखों में उतर आती है। मलारी पढ़ी-लिखी लड़की है। नहीं पढ़ सकती आँख की भाषा ? सुवंशलाल अब तक कहने का साहस बटोर नहीं सका था।···

अभी, रात में कोई रैदासटोली जाना चाहे तो उसके लिए कौन-सा बहाना ठीक होगा ?··· कमेसरा ने केयटटोली और रैदासटोली के बीच एक दूकान खोली थी, बीड़ी-सिगरेट, तेल-नून की। दूकान बन्द हो गयी। नहीं तो सिगरेट लेने के बहाने अभी वह जा सकता था रैदासटोली की ओर। एक बहाना है–हरिजन-सन्देश की पुरानी प्रतियाँ तीन महीने से पड़ी हैं। सुवंशलाल की बड़ी भाभी कह रही है अपनी सास से–"मइयाँ, सुनती हैं ?" सुवंश की बूढ़ी माँ हाथ में माला लेकर बैठी जापकर रही है। बड़ी पतोहू की बात सुनकर ध्यान भंग करना पड़ता है। माला सिर से छुलाकर कहती है–"हाँ, अभी बहरी नहीं हुई हूँ।"

"दिन-दिन सुबो बाबू का खोराक कमते जाता है। एक मुट्ठी भात भी तो नहीं खा सकते हैं। मैं कहती हूँ मइयाँ, कि एक बार पूछकर देखिए न··· कोई बेमारी-सेमारी तो नहीं··· ।"

"रात-बेरात, बेर-कूबेर का कुछ खयाल तो करो। बेमारी-सेमारी हो उसके दुश्मनों को ! पूछूँगी क्या ? बेचारा रोज बोलता है–मैया ! अपने जिला में कॉलिज खुल गया लेकिन बी. ए. पास करना मेरी तकदीर में नहीं लिखा।"

मँझली पतोहू रसोईघर में दाल छोंकती बीच में ही बोल पड़ी–"रोज, बस एक ही बात ? कौन मना करता है किसी को पढ़ने से ? भैंसुर उस दिन कह रहे थे, जाकर नाम लिखा ले। सान्ती के बाबू भी कहते हैं, घर में बैठकर क्या करता है ? जाय पढ़ने··· ।"

"पढ़ने जाओ कह देने से ही तो नहीं होता है ? पढ़ने का मसाला कहाँ से आयेगा ?" सुवंश की माँ धीरे-धीरे बड़बड़ाकर उठती है।

मँझली बहू चुप नहीं रहती–"मसाला ? भागलपुर कॉलिज में सिर्फ दो साल में जितना रुपया खर्च किया है सुवंश बाबू-उ-उ ने कि, सान्ती के बाबू कहते थे, उतने खर्चे में एफे-एमे-एले सब पास कर जाता।"

बड़ी बोली–"सुराज के बाद से तो स्कूल-कॉलिज में पढ़ने की फीस नहीं लगती है, सुनती हूँ। ताँतीटोली का जयमंगल ! उसके घर पर तो फूस भी नहीं है। कैसे पढ़ रहा है ? राधेसाम को, सुनती हूँ, सरकार से पनपियाई के पैसे भी मिलते हैं, पचास रुपैया या कितना··· ! सुबो बाबू तो अब बच्चा नहीं हैं। कोशिश करने से क्या नहीं होता है ?"

मँझली बहू तरकारी के लिए तेल लेने आयी तो बड़ी बहू को टीपकर बोली–"सान्ती के बाबू तो कहते हैं, काझा-गनेसपुरवाला कालिस से लेकर नन्दन तक पढ़ने का खर्च दे रहे हैं। घर की हालत छिपी-छिपायी नहीं, फिर भी इतना देते हैं। सुबो बाबू मंजूर कर लें। वह तो खुद जानते हैं, अस्सी रुपैया महावारी खर्च करने की औकाद अब इस गृहस्थी से उम्मीद नहीं।"

"सुबो ! रे सुबो !" सो गये क्या ? सुवंश के कमरे के चौखट के पास बैठकर माँ ने पुकारा–"जगे हो ?"

"क्या है मैयाँ !" सुवंश जगा हुआ है।

"जी खराब है तेरा ? खाना-पीना, भौजी कहती है··· ।"

"बड़ी भौजी अपने खुराक से ही सबका पेट नापती है। पेट-भर तो खाता हूँ।"

"भौजी कह रही है, सरकार से पनपियाई और भत्ता की कोशिश नहीं करते ?"

सुवंश बात नहीं काटता माँ की। बोला–"कहाँ किसको पनपियाई और भत्ता मिलता है ! बड़ी भौजी को एसपेसल रेडियो से खबर मिलती है।··· ब्राह्मण-क्षत्रिय के लड़कों को कुछ नहीं मिलता-उलता है। कहार, धोबी, चमार, हरिजनों को पढ़ने के लिए पैसा देती है सरकार।"

दोनों भाभियाँ ओसारे पर आकर बैठ गयी थीं।··· मँझली बहू आधा घण्टे के

लिए निश्चिन्त होकर आयी है, तरकारी में एक लोटा पानी डालकर। बड़ी भाभी बोली–"और भूमिहार बाभन को ?"

"तुम्हारे मौसेरे भाई श्यामसुन्दर चौधरी ने अपने को भूइयाँ लिखाकर सौ रुपये महीना ठग लिया था··· सरकार मुकदमा चला रही है। अब मालूम होगा तुम्हारे सेमसुन्नर भैया को।"

मँझली हँसती है–"हाय रे दैव ! तब तो सेमसुन्नर भैया की सब फुटफुटी निकल जायेगी ?"

बड़ी भाभी पान की पीक फेंककर बोली–"क्या किया-आ-आ ? जात के नाम पर लिख दिया भूइयाँ-आँ ?··· इसी से कोठ-पतलुम मार टोपा-अचकन-फौण्टन जाने क्या-क्या खरीदकर ढेर लगा दिया था सेमसुन्नर ने ?" ऐं··· कोठ-पतलुम, टोपा-अचकन-फौण्टन सुनकर सुवंश हँसा। ऐसी बहुत बातें बड़ी भाभी की अपनी जोड़ी हुई हैं। नेपाल की सीमा के पास नैहर है, इसलिए हाकिमों को करनल-जनरल-सुब्बा-पलटन कहती है।

बड़ी भाभी को भवेश की याद आयी–"और एक ऊ आया हुआ है। पीठ पर झोला-झप्पा, आला-फुदना बगल में लटकाकर फोटू छापी उतारता फिरता है। उसको भी सरकार से पैसा मिलता है क्या ?"

मँझली को याद आयी, दिन में सुनी हुई बात–"हाँ, सुबो बाबू, एक बात तो पूछते-पूछते भूल गयी थी साँझ से। सुनती हूँ, भवेश ने मलारी का फोटू लेकर अकबार में छापी कर दिया है ? बात ठीक है क्या ? अबेर में जयवन्ती आयी थी। लेकिन, उसकी बात का क्या परतीत !"

सुवंशलाल का कलेजा धड़क उठा–"ऐं ? हाँ, हाँ। परमादेव के गहवर फोटो ली थी उसने। पत्रिका में छपी है। देखोगी ?"

"कहाँ है ? तुम्हारे पास है क्या ?"

दोनों भाभियाँ उठकर सुवंश के कमरे में आयीं। माँ भी माला-जाप बन्दकर आयी। लालटेन की मद्धिम रोशनी को तेज करते हुए सुवंशलाल ने सचित्र साप्ताहिक के पृष्ठ उलटे।

"पहचानो तो ?"

सुवंश की माँ लालटेन की तेज रोशनी में भी तस्वीरें स्पष्ट नहीं देख सकती। मँझली बहू चहक उठती है–"यही तो मलारी है न !"

"अरे ! यह तो सिलेमा की लड़की-जैसा लगती है !"

सुवंश ने मन-ही-मन अपनी बड़ी भाभी की नजर की प्रशंसा की। उसे डर था, भाभी कुछ ऊटपटाँग न बोल बैठे।

मँझली बहू की अष्टवर्षीया बेटी शान्ति भी उठकर आयी और हँसकर बोली–"हाँ, हाँ। इसी में चमाइन मास्टरनीजी का फोटो है। स्कूल में··· !"

सुवंश ने अप्रसन्न होकर कहा–"बेटी, चमाइन मास्टरनीजी मत कहो।"

"तो क्या कहेगी ?" मँझली बहू मुँह बनाकर बोली–"अकबार में फोटू छापी

हो गया तो वह जात में भी बड़ी हो जायेगी क्या ? इस चमारिन ने चार अच्छर पढ़ क्या लिया है, आकाश में छेद··· !"

बड़ी भाभी बोली–"पढ़ने का सुफल तो हाथों-हाथ मिल रहा है। जवान होकर पड़ी हुई है, कोई बर मिलता ही नहीं है। और, फैशन कितना करती है !"

सुवंशलाल ने सचित्र साप्ताहिक समेटते हुए कहा–"हाँ भाभी ! पढ़कर आकाश में छेद किया है उसने। उसके लिए आकाश से ही बर टपकेगा। देखना !" "अच्छा, अच्छा ! देखूँगी।"

मँझली ने कहा–"खाना-पीना भी होगा या फौटू निहारकर ही पेट भरेगा ? हँ-हँ-हँ-हँ-हँ !"

"बेसी हँसो मत।"

"छापीवाली रे छापीवाली !" मलारी का छोटा भाई रमदेवा उँगली नचा-नचाकर कहता है–"छापीवाली रे छापीवाली !"

"देखती है मैया ! रमदेवा बदमाशी कर रहा है। बात नहीं सुनता।" मलारी अपनी झोंपड़ी के अन्दर से बोली।

मलारी की माँ चुन्नी मछली में झोल दे रही थी–"क्या बदमाशी करता है ? जरा फुसलाकर पढ़ाओगी सो तो नहीं। हमेशा दुरदुराती रहती है।"

"देख मैया ! मलारी मुझे अपने बिछावन पर बैठने नहीं देती। कहती है, देह महकती है तुम्हारी, भाग ! मुझे छापी नहीं देखने देती।"

माँ-बाप के अतिरिक्त दुलार से रमदेवा उद्दण्ड हो गया है। मलारी को गालियाँ देता है। चूल्हे में जलावन झोंकती बोली, उसकी माँ–"बड़ा बाभिन बनी है हरजाई तू ! छोटे भाई की देह की महक लगती है तुझे ?"

"हरजाई, हरजाई ! छापीवाली हरजाई !"

मलारी का बाप महीचन खखारकर गला साफ करते हुए बाहर से आया–"कहाँ है छापी ? सारे गाँव में हल्ला हो रहा है। मुँह दिखलाना मुश्किल हो गया है। कहाँ है छापी ?"

रमदेवा ने झपटकर सचित्र साप्ताहिक ले लिया और बाप के पास दौड़ा–"यही देखो !" ढिबरी की रोशनी में मलारी की तस्वीर देखकर दाँत पीसने लगा महीचन। सचित्र साप्ताहिक को एक ओर फेंकते हुए, वह चिल्लाया–"रमदेवा की मैया-या-या ! देख ! आके देख जरा। उस दिन मैं मार रहा था तो कहती थी···। देख, आके खुद देख !"

मलारी की माँ चूल्हे के पास से ही बोली–"क्या हुआ ? क्या देखूँ ?"

मलारी के बाप ने पास में पड़ी हुई लाठी उठाकर मारते हुए कहा–"तुम दोनों, माँ-बेटी दोनों हरजाई हो। जैसी माँ, वैसी बेटी !"··· सटाक, सटाक !

"अरे बप्पा रे-ए-ए ! जान गयी रे-ए-ए-ए ! मर गयी !"

झोंपड़ी के अन्धकार में बैठी मलारी सबकुछ सुन रही थी। माँ की रुलाई सुनकर दौड़ आयी–"क्या है ? क्या हुआ बप्पा ?"

"पूछने आयी है कि हुआ क्या बप्पा-आ-आ ! मारते-मारते···।" लाठी फेंककर मारते हुए बोला मलारी का बाप–"तुम दोनों के कारन मैं जहर-बिख खाकर मर जाऊँगा।"

लाठी, मलारी की गोरी बाँह पर लगी। बाँह सहलाती वह बोली–"फोटो छाप दिया है तो क्या हुआ ?"

"और पूछती है कि क्या हुआ ?" मलारी का बाप अब खाँसने लगा–खाँय-खाँय-अक्खाई-हिं।

मलारी की माँ पद जोड़-जोड़कर रो रही है–"अगे मइयाँ-याँ-याँ-गे ! नहीं हम चोरनी, नहीं रे छिनारनी-अँ-अँ-अँ, नहीं हम केकरो, कुछ-ओ बिगाड़ली-ई-ई ! अरे, बिना जे करनवाँ हमरा मारल रे-मुँह-झौं-नैं-नैं-सा-आ ! अरे बाप··· !"

"चुप्प। चुप रहती है कि लगाऊँ लात ?"

"बप्पा, गाँजा-दारू पीकर रोज मारपीट करते हो···।"

"तू चुप रह ! बड़ी मास्टरनी बनी है !"

"अरे, क्या हुआ ?··· मलारी ? रमदेवा ?"

"अरी मलारी की माँ, चुप रह !"

रैदासटोली की औरतें आकर जमा हो गयीं–"क्या है ? काहे मारा ? क्या हुआ ?"

मर्द-पुरुख भी एक-एक कर आ जुटे–"क्या है काका ! आज ज्यादे ढल गयी है क्या ?"

"होगा क्या ? कहावत है न··· !" मलारी के बाप ने एक भद्दी गँवई कहावत दुहरायी–"रोज सुनते-सुनते मन घिना गया है मेरा। कोई कहेगा, अपनी बेटी पर नजर रखो, तो कोई कहेगा–तुम्हारी बेटी बड़ी चंचल है, तो यह तो वह। मैं कितना समझाऊँ ? कहाँ तक बात से···। अब देखो कि फोटू छापकर अकबार में बाँट दिया है, बबुआनटोली के लड़कों ने।"

बालगोबिन को ऐसी-ऐसी बातें सुनकर बड़ा गुस्सा आता है, अपनी जाति पर। अपने पर भी। वह क्यों चमार होकर जन्मा इस मिरतूभूबन में ? इसीलिए, लुत्तो उसको रोज ठोकर देता है, कूट बोली बोलकर चिढ़ाता है। इन्हीं लोगों के चलते बालगोबिन का माथा हमेशा झुका रहता है। वह झुँझलाकर बोला–"फोटो छापकर अकबार-पत्र में दिया तो क्या हुआ ? इसमें क्या खराबी हुई ?··· बड़े-बड़े लीडरों का फोटो अकबार-पत्र में छपता है···।"

"आखिर, लाज-शरम नाम की भी कोई चीज होती है या नहीं ?" एक बूढ़े चमार ने कहा। अब बालगोबिन बुरी तरह बिगड़ा–"बात तो बूझते नहीं और टाँग अड़ा देते हो हर बात में !···क्या जानते हो तुम राजनीय···राजनेती की बात ? बड़े-बड़े नेताओं में भी सबका फोटो नहीं छपता अकबार-पत्र में। मुँह जरा खराब हुआ कि काली रोशनाई पोत देता है।"

एक नौजवान चमार बहुत देर से कुछ कहना चाहता था। बालगोबिन की झिड़की सुनकर संकोच में पड़ गया। पूछा–"कहाँ है फोटो ?"

रमदेवा ने सचित्र साप्ताहिक उठाकर दिया–"ढिबेरी के पास जाकर देखो न !"

एक-एककर उपस्थित नर-नारियों ने सचित्र साप्ताहिक की तस्वीर देखी। तस्वीर देखने के बाद सबने मलारी को एक नजर देखा। उस नौजवान चमार की आँखें गड़ी रहीं कुछ देर तक मलारी पर। वह बुदबुदाया–"ठीक ! दुलारीदाय !"

बालगोबिन ने फिर समझाया–"महीचन, अब तुम्हारी बेटी गाँव के गरल स्कूल की मास्टरनी हो गयी है। जवान है। अब तो मुँह सँभालकर बोलो।···अभी तो एकटंग नौकरी है, सालटन होते ही सरकारी पिनसिल मिलने लगेगा। लेकिन, लोकलबोट के चेयरमैनजी यदि सुनेंगे कि इस तरह निन्दा की बात करते हैं लोग···।"

मलारी की माँ अब चुप होकर नाक-आँख पोंछ रही थी। मलारी बाँह सहलाती बोली–"और, उस बार तो चेयरमैन साहेब के नाम झूठमूठ···।" बालगोबिन को भी याद आयी–"हाँ, उस बार चेयरमैन जी के नाम शिकायत तुमने खुद फैलायी। निन्दा की बात !"

"झूठ बात थी वह ?" महीचन दाँत कटकटाकर पूछता है मलारी से–"मुझे झूठा कहती है ?"

"झूठ नहीं तो और क्या ?"

"तुमने नहीं कहा था कि···।"

मलारी समझाकर कहती है–"सबसे अच्छा, तुम्हीं लोग विचार करो। चेयरमैन साहब ने परीच्छा लेने के लिए बुलाया था। परीच्छा में मौखिक कोसचेन किया। मैंने कोसचेन का एनसर दिया। चेयरमैन साहेब के कमरे से बाहर आयी तो बप्पा ने पूछा–क्या हुआ ? मैं बोली, मौखिक कोसचेन किया और···।"

"तुझे लाज-धरम कुछ भी नहीं मलारी ?" इस बार मलारी की माँ नाक झाड़कर बोली–"बोलते शरम भी नहीं आती ?"

महीचन तुतलाया–"देखो, अभी भी बोलती है कि मुख के···!"

"क्या किया ? मुख में क्या किया ?"

"मुँह में क्या करेगा, मौखिक कोसचेन, क्या समझा ?" बालगोबिन ने दाँत पीसते हुए कहा।

"अब, उसी दिन बप्पा सारे गाँव में ढोल पीट आये, मलारी को चेयरमैन बाबू ने मुख में कलम से खोंच दिया और मलारी ने सर्र-से थप्पड़ मार दिया।"

बालगोबिन थर-थर काँपता है, गुस्सा से–"लोग ठीक कहते हैं, जैसी जात वैसी बात !"

जाति की बात ! जातिवाद ! जाति का सवाल–जात-पाँत !

है हिम्मत ? सुवंशलाल अपने मन को तौलता है, तीसरी पहर रात में। नींद नहीं आ रही। प्रेमी की जाति··· ?

सामबत्ती पीसी आयी है।

"हे-य ! मनका की माय !"

वही ! लौडपीसर का भोंपा बोला। जरूर सामबत्ती पीसी लौट आयी है। सामबत्ती पीसी !

गाँव में, एक किस्म की औरत होती है जिसे गाँव की बोली में 'घरघुमनी' कहते हैं। सामबत्ती पीसी भी घरघुमनी है। सामने में कोई नहीं कहता। पीठ पीछे, अपनी बहू-बेटियों को घर की बड़ी-बूढ़ी डाँटती है—"सामबत्ती की तरह घरघुमनी बनी है !"

सामबत्ती पीसी इसी गाँव की बेटी है। घर-घर घूमने की आदत बचपन से ही लगी है। इसी आदत के मारे ससुराल में नहीं बस सकी। गौना में गयी, तीन महीने में ही घुटने में गठिया-वात हो गया। वैद्यजी ने कहा—"बैठने से रोग बढ़ेगा।"··· ससुराल में घर-घर कैसे घूमती ? सामबत्ती पीसी के घरवाले ने बहुत सोच-विचारकर देखा। आखिर, सामबत्ती पीसी के बदले उसका घरवाला ही ससुराल में आकर बस गया। सुननेवाले परतीत नहीं करेंगे, लेकिन, यह बात सवासोलह आना सच है कि नैहर आने के तीसरे ही दिन बाद सामबत्ती पीसी भली-चंगी हो गयी। फिर घर-घर घूमने लगी। घर-घर घूमना खेल नहीं। हर घर की सास-पतोहू से मन मिलाकर रखना, माँ-बेटी के मन की बात बोलना, इस घर की बात को चतुराई के साथ उस घर में शपथ खिलाकर खोल आना और आग लगने पर दूर खड़ी होकर तमाशा देखना सबके बूते की बात नहीं।··· इस सर्व के घनघोर दिन-काल में भी सामबत्ती पीसी का एक घर न छूटा है और न किसी से दिल टूटा है। उस दिन, कन्याविद्यालय की मास्टरनीजी को मुरारी बाबू की लड़की ने एक सवाल पूछकर चुपकर दिया—"दीदीजी ! आपने अभी बताया कि टहलने से देह की चरबी नहीं चढ़ती, मोटाई घटती है। तो सामबत्ती पीसी तो घर-घर घूमती है ?"··· क्लास की सभी लड़कियाँ खिलखिलाकर हँस पड़ी थीं, एक साथ। और, मास्टरनीजी दाँतों से ओठों की हँसी दबाकर गुमसुम खड़ी रहीं।

दस बजे दिन में ही रसोई-पानी के झमेले से छुट्टी पाकर, घर से निकल पड़ती है सामबत्ती पीसी। घरवाला, सरफलाल बड़े शरीफ मिजाज का आदमी है। दोपहर को काम करके वापस आता है। घर की छिटकनी खोलने का भेद पीसी ने बता दिया है, सीके पर टँगी हुई हँडियों को उतारकर, जो बना मिला, खा-पी लेता है। शाम को जब जोगबनीवाली गाड़ी लौटकर कटिहार की ओर चली जाती है, उसके एक घण्टा बाद सरफलाल की झनकवाली आवाज गाँव में गूँज उठती है—"हे-य ! मनका की माय ! गाड़ी गेला-ऽ-ऽ—आ-व-ऽ-ऽ, आ-व-ऽऽ !

झनकवाली बोली ! सरफलाल के गले में, एक अनार के बराबर घेघ एक ओर निकला हुआ है। गले की गुठली !··· मनका बेटा है। और वह बेटा सामबत्ती पीसी के गले की गुठली है। पीसी ने अपने बेटा को अपनी बहन के घर भेज दिया है। बाँझ-मौसी ने मनका को स्कूल में भरती करवा दिया है—खरैहिया बोर्डिंग में रहता

है ! बेटे के जन्म से पहले, सरफलाल पुकारता–"हे-य ! परानपुरवाली-ई-ई-ई ! गाड़ी गेला-ऽ-ऽ, आवऽ !" और, उसकी इस पुकार को सुनकर सारे परानपुर गाँव की बेटियाँ अपने-अपने घर में सरफलाल के खाते एक गाली जमाकर देतीं–"ऊँ ! मुहझौंसा ! गाँव-भर की औरतों को पुकार रहा है। परानपुरवाली··· !"

रिश्ते में साली लगनेवाली, जाति-परजाति की लड़कियों ने मिलकर, पहले उसका नाम दिया था–सरीफा जमाई ! जब से गाँव की सभा में पहली बार लाउडस्पीकर का भोंपा बज गया, नाम बदलकर पड़ा–लौडपीसर।···

–जो भी कहो, आदमी बड़ा अच्छा मिला सामबत्ती पीसी को ! घर-घर घूमकर आती है और रोज सरफलाल से किसी-न-किसी सवाल का जवाब तलब करती है–"मैं पूछती हूँ, जरा-सी देर होने पर तो 'मनका की माय' की गुहार पड़ती है। आज पाँच दिन हुए कहते-कहते मैं थक गयी। अपनी मलकियाइन के सामने मुँह में बकौर लग जाता है क्या ?"

सरफलाल ताजमनी की खेती-बारी देखता है। हल जोतता है।··· टोले के लोगों ने इस नौकरी पर जरा नाक-भौं सिकोड़ने की चेष्टा की। लेकिन, सामबत्ती पीसी की बातों का जवाब देनेवाले गाँव में कितने लोग हैं–"क्यों ? तजमनियाँ की नौकरी में क्या हुआ ? गाँव के एक भी गृहस्थ किसान ने जिसको नहीं पूछा कभी, उस आदमी को तजमनियाँ ने पैंतीस रुपैया महीना पर बहाल किया है। देता है कोई गृहस्थ-किसान इतना अपने हलवाहे को ?··· दस रुपैया महीना देते हैं। सो भी समय पर कभी नहीं। पन्द्रह दिन दौड़ाने के बाद, एक रुपैया ! तजमनियाँ तो··· ।"

"सामबत्ती पीसी आयी है।"

"आओ, आओ ! हम लोगों ने तो सोचा कि तू जाकर इस बार ससुराल में बस गयी। तीन-चार महीने से तो ज्यादा रही ?"

"हाँ चाची, क्या बताऊँ ! औरत आखिर औरत ही है !··· कर-कचहरी तो मर्दों का काम है चाची। एक तो मैं औरत की जात और उधर देखो कि ससुरालवाली बात ! तिस पर गाँव के जमींदार से मुकाबला। मुँहामुँही बहस करना ठट्ठा है ?" पीढ़ी पर बैठती हुई बोली–"बोलो ठट्ठा है ?"

"अरे बप्पा !··· हाँ, हाँ ! बताओ, क्या हुआ आखिर ?"

"होगा क्या ? मनका के बाप को तो जानती ही हो। कोई छिपाने की बात नहीं। कलेजा तो पुदीना के पत्ता बराबर है। पहले ही दिन सर्वे-कचहरी से थर-थरिया बुखार बोझकर वापस आया मरद मेरा। अब मैं मिला-जुलाकर देखने लगी मन में, हे भगवत्ती ! जमीन-जगह, कर-कचहरीवाली बात, घरवाला मेरा ऐसा ! कैसे क्या होगा ? आखिर, भगवत्ती मेरी बात मान गयी। जै भगवत्ती ! दूसरे ही दिन क्या मति-गति हो गयी मेरी-ई-ई कि अब क्या बताऊँ !··· छापी साड़ी पहिर के, रेशमी चादर ओढ़कर पहुँच गयी सर्वे-कचहरी।··· हाँ, हाँ ! सामबत्ती इतनी बेहया नहीं ! नाक तक घूँघट लटका रखी थी मैंने !"

सामबत्ती पीसी ने बात में गिरह लगा दी–"जिसे जल्दी सुनना हो, पान-पत्ता नहीं तो कटिहारी-बीड़ी निकाले। बिना कोयला-पानी के दिन-भर··· ।"

"अच्छा, सामबत्ती पीसी, घूँघट तो लेती थी, समझी। कचहरी में बीड़ी पीती थी या नहीं ?" एक कमअक्किल लड़की पूछ बैठती है।

सामबत्ती पीसी हँसकर बोली–"सुना है, तेरा घरवाला दुकान करता है। गौना के पहले ही चिट्ठी लिखकर पूछ, अक्किल भी बेचता है या नहीं ! चार आने का अक्किल मँगा लो पारसैल करके ! बीड़ी नहीं, सिगरेट पीती थी मैं !··· घूँघट में माचिश की एक भी काठी बरबाद नहीं होती। मनका का बाप सीधा-सूधा जरूर है, लेकिन चीज खरीदेगा सबसे फैशनी !"

"फैशनी नहीं पीसी, फैंसी।"

"चल, चल। बड़ी आयी है सामबत्ती को अरथ बुझाने ! फैशन की चीज को क्या कहेंगे ?"

"फैशनेबुल।"

"यह बुलबुल तुम्हीं पढ़ी-लिखी लड़कियाँ आपस में बोलो-बतिआओ। सामबत्ती फैशनी ही कहेगी। हमको भी कोई इम्तिहान देकर पास होना है ? पान-पत्ता यदि हो घर में तो निकालो। सामबत्ती पीसी नखलौआ पत्ती जर्दा लेती आयी है, खास पुरनियाँ सीटी के दाढ़ीवाले दुकानदार से ! दुकानदार ने कहा है, नकली नलखौआ पत्ती साबित होने से नौ-नौ टका इलाम !"

पान खाकर, जर्दा घुलाकर पहली कुल्ली फेंकने के बाद सामबत्ती पीसी ने अपनी अधूरी कहानी शुरू की–"सो, जब मैं बहस करने लगी तो जमींदार तो जमींदार, सर्वे के हाकिम से पेशकार मय कानूनगो से अमीन टण्डैल तक का कान कनकन ठण्ढा !··· आखिर में लोगों ने कहा, परानपुर गाँव की लड़की है, ठट्टा नहीं।"

"कितनी जमीन लिखा आयी, पहले यह बता।"

"सो, चाची बहस किया तो हासिल भी किया। तीन एकड़ तेरह डिसमिल तो पट्टीदार लोग ही दबा रहे थे। उसको ऊपर किया। तब, देखो जो-ओ-ओ गाँव के जमींदारों का एक एकड़ तीन डिसमिल··· ।"

आज सामबत्ती पीसी ज्यादे देर तक नहीं बैठैगी, किसी आँगन में। बहिनापा के यहाँ जाकर उसकी बहन का संवाद देना है सामबत्ती पीसी को।··· चार महीने से गाँव से बाहर गयी हुई थी। इस बीच गाँव में क्या हुआ, नहीं हुआ, सो वह कुछ नहीं जानती। किन्तु, गाँव से बाहर ही उसे नयी बात की गन्ध मिल गयी, ट्रेन पर ही।··· "तजमनियाँ की बात नहीं, नहीं। तजमनियाँ की बात कोई नयी बात हुई ?" शपथ खिलाकर, अँगनाई के चौकठ के पास खड़ी होकर कहने लगी सामबत्ती पीसी, गला दबाकर–"सुवंशलाल को क्या समझती हो ! मुँह में न बोल, न आँख में लोर ? सभी यही समझते हैं ? मैंने अपनी आँखों से देखा है !"

इसके बाद सामबत्ती पीसी ने अचानक गले की आवाज को इतना मद्धिम किया कि बात की फुसफुसाहट और ओठों की पटपटाहट को परेखनेवाला ही समझे !

मात्र एक पंक्ति के बाद उसकी आवाज साबिक सम पर आ गयी।

"गाड़ी अररिया कोठ टीशन आयी। दोनों आकार उसी कोठली में चढ़े, जिसमें मैं पुरनियाँ टीशन से ही बैठी आ रही थी। मुझे तो पहले परतीत नहीं हुआ। वैसे, मनका के बाप को जो कुछ समझो, टैन की भुकभुक रोशनी में भी उसने ठीक ही पहचाना।" मैं धीरे से उठकर, घूँघट खींचकर, चदरा ओढ़कर बगलवाली सीट पर सरक गयी और दोनों का चलित्तर देखने लगी।

"अच्छा आ-आ ! इसीलिए मलरिया छौंड़ी कह रही थी कि रैदास हैं तो क्या, बाभन-छतरी से पानी भरवाकर पीऊँगी। ओ-ओ-ओ !"

"अरी, चाची ! क्या बताऊँ। सुनो भी तो, पहले। गिदरिया टीशन पर हिन्दू चा-गरमागरमवाले से दो कुल्फी चाह लिया छौंड़वा ने। दोनों कुल्फी छौंड़िया के हाथ में देकर, जेब से पैसा निकालने लगा।··· फिर छौंड़िया के हाथ से कुल्फी लेकर इस तरह पीने लगा जैसे अमरित हो अमरित !"

"इसका माने हुआ कि खिचड़ी बहुत दिनों से पक रही है ?"

"सो, तुम लोग जानो। मैं तो गाँव में थी नहीं।"

चलते-चलाते समय की गप को चलन्ती गप कहते हैं। चलन्ती गप में सामबत्ती पीसी बोली–"एक, जित्तन बाबू और तजमनियाँ की बात से ही गाँव में छुट्टी नहीं अब तक। यह नया खेला क्या-क्या दिखाये-सुनाये··· ।"

औरतों में तेतरटोली की सामबत्ती पीसी और मर्दों में ब्राह्मणटोले का गरुड़धुज झा !

गौना के पहले ही एक बार सामबत्ती पीसी की बदनामी गरुड़धुज झा के साथ उड़ी गाँव में–जहाँ-जहाँ सामबत्ती, वहाँ-वहाँ गरुड़धुज झा। दोनों ने सारे गाँव में घूम-घूमकर लोगों का मुँह बन्द किया। दोनों मुँहजोर ? लेकिन, आजकल सामबत्ती पीसी ने गरुड़धुज झा के नाम पर कुत्ता पाल रखा है। उसके कुत्ते का नाम है गरुड़ा। टोले-मुहल्ले में गरुड़धुज की बोली सुनते ही सामबत्ती पीसी अपने कुत्ते को नाम लेकर पुकारने लगती है–"आ रे ! गरुड़ा-आ-आ ! तू-तू !"

लाख गाली दे सामबत्ती पीसी गरुड़धुज को, एक भी नहीं लगेगी गरुड़धुज की देह में। वह ब्राह्मण है। बबुआनटोले का बाबू है। उसके सात खून माफ हैं।···आजकल जमाना उलट गया है, तो क्या ? एक जमाने की बात नहीं, हाल-साल की बात है; परानपुर की बबुआनटोली के बाबू लोग सलाम करने पर आँख की पलकों को जरा-सा झुकाते भी नहीं थे; बात करना तो दूर की बात ! अब तो सोलकन्ह लोग भी बाबू की दावी करने लगे हैं। धन की ऊँचाई जाति के बुर्ज से भी ऊँची होती है। पैसा होते ही लोग बाबू कहलाने लगते हैं। बुनियादी बबुआनटोली को अब कौन पूछता है ?

न रहे बाबू, न रही बुनियादी पुरानी बबुआनी !

भिम्मल माम की बात ठीक है–यह गिरगिटिया जमाना है ! रंग बदलने में देर

नहीं लगती। बीस साल पहले, गाँव-समाज की सभी सोलकन्ह जाति को रजपुताई-बीमारी लग गयी थी। सब अपने को राजपूत प्रमाणित करने के लिए राजपूताना से नेपाल तक की पोथियों का हवाला देते। दो साल बीतते-बीतते जनेऊधारी नये क्षत्रिय, घाट-बाट, अली-गली में कुरुक्षेत्र मचाने को तैयार ! मैथिल ब्राह्मण, भूमिहार ब्राह्मण, राजपूत और कायस्थ आदि बुनियादी बाबुओं ने देखा–लाठीवाले भैंस हाँककर ले जा रहे हैं। वे चुप रहे–ले जाने दो !

आजकल दूसरा ही रंग है।

तीन साल पहले तक जो क्षत्रिय अपने को खास मानसिंह के वंशज बतलाते थे अथवा आल्हा-ऊदल की सन्तान बताकर दंगा-फसाद करते थे–देख लीजिए उन्हें ! उनके लड़के शिड्यूल्ड कास्ट और एबॉरिजिनल कम्युनिटी की फहरिस्त में अपना नाम लिखाने के लिए धक्कम-धुक्की कर रहे हैं। सोलकन्ह ही नहीं, कुछ बुनियादी बाबुओं ने भी तिकड़म-जोगाड़ करके परिगणित जाति में अपनी जाति का नाम दर्ज करवा लिया है–नहीं, नहीं ! कौन कहता है कि हम लोग राजपूत हैं। देख लीजिए गाँव में जाकर, हमारी जाति के लोग भेड़ चराते हैं। औरतें साल में तीन ही बार नहाती हैं, आज भी !

गरुड़धुज झा महापात्र है–महाब्राह्मण। ब्राह्मण लोग भी उसके हाथ का छुआ हुआ नहीं खाते। गरुड़धुज झा ने दो-तीन महीने तक कचहरी की दौड़-धूप की–किसी तरह 'हरिजन ब्राह्मण' की लिस्ट में नाम लिख लिया जाये–हाँ हुजूर, डोम से भी गया-गुजरा समझते हैं लोग हमारी जाति को। कण्टाहा ब्राह्मण···।

बबुआनटोली की भिम्लीय नाम है–बाबलोनियन ! गॉन दि डेज ऑफ बाबलोनियन, लद गये वे दिन जबकि बीबं बाबू तेतं राय राज करते थे, भंग घोटते थे, शतरंज खेलते थे और मोरे पियरवा गीत के बोल पर चुटकियाँ बजा-बजाकर रातें काटते थे। अब तो क्या हाकिम-हुक्काम, क्या लीडर-लीडरान, जो भी इस गाँव में आते हैं, सीधे सोलकन्ह लोगों के टोले में जाकर खड़ा होते हैं।··· लघुजातन्त्र का अर्थ ? जनतन्त्र कहो, प्रजातन्त्र कहो लेकिन असल में है यह लघुजातन्त्र ! गरुड़धुज कहो या गगनचुम्बी झा, दोनों का एक ही अर्थ है !

"सारे परानपुर गाँव में ही नहीं, सब-डिवीजन-भर में गरुड़धुज झा की लम्बाई का एक भी आदमी नहीं।" –खरैहिया के एस. डी. ओ. साहब की कही हुई बात है।

गरुड़धुज झा आजकल बहुत व्यस्त है। सर्वे के समय उसको रात-भर छुट्टी नहीं मिलती। दिन-भर सोता है, अबेर में उठकर भाँग पीता है, और अँधेरा होते ही 'जैगड़ेस' कहकर निकल पड़ता है।··· काम ही ऐसा है कि दिन में नहीं किया जा सकता।

सर्वे-कचहरी में एक ही हाकिम नहीं, चपरासियों को जोड़ा जाये तो तैंतीस हाकिम हैं। तैंतीसों हाकिमों से खूब पटती है गरुड़धुज झा की ! कानूनगो साहब

के कान में गरुड़धुज ने ही मन्त्र फूँककर बतलाया–"वाइफ को मँगा लीजिए कानूनगो साहेब ! हर तरह की सुविधा तो होगी ही। फिर, इतना रुपैया घर कैसे भेजियेगा ? वाइफ आयेगी तो···।" सभी हाकिम हँसकर बतियाते हैं उससे। आँख की कनखी मारकर अपने सोने के कमरे में ले जाते हैं। कानूनगो साहेब की स्त्री तो बिना खिलाये छोड़ती ही नहीं कभी। बिना वकालत पास किये ही गरुड़धुज झा को सैकड़ों मुवक्किल घेरे रहते हैं। तब, एक बात है ! गरुड़धुज झा अपने मुवक्किल से काम बनाने के पहले ही फीस ले लेता है। हाकिमों की पूजा में जो हिस्सा मिलता है, उसका हिसाब अलग है।··· गरुड़धुज झा बिगड़ा काम बनानेवाला आदमी है। दूसरी बात, गरुड़धुज झा के मार्फत कोई काम बनवाना हो तो उससे सीधे बात मत कीजिए। काम खराब हो जायेगा। केयटटोली का रोशनबिस्वाँ है न, उससे कहिए।··· पैसावाला आदमी है। देह का रंग पक्का है तो क्या हुआ ? काला-गोरा तो भगवान् ही बनाकर भेजते हैं। रोशनबिस्वाँ को बाबू कहना ही होगा। वह ऐसा आदमी नहीं कि बाहर में कुछ और है, भीतर में कुछ और। बाहर-भीतर एक-रंग ! गरुड़धुज झा से काम बनवाना है तो रोशनबिस्वाँ को सलाम करना होगा, पहले !

"गगनचुम्बी झा, कलंकप्रूफ बिस्वाँ दोनों मेरीगोल्ड कप होल्डर हैं !"

"मेरीगोल्ड कप ?"··· भिम्मल मामा समयाभाव में हैं। शब्दाभाव बाद में बतायेंगे !

बाँ-आँ-आँ-आँ !

ठाकुरबाड़ी के सामनेवाले मैदान में खड़ी जनता ने, पण्डित सरबजीत चौबे के आदेशानुसार मिलकर गो-ध्वनि की–बाँ-आँ-आँ-आँ !··· बीस बार। ठाकुरबाड़ी के पुजारीजी भी अब लीडर हो गये। आज, चार हजार सोलकन्ह के नेता हैं। लुत्तो और बीरभद्दर बाबू उनकी पीठ पर हैं। लुत्तो ने राजनैतिक लंगी लगायी है। जित्तन बाबू को गाँव से भगाने के लिए सबकुछ कर सकता है वह। पण्डित सरबजीत चौबे को उसने फुसलाकर ठीक कर लिया है–ग्राम पंचायत का चुनाव होनेवाला है। आपको सरपंच बना देंगे, थाना सभापतिजी से कहकर।

ब्राह्मण देवता से पहले, परमादेव के भगता निरसू को भी लुत्तो ने सरपंची का लोभ देकर ठीक किया था। गहवर से जाने के पहले परमादेव ने साफ-साफ शब्दों में कहा–"इस जमाने में किसी का परतीत मत करो। ठाकुरबाड़ी में रामलला की मूरत है। उसकी पूजा करनेवाले पुजारीजी को रामलला सपना देंगे। पुजारीजी जो कहें, सब लोग उसी के मुताबिक काम करना। सबका भला होगा !"··· आग पर चलते हुए कहा था परमादेव ने !

पण्डित सरबजीत चौबे को रामलला ने सपने में कहा है–मिसर खान्दान अब जै-पन्थी के रास्ते पर है। यानी चींटी को अब पंख लगा है। इसीलिए पुरानी चक्कर परती को तोड़ने पर तुला हुआ है।··· मंगल के दिन सुबह नहा-धोकर ठाकुरबाड़ी में बाल-बच्चा सहित जमा हो जाओ। परती तोड़कर गौमाता के पेट पर छुरी चला

रहा है जित्तन !

पण्डित सरबजीत चौबे ने कहा–"बाँ-आँ-आँ ! हँसने की बात नहीं। यह हमारी भूखी गौमाता की आवाज है। दुख से छटपटाती हुई गैया विलाप कर रही है–बाँ-आँ-आँ ! यही हमारा नारा है ! जितनी बार हम लोग मिलकर यह नारा लगायेंगे, उतनी बार जित्तन के सिर पर गौहत्या का पाप सवार होगा। एक बार बाँ-आँ करन पर चार हजार गौओं की हत्या का पाप ! अस्सी हजार गौहत्या का पाप चढ़ते ही वह खुद-ब-खुद पागल हो जायेगा। लगाइए, नारा–बाँ-आँ-आँ-आँ !"

"बाँ-आँ-आँ-आँ !"

"और जोर से !··· बीस बार लगाना है–बाँ !"

लुत्तो, बीरभद्दर बाबू, रोशनबिस्वाँ और गरुड़धुज झा ठाकुरबाड़ी के चबूतरे पर खड़े होकर नारा लगा रहे हैं।··· "बस, बीस बार हो गया ? अब, एक बार परबतिया दाजू के नाम पर, एक बार मुंशी जलधारी और एक बार रामपखारिन सिंघ के नाम पर आवाज दीजिए–बाँ-आँ-आँ !"

गरुड़धुज झा ने अपनी लम्बाई का फायदा उठाते हुए कहा–"ठाकुरटोले का बौबजन मुँह नहीं खोलता है। क्यों, क्या बात है ?"

"ढोल बोल रहा है, बबुआनटोली की ओर। कान लगाकर सुनिए न !" बौबजन ठाकुर ने कहा।

··· डिग-डिग-डिडिग !

"हाँ, ढोल ही है।··· किस बात की ढोलाही है ?"

"सरकारी डोंडी ?"

··· डिडिग-डिडिग-डिग !

–हर आम-ओ-खास को बजरिये ढोलाही के आगाह किया जाता है : तारीख तेईस अगस्त को जिला मैजिस्ट्रेट साहब परती जमीन दखल करने आ रहे हैं। परती जमीनवाले, अपना कागज-पत्तर, दलील-दस्तावेज लेकर सर्किल कर्मचारी की कचहरी में उस दिन हाजिर रहें। डिडिग !

"ऐं ? परती जमीन सरकार दखल करेगी ? यह कानून कब बना ?"

"आ गया। नया कानून बनकर आ गया। अब बाँ-आँ करने से क्या होगा ?"

"देखा ? इसीलिए एक महीना पहले से ही, मार ट्रैक्टर से परती उधेड़कर रख दिया जित्तन बाबू ने। कितना चालाक है ?"

"परती उधेड़ देने से क्या हुआ ? कानून तो सबके लिए बराबर है।"

"टीसन पर जाकर देखो। पाँच हजार गाछ पारसल से आये हैं ! सचमुच में गुलाबबाग लगायेंगे क्या ?"

··· डिग-डिग-डिडिग !

लुत्तो कहता है–"सारी बदमाशी जित्तन की है। मुझे अच्छी तरह मालूम है कि

कलक्टर साहब को गुमनामी चिट्ठी लिखकर यह सब कार्रवाई करवा रहा है वह।"

"परती जमीन छिनवाकर क्या फायदा हुआ ?"

"मन की खुजली, और क्या ?"

"यह जित्तन बाबू का विजय-डंका बोल रहा है ?"

"दो चक्कर परती बचा लिया पगलू ने ! अहा-हा, बेचारे जित्तन बाबू को जाकर देखो। माथे पर हाथ धरकर बैठे हैं। बारह सौ बीघे परती पार हो गयी।"

"मारो गोली ! परती जमीन जाती है तो जाने दो ! देखना, सरकार को घाटा लगेगा। उसमें क्या उपजेगा भला ?"

"असल में इस सरकार को अकिल-बुद्धि कुछ भी नहीं है। एक पागल आदमी के कहने पर मुफ्त में परती छीन रही है।"

"अब करो खूब बाँ-आँ-आँ !"

... डिडिग !

ढोल की बोली लुत्तो को जरा भी नहीं सुहा रही है। लगता है, ढोल बजानेवाला उसकी पीठ पर लकड़ी मारकर बजा रहा है–डिडिग ! थोड़ा कसूर इसमें थाना सभापतिजी का भी है। यदि पहले ही लुत्तो को मालूम होता तो बेकार...। परती क्या, सरकार धनहर जमीन भी ले ले लोगों की, इससे लुत्तो का कुछ आता-जाता नहीं। लेकिन, गाँव में यह बात घर-घर फैल रही है कि जित्तन के कहने पर ही सरकार ने यह कानून बनाया है। लोग जो कहते हैं, ठीक है शायद !... कानून-कचहरी में कोई जीत नहीं सकता मिसर खानदान से, फिर वह कैसे दाग सकेगा मिसर के बेटे को ? कल एक बार थाना सभापति से जाकर पूछना होगा। यदि थोड़ी ही गुंजाइश हो तो इसमें अड़ंगा लगा दें सभापतिजी। लुत्तो जिन्दगी-भर बिना पैसा की गुलामी करेगा। सब किये-कराये पर पानी फिर रहा है। आखिर लुत्तो का भैलू...।

जित्तन बाबू के तीनों फुफेरे भाई मुँह लटकाकर बैठे हैं। सबसे बड़े भाई बलभद्दर चौधरी खेती-बारी देखते हैं। मोटी बुद्धि के आदमी हैं। मँझला बीरभद्दर मैट्रिक पास करने के बाद तम्बाकू का कारबार करता है और आजकल कांग्रेसी भी हो गया है, लुत्तो की पैरवी से सभापतिजी ने क्रियाशील सदस्य चुन लिया है; सबसे छोटा, शिवभद्दर निरक्षर भट्टाचार्य है, भैंस चराता है। जित्तन बाबू के पीछे तीनों भाई हाथ धोकर पड़े हैं।... लेकिन, जाल में फँसता ही नहीं !

बलभद्दर चौधरी बोले–"तुम लोग कुछ नहीं कर सकते। देख रहे हो न, जित्तन ने दो चक्कर परती बचा ली।"

"भाई साहब, इस लुतवा साले का कोई भैलू नहीं।... मैं सामने इसलिए नहीं होता हूँ कि मामी ने बाबूजी पर तीन-तीन मुकदमे किये थे। कोई बात होते ही जित्तन तुरंत मुकदमे का कागज दिखाकर कहेगा कि पुरानी दुश्मनी साध रहा है।"

"तुम्हारी भी बात पर मुझे भरोसा नहीं। गाँठ से पूरे सात सौ रुपये भी खर्च

हुए। न तो आम के बागवाले मामले में कुछ हुआ और न परती··· और उसने घर बैठकर ही ऐसी चरखी चलायी कि आज गाँव में ढोल डिगडिगा रहा है।"

शिवभद्दर बहुत देर से कुछ कहना चाहता था। अचानक उत्तेजित होकर बोला–"मेरी बात तो आप लोग मानते नहीं। मुझे हुकुम दीजिए, एक बात में··· ।"

"तू चुप रह शिवा !" बलभद्दर चौधरी ने डाँट बतायी।

"भाई साहब, मेरे दिमाग में एक बात आयी है। लेकिन, इसमें भी थोड़ा खर्च-बर्च करना पड़ेगा।" बीरभद्दर अपने बड़े भाई के पास खिसक जाता है–"तजमनियाँ को किसी तरह काबू में ले आयें तो सब झंझट साफ हो जाये।"

"अजी, कोशिश करने से क्या नहीं होता है ?" बलभद्दर चौधरी ने मुँह विकृत करते हुए कहा–उधर मुंशी जलधारी रोज सर्वे-कचहरी में मुझसे कूट करता है–"कहिए चौधरीजी, हम लोगों को इस गाँव में बसने दीजियेगा या नहीं ? सुनकर देह लहरने लगती है।"

बीरभद्दर प्रतिज्ञा करने के अन्दाज में कहता है–"अच्छी बात है।···गाँव में बसना चाहता है। मिट्टी के नीचे बसा देंगे। 'हुआ सवेरा' में खबर छपने तो दो, जरा। आज मैं कुबेर भैया को फिर चिट्ठी लिखता हूँ, पटना।"

··· डिग-डिग-डिडिग !

"अरी, काहे का ढोल बजता है ?"

"शादी का।"

"किसकी शादी ?··· बात पूछती हूँ तो दिल्लगी क्यों करती है ?"

"कौन करती है दिल्लगी ! तजमनियाँ की सींथ में सिन्दूर देकर शादी करेंगे, जित्तन बाबू !"

"ऐं ? गंगा सपथ ?"

"सुनो, दीदी, मैं अभी देखकर आ रही हूँ। जित्तन बाबू का झबरा कुत्ता है न, उसको गोदी में लेकर, कंघी से केश सँवार रही थी। मेरे साथ में जयवन्ती भी थी। जयवन्ती ने क्या कहा, जानती है ?··· तुम्हीं कहो जयवन्ती, ऐसी बेशर्मी बोली मुझसे नहीं बोली जाती।"

"मैंने कहा कि लैला-मजलुम ठेठर में तो लैला के कुत्ते को मजलुम प्यार करता था। तुम तो उलटी रीत कर रही हो ताजमनी ! इस पर वह बोली, ठेठर में जो बात होती है सो गाँव-घर में नहीं होती।"

"खूब खुश है तजमनियाँ आजकल, क्यों ?··· मैंने बहुत दिनों से देखा नहीं है। मेरी ही उम्र की है।"

"तुम्हारी उम्र की है ? लेकिन देखने में तो लगती है जैसे हम लोगों के बैस की है।"

"रण्डी-पतुरिया के बैस का पता थोड़ो लगता है, ऊपर से !"

"दवा खाती होगी !"

"जरूर खाती होगी।"

"लगता है, मलारी छौंड़ी भी कोई दवा खाती है।"

"खाती होगी।"

"जो भी कहो, जित्तन बाबू मुझे बड़े अच्छे लगते हैं।"

"हाँ दीदी, हम लोगों का कुछ नहीं बिगाड़ा है। बेकार क्यों दोख दूँगी। क्यों री जयवन्ती ?"

"मुझे भी अच्छे लगते हैं।"

"तब, उस दिन क्यों कह रही थी बड़े खराब आदमी हैं। अलान हैं तो फलान हैं ?"

"तू भी तो कहती थी !"

"देख, मैं तुम दोनों से उम्र में बड़ी हूँ। समझा देती हूँ। हवेली के पिछवाड़े होकर आती-जाती है। याद रखना ! जित्तन बाबू की फुलवारी का अड़हुल फूल कभी मत तोड़ना। हाँ !"

"क्या होगा ? बोलो, न फूल तोड़ने से क्या होगा ?"

"होगा क्या ? न मरेगी, न जायेगी, दिन-रात हाय-हाय करेगी।"

"तुमन कभी तोड़ा था क्या ?"

"चल भाग··· !"

··· डिडिग !

गाँव में ढोल, हन-हन बोल !
लाख टका खोल, लाल कन्ना मोल !
लाल कन्ना डोली में, मुँदरी राखल खोली में !
मुँदरी जे हेराय गेल, कन्ना जे झमाय गेल !
काँदि रे कहरिया, दौड़े रे पहरुआ··· !

–बॉख, बॉख !

मीत आजकल मौज में है। रोज सुबह को दिलबहादुर ताजमनी के पास पहुँच जाता है–"कराउँ छः तपाई लाई,··· आपके पास आने के लिए सुबह से ही चिल्लाना शुरू कर देता है। जिद्दाज्यु ने कहा, दे आओ !"

सुधना अब माँ तारा की ठिठोली नहीं करता। उसने मन-ही-मन मनौती की थी, यदि मीत उससे दोस्ती कर ले तो माँ तारा को वह सचमुच माँ समझेगा; दिदिया के साथ वह भी कीर्तन गायेगा !··· मीत ने उससे दोस्ती कर ली है। दौड़-दौड़कर गेंद खेलता है उसके साथ। ताजमनी ने मीत के गले में रेशमी फीता बाँध दिया

है।

"ओ माँ ! मैं कहाँ जाऊँ ? यह तो सचमुच बोली बूझता है, रे सुधना ! देख, कैसा चिढ़ गया है। अच्छी बात, नाराज मत होओ मीत बाबू ! तुम्हारी दुलहिन मुँदरी नहीं खोयेगी ! अब तो हुआ न ! लाख रुपैया की दुलहिन··· ।"

–बॉख ! बॉख !

"वह तुमको भी दौड़ने कहता है अपने साथ !" सुधना मुग्ध है मीत पर।

"मैं नहीं दौड़ती !"

गंगा काकी केयटटोली से लौट रही थी। ताजमनी के दरवाजे के पास ठिठककर खड़ी हो गयी··· वाह रे सुहाग ! कुत्ते से खेलती है ! खखासकर बोली–"तजमनियाँ !"

"आओ काकी ! गाँव में किस बात की ढोलाही दी जा रही है ?"

"जान-बूझकर अनजान बनती है तू ? मैं भी तो वही बात पूछने आयी हूँ कि लोगों की परती जमीन छिनवाकर जित्तन बाबू को क्या मिला ?"

"किसने परती जमीन छिनवायी किसकी ?"

"देख तजमनियाँ, डगड़िन से पेट छिपाती है ?··· जिसका कुत्ता तेरी गोदी में खेलता है, उसके दिल की बात भला नहीं जानेगी तू ? मुझसे पूछती है !" ताजमनी चुप हो गयी। गंगा काकी आजकल हमेशा झगड़ने का बहाना ढूँढ़ती रहती है।··· गूँगे का दुश्मन नहीं। लेकिन, गंगा काकी क्यों चुप रहे ? बीरभद्दर बाबू और लुत्तो ने मिलकर कहा है–'तजमनियाँ को इतना तंग करो कि उसकी ऐंठन दूर हो। जित्तन कुछ नहीं बोल सकता। उसकी हिम्मत नहीं··· ।'

"तू मेले में तम्बू लेकर नहीं जायेगी तजमनियाँ ? दशहरा का मेला तो अब करीब है। इस बार तो सभी जायेंगी।"

ताजमनी के ओठ थरथराये। वह कुछ जवाब नहीं दे सकी।

"कोंहड़े को घोड़े का अण्डा समझकर से रही है तू ! किस गुमान में है तू ? जित्तन तुमको हवेली में बहूरानी बनाकर रखेगा ? गंगाजल से मुँह धोकर रखो। मैं धरती पर तीन रेख खींचकर कहती हूँ–कभी नहीं, कभी नहीं···"

–बॉख, बॉख, बॉख।

"मीत !"

गंगा काकी आँगन के बाहर जाकर बोली–"जैसा मालिक वैसा कुत्ता !" ढोल की डिगडिगी पर सारा गाँव रह-रहकर डगमगा उठता है, मानो ! पुरानी परती पर जिसकी एक इंच भी जमीन नहीं, वह भी सरकार के इस कानून से क्षुब्ध है।

"जित्तन बाबू की तरह, पहले से ही लोग अपनी परती को तोड़ देते तो आज यह बात नहीं होती।"

"परती तोड़ने से क्या हुआ ? है तो आखिर परती जमीन ! जित्तन की जमीन कैसे बच सकती है ?"

"कर्मचारी अभी कह रहा था, जिस पर हल की रेफ भी पड़ गयी है उसको हम नहीं ले सकते। वह परती तो नहीं रही !"

भिम्मल मामा कहते हैं–"कौमार्य भंग ! जिस परती का कौमार्य भंग हो चुका हो, उसको नहीं लेगी सरकार !··· बस, अब तो तीन ही दिन बाकी हैं। तीन दिन भी काफी हैं।"

"क्या बोले भिम्मल मामा ? कुमारी सधवा को भी··· ?"

"भैया, पागलों की बात पर क्या बहस करना ? एक-से-एक पगलैण्ट जमा हुए हैं गाँव में। भिम्मल मामा, मनमोहन बाबू और जित्तन बाबू !"

"अच्छा, एक बात तो कहो ! क्या ज्यादा पढ़ने-लिखने से आदमी पागल हो जाता है, सचमुच ?"

"ज्यादा गूड़ तीता होता है न !"

किन्तु, गाँव में ऐसे लोग भी हैं जिन्हें भिम्मल मामा की बात से प्रेरणा मिली।··· तीन दिन भी काफी हैं ! सिर्फ दिन ही नहीं, दिन-रात !

"आज ही रात से क्यों नहीं ? अच्छा, साँझ होने दो !"

साँझ हुई।

एक करवट बुद्धि किसान ने अपने हलवाहों को बुलाया। हठात्, अपने मालिक को कृपालु होते देखकर हलवाहे सतर्क हुए। उन्होंने आपस में कानाफूसी की। आँखों-ही-आँखों में बातें भी हुईं। क्या बात है ? रात में खस्सी-बकरा काटकर भोज क्यों खिला रहा है ? मामला संगीन समझ, बहाना बनाकर वे भाग खड़े हुए।

गाँव के दमनक बुद्धि किसान अपने प्रतिद्वन्द्वी के हलवाहों, चरवाहों तथा नौकर-मजदूर से बहुत प्रेम का बरताव करते हैं। घर की बात, खेती-गृहस्ती की भीतरी बातें तो ये ही बतला सकते हैं।

"क्यों घोतना, आज मालिक की बुलाहट शाम में क्यों हुई है ? सुना, खिलाने-पिलाने का भी प्रबन्ध है !"

"हाँ, कह रहे हैं कि खा-पी लो और रात-भर परती पर हल चलाओ, सिर्फ रेफ देते जाओ !"

"ऐं ? ठीक बात ! ठीक ही कहते हैं तुम्हारे मालिक !"

"कोई हरज तो नहीं ! कोई डण्ड-जुरमाना तो नहीं होगा ?"

"नहीं। मैं भी अपने हलवाहों को बुलाता हूँ।"

हींग की छौंक की तरह बात फैली गाँव में !

एक पहर रात बीतते-बीतते परती पर हल चलने लगे। सभी अपनी परती जमीन बचा रहे हैं, तोड़कर।

"ए ! चुपचाप ! कर्मचारी को मालूम न होने पाये, नहीं तो कोई बखेड़ा खड़ाकर बैठेगा। लहरों को गिनकर भी आमदनी करनेवाला आदमी ही सरकारी कर्मचारी हो सकता है ! वह पहले से ही साइकिल लेकर चक्कर काट रहा है परती पर ! दो-तीन सिपाही हैं साथ में। कुछ कहता नहीं है, किसी से। किसानों का नाम और हलों को गिनकर नोट कर लेता है।"

रोशनबिस्वाँ के साथ गरुड़धुज झा साइकिल पर, हर गिरोह के पास जाता है।

"घबराने की बात नहीं। बात तय हो गयी है। दो रुपैया फी हल !··· कोई अड़ंगा लगा दे तो इससे ज्यादा खर्चा हो सकता है !"

"कोई बात नहीं, दो रुपैया फी हल लगे तो लगे। कोई गैरकानूनी कार्रवाई तो नहीं करेगा पीछे !"

रोशनबिस्वाँ जीभ से ओठ चाटकर मुस्कराते हुए गरुड़ झा की ओर देखता है। गरुड़ झा कहता है–"नया कानून की पूरी बात तुमको कोई बालिस्टर भी नहीं बता सकता, अभी। अन्दर में और कौन-कौन नोक्स है सो कौन जाने ! लेकिन, खाया हुआ मुँह चुप तो रहेगा। बाद में जो हो सो हो !" गरुड़धुज झा इतना बेवकूफ नहीं कि सारी जिम्मेदारी अपने सिर ले। असल में गरुड़धुज झा चाहता है कि इस सिलसिले में दो-चार मुकदमे हो जायें तो अच्छा ! लेकिन, कर्मचारी ने कहा–"नहीं, झा जी जिसका खायेंगे, उसके साथ नमक-हरामी नहीं करेंगे !"

कर्मचारी इतना कच्चा नहीं कि अपना पोल खोल दे। जब तक परती छीनी नहीं गयी है बजाप्ता, वह कोई कानूनी कैसे कर सकता है ! लेकिन, इसी को कहते हैं लहरों को गिनकर भी चाँदी काटना !··· एक हजार रुपैया तो सिर्फ छित्तन बाबू दे रहे हैं जो रमईवाले बाबुओं का ट्रैक्टर भाड़ा पर लाने गये हैं। नये कानून की लहरें आती हैं, जाती हैं–चाँदी के रुपये मछलियों की तरह छटपटाते हैं ! कागज के नोट पंछियों की तरह फड़फड़ाकर उड़ते हैं !··· ब्रह्मपिशाचवाली बात झूठ नहीं।

ग्राम पुस्तकालय के पठनागार में भिम्मलीय ठहाका लगाते हुए कहते हैं भिम्मल मामा–"परती पर जाकर देवगणों को देखो ! हल जोत रहे हैं। हा-हा-हा ! पोप द फोर्थ–चौबे भी हल मँगनी करके गया है 'रामलला' की परती बचाने ! बाँ-आँ-आँ ! सहुआइन को जब किसी ने हल मँगनी नहीं दिया तो उसने अपनी तीनों जवान बेवा बेटियों को ललकारकर कहा–चल री नीत्तिया-रीतिया-सीतिया ! ले एक-एक कुदाल हाथ में। ई नीलगाय-जैसी देह किस दिन काम आयेगी ? सिर्फ देवगण ही नहीं, देवियाँ भी··· । हा-हा-हा ! बोलो–बाँ-आँ-आँ !"

सुरपति भी ढेउ को गिनकर ऊपरी मुनाफा कर रहा है–यहाँ तो कहानियाँ बन रही हैं। यहाँ की औरतें रोते समय भी पद जोड़कर, गा-गाकर रोती हैं ! पद्यमय रुदन !··· अभी उस दिन एक औरत रो रही थी, सुरपति ने नोटकर लिया है–बाबा हो बाबा, सेमरी 'क फूल फूलल देखि भरमउलऽ-ऽ-भरम गमउल-ऽ-ऽ-बेटिया बिहउल-ऽ-ऽ-नदि में भँसउल-ऽ-ऽ ! रोई-रोई बेटिया गँमावति··· । सेमल के फूल की लाली देखकर भूले हुए बाप को कोस रही है उसकी बेटी ! पतिदेव ने लाठी से पीठ की चमड़ी उधेड़ दी है। वह अपने बाप को गुहारकर कहती है–सेमल के फल अब फरफराकर फट गये हैं। मन की सारी लालसा–मनकेर ममोला मनहि में रहल-ऽ-ऽ-सेमरिक फलवा सूखि के फुटाइल-सेमरिक रूई उड़त–सेमल की रूई की

तरह उड़ती हुई मन की आशाएँ !

भवेश ने कहा–"आप तो चाहेंगे कि उसका पति उसको रोज इसी तरह प-ति-प-ति-पी··· ।" तुतलाहट को समेटकर वह मुस्कराया।

"और तुम चाहोगे कि सहुआइन की तीनों लड़कियाँ रोज रात में कुदाल लेकर परती कोड़ने को निकलें ?"

"ताजमनीजी कह रही थीं, सुन्नरिनैका की गीत-कथा में दन्ताराकस ने इसी तरह धरती को खोदा था। किसी दिन रघ्घू रामायनी को बुलाइए न !"

"टेप रेकार्डर आ रहा है।"

भवेश और सुरपति की मुस्कराहट एक ही मिकदार में दोनों के ओठों पर खिली।

कॉमरेड मकबूल और लुत्तो में राह चलते झगड़ा हो गया।

मकबूल कम्युनिस्ट पार्टी का कनफर्म्ड मेम्बर है, परानपुर किसान कौंसिल का जनरल सेक्रेटरी है। किन्तु, इस सर्वे के समय उसकी पार्टी के सभी सिम्पथाइजर किसान लुत्तो के साथ हो गये। इसलिए कामरेड मकबूल के मन में लुत्तो से लड़ने के लिए हमेशा द्वन्द्व चलता रहता है। यदि वह पार्टी की जवाबदेह जगह पर नहीं होता तो आज फिर··· ! मनमोहन बाबू के यहाँ परामर्श लेने जाता है लुत्तो।

गाँव में, सबसे पहले मनमोहन बाबू ने ही कम्युनिस्ट पार्टी की लता लाकर लगायी, पटना शहर से। आज भी उन्हें बहुत लोग 'आदि-कम्युनिस्ट' कहते हैं। हाँ, भिम्मलीय नाम··· ! तीन साल में गाँव के तीन ही लड़कों को कम्युनिस्ट पार्टी के प्रोग्राम से प्रभावित कर सके, जिसमें सबसे पहला है पीताम्बर अर्थात् मकबूल ! इसके बाद, संख्या में क्रमशः वृद्धि होती गयी। बालिग और नाबालिग लड़कों का एक छोटा गिरोह कम्युनिस्ट पार्टी के नाम पर मर-मिटने को तैयार मिलेगा, आज।··· मकबूल की जवाबदेही बढ़ गयी है। वही अब इस गिरोह का एकमात्र पुराना कॉमरेड है।··· खूब मन मोहना जानते थे मनमोहन बाबू। चुन-चुनकर हर टोले के एक-दो लड़कों के सिर पर हाथ फेरा। जिसके सिर पर हाथ फेरें मनमोहन बाबू, वह न तो घर में रहेगा और न घाट पर जायेगा, सीधे मनमोहन बाबू के बैठकखाने में ! मनमोहन बाबू के बनाये हुए कॉमरेड हैं सभी। लेकिन, अब खुद मनमोहन बाबू गैर-कॉमरेड हो गये हैं।··· मनमोहन बाबू अब कम्युनिस्ट पार्टी में नहीं। –बात ? बात क्या होगी ? स्तालिन की मृत्यु ने मनमोहन बाबू के मन को इतना मार दिया कि उन्होंने पार्टी के प्रोग्रामों में दिलचस्पी लेनी बन्द कर दी। जिले तथा प्रान्त के कॉमरेडों ने बहुत समझाया-बुझाया। मनमोहन बाबू ने साफ-साफ जवाब दिया–नहीं, कॉमरेड नहीं ! तवारिस स्तालिन की मृत्यु के बाद अब कम्युनिज्म की बातें करना फिजूल है।··· कम्युनिज्म गॉन विद कॉमरेड स्तालिन।··· पार्टी के लोग कितने दिनों तक बरदाश्त करते ? ठीक काम करने का समय आया था कि लद्दू घोड़े की तरह

बैठ गये। गाँव के किसी भी कम्युनिस्ट नौजवान से पूछिए, एक ही जवाब देगा–अरे भाई, मौत पर किसका बस है ! स्तालिन मर गया। बड़ा बुरा हुआ। एकाध दिन शोकसभा करके सिनथिसिस करो मामले को। सो नहीं, महीनों स्तालिन की तस्वीर सामने रखकर रो रहे हैं तो रो रहे हैं। जब उनकी हरकत से पार्टी के उसूलों की सीमा टूटने लगी तो एक्शन कमेटी ने बजाप्ता मीटिंग करके पार्टी से निकाल दिया।

मनमोहन बाबू की जगह पर साथी मकबूल यूनिट का सेक्रेटरी हुआ है।

कनफर्म्ड है··· पैतृक नाम पीताम्बर झा को अनकन्फर्म्ड करवाकर नया नाम रखा है–मकबूल !

नुकीले नाम और नुकीली फ्रेंचकट दाढ़ी ने उसके ब्राह्मणत्व को खोंचकर मीलों दूर भगा दिया है, उसकी बनावट से !··· भिम्मल मामा के शब्दों में, डुपलिक्युलेट है। दो बार फेल करने के बाद मैट्रिक पास करनेवालों को डुपलिक्युलेट कहते हैं। कॉलेज में नाम लिखाने की बात होते-होते भी नहीं हो सकी। गौना के बाद तुरत भागलपुर कॉलेज जानेवाले लड़कों को देख चुका था वह। कोई फायदा नहीं।··· स्वाध्याय करके ही उसने बहुत-कुछ किया है। मनमोहन बाबू का पढ़ाया हुआ डाइलेक्टिकल उसकी बही में नोट है, आज भी !··· उर्दू पढ़ना सीख रहा है। सिर्फ उच्चारण के समय खाँसी-उकासी करने लगता है। प्रत्येक ज को ज़, हर क को क़, ख को ख़ कहता है !

लुत्तो को मनमोहन बाबू के बैठकखाने में जाते देखा, मकबूल ने।–जरूर जित्तन बाबू के खिलाफ कुछ कहने गया है लुतवा ! नीम की छाँह में, सहुआइन के दरवाजे के पास टहलता रहा मकबूल ! कॉमरेड मकबूल जानता है, और कुछ हों या नहीं हों, जित्तन बाबू हमसफर तो जरूर हैं। 'पीपल्स एज' के रेगुलर ग्राहक हैं। 'जनयुग' के चेतगंज-किसान-फण्ड में गुमनाम मनीआर्डर भेजा है जित्तन बाबू ने। पोस्टमास्टर के लड़के कॉमरेड पंचू की रिपोर्ट है। लुत्तो अपनी खानदानी दुश्मनी पर राजनीतिक रंग चढ़ा रहा है।

लुत्तो की प्रतीक्षा करते-करते कॉमरेड मकबूल मनमोहन बाबू पर क्रोधित हो उठा–मेनसेविक मनमोहन बाबू।

मनमोहन बाबू के बैठकखाने से बाहर निकलते ही लुत्तो की कॉमरेड मकबूल से भेंट हो गयी। मकबूल ने पूछा–"जंग लगी तलवार लाने गये थे क्या लुत्तो ?"

लुत्तो ने अपनी धारवाली बुद्धि से कॉमरेड मकबूल की नुकीली दाढ़ी छाँटने की सोची। कॉमरेड मकबूल उसकी हर बात पर हँसिया चलाकर हथौड़ा बैठाता गया। आखिर में बात यहाँ तक बढ़ी कि कॉमरेड मकबूल को मजबूर होकर कहना पड़ा–"देख लुतवा ! मैं कम्युनिस्ट हूँ, इसका मतलब यह नहीं कि मेरा जन्म रूस में हुआ है ! इसी गाँव में जन्म हुआ है मेरा !··· समझे ! मेरे सामने फुटफुटी नहीं !"

जगदम्बी झा के मँझले लड़के पीताम्बर के हाथ दर्जनों बार पिट चुका है लुत्तो, बचपन से ही !··· दस साल पहले, फुटबॉल मैच खेलते-खेलते जो लड़ाई हुई थी, लुत्तो ने उसमें बदला लेने की कोशिश की थी। लेकिन, उस बार भी···।

दाढ़ी और नाम रखने के बाद पहली बार मुकाबला हुआ है, मकबूल से। आधी बात निगलकर लुत्तो ने अपनी राह लगने की चेष्टा की। मकबूल की आँखें एक बार घुड़क उठी थीं, हाथ की तलहथी भी खुजलायी थी। लेकिन, कुछ सोचकर वह दाढ़ी पर हाथ फेरता हुआ चुप रहा।

लुत्तो खून का घूँट पीकर रह गया–बड़ा कौमलिस्ट बना है। तीनों भाई मिलकर उधर गरीबों का गला घोट रहे हैं। इधर मियाँ साहब बनकर किसान-मजदूर की लीडरी करना चाहता है मकबूल। नौकरों को बड़ा भाई मारता है तो कौमलिस्ट भाई चुप नहीं रहता। कहता है, और मारिए साले को ! बड़ा काबिल हो गया है ! बात का जवाब उलटाकर मुँह पर देता है ! मारिए साले को !··· लुत्तो अच्छी तरह जानता है। सभी बाभन-छतरी-भूमिहार बाभन एक तरफ हैं। इसका भी कारण है। लुत्तो, कुर्मीटोली से लेकर खवासटोली तक का अकेला लीडर है। उसने गाँव में बन्दिश की है, नौकरी करने में हर्ज नहीं। करो नौकरी, लेकिन शान से करो। रविवार को काम करने मत जाओ। गाली दे तो पहले चेता दो। दूसरी बार गाली दे तो कहो कि गाली का जवाब गाली से देंगे। जो गाली सहेगा, उसको जुरमाना देना होगा !···

दाढ़ी रखकर, नाम बदलकर मकबूल ने परानपुर के मुसलमानटोले में काम शुरू किया। परानपुर के चार सौ गाड़ीवानों में साढ़े तीन सौ उसकी पार्टी में आ गये, तुरत ! मीर समसुद्दीन ने कांग्रेस में जाने के पहले मकबूल को वचन दिया था–"ओझाजी ! खुदा कसम··· हम आपका साथ देंगे !" मकबूल दिन-रात मुसलमान-टोली में रहता। तीन सौ गाड़ीवान, सिर्फ मुसलमानटोली में ही रहते हैं। फारबिसगंज बाजार से जूट-ढुलाई का भाड़ा लेकर जिस दिन लौटते गाड़ीवान, यूनियन के नाम पर रुपैया, अठन्नी, चवन्नी और दुअन्नियों के ढेर लग जाते मकबूल के सामने !

दो-दो बार, इस गाँव में अपनी पार्टी के भारी-भरकम लीडरों को बुलाया है मकबूल ने। एक बार दक्खिन के प्रसिद्ध कॉमरेड घोडपण्डेजी और दूसरी बार कलकत्ता के साथी बनर्जी को इस गाँव में मँगाया, मकबूल ने।··· घोडपडे साहब के भाषण की नकल मलारी आज भी करती है, कभी-कभी–'हमेरे कमरेड़ : पुरड़िंयं : आँड़े वास्ते, पराँड़पुरम गाड़ीवाँड़ संघ··· !'

मकबूल पर मुसलमान गाडीवानों का बड़ा एतबार था। मकबूल उन लोगों के घर मुरगी का अण्डा खाकर दिखला देता, बधना से पानी ढालकर पीता। उनके घर की बनी हुई रोटी भी खाता। मकबूल के घरवाले क्या कहेंगे ? राजनीतिक संगठन करनेवाले को कोई दोष नहीं लगता, यह बात गाँव का छोटा-सा बच्चा भी जानता है।··· बड़ा क्रान्तिकारी काम किया मकबूल ने ! लेकिन, महाक्रान्तिकारी साबित हुआ मीर समसुद्दीन !

एक जुम्मा को, नमाज पढ़ने के बाद समसुद्दीन मीर ने नमाजियों को कुरान की कसम खिलायी और बताया–"मैं सभी मुसलमानों की ओर से कांग्रेस कमेटी में जा रहा हूँ। तुम लोगों की क्या राय है ?"

एक बूढ़े गाड़ीवान ने कहा–"मकबूल बाबू से पूछकर कहेंगे, हम लोग !"

"मकबूल कौन होता है ?" मीर समसुद्दीन ने कहा–"गाँव का मीर मैं हूँ या मकबूल ? यदि मकबूल से पूछकर ही चलना है तो मकबूल से ही कहो, अगले जुम्मा से नमाज पढ़ायेगा !"

मकबूल के घरवालों को खबर मिली कि मुसलमानटोली के लोग मकबूल को मुसलमान बनाना चाहते हैं। मकबूल ने अपने भाइयों को समझाकर कहा–"रामलला का मन्दिर हो या बिसमिल्ला की मसजिद, कम्युनिस्ट पार्टीवाले उसमें पैर नहीं दे सकते ! अफीम की दूकान समझाता हूँ, मैं··· !" इसके बाद से सभी गाड़ीवानों को मीर समसुद्दीन की बात पर पूरा-पूरा यकीन हो गया, काम निकालने के लिए दाढ़ी रखी थी मकबूल ने।··· मुसलमानों को अफीमची कहता है !

गाड़ीवान यूनियन के सिर्फ चार हिन्दू गाड़ीवानों के नाम पर आज भी मकबूल गाड़ीवानों के हित की बात करता है। कौन सुनता है ?

सर्वे के समय मकबूल के बड़े भाइयों ने, खासकर नीलाम्बर झा ने ऐसी-ऐसी बेईमानी की कि लोग सुनकर दाँतों तले जीभ दबाते हैं। मकबूल क्या करे ? बड़ा भाई कुछ बोलने दे, तब तो !

सोशलिस्ट पार्टी के जयदेव से ज्यादे घाटे में है, मकबूल ! फिर भी उसका दाढ़ीवाला चेहरा सबसे ज्यादा चमकता है।

डी. डी. टी. ने जयदेव बाबू को सलाह दी–"जित्तन बाबू के विरुद्ध अभी कुछ कमिट मत कीजिए। आइ थिंक ही'ज़ मोर नियर टु अस !"

"सच ?" जयदेव बाबू ने प्रफुल्लित होकर कहा–"लेकिन, मकबूल कह रहा था उस दिन··· ।"

"नहीं, नहीं। जित्तन बाबू फेलो ट्रेवलर नहीं। मैं आज ही उनसे मिलने जाऊँगा। रामनिहोरा के पहले ही हम लोग कण्टैक्ट कर लें जित्तन बाबू से।"

डी. डी. टी. !

कॉमरेड दीनदयाल तिवारी को अपना डी. डी. टी. नाम बहुत पसन्द है। नाम के अनुसार काम बहुत कम लोग कर पाते हैं। कॉमरेड रामनिहोरादास के पत्ते को तीन महीने तक प्रान्तीय पार्टी के दफ्तर में बैठकर उसने जिस तरह काटा है, वह डी. डी. टी. नाम के गुण से ही सम्भव हुआ है।··· रामनिहोरा के एक-एक साथी को उसने पार्टी से एक्सपेल करवाया है। डी. डी. टी. पर जयदेव बाबू को बहुत भरोसा है।

"हमारे सर्किल इंचार्ज कॉमरेड जयदेवसिंह ने आपको एक गुप्त संवाद भेजा है।" डी. डी. टी. ने कहा।

"प्रकट कीजिए !" जित्तन बाबू ने मुस्कराकर जवाब दिया।

"आपके साथ किये गये व्यवहार के लिए, परानपुर गाँव-निवासी की हैसियत से कॉमरेड जयदेवजी लज्जित एवं दुखित हैं। लुत्तो की गुण्डई का प्रतिकार करना

आवश्यक है। दिन-दिन उसकी बदमाशी बढ़ती जाती है। उन्होंने आपके नाम, मेरे मुँह से विशेष संवाद भेजा है–जित्तन बाबू यदि चाहें तो इसके प्रतिकार की व्यवस्था की जा सकती है।"

'जित्तन बाबू यदि चाहें' का अर्थ समझते हैं जित्तन बाबू ! उन्होंने दीनदयाल तिवारी उर्फ दीनू, एलियास डी. डी. टी. की उचित खातिर की और जवाब दिया–"जयदेव बाबू-जैसे भद्रजनों की भद्रमानुसी के भरोसे ही एक दशक बाद मैं अपने गाँव लौट आया हूँ। किन्तु, गुण्डई का प्रतिकार बड़ा कठिन व्यापार है। जयदेव बाबू की नेक नजर में मैं भला आदमी हूँ।··· लुत्तो बाबू मुझे गुण्डा समझते हैं और मेरी गुण्डई का प्रतिकार कर रहे हैं।"

डी. डी. टी. को जित्तन बाबू की भाषा की गुदगुदी लगी, भिम्मल मामा के गढ़े हुए शब्दों का प्रयोग करते हैं ! भद्रमानुसी ? अचरज में डालनेवाली दूसरी बात··· लुत्तो बाबू। व्यंग्य से नहीं, बहुत सीरियसली कहते हैं··· लुत्तो बाबू !

"लेकिन, गाँव में कुर्मीटोली और खवासटोली के लोगों को छोड़कर, सभी उसे लुतवा ही कहते हैं !"

"आप मेरे नाम के साथ बाबू क्यों लगाते हैं ? मुझे तो सोलकन्ह टोली के लोग जित्तना ही कहते हैं !"

इसीलिए कोई जित्तन बाबू के पास नहीं आता ! कौन-सी बात नॉनसीरियसली बोलते हैं, पकड़ना मुश्किल है। लोग, बात का गलत अर्थ लगाकर, बेबात-की-बात फैलाते हैं। कामरेड डी. डी. टी. ने पॉलिटिकल थर्मामीटर लगाया–"कुछ लोग आपको कम्युनिस्ट पार्टी का सिम्पथाइजर समझते हैं !"

"कुछ लोगों की इस अज्ञानता से कम्युनिस्ट पार्टी बदनाम हो रही है। मुझे दुख है। मेरा क्या दोष है ?"

"मेरा खयाल है, एक बार जिसको पॉलिटिक्स का चस्का लग चुका है, वह तटस्थ होकर नहीं रह सकता। कम-से-कम मौजूदा हालत में !··· "

जित्तन बाबू की भेद-भरी मुस्कराहट देखकर डी. डी. टी. अप्रतिभ हुआ। उसने अन्तिम अस्त्र का प्रयोग किया–"जयदेवजी कह रहे थे, जित्तन बाबू से चन्दा की बात भी पूछते आइएगा।"

"कल ही तो एक सज्जन सोशलिस्ट पार्टी के लिए इक्यावन रुपये ले गये हैं।"

"सोशलिस्ट पार्टी के लिए ? क्या नाम है उसका ? कैसा है देखने में ?"

"रामनिहोरादास।"

"वह सोशलिस्ट नहीं। उसको पार्टी में निकाल दिया गया है।"

"लेकिन, जिसको पॉलिटिक्स का चस्का लग गया है, उसको पार्टी से निष्कासित करने पर भी··· । और, पार्टी से निकलकर भी सोशलिस्ट रह सकता है आदमी !"

बाबूटोला के नये नौजवानों को लुत्तो रोज राजनीतिक लंगी लगाकर फुसला आता है। मकबूल से झगड़ने के बाद लुत्तो छत्रीटोली के प्रेमकुमार दीवान के पास गया।

मकबूल और प्रेमकुमार दीवाना में साँप और नेवले का बैर है !–प्रेमकुमार दीवाना कल ही लौटा है, गाँव।

दीवानाजी का असल नाम मंगनीसिंह है; गाँव का एकमात्र नाटककार है। आजकल उसने अपने को प्रेमकुमार दीवाना के नाम से मशहूर किया है। कई शहरों का चक्कर काटकर लौटा है। प्रसिद्ध साहित्यिकों से सम्पर्क स्थापित करने के बाद उसका आत्मविश्वास बढ़ा है–हर जगह गुट्टबाजी है। बिना गुट्ट बनाये कुछ नहीं हो सकता !

लुत्तो खुश है। प्रेमकुमार दीवाना ने कहा है, "यदि सोलकन्हटोलीवाले अलग नाटक-मण्डली खोलें तो मैं आप लोगों के गुट्ट में आ जाऊँ।"

बीरभद्दर बाबू ने पूछा··· "कौन प्रेमकुमार ?"

"सन्तोखी सिंघ का बेटा मंगनीसिंह। नाटक-डिरामा, दोहा-चौपाई खूब बनाता है !"

"मँगना ? लेकिन, वह बड़ा लुच्चा है।"

"लुच्चा है तो हमारा और आपका क्या लेगा ? कह रहा था, जित्तन के खिलाफ एक डिरामा लिखेंगे।··· जित्तन के बाप का गाना छापी होकर बिका था। इसके नाम से डिरामा-नौटंकी लिखवाकर बाँट करेंगे। देख लीजिएगा !··· मकबूलवा को जोकर बनवाऊँगा ! दाढ़ीवाला !"

हाकिमों का मेला लग गया है मानो !

जिला मैजिस्ट्रेट के साथ आये हैं–लैण्ड एक्विजीशन ऑफिसर, रेवेन्यु ऑफिसर, जिला लैण्ड सर्वे सेटलमेण्ट ऑफिसर, फारेस्ट ऑफिसर, लैण्ड रिक्लेमेशन ऑफिसर, पब्लिसिटी ऑफिसर, सुपरिण्टेण्डेण्ट ऑफ पुलिस, उनके अलग-अलग छोटे ऑफिसर ! सेक्रेटरी, पी. ए., रीडर, स्टेनो, अर्दली, चपरासी ! थानेदार साहब अपने दल-बल के साथ पहले से ही आकर, प्रतीक्षा कर रहे थे।

"पाँच गाड़ी हाकिमों का चालान उतरा है।"

दि ब्राहमिन एच. ई. स्कूल के हेडमास्टर साहब का मुँह सूखकर गमबॉटल की रबर की जीभी-जैसा हो गया है !··· कलक्टर साहब बहुत नाराज हैं इस स्कूल से। पिछले दो साल से लगातार रिजल्ट हुआ है–नील ! जीरो !

हेडमास्टर ने तीन-चार लड़कों को तैनात कर दिया है–हाकिम हवेली से निकलकर किधर जाते हैं, दौड़कर खबर दे जाना ?

"सर्र !"

"ऐंय ! आ रहे हैं। ऐंय ? सिसू–कौन लड़का झाँक रहा है ? ईडियट !"

"नहीं सर ! वहाँ चाय-पानी का प्रबन्ध हो रहा है। अभी देर है।"

हेडमास्टर साहब की धुकधुकी तेज होकर धीरे-धीरे शान्त हो रही थी कि उनकी नजर बरामदे पर मुस्कराते हुए एसिस्टेण्ट हेडमास्टर पर पड़ी। दिल की धड़कन

फिर तेज हो गयी–साँपवाले घर में वास कर रहे हैं हेडमास्टर साहब, और क्या ?

एसिस्टेण्ट हेडमास्टर प्रसन्न हैं।

इस बार उन्होंने लिखकर रट लिया है, जो कहना है उन्हें। अंग्रेजी में–योर ऑनर, व्हाट एन एस-एसिस्टेण्ट हेडमास्टर केन डू एलोन व्हेन दि फेट ऑफ स्कूलडूम्ड बाइ··· नहीं, नहीं··· दि हेडमास्टर हिमसेल्फ इज ए बिग साइफर···!

लिखा हुआ जवाब फिर एक बार पॉकेट से निकालकर पढ़ लेते हैं।

लैण्ड रिक्लेमेशन ऑफिसर साहब ने पूछा–"अच्छी बात ! अब बतलाइये कि आपको कितनी परती जमीन पर उज्रदारी करनी है ?"

जित्तन बाबू ने रिक्लेमेशन ऑफिसर की मुद्रा परखी। बोले–"मुझे कोई उज्रदारी नहीं करनी है।"

"तो, आपने लिखा था क्यों··· ?"

फॉरेस्ट ऑफिसर साहब चुप क्यों रह सके–"सुना है, सेमलबाग के लिए आप पागल हो गये हैं !"

हाकिमों के ओठों पर मुस्कराहट खेल गयी। जित्तन बाबू गम्भीर हो गये। फॉरेस्ट ऑफिसर ने स्टेनो के फाइल से एक कागज निकालकर कहा–"यही है उज्रदारीवाला कागज !"

"उज्रदारी नहीं, उसे स्मरण-पत्र कहिए।" जित्तन बाबू ने पाइप सुलगाते हुए कहा।

मिस्टर वर्मा, फॉरेस्ट ऑफिसर साहब हिन्दी में टाइप किये हुए स्मरण-पत्र को पढ़ रहे हैं। अन्दर-ही-अन्दर राष्ट्रभाषा होनेवाली भाषा की कड़वाहट का अनुभव कर रहे हैं–'मैं नहीं जानता, पंचवर्षीय परिकल्पना के परिकल्पकों को पूर्णिया की पुरानी परती ने आकर्षित किया है अथवा नहीं। मिट्टी की परीक्षा-निरीक्षा करके मुझे सन्तोष हुआ है। मेरे विश्वास को बल मिला है। इस परती पर–यत्र-तत्र-सर्वत्र–एक विशेष प्रकार की मिट्टी है जिसमें जंगल लगाना सम्भव है··· ।'

लैण्ड रिक्लेमेशन ऑफिसर ने पूछा–"आपको मालूम है मिस्टर, एट लीस्ट हण्ड्रेड टाइम्स इस परती के सॉयल्स का केमिकल एनालिसिस किया जा चुका है।"

जित्तन बाबू मुस्कराये–"देखिए हाकिम साहब (एग्रिकल्चर पोटेंशियैलिटीज (assess) या एग्रि-इर्रिगेशनल पोटेंशियैलिटीज की स्टडी मेरे बूते की बात नहीं। मेरे पास कोई केमिकल लेबोरेटरी नहीं जो मैं, एनालिसिस आफ सिमेण्ट, एग्रिगेट्स, लाइम स्टोन्स, पोजोलोना कंकर, हाइड्रालिक्स लाइम, सॉयल्स एण्ड रिवर वाटर की बातें करूँ। सिल्ट इनवेस्टिगेशन अथवा··· ।"

रिक्लेमेशन ऑफिसर कुछ आतंकित हुए। जित्तन बाबू की कंकड़दार खिचड़ी भाषा का प्रभाव हाकिमों पर शीघ्र ही पड़ा। फॉरेस्ट ऑफिसर ने कहा–"देखिए, तीन-तीन केमिकल सेक्सन की रीपोर्ट है।"

अब जिला मैजिस्ट्रेट ने बातचीत का सूत्र अपने हाथ में लिया–"आपने स्मरण-पत्र

क्यों दिया था ?"

"मेरा काम हो चुका है। स्मरण-पत्र को आप रद्दी के टोकरे में फेंक सकते हैं।"

"मैं नहीं समझा।"

"करीब डेढ़ सौ एकड़ परती को तोड़कर मैंने जंगल लगाने की बात सोची है। कल से शुरू करूँगा।"

"जंगल ? इस परती पर ?" फॉरेस्ट ऑफिसर ने कहा–"आपके पास फाजिल पैसा है। आप जो चाहें, कर सकते हैं। लेकिन, अच्छा होता कि आप नेशनल सेविंग्स सर्टिफिकेट खरीदकर थोड़ा देश का भी उपकार करते !"

"वन-महोत्सव का महा-आयोजन करके हमारे मन्त्रियों ने जितने वृक्ष रोपे, उनमें से नब्बे प्रतिशत सूख गये हैं। आप अपने कटु अनुभव से ही ऐसा कह रहे हैं, मुझे मालूम है।" जित्तन बाबू ने अपनी फाइल खोलकर नक्शा निकाला।

डिस्ट्रिक्ट मैजिस्ट्रेट साहब ने अपना चश्मा उतारकर साफ किया।

"देखिए, यह है दुलारीदाय की धारा। इसके पूर्वी महार पर जो यह वृत्त है, यही है वह सेमलबाग ! इसके बाद, उत्तर-पूरब की ओर परती पर ऐसे-ऐसे पाँच चक्र बने हैं।"

"इन चक्रों का क्या मतलब ?"

"मतलब, मैंने अपने मन से निकाला है। और, यह आवश्यक नहीं कि मेरे मतलब से सभी सहमत हों।"

"आप बतलाइए।"

"मुझे ऐसा लगा है, कभी हमारे पूर्वजों ने इस परती की मिट्टी की परीक्षा की होगी। जिन चक्रों को मैंने जोता है, उनकी मिट्टी सेमलबाग की मिट्टी से मिलती है। सेमलबाग में जो घास है, वही इन चक्रों में भी उगती है। बनलहसन नाम का एक फूल सेमलबाग की जमीन के बाद, इन्हीं चक्रों में जन्मता और फूलता है।··· मुझे विश्वास है, मेरा एक भी पौधा नहीं सूखेगा।"

हाकिमों ने एक-दूसरे का मुँह देखा। जिला मैजिस्ट्रेट साहब दिलचस्पी ले रहे हैं, नहीं तो फॉरेस्ट ऑफिसर तुरत एक ऑफिशियल दिल्लगी कर सकते थे।

जित्तन बाबू ने अपना वक्तव्य समाप्त करके दराज से भोजपत्र निकाला।

भिम्मल मामा ने खड़ाम खटखटाते हुए प्रवेश किया–"हाकिमों को करबद्ध वन्दना तथा भैरव नमस्कार !"

भोजपत्र पर अंकित चक्रों को देखकर आश्चर्यित हुए मामा।··· बहुमूल्य प्राप्ति !

कहाँ से प्राप्त किया जित्तन ने ? इसी के लिए भिम्मल युगों से पागल बना हुआ है। उसके घर में भी एक भोजपत्र है। पाँच चक्रों के आस-पास बीजगणित की दो पंक्तियाँ लिखी हुई हैं–तिरहुताक्षर में ! असली इन्द्रजाल पढ़कर भी जिसका कोई अर्थ नहीं प्राप्त किया जा सकता है।··· गुप्त धन, मिट्टी के नीचे गड़े जवाहरातों के घड़े भी हो सकते हैं। पंचग्रह का संकेत भी हो सकता है।

थाना के दारोगा साहब अंग्रेजी में बोले–"प्लीज ! टर्न हिम आउट जित्तन बाबू !··· "

"दारोगा साहब, मैं टर्नेबल नहीं।"

जिला मैजिस्ट्रेट ने भोजपत्र पर से निगाह हटाकर भिम्मल मामा को देखा, "क्या चाहिए ?"

"ये मेरे एक श्रद्धेय ग्रामवासी हैं।··· क्यों, इन्होंने आपका क्या बिगाड़ा ? क्यों भिम्मल मामा, आपने दारोगा साहब के साथ कुछ बुरा व्यवहार तो नहीं किया ?"

दारोगा साहब ने अपनी मद्धिम आवाज में कहा–"सर, ही इज मैड के···।"

"दारोगा साहब !" जित्तन बाबू की आवाज जरा तीव्र हुई–"यह जुल्म है ! एक भले-चंगे आदमी को आप पागल कह रहे हैं।··· गाँव के लोगों की बात आप मत कीजिए। गाँववाले मुझे भी पगलू जित्तन कहते हैं। और यदि आप समझते हैं कि हम पागल हैं तो कृपया हम लोगों का केस रेफर कर दिया जाये। अभी इतने होश में हूँ कि पागलखाने में रहने का खर्च जुटा सकता हूँ।"

भिम्मल मामा ने जित्तन बाबू को समझाया–"जित्तन, तुम अपना काम करो। एस. पी. साहब हैं, अपने मातहत की बात सुन रहे हैं।··· इन चक्रों के बारे में कुछ जानते हो तो श्रीमान् जिलाधीश से कहो !"

"आप जानते हैं ?"

"तरह-तरह के मत हैं। यह भी आनुमानिक कथा हो सकती हैं।··· कभी इस भूमि पर बिरजा-होम किया गया था। बिरजा-होम की परिभाषा मैं पीछे दूँगा, पहले सुन लिया जाये। पंचभूत-शुद्धि के लिए इस कश्चप पृष्ठ-सदृश भूमि पर पंचकोष का निर्माण हुआ। पंचकोष ! अन्नमय, प्राणमय, मनोमय, विज्ञानमय, आनन्दमय !"
जिला मैजिस्ट्रेट ने घड़ी देखकर कहा–"अच्छी बात ! एक चक्र में आप बाग लगा रहे हैं। चार चक्रों की ममता छोड़िए !··· आपका बाग लग गया तो हम भी सरकार से सिफारिश करेंगे !"

सभी हाकिमों ने अपनी-अपनी घड़ियों को देखा।

फॉरेस्ट ऑफिसर ने जित्तन बाबू पर एक घुड़कीली किन्तु डरी हुई निगाह डाली।

दि ब्राह्मीन हाई इंगलिश स्कूल के हेडमास्टर साहब प्रसन्न हैं--कलक्टर साहब को जित्तन बाबू ने इस तरह फँसाया कि डेढ़ घण्टे के बाद कोठी से निकली हाकिमों की गाड़ी, सीधे परती की ओर ! परती पर पाँच मिनट रुके हाकिम !

"भाई, छीनना का माने लाठी-डण्डा से छीनना नहीं है। कलम का जमाना है। कर्मचारी के कागज पर दस्तखत कर दिया हो गया। रुकने की क्या जरूरत ?"

हेडमास्टर के साथ सभी मास्टर खुश हैं, एक एसिस्टेण्ट हेडमास्टर को छोड़कर। इस बार उन्होंने लिखकर रट लिया था–योर ऑनर··· !

"जो भी कहिए, आदमी काबिल हैं जित्तन बाबू।" हेडमास्टर साहब का सूखा

हुआ मुँह, पान-जरदा से जरा हरिया गया !

बीरभद्दर बाबू और लुत्तो जहाँ उपस्थित रहें, वहाँ जित्तन बाबू की तारीफ नहीं चल सकती। लुत्तो ने बी. ए., बी. टी. हेडमास्टर को भी राजनीतिक लंगी लगायी–"ऐसा मत सोचिए हेडमास्साबजी ! जित्तन ने आपके स्कूल के बारे में कलक्टर साहब से कहा, इस स्कूल के मास्टर साहब लड़कों के दिमाग को चाटकर साफ कर देते हैं ! और, आपके बारे में तो कह रहे थे कि··· ।"

"अरे पागल मतिच्छन्न आदमी की बात सुनकर क्या कीजिएगा मास्टर साहब !" बीरभद्दर बाबू कहते हैं।

"हाँ-हाँ, पागल तो हैं ही !"

लुत्तो और बीरभद्दर बाबू ने मिलकर सोलकन्हटोली के लोगों में प्रचार किया–कलक्टर साहब ने जित्तन और भिम्मल मामा को खूब डाँटा है।

"पागलपन्थी करना हो तो पागलखाना में भेज देंगे !··· दारोगा साहब बोल रहे थे। गरुड़धुज झा से पूछ लो ! प्रेमकुमार दीवानाजी भी थे।"

ताँतीटोली के जयमंगल ने कहा–"पागल आदमी वोट नहीं दे सकता ! दो आदमी गाँव से पागलखाना चले जायें, तो भी कोई घाटा नहीं।"

"ग्रामपंचायत के मुखिया के लिए कनटेस करेगा जित्तन !"

"नामनिसान दाखिल करने के दिन मालूम होगा जब हाकिम को कि पागल है, तुरत नामनिसानी का कागज फाड़कर फेंक देगा।"

"हाँ-हाँ, पागल आदमी मुखिया होगा जिस गाँव का उसका मालिक राम !"

"बोलो सिर सित्ताराम !"

"हा-हा-हा-हा !"

नट्टिनटोली में कुहराम मचा हुआ है।

बहुत दिनों के बाद नट्टिनटोली में ऐसा लहरदार झगड़ा शुरू हुआ है। गंगा नट्टिन की आवाज फटे कनस्तर की तरह झनझना रही है–"जो जात की बात काटेगी, जात भी उसको सहस्सर टुकड़ा काटेगी ! हाँ-हाँ, काटेगी !"

नट्टिनटोली में जब कभी झगड़ा सुलगता है, सभी टोले के लोग दम साधकर, कान लगाकर सुनते हैं। अगल-बगल बाग-बगीचा में अन्धकार में खड़ा होकर नट्टिनटोली का झगड़ा सुनने का रोग भी बहुत लोगों को है। मुख्य झगड़ा के अलावा खुदरे झगड़े चनाचूर की तरह चुरमुरे लगते हैं।

चुनमुनबाई महीन बोली बोलती है, सारंगी की तरह। बात पर लय चढ़ाकर कहती है–"हम मेला में कमाकर नहीं खायेंगी तो कहाँ खायेंगी ? डिब्बा की मिठाई और सुडाबाटन हमें भी मिले तब तो ?"

यह लल्लनबाई की बोली है–"जरूर करेंगी, मेले में कमाई-ई-ई !"

"इह, बड़ी आयी है, कमाय बन्द करने ! हमको भी क्या दुलारीदाय का कुण्डा मिला है ? छलमल मछलियावाला कुण्डा !"

"बड़ी आयी है जात की सरदारिन बनने ! चुराकर नथिया उतरवायी, नट्टिनटोली का परेवा-पंखी तक को नहीं मालूम !"

"अब्ब मालूम होगा, अब्ब ! फल फलबे करेगा, लोग देखबे करेगा।"

"हाथ का छुआ पानी तक नहीं पीती ! छिनाल ! ऐं-हें, हँटो, हँटो !"

"हमारी पूजा भेरस्ट हो जायेंगी। वह गीत चुनमुनिया गाती है जो भला-सा—ना छुओ, ना छुओ मोरी गंगा-जमुनवाँ की धोई चुनरी !··· बाभनी बनी है !"

"बड़ा हवेली का डर दिखाती है ! जित्तन बाबू अपने घर में बाबू हैं। अपनी नट्टिन को हवेली में रखें। नट्टिनटोली की पर-पंचायत में पड़ने की क्या जरूरत !"

"और ऊपर से मुझे कहती है कि तू डाइन है ! हाँ, हाँ, हूँ डाईन।··· सुन लें सब नटिनियाँ कान खोल के ! गंगा डाइन है। हवेली परानपुर की पटरानी का हुकुम हुआ है, कोई मेला में कमाई करने मत जाओ !··· पटरानी रे पटरानी ! गंगा डाइन है ? पहले जन्मा के देख कि किस तरह, कद्दू की तरह कचकचाकर चबा जाती हूँ तेरे बच्चे को !" गंगाबाई का दम फूलने लगा। आज अफीम की एक गोली कम गयी है।··· लुत्तो कांग्रेसी आदमी है ! जहाँ झगड़ा-फसाद होता रहे, वहाँ पहुँचना उसका धर्म है। कम्परमैज करना जानता है लुत्तो !

"अरी गंगाबाई, क्या है ? तुम लोगों के मारे गाँव में एक भी भला आदमी नहीं रहेगा।"

"हाँ, आप ठीक कहते हैं लुत्तो बाबू ! नट्टिनटोली का यही रवैया रहा तो गाँव का एक आदमी भी भला नहीं बचा रहेगा।"

"तँ, विचार कीजिए ! मिटिन कीजिए !" गंगाबाई अपनी फूलती साँसों पर छोटे-छोटे वाक्यों का व्यवहार करती है। हाथ भी नचाती है—"विचार कीजिए।" गंगा जोर से कहती है, "हड़ताल कर दीजिए, झण्डा फहराकर। कह दीजिए, गंगा से सब बैकाट ! एक गाछ अरहर। गाँव से बाहर। बाहर रहेगी गंगा !"··· लुत्तो ने शान्ति स्थापित की।

चुनमुनबाई बोली—"हम लोगों का भी ओनियन बना दीजिए, लुत्तो बाबू। बिना ओनियन के कुछ नहीं होगा। जो ओनियन से बाहर हुआ कि धरो पचास का जरिमाना। कटिहार में, कटिहार में ललबेगिया डोम का भी ओनियन है।"

झगड़ा-फसाद में बीच-बचाव करते-करते, लुत्तो झगड़े की असल बात की छोर पकड़ना जान गया है—"किसने कहा कि मेला में तम्बुक लेकर मत जाओ ?"

"और कौन ? परगना हवेली की पटरानी ताजमन्नी !"

"वह जो कहेगी उसको मानना ही होगा। उसकी माँ तो नट्टिनटोली की सरदारिन थी। सरदारिन की बेटी ही सरदारिन होगी।"

"आप तो खूब निसाफ करते हैं लुत्तो बाबू ! मेला में तम्बुक लेकर नहीं जायेंगे तो खायेंगे क्या ? गाँव क्या वही गाँव है कि बबुआनटोली के एक-एक घर में

चार-चार नट्टिनें गुजर करती थीं।··· अब तो बबुआनटोली का लड़का कब जवान होता है, नट्टिनटोली की परेवा-पंखी भी नहीं जानती।"

"घर की बहू की फरमैश पुराते-पुराते बाबू लोगों की हालत, पुराने फलालेन कपड़े की तरह हो जाती है। शौख-मौज कौन करता है अब ? वह जमाना चला गया !"

"तो लुत्तो बाबू ! हम लोगों का भी कोई कानून कँगरेसी-कचेहरी क्यों नहीं बनवा देते हैं कि सभी नट्टिन भोरे उठकर नहायेंगी, फूल तोड़कर पूजा करेंगी···।"

"और, बन्द कोठलिया में डिब्बे का रसगुल्ला खायेंगी !"

"हँ-हँ-हँ-हँ !··· बिजलीबाई रसदार बात बोलती है, हमेशा !"

गेंदाबाई एक बोतल दारू पीकर झगड़ा में आयी है। गीत का एक टुकड़ा तोड़कर गाने लगी :

अरे, जो मोरे सैयाँ को भूख लगेगी,
पूड़ी-कचौड़ी रसगुल्ला बनी जाऊँगी।
सैयाँ तोरे गोद में फुलगेंदा बनी जाऊँगी···।

"वाह री गेंदा !··· क्या तोड़के मारा है फुलगेंदवा की मार, कलेजवा पे !"

"देखो, लड़ाई-झगड़े से कोई बात बनती नहीं, बिगड़ती ही है !" लुत्तो ने भाषण की भाषा में कहा, जोर-जोर से–"ताजमनी पढ़ी-लिखी है। जो भी कहो, इतनी बात तो माननी ही पड़ेगी कि बुद्धि-ग्यान में बड़ी है नट्टिनटोली में। वह तो खुद विचार कर देखेगी। सारी नट्टिनटोली एक तरफ और वह एक तरफ कैसे रह सकती है ? अपना भला-बुरा सभी समझते हैं।··· अभी उस दिन, कल ही तो कलक्टर साहब ने पूछा कि जित्तन बाबू, आप नट्टिन रखेली क्यों रखे हैं ? तो जित्तन ने क्या कहा, जानती है ? उसने कहा, हुजूर ! रण्डी किसकी होकर रही है जो मेरी होकर रहेगी ? उसको मैंने रखेलिन नहीं रखा है। अब सोचो, यह सोचकर देखने की बात है या नहीं, क्यों गेंदाबाई ?"

लुत्तो ने चुप होकर ताजमनी की झोंपड़ी की ओर देखा।

गंगाबाई अपने दम पर कब्जा कर चुकी थी। बोली–"कौन कहता है कि बुद्धि-विचार में कोई उससे बेसी है ? नट्टिनटोली की लड़कियों की क्या, गाँव के बड़े-बूढ़े भी उसकी अक्किल का मुकाबला नहीं कर सकते। लेकिन, इतना समझ-विचारवाली होकर भी अबूझ बनती है तो गुस्सा चढ़ता है।··· आखिर, जात का नेम-धरम भी तो कोई चीज है ?"

एक नयी जवान हुई नट्टिन मिनमिनाकर कुछ बोली। गेंदाबाई चिहुँककर बोली–"अच्छा ! तो, तूने बताया क्यों नहीं ? सुन लो ! हीरिया छौंडी क्या कह रही है; सुन लो, कान खोलकर !"

"क्या है री हीरा, बोल न ! लजाती है क्यों, मेला में तम्बुक लेकर जायेगी

और अब भी लाज करती है ?"

हीरा लाज से कुछ बोल न सकी। बोली गेंदाबाई। दारू पीने के बाद बोलने को जीभ फड़फड़ाती रहती है, उसकी। बिना किसी गीत का टुकड़ा जोड़े, कोई बात नहीं बोल सकती—"क्या बोलेगी हीरिया बेचारी ! मर्दों की आदत तो जानती ही हो। लड़कियों को देखते ही बनबिलाड़ की तरह आँखें गोलकर इस तरह देखेगा, मानो नोचकर भागेगा। हीरिया मधुलता-हाट से गाड़ी पर आ रही थी, उस दिन। बरदियाघाट के उस पार, क्या भला-सा नाम है, मस्तानाजी या बेदानाजी··· ।"

"दीवानाजी ।"

"प्रेमकुमार दीवानाजी ।"

"वही, वही दीवानाजी ! हीरिया को देखकर सिलेमा का गाना गाने लगा। कौन गाना री ? वही, सुनो ! मोरा दिलवा पुकारे आजा, आजा ! अब कहो, आजकल के लड़कों को क्या कहा जाये ! पहले के जवान-जहान लोग ऐसा तो नहीं करते थे ?··· तो तू क्यों चुप रही ? तू भी गाती :

मेरा हीराबाई नाम,
मेरा लाख रुपैया दाम !
लाख रुपैया खोलो, मन की बात बोलो,
धोखे में रहियो न स्याम !"

"हँ-हँ-हँ-हँ !" सभी नट्टिनें कचपचिया पंछी की तरह कचपचाकर हँस पड़ीं। लुत्तो ने लालटेन की रोशनी में हीरा का लजाया हुआ मुँह देखा। गम्भीर होकर बोला—"दीवाना खराब लड़का नहीं। बड़ा चानसवाला लड़का है ! नाटक-डिरामा लिखता है, इसलिए सिनेमा का गाना हमेशा रियाज करता है।"

'सु-सु-सु-सु, सू-ऊ-ऊ-सू··· ! कांछीं मैयाँ संझना मा तिम्रो हाँसाछिन यो जुनेली राती।' मलाई मामा गर्ने कांछी। दिलबहादुर सीटी पर पहाड़ी गीत गाता हुआ आया—ओ कांछी माया, तुम्हारी याद दिलाकर यह चाँदनी रात हँस रही है। मुझे प्यार करनेवाली कांछी !

दिलबहादुर को देखते ही नट्टिनों के झुण्ड में डर समा गया। गंगाबाई बोली—"देखो, फिर यह ढकनमुँहा पहाड़िया आया !"

"खुखरी भी है ?" फिसफिसाकर बोली कनेलीबाई।

"बिना खुखरी के कभी नहीं निकलता !" चुनमुनबाई उठकर चली··· परबतिया का क्या परतीत ? कब, क्या कर बैठे !

गेंदाबाई को बड़ा भला लगा है यह दिलबहादुर ! गेंदा ने इसको एक बार टोका भी है।··· कौन कहता है कि दिलबहादुर पर हमेशा पहडिया किरातदेव सवार रहता है ? गेंदा ने दिल्लगी करके देखा है। दिलबहादुर कैसी मुस्कुराहट मुस्कुराता है, यह सिर्फ वही जानती है। गेंदा टोकती है—"ऐ दाजू ! मोर बात सुन्छः पहिले, तब ताजू दीदी को घर जान्छः ।"

गेंदाबाई अपनी बोली में छः जोड़कर नेपाली बोली की नकल करती है। दिलबहादुर खड़ा हो गया। गेंदा ने मुँह-अँधेरिया रोशनी में भी देखा, वही मुस्कुराहट ! सुनहले दाँत पर लालटेन की रोशनी चमक गयी–"क्या बोलता है ? बोलो ! हामको फिन अब्बी टीशन में जाना पड़ता है। भब्बी बाबू रात में आवेगा !" लुत्तो को दिलबहादुर का डर, कम नहीं–ज्यादा ही है। और, यह गेंदाबाई मुफ्त में इसको खोंचा दे रही है। लुत्तो ने गाँव की बोली में धीरे से कहा–"मार, जाबे दे भुच्च के !"

दिलबहादुर की आँखें टार्च के बल्बों की तरह अचानक जल उठीं–"हेर-ऽ-ऽ, लुत्ते मुजी ! न राम्रो कुरा न गर-ऽ-ऽ ! नत्र··· !"

"बॉख-बॉख ! ताजमनी के आँगन में मीत ने भूँकना शुरू किया। दिलबहादुर की गुस्साई बोली को पहचानता है वह !

"बहादुर भैया-आ-आ !" आँगन से ही चीख पड़ी ताजमनी–"बहादुर भैया !" दिलबहादुर का बढ़ा हुआ कदम रुक गया। खुकरी की बेंट पर हाथ जाकर लौट आया।

लुत्तो थर-थर काँपने लगा। उसने चिल्लाकर कहा–"देखो··· देखिए ताजमनी··· यह मुझ पर बेकार बिगड़ गया। मैंने कुछ कहा है ? आँगन से बाहर आकर सबसे दरियाफ्त कर लीजिए।"

"तुम कुछ नहीं बोला ? नहीं बोला कुछ ? हम नहीं समझा ? लुत्ते मुजी ! तुम अब्बी भुच्च नहीं बोला ?··· तुम कुछ नहीं बोला तो हमपनि कुछ नहीं बोला, लुत्ते मुजी !"

दिलबहादुर अपनी भाषा में बड़बड़ाता हुआ ताजमनी के आँगन की ओर जाने लगा।

ताजमनी ने आँगन की दहलीज से पुकारकर कहा–"बहादुर भैया, मीत को ले जाओ। भूख लगी है, इसे।"

"हम तो चुपचाप मीत को लेने आया उधर में।" दिलबहादुर ने रुककर कहा–"फिन हमको काहे वास्ते बुलाया इधर में ?"

गेंदा ने फुर्ती से उठकर, बड़ी मीठी बोली में कहा–"दाजू भाय ! मोर कसूर हुन्छः ले, मेरी गर्दन खुकरी से काटिन्छः तो काटिन्छः ! ले !"

गेंदा अपनी गर्दन झुकाकर दिलबहादुर के करीब चली आयी। गेंदा के बाल नीचे की ओर लरज गये।··· कस्तो लुती ? दिलबहादुर ने सोचा, कैसी लुच्ची है ? छक्क पर्ने ! अचरज की बात ! इस बार, दिलबहादुर की मुद्रा बदली। भ्रू हीन आश्चर्य !

दिलबहादुर, ताजमनी के साथ आँगन में चला गया तो गेंदाबाई मद्धिम आवाज में बोली–"आप भुच्च क्यों बोले लुत्तो बाबू ? पहड़िया बोली में भी भुच्च को भुच्च ही कहते हैं।"

सभी नट्टिनों ने एक-दूसरे को देखकर आँखों-ही-आँखों में बातें कीं–'अपनी-

अपनी झोंपड़ी के अन्दर चलो।··· दरवाजा मजबूती से बन्द करना। लुत्तो की बात लुत्तो जाने !"

लुत्तो कम चालाक नहीं। नट्टिनों के उठने के पहले ही बिल्ली की तरह बिना कोई आहट किये उठ खड़ा हुआ। रबर का जूता हाथ में लेकर अँधेरे में गायब हो गया।

रघ्घू रामायनी सुन्नरि नैका की गीत-कथा नहीं गायेगा ?

दोपहर को जित्तन बाबू ने रामपखारन सिंघ के मुँह खबर भेजी—रघ्घू रामायनी सुन्नरि नैका की गीत-कथा गाने को तैयार नहीं हो रहा है। क्या उपाय है ?··· जिद्दी हो जाता है आदमी बुढ़ापे में !

रामपखारन सिंघ को रघ्घू रामायनी का नखरा जरा भी पसन्द नहीं—"जे-बा-से, भर रात रिब-रिब सरंग्गी बजाई और गवले गीत को बेर-बेर गावेगा। इसी के खातिर इतना खुशामद ! सुबहे से पाँच-हाली हमको घाट-हाकिम ने दौड़ाया है ! वही जो कहावत है नूँ—कहला से बरेठा गधा पर नहीं चढ़ता है !"

ताजमनीं ने रामपखारन सिंघ की बुद्धि पर पड़े झोल को झाड़ते हुए कहा—"रघ्घू रामायनी न तो तुम्हारे इस्टेट का रैयत है और न वह इस्टेट का नमक खाता है। उसके यहाँ लाठी लेकर बुलाहट भेजनेवालों की बुद्धि की बलिहारी ! मुंशीजी ने परवाना लिख के नहीं भेजा ?··· बजरिये इस परवाना के तुमको हुकुम दिया जाता है !··· मेरे पास क्यों आये हो ? गाँव के गुनीमानी के साथ कैसा व्योहार करना चाहिए, यह मैं बता दूँगी ?"

रामपखारन सिंघ की कड़वायी हुई सूरत को देखकर ही समझ गये जित्तन बाबू, खूब झालदार बातें सुनकर वापस आया है।··· माँ जब कभी रामपखारन सिंघ पर बिगड़ती तो ऐसा ही चेहरा हो जाता था, इसका !

रामपखारन सिंघ को अपनी मूँछों में बात लटकाते देखकर जित्तन बाबू ने कहा—"पाँच टीन घी का प्रबन्ध कर सकते हो ? मुंशीजी से जाकर कहो, कम-से-कम आधा मन घी जट्टटोली से ले आयें !"

"पाँव लागी रघ्घू काका !"

"कौन ? जित्तन बाबू !··· हो रामजी, यह क्या किया आपने ?"

रघ्घू रामायनी की माँड़ी पड़ी हुई आँखें छलछला गयीं। थरथराती हुई आवाज में बोला—"मैंने कौन कसूर किया है कि मरने के पहले आपने इतनी बड़ी गठरी लाद दी ! ब्राह्मण-सन्तान होकर आपने मुझको पाँवलागी की ?"

"नहीं, रघ्घू काका ! आप ब्राह्मण हैं, ब्राह्मणों में भी श्रेष्ठ !"

रघ्घू रामायनी ने कहा—"घी का प्रबन्ध कीजिए, मैं तैयार हूँ।"

रघ्घू रामायनी ने बात मान ली।

भाँटटोली से वापस होते समय, जित्तन बाबू की नजर ताजमनी पर पड़ी।··· सुधना के साथ, फिरंगी राय के दरवाजे के बगलवाली पगडण्डी पकड़कर भाँटटोली की ओर आ रही है ताजमनी !

लोरिक, कुम्मर विज्जेभान, सुरंगा सदाबृज, होरिलसिंह, घुघली घटवार, ढोलामारू अथवा चन्ननियाँ की गीत-कथा नहीं। सुन्नरि नैका की गीत-कथा ! गीत-कथा की कथाभूमि या कथांचल परानपुर गाँव में सौभाग्य से एक गीत-कथाकार का दर्शन ? ··· सुरपति राय का टेपरिकॉर्डर आ गया है। दुलारीदाय के पाँचों कुण्डों की बहुत-सी कहानियाँ हैं। किन्तु, कुण्ड-खुदाई की असली कथा है–सुन्नरि नैका !··· गाँव से दक्खिन-पूरब कोने में सुन्नरि नैका की डीह है। नैकाडीह ! सुन्नरि नैका की गीतों-भरी कहानी तो रघ्घू को सपने में मिली है। कोई नहीं जानता। जानेगा कैसे ? पूरी गीत-कथा किसी ने सुनी ही नहीं !

पच्चीस-तीस साल पहले रोशन बिस्वाँ के दरवाजे पर सुन्नरि नैका की अधूरी गीत-कथा सुनायी थी रघ्घू ने। रोशन बिस्वाँ के हाड़कंजूस बाप ने बेईमानी की थी। शर्त थी–पाँचों रात पाँच चिराग जलेंगे नैकाडीह पर और पाँच दुलारीदाय के किनारे, पाँचों कुण्डों के सामने ! घी देने में कंजूसी की। पहली रात को आधी कहानी भी नहीं हुई थी कि दीप बुझ गये।··· रघ्घू ने गीत बन्द कर दिया। उसकी बोली ही बन्द हो गयी। इसके बाद, दूसरे महीने में ही उसको अर्धांग मार गया। आधी कहानी कहकर उठा हुआ गीत-कथाकार !

रोशन बिस्वाँ के बाप को कथा-कहानी या गीत से क्या मतलब ! डकैती के भय से अपने दरवाजे पर, पाँच रातों तक गाँव-भर के लोगों को बटोर रखने का हिला लगाया था। कथा-कहानी से क्या मतलब कुकाठ को ! बेचारा रघ्घू रामायनी !

ताजमनी साँझ होने के पहले ही हवेली पहुँची, एक-एक कमरे में पाँच-पाँच प्रतीप जलाना होगा ! व्यासगादी के लिए चन्दन की चौकी निकालकर बाहर भेजनी होगी।

"पखारन काका ! रघ्घू रामायनी के साथ कौन जा रहा है ? वह अभी कुण्ड में नहाने जायेगा !" ताजमनी दीप जलाती बोली। तुलसी-चौरे पर युगों बाद दीप जले ! छोटा-सा तुलसी का बिरवा ! इतने दीपों की रोशनी में उसके पत्र-पत्र पुलकित हुए ! मीत ने अचरज-भरी मुद्रा में शंखध्वनि सुनी–तु-उ-उ-उ-उ-य ! तु-ऊ-ऊ-ऊ-ऊ !

मीत आज परम आनन्दित है। सुधना जितनी बार दीप लेकर रखने जायेगा, साथ जाता है। दौड़कर सुधना से पहले ताजमनी के पास आ जाता है। जित्तन बाबू ने एक झलक देखी, खिड़की से–ठीक, माँ की तरह साड़ी पहरती है ताजू !

"दिदिया ! कथा होने के समय मीत को बाँध दिया जायेगा ?" सधना ने धीरे से पूछा।

"कौन कहता है ? क्यों, मीत को क्यों बाँधेगा ?"

आँगन की सीढ़ी से उतरते हुए जित्तन बाबू ने कहा–"रामपखारन सिंघ कहता है... ।"

ताजमनी ने माथे पर कपड़ा डालने की चेष्टा की। मीत ने आँचल खींच लिया दाँत से। प्रसन्नावस्था में ही कभी-कभी रामपखारन सिंघ की रखी हुई पगड़ी को दाँत से पकड़कर खींचता-दौड़ता है और, रामपखारन सिंघ दोनों हाथ जोड़कर आरजू करता है–"ए, महाराज ! ई कूल अंग्रेजी दिल्लगी बूढ़ा आदमी से काहे करते हैं ! मीत महाराज !"

मीत की हरकतों को देखकर ताजमनी के ओठों पर एक मीठी-सी मुस्कराहट कढ़ आयी !...जित्तन बाबू को याद आयी, वह भी बचपन में माँ का आँचल खींच-खींच लेता था !

सामबत्ती पीसी को हवेली के अन्दर जाने का पूरा हक है। लेकिन, मीत किसी को नहीं आने देगा। बॉख, बॉख, बॉख !

सामबत्ती पीसी ड्योढ़ी के बाहर जाती हुई बोली, "परसाद-उरसाद चढ़े तो हमारा हिस्सा रखा रहे। हाँ... जितना-सा देखा है, वही काफी है सामबत्ती पीसी के लिए। चार दिन का खुराक !"

ताजमनी, सीढ़ी पर खड़े जित्तन बाबू के सामने बैठकर पाँच दीप सजा रही थी। जित्तन बाबू अचरज से देख रहे थे... । लेकिन, सामबत्ती पीसी के मुँह से उपर्युक्त दृश्य का वर्णन सुनकर जयवन्ती ने चहारदीवारी के एक छेद से झाँककर देखा–"सुन्नरि नैका का पाट तो अन्दर में हो रहा है !"

मलारी ने कहा–"छेद से जरा हटो तो मैं भी देखूँ ? ठीक कहती है तू। पैर-पुजाई कर रही है, सुन्नरि नैका !"

गेस्ट हाउस के सामने, बरामदे पर अँगनाई में दर्जनों लोग खड़े हैं !...

औरतें दल बाँधकर आ रही हैं–"गाँव में किसको नौ मन तेल होगा, जो राधा का नाच देखेगा, दिखायेगा ?"

"नौ मन तेल हो भी तो क्या, मन में हुलास नहीं किसी के !"

"आखिर, रोशनबिस्वाँ के बाप का, रेंड़ी के तेल से जमाया हुआ पैसा डकैत ही ले गया !"

"रघ्घू बूढ़ा नेम-टेम करके व्यासगादी पर बैठेगा। कुण्ड में नहाने गया है।"

व्यासगादी सजी हुई–आसपास बलते दीपों की माला ! सामने धूपदानी में धूपकाठ की घुण्डी सुलग रही है।

जित्तन बाबू के मन के पर्दे पर एक ऋषि की मूर्ति उभरती है और मुखर हो उठती है... 'ग्राम्य गीति-कथा के काव्य हिसाबे ग्रॅहण करिते गेले, ताहार संगे-संगे. मॅने-मॅने; समग्र गाम, समॅस्त लोकालय के जॅड़ाइया लॅइया पाठ्य कॅरा परमावश्यक ! तारपरे, देखबे–तोमार अॅन्तरे-अॅन्तरे जन्तर बाजिया उठिबे ! बर्बर-संगीते सहज सुरेर सन्धान... !'

नहा-धोकर, हल्दी से रँगा हुआ नया कपड़ा पहन आया है रघ्घू रामायनी ! जित्तन बाबू ने हाथ का सहारा देकर व्यासगदी पर बैठा दिया। गले में माला डाल दी। ··· ललाट पर गोपी चन्दन ! पटसन की तरह सुफेद दाढ़ी ! आधी देह अर्धांग की मारी हुई ! सन्तों की-सी सूरत ! अर्धांगवाली बाँह से सटी लटक रही है, छोटी-सी सारंगी ! आधे अंग की पूर्ति करती हुई, काठ और चाम की बनी सारंगी !

नैकाडीह पर पाँच बड़े-बड़े चिराग जल रहे हैं। गाँव से पच्छिम, दुलारीदाय के किनारे···

"आँख मूँदकर गुरु को सुमर रहा है शायद !"

हुँ-ऊँ-ऊँ ! रघ्घू ने गुरु-मन्तर गुनगुनाया। सूखी सारंगी ने गुरु-मन्तर के सुर पर एक मोटी कारीगरी की–कुँ-हुँ-ऊँ-कुँ-कुँ-ऊँ !

अन्तर के जन्तर झंकृत हो उठे !

"जै, मैया सरोसती !" रघ्घू के मुँह से पहली वाणी निकली।

साठ साल से साधुओं के सत्संग में रहकर उसने जो भाषा सीखी है, उसी में कथा का गद्यभाग सुना रहा है !

ट्रिप-टि-रि-रि-रि-रि ! सुरपति ने टेप-रिकार्डर का बटन ऑन किया। ट्रि-रि-रि-रि-रि··· !

"कि-ई, सज्जन-दुरजन सब समतूल–मैया सरोसती के दरबार में क्या तुलसी और क्या रघुआ जैसा गाँव का गड़री का फूल ! कि-उ, साँच-झूठ मैं कछुओ ना जानू, जो गुरु सपने में सिखा गये, सोहि अच्छर-अच्छर बखानूँ !··· बहुत पुरानी बात रे भाई, जाने गंगा माई। और, जाने परानपुर गाँव की प्यारी नदी दुलारीदाई ! ऐसा दुरदिन कभी न आवे ! ऐसे दुरदिन की चर्चा भी है पा-ा-ा-प ! मगर गुरु के हुकुम से सबकुछ माफ ! ऐसा दुरदिन··· !"

सुरपति ने बगलवाले बरामदे पर पड़े चिक की आड़ में बैठी ताजमनी पर एक नजर डाली। नाक के कील का पत्थर झलका। मीत ताजमनी की गोद में बैठा है–चुपचाप !

"··· ऐसा दुरदिन आया भाई, कि अचानक इस धरती को लकवा मार गया ! नदी-तालाब-कूप, सभी गये सूख। पानी चला गया पाताल ! गाछ-बिरिच्छ सब झुना के गिर पड़े। देश में महाकाल पड़ गया। हाहाकार मच गया एतराफ में। हजारों-हजार लोग रोज मरने लगे। अरे, धरती खोदे धरती का बेटा, धरती में मिल जाये। फिर भी पानी का पता नहीं। पानी कहाँ मिले रे दैवा ?"

रघ्घू रामायनी ने दम बाँधने के लिए विराम दिया। सुरपति ने टेपरिकॉर्डर का बटन ऑफ किया ! पिट्-क्रिक !

भीड़ बढ़ती जा रही है। लालटेन हाथ में लटकाये, खड़ाऊँ खटखटाते आ रहे हैं भिम्मल मामा। दक्खिनवाले महार पर कोई टार्च भुकभुकाता आ रहा है। आम के बाग में कोई पुकारकर कह रहा है–"रेडियो नहीं, रेडियो नहीं। रघ्घू दास सारंगी पर महराय गा रहा है, महराय !"

ट्रिप-टि-रि-रि-रि-रि–

"कि, तीसरे दिन इस हवेली इलाके के नायक सुन्दर नायक ने, जल बिनु तड़पते लोगों को पुकार के कहा–हो जैवार ! सुनो, कान पसार ! मोरी छोटी बहिनियाँ सुन्दरि नैका रोज गुनबले पाताल से पानी मँगाकर जैवार-भर के लोगों को पिलावेगी। लेकिन, पहले उसको आशीख दो सब मिलकर कि देवकुल में उसका ब्याह हो-ओ-ओ-ओ !··· "

सुननेवाले के चेहरे पर प्रसन्न आतंक की रेखाएँ अंकित हैं !··· पातालपुरी के एक चुल्लू पानी से क्या हो ? सुनो न, कैसी लीला रचायेगी !

"··· सुन्दर नायक ! बड़ा भारी गुनियाँ। नेपाल में किरात मन्तर सीखकर आया हुआ गुनी ! और, भाई से बढ़कर गुनवन्ती, उसकी बहिनियाँ–सुन्दरि नायका ! कामरूप कामख्या से गुन सीखकर आयी हुई ! उसको देवकुल का दुलहा चाहिए ! सुन्दर नायक ने जिला-जैवार के लोगों से कहा–हो, पंचो ! मोरी बहिनियाँ सुन्दरि नैका ने किया है एक उपाय ! दन्ता राकस को फुसलाकर प्रेम की डोरी में बाँधा है। इस इलाके के एक सहस्र सुन्दरियों में सुन्दरि नैका मोरी बहिनियाँ–एक ! भगवान उसकी रखें टेक ! भला, उसको राकस-कुल में जाने दूँगा ?··· पाँच रात में पाँच कुण्ड बनवायेगी, पाँच महापोखरों से पुरइन मँगवायेगी, पाँच महानदियों की मछलियाँ। सहस्रों पुरइन फूल में से एक पर आकर बैठेगा कोई देवपुत्र। फिर उसी देव के साथ मेरी बहिनियाँ ब्याही जायेगी हो-ओ-पंचो !··· "

पिट-क्रिक !

परानपुर हवेली के अहाते में, गेस्टहाउस के सामने पहली बार इतनी बड़ी भीड़ जमते देख रहा है सुरपति।··· यहाँ तो कोई दिन में भी नहीं आता !

रामपखारन सिंघ बड़ी दरी बिछाकर, खड़े लोगों को इशारे से बैठने को कह रहा है–"चुपचाप सुनो। बोलो-भूँको मत ! फिलिंग-रिकाट हो रहल बा।"

ट्रिप-टि-रि-रि-रि··· !

"··· सो, हो पंचो ! राकस कुल में नहीं जाने देंगे बहिनियाँ को। धोखा से काम लेंगे। पहले, दन्ता राकस को प्रेम के बज्जर-बाँध में फँसने तो दो ! इसलिए, कुछ देखो भी अपनी आँख से तो मोरी बहिनियाँ का कुचाल मत मानना हो लोगो !··· फँस गया दन्ता सुन्दरि नैका के फाँस में ! गाँव से पूरब ! परपट परती पर ! चाँदनी रात में ! बालूचर के किनारे दन्ता के दाँत चमकें–ही-ही-ही-ही-ई-ह ! हम हारल रे-ए-ए-ए–हारला आ ! आँखमिचौली, लुकाचोरी खेल में दन्ता गया हार। हार कबूलकर हँसता है दन्ता–ही-ही-ही-ही-ई-ह ! हम तैयार रे-ए-ए मानुस छोरी मोहनियाँ–सुन्नरि नैका ! सत्त करके बोला–ठीक्के बात, ठीक्के बात ! कुण्डा खोधैया करबे-करबे, पानी से भरबे। तोर परपट परती धरती पर पानी कलबुल बोले-हे-हे-हे-ए-ऐसा पानी भरबे !··· कुँ-ऊँ हुँ···।

"नम्माँ नैका सुन्नरि सुन ले मोर बचनियाँ रे नाम्,
नम्माँ पाताल फोड़ी आनब हम पनियाँ रे नाम्,
नम्माँ पाँच किसिम के लायब पुरइनियाँ रे नाम्,
... नामाँ पूरन करब आपनो कहनियाँ रे नाम्,
सुन्नरि नैका रे-ए-ए, जोड़लो पीरित जनि तोड़े रे-ए,
हम्हुँ मरि-जा-य-बा-रे-कि-इ-इ !
कुहुँ कुँ का-आँ-आँ !

"... अब, चला है दन्ता सरदार उत्तर राज गढ़दन्ता की ओर ! गढ़ में पहुँचकर अपनी राकसनी हिरन्नि रानी का मुँह भी न देखा और न बेटे की तुतलाती हुई बोली सुनी। दिया है सिंघा उठा के फूँक–ई-हिं-ई-ई ! हुँय-हुँय-हुँय-हुँय-हुर्र-हुर्र-र्र-र्र !... धू-धू-धू-धू-धू-धु-र्र-र्र-र्र-र्र-र्र ! ... कुँय-कुँय-कुँय-हुँ-हुँ-हुँ-हुँ... !"

सारंगी के झनक तारों पर सिंघा की बोली, मानो चालीस जोजन दूर से आकर हनहना गयी-कुँ-हुँ-हुँ-हुँ !

जित्तन बाबू और सुरपति की आँखें आपस में मिलीं... अपूर्व।

रग्घू रामायनी सुननेवालों को चेतावनी दे देता है–"छोटे-छोटे बच्चे-बुतरु को सँभालिए !... जंगल-पहाड़, खोह-खन्धकों में शिकार करते हुए दो सहस्र राकसों के कान खड़े हुए–गुहार सुर्र-र्र-र ? रे-ए-ए ! गुहार-सुर्र सिंघ्या बज्जा रे बज्जा !... साहुर्र-र्र, साहुर्र-र्र-र्र करते सभी राकस गढ़दन्ता में आ पहुँचे।

"रे-सर्रदार-रे सर्रदार
की दरकार, की दरकार ?
कुँहुँ-कुँक्कुँ... कुँहुँ-कुँक्कुँ... !

"बोला दन्ता सरदार–रे-भैर्रा-आ-आ-ह ! दन्ता सरदार के घर में ना भया खटपट, ना घटी खर्ची। दन्ता सरदार पर नहीं तानी किसी ने बर्छी ! दन्ता का तो छूट रहा है परान, मानुस-छोरी मोहनियाँ के लागला मोहनबान ! रे भैर्रा-आ-ह !... सभी राकसों ने एक-दूसरे को देखकर सूँघा–हुँ-ऊँ-ऊँ-ऊँ ? मानुसगन्ध ! मानुस-गन्ध !

"कुँ हुँ-कुँक्कुँ...
भैर्रा परानपुर के नैका सुन्नर गुनियाँ रे नाम्,
भैर्रा तेकरो से तेजी तँ बहिनियाँ रे नाम्,
भैर्रा पाताल खोदि रोज पीये पनियाँ रे नाम्,
... भैर्रा दाँत छटके बदरा के बिजुरिया रे नाम्,
भैर्रा सुन्नरि छहके सोना के मछरिया रे नाम्,
भैर्रा मोरा पर मारली मोहनियाँ रे नाम्,
सुन्नरि नैका रे-ए-ए, जोड़लो पीरित जनि तोड़े रे-ए,
हम्हुँ मरि जा-इ-बा-आ-रे-कि !

"··· मत रोये सरदार, मत रोये। गढ़दन्ता के राकस के रहते सरदार रोये ? पाँच कुण्ड केर क्या बात ? परानपुर परती खोदि के समुद्दर बनैबै रे-ए-ए ! चल रे भैर्रा आ-आ ? धुर्र-धुर्र-धुर्र-धुतु-धुत-धुत-तू-उ-उ-उ-उ।··· कुँ-हुँ-ऊ !

"रोती रह गयी हिरन्नि रनियाँ, हुलसता रहा बेटा दन्ता का–हाथी का बच्चा जैसा ! बाप ने उलटकर देखा भी नहीं। रो-रोकर बोली हिरन्नि रानी अपने बेटे से–मत रोये ! मानुस-छोरी मइयाँ लाने गया है पिता तोरा ! सोने के कटोरे में खीर भरकर–चकमच चान को बुलावेगी आकाश से तेरे लिए, तोर मानुस-छोरी मइयाँ···।

"इधर, एक ओठ आकाश और दूसरा पाताल–मुँह बाकर दौड़े एक सहस्र राकस। धरती डोल गयी भाइयो··· धर-धर-पट-पट, धडिंग-धडिंगा गिंड़पतगंगा :

"कुहाँ-कुक्काँ···
'जी, धड़-धड़ धड़के धरती माय,
धड़क-धड़ा-धड़–हाय रे बाप,
थरक-थरा-थर थारिया जैसन–
थर-थर काँपे चान;
'कि, पातालपुरी में लुकनियाँ पनियाँ रे-ए-ए,
'कि रे रघुआ रे-ए-ए, जगहो खोजि न पावे !
कुँक्काँ-कुहाँ···"

सुरपति ने मशीन का बटन ऑफ किया। रध्घू रामायनी के लिए जित्तन बाबू अपने हाथ से चाय तैयार कर रहे हैं। भिम्मल मामा प्रसन्न हैं–"गुड-बेटर-बेस्ट, अच्छा-बेहतर, सर्वश्रेष्ठ !··· पूछो मुझसे, आस्क मी ! मैं गाँव में चक्कर लगा आया हूँ। सारे गाँव का बच्चा-बच्चा जग गया है। गाँव में पेनिक पनपना गया है मिस्टर कथा-कलक्टर ! हर दरवाजे के पास कुछ मर्दों का झुण्ड, हर पिछवाड़े में खड़ी औरतों का गोल ! सारंगी की बोली तो··· ओ ? तुमने ढकनकल भी लगा दिया है ? धुनफीताबन्दी हो रही है ?"

सुरपति ने मुस्कराकर कहा–"जिद्दा ! मामा हर पोर्टेबल मशीन के लिए ढकनकल शब्द दे रहे हैं और टेपरिकॉर्डर के लिए–धुनफीताबन्द !"

बाहर, भीड़ से किसी ने कहा–"बाबू ! अभी खतम मत करवाइए; हर टोले का लोग दौड़ा आ रहा है।"

दूसरे ने हिम्मत करके कहा–"बन्द मत करवाइए !"

औरतों की टोली से सामबत्ती पीसी ने कहा–"एको कुण्ड तो खोदाइए !"

रामपखारन सिंघ को सरदारी करने का मौका मिला–"चुप ! फिलिंग रिकाट में बोली चल जाई···।"

ट्रिप-टि-रि-रि-रि···।

'कि पहुँचे सभी संकस ! दुलारीदाय के बरदिया घाट के पास–सुन्दरि नैका

ने पाँच जगह दीप जलाकर पहले ही रख दिया था। इधर धरती डोलती रही, आकाश में चाँद चाँदी के थाल जैसा नाचता रहा। उसी ताल पर, सुन्दरि नैका हवेली के पिछले दरवाजे से नाचती हुई आयी और अपनी एक झलक दिखा दी, सभी राकसों को ! किलकिला उठे खुशी से एक सहस्र राकस–मानुसछोरी मोहनियाँ रे-ए-ए ! आँख मारे-ए-ए !··· खुशी से जयडम्फ बजाकर नाचने लगे एक सहस्र राकस। ताल पर एक साथ एक सहस्र राकस धरती पर दाँत मारते–खच्चाक् ! पातालपुरी में कच्छप भगवान की पीठ पर दाँत बजते–खट्टक् ! पानी को ऊपर आना ही होगा :

"ढाक् ढक्कर-ढाक् ढक्कर···
कोड़ भैर्रा-र्रा-आ-ह ! फोड़ भैर्रा-आ-ह !
भरी राति में खोदाय, पनियाँ छह-छह छहाय
नदिया देबो बहाय-य-य !
भोर में फेर देखबो सुन्नरि कन्ना–
हेय-आँख मारे ?
होय दाँत मार-रे-ए-ए··· खच्चाक् !
खट्टक् ! ढाक्-ढक्कर, ढाक्-ढक्कर···
कुँह कुँक्कोँ, कुँह कुँ क्कोँ !"

"कृपया पूर्णविराम ! बटन ऑफ कीजिए कथा-कलक्टर-साहब ! उधर देखिए क्या हुआ।"

"कोई बेहोश हुई, शायद !"

एक औरत चिल्लाकर बोलने लगी–"बाबू ! बन्द करिए। दु-तीन कम कलेजावाली लड़की के कलेजे में डर समा गया है। बोलती है, हवेली के चारों ओर दैत्त दौड़ रहा है किलबिलाकर ! इन लोगों को बरण्डा पर जगह कर दीजिए !"

भूमिहारटोली की एक औरत ने कहा–"केयटटोली की दो-तीन छँहकबाज छौंड़ी और रैदासटोली की मलारी ! जहाँ जायेंगी सब, एक-न-एक ढंग पसारेंगी ही।"

"कितना बढ़िया गा रहा था ! हर जगह ढंग देखकर देह जलने लगती है।"

"बरण्डा पर काहे, अरामकुर्सी पर जाकर बैठो न !"

औरतों की मण्डली में लड़ाई शुरू हुई। केयटटोली की घेघी फुआ और गंगोलाटोली की पनबतिया ने एक ही साथ जवाब दिया–"छँहकबाज छौंड़ी हर टोले में है। टोला-टोली मत करो, नहीं तो आज उघारकर रख देंगे !"

ब्राह्मणटोली की आनन्दीदाय बोली–"कॉँय-कॉँय क्यों करती है ?"

भिम्मल मामा साष्टांग दण्डवत् कर धरती पर लेट गये, औरतों की टोलियों के सामनेवाले बरामदे पर। हाथ जोड़े उठ खड़े हुए–"हे देवियो ! दुर्गाओ ! कालियो ! करालियो ! कराँतियो ! शान्तियो, कृपया शान्त हों !"

"हि-हि-हि ! हा-हा-हा-हा ! दूर, भिम्मल मामा तो हर जगह भगल पसारते हैं। अटर-पटर बोलते हैं। चुप-चुप, नहीं तो ऐसा नाम चुनकर रख देंगे कि गाँव

में मशहूर हो जाओगी। किसी को नहीं छोड़ेंगे, किसी भी टोले का क्यों न हो। चुप मलारी ! सेमियाँ !"

"सुनो, शुरू हो गया। चुप ! फिलिंग··· !"

"रात-भर खोदते रहे दन्ता सरदार के राकस ! कोड़ भैर्रा-र्रा-आ-ह ! भोर में नाचती आयी सुन्दरि नैका। देखा, एक कुण्ड पानी से लाबेलाब है। कुण्ड के पानी में पूरनिमाँ का चाँद, सोने-चाँदी को एक साथ घोलने के लिए रुक गया थोड़ी देर–उस ताड़ की फुनगी के पास। नाची सुन्दरि नैका–छम्म-छम्माँ-आँ ! रात-भर के थके राकसों को मानो महुए के रस में मधु घोलकर पिला दिया गया ! झूम उठे–छम्म-छम्माँ !

"करिके सोलहो सिंगार
गये मोतियन के हार
केशिया धरती लोटाय
चुनरी मोती बरसाय
चुन्नी-पन्नाँ बिखराय-य, छम्म-छम्माँ नाचे सुन्दरि नैका !
आँख मारे !··· रे भैर्रा-आ-ह-दाँत मा रो-ओ !

"कुलबुलाकर पानी के सोते परती पर दौड़े–कलकल-कलकल ! कुल-कुल-कुल-कुल !"··· सारंगी पर एक महीन कारीगरी की रघ्घू रामायनी ने, पानी की कुलबुलाहट को स्वर मिला। झनक तार पर लहरें आयीं !

'कि देस-बिदेस के किसिम-किसिम के, रंग-बिरंग के पुरइन सूरज की किरनों के परस से खिल उठे। कुण्ड में सोने की मछलियाँ छहकने लगीं। जल बिनु तड़पते लोगों ने कुण्ड में नहा-नहाकर जलपान किया। तृप्त होकर आशीर्वाद दिया जैवार-भर के पंचों ने–"तोहर सब दोख माफ। देवकुमर दुलहा मिले सुन्दरि नैका को !"

"रघ्घू रामायनी की सारंगी स्पष्ट आखर बोलती है ! राकसों का गीत गाते समय उसके चेहरे की ओर गौर से देखा था ? लगता था, उसके पोपले मुँह में दो बड़े-बड़े दाँत उग आये हैं ! अर्धांग से अधमरी उँगलियों की कारीगरी ! 'दाँत मार रे' कहने के बाद खच्चाक, फिर खट् की आवाज ! सारंगी के काठ पर उँगली मारकर ध्वनि पैदा करता था।··· पातालपुरी में कच्छप महाराज की पीठ पर दाँत बजते–खट् ! सारंगी के तारों पर नौ सौ घुंघरू झनकते थे–सुन्दरि नैका के नाच के साथ !"

"दाँत मारे ? उसकी याद मत दिलावे कोई। देह सिहर उठती है।"

"भोर में फेर देखिबो सुन्नरि कन्ना। राकसों को भी सुन्दर चीज सुन्दर ही लगती है। अहा-हा ! कितनी लालसा ! मानुस-छोरी सुन्नरि कन्ना उनकी सर्दारिन होकर जायेगी !"

"एम्माँ-आँ-आँ ! तूत-गाछ-तले कौन खड़ा है ?"

"तू हमेशा ढंग पसारती है मलारी ! अपने भी डरती है, दूसरों को भी डराती

है। कहाँ है कोई ?"

"मलारी को भी कोई दन्ता राकस लुका-चोरी खेलने के लिए बुला रहा है, शायद !"

"अब, कल से तुम भी पाँच कुण्डा खोदाओ मलारी !"

सेविया दीदी जब बोलती है तो साफ बात–"यह मलारी छौंड़ी जहाँ जायेगी वहाँ आगे-पीछे ऐसे ही भूत-पिशाच, देब-दानब चक्कर मारेंगे। तूत-तले तो सचमुच कोई है !"

"मुझे क्यों दोख देती है सेवियादी ? मैं खुद डर से मरी जा रही हूँ। देखो न··· !"

तूत-तले खड़े व्यक्ति ने टार्च जलाया।

"ए ! कौन भलामानुस है ? छौंड़ी सबकी आँख पर लैट मारकर चकचौंधी लगाता है ?"

एक लड़की ने दबी आवाज में कहा–"जरूर बाबू-टोली का कोई कलेजवा बाबू होगा।"

"मामा ने ठीक नाम रखा है, कलेजवा बाबू !"

तूत-तले खड़ा आदमी बोला–"इस झुण्ड में मलारी भी है ?"

"वही देखो !"

"कौन है ?" मलारी बोली।··· आवाज सुवंश की तो नहीं !

"मैं प्रेमकुमार दीवाना ! बात यह है कि···।"

"जो बात है सो दिन में नहीं हो सकती ?"

"तुम भी··· याने पढ़ी-लिखी होकर भी तुम थर्डक्लास गीत, महराय सुनने जाती हो ?"

"अकेले मैं ही पढ़ी-लिखी हूँ गाँव में ? आप लोगों के मारे अब···।"

सेविया दीदी ने कहा–"क्या कहता है सो सुन ले पहले। रात में रास्ता रोक के जब कहने आया है तो जरूर कोई जरूरी बात होगी।"

मलारी हनहनाती हुई, पगडण्डी पर बढ़ गयी–"कल ही मैं इन्साफ करवाती हूँ, पाँच पंच में। क्या समझ लिया है लोगों ने !"

दो कदम आगे बढ़कर, बगीचे से बाहर जाकर मलारी ने आवाज दी–"बप्पा-आ-आ-हो !··· बप्पा !"

सभी औरतें खिलखिलाकर हँस पड़ीं–प्रेमकुमार दीवाना तो तुरत अँधेरे में बिला गया–"ही-ही-ही ! हा-हा-हा ! नाम भी खूब रखा है अपना··· "

"परेमकु-मार दीमाना !"

"ए, मलारी-ई, घोड़पाड़ा भागा। चुप रह !"

"मँगनी सिंघ दीमाना रात-भर सपना देखेगा–आँख मारे !"

सुरपति की डायरी में कई पृष्ठों पर लाल रोशनाई से लिखी हुई पंक्तियाँ :

—आज परानपुर की पुरानी परती पर डेढ़ सौ पौधे रोपे गये पहली बार !··· अमलतास, जोजनगन्धा, गुलमुहर, छोटानागपुर ग्लोरी, सेमल, आसन। तरह-तरह के पौधे !

एक पृष्ठ पर कटी हुई पंक्तियाँ : आज पहली बार ताजमनी दी से बातें करने का सौभाग्य प्राप्त हुआ।

लिखा गया है : पवित्र सुन्दरता की प्रतिमा का मधुर मायामय स्वर सुना ! अन्तिम पृष्ठ पर रघ्घू रामायनी और सुन्दरि नैका गीत-कथा से सम्बन्धित बातें।··· ताजमनी दी को कितना धन्यवाद दूँ बहुमूल्य प्राप्ति के लिए !

लुत्तो हैरान है !···

···साला, क्या कहते हैं कि छोटे लोगों की बुद्धि भी छोटी ! उस दिन महावीरजी का धुजा छूकर कसम खायी सबने। और, रघ्घू बूढ़े ने सारंगी पर रिब-रिब-रें-रें किया कि सब जाकर हाजिर हो गये, बालबच्चा-सहित ! लुत्तो ने लक्ष्य किया है, जित्तन को एक बार नजदीक से देख लेने के बाद लोगों को न जाने क्या हो जाता है ! आज सुबह से ही वह गाँव में घूम-घूमकर सुन आया है—चुपचाप।··· अहा-हा, टूअर हो गये हैं जित्तन बाबू ! हाय-हाय, कैसा सुन्नर सरीर था, अब कैसा हो गये हैं !

लुत्तो मन-ही-मन कहता है—होगा क्या ! रोज, साला मुर्गी का अण्डा खाता है। मछली की मूड़ी चाभता है। ब्राण्डील भी ढालता होगा। तब न ऐश करता है तजमनियाँ का हवेली में बुलाकर ! साला···

गाँव की टोलियों में, खासकर सोलकन्हटोली में फिर से राजनीतिक लंगी लगाने की बात सोच रहा है लुत्तो—साला ! लाज-लिहाज धोकर पी गया। दिन-दहाड़े तजमनियाँ को हवेली में रखने लगा, अब तो !

··· सारे परानपुर के लोग हहाकर उसकी हवेली पर टूटते नहीं क्यों ? हवेली के चारों ओर लुत्तो की 'जन्ता' हाथ में लोहा-लक्कड़, ईंट-पत्थर, आसा-सोटा लेकर चिल्ला रही है। लुत्तो हुकुम देता है—पकड़ लाओ साले जित्तन को ! हम लाल दगनी से दागेगा।··· दागेगा !

"रे बँगटा ! अभी हवेलीवाला सिपाही पकड़कर पीठ दागेगा। भैंस कहाँ है तेरी ? परती पर बगिया लगाया है कि आफत है ! जल्दी दौड़ के जा, नहीं तो पीठ दागेगा ! लुत्तो की स्त्री अपने बँगटा को पुकारकर कह रही है, अबेर में।"

लुत्तो आज पहली बार दिन में सो गया, अलसाकर। कितना बढ़िया सपना था !

लुत्तो ने पुकारकर कहा—"ए, बिठैलीवाली ! तुम्हारी यह आदत बहुत बुरी है। पीठ दागेगा लबेज कहाँ से सीखी है ! कौन साला दाग सकता है ?··· रे बँगटा ! आज से तू भैंस खुल्ला रख। देखें तो कौन क्या कर लेता है !"

बिठैलीवाली आजकल अपने पति लुत्तो से दूर-दूर रहती है। छोटी-छोटी बात पर तमककर माँ-बाप लगाकर गाली देता है।··· कौन ठिकाना ! रोशनबिस्वाँ और गरुड़ झा के साथ नट्टिनटोली जाने लगा है। कल, दिन में पेट-दर्द का बहाना बनाकर रूठी सोयी पड़ी रही बैठलीवाली। लुत्तो पूछने भी न गया। रात में, आँखें तरेरकर कहा लुत्तो ने–"तुम क्या जानो कि मैं किसलिए नट्टिनटोली जाता हूँ ? राजनेति की बात तुम क्या जानो ! खबरदार ! मैं कहाँ जाता हूँ, नहीं जाता हूँ, क्या करता हूँ, यह सब पूछना है तो सीधे नैहर का रास्ता नापो !··· तुम्हारे मगज में भगवान ने उतनी बुद्धि नहीं दी है। हाँ-हाँ, चली जाओ ! बड़ा नैहर का गुमान दिखाती है, तो चली जा ! लेकिन, याद रखो, यदि किसी दिन हम मिनिस्टर हुए, और भाई-बाप को लेकर कभी आओगी तो हमारा चपरासी तुमको अन्दर आने ही नहीं देगा !"

बिठैलीवाली डर से चुप हो गयी।

लुत्तो को अब किसी पर विश्वास नहीं।··· बीरभद्दर भी सुथनी आदमी है ! किसी से कुछ नहीं होगा। लुत्तो अकेला ही सबकुछ करेगा। ग्राम-पंचायत का चुनाव सामने है। यदि यही हालत रही तो जित्तन मुखिया हो जायेगा, दिन-दहाड़े। नहीं, इस तरह काम नहीं चलेगा।···

"जै हिन्द !"

"कौन ? बालगोबिन ! आओ। मैं अभी तुम्हारे घर की ओर जा रहा था।··· क्या लीडरी करते हो जी ! अपनी जाति की औरतों पर भी तुम्हारा कोई परभाव नहीं। कोई परवाह ही नहीं करती है ? कोई भैलू नहीं तुम्हारा ?" एक साथ परभाव, परवाह और भैलूवाली बात न बालगोबिन के मुँह का थूक सुखा दिया। मुँह चटपटाकर वह बोला–"सब टोले का यही हाल है।"

"लेकिन, तुम्हारे टोले की मलारी तो जित्तन पर फिदा है। जित्तन पर ही क्यों, बाभन, रजपूत और भूमिहारटोली के लड़कों से जाकर पूछो। सबको लेटर पर लेटर लिखती है। उसको सँभालो पहले। प्रेमकुमार दीवानाजी से पूछो जरा···।"

बालगोबिन को लुत्तो की बात बुरी लगती है। कोई भी बात हो, औरतों पर बात फेंक देता है। पहले अपने टोले की लड़कियों को छान-पगहा लगावे। बालगोबिन बोला–"उसके बाप को कहिए !"

"तब कर चुके तुम लीडरी ! बाप की बात बड़ी या लीडर की ? बोलो ! जवाब दो, किसकी बात का ज्यादे पोजीशन है ? इसीलिए जब कुछ कहते हैं तो कहते हो कि लुत्तो बाबू कूट करते हैं हमेशा !"

बालगोबिन को कबूल करना पड़ा–लीडर की बात बड़ी !

हर टोले के लीडर को बुलाया है लुत्तो ने।··· अरजण्टी मिटिंग है।

केयटटोली का इंचार्ज गोधनलाल ने कुर्ता खोलकर उतारते हुए कहा–"ले लीजिए इंचारजी ! नहीं करेंगे इंचारजी !··· किसको समझावें ! बड़े-बूढ़े तो और भी बेवकूफी करते हैं। रात में रोकता रह गया कि मत जाओ कोई ! लेकिन···।"

"आज, अभी से सब रसोई-पानी बनाकर तैयार हैं। घर-घर। फिर जायेंगे सभी।" गंगोलाटोली का कार्यकर्ता बोला।

"सभी कहते हैं, नाच-तमाशा, गीत-भजन सुनने जाने में क्या हरज है !"

लुत्तो ने बीरभद्दर की ओर देखा—देखिए, कितना कठिन काम है सोलकन्ह लोगों का संगठन करना ! गैर-सोलकन्हटोली के तीन-चार व्यक्ति-विशेष निमन्त्रण पर उपस्थित हैं—अरजण्टी मिटिंग में। बीरभद्दर बाबू, रोशनबिस्वाँ, गरुड़धुज झा और प्रेमकुमार दीवाना ! दीवाना बोला—"जब तक सोलकन्ह-नाटक-मण्डली नहीं बनाते, लोगों को समझाना मुश्किल है।"

लुत्तो ने दीवाना की उलझाई बात को मानो सुलझाते हुए कहा—"सब कोई जरा गौर से सुनिए। बात यह है कि ग्राम-पंचायत का चुनाव होनेवाला है। बबुआनटोलीवाले तो हम लोगों से ज्यादा नहीं हैं, मैजरोटी में। ग्राम-पंचायत की मुखियागिरी, सोलकन्ह लोगों की रखी हुई है। यहाँ बबुआनटोली के भी कई बाबू बैठे हैं, किसी से छिपाकर नहीं कहता कोई बात। इनके मुँह पर कहता हूँ कि हम लोग अब इन लोगों को रास पकड़कर चलावेंगे।··· "

गरुड़धुज झा ने खैनी थूकते हुए, पत्थर का दाँत चमकाया—"बात तो ठीक कहते हो, लुत्तो बाबू ! लेकिन, मुखियागिरी करेंगे बबुआनटोलीवाले ही।"

"हरगिज नहीं।"

"तुम देख लेना ! रात में ही तो देखा, रघ्घू बूढ़े की सारंगी की बोली पर लोग इस तरह टूटे मानो परसाद बँट रहा है। दुश्मनी साधने के लिए आदमी सबकुछ कर सकता है। यदि वह थाना में पकड़कर चालान कर देता कि चोरी या डकैती किया है, तब मालूम होता गीत सुनने का मजा !"

"रघ्घू बूढ़े को बैकाट किया जाये पहले !" एक सोलकन्ह लीडर ने उत्तेजित होकर कहा—"सोलकन्ह होकर वह हमारी बन्दिश से बाहर कैसे जा सकता है ?" लुत्तो अपनी मिटिंग में किसी दूसरे को बोलने का मौका नहीं देना चाहता, कभी। लेकिन, गरुड़धुज झा को उसने कहा—"और जो कुछ बोलना है, बोल लीजिए आप पहले।"

"बोलना क्या है ! आज फिर देख लेना। दो घण्टे के बाद ही। ज्यों ही सारंगी कुँकवायी कि··· ।"

"हरगिज नहीं, हरगिज नहीं !" लुत्तो ताव में आ गया—"झाजी ! देख लीजिएगा आप भी आज रात, बीच चौबटिया पर खड़ा होकर। एक चेंगड़ा भी नहीं जायेगा।" लुत्तो ने अपनी सोलकन्ह समिति के सदस्यों की ओर मुड़कर कहा—"क्यों जी ! बोलते क्यों नहीं तुम लोग ?··· जायेगा एक चेंगड़ा भी ?"

समिति में सन्नाटा छा गया। तब, लुत्तो ने फिर समझाना शुरू किया—"सर्वे के समय इस संगठन का मीठा फल हम चख चुके हैं और चखनेवाले हैं। इस संगठन में जिन लोगों ने थोड़ा भी लामकाफ किया, कांग्रेस छोड़कर सोसलिस्ट में गये, मिली जमीन उन्हें ? देखा ?"

बालगोबिन ने कहा–"जरा हमको फुर्सत दीजिए सभी पंच। हमारे टोले में न जाने क्यों बड़ा जोरावर झगड़ा शुरू हुआ है। सुनिए··· !"

सभी ने कान लगाकर सुना–"हाँ। रैदासटोली में ही है यह झगड़ा !"

"मलारी की आवाज है !"

दीवाना ने कहा–"लड़की बरबाद हो गयी। थी खूब चान्सवाली, लेकिन !"

बालगोबिन की स्त्री, मलारी के पड़ोस की सुखनी मौसी के यहाँ कड़ाही माँगने गयी–"सुन्नरि नैका सुनने के लिए जाती हो क्या ? अब तो अपने टोले में ही सुन्नरि नैका की लीला होगी। देखना !"

बालगोबिन की स्त्री से चमारटोली की सभी औरतें डरती हैं। बिना गन्दी बात निकाले वह कुछ बोल ही नहीं सकती। सुखनी मौसी बोली–"लीला कहाँ होगी, तुम्हारे मचान के पास ?"

"मेरे मचान के पास क्यों ! तुम्हारे पड़ोस में ही होगी लीला। तुमको नहीं मालूम ? अरे ! बगल में ही चुह-चुहकर हिन्नूचा गरमागरम पीते हैं लोग। तुमको एक भी कुलफी नहीं मिली क्या ?"

सुखनी मौसी ने कुछ नहीं समझा। बालगोबिन की स्त्री अभी-अभी कामेसर की दुकान गयी थी, नून लाने के लिए। दुकान में गरमागरम चाह की बात चल रही थी,··· गरमागरम !

मलारी ने बालगोबिन की स्त्री की धारवाली बोली को परख लिया। वह मन-ही-मन कछमछाकर रह गयी। मलारी की माँ अब कैसे चुप रहे ! सुखनी मौसी के बगल में, पड़ोस में तो उसी की झोंपड़ी है ! "बगल में कौन चाह की दुकान है, यहाँ ? क्या बकती है ?"

कड़ाही लेकर सुखनी मौसी के आँगन से निकलती हुई बोली बालगोबिन की बहू–"खाली चाह नहीं, हिन्नूचा गरमागरम !"

मलारी की माँ को बालगोबिन की बहू की बात में मांस की गन्ध लगी, मानो। इस टोली में वही सबसे गयी-गुजरी है, क्या ? उसकी बेटी को कल ही पचास रुपये मिले हैं, मुसहरा के। बालगोबिन को जब कोई कांगरेसी बात समझ में नहीं आती है तो वह भी दौड़कर मलारी के पास आता है–कागज पढ़वाने। और उसकी बहू कमर में साड़ी लपेटकर झगड़ा का बहना ढूँढ़ती है ? आँगन से निकलकर बोली मलारी की माँ–"ए ! बालगोबिन नहीं है घर में क्या ?"

"नहीं है घर में। मिटिन में गया है।" बालगोबिन की स्त्री अपनी झोंपड़ी की ओर जाती हुई बोली–"मैं बकती हूँ तो अपनी मास्टरनी बेटी से कहो न, हाथ में बेंत लेकर आयेगी मारने !··· अब तो शहर की हवा खा आयी है।"

मलारी की माँ की समझ में नहीं आयी बात। बात का छोर पकड़ने के लिए उसने मलारी से कहा–"क्या है री मलरिया ? क्या कहती है बालगोबिन की बहू, जरा बूझ तो !" मलारी इंगलिश-टीचर खोलकर 'वह मेमना मेरा है' रट रही थी।

बोली—"मैया ! उस दिन मैं एक टैन से शहर अररिया-कोठ गयी थी। जीवन बीमा करवायी हूँ न ! सुवंश बाबू बीमा कम्पनी के एजेण्ट हैं। अररिया-कोठ अस्पताल की डॉक्टरनी से जाँच करवाकर तब जीवन बीमा होगा। इसलिए··· ।"

मलारी की माँ ने पूछा—"किसके साथ गयी थी ?"

मलारी का बाप महीचन दारू पीकर लौटा—"साला ! कलाली में हिन्नूचा गरमागरम सुनते-सुनते मिजाज गरम हो गया। कहाँ, मलारी की माँ ! कहाँ है मलारी ?"

मलारी का मुँह पीला पड़ गया ! अब, तीन दिन वह क्या पढ़ाने जा सकेगी ! हल्दी और चूना गरम करके तैयार रखे। मलारी थर-थर काँपने लगी।··· बप्पा का हाथ तो ढोल बजाया हुआ हाथ है।

मलारी की माँ, तब तक एक चाँटा जड़ चुकी थी मलारी के गाल पर—"मैं बूढ़ी हो गयी, लेकिन आज तक टीशन के बाजार पर भी बिना किसी को संग लिये नहीं गयी। और तू मास्टरनी होते ही उड़ने लगी ?··· बाप को जवाब दो जाकर !"

"कहाँ रमदेवा ? कहाँ है तुम्हारी माँ ? बुलाओ सभी को। इधर चोट पर लाओ, अभी।"

मलारी की माँ को हठात् अपनी बेटी पर दया उमड़ आयी; गला दाबकर बोली—"बोल, अब क्या जवाब देगी बाप को ?"

"क्या कहते हो मलारी की माँ को ? क्या हुआ ?"

"झोंपड़ी के अन्दर से पूछती है कि क्या हुआ ? बाहर निकल जरा, दोनों को अभी हिन्नूचा पिलाता हूँ, गरमागरम।"

मलारी की माँ झोंपड़ी से बाहर निकलकर बोली—"तुम बड़े अबूझ हो ! बे-बात की बात··· ।"

"बे-बात की बात ? लगाऊँगा अभी ऐसा लात कि··· !"

"धीरे-धीरे बोल नहीं सकते ?"

"क्यों गयी थी अररिया-कोठ ? पूछ, अपनी बेटी से। किसके हुकुम से गयी थी ? किसके साथ गयी थी, पूछ !"

"सरकारी काम से गयी थी। सरकारी नौकरी करती है, सरकारी हुकुम नहीं मानेगी ? गाँव के लोगों का कलेजा जलता है। बे-बात की बात नहीं बोलेंगे, तो कलेजा ठण्डा कैसे होगा ?"

बालगोबिन अरजण्टी मिटिंग छोड़कर दौड़ा आया है—"क्या है महीचन ? मलारी की माँ ! तुम लोगों के चलते मेरी मेम्बरी मारी जायेगी, देखता हूँ।"

महीचन ने, नशे में, मलारी की माँ की आँख के इशारे का कोई मतलब नहीं समझा। मलारी की माँ चुप रहने को कह रही थी। लेकिन, महीचन ने चिल्लाना शुरू किया—"ए बालगोबिन, बड़ा जात का लीडर बने हो ! दूसरी जात के लोग इज्जत खराब कर रहे हैं।"

"दूसरी जाति के लोगों को दोख मत दो ! बालगोबिन आज साफ-साफ कह देगा—कहाँ है मलारी ? सामने आकर सवाल का जवाब दो !"

टोले के लोग महीचन के आँगन में आकर जमा होने लगे। बजाप्ता पंचायत बैठ गयी तुरत।... हाँ, हाँ, मार-पीट, हल्ला-गुल्ला नहीं। जब मजारी अपने माँ-बाप के कस-कब्जा में नहीं, तो जात की पंचायत को अब सोचना चाहिए उसके बारे में ! महीचन बेचारे का क्या दोख ? उसने तो साफ कह दिया कि उसकी बेटी अब उसकी बात में नहीं ! पंचायत का सरदार झल्लू मोची है। लेकिन वह क्या बोले, बालगोबिन के सामने ! उसने बालगोबिन पर बात फेंक दी–"कंगरेसी झमेला है, यह तुम्ही बूझो।"

बालगोबिन ने एक ही साथ कई सवाल किया–"पहला सवाल यह है कि मलारी क्यों गयी अररिया-कोठ, अकेली ? दूसरी बात, गयी तो गयी–सुवंशलाल के साथ क्यों गयी ? हिन्नूचा गरमागरम क्यों पी ? दो जवाब !"

मलारी की माँ ने अपनी बेटी की ओर देखा। मलारी बहुत देर से चुपचाप खड़ी, लोगों की बात सुन रही थी। ओसारे से नीचे आँगन में गयी। पंचायत के सामने खड़ी हो गयी। क्यों डरे वह ?–"मैंने जीवन-बीमा करवाया है। सुवंश बाबू बीमा कम्पनी के एजेण्ट हैं। अररिया-कोठ की डाक्टरनी के यहाँ तन्दुरुस्ती की जाँच कराने गयी थी। सुवंश बाबू ने मेरा जीवन बीमा किया है...।"

"क्या-क्या बोल रही है, तुम्हीं बूझो बालगोबिन ! जौबन बीमा की तन्दुरसती क्या है ?"

"हाँ-हाँ, पहले बोलने दो क्या-क्या जवाब देती है।"

"सुनोगे और क्या ? हम लोग पढ़े-लिखे नहीं हैं तो क्या एकदम जानवर हैं ? इतनी-सी बात नहीं बूझेंगे ? साफ-साफ कह रही है कि सुवंशलाल ने उसका बीमा उठा लिया है जैसे तजमनियाँ का बीमा जित्तन...।"

"चुप रहो ! सभी कोई लीडरी मत करो। सवाल उससे किया है, जवाब देते हो तुम लोग।... अच्छी बात। तुमने सुवंशलाल को जिनगी का बीमा क्यों दिया ? इस बात का जवाब दो।"

"पहले, अपने सभापति से जाकर जीवन बीमा का मतलब समझ आओ। सुवंशलाल ने गाँव में बहुत लोगों का बीमा किया है। स्कूल की सभी मास्टरनी ने जीवन बीमा करवाया है।" मलारी ने झिड़की दी।

बालगोबिन के कान लाल हो गये–"सुनते हो जी महीचन ! पंच लोग ! सुन रहे हो न सब ? औरत-मर्द, बाल-बच्चे सभी हैं। कैसी बोली बोल रही है मलारी !"

"क्या बोल रही हूँ ! जीवन बीमा...।"

"रखो, जीवन बीमा ! हमको भी मालूम है कि जीवन बीमा क्या होता है। जब हर जात के अलग-अलग लीडर होते हैं तो अपनी जाति का एजण्ट भी कहीं-न-कहीं होगा, जरूर ?... परजात से जीवन बीमा करवायी है और बढ़-बढ़कर बोलती है ?"

"और, एक सवाल का जवाब तो दिया ही नहीं। हिन्नूचा गरमागरमवाला सवाल !" एक नौजवान चमार ने कहा।

मलारी बोली–"चाय तो दारू नहीं ?"

बालगोबिन ने कहा–"चाय पीने में कोई हरज नहीं है। मगर, सुवंशलाल ने इसके हाथ का छुआ चाय क्यों पिया, सवाल यह है !"

"सुवंश बाबू जात-धरम नहीं मानते। गाँव में बहुत-से लोग हैं जो छुआछूत नहीं मानते।"

"साफ-साफ क्यों नहीं कहती कि चिकनी-चुरमुनी चमारिन छौंड़ी के हाथ का छुआ खाने को सभी ललचते हैं !" बालगोबिन की स्त्री की बात कभी भोथरी नहीं निकलती ! औरतों ने अपनी मण्डली में टीका-टिपकारी शुरू की तो मलारी की माँ से चुप नहीं रहा गया। बोली–"जात-धरम की बात पीछे करना। पहले यह फैसला करो कि मलारी सरकारी नौकरी करे या नहीं ? जात से फाजिल पढ़कर हमारी बेटी ने मास्टरी पास किया है। परजातवालों की छाती जलती है। तरह-तरह की बात उड़ावेंगे वे !"

"और दीवानाजी ने रात में रास्ता रोककर दिल्लगी किया है। सो भी सरकारी दिल्लगी है क्या ?" बालगोबिन ने दाँत कटकटाकर बात गड़ायी।

"लुत्तो बाबू कह रहे थे कि लेटरबक्कस में सबके नाम चिट्‌ठी डालती है। ऐसे में सरकारी नौकरी नहीं रहेगी, सो जान लो ! हाँ !"

जातिवालों ने एक स्वर से कहा–"मलारी की माँ जोर बात बोलती है।"

मलारी की माँ अब सचमुच में जोर-जोर से बोलने लगी–"मेरी बेटी पर अकलंग लगाने के पहले अपना-अपना मुँह देख लो ! क्योंकि, बात जब उकट रहे हो तो मैं भी जानती हूँ उकटना !··· पहले बालगोबिन यह जवाब दे कि जब बालगोबिन घर में नहीं रहता है तो लुत्तो आकर उसके आँगन में, कभी झोंपड़ी के अन्दर, घण्टा-पर-घण्टा क्यों बैठा रहता है ? उस समय जब कोई उसके आँगन में जाता है तो उसकी बहू क्यों झगड़ा करने पर उतारू हो जाती है ? और···।"

"ए, ए ! मलारी की माँ। चुप रहो। चुप रहती है या लगाऊँ लात ?" महीचन ने नशे में झूमते हुए कहा–"कहाँ रमदेवा ?"

··· कुँहुँ-ऊँ ! हवेली की ओर से सारंगी की आवाज आयी ! मलारी का ध्यान भंग हुआ। वह झोंपड़ी के अन्दर जाने लगी। बालगोबिन ने मलारी को रोका–"सुन लो मलारी ! सभी औरत-मर्द, बूढ़े-बच्चे–सुन लें। आज हवेली में नैका की कथा सुनने कोई नहीं जायेगा। सुन लो ! मिटिंग में पास हुआ है, अभी !"

मलारी झोंपड़ी के अन्दर चली गयी। मिटिंग में पास हुई बात सुनकर सभी सोच में पड़ गये।··· यह क्यों पास हुआ रे दैव। बालगोबिन ने समझाने के लिए भूमिका तैयार की। मलारी झोंपड़ी से बाहर निकली–हाथ में डण्डा लेकर। उसने साड़ी के खूँट को कमर में बाँध लिया था। बाहर आकर बोली–"गाँव में अठारह पार्टी हैं और रोज अठारह किसिम का प्रस्ताव पास होता है। हमारे स्कूल में भी प्रस्ताव पास हुआ है। आज हेडमिस्ट्रेस ने नोटिस दिया है, गर्लगाइड की लड़कियाँ, रात में, हवेली में तैनात रहेंगी। मैं कैसे न जाऊँ ? वही सुनो, सीटी बजा रही

है। मेरी ड्यूटी है !"

–टु-टु-टू-ऊ-ऊ !

मलारी ने कमर में खोंसी सीटी निकालकर जवाब दिया–टु-टु-टू-ऊ-ऊ ! रैदासटोली के नर-नारियों ने हाथ में लाठी लेकर सीटी फूँकते देखा मलारी को तो उन्हें दुलारीदाय की याद आ गयी।··· चेहरे की तमतमाहट देखते हो ? मुँह कैसा बदल गया !

मलारी ने आँगन से निकलने के पहले कहा–"रात में गाँव के कुछ बाबुओं ने हर टोले में कुछ हरकत की है। आज गर्लगाइड की ड्यूटी रहेगी। न झगड़ा, न हल्ला-गुल्ला और न रास्ते में भूत का डर !" बालगोबिन अवाक् होकर देखता रहा ! उसकी स्त्री ने उठते हुए कहा–"सीट्टीबाजी सुन लिया न, सबने अपने-अपने कान से ?··· मैं कहती थी न, कोई सीटी बजाता है रोज।··· जौबन बीमावाली जो-जो न सुनावे !"

मलारी की माँ अपनी बेटी को अकेले कैसे जाने देगी ! वह भी चल देती है।

"··· ओ-ओ-मानुस-छोरी मोहनियाँ-आँ-आँ पीरीतियो जनि तोड़े-ए-ए !" रघ्घू रामायनी के गीत की कड़ी मँडराने लगी। टूटी, अधूरी, पूरी कड़ी–··· मोहनियाँ ! पीरीतियो··· !

बालगोबिन ने देखा, उसकी बहू भी जाने को तैयार है। कह रही है, "जो कानून पास होगा, सभी के लिए। नहीं तो, किसी के लिए भी नहीं। दो जनि जा रही हैं तो हम लोग क्यों नहीं जायें !"

बालगोबिन ने कहा–"इस तरह सीट्टीबाजी करने से नौकरी नहीं रहेगी। सुन लो महीचन ! गाँव की बन्दिश, जाति की बन्दिश पहले तुम्हारे घर से ही टूट रही है।"··· महीचन का कुत्ता अचानक भूँकने लगता है।

रात में सोलकन्ह टोले की हर टोली में, सीटी की आवाज सुनकर ड्यूटी पर दौड़नेवाली लड़कियों ने जाति की बन्दिश को तोड़ा। केयटटोली, गंगोलाटोली और खवासटोली की लड़कियों का नाम दर्ज कर लिया है, लुत्तो ने ! लुत्तो गर्ल-स्कूल की मास्टरनियों को भी राजनीतिक लंगी लगायेगा क्या ?

छित्तन बाबू के गुहाल में कभी इतना मवेशी भी नहीं जमा हुआ होगा। आज सर्वे-कचहरी में ज्यादा भीड़ है। दुलारीदाय जमावाली नत्थी में जित्तन बाबू बयान देने आ रहे हैं। तीन कुण्ड का दावेदार समसुद्दीन मियाँ खरैहिया के जमील बाबू मुख्तार से मिसिल बनवाकर ले आया है। दो कुण्ड पर केयटटोली के सुचितलाल ने दावा किया है। नकबजना सुचितलाल !··· सारे परानपुर में पाँच सुचितलाल हैं। केयटटोली का नकबजना सुचितलाल अपने को सौ कानूनची का एक कानूनची

समझता है। लल्लू बाबू या अनिल बाबू वकीलों से क्या पूछने जायेगा, वह ! उसने जिरह करने के लिए ऐसा-ऐसा चुनिन्दा सवाल–"सँमझें ! ऐंसाँ चुनिन्दाँ जिरँह।" आज कचहरी की भीड़ में रह-रहकर सुचितलाल की पतली आवाज कूक उठती है। पान की दुकान पर, चायवाले के मचान पर–हर जगह, हर किस्म के लोगों से सुचितलाल अपनी कानूनी बुद्धि की बात सुनाता है–"अँभीं देख लींजियेंगाँ !

"आ गया ! जैण्टुलमैन साहब आ गया !" गरुड़धुज झा ने चाय की दुकान पर बैठे लोगों की ओर देखकर कहा–"आज तो जमीनवालों से तमाशबीनों की ही जमात बड़ी है !"

रोशनबिस्वाँ ने जीभ से ओठ चाटते हुए कहा– "देखो-देखो लुत्तो, गिरगिट को, कचहरी में एकदम सुदेशी डिजैन में आया है, धोती, कुर्ता, चादर पहन-ओढ़कर।"

लुत्तो ने कहा–"टहलने के समय जो ट्रेटमार्क पोशाक पहनकर निकलता है, उसमें आता तो आज कचहरी में मजा आ जाता !"

पेड़ों के नीचे बैठे लोग उठकर कचहरी-घर की ओर जाने लगे–जित्तन बाबू आ गये ! मीर समसुद्दीन और सुचितलाल ने माचिस की एक ही काठी में बीड़ी सुलगाकर बारी-बारी से धुआँ फेंका–"सुचितलाल मड़र ! पेशकार को पान-सुपाड़ी खाने के लिए कुछ देकर, पहले तुम अपनी नत्थी ही ऊपर करवाओ।"

सुचितलाल पुराना कचहरिया नहीं, लेकिन पुराने मुकदमाबाजों और मामलातगीरों के साथ वह रह चुका है। उसकी बोली महीन है तो क्या हुआ ? गरुड़धुज झा भी तो लम्बा है। रोशनबिस्वाँ काला है। सुचितलाल आज कचहरी में तमाशा लगा देगा। देखने-सुननेवाले भी याद रखेंगे कि गाँव में कभी सर्वे की कचहरी लगी थी। उसने इशारे से मीर समसुद्दीन को कहा–वह काम हो चुका है। पतली आवाज को मद्धिम करने पर भी उसकी बोली गनगनायी–"तँमाँशाँ लँगाँ देंगें। जराँ फुँकाँर तों होंने दींजियें।" गरुड़धुज झा ने हँसते हुए दूर से बात फेंकी–"अरे सुचितलाल मड़र, भोज में कुण्ड की मछली एक मन ऊपर करवाओगे तो ?"

"अँकबाँल आँप लोंगों काँ। साँलाँ एँक मँन क्याँ, एँकदँम फिरिं ईं-ईं। जिंतनीं मंछलीं चाहें···।"

"कहाँ-आ-आ-रूदल साह बनियाँ-आँ-आँ ! रूदल साह बनियाँ, हा-जि-र-हैय !"

"हाजिर है, हाजिर है। जरा सबुर करिये, लघुसंका करने गया है।"

"कहाँ सुचितलाल मड़र दाबेदार, जितेन्दरनाथ···।"

वटवृक्ष के नीचे, पीपल के पेड़ों के पास जमी हुई चौकड़ियाँ टूटीं। लोग बिखरे। कचहरी-घर की ओर चले।

आज हाकिम का रुख एकदम बदला हुआ है !

"चपरासी ! बेकार लोगों को अन्दर से निकालो। मछलीहट्टा बना देता है।" हाकिम साहब का दम घुट रहा है, मानो। रह-रहकर जित्तन बाबू की ओर नजर

फेंककर देख लेते हैं, हाकिम साहब।

पेशकार साहब कागज पर लिखते हुए पूछ रहे हैं–"नाम ? बाप का नाम ? उम्र ?"

कचहरी-घर शान्त है।

लुत्तो फिसफिसाकर समसुद्दीन के कान में कुछ कह रहा है। भिम्मल मामा चुपचाप खड़े हैं। मुंशी जलधारीलाल दास, बस्ता के कागजों को निकालकर छाँट रहा है। जित्तन बाबू के ओंठों पर फैली मुस्कराहट न घटती है, न बढ़ती है। हाकिम साहब बार-बार नजर फेंककर देख लेते हैं, जितेन्द्रनाथ मिश्र को।··· इस आदमी को कहीं देखा है ? कहाँ ?··· कहीं देखा जरूर है। ओ ! प्रोफेसर हालदार के बँगले पर ! पटना में।··· ठीक !

हाकिम ने मामले की सुनवायी शुरू की–"दुलारीदाय के पाँच जलकरों में से तीन पर मीर समसुद्दीन का दावा है। और बाकी दो पर ?"

"हँजूँर-मेंरॉं-आँ-आँ !" सुचितलाल की बोली कचहरी-घर में गनगना उठी।

"क्या नाम है तुम्हारा ?"

"हँजूँर, बाँबूँ सुँचिंत्तँर लॉंल भँड़ँर ! पेंसँर बाँबूँ बिंचित्तँर···।"

लगता है, सुचितलाल की बोली कण्ठ के बदले नाक से निकल रही है। बबुआनटोली के लड़के जापानी-पोंपी कहते हैं उसको। अमीन साहब ने पर्चे पर लिखा है–सुचितलाल मड़र। ब्रेकेट में–पोंपी।··· पाँच-सात सुचितलाल हैं गाँव में।

"तुम्हारा एक नाम पोंपी भी है ?" हाकिम ने पूछा।

"जीं नँहीं !··· हँजूँर उँसमें पोंपी लिंखाँ हुआ हैं ? एं ?"

भीड़ में से किसी ने कहा–"अब क्या ! अब तो नाम सर्वे के पाँच-पाँच रेक्ट में दर्ज हो गया। अब तो पोंपी ही···।"

हाकिम ने जित्तन बाबू से पूछा–पाँचों जलकरों के मामले को एक साथ टेकअप करें ?"

जित्तन बाबू ने गर्दन हिलाकर सम्मति दी।

सुचितलाल मड़र को भारी धक्का लगा है।··· पोंपी नाम सर्वे के रिकाट में चढ़ गया ? जरूर यह काम मुंशी जलधारी ने करवाया है। सुचितलाल बार-बार जलधारीलाल दास को देखता है। जलधारीलाल दास की मुस्कराहट ! निर्विकार मुस्कराहट ! जिसका अर्थ सुचितलाल ने ठीक लगाया–कलम की मार है, पोंपी !··· लुत्तो के कान में मीर समसुद्दीन कहता है–"लुत्तो बाबू ! मामला बड़ा गड़बड़ लौक रहा है। हाकिम इतना मोलायमियत से क्यों बतिया रहे हैं जित्तन से ?"

"आपका बयान !··· लिखकर दीजिएगा ?"

"नहीं महोदय ! मुझे विशेष कुछ नहीं अर्ज करना है।"

जितेन्द्रनाथ ने बयान शुरू किया–"दुलारीदाय के पाँचों कुण्डों के अलग-अलग कागज हैं।··· पहले, बाबू सुचितलाल मड़र ने जिन कुण्डों पर तनाजा दिया है, मैं उन्हीं के बारे में बताऊँ। राज पारबंगा के मालिक ने किसी यज्ञ के उपलक्ष में

मेरे पितामह को दान में दिया था। इन दोनों कुण्डों में, मेरे पितामह ने लगातार दो महीने तक सहस्रों कमल की पंखुडियों पर रक्त-चन्दन से नवग्रह शान्ति-यन्त्र लिखकर प्रवाहित किया था। महाराजा पारवंगा ने दक्षिणा में दोनों कुण्ड दे दिये। कागज पेश कर दिया गया है। और मेरे पिता ने इन दोनों कुण्डों का पट्टा कबूलियत मोसाम्मत राजमनी के नाम बना दिया। इन दोनों कुण्डों की मालकिन मोसम्मात राजमनी की बेटी ताजमनी है।"

"हँजूँर ! हँमाँरी अँरजीं सुँनिएँ। सँब खिलाँफ बाँत··· !"

जित्तन बाबू रुक गये। हाकिम ने सुचितलाल मड़र को समझाया—"देखो जी, सुचितलाल मड़र ! आज की तारीख सिर्फ जितेन्द्रनाथ के बयान के लिए रखी गयी है। तुम लोगों को जो कहना था, लिखकर दे चुके हो। बयान भी हो चुके हैं। फिर··· "

"हँजूँर ! एँक जिँरह कँरने दीजिएँ।··· हँजूँर जिंरह कँरने दियाँ जाँये।"

जित्तन बाबू ने कहा—"सुचितलाल मड़र को जिरह करने का मौका दिया जाये !"

"मैं पहले आपका बयान ले लूँगा, इसके बाद जिरह।"

"हँजूँर ! बँस ऐंक सँवाल शुँरू में··· ।"

"पूछो, क्या पूछना है ?"

सुचितलाल मड़र ने कठघरे में खड़े जितेन्द्रनाथ की ओर मुखातिब होकर पूछा—"ताँजमँनीं आँपकीं कौंन लँगतीं हैं—एँ ?"

"ताजमनी की माँ के नाम रैयती हक लिखा है, इसलिए उसकी बेटी हमारी रैयत··· ।"

"रैंयत वाँलाँ-आँ रिंश्ताँ नँहीं-ईं-ईं !"

बड़ा कसकर पकड़ा है नकबजना सुचितलाल ने ! मुँह पर हवाई उड़ने लगी जितेन्द्रनाथ की। वाह रे, सुचितलाल मड़र ! एक ही सवाल में पोंपी बन्द कर दिया जित्तन का ! लुत्तो और रोशनबिस्वाँ की मुस्कराती हुई आँखें मिलीं। बिस्वाँ ने जीभ से बार-बार ओठ चाटे।

"बीरभद्दर बाबू कचहरी नहीं आये हैं। नहीं तो, देखते आज !"

हाकिम साहब कागजों में उलझे हैं—"मुसम्मात राजमनी गन्ध-र-गन्धर्व ?"

"जी हाँ !"

लुत्तो ने मुस्कराते हुए कहा, हाकिम से—"हुजूर ! गन्धरव-उन्धरव कुछ नहीं, राजमनी नट्टिन को हम लोग जानते हैं।"

जितेन्द्रनाथ की मुस्कराहट कायम रही, ओठों पर—"ताजमनी मेरी रक्षिता है।"

"और राजमनी ?"

"मेरे पिताजी के गुरुभाई की रक्षिता थी।"

"ऐं ? क्या ? क्या कहा जित्तन ने ? रच्छिता का क्या मतलब ? रक्षिता माने रखेली ?"

"आँपने ताँजमँनी काँ नँथियाँ उँताराँ थाँ-आँ-आँ ?"

"हाँ-आँ ! तीसरा सवाल हाकिम को लिखा दीजिए।"

सुचितलाल मड़र अचरज से मुँह फाड़कर देखता है, देखता ही जाता है।··· उसने बस इसी नोक्स के भरोसे दोनों कुण्डों पर दावा किया था। जित्तन को ताजमनी के बारे में, बस एक ही सवाल पूछकर चुप कर देगा। बोली ही बन्द हो जायेगी जित्तन की। जवाब क्या देगा ? सो, दाल-भात की तरह कबूल कर लिया जित्तन ने ! अब वह क्या पूछेगा ?

जित्तन बाबू ने कहा–"बाकी तीन कुण्ड हमारे कब्जे में हैं। गीतवास कोठी की मालकिन ने मेरे अन्नप्राशन में मुँहदिखाई दी थी–तीन जलकर, एक फलकर, एक बाँसबन, एक गोचर।"

"कोठी की मालकिन आपकी कौन··· ?" इस बार लुत्तो ने पूछा। अब समसुद्दीन के मामले की ओर बात आ रही है, लुत्तो को पूछने का हक है। वह पैरवीकार है··· !

"वह मेरी माँ थी !"

हाकिम ने चौंककर देखा–"माँ ? कैसी माँ ?"

"महोदय ! श्रीत्रिय मैथिल ब्राह्मणों में बहु-विवाह की प्रथा थी। मेरे पितामह की पन्द्रह उप-पत्नियाँ थीं। पिताजी ने सिर्फ दो··· ।"

"मिसेस रोज़उड आपकी सौतेली माँ थीं ?"

"हाँ ! श्रीमती गीता मिश्रा।"

"नहीं हुजूर ! वह मेम रखेलिन थी।"

जितेन्द्रनाथ के मुखड़े पर मानो किसी ने अबीर मल दिया। आँखों के लाल डोरे स्पष्ट हो गये। किन्तु, मुस्कराहट बनी रही ओठों पर। हाकिम की ओर देखकर बोले–"पेश किये गये कागजों में विवाह-पत्र भी है। दोनों के हस्ताक्षर से स्वीकृत दलील !··· "

हाकिम ने कल ही रख दी फैसले की तारीख।··· सभी मुकदमों की आखिरी तारीख !

आज की सुबह का सूरज जरा देर करके उगा, शायद !··· गाँव के लोग, तीन बजे रात से ही उठकर प्रतीक्षा करते रहे। आज सर्वे-कचहरी में फैसला सुनाया जायेगा !

सुचितलाल के लड़के ने बहुत रोका। लेकिन, नाक की नोक पर आयी छींक भला रुके–आँछी ईं !

"बँड़ाँ हँड़ाशंख हैं साँलां !" सुचितलाल ने अपने हड़ाशंख और अभागे लड़के की ठीक नाक पर थप्पड़ मारा। लड़का चीख-चीखकर रोने लगा और सुचितलाल की घरवाली आँगन से दौड़ती आयी–"हाय रे दैव ! बेटा को तो मारकर बेदम कर दिया। हैत्तेर हाथ में··· मारने की और कोई जगह नहीं मिली देह में ? नाक में मारकर मेरे बेटे को भी नकबजना बनाना चाहता है ?"

"खँबंरदाँर !"

"तूँहूँ खबरदाँर !"

दही, मछली देखकर, शुभ-लाभ के नेम-टेम करके, जै-गनेश करके घर से निकले हैं लोग। और, सुचितलाल का घर ठीक रास्ता के किनारे है ! सुचितलाल अपनी डेरावाली को धमकी दे रहा है, कचहरी से लौटकर बाप का बिहा आँख से दिखायेगा दोनों को। लड़का धरती पर लोट-लोटकर चिल्ला रहा है।

"अपने साथ गाँव-भर के लोगों की यात्रा खराब कर रहा है, सुचितलाल। ऐसा जानता तो इस रास्ते से क्यों आता ?"

"क्या कहावत है, कर-कर, कट-कट बाँस'क बानि, धरती लोटाय जौं बुतरू कानि। कहे घाघ सब कारज फूसि··· ।"

"क्यों सुचितलाल, झगड़ा-लड़ाई करने के लिए आज का ही दिन था ?"

"बड़ा मड़र मुखिया बनते हो और औरत पर कण्टरौल करना नहीं जानते !"

"अँरें-चँलों-चँलों। तुँम्हाँरीं घँरवाँलीं कों भीं जाँनताँ हूँ··· ।"

"चलो भाई, जापानी हरमुनियाँ-पोपी को बजने दो।"

"तीनों··· चारों परानी बोल रहे हैं।··· साली, बकरी भी उसकी अभी ही मेंमिया रही है।"

"हरमुनियाँ के भाथी में हवा दे रही है, उसकी जोरू और बेटा पटरियों पर अँगुली टीप रहा है, हरमुनियाँ चुप कैसे हो ?"

"हा-हा-हा-हा ! चलो, पेट भर हँस लिया, सब दोख कट गया।"

"चलो, चलो ! राय सुनने चलो, आज ही तो देखना है कि ऊँट किस करवट··· !"

··· टिड़िंग-टिड़िंग ! गरुड़धुज झा सायकिल की घण्टी बजाता हुआ आगे बढ़ गया। साथ में रोशनबिस्वाँ भी है–टिड़िंग-टिड़िंग !

"यात्रा पर महाजन का मुँह देख लो, सब काम पक्का !" गरुड़धुज झा ने बात फेंकी।

बस, अब तीन-चार दिन का मेला है। सब चलाचली की बेला है। फारबिसगंज शहर से आये हुए चाय और पानवाले अपने नौकरों को हिदायत दे रहे हैं–"बकाया हिसाब की बही सामने रख देना !··· चाय माँगे तो पहले मेरी ओर देखना। कुछ लोगों की नीयत अच्छी नहीं। रोशनबिस्वाँ को कल हिसाब देखने दिया तो गुम हो गया। फिर, बाद में बोला–गरुड़ झा से पूछेंगे।··· पैंतीस रुपैया पानी में गया समझो !"

चपरासीजी आज जयहिन्द लेते-लेते परीशान हो गये हैं; पान खाते-खाते ओठ काले पड़ गये हैं। हाकिम के मन की बात थोड़ी चपरासी भी जानता होगा ! उसके मुँह पर ही लोग तारीफ कर रहे हैं–"बड़ा भला आदमी है चपरासीजी। वैसे तो बहुत-से चपरासी आये। लेकिन, सुभाव ? इतना अच्छा किसी चपरासी का

नहीं।··· भला-बुरा तो हर जगह होता है।"

पेशकार साहब निकले।

पेशकार साहब परानपुर के सभी टोलों के लोगों को पहचानते हैं, अलग-अलग, नाम-बनाम। आदमी को चराकर खाने का पेशा किया है। आदमी को नहीं पहचानेंगे पेशकार साहब ! बरामदे पर खड़े लोगों को झिड़की देते हैं–"भीड़ क्यों लगा रहे हो, अभी से ?"

"तो, इसका मतलब हुआ कि हाकिम आज देर से कचहरी में आयेंगे। मुंशी जलधारीलाल दास आज रेशमी कुरता पहनकर आया है। रामपखारन सिंघ ने पुरानी पगड़ी पर नया रंग चढ़ाया है।"

"अच्छा ! और लोगों को जमीन मिलेगी; खुशी से नाचेंगे। नहीं मिलेगी तो रोयेंगे। लेकिन मुंशीजी और सिंघ को क्या मिलेगा ? तिस पर भी देखो, पित्तपानी एक कर लगे रहे सर्वे में दोनों। जरा भी हिले नहीं।"

"सर्वे ने गरुड़धुज झा का दिन फेर दिया।"

"वाह, वाह रे सर्वे का जमाना ! अररिया-कोठ के बदले गाँव में ही छित्तन बाबू के गुहाल में तीन साल तक लोगों ने कचहरी का मजा लूट लिया। बिना हाकिमी पास किये ही गरुड़ झा को हाकिमों से ज्यादा कमाते देख लिया।"

"छित्तन बाबू भी मौज में रहे। पुराने गुहाल का भाड़ा एक सौ रुपैया के दर से, छत्तीस महीने का भाड़ा जोड़ लो।"

"उसमें भी आधा गरुड़धुज झा का। सौदा उसी ने पटा दिया था न !"

"मुझे तो मालूम हुआ है कि सरकार से हाकिम लोग तीन सौ रुपैया फी-महीना भाड़ा वसूलते हैं !" एक आदमी ने मद्धिम आवाज में कहा।

"उसमें भी गरुड़धुज झा का आधा !"

तीन साल के छत्तीस महीने से, पुरइन के पातों पर पानी की बूँदों-जैसे ढुलकते आदमी के विश्वास !

अमीनों का पहला जत्था जिस दिन आया, लोगों के दिलों की धड़कन उसी दिन अस्वाभाविक हुई।··· और, आज तो दो घण्टे पहाड़ हो रहे हैं। कलेजा जूट मिल की तरह धड़कता है।

"सिंगेसर को देखो ! मैंने मार्क करके देखा है, बीस बार उसने··· वाटरमेक किया है, उस पेड़ के पास बैठकर !" अर्जुनलाल ने कहा। तेतरटोली का एकलौता मैट्रिक-पास अर्जुनलाल के जैसा अंग्रेजी गाँव में कोई नहीं बोलता। लुत्तो को रोज एक घण्टा अंग्रेजी पढ़ाता है। तीन हिस्सा अंग्रेजी और एक हिस्सा गाँव की बोली मिलाकर बोलता है, वह। भिम्मलीय नाम–ओरिजनल। ओरिजनल कहता है–"इतना टाइम कैसे किल किया जाये ? प्लेइंग कार्ड नहीं लाया है कोई ? दो गेम··· !"

खवासटोले के टेटन बूढ़े को क्या हो गया है ? लोगों की भीड़ के पास जाकर, बारी-बारी से सबको हाथ जोड़कर पाँवलागी कर रहा है। दो शब्द बोलते-बोलते

आँखों में आँसू झरने लगते हैं। अजीब आदमी है, यह टेटन !

"ए टेटन ! कहाँ से सुन आये तुम अपनी राय ? कचहरी तो अभी बैठी भी नहीं है, रो क्यों रहे हो ?"

टेटन बूढ़ा आँसू पोंछकर कहता है–"यों ही। विचार हुआ कि सबसे हिल-मिलकर पाँवलागी कर लिया जाये। कहा-सुना माफ... !"

"तुम कोई तीरथ करने जा रहे हो ?"

"नहीं, यों ही मन में हुआ कि जरा...।"

लुत्तो कड़ककर कहता है–"ऐ टेटन ! सट्टप ! काहे रोते हो ?"

इन्हीं लोगों के चलते लुत्तो को खवासटोली में रहने का मन नहीं करता। जाकर, सभी जात के लोगों को पाँवलागी कर रहा था ! पागल !

टेटन का बेटा भेटन बोला, समझाकर–"मत कहिए कुछ ! जब से हवेली से गीत सुनकर आया है, इसकी मति-गति एकदम बदल गयी है।"

"लो, मजा !"

"जयदेव बाबू भी आये हैं ? मकबूल भी ?"

इस सर्वे में सोशलिस्ट पार्टीवाले मात खा गये।... प्रस्ताव पास कर दिया कि पाँच सौ एकड़ तक जमीनवाले किसानों की जमीन पर किसी किस्म का दावा नहीं किया जाये। गाँव में पाँच सौ एकड़वाले किसान बबुआनटोली में भी इने-गिने ही हैं। सो, हलवाहा-चरवाह भी बहुत मुश्किल से रख सके हैं, जयदेव बाबू। कुल पन्द्रह मेम्बरों में पाँच रामनिहोरा के साथ निकले या निकाले गये। बाकी दस मेम्बरों के घरवालों ने एक दूसरे मेम्बर की जमीन पर तनाजे दिये हैं, दावे किये हैं।... पार्टी में घरेलू झगड़ा होने लगे तो हुआ ! जयदेव बाबू हमेशा खुश रहते हैं, लेकिन।

"एमेले-टिकट के लिए लैनकिलियर हो गया जयदेव बाबू का। बेखटक टिकट मिल जायेगा पाटी का ! रामनिहोरा को निकालकर निष्कण्टक हो गये।"

"कहाँ-आँ-आँ बरकत मियाँ ! जितेन्द्रनाथ मिसरा जमींदार हा-आ-आ-जिर है-य !"

"लो, पहले मुसलमानटोली से ही शुरू किया ?"

"बिसमिल्लाह !"

"कितनी जमीन पर दावा किया था ?"

"पाँच एकड़, तीन डिसमिल।"

"जाओ ! जमीन तुमको हुई।"

"या अल्ला ! या अल्ला..."

चपरासी ने बरकत मियाँ को बाहर करते हुए कहा–"अल्ला-खुदा मसजिद में जाकर करो। भीड़ मत लगाओ !"

"चपरासी ! पुकारो, मुसम्मात राजो।"

"राजो का बेटा आया है, हजूर !"

एक दस-ग्यारह साल का लड़का कठघरे में जाकर खड़ा हो जाता है।

हाकिम ने पूछा–"कितनी जमीन पर तनाजा दिया था तुम्हारी माँ ने ?"

लड़के ने रटे हुए तोते की तरह कहा–"एक पर्चा तीन एकड़, दूसरा दो एकड़।"

"जाओ ! जमीन मिली।"

"ईमान से ? लड़के ने पूछा। सभी हँस पड़े।

हाकिम साहब नाराज हुए–"चपरासी, भीड़ हटाओ ! जल्दी-जल्दी पुकारो !"

सर्वे-कचहरी में ऐसी लहर कभी नहीं आयी। तीन साल तक रंग-बिरंगे आशाओं के गुब्बारे, रेशमी डोरियों में बँधे, हवा में फूले-फूले उड़ते रहे। आज रह-रहकर गुब्बारे फटते हैं, फट्टाक् !–आछीं-इ-क् !

"कहाँ सुचितलाल मड़र !"

"हाँजिंर हैं, हाँजिंर हैं !"

हाकिम ने कहा–"सुनो जी सुचितलाल, मैंने जोड़कर देखा है, तुमने पूरे तीन सौ एकड़ जमीन पर तनाजा दिया है। तुम्हें अपनी जमीन भी दो सौ एकड़ है।··· गाँव के सभी जमींदारों की आधीदारी करते हो ?"

सुचितलाल को छींक लग गयी। हाकिम ने फैसला सुनाया–"दुलारीदाय जमा के दोनों कुण्डों पर तुम्हारा दावा गलत साबित हुआ।··· डिसमिस !"

बैलून की हवा निकली, मानो–सिस-सिस ! सुचितलाल सुसुआने लगा–"इस्स !··· अँपील कँरेंगाँ !"

"चपरासी ! जिसका फैसला हो जाये, तुरत उसको निकालो उस दरवाजे से ! पुकारो, मीर समसुद्दीन।"

"हाजिर हैं, हुजूर ! किस जमा का··· ?"

"नड़हा बाँध जमावाली नत्थी जमीन हुई आपको !"

"मार दिया !··· नहीं, नहीं। नड़हा बाँध जमावाली जमीन समसुद्दीन की अपनी है। घर की मुर्गी दाल-बराबर। दुलारीदायवाली जमा का क्या होता है ?"

"दुलारीदाय जमा की नत्थी ?" पेशकार साहब ने समसुद्दीन की ओर इस तरह देखा मानो किसी पुरानी बात की याद दिलाकर कह रहे हैं–देखा ?

"हाँ, हुजूर !"

"दावा गलत साबित हुआ।"

"या खुदा !"

एक गुब्बारा फिर फटा–फट्टाक् !

"कहाँ खुदाबक्कस मियाँ !"

"जमीन मिली।"

"कहाँ धथुरी हजरा !"

"जमीन मिली।"

"कहाँ अघोरी मण्डल !"

"जमीन मिली।"

"कहाँ फगुनी महतो !"

"दावा गलत साबित हुआ।"

—फट्टाक् !

फगुनी महतो ने छाती पर मुक्का मारकर कहा—"हाय रे बाप !"

"कहाँ··· !"

रात में दो बजे तक कचहरी में पुकार होती रही।

तीन साल से अविराम बजता हुआ नगाड़ा अचानक रुक गया। नगाड़े के ताल पर बजती हुई अजानी रागिनी बन्द हो गयी।··· नाचता हुआ लट्टू निष्प्राण होकर लुढ़क गया। लुढ़ककर थिर हुए लट्टू-जैसा गाँव ! आखिरी फैसला सुनाने के बाद ही हाकिमों ने कैम्प तोड़ दिया।

"अब जिसको लड़ना हो, अपील करनी हो—जाये पुरनियाँ कचहरी ! लड़े दीवानी !"

नहीं, इस लट्टू पर फिर से डोरी लपेटनेवाले लोग हैं !

"अभी क्या हुआ है ! ग्राम-पंचायत का चुनाव बढ़िया हो जाये। देखो, फिर न जाना पड़ेगा पुरनियाँ, न दीवानी करने की जरूरत होगी। पंचायत का मुखिया यदि अपनी पार्टी के आदमी को चुनोगे तो, समझो कि गयी हुई जमीन फिर मिलकर रहेगी। ग्राम-पंचायत चुनाव की तैयारी करो !"

समसुद्दीन मीर कहता है—"सभी मुसलमानों के दस्तखत और अँगूठे का टीप लेकर कलक्टर साहब के पास जायेंगे। साफ कहेंगे, यदि हिन्दुस्तान में नहीं रहने देना है तो साफ-साफ जवाब दे दीजिए। हम लोग पाकिस्तान चले जायेंगे।··· एस. ओ. ने मुँहदेखी करके मुकदमा डिसमिस कर दिया।"

"लेकिन, उन कुण्डों पर तो कभी आपका कब्जा नहीं था। आपने तो जबरन ही दावा किया था।"

"इससे क्या ! कितने लोग हैं जिन्होंने सोलहो आने सही दावा किया था ? नहीं था कब्जा तो क्या हुआ ? आप लोग हजार घर हैं, हम लोग तो बस एक ही टोले में हैं। बात यह है कि···।"

लुत्तो कहता है—"ठीक है ! यह तो पौलटीस है। जरूर दीजिए दरखास्त ! साफ-साफ कहिए कलक्टर साहेब से। आपने ठीक ही सोचा है। कहिए कि हम लोग पाकिस्तान भागने के लिए मजबूर हैं। जरूर फत्तेह होगा, आपका !"

"जाने खुदा !"

"खुदा जो करता है, अच्छा ही करता है।" बीरभद्दर बाबू ने लुत्तो को समझाकर कहा—"समझे लुत्तो बाबू ! समसुदिया को एक भी कुण्ड नहीं मिला। चलो, यह भी अच्छा हुआ।"

लुत्तो ने कहा—"भला, मैंने अपना काम पहले ही बना लिया था। तीन बीघा

जमीन अपने नाम से रजिस्ट्री करवाने के बाद मैंने पैरवी शुरू की थी।... डर है कि कहीं ग्राम-पंचायत के चुनाव में समसुद्दीन कुछ गड़बड़ न करे। चलिए, गड़बड़ करेगा तो सभापतिजी से कहकर कांग्रेस से इसपेल्ट करवा देंगे।"

"देखो लुत्तो ! बहुत सोच-विचारकर, बहुत माइण्ड खर्च करने के बाद एक जोजना तैयार किया है मैंने। एजेण्ट भी मिल गया है। यदि सिड्डूल से काम किया जाये तो समझो कि एक ही बार में चार शिकार !"

लुत्तो दाँत निपोरकर देखता रहा।... बीरभद्दर बाबू हर बार इसी तरह पहले चुटकी बजाकर कहते हैं–'मिल गया ! छक्का हाथ मार दिया !' लेकिन, कोई भी तीर निशाने पर नहीं लगता।–"कौन एजण्ट, जरा नाम भी सुनें ?"

"मनका की माय, सामबत्ती !"

–हाँ, ठीक ! लुत्तो ने मन-ही-मन मान लिया, बड़ी जातिवालों का मैण्ड सचमुच में थोड़ा तेज होता है। आज तक उसके दिमाग में यह बात नहीं आयी। लुत्तो अब उछलने लगा। दौड़कर सामबत्ती पीसी के यहाँ पहुँचने के लिए उसका पैर चुलचुलाने लगा।

श्री कुबेरसिंह ने पटना से पत्र दिया है, अपने दोस्त-भाई बीरभद्दर को।

"... 'हुआ सवेरा' का पूरा एक पेज रिजर्व है, तुम लोगों के लिए। और भी तेज खबर भेजो। तुम लोग सिर्फ फैक्ट लिखकर भेजो। स्टोरी यहाँ बना ली जायेगी। और एक काम जरूरी है ? तुम्हारे गाँव में नट्टिनटोली है। उनमें से किसी एक की नंगी फोटो नहीं खिंचवा सकते ? तुम्हारे गाँव में एक हरिजन लड़की पढ़ी-लिखी है। उससे यह नहीं लिखवा सकते कि उसके साथ... ?"

दोनों काम कठिन हैं। लेकिन, करना ही होगा। फोटोवाला काम पीछे, पहले मलारी का सिड्डूल बना लिया जाये !

बीरभद्दर बाबू कांग्रेस कमिटी के लैटर-पैड पर सिड्डूल बनाने लगे। आजकल शिवा, न जाने क्यों, कांग्रेसियों और कांग्रेस के खिलाफ बोलने लगा है। बीरभद्दर बाबू अपने छोटे भाई शिवभद्दर की मूर्खता पर दुखित रहते हैं। महामूर्ख है ! इसलिए, अपने कमरे में भी फुसफुसाकर बोलना-बतियाना पड़ता है।

"लुत्तो, क्या बतलावें ! हमारा शिवा इतना डोल्ट है कि क्या बतावें ! विभीषण है। कल से क्या बोल रहा है, जानते हो ? कहता है, जित्तन भैया बहुत भला आदमी है। नेनू की तरह मन है, उनका। दूध की तरह दिल सादा है। आप लोग उससे पार नहीं पा सकते।... सुनो भला !"

लुत्तो ने आँखें नचाकर चेतावनी दी–"उस पर आँख रखिए ! बड़ा डंजरस बात है यह !"

बीरभद्दर ने पैड पर सिड्डूल बनाना शुरू किया ! = चिह्न लगाकर जयहिन्द, फिर = चिह्न। नीचे–दूसरे काम का सिड्डूल। नम्बर एक को गोल घेरे में डालकर बोला–"क्या लिखा जाये ?"

"सबसे पहले, जाना सामबत्ती के पास। सुनाना उसको देश-दुनिया, जात-धरम

वगैरह का हाल-चाल। फुसलाना सामबत्ती को एक सौ रुपया देकर। भेजना उसको मलारी के पास, रोज एक बार या दो बार। जब जैसी जरूरत पड़े। फुसलाना सामबत्ती का मलारी को, दिखलाना लोभ स्कूल की हेड-मिस्ट्रेसी का। दिखलाना लोभ, कांगरेस की लीडरानी बनने का··· ।"

बिना सिड्ठल किये काम का क्या भरोसा ? इस बार देखना है !

काम जल्दी हो, इसका भी उपाय है। डबल फीस ! जब कचहरी में डबल फीस दाखिल करने से एक ही दिन में दस्तावेज निकास होता है तो सामबत्ती की क्या बात ?

लुत्तो के उठने की देरी है, काम हुआ जाता है, अभी !

कवैयावाली जगी हुई है। सपना देखकर जग पड़ी है।

"आप लोग हवेली के देवर के पीछे क्यों लगे हैं ? सर्वे तो खतम हुआ।" अपने आँगन के कमरे में प्रवेश करते ही बीरभद्दर बाबू की मिडल पास स्त्री ने पूछा–"क्या जरूरत ?"

बीरभद्दर बाबू अवाक् होकर कुछ देर तक अपनी स्त्री की ओर देखते रहे। फिर बोले–"देवर के लिए दिल में बड़ा दर्द है !··· देखो, सभी काम में तुम लोग इण्टरफियर मत करो।"

"आज नहीं लाये वह किताब ?" नुनुदाय यानी बीरभद्दर बाबू की आसन्न-प्रसवा स्त्री कवैयावाली ने पूछा।

आजकल, बीरभद्दर बाबू एक अंग्रेजी सचित्र मासिक पत्रिका ले आते हैं, रात में। डिक्शनरी की मदद लेकर, चित्रों की सहायता से अपनी स्त्री को समझाते हैं–प्रायमी केस माने पहिलौंठी अवस्था में क्या-क्या नियम-कानून पालना चाहिए।··· दही खाने में हर्ज नहीं। बिलायती बैंगन खूब खाये··· ।

बीरभद्दर बाबू चौकी पर बैठकर बोले–"क्यों, कुछ खाने का मन डोला है ?"

नुनुदाय को अपने पति की कांग्रेसी किस्म की रसिकता पसन्द नहीं। वह चिढ़ जाती है। वह, अपनी माँ की ही नहीं, चाचियों की सभी बेटियों से भी छोटी है अपने मैके में। मैके का नाम लेते ही बीरभद्दर बाबू चिढ़कर अंग्रेजी में गाली देने लगते हैं, उसके भाई-बाप के नाम ! जेठानी को अपने आठ-नौ बच्चे-बच्चियों से छुट्टी नहीं मिलती। उसके पति बीरभद्दर बाबू को तो खुद सोचना चाहिए कि··· । नुनुदाय आजकल डर के मारे सो नहीं सकती। आये हैं, बड़ा प्रेम से पूछने, कुछ खाने को मन डोला है ?

"मन डोले भी तो क्या ! फारबिसगंज के गाजीराम की दुकान से उधार लिया हुआ बासी गाजा खाने के लिए मन का हाल नहीं सुनाती किसी को !"

बीरभद्दर बाबू अपनी बात को वजनी बनाने के लिए अंग्रेजी शब्द ढूँढ़ने लगे। बोले–"तुम मेरी एक छोटी-सी दिल्लगी से भी टेम्पर लूज कर देती हो। आजादी देवी··· !"

"मुझे आजादी मत कहे कोई ! मेरा अपना नाम है।"

"नुनुदाय नाम भी कोई नाम है ! और कवैयावाली कहकर देहातियों की तरह पुकारना तुमको अच्छा लगता है ? कैसी बातें करती हो ! आजादी देवी नाम में क्या बुराई है ?"

"मुझे पसन्द नहीं। आजादी देवी, जैहिन्दी देवी ! अपनी झोली में रखिए ऐसे नाम !"

"क्यों ?"

शादी के पहले ही, सौ नामों में से एक नाम चुनकर डायरी में नोट करके रखनेवाले बीरभद्दर बाबू को ठेस लगती है–"तुम देख रही हो, गाँव में तीन आजाद हैं। परानपुर कोई छोटा गाँव नहीं, तुम्हारी नैहर कवैया की तरह। एक आजाद तो घर के बगल में ही है, सोशलिस्ट, सीताराम आजाद ! दूसरा केयटटोली का, राष्ट्रीय गीत गवैया, अजबलाल आजाद। तीसरा, बंगट प्रसाद आजाद। लेकिन, बता तो दो। एक भी लड़की का नाम आजादी देवी है ? ढूँढ़कर देखो !"

"मैं पूछती हूँ कि रोज रात में खराब सपना देखने से क्या करना चाहिए, यह उस किताब में नहीं लिखा हुआ है ?"

"क्यों ?"

"मैं रोज-रोज एक ही सपना देखती हूँ। बड़ा डर लगता है।"

"क्या ?" बीरभद्दर बाबू आतंकित हुए।

"एक बूढ़ी औरत रोज आँखें तरेरकर डराती है !"

"सपने में ?"

"हाँ, इसीलिए कहती हूँ कि तुम लोग हवेली के देवर के पीछे हाथ-धोकर क्यों पड़े हुए हो ?"

बीरभद्दर बाबू चिढ़कर बोले–"क्यों ? इसमें पीछे लगाने की क्या बात है ?... रघुकुल रीत सदा चलि आई, प्रान जाँहि बरु बचनो न जाँहि। वर्ड का भैलू होना चाहिए, इन्सान का। तुम नहीं जानती ? उसकी माँ ने, बाबूजी को किस तरह बेइज्जत करके, नंगाझारी करके, चोरी का चार्ज लगाकर बदनाम किया ? तीन-तीन झूठे मुकदमे किये ?"

"जिसका जमा बुड़ावेगा कोई, उस पर मोकदमा नहीं होगा ?" नुनुदाय ने बात गड़ायी, अपने पति की देह में। वह जानती है, सबकुछ !

बीरभद्दर बाबू के मन में आया कि एक फुलपावर का थप्पड़ मुँह पर लगाकर मुँह लाल कर दे। लेकिन कुछ सोचकर गम खा गये–"देखो, एक तो अपनी फैमिली में कहाँ से एक डोल्ट डम्फास विभीषण पैदा हुआ है। अब तुम भी ऐसी बात करती हो ? अपने फादरइनलौ के नाम पर झूठा तोहमत लगाती हो ? कौन कहता है ? किसका जमा बुड़ाया ?"

"बच्चा-बच्चा जानता है, बोलता है।"

"बोलने दो !"

अब बीरभद्दर बाबू ने मौन-सत्याग्रह की तैयारी की। कुछ नहीं बोल सकते, ऐसी जाहिल औरत से !

सुचितलाल मड़र अपनी जाति का मड़र है। गाँववाले मानें या नहीं मानें, वह मड़री करने में नहीं चूकता कभी। कोई भी बात हो, उसे पंच की दृष्टि से देखता है सुचितलाल। वह भी सोलकन्ह है, लेकिन सोलकन्हों ने ही उसके साथ दगाबाजी की।

"हाँ-हाँ। जँदिं लुँत्तों नें थोंड़ीं भीं मँदँदँ दीं हों, साँबिंत कँर दें कोंईं !"

"तो, तुम कांग्रेस का मेम्बर काहे नहीं बने ? जिस दिन चौअन्नियाँ रसीद-बही लेकर आये लुत्तो बाबू, तुमने लम्बे बाँस से ठेल दिया। हम सभी पाटी का मेम्बर हैं !"

"सोशलिस्ट लोगों के साथ में रहने का फल भोगो ! तुमने तो अपना दावा अपनी मड़री के शान में खो दिया। यह मैं हजार बार कहूँगा।"

"सोंसलिंस ? सोंसलिंस क्याँ, अँब हँम कौंमलिंस कें साँथ रँहेंगे और कुँण्डा दँखल कँरकें दिंखलाँ देंगे !"

"अच्छी बात !"

"अँच्छी बाँत नँहीं तो बुँरीं बाँत ? अँब हँम भी झँण्डाँ लेंकें खिंलाँफँत कँरेंगे।"

"देखो सुचितलाल !" –मकबूल समझा रहा है सुचितलाल को–"यदि तुम कुण्ड दखल करने के लिए पार्टी का मेम्बर होना चाहते हो तो, घर बैठो। समझे ! पार्टी की मेम्बरी मामूली चीज नहीं है।"

सुचितलाल मड़र ने बार-बार ईमान-धरम खाकर कहा–"धँर्मांस्तीं,[1] मेरें मँन में कुँण्ड काँ कोंईं लोंभ नहीं।"

मकबूल ने बात टालते हुए कहा–"हठात् तुमको पार्टी की मेम्बरी का धुन क्यों सवार हुआ ? इस सवाल पर हम कल की बैठक में एकजूट होकर गौर करेंगे।" मकबूल के साथ चालाकी !··· द्वन्द्वात्मक भौतिकवाद जिसने पढ़ा है, सुचितलाल उसको चकमा देकर ठग ले ? मकबूल और मकबूल के साथी सभी समस्या और सवालों को काट-पीटकर परखते हैं, ऊपर से टटोलकर अटकल नहीं लगाते। प्रश्न है : सुचितलाल मड़र हठात् कम्युनिस्ट पार्टी का सदस्य क्यों होना चाहता है ?

बैठक से एक दिन पूर्व ही, बजरिये गश्ती-चिट्ठी के, मकबूल ने इस प्रश्न को चारों-पाँचों कौमरेडों के सामने पेश किया। बैठक के दिन सभी इस महत्त्वपूर्ण सवाल पर सोचकर गौर करेंगे।

"मुझे तो इस बात में हृदय-परिवर्तन के लक्षण नहीं दिखायी पड़ते हैं। और,

1. धर्मास्ति = धर्म से कहता हूँ।

यदि मेरा अध्ययन और अनुमान सच हो, तो सुचितलाल मड़र को पार्टी-प्लेज देना हमारे उसूलों के खिलाफ होगा।" रंगलाल गुरुजी ने बैठक में अपनी राय जाहिर की। रंगलाल गुरुजी ने पन्द्रह साल तक विभिन्न खानगी प्राइमरी स्कूलों में गुरुवाई की है। उसको गौरव है–फलाने बाबू, चिलाने सिंह और अमुक वकील ने उसके चटसार में ही खल्ली पकड़कर 'ओनामासिधं' लिखा !··· उसके चेहरे को देखते ही लोगों की समझ में आ जाता है–यह आदमी गरीबी से बजाप्ता लड़ता रहा है, ढाल-तलवार लेकर। ढाल उसकी ईमानदारी, तलवार उसकी खरी-खोटी बोली। तीन साल पहले उसने पार्टी की मेम्बरी ग्रहण कर ली। किन्तु, अपने हथियार को नहीं छोड़ा है अब तक।··· दो पैसा का वाउचर बनवाने के लिए, जगिया ग्वालिन का पैर तक पकड़ लिया रंगलाल गुरुजी ने–"जगिया दाय ! पार्टी के काम में दही खर्चा हुआ है, वौचर तो देना ही होगा।"

रंगलाल की बात सुनकर बाकी कौमरेडों ने एक-दूसरे की ओर देखा। मकबूल ने दूसरे सदस्य से पूछा। मिडल-फेल लड़के ने पिछले साल पार्टी में प्रवेश किया है। वह रंगलाल गुरुजी की तरह बात में छोआ-गुड़ लपेटना नहीं जानता–"सुचितलाल अपनी जाति का मड़र है। उसके कब्जे में कम-से-कम पचास-साठ घर हैं। इतने घर सिम्पथाइजर हो जायेंगे, तुरत !··· "

तीसरा सदस्य, शहर से आकर गाँव में बसे हुए, लोहार का लड़का है। मकबूल के बाद खाँटी साम्यवादी रहन-सहन, चालचलन बस उसी के व्यक्तित्व में पाया जाता है। विश्वकर्मा ने कहा–"गाड़ीवानटोली में कितने सिम्पथाइजर थे ? कहाँ हैं वे ? इसीलिए तो हम लोगों की पार्टी ने यह फैसला किया है। भेड़िया-धसान मेम्बरी नहीं। एक-एक सदस्य का पोस्मार्टम करके ठोक-बजाकर मेम्बर बनाना होगा।"

चौथे सदस्य ने वैधानिक दर-सवाल उपस्थित किया। कांग्रेस से आया हुआ उत्तिमचन्द है–"सिर्फ, कनफर्म मेम्बरों की बैठक नहीं। जनरल मीटिंग करके, पन्द्रहों-बीसों कौमरेडों को मिलकर तय करना चाहिए। और, जल्दी ही।"

मकबूल ने बारी-बारी से सबकी बात सुन ली। बात सुनने के समय वह बीच में टोक-टाक नहीं करता है। चुपचाप अपनी दाढ़ी को चुटकी से कीला बनाता रहता है। बात, मीटिंग के बीच हो या किसी सदस्य से, पेश करना जानता है, मकबूल। किसी बात को धीरे-धीरे भूमिका बाँधकर समझाने को वह धूर्तता समझता है। बात को धमाके के साथ धड़धड़ाकर पेश करता है वह–"साथियो ! मैंने इस बात के हर पहलू पर जुदा-जुदा, नुक्तेनिगाह से गौर किया है। अभी हमारे एक कॉमरेड ने रिमार्क किया कि गाड़ीवानटोली में कितने सिम्पथाइजर थे ! मैं कबूल करता हूँ, यह हमारी और खासकर मेरी करारी हार का एक मजार है। किन्तु, हर बात के अन्दर समाजवादी सत्य का कुछ मिकदार होता है। उस चीज को हमने पकड़ना सीखा है, अपनी हारों से।··· सुचितलाल मड़र के पार्टी-प्रेम को परखने में हम गलती कर सकते हैं, यह बात नहीं। मेरा मकसद है कि पार्टी के प्रति उसकी

सदिच्छा के समाजवादी सत्य को हमें ग्रहण करना चाहिए।"

सुचितलाल ने बीच मीटिंग में दही-चुडा और माल-भोग केला का भार भेज दिया। उसके नौकर ने कहा–"मड़र बोले, बीच मीटिंग में जलपान पहुँचा दो जाकर।" जलपान करने के पहले ही यह तय रहा कि सुचितलाल के समाजवादी सत्य को ग्रहण कर लिया जाये।

विश्वकर्मा खूब समझता है ! मकबूल उसकी बात को काटकर हथौड़े की चोट दे रहा है। इसका कारण है। 'जनयुग' में फारबिसगंज की गन्दी सड़कों के बारे में और हरिजन-क्वार्टर में जलकष्ट पर सम्पादक के नाम पत्र विश्वकर्मा ने अपने नाम से प्रकाशित करवाया है। तभी से मकबूल मन-ही-मन विश्वकर्मा से असन्तुष्ट रहता है। बात-बात में, बात को काटता है मकबूल, विश्वकर्मा की बात को, बस एक ही धार से–'तुम शहर के नुक्तेनिगाह से देखते हो।···शहरी मजदूरों की समस्या नहीं, खेतिहर मजदूर की समस्या है। तुम्हारा अध्ययन ऊपरी है' इत्यादि।

शाम को सुचितलाल मड़र पुस्तकालय के पठनागार में गनगना आया–"सुँचिंतलाँल मँडर नँहीं, आँज से कौंमरैंड सुँचितलाँल ! जिंन साँलो नें अँमीन कीं बँही में पोंपी लिंखायाँ हैं, सुँन लें। आँज सें सँफ्फासँफ्फी कौंमरैंड !"

भिम्मल मामा ने कहा–"लो ! अरुणोदय हो गया साँझ ही, मुर्गे ने बाँग दी !"

मकबूल जानता है, और बातें बाद में हों, कोई हर्ज नहीं। किन्तु, पार्टी के संगठन के लिए, गाँव में जनबल आवश्यक है। सुचितलाल के हाथ में जनबल है। और, यही है सुचितलाल का समाजवादी सत्य ! मान लिया जाये, सुचितलाल कुण्ड दखल करने के लिए ही हमारी पार्टी में आ रहा है। तो, क्या हर्ज है ? सामाजिक स्वार्थ की पूर्ति के लिए वह हमारे साथ आ मिला है।···

नहीं, वह कुण्ड के लोभ में पड़कर नहीं आया है। फिर भी, मकबूल का फर्ज है, उसके लिए पैरवी करके कुण्ड हासिल करवा देना।

–बॉख ! बॉख ! मीत ने मकबूल की नुकीली दाढ़ीवाली सूरत देखकर भूँकना शुरू किया।

"अन्दर आइए !"

"जय जनता !"

मकबूल के मुट्ठी-अभिवादन का उत्तर जित्तन बाबू ने हाथ जोड़कर दिया–"नमस्कार !"

मकबूल की निगाह सामने खड़ी पत्थर की औरत पर गयी। पत्थर की मूर्ति के अंग-अंग से जिन्दगी टपक रही है, मानो। किन्तु, इसका समाजवादी सत्य···?

"क्या मँगाऊँ आपके लिए ? चाय या कॉफी ?"

"काफी मुझको सूट नहीं करती। नींद मर जाती है।"

जित्तन बाबू के सिगरेट-केस से सिगरेट लेकर सुलगाते हुए, मकबूल ने

पूछा–"आपने अभी तक पार्टी-प्लेज क्यों नहीं लिया है ?"

"पार्टी-प्लेज ? क्या करूँगा पार्टी-प्लेज लेकर ?"

"करना क्या है ? आप प्लेज लेकर घर में इसी तरह बैठे रहिए, कोई बात नहीं। आपको फील्डवर्क करने नहीं कहूँगा।"

जित्तन बाबू मुस्कराये।

"खैर ! प्लेज, जब आपके जी में आवे लीजियेगा। मैं आज एक महत्त्वपूर्ण काम से आया हूँ।"

"कहिए !"

"सुचितलाल मड़र को जानते हैं न ? बड़ा कनसस किसान है।"

"जी !"

"कम-अज-कम कनसस किसानों के लिए कनसेसन करना आपका कर्तव्य है। कुण्ड का तस्फिया कर दीजिए।"

"समसुद्दीन से क्यों नाराज हैं, आप ? वह भी काफी चैतन्य किसान है। उसके बारे में भी कहिए। कम-से-कम मुसलमान के नाते भी··· ।"

मकबूल ने जित्तन बाबू की बात काट दी–"मैं मुसलमान नहीं हूँ। आपने मुझे पहचाना नहीं ? मैं पीताम्बर झा, तखल्लुस मकबूल !··· मैं नीलाम्बर झा का छोटा भाई।"

जितेन्द्रनाथ मुँह फाड़कर देखते रहे, मकबूल को–"पीत्तू ?··· तुम्हारे स्वास्थ्य में काफी परिवर्तन हुआ है। वर्जिश भी करते हो ?··· एण्ड हू.शेवूस सच क्यूबिस्ट ? गाँव के नाई फ्रेंचकट बनाना जानते हैं क्या ?"

जित्तन बाबू के उत्साह को देखकर मकबूल जरा चिन्ता में पड़ गया।··· शायद दाढ़ी अच्छी नहीं कटी। कौन बनायेगा गाँव में ऐसी दाढ़ी ? मकबूल खुद कैंची और रेजन से तराशता है, लेनिन की फोटो सामने रखकर, उससे एकदम मिलाकर। फिर भी खोंट ?

फिर, असल बात की ओर मुड़ने की चेष्टा की मकबूल ने–"आप जनयुग में लेख क्यों नहीं लिखते ? प्रोविंसियल पार्टी के अछैवट कामरेड कह रहे थे कि जित्तन बाबू का अध्ययन··· ।"

"आप··· माफ करना, तुम शायरी उर्दू में करते हो या हिन्दी में ?"

"मैं हिन्दी में कभी-कभी तुक मिलाकर कुछ सुनाता जरूर हूँ। उर्दू पढ़ना जानता हूँ। जहाँ तक लिखने की बात है··· ।"

"बाइ-द बे, तुम अंग्रेजी क्यू से तो अपनी पार्टी का नाम नहीं लिखते ?"

"नहीं।" मकबूल अचानक भड़का।··· क्या समझ रहे हैं जित्तन बाबू ? ग्रेजुएट नहीं हूँ तो क्या हुआ, मैट्रिक पास करके 'आइ-ए' में पढ़नेवाला भला क्यू से लिखेगा–"भला क्यू से कौन लिखेगा !" मकबूल अप्रतिभ होकर मिनमिनाया।

जित्तन बाबू ने अति अचरज-भरी मुद्रा में पूछा–"क्या ! क्यूक्लसक्लान ?"

"क्यू से कौन लिखेगा !" इस बार मकबूल ने अपनी बात को जरा रुखाई

से पेश किया।

जित्तन बाबू ने अपने को धिक्कारा मन-ही-मन। इतनी-सी आत्मीयता बरदाश्त नहीं कर सके जो, उसको सबसे पहले चाय की प्याली देनी चाहिए। जित्तन बाबू भूल ही गये थे। हठात्, उठ खड़े हुए–"चाय के लिए कह दूँ !"

बात उखड़ी।

मकबूल भी इसी बात का ताना-बाना जोड़ रहा है। जित्तन बाबू हमेशा ऐसी ही उखड़ी-उखड़ी बातें करते हैं, सबसे शायद ! सचमुच पागल हैं !

लेकिन, अछैवट कॉमरेड ने कहा था कि काम का आदमी है ! काम की बात तो हुई ही नहीं अभी, कोई। नहीं, वह बात को उखड़ने नहीं देगा। जित्तन बाबू हवेली के अन्दर से लौट आये–"पाँच मिनट प्रतीक्षा का कष्ट सह्य हो।"

"कोई बात नहीं, कोई बात नहीं। आप बैठिए !"

"तो, सुचितलाल मड़र कनसस किसान को मैं आपके द्वारा संवाद दे रहा हूँ। वे दोनों कुण्ड ताजमनी के हैं। मैं लेने-देनेवाला कौन होता हूँ !"

"जमीदारी झाँईं मत दीजिए। यह सब कचहरी में बोलने-बतियाने के लिए रखिए। सीधी बात, कुण्ड दीजिएगा सुचितलाल को या नहीं ? हाँ-नहीं में जवाब दे दीजिए–छुट्टी !" मकबूल ने मौका पाकर चोट बैठायी बातों पर तड़ातड़ !

जरा भी नहीं तिलमिलाये जितेन्द्रनाथ।

मकबूल ने देखा, यह आदमी पोलिटिकली काफी पोला है।

मुस्कराकर बोले जितेन्द्रनाथ–"नहीं !"

मकबूल आश्चर्यित हुआ। उसकी नुकीली दाढ़ी के केश खड़े हो गये, मानो। उसने पुनः एक संक्षिप्त प्रश्न किया–"आप कम्युनिस्ट पार्टी के सिम्पथाइजर हैं या नहीं ?"

"नहीं।"

"आप जनयुग पढ़ते हैं या नहीं ?"

"हाँ। माफ कीजिएगा, मैं 'हुआ सवेरा' भी पढ़ता हूँ।"

" 'हुआ सवेरा' ने तब ठीक ही लिखा है, आपके बारे में ?"

"हाँ।"

"ऐं ? हाँ ? मैं आपको चुनौती देता हूँ, आप पीछे पछताइएगा। सुचितलाल तो कुण्ड दखल करके छोड़ेगा।"

"चुनौती मुझे दीजिए झाजी !" ताजमनी ने परदे के उस पार से कहा।

मकबूल चौंका। यह तो एकदम बजाप्ता घर बसाकर रह रहे हैं, दोनों !

गोबिन्दो ट्रे में जलपान और चाय ले आया। जित्तन बाबू ने प्यालियों में चाय डालते हुए उत्तेजित मकबूल से पूछा–"चाय में चीनी ज्यादा डालूँ या कम ?"

"मैं चाय नहीं पीता। क्या आप समझते हैं कि नाश्ता और चाय और सिगरेट पर आइडोलौजी बेचनेवालों के दल का है मकबूल ?"

मकबूल उठ खड़ा हुआ। वह ऐसे विलासी वातावरण में रहकर अपनी द्वन्द्वात्मक

भौतिकवादी बुद्धि को कुण्ठित नहीं करना चाहता।··· संगमर्मर की औरत की बेहयाई बरदाश्त के बाहर बढ़ गयी।

"और चूँकि आपने समाजविरोधी काम किया है इसलिए भी आपके अन्न-जल से हमें परहेज करना चाहिए।"

"समाजविरोधी ?" जित्तन बाबू अपनी प्याली में चीनी मिलाते हुए मुस्कराये।

"नहीं तो और क्या ? 'हुआ सवेरा' के पृष्ठ बोलते हैं, सुर्खियाँ बोलती हैं।··· आपकी यह हवेली बोलती है। आपकी नवेली··· "

हवेली के पुराने कमरे प्रतिध्वनित हुए—"क्या खूब ! क्या खूब !"

—बॉख ! बॉख !

"मीत !··· इसको अन्दर बुला लो ताजू !"

मकबूल कमरे से बाहर चला गया··· लुत्तो ठीक करता है, ठीक कर रहा है। लेकिन, मकबूल की दुश्मनी बुरी साबित होगी। याद करेंगे !

"घर बैठे आपकी लड़ाई कैसे हो जाती है, लोगों से ?" ताजमनी ने परदे के उस पार से ही कहा—"क्या जरूरत ? कुण्ड से क्या आता है अब ?"

"आज मैं फलाहार करूँगा।"

ताजमनी के अंग-अंग में गुदगुदी लगी। मालकिन-माँ मुस्कराती कहती—"ताजू, आज एक आदमी फलाहार करेगा। सुबह से गुस्सा खा-पीकर बैठा है। कुपित पित्त में फलाहार··· !"

ताजमनी परदे के उस पार से हट गयी। मीत उसके पीछे-पीछे भागा।

सुरपतिराय टेप-रिकार्डर बजाकर गीत का आखर लिख रहा है !

पंचरात्रि !

पाँच रातों तक अहोरात्रि गीत-कथा गाकर असाध्य रोग अर्धांग से मुक्ति नहीं मिले, नहीं चाहिए अस्सी वर्ष के रघ्घू रामायनी को गयी हुई देह।··· गुरु के ऋण से उऋण हुआ है, वह ! उसका जन्म अकारथ नहीं गया।

चार रातें, सुननेवाले ही कह सकते हैं, कैसी धड़कती हुई रातें थीं ! किन्तु पाँचवीं रात तो कथा का सुर ही बदल गया। यह क्या हुआ ?

सुन्दरि नैका का भी दिल डोल गया—दन्ता राकस पर ? खुद फँस गयी प्रेम के फन्द में !···महाबलशाली दन्ता, किसी देवता से क्या कम है ? देवता तो रात-दिन सेवा करतागेंगे। और, यहाँ दन्ता कहता है कि रोज पैर पखारेगा सुन्दरि नैका का ! जिसकी हिरन्नि रानी रने-वने रो रही है, जिसका प्यारा बच्चा आस लगाकर बैठा है। हाय, हाय ! सुन्दरि नैका दिल की बात कहने चली दन्ता से। लेकिन, सुन्दर नायक भी भारी गुनी आदमी ! सब चलित्तर देख रहा था अपनी बहन का ! अस्सी मन लोहे की बेड़ी-बाँध में जकड़कर बाँध दिया सुन्दरि को !

सुन्दर नायक ने जाकर देखा, पाँचवाँ कुण्ड भी तैयार है। बोला—'छठा कुण्ड

तैयार करो। शर्त में छः कुण्ड खोदने की बात है। सुन्दरि कह रही है।'... एक झलक भी नहीं। जब तक छठा कुण्ड तैयार नहीं करते, सुन्दरि की एक उँगली भी देखने को नहीं मिलेगी।

मोहनबान से घायल दन्ता भूल गया कि कितनी रात बाकी है। राकसों की टोली को हुक्म दिया—'कोड़ भैर्रा !' राकसों ने कुण्ड की गोलाई का चिह्न दिया ही था कि मुर्गे ने बाँग दे दी। भोर का तारा आखिरी बार झिलमिलाकर लुप्त हो गया।

तब, सुन्दर नायक ने अगिया बान मारकर सभी राकसों को जला दिया।... कुण्ड की गोलाई में खड़े एक सहस्र राकस हाथ उठाकर किलकिला उठे—'ऐ-रे भैर्रा-आ-आ ! रे सरदार-हा-हाय !'

उधर लोहाबासा-घर से, बेड़ी-बाँध में जकड़ी सुन्दरि नैका रो-रोकर पुकारती रही :

एक पहर बीतल जे दुई पहरे, जे तेसरो पहर हो-ओ-
रात कटे सुन्दरि छाती कुटे दैवा आँगन में।
भागहु-भागहु मीता दन्ता रे, सुनू दन्ता-रे-ए,
तोहरो हिरन्नि रानी रोई मरी बिरनाबन में।
बेटवा तोहार रोज हुलसि रहे, बप्पा आवता रे-
मैया लावता रे-ए, मानुसछोरी मइया के आस लगावल सूगना रे-ए !

उधर, एक सहस्र राकस हाथ उठाये अगियाबान से झुलस गये।... सेमलबनी के सेमल के पेड़, राकसों की ही कठायी हुई कायाएँ हैं। हाथ उठाये, ऊपर की ओर। लाल-लाल फूल, आग की लपट !

दन्ता राकस अपनी देह की आग बुझाने के लिए दुलारीदाय के कुण्ड में कूद पड़ा। भोर-भोर तक वह पुकारकर मर गया—'अरी ओ-ओ-ओ मानुसछोरी मोहनियाँ-आँ-आँ ! पीरितियो जनि तोड़े-ए-ए, हुम्हुँ मरिजायबा !'

सुन्दरि नैका का ब्याह देवपुत्र से ही हुआ।

किन्तु ऐसा श्रापभ्रष्ट देवपुत्र, जो एक ही रात धरती पर सुख भोगने के लिए आया था... पुरइन -फूल से भरे कुण्ड में, दूसरे दिन देवपुत्र का निष्प्राण शरीर फूलकर तैरता रहा।

सुन्दरि नैका इस संसार में रहकर क्या करे ?... 'ओ रे मीता दन्ता ! मैं आ रही हूँ।' दन्ता-कुण्ड में एक बड़ी मछली कूदी—छपाक् !

दन्ता के मरने के बाद कुण्ड के पास पहुँची हिरन्नि रानी। उसके कुछ ही क्षण पहले विधवा सुन्दरि नैका डूब मरी थी कुण्ड में। किनारे पर रख गयी थी, सोने की एक कटोरी, खीर से भरी हुई—दन्ता के बेटे के लिए।

औरत के दिल की बात औरत नहीं परखेगी ? कलेजा कूटकर गिर पड़ी हिरन्नि रानी :

दन्ता रे दन्ता, तोरा बिना धरती पे कछुओ ना सूझे
मोरा लेखे कठिन जीवनियाँ रे, सुनु दन्ता !
दन्ता रे दन्ता, कूल के निशानियाँ तोरा बेटवा नदनवाँ,
सेहो, छोड़ि केकरा पे जायब रे, सुनु दन्ता !

··· 'मानुस-छोरी मइया भी चली गयी तेरी, ओ रे मेरे लाल !'

··· रघ्घू इससे आगे नहीं गा सका ! कथा के अन्त में, सभी बाल-बच्चेवाली माताओं से रघ्घू ने प्रार्थना की। उसकी सफेद दाढ़ी से झर-झरकर आँसू गिर रहे थे–"कल रात घर-घर से खीर से भरी कटोरी उत्तर की ओर से दूसरे कुण्ड में दन्ता के टूअर बेटे के नाम चढ़ाइए ! बाल-बच्चों का कल्याण होगा !"

··· छोटा-सा भोला-भाला राकस का बालक ! हाथी के बच्चे जैसा हुलसता हुआ कटोरों से खीर लेकर खाता हुआ। न जाने कब का भूखा-प्यासा टूअर बच्चा ! बच्चा आदमी का हो या राकस का !··· ओ री मानुस-छोरी मइया-या-या !

"जैकिट कहो या जमाहिर कोट, एक ही बात है।" लुत्तो ने सामबत्ती पीसी को बात समझाते हुए तुलनात्मक उदाहरण दिया–"चाहे दो सौ रुपया नकद लो या दो सौ रुपये का धान तौला लो। एक ही बात है। बीरभद्दर बाबू बादशाह आदमी हैं।" लुत्तो अपने साथ जितवा पन्हेड़ी की दुकान से पिपरमेण्टवाला पान ले आया है। सामबत्ती पीसी पान मुँह में लेकर बोली–"अच्छा ! इसका जवाब, मन में बूझ-विचारकर कल दूँगी। लेकिन, मेरी एक बात का जवाब दो पहले ! आखिर, जित्तन के पीछे तुम लोग क्यों लगे हुए हो ? सर्वे अब खतम हुआ, झगड़ा-झंझट भी खतम करो ! और जिसको तुम सिकन्नर-शा-बादशा समझते हो उसको मैं अच्छी तरह पहचानती हूँ।··· आ रे गरुड़ा-आ-आ तू-तू !"

सामबत्ती पीसी जब अपने कुत्ते को पुकारे तो समझो कि आस-पास कहीं गरुड़ झा की बोली उसने सुनी है।

गरुड़धुज झा चौबटिया पर खड़ा होकर किसी से पूछ रहा है–"इधर लुत्तो आया है ? लुत्तो पर नजर पड़ी है किसी की ?"

लुत्तो को गरुड़धुज झा पर जरा भी विश्वास नहीं, लेकिन उसका संग करना पड़ा है। मजबूरी है !

लुत्तो ने सामबत्ती पीसी की बातों का कोई जवाब नहीं दिया। बोला–"तुम सोलकन्हटोली की सबसे चान्सवाली हो, इसीलिए तुम्हारे पास आया। मैं अभी चलता हूँ, सोच-समझकर जवाब देना !··· खूब पौलिसी देना मलारी को !"

–ई-पी-ही-ही-ही ! ई-पी-ही-ही-ही !

इसको मैथिलाम ठहाका कहते हैं। मैथिलों की खास पहचान ! कण्ठ से कठायी

हुई हँसी के साथ निकलता है यह ठहाका !

गरुड़धुज झा ठहाका लगाकर सूचना देता है लुत्तो को–"बड़े अकबाली आदमी हो, तुम लुत्तो बाबू ! मालूम है, मकबूल भी अब बिलकुल उलट गया है। अभी कह रहा था, लुत्तो ठीक कर रहा है। जित्तन नरक का कीड़ा है। उसको गाँव से भगाना होगा, नहीं तो सारा गाँव नरक के कीड़ों से भर जायेगा।"

"ठीक पहचाना है मकबूल ने ! देर से ही सही, लेकिन पहचाना है।··· नरक के कीड़े तो बढ़ रहे हैं गाँव में !"

"हाँ, कल देखा। कौलेजिया लड़कों का एक गिरोह हवेली की ओर से खूब खुशी-खुशी आ रहा था। पता लगाना चाहिए।"

"कौन-कौन था ?"

"भूमिहारटोले का सुवंशलाल, कमलानन्द, प्रयागचन्द, नितिया। मैथिलटोले का अनरूध, शशभूखन, किरता। और··· सोलकन्हटोली का रधवा, सत्रूघन, मोहना। कमेसरा भी था !"

"हूँ-ऊँ-ऊँ !" लुत्तो ने दाँत से ओठों को चबाते हुए कहा–"देखिएगा, सभापतिजी से कहकर सबको कौलेज से इसपेल्ट करवाते हैं या नहीं !"

गरुड़धुज ने मुँह में खैनी तम्बाकू लेते हुए थुकथुकाया–"थू, अरे इससे क्या होता है ! जाने दो लोगों को। एक मकबूल अकेला ही काफी है। कौलेज के लड़कों की लड़कभुड़भुड़ी चार दिन भी नहीं चलेगी। मकबूल के दिमाग में काफी फौक्सिंग है। फुफुआ रहा था गेहुअन साँप की तरह ! उससे मिलकर बात करोगे तो समझोगे !··· अच्छा, मैं अभी चलता हूँ, रोशन बिस्वाँ का बेटा जरा पगला गया है। बाप से लड़ाई-झगड़ा करके अलग खाना-पीना कर रहा है।"

लुत्तो सिड्यूल से बाहर की बात सुनकर इतना प्रसन्न हुआ कि राह चलते नौटंकी की पंक्तियाँ गुनगुनाने लगा–"किस गफलत की नींद में रहे पलँग पर सोय, अजी अब तो मजा सब मालूम होय। अजी, हाँ-हाँ-जी ! मालूम होय !"

सर्वे के मारे हुए, हारे हुए लोग ! उन्हें कोई नहीं पूछता, अब। सर्वे की बात कोई नहीं करते। आजकल, सिर्फ ग्राम-पंचायत की बात होती है, गाँव में।

कहते हैं–गुड़ के गाछ ऊख को सभी मिठाइयों का बाप समझा जाता है। उसी तरह ग्राम-पंचायत भी सभी सुखों की माँ है। इस पर कब्जा करो तो फिर कौन पूछता है, जमीन ! कितनी जमीन लोगे ?

दीवाना ने बिखरे, टूटे और हारे हुए लोगों को सँभालने का बीड़ा उठाया है, क्योंकि लुत्तो के पास इतना समय नहीं कि वह लोगों का रोना सुनता फिरे। प्रेम की बात करे। लुत्तो और बीरभद्दर ने मिलकर दीवाना से कहा है, "सोलकन्ह नाटक-मण्डली तैयार करो। जल्दी !"

"प्यार का बाजार ! हाँ, 'प्यार का बाजार' का खेला होगा। सिर्फ सोलकन्ह लोगों के लिए, सोलकन्ह नौजवानों के द्वारा यह नाटक खेला जायेगा।"

"अच्छा, दीमानाजी ! आपका एक नाटक तो बम्बै में भी खेला होता है, सुना। कहाँ-कहाँ गये थे आप ?"

"मैं ? मैं बहुत जगह गया भाई ! कलकत्ता से लेकर दिल्ली, दिल्ली से बम्बै। समझो कि अखिल भारत। सब जगह लोगों ने कहा—दीवानाजी, आप हम लोगों के देश में रह जाइए। यहीं 'प्यार का बाजार' कराइए। लेकिन, मैंने कहा, हर्गिज नहीं। मैं गाँव का रहनेवाला आदमी हूँ। अपने गाँव में ही रहूँगा और वहीं 'प्यार का बाजार' खेला होगा। बम्बै में फिलिम-सिनेमावाले इतना रोकने लगे, जिद्द करने लगे ! यहाँ तक कि झोली भी मेरी छिपाकर रख दी, एक हिरोइन ने। मगर भाई, दीवाना ऐसा नहीं··· ।"

"ठीक किया आपने ! अपना गाँव फिर अपना ही गाँव, है कि नहीं ?"

"अच्छा किया आप चले आये।··· आखिर, झोली दिया या नहीं ?"

"अब, गाँव में 'प्यार का बाजार' होने दे तब तो ? बारह बखेड़िया लोगों के बीच कोई काम होना मुश्किल है।"

खाली बोतलों की तरह लोगों के दिमाग, इसमें जो कुछ भी भर दो समा जायेगा ! प्रेमकुमार दीवाना ने कहा—"कितना काम करूँ अकेला ? देखो, अभी भी डाक से चिट्ठी आयी है—चार कविता, दस कहानी और करीब बारह नाटक की माँग पटना से आयी है, लोहारपुर मुहल्ला से।··· पटना की क्या बात ! वहाँ जब मैं गया तो स्टेशन पर एक हजार पबलिक मुझे सिर्फ देखने के लिए जमा हो गयी थी।"

"इस्स ! एक हजार ?"

"तो, हो न तैयार ? तुम लोग सहायता दोगे न ? शुरू करें लिखना, प्यार का बाजार ?"

"हाँ-हाँ, तैयार-ही-तैयार हैं सब ! अब तो सर्वे का भी झंझट नहीं। जरा, एक चोटिलवा पाट हमारे लिए भी लिखिएगा !"

"जोकड़ का पाठ हमको दीजिएगा।··· अहा हा, सुचितलाल हम लोगों के दल से निकल गया। नहीं तो, 'प्यार का बाजार' में वह भी कमाल दिखला देता। बिदेसिया नाच में वह जब बटोहिया बनकर आता था और 'तोंहँरों बँलेंमुजी कें चिंन्हियों नाँ जाँनियों' गाने लगता था तो सारंगी भी उसके मोकाबले में मात खा जाये।"

प्रेमकुमार दीवाना ने दलित नाटक-मण्डली की कच्ची बही पर नाम दर्ज करना शुरू किया। दीवाना कहता है—"कलकत्ता, बम्बै थेटर के असली भेद का पता लगाकर आया हूँ। सब एलिक्ट्रिक की चालाकी सीख आया हूँ। देखना, 'प्यार का बाजार' कैसा जमता है !"

"दीमानाजी··· !"

"गलत नाम मत बोलो, दीवानाजी नहीं बोल सकते ?"

"दीनावाँ··· नहीं-नहीं, दीबानाम··· ।"

मलारी सोच रही है, इस दीवानाजी को क्या कहा जाये ?···

उस रात में दुम दबाकर भागे और आज फिर स्कूल से लौटते समय दीवाना को एक जरूरी बात पूछने की जरूरत हो गयी। बड़ा आया है, मलारी का भला-बुरा सोचनेवाला ! मलारी अपना भला-बुरा खुद सोचती है। दीवाना की आँखों में हमेशा शैतान हँसता रहता है। मलारी का यह दुख नया नहीं। सात वर्ष की उम्र से ही वह दुनिया के लोगों की जहरीली निगाहों को पहचानने लगी है। मलारी सच-सच बयान कर कभी लिखे तो··· तो, न जाने क्या हो जाये !···

मलारी अपने बाप को दोष नहीं देती। चिड़चिड़ा है, मद्दकी है। लेकिन गाँव के बहुत भले लोगों से अच्छा है उसका बाप। मलारी का बाप ही क्यों, गाँव की किसी भी लड़की का बाप ऐसा ही मद्दकी और चिड़चिड़ा हो जायेगा, हमेशा आदमी को हाँकते-हाँकते !··· पिछली चार-पाँच रात से चौबेजी पर भूत सवार हुआ है। रोज रात में चौबेजी की बछेड़ी खो जाती है। दो पहर रात में मलारी के बाप को जगाकर पूछने आते हैं–'महीचन, मेरी बछेड़ी को देखा है ?' कल रात मलारी के जी में आया कि पण्डित सरबजीत चौबेजी से पूछे···। क्या समझ लिया है चौबेजी ने ? उस दिन ठाकुरबाड़ी गयी थी मलारी, रामलला का दर्शन करने। दूर से चौबेजी ने कहा–तुम मंदिर की सीढ़ी पर या बरामदे पर से दर्शन कर सकती हो मलारी ! कोई हर्ज नहीं। तुम्हारा संस्कार बदल गया है। इसके बाद चौबेजी ने इधर-उधर देखकर हाथ के इशारे से बुलाया–'पगली ऐसा मौका कभी नहीं हाथ लगेगा। कहीं, कोई नहीं ! आकर चुपके से रामलला के चरण छू ले ! आ ! आ जा ! डरती है काहे ?'···

रामलला और रामलला के पुजारी पण्डित सरबजीत चौबे को दूर से ही नमस्कार करती है, मलारी ! लेकिन, मँगनीसिंह··· प्रेमकुमार दीवाना की क्या दवा की जाये ? अभी-अभी डाक से एक गुमनाम चिट्ठी मिली है, मलारी को। दोहा, चौपाईवाली चिट्ठी।···

–मैं किसी के प्रेम में पागल हुआ हूँ, वर्ष-भर से रात में जागल हुआ हूँ। मेरी जान, मलारी ! तुम पर कुर्बान यह प्राण ! आओ, चलो ! इस भेदभाव की दुनिया से दूर, बहुत दूर चल चलें हम ! जहाँ मैं रहूँ, तुम रहो और कोई न रहे !··· तुम सुवंशलाल से हँस-हँसकर बात करती हो और मुझको दुतकारती हो। खैर, मेरी किस्मत में यही है। मैं रस चूसकर उड़ जानेवाला भौंरा नहीं हूँ। कलात्मक प्रेम किसे कहते हैं, यह क्या जाने सुवंशलाल ! कलात्मक प्रेम करनेवाला मधुकर रस चूसकर उड़ नहीं जाता। वह गुन-गुन-मुन-मुन कर फूल के अधर पल्लव पर···।

शैतान ! बदमाश !

न जाने क्यों, जब से सुवंशलाल और मलारी की चायवाली कहानी उड़ी है गाँव में, मलारी को रोज पाँच-सात बार सुवंशलाल की याद आ जाती है।··· सुवंश बाबू ? ऐसा आदमी आजकल कहाँ मिलेगा ! कुछ कहना चाहते हैं, लेकिन कह नहीं सकते। कई दिनों से देख रही है, मलारी। सभी नौजवानों को जानती-पहचानती है।···

अररिया-कोठ जाने की बदनामी ! मलारी अपनी या सुवंश की सफाई देने

के लिए दाल-भात की तरह कसम-पर-कसम नहीं खायेगी। जिसको परतीत न हो, उसकी खुशामद तो नहीं करने जायेगी, मलारी ? हाँ, इतनी-सी बात वह जरूर कहेगी कि पाँव-छः घण्टा साथ रहने पर भी, सुवंश बाबू ने कोई बेकाम की बात नहीं कही। घोड़ा-गाड़ी पर, एक बार सुवंश बाबू की गोद में गिर पड़ी वह। अररिया-कोठ की सड़क तो अपने गाँव की सड़क से भी गयी-गुजरी है। घुटने-भर गड्ढों में घोड़ागाड़ी हिचकोले खाती।···सुवंश बाबू का मुँह लाल हो गया था। सरककर अगली गद्दी पर बैठ गये थे।

मलारी चाहती है, सुवंशलाल के नाम के साथ उसकी बदनामी फैले। खूब जोर से ! वह, अब किसी से नहीं डरती। सुवंश बाबू क्या कहना चाहते हैं ? कहते-कहते रुक क्यों जाते हैं ? बोलो न सुवंश बाबू, मँगनीसिंह की क्या दवा की जाये ? कायर ने अपना नाम नहीं लिखा है। नाम के बदले दोहा :

–ढाई आखर शब्द का मैं हूँ बेचलर ब्वाय, चिह्ननवाले कहत हैं, है मजनू का भाय !···

"सुबो रे, सुबो !" सुवंशलाल की बूढ़ी माँ अपनी पतोहुओं के मुँह से सुनी हुई बात का विश्वास क्यों करे ? सुवंश उसका कोरपच्छू लड़का है। कोरपच्छू, सबसे आखिरी सन्तान ! माँ से कुछ नहीं छिपायेगा उसका सुबो।

"सुबो !"

"क्या है माँ ?" सुवंशलाल को माँ के मन की बात की झलक मिल गयी, मानो। वह अपनी माँ से आँखें नहीं मिला सका।

"तुम्हारी भाभियाँ क्या कह रही हैं··· ?"

"भाभियों का नाम क्यों लेती हैं मइयाँ ?" मँझली भाभी ओसारे के नीचे से बोली–"आँगन छोड़कर कहीं जाती हूँ तो बस एक ही बात सुनाती हैं, सभी। कोई ताना मारकर कहती है–नयी देवरानी के लिए कोठरी बनवाओ, मँझली ! कोई कूट करती है–घर की भौजी रसवाली बात नहीं करे तो आदमी क्या करे ! जिस टोली में, जिस आँगन में रस मिलेगा, जायेंगे।··· आज भी मैं लड़ आयी हूँ छत्रीटोली की सन्तोखीसिंह की बेटी से !"

बड़ी भाभी बोली–"जिस दिन से अखबार में फोटो छापी हुआ है, गाँव के लहेंगड़े लड़कों ने मलारी को बाभनी समझ लिया है।··· मकबूल, मनमोहन और दीनदेलवा ने तो मुसलमान हाड़ी-काछी-मोची को पहले से ही माथे पर उठा लिया था।···अब लोग घर में चाह नहीं पीकर मलारी के हाथ का परसाद पीने जाते हैं।"

"सान्ती के बाबू कह रहे थे कि इस बार फागुन चढ़ने के पहले ही, अगहन में काझा-गनेसपुरवाले शादी करने को तैयार हैं।"

सुवंशलाल चुपचाप सामने पड़ी हुई बीमा-पुस्तिका को उलटता रहा। उसकी माँ ने अपने सुबो का मुँह देखकर न जाने क्या समझा कि फूट-फूटकर रोने लगी–"बेटा रे !"

"माँ ! क्यों रो रही हो ?··· सब झूठी बात है। जीवन-बीमा के काम में चार पैसा कमा लेता हूँ घर बैठे। यह भी लोगों को बरदाश्त नहीं होता !"

"तँ, चाह की बात झूठ है ?" मँझली ने पूछा।

"हाँ, झूठ है। सरासर झूठ !"

"लेकिन, मलरिया ने तो अपने मुँह से कबूल किया है।" बड़ी भाभी बोली। मँझली ने बात में जोड़ा-पट्टी लगायी–"इतना ही नहीं ! कहती थी कि रकसा-गाड़ी में एक आदमी की जगह में दो आदमी बैठकर कैसे जाते ? इसलिए, सुवंश बाबू कोरियाये हुए ले गये।"

सुवंश के मँझले भाई यदुवंशलाल ने आँगन में प्रवेश किया–"सान्ती की माय, मैं कह देता हूँ–मेरी थाली, मेरा लोटा, गिलास वगैरह अलग रखो। सभी लोटे-थालियों के साथ क्यों रखती है ? पीठ की खाल खींच लूँगा।··· आग में जलाओ कटोरी को !"

गुस्से से पैर पटकता हुआ बैठक की ओर चला गया यदुवंश। बड़ा भाई रघुवंश बहुत शान्त प्रकृति का आदमी है। मँझले भाई की बोली सुनकर पिछवाड़े की बगिया से आया–"मइयाँ, क्या बात है ? आग में थाली-लोटा क्यों झोंकने कहता है यद्दू ?"

बूढ़ी ने आँखों को पोंछते हुए कहा–"जमराज दुश्मन को मेरे ही साथ दुश्मनी है। उठा नहीं ले जाता !"

रघुवंश बाबू ने अपनी स्त्री से पूछा–"क्यों मोरंगवाली, क्या बात है ?"

मोरंगवाली, बड़ी भौजी ने घूँघट के नीचे से जवाब दिया–"जद्दू बाबू वैस्नव हैं। माँस-मछली उनकी थाली में कोई क्यों परोसती है ?"

"आज कहाँ से मछली आयी ?"

सुवंश की माँ बात पर राख नहीं डालना चाहती–"मछली नहीं, मलारी !"

"मलारी ?"

"हाँ ! सुबो ने जीवन-बीमा किया है उसका। इसलिए जद्दू अपनी थाली में नहीं खाने देगा, सुबो को।"

रघुवंश बाबू ने सरलता से कहा–"उसका माथा खराब है।"

"मेरा माथा खराब है ? जाकर पूछिए गरुड़ झा से, छत्रीटोला के मँगना से, तेतरटोली की सामबत्ती से। क्या कहते हैं, लोग ? आप तो दिन-भर गाँव में रहते नहीं, खेत में क्या सुनियेंगा ?" यदुवंश ने बैठक की खिड़की से आँगन की ओर जवाब दिया।

"क्या कहते हैं लोग ? क्या है रे सुबो ?"

सुवंशलाल ने कहा–"मुझे क्या मालूम ? भैया को ही पूछिए।"

"काम करो तुम और पूछा जाये भैया से ?" यदुवंश आँगन में आ गया, "बोलो, क्या चाहते हो तुम ? काझा-गनेशपुरवालों को चिट्ठी लिखें ?"

"काझा-गनेशपुरवालों को चिट्ठी लिखने की क्या बात है ?" सुवंश ने साहस से काम लिया।

शान्ति स्कूल से आयी और हाथ की किताब सुवंश काका का देती बोली–"मलारी मास्टरनी ने दिया है। बोली कि आज पुस्तकालय बन्द है। किताब लेती जा, काका को दे देना !"

सुवंशलाल की अन्यमनस्कता से किताब गिर पड़ी और किताब के अन्दर का लिफाफा छिटककर बाहर आ गया।··· सुवंश बाबू को मिले। जरूरी, बहुत जरूरी, लाल स्याही से रेखांकित !

रघुवंश बाबू ने कहा–"कम्पनी की चिट्ठी-पत्री, हर-हिसाब इधर-उधर न हो ! तुम्हारे जैसा भुलक्कड़ आदमी कहीं नहीं देखा।···गड़बड़ होने पर बूझना ! पोस्टमास्टर का क्या हवाल हुआ था ? चार आने पैसे के हिसाब की गड़बड़ी में, चार सौ रुपये दण्ड। कम्पनी का कारबार है !"

सुवंश ने लिफाफे को पाकेट में रख लिया। मँझली बहू ने बड़ी की ओर देखा।

दोनों भाई जब दरवाजे पर चले गये तो मँझली ने अपनी लड़की को डाँटते हुए कहा–"तू स्कूल में पढ़ने जाती है या डाकपेन का काम सीखने ?"

शान्ति को मलारी मास्टरनी कितना प्यार करती है ! 'बेटी' कहती है।–'शान्ति बेटी, भूख लगी है ? जाओ घर, छुट्टी !'

सुवंशलाल ने अपने कमरे से निकलते हुए कहा–"जिस स्कूल की मास्टरनी रैदास की बेटी है, उसमें पढ़ने के लिए भेजती ही क्यों हो अपनी बेटी को ?"

बड़ी ने मँझली की ओर देखा–बात सच है !

मँझली तुनककर बोली–"कोई कुछ करे, हमको क्या !···जीवन-बीम्मा का सब रुपैया मलारी के पेट में जायेगा, देखना, दीदी !"

"सुबो का क्या कसूर ! वह छौंड़िया ही ऐसी है। जब तक छौंड़ी न दे आस, तो छौंड़ा क्यों जाये पास ?"

सुवंश सीधे हवेली की ओर जा रहा है, अपने आँगन से निकलकर। यदुवंश ने पुकारकर कहा–"दरवाजे पर मच्छड़ काटता है तुमको, क्यों ? कहाँ जा रहे हो ? गुरुमन्तर लेने ?"

रघुवंश बाबू ने बछिया को घास देते हुए कहा–"तुम तो बेकार उसके पीछे पड़े हुए हो !"

"बेकार ? देखियेगा, एक दिन सभी चमार मिलकर सिर तोड़ेंगे, इसका। आपकी ढिलाई से ही···।"

"क्या किया है सुवंश ने ? किसका घी का गड़ा उलटाया है ?"

"मलारी से फँस गया है !" यदुवंश ने खोलकर कहा–"अब समझे ?"

"फँस गया है ?"

"और यह बात छिपी रहेगी ? काझा-गनेशपुरवालों को यदि मालूम हो जाये कि चमार की बेटी से फँसा है लड़का, तुरत भड़क जायेंगे।'··· रघुवंश बाबू चुपचाप सोचने लगे।

प्यार का बाजार !

एक गाँव-समाज का सामाजिक नाटक !

लेखक : श्री प्रेमकुमार 'दीवाना'।

भूमिका !

नाटक लिखने के पहले ही मँगनीसिंह नाटक की भूमिका लिख रहा है।

··· प्रेम सरोवर स्नान करि, धर नटवर को ध्यान,
दीवाना रचता अहो, नाटक एक महान् !

संसार में प्रेम के नाम पर, प्यार की दुहाई देकर आज तक घनेरों नाटककारों ने अपनी लेखनी को कलंकित किया है। कलात्मक प्रेम उठ गया है, समाज से।···

कला पर प्रेम की कलई कलम मेरी चढ़ावेगी,
कलात्मक प्रेम का झंडा जगत-भर में उड़ावेगी ! इति शुभम्।

निवेदक–दीवाना

पात्र-परिचय :

1. पागल प्रेमी–प्रेम-तत्त्व को ढूँढ़नेवाला एक युवक।
2. जागल प्रेमी–प्रेम में वर्षों से जगा हुआ प्रेमी। अधेड़।
3. अभागल प्रेमी–जिसकी प्रेमिका की शादी दूसरे से हो गयी।
4. मूक प्रेमी } -एक ही प्रेमिका को प्यार करनेवाले दो प्रेमी।
5. हूक प्रेमी }

··· पैंतीस पात्र हैं। पात्री ?

दीवाना ने सबसे पहले, मलारी को पत्र लिखना आवश्यक समझा।··· मनमोहन बाबू की बहन लीला पटना में नाटक करती है। गाँव में भी स्टेज पर उतरेगी। लेकिन, दलित-नाटक-मण्डली को उससे क्या लेना-देना ! यदि मलारी तैयार हो जाये तो नाटक में एक पात्री का भी समावेश कर सकता है, दीवाना।···

"प्यार का बाजार हो या नहीं हो। इस बार शामा-चकेवा तो जरूर होगा। इसी पूर्णमासी की रात को शामा-चकेवा है, तैयारी करो !" मलारी कहती है लड़कियों से। अपनी उम्र की लड़कियों और सखी-सहेलियों को उत्साहित कर रही है–"कौन कहता है कि यह गँवार पर्व है ?··· इसे माननेवाली लड़की फॉरवर्ड लड़की नहीं समझी जायेगी ! रहने दो वह सब फॉरवार्डी, शहर में !"

"लेकिन लिलिया भी कह रही थी कि शामा-चकेवा की याद आयी थी पिछले साल पटना में। सो, सुना कि गाँव में भी दो-तीन साल से शामा-चकेवा बन्द ही कर दिया है।" जयवन्ती बोली।

मलारी विहँसकर बोली–"कहती थी लिलिया ?"

लीला पढ़ चुकी है मलारी और जयवन्ती के साथ। जयवन्ती ने तो बहुत पहले ही पढ़ना छोड़ दिया। मलारी और लीला ने एक साथ मिडल पास किया है। मलारी का तीन वर्ष मुफ्त में ही खराब हुआ। लीला कॉलेज में पढ़ रही है। मलारी के जी में आया कि दौड़कर लीला के पास जाये। लेकिन तीन-चार साल से तो भेंट-मुलाकात हुई नहीं। तिस पर, कॉलेज में पढ़ती है–"सुनती हूँ कि लिलिया लड़कों की तरह केश छँटाकर आयी है ?"

"नहीं, नहीं।" जयवन्ती बोली, "मैं अभी देखकर आ रही हूँ।··· असल में जिस साल गयी पटना, उसी साल शादी की बात होने लगी। वह भी कॉलेज में पढ़नेवाला लड़का ! उसने कहा, लीला यदि मर्दों की तरह बाल कटावे और साइकिल पर चढ़ना सीखे तो शादी कर सकता हूँ। बस, लीला के मामू लीला को एक अंग्रेजी बालबर की दुकान में ले गये। वहाँ सोडावाटर-लेमलेड से केश को धोया, बालबर ने। फिर··· "

"इस्स ! तू भी जुलुम लड़की है जयवन्तिया ! हः हः ! बिना पटना शहर गये ही ऐसा बियान करती हो जैसे आँख से तू देख रही थी !" समियाँ बोली।

"आँख की सपथ ! खुद बोल रही थी, लिलिया। दोपहर की मैं वहाँ थी। लिलिया के यहाँ खाकर सारी दोपहरी कहानी सुन रही थी।"

"शादी का क्या हुआ ?"

"सो, बाल तो कटा दिया। साइकिल पर, भोरे-भोरे गिर-पड़कर किसी तरह लीला ने साइकिल सीखी। लेकिन, तब तक दुल्हा को दूसरी लड़की पसन्द आ गयी।"

"अच्छा ? तब क्या हुआ ?"

"फिर, दूसरा दुल्हा ठीक हुआ। तो, उसने कहा कि जब तक बाल नहीं बढ़ेगा, शादी ही नहीं करेंगे।"

"लो मजा ! इस बार क्या हुआ ? इसको भी दूसरी लड़की··· ।"

"नहीं-नहीं। कहती थी, ज्यों-ज्यों मेरा बाल बढ़े त्यों-त्यों उसका आना-जाना ज्यादे शुरू हो गया। लेकिन है उस्ताद उसका दुल्हा ! केश बढ़ता गया, फोटो छापता गया, केश बढ़ता गया, फोटो छापता गया।"

"इस्स ! हद हो तुम भी छौंड़ी–ई-ई हः हः। ई तो वही फोटो खींचनेवाले भब्बी बाबू की तरह फटाफट फोटो खींचने लगी, जैसे !"

"हाँ, लिलिया कहती थी। मलारी का फोटो समाचारपत्र में देखा, बड़ी खुशी हुई। उसके कॉलेज की लड़कियों ने कहा कि तुम भी आग पर चलना जानती हो, तब ? दिखलाओ, एक दिन !"

मलारी बोली–"आज शाम को जाओगी जयवन्ती, फिर ?"

"चलेगी ?"

"हूँ !"

"चल ! लिलिया बदली नहीं है। एकदम, सब आदत वैसी ही। सेमिया भी चलेगी।"

केंक्-केंक् ! क्रें-एँ–क्रेंक्। केंक्-केंक् !

शामा-चकेवा की बोली दुलारीदाय के किनारे सुनायी पड़ती है–आ गयी, आ गयी शामा-चकेवा की जोड़ी ! देखो, कहा था न ? शामा-चकेवा से ठीक एक दिन पहले ही आ जाती है शामा-चकेवा की जोड़ी। कोई पर्व मनावे या न मनावे !

शामा-चकेवा ही नहीं। सैकड़ों किस्म की चिड़ियाँ उतरी हैं हिमालय से, दल बाँधकर। खंजन-पंखी सबसे पहले ही सन्देश लेकर आ गयी थी–टिंउ-टिंउ, ट्रिटाँ ! खंजन को देखते ही कुमारी लड़कियाँ ओरियावन शुरू कर देती हैं।

नये नौजवानों की नजर में इस तरह के पर्व-त्यौहार रूढ़िग्रस्त समाज की बेवकूफी के उदाहरण-मात्र हैं। शामा-चकेवा, करमा-धरमा, हाक-डाक इत्यादि पर्वों को बन्द करना होगा।

बूढ़े भी कहेंगे–'मुफ्त में चावल, केला, गुड़, मिठाई, और दूध में पैसे लगते हैं। फिजूलखर्ची। चिड़िया-पंछी का भी पर्व होता है, भला ? सो भी इस जमाने में ?'

फिर भी हर साल लड़कियाँ खेलती ही आ रही थीं। जिस साल सर्वे शुरू हुआ, उस साल से एकदम बन्द। गाँव की बड़ी-बूढ़ियों ने कहा–"कहाँ खेलेगी शामा-चकेवा ! कोई भी अपनी जमीन में खेलने नहीं देगा।··· फुटबॉल खेलने का मैदान स्कूलवाला दर्ज हो गया। कबड्डी खेल हो या फुटबाल, चाहे शामा-चकेवा। सर्वे के परचे में दर्ज हो ही जायेगा।" इसीलिए, जमीनवालों ने कहा–"नहीं, मेरी जमीन में नहीं। एक पर्व मनाकर मुफ्त में जमीन नहीं छिनवानी है। दर्ज हो जायेगा कि यह शामा-चकेवा खेलने का मैदान है।"

इस साल, हर टोले की लड़कियाँ धूम-धाम से शामा-चकेवा मनाने की तैयारी कर रही हैं। कहने को सिर्फ कुमारी लड़कियों का त्योहार है। साथ रहती हैं, सभी। ब्याही, बेटा-बेटीवाली, अधेड़, बूढ़ी सब मिलकर गाती हैं।

मिट्टी का शामा, मिट्टी का चकेवा ! छोटे-छोटे दर्जनों किस्म के पंछियों के पुतले ! अन्दी धान के चावल का पिठार घोलती है। पोतती है प्रत्येक पुतले को। इसके बाद लिपे-पुते सफेद पुतलों पर, पुतलों के पाँखों पर, आँखों पर तरह-तरह के रंग-टीप, फूल-लत्ती। लाल, हरे, नीले, पीले, बैंगनी, सुगापंखी, नीलकण्ठी। पुतले ब्याही बहनें बना देतीं। बूढ़ियाँ रंग-टीपकारी आदि कर देती हैं।

"कौन कहता है गँवई पर्व है ?" लीला बोली–"मैंने दैनिक आर्य-भूमि और इण्डियन-नेशनल-टाइम्स में लेख पढ़ा है, इस पर्व पर। समझी मलारी ?" मलारी ने कहा–"और मैंने भी पढ़ा है। 'पारिजात'[1] की पुरानी कापी उलटा रही थी। देखा शामा-चकेवा पर भी लेख है। लिखा है नेपाल की तराई से सटे, उत्तर बिहार के जिलों में होता है, यह पर्व।"

"ए मलारी, तू अपना हाथ काट के मुझे देगी ? कितना सुन्दर बनाती है तू !

---

1. पारिजात–पटने से निकलने वाली मासिक पत्रिका।

शहर की लड़कियों को भी मात कर देगी तुम्हारी चित्रकारी !"

"दुत्त !"

"आँख की कसम कहती हूँ··· ।"

"अरी लिलिया, तू अभी तक आँख की कसम खाती है। शहर में भी ?"

लीला बोली–"सच कहती हूँ, आजकल ऐसी ही चित्रकारी को पसन्द करते हैं लोग। हाथ में सीकी की बनी डोलची लेकर घुमती हैं, लड़कियाँ ! सो भी कितनी भद्दी ! यदि महीन कारीगरी तुम्हारी देखें वे ! तू चल मलारी, पटना··· ।"

"दुत्त !"

"तू नहीं जायेगी तो हाथ काट के दे अपना। मैं तो सब भूल गयी !"

"मैं हाथ काटकर दूँगी ! लेकिन, तुम एक चीज दोगी ?"

"क्या ?"

जयवन्ती, सेमियाँ, रतनी और मलारी एक ही साथ हँस पड़ीं। सबसे पहले जयवन्ती बोली–"उँहुक्। वह देनेवाली चीज नहीं !··· खबरदार, लिलिया !"

"क्या माँगती है ?" भोली लीला ने पूछा।

"माँगती है तुम्हारा दुल्हा-आ !"

"हा-हा-हा-हा !··· "

मनमोहन बाबू ने अपनी माँ से कहा–"माँ ! जरा इधर सुनो !"

"क्या है ?"

"देखो, यह मलारी बड़ी करप्टेड है।"

"क्या है ?"

"माने, बदनाम है न ! लीला को उसके साथ ज्यादे मिलने-जुलने देना अच्छी बात नहीं।"

मनमोहन की विधवा माँ घर की मालकिन है। मनमोहन बाबू से नाराज रहती है। बहू की बात पर उठने-बैठनेवाले बेटे को फूटी निगाह से नहीं देख सकती, वह बोली–"चार साल के बाद चार दिन के लिए गाँव आयी है, बेचारी। उस पर मैं हुकुम नहीं चला सकती। तुम्हीं कहो !"

"बिनराबन बनायी है या नहीं ? जरा देखने दो, मलारी दैया !"

मलारी हँसकर कहती है–"बिनराबन मत बोल ! बृ-न्दा-ब-न ! रटो पाँच बार !" मलारी के आँगन में खड़ी लड़कियों ने दुहराने की चेष्टा की–"बिन बिर-बिन्द-बिन्दराबन। अब दिखा दो !"

"बेकार बृन्दाबन क्यों बनाऊँ ?" मलारी बोली–"जित्तन बाबू ने तो दो हजार गाछ रोपकर असली बृन्दाबन लगा ही दिया है। मैंने इस बार ऐसा चुगला बनाया है कि देखोगी तो देखती ही रह जाओगी।"

पुर्णिमा से दो रात पहले से शामा-चराई की रात शुरू होती है। घर-घर से डालियाँ लेकर आती हैं लड़कियाँ। डालियों में चावल, फल, फूल, पान-सुपारी के साथ पंछियों

के पुतले। लम्बी पूँछवाली खंजन, पूँछ पर सिंदूरी रंग का टीकावाला पंछी, ललमुनियाँ। बिनरा··· बृन्दाबन ! जहाँ, शामा-चकेवा की जोड़ी चरेगी। छोटे-छोटे कीड़े-पतंगे, बरसात के जन्मे। असली कीड़े-पतंगे नहीं, मिट्टी के ही। बृन्दाबन में चुगला आग लगा देगा। जली-अधजली चिड़िया बृन्दाबन की आग को अपने छोटे-छोटे डैने से बुझावेगी। धान, दही, दूध और मिट्टी के ढेले खिलाकर, लड़कियाँ बिदा करेंगी शामा-चकेवा को–"जहाँ का पंछी तहाँ उड़ि जा, अगले साल फिर से आ !" चुगला की चोटी में और मुँह में आग लगाकर लड़कियाँ ताली बजाकर गावेंगी–"तोरे करनवाँ रे चुगला, तोरे करनवाँ ना ! रोये परानपुर की बेटिया रे, तोरे करनवाँ ना !"

"मैं नहीं देख सकूँगी मलारीदी का चुगला।" महती पेट पकड़कर बोली, "देख, जिसकी शामा केंक-केंक करके अब उड़ी। ऐसा लगता है, जिसकी खंजन को छूते ही टिंउ-टिंउ-ट्रिटें करके सरसराकर दौड़ पड़ेगी।···उसका चुगला कैसा होगा, हे राम ?"

"एक बार सब मिलकर ताली बजाओ।

फट-फट-फट-थप-थप-ढन-ढन-ढन···।

"ए, रमदेवा ! फटी ढोलकी मत बजा !"

मलारी धीरे-धीरे चँगेरी की झाँपी उघारकर चुगला निकालती है–"हाँ, मेरा चुगला ऐसा-वैसा नहीं, दु-मुँहा चुगला है। एक मुँह पक्का काला, दूसरा सादा···"

"ह-ह-ह-ह-ह ! हा-हा-हा-हा ! ही-ही-ही··· बन्द करो, बन्द करो ! मर गयी ! पेट में दर्द होने लगा। बन्द करो, मलारी दैया !"

डेढ़ हाथ का मिट्टी का पुतला ! एक शरीर, दो मुँह ! एक मुँह काला, आँखें उजली और ओंठ पर थोड़ी जीभ निकली हुई। दूसरा मुँह सफेद, दोनों आँखें काली। दन्तपंक्ति में एक दाँत सादा, बाकी सरीफा के बीज की तरह काले।

"हाय रे ! रूप देखकर जी जुड़ा गया। लगता है, मुँह चिढ़ाकर कुछ बोलेगा और बोलकर आँख मटकायेगा। चुटिया देखो छुछुन्दरराम की ! इसका नाम चुगलैंट साहेब रखो मलारी !"

बाहर से किसी ने आवाज दी–"महीचनदास ! मलारी की माँ !"

"कौन है ? ए ! चुप-चुप ! ··· के है ?"

मलारी की माँ घूँघट जरा-सा सिर पर सरकारकर आँगन से बाहर आयी। "क्या है ? कौन है ?"

"मैं सुवंशलाल। एक किताब··· मासिक पत्रिका··· मलारी से पूछो।"

मलारी की माँ सब कुछ समझती है। लेकिन, जोर-जोर से कुछ कैसे बोले, वह ? बूढ़ा जग जायेगा तो आफत लेकर उठेगा। वह धीमी आवाज में हाथ नचा-नचाकर कहती है–"बाबू साहेब, उ सब बात पूछना था तो उस दिन डागडरनी के मार्फत ही काहे न पूछवाये ? सरकारी बात है तो क्या किसी का लाज-धरम भी ले लेंगे ? बोलिए तो, भतखौकी टैन आने की बेला में आये हैं पूछने कि···। जरा-सा भी मुँह में लगाम नहीं ?"

सुवंशलाल अवाक् होकर मलारी की माँ की बातों को समझने की चेष्टा करने

लगा—क्या हुआ ?

आँगन से निकल आयी मलारी—"एक मासिक पत्रिका पुरानी और एक हाल की। सो, अभी रात में किसको जरूरत पड़ी ?"

मलारी मन्द-मन्द मुस्काती है। मलारी की माँ घूँघट के नीचे से दाँत कट-कटाकर कहती है—"हरजाई, लाज-सरम तो घोलकर पी गयी ! क्या खराब-खराब बात बोलती है !"

"सुरपति बाबू शामा-चकेवा पर लेख पढ़ना चाहते हैं। एक मासिक पत्र में तालाबी पंछी पर पद्द है।"

मलारी की माँ अपनी बेटी को डाँटती है—"मलारी ! बाप जगेगा तो··· ।"

"जगेगा तो क्या होगा ?"

सुवंश के रोम-रोम बज रहे हैं। एक झलक के भूखे सुवंश को और कुछ नहीं चाहिए।

मलारी ने कहा—"अच्छा, तो प्रणाम !"

सुवंशलाल के जाने के बाद दहलीज में गुमसुम खड़ी मलारी को ठुनका मारते हुए बोली, उसकी माँ—"फिर मार खाने को मन हुआ है तेरा ? मर्दों से खराब-खराब बातें बोलते तुम्हारी जीभ नहीं लड़खड़ाती ?"

"तू बेकार खराब बात रट के मरी जा रही है ! मासिक पत्रिका किताब को कहते हैं।··· देखती हूँ, अब जल्दी ही ट्रेनिंग के लिए भेजा जायेगा हमको।"

इधर मलारी ने एक नया तरीका निकाला है। समय-समय पर कहती है—"ट्रेनिंग करने के लिए जाऊँगी, मुजफ्फरपुर !" सुनते ही उसकी माँ चुप हो जाती है।

शामा चरावे गेली हम-आँ जित्तन बाबू'क बगिया हे-ए,
सोहि रे बगिया
शामा मोरा हेराइल हे-ए,
सोहि रे बगिया··· ।

गाँव से सटी, गोबर के खाद से पटायी हुई जमीन। तम्बाकू रोपने के लिए तैयार की गयी जमीन में लड़कियाँ जमा हुई हैं, बबुआनटोली की।

"ऐं ? बबुआनटोली की लड़कियाँ मुकाबला करेंगी ? मजा आयेगा !"

"लीला आयी है। उसी ने उकसाया है सबको।"

"अंग्रेजी में गायेगी शामा का गीत ?"

"अंग्रेजी में नहीं, फारसी में !" मलारी कहती है, 'मुकाबला की बात तो करती हो, जीत सकोगी लीला से ? गीत वह भूली नहीं है।"

लीला कहती है—"देख, सोलकन्हटोलीवाली सब गाली-वाली भी दें तो तुम लोग

गाली मत निकालना। समझी ?"

"सबसे पहले किसकी बगिया से ?"

"हमेशा, पहले हवेली की बगिया से शुरू होता है।"

गोड़ तोरा लागों भइया, पखारनसिंघ सिपैहिया-या
कि पैयाँ पड़ो ना !
काहे शामा मोर छिपावला
कि छोड़ि देहु ना, मोरा शामाँ रे चकेवा राम,
खोलि देहु ना !

"तब ? इसके बाद ?··· नाचेगी नहीं तो गीत कैसे जमेगा ? एक ही पद गाकर हाँफने लगी ? उधर सुन, बुर्ज के उस पार से मलारी के गले की आवाज ! कैसी सुरीली सुनायी पड़ रही है !"

"तू भी लिलिया, रिकाट से कम नहीं गाती है।" सामबत्ती पीसी कहती है। सामबत्ती पीसी के लिए दोनों दल बराबर हैं। बबुआनटोली की मण्डली में आयी है। गीत नहीं जमेगा, पान-पत्ता का इन्तजाम ठीक नहीं होगा तो सोलकन्हटोली की मण्डली में चली जायेगी। पान-जर्दा खाने से गला खराब हो जाता है, किसने कहा ? गाने दो सामबत्ती पीसी को। पीसी नाचना भी जानती है।

"ले। कमर कस के पकड़। बाल खोल ले। पद गाकर झूमना पड़ेगा।"

"हाँ, पखारन सिंघ बिना गाली सुने, शामा नहीं छोड़ेगा।"

सामबत्ती पीसी शुरू करती है :

आ-रे, लाज तोरा नाँहि भड़वे, पखारनसिंघ सिपैहिया-या
कि सरमो नाँहि रे।
तोरा देहि में धरमवाँ, एको रत्ति ना··· !

सोलकन्हटोली की करीब पाँच सौ औरतों की मूलगैन है, मलारी। सुर देने का काम करती है घेघी फुआ।

"ऐ ! घेघी फुआ को कौन चिढ़ा रही है ? बेन बाजा कहती हो तो कहो। बेगपैप क्यों कहती हो मलारी ? घेघी फुआ सुर छोड़ देगी तो तुम तुरत हाँफ जाओगी।"

"बेनबाजा की तरह, भाथी में हवा भरकर छोड़ भी दो, फिर भी, रें-ऐं-ऐं-ऐं !"

"कमर कसके पकड़, मुट्ठी बाँध। जयवन्ती, कुलमन्ती, धनवन्ती, सनमन्ती चारों बहिनियाँ ! मलारी को बीच में रखो। दो-दो जनि दोनों बगल में। हाँ !"

"लिलिया आयी है पटना शहर से मुकाबला करने ! देखना है।"

"नहीं, नहीं। मोकबला-मोकबली की बात लिलिया नहीं करती। बेचारी कह रही थी कि एक साथ शामा-चकेवा क्यों नहीं खेलतीं ?"

"जब पहले ही नहीं हुआ कभी तो अब क्या होगा ! बाभन-छतरी की बेटी-पुतोहू को तो हम लोगों की देह की मँहक लगती है।"

"मलारी ऐसी शामा-चकेवा खेलनेवाली लड़की नहीं कि शामा चराने के लिए आते ही खो बैठेगी सामाँ !··· अरे, अभी बाग देख, बगैंचा देख, पुरइन के गलैंचा देख। बृन्दाबन में घूमेगी नहीं, मस्ती में झूमेगी नहीं तो शामा को कैसे भूलेगी ?–चल ! जरा फैल के गिर्दाव बाँध। ताल मत तोड़ना। नवसिखू छौंड़ियों से कह दो, बेकार गला न भाँजें ! नहीं तो, मेरा मन खराब हो जायेगा।"

सभी मलारी की बात मानते हैं। मूलगैन है, मलारी। गला क्या पाया है छिनाल ने ! ··· हम-उम्र लड़कियाँ अपनी सखी-सहेलियों को प्यार से भी छिनाल कहती हैं, गाँव में। मीठी हो जाती है यह गाली, तब !

बाँहों में बाँह डालकर कड़ी जोड़ती हैं मूलगैन के साथ की लड़कियाँ। हाँ, मूलगैन की कड़ी में जुड़कर गीत गाना खेल नहीं ! बेताली की हिम्मत नहीं होती कि उस कड़ी में जुड़ जायें।··· मूलगैन की पाँति चली !

मलारी बनहाँसिन की तरह चलती है। पहाड़ से [illegible]कर धरती पर बैठी हुई बनहाँसिन ! तकमकाकर इधर-उधर देखती है, अचरज से :

देखे में जे जावे सखिया, बाग रे बगैंचवा कि पोखरी-मण्डलवा
रम्माँ ऊँची रे हवेलिया, देखु-देखु ना !
कहाँ बाग रखवारवा से पूछि लेहुना,
हमरो शामा के पीरितया से नेति देहुना !

बाग के रखवाले को पान-सुपारी से नेति दो, निमन्त्रित करके कहो–शामा तेरे बाग में चरेगी। बस, पान-सुपारी से फाजिल कुछ माँगे या कुछ इधर-उधर बतियावे तो सुना दो :

परानपुर के सोलकन्हटोला, नामि रे लठेलवा
कि जानि लेहुना,
हम्मरो बप्पा के पगड़िया कि भैया के रुपइया,
हम जाइब कचहरिया··· ।

शामा-चराई की पहली रात बीत गयी।

सुबह को मर्दों ने आपस में बातें करते हुए कहा–"रात में बहुत हल्ला मचा रही थीं लड़कियाँ सब।··· लड़कियाँ ही नहीं, बूढ़ियाँ भी गला खोलकर चिल्ला रही थीं।" तीन साल के थके हुए, सर्वे की दौड़-धूप से चूर लोगों को इधर कई रात से गहरी नींद आ जाती है। जमीन जीतनेवाले, मुकदमा हारनेवाले, सभी सोते हैं। अघोर निद्रा में बेसुध ! उनके स्वप्नों में कभी-कभी सर्वे के अमीनों की जरीब की कड़ियाँ खनखनाती हैं–खन-खन, खन-खन ! हाकिम गुस्सा से गरजते हैं–ए ! चोप ! चपरासी पुकारता है–कहाँ-आँ-आँ··· !

दूसरी रात के बाद तीसरी रात। विसर्जन की रात।

आज की रात, किसकी जीत और किसकी हार होती है, देखना है ! पहली रात के बाद ही मुकाबले की चुनौतियाँ दी गयी हैं, दोनों ओर से। आज दिन-भर दोनों दलों की प्रमुख लड़कियों ने देह मालिश करवायी है। दूध, मिसरी के साथ गोलमिर्च की बुकनी खाकर गला साफ किया है।

लीला तो पगली हो गयी है, मानो। उसका दल कैसे जीते ? मूलगैन ही नहीं।

"एक मूलगैन ऐसी है कि यदि वह आ जाये तो सोलकन्हटोली की बोली बन्द कर दे। लेकिन, उसमें एक लेकिन लगा हुआ है।"

"कौन ? क्या लेकिन ? कौन लगाता है लेकिन ? मैं नहीं लगाने दूँगी किसी को कोई लेकिन। बोलो, कौन मूलगैन ?"

सुवंश की बड़ी भाभी बोली–"ताजमनी ! अब बोलो ? है न लेकिन लगा हुआ ?"

"क्या लेकिन लगा है ? ··· दस साल पहले वह तुम लोगों के साथ शामा-चकेवा और झूमर खेल चुकी है। अब क्यों न खेलेगी ? जित्तन मामा ने मना किया है क्या ?"

"मना किसी ने नहीं किया है। अपनी माँ से पूछकर देखो। तुमको तजमनियाँ के साथ खेलने देगी ?"

"क्यों, क्या हुआ ?"

"तुम जैसे कुछ नहीं जानती !"

"मैं सबकुछ जानती हूँ। ताजमनी तुम लोगों के दल की मूलगैनी कर चुकी है, वर्षों।··· हवेली की नानी के राज में खेलती थी, अब क्यों नहीं ? बिना मूलगैन के आज की रात भी फजीहत होगी। मलारी से मुकाबला करना आसान नहीं। मैं जा रही हूँ ताजमनी को बुलाने।"

सुवंश की बड़ी भाभी खुश है। वह चाहती है कि मलारी की छँहकबाजी छुड़ा दे कोई। कल रात पद जोड़-जोड़कर ताना दे रही थी मलरिया–'बाभिन भौजी हे, भूमिहारिन भौजी हे–गावलो गीत जनि गाउ··· !'

"अरे ! लीला साइकिल पर चढ़कर आ रही है। देखो-देखो, मर्दों का कान काटती है साइकिल चलाने में। घण्टी भी बजाती है ? टिड़िंग-टिड़िंग !"

"ठीक है, बुला लाओ। वह तो हम लोगों की पुरानी मूलगैन है।"

"तजमनियाँ अब नट्टिन थोड़ी रही ? नट्टिन वे हैं जो कल जा रही हैं तम्बू लेकर, मेले में।"

"कालीबाड़ी में कीर्तन गाती थी तजमनियाँ। देवी के आगे ! ··· शामा-चकेवा साथ खेलने में क्या है !"

··· टिड़िंग-टिड़िंग !

"काकी ! तुम क्या कहती हो ?"

"ठीक है।"

"बबुआनटोली के हर टोले की औरतों ने, अपने मर्दों से बिना कुछ पूछे या सलाह लिये ही स्वीकृति दे दी–मर्दों से क्या पूछना है इसमें !"

"अरी, नट्टिनटोली नहीं जा रही है लिलिया। ताजमनी आजकल हवेली में रहती है। नहीं जानती ?"

शरद की चाँदनी में, पहाड़ से उतरनेवाले पंछियों की पहली पाँति का स्वागत !

शामा-चकेवा, अधिंगा, चाहा, बनहाँस, मुर्गाबी, पनकौआ, पनचिर्री, झिल्ला, जलमुर्गी, लालसर, सिल्ली की अलग-अलग पंक्तियाँ आकाश में भाँवरे लेती हैं।

··· उतरो, उतरो ! धरती पर पैर रखो। हाँ, यही है परानपुर गाँव। दुलारीदाय के कुण्डों में मखाने, सिंघाड़े, कमलगट्टे, पानीफल खूब फले हैं। वही तलैये, वही पोखरे, पुरानी चौर और धान के खेत। डरो मत, आज की रात बन्दूक का निशाना साधे धरती पर कोई नहीं बैठा है। आओ ! गाँव की कुमारियाँ अपने सफेद आँचलों को हिलाकर बुला रही हैं—"शामा-चकेवा अइहऽहे··· "

—केंक-केंक ! क्रेंगा-आ ! क्रेंगा-आ ! केंक-केंक !

हहास ! हहास ! एक के बाद दूसरी पाँति धरती पर उतरती है—हहास !

फेकनी की माय कहती है—"आकि देखो ! कल से ही मैं समझा रही थी लड़कियों को कि गला फाड़-फाड़कर मत गा। उधर बाभन-छतरी की बेटी-पुतोहुओं को देखो आकि, सलीमा-ठेठर की तरह डानस कर रही हैं। आकि देखो··· !"

"मलारी के साथ आज गा रही है सेमियाँ !"

"उधर, सामबत्ती पीसी है तो इधर फेकनी की माय। उधर भूमिहारटोली की फूहादी है तो इधर सेवियादी। उधर बौकी बेवा और इधर घेघी फुआ।"

"सुनती है ! ताजमनियाँ को बुलाया है उन लोगों ने ! अब ?"

"अब क्या ? मलारी किस बात में कम है, उससे ? कलेजा मत छोटा करो कोई !"

"क्या गावेगी तजमनियाँ, अब ? ढलती बैस में जवानी का गला कहाँ से पावेगी ?"

मलारी कहती है—"ऐसा मत कहो। सधा हुआ गला है उसका !"

ताजमनी ने जब गीत गाना शुरू किया तो मुँह में घुलती हुई पेप्स की गोली चबाकर निगल गयी, लीला।··· क्या गला दिया है भगवान् ने ताजमनी को !

लीला के साथ दूसरी लड़कियों ने भी ताजमनी के गीत का आखर पकड़ा। मुँह ऊपर ! चाँद की ओर देखकर यह गीत गाना चाहिए।

"ले ! कोई जानती थी यह गीत ?"

"मिसराइन की सिखायी-पढ़ायी कोयलिया है, तजिया !"

"गलबल मत करो ! सुनो !"

आँ-रे, मानसा-सरो-ओ-बरा के झलमल पनियाँ-याँ-याँ,
खचमच मोतिया भ-ण्डा-आ-र–
काहे छाड़ि आयला हंसा रे-ए-ए मिरतू भवनियाँ-याँ-याँ,
बिनराबन करि पा-आ-आ र !
आँ-रे, गंगा रे जमुनवाँ के निरमल पनियाँ-याँ-याँ,
काहे छाड़ि आयला हंसा रे-ए-ए··· हमरो अभागल गाँव।
बाबा मोरा आ-रे हंसा-आ-आ, पोखरी खोदायी गइले
पोखरी में फूले पुरइन फूल-आ-रे-हंसा हमरो तोखरिया-या
पोखरी भरायब दूध !···

··· दूध से पोखरा भरवा देंगी कुमारियाँ–उतरो ! आओ-ओ हंसा-चकेवा !

ताजमनी जब गा रही थी, पेड़ का एक पत्ता भी न हिला। सब, चुप होकर सुन रहे थे !

मलारी चुप होकर सुनती है। सभी चुप हैं–ताजमनी गा रही है।··· सुन !

"मन का बहुत पुराना बिरोग गीत में घोलकर धीरे-धीरे ढाल रही है काँच के बर्तनों में। मेरी देह देखो, रोयें खड़े हो गये हैं !"

"ले, बलैया ! घेघी फुआ रो रही है। लो, बेनबाजा कौन बजायेगा ? क्यों रो रही है ? ताजमनी का गीत सुनकर ?"

"तैयार हो जा ! ताजमनी के रुकते ही तुम शुरू कर देना मलारी ! कहाँ सेविया ! तैयार रह जयवन्ती !"

उधर ताजमनी रुकी। इधर, मलारी ने शुरू किया। फेकनी की माय गुड़ और काली मिर्च की बुकनी खिला रही है पच्छक लड़कियों को–गला साफ होगा।

गैहरी-ई-ई नदिया-या-या अगम बहे धारा-आ कि रामरे,
हंसा मोरा डूबियो नि जाये
रोयी-रोयी मरली-ई-ई चकेवा-वा, कि रामरे,
आ रे हंसा लौटी के आव··· !

पुराने गीत पर मलारी ने नया तर्ज दिया है !

ताजमनी मुस्कराकर कहती है–"मलारी के कलेजा में बहुत दम है। इतना ऊपर खींचती है। वाह !"

लीला बोली–"अब, एक गीत पनकौआवाला शुरू करो।"

हाँ रे, पन-कउवा···
सावन-भादव केर उमड़ल नदिया
भाँसि गेल भैया केर बेड़वा रे, पन-कउवा !
हाँ रे, पन-कउवा, मचिया बैसली मैया मने-मने गुनैछे,
भैया गइले बहिनी बुलावेले रे, पनकउवा··· !

पूर्णिमा का चाँद हवेली के बागों के ऊपर उठ आया और धरती को ठिठककर देखता ही रह गया।

बुर्ज के मीनार पर जलता हुआ पेट्रोमेक्स भुकभुकाकर बुझ गया, अचानक ! नींद में विभोर सोये हैं गाँव के मर्द, थके-मारे, हारे-जीते, भरे-रीते !

गीतों के पंख पर उड़ता हुआ गाँव ! गीत-गंगा में नहाती औरतें !

गाँव में सब मिलाकर मात्र आठ-दस प्राणी जगे हुए हैं।

मीत भी जगा हुआ है। रह-रहकर उत्कर्ण होकर सुनता है और बाहर भागना चाहता है। जित्तन बाबू डाँटते हैं।

सुवंशलाल की आँखों में नींद अँगड़ाई लेती है। मलारी की सुरीली आवाज उसे एक घूँट-सा पिला जाती है, वह ऊँघते-ऊँघते जग पड़ता है।··· अजीब हाल है ! न सो सकता है और न जगने में ही कल ! बेकल है सुवंशलाल। यह कैसी बेकली है ! मलारी के बिना वह कुछ नहीं। मलारी का जन्म सुवंश के लिए ही हुआ है। और, अब तो मलारी उसकी आँख की भाषा को पढ़कर आँख से जवाब भी देती है ! मासिक पत्रिका वापस करते समय उसने जानबूझकर ही सुवंश की उँगलियों को छेड़ दिया था।··· क्या लेगी ? किताब ? कितनी किताबें हैं, देख ! रवीन्द्र, शरद्, प्रेमचन्द, यह ले, यह ले ! ऐं ! पुस्तकों में पंख लग गये हैं ! पुस्तकें उड़ती हैं पाँखें पसारकर ! फड़फड़ाकर रवीन्द्र-ग्रन्थावली उड़ी, अपार पारद के पर फड़फड़ाकर ! मलारी पकड़ती क्यों नहीं ? मलारी, दुलारी, हारी··· !

गाँव के लोगों के सिरहाने सपने मँडराते हैं–दुलारीदाय की धारा में बाढ़ आयी है। ··· चाँदी के रुपयों-जैसी पोठी मछलियाँ, परती पर झिरझिर पानी में छटपटा रही हैं–चित्-पट, चित्-पट, छट-पट !··· धान के खेतों में दौड़ने से धान के फूल झरते हैं, दूधिया गन्ध फैल रही है।··· खेत का धान काटकर ले जा रहे हैं जमींदार के लठैत ! घेरो, घेरो !··· मुखिया का चुनाव हो रहा है। गाँववाले मुखिया बना रहे हैं, उसी को। दफा तीन में हारी हुई जमीन फिर हासिल हो गयी है।··· गेंदाबाई गाली देती है।··· मलारी हवेली-घर में रो रही है ? क्यों रो रही है ? लिखाकर दस्तखत करा लो उससे। पोंपीं ? कौन साँला हँमकों पोंपी कँहता ?··· मकबूल की दाढ़ी !

चाँद को भी नहीं मालूम, लडकियों की दोनों जमात कब नाचते-नाचते एक गिरोह में घुल-मिल गयीं !

पच्चीस बीघे जमीन लाँघकर, दो लहराती हुई धाराएँ मिलकर एक हो गयीं। हवेली के पच्छिम, बुर्ज से उत्तर ! संगम !

किलक पड़ीं एक साथ सैकड़ों चिड़ियाँ–हा-हा-हा ! केंक-केंक ! अरी, तजिया, ताजूदी, ताजमनी ! केंक-केंक ! मलारी, दुलारी ! लिलिया, लीला, हाय रे मेरी लीली

बिस्कुट रे ! क्रेंगा-क्रेंगा ! घेघी फुआ ? बैगपैप, बेनबाजा ? टिंऊँ-टिंऊँ-टिहुँक ! मौसी, मामी, काकी ? ए, बूढ़ी नानी ! मेंक-मेंक-मेंकाँ ! जयवन्ती ? सेमिया ? हा-हा-हा-हा ! ओ-हो सामबत्ती पीसी··· ।

भवेश तैयार हो गया !

··· ऐसा अवसर नहीं मिले बार-बार, किलकती रुपहले पाँखें पसार चिड़ियाँ हजार—फ्लैश ! क्लिक ! छटक-छटक !

"देखो ! बिजली छटकी ! ··· देखो बदमाशी। फोटो छाप रहा है !"

—फ्लैश ! छटक-छटक !

पाँच-सात लड़कियों के साथ लीला ने छापा मारकर छापी लेनेवाले को गिरफ्तार किया—"कहिए महाशयजी ! क्या हो रहा है ? चलिए औरतों की कचहरी में। कुछ नहीं सुनी जाएगी। लो, जयवन्ती, पकड़ो !"

औरतों के बीच भवेश की सूरत ! लीला देखकर मन-ही-मन मुस्कराती है—"चेहरे पर बारह बज गये ? ··· एक बल्ब दीजिए तो !"

भवेश की तुतलाहट बढ़ गयी—"इसमें बल्ब बदलने की ज-ज-ज-रू··· ।"

—फ्लैश ! चलो उतर गयी तस्वीर, छापी लेनेवाले को भी। दूर से बड़ा तीर मार रहे थे ! इनकी तस्वीर कौन लेगा ?

लीला ने दिखलाया—हजारों पुतले पंछियों के ! रंग-बिरंगे ! चुगले, चुगलैंट। बृन्दाबन। इनकी तस्वीर··· !

मलारी बोली—"मेरे चुगले की तस्वीर सचित्र साप्ताहिक के सबसे ऊपरवाले पन्ने पर नहीं छपेगी ? ···यदि आपके साथ इसका फोटो लिया जाये, तो भी नहीं ?"

"हा-हा-हा-हा। छोड़ दो, छोड़ दो ! बेचारे का फोटो बिगड़ रहा है।"

"अब लगाओ चुगलैंट साहब की चुटिया में आग ! फिर, मुँह में।" मलारी ने अपने चुगले की चुटिया में आग लगायी। सभी लड़कियों ने अपने चुगलों को अन्तिम बार देखा :

तोरे करनवाँ ना रे चुगला, तोरे करनवाँ ना—
जरल हमरो बिनराबनवाँ रे तोरे करनवाँ ना।
तोरे करनवाँ ना रे चुगला··· !

लड़कियाँ हँस-हँसकर गा रही हैं, तालियाँ बजाकर !

फ्लैश !··· दोमुँहा चुगला का क्लोज-अप !

धूसर, वीरान, अन्तहीन प्रान्तर !

सफेद बालुचर ! यही है चिरपरिचित दुलारीदाय ! पाँचों कुण्ड में, पाँच चाँद !··· पंछी की पहली पाँति का वृद्ध पखेरू आकाश में भाँवरे मारकर अपने दल को बिठाना चाहता है—पहले धरती पर, तब पानी में।

क्रेंगा-आ ! क्रेंगा-आ ! नये पंखवालों से कहो ज्यादा चुलबुल न करें। इस बार लक्षण अच्छे नहीं दीखते। इस परती पर पौधे कैसे लगे हैं ? ऐं ! खतरे की कोई बात तो नहीं ? खबरदार ! केंक-केंक !

द्वितीय-परिवर्त

स्थिर-निबद्ध, तीव्र-दृष्टि !

विनिद्र सुरपतिराय ने शरद-पूर्णिमा के चाँद को देखा, हवेली के पोखरे में। सहस्र कमल-दल पर शशिकला !

सुरपतिराय की आँखों में स्नेहसिंचित लावनी की झलक !··· दूध की सुगन्ध चारों ओर ! प्रकृति के अंग वात्सल्य-गन्ध से सराबोर ! सरोवर में दूध-ही-दूध !

सुरपतिराय कई दिनों से दूसरी ही दुनिया में है। बहुमूल्य प्राप्ति के नशे में झूमती कटी हैं रातें, उसकी !

गीतवास हाट के पास रजौड़ गाँव में, एक गरीब ताँती-परिवार में कुछ पुरानी पाण्डुलिपियों-जैसी चीजें प्राप्त हुई थीं। नेपाली, बँसहा कागज के पचास-साठ पृष्ठ बहुत बुरी दशा में मिले, अस्पष्ट लिखावट और दीमक-भुक्त दशा को देखकर सुरपति ने जिन्हें एक ओर रख दिया था, निराश होकर।··· यत्र-तत्र स्पष्ट पंक्तियों को पढ़कर, एक दिन विस्मित हुआ। भवेश ने कहा–"इन्फ्रा-रेड फोटोग्राफी ही बस एकमात्र उपाय है।"

उस दिन, भवेश लौटा है सत्तर प्लेट्स प्रिण्ट करवाकर। मोती-जैसी जगमगाती, 'श्रीमती लिखावट' ! टूटी लड़ियों के लटके-जैसे दीमक-भुक्त स्थान !

दो रात जगकर पढ़ गया है। तीसरी रात, वह हिन्दीं-अनुवाद करने बैठा। शामाँ-चकेवा विसर्जन की रात। शरद-पूर्णमासी की गीत-भरी रात की गोद में बैठकर उसने देखा, स्थिर-निबद्ध, तीव्र दृष्टि से !

दूध-भरे पोखरे में चाँद ! अदृश्य अचंचल अंचल से दूध झरते देखा। माँ-माँ की मृदु-गन्ध से उसका आँगन महक उठा।

मांगलिक अनुष्ठान-भरा वातावरण ! पंछियों की पाँतियाँ उड़ रहीं दूधिया आकाश में। पोखरे में पुरइन के पात, महार पर स्थलपद्म की शीत में नहायी पंखुड़ियाँ !

पंछियों के बीच हठात् राजहंसिनी पर दृष्टि पड़ी उसकी।

स्निग्ध-धवल पंख पसारकर पोखरे में उतरी।··· उसका जोड़ा कहाँ है ? राजहंस ! किसी ने पुकारा ! नारीकण्ठ ! लॉली ! लॉली ! बेटा लॉली !

सुरपति ने पहचाना—द्रोणी-पुष्प-रंग के वस्त्र में आवृता : मिसेज रोजउड। गीता मिश्रा। श्रीमती गीता !

··· लॉली, डेडी आयेगा !

··· आय, आय !

··· लॉली, डेडी आयेगा !

··· आय, आय !

[प्रथम तीन अर्धभुक्त पृष्ठों से प्राप्त वाक्यांश ! इसके बाद !]

··· माइ लास्ट एण्ड लॉस्ट लव !

मेरा अन्तिम प्यार, जो खो गया !

माँ मरियम के पवित्र चरणों पर जवा-फूल चढ़ाना अपराध है ! क्या अपराध है और क्या नहीं, माँ मरियम मुझे बता जाती है। इसलिए, धर्म के संकुचित··· !

...... !!

और मेरा अपराध !

मैं कन्वर्ट होकर हिन्दू हो गयी हूँ। इसीलिए तो ! किन्तु प्यार की परिभाषा मैंने अपने पवित्र धर्मग्रन्थों से ही सीखी है।

जिसे, जो जी में आवे कहे ! किन्तु, दुहाई ! मेरे प्यार को कभी भला-बुरा न कहे कोई !

एक हिन्दू को मैंने अपने गुरु, स्वामी अथवा पति के रूप में प्राप्त किया। प्यार की मारी मैं, इसी पुरुष की खोज में जन्म-जन्मान्तर भटकी फिरी, और इस जन्म में, यहाँ आकर मैंने इसे प्राप्त किया। सन् 1910 ··· में। अपना सर्वस्व समर्पित कर मैंने उसे प्राप्त किया। मेरा सौभाग्य !··· नहीं मालूम मुझे !

पूरब-पगली बचपन से ही मैं थी। पड़ोस की सहेली के पिता पूरब से लौटे थे। भारत से लौटे थे; महाभारत का अंग्रेजी अनुवाद कर रहे थे।··· मैंने बाद में पढ़ा। सूर्य-पुत्र-गण ! ··· कृष्ण ! कृष्ण नहीं, मैं पहले कहती—क्रिश्चना !

बाद में ऐसी लगने लगी कि मैं एबनार्मल हो गयी। लिटल-लॉर्ड क्रिश्ना को पढ़ते-पढ़ते मैं एकान्त में आतुर हो पुकारती—गोपाला ! ओ, नन्दलाला !

··· एक रात तो मक्खन की पूरी टिकिया लेकर बैठी रही—आओ ! बटर-थीफ !

[इसके बाद, पाँच पृष्ठों से प्राप्त शब्दों को झरे हरसिंगार के फूलों की तरह बटोरा है सुरपति ने !]

··· हिम-मण्डित ! तुषार-मुकुट ! इन्द्रधनुषी देश ! गंगाजल ! देवपुत्र ! आर्यपुत्र ! स्वामी !

स्वामी के रूप में मैंने उसे स्वीकार किया।

डिस्पेप्सिया से अधमरे वृद्ध अंग्रेज व्यापारी को मैंने बात दे दी। उसे एक ऐसी सहधर्मिणी की आवश्यकता थी जो कुँआरी हो, सुन्दर और स्वस्थ हो; रबर-स्टेट के कारोबार को समझकर व्यापार में उसका हाथ बँटा सके। मलय प्रदेश, पूरब जाने की शर्त अनिवार्य थी !

ब्याह और मलय के लिए प्रस्थान। उसके दोनों कदम कब्र की ओर !

वह पूरब जा रहा था—भारत के निकट। भारत में भी रह आया है वह। बनारस में पाँच दिन रह चुका था। पुण्यवान था वह !

उस पुण्यवान को मैंने सबल, स्वस्थ और सुन्दर नौजवान पति की तरह स्वीकार किया। वह पूरब जो जा रहा था !

मेरी मम्मी जीवन में पहली बार नाराज हुई—'क्या पागलपन है ! जरा, फिर से सोचकर देखो तो !'

फिर से सोचने का समय कहाँ था ! वह अगले सप्ताह ही सेल कर रहा था।

शादी के बाद, मेरी एक शोख सहेली ने चुटकीली ठिठोली की थी, धीरे-धीरे, कान के पास—'उसकी पसलियों का खयाल करना।··· टेक केयर ऑफ हिज रिब्स !'

जहाज समुद्र में है।··· कोई अदृश्य शक्ति मुझे खींच रही है अपनी ओर ! एडवर्ड, मेरा स्वामी बीमार है। वह समुद्र में कभी स्वस्थ नहीं रहता : वह कहता है···।

[बीच के कुछ पृष्ठ खो गये हैं !]

मलय की सिर्फ सात चाँदनी रातों से हमारा परिचय करवाकर, मेरे पतिदेव ने सदा के लिए आँखें मूँद लीं।··· एडवर्ड कहा करता, 'मुझे पलय का अपना बँगला बुला रहा है !'

मलय के जंगल में, अपने बँगले में ही एडवर्ड को चिर-शान्ति मिली।

मेरे पति के साझेदार मित्र ने हमारी बड़ी मदद की। रोज रात में मम्मी भय खाकर उठ बैठती—'एडवर्ड नाराज है !'

मेरे पति के साझेदार मित्र ने सभी हिस्से बिकवा दिये। पूरे दो महीने के बाद हमने भारत की ओर प्रस्थान किया।··· टु केलकटा !

सारी घटनाएँ कुछ इस तरह घटीं, जिन्हें मैं अदृश्य शक्ति की कृपा के सिवा और कुछ नहीं मानती।

कलकत्ते में, दूसरे ही दिन ब्रण्टी से भेंट हो गयी—रेसकोर्स में। ब्रण्टी भी पूरब-पगली थी। पिछले साल, एक राजा की रानी होकर भारत आयी है।

ब्रण्टी और उसके राजा साहब ने हमें सूचना दी, उसके जिले में एक अंग्रेज कोठीवाला प्लाण्टर अपना स्टेट बेचना चाहता है, मिस्टर ब्लैकस्टोन। कल कलकत्ते आया है। वह आधी कीमत पर बेचने को तैयार है।··· गोइंग डेराडून !

एक दिन मम्मी बोली—'ब्रण्टी ने अच्छा किया है। उसका राजा सुन्दर है। भला आदमी है। सुपुरुष है।'

मिस्टर ब्लैकस्टोन ने बताया–'डेरीफार्म के लिए बहुत उपयुक्त स्थान है। कोठी के पास ही छोटी-सी अकेली नदी है। पास में विस्तृत चरागाह !'

मिस्टर ब्लैकस्टोन अपने बैग में जमींदारी के अन्य दस्तावेजों के साथ मैकमिलन एण्ड कम्पनी का एक बालकोपयोगी भूगोल भी हमेशा रखता। किताब खोलकर रेखांकित पंक्तियों की ओर दिखाकर बोला–पूर्णिया जिला। थाना–रानीगंज !

जिले के नक्शे पर, उत्तर कोने में नेपाल की सीमा के पास एक लाल बिन्दी डाल दी थी उसने–'यही है वह जगह ! यही है वह नदी–डोलरे-ड़ेय !'

ब्रण्टी और उसके पति राजा महीपालसिंह की सहायता से हमने जमींदारी की कीमत तय करवायी।

राजा महीपालसिंह मुझे बहुत भद्र जँचे। लापरवाह, हँसमुख, हास्यप्रिय और चतुर। किन्तु, उनको भारतीय मानने को मन तैयार नहीं होता। रूप-रंग, पहरावा-पोशाक, बोलचाल और खानपान, सब इंगलिस्तानी।··· मेरे, कल्पनालोक के पूर्वी पुरुष से कोई मेल नहीं। मुखाकृति भी नहीं मिलती।

हमने जमींदारी खरीद ली।

तीन महीने कलकत्ते में रहकर, हम मिस्टर ब्लैकस्टोन के साथ पूर्णिया आये। माँ के विशेष आग्रह पर मिस्टर ब्लैकस्टोन ने हमारे साथ एक सप्ताह रहना मंजूर कर लिया।··· इलाके से परिचय कराते समय उसने बार-बार चेतावनी दी हमें···।

–परानपुर स्टेट के पत्तनीदार मिसरा से होशियार ! माइण्ड यू··· !

सन् 1856 ई. में इस कोठी की नींव डाली गयी है।

हीरा दरबान का कहना है–'सात साहबों ने इस कोठी में वास किया है। चार ने इलाके पर राज किया है। ब्लैकस्टोन साहब चार साल भी नहीं चला सके, जमींदारी !'··· बँगले की सजावट में कहीं कोई कमी नहीं हुई। कोठी की फुलवारी में, विदेशी पेड़-पल्लवों के बीच स्थानीय फूलों के कुंज ! बूढ़ा माली उत्तिमलाल आदमी से ज्यादा फूलों की भक्ति करता है।

पुटुस फूल यहाँ का जंगली फूल है। बाँसबन के घने अन्धकार में खिली-फूली झाड़ियाँ ? छोटे-छोटे स्टार-जैसे फूल, घोर लाल, गुलाबी, सफेद, बैंगनी।

इस उपेक्षित फूल को फुलवारी में लगाने के प्रस्ताव को सुनकर उत्तिमलाल बहुत उत्साहित हुआ। हीरा दरबान के मार्फत उसने हमें समझाया, पिछले आठ-दस वर्षों से वह, इस फूल की झाड़ी को फुलवारी में रोपना चाहता है। किन्तु । बाद में मालूम हुआ, पुटुस को फुलवारी में लाने का विरोध, कोठी के मालिक ने नहीं, कोठी के दरबान हीरा मण्डल ने विशेष रूप से किया था। इस बार भी देखा, जंगली फूल के इस सम्मान को देखकर हीरा खुश नहीं। बूढ़ा हीरा दरबान गत बीस वर्षों से इस कोठी में दरबानी करता है। वह समय-असमय मुझसे अपनी टूटी अंग्रेजी में बातें करता। आसपास के गाँव और गाँव के लोगों के बारे में–'थिक विलेज, ग्रेट विलेज, खास रैयाट, भेरी बैड मैनी एण्ड भेरी गूड मैन नन !'

डेरीफार्म खोलने के विरोध में हीरा ने कहा–'नॉट गूड ! एवरीबडी से–यू विलायती ग्वालन !'

सुनते ही मैं समझ गयी, सभी मुझे ग्वालिन समझेंगे। समझेंगे ग्वालिन ? अहोभाग्य ! मैं ग्वालिन ! मैं गोरस का कारबार करूँगी ! अवश्य !

जापानी डॉल ! ताजमनी का पहरावा देखकर जितेन्द्रनाथ को जापानी गुड़िया की याद आयी। माथे पर सीकी की डाली–रंग-बिरंगे फूलोंवाली डाली ! ओठों पर सरल मुस्कराहट ! जितेन्द्रनाथ प्रसन्न हुआ।··· वक्र मुस्कराहट नहीं !

गोबिन्दो ने जितेन्द्रनाथ की गुनगुनाहट को सुनकर समझ लिया, मन का फूल खिला है !··· मॅन का फूल ही नेंहि फूटता है दादाबाबू का ? फिर कैसे कॅरके क्या होगा ?

"क्यों गोबिन्दो ! रसोईघर में अड़हुल फूल से किस देवता की पूजा हो रही है ?" गोबिन्दो ऐसी बातों का मतलब बहुत शीघ्र समझता है। नुकीले ओठों पर हँसी को स्थिर करके बोला–"ही-ही-ही ! श्येंमा पूजा माने माँ काली का पूजा नजीक आ गिया कि नेंहि, इसी वास्ते ! ताजनदि बोला··· । दादाबाबू, आप नेंहि मॅत कॅरिए ! पूजा को हुकुम जॅरूर दीजिए ! माँ श्येंमा··· !"

"गोबिन्दो ! अपने चूल्हे की आँच देखो जाकर ! श्यामा-पूजा के लिए हुकुम लेने की जरूरत नहीं। हुकुम लेकर पूजा होगी ?"

जापानी गुड़िया को एकान्त में खिलनेवाले दो फूलों की महक लग गयी।··· गोबिन्दो अपने दादा बाबू के हृदय के कोने-कोने में घूम चुका है, बचपन से ही !

ताजमनी को देखते ही गोबिन्दो ने जितेन्द्रनाथ को आँख के इशारे से सूचित किया। पुरानी आदत ! जितेन्द्रनाथ को हँसी आयी ! गोबिन्दो हाथ में खाली प्याली लेकर रसोईघर की ओर भागा। मीत ने धमकी दी–इसमें दौड़ने की क्या बात है ! बॉख !

जितेन्द्र और ताजमनी की उम्र एक साथ ही बीस वर्ष घट गयी, मानो। दोनों खिलखिलाकर हँस पड़े। मीत ने उत्कर्ण होकर दोनों की ओर देखा।··· इन्हें भी एक धमकी दे दें ? बॉख !

"जानते हैं ! जोर-जोर से हँसने पर मीत नाराज होता है।" मीत ने अपना नाम उच्चारण करनेवाले प्राणी के घुटने पर अपने दोनों पैरों को रखकर प्यार प्राप्त किया। दूसरे ने उसके लम्बे कान को पकड़कर जरा खींच दिया।··· आऊँ ! बॉख !

ताजमनी ने दीवार पर लटकती हुई तस्वीरों की ओर देखा।···तस्वीरों के आसपास मकड़ी के जाले हैं या ये भी तस्वीरें हैं ?

"मन्दिर और हवेली-घर के कमरों की सफाई के लिए मुंशीजी को मजदूर नहीं मिलते हैं। और दुनिया-जहान के फरेबी कामों के लिए उन्हें आदमी ढूँढ़ते फिरते हैं ! ··· आज यदि मालकिन-माँ होतीं !" ताजमनी धूपबत्ती जलाने लगी।

"मुंशी जलधारीलाल ने चालीस साल पहले ही फरेब कर्म की ट्रेनिंग ली है। नया फरेबी नहीं, वह !" जितेन्द्रनाथ को अचरज हुआ, ताजमनी की मुस्कराहट जरा भी टेढ़ी नहीं हुई ? नागफनी के डण्ठल-जैसे होल्डर में धूप की बत्तियाँ सजाती हुई बोली—"लेकिन, ऐसा कुकर्म न मालकिन-माँ के समय में हुआ और न उनसे पहले !"

जितेन्द्रनाथ हठात् गम्भीर हो गया। ताजमनी मन-ही-मन मुस्करायी···मुझे चिढ़ाने चले थे ! धूपबत्ती के नागफनीनुमा होल्डर को सामने के ताख पर रखकर ताजमनी बोली—"नकली नागफनी में असली काँटे लगाने की क्या जरूरत !" उँगली के अगले पोर को टीपकर रक्त की नन्हीं-सी बिन्दी निकाली और सिर में लगा ली। जितेन्द्रनाथ ने पूछना चाहा—यह क्या हुआ ? खून का टींका···! किंतु कँटीली बात उसे चुभ गयी थी। बोला—"क्या किया है मुंशी जलधारीलाल ने ! किसी की पीठ पर लाल दगनी से फिर कुछ लिखा है क्या ?"

"पीठ पर नहीं। कलेजे पर दगनी दाग रहे हैं मुंशीजी।"

"मुंशीजी का क्या कसूर ?"

"कसूर जिसका भी हो ! लेकिन, जो कुछ भी हुआ है या हो रहा है, वह आपके जोग नहीं। जिद्दा, आप नहीं जानते ?"

"क्या ?"

ताजमनी हँसी। वह अच्छी तरह जानती थी, जिद्दा को कुछ नहीं मालूम। बोली—"इस्टेट से मामले-मुकदमे करनेवालों रैयतों, या इस्टेट के बरखिलाफ होनेवाले किसानों की लहलहाती हुई फसल रातों-रात चौपट कभी नहीं करवायी गयी। गाय-भैंस और बैलों की चोरी नहीं करवायी गयी। किसी के घर में आग लगाने के लिए···।"

"ताजू !"

"सन्तोखीसिंह की बीस बीघे की खेती, एक ही रात में शेष हो गयी। केयटटोली से सात बैल और तीन भैंस चोरी चली गयीं। फटकन के दोनों बैल छटपटाकर मर गये। जिद्दा, और भी बहुत-कुछ करने की धुन में लगे हैं मुंशीजी।"

"रामपखारन सिंघ !"

"हजौर ! जी बौवाजी !"···आजकल, हजूर कहने से नाराज होते हैं बौवाजी !"

"मुंशीजी कहाँ हैं ?"

ताजमनी मुस्कराती हुई अन्दर चली गयी। धूपबत्ती की गन्ध कमरे में और अँगनाई में हरसिंगार की हल्की सुरभि ! लगता है माँ का मौसम लौट आया है। माँ-माँ की मृदु गन्ध !

मुंशीजी दाद खुजलाना भूल गये !

"बायोलॉजिकल वारफेयर का मतलब समझते हैं मुंशीजी ?"

"जी नहीं ! फिर कोई नया कानून बना है क्या ?"

"कीटाणु-युद्ध ! रोगों के कीड़े बरसाकर दुश्मनों को बरबाद किया जाता है, आजकल ! सबकुछ माफ है, इस युग में !"

"जी !"

"इस्टेट के दुश्मनों को साधने के लिए आप क्या-क्या कर सकते हैं ?"

मुंशी जलधारी के दाद के चकत्तों की खुजलाहट तीव्र हुई। अब वह अपनी उँगलियों को रोक नहीं सका। दाद खुजलाता हुआ मुस्कराया–"जी ?"

"हाँ !" जितेन्द्रनाथ ने मुंशी के चेहरे पर निगाह गड़ा दी।

"आप चुपचाप बैठे रहिए ! इस्टेट के दुश्मन सध जायेंगे, खुद-ब-खुद !"

"नहीं। मैं चुपचाप क्यों बैठा रहूँ ? आप कुछ नहीं कर सकते तो साफ-साफ कहिए। दुश्मनों को साधना होगा।"

मुंशी जलधारीलाल दास के चेहरे पर ऐसी खुशी कभी नहीं देखी गयी। उत्साह और आनन्द में दाद की खुजलाहट खत्म हो गयी–"हुजूर ! आप तो बेकार परेशान हो रहे हैं ! हुजूर का नमक ताबेदार की हड्डी में है। एक-से-एक टेढ़े दुश्मन को बारी-बारी से सीधा करना मेरा काम है। सन्तोखीसिंह को जानते हैं न ! तीन दिन से खाना-पीना छोड़कर हाय-हाय कर रहा है !"

"मुंशीजी ! एक सन्तोखीसिंह के हाय-हाय करने से कुछ नहीं होगा। मैं चाहता हूँ, सारा गाँव हाय-हाय कर रोये। मेरा कलेजा ठण्डा होगा, उसी दिन !"

"सारा गाँव रोयेगा ! रोयेगा ! ताबेदार कान में तेल देकर बैठा नहीं है। मेरे कब्जे में ऐसे-ऐसे लोग हैं कि चाहूँ तो एक ही रात में गाँव को मशानघाट बना दूँ !"

"वाह ! वाह ! साँप-बिच्छुओं से भरी हाँडी कहाँ मिली आपको ?"

अब, मुंशी जलधारीलाल की मुस्कराहट देखे कोई !··· बमभोलेनाथ धीरे-धीरे राह पर आ रहे हैं ? पर्दे की ओर कनखी से देखकर वह बोला–"हुजूर ! ऐसा-ऐसा आदमी है। एक-से-एक !··· "

एक-से-एक !

मुंशी जलधारी की सेना के एक-एक व्यक्ति को देखकर जितेन्द्रनाथ ने स्वीकार किया··· एक-से-एक !

··· बकला अहीर ! जिला-जैवार में मशहूर भैंसवार। दस कोस, बारह कोस दूर गाँवों की फसल चराकर जब वह अपने बथान पर आता है, तब आकाश में भोर का तारा उगता है। भैंसे हैं या हिरनों का झुण्ड !

उस रात में मुंशी जलधारीलाल ने अपने 'गणों' को बुलाया था, हुजूर से भेंट कराने के लिए–"चलो ! तुम लोगों की किस्मत खुल गयी !"

बहुत देर तक जितेन्द्रनाथ बकला की बनावट को देखता रहा। लम्बे तरबूज की तरह सिर। कपाल सामने की ओर निकला हुआ। देह से दूध की गन्ध ! जो कितनी भी पवित्र क्यों न हो, किसी-किसी के लिए दुर्गन्ध अवश्य है। घुड़कती

हुई आँखें !··· बकला की मुस्कराहट ! उसकी बोली भी अजीब !

"हें-हें-हें ! हुजू-उ-उ-र ! आपके अकबाल से अभी तक मैं बीच खेत में कभी नहीं पकड़ा गया। बीस रस्सी दूर के आदमी के पैर की आहट को परेख लेती है मेरी भैंस ! फिर मेरा खूनियाँ भैंसा ! उसके तीन नवतुरिया जवान पाँड़ा की जोड़ी। बारी-बारी से चौकन्ना होकर देखने लगते हैं।··· मैं ? हजू-उ-उ-र, मैं तो अपनी मोरंगनी भैंस की पीठ पर नींद में फोंफ्-फोंफ् ! उधर खेत साफ !"

बकला का 'फोंफ्-फोंफ्' सुनकर, पहले से ही आतंकित, और जंजीर में बँधे मीत ने तीन बार बॉख किया !··· एक-एक व्यक्ति को प्रवेश करते समय मीत ने डाँट बताथी–बॉख-बॉख-बॉख ! बकला ने मीत की ओर सशंक दृष्टि से देखते हुए कहा–"हुजू-उ-उ-र ! मटरकाट भी हमारी भागती हुई हाँज[1] का मुकाबला नहीं कर सकती। एक बार रानीगंज थाना के दारोगा ने इलाके के नामी पहाड़ी घोड़े पर चढ़कर पीछा किया। कहाँ मेरी मोरंगनी भैंस के छूए-पूए और कहाँ मँगनी का माल, पहाड़िया घोड़ा ! मेले के रेस में बाजी मारनेवाला पहाड़ी घोड़ा का पेशाब अटक गया और चार चितंग-हें-हें-हें !"

बकला अपने हुनर में माहिर है। उसकी भैंसों को देखने की इच्छा हुई जितेन्द्रनाथ की, क्योंकि बकला ने बताया–"मेरी हाँज की भैंस सिर्फ चरती ही नहीं। कल ही तो चौरीटोलेवाले का दस बीघा सकरकन्द और पटनियाँ आलू उखाड़कर कचर गयी !··· हाँ, चारों खुरों से खोदती है मेरी भैंस ?··· हें-हें-हें। चेले-चपाटी भी साथ रहते हैं। हें-हें-हें !"

ननकू नट ! मुंशी जलधारी का दूसरा दस्तादार।

–बॉख ! बॉख ! बॉख ! बॉख।

जितेन्द्रनाथ को मांस की गन्ध लगी। मांस की नहीं, शहर के बूचड़खाने की बगलवाली गली में ऐसी ही गन्ध लगती है। ननकू नट की बाबड़ी ! खाल से सटाकर कटी हुई पट्टी ! मिस्सी मलकर काले किये दाँत !··· जितेन्द्रनाथ ने सुना–यह ननकू नट मवेशी चुरानेवालों का मेंठ है, इलाके का ! राह के हर गाँव में इसका एक शागिर्द सतर्क होकर रात में सोता है। डाक के दौड़ाहे की जैसी ड्यूटी ! डाक में आये हुए मवेशी को तुरत दूसरे अड्डे तक पहुँचाने का काम आसान नहीं। सुबह को अपने घर से आँखें मलते हुए उठकर गाँव में चक्कर मारना होगा। इसके अलावा ननकू नट का जेबी बूचड़खाना भी चलता है। हाथ की झोली में जितना सामान है, उसी से वह आध दर्जन मवेशी के मांस का कारबार कर लेता है, गुपचुप। जितेन्द्रनाथ ने ननकू नट को मात्र पाँच मिनट अटकाया। मीत रह-रहकर गुर्रा उठता था।

खन्तर गुलाबछड़ीवाला !··· 'गुलाबछड़ी कड़कड़ बोले, लड़िकन सबके मनुआँ डोले।' घण्टी बजाते हुए खन्तर गुलाबछड़ीवाले को देखते ही गाँव के लड़के धान,

---

1. भैंसों का झुण्ड।

चावल या पैसे लेकर दौड़ते। उन लड़कों के पीछे-पीछे उनकी माँ, दादी या चाची! खन्तर गुलाबछड़ीवाला बैद्य भी है, ओझा भी! इसलिए, दूसरे गुलाबछड़ीवालों से चौगुना सौदा देने पर भी खन्तर घाटे में नहीं रहता। गुलाबछड़ी की कड़कड़ी मिठाइयों में, लड़कों की बलि लेनेवाले तरह-तरह के जहर लपेटकर खन्तर घण्टी बजाता है। मौत की ओर दौड़ते हुए लड़के !··· बनहल्दी की एक कच्ची गोली की कीमत दो रुपया ! और झाड़-फूँक में जैसा घर, जैसी बीमारी देखी वैसा हिसाब। हर दो महीने के बाद विभिन्न पोस्ट ऑफिसों से सैकड़ों रुपये भेजता है, दवा, जन्तर और जड़ी-बूटी के नाम पर ! खन्तर गुलाबछड़ीवाला किसी रात को अपने घर में नहीं सोता। किसी-न-किसी गृहस्थ के घर में चक्कर पूजकर, कबूतर का भूना हुआ मांस और तीस नम्बर दारू का तीन बोतल पीकर, बैठा मन्तर पढ़ता रहता है। चक्कर के पास पीड़ित बच्चा अपनी माँ या दादी की गोद में ऐंठता हुआ। रह-रहकर चिल्लाता–बप्पा रे ! मैया रे !

··· बॉख-बॉख-बॉख-बॉख !

खन्तर गुलाबछड़ीवाला बड़ी मीठी बोलनेवाला ! बात बोलने के पहले प्रत्येक बार नाक से एक विचित्र आवाज निकालता है–"खँक् ! बाबू साहेब ! बात यह है कि जान-बूझकर जान लेना अच्छी बात नहीं। इसलिए, खँक्, ज्यादा तेज खुराक नहीं मिलाता हूँ। नारियल के पानी और कोहड़े के सेंक से पेट का दर्द आराम कर पचीस-पचास मिल जाते हैं। कभी-कभी अन्दाज से फाजिल खुराक पड़ जाने पर जान चली जाती है, एकाध की।··· फरमाइशी काम में हजार-पाँच सौ से कम नहीं लेता। अब तक सिर्फ तीन फरमाइशी गुलाबछड़ी बनाकर खिलाया है। बहुत बड़े खानदानवाले हैं, नाम क्यों लें ? खँक् ! तीनों फैनल केस !" खँक् शब्द के अलावा प्रत्येक पंक्ति के बाद हाथ जोड़कर गर्दन झुकाने की आदत है, खन्तर की ! फैनल केस माने जान लेने का काम ! खन्तर को पूरा विश्वास है, पाँच-सात हजार का काम जरूर मिलेगा। मुंशीजी ने कहा है, तीन केस तो जरूर समझो !

जितेन्द्रनाथ का सिर चकराने लगा। किन्तु, उसने अपने को सँभाला ! टेबल की आड़ में, परदे के पीछे टेप-रिकॉर्डर की करकराती हुई आवाज ! बीच-बीच में परदे के उस पार से या इस पार से बिजली छटकती ! जितेन्द्रनाथ हँसकर कहता–तेजी पावरवाला टॉर्च है। घबराने की बात नहीं।

तीन बजे रात तक इण्टरव्यू का कार्यक्रम चला !···

आतंक से जितेन्द्रनाथ का मुँह विकृत हो गया है। साँप-बिच्छुओं से भी ज्यादा जहरीले प्राणियों से मिलकर वह भयभीत हुआ है। किन्तु ताजमनी नित्य प्रसन्नवदना होती जा रही है। मुस्कराहट की वक्रता मिट गयी है। अन्दर हवेली की उजड़ी क्यारियों में हरियाली जाग रही है, धीरे-धीरे। तुलसी-चौरे पर तुलसी का बिरवा सदा फूला-फला रहता है–जिद्दा ! माँ आ रही है ! आनन्दमयी, प्राणमयी माँ !

"पूजा की सामग्री ? ताजू, मुझे माफ करो। मैं सबकुछ भूल गया हूँ। किस देव-देवी की पूजा में कौन फूल वर्जित है, मुझे याद नहीं।"

"मैं फर्दी लिखकर ले आयी हूँ। आप सु-मन से खरीदकर ला दीजिए। फूल नहीं लाना है आपको !" फिर वक्र मुस्कराहट लौट आयी ओठों पर ?··· नहीं, नहीं। ऐसा न करो ताजू !

जितेन्द्रनाथ ने पूजा-सामग्री की फेहरिस्त लेकर देखा, ताजमनी की लिखावट में आश्चर्यजनक परिवर्तन हुआ है। और, इस पत्रे को खो देना अन्याय होगा। ··· माँ की वेदी का एक स्केच, हल्के गेरुए रंग में अंकित ! मिथिलाक्षर, देवनागरी और बँगला लिपि से प्रभावित, पवित्र किस्म के अक्षर ! उपशीर्षक की पंक्तियाँ, जवाफूल की कलियों की छोटी-छोटी मालाएँ ! जादू सीखने की बात झूठ नहीं ! पत्रे को यत्नपूर्वक जेब में रखते हुए जितेन्द्रनाथ ने ताजमनी की उँगलियों की ओर देखा–स्वर्ण-चम्पा की कलियाँ ! इन उँगलियों को सूँघने की इच्छा हुई। चूमने का मन··· !

सु-मन से ही नहीं, भक्ति-भरे मन से पूजा की सामग्री ला दी है जितेन्द्रनाथ ने।

···सिन्दूर, अगरू, तिल, हर्रे, पंचगव्य, पंचशस्य, पंचरत्न, पंचपल्लव, घटाच्छादन का वस्त्र, माँ के लिए साड़ी, महाकाल के लिए धोती, भोगद्रव्यादि कर्पूर, ताम्बूल, धूप-दीप, दूर्वादल, पुष्प, तुलसी, नैवेद्य, चाँदमाला, पुष्पमाला, आरती !

श्यामा-पूजा के दिन माँ की देह से मनोहारी गन्ध निकलती। रह-रहकर तीव्र हो उठती।··· मतवारा करे, आत्महारा मोरे–तोहरऽवदनऽसुरभि माँगो ! जितेन्द्रनाथ हठात् अपनी माँ का आँचल पकड़कर हठ करता–"थोड़ी देर आँचल सूँघने दो अपना, माँ !"

"चल ! बड़ा तंग करता है कभी-कभी तू ! सारा काज पड़ा है। आँचल में क्या है ?"

जिद्दा की जिद्द ! "क्यों, पीसी की तरह तुम भी क्यों नहीं सिंगार करतीं ? बलभद्दू भैया कह रहे थे, तुम्हारी माँ सिन्दूर का टीका नहीं लगा सकती। क्यों नहीं लगा सकती ? बस, आज ही, एक दिन के लिए सिन्दूर लगा लो माँ ! देखूँ !"

पूजा-उपकरण खरीदते समय जितेन्द्र को याद आयी। माँ ने समझाकर कहा था–"सिन्दूर श्यामा माँ को दे चुकी हूँ। मैं सिन्दूर नहीं देती तो अड़हुल के फूल लाल कैसे होते ?··· माँ की माँग के सिन्दूर से ही जवाफल में लाली भरती है।

जितेन्द्रनाथ को प्रत्येक पूजा की याद आती है, बारी-बारी से। लगता है, माँ हवेली के किसी कमरे में छिपी बैठी है !··· एक बार लुत्तो ने मुँह चिढ़ाकर अपने साथियों से कहा था–"इतना बड़ा हो गया है और उस रात को अपनी माँ का दूध पी रहा था गट-गटकर। आँचल की ओट में। छिः, छिः !" लुत्तो को देखकर बचपन से ही, डकरते हुए पाँड़ा की याद आयी है जित्तन को। भैंस का पाँड़ा। मौका पाते ही सींग चलाना नहीं भूलता। जित्तन ने एक बार पूजा के अवसर

पर धमकी दी थी–"काली के नाम चढ़ाऊँगा। भोग दूँगा !" "ही-ही-ही !" ताली पीटकर लुत्तो भागा था–"लड़कियों की गाली बकता है रे ! छौंड़ीमुँहा लड़के को देखो रे !... "

जितेन्द्रनाथ मन-ही-मन हँसा, पाँड़ा-बलि को उसने कभी बर्बरता नहीं समझा ! किन्तु लुत्तो की बलि ? नहीं-नहीं। लुत्तो को देखकर उसको अपना बचपन याद आता है। ठीक ही कहा था लुत्तो ने। लड़कियों की गाली ही थी।

लुत्तो के एक वर्ष के बेटे को गुलाबछड़ी खिलाकर बलि देना चाहता था मुंशी जलधारीलाल। उसकी भैंस को सींग-फोड़ जहर खिलाकर मारना चाहता था। किन्तु, लुत्तो के मन के घाव की पीड़ा को समझता है सिर्फ जितेन्द्रनाथ, अकेला ! ... नैवेद्य, पुष्पमाला, आरती ! कल्याणी माँ के सामने भेद-भाव, डाहद्वेष ? सत मुझे दे, असत तू ले। विष तेरा, अमृत मेरा। नहीं-नहीं, अमृत भी तेरा !

"इस बार श्यामा-संकीर्तन करूँगी !" ताजमनी ने अपने मन की लालसा खोल दी।

"सच !" जितेन्द्रनाथ उत्साहित हुआ। ताजमनी की उँगलियों को पकड़कर उसने चूम लिया।

"जिद्दा !" ताजमनी की उँगलियाँ मानो आग में झुलस गयीं।

"ताजू !"

ताजमनी बेसुध पड़ी रही जितेन्द्रनाथ की भुजाओं में !

... अमीर, तहसीलदार, पटवारी, सिपाही, गोड़ाइत और बराहिलों को लेकर मम्मी कचहरी-बँगला में जमींदारी का जंजाल सँभालने लगी। मैं अपने गुहाल-बँगला (मेरी दाई पुतली गोशाले को गुहाल-बँगला कहती !) में गाय, भैंस, बाछे, बछियाँ, भैंसवार, चरवाहे और पुतली के साथ गोधन की सेवा करती। पुतली मेरी सहेली जैसी हो गयी। साँवली, सलोनी, स्वस्थ पुतली सदा मुस्कराती रहती, मीठी मुस्कराहट !

वह मुझे स्थानीय बोली में आदमी और जानवरों को पुकारना सिखलाती : भैंसवार को, 'रे मेथिया-या-या !' चरवाहे को, 'रे घोल्टा-आ-आ !' दरबान को, 'हिरवा-वा-वा !' काली गाय को पुकारती–'हि-बो-ओ-ओ-हि', और गाय दौड़ी आती। अरनी भैंस को बुलाने के लिए–'उ-ड़-हा-हा-हा-हा !'

मैं रोज रात को अपना रीडर लेकर बैठती। किन्तु, बिना शिक्षक के कोई भाषा सीखी भी जा सकती है ?... मुझे तुलसीकृत रामायण पढ़ने की आतुरता थी। पुतली से मालूम हुआ, रामसेवक मड़र नाम का एक बूढ़ा रामायण गाने में बेजोड़ है। अर्थ न समझूँ, कोई बात नहीं। ध्वनि का कोई महत्त्व नहीं ? मैंने हीरा दरबान से कहा तो उसकी आँखें गोल हो गयीं। मुझे समझाने के लिए वह शब्द ही नहीं पा रहा था। आँखों को नचाकर उसने कहा, 'नो ब्लैक मैन से–ए मेम, औल से–ए बंगाली ! मेम नौट साड़ी, नौट रामायन, नौट लाफ टॉक टु ब्लैक मैन !'

आश्चर्य ! हीरू की इस खिचड़ी भाषा का अर्थ मुझसे पहले मम्मी समझने लगी–'आपको कोई अंग्रेज स्त्री नहीं समझेंगे। बंगालिन कहेंगे। अंग्रेज स्त्री को साड़ी नहीं पहननी चाहिए। रामायण नहीं सुनती अंग्रेज स्त्री। काले लोगों से हेलमेल ठीक नहीं !'

मम्मी ने हीरा दरबान की 'हाँ-में-हाँ' मिला दिया। हीरा दरबान ऐसे मौकों पर भेद-भरी निगाह से मेरी ओर देखता।

··· प्रथम बार ! ग्रामगीत सुना मैंने उस रात, पहली बार !

नींद नहीं आ रही थी। हठात् कोठी के पूरबवाले गाँव से, करुण रागिनी में लिपटी गीत की एक कड़ी लहरों पर तैरती आयी।··· मैं लालटेन तेज कर बिछावन झाड़ने लगी। वातावरण में साँप-ही-साँप का भय होने लगा।

सुबह को पुतली से पूछा–'कैसा गीत था वह ? रेशमी केंचुल जैसा चमकता, वक्र, तिर्यक्, चमचम !'

मेरे हाथ के इशारे से नहीं ! पुतली जब समझती बात को तो, हीरा दरबान से ज्यादा समझती। सदा अपने घर की बोली में बोलती। मैं समझूँ या न समझूँ। जब कभी वह चार अंग्रेजी शब्द जोड़कर बोलती, हीरा से अच्छा ही बोलती। पुतली से मालूम हुआ, उस रात सचमुच साँपों के ही गीत गाये जा रहे थे। नागों की बड़ी देवी, विषहरी मैया के गीत ! मनसा-मंगल के गीत कहते हैं, इनको। पुतली कन्वर्ट क्रिश्चियन थी। किन्तु, विषहरी मैया का नाम लेते समय श्रद्धा से या भय से, दोनों हाथों को जोड़कर शून्य में एक प्रणाम करती।

दूसरी रात को छोटी ढोलकी के ताल पर गीत गाये जा रहे थे। ढोलकी के ताल और गीत की लय को सुनकर कोई भी कह सकता था, वे नाच रहे हैं, मिल-जुलकर।··· झुम्म-झुम्मर ! सुबह को मैं अपने कमरे में धुन गुनगुनाती टहल रही थी, अन्यमनस्क। पुतली न जाने कब से अचरज से मुँह फाड़कर खड़ी देख रही थी। मुझसे नजर मिली तो तलहथी से अपनी हँसी को ढँक फिर खिलखिलाकर हँसती हुई बोली–'झूमर ! झूमर ! हाउ यू सिंग झूमर छोटी मेम ? ··· वेरी गूड !'

'हा-हा, हा-ह, हा-ह-हा ! ला-रा, ला-रा, ला-र-ला।··· लामि-लामि बेनियाँ, सिर गंगाजी के पनियाँ, दरभंगावाली कनियाँ।' पुतली ने ताल पर शब्दों को दुहराया, 'यस, छोटी मेम ! आपने झूमर का लय ठीक ही पकड़ा है।'

बीच-बीच में मुझे मम्मी की झिड़कियाँ सुननी पड़तीं–'भगवान् जाने, तुम क्या होती जा रही हो !' और आश्चर्य, उसी समय, बारामदे पर हीरा दरबान भी कुछ-न-कुछ अवश्य बोल बैठता !

डेढ़-दो महीने की मेरी वह जिन्दगी ! मैं भूल सकूँगी कभी ? मेरे इस कमरे को ही मालूम है ! अजाने, अदेखे, कल्पनाप्रसूत पूर्वी पुरुष की प्रतीक्षा में मैंने कितनी रातें छटपटाकर काटी हैं ! मेरी दुर्दशा देखकर मम्मी घबरा गयी थी। इसी बीच, हमें पूर्णिया पलाण्टर्स-क्लब के एक उत्सव में सम्मिलित होने का निमन्त्रण मिला।

पूर्णिया-डे !

अप्रैल की वह सुबह। चिरस्मरणीय दिवस। 10 अप्रैल, 1910 !

[पाण्डुलिपि में यहाँ कई मांगलिक अनुष्ठान के चिह्न अंकित हैं, उपर्युक्त पंक्ति के आस-पास ! ऊपर क्यूपिड का सुन्दर स्केच, पंखवाला छः-सात साल का धनुषधारी बालक। तलहथी पर ठुड्डी रखकर तालाब में कमल को देख रहा है !]

16 अप्रैल से प्लाण्टर्स-क्लब में पूर्णिया-डे का समारोह शुरू हो रहा था। चार दिनों तक भूरिभोज, अहोरात्रि नृत्य, पान, काकटेल, जलविहार, पिकनिक और पोलो !

15 अप्रैल को सुबह साढ़े सात बजे ही अपनी सम्पनी-गाड़ी से बारह माइल पूरब अररिया स्टेशन के लिए प्रस्थान कर देने का प्रोग्राम हमने बनाया।··· भला, उन घड़ियों की एक झाँकी देखे बिना मैं कैसे जी सकूँगी ! आँखों के आगे स्पष्ट तस्वीर उतर आती है।··· मम्मी अन्दर के कमरों में जाने की तैयारी में व्यस्त हैं, पुतली के साथ। मैं अपने सबसे उत्तरवाले कमरे की उत्तरवाली खिड़की से (जिस खिड़की का नाम बाद में उत्तरा पड़ा !) हिमालय की तुषारमण्डित चोटियों पर छाया सिन्दूरी समाँ देख रही हूँ। दुलारीदाय के कछार पर पुल के उस पार घने जंगलों में परिन्दे प्रार्थना-गीत गा रहे हैं··· देवी पार्वती के पिता, जगदम्बा के जनक, नमामि देव ! इस झरोखे से मैं नित्य पर्वतश्रेष्ठ को प्रणाम करती !

झरोखे के पास ही है कदम्ब का पेड़। कल से एक मतवाला कोकिल कदम्ब की डार पर बैठकर कूक-कूक जाता है।

सुबह को आकर चिढ़ा गया–'कु-क्कु-कू-कू ! उठकर देखो !' पहाड़ी कोकिल को पुतली ने गोशाले से जवाब दिया–'जल्दी भागो ! कु-क्कु-कू-कू !'

पूरब, यानी कोठी के सदर फाटक पर हीरू के गले की आवाज सुनायी पड़ती है।··· हीरू की आवाज एक अजनबी स्वर में खो जाती है। घोड़े की एक तेज हिनहिनाहट से सारा प्रान्तर मुखरित हो उठता है–'ईं-हिं-हिं-हिं-हिं हिं !' हीरू भागा हुआ आ रहा है, घबड़ाया हुआ। मम्मी भी इस गुलगपाड़े को सुनकर बाहर आ गयी हैं।··· मिस-मिस-मिसरा ! मिसरा कहने के बाद मुँह बा दिया उसने। मम्मी शीघ्र ही समझ लेती है–दैट सिवेण्ड्रा मिस्सा ? मिस्टर ब्लैकस्टोन की चेतावनी प्रतिध्वनित हुई–मोस्ट बैंडमास ब्राहमीन-नोटोरियस, दि ब्राहमीन क्रिमीनल ही'ज···।

हीरू के मुँह में बोली वापस आयी–'भेरी भेरी बैड मैन। ओल्ड ईस्टेट दुश्मन। कम हेयर अन्दर कोठी, ही वाण्ट।'

मम्मी बोली–'ही वाण्ट्स टु सी अस। सी द फन ! क्रिमिनल !'

फाटक पर घोड़ा पुनः पुनः हिनहिना उठता है।··· पूरब आसमान की लाली जरा हल्की हो गयी। झाऊ की नील-नुकीली लम्बी झाड़ी और घने पुटुस के झुरमुटों के उस पार घोड़े की गर्दन दिखायी पड़ती है। अच्छे नस्ल का घोड़ा ! सिल्क ब्लैक ! मेरी पुतली का मुँह पीला पड़ गया है। सभी जानते हैं, उसे। घोड़े ने हिनहिनाकर

कोठी के निवासियों को बुलाया। मैं मम्मी से कहती हूँ–'वह हमसे मिलने आया है। स्टेट का पुराना दुश्मन है तो क्या ? वह मिस्टर ब्लैकस्टोन का दुश्मन हो सकता है। हमें मिस्टर ब्लैकस्टोन की बुद्धि से दोस्त-दुश्मन नहीं बनाना है मम्मी !'

मम्मी पर मेरे कथन का प्रभाव पड़ता है ! आश्चर्य ! इतना शीघ्र इतनी बड़ी बात का समर्थन मम्मी ने कैसे किया, यह मेरे लिए आज तक एक रहस्य की बात है। मम्मी कहती है हीरू से–'बुला ला !' अनिच्छापूर्वक, मुँह लटकाकर ड्राइंग रूम का दरवाजा खोलते समय बड़बड़ाता है, हीरू, अन्तिम चेष्टा करता है–'नो ब्लैकमैन कम इन कोटी-कम्पौण्ड। व्हाट रूम ?' पुतली की सिखायी हुई झिड़की मैंने दी–'ही-र-वा-वा-वा !' ईं-हिं-हिं-हिं-हिं ! बाहर, घोड़े की हिनहिनाइट और तीव्र हो उठी।

मैं अपने कमरे में आकर पूरबवाले झरोखे की झिलमिली से देख रही हूँ, झाऊ की झाड़ियों के पार्श्व से प्रकट होते हुए व्यक्ति को। इसे मैंने कहीं देखा है ? किन्तु कहाँ ? झरोखे की झिलमिली से एक लहर आकर मेरी रोमावली पर छा जाती है। परिचित पुरुष ? मेरे सपने का पूर्वी-पुरुष ? सूर्यपुत्र ? देवपुरुष ?··· कलेजे की धड़कन इतनी तेज क्यों हो गयी ?

हीरू की पुकार पर जरा सँभल जाती हूँ–'मेम साहेब !'

मैं अपने कमरे में, रीडर खोलकर भारतीय अभिवादन 'नमस्कार' का उच्चारण ठीक करने लगी। आरसी में अपने प्रतिबिम्ब को मुस्कराकर नमस्कार करती हूँ: नमस्यका··· !

ड्राइंग रूम का परदा हटाकर, मैंने कैसे नमस्कार किया–मुझे याद नहीं ! जन्म-जन्मान्तर के बाद ऐसी मिलन की घड़ी में होश रहता भी है ?

होश में लाती है, उसकी गुरु-गम्भीर वाणी। भद्रतापूर्वक खड़ा हो, प्रति-नमस्कार किया उसने–'आइ एम पण्डित शिवेन्द्र मिश्र··· पतनीदार ऑफ परानपुर स्टेट। वेरी क्लोज टु योर जमींदारी लैण्ड !'

मम्मी आकर आरामकुरसी पर बैठ जाती है, उसके नमस्कार को नजरअन्दाज कर। मुझे खुशी हुई–पूरब का यह पुरुष अंग्रेजी तो थोड़ी बोल लेता है !

मम्मी अपने काम की बात छेड़ देती है–'मिस्टर मिस्सा··· हमारी जमींदारी से आपको क्या शिकायत है ? वी 'व हर्ड···।'

"येस मेम ! दैट इज ए वेरी लांग लिटिगेशन।··· एक तौजी के पोजीशन को लेकर झगड़ा है।··· अभी तक, वह तौजी मेरे अधिकार में है। किन्तु, यह भी सच है कि उस तौजी पर कानूनी हक आपका है। मैं वही तो कहने आया हूँ। मैं आप लोगों से, यानी मातृजाति से, नहीं लड़ना चाहता !"

बात समझ में आयी ! अमीन, पटवारी और सिपाहियों ने अपने-अपने ढंग से इस तौजी के बारे में सुनाया था। मि. ब्लैकस्टोन ने नक्शे में, दुलारीदाय धारा में तीन लाल घेरा डालकर, दिखलाया था। पाँच में से दक्खिनवाले तीनों कुण्ड–फुल ऑफ फिशिज एण्ड···। कारकुनों ने यह भी कबूल किया–आज तक कभी कब्जा

नहीं हुआ।··· मिस्टर ब्लैकस्टोन की बात क्या, किसी साहब को एक मछली नसीब नहीं हुई और न एक धूर जमीन। जमीन धनहर है कुण्ड के आस-पास।

मम्मी को विश्वास नहीं हुआ।··· पूछती है–"सचमुच आप उस तौजी के झगड़े को निबटाना चाहते हैं ?"

'आप मुझसे लिखवा लें मेम !'

और इससे लोग डरते हैं ? बाघ की तरह भय खाते हैं ? किन्तु, हमारे ड्राइंग रूम में बैठा हुआ शिवेन्द्र तो माखन-जैसा मनवाला है ! रक्त-चम्पा की तरह शरीर का रंग, लाल ओठ ! छोटी-छोटी किन्तु सँवारी हुई मूँछें। गाढ़े लाल रंग की धोती, केसरिया रेशमी मिर्जई, ढाकाई झीनी चदरी, जिसकी कोर-छोर पर सुनहले तारों की कारीगरी। उँगलियों में रत्नजटित अँगूठियाँ !··· सामने बैठे इस नररत्न की ज्योति ! ··· मैं इस क्षण को सपना समझती हूँ। भ्रम समझती हूँ।··· शायद उसी रात की तरह कोई गीत कहीं गाया जा रहा है। अथवा कोकिल ! ··· कुरसी छूकर देखती हूँ। अपने शरीर को स्पर्श करती हूँ और चिकोटी काटती हूँ नाखूनों से··· सपना नहीं ! यह आदमी अपना है, वही··· !

मम्मी चुपचाप कुछ सोच रही है ! क्या सोच रही है, क्यों सोच रही है ? मैं समझती हूँ, मम्मी ने जान-बूझकर धन्यवाद ज्ञापन नहीं किया।··· मुझे यह झूठा तनाव पसन्द नहीं। अपनी अभद्रता के लिए मम्मी से माफी माँगकर, मैं कहती हूँ–'थैंक यू वेरी मच ! इट्स सो काइण्ड 'फ यू। रियली आइ'म ग्लैड-टु सी यू···। यू'र सो···।'

मम्मी मेरी ओर कटमटाकर क्यों देखती है !··· मैंने कुछ बुरा तो नहीं किया !

उस दिव्य पुरुष की बुद्धि की बलिहारी !

पलक मारते ही सब कुछ समझ लेता है। उसकी आँखें अपने आसपास शक्ति की लहरें फैलाती हैं ! ··· उसके कामदार लाल मखमली नागरे की नोक पर अपनी दृष्टि रखकर मन के उमड़ते-घुमड़ते भावों को सहेजती हूँ। कोई क्या समझे ! ··· जिसके लिए मैं देश-देशान्तर, लोक-लोकान्तर··· !

मम्मी विरक्त होकर कहती है–'समय हो रहा है। धूप तेज हो जायेगी।'

मैं क्षमा-याचना के लिए शब्द ढूँढ़ रही हूँ।··· आत्मसमर्पणात्मक भावावेश की घड़ियाँ ! झूमर गीत पर झूम रही हूँ मैं··· दरभंगावाली कनियाँ ! ··· मम्मी मुझे एक शब्द भी उच्चारण नहीं करने देगी !

··· मेरी लाचारी देख रहे हो, मेरे पुरुष ! मेरी आँखों की भाषा वह पढ़ लेता है।

मुस्कराकर उठा। हाथ जोड़कर बोला–'नमस्कार ! होप टु सी यू अगेन !' मचमच, मचमच ! ··· मेरे दोनों हाथ जुड़े रह गये, मेरी गोद में।

बाहर घोड़ा हिनहिनाया–ईं-हिं-हिं-हिं !

कदम्ब की डाल पर बैठा कोकिल आग लगाकर भाग गया।

कोठी के मुड़ेर पर बैठी एक पण्डुकी अनवरत पुकार रही है–तुतु-तू-तू-तू ! घोड़े की टापों की छन्दमयी खटपटाहट धीरे-धीरे दूर होती गयी।

ड्राइंग रूम हठात् श्रीहीन हो गया। मेरे कान के कोने में बैठी विरहिन के दिल में पहली हूक उठी, एक मीठा दर्द ! अपूर्व ! मैंने आँखें मूँद लीं। मन के भावातुर प्लेट पर एक छवि उतर आयी है, काले घोड़े पर सवार, लाल वस्त्र में आवृत्त दिव्य पुरुष !

दिव्य पुरुष, मेरा अपना पुरुष ! जिससे जन्म-जन्मान्तर के बाद मेरी आँखें चार हुई हैं, दो घड़ी के लिए। प्रथम बार··· दिस नाउ !

नमस्कार ! ओ मेरे··· !

पूर्णिया शहर के एक एकान्त कोने में है प्लाण्टर्स-क्लब का बँगला–'दि प्लाण्टर्स !'

तीन ओर आम-कटहल के पेड़, बाँसबन, एक ओर सपाट परती। युकिलिप्टस के बड़े-बड़े पेड़ों के पीछे लाल टाइल का कॉटेज। मुख्य द्वार के पास देवदार और धूप के पेड़। पगडण्डियों और एकमात्र सड़क पर तख्तियाँ टँगी हैं–'प्राइवेट रास्ता। इस रास्ते में चलनेवाले का चालान किया जायेगा।'

जिले-भर के अंग्रेज-परिवार–जमींदार, कोठीवाल, प्लाण्टर्स, हाकिम-हुक्काम ऐसे विशेष अवसरों पर एकत्र होते हैं। सदर में रहनेवाले अंग्रेजों का दैनिक अड्डा। एंग्लो-इण्डियन किसी का मेहमान होकर भी नहीं जा सकता। बार में भी नहीं। ब्रण्टी के पति राजा महीपालसिंह भी उस तख्ती के पास ही गाड़ी रोक देते हैं।

पूर्णिया-डे के अवसर पर सारे सूबे में फैले अंग्रेज जमा हुए हैं, सपरिवार। मेला लग गया है। प्रत्येक दो मास के अन्तर पर यह 'डे', उत्सव। सूबे के विभिन्न जिलों में पूर्णिया-डे, सोनपुर-डे, बेतिया-डे, हजारीबाग-डे। भोज-पान-नृत्य और आनन्दोत्सव का चक्र !

सिर्फ बारह घण्टे में ही मेरा सिर चकराने लगा। शाम को लॉन के किनारे, पोलो-ग्राउण्ड के पास बेंच पर बैठी बच्चों का खेल देख रही थी। नया खेल ! खेल का नाम है, 'खबरदार'। बच्चे कहते हैं–'लेट'स प्ले खबड्डा !'

अधिकांश बच्चे हाथ जोड़कर झुके हैं। वे यहाँ के नेटिव किसान बने हैं ! लड़कियों ने कागज का घूँघट बनाया है। एक लड़का हाथ में चाबुक लेकर खड़ा हो गया–'रेडी !' फिर बूढ़े अंग्रेज की तरह अपनी आवाज को विकृत करके कहता है–'यू ब्लैक बोडमास खबड्डा !' चाबुक फटकारता है–सपाक् ! नेटिव बने बच्चे हाथ जोड़े, सिर झुकाये, दो कदम पीछे हटकर कहते हैं–'माय बाप–हाय बाप !'–सपाक् !

–खबड्डा ! माय बाप, हाय बाप ! सपाक् !

–खबड्डा ! माय बाप, हाय बाप ! सपाक् !

'मुझे ली कहते हैं।' एक सुन्दर साँवर नौजवान ने आकर कहा, 'मैं आपको थोड़ा विरक्त करूँगा। क्षमा करेंगी ?'

इस नौजवान को मैंने देखा है, बहुत कम बोलने की आदत है। बोलता तो है, वह रेलरोड-इन्सपेक्टर मिस्टर बार्कर, मोटर-ट्राली की तरह ! मैं बोली–'बैठ जाइए ! आइए !'

'आपके इलाके को, रानीगंज सर्किल को, यहाँ के ग्रामगीतों की जन्मभूमि कहते हैं। गुनमन्ती, हाँसामारी की विधवा रानियों ने जिनकी रचना की थी, सैकड़ों साल पहले। जो अब गाँव-गाँव में लोक-कण्ठ में हैं।'

ली फोक म्यूजिक एक्सपर्ट बनना चाहता है। इण्टरनेशनल फोक-म्यूजिक कौंसिल का सदस्य है। वह अपने पॉकेट से एक टाइप की हुई पाण्डुलिपि निकालकर पढ़ना शुरू कर देता है--ओनली जेनुइन फोक सांग्स ह्विच् हैव बीन हैण्डिड डाउन फ्रॉम जेनरेशन टु जेनरेशन बाई ओरल ट्रान्समिशन···! मैं आपको बोर तो नहीं कर रहा ?'

पागल ली ! बाप सलाह देता है, कटिहार में सूअर के गोश्त की फैक्ट्री खोलने की और यह गीतों के पीछे पागल है। कहता है–'पूर्णिया-डे के अवसर पर जुटे हुए लोगों में सिर्फ तीन मिले उत्साहित करनेवाले। नहीं तो, बाकी सभी··· ।'

बाकी सभी ? ली की अनकही बात को भी सुन लेती हूँ। बेचारा ली !···और, वह रेल-रोड इन्सपेक्टर मिस्टर बार्कर ! सदा चुम्बनोद्धत मुँह ! आदमी बीमार मालूम होता है। कटिहार कीटी का अनुगत है !

कीटी ! परिचय के बाद ही जिसने मेरे कान में फुसफुसाकर कहा था–'ह्वाइ डोंण्ट यु फिश एनी फैट नेटिव राजा ?'

पूर्णिया जिले के सभी प्लाण्टर्स ने परिचय के बाद ही परानपुर के शिवेन्द्र मिश्र की चर्चा की। चेतावनी दी : 'माइण्ड यू ! दैट नोटोरियस मिस्सा'फ पेरानपो !'

मैंने ली को वचन दिया··· वह जब भी चाहे मेरे इलाके में आये; मैं उसकी यथासाध्य सहायता करूँगी। अन्य सूत्रों की भी व्यवस्था कर दूँगी। ली प्रसन्न होकर चला गया–'धन्यवाद !'

चार दिनों तक मैं ली के साथ रही। इन्टेलेक्चुअल व्यक्ति का संग !··· नाच के बाद, लेडीज .कार्नर में लड़कियों ने दर्जनों बार कहा–'ली नपुंसक है। वर्थलैस है। क्रेक है। सनकी है। ब्लैकबेरिइस्ट है !'

भगवान ही इनकी बात समझें ! ब्लैकबेरिइस्ट का मतलब ? जो नेटिव लड़कियों के पीछे दीवाना हो। भारतीय सुन्दरता का प्रेमी ! मैंने हँसकर कहा, ली से–'गीत तो पीछे होगा। पहले, रॉयल डिक्शनरी सोसायटीवालों को ब्लैकबेरिइस्ट शब्द भेज दो, अर्थ-सहित !'

ली हँसना जानता है।

अहोरात्रि डिनर, डान्स और ड्रिंक से ऊबकर, समारोह के संयोजकों से छुट्टी ले, जब स्टेशन आ रही थी, मैंने स्पष्ट शब्दों में मम्मी से कहा–'मैं यहाँ फिर कभी नहीं आऊँगी !··· आई हेट !'

मम्मी चिढ़कर बोली–'तुम्हारा सिर फिर गया है !'

स्टेशन पर मिला, मिस्टर बार्कर। मानो, हमारी ही प्रतीक्षा कर रहा था वह। मिलते ही, अस्वाभाविक ढंग से ठहाका मारकर हँसा–'गाड़ी डेढ़ घण्टा देर से आ रही है। तब तक हम अररिया पहुँच जायेंगे। मुझे भी फोरबिसगंज की ओर जाना है।'

अपनी कोठी में पहुँचने की इतनी उतावली हो रही थी कि मैंने उसके लिफ्ट को, बिना कुछ सोचे-समझे स्वीकार कर लिया।···मम्मी को उसने दाहिनी ओर बैठाया। ट्राली, पूर्णिया स्टेशन से उत्तर की ओर अग्रसर हुई ओर बार्कर का बायाँ हाथ मेरी कमर के इर्द-गिर्द रेंगने लगा। उसकी बड़बड़ाहट बढ़ती ही गयी। असम्भव शक्ति दी है भगवान ने इसे बोलने की ! भट-भट-भट-भट !

मोटर-ट्राली की रफ्तार को तेज-मद्धिम करता, राह के जंगलों, पोखरों और नदियों से परिचय कराता हुआ बार्कर बीच-बीच में मुझे अपनी ओर खींचने की चेष्टा करता। साँप की तरह रेंगनेवाला उसका बायाँ हाथ–'देयर ! देयर'ज दि फेमस जिबच्च पोकरा। थाउजण्ड ऑफ थाउजण्ड्स वाइल्ड गीजडाइरेक्ट फ्रॉम हिमालया।'··· 'कीटी का बावर्ची वाइल्ड गूज का बेहतरीन मोगलाई बनाता है।' भट-भट-भट-भट ! 'और, ऐसे जंगल की झाड़ियों में मिस मोबर्ली हाइड एण्ड सीक खेलना खूब पसन्द करती है। लड़कियाँ ? मत पूछो। जान देती हैं मोटर-ट्राली में एक लिफ्ट के लिए !' भट-भट-भट-भट !

प्लाण्टर्स की लड़कियों ने बार्कर की आदत बिगाड़ दी है, इतना तो मैं क्लब में ही देखकर समझ गयी थी। किन्तु, इस आदमी के अन्दर का पशु इतना भूखा है, मुझे ट्राली में बैठने के बाद मालूम हुआ।···क्लब में, कीटी के आगे दुम हिलाता था।

अररिया स्टेशन पर ट्राली से उतरते समय मैंने छोटा-सा धन्यवाद दिया। उसके लुभावने निमन्त्रण को सफाई से टाल गयी। किन्तु, उस जानवर ने प्लेटफार्म पर खड़े सैंकड़ों व्यक्तियों के सामने मुझे छाती से बदहवासी से चिपका लिया और···।

पीले, गन्दे दाँत ! दुर्गन्ध से भरी उसकी साँस।···ब्रूट ! यहाँ के प्लाण्टर्स समाज का सारा विष इस एक ही आदमी के अन्दर आकर जमा हो गया है ?

फेकनी की माय और सामबत्ती पीसी ने सारे गुअरटोली में खबर फैला दी–कम्फूवाले बिना किसी झंझट के रुपैया सेर दूध लेते हैं। लोगों को विश्वास दिलाने के लिए फेकनी की माय आँचल में बँधा दुटकिया नोट निकालकर दिखलाती–"देखो ! दो सेर दूध का दाम दो रुपैया !" सामबत्ती पीसी बोली–"तर-तरकारी, साग-सब्जी जिनकी बगिया में है उन लोगों की चाँदी है, समझो !" लोगों के चेहरों पर मुस्कराहट की एक पतली रेखा दौड़ गयी !··· हः हः ! रात-भर डर से थरथराती रही है देह!

पूरे, बारह घण्टे से गाँव और टोले के लोग परेशान थे !

रात-भर मोटरगाड़ियों की गड़गड़ाहट, तरह-तरह की रोशनी और शोरोगुल को देख-सुनकर कलेजे की धड़कन घटती-बढ़ती रही। गंगोलाटोली की औरतों ने सूप पीट-पीटकर हल्ला मचाया–"मुड़बलिया पिशाच है। सूप बजाकर हरकाओ !"

सुबह को लोगों ने देखा, गाँव से पूरब परती पर–जित्तन बाबू के नये बाग के पास सैकड़ों खीमे गड़े हुए हैं। एक सफेद नगरी बस गयी है। नाका के सिपाहीजी और गाँव के चौकीदार ने कहा–"डरने की कोई बात नहीं। कोशीवाले साहब लोग हैं। चतरा गद्दी में पुल बाँधने आये हैं।" फिर भी, लोगों के मन में शंका बनी रही। लुत्तो, बीरभद्दर, जयदेव बाबू और मकबूल ने भी बारी-बारी से कहा–"डरने की कोई बात नहीं !" तब लोगों को अन्न-पानी की रुचि हुई। किन्तु औरतों ने प्रश्न उठाया–"चतरागद्दी में पुल बाँधने आये हैं तो वहाँ जायें ? पचास कोस दूर बैठकर भला पुल कैसे बाँधेंगे ? और पुल बाँधने के पहले तो आदमी की बलि की जरूरत होती है। सो ?"

सो, कम उम्र के बच्चे घर-घर में कैद कर दिये गये थे।

फेकनी की माय ने और भी कहा–"आकि देखो, कम्फू में रोज एक मन दूध खपेगा। मुदा सब भैंसान से कह दो, भाव कम न करें। डरने की क्या बात है ! बड़े भले लोग हैं। आकि देखो, पूछो सामबत्ती से, डर से मेरी बोली बन्द हो गयी पहले, बड़े साहेब को देखकर। जब लम्बे-लम्बे केशवाली औरतों और नन्हें-नन्हें मुँहवाले बच्चों को देखा तो जान-में-जान आयी। कम्फू ! मेला है मेला ! मेला-जैसा सबकुछ !···एक जवान लड़की है, ठीक देवी दुर्गा की तरह। आकि देखो, इया बड़ी-बड़ी आँखें !···हम लोगों को बैठाकर दुनिया-भर की बात पूछने लगी–'कोशी मैया किसकी बेटी है ? शादी किससे हुई ? ससुराल कहाँ है ?' अरी, तुम लोग हँसती हो ! पूछो सामबत्ती से ! भला, मैं उतना क्या जानूँ" !

सामबत्ती बोली–"उतना तो किसी को नहीं मालूम। तब, एक बात सभी जानते हैं कि कोशी मैया अपनी सास और ननद से लड़-झगड़कर नैहर की ओर जा रही है–पच्छिम !···आकि देखो, एक किताब निकालकर खसर-खसर लिखने लगी, वह। मैं डरी कि कहीं अँगूठे का निशान न देने को कहे !"

सिर्फ दूध ही नहीं, पुदीना और धनिया की पत्ती भी महँगी हो गयी।

कोशी प्रोजेक्ट–पार्टी नं. 10 !

पार्टी क्या है, एक छोटा-मोटा शहर है। दर्जनों डिपार्टमेण्ट्स, उनके अलग-अलग अधिकारी, स्टेनो, पियन, बैरा। अलग-अलग ऑफिस, बँगले, बावर्चीखाने और गैरेज। एक ओर साहबों का क्लब है, दूसरी ओर अन्य कर्मचारियों की कैण्टीन ! उजाड़ धरती पर सफेद नगरी–छोटे-बड़े तम्बू–पाँखे फैलाये हंसों की तरह। दो सड़कें हैं–रैड रोड, ह्वाइट रोड ! ह्वाइट रोड पर दफ्तरों की पंक्तियाँ और रैड रोड पर बँगले। ह्वाइट

रोड सदा शान्त रहती है। दफ्तरों में टाइपराइटरों की खटपटाहट, कॉलिंग बेल की तुनुक आवाज–ट्रिं ! बड़े दफ्तरों के बड़े साहब की मोटी आवाज ! हवा से गूँजते हुए कुछ अंग्रेजी शब्द : कैचमेण्ट एरिया, रोड ब्रिज, माइनर रोड ब्रिज, हाईडैम, मेन कैनाल, बरॉज, लार्ज रेगुलेशन, स्मॉल फॉल्स एण्ड रेगुलेशन, एक्विडक्ट, साइफून, क्रॉस ड्रेनेज, रिजर्वायर, सैण्डी-सॉयल !

रैड रोड पर मुर्गे लड़ते। महीनों पिंजड़े में बन्द रहने के बाद किसी कैम्प में उन्हें जब आजादी मिलती है तो वे अपनी प्रेमिकाओं के लिए लड़ते हैं। बेचारी मुर्गियाँ दिन-भर परेशान रहती हैं। उनकी हरकतों से चिढ़कर चेन में बँधे हुए कुत्ते रह-रहकर गुर्राते हैं। धूप में खेलते हुए बच्चों की माताएँ डाँटती हैं। बावर्चीखाने से भूने हुए प्याज की गन्ध आती है। हरेक कैम्प के आसपास चटाइयों पर, छोटे-बड़े कद के बर्तनों में अचार, मुरब्बे, सूखे बेर, सूखी तरकारियाँ और पापड़ सूख रहे हैं। बूढ़ी औरतें फटे कपड़ों की सिलाई करतीं और जवान लड़कियाँ कैरम-बोर्ड पर गोटियाँ खटखटाती हैं।

बँगले और दफ्तरों के अलावा–खलासी, दरबान, ड्राइवर, पियन, बैरा का अलग-अलग कुनबा··· जहाँ दिन-भर सन्नाटा छाया रहता है !

काम-काम-काम ! एक मिनट भी फुरसत नहीं। मिट्टी खोदो, बालू तोलो, जमीन मापो, साँकल खींचो ! ···मिनट-मिनट पर जीप-गाड़ी गुर्राती हुई विशाल परती पर किसी ओर निकल पड़ती।

सारे कैम्प में सिर्फ इरावती है जो एकान्त पसन्द करती है। दिन-भर वह लिखने-पढ़ने में अपने को बझाये रहती है अथवा कभी-कभी उस विशाल निर्जन मैदान को, दूर तक फैली हुई वन्ध्या धरती के आँचल को, देखती रहती है।

मैदान के सफेद बालूचर पर गोधूलि की मटमैली लाली दौड़ जाती। जीप-गाड़ियाँ गरजती हुई कैम्प में लौटतीं। कुलियों के जत्थे, ओवरसियरों का कोलाहल ! पैट्रोमेक्स की रोशनी में सारा कैम्प जगमगा उठता।

इरावती मलहोत्रा ! देश के बँटवारे के बाद जिसके हिस्से में पड़ी है खानाबदोश जिन्दगी। लाहौर से दिल्ली। दिल्ली के शरणार्थी कैम्प से बिहार ! बिहार में, एक राजनीतिक पार्टी में काम करने लगी।··· दस महीने में ही उसने तीन राजनीतिक पार्टियों से अपना रिश्ता जोड़ा और तोड़ा। कहीं भी चैन नहीं ! किसी पर विश्वास नहीं ! लोगों ने कहा, माथा खराब हो गया है ! उसके चरित्र के सम्बन्ध में भी तरह-तरह की बातें उड़ीं।

–हरेक पार्टी के लीडर को डिमोरॅलाइज करने के लिए सरकार ने इस कुटनी को बिहार भेजा है ! ··· तपस्या भंग करती फिरती है, तपस्वियों की··· सी.आई.डी. है ! मीठी छुरी है !

कटी हुई पतंग की तरह उड़ रही है, इरावती ! उसके मन का भ्रम बढ़ता ही जा रहा है। उसका विश्वासहीन मन, धीरे-धीरे उसके व्यक्ति को लील रहा

है। कुण्डली मारकर बैठा हुआ साँप ! ···

इरावती को याद है, छोटानागपुर के पहाड़ी अंचल के दौरे पर जा रहे थे, उसकी पार्टी के प्रमुख नेता। इरावती को उन्होंने अपने साथ चलने को कहा–'तुम्हारे सभी सवालों का जवाब देने को मेरे पास समय नहीं। मेरे साथ चलो ! मैं तुम्हारे मन पर छाये हुए भ्रम को दूर करने की कोशिश करूँगा। एक-एक सभा में हजारों-हजार भूखे-नंगे आदिवासियों की आँखों में तुम अपने सवालों का जवाब पाओगी।' नेता ने मुस्कराकर कहा था–'फिर, आवश्यकता हुई तो काँके के पागलखाने में रहने की व्यवस्था भी कर दूँगा।···'

··· छोटानागपुर के पहाड़ी अंचल की पथरीली धरती पर गड़गड़ाती हुई भागी जा रही है–कालका मेल ! रात के सन्नाटे में गाड़ी की सीटी जंगलों और पहाड़ों में प्रतिध्वनित होती है। प्रथम श्रेणी की एक बर्थ पर लेटी हुई है, इरावती। दूसरी बर्थ पर करवट ले रहे हैं, उसके नेता भैया। धुँधली रोशनी ! मन पर छाया हुआ भ्रम। नेता भैया उसके पास आकर बैठ गये। तर्क में हारे हुए नेता को शायद कोई बात आ गयी है ! इरावती जगी। नेता ने खींचकर उसे अपनी गोद में बैठा लिया। उसके बालों पर हाथ फेरना शुरू किया। इरावती अँधेरे में मुस्करायी–यह क्या हो रहा है ! नेता ने अपना मुखड़ा इरावती के उरोज के पास रख दिया–'इरा, मुझे प्यार करो !' उसका एक हाथ इरावती के मांसल शरीर पर भटकने लगा। इरावती हँसी–'काँके में रहने की व्यवस्था हो रही है ?' 'हाँ, मैं पागल हूँ, इरा ! मेरी तीस साल की तपस्या···!' 'हाँ, आपकी देह काफी तपी हुई है। छोड़िए, पंखा तेज कर दूँ।' नेता ने छोड़ा नहीं, उसने अपनी देह की सारी ताकत लगाकर इरावती को दबोचा। आह ! इरा चीख पड़ी।···फर्श पर लुढ़के नेता भैया को उसने उठाया, बत्ती जलायी और नेता के कपड़े में लगी धूल को झाड़ने लगी–'देखिए तो, कितनी धूल लग गयी। नेता भैया, मेरे मन भ्रम बढ़ता ही जा रहा है। मुझे दुख है, मैं तुम्हारे काम नहीं आ सकी। असल में, प्यार करने की ताकत मुझमें नहीं। मेरे प्यार को लकवा मार गया है। दिन-रात मैं इसी चेष्टा में रहती हूँ, मेरा प्यार फिर पनपे ! किन्तु, कहाँ जन्म लेता है मेरे उजाड़ मन में कुछ ! नेता भैया, लजाते क्यों हो ? तुमने कोई अधर्म नहीं किया है। हजारों औरतों पर बलात्कार होते देखा है, मैंने। दिन-दहाड़े सड़कों पर। दर्जनों बार बलात्कार की पीड़ा से छटपटायी हूँ। चीखती रही हूँ, गला फाड़कर। मैंने उस समय की चीखें सुनी हैं, जबकि लोहे के लाल-गर्म सलाखों से···। सड़े हुए सन्तरों की तरह सड़कों पर कटी हुई छातियों को लुढ़कते देखा है। मुझे लगता है, मेरी छाती पर भी दो कटे हुए स्तन रखे हुए हैं–बेजान मांस के टुकड़े। इतना कुछ देखने और सहने के बाद किसी औरत का दिल-दिमाग प्यार करने के काबिल कैसे रह सकता है ? मैं कल्पना भी नहीं कर सकती कि इन्सान कत्ल और बलात्कार करने के सिवा और कुछ कर सकता है ! ···चुप क्यों हो नेता भैया ! अभी दो घण्टे पहले ही तुमने कहा था कि इरा !

तुम तो ड्रामे का डायलॉग बोलती हो। कहो न, कैसा डायलॉग बोलती हूँ !–न, न। माफी मत माँगो ! अधर्म होगा !···'

···रात के सन्नाटे में एक स्टेशन पर गाड़ी रुकी। पहियों की घड़घड़ाहट थमी। इरावती ने अपनी झोली सँभाली–'मुझे जाने दो नेता भैया ! रोको मत !'

···हजारीबाग रोड ! कभी नहीं भूल सकती इरावती इस स्टेशन को। यहीं से उसकी यात्रा शुभ होकर शुरू हुई थी ! ···

ढाई बजे रात का सन्नाटा ! हाथ में झोली लटकाये, अकेली इरावती उस अजनबी स्टेशन पर उतरी। प्लेटफार्म तुरन्त सूना हो गया। कुलियों ने बताया, पटना की ओर लौटनेवाली गाड़ी, सुबह आठ बजे मिलेगी।···वेटिंगरूम के सामने टहलते हुए एक भलेमानस ने घूर-घूरकर उसे देखना शुरू किया। इरावती ऐसी छोटी-छोटी बातों पर ध्यान देना भूल चुकी थी।··· 'नमस्कार !' उस घूरनेवाले व्यक्ति ने हाथ जोड़कर कहा–'आप इरावतीजी हैं न ?' हाँ, इरावती उसे पहचानती है। पटना में बहुत बार देखा है, पार्टी-दफ्तर में, आर्यभूमि और इण्डियन नैश्नलिस्ट के दफ्तर में, रवीन्द्र-जयन्ती के अवसर पर, लेडी स्टीफेन्सन हॉल के मंच पर, प्रोफेसर शशांक के साथ चित्र-प्रदर्शनी में। इरावती मुस्कराना नहीं जानती। कभी जानती थी ?

···भगवान जाने, कहाँ है जीत ! बहुत दिनों से पटना भी नहीं गयी है, इरावती ! जितेन्द्रनाथ मिश्र के लिए कभी-कभी वह बेचैन हो उठती है। हाँ, उसी ने इरावती के उजाड़ मन में प्यार को पनपाया है, पहली बार। हजारीबाग रोड स्टेशन···।

'आप कहाँ जा रही हैं, पूछकर आपकी यात्रा अशुभ नहीं करना चाहता। क्या मैं पूछ सकता हूँ कि आपकी पार्टी ने आपको आदिवासियों में काम करने के लिए तो नहीं भेजा है !'

'जी नहीं, मैं पटना वापस जा रही हूँ।'

इरावती ने कोई प्रश्न नहीं किया, किन्तु उस व्यक्ति ने थरमस से गरम कॉफी निकालकर ऑफर करते हुए कहा–'आप वेटिंगरूम में इत्मीनान से जाकर सोइए। आपकी गाड़ी में बहुत देर है।··· कॉफी ?'

इरावती ने काफी की पहली चुस्की लेने के बाद अनुभव किया था–एक प्याली कॉफी की कितनी सख्त जरूरत थी ! –'आप भी पटना की ओर··· ?' जितेन्द्र ने हँसकर कहा था–'जी नहीं, मैं हजारीबाग शहर जा रहा हूँ। चालीस मील दूर। सुबह की पहली बस खुलेगी। जी नहीं। कोई काम नहीं। यों ही घूमने। सोचा, जरा डी. वी. सी. का काम प्रारम्भ होने के समय एक बार देख आऊँ। बहुत शोर सुन रखा है।" नहीं, नहीं, डी. वी. सी. कोई कॉलेज नहीं ! दामोदर वैली कॉरपोरेशन। बोकारो में थरमल पावर प्लाण्ट। दामोदर नदी को हारनेस कर रहे हैं। तिलैया और कोनार में डैम !' ···

इरावती लज्जित होकर बोली थी–'जी, डी. वी. सी. के बारे में प्रायः रोज ही पढ़ती हूँ, पत्रों में। न जाने क्यों, मुझे कॉलेज की बात कैसे याद आयी !'

···जितेन्द्रनाथ मिश्र ने बताया था, वह घूम-घूमकर यही सबकुछ देख रहा है; क्योंकि वह बेकाम का आदमी है। किसी के काम का होता तो··· ? और पाँच मिनट तक उसकी बातें सुनने के बाद इरावती की इच्छा डी. वी. सी. देख आने की हुई। जितेन्द्र को अचरज हुआ था। बाद में, उसने कबूल भी किया। यात्रा अशुभ होने की आशंका उसे अवश्य हुई थी। नहीं तो बारह किस्म के बहाने क्यों बनाता ! बात यह है कि–बात यह है कि, जोड़कर क्यों बोलता !···

इरावती लिख डालना चहाती है उस यात्रा की याददाश्त !···

बीहड़ घना जंगल। ऊँची-नीची पहाड़ियाँ विभिन्न रंग की वनस्पतियों से आच्छादित ! पेचदार, तीखे मोड़वाली घाटियाँ ! भागते हुए हरिणों की टोलियाँ ! ··· एक पेड़ पर लाखों तोते एक साथ बोल रहे थे ! ··· धड़-धड़-धड़ाम ! ब्लास्टिंग होती है। पहाड़ तोड़े जा रहे हैं ! बड़े-बड़े बुलडोजरों की गड़गड़ाहट और रह-रहकर कुलियों की किलकारी–'मार जवानो-हइयो ! परबत-फोड़-हइयो ! कस के जोर-हइयो ! पत्थर-तोड़-हइयो !'

···अजीब वातावरण ! सड़क के लिए काटी गयी पहाड़ी के कगार पर बैठकर, बोकारो थरमल पावर प्लाण्ट के बारे में समझाते वक्त जीत का चेहरा तमतमा उठा था। बाइनॉक्युलर में देखता, फिर दिखाता जीत–'और वहाँ जो उस पहाड़ी के ऊपर का हिस्सा सेब के टुकड़े-जैसा काटकर निकाल लिया गया है, रोपवे का रास्ता बन रहा है, वह पाँच मील दूर, बेरमों में एक खदान क्या··· मनहूस खदान है। बेकाम के कोयले की खदान। जिस कोयले से कोई आग सुलगाने की सम्भावना नहीं। बाँझ कोयला कह सकती हैं ! थरमल पावर प्लाण्ट उसी कोयले से चलेंगे। रोपवे से रोज हजारों-हजार टन कोयला आयेगा–तारों में लटकती डोंगियों में। खुद खाली करेंगी डोंगियाँ; स्टोर में कोयला ले जाकर, फिर वापस आयेंगी। एक खास ताल पर सब काम होगा–क्रिरि-खटक, क्रिरि-खटक-खटक-खटक-खट्ट ! एलिवेटर के सहारे खुद-ब-खुद अपनी राह तय करता हुआ एक चेम्बर में जाकर चूर-चूर–फेस पाउडर-जैसा महीन होकर फिर अग्निकुण्ड में धधक उठेगा। तीन मंजिल नीचे, अण्डरग्राउण्ड में, कोनार नदी की धारा कुलबुलायेगी। पानी ऊपर जायेगा, गर्म होगा–वाष्प होगा। वाष्प उड़ नहीं जायेगी। उसे फिर ठण्डा किया जायेगा। डिस्टिल्ड वाटर, बर्फ-जैसा ठण्डा !'

–'प्रायः सभी यन्त्र ऑटोमैटिक काम करनेवाले होंगे। और तब दूर-दूर तक इन पहाड़ियों और जंगलों में–विशाल राक्षस के सफेद कंकालों की तरह, छः हाथ फैलाये ट्रान्सफॉर्मर के ऊँचे-ऊँचे टावर गड़ जायेंगे। बिजली की लहरें जायेंगी पटना, कलकत्ता··· ! बिहार ! बंगाल !'

जीत के मन का भी कोई पौधा मुरझा गया था। वह इन्हीं घाटियों के पानी से सींचकर उसे जिलाने की उम्मीद कर रहा था। पंचेट, माइथन, दुर्गापुर ! प्यार के तीर्थ-क्षेत्र। पलास का रंग उसकी आँखों में हमेशा छाया रहता है। कोनार नदी के किनारे, डैम साइट पर, एक विशाल क्रेन की छाया में बैठते हुए कहा था जीत

ने—'न जाने कोसी का काम कब शुरू हो ! वह मेरा इलाका है। कोसी-कवलित अंचल। जहाँ हर साल लाखों प्राणियों की बलि लेती है कोसी महारानी !'… धड़धड़-धड़ाम !

…कोसी ! हिमालाय की गोद से निकलनेवाली तीन धाराएँ—अरुण, तिमुर और सुनकोसी, बराहक्षेत्र के पास आकर आपस में मिल जाती हैं। त्रिवेणी ! त्रिवेणी के बाद सप्तकोसी ! फिर कोसी ! डायन कोसी ! उन पहाड़ियों में भी ब्लास्टिंग होगी। किन्तु, उसकी प्रतिध्वनि इससे भिन्न होगी। कहते हैं, कोसी को बाँधना आसान काम नहीं।

…तिलैया डैम के पास उदास हो गया था, जीत ! थरमस में कॉफी पड़ी रही। न खुद पी और न इरावती को पीने दी। रात को हजारीबाग के निवास-स्थान पर पहुँचते ही वह चंगा हो गया।

…हजारीबाग का निवास-स्थान ! जितेन्द्र ने कहा—'मैं अकेला तो किसी होटल में डेरा डालता। किन्तु, यात्रा की बात ! इस बार सुख भोगना लिखा हुआ है। पास ही, श्यामगढ़ स्टेट का नौ-रत्तन है। मेरे ममेरे भाई के दोस्त दयासिन्धु सिंह के दूर के मौसा लगते हैं राजासाहब। हमारे भी मौसा हुए राजासाहब। लेकिन, आप तो वामपन्थिनी हैं। आपकी जाति मारी जायेगी। वहाँ नहीं ले चलूँगा, आपको ! जस्टिस मल्लिक के खाली बँगले में रहने का परमिट मेरे पास है।…'

…जस्टिस मल्लिक का बँगला ! हजारीबाग शहर से दो मील दूर एकान्त में—केनाड़ी नामक पहाड़ी की गोद में। छोटी केनाड़ी की चोटी को तुड़वाकर बना है बँगला ! आज भी मल्लिक-कोठी बिहार की सर्वश्रेष्ठ इमारतों में से एक समझी जाती है। जस्टिस मल्लिक के वंशधर कलकत्ता में रहते हैं, किन्तु एक-एक पेड़ और पौधों का कुशल-क्षेम चिट्ठी से पूछते हैं। हर महीने, कलकत्ता से बाबुओं के दल आते हैं, कोठी में ठहरने का परवाना लेकर। बाग के बूढ़े माली की आँखों में हमेशा रहस्य की घुमड़ती छाया दिखायी पड़ती।… बरामदे पर बैठकर बहुत रात तक दोनों ने बातें की थीं। जितेन्द्र ने इरावती से कहा था—'आपका दुख मैं समझता हूँ। अनुभव करता हूँ। आपके यहाँ की नदियों में खून की बाढ़ आयी थी। एक अन्धवेग, एक पागलपन, एक जूनुन ! खून की धाराएँ बहीं। ज्वार-भाटे आये।… सिर्फ बाढ़ ही नहीं, दावानल भी ! भयंकर लपटें उठानेवाला ! सबकुछ जल गया। धन-सम्पत्ति, कला-कौशल ! मैं उसकी भीषणता की कल्पना कर सकता हूँ ! और, आप भी कल्पना कीजिए, उस भूभाग की ! डायन कोसी के सफेद-बलुवाही आँचल पर बिखरे लाखों नये नर-कंकालों की कल्पना से आप डर तो नहीं जायेंगी ?'

…दूर, पहाड़ी के उस पार, शाल के जंगल में बाघ गरजा—हाँऊँ-हाँऊँ-हाँऊँ ! ठाँय-ठाँय ! बँधी भैंस पर टूटनेवाले बाघ की जान निश्चय ही गयी।… जितेन्द्र ने कहा—'बाघ मरा है !'

…इरावती और जितेन्द्र दोनों ने उस दिन उपवास किया था। दोनों गुमसुम रहे थे। दोनों ने दामोदर नदी में डुबकी लगाकर स्नान किया था और राह में एक

थके वृद्ध किसान को जीप में चढ़ाकर घर पहुँचाने का पुण्य किया था–आशीर्वाद बटोरा था।··· बूढ़ा तैश में आकर देखने निकल पड़ा था–'पथरीली धरती को समतल बना लेंगे ये लोग ! खेल बात है ! सब झूठ !' इस इलाके का खाता-पीता किसान था बूढ़ा। भँभरा गाँव में उतरकर बूढ़े ने कमरबन्द से दो रुपये का नोट निकालकर जितेन्द्र को देते हुए कहा–'बाल-बच्चा राजी-खुशी से रहेंगे, आपके ! वही भोगेंगे भी, यह सब ! कपाल में यह भी देखना बदा था–देख लिया दामोदर की छाती पर धन चलते !' जितेन्द्र ने नोट वापस करते हुए कहा था–'आप भी भोगेंगे बाबा ! कौन मारे सौ साल की देर हो रही है ! दस साल. में तो सिंचाई शुरू हो जायेगी।' बूढ़े ने मुस्कराकर कहा था–'कत्ते तनखा मिलै हकौ ! तोहर तनखवा बढ़तउ ! तोहर··· !'

मल्लिक-कोठी की खिड़की से हजारीबाग जेल के टॉवर की रोशनी एक मनहूस सितारे की तरह झिलमिलाती। जितेन्द्र को मल्लिक-कोठी की एक-एक रात की याद आने लगी थी। 1941, 42, 43 और फिर ' 50 ···. ! वह उठकर अपने कमरे में चला गया। इरावती आरामकुरसी पर झपकियाँ लेती सो गयी थी। छोटा-सा सपना आया था–उसका प्यार फिर पनप रहा है ! इनसान सिर्फ कत्ल और बलात्कार ही नहीं करता। इन्सान गढ़ भी सकता है। गढ़ रहा है, बना रहा है, रचना कर रहा है–समाज के लिए, अवाम के लिए। वीरान को बसाने के लिए, वन्ध्या धरती को शस्य-श्यामला बनाने के लिए, जी-तोड़ परिश्रम कर रहा है आदमी ! उसके प्यार पनपने के लक्षण ! वह सपने में बार-बार रोमांचित हुई थी।··· बाइनॉक्युलर इरावती की आँखों के सामने से हटाते हुए जितेन्द्र ने कहा–'उठो !'

मल्लिक-कोठी के चौकीदार के गले की आवाज–फटी-फटी ! नींद खुली इरावती की। चौकीदार ने कहा–'मेम साहब, अन्दर जाइए ! बिछावन किया हुआ है। इस पहाड़ी में ए-गो अजगर बड़ा उत्पात मचा रहा है, कई महीना से।' हँसता हुआ आया जीत, चौकीदार चला गया।··· जितेन्द्र ने बहुत समझाया। कहा–'दस साल पहले भी एक भद्र महिला को इस चौकीदार ने अजगर का डर दिखाया था।'

जितेन्द्रनाथ को यह दिखाने के लिए कि वह दस साल पहले आनेवाली महिला की तरह अजगर से नहीं डरती, इरावती अपने कमरे की खिड़कियों को खोलकर सोयी। किन्तु, सच्ची बात ! वह अजगर का नाम सुनकर ही डर गयी थी। खिड़कियों के रंग-बिरंगे काँच···मणि-मुक्ता-भण्डार, नाना रत्नों की खान पर सोयी है, इरावती। एक बड़ा-सा छत्रधारी साँप फुफकारता है–भाग जा ! मेरी जगह छोड़ दे !

बाहर बरामदे पर चौकीदार के खुर्राटे ! इरावती डर से उठ बैठी थी।···

धूसर, वीरान प्रान्तर ! जितेन्द्र ने इस अंचल की चर्चा बार-बार की थी। वह हँसकर अपने को परतीपुत्तर कहता और इरावती को पांचाली ! इधर ही कहीं जितेन्द्र का गाँव होगा। कहाँ हो, ओ परतीपुत्तर ?

'खबरदार होय खबरदार !' अन्तहीन शून्य मैदान में कैम्प के पहरेवाले की आवाज

बड़ी खौफनाक मालूम होती है। इरावती को नींद नहीं आ रही।··· कहाँ हो जीत, तुम ? मैं तब से दर्जनों बार छोटा नागपुर के उन कर्म-क्षेत्रों में भटकी फिरी हूँ। बोकारो के तीनों प्लाण्ट को चलते देख आयी हूँ। कोनार और तिलैया के रिजर्वायर के नील जल से मुँह धो आयी हूँ। और, तुम्हारी कोसी मैया के कछार पर कब से घूम रही हूँ। तुम कहीं नहीं मिले ! वर्षों से तुम्हारे सपनों के देश में हूँ ! तुम मिलो तो एक कविता सुना दूँ—गाकर ! निश्चय ही तुम स्वस्थ हो, प्रसन्न हो ! तुम्हारा बाइनॉक्युलर ? ···

इरावती के मामा मिस्टर खानचन्द गार्चा कैम्प के बड़े साहब हैं। तीन बजे रात को ही उठकर जीप स्टार्ट कर रहे हैं।··· भर्र-र-र-र-र !

इरावती करवट लेती है !

गाँव में दलित वर्ग को हर तरह से मर्दित करके रखा गया था, अब तक ! नाटक-मण्डली के लिए प्रत्येक वर्ष खलिहान पर ही चन्दे का धान काट लेते थे, बाबू लोग। लेकिन, कभी भी द्वारपाल, सैनिक अथवा दूत का पार्ट छोड़कर अच्छा पार्ट, माने हीरो का पार्ट, नहीं दिया सवर्ण टोली के लोगों ने।

दीवानाजी ने नाटक की रचना खासकर नाटक-मण्डलियों के लिए की है। दीवानाजी की बात विचार करके देखने की है। नाटक-मण्डली के लिए सभी चन्दा देते हैं। और नाटक में राजा, राजा का बेटा, पुरोहित, मन्त्री आदि जितने भी अच्छे पार्ट होते हैं, ऊँची जातिवालों को दिये जाते हैं। बाकी बचे हुए लोगों को 'जो आज्ञा' वाला पार्ट देकर टरका दिया जाता है। कहते हैं, नाटक में जितना पार्ट लिखा है, उससे ज्यादा लोगों को कैसे दिया जाये ! ···भला शहर के नाटक लिखनेवालों को क्या मालूम कि गाँव में कितने लोग, यों ही बिना पार्ट के रह जाते हैं ! 'प्यार का बाजार' में तीस हीरो हैं। औरत का पार्ट कोई लेना नहीं चाहता, इसलिए एक घूँघटवाली हीरोइन की व्यवस्था की गयी है, किताब में। दीवानाजी ने गाँव की पुरानी नाटक-मण्डलीवालों की धाँधली का पर्दाफाश करते हुए कहा—"गाँव में गाँव के नाटककार का नाटक स्टेज नहीं करते, और देश के कल्यान की बात करते हैं !"

किन्तु, 'प्यार का बाजार' ने एक विराट व्यापार का रूप धारण किया।

दलित नाटक-मण्डलीवाले जब सवर्णटोली से पर्दा-पोशाक लेकर चले गये तो मालूम हुआ कि अब वे पर्दा-पोशाक लौटाकर नहीं देंगे।··· पचीस साल से चन्दा लिया जा रहा है, मगर कभी हीरो का पार्ट नहीं मिला। छित्तन बाबू ने पुस्तकालय को हथिया लिया। बिक्कू बाबू सरकारी रेडियो बजाते हैं, अपनी कोठरी में। पर्दा-पोशाक पर दलित नाटक-मण्डली का कब्जा होना जायज है। देखना है, कौन माँगने आता है पर्दा-पोशाक ! एक मूँछ भी नहीं मिलेगी !

किन्तु, सवर्णटोली पर जाहिरा इसकी कोई प्रतिक्रिया नहीं हुई।

नाटक शुरू होने के दो घण्टा पहले सवर्णटोली के दर्शक भी पहुँचे। सबने मिलकर स्टेज की तारीफ की। सजावट को सराहा।

बातों-ही-बातों में सवर्णटोली के नौजवानों ने अपनी गलती मान ली। नाटक-मण्डली के स्थायी मन्त्रीजी बोले–"नाटक ही करना था तो मिल-जुलकर करते !"

"दूर-दूर से लोग देखने आये हैं। क्या कहेंगे लोग ?"

"अरे भाई, जमीन की लड़ाई जमीन पर ! गाँव की लड़ाई गाँव में होती रहेगी ! लेकिन, नाटक-मण्डली में फूट होने से तो दुनिया हँसेगी !"

एक तेज नौजवान ने काँपती हुई आवाज में कहा–"परानपुर की प्रतिष्ठा का प्रश्न है, प्यारे भाइयो !"

दीवानाजी को समझाया गया, नाटक-मण्डली ने अब तक उनकी किताब को अस्वीकृत करके भारी भूल की है। गाँव के नाटककार की कद्र गाँव में न हो, यह अच्छी बात नहीं ! ··· किन्तु, यह बात भी ठीक है कि दूसरे सीन में संशोधन की आवश्यकता है। संशोधन करते ही नाटक चमक उठेगा।

दीवानाजी ने उत्साह से हाथ फेंकते हुए कहा–"यह तो मेरे लिए बायें हाथ का खेल है। एक रात में नाटक लिखा है, पाँच मिनट में संशोधन कर सकता हूँ।"

सर्वसम्मति से सह संशोधन भी स्वीकृत हो गया कि सवर्ण और दलित, दोनों दल के लोग मिल-जुलकर नाटक खेलेंगे। सवर्णटोलीवाले सिर्फ संशोधित सीन में उतरेंगे। दलित-दल के एक भी हीरो का ड्राप नहीं किया जायेगा।

हारमोनियम-मास्टर ने जब 'मार कटारी मरि जाना' गीत की गत बजाना शुरू किया तो किसी को भी होश नहीं रहा। दर्शकों ने तालियाँ बजाकर पर्दा उठाने की उत्कण्ठा प्रकट की।

पर्दा उठा। प्रथम दृश्य में नाटककार–मँगनीसिंह उर्फ प्रेमकुमार दीवानाजी ने पन्द्रह मिनट भाषण देकर प्रमाणित कर दिया कि सिर्फ नाटकों से ही ग्राम-सुधार सम्भव है। शर्त यह है कि गाँव में गाँव के योग्य नाटक ही खेले जायें। बीच-बीच में दोहा, कवित्त, शेर जोड़कर दीवानाजी ने इंग्लैण्ड, अमरीका, चीन, रूस आदि देशों के नाटकों पर काफी प्रकाश डाला। प्रथम दृश्य में दलित-मण्डली के एक दर्जन कलाकारों ने मिलकर प्रेम-प्रार्थना की–'प्रेम की महिमा अपार जग में, प्रेम की महिमा अपार-हाँ-हाँ !'

दूसरा दृश्य ! इसी दृश्य में सवर्णटोली के बीसों कलाकारों को एक ही साथ उतरना था। सबसे पहले एक व्यक्ति हाथ में तलवार लेकर स्टेज पर आया। दीवानाजी पर्दे की आड़ से प्राम्पटिंग कर रहे थे। किन्तु उस हीरो ने अपने डायलॉग में पुकारा–"साथियो ! तैयार हो !"

अन्दर से सम्मिलित आवाज आयी–"हम तैयार हैं !"

हुक्म दिया प्रथम व्यक्ति ने–"एक-एक कर प्रवेश करो !"

बीसों कलाकार, किस्म-किस्म की पोशाकों और हथियारों से लैश होकर स्टेज

पर आये। आठ-दस नायकों के सिर पर बक्से भी लदे थे। दीवानाजी दौड़कर स्टेज पर आये। उन्होंने कुछ कहने की चेष्टा की। किन्तु, प्रथम हीरो ने हुक्म दिया–"इस आदमी को कैद कर लो।" दीवानाजी चक्रव्यूह में फँस गये। उन्होंने बहुत हाथ-पैर मारने की चेष्टा की। इस घेर-भाग और धर-पकड़ से समवेत दर्शक-मण्डली बेहद खुश हुई और तालियों से इस दृश्य का स्वागत किया। हारमोनियम-मास्टर साहब ने लड़ाईवाली धुन बजाते हुए तबलची ने कहा–"अंग्रेजी बाजा की तरह बजाओ !" ड्रम-ड्रम-ड्रम ! डम-डम-डम ! दीवानाजी पकड़े गये। हीरो आखिरी डायलॉग बोला–"निकल पड़ो !"

बीसों हीरो सारे साजो-सामान तथा पोशाक के साथ दर्शकों के बीच उतर पड़े। दो नायकों ने नाटककारजी को कन्धे पर बेबस करके लटका लिया था। दलिततोले के पंचायती पैट्रोमेक्स को गुल कर दिया गया।···भीषण कलरव और कोलाहल में किसी की समझ में नहीं आया कि क्या हुआ ! टँगे हुए परदे की डोरी भी काटकर ले गये, सवर्णटोली के नायक। बारह-तेरह व्यक्ति नकली तलवार की मार से घायल भी हुए।

गाँव में सरगर्मी है। थाने में खबर दी गयी है। लुत्तो, गरुड़धुज झा, बीरभद्दर बाबू वगैरह पैरवी कर रहे हैं। गवाही देंगे–नाटक की बात नहीं ! डकैती का अभियोग लगाकर नालिश की गयी है !

सवर्णटोली के नौजवानों ने 'प्यार का बाजार' को सेबोटाज कर दिया। किन्तु, उसी रात को हवेली की बगिया में एक दलित-दुहिता ने एक सवर्ण युवक के प्यार के संसार को असंख्य चाँद-सितारों से जगमगा दिया। युवक धन्य हुआ !

"तुम्हारी जाति मारी गयी।" मलारी मुस्करायी–"हाय, हाय ! तुम्हारी जाति चली गयी !"

"कहाँ चली गयी जाति ?" सुवंश ने मलारी के कान के पास मुँह रखकर पूछा–"किसकी जाति मारी गयी ?" मलारी ने बार-बार सुवंश की जाति को लौटाने की चेष्टा की। मरी हुई जाति जी जाती, फिर मर जाती ! मरती और जीती हुई जाति अन्त में अमर हो गयी। सुवंश ने मलारी के घुँघराले बालों की लहरों पर हौले-हौले हाथ फेरते हुए कहा–"मलारी, मुझे बताओ, मैं क्या करूँ ! अब जी की जलन को सहना मेरे बूते की बात नहीं।"

मलारी एक क्षण के लिए गम्भीर हुई। फिर बोली–"और मैं किससे पूछूँ ? मेरा दुख तुमसे दूना है सुवंश बाबू !"

"फिर तुमने बाबू कहा ! लाओ जुर्माना !"

मलारी ने हँसकर दण्ड स्वीकार किया। सूखे पत्ते की खड़खड़ाहट पर चौंककर मलारी ने अपने को सुवंश के बन्धन से छुड़ाना चाहा–"शायद कोई आ रहा है, इधर ही !"

"कोई आवे, मेरी बला से ! मैं नहीं डरता। मलारी, तुम विश्वास क्यों नहीं करतीं ?"

"तुम नहीं जानते, विश्वास करने में कितना सुख मिलता है, मुझे–किन्तु मन में जमता ही नहीं है। जो कुछ आज तक नहीं हुआ वह तुमसे कैसे हो सकेगा ? मैं कुछ नहीं समझ पाती हूँ।" सुवंश की चौड़ी छाती पर अपना सिर रखकर बोली मलारी–"गाँव में भूकम्प हो जायेगा। कैसे सँभाल सकोगे तुम अपने को ? ...इसीलिए कहती हूँ–जो हुआ, बहुत हुआ। अब... ।"

सुवंश ने अपनी हथेली से मलारी का मुँह बन्द कर दिया। पेड़ पर बैठे किसी पंछी ने डैने फड़फड़ाये। ओस की बूँदें झरझराकर धरती पर गिरीं !

"सचमुच, भूकम्प हो गया गाँव में !

मलारी और सुवंशलाल गाँव छोड़कर भाग गये। घाट-बाट, खेत-खलिहान, डगर-सड़क और अली-गली में बस एक ही चर्चा–"हद हो गयी ! जुल्म हो गया। जित्तन का भी कान काट लिया। हरिजन-उद्धार हो गया। भूमिहार सभावाले क्या कहते हैं ? हरिजन वेलफेयर ऑफिसर आ रहे हैं ! हरिजन-मिनिस्टर साहब को तार दिया है !"

कल, खबर मिली है–मलारी मुजफ्फरपुर में ट्रेनिंग ले रही है और सुवंशलाल भी मुजफ्फरपुर कॉलेज में नाम लिखा चुका है। डिस्ट्रिक्ट बोर्ड के चेयरमैन से पहले ही छुट्टी ले चुकी थी मलारी। सुवंशलाल ने भी, चिट्ठी-पत्री लिखकर सब काम दुरुस्त कर लिया था, पहले से ही।

सुवंशलाल की माँ रो-रोकर अन्धी हुई जा रही है। बगीचा में बैठकर रैदासटोली की ओर मुँह करके, जोर-जोर से रोती है, वह। मलारी की माँ हमेशा बुदुर-बुदुर बकती रहती है "कोख में साँपिन पल रही है, जानती तो पेट पर गरम पानी की कटोरी रखकर तुमको पेट में ही पका मारती, छिनाल ! भाग गयी टरनिंग लेने, भूमिहरवा के साथ ! उस भूमिहरवा छौंड़े की माँ को, भाई को, भौजाइयों को लाज नहीं... !"

सुवंश की मँझली भाभी अपनी रोती हुई सास को समझाती हुई, जोर-जोर से कहती है–"रो-रोकर आँख चौपट करने से क्या होगा मइया ! मर्द की जात, सोने की जात ! सुवंश बाबू की जात जरा भी मलिन नहीं. होगी। लेकिन, उस हरजाई चमारिन छौंड़िया का हवाला देख लीजिएगा। नट्टिनटोली में नहीं आकर बसे तो, मेरे नाम पर काली कुतिया पोसे कोई ! जो एक मर्द के साथ भाग सकती है, वह दस मर्द के साथ आँख लड़ावेगी !"

रोज, दिन डूबने से पहले, पनघट पर खड़ी औरतें इस हवाई झगड़े को सुनती हैं, टीका-टिपकारी करती हैं। फिर, दोनों का पक्ष लेकर आपस में झगड़ती हैं। हाथ चमकाकर फेंकनी की माय चुनौती देती है–"आकि देखो, बाभन-छतरी की बेटी-पुतोहु को भी सोलकन्हटोली का कोई छौंड़ा लेकर भागेगा। जब, भागा-भागी

का कारबार शुरू हुआ है तो देख लेना। आकि देखो !"

आज, मलारी की माँ और सुवंश की माँ और दोनों भाभियाँ हवेली की ओर मुँह करके गाली-श्राप दे रही हैं। सुवंश की माँ रोती हुई कहती है–"रे उकलगौना जितना ! तेरे बाप ने मेमिन का जूठा खाकर धरम गँवाया। तेरी मैया की जात का कोई ठीक-ठिकाना नहीं ! तेरी हवेली में रण्डी की बेटी पली ! तू दूसरे की जात क्यों नहीं मारेगा ! क्रिस्थनवाँ, मुसलमनवाँ, नट्ट-बजीगरवाँ ! रण्डी का भड़वा ! मेरे सुवंश का माथा खराब करके गढ़े में गिरा दिया और अपने मौज से बैठकर हवेली में फेनूगिलास का गीत सुनता है ! तजमनियाँ तुमको जहर खिलाकर मारेगी रे-ए-ए-ए !"

मलारी की माँ रोती नहीं, चिल्लाती है–"बैठा बनियाँ क्या करे तो, इस कोठी का धान उस कोठी में ! ... तजमनियाँ से मन नहीं भरा तो मलरिया पर आँख पड़ी ! पोसा कुत्ता सुवंशलाल को हुलका दिया ! पूँछकट्टा गीदड़ कहीं का !"

गाँव में नयी खबर फैली है, जित्तन बाबू ने ही दोनों को, सलाह-मशविरा, चिट्ठी-चपाटी और शायद रुपया-पैसा देकर भगा दिया है। सुवंश के बड़े भाई रघुवंश बाबू से जितेन्द्रनाथ ने स्पष्ट शब्दों में कहा–"सुवंश और मलारी, दोनों की चिट्ठियाँ मेरे पास हैं। मैंने दोनों को समझाने की कोशिश की। लेकिन, अपने फैसले पर दोनों अटल थे।... मुझसे सिर्फ परिचय-पत्र लिया है सुवंश ने। हाँ, मैंने प्रान्त के एक प्रसिद्ध मिनिस्टर की घोषणा की याद अवश्य दिलायी थी, सुवंश को। एक-डेढ़ महीना पहले ही मिनिस्टर साहब का वक्तव्य निकला था–हरिजन कन्या से विवाह करनेवाले सवर्ण युवक को स्कॉलरशिप देंगे। सुवंश की चिट्ठी आयी है, कल। उसने मिनिस्टर साहब को अचरज में डाल दिया है।"

रघुवंश बाबू ने चिट्ठी पढ़ी। कुछ बोल नहीं सके। उठते समय बोले–"माँ मर जायेगी, रोते-रोते !" जितेन्द्रनाथ ने लाचारी की साँस ली।

दीवाना, अब सचमुच दीवाना हो गया है। अपने प्यार की कहानी वह गा-गाकर सुनाता फिरता है। सरपट चालवाली कविता बनाता है, आजकल–खटर-खटर, पटर-पटर, रेलगाड़ी जा रही, उड़ाये जा रही है प्रेमिका को मेरी... बहुत दूर, बहुत दूर ! धुकुर-धुकुर धुआँ मेरे दिल से निकलता है...! कभी-कभी तैश में वह भाषण देना शुरू कर देता है–"मुझे मालूम है, मेरे भाइयो ! आपको भी मालूम होना चाहिए, दुनिया को मालूम होना चाहिए कि प्यार का क्या फल मिलता है ! कलात्मक प्रेम के पुजारी की हैसियत से मैं कहना चाहूँगा..." इत्यादि !

बालगोबिन मोची का माथा अब ज्यादा झुका रहता है। लुत्तो रोज धमकी देता है–"तुम्हारी ही बेवकूफी से सबकुछ हुआ। यदि मलारी से उस कागज पर दस्तखत करवा लेते तो आज ऐसा नहीं होता। तुम्हारी बदनामी हरिजन वेलफेयर ऑफिसर के यहाँ भी हो गयी है। नहीं चलेगी तुमसे अब लीडरी !"

बीरभद्दर का विभीषण भाई शिवभद्दर खुले-आम प्रचार कर रहा है–"मलारी को खजवा टोपीवालों ने भगाया है। जित्तन भैया को क्या पड़ी है ! यह काम

तेरंगा झण्डावालों का है। जिसको परतीत नहीं हो, मेरे पास कागज है, आकर पढ़ लो। मैं पढ़ना नहीं जानता तो क्या हुआ! कांग्रेसी-छाप कागज भी नहीं पहचानूँगा?"

शिवभद्दर ने आजकल भैंस चराना छोड़ दिया है। लोग कहते हैं, जित्तन बाबू ने उसकी पीठ पर हाथ रखा है। देह की ताकत में दोनों बड़े भाई उससे पार नहीं पा सकते। इसलिए, अब मारपीट की धमकी भी वे नहीं देते। बीरभद्दर कहता है–"लुत्तो, क्या बतावें! यह डम्फास भाई मेरा जो है न, सब गुड़ गोबर करनेवाला निकला। आजकल उसका मन कौमनिस्ट होने के लिए कसमसा रहा है। देखो, वह सिड्डुलवाला कागज कैसे हाथ लग गया?··· फुसलाना मलारी को! दिखलाना लोभ! सामबत्ती पीसी की खुशामद, दिन में दो बार कर आता है, लुत्तो। देखना! एक तो तुमने काम नहीं बनाया। अब, मुफ्त में बदनाम मत करना। पान-पत्ता के लिए बीरभद्दर बाबू तैयार हैं। जो कहो!" जयवन्ती और सेमियाँ फिसफिसाकर आपस में बतियाती हैं–"लिलिया पहले से ही जानती थी मलारी के मन की बात। इसीलिए, पटना चलने के लिए कह रही थी।"

आजकल, रामलला की पूजा से छुट्टी नहीं मिलती है, सरबजीत चौबे को। किन्तु, मलारी की माँ रोज पहुँचती है–"चौबेजी! पैर पड़ती हूँ, आज जरा फिर से पोथी में हिसाब क़रके देखिए, मेरी बेटी घर लौटेगी या नहीं?"··· चौबेजी को भी मलारी के भाग जाने का बहुत दुख है। जब से गयी है मलारी, गाँव अलोना-अलोना लगता है!

उस दिन भूदान के तीन कार्यकर्त्ताओं को मारते-मारते बेदम कर दिया, सरबन बाबू के लठैतों ने। सरबन बाबू और लालचन बाबू में भैय्यारी झगड़ा है। लेकिन, बाहर के दुश्मनों से मुकाबला करने के समय दोनों भाइयों में मेल हो जाता है।

सर्वे की आँधी के पहले ही जिला के सर्वोदय कार्यकर्त्ताओं ने–विनोबा की पदयात्रा को सफल बनाने के लिए–दानपत्र बटोरने का काम पूरा कर लिया था। ··· कांग्रेसियों और समाजवादियों ने मिलकर गाँव-गाँव में अलख जगायी–'भूदान करो! भूदान करो!' विनोबा के प्रत्येक पड़ाव पर दान-पत्रों और दान में मिली जमीन के आँकड़े सुनाये जाते। दाताओं के नामों की घोषणा की जाती। प्रत्येक नाम पर जनता जय-जयकार करती।···दुखहरन साह की तरह, परानपुर के अधिकांश जमीनवाले बड़े किसानों ने सोचा–सामने सर्वे की कड़ी सरसराती हुई आ रही है। जमीन माँगनेवाले कोई नये लोग थोड़े ही हैं! पुराने ही बाबू लोग हैं। कांग्रेस और सोशलिस्ट पार्टी के लीडर लोग। विनोबा बाबा को कुछ बीघे जमीन का दानपत्र देकर काम बनाया जा सकता है–सर्वे में। भूदान देनेवालों पर कांग्रेसियों और सोशलिस्टों की मिली-जुली नेक निगाह जरूर रहेगी।···

लेकिन, सर्वे के समय न तो सर्वोदय के कार्यकर्त्ता काम आये, न कांग्रेसी, और न सोशलिस्ट-कम्युनिस्ट। काम आये आखिर गरुड़धुज झा। किसी ने इस दान

का खयाल नहीं किया। दान का प्रतिदान तुरंत चाहनेवाले लोगों में हैं सरबन बाबू। अपने भाई लालचन के हक को उड़ाने के लिए सरबन बाबू ने भरी कचहरी में हलफ लेकर कह दिया–"लालचन मेरा भाई नहीं।"··· सरबन बाबू ने फैसला कर लिया था मन-ही-मन--एक घर जमीन भी नहीं देंगे। दानपत्र दिया है तो क्या हुआ ?

लुत्तो, सर्वोदय के लोगों पर बहुत नाराज है। तीन सौ एकड़ जमीन का दान-पत्र बटोर दिया लुत्तो ने। लुत्तो ने समझा था और आज भी समझता है–जमीन माँगनेवालों को परसेण्टेज के हिसाब से कुछ कमीशन जरूर मिलता है। लुत्तो को कुछ भी नहीं मिला ! वह अपनी आँख के सामने देख रहा है, मौज में हैं सर्वोदय के कार्यकर्त्ता। खँजड़ी बजानेवाले को भी मुसहरा मिलता है।

लुत्तो की उपर्युक्त धारणा को गलत प्रमाणित करने के लिए सर्वोदय-आश्रम के खजांची तारा बाबू ने दाँत किटकिटाकर कहा था–"क्या समझ लिया है ! कपड़ा-चीनी-तेल के परमिट का डिपू समझ लिया है, इसको भी ?" तारा बाबू जरा तीखे मिजाज के आदमी हैं। सोशलिस्ट-साइड के सर्वोदयी हैं। आश्रम की भाषा में, इस साइड का अर्थ–कांग्रेसी, उस साइड का माने सोशलिस्ट होता है।

तारा बाबू ने चिल्लाते हुए कहा था–"इस साइड और उस साइड की क्या बात ! कांग्रेस में ही बचपन काटकर जवान हुआ हूँ। कार्यकर्त्ताओं को नहीं पहचानूँगा ?"

सामूहिक भोजन के समय भोजनालय-भाई ने बेपानी कर दिया था लुत्तो को–"यहाँ शरीरश्रमी भाई का पेट एक पैली चावल में ही भर जाता है। आप पाँचवीं बार भात माँग रहे हैं··· !" लुत्तो तैश में आकर खड़ा हो गया था, पर्दाफाश करने के लिए। धर्मपुर इलाके के दुग्गी-तिग्गी कार्यकर्त्ता भी, दूसरे इलाके के कार्यकर्त्ताओं पर हुकुम चलाकर बात करते हैं। लुत्तो ऐसे लोगों को 'हुजूर-कार्यकर्त्ता' कहता है। हर जगह हुजूर हैं, सब जगह मजूर हैं।

झगड़े को जिला कांग्रेस कमेटी के प्रधान महोदय ने निबटा दिया था–"एक पैली भात दे दीजिए, भोजनालय-भाईजी !"

इसके बाद, लुत्तो ने सर्वोदय का नाम लेना कम कर दिया··· तारा बाबू कभी परानपुर इलाके में नहीं आयेंगे ? तब पूछेगा, लुत्तो !

एक सर्वोदयी अमीन के साथ दो भूदानी आये–रामलखनजी और टमाटर परोपकारीजी। लुत्तो ने साफ-साफ कह दिया, "मेरे पास समय नहीं। कांग्रेस का भी काम करें, भूदान की भी बेगारी करें और पेट का भी अन्धा खोजें ! जमीन माँग दी है, अब आप लोग घर-घर डोलिए। दाताओं के यहाँ डेरा डालिए। जो साग-सत्तू मिले, प्रेम से पाइए।··· यहाँ कांग्रेस कमेटी का दफ्तर मेरे पॉकिट में है। पॉकिट में रहियेगा ?"

ऐसे-ऐसे भूदानी, जीवनदानी भी हो जायें, लुत्तो की लंगी को नहीं समझ सकते ! रामलखनजी को वह बहुत दिनों से जानता है। सूधे आदमी हैं। लेकिन, टमाटर परोपकारी ज़रा टर्रेबाज है। असल नाम छिपा रखा है, उसने। जहाँ जाता है, टमाटर

के गुण पर भाषण देता है। अनुपान-भेद से गुणभेद, अनुपम अनेक गुणों का बखान करने के बाद नारा देता है–'अधिक टमाटर उपजाइए !' लुत्तो को पक्का विश्वास है, यह आदमी जरूर किसी बीज बेचनेवाली कम्पनी का एजेण्ट है ! ···अच्छी बात, फलाहार करावेगा लुत्तो, इस बार !

लुत्तो ने गाँव के दाताओं से बातें कर लीं–"ब्योरा मत दीजिए जमीन का। सर्वोदयवालों ने हमारे गाँव में कौन-सी भलाई की है ! दिया है एक भी कुआँ या रहट ?"

दिन-भर डोलते रहे गाँव में दोनों भूदानी। किसी ने इनकी ओर देखा भी नहीं आँखें उठाकर। रात में कोई आश्रय देने को तैयार नहीं। सभी टाल देते, दूसरे टोले का रास्ता दिखला देते।··· रामलखनजी पहली बार नहीं आये हैं, परानपुर। किन्तु, गाँव ऐसा हो जायेगा, उन्होंने कल्पना भी नहीं की थी।

लुत्तो ने इन्हें अच्छी तरह भटकने दिया। शाम को जब दोनों भूदानी हवेली की ओर जाने लगे, तब लुत्तो ने पुकारकर कहा–"सुनिए जी, बिलैती बैंगन···टमाटरजी और रामलखनजी। कहीं कोई नहीं रहने देंगे, रात में। इस इलाके में अफवाह फैली है कि भूदानी और जीवनदानी जहाँ टिकते हैं, जो चीज सामने देखी वही दान में माँगने लगते हैं।···चलिए, मेरी हाँड़ी का बना हुआ भात खाइएगा या फलाहार ?"

दिन-भर के भूखे भूदानियों को भर-पेट दूध-भात खिलाकर लुत्तो ने समझाया–"असल बात क्या है, जानते हैं ? एक भी आदमी ब्योरा नहीं देगा, आप लोगों को। मैं बात कर चुका हूँ लोगों से। दानपत्तर का कोई भैलू ही नहीं लगाते हैं लोग ! किसी बड़े कार्यकर्त्ता को ले आइए बुलाकर ! नहीं तो, कुछ नहीं होगा। जब आये हैं तो एक सप्ताह रहकर रंग-रुतबा देख लीजिए !"

एक सप्ताह रहकर रंग-रुतबा देख लिया, दोनों भूदानियों ने। झोली-झण्डा लेकर सर्वोदय आश्रम, रानीपट्टी की ओर मुँह किया !···लुत्तो ने इसी बीच सरबन बाबू को चोट पर चढ़ाया। बतलाया–"आपने तीस एकड़ जमीन दी है न ! सुना है, आपकी गुलरीवाली जमीन को वितरण कर देंगे भूदानी लोग !" सरबन बाबू सुनकर अगियाबैताल हो गये–"कौन साला गुलरीवाली जमीन··· ?"

दस-पन्द्रह दिनों के बाद रामलखनजी और टमाटर परोपकारीजी के साथ आये खुद तारा बाबू ! ···खजांची बाबू आये हैं ? लुत्तो खुशी-खुशी जाकर मिला–"ठीक है, अब आप आये हैं। देखिएगा, कितनी जल्दी ब्योरा देते हैं गाँव के लोग !"

लुत्तो ने सरबन बाबू के बारे में बतलाया–"सब कोई जमीन का ब्योरा दे दें, मगर सरबनसिंह नहीं दे सकता। भारी दुश्मन है भूदान का। कहता था, विनोबाजी का भी क्या विश्वास ! यदि सभी जमीन लेकर खुद जमींदारी करने लगें, तब ? कहिए, भला !" तारा बाबू ने अपनी डायरी में नोट करते हुए पूछा–"क्या नाम बताया ? सोबरन या सरबनसिंह और लालचनसिंह !"

"जी हाँ !" लुत्तो ने विनम्रता से कहा–"जयदेव बाबू के मामा हैं। एक दिन कह रहा था सरबनसिंह–सभी डकैत लोग सर्वोदय में पैठ गये हैं। मैंने पूछा–कौन

डकैत ? तो, बोला–सोशलिस्ट लोग।"

तारा बाबू तेज मिजाज के आदमी हैं, किन्तु लुत्तो से इस बार उन्होंने हँस-हँसकर बातें कीं। लुत्तो ने तारा बाबू को अपने घर पर रखा। आदर-सत्कार किया–"ऐ बिठैलीवाली ! जानती नहीं, कैसा मेहमान आया है ? दही खानेवाला ! खूब अच्छी तरह दही जमाओ।" घर में दही जमाने की ताकीद करके, लुत्तो निकला। गरुड़धुज झा, बीरभद्दर और रोशनबिस्वाँ से मिला। भूदान का नया एलान सुनाया–"तारा बाबू कहते हैं कि जो दाता ब्योरा नहीं देंगे, उनकी जमीन बगैर ब्योरा के ही बाँटकर देंगे। सरकिल कर्मचारी से ब्योरा ले लेंगे। ऊपर से सरकिल कर्मचारी को भी हुक्म आया है !" लुत्तो ने यह भी बताया कि तारा बाबू बहुत तीखे आदमी हैं। इसफगोल की भूसी दही के साथ खाते हैं, फिर भी दिमाग तेजी से जलजल करता रहता है। और वह जो बिलैती बैंगनजी···नहीं-नहीं टमाटर परोपकारीजी हैं न ! कह रहे थे–इस गाँव में पेशाब से मोती बनायेंगे और सोना···!

गरुड़ झा ने खैनी थूकते हुए कहा–"जितने काने-कोढ़ी और पागल हैं, सब सर्वोदय में ही आकर जमा हुए हैं क्या ? पेशाब से मोती बनायेंगे !"

रोशनबिस्वाँ ने कहा–"जरूर कोई भारी ठग है। मेरे बाप को ठग गये थे दो साधू सो नहीं जानते ? बोले, कि एक नोट का पाँच बना देंगे।"

लुत्तो ने बताया–"तारा बाबू धरमपुर के हैं न ! इसीलिए कह रहे थे कि परानपुर गाँव लँगटा-लुच्चों का गाँव है।"

इस बात पर सबसे ज्यादा रोशन बिस्वाँ का पित्त खौला–"क्या कहता है ? लँगटा-लुच्चों का गाँव है ! कैसा आदमी है !"

गरुड़धुज ने कहा–"अच्छी बात ! इसी बार भेंट हो जायेगा, तब !"

गरुड़धुज झा और लुत्तो ने एकान्त में सरबन बाबू की बात की। फिर, आकर रोशन बिस्वाँ और बीरभद्दर बाबू से बोले–"क्यों पंचों ! इस धरमपुरिया को फलाहार करा दिया जाये ?"

"हाँ, हाँ। हो जाये !"

गरुड़धुज झा सरबन बाबू और लालचन बाबू को लेकर कचहरी उड़ा–भोर की गाड़ी से। लुत्तो ने सरबन बाबू को गुप्त खबर दी है–गुलरीवाली धनहर जमीन पर सोशलिस्टों की आँख है। जिस गुलरीवाली उपजाऊ जमीन के लिए सरबन बाबू ने हलफ उठाकर कह दिया···! उसी जमीन को तितर-बटेर करके बँटवाना चाहते हैं लोग ! ···वकील साहेब ने फीस लेकर सलाह दी–कोई डकैती करने आवे तो क्या कीजिएगा ? बरा, और क्या !

तारा बाबू ने एक सप्ताह तक गाँव में छोटी-छोटी सभाएँ कीं। रामलखनजी ने खँजड़ी बजाकर भूदान-संकीर्तन सुनाया और टमाटर परोपकारीजी ने टमाटर की तरह-तरह की तरकारियों और चटनियों की बात सुनकर सुननेवालों की रसना को सरसाया। किन्तु, गाँव के किसी दाता ने जमीन का ब्योरा देना स्वीकार नहीं किया। कुछ लोग बहाना बनाकर टाल गये–'मालिक घर में नहीं हैं। कागज कचहरी में

लगा हुआ है !' कुछ लोगों ने कहा–'भूदान में जो जमीन देने की बात थी सो सरकार ने छीन ली। परती जमीन !'

तारा बाबू ने भूदान-कार्यालय में तार दिया–'जमीन वितरण करके ही लौटूँगा !' और, उस दिन निकल पड़े तारा बाबू अपने कार्यकर्त्ताओं के साथ। लुत्तो भी साथ था। उसने धीरे से कहा–"तारा बाबू ! पहले सरबनसिंह से ही शुरू कीजिए।"

गुलरीवाली जमीन की मेंड़ पर आकर जमा हुए सभी। तीसों एकड़ में धान के पौधे, दूध-भरी बालियों के गुच्छे झुकाये हुए ! हवा का हल्का झोंका भी खेत में तरंग पैदा कर देता है। तारा बाबू भी किसान-परिवार के पुत्र हैं। धान देखकर उनका जी जरा जुड़ा गया। बोले–"पहले यहीं से !"

लुत्तो ने कहा–"देर क्यों करते हैं ? शुरू कर दीजिए !"

तारा बाबू कागज-पत्तर ठीक करने लगे। रामलखनजी ने खँजड़ी बजाकर गीत शुरू किया। और, अमीन साहब कड़ी का झब्बा खोलकर गुनिया ठीक करने लगे ! आस-पास कुछ लोग आकर जमा हुए।··· घेर, घेर, घेर ! गाँव के पास कुछ लोग दौड़ रहे हैं। लुत्तो ने कहा--"खरहे का शिकार कर रहे हैं, शायद !" किन्तु, पलक मारते ही सरबनसिंह का छोटा भाई लालचनसिंह दस-पन्द्रह लठैतों के साथ आ धमका–"क्या हो रहा है ? क्या समझ लिया है ? मुसम्मात की जमीन है ?··· मारो सालों को !"

लठैतों ने लाठी भाँजनी शुरू की। अमीन साहब जरीब की कड़ी छोड़कर भागे। तारा बाबू के सिर पर लाठी लगी तो वह सिर पर झोली रखकर बैठ गये। दूसरी लाठी में ही चित्त हो गये।···भूदानियों पर लट्ठ पड़ने लगे–"साला ! पहले जमींदारी खत्म किया। तब सर्वे और तब सरबोधन। साला सरबसाधन। और लो ब्योरा ! बाँटो जमीन अपने बाप की !" तड़ा-तड़ ! तड़ा-तड़ ! रामलखनजी धरती पर लोट गये। लुत्तो को एक भी लाठी नहीं लगी। तारा बाबू के गिरते ही वह भागा···फलाहार करिए ! किन्तु, टमाटर परोपकारीजी अडिग खड़े रहे। लाठियाँ पड़ती रहीं, सिर से खून की धारा बह चली, किन्तु उन्होंने बचाव के लिए हाथ भी नहीं हिलाया। उन्होंने प्रार्थना शुरू कर दी : 'ऊँ पूर्ण है वह, पूर्ण है यह, पूर्ण से निष्पन्न होता पूर्ण है···सब ओर आत्मा घेरकर आत्मज्ञ सो– है बैठ जाता प्राप्त कर लेता उसे–जो तेज से परिपूर्ण !'··· घायलों को छोड़कर भागे सभी।

कॉमरेड मकबूल अपने साथियों के साथ दूसरे गाँव की ओर जा रहा था। सुनते ही साइकिल छोड़कर दौड़े सभी ! तारा बाबू ने आँख खोलकर देखा–मकबूल और उसके साथी रामलखनजी को चुल्लू से पानी पिला रहे हैं।

जिला के प्रमुख तन्त्रमुक्त भूदानी नेता ने घोषणा की है–परानपुर में आमरण अनशन करेंगे !

भिम्मल मामा का पागलपन बढ़ गया है। जबरदस्त दौरा ! जित्तन बाबू को भी इस बार आशंका हो रही है, मामा पागलखाने में भेज दिये जायेंगे। काँके !

दौरे के समय भिम्मल मामा 'होल्डिंग डाँग' के बदले दूसरी पंक्ति रटते हैं, हमेशा। राह चलते समय हाथ नचा-नचाकर बकते हैं–"हेक्सागन प्लस पेण्टागन !"

आक्रमण नहीं करते, किसी पर। किन्तु, राह काटकर चलते हैं लोग फिर भी ! कौन डेढ़ घण्टा तक उनकी परिभाषा सुने और उनकी भाषा को समझे ! ··· "हू मेड कोकोनट ! जहाँ पवन को गमन नहिं, रवि शशि उगे न भानु–जो फल ब्रह्मा रचे नहिं सो अबला माँगत दान। व्हाट्स दैट फ्रूट ? जाफल, काफल, श्रीफल, कटहल, कटहल-बड़हल, कटहल-बड़हल ! हेक्सागन प्लस पेण्टागन !"

जितेन्द्रनाथ को भिम्मल मामा की बड़ी चिन्ता है। किन्तु, आजकल जितेन्द्रनाथ का नाम सुनते ही भिम्मल मामा उत्तेजित हो जाते हैं।···

जितेन्द्रनाथ ने हिसाब लगाकर देखा, ठीक है ! उसी शाम को, हवेली से जाने के बाद से ही मामा की हालत बिगड़ी है !

उस शाम को ! ···

खड़ाऊँ खटखटाते आये मामा। कभी जितेन्द्रनाथ के ड्राइंगरूम में पैर नहीं रखते। उस शाम को आये तो बाहर प्रतीक्षा करने के बदले अन्दर चले गये। मीत ने उनको सूँघकर छोड़ दिया।

"जित्तन ! तुम्हारे निजस्व व्यक्ति से कुछ कथा है !"

"कहिए !"

"पंचचक्र तुमने कैसे प्राप्त किया ?"

"ताजमनी ने दिया। माँ ने एक पिटारी दी थी, उसी में था। क्यों ?"

"और, ताजमनी अब फिर हवेली के अन्तर में प्रवेश पा गयी ? सोचकर जवाब दो !"

ताजमनी ने हवेली के अन्दर सुधना को डाँट बतायी, किसी बात पर–"रोज-रोज तुम्हारा दिमाग बिगड़ता ही जा रहा है ?" ···भिम्मल मामा ने ताजमनी की बोली की प्रतिध्वनि सुनी–"और वह नटकुमार भी है ?"

"हाँ।"

"क्या हाँ-हाँ ?"

जितेन्द्रनाथ ने ताड़ लिया। बोला–"आप बैठते क्यों नहीं ! बैठिए, पहले !"

"इसे क्यों नहीं बैठने को कहते !" भिम्मल मामा ने खड़ी पत्थर की मूर्ति की ओर दिखाकर कहा–"और अब इसकी आवश्यकता ही क्या है ?" भिम्मल मामा की एक कमजोरी को सिर्फ जितेन्द्रनाथ ही जानता है। बचपन से ही भिम्मल मामा उसको प्यार करते हैं। नाटक में भी कभी ऐसा पार्ट नहीं लेते, जिसमें जित्तन के विरुद्ध कुछ कहना पड़े। द्रोणाचार्य का पार्ट करना छोड़कर, नकुल का पार्ट लिया भिम्मल मामा ने।··· जित्तन अभिमन्यु बनेगा और वह कौरव-दल में रहेगा?

घण्टों, एकटक जित्तन को देखते–कभी-कभी एकान्त में। जित्तन पूछता–"क्या

है मामा ?"··· "कुछ नहीं, तुम्हारी कमीज पर एक कीड़ा चल रहा था।" कहकर, उँगली से कुछ हटाते हुए जित्तन की देह का स्पर्श कर लेते। आज भी, रोज किसी-न-किसी बहाने, जित्तन की देह को वह एक बार अवश्य छू लेते हैं। बचपन में ललाट पर लटकते केश को भी हटा देते। किन्तु, आजकल कभी-कभी अपनी कलाई जितेन्द्रनाथ की ओर बढ़ाकर कहते हैं–"देखो तो जित्तन, देह गरम तो नहीं ? अरे, तुम्हारी हथेली इतनी गरम क्यों है ?"

उस शाम को, ड्राइंगरूम में भिम्मल मामा गुस्से-से टहलने लगे। और, एक बार तो उन्होंने जितेन्द्रनाथ की किसी बात से चिढ़कर नोच लेने के लिए हाथ भी बढ़ाया। किन्तु, मीत ने भूँकना शुरू कर दिया।

भिम्मल मामा ने मीत की ओर गौर से देखा, क्षण-भर फिर जितेन्द्रनाथ की ओर छलछलायी आँखों से देखकर कहा–"यू हेक्सागन ! हि पेण्टागन !" और इसके बाद 'हेक्सागन प्लस पेण्टागन' रटते, खड़ाऊँ खटखटाते हुए चले गये भिम्मल मामा ! ···जित्तन ने खिड़की से देखा था, कामिनी के पेड़ के पास, आँख पोंछते हुए जा रहे हैं भिम्मल मामा !

जब से ताजमनी हवेली में आकर रहने लगी है, सुधना उदास रहा करता है। अब उसे मीत से दोस्ती का लोभ नहीं। वह मीत से मन-ही-मन चिढ़ा रहता है ! रह-रहकर लहेरियासराय जाने के लिए रोता है।···जहाँ भूखों मर रहा था। आजकल वह गाँव के लड़कों के साथ खेलने में अपना अधिकांश समय बिताता है। शाम को पढ़ने के समय ताजमनी की झिड़की सुनता है। जितेन्द्रनाथ के सामने तो गूँगा ही हो जाता है, वह।

जब कभी ताजमनी, जित्तन बाबू के कमरे में जाती है; सुधना दम साधकर अपने गुस्से को रोके रहता है।··· कभी-कभी दिन-भर भूखा रहता है।

ताजमनी ने जाकर देखा–कालीबाड़ी का रूप ही बदल गया है। जंगल-झाड़ियों की सफाई करते समय घुँघरू के दाने पाये गये हैं।··· ताजमनी ने पहचाना, उसी के पाँव के घुँघरू ! श्यामा-कीर्तन गाकर नाचते समय टूटे हुए घुँघरू ! ताजमनी बीते हुए बचपन के दिनों की स्मृतियों के जाल में उलझ गयी।

शाम को वह जितेन्द्रनाथ के कमरे में गयी–"जिद्दा ! बलिदान रोकने का हुक्म किसने दिया है ?" ताजमनी की आँखों की ओर देखता ही रह गया, जित्तन !

"बोलो न !"

"माँ श्यामा ने !"

"ठिठोली नहीं करते जिद्दा !"

जितेन्द्रनाथ ने कहा–"तो, पूछने ही क्यों आयी ? माँ श्यामा की पूजा में किसी का हुक्म कैसे चल सकता है, तुम्हारे रहते ? ··· और, मैंने हजार बार प्रार्थना की

है–जो कुछ कहना या पूछना हो, बैठकर पूछो !" ताजमनी लजाती हुई हँसी। बैठी नहीं।

"तुम्हें पूजा से कोई मतलब नहीं ! ···भिम्मल मामा के लिए चिन्ता क्यों करते हो ? पूजा के दिन अपने-आप आराम हो जायेंगे। पहली बार, ठीक पूजा से पाँच दिन पहले सनके थे।"

"क्यों, पूजा से मतलब क्यों नहीं ! श्यामा-संकीर्तन के लोभ से ही मैं पूजा में दिलचस्पी ले रहा हूँ !"

"श्यामा-संकीर्तन का लोभ ? मैंने माँ से हुक्म ले लिया है। मन-ही-मन संकीर्तन गाऊँगी।"

"क्यों ?"

"खोल कौन बजावेगा ?"

"क्यों, मैं !"

"बजाओगे ? जिद्दा, सच कहते हो ? तुम खोल बजाओगे ? मुझे परतीत नहीं। तुम ठिठोली करते हो ! ···याद है ? तुमने खोल नहीं बजाया था। घुँघरू खोलकर फेंक दिया था मैंने ! उस बार भी तो तुमने कहा था। प्रतिज्ञा की थी तुमने !"

ताजमनी को जितेन्द्रनाथ ने कुरसी पर बैठा दिया–"ताजू ! तू इतनी छोटी कैसे हो गयी, फिर से ? शायद, माँ के डर से इस तरह धीरे-धीरे बोलती हो !"

ताजमनी उठ खड़ी हुई। जितेन्द्रनाथ ने हाथ पकड़ लिया–"एक श्यामा-कीर्तन का पद गुनगुना जाओ। मैं भूल गया हूँ। वह···"

ताजमनी मुस्कराने लगी। कहने पर भी कोई कीर्तन न गाये, यह कैसे सम्भव है !

"कौनसा ! पगला-पगलीवाला ?"

"हाँ-हाँ !"

ताजमनी गुनगुनाने लगी–मधुर-मन्द स्वर में :

पगली माँ केर कोन भरोसा !
खनहि मैया राजी-ई-ई खुशी-ई,
राशि-राशि हाँसि हँसे-ए;
खनहि मैया तिरिख नयनी-ई-ई के सँभारे माय केर गोसा··· ?

जितेन्द्रनाथ की माँ मालदह जिले की कन्या थी। बँगला श्यामा-संगीत को मैथिली में रूपान्तर करके, स्वयं सुर देकर गाती थी। बचपन से ही वह अपने पिता के साथ श्यामा-संगीत गाती।··· जितेन्द्रनाथ के पिता शक्ति के उपासक और प्रसिद्ध तान्त्रिक माने जाते थे। काली-पूजा के समय, उनसे सभी डरते। हमेशा आँखों में अड़हुल फूल खिले रहते। कारन[1] और प्रसाद[2] की अतिरिक्त मात्रा को जितेन्द्र की

---

1. माँ काली को उत्सर्ग की हुई शराब। 2. माँ काली का चढ़ाया हुआ मांस।

माँ कम नहीं कर सकती थी। बहुत सोच-विचारकर उसने श्यामा-कीर्तन की तैयारी की। संकीर्तन सुनकर साधक का तपा हुआ मन शान्त होता है।··· घोर अन्धकार में, कालीबाड़ी की अँगनाई में एक दीपक जल रहा है। प्रतिमा के सामने बैठे हैं शिवेन्द्र मिश्र और बरामदे पर बैठी है वह कीर्तन गाती–अकेली !

जितेन्द्र की माँ ने अपने मैके से एक जोड़ी खोल और नरहरि खोलवाहा को मँगाया था ! ···

अपने तैं पगली मैया, बरहु पागल जुटऽल
पगला-पगली केर पागल सन्तान
मन भुलावल रे-ए-ए-हे···

जितेन्द्र सब कुछ भूल जाये, खोल का ताल कैसे भूल सकता है ! बूढ़े नरहरि पाइन ने कहा था, 'बेजोड़ खोलवाहा होगा तू बाबा ! तेरी उँगलियों पर माँ स्वयं बैठ जाती है !'···ताजमनी की गुनगुनाहट के साथ-साथ खोल और मन्दिरा की ध्वनि जितेन्द्र के मन में गूँजने लगी–पगली माँ केर कोन भरोसा ! एक-दो, तीन-चार ! धिन्-ते, इत्-था–धिन्-ते, इत्-था···पगला पगली केर पागल सन्तान भुलावल रे-ए-ए-हे··· धिन-खेरे-खेरे, ताँग-खेरे-खेरे-धिन-खेरे-खेरे-ताँग खेरे-खेरे-ताँग-धित् धिन्नक ! ··· किन्नक-किन-काँ, टिन्नक-टिनाँ–खोल और मन्दिरा, ताजमनी और जित्तन, माँ श्यामा और श्यामा-संगीत ! जित्तन कहीं खो गया–रेहल पर मोटी बही लेकर बैठी हुई माँ ताजमनी को संकीर्तन सिखा रही है। पास में बैठा नरहरि पाइन जित्तन को ताल पकड़ाता है, एक-दुई-तीन-चार-धिन्-ते, इत्-था !

ताजमनी न जाने कब चली गयी अन्दर, उसे अकेला छोड़कर ! ··· नहीं, वह आज ताजू को अपने पास बैठाकर रखेगा। ताजू जब होती है सामने, बड़ा निडर हो जाता है, वह। इधर कई दिनों से वह अशान्त रहा है–खन्तर गुलाबछड़ीवाला, ननकू नट, बकला ! साँप-बिच्छुओं से भरी हाँडी ! गाँव का एक प्राणी भी नहीं जी सकता। कैसे जीयेगा, इस दुनिया में कोई ?

जितेन्द्र ने पुलिस के बड़े अधिकारियों को सूचना दी है। मुंशी जलधारीलाल दास को उसने सदर भेज दिया है कुछ दिनों के लिए।···वह उसका मुँह नहीं देखना चाहता। नरनिशाच !

"मैं पूछती हूँ कि बेचारे मुंशीजी को क्यों बनबास दिया गया है ? इतने दिनों के बाद पूजा हो रही है और बेचारा पूर्णिया में बेकार आकर बैठा है।"

ताजमनी लौट आयी।

"किसने कहा बेकार बैठा है ? काम कर रहा है।···तुम बैठोगी नहीं, थोड़ी देर ?"

"बैठने से काम नहीं चलेगा। आप भी दया करके टहलने जाइए।"

"ताजू ! मुझे माँ की याद सदा आती है, आजकल।"

"आयेगी, आयेगी माँ ! अभी से इतनी उतावली क्यों··· ?"

गाँववालों ने देखा–युगों के बाद काली-पूजा हो रही है। लेकिन, रात का कोई प्रोग्राम नहीं। ऐसा तो कभी नहीं हुआ। मुसम्मात के जमाने में तो सतरंगे झाड़फानूस टँगते थे। दल-के-दल नाचवाले आकर पाँच दिन पहले से ही मुजरा करते थे। जात्रा, नाटक या संकीर्तन कुछ भी नहीं ? तब, क्या पूजा ! लोग माँ काली की प्रतिमा को देखकर लौटते, मायूस होकर–बड़ा फीका-फीका लगता है !

रात में, घड़ी देखकर ठीक आठ बजे ताजमनी ने माँ को पुकारा, गुनगुनाकर–"माँ गो-ओ-ओ ! सुनु माँ-आ-आँ !"

जितेन्द्रनाथ की गोद में पास पड़ा खोल किसी ने उठाकर रख दिया, मानो ! ताजमनी ने झुककर माँ के चरणों से एक फूल उठा लिया। सिर, आँख और गले से छुलाया। खोल और खोल बजानेवाले को नमस्कार किया फिर :

हेरि हरऽमनऽमोहिनी, शिशिर शेखरऽनन्दिनी-ई-ई···
काली कालभवऽवारिनी ई-ई-ई···
ता-रे ना-रे-तिट्टा-तिन्ना धिन खेरि-खेरि··· !

श्यामा-संकीर्तन की पहली कड़ी को जब ताजमनी ने तन्मयता से दोहराया तो गाँव का एक-एक प्राणी रोमांचित हो उठा।···रघ्घू रामायनी की गीत-कथा और सारंगी सुनकर भी जिन लोगों की चमड़ी पर कुछ असर नहीं हुआ था–वे भी आज दौड़ रहे हैं। मकबूल, जयदेवसिंह, रामनिहोरा और डी. डी. टी. आपस में बातें करते हुए जा रहे हैं–"ताजमनी ही गा रही है, है न ?"

"याद है मकबूल ? उस बार तुमने भाषण दिया था !"

"और तुमने स्टेशन के लड़कों से लड़ाई की थी !"

"दीनदयाल ! तुम तो श्यामा-संकीर्तन दल के सदस्य थे ?"

घर-घर से स्त्री-पुरुष, बच्चे-बूढ़े आ रहे हैं।···सामबत्ती पीसी गला भाँज रही है–"तुम लोग क्या जानोगी ? दूसरे गाँव की बेटी हो ! उत्तरवाले बरण्डा पर हमेशा सोलकन्हटोली की औरतें बैठती थीं। दक्खिनवाले बरण्डा पर जाओ। हल्ला-गुल्ला मत करो !"

सामबत्ती पीसी को जवानी के दिनों की याद आयी है ! फेंकनी की माय, आज शान्त है। सगझाकर कहती है–"आकि देखो ! हाथ जोड़कर निहोरा करती हूँ। जरा सुनने दो। बहुत दिन के बाद महाबारनी लगी है।"

केयटटोली का गोबरधन, श्यामा-संकीर्तन दल में मन्दिरा बजाता था। आज वह चुपचाप खड़ा देखेगा, भला ! दौड़कर घर से मन्दिरा की जोड़ी ले आता है। खोल के ताल पर मन्दिरा बजाता और नाचता मन्दिर के अन्दर चला जाता है। देखते-देखते डी. डी. टी. को छोड़कर सभी पुराने कीर्तनियाँ, सब भेदभाव भूलकर,

कीर्तन में सम्मिलित हो गये।··· ताजमनी आज दम नहीं लेगी क्या ? आगमनी के बाद रूपवर्णन गा रही है :

जनि उलंग रहबि भवानी-ई-ई-ई
बसन पहिरू बसन पहिरू
मेघबरन धारऽन करू–ओ-गो-मुण्डमाली-ई-ई !

कोसी-कैम्प में लेटी इरावती अब बेचैन हो गयी। कीर्तन के सुर में उसका मन बँध गया। मामी को जगाकर बोली–"गाँव में कोई उत्सव हो रहा है। चलो मामी, देख आयें !"

विशाल जनसमूह में लहरें आती हैं रह-रहकर ! ··· लो, पगला-पगलीवाला पद शुरू किया ! लोगों के सिर ताल पर स्वयं हिलने लगे। पगला-पगली ! भोला-काली !

इरावती रोमांचित हुई–जितेन्द्र ने, पहाड़ी नदी कोनार की कलंकलाती हुई धारा को सम्बोधित कर गाया था–खनहि मैया राजी-खुशी, राशि-राशि हँसि हँसे–खनहि मैया तिरिख नयनी···! राशि-राशि हँसी रह-रहकर बिखर जाती है, भीड़ में !

···पगला-पगली को पागल सन्तान, मन भुलावल-रे-हे !

और विहाग के परस से पावन विदा-गीत गाते समय, ताजमनी की आँखों से आँसू की धारा झरने लगी :

सुनऽसुनऽनगरवासी-ई-ई उमाशशि मोर उदासी-ई-ई
भिखारिनी वेष साजी-जाय-रे-जाय रे-कहाँ जाय रे,
देख-देख, राज-राजे-ए-एश्वरी-आज कहाँ जाय रे··· ?

राज-राजेश्वरी की भिखारिनी मूरत उपस्थित कर दी ताजमनी ने !

पगला-पगली ने मिलकर मन को भुला लिया ! ··· लोग आँखें पोंछते हुए घर लौटे।

इरावती अपने कलेजे पर भारी पत्थर का टुकड़ा लादकर लौटी। जितेन्द्र की याद को इसी तरह दबाकर रखती है वह !

हजार पौधों में अँखुए लगे हैं। लग गये पौधे !

जितेन्द्रनाथ प्रसन्न है–"ताजू ! गोबिन्दो ! ···मुंशीजी ! सुरपतिबाबू ! मैं गिनकर आ रहा हूँ–हजार पेड़ जम गये ! छोटी बात समझते हैं, लोग ! अरे, इस परती पर पौधे लग गये, यह छोटी बात है ?"

भिम्मल मामा आये–"हेक्सागन प्लस पेण्टागन ! ··· तुम्हारा नन्दन-कानन कोंपलित हुआ है ? घबराओ नहीं। आ रही है–वन-टू-तीन-चार–देख लेना ! काल वैशाखी की कृपा होगी। तुम्हारे सभी पौधे बगैर पानी के तड़फ-तड़फकर दम तोड़ेंगे !"

ताजमनी आकर बोली–"श्राप क्यों दे रहे हैं, मामा ?"

न जाने क्यों, भिम्मल मामा का मुँह सूख गया··· उसने श्राप कहाँ दिया है ! क्या उसने श्राप दिया है ? नहीं-नहीं।

जितेन्द्रनाथ ने कहा–"ठीक कहते हैं, भिम्मल मामा ! मुझे अभी इतना उत्साहित नहीं होना चाहिए। सिंचाई की क्या व्यवस्था होगी ?"

जितेन्द्रनाथ ने मुंशी जलधारीलाल को बुलाया–"कम-से-कम एक सौ ट्यूबवैल खरीदने होंगे। रुपये का प्रबन्ध कीजिए !"

मुंशीजी ने गर्दन झुकाकर कहा–"हुजूर ! तहबील में तो अब कुछ नहीं है। कर्ज भी आजकल लोग नहीं देंगे।"

"क्यों ? तहबील में नहीं है तो जूट पर अग्रिम रुपया लीजिए महाजनों से।"

"मुझे कौन देगा ?"

"तो, मुझे कौन पहचानता है ? ··· मुंशीजी, मैं कुछ नहीं जानता। मुझे रुपयों की सख्त जरूरत है। प्रबन्ध कीजिए, चाहे जहाँ से हो।"

ताजमनी बोली–"चाहे जहाँ से हो ! क्या डकैती करके ले आयेंगे मुंशीजी ? यहाँ, जमींदारी खत्म हो गयी, लेकिन जमींदारी शान बढ़ती जा रही है ! दो सौ बीघे धान और डेढ़ सौ बीघे पाट की खेती करनेवाला हवाई जहाज से सफर करेगा, महीने में पाँच सौ रुपये की किताब, तस्वीर और अखबार मँगावेगा ! दान करेगा ! बाग लगायेगा !"

मुंशी जलधारीलाल मुँह लटकाये, वापस हुआ। ताजमनी हवेली के अन्दर गयी और जितेन्द्रनाथ की आँखें छलछला आयीं–ताजमनी ने ठीक कहा है ! भिम्मल मामा ने ठीक कहा ! ··· लगे हुए पेड़, पानी के बिना सूख जायेंगे ! तहबील में कुछ नहीं ! यह क्या हुआ ?

रात को गोबिन्दो रसोईघर में थाली लौटाकर ले गया–"ताजनदि ! फिन दादा बाबू को क्या हो गया ? बोलते हैं, दूध-डीम-घी कुछ नहीं। आलू का भर्ता और भात खाकर कैसे रहेंगे दादा बाबू ?"

"परोसी हुई थाली इस तरह लौटाकर नहीं लायी जाती !" ताजमनी नाराज हुई–"तुमसे कितनी बार कहा !" ताजमनी चली।

"क्यों, फलाहार करने की क्या बात हुई ?"

"नहीं, ताजू ! मुझे मालूम नहीं था। मैंने कभी इस ओर ध्यान ही नहीं दिया था। अब, रहन-सहन··· !"

रहन-सहन ? दूध-घी छोड़ने से कुछ नहीं होगा। हर महीने शाह कम्पनी का तीन सौ रुपये का हिसाब भुगतान देना पड़ता है, उसको कम कीजिए ! न मालूम किसने आदत लगा दी ! कब से लगी··· !

जितेन्द्रनाथ ने अपनी अलमारी की ओर देखा, ताजमनी ने सबकुछ देख लिया

है। किसने बताया कि तीन सौ रुपये प्रतिमास शराब के लिए देना पड़ता है, शाह कम्पनीवालों को ? जितेन्द्र लज्जित हुआ।

"जिद्दा ! मैंने क्या भला-बुरा कह दिया जो खाना-पीना छोड़ रहे हैं ? लेकिन, मैं चुप नहीं रहूँगी।"

"ताजू, मैं अब नहीं पीऊँगा···।"

"इतनी आसान नहीं है जिद्दा !" ताजमनी मुस्करायी–"इतनी बड़ी प्रतिज्ञा करने की क्या जरूरत ?"

जितेन्द्रनाथ को ताजमनी ने बैठकर खिलाया–"रुपये का प्रबन्ध हो जायेगा। कोई चीज छोड़ने की जरूरत नहीं। जमींदार का बेटा शराब नहीं पियेगा भला !"

"रुपये का प्रबन्ध हो जायेगा ? कैसे ? कहाँ से ?"

"घबराइए मत !" ताजमनी ने एकटक जितेन्द्रनाथ की ओर देखकर कहा–"मालकिन-माँ सब प्रबन्ध कर गयी हैं। वह चाहती थीं, उनका बेटा शराब पीये, जुआ खेले, बेकाम के काम में रुपया उड़ाये। उनका सपना पूरा हुआ है !"

ताजमनी को याद आयी, मालकिन-माँ की बात–'ताजू ! मेरा बेटा फकीर की तरह झोली लेकर भीख माँगता फिरता है, मोटा खाता है, मोटा पहनता है ! इस खानदान की इज्जत उसने मिट्टी में मिला दी। जमींदार का बेटा भला ऐसा होगा !'

"ताजू, तुम विश्वास करो। मैंने पिछले कुछ वर्षों से ही पीना शुरू किया है।···"

"इतना छोटा क्यों करते हैं अपने को ?"

आधी रात को, ताजमनी ने जितेन्द्रनाथ को आकर जगाया–"जिद्दा !"

जितेन्द्रनाथ ने ताजमनी को अपने पलँग पर बैठाना चाहा। किन्तु, ताजमनी ने अपना हाथ भी नहीं स्पर्श करने दिया। बोली–"अन्दर चलिए !"

जितेन्द्रनाथ हवेली के अन्दर गये। ताजमनी ने भण्डार-घर के पास जाकर लालटेन की रोशनी तेज की।···ताजमनी कौन होती है रोकनेवाली ! मालकिन-माँ जो चाहती थीं, वही होगा !

ताजमनी ने हाथ के इशारे से दिखलाकर कहा–"उसी मूर्ति के नीचे है !"

"क्या ?"

"आपकी माँ ने कहा था, जिस दिन मेरा बेटा राह पर आये, उसी दिन···!"

गोरस के व्यापार से मेरी आत्मीयता बढ़ती गयी !

अब तो कलकत्ता, पटना, दार्जिलिंग के व्यापारियों के हाथ मक्खन, पनीर, क्रीम और घी बेचने के बदले–दही की मटकी लेकर गाँव-गाँव घूमना चाहती हूँ मैं–राधा की तरह ! गोकुल की ग्वालिनियों की तरह ! –दधि ले ले ! दधि ले ले !

गोशाले में एक बीमार बछड़े को दवा पिला रही थी कि नये अर्दली ने आकर सलाम किया। हाथ में एक पुर्जा देकर मुँह देखने लगा। मम्मी का पुर्जा : 'मिसरा'ज़

कम विद प्रेजेण्ट्स। आइ थिंक वी मस्ट रिफ्यूज···!' मैंने बिना कुछ भूत-भविष्य सोचे, अर्दली से कहा–'मिसराबाबू को कोठी पर माँगता छोटा मेम। अब्बी !'

मछली, महीन सुगन्धित चावल, पके केले, नारियल, मिसरीकन्द, शहद, ऊख, मिठाई और कीमती रेशमी साड़ी ! मिसरा ने कहा–'पहला बेटा हुआ है। आज उसकी छट्‌टी है। मेरी स्त्री आपसे बहिनापा जोड़ना चाहती है।···दैट इज गॉड सिस्टर, मीन्स–फ्रेण्ड !'

इस पुरुष को देखते ही मुझे कुछ हो जाता है। मेरी आँखों को वह सही-सही पढ़ लेता है। भगवान को धन्यवाद !

कचहरी-बँगले से मम्मी आयी और घोर प्रतिवाद करने लगी।

हमारे आश्चर्य का ठिकाना नहीं···! उस पुरुषसिंह ने फुर्ती से झुककर मम्मी की चरणधूलि ले ली। बड़ी विनम्रता से उसने समझाया–'माइ वाइफ हैज मेड योर डॉटर हर बहिनापा–दैट इज गॉड-सिस्टर, मीन्स फ्रेण्ड ! फ्रॉम टु डे यू आर माइ मदर-इन-लॉ !'

मम्मी हतबुद्धि होकर मुझे देखने लगी और मैं उस लीलाधर की लीला देखकर मन-ही-मन मुस्करा रही थी।

स्वीकार अथवा अस्वीकार का मौका वह नहीं देता। चँगेरी से एक डिबिया निकालकर खोलते हुए बोला–'एण्ड, दिस इज फॉर मदर-इन-लॉ। इसको कृपा कर स्वीकार करें ! अपनी गॉड-डॉटर और गॉड-ग्रेण्डसन को ब्लेसिंग दें।··· यू मे कर्स मी !'

रत्नजटित मुँदरी ! ··· इस आदमी को क्या कहिए !

'एण्ड गिव मी चान्स टु सर्व यू !'

मेरी अच्छी मम्मी मुस्करायी ! भगवान, मम्मी मुस्करायी ! मुस्कराहट को खोलते हुए मम्मी बोली–'सी द फन ! आइ डन्नो व्हाट ही वाण्ट्स !'

मिसरा ने कहा–'आपकी जमींदारी-कचहरी के सभी कारकून निकम्मे ही नहीं, चोर ओर बेईमान हैं। चार महीने बीत रहे हैं, अभी तक स्टेटमेण्ट, कागज-बुझारत नहीं दे सके हैं ! मैं सिर्फ दस दिन में इनसे कागज-बुझारत लेकर, दो महीने के अन्दर बकाया-सहित हाल का खजाना वसूल सकता हूँ।··· आइ से !'

लगातार डेढ़ घण्टे तक अपनी अंग्रेजी में बातें करके उसने मम्मी को इस तरह मोह लिया कि··· हीरू दरबान के शब्दों में 'अन्धेर' हो गया ! ब्लैकमैन को कुरसी पर आमने-सामने बैठाकर बड़ा और छोटा मेम ने चाय पिलाया ! पुतली को दूसरे किस्म का अचरज हुआ–ब्राह्मण होकर अंग्रेज के क्रिस्तान बावर्ची के हाथ का छुआ हुआ खाया ?

मम्मी मुझे एकान्त में ले गयी–'वह जमींदारी की मैनेजरी अथवा कण्ट्रैक्ट चाहता है। आदमी तो काम का मालूम होता है। अपनी कचहरी के सभी अमले इसको देखते ही बदहवास से हो गये।··· रियली ! तुम क्या कहती हो ?' मैं मन-ही-मन भगवान को धन्यवाद दे रही थी–'मुझे क्या आपत्ति हो सकती है ! मैंने पहले ही

कहा था, आदमी अद्वितीय है।'

'आइ डन्नो ह्वाइ दे से सो मच !···जो भी हो, हमें हर हालत में अपनी प्रतिष्ठा कायम रखनी है।' मम्मी कुछ सोचने लगी।

एस. मिसरा···नहीं, पण्डित शिवेन्द्र मिश्र उसी दिन से हमारी जमींदारी का जनरल मैनेजर हो गया। वह अपनी जमींदारी सँभालने के साथ-ही-साथ हमारे इस्टेट का भी काम देखेगा। इकरारनामे पर दस्तखत करने के बाद उसने मुस्कराकर मेरी ओर निगाह उठायी–'आइ हैव हर्ड दैट यू वाण्ट टु लर्न हिन्दी ! ··· और रामायण पढ़ना चाहती हैं आप ? मैं बिग संस्कृत पण्डित हूँ, दैट इज शास्त्रीं !'

बातों-ही-बातों में उसने मुझे शिष्या बना लिया।··· छलिया !

जब कालिदास के ग्रन्थों पर बातें होने लगीं तो मम्मी किसी काम से कमरे से बाहर चली गयी।

उसने कहा–'इट इज सो स्वीट दैट वन्स यू रीड कालिदास यू विल फॉरगेट एवरीथिंग यू हैव रैड !'

'मैं पहले ही सबकुछ भूल चुकी हूँ··· माइ मास्टर !' मैं अपने मन को काबू में नहीं रख सकी। अब उसकी आँखों में मदिरा-ही-मदिरा थी–'आइ हैव सोल्ड माइसेल्फ···!'

मैं कहना चाहती थी–'नहीं, नहीं ! ऐसा मत करो। मैं तुम्हारे हाथ बेमोल बिक चुकी हूँ।'

मम्मी आ गयी। अपने बाग के पके मैंगोस्टीन की एक टोकरी ले आयी, पुतली।

मम्मी मुस्कराकर बोली–'फॉर माइ गॉड-डॉटर ! ···दूध में इसका रस मिलाकर पीने दीजियेगा।··· सोमवार से आप अपने काम पर आ रहे हैं ?'

'नमस्कार !'

'नमस्कार ! माइ मास्टर ! रेस्टलेसली आइ'ल वेट फॉर यू !'

जादू ! ब्लैक मैजिक !

जादू नहीं तो और क्या कहा जाये ! मिश्रा ने मम्मी को इतना प्रभावित किया है कि उठते-बैठते मम्मी प्रशंसा करती है–'नाइस फेलो ! एक ही सप्ताह में जमींदारी-कचहरी का दफ्तर सुचारु रुप से चलने लगा है। इलाके के जेठ रैयतों के नाम परवाने जारी किये गये हैं।'

अब हीरू दरबान अपना विरोध नहीं प्रकट करता। कभी-कभी वह छुट्टी लेने की बात अवश्य करता है। पुतली बहुत चालाक है। मुझे गोशाले के एकान्त में समझाकर सलाह दी, उसने–यदि गोशाले की व्यवस्था भी मैनेजर साहब अपने हाथ में ले लें···!'

पुतली मेरे मन की बात बोली।

उसी शाम को हिन्दी पढ़ते समय, बात को पेश करने की भूमिका मैंने बाँधी–'मिश्रजी ! मुझे अपनी स्मरण-शक्ति पर अब जरा भी भरोसा नहीं। देखिए

न, एक शब्द भी याद नहीं। परतीच्छा और परीच्छा के अर्थ में··· । सुना है, दूध-घी का कारबार करने से बुद्धि मन्द पड़ जाती है।'

"किसने बताया कि दूध-घी के कारबार से बुद्धि मन्द पड़ जाती है ?'

'पुतली ने !'

कमरे के बाहर, पंखा की डोरी खींचती हुई पुतली मुँह में कपड़ा ठूँसकर हँसी को रोक रही थी।

'तो, पुतली भी पण्डिताइन का काम करती है ?'

'हाँ, वह मुझे मैथिली बोलना सिखलाती है। सुनिए तो ! ···अहाँ बड़ सुन्दरऽछि: दैट इज यू आर··· ।'

ठठाकर हँस पड़ा वह। मम्मी बोली–'लेकिन, मैं गजराजसिंग सिपाय की बोली सीख रही हूँ–का हो ? का बात हऽ; हैलो, ह्वट्स दि मैटर ?'

मिश्रा कितनी अच्छी हँसी हँसता ! सारी कोठी मुखरित हो उठी। उपयुक्त समय देखकर मैंने बात उपस्थित की, अपनी। पुतली दो-दो बार झाँककर मुझे संकेत दे चुकी थी। मैं बोली–'मम्मी, मैं चाहती हूँ, एक बार मेरी डेयरी को भी कोई सिलसिलेवार चला दे। मैं थोड़ी-सी मदद चाहती हूँ, मिश्रजी की।'

'मेरी ?' मिश्रा ने पूछा। मम्मी गर्दन हिलाकर बोली–'नहीं, नहीं। इलाके के जेठ रैयतों से निबटना है। इन्हें मरने की भी छुट्टी नहीं।' मम्मी ने मिश्रा की ओर देखा। वह बोला–'थोड़ी-सी मदद के लिए मेरे पास काफी समय है। किन्तु, गुरुजी की बुद्धि जो मन्द पड़ जायेगी !'

'शायद वह अपने गुरु की बुद्धि को थोड़ा मन्द करने की आवश्यकता समझती है !' मेरी मम्मी भी खूब हँसती है।··· बेचारी मम्मी ! बहुत दिनों के बाद मम्मी को इस तरह हँसते देखा मैंने !

मिश्रा ने गोशाले को भी अपने हाथ में ले लिया।

थोड़े ही दिनों में कचहरी और गोशाले के अधिकांश कर्मचारी और चाकर बरखास्त कर दिये गये। हीरू खुद भाग गया। एक महीना बीतते-बीतते पुतली और बूढ़े माली उत्तिमलाल को छोड़कर सभी कर्मचारी और नौकर-चाकर चले गये। मिश्रा कहता–'ऑल ऑफ देम–लॉट ऑफ देम–ए बण्डल ऑफ थीव्स ! दूसरे जमींदारों के यहाँ से चोरी और बेईमानी करके भागे हुए लोग !'

मिश्रा द्वारा नियुक्त किये हुए लोगों के बारे में मम्मी ने कहा–'ये काम के सिवा और कुछ जानते ही नहीं, मानो !'

मैं सुनती और हँसती।··· ऐसे मादक दिनों की स्मृति ही मेरा सम्बल है। मन में एक मखमली डिबिया खोलकर देखती हूँ–जीवन-ज्योति मिलती है। जीने लगती हूँ !

[इसके बाद के पाँच पृष्ठों को सुरपति ने सम्पादन करके अलग रख दिया है।]

अपने कलम-बाग में, मिश्रा से आमों की किस्म, जाति और विशेषता की जानकारी हासिल कर रही थी–लँगड़ा, आमों का राजा ! कृश्नभोग, बादशाह-पसन्द, बेगम··· ।

बाग के माली ने आकर सूचना दी–'फाटक पर अंग्रेज बहादुर खड़ा है।'

मिश्रा ने मेरी ओर देखा। मैं बोली–'साहब को कोठी दिखायेगा !'

'नहीं मेमरानी, वह आपको देखने माँगता है।'

मिश्रा ने कहा–'जाओ, देखो कौन है !'

जाकर देखा, जिसका भय था–वही ट्राली··· !

'गुड ईवनिंग मिसिज रोजउड !' दुष्ट हँसी हँसता हुआ बार्कर मिला–'आर यू नॉट वेटिंग फॉर योर हेड-ब्वाय ?'

'हेड-ब्वाय !'

'हाँ, मैंने सुना है कि आपने एक ब्राह्मीन हेड-ब्वाय रखा है ! दैट्स गूड !' बार्कर की आँखों में शैतान नाच रहा था।··· बदमाश !

प्लाण्टर्स-क्लब के उत्सव में, ब्लैकबेरिइस्ट के वजन के दूसरे शब्द से परिचित हो चुकी थी।···ली ने लजाते हुए कहा था–'यहाँ के एंग्लो-इण्डियन समाज में एक शब्द बहुत प्रचलित है। हेड-ब्वाय ! आपस में गाली-गलौज करते समय एक-दूसरे को कहते हैं–सन ऑफ हेड-ब्वाय। बहुत विषैली गाली है ! डेडड्रंक अवस्था में भी यदि किसी को यह गाली दी जाये तो वह सीरियस हो जायेगा।···एक उपयुक्त हेड-ब्वाय के बगैर कोई अंग्रेज-परिवार यहाँ कब तक टिक सकता है ! दूर-दूर, जंगलों और नदियों के पार उनके बँगले। सभी नौकर-नौकरानियों का कर्ता-धर्ता होता है, हेड-ब्वाय। साहब-मेम बाहर रहें तो बँगले का स्थानापन्न साहब। मेम बाहर हों तो साहब जिस पर भरोसा कर सकें। और, जब साहब बाहर हों तो मेम साहिबा जिसकी फौलादी बाँहों के भरोसे सारी रात सुख की नींद सो सकें। साहब और मेम दोनों ही, जिससे मन का हाल बताने में संकोच नहीं करते। ऐसा हेड-ब्वाय !'

हेड-ब्वाय ! सुनते ही मुझे लगा मेरे गालों के पास दो सिन्दुरिया आम लटक गये। मैंने अपने को संयत किया। सहज मुद्रा में ही मैंने कहा–'मिस्टर बार्कर, वी कीप नो हेड-ब्वाय।···यदि आपका मतलब हमारे जनरल मैनेजर पण्डित शिवेन्द्र मिश्र से है तो मुझे क्षमा करें···आपने हमारा अपमान किया है। एक प्रतिष्ठित व्यक्ति का अपमान किया है !'

आँखें फाड़ते हुए बार्कर ने अचरज प्रकट किया–'वाण्डर··· ! किस क्रिमिनल की बात कर रही हैं आप ?'

हाथ में आमों से भरी झोली लटकाये मिश्रा बाग के फाटक पर प्रकट हुआ। मेरा कलेजा न जाने क्यों, काँप उठा ! बार्कर ने पास ही रामपुर हाल्टिंग-बँगले पर सस्ती रम पी होगी। उसकी आँखें लाल थीं। हाथ की बन्दूक को उसने कन्धे पर रखकर, मिश्रा को देखा। फिर बोला–'लास्ट सैटर्डे दि प्लाण्टर्स वर फुल ऑफ

योर स्केण्डल स्टोरीज। फ्रॉम कण्ट्री टु मलाया ! ···मैं देखता हूँ, कहानियाँ झूठी नहीं ! शेम···!'

मिश्रा आकर ठीक मेरी देह से सटकर खड़ा हो गया। बार्कर की बोली मुँह में अटकी रही। उसके चेहरे पर एक तिलमिलाहट दौड़ गयी। मिश्रा ने कुछ क्षण बार्कर की ओर देखा। फिर, बिना किसी झलक के उसके हाथ से बन्दूक ले ली–'नाउ, कण्टिन्यू योन स्टोरी ! आई नो, यू आर मिस्टर बार्कर। सो, बेटर बार्क !'

गुस्से से बार्कर के केनाइन टुथ ओठ के दोनों कोरों पर निकल आये। कुछ सैकेण्ड्स वह कठाया खड़ा रहा। फिर, एक भद्दी गाली का भद्दा उच्चारण कर मिश्रा पर टूटा–'स्वा··· ।'

–तड़ाक् ! गाली पूरी होने के पहले ही मिश्रा ने तमाचा जड़ते हुए कहा–'गुड़ का दारू बड़ा तेज होता है।···लेकिन, इससे गरमी थोड़ी शान्त होगी ! आइ थिंक !'

'मि-श्रा-जी-ई !' आतंकिता मैं चीख पड़ी। बार्कर अपने पतलून की जेब में हाथ डाल रहा था।

'हा-हा-हा-हा !' मिश्रा के ठहाके से पास का बाँसबन प्रतिध्वनित हुआ–'मैं जानता हूँ। खाली पॉकेट में हाथ डालकर मत डराओ मिस्टर बार्कर ! पिछले सप्ताह ही तुमने अपनी पिस्तौल भाड़े पर भेज दी है–डकैती करने, जो आज तक वापस नहीं आयी।···आइ नो मिस्टर बार्कर, व्हेर इज योर रिवाल्वर !'

बार्कर के चेहरे पर अचानक राख पुत गयी।

न जाने किस समय मिश्रा ने मेरा हाथ थाम लिया था। मेरी तलहथी को जरा-सा झटकते हुए बोला–'गीता ! साहब को कोठी में ले जाओ। ही नीड्स रेस्ट···आराम चाहिए।'

'आराम करने आये हैं साहब बहादुर !'

बार्कर खाली हाथ टूटा।

मिश्रा ने फुर्ती से बार्कर के उठे हाथ को बाँह के पास थाम लिया और भगवान जाने क्या कर दिया कि बार्कर का हाथ ऊपर ही उठा रह गया।

'दिस इज कॉल्ड ऊर्ध्वबाहु गिरह !'

उठा हुआ दाहिना हाथ, बँधी हुई मुट्ठी। उसकी चेष्टाओं को देखकर लगा, वह किसी अदृश्य शक्ति से लड़ रहा है। ऊपर की ओर उठा हुआ हाथ टस-से-मस नहीं होता।···उसके पाँव लड़खड़ा रहे हैं। किन्तु, बँधी हुई मुट्ठी हवा में भाँजने की कोशिश कर रहा है।

दो मिनट के अन्दर ही, चारों ओर से–पाट के खेतों से, बाँसबन से, कलम-बाग और बीजूबाग से–बीसों आदमी हाथ में लट्ठ, बल्लम-भाले लेकर दौड़े आये। मिश्रा ने धीरे से कहा–'घबराओ नहीं ! सभी अपने ही लोग हैं–तुम्हारे चरवाहे, सिपाही, दरबान, कारकून !'

'मिस्टर बार्कर ! रेल-रोड छोड़कर, देहात की कच्ची सड़कों पर निकलने से ऐसा ही होता है।' मिश्रा ने बार्कर के कन्धे पर हाथ रखते हुए कहा। बार्कर का

हाथ हठात् गिर गया–'सिगनल डाउन ! ···नाउ दिस इज योर बार्किंग मुद्रा गिरह ! इजण्ट ?'

मिश्रा के इस लड़कपन से मैं नाराज हुई।··· क्या आवश्यकता है ?

बार्कर का हाथ तो गिर पड़ा, किन्तु मुँह खुल गया। खुले हुए जबड़े, मैले गन्दे दाँत, पीले !

मैं थर-थर काँपने लगी–'मि-श्रा-जी !'

मिश्रा ने बार्कर के हाथ में बन्दूक वापस दे दी। और, बार्कर की गर्दन के पीछे चमड़ी पर चुटकियों से कुछ किया। लीवरवाले केस की तरह बार्कर का मुँह खप्प से बन्द हो गया !–'दिस इज कॉल्ड जुजुत्सु ! जापानी कला !'

बार्कर के हाथ में बन्दूक ! भगवान ! यह क्या हो गया !

बार्कर ने बन्दूक की सेफ्टी की परीक्षा की।··· उसका इरादा खौफनाक मालूम होता है। उसने भूखे भेड़िये की तरह गुर्राकर मेरी ओर देखा। उसने मेरी सूरत पर थूकने की मुद्रा बनायी। वह कोई भद्दी-सी गाली थूकना चाहता था।

विदा-भाषण का कोई शब्द उसके मुँह से नहीं निकला। उसने उलटकर पगडण्डी पकड़ी। बीस-पच्चीस कदम, मानो गिनता हुआ वह चला। और अचानक मुड़कर खड़ा हो गया।

मिश्रा ने हँसकर कहा–'सी दैट कॉवर्ड फेलो ! ···अब वह हम पर चार्ज करेगा !'

'विल ही-ई-ई ?' मैं चीख पड़ी। लाठी-भालेवाले दौड़े तो मिश्रा ने हाथ उठाकर रोक दिया–'घबराओ मत, चुपचाप देखो !'

बार्कर ने कारतूस-चेम्बर की परीक्षा की···भरी हुई बन्दूक ! निशाना लेने के पहले फिर भद्दी मुद्रा बनायी। पागलों की तरह चिल्लाकर बोला–'यू बिच ! दैट्स व्हाट यू आर। फर्स्ट ऑफ ऑल··· यू।'

मिश्रा ने पलक मारते ही मुझे ढँक लिया। मैं उसकी पीठ पर लद गयी। उसने मुझे केहुनी से झटका देकर कहा–'सी द फन, डरो मत !' बार्कर ने निशाना लिया ! ··· लेट जाओ माइ मास्टर !

बार्कर को बन्दूक की परीक्षा की आवश्यकता हुई। उसने जब दूसरी बार निशाना लिया तो मैं मिश्रा से लिपट गयी–ओ-म-म ! धाँय-धाँय ! ··· बन्दूक की आवाज! नहीं, मिश्रा ठहाके लगाकर हँस रहा है–'जरा एक बार फिर बन्दूक की परीक्षा कर लो मिस्टर बार्कर ! हा-हा-हा ! ··· ट्रिगर का नॉजल ही टूटा हुआ है।··· चलाओ नहीं तो, नाउ इट इज माइ टर्न। सँभालो !'

झोली से लोहे के गोले-जैसा एक काला कच्चा आम निकालकर मिश्रा ने दिखलाया।

मैं बोली–'मिश्राजी-जी-ई ! डोण्ट !'

हल्की झिड़की मिली मुझे–'अपनी बन्दूक लाकर मिस्टर बार्कर के हाथ में क्यों नहीं देती ? उसकी तो खराब हो गयी···ट्रिगर टूटा हुआ है। गोली दगती ही नहीं। और सुनो ! जब मैं एक्शन में रहूँ तो मुझे टोक-टोक मत किया करो।···व्हेन आइ

एम इन एक्शन, आइ एम नो मैन !'

बार्कर ने बन्दूक की परीक्षा करते हुए एक बार इधर-उधर देखा। फिर, अचानक सिर पर पैर लेकर भागा–पाट के खेतों की ओर।

–'हा-हा-हा ! ट्राली साहब···!' बार्कर के पीछे लाठीवाले दौड़े। मिश्रा ने हँसकर रोका–'हुलहुला दो। लोग समझेंगे, गीदड़ भागा है।'

सभी पुकारने लगे–'उयं-उय-तू-तू ! हो-हो-हो ! भागा-भागा !'

मिश्रा को मुद्रा बदलने में देर नहीं लगती। मुँह गम्भीर करके बोला–'गीता, तुम अपनी कोठी में जाओ !'

'आप नहीं चल रहे ?'

'नहीं, मुझे अभी परानपुर जाना है।···अपने देशवासी का अपमान करनेवाले को मुलाजिम नहीं रखना चाहिए, तुम्हें !'

मिश्रा को मैंने अपनी आँखों की राह दिल का कोना-कोना दिखलाया ! ··· 'कितनी बार कहूँ, तुम मेरे मुलाजिम नहीं ! मैं तुम्हारी चेरी हूँ !'

'अपना हेड-ब्वाय तो नहीं समझती ?' मिश्रा ने बच्चों-जैसी बात की।

'मुझ पर विश्वास नहीं करते, माइ मास्टर ?' मैं दुखी हुई।

मिश्रा ने नाक पर उँगली डाली। सोचकर बोला–'चलो !'

कोठी के पास ही मम्मी सिपाहियों के साथ आती मिली। पुतली सबसे आगे थी··· घबरायी हुई मम्मी ने पूछा–'व्हाट्स द मैट··· ?'

'मिस्टर बार्कर'ड कम टु किल अस !'

'किल अस ! बट व्हाई ?'

'मम्मी ! उसने मुझे भद्दी गालियाँ दीं।' मम्मी से लिपटकर मैं रो पड़ी, 'आज मिश्रा··· मिश्राजी नहीं होते तो वह मुझे मार डालता ! नशे में धुत्त था वह ! ···'

'डेड ड्रंक हि वाज !'

मम्मी गम्भीर होकर बोली–'मिश्रा कहाँ था ?'

'सुनो मम्मी ! दो-दो बार निशाना ले चुका था, वह तो ! किन्तु, मिश्राजी थे।··· कोठी के अन्दर चलो मम्मी ! वह फिर लौटकर आ सकता है !'

'इज इट ?' मम्मी गुर्रायी।

'मिश्राजी ने कहा–'नो-नो। हि नोण्ट।···आराम करो जाकर !'

मम्मी ने मिश्राजी से कहा–'थोड़ी देर के बाद आपको बुला भेजूँगी। आप अपनी कोठी में जाकर कपड़े बदल डालिए !'

मैंने मिश्राजी की ओर देखा–'आइएगा तो ?'

मैं अब मिश्राजी कहना सीख गयी हूँ।

लुत्तो का दुख कौन समझे ! बचपन से ही उसे रात-भर आँख खोलकर सपना देखने का रोग है। तीन बजे भोर तक उसे नींद नहीं आती। सुबह, आठ बजे तक सोता है। क्या करे लुत्तो ! वही जो, पाँच या सात वर्ष की उम्र में एक रात को नींद उचटी, सो उचटी ही हुई है। माँ-बेटा रोते रहे थे दिन-भर ! बाप को खटोली पर सुलाकर ले चले, गाँववाले ! उससे कहा गया–"आग दो अपने बाप को !" लुत्तो को याद है, वह चिल्ला उठा था–"बप्पा जल जायेंगे !"···

लगता है, कल की ही घटना है। रात में उसकी माँ ने कहा था–"तू नहीं खायेगा तो तेरा बाप भूखा रहेगा।" सोने के समय बाप की याद और भी जोर से आयी थी। वह रोज अपने बाप के साथ सोता था। पीठ पर थपकी देते हुए उसके बाप शेखचिलिया की कहानी सुनाता। खाते समय घण्टों बैठा रहता था लुत्तो के लिए–"बाबू ! आओ, दूध जुड़ा गया।···"

जब तक लुत्तो का बाप जिन्दा रहा, खाने-पीने की चीजों से घर महकता रहता ! किस्म-किस्म की मिठाइयाँ, तरह-तरह के फल–जिनका नाम भी नहीं जानते गाँववाले। हवेली में, जितेन्द्रनाथ की माँ के लिए जो साड़ी आती, उससे बस एक आना कम कीमत की साड़ी लुत्तो की माँ पहनती। कभी-कभी लुत्तो का बाप जान-बूझकर पैण्ट और कमीज छोटा खरीद लाता, जितेन्द्र के लिए। जितेन्द्र की माँ कहती–"बड़ा होता तो किसी तरह काट-छाँटकर ठीक भी कर लिया जाता। यह तो एकदम छोटा है। क्या होगा ? ले जाओ, अपने बेटे के लिए !" जितेन्द्र के लिए जितने किस्म के पुष्टई मेवे या फल आते उसमें से चतुर्थांश तो खुद शिवेन्द्र मिश्र निकालकर देते। लुत्तो का बाप कहता–"मालिक कहते हैं बुद्धि और बल में मजबूत नहीं होगा बेटा तेरा, तो जित्तन को कौन सँभालेगा ?"···हुँ मालिक ! लुत्तो, एक भद्दी गाली देकर, बीड़ी सुलगाता–"सँभालूँगा ! देखते रहो बूड्ढे ! लुत्तो तुम्हारे बेटे को कैसा सँभालता है !"···

सो, उस रात को लुत्तो ने सपने में देखा–उसका बाप थाली पर बैठा पुकार रहा है–'बाबू !' लुत्तो अपने बाप के साथ खाने बैठ गया। थालियों और कटोरों का ढेर ! जब वह खाने लगा तो उसका बाप जानवर की तरह गों-गों करने लगा। लुत्तो ने हँसकर कहा–'बप्पा ! मुझे डराते हो ?' उसका बाप फिर गों-गों करने लगा तो लुत्तो ने अपनी माँ को पुकारकर कहा–'देख मैया ! बप्पा बैल की तरह सींग हिलाकर गोंगाता है !' वह खिलखिलाकर हँस पड़ा। उसकी माँ बोली–'बौवा ! हँसते हो ?' लुत्तो उठकर बैठा। इधर-उधर देखा, फिर रोने लगा–'अभी तो बप्पा आये थे··· ।'

रोज रात में बस, एक ही सपना देखकर वह जग पड़ता–बाप आया है, उसका। कभी बाहर से पुकारता है, कभी घर में आकर।···लुत्तो की माँ ने लगातार एक महीना झाड़-फूँक करवाया। तब जाकर कहीं वह सपना आना बन्द हुआ। सपने में फिर उसका बाप नहीं आया कभी। उसको रात में नींद ही नहीं आती। सपना कहाँ से आयेगा ? जगकर जो कुछ देखता है, वह भी यदि सपना है तो लाखों

सपने देखे हैं, लुत्तो ने। उसको हजार किस्म की बुद्धि दे जाता है, उसका बाप।··· दगनी पकड़ते समय जल्दीबाजी मत करना। नहीं तो, खुद दग जाओगे! पीठ पर ढेरा की तरह दाग देना X , हाँ इसी तरह ! ढेरा की तरह दाग। पाट की सुतली बाँटनेवाले ढेरे नाचते, लुत्तो की आँखों के आगे XXXXX, अनेक। जितेन्द्र चीख रहा है–'गों-गों-गों !' जलती हुई चमड़ी की गन्ध लुत्तो को लगती है।···

"धेत्तेरी नाक में ! ए·बिठैलीवाली ! बिठैलीवाली ! ··· वाह, तुम्हारी नाक तो आजकल जोगबनी जूट मिल के हुसील की तरह बोलती है !"

लुत्तो की स्त्री कुनमुनाकर करवट लेती है–"हाँ-अ, बेबात की बात मत कहे कोई ! हाँ-अ, मेरी नाक नहीं बोलती।"

"नहीं बोलती ? मैं झूठ बोलता हूँ ? अच्छी बात ! इस बार जब बोलेगी तो देखना ! मारे बौक्सिंग के तोड़ता हूँ या नहीं।"

"मारने के लिए हाथ खुजलाता है तो मार ले कोई ! ई दुपहर-रात को किसी की नींद तोड़कर झगड़ा क्यों करता है कोई !"

लुत्तो अपनी स्त्री बिठैलीवाली से बहुत नाराज रहता है, आजकल !··· साली, कीर्तन सुनने चली गयी बीमार बच्चे को गोद में लेकर। रात-भर पड़ी रही उस जंगल-झारवाले मन्दिर की अँगनाई में ! ऊपर से बात बनाती है कि खुली अँगनाई में नहीं, बरामदे पर बैठी थी–आराम से ! मन्दिर में अब जंगल कहाँ–चमचम चमकती है मन्दिर की अँगनाई। साली, आराम लूटने गयी थी।···

लुत्तो को भगवान ने आँख-कान नहीं दिया है क्या ? वह क्या कालीमाई को नहीं मानता ? वह स्टेशन के बनियाँ लोगों की कालीमाई का दर्शन कर आया है। मान-मनौती भी की है, उसने !···उसकी गँवार औरत ने उसके व्रत को तोड़ दिया। प्रण को तोड़ दिया ! भोजभात तो कभी वह नहीं खाने गया हवेली में। लेकिन, मन्दिर में दर्शन करने और कीर्तन सुनने जाता था–हर साल। लेकिन, उस बार··· !

···भागलपुर डिवीजन-भर में प्रसिद्ध चम्पानगर के शारदा बाबू की जात्रा-पार्टी आयी थी, उस बार। बँगला-जात्रा को हिन्दी में रूपान्तर करके बँगला सुर में ही गाते थे, शारदा बाबू। उनकी पार्टी के बारे में यह बात मशहूर हो गयी थी–साज-बाज शुरू होते ही लोगों के सौ दुख दूर हो जाते हैं। मन्त्र-मुग्ध होकर दौड़ते हैं लोग !···

बात झूठ नहीं थी। हारमोनियम-तबला के अलावा ढोलक, खोल, करताल, मन्दिरा, बाँसुरी, बेहाला, क्लारनेट बजानेवाले, पाँति में आलथी-पालथी मारकर बैठते–अर्धवृत्ताकार ! बीच में दो कुरसियों के पीछे जात्रा के मास्टर बही और सीटी लेकर बैठे ! मास्टर ने इधर-उधर देखकर सीटी दी–हारमोनियम-मास्टर ने झुककर हारमोनियम को नमस्कार किया। सभी साजिन्दों ने अपने-अपने सुर मिलाये हुए साज को नमस्कार करके उठा लिया। गत बजाना शुरू किया।···लुत्तो बयान नहीं

कर सकता। जिसने अपनी आँख से देखा और कान से सुना–वही समझ सकता है। पूरे आध घण्टे तक बाजा बजाते रहे। एक-एक साज के बजानेवाले कालबजनियाँ थे। बाजा शुरू हुआ और गाँव के लोगों के मन में फिरकी नाचने लगी। ढोलक पर गिरगिरी देने लगा ढोलकिया–तिर्र-तिर्र-र-र-र-र-र-तड़क-तड़क-तड़-तटक-तटक-तड़-तिर्र-र्र-र-र-धड़क-तटक-तर्र ! है, है, है, है, ! पाँच जोड़ी मन्दिरावालों ने ताल पर 'है-है' करना शुरू किया !··· सुननेवाले भी झूम-झूमकर ताल पर 'है-है' करने लगे। देह की बोटी-बोटी नाचने लगी, कुकाठ लोगों को भी। रह-रहकर ढोलकिया ताल काटते समय चिल्लाता–'भालो रे भालो !' क्लारनेट कटे हुए ताल को दो बार एकदम महीन आवाज में पैं-पैं-पट-पैं, करके आगे बढ़ाता–पैं-पैं-पट-पैं, पैं-पैं, पूँ-ऊँ-ऊँ ! सब लोगों की नजर इन्हीं नये साजबाज के बजनियाँ लोगों की ओर टँगी, ···देखने में अजीब, लेकिन आवाज कैसी, ललमुनियाँ चिड़िया की तरह ! पैट्रोमेक्स जलाते ही, जंगल-झार के सभी फड़िंग-पतंगे जिस तरह पर फड़फड़ाते हुए टूटते हैं उसी तरह गाँव के लोगों को दौड़ाते देखा था लुत्तो ने।··· लुत्तो दौड़कर घर की ओर भागा, अपनी माँ से कहने–ऐसा नाच जिन्दगी में फिर कभी नहीं देख पाओगी। लुत्तो की स्त्री बिना गौना के ही आयी थी मेला देखने। घर आकर लुत्तो ने देखा था–घर का दरवाजा खुला है ! चूल्हे पर दूध की कड़ाही छोड़कर ही सास और पुतोहू नाच देखने चली गयी हैं। लुत्तो ने कड़ाही उतारकर झाँपी से ढक दिया। और, अपनी धोती बदलकर पायजामा पहना था उसने, पहली बार। एक बार फिर से सिर में चमेली का तेल डालकर कंघी से बालों को उलटाया था। गाँव के ही नहीं, दूर-दराज के भी हजारों लोग आये थे। पायजामा आखिर किस दिन के लिए सिलाया था उसने, फत्तू खलीफा के सिर पर सवार होकर !···

लुत्तो जब सज-धजकर दुबारा आया तो उसने देखा, तिल रखने की जगह नहीं।···बबुआनटोली के बाबुओं पर मन-ही-मन गुस्सा हुआ था लुत्तो–पुरानी आदत ! कोई भी तमाशा देखने जायेंगे तो, सोलकन्हटोली की औरतों के झुण्ड से सटकर खड़ा होकर देखेंगे। औरतों के झुण्ड में अपनी माँ को खोजता हुआ वह बबुआनटोली के बाबुओं के पास जाकर खड़ा हो गया। भूमिहार टोली के लड़कों को न जाने क्या फुचफुची लगी कि लुत्तो को देखकर फुच-फुच हँसने लगे। और, मैथिलटोले का मूरत झा अपने को बड़ा पहलवान समझता था उस समय ! भद्दी-से-भद्दी बात को रसदार बनाकर बोलने में, कूट की बोली बोलने में उस्ताद ! मूरत झा ने लुत्तो को अचरज से देखा, थोड़ी देर तक। फिर, अकचकाकर बोला–"अरे ! लुतवा है, यह तो ! मैंने समझा कि जात्रापार्टी है, कोई फारस करनेवाला एक्टर आकर खड़ा है !"

लुत्तो ने देखा है, बाबड़ी और जुल्फी केश यदि बाबू लोगों के बेटे रखें तो कोई बात नहीं। जहाँ किसी भी सोलकन्ह के लड़के ने पट्टी छँटायी कि बाबूटोले के बूढ़े-पुराने से लेकर नये नवतुरिये तक के जी जलने लगते हैं।··· अरे-रे ! तुमने भी दस आना छे आना वाली पट्टी छँटायी है ? मूँछ अभी काला भी नहीं हुआ–फुचकट

कटाने लगे ? ...उस रात बबुआनटोली के लड़के उसका पायजामा देखकर ही नहीं, गले में बँधे रेशमी रंगीन रूमाल की बहार देखकर भी जले थे। उधर, जित्तन ने जो ढीला-ढाला पंजाबी कुरता और धरती-बुहार धोती पहन रखी थी, उस पर नजर ही नहीं गयी। मैथिलटोली के मूरत झा को वह कोई कड़ा-सा जवाब देना चाहता था, किसी दिन। बराबर कूट बोली सुनाकर कलेजा बेधता–"हाँ-हाँ, लुत्तो की माँ के घर में असली चमेली का तेल का स्टॉक इतना है कि लुत्तो सारी जवानी लगायेगा तो भी नहीं घटेगा तेल !" हाड़ से मांस को अलगक़र देनेवाली बोली कब तक सुने लुत्तो ! उसने कड़ककर जवाब दिया था–"मोटा पावर का चश्मा खरीदकर लगाइए !"

मूरत झा ने बोतू की तरह मुँह बनाकर कहा था–"तो इसमें चिढ़ने की क्या बात हुई जो डेढ़-डेढ़ हाथ उछलने लगे ?"

'क्या बोलता है ?' 'कौन बोलता है ?' 'क्यों उछलता है ?' भूमिहारटोले के लड़कों ने चिल्ल-पों शुरू की। एक लड़के ने कहा–"हम लोग तुम्हारा पायजामा देखकर नहीं हँस रहे। बकरी करे जुगाली और डायर बूढ़ी समझती कि उसी की चर्चा हो रही है !" मूरत झा ने कहा–"धोखा होगा नहीं ? यह नाटक-नौटंकी तो नहीं कि स्टेज पर परदे की आड़ से निकलेंगे एक्टर लोग ! अभी देखना, जात्रा का एक्टर कभी-कभी भीड़ में छिपकर भी सवाल-जवाब करता है !"

'कौन है ?' 'जात्रा का एक्टर ?' 'लुत्तो ?' 'हा-हा-हा !' –'हल्ला-गुल्ला रोकिए !' भीड़ की गलबल बोली सुनकर लुत्तो ने समझ लिया, लोग उसी को दोषी समझ रहे हैं। मैथिल और भूमिहारटोली के पढ़वा लड़कों ने मिलकर हल्ला मचाना शुरू किया–'डिस्टर्ब करने आया है। जान-बूझकर कोई बखेड़ा करेगा तो धुरावेगा !' मैथिल, भूमिहार और राजपूतों की यारी खूब देखी है लुत्तो ने। हजारों की भीड़ में से स्कूल के स्काउट-मास्टर साहब ने, लुत्तो को निकालकर एक किनारे किया। कहा–"यहीं बैठकर तमाशा देखो !" लुत्तो ने स्काउट-मास्टर की मुट्ठी से अपनी कलाई छुड़ाकर कहा था–"छोड़िए, नहीं देखूँगा नाच। घर जाने दीजिए !"...

घर लौटते समय लुत्तो ने कालीबाड़ी की कालीमाई के बारे में सोचकर देखा, जित्तन की कालीबाड़ी की कालीमाई, लुत्तो के मन की क्यों होने देगी कोई बात ? उसने प्रतिज्ञा की थी–प्राण रहते, कालीबाड़ी की पूजा या नाच-तमाशे में फिर कभी नहीं आयेगा वह !...और उसकी स्त्री रात-भर कीर्तन सुन आयी !

लुत्तो गुस्साकर करवट लेता है–'साली, कहती है कि भोज में क्या होगा, भोज में ! भोज जो होनेवाला है हवेली की ओर से, इसमें क्या करेगा कोई ! सब घर खायेगा और अकेला एक घर मुँह बाँधकर रहेगा तो क्या समझेंगे लोग ! दँडवा-बँधवा तो नहीं है कोई !'

खूब समझता है लुत्तो ! औरत–तिस पर देहाती, साली की बुद्धि ही कितनी ! ...लेकिन, बात कहती है ठीक ही बिठैलीवाली–इस भोज में क्या होगा ! ...और साला, यह बैठे-बिठाये भोज का बखेड़ा उठानेवाले भी खूब हैं ! लुत्तो का

सारा क्रोध, ब्राह्मणटोली के बूढ़े बलराम खाँ पर जाकर पड़ा–खाँ ! अजीब बात ! ब्राह्मण की पदवी 'खाँ' मैथिल ब्राह्मणों में ही है–शायद ! खाँ का माने खाऊँ ! –ब्राह्मणटोली का सबसे बड़ा लोभी है यह बलराम खाँ। हमेशा खाने की ही फिक्र में रहता है। कीर्तन के बाद, बलराम खाँ ने जित्तन से कहा–"जै हो ! जै हो ! बहुत दिनों के बाद कालीबाड़ी में पूजा हुई। सबकुछ देखकर धन्य हुए, हम लोग। लेकिन, हवेली की ओर से हर साल होनेवाले भोज के लिए तो, रामजी की कृपा से समझ लीजिए कि रसना जनम-जनम की प्यासी !"···जरूर लार टपक पड़ी होगी, बोलते समय। मुँह के दाँत एक भी नहीं बलराम के तो क्या हुआ ! ढाई सेर पका हुआ मांस खाकर अब भी पचा लेता है। कोई खिलानेवाला ही नहीं मिला तीन सेर मांस ! ···

सचमुच जटिल समस्या आकर खड़ी हुई, लुत्तो के सामने। इस भोज में सोलकन्ह लोगों को कैसे सँभाला जाये ! क्योंकि, जब पुरानी प्रथा के मुताबिक भोज दे रहा है तो किसी टोले-टोली का एक घर भी बाद नहीं जायेगा। सबको बुलावा दिया जायेगा ! ···

हवेली में होनेवाले किसी भी भोज में आज तक नहीं शरीक हुआ लुत्तो।

हवेली का भोज ! ···

शिवेन्द्र मिश्र के श्राद्ध में बारह-बखेड़ा खड़ा हुआ। मैथिलों के मुँह में तो बन्धन पड़ गये थे। शिवेन्द्र मिश्र को मैथिलों ने मिलकर अजात-निर्वेद घोषित किया था। भोज कैसे खायें ! ···बलराम ख़ाँ ने ही मैथिलों को इस भोज का उपभोग करने का भेद बताया था। सीधा के रूप में अरवा चावल, घी, मसाले, बकरे, मछलियाँ, दही-दूध लेने में क्या हर्ज है ! ब्राह्मण का हक !

हवेली की मुसम्मात ने ब्राह्मण टोलीवालों से कहा–"आप लोग सारे टोली के भोज का एक मोट रकम ले जाइए ! टोली में भोज का प्रबन्ध करके खाइए !"

ब्राह्मण, भूमिहार और राजपूतों ने अपने-अपने टोले के भोज के लिए नकद रुपया लिया। सोलकन्ह लोगों ने हवेली में होनेवाले भोज में शरीक होने का फैसला किया।···साल में दो-तीन छोटे भोजों के अलावा काली-पूजा में लगातार तीन दिनों तक पके हुए प्रसाद का भोज होता और शिवेन्द्र मिश्र के वार्षिक श्राद्ध में हर साल पाँच दिन–पन्द्रह जून भोजन पाते गाँव के लोग।··· हवेली के भोज के इर्द-गिर्द, गाँव की प्रत्येक जाति और टोले-टोली में बहुत-सी ऊँची-नीची बातें घटीं। दलबन्दी, जाति-बन्दिश आदि के विवाद भोज के समय जोर पकड़ते। शिवेन्द्र मिश्र के श्राद्ध में मैथिलों ने चालाकी से चौगुना भोज वसूल किया था। टोले के भोज के लिए सवा सौ रुपया लिया, सो अलग। जब साधु-फकीर, भाँट-भिखारी और लूले-लँगड़ों को सीधा दिया जाने लगा तो, मैथिल लोग उस पंक्ति में भी खड़े हो गये। ब्राह्मण का हक ! अपांक्तेय घोषित मिश्र-परिवार की पंक्ति में भोजन करने के लिए दस ब्राह्मण भी तैयार हो गये।··· गरुड़धुज झा के बाप काने महापात्र की एक आँख

अपनी दक्षिणा के अलावा ब्राह्मण-दान के नाम पर आयी हुई चीजों पर थी। सो, कुछ ब्राह्मणों ने मिलकर बाँट लिया। दान लेने में कोई पाप नहीं !...

भूमिहारों ने दूसरे साल वार्षिक श्राद्ध में चालाकी की। भोज का रुपया भी ले गये और जब हवेली के भोज का बुलावा आया तो उसको भी कबूल कर लिया।... अजाति घोषित किया है मैथिलों ने। भूमिहारों को क्या !

हवेली के भोज को केन्द्र करके, जाति-पंचायत के बहुत-से दाँव-पेंच खेले गये हैं, गाँव में। लुत्तो ने सदा कुकुरभोज कहकर हवेली के भोज की खिल्ली उड़ायी है। लेकिन, इस बार ! इस बार...कहीं उसकी स्त्री भोज के दिन भागकर तो नहीं चली जायेगी भोज खाने !

"ए, बिठैलीवाली ! सुनती है ? नींद में क्या बकर-बकर बोल रही है ? साली, सपने में भोज खा रही है !"

"हाँ-अ, खा-म-खा जानवर समझ लिया है किसी को, क्या कोई ? बेर-बेर नींद तोड़कर गाली क्यों सुनाता है, कोई ? नटिनियाँ छौंड़ी हिरिया के कारन मैं गले में घड़ा फाँसकर दुलारीदाय के कुण्डा में डूब मरूँगी। हाँ-अ !"

बिठैलीवाली उठकर बैठ गयी और खाँसने लगी। असमय में नींद खुलने पर उसकी खाँसी उभर आती है। तीन चिलम तम्बाकू हुक्के पर गुड़गुड़ाकर पीती है, तब भी शान्त नहीं होती खाँसी।...साली ! हीराबाई की बात कहाँ से सुनकर आयी ? आज लुत्तो को खबर मिली है, नट्टिनटोली की नटिनियाँ मेले से तम्बू तोड़कर गाँव वापस आ रही हैं। पंचायत्त करके ताजमनी से भोज वसूलेगी, गंगाबाई।

बिठैलीवाली ने हुक्का गुड़गुड़ाया और उधर लुत्तो की नाक बोलने लगी। बिठैलीवाली खाँसती हुई बड़बड़ायी—"नाक किसकी बोलती है सो सुन ले कोई !"

पुस्तकालय के सामने ऐसी भीड़ कभी नहीं लगी। मैट्रिक्युलेशन परीक्षाफल निकलने के दिन भी नहीं।...फिर मलारी की तस्वीर छापी हुई है सुवंशलाल के साथ ! चलो, चलो !

भूमिहारटोले का प्रयागचन्द आजकल पुस्तकालय का सेक्रेटरी हुआ है। वह दैनिक आर्यभूमि में प्रकाशित संवाद को, रेडियो से समाचार सुनानेवालों के लहजे में जोर-जोर से सुना रहा है।... ठीक, शिवसागर मिसर का नकल किया है प्रयाग ने ! ...क्रान्तिकारी विवाह ! लोगों ने सुना कि सुवंशलाल और मलारी ने रजिस्ट्री करके विवाह का पक्का कागज बनवा लिया है ! कि बड़े-बड़े लीडर और मिनिस्टर लोग शादी के बाराती थे ! कि मिनिस्टर साहब ने अपनी ओर से दान-दहेज दिया है, सुवंश को ! और तिलक में नकद रुपया के अलावा पढ़ाई-खर्च ! ... अब कौन क्या बोल सकता है !

प्रयागचन्द भूमिहार-युवक-संघ का भी मन्त्री है। उसने संघ के सदस्यों को आवश्यक बैठक की सूचना दी है। आज ही बधाई का प्रस्ताव पास करके भेजना

है ! ··· प्रयाग भी वाममार्गी हो गया, क्या !

भूमिहार युवक सभा के सोशलिस्ट और कम्युनिस्ट सदस्यों ने सुवंशलाल की बहादुरी की प्रशंसा करते हुए प्रस्ताव में एक स्थान पर 'पूँजीवादी समाज की रूढ़िवादी रीढ़ पर प्रहार कर' पंक्ति जोड़ने के लिए जोर दिया।

रघुवंश और यदुवंश के सामने छाया हुआ अन्धकार दूर हुआ। इसी भोज में भूमिहारों ने रघुवंश और यदुवंश के परिवार को पंगत से उठाने का विचार किया था। भूमिहार युवक संघ के सदस्यों ने अपने-अपने घर में नारा लगाकर सुना दिया—"कौन उठायेगा पंगत से ? कल ही खबर पटना चली जायेगी और तब देखना !"

पनघट पर खड़ी औरतों ने कानाफूसी की—"जोर से मत बोलो ! सुना है, सुवंश और मलारी के खिलाफ बोलनेवाले को दारोगा साहब पकड़कर चालान करेंगे !··· रास्ट्री बिहा हुआ है किसी का, इस गाँव में ? तब कैसे जानोगी सरकारी शादी का बिध !"

फेकनी की माय अपने जानते खूब गला दबाकर बोलती है। लेकिन, फुसफुसाकर बोलने की आदत रहे तब तो ! बोली—"हिन्नू चा गरमागरम ! आकि देखो··· !"

"फेकनी की माय ! तुमको थाना-पुलिस का डर नहीं है, हम लोगों को क्यों फँसाती है ? पानी भरकर जाने दो तब अपना गला भाँजना !" सेबिया की बोली सुनकर फेकनी की माय जल गयी—"आकि देखो, गाँव में और भी रास्ट्री बिहा करने के लिए छौंड़िया सब छटपटा रही हैं !··· कौन जमाना आया है, रे दैब !"

दिलबहादुर पूरे ढाई महीने के बाद लौटा है, अपने देश से। पहाड़ से !

जितेन्द्रनाथ और ताजमनी ने समझा-बुझाकर भेजा था—"बहादुर ! तुम्हारी कांछीमाया जरूर बैठी होगी, तुम्हारे लिए। जाकर शादी कर लो।··· वहाँ नहीं मन लगे, फिर वापस आ जाना !" ताजमनी ने, दिलबहादुर की होनेवाली स्त्री के लिए सोने का झुमका और चाँदी की चूड़ी बनवाकर दी थी।

दिलबहादुर मुस्कराता हुआ वापस आया—"ऊँह ! एत्रो—कांछीमाया का बिहा नमक के, सौदागर से हुआ। फिन सौदागर मरा तो फिन सूबेदारबाजे के साथ !··· चार बिहा किया कांछीमाया ने !"

ताजमनी को एकान्त में बताया दिलबहादुर ने, किस तरह कांछीमाया उसको पकड़कर घण्टों रोती रही। अपने कपाल में पत्थर मारकर फोड़ने लगी—'दिले ! मेरा कोई कसूर नहीं।' तीन बच्चे हैं, कांछीमाया के। उनको छोड़कर कैसे आती दिलबहादुर के साथ !···दिलबहादुर झुमका और चूड़ी कांछीमाया को ही पहना आया है। कितनी राम्री···सुन्दर लग रही थी, कांछीमाया ! इसीलिए, दिलबहादुर ने मानकुमारी के बाप से बात पक्की नहीं की। मानकुमारी का बाप रोज कहता—'दिले ! मानकुमारी का हाथ पकड़ो।' लेकिन, दिलबहादुर चुपचाप गाँव का मोह तोड़कर तलतिरऽ, उतर आया।··· कांछीमाया रो रही थी।

पुलिस के सबसे बड़े साहब आये हैं, मोटरगाड़ी पर !··· क्या बात है ? नाखा के हवलदार साहब के मुँह पर हवाई उड़ रही है। न जाने क्यों, एस. पी. साहब बहुत नाराज हैं। थाना के दारोगा साहब ने आँख के इशारे से कहा—मामला बड़ा बीहड़ है !

गाँव में खबर फैली—'परबतिया दाजू को पकड़ने के लिए आये हैं इसपी साहेब ! परबतिया अपने देश से कोई खून करके भाग आया है।···भुजाली भाँजने का मजा अब मिलेगा, बिलारमुँहा को !'

एस. पी. साहब को पटना से आई. जी. ने ताकीद करके टेलीफोन किया है : 'जितेन्द्रनाथ के पत्र पर जल्दी कार्रवाई करो।' एस. पी. साहब ने अपनी पन्द्रह साल की नौकरी के दरम्यान ऐसा पेंचीला मामला नहीं देखा—रेकॉर्ड और फोटो की बात पढ़कर उनको हँसी आयी थी। सचमुच पागल है यह जितेन्द्रनाथ ! किन्तु, आई. जी. साहब ने बी. एल. केस चलाने की सलाह दी है—कोई जरूरत नहीं एक हजार आदमी के दस्तखत की ! जितेन्द्रनाथ ने पुलिस सुपरिण्टेण्डेण्ट की उचित खातिर की। सुरपति ने अपने टेप-रेकॉर्डर मशीन का डिमांस्ट्रेशन किया, गवाही दी। भवेश ने तस्वीरों के साथ फिल्म के नेगेटिव्स दिये और एस. पी. साहब ने रसीद ले ली !···जितेन्द्रनाथ ने हँसकर कहा—"हमें कुछ नहीं कहना है, रेकॉर्ड बजाकर सुन लीजिए। सारी बात समझ में आ जायेगी।"

ननकू नट को न जाने कैसे बात की गन्ध लग गयी ! वह अपने घर में गड्ढा खोदकर ताजे चमड़ों की गद्दी गाड़ रहा था कि पुलिस ने घर घेर लिया ! ···खन्तर गुलाबछड़ीवाला, बकला अहीर और उसके साथ सोये हुए पाँच-सात अजनबी नौजवान—सब मिलाकर पन्द्रह आदमी गिरफ्तार हुए।

नाखा पहुँचकर, एस. पी. साहब ने पहले मारपीट नहीं की। एक-एक आदमी को बारी-बारी से बुलाकर बैठाते और रेकॉर्ड बजाते···'हें-हें-हें ! हुजू-उ-उ-र। आपके अकबाल से अभी तक मैं बीच खेत में कभी नहीं पकड़ा गया।···फोंफ्-फोंफ् ! उधर खेत साफ !'···बकला की आँखें गोल हो गयीं ! अचरज से थरथराती हुई देह काठ की तरह कड़ी हो गयी। उसकी बोली निकल रही है ? कहाँ से ? ···कुत्ता भी भूँकता है, बीच-बीच में ! ननकू नट का रिकार्ड खत्म हुआ तो एस. पी. साहब ने एक भद्दी गाली दी—"साले !···बहुत मवेशियों को जेबह किया है। इस बार, देखना !"

खन्तर गुलाबछड़ीवाले ने नाक से आवाज निकाली—'खँक !··· फरमायशी गुलाबछड़ी ! खँक !'···

एस. पी. साहब ने बीच में ही मारना शुरू कर दिया। रेकॉर्ड से खन्तर की बोली निकलती रही—'जान-बूझकर जान नहीं··· खँक। तीन फरमायशी गुलाबछड़ी बनाकर खिलाया। बड़े खान्दानवाले हैं, नाम क्यों लें ! खँक··· !'

"साले। नाम नहीं लेगा ? बताओ, नाम बताओ ! नहीं तो, मारते-मारते गुलाबछड़ी बना देंगे साले ! तुमको तो आग में झुलसाकर मारना चाहिए !"

मुंशी जलधारीलाल को भी एस. पी. साहब ने गिरफ्तार किया। किन्तु, जितेन्द्रनाथ ने जमानत पर छुड़ा लिया है।··· मुंशी जलधारीलाल गवाही देगा !

गाँव के लोगों की समझ में कोई बात नहीं आयी !

केयटटोली में खबर उड़ी–'सुन्नरि नैका के दिन जो बाजा कुरकुरा रहा था, उसी में कोई भेद है !'

बूढ़ा रग्घू रामायनी थर-थर काँप रहा है–गुरु हो ! देखना !

दिलबहादुर और रामपखारन सिंघ निमन्त्रण-पत्र बाँट रहे हैं–घर-घर घूमकर !

गाँववालों ने दिलबहादुर की मुस्कराहट पहली बार देखी।···'परानपुर पार्क' की सफलता के उपलक्ष में एक प्रीतिभोज ! दिलबहादुर मुस्कराकर पूछता है–"आयेगा ? फिन हमको लम्बर लिखना पड़ेगा !"

–वाह रे भोज ! पहले ही पूछकर नाम क्यों नोट करता है ! इस बार किसी टोले को नकद रकम नहीं दिया गया है। जिसकी श्रद्धा हो, हवेली में जाकर भोज खाये। यह तो सोच-विचारकर करनेवाली बात है। ब्राह्मणटोलीवालों को छोड़कर बाबूटोला के सभी परिवारों ने अपने घर-भर के लोगों की गिनती करके लिखा दिया, दिलबहादुर को।···पहड़िया भूत भी लिखना-पढ़ना जानता है। कहता है–"छोटा केटाकेटी ? हाँ, लड़का-बच्चा का भी भोज होगा !"

सोलकन्हटोले में एक घर, लुत्तो ने साफ जवाब देकर निमन्त्रण-पत्र लौटा दिया–"नहीं जायेंगे, भोज खाने।" दिलबहादुर ने पूछा–"किन ? क्यों नहीं जायेगा ?"

लुत्तो की नजर दिलबहादुर की घुड़कती हुई आँखों पर थी–"कोई जबरदस्ती है ? जिसका मन नहीं होगा, नहीं जायेगा।" दिलबहादुर ने कहा–"ताजूदि बोला है, लुत्तो को जरूर बोलना, आने को !"

"नहीं, नहीं। हम भोज नहीं खाता है। जाओ !"

"नहीं खाता है तो नहीं खाता है। इस माफिक बोलता काहे है ?"

रामपखारन सिंघ ने राह चलते दिलबहादुर को समझाया–"जरा प्रेम की बोली ही बोलल करो दाजू ! लोग तुमको देखकर घबड़ा जाता हैनु !"··· दिलबहादुर के कारण रामपखारन सिंघ कहीं एक पल बैठकर कोई गप भी नहीं कर सकता है–"नट्टिनटोली में तुम अकेले जाओ दाजू !"

रामपखारन सिंघ ने लौटकर बाबूटोले में अड्डी जमायी–"अब राम जानें, ई भोज कैसा होता है ! हमने बहुत समझाया बौवाजी को। लेकिन जानते ही हैं–लम्बरी जिद्दी आदमी हैं ! कहते हैं, नहीं। पटना से पेण्टो या मेण्टो कौन होटल है, उसी का बाबुर्ची आवेगा। चार किसिम की मिठाई और दु-तीन किसिम के···!"

नट्टिनटोले में दिलबहादुर भी बैठा। गेंदाबाई ने कहा–"जरा बैठ के सुस्ता लिन्छः एक-दु गो गप हुन्छः तब जान्छः···।" गेंदा ने पान लाकर दिया। दिलबहादुर पान-सुपारी नहीं खाता। लेकिन गेंदाबाई ने पान खिलाकर छोड़ा–"मोर सिर के कसम लागछः

पान खानै पड़छः।" दिलबहादुर की मुस्कराहट देखकर गेंदा प्रसन्न हुई।...ऐसी अच्छी मुस्कराहट उसने किसी को मुस्कराते नहीं देखा है।

गेंदाबाई ने दिल्लगी की—"ए दाजू, तोरे-मोरे खूब प्रीत हुन्छः। तोर मुँह पान से खूब लाल हुन्छः।"

गंगाबाई ने अपने आँगन से पुकारकर कहा—"गेंदा ! होशियारी से गप करो। याद नहीं है ?"—हीराबाई, मेले से बीमार होकर लौटी है। दारू में दवा मिलाकर पीती है। झूमती आयी—"नाच नहीं होगा, नाच ? सिर्फ, भोज ही होगा ? मैं नाचूँगी। ताजमनी दीदी को कहना, मैं नाचूँगी !"

दिलबहादुर को अचरज हुआ—इस लड़की को क्या हो गया ? सूखकर काँटा हो गयी है।

गरुड़धुज और रोशन बिस्वाँ साइकिल की घण्टी बजाता हुआ आया। एक घड़ी साँझ हो गयी। दिलबहादुर हवेली की ओर लौटा। हीराबाई बोली—"ए दाजू ! मोर घर में पान नहीं खायेगा ?" दिलबहादुर ने कहा—"नहीं खायेगा !"

मकबूल ने अपनी पार्टी के सक्रिय कार्यकर्त्ताओं को बुलाकर सवाल पेश किया—"किसानों और मजदूरों के मुँह से कौर छीनकर जो यह भोज दिया जा रहा है, इसमें हमारी शिरकत कहाँ तक जायज है ?"

रंगलाल गुरुजी ने सवाल का जवाब देने के लिए हृदय-परिवर्तन का सूत्र पकड़ा—"जहाँ तक जित्तन के हृदय का प्रश्न है, वह परिवर्तन... !"

विश्वकर्मा ने बीच में ही बात काट दी—"सबसे पहले हम कामरेड गुरुजी के हृदय-परिवर्तनवाद पर विचार कर लें तो अच्छा हो ! कामरेड गुरुजी मार्क्सवादी होकर भी हृदय-परिवर्तनवाद पर विश्वास करते हैं, यह कहाँ तक जायज है ?"

"इसी को प्रतिक्रियावादी विश्वास कहते हैं।" एक सदस्य ने अपनी राय जाहिर की।

"हृदय-परिवर्तनवाद को प्रतिक्रियावादी विश्वास कहते हो ?" रंगलाल गुरुजी का चेहरा लाल हो गया।

"मेरा खयाल है, गांधी ने इससे बढ़कर और कोई खतरनाक शब्द नहीं दिया भारतीय राजनीति को।" विश्वकर्मा आजकल महात्मा गांधी के बदले सिर्फ गांधी बोलता है।

रंगलाल गुरुजी का विश्वास इतना कच्चा नहीं—"फिर आपके पार्टी-साहित्य, प्रचार-पुस्तिका, पत्र-पत्रिका और भाषण-वक्तव्य की क्या आवश्यकता ? बन्द कर दीजिए इन्हें !"

"क्यों, हृदय-परिवर्तनवाद का इनसे क्या सम्बन्ध ?"

"मैं कहता हूँ कि इन सारे आयोजनों के पीछे हृदय को परिवर्तन करने का ही मुख्य उद्देश्य काम करता है !"

"हृदय-परिवर्तन करने के लिए नहीं, गुमराह मास के दिमाग को इन-लाइटेन

माने उजागर करने के लिए…!"

"एक ही बात है।" रंगलाल गुरुजी ने पूछा–"अन्धकार दूर होकर प्रकाश छा जाना, परिवर्तन नहीं ?"

विश्वकर्मा कोई माकूल जवाब ढूँढ़ रहा था कि मकबूल से मुस्कराकर कहा, "साथियो ! हृदय-परिवर्तन पर हम फिर से कभी विचार करेंगे। आज हम फैसला करें कि इस भोज में हमें कौन-सा रुख अख्तियार करना है ! रंगलाल गुरुजी शायद भोज खाने के पक्ष में हैं।"

"हाँ !" रंगलाल गुरुजी ने बेहिचक कहा।

सुचितलाल मड़र भी दर्शक की हैसियत से उपस्थित था। बोला–"जैंराँ हँमकों भीं बोंलनें का हुँकुँम दियाँ जाँएँ !"

सुचितलाल मड़र भी भोज खाने के पक्ष में है। वह अपनी जाति और टोले का मड़र है। उसके गाँववाले नहीं मानेंगे।

बहुत देर तक कार्यकर्त्ताओं ने आपस में सलाह की। तरह-तरह की बातें सामने आयीं। जित्तन के वामपन्थी और प्रगतिशील होने पर भी विश्वास तथा सन्देह किये गये। अन्त में मकबूल ने समाजवादी सत्य का हवाला देकर कहा–"साथियो ! मेरे खयाल में सबसे सही रास्ता यह है कि कम्युनिस्ट की हैसियत से हम इस भोज का विरोध करें और ग्रामवासी के नाते इसमें जरूर शामिल हों।…कामरेड विश्वकर्मा ! आप पहले पूरी बात सुन लीजिए तब…हाँ, यह आदत अच्छी नहीं ! मैं क्या कह रहा हूँ यह जाने बगैर आप जवाब क्या दे रहे हैं ?"

उपस्थित कार्यकर्त्ताओं को भी यह बात बुरी लगी। विश्वकर्मा ने कोई जवाब नहीं दिया। मकबूल ने साथियों को समझाया–"पार्टी यूनिट के सेक्रेटरी को इस भोज में नहीं जाना चाहिए। बाकी सभी सदस्य ग्रामवासी की हैसियत से भोज खाने जायें। और, वहाँ यह भी देखें कि अपनी पार्टी से प्रभावित किसानों और मजदूरों के पत्तल में सारी चीजें समान रूप से परोसी गयी हैं या नहीं।"

सुचितलाल मड़र खुश हुआ।…उसने देखा है, मकबूल की पार्टी में आकर भी उसका काम सुधर नहीं रहा है। गाँव में उसके पोंपी नाम का पूरा प्रचार हो गया है। पार्टी के लोग भी पोंपी कह बैठते हैं। दूसरी बात, दुलारीदाय के कुण्डों के भरोसे उसने मछुवारी गाँव के मड़र से अग्रिम रुपया लिया था, एक हजार ! लेकिन, कुण्ड तो हुआ नहीं। मछली कहाँ से देगा, सुचितलाल ? और, रुपये सारे तो सर्वे में ही साफ हो गये। सुचितलाल चाहता है कि किसी तरह जित्तन से एक भी कुण्ड बन्दोबस्त मिल जाये।

घर लौटते समय उसने रामपखारन सिंघ को सुना दिया–"बँड़ाँ झँझट काँ काँम होंता हैं पाँटीं मिंटिं में पँटरीं बैंठानाँ…"

सुचितलाल ने रामपखारन सिंघ को पान खिलाने के बहाने रोका और सुनाया कि किस तरह उसकी पार्टी के लोग भोज को भण्डुल करना चाहते थे और किस तरह वह लोगों को समझाकर रास्ते पर लाया है !

रामपखारन सिंघ मन-ही-मन बोला–'ससुरे हम तुमको चिह्नते नहीं हैं का ?'

फूल फूटिलो रे राँगा···ओ गो···फूल फूटिलो रे जवा···फूटिलो रे !···रसोईघर के पिछवाड़े में मगन होकर गोबिन्दो गुनगुना रहा था। सामबत्ती पीसी बगल से जा रही थी। बोली–"बड़ा गीत गा रहे हो गोबिन्दो ! कौन फूल फूटा है ?"

सामबत्ती पीसी इस राह से आते-जाते गोबिन्दो से मिलना नहीं भूलती है। अन्दर हवेली में कुत्ते के डर से जाने का साहस नहीं होता। गोबिन्दो पान-जर्दा का पुराना शौकीन है। सामबत्ती को बड़ा भला लगता है, गोबिन्दो। बचपन से है इस गाँव में। लेकिन, कभी किसी लड़की से मुँह खोलकर नहीं बोला। सामबत्ती से बोलते समय भी वह आँख नहीं मिलाता है, कभी। निगाह नीची ही रहती है। लेकिन, आज तो लगता है कि दूसरा ही गोबिन्दो है ! गोबिन्दो ने मुस्कराकर जवाब दिया–"हाँ, फूल फूटा है ! मँन का फूल फूटा है, दादाबाबू का ! श्येंमा-पूजा में देखा नहीं ! कैसा फूल फूट गिया था सब लोग का ऊपर। सबका आँखि में जवा फूल जैसन फूट गिया था। और, तुम्हारा भी डिजैन उस दिन एकदम बाँगला काट का गिन्नी का माफिक हो गिया था। हम देखा···!"

सामबत्ती पीसी हैरान हो गयी। कहता क्या है गोबिन्दो ? सामबत्ती को अशर्फी-गिन्नी कहता है ? क्या मतलब है इसका ? –"पान-जर्दा है तो खिलाओ ! तुम्हारी मालकिन से तो डर लगता है, अब ! कहीं आ न जाये !···अच्छा गोबिन्दो ! वह रसोईघर में भी आती है ?"

"ई कौन नाया बात है ?"

सामबत्ती पीसी पीढ़ी पर बैठ ही रही थी कि रामपखारन सिंघ आकर पुकारने लगा–"गोबिन्दो ! ए गोबिन्दो ! तू इधर नाया बात के पुराना बात बनाओ–उधर देखो, का हो रहा है ?"

"क्या ?"

"इधर आओ।"

गोबिन्दो और रामपखारन सिंघ रसोईघर के ओसारे से हटकर बातें करने लगे तो सामबत्ती पीसी उठकर चली आयी। चलते-चलते उसके कान में बात आयी–"मुंशीजी रो रहे हैं ! ··· " जलधारीलाल मुंशी रो रहा है ? आखिर क्यों ? सामबत्ती पीसी शाम को भी एक फेरा लगा जायेगी, इधर से !

"क्यों, रो क्यों रहे हैं ?" जितेन्द्रनाथ ने अवाक् होकर पूछा।

"हुजूर, हमको छुट्टी दीजिए ! अब नहीं···।"

मुंशी जलधारीलाल हाल की घटनाओं से क्षुब्ध है। जितेन्द्रनाथ उसे जब-जब समझाना चाहता है, वह बधिर हो जाता है। कुछ सुनता ही नहीं, मानो ! आज वह छुट्टी माँग रहा है।

"ठीक है। छुट्टी लीजिए। रो क्यों रहे हैं ?"

"हुजूर, इस इस्टेट से पालन-पोषण हुआ। इसके एवज में खिदमत भी की ताउम्र। क्या किया, कुछ नहीं किया। अपना फर्ज अदा किया, हमेशा। लेकिन, कभी ऐसा···" मुंशी जलधारीलाल का गला फिर भर आया।

"आपको अपने किये पर पछतावा हो रहा है। यही प्रायश्चित्त है !"

नहीं ! मुंशी जलधारीलाल को अपने किये पर जरा भी पछतावा नहीं। उसे दुख है, उसके साथ धोखेबाजी क्यों की गयी ? क्या-क्या नहीं किया उसने इस स्टेट के लिए ! लेकिन कभी हाथ में हथकड़ी नहीं लगी। इज्जत रह गयी थी, सो भी गयी ! मुंशी के साथ अन्याय हुआ है। उसको जमानत पर छुड़ाकर गवाही देने कह रहे हैं उसके मालिक ! क्या करे वह ? न निगलते बनता है, न उगलते, रेकार्ड में उसकी बोली चली गयी है ! हर आदमी का परिचय देती हुई आवाज–'हुजूर, यह है बकला अहीर ! यह ननकू नट !···'

"गवाही तो आपको देनी ही होगी !··· आवाज तो मेरी भी है उसमें। अपनी आवाज को कबूल करने में क्या हर्ज है !"

मुंशी जलधारीलाल को हठात् कोई बात याद आयी। उसने तमतमाकर कोठरी में इधर-उधर एक नजर दौड़ायी।··· कहीं फिर न बोली रिकार्ड हो रही हो। मुंशी जलधारीलाल सुरपति और भवेश को जोड़ा साँप कहता है, आजकल ! ऐसा जानता तो एक दिन भी नहीं टिकने देता, मुंशी जलधारीलाल। अच्छी बात, अब भी कुछ नहीं बिगड़ा है। ब्रह्मपिशाच से भेंट करा देगा मुंशी इन दोनों बाबुओं की। बोली और फोटो खींचनेवाले–भूत की बोली रेकार्ड कर लें, फोटो छापें। अच्छी बात ! देखेगा ! ···

रामपखारन सिंघ कमरे के बाहर से मुंशीजी को चेतावनी देना चाहता है, होशियारी से ! फिर कहीं फिलिंग रिकाट··· रामपखारन सिंघ भी नाराज है। वह गोबिन्दो से कहने गया था, 'अब यहाँ से छुट्टी लो–नहीं तो किसी दिन हम लोगों के हाथ में भी हथकड़ी पड़ के रहेगी।' लेकिन, गोबिन्दो अपने को बड़ा माथावाला समझने लगा है। बोला–'देखो, सिंघजी ! जो जैसे कॅर्म कॅरेगा वैसा पावेगा।···मुंशीजी बहुत जुल्मी काम कॅरेगा तो मॅरेगा नहीं ! हाम ऊ सब बात नहीं बूझता है।'···

क्या समझ लिया है इस सालन-भात बनानेवाले गोबिन्दो ने ? रामपखारन सिंघ के बाप ने इस इस्टेट के मालिक शिवेन्द्र मिश्र के एक खून को खुद कबूलकर कहा था, हाकिम से–'मालिक ने नहीं, खुद हम रामजीयावन सिंघ को गोली से मारा है !' हँसते-हँसते दामुल की सजा भोगने चला गया रामपखारन सिंघ का बाप। लेकिन, अब तो फिलिंग रिकाट···!

मुंशीजी को गवाही देनी ही होगी। जितेन्द्रनाथ ने कहा–"तब जो भोग भोगना बाकी है, भोगिएगा !"

मुंशी जलधारीलाल क्या करे ! कलम की बात रहती तो ऐसी-ऐसी बात को वह कलम की मार से सही कर लेता। कलम की बात नहीं–रिकार्ड की बात है ! आवाज की बात है !

मन की खीझ को कहाँ उतारे जलधारीलाल ? वह चाहे तो जितेन्द्रनाथ को रास्ते का भिखारी बना दे। ऐसी-ऐसी चीजें उसके पास हैं ! लेकिन जित्तन का मुँह देखकर मुंशी चुप हो जाता है।...जित्तन के मुँह के आसपास कई मुखड़े दिखायी पड़ते हैं, मिट जाते हैं–मालिक शिवेन्द्र मिश्र की मूरत ! मालकिन की अन्तिम आज्ञा या प्रार्थना–'जीत का कागज कभी कमजोर न हो ! जीत का कागज बिगाड़ना मत कभी !'

मुंशी जलधारीलाल आजकल बात-बात में डरता है। जेब से अशर्फी की थैली निकालकर देते हुए कहता है–"हुजूर ! रुपया-पैसा की बात नहीं। यह कम्पनी के जमाने की अशर्फियाँ हैं। बैंक में खुद जाकर जमा कर आइए !"

"क्यों ? बैंक में पुरानी अशर्फियाँ नहीं ली जाती हैं क्या ?"

"सो बात नहीं है, हुजूर ! इससे भी पुरानी अशर्फियाँ जमा होती हैं। बात है कि अब तो हुआ मैं दागी आदमी। हथकड़ी पहना हुआ ! न जाने नीयत कब बिगड़ जाये ! दूसरी बात, इन अशर्फियों का कौन भरोसा ! न जाने किस गोरे साहब के खजाने की हों। या, नकली अशर्फियाँ !"

ताजमनी कमरे में आयी–"मुंशीजी !"

मुंशी जलधारीलाल दास को मालकिन की याद आती है, अचानक–'मुंशी जलधारीलाल, तुम हवेली की बहुत-सी ऊँची-नीची बात जानते हो। काशी-विश्वनाथ की सौगन्ध खाकर बोलो–कभी जित्तन के सामने उसकी चर्चा नहीं करोगे !' मुंशी ने काशी नगरी में बैठकर प्रतिज्ञा की थी।...

डॉक्टर रायचौधुरी पार्टी नं. 10 के साथ हैं। कोशी के विभिन्न अंचलों में पेड़-पौधे, वनस्पति और उद्भिद की परीक्षा वह कर रहे हैं। पिछले तीन साल से हिमालय के प्रसिद्ध स्थान, बराह-क्षेत्र के पास किसी फूल की खेती का प्रयोग किया है, अब पार्टी नं. 10 में भेजे गये हैं। तीन बड़े-बड़े ट्रकों में सैकड़ों गमले भरकर ले आये हैं। इसलिए, परती पर लगे हुए बाग पर एक सप्ताह के बाद नजर पड़ी।...विशेष प्रकार के झाऊओं की तेरह झाड़ियों के गमले फूट गये। पाँच तो सूख ही गये हैं। नील-अमलतास का बहुत दुख है डॉक्टर को !... डॉक्टर रायचौधुरी ने बाग में जाकर देखा–पौधों को, दूबो को, बनलहसन के फूलों को ! मधवा जंगल का रंग बहुत भाया डॉक्टर को। घण्टों भूले रहे ! अचानक उनके मन में प्रश्न उठा–किसका है यह बाग ? योजनाबद्ध पाँतियों की कल्पना करनेवाला, कौन है यह ? यह किसका प्रयोग सफल हुआ है ? किसका सपना साकार हुआ है, यहाँ एकान्त में ? यह किसने उसके काम को सहल बनाकर रख दिया है, उसके सामने ? कौन है वह ? डॉक्टर रायचौधुरी बेचैन हो गये। शाम को बँगला धोती-कुरता पहनकर, हाथ में मोटी छड़ी लेकर निकले डॉक्टर रायचौधुरी। अधेड़, बंगाली भद्रमानुस !

इरावती के मामा मिस्टर खानचन्द गार्चा ने हँसकर पूछा–"क्यों डॉक्टर साहब !

कहीं मछली-वछली की दावत मिली है क्या ?"

डॉक्टर रायचौधुरी ने हँसकर जवाब दिया—"हाँ। खूब बड़ा जात का माछ ! बाद में बोलेगा।"

इरावती डॉक्टर साहब की इसी बात से चिढ़ी रहती है। कुछ पूछिए तो, बाद में बोलेगा। और बाद में कभी नहीं कहते कुछ। अंकल कहके देखा, मामा कहके पुकारा। पर कुछ नहीं कहते खोलकर।

"मामा ! अपने नील-अमलतास के बारे में कुछ कहिए !"

"बाद में बोलेगा।" डॉक्टर रायचौधुरी विरक्त होकर कहते। अपने दुख को भूलने का जितना बहाना करो, बेकार ! फिर, नील-अमलतास की बात छेड़ दी इस लड़की ने। बँगला में ऐसी लड़कियों को नाछोड़बन्दा कहते हैं। नाछोड़बन्दा मेय !

कार्ड पढ़कर जितेन्द्रनाथ का चेहरा चमक उठा—डॉक्टर सी. के. रायचौधुरी···! बहुत श्रद्धा है जितेन्द को इस नाम से। उसने सिर्फ तीन लेख पढ़े हैं !—पूज्य व्यक्ति ! जितेन्द्रनाथ तेजी से कमरे से बाहर गया। प्रसन्न होकर स्वागत करते हुए बोला—"बड़ी लालसा थी आपसे मिलने की ! मेरा सौभाग्य ! पधारिए !"

डॉक्टर रायचौधुरी ने कमरे में एक निगाह डाली। —क्राइस्ट, बुद्ध, राम-कृष्ण, स्वामी विवेकानन्द, महात्मा गांधी की, केस्टनगर की मूरतें !

"पाइरिथ्रम एक्सपेरिमेण्ट का क्या हुआ, सर ?"

कीमती सिगार में छेद करके फूँकते हुए बोले डॉक्टर रायचौधुरी—"हॅम तो रिपोर्ट कर दिया। बॅराहखेत्रऽआउर उसका चार-पाँच माइल नीचू को पॅहाड़ी में पाइरिथ्रम का खेती हो सॅकता है। नेपाल सॅरकार इस खेती को प्रोत्साहॅन देने से मैलेरिया को बिभीषिका बॅहुत कॅमती··· पाइरिथ्रम ! एहि, क्राइसेनथेमम-चॅन्द्रमॅल्लिका फूलेर एक जात। आश्चॅर्यऽएर खॅमॅता। आइ'म सॅरी ! कीट-पतंग नाशक उद्‌भिद ! मॅशा, माछी, माकड़ासा आउर सॅब किसिम का कीड़ा-पोका इंसको छूने से इक-दु मिनिट को अन्दर पंगु होकर मारा जाता है। पॅहाड़ी भूमि को छोड़ के आउर जगहा नेंही होने सकता।··· इसका एक्टिव प्रिंसिपल माने कीट-नाशॅक गुन जिसको पाइरिथ्रम बोलता है—हमारा चास किया हुआ फूल में हुआ—जेरो डेसिमल सेवन···!"

जितेन्द्रनाथ ने मुस्कराकर कहा—"चाय ठण्डी हो गयी, सर ! छोड़ दीजिए। गरम चाय ला देता हूँ।"

"आरे, नेही-नेंही। हॅम ठाण्डा चा पीता है।—आपका बागान देख कॅरके हॅम बूझ लिया ! जॅरूर कोई माँ का बेटा होगा। आकॅर देखा—ठीक ! उई, जॅवाफूल देखकॅर बूझ गिया हम !"

"हाँ, काका ! इस बार फिर पूजा हुई है माँ की। आप नहीं आये।" ताजमनी परदे के उस पार से इस पार चली आयी।···साँझ की बेला टली जा रही है ठाकुरों को धूपदीप तो देना ही होगा। ताजमनी ने समझा, पूर्णिया के नवीन बाबू वकील आये हैं। ताजमनी 'काका' कहती है नवीन बाबू को। कमरे में आकर प्रणाम करते

समय उसका भ्रम दूर हुआ—यह तो कोई दूसरे काका हैं ! जितेन्द्रनाथ ने मुस्कराकर देखा, ठगी-सी ताजमनी को।

डॉक्टर रायचौधुरी धूपदीप की बेला में कुरसी छोड़कर खड़े हुए। जितेन्द्र कभी खड़ा नहीं होता। ताजमनी ने बार-बार उसकी ओर देखा। अन्त में, वह भी उठकर खड़ा हुआ।

ताजमनी ने अन्दर जाते समय सुना, जितेन्द्रनाथ पंचचक्र की बात कह रहा है। पिटारी निकाल रहा है भोजपत्र की। ताजमनी रुक गयी परदे के इस पार !

"एक चक्र में, मेरा अनुमान सच निकला। सम्भव है, बाकी में आपको कुछ और सहायता मिले, इसलिए अपने अनुमान की बात स्पष्ट कर दूँ। मेरा अनुमान है, इन चक्रों में जो मिट्टियाँ हैं—वे भिन्न-भिन्न प्रकार की हैं। सम्भव है, इस विशाल परती पर ऐसी मिट्टियोंवाले चकले—जगह-जगह हजारों एकड़ में फैले हों।...किसी में गेहूँ की खेती। जड़ी-बूटियों की खेतीवाली धरती ही कहीं निकले !"

डॉक्टर रायचौधुरी प्रसन्नता से उलट रहे हैं भोजपत्र को, चश्मा पोंछकर देखते हैं !...वही माँ ! उसी की माया है। अपने आँचल में न जाने कहाँ-कहाँ, कैसा-कैसा फूल टाँककर रखती है ! कहता क्या है, यह नौजवान ? इसके अनुमान के पीछे वैज्ञानिक दृष्टि है।

डॉक्टर रायचौधुरी की हालत को एबनॉर्मल कह सकते हैं।...इस युवक के बालों को मुट्ठी में लेकर स्नेह से झकझोरकर कहना चाहते हैं—ओ रे दुष्टू ! डॉक्टर साहब ने लगातार कई प्रश्न पूछे—'दुलारीदाई नॅदी में गेहूँ की खेती होता है ?"

"होती है।"

"उ होता-होती माफ कॅरेगा हॅमारा !"—जितेन्द्रनाथ की आँखों को रायचौधुरी ने गौर से देखा।

"आमार चोख बुझि कॅटा !" जितेन्द्रनाथ ने मुस्कराकर पूछा।

डॉक्टर ने कहा—"नेहीं। हॅम क्या देखता है, सो बाद में बोलेगा।"... आँखें कुरी नहीं। आँखों में कोई खास बात उन्होंने देखी है। यह युवक तो स्वयं एक वनस्पति है। नील-अमलतास-जैसा ! ... "तुमी पारबे ! तुमी जे निजेई एक बिरल बनस्पति !"

न जाने क्यों, डाक्टर की आँखें छलछला आयीं। जितेन्द्रनाथ को आशीर्वाद दिया डॉक्टर रायचौधुरी ने—"तुमी पारबे !"

बातों-ही-बातों में रात्रि भोजन का समय हो गया। शाक्त के घर दोनों जून माँ के भोग के लिए ही रन्धन होता है। माँ के प्रसाद को अस्वीकार कैसे कर सकते हैं, डॉक्टर रायचौधुरी !

बहुत रात तक दोनों बेसुध होकर बातें करते रहे।

मिस्टर खानचन्द गार्चा ने अचरज से कहा—"अरे ! आपको अहले सुबह यह मछली कहाँ से मिल गयी ?"

"माछ का दर्शन शुभ होता है। आप अभी फिल्ड पर जा रहा है ? लौट के आइये ! आपसे एक बात है। बाद में बोलेगा।"

इरावती को देखते ही डाक्टर ने कहा–"लक्खी माँ, नील-अमलतास को बारे में अब बोलेगा। मिल गया–नील-अमलतास !"

"कहाँ मिला मामा ?"

"गाँव में एक भँद्रलोक है जितेन्द्रनाथ मिश्र, उसी को पुराना बागान में ! ई नाया बागान भी उसी का है। हि-हि ! माँ भी खूब है ! कैसा-कैसा अपूर्व··· !"

"क्या नाम ? जितेन्द्रनाथ मिश्र ?"

"हाँ। लेकिन, तुमको आबार क्या हुआ ! ··· माछ ले जाओ ! कि माछ नहीं छूता··· छूती !"

"नहीं, मामा !" इरावती हँसी, "इस नाम का मेरा एक बन्धु खो गया है। इसलिए पूछ रही थी।··· हमारे प्रान्त का नहीं, वह इसी इलाके में रहता है, कहीं। मैं उसको परतीपुत्तर कहती। सदा अपने इलाके की परती की बात छेड़नेवाला। वह मुझे पांचाली··· !"

डॉक्टर रायचौधुरी मुस्कराये। इरावती के चेहरे पर आने-जानेवाले भावों को देखकर एक भटियाली गीत गाने का मन हुआ उनका–बंधुआ तोमार मनेर मानुस, घाटे-घाटे डाके लो-ओ, नाम धरिया हाँके··· ।

"लेकिन, लक्खी माँ ! मामा को छाड़ि के, बन्धु को पानेवाला कोई नेहीं।"··· बहुत दिनन में बधुआ मिलल। मामा को नाहीं भूलल।··· इरावती हँसती हुई कैम्प के अन्दर चली गयी। एकबग्गा हैं डॉक्टर रायचौधुरी ! आज खुश हैं तो गीत गा रहे हैं। नहीं तो, 'बाद में बोलेगा' छोड़कर और कोई जवाब ही नहीं देते।

इरावती ने झोली और छतरी उठायी अपनी !

कैम्प के आसपास के गाँवों में घूमना ही काम है। रात में लौटकर, मामा के बच्चों को और एसिस्टेण्ट कैम्प इंचार्ज की तीन लड़कियों को एक साथ बिठाकर पढ़ाती है।

इरावती ने गाँव में प्रवेश किया। हलचल मच गयी गाँव में !

पनघट पर भीड़ लग गयी–कम्फू की देवी-दुर्गा जैसी लड़की आ रही है। फेकनी की माय आगे बढ़कर सलाम करती है–"सलाम बीबीजी ! आकि देखिए, हम दूर से ही देख करके चिन्ह लिया आपको !"

"ओ ! दूधवाली ! यहाँ जितेन्द्रनाथ मिश्र रहते हैं, कोई ?"

"जित्तन बाबू ?" फेकनी की माय की आँखें नाचीं।

पनघट के पास सामबत्ती पीसी भी खड़ी थी। हँसती हुई आयी–'परनाम छोटी बीबीजी ! जित्तन बाबू के पिछवाड़े में ही है, वह बुर्ज। चलिए, मैं ले चलती हूँ। मैं भी उधर ही जा रही हूँ। गाँव के लड़के अच्छे नहीं।"··· सामबत्ती पीसी ने कैम्प

में बैठकर कितनी कहानियाँ सुनायीं हैं छोटी बीबी को। उसके एक सवाल का भी जवाब नहीं देगी, छोटी बीबी ? –जित्तन बाबू से आपकी पहले से ही जान-पहचान है ? ···कभी खोज-पुछार तो नहीं किया आपने ? कहाँ ? पटना में ? तब ठीक है।

इरावती प्रसन्न हुई, जितेन्द्र मिल गया !

"बस, इसी रास्ते से जाकर गोबिन्दो का नाम लेकर पुकारिएगा।··· इस गाँव की बेटी-बहुरिया हवेली में नहीं जाती। हाँ, कुत्ता बड़ा कटहा है। जरा, होशियारी से !"

···खुट-खुट करती चली गयी कम्फू की बड़ी-बड़ी आँखोंवाली देवी, दुर्गा-जैसी लड़की, हवेली की ओर !

गाँव के कुछ नौजवानों ने सामबत्ती पीसी से कुछ पूछा तो पीसी चिढ़कर बोली–"तुम लोगों की यह क्या आदत ! कोई जनिजति आयी गाँव में कि पेट में छछुन्दर छुछुवाने लगता है। कोई रहे, तुम लोगों को मतलब ? हवेली में गयी है। जाओ न ! पूछना कि कौन है और क्या है !"

जितेन्द्रनाथ अपने कमरे की खिड़की से सामने पोखरे में पड़ती नारियल और सुपारी के पेड़ों की परछाइयों को देख रहा है।

"जितेन्द्र !··· सरप्राइज्ड ?"

"अरे ! इरावती ! तुम ! तुम कहाँ से ?"

परदे को हटाकर इरावती खड़ी मुस्करा रही है। जितेन्द्रनाथ ने कहा–"अन्दर आओ !" मीत दौड़कर दरवाजे के पास गया और सूँघने लगा। इरा ने चुमकारकर कहा–"क्या नाम है तुम्हारा डियर ?"

"वह मीत है।" मीत ने सूँघकर परखा, हाथ के स्पर्श से समझा, हथेली प्यारभरी है।

"इरावती को भूल नहीं सके हो, देखती हूँ। अभी भी उसकी तस्वीर तुम्हारी मेज के एक किनारे मुस्करा रही है।"

जितेन्द्रनाथ अप्रतिभ हुआ–"विश्वास करोगी ? अभी ही, कुछ ही क्षण पहले ढूँढ़कर निकाली है। अचानक हजारीबाग की केनाड़ी की याद आयी।··· और, इस तस्वीर में तुम्हारे पीछे केनाड़ी पहाड़ी भी मुस्करा रही है।"

"क्यों, केनाड़ी की याद ही क्यों आयी ?"

"पाइरिथ्रम की खेती···!"

इरावती हँसी–"ओ-हो ! मालूम होता है डॉक्टर रायचौधुरी आकर प्रचुर पाइरिथ्रम का बीज बो गये हैं। तीन साल तक इस मक्खी मारनेवाले फूल के पीछे लगे रहे। मक्खी मारना कहावत है न ?"

"हाँ। लेकिन, जानती हो ? मैलेरिया, हैजा, प्लेग, टाइफाइड आदि मारात्मक रोगों के अलावा ये कीड़े-पतिंगे दुनिया की खेती को कितनी बड़ी क्षति पहुँचाते

हैं ? अमरीका में प्रतिवर्ष 200 करोड़ डालर और सोवियत रूस में 250 करोड़ रूबल !"

"आँकड़े पसारने की आदत तो नहीं थी, तुम्हारी ?"

जितेन्द्र हँसा। यह 'आँकड़ा पसारना' शब्द उसी का कहा हुआ है। आश्चर्य ! इरावती भूली नहीं है–'काम करनेवाले सिर्फ काम करते हैं, आँकड़े नहीं पसारते फिरते !'

मीत को ताजमनी के पाँव की आहट मिली। दौड़कर दरवाजे के पास गया। फिर, उछलता-कूदता अन्दर आया। उछल-कूदकर, बॉख-बॉख करता हुआ फिर बाहर की ओर गया। जितेन्द्र ने कहा–"बहुत प्रसन्न है मीत !"

"मैं भी बहुत प्रसन्न हूँ !" इरावती मुस्करायी मन्द-मन्द।

··· उस बरसाती रात की याद ! मेरी उँगली में उस रात की अँगूठी अभी-भी पड़ी हुई है। उसी रात को गुरु ने मेरे कान में इष्टमन्त्र दिया–काली !

बाहर मानसून के बादल आकाश में लरज आये थे !

हिमालय की ऊँचाई से टक्कर लेकर वापस लौटे मेघ उमड़-घुमड़कर आते और झूम-झूमकर बरस जाते। झड़ी बन्द होती तो, कोठी की पक्की नालियों में पानी की कुलकुलाहट स्पष्ट हो जाती।

लगातार, तीन-चार घण्टों तक कमरे में चहलकदमी करके राजकाज की बातें की थीं, उन्होंने। उनका विश्वास दृढ़ था–बार्कर इस घटना की चर्चा भी नहीं करेगा कहीं, किन्तु वह बदला लेने की पूरी चेष्टा करेगा। बिजली की हर कौंध पर उनकी उँगलियों में पड़ी अँगुठियाँ झिलमिलातीं। रह-रहकर उनके शरीर से शक्ति की एक तीखी गन्ध आती।

मम्मी बहुत देर तक चुपचाप बैठी कुछ सोचती रही। फिर, दस-पन्द्रह मिनटों तक उनकी ओर गौर से देखती रही।···प्रफुल्ल मुद्रा में मम्मी उठी और मुझे एकान्त में ले गयी–'सो यू लव मिस्सा ? ···वह किसी राजा से क्या कम है ?'

'मम्मी !' मैं मम्मी की छाती में मुँह सटाकर बोली थी–'आइ काण्ट हेल्प !'

'आइ'म ग्लैड···!'

मम्मी ने पुतली के हाथ, मेरे कमरे में धूप और अगर-पाउडर की डिबिया भेज दी। धूपदानी में अगर-पाउडर डालकर पुतली ने मेरी ओर देखा।···ओ, पुतली ! आज धूप जलाने की क्या आवश्यकता ! आज तो स्वयं गन्धराज उपस्थित हैं। बादल थम चुके थे !'···

घोर लाल रंग की धोती उनकी। घोर लाल रंग की साड़ी मेरी, रेशमी जरीदार ! लाली क्रमशः बढ़ती गयी। आकाश में छा गयी। मेरी आँखें बन्द थीं या खुली, मुझे नहीं मालूम ! शक्ति की तीखी गन्ध निकलती है। उसी सुरभि के सहारे आगे बढ़ रही हूँ। तन्मय ! आकाश-पातालव्याप्त लाली पर काले-काले अक्षरों में लिख

गया कोई–का-ली-ई-ई ! ···

मैं गोरी नहीं, काली हूँ अब ! ब्लैक बेरी ! जामुन, जमुना, काली, काला, कृष्ण, कालिन्दी, काले-काले मेघ··· कालिदास के देश की काली !··· माँ मेरी और क्राइस्ट–यशोदा की गोद में बालगोपाला !

अरे ! मेरी आँखों में परमपश्यन्ती-दृष्टि कौन दे गयी ?

··· वेदी पर बैठी है, जगदम्बा !

मेरे तपते हुए ललाट पर उन्होंने रक्तचन्दन का् तिलक किया। मुझे लगा, उसी तिलकचिह्न के साथ सारी लाली–आकाश-पाताल में फैली–मेरी देह में समा गयी। लगा, आग पी रही हूँ !···

मिश्रजी···अब मिश्रजी नहीं। परमगुरु–पति। सामान्य पुरुष नहीं–सम्पूर्ण पुरुष। प्राणाकर पति ने मुझे छूकर देखा। गात्रदाह, मर्मदाह मेरा शान्त हुआ, एक निमिष के लिए !

सुबह को पुतली ने बाहर से पुकारा। जगी तो लगा, मेरा दूसरा जन्म हुआ है। दौड़कर मैं आईने के पास गयी–हे भगवान् ! मैं कहाँ खो गयी ? मैं कहाँ चली गयी ? यह मैं ही हूँ ? ··· ललाट पर रक्त-चन्दन के तिलक के चारों ओर पीले चन्दन की बिन्दियाँ ! कपोल पर हरसिंगार-जैसे दो फूल रक्त-चन्दन से ही अंकित !

··· कनपटी के पास। वक्षःस्थल पर···! चन्दन की नन्ही-नन्ही बिन्दियों में मैं खो गयी।··· तो, सारी रात मुझे चन्दन-चित्रित करने में काट दी ?

मेरे रोम-रोम में एक स्वर्गिक सुगन्ध बस गयी।

आरसी के पास मैं ठगी-सी खड़ी थी। पीछे से आकर मेरे कन्धे पर हाथ धरकर धीरे से बोले–'कौन हो तुम ? यह या वह ?'

···मेरे पति की छाती जल रही थी। आनन्दातिरेक में बरसती आँखों के आँसू से शान्त होगी यह ज्वाला ? काली !

हम दोनों ने एक साथ माँ का ध्यान किया : साकारशक्तिस्वरूपा, दिगन्तवसना, खड्गमुण्डाभिरामा, पुरातनी, परमार्था··· !

मैं हिन्दू हो गयी !

मम्मी ने सुना तो स्तब्ध रह गयी।··· नहीं, मम्मी नहीं ! मरियम और काली में कोई अन्तर नहीं। एक ही शक्ति के दो नाम !

बार्कर-काण्ड के दस-बारह दिन बाद सदर से फादर आये। मेरे ड्राइंगरूम को कालीमन्दिर समझकर बाहर ही रहे–बरामदे पर। उन्होंने मेरी ओर गौर से देखा। मेरी आँखों में कुछ देखने की चेष्टा की।··· परमगुरु ने मेरे मन के पद्मासन पर माँ की मूर्ति प्रतिष्ठित कर दी है। क्या देखते हो फादर ? मरियम और तारा !··· फादर दो कदम पीछे हट गये।

···भागो मत फादर ! दो कदम आगे बढ़ जाओ। मुक्त, उदार हृदय से विचारो–तुम

भी मातृपूजक और हम भी।

फादर तेजी से रोजरी के दाने घुमा रहे थे। उन्होंने मुझे कुछ भी नहीं कहा। एक बार माँ काली की छवि को गौर से देखने के बाद, कुछ बोलने को उनके ओठ फड़के। किन्तु, चुपचाप रहे। फिर धीरे-धीरे बरामदे से नीचे उतर गये।··· बहुत दुखी, बहुत अप्रसन्न !

मम्मी ने स्पष्ट शब्दों में कहा–'क्या बुरा किया ! इसी जिले में दो राजा और एक जमींदार की अंग्रेज पत्नियों ने हिन्दू धर्म को स्वीकार किया है।' फादर ने अपनी सम्पनी में बैठने के बाद माँ को घायल करने की चेष्टा की–'मदाम ! तुम भी अपने लिए कोई हिन्दू पकड़ो !'

मम्मी घायल नहीं हुई। मम्मी को बहुत सहना पड़ा है, जीवन में। उनके किसी पुराने घाव को ठेस लगती है, ऐसी बातों से। मैं जानती हूँ, मम्मी कई दिनों तक मौन रहेगी।

एक ही रात में, अचानक दस-दस गाँव के अशिक्षित लोगों को धर्म-परिवर्तन करानेवाले अपने धर्म की एक सामान्य महिला से इतने अप्रसन्न क्यों !

मम्मी ने ठीक समझा है–'धर्म-परिवर्तन करके किसी नेटिव राजा की रखैल की तरह रहने से इन्हें दुख नहीं होता। तुम देवी-देवताओं की पूजा करने लगी हो। आचार-विचार भी बदल गये हैं, तुम्हारे। तुमने फादर को बैठने के लिए कुश की आसानी क्यों दी ? तुम वेदान्त क्यों सुनाने लगीं ! तुमने मरियम और काली को समतूल कर दिया···!' मम्मी हँसी। मम्मी की उल्लासिनी मूर्ति माँ ! हँसती है–माँ काली हँसती है ! मुझे क्या भय ? क्या भय ?

ब्रण्टी के पति राजा महीपालसिंह अच्छा करते हैं। प्लाण्टरों को साल में चार-पाँच भोज देते हैं; गार्डन-पार्टी, कॉकटेल और एटहोम देकर मुँह बन्द कर देते हैं। राजा महीपालसिंह की शिकारपार्टी का निमन्त्रण ! पूर्णिया-डे के उत्सव में, राजा साहब की शिकारपार्टी की तारीफ सुनाते समय बूढ़े मोबर्ली के मुँह से, वास्तव में लार टपक पड़ी थी··· 'गैलॅन्स ऑफ गैलॅन्स व्हाइट हॉर्स एण्ड ऑल दैट यू वाण्ट इन ए जंगल !' मिसिस मोबर्ली राजा साहब के साथ हाथी पर चढ़ने का अनुभव बताते समय कुरसी हिलाने लगी थी।

ब्रण्टी ने मुझे बताया–'राजा साहब के सामने सभी प्लाण्टर्स हाथ जोड़े खड़े रहते हैं।' मैंने एक मीठी चुटकी ली थी–'इसीलिए, प्लाण्टर्स क्लब की सीमा के इस पार अपनी गाड़ी लाने की इजाजत नहीं !'

'सिस !' ओठों पर उँगली डालकर ब्रण्टी ने मद्धिम आवाज में बताया–'ही'ज़ टू क्लेवर। उसने खूब पहचाना है इन्हें। मिस्टर विलियम को देखा न ! कैसी-कैसी शेरमार कहानियाँ सुना रहे थे ! वास्तविकता यह है कि पिछले साल नेपाल के जंगल में एक गेंडे को देखकर हाथी पर बेहोश हो गये थे···'

ब्रण्टी के पति से, पूर्णिया-डे के लिए दो हजार रुपये लेकर भी प्लाण्टर्स क्लबवालों

ने उनको निमन्त्रित नहीं किया। इस बात की चोट ब्रण्टी को लगी थी। बोली–'देखना! वह जरूर इसका बदला लेगा! यों लापरवाह और मस्तमौला है मेरा राजा। लेकिन जिद्दी भी है। चाहे तो खिताब भी ठुकरा दे, इस जिद्द में।··· राजा ने एक अलग क्लब की स्थापना करवायी है, स्थानीय वकीलों के द्वारा। जिले-भर के राजाओं, जमींदारों और वकीलों का क्लब होगा–स्टेशन-क्लब! मुझे सेक्रेटरी बना रहे हैं!'

मेरे पतिदेव कह रहे थे–'राजा महीपालसिंह अन्दर-ही-अन्दर चिढ़ा रहता है, एक-एक प्लाण्टर से। मौका पाकर एकाध को बेइज्जत भी करता है। और, कभी-कभी अपने पाले हुए डकैतों की पीठ ठोंक देता है। –रात में डकैती हो जाती है!' ब्रण्टी का हरकारा सिपाही कल आया।

ब्रण्टी ने बधाई भेजी है–'राजा कहता है, तुमको बहुत अच्छा आदमी मिला है, बहादुर और बुद्धिमान! ए बिग संस्कृत स्कॉलर··· नाउ यू नो बेटर! क्लब के उद्‌घाटन में तुम्हारी अनुपस्थिति खटकी। स्टेशन-क्लब में तुम्हारे पति की ओर से पार्टी का प्रबन्ध कब करूँ? हाँ, मैं सेक्रेटरी जो हूँ!'

मैंने भी लिखकर जवाब भेजा–'क्लब के उद्‌घाटन में नहीं आ सकी, दुख है। जब सुविधा हो, पार्टी की व्यवस्था करो। मुझे खुशी होगी! ···और, यह मेरी जिन्दगी की अन्तिम अंग्रेजी-पार्टी होगी। इसके बाद तो प्रीतिभोज! टेबल-कुरसी नहीं, चन्दन की पीढ़ी पर बैठना होगा तुम्हारे गुलथुल राजा को!'···

मेरे अंग्रेज भाई-बन्धु क्यों नाराज हैं, यह मैं जानती हूँ!

मिस्टर बार्कर ने अपनी बदली करवा ली है–सोनपुर सेक्शन में। मेरे पति ने हँसकर कहा–'गीता! तुम्हारा मोटर-ट्रोली खड़का! हा-हा-हा! तुम पर इलजाम लगाते हैं वे–एक डकैत, जालसाज, खूनी आदमी से तुमने रिश्ता किया है। बार्कर प्रचार कर गया है, मलय में तुमने अपने स्वामी की हत्या की है!'···

शैतान!

मेरे पति यदि डकैत हैं, क्रिमिनल हैं, तो कानून किसका मुँह जोहता है? पकड़कर फाँसी पर क्यों नहीं लटका देते? प्रमाण इकट्ठा करना तो आसान है। अंग्रेजी राज में एक इंगलिश-हेटर इस तरह विचरण करे, यह आश्चर्य की बात है!

प्लाण्टर्स के प्रबल प्रताप के दिन अब नहीं रहेंगे, क्या? सुना है, पाँच-सात साल पहले तक ये खून करके आते और जिला मैजिस्ट्रेट को लिख भेजते–'आज मैंने एक जंगली आदमी का शिकार किया है। बनमानुस!'

किन्तु, आश्चर्य! मेरे पतिदेव अंग्रेजों के सभी आरोपों को स्वीकार करते हैं–'हाँ, गीता। तुम्हारे भाई-बन्धु ठीक ही कहते हैं। मैं डकैत हूँ, जालसाज हूँ, ठग हूँ, खूनी हूँ!'

पहली बार, अपने स्वामी के साथ इलाके में गयी थी, मैं। अर्धवार्षिक कैम्प में। मधुचन्दा कैम्प। मधुचन्दा, गाँव का नाम है। दुलारीदाय के कगार पर, चार मील दक्खिन बसा हुआ, मधुचन्दा। मधुचन्दा–हनीमून!

खजाना-वसूली के लिए जनरल मैनेजर का कैम्प इलाके में दो बार जाता। अर्धवार्षिक–एक सप्ताह का। वार्षिक–सवा महीने तक।···

···राशि-राशि पुरइन के फूलों की वह सेज ! गाँव की मालिन लड़कियों को एक-एक गिन्नी पुरस्कार दिया गया था।

पुरइन की सेज पर, महाभाव से मतवारी मैं ! मेरी आँखें नशे में चूर ! मैं बोली–'काला, डकैत ! डकैत नहीं तो और क्या ? तुमने तो मेरा सबकुछ लूट लिया। काली का बेटा काला !'

'मुझे दण्ड दिया जाये, महारानी विक्टोरिया !' मेरे स्वामी ने मुस्कराकर हाथ जोड़े। मैंने चरण-धूलि ली, झुककर। मैंने अपने स्वामी को डकैत कहा ? मुझे क्षमा करो देव···!

'गीता ! मैं आज जी खोलकर कहना चाहता हूँ !'

[कमल के कुछ फूल अंकित हैं–पाण्डुलिपि पर !]

'क्या, तुम समझती हो कि बिना डकैती किये ही आदमी राजा हो जाता है ?'

लड्डू लड़े तो बुँदिया झरे !

गरुड़धुज झा जरा सोच में पड़ गया है। लड्डुओं को लड़ाकर तीन साल तक झड़ी हुई बुँदिया बटोरी है उसने। लेकिन, अब तो लड्डू लड़ते ही नहीं ! ···बुँदिया कैसे झरे ?

उसको भरोसा था, भूदानियों और सरबन बाबू में जमकर मुकदमेबाजी होगी। किन्तु, भूदानी लोग भी अजीब जीव होते हैं ! इतनी मार पड़ी, सिर फूटे और हाथ-पैर टूटे। पर बजाप्ता फौजदारी की बात तो दूर–पुलिस-केस भी नहीं किया भूदानियों ने ! घायल भूदानियों को अस्पताल भेजकर, खँजड़ी पर गीत गाने लगे–भइया जमींदरवा से करता अरजिया से··· । और, सरबन बाबू को क्या कहा जाये ? भूदान के नेता ने दरवाजे पर आकर जरा-सा अनशन करके मरने की धमकी दी तो दोनों भाई सर्वोदय-आश्रम में जाकर माफी माँग आये। गरुड़धुज माफी माँगनेवालों और देनेवालों–दोनों को हिजड़ा समझता है।···

गरुड़धुज झा घर-घर का हाल जानता है।···ऊँचे चढ़कर देखा। घर-घर एके लेखा। लेकिन, ऐसा कभी न देखा। गरुड़ झा ने क्या, किसी ने नहीं ! और कोई माथा घुमावे या नहीं, गरुड़ झा भंग के नशे में कभी-कभी सबकुछ देखता है। एक-एक घर की तस्वीर···एक-एक परिवार के हरेक सदस्य को हवा में डोलते हुए देखा है, उसने। इसलिए, गरुड़ झा को पूरा भरोसा हुआ–उसका व्यापार कभी मन्दा नहीं होगा। गाँव थिर नहीं। पहले से भी ज्यादा वेग से दौड़ रहा है सारा समाज ! गरुड़ झा बेकार घबराता है। सोच में पड़ने की जरूरत नहीं। लड्डू लड़ेंगे, बुँदिया झरेगी।··· झर-झर झरते हुए लोग ! ···

बता दे कोई गरुड़धुज को एक भी परिवार की ओर–आँख के इशारे से ही

सही ! कोई घर साबुत नहीं। क्या गरीब, क्या अमीर ! इतने दिनों तक सर्वे में जमींदार की जमीन हासिल करने और दर-रैयत से जमीन बचाने के दाँव-पेंच में रहे। अब, परिवार का एक प्राणी दूसरे प्राणी की ओर सन्देह-भरी निगाह से देख रहा है। एक-एक आदमी अपने को एक किला बना रहा है। सभी कछुए हुए जा रहे हैं…!

गरुड़धुज झा के पास दिन-रात मुवक्किल लोग चक्कर मारते हैं।

"क्यों झाजी, मान लीजिए कि एक बाप के तीन बेटे थे। मर-खपकर दो भाई रहे। तीसरे भाई की बेवा को छोड़कर दोनों भाई की बहू समझ लीजिए कि कागबन्ध्या और कठबाँझ हैं। तो, बचे हुए दोनों भाइयों का हक ?"

"हक ? जो हाथ सो साथ, जब तक जीवे पेट भात !"

"क्यों पण्डितजी, बाप को हक है कि अपनी स्त्री के नाम से उइल कर जाये–बेटे के रहते ?"

"बाप को कुष्पुत्तर करने का हक हमेशा दे दिया है, पण्डितों ने ! क्या करोगे ?" गरुड़ झा पत्थर का दाँत चमकाकर, खैनी ओंठ में दबा लेता।

"आप ही विचारिए ओझाजी ! बेटा अपने कोख का है। लेकिन इसका यह मतलब नहीं कि बेर-बेर हजार-हजार रुपैया माय-माय कहकर ले और देने के बेर उकट-नाकट गाली ! यह कि उसके बाप या दादा का कमाया हुआ पैसा है ?… जब से आयी हूँ–राख की ढेरी ही देखी ! ओझाजी ! बेटा-किरिया कहती हूँ–सब मेरे नैहर का है ! बोलिए, दूसरी जगह मेरा रुपैया बैठा तो नहीं रहता ? सो, कल से कह रही हूँ, कागज बना दे भैया के नाम। तो, लाठी लेकर मारने आये दोनों प्राणी ! ओझाजी… !"

"छिः-छिः ! आपकी-जैसी स्त्री भी रोती है, भला ? बिना कागज बनाये, अब एक पैसा भी नहीं दीजिए। आ रहा है, मौका सामने ! आपके बेटे को फिर हजार-बारह सौ की जरूरत होगी।" गरुड़ झा फुसफुसाकर बोलता है ! …

और तो और, गरुड़धुज झा का सबसे जिगरी दोस्त रोशन बिस्वाँ भी दरार पड़ी दीवारोंवाले घर में ही है। आज नहीं तो कल, उसका बेटा लड़ाई-झगड़ा करके भिन्न होगा-ही-होगा। गरुड़ झा सतर्क होकर देख रहा है–दीवार गिरी-गिरी ! रोशन बिस्वाँ या उसका बेटा, दो में से एक अथवा दोनों ही उस दीवार के नीचे आ जायें तो ? …गरुड़ झा ने अपना नियम बना लिया है। पुरोहित-जजमान का पुराना रिश्ता उसका घर-घर से है। हर घर में श्राद्ध करके वाजिब दक्षिणा लेने का हक उसको है। मुवक्किलों को अपने दरवाजे पर से निराश करके लौटाने में पाप होता है मुकदमाबाजों को !…लेकिन आश्चर्य ! बलभद्दर का शिवभद्दर घर से लड़कर जब इधर-उधर मारा-मारा फिरने लगा तो गरुड़ झा ने सोचा, एक चरखी को जरा चला दिया जाये ! सो, एक-एक कर तीनों भाइयों को पम्प दिया गरुड़ झा ने। फूले भी थे तीनों, अलग-अलग खूब। लेकिन, लगता है कहीं से हवा धीरे-धीरे लीक करती है। इधर कुछ ढीले हैं, तीनों !

"क्यों लुत्तो बाबू ! अपने दोस्त बीरभद्दर बाबू को नहीं समझाते ? समय टल जाने पर टाइटिल-सूट तो नहीं चल सकता; कलेजा कूटने से भी कुछ नहीं हाथ आयेगा, बाद में !"

"झाजी ! कौन किसका दोस्त ! किसको क्या समझाया जाये ! मालूम नहीं आपको ? आज सुबह से ही तीनों भाई हवेली में घुटना टेककर दही-बुनिया उड़ा रहे हैं। पता नहीं क्या बात ! धरकट्ट कहीं के !" –लुत्तो उदास है।

"हवेली में ? सो कैसे ?" गरुड़धुज ने थू-थू कर खैनी थूक दी।

"तिरिया-चलित्तर ! बीरभद्दर की स्त्री कालीपूजा की रात कीर्तन सुनने गयी। न जाने वहाँ कैसे जित्तन से आँख लड़ गयी। देवर लगता है न !...दूसरे दिन सुबह उठकर, गोद में एक महीने के बेटे को लेकर चुपचाप हवेली में जाकर हाजिर हो गयी। सुना है, जित्तन ने पाँच भरी सोने की मोहनमाला दे दी। अपने बचपन की मोहनमाला क्या दे दी, तीनों भाई गद्गद हो गये।...आज तीनों भाई मिलकर हाजिर हुए हैं। लेगा, एक-एक मोहनमाला तीनों भाई–देखूँगा ! वहाँ अन्दर हवेली में कौन घुसी है ? तजमनिया कानी कौड़ी नहीं देगी !" लुत्तो ने अपनी उदासी को ढँकते हुए कहा–"जाने दीजिए ! पीछे मजा मालूम होगा ! कांग्रेस में तो अब गुजर नहीं, उसका। सभापतिजी से कहकर तुरत इसपेल्ट करवाते हैं।...ग्राम-पंचायत के चुनाव की तारीख भी अब करीब है।"

रोशन बिस्वाँ साइकिल की घण्टी बजाता हुआ आया। आजकल, उसने अपनी साइकिल में मेढक की तरह बोलनेवाला हारन भी लगाया है...

–पें-ऐं-ऐं-ग-पें-ऐं-ग-ग !

लुत्तो चमक गया। रोशन बिस्वाँ ओठ चाटता हुआ साइकिल से उतर पड़ा। फिर, मुस्कराकर दो बार जीभ ओठ पर निकालने के बाद बोला–"सुना कि आज पोखरा में महाजाल डालने गये हैं, चौधरी तीनों भाई !"

गरुड़धुज झा ने कनखी देते हुए कहा–"सब मछली निकलेगी !"...न जाने क्यों, तीनों एक ही साथ ठठाकर हँस पड़े–हा हा-हा-हा !

हँसकर कुछ हल्का हुआ दिल। तब गरुड़धुज झा ने गम्भीर होते हुए बात खोली–"हाँ, अब ग्राम पंचायत के बारे में क्या सोचते हो, लुत्तो बाबू ?...जित्तन तीनों भाइयों को ही नहीं, सारे गाँव के लोगों को तीन दिन छः शाम खिलाने का प्रबन्ध कर रहा है। सो, फोकट में नहीं। कुछ समझते हो ?"

"खूब समझते हैं।" लुत्तो और रोशन बिस्वाँ ने एक हीं साथ कहा।

रोशन बिस्वाँ आजकल लुत्तो को रुपये-पैसे से भी मदद करने लगा है, समय-असमय ? बोला–"रास्ते में खड़े होकर बतियाना अच्छा नहीं। कहीं चलिए... ।"

"कहाँ चलें ?" गरुड़धुज झा ने कूट किया–"आपके भी यहाँ बैठकर कोई बात बतियाना अब ठीक नहीं।" रोशन बिस्वाँ ने कबूल किया–"हाँ, आप ठीक कहते हैं झाजी ! अब मेरे घर में भी छेद हो गया है।" बहुत सोच-विचारकर चले

तीनों, सबसे सुरक्षित स्थान··· नट्टिनटोली !

महीचन रैदास से मलारी की बात मत पूछे कोई ! लड़ाई हो जायेगी उससे, मुफ्त ही। आजकल, वह दिन-रात कलाली में पड़ा रहता है। जाने के पहले मलारी ने अपनी माँ के हाथ में पचास रुपये दिये थे, रमदेवा के सामने ही। मलारी के घर से गायब होने के बाद मलारी की माँ ने धरती खोदकर छोटकी टुमनी निकाल के देखा था।···रमदेवा अपने बाप का बेटा है, वह मलारी नहीं। महीचन से छिपाकर रखेगी रुपये घर में ? मार-पीटकर छीन लिया–"साली ! जैसी माँ वैसी ही बेटी ! तू इस रुपये से मदनपुर के मेले में सैल-सफ्फड़ करने जायेगी ? जातिवालों को भात कहाँ से देंगे री साली ? तेरी बेटी ने सरकारी शादी की है तो कहे न सरकार-बाप से–जातिवालों का भात कहाँ से आवेगा ? बोल ? खोलती है मुट्ठी कि लगाऊँ लात ?"···

जाति के सरदार झल्लू मोची और दीवान घोतन मोची को वह रोज दारू पिलाता है। यह कांग्रेसी बात नहीं कि बालगोबिन्द से अब कहने जाये कुछ। बालगोबिन्द भी जाति के सरदार से बाहर कैसे हो सकता है ? महीचन ने जाति के सरदार से मिलकर तय किया है, समय-समय पर मलारी की माँ से जातिवाले भोज जरूर माँगें। हुक्का-चिलम बन्द करने की भी धमकी दें।···

महीचन, अपनी बेटी पर जन्म के बाद से ही दाँत कटकटाता है।···साली इतनी गोरी कैसे हो गयी ! सौर-घर में ही घुसकर उसने अपनी स्त्री को लात से मारते हुए कहा था–"अब बोलो ! यह गोरी-लारी छौंड़ी मलारी कहाँ से आयी ? इसका मुँह भोगेन्दर भुमिहरवा के जैसा क्यों है ?"

कई बार महीचन ने इस लड़की को गला टीपकर मारने का भी विचार किया।··· लेकिन, उसकी माँ हमेशा कलेजे से सटाये रहती बेटी को। नाम लेकर पुकारती–'मलारी !' महीचन चिढ़े-तो-चिढ़े। अपनी बेटी को, अपने पेट की बेटी को वह बचायेगी नहीं ?

मलारी बढ़ती गयी और महीचन का गुस्सा भी उसी अनुपात में बढ़ता गया। मलारी की माँ कम चालाक नहीं। दो वर्ष की उम्र में ही मलारी की शादी करा दी उसने, एक जवान रैदास से ! ··· दो वर्ष की बेटी अपना धन नहीं। पराये की चीज है, कोई कुछ नहीं कहे ! लेकिन, वर्ष लौटते-लौटते मलारी बेवा हो गयी। दो बरस की बेटी की माँग भरवाकर उसने जमाई को घर-जमाई करके रखा।··· महीचन एक साल नहीं, दो साल तक देखता रहा, तिरिया-चलित्तर का नया-से-नया खेल। आखिर, एक दिन घर-जमाई और ससुर ने एक-दूसरे पर अपना पुराना गुन फेंका। मवेशी को जहर-महुरा खिलाने में दोनों मशहूर !

मलारी की माँ को कुछ नहीं मालूम ! जानते हैं, ऊपर जो जल रहे हैं देवता सूर्य महाराज ! मलारी की माँ को मालूम रहती बात तो···। साँप भी मारती और लाठी भी नहीं टूटने देती। अपने जमाई को भिन्न करके उसका कारबार अलग

कर देती, मलारी की माँ। यह काम तो दोनों ने गुपचुप करने का मन्सूबा किया।

··· जिसको गोली पहले लगी वह मर गया। मलारी बेवा हो गयी !

मलारी की माँ ने देखा है, बचपन से ही मलारी की बुद्धि बबुआनों की बेटी-जैसी ! पढ़ने-लिखने का ऐसा शौक कि भागकर कब चली गयी एक दिन पढ़ने, किसी को मालूम नहीं। और, ट्रेनिंग भी लेने गयी ठीक वैसे ही ! ··· भोगेन्दर बाबू ने एक दिन रास्ते में देखा था मलारी को और देखते ही रहे थे, कुछ देर तक ! आखिर, जहाँ की थी वहीं चली गयी। मलारी की माँ ऊँघ रही थी। कोई आ रहा है, शायद !

"महीचनजी !"

"कौन है ? क्या काम है ?"

"मैं दीवाना। महीचनजी कहाँ हैं, माँजी ?"

दीवाना के दावे को कोई गलत साबित कर दे ! ··· वह सबसे पहला माई का लाल है गाँव का, जिसने खुले शब्दों में मलारी से प्रेम की भिक्षा माँगी थी, बचपन में ही। कोई, कसम खिलाकर पूछे मलारी से। आज तक दीवाना ने किसी लड़की की ओर नजर भी उठाकर नहीं देखा। मन-ही-मन कलात्मक प्रेम करने लगा वह। और, उधर सुवंशलाल जीवन-बीमा करते-करते लूट ले गया।··· जीवन, यौवन-प्राण गँवाकर भी वह जी रहा है—माँ सरस्वती की कृपा ! ···

दीवाना ने बहुत सोच-विचारकर एक नयी बात निकाली है। वह रैदासटोली के सरदार, दीवान से लेकर पंच-पंचान तक से साफ-साफ कहेगा—सुवंशलाल ने मलारी के साथ, सभी रैदास की जाति ले ली है। दीवाना ऐसा नहीं ! वह जाति लेगा नहीं। वह देना चाहता है—वह रैदास हो जायेगा। हरिजन ! ··· हरिजन होने में नफा हो या न हो। गांधीजी के प्रिय थे—हरिजन ! वह हरिजन बनकर दिखला देगा, वह रैदास होकर रहेगा। अपनी जाति में लेकर देखें, हरिजन के लिए जान देता है या नहीं। वह ढोल बजायेगा, पिपही बजायेगा, चाम का कारबार करेगा, चमरौधा जूता सीयेगा, यहाँ तक कि माल-मवेशी को जहर-मुहरा भी खिला सकता है। उसके दो दर्जन बैल, एक कोड़ी गाय लोग चुराकर ले गये हैं। वह क्यों छोड़ देगा ? और, यदि कहें जातिवाले कि जूता अण्डी के तेल में भिगोकर फलाने के सिर पर मार आओ, तो वह भी करके दिखा देगा दीवाना।··· जिसके सिर पर कहें !

"बाबू साहेब, जरा गला दबाकर बोलिए। अड़ोस-पड़ोस में हितमुदैया लोग हैं।"

"नहीं, नहीं। मैं डंके की चोट पर बोलूँगा। सुनिए माँजी ! मैंने कल एक कहानी लिखी है। कहानी छपने पर तो दुनियावाले पढ़ेंगे। लेकिन, आप लोगों को पहले सुना देता हूँ। 'कलात्मक प्रेम की सच्चाई की परीक्षा' उसका नाम है। महीचनजी को भी आने दीजिए ! हाँ, हाँ। मैं इसी चटाई पर बैठूँगा ! दोनों सुनिए मिलकर। देखिए कि आप लोगों के दुश्मन, ऊँची जातिवालों पर, बड़ी-बड़ी पगड़ीवालों पर, किस तरह भीगा हुआ चमरौधा लगाया है, मैंने।··· हरिजन-उद्धार खेल बात नहीं! कोई सच्चा हरिजन-प्रेमी नहीं।" दीवाना का दावा है···महीचन ने बाहर से ही पुकारकर कहा—"डेरी में कौन बोलता है रे रमदेवा ?"

रमदेवा ने दौड़कर बाप की अगुवानी की। उसने उत्तेजित होकर कहा–"रजपूत टोली का है, बप्पा ! एक लाठी माथा पर कसके लगायें ? मैया को भी फुसलाने आया है।"

मँगनीसिंह दीवाना जानता है, किस देवता की पूजा में कौन-सी चीज चढ़ती है।···महीचन ने दारू की बोतल को ढिबरी की रोशनी में देखकर समझ लिया–तीस नम्बर !

नट्टिनटोली गुलजार है, फिर !

गंगाबाई नट्टिनटोली की सरदारिन ही नहीं, मालकिन भी हो गयी है। बिना उससे पूछें अब कोई किसी पुरुष से प्रीत नहीं जोड़ सकती। मेले में गंगाबाई ने बड़े-बड़े हाकिमों की बोलती बन्द कर दी। गिरोह की नट्टिनों ने गंगाबाई की मर्दानगी देख ली है। वे, अब अपनी सरदारिन का पैर पूजती हैं। सरदारिन की डिबिया में आजकल अफीम की दूनी गोलियाँ रहती हैं।··· हिरिया छौंड़ी पर नजर रखना होगा। मेले का खाया-पिया मुँह है। कहीं अपथ-कुपथ खाकर जान न दे दे। माँ तो उसकी चण्डालिन है !

"क्यों री हिरिया ! तुझे कबूतर का मांस खाना मना है न ? तेरे लिए आग है आग। सो, समझ ले !"

"नहीं काकी ! माँ से कह रही थी कि काली माय को एक जोड़ी कबूतर क्यों नहीं चढ़ा आती, मानत करके।"

चढ़ती अगहन की साँझ ! दूर, दुलारीदाय के खेतों में अखता अगहनी धान काटनेवालों की टोली पुआल में आग लगाकर हुलास से ताप रही है। गंगाबाई अपने ओसारे पर अँगीठी के पास खाट पर पाँव मोड़कर बैठी है। गेंदाबाई एक बोतल दारू पीकर आ रही है। अँगीठी के पास आकर हँसती हुई बोली–"जाड़ बड़ी जाड़, बूढ़ी खेलाड़; बूढ़ा भेल ठण्डा कि कथरी सँभार–हि-हि-हि-हि !"

"दुर हरजाई !" गंगाबाई की मिस्सीमज्जित दन्तपंक्तियाँ अँधेरे में नहीं दिखायी पड़ती हैं। लगता है, मुँह के अन्दर अँधेरिया का एक टुकड़ा समा गया है। निःशब्द हँसी हँसती हुई बोली–"ठहर ! आ रहा है तुम्हारा ताड़ का पेड़ गरुड़ा और कड़ाही की पेंदी बिस्वाँ।" गंगाबाई की बात पर गेंदाबाई हँसी–"हँ-हँ-हँ !" फिर बीड़ी सुलगाती हुई बोली–"जानती है नानी, ई करिया कलन्दर का मन तो डोल रहा है ?"

"मन डोल रहा है ! किस पर ?" गंगाबाई ने इशारे से पूछा।

"और किस पर ?" गेंदा ने हिरिया के घर की ओर कनखी मार के कहा–"मेरे दूसरे आसामी की मेहरबानी है, ई सब। वह देखने में ही लम्बा नहीं, उसकी जीभ भी लम्बी है। उसी ने बिस्वाँ को उचकाया है। मैं खूब जानती हूँ। आवे तो आज !"

गंगाबाई मन-ही-मन हिरिया की माँ पर नाराज है। वही कहावत है न–छौंड़ी सिखावे बुढ़िया को खेल, देखो भाई समय का खेल।···मेले की बहुत-सी बातें हैं। गंगाबाई किसी दिन खोलकर मन को साफ कर लेना चाहती है। अवसर देख रही

है। बोली–"तो, इसमें डरने की क्या बात ? मेले में हिरिया की माँ ने ही लड़ाई-झगड़ा करके कानून पास करवाया है कि किसी के मवक्किल को कोई नहीं फुटकावे। जो कानून मेले में, वही गाँव में ! ··· हिरिया की बीमारी का पता नहीं है अभी किसी को !"

गंगाबाई से रार करके पार नहीं पा सकती हिरिया की माँ। मेले में जाकर गंगाबाई का कलेजा और भी दो हाथ बढ़ गया है। उसके बाल फिर से काले हो रहे हैं और आजकल वह दिन-रात रंगीन साड़ी पहनती है।··· गंगाबाई नहीं रहती तो कोई नट्टिन इस साल मेले में तम्बू नहीं गाड़ पाती। कितने झमेले ! ···

सबसे पहले ही, मेले के मुस्ताजिर ठेकेदार से ठकठक ! मेले से आध मील पच्छिम ही सरकारी सिपाही के साथ रास्ता रोक के हुकुम सुना दिया–"नया कानून पास हुआ है। मेले में कोई रण्डी-पतुरिया, मोजरा गानेवाली हो या तम्बुकवाली, किसी को बसने का हुकुम नहीं है। गाड़ी खोलो ! नाम लिखाओ, सिपाहीजी को पहले··· !" मेले के चारों ओर छेकी हुई रण्डियों के झुण्ड ! जिले के बड़े-बड़े कस्बे की कस्बिनों के होश उड़ रहे थे, देहातिनों की क्या बात ! अपनी-अपनी ऐंठ-गेंठ, गठरी-मोटरी, हाँस-मुर्गी, लटकन-फुदना, तम्बू-कनात के साथ कुछ धन-खेतों के पास, कोई पक्की सड़क के पुल के नीचे तीन दिन से पड़ी हुई थीं।···क्या करेंगी ? सिपाही का पहरा चारों ओर। मुजरा-खेमटा गानेवालियाँ फारबिसगंज स्टेशन के प्लेटफार्म पर, पड़ी-पड़ी आती-जाती गाड़ियों से उतरनेवाले यात्रियों को देखकर कहतीं···इस बार; पाट का भाव तेज है न ! न जाने, खुदा को क्या मंजूर है ! सभी किस्म की नटिनियों की जमात मुरझायी हुई पास के पैसे तुड़ाकर खाती रही।

तीसरे दिन, गंगाबाई पर परानपुर परती पर रहनेवाली कोई देवी आकर सवार हो गयी, शायद।···देहात की नट्टियों में भी परानपुर की नट्टिनें ! जो पहली बार मेले में तम्बू लेकर आयी हैं। बसेटी-हाँसा, होटिल-बँगला, टोल मीरगंज और खुट्टी-खरैया की खुर्राट नट्टिनों से कुछ मदद नहीं माँगी गंगाबाई ने। गाड़ी से उतरकर सीधे मेले की ओर चली।···तम्बू नहीं गाड़ने दें, मेला जाने से भी रोकेगा कोई ? वह सीधे मेले के डाकबँगले पर गयी और चौकीदार को सलाम कर बोली–"अन्दर में कौन हाकिम हैं भैया ?"

चौकीदार ने धीरे से कहा–"इशडिवो साहेब हैं।"···इशडिवो कहते समय उसके मुँह से एक सिसकी सीटी-जैसी निकली–शी-ई !

लेकिन गंगाबाई डरी नहीं। डाकबँगले के बरामदे पर जाकर गुहार दी–"हुजूर माय-बाप !"

डाकबँगले की कोठरी से तुरत बाहर आ गये, हाकिम ! गंगाबाई ने सलाम करके कहा–"हुजूर माय-बाप ! मेले में यदि नहीं बसने देंगे तो हम खायेंगे क्या ? कौन उपाय करके पेट पालें ?" गंगाबाई पर सचमुच कोई देवी ही सवार हुई थी !

हाकिम ने झुँझलाकर सिगरेट की राख झाड़ते हुए कहा–"क्या बक-बक करती है ? दुनिया में कोई काम ही नहीं··· इ-इ-इसके सिवा ?"

"हुजूर ! बेअदबी माफ करल जाउ। मेले की आमदनी से ही हम लोगों का साल-भर का खर्च निकलता है।··· ओर, जब सरकार की ओर से ममानियत है तो कानून सबके लिए एक बराबर है। एकतरफा, गरीबमार नहीं कीजिए हाकिम बाबू !"

"क्या एकतरफा ?"

"हुजूर, सरकार जब कांगरेस का है तो सब पर एक ही नजर रखनी चाहिए।··· हमारे गाँव में भी खूब झण्डा-पत्तखा उड़ता है ! बड़े-बड़े कांगरेसी और सोशलिस्टपाटी के झंखाड़ लेडर लोग हैं। जित्तन बाबू, मनमोहन बाबू, मकबूल बाबू, लुत्तो बाबू। नाम जरूर सुना होगा हुजूर ने।"···

हाकिम थोड़ा और गुस्सा हुए तो गंगाबाई ने हाथ चमका-चमकाकर समझाना शुरू किया–"हाँ ! पान बेचनेवालियाँ–गिनते जाइए–एक। दोयम–हरमुनियाँ पर घूम-घूमकर मेले की हरेक पट्टी में गाने-नाचनेवालियाँ, न जाने कहाँ से आयी हुई छोकरियाँ, किस देश की ! ···वही ! सुनिए, गा रही है–'ऊँची-ऊँची दुनिया का दीवार' वाला गीत। दारोगा-हवलदार, सिपाही-मुस्ताजिर सबके कन्धे पर हाथ डालकर गाती है न ! पाकिटकाट छोकरियाँ··· !"

हाकिम साहब ने हाल में ही तरक्की पायी है। ऐसी औरत से पहली बार भेंट हुई है, उनकी।··· बार-बार ओवरकोट पहनने और खोलने लगे, बेकार !

"और भी ! तेसर नम्बर पर, एक बार चलके देख लीहल जाउ, अपनी चसम से। झूठ साबित हो तो हुजूर की जूती और मेरे ये ओठ।···ऊ ठेठर-नौटंकी कम्पनी से भरी हुई हैं–मुजरावालियाँ-पछवरनियाँ छौड़ियाँ ! बाहर में बड़की-बड़की सैनबोट में नाम लिख रखा है–मिच अलानी तो मिच फलानी !···सो सब क्या है ? देखना है तो चलकर देख लीजिए अभी। चाह की बेला है न अभी। नौटंकी कम्पनी और ठेठर कम्पनी के परदे के पीछे बड़के-बड़के बाबू महफिल लगाके बैठल हैं। मारे तबला ठनक रहा है, चाह-बिस्कुट उड़ रहा है।··· नये हाकिमों को भी रिहलसल दिखलाते हैं, कम्पनीवाले। निसाफ कौन करेगा ? गरीबों का देखवैया को-ई-ई नहीं !"

इस इलाके के महफिल-मुजरा के माहिर बाबुओं का एक-न-एक दूत, किसी-न-किसी काम से हाकिमों के कैम्पों के पास चक्कर मारता रहता है।··· सारे मेले में बिजली की तरह बात फैल गयी–एक देहातिन रण्डी की बूढ़ी सरदारिन हाकिम को सब भेद बता रही है। इलाके के बाबुओं में एक-से-एक कानूनची भी हैं, हाईकोर्ट की हवा खाये हुए। किसी ने बात सुझायी–मेले में नहीं बसने देते हैं, नहीं सही। मेले की चौहद्दी से सटी जमीनवालों से बातें करें। मेले के पास जिन बाबुओं की जमीन थी उनकी तकदीर खुल गयी।···

दिन डूबने के पहले ही जमीन के मालिकों से तस्फिया हो गया–दो रुपैया फी हाथ। अलग-अलग पट्टी के अलग-अलग रेट !··· मेले-भर में मशहूर हो गयी, गंगाबाई। सभी उसको देखकर कहते–"देख, जा रही है···हाकिम से लड़कर हक हासिल करनेवाली ! ···जबरदस्त कलेजावाली ! ···बालिस्टर जैसा बहस करनेवाली !"

और, यदि गंगाबाई नहीं रहती तो हिरिया फारबिसगंज मेले से जिन्दा लौटकर

नहीं आ सकती थी। इस बात को हिरिया की माँ भी कबूलती है।··· मथुरा-मोहन कम्पनी के फरहाद के साथ भागने को तैयार थी, हिरिया। बहुत लम्बी कथा है। गंगाबाई किसी दिन सूद-सहित वसूलेगी !

"एक बात जानती है, नानी ?" गेंदाबाई दूसरी बीड़ी सुलगाती हुई बोली– "आजकल दोनों आसामी एकहि साथ आता है और एकहि साथ जाता है।··· अँधेरिया-इँजोरिया दोनों एकहि साथ। मन तो करता है कि एक दिन जाकर दिलबहादुर को नेंत आउँ !"

गेंदाबाई की मौसी आकर आग तापने बैठ गयी। फिर, इशारे से बताया, "तीनों।" अर्थात, आज तीनों एकहि साथ आये हैं ! गरुड़, रोशन, लुत्तो ! गेंदाबाई ने गला खोलकर पूछा–"कुछ लाया भी है या फोकट में कोई पंचैती-बखेड़ा करने आया है ? साथ में कुछ था भी ? बोतल-ऊतल ?" उसकी मौसी जानती है, कुछ लाया भी हो तो 'हाँ' नहीं कहना है। गंगाबाई को सुनाकर उठी गेंदा, बड़बड़ाती हुई–"फोकटिया मिटिंगबाजी करने के लिए नहीं है, हमारा घर। पतुरिया की जात, मेरे लिए जैसे जित्तन बाबू, वैसे छित्तन बाबू या कोई बाबू ! ···गेंदाबाई गीत गाते हुई राह लगी। बहुत पुराना गीत, पूरबी की एक कड़ी–हम-से-गेहुँआ-आँ-पीसावेला-आँ-बेदर्दाआ सैंयाँ-हो-ओ ! धुन सुनकर रोशन और गरुड़ की आँखें मिलीं। दोनों ने गर्दन हिलाते हुए एक-दूसरे को देखा ··· बहुत पुरानी बात याद करा रही है, गेंदाबाई !

गेंदाबाई दिलचस्प किस्म की औरत है।··· भिम्मलीय नाम अर्जन किया है उसने अपने गुन पर–मेरीगोल्ड ! और, गरुड़धुज, रोशन, दोनों मेरीगोल्ड कपहोल्डर।··· नया मुवक्किल लुत्तो ?

नट्टिनटोली से लौटते समय, तीन बजे रात को अचानक भिम्मल मामा मिल गये चौबटिया पर टहलते। पेड़ की आड़ से बाहर निकलकर पूछा–"क्यों, मेरीगोल्ड कप-होल्डरो ! यह तीसरा कौन है नया मुवक्किल ? ओ-ओ-ओ-हो-हो ! ··· ओ-ओ-हेक्सागनो, ओ पेण्टागनो, देखो, देखो ! लिटल-लिटल लुत्तो भी लोटस खोजता है नट्टिनटोली में। हार्रिबल, टेर्रिबल-ओ-ओ-ल, टेर्रि-बो-ओ-ल ! ओ-ओ-हा-हा-हा !" भिम्मल मामा की पैशाचित हँसी सुनकर तीनों ने अपनी चाल तेज कर दी···पागल आदमी का क्या ठिकाना ! ··· दूसरे दिन सुबह को लोगों ने देखा, सुना और मान लिया, दौरा उतर गया। अब फिर भिम्मल मामा नॉर्मल हो गये हैं। उन्होंने जितेन्द्रनाथ से कहा–"लगता है, अब हम लोग नॉरमल हो रहे हैं। मुझे पुनः चक्र में युक्त करो !"

यह क्या कर दिया है ताजमनी ने ?

आजकल, जितेन्द्र एक पेग से ज्यादा नहीं पी सकता है। ताजमनी, उस दिन अलमारी से बोतल निकालकर ले गयी, माँ काली के आगे चढ़ाने। लौटकर बोली–"देखिए ! हँसी-खेल नहीं। यह 'कारन' है। मुझे ऐसे लोगों की कहानी मालूम

है जिन्होंने शराब की आदत को ढँकने के लिए 'कारन' सेवन शुरू किया और बाद में··· ।"

"बाद में क्या हुआ ?" जितेन्द्र ने पूछा।

ऐसे प्रश्नों का जवाब कभी नहीं देती, ताजमनी। वह जानती है, उसका जिद्दा जवाब सुनने के लिए नहीं करता है ऐसे प्रश्न। आज ताजमनी ने एक नयी बात कही। मीत को कलेवा खिलाती हुई बोली–"एक बात पूछूँ जिद्दा ! ···कहीं, फलाहार करने की जरूरत न पड़ जाये। ना मैया, मैं नहीं पूछूँगी !" उसकी आँखों में, मन की दबी हुई मुस्कराहट की छटा छा गयी।

"यों, मैं फलाहार करने की बात सोच रहा था। लेकिन, आज नहीं। गोबिन्दो पूछ गया है अभी–उई मोरोग टा'र की हबे ?"···

"हाँ, अच्छी याद आयी। गोबिन्दो को क्या आपने ही धर्मादेश दिया है, माँ काली को मुर्गा-मुर्गी चढ़ाने का ? आज यदि मालकिन-माँ रहती !" ताजमनी सचमुच नाराज हो गयी।

जितेन्द्र कहना चाहता था, मुर्गे ने क्या अपराध किया ? किन्तु, उसने हँसकर कहा–"परानपुर हवेली में कभी किसी पुरुष ने कोई धर्मादेश नहीं दिया। मैं अनधिकार काम क्यों करूँ ? तुमने गोबिन्दो को हुक्म दिया था शायद, बगैर प्रसाद के किसी किस्म का मांस नहीं आयेगा, रसोई में।··· तुम कुछ पूछ रही थी न ?"

"हाँ। पूछती हूँ, आप इतना अकेला कैसे हो गये हैं ?"

"अकेला ?" जितेन्द्र को अचरज हुआ, क्या कहती है ताजमनी !

"अकेला नहीं तो और क्या ? पिछले पाँच दिन से आ रही है, बेचारी। और, किसी दिन आपसे यह नहीं कहते बना कि एक दिन यहीं खाइए। कल आयी तो आप कमरे में बन्द थे। मैं पूछती हूँ कि उस बक्से में क्या है जो घण्टों··· ।"

जितेन्द्रनाथ अपनी हँसी रोक नहीं सका, हँस पड़ा। बोला–"उसको मेक्कानो कहते हैं। लेकिन, तुम इरावती से यह मत कहना कि मेक्कानो लेकर कमरे में बन्द थे।"

"तब तो जरूर ही कोई बुरी चीज है। आखिर है क्या इसमें ? क्या है मेक्कानो ?"

"बच्चों का खिलौना !"

"मुझे अब कोई ठग नहीं सकता। मैं इरावती दाय के पास अभी भेजती हूँ, पखारन काका को।" ताजमनी, शरारत-भरी हँसी हँसती है।

जितेन्द्र ने कहा–"आओ, देखकर खुद समझ लो !"

जितेन्द्रनाथ अपना बनाया हुआ, ग्राम-नाट्य-मण्डप ले आया।

"देखो···इसको कहते हैं मेक्कानो। बच्चे मकान बनाते हैं, पुल बनाते हैं, हबड़ा का पुल, भद्रा का डैम !"

ताजमनी एकटक देखती रही–"नहीं, नहीं। तोड़िए मत। रहने दीजिए न ! लेकिन, इसमें छिपाने की क्या बात है ?"

"बच्चों के खिलौने से खेलता हूँ, यह अच्छी बात तो नहीं।"

ताजमनी कुछ समझ नहीं पायी तो फिर अपने प्रश्न पर लौट गयी–"इसीलिए तो कहती हूँ, आप इस तरह कैसे बदल गये ? गाँव की गलियों में दिन-भर गायब रहनेवाला आदमी, इस तरह कैसे हो जायेगा ? क्या हो गया है, आपको ?"

"कुछ भी नहीं !" जितेन्द्रनाथ झेंप गया। मानो, किसी ने उसके कमजोर स्थल पर दृष्टि दे दी।

ताजमनी गम्भीर हो गयी थी।···जिद्दा नहीं जानते कि गाँव के अधिकांश लोग क्यों दुखित हैं। इतना पराया बना देना, खलेगा नहीं ? भोज खिलाने से क्या होगा ! नेह-छोह की भूख पूरी-मिठाई से नहीं मिटती।

ताजमनी ने दवा मापनेवाले गिलास से 'कारन' माप कर दिया। कमरे से निकलती हुई कह गयी–"बुर्ज पर जाकर बैठा कीजिए !"

दो रात बैठ चुका है, बुर्ज पर !

जितेन्द्र ने अनुभव किया है, एक पेग से एक बूँद भी ज्यादा पीकर अब वह नही सँभाल सकेगा।··· पाँच घण्टों तक सुध-बुध खोकर बैठा रहना ! ··ऐसा नशा उसको कभी नहीं हुआ।

तीसरी रात, ताजमनी चुपचाप पैर दबाकर बुर्ज पर देख आयी···बुर्ज पर बैठकर खाने की आदत लग गयी ? जै माँ, अब मैं कहाँ जाऊँ ? क्या करूँ ?

वह डरी थी। किन्तु उसे याद आयी, मालकिन-माँ होती तो हँसकर बोल उठती–'बाप की आदत ! ···माँ तारा ! परती साध रहा है तुम्हारा बेटा। देखना !'

इष्टनाम ज़पती हुई वह सीढ़ी से उतरी।··· आश्चर्य ! मीत भी सूँघ-साँघकर लौट आया। बेचारा ! बिना प्यार पाये लौटा हुआ, मीत !

नहीं ! आज जितेन्द्रनाथ बेसुध नहीं होगा। आज उसने एक पेग से भी कम 'कारन' लिया है।···बुर्ज पर बैठना अच्छा लगता है, इसका यह अर्थ नहीं कि आदमी किसी दिन बुर्ज से गिरकर अपनी जान दे दे !

जितेन्द्रनाथ ने बुर्ज पर चढ़कर देखा, दो मील उत्तर परानपुर स्टेशन पर गाड़ियों की क्रॉसिंग हो रही है। दक्खिन से आनेवाली गाड़ी निश्चय ही मालगाड़ी है।··· ओ ! आज तो बारह तारीख है। बारह की शाम को··· यही गाड़ी है, कोशी-प्रोजेक्ट-स्पेशल गुड्स-ट्रेन की प्रथम सवारी बारह की शाम को ! भिम्मल मामा ने कल ही सूचना दी है।···तो, यही है वह गाड़ी। कोशी प्रोजेक्ट के लिए सामान ढोनेवाली गाड़ी !

–धू-ऊ-ऊ-ऊ !···

मालगाड़ी में निश्चय ही चितरंजन-इंजन जुड़ा हुआ है। इसकी सीटी अन्य इंजनों से भिन्न है, आवाज के किनारे-किनारे एक सुनहली खनक !

–धू-ऊ-ऊ-ऊ !···

जितेन्द्रनाथ रोमांचित हुआ। 'कारन' पीने के बाद ऐसा ही रोमांच होता है

कभी-कभी।···तू-ऊ-ऊ-ऊ !···शंखध्वनि ? हवेली में आज कोई व्रत-कथा है। किस व्रत-कथा में कितनी बार शंखध्वनि की जाती है, नहीं मालूम जितेन्द्र को। सात दिनों तक हवेली में कोई-न-कोई व्रत-कथा करवाने का प्रोग्राम है, ताजमनी का।··· घन-घन बाजे शाँख !

वह मुस्कराकर सिगरेट सुलगाने लगा। आज वह बेसुध नहीं हो सकता ! उसने स्टेशन की ओर से निगाह हटायी। फिर, एकटक परती को निहारने लगा, पूरब की ओर। ताजमनी जंगल लगाने पर भी व्यंग्य कर चुकी है–'पचास ट्यूबवेल लेकर आ रहे हैं, मुंशी जलधारीलाल दास ! और भी पचास चाहिए।'

अकेला ? जितेन्द्र ने इलियट की 'कॉकटेल पार्टी' की कुछ पंक्तियाँ स्मरण करने की चेष्टा की···नो इट इजण्ट दैट आइ वाण्ट टु बी एलोन, बट दैट एवरीवन'स एलोन, ऑर सो इट सीमूस टु मी।···किसी से बात करना नहीं सुहाता। नहीं-नहीं, इसका यह अर्थ नहीं कि मैं अकेला रहना चाहता हूँ। कम-से-कम, मुझे तो ऐसा ही लग रहा है, सभी हल्ला मचाते हैं, और भ्रम में हैं कि आपस में वार्तालाप कर रहे हैं। जानता हूँ मैं कि कुछ भी नहीं जानते वे, एक-दूसरे के बारे में। सोलह आने झूठा व्यवहार सारा !···

जितेन्द्र के मन में किसी ने चुटकी ली, अचेतन मन में इलियट के कोटेशनों से कण्टकित बातें गूँथने का मोह तो नहीं है, कहीं दबा हुआ ?···आज सुबह जितेन्द्रनाथ ने अपने बाग में देखा, एक नयी जाति का नागफणी उग आया है। डॉक्टर रायचौधुरी ने भी कहा, "रेयर कैक्टस !" ताजमनी कहती है, "काली-नागफणी है; कभी-कभार जन्मता है। लोग देखते ही इसे उखाड़कर ले जाते हैं। कोई दवा बनती है, इससे।"

जितेन्द्रनाथ सिगरेट सुलगाता हुआ सोचने लगा, अपने बाग के बारे में। बैशाख-जेठ की धूप को कितने पेड़ बरदाश्त कर सकते हैं, देखना है। इरावती कह रही थी, "हजारीबाग की केनाड़ी पहाड़ी पर वन-विभाग ने सुन्दर पेड़ लगाये हैं। केनाल···!"

इरावती भी उलहाना दे रही थी–"तुम क्या हो गये हो जितेन्द्र ? इतने निर्मोही हो गये कि···।" जितेन्द्र को याद आयी, उसने कहा था एक रात मल्लिकविला की बालकनी में खड़ा होकर–"मैं इस पहाड़ी को किसी भी प्रेमिका से ज्यादा प्यार करता हूँ। केनाड़ी पहाड़ी को !"···

इरावती भी अकेली है क्या ? ताजमनी से पूछना होगा। मन-ही-मन बहुत-से लोग मेक्कानी के घर बनाते हैं, तोड़ते हैं, गढ़ते हैं।···फिर रोमांच ! इरावती, ताजमनी ! दोनों मिलकर कहती हैं–"जित्तन ! अकेलेपन के अन्धकार से निकल आओ।"···लेकिन, यह तो नाटक नहीं कि स्टेज पर बल्ब का तिरछा प्रकाश डाल दे कोई ! और, कौन नहीं है अकेला ? उन्हें कोई नहीं कहता कि निकल आओ अन्धकार से !··· क्यों ?

नाटक की बात याद आयी जितेन्द्र को ! ···उसकी माँ के पास आये हैं तिवारीजी, गाँव के नौजवानों को लेकर। भिम्मल मामा ने अन्दर हवेली में जाकर सूचना दी थी–"नाटक समिति की संस्थापिकाजी हैं ?" माँ झुंझलाकर बोली थी–"मैं समिति-पंचायत कुछ नहीं जानती। मैं एक पैसा भी बेहरी नहीं दूँगी। एक बार रुपया ठगके ले गये। कलकत्ते से पर्दा-पोशाक लेकर आये। और, नाटक ऐसा दिखाया कि निहाल हो गयी देखकर !"

तिवारीजी ने चिक के पास खड़ा होकर जवाब दिया–"अब इसमें हम लोगों का कौन कसूर ? आप महाभारत की एक-एक कथा-उपकथा जानती हैं। आपको यह भी मालूम था कि जितेन्द्र को अभिमन्यु का पार्ट दिया गया है। आपको पहले ही तौलकर देख लेना चाहिए था, कलेजे को।"··· 'अभिमन्यु-वध' नाटक पूरा नहीं देख पायी थी, जितेन्द्र की माँ। स्टेज पर जितेन्द्र को देखकर माँ की नौंड़ी बोल उठी थी–"ठीक लगता है··· दुलहा-मालिक ब्याह के दिन ऐसे ही··· ।"

"चुप !" माँ ने हल्की धमकी दी।

दुःशासन की छाती पर चढ़े हुए अभिमन्यु को देखकर वह एक बार पुकारना चाहती थी–छोड़ दे बेटा ! ··· दुःशासन को अभिमन्यु ने छोड़ दिया !

जितेन्द्र की माँ भूल गयी थी कि अभिमन्यु का वध करने के लिए ही नाटक किया जा रहा है। जब महारथियों ने घेरकर उसको निहत्था कर दिया, तब उसको याद आयी–"अरी जिबछी; इसको तो जान से मारेगा ? उठ ! चल !"

अभिमन्यु मरते समय अपने पिता, चाचा आदि को बारी-बारी से सन्देशा दे रहा था–"लेना, बदला लेना।" केंहुनी के बल लेटा, हिचकियाँ लेता, खून से लथपथ ! इस्स ! –"लेना, बदला लेना ओ गदाधारी, ओ गाण्डीवधारी··· !"

खून से लथपथ कई शरीर आकर दम तोड़ गये, मानो। जितेन्द्र ने घड़ी देखी। नहीं, आज वह न डरेगा, न बेसुध होगा। अपने मित्र कामरेड कुलदीप की लाश, खून से लथपथ उसने देखी थी। मीनार के झरोखे पर एक बार झलक गयी मृत मित्र की मूरत ! ··· एक ही नहीं, कुबेरसिंह का शिकार, वह नौजवान साथी, जिसे मोटर से कुचलकर मार दिया गया। दूर, छोटानागपुर पहाड़ी की एक घाटी में उसकी लाश के आस-पास किलकिलाते गिद्ध-काक ! ···धेत्त, बादुड़ हैं वे। गिद्ध नहीं ! जितेन्द्रनाथ ने घड़ी देखी··· आश्चर्य ! आज भी वही हाल ! उसने विश्वास कर लिया··· 'कारन' है, हँसी-खेल नहीं !

ताजमनी प्रसाद लेकर बैठी होगी।

सुरपतिराय की कोई खबर नहीं ली है जितेन्द्र ने, इधर कई दिनों से। गेस्ट-हाउस के दोनों कमरों में रोशनी हो रही है। तो, दोनों मित्र जगे हुए हैं। सुरपति और भवेश···परदेसी पंछी। गेस्ट-हाउस का नाम दिया है दोनों ने मिलकर–घोंसला ! उस दिन, गोबिन्दो भवेश की नकल करके सुना रहा था रसोईघर में–"भँबीबाबू बोला कि घोसोलाँ तो, हॅम बूझा पाखी का बासा हुआ है कोई। लो-ओ बाबा ! घॅर-बाड़ी को नाम हुआ–घोसोलाँ ! ऑर, भँबीबाबू बोला–हाँ-हाँ-हाँ इ-इ-स घो-घोसोलाँ में-में

सोनार डीम पाड़ेगा–पॅ-पॅरदेसी पाखी ! हा-हा-हा !"

भवेश के सिर पर पंछी फड़फड़ा रहे हैं, शामा-चकेवा की रात से। किलकती चिड़िया हजार, पाँखें पसार। ऐसा अवसर नहीं मिले बार-बार। ले निहार–ओ-ओ-परदेसी पंछी··· !

परती पर टिटही बोल रही–टिं-टिंहि-टिं, टिं-टिंहि-टिं।··· अशुभ है यह बोली ! माताएँ घर-घर में अपने नवजात शिशु को छाती से चिपकाकर बड़बड़ाती होंगी–'छिनाल ! टिटही···कहाँ से कहाँ मरने आयी है ! तुझे तीर लगे, कीरबा बनजारे का। टीं-टीं करती है। राकसनी !'

जितेन्द्रनाथ बुर्ज की सीढ़ी से उतरते हुए मुस्कराया–बेचारी टिटही ! बेवजह गाली सुनती है। लोग कहते हैं, टिटही दोनों पाँव को ऊपर उठाकर सोती है, घोंसले में। हिमालय जब गिरेगा तो पैर से थाम लेगी !···

···मेरे पतिदेव कहा करते–'जमींदारों के वंश-परिचय में खोजकर देखो–अर्जन करनेवालों में किसी ने अवश्य डकैती की होगी। राजा खिताब मिलने के बाद तो दिनदहाड़े डकैती करने का लाइसेंस मिल जाता है···हमारे इस्टेट के सिपाहियों को क्या समझती हो तुम ? सुलतानपुर से हवेली परगना तक शिवेन्द्र मिश्र के डर से लोग खाँसी तक नहीं करते। क्यों ?'

'कारन' पीने के लिए एक मधुर विराम दिया मेरे स्वामी ने ! हँसकर बोले–'तुम्हारे भाई-बन्धु मुझे इंगलिश-हेटर समझते हैं। मैं क्या हूँ, सो तुम देख रही हो।'

मैं लजाकर उनकी छाती में मुँह छिपाने लगी।

'सही है। गदर के बाद तो यहाँ के पशु-पक्षी भी इंगलिश-हेटर पैदा होने लगे हैं।'

'लेकिन, आप तो अंग्रेज प्लाण्टर के मुलाजिम थे।'

'हाँ, विश्वासपात्र कर्मचारी एन्थनी साहेब की कोठी का। और, उसकी कोठी में दस साल तक नौकरी करके घृणा पालता रहा, मैं।'

मैंने पनडब्बे से पान निकालकर खिलाया मिश्रजी को। घृणा से बार-बार सिकोड़ रहे थे मुँह। कस्तूरी-अम्बर-मिश्रित तम्बाकू खाकर सहज हुई मुद्रा ! उन्होंने शुरू किया–'हिन्दुस्तानी को, चाहे वह इस्टेट का मैनेजर हो अथवा चौकीदार, ये जानवर ही समझते हैं।···माली की जवान बेटियों को धमकी देते हुए बाथरूम से नंगा निकलकर डाँटना। नंगी देह को तौलिये से पोंछते हुए अपने हेड-ब्वॉय से बातें करना ! जानवर के सामने नंगा होने में क्या लाज ! एक दिन की बात··· !'

मैं अपने पति के पास लेटकर कहानी सुनने लगी··· एक दिन की बात !

'हेडब्वाय बैरागी छुट्टी लेकर घर गया था। एन्थनी साहब कटिहार गये थे। मैं अपने कमरे में बैठकर लिखा-पढ़ी कर रहा था। छोटे मुंशी की जगह पर था, मैं। दोपहर को मेम साहब ने मुझे बुलाया। गरमी से परेशान थी वह। व्याकुल

होकर बुलाया–यू मिस्सा ! कम इन।···कोठी के भीतरी हिस्से में जनाना बाग था। आम के एक नये पेड़ के नीचे बड़ा छाता धरती में गाड़कर बैठी थी मेम साहब। मैं गया तो कुछ काम की बातें पूछकर उसने मेरे हाथ में पंखा थमा दिया–धीरे-धीरे चलाओ ! ···मैं पंखा झलने लगा···।'

'हो-हो-हो-हो !' मै अपनी खिलखिलाहट को नहीं रोक पायी ! 'भगवान कहाँ हो ! ···पंखा झलने लगे आप ! हो-हो-हो !'

'हाँ, झलता रहा। मेम साहब गरमी से बेचैन होकर कैम्पचेयर में इधर से उधर टास्स करती तो और जोर से झलता। अचानक मेम साहब ने मेरे हाथ से पंखा छीन लिया। पंखे की डण्डी मेरी बाँह पर मारकर बोली–सैटान, सूअर, सूअर का बच्चा, जंगली सूअर।··· गुर्राती हुई चली गयी मेम साहब कोठी के अन्दर !'

'चः-चः।' मैं मिश्रजी की बाँहों पर हाथ फेरने लगी तो वह हँसे–'पगली !' मैंने पूछा–'क्यों मारा उसने !'

'और रात में जब साहब लौटा तो मेम ने सबसे पहले मेरी शिकायत की। वह गरमी से मरी जा रही थी, बेसुध थी। उसकी देह को आँख फाड़-फाड़कर देखा गया। आश्चर्य ! देखो भला ! साहब ने रात में ही मुझे बुलाया। दाँत कटकटाकर टूटा। क्यों डेक्का ? बोलो, क्यों डेक्का ? ···बोलो, फिर डेक्केगा ? साहब के मुँह पर जवाब हम कभी नहीं देते। कुछ जवाब देते ही वह पागल हो जाता। मुझे चुप देखकर उसका गुस्सा कम हुआ। बोला–पहला कसूर, माफ किया। कल सुबह मेम साहब के सामने दस बार कान पकड़कर··· उट्टेगा-बैट्टेगा। समजूटा ? ···मुझे जमींदार बनना था। मुझे जमींदारी खरीदनी थी अपने गाँव की। पण्डितों के टोल में पढ़ी हुई विद्या मैंने पिटारी में बन्द कर दी थी। क्योंकि, उससे एक बीघा जमीन भी नहीं खरीदी जा सकती थी। मेरे जिले में एक अपढ़ आदमी ने किसी साहब की कोठी में सिपाही की नौकरी करके जमींदारी खरीदी थी। इसलिए, कैथी अक्षर और कचहरी की विद्या-बुद्धि से मैं भी जमींदारी खरीदना चाहता था। ···मैंने स्वीकार कर लिया।'

'इज इट ? आँ ?'

हाँ, दूसरे दिन सुबह मेम साहब के प्राइवेट चेम्बर में हाथ जोड़कर जा खड़ा हुआ। मेम साहब की तनी हुई भौहें सीधी हुईं। इधर-उधर देखकर बोली धीरे से, मुस्कराकर–'तुम निगाह नीचा क्यों करता, फिर उस दिन का माफिक ? आँख क्यों नहीं देखने देता अपनी ? इधर देखो !'···

मिश्रजी ने मुस्कराकर अपनी आँखें बन्द कर लीं। मैं हँसी–'फिर तो कभी आपने निगाह नीची नहीं की ?'

'नहीं !' आँखें खोलकर बोले पतिदेव–'हाँ, मैंने कभी आँखें नहीं मूँदीं, मेरी निगाह कभी नहीं झुकी।···साहब का विश्वास मुझ पर बढ़ता ही गया। मेम साहब हर हफ्ते मुझे टिप देतीं। मेरी तरक्की हुई। मैं मीर-मुंशी बना दिया गया। छः महीने के जमा किये हुए टिप के रुपये से ही मैंने अपने गाँव में, बरदिया घाट के पास

दस बीघे जमीन की बन्दोबस्ती ली। आँखें खोलकर, देखता रहा, सीखता रहा। और, अन्त में एक दिन घृणा से मुझे आँखें मूँद लेनी पड़ीं… ।'

'बस, आज रहने दीजिए। ओ मेरे परमगुरु ! मैं अब कुछ नहीं सुनना चाहती।'

'और, अन्तिम घटना नहीं सुनोगी ?…वह दृश्य ! उस बार डानापोर कैण्ट से कोई फौजी मेहमान आये थे, साहेब के यहाँ छुट्टी मनाने के लिए। हेडब्वाय बैरागी ने साहब को बताया–दुराईदास गौना करके नयी बहू ले आया है। तुरत, सिपाहियों को हुक्म हुआ–सूर्जसिंग, बाकरमियाँ डोनो जायेगा। अब्बी ले जायेगा… ।'

'मेरे स्वामी ! मुझे माफ करो। मैं आज नहीं सुनूँगी।… आप थोड़ा 'कारन' और लेंगे ?'

वर्ष पूरने में एक महीना कम ! ग्यारह मास बीते।

मैं मिश्रजी से मैथिली में बात कर लेती हूँ। रानी-बहिना (परानपुर इस्टेट के पतनीदार की पत्नी) की कृपा से रामायण गाना सीख चुकी हूँ। रानी-बहिना की तरह गा नहीं सकती। किन्तु वह तो मेरी दीदी है न ! कहती है, तुम्हारे मुँह से रामायण-गान और भी मीठे लगते हैं।…मेरी अच्छी दीदी ! मैं जान गयी, मेरे पतिदेव की जिन्दगी की सारी सफलताओं के पीछे इसी महिमामयी नारी की साधना काम कर रही है। मधुर बैन, मोम का मन और दूध-जैसा निर्मल प्राण !

याद है… पहली बार परानपुर जा रही हूँ ! रानी-बहिना मुझे ले जाने के लिए आयी है, डोली में। गीतवास कोठी से परानपुर ड्योढ़ी, आठ मील उत्तर। कुपाड़ी गाँव के पास हमारी डोलियाँ रुकीं। रानी-बहिना ने अपनी डोली से निकलकर कहा–'उस पोखरे को देखती हो न ? उसका नाम है, इन्द्रानी पोखर ! गुनवन्ती ड्योढ़ी की विधवा रानी ने गाँववालों का जलकष्ट दूर करने के लिए खुदवाया था। किन्तु, पोखर-यज्ञ के दिन ही उसमें एक घोड़ा डूबकर मर गया। और, उसके बाद से उस पोखरे का पानी कभी किसी ने स्पर्श नहीं किया।'

परानपुर ड्योढ़ी के जनाने फाटक पर औरतों की एक बड़ी भीड़ पहले से ही तैयार थी।

[तीन पृष्ठ खो गये हैं !]

मेरा लॉली मेरे बिना एक क्षण नहीं रह सकता। मेरा जिद्दू-बद्दू लॉली। सभी हँसते–'देखो-देखो, कितना बेईमान है ! राह चलते समय इनको पुतली की गोद चाहिए और बैठेंगे मेम-माँ की गोद में !'… अहा-हा ! बेचारे के दाँत देर से आ रहे हैं। पेट खराब है। वैद्यजी ने हिंग्वाष्टक दिया है। और आठ-नौ महीने के लॉली-लला हिंग्वाष्टक की शीशी देखकर काँपने लगते हैं।… मेरी गोद में दवा के डर से ही बैठा रहता। इतनी तेज घ्राणशक्ति। रानी-बहिना रोज रसोईघर में अपने हाथ से मेरे लिए तरह-तरह के मैथिल व्यंजन बनाती।…उस दिन मुझे भी हिंग्वाष्टक की जरूरत हुई। अबेर में, सोते से उठा मेरा लॉली–'मम्म, मम्म !' मैंने पुतली से कहा–'जल्दी ले आ पुतली।'

मैं बाहर बरामदे में बैठी थी। हुलसता हुआ आकर गोद में बैठा–'आय, मम्म-मम्म !' बैठ तो गया, पर थोड़ी देर के बाद उसने ओठ बिदकाये। मेरे मुँह की ओर देखा, उसने। अचानक, न जाने क्या हुआ···भरी हुई झारी की तरह लुढ़क पड़ा, गोद से नीचे। पुतली की गोद में भी रोता रहा। मैं जब-जब हाथ बढ़ाती, डरकर मुँह छिपा लेता पुतली के कन्धे पर। रानी-बहिना आयी। उनकी गोद में भी रोता रहा। मैंने फिर हाथ बढ़ाया तो मुँह छिपाने लगा। किसी के समझ में नहीं आती, क्या बात है ! रानी-बहिना ने समझा और हँसकर बोली–'तुमने आज हिंग्वाष्टक लिया है न ! जब तक मुँह में गन्ध रहेगी, गोदी में नहीं जायेगा।' ओ माँ ! छुट्टू पण्डित इतना चालाक है ?

रानी-बहिना के शब्दकोश में जितने बेढब नाम थे, सब मेरे लॉली के लिए व्यवहार करती।···लड़के को भोंडे नाम से पुकारने पर लड़का जीता है। कहते हैं, पण्डित लोग इस बात पर विश्वास करते हैं। मैं नहीं मानती। मेरा लॉली भी नहीं मानेगा। पण्डित लोग पंक्ति से छाँट दें। मेरा लॉली छुट्टू पण्डित होकर रहेगा। यह लॉली है, जीत है, जिद्दू है, बद्दू है ! परानपुर से गीतावास कोठी लौट रही थी जिस दिन···

रानी-बहिना की सखी-सहेलियों के समदाउन गीत शुरू करने के पहले से ही मैं रो रही थी। मेरे जिद्दू की रुलाई, हवेली की दीवारों को चीरकर मेरे कानों के पास मड़राती। मैं बोली–'वह रोकर जान दे देगा। एक बार ले आ पुतली। मैं फिर समझाकर देखूँ।'···हुलसता आया और डोली में बैठ गया। अब ?···लॉली ! लिटल-लिटल लोटस–डार्लिंग ! जिद्दू-बद्दू, तू चुप रहेगा। ले, अब रानी-मैया की गोदी में जा। मैं फिर आऊँगी, जरूर !' जिद्दू ने मेरे मुँह की ओर देखा और धीरे-से रानी-बहिना की गोद में चला गया।

'लॉली, मम्मी आयेगा ?'

'आय-आय !'

हाथ हिला-हिलाकर कहता है–'आय-आय !' दो नन्हे-नन्हे हाथ, हिलते हुए ! छोटी-छोटी उँगलियाँ !

फागुन का मधु चैत की गरमी में और भी गाढ़ा हो गया।

चैत की एक अनमनी उदास सन्ध्या को मैं अपने सदाबहार की प्रतीक्षा कर रही थी। मेरा सदाबहार कभी झूठा वादा नहीं करता।

ठीक सूरज डूबने के पहले आकर मुझे अपनी चरणधूलि दी। किन्तु, मुझे लगा–सदाबहार जरा मुरझाकर लौटा है।··· लॉली के बारे में बार-बार पूछती हूँ। कहते हैं–'ठीक है, सब !'

रात में फिर स्वीकारोक्ति के मूड में आ गये।–'मैं नहीं सुनना चाहती वैसी कहानियाँ। मुझे डर लगता है।'

'डरने से काम नहीं चलेगा, गीता ! तुमको सुनना चाहिए।···दस्तावेज जाल

करनेवालों को प्राणदण्ड तक की सजा होती है। मेरे दस्तावेजों को कई नीलहों ने कई बार जाली दस्तावेज कहकर चैलेंज किया। बादशाही जमाने के दानपत्र, ताम्रपत्र, सभी जाली हैं, उन्होंने कहा। कह देने से ही तो नहीं होता है ! पचहत्तर नम्बर तौजी को लेकर मिर्जापुर कोठी के डिगबी साहब से झगड़ा था। साढ़े पाँच सौ एकड़ जमीन ! एक ही चकबन्दी ! उस एक चक जमीन में धान और पाट की ऐसी खेती लगती है कि फसल देखकर आदमी पुत्रशोक भूल जाये। उमड़ते-घुमड़ते बादलों की तरह मेघलाल पाट के घोर लाल पौधे।···डिगबी साहब दानपत्र देखकर पागल हो गया। मेरा दानपत्र मेरे पितामह के समय का था। गुनवन्ती ड्योढ़ी की रानी इन्द्रानी का दानपत्र ! रानी ने अपने पति के श्राद्ध में पण्डितों को दान में जमीन भी दी थी। बाद में, दूसरे जमींदार ने फुसला-धमकाकर मेरे पितामह से जमीन ले ली। साहब के वकील ने हाकिम से कहा--हुजूर ! रानी इन्द्रानी के बारे में मशहूर है कि उसने पण्डितों को डेढ़-डेढ़ एकड़ जमीन दी थी··· ।

'मेरे वकील ने सबूत में दूसरे ब्राह्मणों के दानपत्र पेश करने की अरजी दी। हाँसामारी के चनकू पण्डित का दानपत्र मँगवाया गया। भरी कचहरी में डिगबी साहब के हाथ में दोनों दानपत्र दिये गये–कौन जाली है और कौन असल ?···पागल हो गया डिगबी–नो, नो, नो, नो, फोर्ज्ड ! फोर्ज्ड ! इतनी जमीन और इसका लगान सिर्फ तीन रुपये ? नो, नो ! ··· लगान भी नहीं, दस्तावेज में लिखा है–स्वस्ति के रूप में प्रतिवर्ष मात्र तीन कम्पनी !···

'लॉ-जनरल खोलकर पेश करते हुए मेरे वकील ने दिखलाया--रानी इन्द्रानी के दानपत्रों के बारे में इसमें एक न्यायाधीश ने स्वीकार किया है : रानी इन्द्रानी के दानपत्र अथवा अन्य दस्तावेजों का जाल पकड़ना आसान है। उसका जाली होना असम्भव नहीं। रानी के जीवित दीवान के कथनानुसार रानी इन्द्रानी की करधनी में लटकनेवाली सोने की दो सौ छोटी-छोटी मछलियों में से एक मछली से सील-मुहर का काम लिया जाता था जिसको रानी के सिवा और कोई नहीं पहचान सकता था। इतनी बारीक रेखाओं की कारीगरी का जाल करना कठिन काम है।···

'डिगबी ने उस दानपत्र को सरकारी एक्सपर्ट के पास भेजने की अरजी दी, डबल फीस के साथ।··· तुम जम्हाई लेती हो गीता ? नींद आ रही है ?'

मिश्रजी की उँगलियाँ मेरे बालों के गुच्छे से खेलने लगीं। हठात्, उँगली रुक गयी। मैंने कहा–'नहीं देवता ! मैं सुन रही हूँ।'

मन्द-मन्द मुस्कराकर बोले–'और कलकत्ते के सरकारी एक्सपर्ट ने कहा, दानपत्र असली है !'

मिश्रजी ने मुझे बाहों में जकड़कर कहा–"माफ करो गीत, जब कहने ही बैठा हूँ तो सच कहूँ। असल में वह दानपत्र जाली था।'

'जाली ? फोर्ज्ड ? ··· किसने किया था ?' मैं अचरज से चीख पड़ी।

'यदि कहूँ, मैंने, तो ?···कहो, ऐसी जमीन को खोकर आदमी पागल नहीं होगा ? जमींदारी बेचकर कलकत्ता भाग गया। किसी और ने नहीं, डिगबी को उसके देशभाई

ने ही धोखा दिया था। उसको बतलाया गया था कि जमीन कोठी के कब्जे में है। डिगबी से पहले मैकफरसन की जमींदारी थी। उसने धमकी दी थी–गोली से भून देंगे !···एक-एक कर तीनों हँसेरी[1] में मैंने उसको छट्ठी का दूध याद कराया। हाईकोर्ट ने मुझे ही डिक्री दी।'

···मैंने बिन-माँगे ही पात्र में 'कारन' ढालकर दिया।

कुछ क्षण इष्ट-नाम-जाप करने के बाद बोले–'जीवन में सबसे बड़ी ग्लानि मुझे, एक··· एक स्त्री-हत्या जिस दिन हो गयी। मेरे हाथ से नहीं, मेरे सिपाही के हाथ से !'···

मैंने अपने पति की छाती के अन्दर, कलेजे की अस्वाभाविक धड़कन, छन्द-पतन का अनुभव किया। मैं उनकी छाती में मुँह छिपाकर बोली–'नहीं-नहीं ! तुम क्यों करोगे किसी का खून ?'

हवेली परगना के इतिहास में पाँच-सात इस्टेट की विधवा हिन्दू रानियों के राजकाज की बातें मिलती हैं। इनमें रानी इन्द्रानी और रानी चम्पावती के सुनाम के चिह्न आज भी पाये जाते हैं। बाकी रानियों के कुनाम की कहानियाँ भी घर-घर में होती हैं।··· उनमें से एक ने पति के मरने के बाद अपने एकमात्र तीन मास के पुत्र की हत्या कर दी थी। मेरे पति ने उस पतिता को मारने का बीड़ा उठाया था। सिपाहियों ने उनका काम पूरा कर दिया। मेरे पति ने हत्या नहीं की, नहीं की ! वह स्त्री-हत्या नहीं कर सकता कभी !···

मेरे देवता ने मुझे सँभालते हुए कहा–'गीत ! अब 'कारन' नहीं मधु··· !'

सुबह को, सूरज उगने से पहले ही मिश्रजी अपने 'मूँगा' पर सवार हुए। मिश्रजी के चतुर और प्यारे घोड़े का नाम है मूँगा। 'मोती' हाथी का नाम है। मूँगा मेरी प्रतीक्षा में खड़ा देखता रहा। कानों को जरा हिला-डुलाकर हिनहिनाया–ई-हीं-ही-ही ! मैं जब तक उसे प्यार कर, उसकी गर्दन पर उँगली से काली नाम न लिख दूँ, वह कभी कदम आगे नहीं बढ़ा सकता। रानी-बहिना भी ऐसा ही करती है। मूँगा ! डियर ! ··· खड़प-खड़प, खड़प-खड़प-खड़-पड़, खड़-पड़ !

खड़ाप-खड़ाप-खड़ाप-खड़ाप··· !

चार दिन बाद ! मिश्रजी की चादर के एक किनारे पर ऊँ काढ़ रही थी कि पुल पर घोड़ों के टापों की आवाज सुनायी पड़ी। उत्तरा से झाँककर पुतली बोली–'हाँ ! मैनेजर साहब !'

मेरे स्वामी आ रहे हैं !

फाटक पर घोड़े से उतरकर, दौड़ते हुए आये मिश्रजी। मैंने चरणधूलि ली। मेरा प्राप्य मुझे देकर बोले–'व्हेयरि'ज मम्मी ?'

'मम्मी पास के गाँव में गयी है। स्कूल खोल रही है न ? क्यों, मेरा लॉली कैसा है ? कुशल तो है न ?'

---

1. बलवा।

'जय माँ !··· सब ठीक है। एक काम कर सकोगी ? तुमको याद है, पिछले महीने एन्थनी साहब ने मम्मी को एक पत्र भेजा था। एन्थनी के हाथ की लिखी हुई चिट्ठी ? किसी जमीन के बारे में लिखा था उसने !··· है ? दोगी खोजकर ?'

'क्या होगा उसका ? आज सुबह को बास्केट से निकालकर ले तो नहीं गयी पुतली ?'

'ऐंय ?' मिश्रजी ने अपना सिर थाम लिया।

मुझे याद आयी। पत्र सुरक्षित है। बोली–'है ! क्यों, क्या बात है ?'

पत्र पाते ही मिश्रजी सदाबहार हो गये, फिर–'मम्मी से कहना मत ! यह खत मैं ले जाता हूँ।' मिश्रजी की देह से मूँगा के पसीने की गन्ध आ रही थी।

'मुझे अभी जाना है। तुरत !··· तरह-तरह की बातें सुनोगी। घबराना नहीं। मुझे खोजने के लिए पुलिसवाले आर्मूड-फोर्स लेकर आ सकते हैं। मैंने सारी व्यवस्था कर दी है। तुम तिल-भर भी विचलित मत होना। लॉली को लेकर उसकी माँ आवेगी।'

मैंने कोई प्रश्न नहीं किया। देर करना अनुचित लगा। फाटक तक मैं साथ गयी। मैं मिश्रजी के प्रत्येक पदचाप पर इष्ट-नाम जाप करती जा रही थी।

उस दिन मूँगा मेरी थपकियों के लिए रुका नहीं। मिश्रजी सवार हुए और वह भागा–खड़ाप, खड़ाप ! मेरे मूँगा ने मान किया है, रूठ गया है। आते ही प्यार नहीं मिला, इसीलिए इतना गुस्सा ! भगवान जाने कब का भूखा-प्यासा था ! उसके मुँह से गिरे हुए सफेद झाग धरती पर चमक रहे हैं।···ओ रे मेरे मानी, अभिमानी !

कॉलेजों में पढ़नेवाले लड़के गाँव लौटे हैं।

जिला के कॉलेजों में पढ़नेवाले लड़के पहले ही आ गये हैं। जिले के बाहर पढ़नेवाले लड़कों का दल आज ही आया है। पटनियाँ और भगलपुरिया बैच !

जाड़े की छुट्टियों में घर आये हुए लड़के आसानी से पहचाने जाते हैं। कोट-पैण्ट की काट और बालों की छाँट ही बता देती है कि किस कॉलेज में पढ़ता है लड़का। किस शहर के किस सैलून का नाई कैसा बाल बनाता है, यह गाँववाले नहीं जानते। लेकिन गाँव में यह बात मशहूर हो गयी है–पटना के जिस नाई से जित्तन बाबू बाल कटवाते थे, शैलेन्दर भी उसी से पट्टा छँटवाता है। और, वह नाई लाट साहेब के अमला-फैदा का केश काटता था सुराज होने के पहले।

शैलेन्दर तीन साल के बाद आया है, गाँव !··· पढ़ते-पढ़ते यह भी बनरा न जाये कहीं ! गाँव के लोगों को डर है।

आजकल, पुस्तकालय का वाचनालय आठ-नौ बजे रात तक खुला रहता है। रह-रहकर हँसी का एक रोर उठता है। बीच-बीच में फिल्मी गीतों की धुनें सुनायी पड़ती हैं। ब्याह-गौना किये हुए लड़के जब चौकड़ी छोड़कर जाने लगते हैं, उन पर एक फुलझड़ी फेंकता है परमा, बारी-बारी से–'नाइट-कॉलेज का समय हो रहा है, जाने दो !'

इस बार पटना में पढ़नेवाले विद्यार्थियों का दल सुवंशलाल से मिल आया है।

आज की बैठकी में पटना के लड़कों के मुँह की ओर ही सबकी नजर है। आज चौकड़ी जमेगी। प्रयागचन्द का मँझला भाई त्रिवेणी गप का एकाध टुकड़ा पहले ही सुना चुका है। बजरंगराय आ जाये तो बात जमे !

बजरंग आया और एक ही साथ कई नौजवानों ने उसका स्वागत किया–"आओ, आओ ! कब से तुम्हारी प्रतीक्षा हो रही है।"···त्रिवेणी ने इसी साल पटना में नाम लिखाया है। बजरंग चार साल से पटना में पढ़ रहा है। त्रिवेणी का मुँह छोटा हो गया।

भागलपुर कॉलेज में पढ़ता है शोभा, लेकिन मुँहचोर है। नहीं तो उसके पेट में एक ऐसी बात चुलबुला रही है कि सुनते ही सारी चौकड़ी ठठाकर हँस पड़ेगी। उसने परमानन्द के कान में डाल दी बात।

परमा को सभी बोतू कहते हैं। वह अपने से पाँच साल सीनियर लड़कों को भी मुँह के जोर से हरा देता है। जब कभी गाँव आता है, बड़े-बूढ़ों से हमेशा उलझता रहता है। कहाँ पढ़ता है और किस कॉलेज में पढ़ता है, यह उसके सिवा और कोई नहीं जानता। वह कभी इलाहाबाद, कभी बनारस और कभी लखनऊ के कॉलेजों के किस्से सुनाता है। गैर-पटनिया दल के विद्यार्थियों का स्वयंनिर्वाचित सरदार है, वह ! शोभा की बात सुनकर उससे रहा नहीं गया। बोला–"तिरबेनियाँ क्या पढ़ता है पटना में ? बाइलौजिक ? इसीलिए उसकी बाई तेज हो गयी है।···हाँ, हँसने की बात नहीं। आज ही पटना से आया और अपनी भाभी को चौंधिया दिया। अपनी भाभी से कह रहा था कि दही तो कीड़ों का समूह है···!"

"ऐं-य-य ? क्या कहा ?···हा-हा-हा ! दही-ई-ई ? कीड़ों का समूह ? हा-हा-हा !" हँसी के रोर में ही त्रिवेणी की पतली आवाज सुनायी पड़ी–"वाह रे लण्ठ-लर्नेड। इसमें हँसने की क्या बात है ?"

परमा आजकल झगड़ने के पहले जनमत अपने पक्ष में कर लेता है–"हाँ, हम लोग देहाती हैं, लण्ठ हैं। सिर्फ पटना में पढ़नेवाला लड़का पिएचडी होता है। दही को कीड़ों का समूह कहनेवाला। पटना में पढ़ने क्या गया, न्यूटन का अवतार हो गया !"

बजरंग कई कारणों से चिढ़ा हुआ है, त्रिवेणी से। श्रीकान्त ने बजाप्ता बायकाट कर लिया है, त्रिवेणी से। बोलचाल भी बन्द है। बजरंग ने त्रिवेणी को घुड़की दी–"तुम भी खूब हो तिरबेनियाँ ! तुमने बायलौजिक लेकर कमाल किया है। ऐसी भी बात करता है कोई ?"

त्रिवेणी तमतमाकर बोला–"बायलौजिक नहीं, बायोलॉजी !"

मधुसूदन अब तक चुप था। आजिज आकर बोला–"खूब खटखटिया हो तुम लोग। आते ही खटखट शुरू कर दिया न !"

"हाँ-हाँ। ठीक कहता है। इतने दिनों के बाद एकजुट हुए हो। पहले किस्सा-कहानी सुन लो !" बजरंग छोटी-सी बात को भी रसाकर सुनाता है। रसदार

गप के लोभ में परमा ने बात मान ली। लेकिन, उसने चुनौती दे दी–"कल साबित करना होगा। दिखावे तिरबेनियाँ कीड़ों का समूह।" बजरंग ने गप की पहली चुटकी निकाली–"मैं तो देखकर दंग रह गया। दुनिया भी क्या है! आदमी तुरत क्या-से-क्या हो जाता है! सुवंश तो खैर···लेकिन मलारी ?" बात खुल ही रही थी कि शैलेन्दर आ गया। नगेन्दर ने धीरे से सिगरेट दे दिया दानी के हाथ में–"भैया आ रहे हैं।" शैलेन्दर को देखते ही सारी चौकड़ी अप्रतिभ हो गयी, जरा। शैलेन्द्र तीन साल से बैठा हुआ है पटना में, एम. ए. पास करने के बाद से ही। तीन साल के बाद गाँव लौटा है। बजरंग ने रंग-भंग नहीं होने दिया। बोला–"कहाँ, लाइब्रेरियन! देखो, कितनी किताबें ले आये हैं शैलेन्दर बाबू!"

प्रयागचन्द कहीं मेहमानी गया है। उसके बदले में ललितलाल है। किताबों की बँधी-बँधायी गठरी उठाकर दूसरे कमरे में चला गया वह! शैलेन्दर ने हँसकर कहा–"सुवंश-कथा हो रही है ?"

"हाँ! आइए, आप भी सुनाइए कुछ!"

"बस, हमको एक ही बात जाननी है।" परमा ने कहा–"व्हेदर इट इज ए फैक्ट या पटनिया फफटबाजी ? अभी तिरबेनियाँ कह रहा था कि मलारी हो गयी है, क्या नाम भला, डांसिंग-गर्ल ? क्या यह सच है शैलेन्दर बाबू ?"

"डांसिंग-गर्ल ?··· हाँ, वह डांस स्कूल में भरतनाट्यम् सीख रही है।"

"मैंने झूठी बात की है ?" त्रिवेणी ने पूछा।

"ठहरो, तिरबेनियाँ!" परमा ने कहा–"डांसिंग-गर्ल का मतलब भी कीड़ों का समूह है, जानते हो ? चैम्बर्स-ऑक्सफोर्ड उलटो जाकर!"

शैलेन्दर ने उठते हुए कहा–"सुवंश और मलारी की तरह कितने लोग हो सकते हैं ? उन लोगों ने ऐतिहासिक काम किया है।"

परमा ने कहा–"वाजिब बात! ऐतिहासिक ही नहीं, क्रान्तिकारी कदम! हम लोगों ने लिखा है उसको–ब्रेवो! वेल डन!"

"पूछो बजरंग से।" शैलेन्दर ने मुसकराकर कहा–"बजरंग और त्रिवेणी वगैरह सुवंश से मिलने गये थे, मुजफ्फरपुर। पूछो, इन लोगों ने सुवंश के हाथ का पान तक नहीं लिया।"

परमा जोश में आकर खड़ा हो गया–"शेम-शेम!"

"काबुल में भी गदहे होते हैं!"

"गाँव से हम लोगों ने प्रस्ताव पास करके भेज दिया है, पहले ही। बधाई है, बधाई है! और, पटना में पढ़नेवाले ऐसे मूर्ख ?"

मधुसूदन ने कहा–"इसमें विद्वान्-मूर्ख की क्या बात! अपनी-अपनी श्रद्धा की बात है। बजरंग और तिरबेनियाँ का क्या कसूर ? खुद, सुवंश की भाभी कह रही थी, उसका भाई कह रहा है, घर में पैर नहीं रखने देंगे।"

शैलेन्दर ने कहा–"सुवंश उस घर में पैर भी नहीं देने जायेगा, शायद।"

शैलेन्दर के जाने के बाद लोगों ने मँगनीसिंह दीवाना की चर्चा शुरू की। परमा

ने इधर-उधर देखकर कहा—"कहीं पीछे में कोई बैकवर्ड-शिड्यूल कास्ट तो कान लगाकर नहीं सुन रहा ?··· प्यारे भाइयो ! आप लोग गम्भीरता से मँगनीसिंह दीवाना के चाल-चलन पर विचार करें। आजकल वह बमका है। उससे पूछना होगा, व्हाट ही वाण्ट्स ?"

"सचमुच ! दीवाना के चलते नन-बैकवर्ड··· ।"

परमा ने बोलनेवाले को धमकी दी—"नन-बैकवर्ड क्या ! फॉरवर्ड बोलो। अग्रगामी जाति !"

"दीवाना भी पटना गया है।"

"वापस आने दो। प्रेमपहाड़ा पढ़ा देंगे।···प्यार का बाजार लगाता फिरता है। अग्रगामी जाति को कलंकित करता है। दीवाना की दीवानगी निकालता हूँ !"

"बात तय रही न ?"

"हाँ, तय ही समझिए !"

लुत्तो को गरुड़धुज झा ने कानूनी दाँव-पेंच के उदाहरण देकर समझा दिया—ग्राम-पंचायत के लिए कांग्रेस की ओर से रोशन बिस्वाँ को खड़ा किया जाये। नाम रहेगा रोशन बिस्वाँ का, काम तो सभी लुत्तो के मन से होंगे। ग्राम-पंचायत के मार्फत गाँव में पूरी तरह जड़ जमाकर, लुत्तो विधानसभा के लिए नाम पेश करेगा। रोशन बिस्वाँ तन-मन-धन से मदद करेगा। कैसे नहीं चुनेंगे कांग्रेसवाले ? रुपया की क्या कमी होगी ? एक ही साल में तीन-तीन चुनाव लड़ने का पैसा, ग्राम-पंचायत के मार्फत, यदि गरुड़धुज झा जमा नहीं कर दे तो वह ब्राह्मण नहीं—चमार !

लुत्तो के दिमाग पर बीरभद्दर बाबू सवार हैं।···बीरभद्दर ने धोखा दिया। गाछ पर चढ़ाकर नीचे कुल्हाड़ी से काटनेवाला आदमी !

रोशन बिस्वाँ ने जीभ से ओठ चाटकर कुछ कहना चाहा। गरुड़ झा ने टोक दिया—"फिर वही आदत !"

रोशन बिस्वाँ लजा गया। उसकी जीभ मुँह में बन्द लकपकाकर रह गयी। गरुड़धुज झा ने बिस्वाँ की इस आदत को छुड़ाने का जिम्मा लिया है। उस दिन फारबिसगंज के सब-रजिस्ट्रार साहब ने चिढ़कर कहा था—"आप बार-बार साँप की तरह जीभ क्यों निकालते हैं ?"

हाकिम ने सोचा, शायद—जीभ दिखाकर मुँह चिढ़ाता है ! कचहरी से निकलते ही रोशन बिस्वाँ को कसम दिलायी थी गरुड़ झा ने—"इस प्रैक्टिस को छुड़ाइए किसी तरह ! दाँत से जीभ को कुचल दीजिए एक-दो बार। खुद ठीक हो जायेगी।"··· बिस्वाँ की जीभ की नोक पर घाव हो गया है। वह कहना चाहता था, जित्तन की बात। आज उसने सुना है, जित्तन मुखियागिरी के लिए नहीं उठेगा।

लुत्तो ने कहा—"मालूम है, मालूम है। वह यदि उठता तो आपको मैं अपनी जगह इस तरह दान नहीं करता। और, आप उसका मुकाबला कर भी नहीं सकते थे !"

गरुड़धुज ने कहा–"खुद नहीं खड़ा होगा जित्तन, बीरभद्दर को खड़ा करेगा।"

"तो मैं भी रोशन बिस्वाँ को मुखिया बनाकर दिखा दूँगा।"

पत्थर का दाँत चमका गरुड़ झा का। रोशन बिस्वाँ गद्‌गद हुआ।

पनघट पर आजकल लड़ाई-झगड़े नहीं होते।

हर पनभरनी अपने साथ कोई-न-कोई नयी बात ले आती है, चुपचाप। बात की क्या कमी है ! एक बात हो तो झगड़ा किया जाये जमकर !

"मलारी ने अपनी माँ के लिए तीन जोड़ी साड़ी भेजी है। रमदेवा का कुर्ता-पैजामा आकर देखे कोई ! दैया-री-दैया, बाघ-छाप कपड़ा कभी नहीं देखा था।"

"और, सुवंश ने अपनी माँ को कुछ नहीं भेजा है ?"

"मलरिया मोजरा का नाच नाचती है। सचमुच, नट्टिन हो गयी !"

"सरकारी नट्टिन ! ··· चुप !"

"अब यह परानपुर नहीं, नट्टिनपुर हो गया। किसको क्या कहा जाये ! जयवन्ती अपने दुलहा को पीटकर भाग आयी है, ससुराल से ! रातों-रात !"

"सेमियाँ कहती थी, ठीक किया है।"

"देखना है सेमियाँ को !"

"करिया बिलार और लमगोड़ा नकलोल की बात मालूम है ?"

"तजमनियाँ को भी अब आसमान सूझने लगा है। बड़ी हवेली की पटरानी बनने आयी थी ! अब आ गयी है, शहरवाली। देखती नहीं, रोज आती है कम्फूवाली बीबी ?"

"सिर्फ आती है ? तब तुम क्या जानती हो ! आती है, खाती है, पीती है। हँसती-बोलती है। क्या नहीं करती है ? शहर की पाठी है। तजमनियाँ मखाने के पत्ते से मुँह पोंछे अब अपना !"

"अरे हाँ, कल नूनू के बाप ने देखा, घड़ी पहर रात को बरदिया घाट पर दोनों गुदुर-गुदुर, फुसुर-फुसुर बतिया रहे थे। कम्फू की बीबी और जित्तन बाबू ! नूनू के बाप को डर हो गया।"

"तजमनियाँ का भाग ही खराब है। इधर से भी गयी और उधर से भी !"

सामबत्ती पीसी पनघट के बगल से गुजरी–"तजमनियाँ का भाग खराब नहीं। कम्फू की बीबी भी उसे दीदी कहती है। गोबिन्दो कहता था, ताजनदी के माथा की बराबरी नहीं कर सकती !"

"शहर की खेलाड़ लड़की है, फिर भी ?"

इरावती हैरान है ! क्या हो गया है जितेन्द्र को ?

इरावती ने लक्ष्य किया है, बातें करते समय जितेन्द्र की आँखों में नींद घुमड़ने लगती है; रह-रहकर वह जम्हाई लेता है। इतना आत्मकेन्द्रित तो नहीं था जीत !

इरावती ने लोकमंच की विस्तृत परिकल्पना का फाइल समेटते हुए कहा—"लगता था, जीवन में कभी कुछ सुव्यस्थित ढंग से सोच नहीं पाऊँगी। तुम्हारी बतायी हुई राह पर चलती गयी। वर्षों जंगल-पहाड़ और पठारों में भटकने के बाद प्रीत की रीत जान पायी। किन्तु, जिससे प्रीत करना चाहती हूँ, उससे परिचय नहीं। इसलिए तुमसे प्रार्थना है···!"

"लोकचित्त और लोकचेतना का ज्ञान मुझे भी नहीं, इरा ! मैं क्या सहायता कर सकता हूँ, तुम्हारी ?"

"कैसी बात करते हो, जीत ?"

"हतबुद्धि का विलाप-प्रलाप कहो।"

"हतबुद्धि ! ···भैरवीचक्र की भाषा रखो अपनी !"

"लोकभाषा में ही कहता हूँ, अपनी व्यर्थता पर मुझे दुख है।"

"तुमसे सहायता की उम्मीद नहीं करूँ, कोई ?"

जितेन्द्र चुपचाप देखता रहा, बाहर की ओर। इरावती उठी, लम्बी साँस छोड़कर—"अब मैं अपने जमे हुए विश्वास को क्या करूँ ?"

जितेन्द्र हँसा—"अतिरिक्त संचय के बाद दान ही एकमात्र मार्ग है कल्याण का ! ··· विश्वासदान आन्दोलन !"

इरावती तिलमिलायी।···वह क्या सुन रही है जितेन्द्र के मुँह से ? यह जितेन्द्र है ? छोटानागपुर की पहाड़ियों में भटकनेवाला भावप्रवण प्राणी। बात-बात में जिसका आत्मविश्वास पहाड़ी झरने की तरह कलकल कर उठता था। शक्ति की सुन्दरता से आलोकित मुखमण्डल, मानव-प्रीति से भरपूर स्वस्थ आत्मा ! समाजमुखी, उदार मन ! परानपुर हवेली की तंग कोठरी में कैद करके अपने को किस अपराध का दण्ड दे रहा है, यह ? ··· सिर्फ, मुस्कराहट रह गयी है जितेन्द्र के ओठों पर जो निराश नहीं होने देती।

उसने अपने को संयत किया। बोली—"हाँ ! मुझे दान में ही प्राप्त हुआ था यह विश्वास, एक दिन।"

इरावती अन्दर हवेली की ओर जा रही थी। ताजमनी हाथ में एक कार्ड-बोर्ड का बक्स लेकर मुस्कराती हुई आयी—"बच्चों का खेल !"

"यह क्या है ?"

"आपके परतीपुत्तर ने बनाया है। देखिए न, क्या है !" ताजमनी हँसी—"कमरे में बन्द होकर इसी खेल में बझे रहते हैं।"

इरावती ने जितेन्द्र की ओर प्रशंसा-भरी नजरों से देखा, ओपन-एयर-स्टेज का मॉडेल !···अजाने ही उसने मेरी सहायता कर दी है ? ताजमनी को धन्यवाद दिया इरावती ने, "बहुत-बहुत धन्यवाद ! परतीपुत्तर ! तुम्हें भी ? ···इसे मैं ले जाती हूँ। डायग्राम··· !"

जितेन्द्र ने कहा—"लेकिन, स्टेज पर इन्द्रधनुषी रेशमी पर्दा और फूलदार झालर किसने लगा दी है ?"

ताजमनी मुस्कराकर चिक के उस पार चली गयी।

खुले स्टेज पर, महीन तार में चार-पाँच रंग के साटिन कपड़े के छोटे-छोटे टुकड़ों को सजाकर बाँध दिया गया है। विशाल स्टेज की पृष्ठभूमि में रंग की धाराएँ आकाश से उतर रही हैं।···चारों ओर हजारों लोगों की झलक ! कलरव !···तालियों की गड़गड़ाहट ! जितेन्द्र और इरावती ने एक साथ पुकारा–"ताजमनी··· दी !"

"यह बात नहीं कि पहले कभी कोई परिवर्तन नहीं हुआ समाज में। परिवर्तन होते रहे हैं।··· बात है, परिवर्तन की गति की !"

शैलेन्दर की बात को ध्यानपूर्वक सुन रहा है जितेन्द्रनाथ। भिम्मल मामा अपनी मोटी डायरी में उसकी बातों को नोट कर रहे हैं। जितेन्द्र ने पूछा–"क्या, इसके पहले भी, किसी काल या युग में, आज की तरह अभाव-अभियोग और व्यर्थता के विलाप से सामाजिक वायुमण्डल परिव्याप्त हुआ था ?"

"नहीं, ऐसा नहीं हुआ कभी, मैं मानता हूँ। इसका कारण है, परिवर्तन की गति में भी परिवर्तन हुआ है। ऐसी तीव्र गति कभी नहीं रही। इसकी तेज चाल के साथ तालमेल रखकर चलना आदमी के लिए असम्भव हो रहा है। इसीलिए, यह टूटन··· ।" भिम्मल मामा ने पेंसिल रोककर कहा–"बन्दा बैलगाड़ी पर, जमाना ज्येष्ठ जहाज में ?"

शैलेन्दर श्रद्धा-भरी हँसी हँसकर बोला–"आप ठीक कहते हैं मामा ! बैलगाड़ी और जेट प्लेन की गति··· !"

जितेन्द्र ने शैलेन्दर को प्यार से चाय की प्याली दी–"चीन देखकर लौटे हुए मित्र की भेजी हुई चाय है।"

भिम्मल मामा ने कहा–"गोरी-चमेली चाय ? ···देख लो, गोरी-चमेली के प्रेमीगण गन्ध से अन्ध होकर आ रहे हैं, मेरी काष्ठपादुका की खूँटी को तोड़ेंगे।" सुरपति और भवेश ने क्षमा माँगी।··· खटटम् !

"व्हाइट जैसमिन ?"

"सुरपति बाबू ! पहली प्याली शैलेन्द्र के हाथ में है।"

जितेन्द्र के साथ सुरपति और भवेश भी हँसे–"हाँ, शैलेन्दर बाबू ! त-त-तैयार रहिए !" जितेन्द्र ने कहा–"बात तय हुई थी कि पहली प्याली पानेवाला एक चीनी गीत सुनायेगा।"

"चीनी गीत ?"

"हा-हा-हा-हा !"

"लीजिए मामा ! मैं दूसरी प्याली लूँगा।" शैलेन्दर ने हँसकर कहा। गोबिन्दो ट्रे लेकर खड़ा था। बोला–"नेंहि, नेंहि। पँहिला कॉप माँ श्येंमा को निवेदॅन कॅरा है।"

"तब, माँ श्यामा ही सुनायेगी एक चीनी गीत !"

चिक की आड़ में मीत की छाया डोली। जितेन्द्रनाथ सतर्क हो गया, निश्चय

ही ताजमनी अप्रसन्न हुई होगी।

सभी ने चाय की प्याली में पहली चुस्की लेने के बाद एक-दूसरे की ओर देखा। भवेश की दृष्टि एक चाइनीज पेंटिंग पर अटकी। "...नयी तस्वीर कब आयी है ?"

भिम्मल मामा ने कहा–"माँ श्यामा की कृपा से मैं चीनी भाषा के दो-तीन शब्द जानता हूँ। गोरी-चमेली की पहली चुस्की लेने के बाद मन बेईमानी नहीं करना चाहता। उन शब्दों को जोड़कर यदि पूर्वी धुन में गुनगुना दूँ तो माँ सरस्वती नाराज तो नहीं होंगी ?"

भिम्मल मामा ने सुरीले सुर में गाया–नि-हाउ-पू-हाउ–शेई शेई।

भिम्मल मामा के गुन-दोष को जानते हैं, सभी। इसलिए, सभी ने अपने पेट में कुलबुलाती हुई हँसी को रोक रखा। सुरपति की हँसी जरा फसककर निकलना चाहती थी। किन्तु, उसने रोक लिया। भिम्मल मामा बोले–"आप सशंक हैं कथाकलक्टर साहब ? ...अर्थ-हीन शब्द नहीं हैं। एक बन्धु दूसरे से पूछता है, कहो क्या हाल है ? जवाब मिला–धन्यवाद ! कोई किसी का हाल न पूछे, ऐसे जमाने में, कहो बन्धु, क्या समाचार है, कौन पूछता है ? इसलिए, बन्धुहीन व्यक्ति प्रसन्नता से धन्यवाद के सिवा और कुछ उच्चारण नहीं कर सका !... हँसते हो ?... "

भवेश ने हँसी को अपनी तुतलाहट से लपेट लिया। लेकिन भिम्मल मामा सबकुछ समझते हैं। बिगड़कर बोले–"वर्तमान खगसाहित्य के गीतों में सभी अपना ही रोना रोते हैं। दूसरे की कौन पूछता है, भला ! तुम नहीं समझोगे... हाँ, खगसाहित्य। ऐसा साहित्य जो चिड़िया की तरह पंखदार हो। खग ही जाने, खग ही समझे, खग की भाषा !"

"मैं-स-स-स-साहितियक तृथोड़ों हूँ, म्मामा। लेकिन चीनी भाषा म्में तृतो प्रायः इसी शब्द में चँ-चँ-चँ-च... ।"

भिम्मल मामा ने भवेश को माफ कर दिया–"चवर्ग फोबिया है यह तुम्हारा। बिना चाँचूँवाले शब्द भी होते हैं।"

भिम्मल मामा ने शैलेन्दर की ओर मुखातिब होकर कहा–"अच्छी बात। इस चायचक्र और चवर्गचर्चा से चौंकित-चमत्कृत वातावरण में सामाजिक संकट की भूमिका अफिट होगी। इसलिए बात पस्तपन्न रहे। क्यों ? ... बन्दा बैलगाड़ी पर, जमाना ज्येष्ठ जहाज में ! ...सबसे तीव्रगामी हवाजहाज को ज्येष्ठ मानना ही होगा।"

गाँव के किसी चौराहे से परमा की कठहँसी की हहास सुनायी पड़ी–हह ! हहह ! हहहह ! ... उसकी हँसी के कारण तो बोतू नहीं कहते लोग !

भिम्मल मामा ने कहा–"परम ज्येष्ठ आनन, परम आनन्दकन्द श्रीमन्त परमाननजी से मैं पच्चीस गज दूर रहता हूँ। परम आनन्द अवस्था में ही जो गले की नरेठी टीप देने को उतारू हो जाता है, वह परम कुपितानन होने पर जो न कर दे !"

—हहहहह ! हहहहह !

परमा की विकट हँसी तीव्र हुई। परम आनन्दित है, आज !

दीवाना इस हँसी से बहुत घबराता है। 'प्यार का बाजार' भंग करने के बाद ऐसा ही हँसा था परमानन्द !

दीवाना पटना से लौट रहा है, अभी-अभी। अब दीवाना नहीं, हरिजन दीवाना नाम है उसका। नाम छपाकर लौटा है पटना से, इस बार।...हँसे परमा, जी भरकर! सबको ठीक करेगा हरिजन दीवाना।... ले आया है, झोली में !

चमरौधे !

लेखक—हरिजन दीवाना।

विभिन्न अवगुन और गुमान-भरे, मुँड़े-कटे-छँटे आठ खोपड़ों पर क्रमशः आठ सर्गों में समाप्त। मूल्य—हरिजन-सेवा के नाम, एक अठन्नी !

पुस्तकालय के पासवाले चौराहे पर मस्त होकर गा रहा है हरिजन दीवाना, स्वरचित 'चमरौधे' के गीत—

रेड़ी के तेल में, भींगे-भींगे, प्यारे-प्यारे
चर-मर चमरौधे पहले, तेरे ही सिर पर मारें,
आओ परानपुर के कलंक कुलंगार—
लम्बे-लम्बे बालों पर कर दें बौछार आज !
सचमुच में यार, तेरी ई किस्मत बड़ी तेज है... !

'चमरौधे' की प्रतियाँ धड़ाधड़ बिकने लगीं।... ले जाइए, खुद पढ़िए, अपनी घरवालियों को सुनाइए, और बच्चों को रटाइए। जो बूझेगा, वह रीझेगा। नकद नहीं तो उधार ले जाइए !

जिसकी जाति बेंच आयी अँगरेजिन ग्वालिन बेटी !
जिसके घर में आयी पहले, फूली-फूली पॉवरोटी—
... रण्डी के पीछे छोड़ा सारा समाज को-ओ-ओ, दुनिया-जहान को !

एक अठन्नी, एक अठन्नी ! आठ बिगड़े दिमाग सिर पर—नरम-नरम, गरम-गरम !

भूमिहार सुत कुवंश के सिर सूखे-सूखे डालें...

"जो भी कहो ! है असल कवि ? है न ?"

"जो बूझेगा, वह रीझेगा। बहुत दूर की मार है ! वाह जी हरिजन दीवाना !"

जयमंगल ताँती, शिड्यूल-कास्ट-स्टूडेण्ट्स-यूनियन का सेक्रेटरी है, अपने कॉलेज में। सवर्णटोली के लड़के उससे बात नहीं करते। अपने दल के लड़कों के साथ

वह हरिजन दीवाना के अगल-बगल में तैयार है···जरूरते-नागहानी पर मदद करेगा।

परम मूर्ख बोतू बातूनी बकबक क्यों करता है ?
आओ इधर नालवाला चमरौधा क्या कहता है ?
हँसो और फिर हँसो, दाँत पर बार-बार मैं मारूँ··· ।

"हहहहह ! हहहहह ! हरिजन-सेवा के नाम, एक अठन्नी ! हरिजन-सेवक के नाम दूसरी अठन्नी। वाहजी, हरिजन दीवाना ! क्या बनाया है चमरौधा !" परमा भी गाने लगता है हरिजन दीवाना के साथ–

ऊँची-ऊँची पगड़ीवालो पगड़ी अपनी खोलो
गंगाजल से अपना-अपना मूँड़ा माथा धोलो··· !

"हहहहह ! हहहहह ! वाह जी हरिजन दीवाना ! लाओ पीठ ठोक दूँ··· ।"

"ऐ ! मारते हो क्यों ? देखो जयमंगल, यह मार रहा है और कहता है कि पीठ ठोकता हूँ ! ···लुत्तो बाबू को खबर दो जरा।"

"क्यों मारा ?"

"पीठ ठोकता हूँ या मारता हूँ ! इस तरह पीठ ठोकने से चोट लगती है ? जरा तुम्हीं देखो ! ···फट्-फट् !"

"ऐ ! मारपीट करता है। ऐ ! सीटी फूँको ! परमा ने क्या समझ लिया है अपने को ? जयमंगल ! देखो, झोली छीनकर भागा जा रहा है।"

जितेन्द्रनाथ पगडण्डी से जा रहा था। उत्तेजित नौजवानों को देखकर रुका। परमा से पूछा–"क्यों परमानन्द ? क्या बात है ?"

उत्तेजित नौजवानों को अचरज हुआ।···आज जित्तन बाबू भी आये हैं ? परमा ने 'चमरौधे' की प्रति जितेन्द्र के हाथ में देते हुए कहा–"ऐसी अच्छी किताब पर तो नोबेल प्राइज मिलना चाहिए। मैंने जरा-सा पीठ ठोक दिया तो क्या बुरा किया ? आप ही कहिए, भैया !"

"नहीं, वैसे भला पीठ ठोका जाता है ! देखिए, पीठ लाल हो गया है !"

जितेन्द्र ने पृष्ठों को उलट-पुलटकर देखते हुए कहा–"लड़ाई-झगड़ा करने के बदले इसको एंजॉय क्यों नहीं करते, परमा ?"

जितेन्द्र को हँसते हुए देखकर हरिजन दीवाना को अचरज हुआ। उसके साथियों ने आपस में कानाफूसी की। जयमंगल ताँती ने धीरे से कहा–"घबराने की बात नहीं, लुत्तो बाबू आ रहे हैं।"

"एक प्रति मुझे भी दीजिए।" जितेन्द्र ने कहा। हरिजन दीवाना ने झोली से एक प्रति निकालकर बढ़ाया। जित्तन ने माथा झुका दिया। सभी ठठाकर हँस पड़े–हा-हा-हा-हा ! हहहह ! हहहह ! हो-हो-हो ! हरिजन दीवाना अप्रस्तुत हुआ।

परमा ने हाथ के साप्ताहिक पत्र को मोड़कर चोंगे की तरह बनाया और उसमें मुँह लगाकर बोला–"भोइयो-ओ ! ओज रोत ! पुस्तकोलोय में बिराट कवि सम्मेलन !

मोंगनीसिंघ दीवोनो उर्फ प्रेमकुमोर उर्फ हरिजन दीवोनो···!"

जितेन्द्रनाथ बरदियाघाट की ओर चले–हँसते-मुस्कुराते। राह में सामबत्ती पीसी पर नजर पड़ी। पीसी हँसकर रह गयी···आज रास्ता भूलकर गाँव की पुरानी गली से जा रहे हैं !

पनघट पर औरतों ने सिर पर घूँघट खींचे। फेकनी की माय कुछ कहते-कहते रुक गयी–"आकि देखो···!"

···रात में पुतली दौड़ी आयी–'मेमरानी ! सरबनाश हो गया !'

'का-ली ! क्या है पुतली ?'

'सुलतानपुर मेले को लूट लिया गया। दो खाँटी साहब और एक देशी साहब मारे गये। एन्थनी साहब घायल हुए हैं।··· पाँच सिपाही मरे हैं।'

'कहाँ ? कहाँ ?' मम्मी घबरा गयी।

मैंने पुतली को आँख का इशारा दिया। पुतली बोली–'अभी, कोई बोल रहा था कि सुलतानपुर मेले को लूट लिया गया है।'

'मम्मी ! यहाँ तो हमेशा बलवा-हँसेरी, दंगे-फसाद लगे ही रहते हैं। घबराती क्यों हो !"

मम्मी तुरत शान्त हो गयी। बोली–'तुम्हारा यह भला आदमी न जाने कहाँ है ! सुलतानपुर मेला तो मिस्टर एन्थनी का है न !'

रात-भर मैं बेसुध रही माँ के पास। सुबह को फुलवारी से जवाफूल लाने गयी तो फाटक के पास एक तख्ती लटकी देखी। रात में ही लटकायी गयी है–'श्रीमती गीता मिश्र से मिलनेवाले अंग्रेज बन्धुओं को सूचित किया जाता है कि श्रीमती एक हिन्दू जमींदार की पत्नी है; हिन्दू धर्म के आचार-विचार पालती है। इसलिए···!' अपनी कोठी के कारकुनों और सिपाहियों को देखा–लाठी-भाला लेकर तैयार हैं–आधे घण्टे के बाद ही, पुल पर दो-तीन दर्जन घोड़ों के टापों की गड़गड़ाहट हुई ! ···मैं तैयार हो गयी। मम्मी ने बाथरूम से पुकारकर कहा–'दि-रि-बे-ल !'

'नो मम्मी !' घोड़े के टापों की गड़गड़ाहट फाटक पर आकर रुक गयी। एक फौजी हुक्म गूँज गया। प्रतिध्वनि हुई–अ-ऽ-ऽ-वा-ह्न-आँ-क् ! दरबान ने परवाना लाकर दिया–डिस्ट्रिक्ट मैजिस्ट्रेट का परवाना !

···एस. मिश्रा इज वाण्टेड ! खूनी मुकदमे का आसामी अव्वल। डी. एम. कोठी की तलाशी लेंगे।

मम्मी घबरायी। मैंने समझाया–'मिस्टर एन्थनी से मिश्रजी की पुरानी दुश्मनी है, सो तो तुम जानती ही हो।'

लेकिन, मम्मी ने बार-बार फुसफुसाकर कहा–'मरडर ! मरडर !'

मैंने माँ तारा की चरणधूलि लेकर कहा–'माँ तारा मेरी, रोज बलि चाहती है तो कोई क्या करे !'

मम्मी मूक-बधिरा-सी खड़ी रही।

मैं स्वीकार करती हूँ, यदि मिस्टर एण्डरसन की जगह पर कोई और अंग्रेज डी. एम. होता तो घटनाएँ दूसरा रूप ले सकती थीं। बहुत प्रतिष्ठत परिवार का विद्वान् बेटा है वह ! डिस्ट्रिक्ट मैजिस्ट्रेट मिस्टर एण्डरसन अपने कुछ अधिकारियों के साथ अन्दर आया।

फौजी सार्जेण्ट से डी. एम. ने आकर कहा–'बहुत-से लोग तीर-धनुष, बल्लम-गँड़ासा लेकर फाटक के चारों ओर जमा हो रहे हैं। आइ थिंक ए फ्यू राउण्ड्स···।'

डी. एम. ने कहा–'हमेशा गोली से बात मत कीजिए। उन्हें समझाकर पूछिए, वे क्या चाहते हैं; भीड़ क्यों लगा रहे हैं।'

मिश्रजी तो मिले नहीं। किन्तु, तलाशी के सिलसिले में डी. एम. ने मेरे घर का कोना-कोना देख लिया। गुहाल और गोशाले में भी झाँकी मार आया।

मैंने, अपने प्रत्येक कमरे की दीवारों पर अपनी और मिश्रजी की रुचि से म्यूरल्स अंकित किये थे, इस अंचल में प्रचलित भित्तिचित्र के आधार पर।···मिस्टर एण्डरसन ने हमारी किताबों की अलमारी को दूर से ही देखा, संस्कृत-ग्रन्थों पर अंग्रेजी में लिखे सुनहले नामों को पढ़कर विस्मित हुए···रामायण, महाभारत, रघुवंशम्, मेघदूत, कुमारसम्भवम् !

जाते समय मिस्टर एण्डरसन ने मुस्कराकर माफी माँगी–'क्षमा करेंगी !'

डी. एम. सदल-बल परानपुर की ओर चले। भगवान जाने, रानी-बहिना के साथ कैसा व्यवहार करें ! वहाँ कोई अप्रिय घटना न घटे ! माँ तारा ! दूसरे ही दिन मैं परानपुर गयी।··· मिस्टर एण्डरसन सचमुच भद्र व्यक्ति हैं। हम दोनों बहनों ने व्रत पालन किया। दुलारीदाय में नहा आयी। माँ तारा के मन्दिर में पूजा हुई।

लॉली को मैं पूछती–'लॉली, डैडी आयेगा !'

"आय, आय !' मुँह में उँगली डालकर जिद्दू-बद्दू जवाब देता–'आय-आय !'

'लॉली, डैडी आयेगा !'

'आय-आय !' ··· दो छोटे-छोटे हाथ, नन्ही हथेलियाँ !

परानपुर हवेली के अन्दर महाभारत सुन रही थी। अचानक बाहर शोर-गुल होने लगा। रानी-बहिना की नौंड़ी चिल्लायी–'मालकिन, दुल्हाबाबू, आवि गेल ! लाउ हमर इलाम-बकसिस। हमर बात ठीक भेल !'

'क्या कहती है तू !'

'सच ! तारा-मन्दिर में गये हैं।'

रानी-बहिना ने गले का चन्द्रहार उतारकर जिबछी के आगे फेंक दिया। शंख-ध्वनि से सारा वातावरण गूँज उठा।

मूँगा के लिए मैंने बेसन का हलुआ बनवाया। जीतकर आया है–मूँगा ! इस

मुकदमे की जीत की खुशी में हमारा परिवार दो दिनों तक मस्त रहा। गाँव में भोज और गीत-उत्सव हुए।

पहली बार माँ तारा के मन्दिर में श्यामा-संकीर्तन सुनने का सौभाग्य प्राप्त हुआ।

माँ तारा की प्रतिमा हँस पड़ी···

मनहि में राखब भुवनमोहिनी माँ के
करि सब बन्द दुआरे,
सोहि मन्दिर एको दियरो न लेश'ब
तबहुँ जगत उजियारे—तारा-तारा !

कचनार के फूलों से लदी मैं मिश्रजी की गोद में न जाने कितनी देर तक सोयी रही ! ···गुलाबजामुन के फूल पाउडर-पफ जैसे होते हैं। फूल के केसर थरथराते हैं। मिश्रजी ने कहा—'अब जीवन में फिर कोई दस्तावेज जाल नहीं कर सकूँगा। इस बार मेरा दाहिना हाथ अबस होता जा रहा है।'

मिश्रजी ने हाथ को ऊपर उठाते हुए कहा—'कँपकँपी देखती हो न ?' मैं मिश्रजी की हथेली को चूमकर बोली—'माँ तारा अब तुमसे कोई ऐसा काम नहीं करवायें जिससे तुम्हारा हाथ अबस होकर काँपे !'

मेरे स्वामी की हथेली सचमुच काँप रही थी—भगवन् ! यह क्या ?

'हाँ, माँ की यही इच्छा है। अब मैं कोई ऐसा काम न करूँ, इसीलिए यह दण्ड ! तुमको नहीं मालूम गीत ! पिछले महीने, लगातार पन्द्रह दिनों तक दिन-रात काम करने के बाद, जब मेरी हथेली थरथराने लगी तो मैं रो पड़ा। माँ से प्रार्थना की—बस, यही आखिरी··· क्या कर रही हो माँ ! ··· एन्थनी साहब के दस्तखत का आखिरी नुक्ता देते-देते मेरी उँगलियाँ कबूतर के पंख की तरह थर-थर काँपने लगीं।'

मिश्रजी ने अपने बैग से रोल किया हुआ कागज निकालकर फेंक दिया। एक लम्बी-चौड़ी अरजी !

··· जनाब मिस्टर एन्थनी साहब, मालिक सुलातनपुर इस्टेट ! जनाब आली ! ···सुलतानो पोखरा का मेला, जिले-भर के हिन्दू-मुसलमानों का एक महत्त्वपूर्ण धार्मिक मेला है। दोनों कौम की स्त्रियाँ तीन दिन तक नहाती हैं। जनाब को यह भी मालूम है कि मैथिल ब्राह्मण तथा ऊँचे वर्ण की स्त्रियाँ साड़ी के सिवा और किसी किस्म का अँगरखा नहीं पहनतीं ! ···मुझे परानपुर पोखरे के जनानाघाट पर नहाती हुई स्त्रियों की याद आयी ! ···पिछले साल, जनाब के कुछ दोस्तों ने मिलकर नहान के समय कुछ बेजा हरकत की थी जिसकी सूचना आपको वाजिब समय पर दी गयी थी। इस बार नहान के पहले ही—मेले में जो आपने कलकत्ता से अंग्रेजी डांस और कार्निवल पार्टी बुलायी है—उसके कुछ लोगों ने छेड़खानी की है, औरतों से।···

मुझे बार्कर की याद आयी।

···जनाब से प्रार्थना है, घटनाओं की जाँच करके हमें यकीन दिलावें ताकि हमारी स्त्रियाँ कल सुलतानो पोखरा में धार्मिक अनुष्ठान करके, नहा सकें। नहाने के समय अथवा मेले में कोई अशोभन घटना न घटे ! ···

दरखास्त पर बहुत-से दस्तखत हैं। सबसे ऊपर मेरे स्वामी का हस्ताक्षर है–श्री शिवेन्द्रनाथ मिश्र, मालिक–परानपुर इस्टेट।···राजा महीपालसिंह, नैनगंज राज। राजा नीलमणि ओझा, राज चम्पापुर। जमींदार उमापति रायं, कठौतिया इस्टेट। चौधरी मुहम्मद अताउर रहमान, चौधरी इस्टेट। राजा आंतिश खाँ···।

मुसलमानों ने भी कैथी लिपि में दस्तखत किये हैं। जिले-भर के पन्द्रह राजा, जमींदार और पतनीदार के हस्ताक्षर।

'इसमें जाल की क्या बात है ?'

'उलटकर पढ़ो !'

इसी पत्रक के दूसरे रुख पर लाल रोशनाई से खूब बड़े-बड़े अंग्रेजी अक्षरों में कुछ पंक्तियाँ लिखी गयी हैं–आड़ी-तिरछी ! गुस्से में थर-थर काँपते हुए या शराब के नशे में लिखी हुई पंक्तियाँ–

···योर नेकेड वीमन ! तुम्हारी नंगी औरतें पोखरें में नहाने आती हैं। हम दूरबीन से उन्हें देखते हैं। दूरबीन की राह हमारे एकदम करीब आ जाती हैं।··· हम उन्हें अपने पलँग पर देखना माँगते हैं। कसूर तुम्हारी औरतों का है। वे इतनी सुन्दर क्यों होती हैं ? बिना किसी रंग के उनके ओठ क्यों इतने लाल रहते हैं ? पागल बना देती हैं···? तुम्हारे कहने से हम अपनी कोठी की खिड़कियाँ बन्द नहीं कर सकते। केलकेटा, डाइनापो और डेराडुन के दोस्तों को मैंने जशन के लिए बुलाया है। एकादशी और रोजानमाज पढ़वाने के लिए नहीं।···तुम्हारी औरतें इतनी बेवकूफ क्यों हैं ? भला, पोखर-तालाब भी बच्चा दे सकता है ? बच्चा तो आदमी···।

'और, और, इस शैतान की जान कैसे बच गयी ?' पढ़ते-पढ़ते मेरे गाल लाल टेसू हो गये। 'उसकी मेम ने बचा लिया। पैरों पर गिर पड़ी–एक्सक्यूज मिश्रा··· प्लीज !'

'तुमने यह नहीं पूछा कि इसमें जाल क्या है ?"

'कैसा जाल ?'

कागज मोड़ते हुए मिश्रजी बोले–'बातें सारी सच हैं, किन्तु इस कागज पर चढ़ी हैं बातें, मेला लूट हो जाने के बाद।'

'आँय ! ···फिर भी। पहले हो या पीछे, एन्थनी का वह जहरीला जवाब !'

'देखता हूँ, दूध-घी का व्यापार करने से कुछ डल हो ही जाती है बुद्धि !'

मिश्रजी ने एन्थनी की लिखावट पर उँगली डालकर कहा–'इसको एन्थनी ने चैलेंज किया। आसमान से गिरा अपनी लिखावट को देखकर।···सपने में भी नहीं ! मैंने कभी नहीं लिखा ! ··· नहीं लिखे, कहा तो उसने अवश्य था !'

मैं काँप उठी, न जाने क्यों !

'हस्ताक्षर-विशेषज्ञ विभाग के अफसरों ने कहा, एकमत होकर—यह जाल नहीं। लिखावट मिस्टर एन्थनी की ही है···। और, तुम्हारा मिस्टर एण्डरसन सचमुच भला आदमी है। उसने गवर्नर को लिखा : इस बार मिस्टर एन्थनी ने ऐसा कुकाण्ड किया जिससे सारे जिले में गदर होने की सम्भावना थी। यहाँ के प्लाण्टर्स हमेशा ऐसी ही वारदातें करते हैं। जिले के पूर्वी इलाके से कल एक जवान लड़की की लाश आयी है।···शासन-विशेषज्ञ की हैसियत से मैं कहना चाहूँगा, दंगे का मामला उठा लिया जाये, वरना दबी हुई आग भड़क सकती है। आप इस मामले के कागज को खुद पढ़कर विचार करें। इस मुकदमे को पेडिंग रखना भी खतरे से खाली नहीं।···अन्यथा, जिले का शासन-भार जिले के किसी प्लाण्टर को ही दे दें। हा-हा-हा! लाट साहब ने इन प्लाण्टर्स को कनैठी दी है, बुलाकर—सी यू हेरी-डिक-टॉम। माइण्ड यू···!'

···मैं रूठी रही।

मिश्राजी ने कहा—'क्यों, तुम मेरे कुकृत्य को सुनकर नाराज हो ?'

'कुकृत्य-सुकृत्य मैं क्या जानूँ!' अब मुझे बोलना ही पड़ा—'मैं दूध-दही बेचनेवाली ग्वालिन हूँ। मुझसे पण्डित-ज्ञानी लोग क्यों बोलें ?··· डल! एक काले छोकरे की बाँसुरी पर तन-मन-जीवन अर्पित करनेवाली मूर्खाओं को डल नहीं तो और क्या कहोगे ?'

मिश्राजी ने कहा—'हजार बार यशोदा के पास जाकर लाख बातें लगा आतीं! सौगन्ध खातीं—अब जो कभी तुम्हारे आँगन में पाँव भी धरूँ! अब जो कभी बोलूँ तुम्हारे काले-कलूटे, चोर बेटे से! और, ज्यों ही बाँसुरी बजी···।'

हा-हा-हा-हा! हँ-हँ-हँ-हँ!

गरुड़धुज झा का अनुमान सच निकला। पाँच दीवानी मुकदमे दायर हो चुके हैं। एक-से-एक रँगीले मुकदमे! परिवार का एक प्राणी दूसरे को निगलने की तैयारी कर रहा है। लड़के ने अरजी दी है—'विधवा माँ परिवार को नेस्तनाबूद करने पर तुली हुई है। पारिवारिक सम्पत्ति को बरबाद कर रही है। माननीय जज साहब तुरत इंजंक्शन की कार्रवाई को मंजूर करें।' बाप ने प्रार्थना की है, वह सम्मिलित परिवार का कर्ता होकर अभी भी जीवित है। सम्मिलित परिवार की आमदनी के पैसे से उसके लड़के ने जमीन खरीदी··· सब अपने नाम से। अब, एक धूर जमीन भी नहीं देना चाहता उसका बेटा। गुजारिश है···।

एक ही पखवारे की आमदनी से आनेवाले महीनों की आमदनी का हिसाब जोड़कर देखा है, गरुड़ झा ने। मार-काटकर पाँच सौ रुपये महीने की आमदनी! ··· गरुड़धुज झा वकील से कम दावी नहीं रखता है। सलाह, नगद पैसा लेकर ही देता है, मुफ्त में कभी नहीं। फीस के अलावा भेंटी और दर्शनी के रूप में दही, केला, दूध, चिउड़ा आदि भी स्वीकार करता है।

इसके अलावा, रोशन बिस्वाँ से कर्ज लेनेवाले खातुक भी पहले गरुड़धुज झा के ही पास आते हैं। बिना गरुड़ झा की जमानत लिये किसी को कर्ज नहीं देता है बिस्वाँ।··· गरुड़ झा एक कहावत को दिन में पाँच बार दुहराता है–'गाछ पर चढ़ो गिरने के लिए, जमानत होओ भरने के लिए ! मुफ्त में कौन जान फँसाने जाये अपनी !' खातुक लोग दाँत निपोरकर घिघियावें या देह नोंचें अपनी। गरुड़धुज झा को इससे क्या ! दान-दक्षिणा की बात वह साफ-साफ शब्दों में करता है। लस्टम-पस्टम नहीं, पाँच रुपया सैकड़ा से एक अधेला कम नहीं। तीन रुपये पर बात तोड़कर वह अपनी दूसरी कौडी फेंकता है–'क्यों किसको मुखिया चुनोगे ? वैसे, तुम्हारी जो मर्जी हो करना। लेकिन, एक बात जान लो–खगता आदमी का कोई परतीत नहीं। जिसकी सन्दूक में कभी दस रुपया भी नहीं रहा, उसके पास अचानक हजार रुपया सरकारी तहसील से आ जाये, तो वह क्या करेगा ? एक ही बार में सब हड़पना चाहेगा या नहीं ? रोशन बिस्वाँ को क्या कमी है ? अघाया हुआ मन है। वह मुखियागिरी के लिए जरा भी तैयार नहीं था। मैंने जबरदस्ती नौमलेशन दाखिल करवाया है।··· और आज रोशन बिस्वाँ नहीं होता गाँव में तो बहुतों की इज्जत मिट्टी में मिल जाती। फारबिसगंज के मारवाड़ी महाजन परानपुर गाँव का नाम सुनते ही साफ इनकार कर जाते हैं, सो जानते ही हो ! बेर-बखत पर जो काम दे, वही असल हितू। है या नहीं ?'

गरुड़ झा ठीक ही कहते थे–रोशन बिस्वाँ की मुखियागिरी उसकी तिजोरी में धरी हुई है।

सोशलिस्ट पार्टी के जयदेव और रामनिहोरा में फिर मेल-जोल हो गया है। रामनिहोरा, ग्राम-पंचायत की मुखियागिरी के लिए खड़ा हुआ है। पार्टीवाले पीठ पर हैं, मदद करने के लिए।

सुचितलाल मड़र मकबूल से राय लेकर नामजदगी का पर्चा दे आया है।··· पर्चा दाखिल करते समय उसकी हालत साँप-छुछुन्दर जैसी हो गयी। आखिर, सरकारी कागज में लिखे हुए नाम को कबूल करना ही पड़ा–सुचितलाल मड़र, कोष्ठ में पोंपी !

बस, दो ही विरोधी हैं। बीरभद्दर के भाई शिवभद्दर को जितेन्द्र ने दस एकड़ धनहर जमीन दे दी है। तीनों भाई आजकल अपने मरे हुए मामा-मामी का गुणगान करते फिरते हैं।···बीरभद्दर यदि उतरता चुनाव के मैदान में ! लुत्तो कहता है–"झाजी ! असल मजादार कैण्डेट नहीं तो कुछ नहीं। इसी बार बीरभद्दर को दगाबाजी का मजा चखा देता !"

लुत्तो और गरुड़ झा एक ही चुटकी बजाकर दोनों विरोधियों को चित्त कर देंगे। गरुड़ झा ने लुत्तो को सलाह दी–"खबरदार ! जब तक चुनाव नहीं हो जाये, बिस्वाँ को पूरा भरोसा दिलाकर कुछ कहना ठीक नहीं।··· सबसे मोटी बात यही है, एक ही वोट में हार-जीत की बात है। क्या जाने क्या हो ! अपनी ओर से

कोई ढिलाई नहीं होनी चाहिए।"

तब, लुत्तो ने अपने मन की बात खोली–"झाजी ! दोनों कैण्डेट, समझिए कि मेरी मुट्ठी में हैं। मैंने लंगी लगा दी है। एक को सरपंची का लोभ दिया है और दूसरा कुछ रुपया चाहता है।"

गरुड़ झा ने पत्थर का दाँत चमकाकर चेतावनी दी–"हूँ-ऊँ !···लेकिन, बिस्वाँ से कहना होगा–दोनों उम्मीदवार रुपया लेकर ही नाम वापस लेंगे। और, असल रकम की बात कहीं खोलने की नहीं।"

बिस्वाँ को लुत्तो और गरुड़धुज झा ने मिलकर तुरत समझा दिया–पाँच सौ रुपये फी उम्मीदवार को देकर भी घाटे में नहीं रहेगा, बिस्वाँ। चुनाव में खुदरा खर्च ही इससे ज्यादा हो जायेगा। तिस पर भी, ऊँट किस करवट बैठे ! एक ही वोट पर हार-जीत की बात है।···तिजोरी में रखी हुई है बिस्वाँ की मुखिया-गिरी !

मुखिया ! सारे परानपुर गाँव का मालिक ! जिसके इशारे पर गाँव के लोग उठेंगे, बैठेंगे ! जेल और जुर्माना करने का पॉवर ! बिस्वाँ ने लगातार तीन बार जीभ निकालकर ओठ चाट लिया। तिजोरी से नोट निकालकर गिनते हुए बोला–"कहीं ठग न लें, दोनों !" लुत्तो और गरुड़ झा एक ही साथ हँसे, ठठाकर–"ठग लेगा ? ठठेरे-ठठेरे··· हा-हा-हा !"

रामनिहोरा ने सोच-विचारकर देखा–सरपंची ही ठीक है ! मुखिया तो सरपंच के हाथ का कठपुतला होता है। उसने गरुड़धुज और लुत्तो की बात मान ली। पर्चा उठाने को तैयार हो गया।

सुचितलाल मड़र अपने पोंपी नाम को लेकर चुनाव नहीं लड़ना चाहता। गाँव के छोटे-छोटे लौण्डे भी उसको देखकर नारा लगाते हैं–"पोंपी को फूँक दो, सुचितलाल को भोट दो !"

मुबलग एक सौ पच्चीस रुपये गिनकर सुचितलाल ने कमर में खोंसते हुए कहा–"रजिस्टर से गँलत नाम कँटवाँ दीजिएँ झाँजीं किसीं तरँह !"

ग्राम-पंचायत के आफिसर साहब की कचहरी हाई-स्कूल में लगी है।

रोशन बिस्वाँ के दोनों विरोधियों ने नामजदगी के परचे वापस ले लिये।

लुत्तो ने कहा–"देखा झाजी ! आखिर, बबुआनटोली को चित किया या नहीं ? सोलकन्ह मुखिया बनाया या नहीं ?"

गरुड़ झा ने खैनी थूकते हुए कहा–"मैंने मदद नहीं की होती तो ?"

"ठीक कहते हैं, झाजी। आपने खूब मदद की है। चलिए जरा टीशन की ओर ! सुचितलाल मड़र को देने के बाद बचा है···।"

गरुड़धुज झा ने कहा–"अढ़ाई सौ रुपया हाकिम का भी घटा दो।···हाकिम तैयार ही नहीं हो रहे थे।···पाँच बजे के बाद नामजदगी का परचा वापस करने आये हैं ? टैम ओवर हो गया। मैंने दो पूरी एक आधी उँगली दिखलायी। तब कलम पकड़ी हाकिम ने।"

लुत्तो ने मान लिया–"जो वाजिब खर्च है, वह क्यों नहीं घटेगा !"

"और हिरिया ने मुझसे बनारसी साड़ी वसूल ली है। पाँच दिन के करार पर खेमचन्द मारवाड़ी की बही में अपना नाम चढ़वाकर, मैंने साड़ी ला दी है। तुमने कहा था न ! एक सौ पाँच रुपये।"

"हाँ। वह भी जोड़े देता हूँ। और···एक सौ रुपया मैंने ईंट बनाने की मजदूरी दी है। बाकी जो बचा, उसका आधा···।"

"कैसा हिसाब करते हो ? एक सौ रुपये का ईंट दोगे मुझे क्या ?"

"हाँ-हाँ, ठीक ! छः सौ पच्चीस का आधा ?"

मुखिया साहब गाँव की गली-गली में साइकिल का नया हारन बजाकर घूम रहे हैं–पें-ऐं-ग ! पें-ऐं-ऐं-ग !

"झाजी ! एक खुशखबरी और सुन लीजिए। जित्तन का भोज भण्डुल हो गया। ब्राह्मणों ने भोज खाने से इन्कार कर दिया···अब कौन खायेगा उसकी हवेली में ? हम लोग नट्ट्ट नहीं हैं। जित्तन ने कहा–न नकद रुपया देंगे और न भोज देंगे।"

लुत्तो और गरुड़धुज झा ने जोर से ठहाका लगाया–"गेल भैंस पानी में ! बहुतों की जीभ छटपटाकर रह जायेगी।"

जीभ छटपटाती है रोशन बिस्वाँ की ! मुखिया होने के बाद ही उसने अपनी जीभ को लगातार पाँच बार दाँतों से कुचल दिया। इसलिए बिना जर्दावाला पान भी जीभ को धधकाता है।··· पान की पीक कुरते पर गिर पड़ी !

गरुड़ झा ने कहा–"शुभ है, शुभ है ! अब आप हमेशा पान कचरिएगा !"

ताजमनी क्या करे ? जितेन्द्रनाथ अधिक संगसुख चाहने लगा है। उँगलियाँ चूमकर सन्तोष नहीं, अब ! अब क्या हो ? ··· माँ तारा !

··· और जिद्दा का क्या कसूर ? क्या हुकुम देती हो माँ ! तुम्हारे सामने झूठ कैसे बोलूँ, मेरा मन भी अब थिर नहीं। मैं अपने जिद्दा को सम्पूर्ण सुखी देखना चाहती हूँ। उसकी लजायी आँखें मैं नहीं देख सकती। मैं उसको क्या जवाब दूँ ! कल ही मेरे पीछे-पीछे दौड़ आया···।

"ताजू !"

"नहीं, जिद्दा ! मुझे माफ करो ! पैर पड़ती हूँ तुम्हारे। मुझे हुकुम लेने दो माँ से ! ··· माँ जो कहेगी, करूँगी।"

पैर पर झुकती हुई ताजू को बाँहों में समेटकर, चुपचाप ताजू का मुँह देखता रहा जितेन्द्र। बन्धन ढीला हुआ–"ठीक है, तुम्हारा सत्त भंग नहीं करूँगा।"

"सत्त अकेले मैंने ही नहीं किया था।··· जिद्दा ! यह क्या ?"

ताजमनी को लगा, गालों पर दो सोने के तपे सिक्के बैठा दिये गये ! लाल-लाल ! ··· ताजमनी के ललाट पर, दाहिनी ओर एक छोटा-सा चाँद का दाग है। बचपन में सोने का कण्ठा तपाकर दाग दिया था, उसकी माँ ने। नजर लग गयी थी किसी की ! घण्टों चिल्लाती रही थी ताजमनी।···

"विश्वास करो ताज ! सत्त भंग नहीं हुआ है।"

"सच ?"

"हाँ !"

ताजमनी के गालों की जलन दूर हो गयी। जितेन्द्र की आँखों में ढूँढ़कर देखा उसने, सचमुच, कहाँ है इनमें कोई कलुष ? ऐसी आँखों का पूर्ण विश्वास है ताजमनी को। उसने बचपन से ही देखा है ! ···सत्त भंग नहीं हुआ ? तो, जिद्दा ! ··· जि-त् दा !

जीवन में पहली बार जितेन्द्र के ललाट को चूमकर, जितेन्द्र की आँखों में देखा उसने।···अब देखूँ ? और, अब ? ···

जितेन्द्र के मुख-मण्डल पर कमल की पंखुड़ियाँ बरसीं ! ···दूसरे दिन, सुबह होते ही सुधना भागकर गंगाबाई के यहाँ चला गया। जला-भुना रहता था हमेशा ···पिछले कुछ दिनों से। कभी-कभी ताजमनी को भद्दी गालियाँ भी देता, धीमी आवाज में। एक दिन गुस्से में मार भी बैठा। ताजमनी अवाक् है। जाने के पहले सुधना की आँखें और जहरीली बोली की याद कर वह सिहर उठती है। डाह ? ···उत्ती-जरा लड़का भला ऐसा जलेगा ? ताजमनी डर गयी है !

सुधना के खाने की बेला में मीत उसकी खाट को सूँघ आया। ताजमनी मुँह में कौर नहीं डाल सकी।

गोबिन्दो रसोईघर में बड़बड़ा रहा है–"कहाँ का कौन तो भाई ! उसकी खातिर खाना-पीना छाड़के ताजनदि बेकार जान देता है।··· उल्लूक है छोकड़ा !"

जितेन्द्र गुनगुनाकर गा रहा है–बैराग जोग कठिन उधो-ओ-ओ, हम ना कऽरऽब हो ! हुँ-हुँ-अँ, उँ-य-हुँ-हुँ-हुँ-हुँ-उँ-ऊँ··· । पूरबी धुन में मस्त है, जीत।

गोबिन्दो चाय की खाली प्याली लेने आ रहा था। अँगनाई में खड़ी ताजमनी चौंक पड़ी।···खड़ी सुन रही थी। गोबिन्दो ने जो गुनगुनाहट सुनी तो थमककर खड़ा हो गया। उसके ओठ खिल पड़े, नुकीले।···फूल फूटा है, इस बार गन्धऽ निकॅलता है। वह वापस हो गया।

ताजमनी तुलसीचौरा के पास खड़ी अब अपनी हँसी रोक नहीं सकी।···अभी तुरत बैराग जोग कठिन हो रहा था और अब पटना शहर से जहर मँगा रहे हैं ! ··· सखि हे-ए–पटना शहर से जहर हम मँगइबए, सखि हे-हुँ-हुँ-हुँ-हुँ-हुँ-हु खइबइए ! ताजमनी ने खिड़की से झाँककर देखा–एक मोटी किताब को रुमाल से झाड़ रहे हैं।···अलमारी की सफाई हो रही है ? ऐसे समय में उन्हें कोई विरक्त नहीं करे।···महाभारत को उलटते-पलटते ताजमनी को भी मालकिन-माँ की कितनी बातें याद आती हैं।

ताजमनी हौले पाँवों अपनी कोठरी में लौटी और माँ काली की तस्वीर को प्रणाम कर मुस्करायी··· माँ !

ताजमनी, सचमुच आँखों को पढ़ना जानती है ?

अपनी लाइब्रेरी में लटकाने के लिए उसने हिन्दी, बँगला, अंग्रेजी तथा उर्दू के कई प्रसिद्ध साहित्यकारों की बड़ी-बड़ी तस्वीरें मँगवायी थीं। सुबह भवेश आकर, प्रत्येक की जगह तजवीज करके लटका गया था। शाम को टहलकर लौटा जितेन्द्रनाथ। कमरे में पैर रखते ही स्वामी विवेकानन्द की मूर्ति के पास लटकी निरालाजी की तस्वीर पर नजर गयी ! ... "यह किसने किया है ? मेरे कमरे में कोई आया था ? भवेश, सुरपति... इरावती ?"

"क्यों ? क्या हुआ ?"

"तस्वीर किसने लटकायी है यहाँ ?"

ताजमनी पर्दे के इस पार चली आयी, कमरे में। जितेन्द्र की आश्चर्यचकित मुद्रा देखकर अप्रतिभ हुई—"मैंने !"

"तुमने ? सच?" जितेन्द्रनाथ मुस्कराकर बैठ गया। बोला—"लाइब्रेरीवाले कमरे से क्यों उतार लायी ?" ताजमनी चुप रही। जित्तन ने कहा—"तुमने अच्छा किया है। लेकिन मुझे कारण नहीं बताओगी ? यों ही, वों ही नहीं। साफ-साफ। और भी दो दाढ़ीवाले थे, उन्हें क्यों नहीं... ?"

जितेन्द्र ने ताजमनी का आँचल पकड़ा।—"छिः, अभी तक वही आदत !"

आँचल छूटता ही नहीं। मालकिन-माँ का आँचल भी इसी तरह पकड़ लेते—"बतलाओ तब छोड़ूँगा। लड़कपन !"

"यों ही ! मैंने देखा... आँखें ! देखिए न, सामीजी की आँखों से मिलती हैं न ? मैंने समझा... मुझे लगा—यह भी माँ तारा का बेटा है, कोई ! ... कौन हैं !"

"माँ तारा का बेटा ? शाक्त ?" जितेन्द्रनाथ हँसा ठठाकर—"ताजू ! तुमने सही किया है, ठीक समझा है।... जरा, बैठ जाओ ताज् ! मैं सुनाता हूँ।" ताजमनी बैठ गयी पास पड़े मोढ़े पर। जितेन्द्रनाथ अपने बिछावन के पास रखे सेल्फ में कोई किताब ढूँढ़ने लगा। इरावती आयी—"ताजदि ! आज ज़रूर कोई खास बात है तुम्हारी पाठशाला में। सूपकार गोबिन्दो आज मगन होकर गा रहा है—रामौलखन सीता... ।" ताजमनी हँसी—"हाँ, आज आपको यहीं पत्तल जूठा करना होगा।"

जितेन्द्र ने कहा—"सुनो इरावती ! निरालाजी के मुँह से मैंने पहली बार सुनी थी—राम की शक्ति-पूजा !"

इरावती अपनी कुरसी खींचकर ताजमनी के पास ले गयी। धीरे से बोली—"आज क्या बात है ताजदि ?" ताजमनी ने उठकर धूप-बत्ती जला दी। जितेन्द्र ने कथा-प्रसंग बताकर शुरू किया।... पद्य-पाठ शुरू हुआ। धूप की सुगन्ध कमरे में छा गयी—पूजा पर बैठा है राम ! ...

रवि हुआ अस्त; ज्योति के पत्र पर लिखा अम... ।

है अमा निशा; उगलता गगन घन अन्धका-आ-आ-र;
खो रहा दिशा का ज्ञान; स्तब्ध है पवन-चा-आ-आ-र;

अप्रतिहत गरज रहा पीछे, अम्बुधि विशा-आ-आल;
भूधर ज्यों ध्यानमग्न; केवल जलती मशाल।
स्थिर राघवेन्द्र को हिला रहा-आ फिर फिर सं-श-य
रह-रह उठता जग जीवन में रावण-जय-भय···

पुण्य कथावचन का पवित्र वातावरण प्रस्तुत हो गया कमरे में !

··· होगी जय, होगी जय, हे पुरुषोत्तम नवीन··· !

तू-उ-उ-उ-उ ! ताजमनी शंख फूँकने लगी, ताखे से उठाकर !

··· कह महाशक्ति राम के वदन में हुई ली-ई-न !

स्नेह, प्रेम, माया-ममता आदि की मधुर धारणाएँ भी परिवर्तन की प्रचण्ड गति के आघात से विकृत हो गयी हैं।

शैलेन्दर की बातें रह-रहकर झकझोर जाती हैं, जितेन्द्र को–"तेज चलनेवाली मोटरगाड़ियों की बनावट हर साल बदलती है। आदमी के हृदय की बनावट भी बदल रही है ?"··· लाल पान का एक्का ! लम्बा-लम्बा··· तना-तना ! अत्याधुनिक मोटरगाड़ी-जैसा ! भाले के फलक की तरह नुकीला दिल ! ···

कुबेरसिंह की याद आती है, जितेन्द्र को। पार्टी की एक नवागता को कुबेरसिंह ने लाल पान का एक्का दिखाकर कहा था–"इसका नाम अंग्रेजी में हार्ट है। लॅव का सिम्बल ! घबराओ नहीं, इसको प्लेटोनिक लॅव कहते हैं।"

वाणी दास ने हँसकर कहा था–"जीतभाई, अनिमा को भी लॅव का सिगनल मिल गया है ! दूसरा जत्था जल्दी भेजिए, रामगढ़ !"

अनिमा आठवीं लड़की थी जिसको कुबेरसिंह ने प्यार से पुचकारकर लॅव का सिगनल दिखलाया था। अनिमा अंग्रेजी नहीं जानती थी। उसने वाणी दास से पूछा था–"वाणीदी ! लॅव का सिगनल और प्लेटफार्म··· !"

जितेन्द्र ने दूसरे ही दिन स्वयंसेवकों और स्वयंसेविकाओं का दूसरा जत्था, रामगढ़-कांग्रेस के कैम्प में भेज दिया। प्रेमी जीव है कुबेरसिंह, इसमें सन्देह नहीं। पिछले साल तक वह लोगों को सुनाता फिरा है–"आइ स्टिल लॅव जित्तन ! अब भी प्यार करता हूँ··· "

जितेन्द्र को कुबेरसिंह की याद आने लगी। प्रगतिशील समाजवादी पार्टी का प्रधान संस्थापक श्री कुबेरसिंह ! वह जितेन्द्र को अपनी पार्टी का दूसरा स्तम्भ मानता !···

ऐसा लगता है, राजनीति के लिए कुछ लोगों का विशेष अवतार होता है, पृथ्वी पर !

कुबेरसिंह भी अवतार है।··· कुरूप और भद्दा व्यक्तित्व उसका। उसकी सारी

सफलताओं ने उसके सारे 'कु' को ढँक लिया। सफल इन्सानों की पंक्ति में है कुबेरसिंह !

याद आती है···! 1940 में, बिहार सोशलिस्ट पार्टी के एक प्रसिद्ध कलाकार नेता ने, पुराने पिण्टू होटल के एक कोनेवाले टेबल पर चाय पीते हुए, ओजपूर्ण भाषा में कहा था–"जितेन्द्र ! इस कुबेर के चक्रान्त में तुम किस तरह पड़ गये ?··· वह तुम्हारा शोषण कर रहा है।"

"आप अपने चक्र के चक्रवर्ती हैं, सदाबहारजी। दूसरे चक्र के चक्रवर्ती के बारे में आपको बोलने का पूरा हक है। हम लोग तो दरबारी हैं। जैसे इसके दरबार में, वैसे आप दरबार में !"

सदाबहारजी ठठाकर हँस पड़े थे। मुग्ध होकर उन्होंने जितेन्द्र की ठुड्डी छू ली–"मैं अपने लड़के का नाम जितेन्द्र ही रखूँगा ! ··· अच्छे लड़के ! जरा इसका भी तो खयाल करो, लोग क्या कहते हैं ! भद्दी-भद्दी बातें !"

"मैं जानता हूँ। आपके साथ रहूँ तो आपकी बदनामी भी इसी तरह फैलेगी।"

"अच्छा, एक बात बताओ ! जबकि तुम्हारे बॉस, माफ करना, तुमने अपने को दरबारी कहा है, तुम्हारे बॉस और पार्टी के अन्य लोग मिलने पर भी आँखें फेर लेते हैं, बातें तक नहीं करते, तुम मुझे खोजकर क्यों मिलने आते हो ? कोई रहस्य है ?"

"बहुत बड़ा रहस्य ! आप मुझे स्नेह की दृष्टि से देखते हैं। मुँह फेर नहीं लेते मिलने पर, इसीलिए। शायद, आपके दिल के फौजी अधिकारियों को इसमें कोई दुर्गन्ध लगी है। है न ? निश्चय ही कहा होगा, जितेन्द्र से मेलजोल ठीक नहीं।"

सदाबहारजी ने उसकी पीठ थपथपाते हुए कहा था–"जीओ !"··· जितेन्द्र ने वचन दिया था, बिना माँगे ही–"आपको कोर्ट-मार्शल से बचाने के लिए, हमारी यह मुलाकात अन्तिम हो !" सदाबहार की आँखें छलछला आयी थीं–"राजनीति बहुत-बहुत बलिदान माँगती है, जित्तन ! कुबेरसिंह सौभाग्यशाली है।"

सचमुच, किस्मत का कुबेर है कुबेरसिंह !

सन् छत्तीस से चालीस तक उन्होंने तीन पार्टियों में डुबकी लगायी और हर बार घोंघे-सीपो के साथ एकाध मोती लेकर ऊपर हुआ।···जितेन्द्र को हठात् पाकर, खुशी से खूबसूरत हो गया था उसका चेहरा–"समझते हो भैया ! मैंने खूब डुबकी लगाकर थाह ली है, हर पार्टी की गहराई की ! सच कहता हूँ, मुझे अब पूरा विश्वास हो गया। तुम्हारे सहयोग से मैं अपनी,-अपने मन की पार्टी बना सकूँगा। बोलो ! मुझे छोड़ोगे तो नहीं ?"···

काशी-विद्यापीठ के स्नातक की तत्कालीन राजनीतिक चेतना को उकसाने में सफल हुआ, कुबेरसिंह। नयी पार्टी बनाने की बात भी गयी जितेन्द्र को। कुबेरसिंह प्रसन्नता से गीत गाने लगा था; बेसुरे राग और गलत उच्चारण की याद है जितेन्द्र को आज भी--जोदी तोमारी डाकियो ना सुरे कोई-ई-ई, तारपोड़े एकोला चोलो

रे-ए-ए-ए ! एकोला चोलो रे-ए-ए- ![1]···

कुबेरसिंह के चेहरे पर जो जामुन की तरह दो बड़े-बड़े व्रण हैं, क्या कभी नहीं सूखेंगे ?···

तगड़ी, नाटी काया। श्याम वर्ण। फेशियल पैरलिसिस से किंचित् विकृत ओठ ! जब वह भाषण देने को उठता, दर्शकों के चेहरे पर आतंक की एक गहरी रेखा खिंच जाती। भारतीय राजनीतिक पार्टियों के ओरेटर नेताओं में कुबेरसिंह का नाम अवश्य लिया जायेगा। किन्तु, जितेन्द्र ने सफल वक्ता कुबेरसिंह के भाषण-काल में एक विशेष बात को लक्ष्य किया था। ऐसा भयोत्पादक भाषण उसने किसी का नहीं सुना ! ···

जितेन्द्र की माँ कुबेर को फूटी नजर से नहीं देखती, कभी–"कहाँ से आया है यह बिलारमुँहा !"

मातृसत्ताक-संसार से कुढ़े हुए जितेन्द्र ने कुबेर-पुरुष से दोस्ती कर ली। माँ नाराज होती गयी।···अन्त में, एक दिन वह चल पड़ा कुबेरसिंह के साथ।···रात के पिछले पहर में हवेली छोड़ी थी, उसने। हवेली की अँगनाई, बाघिन की तरह गुर्राती हुई माँ के हुंकार से दलमला रही थी–"चला जाये ! चला जाये !"

···प्रगतिशील समाजवादी पार्टी, नया झण्डा, मेनिफेस्टो, पार्टी-विधान आदि की रचना में जो सहायता दी जितेन्द्र ने, उसका उल्लेख कुबेरसिंह कभी नहीं करेगा। कुबेरसिंह को बेकार ही एक भ्रम है, जितेन्द्र ने कभी नहीं कहा किसी से आज तक कि कुबेरसिंह के सारे भाषणों, लेखों, वक्तव्यों आदि का लेखक वही था। पार्टी की पत्रिका के सम्पादन का सेहरा भी अपने सिर नहीं लिया कभी। किन्तु, कुबेरसिंह कह रहा था, किसी से–"कलम पकड़कर राजनीति शब्द लिखना मैंने सिखाया और जितेन्द्र कहता फिरता है कि···!"

जितेन्द्र कबूल करता है, 'राजनीति' लिखते समय वह हमेशा गलती करता। 'न' में ह्रस्व और 'त' में दीर्घ या कभी दोनों में···। सचमुच कुबेरसिंह ने एक बार कलम पकड़कर सिखलाया था–"भैया ! 'राजनीति' ही गलत लिखोगे तो हुआ !"···जितेन्द्र ने फिर कभी गलती नहीं की थी। कुबेरसिंह ने दूसरा महत्त्वपूर्ण काम किया–"देखो भैया ! तुम अपने 'मैं' को भूलो और मैं अपने 'मैं' को भूलता हूँ। आज से–हम ! ···तुम यू. पी. रह आये हो···इसलिए जरा ज्यादा 'मैं-मैं' करते हो। प्रगतिशील समाजवादी पार्टी में 'मैं' क्या ?"

कुबेरसिंह अपने 'मैं' को भूला नहीं, किन्तु ! लिखित भाषणों को रटने के पहले कलम निकालकर प्रत्येक 'हम' को काट देता–'हमारी धारणा है' नहीं, 'मेरी धारणा है' ! 'हम कहते हैं' नहीं, 'मैं कहता हूँ'।···

एक ही वर्ष में बिहार की इस नयी पार्टी ने अखिल भारतीय ध्यान आकर्षित

1. शुद्ध रूप : यदि तोर डाक सुने केउ ना-आसे, तबे एकला चलो रे !

किया। और, जिस दिन अग्रगामी दल के संस्थापक श्री सुभाषचन्द बोस ने व्यक्तिगत सन्देशवाहक भेजकर कलकत्ते आमन्त्रित किया ! कुबेरसिंह ने भाषण के लहजे में कहा–"मैं बोस से कहूँगा··· ।" जितेन्द्र ने गरदन हिलाकर रोका–"बोस नहीं, सुभाष बाबू ! हम सुभाष बाबू से कहेंगे।" कुबेरसिंह हठात् चैतन्य हो गया था··· जितेन्द्र के बिना वह कलकत्ता नहीं जा सकता !

उस विराट् सुपुरुष के प्रथम दर्शन के क्षणों की याद कर रोमांचित हो उठता है जितेन्द्र, आज भी। सम्मानपूर्ण सहयोग का शर्तनामा पढ़कर सुभाष बाबू ने पहली नजर जितेन्द्र पर डाली। कुबेरसिंह ने शर्तनामे पर हस्ताक्षर करने की जिद करके सुभाष बाबू को याद दिलायी–"प्रगतिशील समाजवादी दल का संस्थापक कुबेरसिंह है। एकमात्र नेता···!" सुभाष बाबू ने हस्ताक्षर करना स्वीकार नहीं किया; चुपचाप शर्तनामा वापस करते हुए बोले–"पहले अपने दिल में विश्वास पैदा कीजिए, सिंहजी !"

कुबेरसिंह ने अपनी पार्टी को अग्रगामी दल की अगम धारा में डूबने से बचा लिया। कलकत्ता के प्रमुख दैनिक पत्रों में कुबेरसिंह का सचित्र वक्तव्य प्रकाशित हुआ–"जहाँ तक कांग्रेस के विरोध का प्रश्न है, हम अग्रगामी दल को सहयोग देंगे, किन्तु··· ।"

कलकत्ता में कुबेरसिंह एक लमहे के लिए भी जितेन्द्र को कहीं अकेला नहीं जाने देता। बार-बार कहता–"रसगुल्ला के लोभ में तुम पार्टी को ले डूबोगे, देखता हूँ !"इसके बावजूद, जितेन्द्र मिल आया सुभाष बाबू से एक दिन। वामपन्थी एकता पर बहुत-सी शंकाएँ दूर हुईं, उसकी।···प्लेट-भर रसगुल्ले खाये। चलते समय बड़े प्यार से विदाई दी, उस युगपुरुष ने। उनकी अन्तिम सतर्क वाणी–"मुझे डर है, तुम्हारी हत्या न करवा दे कुबेर। सावधान ! उसके लिए कुछ भी असम्भव नहीं !"

रामगढ़-कांग्रेस में कुबेरसिंह ने देखा, जितेन्द्र का 'मैं' सिर उठाकर फुफकार रहा है। प्यार से कब तक काम लेना चाहिए, जानता है कुबेरसिंह। रामगढ़-कांग्रेस के कांग्रेस-विरोधी प्रदर्शनों और भाषणों में जितेन्द्र की मनमानी उसने सह ली। कांग्रेस-अधिवेशन के बाद डेढ़-दो महीनों तक कुबेरसिंह ने अपने मन्त्र-तन्त्र से जितेन्द्र पर पड़े सुभाष-प्रभाव को दूर करने की चेष्टा की–"बंगाली लड़कियों की मीठी बोली मुझे भी अच्छी लगती है। लेकिन, खुद जाल में फँसना बुद्धिमानी नहीं ! बंगाली पुरुषों का विश्वास कभी नहीं, कभी नहीं ! चाहे वह कोई हो !"

रामगढ़-कांग्रेस के बाद पार्टी की जड़ बिहार के कई जिलों में और भी मजबूत हुई। कुबेरसिंह, गुप्त और प्रकट दान के द्रव्य का हिसाब करता, नशे में झूमता गाता–जोदी तोमारी डाकिया···! जितेन्द्र, अपनी पार्टी के नये नौजवान सदस्यों की बढ़ोतरी पर फूला नहीं समाता।···भावुक किशोरियाँ और नवयुवतियाँ जाल में रोज फँसतीं–"जीत भैया ! मुझे काम दीजिए।···माँ को समझा दीजिए।···बाबा आपको बहुत प्यार करते हैं।"

"जित्दाज्यु !"

ध्यान भंग हुआ जितेन्द्र का–"क्या है दाज्यु ?"

अपनी जातीय मुस्कराहट को खोलकर हँसा दिलबहादुर–"क्याम्प को त्यो शाहेब आये को··· ।"

क्या हो गया है गाँव को ? शाम होते ही घर-घर में लड़ाई शुरू हो जाती है।··· कोई लड़ैया-भूत की सवारी आती है, शायद ! पहले एक घर में शुरू हुआ। मर्दों की बात में औरतों की बोली कभी-कभी सुनायी पड़ती, मोटी-महीन आवाज में बच्चे और साथ ही कुत्ते रो पड़ते।··· एक घर का झगड़ा दूसरे घर की ओर लपकता। फैलता जाता, गाँव में एक अजीब कोलाहल !

"इह ! कोई खाय घी-मलीदा, कोई भूजा फाँके ? मालिक रे मालिक, एक-नजरा मालिक !"

"देख, देख ! तुम्हारी बहू मुझे काना कहती है। कह दे, मुँह सँभालकर बात करे !"

"बेजा क्या कहती है ? जो सच बात है, बोलती है। नहीं रहेंगे हम साथ। आज ही भिन्न कर दीजिए।"

"कचहरी देखो ! कानून देखो ! अभी ये लोगे अपने बाप से हिस्सा ?"

"देखें कौन साला नहीं देता है हिस्सा ? बड़ा कानून दिखाते हैं, सब कानून निकाल देंगे। लालचन ने लिया अपना हिस्सा या नहीं ?··· दुलारीदाय की जमीन चाँदी और सोना एक ही साथ उगलती है। एक ही मौसम में दो फसल ! आभरन देवे पाट, पेटभरन देवे धान; परानपुर के बेफिकरा सोवें चादर तान !"

जब से नयी जाति के पाट चन्नीपाट का प्रचलन हुआ है, दुलारीदाय की जमीन को लोग हीरे की खान समझते हैं।···कभी-कभी नयी किस्म की खेती ने भी जन-जीवन को आलोड़ित किया है। नील की खेती का नाम सुनते ही बूढ़े-पुराने लोगों का मुँह अब भी नीला हो जाता है। और, सोनाबंग पाट की चर्चा होते ही सभी के चेहरे चमचमा उठते हैं–सोनाबंग पाट के रेशमी रेशे की तरह ! ···पहली जरमनिया लड़ाई के समय पहले-पहल आया था यह पाट, ढाका की ओर से। एक ही बार बहुत-से गाँवों में पुख्ता और कारोगेटिड टिन के मकान झलमलाने लगे।

और, पिछले दस-बारह साल से चन्नीपाट धूम मचा रहा है।

पाट की खेती में भी किसानों की मर्दानगी की परीक्षा होती है। सोनाबंग, लालमेघ और जापानी आदि पाट के हजार नखरे ! जमीन की मिट्टी चिकनी होनी चाहिए, खेत की जुताई खूब हुई हो, समय पर आकाश से पानी गिरे, तीन बार निकौनी, बिधा ! जरा-सा चूक हुई, खेती खत्म।··· किन्तु, वाह रे चन्नी-पाट ! कहाँ से लाया इसको एग्रिकल्चर फार्मवालों ने ? लाया नहीं गया है; बहुत खोज-ढूँढ़कर ओर मिला-जुलाकर इस नयी जाति के पाट को जन्म दिया है–कृषि-विशारदों ने !

भीठ जमीन हो या जुताई कम हुई हो, आकाश चुए या बातास जले, पौधे उगेंगे ही। मवेशी इसके पौधों को दूर से ही सूँघकर समझ लेते हैं, यह उनकी खाने

की चीज नहीं। यदि किसी लम्बी जीभवाले ने बतौर आजमाइश के किसी दिन चार कौर खा लिया, पाँच दिनों तक गुहाल में बेहोश ! दूसरी जाति के पाटों को जानवर के अलावा आदमी भी बहुत शौक से खाते हैं। कड़वा-साग ! ···पाट साग के झोल के लोभ में, लुक-छिपकर बहुत-से खेतों में मूँड़ लेती हैं, औरतें ! बकरी और औरतों के झुण्ड को हाँकने का काम ? हर परिवार का बूढ़ा इस काम पर, एक हजार गालियों से लैस, तैनात ! ···दूसरी जाति के पाटों को समय पर नहीं काटा-बाँधा या गोरा गया तो उसके रेशे कमजोर हो जायेंगे। वजन कम देंगे। लेकिन, चन्नीपाट खेत में लगा रहे, कोई हर्ज नहीं। काटकर महीनों सुखाइए। पानी नहीं है, वर्षा होने पर गोरिए गड्ढों में। और दर ? सोनापाट से सिर्फ पाँच रुपया कम !

गाँव के अतिवृद्ध लोगों का मत है–"जब से यह चन्नीपाट आया, आदमी की मति भरम गयी।"

गरुड़ झा राह चलते मन-ही-मन 'नारद-नारद' जाप करता है। उसका विश्वास है, नारद-सहस्रनाम के जाप से मिटा हुआ झगड़ा भी सुलग उठता है, जोर से ! धुधुआकर ! और भी तेजी से–नारद-नारद···!

"निकल जा साला घर से ! मेरा कोई बेट-ऊटा नहीं।" पुतोहू अपने ससुर की इज्जत करती है। घूँघट ताने ही रहती है। घूँघट के नीचे से अगियाबान बोली, महीन आवाज में छोड़ती–"जन्माते लाज नहीं आयी इस बूढ़े को ? कहता है, बेटा नहीं !"

"साले की बेटी ! मुँह तोड़ दूँगा। लँगटा की बेटी साली लँगटी !"

"इह ! बड़ा आया है मुँह तोड़नेवाले का बेटा।" ताल ठोककर जवान बेटा उतर पड़ता है, मैदान में–"आइये तो ! क्या समझ लिया है, उसकी पीठ पर कोई नहीं ?" बाप को ललकारता है बेटा–"आ जाओ, अपने चारों बेटों को भी बुलाओ, दुलरुओं को। यदि कोई असल बाप का बेटा है, आवे ! दे मेरी जोरू की पीठ पर हाथ, अब ! बार-बार मारकर हाथ परच गया है !"···नारद-नारद-नारद-नारद !

"सिर उतार लेंगे। मजा चखा देंगे !" नारद-नारद ! "देख लेंगे थाना-पुलिस को भी। दामूल-हौज झेलेंगे, मगर साले एक की जान जरूर लेंगे।" नारद-नारद ! "गाँव में ही कचहरी खुली है–गिराम पंचैत। सिर्फ दो रुपया खर्च।" नारद-नारद ! "कल आना जमीन पर, वहीं दो टुकड़ा करके गाड़ देंगे।" नारद ! शाम को कोई लड़ैया-भूतों का दल आकर गाँव में, घर-घर में समा जाता है। खाँऊँ-खाँऊँ ! खाँऊँ-खाँऊँ !

गरुड़धुज की खेती लहलहा रही है–सोने-चाँदी की खेती। खन-खन, ठन-ठन ! फिर, घूमने लगा है गाँव। एक-एक प्राणी ताव खाये हुए लट्टू की तरह घूम रहा है–बनबन-बनबन ! एक-दूसरे से टकराते हैं, लुढ़कते हैं, फिर ताव पर चढ़ते···!

पाँचों चक्र नाचने लगे जितेन्द्रनाथ की आँखों के आगे–घनघन-घनघन ! खुशी के मारे गूँगा हो गया, वह। उसने डॉक्टर रायचौधुरी को श्रद्धापूर्वक प्रणाम

किया।··· डॉक्टर रायचौधुरी ने बार-बार कहा—"खूब बॅड़ऽकॅथा !"

बहुत बड़ी बात !

जितेन्द्र का अनुमान सच निकला। कोसी-प्रोजेक्ट की पार्टी नं. 10 ने रिपोर्ट दी है, जाँच करने के बाद—इस परती पर यत्र-तत्र-सर्वत्र कई प्रकार की मिट्टी पायी गयी है। जंगल और वृक्ष ही नहीं, गेहूँ, धान, पाट तथा दलहन-तिलहन की खेती के योग्य धरती भी मिली है।

··· उम्मीद है, अगले सप्ताह ऑपरेशन-पार्टी आ जायेगी।

"बहुत बड़ी बात है यह ! हजारों एकड़ परती इस साल जोती-बोयी जायेगी, ताजू !"

"और, पानी कहाँ से आयेगा, पानी ?"

"किसी सुन्नरि नैका का अवतार कराना होगा ! दन्ता राकस··· !"

"दन्ता राकस ! बाप रे बाप !"

"आरे-दैबा ! ई टैकटर नहीं है रे दैब ! न जाने कौन मशीन है ! ऐसी आवाज ! धरती दलमल करती है !"

·गुड़गुड़-गुड़-गड़-गर्ड़-र्-र्-गड़-गड़-गड़ड़ाड़-गड़गड़ !

"भूकम्पन ! ··· ए धरती डोलती है, राम कसम ! भागो !"

"क्या कहते हो ! उधर देखो···!"

"ए-ले-ह ! हथियासूड़ एक झुण्ड !"

कई बुलडोजर और बड़े-बड़े ट्रैक्टर आ रहे हैं। ऑपरेशन-पार्टी ! आसपास के गाँवों में ट्रैक्टरवाले किसानों को सरकारी सरकुलर आया है—मदद दें।

जितेन्द्र जायेगा ऑपरेशन-पार्टी में, ट्रैक्टर लेकर ! ये लोग डी. वी. सी. में काम कर चुके हैं, पहाड़ी-पथरीली जमीन पर। अब परती पर भेजे गये हैं।···सुन्नरीहाट जंगल के शिकार का मजा यहाँ कहाँ ! यहाँ तो परती है ! अन्य जमींदारों ने अपने ड्राइवर को भेजा है, ट्रक्टर लेकर !

गाँव के नौजवानों का दल परती की ओर दौड़ता है। बड़े-बूढ़े खिसियाते हैं—"गेहूँ ना केला ! केला भी नहीं उपजेगा। ट्रैक्टर से जोते या··· ।"

··· गुड़गुड़-गड़र्र ! भट-भट-भट ! गड़र्र-र्-र् ! फट्ट्ट-फर्ट-फर्र-टर-टर ! अगला बुलडोजर चला रहा है, मि. नेगी, ऑपरेशन-पार्टी का चीफ ! इरावती हाथ में बन्दूक लेकर हवाई फायर करने के लिए घड़ी देख रही है। जितेन्द्र ने अपने ट्रैक्टर पर सवार होने के पहले धीमी आवाज में कहा—"दया कर हम लोगों की ओर निशाना मत तानिएगा।"···इरावती समझती है। लेकिन वह क्या करे बन्दूक छोड़ने के सिवा ? ताजमनी रहती तो निश्चय ही शंख फूँकती। वाह ! ट्रैक्टर पर बजाप्ता सिन्दूर से माँ के चरण-चिह्न, दस उँगलियाँ अंकित हैं ! ताजमनी !

ट्रटठाँय ! ···गर्ड़र-गड़-गड़-गड़-गुड़-गुड़-गुड़-भट-भट-भट। फट्ट्ट-फट्ट्ट-फट्ट्ट-फर्ट ! फड़-फड़, गुड़गुड़ !

प्रान्तीय ट्रैक्टर बोर्ड के सेक्रेटरी मिस्टर सिन्हा ने हँसकर कहा–"हैलो जित्तन बाबू ! आइ एडमायर योर···"

"नॅट ओन्ली मी ! मेरा मीत भी है ! देखिए···।"

एक, दो, तीन···बुलडोजर। क्रॉलर्स, एंगलडोजर्स और दो न जाने कौन-सी मशीनें, जिनके पिछले दो पहिये धतूरे के बीज के बड़े-बड़े संस्करण। जमीन को छलनी बना देंगी, गतर-गतर उधेड़ देंगी ! ···गाँव के अधिकांश लोग तमाशा देखने आये हैं।···जित्तन बाबू ने पूरी बाँहवाला स्वेटर पहन रखा है, घोर लाल रंग का। स्पेशल हैट, ताड़ की पत्तियों का !

डिस्ट्रिक्ट एग्रिकल्चर विभाग का ट्रैक्टर-चालक बोदू बाबू कहता है–"आँख झुलसानेवाले रंग का पुलओवर पहनकर नुमायश लगाने आया है !" बोदू बाबू से बातचीत कर चुकी है इरावती ! इस परती पर बोदू बाबू को हरी-भरी जगह मिल गयी, आते ही।···इरावती धानी रंग की साड़ी पहनकर आयी है। कितना मैच करता है, आज ! कोकटी रंग की, बिना किनारीवाली साड़ी में मैली लगती थी ज़रा ! अभी तो स्वर्ण रंग ! ···हू इज दिस जेण्टलमैन जितेन्दर बाबू ?···जमींदारी चली गयी है, नवाती नहीं गयी ! दिमाग सही है, इसका ? यही है वह आदमी ? 'हुआ सवेरा' में पटनियाँ निडर जिसको खूब गलियाता है ?··· सही है। बहुत ऐय्याश आदमी ! इरावती से इसका क्या सम्बन्ध ? ट्रैक्टर मोड़ते हुए उसने जितेन्द्र पर निगाह डाली। एक-दूसरे को देख रहे हैं, पाइलट-गॉगल्स से ! अन्धकार में धुँधली दो जोड़ी आँखें !

··· ठुट्ठी पाखर के पास ! चलो-चलो ! टकटर का रेस हो रहा है, घुड़दौड़ की तरह। कौन फस्ट आता है ! चलो, चलो !

गाँव के लोगों ने देखा–करीब दो सौ बीघे जमीन जोती जा चुकी है।

ठुट्ठी पाखर के ठूँठे डाल पर भवेश अपनी मूवी के लिए उपयुक्त कोण तजवीज कर बैठा हुआ है–यहाँ आकर ट्रैक्टर मुड़े, सूरज की रोशनी शीशे पर झिलमिलायी···एक, दो, तीन, चार-पाँच ! रह-रहकर सूरज की रोशनी झिलमिलाती ! किर्र-र्र-र्र-रि··· !

ताजमनी सिंगार कर रही है माँ तारा का !

··· मिश्रजी अपने साथ एक बैग हमेशा रखते हैं ! उसमें कुछ कागज ऐसे हैं जिन्हें कहीं दूसरी जगह छोड़कर निश्चिन्त नहीं रह सकते। उस दिन उन्होंने खोलकर दिखलाया था, एक भोजपत्र पर पाँच चक्र अंकित ! चक्र के आसपास कुछ चिह्न, चीनी या जापानी लिपि के मेल के ! ··· और, कई मुकदमों के कागज। मुझे कोई दिलचस्पी नहीं मुकदमे की दलील से। किन्तु, इन तीन सौ रेखाचित्रों को तो भूलना असम्भव है। मिश्रजी ने बसहा कागज पर लाल रेखाओं से अनेक चित्र अंकित किये हैं ! रानी-बहिना की एक छवि ! ··· तीन उनके भी बनाये हुए हैं।

इस चतुर चितेरे की तलहथी को अवाक् देखती रही। फिर, धीरे-से मैंने उसे चूम लिया। कलाकार की काँपती हुई उँगलियों ने मेरे ओठों पर गुदगुदी पैदा कर दी।···अब, इनसे कोई सीधी रेखा नहीं खींची जायेगी।···इस बार माफ कर दो! एक बार फिर इनमें शक्ति दो। माँ श्यामा ! जाल नहीं करने दूँगी। वचन देती हूँ।

उँगलियों की थरथराहट बढ़ती ही गयी। मेरे बालों में उँगलियाँ फेरकर अपनी थरथराहट को बहलाने लगे।

ओ माँ ! ऐसा तो न करो कि मेरा स्वामी कलम ही न पकड़ सके !

[पाँच पृष्ठों पर पद्य हैं, डेढ़ सौ पंक्तियाँ !]

कलम पकड़ेगा मेरा लॉली !

मुँह में दाँत पूरे उगे भी नहीं, भात चाहिए। क्या लेगा रे छुट्टू पण्डित, भात ?

अन्नप्राशन के दिन जित्तन की जन्मकुण्डली मिली है। लिखा है··· अथ··· दशम्यां··· फलम्–धर्मैकबुद्धिर्बहुवैभवादयः प्रलम्बकण्ठो बहुशास्त्रपाठी। उदारचित्तो नितरा विनीता रम्यश्च कामी दशमाभवः स्यात्।···

···अथ शुक्रवासरे जन्म तत् फलम्–सुनीलसंकुचितकेशपाशः प्रसन्न्वेशो मतिमान् विशेषात्। शुक्लाम्बरः प्रीतिधरो नरः स्यात् सन्मार्गगो भार्गववारजन्मा।

···कान्तः सुखी भोगयुतश्च मानी प्रियः प्रवक्ता···सुगुप्तबुद्धिः खलु दीर्घजीवी। मिष्टान्नपानानुरतो विनीतः···।

मैं खोज रही हूँ–यह आँकेगा या नाचेगा या क्या करेगा !

···देवद्विजार्चाभिरतोऽभिमानी धनी दयालुर्बलवान् कलाज्ञः !–हाँ, है ? है रे छुट्टू पण्डित ! तू कलम भी पकड़ेगा, आँकेगा !

–देखो जी छुट्टू पण्डित ! तुम्हारी बहुत-सारी बातों को आज अन्नप्राशन के दिन कटवा दिया है। लटकती इमली की तरह तेरी जटायी हुई लटें कट गयी हैं। ···बेचारा अपने मुड़े हुए सिर पर बार-बार हाथ फेरकर मुँह देखता है। अरे हाँ, हाँ, है, है ! है तेरी चुटिया ! ···चुटिया काटने से तो छुट्टू पण्डित नहीं, छुट्टू संन्यासी ! छोटा-सा संन्यासी ! ··· नहीं, नहीं। हमारा जितेन्द्र संन्यासी नहीं होगा ! सत्कर्म वेषः··· तू गृहस्थ होकर सत्कर्म करेगा ! तू आँकेगा ! तू गढ़ेगा ! सिरजेगा ! ···

दुलारीदाय के तीनों कुण्ड तेरे नाम लिख देती हूँ। तू इन कुण्डों के पास बैठकर एक-एक पद्‌म को अंकित करेगा, पंछियों का गीत सुनेगा। भौंरों की गुंजन से अपना तानपूरा मिलायेगा, तू गायेगा।···कमलगट्टे बेचेगा। मछली पकड़ेगा, खायेगा, बेचेगा, सबकुछ करे–जाल नहीं करेगा ! कभी नहीं, कभी नहीं ! परोपकारार्थ इन कुण्डों को बेच भी सकता है।···अच्छा, इधर आ ! तू क्या-क्या होगा, बोल, सुखी, भोगी ?

–हाँ-ते ! ···अच्छा ? मौज करेगा ! ठीक है। बड़ा चालाक है, छुट्टू ! अच्छा, प्रियप्रवक्ता !

–हाँ-ते !

–तू बीच में मत टपक, पुतली ! बासी भात खायेगा, भेड़ चराने जायेगा, पीछे पूछना।⋯तू लिखेगा, गायेगा, नाचेगा और भेड़ भी चरायेगा ? तब तू मार खायेगा ! अच्छी बात, नाचगान में, इन कुण्डों को बेचकर फूँक भी दे तो कोई हर्ज नहीं। किन्तु, जालिया काम ?⋯नेवर ! कभी नहीं ! बहुशास्त्रपाठी ? अपनी विद्या-बुद्धि को जमीन और जमींदारी-अर्जन में मत लगाना !

उस रात हमने माँ तारा की वन्दना की। मेरे स्वामी ने कहा–'प्रार्थना करो, जीत को कभी राजकाज में नहीं फँसना पड़े। नहीं तो उसका ज्ञान भी जाल-फरेब में ही खर्च होगा।'

'नहीं, नहीं !'⋯ मुण्डमालिनी, पद्मालया, शक्तिस्वरूपिनी, शिवभावभाविनी भगवती, जगन्माता, हमारा लॉली तेरे हाथ !

मिश्रजी के हाथ का कम्पन कम हुआ है। किन्तु, मेरे ललाट पर बिंदिया सजाने की असफल चेष्टा करते समय, उनकी लाचार आँखें मुझे मार डालती हैं। उँगलियों की थरथराहट रोकने की कोशिश में कँपकँपी और भी बढ़ जाती है। मैंने चिकित्सा की बात चलायी तो हँसकर बोले–'असम्भव ! नसों और रोगों की बात मुझसे ज्यादा कोई वैद्य नहीं जानते।⋯मुझे उपयुक्त दण्ड मिला है। सरस्वती के दरबार में, इस तरह के कुकृत्य करनेवालों को कभी क्षमा नहीं किया जाता। हाथ का कम्पन कोई बड़ी सजा नहीं, हल्की सजा है, वरना, गलितकुष्ठ⋯!'

'स्वामी !'

'हाँ, गीत ! मैंने अपनी आँखों देखा है, विद्या के गर्व में चूर, सरस्वती के भाल पर कलंक का टीका लगानेवाला अपनी गली हुई हथेली, चादर के नीचे छिपाकर मक्खियों से बचने के लिए भागा फिरता है⋯।'

⋯मेरे स्वामी का अपराध क्षमा करो, माँ शारदे !

प्लाण्टर्स बौखलाये हुए हैं।

जिले-भर के मैथिल-पण्डितों को उकसाया गया है–शिवेन्द्र मिश्र को जाति से बहिष्कृत करो पण्डितों ! ⋯इधर कुछ दिनों से मिश्रजी की गुप्त बातें विरोधियों को कैसे मालूम हो जाती हैं ? अब तक ऐसा नहीं हुआ। कभी नहीं !

–पण्डितों की सभा ने मेरे स्वामी को निर्वेद घोषित कर दिया। अब्राह्मण ! ⋯हाँसामारी के निर्गुण झा को मिर्जापुर के साहब ने पचीस बीघे जमीन दी है। उसी ने प्रस्ताव किया था–'शिवेन्द्र मिश्र को जाति से बहिष्कृत किया जाये !'

'गीत ! संकीर्ण संस्कार के गहन अन्धकार में एक जीवित धर्म को कब तक छिपाकर रख सकता है कोई ? उदार, उन्मुक्त धर्म को घेरे में नहीं रखा जा सकता।'

मिश्रजी को मैंने पहली बार अपनी मैथिली तुकबन्दी सुनायी–'शिव'क घरनी बड़ बुधियारि, भाँग'क लोटा अछि तैयार !'

'बहुत सुन्दर ! बहुत सुन्दर ! ⋯और, इन कठपण्डितों के कहने से मैं तुमको

छोड़ दूँ ? असम्भव !'

ब्राह्मणों ने मिलकर मेरे पतिदेव को, हमारे परिवार को निर्वेद घोषित कर दिया। ब्राह्मणेतर ही नहीं, चाण्डाल की कोटि का मनुष्य ! मेरी कोठी का नाम दिया–गृद्धवास कोठी···! गीतवास ! ··· प्रान्त के विभिन्न जिलों की पाँच पुत्रियों के पिताओं ने मिलकर दावा किया–हमारी पुत्रियों का पाणिग्रहण करके परित्याग कर दिया है। भरण-पोषण का व्यय वसूल करवा दिया जाये !

मिश्रजी गुस्से से जल रहे हैं–'जानती हो ? जीत की माँ के सम्बन्ध में कैसी-कैसी फूहड़ बातें उड़ायी हैं पण्डितों ने ? ··· देखता हूँ, ब्रह्म-हत्या का पाप मेरे सिर पर मँडरा रहा है।'

'नहीं, स्वामी ! ऐसा मत सोचिए !'

रानी-बहिना तिरहुत की मैथिलानी नहीं। मालदह जिले की लड़की है। गरीब पुरोहित की बेटी है तो क्या हुआ ? ···रूप और गुण पर मोहित होकर मिश्रजी ने अपने कीर्तन के आचार्य से उनकी पुत्री के पाणिग्रहण का प्रस्ताव किया था ! ···पण्डितों ने प्रचार किया है–देवदासी को फ़सलाकर ले आया है।

'लरेना खवास अपने को क्या समझने लगा है ! स्वामी के सामने हमें अपदस्थ करने की हिम्मत कैसे हुई, उसकी ?'

'गीत ! इस लरेना से बहुत-कुछ काम निकालना है, अभी चुप होकर सह लो।'
'आप आवश्यकता से अधिक विश्वास करते हैं, उसका। यह अच्छा नहीं जँचता। रानी-बहिना को भी दुख है।'

लरेना बड़बड़ाता आया, बाहर से–'दो-दो इस्टेट को सँभालने का यही नतीजा होता है। एक तरफ भी पूरा मन देकर कुछ नहीं किया जाये··· । हजूर ! आप अभी पाँच दिन परानपुर हवेली छोड़कर कहीं मत जाइए। हाँ, बात है। एकान्त में कहने-सुननेवाली बात, कब कहे आदमी ? यहाँ तो हमेशा··· ।' परमपति की लाचार दृष्टि को देखकर हम दोनों अन्दर चली गयीं।···'लरेना के मुँह पर मैं हमेशा शैतान की छाया देखती हूँ।' रानी-बहिना बोली। मैंने कहा–'मैं भी।'

'रहिकपुर के किसी प्लाण्टर से रामपुर-लहना के पतनीदार की लड़ाई है। मिश्रजी से मदद माँग रहा है, पतनीदार जैनन्दन साही। बदले में हल्दिया गाँव की जमीन दे रहा है, जमींदारी हक के साथ !' ···लरेना इसी काम में अपने को व्यस्त बतलाता है। इसी काम की प्रतीक्षा कर रहे थे मिश्रजी !

मेरा लॉली अस्वस्थ था। लौटने का जरा भी मन नहीं था। बुखार से तपी हुई उसकी देह।···रात के तीसरे पहर में ताप कम होते ही मुस्कराने लगा था–'हाँ-ते ! ना-ते !'

मैंने स्वामी से आज्ञा माँगी। आज्ञा मिल गयी, किन्तु लॉली···? मेरी साड़ी का खूँट छोड़कर पुतली का गला पकड़कर लटक गया। सारी हवेली को कँपा देनेवाली उसकी चीख–'आआ-मेम्माँ ! मेम्माँ रे-ए-ए-ए ! आँ-हाँ !' मैंने स्वामी की ओर देखा। लेकिन उनकी आँखें झुक गयीं। उन्होंने नहीं कहा–'मत जाओ !'

मेरी डोली उठ गयी।…सेमलबाग के पास तक कान लगाकर सुनती रही। वही चीख–'मेम्माँ रे-एए !' निश्चय ही धरती पर माथा पटक रहा होगा। जिद में ऐसा ही करता है, वह।

डोली के साथ पैदल चलती हुई पुतली रह-रहकर अपनी आँख और नाक पोंछती रही, सारी राह।

मिश्रजी गिरफ्तार ? ऐंय ?

हवेली की कालीबाड़ी में नोट बनाने और रुपया ढलाने के सामान पकड़े गये !… माँ तारा, यह क्या ?

लरेना खवास आया है मूँगा पर सवार होकर !–हवेली के एक-एक पैसे को जप्त कर लिया गया है। मिश्रजी को जमानत पर छुड़ाना है। कलकत्ता दौड़ना होगा। रुपया चाहिए।…

'कितना चाहिए रुपया ?' उस दिन लरेना पर से सारा गुस्सा उतर गया।… स्वामी-भक्त है। हम औरत की जाति ! हमारी बुद्धि ही कितनी ! इसीलिए, हमारे स्वामी इसको इतना दुलार करते हैं। कहता है–'जब तक मिश्रजी को जेल से न छुड़ाऊँगा, सिद्ध अन्न मुँह में नहीं डालूँगा।'

'रुपये की कमी नहीं। कितने की जरूरत है ? पाँच हजार ? ला देती हूँ।'

मेरा मूँगा ! … ऐसा उदास कभी नहीं देखा !

मम्मी मुझे समझाती है–'उसको कुछ नहीं होगा ! मैं जानती हूँ। तुम्हारे पति को मैं भी पहचानती हूँ। वह बिना ताज का बादशाह है !'…माँ तारा ! तू ही बोल रही है मेरी मम्मी के दिल में पैठकर ! पहले मेरी मम्मी कितना भय खाती थी !

श्यामगढ़ स्टेट के राजा कामरूपनारायण आये हैं।…परानपुर हवेली में कोई विशेष चांचल्य नहीं, क्योंकि राजा साहब ने आते ही सख्त हिदायत दी है–"बगैर पूछे न एक कप चाय और न एक गिलास पानी।"

"एक प्लेट उबले हुए आलू और दो अण्डे ! बस, यही मेरा दिन का भोजन रह गया है।"

"निश्चय ही आपने कोई व्रत लिया है !"

–"हाँ, हाँ। व्रत।…जब तक अपने विरोधी को वाजिब जवाब नहीं दता हूँ, आहार-निद्रा हराम !" राजा साहब आलू में कालीमिर्च की बुकनी मिलाते हुए बोले–"मैं ठहरूँगा नहीं, जित्तन ! एक घण्टा मेरे पास बैठ नहीं सकते ?"

"आज्ञा !"

"मैं तुमसे पूछने आया हूँ, तुम क्या कर रहे हो ?"

"मैं ? कुछ नहीं।"

"अपने पुराने दुश्मन को भूल गये ? लेकिन, वह तुमको नहीं भूला है !"

"कौन ? मैंने नहीं समझा।"

दाँत कटकटाकर कामरूपनारायण ने झिड़की दी–"समझोगे क्यों ? अब तो गोली का डर नहीं ! वह प्रान्तीय कांग्रेस का सहायक मन्त्री हो गया है, इससे क्या ? गोली दगानेवाले अभी भी उसके पास हैं। तुम्हारी जगह पर मैं होता ? ··· मैं तुम पर कोई विचार लादने नहीं आया हूँ। मैं सलाह देने आया हूँ। राजनीति के पुराने खिलाड़ी हो। उपयुक्त टीम चुनकर उतर पड़ो मैदान में। जहाँ तक मेरी पार्टी का सवाल है, तुम्हारा सदैव स्वागत···!"

जितेन्द्र सोच में पड़ गया।···लज्जित हुआ ! राजा साहब ने उस बार कुबेरसिंह के सहचरों के हाथ से बचाया था ! लेकिन··· ?

"तुम लोगों की देह में न कहीं आन है और न कैरेक्टर में कोई रीढ़ !··· तुम नहीं समझोगे ! अपमान से मेरी जिन्दगी जल रही है !"

जमींदारी-उन्मूलन के बाद राजा साहब ने अपने जिले में अपनी पार्टी की नींव डाली। आज, बिहार के कई जिलों में जड़ मजबूत हो चुकी है।

राजा साहब कहते हैं–"अपने इस्टेट के तीन सर्किल मैनेजर, पचास पटवारी और डेढ़ सौ प्यादों को लेकर मैंने प्रजापार्टी का शिलान्यास किया। कहा–चलो ! तुम्हारी नौकरियाँ अपनी जगह पर बरकरार ! जमींदारी चली गयी, राजा चला गया, फिर भी मैं वेतन दूँगा। ओहदा बदल गया है, काम बदल गया है।··· और, आज देखो ! कई वामपन्थी पार्टियों के सधे-सधाये लोग आ गये हैं, वकील, मुख्तार, प्रोफेसर, छात्र, महिलाएँ। मैंने राज्य-भर में बिखरी ऐसी शक्तियों का संचय किया है, जो सही नेतृत्व के अभाव में, बुझी जा रही थीं। पिछले दिनों, दो-दो वामपन्थी पार्टियों ने प्रजापार्टी के झण्डे के साथ अपना-अपना झण्डा बाँधकर, विधानसभा के सामने प्रदर्शन किया है।··· रेण्ट-फ्री लैण्ड, बगैर किसी खजाना के जमीन ! दे सकी है आज तक कोई पार्टी ऐसा क्रान्तिकारी नारा ?··· बोलो, कुछ कहो !"

"मौसाजी ! मेरे मन में कोई भी राजनीतिक महत्त्वाकांक्षा नहीं। मैं क्या जवाब दूँ, आपको ?"

राजा साहब ने घड़ी देखी। अपने ड्राइवर और सहकर्मियों को आदेश दिया–"गाड़ी तैयार रखो !" जितेन्द्र की ओर देखकर बोले–"मुझे तुम्हारे बारे में गलत सूचना दी गयी। मैंने समझा था तुम मिलिटेण्ट हो। मुझे क्या मालूम था कि एक हिजड़े से मिलने जा रहा हूँ।···परती की तरह निपट्ट निकले तुम ! लाज नहीं आती ? पतनीदार का बेटा है !··· मैं बैठा नहीं रह सकता।"

जित्तन ने हिम्मत बटोरकर जवाब दिया–"मौसाजी ! अपने रेडियो पर इस मैच का आँखों-देखा हाल सुनने के लिए नियमपूर्वक मैं ट्यून करूँगा !"

"अच्छी बात !··· सुनोगे, जरूर सुनोगे। इस बार नहीं तो आनेवाले वर्षों में। मैं चुप बैठा नहीं रह सकता।"

जितेन्द्र जानता है, कांग्रेस के अन्दर की घुटती हुई शक्तियों और पराजित पुरुषत्व का गुप्त सहयोग प्राप्त है, राजा साहब को !

"सुनेंगे। सभी सुनेंगे–प्रजापार्टी तीन गोल से विजयी ! ... हुर्रा-आ !"

पनघट पर जित्तन बाबू की चर्चा चली हुई है। सामबत्ती पीसी कहती है–"जो भी कहो, मन साफ है जित्तन बाबू का। कल मेरे घर के बगल से जा रहे थे। मैं केश का ढील[1] हेरवा रही थी धूप में बैठके, रमधनियाँ की माँ से। जित्तन बाबू पर नजर पड़ी तो भाग के पुआल के बोझे की आड़ में चली गयी, कि पुकारने लगे–'सामबत्ती, तुम्हारे यहाँ भफ्फा[1] नहीं बनता, अब ?' मैं तो लाज से गड़ गयी। ...आज भफ्फा बनाके दे आयी, गरम-गरम। हाथ से लेकर लुबलुब बच्चों की तरह खाने लगे। सच कहती हूँ। उनका कुत्ता अब कुछ नहीं बोलता !"

फेकनी की माय बोली–"आकि देखो ! जिस मुँह से खाये, उस मुँह से शिकायत नहीं करे आदमी, किसी की ! कल फेकनी के बाप को हवेली का प्रसाद खाने का मन हो गया। थाली लेकर गयी फेकनी।... जित्तन बाबू की माँ के समय फेकनी का बाप हवेली में ही पड़ा रहता था। आकि देखो, जित्तन बाबू ने फेकनी से कहा, रोज प्रसाद ले जाओ, बूढ़े के लिए।"

सेमियाँ बोली–"आज मेरे दरवाजे के सामने कैसा मजा हुआ ! टोले-भर के बच्चे मेरे बथान के पास खेल रहे थे। जित्तन बाबू को देखकर कुछ भागे तो रामलगन भैया के बेटे ने कहा–'जै हिन्न !' हँसने लगे जित्तन बाबू। मनोहर की सबसे छोटी बेटी जो डगमग कर चलती है, ठिठककर खड़ी रही। जित्तन बाबू आगे बढ़ गये तो उतनी-सी टुन्नी छौंड़ी पुकारकर कहती है–'हेय ! मारे कन्ने ?' ... उसका बाप हमेशा डर दिखलाता है न !... चुप रहो नहीं तो हवेली पर पकड़कर ले जायेंगे ! मारेगा हवेलीवाला ! इसीलिए, वह छौंड़ी पूछ रही थी कि क्यों मारते हो ?"

"तू भी ऊन की बात दून करके बोलती है। नाभी लगी हुई छौंड़ी वैसी बात बोलेगी भला ?"

घर-घर-घर-घर्र-र–डबाक् !

पनभरनियों ने भण्डुल हुए भोज के लिए, बारी-बारी से ब्राह्मण, क्षत्रिय और भूमिहारों को जिम्मेदार ठहराने की कोशिश की। फत्तू खलीफा की घरवाली ने लुत्तो का नाम लगाया।

सामबत्ती पीसी के कान में सेवियादी ने कोई बात कही। सामबत्ती पीसी हँसकर बोली–"दुत्त ! ... तजमनिया का जुठाया हुआ फल अब कौन खाये ?"

फेकनी की माय ने राह में रुककर कहा, दोनों से–"आकि देखो, जो बात अपनी आँख से नहीं देखे कोई, बोले नहीं कहीं। बाकि, बेवा हो गयी है फिर भी जीभ नहीं समेटती है बाभिन फूहा। अभी कह रही थी सबसे कि तजमनियाँ अँगभरबी है !"

---

1. ढील = जूँ। 2. अरवा चावल से आटे पर भाप से पकी हुई, मद्रासी इडली की तरह की चीज।

सामबत्ती पीसी ने कहा–"फूहा को पाँच आँख है। मैं कल ही आयी हवेली से। तजमनियाँ जैसी थी, वैसी ही है।···फूहा जलती है क्यों, सो नहीं जानती ! अभी जब मैं भफ्फा की बात बोल रही थी तो देखा नहीं, मुँह कैसा चुनिया रही थी, साड़ी की कोंची की तरह !"

"चुप रहो, आ रही है।"

फूहा बड़बड़ाती आ रही है। रास्ते में रुककर गीले कपड़े को निचोड़ती है और जोर-जोर से कहती है–"उत्ती-जरी छौंड़ी की बोली तो सुनो ! मैं तो अभी उसकी माय से जाकर पूछती हूँ कि कब मुझे जित्तन से क्या हुआ था !"

सामबत्ती पीसी ने आँख के इशारे से सेविया और फेकनी की माँ से कहा–'चलो। बेबात का झगड़ा··· !'

जितेन्द्र अकेलेपन के अन्धकार से बाहर निकलना चाहता है।

···सांस्कृतिक जीवन पर राजनीतिक प्रभाव अवश्य पड़े हैं। किन्तु उसकी काली प्रतिच्छाया सर्वग्रास नहीं कर सकी है, अभी भी ! ··· जितेन्द्र हिजड़ा नहीं ! वह अपनी शक्ति पर फिर से विश्वास करने लगा है। उसका सबसे बड़ा सपना सच हुआ है।

··· गाँव-समाज में, मनुष्य के साथ मनुष्य का व्यक्तिगत सम्पर्क घनिष्ठ था, किन्तु वह अब नहीं रहा। एक आदमी के लिए उसके गाँव का दूसरा आदमी अज्ञात कुलशील छोड़ और कुछ नहीं।···कहाँ है आज का कोई उपयोगी उत्सव-अनुष्ठान, जहाँ आदमी एक-दूसरे से मुक्तप्राण होकर मिल सके ? मनुष्य के साथ मनुष्य के प्राण का योगसूत्र नहीं।

···प्रीति-बन्धन के खोये हुए सूत्र को खोजकर निकालना होगा। नहीं तो, इस सार्वभौम रिक्तता से मुक्ति की कोई आशा नहीं।

···परमादेव की सवारी के दिन, गाँव में चांचल्य ! रघ्घू रामायनी की गीतकथा के समय, शामाँ-चकेवा की रातों में, बन्द मन के झरोखे जरा खुले थे।···जात्रा, संकीर्तन, नाटक के अवसरों पर आनन्द से सारा गाँव फूला-फूला रहता। और, अब ?

··· जितेन्द्र अपने को फिर से युक्त करेगा, चक्र में। पाँच चक्र नाच रहे हैं ! घनघन ! घनघन !

··· ट्रट्ठाँय ! ऑपरेशन पार्टी को चाय की छुट्टी मिली।

···इरावती और राजा कामरूपनारायण, दो अपमानित आत्माएँ ! दोनों ने अपने अपमान का बदला चुकाने के लिए व्रत लिया है। राजा साहब कह रहे थे–"समझे जित्तन ! इतिहास लिखनेवाले यह नहीं लिख पायेंगे कि एक दृढ़ इंस्टिट्यूशन यों ही ढह गया; इसने कोई रीढ़दार व्यक्ति पैदा ही नहीं किया !" ··· इरावती कहती है, "रोज–हमारी अशुभ मूरत देखकर लोग राह काटते हैं। राजनीति के कदर्य-कीच से इस नयी जाति का जन्म हुआ है। मैं चाहती हूँ, कोई यह न कहे कभी–समाज

की रगों में विषाक्त बीजाणु का प्रवेश इसी नयी जाति ने कराया।"···भिम्मल मामा आजकल जितेन्द्र के सामने एक नयी पंक्ति दुहराते हैं–"तान्त्रिक का बेटा गणतान्त्रिक !"

"गोबिन्दो ! डेढ़ घण्टा पहले ही सुरपति बाबू ने··· !"

ताजमनी की बोली सुनकर जितेन्द्र ने अपनी अस्त-व्यस्त लुंगी सँभाली। ताजमनी के पहले ही प्रफुल्ल मीत चुलबुलाता हुआ आया।···निश्चय ही आज चाय के साथ पकौड़े आ रहे हैं। पकौड़े के लिए चोरी भी कर लेता है मीत, कभी-कभी। "क्या डेढ़ घण्टा पहले ?"

ताजमनी झुँझलायी हुई आयी–"सुरपति बाबू ने डेढ़ घण्टा पहले कहला भेजा कि चाय जरा जल्दी दे जाये घोंसला में। कहीं जा रहे होंगे, दोनों। सो, अभी तक गोबिन्दो ने केतली भी नहीं चढ़ायी है। कहता है–आगाड़ी दादा बाबू को चा देके तॅब··· ।"

जितेन्द्र हँस पड़ा। ताजमनी भी हँसी। पिछले कई दिनों से गोबिन्दो घोंसलावासियों से चिढ़ा हुआ है।···सुरपति और भवेश और गोबिन्दो के लड़ाई-झगड़े बड़े रसीले होते हैं। जरूर कोई नयी बात होगी।

घोंसला में कोई बात हो, ताजमनी को तुरन्त मालूम हो जाती है। ताजमनी हँसकर कहती है–"इस बार बंगाली-बिहारी झगड़ा हवेली में भी शुरू हुआ है !"

"सच ? क्या हुआ ? घोंसलावालों को भी बुलाओ, यहीं पियें चाय !"

ऐसी बात से गोबिन्दो और चिढ़ता है। कहता है–"मॅन को माफिक थोड़ा-सा बनाकर कुछ ले जाओ तो दस जॅन भागीदार··· हँ-हँ !"

"बात क्या हुई है ?"

"सुरपति बाबू ने पखारन काका और गोबिन्दो में लगा दिया। पखारन काका ने कहा–भात सालन बनानेवाला बंगाली हमरा से पार पाई ? भवेश किन्तु, गोबिन्दो के पक्ष में रहा। गोबिन्दो ने जवाब दिया–बंगाली को माथा को बराबरी दुनिया को कोई बेटा नहीं ! और भवेश ने कहा–ठीक कहता है··· !"

जितेन्द्र ने कहा–"ठीक कहता है नहीं, ठ्ठ्ठीक क-कहता है !"···प्रसन्न होकर जब कोई प्रिय घटना सुनाने लगती है ताजमनी, अपूर्व चित्र उपस्थित कर देती है। जितेन्द्र ने ताजमनी से ही सीखा है।

"ताजू ! ···बहुत दिनों की लालसा है, एक। अरे, घबराओ नहीं ! मैं कह रहा हूँ··· ।"

"बहुत दिनों की लालसा है, मेरी भी एक। एक नहीं, अनेक। किन्तु, उन्हें माँ काली ही पूरा कर सकती है।"

"ठीक है, मेरी लालसा को तुम माँ काली के पास पेश करो।···मैं तुमको मंच पर देखना चाहता हूँ।"

"फाँसी-मंच पर ?"

"लोक-मंच पर !"

"कोई पार्टी है किसी राजा की ?"

"हाँ ! नाच-पार्टी, इरा रानी की !"

चिक के उस पार गोबिन्दो ने खखासकर गला साफ किया—"हें-खें-क !" आ-रे, रहो-रहो। मीत बाबू···।

"तब तो मैं सचमुच रानी समझूँ अपने को ?" इरावती खिल पड़ी।

"हाँ इरा ! मेरे अपमानित जीवन के घाव फिर से हरे हुए हैं। मैं अपने मुँहबोले मौसा को धन्यवाद देता हूँ, जिन्होंने गाल पर थप्पड़ मारकर ताजा कर दिया।"···पाँचों चक्र बायीं ओर घूमते हैं। जितेन्द्र के अपमानित जीवन की उपकथाओं की पोथी के पिछले पन्ने उलटते हैं, फड़फड़ाकर !

···नकटा ! नकटा बना दूँगा जीवन-भर के लिए, याद रखो भैया ! ···चाहकर भी तुमको प्राणदण्ड नहीं दे रहा। जाओ, जिन्दगी-भर के लिए नपुंसक होकर जियो, जीना ही चाहते हो यदि तुम ! लम्पट !

1942 का मार्च··· !

जितेन्द्र ने पार्टी के अन्दर और बाहर अपनी शक्ति बढ़ा ली थी, धीरे-धीरे। कुबेरसिंह की सतर्कता के बावजूद वह स्वतन्त्र होता गया··· कुबेरसिंह ने ढील दे दी थी—बँड़सी में बझी हुई मछली, जायेगी कहाँ ? लग्गी कुबेर के हाथ में है।

1942 की फरवरी में ही प्रगतिशील समाजवादी पार्टी के सामने अगले कदम का प्रश्न उठा।··· कुबेरसिंह के मन में कोई और बात पक रही थी, जितेन्द्र कुछ और सोच रहा था। वाणी दास की अपनी राय थी।

कुबेरसिंह ने जान-बूझकर मीटिंग की तारीख एक महीना आगे बढ़ा दी और पार्टी के आवश्यक काम से कलकत्ता चला गया।

वाणी दास सम्भवतः कुबेरसिंह के प्रस्थान की प्रतीक्षा कर रही थी।··· जितेन्द्र से प्रार्थना की वाणी दास ने—"जितेन्द्रभाई ! मुझे निकालो इस अन्धकूप से ! कल ही चलना है, साथ तुम चलोगे ? नहीं तो, मैं-मैं···।"

"वाणीदी, किस समय चलना है, मुझे कह दें।"

"सुबह खुलनेवाली बस से !"

···सुबह खुलनेवाली बस से कोडरमा ! कोडरमा में टिकट खरीदते समय जितेन्द्र ने समझा, बनारस जा रही हैं वाणीदी !

"भैया ! ···तुम पर अविश्वास नहीं करती। माखनदा ने बुलाया है ! माखनदा ! चण्डीपुर बम-केस में अण्डमन की सजा पानेवाले, नौजवाने-गदरपार्टी के प्रधान ! पिछली प्रान्तीय कांग्रेसी सरकार बनने पर अण्डमन से लौटकर अपनी पार्टी को पुनर्जीवित किया है, माखनदा ने। पिछले कई महीनों से फरार हैं !" —वाणीदी वाग्दत्ता हैं, माखनदा की। माखनदा की पार्टी और जितेन्द्र की पार्टी में साँप और नेवले की दुश्मनी है। वाणीदी किसी संकट से बचने के लिए ही प्रगतिशील समाजवादी

दल में आयी थी। दो वर्षों तक सहती रही कुबेरसिंह के उत्पातों को। जितेन्द्र, पार्टी-दफ्तर में आकर रहने लगा। कुबेरसिंह से जान छूटी। वाणीदी की उपस्थिति से जितेन्द्र की पार्टी को बहुत लाभ हुए, इसको पार्टी का एक-एक सदस्य जानता है। वाणीदी को शहर का बच्चा-बच्चा जानता था–'मिष्टीमुखी मासी' !–केदारघाट की सीढ़ियों पर बैठकर वाणीदी से की हुई बातों को कभी भूल सकता है जितेन्द्र !

बंगालीटोला का खालिसपुरा मुहल्ला ! ···चार-मंजिले की छत पर बैठकर दूर, हिन्दू विश्वविद्यालय के कलश और गुम्बजों पर निगाहें डालकर बैठा रहता जितेन्द्र। वाणी दास राजघाट पुल से गुजरनेवाली हर गाड़ी के बारे में पूछती–"कौन गाड़ी है यह ?"

···प्रतीक्षा में कई दिन कट गये। माखनदा नहीं आये ! एक शाम को, नौकाविहार से लौटकर जितेन्द्र ने देखा, एक व्यक्ति बगलवाली दूकान पर बीड़ी खरीदता हुआ घूर-घूरकर देख रहा है।··· वाणी दास थमक गयी।

रात-भर माखनदा और वाणीदी छत पर रहे। जितेन्द्र सीढ़ी के पास खाट पर लेटा पहरा देता सो गया था।··· देह को छूकर जगाया वाणीदी ने–"जीत भाई !··· आमरा चॅललाम। उनी··· !"

जितेन्द्र, दरी हाथ में लेकर छत पर सोने चला गया।

कुबेरसिंह भूखे भालू की तरह प्रतीक्षा कर रहा था।···आवे इस बार ! इस पार या उस पार !···

"आइए, शहबाला साहब ! आ गये आप ? चौंकिए मत।"

जितेन्द्र पर इस व्यंग्य-वचन की कोई प्रतिक्रिया नहीं हुई। तब, कुबेरसिंह ने अपने चेहरे पर पके व्रण से कील निकालने के लिए हाथ के आईने पर दृष्टि डाली। ··· अवकाश के क्षण यही करता है, कुबेरसिंह। झोली से आइना निकालकर अपने चेहरे पर जामुन की तरह उभरे व्रणों से रस या कील निकालता। इन्हीं अवसरों पर वह अपनी प्रहारात्मक प्रवृत्ति को तेज किया करता।···ओठों पर दाँत बिठाकर व्रण का कील निकालते हुए कहा कुबेरसिंह ने–"मैं-ऐं-ने समझा था वाणी दास आपके पुरुषत्व की चेरी है। लेकिन गलत समझा मैंने।··· म-म-मैं ? मेरा दावा है कि मैं उसको सारा जीवन अपनी अँगुलियों के इशारे पर नचाकर रखता। लेकिन, बीच में टपके आप !···एक डिस्पेप्सिया का मरीज माखन लाहिड़ी पॉकेट से औरत छीनकर चला गया और आप शहबाला बनने की खुशी में हैं ? वाह रे सुपुरुष !"

"आपने आज भंग ज्यादा छान ली है, लगता है।"

"बनारस से आये हैं आप और भंग का नशा हो मुझे ? क्या बात की आपने !" कुबेरसिंह झोली में आईना रखते हुए बोले–"आपके अभिमान का कारण मुझे मालूम है।··· बहुत शीघ्र जनरल मीटिंग बुला रहा हूँ।"

··· जनरल मीटिंग !

दो-ढाई सौ युवक-युवतियों की जनरल रैली, कतरासगढ़ धर्मशाला के बड़े हॉल में शुरू हुई। एजेण्डा की प्रथम विचारणीय बात थी–वाणी दास के पार्टी-परित्याग पर विचार।··· एक सदस्य ने एजेण्डा पढ़ते समय चुटकी ली–"पार्टी-परित्याग या पार्टी-परिवर्तन !"

सबसे पहले, कतरास के युवक कार्यकर्त्ता पशुपतिनाथ ने उठकर, अपना आरोप-पत्र पढ़कर सुनाया। आरोप-पत्र में वाणी दास तथा जितेन्द्र को नौजवाने-गदर-पार्टी का भेदी कार्यकर्त्ता कहा गया था।···इसी तरह के अन्य आरोप !

एक आदिवासी युवती, केरकेटा ने उठकर कहा–"जित्तन बाबू के खिलाफ मुझे भी कुछ कहना है। लेकिन, बातें ऐसी हैं कि मैं मुँह से बयान नहीं कर सकती।"

"ऐं ? ऐसी क्या बात ? लिखकर दीजिए, अभी तुरत।···छिपा हुआ भेदिया ! गुर्गा, गुर्गी !"

जितेन्द्र भौंचक होकर देख-सुन रहा था।··· पशुपति ? जो 'भैया-भैया' की रट लगाये रहता था, एक पखवारा पहले तक ? केरकेटा, जिसको उसने आज तक 'तुम' नहीं कहा ?

"सुमित्रा, विद्या और रामरति का भी एक सम्मिलित अभियोग है।"

"पहले अभियोगों पर विचार हो ले !"

केरकेटा ने लिखकर दिया–"जितेन्द्र ने मेरी इज्जत ली है।" सुमित्रा, विद्या और रामरति ने सम्मिलित अभियोग-पत्र में लिखा–"जितेन्द्रनाथ ने पिछली पार्टी-रैली के अवसर पर हजारीबाग के किसी बँगले पर चलने का प्रस्ताव रखा–गोपी-कृष्ण लीला खेलें।"···

"शूट हिम !" रामरति का प्रेमी कार्यकर्त्ता अवधूत अपनी भारी-भरकम देह को तौलकर उठता हुआ बोला–"रासलीला करता है ? शूट हिम !" ··· "ए ए ! ठहरो। पहले फैसला हो जाने दो साथियो ! ···बड़ा मौके से दूसरी पार्टी का भेदिया इतने दिनों के बाद पकड़ाया है भाइयो !"

"और एक चार्ज !" एक तेरह-चौदह साल के किशोर ने साफ-साफ शब्दों में कहा–"पूछिए, मुझे यह लड़की समझते हैं या लड़का ?"···कुबेरसिंह ने रामरति के प्रेमी अवधूत को रोका–"अवधूतजी ! शूट-शूट मत चिल्लाइए बेकार ! पहले बातों को एक-एक करके आने दीजिए सामने।"···कुबेरसिंह बार-बार मुस्कराकर जितेन्द्र की ओर देखता !

"सुनिए !"

सारे हॉल में सन्नाटा छा गया। कुबेरसिंह के चेहरे पर वैसी पैशाचिक मुस्कराहट कभी नहीं देखी थी किसी ने। कुबेरसिंह पाँच मिनट तक अवाक् खड़ा रहा; विकृत ओठों पर मुस्कराहट बनी रही। बोला–"भाइयो ! समझ में नहीं आता, क्या कहूँ और क्या करूँ ! ···जहाँ तक जितेन्द्रनाथ के व्यक्तिगत चरित्र का प्रश्न है, मैं आप लोगों से अधिक ही जानता हूँ उसको। मैंने उसको पाप-पंक से निकालकर राजनीति में प्रवेश कराया। सोचा था, एक भले घर का बेटा सही राह पर आ गया।···लेकिन,

वह इस हद तक पतित हो सकता है, इसकी कल्पना भी नहीं की थी मैंने। आपको मालूम होना चाहिए कि इस रण्डीबाज ने सोलह साल की उम्र में ही नथिया उतारा था !"···

"हा-हा-हा-हा !"

"इसलिए, प्रधान दोषी मैं हूँ।" कुबेरसिंह ने नीलकण्ठ की तरह सारा जहर पी लिया–'हाँ, मैं दोषी हूँ। इस व्यक्ति को अपना प्राइवेट सेक्रेटरी बनाकर, इस पर इतना विश्वास करके मैंने पार्टी का अहित किया है ! ··· कलकत्ता में इन्होंने रसगुल्ले खाकर पार्टी को बेच देना चाहा, बंगालियों के हाथ। मेरा माथा उसी समय ठनका था। लेकिन जो होने को होता है वह होके रहता है ! ···और, सुन लो कान खोलकर। नकटा की जिन्दगी ! प्राणदण्ड से भी बड़ा दण्ड ! जब तक जियोगे, नकटा की जिन्दगी ! ···छोड़ दो साथियो ! उदारता से माफ कर दो। हमें यह नहीं भूलना चाहिए कि जब तक यह वफादार रहा, पार्टी की अच्छी सेवा की इसने। ···जितेन्द्रनाथजी ! आपने कलकत्ता के दीनानाथ चौरासिया से चुपचाप चार हजार रुपया लिया है, वह भी माफ कर देता हूँ।···कृपया हॉल छोड़ दें। आगे की कार्रवाई शुरू होगी।" रामरति का प्रेमी अवधूत बाँहों को तौलकर घूँसा दिखाते हुए कहता है–"याद रखना !"

जितेन्द्र का माथा चकरा गया था ! ···श्यामगढ़ पहुँचते-पहुँचते रामरति के प्रेमी अवधूत और विद्या के भाई निगम ने उसको पकड़ लिया था। श्यामगढ़ इयोढ़ी में पहुँचकर भी गोली दागने का इरादा था उनका। राजा कामरूपनारायण ने बड़ी बुद्धिमानी से उन्हें वापस किया।

कुबेरसिंह ने उसी दिन की रैली में प्रस्ताव मंजूर करवा लिया। बिहार के पत्रों में छपा–'प्रगतिशील समाजवादी पार्टी का फैसला ! हम फासिस्ट-विरोधी हैं किन्तु कम्युनिस्ट नहीं !'··· प्रगतिशील समाजवादी पार्टी के दूसरे समाचार में जितेन्द्रनाथ के निष्कासन पर एक छोटा-सा वक्तव्य था, पार्टी के प्रधान श्री कुबेरसिंह का–'ऐसे चरित्रहीन व्यक्ति को किसी भी राजनैतिक पार्टी में जगह नहीं मिलेगी !'

'जितेद्रनाथ आधा मर चुका था। उसको अपने सहकर्मियों पर, साथियों पर इतना विश्वास था कि कुबेरसिंह का आसन डोल जाता, बार-बार !··· चारों खाने चित्त गिरा है जितेन्द्र, राजनीतिक लंगी खाकर। फेशियल पेरेलिसिस से विकृत ओठ, चेहरे पर जामुन जैसे दो बड़े-बड़े व्रण, छोटी-छोटी आँखें···हे-हे-हे ! ज़ा साले, नपुंसक होकर जियो ! हे-हे-हे ! यही दण्ड !' ··· अगस्त-आंदोलन में अण्डरग्राउण्ड पार्टियों से नाता जोड़ने की चेष्टा में तीन बार पिस्तौल के मुँह से बचा। पूर्णिया के आजाद-दस्ता के कमाण्डर ने कहा–'तुम्हारे आने के पहले ही तुम्हारे बारे में खबर मिल चुकी थी। प्रगतिशील समाजवादी दल के लोग सी. आई. डी. का काम करते हैं, हमें मालूम है।'··· बाजाप्ता बन्दी-अवस्था में उसे आजाद-दस्ता की फौजी अदालत में पेश किया गया। दस्ता के कमाण्डर नन्दकिशोर की राय थी–'बीच कोसी में ले जाकर–ठाँय !' किन्तु जी. ओ. सी. शशिनाथसिंह ने जित्तन से बातें करने के बाद

फैसला दिया–'अभी इन पर नजर रखी जाये, नजरबन्द रहें।' कमाण्डर नन्दकिशोर ने जितेन्द्र की छाती से पिस्तौल भिड़ा दी थी–'मैंने रिपोर्ट पढ़ी है इसके बारे में। इसको कुबेरसिंह ने हम लोगों के पीछे लगाया है।··· कैपिटल पनिशमेण्ट !'

शशिनाथसिंह ने उठकर रोका था–'छोड़ दीजिए नन्दकिशोरजी !'

1943 में गिरफ्तार होकर जब जेल गया···

जेल में यह बात पहले ही पहुँच चुकी थी–'आ रहा है, कुबेर का जित्तन !' ···तरह-तरह के प्रश्नों, व्यंग्य तथा कटु बातों को सहकर जेल-यातना भोगने लगा। एक रात वार्डवासियों ने कम्बल-ओढ़ैया रस्म कर दी। कम्बल से ढककर तसले की पेंदी से पीटते हैं ! गोरी मिलिटरी की मार से अधमरे जितेन्द्र को, कम्बल-ओढ़ैया रस्म के बाद जेल-अस्पताल में शरण लेनी पड़ी।··· जिला जेल से सेण्ट्रल जेल ! 'ए' क्लास का नजरबन्द होकर सेण्ट्रल जेल में गया, जितेन्द्र। प्रान्त के आधे से अधिक नेता, विभिन्न पार्टियों के, इसी जेल के विभिन्न वार्डों में रहते थे। पाँच घण्टे तक जेल-गेट पर ही बैठा रहना पड़ा। हर वार्ड के लोगों ने एतराज किया–'यहाँ मत भेजिए, यहाँ अब जगह नहीं।' जितेन्द्र ने प्रार्थना की थी, उसे किसी सेल में ही जगह दी जाये !···

तीन साल तक वह पुराने सेल में पड़ा खाँसता रहा। किसी ने उसकी खोज भी नहीं की। जितेन्द्र को वे राजनीतिक बन्दी नहीं मानते, सरकारी गुर्गा समझते। जेल से निकलने के बाद···!

कुबेरसिंह ने अपनी पार्टी को कांग्रेस में विलीन कर दिया। शहादत-आश्रम से उसने टेलीफोन किया–"क्यों, सदाबहारजी ? जितेन्द्र को आपकी पार्टी में जगह मिल गयी ? आपको शायद याद न हो मेरे उस समय के वक्तव्य की भाषा। ···हाँ, मैंने लिखा था किसी भी राजनैतिक पार्टी में उसकी जगह नहीं। हँ-हँ ! अरे, पुराना पतित ! हाँ, हाँ भैया ! इसीलिए कहता हूँ ! खास करके आपकी पार्टी में तो उसकी जगह नहीं ही होनी चाहिए। महिला-कॉलेज की बहुत-सी लड़कियाँ ? हाँ, हाँ। तब समझिए !" रिसीवर रखते हुए कुबेरसिंह हँसा–"नकटा !"···

···"प्रान्त की राजधानी में बैठकर पत्रकारिता करना चाहता है ? ठहरो ! चखा देता हूँ मजा !" कुबेरसिंह ने सभी अखबारों के दफ्तरों में जितेन्द्र की चरित्रहीनता का गुप्त संवाद भेज दिया ! ··· साहित्य-सेवा ? वहाँ भी कुबेर के मित्र हैं, बहुत। कहाँ जायेगा जितेन्द्र ? गली-गली में, उसका नकाब उलटकर दिखलायेगा, कुबेरसिंह। किसी सोसायटी में मूव नहीं करने देगा।

इसके बावजूद पाँच वर्षों तक पटना में डटा रहा जितेन्द्र। छद्मनाम से लेख लिखता–राजनीतिक, साहित्यिक तथा सामाजिक। पटने के कई सम्भ्रान्त परिवारों में घुला-मिला। कई नये दोस्त बनाये, बहुत-सारी किताबें पढ़ीं, अनेक चित्र-प्रदर्शनियाँ देखीं, और अपना प्रिय साज सितार बजाना सीखा।···किन्तु, वह टिक नहीं सका। लांछना, अपमान, असफलता और निराशा को झेलकर भी वह समाज से बँधा रहना

चाहता था। समवयसी, समधर्मा, समभावापन्न स्त्री-पुरुषों की छोटी गोष्ठी में जीने-भर खुली हवा पाकर ही प्रसन्न था।...बायो-सोशल क्षुधा की निवृत्ति के लिए एक मर्मी मित्र की निष्कपट मुस्कराहट ही पर्याप्त है ! कुबेरसिंह ने उसे भी छीन लिया। तब, वह भागा-भागा अपने गाँव आया।...गाँव के लोग पहचानते ही नहीं, मानो।

"घृणा से मुँह विकृत मत करो जितेन्द्र ! राजनीति ने हमें बहुत-कुछ दिया भी है।...फिर भी तुम विस्थापित नहीं ! गाँव के लोग तुमको न पहचानें। गाँव की मिट्टी, अपनी जन्मभूमि का पानी, तो तुमको प्राप्त है। जहाँ तुम खेले-कूदे, बढ़े...। मुझे देखो !" इरावती ने समझाया–"मेरे दुख की कल्पना करो !"

"तुम्हारे इस सांस्कृतिक अनुष्ठान के पीछे कोई राजनीतिक हाथ तो नहीं ? सरकारी या गैर-सरकारी किसी किस्म की राजनीति से प्रभावित तो नहीं लोक-मंच की कल्पना ?"

"तुम बहुत शंकालु हो गये हो।"

"यहाँ के सांस्कृतिक जीवन में डुबकी लगाये बिना प्रीति के छिन्न-सूत्र को पकड़ना असम्भव है !"

जितेन्द्र ने परानपुर के सभी नौजवानों को, नाटक-प्रेमी व्यक्तियों को आमन्त्रित किया है, परानपुर नाट्यशाला का पुनरुद्धार करने के लिए। नाम-बनाम हर नौजवान की बुलाहट है।...मँगनीसिंह उर्फ प्रेमकुमार दीवाना उर्फ हरिजन दीवाना गाँव का एकमात्र नाटककार है। नाटक का अकेला नामलेवा है। पत्र में लिखा है–'आपके सहयोग की विशेष आवश्यकता है !'

'क्यों झाजी ! ग्राम-पंचायत को मीटिंक-बैठक पर दफा चौआलीस लगाने का पावर नहीं है ?"

रोशन बिस्वाँ की पुरानी आदत छूट गयी है। लेकिन, जीभ को रोकते समय मुँह चुनियाने की नयी आदत लग गयी है।

लुत्तो कहता है–"नट-नट्टिनों की मीटिंग में मैं नहीं जाता।"

गरुड़धुज झा की राय है–"बहुत दूर की चाल है, यह। मिसर खानदान की अँतड़ी की बात मैं समझता हूँ !"

हरिजन दीवाना पीठ पर झोली लादे जा रहा है। लुत्तो ने पुकारा–"ए ! हरिजनजी ! आप भी जा रहे हैं नट-नट्टिनों की बैठक में ?"

"हाँ, मुझे विशेष निमन्त्रण है। देखिए न, लिखा है–आपकी उपस्थिति...।" गरुड़धुज झा ने कहा–चमरौधे का जवाब बूट-जूते से देने लगे, तब ?" गरुड़धुज झा के नकली दाँत की कमानी टूट गयी है। हँसते समय अ-गरुड़ध्वज चेहरा हो जाता है।

हरिजन दीवाना ने कहा–"आप लोगों का राजनीतिक मतभेद है। मुझे क्या ? मैं तो लेखक हूँ न ! जित्तन बाबू कह रहे थे कि अकेला दीवाना है जो नाम भी लेता है नाटक का, इस जमाने में। मैं कैसे नहीं जाऊँ ?"

हरिजन दीवाना अपने नाटकों की पाण्डुलिपि से भरी झोली सँभालता हुआ चला गया।

"जाने दो ! पीछे मालूम होगा।··· जे बेटा पैठल परानपुर हवेली, सोहि दागल गेल !" गरुड़धुज झा ने कहा–"इस बैठकी में दीवाना-परवाना सब क्यों टूट रहा है सो नहीं जानते ? वहाँ डबल पुरोग्राम है। कम्फ की छौंड़िया भी रहेगी।"

"ओ !"

"सच कहता हूँ, आज यदि मेरे दाँत की कमानी नहीं टूटी रहती तो मैं भी जाता इस मीटिंग में। तुम्हारी शपथ !"

गरुड़धुज झा एक विशेष ग्राम्य मुद्रा बनाकर हँसा। हँसते समय दाँत की खुली खिड़की से लार टपक पड़ी। लुत्तो ने हँसकर कहा–"आप तो सचमुच··· ।"

"सचमुच क्या ! पुराने मछलीखोरों की भाखा में उस छौंड़िया को नैनी मछली कहेंगे। देखते ही मन लट्टू हो जाता है।··· कहाँ से आयी है ?"

लुत्तो ने कहा–"चालू माल है, रिफूजनी है। साला, मजे में यही लोग हैं। मरते हैं हम लोग, जो असल देशवासी हैं। उधर नेहरूजी इन लोगों के चलते भर-पेट भात नहीं खा सकते और इधर दिन में चार किस्म की रेशमी साड़ी पहनकर बरदिया घाट पर बैहर-चुक्का खेलती है !"

"जो भी कहो ! जित्तन है जोगाड़ी आदमी। कहाँ से, घर-बैठे मँगा लिया इस नैनी मछली को।··· साला बूढ़ा भी जवान हो जाये, देखते ही ! तुमने उसकी बोली सुनी है ? ठीक पहाड़ी मैना की तरह बोलती है। सामबत्ती से उस दिन बतिया रही थी।"

"झाजी, आप ऊपरी सजावट को देखकर मत भूलिए। वह अधेड़ है और आप कहते हैं छौंड़िया ? आप नहीं जानते आजकल का भेद ! नकली दाँत की तरह सभी चीजें नकली।··· हिरिया की बोली कम मीठी है ?"

लुत्तो को हीराबाई की बात याद आयी। कल कह रही थी–"ताजमनी को जित्तन बाबू ने हवेली में बैठा लिया है, उसी तरह··· ।"

···हमारे गाँव की मिट्टी में सांस्कृतिक सोना फल सकता है !

विचारशील नौजवानों के मन में इरावती और जितेन्द्र की बातें घर कर गयी हैं।··· प्राण नहीं, अनुभूति नहीं ! अब मनुष्य को यन्त्र चला रहा है।··· टेकनॉलोजी के युग में हम लोग जीवन-उपभोग का मूल तकनीक ही खो बैठे हैं। हजारों-हजार जनता के बीच भी हरेक आदमी विच्छिन्न है, अकेला है। हँसी-खुशी, उत्तेजना, अवसाद, आनन्द-उल्लास–सभी यान्त्रिक ! कामरेड डी. डी. टी. ने प्रश्न किया

था—"कामरूपनारायण सिंह पार्टी का कल्चरल फ्रण्ट तो नहीं यह लोकमंच ?"

मकबूल के दो सवाल—"इस सांस्कृतिक उत्थान के लिए आर्थिक सहायता कहाँ से मिलेगी ? भूखे किसान और मजदूरों को इससे क्या फायदा ?"

...समाज को मानवीय और मनुष्य को सामाजिक बनाना ही मुक्ति का एकमात्र पथ है !

गरुड़धुज झा कहता है—"अब ठीक है। जित्तन ने गाँव के नौजवानों को फुसलाने का नया तरीका निकाला है। नैन की मार ! ... नैनी मछली !"

हरिजन दीवाना चौबटिया पर रोज नियमपूर्वक भाषण देता है—"नाटक ! गाँव-समाज का नाटक ! आपके और हमारे घर का नाटक ! इरावती बहन को भगवान ने खासकर हम लोगों के लिए ही भेजा है।"

इरावती घर-घर घूमती है। गीत सुनती है, शादी-ब्याह, पर्व-त्योहार और आनन्द-उत्सव के समय गाये जानेवाले गीत !

जितेन्द्र के टेबल पर चार-पाँच फोटोग्राफ हमेशा पड़े रहते हैं—परमादेव के गहवर और शामाँ-चकेवा की रातवाली तस्वीरें ! ...लोगों के चेहरे पर स्वाभाविक हँसी फूटी हुई है...शामाँ-चकेवा खेलती हुई औरतों की खिलखिलाहट कमरे में गूँज जाती है, रह-रहकर।... आनन्दोल्लास !

परानपुर नाट्य समिति की पुरानी नाट्यशाला की दीवारों पर उगे हुए पीपल के पेड़ काटे जा रहे हैं। ईंट-चूने और सीमेण्ट का हिसाब करता हुआ बड़बड़ाता है जलधारीलाल दास—'रह-रहकर सनक सवार होता है। कभी जंगल लगाते हैं तो कभी... ।'

गाँव के अधिकांश लोग उदासीन, तटस्थ और शंकालु होकर देख रहे हैं—गाँव के नये-नवतुरियों को क्या ?... नाटक-तमाशा सूझता है सिर्फ !

गाँव की औरतें बड़े उत्साह में हैं—फिर से पुराना जमाना लौट रहा है !

बरदिया घाट के ताड़ पर बैठा त्रिकालदर्शी ब्रह्मपिशाच हँसता है—बस, तीन-चार दिनों की देर है। आ रही है, दिल्ली से नयी खबर ! खड़क्-खड़क्-खड़-खड़ ! ...दूर, दिल्ली में बैठा नदी-घाटी योजना का एक नौजवान विशेषज्ञ परानपुर की तकदीर को फिर से लिख रहा है। विशेषज्ञों की सभा में नक्शा फैलाकर वह समझा रहा है—"यह है कोसी की मुख्य धारा ! तीस मील पूरब की ओर जो यह पतली-सी धारा है—दुलारीदाय, इसको ध्यान से देखिए।... आजकल सूखी पड़ी हुई है। यही एक धारा है जो नेपाल की तराई में कोसी से निकली थी। यदि, इस जगह... हम कोसी की मुख्य धारा को डाइवर्ट कर सकें। दुलारीदाय को फिर जीवित कर देने से हम एक तटबन्ध के खर्च से बचेंगे। साथ ही, रानीगंज-फारबिसगंज इलाके में परती पर जो नयी जमीन पायी गयी है, उसकी सिंचाई।... हाँ। पाँच कुण्ड हैं। इन्हें केनाल में परिवर्तित करना होगा।... तीन-चार मील तक इस धारा के बेड़ में

खेती होती है। बाकी यों ही पड़ी रहती है।...पाँच-सात गाँव के किसानों के पुनर्वास के लिए परती पर यथेष्ठ भूमि है। एक करोड़ की बचत, बाढ़ के समय कोसी की मुख्य धारा की बरबादी से करीब दो सौ गाँव यानी दो-तीन हजार एकड़ धरती को बचाया जा सकेगा।"

विशेषज्ञों ने एकमत होकर दुलारीदाय की धारा को पुनर्जीवित करने का प्रस्ताव मंजूर कर दिया। उसी दिन रेडियो और समाचार-पत्रों द्वारा कोसी-योजना का यह समाचार देश के कोने-कोने में फैल गया–एक करोड़ रुपये की बचत...!

हाहाकार मच गया सारे गाँव में !

...ऐंय दुलारीदाय में पानी आवेगा ? खेती कहाँ करेंगे लोग ? किसने यह किया ? जरूर जित्तन का काम है ! वह छौंड़िया इसी काम के लिए आयी है। ... घर-घर घूमकर अली-गली की खबर इसीलिए लेती है। और भी न जाने क्या हो ? लुत्तो बाबू, क्या होगा ? क्या हो गया ? जयदेव बाबू ! यह कौन जमाना दिखा रही है सरकार ? आग लगे इस सरकार को। मकबूल बाबू ! किस दिन के लिए बैठे हैं, शुरू क्यों नहीं करते क्रान्ति ? बालबच्चा कैसे जियेंगे ? कहाँ जायेंगे हम ? रिफूजी की तरह हमें भी भेजा जायेगा कहीं ? ... मारो पकड़कर जित्तन को ! उस कम्फूवाली छौंड़िया को पकड़ो। क्यों ऐसा किया ? नाटक करने आयी है या हम लोगों की जान लेने ? जै दुलारीदाय ! हे काली माय ! ओ-ओ-ओ ! हा-आ-आ-आ ! हे-ए-हो-ओ ! बाप-रे-ए ! क्या होगा ? क्या-आ-आ ?

"शान्ति ! शान्ति ! ए ! आप लोग रोते हैं काहे ? हम आज ही पण्डित नेहरू को तार देते हैं, सभी आदमी के नाम से। निकालिए पैसा।...यह हो नहीं सकता !"

लुत्तो, गरुड़धुज और मुखिया रोशन बिस्वाँ को लोगों ने घेर लिया है !..."उपाय कीजिए। जान बचाइए। लुत्तो बाबू !"

मकबूल और जयदेवसिंह ने अपनी-अपनी पार्टी के लीडरों को खबर भेजी है–"इस परिस्थिति में क्या किया जाये ? जल्दी आदेश दें !"

सारे गाँव में कोलाहल है। किन्तु, हवेली में रिकार्ड बज रहा है। बंगला भठियाली गीत–

नँदीर धारेर काछे-पासे,
बाँस बनेरी माझे-साझे-ए-ए-ए-ए,
देखा जाए जे ग्राम खानि, बँधुआ सेथाय थाके
मो-ओ-ओ-र बँधुआ सेथाय थाके-ए-ए !

गरुड़धुज की बात पक्की है–सात-आठ गाँवों का लीडर एक ही रात में हो जायेगा, लुत्तो !...आनेवाले चुनाव में फत्तेह ! यही मौका है ! लुत्तो को मौका मिला है। इस बार वह करके दिखलायेगा। यह परती जमीन नहीं कि जित्तन के कहने से छीन ली।...कांग्रेस से इस्तीफा की धमकी देगा वह !... इनकिला-आ-आ-ब !

'डिस्ट्रिक्ट मैजिस्ट्रेट दुबारा आये–मेरी कोठी की खानातलाशी लेने के लिए। ली आया, किन्तु उदास होकर लौट गया। मैं उसकी कोई मदद नहीं कर सकी।··· माँ तारा के सिवा और किसी से क्या बात की जा सकती है, ऐसे दुर्दिन में !

लॉली के लिए कलेजा सहस्रखण्ड हो रहा है। क्या करूँ ? स्वामी ने मना कर दिया है।

लरेना आकर फिर दो हजार रुपया ले गया।

मूँगा की हालत देखकर रोना आता था। पुट्ठे की हड्डियाँ निकल आयी हैं। आँखों में कीचड़। मूँगा मेरा प्यार ले रहा था। मैं उसकी आँखों से कीचड़ पोंछ रही थी। लरेना ने गाली दी–'चल साले !'

लरेना के व्यवहार से मैं दुखी हुई, किन्तु, स्वामिभक्त···।

तीसरे दिन फिर आया लरेना। मूँगा पर सवार रहा, उतरा नहीं। मूँगा मुझे देखकर प्यार से हिनहिनाया–ईं-हिं-हिं !

लरेना कह गया–'पण्डितजी जमानत पर रिहा हुए हैं। लेकिन, गिधबास कोठी में नहीं आवेंगे। कभी नहीं आवेंगे ! ···और, न यहाँ से कोई परानपुर जायेगा।'

मूँगा को एँड़ लगायी, उसने। मूँगा जम गया। पिछले दोनों पैरों को उठाकर, दाँत से लगाम को कटकटाने लगा। तड़ातड़ चाबुक बरसाया लरेना ने–'साला ! मेमिन माँगता है ?'

क्या अर्थ ? क्या मतलब ? माँ तारा ! मैं कुछ नहीं समझ सकी क्या कह गया वह ? मेरे स्वामी का सन्देश लेकर आया था वह ? ··· मेरे स्वामी ने मेरा परित्याग कर दिया ? आँ ? ओ माँ तारा-आ-आ !

लॉली बेटा रे-ए-ए !

मेरे स्वामी ने सचमुच मुझे छोड़ दिया है।

उन्होंने कचहरी में अपनी सफाई दी है–प्लाण्टर्स से उनकी पुरानी दुश्मनी है। गीतवास कोठी की मिसिस रोजउड के द्वारा काली-मन्दिर और हवेली के अन्दर समान रखवाये गये।

मम्मी एकदम मौन धारण किये रहती है। पास के गाँव का नाम उसने रखा है–'रोजउड-गंज'। दिन-भर उसी गाँव में रहती है। अपना जो धर्म समझती है, करती है। स्कूल, पाठशाला···।

और, मैं अकेली माँ तारा को लेकर बैठी रहती हूँ।···परित्यक्ता नारी के मर्मदाह को माँ तारा नहीं समझेगी तो कहाँ जायेगी, बेचारी ? ठुकरायी, खोयी, औरत की जाति !

मैं नियमपूर्वक सिन्दूर लगाती हूँ। रानी-बहिना रोज सिन्दूर लगाती होंगी।··· मेरे स्वामी को कुछ नहीं होगा। कोई दण्ड नहीं !

रात में मैं स्वप्न देखकर डरी। स्वप्न क्यों ? माँ तारा के पद-तले सोयी मैंने

जो कुछ देखा, वह सपना क्यों हो ? माँ तारा ने मुझे दिखलाया, परानपुर हवेली का पूरबी कमरा, मेरे स्वामी का कमरा। सभी खिड़कियाँ बन्द हैं।···कमरे के अन्दर एक सिंह-पुरुष चहलकदमी कर रहा है। वह कमरे से निकला। अन्दर हवेली की देवी-कोठरी में गया। बैठ गया, देवी की प्रतिमा के आगे। कागज का अम्बार। पंछी के पंख की कलम। मेरी हस्तलिपि से मिलाकर कुछ लिख रहा है।···बड़े-बड़े अक्षर। हाथ से कलम छूट नहीं रही। कलम चल रहा है।···मेरा दस्तखत बनाने की कोशिश कर रहा है। कागज पर रेखाएँ, वृत्त, चक्र बन रहे हैं। कौन ? मेरे स्वामी ? क्या हो गया है मेरे स्वामी को ? ऐसी विकृत मुखाकृति क्यों ? काँपती हुई हथेली में कलम ! कागज पर रेखाएँ, वृत्त, चक्र··· !

परमपाविनी क्षमास्वरूपा माँ तारा ! क्षमा करो माँ !

यह कौन आयी है मेरी गोद में, अभागिन !···दुलारीदाय ? लॉली की दुलारीदाय आयी मेरे कोख से निकलकर रोती हुई। सारा जीवन रोयेगी, अभागिन..!

मेरे पति की आँखें मिली हैं, दुलारी को।

माँ तारा ! आनन्दमयी विरहिनी बनाकर मुझे नंगा नचाना चाहती हो ? इतना सुख ! इतना दुख ! इतनी पीड़ा !

पुतली जा रही है, परानपुर। मैंने कोई संवाद नहीं दिया है। एक कागज भेज रही हूँ। कागज नहीं, दस्तावेज।···पत्र का एक टुकड़ा ! मिसेज रोजउड ने लिखा है सुलतानपुर इस्टेट के मालिक मिस्टर एन्थनी को–'डियर मिस्टर एन्थनी ! ···पिंजड़ा तैयार है। इधर शिकार भी अफीम का शरबत पीकर मदहोश और कमजोर हो चला है। शिकार फँसने के पहले हमारे और आपके बीच हुई शर्त पूरी हो जानी चाहिए।···काली-मन्दिर और हवेली के अन्दर सामान पहुँच जायेगा। नोट और रुपये लेकर कल जाऊँगी। आप अपनी सारी तैयारी कर लें।···आपकी–मिसेज रोजउड, गीतवास कोठी।'

···अरी, डोमिन ! इतना रोती क्यों है ? पुतली गयी है तुम्हारे जिद्दू-बद्दू भैया के पास। लाली भैया पूछेगा, मेरी दुलारीदाय कैसी है ? पुतली कहेगी, बहुत रोती है।···तू डोमिन है, चमारिन है। तू भैया के घर की मजदूरनी बनकर रहेगी ? तू अपनी भाभी की ओढ़नी पखारेगी ? भउजी, हे भउजी, ओढ़नी तोहर पखारब हे भउजी···!

मम्मी मुझसे बहुत कम बोलती है। आज हठात् उन्होंने मेरी दुलारी को प्यार करना शुरू किया। कहती है–'तू तो इस तरह नहीं रोती थी, जन्म लेने के बाद। यह इतना रोती क्यों है ?' मुझे हँसी आती है। हँसते-हँसते मम्मी की छाती में मुँह छिपाकर रोने लगती हूँ।

स्वामी ने अविश्वास किया ?

पुतली लौट आयी।···मुस्कराती है पुतली। ओ माँ ! मेरा भाग्योदय होगा, फिर ?

···पुतली जान पर खेलकर हवेली के अन्दर गयी। भोजन करके उठे थे मेरे स्वामी। देखते ही गरजे–'यह कैसे आयी ? फिर क्या लेकर आयी है ?' पुतली ने मेरा वह पत्र दिया–एन्थनी के नाम। मेरे पति ने बार-बार पढ़ा। मेरी रानी-बहिना आकर खड़ी हो गयी। और मेरा छुट्टू पण्डित हवेली के बाहर जाने के लिए रोने लगा। उसने सोचा–मेम्माँ बाहर खड़ी है, काली मन्दिर के पास। –'यहाँ क्यों लायी है ?' पूछा मेरे पति ने, पुतली से।

पुतली ने निडर होकर कहा–'मुकदमे में लगाने के लिए।'

गुस्से से गरज पड़े–"दिल्लगी करने आयी है ?"

पुतली ने झट से कहा–"नहीं, मालिक !' रानी-बहिना ने पूछा–'क्या बात है ?' मेरे पति चुपचाप फिर से पत्र को पढ़ने लगे। कुछ देर के बाद बोले–'लरेना जब रुपया लाने गया था, जमानत की पैरवी के लिए, तो उसे गाली क्यों दी गयी अंग्रेजी में ?'

पुतली चौंक उठी–'गाली ?··· लरेना की तो वैसी खातिरदारी कभी नहीं हुई, पहले।'

रानी-बहिना और मिश्रजी ने एक-दूसरे को देखा। पुतली ने सुना दिया–'दुबारा भी रुपया ले आया है।'

'ऐं ? ··· पहली बार कितना लाया था ?'

'शायद, पाँच हजार। इस बार, दो हजार।'

रानी-बहिना और मिश्रजी की आँखें फिर चार हुईं।

जानती हैं, माँ तारा ! मैंने तो पुतली से सिर्फ कहा था–'इस पुरजे को किसी तरह परानपुर इस्टेट के किसी विश्वासी कारकुन को भी दे आओ तो समझो बहुत बड़ा उपकार हो जाये। और, यदि भाग्य अच्छा हो, रानी-बहिना से मिल सको तो कहना–लरेना के हाथ का बनाया हुआ पान स्वामी को खाने न दें।··· ली कह रहा था, मिश्र के नौकर को एन्थनी के बँगले में देखा है उसने। पूर्णिया में भी कई साहबों के यहाँ आता-जाता है। ली ने समझा था, मैंने ही कोई, पैरवी करने के लिए भेजा है, मिश्रजी की तरफ से।'

'तू क्यों इतनी बात कहने गयी !'

मैनेजर साहब बोले–'तू चल, पुतली ! मैं गीतवास आऊँगा। लेकिन अभी नहीं। मुकदमा फैसला होने के बाद।··· मैं सबकुछ समझ गया। तू जल्दी भाग। लरेना न देखने पाये, तुमको। नहीं तो, साला ऐसा चालाक है कि आज ही मोरंग के जंगल में भाग जायेगा।'

···सच है ! पुतली रानी, सच कहती है ! दुलारी इतनी बड़ी तकदीर लेकर आयी है, वह अपनी रानी-माँ की चरण-धूलि ले सकेगी ? ···बाप की गोद में बैठेगी ! लॉली भाई आयेगा, इसका !

चुप हूँ। सब चुप हैं। दुलारी भी नहीं रोती अब।··· मुकदमे की सुनवाई होने तक

की अवधि ! माँ, माँ तारा ! काली-काली !

दिन गिनती हूँ–एक काली, दो काली, तीन काली !

आज नहीं तो कल। कल तो अवश्य ही···।

मेरे स्वामी ने मुझे छोड़ा नहीं है। मैं परित्यक्ता नहीं। मैं अपने स्वामी की हूँ। यही क्या कम है, मेरे लिए ? देखने की लालसा पूरी न भी हो, अब।··· तप में फिर कोई त्रुटि हुई। जन्म-जन्मान्तर, फिर दर्शन की प्यासी आँखें लेकर मैं भटकी फिरूँगी।

···ले आ पुतली, उस अभागिन को मेरे पास। अपनी बीमार माँ के पास पाँच मिनिट रहने दे। हाँ, ला।

··· लॉली बेटा ! डार्लिंग ! यह रही तुम्हारी दुलारीदाय। मेरा जहाज सम्भवतः कल खुल रहा है।

···मकरध्वज ? किसलिए ?···अरे-रे, यह छुटकी ब्राह्मणी भी हँसती है ? वाह री पण्डिताइन ! ···भैयादूज में घोड़े पर चढ़कर आयेगा तेरा भाई। तू टीका लगायेगी ? आ रे लॉली, आ-आ ! दधि-दूब-धान से तेरा पैर पूजेगी छोटी पण्डिताइन, तेरी बहन।

··· मेरा लॉली बेटा, तू आयेगा !

···आय-आय !

··· लॉली डैडी आयेगा ?

···आय-आय !

···लॉली, डैडी···!

'चिया ! चिया इधर में लायेगा कि उधर में जायेगा, साहब !'

'आय-आय !'

सुरपति की आँखें खुलीं, सामने बिखरे कागजों को समेटते समय उसने देखा, कागज गीले हो गये हैं। आँखें पोंछकर बाहर देखता है वह। गेस्टहाउस की अँगनाई में असंख्य गेंदे फूले हैं। आकाश-विकास-सूर्य सर्ववर्णमयी प्रकृति से शैत्य ग्रहण कर चुका है।

सुरपति अपने साथ कागजों का बण्डल लेकर हवेली की ओर चला–जय माँ तारा !

समाजकम्प ?

भूकम्प से भी भीषण इस समाजकम्प में, गाँव के लोगों के दिल दरार पड़ी हुई दीवारों की तरह अरराकर गिरे हैं। घर-घर में मातम छाया हुआ है। हरेक के चेहरे पर राख पुती है, सभी की आँखें बुझी हुई-सी। बच्चा-बच्चा उदास है–अब

क्या होगा ?

सरबन बाबू को कलेजे में धड़कन की बीमारी हो गयी है। रह-रहकर पुकारते हैं–"लालचन बाबू ! मैं डूबा, डूबा, डूबा। दौड़ो लालचन··· ।"

लालचन की घरवाली मना करती है–"हरिवंश उठाकर ईमान खाने का फल दे रहे हैं भगवानजी। तुम क्यों दौड़कर जाते हो ? उनके बेटे किस दिन के लिए हैं ! वह तुम पर अपना आधा पाप डालना चाहता है।"

रोशन बिस्वाँ की पुरानी आदत फिर लौट आयी है। सूखे ओठों पर सूखी जीभ बार-बार निकलती है।··· अब वह क्या मुखियागिरी करेगा, किस पर करेगा–"झाजी ! ग्राम-पंचायत की बात पर जरा भी खयाल नहीं करेगी सरकार ? बिना मुखिया से पूछे ही··· ।"

गरुड़धुज झा का दिमाग कोई काम नहीं कर रहा। किसको क्या जवाब दे ? बोला–"रोशन बाबू ! जब तक लुत्तो लौटकर कोई खबर नहीं ले आता है पूर्णिया से, तब तक असली बात का पता नहीं चल सकता।"

बालगोबिन मोची फारबिसगंज से आया है। कहता है–"सभापतिजी कह रहे थे, यह कानून टलनेवाला नहीं।"

"बालगोबिन क्या कहेगा ?··· आखिर, करने से क्या नहीं होता है ?"

"झाजी ! कोई कुछ कहे। है यह जित्तन की ही बदमाशी। पहले अपनी परती तोड़कर तब सरकार को खबर दिया कि परती जब्त किया जाये। पहले नैका सुन्नर सुनने के बहाने उस कुरकुरिया मशीन में गाँव के लोगों की बोली को बन्द किया, तब ननकू नट, बकला अहीर वगैरह की बोली भरकर भेज दिया। बेचारे जेल में सड़ रहे हैं। और इस बार देखिए ! पहले सभी लोगों को बुलाकर नाटक-नौटंकी की बात सुनाकर फुसलाया। उधर अन्दर-ही-अन्दर पचास-कोप खेला।"

"सरबन बाबू की हालत अच्छी नहीं। फारबिसगंज का डॉक्टर आकर देख गया है। डाक्टर बोला, कोई भीतरिया चोट लगी है।"

"अरे, सरबन बाबू-जैसे लोगों के पाप से ही यह सब होता है।··· भूदानियों को मारने का फल सारा गाँव भोगे अब।"

सबको अपनी-अपनी जमीनों की याद आती है; धान और पाट के पौधों के रंग आँखों के आगे फैल जाते हैं। अन्त में सब पर पानी फिर जाता है। सर्वे में, लड़कर जमीन हासिल करनेवाले, बाप और भाइयों के पेट से अपने हक की जमीन निकालनेवाले, सभी जमीनवाले राह चलते लड़खड़ाते हैं।

··· यह कौन जमाना आ गया, हे भगवान् !

औरतें बेवजह आपस में झगड़ती हैं।

"आकि देखो ! मैंने कहा था न ! देख लिया न ! परती तोड़ने का फल देख रही हो न ! परमादेव भला झूठ भखेंगे ? जैसा कहा, अच्छर-अच्छर फला।"

"इस कोंढ़िया सरकार की आँख में छानी पड़ी है, क्या ? जोत-आबाद होनेवाली

जमीन को बाँस-भर पानी में डुबा रहा है और उधर ऊसर परती को जोतवा रहा है !"

सामबत्ती पीसी तुक जोड़ती है–"आम कटाये, बबुल लगाये, फल जे फलय मँहकार; उचित कहत सो चित्त नहीं भावे, चुगलन के दरबार ! सो, चुगलखोर का राज है, यह। कहता है सुराज है। राम-राम ! मुँह मारो ऐसे सुराज का !"

"सरकार का क्या कसूर ? यह घर के भेदिया ने लंकाडाह किया है। सर्वे में लोगों ने जमीन ले ली। इसी डाह से यह सब किया है।"

"हाँ-हाँ, जित्तन बाबू और कम्फू की बीबी ने मिलकर यह काम किया है। कहो तो भला ! सामने कैसी मीठी बोली बोलती है ? और, मन में छप्पन छुरी। छँट्टकबाजी छौंड़िया आये इधर, तब पूछती हूँ। हरजाई, नट्टिन, न जाने कहाँ से आयी है !"

"तुम लोग बिना जाने-बूझे क्यों बोलती हो ? सभी बात का दोख एक ही आदमी को नहीं देना चाहिए। जित्तन बाबू का क्या कसूर ! गोबिन्दो कहता था–दादा बाबू खुद फिकिर में हैं, खाना-पीना छोंड़कर।"

"जित्तन के बारे में कुछ बोलते ही तू क्यों टपकती है, सामबत्ती ?"

सामबत्ती पीसी कई दिन से बेवा फूहा से जी खोलकर झगड़ा करना चाहती थी। फूहा के टोकते ही बरस पड़ी–"तुम्हारी जीभ बड़ी पतली हो गयी है, फूहा ! टपटप टपकती है खुद और मुझे कहती है कि क्यों टपकती है ? लाज नहीं आती है ?··· जित्तन बाबू के लिए हवेली के पोखरे में डूबने गयी थी, कभी।"

"चुप, छिनाल !"

"ठहर, तुम्हारा कल्ला तोड़ती हूँ। आ जा !"

बाल्टी, थैला छोड़कर सामबत्ती झपटी। दोनों एक-दूसरे पर बिल्लियों की तरह टूटीं। दोनों ने एक-दूसरे का केश पकड़ा। पनघट पर खड़ी औरतें ऐसे झगड़े में बीच-बचाव नहीं करतीं। फूहा की चाची दौड़ी आयी।

"मार-मार, मुँह में मार, फूहा !"

फूहा की चाची मैदान में उतरी तो फेकनी की माय क्यों चुप रहे ? सामबत्ती सोलकन्ह की बेटी है–"आकि देखो, एक जनि को अकेली पाकर मार रही हैं दो जनि··· ।"

गुत्थमगुत्थी लड़ाई के समय भी मुँह की लड़ाई नहीं बन्द होती।

बड़ा तेलवाली हो गयी।···हवेली के निमोंछा रसोइया ने मुँह चिकना कर दिया है तेरा। मुँह तोड़ दूँगी, आज ! ··· आकि देखो, दाँत काटती है ! दाँत तोड़, मार मुक्का। ···भफ्फा खिलाने गयी थी तू या··· ?

मार खाकर फूहा और उसकी चाची गला फाड़कर रोने-चिल्लाने लगीं–"दौड़ रे-ए-ए-ए-ए बिसना भैया-आ-आ ! जान मारलक रे-ए-ए-ए-ए सामबत्ती नटिनियाँ-याँ-याँ-याँ !!"

सामबत्ती कहती है–"गाँव के लोगों को भात नहीं रुचता है और छिनाल छौंड़िया

बेवा होकर भी दूध की छाली खोजती फिरती है। बुला, जिसको बुलाना है।"

चीख-पुकार, रोना चिल्लाना धीरे-धीरे बढ़ता ही जाता है।

जित्तन बाबू अपने सामने गाँव के लोगों की तस्वीरें रखकर काम कर रहे हैं। लोकमंच के लिए उपयुक्त चीज तैयार कर रहे हैं–एकांकी, सामूहिक गीत, नृत्य। गीत-कथा के आधार पर गीतों की स्वरलिपि ! हरिजन दीवाना ने अपना नाम बदल लिया है–प्रेमजीत ! आजकल, इरावती और जित्तन का गुन-कीर्तन करता है। दिन-भर हवेली में पड़ा रहता है। इरावती को देखते ही नशे में झूमने लगता है। आज तक किसी स्त्री ने उसको इतना प्यार नहीं किया। प्रेमजीत से हर बात में सलाह लेती है, इरावती।··· कलात्मक प्रेम इसी को कहते हैं।

"लॉली बाबू !"

जितेन्द्र चौंका। मेम-माँ का दिया हुआ नाम किसने बता दिया ? मेम-माँ के बाद फिर किसी ने इस नाम से नहीं पुकारा। सुरपति ने जितेन्द्रनाथ को दुबारा चौंकाने के लिए कहा–"हिंग्वाष्टक··· !"

"आज आपको कहीं कोई पुरानी कथा हाथ लगी है क्या ?"

"मेरा सौभाग्य ! ··· पढ़कर देखिए, नयी है या पुरानी ?"

जितेन्द्र के हाथ में छपे हुए प्लेट्स देकर सुरपति बोला–"इसको पढ़ने के बाद मेरे कुछ प्रश्नों का जवाब देना होगा।"

जितेन्द्र ने लिखावट पहचान ली, तुरत। खुशी से चीख पड़ा–"सुरपति बाबू, मेरी माँ की लिखावट है, मेम-माँ की ! कहाँ मिली आपको ?"

हाँफती हुई आयी, इरावती–"यह क्या हो गया है गाँव में ! औरतें आपस में झगड़ रही थीं। मैंने छुड़ाने की कोशिश की तो मुझे ऐसी-ऐसी गालियाँ सुनने को मिलीं···"

प्रेमजीत ने उत्तेजित होकर कहा–"किसने दी गाली ? आप पहचानती हैं ? मैं अभी जाकर··· ।"

"आखिर, क्यों ?" जित्तन बाबू ने चिन्तित होकर पूछा।

इरावती बैठ गयी–"कोसी कैम्पवालों के साथ तुम पर भी कम नाराज नहीं हैं, गाँववाले। वह लम्बा आदमी है न, क्या नाम··· हाँ, गरुड़धुज झा··· अभी कह रहा था–मेम साहेब ! आप और जित्तन जरा होशियारी से चलिए-फिरिए। गाँव का एक-एक आदमी आप दोनों से खफा है। थाना में सनहा लिखा दीजिए।"

लोकमंच में मस्त जितेन्द्र को गाँव की कोई खबर नहीं। भिम्मल मामा आये–"जै जनता ! सत्याग्रह की तैयारी हो रही है।··· दिमाकृषि, समस्ती, कलेक्तिव !"

सभी एक-दूसरे का मुँह देखने लगे।

जितेन्द्र ने कहा–"नौकरशाही सरकार को आश्चर्य होगा कि गाँव के लोग घी के चिराग जलाकर खुशियाँ मनाने के बदले सत्याग्रह क्यों कर रहे हैं।"

"तुम्हारा क्या खयाल है, खुशियाँ मनाने की बात नहीं ?"

"हमारे और तुम्हारे समझने से क्या होता है ?"

"हम उन्हें समझायेंगे।"

"हमारी बातों पर विश्वास ही नहीं करेंगे कोई।"

"तुम तो उन पर विश्वास करते हो ?"

जितेन्द्र सोच में पड़ गया। हाथ के प्लेट्स को उलटते हुए बड़बड़ाया–"तमाशा है !··· पिछले पाँच सौ वर्ष की बेकार पड़ी हुई परती पर खेती के लायक जमीन पायी गयी। देश के लोगों की बात दूर, गाँववाले भी नहीं जानते कि सरकार परती क्यों तोड़ रही है। कोसी योजना की सबसे बड़ी पेचीदा समस्या हल हुई है। दुलारीदाय को कोसी की मुख्य धारा से संयुक्त करके सिर्फ करोड़ों रुपये की बचत ही नहीं, करोड़ों की आमदनी भी होगी।···बेचारी जनता का क्या दोष ? ऊपर से थोपे हुए सुख को वह क्या समझे ?···मन की परती ज्यों-की-त्यों पड़ी हुई है। वीरान होती जा रही है। लगता है, मन को छूनेवाला मन्त्र ही हम भूल गये हैं।"

आज की डाक से मलारी और सुवंश की चिट्ठी आयी है, जितेन्द्र के नाम "भैया, गाँव आना चाहते हैं किन्तु··· ।"

भैया !! ··· जितेन्द्र का सारा शरीर झनझना उठा। प्यार-भरे शब्द ने मन को झंकृत कर दिया।

सात-आठ गाँव के लोगों को एक ही रात में जगायेगा, लुत्तो–"उठो ! सोने से काम नहीं चलेगा। कमर कसकर आगे बढ़ना होगा।"

"बंगाल-बिहार झगड़ा के समय जैसा अण्डोलन हुआ था वैसा ही फिर होगा ?"

ऐसे आन्दोलनों में बड़ा मजा आता है, गाँववालों को ! रेलवे लाइन पर खड़े होकर झण्डा दिखाकर गाड़ी को रोकना, जिन्दाबाद करते हुए गाड़ी पर सवार होकर जोगबनी से कटिहार तक नारा लगाना ! क्या मजा ! जहाँ मन हो, चेन खींचकर रोक दो। इस आन्दोलन में न पुलिस का डर, न गोली का भय।···कांग्रेसवाले पीठ पर हैं।

लुत्तो जिला कांग्रेस के सभापति को चुनौती देकर आया है–"परती छीनी गयी, उस समय भी काँग्रेस की ओर से कोई मदद नहीं मिली। अब धनहर जमीन जा रही है, आप छाआ-गुड़ लपेट रहे हैं ? ··· इस बार हमारे इलाके में एक भी वोट नहीं मिलेगा कांग्रेस को, सो याद रखिए !" कांग्रेस के सभापति को क्या ! धरमपुर इलाके में रहते हैं। लेकिन लुत्तो कैसे चुप बैठा रह सकता है ! कांग्रेस ने यदि टिकट नहीं दिया, वह स्वतन्त्र रूप से खड़ा होगा।···आठों गाँव इस बार मुट्ठा में आ जायेंगे।

समसुद्दीन मीर कांग्रेस का काम छोड़कर घर में बैठ गया। लुत्तो ने उसको फिर से उत्साहित करके अपने साथ कर लिया है–"कांग्रेसी हैं तो क्या ? सरकार पेट पर छुरी चलायेगी और हम चुपचप झण्डा ढोते रहेंगे ? इस बार–'सत्याग्रह' !

होगा क्या ? एक-दो आदमी नहीं, सारे गाँव के लोगों को लेकर कल दस बजते-बजते परानपुर आइए। वहाँ से जुलूस बनाकर कोसी कैम्प पर धावा बोलना होगा। ट्रैक्टर की भटभटी बन्द करनी होगी। इसके बाद, रेलवे लाइन पर धरना ! बाल-बच्चा, औरत-मर्द को लेकर लाइन पर पिकेटिंग करना होगा। जब तक दिल्ली खबर न पहुँचेगी, कुछ नहीं होगा।"

"ठीक है, ठीक है।··· लुत्तो बाबू को छोड़कर पब्लिक का दुख समझनेवाला कोई नहीं।"

मधुलता, मानिकपुर, दसपत्तर, रँगदाहा और पिपरा आदि गाँवों का चक्कर रात-भर में ही लगा आया है लुत्तो।··· जनता तैयार है। देखना है मकबूल और जयदेवसिंह की पार्टी को। इस बार धोखा देंगे तो हमेशा के लिए चुक्का पार हो जायेगा।

मकबूल की पार्टी के कामरेड रात-भर बैठक में बैठे बहस करते रहे।

विश्वकर्मा ने कहा—"जनमत के खिलाफ हम कोई कदम नहीं उठा सकते।"

"ऊपर से कोई खबर आयी ?"

"हाँ, जिला-मन्त्री ने लिखा है, स्थानीय समस्याओं पर स्थानीय यूनिट ही विचार करे। लेकिन जनमत के खिलाफ कोई कदम न उठे, इसका खयाल रखना होगा।"

कामरेड मकबूल ने चुपचाप अपनी नुकीली दाढ़ी को चुटकियाते हुए पूछा—"क्यों रंगलाल गुरुजी, आपकी क्या राय है ?"

"मैं ? बुद्धिहीन दलबद्धता को पाशविक वृत्ति समझता हूँ।"

विश्वकर्मा बौखला उठा—"ऐसे-ऐसे रिएक्शनरी जिस पार्टी में रहें, उसका कोई कदम सही नहीं पड़ सकता। जनता को पशु कहता है और आप लोग चुपचाप मुँह देख रहे हैं ? जनता बुद्धिहीन है और आप बुद्धि के जहाज हैं ?"

"निश्चय। हम सब जानते हैं कि सरकार की इस योजना से जनता की भलाई होनेवाली है तो बेकार बखेड़ा क्यों करें ? हम क्यों न गुमराह जनता को समझायें ?"

"समझाने का काम हमारा नहीं। हमारी पार्टी सरकारी प्रचार-विभाग नहीं। सीधी-सी बात आप नहीं समझते ? बहुमत जिस बात के पक्ष में न हो उसका समर्थन करके हम अपने पाँव में कुल्हाड़ी क्यों मारें ?"

"माफ कीजिएगा। हैजे की सुई और चेचक के टीके के पक्ष में बहुमत कभी नहीं हुआ।"

कामरेड मकबूल ने फैसला दिया—"जनमत के साथ चलने के लिए कभी-कभी समाजवादी सत्य की सीमा को संकुचित करना निहायत जरूरी हो जाता है।"

जयदेवसिंह की पार्टी तटस्थ रहेगी। न विरोध करेगी, न समर्थन।

अपनी मेम-माँ की कहानी पढ़ते समय जितेन्द्र की आँखें भर-भर आतीं।

···बाग-बन, पठार-मैदान, ताल-तलैये, नदी-पोखरे छायाछवि की तरह सामने

आते, फिर ओझल हो जाते। कचनार और हरसिंगार के स्पर्श का अनुभव करता। ··· रह-रहकर किसी कमलदह से हल्की सुरभि आती। गीत की एक कड़ी सिर धुनती–सखी हे-ए-ए-ए, हमर दुखक नहीं ओर ! ··· मूँगा की हिनहिनाहट ! उसके पिता का व्यक्तित्व उभरकर सामने आता, ब्राँच का स्टैचू ! ··· छोटी पण्डिताइन, दुलारीदाय ! गुड़िया-जैसी ! कहाँ है उसकी बहन ?

"ताजू, ताजू ! इधर आओ। यहाँ बैठो। सुनो।···माँ ने निश्चय ही तुमसे कहा होगा। बोलो, कहाँ गयी मेरी छोटी बहन, दुलारीदाय !"

जितेन्द्र की छलछलायी हुई आँखों को देखकर समझ गयी ताजमनी, जिद्दा के सपने में माँ आयी हैं।

"इस पोथी में क्या है ?"

"सुनाऊँगा। पहले बताओ, माँ ने कुछ कहा था ?"

"बूढ़ी नानी उसको अपने साथ लेती गयी। मालकिन-माँ ने एक बार कहा था, जित्तन की मेम-माँ का दाह-संस्कार करके लौटे और बोले, बिटिया के बिना उसकी नानी एक पल जी नहीं सकेगी। मैं कैसे माँगता ?"

जितेन्द्र ने एक लम्बी साँस ली। ताजमनी उठकर जाने लगी तो उसने अनुभव किया।

"तुम कहीं मत जाओ। मेरे पास बैठो आज।··· ताजू रानी !"

ताजमनी का रोम-रोम बज उठा।

··· लॉली, डैडी आयेगा ?

··· आय-आय !

··· मुझे टोको मत। व्हेन आइ एम इन एक्शन, आइ एम नो मैन ! ··· ब्राँज स्टैचू !

जितेन्द्र की रगों में एक अपरिचित वेग ! अपूर्व स्पन्दन ! मांसपेशियों में अजीब तनाव ! ···ताजमनी जरा डर गयी। यह कौन पुरुष आकर सवार हो गया है उसके जिद्दा पर।

"पखारनसिंघ !"

पखारनसिंघ को लगा, बड़े मालिक पुकार रहे हैं। इसी तरह हवेली गनगना उठती, उनकी पुकार पर–"ह-जौ-र !"

दस बजते-बजते सारा परानपुर गाँव दलमला उठा। नारों से आकाश गूँजने लगा।

"नहर का फैसला रद्द करो !"

उत्तेजना की पहली लहर दौड़ी। गाँव-गाँव के लोग जत्थे बनाकर आ रहे हैं ! झण्डे लहराते हैं, विभिन्न पार्टियों के ! ··· लुत्तो प्रसन्नता से दौड़ता फिरता है।

"ए ! यह कहाँ का जत्था है ? मानिकपुर का ? जत्थेदार का नाम लिखाइए। ···पहले जमा होने दीजिए सभी गाँव के जत्थों को।···एक घण्टा के बाद जुलूस रवाना होगा।"

"तब तक गीत-नाद गाइए, नारा लगाइए !"

"मधुलता गाँव के जत्थे में एक आल्हा गानेवाला आया है, गुलर अल्हैता !"

"शुरू करो जी गुलर अल्हैता, नया आल्हा। ढोलक पर थाप दो।"

डिडि-चट, डिडि-चट... चटपटाक !

सुमरि भवानी जगदम्बा को, और काली को शीश नवाय,
हाल बखानूँ नेताजी का आ-आ-आ-आ,
अरे, जिनकर धुजा रहल लहराय,
लहर-लहर लहराय जवानी-ई-ई-ई-ई !

डिडि-चट, डिडि-चट... चटपटाक !

आल्हा गीत सुनकर बूढ़े भी जवान हो जाते हैं। उत्तेजना की लहरें ! तुमुल-ध्वनि ! ...मारो जवानो ! बढ़ो बहादुरो ! घेरो-घेरो... !

परमा, शिवमंगल, अनिरुद्ध, प्रेमजीत वगैरह डॉक्टर रायचौधुरी को कन्धे पर लादकर हवेली में ले गये।...इरावती भागकर सामबत्ती पीसी के घर में घुस गयी। सामबत्ती पीसी हाथ में मूसल लेकर दरवाजे पर पहरा दे रही है—"माथा थुर देंगे, इधर यदि कोई आया !"

डॉक्टर रायचौधुरी और इरावती हवेली की ओर आ रहे थे। उत्तेजित भीड़ ने नारा लगाया—"कोसी कम्फवाले दुश्मन हैं !"...आल्हा की ढोलकी के ताल पर कसमसाते हुए लोगों के सामने शिकार ! डॉक्टर रायचौधुरी को घेरकर मारने लगे।

"जीत भैया ! बाहर आइए !"

"सर्वनाश हो गया !"

"वे कोसी कैम्प को लूटेंगे। रेल लाइन तोड़ेंगे, तार काटेंगे।"

"कहता है, सभी ट्रैक्टरों में आग लगायेंगे।"

"हमारी बात कौन सुनेगा ? वहाँ सभी पार्टी के लीडर लोग हैं।"

"इरावती बहन की साड़ी पकड़कर खींच रहा था, ठीक दुशासन की तरह !"

... बॉख, बॉख, बॉख !

"दाज्यु, कहाँ जा रहे हो ? ठहरो !"

"जिद्दा, इरावतीदाय को देखिए जाकर ! काका के पास मैं हूँ। हे बाबू लोग, आप लोग भी जाइए ! गाँव के लोगों पर शैतान सवार है।... माँ तारा !"

गाँव के सभी पढ़े-लिखे नौजवान एकमत हैं—गलत बात !

डिडि-चट, डिडि-चट... !

बढ़ो बहादुर, डर काहे का-आ-आ-आ !... इनकिलाब, जिन्दाबाद !

जितेन्द्रनाथ दौड़ता है। उसके पीछे गाँव के नौजवानों का दल—"उन्हें सही बात बतलाकर समझाना होगा।... दाज्यु, तुम मत आओ। लौटो ! बात सुनो !"

जुलूस गाँव से निकल पड़ा। जुलूस के आगे-आगे करीब तीस-चालीस लठैत लाठी भाँज रहे हैं... मुहर्रम का ताजिया निकला है, मानो। समसुद्दीन के गाँववाले

नारा लगाने के बदले 'अली-अली' कर रहे हैं। बालगोबिन मोची, चमारटोली के सभी ढोल बजानेवालों को हुक्म देता है–"बाजा बन्द नहीं हो।" ठाकुरबाड़ी के पण्डित सरबजीत कहते हैं–"बीच-बीच में गोध्वनि भी कीजिए–बाँ-आँ-आँ !"··· चर-र-र-र-र-र्र ढिन्नर, डिग-डिग-डिग-ढि-ढिन्नर ! अली-अली ! ···रद्द करो। कोसी कैम्प–तोड़ दो। गाँव हमारा–छोड़ दो। दुलारीदाय··· ! बाँ-आँ-आँ। डिडि-चट, डिडि-चट··· ! अजीं हँवँलदाँर क्याँ करेगाँ अकेलाँ ? आने दों, नाराँ सुनकँर भाँगेगाँ दुम दबाँकर ! ए ! काँग्रेस का झण्डा आगे रखो ! ···मकबूल को क्या हुआ, अपनी पार्टी के लोगों को क्या कह रहा है ? ···हसुवा-हथौड़ावाला झण्डा समेटता है काहे ? ··· बढ़े चलो। लुत्तो, गरुड़धुज और रोशन बिस्वाँ बैलगाड़ी पर खड़ा है।

च-र-र-र-र-र-र्र ढिन्नर, डिग-डिग-डिग-ढि-ढिन्नर··· !

"कौन हैं वे लोग ?"

"गाँव के पढ़े-लिखे लुच्चे हैं।··· कम्फ की छौंड़िया के पीछे पागल हैं सभी।"

"जित्तन बाबू !···जित्तन भी है ? तब, ठीक है। लगाओ नारा–जित्तन हमारा, दुश्मन है !"

जितेन्द्रनाथ हाँफते हुए जुलूस के सामने जाकर खड़ा हो जाता है–"भाइयो !"

"साला लीडरी करने आया है। मारो ढेला कसके !"

"भाइयो ! डरने की क्या बात ? उसके साथ सिर्फ एक कोड़ी लुच्चे-लहेंगड़े हैं।"···मकबूल की पार्टी का एक कामरेड पूर्णिया से खबर ले आया है, वह जुलूस से अपनी पार्टी के लोगों को अलग कर रहा है–"गलत कदम ! झण्डा समेटो !"

"भाइयो ! सुनिए !"

"बाँ-आँ-आँ ! जित्तन हमारा, दुश्मन है। दुश्मन नम्बर, एक है।··· मारो ढेला, रोड़ा तिकाकर !"

मँगनीसिंह···प्रेमजीत को पहला ढेला लगा ! ···सिर से खून बहने लगा। परमा, शैलेन्दर, त्रिवेणी और उपेन्द्र जितेन्द्रनाथ को चारों ओर से बचा रहे हैं। चमारटोली का ननकेसर चमार ताल ठोककर नाचता हुआ आगे बढ़ आता है, जितेन्द्र के बालों को पकड़कर खींचता है–"स्साला !"

मकबूल चिल्लाता है–"साथियो ! यह क्या कर रहे हो ?"

"इस साले को भी मारो। दगाबाज है ! दाढ़ी पकड़कर नोचो। सालो, यहाँ जमीन जा रही है हम लोगों की और तुम लोग लीडरी करते हो ? ··· कभी आगे, कभी पीछे !"

"भाइयो !"

"साला, थेथ्थर है। चमार के हाथ को मार खाकर भी भाइयो-भाइयो करता है। मारो गाल में थप्पड़ !"

"चटाक ! पटाक-चटाक !

"भाइयो ! सुन लें···।"

"अच्छा, सुन लो। साला चमगादड़ का बच्चा क्या कहता है ! ···ए ! बाजा

बन्द करो।"

"भाइयो ! किसी बात को सोचे-विचारे बिना… ।"

"हम लोगों ने खूब सोच-विचार लिया है। हम लोगों को भी बुद्धि दिया है भगवान् ने !"

"मैं मानता हूँ, गलती आपकी नहीं। पुरानी नौकरशाही अब भी काम कर रही है।"

"सुनो, सुनो, क्या कहता है।… उसकी जमीन भी तो डूबेगी।"

"दुलारीदाय में, जहाँ तक मेरा खयाल है, सबसे ज्यादा मेरी जमीन ही पड़ती है।… यदि आपको इस योजना के पहले सारी बातें बता दी जातीं तो मेरा विश्वास है, आप आज खुशियाँ मनाते।… "

"मारो साले को !… फोटो लेता है, लेने दो। छोड़ दो, छोड़ दो !"

"हाँ, खुशियाँ मनाने की बात है।"

"साला, पगलैंटी करता है !… मारो !… छोड़ो ! आगे बढ़ो !"

जित्तन के कपाल पर एक रोड़ा आकर लगा। उसका सफेद कुरता खून से तरबतर हो गया। ओठों पर जमते हुए लहू को पोंछकर उसने हाथ उठाया–"आप मेरी बात सुन लीजिए, पहले। इसके बाद ढेले, रोड़े और लाठियों से जवाब देना चाहें, दें।… आपने जिस अफसर को कुछ देर पहले मारा है, वह मरते समय भी आपकी भलाई की बात सोचकर मरेगा।… "

भिम्मल मामा के साथ इरावती भी आ गयी–दौड़ती, हाँफती ! … आज के पत्रों में विस्तृत समाचार प्रकाशित हुआ है। जितेन्द्र के चेहरे पर मुस्कराहट दौड़ जाती है। समाचार-पत्र खोलकर वह जोर-जोर से पढ़कर सुनाता है–"परानपुर की परती पर इसी साल जूट, और धान की खेती… इसमें जूट, धान, दलहन, तिलहन, मकई, ज्वार आदि की उपज होगी, जबकि दुलारीदाय में सिर्फ जूट और धान की खेती होती थी।… दुलारीदाय में कुल उपजाऊ जमीन ढाई हजार एकड़, जबकि परती पर सात-आठ हजार एकड़ जमीन अगले वर्षों में तैयार हो जायेगी ! … दुलारीदाय के पाँचों कुण्डों में बारहों महीने पानी भरा रहेगा। गीतवास के पास एक छोटा बाँध तैयार होगा।… परती की सिंचाई… गंगा के किनारे तक दुलारीदाय के कछार पर फैली ऊसर धरती, खेती के लायक हो जायेगी।… दुलारीदाय के किसानों को परती पर जमीन दी जायेगी। इसके साथ बेजमीन लोगों को भी… । फसल की कीमत के साथ नकद क्षतिपूर्ति ! … तीन साल तक सरकारी सहायता मिलेगी, नयी खेती करनेवालों को। दुलारीदाय नहर और गीतवास-बाँध-निर्माण में गाँव के लोगों को काम… ।"

"सब झूठ ! ठगनेवाली बात। परती पर कुछ नहीं होगा।… फुसला रहा है। इस साले को जरूर सरकार की ओर से पैसा मिलता है।… नारा लगाओ !"…

"भाइयो ! जिस अफसर को आपने घेरकर मारा है, उसने आपके लिए नयी किस्म का एक पाट पैदा किया है। चन्नीपाट से भी बढ़िया ! … एक बीज में एक

ही पौधा उगेगा, लेकिन बारह इंच के बाद ही उसमें पाँच से लेकर सात डण्ठल निकल आयेंगे। जहाँ एक मन पाट होता है, वहाँ चार मन तो अवश्य होगा। साल में दो बार पाट उपजेगा।"

"साँब झूठ बात !"

"दोष हमारे विशेषज्ञों का नहीं। हमारी सरकार के पुराने कलपुरजे ही इसके लिए जिम्मेवार हैं। वरना, जैसा कि मैंने बतलाया, आप आज तोड़ने-फोड़ने के बदले गढ़ने का सपना देखते ! ··· इतना बड़ा काम हो रहा है, किन्तु आप इससे नावाकिफ हैं कि क्या हो रहा है, किसके लिए हो रहा है ! ··· मुझे ऐसा भी लगता है कि जानबूझकर ही आपको अन्धकार में रखा जाता है। क्योंकि आपकी दिलचस्पी से उन्हें खतरा है।··· इन कामों से आपका लगाव होते ही नौकरशाहों की मनमानी नहीं चलेगी। एक कप चाय पीने के लिए तीन गैलन तेल जलाकर वे शहर नहीं जा सकेंगे। सीमेण्ट की चोर-बाजारी नहीं कर सकेंगे। एक दिन में होनेवाले काम में एक महीने की देर नहीं लगा सकेंगे।··· नदियों पर बिना पुल बनाये ही कागज पर पुल बनाकर बाद में बाढ़ से पुल के बह जाने की रिपोर्ट वे नहीं दे सकेंगे !··· और इस जुलूस के राजनीतिक संगठनकर्त्ताओं से एक अर्ज···।"

मकबूल ने कहा–"मैं कबूल करता हूँ, हमने गलत कदम उठाया था।"

रंगलाल गुरुजी का चिर-संकुचित चेहरा आज पहली बार खिला है।

जयदेव बाबू, डी. डी. टी. और रामनिहोरा ने एक ही साथ कहा–"सोशलिस्ट लोगों का इसमें कोई हाथ नहीं।"

जुलूस की उत्तेजना कम हो गयी है।··· गाँजे का नशा उतर गया।

"राजनीतिक पार्टी के कार्यकर्त्ताओं से मैं कहूँगा। जनता की सरलता का दुरुपयोग अपने स्वार्थ के लिए न करें।··· क्षतिपूर्ति, पुनर्वास तथा जमीन-वितरण आदि मसले ऐसे हैं जिससे सरकारी लाल फीता और घूसखोरी से आप ही बचा सकते हैं, जनता को। जागरूक··· "

लुत्तो ने दाँत कटकटाकर कहा–"ऐ बालगोबिन, ढोलवाले चुप क्यों हैं ? बजाने को कहो ! ··· नारा लगाओ !"

मानिकपुर के जत्थेदार ने कहा–"मानिकपुरवालो, वापस चलो !"

मधुलता के एक बूढ़े किसान ने कहा–"झूठमूठ ही हम लोगों को परेशान किया !"

सरबन बाबू के भाई लालचन ने कहा–"परानपुरवालो ! आप लोग पैर पीछे मत कीजिए। आगे बढ़िए ! ··· लुत्तो बाबू, नारा लगाइये !"

"नहर का फैसला !"

"··· ···!"

भिम्मल मामा अब तक चुपचाप खड़े थे। बोले–"सुबुद्धि की जय !"

"चलो-चलो, वापस चलो ! झूठमूठ परेशान किया ! अन्याय बात ! छीः-छीः ! औरत को घेरकर मारा ! हाय-हाय ! ··· चलो-चलो, वापस चलो। अपने-अपने गाँव में उत्सव करो। सर्वे में भी जो बेजमीन रहे, उसको भी जमीन मिलेगी।"

ऑपरेशन-पार्टी के बुलडोजर की गड़गड़ाहट सारे प्रान्तर पर फैल रही है।

नाखा के हवलदार साहब तार देकर लौटे स्टेशन से तो अवाक् हो गये–"कहाँ चले गये सब ? लो मजा ! दारोगा साहब को क्या जवाब देंगे ? झूठ मूठ···!"

"आओ जिद्दा, तुम्हारी ही राह देख रहा है मीत···।"

ताजमनी बिलख-बिलखकर रो रही है–जिद्दा···!"

"क्या हुआ ? ···रोओ मत। मुझे कुछ नहीं हुआ है। छोटे-से कंकड़ की चोट है।"···हवेली के आँगन में औरतों और छोटे-छोटे लड़के-लड़कियों की भीड़ लगी हुई है। तुलसी चौरा के पास, खाट पर मीत को लिटा दिया गया है। खून से लथपथ शरीर !

फेकनी की माय जंगली जड़ी-बूटी पीस रही है–"हाय-हाय ! बेचारे की गरदन ही तोड़ दी है।" फूहा गरम पानी से घाव धो रही है। सामबत्ती पीसी और जयवन्ती दूध की कटोरी लेकर मीत को दूध पिलाने की कोशिश कर रही हैं। ···दिलबहादुर उत्तेजित होकर कहता है–"त्यो सुधना लाय मैं काटछूँ !"

"किसने मारा ?"

सामबत्ती पीसी बोली–"न जाने किस गाँव के कुत्ते थे ! हः-हः, मेरे यहाँ कम्फू की बीबी, मैं कैसे छोड़कर जाती कहीं ? उसके जाने के बाद जैसे ही मैं जयवन्ती के घर के पास आयी···।"

जयवन्ती और सेमियाँ एक ही साथ बोलीं–"यदि सुधना ने कुत्तो को नहीं हुलाया होता तो कुछ नहीं होता।··· सुधना की बदमाशी है।"

"सरबन बाबू का बेटा भी था।··· परसदवा भी था। जंगलू का बेटा भी।··· चार-चार कुत्तों ने दाँत से पकड़कर झकझोरा है।"

"जुलूस की ओर जा रहा था मीत !"

जितेन्द्र ने खाट के पास जाकर पुकारा–"मीत ! ···ताजू ! रोती क्यों है ?"

मीत रह-रहकर कराहता–उँ-उँ-ऊँ ! ···मीत !

मीत ने आँखें खोलीं–शराबी की आँखों-जैसी झपकती हुई आँखें।–"मीत !" मीत इस बार अपनी बची-खुची ताकत को बटोरकर उठ बैठा। कान झाड़े। खून के छींटे चारों ओर छरछराकर पड़े। आँ-ऊँ ! और वह जित्तन की गोद में गिर पड़ा। देह काठ की तरह कड़ी हो गयी। मुँह से, थोड़ी-सी जीभ अर्धचन्द्राकार बाहर की ओर निकली हुई···!

पछाड़ खाकर गिर पड़ी ताजमनी–"ओ माँ तारा ! यह क्या किया ? मीत रे-ए-ए !" गोबिन्द की आँखें बरस पड़ीं। रामपखारनसिंघ अवाक् है।···आज सुबह से उसकी अक्ल गुम है। इतनी बड़ी बात पर तो वह क्या न कर देता ! लेकिन, बौवाजी का हुकुम–हवेली छोड़कर कहीं मत जाना। गाँव के छोटे-छोटे बच्चे भी रो पड़े।···हवेली का आँगन सिहर उठा। मुंशी जलधारीलाल दास पूछता है जितेन्द्र से–"कलमबाग की जमीन में ही तो···?" जितेन्द्र ने सिर हिलाकर स्वीकृति दी और

अपने कमरे में चला गया।

चार-पाँच दिन तक गाँव में डर समाया रहा। कोसी कैम्प और ऑपरेशन-पार्टी की रक्षा के लिए हथियारबन्द पुलिस का एक जत्था आया। सबडिवीजनल पुलिस इंस्पेक्टर दल-बल के साथ गाँव में आये।

···कम्फू के साहब को धक्कम-मुक्की किया है। कम्फू की बीवी पर हाथ दिया है। जित्तन का सिर फूटा है। बड़ा भारी केस चलेगा। सेशन ? ··· रेलवे-लाइन के मुकदमे में कालेपानी और फाँसी तक की सजा होती है।

"क्या ? केस नहीं करेगी, पुलिस ? कैसे मालूम हुआ ?"

"कोसी कम्फू की बीबी ने दारोगा-निसपिट्टर से कहा–कुछ नहीं हुआ है। हवलदार साहब कह रहे थे अभी, जित्तन बाबू ने सरकार को ही दोखी साबित कर दिया। कोसी के बंगाली साहब ने भी कहा–कोई बात नहीं हुआ।"

"जै काली माय !"

घर-घर में छिपे हुए लोग चार-पाँच दिन के बाद निकले। गरुड़धुज झा अचरज से मुँह फाड़कर सोचता है–मुकदमा नहीं करने का क्या तुक ! ऐसे मार-केस को भी भला मटिया देते हैं लोग ? भूदानियों ने तो अनसन की धमकी दी थी। इन लोगों ने वह भी नहीं···!

हर जगह जितेन्द्र के मीत की मृत्यु की चर्चा हुई–"चः-चः ! कितना प्यारा कुत्ता था !··· बोली कितना समझता था ! हाय-हाय !"

रोशन बिस्वाँ कि साइकिल का मेढ़क-हार्न बोला, कई दिन के बाद–पें-ऐं-ऐं-ग ! "सुनिए, झाजी ! मैंने आपके और लुत्तो के नाम के लिए बहुत कोशिश की, लेकिन बारह किस्म की बातें करके नामंजूर कर दिया लोगों ने !"

गाँव में एक निगरानी कमिटी बनी है। जयदेव, मकबूल, डी. डी. टी. और विश्वकर्मा वगैरह ने मिलकर निगरानी कमिटी का संगठन किया है। हर पार्टी से एक मेम्बर लिया गया है। लुत्तो की पार्टी का बालगोबिन मोची, मुसलमानटोली से समसुद्दीन नहीं, बूढ़ा पीरबक्कस मियाँ !

जयदेव और मकबूल अपनी झेंप मिटाने के लिए जोर-शोर से निगरानी कमिटी के पीछे लगे हुए हैं। पुनर्वास के लिए जमीन-वितरण पर निगरनी ! घूसखोरी, पक्षपात आदि पर निगरानी ! नहर के काम में गाँव के लोगों की बहाली पर नजर !··· मुखिया रोशन बिस्वाँ इस कमिटी का चेयरमैन है। मकबूल का प्रस्ताव सर्वसम्मति से पास हुआ है···शीघ्र ही पुनर्वास का काम शुरू किया जाये। बेकार लोगों के लिए काम की व्यवस्था अभी से हो। जमीन-वितरण के लिए शीघ्र ही अधिकारियों को भेजा जाये। और, दुलारीदाय नहर-योजना से जन-सम्पर्क स्थापित करने के लिए इस निगरानी कमिटी के महत्त्व को कबूल किया जाये।

रोशन बिस्वाँ खुश है।···मुखिया से बढ़िया है यह चेयरमैन नाम ! जित्तन बाबू

से दारोगा साहब ने बार-बार पूछा था–"रोशनी बिस्वाँ जुलूस में था या नहीं, इतना ही कह दीजिए।" लेकिन, जित्तन बाबू ने दारोगा को भी बेपानी कर दिया। हँसकर बोले–"मोटी मछली फँसाने के फेर में हैं, आप!" दारोगा अपना-सा मुँह लेकर चुपचाप वापस चला गया।···पढ़े-लिखे लोग की बात ही निराली होती है। हथियारबन्द पुलिस वापस चली गयी।

लुत्तो के बारे में, गाँव के लोगों के मन में यह बात उतर गयी है–जानबूझकर भक्सी में झोंकने ले जा रहा था लोगों को। बात-ही-बात में क्या-से-क्या हो जाता!

मानिकपुर का उदयानन्द हाट में गला भाँजकर सुना रहा था परानपुर के लड़कों को–"सौ लुच्चा का सरदार है परानपुर का लुत्तो! लुच्चा मारलक बेंग, पाँच पसेरी'क एक ही टेंग[1]!···हम लोगों के गाँव से भी भेड़ भड़काकर ले गया था। इतने पढ़े-लिखे लोगों की आँखों में उसने कैसे धूल झोंक दी!"···लुत्तो को, जिला कांग्रेस के सभापति ने बुलाकर खूब फटकार दी है। थाना कांग्रेस के सभापति ने जल्दी से चौअन्नियाँ-रसीद का हिसाब दाखिल करने को कहा है।

गाँव के लोग परती पर बोयी जानेवाली फसलों की कल्पना करते हैं।···ठुट्ठी पखार से लेकर सेमलबनी तक नयी जाति का पाट! ठुट्ठी पखार से उत्तर मकई और बाजरे की खेती! पुलक उठते हैं, बेजमीन लोग। सर्वे में भी जिन्हें एक धूर जमीन नहीं हासिल हुई, उन्हें भी जमीन मिलेगी, बिना किसी झंझट के!···ढाई रुपये रोज मजदूरी! जो ट्रैक्टर चलाना सीखना चाहें, अभी से नाम लिखाएँ, निगरानी कमिटी में।

खुशी से गीत गाने का मन करता है, हमेशा!···नान्ही-नान्ही धान केर उजर-उजर अच्छत रा-आ-म, तो-ह-रो चढ़ायब ना; पाकल-पाकल पान केर पातर-पातर पतवा रा-आ-म··· !!

ठका-ठक! ठका-ठक! ठक-ठक-ठक-ठक··· ठकाक्!

रात में, पेट्रोमेक्स जलाकर नाट्यशाला में बढ़ई और राज-मिस्तरियों से काम कराया जा रहा है। अगले सप्ताह से ही स्टेज पर रिहर्सल शुरू करने की बात सोची गयी है।··मुंशी जलधारीलाल दास की कर्मठता को देखकर लोकमंच के नौजवान आश्चर्यचकित हो गये हैं। सुबह आठ बजे से लेकर रात के ग्यारह बजे तक वह काम पर तैनात रहता है। दिन में काम करनेवाले मजदूरों को, शाम में मजदूरी देने के बाद एक घण्टा आराम करता है। इसके बाद रात में काम करनेवाले मजदूरों और मिस्तरी को लेकर–ठका-ठक, ठका-ठक···!

हवेली के हॉल-घर में हमेशा कोई-न-कोई साज-बाज बजता ही रहता है। जितेन्द्र कहता है–"ताजू! मेरा सत्त भंग मत करो। मीत के लिए मेरे भी कलेजे में रह-रहकर

1. पैर

कचोट उठती है।···वह बेचारा तो, अबोला जानवर था !···आदमी को घेरकर दाँत से झकझोरकर मार डालना चाहता है, आदमी का गिरोह ! तुम्हारा मुरझाया हुआ मुँह देखकर मैं हताश हो जाता हूँ। चलो, अमरहा के बाजा बजानेवाले चमारों का दल आया है। उन लोगों की पिपही-शहनाई बड़ी मीठी होती है। है न ? मैंने बुलाया है। कौन गीत बजाने को कहें ?···ताजू रानी ! मैं मीत की पत्थर की मूर्ति बनवाकर मँगवा दूँगा। भवेश ने मूवी से उसके बहुत से एक्शन-फिल्म लिये हैं। बोलो, कौन गीत ? सावित्री-नाच का ?"

जितेन्द्र के मन में उसकी मेम-माँ की बातें प्रतिध्वनित होती हैं, बार-बार ! ···इन कुण्डों के पास बैठकर एक-एक पद्म को अंकित करेगा, तू ! पंछियों का गीत सुनेगा। भौंरों की गुंजन से अपना तानपुरा मिलायेगा। तू गायेगा, नाचेगा।··· नाच-गान में इन कुण्डों को बेचकर फूँक भी दे तो कोई हर्ज नहीं।

मीत के बिछोह से मुरझायी ताजमनी हँसकर उसके बालों को सहला देती है, वह तरोताजा हो जाता है। इरावती, इस जाड़े के मौसम में भी पसीना पोंछती हुई आती है, भागती है, प्रेरणा दे जाती है। प्रेमजीत अपने सपने में भी लोकमंच की बातें ही देखता है। परमा, शिवमंगल, प्रयागचन्द···और, समाजशास्त्री शैलेन्दर !

"क्यों, इरावती ! भवेश की प्रयोगशाला से कोई आशाजनक सूचना मिली है ? छायानाट्य···शैडो-प्ले के बिना···। उम्मीद दिलाता है ? गुड !" इस जिले के कई इलाकों में, चम्पानगर के शारदा बाबू की जात्रा-पार्टी से प्रेरित होकर नौजवानों ने जात्रा-दल बनाये थे। जात्रा-दल असफल रहे। किन्तु, क्लारनेट और बेहाला का उपयोग कीर्तन-पार्टियों में करके काफी नाम कमाया उन लोगों ने। केयटटोली में, कसबा और धरमपुर से कुछ नये बाशिन्दे आकर बसे हैं। उनमें से एक के पास क्लारनेट है। हालाँकि उसका क्लारनेट अध-गूँगा है, फिर भी कीर्तन का सुर अच्छा निकाल लेता है।···प्रेमजीत उसको बुलाने गया है, प्रेम से।

प्रेमजीत को एक लफ्ज बोलने की आदत लग गयी है। हर बात के अन्त में वह जोड़ देता है--प्रेम से।

ठके-ठके-ठक्का ! ठक्ठ-ठकट्ठा ! ठके-ठके···

···लकड़ी की ढोलक। भिम्मलीय नाम, कठम ! चमड़े के पूरे नहीं, लकड़ी के ही पूरे हैं। लकड़ी के हथौड़े से बजाया जाता है। बड़ा खटाखट ताल लगाता है, भाई ! हद हैं जित्तन बाबू भी। लकड़ी की ढोलक !

···परमानन्द, पेट से माटी की नयी हाँड़ी सटाकर बजाने का रियाज कर रहा है–घटम-घटम-घुट, टिड़िकट-तिड़िकट ! हँसी से दम फूलने लगता है, उसको हाँड़ी बजाते देखकर। ढुँग-ढुँग, ढुग-ढुँगा-आ-आ ! घड़ीघण्ट-घड़ियाल टँगे हुए हैं, दो सुर के।···छम्मक-खट्छक, छम्मक-खट्छक, चार जोड़े करताल।

एक माइल पूरब की ओर, परती पर ऑपरेशन-पार्टी का ट्रैक्टर भटभटा रहा है। भटभटाहट के ताल पर, नैका सुन्नरि का एक पद गुनगुनाकर मिलाता है, जितेन्द्रनाथ–नम्मा, नैका सुन्नरि सुन लें मोर बचनियाँ रे नाम्। भट-भट,

भट-भट-भट-भट, भट-भट-भट-भट, भट-भट-भट-भट-भट्ट !··· कुँहाँ-कुँक्काँ ! कुँहाँ-कुँक्काँ ! वायलिन पर रघ्घू रामायनी की सारंगी का विशेष सुर बजता है। मलारी आयी है ?

"अँय ! आयी है मलारी ? सुवंश भी ? आँख शपथ ?"

"सामबत्ती पीसी और सेविया अभी आयी है, देखकर··· हवेली में।"

"चलो, जायेगी देखने ? मलारी की माँ गयी है या नहीं, बेटी को देखने ? और सुवंश की माँ भी नहीं ?"

सामबत्ती पीसी कहती है—"आयी हैं ठेठर में पाठ करने। लिलिया को भी चिट्ठी गयी है, मनमोहन बाबू की। वह भी आ रही है। "छौंड़ा-छौंड़ी मिलकर नाटक करेंगे ? सच ? हँ-हँ-हँ !"

"अरी, मलारी की माँ, बेटी को देखने नहीं गयी है ?"

महीचन चिल्ला-चिल्लाकर पड़ोस की औरतों को गाली देता है—"कौन साली लेती है, मलारी का नाम ? मन में खुजली होती है तो गाली सुनने··· ।"

महीचन की बोली बन्द हो गयी।···ये दोनों कौन आ रही हैं ? कम्फू की मेम साहब और··· मलारी ? ऐं !

"हाँ, मलारी ही है। हे, घोतना की माय ! सुखनी मौसी ! ढोलबज्जावाली ! दौड़के आ ! देख-देख ! कौन आ रही है !··· कोई कहेगा कि चमार की बेटी है? रमपतिया !"

मलारी की माँ आँगन से निकल आयी। मलारी के पहुँचने के पहले ही घूँघट से मुँह ढककर, सुर से रोने लगी—"आ-गे बेटी-ई-ई ! तोरा खातिर सब दिन बोली-ठोली सहली-ई-ई-ई, पर-जे-परोसनी के ठोना-जे-ठिठोली-ई-ई, हमरा छोड़ि कहाँ चलि गेली गे-ए-ए, बे-ए-ए-टी !"

इरावती पूछती है—"गीत गा रही है या रो रही है ?"

मलारी भरे गले और भरी आँखों से बोली—"मेरी माँ ! ··· रोती है !" रमदेवा ने रोना शुरू किया। अपने दुलारे भाई को प्यार से चुमकारकर चुप करती है और खुद रोती है—"भैया रे-ए !"··· रोती हुई बाप के पास गयी, पैर छूकर पाँवलागी की। महीचन भी आँख में अँगोछा लगाकर रोने लगा। घिघियाकर बोला—"बेटी ! काहे आयी ? तुम्हारे लिए तो हम मर गये।"

इरावती चुपचाप इस मिलन-रुदन को देखती-सुनती रही। उसका दिल भी रह-रहकर भर आता। माँ-बेटी, बाप-भाई···!

मलारी की माँ का आँगन खचाखच भर गया। मलारी रेवड़ी बाँट रही है। किसी के मन में अभी मैल नहीं। सभी उसके मुँह की ओर देखते हैं। चेहरा-मोहरा, पहरावा-ओढ़ावा ! कम्फू की बीबी भी उसके सामने मलिन लगती है। शहर जाकर चेहरे पर कैसी चमचमाहट आ गयी है ! ···गले की सोने की सिकरी देह के अँगोठ से मिल गयी है। देह की गठन भी बदल गयी है।

बालगोबिन की बहू धीरे से पूछती है–"सुवंशलाल अपने घर गया है या नहीं ?"

मलारी ने कोई जवाब नहीं दिया।··· बात समझ में आ गयी, सबकी।

परमा ने पुस्तकालय के पठनागार में गरुड़धुज की अभद्र दिल्लगी का जिक्र करते हुए कहा–"बहुत भद्दी-भद्दी बातें करता है। भगताइन कह रही थी, इरावती बहन को नैनी मछली कहता है। सुनोगे भला ! इरावती बहन की साड़ी का पल्ला खींचने की इशारा भी उसी ने दिया था। इस पाँच हाथ लम्बे लुच्चे को क्या किया जाये ? अभी मुझसे दिल्लगी की उसने, तुम लोगों की फिलिम कम्पनी कब से स्टार्ट हो रही है ? खूब फूलेगी-फलेगी, तुम लोगों की कम्पनी ! देशी-विदेशी दोनों किस्म का माल··· । मैंने चेतावनी दे दी है।···हँसने की बात नहीं, परानपुर की प्रतिष्ठा का प्रश्न है, प्यारे भाइयो !"

"अरे, हटाओ उन लोगों की बातों को !"

"हटाओ क्या ! अब कभी उसने ऐसी दिल्लगी की तो दिखला दूँगा। उसके भण्डाइज्म को बरदाश्त नहीं कर सकता।" भिम्मल मामा पठनागार के कोने से बोले–"उसकी काठहँसी की ध्वनि से लाभ उठाया जा सकता है।"

परमा ने जोर से ठहाका लगाकर गरुड़धुज की अविकल नकल की–"ई-पी-ही-ही-ही। ई-पी-ही-ही-ही !"

"कौन ड्रामा होगा ? मालूम हुआ नाम ? मँगनीसिंह दीवाना का 'प्यार का बाजार' तो नहीं ?"

प्रेमजीत पठनागार में प्रवेश करता हुआ बोला–"मँगनीसिंह दीवाना नहीं ! प्रेमजीत।··· लोकमंच के सदस्यों की बैठक है, कल सुबह। इरावती बहन कह रही है, जितने लोग पार्ट चाहेंगे, दूँगी। देखा, मैंने कहा था न ! गाँव में, गाँव के लिए, गाँव के द्वारा··· । हाँ-हाँ ! जो लोग बाजा-गाजा बजाना जानते हैं, उनको भी मौका दिया जायेगा। अभी, फेनाइल···नहीं-नहीं···डी. डी. टी. बाँसुरी बजाकर आ रहा है। बँगला भठियाली गीत के रेकर्ड को धुन बजाकर सुना दिया। जित्तन भैया खुश हो गये।"

परमा ने कहा–"महीने में पाँच नाम बदलते हो, ठीक है। मलारी और सुवंश के प्रति तुम्हारा विचार···!" प्रेमजीत हँसकर कहता है–"तुम इरावती बहन के सामने ऐसी-ऐसी दिल्लगी मत करना, परमा भाई ! कल मैं लाज से गड़ गया।"

निगरानी कमिटी के प्रस्ताव पर बहुत जल्दी ध्यान दिया है, अधिकारियों ने। आश्चर्य···! लिखकर जवाब दिया है–"अगस्त तक कुण्डो के तट की बँधाई समाप्त करने के लिए यह आवश्यक समझा गया है कि इसी महीने से काम शुरू कर दिया जाये।··· निगरानी कमिटी के सहयोग के लिए धन्यवाद !"

··· सेटलमेण्ट-ऑफिसर होकर आ रहे हैं, खुद कलक्टर साहब ! इस बार सर्वे-सेटलमेण्ट की तरह गड़बड़ी नहीं होगी।···गाँव के बैलगाड़ीवालों की लिस्ट तैयार हो गयी ? पाँच सौ बैलगाड़ियाँ रोज चाहिए ?

–लुत्तो से पुलिस इन्सपेक्टर साहेब ने मुचलका लिया है।··· कांग्रेस का पाँच सौ रुपैया चन्दा वसूल कर गपतगोल कर गया है। ईंट बनवा रहा है, देखते हो नहीं।

सुबह से शाम तक ऑपरेशन-पार्टी की अनवरत भटभटाहट वातावरण में गति का संचार करती है।··· पहिये घूमते हैं।

सुचितलाल मड़र ने निगरानी कमिटी में अरजी दी है–इस बार उसके नाम में सुधार करवा दिया जाये।··· पोंपी नहीं। कमिटी के मेम्बरों को वह दही-चूड़ा और केला खिलायेगा।··· हा-हा-हा !

दुलारीदाय योजना से सम्बन्धित छोटे-बड़े समाचार को गाँव के हर औरत-मर्द तक पहुँचाने के लिए पुस्तकालय के मन्त्री प्रयागचन्द ने एक योजना बनायी है।··· पुस्तकालय के सदस्यों से छित्तन बाबू ने माफी माँगकर बची-खुची किताबें वापस दे दी हैं। बिकू बाबू ने रेडियो की कीमत देने का वचन दिया है। पुस्तकालय को जित्तन बाबू की हवेली का हॉल मिल गया है; अगले महीने स्थान-परिवर्तन किया जायेगा।

'पंच-चक्र' ! ··· लोकमंच पर 'पंच-चक्र' गीति-नाट्य पाँच दृश्यों में, परानपुर के सवा सौ कलाकारों के सक्रिय सहयोग से प्रस्तुत किया जायेगा ! प्रेमजीत, प्रचारवाणी प्रसारित करके लोगों के उत्साह को बढ़ाता है–कटिहार, पूर्णिया, फारबिसगंज से भी दर्शक आयेंगे ! 'पंच-चक्र' !

दुलारीदाय के तट को बाँधनेवाली पार्टी आ गयी। बरदिया घाट के पास कैम्प के खूँटे गड़ रहे हैं। गाँव के मजदूरों के पहले जत्थे को काम मिल गया। गाड़ीवानों का इंचार्ज मकबूल ही है। गीतवास के पास से चिकनी मिट्टी लाने के लिए सौ गाड़ीवानों को पुरजा दिया गया है।···उधर, परती-ऑपरेशन पार्टी में भी अब लोगों की आवश्यकता हुई है।

गाड़ीवानों का आखिरी जत्था चिकनी मिट्टी लेकर लौट रहा है। बैलगाड़ी की कतार, चर्रर-चूँ-चूँ करती हुई। गाड़ी की धीमी गति की तरह गाया जानेवाला गाड़ीवानों का गीत, मोरंग-बनिजरवा अलाप रहा है कोई सरस गाड़ीवान–

जो तेंहू जइबे पियरवा-आ-आ-आ
कि मोरंग बनि-इ-इ-इ जरवा रे-ए-ए-ए रा-आ-म,
हम धनि जऽइ-इ-बे, नै-ए-हर-वा कि
हमरा-आ-आ-जनि छा-आ-आ-ड़ी जा-आ-रे-ए-ए-ए निर-मो-ओ-ओ-हि-यो-ओ-ओ !

···चल भैया, आखिरी खेप ! मोरंग जाने की जरूरत नहीं। चर्रर-चूँ-ऊँ-उ !

अब लोगों के कलेजे नहीं धड़कते।

देहाती कच्ची सड़क के गड्ढे, खाई और आँक-बाँक को समतल बनाती हुई बड़ी-बड़ी मशीनें आयी हैं। गाँववालों के चेहरों पर अब आतंक के चिह्न नहीं अंकित

होते।

औरत-मर्दों के झुण्ड बरदिया घाट पर मेला लगाये खड़े हैं।··· डी. डी. टी. कहता है–"ओवरसियर साहब ! इन ट्रैक्टरों और मशीनों के बारे में समझानेवाला कोई आदमी दीजिए, कृपा कर। लोग जानना चाहते हैं··· ।"

"ठीक है। आइए, मैं आपको बतला दूँ। आप उन्हें अपनी बोली में समझा दें। यह है, ट्रैक्टर शोवेल्स। रोड़े, सुरखी, मिट्टी वगैरह को ढोने के काम आता है। इसकी विशेषता है कि खुद ट्रेलर में लदाई-बोझाई करता है और खुद खाली करता है। यह, एक्सकेवेटर क्रेन है, बड़े-बड़े पत्थरों के टुकड़ों को नीचे-ऊपर ले आयेगा, ले जायेगा। और यह ट्रैक्टर लॉग्गर्स ! लकड़ी की मोटी-मोटी सिल्लियों को हाथी की तरह उठाकर··· !"

अचरज-भरी मुस्कराहट हर मुखड़े पर छायी हुई है। पत्थर के बड़े-बड़े चिप्स, हिप्पो-ट्रैक्टर में लदकर आ रहे हैं।··· गाँव के काम करनेवालों के दूसरे जत्थे के लोगों को काम मिल गया। पार्टी के साथ आये हुए बाहरी मजदूर उन्हें सिखाते हैं, "बिना बोल मिलाये काम नहीं होता। लजाने की क्या बात ! आवाज देना–मार जवानो, हइयो ! पत्थर तोड़, हइयो···!" गाँव के बच्चे भी गली-कूचे में खेलते समय ताल पर 'हइयो' कहना सीख गये हैं।

सुधना को बुलाकर प्यार से समझा रही है, ताजमनी–"सुधो भैया ! जाओ, जिद्दा बुला रहे हैं। कुछ नहीं कहेंगे। जा। बाबू··· ।"

"दिदिया, मीत··· !" सुधना आत्मग्लानि और पश्चात्ताप से घुल रहा है, अब। बुरे-बुरे सपने आते हैं। वह हिचकियाँ लेकर रोने लगा। जितेन्द्र ने कहा–"सुधीन बाबू ! इरावती दिदिया बुला रही है। जाओ !" इरावती गाँव के एक-डेढ़ दर्जन बच्चों को बटोरकर बात कर रही है, घुल-मिलकर। सबकी बोली-वाणी और मुख-मुद्रा को ध्यान से देखती है।···सचमुच सुधीन के चेहरे में एक विशेषता है। भोला-भाला भाव !

"अब तुम्हारी बारी है ताजू ! तुमने वचन दिया था··· निश्चय ही, माँ तारा ने आज्ञा दे दी है।"

ताजमनी हँसी–"सभी नाटक ही करेंगे तो देखेंगे कौन ?"

"उसकी फिक्र तुम मत करो।··· आज से रिहर्सल शुरू हो रहा है। तुम मेरे साथ रहोगी। हाँ, मुझे हमेशा तुम्हारी जरूरत होती है। सचमुच, अमहरावालों की पिपही-शहनाई ने हमारे वाद्यवृन्द में नया रंग डाल दिया है।"

जितेन्द्र के उत्साह को देखकर ताजमनी का मन उत्फुल्ल हो जाता है। किन्तु, तुरत मीत की याद !

"ताजू ! क्या कहती हो ? ···"

··· अब बच्चों की तरह मनुहार कर रहे हैं, जिद्दा। ताजमनी बोली–"रिहर्सल में जाने के पहले तारा-मन्दिर जाइएगा तो ?"

"जाऊँगा।"

···अब और क्या ? ताजमनी ने पूछा–"कारन ?"

"नहीं, अब 'कारन' नहीं ! ··· मधु !"

जितेंन्द्र को याद आयी, यह बात उसकी अपनी नहीं।

परानपुर की पुरानी रीत है, नैन देने के पहले देवी की मिट्टी की प्रतिमा नहीं देखने जाते, बड़े-बूढ़े। और नाटक के रिहर्सल में कोई बेकार आदमी नहीं जाते, भीड़ लगाने के लिए। देवी की प्रतिमा की आँखों में मणि दी मूर्तिकार ने, पुजारी ने प्राण-प्रतिष्ठा की। तब, भक्ति-भरे मन से देवी का रूप देखते हैं जाकर।···रिहर्सल देखने के बाद नाटक में क्या रस मिलेगा ?

किन्तु, इस बार रिहर्सल में ही भीड़ है। डेढ़ सौ कलाकार आ गये हैं। प्रेमजीत कहता है–"एक बार आखिरी ऐलान कर आऊँ फिर, प्रेम से ?"

"हाँ।" जितेन्द्रनाथ ने सिर हिलाकर कहा। डी. डी. टी. ने विरक्त मुद्रा में कहा–"अब कितने लोगों को बुला रहे हैं ?··· सो, कितना बड़ा नाटक है ?"

मकबूल रिहर्सल में नहीं आया है। लेकिन, रास्ते में उसने डी. डी. टी. से धीरे से जो बात कह दी वह डी. डी. टी. के मन में कसक रही है–'कहीं कोई गहरा मजाक तो नहीं कर रहा है ?'

जितेन्द्रनाथ ने कहा–"इसमें सभी किस्म के कलाकार हैं। गायक, वादक, अभिनेता के अलावा कला-सलाहकार और मंचकार !"

मलारी और सुवंश आये।··· सुवंशलाल अपनी माँ से मिलने गया था। मुँह लटकाकर लौटा है। मँझली भाभी ने नहीं, भाई ने ठेस लगायी होगी।··· यदुवंश के मुँह में लस नहीं है। जितेन्द्रनाथ ने कलाकारों से निवेदन किया–"आप लोग मुझे क्षमा करें। बिना पार्ट के बाँटकर किये ही मैं रिहर्सल शुरू कर रहा हूँ। असफल होऊँगा तो पार्ट बाँटकर काम करूँगा।"

सभी ने एक-दूसरे की ओर देखा। जितेन्द्र ने कहा–"मलारी और ताजमनी दोनों ही जानती हैं, बटोहिया गीत ! पहले मलारी शुरू करे··· । बटोहिया गीत के बारे में तो आप जानते ही होंगे !···आ जाओ ! मीठे-मीठे शुरू करो तो दीदी !"

मलारी, ताजमनी और इरावती तीनों एक साथ मुस्करायीं। मलारी जरा भी नहीं लजाती है।

सुन्दर सुभूमि भइया, भारत के देशवासे-ए-ए
मोर प्राण बसे हिम खोह-रे-ए बऽटोहिया-या !

–सिर्फ सारंगी ! ··· घटम ! ··· घड़ियाल !

डेढ़ सौ कलाकारों के अन्तर के जन्तर बज उठे।··· कूँ-हूँ-कूँ-कूँ-कँ··· टिड़ि-ड़िक-टिड़िड़िक, टक्का ! ··· बटोहिया ! ढुँगा-आ, ढुँगा-आ ढुँग-ढुँगा-आ !

··· गंगा रे जमुनवाँ के निरमल पनियाँ से-ए-ए !

—बेहाला और सारंगी ! ··· खोल और मन्दिरा ! ताजमनी ! सिर्फ, ताजमनी और मलारी ! ··· झाँझ और करताल ! ···

··· जँहवा कुहुकी कोइली गावे रे बटोहिया-या-या !

—बाँसुरी ! ··· घटम ! शंख। घड़ियाल ! झाँझ-करताल ! खोल नहीं, उपेन्द्र !

आम-कदम्ब नीम-बट तरु पर कूकती अनेक कोकिलाएँ ! झहरता झरना···घहरता समुद्र··· कलाकारों की उमड़ती आँखें ! गुग्गुल-धूम्र से परिव्याप्त वातावरण !

जितेन्द्र ने शिवभद्दर से कहा—"कोशका महारानी का गीत जो उस दिन तुमने सुनाया था, गाओ !"

शिवभद्दर बचपन से ही भैंस चराता है। कोशका महारानी का गीत वह अच्छा गाता है।

"मलारी ! तुम जरा इस गीत को ध्यान से सुनना। इस पर एक नाच की कल्पना तुम कर सकती हो, मुझे विश्वास है।" अध-गूँगा क्लारनेट बजानेवाले को लोग मेहमान कहकर पुकारते हैं। जितेन्द्र ने कहा—"मेहमानजी ! आप तैयार रहिए !"··· "कोशका मैया गौर में दीप जलाकर भागी जा रही है नैहर, वहीं से शुरू करो शिवा !··· खँजड़ी तैयार रखो, कामा ! और, उस बाजे का क्या नाम है बालाजी महाराज, गिड़िंग बाजा ?"···लड़की की कटिया में एक ओर चमड़े से छाया हुआ, बीच में ताँत लगाया हुआ। काँख से कटिया को दबाकर बालाजी तैयार हैं। शिवभद्दर ने कान पर हाथ रखकर शुरू किया—

थर-थर काँपे धरती मैया, रोये जी आकासः
घड़ी-घड़ी में मूर्छा लागे, डेग-डेग पियासः

—खँजड़ी ! ··· गिड़िंग बाजा, बालाजी !··· मेहमानजी, बस उतना ही !···

घाट न सूझे बाट न सूझे सूझे'न अप्पन हाथः

—कठम, काठ की ढोलकी ! ··· करताल ! चलाये चलो शिवा !

चटक-चटक-डिम, चटक-चटक-डिम ! ··· उँक्क-उँक्का, उँक्क-उँक्का !··· पिट-पैं-पिट-पैं !··· ठक्के-ठक्का ! छम्मक-खट्छक !

मलारी सिर्फ घुँघरू की बोली मन-ही-मन भर रही है इस द्रुत स्वर-तरंग में। छुम्म-छुम्मक···! मूसलाधार वृष्टि में, विशाल परती पर भागती कोशका मैया ! उनके पाँव की झनकती पैंजनी !

माघ मास की लम्बी रात, न जाने किधर से कट गयी !

रिहर्सल से लौटते समय, मन में पवित्र प्रातकी फूट रही थी सबके।

मन की परती टूट गयी···!

माघ मास कब गया, फागुन किस दिन आया, परानपुर गाँव को नहीं मालूम ! कोयल

की मधु-लिपटी बोली सुनकर एक-एक प्राणी ने अपने मन के मधु-कोष में देखा–टटके मधु का एक बूँद संचित हो गया है।

दुलारीदाय के पूर्वी महार पर पत्थर के टुकड़ों के अम्बार लग गये हैं। एक्सकेवेटर-क्रेन पत्थरों के टुकड़ों को ऊपर उठाता है, फिर नीचे दुलारीदाय के बलवाही कगार पर उझिल देता है। काम में मगन लोगों की लगन लगी है–वर्षा के पहले तटबन्ध तैयार हो जाये ! –और भी जोर से ! मार जवानो, हइयो ! परबत तोड़, हइयो !

जितेन्द्रनाथ के नये बाग के पेड़ और भी एक हाथ बढ़े ! ···ऑपरेशन-पार्टी द्वारा तोड़ी हुई परती पर श्रीपंचमी के दिन नयी जाति के पाट की बोवाई होगी। वर्ष में दो बार पाट की खेती होगी, इस नयी जाति के पाट की।··· भिम्मल मामा ने इस नये पाट का नाम दिया है–क्रान्ति पाट, सोना पाट-चीनी पाट नहीं।

'पंचचक्र' के पाँच दृश्यों के ताल-तरंग लोकमंच के कलाकारों के प्राण में समा गये हैं। सहज सुर में बँधे हुए लोग एक विशेष ताल पर चलते हैं।

पनघट पर मुक्त हँसी की हिलोर उठती है। गाँव की गलियों में हीरे-मोती बिछ जाते हैं। आज श्रीपंचमी है। लोकमंच के कलाकार वीणा-पुस्तकधारिणी माँ शारदा के चरण में नत हैं–जय माँ शारदे !

कृषि-विशारदों ने तोड़ी हुई परती की तैयार मिट्टी में बीज वपन किया–ओ धरती माता···!

सूरज डूबने के पहले ही परानपुर नाट्यशाला की नयी अँगनाई भर गयी। हाई स्कूल के बालचर और कन्या पाठशाला की स्वयंसेविकाओं के अलावा गाँव के बड़े-बूढ़े लोग भी लोगों को बिठा रहे हैं। भीड़ बढ़ती ही जाती है।··· कोसी कैम्प के लोग गाँववालों को नाम-बनाम जानने लगे हैं–"ए ! सुचितलाल मड़र ! इधर एक दरी बिछा दीजिए !" कोलाहल ! कलरव ! औत्सुक्य ! चांचल्य ! रोशनी, मुखड़े अनेक ! सब पर हँसी, एक ! यान्त्रिक करतल-ध्वनि नहीं। सरल, सहज, मुखर मानव !···

'पंचचक्र' ! निवेदक लोकमंच, परानपुर··· । परदा खुला। भनभनाहट भी बन्द हो गयी। मंच पर अन्धकार ! सन्नाटा ! एक सिसकी भी नहीं। निःशब्द मंच के पिछले परदे पर एक पंछी की छाया उभरी···क्षीण आलोक। पंछी ने पंख फड़काये। छवि स्पष्ट हो गयी, पण्डुकी ! ध्वनि–'तुर-तु-त्तू, तू-ऊ-तू-तू ! उठ जित्तू चाउर पुरे-पुरे-पुरे ! ···चाउर-पुरे ! चाउर-पुरे ! रे-ए-म-रे-ए-ए-म।' तानपूरे की झंकार के साथ मंच पर प्रकाश बढ़ता जाता है, क्रमशः ! तानपूरे की झंकार विलीन हुई। सारंगी के झनक-तारों पर 'सुन्दर-सुभूमि' की रागिनी उतरी, हौले-हौले। सुकण्ठ से सुरीले गीत की सुनहरी धारा फूटी। वाद्यवृन्द और पार्श्वगीत को भेदकर उद्घोषक का नम्र स्वर, ध्वनि-विस्तारक यन्त्र पर प्रतिध्वनि होता है–'पूर्णिया के जनजीवन

में जिनकी स्मृति आज भी गुनगुना रही है—बटोहिया गीत के अमर गायक स्वर्गीय रघुवीरनारायण को निवेदित।'··· गंगा रे जमुनवाँ के निरमल पनियाँ से-ए ! ··· ताँग-खेरे-खेरे-खेरे, ताँग खेरे ! टिन्नक-किनकाँ-टिन्नक ! खोल, मन्दिरा, बाँसुरी, घटम, शंख, घड़ियाल, झाँझ, करताल ! प्राण का प्रथम रंग उभरा मंच पर !

दर्शकों की आँखों में तरल तरंग ! आनन्दोल्लास ! हे-ए-ए ! कोशका महारानी ! कौन ? ताजमनी ! ···रेशमी पटोर मैया फाड़ि के फेकाउली, सोना के गहनवाँ मैया गाँव में बँटाउली, आँ रे रूपा के जे।···छम्म, छम्माँ ! ···थर-थर काँपे धरती मैया ! ··· खँजनी, गिड़िंग बाजा ! ··· मंच पर लहराता प्रकाश, जलछवि-सा ! मूसलाधार वृष्टि में विशाल परती पर भागती कोशका मैया !···बड़े-बड़े ढोलों की हल्की गड़गड़ाहट, अन्धकार ! ··· वायलिन की दर्द-भरी सिहरन। एक दीप टिमटिमा उठा। उजाला हुआ।···दुलारीदाय ? हे-ए-ए-ए ! मलारीदाय ? ···दोनों रे बहिनियाँ रामा गला जोड़ी बिलखय।···युग-युग के बाद, एक-एक प्राणी पाप से मुक्त होगा।···प्राणों के नये-नये रंग उभरेंगे। अल्पविरामकालीन कलरव।

दूसरा चक्र : नैका सुन्नरि गीतकथा।···नैका सुन्नरि, मलारी ? नाचती है मलारी ? है-है ! सुन्नर नैका, भिम्मल मामा। कुँक्का-कुँहा ! ··· दन्ता राकस का दाँत देखो। पहचानो कौन है ! परमा के गले की आवाज है···ई-पी-ही-ही-ही ! गरुड़ झा की तरह हँसता है ? ···सुन्नरि नैका रे, जोड़ लो पीरित जनि तोड़े रे-ए ! ··· दन्ता का बेटा, सुधना !

तीसरा चक्र : शैडो-प्ले और 16 मिलीमीटर का चलचित्र ! छायानाट्य···कंकालों की टोली—बेघरबार लोगों की छाया। वाद्यवृन्द के बीच करुण पुकार भरते हुए लोगों की टोली—आह-रे-ए-ए-ए-हे ! कोशी की बाढ़ से पीड़ित इलाकों की तस्वीर, परदे पर उभरी···डूबे हुए गाँव, बहती हुई लाशें, गिद्धों की टोली मँडराती आसमान में। आह रे-ए-ए-ए-हे ! ··· चारों ओर निराशा का अन्धकार ! ··· दर्शकों के मुखड़े पर भय की काली छाया !

चौथा चक्र : सामयिक प्रहसन। भिम्मल मामा, परमा। एक, दूध में पानी मिलाकर बेचनेवाला ग्वाला। दूसरा, दवा में मिलावट करनेवाला डॉक्टर।··· बनस्पतिया नौजवान ! लिलिया ? मेम साहेब बनी है—कैसा गिटिम-पिटिम बोलती है ! हो-हो-हो। हा-हा-हा ! बनस्पतिया नौजवान मँगनीसिंह, नहीं-नहीं, प्रेमजीत ! हा-हा-हा ! मुँह देखो जरा !

पाँचवाँ चक्र : उद्घोषक की आवाज—निराश, हताश, कोसी-कवलित मानवों की टोली में जनजागरण ने विद्रोह-मन्त्र फूँका—धु-तु-तु-तु-तु··· ! लड़ाई के नक्कारे बजते हैं। कोसी बह रही है, लहरें नाच रही हैं। अर्ध-नग्न जनता का विशाल दल ! पर्वत तोड़, हइयो ! पत्थर जोड़, हइयो ! इस कोसी को साधेंगे।··· बच्चे मर गये, हाय रे ! बीबी मर गयी, हाय रे ! उजड़ी दुनिया, हाय रे ! ···हम मजबूर, हो गये। घर से दूर, हो गये। वर्ष-महीना, एक कर ! खून-पसीना, एक कर ! बिखरी ताकत, जोड़कर। पर्वत-पत्थर, तोड़कर। इस डायन को, साधेंगे। उजड़े को, बसाना है···

ठक्कम-ठक्कम, ठक्क-ठक्क ! घटम-घटम, घट-टिड़िरक-टिड़िरक ! ···ट्रैक्टरों और बुलडोजरों की गड़गड़ाहट ! ··· लहरें पछाड़ खाती हैं। अट्टहास ! मंच रह-रहकर हिलता है।···दर्शकों के मुँह अचरज से खुले हुए हैं। कौन जीतता है–मार जवानो, हइयो ! एक डैम की प्रतिच्छाया परदे पर ! गड़-गड़ गुड़-गुड़ गर्र-र्र-र्र-र्र-र्र !···

धीरे-धीरे ध्वनियाँ विलीन हुईं। मंच पर अन्धकार छाया रहता है।···डी.डी.टी. की बाँसुरी भठियाली धुन छेड़ती है, अकेली··· नदीर धारेर काछे-पासे··· ! परदे पर धीरे-धीरे बादामी छाया छा जाती है। वीरान धरती का रंग बदल रहा है धीरे-धीरे··· हरा, लाल, पीला, बैंगनी।···हरे-भरे खेत ! परती पर रंग की लहरें ! बँधुआ सेथाय थाके मोर, बँधुआ सेथाय थाके-ए-ए ! डी. डी. टी. की बाँसुरी रंगों को सुर प्रदान कर रही है। अमृतहास्य परती पर अंकित हो रहा।···पाँच चक्र नाच रहे हैं। घन-घन, घन-घन ! पण्डुकी का जित्तू उठ गया। पण्डुकी नाच-नाचकर पुकार रही है–तुतु-तुत्त, तुरा तुत्त ! ··· पिपही-शहनाई बजने लगी।

खेल समाप्त हो गया। जनता बैठी है।···और भी होगा ? परदा उठाइए ! कोलाहल ! कलरव ! दुलारीदाय ? ···कोशका महारानी ! खोली-ओ-ओ ! ··· परदा उठा। लोकमंच के कलाकार, मंच पर खड़े होकर जनता को नमस्कार करते हैं। ···डॉक्टर रायचौधुरी की मुद्रा–तुमि पारबे !

हर्षोन्मत्त जन-मन···!

सेमलबनी के आकाश में अबीर-गुलाल उड़ रहा है।

आसन्नप्रसवा परती हँसकर करवट लेती है।

●●●

रेणु रचनावली-3

[पल्टू बाबू रोड, जुलूस, कितने चौराहे,
कलंक मुक्ति, रामरतन राय (अधूरा उपन्यास)
गोत्रांतर अर्थात् एक अधूरी कहानी]

रेणु रचनावली

3

संपादक

भारत यायावर

राजकमल प्रकाशन
नयी दिल्ली इलाहाबाद पटना

मूल्य : ₹ 4800
पाँच खंडों का सम्पूर्ण सेट

पहला संस्करण : 1995
चौथी आवृत्ति : 2012

प्रकाशक : राजकमल प्रकाशन प्रा. लि.
1-बी, नेताजी सुभाष मार्ग
नई दिल्ली-110 002

शाखाएँ : अशोक राजपथ, साइंस कॉलेज के सामने, पटना-800 006
पहली मंजिल, दरबारी बिल्डिंग, महात्मा गांधी मार्ग, इलाहाबाद-211 001

वेबसाइट : www.rajkamalprakashan.com
ई-मेल : info@rajkamalprakashan.com

आवरण और कलापक्ष : सुरेन्द्र राजन

मुद्रक : बी.के. ऑफसेट
नवीन शाहदरा, दिल्ली-110 032

RENU RACHANAWALI-3
Edited by Bharat Yayawar

ISBN : 978-81-7178-735-7 (सम्पूर्ण सेट)

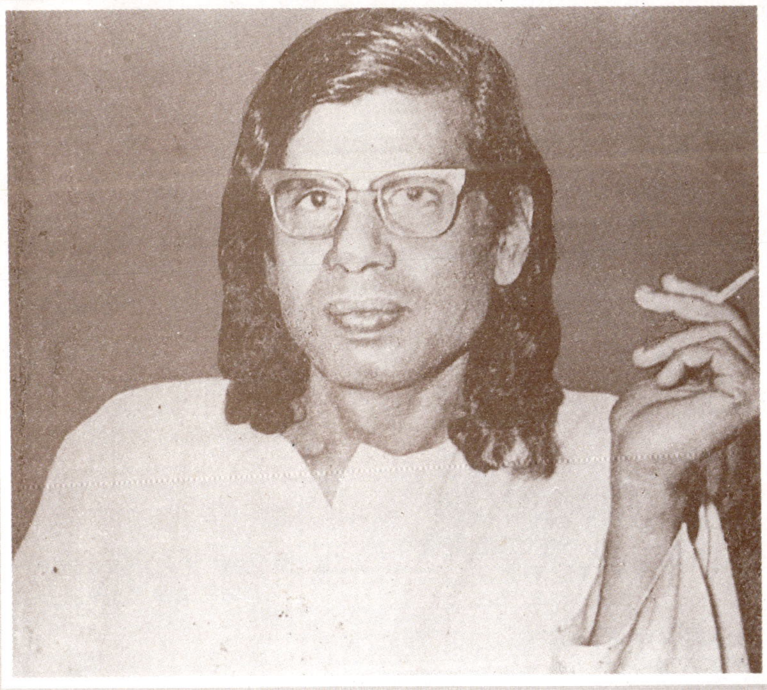

▲ *रेणु की एक मोहक मुद्रा* फोटो सौजन्य : सुरेश शर्मा

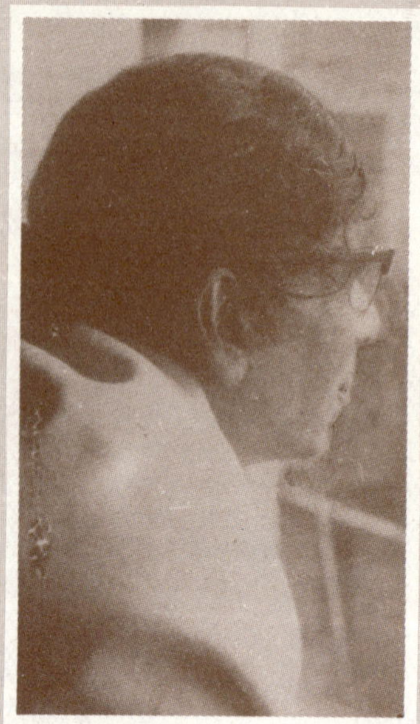

▲ रेणु का केश-गुच्छ

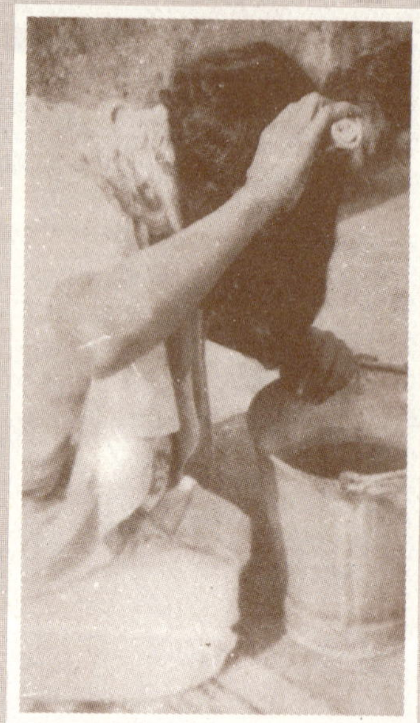

▲ ...और बालों की नियमित सफाई भी

दोनों फोटो : राबिन शॉ पुष्प

▼ लेखन कार्य में व्यस्त रेणु फोटो सौजन्य : राजेश राज

▲ *नेपाली वेश में* फोटो सौजन्य : राजेश राज

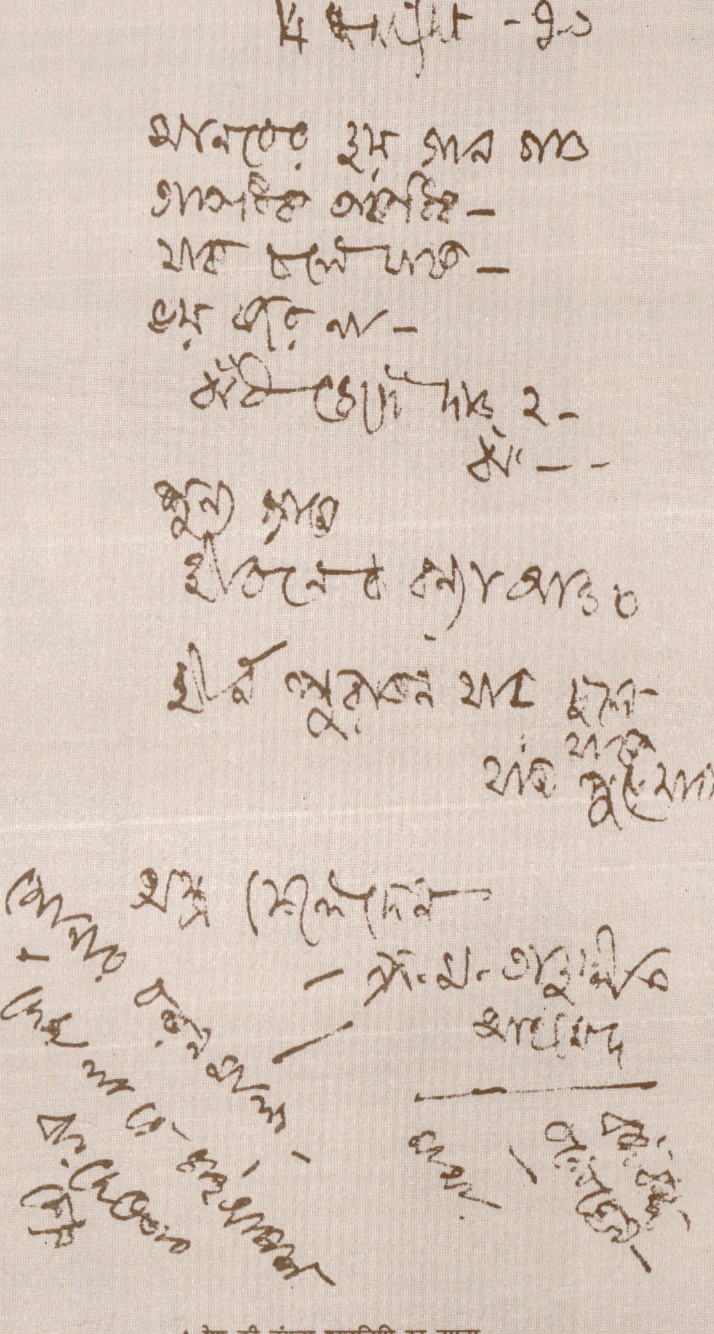

▲ रेणु की बंगला हस्तलिपि का नमूना

संपादकीय

'रेणु रचनावली' के तीसरे खंड में उनके सभी लघु उपन्यास संकलित हैं। ये उपन्यास हैं–'पल्टूबाबू रोड', 'कलंकमुक्ति', 'जुलूस' और 'कितने चौराहे'। साथ ही रेणु का अधूरा उपन्यास–राम रतनराय भी। 'पल्टूबाबू रोड' पटना से प्रकाशित मासिक पत्रिका 'ज्योत्स्ना' के दिसंबर, 1959 से दिसम्बर, 1960 के अंकों में धारावाहिक रूप से प्रकाशित हुआ था। इसका पुस्तकाकार प्रकाशन रेणु के निधन के बाद पटना के अनुपम प्रकाशन से 1979 में हुआ। 'कलंकमुक्ति' पहले 'दीर्घतपा' नाम से बिहार ग्रंथ कुटीर, पटना से दिसम्बर, 1963 में प्रकाशित हुआ था। बाद में इसका परिवर्द्धित संस्करण हिंद पॉकेट बुक्स, दिल्ली के द्वारा 1972 में 'कलंकमुक्ति' के नाम से प्रकाशित हुआ। (इसीलिए, इसके अंतिम स्वरूप को ही यहाँ संकलित किया गया है।) इस उपन्यास का नवीन संस्करण राजकमल पेपर बैक्स के द्वारा 1986 में प्रकाशित हुआ। 'जुलूस' उपन्यास 1965 में भारतीय ज्ञानपीठ से प्रकाशित हुआ। 'कितने चौराहे' अनुपम प्रकाशन, पटना से 1966 में प्रकाशित हुआ। इस उपन्यास के वृतान्त में रेणु ने अपने जीवन की कई घटनाओं को संयोजित किया है। 'रामरतन राय' रेणु का अधूरा उपन्यास है, जिसकी रचना रेणु 1971 में कर रहे थे। इसके 52 पृष्ठ उनके हस्तलेख में अनुपम प्रकाशन से उपलब्ध हुए हैं। रेणु ने इस उपन्यास को पूरा कर लिया था एवं यह लगभग साढ़े तीन सौ पृष्ठों का उपन्यास था, पर उनकी अनेक पाण्डुलिपियों के साथ यह उपन्यास जून, 1975 में चोरी चला गया था, जो आज तक नहीं मिल पाया।

रेणु 'मैला आँचल' और 'परती:परिकथा' जैसे युगान्तरकारी उपन्यास बाद में क्यों नहीं लिख सके ?–यह प्रश्न रेणु-अध्येताओं के मन में उठ सकता है। रेणु के बाद के चारों उपन्यास अपनी काया में ही सिर्फ लघु नहीं हैं, बल्कि उनकी परिव्याप्ति भी बहुत सीमित है। यह बात गहरी पड़ताल की माँग करती है।

रेणु अपने समय, समाज और जीवन का चित्रण करनेवाले सजग कथा-शिल्पी थे। वे सिर्फ कथ्य के स्तर पर ही नहीं, बल्कि कथा-कृति की संरचना के प्रति भी बेहद सजग दिखाई देते हैं। यह सजगता उन्हें दुहराव से बचाती थी। वे अपनी कथा-कृतियों में किसी बात को नाम-धाम बदलकर दुहराते नहीं थे। 'मैला आँचल'

और 'परती:परिकथा' को ही यदि ध्यान से देखा जाए, तो दोनों में कहीं भी किसी कथ्य, लोक-तत्त्व, पात्र और शिल्प का दुहराव नहीं मिलेगा। जबकि अधिकांश कथाकारों में रूप और नाम बदलकर एक ही पात्र या कथ्य आगे की कृतियों में दिखाई पड़ते हैं। रेणु का जो अपार जीवनानुभव था, ग्रामीण समाज के प्रति उनकी समझ और दृष्टि थी, लगता है, वह पूरी की पूरी दोनों उनके प्रारंभिक उपन्यासों में मिल जाती है। कहा जा सकता है कि गाँव में ऐसा कुछ भी नहीं, जिसका चित्रण रेणु ने इन उपन्यासों में न किया हो। इसीलिए, बाद के उपन्यास-लेखन में वे अपनी कथा-भूमि को बदलते हैं। 'पल्टूबाबू रोड' में एक कस्बे को अपनी कथा का आधार बनाते हैं और 'कलंकमुक्ति' में पटना शहर के वर्किंग वुमेंस हॉस्टल को। यहाँ रहने वाले नैतिक रूप से पतनशील पात्रों के जीवन की विसंगतियाँ संपूर्णता में उभारी गई हैं। लेकिन रेणु का संवेदनशील मन इसमें नहीं रमता। लघु उपन्यासों में उनका मन अगर कुछ कहीं रमता है तो, 'जुलूस' की रचना में। इसीलिए, 'जुलूस' उनके अन्य लघु उपन्यासों में श्रेष्ठ बन पड़ा है।

रेणु पर आंचलिक उपन्यासकार का ठप्पा लग चुका था। उससे वे इन उपन्यासों में मुक्त होने की कोशिश भी करते हैं। दूसरी बात यह कि 'मैला आँचल' और 'परती:परिकथा' में तमाम निराशा-हताशा के माहौल, जीवन की पतनशीलता, राजनीतिक आदर्शों के क्षरण के चित्रण के बावजूद एक आस्था और विश्वास है कि भविष्य में सबकुछ बेहतर हो जाएगा। इसीलिए वे 'मैला आँचल' में मिट्टी और मनुष्य से मुहब्बत करनेवाले प्रशांत को देखकर आस्थावान होते हैं तो 'परती-परिकथा' में देशभर में हो रहे नव-निर्माण के कार्यों को देखकर उन्हें लगता है कि आदमी सिर्फ कत्ल और बलात्कार ही नहीं करता, वह गढ़ भी सकता है। गढ़ रहा है, बना रहा है, रचना कर रहा है, समाज के लिए, अवाम के लिए, वीरान को बसाने के लिए, वन्ध्या धरती को शस्य-श्यामला बनाने के लिए, जी-तोड़ परिश्रम कर रहा है आदमी। वे गाँव की संकीर्ण राजनीति, दलबन्दी, जाति-पाँति, छुआ-छूत, वैमनस्य, अंधविश्वास, टूटन-अलगाव तथा परती पड़ी हुई मानसिकता को खत्म करने के लिए लोक-सांस्कृतिक जागरण के तहत 'पंचचक्र' जैसे दर्शन को प्रस्तुत करते हैं। 'पंचचक्र' अर्थात् अन्नमय, प्राणमय, मनोमय, विज्ञानमय एवं आनन्दमय। रेणु लोक-जीवन को इस पंचचक्र से पूरित करने का उपक्रम 'परिकथा' में करते हैं और इस 'पंचचक्र' को नाट्य-रूप में लोक-कला-मंच पर अवतरित कर सम्पूर्ण मनुष्य जाति को समरस भूमि पर उपस्थित करने की कोशिश करते हैं। यही वह मुक्ति का मार्ग है, जिस पर समाज को अग्रसर करना उनका अभिप्रेत है। इसके लिए मनुष्य को सामाजिक और समाज को मानवीय बनाना होगा यही रेणु का मूल दर्शन है। और यह तभी संभव होगा, जब 'पंचचक्र' को समझा जाएगा।

'पल्टूबाबू रोड' और 'कलंकमुक्ति' में आकर रेणु ने एक कठोर, विकृत और हासोन्मुख समाज को बड़े ही बेलौस ढंग से अपनी कथा का आधार बनाया है। यहाँ समाज

के इस घृणिंत स्वरूप की पड़ताल रेणु बहुत भीतर जाकर करते हैं, पर उनका मन उस तरह इस चित्रण में नहीं रमता, जिस तरह 'मैला आँचल' और 'परती-परिकथा' की रचना में रमता रहा।

'पल्टूबाबू रोड' में अपने गाँव इलाके को छोड़कर रेणु वैरगाद्दी जैसे कस्बे को अपनी कथा-भूमि बनाते हैं। बैरगाद्दी कस्बा–जिसकी नियति पल्टूबाबू जैसे काइयाँ, धूर्त, कामुक बूढ़े के हाथ में है। पल्टू बाबू ने इस कस्बे के लिए ऐसी राह निर्मित की है, जिस पर राजनीतिज्ञ, ठेकेदार, व्यापारी, वकील–यानी पूरे कस्बे के लोग–चल रहे हैं, इस तरह जैसे वे शतरंज के मोहरे हों और पल्टू बाबू उनके संचालक।

एक कस्बे में रह रहे उच्च वर्ग के अन्तर्विरोधों, उसकी गिरावट, राजनीतिक और आर्थिक संबंधों में यौन-व्यापार आदि का चित्रण इस उपन्यास का अभिप्रेत है। इस उपन्यास में निम्न वर्ग का बहुत ही कम प्रवेश हो पाया है। आदर्शवादी पात्र एक-दो ही हैं, वे हाशिये पर खड़े उदासीन-से दिखाई पड़ते हैं।

'कलंकमुक्ति' उर्फ़ 'दीर्घतपा' की कथावस्तु का निर्माण 'वर्किंग वुमेंस हॉस्टल' को लेकर किया गया है। 'कलंकमुक्ति' का संसार, नारी-जीवन के क्रूरतम अन्तर्विरोधों का संसार है, जिसे रेणु ने बड़ी ही सहजता के साथ रचा है। इसमें चित्रित 'वर्किंग वुमेंस हॉस्टल' का चकलाघर में बदल जाना भारतीय समाज के नियंता वर्ग के दुहरे चरित्र और झूठे लोकतंत्र की विडंबनाओं का कच्चा-चिट्ठा है। प्रश्न उठता है, कि इस सबके लिए जिम्मेदार कौन है ? और उपन्यास की प्रत्येक पंक्ति इस प्रश्न का उत्तर देती है।

'दीर्घतपा' के पहले संस्करण की भूमिका में रेणु ने लिखा है–"यह उपन्यास 30 दिसम्बर, 1961 को ही पूरा हो चुका था। तब सोचा गया था कि वर्षों से दिन-रात सिर पर सवार पाँच (प्रेतनियों) देवियों को अलग-अलग रूपायित करके एक अलबमनुमा उपन्यास –संक्षिप्त वक्तव्यों से (कमेंट्री) गूँथ-गाँथकर 'पंच कन्या' के नाम से प्रस्तुत किया जाये। अंततः वह योजना–अनेकानेक कारणों से सफल नहीं हो सकी। अब इन्हें अलग-अलग ही पेश करने के क्रम में यह पहली दीर्घतपा-नारी ! (हाँ, चार और हैं। आ रही हैं एक-एक कर !)" पर पहली 'दीर्घतपा' के बाद अन्य चार पंच-कन्याओं पर रेणु ने कोई उपन्यास नहीं लिखा। उनकी योजना अधूरी ही रह गई। इस उपन्यास में वे पंच-कन्याओं के बारे में विवरण देकर ही रह जाते हैं। बेला गुप्त के अलावा अन्य चार कन्याएँ हैं–यूथिका, फातिमा, सरस्वती देवी और आयसा।

रेणु 'पंचकन्या' को यदि पूर्ण कर पाते तो वह हिन्दी साहित्य की अमूल्य निधि होती, क्योंकि जब बेला गुप्त लेखक को चुनौती-सी देती हुई कहती है–"इस बात का हमेशा खयाल रखिएगा–"नारी-हृदय को यथार्थ-रूप से पहचानना, किसी पुरुष के लिए सहज नहीं। और यदि वह नारी बेला गुप्त जैसी धीर-स्थिर-शांत हो तो उसे समझ पाना और भी कठिन है।" इस पर रेणु का वक्तव्य उनके आत्म-विश्वास और

आत्म-गौरव का परिचायक है। वे कहते हैं–"मैं मानता हूँ। और यह भी जानता हूँ कि जीवन और संसार की मंगल कामना मेरे मन में प्रबल रहे तो··· तो··· नारी क्या ··· मैं सिरजनहार के हृदय को भी··· ।"

रेणु 'पंचकन्या' सिरीज के उपन्यासों को पूर्ण नहीं कर पाए, पर बेला गुप्त के समानान्तर एक और नारी-पात्र पवित्रा चटर्जी को केंद्र में रखकर उन्होंने 'जुलूस' की रचना की।

हिंदी में देश के विभाजन की त्रासदी पर अनेक महत्त्वपूर्ण कथा-कृतियाँ लिखी गई हैं, पर वे सभी कथा-कृतियाँ प्रायः पश्चिमी शरणार्थियों पर लिखी गई हैं। पूर्वी बंगाल के शरणार्थियों पर हिंदी में रेणु का इकलौता उपन्यास 'जुलूस' है। पश्चिम के पंजाबी शरणार्थियों की दशा धीरे-धीरे बेहतर होती गई, पर बंगाली शरणार्थियों की स्थिति अब तक सर्वहारा की बनी हुई है। विभाजन की त्रासदी को व्यक्त करने वाली 'परती-परिकथा' में इरावती जैसी महत्त्वपूर्ण नारी है, जो आजाद भारत में भी बलात्कार और यंत्रणा का शिकार होती है। उसके भीतर के प्रेम का स्रोत धीरे-धीरे सूख गया है। इरावती का ही अगला चरण है पवित्रा। पवित्रा, जगह-जगह अनेक लोगों की आँखों में कासिम को झाँकता हुआ पाती है, पर उससे त्रस्त नहीं होती, उसका इस्तेमाल करती है। रेणु ने पवित्रा के रूप-सौंदर्य के बारे में एक ग्रामीण पात्र के मुख से इस तरह कहलाया है : "तालेवर गोढ़ी के दरबार के सभी मुँह-लगुवे जब चले गये, तो जयराम सिंह ने लंबी साँस छोड़कर, नाटकीय अंदाज में कहा–इस्स ! मालिक, सीटी फूँक दिहीस था कि।··· तालेबर गोढ़ी ने पूछा–क्या सीटी फूँक दिहीस ? जयरामसिंह ने बताया–वही पाकिस्थनियाँ सब ! कहते हैं कि रात में, माने कॉलोनी में आना मना है। बहुत बड़ा कानून है। लेकिन, एक बात सवा सोलहो आना ठीक है कि जो असली बंगालिन है, उसको एड़ी तक केश है।" राजकमल चौधरी ने लिखा है–"चोटी से एड़ी तक लंबे केश वाली यह असली बंगालिन, पवित्रा है–पवित्रा देवी, जिसके व्यक्तित्व में फणीश्वरनाथ रेणु ने बीते हुए जमाने की बीती हुई स्त्रियों को 'मिक्स' करने की कोशिश की है। बंकिमचंद्र और शरत्चंद्र की स्त्रियाँ न सही, लेकिन फिर भी, बीते हुए जमाने की स्त्रियाँ।··· ऐसी पवित्र और ऐसी संतुलित स्त्रियाँ क्रय-शक्ति और विक्रय शक्ति के इस संकट-युग में आकर अपवित्र, असंतुलित और जर्जर हो गई हैं, अपनी वय से अधिक अस्वस्थ, अपने शरीर से अधिक असमर्थ।

पवित्रा भी कथानक के अंत तक अकेली, उदास, आत्मकेंद्रित होती जाती है। रेणु उसमें जीवन और प्राण का संचार करने के लिए उससे अंत में यह वक्तव्य दिलवाते हैं : "मै जी गयी फिर। मैं अकेली नहीं। मैं निस्संग नहीं। मैं कहीं निर्जन में नहीं। मैं एक विशाल परिवार की बेटी हूँ।··· इन आत्मीय-स्वजनों के बीच पारस्परिक सहानुभूति और सहयोगिता को फिर से पनपाऊँगी मैं।··· अपने गाँव-समाज में–लोगों के वीरान हृदय में–आनंद-मुखर स्वर फिर से भरना होगा।··· खोयी हुई चीजों का उद्धार करना होगा।··· अपरिचय, अजनबीपन, उदासीनता, अकेलापन, आत्मकेंद्रिकता, विच्छिन्नता को दूर करके भूले-भटके लोगों को, अपने लोगों के पास लौटाकर लाना

होगा।··· मैं अपनी सत्ता को समाज में विलीन कर रही हूँ। लोक-संस्कृतिमूलक समाज के गठन के लिए-आमि आमा के उत्मर्ग कोलमि ! आमि आज जीवने प्रथम बार धन्य हइ लाय !" कहने की आवश्यकता नहीं कि पवित्रा के मुँह से स्वयं रेणु बोल रहे हैं।

लोक-संस्कृतिमूलक समाज की संरचना रेणु का ध्येय और स्वप्न था। इसकी विस्तृत रूप-रेखा उन्होंने 'परिकथा' में 'पंचचक्र' वाले रूपक के द्वारा प्रस्तुत किया है। 'जुलूस' में रेणु पुनः अपनी जड़ों की ओर लौटते हैं–'पल्टूबाबू रोड' और 'कलंकमुक्ति' में जिसे छोड़ चुके थे।

'कितने चौराहे' रेणु ने आजादी के लिए संघर्ष करने और अपना बलिदान देनेवाले युवकों को केंद्र में रखकर आज के किशोरों में देशप्रेम, सेवाभाव, त्याग आदि आदर्शों को स्थापित करने के लिए लिखा। इस उपन्यास में उन्होंने अपने ही जीवन की कई घटनाएँ जोड़ दीं।

अध्यायों में वर्णित 'कितने चौराहे' उपन्यास का मूल उद्देश्य व्यक्तिगत दुख-सुख, स्वार्थ-मोह से ऊपर उठकर देश के लिए आत्मोत्सर्ग करनेवालों के मानवीय, संवेदनशील रूप को उभारना और पाठकों के मन में उनके प्रति श्रद्धा जगाना है, ताकि वह परम्परा कायम रह सके ! चारों तरफ़ फैले हुए आज के भ्रष्टाचार को, व्यक्ति-सीमित स्वार्थपरता को देखते हुए उस परंपरा की आवश्यकता का और तीखा बोध जाग उठता है पाठक के मन में। और, किशोरों के लिए लिखा हुआ होने पर भी–'आंचलिकता का विश्वसनीय पुट, ज्वलंत चरित्र-सृष्टि, मार्मिक कथा-वस्तु, फड़कती हुई चरित्रानुकूल भाषा और साधारण में निहित असाधारणता का उन्मेष–रेणु के उपन्यास-शिल्प की आधारभूत विशेषताएँ 'कितने चौराहे' में भी विद्यमान हैं।'

रेणु के अधूरे उपन्यास के उपलब्ध कुछ पृष्ठ भी यहाँ संकलित हैं। सुविधा के लिए मैंने इस अधूरे उपन्यास का शीर्षक 'रामरतन राय' दे दिया है। रामरतन राय इस उपन्यास का प्रमुख पात्र है। इस उपन्यास के प्रारंभिक पृष्ठों को एक ड्राफ्ट रेणु की मृत्यु के बाद 'सारिका' के 'रेणु स्मृति अंक' में 'जाहिद अली' के नाम से छपा था। इसी का एक अंश रेणु ने 'दसगज्जा के इस पार-उस पार' नाम से कहानी के रूप में छपवाया था। रेणु रामरतन राय नामक एक तस्कर की आत्मकथा के रूप में यह उपन्यास लिख रहे थे। हिंदी उपन्यास के क्षेत्र में यह एक बिल्कुल नया विषय होता। इस उपन्यास के उपलब्ध पृष्ठों में भारत-नेपाल-सीमा के आस-पास का चित्रण बहुत ही बारीकी से हुआ है। रामरतन राय के बचपन के वृतान्त में उस इलाके का पूरा इतिहास बोलता है।

फणीश्वरनाथ रेणु लिखित 'एक अधूरी कहानी' एक फिल्म की पटकथा है। फिल्म अरुण कौल ने बनाई थी। मृणाल सेन ने इस फिल्म का निर्देशन किया था। यह बँगला कथाकार सुबोध घोष की 'गोत्रांतर' नामक एक कहानी पर आधारित है। पर रेणु

ने अपनी कलम के जादू से इसमें जान डाल दी है। इस पटकथा पर बनी फिल्म में काफी फेरबदल किया गया था। इसलिए इस पटकथा पर पुनः फिल्म बनने की गुंजाइश रह ही जाती है। 22-5-1970 को अरुण कौल को लिखे एक पत्र में रेणु ने इसके प्रारूप के बारे में लिखा था–"गोत्रांतर के नायक की काया में पैठकर कई बार कहानी को भोगने की चेष्टा की है··· मैं मैला आँचल के कई अंशों को इसमें समेटना चाहता हूँ। डॉक्टर प्रशान्त ने गाँव पहुँचकर–'खलिहान'-खुलने के दिन 'बिदापत नाच' देखा था, संजय भी देखेगा।··· गाँव की औरतें 'जाट-जट्टिन' खेलती हैं (मैला आँचल) अथवा 'सामा चकेवा' पर्व मनाती हैं (परती:परिकथा')–रुक्मिणी या रुकनी वैसे आनंद-उत्सवों में क्यों नहीं भाग लेगी ?··· कुल मिलाकर–'गोत्रांतर' में सुबोध बाबू की सिर्फ (बम्बइया भाषा में) आइडिया भर रह जाती है।" बाद में रेणु ने 'बिदायत-नाच' आदि की जगह 'ननदी-भउजिया' लोक-नृत्य का समायोजन इसमें किया। उन्होंने अरुण कौल को इस संबंध में एक पत्र में लिखा–"नाच में मैंने 'ननदी भउजिया' रख दिया है। इसमें 'बिदायत-नाच' अथवा अन्य कोई लोक-नृत्य भी रखा जा सकता है। असल में, नाचवाला प्रारूप आवश्यकता के अनुसार लिख लिया जाएगा।"

'एक अधूरी कहानी' की पटकथा पर रेणु ने 1970 के मई महीने से काम करना शुरू किया था और यह अगस्त, 1970 में पूरा हुआ। इस पर निर्मित फिल्म 1972 में प्रदर्शित हुई।

इस पटकथा की भाषा और शिल्प का विन्यास औपन्यासिक है–उनकी अन्य कथा-कृतियों की तरह सुगठित एवं प्रवाहपूर्ण। रेणु ने इसके नायक संजय की भाषा को बंगाली-हिंदी यानी एक बंगाली के द्वारा बोली गई हिंदी के करीब रखा है। शेष पात्रों की भाषा उनकी मनोरचना एवं जीवन-स्तर के करीब है। कुल मिलाकर पूरी पटकथा रेणु की अन्य कथाकृतियों की तरह ही सरस, पठनीय और ग्राह्य है।

इस पटकथा का कॉपीराइट अरुण कौल प्रोडक्शन का है। अरुण कौल ने इसकी पाण्डुलिपि प्रकाशन के लिए दी, इसके लिए उनका आभार।

27-9-1993 **भारत यायावर**

बोकारो स्टील सिटी

अनुक्रम

पल्टू बाबू रोड

राय-परिवार के रेडियो-सेट का कोई आंतरिक यंत्र बिगड़ा हुआ है, शायद। घिघियाई हुई आवाज़ निकलती है। परिवार के प्रत्येक सदस्य को इस घिघियाहट से चिढ़ है। इसलिए, सिर्फ बुधवार की रात को बँगला-ड्रामा सुनने के लिए ही ट्यून किया जाता है। उस दिन पास-पड़ोस की दो-चार 'मासी-पीसी' भी आ जाती हैं। गृहस्वामिनी, घर की माँ, हर बुधवार को यह दुहराना नहीं भूलतीं कि कीमती रेडियो है, इसलिए घिघियाई आवाज भी निकल रही है–किसी तरह।

रेडियो-ड्रामा शुरू हो गया है। किन्तु, गृहस्वामिनी अपनी पड़ोसिनों के साथ, कस्बे के दूसरे मुहल्ले में घूमने गयी हैं। परिवार की सबसे बड़ी और अरक्षणीय कन्या बिजली अपने ऊपरवाले कमरे में अकेली कुछ कर रही है। दोनों प्राप्तवयस्क लड़के, घंटा और फेला (ये उनके 'डाकनाम', यानी पुकारने के नाम हैं) अपनी कोठरी में किसी गंभीर और गुप्त बहस में लीन हैं। रेडियो की घिघियाती आवाज की आड़ में जरा खुलकर बात करने का मौका मिला है। और, तीनों किशोरियाँ रेडियो को घेरकर बैठी, जी खोलकर ड्रामा उपभोग कर रही हैं। आस-पास कहीं कोई गुरु-जन नहीं।

रेडियो-ड्रामे में, अबला नायिका के कमरे में खलनायक घुस आया है। नशे में लड़खड़ाता हुआ संवाद, घिघियाहट के बावजूद, रह-रहकर कुछेक क्षण के लिए स्पष्ट हो जाता है। नायिका, नकियाई हुई आवाज में लगातार भगवान की दुहाई दिये जा रही है। तीनों किशोरियाँ एक-दूसरे की ओर देखती हैं। खलनायक ठठाकर हँसता है–हा-हा-हा-हा··· कड़-कड़-कड़-कड़। रमा कानों में उँगलियाँ डालकर मुँह बनाती है–की भीषण··· खलनायक की आवाज क्रमिक कड़कड़ाहट के साथ पुनः तीव्र हुई–इसके पहले भी, कम-से-कम पचीसों लड़कियों को, इसी तरह पुकारते सुना है। मगर कभी नहीं आया भगवान। वरना–हा-हा-हा-हा-कड़-कड़-कड़-कड़··· मैं भी दर्शन करके··· कड़-कड़···।

अंदरवाली सीढ़ियों पर एक जोडी जनाना चप्पल की, एक तरंगवाली ध्वनि सुनायी पड़ी–ऊपर से उतरती हुई। रेडियोवाले कमरे में नायिका की चीख मँडरा रही है। रेडियो की खड़खड़ाहट तीव्रतर हुई और फिर–

टीप दिया गया।–जत सब।[1]

क्षण-भर का सन्नाटा।

रेडियो अगोरकर बैठी हुई–रमा, छबि, कना–तीनों किशोरियों पर एक साथ डाँट पड़ी–लाज नहीं आती। अगले सप्ताह से इम्तहान है न तुम लोगों का ? पढ़ाई-लिखाई तो खटाई में गयी। ड्रामा शोना हच्छे।[1]

अंदरवाली सीढ़ियों पर, चप्पलों की आवाज, ऊपरवाले कमरे तक पहुँचकर अस्पष्टतर हो गयी। और, कमरे का दरवाजा सशब्द बंद हो गया। तीनों किशोरियों ने ऊपर की ओर देखकर–एक साथ मुँह बिदकाये–की जाला।[2]

गृहस्वामिनी अपनी पड़ोसिनों के साथ लौटी–ए की ? ड्रामा शेष ? यह क्या, रेडियो बंद क्यों है ?

किशोरियाँ, अपनी-अपनी किताब-कापियों पर नजर गड़ाकर चुप रहीं। ऊपरवाले कमरे का दरवाज़ा खुला। सीढ़ियों पर चप्पल की आवाज पूर्ववत् प्रतिध्वनित हुई। बिजली को फिर नीचे उतरना पड़ा–रेडियो मैंने बंद किया है, काकी। कब से खराब होकर पड़ा है, मरम्मत करवाने की छुट्टी ही नहीं मिलती है, किसी को।··· और, जा बाजे बई।[3]

परितोष उर्फ घंटा ने घटना-स्थल पर नाटकीय ढंग से प्रवेश करते हुए कहा–किन्तु, ड्रामे का डायलॉग तो स्पष्ट···।

बिजली ने उसको अपना 'संवाद' पूरा नहीं करने दिया। बीच में ही भौं चढ़ाकर बोली–अतिरिक्त काबिल हो गये हो, आजकल ! इसीलिए डायलॉग स्पष्ट··· !

–बात पर बात उठती है !··· एक प्रख्यात लेखक के नाटक को 'बाजे-बई' कहे कोई तो, उसको···।

–मैं तुमसे बात नहीं करती।

–यह दूसरी बात है।

गृहस्वामिनी, पड़ोसिनों के सामने घर के लड़के-लड़कियों का इस तरह लड़ना पसन्द नहीं करती। वह बिजली से, इधर कई दिनों से, मन-ही-मन असंतुष्ट भी रहती है। बोली–अच्छे-बुरे नाटक की बात मैं नहीं समझती। मेरे पेट में तुम्हारे बराबर विद्या नहीं। लेकिन, साँझ की पहली बेला में, सो भी बुधवार को, बेवजह की अशांति और झगड़ा-बखेड़ा उचित नहीं। यह मैं सौ बार कहूँगी।

गृहस्वामी, परिवार के कर्ता बाहर से आये–यह कौन-सा ड्रामा हो रहा है ? बात क्या है ?

गृहस्वामिनी मुँह लटकाये, पड़ोसिनों के साथ अंदर चली गयी। सभी अपने-अपने कमरे की ओर भागे। बिजली, किन्तु, चुपचाप खड़ी रही। गृहस्वामी ने अपने कमरे में पहुँचकर आवाज दी–बिजली !

गृहस्वामिनी को घर पहुँचकर अचानक याद आयी, एस्प्रो लाना भूल गयी।

---

1. ड्रामा सुना जा रहा है, 2. कैसी मुसीबत है, 3. और, ऐसा रद्दी नाटक।

परिवार का 'पुरातन-भृत्य' रामटहल अपनी झड़ियल साइकिल पर सवार नहीं होना चाहता, आजकल। कुछ बुदबुदाता-बड़बड़ाता हुआ, 'फल-बागान' का फाटक खोलकर बाजार की ओर चला जाता है–रोज सिर में दर्द और रोज इसफरोस···।

परितोष उर्फ घंटा अपने कमरे में दाखिल हुआ, नाक फुलाता हुआ। कुछ बकने या उगलने को आतुर-जैसा। सत्यव्रत उर्फ फेला ने इशारे से पूछा–क्या हुआ ?

फेला के सवाल का कोई जवाब नहीं दिया, घंटा ने। वह इधर-उधर कुछ ढूँढ़ता हुआ बोला–न्यूरेटिक !

फेला मुँह बाकर देखता रहा–माने ?

घंटा को अपनी बुझी हुई आधी सिगरेट मिल गयी तो वह जरा नरम हुआ। पास की कुर्सी पर बैठते हुए बोला–समझे ? कुछ समझ में आयी बात ?

फेला का मुँह पूर्ववत् खुला देखकर घंटा विरक्त हुआ। बोला–नः, यह तुम्हारा दोष नहीं। तुम्हारे नाम का कसूर है।··· अरे मूरखराज, समझे नहीं, इसमें भी··· यह रेडियो बंद करने के पीछे भी 'सेक्स' है।

बच्चे का अँगूठा चूसने से लेकर बूढ़े के पैर हिलाने तक तो खैर, किसी तरह समझ गया था फेला–कि इसके पीछे सेक्स हो सकता है। अब, रेडियो बंद करने में भी सेक्स ? उसने सिर खुजलाते हुए कुछ आश्चर्यित और कुछ दुखित भाव से कहा–तब तो··· यह साला सेक्स, सर्वव्यापी है, घंटा-दा ? है न ?

घंटा ने बुझी हुई आधी सिगरेट को जलाने के लिए लाइटर को दो-तीन बार खच्च-खच्च कर अँगूठे से चलाया। फिर, मसहरी के ऊपर दियासलाई की डिब्बी टटोलता हुआ–नहीं तो, वर्तमान साहित्य-गगन के एक वेगवान नक्षत्र की प्रसिद्ध रचना को इस तरह कर्रकट्ट कर ऑफ कर दे कोई ?

–अब तो, तू भी सेकेन्ड ईयर में आ गया। तुमने भी सुना होगा, नटचंद्र और नाट्यालंकार और न जाने क्या-क्या कहते हैं लोग श्री नवीनचंद्र को। तब, बताओ तुम्हीं, इस तरह रेडियो ऑफ करना, नवीनचंद्रजी की गरदन मरोड़ने की वासना की पूर्ति जैसी बात नहीं लगती तुमको ? अरे, यह तो सीधा 'डेथ-इंसटिंक्ट' है। शेषे, अमनि कर्र-कट्ट करे ओ निजेके ना ऑफ करे फेले कोनो दिन ![1]

–किंतु, घंटा-दा, संभव है, नाटक में ही कुछ ऐसी बात हो जिसने इस इंसटिंक्ट को उकसाया।

घंटा, किसी की पूरी बात सुनने के लिए अपने उमड़ते हुए विचार-प्रवाह को बाँधकर नहीं रख सकता। खासकर सेक्स के मामले में, फेला की पूरी बात वह कैसे सुन सकता है ? रुखाई से बोला–बिना समझे-बूझे सीधी बात में 'संभव-असंभव' लगाकर पेंचदार बनाने की आदत बुरी है, फेला। तुम लेखक को किस बूते पर

1. अंत में इसी तरह कर्र-कट्टकर अपने को किसी दिन ऑफ न कर डाले !

दोष लगाना चाहते हो ?

–सो क्यों ? तुमने तो कहा था कि सही साइकोएनालाइज़[1] करने पर पुरुषोत्तम भगवान में भी बहुत सारी ग्रंथियाँ मिलें। घंटा ने सिगरेट की ठूँठ को दीवार के छेद में डालकर बुझा दिया। इस छेद को वह 'दीवाल-ऐशट्रे' कहता है। दीवाल-घड़ी हो सकती है तो, ऐशट्रे क्यों नहीं ? उसने जीभ से सटी तम्बाकू की पत्तियों को दो-तीन बार थुकथुकाकर छुड़ाने की चेष्टा की। फिर, उँगली से जीभ की नोक को छूकर बोला, तनिक दुखित होकर–हूँ। मुश्किल तो यह है कि तुम कुछ पढ़ते-लिखते नहीं। इस सिरीज की किताबें मेरे पास पड़ी हैं, बेकार। जगह-जगह अंडरलाइन की हुई, ऐसी किताबें तुमको और कहाँ मिलेंगी ? और, देगा ही कौन ? एक बार डेथ-इंसटिंक्ट[2] वाला अध्याय पढ़ जाओ। घंटा को अचानक याद आयी–अरे हाँ। काकी से आज भी तू पैसा नहीं झीट सका न ? कल तक तुम्हारी किताब की वी. पी. आ धमकेगी।

फेला ने तकिये के नीचे से पाँच रुपये का एक नोट निकालकर दिया तो घंटा महाप्रफुल्लित हो गया–वाह रे फेलू भाय ! चाबास-चाबास ! (घंटा, शाबास नहीं, चाबास ही बोलता है।)

घंटा ने अपने सूटकेस से कुछ निकालकर कहा–अब मैं तुमको सरप्राइज़ कर दूँ ! लो, वी. पी. कल ही आ गयी थी। यह देखो।

फेला ने उछलकर घंटा के हाथ से किताब छीन ली। आवरण-चित्र देखकर वह तनिक आतंकित हुआ। बोला–मलाट माने गेटअप की तसवीर किन्तु मारात्मक है। सात ताले में बंद करके रखना होगा। रामटहल को अक्षर का ज्ञान नहीं। किन्तु, यह तसवीर तो ऐके बारे जाच्छेताई।

–नॉनसेन्स। चीज नहीं समझते ? यह तो आर्ट है। फेला ने पहला पृष्ठ उलटाया–हेल्थ।

गृहस्वामी श्री अमलेन्दु राय उर्फ लट्टू बाबू ने अपने चमड़े के बैग से कागज़-पत्तर निकालते हुए कहा–शरीर भालो तो ? रात में जगकर टाइप करना होगा। कल ही सुबह की गाड़ी से पूर्णिया जाना पड़ेगा।

बिजली अपने काका बाबू की पर्सनल-एसिस्टेन्ट ही नहीं, राय ऐंड ब्रदर्स, कंट्राक्टर ऐंड आर्डर सप्लायर–बैरगाछी, जिला पूर्णिया के छपे लेटर-पैड की तरह वह एक अंग है। शरीर भालो रहे या मन्द, कल सुबह की गाड़ी से पूर्णिया जानेवाले कागज़ातों को रात में जगकर टाइप करना ही होगा। वह काका के हाथ से सरकारी कागज़ लेकर पढ़ने लगी।

लट्टू बाबू अब तक कोट-कमीज़ उतार चुके थे। बाँह पर डोरे में बँधे ताबीज

1. मनोविश्लेषण, 2. मृत्यु-वृत्ति

और रुद्राक्ष को उँगली से यथास्थान फिट करते हुए उन्होंने बिजली की ओर देखा··· आँखों के पास की रेखाएँ, टेबल-लैम्प की रोशनी में स्पष्ट हो गयी हैं। नाइंटीन ट्वेंटी–1920; लट्टू बाबू ही नहीं, परिवार के प्रायः सभी सदस्यों को बिजली का जन्म-साल मालूम है। कम-से-कम गृहस्वामी और गृहस्वामिनी को तो खूब याद है। 1920 में ही उनकी शादी हुई थी और उनकी शादी के पाँच दिन बाद बड़े दादा को बेटी हुई थी। उसी साल बड़े दादा और बड़ी भाभी का स्वर्गवास हुआ। इसलिए परिवार के लोग, जब कभी 'बीस' बोलना होता है तो 'विष' कहते हैं।··· तीन साल की बिजली।

बिजली बोली–किन्तु, काका बाबू ! हरनाम सिंघ का ड्राइवर आकर कह गया है, चेक नहीं बना है।

–मालूम है। लट्टू बाबू सदा पासिंग शो सिगरेट पीते हैं। सिगरेट सुलगाकर बोले–साला सिंघ, बज्जात नम्बर वन।··· हाड़बज्जात !

लट्टू बाबू मन-ही-मन सोचते हैं–इस हरनाम सिंघ को किसी तरह उल्लू नहीं बना सकी, बिजली। या, आँखों के पास उभरी हुई रेखाएँ···?

–धनीराम आया था ? लट्टू बाबू ने पूछा।

बिजली बोली–आयेगा भला नहीं। चार बजे दिन तक बैठा, बक-बक करके गया है। कहता था, खाली हाथ वापस लौटने पर सभी मजदूर उसका भुर्ता बना देंगे।

धनीराम की ओर से लट्टू बाबू निश्चिंत हैं। साला जाबे कोथाय ?

बिजली ने सबकुछ समझ लिया, क्योंकि सबकुछ समझने से लेकर कागज़ पर उचित व्यावसायिक ढंग से प्रस्तुत करने का काम उसी का है। वह अपने कमरे की ओर जाने लगी तो लट्टू बाबू ने पूछा–गांगुली अब नहीं आता ?

उत्तर बिहार-बैंक की स्थानीय शाखा का नया एजेंट, गांगुली··· ··· भाल छेले।

बिजली ने मन-ही-मन कहा–भाल छेले ना हाथी !··· व्हाइट एलिफेंट ! उसने कोई जवाब नहीं दिया।

दालान में गृहस्वामिनी रामटहल की पाँच पीढ़ियों का उद्धार कर रही थी–हतभागा। डाक्टर बाबू हुआ है। कहता है, ज्यादा एस्प्रो मत खाइये··· हार्ट खराब हो जायेगा। एस्प्री ती नहीं, इसफरोस। मेरा हार्ट खराब हो या माथा, तुमको इससे क्या ? एक घंटा कहीं से अड्डा मारकर लौटा है और कहता है, दुकान बंद हो गयी··· इस घर के सभी समान है–क्या मालिक, क्या नौकर।

ठाकुर अर्थात् मैथिल ब्राह्मण रसोइया बौबजन झा पूछने आया है, बड़े बाबू की आसनी रसोईघर में लगेगी, या ऊपर कमरे में ही खायेंगे ?

गृहस्वामिनी ने झुँझलाकर कहा–मैं कुछ नहीं जानती।

बिजली ने दालान की ओर खुलनेवाली खिड़की से कहा–ठाकुर ! काका आज नहीं खायेंगे। दूध दे जाओ।

गृहस्वामिनी ने एक अद्भुत मुद्रा बनायी, पान से काली दंत-पंक्तियाँ और भी वीभत्स हो गयीं। सिर में बहुत दर्द है।

किशोरियों ने रसोईघर में कुहराम मचा दिया—ठाकुर समय पर खाना नहीं देता। गंदी बातें बोलता है··· भाँग पीकर धुत रहता है।

ठाकुर ऊपर से उतरा—फेला बाबू चा माँगते हैं।

गृहस्वामिनी ने पूछा—फेला माँगता है या घंटा ?

—दोनों।

गृहस्वामिनी को बड़बड़ाने का मसाला मिला—कॉलेज में क्या पढ़ने गया है, माथा खरीद लिया है। रात में बारह बजे चाय चाहिए राजकुमारों को !

बिजली ने दालान की ओर खुलनेवाली खिड़की से फिर कहा—ठाकुर ! अभी चाय नहीं बनेगी। बाबू लोगों को खाना खाने को बोलो।

गृहस्वामिनी ने पुनः अद्भुत मुद्रा बनायी और ठाकुर को चाय-चीनी की अलमारी की चाबी देकर बोली—एक कप मेरे कमरे में भी दे जाना।··· कानून··· कानून, सब जगह कानून ! इस हुकुम और कानून की ज्वाला से मैं···।

गृहस्वामिनी बड़बड़ाती हुई चली गयी।

बिजली की उँगलियाँ टाइपराइटर पर नाच रही हैं। गृहस्वामिनी सपने में देखती है—बिजली नाच रही है।··· घंटा और फेला को नींद आ रही है। बाहर, बरामदे पर रामटहल मच्छरों को भद्दी गालियाँ दे-देकर करवटें लेता है।

ट्रेजरी का घड़ियाल दो बार ढुग-ढुग कर बजा। पनार नदी के किनारे श्मशान घाट पर सियार ने, घड़ियाल के सुर में सुर मिलाकर पहली आवाज दी। बैरगाछी के सपाट मैदान को पार कर··· दूर से आती हुई हवा सीधे बिजली के कमरे में गयी। दीवार पर टँगे कलैंडर के पन्ने फड़फड़ा उठे।··· सन् 1950 मार्च का कलैंडर ! हिलता-डुलता 1950 !

बिजली उँगलियों को चटखाती चुपचाप कलैंडर की ओर देखती है। 1950 का शून्य, हिलता-डुलता, धीरे-धीरे बड़ा होता चला गया। विशाल शून्य ! अनेक शून्य··· टाइपराइटर के 'की बोर्ड' जैसे शून्यों पर बिजली की उँगलियाँ। 19,500 ··· भगवान जाने, टेंडर का क्या होगा ?

बिजली, अब सीमेंटवाली फाइल को अप-टु-डेट करके ही सोयेगी। मार्टिनगंज के मारवाड़ी पार्टनर छोगमलजी की बातें बिजली कभी नहीं भूल सकती—दीदीजी ! आपनि लट्टू बाबू को कागज-पत्तर ठीक राखून आर सब जिनिस माने टीप-टाप अप-टु-डेट राखून बस, तारपोड़े कोनो हाकिम किस्सू ! छोगमल ने 'किस्सू' कहने के बाद ठूँठ-अँगूठा नचाकर अपनी बात पूरी की थी। छोगमल से थोड़ी देर बातें करने के बाद बिजली को लगता है कि उसकी देह छलनी हो गयी है। बुरी नजर छोगमल की ! नुकीली-विषैली !! टीप-टाप अप-टु-डेट कहते समय उसकी मुसकराहट

और भी अभद्र हो गयी थी। और, उसकी आँखें उस समय ?···

छोगमलजी द्वारा प्रेज़ेन्टेड 'पार्कर-51' से बिजली ने एक कागज़ पर लिखना शुरू किया–टु द मैनेजिंग डिरेक्टर, सीमेन्ट सप्लाइंग··· ।

सीमेंट सप्लाइंग कंपनी का मैनेजिंग डिरेक्टर··· छोगमल कुनकुनियाँ।

बौबजन झा··· । बाबाजी हार्निया रोग का पुराना रोगी है। अचानक दौरा होता है। और, बौबाजन झा किलकिलाकर रो पड़ता है··· अ-रा-बा-प ! ओ-गो-मा-य !!

बौबजन झा की इस आकस्मिक चीख से सभी की नींद टूट जाती है। गृहस्वामिनी विरक्त होकर कहती है–ठाकुरेर आबार शुरू होलो। ओ बिजली !

बिजली 'पारिवारिक चिकित्साशास्त्र' में हार्नियावाला अध्याय खोज रही है। लट्टू बाबू अपने कमरे से ही पूछते हैं–ठाकुरेर की होलो ?

रामटहल जवाब देता है–होबे आर की ! ओही हरमुनियाँ रोग !

घंटा, फेला को जगाकर कहता है–ऐ फेला, उठो ! ठाकुर का वो 'असभ्य रोग' फिर शुरू हुआ है। जरा ध्यान से सुनना, अभी बिजू-दी क्या-क्या सवाल करती है।

दालान में पड़ा बौबजन झा छटपटा रहा है। गा-गाकर रो रहा है–आ··· गो··· माय, आरे बाप !

फेला, अपनी छाती पर पड़ी हुई किताब को हटाकर उठ बैठता है–ठाकुर ऑपरेशन क्यों नहीं करवा लेता ?··· असभ्येर मतन पूषछे ![1]

बिजली के पैरों की आहट सुनकर बौबजन झा की छटपटाहट और भी बढ़ जाती है। रामटहल उसकी देह को बार-बार कपड़े से ढँक देता है। बिजली, दवा का छोटा बक्स हाथ में लेकर आती है और पूछती है–ए ठाकुर ! रोने-चिल्लाने से दर्द घटेगा नहीं और बढ़ेगा। बोली–इसका अगाड़ीवाला दर्द कै महीना पहले हुआ था ? बोलो ना ! ए ठाकुर ! ठीक-ठीक बोलना होगा। नहीं तो दवा कुछ काट नहीं करेगा। समझा ?

बिजली के सवालों का जवाब भी रो-रोकर ही देता है, ठाकुर–हमको याद नहीं। सावन होगा या भादो··· आ गो मैया !

रामटहल अब डाँटकर कहता है–देह पर कपड़ा क्यों नहीं रहने देता है ?

बिजली पूछती है–दस्त-कब्जियत है ?

ठाकुर कुहरकर जवाब देता है–हे-ए-हे-ए-दस्तकब्जी है इसी से तो··· आहि रे। बाप··· प !

–किधर में जास्ती दर्द है !

–एँ-एँ-एँ-एँ-आ गो मा··· य !

---

1. असभ्यों की तरह पाल रहा है।

लट्टू बाबू अपने कमरे से पुकारकर कहते हैं–उतना सवाल-जवाब करने की क्या जरूरत !··· एक डोज बेलाडोना थाट्टी खाई दे हत्तभागा के।

अब गृहस्वामिनी बिछावन छोड़कर बाहर आयी। ठाकुर फिर जोर-जोर से रोना शुरू कर देता है। गृहस्वामिनी तनिक सहानुभूति-भरे स्वर में कहती है–दवा-दारू से कुछ नहीं होगा। मैं जानती हूँ। रामटहल पानी गर्म करो। गर्म पानी का बोतल लाओ।

–हाँ, मायजी ! गर्म पानी का बोतल ओ··· गो माय···। ठाकुर दवा नहीं खाना चाहता। उसको इस दवा पर विश्वास नहीं। कहता है–उस बार गर्म पानी के बोतल से ही औसान हुआ था।··· ई हिमापोथी दवा से क्या होगा··· आ··· आ··· आ !

बिजली कहती है–ठाकुर, मुँह खोलो। आँ करो !

ठाकुर मुँह खोलकर दवा पी लेता है और नये तर्ज़ में रोना शुरू करता है। बिजली जाते-जाते चेतावनी दे जाती है–अभी डेढ़-दो घंटा खैनी-तम्बाकू कुछ नहीं खाना। अच्छा ?

घंटा और फेला, आजकल संसार की प्रत्येक बात को यौन-वैज्ञानिक विश्लेषणात्मक दृष्टि से देखता-परखता है। घंटा कहता है–देखना फेला, मार्क करना। ज्योंही गर्म पानी का बोतल काकी माँ ने अपने हाथ से दिया कि सब रोना-चिल्लाना बंद हो जायेगा, ठाकुर का।

फेला के दिमाग पर नयी किताब की तसवीरों की छाया छायी हुई है। किताब पढ़ते समय उसे लगा, उसके सिर के ऊपर से एक आँधी गुजर रही है। ऐसा सुन्दर स्वास्थ्य किस उपाय से बन सकता है ? स्वस्थ स्त्री-पुरुष की तसवीरों को देखकर उसका जी छोटा हो गया था। उसने कहा–घंटा-दा ! आर किछु भाले लागछे ना।

फेला को अब कुछ भी अच्छा नहीं लगता। अपनी दुबली-पतली काया की प्रतिच्छवि, बार-बार आँकने की चेष्टा में उसने घृणा से मुँह विकृत किया।··· बिजली ··· बिजू-'दी' का स्वास्थ्य इतना सुन्दर कैसे हुआ ! दूध-घी-अंडा-मांस–कुछ भी नहीं खाती, फिर भी···।

घंटा ने उस दिन के अनुसार अपनी गुप्त डायरी में लिखा–आज के अनुमान : लक्षणों से प्रतीत होता है कि कल द ग्रेट छोगमल का आगमन होनेवाला है। क्योंकि, कल काका का पूर्णिया जाना निश्चित है। छोगमल को छोड़कर गाजर का हलुवा और किसके लिए बन सकता है ? छोगमल हाल ही कलकत्ता से लौटा है। इस बार भी कोई प्रेजेंट लायेगा क्या ? इस बार वह मुझे 'खोका' कहकर पुकारने का साहस नहीं कर सकता।··· दूधवाले की बेटी सुदमिया गौना के बाद पहली बार ससुराल से आयी है··· उसके स्वभाव के क्रमिक परिवर्तन का ग्राफ़ तैयार करना है। आज के अनुभव : बिजू-'दी' और काकी माँ में मौन-युद्ध चल रहा है। आजकल

काकी माँ बहुत उदार हो गयी हैं। बिजू-दी से झगड़नेवाले सदस्य को एक टुकड़ा मछली अतिरिक्त प्राप्त होता है, उनके कर-कलछुल से। सही साइकोएनालिसिस के लिए घर ही उपयुक्त लेबरेटरी है।

बिजली सो गयी। गृहस्वामिनी, गृहस्वामी के कमरे में सिसकियाँ लेकर रो रही थी और गृहस्वामी लट्टू बाबू दबी आवाज़ में समझा रहे थे–तुम पगली हो···।

फूलबागान !

लट्टू बाबू उर्फ अमलेन्दु राय की कोठी का नाम है–फूलबागान। लट्टू बाबू के बड़े भाई, बिजली के पिता विमलेन्दु बाबू ने बहुत सोच-समझकर अपने घर का नाम रखा था। किंतु, फूलबागान के वे दो फूल–विमलेन्दु बाबू और उनकी पत्नी–बहुत कम समय में ही झर गये। परिवार के कर्त्ता लट्टू बाबू हुए जो मछली फँसाने और शतरंज खेलने के सिवा संसार के और किसी कर्म से परिचित नहीं थे। किंतु, मछली फँसाने की बुद्धि से ही उन्होंने राय-परिवार की नाव को सँभाल लिया।

राय-परिवार के संबंध में कुछ जानने के पहले यह जान लेना आवश्यक है कि इस बैरगाछी कस्बे की उम्र सिर्फ साठ साल की है। और जिस दिन इस कस्बे की पहली ईंट गड़ी, राय-परिवार की बुनियाद भी उसी दिन डाली गयी। इसलिए, राय-परिवार को बुनियादी परिवार मानना ही होगा।

पल्टू बाबू से पूछिए, विस्तारपूर्वक बतला देंगे–पनार नदी के किनारे परपट परती पर दो-चार गरुड़ जैसे लम्बे साहबों को देखकर पल्टू बाबू की पिलही चमक गयी थी। पल्टू बाबू तुरत ही जवान हुए थे, उस समय। किन्तु, साहेब-सुब्बा के डर से तो बड़े-बूढ़े भी थर-थर काँपते थे। सो, जब पल्टू बाबू ने साहबों को देखा तो घाट-घटवारी का सारा हिसाब-किताब भूल गये। पल्टू बाबू पनार नदी के बैरगाछी घाट की ठेकेदारी करते थे। आज, यह कहनेवाला कोई माई का लाल जीवित नहीं कि पल्टू बाबू ठेकेदार की चौकीदारी करते थे ! पचासी वर्ष के बूढ़े पल्टू बाबू !

पल्टू बाबू के कथनानुसार उन तीन-चार साहबों में थे, लट्टू बाबू के पिता कमल बाबू। कमल बाबू ओवरसियर। दूसरे सभी साहब चले गये, कमल बाबू का खेमा गड गया, घाट के पास ही। कमल बाबू से ही मालूम हुआ था कि यहाँ सब-डिविज़न शहर बसेगा। अदालत, फ़ौजदारी, जेल–सबकुछ एक साल में बनकर तैयार हो जायेगा।

पल्टू बाबू स्वीकार करते हैं–कमल बाबू की कृपा से ही पल्टूसिंह पल्टू बाबू हुए। जब तक जीवित रहे, कमल बाबू ने पल्टू बाबू को पुत्र से बढ़कर प्यार किया।··· उनके वकील-पुत्र विमलेन्दु बाबू ने पल्टू बाबू का सदा तिरस्कार किया।

किन्तु, कमल बाबू की विधवा को पल्टू बाबू ने ही अंत में काशीधाम पहुँचाया था। वर्तमान कर्त्ता लट्टू बाबू तो उनका सदा अनुगत रहा है। पाँचवें दर्जे में दो बार फेल करने के बाद लट्टू ने पल्टू बाबू से कहा था–काका ! आमि पोड़बो ना।··· बाबा को कह दीजिए।

लट्टू बाबू दिन-रात पल्टू बाबू के साथ ही रहता। कमल बाबू कहते, ओ छेले पाल्टू का ! इतना ही नहीं, पल्टू नाम से ताल-मेल रखकर ही लट्टू का नाम रखा गया था। पल्टू बाबू अपने धर्म-पुत्र लट्टू बाबू को अपनी पद्धति से शिक्षा देने लगे। तीन-चार महीने में ही लट्टू तीन भाषाओं का पंडित हो गया–मैथिली, भोजपुरी और खड़ीबोली (जिसे बैरगाछी की भाषा में कचराही बोली कहा जाता था, उन दिनों)। छः महीने में ही, सहसा गालियाँ देना सीख गया। लट्टू बाबू बैरगाछी घाट का उस्ताद व चर्खी-बंसी खेलनेवाला हो गया। डेढ़ मन की मछली को पानी में हँसा-खिलाकर फँसाया था–तीन घंटे में। अपने से भी ज्यादे वजन की मछली को किनारे लाकर लट्टू बाबू ने पुकारा था–काका, दौड़ो !

बंसी के बाद शतरंज ! पल्टू बाबू का दावा है, बैरगाछी में उसके शिष्य लट्टू-जैसा शतरंज-खिलाड़ी दूसरा पैदा ही नहीं हुआ, आज तक। बैरगाछी के दानों क्लबों के पुराने मेम्बर गवाह हैं कि तेरह साल की उम्र में लट्टू ने तत्कालीन मुंसिफ मौलाना फ़रज़ंद अली को फीलचक्कर में डाल दिया तो मुंसिफ साहब ने सुफेद दाढ़ी पर हाथ फेरते हुए ताज्जुब जाहिर किया था–लाहौल बिला ! यह छोकरा तो जादूगर है।

और, आज बैरगाछी ही नहीं–सारे जिले के लोग मानने लगे हैं, लट्टू बाबू जादू जानते हैं। पन्द्रह साल वकालत करने के बाद विमलेन्दु राय ने जितना जमा किया, उतने रुपयों का कारबार लट्टू बाबू एक सप्ताह में ही करते-कराते हैं। लट्टू बाबू ब्रह्मवाक्य मानते हैं, पल्टू बाबू की बात को।

पल्टू बाबू–अंत में पोपली मुसकराहट के साथ अपनी बात समाप्त करेंगे–अरे, नहीं, नहीं। सब उसकी किस्मत है। मैं या कोई क्या कर देगा ?

पल्टू बाबू आज भी नियमपूर्वक साढ़े चार बजे भोर में फूलबागान के फाटक पर आवाज देते हैं–लट्टू रे ! लट्टू बाबू को नित्य वायु-सेवन के लिए साथ ले जाते हैं। लौटकर, थोड़ी देर फूलबागान में बैठते हैं, चाय पीते हैं। फिर, दस बजने के पहले घर लौट जाते हैं।

राय-परिवार के बच्चे पल्टू बाबू को गुरूदादू कहते हैं। परिवार का प्रत्येक सदस्य गुरूदादू को प्रसन्न रखना चाहता है।

पल्टू बाबू जानते थे, लट्टू आज पूर्णिया गया है। इसलिए साढ़े चार बजे भोर में उन्होंने फाटक पर आवाज नहीं दी। लौटकर आये तो रामटहल ने बतलाया–मालकिन के सिर में रात-भर दर्द रहा। तिस पर रात में ही ठाकुर का दर्द शुरू हुआ। रात-भर सेवा करती रही, बाबाजी का इसलिए और भी जी खराब हो गया। बिजू-दी पढ़ाने गयी है। खोका बाबू लोग ऊपर हैं।

रामटहल, गुरूदादू का विशेष संवाददाता है। रमा, छबि और कना ने बारी-बारी से गुरूदादू को नमस्कार किया। गुरूदादू आज दालान के बरामदे पर नहीं, ऊपर के कमरे में बैठेंगे। सीढ़ी पर लाठी टेककर चलते हुए पल्टू बाबू ने पूछा–बिजू किसको पढ़ाने जाती है, सुबह-सुबह ?

छबि ने कहा–पढ़ाने नहीं, पढ़ने जाती है। हिन्दी मास्टरमशाई के घर।

–भालो, भालो !··· पल्टू बाबू ने पूछा–तुम लोगों की परीक्षा कब से है ?

घंटा ने खिड़की से देखा, गुरूदादू इधर ही आ रहे हैं। उसने फेला को ठेलकर जगाते हुए कहा–उठ, फेला। गुरूदादू !

किंतु, गुरूदादू फेला के जगने के पहले ही कमरे में पहुँच गये। फेला हड़बड़ाकर उठा और उसकी नयी किताब बिछावन से नीचे, ठीक पल्टू बाबू के पैरों के पास गिर पड़ी। गुरूदादू के पैर पर पड़ी, नंगी औरत की खुली तसवीर ! पचासी वर्ष के वृद्ध की आँखें मानो चौंधिया गयीं। यह क्या ?

लट्टू बाबू के एकमात्र पुत्र फेला को गुरूदादू बहुत स्नेह करते हैं। घंटा, लट्टू बाबू के स्वर्गीय मँझले भाई का बेटा है। राय-परिवार का सबसे नालायक लड़का समझा जाता है घंटा। घंटा के पिता के बारे में भी यही कहते हैं, लोग। जासूसी उपन्यास और शराब की आदत ने निर्मलेन्दु राय को निकम्मा बना दिया था। इतना ही नहीं, उसकी पत्नी को गले में रस्सी लगाकर, आत्म-हत्या करने के बाद ही मुक्ति मिली। घंटा की छोटी बहन छबि पन्द्रह साल की है। रमा और कना, लट्टू बाबू की युग्म-कन्याएँ हैं। दोनों एक ही साथ बीमार पड़ती हैं।

रमा, छबि और कना के मुँह से एक साथ निकला–छिः !

पल्टू बाबू ने फेला की ओर देखा, चेहरा लाल हो गया है। ओठ काँप रहे हैं। घंटा मौका पाकर बाहर निकलना चाहता था कि गुरूदादू की गंभीर वाणी सुनायी पड़ी–घंटा ! भागोगे नहीं !!

घंटा को लगा, ट्रेजरी के घड़ियाल में असमय ही एक बज गया। पल्टू बाबू ने झुककर किताब उठा ली–यह किसकी किताब है ?··· छबि, तुम लोग नीचे जाओ ! बोलो, यह तो फेला की किताब नहीं हो सकती।

घंटा ने तुतलाकर जवाब दिया–मैं क्या जानूँ ?

–तब कौन जानेगा ? तुम नहीं जानोगे भला ?

कहते हुए पल्टू बाबू ने अजीब आवाज निकाली मुँह से–आवारा कोथाकार ?

बिजली लौट आयी है। गुरूदादू किताब लेकर चले। बिजली ने हँसकर नमस्कार किया। गुरूदादू की गंभीरता तनिक दूर हुई। बिजली ने पूछा–दादू ! कौन-सी किताब है ?

गुरूदादू ने उत्तेजित होकर कहा–किताब ?··· यह किताब है ? इसको तुम किताब कहती हो ? उन्होंने किताब खोलकर दिखलाना चाहा। फिर, रुक गये। बड़बड़ाते हुए नीचे उतरे–आवे लट्टू, पूर्नियाँ से। मैं पूछूँगा कि यह कौन-सी विद्या पढ़ रहे हैं उनके गुणधर लड़के !··· यह घंटा पुराना पाजी है। फेला को बरबाद

करके छोड़ेगा।

हठात् घंटा दौड़ता हुआ सीढ़ी से नीचे उतरा और गुरूदादू के हाथ से किताब छीनते हुए बोला–इस विद्या का नाम आप नहीं जानते। नाम सुनने पर मतलब गुल्ला भी नहीं समझिएगा। फ्रायड साहब का नाम सुना है ? आस-पास उपस्थित सभी के मुँह से एक साथ निकला–घंटा !

किन्तु, घंटा चुप नहीं रह सकता आज। वह आवेश में कहता गया–गुरूदादू ना कच्चू दादू !··· सभी बात में नाम घुसाने आता है। मैं ऐसी बेइज्जती नहीं बर्दाश्त कर सकता। चाहे इस घर में रहूँ या निकाल दिया जाऊँ।

बिजली लपककर आगे बढ़ गयी और उसने घंटा का हाथ पकड़कर धमकी दी–घंटा ! की हच्छे ?··· पागल हो गये हो ?

पल्टू बाबू अवाक् होकर देखते रहे। घंटा की आँखों से चिनगारी निकल रही थी। गृहस्वामिनी हो-हल्ला सुनकर बाहर आयी। घंटा ने अँगरेजी में गाली दी–ओल्ड डौग ! आमाके आवारा कहनेवाला हुआ है।

बिजली ने घंटा को फिर धमकी दी–घंटा ! चलो ऊपर। किन्तु, घंटा इस तरह ऊपर नहीं जाना चाहता। वह आज कुछ कर गुजरना चाहता है। बिजली उसको दोनों हाथों से अँकबार में भर सीढ़ी पर चढ़ाने लगी। उसने धीरे-से अनुनय के स्वर में कहा–लक्खी भाई ! माथा ठांडा कोरो।

घंटा का माथा ठंडा नहीं हुआ। उसने बिजली से स्पष्ट शब्दों में कहा–तुम लोगों के कारण, हम लोग कहीं मुँह दिखाने के काबिल नहीं रह गये। क्या होगा इस घर में रहकर ? इस घर का असल मालिक है–पलटू सिंह। इस घर का देवता है–छोगमल। इस घर का पूज्य है···।

न जाने क्यों, बिजली हँस पड़ी। वह बोली–इस घर का पूज्य है–घंटा बाबू ! बिजली सबकुछ समझती है। अचानक माथा गर्म क्यों हुआ है घंटा का ? घंटा की माँ को भी यह रोग था। छबि बहुत शांत लड़की है। किन्तु अचानक माथा गर्म होने पर वह भी कुछ से कुछ कर बैठती है। लट्टू बाबू ने दोनों का नाम रखा है–पागला-पागली।

बिजली ने बहुत देर तक, मीठी-मीठी बातें करके, घंटा को चाय पिलायी। घंटा ने चाय में चुस्की लेकर कहा–बिजू-दी, तुम नहीं जानतीं। लज्जा और अपमान से··· !

बिजली ने इस बार फिर डाँटते हुए कहा–चुप रह ! लज्जा और अपमान की ऐसी क्या बात हुई है ?··· गंदी-गंदी किताबें पढ़ते समय लाज नहीं आती ? गुरूदादू का अपमान किया है तुमने। जो आज तक कभी नहीं हुआ–वही तुमने किया आज।

–हाँ, जो किसी ने नहीं किया, वह मैं ही करूँगा। वह मुझे ही करना होगा।

बाहर मोटर का हॉर्न बजा। बिजली चौंकी। घंटा की आँखें फिर जल उठीं। उसने मुँह बिदकाकर कहा–जाओ, तुम्हारे देवता छोगमल भगवान आ गये !

बिजली ने उठते हुए कहा–देखो, डिरेक्टर साहब के साथ···।

घंटा ने मुँह बनाते हुए कहा–तुम निश्चिन्त रहो, खूब अच्छा व्यवहार करूँगा। तुम जाओ, जाओ··· सब जहन्नुम में जाओ। आइ डोंट केयर दिस पलटू सिंह ऐंड छोगमल !

छोगमल के पहले, गाड़ी से उतरा छोगमल का ड्राइवर। तब तक बिजली और छोगमल की आँखें चार हो चुकी थीं।

ड्राइवर के हाथ में नया रेडियो-सेट देखकर रमा, छबि, कना–एक ही साथ हर्ष से तालियाँ बजाकर चिल्ला उठीं–नूतन रेडियो।

गृहस्वामिनी जल्दी-जल्दी साड़ी बदलकर बाहर आयी–एसो बाबा !

छोगमल गाड़ी से नीचे पाँव नहीं रखना चाहता। लट्टू बाबू घर में नहीं हैं, पूर्णिया गये हैं–उसे मालूम है। फिर भी वह बार-बार पूछता है–बाबू बाड़ी में नहीं ?

बिजली आगे बढ़कर गाड़ी के पास जाती है। अधिकारपूर्ण स्वर में कहती है–उतरिए। इसके बाद छोगमल चुपचाप गाड़ी से बाहर निकल आता है। उसने इसके पहले बिजली के ओठों पर ऐसी मुसकराहट कभी नहीं देखी।

गृहस्वामिनी की चरणधूलि लेने के बाद छोगमल सीधे बिजली के कमरे में चला गया–ऊपर। वह आज जरा जल्दी में है। दो बजे दिन के पहले उसे पूर्णिया पहुँच जाना चाहिए। बिजली मुसकराती हुई कहती है–अभी तो आठ ही बजे हैं।

कहने का मतलब छोगमल समझता है। मतलब यह कि दोपहर के भोजन के बाद ही छुट्टी मिल सकती है।

जैनी छोगमल चुराकर मछली-मांस खाता है। रामटहल पनारघाट से भारी झोली लेकर लौटा है। एक रेहू मछली, पाँच सेर !

गृहस्वामिनी प्रायः उत्तेजित होकर चिल्लाती है–आज के मुड़िघंट होबे।

मुड़िघंट ! मसालेदार चने की दाल में रेहू मछली का सिर डालकर मुड़िघंट बनाया जाता है। छोगमल को अपने हाथ से मुड़िघंट बनाकर खिलायेगी गृहस्वामिनी।

बिजली कहती है–आज काकी माँ खुद रसोईघर में गयी हैं।

नीचे, नये रेडियो-सेट की ध्वनि प्रतिध्वनित होती है–यह आकाशवाणी है। अब आप अँगरेजी में समाचार सुनेंगे।

और सब क्या हाल समाचार है ?–छोगमल आराम से सोफा पर बैठते हुए पूछता है–की खबर ? सब ठीक है। बिजली सामने की कुर्सी पर बैठती हुई पूछती है–यह क्या ? रेडियो लाने की क्या जरूरत थी ?

–जरूरत थी ! छोगमल हँसकर जवाब देता है–काकी-माँ कहती थी, नाटक नहीं सुन पाती है, हा··· हा··· हा··· ताई बलाम एक्टा लोतून रेडियो ?

–रामप्रसाद ! छोगमल ने ड्राइवर को पुकारा।

बिजली ने पूछा–रामप्रसाद को बुला दूँ ?

छोगमल बोला–रामप्रसाद के बोलून, गाड़ी थेके आमार बाक्सा नियै आसबे।

रामप्रसाद बक्स ले आया। छोगमल ने आदेश दिया–खोलो।

रामप्रसाद ने बक्स खोल दिया। छोगमल ने पुनः आदेश दिया—तुम जाओ।

रामप्रसाद चला गया।

—बिजोली… रानी ! तुमी जे बोलबे, सेई होबे। सेई होबे !! … छोगमल ने बिजली के गले में एन. सी. सरकार ऐंड कम्पनी, कलकत्ता द्वारा निर्मित कलापूर्ण आधुनिक स्वर्णमाल्य पहनाते हुए कहा—सेई होबे।

छोगमल ने आज, पहली बार साहस करके बिजली को अचानक चूम लिया—तुम जो कहोगी वही होगा।

बिजली, छोगमल के बाहुबंधन से छिटककर अलग खड़ी हो गयी—यह आपने क्या किया ?

अब छोगमल कवि हो गया। हालावादी कवि ! बच्चन की 'मधुशाला' की कई सुनी हुई पंक्तियाँ उसने याद करने की चेष्टा की।—क्षण-भर तक ही खुली रहेगी इस जीवन की मधुशाला ! बिजली रानी, मुझे माफ करो ! मुझे माफ करो !! माफ करो !!

छोगमल के बाहुबंधन में बिजली ने फिर अपने को बँध जाने दिया।

घंटा को कथोपकथन नोट करने का अवसर मिला। 'मुझे माफ करो' के बाद करीब एक मिनट तक कोई आवाज नहीं सुनी गयी। घंटा ने खिड़की के छेद से आँखें सटाकर देखा, बिजली के विरोध के बावजूद, छोगमल के भोंड़े-मोटे चुम्बनोद्धत ओठ आगे बढ़ रहे हैं…।

छोगमल ने पक्की बात की—लट्टू बाबू का टेंडर जिस तरह हो, मंजूर करवा-कर दम लूँगा।

छोगमल मतवाला हो गया है, दो ही घूँट पीकर। वह बिजली की गुलामी करने को तैयार है। किन्तु, बिजली जानती है कि छोगमल अभी नशे में बड़बड़ा रहा है।

सिर्फ रेडियो ही नहीं, घंटा के लिए आग्फा कैमरा, फेला के लिए शेफर्स कलम और गृहस्वामिनी के लिए सदासुहागिन शांतिपुरी साड़ी भी ले आया है छोगमल, इस बार कलकत्ता से। बिजली के गले में नये प्रैटर्न की स्वर्णमाला जगमगा रही है। रामटहल को नयी धोती मिली है।… राय-परिवार में छोगमल का जय-जयकार हो रहा है।

मुड़िघंट चखकर छोगमल, गृहस्वामिनी से आँखें मिलाते हुए कहता है—खूब भालो, काकी माँ। खूब सुन्दोर एई मुड़िघंटो ! वाह !!

काकी-माँ निहाल होकर कहती है—पता नहीं, जल्दीबाजी में कैसा हुआ !

खूब भालो। खूब भालो !!

शाम को, शहर की बँगला-कीर्तन-मंडली के मूलगैन पाँचूदास ने, पाँच ही मिनट में सारे कस्बे में बात फैला दी—पनार पुल में आठ आना लट्टू बाबू का… पास हो गया है… काम चाँदी ! हरि बोल !!… कीर्तक होगा सारी रात।

पल्टू बाबू, किन्तु, इस आकस्मिक पूजा में नहीं आये। लट्टू बाबू ने रामटहल को फिर भेजा। लेकिन, पल्टू बाबू नहीं आये।

–भालो, भालो। खूब भालो !!

–हरि बोल··· ।

सारा फूलबागान आनन्द-विभोर है। लट्टू बाबू ने दाँव मार लिया। बहुत बड़ी मछली फँसी है।

किन्तु, इस आनन्द-उत्सव से अलग, घंटा अपने कमरे में बैठकर अपना जवाब तैयार कर रहा है। गृहकर्त्ता लट्टू बाबू ने जवाब-तलब किया है–क्यों नहीं उसको घर से निकाल दिया जाये ?··· शो काज !

फेला को घंटा के कमरे में अब नहीं सोने दिया जाता। घंटा के साथ लट्टू बाबू का इकलौता बेटा भी 'गुल्ला' में चला जायेगा।

घंटा पर कई अभियोग लगाये गये हैं। सबसे बड़ा अपराध, गुरूदादू का अपमान। दूसरा अभियोग–रामटहल के कथनानुसार–घंटा ने दूधवाली की बेटी के साथ भद्दी दिल्लगी की है। दूधवाली की बेटी रोती हुई घर गयी तो दूधवाली का घरवाला गुस्सा से पागल हो गया··· ।

घंटा सबकुछ समझता है। यह रामटहल, पलटूसिंह का आदमी है। बात जोड़ने में उस्ताद है। लेकिन दूधवाली की बेटी सचमुच बुरा मान बैठी थी, घंटा की बात का। बात कुछ वैसी नहीं थी। घंटा उससे ससुराल के बारे में पूछना चाहता था। पर उसके मुँह से निकल गया–कहो, ससुराल का कैसा मजा···? इतनी-सी बात पर ही वह छौंड़ी रोने-चिल्लाने लगी। घंटा क्या करे ? वह तो, उस लड़की में होनेवाले 'क्रमिक परिवर्तन' का ग्राफ तैयार करना चाहता था।

रामटहल आज भी बोल रहा था–दूधवाली का घरवाला हाथ में डंडा लेकर घूम रहा है कई दिनों से। उसके सिर पर खून सवार है··· गरीब है तो क्या ? सबकी इज्जत बराबर है। गरीब-अमीर सभी की।

घंटा मन-ही-मन सोचता है–इज्जत सबकी बराबर कैसे हो सकती है ? यह दूधवाली वाला सवाल जरा कमजोर है। किन्तु, पलटूसिंह वाले सवाल के जवाब में डटकर बोलेगा। निकाल दिया जाये घर से, कुछ परवाह नहीं। वह जवाब देगा–हाँ ! वह भी पलटूसिंह को गुरूदादू कहता था, श्रद्धा करता था। लेकिन, जब से उसने पलटूसिंह की हरकतों का 'वैज्ञानिक विश्लेषण' करके देखा है, उसका मन कुपित हो गया है।··· –वह बुड्ढा बीमार है। उसकी इन हरकतों पर कभी किसी ने आँख-कान नहीं दिया।

यथा–(1) रमा-छबि-कना अब बड़ी हो गयी हैं। उनके अंग के गठन-गढ़न में भी अब परिवर्तन होना शुरू हो गया है। लेकिन, वह बुड्ढा अब भी उन्हें पकड़ कर अपनी दाढ़ी से गुदगुदी लगाता है–उनकी देह में। (2) नीचे, बरामदे पर 'गुरूदादू

की गद्दी (आराम-कुर्सी) पिछले दस-बारह साल से एक ही जगह पर क्यों रहती है–इसका भी कारण है। थोड़ा-सा भी स्थान परिवर्तित कर दिया जाये, बुड्ढा खुद अपनी कुर्सी खिसकाकर पुरानी जगह पर ले आता है। घंटा ने परीक्षा करके देखा है। कारण ? सिर्फ घंटा ही जानता है। बात यह है कि उस स्थान से बाथरूम का एक हिस्सा दिखलायी पड़ता है। सुबह-सुबह सद्यःस्नाता नारी-देह की एक झलक देखने की वासना उसकी पूरी होती है। फेला की माँ··· यानी काकी माँ के हाथ का पान ही वह क्यों खाता है ? बिजू-दी की पीठ पर हाथ क्यों फेरता है ?

घंटा का मन तिक्त हो गया है।··· पंचतिक्त !

यह पलटूसिंह, यह छोगमल और वह–वह मुरलीमनोहर मेहता ! कहाँ है–मुरलीमनोहर आजकल ?

घंटा विरक्त मुद्रा बनाकर न जाने क्यों रामटहल को पुकारने लगा।

–मुरलीमनोहर मेहता को आप जानते हैं ? छोगमल के इस प्रश्न पर बिजली और लट्टू बाबू की आँखें चार हुईं। छोगमल बोला–यह बेटा मुरलीमनोहर, एक ही साथ सबकुछ है–कांग्रेसी भी, सोशलिस्ट भी, मजदूर-लीडर और अखबारवाला भी। साला बोलता कम है, काटता है ज्यादा। सो इसको यदि किसी तरह काबू में लाया जा सके तो··· समझिए कि उत्तर-दक्खिन, पूरब-पश्चिम–सब ओर से निश्चिन्त ! क्योंकि नया एस. डी. ओ. जो आ रहा है, उसके बारे में खबर मिल चुकी है कि आदमी 'खाने-पीनेवाला' है। लेकिन, कांग्रेसियों से बहुत डरता है।

लट्टू बाबू ने सारे बैरगाछी सब-डिविजन की चौहद्दी देख ली, मन के पर्दे पर।··· उत्तर, नेपाल की सीमा। नेपाल की सीमा का अर्थ–नमक, कपड़ा, किरासन तेल, चीनी और सीमेंट की दसगुनी कीमत। पूरब बंगाल की सीमा। मुरलीमनोहर मेहता ? ··· लट्टू बाबू बोले–मुरली बाबू को जानता हूँ।–भाई, उसका बाप हम लोगों का पुराना मवक्किल था। याने, भैया का मवक्किल।

लट्टू बाबू ने बिजली के चेहरे पर कुछ देख लिया। प्रसन्न हो गये, अचानक। उत्साहित होकर बोले–मुरली तो इस घर के लड़का-जैसा हो गया था।··· जब वह यहाँ पढ़ता था।

छोगमल प्रायः उछल पड़ा–अच्छा ? तब तो··· तब तो। वह कुछ कहते-कहते रुक गया। उसने लक्ष्य किया कि बिजली आँखों से ही अपने काका को मना कर रही है। बिजली बोली–लेकिन, अब तो बड़ा आदमी हो गया है।

छोगमल ने सिगरेट सुलगाते हुए कहा–हाँ, बड़ा आदमी हो गया है। उसको छोटा बनाना होगा। इतना छोटा कि पाकेट में अँट सके। पाकेट-गीता होती है न ? वैसा ही इसको पाकेट-लीडर बनाना होगा। बिजली को छोगमल के सिगरेट की गंध बड़ी अच्छी लगती है।

लट्टू बाबू ने पासिंग-शो सुलगाते हुए सोचा–बिजली ने भौं को सिकोड़कर निरुत्साह किया है, निश्चय ही कोई कारण है। लट्टू बाबू ने जवाब दिया–बहुत

कठिन काम है।

छोगमल अब झुँझलाया–कठिन काम है, मालूम है। लेकिन पत्थर को भी पीस कर आटा बनाया जा सकता है। यह तो आदमी है।··· छोगमल ने जाते समय कहा–इस मुरलीमनोहर को हाथ में लाये बिना, अब 'सप्लाई' चलाना मुश्किल है। कोई उपाय करना ही होगा।

छोगमल के जाते ही बिजली और लट्टू बाबू गुप्त व्यापारिक-वार्तालाप करने के लिए बगल के कमरे में चले गये।

लट्टू बाबू समझें या न समझें–बिजली सबकुछ समझ गयी थी। छोगमल बिजली को 'कुमकी हाथी' बनाना चाहता है। वह बोली–काका यदि यह मुरलीमनोहर मेहता वही–पुराने मुवक्कल का मूर्ख बेटा–मुरली है तो, सचमुच खुशी की बात है। लेकिन, तब छोगमल को 'पुल' वाले व्यापार में अपना पूरा हिस्सा छोड़ना होगा।

–ताई तो ! ताई तो !! लट्टू बाबू की बाँछें खिल पड़ीं। बाहर गृहस्वामिनी की खनखनाती हुई बोली सुनी गयी–दिन-भर खाना अगोरकर मैं नहीं बैठ सकती। ठाकुर ! ऊपर के कमरे में दे आओ।

लट्टू बाबू ने नाक सिकोड़कर धीरे-से कहा–की बोली !

बिजली ने कहा–काकी माँ ! आमार मरन··· शुरू हयेछे। रमा-छबि-कना ने एक ही साथ एक-दूसरे की ओर देखा। इस 'मरन' का मतलब वे समझने लगी हैं। अब, उन लोगों ने इस 'कोडवर्ड' का व्यवहार करना शुरू कर दिया है। क्योंकि 'मरन' शुरू हो गया है, उनका भी।

बिजली तीन दिनों तक पूरा विश्राम लेती है, ऐसे समय। इन दर्दनाक दिनों की कोई दवा नहीं लेडी-डॉक्टर के पास। कहती है, कलकत्ता जाकर इलाज करवाओ। बिजली ने देखा है, पूरा विश्राम लेने से तकलीफ जरा कम होती है।

बिजली लेटी हुई, मुरली को याद कर रही है···।

वही मुरली ? बिजली को एक नजर देखने के लिए रोज मोड़ पर खड़ा रहता था।··· झूठी बातें बनाकर गाँव से लाया हुआ सौगात पहुँचाता था। अरवा चावल, दही, घी, खजूर का गुड़, कच्चा नारियल, ऊख···।

उन दिनों बिजली फ्राक पहनती थी। सातवें दर्जे में पढ़ती थी। यह 'मरन' शुरू होते ही, फ्राक छोड़कर साड़ी पहनने लगी थी। मुरली जब आता, बिजली की ओर एकटक निहारता रहता। बिजली को याद है, पहली बार साड़ी में देखकर मुरली का मुँह अचरज से खुल गया था। मेमना-जैसा मुरली इतना बड़ा 'सिंह' हो गया है कि इलाके का सबसे बड़ा सेठ, सब-डिविजन के सबसे बड़े हाकिम भी उससे डरते हैं !

बिजली ने मुरली को पिछले आठ-दस वर्षों से नहीं देखा है।

आज काकी माँ प्रसन्न है, क्योंकि काकी माँ को सुनाकर ही बिजली से छोगमल ने कहा था–कल सुबह गाड़ी भेज दीजिएगा। हम लोग पूर्णिया जायेंगे··· बँगला

सिनेमा देखने। काकी माँ को दिन-रात सिनेमा दिखाया जाये, फिर भी नहीं अघायेगी, कभी।

काकी माँ बिजली के कमरे में आयी। बिजली ने पूछा–काकी माँ ! तुमको मुरली की याद है ?

–कौन मुरली ? मवक्किल का बेटा ?

–हाँ। अब वह बहुत बड़ा आदमी हो गया है।

–खूब टाका कोरेछे, बूझि ?

बिजली हँसी–छोगमल से भी बड़ा ! एस. डी. ओ. साहब से भी बड़ा !

काकी माँ विस्मित होकर बोली–ओ हरि ! वही मुरली ? जिसको हम लोगों का रामटहल डाँट देता था तो थरथरी लग जाती थी।··· तोमाके किन्तु बड़ो भालो बासत, छेलेटा। सत्ती ![1]

बिजली समझ गयी–काकी माँ बहुत प्रसन्न है। जब बहुत प्रसन्न होती है तो ऐसी ही हलकी-फुलकी बात करती है बिजली से।

लेटी हुई बिजली की देह पर असामी अंडीचादर भी कितनी भली लगती है। बिजली को देखकर गृहस्वामिनी का मन, कभी-कभी न जाने कैसा-कैसा करने लगता है ! बिजली को अब उन दिनों की याद आ रही है जब वह काकी माँ की छाती से सटकर सोती थी।··· काकी माँ-बिजली के कमरे में दो-तीन अदृश्य व्यक्तियों की आत्माएँ चक्कर काट रही हैं। रह-रहकर मुरलीमनोहर मेहता की याद आती है।··· बाबाजी बार्ली बनाकर ले आया है।

बिजली ने अपने अस्त-व्यस्त कपड़े को ठीक करने की चेष्टा नहीं की। बाबाजी के पीछे-पीछे आया रामटहल, डाक लेकर।

बिजली उठ बैठी। व्यापारिक चिट्ठियों को एक ओर करके, व्यक्तिगत पत्रों को पढ़ने लगी। एक पत्र काशी से नानी ने लिखा है। दूसरा है–एक दवा-कंपनी का। बीमारी का विस्तारपूर्वक वर्णन लिख भेजने को कहा है। सारी बातें गुप्त रखी जाती हैं–इसकी गारंटी दी है मैनेजर ने।

नानी को दस रुपये का मनिऑर्डर कल ही भेजना होगा।··· बिजली बार्ली पीने लगी।

रमा-छबि-कना स्कूल से आकर हल्ला मचाने लगी–ठाकुर ! टीफीन कोथाय ?[2]

रामटहल ने ऊपर की खिड़की से झाँककर कहा–दीदी डाकछे उपरे।[3]

तीनों लड़कियाँ बिजली के कमरे में आयीं।

–क्यों, आज डेढ़ बजे ही छुट्टी हो गयी ?

–तीन दिन की छुट्टी है।

–काहे की छुट्टी ?

---

1. लेकिन लड़का तुमको बहुत चाहता था। सच ! 2. नाश्ता कहाँ है ? 3. दीदी ऊपर बुला रही है।

—जिला कांग्रेस मीटिंग होबे, एखाने।[1]

जिला कांग्रेस कमेटी की आम बैठक होनेवाली है। स्थानीय हाई-स्कूल और कन्या विद्यालय में मेम्बरों के ठहराने का प्रबंध किया गया है।··· इसीलिए छुट्टी। रमा-छबि-कना ने हँसकर कहा—आमरा बंदेमारतम् गाइबो मिटिंगे।[2]

पर्चा पढ़कर बिजली बोली—काकी माँ। तुम्हारा मुरली इस मीटिंग में आवेगा। इसमें नाम छपा है।

काकी माँ हँसी—मेरा मुरली ? ना, तुम्हारा !

लट्टू बाबू का परिवार—बैरगाछी कस्बे का एक बदनाम-परिवार समझा जाता है। इस परिवार की बहुत-सारी सच्ची-झूठी कहानियाँ कहते-सुनते हैं लोग।··· घंटा की माँ आत्महत्या करके मरी। लोगों ने कहा—एक मुसलमान मुहर्रिर के प्रेम में पड़ गयी थी···। बिजली की माँ (अर्थात वकील साहब की स्त्री) बहुत सतवती थी। लेकिन उसको बिगाड़ा खुद बिजली के बाप ने। महाराजा कुनौली का वकील बनने के लिए महाराजा के जनरल-मैनेजर को खुश करना जरूरी था।··· कस्बे के सभी बंगाली अंदर-ही-अंदर राय-परिवार की छाया से दूर रहने की सलाह देते हैं, अपने लड़के-लड़कियों को।

बिजली के बारे में तो यहाँ तक बात फैल गयी थी कि वह जल्दी ही क्रिश्चियन होनेवाली है। वह किसी अँगरेज से शादी करेगी।

किन्तु, मुँह पर आज तक किसी ने निंदा नहीं की। सामाजिक उत्सव या भोज में राय-परिवार को हमेशा ऊँची जगह मिली। अब तो खैर···।

लट्टू बाबू शहर से संवाद ले आये हैं—स्वागतकारिणी के सदस्य में मेरा भी नाम है। इसलिए, मोटी रकम माँग रहे हैं, कांग्रेसवाले।··· कांग्रेसवाले, माने लाल मोदियाइन का बेटा।

बिजली ने पूछा—कितना माँगते हैं ?

लट्टू बाबू ने एक उँगली दिखलाकर कहा—पूरा ! पूरा माने एक हजार।

बिजली बोली—सो, हम लोग देंगे। लेकिन, मंत्री को हमारे घर पर ठहराना होगा।

लट्टू बाबू विहँसकर बोले—वह कहना नहीं होगा, तुमको। मैंने यह शर्त मनवा ली है, पहले ही। मंत्री मुरलीमनोहर मेहता आमादेर एखानेई थाकबे !

बिजली मन-ही-मन हँसी—इस छोगमल को अब सर्कस के जोकर की तरह नचाने में आनन्द आवेगा।

—इतना ही नहीं। मैंने तो कह दिया है कि दिन के खाने का पूरा प्रबंध, सभी मेम्बरों का··· राय-परिवार की ओर से किया जायेगा।··· अच्छा किया न ?

बिजली बोली—ठीक है।

---

1. यहाँ जिला कांग्रेस की मीटिंग होगी। 2. हम मीटिंग में बन्देमारतम् गायेंगे।

रमा-छबि-कना एक साथ मिलकर 'बंदेमातरम्' का रियाज कर रही थीं–हारमोनियम पर।

–सुखदाम्··· वरदाम्··· मातरम् !

घंटा घर से भाग गया–निरुद्देश्य !

फेला सदा उदास रहता है। घंटा-दा के बिना वह कैसे जी सकेगा ? वह दिन-रात छिपकर रोता है, घंटा के लिए। परिवार का कोई सदस्य घंटा के पलायन को गंभीरतापूर्वक नहीं विचारता। सभी समझते हैं कि वह जायेगा कहाँ ?··· कलकत्ता गया होगा अपनी मौसी के घर !

फेला की देह पीली पड़ गयी, घंटा के वियोग से। उसकी ओर कौन ध्यान देता है अभी ! आजकल, इस परिवार के तुच्छतम व्यक्ति के पास भी फालतू समय नहीं। सभी व्यस्त रहते हैं। लाखों का कारोबार हो रहा है···।

घंटा के बाद ही, पल्टू बाबू की अचानक काशी-यात्रा की बात सुनकर फेला के मन में हुआ–शायद, गुरूदादू खोजने निकलेंगे, घंटा-दादा को।

–बंदेमातरम् !

फेला ने अचरज से देखा–कांग्रेस-सभापति की गाड़ी से घंटा-दा भी उतरा !

मुरलीमनोहर मेहता ने हाथ जोड़कर सभी को प्रणाम किया। फिर, घंटा के कंधे पर हाथ रखकर कमरे के अंदर चला गया।

–वाह रे, घंटा-दा ! वाह रे, घंटा-दा ! फेला की पीली देह अचानक लाल-रक्त-कणिकाओं से भर गयी। उसका चेहरा प्रसन्नता से लाल हो गया।

मुरलीमनोहर मेहता, जिला कांग्रेस कमेटी के मन्त्री हैं। जिला कांग्रेस के सभापति जी का दाहिना हाथ ही नहीं, हाथ-पाँव–सबकुछ हैं मुरलीबाबू।

लट्टू बाबू ने जीवन में पहली बार खद्दर की धोती पहनी है। अंदर सूती गंजी है तो क्या हुआ ! ऊपर कुर्ता है खादी का।

बड़े कमरे में मुरली बाबू के रहने की व्यवस्था की गयी है। देश के नेताओं की बड़ी-बड़ी तसवीरें कल ही टाँगी गयी हैं। दरवाजे और खिड़कियों पर भी खद्दर के ही पर्दे लगाये गये हैं। दो रात जगकर बिजली ने तकियों के खोल तैयार किये हैं। स्वप्नलोक की परी··· 'मधुर स्वप्न' का संदेश लेकर आसमान से उतर रही है !

स्वीट ड्रीम ! मधुर स्वप्न ! मीठे सपने !!

मुरलीमनोहर बाबू अल्पभाषी व्यक्ति हैं। चुपचाप खिड़की से बाहर की ओर देख रहे हैं।··· डाकबँगले के पास वह पुराना पीपल का पेड़ आज भी है। याद आती है, इसी पीपल के पास खड़ा होकर वह बिजली के लौटने की प्रतीक्षा करता। ··· गर्ल्स स्कूल की घंटी बजती–टुन-टुन-टुन ! छुट्टी ! मुरली का कलेजा धड़कने लगता। उसका चेहरा तमतमा जाता और कान के पास गर्म खून दौड़ने लगता था।··· वह ! वही आ रही है। राजहंस के डैने जैसे सुफेद फ्राक में··· छाती से किताब चिपकाकर··· धीरे-धीरे आती हुई बिजली···।

बिजली कमरे में आयी—आपनी माछ-मांस खान तो ?[1] मुरली का सपना टूटा। वह बिजली की ओर देखता रहा। बिजली के पीछे आयी काकी माँ !

—केमन आजो, मुरली बाबू ? मने आछे ?[2]

मुरली ने उठकर काकी माँ की चरण-धूलि ली। काकी माँ निहाल हो गयी। बिजली मुसकराती रही ! काकी माँ ने पूछा—माछ-मांस खाउन तो !

अब मुरली ने जवाब दिया—हाँ, काकी माँ !

उधर, रसोईघर में घंटा तूफान मचा रहा है। रामटहल और बाबाजी बौबजन झा परीशान हैं। काकी माँ बोली—बिजू ! तुम मुरली बाबू को चाय पिलाओ। मैं उधर देखूँ, घंटा क्यों···?

घंटा क्यों नहीं आसमान सिर पर उठाये ? यदि वह घर से भागकर पूर्णियाँ नहीं जाता और मुरली बाबू से अपने घर पर ठहरने का अनुरोध नहीं करता तो, एक हजार रुपया चंदा देने पर भी मुरली बाबू 'फूलबागान' में नहीं ठहरते। उन्होंने, लाल मोदियाइन के लड़के को स्पष्ट शब्दों में कह दिया था—नहीं, चौधरीजी। मैं कांग्रेस के दफ्तर में अथवा डाकबँगले में ठहरूँगा, सभापतिजी के साथ !

ठीक, उसी समय घंटा उपस्थित हुआ। मुरली बाबू पहचान ही नहीं सके। परितोष ?··· घंटा ने अपना डाकनाम धीरे से बताया—आमि घंटा !

बस, इसके बाद मुरली बाबू का विचार बदल गया। बोले—तुम मुझे लेने आये हो ? तब तो मैं फूलबागान में ही ठहरूँगा।

मुरली बाबू—इलाके का सबसे बड़ा सेठ जिनसे एक मिनट बात करने के लिए पाँच दिन चक्कर मारता है। जिनकी बातों पर जिला-मैजिस्ट्रेट से लेकर सबडिविजनल ऑफिसर तक आँख मूँदकर अमल करते हैं। जिनको अपने घर पर ठहराने के लिए लट्टू बाबू एक हजार की थैली भेंट कर सकते हैं। वैसे मुरली बाबू ने घंटा को दो दिनों तक अपने साथ रखा। बहुत-सारी पुराने बातें पूछते रहे, खोद-खोदकर। बिजली की शादी नहीं हुई है ?

घंटा ने एक ही गोली से तीन-चार शिकार किया है। पलटूसिंह, छोगमल, काका बाबू, बिजू-दी—सबको उसने चमत्कृत कर दिया है। घंटा को पूरा भरोसा है··· बीजमंत्र आज भी काम कर रहा है। मुरली बाबू को मोहने का मंत्र··· बीजमंत्र—बिजू-दी। बिजली !!

घंटा को कितना प्यार करते थे मुरली बाबू !··· लेमनचूस, मिठाई, गुड्डी, पतंग—रोज कुछ-न-कुछ खरीद देते थे। घंटा सब समझता था। वह पूछता—बिजू-दी को लेमनचूस दूँगा ?—बिजू-दी लेमनचूस भालोबासे ! उसे जिस चीज की जरूरत होती, बिजू-दी के भालोबासा[3] के नाम पर वसूल लेता, मुरली बाबू से। किन्तु, काका और काकी माँ ने झुंझलाकर एक दिन कहा था—एतना काहे आता है हमार घर में ? उसी दिन से मुरली बाबू ने इस मुहल्ले में आना छोड़ दिया था···।—एक्टू मात्र 'भाव'

---

1. आप मांस-मछली खाते हैं न ? 2. कैसे हो, मुरली बाबू ? याद है ? 3. प्यार।

हयेछिलो बिजूदीर संगे। बिजू-दी ने एकाध दिन बातें भी की थीं, मुरली बाबू से। ··· और यह रामटहल ! इसी ने सबसे भद्दी भाषा में कहा था–एई ठाम कि सोहल सूथनी लेब ?

आज घंटा से सभी बात करना चाहते हैं–काका बाबू ने दो-तीन बार प्यार से पूछा–की रे घंटा ?··· मुरली बाबू दोनों दिन यहीं रहेंगे तो ?

पलटूसिंह भी उससे बात करना चाहता है। लेकिन, घंटा निगाह उठाकर भी उसकी ओर नहीं देखता।

बिजली आयी–घंटा ! तुम रसोईघर में क्या रहे हो ? मुरली-दा के पास जाओ।

घंटा बोला–तुम क्यों नहीं बैठतीं, मुरली-दा के पास ? मैं यहाँ बाबाजी के सिर पर सवार नहीं रहूँगा तो इसका 'हरमुनियाँ रोग'···।

बिजली ठठाकर हँस पड़ी। बाबाजी भी हँसा। रामटहल ने आकर कहा–घंटा बाबू !··· बुला रहे हैं।

घंटा के साथ बिजली भी गयी। स्टोर-रूम के पास बिजली ने घंटा से पूछा, धीरे-से–क्यों, घंटा, मुरली बाबू को पुरानी बात··· माने··· काकी या काका की बातें अब भी याद हैं ?

घंटा ने दुष्टता-भरी हँसी हँसकर कहा–पुरानी बातों में एक ही बात याद है मुरली बाबू को।··· समझती हो, बिजू-दी ? बस एक ही बात।

बिजली लजा गयी।

मधुर स्वप्न ! मीठे सपने !!

रमा-छबि-कना ने मुरली बाबू को घेर लिया है।

मुरली बाबू हँस-हँसकर बातें कर रहे हैं, तीनों से।

रामटहल ने, मद्धिम आवाज़ में बाबाजी से कहा–अंयइयौ बाबाजी ! ई तअ बड़का जमाई बाबू सन आदर सत्कार ···? बाबाजी ने आँख टीपकर मना कर दिया।

दोनों एक-दूसरे को देखकर मंद-मंद मुसकराते रहे। बिजली ने आज खद्दर की साड़ी निकालकर पहनी है।

··· छोगमल आवेगा ?

एम. एम. एम. ?

'हाई क्लास लंच' खाने के बाद मुरलीमनोहर मेहता ने थोड़ा विश्राम भी नहीं किया।··· फुर्सत कहाँ ? आध घंटे के बाद ही कार्यकारिणी कमेटी की बैठक शुरू होनेवाली है। गृहस्वामिनी स्वयं पान की तश्तरी लेकर सामने खड़ी हुई। कना मुस्कराती हुई आती है–क्या बात है, कना ? कना ने मुरली बाबू के हाथ में खद्दर का एक रूमाल देकर कहा–बिजू-दी ने दिया है।

एम. एम. एम. ?

मुरलीमनोहर मेहता ? उसने अपने नाम के मोनोग्राम की ऐसी कल्पना भी

नहीं की थी।

–बिजू कोथाय ? गृहस्वामिनी ने कहा–और दिते लज्जा होलो बुझि ![1] ··· लाज किस बात की ? मुरली बाबू कुछ कहने ही वाले थे कि बिजली ने कमरे में प्रवेश किया। बोली–किसको किसकी लाज ? काके कर लज्जा ? गृहस्वामिनी बोली–मैंने समझा तुम लाज से लुकी-छिपी हो।··· क्या तुम भी जाओगी मीटिंग में ? अभी ही ?

मुरली बाबू बोले–सार्वजनिक सभा तो साढ़े चार बजे दिन में होगी। जाकर क्या करेंगी ?

मुरली बाबू का मुँह लाल हो गया है, बिजली को देखकर। सुबह देखा, एक रूप–चाय के समय। दोपहर को लंच के समय–इस रूप की दूसरी छवि। और अभी, यह भोजनोपरांत इलायची चबाती हुई, खद्दर की छपी साड़ी और छींट की अँगिया में–यह तीसरी बिजली।

बिजली कुर्सी पर बैठ गयी–काकी माँ, तुम भी चलोगी तो सार्वजनिक सभा में ?

–केन ? आमार की हयेछे जे जाबो ना ?[2] बिजली हँसी–मैं किन्तु, नहीं जा सकूँगी। मैनेजिंग-डिरेक्टर आवेंगे–तीसरे पहरी।

–कौन ?··· मुरली बाबू के मुँह से निकला–कौन मैनेजिंग-डिरेक्टर ?

–हम लोगों की सीमेंट सप्लाइंग कम्पनी के मैनेजिंग-डिरेक्टर, मिस्टर सी. मल।

गृहस्वामिनी बोली–कौन मल बललि ?··· उसका नाम तो छोगमल है।··· सीमोल आबार की ? मुरली बाबू गंभीर हो गये, अचानक। फिर पूछा–क्या मैनेजिंग-डिरेक्टर को कांग्रेस की मीटिंग में जाने देने में···. कोई एतराज है ?

–एतराज आबार की ? गृहस्वामिनी बोली–छोगमल को क्यों एतराज होगा भला !

बिजली ने कहा–एतराज नहीं। ठीक उसी समय से मैनेजिंग-कमेटी की भी मंथली मीटिंग है। इसलिए।

गृहस्वामिनी कुछ बोलना चाहती थी कि बाहर मोटर का हॉर्न बजा।··· छोगमल आ गया ? रामटहल दौड़कर नीचे गया। बिजली ने पुकारकर कहा–ऑफिस-घर खोल दो, रामटहल !

मोटर का दरवाजा खुला, फिर बंद हुआ। बिजली माफी माँगकर चली गयी–एक्सक्यूज़ मी !

मुरलीमनोहर मेहता ने अपनी घड़ी देखी। ठीक इसी समय जिला कांग्रेस की जीप भी आ लगी, फूलबागान के फाटक पर··· कों-कों-कों !!

मुरली बाबू फाटक से बाहर निकले, तो बिजली के साथ छोगमल भी श्रद्धापूर्ण प्रणाम करने आया, फाटक पर। बिजली ने परिचय करवाते हुए कहा–यही हैं

---

1. बिजू कहाँ है ?··· उसे देने में शायद शरमा रही है। 2. क्यों, मुझे क्या हुआ कि न जाऊँ ?

हमारे मिस्टर सी. मल।

मुरलीमनोहर मेहता ने फाटक से बाहर होते ही अपना सार्वजनिक रूप धारण कर लिया है। जिला कांग्रेस के मंत्री-पद के अनुकूल आचरण और व्यवहार में कोई चूक नहीं होनी चाहिए। छोगमल के बनावटी विनय और मुसकराहट का जवाब कृत्रिम हँसी हँसकर दिया। बोले–भला इनको नहीं पहचानूँगा ? इनकी कृपा रही है, मुझ पर।

जिला कांग्रेस की जीप का ड्राइवर चतुर है। कहाँ और किस समय किस अंदाज से गाड़ी को रोकना और चलाना चाहिए, वह जानता है। कांग्रेस की जीप चली गयी ! छोगमल ने बिजली से पूछा–क्या बोले ? क्या रही है ? कृपा क्या ?

बिजली बोली–आपने कोई उपकार किया होगा जिसको···।

–उपकार ? छोगमल ने मुँह चटपटाया।

–उपकार तो नहीं। तब, राइस-मिल में एक बार गैरकानूनी हड़ताल करवाने आये थे तो कुछ···। लेकिन··· क्यों ऐसा बोले ?

बिजली पलक मारते ही समझ गयी, छोगमल घबरा गया है किसी कारणवश। उसने बड़ी चतुराई से विस्मय प्रकट किया–ओ ! यह बात है। तभी जब-जब आपका नाम लिया, गुस्सा से आँखें लाल हो गयीं।

छोगमल ने स्वीकार किया–हाँ, तुमने झूठ क्या कहूँ ? राह चलते ठुकाई इनकी हम लोगों ने ही करवायी थी !

बिजली द्विगुन विस्मित हुई–अच्छा ?··· तब तो··· भूले नहीं होंगे ?

अचानक छोगमल की छाती के अंदर कुछ दपदपाकर जल उठा। उसने सिर को एक झटका देकर अपनी घबराहट दूर की। फिर सुगंधित सिगरेट सुलगाकर बोला–मिस बिजोली ! मनी इज़ द मेन थिंग··· रुपया से आजकल सबकुछ भुलाया जा सकता है, याद दिलाया जा सकता है। तुम यदि सहायता करो तो तुम्हारे सामने इसको भालू की तरह नाच नचा दूँ। बस, तुम्हारी और लट्टू बाबू की सहायता चाहिए।

बिजली ने अपनी माला की ओर देखा। छोगमल कुछ कहते समय लाकेट पर आँख गड़ा देता है, तब···। वह एक फाइल को खोलती हुई बोली–सार्वजनिक सभा में आने के लिए कह गये हैं।

छोगमल ने उत्साहित होकर कहा–जरूर जाओ !

–मैंने तो कह दिया है, मीटिंग है।

–कहना, मीटिंग पोस्टपोन्ड···।

गृहस्वामिनी ने पुकारकर कहा–बिजू ! रामटहल को भेजकर दुकान से कुछ मँगा लेना बाजार से, जलखाबार। आज उस बेला सभी मीटिंग देखने माँगेगा। ठाकुर, रामटहल सबाई जाबे !

घंटा, इस ऑफिसघर के दूसरे कमरे में न जाने कब से सोया था। आज उसने

ऐन मौके पर खाँस दिया। छोगमल के चुम्बनोद्यत मुँह की तनी हुई कमानी उतर गयी, तुरत।–उधर कौन है ?

बिजली बोली–घंटा आज यहीं सोया है खाकर !··· और, आप दया करके इस हार और रेडियो का बिल भेज दीजिएगा।

–क्यों ! क्यों !! छोगमल का चेहरा और भी उतर गया। क्या बात हुई ?

घंटा को आज फिर एक नाटकीय कांड करने का अवसर मिला है। प्रकट होकर बोला–और कैमरे का भी ! फिर कमरे से बाहर निकलते हुए बँगला में कह गया अपनी बिजू-दी से–आर तोमार मैनेजिंग-डिरेक्टर साहब के बोलो, माछ खाबार अन्य कोन जन्य जाइगा तल्लास करेन हेन।

बिजली ने झिड़की दी–जा-जा !!

छोगमल अब सचमुच भयभीत हो गया। बार-बार पूछता रहा–क्या हुआ ? क्या हुआ ? क्या बात है···?

बिजली ने लजाते हुए धीरे से कहा–बात यह है कि··· उस दिन घंटा ने देख लिया था।··· और आप घंटा के स्वभाव से परिचित ही है।

छोगमल समझ गया, आज इस फूलबागान का प्रत्येक प्राणी आदर्श और नैतिकता की बोली बोलेगा। वह चुपचाप बिजली को देखता रहा, अपलक। बिजली ने दो-तीन व्यापारिक पत्रों पर दस्तखत करवा लिया और बोली–आप सभा में नहीं जाइएगा ?

छोगमल ने सिर हिलाकर कहा–नहीं।··· उसने अपने ड्राइवर को पुकारकर कहा–गाड़ी ले आओ।

लट्टू बाबू लौट आये हैं। छोगमल को देखते ही समझ गये लट्टू बाबू, निश्चय किसी चीज का भाव 'डाउन' हुआ है, कहीं। उन्होंने पूछा–सेठजी सभा में न चलियेगा ?

सेठ छोगमल की गाड़ी चली गयी।

मुरलीमनोहर मेहता जब भाषण देने के लिए मंच पर खड़े हुए तो कुछ देर तक उनकी आँखें किसी को खोजती रहीं–महिलाओं की मंडली में।

–प्यारे भाइयो तथा बहनो !

बिजली पर नजर पड़ी ! मुरली बाबू मूड में आ गये। पूरे नब्बे मिनट तक धाराप्रवाह बोलते रहे। ऐसा पुरजोर और सारगर्भित भाषण इसके पहले कभी नहीं दिया।··· सभापतिजी गद्‌गद होकर बोले–अब क्या बोलना बाकी है जो मैं बोलूँ ?

सभा खत्म होने के बाद मुरलीबाबू ने सभापतिजी से लट्टू बाबू तथा परिवार के अन्य लोगों का परिचय करवाते हुए कहा–इस कस्बे का एकमात्र पोलिटिकल परिवार है।

रात में, सभापतिजी ने अन्य सदस्यों के साथ फूलबागान में ही भोजन किया। रात में ही, बातचीत के सिलसिले में यह तय हो गया कि बिजली कांग्रेस कमेटी के महिला-विभाग का भार अपने ऊपर लेगी।··· लट्टू बाबू जीवन में पहली बार

चौअनियाँ सदस्य हुए—कांग्रेस के। मुरली बाबू को रात-भर नींद नहीं आयी।

सोने के पहले बिजली पानी पिलाने के लिए आयी थी। हाथ से गिलास लेते समय बिजली की उँगलियों का स्पर्श, खुले-बिखरे बाल··· आँखों की मूक भाषा, भीनी-भीनी खुशबू रजनीगंधा की करवट ले-लेकर रात कटी, मुरली बाबू की।

आकाश में भोर का तारा झिलमिला उठा। मुरली बाबू उठ बैठे। कमरे से बाहर निकलते ही बिजली की छाया पर नजर पड़ी।··· बिजली क्यों खड़ी है ? क्या उसे भी रात में नींद नहीं आयी ? मुरली बाबू ने साहस से काम लिया। छत पर चहलकदमी करते हुए बिजली के पास पहुँचे। बिजली चौंकी—अरे, आप !!

—क्यों, नींद नहीं आयी ?

भुरकुवा तारा[1] की रोशनी में बिजली की मुसकराहट स्पष्ट नहीं दिखलायी पड़ी। बिजली बोली—चाय तैयार करके ले आऊँ ?

मुरलीमनोहर मेहता को अभी कुछ नहीं चाहिए। उन्होंने कहा—अभी नहीं। मैं आपसे एक बात पूछना चाहता हूँ। मुझे भी रात नींद नहीं आयी है।

बिजली ने अपनी बोली में नींद की खुमारी मिलाकर कहा—आप मुझे 'आप' क्यों कहते हैं ?

मुरलीमनोहर प्रसन्नचित्त होकर कहने लगा—और आप भी मुझे आप मत कहिए !

बिजली लजा गयी। नीचे रामटहल ने मगन होकर प्रातः की कड़ी उठायी।

मुरली बाबू को अपने कमरे में ले गयी बिजली।

—कहिए, क्या पूछ रहे थे ?

—पहले यह बताओ कि छोगमल सेठ से व्यापारिक संबंध कैसे हुआ लट्टू बाबू का ?

बिजली स्टोव जलाकर चाय बनाती रही और मुरलीमनोहर मेहता छोगमल सेठ की नीचता-भरी कहानियाँ सुनाते रहे।

चाय की प्याली हाथ में देते हुए बिजली ने सारी बातों का एक ही जवाब दिया—बिज़नेस इज़ बिज़नेस।

—लेकिन, तुमको इस बिज़नेस में क्यों डाल रखा है, लट्टू बाबू ने ?

—मुझे किसी ने डाला नहीं है।

—सुना है कभी, इलाके के लोग कैसी-कैसी बातें करते हैं, इस बिज़नेस को लेकर ?

—सुना नहीं है कभी। लेकिन, अंदाज कर सकती हूँ।

—तब फिर ?

बिजली ने कोई जवाब नहीं दिया। उसने एक लम्बी साँस ली—लाचारी और मजबूरी की साँस। मुरलीमनोहर मेहता ने लक्ष्य किया, बिजली उदास हो गयी है

---

1. शुक्र तारा

अचानक !

उन्होंने बिजली का हाथ पकड़कर कहा–बिजली, तुम मुझे वचन दो ! छोगमल के व्यापार से तुम अपने को···।

बिजली ने हाथ नहीं छुड़ाया। बोली–मुरली बाबू, यह कैसे हो सकता है ?

–हो सकता है।

–असम्भव !

–बिजली···।

–कहो।··· चुप क्यों हो गये ? क्या बात है ?

–बिजली··· बिजली··· बिजू··· बि··· !!

बिजली मुरलीमनोहर का हाथ छुड़ाकर, धीरे से खड़ी हो गयी–मुरली, मैं लोहा-सीमेंट और पत्थर का कारबार करती हूँ।··· और कोई व्यापार नहीं जानती।

मुरली ने उसे फिर बैठाया, अपने सामने कुर्सी पर। साहस करके उसने कहा–मुझे लोहा और सीमेंट ही समझो।

बिजली को हँसी आ गयी। एम.एम.एम. !!

घंटा की बात ही ठीक निकली ! उसने फेला से कहा था–मुरली बाबू का 'फूलबागान' में आकर ठहरना छोगमल को बुरा लगेगा। उसके दिल में ईर्ष्या की आग दपदपाकर जल उठेगी। तब देखना, कैसा तमाशा लगेगा !

फेला की कापुरुषता से नाराज होकर घंटा नें उससे बोलना बंद कर दिया था। फेला रोज घंटा से बात करना चाहता। लेकिन, घंटा मुँह गंभीर बनाकर दूसरी ओर देखने लगता।

फेला ने इधर कई दिनों से लगातार चेष्टा करके घंटा को मना लिया है। बहुत दिनों के बाद घंटा अपना–'शास्त्र' सुना रहा है, फेला को। उसने अपनी बात को जारी रखते हुए कहा–अब उस दिन की बात ही लो। जब तक बिजू-दी सभा में नहीं आयी थीं मुरली बाबू का मुँह चटपटाता रहा··· इधर-उधर देखते रहे चौंक-चौंककर। और ज्योंही बिजू-दी पर नजर पड़ी कि एकदम बदल गया चेहरा। ··· मैंने पूरे दो घंटे तक अध्ययन किया। सच कहता हूँ, फेला भाषण देने के समय मुरली बाबू की आँखें बिजू-दी की आँखों से बँधी हुई रहीं लगातार।··· इसको क्या कहते हैं, जानते हो ? इसको कहते हैं–दृष्टि-भोग !

फेला को ऐसी बातों में रस नहीं मिलता है, अब। घंटा की कई बातों को उसने काटने की कोशिश की, किन्तु घंटा ने उसे बोलने का मौका ही नहीं दिया। फिर भी, फेला ने अनुनय किया–घंटा-दा, अपने घर के लोगों के बारे में··· माँ-बहन के बारे में ?

–तुम मूरख हो। यौन-विज्ञान का मूल दर्शन कहता है, हम लोग सभी जानवर हैं···।

बिजली घंटा को खोजती आयी—एइजे घंटा !··· मुरली बाबू की चिट्ठी आयी है ! तुमको याद किया है।

घंटा ने कहा—मेरी बात ठीक निकली न ? मैंने कहा था न, मुरली बाबू पहुँचते ही पत्र देंगे।

इतना कहने के बाद घंटा कीर्तन की एक कड़ी गाने लगा—भालो कोरे बेंधेछी, बंधुआ के प्रेमेर बाँधने बेंधेछो··· ।[1] बिजली ने घंटा के सिर के बालों को पकड़कर, ताज पर ही हिलाते हुए कहा—तोमार मतन बांदर के बेंधेई[2] हाहा, हाहा··· !!

बिजली इतना जी खोल कभी नहीं हँसी। सभी अवाक् हो गये। गृहस्वामिनी ने रामटहल से पूछा—के हाँसछे रे ?[3]

रामटहल बोला—बिजू-दी !

गृहस्वामिनी बड़बड़ायी—तीन दिन से मुँह लटकाकर सोयी थी। आज हँसती है हठात्···?

रामटहल बोला—कोनो चिठी एसेछे एखन। डाक लेकर गया तो सोयी हुई थी।

गृहस्वामिनी और रामटहल ने एक-दूसरे को देखा।

—हाहा···हाहा !!

सचमुच, बिजली को कुछ हो गया है। एक नयी अनुभूति—नया-जैसा सबकुछ लग रहा है। किसी के नाम में भी इतना जादू हो सकता है, बिजली को नहीं मालूम था।··· वह घंटा से एकांत में बहुत सारी बातें करना चाहती है। वह अब सीमेंट और लोहे से समय बचाकर कविता की किताब पढ़ना चाहती थी। वह घंटा से कोई ऐसी किताब माँगना चाहती है जिसमें··· पुरुष··· पुरुष··· पुरुष···मुरली ··· मुरली··· !! घंटा उससे दो-तीन साल छोटा है। पिछले कई वर्षों से बिजली ने घंटा से जी खोलकर कोई बात नहीं की। इसके पहले, दोनों को एक-दूसरे का इतना खयाल था, दोनों में इतना मेल था कि रामटहल ने पल्टू बाबू से जाकर कहा था—बड़े घिनौने होते हैं, ये लोग ?··· घिना देलक।

फेला को माँ ने नीचे बुलाया—आकर मेरी एक चिट्ठी लिख दे।

फेला जब नीचे गया तो दोनों जी खोलकर हँसने लगे। घंटा ने कहा—ओ बाबा ! मुरली बाबू के लेमनचूस का प्रभाव इतने दिनों के बाद पड़ा है !

बिजली ने जवाब दिया—तुम्हारा मुरली-दा मूर्ख है। महामूर्ख !! घंटा बोला—क्यों, प्रीत की रीति जाने ना !

—एकदम नहीं जानता।

—तुमी जानो ?

—ना ! तुम्हारी किताब कहाँ है ?

---

1. बन्दी को अच्छी तरह प्रेम के बन्धन में बाँधा है। 2. तुझ-से बंदर को बाँधकर। 3. कौन हँस रहा है ?

घंटा ने निकालकर दिया–'यौवन पथे'।

बिजली अपने कमरे में लेटी, चुपचाप अपनी तसवीर बना रही है, अपने मानसपट पर ! कांग्रेस कमेटी के महिला-विभाग की इंचार्ज–बिजली ?··· देशनायिका बिजली–··· हजारों-हजार जनता के सामने खड़ी होकर भाषण दे रही है।··· वह, हजारों-हजार जनता को जिधर चाहती है, मोड़ देती है।··· वह देश की दुर्दशा पर रोती है तो सब रो देते हैं, और जब हँसती है तो सब हँस पड़ते हैं।··· हजारों-हजार जनता, हजारों-हजार मुरलीमनोहर के मुखड़े···।

लट्टू बाबू एक बार फिर आश्वस्त होना चाहते हैं··· कांग्रेस का सक्रिय सदस्य होकर बिजली-सीमेंट सप्लाइंग कंपनी के उद्देश्यों की ही पूर्ति करेगी तो ?–ओ ! बिजली !

बिजली हड़बड़ाकर उठ बैठी। लट्टू बाबू के हाथ में दैनिक समाचारपत्र को देखकर उसे तनिक अचरज हुआ। काका को देश-विदेश की खबर जानने की कौन-सी आवश्यकता पड़ गयी ?

लट्टू बाबू ने हँसते हुए कहा–तोमार नाम बेरिये छे, कागजे।[1] ··· जिला कांग्रेस कमेटी में एक महिला विभाग खोला गया है, जिसकी संयोजना सुश्री बिजली राय कर रही हैं !

आज की डाक से ही मुरली बाबू की चिट्ठी आयी है–ग्रामवासिनी दुखी माँ-बहनों को देखकर तुम्हारी याद आती है। क्या तुम इन दुखिनियों की पुकार सुनकर अपने को उनकी सेवा के लिए उत्सर्ग नहीं कर सकतीं··· ?

बिजली के सिर पर मुरलीमनोहर की महानता का जादू चढ़ गया है। मुरली बाबू की चिट्ठी रोज आती है। बिजली रोज एक-न-एक गलती कर बैठती है। गृहस्वामिनी बीच-बीच में व्यंग्य-बाण छोड़ती है–इतना क्यों है ? हर बात की एक सीमा होती है।

लट्टू बाबू ने टटोलकर देखा–बिजली-सीमेंट सप्लाइंग कंपनी के भविष्य को उज्ज्वलतर करने के लिए ही देश-सेवा का व्रत ले रही है। यही चाहिए। उन्होंने उत्फुल्ल होकर कहा–ना ! एकटा जीप ना किनले तोमार काज भालो कोरे होबे ना।[2] कल ही बात करूँगा।

बिजली अब अपने को जीप पर सवार देखती है। मुरली दूर देहातों की अली-गली में अलख जगाता फिर रहा है। वह उसको खोजने निकली है। जन-जन से वह मुरली के बारे में पूछती है। ग्राम से ग्रामांतर, सारे प्रांतर में उसकी जीप गुर्राती हुई दौड़ रही है। सामने झंडा लहरा रहा है !!··· महात्मा गांधी की जय।

–कौन है ?

रामटहल ने कहा–दु-तीन तो कंगरेसिया भोलंटियर एसेछे। बोलछे, बिजली दीदी के बोलाओ।

---

1. अखबार में तुम्हारा नाम छपा है। 2. एक जीप खरीदे बगैर तुम्हारा काम अच्छी तरह न चलेगा।

बिजली डरकर बाहर आयी। तीन-चार ग्रामीण कार्यकर्ता कंधे पर झोली-झंडा लेकर आगे बढ़ आये—जय हिंद !··· मायजी ! हमारे इलाका में एक भी कुआँ नहीं है किसी हरिजन-टोली में। दर्खास्त लिख दीजिए, डिस्टीबोट के चेयरमैन के पास।

बिजली दर्खास्त लिखने लगी। काम करने का यह आनंद, काम का यह स्वाद भी नया है। लगता है, अपने परिवार का कोई आवश्यक और करनीय काम वह कर रही है। ये लोग मुरली के लोग, मेरे अपने लोग !!

अंदर हवेली में रमा-छवि-कला के साथ गृहस्वामिनी भी हँस रही है। रमा-छबि-कना बारी-बारी से अभिनय करके दिखला रही हैं, देहाती उजड्डों के बीच में बिजू-दी किस तरह बैठी है ? ··· किस तरह मुँह बाकर वे बिजू-दी की ओर देख रहे हैं ? गृहस्वामिनी कहती है—अभी क्या हुआ है ? देखना, दुनिया-भर के छोटे लोगों का अड्डा होगा यह फूलबागान··· जत सब हाड़ी-मूची-डोम। सब आसबे !!

बिजली ने देहाती कार्यकर्ताओं को भर-पेंट खिला-पिलाकर विदा किया। अंदर आते ही गृहस्वामिनी ने टोका—तोमार ससुरबाड़िर लोक सब चले गैछे ?··· ससुराल के लोग ?

बिजली लजा गयी। रामटहल हँसते हुए कहता है—अपने हाथ से जूठा पत्ता उठाया है, दीदी ने।

बाबाजी ने कहा—दीदी !··· चौकाघर में किसी दिन खिलाने की कृपा नै करब ! हाथ जोड़े छी !

बिजली चुपचाप मुसकराती हुई चली गयी।··· मुरली ने बुरी तरह झकझोर दिया है उसको।··· एक शांत सरोवर के जल को मानो उसने मथ दिया है—हिलोर-हिलकोरा हिल्लोल··· कलकल सुर में जल बजता है···।

बिजली की आँखों से न जाने क्यों आँसू टपकने लगे। उसका मन एक अज्ञात वेदना से कातर हो गया !··· वह इतना स्खलित क्यों हो रही है ? क्यों··· क्यों ··· मुरली क्यों आया लौटकर, फिर उसके जीवन में !

घंटा को मानो स्वर्ग मिल गया। बिजली की नम आँखों को देखकर उसे अपने शास्त्र के अनेक वचन याद हो आये।

—बिजू-दी ! तुमी कांदछिले ?[1]

—दुत पागला ! रोऊँगी क्यों ?

—मुरली बाबू की कसम ?

—तुमी एबार भालो कोरे मार खाबे।[2]

—उसके बाद लेमनचूस भी खाऊँगा।

घंटा विस्मय से आँखें विस्फारित करके बिजली के आरक्त गालों को देखता है।··· तमतमाया हुआ चेहरा ऐसा कभी नहीं देखा बिजू-दी का।··· वह बिजू-दी

---

1. तुम रो रही थीं। 2. इस बार तुम अच्छी तरह मार खाओगे।

के चेहरे का–ताप' जानना चाहता है। वह, वह कैसे छुए बिजू-दी के मुखड़े को ?

घंटा ने पूछा–किताबें पढ़ रही हो तो, बिजू-दी ?

बिजली बोली–हाँ, गुरु महाराज !

–तब, गुरु महाराज की एक बात मानोगी ? बोलो ? बिजू-दी ! अपनी कोई बात मुझसे छिपाओगी तो नहीं ? मेरा बड़ा उपकार होगा··· दुहाई !

बिजली आँख-मूँदकर पड़ी रही।

घंटा ने पास जाकर कहा–बिजू-दी !

बिजली लेटी रही। घंटा ने देह पर हाथ रखकर हिलाया–क्या हुआ ?

घंटा अब बिजली के पास बैठ गया सटकर–बिजू-दी, सुनो ! उठो न !!··· क्या हुआ ? कितना गर्म है तुम्हारी देह ?

नीचे छोगमल की गाड़ी का हार्न बजा ! बिजली उठ बैठी। घंटा ने कहा–नहीं। तुम नहीं जाओगी नीचे। मैं जा रहा हूँ।

बिजली ने उठकर कपड़े को ठीक किया। बोली–पड़ेछी मोगलेर हाथे, खाना केते होबे साथे।

छोगमल नहीं, छोगमल का ड्राइवर आया है।

आज छोगमलजी के घर पर अष्टयाम संकीर्तन है।··· गृहस्वामिनी और बिजली को··· परिवार-भर के लोगों को लेने के लिए भेजा है।

गृहस्वामिनी सदा तैयार रहती हैं, जहाँ कहीं भी इस फूलबागान से बाहर जाने को। किन्तु बिजली और घंटा ?

घंटा कहता है–खबरदार बिजू-दी !

बिजली चुपचाप मुरली के प्रतिनिधि घंटा की ओर देखती रहती है। घंटा के स्वर में मुरली का शासन ?

वह फूट पड़ी–घंटा रे ! एक बार तोमार मुरली-दा के डाक।[1] मैं अब नहीं सह सकती।

घंटा ने झिड़की दी–इतनी किताबें पढ़कर भी तुम इस तरह भावुक हो रही हो ?

छोटा-सा कस्बा बैरगाछी–कुंतलकुमारी के आते ही एक बार डोल गया, मानो घर-घर में कुंतलकुमारी की चर्चा हो रही है, तीन दिनों से। है तो छोटा-सा कस्बा। लेकिन, सब मिलाकर बारह बाजार और कम-से-कम तीस टोले तो जरूर हैं। डेढ़-दो माइल लम्बा-चौड़ा कस्बा अब हर रोज बढ़ता ही जा रहा है–उत्तर-दकिखन, पश्चिम-पूरब नहीं। पूरब परमान नदी है और उसके चाल-चलन की एक अलग और लम्बी ··· टेढ़ी-मेढ़ी धारा जैसी कहानी है। औरत की बात !··· यह परमानो नदी !

1. एक बार अपने मुरली-दा को बुला दो।

लक्ष्मी बाजार, दुर्गा बाजार, काली बाजार, ताजिया बाजार, कचहरी बाजार, कलाली बाजार–बारह बाजार ! राय-परिवार का फूलबागान दुर्गा बाजार में है। काली बाजार की बात यदि कोई दुर्गा बाजार में पहुँचाना चाहे और साइकिल से भागता हुआ भी जाये, तो पन्द्रह मिनट जरूर लग जायेंगे। ताजिया बाजार सबसे दच्छिन छोर पर है। ताजिया बाजार के मस्जिद से प्रज़ान की आवाज··· सबसे उत्तर–दुर्गा बाजार में सिर्फ भोर को सुनी जाती है। पुरवा अथवा पछिया हवा जिस दिन बहती है, उस दिन भी।

भोलासाही बाबू की तेतरी बेटी कुंतलकुमारी के बैरगाछी आने की खबर सारे कस्बे में, कस्बे के हर बाजार और टोले में दस मिनट के अंदर ही फैल गयी। ··· आजकल बैरगाछी कोर्ट रेलवे-स्टेशन से भगवानपुर तक 'बस' चलने लगी है। पहला बस-पड़ाव काली बाजार के नुक्कड़ पर है, दूसरा ठहराव दुर्गा बाजार में–लम्बा ठाकुर के 'पवित्र मैथिल होटल' के सामने। सबसे पूरब कलाली बाजार के पास दस मिनट रुकती भी है। बैरगाछी कोर्ट स्टेशन से लेकर कचहरी तक की घटनाओं की खबर डेढ़ घंटे में भगवानपुर पहुँच जाती है।

भगवानपुर के हीरालाल महाजन के 'मशहूर आवारा' पुत्र गोधनलाल को कुंतलकुमारी के बैरगाछी आने की सूचना डेढ़ घंटे के बाद ही मिल गयी। बिना ताड़ी पिये ही उस पर नशा सवार हो गया ! कुंतलकुमारी !

बैरगाछी कस्बे के मशहूर रईस और फौजदारी के नामी वकील बाबू भोलासहाय की बेटी कुंतलकुमारी ! सात साल के बाद आयी है। कुंतलकुमारी नहीं, कलकत्ते में जाकर नाम भी बदल गया है–कुमारी कुंतला सहाय !

बाबू भोलासहाय पर माँ षष्ठी की असीम कृपा है। नौ पुत्र-रत्न और मणिमालाओं-जैसी चार पुत्रियाँ। सबसे बड़ी उमा, तब श्यामा, अभिरामा और कुंतलकुमारी। उमा, श्यामा और अभिरामा के ब्याह में बाबू भोलासहाय को भगवानपुर के हीरालाल महाजन की सहायता लेनी पड़ी थी–कड़े सूद पर। वकील साहब प्रसिद्ध पुजारी हैं, इसलिए भगवान उन पर प्रसन्न रहते हैं। नहीं तो तीस हजार की डिग्री अदा करने में उनकी सारी चल और अचल सम्पत्ति बिक जाती। हीरालाल महाजन का बेटा गोधनलाल बैरगाछी हाई स्कूल में पढ़ता था। वकील साहब की किशोरी कन्या कुंतलकुमारी ने ठीक 'तेतरी बेटी' के योग्य काम करके दिखला दिया, सन् उन्नीस सौ चालीस ईस्वी की पहली जनवरी को··· !

गोधनलाल ने प्रतिज्ञा की थी, कुंतलकुमारी की देह छूकर–ठीक पहली जनवरी को डिग्री के सारे कागजात ही क्यों, यदि कुंतलकुमारी कहे तो अपने बाप के कागजों की गठरी ही लाकर उसके हाथ पर रख देगा, गोधनलाल !··· डिग्री के कागजात के साथ दस-भर सोने की एक हँसली भी गोधनलाल ने दिया था, ठीक पहली जनवरी को।

हीरालाल महाजन को, पन्द्रह जनवरी को, जब यह बात मालूम हुई तो उसने सदा के लिए आँखें मूँद लीं, छाती पर मुक्का मारकर–पुकारकर–जा रे साला

हीरालाल !··· गोधनलाल अपने बाप का श्राद्ध करके बैरगाछी लौटा, पढ़ने के लिए नहीं··· ।

लेकिन, शीरी-फरहाद नाटक देखते-देखते वह खुद फरहाद हो गया। कुंतलकुमारी का बाप भी निठुर निकला। वह दुर्गा बाजार की हर गली में चक्कर लगाता, लम्बाठाकुर के होटल में बैठकर नौटंकी की किताब गा-गाकर पढ़ता और कुंतलकुमारी की एक झलक देखने के लिए तरसता रहता। और, एक दिन उसने सुना कि कुंतलकुमारी अपने बड़े भाई के पास चली गयी है। सेन्ट्रल एक्साइज़ का बड़ा हाकिम है, कुंतलकुमारी का बड़ा भाई।··· गोधनलाल कुंतलकुमारी का नाम रटता हुआ कलकत्ता भी पहुँचा था। लेकिन, हबड़ा पुल पार करने के बाद ही उसकी सारी पूँजी लुट गयी थी··· ।

हीरालाल महाजन के एकमात्र पुत्र गोधनलाल ने बदला लेने के लिए सबकुछ किया। लेकिन किस्मत बाबू भोलासहाय वकील की ! बड़े जमाता, पुलिस के सुपरिन्टेंडेंट होकर पूर्णिया आये। और गोधनलाल बी. एल. केस के चपेट में आ गया !··· चपेट से निकलने के लिए फिर बीस हजार की थैली चढ़ा आया बाबू भोलासहाय वकील साहब के पैरों पर। इसके बाद गोधनलाल ने मिर्जाभाग गाँव की एक तबायफ का नथिया उतारकर अपना हौसला पूरा किया। उसने अपनी तवायफ का नाम रखा–कुंतलकुमारी ! लोग कहते–नकली कुंतलकुमारी !

असल कुंतलकुमारी, कलकत्ता में रहकर कुमारी कुंतला हो गयी है। गोधनलाल ने सामने भरी हुई लबनी को देखा। ताड़ी नहीं पीयेगा अभी। वह बैरगाछी जायेगा। कलकत्ते की मिस कुंतला को एक नजर देखने के लिए।··· उसको दस-ग्यारह साल पहले की घटनाएँ याद आ रही हैं··· एक-एक कर। गोधन ! आई लव यू !!··· लव का माने जानते हो ?

मिस कुंतला सहाय बी. ए. !

बैथून कॉलेज की बनायी हुई··· मेड इन बैथून··· कुंतला। जब बँगला बोलने लगती है, बंगालियों का मुँह छोटा हो जाता है। खाँटी बँगला बोलती है।··· हाई स्कूल के हिन्दी शिक्षक की पाँच पंक्तियों की एक चिट्ठी में आठ गलतियाँ निकाल बैठी !··· शहर के सबसे प्रवीण पंडित बालमुकुंद उपाध्याय से तिलक के 'गीतारहस्य' पर घंटों बातचीत करती रही··· !

साधारण-जन उसको अचरज-भरी निगाह से देखते। गरदन तक कटे-छँटे केश-गुच्छ, नाखूनी-नीली कोर की सुफेद साड़ी, सुफेद अँगिया का नीला मुख-बंद। ··· बड़ी-बड़ी आँखों में बँगला पानी··· !

वह जिस बाजार से गुजरती, लोगों की आँखें टंग जातीं।

काली बाजार के पुराने खलीफा फत्तू ने अपनी पुरानी सिंगर मशीन को फटफटाते हुए कहा–सो सब तो ठीक है। लेकिन इस बनबिलार के मुँह से बचे तो समझूँ जक्का-कबूतर !

–कौन बनबिलार ?

—नया एस. डी. ओ. !

—सच ?

—सच नहीं तो क्या ? एक महीना भी नहीं हुआ है, अभी। तीन-तीन कबूतरी को चट कर गया।

फत्तू खलीफा ने अपनी पीली-गंदी आँखों को नचाकर धीरे-से कहा—पहला नम्बर—लट्टू बाबू की कबूतरी। दूसरा नंबर—अस्पताल की डाक्टरनी; और तीसरी है—मार्टिनगंज की स्कूलमास्टरनी !

फुलगेंदा साह हलवाई ने जलेबी को चासनी की कड़ाही में डालते हुए कहा—एकदम बाग बाजार का रसगुल्ला ही समझो ! कलकत्ता का पानी अंग-अंग से चूता है।

फुलगेंदा साह के काने कारीगर ने कहा—सुनते हैं, अँगरेजी डानस करती है। गेंद खेलती है।··· फुटगोल ?

साह के अधपगले नौकर ने, काठ के कठौते में आँटा गूँधते हुए दुहराया—फुटगोल-हेंच्-बूटगोल-हेंच्-गो-गोल-हेंच।

आध सेर पूड़ी, जलेबी माँगकर पत्ता फैलाये बैठे हुए गाहक ने पूछा—डानस करती है तो दारू भी पीती होगी ? ब्रांडिल !

फत्तू खलीफा का बेटा एक आने का उधार निमकी लेकर, खाता हुआ बोला—भगवानपुर के महाजन के बेटे को आज देखा था।

फुलगेंदा साह ने अँगूठा दिखलाकर कहा—अब कच्चू लेगा आकर ? सामने खड़ा भी हो सकेगा, रू-ब-रू हो सकेगा गोधनलाल ?

लेकिन, यूनुस मियाँ कोचवान रास्ता रोककर खड़ा हो गया, कुंतलकुमारी का। ठीक फुलगेंदा साह हलवाई की दुकान के सामने से गुजर रही थी। यूनुस मियाँ ने सलाम किया—सलाम, तेतरी दीदी !

—अरे, यूनुस ? तुम··· जिंदा हो ? क्या करते हो आजकल ? कुंतला की बोली में शहद है ! बूढ़े यूनुस के झुर्रीदार चेहरे पर एक चमक दौड़ गयी··· तेतरी दीदी का दिल जरा भी नहीं बदला है !

यूनुस मियाँ चार साल पहले तक बाबू भोलासहाय की कोचवानी करता था। सुराज के दूसरे ही दिन वकील साहब ने जवाब दे दिया।··· बाइस साल की नौकरी !

कुंतला ने यूनुस से उसके लड़के-बच्चों के बारे में पूछा। फिर बोली—एक दिन आऊँगी तुम्हारे यहाँ !

—सच ? आप आइएगा ? यूनुस मियाँ ने अचरज से पूछा। कुंतला, फुलगेंदा साह की दुकान के पास रुककर नया साइन-बोर्ड पढ़ने लगी—असली फुलगेंदा साह की यही दोकान है ! खाँटी घी···! कुंतला ने मुसकराकर पूछा—क्यों साहजी ! हींग की कचौड़ी अब बनती है या नहीं ?

फुलगेंदा साह तोंद के ऊपर खिसकी हुई गंजी को खींचकर ठीक करने लगा। कोई जवाब नहीं दे सका वह। काने कारीगर ने कहा—बनती है। कितना चाहिए ?

कुंतला कह गयी–लौटकर आती हूँ। पाव-भर कचौड़ी निकालके रखना, गरम-गरम !

साह के अधपगले नौकर को फिर एक टेक मिली–गरम-गरम हेंचू, नरम-नरम-हेंचू, चरम-चरम-हेंचू··· ।

फुलगेंदा साह के मुँह में इतनी देर के बाद बोली लौट आयी, मानो। अचरज-भरी साँस छोड़ता हुआ बोला–हः, मुझे तो ऐसा लगा कि बायस्कोप देख रहा हूँ। ठीक बायस्कोप में पाट करनेवाली जैसी है न ?

काने कारीगर ने नकियाई हुई आवाज में भेद की बात की–इस बनबिलार के मुँह से बचे तब न समझें !

'इस बिलार' अथवा 'बनबिलार' का अर्थ हुआ–नया एस. डी. ओ.। सारे कस्बे में यह बात फैल चुकी है कि नये एस. डी. ओ. को दो चीजें बहुत पसंद हैं–मुर्गी और मागी।··· मागी माने औरत !··· कपड़ा, चीनी, तेल, सीमेंट–जिस चीज का लाइसेंस लेना हो मुर्गी और मागी को सामने कर दो। काम पक्का ! लट्टू बाबू के घर से डाली जा चुकी है !··· खाना-पीना-गाना-बजाना भी हुआ है। अब, भोलासाही बाबू की किस्मत देखिए ! क्या होता है ?··· नजर पर तो चढ़ चुकी होगी, जरूर !

फुलगेंदा साह ने अपने काने कारीगर को डाँटकर कहा–बेसी मेचर-मेचर मत बको ! छोटी-सी जीभ से लम्बी-लम्बी बात निकालते हो ?··· बात उड़कर किसी तरह पहुँच गयी तो हवा खाने चले जाओगे।

फुलगेंदा साह की आँखों के सामने कुंतला की छाया रह-रहकर खड़ी हो जाती है। बायस्कोप में पाट करनेवालियों-जैसी कुंतलकुमारी को देख !··· कमानीवाली अँगिया पहनती है, शायद ! कुंतल जब लौटी, तो फुलगेंदा साह ने हाथ जोड़कर दाँत निपोड़ दिया–बहुत दिन के बाद हे-हे-हे हींग की कचौड़ी की याद है आपको ? धनभाग, धनभाग !!

–बिजू !

–के रे ? कुंतल··· कब आयी ?

कुंतल ने झाँककर देखा, कमरे में एक खद्दरपोश आदमी बैठा है। बिजली बोली–अंदर आओ ! इन्हें नहीं पहचानती ? मुरलीमनोहर बाबू !

कुंतला अचरज से मुँह बनाकर बोली–ओ ! राम-बनवास में सीता बननेवाला मुरली।

–नमस्कार ! आइए। मुरलीमनोहर मेहता कुर्सी छोड़कर उठे।

कुंतला लजायी नहीं। नमस्कार का जवाब देकर बोली–तो, आजकल कौन नाटक होता है ?

मुरलीमनोहर मेहता को कुंतला का यह सवाल अच्छा नहीं लगा। बात करने का उचित ढंग भी नहीं जानती है !

बिजली बोली—आजकल श्रीमान् कांग्रेस के सेक्रेटरी का पार्ट कर रहे हैं।

बिजली की बात पर मुरली बाबू ठठाकर हँसे।··· इसको कहते हैं अनुचित बात को उचित ढंग से काटने की कला !

कुंतला ने बिजली से कहा—चलो अंदर ! जरा काकी माँ को प्रणाम कर लूँ। ··· कुंतला और बिजली अन्दर चली गयीं !

कुंतला को देखते ही काकी माँ हँस पड़ी—ऐसो ! ऐसो ![1] ··· कैसी हो ? कब आयी ? सुना है, तुम्हारे साथ कोई संन्यासी-ठाकुर आया है ?

कुंतला हँसकर बोली—काकी माँ ! इतने सवालों का जवाब देने के पहले एक कप चाय चाहिए।

चाय पीकर कुंतला बोली—बिजू ! सुना है, तुमने कांग्रेस ज्वायन किया है ? ··· ठीक है, अब तो जेल जाने का डर नहीं है।

बिजली बोली—मैं तो बी. ए., एम. ए. पास नहीं कि वकालत पढ़ने की बात सोचूँगी।

कुंतला समझ गयी, उसके लॉ पढ़ने की बात यहाँ तक पहुँच गयी है। काकी माँ बार-बार कहती है—तुमी फिलिमें केन जाउना ?[2] अभिनेत्री !

फुलगेंदा साह की तरह काकी माँ भी कुंतला की देह में फिल्म-ऐक्ट्रेस के सभी लक्षण देखती है।··· कुंतलबाला।

रामटहल ने आकर सलाम किया—दीदीजी ! बैठक-घर में एगो संन्यासी ऐलछथिन।··· तेतरी दीदी को खोज रहे हैं।

बैरगाछी कस्बे में कुंतला को सभी 'तेतरी' के नाम से जानते हैं। कुंतला चौंक पड़ी। बिजली ने धीमे स्वर में पूछा—यह संन्यासी कौन है, कुंतल ?

कुंतला तनिक अप्रतिभ हुई—संन्यासी नहीं। वह अनूप है।

बैठक-घर में मुरलीमनोहर मेहता और अनूपचंद्र सान्याल, एक-दूसरे से परिचित हो चुके थे। एक कुर्सी पर सफेद खादीपोश, दूसरी पर गेरुआधारी !

कुंतला के साथ काकी माँ और बिजली भी आयीं। काकी माँ संन्यासी ठाकुर की चरण-धूलि लेने लगी तो कुंतला चिल्ला उठी—काकी माँ ! क्या कर रही हैं !

अनूप ने हाथ जोड़कर क्षमा-याचना की—आमार कापड़··· मेरे कपड़े को देखकर लोग संन्यासी समझ लेते हैं, मुझे।

मुरली बाबू ने पूछा—तो, आप संन्यासी नहीं हैं ?

अनूप ने कहा—ऊपर से तो जरूर हूँ। अंदर अभी नहीं रँगा है।

कुंतला बोली—तुम किसी दिन चार-सौ-बीस दफा में पकड़े जाओगे, अनूप। ··· ठग-संन्यासी। रंगीन ही पहनना हो तो, कोकटी खादी पहनो !

बिजली तभी से अनूप की आँखों में कुछ ढूँढ़ रही है !

अनूपचन्द्र सान्याल। कुंतला के बड़े भाई के मित्र का छोटा भाई। कुंतला

---

1. आओ, आओ ! 2. तुम फिल्म में क्यों नहीं जाती ?

के साथ आया है ! संन्यासी नहीं है, फिर भी गेरुआ वस्त्र ही पहनता है।

कुंतला बोली–इस रँगे-सियार की लम्बी कहानी है, काकी माँ ! किसी दिन आकर सुना जाऊँगी। आज चलती हूँ।

अनूप ने कहा–लेकिन, लेकिन मैं नहीं चलती हूँ।

सभी ठठाकर हँस पड़े, अनूप की बात पर। रमा-छबि-कना हिंदी पढ़ती हैं। कना बोली–बेटाछेले स्त्रीलिंग ?

कुंतला ने कना को प्यार करते हुए कहा–ठीक कहा तुमने। बेटाछेले स्त्रीलिंग !

मुरलीमनोहर मेहता ने एस. डी. ओ. के चपरासी को पुर्जा देते हुए कहा–साहब को बोलो, जल्दी मिलना है।

एस. डी. ओ. साहब ने मुरली बाबू का स्वागत किया–आइए, मेहताजी ! कहिए, क्या समाचार है ?

मेहताजी नाप-तोलकर मुसकराते हैं, हाकिमों से बात करते समय। बोले–मैं यह पूछने आया हूँ कि आखिर सब-डिविजनल विजिलेंस कमेटी की मीटिंग कभी बुलायी जायेगी, अथवा इसी तरह अंधाधुंध कारबार चलता रहेगा ?

इतने बड़े वाक्य को सुन एस. डी. ओ. साहब समझ गये कि मुरलीमनोहर मेहता क्या चाहते हैं। उन्होंने कहा–देखिए, मुरली बाबू ! जब तक विजिलेंस कमेटी में दो और मेम्बर नहीं लिये जाते हैं, मीटिंग बुलानी बेकार है।

–मेम्बर कब तक चुना जायेगा ?

–आप ही दो नाम दीजिए न।

मुरली बाबू ने अपने पोर्टफोलियो-बैग से एक डायरी निकाली। फिर दो नाम बोले–एक, रामजतनसिंघ का नाम लिख लें और दूसरा जमील उद्दीन !

डायरी देख कर ही दूसरा प्रश्न किया मेहताजी ने–कौआखोम गाँव के केस का क्या हुआ ?

एस. डी. ओ. साहब ने कहा–पुलिस-रिपोर्ट नहीं आया है अभी।

–पुलिस-रिपोर्ट ? लेकिन, थाना कांग्रेस के सभापति ने तो रिपोर्ट दे दिया है।

एस. डी. ओ. साहब मन-ही-मन कुढ़ रहे थे। इस बार बोले–मेहता जी, हम लोग तो पुलिस-रिपोर्ट को ही...।

–लेकिन, पुलिस झूठा रिपोर्ट देगी।

एस. डी. ओ. साहब कुछ क्षण तक मुरलीमनोहर मेहता का मुँह देखते रहे। क्या समझता है यह आदमी अपने को ? एस. डी. ओ. साहब के अंदर का हाकिम जगा। बोले–देखिए, मेहताजी ! कोर्ट की बात मैं अपने डेरे पर नहीं करता। पुलिस के रिपोर्ट को झूठ कहने से तो नहीं होता है। साबित करना होगा कि पुलिस...।

मुरली बाबू गरम हो गये। बोले–मुझे सबकुछ मालूम है ! इस मुकदमे को सभी मिलकर खराब करना चाहते हैं, पुलिस और हाकिम सभी।

मुरली बाबू को तुरंत पूर्णिया जाना है। उठते हुए बोले–लेकिन, इसका नतीजा क्या होगा सो समझ लीजिए !

एस. डी. ओ. साहब ने मेहताजी को समझाने की चेष्टा की। किन्तु, मुरली बाबू का बिगड़ा हुआ मूड सही नहीं हुआ।

एस. डी. ओ. साहब मन-ही-मन कांग्रेस और कांग्रेसियों को कोसने लगे–गवर्नर समझते हैं सभी अपने को। यह राज नहीं चलेगा ! उन्होंने कुढ़ते हुए मन को शांत किया–देखना है इस मेहता को !

कौआखोम में किसान-संघर्ष छिड़ा हुआ है। बकाश्त आंदोलन। जमींदार और किसानों के बीच में हैं कांग्रेस और सोशलिस्ट पार्टीवाले।··· पुलिसवाले अभी तक किसानों के पक्ष में हैं। जमींदार मुरलीमनोहर बाबू का संबंधी है। उनका कहना है, इसलिए सोशलिस्टों ने यह बखेड़ा खड़ा किया है।

कोर्ट में दोनों ओर से मुकदमे दार किये जा रहे हैं, रोज। घटनास्थल पर दफा 144 लगा हुआ है। पुलिस तैनात है। इसके बावजूद रोज कोई-न-कोई घटना घट ही जाती है। कल किसानों की ओर से मुकदमा किया गया है–जमींदार ने खलिहान में आग लगवा दी है। कलक्टर साहब को तार दिया गया है।

आज जमींदार का कारिंदा आया है–जमींदार साहब का सरेसा घोड़ा चुरा ले गया है···।

उत्तर सीमा पर, कालेबाजारियों ने मिलकर मार्केटिंग इंस्पेक्टर को पीटा है। मार्टिनगंज अस्पताल में पड़ा हुआ है बेचारा इंस्पेक्टर।

भंगहा के महाजन के घर डकैती हो गयी है। बंदूकवाले डकैत थे !

कदवा गाँव में दंगा होते-होते रह गया। गोकशी करने जा रहे थे वहाँ के मुसलमान।

एस. डी. ओ. साहब इन सारी घटनाओं को एक सूत्र में बाँधते हैं। सोच रहे हैं–यह राज कैसे चलेगा !

अभी-अभी खबर मिली है–कौआखोम में पुलिस को गोली चलानी पड़ी। एस. डी. ओ. साहब बिना कुछ खाये-पीये दौड़े, आर्म्ड फोर्स लेकर डी. एस. पी. साहब भी चले।

कचहरी के मैदान में भीड़ लगी है।

कौआखोम में पुलिस ने नहीं, जमींदार ने गोली चलायी है। तीन आदमी मरे हैं, पाँच घायल है।

कौआखोम का जमींदार फरार है।

पल्टू बाबू तीर्थ-यात्रा से लौटे हैं, तीन महीने के बाद··· !

रामटहल दौड़कर, फूलबागान के फाटक के पास जाता है चरणधूलि लेने के लिए, पल्टू बाबू के हाथ से गठरी-गंगाजल आदि लेकर अंदर हवेली की ओर चला जाता है–गुरूदादू आवि गेल ![1]

रमा-छबि-कना दौड़ी आती हैं, एकसाथ। गुरूदादू बारी-बारी से सबकी ठुड्डी पकड़कर प्यार करते हैं। गृहस्वामिनी नमस्कार करती है। बिजली हँसती आती है–ताइतो गुरूदादू जे ![2]

विभिन्न तीर्थ-क्षेत्रों से लाये हुए प्रसाद-फूलों की गठरी खुली। सभी ने श्रद्धा से सिर झुकाया। लेकिन घंटा नहीं आया।

फेला जब हाथ में एक पेड़ा और गले में एक रंगीन बद्धी लटकाये कमरे में आया, तो घंटा हँस पड़ा ठठाकर–तू सब दिन रह जायेगा इसी तरह गोरू !

फेला बोला–घंटा-दा ! गुरूदादू आपको खोज रहे थे। पूछ रहे थे बार-बार–घंटा घर में नहीं है क्या ? घंटा अभी कार्यव्यस्त है। किसी की बात सुनने की छुट्टी कहाँ··· ?

खड़ाऊँ की खटपटाहट सुनकर दोनों सतर्क हुए। गुरूदादू !

घंटा सिर झुकाकर खड़ा रहा, मूर्तिवत्। गुरूदादू की मंद मुसकराहट को चुपचाप परखता रहा। पल्टू बाबू थोड़ी देर तक चुप रहे। फिर बोले–बैठो।

घंटा ने मन-ही-मन महसूस किया–इस बुड्ढे के पास बस यही एक बड़ा अस्त्र है। मुसकराहट ! न जाने क्या हुआ कि घंटा अचानक तेजी से उठा और पल्टू बाबू की चरण-धूलि लेने के लिए झुक गया।··· फेला अवाक् खड़ा रहा।

पल्टू बाबू ने फेला से कहा–बिजू के ऊपर डाक ![3] बिजली के साथ गृहस्वामिनी भी आती है। रामटहल भी। पल्टू बाबू हँस रहे हैं। कहते हैं–इसके सिर पर सवार भूत उतर गया। लेकिन इसकी 'दुष्टुमी' नहीं जायेगी। इतनी भक्ति अचानक इसके दिल में उमड़ी है, गुरूदादू के लिए···।

घंटा कहता है–गुरूदादू ! आपको मालूम है, बिजू-दी कांग्रेस की प्रसिद्ध लीडरानी हो गयी है ? लीडरानी ! सभी हँस पड़े। किन्तु, बिजली नहीं हँसी।

पल्टू बाबू बोले–मुझे सब मालूम है। अखबार में खबर छपती है इसकी, अब तो !

इस प्रसन्न वातावरण में, लट्टू बाबू मुँह लटकाये आते हैं। पल्टू बाबू की चरण-धूलि लेने के बाद उसने दुसंवाद सुनाया–छोगमल ने साझीदारी तोड़ दी। दीवानी कचहरी में नालिश भी किया है, न जाने कितने का ?··· काका ! ए माछ तो पालालो !![4]

–पालिये जाबे कोथाय ![5] पल्टू बाबू का चेहरा तमतमा गया। उन्होंने कहा–

---

1. गुरूदादू आ गये। 2. हाँ, गुरूदादू ही तो हैं। 3. बिजू को ऊपर बुला। 4. यह मछली तो निकल गयी। 5. भागकर जायेगी कहाँ ?

छोगमल के सिर पर भी भूत सवार हुआ है।

पल्टू बाबू ने गंभीर स्वर में पूछा–नये एस. डी. ओ. साहब से मिले हो ? कैसा आदमी है ?

–खूब खाने-पीनेवाला।

पल्टू बाबू ने एक बार रामटहल की ओर देखा। रामटहल नीचे चला गया। गृहस्वामिनी को भी किसी काम की याद आयी। रमा-छबि-कना ने नीचे शोरगुल शुरू किया–ठाकुर खाने नहीं देता। ऊपर के कमरे में पल्टू बाबू का दरबार लगा हुआ है। पल्टू बाबू ने बिजली से पूछा–मुरली बाबू कब आ रहे हैं ?

–कल या परसों तक।

–कौआखोम के मुकदमे का क्या हुआ ?

–चल रहे हैं। दोनों ओर के लोग गिरफ्तार हुए हैं।

पल्टू बाबू गंभीर हो गये। उन्होने घंटा से कहा–घंटा, साइकिल लेकर जाओ और जगन्नाथ बाबू को मेरे घर पर भेज दो।

पल्टू बाबू कह गये–घबराने की बात नहीं। पुल की सिक्युरिटी जमा करने के लिए पैसे की कमी नहीं होगी !

लट्टू बाबू की डगमगाती हुई नाव का खिवैया आ गया ! रामटहल आज प्रसन्नता के मारे पागल हो गया है।··· फूलबागान का कुछ नहीं बिगड़ सकता, जब तक पल्टू बाबू जिंदा हैं !

कस्बे के लोगों ने अचरज से सुना–छोगमल ने सभी मुकदमे उठा लिये हैं ! लट्टू बाबू से उनकी साझेदारी टूटी नहीं है।··· ठेकेदार और कुलियों को भी भरोसा हुआ कि बाकी पैसा हज़म नहीं होगा।

सचमुच, पल्टू बाबू खिवैया हैं। जहाज़ का कप्तान !··· बैरगाछी से नेपाल की सीमा तक लट्टू बाबू निश्चिंत हो गये !

तीन ही दिन के अंदर तीन लाख का कारबार बिना किसी के देखे-सुने-जाने हो गया !

गोधनलाल ?

कुंतला ने गोधनलाल को देखा और उसके मुँह से एक हल्की-सी चीख निकल पड़ी। अनूप ने पूछा–क्यों, क्या हुआ ? कुंतला की आँखों में अनूप ने पहली बार एक अज्ञात भय की छाया देखी।··· कुंतला डर गयी है। डरी हुई कुंतला, कितनी भली लगती है ! अनूप की दृष्टि गोधन पर पड़ी–कौन है यह ? परमान नदी के इस घाट पर, बचपन की बहुत सारी स्मृतियाँ बिखरी पड़ी हैं।··· यह कुटिया घाट है !

अनूप ने देखा, कुंतला कुछ कहते-कहते रुक गयी। वह बोला–इसको कुटिया घाट क्यों कहते हैं।

—वहाँ, उस टीले के पास एक मौनी साधु की कुटिया थी। हम लोग हर रविवार को कुटिया में जाते थे, माँ के साथ !··· अनूप ने फिर लक्ष्य किया, कुंतला कुछ कहते-कहते रुक जाती है। उसने घाट को पार करती हुई सम्पनी गाड़ी को देखा, कुटिया के टीले की ओर दृष्टि फेरी और फिर कुंतला के मुखमंडल को निहारता रहा।··· डरी-डरी आँखें, उदास हो गयी हैं ! हठात् कुंतला बोली—आज यहीं तक, इससे आगे नहीं चल सकूँगी।

कुटिया के पास बैरबन्ना से एक अद्भुत हँसी हँसा कोई ठठाकर—हा-हा-हा-हा !!

इस हँसी को सुनकर कुंतला फिर डर गयी—मौनी बाबा भी इसी तरह ठठाकर हँसे थे।··· कुंतला और गोधन ने पहली बार मौनी बाबा को हँसते देखा था। पहली बार मौनी बाबा की बोली सुनी थी दोनों ने—'यह क्या दैवी माया ?' और, दूसरे ही दिन बैरगाछी के लोगों ने सुना था, कुटिया के मौनी बाबा कुटिया छोड़कर कहीं चले गये। रमता जोगी, बहता पानी। दूसरे दिन गोधन ने कहा था—साधु बाबा क्यों चले गये, जानती हो ?··· शायद। किंतु, कुंतला ने हँसकर कहा था—दुत् पागल ! साधु-वैरागी का क्या ठिकाना ? रमता योगी, बहता पानी।··· उजड़ी हुई कुटिया को देखकर कुंतला इसी तरह डर गयी थी। आज गोधन को देखकर जैसा डर उसके मन में समा गया, वैसा ही एक अज्ञात भय हुआ था उस दिन भी। शायद, मौनी बाबा के चले जाने का कारण वे ही हैं। वे दोनों ही।··· शायद गोधन की इस दुर्दशा का कारण वही है, वह अकेली !

अनूप ने समझ लिया, कुंतला को कोई दुख देनेवाली बात याद आयी है। लेकिन, उस सम्पनी गाड़ी पर बैठे हुए आधा-पागल नौजवान से दुख देनेवाली बात का क्या संबंध हो सकता है ?

अनूप ने लौटते समय पूछा—अच्छा, घाट के उस पार कौन-कौन-से गाँव हैं ?

कुंतला को सबसे पहले भगवानपुर गाँव की याद आयी। इसके बाद ही अनूप ने पूछ लिया—उस समय, गाड़ी में बैठकर जाते हुए आदमी को तुमने देखा था ?

—कौन ? इस बार कुंतला को पकड़ लिया अनूप ने—निश्चय ही उस व्यक्ति से दुख देनेवाली बात का कोई संबंध है।

कुंतला की आँखों के सामने से गोधन हटता नहीं !

क्या यह भी संभव है ? इतना बदसूरत कैसे हो सकता है कोई ? गोधन मूर्ख था, लेकिन कुरूप नहीं। आज जिस गोधन पर नजर पड़ी है, वह गोधन का भूत हो सकता है। गोधन नहीं।··· गोधन !!

रात-भर जगी रही कुंतला।

दूसरे दिन सुबह को वह अपनी मौसी के घर गयी, ताजिया बाजार। मौसी का बेटा सनेही का दोस्त था। उससे गोधन के बारे में थोड़ा-बहुत पता चलेगा।

मौसी के घर जाकर उसने देखा, गोधन वहाँ पहले से ही आकर जमा हुआ है। कुंतला को देखकर गोधन के मुँह से भी एक हलकी चीख निकली थी—आ ?

सनेही की स्त्री ने कुंतला का स्वागत किया—आइए, दीदी !

सनेही ने अपने मित्र से आँखों में बातें कीं—तुम यहाँ से जल्दी खिसको, अभी !

सनेही और गोधन बैठकर ताड़ी पी रहे थे, सुबह-सुबह। अचानक कुंतला आकर उपस्थित हुई।··· दोनों के हाथ में गिलास और दोनों के कठाये हुए चेहरे ! गोधन चला गया।

सनेही की स्त्री बहुत देर तक अपना रोना रोती रही। सनेही और गोधन की संगत से यह दुखी थी। लेकिन, वह क्या करे··· ?

सनेही की स्त्री से ही मालूम हुई, गोधन की संक्षिप्त कहानी—शराबी, जुआरी से लेकर डकैत गोधन का किस्सा वह सुनती रही। सनेही की स्त्री ने डरते हुए कहा—दीदी, अपने भाई को समझाकर किसी तरह उसकी संगत छुड़वाइए। नहीं तो··· नहीं तो···। सनेही की स्त्री इससे आगे कुछ नहीं बोल सकी थी। फफककर रो पड़ी थी। और उस दिन कुंतला अपराधों के बोझ से दबी हुई-सी घर लौटी।

हाँ, वह स्वीकार करती है—गोधन की ऐसी दुर्दशा का कारण वही है। कुटिया के मौनी बाबा के चले जाने के कारण··· गोधन के गले में हाथ डालकर वह कह रही थी—गोधन, आई लव यू ! और, भेड़-जैसा गोधन चुपचाप उसको निहार रहा था··· गंधराज फूल की झाड़ी के पास ! कुंतला ने उलटकर देखा था—मौनी बाबा ? गोधन डर से और भी सिमट गया था।··· मौनी बाबा हँस रहे थे··· अचानक बोल पड़े—क्या दैवी माया !··· न जाने कब से कुटिया बनाकर नदी के किनारे रहनेवाले इस साधु को किसी ने कभी बोलते नहीं सुना था। किसी ने उसका कंठ-स्वर नहीं सुना था। कुंतला को याद है··· बहुत मधुर और हलकी बोली—क्या दैवी माया !

कुंतला ने मौनी बाबा को कलकत्ता में देखा था, पहचाना भी था और जल्दी-जल्दी गली में भागकर छिप गयी थी—यह क्या दैवी माया ?

कुंतला ने अनूप से कहा—अनूप, चलो !

—कहाँ ?

—कलकत्ता !

—क्यों ? तुमने तो कहा था कि···।

कुंतला बात काटकर बोली—नहीं। यहाँ रहना अब मेरे बूते की बात नहीं !

अनूप ने कहा—ओ ! मैंने समझा कि तुम सिरियसली कह रही हो।

कुंतला चिढ़कर बोली—तुमने कैसे समझा कि मैं सिरियसली नहीं कह रही हूँ !

गोधन की बात अनूप नहीं जान पाये। कुंतला डरती है कि अनूप को वह मशहूर कहानी न सुना दे कोई। वह बोली—रोज डकैती हो रही है।

अनूप बोला—कलकत्ते में तो रोज कहीं-न-कहीं छुरा-छुरी चल जाती है, तो क्या इसी डर से कोई कलकत्ता छोड़कर चला जायेगा ?

कुंतला बोली—तुम सचमुच मूर्ख हो !

–यह तो तुमने दो साल पहले ही जान लिया है।

–उस दिन तुमने देखा था उसको ?

–किसको ?

–गोधनलाल को !

–यह किस राष्ट्र का प्रधान··· ?

कुंतला चिढ़ती हुई बोली–उस दिन कुटिया घाट के पास, सम्पनी गाड़ी पर गोधनलाल ही था।

–होगा।

–वह इस इलाके का नामी डकैत है ?

–है, या हो गया है ?

–क्या मतलब ?

–मतलब यह कि आज से सात-आठ वर्ष पहले वह सिर्फ गोधन था। अब डकैत हो गया है।

कुंतला हँसी–ठीक समझा है तुमने।

–मैंने खाक समझा है ! अनूप ने मुँह बिदकाया। बाहर साइकिल की घंटी बजी। ट्रिं-ट्रिं !! दोनों का ध्यान भंग हुआ।

सनेही आया है !

कुंतला, सनेही को लेकर आँगन में चली गयी। इसी सनेही की मदद से गोधनलाल पर डोरा डाला था कुंतला ने।··· सनेही आज भी जस का तस है। बुलाओ, हाजिर।

कुंतला ने एक बार युवक सनेही की आँखों में आँखें डालने की चेष्टा की। लेकिन, आँखें चुराता है। कुंतला की मुसकराहट को देखकर सनेही को अब डर लगता है शायद। कुंतला से दो वर्ष बड़ा है उम्र में, लेकिन बचपन से ही दीदी कहता है सनेही। पुरानी दीवार-घड़ी की ओर देखते हुए सनेही बोला–तो दीदी ! क्यों बुलाया है ?

–तुम जल्दी में हो ? कुंतला पूछती है।

–हाँ, आजकल हाकिम दस बजे ही इजलास में आ जाते हैं।

सनेही, फौजदारी कचहरी में मुहर्रिर है।··· कलमजीवी !··· जनाबआली गुजारिश है कि···।

कुंतला कहती है–महीने में कितनी आमदनी हो जाती है कचहरी से ?

सनेही का चेहरा हठात् लाल हो गया लाज से। हकलाता हुआ बोला–आमदनी क्या होगी··· कोई सीनियर वकील ही नहीं यहाँ। नये वकील-मुख्तार लोग तो खुद ही मुहर्रिरी करते हैं।

कुंतला को अब मौका मिला–तो, कोई बाहरी··· माने ऊपरी आमदनी का हिला क्यों नहीं लगाते ?

–ऊपरी आमदनीवाला कोई काम कहाँ मिलता है ?

कुंतला बोली–सप्लाई डिपार्टमेंट में क्यों नहीं कोशिश करते ?

सनेही एक सूखी हँसी हँस कर बोला–बिना बैकिंग के कुछ नहीं होता है, दीदी, आजकल !··· जगह तो अभी भी खाली है मार्केटिंग ऑफिसर का। लेकिन···।

–तुमने दर्खास्त दिया है ? कुंतला पूछती है।

–दर्खास्त डालना मैं कभी नहीं भूलता।

–किसके हाथ में है ?

–एस. ओ. के हाथ में।··· सप्लाई ऑफिसर !

कुंतला कुछ क्षण चुप, कुछ सोचती रही। फिर बोली–अच्छा, गोधन का क्या हाल है ?

सनेही सोच में पड़ गया। क्या जवाब दे ? क्यों पूछ रही है ? बेचारे गोधन का सर्वनाश करके ही छोड़ेगी ?

कुंतला ने फिर पूछा–सुना है, चोरी-डकैती पर उतर आया है अब ?

सनेही को बात लग गयी, कहीं। उसने सिर हिलाते हुए कहा–सब झूठ··· पास में बाप का कच्चा पैसा है। इसलिए, बीच-बीच में पुलिसवाले एक 'लंगर' इसका लगा देते हैं।

कुंतला ने इस बार सनेही की आँखों को पकड़ लिया··· झूठ की झलक ! उसने इधर-उधर देखकर अपने घुँघराले बालों को एक झटका दिया। फिर बोली–सनेही ! गोधन मुझसे नाराज है ?

–नाराज ?··· नहीं-नहीं, गोधन नाराज नहीं किसी से।

–मुझे एक बार··· माने गोधन से मैं एक बार मिलना चाहती हूँ।

सनेही जरा घबरा गया।··· भगवान जाने अब कौन-सा खेल खेलेगी ? उसके यार गोधन की अब खैरियत नहीं।

उसने अपनी मुहर्रिरी बुद्धि लगायी इस बार। बोला–दीदी, सुनी हुई बात पर यकीन मत कीजिए।··· वह आपका कोई अपकार नहीं कर सकता।

कुंतला ने एक बार बात पकड़ ली है, अब सनेही की कोई बुद्धि काम नहीं देगी। इस बार तनिक अधिकार-भरे स्वर में बोली–मैं कल ही उससे बात करना चाहती हूँ। तुम सोच लो, उससे कहाँ मिल सकती हूँ ?

अब सनेही ने हथियार डाल दिया। उठते हुए बोला–कल, किस समय ?

–शाम को।

चलते समय सनेही को पंचतंत्र के उस गदहे की याद आयी जो एक बार कान नुचवाने के बावजूद सिंहनी-रानी का संदेश सुनकर मस्त हो गया था।

–घंटा रे !

–की ?

–क्या कर रहे हो ?

—कच्चू सेद्ध करछी ![1]

बिजली ने कहा—तुम्हारी नयी किताब कब आयेगी ? घंटा ने समझ लिया है, किताब का नशा बिजू-दी के सिर पर है, अभी। वह अपना पैकेट सँभालता है। फ्रेंच-आर्ट··· तीन दर्जन कार्ड··· प्रकृति की ओर लौटते हुए प्राणियों की तसवीरें। धंटा ने जान-बूझकर उस पैकेट को ऐसी जगह छिपाया जहाँ बिजली के हाथ आसानी से पहुँचते हैं।

घंटा अपने से बाहर निकलकर पूछता है—क्यों ? क्या काम है घंटा का ?

—तुम कभी अली बाजार जाओगे ?

—नहीं तो।

—एक बार जा सकते हो ?

—वैसे काम हो तो सौ बार जा सकता हूँ।

—एक बार अनूप-दा के डेके आन ना।[2]

—उस रंगीन संन्यासी के पास क्या है ?

—सूखी लकड़ियाँ !

—माने ?

—होम में काम आनेवाली लकड़ी !

—कुंतला यों ही दे देगी ?

जब से कुंतला इस कस्बे में आयी है, बिजली के मन में एक हलचल मचा हुआ है। न जाने क्यों, उसको लगता है कि कुंतला सबकुछ छीन लेना चाहती है।··· अनूप को देखकर बिजली का हृदय दया से आर्द्र हो जाता है। बेचारा, पहली बार कलकत्ता से बाहर निकला और एक चालबाज औरत के फाँस में फँस गया। इसको निकालना होगा। बेचारा अनूप !

घंटा बोला—थोड़ी देर के बाद जाऊँगा।

नीचे, रसोईघर के बरामदे पर कुछ हुआ !··· गृहस्वामिनी मद्धिम आवाज में कुछ बोल रही है, रामटहल उत्तेजित है।··· रमा रो रही है।

बिजली नीचे गयी।

दुर्गा बाजार के नुक्कड़ पर··· सायकिल की दूकान के उस लड़के ने छेड़ा है, रमा को !

बिजली डाँटकर कहती है—तू अकेली क्यों आयी ? छबि और कना कहाँ है ?

रमा रोती रही।

लट्टू बाबू का कारबार फिर धूमधाम से चलने लगा है। जिला कांग्रेस के दफ्तर में बिजली के लिए एक कमरा रिज़र्व है। लट्टू बाबू जब सदर जाते हैं, एक बार कांग्रेस के दफ्तर में जरूर जाते हैं। जिला सप्लाई ऑफिस के बड़े बाबू ने कहा है, दफ्तर में आने की जरूरत नहीं। लट्टू बाबू के सभी काम घर पर

---

1. अरबी पका रहा हूँ। 2. जरा अनूप-दा को बुला लाओ न।

ही किये जाते हैं। और सबडिविज़नल ऑफिसर साहब आँख मूँदकर उनके कागज़ात पर दस्तख़त करते हैं। लेकिन आज ?

··· आज एस. डी. ओ. साहब का रुख देखकर लट्टू बाबू तनिक चिंतित हैं। हाकिम ने बार-बार कहा, विजिलेंस कमेटी में एक महिला का होना बहुत जरूरी है। लट्टू बाबू ने दबी आवाज़ में बिजली का नाम लिया तथा हाकिम ने मानो कुछ सुना ही नहीं।··· बिजली, इधर कई सप्ताह से मौसी (हाकिम की स्त्री) से मिलने नहीं आयी है। आज ही कहना होगा।

छोगमल का काम जिला कांग्रेस के दफ्तर में अटका हुआ है। टिम्बर कम्पनी खोलने के लिए जोगबनी में जो ज़मीन उसने ख़रीदी है, उसमें मजदूरों के झोंपड़े हैं। दफा 144, 145 की कार्रवाई के बाद सबडिप्टी-मैजिस्ट्रेट साहब ने मामला जिला कांग्रेस के सभापति के नाम 'असेसरी' दे दिया है। इस मामले को बिजली ही सलटा सकती है···।

बिजली किसकी बात सुने ? बाहर निकलती है तो सैकड़ों आदमी की भीड़–दीदी जी··· कपड़ा चाहिए··· दीदीजी··· शादी है बड़ी बेटी की··· दीदीजी··· दीदीजी···!

बिजली परेशान रहती है। आज ठाकुर ने भात की थाली सामने रखते हुए कहा–दीदीजी ! मेरा एक भतीजा मिंडल पास करके घर में बैठा हुआ है। कोई नौकरी··· चपरासी-उपरासी में कहीं किसी हाकिम के यहाँ रखवा दीजिए।

बिजली चुपचाप सोच रही है, वह क्या करे ?

मुरली बाबू ने घुमा-फिराकर वचन ले लिया है बिजली से कि किसी (पर !) पुरुष से बिजली हँसकर नहीं बोलेगी, क्योंकि मुरली बाबू जानते हैं कि बिजली की मुसकराहट में ही सबकुछ है। वह मुसकराहट मुरली बाबू के लिए सुरक्षित रहना चाहिए।··· मुसकराहट ही नहीं, मुरली बाबू बिजली की आँखों में आँख डालकर किसी का बोलना पसन्द नहीं करते। हुक्म है, आँख पर काला चश्मा लगाकर बाहर निकलो। इससे व्यक्तित्व···। मुरली बाबू कल ही आये हैं।

इधर कई महीने से मुरली बाबू इसी सबडिविज़न में अपना अधिकांश काम करते हैं। हर सप्ताह जिला कांग्रेस की गाड़ी 'फूलबागान' के फाटक पर आकर लगती है। मुरली बाबू अपने स्टेनों को एक पत्र लिखवा रहे हैं, सुपरिन्टेन्डेंट ऑफ़ पुलिस के नाम, मीरगंज के बड़े थानेदार के विरुद्ध। सभी टेढ़े हाकिमों को ठीक करना होगा।··· कॉपी फ़ारवार्डेड टु द डी. आई. जी., कॉपी टु··· !! बिजली की बुलाहट हुई। रमा ने पुकारकर कहा–बिजू-दी ! मुरली-दा।

अब 'डाकछे' कहने की जरूरत नहीं। 'बिजू-दी ! मुरली-दा' कहने से ही काम चल जाता है।

मुरली बाबू जब कभी किसी हाकिम के विरुद्ध कोई कार्रवाई करते हैं, तो बिजली को इसकी सूचना देना आवश्यक समझते हैं।

–बिजू ! मीरगंज का दारोगा का बच्चा अब समझेगा।

–क्यों, क्या हुआ ? बिजली पास की कुर्सी पर बैठ गयी।

मुरली बाबू का स्टेनो ऐसे समय में कमरे से बाहर चला जाता है। और, मुरली बाबू गैर-राजनीतिक बातें करने लगते हैं, बिजली से। यथा–क्या नाम कहा इस अँगिया का ? ब्रेसरी ? तो इस ब्रेसरी का नाम क्या है ? वाइल्ड गूज़ ? बनहंसी ? हा-हा-हा-हा !!

बिजली लजाकर लाल होने का अभिनय करती है–असोब्ब ![1] फिर, मुरली बाबू की 'असोबूईता' धीरे-धीरे बढ़ती जाती है।

आज बिजली ने हठात् पूछ दिया–तुमने कुंतला को देखा है ? भोलासहाय वकील की बेटी, कुंतला !

मुरली बाबू बोले–संन्यासी ठाकुर की संन्यासिनी ?

बिजली बोली पूछती हूँ, उसको देखा है ?

मुरली बाबू बिजली का मतलब समझते हैं। हँसकर कहते हैं–देखा है। अच्छा, बिजू ! कुंतला कौन ब्रेसरी पहनती है ? प्रोवोकेटिव ?

मुरली बाबू की तलहथी एक सीमा तक जाकर 'परसभूख' मिटा लेती है। मुरली बाबू के चेहरे पर एक चमक दौड़ जाती है, फिर उनकी बोली काँपने लगती है। इसी मौके पर बिजली को कोई बाहर पुकार लेता है।

मुरली बाबू कुछ देर तक भीषण बेचैन रहते हैं। फिर, मीरगंज के दारोगा अथवा परसाही के ओवरसियर पर गुस्सा उतारने के लिए बहाना ढूँढ़ने लगते हैं।

मुरली बाबू ने समझ लिया है, बिजली ने एक सीमा बाँध ली है। इससे आगे नहीं !··· आज नहीं !··· तब ? कब ?? और क्या चाहिए बिजली को ?··· एक ऐसा प्रोग्राम बनाया जाये दूर देहात का··· ?? इस मूर्ख अनूप को अभी ही आना था !

मुरली बाबू ने देखा, अनूप सीधे अंदर हवेली में चला गया। मुरली बाबू सीधे अंदर हवेली में जाने का साहस अभी तक नहीं बटोर सके हैं। और यह छोकरा सीधे अंदर हवेली में चला गया।

अनूप जब तक अंदर हवेली में रहा, बिजली बैठक में नहीं आयी। अनूप ने जाते समय, मुरली बाबू से बातें नहीं कीं।

··· अच्छा हुआ। साला ! कलकतिया व्यंग्य करता है, सो जल्दी से समझ में ही नहीं आता है मुरली बाबू की। और बिजली बाद में हँस-हँसकर समझाती है तब मुरली बाबू को और भी बुरा लगता है।

आज अनूप के चले जाने के बाद भी बिजली नहीं आयी बैठक में। मुरली बाबू मन ही मन रूठते जा रहे हैं। छबि आयी–मुरली-दा ! चाय भेज दूँ ?

–उँहूँ !

–पान ?

–उँहूँ !

---

1. असभ्य !

मुरली बाबू ने देखा, छबि भी 'प्रोवोकेटिव अँगिया' पहनने लगी है। मुरली बाबू कहते हैं—जरा मेरी उँगलियों को चटखा दो तो !

सारे परिवार में यह बात मशहूर है, छबि बहुत सुन्दर सिर टीपना जानती है। सिर-दर्द से आँखें नहीं खुलती हों, छबि से कहिए। पाँच मिनट में सब दुख दूर। गृहस्वामिनी का सिर-दर्द एनासिन और एस्प्रो के सिवा और किसी दवा से दूर नहीं होता।

छबि, मुरली-दा के बालों में उँगलियाँ डालकर टीपने लगी।··· मुरली बाबू के सिर पर सवार गुस्सा धीरे-धीरे उतरने लगता है।··· छबि की उँगलियाँ शिथिल होने लगीं··· छबि काँपने लगी—मुरली-दा !!

दरवाजे पर खड़ी बिजली की आँखों से मानो आग की चिनगारी निकल रही है—छबि ! माँ बुला रही है।

मुरली बाबू निगाह ऊपर नहीं उठा सके।

घंटा, धाराप्रवाह बोलकर अथवा यौन-विज्ञान की परिभाषाएँ सुनाकर फेला को प्रभावित नहीं कर सकता। यह बात घंटा भी समझता है। लेकिन, आज उसने अंतिम चेष्टा की···। घंटा समझा रहा है—देखो, फेला ! अब तुम्हीं बताओ यह मुरली बाबू जिसको देखते ही मैं, तुम और हमारे परिवार-भर के लोग श्रद्धा से, आदर से सिर झुका लेते हैं, जिसके भाषण को सुनने के लिए दूर-देहात के लोग उमड़ पड़ते हैं, जिला कांग्रेस में जिसको नये खून का नेता माना जाता है, वही मुरली बाबू··· चोली-अँगिया, ब्लाउज-ब्रेसरी की समस्या पर बिजू-दी से बात करता है। छबि के साथ अभद्रता कर सकता है। लेकिन, सारे समाज की समस्याओं को सुलझाने का सूत्र भी यही देते हैं। आश्चर्य की बात है न ? तो, तुमने देख लिया कि किस तरह व्यक्तिगत रूप से, एक विकारग्रस्त व्यक्ति सामाजिक कल्याण की बातें सोच सकता है। कर सकता है···।

फेला आजकल नियमपूर्वक रामकृष्ण मिशन में जाता है। व्यायाम करता है। किताबें ले आता है। वह घंटा को ही नहीं, अपने परिवार के सभी सदस्यों को बीमार समझता है। वह अपने चारों ओर एक उदास वातावरण देखता है, सदैव ! उसने अपने कोल्हापुरी चप्पल में पाँव डालते हुए कहा—घंटा-दा ! आश्चर्य की कोई बात नहीं। इस संसार में ऐसा ही होता है। जिसके साथ एक क्षण रहने का मन नहीं करता, उसके साथ जीवन काटना पड़ता है।

घंटा जब आश्चर्यित होता है, तो उसके कान हिलने लगते हैं। उसने फेला को गौर से देखते हुए पूछा—तुम भी आँख मूँदकर ध्यान करते हो, मिशन में ? आँख को खुला रखकर ध्यान करना चाहिए।

फेला तनिक नाराज हुआ—की आजे बाजे बोकछो···?[1]

---

1. क्या बेहूदा बक रहे हो ?

घंटा चुप हो गया–फेला टार की होलो,[1] हठात् ?

बिजली ने सीढ़ी से नीचे उतरते हुए फेला से कहा–आश्रम में अनूप से तुम्हारी भेंट हो तो···।

फेला ने कहा–आश्रम में मैं किसी का संवाद नहीं पहुँचा सकता !

बिजली अवाक् हुई–फेला टार की होलो ?

माँ ने अपने कमरे से पुकारकर कहा–आसिवार समय[2] ··· सोस्टी की स्त्री से मेरी किताब ले आना, फेला।··· भूलना मत !

फेला ने जवाब दिया–सात-आठ बजे रात में मैं किसी के घर का दरवाजा नहीं खटखटाने जाऊँगा।

गृहस्वामिनी बड़बड़ाने लगी–इस घर का कोई भी प्राणी उसकी बात जो माने कभी !

रात में बहुत देर तक प्रतीक्षा करता रहा घंटा। लेकिन, फेला नहीं आया।··· फेला के आश्रम में आज कोई विशेष आयोजन होगा··· !

फेला साढ़े आठ बजे रात को घर लौटा। किसी की हिम्मत नहीं हुई कि उससे देरी का कारण पूछे।

फेला ने ठाकुर से पूछा–मेरे लिए रोटी बनी है या नहीं ?

ठाकुर गृहस्वामिनी से दबी आवाज में कहता है–खोखा बाबू तो मांस-मछली-डिम[3]-दूध कुछ नहीं खाते हैं।

गृहस्वामिनी झुँझलाकर कहती है–मैं कुछ नहीं जानती !

थोड़ी ही देर में सारा फूलबागान निःस्तब्ध हो गया।

बारह-साढ़े बारह बजे रात में घंटा के कमरे में एक गुर्राहट-जैसी आवाज हुई। फेला चिल्ला उठा–तुम जानवर हो, घंटा-दा। तुम्हीं जानुआर एकटा··· हिंस्र जोन्तु !!

फेला अपनी सतरंजी-मसहरी और तकिया को लपेटकर कमरे से बाहर निकल आता है।

बिजली चुपचाप अपने कमरे से बाहर निकलकर खड़ी थी। उसने फेला से कुछ नहीं पूछा। फेला चुपचाप सीढ़ी के नीचेवाली कोठरी में सोने चला गया।

तीन बजे भोर को ठाकुर का पुराना रोग फिर उभरा। वह चिल्लाने लगा–आगो माय !··· बाबा··· हे··· नारायण··· अरो बाप !

रामटहल कुनमुनाकर उठा–शुरू भेल हरमुनियाँ-रोग···। गृहस्वामिनी ने निंदाई हुई आवाज में पुकारकर कहा–'ओ बिजली ! ठाकुरेर आबार शुरू होलो !

घंटा कहता है–यह असभ्य रोग पाले हुए हो क्यों ? ··· ठाकुर दर्द से पागल

---

1. उसको क्या हुआ ? 2. आते वक्त। 3. अंडा।

हो रहा है। घंटा पूछता है—बोलो, इस बार कटावेगा या नहीं ? अभी हम तुमको अस्पताल ले जायेगा। छोड़ेगा नहीं, इस बार हम कटा देगा सब रोग का जड़ी में जो कुछ है तुम्हारा···।

आश्चर्य ! ठाकुर का रोने-चिल्लाने का वेग हठात् कम हो गया।

गोधन नहीं आया !

वादा करके भी नहीं आया। सनेही क्या करे ?

बारह बजे रात तक बैठी रही कुंतला। गोधन की सम्पनी गाड़ी नहीं आयी। सनेही की स्त्री बार-बार कहा—दीदी ! कुछ खा लीजिए। लेकिन, कुंतला ने कुछ नहीं खाया।

लौटते समय घोड़ा-गाड़ी पर उसने सनेही से इतना ही कहा—मैं उसका बुरा नहीं चाहती। मैं अपना बुरा भी नहीं चाहती।··· मुझे एक मिनट का समय चाहिए। मैं एक ही बात उससे पूछना चाहती हूँ !

अनूप ने हँसकर स्वागत किया—मौसी के घर से निश्चय ही भूखी नहीं लौटी हो। लेकिन, इधर अकारण ही एक आदमी कब से भूखा बैठा है।

कुंतला बोली—क्यों ? आज आश्रम में खिचड़ी नहीं बँटी थी ?

अनूप ने कहा—खिचड़ी मत कहो। खेचरान्न !

कुंतला के यहाँ रसोई बनानेवाली बूढ़ी बंगालिन को, परिवार के सभी पीसी कहते हैं।

पीसी का शासन भी चलता है, अधिकांश सदस्यों पर। कुंतला को डाँटती है—रात-बेरात कहाँ घूमती हो ? यह तुम्हारा 'कोलकाता' नहीं कि राह में सुई पड़ी हो तो देख लो ?

कुंतला पुकारती है—अनूप, आओ।

पीसी निहाल हो गयी। वह जानती है, पीसी के हाथ का भोजन छोड़कर वह मौसी की फूहड़ पतोहू के हाथ की रोटी कभी नहीं खायेगी, कुंतल।

खाते समय अनूप ने कहा—पीसी ! आज के एकटू झाल बेसी हयेछे।[1]

कुंतला बोली—किस चीज में झाल ज्यादा है ?

अनूप ने अचरज से पूछा—तुमको जरा भी झाल नहीं लगी यह तरकारी ? तो फिर तुम्हारी आँखें इस तरह डबडबायी क्यों हो गयी हैं ?

कुंतला सूखी रोटी चबाती रही बहुत देर तक !

अनूप ने कहा—'लोग मुझे यहाँ के स्कूल में व्यायाम-शिक्षक रखना चाहते हैं। तुमने सुना है ?

कुंतला ने कोई जवाब नहीं दिया।

---

1. आज मिर्चा थोड़ा ज्यादा हो गया है।

अनूप ने तनिक झिड़की भरे स्वर में कहा–पेट भरा हुआ है तो खाने क्यों बैठीं ? अन्न को बरबाद क्यों किया ?··· जाओ, मुँह धो लो। कुंतला उठ गयी। मुँह धोने चली गयी।

पीसी ने आश्चर्य से देखा–अनूप ने कुंतला की थाली की जूठी रोटी को अपनी थाली में ले लिया। दूध-दाल-तरकारी सब लपेट-सपेटकर खा गया, केला भी, अमड़ा की चटनी भी !

कुंतला नाराज हुई–अनूप ! तुम्हारी यह आदत, गंदी आदत मुझे पसंद नहीं। जूठ पत्तल से इस तरह··· ?

अनूप ने कहा–अन्न कभी जूठा नहीं होता। माँ अन्नपूर्णा !

इस बार कुंतला ने कड़ी बात कह दी–तो डस्टबिन में कुत्तों से लड़कर अन्न क्यों नहीं खाते ?

हमने वह भी खाया है, देवि ! हमने, आदमी के बच्चों ने। अनूप कहता गया–और जिस दिन डस्टबिन और रसोईघर में कोई अंतर नहीं रह जायेगा··· आह, दीदी ··· वह दिन कब आयेगा ?

कुंतला रूखी हँसी हँसकर बोली–रखो अपना वेदान्त-ज्ञान··· कल से तुम मेरे साथ नहीं बैठोगे, रसोईघर में, समझे ?

जो आज्ञा ! अनूप जाने लगा।

अरे-रे जाते कहाँ हो ? जरा बैठो न ! कुंतला ने अनुनय-भरे स्वर में कहा।

अनूप बैठ गया। कुंतला अपने मन की बात को छिपा नहीं सकती अनूप के सामने। खुल पड़ती है–"अनूप ! आज मेरा जी अच्छा नहीं··· कल से तुम आश्रमवासी जीव हो जाओगे न ?

अनूप ने कहा–जी तो कभी अच्छा नहीं रहता। कलकत्ते में होती तो कहता, होमसिकनेस। लेकिन··· ।

कुंतला बात काटकर बोली–मेरा 'होम' यहाँ नहीं, संन्यासी ठाकुर। हम भी यहाँ परेदशी हैं।

अनूप बोला–पटना-गया तो बिहार ही में हैं।

कुंतला बोली–मेरा जन्म इसी घर में हुआ है। लेकिन, मैंने इस बैरगाछी कस्बा को अपनी जन्मभूमि नहीं माना। ··· कुंतला को अपनी दादी के मुँह से सुनी हुई पटना-राँची सड़क के किनारे रजौली गाँव की अनेकों सुनहरी कहानियों की याद आयी।

वह कहने लगी–अनूप !··· जब मेरे पिताजी ने पूर्णिया में वकालत शुरू करने की बात की, तो पूरे घर में मातम छा गया था। पूर्णिया जिला ? जब किसी सरकारी कर्मचारी को दंड देना होता तो उसकी बदली पूर्णिया जिला कर दी जाती थी। जिस दिन वह ऑफिसर साहब पूर्णिया जिला की ओर प्रस्थान करते, उस दिन सारे गाँव-मुहल्ले के लोग आकर जमा हो जाते मातमपुर्सी के लिए। कोई हिदायत देता–पानी गर्म करके पीना रोज।···देह में बिना तेल लगाये एक मिनट

भी वहाँ रहना अच्छा नहीं।··· रात में देह में किरासन का तेल का मालिश करवाना, आदि-आदि ! जब ऑफिसर साहब पूर्णिया जिला पहुँचते, तो कुछ दिनों के बाद ही उनका भय दूर हो जाता। मैलेरिया, काला आजार का देश ! अथवा अन्नपूर्णा का आँचल। इतनी सस्ती जमीन ? आठ आने बीघा ? इतना सस्ता दूध ? इतना अच्छा घी ? पान ? महीन, सुगंधित चावल की गंध जहाँ के खेतों में फैली रहती है, अगहन में। साहब बहादुर जब लम्बी छुट्टियों में घर जाते, तो उन्हें घरवाले भी बहुत देर बाद पहचान पाते। लाल-लाल गाल और भरा-पूरा पॉकेट। यहाँ के सभी प्रमुख कस्बे और शहर अन्य जिला और प्रान्तों के रहनेवालों ने इसे बसाया है।

अनूप ने कहा–तुमको भी भ्रम है कि तुम उस रजौली गाँव को अपनी जन्मभूमि मानती हो। तुमको इसी कस्बे से, इसी बैरगाछी कस्बे से प्यार है। नाड़ी का टान समझती हो ? नाल का आकर्षण ? जन्मभूमि का प्यार ? उस रजौली गाँव में तुमको छोड़ दिया जाये तो तुम छटपटा कर मर जाओगी।

कुंतला चुप हो गयी।

अनूप ने पूछा–तुम्हारे मिशन का क्या हुआ ?

कुंतला बोली–बुलेटिन निकालूँगी तो पढ़ना।

अनूप उठ खड़ा हुआ–गोधनलाल को मैंने शाम को देखा था। पच्छिम मैदान वाली सड़क पर।

कुंतला गुमसुम बैठी रही। महाराजिन ने आकर सूचना दी–मालिक बाबू बुला रहे हैं दोनों को अपने कमरे में।

बिजली ने मुरलीमनोहर मेहता को क्षमा कर दिया।

मुरली बाबू निहाल हो गये। पूरे तीन सप्ताह तक बिजली रूठी रही। मुरली बाबू ने पत्र दिया–लज्जित हूँ ! ग्लानि से तुम्हारे सामने आने की हिम्मत नहीं होती।

इस बार फिर बिजली ने पूर्ववत व्यवहार किया। क्षमा कर दिया है बिजली ने, मेहता जी ने मारे प्रसन्नता के वर माँगने को कहा, 'मानो बिजली, तुम्हारे काम से प्रसन्न होकर जिला सभापति ने इस बार···।

–क्या, इस बार ?

–इस बार तुमको एम. एल. ए. का टिकट दिया जायेगा।

मुरलीमनोहर मेहता ने बड़े प्यार से यह शुभ-संवाद सुनाया–महिलाओं के लिए रिजर्व-सीट है।

बिजली की बुलाहट हुई, नीचे।

लट्टू बाबू ने बाहर जाते समय कहा–बिजू ! उस छोगमल का उद्धार कर दो, आज। समझी ?

बिजली बोली–अभी ही बात बोलूँगी। तुमी निश्चिन्दी थाको।[1]

बिजली ने घुमा-फिराकर छोगमल की बात चलायी–जो भी हो, आदमी छोगमल भला है।

और अंततः यह बात तय पायी कि जोगबनी वाले मामले में छोगमल की सहायता की जा सकती है, यदि वह जोगबनी में एक आश्रम बनवा दे !

बिजली ने कहा–मुझे विश्वास है, वह पीछे नहीं हटेगा।

मुरलीमनोहर मेहता ने अपनी अन्य समस्याओं की चर्चा की कि किस तरह घर-गृहस्थी का झंझट भी उनके सिर आ गिरा है। किस तरह सगे-संबंधियों की सहायता करनी पड़ती है, आदि-आदि।

बिजली ने बड़े प्यार से कहा–शरीर की ओर ध्यान दो, तुम।

भोलासाही बाबू की तेतरी बेटी ने वकालत पास कर लिया ! सारे बैरगाछी कस्बा में यह खबर तुरत फैल गयी।··· जनाना वकील !··· हाकिम के रू-ब-रू बहस करेगी ?··· जिरह करेगी ··· जुल्म हो गया !

गोधनलाल आजकल 'बाई' के झोंक पर सभी काम करता है, मानो। उसकी 'खनगिन' कहती है अपनी बूढ़ी फूफी से–फूफी ! इस मरद को क्या हो गया है, पता नहीं। रोज मार-पीट करता है। छोटी-छोटी बात पर गाली देता है।

फूफी ने आवाज मद्धिम करके पूछा–आजकल तुमको कुंतलकुमारी कहकर पुकारता है, या नहीं ?

–नहीं, फूफी। कुंतलकुमारी और प्यारी रानी अब कहाँ ? अब तो दिन-रात छिनाल और रंडी को छोड़कर मुँह से दूसरी बात ही नहीं आती है उसके।

फूफी ने भेद-भरी बात बतायी–अच्छा, दो-तीन दिन और देखो। तब मैं एक उपाय बताऊँगी।··· गोधनलाल का गाड़ीवान, मंगलदास आया।

–क्या है, मंगल ? बूढ़ी ने पूछा।

मंगल ने कहा–होगा और क्या ? मालिक आज रात बैरगाछी से लौटेंगे तो ··· कहिन है··· थाने का कोई सिपाही नहीं रहे।

–थाना का सिपाही ?

'कुंतल कुमारी' बोली–अब समझ में आयी बात। समझती हो, फूफी ! कल, उस सिपाही को देखकर मन में पाप समाया है।

फूफी तुनककर बोली–इतना 'तेख' है तो अपनी हवेली के अंदर क्यों नहीं रखते ? हाय भगवान, मैं पहले ही जानती थी।··· झूठ बोलूँ तो ऊपर बैठा है, सबकुछ देखनेवाला। वही इंसाफ करेगा।··· मेरे इसी पैर पर माथा रखकर महाजन का रोना रोया था, फूफी ! मुझसे लिखवा लो। अपनी ब्याहता बीवी से बढ़कर

---

1. तुम निश्चिन्त रहो।

मुहब्बत है मुझको। तीस बीघा जमीन लिख दूँगा, तो कमलबाग दे दूँगा, तो मालकिन बना दूँगा, तो रानी बनाकर रखूँगा··· कितनी बातें ! और अब साँप का पाँचवाँ पैर देखकर मन बदल गया··· अच्छा ! अच्छा !

मंगलदास चुपचाप खैनी चुनियाता रहा। सहानुभूति-भरे स्वर में बोला, इधर-उधर देखकर–उसी समय हाथ काटकर क्यों नहीं रख लिया ?

हाथ काटकर रखना माने कागज बनवा लेना। मंगलदास को गोधनलाल अपना विश्वासपात्र और सीधा नौकर समझता है। किन्तु, इधर कुछ दिनों से मंगलदास का मन भी बदल गया है। वह अपने मालिक की 'खनगिन' को अब दूसरी नजर से देखने लगा है !··· वह उससे एकांत में कोई बात करना चाहता है। मौका मिलते ही उसने कनखी दी। फूफी चली गयी, तो उसने शुरू किया। खैनी मुँह में लेते हुए उसने कहा–आजकल नया ठेठर शुरू हुआ है।

–भोला साही बाबू की बेटी की जूती चाटने जाता है ?

–नहीं, नहीं ! भोलासाही की बेटी नहीं··· वह लट्टू बाबू हैं न ! उसी की बेटी आजकल सपने में तंग करती है। हूँ··· !

–लट्टू बाबू की बेटी ? वह कांग्रेसवाली ?

–नहीं । वह नहीं। जो स्कूल में पढ़ती है।

मंगल ने ठीक कहा है। छबि और कना उस दिन स्कूल से लौट रही थीं। डाकबँगले के पास गोधनलाल सम्पनी गाड़ी में बैठा था।··· बहुत देर तक गोधनलाल छबि को देखता रहा। इसके बाद जब भी बैरगाछी जाता गोधनलाल, अपने गाड़ीवान से कहता–सम्पनी डाकबँगले के पास खोलना। और, ठीक चार बजे गोधनलाल अपनी सम्पनी गाड़ी पर आकर बैठ जाता।

रोज छबि की एक झलक निहारकर शांति मिलती है। इतना ही नहीं, जिस पल्टू बाबू से गोधनलाल के बाप की पुश्तैनी दुश्मनी थी, उसी पल्टू बाबू के पैर पर अपना सिर रख दिया···।

पल्टू बाबू ने अचरज से गोधनलाल को देखा–ओ ! गोधनलाल, कहो बेटा ! क्या समाचार है ?

गोधनलाल बात बनाना जानता है, बोला–बाबूजी ! मैं आपका आशीर्वाद लेने आया हूँ।

पल्टू बाबू ने परख लिया, इतने दिनों के बाद लोहा लाल हुआ है। उन्होंने आह्लादित होकर गोधनलाल को उठाया–जीते रहो, बेटा !

गोधनलाल ने सुनाया–पुलिसवाले मेरे पीछे लगे हुए हैं। किसी तरह मुझे एक बार किसी भारी केस में फँसाना चाहते हैं। उस बार भोलासाही बाबू ने कहा था, अब कोई उँगली नहीं उठावेगा। और छः महीने के बाद ही फिर बदमाशी शुरू कर दी है यहाँ के दारोगा ने !

पल्टू बाबू ने पूछा–भोलासाही की बेटी से भेंट हुई है ?

गोधन जरा लजा गया–नहीं।

गोधनलाल ने गिड़गिड़ाकर कहा–बाबूजी, मैं कोई व्यापार करना चाहता हूँ अब। नहीं तो ये पुलिसवाले मुझे चैन से सोने नहीं देंगे।

पल्टू बाबू ने कहा–जमुना बाबू से तुम्हारी जान-पहचान है ?

–कौन जमुना बाबू ?

–सोशलिस्ट पार्टी के जमुना बाबू ! जमुनालाल 'निडर'।

गोधनलाल ने कहा–नहीं, बाबूजी।

पल्टू बाबू ने गंभीरतापूर्वक कहा–व्यापार नहीं। तुम्हारे कपाल में लीडरी लिखी हुई है। लीडर···।

गोधन ने अचरज से पल्टू बाबू की ओर देखा।

जिला समाजवादी किसान-सभा की विशेष बैठक बैरगाछी में हो रही है। जिला-भर के नेता और कार्यकर्ता आ रहे हैं। बैठक के बाद आम सभा होगी। शहर के कोने-कोने में ऐलान किया जा रहा है–आइए, आइए, जरूर आइए ! गर्मागर्म भाखण सुनिए··· ऐसा मौका फिर हाथ नहीं आवेगा।

गोधनलाल ने आज सोशलिस्ट-काट कुर्ता और पाजामा पहना है। जिला-मंत्री साथी जमुनालाल 'निडर' ने खुद कागज पर दस्तखत करवाया है गोधनलाल से। सिर्फ सोशलिस्ट-काट ही नहीं, गोधनलाल ने मूँछ भी सफाचट मुड़वा ली है··· मूँछ रखकर कोई सोशलिस्ट कैसे हो सकता है भला !

इस बैठक और सभा का सारा खर्च गोधनलाल ने अपने सिर पर लिया है। फुलगेंदा साह हलवाई को हुक्म दिया है गोधनलाल ने–कड़ाही हमेशा चढ़ी रहे। पान और सिगरेट की फ्री। जिसको सोशलिस्ट-काट कुर्ता देखो, या मूँछ सफाचट देखो, उससे पैसा मत माँगो।

सारा बैरगाछी शहर दलमला गया है, मानो। हर जगह इसी सभा की चर्चा चल रही है। सामने से पहले घोड़ागाड़ी गुजरी और आसपास खड़े लोगों ने कहा :

–यही है दयानाथ बाबू।··· सन बियालिस में तेरह खून किया था दयानाथ बाबू ने अपने हाथ से।··· गर्म पार्टी··· गर्म नेता !!

दूसरी घोड़ागाड़ी पर हैं कृपाशंकर बाबू। गोपालपुर इस्टेट के मालिक। दरवाजे पर दो-दो हाथी झूमते हैं। लेकिन, कृपाशंकर बाबू को देखिए··· गरीबों के लिए ज़ान हथेली पर लेकर घूम रहे हैं।··· बिंदा बाबू··· अनोखेजी गवैया–क्रान्तिकारी गीत गानेवाला··· रामभरौसा प्रसाद–कटिहार में मजदूरों का संगठन करनेवाला··· नगीनालाल–जेल से तीन बार भागनेवाला··· और अब पैदल जत्था··· नारों से शहर का कोना-कोना गूँज रहा है।··· लगता है, आज कुछ होकर रहेगा।

पुलिस-इन्सपेक्टर साहब को लगा–सोने का अंडा देनेवाली चिड़िया हाथ से निकल गयी।··· फुर्र !

गोधना साला तो सोशलिस्ट लीडर हो गया ? पल्टू बाबू मन-ही-मन मुसकरा रहे हैं–कठपुतली नाच के सूत्रधार की तरह। उनकी प्रत्येक उँगली में एक सूत बँधा हुआ है।

लट्टू बाबू आये–गुरूदादू ! अब क्या होगा ?··· सोशलिस्ट-पार्टीवाला तो यहाँ भी आ गया।

पल्टू बाबू ने कहा–तो क्या हो गया ?

पल्टू बाबू की मुद्रा देखकर ही समझ गये लट्टू बाबू कि खतरे की कोई बात नहीं। बल्कि, कुछ लाभ···।

पल्टू बाबू ने कहा–घंटा कहाँ है ? उसको भेज दो यहाँ।

घंटा आया–आपने मुझे बुलाया है, गुरूदादू !

पल्टू बाबू ने मुसकराते हुए कहा–तुम तो मुझसे हमेशा नाराज रहते हो, घंटा।

घंटा बात काटते हुए बोला–नहीं, गुरूदादू।

पल्टू बाबू प्यार से उसकी पीठ पर हाथ फेरने लगे–हाँ रे ! तुम मुझसे क्यों नाराज हो, मैं जानता हूँ।··· बड़े-बूढ़े में अवगुण हों तो नये नौजवान नाराज होंगे ही।

घंटा को दस-बारह साल पहले की कदर्य घटनाएँ याद आयीं।··· गुरूदादू इसी तरह पीठ पर हाथ फेरते-फेरते उत्तेजित हो जाते थे। फिर, गुरूदादू जानवर हो जाते थे। किन्तु आज गुरूदादू ने पीठ पर हाथ फेरने के बाद घंटा से पूछा–क्यों ? बैठा-बैठा क्या करता है ? पढ़ाई-लिखाई तुमसे होगी नहीं।··· लीडरी करेगा।

घंटा ने आश्चर्य से पल्टू बाबू से आँखें मिलायीं। पल्टू बाबू अपनी थैली से मसाला इस तरह निकालने लगे, मानो थैली में लीडरी हो। अभी कुछ देर पहले जुलूस को देखकर घंटा के मन में सोशलिस्ट पार्टी में काम करने की बात जगी थी। फिर, तुरत ही बिला गयी थी। पल्टू बाबू ने कहा–बोलो ?

घंटा ने कहा–लेकिन सुनते हैं खून से दस्तखत करवाता है।

–करवाता है तो कर देना। एक बूँद खून ही लगेगा न। और क्या ?

पल्टू बाबू ने पन्द्रह मिनट के अन्दर ही घंटा के मन में समाजवाद की मोटी बातें बैठा दीं। घंटा तैयार हो गया। आज से वह भी काम का आदमी हो जायेगा। चलते समय पल्टू बाबू ने कहा–मैंने लट्टू से कह दिया है। छबि तो वह गीत खूब जोश में गाती है–ऊर्ध-गगने बाजे मादल। उसको अपने साथ ले जाना।

ऊर्ध-गगने बाजे मादल
निमूने-उतला-धरणी तल
अरूण-प्रांतेर तरूण दल
चल रे-चल रे-चल !

सुफेद सलवार और सुफेद खादी के कुर्ते पर सुफेद दुपट्टा। दुपट्टे को कमर

में लपेटकर छबि खड़ी हुई माइक के सामने। घंटा भी मंच पर बैठा था। उसने पीछे से कहा–देख छबि ! नारवास हबिना। ताले-ताले गा।

गीत गाते समय छबि अपनी देह को ताल पर हिलाने लगी–ऊर्ध-गगने बाजे मादल ! इस पंक्ति को गाते समय वह ऊपर आकाश की ओर देखती। दूसरी पंक्ति–धरती की ओर देखकर। देह किन्तु ताल पर ही नबती-झुकती थी उसकी !

इस गीत ने सभी कार्यकर्ताओं को उत्तेजित कर दिया। गीत के बाद पन्द्रह मिनट तक नारे ही लगते रहे। एक चुप होता तो दूसरा उठकर खड़ा हो जाता और मुट्ठी बाँधकर नारा लगाना शुरू कर देता। साथी जमुनाप्रसाद 'निडर' ने बहुत मुश्किल से अपने उत्तेजित साथियों को शांत किया–साथियो ! साथियो !!··· अभी आपने सुना कि किस तरह आकाश-पाताल में एक सरगर्मी है, एक हरकत है, एक वलवला है।··· आपको मालूम होना चाहिए कि हमारी पार्टी इसी गुस्से का एक इजहार. है···।

शाम को गोधनलाल, पल्टू बाबू के पैरों पर जा गिरा, मारे प्रसन्नता से। घंटा और छबि ने मिलकर गोधनलाल को उठाया। पल्टू बाबू ने पीठ पर हाथ ठोंकते हुए कहा–वाह, बेटा !

मुरली बाबू आये हैं !

आये हैं, लेकिन इस बार 'फूलबागान' में नहीं ठहरेंगे। सबडिविजनल-कांग्रेस के दफ्तर में रहेंगे। बिजली की बुलाहट दफ्तर में ही हुई है। दफ्तर का स्वयंसवेक (चपरासी) बाजाप्ता-चिट्ठी ले आया है : सेवा में, कुमारी बिजली–इंचार्ज, महिला-विभाग। मंत्री श्री मेहताजी आवश्यक कार्य से आये हैं···।

बिजली ने दफ्तर की सीढ़ी पर पैर रखते-रखते पूछा–कहाँ हैं ?

–अंदरवाले कमरे में।

फिर, अंदरवाले कमरे में प्रवेश करती हुई अधिकार-भरे स्वर में बोली–क्यों ! क्या बात है ? यहाँ क्यों ? दफ्तर में क्यों ठहरे हैं ?

मुरली बाबू ने अपने को संयत करते हुए कहा–असली जगह तो यही है हमारे ठहरने की।

बिजली बैठी नहीं। बोली–उठिए, चलिए, काकी माँ चाय लेकर बैठी हैं। नहीं, नहीं, मैं कुछ नहीं सुनूँगी।

आस-पास एकत्र अन्य कार्यकर्ताओं ने भी कहा–इतना जिद्द करती हैं, जाइए, मंत्री जी···।

मंत्रीजी ने अचानक चिढ़कर कहा–आप लोग अपना काम देखिए जाकर। यहाँ क्यों ?

सभी कार्यकर्ता अपना काम देखने चले गये। अँगनाई में रह गया सिर्फ पुराना वालेंटियर–सनतीसा ! 'सनतीसा' उसका उपनाम है। वह सन उन्नीस सौ तीस से ही कांग्रेस का वालेंटियर है। पाँच बार कैम्प-जेल-सेल हो आया है। सन तीस

में 'बानर सेना' में था। बचपन से ही जरा 'टर्रेबाज' है, यानी टेढ़ी-बाँकी बोलने वाला दबंग प्राणी है। सच्ची बात ही नहीं, अभद्रतापूर्वक सच्ची बात कहने के लिए वह प्रसिद्ध है। इधर कई वर्षों से वह अपने को सनतीसा कहने लगा है—हाँ-हाँ ! हम लोग बरसाती मेढ़क नहीं हैं जिनको रास्ते चलते पकड़ लिया मिलेटरीवालों ने—सो साले लोग भी अपने को कांग्रेसी कहते हैं।··· बंदा साइमन कमीशन का बायकाट किया है, लाठी खाया है।··· हिंदुस्तान में उधर जवाहरलाल नेहरू और पुरेनियाँ डिस्टी में मेवालाल काफरी··· हम सनतीसा हैं।

मंत्रीजी ने देखा, सनतीसा ट्यूबबेल पर कपड़े में साबुन लगा रहा है। उसकी मुद्रा को देखकर महेताजी ज़रा हिचकिचाए, फिर कुछ कहते-कहते रुक गये।

मुरली बाबू ने बिजली को बैठाकर अँगनाई की खिड़की का एक पल्ला हौले हाथ से सटा दिया। सनतीसा सब देख रहा है !

सनतीसा समझता है, कमरे में मान-अभिमान का खेल हो रहा है ! उसने सुना :

—नहीं ! मैं अब फूलबागान में पैर नहीं रखूँगा।

—क्यों ?

—यों ही।

—चलिए जो कुछ कहना है, वहीं चलकर कहिए।

—उँहूँ !

—उँहूँ !

—??··· ??

सनतीसा के कान खड़े हुए··· खटिया चरमरायी··· ? कुछ खटखुटा हुआ न ? और, तब सनतीसा ने कपड़े को पटक-पटककर ताल देते हुए शुरू किया :

अरे, की करैछी काचुर-माचुर
किये बोलेछौ टाटी
अरे मुनहर-घर में बेंग बोलेछौ
मूस कौड़ेछो माटी, मुसवा डंड पेले रे
मुसवा डंड पेले रे
(दिन-देहाड़े मुसवा साला) डंड पेले रे !

ऐसे अभद्र गीतों में बिना 'साला' पच्चर लगाये सनतीसा कभी नहीं गाता। हर मौके के लिए कई मौजूँ गीत उसके पास मौजूद रहते हैं।

इस बार उसने दूसरा गीत शुरू किया है :

अजी कोटलिया में जाकर बदल जाइए-जी-ई···।

मुरलीमनोहर मेहता ने सनतीसा का नाम लेकर पुकारा—ऐ ! ऐ मेवालाल ! क्या सब ऊल-जलूल गीत गाते हो ?

मेवालाल आज अभद्रता करने पर तुला हुआ है, शायद। उसने एक अजीब

मुद्रा बनायी–हम ऊल-जलूल गाते हैं ? हम ऊल-जलूल गाते हैं ?

मुरली बाबू को नरम होना पड़ा। बोले–हल्ला मत करो ! इसके बाद मुरली बाबू, बिजली के साथ बाहर निकले।

मेवालाल उर्फ़ सनतीसा ने अब लोककथा बाँचने के सुर में गा-गाकर शुरू किया–हें, तब इसके बाद जाकर के चननिया ने क्या किया है जाकर के सो देखिए कि जाकर के सोलहो सिंगार करके पोर-पोर में गहना गूँथ लिया है जाकर के सो मारे मोहनमाला···।

जब जीप-गाड़ी सबडिविजनल कांग्रेस के दफ्तर से निकलकर सड़क पर चली गयी, तो अन्य कार्यकर्ताओं ने सनतीसा की बहादुरी पर हँसते हुए कहा–वाह रे सनतीसा ! वाह रे सनतीसा !! वे बहुत देर तक जी खोलकर हँसे।

'फूलबागान' में पहुँचकर मुरली बाबू ने देखा, कई सप्ताह के अंदर बहुत परिवर्तन हुए हैं। फाटक के बगल में एक लाल झंडा लहरा रहा है। और बात झंडे से ही शुरू हुई। मुरली बाबू झंडा देखकर चौंके–तो सोशलिस्ट पार्टी का दफ्तर फूलबागान में ही खुला है।

बिजली बोली–नहीं। दफ्तर अभी नहीं खुला है। नयापाड़ा के पास जो मैदान है, वह गोधनलाल की जमीन है। सुना है, गोधनलाल ने वह जमीन पार्टी के नाम रजिस्ट्री कर दी है। और, शायद इसी महीने में पक्का मकान भी बनवा देगा।

मुरली बाबू ने घंटा को बुला भेजा–देखूँ नये सोशलिस्ट लीडर साहब को।

घंटा आया और उसने जान-बूझकर 'लाल सलाम' किया, मुट्ठी बाँधकर–लाल सलाम ! कामरेड मुरली-दा !

मुरली बाबू हँसे तो घंटा गंभीर हो गया।–उसने पूछा–क्यों ? हँसते क्यों हैं ? इसमें हँसने की क्या बात है ?

मुरली बाबू ने साहस बटोरकर घंटा को समझाना शुरू किया–देखो घंटा, सोशलिस्ट···।

किंतु, घंटा ने कुछ भी सुनने से इंकार कर दिया–मुरली-दा ! प्रोलेतारियत यानी सर्वहारा वर्ग के विरोधियों से मुझे कोई सीख नहीं लेनी है।

घंटा चला गया। उसके सिर पर बहुत-बहुत जिम्मेदारियाँ हैं। वह विद्यार्थी संगठन का इंचार्ज है और छबि है सहायिका।

मुरली बाबू बिजली की ओर देखकर बोले–वाह ! खूब हिसाब लगाया है। आधा घर कांग्रेसी और आधा घर सोशलिस्ट···।

बिजली ने असहाय-भाव दिखलाकर कहा–आप शायद नहीं जानते कि इस फूलबागान की सम्पत्ति में बारह आना हिस्सा घंटा का ही है !

मुरली बाबू ने चेतावनी दी–किंतु, छबि को··· छबि को··· मैं कहे देता हूँ उस गोधनलाल से जरा होशियार रहना। काका बाबू से भी कहूँगा मैं। वह नामी डकैत···।

मुरली बाबू को क्या मालूम कि गोधनलाल बगलवाले कमरे में बैठकर पार्टी-ऑफिस का प्लान बनवा रहा है, ओवरसियर रबी बाबू से ! अपना नाम सुनकर गोधनलाल के कान खड़े हुए। डकैत ? उसने बारी से छबि और घंटा को देखा। आँखों ही में बातें हुईं और घंटा के साथ गोधनलाल ने बिजली के कमरे में प्रवेश किया, नाटकीय अंदाज से।

घंटा ने कहा–कॉमरेड मुरली-दा ! अँगरेजी में कहावत है कि शैतान का नाम लो और वह हाजिर ! तो यह रहा आपका डकैत गोधनलाल !

मुरली बाबू ने गोधन को पहली बार देखा है–गौरवर्ण का शांत-सुशील-जैसा युवक ! मुरली बाबू ने अपने श्यामल शरीर को देखा। छबि आकर गोधनलाल के पास ही बैठी। मुरली बाबू का दिमाग चकराने लगा··· ये लोग क्या करेंगे। उन्होंने बिजली की ओर देखकर कहा–मैं इसलिए यहाँ नहीं आना चाहता था, तुम मुझे बेइज्जत करवाने के लिए ले आयी हो ?

बिजली ने घंटा से कहा, अनुनय-भरे स्वर में–घंटा ! दया करके 'सीन क्रियेट' मत करो। हमें काम करना है।

घंटा के बदले इस बार छबि बोली–किंतु, किसी को कोई बेवजह गाली क्यों देगा ? मुरली-दा ने डकैत क्यों कहा गोधन-दा को ?

बिजली ने छबि को डाँट दिया–तुमी चुप कर।

घंटा बोला–केन ? छबि केन चुप कोरबे ?

काकी माँ हल्ला-गुल्ला सुनकर आयी–की ? की ? की ? होलो ?··· बाबा ! सभी तो देश का ही काम करते हो। फिर, आपस में यह लड़ाई क्यों ? एक घर में वैष्णव और शाक्त रहते हैं, लड़ाई तो नहीं करते ?

घंटा बोला–यदि वैष्णव की बिल्ली, शाक्त की मछली चुराकर खा ले–तब भी नहीं ?

इस बार काकी माँ ने घंटा को डाँट बतायी–घंटा !

रामटहल चाय लेकर आया। छबि बोली–दो प्याला और ले आओ। और पाँपर भाजा भी। समझा ?

गोधन चुप रहा। उसके मन में हमेशा छबि की वह छवि नाचती रहती है–उचक-उचककर, ताल पर गाती हुई छबि–ऊर्ध-गगने बाजे मादल ! बिजली बड़बड़ाती हुई कमरे से बाहर गयी और फिर वापस आयी–रामटहल ! ऑफिस-घर खोल दो। डिरेक्टर साहब आये हैं।

छोगमल भी आया है ? बाहर, दो बार हॉर्न बजा।

घंटा ने कहा–सेठजी की गाड़ी का हार्न भैंस के बच्चे की तरह बोलता है।

मुरली बाबू को छोड़कर सभी हँसे।

मुरली बाबू इस बार न जाने किस कुलग्न में चले गये थे। छबि ने गोधन के कान में कुछ कहा। मुरली बाबू मन-ही-मन जलकर रह गये।

कुंतला को लगा, किसी ने उसके गाल पर जोर से तमाचा मार दिया। !··· गोधन ? उसका पहला प्यार ?··· उसके अंदर कुछ टूट रहा है ! तोड़फोड़ मचा हुआ है। ··· आज सुबह होते ही उसके दरवाजे पर ढोल बजेगा। पूजा होगी। दस बजे वह यात्रा करेगी। अनूप साथ रहेगा। बाबूजी साथ रहेंगे। मुंसिफ साहब और सब-डिविजनल ऑफिसर से, बार-लाइब्रेरी के सेक्रेटरी अनिल बाबू परिचय करवायेंगे। ··· और, शाम में जो खबर मिली है, वह यदि सच हो तो, पहला मुकदमा गोधनलाल लेकर आवेगा, वकालतनामे पर दस्तखत करवाने ? या, कोई तमाशा तो नहीं खड़ा करेगा ?

एलार्म घड़ी अचानक घनघना उठी। कुंतला डर गयी। हड़बड़ाकर उठ बैठी। चार बज गये। सारी रात जगी रही।··· ओ गोधन ! यह तुमने क्या किया ! तुम शराबी हुए, जुआरी हुए, डकैत हुए–मेरे ही लिए तो ? लेकिन, यह तुमने क्या किया ? छबि ? वह छोकरी ? राय-परिवार की उस लड़की को तुमने बचपन में यदि देखा होता ! सारे सिर में घाव, पिचपिचाती हुई आँखें और गंदे फ्राक में–गंदी लड़की, और उसका नाम छबि ! हूँ छवि !

कुंतला के सामने से सोलह साल पुरानी छबि की तसवीर को किसी ने हटाकर, तुरत जवान हुई छबि की छवि आँक दी–शुभ्र, खादी-परिधाना··· रजनीगंधा की टटकी कली-जैसी ! तेज छुरी-जैसी नाक··· कुंतला की छाती पर छुरी रख कर छबि खड़ी मुसकरा रही है। छबि ?··· कुंतला चौंक उठती है··· नहीं, छाती पर उसका अपना ही हाथ है। और हाथ में है उसकी अपनी कलम। वह एलार्म लगाकर सोयी थी। जगकर, ब्राह्मवेला में नयी जिन्दगी की डायरी का पहला पृष्ठ लिखेगी। क्या लिखे कुंतला ? किससे पूछे ? अनूप होता तो जाकर पूछती, जगकर–अनूप ! बोलो तो, क्या लिखूँ अनूप आँखें मलता हुआ, झुँझलाकर जवाब देता–मेरा सिर ! लेकिन, कल उसने भी सिर मुड़ा लिया। सचमुच संन्यासी हो गया, गाँव में होमियोपैथी दवा बाँटकर लोक-कल्याण करेगा ? दरिद्रनारायण की सेवा करेगा ? गोधन जनता की सेवा करेगा ? बिजली देश की सेवा करेगी··· छबि गोधन की सेवा करेगी ··· सेवा··· सेवा··· सेवा ! गोधन सेवा करेगा राय-परिवार के हर प्राणी की। बिजली की काकी माँ के मुँह में पान-दोख्ता डालकर कुंतला से कहेगी-तुमी उकालती केन कोरछो; तुमी अभिनेत्री हउ, फिलिमें आउ[1] हूँ ! वह फिलिम में जायेगी और राय-परिवार की छोकरियाँ स्वर्ग की रचना करेंगी–बैरगाछी में। इन्द्रपुरी··· इन्द्र !

काली बाज़ार का पगला किकिया उठा ! अब मुर्गा बाँग देगा। कुंतला उठ बैठी। गोधन क्या जाने, उसको क्या पता कि कुंतला आज तक अपने को गोधन के नाम पर ही बचाकर रखती आयी है। वह जिस दिन चाहती··· नहीं, गोधन का क्या कसूर ? सारा दोष उसके पिता का है। नहीं, बड़े भैया का ! नहीं, बड़ी भाभी का !··· नहीं, नहीं। दोष किसी का नहीं ! सिर्फ, कुंतला दोषी है। गोधन,

---

1. तुम वकालत क्यों कर रही हो ? तुम अभिनेत्री बनो–फिल्मों में जाओ।

तुमने यह क्या किया ? तुम सबकुछ होते, लेकिन तुम सोशलिस्ट क्यों हुए ? नहीं, सोशलिस्ट होना पाप नहीं। तुम··· तुम··· यह क्या हो गये ?

कुंतला अब फूट-फूटकर रो पड़ी !··· उसका सबकुछ लुट गया। उसके लिए पागल होकर मारा-मारा फिरनेवाला, बरबाद होनेवाला, बदनाम होनेवाला गोधन, अब उसका नहीं !

ट्रिंग-ट्रिंग··· दीदी !

सनेही आया है, सुबह-सुबह। कुंतला का दिल धड़क उठा, शायद गोधन की कोई खबर लेकर आया। नहीं, नहीं, सनेही आया है पंडितजी को लेकर। पूजा होगी न। और, सनेही ही उसका मुहर्रिर होगा। बाबूजी ने कहा—आओ, सनेही !

पल्टू बाबू अपने दाँत के सेट को साफ कर रहे हैं।

आज न जाने क्यों उनको बार-बार उस चीनी डॉक्टर की याद आती है। दाँत बनानेवाला डॉक्टर। कुंतला के साथ में जो नौजवान आया है, वह क्या नाम है उसका··· अनूप ! उसका मुँह उस डॉक्टर से मिलता-जुलता है न ! संन्यासी हो गया ? अखिलानंद··· स्वामी अखिलानंद। फेला भी संन्यासी हो जायेगा शायद। दिन-रात आश्रम में ही रहता है, सुना है।··· कोई कुछ हो। पल्टू बाबू ने मुँह में दाँत के सेट को बिठा लिया।

अभी भोलासाही बाबू के यहाँ जाना है। कुंतला आज पहली बार कचहरी जायेगी। पल्टू बाबू भी निमंत्रित हैं। भोलासाही बाबू ने बार-बार कहा है—भाई रे, आना जरूर। पल्टू बाबू जरूर जायेंगे। उत्सव के उपयुक्त वस्त्र क्या होगा ? बंद गले का कोट ? धोती··· ?

पल्टू बाबू जूतों पर पालिश करने बैठे हैं। कुंतला काला गाउन पहनेगी तो ? देहात के मुकदमेबाज जब औरत-वकील को देखेंगे तो आँख फाड़कर देखते ही रहेंगे। गवाह बेचारा रटाया हुआ जवाब भूल जायेगा। वादी-फरियादी के साथ हाकिम की कलम भी जिरह के समय इधर-उधर बहक जायेगी।

पल्टू बाबू मन-ही-मन हँसे। खूब होगा ! कुछ दिनों तक एक तमाशा रहेगा। इस सब-डिविजनल कोर्ट में क्या धरा है जो यहाँ वकालत शुरू करने जा रही है ? और यहाँ के फौजदारी मुकदमे—चोरी से लेकर चमचोरी तक। कैसे ठठेगी, ऐसे मुकदमों में ?··· फैजू बाबू मुख्तार की तरह वह जिरह कर सकेगी ?··· हाँ। इधर देखकर बोलो। जब वह तुम्हारे घर में घुसा तब तुम क्या कर रही थीं ? ठीक है, सोयी थी न। नींद से, या··· ? तुमको कैसे मालूम हुआ कि तुम्हारे घर में आदमी घुसा है ? घर में रोशनी नहीं थी। तब ? तुम्हारी देह पर हाथ दिया ? कहाँ हाथ दिया ? चुप क्यों हो, बोलो ! तब क्या हुआ ? और क्या ?

पल्टू बाबू पुराने शौकीन माने जाते हैं, इस शहर के। आज उनको देखकर नौजवानों के दिलों में फिर खुजली होगी। पल्टू बाबू नहीं, इन्द्र ! हाँ, हाँ, पल्टू

इन्द्र है। यह शहर इन्द्रपुरी हो या नहीं, यह परियों का नगर जरूर रहा है। शुरू से ही।··· अस्पताल की लेडी डॉक्टर··· प्रमोद बाबू की बेटियाँ··· भोगेश्वरी बाबू की स्त्री··· हारान बाबू की बेटियाँ और बेटों की स्त्रियाँ··· राय-परिवार की···।

पल्टू बाबू पर आँखें गड़ी हैं, उँगलियाँ नहीं उठी हैं कभी। हाँ, एक बार। स्कूल के हेड-पंडित ने उनको जानवर कहा था। उन दिनों की बात ? पल्टू बाबू मन-ही-मन लज्जित होते हैं उन दिनों की बात याद करके। न जाने क्या हो गया था कि कोई औरत अच्छी ही नहीं जँचती थी। औरतें जी से उतर गयी थीं। ··· हेड-पंडित था हॉस्टल-सुपरिंटेंडेंट। बहुत बड़ा गार्जियन। लेकिन, पल्टू बाबू ने उसकी आँखों में धूल झोंककर···।

हेड-पंडित ने उनको गाली दी थी। लेकिन, उसी सप्ताह बोरिया-बिस्तर बाँध कर भागना पड़ा था हेड-पंडित को।··· बदनाम होकर ! मार खाकर !!··· बेचारा !

यह, कुंतला ! इस बार, न जाने क्या बात है कि कुंतला सपने में सताने लगी है, पल्टू बाबू को ! रोज इधर से एक चक्कर लगाकर घर लौटते हैं। वह, क्या नाम है उस संन्यासी लड़के का··· अनूप ! वह भी आवेगा आज ?··· हजूर !

रमजनवाँ टमटम लेकर आ गया।

पल्टू बाबू को देखकर आज रमजनवाँ भी अवाक् हो गया है।··· एकदम दूल्हा बाबू !

बिजली कहती है छबि से–देख, छबि ! तुमसे एक बात कहनी है। यों, काका बाबू ने तुमको और घंटा से कभी कुछ नहीं कहा। लेकिन, तुम दोनों से इस घर का कोई भी खुश नहीं। गोधन के चलते, घंटा भी पुलिस की निगाह पर चढ़ गया है। मैं इतने दिनों से कांग्रेस का काम कर रही हूँ। कभी तो मुरली-दा के साथ देहात की सभा में नहीं गयी। और तुम एक महीने में ही सारे जिले का दौरा कर आयीं।··· सारे जिले में हमारे परिवार की बदनामी।

छबि अब बोलने लगी है, बात काटकर–बदनामी आज से नहीं··· बहुत पुरानी बदनामी है, यह तो। यह नहीं होता तो तुम बैरगाछी में पड़ी नहीं रहतीं आज। किसी कोयला-खान के मालिक की बहू बनकर घर-गृहस्थी सँभालती।

बिजली अवाक् होकर छबि की बात सुन रही है।··· कुछ ही दिनों में क्या से क्या हो गयी है यह लड़की ! ठाकुर-देवता नहीं मानती है। कहती है–मनुष्य के मानसपुत्र हैं ये। नये नये शब्द व्यवहार करती है, बातचीत के सिलसिले में। ··· और कुछ हो या न हो, गोधन की कृपा से एक छोटी-सी लायब्रेरी तो घर में जरूर हो जायेगी। रोज पाँच-सात किताबें आती हैं वी. पी. से। बाहर जाते समय हाथ में एक किताब जरूर ले लेती है, छबि। विदेशी सेन्ट लगाती है। घंटा ने पाइप पीना शुरू किया है और दिन-रात खद्दर का सूट पहने रहता है।··· अद्भुत !

छबि बोली—की अद्भुत ? निजेर बेला लीला-खेला, आमादेर बेला पाप ![1] छबि चली गयी। बिजली चुपचाप खड़ी रही। काकी माँ पुकारती है—बिजू ! जाबिना कुंताभा के देखते ?[2]

फूलबागान के फाटक पर एक नयी जीप-गाड़ी का हॉर्न बजा··· कर्कश सुर में। गोधन ने पार्टी के लिए गाड़ी-जीप खरीदी है ! छबि दौड़ी आयी—गोधन-दा उतरोगे नहीं ?

गोधन के साथ कॉमरेड निडर भी उतरे। घंटा, आजकल पाइप पीता है।

गोधन ने छबि से पूछा—काका बाबू कहाँ हैं ?

छबि ने जवाब दिया—हठात् काका बाबू को क्यों खोज रहे हो ?

—काम है।

—मैं जानती हूँ।

दूसरे कमरे में घंटा और कामरेड निडर में किसी बात पर बहस हो गयी। रमा और कना आँगन के बरामदे पर 'साँप-सीढ़ी' खेल रही हैं। काकी माँ मछली खरीद रही है। रामटहल झग्गर में रस्सी बाँध रहा है—कुएँ से बाल्टी निकालनी है।··· रमा और कना दौड़ी—झग्गर से बाल्टी निकालने की विधि देखने के लिए !—देखबि एखन, कान धरे टेने आनबे बाल्टीर ![3] रमा बोली धीमे स्वर में—कना ! उइ देख ··· वह देखो। उधर किस तरह झग्गर कान पकड़कर ला रहा है !

कना ने देखा, छबि के पीछे-पीछे गोधन ऊपर की सीढ़ी पर चढ़ रहा है। कना हँसी—झग्गर ! किन्तु, तुरत ही वह उदास हो गयी ! रमा भी उदास हो गयी। दोनों ने एक-दूसरे को देखा और फिर 'साँप-सीढ़ी' खेलने बैठ गयीं।

छबि समझा रही है गोधन को—गोधन-दा ! क्यों बेकार फेंक रहे हो 'टाका' ?

गोधन ने कहा—काका बाबू ने बार-बार उस दिन सुनाया कि··· रुपये की 'भीषण' जरूरत है। और, काका बाबू को दस हजार रुपया देने का मतलब फेंकना कैसे हुआ ?

छबि बोली—पीछे मुझे दोष मत देना।

छबि किसी का पैसा बरबाद होता नहीं देख सकती।··· अपना पैसा ? छोटी उम्र से ही उसको पैसे बटोरने का शौक है। जब कभी एक-दो आने पैसे मिले, छबि ने उसमें से कुछ-न-कुछ जरूर बचाया है। पहले मिट्टी का एक अंधा बक्सा था। इसके बाद, लकड़ी का। फिर, लोहे का। छबि ने हजारों बार कल्पनालोक में देखा है—उसका मिट्टी का अंधा बक्सा धीरे-धीरे इतना बड़ा हो गया है मानो धान रखने का 'बखार' हो। बखार-भर रुपये !!··· सुना है, गोधन का बाप बखार-भर

---

1. अपनी दफा लीला खेल, हमारी बार पाप। 2. बिजली, कुंता को देखने नहीं जायेगी। 3. अभी देखेगी, बाल्टी का कान पकड़ कर ले आयेगा।

रुपया छोड़ गया है।

गोधन ने काम की बात शुरू की—छबि ? आज··· अभी··· अभी। वह तुतला कर चुप गया। उसने जेब से एक डिबिया निकाली और छबि की ओर देखा।

—क्या है ? छबि गोधन की आँखों को ही देखती है, हमेशा !··· आंग्टी ? किसके लिए ? किसलिए ??

गोधन ने कहा—लो, पहन लो। देखो, इस पर अपनी पार्टी का चिह्न अंकित करवा दिया है—हलचक्र !

छबि, अँगूठी देखकर चमत्कृत हुई। चक्र में छोटे-छोटे पत्थर जड़े हुए हैं। वह बोली—तुम क्यों नहीं पहना देते ?

गोधन का पुरुष इस बार जगा। उसने पूछा—पहना दूँ !··· पहना दूँ ? छबि ने बढ़ते हुए हाथ को हठात् समेट लिया। बोली—नहीं, नहीं। मैं अँगूठी नहीं लूँगी।

सीढ़ी पर किसी का पदचाप सुनायी पड़ा और छबि जरा दूर हटकर कुर्सी पर बैठ गयी। गोधन को पॉकेट में डिबिया डालते हुए देख लिया लट्टू बाबू ने ··· किन्तु।

लट्टू बाबू को देखते ही गोधन उठ खड़ा हुआ।

—प्रणाम, काका बाबू !

छबि विहँसकर बोली—उई देखो··· गोधन-दा ने क्या किया है ! तुम उस दिन इनके सामने क्या बोले और आज हाजिर हैं तुम्हारी सेवा में !

लट्टू बाबू ने समझा ही नहीं, मानो। बोले—की बोललाम आमी ?[1]

गोधन ने सलज्ज-भाव से कहा—उस दिन आपने कहा था न ? तो, अभी तो दस हजार ही हैं मेरे हाथ में।

लट्टू बाबू का चेहरा गुलाबी हो गया तुरंत—आरे ?

गृहस्वामिनी ने नीचे से पुकारकर कहा—छबि ! गोधन को अभी जाने मत देना। मछली की भाजी बन रही है !

गोधन अभी एक जरूरी काम से जा रहा है। लौटकर आवेगा, तो दोपहर का भोजन यहीं करेगा।··· काम ? याने, पार्टी की ओर से एक बकाश्त-आन्दोलन के मुकदमे के वकालतनामा पर महिला-वकील से दस्तखत करवाना है। जिस कलम से वह दस्तखत करेगी वह गोधनलाल के पास है। नयी कलम—पार्कर-51 !!··· इसलिए, वहाँ जाने के पहले छबि को अँगूठी देने के लिए वह आया था। लेकिन, छबि तो नीचे चली गयी। लट्टू बाबू ने कहा—काम है तो जाओ। लेकिन, मछली की भाजी तो तैयार हो गयी है, शायद। चाय के साथ··· अरे ओ छबि ! कहाँ गयी ? अच्छा, तुम बैठो। मैं छबि को भेज देता हूँ।

रामटहल ने प्रसन्न होकर कहा—ई झग्गरो खूब है !··· बाल्टी के साथ, हे-हे देखिए

---

1. मैंने क्या कहा था ?

कब की डूबी हुई पीढ़ी। बाबाजी ! बाल्टी निकैल देलौं। हे-लि य ! फाव में पुरनका पढ़ियों ऊपर भअ गेल !!

छबि ऊपर आयी। गोधन ने डिबिया निकालकर फिर पूछा—बोलो ? पहना दूँ।

—आमी जानी ना ![1]

सुफेद जरीदार साड़ी पर काले अलपाका एक कोट ! गले में सुफेद पट्टा नहीं बाँधेगी कुंतला। उसने अनूप के साथ मिलकर अपने पोशाक की परिकल्पना की है।

पल्टू बाबू एकटक देख रहे हैं कुंतला को। कुंतला बार-बार सिहर जाती है। कई बार उसकी आँखें टकरा गयीं। एकाध बार उसने अपने क्रोध को नथुने पर लाकर कुछ कहा भी। लेकिन, पल्टू बाबू की नजर ?··· अजगर की आँखें ??

पंडितजी ने शंख बजाकर शुभ-क्षण की घोषणा की। पल्टू बाबू ने कहा—कुंतला ! मैंने देख लिया है, तुम्हारा भविष्य ! मैं कहूँ ? तुम चाहो तो इस इलाके का ही नहीं, इस जिले का, इस प्रांत के बड़े वकीलों में···।

भोलासाही बाबू ने गद्‌गद होकर कहा—यही आशीर्वाद दो, भाई रे !

—आशीर्वाद ? पल्टू बाबू बोले—इसको कौन आशीर्वाद देगा, भोलासाही बाबू ? यह तो सब आशीर्वाद है।··· सुनो, कुंतला ! तुम्हारा यह मुहर्रिर, जो तुम्हारा भाई ही है, इसको भी रखो। लेकिन, एक प्रचारक··· एक करपरदराज ऐसा रखो कि मुवक्किल दूर देहात से तुम्हारा नाम लेकर ही घर से चले।

—प्रचारक या करपरदराज मैं कहाँ ढूँढ़ने जाऊँगी ? यह सब तो आपको ही करना है, का···।

कुंतला को 'काका' कहने का अवसर नहीं दिया पल्टू बाबू ने। बात को काटते हुए बोले—ठीक है ! इसका जिम्मा मैं लेता हूँ।

बाहर गोधन की जीप-गाड़ी आकर लगी !

गोधन को देखते ही कुंतला कुछ उद्विग्न-सी हो गयी। एक अद्‌भुत अवस्था हो गयी उसकी। वह क्या करे ? यह गोधन··· उसका ही गोधन ! पल्टू बाबू फिर आँखें गढ़ाए हुए देख रहे हैं !

गोधन ने पल्टू बाबू की चरण-धूलि ली। कुंतला के मन में हुआ, वह दौड़कर गोधन की चरण-धूलि क्यों नहीं ले लेती ? गोधन चुप खड़ा रहा। पल्टू बाबू ने कहा—देखो, कुंतला ! गोधन क्या कांड करने आया है ! न जाने कहाँ से इस गँवार लड़के की बुद्धि में ऐसी-ऐसी बातें फलती हैं ? लो, इस कलम से दस्तखत कर दो वकालतनामा पर और यह कलम तुम रखो अपने पास !

भोलासाही बाबू ने अपनी प्यारी बेटी को बढ़ावा दिया—लो ! शुभ काम में

---

1. मैं नहीं जानती।

देरी नहीं करनी चाहिए। कर दो दस्तखत।··· क्यों बाबू ! वकालतनामा पर टिकट है न ?

यह क्या तमाशा है ?··· कुंतला नर्वस हो गयी है। वह गोधन की आँखों से आँखें मिलाकर, आँखों से ही पूछती है–यह क्या तमाशा है ? कुंतला ने देखा, कांग्रेस कमेटी की गाड़ी से बिजली और काकी माँ उतर रही हैं।··· मिठाई की हाँडी है ? कुंतला को छबि की याद आयी। उसने गोधन के हाथ से कलम लिया। उसकी उँगलियाँ तनिक थरथरायीं, फिर उसने वकालतनामे पर दस्तखत कर दिया। ··· ठीक इसी समय। 'दुर्गा-दुर्गा' करता हुआ, अनूप··· संन्यासी आया।

बिजली उदास है··· !

गुरूदादू ने कुंतला पर नजर फेरी है। अनूप संन्यासी हो गया। फेला अपने परिवार के हर प्राणी को पतित समझने लगा है। छबि सोशलिस्ट पार्टी की हर सभा में गीत गाने जाती है। काका बाबू, अब जूट-मिल खोलने की योजना बना रहे हैं ? छोगमल इधर कई दिनों से बैरगाछी में ही है। 'काम-ज्वर' से पीड़ित है··· आता है, ऑफिस में बैठता है और हठात् 'बिजली रानी' कहकर बिजली के पैर पर गिर पड़ता है। बिजली क्या करे ? मुरली बाबू अब शायद फूलबागान में पैर नहीं रखेंगे। सबकुछ इस कुंतला के कारण हो रहा है ! औरत, फिर वकील !··· छबि मरेगी। बिजली जानती है, यह छबि मरेगी।

–छबि रे ! बिजली पुकारती है–अच्छा, छबि ! बोल तो यह क्या हो रहा है ? गोधन ने कुंतला को दामी कलम खरीद दी है। वकालतनामे पर दस्तखत तो नहीं, पुराने संबंध को फिर जगाना है, उसे। और, तुम सभा में गीत ही गाती रहोगी। कुंतला वकील है। वह वकालत करेगी।··· तू मरेगी, छबि !

छबि भी उदास थी। गोधन-दा आज भी नहीं आये। घंटा-दा भी नहीं लौटा है। 'उदयेर पथे' तसवीर एक सप्ताह से पूर्णिया में चल रही है। गोधन-दा गाड़ी लेकर नहीं आये। छबि कैसे जायेगी ? गोधन-दा ने माँ से कहा था–काकी माँ ! तैयार रहना तुम लोग, मैं जरूर आ जाऊँगा, समय पर। अभी तक नहीं आये हैं। और, बिजू-दी आजकल छबि के पीछे क्यों पड़ी हुई है हाथ धोकर ? जब-न-तब, बुला भेजती है। मानो, छबि को कोई काम ही नहीं, जवाब देने के सिवा।

बिजली ने कहा देखूँ तुम्हारी अँगूठी।

छबि चुप खड़ी रही। बिजली ने छबि की उँगली से अँगूठी को निकाल लिया–हलचक्र !

बिजली ने अनुनय-भरे स्वर में कहा–छबि ! एक बार वह गीत मुझे नहीं सुनाओगी–ऊर्ध्व गगने बाजे मादल ?

छबि बोली–आमार किछुई भालो लागछे ना।··· मैं अभी कोई गीत नहीं गा सकती।

बिजली समझ गयी, क्यों नहीं गा सकती है छबि अभी कोई गीत ! वह जरा मुसकराकर बोली—अच्छा ! वह गीत भी नहीं ? वह नया रेकार्डवाला आधुनिक गीत—से केन एलो ना !

—दुत् ! तोमार की हये, बिजू-दी, आज के ? क्यों ऐसी बातें करती हो ? ··· अरे रे। बिजू-दी !··· ए की ?

बिजली ने लपककर छबि को छाती से लगा लिया। और इसके बाद चुम्बनों की वर्षा कर दी बिजली ने, छबि के ललाट पर, गाल पर, ओठ पर··· !! दोनों कुछ देर तक निश्चेष्ट पड़ी रहीं, एक-दूसरे की बाँहों में जकड़कर। छबि के हाथ ढीले हो रहे हैं। उसने धीरे-धीरे अपना बंधन ढीला कर दिया। बिजली आँख मूँद कर सिसकियाँ लेने लगी। इस बार छबि ने बिजली को चूमकर प्यार किया। बिजली के हाथ भी शिथिल हुए। छबि लेटी रही। उसका जी हलका हो गया। गीत स्वयं उसके कंठ से फूट पड़ा—बोलो ना-बोलो ना ! से केन ऐलो ना ? सखि, कथा दिये केन ऐलो ना, से जे कथा दियेउ एलो ना··· !![1]

रामटहल ने बाबाजी के कान में कहा—इयो बाबाजी ! आब ई दुनियाँ सार रसातल··· जुलूम बात। एहनो होइछै भला ? हम अपन आँखि से देखल बात कहैछी, अप्पन सत्पथ ! बाप रे बाप !!

बाबाजी ने उसकी बात पर विश्वास करते हुए कहा, धीरे-से कहा—रोज एक्टाके मुर्गी के अंडा जे चलै छै से कतै जैते हो ?

बिजली ने बाबाजी को पुकारकर कहा—चाय का पानी चढ़ा दो !

सब-डिविज़नल ऑफिसर साहब ने बिजली को सब-डिविज़नल विजिलेंस कमेटी का मेम्बर चुन लिया है।

कपड़ा, चीनी, तेल, सीमेंट, पेट्रोल का कोटा देनेवाली कमेटी—विजिलेंस कमेटी !

गोधनलाल ने इस नयी विजिलेंस कमेटी का विरोध किया है—इसमें जनता का एक भी प्रतिनिधि नहीं है। अखबारों में सम्पादक के नाम पत्र प्रकाशित हुए हैं उसके हस्ताक्षर से। सब-डिविजन की जनता के साथ घोर अन्याय !!

घंटा ऐलान कर रहा है—इस नकली विजिलेंस कमेटी के विरोध में—विद्यार्थियो, मजदूरो, किसानो, दुकानदारो, एकजुट होकर नारा बुलंद करो—यह विजिलेंस कमेटी नकली है। इसको तोड़ दो !

—तोड़ दो-तोड़ दो !!

—तोड़ दो-तोड़ दो !!

दो दर्जन विद्यार्थियों का एक जत्था बनाकर घंटा शहर के कोने-कोने में नारा लगाता फिर रहा है—तोड़ दो, तोड़ दो !! हर आदमी के कानों में एक ही आवाज—तोड़ दो, तोड़ दो !!

छबि इस जुलूस में नहीं सम्मिलित हो सकी। गोधन-दा ने मना किया है। वह गोधन-दा के साथ आज पूर्णिया जायेगी, 'उदयेर पथे' देखने। गुरूदादू आये हैं!

गुरूदादू बहुत दिनों के बाद फूलबागान में आये हैं। बिजली मुँह फुला कर रूठने का अभिनय करती है। पल्टू बाबू सबकुछ समझते हैं।

–मेहता कब आवेगा ? पल्टू बाबू ने पूछा।

–आमी की जानी ?

–तब कौन जानेगा ?

बिजली चुप रही। पल्टू बाबू ने कहा–आज ही, अभी एक टेलिग्राम लगा दो। जरूरी काम है !

छबि और गोधन ने आकर प्रणाम किया–गुरूदादू !

पल्टू बाबू ने पूछा–क्या है, छबि ?

छबि ने कहा–तुमी कुंतलार मुहरिल होयेछो सुनलाम।[1]

बिजली अवाक् हो गयी··· यह छबि आजकल इतना निडर हो गयी है ? बेलौस बात सुना दिया ?

पल्टू बाबू भी अवाक् हुए। लेकिन, उनकी मुसकराहट मंद नहीं हुई। बोले–ठीक ही सुना है तुमने। मैंने मुहर्रिरी शुरू की है कुंतला की। तुमने ड्राइविंग सीख लिया, या सीख ही रही हो ?

पल्टू बाबू ने गोधन से कहा–यह तुम्हारी पार्टी की सरासर गलती है। एक ओर तो तुम लोगों का कहना है कि हमारी पार्टी इस 'कोटा-परमिट' के मोह में अपने को नहीं फँसाना चाहती। दूसरी ओर, जब कोई कमेटी बनती है तो उसका विरोध करते हो ! यह कैसी बेतुकी बात है !

गोधनलाल ने कहा–हर अन्याय के विरुद्ध नारा लगाना हमारा कर्तव्य है।

पल्टू बाबू कुछ कहते-कहते रुक गये। बोले–पूर्णिया जा रहे हो ? मेरा एक काम करते आना···।

पल्टू बाबू बिजली को सबकुछ खोलकर समझा रहे हैं–सारे जिले में कहीं भी, किसी भी सब-डिविज़न में कोई जनाना वकील है ? तो, जब बैरगाछी सब-डिविज़न में पहले-पहल एक जनाना-वकील हुई है तो उसकी मदद करना हमारा काम है। कुंतला की जगह पर कोई और होता, तब भी मैं मदद करता। और मदद क्या करता हूँ !

बिजली बोली–गुरूदादू, एक बात कहूँ ? बुरा तो नहीं मानोगे ? यह कुंतला तुम्हारा सर्वनाश करेगी। मैं अच्छी तरह जानती हूँ उसको।

पल्टू बाबू हँसे–तुम उसको जानती हो··· और मैं उसकी नानी और दादी तक को जानता हूँ।

गृहस्वामिनी सिर पर आँचल डालकर कमरे में आयी–बिजू ! गुरूदादे के चा

1. सुना है कि तुम कुंतला के मुहर्रिर बन गये हो ?

एने दाऊ।

बिजली चाय लाने गयी। वह समझ गयी, आज काकी माँ भी अपने मन का बुखार उतारेगी।

बिजली के जाते ही गृहस्वामिनी के सिर का आँचर खिसककर नीचे आ गया। वह बोली–गुरूदादू ! शेषे तुमी उ··· तुम भी उस कुंतला और भोलासाही के चक्कर में पड़ जाओगे, इसकी उम्मीद नहीं थी। केन ? केन ? हमने क्या गलती की है ? क्या त्रुटि हुई है, हमारी ओर से।··· तुम्हारी कौन-सी इच्छा नहीं पूरी की इस फूलबागान ने ? तुम, तुम··· गुरूदादू ! बिजली से तुम नाराज हो। लेकिन, हमने क्या बिगाड़ा है तुम्हारा ? बिजली ने तुम्हारा अपमान किया। तुम उस अपमान को पी गये, और आज, इतने दिनों के बाद उस अपमान का बदला ले रहे हो ?··· बोलो अब किसकी पूजा चाहिए तुम्हें !!

गृहस्वामिनी बोलती गयी। बोलते-बोलते रो पड़ी।

पल्टू बाबू चुपचाप आराम-कुर्सी पर लेटे रहे।

गृहस्वामिनी आँखें पोंछती हुई चली गयी।

रामटहल कह रहा है बाबा से–बाबाजी ! गुरूदादू इस फूलबागान का लक्ष्मी हैं। जहाँ इस तरह कुकरम कांड होगा वहाँ लक्ष्मी कैसे रहै ? है कि नहीं ?

बाबाजी ने दाल छौंकते हुए कहा–हौ रामटहल, ई कूपक पानिये खराब !

रामटहल ठीक ही कहता है। फूलबागान के स्वामी और गृहस्वामिनी दोनों को विश्वास है–गुरूदादू लक्खी ! गुरूदादू की सेवा में कोई त्रुटि नहीं की है, फूलबागान के प्राणियों ने। लट्टू बाबू की बात क्या, लट्टू बाबू के माँ-बाप ने ही पल्टू बाबू को 'लक्खी' समझा था। लेकिन पहली बार गुरूदादू का अपमान किया बिजली ने ! पल्टू बाबू भूले नहीं हैं। कोई कैसे भूल सकता है, उतनी बड़ी घटना को ?

बिजली किशोरावस्था की सीमा पार कर जवानी में पाँव रख रही थी। फूलबागान में अनार के फले पेड़ के पास बिजली खड़ी थी। छोटी-छोटी पत्तियाँ··· लाल-लाल छड़ी-जैसी डालियाँ··· और बिजली खड़ी ! पल्टू बाबू को प्यास लग गयी थी, शीतकाल में भी।··· बिजली···!

इसके बाद पल्टू बाबू की कनपटी हमेशा गर्म रहने लगी। यह जलन··· ऐसी जलन··· पल्टू बाबू के कनपटी के पास आजकल वैसी ही जलन शुरू हुई है, कुंतला को देखकर।··· इस जलन पर कोई सद्यः-प्रस्फुटित पुष्प··· कौन फूल··· कमल··· नहीं, देह का फूल··· देह-पुष्प !!

कनपटी पर देह-पुष्प नहीं–दो चोटें !!··· बिजली को छूते ही पल्टू तड़प उठे–तड़ाक-तड़ाक !!··· असब्बो··· नीच-पाजी··· बदमाईश छूछों !!

पल्टू बाबू की कनपटी आज भी जल रही है। गृहस्वामिनी जो अभी तिरिया-चलित्तर दिखा गयी, इसका कोई असर नहीं हुआ पल्टू बाबू पर। पल्टू बाबू उठ खड़े हुए।

रमा आयी—गुरूदादू ! बिजू-दी डाकछे तोमा के उपरे !

पल्टू बाबू ने मन-ही-मन कुछ सोचा। फिर सीढ़ी से ऊपर चले गये। आज फूलबागान के प्राणियों ने प्रतिज्ञा कर ली है शायद—गुरूदादू को प्रसन्न करने के लिए जो कुछ भी न्यौछावर करना पड़े।

बिजली जानती है, पुरातन अभिनय के सुर में कुछ कहते ही गुरूदादू सतर्क हो जाते हैं। पुरातन बँगला स्टेज की पात्रियों की भाषा में पल्टू बाबू ने इसी फूलबागान में, बहुत संवाद सुना है। इसलिए बिजली ने सीधी बातें कीं—गुरूदादू ! तुमी आमार उपर जाओ नाराज ! आज तक नाराज हैं ? लेकिन, लेकिन मैं तो चाहती थी कि तुम दो के बदले चार थप्पड़ मेरे गालों पर मारकर मुझे··· ।

पल्टू बाबू पास की कुर्सी पर बैठ गये। ढेला मारकर आम तोड़ सकता है कोई, अनार नहीं ? क्या कह रही है यह लड़की ?—गुरूदादू ! तुमने तो फिर कभी···?

—चुप रहो ! पल्टू बाबू का स्वर बदल गया। इस सुर में जब कभी बोलते हैं पल्टू बाबू, लोग उनका जवाब नहीं देते। चुप हो जाते हैं। बिजली ने किंतु, बोलने की चेष्टा जारी रखी—गुरूदादू ! सिर्फ मेरी उस गलती के कारण आज तुम फूलबागान में आग लगाना चाहते हो ?

—मैं क्या कर रहा हूँ ? यह तुम लोगों को क्या वहम हो गया है ? यह मेरी समझ में नहीं आ रहा। कुंतला के यहाँ नहीं जाऊँ ? लेकिन क्यों नहीं जाऊँगा, क्यों ? और कुंतला के यहाँ जाने का मतलब फूलबागान में आग लगाना कैसे हुआ ?

पल्टू बाबू के सामने बिजली चुपचाप खड़ी है, रौंदा हुआ फूल ! छोगमल ··· मुरलीमनोहर मेहता और गोधन ? हाँ, गोधन भी। चाँद-सूरज नहीं जानें, लेकिन पल्टू बाबू जानते हैं। बिजली ने गोधन को भी अधरामृत··· !!

गुरूदादू ? यह क्या ? बिजली ?— बिजू, क्या कर रही हो ? अच्छा, सुनो ! एक बात कहोगी, सच-सच ?

—कैसी बात ? पूछो ?

—गोधन तो सोशलिस्ट हो गया है। जब हो गया है, तो हो गया। ऐं ? तो वह हुआ सोशलिस्ट ! ऐं ? तुम हुई कांग्रेस की सदस्या या क्या, जो कुछ भी तुम हो। ऐं ? छबि ने एक दिन मेहता का सिर दबा दिया दर्द में, तो तुमने बेचारे को दो महीने का बनवास दिया। और, बेचारी छबि को तुमने पता भी नहीं लगने दिया कि गोधन साँझ से ही तुम्हारे साथ छत पर बैठा है।

बिजली अचरज और लाज के मारे थर-थर काँपने लगी। पल्टू बाबू रुके नहीं—बिजू ! तुमने मुझे तमाचा मारकर जितनी गालियाँ दी थीं उतनी गालियों को मैंने रट लिया है। असब्बो··· नीच··· पाजी बदमाईश··· छूँछो ! छोगमल तो सुसभ्य है, मेहता महान है, गोधन··· ।

—गुरूदादू ! तुम्हारे पैरों पड़ती हूँ। खमा कोरे दाउ !!

रामटहल ने बाहर से ही कहा–तेतरी दीदी का नौकर आया है··· तेतरी ? कुंतला का नौकर आया है पल्टू बाबू को बुलाने। अब पल्टू बाबू यहाँ एक मिनट भी नहीं ठहर सकते।

पल्टू बाबू फाटक से बाहर हुए। सारे फूलबागान ने एक लम्बी साँस ली। लक्खी चले जाच्छे !

घंटा आजकल मौलिक विचारों के फेर में पड़ा हुआ है। विद्यार्थियों के संगठन से छुट्टी मिलते ही वह 'चिंतन' करता है। अब तो प्रतिदिन एक घंटा चुपचाप बैठ कर सोचता है। डेमोक्रेटिक सेक्स वेल्यू !··· न, न, डेमोक्रेटिक वेल्यू ऑफ़ सेक्स ··· यौनविज्ञान डेमोक्रेसी के प्रकाश में··· बगैर नये सिरे से सोचे, कोई हल नहीं निकलेगा। आम्रपाली··· तो, फिर आम्रपाली युग या परम्परा··· न; नः। बीच में यह मद्धममार्गी बुद्ध बेकार क्यों आता है··· तो, बिजली और कुंतला और छबि या कोई भी सुन्दरी, नगर-सुन्दरी हो सकती है जिस पर सबका अधिकार··· जिस पर संभी अपना अधिकार समझें। लेकिन, प्राप्त हो सिर्फ बलशाली को। बल माने शारीरिक-आर्थिक-सामाजिक, माने वोट ! उँहूँ, सब गड़बड़ा गया। फिर मूलाधार पकड़ना होगा। जनतांत्रिक यौन-दृष्टि ! डेमोक्रेटिक सेक्स वेल्यू···।

नीचे, कुत्ता काँ-काँ-काँ-काँ कर चीखा। उसके बाद बाबाजी की किकियाहट–आहि ऐ बाप ! मरि गैलों, मरि गैलों !!··· फेला ने बाबाजी को मारा है, डंडे से तड़ातड़ ! फेला, बगल के कमरे में दौड़कर घुस जाता है और कना को पीटना शुरू करता है। कना चीख उठती है–बिजू-दी ई-ई-ई··· ! ओ माँ ओं-आँ !! घंटा दौड़कर नीचे आता है–फेला ! ऐ शोन··· शोन··· अरे पागल हौली··· बली··· बलीशोन। घंटा ने फेला के हाथ से डंडा छीन लिया। फेला पागलों की तरह बड़बड़ाता रहा–घंटा-दा ! लाठी दाओ।··· इसी लाठी से मैं सब गलत को सुधारूँगा। इसी लाठी से ··· जतसब··· !!

कना की पीठ लहूलुहान हो गयी है। वह पलँग के पास खड़ी हिचकियाँ ले-लेकर रो रही है।

बिजली सीढ़ी से नीचे नहीं उतरी। गृहस्वामिनी को रामटहल कुछ कह रहा है, समझा कर ! फेला फूलबागान के फाटक से बाहर हो गया।

रमा ने रामटहल की ओर भय-भरी आँखों से देखा !

कुंतला सहाय, बी. एल. !

सनेही मुवक्किलों को समझा रहा है–देखो ! फीस का एक रुपया बाकी रखोगे–मुकदमा का एक नुक्स बाकी रख लेगा वकील। चाहे कोई भी वकील हो।

कुंतला चाय पी रही है पल्टू बाबू के साथ अंदर कमरे में।

कुंतला रोज पल्टू बाबू में एक नया गुण देखती है !

पल्टू बाबू की राय मानकर, कुंतला फिटन पर कचहरी जाती है। ट-ड़-रं-ग ! ट-ड़-रं-ग !! जनाना वोकील की गाड़ी जा रही है। पल्टू बाबू ने कोचवान युनूस को समझाकर कह दिया है–देखो ! कंपाउन्ड से बाहर निकलते ही, तीन बार बेल बजाओगे। इसके बाद ठीक 'लम्बा ठाकुर' के होटल के पास एक बार। लोकल बोर्ड के मोड़ पर दो बार, थाना के पास तीन बार। कचहरी कम्पाउन्ड में एक बार। बार-लाइब्रेरी के पास एक बार ! समझे ! टड़रंग।··· टड़रंग !!

सभी की निगाहें फिटन की ओर मुड़ीं। लम्बा ठाकुर के होटल में ठहरे हुए देहाती मुकदमेबाज मुवक्किल नहाते, मुँह धोते हुए पैरवीकार–सभी देखते इस जनाना-वकील को। और, कोई तारीफ का पुल बाँधना शुरू कर देता–कमाल की जेहनवाली है।–उस दिन बहस कर रही थी। तारा बाबू वकील को पानी-पानी कर दिया।

टड़रंग !

जनाना वकील। कुंतला देवी··· तेतरी दीदी···।

टड़रंग ! टड़रंग !!

–हटो सामने से ! भीड़ क्यों लगाते हो सड़क पर ! युनूस, देहाती मुवक्किलों को डाँटता है–टुकुर-टुकुर मुँह देखता है बीच सड़क पर खड़ा होकर ?

कुंतला मुसकराती रहती है। कृत्रिम बोली में और भी मिठास डालकर कहती है–सड़क पर ठिकाने से चलिए, भाई साहब !

–धन्न है ! धन्न है !!··· भाई साहब कह दिया ?

–नहीं, फेला ! इतना उदास होने से काम नहीं चलेगा। अनूप सहानुभूतिपूर्ण भाषा में 'विरक्त फेला' को समझा रहा है–रहना है तो सहना होगा ! काका बाबू ने सबसे बड़ी गलती की है, तुम दोनों को कभी हॉस्टल में नहीं रखा।

फेला ने कहा–पढ़-लिखकर ही क्या होगा, अनूप-दा ?

अनूप ने कहा–हाँ, यह प्रश्न तुम्हारा सही है। जब मनुष्य अंधगुहा में था तब उसने प्रकाश की कामना की, प्रकाश दो ! और, आज प्रकाश के चकाचौंध से ही जब धरती विनष्ट हो सकती है तो··· फिर गुहा की ओर !

दोनों हँसे। फेला का जी तनिक हलका हुआ।

–नहीं रे फेला, सब बुरा ही नहीं हो रहा। कुछ अच्छाई भी कहीं-न-कहीं जरूर रही है··· पनप रही है।

–नहीं, अनूप-दा ! इस गड्डलिका-प्रवाह[1] में।

1. भेड़िया-धसान बाढ़ में।

—इस गड्डलिका-प्रवाह में ही नीलिमा जी रही है, दशरथ बाबू का पूरा परिवार पल रहा है। डॉक्टर हफीज, गाड़ीवान टोले का अकबर और मणि बाबू जी रहे हैं।

फेला का चेहरा अचरज से चमक उठा। बोला—अनूप-दा ! कल ही हेरम्ब बाबू का बड़ा बेटा गोरा डेढ़ लाख लेकर आया है, सिर्फ पाँच महीने में, आबकारी का हवलदार था। जिस गोरा ने मैट्रिक तक पास नहीं किया, लखपति हो गया है। मामा सबसे बड़ा ऑफिसर था। हिम्मत से काम किया और अब नौकरी रहे या नहीं रहे, वह लखपति तो हो गया।··· क्यों नहीं पढ़ेगा ?

अनूप ने कहा—तुम नीलिमा को जानते हो ?

—देबू बाबू की बेटी तो ? वह तो पगली है, किंतु ! फेला ने कहा

—तुमने कभी उसको कोई पागलपन करते देखा है ? अनूप ने पूछा।

फेला बोला—देखा नहीं, सुना है। हाँ, देखा भी है। एक बार परमान के किनारे टहल रहा था। वह बालू पर कुछ खोजती जा रही थी। हँसती जा रही थी, बहुत दूर तक चली गयी। ऐसा लगता था कि किसी के पैरों की छाप··· ?

अनूप हँसा—तुमने ठीक समझा है। वह कह रही थी, बालू पर लोमड़ी अथवा किसी रेंगनेवाले, पाँववाले कीड़े के पद-चिह्नों का पीछा करना उसे बहुत प्रिय है ! लेकिन, यह पागलपन कैसे हुआ ?

फेला ने हिम्मत से काम लिया—अच्छा, अनूप-दा ! एक बात बताओ तो। एक ओर तो तुम संन्यासी का बाना धारे हुए हो। दूसरी ओर, इस 'आय-माय' जाति से इतना हेल-मेल ! मेरी बुद्धि में जितना अँटेगा, उतना-सा ही समझूँगा न··· मैं समझ नहीं पा रहा हूँ।

अनूप हँसा—यदि 'आय-माय' से हेल-मेल नहीं रखूँगा, तो भीख कौन देगा ? पुरुष ? और तुम्हारे जैसे विरक्त छोटे भाइयों को कौन समझाएगा, कैसे समझा सकूँगा कि सबकुछ बुरा नहीं हो गया ! फिर, मैं संन्यासी हो गया हूँ··· यह कहना तो गलत है। संन्यासी होना खेल नहीं। आश्रम के नियमों का पालन करने में मैं असमर्थ हूँ। इसलिए स्वतंत्र हूँ, गाँव में होमियोपैथी दवा बाँटूँ अथवा रामायण-पाठ करूँ। लेकिन नीलिमा के घर एक दिन तुमको ले चलूँगा।

फेला ने कहा—चलूँगा।

अनूप गंभीर हो गया। थोड़ी देर तक कुछ सोचने के बाद उसने कहा—और हम-तुम साक्षी रहें ! एक बहुत बड़ी बात के !

—किस बात की साक्षी ?

—आज नहीं बताऊँगा ! बिजली से कह देना, मैं कल नहीं आ सकूँगा उधर।

पल्टू बाबू ने जब बिजली को इस्तीफा देने की सलाह दी तो बिजली तिलमिला उठी—ना, ना ! आमि मेहता के बिना··· मेहताजी से पूछे बिना मैं कुछ नहीं कर सकती।

पल्टू बाबू ने समझ लिया, बिजली क्यों बार-बार मेहता का नाम ले रही है।

—तो, मैंने तो उसी दिन तुमसे कह दिया था, मेहता को एक टेलीग्राम लगा दो। सुनो बिजली ! कल या परसों, किसी दिन गोधन आम-सभा बुला रहा है। सभा में इस विजिलेंस कमेटी पर अविश्वास प्रकट किया जायेगा। प्रस्ताव पास होगा। और, तुम्हारा उदाहरण उनकी बात को बल देगा। सीमेंट-लोहा-कोयला की एक प्राइवेट कंपनी के साझीदार की भतीजी हो तुम। उस कंपनी में काम भी करती हो। इधर विजिलेंस कमेटी में भी सदस्य रहोगी, यह संभव नहीं। तो, बाध्य होकर निकलने से पहले स्वयं निकल आना बुद्धिमानी है।

पल्टू बाबू उठे। पाँच बज रहे हैं। कुंतला कोर्ट से वापस आ गयी होगी। ··· चाय पिये बगैर बैठी रहेगी जब तक पल्टू बाबू लौटकर न जायेंगे।

बिजली टेलीग्राम लिखने बैठी—कम शार्प···।

फेला कना को आज बहुत प्यार से बुला रहा है।

—ओ कना !

कना लाज और डर से सिमटी खड़ी है। फेला की आँखें डबडबायी हुई हैं; उस दिन मारकर आज पछता रहा है—देखूँ; पीठ में दाग ! लेकिन, कना रे ! तोमरा सवाय गोल्लाय चले जाबे··· यह कैसे देख सकता हूँ ?

रमा आयी—फेला-दा ! आमादेर··· हम लोगों को भी आश्रम में ले चलो न एक दिन !

फेला ने पूछा—अच्छा ! तुम लोगों ने रामायण-महाभारत पढ़ा है ?

रमा चुप रही। कना ने पूछा—कौन रामायण !

फेला बोला—कृतिवास अथवा तुलसीदास का नाम सुना है तुम लोगों ने ?

—नहीं। दोनों ने एक सीधा-सादा जवाब दे दिया।

फेला हँसा। महाभारत की बात अब क्या पूछे ? उसने कहा—देखो कल से मैं रोज रामायण और महाभारत पढ़कर सुनाऊँगा। एक दिन रामायण और दूसरे दिन महाभारत !

फेला ने अपने पॉकेट से एक छोटी-सी किताब निकाली—अच्छा यह तसवीर किसकी है, पहचानो तो ?

—साधु की। दोनों ने फिर सीधा-सा जवाब दिया। दाढ़ीवाला साधु ही हो सकता है।

फेला ने किताब का दूसरा पृष्ठ उलटाया—और, इन्हें तो जरूर पहचानती होगी तुम ?

दोनों लड़कियों ने तसवीर को गौर से देखने की मुद्रा बनायी—हाँ, हाँ। पहचानती हूँ··· क्या नाम भला, विवेकानन्द··· सामीजी !

फेला का मुरझाया हुआ मुखड़ा जरा चमका। बोला—खैर। गुरु को नहीं, शिष्य को तो पहचाना तुमने। तुम-लोगों ने परमहंसदेव रामकृष्ण का नाम कभी नहीं सुना ?

ठीक कहते थे अनूप-दा।··· हम साक्षी हैं, प्रवासी-बंगालियों के इतिहास के। क्रमशः ह्रास होनेवाले एक चरित्र का यह चल-चित्र !··· आज से सत्तर-अस्सी साल पहले, इन इलाकों पर बंगालियों का राज था। हाकिम-हुक्काम, डॉक्टर-मास्टर-वकील, दुकानदार-व्यवसायी, स्टेशन-मास्टर से लेकर डाक-बाबू–सभी बंगाली। जिले के सभी सब-डिविजन पर बंगाली-शासन। इस इलाके के लोग बंगालियों को गोरी चमड़ीवाले अंग्रेजों से एक दर्जा ही कम समझते थे। शहर के इन हाकिम-हुक्कामों ने दूर-देहात तक की सीमा तक अपना प्रभाव फैला रखा था। गाँव और जमींदारियाँ भी इन्होंने खरीदीं। और तम्बाकू का व्यापार तक नहीं छोड़ा। स्वदेशी-आन्दोलन के युग में रहनुमाई भी इसी वर्ग ने किया, पहले-पहल।··· रेलवे का नाम था ईस्टर्न-बंगाल, और रेलवे के हर विज्ञापन में अँगरेजी के बाद बँगला का स्थान होता। अँगरेजी और बँगला में शुद्ध-शुद्ध लिखकर हिन्दी-उर्दू विकृत और भ्रष्ट करके इश्तहार टाँगते थे–अपना टीकट आप खरीद। माल का उपर नजर राख। जुयाचोर, चोर आउर पाकेटमार नजीक हाय।··· अँगरेजों की तरह, बंगाली-भाइयों ने भी यहाँ के साधारण-जन को 'जानवर' से अच्छी कोई दूसरी संज्ञा नहीं दी। और, जहाँ भी ये बसते वहाँ अपना निजी संगठन सुदृढ़ रखते। दुर्गा-पूजा, काली-पूजा तथा अन्य अवसरों पर कोलाकोली[1] किसी स्थानीय व्यक्ति से कभी नहीं करते। ··· एक बंगाली परिवार के लड़के-लड़की का अभिभावक हर बंगाली होता। शाम को अकेले इधर-उधर घूमनेवाले लड़के पर यदि धन्नू (जो म्यूनिसिपिलटी में मशालची का काम करता) की भी निगाह पड़ जाती, तो वह डाँटकर कहता–की रे ! एदिके कोथाय ?··· थामो, तोमार बाबा के बोलते होबे। सारे बंगाली-समाज का पिद्दी यह धन्नू, यह भी किसी लड़की को रास्ते में हँसते देखकर झिड़की दे सकता था–की रे ! हाँसछिस जे बड्ड।··· बेसी हाँसले, दाँत पोड़े जाबे··· माने हँसने से दाँत टूट जायेगा··· मारकर दाँत तोड़ दूँगा।

किंतु, कहते हैं कि यहाँ के बड़े और विज्ञ बंगालियों का कहना है कि राय-परिवार के फूलबागान ने ही, ऐसे परिवारों ने उस 'इंटिग्रिटी' को समाप्त किया।··· पल्टू बाबू के हमारे परिवार में प्रवेश को ही बैरगाछी-बंग-मिलन-संघ के भंग होने का प्रथम कारण मानते हैं। लेकिन, पूर्णिया-कटिहार-किसनगंज में ? वहाँ किसने इस संघ के कार्यक्रम में बाधा डाली ? नीलिमा-दी को यहाँ के एक मैथिल युवक से प्रेम हो गया ! घरवालों ने प्रेम को पनपने का मौका दिया। फिर, एक दिन हाथ में खड्ग लेकर खड़े हो गये–नीलू ! तुमी क्रिस्तान हऊ मोछलभानेर संगे बिये कोरो, तुमी ब्राह्मो हये जाउ। लेकिन, इस मैथिल ब्राह्मण के गँवार लड़के से संबंध ! हरि बोल, हरि बोल !! वह नीलिमा-दी आज तक उस प्रेम की ज्वाला में जल रही है। प्रेम के पवित्र नाम को उन्होंने आज तक कलंकित नहीं होने दिया। आज भी, सुशील झा की तसवीर से जी बहला रही है। आजीवन कौमार्य ? सुशील

1. गले से गले मिलना।

झा के दोनों लड़के, जो यहाँ के स्कूल में पढ़ते हैं, उनकी आँखों की मणि हैं। रोज एक बार से जी नहीं भरता है। कहती है–सुबह-शाम आया करो, तुम दोनों ! सुशील झा को फेला ने देखा है। मदनपुर मिडिल स्कूल का हेडमास्टर सुशील झा। कुमारी नीलिमा दास गुप्ता उसकी तथा उसके परिवार के हर प्राणी की मंगलकामना करती है, रोज। सुशील झा आनन्द से है। आज हर क्षेत्र से हमें उखाड़ा जा रहा है। उखड़ रहे हैं हमारे भाई लोग। जमीन में जड़ नहीं तो उखड़ेंगे ही। बंग-प्रभुत्व के दिन लद गये, इसे लदना था। कब तक यह चलता ?··· लेकिन, लेकिन··· कोई बंगाली परिवार अपने बच्चों को कृतिवास रामायण का नाम तक नहीं सुनने का अवसर दे और, इतने दिनों तक बिहार के इस भूखंड का रस चूसकर भी जो तुलसीकृत रामायण के रस से वंचित रहा, ऐसी जाति ?··· सारे जिले में बस एक या दो सज्जन मिलेंगे जिन्होंने तुलसीकृत रामायण का अध्ययन किया हो। लेकिन, हमारे पास इसके प्रमाण हैं कि दूर देहात में कृतिवासी और काशीरामदासी महाभारत की पंक्तियाँ आज भी लोगों के कंठों में है–अर्थ के साथ !!··· फूलबागान पर ही सारा दोष मढ़कर अपने को पापमुक्त समझनेवाले लोगों से फेला एक दिन जमकर बहस करना चाहता है।

फेला ने निश्चय किया है, वह हॉस्टिल में रहेगा। यह डेली-पैसेंजरी अब नहीं होगी। बस से भी नहीं जायेगा। वह कॉलेज-हॉस्टिल में रहेगा। घंटा की बात घंटा जाने।

घंटा अपनी बात कहता है–मैं अब नहीं पढ़ूँगा। सिर पर इतने कामों का बोझ लेकर पढ़ना अब असंभव है। और, पढ़कर होगा भी क्या ? विद्यार्थियों का संगठन मेरे हाथ में। प्रिंसिपल और प्रोफेसर लोग मुझसे डरते हैं। जिस दिन चाहूँ, जिनको चाहूँ 'मुर्दाबाद' बना सकता हूँ, तो अब पढ़कर होगा क्या ? प्रोफेसर बोलेगा–मैं जो अर्थशास्त्र पढ़ाता हूँ, वह ठीक है। मैं कहूँगा–सब पूँजीवादी-अर्थशास्त्र के सिद्धांत गलत हैं। बहस करूँगा और हारूँगा नहीं। फिर लड़ाई हो या संधि··· कुछ होकर रहेगा। तो, अब पढ़कर क्या होगा ?

मेहता ने कहा–पल्टू बाबू ने ठीक ही कहा है। तुमको इस्तीफा देना पड़ेगा, चाहे विजिलेंस कमेटी से दो, अथवा सप्लाइंग कम्पनी से। लेकिन, तुमने देरी क्यों कर दी ? आज सोशलिस्ट पार्टीवालों की सभा है। इस सभा के बाद तुम्हारा त्याग-पत्र देना···।

बिजली बोली–यही तो मैं भी कह रही हूँ कि अब इस्तीफा देना ठीक नहीं होगा।

मेहता ने सिर खुजलाते हुए कहा–नहीं, बिजू रानी ! इस्तीफा तो देना ही होगा। और एक बात। काका बाबू को तुम जरा समझा देना !··· हर जगह वह मेरे नाम को एक्सप्लाइट करते हैं। यह अच्छी बात नहीं।

—काका बाबू ने क्या किया ? बिजली ने अचरज-भरे स्वर में पूछा।

—यह काका बाबू से ही पूछना। मेहता के चेहरे पर अप्रसन्नता की झलक स्पष्ट हो गयी।

बिजली कुढ़कर बोली—मैं बुझौबल नहीं बूझना चाहती। जो बात है, साफ-साफ खोलकर कहते क्यों नहीं ?

—साफ-साफ क्या कहूँ ? वह मेरे नाम का नाजायज फायदा उठाने से कहीं बाज नहीं आते। सरकारी दफ्तरों से लेकर प्राइवेट कंपनियों और रेलवे-दफ्तर तक में मेरा नाम लेकर वह काम करवाते हैं। यह क्या अच्छी बात है, तुम्हीं बोलो ! मेहता ने अंतिम वाक्य समाप्त करते हुए बिजली की पीठ पर हाथ रखा। बिजली छिटककर अलग बैठ गयी।

—कौन बात अच्छी है या कौन-सी बात बुरी—यह हम क्या जानें ?··· तुम्हारे कारण मेरी बदनामी, हमारे परिवार की बदनामी सारे जिले में हो रही है। हमने तो कभी अच्छी-बुरी बात का सवाल नहीं उठाया।

मेहता ने समझ लिया, बिजली बहुत दुखी है, किसी कारण से। बिजली के व्यवहार से उसे अचरज हुआ। बिजली उठी और जाने लगी कमरे से। मेहता ने चतुराई से बात को बदलने की कोशिश की। लेकिन बिजली की आँखें डबडबा आयीं। मेहता से नहीं देखा गया, यह मुख बिजली का। उसकी निगाहें झुक गयीं।

फुटबाल मैच में जीतने के बाद जो 'हुर्रा' का नारा लगाया जाता है, उसी वजन का नारा फूलबागान के फाटक पर लगा—हुर्रे-रे-रे-रे-रे !!

घंटा उच्च स्वर में ऐलान करता है—एस. डी. ओ. को हमारी माँग के सामने झुकना पड़ा !··· घुटने टेक दिये। विजिलेंस कमेटी भंग हो गयी। हुर्रे-रे-रे-रे-रे !!

मेहता के ललाट पर पसीने की बूँदें जगमगा उठीं !

बिजली रो पड़ी !

इसी अवसर पर पल्टू बाबू दिखलायी पड़े—मैं जरा समाँ देखने आ गया !

गृहस्वामिनी ने सुना—'तमाशा देखने आ गया' तो बिना कुछ समझे-बूझे बड़बड़ाने लगी पल्टू बाबू को बुलाकर—तमाशा ! बड्ड तमाशा देखनेवाला एसेछेन !··· फूलबागान नहीं, थियेटर समझते हैं।

पल्टू बाबू अपनी कुर्सी पर बैठते हुए बोले—हाँ, इधर कुछ दिनों से थियेटर नहीं, एकदम जात्रा-नाच शुरू हो गया है।··· मैं देखने आया हूँ कि एक ही परिवार में, साँप-मोर-बकरी-बाघ किस तरह दिन काट रहे हैं ! ऊपर के एक कमरे में रहती है कांग्रेस की··· क्या है बिजली सो वही जाने। दूसरे कमरे में घंटा राम नारा लगाता है सोशलिस्ट पार्टी का। तीसरे में रामकृष्ण परमहंसदेव को लेकर फेला 'जप-ध्यान' में मग्न है। वाह ! बँगला खूब बना सरकार, जिसमें लगे हैं दस दरवाजे।

गृहस्वामिनी ने कुछ नहीं समझा लेकिन, सिर से आँचल उन्होंने कुछ समझकर खिसकाया··· पल्टू बाबू गृहस्वामिनी को खुला सिर देखते ही पिघल जाते हैं, सदा से। जब पहले-पहल आयी थी; याद है गृहस्वामिनी को, ठीक इसी चौखट के पास वह खड़ी थी, सिर खोलकर नयी दुल्हन··· गुरूदादू आये। सिर ढँकने लगी हड़बड़ाकर तो गुरूदादू ने सिर पर हाथ रख दिया–क्यों ढँकती हो ? कितना सुन्दर लगता है, तुम्हारा यह खुला सिर !··· उन दिनों गुरूदादू को लोग बाघ समझते थे फूलबागान में। उनकी उपस्थिति में कोई चीं-चूँ भी नहीं कर सकता। और··· और गुरूदादू की सबल बाँहों में पड़ी उसने कहा था–अब सिर नहीं ढँकूँगी आपके सामने। ··· रात में डेढ़ बजे गुरूदादू के पैरों की आवाज सुनकर ही उसके पति की नींद खुल जाती और अचानक पलँग छोड़कर कमरे से भागते। और, गुरूदादू निर्भय, निश्शंक उसके कमरे में आ जाते। चुपचाप, गुमसुम। वह जिस तरह भी लेटी रहे, गुरूदादू सिर से कपड़ा सरकारकर, सिर में उँगलियाँ जरूर चला देते थे। और कुछ नहीं। और कभी कुछ नहीं। पल्टू बाबू बहुत देर तक खुले सिर पान लगाती गृहस्वामिनी को देखते रहे। पान लेते समय पल्टू बाबू ने हँसकर कहा–चूना ज्यादा तो नहीं दे दिया है ?

इस बार गृहस्वामिनी हँस पड़ी। याद है गुरूदादू को ? शादी के बाद पहली बार पान सजाकर दिया बहू ने, तो मुँह जल गया।–ओ बौ ! आमर मुख पुड़िये, मुखपोड़ा कोरे दिले जे ![1] नयी दुल्हन हँसते-हँसते लोट-पोट हो गयी थी, अपने कमरे में।··· गृहस्वामिनी अपने कमरे में हँसते-हँसते लोट-पोट हो रही है।

भरी दोपहरी में आज गुरूदादू गृहस्वामिनी के कमरे में निर्भय, निश्शंक होकर आ रहे हैं।··· बौ ! बौ !! मुँह में पान लेकर बोलते समय पल्टू बाबू की बोली जरा विकृत हो जाती है। बौ यानी गृहस्वामिनी ने सिर ढँक लिया, सुफेद-काले बालों से भरा हुआ सिर। गृहस्वामिनी डर और अचरज से सोच रही है, यह आदमी क्या है ? आदमी, या देवता, या राक्षस ?··· इसकी भूख आज तक नहीं मिटी ?··· कुंतला ?

फूलबागान के फाटक पर होनेवाला कोलाहल अचानक फिर तीव्र हो गया। पल्टू बाबू ने अँगनाई से निकलकर डाँटा–क्या हल्ला मचा रहे हो !

सन्नाटा। घंटा की बोली ही बंद हो गयी।

पल्टू बाबू की गंभीर वाणी सुनी गयी–तमाशा कर रहे हैं, सब !

बिजली ने कहा–गुरूदादू ! मेहता तुम्हें बुला रहा है।

–मुझसे क्या काम है अब मेहता को ? मैंने कहा था न, समय रहते तुम इस कमेटी से निकल आओ···।

–हाँ, गुरूदादू ! तुमने ठीक कहा था।

–यह तुमने मेहता के कहने पर समझा है कि मैं ठीक ही कह रहा था उस

---

1. मेरा मुँह जलाकर मुँहजला कर दिया।

दिन ?

मेहता का चेहरा देखकर ही पल्टू बाबू समझ गये। अभी तुरत कुछ पिया है इसने ओठों से ! पल्टू बाबू ने कहा—मेहताजी ! डिस्ट्रिक्ट बोर्ड में जो एक जगह खाली पड़ी हुई है, बिजली को उस जगह पर नोमिनेट क्यों नहीं करवा देते ?

मेहता के दिमाग के बंद दरवाजों को किसी ने जोर से खोल दिया—ठीक ही तो ! पल्टू बाबू ठीक ही तो कह रहे हैं। विजिलेंस कमेटी के इस दुख को दूर करने के लिए कोई उपाय ही नहीं सूझ रहा था—आप ठीक कहते हैं।

बिजली चुपचाप खड़ी देख रही है पल्टू बाबू को। गुरूदादू जो कुछ कहता है, ठीक ही कहता है। मेहता का हतप्रभ चेहरा। मुरली नहीं, भेड़ ! मुरली, गोधन—सभी गुरूदादू के सामने भेड़ा हो जाते हैं। मेमियाते हैं। और ऐसा गुरूदादू खुद कुंतला के सामने भेंड़ा कैसे हो जाते हैं ? आश्चर्य !

मेहता ने कहा—मैं आज ही, अभी ही जा रहा हूँ। बिजू, तुम दुख मत करो। देखो, गुरूदादू की कृपा से···।

गुरूदादू की कृपा ! पल्टू बाबू की कृपा !!

बिजली जहाँ खड़ी है, उसके पास ही कैलेंडर पर किसी अभिनेत्री की तसवीर अंकित है। उसके सामने बिजली बूढ़ी-लगती है। बूढ़ा··· बूढ़ी··· जवान···! पल्टू बाबू मन-ही-मन हँसते हैं। उम्र से आदमी को मापने की मूर्खता कब तक करते रहेंगे, लोग ? पल्टू बाबू की इस मुसकराहट को देखकर बिजली को डर हुआ, कहीं आज फिर कोई बात न गड़ा बैठें।

किंतु पल्टू ने कोई बात नहीं गड़ायी। उन्होंने धीरे-धीरे कुंतला की चर्चा शुरू कर दी··· उसकी कुशाग्र बुद्धि··· उसकी बोली, फर्राटे से अँगरेजी बोलती है—अब तक पन्द्रह मुकदमे हाथ आये, बारह में जीत हुई है··· चमक जायेगी··· विदुशी है कुंतला, आदि-आदि।

बातें गड़ी नहीं। तेज छुरे की तरह इस पार से उस पार हो गयीं मानो। कुंतला, कुंतला, कुंतला ! वह झुँझला कर बोली—कुंतला के सिवा आजकल··· ?

पल्टू बाबू ने बीच में ही उसके वाक्य को पूरा करते हुए जवाब भी दे दिया—कुछ नहीं देखता हूँ उसके सिवा, बिजली। तुम लोगों ने कुंतला को गलत समझा है। वो तुम्हें बहुत प्यार करती है, किंतु ? और, यह डिस्ट्रिक्ट बोर्ड की मेम्बरी के लिए नोमिनेट करवाने की बुद्धि भी उसी के दिमाग की है।

बाहर छबि की खिलखिलाहट सुनकर ही पल्टू बाबू समझ गये, गोधन भी आया है। उन्होंने मुसकराकर कहा—अब जरा इस लीडर साहब को सुबुद्धि दे दूँ। ··· अखिल भारतीय अधिवेशन में गोधन को डेलिगेट होना चाहिए !

विक्ट्री डे !

सोशलिस्ट पार्टी की स्थानीय शाखा ने 'विजय दिवस' मनाने का निश्चय किया

है। सब-डिविज़नल ऑफिसर ने विजिलेंस कमेटी को 'डिज़ॉल्व' कर दिया है। दूसरी कमेटी बनेगी। सोशलिस्ट पार्टीवाले इसको अपनी जीत मानते हैं। भाइयो ! आइए, इस नकली कमेटी के टूटने की खुशी में हम लोग मिलकर आनंद मनावें। नव-सांस्कृतिक संघ की ओर से जननृत्य का प्रदर्शन !

जननृत्य !

बलवाही, विदेशिया, सावित्री, बेहुला, कसला तथा नन्हीं-विन्हीं नाच-पार्टीवालों को जीप पर लादकर ला रहा है घंटा।

स्कूल के पासवाले मैदान में मुक्त आकाशी-मंच बनाया गया है।

छबि ने कहा–बिजू-दी, तुम तो नहीं जाओगी देखने।

बिजली बोली–क्यों नहीं जाऊँगी ? जरूर जाऊँगी।

छबि अचरज से बोली–मुरली-दा भी जायेंगे ?

बिजली ने कहा–मुरली-दा बाहर गये हैं।

बाबाजी और रामटहल तैयार होकर छुट्टी लेने आया तो गृहस्वामिनी बोली–सभी जा रहे हैं तो घर में कौन रहेगा ?

बाबाजी बोला–बिजू-दी रहेंगी।

छबि ने पुकारकर कहा–बिजू-दी भी जायेंगी।

इस बार बिजली ने हँसकर कहा–नहीं रे। मैं नहीं जाऊँगी।

छबि चली गयी। फूलबागान में रह गयी सिर्फ बिजली। अकेली नहीं, वह रूपन को ले आयी।

रूपन तोता !

लट्टू बाबू के पिता के समय से ही रूपन पिंजड़े में है। बूढ़ा हो गया है। आजकल उपेक्षित अवस्था में दिन काट रहा है। लेकिन एक समय था जबकि घर के मालिक सुबह उठकर सबसे पहले रूपन से बातचीत करते थे–की रूपन। भालो कोरे घुमिये छिले ? नींद अच्छी तरह आयी थी। राधे-राधे, राधे-श्याम बोलो, रूपन ! पिछले तीन-चार साल से उससे कोई नहीं बोलता। उसने भी बोलना बंद कर दिया है। समय-असमय में, कभी-कभी राधेश्याम का नाम ले लेता है। कल ही, कल ही तो, छत के कोने में जब छबि रूठी बैठी और गोधन मनाने आया था तो रूपन बोल उठा था–राधे-राधे !!

बिजली ने सेब का एक टुकड़ा दिया। रूपन की आँखें छलछला आयीं शायद। ··· अहा, बिजू-दी ! एक युग हो गया सेब खाये। भगवान भला करे तुम्हारा।

–रूपन ! खाओ।

–खा लो तो राधे-राधे रटना।

रूपन ने इस बार सीटी दिया। सारा फूलबागान उसकी सीटी से गूँज उठा। ··· राधे-राधे। राधेश्याम। बोलो।··· के-के-के ? कुत्ता-कुत्ता-कुत्ता।··· आ तू-तू-तू !

–कहाँ है कुत्ता, रूपन ?

–आ तू-तू-तू !! कुत्ता-कुत्ता-कुत्ता !

कुत्ता नहीं, गोधन !

गोधन आया है बिजली को लिवाने–बिजू-दी ! चलिए, ऐसा आयोजन फिर कभी नहीं होगा। कहीं तिल धरने की जगह नहीं।··· अभी छबि बोली कि बिजू-दी भी आना चाहती थीं। चलिए, मैं दो कामरेड साथ ले आया हूँ। वे यहाँ रहेंगे। चलिए···।

–कुत्ता-कुत्ता-कुत्ता ! आ-तू-तू-तू !!

–नहीं, मेरा जी अच्छा नहीं।

–क्या हुआ है ?

–सिर में दर्द है ?

–हाँ।

–लाइए, मैं टीप दूँ।

–छिः ! आप जाइये।

गोधन, फूलबागान पर अपना एकछत्र राज्य समझता है। जिसको चाहे प्रसन्न कर सकता है। जूट-मिल खोलने के लिए बैरगाछी-मैदान पर डेढ़ सौ बीघे जमीन की रजिस्ट्री बना देगा, लट्टू बाबू के नाम।··· पल्टू बाबू के बाद, गोधन को ही 'लक्ष्मी' मानते हैं फूलबागानवाले। ··· मुरली बाबू का मान-आदर धीरे-धीरे कमने लगा है।

बिजली आज बहुत दुखी है। उसको अपनी माँ की याद आ रही है आज। वह गोधन को नाराज नहीं करना चाहती लेकिन, क्या करे ? वह जानती है, गोधन उसको बुलाने नहीं आया है। वह क्यों आया है, जानती है बिजली। किन्तु, किन्तु··· ।

–मारिये गोली इस तोता को। इधर आइए !! गोधन ने बिजली का हाथ पकड़ लिया।

–कुत्ता-कुत्ता-कुत्ता !

बिजली रोने लगी, फूट-फूटकर। गोधन डर गया। उसके सिर पर सवार भूत तुरत उतर गया। क्या हुआ बिजली को ? क्यों रोने लगी ? उसने समझाने की चेष्टा की–बिजू-दी ! क्या हुआ ? देखिए, रोइए मत। मुझे कहिए, क्या हुआ ?

बिजली क्या कहे ? उसे अपने-आपसे घृणा हो गयी है। वह अपनी देह पर किरासन-तेल डालकर आग लगा लेना चाहती है। छिः, छिः ! यह भी कोई जिन्दगी है ? ऐसी जिन्दगी से मौत भली। राह चलते लोग थूकेंगे, फूलबागान के हर प्राणी पर··· !

गोधन बिजली की आँख पोंछना चाहता था कि छबि की छाया छत पर दिखायी पड़ी–छबि ! तुम भी आ गयीं। देखो न, बिजू-दी रो रही हैं।

छबि जानती थी, बिजू-दी अब गोधन को पकड़ेगी। और, गोधन ? इसकी बात का क्या परतीत ? यह तो पुरुष है। लेकिन, बिजू-दी को क्या हो गया है, जरा भी संतोष नहीं। वह बोली–वहाँ घंटा-दा बार-बार तुमको खोज रहा है और

तुम यहाँ 'कलंक-भंजन' लीला कर रहे हो !

बिजली समझती है, छबि कोई मौका खोज रही है। एक दिन वह बरसेगी। छबि, बरसी नहीं। वह आकर बिजली के पास बैठ गयी। रूपन के पिंजड़े को देखकर उसे भी बचपन की बातें याद आ गयीं। रूपन ने फिर एक बार 'राधे' का नाम लिया।

गोधन जाने लगा तो रूपन ने पुकारकर कहा–कुत्ता ! तू-तू-तू !!

छबि ने डाँटते हुए कहा–छिः, ए की ! रूपन, किसको कुत्ता कहते हो, वह गोधन-दा है। बोलो, ऐसा-ऐसा !!

रूपन 'ऐसा-ऐसा' नहीं कहेगा। वह कुत्ते को पुकारेगा–तू-तू-तू ! कुत्ता-कुत्ता-कुत्ता !! छबि हँसने लगी।

बिजली ने कहा–तुम नहीं जाओगी अब ?

छबि ने कहा–नहीं। चलो, बिजू-दी ! तुम्हारा सिर टीप दूँ।

पल्टू बाबू एस. डी. ओ. साहब को समझा रहे हैं–हुजूर ! सारे इलाके में आपका नाम हो गया है। जनता की माँग पर आपने कमेटी को तोड़ दिया। लेकिन, अब जो भी कमेटी बनाइएगा, उसका क्या आधार होगा ? याने, इसमें कैसे लोगों को लीजिएगा ?··· और··· और···!

एस. डी. ओ. साहब ने कहा–आपसे बहुत बातें करनी हैं। थोड़ी देर बैठिये···।

पल्टू बाबू की नजर में, सभी शतरंज के प्यादे हैं–फीले हैं, घोड़े हैं, किश्ती हैं। लट्टू बाबू, बिजली, गोधन, मेहरा, कुंतला, फेला, छबि–सभी। सारी दुनिया शतरंज के काले-सादे घर, चौकोर स्क्वायेरों में विभक्त। कहीं बिजली है, कहीं गोधन।

लेकिन, इस बार उन्हें लगता है, वह खुद भी कुछ हैं··· बादशाह ! नहीं-नहीं, वह मात नहीं खा सकते···।

युगों से पल्टू बाबू ने इस इलाके पर अपना प्रभाव प्रसारित किया है।··· बैरगाछी कस्बा को बसते देखा है पल्टू बाबू ने। उन्होंने बसाया है यह कस्बा। परमान नदी के सात घाट की ही नहीं, बारह घाटों की ठेकेदारी की है। जिले-भर के मशहूर लोगों को बरसात के दिनों में पन्द्रह साल तक नावों पर खेकर इस पार से उस किनारे तक पहुँचाया है। लट्टू बाबू के पिता ने सभ्य समाज में जगह दी। फिर पल्टू बाबू ने अपनी पहुँच के मुताबिक 'फूलबागान' की प्रतिष्ठा के लिए काम करना शुरू किया था।··· इलाके का मशहूर डकैत, पल्टू बाबू का शिष्य। मशहूर पहलवान, पल्टू बाबू का चेला। मशहूर मूर्ख-अमीर, पल्टू बाबू का मित्र। ··· बसते हुए कस्बे के लोगों को मालूम था, पल्टू की नाराजगी का क्या अर्थ हो सकता है ?··· प्रसाद बाबू मुख्तार ने खुलेआम विरोध किया था–नहीं-नहीं। इस आदमी से बात करना भी मैं अपनी शान के खिलाफ समझता हूँ। पल्टू बाबू सुनकर

मुसकराते रहे—मुख्तार साहब बात से समझनेवाले देवता नहीं हैं। पल-भर के अंदर ही परसाद बाबू मुख्तार का भ्रम दूर हो गया था। गिड़गिड़ाकर बोले थे—माफ करो, पल्टू…!

इस कस्बे के किस परिवार का ऊँच-नीच उनसे छिपा है ? आज भी, किस घर की हाँडी में क्या पकता है, कोई पल्टू बाबू से पूछे।… अब तो, सब-डिविज़न के सबसे बड़े अफसर तक उनसे पूछकर राह चलते हैं। यों, हाकिम-हुक्कामों के घर के चोर-दरवाजों से बहुत पहले से ही परिचित हैं। कौन कहता है कि अँगरेज अफसर घूस नहीं लेते थे ? पल्टू बाबू ने अपने हाथ से मुहरों से भरी हुई थैली दी है, खाँटी अँगरेज साहब बहादुर को। मुल्की मल्लाहवाले मामले में ! पचास साल पहले की बात है। मुल्की को बेदाग बचा लिया था पल्टू बाबू ने। एक अँगरेज एस. पी. ने आते ही सबसे पहले पल्टू बाबू को किसी तरह फँसाना चाहा था। अंत में संथालों के द्वारा उसका शिकार किया था पल्टू बाबू ने। लाश ही गायब !

लेकिन, अंतिम समय में उनके पाँव डगमगा रहे हैं, क्यों ? कुंतला ने उनको झकझोर दिया है। कुंतला नहीं, आँधी !

आज तक कभी घर-गृहस्थी बसाने की वासना जिस व्यक्ति के दिल में नहीं जगी, वह प्रजा-काम हो गया है। इस उम्र में विवाह का प्रस्ताव किस मुँह से कोई कर सकता है ? कुंतला-जैसी युवती से ?… लेकिन पल्टू बाबू प्रस्ताव रखेंगे। उन्होंने निश्चय कर लिया है।

कुंतला बदला लेगी। सभी से। अपने भाई-बाप से, समाज से, गोधन से, बिजली से, छबि से। प्रतिहिंसा की आग अब धुधुआ उठी है उसके अंदर। सभी को झोंकना चाहती है इस आग में। उसके पिता ने इधर कई दिनों से कहना शुरू किया है घुमा-फिराकर—पल्टू बाबू को लेकर लोग तरह-तरह की बातें फैला रहे हैं।

आज कुंतला ने स्पष्ट शब्दों में जवाब दे दिया है—तुम सारा दिन घर में पड़े रहते हो और दुनिया-भर की बातें तुम्हारे कानों में पड़ जाती हैं। मैं दिन-भर बाहर रहती हूँ, लेकिन कभी तो किसी से कुछ नहीं सुना।

पुलिस-सुपरिंटेन्डेन्ट ने पत्र लिखा है, व्यंग्य-भरा। जवाब दिया है कुंतला ने, प्रेम-भरा !… सभी से बदला लेगी कुंतला…।

यह नया सब-डिप्टी-मजिस्ट्रेट अपने को युसुफ समझता है। हूँ… इससे भी बदला लेगी, कुंतला ! आज बहस के समय वह अभद्र हँसी क्यों हँस रहा था ? पिद्दी हाकिम !

क्रिं ! कॉल-बेल की इस प्रकार को पहचानती है, कुंतला। इस कॉल-बेल का अर्थ है—आज पल्टू बाबू देर तक बैठेंगे। आज कुंतला देर तक बैठावेगी पल्टू बाबू को।

—मुँह लटका हुआ है जो ?

कुंतला और भी उदास हो गयी। कुछ बोली नहीं।

—आज बहस में क्या हुआ था ?

—कुछ नहीं।

—सिर-दर्द है ?

—नहीं।

गृद्ध और हिरणी की आँखें आपस में मिलीं। हिरणी की आँखों में माया के आँसू उमड़े।··· किस पर वज्र गिरनेवाला है ? भोलासाही बाबू लाठी टेकते हुए कमरे में बिना खाँसे-खखारे आ गये। कुंतला ने चिल्लाकर कहा था—बाबू ! तुम यहाँ क्यों आये हो ? तुमको चलना-फिरना मना है न ?

—नहीं, मैं चलूँगा। जब तक मेरी सारी देह में लकवा नहीं मार देता, तब तक चलूँगा। भोलासाही बाबू पास के मोढ़े पर बैठ गये। खाँसकर बोले—माय् रे !

कुंतला कमरे से बाहर निकल गयी और सनेही को पुकारने लगी—सनेही ! बाबूजी को ले जाओ।

सनेही आकर भोलासाही बाबू को समझाने लगा—कविराजजी ने चलना मना किया है आपको। चलिए, आराम कीजिए, आराम कीजिए।

कुंतला ने आज प्रथम बार 'तुम' कहा पल्टू बाबू को बड़े प्यार से—बाबू को देखकर तुम इस तरह सकपका क्यों जाते हो ? मैं तुम्हें किसी के सामने इस तरह सकपकाया हुआ नहीं देख सकती।

प्रसिद्ध-दिलेर पल्टू बाबू का दिल काबू से बाहर होकर धड़क रहा है—कुंतल ! मैं चाहता हूँ कि तुम··· मैं··· तुम्हारे साथ दिन-रात रहूँ।

भोलासाही बाबू अपने कमरे में जोर-जोर से रो पड़े—मुझे देखनेवाला कोई नहीं। मेरे मुँह पर कालिख लगनेवाला है। सनेही रे !

बिजली, डिस्ट्रिक्ट बोर्ड का सदस्य नामजद हो गयी। फूलबागान में आज फिर धूम-धाम से पूजा-पार्टी का आयोजन हो रहा है। समाजियों के लिए पूजा और साहब-समाजियों के लिए पार्टी।

घंटा इस पार्टी में नहीं भाग ले सकता। इसलिए वह आज 'टूर' पर निकल गया है, साइकिल से।

फेला अब घर नहीं आता है कभी।

रमा और कना हर सप्ताह फेला-दा को पत्र लिखती हैं।

बाबाजी वौबजन और रामटहल युगों के बाद लम्बी छुट्टी लेकर घर गये हैं। गृहस्वामिनी रोज कहती है—बिजू ! ठाकुर और रामटहल को तार लगा दो। मैं अब नहीं खट सकती, आर पारि ना।

बिजली का दिन भी बार-बार पुकारकर कहता है—आमि आर पारि ना।··· पारि ना। नहीं ढो सकती अब ऐसी जिंदगी··· !

लट्टू बाबू कहते हैं–इस बार तो बिना गाड़ी के तुम्हारा काम नहीं चल सकता। कल ही कलकत्ता जाता हूँ।

बिजली हँसती है--काका बाबू भी खूब हैं। उन्होंने हिसाब करके देख लिया है। गाड़ी के बिना अब नुकसान ही होगा।··· बिजली मन-ही-मन गाँठ बाँध रही है किसी बात में। वह भी बदला लेना चाहती है किसी से क्या ?

हाँ। बिजली भी बदला लेगी, मुरलीमनोहर मेहता से। और किसी से नहीं। कुंतला से भी नहीं। सिर्फ मुरलीमनोहर मेहता की उजली टोपी को कीचड़ में घसीटना चाहती है। वह लेगी बदला।

बिजली बड़बड़ायी–का पुरुष !

रूपन चिल्लाया–कुत्ता !

बिजली हँसी–रूपन ने ठीक पहचाना है। सभी कुत्ते !! छोगमल, मुरलीमनोहर, गोधन, पल्टू बाबू··· !

पूजा-पार्टी समाप्त होने के बाद गृहस्वामिनी दौड़ती-हाँफती आयीं, बिजली के कमरे में। तुतलाती हुई बोली–बि-बि-बिजू-रे ! सुनेछिस ? गुरूदादू कुंतला के लिए कोरबे।[1]

–एँ ?

काँच का कोई बर्तन अचानक झनझनाकर टूटा, फूलबागान के किसी कोने में।

–कुंतला से शादी करेंगे पल्टू बाबू ?

–गुरूदादू ?

–हाँ। आमि। खबर सही है। कल ही रजिस्ट्री होगी। तुमको साक्षी के लिए कहने आया हूँ।

भोलासाही बाबू पागल हो गये हैं। उन्हें लगता है, उनके मुँह पर कालिख पुता हुआ है। सनेही के सिवा और कोई भी उनको समझा नहीं सकता। लेकिन, आज शाम को वह हठात् शांत हो गये हैं, नॉर्मल !

–बेटी ! कुंतला को पुकार वह चुप हो गये।

–क्या है, बाबूजी !

–पल्टू से लिखा-पढ़ी हो गयी ?

–कैसी लिखा-पढ़ी ? रजिस्ट्री ?

–नहीं। रजिस्ट्री के पहले कोई लिखा-पढ़ी नहीं करोगी ?

कुंतला समझ गयी। बोली–रजिस्ट्री के अलावा और किसी लिखा-पढ़ी की बात मैंने कभी नहीं सोची।

आहत स्वर में भोलासाही बाबू बोले–तो, हमारी एक बात भी नहीं मानोगी

---

1. सुना है ? गुरूदादू कुंतला से शादी करेंगे।···

तुम ?

सनेही ने समर्थन करते हुए कहा–तेतरी-दी, कम-से-कम लिखा-पढ़ीवाली बात तो तुम मान लो।

कुंतला बोली–इस लिखा-पढ़ी की बात पी. बी. से मैं नहीं कहूँगी। कुंतला पल्टू बाबू को आजकल संक्षिप्त नाम से पुकारती है–पी. बी.। पीबी !!

सनेही बोला–कहो तो, मैं बात करूँ उनसे ?

कुंतला ने चुप रहकर अपनी सहमति प्रकट की और सनेही साइकिल लेकर निकला। कुंतला ने बुलाकर कहा–लेकिन मेरा नाम इस प्रस्ताव में मत जोड़ना।

–तुम निश्चिंत रहो।

पल्टू बाबू ने बात मान ली।··· रजिस्ट्री के पहले कागज बना देंगे। सारी सम्पत्ति कुंतला के नाम लिख देंगे। फिर रजिस्ट्री का कागज लिखा जायेगा। रजिस्ट्री कल नहीं होगी।

सारे शहर में बात फैल गयी–रजिस्ट्री कल नहीं होगी। कल कागज बनेगा। ··· वसीयतनामा !

फुलगेंदा साह हलवाई की दुकान पर, कचौड़ी की तरह बातें छानी जा रही हैं। फत्तू खलीफा ताजा रिपोर्ट ले आया है–रजिस्ट्री कल नहीं होगी। पहले वसीयतनामा, तब रजिस्ट्री।

–कागजी शादी इसी को कहते हैं।

–कोई पुरोहित या मंत्र-तंत्र नहीं पढ़ाया जाता रजिस्ट्री-शादी में !

–शादी के बाद, क्या कहते हैं, सो ही करने दारजिलिंग जायेंगे पल्टू बाबू।

–क्या करने जायेंगे ? सो ही।

–सो ही वही, हनिबूल।

–यह क्या होता है ?

–हनिबूल नहीं, हनिमून।

–अँगरेजी में इसका क्या माने होता है ? फत्तू खलीफा ने कचौड़ी खाते हुए स्टुडेंट से पूछा–कहिए तो बाबू, हनिमून का क्या माने होता है अँगरेजी में ?

विद्यार्थी ने कहा–हनी माने शहद, और मून माने चाँद।

–तो टोटल माने हुआ जाकर के–शहदचाँद ?

शहदचाँद।

–क्या कहा ? कुंतला क्रिस्तान हो जायेगी ?

–कौन कहता है ?

–अच्छा ? सरकार के हाथ में इस शादी को कंट्रोल करने का कोई कानून नहीं ? बाल-विवाह के लिए तो कानून है, लेकिन···।

–कौन कंट्रोल करवाना चाहता है, भाई ?

–बाल-विवाह करना कसूर है तो बूढ़ा-विवाह क्यों नहीं ?

—कौन है बूढ़ा ? अरे, पल्टू बाबू अभी पाँच जवान पर भी भारी हैं।

—कौन साबित करेगा कि बूढ़ा है ? अस्पताल की डागडरनी ?

जोरों का ठहाका लगा।

साइकिल से जाते हुए सनेही ने ब्रेक लगाया। एक भीड़ शोभाचंद मारवाड़ी की दुकान के पास जमी थी। सभी इसी शादी की चर्चा कर रहे थे। सनेही को देखकर शोभाचंद के बड़े लड़के बैजनाथ ने कहा—सनेही ? क्या हुआ इस मैरेज में ? पोस्पोन्ट हो गया, सुनते हैं ?

—पोस्टपोन्ड नहीं हुआ है। परसों होगा।

—तुम्हारे दोस्त का क्या हाल है ?

—कौन दोस्त ?

—गोधनलाल का ?

लिखा-पढ़ी हो गयी !

और, आज शादी का कागज भी तैयार हो गया।

रजिस्ट्री-ऑफिस में आज भीड़ लगी हुई है। तिल धरने की भी जगह नहीं।

पल्टू बाबू गुलाबी अचकन पहनकर आए, फिटन गाड़ी पर।

कुंतला टमटम पर आयी !··· साड़ी सफेद क्यों ?

ऑफिस के बाहर खड़ी भीड़ को कुछ पता भी नहीं चला। आध घंटा के अंदर ही पल्टू बाबू अपनी विवाहिता स्त्री कुंतला देवी के साथ ऑफिस से बाहर निकल आये।

दोनों, फिटनगाड़ी पर सवार होकर चले गये !

—वाह रे शादी !

—इसी को कहते हैं, सरकारी शादी !

—न ढोल, न ढाक, न बाजा, न शहनाई—हो गई शादी। वाह रे शादी !

—ऐसी शादी ही ठीक।

—अखबार में तो यह खबर जरूर छपेगी ?

—फोटू भी छपेगा।

—छपने दो साले को।

—लेकिन, देखना—मैं कहता हूँ, एक महीने में ही सिठ्ठी निकालकर छोड़ देगी ! भोलासाही की बेटी है, खेल नहीं !!

पल्टू बाबू के घर पर पार्टी है रात में !

फूलबागान के सभी सदस्य निमंत्रित हैं। गृहस्वामिनी से लेकर रमा और कना तक को पल्टू बाबू ने वस्त्र और आभूषण दिया है, इस शादी के अवसर पर। रामटहल और बौबजन बाबाजी को भी मोहर छाप धोती और रेशमी कुर्ता मिला।

युनूस गाड़ीवान को रेशमी पगड़ी का शौक था, सो भी पूरा हो गया है।

रात के ग्यारह बजे तक, पल्टू बाबू के घर पर भोज चलता रहा। लाउड-स्पीकर पर रेकार्ड बजते रहे, बारह बजे रात तक। इसके बाद, कोलाहल धीरे-धीरे शांत हुआ। गृहस्वामिनी ने, बिजली ने, रमा-छबि-कना ने मिलजुलकर 'बासर घर' को सजाया है। फूल-ही-फूल—चारों ओर !

डेढ़ बजे रात में गृहस्वामिनी मुसकराती हुई, अकेले बैठे हुए पल्टू बाबू से कहने गयी—एक बार ताहले।

दोनों की आँखें चार हुईं और हठात् झुक गयीं।

पल्टू बाबू ने जब 'बासर घर' में प्रवेश किया, तो बिजली ने शंख बजाया। 'बासर घर' का दरवाजा धीरे-धीरे बंद हो गया।

सजी-सजायी दुलहिन—कुंतला ! अप्सरा !

पल्टू बाबू का कलेजा धड़क रहा है। अपूर्व आनंद !

कुंतला देखती है, एकदम नया पी. बी. ! चेहरा एकदम बदल गया है। लगता है, लगता है भोला-भोला शिशु जैसा उसका यह स्वामी ! आँखें फाड़कर उसको देख रहा है। एकदम चेंज्ड मैन ! कुंतला ने ही मौन भंग किया। 'बासर घर' में पहले उसी की बोली हौले-हौले सुनायी पड़ी—पी. बी. !

—?? ??

—बैठो, पी. बी. ! कुंतला ने पहली बार अपने पति को स्पर्श किया।

अपूर्व आनंद ! मुँह में बोली क्यों नहीं आ रही ? पल्टू बाबू कुछ बोलना चाहते हैं। लेकिन, यह क्या ? बोली आती नहीं जीभ पर।··· कुंता ! रानी कुंता।

कुंतला ने ही बाहु-बंधन में बाँधा। आह ! इतने दिनों के बाद··· युगों के बाद आज अपने मन की अपनी··· अपनी ही पत्नी··· अपनी स्त्री··· सुगंध का सागर उमड़ा है··· कुंता··· रानी कुंता··· पी. बी., मेरे राजा रो क्यों रहे हैं ? पीबी ? पी बी ?? पी··· बी ! अरे ???

—हाल्ट हुकुमदार !

ट्रेजरी के पहरेदार की आवाज गूँज उठी !

काकी माँ !

—काकी माँ !! कुंतला डाकछे।

—काकी माँ। काकी माँ !

—ऐं ? क्या हुआ ?

—जल्दी डॉक्टर को बुलाओ। पीबी को क्या हो गया ?

—एँ, डॉक्टर ? डॉक्टर ? डॉक्टर ? केन··· केन डाको डॉक्टर ?

कोहराम मच गया, छन में ही।

—पल्टू बाबू शेष ?

—शेष ? अँ ?

—गजब हुआ।

डॉक्टर ने आकर देखा—सजे-सजाये पलँग पर पल्टू बाबू सोये हैं।··· अभी कुछ देर पहले आँखें खुली थीं।··· पानी ? हाँ, पानी लिया है··· कुंतला कहती है डॉक्टर, प्लीज़ सेव माई पीबी !

डॉक्टर ने नाड़ी पर हाथ रखा। छाती पर स्टेथस्कोप लगाया और एक लम्बी साँस लेकर उठ खड़ा हुआ।

इस बार दहाड़ मारकर कुंतला डॉक्टर के पैर पर गिरी—मेरा सर्व··· नाश !!

गृहस्वामिनी ने आगे बढ़कर कुंतला को सँभाला।··· कुंतला नंगी हो गयी है ··· कपड़े-गहने नोंच-नोंचकर फेंक रही है, देह से—यह क्या हुआ, काकी माँ ? ए कि होली ?

कौन जवाब दे ? क्या जवाब दे ?

सुबह पुलिस-इंसपेक्टर ने आकर लाश पर कब्जा कर लिया, पोस्टमार्टम किया जायेगा !

—लेकिन, क्यों ?

कुंतला ठठाकर हँस पड़ी—ठीक है। ठीक है !! मैं समझ गयी।··· ले जाओ, काटो-चीरो-फाड़ो, पता लगाओ, चला गया यह पीबी मेरा··· कैसे चला गया ? ले जाओ !

पुलिस-सुपरिन्टेन्डेन्ट ने आकर जिरह करना शुरू किया तो कुंतला फिर पगली हो गयी—आई हेट टु टॉक !

—लेकिन, जवाब आपको देना ही होगा।

—क्यों ?

—क्योंकि, पल्टू बाबू की मृत्यु बड़े नाटकीय ढंग से हुई है।

—जासूसी नाटक··· हँ-हँ-हँ··· जासूसी··· जासूसी··· जासूसी !!

जुलूस

नलिनजी की याद में

भूमि...

पिछले कुछ वर्षों से मैं एक अद्‌भुत भ्रम में पड़ा हुआ हूँ ! दिन-रात–सोते-बैठते, खाते-पीते–मुझे लगता है कि एक विशाल जुलूस के साथ चल रहा हूँ। अविराम !

यह जुलूस कहाँ जा रहा है, ये लोग कौन हैं, कहाँ जा रहे हैं, क्या चाहते हैं–मैं कुछ नहीं जानता। इस महाकोलाहल में अपने मुँह से निकला हुआ नारा--मुझे नहीं सुनाई पड़ता। चारों ओर एक बवण्डर मँडरा रहा है, धूल का।...

इस भीड़ से निकलकर, राजपथ के किनारे सुसज्जित 'बॉलकॅनी' में खड़ा होकर जुलूस को देखने की चेष्टा की है। किन्तु इस भीड़ से अलग होने की सामर्थ्य मुझमें नहीं। इस जुलूस में चलनेवाले नर-नारियों से–अपने आस-पास के लोगों से मेरा परिचय नहीं। लेकिन उनकी माया... ममता... मैं छिटककर अलग नहीं हो सकता !

मेरे इस उपन्यास 'जुलूस' पर मेरे इस अद्‌भुत मानसिक विकार का प्रभाव अवश्य पड़ा होगा !

–फणीश्वरनाथ 'रेणु'

आज वह 'हल्दी चिरैया' फिर आयी है ?

बरसात-भर यह रोज इसी तरह समय-असमय आयेगी और किसी पेड़ की डाली पर भीगती हुई या पंख सुखाती हुई सुरीले स्वर में एक लम्बी पंक्ति दुहरायेगी। संस्कृत श्लोक की कड़ी–'का कस्य परिवेदना !' स्पष्ट ! हू-ब-हू !··· पता नहीं क्या बोलती है ! पवित्रा को अचरज होता है, यहाँ के लोग इस 'पाखी' का नाम नहीं जानते। पूछने पर मुँह बिदकाकर कहेंगे–पता नहीं क्या नाम है। हल्दी-चिरैया नाम पवित्रा ने ही गढ़ लिया है।

यही एक पखेरू है जो उसके देश में नहीं होता। या होता भी हो तो पवित्रा ने कभी नहीं देखा। सचमुच, इस 'देश' में कुछ भी ऐसा नहीं जो पवित्रा के 'देश' में नहीं था। पेड़, फल, फूल, फसल, जानवर, पंछी··· सिर्फ़ इस 'हल्देपाखी' को छोड़कर। 'माछराँगा' को यहाँ के लोग 'मछलोकनी' कहते हैं। पवित्रा के गाँव का–अर्थात् 'पूर्वबंग' का–'पेंचा' ही यहाँ का उल्लू है, यह उसने यहाँ आकर जाना। उल्लू को 'भल्लुक' के जैसा कोई जानवर समझती थी। लोगों के नामों में 'लाल', 'प्रसाद' और 'झा' तथा 'नारायण' लगा देने से क्या होता है, चेहरे तो नहीं बदलते ? लेकिन इस (नबीनगर गाँव) के सैकड़े निन्नानबे लोग ऐसे हैं जो पवित्रा की राय से सहमत नहीं। वे कहेंगे–की मुश्किल दीदी ठाकरुन।··· परछाद टाइटेल अपने गाँव के किसी आदमी के नाम में लगा दो, देखोगी फिट ही नहीं करेगा।

–नाम के माफिक चेहरा भी होना होगा।

–'आपना' देश फिर 'आपना' देश !··· पर-भूमि कैसी भी हो, आखिर पर-भूमि ही है।

गाँव बसने के बाद पवित्रा एक दिन गाँव के लोगों को समझा रही थी–हम लोगों का भाग्य अच्छा है कि इस जिले में हमें बसाया गया। यहाँ धान और पाट की खेती होती है, हम भी अपने देश में धान और पाट की खेती करते थे। यहाँ के लोग भी मछली-भात खाते हैं। गाँव-घर, बाग-बगीचे, पोखरे और नदी–सब कुछ अपने देश-जैसा···।

सूखी देहवाले हरलाल साहा ने तीखी आवाज में विरोध किया था–सी हुति पारे ना (ऐसा होना असम्भव है !)··· कहाँ अपना देश और अपने देश की मिट्टी और अपने देश का चावल, और कहाँ इस अद्भुत देश का 'आजगुबी व्यापार'। ··· पता नहीं तुमने क्या देखा है पोत्रादी ! यहाँ की मछली में क्या वही स्वाद है जो 'पद्मा के इलिच' में··· ?

हरलाल साहा की बात पर सभी इस तरह मुसकराये मानो वह सबके दिल की बात कह रहा हो।

पवित्रा बोली थी–पूछती हूँ अपने गाँव में 'पद्मा का इलिछ'–माछ रोज खाते थे क्या ?

–एक दिन खाये कोई या तीस दिन। 'शाद' (स्वाद) तो 'शाद' ही है ! अपने देश की चीजों का···।

उस दिन गाँव में ट्यूबवेल गाड़ने के लिए सरकारी आदमी अपने मजदूरों को लेकर आया था। बंगाल से आये हुए शरणार्थियों के लिए कई गाँव बसा चुका था, ट्यूबवेल लगवा चुका था वह सरकारी कर्मचारी। इसलिए 'पूर्वी बंगाल' की बोली 'कुछ-कुछ' समझने का दावा करता था। उसे देखते ही हरलाल साहा ने आँख टीपकर अपनी बात बन्द कर दी। सभी चुप हो गये।

किन्तु सरकारी कर्मचारी चुप नहीं रहा। उसने मुसकराकर सीधे पवित्रा से पूछा था–यह आप लोग 'अपना देश-अपना देश' क्या बोलते हैं ? देश का क्या मतलब ? क्या माने ?

–देश का माने आर केया होगा–देश का माने देश ! हरिधन मोड़ल को इस ट्यूबवेल गड़वानेवाले 'खुदे मनिब' (क्षुद्र-अधिकारी) से न जाने क्यों चिढ़ है··· 'माइयाँ छापला' देखते ही बात करने के लिए 'खुदे मनिबों' की जीभ सुड़सुड़ाती रहती है मानो।

–देश का माने देश तो क्या हिन्दुस्तान अपना देश नहीं है ? आप लोगों का देश नहीं है ?

–हिन्दुस्तान कैसे आपूना देश होगा ?

कालाचाँद घोष चतुर नौजवान है। उसने अपनी भारी और मोटी हँसी से बात को हलका करने की चेष्टा की–हे-हे-हे-हे ! आरे बाबू ! आप देश का जो माने बूझता है आसल में हम लोगों का देश का माने वो नेंही है। देश का माने जैसे बाँगला देश, बिहार देश, उड़ीसा देश वैसे माफिक। हे-हे-हे-हे !

–तो प्रदेश बोलिए ! प्रान्त कहिए।

छिदामदास सरकारी कर्मचारियों से बातें करने का अवसर ढूँढ़ता रहता है। उसने दाँत निपोड़कर कहा–ओवर्सियेर बाबू, देश बोलिए, प्रदेश बोलिए कि प्रान्त कहिए–अब तो जो है सो यही नोबीन नगर ग्राम !

सरकारी कर्मचारी भी न जाने क्यों ठठाकर हँस पड़ा था। छिदामदास की बुद्धिमानी देखकर पवित्रा मुसकरायी थी और ट्यूबवेल-फ़िटर साहब की नज़र शुरू से अन्त तक उसी पर गड़ी हुई थी।··· जेब से बीड़ी निकालकर सभी को बाँटने के बाद सभी के मुँह के सामने 'खच्च-खच्च' लाइटर जलाकर बीड़ी सुलगा दिया फ़िटर साहब ने।

वह अपने काम पर चला गया। छिदामदास ने कहा–देखा ? फ़िटर साहेब को ओवर्सियर बाबू कह देने से कितना खुश हुआ ? स्साला···

सभी एक साथ अपने देश की हँसी हँसे थे, जी खोलकर। पवित्रा भी हँसी थी। किन्तु बोली थी–जो भी कहो, वह आदमी ठीक ही कहता है। देश माने हिन्दुस्तान !

–दीदी ठाकरुन ! देश माने हिन्दुस्तान की करे हम बुझाइया दिन ?··· कैसे देश माने हिन्दुस्तान हो ? हम लोगों के गाँव का नाम है नोबीननगर और यहाँ के लोग कहते हैं पाकिस्तानी टोला ?··· आमरा की मोछलमान ?··· तो हम पाकिस्तानी कैसे हुए ?–कालाचाँद घोष की माँ वाजिब बात कहती है।

गोपाल पाइन बहुत कम बोलनेवाला आदमी है। पढ़ा-लिखा आदमी है और गाँव में स्थापित होनेवाली 'प्रस्तावित-पाठशाला' का उम्मीदवार मास्टर है। उसने टोका था–काला की माँ, साइनबोर्ड लगाने दो गाँव के बाहर ! स्कूल चालू होने दो, तब देखना फिर कैसे लोग पाकिस्तानी टोला कहते हैं हमारे इस नोबीननगर को !

पवित्रा ने कहा था–साइनबोर्ड लगे या स्कूल खुले। गाँव का नाम पाकिस्तानी टोला ही कहेंगे–यहाँ के लोग।

–कैसे कहेंगे ? डाकघर में चिट्ठी आयेगी नोबीननगर के नाम से, सरकारी रुपये आवेंगे नोबीननगर के नाम से और बोलेंगे पाकिस्तानी टोला ?

–हाँ, बोलेंगे पाकिस्तानी टोला।–पवित्रा ने कहा था।–चाहे जो कुछ भी करो, नाम पाकिस्तानी टोला ही कहेंगे।

–क्यों ?

–क्योंकि हम लोगों का देश पाकिस्तान में पड़ गया। हम लोग पाकिस्तान से आये हैं···

–इसीलिए हम लोग मोछलमान हो गये ? हम लोगों का देश ही पाकिस्तान में गया। हम लोग तो हिन्दुस्तान में आ गये !

पवित्रा बोली–नाम को लेकर आखिर होगा क्या ?

–दीदी ठाकरुन, तुम 'पढ़वा-पण्डित' हो। तुम्हीं ऐसी बात कहती हो ? देश को लेकर आखिर होगा क्या ? नाम को लेकर आखिर होगा क्या ? तब क्या लेकर क्या होगा ?··· बोलून ?

पवित्रा कोई जवाब दे इसके पहले ही छिदामदास अपने पेट पर से गंजी हटाकर सटे हुए पेट पर हाथ फेरते हुए बोला था–'आसल' चीज है यह बेटा पेट !··· ई साला पेट का वास्ते जो कुछ बोलना पड़े–करना पड़े !

हल्दी चिरैया फिर बोली–का कस्य परिवेदना।

सामूहिक देवस्थान (ठाकुरतला) में योगेशदास की कुमारी कन्या सन्ध्या ने शंख फूँक 'साँझ-बाती' की घोषणा की। सभी ने ठाकुरतला की ओर मुड़कर भक्ति-भाव से प्रणाम किया। हर मंगलवार को ठाकुरतला में कीर्तन होता है–दस बजे रात तक !··· आज तो शनिवार है !

दो

नोबीननगर नहीं–नबीननगर !

न नोबीननगर न नबीननगर, इस गाँव का सही नाम है नबीनगर।

राज्य के पुनर्वास उपमन्त्री मुहम्मद इस्माइल नबी ने इस गाँव के शिलान्यास समारोह के अवसर पर बोलते हुए कहा था–यह सब कुछ उस बापू की महिमा है कि मेरे-जैसा अदना ख़िदमतगार, कि जनता के इस छोटे सेवक, के नाम पर आज नगर बसाये जा रहे हैं।···

इसके बाद डिप्टी मिनिस्टर नबी साहब ने वीराने को बसाने और बसे को उजाड़नेवाली बात पर एक शेर पढ़ा था जिसपर तालियाँ बजी थीं। गाँव के अधिकांश लोगों ने उस शेर का कोई अर्थ नहीं समझा। लेकिन, मंच पर बैठे हुए लोगों ने तालियाँ बजायीं। यहाँ तक कि कलक्टर और एस. पी. साहब ने भी ! इसलिए गाँववालों ने ज़रा देर से ताली बजायी। ताली बजाने का दूसरा मौका भी आया। तब गाँववालों ने जी खोलकर सबसे पहले तालियाँ बजायीं। अपने भाषण में नबी साहब ने कहा–"और दोस्तो ! यह भी बापू के नाम से मशहूर हमारे उन्हीं महात्माजी की महिमा है कि जहाँ जिना साहब के चेले गाँव उजाड़ते हैं, हिन्दुओं को बे-घरबार कर रहे हैं–पाकिस्तान में–वहीं हिन्दुस्तान में दूसरा मुसलमान मगर गान्धी का अदना चेला उजड़े हुए हिन्दुओं के लिए नगर बसा रहा है··· !"

गाँव से बाहर सड़क पर गाँव के नाम की एक तख़्ती गाड़ दी गयी–नबीनगर।

लेकिन वह तख़्ती एक सप्ताह भी नहीं टिक सकी। पास के गाँव के अमीर किसानों के चरवाहों ने किसी रात उसे उखाड़ फेंका।··· तख़्ती टाँगनेवाले लोहे के हुक–भैंस की डोरी में बाँधकर वे रोज इसी राह से गुजरते हैं। किन्तु गाँव के किसी व्यक्ति में इतना साहस नहीं कि उनसे कुछ पूछे।

गोपाल पाइन का विश्वास है कि गाँव के नाम से चिढ़कर यहाँ के अमीर किसानों ने ही नोबीननगर गाँव की तख़्ती उखड़वा दी है। एक 'पोख़्ता साइनबोर्ड' लगवाने की प्रार्थना करते हुए उसने दो आवेदनपत्र भेजे। फिर उसके बाद से रिमाइण्डर पर रिमाइण्डर भेजता जा रहा है। न कोई जवाब आता है और न कोई उस तख़्ती और पोख़्ता साइनबोर्ड की चिन्ता ही करता है इस गाँव में। गाँव के नाम के बारे में कोई सोचता भी नहीं कुछ कि यदि एक बार बिगड़ गया तो सदा के लिए उस बिगड़े हुए नामवाले गाँव में ही रहना पड़ेगा।

गोपाल पाइन अपने पेट की बात किसी से नहीं कहेगा। वह पेट काटकर खुद साइनबोर्ड बनवायेगा। सिमेण्ट और कंक्रीट के बोर्ड पर वह नाम खुदवाकर रहेगा।

एक बार स्कूल तो खुल जाये !

मंगलवार की साँझ में ठाकुरतला नामक झोपड़े में सभी स्त्री-पुरुष जमा होते हैं, और कीर्तन गाते हैं। कीर्तन के बाद गाँव की समस्याओं पर, व्यक्ति की समस्याओं पर बातें होती हैं। तब औरतें उठकर अपने-अपने घरों में चली जाती हैं। सिर्फ पवित्रा रहती है। रहती है, कहना ठीक नहीं हुआ। पवित्रा ही उस बैठकी का संचालन करती है। जिस दिन पवित्रा नहीं रहती है उस दिन बैठकी में ये लोग यहाँ के निवासी–यहाँ की मरी हुई मिट्टी और यहाँ के सूरज-चाँद-तारों तक की निन्दा करते हैं अघाकर।··· ए देशेर सब किसू आजगूषी !

पवित्रा को बस इसी एक बात का बहुत गहरा दुख है–गाँव के लोगों का यहाँ की मिट्टी से मोह क्यों नहीं हो रहा ! वह कौन-सा दरवाजा है इनके दिल का जिसे खोलने के लिए पवित्रा कुण्डी खटकावे ? किस दरवाजे की··· ?

राखाल विश्वास का लड़का अन्दू इस तरह मुँह लटकाये क्यों आ रहा है। पवित्रा ने हाथ की सिलाई से निगाह उठाकर देखा, गोपाल पाइन और छिदामदास भी आ रहे हैं।··· कुछ हुआ कहीं !

अन्दू आकर चुपचाप खड़ा हो गया।

–की ?

गोपाल पाइन बोला–आमि जा बोल्सिलाय !··· कहो न, मुँह क्या देखता है, अन्दू ! चौधरी बाबू के बेटा ने तुमसे जो कुछ भी कहा है, साफ-साफ कह दे दीदी ठाकरुन को। डरना मत !

छिदामदास ने कहा–उसके मुँह से सुनने की जरूरत नहीं। ऐसी बातें तो यहाँ के लोग दिन-रात करते हैं।

गोपाल पाइन ने कहा–बंगाली-कंगाली कहे, हम सह लेंगे। जब कंगाल हो गये हैं तो लोग कंगाल ही कहेंगे। पाकिस्तानी बोलते हैं–यह भी सहा जा सकता है। लेकिन यह सरासर गोमांस खाने की बात कहना–इसको कैसे सहा जा सकता है ? आप ही लोग विचार कीजिए।··· दीदी ठाकरुन, आप तो जानती हैं कि मैं छोटी-छोटी बातों पर ध्यान नहीं दिया करता।

गोपाल पाइन जरा कम सुनता है। इसलिए रसिकता करते हुए अपनी बधिरता को इसी बात से गौरव प्रदान करता है–मैं छोटी बातें नहीं सुनता, कान में लेता ही नहीं।

–किसने क्या कहा ?

–चौधरी बाबू के बेटा ने।

–क्या कहा ?

–कहा कि तुम लोग गोमांस खाते हो। मुर्गी खाते हो !

–तुम चौधरी बाबू के बेटा के पास किसलिए गये थे ?

–गाँव में बिस्कुट बेचने गया तो चौधरी बाबू के लड़के ने सभी से कहा कि इसके हाथ का बिस्कुट खाओगे ? ये लोग गोमांस खाते हैं। तिसपर मैंने टोका

तो बोले–हाँ-हाँ, हम लोगों को सब पता है। सभी को भागते समय गोमांस खिलाया गया है पाकिस्तान में। और एक बार जो चख लिया है तो वह खाये बगैर रहेगा ?

पवित्रा कुछ सोचने लगी। फिर बोली–चौधरी का बेटा दुकान-उकान तो नहीं करता है ?

गोपाल पाइन ने कहा–इससे दुकान का क्या सम्बन्ध ?

अन्दू ने कहा–दुकान करता है तभी तो ऐसा कहता है, दीदी ठाकरुन। उसकी दुकान का सड़ा हुआ बिस्कुट कोई छूता नहीं। इसी से तो···।

पवित्रा ने मुसकुराकर गोपाल पाइन की ओर देखा। फिर अन्दू से बोली–जब तू सब कुछ समझता ही है तो रोने क्यों आया ?

–सोचा जो दीदी ठाकरुन को रिपोर्ट कर दूँ।

गोपाल पाइन की दृष्टि डाक-पियन पर पड़ी और वह आगे बढ़कर अगुवानी करने के लिए पहुँचा। सारे गाँव की चिट्ठी उसके हाथ में देने में डाक-पियन ने शुरू-शुरू में आनाकानी की थी। किन्तु पवित्रा ने कहा था कि सारे गाँव की चिट्ठी गोपालन पाइन ही पढ़ता-लिखता है। उसके जिम्मे यही काम है। इसलिए उसके हाथ गाँव-भर की चिट्ठी डाकिया जहाँ कहीं भी दे देता है–हाट में, घाट में, बाट में।

किन्तु आज बीच गाँव में डाकिये से गोपाल पाइन लड़ पड़ा। बाँग्ला और अँगरेजी में पता लिखे हुए पत्रों पर अपनी सुविधा के लिए कैथी लिपि में पेन्सिल से 'पाकिस्तानी टोला' लिख दिया करता है डाकिया। गोपाल पाइन हिन्दी नहीं जानता तो क्या हुआ कैथी लिपि में लिखे हुए इस शब्द को पढ़ने में उसे कोई कठिनाई नहीं हुई। उसने डाकिया से कहा–पियोन साहेब, यह क्या बात है। 'इंग्रेजी' और 'बांग्ला' में साफ-साफ लिखा हुआ है नोबीनूनगर और आप उसके ऊपर से 'अपाना-फरमान' लिखा है–पाकिस्तानी टोला ? आप ही लोग माने सरकारी 'कम्मोचारी' होकर ऐसा कीजिएगा तो यह राज कैसे चलेगा ? एँ ? बोलिए ? यहाँ मिनिस्टर साहब आये थे ? आपको मालूम है ? गाँव का क्या नाम हुआ यह भी मालूम है ? तख़्ती लटका था, यह भी मालूम है···।

डाक-पियन ने झल्लाकर कहा–चलिए-चलिए, सब कुछ मालूम है। हम 'दू अच्छर' कैथी में पाकिस्तानी टोला लिख दिया तो आप लड़ाई करते हैं और उधर दुनिया-भर के लोग पाकिस्तनिया टोला कहते हैं। आप किससे-किससे लड़ते चलिएगा ?··· लीजिए मनीआर्डर तामील कीजिए।

–किसका मनीआर्डर है ?

–श्रीमती पवित्रा। पचास रुपये।

गोपाल पाइन ने भेजनेवाले का नाम और पता पढ़ा–हरिप्रसाद जादव, विलेज ऐण्ड पोस्ट : सुक्की बलाही।··· देखें कूपन में क्या लिखा है ? अरे बाबा, यह तो वही 'कैथी ना क्या' है ?

पवित्रा के कहने पर डाकिया ने पढ़कर सुनाया–आगे आपको मालूम हो कि

उस दिन हम आपके गाँव में गये। आपको देखकर और आपके गाँव की बेअवस्था को देखते हुए हम अपनी ओर से आपको यह मो. पचास रुपये जिसका निस्फ पचीस रुपया होता है, भेजा। इसको आप चाहे जिस काम में खरच करें। आपका शुभचिन्तक–एच. पी. जादव।

–कौन है यह हरिप्रसाद जादव ? पवित्रा ने सभी के चेहरे की ओर बारी-बारी से देखकर पूछा।

गाँव-भर के बैठे-ठाले लोग जमा हो गये।

कालाचाँद ने कहा–दीदी ठाकरुन, कोई भी हो यह हरिप्रसाद जादव, आपको इससे क्या ? गाँव की 'बेअवस्था' देखकर किसी ने पचास 'टाका' भेज दिया है। आप 'साइन' करके ले लीजिए।

पवित्रा ने मुँह बिदकाकर कहा–वाह, जानू नहीं, पहचानूँ नहीं–साइन करके रुपया ले लूँ ?··· 'बेअवस्था' माने क्या ?

–बेअवस्था माने खराब अवस्था। है न पियोन साहेब ?

डाक-पियन ने खैनी थूकते हुए कहा–बेअवस्था माने खराब अवस्था ? यह कौन सिखाइस है आपको ? अरे बेअवस्था माने खूब बढ़िया 'इन्तजाम-बाद'।

पवित्रा ने डाक-पियन की ओर असहाय दृष्टि से देखकर पूछा–ये 'इन्तजाम-बाद' क्या !··· ओ ! व्यवस्था तो नहीं ?

डाक-पियन का खिसियाया हुआ मन जरा पसीज गया। बोला–देखिए। रुपया छुड़ाने में कोई हर्ज नहीं है। हरिप्रसाद जादव को सभी जानते हैं। कीर्तन के पीछे पागल रहता है। थोड़ी बदनामी भी है तो इसको लेकर आप क्या कीजिएगा। चाल-चलन उसका ठीक नहीं है तो क्या हुआ–कीर्तन का पक्का भगत है। पैर में घुँघरू बाँधकर नाचता है। नाचते-नाचते बेहोश हो जाता है।

कालाचाँद घोष कुछ याद करने की कोशिश करते हुए कहता है–कीर्तन करता है ? नाचता है ? तब हम समझ गये कि कौन है यह हरिप्रसाद जादव। एक दिन हम लोगों के कीर्तन में भी वह आया था। दीदी ठाकरुन, वह जो घोड़ा पर चढ़कर आया था, पान बहुत खाता है–वही।··· उसने जरूर ही कीर्तन पार्टी के लिए रुपया भेजा होगा।

पवित्रा कुछ सोचकर बोली–ना बाबा, मैं मनीआर्डर नहीं छुड़ाऊँगी।··· आप लौटा दीजिए पोस्टमैन साहब।

पाइन ने कहा–हो सकता है, स्कूल के लिए चन्दा भेजा हो भले आदमी ने। मनीआर्डर लौटाना ठीक नहीं जँचता।

पवित्रा ने किसी की राय पर ध्यान नहीं दिया।

पवित्रा ने याद करने की चेष्टा की–घोड़ा पर चढ़कर कौन आया था, कब ? पान बहुत खाता था ? होगा कोई। लेकिन उसने मेरे नाम से ही रुपये क्यों भेजे ?

मनीआर्डर के तामील करने और वापस करने के झमेले में गोपाल पाइन आज की डाक से आये हुए पत्रों की बात भूल गया था। उसने एक-एक चिट्ठी का

पता-ठिकाना पढ़ना शुरू किया। एक सरकारी लिफाफे पर अपना नाम देखकर उसका कलेजा धड़क उठा था। अचानक वह चीख पड़ा–दीदी ठाकरुन !! स्कू··· ल !!··· हो गया··· स्कूल हो गया। मेरा काम भी हो गया।··· लेकिन··· बाँग्ला मास्टर काहे ? हम 'इंग्रेजी' भी जानते हैं। हमको खाली बाँग्ला टीचर काहे···। हो गया, स्कूल मंजूर हो गया–सभी भाई-बहन सुन लीजिए !

पवित्रा को अचरज होता है, बहुत कम बोलनेवाला, कम सुननेवाला, कम सोनेवाला यह गोपाल पाइन इधर इतना 'बकबक' क्यों करने लगा है ? स्कूल तो होना ही था। इस तरह चिल्लाने की क्या ज़रूरत ?

पवित्रा ने गोपाल पाइन के सारे उत्साह को अचानक बुझा दिया मानो–पाइन मॅशाय, स्कूल तो हुआ मगर आपके पोख्ता-साइनबोर्ड का कुछ हुआ ?··· स्कूल का नाम पाकिस्तानी स्कूल तो नहीं रख देंगे, अधिकारी लोग ?

गोपाल पाइन ने ध्यान से पत्र को पढ़ते हुए कहा–कर्ता लोगों की मति-गति देखकर कुछ ऐसा ही लगता है।··· आपने ठीक ही कहा है दीदी ठाकरुन–देखिए, लिखा है–गोड़ियर गाँव के पाकिस्तानी टोला में स्कूल खोलने के प्रस्ताव पर विचार करते हुए···।

इससे आगे कुछ नहीं पढ़ सका गोपाल पाइन। उसका गला भर आया–सचमुच, यह 'पाकिस्तानी टोला' नाम अब कभी नहीं मिटने का ? गोड़ियर··· गोड़ियर··· चूल्हे में जाये यह गोड़ियर गाँव !

–नहीं पाइन मास्टर ! ऐसा नहीं कहते। सभी गाँव फूलें-फलें। पवित्रा ने समझाया–गोड़ियर गाँव के साथ आपका नोबीननगर भी चूल्हे में जो चला जायेगा !

–हम लोगों का नोबीननगर भी गोड़ियर गाँव में !

–नोबीननगर नेंई बाबा–नबीनगर बोलो ! पाकिस्तानी टोलार नामे स्कूल का रजिस्टर खोलो ! बोलो हरि बोलो !!

कालाचाँद के इस कीर्तन पर गोपाल पाइन को छोड़कर सभी हँसे ! वह रह-रहकर एक ही बात बोलता–साला ! गोड़ियर गाँव का पाकिस्तानी टोला !! गोड़ियर !

तीन

गोड़ियर गाँव !

पन्द्रह घर मैथिल, चार परिवार राजपूतों के–यह है गोड़ियर गाँव का बाबू टोला। बीस घर ग्वाले, आठ धानुक, तेरह घर गोढ़ी–गोड़ियर गाँव का असल नाम इसी गोढ़ी टोला से हुआ–जहाँ गोढ़ी (मछली मारनेवाली जाति) लोग रहते

हैं–गोढ़िहार। गोढ़िहार से गोड़ियर !

गोड़ियर गाँव का सबसे सुखी-सम्पन्न और शिक्षित परिवार गोढ़ी का ही है। तालेवर गोढ़ी के यहाँ रुपया गन्ध करता है। अर्थात् सूखी हुई मछलियों (सुगंठी) की तरह जमे हुए रुपयों से गन्ध निकलती है। तालेवर गोढ़ी का बड़ा बेटा रामजी गोढ़ी मैट्रिक तक पढ़ा हुआ है। पहले पाट का कारोबार करता था। आजकल गाँव में आँटा-घानी का एंजिन चलाता है। दिन-भर उसकी मशीन चलती रहती है। चैत महीने में बोलनेवाली उस चिड़िया की तरह एक बँधे हुए ताल पर तु-तु-तु-तु-तु-तु आवाज सारे इलाक़े में प्रतिध्वनित होती रहती है। लोग कहते हैं–रामजी अब अररिया-कोर्ट शहर में भी मिल बैठावेगा।

तालेवर गोढ़ी का सबसे छोटा यानी दूसरा लड़का लहेरियासराय में डॉक्टरी पढ़ता है–कृष्णजी गोड़े। कृष्णजी ने मैट्रिक की परीक्षा में विश्वविद्यालय-भर में सर्वप्रथम स्थान प्राप्त किया था। इसलिए जिले-भर में उसके नाम की धूम मच गयी थी–कृष्णजी गोड़े या गोरे··· गौड़ ? जिला मल्लाह संघ की ओर से इस तेजस्वी विद्यार्थी को सम्मानपत्र देते हुए कुलदीप माँझी मुख्तार साहब ने कहा था–मुझे विश्वास है हमारी जाति का यह तेजस्वी विद्यार्थी प्रान्त में ही नहीं, सारे भारत में हम लोगों का मुख उज्ज्वल करेगा; धन्य है वह माता··· धन्य है वह गाँव··· !

पिछले साल कुलदीप माँझी की बड़ी कन्या का शुभविवाह कृष्णजी के साथ धूमधाम से अररिया कोर्ट शहर में हुआ। बड़े-बड़े हाकिम-हुक्काम वर-वधू को आशीर्वाद देने के लिए आये थे। निमन्त्रण-पत्र में मुख्तार साहब ने खास तौर से लिखवाया था–स्मरण रहे कि इसी तेजस्वी कृष्णजी ने 1962 ई. में उत्तरांचल विश्वविद्यालय की प्रवेशिका परीक्षा में सर्वप्रथम स्थान प्राप्त किया···।

ब्राह्मण टोली में चौधरी-परिवार और राजपूतों में गिन-गूँथकर एक घर बाबू साहब ! बाकी लोग यजमानी, पहलवानी, गाड़ीवानी, घोड़ा लदाई, दुकान, नौकरी, खेती-मजदूरी, और चोरी करके जीवन-यापन करते हैं ?

चौधरी के घर की ही सारी सम्पत्ति धीरे-धीरे तालेवर गोढ़ी के घर में चली गयी है। जमीन, पोखरे, बाग-बगीचे और मवेशी–बड़े मुकदमे में सभी रेहन-बन्धकी गिरवी के रूप में तालेवर गोढ़ी ने लिखवा लिया।··· पण्डित रामचन्द्र चौधरी अब चार पेड़ आम और दो गाछ कटहल अगोरकर बैठे हैं। परिवार की सम्पत्ति को स्वाहा करनेवाला बड़ा बेटा तेल-नून की दुकान चलाता है। मँझला अररिया कोर्ट में श्याम सुन्दर बाबू मुख्तार के घर रसोई-पानी करता है। सँझला घर से लापता है। पण्डित रामचन्द्र चौधरी जिस दिन भंग ज्यादा पी लेते हैं उस दिन चाणक्य नीति से शुरू करके हितोपदेश और पंचतन्त्र के श्लोकों को दुहराकर अपने ज्येष्ठ पुत्र कामदेव चौधरी को कोसते हैं।··· कामदेव चौधरी नाम रखते समय ही मेरा माथा ठनका था। किन्तु ज्योतिषी भाई को ककारवर्ण में कामदेव ही सूझा। सो कामदेव का साला एक दिन ऐसा प्रबल होगा–किसे मालूम था ! कानी मुसहरनी-छौंड़ी

(लड़की)–जिसको देखने पर पानी भी नहीं रुचे–उसमें न जाने कौन रूप झरते देखा मेरे ब्राह्मण-पुत्र ने–हो राम, हो राम ! बलात्कार और हत्या ! खूब मुँह उज्ज्वल किया मेरे पुत्र ने। और उधर वह तालेवर गोढ़ी का बेटा रामजी गोढ़ी है–मिट्टी छूता है तो सोना हो जाता है। पूर्वजन्म में खूब पुण्य किया था तालेवर गोढ़ी ने–शिवाला बनाकर शिवलिंग स्थापित करनेवाला है। हरिद्वार, ऋषिकेश से पिछले ही साल पुण्य करके लौटा है, इस बार तीर्थ-स्पेशल-ट्रेन से सभी धाम का दर्शन करने जा रहा है ! हो राम, हो राम !!···

राजपूतों के चार परिवारों में एक का मुसम्माती कारबार है। अर्थात् घर-मालकिन बेवा है, नाबालिग लड़का भी नहीं कोई–एक पाँच साल की लड़की है जिसे वह धोती-कुरता पहनाकर रखती है। नाम भी मर्दाना रखा है मुसम्मात ने–कुलदीप ··· कुलदीपिया··· दीपा !

बाकी तीन में एक–ठाकुर रणवीर सिंह इलाके के नामी पहलवान रह चुके हैं। अस्सी वर्ष की उम्र में भी एक सेर चना-चबेना फाँककर पानी पीते हैं। गठिया के कारण छाने हुए घोड़े की तरह लाठी टेकते हुए डगमगाकर चलते हैं। पाँचों लड़के शहर में कमाते हैं। हर महीने दस रुपये के हिसाब से पाँच मनीआर्डर आते हैं ठाकुर साहब के नाम। और इन मनीआर्डरों के आते ही पाँचों पुत्रवधुओं से उनका वाग्युद्ध शुरू हो जाता है। सारे गोड़ियर गाँव में ठाकुर साहब की पाँचों पतोहुओं की बहादुरी की चर्चा दिन-रात होती रहती है। दिन-दहाड़े भूले-भटके छागल और बकरे को तरकारी काटनेवाले हँसुआ से ऐसी सफाई से साफ़ कर देती हैं कि बकरे की मेंमियाहट भी नहीं निकल सके कण्ठ से !

दो घर राजपूत, सौतेले भाई हैं–दोनों खेती करने के अलावा झूठी गवाही देते हैं और लठैत का काम करते हैं।

बीस घर ग्वाले हैं। किन्तु न किसी के पास एक भैंस है और न गाय। खेती-मजदूरी के सिवा और क्या कर सकते हैं, बेचारे ! किसी के पास एक धुर भी जमीन नहीं।

धानुकों का भी वही हाल है। गोड़ियर गाँव की लक्ष्मी तालेवर गोढ़ी के घर विराजती है। सभी टोले और सभी जाति के लोगों की तालेवर गोढ़ी की कृपादृष्टि पर भरोसा रहता है। इसलिए उसके दालान पर गाँव और इलाके-भर के लोग 'मुँहलगुआगिरी' करने के लिए जमा होते हैं। रामजी को आटा-घानी से कभी छुट्टी मिलती नहीं। फिर उसके पास 'दरबार लगाने' से क्या फायदा ? तिजोरी की चाबी तालेवर गोढ़ी के पास रहती है। बिना बाप से पूछे वह किसी को एक 'नया पैसा' भी नहीं दे सकता।··· चाबी ! मरते समय ही वह किसी को देगा। क्योंकि हर बात के पहले तालेवर गोढ़ी यह कहना नहीं भूलता–मेहनत का पैसा ! मेहनत करो और पैसा कमाओ, फिर देखो वह धन जो कभी घटे। मेरे घर में कोई बाढ़ का पैसा नहीं और न बाढ़ में आयी हुई मछलियों के पैसे हैं। अग्रिम नगद भुगतान देकर जमींदारों से जल-कर की बन्दोबस्ती लेता था। तिसपर गाँव के बाबू लोगों

के 'जोर जुलुम'। सिपाहियों को घाट पर भेजकर रोज एक पसेरी मछली 'तलबाना' में ही तलब करनेवाले ऐसे मालिकों के जलकरों से मछली, काछू (कच्छप), केंकड़ा, घोंघी, निकालकर–पुरइन के पात और कमलगट्टा बेचकर मैंने किस तरह पाई-पाई बटोरा है–इसे देखा है इलाके के लोगों ने।··· रात में पहले सिर्फ चोरी होती थी जलकरों की, बाद में डकैती करने लगे लोग। दल बाँधकर भाला-फरसा लेकर आते और एक ही रात में जलकर साफ ! मार-पीट और मामले-मुक़दमे के झंझट-फाव में !!··· तो, हमारा कहना है कि मेहनत करो और बाबा बमभोलेनाथ पर भरोसा रखो–सब कारज सिद्ध !!

तालेवर गोढ़ी के दरबार में भीड़ लगी हुई है। गाँव-भर के मुँहलगुवे चापलूसों को आज एक बात बताने लायक़ बात मिली है। धानुक टोली का मोहन दफ़ादार चूँकि सरकारी आदमी है, इसलिए वह ग़ैर-क़ानूनी बातें नहीं करता कभी। मोहन दफ़ादार ने कहा–गाँव के लोग दस साल से चिल्ला रहे थे स्कूल-स्कूल, मगर स्कूल के नाम पर एक चटसार भी नहीं खुला कभी ! उधर देखिए–पाकिस्थनियाँ सबको आये हुए छह महीने भी नहीं हुए हैं, मिडल स्कूल खोलने का औडर पास हो गया।

सभी ने एक ही साथ अचरज से आँखें फाड़ते हुए पूछा–क्या-या-या ? स्कूल ? पाकिस्थनियाँ टोले में ?

इसके बाद थोड़ी देर खामोशी छायी रही। सभी की निगाहें तालेवर गोढ़ी पर जा अटकीं। तालेवर गोढ़ी ने हाथ की 'सुमिरनी' पर 'सतनाम-सहसर नाम' आदि मन्त्र कहकर विराम दिया। फिर–खखारकर झोली से हाथ निकालकर बोला–क्या हुआ ?

–स्कूल खुल गया, पाकिस्थनियाँ टोली में। मिडल स्कूल !

–मिडल ही क्यों, हाई स्कूल भी खुल सकता है।–तालेवर गोढ़ी ने निर्विकार भाव से कहा–जो सचमुच अपने बच्चों को पढ़ाना चाहते हैं, सरकार उनके लिए स्कूल जरूर खोलेगी। इसमें अचरज करने की क्या बात है ?

–हम लोगों का दर्ख़ास्त दस साल से खटाई में···।

–क्या बात करते हो बेंगाईदास ! दस साल से दर्ख़ास्त खटाई में फूलने किसने दिया ? गाँववालों ने ही तो। जब जाँच में अफ़सर साहब आये तो सभी ने रामजी के ऊपर सारी जिम्मेवारी फेंक दी–स्कूल की बात जानें रामजी बाबू !··· रामजी बाबू को मुसम्मात का बेटा समझा गाँववालों ने। चलो–'परसिडण्ट' बना दिया बाबू को, बाबू फूलकर 'फोकचा मछली' (बॉल फिश) हो गये और चन्दा में कड़कड़ाकर 'नम्बरी-नोट' गिन देंगे।··· वह गुड़ नहीं जो चींटी खाये ! मेहनत करो ! मेहनत का फल चखोगे तो बूझोगे।

–वाजिब बात, वाजिब बात !

–सही कहते हैं आप।

–असले कहते हैं।

—हाँ भाई, बात तो तालेवर भाई साढ़े सोलह आने सही कहते हैं।

तालेवर गोढ़ी की वाजिब बात सुनकर सभी के चेहरे मुरझा गये।··· आज बुढ़वा खखुवाया हुआ है शायद ? आज कोई काम बनेगा नहीं।

तालेवर गोढ़ी ने लोगों के मुरझाये हुए चेहरों को फिर खिला दिया। बोले—भैया, तुम लोग कहाँ हो ? पाकिस्थनियाँ सब बसेगा ? बस सकेगा ? बसने का होता तो ये जहाँ बसे हुए थे वहाँ से भागते ही क्यों ?

दोनों सौतेले भाई जयराम सिंह और रामजय सिंह आजकल तालेवर गोढ़ी के बिना पैसा के लठैत हैं। जयराम सिंह बोला—जहाँ-जहाँ कोलनी बसाया, वहाँ जाकर देखिए। ई बंगलिया सब देखने में 'निबोलिया' लगते हैं लेकिन भीतर से बड़ा 'मारखू' होते हैं। रातोंरात सिमेण्ट-लोहा-लक्कड़ बेचकर गाँव के गाँव—परेट (अर्थात् भाग गये)। सिसुआ में, महिचन्दा में—सब जगह कोल्नी का यही हाल हुआ।

—कामचोर हैं सब।

—फैसन देखा है ?

—साला, जनानी भी खड़ाऊँ पहनकर चलेगी। धरती पर पैर नहीं देगी।

—धरती पर पैर कैसे दे ? सरकार बहादुर का रुपया है—घर की मुर्गी है चाहे दाल बनाओ··· !

इस बार तालेवर गोढ़ी फिर खखुवाया—अरे, सरकार बहादुर ! अब सरकार बहादुर कहाँ ? अब कंगरेस बहादुर कहो। अपना राज है—मन का मौज है। नेहरूजी को लगता है क्या—रुपया खर्च होता है हो। मरेगी पबलिक !

इस बार मोहन दफ़ादार को तालेवर गोढ़ी की बात को काटने का अवसर मिला—नेहरूजी को काहे दोख देते हैं ? और सरकार का ही क्या कसूर है ?

तालेवर गोढ़ी आज डरा नहीं। उसने बात को सिर्फ़ पलट दिया—अजी, नेहरूजी को कौन 'दोख' देता है ! सब कसूर है ई 'चोरवा' सबका।

—चोरवा ?

तालेवर गोढ़ी स्थानीय काँग्रेसियों को 'चोरवा' कहता है। जब मोहन दफ़ादार ने पूछ दिया तो बात के रुख को फिर मोड़कर जवाब देना होगा—चोरवा माने जो लोग सरकारी रुपये इस तरह धोखा देकर ले भागते हैं उनको क्या कहोगे ?

—ओ !

तालेवर गोढ़ी आज कोई राजनीतिक बात नहीं करना चाहता। वह शुरू से ही प्रसंग को बदलना चाहता था। लेकिन मुँह से दो बातें निकल ही गयीं। अब कहीं जो मोहना दफ़ादार जाकर लगा दे थाना में तो हुआ—मुफ्त में एक नम्बरी···।

तालेवर गोढ़ी, ठाकुर रणवीर सिंह पहलवान से बीस बरस छोटा है तो क्या हुआ—साठा पर पाठा है। ऐसे अवसरों पर औरतों से सम्बन्धित कोई गप्प शुरू कर देता है। हाथ किन्तु सुमरनी पर ही रहता है—छाजा-बाजा केश—तीन बंगाला

देश। तो, क्या सभी पाकिस्थनियाँ औरतों के केश ऐड़ी तक लम्बे हैं।

कुताय धानुक ने कहा—केश एड़ी तक तो नहीं, पर केश सभी को है। देखने 'जोग' केश···।

मुँहलगुआ-गोष्ठी हठात् चौंक उठी—पण्डित रामचन्द्र चौधरीजी !··· चौधरीजी !!

तालेवर गोड़ी ने उठकर प्रणाम किया।

—गोड़ लगता हूँ चौधरीजी।

—परनाम ! परनाम !!

—जीयऽ जीयऽ जीयऽ···

पण्डित रामचन्द्र चौधरी ने बारी-बारी से सभी को आशीर्वाद दिया और भेदभरी दृष्टि से एक-एक की ओर देखा।··· सिर्फ पाँच वर्ष ! बस इतने ही दिनों में क्या से क्या हो गया। वे सभी मुँहलगुए चौधरी के दरबार के हैं। बड़े मुकदमे में सभी चौधरी के गवाह थे। मोहन दफ़ादार भी। खूब लूटा इन लोगों ने मिलकर चौधरी को।··· 'गुड़ पर मक्खी दौड़ल जाय' !

चौधरी ने कहा—कहाँ की बात हो रही थी ?

—इसी पाकिस्थानी टोला की। कोलनी में स्कूल खोलने का औडर पास हो गया।

—यदि स्कूल का पैसा खाकर बंगलिया सब नहीं भागे तो मेरा नाम रामचन्द्र चौधरी नहीं, कुकुरचन्द्र चौधरी कहना। जितने निठल्ले और कामचोर लोग थे सब रिफूजी हो गये हैं। मगर पंजाबी-रिफूजी ऐसे नहीं। पटना में जवीशन रोड के बगल में लौलोसेन के सामने एक पंजाबी-रिफूजी की पकौड़ी की दुकान थी। बालिस्टर साहब के बासा से सटे हुए ही। बूढ़ा-बूढ़ी दिन-रात पकौड़ी और घुघनी बेचते—जब हम लोग पहली बार गये थे। और जब मुकदमा का जजमिंट सुनने गये तो देखा कि न पकौड़ी है न पकौड़ी की दुकान और न पकौड़ी बनानेवाले बूढ़े-बूढ़ी··· ?

—कहाँ चले गये सब ? सरकारी कर्ज़ा खाकर भाग गये ?

—नहीं भाई, वे क्यों भागेंगे ? भागें ये बंगाली-रिफूजी। अजी, क्या बतलावें। देखकर दंग रह जाना पड़ा। कहाँ वह टीन की छत्ती और कहाँ तीन मंजिला ब्लिडिंग। सुनोगे, किसकी ब्लिडिंग··· ?

—ब्लिडिंग क्या ?

—ब्लिडिंग माने आलीशान पोख्ता मकान !—मोहन दफ़ादार ने पूछनेवाले को समझा दिया।

जयराम सिंह ने समझ लिया किसका मकान होगा। बोला—वही पकौड़ी बेचनेवाले की ब्लिडिंग होगी। है न चौधरी मौसा !

—तुमने ठीक समझा है। अब सोचो कि कहाँ पंजाबी-रिफूजी और कहाँ बंगाली-रिफूजी !

मोहन दफादार ने भी ताईद की—चौधरीजी ठीक कहते हैं। मेहनत के नाम से इनका भूत भागता है और दिन-भर एक जगह झुण्ड बाँधकर बैठे-बैठे लोग

बीड़ी थूकते हैं और हमेशा कचर-पचर करके न जाने क्या-क्या बोलते रहते हैं—और 'सालार बेटा साला' सभी को कहेंगे।

चौधरी बोले—कल का किस्सा बतलाता हूँ। एक बंगलियँ छौंड़ा फेरी करने के लिए गाँव पर आया। तो, जैसा कि बच्चे कहते हैं, कहने लगे—'दाल पकाया भात पकाया परवल की तरकारी—मीन मारकर भोग लगावे अधम जात बंगाली।' कि बस, उस रत्ती-भर लौंडे को यह छोटी-सी बात इस तरह लगी कि आँखें लाल करके दाँत कटकटाने लगा और अपनी भाषा में बच्चों को गाली देने लगा।

—क्या कहा ? सालार बेटा साला ?

—नहीं जी, उसने तो समझा कि यहाँ हमारी भाषा समझनेवाला कोई है नहीं।··· यहाँ सारी उम्र पूरब-बंगाल में ही कटी है। उसने सालार बेटा साला नहीं कहा—क्योंकि साला तो जैसे बिहार में, वैसे बंगाल में। साला कहने से तो सभी समझेंगे। उसने कहा—असब्बो, जोंगली, खोट्टा··· !!

तालेवर गोढ़ी की उँगली सुमरनी पर चल रही थी। उसने 'सतनाम सहसर नाम' कहकर जाप में विराम दिया। पूछा—असब्बो तो बहुत खराब गाली मालूम होता है पण्डितजी ?

चौधरीजी ने कहा—ऐसा-वैसा खराब नहीं। असब्बो माने असभ्य, जोंगली माने जंगली, खोट्टा माने राड़-बदमाश। 'साला-हरामजादा' तो व्यक्तिगत-गाली है। लेकिन ये गालियाँ ऐसी हैं कि एक को दीजिए तो सारे गाँव-टोला-समाज पर पड़े।

—हरु, तब तो बड़ा 'शबदभेदी' गाली जानते हैं ये लोग ?—तालेवर गोढ़ी ने अपने पोपले मुँह को संकुचित करके कहा।

—तालेवर बाबू, अभी किस्सा खतम कहाँ हुआ है ! जब कामदेव ने उसको टोका तो कहने लगा—हाम को कुछ बोलेगा तो हाम हांगर-इस्टराइक करेगा तुम्हारा घर पर।

—इतनी बड़ी धमकी उस लौंडे ने दी ?

तालेवर गोढ़ी को फिर पूछना पड़ा—हांगर क्या ?

मोहन दफ़ादार ने इस बार अर्थ नहीं समझाया। पण्डितजी ने ही कहा—अनशन।

—अनशन क्या ?

—बिना खाये-पीये मर जाना। यह तो आत्महत्या के बराबर है। बिना सरकारी-परमिशन से कोई हंगर-इस्टरायक नहीं कर सकता। महात्माजी भी जब करते थे तो पहले सरकार से हुक्म ले लेते थे।

उस दिन जब सभी उठकर चले गये तो तालेवर गोढ़ी ने जयराम सिंघ से एकान्त में पूछा—तुम कोलूनी में गये हो कभी ?

—गया तो हूँ।

—कैसे लोग हैं ? तुमने किसी से दोस्ती नहीं की अब तक ?

—जयराम सिंघ इस प्रश्न का 'भीतरी मतलब' समझता है। तालेवर मालिक जानना चाहते हैं कि कोई लठैत-बठैत या गुण्डा-बदमाश कोलूनी में है या नहीं।

जयराम सिंघ ने बड़े-बड़े दरबारों में काम किया है। इसलिए ऐसे अवसर पर क्या कहना चाहिए, जानता है। उसने कहा–पाकिस्थानी हो या हिन्दुस्तानी, आदमी हर किस्म के होते हैं और सभी जगह होते हैं।

तालेवर गोढ़ी ने जयराम सिंघ को एक रुपया दिया–गाँजा की खुराकी।

–और केश क्या सचमुच एड़ी तक होता है बंगालिनों का ?

–मालिक, ये भी कोई बंगाली हैं। झर-बंगाली हैं सब। देखने में न किसी का मुँह न किसी की नाक! 'अरजल-खरजल' सब हैं।

जयराम सिंघ को अचरज हुआ–आज बूढ़े ने दो-दो बार बंगालिन के एड़ी तक लम्बे केश के बारे में पूछा, क्यों पूछा ?··· छाजा-बाजा-केश, तीन बंगाला देश !

चार

छाजा-बाजा··· !

बाजे में बाजा एक खोल और बंगला देश की सारंगी–एक हाथ की। और उसी पर जब 'गान' करने लगते हैं ये तो कॉलॅनी के बाहर सड़क पर गोड़ियर गाँव के एकाध रसिक ठिठककर सदा खड़ा हो रहते हैं··· सचमुच, कीर्तन गाना जानते हैं बंगाली ही ! लेकिन रात में कॉलॅनी में जाते डर लगता है। बड़े कानूनची लोग हैं। कॉलॅनी का कानून न जाने कैसा है कि सभी कहते हैं–कॉलॅनी का कानून नहीं जानते ?

–सारंगी से मिल जाता है गला, सुनते हो ?

–औरत गाती है। मुलगैन ही जनाना है।

कारे मण्डल और रब्बी पासमान दोनों को बचपन की याद आती है–'बाला लखिन्दर-बेहूला' नाच में दोनों नटुआ थे। करीब तीस साल पहले इस इलाके में यह नाच खूब चला था। बंगला–पाला। रब्बी पासमान वाला लखिन्दर बनता था और कारे मण्डल बेहुला ! वही पुरानी दोस्ती आज तक निभा रहे हैं–दोनों।

कारे मण्डल ने कहा–पालवेत (मित्र !) कुछ याद आती है ? अभी जो गीत हो रहा था उसका 'धारा' (लय) ठीक 'बेहुला-विलाप' से नहीं मिलता ?

इतना कहकर कारे ने गुनगुनाना शुरू किया–

–अ-की दूख लिखिलो आमार कपाले हो भगवान् की दूख लिखिलो आमार कपाले !

रब्बी पासमान बोला–खोल का ताल भी वही है।

–पालवेत ! चलोगे ?

–नहीं पालवेत, कोलूनी का कानून बहुत खराब है।

–किसी दिन सूरज रहते ही आकर कोलूनी के सरगना से मिलकर हेलमेल बढ़ाना चाहिए। क्यों पालवेत ?

टॉर्च की रोशनी पीछे से पड़ी तो दोनों चौंक गये।

गोपाल पाइन डर गया। वह टॉर्च की रोशनी बुझाकर खड़ा रहा। बहुत साहस करके उसने पूछा–के ?

रब्बी और कारे ने एक ही साथ कहा–हम लोग ! भैंस खोज रहे हैं··· मोंइस ··· मोंइस बंगाली मोसाय !

–भैंस ?··· मोंस ? तो, इधर में काहे वास्ते ?

गोपाल पाइन की भर्रायी हुई आवाज सुनकर दोनों को साहस हुआ। तीस साल पहले बेहुला नाच में सीखी हुई अद्भुत और खिचड़ी बंगला-वार्ता-ज्ञान के बल पर कारे मण्डल कभी-कभी अपने पालवेत से बंगला में ही बातें करता है। आज वह ज्ञान काम में आया। कारे ने कहा–नोमोस्कार हे कत्ता ! हामी मोंइस खोजै यांछी। इ दिके आईंयाछी तो मिष्टी-गान सुनीया मन लोभैंयाछी ताहि से एइखान दांड़ैयाछी तो कोई बेजाइ करैयांछी ?··· नोमोस्कार।

गोपाल पाइन का धड़कता हुआ दिल सहज-गति से चलने लगा··· नोमोस्कार हे कत्ता ?··· हामी मोंस खोजैयांछी ?

गोपाल पाइन के टॉर्च की धुँधली रोशनी में भी एक पालवेत ने दूसरे को 'कनखी-नजर' से देखा··· घसको अब ! शायद बिगुल फूँकेगा।

गोपाल पाइन जेब से बीड़ी निकालकर सुलगाने लगा तो रब्बी चिल्लाया–ना-ना। ओइ सीठी ना बजैयाँ। सीठी हरगिस ना बजैयाँ। हामरा भालो-नोक। बदनोक नाहीं।

गोपाल पाइन समझ गया, दोनों 'आपन-पाटी' का 'मानुस' है। वह कहा करता है–दीदी ठाकरुन, दूसरे देश का आदमी भी 'आपन-पाटी' का हो, यह इसी जिला में आकर देखा–'सोमोस्त हिन्दुस्तान' में। यहाँ पर कुछ लोग ऐसे भी मिले हैं जो हम लोगों की बोली में बात करना चाहते हैं। बंगला देश की और बंगला देश की सभी चीज की तारीफ़ करते हैं और अपने देश को 'भुच्च' अर्थात् मूर्ख कहते हैं।··· गोपाल पाइन 'आपन पाटी' के लोगों से ठीक ऐसी ही खिचड़ी बोली में बातें किया करता है। बोला–बदनोक नाहीं तो ठाकुरतलाय गिया गान सुनो। चलो ! हामार देश का गान बुझता है ?

हें-ए-ए ! गान बुझी की–हामी आपको देशेरे गान गाही–बेहुला-लखिन्दर करीताम हामी, कलंक भंजन, दाता करन, गुरुदखिना सँब गाही।

–अच्छा ? तब तो खूब भालो।

–भालो की भालोर जैसा ! हामो बनीताम बेहुला। होई बोनितो–नखिन्दर।

–अच्छा ? तब तो हम लोग का कीर्तन भी खूब गा सकता है। ठीक है, चलो। दीदी ठाकरुन को बोलकर कीर्तन में हम···।

सामने की सड़क पर टॉर्च की बहुत तेज रोशनी लपलपायी और दूर से ही किसी ने पूछा—कौन लोग हैं हो ?

रब्बी ने पहचाना, जयराम सिंघ ?... जयराम सिंघ भी कीर्तन सुनने आया है या उसका भी कुछ 'भुला' गया है ?

—कौन ? मामा ? हम लोग हैं। पालवेत हैं और कोलूनी के...

गोपाल पाइन ने धीरे से कहा—इंग्रेजी मास्टर।

—कोलूनी-स्कूल का इंग्रेजी मास्टर !

जयराम सिंघ ने आकर कहा—तो तुम लोगों ने इस बेचारे मास्टर को यहाँ चौरास्ता पर काहे घेरा है ?

गोपाल पाइन ने परख लिया—यह आदमी भला नहीं। यह 'अपना पाटी' का नहीं 'उस पाटी' का है। हुँ ! बेचारे मास्टर ! गोपाल पाइन बेचारा नहीं। होनेवाले सरकारी स्कूल का अँगरेजी टीचर है।... सचारा है गोपाल पाइन।

रब्बी के जी में आया कि वह कॉलॅनी के इस बेचारे मास्टर को बंगला में ही चेतावनी दे दे। तब तक जयराम सिंघ एकदम करीब आ गया—अरे तुम लोगों ने इधर मेरी भैंस देखी है ?

गोपाल पाइन को अचरज हुआ—सभी की भैंस ही खोती है यहाँ ?

उसने रब्बी और कारे से विदा लेते हुए घुनघुनाकर कहा—देखा हबे एक दिन।

कारे ने कहा—जरूर हौबे।

गोपाल पाइन चला गया तो जयराम ने गंजी की 'भीतरजेबी' में हाथ डालकर तम्बाकू-खैनी की टिकिया निकाली। वह जानता है, दोनों खैनी भी खाते हैं और चिलम के भी भक्त हैं।

जयराम सिंघ ने पूछा—खैनी खाओगे ?

रब्बी बोला—मामा, तुम पूछकर खैनी कब से खिलाने लगे ? खैनी नहीं, पीनी की बात पूछो।

जयराम सिंघ के बटुए में तीन खुराक खैनी और एक चिलम गाँजा हर वक़्त तैयार रहता है। चिलम सुलगाने के लिए पाट की सुतली का गाँठदार हार बनाकर रखता है।... एक गिरह काटकर माचिस दिखला दो, आग की गुल्ली तैयार।

तीनों एक स्थान पर बैठ गये। यहीं इस नबीनगर गाँव की तख़्ती गाड़ी गयी थी।

चिलम का पहला फेरा पड़ने के बाद जयराम सिंघ ने ही पूछा—तुम लोगों को कोल्नीयालों से हेलमेल हो चुका है क्या ?

रब्बी ने धुएँ को अन्दर दबाते हुए सिर हिलाया—नहीं मामा ! कोल्नी का कानून बहुत खराब ! बाहरी लोगों का गाँव में आना और हेलमेल बढ़ाना उन्हें पसन्द नहीं।

कारे अब तक चुप था। उसे इस जयराम सिंघ नामक आदमी को देखते ही मितली आने लगती है।... आदमी नहीं पिशाच है। पता नहीं किधर चला है ?

पालवेत ने खूब सँभलकर बात की। वाह रे पालवेत !

–तो इस मस्टरवा से क्या बतिया रहे थे ?

कारे ने कहा–पूछ रहे थे कि उन लोगों के पास कोई पुराना-धुराना खोल 'बिकरू' (बिकाऊ) है ?

वाह रे पालवेत ! रब्बी मन ही मन अपने मित्र पर प्रसन्न हुआ।

जयराम सिंघ ने कहा–सुनते हैं इस कोल्नी में दमा की जड़ी जानता है कोई ?

–सो सब तो अब दिन उगने पर···।

जयराम सिंघ की 'ठकुराई' पर आँच पड़ी। उसने कहा–कोल्नी के कानून की ऐसी-तैसी। रात में गाँव में नहीं जायेगा कोई ? यह भी कोई कानून है ?

गरमागरम चिलम में कपड़े की 'साफी' लपेटकर बटुए में रखते हुए उसने कहा–हमारी भैंस इसी टोले में 'भुला' कर गयी है।

रब्बी और कारे टुकुर-टुकुर देखते रहे और जयराम सिंघ कन्धे पर लाठी रखकर कॉलॅनी की ओर चला गया।

पालवेत ? क्या समझा ?

–यही कि अब यह कोल्नी उमड़ी। यहाँ से भी सब कुछ बेच-बाँचकर, भागेंगे लोग।

छाजा-बाजा··· !!

आज पवित्रा कीर्तन में नहीं है। महीने में एक कीर्तन नागा करती है। उस दिन अपने झोंपड़े में पड़ी-पड़ी दूर से ही कीर्तन सुनती है और मैमनसिंघ ज़िला के जुमापुर गाँव में पहुँच जाती है। अपने गाँव में !··· और किसी भी दिन, एक क्षण के लिए भी, गाँव की याद को नहीं आने देती है पवित्रा !

कुमारी पवित्रा चटर्जी।

सरकारी कागज़ और रजिस्टर में यही नाम लिखा हुआ है। नाम के साथ जुड़ी हुई रानी··· ? पवित्रारानी। पबी, पोदा, पोत्रा, पाता–कितने नाम ! किन्तु माँ कहती–'बूलू'। बाबूजी–'पाता' !

–माँ पाता !

–बलि कऽपाता होलो ?··· पूछती हूँ कि कितने पन्ने हुए कि पाता को पुकार रहे हो–पवित्रा की माँ को यह 'लाड़-दुलार' पसन्द नहीं।··· तुम 'पण्डित-मानुस' ठहरे–क्या तुम्हारी बेटी भी तुम्हारे-जैसा पण्डित है जो उसे बुलाकर सुनाये बिना तुम्हारी कीर्तन-रचना नहीं होती ? ··· और, कौन गायेगा तुम्हारा रचा हुआ कीर्तन ? देश में क्या कीर्तन की किताब का अभाव है ?

··· बंगला देश में कीर्तन का अभाव हो या नहीं–पवित्रा के पिता काशीनाथ चटर्जी के मन के कोने में नये-नये भाव सदा उमड़ते रहते–बरसाती बादलों की तरह। पद सुनाते समय आँखें झरने लगतीं, गले में कँपकँपी ! सुननेवाले-समझनेवाले

का अभाव वह अवश्य अनुभव करता।

फिर वह हल्देपाखी आयी है। कृष्णचूड़ा पर ही आकर बैठी है–का कस्य परिवेदना !

पवित्रा के पिता–जुमापुर गाँव के एकमात्र हिन्दू-जमींदार। एकमात्र ब्राह्मण-परिवार। एकमात्र सवर्ण हिन्दू !

··· गाँव में तीन और जमींदार थे। तीनों मुसलमान। मुसलमानों की तेरह टोली और हिन्दुओं के सब मिलाकर ढाई मुहल्ले। गाँव के सभी लोग, हिन्दू-मुसलमान, पवित्रा के पिता को 'पिताठाकुर' कहते थे। और पवित्रा की हवेली का नाम मशहूर था–ठाकुर बाड़ी।

काशीनाथ चटर्जी, बंगला और संस्कृत के ही पण्डित नहीं–उर्दू और फारसी के भी अच्छे जानकार थे।··· जुमापुर की 'मजलिस में दूर-दूर के मौलवी और मुल्ले आते थे और काशीनाथ चटर्जी उन लोगों से घण्टों इस्लाम मजहब की बारीक बातों पर बहस करते। घर में जब किसी बात पर उन्हें तरस आती तो वे प्रायः फारसी का कोई पद्य दुहराते थे। उस समय सारे घर में एक दबी हुई हँसी खेल जाती। किन्तु जब उसका अर्थ ठेठबंगला में सुनाया जाता तो··· व्यंग्यबाण का शिकार-व्यक्ति छटपटाकर रह जाये ! माँ कहती–दिन नहीं, रात नहीं–हमेशा 'कलमा' !

दिन-रात कलमा !

··· अरबी या फारसी के चन्द जुमले ! अल्ला हो अकबर !! और–शिकार छटपटा रहा है। लाशें तड़प रही हैं ?··· बड़दा के धरेछे ? बड़े भैया को पकड़ लिया ? सर्वनाश ! अल्ला हो–मानिक के धेरेछे ? मानिक भी पकड़ा गया ? सर्वनाश ! आग में झोंक दिया ? बाबा कोथाय ? बाबा ? माँ गो ? तुमी कोथाय ?··· साला बूड़ा कोथाय ? सालार बिटी कोथाय ? उर बिटी के आमी··· ? ना, आगे आमी ? जे धरबे से आगे ! धर-धर !! खोज-खोज। आगुन लागा। अल्ला हो अकबर ! कर्मफर सालार बिटी कोय ?···

–दीदी ठाकरुन !

··· का कस्य परिवेदना !

··· नहीं। मैं क्या करूँ ? आमि धरा देबो ना ? मैं मानूँगी ? आमि बाँचबो। मैं जीना चाहती हूँ !

–दीदी ठाकरुन ?

–आमि बाँचते चाय··· ?

–सोपोन देख सो ? कालाचाँद की माँ ने कहा–कीर्तन तो समाप्त हो गया। उस गाँव से एक आदमी आया है। कालो-कुलो ! खूब गेंट्टा-सेंट्टा !! हाथ में पाँच हाथ की लाठी है। कहता है–मिलवाले का 'कारपोरदार ना कारपोद्दार' क्या है ?

–कहाँ आया है ? मुझे खोजने ? ना-ना ! वे मुझे मार डालेंगे। मुझे···मुझे ···

खोजने क्यों ?

–नहीं, वह कहने आया कि हम लोगों की गाय जिस जमीन पर चरती है यह कोलोनी की नहीं। मिलवाले की है। जो गाय चरावेगा उसे 'खाजना' देना होगा।

··· टु-टु ! टु-टु !!

शारदा बर्मन 'कोलूनी-रक्षा-दल' का नायक है। समय पड़ने पर सीटी बजाकर रक्षा दल के नौजवानों को बुलाता है।

कालाचाँद की माँ बोली–वही सुनिए··· बाँसी बाजलो !

पवित्रा को रक्षादल से कोई सम्बन्ध नहीं। फिर भी वह रक्षादल के 'वालेण्टियर' की तरह तुरन्त उठकर खड़ी हो गयी–न मालूम क्या हुआ ?

'ठाकुरतला' के बाहर गोपाल पाइन की आवाज सुनाई पड़ रही है–अभी रात में खाजना तागादा होता है ? इस देश का यही कानून है ? आप 'अगाड़ी में बोला' (पहले बोले) कि मोंस (भैंस) खोजने आया है। इसके बाद खाजना··· ?

–की ? की ? होलो टा की ?··· आखिर हुआ क्या ?

–होबे आर की ?··· जिस देश का जो रिवाज। इस देश में राज-काज, खाजना-तागादा–सब साला रात में होता है ? मोंस भी साला रात में खो जाता है।···

दस-ग्यारह साल से बिहार के विभिन्न इलाकों में रहकर दल की दीदी ठाकरुन पवित्रा ने बोलचाल की हिन्दी सीख ली है। सदा शुद्ध ही बोलने की चेष्टा करती है और स्थानीय शब्दों और मुहावरों को बहुत सतर्कता से सुनती और व्यवहार में लाती है।

पवित्रा ने रक्षादल के घेरे के बीच लाठी लेकर खड़े जयराम सिंघ से पूछा–क्या है भाई साहब ?

जयराम सिंघ ने आज पहली बार देखा है पवित्रा को। गाँव के लोग ठीक ही कहते थे–पाकिस्थानी टोला में एक ही बंगालिन है, बाकी सब अरजल-खरजल। एक झुण्ड पनकौड़ों और पनकौओं के बीच एक··· एक··· हंस ?

जयराम सिंघ ने इस जिला के कई 'दरबार' में नौकरी की है। लेकिन, मर्दाना औरत से पहली बार मुकाबला हुआ है। उसने झुककर बन्दगी करते हुए कहा–माताराम जयहिन्द ! देखिए–माताराम !···

–दीदी ठाकरुन बोलिए। 'बामून' की लड़की है फिर 'जै हिन्द' क्यों बोलते हैं ?–कोलोनी के किसी व्यक्ति ने टोका।

–देखिए–दीदी-राम !···

इस बार कई बच्चे हँस पड़े। वातावरण थोड़ा हल्का हो गया। बच्चों पर डाँट पड़ी। वे चुप हो गये तो जयराम सिंघ ने फिर अपना बयान जारी किया–बात यह है कि हम ठहरे नौकर। हमको तो जैसा हुकुम मालिक का होगा वैसा ही करना होगा।

–चौरस्ता पर आप बोले कि 'मोंस' खोजने आया··· ?

–देखिए मास्टर साहब ! जयराम सिंघ ने खुशामद के सुर में कहना शुरू किया–यह आप लोगों का बंगला मुलुक तो नहीं है कि आदमी जिस काम से निकले बस वही एक काम करे। हम लोगों के बिहार में एक आदमी जब किसी तरफ निकलता है तो उधर का सभी काम करके वापस लौटता है। हमारे देश में लोग गंगा स्नान भी करने जाते हैं और सुँगठी (सूखी मछली) का व्यापार भी ! आप लोगों की तरह 'अकिल-ज्ञान' और 'संगठन' यदि इस देश में रहता तो फिर··· ?

गोपाल पाइन असमंजस में पड़ गया··· यह आदमी भी 'आपन-पाटी' का मालूम होता है ? तब इतनी देर से क्यों फिजूल बकबक कर रहा था ?

पवित्रा को एक नया मुहावरा मिला–गंगा स्नान और सुँगठी का व्यापार एक ही साथ।

–तो मालिक बोले कि उधर भैंस खोजने जाते हो तो जरा पाकिस्थानी टोला···।

–ए सिंघ जी। पाकिस्थानी टोला मत बोलिए। इस गाँव का नाम नोबीननगर है। जान लीजिए, नहीं, जानते थे तो !··· 'अगाड़ी' से नोबीननगर ही बोलिए।

–कौन नगर ?

पवित्रा बोली–देखिए भाई साहब, पूर्णियाँ में दस तारीख को कोलोनी कमिटी की मीटिंग है। मैं उसमें इस सवाल को रखूँगी कि नबीनगर कालोनी के आस-पास की परती जमीन पर मवेशी चराने के लिए खाजना देना होगा क्या ? यदि देना होगा तो किस फण्ड से और किसको ?

जयराम सिंघ का मुँह सूख गया। उसने जीभ से मुँह की खैनी को मुँह में ही घुलाते हुए कहा–इसमें मिटिंग-उटिंग के झंझट में क्यों पड़ने जाइएगा आप ?

–कैसे ?

–आप लोग मालिक से मिलकर 'इस्तदुआ' कीजिए कि परती की 'चराई' माफ हो जाये। बहुत 'धर्मी' और नेमी आदमी हैं तालेवर बाबू। जाति के गोढ़ी हैं तो क्या हुआ–ऐसा दयावान इस 'एतराफ' में कोई नहीं मिलेगा।

मालिक से मिलकर क्या होगा सिंघजी। मालिक तो अपना घर में है। हमारे वास्ते तो आप ही मालिक हैं। आप ही 'दोया' कर दीजिए तो फिर···। छिदामदास ने 'फिर' कहकर अपने साथियों की ओर देखा। पवित्रा सब समझती है··· यह ट्यूबवेल-फिटर नहीं।

पवित्रा हँसी।

जयराम सिंघ भी हँसा। इस बार खैनी थूकते हुए बोला–ऐसी बात करते हैं तो जाइए, आप लोगों की 'चरी-चराई' एकदम 'फिरी'। बात यह है कि प्रेमभाव से यदि कोई बात बोला जाय तो उसका जवाब भी प्रेमभाव से देते हैं लोग। हम लोगों को इतना मत समझिए कि प्रेम का बर्ताव करना नहीं जानते। चलिए अब

तो हुआ। एकदम 'फिरी'—चराइए जहाँ मन आवे अपनी गाय और बकरी। कोई कुछ नहीं बोल सकता। बात यह है कि असल चीज है मन का प्रेम···।

पवित्रा ने आज शाम को नहाया है। उसके बाल खुले हुए हैं। जयराम सिंघ ने चलते समय कनखी निगाह से पवित्रा के लम्बे बालों की ओर देखा—सचमुच। एड़ी तक केश है !

··· इस्स ! कहाँ आकर फँस गया था जयराम सिंघ ? जब बंगलिया कानून से 'जलजल' करता है !··· सीटी फूँकने लगा तो जयराम सिंघ की देह में कँपकँपी दौड़ गयी थी ! इस्स !!

पाँच

हरिप्रसाद जादब आया है, घोड़े पर।··· सचमुच बहुत पान खाता है यह आदमी !

कॉलेंनी से बाहर ठीक चौरास्ता पर जहाँ गाँव के नाम की तख्ती गाड़ी गयी थी—योगेशदास से भेंट हो गयी हरिप्रसाद जादब की—नमस्कार जोगेश बाबू !

हरिप्रसाद जादब घोड़े से नीचे उतरा।··· इस इलाके में घुड़सवार आदमी गुरुजनों के प्रति आदर और सम्मान दिखलाने के लिए घोड़े से उतरकर बातें करता है।

योगेशदास चौंका··· बेटा, यहाँ भी पता लगा लिया ?

—हम एक दिन और भी आये थे। आप कस्बा चले गये थे, मालूम हुआ।

योगेशदास ने हँसने की चेष्टा की और अचरज से बोला—अच्छा ? हमको तो कुछ भी नहीं मालूम।

··· तो, सन्ध्या ने कुछ भी नहीं कहा अपने बाप से ? इतना भी नहीं कि हरि आया था ?

योगेशदास को ही पूछना पड़ा—तब ? इधर किस काम से ?··· देखिए हरि बाबू ! योगेशदास ने इधर-उधर देखकर कहा—आपका रुपया हम भूला नहीं है। जोगाड़ में लगे हुए हैं। अभी लोन का औरडर आ गया है। हजार-पाँच सौ जरूर मिलेगा, तब आपका रुपया हम आपके घर पर 'चुकाय' देगा। जैसा माफ़िक़ 'चुपीचुपी' लिया था वैसा माफ़िक़ 'चुपीचुपी' दे आवेगा। कोलोनी में यह बात मालूम होने से जरा···।

हरिप्रसाद ने कहा—नहीं जोगेश बाबू। हम रुपया के तागादा में नहीं आये हैं। हम आये थे··· जरा··· कोल्नी-मेम्बर से··· क्या नाम है उनका··· श्रीमती पवित्रा देवी से मिलना चाहते हैं।

—ओ ? दीदी ठाकरुन से ?··· क्या काम है ?

–ऐसे ही। जरा दर्शन और सत्संग ! बहुत नाम सुना है उनका।

–कहाँ सुना है ?

अब हरिप्रसाद चुप हो गया। वह कस्बा-कोलोनी के गौरांग सरकार का नाम कैसे ले ?

कालाचाँद ने दूर से ही पहचाना–वही है मनिआर्डर भेजनेवाला।

गोपाल पाइन को अचरज होता है–सभी उसी जगह चौरास्ते पर जहाँ गाँव के नाम की तख्ती टँगी थी–क्यों खड़ा होते हैं।··· जगह थोड़ी ऊँची है ?

शारदा बर्मन के बड़े भाई आनन्द बर्मन का यह विश्वास पक्का है कि चौरास्ते पर एक चाय की दुकान धूमधाम से चल सकती है।··· न मालूम लोन के पैसे कब मिलते हैं !

कालाचाँद ने आगे बढ़कर नमस्कार किया और योगेशदास से पूछा–आगेकार जाना लोक ?··· जान-पहचान पहले से ही है क्या इनसे ? क्यों जोगेश दा ?

योगेशदास के पहले ही जादब ने कहा–नमस्कार-नमस्कार ! हाँ, योगेश बाबू से महिचन्दा कोल्नी से ही जान-पहचान है।

योगेशदास तनिक डर गया, शायद।

महिचन्दा कॉलॅनी में रहता था योगेशदास। जब महिचन्दा कॉलॅनी के सभी सदस्य, सब कुछ बेचकर कलकत्ता भाग रहे थे तो एक बैलगाड़ी के अभाव में योगेशदास उन लोगों के साथ नहीं जा सका। और तीसरे दिन जब बात फैली, इधर-उधर तार और टेलिफोन किये गये तो पूर्णियाँ स्टेशन पर सिर्फ योगेशदास ही सपरिवार पकड़ में आ सके !··· बहुत दिनों तक मामला-मुकदमा, थाना-कचहरी करना पड़ा था योगेशदास को। कॉलॅनी-कमिटी ने योगेशदास को सभी जुर्मों से बरी कराकर नबीनगर कॉलॅनी में बसाया था। कॉलॅनी के कई कूट और व्यंग्य करनेवाले यदा-कदा तीर छोड़ ही देते हैं–की जुगीदा ?··· फिर कोई हाथ मारने का इरादा है क्या ? महिचन्दा गाँव के कई बनियों ने आकर उसे बेपानी कर दिया है एक दिन।··· सूद सहित डेढ़ सौ रुपये लिये बिना टलेंगे नहीं इस गाँव से ! दीदी ठाकरुन ने एक सौ रुपये 'फण्ड' से देकर योगेश का पिण्ड छुड़ाया था। बाद में कॉलॅनी-मीटिंग में दीदी ठाकरुन को जवाब देना पड़ा था–बिना बूझे इतने रुपये क्यों दिये गये !···

योगेशदास डरा, कहीं हरिप्रसाद जादब ने यह तो नहीं सुन लिया है कि योगेश के सभी कर्ज़े, दीदी ठाकरुन ही चुकाती हैं ? महिचन्दा हाट की मछलीवाली बूढ़ी उस दिन आयी थी, योगेशदास घर में नहीं था। पवित्रा ने ढाई रुपये उसके भी चुका दिये हैं।

उस दिन कालाचाँद और शारदा बर्मन ने कहा–मौज में हैं हमारे जुगीदा। बनिया से लेकर मछलीवाली तक से दोस्ती है।··· हाँ, जुगीदा। वह बुढ़िया कह रही थी कि जोगेश हमारा 'दोस्त-दामाद' है, उसकी स्त्री मेरी 'दोस्त-बेटी' है और संझा दोस्त-नातिनी ! ठीक है क्या ?

पता नहीं, यह कालाचाँद आज क्या-क्या बोल बैठे ? योगेशदास डरा।

कालाचाँद कुछ वैसी बात नहीं बोला। उसने योगेशदास से कहा–जुगीदा, जान-पहचान के लोगों को घर पर ले जाकर बात कीजिए। यहाँ सड़क पर भले आदमी को क्यों खड़ा किये हो ?

योगेशदास बोला–यह दीदी ठाकरुन से मिलना चाहते हैं।

कालाचाँद ने पूछा–पचास 'टाका' का मनिआर्डर आप ही भेजा था ? जादब ने लजाकर कहा–जी हाँ।

–फिर देने आये हैं क्या ? देखिए, इस तरह देने से दीदी ठाकरुन एक नया पैसा भी नहीं लेंगी। आप बतला दीजिए कि फलाने काम में खर्च कीजिए। देखिए कि रुपया लेती हैं या नहीं।··· आप हमारा नाम मत लीजिएगा।

योगेशदास को मनिआर्डर की बात समझ में नहीं आयी। कालाचाँद ने उसे समझाया।

हरिप्रसाद जादब ने स्वीकार किया–कीर्तन-पार्टी के लिए ही रुपये भेजे गये थे।

कालाचाँद ने कहा–सुनते हैं, मास्टर दादा।

गोपाल पाइन कुछ नहीं सुनता। वह अभी मन में 'एस्टिमेट' कर रहा है–एक पोख्ता-साइनबोर्ड बनवाने में कितना सिमेण्ट और चूना लगेगा।

हरिप्रसाद जादब को दुख हुआ, योगेश बाबू ने उसे गलत समझा। इसीलिए इस तरह बेरुखी से 'बतिया' रहे हैं। नहीं तो, आदमी इतना जल्दी बदल जाता है, क्या ? दिन-भर महिचन्दा कॉलॅनी में हरिप्रसाद जादब का घोड़ा चरता रहता था और योगेशदास की झोपड़ी में हरिप्रसाद जादब योगेशदास की पत्नी के हाथ की बनी एक से एक मिठाई··· छेना की जलेबी··· पन्तुआ।··· कण्ठी भी हरिप्रसाद की टूटी योगेशदास के ही घर में। योगेशदास की पत्नी गिरिबाला देवी ने कहा था–वैष्णव ! कैसा वैष्णव हो तुम ? मछली नहीं खाते ? यह तो जल की 'तरोई' है ! जल-तरोई !

··· योगेशदास ने भी कहा था, अरे हरि बाबू ! आप नहीं जानते ? हमारे देश में कहावत है–माँगुर माछ खा बेटा, हरि हरि बोल !

··· और आज तीन-चार महीने के बाद ही योगेशदास अजनबी की मुद्रा बनाकर इस तरह खड़ा है ?

–दीदी ठाकरुन ! एइजे··· हरिप्रसाद जादब। पूछिए, इन्होंने कीर्तन के लिए ही मनिआर्डर भेजा था कि नहीं !

पवित्रा के पास बैठकर सन्ध्या सि़ला़ई सी़ख रही थी। हरिप्रसाद को देखकर उसके चेहरे पर जो आँधी आयी और तूफान खेल गये–उसे पवित्रा ने देख लिया। वह उठकर जाने लगी तो पवित्रा ने याद दिलाया–कैंची उस तरह खोलकर कहाँ दौड़ी ?··· लगता है किसी की 'टिकी' काटने जा रही है।

पवित्रा ने हरिप्रसाद जादब के मुखड़े पर हवाई उड़ते देखकर स्वयं पूछा–आपने

मेरे नाम से क्यों भेजा रुपया ? कॉलॅनी-कमिटी के नाम से भेजना चाहिए।

हरिप्रसाद जादब न जाने कहाँ खोया हुआ था !

कालाचाँद ने मैमनसिंघ की बोली में कहा–एक ही बात है दीदी ठाकरुन। ··· हम लोगों के 'एसराज' के दाम में सिर्फ पचास रुपये की कमी है। यदि··· यदि···।

पवित्रा की गम्भीर मुद्रा देखकर कालाचाँद की मुसकुराहट दन्त-पंक्तियों से निकलकर ओठों पर संकुचित हो गयी। उसने बात के प्रसंग को बदलने के लिए कहा–जुगीदा से परिचित हैं। महिचन्दा के पास ही है–सुक्की बेलाही।

पवित्रा चौंकी, तनिक !

हरिप्रसाद जादब ने कहा–वहाँ की कोलूनी में हमेशा जाते थे, हम। योगेश बाबू की स्त्री गिरिबाला देवी को मैं मौसी कहता हूँ। संझा को हमने मैथिली कीर्तन सिखाया है।

पवित्रा हँसी··· 'जय-जय भामिनी, असुर भयावनि' गीत सन्ध्या ने इसी गुरु से सीखा है !

योगेशदास की पत्नी ने कोई परायापन नहीं दिखाया। देखते ही हुलसकर बोली–आमार बोनयो।··· मेरी बहन का बेटा !··· हरि रे ! तुम एक दिन और भी आये थे। सन्ध्या के बाबू के साथ मैं कस्बा गयी थी। चलो, दीदी ठाकरुन से बाद में बातें करना। मुँह-हाथ धोकर एक गिलास चाय तो पी लो !

हरिप्रसाद जादब 'किन्तु-परन्तु' करके उठते समय बोला–हम दीदी ठाकरुन से थोड़ा 'सत्संग' करना चाहते हैं।

–हबे तोमार सोत्सोंग ! सन्ध्या की माँ, गिरिबाला देवी उसे साथ ले चलो।

कालाचाँद हँसकर बोला–बारिसाल जिला के लोग दोस्ती गाँठने में सबसे आगे रहते हैं। कस्बा कोलोनी का गौरांग सरकार भी बारिसाल का रहनेवाला है। और हम लोगों के जुगी भाई भी।··· उस्ताद एकेबारे !

पवित्रा ने पूछा–दोस्ती करना बुरा है क्या ? गौरांग सरकार आज पाँच सौ रुपये पाता है मारवाड़ी के मिल में। जानते हो ?

–जानि दीदी ठाकरुन !··· गरीबों से कोई दोस्ती भी तो नहीं करना चाहता।

सन्ध्या की माँ–गिरिबालादासी–हरिप्रसाद जादब को चाय पिलाकर साथ ले आयी।

पवित्रा आज सुबह से ही अपने पिता के रचे और लिखे हुए कीर्तन की पुरानी पाण्डुलिपि की नकल करने बैठी है–एक पन्ना भी नहीं कर पायी।··· आज नहीं हो सकेगा कुछ।

हरिप्रसाद जादब की ओर से गिरिबाला ने दीदी ठाकरुन से 'अर्ज' किया–जादोब खूब भालो छेले··· किसी बात की कमी नहीं घर में–फिर भी मारा-मारा फिरता है सिर्फ कीर्तन के पीछे। कह रहा है कि बंगाल का कीर्तन सुनकर होश-हवाश नहीं रहता है···।

—होश-हवाश नहीं रहता ! यह तो बहुत बुरी बात है। छिदामदास और गोपाल पाइन फिर से आ जुटे हैं !

गोपाल पाइन को विश्वास हो गया है—यह हरिप्रसाद जादब एकदम 'अपना-पार्टी' का आदमी है। इस बार उसने हरिप्रसाद जादब का ध्यान आकर्षित करने के लिए दो बार अपने पॉकेट को टटोला। फिर बोला—जादोब बाबू ! आप लोगों के जैसा हीरा आदमी हर स्थान पर नहीं मिलता। आपकी बात छोड़िए—मगर आपके देश के लोगों को क्या कहें ? किस आदमी से कैसे बात किया जाये—यह भी नहीं मालूम ! हम लोगों को 'बंगलिया' बोलता है बोले—मगर जनाना लोगों को भी 'बंगलिनियाँ' कहता है। कहने पर मुँह गोल बनाकर जवाब देंगे—'आर्रे-तोरी ! बंगलिनियाँ को बंगलिनियाँ नहीं कहें तो और क्या बोलें—संथलिनियाँ !'

गिरिबाला बोली—मास्टर मोशाय, जादोब को वैसा मत समझिए। माँ है, बाप है—सब कोई है घर में, फिर भी हम लोगों को याने मौसी और मौसा के देखे बिना चैन नहीं। कैसे-कैसे पता लगाकर चला आया, देखते नहीं ?

इतनी देर के बाद योगेशदास दिखलाई पड़े—खिन्न और चिढ़े हुए।··· गिरिबाला की यह वकालत उसे जरा भी पसन्द नहीं। महिचन्दा से ही योगेशदास इस पागल आदमी से पीछा छुड़ाना चाहता है, मगर छोड़ता ही नहीं।··· नाछोड़बन्दा ! योगेशदास ने एक साथ तीन सौ रुपये कर्ज माँगे थे, इसीलिए। रुपया नहीं दे सकेगा तो नहीं आवेगा। जादब ने दूसरे ही दिन वादा के मुताबिक रुपये गिन दिये। उसके बाद, दस-बीस, पचीस-पचास—जब जैसा मौका मिला—योगेशदास माँगता गया और जादब देता गया।··· मगर, पीछा नहीं छोड़ा। आज कहता है, उसे रुपये वापस नहीं चाहिए।

योगोशदास बोला—लेकिन एक बात है। जादोबा तुम्हीं से कह रहा हूँ। मैंने तुम्हारे बाबूजी का गुस्सा देखा है। मुकदमाबाज भी नम्बर एक के हैं। इसलिए बाद में कहीं कुछ बखेड़ा उठे तो, सो तुम जानो।

जादब ने हिम्मत करके पूछा—क्या बखेड़ा उठ सकता है ?

—यही कि हिन्दुस्तानी कीर्तन छोड़कर बंगाली कीर्तन सीखने जाता है···।

हरिप्रसाद जादब, जो अब तक धोती के खूँट को उँगली से लपेटता हुआ, दाँत निपोड़कर सबकी ओर बारी-बारी से देखता था, तैश में आ गया। बोला—मौसा ! कीर्तन सीखने की बात तो जाने दीजिए, यदि हम किसी 'बंगालिन' से शादी कर लें—इसपर भी कोई बखेड़ा नहीं···।

जादब को होश हुआ, शादी की बात अभी ही बोलना उचित नहीं हुआ। उसने बिगड़ी हुई बात को सँभालने की चेष्टा की—माने, हम एक बात कहते हैं।·· अर्थात् मैं यों ही कह रहा हूँ।

पवित्रा ने कहा—भाई साहब, कीर्तन का मालिक कालाचाँद है। आप उसी से बात कर लीजिए।

वह उठी। जादब ने हड़बड़ाकर कहा—और यह चन्दा ?

—वह कीर्तन के सेक्रेटरी को दे दीजिए।

पवित्रा जब 'कॉलॅनी ऑफ़िस' से बाहर निकली तो उसने देखा—बाँस की खपच्ची की आड़ में सन्ध्या चुपचाप खड़ी है।

उसने सुना, कीर्तन का सेक्रेटरी कालाचाँद कह रहा था—ठीक है, कल ही तो मंगल है। कल से ही आइए। भगवान् का नाम गाने के लिए भी कहीं मनाही है ?

पवित्रा को लगा—कोई सन्ध्या को उससे छीनने आया है।··· किशोरी सन्ध्या ने उसपर अधिकार कर लिया है, मानो।

सन्ध्या रात में दीदी ठाकरुन के पास सोती है। एक ही बिछावन पर। पवित्रा उदास हो गयी।

छह

तालेवर गोढ़ी के दरबार के सभी मुँहलगुवे जब चले गये तो जयराम सिंघ ने लम्बी साँस छोड़कर, नाटकीय अन्दाज में कहा—इस्स ! मालिक, सीटी फूँक दीहिस था कि !

तालेवर गोढ़ी ने पूछा—क्या सीटी फूँक दीहिस ?

—वही पाकिस्थनियाँ सब कहते हैं कि रात में गाँव में माने कोलॅनी में आना मना है। बहुत कड़ा कानून है।··· लेकिन, एक बात सवा सोलहों आना ठीक है कि जो असली बंगालिन है उसको एड़ी तक केश है।

—एड़ी तक केश है ?

—हाँ मालिक। हम अपने 'चस्म' से देख आये हैं। जैसी 'खपसूरती' वैसा केश !

तालेवर गोढ़ी सोच में पड़ गया !

आज जयराम सिंघ ने पूछ दिया—क्यों, क्या बात है मालिक ? कोई बात हो तो हुकुम फरमाइए···।

तालेवर गोढ़ी के हाथ में अभी सुमरनी नहीं, सचमुच कतरनी है। सरौता से सुपारी के टुकड़ों को महीन करते हुए वह मुसकुराया। पोपले मुँह की ऐसी मुसकुराहट को जयराम सिंघ ने पहले भी देखा है। लेकिन इधर दो-तीन साल से तीरथ-धर्म, नेम-टेम देखकर उसने सोचा था कि अब··· ?

जयराम सिंघ को बहुत दिनों से एक साइकिल खरीदने का शौक है।··· लगता है, भगवान् ने इस बार उसकी प्रार्थना सुन ली। एक बार तलवार का शौक हुआ था तो तालेवर मालिक ने ही दाम दिया था। पोखरवाले 'कामत घर' में 'डायन

का मन्त्र' सिखाने के लिए बभन टोली से एक 'तेलबाभिन' लड़की को ले आया था–तालेवर गोढ़ी के लिए।··· दूसरी बार तालेवर गोढ़ी के चक्र के लिए गोप टोला का माल–हारमोनियम का दाम लेकर पहुँचाया था उसने। जयराम सिंघ जानता है, तालेवर गोढ़ी को 'सवर्ण' छोड़कर–अपनी जाति या अपने से छोटी जाति की औरतों पर कोई लोभ नहीं।··· इस बार साइकिल की कीमत पहले ही वसूल लेना होगा।

तालेवर गोढ़ी बोला–बात यह है जयराम कि तुमसे क्या छिपाना ? इस बार 'हरदुआर' जी में हम एक साधू बाबा के पास जाकर बैठे। हाथ की रेखा देखकर साधू बाबा ने बहुत कुछ कहा। जब मैंने पूछा कि बाबा यह संसार का माया-मोह कब कटेगा तो बोले–बच्चा ! अभी हड़बड़ाता क्यों हैं ? अभी तो एक एड़ी तक केशवाली का तलवा सहलाना बाकी है।

–एकदम ठीक बोले हैं साधू-बाबा ! आप हुकुम दीजिए तो हम लग जायें।

–अरे नहीं-नहीं। मैं तो, यों ही एक बात कह रहा था।

जयराम सिंघ जानता है–इस बूढ़े कामी के हुकुम देने की यही भाषा है। इससे पहले भी हर बार इसने इसी तरह मुसकुराकर कहा था–हम जो साधना करते हैं उसके लिए औरत बहुत जरूरी है। तन्त्र सिद्ध करने के लिए 'भैरवी' का होना बहुत जरूरी है।

जयराम सिंघ ने कहा–मालिक ! आपकी साधना इस बार एकदम सिद्ध समझिए ! बंगाला-मुलुक का तन्त्र···।

तालेवर गोढ़ी गम्भीर हो गया–तुमने मेरे मन की बात पढ़ ली जयराम। 'साधना' के बारे में ही साधू बाबा ने कहा था कि तलवा सहलाना बाकी है। याने, बंगाल का तन्त्र सिद्ध करना बाक़ी है। इसके लिए हम कामरूप-कामच्छा जानेवाले थे।

–नहीं मालिक ! जब संग में ही जाल तो मछली का अकाल ? घर बैठे आपको कामरू···।

तालेवर गोढ़ी ने किसी की छाया देखकर पूछा–कौन है उधर ?

रामजी ने जवाब दिया–मैं। रामजी !

–क्या बेटा ! क्या बात है ?

–कृष्णजी का तार आया है।

–तार ?···

–रुपये के लिए लिखा है !

–रुपये के लिए तार ?

–हाँ, परीक्षा फीस···।

तालेवर गोढ़ी का जी खट्टा हो गया।··· उसके समधी मुख्तार साहब कुलदीप माँझी, बात पर 'मंझा' लगाना खूब जानते हैं। शादी के पहले एकदम 'लाट-गवर्नर-मनिस्टर-बालिस्टर' तो 'अलान' तो 'ढेकान' बोलकर ढेरी कर गये। कहते थे कि कृष्णजी 'नन्दन' में पढ़ना चाहें या रूस चाहे अमेरिका में–सभी पैसा

सरकार देगी। सरकार से वसूल करेंगे—लाठी के हाथ। केवट-संघ, निषाध-सभा, मल्लाह-सभा—मुख्तार साहेब सभी कमिटी के 'परसिडण्ड' हैं और बात एकदम 'फैलियर'।··· आदमी की बात का एक 'भैलू' होना चाहिए !···

तालेवर गोढ़ी ने बौखलाकर कहा—तार आये या बेतार, पैसा नहीं जायेगा ! आज किताब तो कल कपड़ा तो परसों परीक्षा-फ़ीस ! ! एक पैसा भी नहीं—'पोस्काट' लिख दो साफ-साफ।

जयराम सिंघ ने रामजी बाबू की ओर देखा। रामजी बाबू के मुँह से कृष्णजी की फ़िज़ूलख़र्ची के क़िस्से सुन चुका था। फिर भी उसने अपने कर्तव्य का पालन करना अपना धर्म समझा। कृष्णजी से जयराम सिंघ का 'हेलमेल' है—गुप्त बात कोई भी हो, जयराम सिंघ को छोड़कर किसी से नहीं कहता कृष्णजी। इसलिए जयराम ने कहा—मालिक ! डागडरी पढ़ने में बहुत ख़र्च, यह तो मशहूर है। डागडरी पास करने के बाद तो देखते ही हैं कि किस तरह रुपये की बरखा होती है !

रामजी कुछ कहना चाहता था। तालेवर गोढ़ी ने उसे चुप कर दिया—रामजी बेटा ! रुपये की 'बरखा' की बात सुनकर तुम भी भूल गये··· मेहनत का पैसा जिसका है वह कैसे भूल सकता है कि 'बरखा' का रुपया जाता भी है बाढ़ के पानी की तरह। जो घर में जमा था उसे भी ले-देकर साफ़। जाओ, अपना काम देखो।

रामजी चला गया तो तालेवर गोढ़ी बहुत देर तक मुँह विकृत करके गुमसुम रहा। जयराम सिंघ ने उसी मुख-मुद्रा के अनुसार अपने चेहरे पर एक परेशानी का मुखौटा डाल लिया।

तालेवर गोढ़ी ने कहा—हो जयराम ? तुम भी खूब हो। कहते हो डागडरी पास करने पर रुपये की बरखा होती है। मैंने कौन-सी डागडरी पास की है अपने जमाने में; जैसा हम कमाते थे सो तो तुमने देखा ही है। सिर्फ़ 'चिरागी' का पैसा लेकर 'चक्कर' पूजने पर इतनी आमदनी होती थी। यदि हम भी बेमारी देखने की फ़ीस लेते, फ़ी 'मन्तर' पाँच रुपया और एक-एक 'जन्तर' का दाम दस रुपया लेते तो··· खुद हिसाब करो कि आज रुपये रखने की कहाँ जगह थी ?

जयराम सिंघ ने कहा—मालिक ! आपकी और तन्त्रविद्या की बात निराली है !

सिर्फ़ मछली की बिक्री से तालेवर ने पैसा नहीं जमा किया है। तालेवर गोढ़ी अपने जमाने का बहुत मशहूर 'ओझा-गुणी' था।··· भूत-प्रेत, जिन-पिशाच, देव-दानव किसी की भी हवा लग जाये—तालेवर गोढ़ी के हाथ की एक चुटकी धूल पड़ते ही बाप-बाप करके भूत भागते थे।··· खुट्टी-खरैइहा में एक साथ चार डाइनों को नंगा नचाया था—तालेवर गोढ़ी ने। मरे हुए लड़कों को जिलाने के बाद चारों डाइनों का 'गुण' खींचकर अपनी चुनौटी में रख लिया था। मशान की हड्डी जिसके घर में गाड़ दे उसके घर में ऐसा 'बनरभूता' लग जाता था कि एक ही साल में सब हहाकर साफ !

जयराम सिंघ को एक पते की बात याद आयी—अच्छा, मालिक ! किसुन

बाबू जो बक्सा-भर 'हाड़-गोड़-मुण्डी-खोपड़ी' ले आये हैं—उनको जगाकर आपका काम माने 'तन्त्र' का काम नहीं हो सकता ?

—तुम भी खूब हो जयराम ! पूछता हूँ—फेनायल से धोयी हुई हड्डियों से मेरा क्या काम हो सकता है ? उसपर कोई 'गुण' काम कर सकता है भला ?

जयराम सिंघ ने मन में सोचा—तब तो इस कीड़ा मारनेवाले तेल (फिनाइल) में बहुत गुण है। भूत-प्रेत भी इसकी गन्ध से भागता है ?

··· पण्डित रामचन्द्र चौधरी हमेशा हँसते थे—अरे, इस गोढ़ी के पास 'ढोढ़ा-साँप' का भी मन्त्र नहीं। भेड़ियाधसान इसी को कहते हैं।··· क्या है उसके पास में ?—लेकिन, तालेवर गोढ़ी ने आखिर-आखिर में ऐसी हड्डी गाड़ी दरवाजे पर कि चौधरी की सारी सम्पत्ति के साथ 'लछमी' नाचती हुई तालेवर गोढ़ी के घर में आकर बैठ गयी। बस, उसी चक्कर के बाद से तालेवर गोढ़ी ने 'तन्त्र-मन्त्र' ऐलान करके छोड़ दिया ! अब, इतने दिनों के बाद फिर नया चक्कर साधना चाहता है। जयराम सिंघ को लोभ हुआ—क्यों न इस बार सायकिल की कीमत के बदले एकाध 'मन्त्र' सीख लिया जाये।··· वशीकरण का 'काम' तो इसी बार बूढ़े को करना है। पहले की 'भैरवी' सब तो रुपये और कपड़े के लोभ में पड़कर चक्कर में आती थीं। कोई-कोई सचमुच 'डाइन' का मन्त्र सीखने के लिए आती थी। जैसे आयी थी मोरंग की खत्रानी—उसने तो सोने और चाँदी की 'गुरुदच्छिना' दी थी।··· जयराम सिंघ को अब पछतावा हो रहा है। उस समय वह सोचता था कि सिर्फ 'बदमाशी' करने का बहाना है यह सब। यदि इस बार भी जयराम सिंघ चूक गया तो हमेशा पछतावा लगा रहेगा। यह आखिरी चक्कर जिसमें एड़ी तक लोटते हुए केशवाली 'बंगाला-मुलुक' की भैरवी बैठेगी··· !!

जयराम सिंघ को बीस साल के बाद अभी अचानक ज्ञान हुआ। उसने लपककर तालेवर गोढ़ी का पैर पकड़ लिया। तालेवर गोढ़ी अकचकाकर बोला—हैं हैं, यह क्या जयराम ? यह पाप क्यों चढ़ाते हो ?··· कोई देख लेगा !

—नहीं मालिक ! इस बार हमको चेला बनाना ही पड़ेगा। अपनी झोली का 'चूर-घून' भी दे दीजिए तो···

—सुनो जयराम ! पैर छोड़ो।

—पैर नहीं छोड़ूँगा। जिस तरह 'केवट' ने रामजी का पैर तब तक नहीं छोड़ा था जब तक कि पैर पखारने··· मैं आपका पैर पखारूँगा। चूल्हे में जाये जाति ? गुण से बढ़कर क्या जाति ही है !

तालेवर गोढ़ी प्रसन्न हुआ।

—तो तुम सचमुच··· ?

—वैसे भी जो हुकुम देते हैं—आग में, पानी में जहाँ भी जाने को—तैयार ही रहते हैं। अब चेला बनाकर देख लीजिए।

—तो आज बहुत बढ़िया दिन है। मंगल ! बहुत खरा दिन है। आज से ही शुरू कर दो।··· यह मिट्टी उस एड़ी तक केशवाली की एड़ी के नीचे पड़ जाये

तो समझो कि इसी अमावस्या की रात चक्कर लग जाये।

—आज मंगल है। तब सब काम का मंगल ही मंगल समझिए। पाकिस्थनियाँ-टोली में मंगल की साँझ में कीर्तन होता है।··· मेरे माथा पर हाथ रखकर 'आशीख' दीजिए और हाथ में दीजिए—'मन्तराई' हुई मिट्टी।

'सतनाम-सहसर नाम'—कहकर जिस झोली से मिट्टी निकाली उसी में सुमरनी रख दी तालेवर गोढ़ी ने—अब यह सुमरनी रहे, कुछ दिन के लिए आराम करे। ··· तिजोरी के निचले तल्ले से सिन्दूर से रँगी हुई एक हड्डी निकालकर अपनी गद्दी पर, मसनद के नीचे रख लिया तालेवर गोढ़ी ने।

गुरु तालेवर गोढ़ी ने कहा—जै हो औघड़दानी की ! बोलो जयराम—औघड़दानी की जै कहो !

—जै हो बाबा औघड़दानी की !

—मुट्ठी बाँधो। पीछे से कोई कहीं पुकारे, उलटकर मत देखना।

जयराम सिंघ चला—जै हो औघड़दानी की ! जयराम इतने दिनों तक भ्रम में था। तन्त्र-मन्त्र यदि झूठ होता तो अररिया-कोठ की सभा में जो मन्त्रीजी आये थे—उनकी बाँह में उतने ताबीज क्यों लटक रहे थे—गोल, चिपटे, चौड़े। लाल मूँगावाले तावीज !··· मन्त्र के बल से ही मन्त्री हुए हैं मन्त्रीजी ! जयराम अब सबकुछ समझता है। यदि मन्त्र की कोई महिमा नहीं होती तो कोशी—बाँध खोलने के समय उस तरह धूप-दीप देकर कलश सजाकर काशीजी और पटना से आये हुए पण्डितों ने क्यों मन्त्र पढ़ा था ?

तालेवर गोढ़ी के मन की बहुत पुरानी लालसा पूरी होनेवाली है। उसके गुरु ने खास 'बंगाला' में जाकर—तारापीठ के औघड़दानी को मनों 'माँगुरमाछ' खिलाकर, तारापीठ श्मशान के युग-पाकड़ और दो सौ साल पुराने सेमल के नीचे—गुरु के चरण के नीचे थोड़ी-सी जगह पायी थी। कामरूप-कामच्छा में देह रखने जा रहे थे गुरुजी, तब तालेवर ने भी 'मिनती' की थी। मगर गुरु ने कहा था—गृहस्थी धर्म का पालन पहले, बाद में और कुछ। अभी जितना मिला है उससे जो पैदा हो—उसमें से 'दान' का अंश निकालकर अपनी गृहस्थी में लगाओ। हर जोतो और हरि भजो—यथाशक्ति, जो बन पड़े दो··· !

उसके गुरु भी किसी उच्चकुल के नहीं थे !

गुरु ने कहा था—औघड़दानी के तन्त्र में कोई मिलावट नहीं। इनके मन्त्र पर ब्राह्मणों का कोई प्रभाव नहीं पड़ा, कभी। इसका सबूत यह है कि जहाँ दूसरे तान्त्रिक—भैरवी के रूप में ब्राह्मण और गुरुकन्या को छोड़कर बाकी सभी जाति की विवाहिता लड़की को 'चक्र' में लाने को कहते हैं—वहाँ औघड़दानी कहते, सोलह साल से पचास तक किसी उम्र की और किसी जाति की नारी को 'भैरवी' बनाया जा सकता है !

इसीलिए तालेवर गोढ़ी अपने 'चक्कर' के लिए खास-तौर से 'सवर्ण' औरतों को मँगवाता !··· जयराम सिंघ ने तो कहा कि बंगाल की बाभिन है ?

–तालेवर गोढ़ी ने कण्ठी तोड़ ली !

–एँ ?··· मछली खायी हुई जीभ भला माने तुलसी की कण्ठी ?

दूसरे ही दिन सारे गोड़ियर गाँव में यह खबर कानोकान फैल गयी कि तालेवर गोढ़ी का सब 'तीरथ-धरम' और 'पुण्य-प्रताप' ख़तम ! कल रात को ठीक बारह बजे एक जोड़ा काला छागल (बकरी के बच्चे) काटकर खाया तब नींद आयी। ··· काटकर खाया नहीं–काली माई को चढ़ाया कहिए। बात यह ठीक है कि तालेवर गोढ़ी ने कण्ठी तोड़ दी।

जयराम सिंघ अपने सौतेले भाई को समझा रहा है–तुम चौधरी के बहकावे में मत पड़ो। उसकी बात सुनोगे तो उसी के जैसा हो जाओगे। तुमसे यह किसने कहा कि तालेवर मालिक 'बेधर्मी' हो गये हैं ? सुनी हुई बात दूनी होती है।

–सुनते हैं फिर से 'ओझाई' शुरू करनेवाला है ?

–'ओझाई' मत कहो रामजय–साधना।

रामजय हँसते-हँसते लोटपोट हो गया–

–अरे वही साधना ?··· आप भी भाई साहब सब दिन यही 'गोबर-घिचोड़' काम करते रह जाइएगा। अरे, साले गोढ़ी के पास पैसा जमा हो गया है। कोई ऐसा 'फितरत' लगाइए कि एक सेशन केस उठे तो देहात के लोगों का गुज़ारा हो।··· यह अबोले छागलों, कबूतरों और 'छिनाल' औरतों को हलाल करवाके क्यों पाप बटोरते हैं ?

जयराम सिंघ ने अपने मूर्ख सौतेले भाई से और बात करना उचित नहीं समझा। उसने साइकिल सँभालते हुए कहा–तुमसे फिर कहता हूँ, रामजी बाबू को काम के बहाने···।

–देखिए भाई साहब, गोढ़ी की नौकरी मैं नहीं कर सकता। उसको 'फुसला' कर, ठगकर चार पैसा लेना और बात है।··· फिर, दोनों भाई एक ही नाव पर पैर क्यों दें ?

रामजय चतुर है। जयराम गँवार। रामजय का कहना है, साल-भर किसी की ताबेदारी करने में क्या फ़ायदा ! साल में एक बार 'लाठी' का 'कंट्रैक' हो जाये, इसी में पाँच सौ रुपये की आमदनी हो जाती है। एक सेशन मुकदमा चल जाये–तीन साल के खर्च से निश्चिन्त ! तब, नौकरी क्यों करे आदमी ? सो भी उस मरकट-मशान-तालेवर गोढ़ी की ?··· धन धरावे तीन नाम–धन्नू, घनुआँ, धनेसर राम !

··· रामजय ने शुरू-शुरू में सौतेले भाई जयराम के साथ छागल और बदचलन औरतों की 'सप्लाइ' का काम किया है। एक बार जब कहीं कोई नहीं मिली तो

रामजय ने अपनी चहेतिन गुनमन्ती गोरनियाँ की बलि दी थी। गुनमन्ती-गोरनियाँ को डाइन का गुण सीखने का लोभ और रामजय को रुपये का।··· गुनमन्ती से ही उसे मालूम हुआ था कि चक्कर में क्या-क्या होता है। मांस-मछली, कबूतर, शराब, खीर-पूरी, मिठाई, चना-चबेना से लेकर सभी तरह की चीज। 'इरिंग-बिरिंग' मन्तर पढ़ने के बाद, भोग। तब, महाभोग !··· गुनमन्ती ने हँसकर कहा था–दुत्त, उस बूढ़े को 'क्या' है जो 'क्या' करेगा ? 'इनुआ' (नपुंसक) है।

रामजय ने गुदगुदाते हुए पूछा था–पन्द्रह दिन तक चक्कर में गयी, कुछ नहीं··· ?

–तुम्हारी सपथ। सच कहती हूँ।

–जब ऐसी बात है तो औरत के लिए इतना क्यों वह भूखा 'नाकर' (भेड़िया) की तरह··· ?

उस जमाने में दो सौ रुपये, पन्द्रह दिन की मजदूरी कुछ कम नहीं। उसमें से रामजय ने आधा हिस्सा काटकर अपने पॉकेट में रख लिया गुलाबबाग मेला का खर्च।··· सो, स्टेशन पर ही काट लिया–डिल्ली के पाकिटमारों ने। उस बार डिल्ली से पॉकिटमारों का एक जबर्दस्त दल आया था न !

रामजय ने धरती पर थूकते हुए मन में कहा–थूक है ऐसे पैसे पर और पेशे पर। लेकिन, उस जमाने का दो सौ, इस जमाने में पाँच सौ ?··· देखें, इस बार किस गाँव की 'हरजाई-औरत' फाँसी जाती है। साला, इस बार चक्कर जहाँ भी पूजे–पुराने श्मशान में या ब्रह्मस्थानवाले श्मशान में–रामजय इस बूढ़े गिद्ध की शैतानी सटकावेगा।

··· लेकिन, रुपये के बिना कुछ नहीं इस दुनिया में। भाई साहब आजकल चाँदी काट रहे हैं। ऐसी दरियादिली से गाँजे की पुड़िया खोलते इसके पहले नहीं देखा किसी ने। रामजी ने अपनी साइकिल ही दे दी है।

तालेवर गोढ़ी ने अपने मुँहलगुओं के बीच बयान देने के अन्दाज़ में कहा–शिवाला नहीं, अब छिन्नमस्ता भवानी का मन्दिर बनेगा। गुरु की कृपा से मैं सही राह पर आ गया।··· हम सपना देखे कि 'सरगपुरी' में हम मर्दाना फाटक से मर्दाना 'कम्पाट' में ज़ा रहे हैं। इसी समय एक सिपाही आकर बोला–ए ! ए !! यह सब माता के दरबार का आदमी है। बाबा की ड्योढ़ी में क्यों आया है ? उधर ले जाओ। उधर जाकर देखा तो छिन्नमस्ता भवानी खिलखिलाकर हँस रही थीं··· !

उपस्थित मुँहलगुओं ने इस सपने का कोई मतलब नहीं समझा।

जयराम सिंघ ने पूछा–इस सपने का अर्थ समझे ?

मोहन दफ़ादार ने चेष्टा की–इसका माने तो हम लोग यही लगाते हैं कि शिवाला में आप एक ही दरवाजा बनाना चाहते थे··· ।

तालेवर गोढ़ी हँसा। जयराम सिंघ ने समझाया–माता माने देवीदुर्गा काली !

बाबा माने बमभोलेनाथ ! सो, जिन्दगी-भर तो मालिक भगवती का 'गोचर' (देवी के गीत) गाते रहे और अन्तिम समय में 'निरगुनियाँ' लोगों के संगत में पड़कर ग़लती से वैष्णव हो गये। भला गुनी आदमी 'निरगुनियाँ' कैसे हो ? शिवाला बनाने के पहले काली मन्दिर बनवाने का हुकुम समझिए-सपना थोड़ो था !

कुताय धानुक ने कहा-सब 'इस्सरी माया' !

सात

पण्डित रामचन्द्र चौधरी जब भंग के नशे में रहते हैं, पुत्र कामदेव को फूटी नजर से भी नहीं देख सकते।··· सभी लज्जा, ग्लानि, अपमान का जड़ यह कामदेव··· एक घड़ी को मस्तानी और जन्म-जन्म पछतानी-इसी को कहते हैं। बलात्कार के बाद हत्या !

कामदेव दुकान करता है। तेल, नून, हल्दी, मिर्चा, धनियाँ की सम्मिलित-गन्ध उसकी देह से हमेशा निकलती रहती है। पिता के पास जाने के पहले वह अपनी माता का मन टटोलता है, जाकर-मैया ! 'अखतिया' (पहले ही तैयार होनेवाला) पाट अभी माटी के मोल बिक रहा है। दस रुपये की भी पूँजी दे दें बाबूजी तो···।

-पूँजी ? तुम्हारी दुकान की पूँजी क्या हुई ?

दुकान की पूँजी से तो दुकान भी नहीं चलती। फिर इतने बड़े परिवार का खर्च भी दुकान से ही···।

-आज यदि माँगोगे एक लाल पैसा भी नहीं मिलेगा, ऊपर से एक हजार सुनोगे।

-तब आज नहीं कहूँगा।

उस दिन पण्डित रामचन्द्र चौधरी का मन प्रसन्न था।··· तालेवर गोढ़ी ने कण्ठी तोड़ दी। सभी उसके नाम पर हँस रहे हैं।··· साला गोढ़ी, भगत बनने चला था। शिवजी रहेंगे उसके शिवाला में-जहाँ कबय-मछली चुलबुलायेगी ?

कामदेव अवसर देखकर पिता के सामने जा खड़ा हुआ।

-क्या है ?

-एक बात है।

रुपये-पैसे की बात हो तो मत करो। अभी रुपये जोगाड़ करने का मतलब है उस साले गोढ़ी की खुशामद करना और···।

-नहीं बाबूजी, रुपये की बात नहीं। एक गुप्त···।

–गुप्त ?··· फिर कहीं कोई··· ?

कामदेव लजा गया और डरा भी··· शुरू हुई गाली।

कामदेव ने हिम्मत बाँधकर, गला साफ किया–बात गुप्त है और गुप्त ही रहना चाहिए। आप यदि आज्ञा दें।

–किस बात की आज्ञा ?

–एक··· एक··· एक व्यापार करना चाहते हैं।

–व्यापार के लिए पूँजी कहाँ से आवेगी ?

–पूँजी की जरूरत नहीं है।

–तात्पर्य ?··· गाँजा-वाँजा तो नहीं पीने लगे हो, इधर ? बिना पूँजी के, ऐसा कौन व्यापार··· ?

कामदेव इधर-उधर देखकर धीमी आवाज में, गला दाबकर बोला–गाँजा का !

अब चौधरी की बोली भी कण्ठ में समा गयी। उसने और भी धीमी आवाज में पूछा–गाँजा का ?

कामदेव ने बतलाया, न पूँजी लगाने की जरूरत और न कोई बखेड़ा। और यदि एक साल भी कारबार किया जाये तो सभी जमीन, सारी सम्पत्ति उस गोढ़ी के घर से वापस आ सकती है।··· अभी दस सेर से ही शुरू किया जाये। दस सेर के दस रुपये। माल बिकेगा–दस-सत्ते सत्तर। साठ रुपये हाथ में रहे। फिर, दूसरे खेप में हाथ में साठ आवेंगे–और एक सौ बीस। और एक महीने में सात खेप तो हिसाब कीजिए न–आठ-सत्ते··· चार सौ बीस ? मान लीजिए कि एकाध खेप की आमदनी या मुनाफा साला जर-जमादार, हर-हवलदार, दर-दरोगा वगैरह को भी देना पड़े !

पण्डित रामचन्द्र चौधरी चौंधिया गये, क्या कहता है उसका सुपुत्र ? फिर किसी सेशन-मुकदमा में फँसने की तैयारी तो नहीं कर रहा है ?

–बाबूजी, इसमें डर की कोई बात नहीं। सीमा पर (भारत-नेपाल सीमा) जाने की जरूरत नहीं, न सीमा के उस पार।

–यदि पकड़े गये ?

–तो कितनी सजा होगी ?··· चार या पाँच महीने ? डेढ़ साल जेल में रहकर जेल का डर भी भाग गया है।··· और, हमेशा दस सेर का ही कारबार करते रहेंगे, यह क्या जरूरी है। हो सकता है, दस मन फी खेप का भी महाजन मिल जाये।

–दस मन ? इसका मुनाफा ?

–एक साथ एक खेप में चालीस मन का कारबार भी लोग करते हैं।··· आप सिर्फ आज्ञा दे दीजिए।

पण्डित रामचन्द्र चौधरी ने समझा, कामदेव उनकी बोली सुनते-सुनते अब तुल गया है। उसके चलते सारे सम्पत्ति गयी है, वही वापस लावेगा। चौधरी ने कहा–इसका जवाब मैं तुमको कल दूँगा।

–कल से ही शुरू करना चाहते हैं।

–कहाँ जाना होगा ?

–फारबिसगंज।

–बाजार में, गोला पर होने लगा अब गाँजा का कारबार ?

–बाजार के बीच में··· अली-गली की बात नहीं। नाम का असर है कि! फरेबगंज नाम जो पड़ा है सो यों ही नहीं।

पण्डित रामचन्द्र चौधरी चुप हो गये।

प्रातःकाल पण्डित रामचन्द्र चौधरी ने कहा–यदि झोली में ही लाना है तो चलो दस सेर की झोली तो मैं भी ढो सकता हूँ।

कामदेव प्रसन्न हुआ–एक खेप में, बीस सेर ? बीस सत्ते··· ?

–प्रणाम चौधरीजी। जयराम सिंघ ने आकर प्रणाम किया। पण्डित रामचन्द्र चौधरी को इस व्यक्ति की सूरत से ही चिढ़ है। लेकिन, क्या किया जाये।

–किधर जयराम ?

–ज़रा पतरा में देखकर एक 'दिन' उचारिए तो, आज से लेकर शनिवार तक।

–कैसा दिन ?

–कोई नया काम शुरू करने का ?

–कौन-सा नया काम हो रहा है ?

–काली-मन्दिर की नींव देने के लिए। इसी सप्ताह में होना चाहिए लेकिन ?

पण्डित रामचन्द्र चौधरी न ज्योतिषी हैं और न उन्हें पाँजी-पत्रा से विशेष सम्पर्क रहता है। फिर भी, यह तालेवर गोढ़ी उसे मुफ्त का पुरोहित बनाये हुए है। जब न तब, यात्रा का सगुन, एकादशी का हिसाब और अमावस्या के निशिपालन की बात पूछता-पुछवाता रहेगा !··· साले गोढ़ी को और कोई दिन, समय नहीं मिला था–दिन उचुरवाने का ?

–शिवाला की नींव पड़ी थी किस महीने में ?

–शिवरात्रि के दिन ?

–तो, सीधा हिसाब तो है। अभी हड़बड़ाने की क्या जरूरत। काली-मन्दिर की नींव काली-पूजा के समय क्यों नहीं डालने को कहते तालेवर से ?··· पत्रा तो मेरा श्यामदेव लेकर अररिया-कोट चला गया है।

कामदेव ने कहा–दिन उचरवाना है तो चले जाइए सीधे पाकिस्थानी-टोली। एक जनाना है··· ?

जयराम सिंघ को कामदेव की बात में व्यंग्य की गन्ध लगी।··· कामदेव को अब, जनाना को लेकर, दिल्लगी करने का साहस हो गया है ? यदि जयराम सिंघ ने डटकर गवाही नहीं दी होती तो आज 'चुनमुन पण्डितजी' (कामदेव) का दिन उचार चुकी थी–मुसहर-टोली की जनाना। जयराम को किस बात का डर ? किसका डर ? उसने हँसकर जवाब दिया–अब किसी दिन सुनाओगे कामू कि दिन 'उचरवाना'

है तो जाइए मुसहर-टोली ? हे-हे-हे-हे !

बाप और बेटा, दोनों एक साथ तिलमिला उठे। पिता ने पुत्र को आँख टीपकर संकेत दिया–किससे लगते हो ?

कामदेव ने गम्भीर होकर कहा–आप दिल्लगी कीजिए। मैं आपसे कैसे दिल्लगी कर सकता हूँ जयराम भैया ! मैं सच कहता हूँ, फारबिसगंज और कस्बा से लोग आकर दिन उचरवाते हैं–बंगाली, बिहारी, मारवाड़ी सभी। पाँच-पाँच देश के पत्रे हैं उसके पास–बंगला का नदिया-शान्तिपुरी, बिहार का तिरहुता, और काशीजी की पाँजी–सब हैं उसके पास।··· धर्मास्ती ! (धर्म से कहते हैं !)

जयराम को विश्वास हो गया–कौन जनाना ?

उसका नाम दीदी ठकुराइन है।

–सच ?

जयराम सिंघ साइकिल की घण्टी बजाता हुआ चला गया !

कल रात कीर्तन के समय सारी कॉलनी के लोगों पर वह अपना रौब जमा आया है। यदि सुक्की बेलाही का वह 'लड़की-मुँहा' ग्वाला नहीं रहता तो रंग और भी जमता। क्या करे, जयराम सिंघ गले से लाचार है। गाँजे ने उसके सुरीले स्वर को जर-जर कर दिया है। सिर्फ, हारमोनियम बजाकर कहाँ तक लोगों को रिझाया जाये ?···

ठीक कीर्तन शुरू होने के समय जयराम सिंघ कॉलनी के ठाकुरतला के सामने पहुँचा और भूमिष्ठ होकर प्रणाम किया। वह अपने मालिक की ओर से सन्देश लेकर आया है कि कॉलनी के आस-पास जो परती जमीन है, मालिक की–उसमें आप लोग अपने मवेशी मुफ्त चरा सकते हैं।··· जब 'हरिनाम' के बेला में आ गये हैं तो थोड़ा पुण्य हमको भी··· दीदी ठकुराइन के दरबार में ठाकुर जयराम सिंघ की 'अरजी' है–अब आगे आपकी जैसी 'मरजी' हो···।

जयराम ने कॉलनी में प्रवेश करने के पहले दो-चिलम चढ़ा लिया था !

सभी बंगाली हँस पड़े थे–औरत-मर्द-बच्चे–मानुस टा भीतरे भालो। अन्दर से यह आदमी अच्छा है, लाठी और मूँछ देखकर बेकार भ्रम हो जाता है।

पवित्रा ने कालाचाँद की ओर उँगली उठाकर दिखलाते हुए कहा–कीर्तन का सेक्रेटरी···।

–अरे, सब सिकरेटरी के एक परसिडण्ट आप। अब आप ही के दरबार में जब··· ?

सभी शरणार्थियों ने प्रायः एक ही साथ हँसते हुए जयराम सिंघ का स्वागत किया।

सिर्फ सुक्की बेलाही के उस 'गुअरवा' के चेहरे पर हँसी नहीं थी। उसने तालेवर मालिक के सन्देश को सुनकर कहा था–इसमें क्या बड़ी बात है ? हम लोगों के

गाँव के पास महिचन्दा कोलोनी के आस-पास जिसकी भी जमीन परती थी, सभी ने मुफ्त में चराने के लिए छोड़ दिया था–क्या गरीब, क्या अमीर !

ऐसे-ऐसे निमोंछिये जवानों को समय पर सही जवाब देना जानता है जयराम सिंघ। उसने कहा था–इसीलिए महिचन्दा कोलोनी में आजकल दिन में ही बिजली-बत्ती भुकभुकाती रहती है। क्यों, जादबजी ?··· न जाने कैसे और कब आकर इस कोल्नी में समा गया है यह 'अवरवा गुअरवा' ! सभी उसे कहते हैं जादोब ! एक अधेड़ औरत 'जादू' कहकर बहुत प्रेम से बुलाती थी–जादू ! तुमी एकठो गानो कोरो !

बहुत देर तक बंगला कीर्तन होने के बाद जब कॉलॅनी के कीर्तनियाँ लोग दम लेने लगे, जयराम सिंघ को फिर एक मौका मिल गया दीदी ठकुराइन से अरजी करने का–दीदी ठकुराइन। अब एक 'अरजी' और। इतनी देर तक बंगला कीर्तन हुआ, अब एकाध हिन्दी कीर्तन भी होना चाहिए।

–हिन्दी कीर्तन कौन गायेगा ? कोई नहीं जानता।

–कोई नहीं जानता तो हमको ही हुकुम हो।

यह कहते हुए जयराम सिंघ ने हारमोनियम खींचकर सामने किया और नौटंकी की एक धुन छेड़कर सभी की ओर देखने लगा। सभी की ओर एक चलती निगाह से और 'दीदी ठकुराइन' की ओर प्रश्न-भरी दृष्टि से। कालाचाँद ने कहा–हाँ-हाँ। गाइए। भगवान् का नाम जिस भाषा में गाइए–भगवान् समझ लेते हैं।

सुक्की-बेलाही के ग्वाले को 'जादू' कहनेवाली अधेड़ महिला ने अपनी फटी हुई आवाज में कहा–हामार जादू भी भालो कीर्तन गाये। गाओ जादू !

जयराम सिंघ ने तब तक 'मेरा तन डोले-मेरा मन डोले' तर्ज पर अपना गीत शुरू कर दिया था–मेरा मन बोले, मेरा तन बोले–मेरे किस्न से हो गया प्यार रे–मोरा कौन ओढ़ावे चादरि-या-या !!

और सुक्की-बेलाही के उस गोप को यह गीत सुनकर ऐसी तिलमिली लगी कि कमर में चादर बाँध उठकर खड़ा हो गया और नागिन का 'डानस' करने लगा। ··· जो कुछ भी हो, डानस करना जानता है गुअरवा !··· जयराम सिंघ रह-रहकर हारमोनियम पर 'चलंती' देता और हर चलंती पर जादब ऐसा नाचता कि हू-ब-हू 'सनीमा' का 'डानस' !

··· मिट्टी फेंकने में कोई गफ़लत नहीं होने दिया है। अब देखा जाये कि रात-भर में क्या असर हुआ है ?···

जयराम सिंघ साइकिल की घण्टी बजाता हुआ कॉलॅनी के अन्दर दाखिल हुआ। सभी खेतिहर काम पर चले गये थे–बिस्कुट, सिन्दूर-आलता, चिनिया-बादाम की फेरी करनेवाले लड़के भी ट्रेन और बस पकड़ने की जल्दीबाजी में थे। किसी ने उसकी ओर नजर उठाकर देखा भी नहीं। दिखलाई पड़ी एक लड़की–जो उस 'गुअरवा' के साथ 'दीदी ठकुराइन' के 'महापिसखाना' (ऑफिस) से निकली, हँसती हुई।··· साला, दिन-रात कोलोनी में ही रहता है ? दूसरे गाँव का आदमी आकर हम लोगों की कोलोनी में रात काटता है ?

जयराम सिंघ ने अभिवादन के लिए नये शब्द का व्यवहार किया—पाँवलागी दीदी ठकुराइन !

इस व्यक्ति को देखते ही पवित्रा को यहाँ के बहुत-सारे मुहावरे याद हो जाते हैं—गंगा का स्नान और सुंगठी का वाणिज्य—एक ही साथ !

—पाँवलागी ?

—हाँ, हमको कल पता चला कि आप बाभिन हैं। तिस पर कुमारी—आपके चरण में हम लोग पड़ें तो क्या हरज है !

यह कहकर जयराम सिंघ ने सचमुच पवित्रा के दोनों पैरों को पकड़ लिया—तालेवर के पैरों को जिस तरह जकड़कर पकड़ा था।··· लगा, देह में 'करण्ट' मार दिया। रामजी बाबू की 'मिल' में एक दिन ऐसा ही 'करण्ट' लगा था जयराम को !

पवित्रा ने झटककर पाँव छुड़ाया—क्या करते हैं आप भाई साहब ? देखिए, मैं आपकी छोटी बहन हूँ ! आप भाई हैं··· ।

पत्थर-जैसा जयराम सिंघ का मन गलकर तुरत पानी-पानी हो गया। उसकी आँखें डबडबा आयीं। जयराम सिंघ को बहन नहीं, जन्मते ही एक को उसकी माँ ने मार डाला था।

—मालिक ने आपके पास भेजा है। हम लोग तो नौकर-चाकर ठहरे, जहाँ भेजेंगे, जाना ही पड़ेगा। लेकिन अपना धर्म अपने साथ है, सभी के। है कि नहीं ? ··· मालिक बोले कि पाकिस्थानी-टोला में ऐसी पण्डिताइन आयी है कि अपने 'जिला-जैवार' में नहीं। जरा मेहरबानी करके एक दिन उचार दीजिए। दच्छिना हम लेते आये हैं, साथ में।

—कैसा दिन ?

—तालेवर मालिक इसी सप्ताह काली मन्दिर की नींव डालना चाहते हैं। सबसे बढ़िया और 'शुद्ध' दिन देख दीजिए।··· देश तो है, बंगाला। हम लोगों का बिहार भी कोई देश है ?··· साला, यह 'निमोछिया गुअरवा' फिर कहाँ आ रहा है ?

हरिप्रसाद जादब ने आकर कहा—परनाम, दीदी ठाकरुन। आज चलते हैं ! ··· नमस्कार सिंघ जी। कभी सुक्की-बेलाही की ओर भी आइए। खूब बाजा बजाते हैं—आप !

जयराम सिंघ गम्भीर बना बैठा रहा।

पवित्रा पाँजी ले आयी, आलमारी से निकालकर।—इसी सप्ताह में ?

—हाँ, नींव डालकर तीरथ पर निकलेंगे मालिक—कालीघाट कलकत्ता ! कलकत्ता से 'कसौटी पत्थर' की काली माई की मूर्ति बनाने का 'औडर' देकर काशीजी जायेंगे। उसके बाद मन्दिर में राजमिस्तरी लग जायेगा।

सन्ध्या आयी—दीदी ठाकरुन। अन्दू को बुखार है। उसकी माँ ने पूछा है, देह पोंछ देने से कोई हर्ज तो नहीं ?

—कितनी बार कहूँ कि तेज बुखार हो या मद्धिम, देह पोंछने में कोई हर्ज नहीं। घर के अन्दर ही, लेकिन।

सन्ध्या जाने लगी, पवित्रा ने पुकारा–माना ! एकटा फूलेर नाम कर तो !

–केया फूल। सन्ध्या ने मुस्कुराकर एक फूल का नाम लिया–केया। केवड़ा !

··· ककारवर्ण सर्वांगी-क्रिंकारी कमला-कला··· मालिक का क्या नाम ?

–तालेवर गोढ़ी।

··· त्रपा, त्रपावती··· घर से किधर होगा मन्दिर ?

–ल:, यह तो मैंने पूछा ही नहीं। जाकर पूछ आवें ?

नहीं !

पवित्रा कागज पर कोई हिसाब करने लगी। फिर बोली–शनिवार को। अपने मालिक से कहना, यह पुण्य कर्म शनि की प्रेरणा से ही कर रहे हैं वह। लेकिन शुक्र प्रबल है तुम्हारे मालिक का। इसलिए शनिवार को छोड़कर और किसी दिन यह शुभकार्य सम्पन्न न करें।

जयराम सिंघ का मुँह बहुत देर तक खुला ही रह गया ! इतनी बड़ी पण्डिताइन ? कामदेव चौधरी ने दिल्लगी नहीं की थी !

मालिक का काम हो गया !

जयराम सिंघ ने अब अपनी तलहथी फैला दी।–ज़रा हमारा भी देख देते।

–भाई साहब, मैं हाथ देखना नहीं जानती।

पवित्रा उठकर खड़ी हो गयी !

जयराम सिंघ कॉलनी से लौटे। उनकी दृष्टि दूर जाते हुए पिता-पुत्र पर पड़ी। रामचन्दर चौधरी और कामदेव की यह जोड़ी ! अँधेरे में भी देख ले जयराम, पहचान लेगा।

उसने जोर-जोर से 'पैडिल' मारना शुरू किया।

पिता-पुत्र को बायें छोड़कर घण्टी बजाता हुआ जयराम निकल जाना चाहता था। कामदेव ने ही टोका–उचरवाये दिन जयराम भैया !

जयराम सिंघ तुरत साइकिल से उतर गया–नहीं बाबू, तुमने ठीक ही कहा था।··· चौधरीजी, समझिए कि बंगाल मुलुक का 'जोतिस से लेकर पंचांग' का ज्ञान अब अपने भी गाँव में आ गया है !··· आप लोग किधर चले हैं ? शनिवार तक लौटिएगा तो ? ब्राह्मण-भोजन भी होगा उस दिन।

जयराम सिंघ साइकिल पर सवार होकर चला गया।

चौधरी ने पूछा–तुमने भी उसी से दिन और सगुन 'उचरवाया' था ?

–हाँ बाबूजी !

आठ

जिला मैंमनसिंघ, गाँव जुमापुर !

नबीनगर कॉलनी के सैकड़े पचहत्तर निवासी एक ही जिला और गाँव के रहनेवाले हैं। पवित्रा को छोड़कर सभी पिछड़ी जाति के लोग हैं ? सतगोप, काँदू, नमःशुद्र और कैवर्त।

योगेशदास वारिसाल से आया है और शारदा बर्मन और माखन दोनों त्रिपुरा ज़िला के निवासी थे—बेतिया केम्प में जुमापुरवालों के दल में आ मिले इनके परिवार !

पवित्रा 'गोलपार्क' के दक्षिण में कटहल के नये पेड़ के पास खड़ी है।··· जुमापुरवालों को बुलाकर दिखलाना होगा ! कॉलनी के एक किनारे 'गोलपार्क' बनाया गया है। इसी के सामने स्कूल के लिए मकान बनेगा।··· पवित्रा न जाने कहाँ देख रही है।

गोपाल पाइन ने पवित्रा का ध्यान भंग किया—की देखसेन ?··· स्कूल का स्थान देख रही हैं। और देखना नहीं होगा। हम लोगों के नोबीनगर के स्कूल का साइट—फर्स्ट क्लास···।

—नहीं, पाइन मास्टर। मैं कुछ और ही देख रही हूँ।

—क्या ?

पवित्रा हँसी। बोली—इधर आइए पाइन मास्टर !··· यहाँ खड़ा होइए। अब देखिए, वहाँ दूर उस टेढ़े पेड़ को।··· देख रहे हैं न ? अब उससे भी दूर वह काला जंगल दिखलाई पड़ रहा है, टाइल-खपड़े के वे घर ! खजूर के दोनों पेड़ों से उस पार—देखा ?··· अच्छा, बोलिए तो पाइन मास्टर, अछिमुद्दीनपुर हाट हम लोगों के जुमापुर से जैसा दिखलाई पड़ता था।··· मान लीजिए आप जुमापुर के 'ठाकुर पोखरे' पर पूरब मुँह खड़े हैं और दूर दिखलाई पड़ रहा है अछिमुद्दीनपुर हाट का काला जंगल। वह पेड़, ठीक इसी तरह टेढ़ा पेड़ उस रास्ते में भी था। आपको याद है ? देखिए तो ! बोलिए तो !!

गोपाल पाइन ने आँखों के ऊपर तलहथी डालकर दूर तक दृष्टि फेरी और अवाक् हो गया !··· ए की लीला ?

—मैं कल से ही देखकर हैरान हूँ।

गोपाल पाइन एक-डेढ़ मिनट तक चुपचाप खड़ा देखता रहा, फिर न जाने कैसे सबकुछ भूल गया। उसे लगा, वह जुमापुर गाँव के ठाकुर पोखरा पर खड़ा होकर पूरब की ओर देख रहा है—अछिमुद्दीनपुर हाट की ओर। पीठ की ओर है ठाकुरबाड़ी—काशीनाथ चटर्जी की इयोड़ी !··· गोपाल पाइन अभी तुरन्त पाठशाला से लौटा है। कुछ जरूरी बातें करनी हैं सेक्रेटरी (पिता ठाकुर) काशीनाथ चटर्जी से। बागदीपाड़ा में पाठशाला खोलने की बात हो रही है और मुसलमान जमींदार

कादिर का बेटा कासिम विरोध कर रहा है। लोगों को भड़का रहा है। पिता ठाकुर अछिमुद्दीनपुर हाट पर एक कमिटी में गये हैं, 'गोरूगाड़ी' पर।··· टेढ़े पेड़ के पास गोरूगाड़ी (बैलगाड़ी) देखकर गोपाल पाइन का दिल धड़क उठा था–पता नहीं कमिटी में किसकी जीत हुई। पिता ठाकुर का कोई प्रस्ताव कभी गिरता नहीं–इस बार देखा जाये। 'ठाकुरबाड़ी' के चबूतरे पर खड़ी पवित्रा पुकार रही है–पाइन मास्टर, बाबूजी अब आ ही रहे हैं। यहाँ आकर बैठिए न··· !

–पाइन मास्टर ? की होलो ?

–पाठशाला यदि नहीं खोलने दिया तो··· आमि हांगर स्ट्राइक कोर्बो।

–लेकिन स्कूल की मंजूरी तो मिल गयी है। कल से मकान बनाने के लिए ठेकेदार भी आ रहा है, जन-मजदूरों को लेकर।

–कोथाय ? सालार बेटा साला–कादिरेर बेटा कासिम तार साला जालिम··· ! आमि हांगर-स्ट्राइक कोर्बो !

–क्या बक रहे हो ?

–मैं बक रहा हूँ ?

अचानक गोपाल पाइन को किसी ने नोबीननगर की कॉलनी में, गोलपार्क के सामने, लाकर पटक दिया।··· उसकी आँखें झरने लगीं–दीदी ठाकरुन ! ए की देखा ले ? यह क्या दिखलाया तुमने ? अपने गाँव की छवि देखकर कलेजा स्थिर रह सकता है भला। मैं एकदम जुमापुर पहुँच गया था।

··· इस देश में सिर्फ आदमी ही 'आपन पार्टी' का नहीं, दिशाएँ भी 'आपन देश और आपन पार्टी' की हो सकती हैं।

–सोचती हूँ, गाँव का रुख ही इस ओर कर दिया जाये–जैसे जुमापुर में था।

गोपाल पाइन ने कहा–'आलबत्त' बदल दीजिए।

गोपाल पाइन को इतनी बड़ी बात मिल गयी, वह कैसे चुप रह सकता है ? उसने एक-एक जुमापुर के निवासी को नाम ले-लेकर पुकारा–देखे जास··· देखे जास··· देख जाओ, एक झलक अपनी जननी-जन्मभूमि की !

छिदामदास, कालाचाँद घोष, हरेराम, हरिधन, राखाल विश्वास, हरलाल साहा, लखीकान्त सरकार–सभी दौड़े आये। खेत-खमार से लौटे हुए और हाट-बाजार से आये हुए लोगों को गोपाल पाइन चौरस्ता पर, कॉलनी के बाहर ही, चेतावनी दे देता–एक अद्भुत चीज दिखलायेगी दीदी ठाकरुन। चल, चल !

पवित्रा ने कालाचाँद से भी उसी तरह खड़ा होने को कहा। फिर बोली–उस टेढ़े पेड़ को देख रहे हो ? खजूर के दोनों पेड़ दिखलाई पड़ रहे हैं न ? उसके बाद वह काला जंगल और टाइल-खपड़े के वे घर। देखा ? अच्छा, अब तुम आँख मूँदकर एक बार कल्पना करो कि तुम जुमापुर के 'ठाकुर पोखरे' के पूर्वी मेंड़ पर खड़े सामने की ओर देख रहे हो–अछिमुद्दीनपुर हाट की ओर। फिर आँखें खोलो। आँखें बन्द करो !

कालाचाँद हँसा–आँख बन्द करने से क्या होगा–पैर जो इस 'पर-भूमि' पर

है दीदी···।

—तुम मूँदो भी। और जैसा कहा—वैसा सोचो !

कालाचाँद का चेहरा पीला पड़ गया।··· उसी खजूर के पेड़ पर चढ़कर—'टीया' (तोता) के दोनों बच्चों को उतारा था—रामलखन ! अछिमुद्दीनपुर हाट में आलूचौप खाने के लिए वह हर हाटबार को मामा के साथ भाग जाता था··· । वह—वहाँ—बगुले उड़ रहे हैं; वही है 'बीबी दीधी'—मछली से भरी हुई छोटी नदी। उसी के किनारे मुहर्रम का मेला लगता है !··· अछिमुद्दीनपुर हाट स्कूल में सभी मास्टर मुसलमान थे। इसलिए कालाचाँद अपने साथियों के साथ 'बीबी दीधी' की ओर भाग जाता और शाम को सेर-डेढ़ सेर मछली लेकर लौटता। बाबूजी खुश होकर कहते—सतगोप का बेटा पढ़कर क्या करेगा ? अन्त में खेती ही करनी होगी।··· जंगल के उस पार ही अछिमुद्दीनपुर गाँव है। उस गाँव के शेख मन्सूर आलम साहब मिनिस्टर हैं। कितना शानदार घर बनवाया था ! दरवाजे पर रोज 'सिनेमा' होता था—'भूलिनाई' बंगला सिनेमा कालाचाँद ने मंसूर साहब के दरवाजे पर ही देखा—भूलिनाई ! रात में लौटते समय उसके मामा ने कहा था—इस जंगल को एकदम चुपचाप पार करना। खाँसी-छींक कुछ नहीं होने पाये।··· दरगाह में अभी जिन्नात की बीबी निकली होगी। ··· जंगल से निकलकर एक दिन जिन्नात की बीबी नहीं, शैतान आये थे··· हजारों लोग जुलूस बनाकर आ रहे हैं—झण्डा, बाजा-गाजा। मुहर्रम नहीं ! जुलूस !··· जुलूस जुमापुर के पास आकर रुका ! कई लोग आ रहे हैं—मोटर साइकिल पर, घोड़े पर !··· तोमरा मोछलमान हइते, इस्लाम कबूल कोरते राजी ?··· की बल से साला मोछला ? इस्लाम कबूल ? कभी नेंही, कभी नेंही। जान दे देगा—धरम नहीं छोड़ेगा। खूब धोखा देकर जुलूस ले आये हो ! फिर इसके बाद जुलूस आगे बढ़ता आया—आग की नदी में बाढ़ आयी—नदी गाँव में घुस गयी।··· आगुन ! आगुन ! ! मारो-मारो !!

कालाचाँद को एक ओर ठेलते हुए पवित्रा बोली—साँझ हो जायेगी ! जरा इन्हें भी देखने दो।

कालाचाँद ने भरे गले से कहा—दीदी ठाकरुन, पर-भूमि में रहकर भी जुमापुर पहुँच गया। देखो, मेरी देह, सभी रोयें खड़े हैं।··· यह तो, सचमुच जुमापुर में ही हैं हम लोग।··· जुगीदा आप नहीं समझिएगा। बारिसाल नहीं—जुमापुर गाँव का छवि जिसको देखना है, वह 'हियाँ पर' आ जाये !

पचीस साल और इससे अधिक के उम्रवालों ने उस दिन बार-बार जुमापुर गाँव की—अपने देश की छवि देखी !

लखीकान्त सरकार मन्सूर साहेब की दुकान में नौकरी करता था। रोज सुबह उठकर हाट पर जाने के पहले पूरब की ओर देख लेता—'ठाकुर साँड़' कहीं है या नहीं। पता नहीं क्यों 'ठाकुर साँड़' लखीकान्त को देखकर ऐसा चिढ़ता था। ··· लाल कपड़ा नहीं, लीग के झण्डे के लिए मन्सूर साहब की दुकान में गाँठ की गाँठ कपड़ा आया था—लीगी रंग का कपड़ा। उसी कपड़े का कुरता लखीकान्त पहरता था। और उस कपड़े को देखते ही 'ठाकुर साँड़' आगबबूला ! एक बार

भागकर उस दाहिनेवाले खजूर पर किसी तरह चढ़कर लटका रहा था लखीकान्त दो धण्टे तक।··· पिता ठाकुर ने अपनी माँ के श्राद्ध में साँड़ छोड़ा था। बोले थे–लखी, तुम उस रंग का कपड़ा छोड़ो !··· आखिर उस साँड़ को अछिमुद्दीन हाट पर कुर्बानी में जिबह कर दिया मन्सूर साहब के चचा और ससुर दाऊद साहब ने !··· लीगी रंग का कपड़ा छोड़ देने पर फिर कभी नहीं चिढ़ा ठाकुर-साँड़। आश्चर्य !

पन्द्रह साल के लड़के-लड़कियों की बुद्धि में कोई बात नहीं आ रही। इनमें से अधिकांश का जन्म भागते समय विभिन्न कैम्पों में हुआ है–मालदह, कटिहार, पटना, बेतिया। फिर भी वे उन खुले खेतों की ओर, खजूर के पेड़ों को, काले जंगल को लाल खपरैलवाले घरों की ओर टकटकी लगाकर देख रहे हैं–यह तो परवाहा गाँव है, अछिमुद्दीनपुर नहीं। कल ही उस गाँव में बिस्कुट बेच आया है अन्दू।

जुमापुर-निवासी शरणार्थियों को रात-भर नींद नहीं आयी–यह क्या दिखला दिया दीदी ठाकरुन ने ?··· आश्चर्य ! रात के अन्धकार में रंग भी उस 'दिक्' (दिशा में) देखो–हू-ब-हू अछिमुद्दीनपुर हाट की रोशनी ! दूर से झिलमिलाती हुई रोशनी !··· रात-भर जबतक जगे रहे, जुमापुर में ही रहे। वहीं की याद, चर्चा। किसी ने खाया, कोई यों ही लेट रहा !

रात में तीसरे पहर नींद के साथ सपने आये–सभी को।

सुबह में एक दूसरे के सपने की बात सुनते और लम्बी साँस लेकर चुप हो जाते। राखाल ने कहा–आज वह खेत पर नहीं जा सकेगा। रात-भर उसकी 'खुड़ी' (दादी) पुकारती रही है–ओ रे राखाल !

तीस जुमापुर-निवासियों में बीस स्त्री-पुरुषों ने आज बेवजह हड़ताल कर दी। ··· फेरीवाले नौजवानों ने समय पर अपना काम किया, एक-दूसरे को पुकारकर बुलाया। नहाया-धोया और अपनी-अपनी झोली-टोकरी, कनस्तर और बक्से लेकर निकले–चल रे साढ़े आठ टा बाजलो।··· गाड़ी फेल हो जाने पर 'बस' नहीं है आज !

फेरी करनेवाले नौजवानों का 'दलपति' है–बिश्टू। ट्रेन में, चेकर या गार्ड से मिलकर अपने साथियों के दुख-दर्द की कहानी सुनाकर–मौखिक औडर लेना, 'बस' के ड्राइवर और कण्डक्टरों को खुश रखना, सामूहिक खर्च का हिसाब रखना–बिश्टू का काम है। महाजन भी उसी की 'जामिन' [जमानत] माँगते हैं।

बिश्टू ने आज कॉलनी से निकलने के पहले अपने साथियों से कहा–तुम लोग चौरास्ते पर ठहरना। मैं ज़रा दीदी ठाकरुन से दो बातें कर लूँ।

–दीदी ठाकरुन। मिछे-मिछे··· झूठमूठ कल आपने क्या कह दिया सभी से कि आज सारी कॉलनी में हड़ताल है। कोई काम पर नहीं जा रहा आज। गाय और गोरू सब खूँटे पर हैं। मैं और लोगों की बात नहीं जानता, मेरे बाबा और

माँ यदि इस तरह सोये रहेंगे झोंपड़े में तो आज खेत में धान की 'बोआई' नहीं हो सकेगी। जबतक खेत में पानी है···।

–क्यों ? काम पर क्यों नहीं जा रहे लोग ?

–की जानी ?··· आप जानें।

–मैं जानूँ ? मैंने उनसे काम-धन्धा छोड़कर मातम मनाने के लिए कहा है ? तुम क्या कहना चाहते हो बिश्टू–यह हड़ताल मैंने करवायी है ?

··· दीदी ठाकरुन इस तरह चिढ़ क्यों गयी अचानक ? ऐसी बात पर इतनी जल्दी गरम नहीं होती, दीदी ठाकरुन।

–नहीं, दीदी ठाकरुन। मेरे कहने का माने···।

–खूब समझती हूँ मतलब ? तुम जरा अधिक चालाक हो गये हो।··· मैं नहीं रहना चाहती कॉलनी-मेम्बर। बार-बार 'रिजाइन' लिखकर दिया है, इस बार भी दे देती हूँ। कॉलनी-मेम्बर चुनो अपना।

बिश्टू समझ गया, बात बढ़ी तो उधर गाड़ी छूट जायेगी। वह कुछ भी नहीं बोला और वहाँ से चलने लगा। पवित्रा ने कड़े स्वर में कहा–बिश्टू ! तुम आज फेरी करने नहीं जाओगे। पहले···।

बिश्टू चला गया।

पवित्रा का क्रोध अचानक उतर गया–यह क्या हुआ ? वह क्यों अचानक गरम हो गयी बिश्टू पर ? वह बेचारा तो ठीक ही कह रहा था।··· काम पर नहीं जाने का क्या मतलब ?

पवित्रा एक-एक को पुकारती हुई कॉलनी ऑफिस की ओर चली।···

दोपहर को 'ऑफिस-घर' में एकत्रित शरणार्थियों को समझा रही है पवित्रा–यह तो अजीब बात हुई।··· भगवान् ने देखा कि अपनी जन्मभूमि की याद करते-करते हमारा हृदय कुण्ठित हो गया है। किसी काम में जी नहीं लगता इनका। किसी चीज से प्यार नहीं–न यहाँ के लोगों से, न यहाँ के पशु-पक्षी से। किसी पर विश्वास नहीं जमता इनका। इसलिए भगवान् ने सोचा कि चलो इन्हें अपनी लीला दिखला दें। सात-आठ महीने हो गये हमें यहाँ आये। कभी तो हमारी नजर में यह 'चौर' अछिमुद्दीनपुर हाट की झलक लेकर नहीं पड़ा ! फिर, कल··· क्यों ? जानते हो–ठाकुर (भगवान् का) का आदेश है–यहाँ की मिट्टी को प्यार दो !··· जुमापुर और नबीनगर एक ही है।

दोपहर के बाद सभी काम पर गये।

घनघोर वर्षा शुरू हुई। पेड़ पर फिर वह 'हल्देपाखी' आयी–का कस्य परिवेदना !

पवित्रा अपने काम का लेखा-जोखा ले रही है–चार टेबुल-क्लाथ, दो आसनी, दो दर्जन गिलास ढँकनेवाले नेट-कवर, पाँच बटुए ! दो महीने में बस यही उत्पादन !··· बिश्टू के हाथ कल 'खादी प्रतिष्ठान' के मैनेजर को भेज देना है और पिछला हिसाब साफ करके पैसे··· ?

सन्ध्या की माँ गिरिबाला दासी आयी–दीदी ठाकरुन। बिश्टू का कोई दोष नहीं।

सभी के जड़ में है वह–शारदा बर्मन। वही सबको 'उचकानी' देता रहता है कि औरत कॉलोनी-मेम्बर जहाँ रहे वहाँ के मर्द की बात का क्या भैलू ?

–नहीं सन्ध्या की माँ, किसी का कोई दोष नहीं। न बिश्टू का न शारदा बर्मन का।··· बिश्टू ने ठीक ही कहा था !

··· सन्ध्या को प्राणों से बढ़कर प्यार करती है पवित्रा। इसीलिए उसकी माँ गिरिबाला दासी की सभी बातों पर ध्यान दे, ऐसी नहीं है, पवित्रा। गिरिबाला कभी-कभी नाजायज बातें कर बैठती है। पवित्रा का नाम लेकर लोगों से बेवजह तर्क-वितर्क करती फिरती है–दीदी ठाकरुन आग में खड़ा होने कहे–खड़ा होना होगा।

–नहीं सन्ध्या की माँ। तुम नहीं समझोगी।

··· कल ही सन्ध्या की माँ कह रही थी, 'जादू' [जादब] को दीदी ठाकरुन ने हुकुम दे दिया है ! वह जब चाहे कोलोनी में आ सकता है। रात रह सकता है। कोई कुछ बोल नहीं सकता।

–नहीं, सन्ध्या की माँ, मैंने ऐसा नहीं कहा है किसी से !

··· सन्ध्या उस दिन सोने आयी। एक ऐसी खुशबू ले आयी अपने साथ जिसकी जरा-सी गन्ध लगते ही पवित्रा का लहू गरम हो जाता है।··· कादिर का बेटा कासिम ! कादिर नहीं, कादिर अब्बा का बेटा कासिम भाई ! ! पोत्रा आमि हिन्दू हुते पारि, तुई हाँ बोल। एक बार 'बोसा' तुमसे बगैर पूछे लिया। एक बार तू खुद··· ना-ना कासिम भैया, मैं 'अम्मा' से कह दूँगी। तुम बहुत 'दिक' [तंग] करते हो। मैं अब नहीं आऊँगी।

–कैसे नहीं आओगी ? मैं लिवाने आऊँगा, तब भी नहीं।

–कादिर अब्बा भी जायेंगे बुलाने, तब भी नहीं।

–तो किसके बुलाने पर आओगी ? लखिमपुर के उस विनोद मुखर्जी···।

··· विनोद मुखर्जी। लखिमपुर के जमींदार–राय साहब विकास मुखर्जी का बेटा। जिसके साथ पवित्रा की मँगनी हो चुकी थी।··· विनोद और कासिम एक ही कॉलेज में एक ही दर्जे में पढ़ते थे !

··· कासिम भाई ने हठात् उसकी बाँह पर कुछ डालकर मल दिया था–जोर से। पवित्रा और भी नाराज हुई तो हँसने लगा था–पोत्रा ! साढ़े तीन सौ टाका भरी–एई खास लख़नऊ का आतर··· !

··· लखनऊ का इत्र ! ऐसी मारात्मक गन्ध ??

–की रे सन्ध्या, की मेखेछिस··· क्या लगाकर आयी है ?··· खास लखनऊ का आतर ?

सन्ध्या अचरज से मुँह देखने लगी थी··· दीदी ठाकरुन सचमुच सबजाँता (सब कुछ मालूम हो जिसे) हैं। नहीं तो, खास लखनऊ का इत्र ?

—कहाँ लगाया है, बाँह पर ?

सन्ध्या की आँखें अब गोल हो गयीं··· सचमुच !

—बोलती क्यों नहीं।··· बिछावन झाड़ना नहीं होगा। मैंने सबकुछ कर लिया है। तू एक बार अपनी किताब ले आ। और सुन—'लखनऊ का आतर' की गन्ध से मुझे सिरदर्द होता है। आज तू माँ के साथ ही सोना।

—मैं धो आती हूँ ! सन्ध्या बोली।

··· धोने की क्या बात, सन्ध्या नहा आयी। साबुन से दस बार बाँह को धोया है। फिर भी गन्ध लगेगी दीदी ठाकरुन को ? दीदी ठाकरुन को बात की भी गन्ध लगती है ?

—किताब ले आयी ?

—अग्येहाँ !

—पहले हिन्दी किताब निकालो।

··· दीदी ठाकरुन जानती हैं, सन्ध्या हिन्दी पढ़ना ज्यादा पसन्द करती है।

··· सचमुच, सन्ध्या ठेठ-बिहारियों की तरह हिन्दी पढ़ती है—भारतवर्ष को 'भारतवर्ख' पढ़ती है, संयुक्त को 'संजुक्त'—

··· पता नहीं क्यों, जिस दिन इस लड़की को देखा—पवित्रा मुग्ध हो गयी—देखते ही। सन्ध्या की माँ ने कहा था—यह आपके साथ रहे। यह आपकी ही बेटी है—दीदी ठाकरुन। निगोड़ी ने जन्म के बाद से ही मुझे सताया है। अब आप इसे अपनी शरण में लीजिए।··· किशोरी सन्ध्या ! बहुत मीठा गला है। गीत गाते समय 'शब्दों' को समझकर गाती है।

··· सन्ध्या को पढ़ाते समय ऐसा लगता है मानो पवित्रा स्वयं सन्ध्या होकर बैठी है और पवित्रा के आसन पर बैठे हैं—बाबा ! काशीनाथ चटर्जी ! पिता ठाकुर !

—आज एक नया कीर्तन सीखो !

··· नया, कीर्तन ?

—नहीं आज कीर्तन नहीं। एक कहानी सुनाऊँगी। तुम 'हाँ' 'हाँ' कहती रहोगी तो सुनाऊँगी।··· बुझलि माना ?

··· सन्ध्या को पवित्रा 'माना' कहती है—तुई आमार मा ना ?··· तू मेरी माँ है न ? माँ ना !··· माना।

··· पवित्रा को माँ का लाड़-दुलार कभी नहीं मिला ! चटर्जी वंश की कन्या जब ब्याहने योग्य होती है, परिवार पर एक आफत ढाकर चली जाती है।··· पवित्रा की बड़ी फुआ नदी में डूब मरी। मँझली—मौलवी वदूद के 'जिन्नों' के फेर में पड़कर पागल हुई, फिर मर गयी। पवित्रा की माँ कहती—यह तो जान-बूझकर साँपिन पालना है। तीन पुश्त से जो होता आया है वह एक दिन होकर रहेगा।

··· पवित्रा की माँ को बेकार बक-बक करने का रोग था। बचपन से ही दोनों

छोटे भाइयों की देख-रेख, रसोई-घर की सहायता, पूजा-घर की तैयारी, छोटे-मोटे बरतन-बासन की धुलाई–सबकुछ पवित्रा के सिर पर। इसमें कहीं और कभी तनिक-भर त्रुटि हुई कि माँ की गालियाँ और कभी-कभी तमाचे !

··· बाबा कहा करते–उसे मारकर हार जाओगी, वह कभी रोयेगी नहीं। मेरी आनन्दमयी माँ की आँखों में आँसू आ ही नहीं सकते।

–अपनी आनन्दमयी को लेकर घर बसाओ !

–गिन्नी ! पागल हो गयी हो ?

–पागल तुम हुए हो। जवान लड़की को बगल में लिटाकर कहानी सुना रहे हो ? यही क्या ढंग है बेटी और बाप के बैठने-लेटने का ? तुम बुढ़ापे में बुढ़भस कराओगे ! पूछती हूँ, यह कहाँ का लाड़-दुलार है ? जवान बेटी का सिर छाती पर रखकर सहलाते हुए कहानी कहना ! मैं सबकुछ देख रही हूँ।

–इसे तुम 'जुबती-मेये' कहती हो। मेरी इस पिद्दी-भर की बेटी को ?

–जुबती आर काके बले ? तुम पण्डित-मानुस हो। तुम्हारा यह काम··· ?

··· बाबा माँ के कोलाहल से बहुत घबराते थे। पूजा करने के घर में घण्टों बैठकर 'पद्य रचने' के सिवा और क्या कर सकते थे। माँ ने पवित्रा के बड़े भाइयों के मन में भी यह बात पैठा दी थी–बूढ़ा किसी को भी प्यार नहीं करता, उसी डायन के कारण !

··· पवित्रा माँ से कभी नहीं डरी। बचपन में वह पहली बार नारायण गंज काली-मेला में गयी थी। मूर्ति देखकर वह डरी। बाबा ने कहा–क्यों माँ, डरती क्यों है ?··· हाथ में क्या है वह, जीभ क्यों निकली हुई है उस तरह ? गुस्सा है ?–इसमें डरने की क्या बात ? माँ गुस्सा में रहे या खुशी में–माँ से कभी कोई डर नहीं !

··· युवती हुई पवित्रा एक दिन ! माँ ने स्पष्ट कह दिया–बाहर दालान पर पैर रखोगी तो काट दूँगी–इसी तरकारी काटनेवाली 'बैठी' से। रेत दूँगी गला–हाँ। बेटी न हुई सौत !

··· पवित्रा मन-ही-मन खूब हँसती। माँ को चिढ़ाने के लिए नहीं, वह हर रोज भोजन के समय पिता के पत्तल के पास जाकर बैठती–पंखा लेकर। बाबा आँखें थाल पर गड़ाये रहते–तोमार शरीर केमन ? 'जर' नेइ तो ?

–शरीर की बात पूछते हो ?··· तुम्हारी लाड़ली को भूखी रखती हूँ ?··· मछली खाते नहीं क्यों ? तुम्हारी बेटी के लिए पूरा 'माथा' ही रख दिया है रेहू का।

··· और भोजन करते समय गुस्से में कभी, बड़े भैया के हिस्से की 'मूड़ी' (मछली का सिर) परोस देती माँ–पवित्रा कभी आनाकानी नहीं करती। खा लेती। तब माँ चिल्ला-चिल्लाकर सारे दालान को दलमला देती–देख लो आकर, चार सेर के रेहू की मूँड़ी तुम्हारी बेटी ने किस तरह चट कर दिया है। राक्षसनी और किसको कहते हैं ?

··· बड़े भैया मछली की परोसी हुई कटोरी झन्न से फेंककर मुँह पोंछते हुए

उठ जाते–यह भी उसी को परोस दो !

··· कादिर अब्बा के घर हर साल ठाकुरबाड़ी से दो बार सौगात भेजी जाती। ईद और दुर्गापूजा में। अपने पिता के साथ पवित्रा बचपन से ही ईद के मौके पर कादिर अब्बा की हवेली में जाती। कासिम, शमीम, शबनम–कादिर अब्बा के सभी बच्चे–दुर्गापूजा में ठाकुरवाड़ी आते थे।

··· किन्तु उस बार 'ईद' के दिन पवित्रा नहीं गयी। कासिम दादा खुद आये। पवित्रा ने हँसकर कहा था–ईद मोबारक कासिम दादा !

··· कासिम दादा ने इधर-उधर देख कहा था–चाँद तो मैंने अभी देखा है।

–कासिम दादा क्या बक रहे हो ?

–तुमी आमार चाँद···।

–किन्तु कासिम दादा चाँद सदा आकाश में रहता है।

–आमि धोर्बो···।

··· कासिम ने पवित्रा को चूम लिया था पकड़कर।

–कासिम दादा। की··· ?

–ना, कासिम दादा ना। तोमार 'नोक' (पति)···।

··· उसी बार पवित्रा ने अपने पिता से स्पष्ट शब्दों में कह दिया था–बाबा, यह कासिम दादा बड़ा फाजिल··· याने बदमाश हो गया है।

··· बाबा उन दिनों गान्धीजी की तरह सप्ताह में एक दिन मौनव्रत रखते थे। उन्होंने कागज के एक टुकड़े पर लिखकर उत्तर दिया था–बदमाश हो या शैतान, प्रेम से सभी को जीता जा सकता है। प्रेम सदा विजयी होता है।··· आसल जिनिस होलो भालोवासा। गान्धीजी बलेछेन···।

··· किन्तु उसी बार बाग्दी-पाड़ा की कुबड़ी बूढ़ी की मारफत कासिम ने खबर भेजी थी–इस बार ईद के बाद फिर दूसरा ईद होगा–जशन ! वह पवित्रा को लेने आवेगा। पवित्रा सज-धजकर तैयार रहे उस दिन।

··· ईद का जशन। आग की लपलपाती हुई लपटों की रोशनी में पवित्रा ने देखा था–कासिम ढूँढ़ रहा है ?··· कोथाय··· कोथाय··· कोथाय से ?

··· आग··· मार-काट··· बन्दूकों की आवाजें··· ईद का जशन··· फुलझड़ी··· बन्देमातरम्··· गान्धीजी की जय–पवित्रा के पिता की आवाज ठाकुरबाड़ी में मड़रा रही है।··· कासिम ढूँढ़ रहा है–साला बूड़ार बिटी कोथाय ?··· आमार चाँद !

··· फिर, पवित्रा ठाकुरबाड़ी से निकलकर कैसे बाग्दीपाड़ा पहुँची, वह नहीं जानती। उसकी आँखें खुली थीं–हिन्दुस्तान के एक शरणार्थी कैम्प में, कटिहार स्टेशन पर। होश में आते ही पवित्रा ने पूछा था–बाबा कहाँ हैं ? माँ कहाँ ? और लोग कहाँ हैं ?··· किसी ने कोई जवाब नहीं दिया। उसने फिर कोई सवाल नहीं किया। एक लम्बी साँस लेकर वह चुप हो गयी। तभी से वह चुप है।··· घर से भागते समय–बाबा के रचे हुए कीर्तन की पोथीवाली झोली वह कलेजे से सटाकर निकली थी।

··· काला की माँ ने बेतिया कैम्प में चुपचाप बतलाया था–कासिम भाले की

नोक पर 'विनोद' का कटा हुआ सिर लेकर सबसे आगे था।··· विनोद मुखर्जी। लखिमपुर के राय साहब विकास मुखर्जी का बेटा–पवित्रा का होनेवाला दुल्हा–जो 'पिता ठाकुर' के नाम अपने बाप का कोई गुप्त सन्देश लेकर आ रहा था। अथवा–उसके मन में जो बैठी हुई थी उसी की सुधि लेने आ रहा हो।··· अछिमुद्दिनपुर हाट पर कासिम ने विनोद को देखा और भुलावा देकर अपने घर पर ले गया–साला, तुई पवित्रा के बिये कोर्बे।··· विनोद का सिर कटकर धरती पर गिर पड़ा।

–की रे माना, जादब केमन लोक ?

–लोकटा बदमाइश ?

–बदमाइश ? क्या बदमाशी करता है ?

–मासी माँ, वह मुझे बहुत 'दिक' (तंग) करता है।··· आज भी जबर्दस्ती इत्र लगा दिया बाँह पर।

–सिर्फ इत्र लगाया ? इसमें क्या बदमाशी हुई ?

–आमा के खूब जोरे चूमू खाय।··· मुँह में पान भरकर !

–तुझे अच्छा नहीं लगता। माँ-बाबा से क्यों नहीं कहती ?

–बाबा ने उससे बहुत 'टाका' लिया है।

–टाका ? क्यों ?

–मेरी शादी की बात पर। बाबा कहते हैं, हम लोग भी सतगोप हैं और 'जादब' भी गोप है।

··· तो, हरिप्रसाद जादब सन्ध्या का होनेवाला दुल्हा है ?

–मासी माँ ? ··· सो गयी क्या ?

नौ

पण्डित रामचन्द्र चौधरी को विश्वास हो गया है, कामदेव सारी सम्पत्ति लौटाकर दम लेगा। रुपये सेर का माल, पहली बार में ही नौ रुपये सेर बिका। सचमुच, पूँजी की कोई जरूरत नहीं हुई। पिता-पुत्र दोनों महाजन के दलाल से मिले–नामधाम लिखने के बाद, दस-दस सेर माल दे दिया। नब्बे रुपये का माल बेचकर, दस रुपये चुका आया। फिर, दस-दस बीस सेर। दो खेप में ही एक मन का मुनाफा साढ़े तीन सौ··· एक सप्ताह में !

चौधरी लोगों से कहता है–बीरपुर में कोशी के साहबों की कोलनी बनी है।

सभी साहब की जनाना पूजा-पत्तर करनेवाली। ब्राह्मण का और काम ही क्या है ? पिता-पुत्र दोनों को दिन-रात पूजा करने और कराने से ही छुट्टी नहीं मिलती। अररिया कोर्ट में रसोई-पानी करके–स्कूल में पढ़नेवाले श्यामदेव को भी चौधरी ने संवाद भेजा–खाये अररिया कोर्ट में और हाथ सुखावे गोड़ियर में··· ।

तीसरी खेप में तीन जन–तीस सेर माल–बिका चौदह रुपये फी सेर की दर से ! एक ही खेप में तीन सौ नब्बे मुनाफा–लागत पूँजी काटकर !

चौथी खेप में कामदेव ने प्रस्ताव रखा–बाबा ! घर में तो फूफू रहती ही है। पहलवान की छोटकी-पुतोहु भी आकर रह सकती है, दर-दुकान भी चला सकती है।··· यदि इस खेप में माय को अस्पताल ले जाने का बहाना बनाकर भैंसागाड़ी लेकर चला जाये ?···

कामदेव के किसी प्रस्ताव को अब पण्डित रामचन्द्र चौधरी 'नकार' नहीं सकते–ठीक है। तैयार करो भैंसागाड़ी !

पहलवान की छोटी पुतोहु कामदेव की दुकान पर दिन में दस बार फेरा देकर जाती है।··· अजब बात ! गाँजा-भाँग-अफीम-शराब-चाय बीड़ी-पान के नशे के बारे में कामदेव जानता था कि लत जिसे पड़ी, वह नशे का गुलाम हुआ। किन्तु लेमनचूस का नशा भी ऐसा हो सकता है ?

··· सुबह से एक बार भी नहीं आयी पहलवान की छोटी पुतोहु ? कामदेव वसूल-तगादावली बही हाथ में लेकर निकला। पहलवान रनबीर सिंघ के दरवाजे से दस रस्सी दूर ही कामदेव को पता चल गया–आज तीन पुतोहु एक ओर हो गयी हैं, पहलवान की ओर दो ही हैं। छोटी पुतोहु सदा पहलवान की ओर से झगड़ा करती थी। 'पुतोहु-पाटी' में उसके मिल जाने से बहुमत के साथ बहुबल भी हो गया है !

पहलवान चिल्ला रहे थे–एक पाई नहीं। एक लाल-पैसा भी नहीं दूँगा।··· तुम लोग··· तुम लोग कोई भी असल राजपूत की बेटी नहीं। तब कैसी पुतोहु ?··· रखेलिनों को मनिआडर में क्या हक ?

बड़ी पुतोहु 'पुतोहु-पाटी' की 'लीडरानी' है। कहती है–अपने कौन उत्तिम राजपूत हैं यह सभी को मालूम है। इससे तो गहलोत राजपूत (दुसाध) भला !

–क्या बोली ? पहलवान तारस्वर में चिल्लाने लगे–क्या बोली ? फिर से बोलो एक बार। जीभ बाहर खींच लूँगा।

छोटी पुतोहु बोली–बैठा खाय तुरंग !··· इन कमानेवालों को भी तनिक लाज नहीं। साल भर बाहर नौकरी करेगा–दो महीने के लिए घर आकर साल-भर का हिसाब वसूल करेगा··· उस बार इतना रुपया भेज दिये। फलाने महीने में बाबूजी को लिख दिया था कि फलानी को दो रुपया हाथ-खर्च दे दीजिएगा–सो क्या हुआ ? मैं आज ही कामदेव से चिट्ठी लिखवाती हूँ उस 'सिपाही-मरदुए' को कि घर में आकर कमर तोड़ोगे बहू की–मनिआडर भेजते हो बाप के नाम ! अफीम खाने के लिए ?

पहलवान की दृष्टि अचानक कामदेव पर पड़ी। बोला—जाओ कामदेव, लिख दो। आँगन में बुला रही है !

—कामदेव को आँगन में नहीं बुलाऊँगी। खुद कामदेव के घर जाकर लिखवाऊँगी।

—जा चुड़ैल की बेटी, जहाँ चाहे जाकर चिट्ठी लिखा या जो खुशी में आवे कर !··· हम किसी को राजपूत की बेटी नहीं मानते ? हमने अपने किसी बेटे से तुम लोगों की शादी नहीं की। रखेलिन सब !

—क्या बोला बुड्ढा ? जो खुशी में आये कर ? तब तुम्हारी पगड़ी कहाँ जायेगी—मुँहझौंसे ?

—गरदन काट लूँगा, छिनाल !

—आज रात यदि बरामदे पर बैठकर पेशाब किया है तो देखना—बुड्ढे !··· कहता है जहाँ जो खुशी में आवे, कर ?

—कामदेव, तुम गवाह रहना। यहाँ आज खून होगा। समझे ?

कामदेव बोला—मैं तगादा में आया हूँ। ऐसी गवाही की ऐसी-तैसी ! आप भी पहलवान काका खूब हैं। इन लोगों को बेकार मुँह क्यों लगाते हैं ?

—तुम भी 'बभने' आये हो, चूड़ा की गवाही दही से देने !

—मेरा दाम···।

छोटी पुतोहू ने इशारे से पूछा—'लेमनचूस आया है दुकान में ? साथ में भी है ?'

सबसे छोटी पुतोहू, झगड़ा के समय ससुर की चौकी से सटकर खड़ी रहती है और फुसफुसाकर बीच-बीच में ससुर से कुछ-न-कुछ कहती रहती है।··· बोली—कामदेव से इशाराबाजी करके कुछ कहा छोटी ने।

—क्यों कामदेव, तुम तगादा करने आये हो या इशाराबाजी करने ? हम कहते हैं, एक दिन यहाँ एक नहीं कई खून होंगे !

कामदेव बोला—छोटी का बकाया तीन रुपये आप मुझे दे दीजिए। अदालत भैया ने लिखा है !

पहलवान रनबीर सिंघ के पाँचों पुत्रों के नाम उनके तत्कालीन मालिक राजा नागेश्वर सिंह ने रखे हैं। उसी दरबार में पहलवानी करते समय ये पाँचों 'लाल' हुए—खंजर सिंघ, पेस्तौल सिंघ, बन्दूक सिंघ, अदालत सिंघ, फौजदारी सिंघ। पहलवान ठाकुर रनबीर सिंघ का नाम भी राजा नागेश्वर ने ही रखा था। बाप-माँ का रखा हुआ नाम था—लूटन सिंघ !

पहलवान की आँखों से चिनगारी निकलने लगी—किसने लिखा है ? अदालत नें ? ले जाय साला अपनी रखेलिन को ! मैं अपने इस घर में उसकी 'हरजाई-औरत' को नहीं रख सकता !··· हमको नहीं लिखकर तुमको लिखा ?

—क्यों नहीं लिखेगा ? छोटी बोली—तुमको लिखने पर तुम देते नहीं !

हर महीने में बारी-बारी से अथवा एक ही दिन पाँच मनीआर्डर आते हैं और ऐसे झगड़े होते रहते हैं। कामदेव ने इशारे से छोटी बहू को अपनी दुकान पर

आने को कहा और मोढ़े से उठ गया।

चलते समय पहलवान ने कहा—अपने रुपये लेते जाओ कामू !

कामदेव के जाते ही छोटी बहू ने चुनौती देकर अपने ससुर से कहा—लो, मैं जाती हूँ। फिर यदि कोई बुलाने गया है, तब उस मुँहझौसे से पूछूँगी।

कुलदीपा (दीपा) की मुसम्मात माँ पहलवान के पड़ोस में रहती है। बहुत 'नियम-धरम, बरत-उपवास' करनेवाली औरत है। वह झगड़ा होते समय किसी पक्ष से कोई बात नहीं करती। पहलवान रिश्ते में उसका जेठ हैं, इसलिए 'मुँहामुँही' नहीं बोलती। लेकिन टट्टी की आड़ से बोलने में क्या हर्ज ?

झगड़ा बुझ जाने के बाद वह टट्टी के पास आ खड़ी होती है और यथासाध्य सभ्य और 'सधुक्कड़ी-भाषा' में वार्तालाप करती है—सो पहलवान-जेठ को कौन समझावे ? हाय-हाय, जिसका नाम एक जमाना में तिरहौत से लेकर मुलतान तक फैला हुआ था। राजा-महाराजा तक जिसकी बहादुरी देखकर दाँत के नीचे उँगली दबाते थे, उसको हर महीने ऐसी-ऐसी गन्दी गाली ? हरे राम हरे राम ! सो पहलवान जेठ से कहती हूँ कि एक बार कष्ट करके दिल्ली जाकर एक क्षण के खातिर नेहरूजी के रू-ब-रू होकर 'अरजी' क्यों नहीं लगाते ? सभी को 'पेनसिलन' बाँट रहे हैं नेहरू बहादुर—क्या पहलवान-जेठ को लौटा देंगे दरबार से ?

इतना सुनते ही पहलवान बच्चों की तरह फूट-फूटकर रो पड़ता है दीपा की मा··· य ! कौन बूझेगा उस दुख को।··· खुद लाट साहब पीठ ठोक चुके हैं। आज इन दुसाधिनों, धाँगड़िनों की लात खा रहा हूँ।

—सब दिन का फेर है पहलवान-जेठ ! रोइए मत !

इस वार्तालाप के समय कोई पुतोहू—पक्ष या विपक्ष की—कुछ नहीं टोकती। पहलवान अपना आँसू खुद पोंछता है और बार-बार कहता है, ले जाओ अपने-अपने रुपये। अपने-अपने भतार की कमाई। नहीं चाहिए रुपये !

इस बार दीपा ने अपनी माँ की बात को दुहराया—पहलवान बाबा ! चाह पीने के लिए यहीं आइएगा।

जब से गठिया ने पैरों को बेबस किया है, पहलवान ने दीपा की माँ के कहने से चाय पीना शुरू किया—अफीम छोड़कर। और दीपा की माँ जैसी पड़ोसिन नहीं होती तो पाँचों पुतोहु मिलकर एक ही दिन में पहलवान को 'पेनसन' दे देतीं—बहुत पहले ही।

मुसम्मात ठकुराइन से कोई नहीं झगड़ती—सभी को भय है, मुसम्मात डायन है। पाँचों पुतोहु अपनी अनुर्वरता का दोष उसी के सिर मढ़ती है। सभी उसे प्रसन्न रखना चाहती हैं। जिस दिन 'ढर' जायेगी—'कोख' दे देगी वापस !

कारे मण्डल मुसम्मात की भैंस चराता है और रब्बी पासमान पण्डित रामचन्द्र चौधरी की बची-खुची खेती-बारी करता है।··· दोनों 'पालवेत' उदास हैं आजकल ! इधर कई महीनों से दोनों एक नशे में थे। बी. डी. ओ. साहब के किरानी बाबू मुसम्मात ठकुराइन का बहन-बेटा है। उसने एक बार कहा—पुराना नाच-गान जाननेवालों को सरकार 'पेनसिलन' बाँटेगी।··· बेहुला-बाला लखिन्दर आज का नाच है ?

दोनों पालवेत एक बार समय निकालकर बी. डी. ओ. साहब के पास गये। बी. डी. ओ. साहब ने कुछ समझा ही नहीं।··· मुसम्मात के बहन-बेटा की बदली—दूसरे 'बलौक' में हो गयी—न जाने कहाँ ! कहाँ-कहाँ जायें दोनों पालवेत !···

··· बंगला-गान और बंगला बोली जानते हुए भी बंगाली टोला में रब्बी और कारे से किसी ने बंगला में गप नहीं की। जयराम सिंघ ने आकर सुनाया कोलूनी के कीर्तन में हम सभी बंगाली-बंगालिन को पानी पिलाकर छोड़ दिया ! दोनों पालवेत दूसरे दिन साँझ होते ही कोलूनी में पहुँच गये।

—कौन है ?

—हामी !

—कौन हामी !

—हाम बोंगला गान करैंयाछी। उ खोल बजैया खुब भालो पारे। वही गान सुनैयाँर जन्नो हामी कोलूनी में आसेछी। कत्तालोक के गान सुनैयाँ···।

—अरे, ई कौन मुलुक का बोली बोलती है ?

—बोंगला बाबू, बोंगला !

गोपाल पाइन ने छिदाम को मैमनसिंघ की बोली में बताया—ये लोग 'आपन-पाटी' के 'मानुस' हैं।

—हें-हें। ओही तो आछेन मास्टर मुसाई। सोहिर दिन चौरस्ते पर भेंट हुइयाछी न। माने नेंही ?

—क्या काम है ? पहले काम की बात बोलो।

—एही गान !

··· सब साला ए खाने गानई सुनते आइसे !

रब्बी ने कान पर हाथ कर शुरू कर दिया—बाला भाँसे-भाँसे-भाँसे सागड़ेरे जोले। ··· ओइ भाँसिते—भाँसिते बाला रे··· !

—थामो बापू, थामो ! रात में बेहुला गान मत गाओ।

कीर्तन के सेक्रेटरी कालाचाँद ने डाँटकर कहा—क्या ? कोलूनी को 'गानबाजना' का अड्डा समझ लिया है ? जो आता है वह 'गान-बाजना-नाचना' शुरू कर देता है !

दोनों पालवेत हतोत्साहित लौटे—पालवेत ! इन लोगों में भी ऊँच जाति और नीच जाति का 'विचार' है। जयराम सिंघ और सुक्की-बेलाही के बाबू लोगों की ही पैठ यहाँ हो सकती है !

कारे मण्डल भैंस दुहकर ले आया—झुटपुटा होते ही। आज पहलवान काका

चाय ही नहीं, रात में भी यहीं खायेंगे–इस उम्र में भी पहलवान काका दो जोड़ा कबूतर खा जाते हैं। मुसम्मात ने कारे से कहा–कारू, जरा धनुकटोली की सुगनी के घर जाकर कबूतर ले आओ। आज पहलवान-जेठ ने दिन से ही मुँह में अन्न नहीं दिया है।

पगहिया में बँधे हुए घोड़े की तरह खड़ाऊँ खड़बड़ाते लाठी टेकते हुए पहलवान रनबीर सिंघ आये–दीप्पा। कहाँ रे ? ले जा–कामदेव की दुकान में खाक-पत्थर भी नहीं–पाकिस्थनियाँ टोला से जाकर ले आया। ले ! ले जा बेटी–दीपा !

पहलवान लेमंचूस ले आया है दीपा के लिए।

दीपा कहती है–अर्थात् माँ की सिखायी हुई बात तोते की तरह दुहराती है–पहलवान बाबा, आपने क्यों कष्ट किया ? कारे को पैसा दे देते, वह दौड़कर ला देता।

–बैठे-बैठे गिरह 'दुखाने' लगता है बेटी। दस कदम चल लेने से ठीक रहता है।

दीपा के मुँह से शुरू करवाने के बाद मुसम्मात स्वयं अपनी बोली तेज कर देती है–महानारायण तेल का पार्सल आ गया क्या ?

–ई धनुका जब से पोस्टमास्टर हुआ है तब से न किसी मनिआडर का ठीक है और न चिट्ठी मारसल का। डाकपन से रोज पूछते हैं।··· पता-उता तो गड़बड़ नहीं लिख दिया गया ?

–कहो दीपा कि पता हम अपने हाथ से अँगरेजी में लिखे थे। उस कम्पनी से बराबर दीपा के लिए 'किशोर-सुधा' मँगवाती रहती हूँ।

–तुम अपने पते से ही क्यों न मँगाया।

–अपने पते से ही मँगाया है। कहो दीपा, कि अपने पते पर मँगाने से कमीशन ज्यादा मिलेगा।

दीपा के गुरुजी आ गये। दीपा के गुरुजी–पारसप्रसाद।

पारसप्रसाद ने कहा–आ गया भीपी !

–आ गया ? कहो दीपा कि पहलवान काका, भीपी आ गया।

–क्या आ गया ?

–पारसल। कितने का है, पूछा ?

–हम 'इन्टिमेसने' लेते आये हैं–दस रुपये अस्सी नये पैसे।

दीपा की माँ मन ही मन हिसाब जोड़कर बोली–एक सौ पचास नये पैसे कमीशन दिया।

पारस का नाम गाँव में पड़ गया है–पारसलप्रसाद ! बचपन से ही उसे पारसल मँगाने का शौक है। ओटो दिलबहार के खुशबूदार कार्ड का सेट मुफ्त में पाने के लिए बीस लोगों के नाम लिखकर भेजना पड़ता था। मुसम्मात ने ही पारस

का नाम-पता लिख दिया था। पारस को भी एक कार्ड आया और उससे भी बीस नाम मय पता-ठिकाना के साथ माँगा गया—इसके बाद पारस को भी सुगन्धित-रंगीन कार्ड का सेट आया। फिर दुनिया-भर के सूचीपत्र—तरह-तरह की चीजों के—आने लगे पारस के नाम और दीपा की माँ के नाम।··· दीपा की माँ उस समय मिडिल-इंगलिश पास करके गाँव की कन्या-पाठशाला में पढ़ाती थी—कुमारी सरस्वती देवी, अध्यापिका, रामगंज-पिपरा कन्या पाठशाला !!

रामगंज-पिपरा पोस्ट ऑफिस में दो ही नाम से पार्सल आते—सरस्वती देवी अथवा पारसप्रसाद के नाम। सरस्वती देवी तरह-तरह की किताबें मँगवातीं। कभी हिमसागर तेल और कभी बालों की जूँ मारने की दवा ! किन्तु पारस तो पार्सल का व्यापार ही करने लगा। गाँव में किसी को कोई रोग हो—सीधे पारस के पास हाजिर। सबकुछ 'खुलासा हाल' चिट्ठी में लिखकर लुधियाना-पंजाब के हबीबुल हक हकीम को भेजते ही वाजिब दवा का पार्सल आ जाता !

··· कलकत्ता, बनारस, लखनऊ, अलीगढ़, मथुरा, बम्बई की कई कम्पनियों से वह माल मँगाता था। कलकत्ता से कल-पुरजेवाली चीजें, बनारस से सुर्ती-जर्दा, लखनऊ से काला पत्ती जर्दा, अलीगढ़ से ताला और सरौता, मथुरा से नाटक का सामान !··· किन्तु माल के साथ वह व्यक्तिगत अनुरोध भी लिख भेजता—प्रिय महाशय, आप तो जानते ही हैं कि हम आपका पुराना गाहक हैं।··· माल के साथ यदि कालीघाट-काली-माई के मन्दिर के आँगन में गिरे हुए—कुचले हुए भी हों हर्ज नहीं—अड़हुल के फूल भेज दें तो भगवान्-कसम आपकी कम्पनी को छोड़ कलकत्ता की किसी कम्पनी से कोई माल नहीं मँगाऊँगा।··· बनारस से गंगाजल और विश्वनाथजी का प्रसाद !

··· अपने नाम का एक साइनबोर्ड भी मँगवाया एक कम्पनी से।—पारस ऐण्ड फ्रेण्ड कम्पनी, रामगंज-पिपरा। गाँव के लड़कों ने चिढ़ाया तो साइनबोर्ड उतारकर रख दिया पारस ने। लेकिन कारबार बन्द नहीं किया।··· मशहूर हकीम, वैद्य और डॉक्टर के अलावा उसे असली-नकली चीजों का पारखी समझते लोग। सभी उससे सलाह लेने आते—जमाई को घड़ी देनी है, किस कम्पनी की घड़ी दें ?··· लड़की की जन्म-पत्री काशीजी के पण्डित से बनवाना चाहते हैं—कैसे होगा ?

··· एक बार गाँव के एक खोये हुए लड़के का बाप रोता-कलपता हुआ आया—पारस बाबू ! कैसे क्या होगा ? पारस ने कुछ सोच-समझकर—'पूर्णियाँ समाचार' में एक विज्ञापन लिखकर भेज दिया। बोला—तीन रुपये का मनिआर्डर भेजना होगा आज ही। दूसरे ही सप्ताह 'पूर्णिया समाचार' में खबर छप गयी··· भगेलूप्रसाद उर्फ भोगेन्द्र मण्डल, उम्र बारह साल, होंठ के ऊपर कटा हुआ, तुतलानेवाला, साँवला लड़का—12 ता. से ही लापता है !··· भगेलू, तुम जहाँ भी हो घर चले आओ—बाबूजी डाँटेंगे नहीं, माँ रो-रोकर अन्धी हो रही है।

··· एक सप्ताह बाद ही भगेलू घर वापस आ गया। उसी बार गाँव के नौजवानों ने नाम रख दिया—यह पारसप्रसाद नहीं—सचमुच पारसलप्रसाद··· ?

··· एक बार पारस चूक गया, किन्तु ! गर्भनिरोधक बटी पार्सल से मँगवानेवाले नौजवान ने अपनी भाभी के लिए नहीं, किसी और के लिए मँगवायी थी। बटी की छपी हुई सेवन-विधि में 'सावधान' लिखकर चेतावनी दी हुई थी–गर्भवती स्त्रियों को यह दवा मत दो ! तिस पर कोई गर्भवती को खिला दे यह बटी–डबल खुराक–तो उसका दोष किसे दिया जाये ?··· पंचायत में दोष पारस के मत्थे ही मढ़ा गया। ··· किसी लड़की को 'असली कोकशास्त्र' मँगवा देने का भी इलजाम किसी ने लगाया। लेकिन वह प्रमाणित नहीं हो सका।

··· सरस्वती का विवाह हुआ। ससुराल चली आयी। पार्सल मँगाने का शौक लगा रहा।··· दीपा के बाबू की बीमारी में पार्सल से ही दवा मँगायी गयी थी। उनकी मृत्यु के बाद बहुत दिनों तक सरस्वती देवी ने कोई पार्सल नहीं मँगवाया। दीपा के लिए 'किशोर सुधा' मँगवाने लगी। पुरानी आदत कहाँ जाये ? हर महीने कोई न कोई चीज आती ही रहती है–फूल के बीज, अष्टधातु की अँगूठी ! जादुई आईना !

··· अजब संयोग ! पारस का भी विवाह गोड़ियर में हुआ। सरस्वती देवी के विधवा होने के बाद पारस भी अपनी सास के यहाँ 'घरजमाई' होकर आ गया।

··· दीपा को रोज सुबह पढ़ाने के लिए पारस को मास्टर रख लिया है–शाम को एक चक्कर रोज दे जाता है। किसी पार्सल का इण्टिमेशन, कोई सूचीपत्र अथवा किसी कम्पनी की बेईमानी की बात लेकर पारस जरूर आ जायेगा। किसी रात को देर हो जाती है, कारे साथ जाता है पहुँचाने–मुनकीवाली लाठी बजाता हुआ।

गोड़ियर गाँव के पंचायत का फैसला है–साँझ को कितना भी अँधेरा क्यों न हो, गाँव में चलते-फिरते कोई टार्च नहीं जला सकता।··· गाँव की 'लाज' की बात है !

आज पारस अधिक देर तक नहीं ठहरेगा !

पारस चला गया। पहलवान ने इधर-उधर देखकर पूछा–दीपा ? सो गयी क्या दीपा ?

–सोयी नहीं है। मास्टर के डर से चुप थी।

–दीपा की माँ, कोई ऐसी दवा नहीं किसी कम्पनी में कि खिलाते ही···।

कारे मण्डल कबूतर ले आया–एक ही मिला। सभी कबूतर तालेवर गोढ़ी के लिए 'रिजरब' हैं। कल काली मन्दिर की ईंट पड़ेगी–गाँव-भर की कबूतरवालियों को दाम धरा दिया है रामजी बाबू ने।

–एक से क्या होगा ?

पहलवान रनबीर सिंघ ने सन्तोष की साँस लेते हुए कहा–ठीक है। तरद्दुद करने की जरूरत नहीं। पोस्तादाना के 'बड़े' बना देना।··· लेकिन दीपा की माँ, यह छोटकी सचमुच कामदेव के घर चली गयी है। दुकान चला रही है। अब बोलो, इसको क्या कहा जाये !

पहलवान जेठ को भोजन कराने में एक अद्भुत सुख का अनुभव करती है–दीपा

की माँ।··· विशालकाय आदमी के सामने भात की ढेरी।··· एक-एक अन्न को बहुत प्रेम से मुँह में डालते हैं पहलवान जेठ। एक दाना भी बरबाद नहीं करते।

—दीपा, पहलवान बाबा से कहो कि लोग जो कुछ कहें, मैं दीपा को लड़के का लिबास पहनाती हूँ। पहनाऊँगी। बनस्थली विद्यापीठ में भेजकर लाठी, भाला, घुड़सवारी की ट्रेनिंग दिलवाऊँगी। अब लोग जो भी बोलें।

—लोक साला क्या बोलेगा ? मारते झापड़ से 'थूथना' झाड़ देंगे।

पहलवान को खिला-पिलाकर विदा किया दीपा की माँ ने। अब कारे को समझाने लगी—पाकिस्तानी टोली में क्या है ? तुम और तुम्हारे पालवेत—एक अन्धा और दूसरा कोढ़ी !

कारे का पालवेत रब्बी—नाम लेते ही हाजिर !

—खाये पालवेत ?

—बैठिए दरवाजे पर, आ रहे हैं ?

दीपा की माँ ने कहा—खाने-पीने में हड़बड़ी कभी नहीं करनी चाहिए। अपने पालवेत को अन्दर आँगन में ही बुला लो। खाओ और बात भी करो—कोई नहीं सुनेगा तुम्हारी गप।

—आइए पालवेत, आँगन में ही आ जाइए।

रबिया ने आते ही सूचना दी—एक खबर जानते हैं ? कल तालेवर गोढ़ी के पोखर पर 'पुरोहिताई' करने आवेगी—वही पाकिस्थनियाँ टोली की गोरी सर्दारनी—दीदी ठकुराइन !

—अच्छा ?

—और पाकिस्थनियाँ टोले से ही कीर्तन-पाटी आयेगी।

—यह अन्याय की बात है। गाँव की कीर्तन-पाटी, चाहे जैसी भी हो, टूटी-फूटी, फिर भी अपने गाँव की है।

—गाँव की पाटी भी रहेगी।··· और सुनोगे ?

—क्या ?

तालेवर मूलगैन हम लोगों को 'बिसरे' नहीं है। कहा है, तुम लोगों को 'बेहुला बाला लखिन्दर' का नाच, जैसे भी हो—करना पड़ेगा। नहीं कोई मिले, मैं ही मूलगैनी करूँगा।

बेहुला-नाच के पुराने मूलगैन हैं तालेवर गोढ़ी !

—रहिए ! आप घबराइए मत मीता। इसी बार बंगलिया कीर्तनियों का छक्का नहीं छुड़ा दिया तो कारे नाम नहीं। बेहुला और सावित्री—दोनों 'पाला' एक साथ गावेंगे। देखें, पकड़ सकता है या नहीं।

—दोनों पाला कैसे गाओगे मीता ?

—इसका 'दिष्टान्त' उसमें देंगे और उसका 'दिष्टान्त' इसमें। है न मालकिन ?

दीपा की माँ ने कहा—मालकिन से क्या पूछते हो। मालकिन क्या तुम्हारे नाच की मूलगैन है ?

—आप ही ने कहा कि इसका 'दिष्टान्त' उसमें… ।

दीपा की माँ हँसी—मुझे क्या दोगे ? मैं क्यों बताऊँ ?

रबिया ने मन ही मन कहा—पालवेत तकदीर का सिकन्दर है, ऐसी भली मालकिन मिली है। यहाँ कामदेव बाबू के मुँह से कभी एक मीठी बोली भी नहीं निकलती। … बनिया-बाभन !

रबिया बोला—मालकिन, हम लोग गरीब हैं। हम लोगों के पास क्या है जो देंगे।… देह है सिर्फ! अगले साल से हल-बैल कीजिए अपना—रबिया आपके 'खिजमत' में हाजिर है।

—दृष्टान्त देकर पाला करना चाहते हो ? दीपा के मास्टर को पकड़ो।

—दीपा दाई के मास्टर के पेट में इतना गुन है ?

—दीपा दाई मत कहो—दीपा बाबू, कुलदीप सिंघ कहो। दीपा बेटी नहीं, बेटा है !

रबिया अवाक् होकर कारे की ओर देखने लगा—पालवेत, यह बात आपने कभी बताया नहीं। हम लोगों को तो मालूम है कि लड़की है ! मगर असल में लड़का ही है क्या ?

दीपा की माँ हँसने लगी—कारे, तुम्हारा पालवेत पड़मान नदी के उस पार का रहनेवाला है क्या ?… जो बेटी, वही बेटा ! नेहरूजी को नहीं जानते ? एक ही बेटी है, मगर एक सौ बेटे का मुकाबला कर रही है। जानते हो ?

—हम लोग क्या जानें, मालकिन। नया-नया सब कानून होते रहता है।

दीपा के मास्टर फिर आये !… दीपा की माँ जानती थी, पारस फिर लौटकर आवेगा। पहलवान जेठ की बोली सुनकर उसकी बोलती बन्द हो जाती है।

—बैठो मास्टर। भोजन करोगे ?

—नहीं। भोजन मैं कर चुका हूँ। मैं एक प्रस्ताव लेकर आया हूँ।

दोनों पालवेत कुछ देर तक मास्टर से कुछ 'विनती' करने के लिए हाथ जोड़े खड़े रहे। फिर दोनों आँगन से बाहर चले गये।

दीपा की माँ ने अपनी चचेरी सास से कहा—आप भोजन कर लीजिए। मैं आज नहीं खाऊँगी !… क्या प्रस्ताव है मास्टर ?

—गाँव में औरतों को बहुत तरह की गुप्त बीमारी है। मैं कहता हूँ कि एक पर्चा छापकर हर हाट में बँटवाकर—एक साइनबोर्ड लगाकर—आप डॉक्टरी शुरू कर दीजिए।

—क्या-क्या सोचते रहते हो मास्टर ? मैं क्या जानती हूँ… ?

—आपके जानने और नहीं जानने से क्या होता है। असल चीज है—प्रचार। आप तैयार होइए, मैं सबकुछ कर दूँगा। हर मंगलवार या हर महीने में पूर्णिमा के दिन दमा या किसी असाध्य रोग की जड़ी मुफ्त देने का एक बार ठिकाने से ऐलान हो जाये—फिर देखिएगा, आपके दरवाजे पर लोगों को जगह नहीं मिलेगी।

—लेकिन मुफ्त में जड़ी देने से आमदनी कहाँ से आयेगी डाक्टरनी को ?

उसका इन्तजाम भी हो जायेगा।···

इसके बाद पारस मास्टर ने अंग्रेजी में कहा–आइ एम योर ओबिडियेण्ट सर्वेण्ट–औलवेज ! बोलिए–रुपये जब बरसने लगेंगे, तब मुझे क्या दीजिएगा ?

दीपा की माँ धीरे से चिकोटी काटकर मुसकुराती हुई बोली–जो कभी नहीं दिया–वही दूँगी।

–सच ?

–लेकिन तुम्हीं भाग जाओगे।

–कभी नहीं।

··· बचपन की दोस्ती !

··· अपाहिज और अपंग पति से मुक्ति भी पारस ने ही दिलायी है–सरस्वती को !··· चाँद-सूरज को भी नहीं मालूम।··· लूले ने विवाह के बाद ही बायें हाथ से पेट टटोलकर कहा था–चालाकी ? यह 'सनेशा' कहाँ से लेती आयी हो ?

··· किन्तु दीपा के बाबू देवता आदमी थे।··· दीपा की माँ ने सबकुछ बता दिया–खुलासा करके ! कुछ भी नहीं छिपाया। सारी जिन्दगी की कमाई–मशीन में हाथ कटने का हर्जाना मिलाकर–पाँच हजार रुपये नगद देकर सरस्वती को खरीदा था दीपा के बाबू ने।··· दीपा के बाबू ने सबकुछ माफ कर दिया। लेकिन घर में घुसे तो बाहर नहीं हुए। उनकी लाश ही निकली !

··· पापी स्कूल इन्स्पेक्टर ने फिर कभी खबर भी नहीं ली ! पारस नहीं होता तो दीपा की माँ पागल हो जाती।··· बुखार से देह तपी हो या खाँसी से परीशान–दीपा के बाबू कभी अपनी देह से अलग नहीं होने देते। नरक में बीते आठ महीने–दीपा की माँ को अब भी मितली आने लगती है।··· रात-भर–जानवर ! कहता–मैं 'मशीन मैन' था जूट मिल में, सो जानती ही हो।··· तुम मेरे लिए मशीन ही हो–हे-हे-हे-हे ! इतना रूप मैं कैसे समेटूँ–एक हाथ से 'हीन' हूँ–हे-हे-हे-हे !···

–पारस ?

–हूँ।

–मैं डाक्टरनी नहीं, लीडरानी होना चाहती हूँ।

–लीडरानी ?

–हाँ जी, हाँ ! क्या मैं भाषण नहीं दे सकती ? मीटिंग में जाने के योग्य मेरा चेहरा नहीं ?

–भला कहिए ! लीडरानी बनने के लिए चेहरा ? आप कभी-कभी ऐसी बातें करती हैं !··· किस पाटी में भर्ती होने का इरादा है ? आजकल सभी पाटी का भाव मन्दा ही है।

–देश का काम करना सबसे बड़ा काम है। नेहरूजी की पार्टी ही असली पार्टी है।

–कौमनिस्ट ?

–कौमनिस्ट पार्टी 'कमसिन' है अभी। स्कूल के लड़के-लौण्डों की पार्टी है।

… पारस, तुम एक काम करोगे ? फारबिसगंज के छोटन बाबू को जानते हो न ? … स्कूल इन्स्पेक्टर के साथ 'जीप' पर वह भी आता था–वहाँ। कौन नहीं पहचानता उसको ?

… वहाँ, अर्थात् रामगंज-पिपरा में ?

–हाँ-हाँ। पहचानता हूँ।

–तुम उससे मिलकर महिला-मेम्बर बनने की नियमावली ले आओ। पूछे तो कहना–याद कर लो क्या कहना है…।

–ठहरिए, मैं लिख ही क्यों न लूँ।… बोलिए।

–कहना–'मीठी-मीठी बातों से फुसलाकर, रामगंज-पिपरा के कांग्रेस-डेलिगेट चुनाव के समय जिस मास्टरनी से घर-घर प्रचार करवाया।… स्कूल-इन्स्पेक्टर से मिलकर प्रधान अध्यापिका बनवा देने का लोभ…।'

–छोड़िए… उन बातों को उठाने से क्या फायदा ?

–नहीं पारस। तुम नहीं जानते उसको। सीधी बातों से वह कुछ नहीं सुनता। मुँह पर बात बनाकर तुमको सोलह आने विश्वास दिला देगा–फलाना काम ? वह तो मेरी चुटकी में है। कल ही हो जायेगा। मगर उसने सच नहीं बोलने की कसम खा ली है। रामदेव बाबू लोकल बोर्ड के चेयरमैन और यह शैतान उसका दलाल। कितनी मास्टरनियों को 'डाक बँगला' तक भुलावे में डालकर ले गया–इसका हिसाब उससे किसी दिन भगवान् ही पूछेंगे।

–लीडर तो मगर 'जब्बड़' हो गया है।

–ऊपर अमीन बाबू और नीचे रामदेव नारायण–छोटन के दो पाये हैं।… जो भी हो, उससे काम लेना है। उसको बाप भी कहना पड़े–सरस्वती कहेगी। तुम कल जा सकोगे ?

–कल ?… कल… एक पार्सल मेरा भी आनेवाला है।

–पार्सल आनेवाला है, आयेगा !

पारस कुछ सोचने लगा। कुछ ही क्षण पहले सरस्वती उसके दिल के जितना निकट थी, लीडर-लीडरानी की बात करते समय उतनी ही दूर चली गयी।… हाथ से निकल गयी सरस्वती ?

–क्या सोच रहे हो, पारस ?… मैं समझ गयी। इस गोड़ियर गाँव में आकर तुम्हारी बुद्धि पर भी गोबर पड़ गया। क्या चाहते हो तुम लोग ? मेरे रहते इस गाँव में एक बंगालिन आकर लीडरी करेगी ?… मीटिंग में जाती है पूर्णियाँ–हाथ में चमड़े का थैला लटकाकर। लोग क्या कहते होंगे ? गोड़ियर गाँव में कोई बिहारी औरत पढ़ी-लिखी नहीं है क्या ? सो इस गाँव पर तो राज है गोढ़ी और गुडाम् का। लाज आवे तो किसे ?… हुँ ! दीदी ठकुराइन !… मेरा भी नाम सरस्वती ठकुराइन है !

… पारस के सामने चुनाव के कई पोस्टर नाच गये–वोट दो ! ठकुराइन सरस्वती को वोट दो !! या, सरस्वती ठकुराइन को… ?

पारस बोला–सरस्वती ठकुराइन नहीं–श्रीमती सरस्वती ठकुरानी !

एक नहीं, दो ! गोड़ियर गाँव में दो पढ़ी-लिखी औरतें हैं–अव्वल, श्रीमती सरस्वती ठकुरानी और श्रीमती हरिमाया पारसप्रसाद ! लेकिन ठकुरानी बहुत 'फोरवर्ड' है, पारस की स्त्री हरिमाया–बैकवार्ड !

दस

चौदह वर्ष बनवास के⋯।

⋯ चौदह वर्ष हुए स्वराज्य के।⋯ लगता है कल की बात हो। जुलूस की याद ताजा है अभी भी। दो-दो बार आम चुनाव हो चुके हैं। देश में बड़े-बड़े काम हो रहे हैं। ब्लौक, कम्यूनिटी हॉल, बी. डी. ओ., ह्वी. एल. डब्ल्यू, सोशल आर्गनाइजर, एम. ओ., पी. ओ.–बहुत सारे 'ओ' वाले शब्दों का प्रचलन हो गया है। हर मैट्रिक-फेल नौजवान राजनीति में दाखिल हो गया है और प्रत्येक मिड्ल-पास कण्ट्राक्टरी के सपने देखता है–सोते-जगते, उठते-बैठते किसी कांग्रेसी बाबू का गुण-गान करता है।⋯ आम चुनाव सामने है। प्रत्येक खादीधारी उम्मीदवार है और टिकट की पैरवी के लिए देश के कोने-कोने में पैंतरे बाँधे जा रहे हैं। ⋯ समय पर वर्षा नहीं होती। असमय में बाढ़ आती है। ऋतुओं की 'महिमा' नष्ट हो चुकी है। सूरज-चाँद-तारों का भी कोई विश्वास नहीं–क्या जाने किस दिन अचानक उगना बन्द कर दें, कुछ कहा नहीं जा सकता। कोई कहता है, देश आगे बढ़ा है। कोई इसे योजन-भर पीछे खिसका हुआ देखता है।⋯ ज्योतिषियों ने अष्टग्रह योग के बड़े भयावह भविष्य की गणना की है। बड़े और पुराने नेताओं की अकाल मृत्यु से देश हर महीने अनाथ होता है। नेहरूजी अकेले पड़ते जा रहे हैं। उनके सभी पुराने और सच्चे साथी, बहादुर कॉमरेड, प्रस्थान कर रहे हैं। ⋯ रोशनी बुझ रही है–एक-एक कर।

⋯ तीर के वेग से एक 'तारा' चल रहा है आकाश में रूस का स्पुतनिक !!

⋯ एक अज्ञात भय से सारा देश भयभीत है।

⋯ आठ-आठ ग्रह ? गरह !

–ग्रह-शान्ति के लिए 'अष्टयाम' कीर्तन कीजिए ! दान-पुण्य, दया-धर्म जो कुछ करना हो, कर लीजिए इस साल। अगले साल के मालिक भगवान् !

–और इस साल के मालिक कौन हैं ?

–इस साल के ? इस साल के मालिक–तालेवर मालिक। हा-हा-हा-हा-हा !

जयराम सिंघ का यह 'दिलखोल-ठहाका', दिन में दो बार और साँझ में दो बार हर दिन गूँजता है कोलोनी में–आजकल।

–कहिए मास्टर मोशा, ठीक है न ? इसी बात पर 'रमैन' में गोसाँईजी कहिन हैं कि 'जहाँ रहिए सोहि सुन्दर देशू, जो प्रतिपालहिं सोहि नरेशू'··· बोलिए सियावर्रामचन्द्र की जै !

पवित्रा का मुखड़ा खिल गया–फिर से कहिए, क्या बोले हैं गोसाँईजी ?–गोसाँई माने तुलसीदास तो ?

इस बार जयराम सिंघ ने ऊँचे स्वर में सुर चढ़ाकर गाया।

–सिंघजी ! तुलसी रामायण आप जानते हैं ?

–दीदी ठकुराइन, किस्सा हमको सभी मालूम है रमैन का। लेकिन वही जो कहा है, काला अच्छर भैंस बराबर, चढ़िके पढ़े सुजान ! अर्थ हुआ कि काला अच्छर उस भैंस के समान है जिस पर चढ़कर सुजान लोग ज्ञान की बात पढ़ते हैं। और यहाँ भैंस की पीठ पर ही मेरी सारी पढ़ाई हुई–हे-हे-हे-हे-एमे-एफे-एले-मेले–सब पास भैंस की पीठ पर हे-हे-हे-हे !!

कालाचाँद घोष ने पूछा–ई कौन गोसैंई बोले हैं ?

जयराम को कालाचाँद के इस सवाल में दिल्लगी की गन्ध लगी। वह सारी कोलूनी में एक ही आदमी को आदमी समझता है। दीदी ठकुराइन को छोड़कर बाकी सभी 'अधम जाति' के लोग हैं–काले-कलूटे। लेकिन बात करेंगे सभी 'कूट' भरी !

जयराम सिंघ बोला–यह गोसाँई जी का वचन नहीं, यह जयराम सिंघ की 'बानी' है। अभी आपको इस देश में आये हुए ही कितने दिन हुए हैं ? सुनिएगा तो माथा चकराने लगेगा और मछली आजकल महँगी है।··· कबीरदास की बानी कभी सुनी है ? लीजिए बतलाइए तो क्या अर्थ हुआ ? कबीरदास की उलटी बानी–बरखे कम्बल भीजे पानी ?

पवित्रा जबतक हँसती रही, जयराम सिंघ एक न एक हँसनेवाली बात का प्रसंग छेड़ता गया। अन्त में बँगला बोली की नकल करके बंगला में भी एक पद्य सुनाया–'अर की कोरेछो खाबुर-खुबुर–की बोलैछो घाँटी–मानार भीतर बेंग बोलैछो–मूस कौड़ेछो माटी–मुशाके मारिलोरे मुशाके··· !'

सभी लोट-पोट हो गये हँसते-हँसते !

–अलबत्त हैं सिंहजी आप ?

पवित्रा ने पूछा–भाई साहब, आपके मालिक 'पुरी' भी जायेंगे ?

–हाँ। कोई हुकुम ?

–अरे नहीं-नहीं। आपके मालिक को भला मैं हुकुम दूँगी ?

–हाँ, आप दे सकती हैं ! आप चाहें तो हुकुम देकर देख लीजिए···।

–सन्ध्या के लिए एक शंख मँगवाना है। मैं रुपये देती हूँ।

—रुपये ? रुपये से कहीं शंख खरीदा जाता है दीदी ठकुराइन। आप इतनी पढ़ी-लिखी होकर भी नहीं जानतीं ?

—तब ? किस चीज से··· ?

—दिल से ! जयराम ने अपनी छाती पर हाथ रखकर आँखों को तनिक झुका लिया। उसकी मूँछों पर उसके मन की शरारत दौड़ गयी।··· पवित्रा ऐसी मूँछों को पहचानती है। बेतिया कैम्प के सुपरवाइजर की मूँछें ऐसी ही थीं।

—दाम नहीं लीजिएगा ? शंख का कोई खास काम नहीं अभी।

—अच्छी बात, हम मालिक से पूछकर कहेंगे कि मालिक दाम···।

—नहीं-नहीं। मालिक से कुछ मत कहिए।

—आप मेरे मालिक से इतना डरती क्यों हैं ?

—नहीं, डरती नहीं।

सन्ध्या ने भेद खोल दिया—उस दिन छागलों और कबूतरों को बलि देते देखकर, मासीमाँ डर गयी हैं।

सन्ध्या की माँ ने बेटी को डाँटा—नहीं-नहीं, तू क्या जानती है ?

पवित्रा बोली—उसे क्यों डाँटती हो ? वह सच कह रही है।··· ओ लोकटा कै देखे आमार भीषण भय कोरे !

जयराम सिंघ समझ गया—देखिए दीदी ठकुराइन, ऊपर से देखने में काला-कोयला है, मगर दिल मेरे तालेवर मालिक का एकदम बगुला-जैसा सादा है। आप बेकार घबराती हैं।

—अच्छा ? आपके मालिक तन्त्र-मन्त्र भी करते हैं ?

—तन्त्र-मन्त्र ?··· यह··· यह कैसे ?

—लोकटार चोख देखेछिले सन्ध्या ?

जयराम सिंघ इस बात का कोई अर्थ नहीं निकाल सका। वह बोला बेकार··· !

··· मन्त्रायी हुई मिट्टी का असर शुरू हुआ लगता है।

—मालिक कह रहे थे, जयराम हम इतना देश-विदेश में घूमे हैं, ऐसी पवित्र जनाना कहीं नहीं देखा। वह जनाना नहीं—गंगा है गंगा !

··· पवित्रा के पिता ने भी यही कहा था, तुम कभी अपवित्र नहीं हो सकती माँ !

पवित्रा को गुमसुम देखकर जयराम सिंघ ने अपनी बैठकी तोड़ी—सभी भाई-बहिन से भूल-चूक माफी के लिए 'इकट्ठे' ही हाथ जोड़ते हैं। पहली बार तीरथ करने जा रहे हैं हम। आप लोगों को और क्या कहें ?

राखाल के घर की आड़ में खड़ी सन्ध्या की माँ गिरिबाला ने जयराम सिंघ को रोका—सिंघजी, हमारे लिए एक चीज लेते आइएगा—पान का साज रखनेवाला बड़ा पान-डिब्बा !

—जरूर लेते आवेंगे ?

—और ?

—'कोलाकाता' होकर लौटिए तो खेजुर गुड़ का 'सन्देश'।

—चलिए, यह भी आ जायेगा। और हुकुम !··· जयराम सिंघ की मूँछों पर दौड़ जानेवाली शरारत को सन्ध्या की माँ गिरिबाला भी परखती है। मन ही मन बोली··· और तोमार मुण्डू !

—नहीं, बस !

चौरास्ते के पास गोपाल पाइन मिले—सिंघजी, कलकत्ता से मेहरबानी करके हमारे वास्ते एक चीज लेते आइएगा। बांगला-हिन्दी टीचर माने बांगला-भाषा में हिन्दी सिखानेवाली किताब-शिक्खोक !

—एक कागज के टुकड़े पर लिख दीजिए। लिखायी-पढ़ायी वाली बात मुझे याद नहीं रहेगी।

गुणमन्ती, रेशमी, सिंगारो, गौरी !

तालेवर गोढ़ी—ओझा तालेवर गुणी—की पुरानी भैरवियों का झुण्ड !

जयराम सिंघ ने देखा, आज चारों 'जोगिनियाँ' एक ही साथ निकली हैं साग खोंटने। पाट का साग !··· पाट के खेत में साग खोंटनेवाली औरतों को देखते ही जयराम को 'कामदेव चौधरी बनाम मुड़ली मुसहरनी' वाले केस की याद आ जाती है।··· ऐसे ही मुड़ली मुसहरनी अकेली साग तोड़ रही थी पाट के खेत में ! और कामदेव पाट के खेत में पहले से ही 'तैयार' बैठा था—!··· दारोगा साहब ने खोंटे हुए साग को भी समेटकर झोली में बँधवा लिया था और उस पर एक कागज का पुर्जा लगा दिया—सबूत के लिए ! जयराम सिंघ, कामदेव का सफाई-गवाह था।··· जज साहब को समझाते हुए सरकारी वकील ने कहा था—पाट साग, गुड टेस्ट। वेरी गुड साग।··· बहस के समय दोनों पक्ष के वकीलों ने एक ही बात को करीब एक हजार बार दुहराया था—एण्ड मुड़ली मुसहरनी एण्ड पाट साग एण्ड कामदेव एण्ड चौधरी एण्ड···।

··· उस मुकदमे के बाद से इन साग तोड़नेवालियों के लिए सुराज हो गया है।

जयराम सिंघ ने दूर से ही हाँक लगायी—अ-री-कौ-न सब है-ए-ए-ए-साग तोड़नेवाली -ई-ई-ई··· पाट की मूड़ी नोच रही है। ऐ-ऐ-ऐ ?

चारों भैरवियों को किसी बात पर हँसी आ गयी और वे एक ही साथ खिलखिलाकर हँस पड़ीं।

सिंगारो बात बनाना जानती है। जयराम की पुकार सुनकर बोली देखती हो, अब इस 'कोढ़िए' को दोपहर-दिन में ही रतौंधी लगने लगी। पाकिस्थनियाँ टोली से आँख में आँजन लगा आया है फिर भी नहीं सूझता है इस 'मुड़कटवे' को। हम लोग पाट की मूड़ी तोड़ रहे हैं, यह देख लिया 'दुरबिन' लगाकर।

–सुना है, ओझा फिर गुण-मन्तर का कारबार शुरू कर रहा है।

–जिन्गी-भर छुछुआता रहेगा यह छुछूँदर।

–तू ऐसा मत बोल रेशमी। तालेवर गोढ़ी ने तुझे अपनी मरी हुई जोरू के गले का हैकल दिया था।

–मरी हुई जोरू का नहीं, मरी हुई नानी का। एकदम गिलट।···

–बंगलिनियाँ छौंड़ी को देखा है ?

–देखा है। कोई वैसी 'गोरी-नारी' तो नहीं। दीपा की माँ से अठारह ही पड़ेगी। और देह की गढ़न की बात पूछती हो तो गोड़ियर गाँव में बहुत लोगों की गढ़न ऐसी है कि··· !

गौरी साँवली है। लेकिन सबसे गठी हुई देह उसी की है। रामजय सिंह आजकल गौरी के 'मचान' पर ही सुबह-साँझ 'उठ-बैठ' करता है। गौरी को रामजय की बात याद आयी। कल ही रामजय कह रहा था–गौरी, तुम्हारी देह की गढ़न ? खुद भगवान् ने अपने हाथ से तुमको गढ़ा है !

गौरी बोली–जानती है ? राजपूत होकर गोढ़ी की देह में तेल लगाकर मालिश करता है ?

–कौन ?

–जयराम।

गौरी बोली–भाई ने [अर्थात् रामजय ने] अपनी आँख से उस दिन देखा। पूछा तो बोला कि हमारा गुरु है तालेवर। देह क्या, पैर में भी तेल लगा सकते हैं। ··· सो, उसी दिन से भाई से बोल-चाल बन्द है।

गुणमन्ती बोली–रामजय इसके जैसा लोभी नहीं।

गौरी बोली–असल राजपूत का बूँद है उसमें !

सिंगारो बोली–तू कब असल राजपूतनी बन रही है, गौरी ?

··· असल राजपूतनी बनने की बात पर, पहलवान की 'पुतोहुओं' की बात उठी। सभी 'नीच-कुल' की हैं मगर अब असल राजपूतनी हो गयी हैं।

रेशमी उम्र में सबसे बड़ी है। वह बोली–अरी, अब कौन जात ऊँच और कौन जात नीच ? सब जात बराबर हो गया है, सुराज के बाद से।

–सो ठीक है ! सो ठीक है !!

बात होने लगी, दीपा की माँ की।

सिंगारो बोली–दीपा की माँ अपने नौकर से देह टिपवाती है, सो ?··· एक दिन मैं सिर-दर्द की गोली माँगने गयी दोपहर को। देखा तो, मुसहरी के अन्दर सोयी हुई है। और कारे उसकी कमर की हड्डी 'ससार' रहा है, तेल लगाकर।·· कुहर रही थी। मैं उलटे पाँव चली आयी।

गुणवन्ती बोली–डूबकर पानी पियो, एकादशी का बाप भी न जाने ! पहले तो एक तालेवर गोढ़ी का ही किस्सा मशहूर था कि बड़ी पुतोहू से 'लाट साट' है। अब तो 'भैया-बहिन' में भी शुरू हो गया ?

—कहाँ ?

सभी एक साथ आश्चर्यित हुईं। पाकिस्तानी टोला की सरदारनी कहाँ जा रही उधर—गाँव की ओर ?··· तालेवर गोढ़ी के घर की ओर ही जा रही है।··· साथ में वह कौन है उसकी ? बेटी··· नहीं, भतीजी है शायद !

सभी ने साग खोंटना बन्द किया और धीरे-धीरे पगडण्डी पकड़कर—पवित्रा का पीछा किया।

जयराम सिंघ की नजर पवित्रा पर पड़ी और उसका मुँह अचरज से खुल गया··· अभी तुरत वह कोलोनी से आया है और अभी तुरत ही एसी क्या बात हो गयी जो आ रही है।··· धन्न है ! धन्न है ! गुरु के गुण में इतना तेज असर ? वह दौड़ा हुआ, तालेवर गोढ़ी के पास गया—मालिक··· गुरुजी जुलम हो गया। वह 'केशवती-कन्ना' आ रही है—खुद-ब-खुद ! धन्न है, धन्न है !! और पीछे पीछे आपकी पुरानी जोगिनियाँ चारों !

तालेवर गोढ़ी, गटगटाकर एक ही साँस में कुल्हड़ का दारू पी गया और बटुए से सौंफ की बुकनी निकालकर चबाने लगा—जै हो औघड़दानी की !!

जयराम सिंघ की देह न जाने क्यों थर-थर काँपने लगी। दोनों हाथ पसारे वह अगुवानी को दौड़ा—धन्न है, धन्न है ! दीदी ठाकरुन की चरणधूलि हम लोगों के गाँव में पड़ी—धन्न है, धन्न है !

आनन्द-विह्वल जयराम सिंघ आज गाँव के चौरास्ते पर सभी के सामने, पवित्रा के पैरों पर गिर पड़ा। पवित्रा फुर्ती से एक ओर हट गयी—देखिए भाई साहब, मुझे यह एकदम पसन्द नहीं है।··· उस दिन जयराम ने पैर पकड़ा तो बहुत देर तक छोड़ा नहीं !

पवित्रा के तमतमाये हुए चेहरे को देखकर जयराम सिंघ तनिक अप्रातिभ हुआ। किन्तु उसका उत्साह कम नहीं हुआ। इस बार वह 'कालीमाई की जय' का नारा लगाने लगा।

तालेवर गोढ़ी अपने घर से बाहर निकला—दोनों हाथ जोड़े !··· वृद्ध की आँखों से आँसू क्यों झर रहे हैं ?

सारे गाँव में कुहराम मच गया।··· पाकिस्तानी टोले की सरदारनी को गुण से खींचकर तालेवर गोढ़ी ने मँगवा लिया है।··· नाचती हुई आयी है !··· नंगी या कपड़ा पहनकर ? ··· दौड़ दौड़। चल चल !!··· अरे नहीं, तालेवर क्या खाकर उसको मँगवायेगा ? वह तो खुद गले में 'कफन' लेकर खड़ा है उसके सामने !

औरत-मर्द-बच्चे जो जहाँ थे, दौड़े !

दीपा बोली—माँ चलो नाच देखने !

दीपा की माँ बोली—नाच अपने दरवाजे पर भी होगा एक दिन।

तालेवर गोढ़ी के दरवाजे पर भीड़ लग गयी।

सभी ने देखा–पाकिस्थानी टोला की सरदारनी मर्दों की तरह कुरसी पर बैठी है। और तालेवर गोढ़ी हाथ जोड़े खड़ा है मानो पुलिस दारोगा के सामने खड़ा हो।

पवित्रा बोली–पहले बैठिए आप ! इस तरह खड़ा रहिएगा तो··· मैं··· !

–लीजिए, आपका हुकुम है तो बैठते हैं।

यह कहकर तालेवर गोढ़ी पवित्रा के पैर के पास जमीन पर जा बैठा।

पवित्रा उठ खड़ी हुई··· मुश्किल व्यापार तो ?

पवित्रा बोली–मैं आपसे एक प्रार्थना करने आयी हूँ।

पवित्रा के हाथ स्वयं जुड़ गये।

उपस्थित जन-समुदाय को विश्वास हो गया, तालेवर गोढ़ी के 'गुण' पर ही वह दौड़ी आयी है।··· हाथ जोड़ती है, देखते नहीं ?

पवित्रा बोली–आपसे ही नहीं, इस गाँव के सभी भाई-बहनों से मेरी अरजी है एक !··· कोलोनी में मिडल-स्कूल की मंजूरी मिली है। घर बनकर अब तैयार है ? मगर मैं यह कहने आयी हूँ कि यह स्कूल सिर्फ कोलोनीवालों के लिए ही नहीं, सभी के लिए है।

तालेवर गोढ़ी ने सिर हिलाकर कहा–वाजिब बात ! वाजिब बात !!

भीड़ से निकलकर रामजय ने लेकिन दूसरा ही जवाब दिया–नहीं, सभी के लिए नहीं। वह सिर्फ आप लोगों के बच्चों के लिए खुला है। पूछिए, कैसे ? तो सुनिए–आप लोगों के स्कूल में सब बँगला चाल-ढाल, बोली-भाखा पढ़ाया-सिखाया जायेगा। वह पढ़ाई हम लोग पढ़कर क्या करेंगे जिससे कि सभी बंगाली हो जायें और आप लोगों की तरह 'रिफूजी' बनकर इस जिला से उस जिला में 'खोपड़ी' तानते फिरें।··· हुँ। जो न किया पुरखा, सो कर रे मुरखा !··· इस गाँव का एक बच्चा भी नहीं जायेगा आप लोगों के स्कूल में। आप खिलाफ बात बोलने आयी हैं ?···

गुअरटोली का जोगिया बोला–आप लोगों के स्कूल में इस गाँव का बच्चा किस लिए जायेगा ? बँगला में गाली सुनने के लिए ?

रबिया और कारे–दोनों पालवेत को मौका हाथ लगा है। कारे बोला–सो ही दिन हामी पालवेत के संग बंगाली टोला में गान गाहिते गेलाम तो हामादिग के तो खूब भगाइयाँ दिलो–एखोन स्कूल के वास्ते एईखाने कैन आइयाँ छि··· ?

तालेवर ने कारे को रोका–क्या बक-बक कर रहा है करिया। बड़ा बँगला छाँटता है !

कारे चुप नहीं हुआ। बोला–आप कहते हैं बक-बक कर रहा है ? बिहुला, सावित्री बँगला पाला की मूलगैनी करके भी आप ऐसी बात कहते हैं ?

पवित्रा मुसकुराती रही। वह बोली–यह किसने कह दिया है कि उस स्कूल में सिर्फ बँगला पढ़ाया जायेगा ? बल्कि कोलोनी के बच्चे हिन्दी में ही सबकुछ पढ़ेंगे। बँगला पढ़नेवाले को भी हिन्दी पढ़ना होगा।

इस बार तालेवर गोढ़ी ने मालिकाना-तेवर दिखाकर बातें कीं–रामजय, जो बात जानो नहीं उसके बारे में बोलो नहीं। यह तुमसे किसने कह दिया ? झूठ-मूठ की बातें क्यों फैलाते हो ? तुम लोग 'अकिल-समझ'वाले भी इस तरह करोगे तो 'राड़' लोग क्या करेंगे ?

रामजय पर इस वचन का तुरत प्रभाव पड़ा। वह सकपकाते हुए बोला–मोहना दफ़ादार बोल रहा था।

इस बार जयराम की बारी थी। उसने कहा–मैंने तुमसे एक सौ बार कहा है रामजय, मगर तुम तो ऐसे लोगों के फेर में हो आजकल कि इस दरबार से दस कोस दूर ही रहते हो। इसीलिए तुम्हारा यह हाल है। गँवारों की तरह सुनी हुई बात पर गंगा और गाय-जैसी इस बाभिनी से 'बतकुट्टी' करने लगे ! ऐं ?··· अरे, तेरा बड़ा भाई जिसकी चरणधूर लेता है !···

रामजय लजा गया। किन्तु कारे और रबिया ने कहा–स्कूल में इस गाँव से बच्चे जायेंगे तो बँगला-कीर्तन में भी लोग जायेंगे !

–तो किसने मना किया है ?

अब रबिया ने बँगला में कहा–तोमार कोनो दोख नाहीं। सब दोख कीर्तन सिक्रेट्री को आ छे। उ पैसा घूस लैयाँ सुक्की-बेलाही को होरी जादोब की कीर्तन सिखैंया छे–गँवैयाँ छे–नचैइयाँ छै··· !

जयराम ने कड़ककर कहा–और हम तो हर कीर्तन में जाते हैं। हारमोनियम बजाकर गाते हैं। हमको तो कोई मना नहीं किया कभी !

तालेवर गोढ़ी ने अचानक एक सूचना दी–गाँव के सभी भाई-बहनो, सुन लीजिए–आज रात आप लोग यहीं पत्तल जूठा कीजिए।··· तीरथ में जा रहा हूँ।··· धन्न भाग··· !!

तालेवर गोढ़ी फूट-फूटकर रो पड़ा !

··· धन्न है ! धन्न है !!

कारे ने नारा लगाया–मूलगैन गुरु की जय हो। भोज के साथ आज बिहुला नाच हो जाये। है कि नहीं ?

–ठीक है, हो जाये !

तालेवर गोढ़ी के बड़े बेटे रामजी गोढ़ी के चेहरे पर खुशी की एक पतली रेखा भी नहीं, कहीं। उसने कुनमुनाकर कहा–रात में भोज होगा और अभी एलान हुआ है। कैसे प्रबन्ध होगा ?··· उधर मिल का ड्राइवर भी आज नहीं है। मुझे रात में छुट्टी होगी देर से।

तालेवर ने घुड़की दी–धत्तेरे मिल की ऐसी-तैसी ! 'परमारथ' में 'सुआरथ' ? मिल आज बन्द रहेगा।

पवित्रा कुछ समझ नहीं पा रही थी ! वह बोली–ठीक है, मैं यही कहने आयी थी !

–नहीं, आप थोड़ा और बैठिए।

जयराम सिंघ ने बात का खुलासा किया—तो मालिक ! भोज···माने···पाकि··· कोलोनी के लोगों को लेकर होगा या बाद देकर ?

तालेवर बोला—तुम भी कभी-कभी बच्चों-जैसी बातें करने लगते हो। अजी, कोलोनी के लोगों के लिए ही यह भोज, और पूछते हो··· ?

—समझ गये ! मैं बात को साफ कर लेना चाहता था। बाद में फिर कोई बात नहीं उठे।

बाद में नहीं, बात उठी शुरू में ही।

पहलवान ने प्रस्ताव किया—हमारी भी एक अरजी है, पंच परमेश्वर से कि जब यह भोज कोलोनी के लोगों को लेकर हो रहा है तो यह भोज कोलोनी में ही हो।

पहलवान ने लाख टके की बात कह दी !··· आखिर, राजा-महाराजा के दरबार में रहा हुआ आदमी है। ठीक कहता है।··· पकाना-बनाना सब वही लोग करें। ··· हाँ सुना है, 'बंगाला-मुलुक' की जनाना बहुत बढ़िया खाना बनाती है। किसिम-किसिम का···।

जयराम सिंघ ने इस प्रस्ताव पर जनमत जानने के लिए पूछा—बोलिए भाई, इस बात पर जिनको एतराज करना हो, पहले कर दीजिए। बाद में यदि कहिएगा कि उन लोगों के हाथ का पकाया नहीं खायेंगे, सो नहीं होगा। खाना ही पड़ेगा।

—ठीक है, ठीक है ! किसी को एतराज नहीं। मगर खाना क्या होगा—कच्ची या पक्की ?

—सालन-सगौती भी होगा या सिर्फ··· ?

जयराम सिंघ ने रामजी गोढ़ी से एकान्त में बात की—रामजी बाबू, देखते क्या हैं ? बुढ़ऊ पर सनक सवार हुआ है। मानेंगे नहीं ! आप चुपचाप रहिए !

जयराम सिंघ ने भोज का ब्योरा दिया—भोज कच्ची नहीं, पक्की होगा। याने—पूड़ा, मांस, तरकारी, बुँदिया, दही।

पवित्रा कुछ बोली, शायद ? तालेवर गोढ़ी ने जोर से कहा—जयराम !··· ठाकरुन क्या कहती हैं सो सुन लो।··· इस बार 'पोलाव' भी पकेगा ?

··· क्या ? पोलाव ? धत्त, वह तो मुसलमानी खाना है, कौन खायेगा भला ! नहीं नहीं।··· पोलाव नहीं। मुसलमानी खाना बनवाइएगा तो कोई नहीं खायेगा। वह सब पाकिस्थानी खाना यहाँ नहीं चलेगा।

पवित्रा ठठाकर हँस पड़ी। उसके साथ जयराम सिंघ, रामजय सिंघ, रामजी गोढ़ी और तालेवर गोढ़ी भी हँसे—अरे क्या पूछते हैं। बुद्धि का जहाज है यहाँ एक-एक आदमी। कहता है, पोलाव मुसलमानी खाना है।

जयराम ने इस बात का भी खुलासा करवा लिया—अच्छा दीदी ठाकरुन, पोलाव किस चीज से बनता है ? जरा कह दीजिए तो हम लोगों को समझा दें।

—सुन लीजिए भाई लोग, आप लोग नाहक हर बात में 'लेकिन' लगाते रहते हैं। सुनिए, इस बार और पहली बार इस गोड़ियर गाँव के भोज में पोलाव पकेगा।

और पोलाव किस चीज से पकता है, जानते हैं ? अरवा चावल और घी से ! उसमें 'वगैरह-मसाला' भी पड़ता है !

तय हुआ, जयराम और रामजय के साथ रामजी गोढ़ी अभी ही स्टेशन जाकर सामान ले आवे—हिसाब करके। मोहना दफ़ादार ने मांस का जिम्मा लिया··· वह एक मन मांस दो बजते-बजते पाकिस्थानी टोला में 'सप्लाइ' कर देगा।··· दही के लिए गुअरटोलीवालों ने दाम ले लिया—भोज के एक घण्टा पहले ही दही की हँड़ियाँ पहुँच जायेंगी।

—जै हो। जै हो !!

ग्यारह

नाच शुरू होने के पहले ही रबिया और कारे ने नाच के समाजियों को समझा दिया था कि एक ही नाच में दो नाच होगा। अर्थात् बेहुला का 'दिष्टांत' देंगे 'सावित्री' में और 'सावित्री' का 'दिष्टान्त' बेहुला में। सो तुम लोग कहीं घबराकर 'ताल-माल' तोड़ मत देना !

सारी कॉलॅनी मह-मह कर रही है—बासमती चावल और मसाले की गन्ध, लोगों को मत्त बना रही है।

पवित्रा स्वयं पाकस्थल पर खड़ी है, चार बजे साँझ से ही। काला की माँ सालन पका रही है। पोलाव बना रही है सन्ध्या। पवित्रा ने उसे सिखाया है आखिर किस दिन के लिए !

ठाकुरतला के पास शामियाने में लोग भर गये हैं। पाँच-पाँच पेट्रोमेक्स की रोशनी में कॉलॅनी की एक-एक झोपड़ी नहा रही है। चारों ओर प्रसन्नता !

फेरी से लौटनेवाले नौजवानों ने दूर से ही देखा—यह क्या ? कोलोनी में अचानक इतनी रोशनी क्यों हो रही है ? इतना गुलगपाड़ा ? सभी के कलेजे धड़क उठे एक साथ।

बिश्टू ने कहा—लगता है कोई बारात ?

रास्ते में ही शंकाओं का समाधान हो गया। जयराम सिंघ घी का कनस्तर लेकर जा रहा था। उसने फेरी से लौटनेवाले नौजवानों को सारा किस्सा सुना दिया। बोला—इसी को कहते हैं 'चट मँगनी और पट ब्याह' !

बिश्टू ने पूछा—ब्याह किसका ?

जयराम सिंघ ने कहा—रह गये सब दिन···

बिश्टू को बात अच्छी नहीं लगी··· दीदी ठाकरुन अब न जाने क्या-क्या करने

लगी ?

शारदा बर्मन की भी यही राय है–इस भोज का क्या मतलब ? इन लोगों के पास 'खिलान-पिलान' और इन लोगों के साथ 'मिलान' यह कैसी बात ?

कालाचाँद हँसते-हँसते लोट-पोट हो रहा है। वह आजकल हरि यादव से दिल्लगी भी करने लगा है। उसने कहा–पुलाव की महक तो सुक्की-बेलाही तक पहुँच गयी है। देखिए, वहाँ का आदमी आकर हाजिर हो गया।

सभी हँसे।··· बंगाली लोग भी खूब रसवाली बोली बोलते हैं।

जयराम सिंघ ने आज पवित्रा की देह का स्पर्श करीब पन्द्रह बार किया। और प्रत्येक बार उसकी देह धन्य-धन्य हो गयी !

रबिया ने कालाचाँद से कहा–सिक्रट्री दादा, हमार लोग के खोल भालो ना बोले, अपानादेर खोल दया कोरे देबेन ?

तालेवर गोढ़ी आज रेशमी कुरता पहनकर आया है। उसने कहा–देखो रबिया, सारा पाला करने का समय नहीं मिलेगा। उधर 'पंगत' में अब ज्यादा देर नहीं। इसलिए बाला लखिन्दर की शादी बेहुला से कराकर–आज यहीं तक··· !

··· ठीक है, जब सिर्फ शादीवाला हिस्सा ही करना है तो सजे ठीक से बारात !

रबिया और कारे नाच के समाजियों के साथ और एक-डेढ़ दर्जन लोगों को लेकर कॉलूनी से निकल आये। गाँव के बाजेवालों को ठीक किया और करीब बीस गाड़ियों, दस-ग्यारह टट्टू-घोड़ों पर बर-बाला लखिन्दर और बारात को लेकर चला !

उधर, समाजियों ने मूलगैन कारे के साथ-साथ गीत शुरू किया : खोल और करताल बजने लगे।

चाँदो बनिया साजिलो बारात ओ-रे-चाँदो
बनिया रे-ए-ए-ए-ए !
अरे, एक लाख हाथी साजिलो, दुई लाख घोड़ा–
हाथीर ऊपर हौथा साजे चाँदो अधिकारी–
ओ-रे-चाँदो बनिया-रे-ए-ए-ए-ए !

बारात पार्टी कॉलॅनी के पास पहुँची। सभी लोग दौड़कर वर और बारात को देखने गये।··· लखिन्दर बना है, धानुकटोली का अनूपलाल।··· एकदम सचमुच बारात !

चूँकि बारात के लोग भी नाच के समाजी हैं, इसलिए गीत की लय पर, खोल के ताल पर सभी नाच रहे हैं। गाड़ी हाँकनेवाले भी ताल पर ही गाड़ी हाँक रहे हैं। घोड़े पर बैठे लोग ताल पर ही देह हिला रहे हैं।

कालाचाँद ने सबकुछ देख-सुनकर पवित्रा से कहा–दीदी ठाकरुन, यह बाला-लखिन्दर का बरात है या शिव ठाकुर का ?

पवित्रा की हँसी झिलमिला उठी। किन्तु बिश्टू बोला–किन्तु ये लज्जार कथा !

पवित्रा ने पूछा–इसमें लाज की क्या बात है बिश्टू ?

शारदा बर्मन ने जवाब दिया—अभी चौधरी और चौधरी का बेटा मुझे रास्ते में मिला। पूछा कि तुम्हारे गाँव में कोई शादी हो रही है ? मैंने कहा, नहीं। शादी नहीं भोज है। तालेवर बाबू ने गाँव-भर के लोगों को भोज दिया है। तो, चौधरी बोला कि पहले भोज दिया है, बाद में शादी भी करेगा।...

—कौन चौधरी ?

—वही, जिसका बेटा दुकान करता है।... ब्राह्मण-बनिया !

पवित्रा ने उलटकर देखा—सन्ध्या कहाँ गयी ? सन्ध्या !

बिश्टू ने अपना सारा साहस बटोरकर कहा—और, वह 'जादोब', वह तो अब साफ-साफ कहता है लोगों से कोलोनी हमारा ससुराल है।

पवित्रा उनकी बातें सुन रही है। सन्ध्या दौड़ी आयी। पवित्रा ने सन्ध्या को झिड़की दी—कहाँ गयी थी ?

—बरजात्री देखने।

—चूल्हे पर पुलाव चढ़ाकर 'बरजात्री' देखने गयी थी ?

कालाचाँद की माँ चिल्ला रही है—टॅकेर [खटमिट्ठीर-चटनी] की बेबस्था आछे ?

'बेहुला-बाला लखिन्दर' नाच के बाराती नाचते-कूदते 'कोलोनी' में आ गये।

... बाजे बज रहे हैं ?

... रह-रहकर 'सिंघा' की बोली गूँजती है।

... बाला लखिन्दर, गोड़ियर गाँव के दुल्हा के वेष में 'सम्पनी गाड़ी' से नीचे उतर रहा है।

... नाच के समाजी खोल-करताल बजाकर 'पाला' गा रहे हैं—बारात लागिलो दुआर रे-ए-ए-हो चाँदो बनिया-रे-ए-ए

ओरे हाथी बोले कूँकूँ-कूँकूँ
घोड़ा हिनहिन कोरे
बारात देखैंया सब ग्रामवासी दौड़े-कि-चाँदो बनिया रे !
कन्ने देखे, और देखो कन्ने केर माई
दुल्हा के देखैंया दौड़े सब आइ-माई कि चाँदो बनिया रे !

रबिया और कारे आनन्द से पागल हो गये हैं, शायद। वे दोनों हाथ में चँवर लेकर नाच रहे हैं और कोलोनी की स्त्रियों से गा-गाकर बातें भी करते हैं, नाच के ताल पर। कारे कहता :

'अरे की देखैछी आइ-माइ दुल्हा केमन लागे ?' रबिया पूछता :

'दुल्हा के देखैछी दीदी मोने की-की जोग ?'

कारे ने कहा : 'आसल दुल्हा भी हामी लेके एक दिन आबे !

... कि चाँदो बनिया रे-ए-ए-ए !!'

रात के तीसरे पहर में भोज खत्म हुआ। ऐसा भोज गोड़ियर-गाँव में कभी नहीं

हुआ ! गाँव के लोगों ने पहली बार 'पुलाव' चखा है। इसलिए चटखारे ले-लेकर बातें कर रहे हैं। लेकिन मांस मीठा था। शायद गुड़ डाल दिया था !

और ऐसा नाच भी कभी नहीं हुआ पहले। कारे और रबिया ही नहीं, हरिप्रसाद यादव ने एक मैथिल भोजनभट्ट की नकल उतारी और कालाचाँद ने खिसियाहा स्टेशन मास्टर साहब का कैरिकेचर दिखाया।

और इस भोज और नाच के सिलसिले में उस दिन एक नया रिश्ता कायम हुआ। उस दिन अनायास पवित्रा के मुँह से निकल गया—ताले काका !

तालेवर गोढ़ी की आँखों से झर-झर आँसू झरने लगे। भरे गले से बोला—मेरी कोई··· बेटी नहीं।

मालिक को रोते देखकर जयराम सिंघ भी सिसकियाँ लेने लगा।

सन्ध्या से हरि यादव ने एकान्त में पूछा था—बारात देखकर··· ?

बारह

तीन-चार शरणार्थी कैम्पों में कई वर्षों तक जुमापुरवालों का दल, पवित्रा के बल पर ही टिका रहा। जुमापुर का एक बच्चा भी दल से बिछुड़कर कहीं जाना नहीं चाहता। और पवित्रा के कारण ही उन्हें कोई कष्ट नहीं हुआ, कहीं भी। जुमापुरवालों के सारे अभाव-अभियोगों की सुनवाई सबसे पहले होती। दीदी ठाकरुन की आज्ञा के बिना न तो कोई राशन का एक दाना छू सकता था और न सरकारी सहायता का एक पैसा। वे कहते—जाने दीदी ठाकरुन !

··· और हर जगह पवित्रा को एक जोड़ी आँखें घूरती रहतीं। उन आँखों से कासिम झाँककर कहता—यहाँ है मेरा चाँद ! पवित्रा सुनती; कासिम कह रहा है—तुम जो कहोगी, करने को तैयार हूँ। आग में कूदने को कहो, पानी में डूबने को कहो।

··· पवित्रा हुक्म देती—चावल, दूध, बिस्कुट, दवा, कपड़े जल्दी भेजो !··· कैम्प सुपरवाइजर की बदली करो।··· रिलीफ क्लर्क को बरखास्त करो !··· कासिम कहता—जो हुक्म। जैसी मर्जी।··· लेकिन मेरी अर्जी ? यानी कम से कम एक बोसा भी नहीं ?

ऐसे सवालों पर पवित्रा मुँह बिदकाकर हँस देती। अर्थात्—नॉनसेन्स !

किन्तु बेतिया कैम्प के इन्स्पेक्टर की आँखों में झाँकता हुआ कासिम अधीर होकर टूट पड़ा था—चाँद को पकड़ने।··· पवित्रा चुपचाप मुसकुराती रही और एक दर्जन जुमापुरी शरणार्थियों ने मिलकर इन्स्पेक्टर का सिर मूड़ दिया, मुँह पर कालिख और चूना पोतकर कैम्प से बाहर निकाल दिया था—समारोह के साथ !

··· इसके बाद सबसे बड़े अफसर की आँखों में कासिम की झलक पाते ही

पवित्रा ने हुक्म दिया था–जुमापुरी शरणार्थियों को ऐसी जगह में भेजो जहाँ वे मछली-भात पेट-भर खा सकें। धान उपजा सकें, पाट की खेती कर सकें।

सबसे बड़े अफसर ने कहा–जो हुक्म। सभी जुमापुरी शरणार्थी पूर्णियाँ जायेंगे। ··· आँखों की खिड़की से कासिम ने झाँककर कहा–किन्तु तुमको मेरे साथ जाना होगा। मेरे दिल में एक वीरान जगह है, तुम अपना घर वहीं बाँधो।··· पवित्रा मुसकुराती रही, गाड़ी पूर्णियाँ की ओर चली–सभी जुमापुरवालों को लेकर।

··· और, पूर्णियाँ पहुँचकर 'रीहैबिलिटेशन ऑफिसर' (आर. ओ.) के 'पर्सनल असिस्टेण्ट' (पी. ए.) की आँखों में देखा–कासिम विराजमान है, पहले से ही।

··· इसलिए, सबसे अच्छी जगह और अच्छे इलाके में जुमापुरवालों की 'कोलोनी' बसायी गयी। जहाँ धरती उपजाऊ है। जहाँ की नदियों में हर किस्म की मछलियाँ हैं।

लेकिन तालेवर गोढ़ी की आँखों में कासिम की नहीं, पवित्रा को अपने पिता काशीनाथ चटर्जी की झलक मिली है !··· बाबा भी इसी तरह आँखों में प्यार भरकर देखते थे !

पवित्रा को माँ, मौसी, दीदी, नानी–किसी का भी प्यार कभी नहीं मिला। उसके किसी भाई ने भी उसको कभी प्यार नहीं किया। इस संसार में सिर्फ पिता का प्यार उसे मिला है··· न जाने क्यों, पवित्रा का मन रह-रहकर तालेवर गोढ़ी के पास भाग जाता है !

किन्तु सारी कॉलनी में एक दबा हुआ असन्तोष छाया हुआ है, कई दिनों से। गोपाल पाइन, शारदा बर्मन और हरलाल साहा ने आपस में सलाह करके तय किया है कि इस बार हरि जादब आया कि मिलकर पकड़ो और इसके बाद 'तेरहवाँ-विद्या' अर्थात् मारपीट करो। योगेशदास को भी पीटो !··· अर्धचन्द्र !

बिश्टू सभी को सुना रहा है–कस्बा कोलोनी में उसकी मौसी आयी है। मुझे कस्बा कोलोनी में बुला रही है।

अन्दू कहता है–सुक्की-बेलाही की ओर अब बिस्कुट बेचने के लिए कोई मत जाना दादा। वहाँ के लोग अब खूब खराब-खराब गाली देकर दिल्लगी करते हैं। और कहते हैं कि गोड़ियर कोलोनी के लड़के, सुक्की-बेलाही गाँव के लड़कों के साले हैं। इसलिए 'बहन' और 'बीबी' के नाम गाली देने का हक है हम लोगों को।

सभी असन्तुष्ट व्यक्तियों की जीभ पर एक बात आकर अटक जाती है–सब दीदी ठाकरुन के चलते हो रहा है !··· कोई बोलता नहीं। लेकिन सभी यही सोचते हैं।

औरतों में कालाचाँद की माँ, सन्ध्या की माँ को छोड़कर बाकी सभी नाराज हैं। कालाचाँद की माँ, उस रात को मुँह देखकर मांस और बुँदिया परोस रही थी।

··· अपने घर में एक कड़ाही मांस चुराकर रख लिया काला की माँ ने।··· लोग इधर नाच रहे थे और सन्ध्या की माँ, दही की हँड़ियों से मलाई निकालकर ले गयी।··· दीदी ठाकरुन अब बदल गयी है ! एकदम !!··· एकेबारे !!

हरलाल साहा की स्त्री कनकबाला हमेशा घूँघट काढ़े रहती है। किन्तु बात बोलती है बहुत कँटीली। वह कहती है–उस रात को यहाँ क्या-क्या हुआ है, सो किसी को मालूम है ?··· जब नाचवाले बारात लेकर आये तो सभी दौड़े देखने। उस भीड़ में शोभना को एक लड़के ने पकड़कर 'चुमू' खा लिया।··· उई, जोयराम सिंघ का भाई रामजोय सिंघ, शेफाली से क्या कह रहा था, पूछे कोई !··· शेफाली कह रही थी–रामजोय कह रहा था, हम तुमसे शादी करेगा ! बहुत 'टाका' देगा। ऐसा ही माफिक बारात आनेगा।···

गोपाल पाइन की घरवाली गठिया से पीड़ित है। लँगड़ाकर चलती है। भोज में दही खाकर इधर दर्द और भी बढ़ गया है। वह कराहती हुई बातें करती है–सब गेलो ! सब गेलो।··· सब गया, अब। देश गया, गाँव गया–जाति-धर्म बाकी था सो यहाँ अब··· समझो गया !··· सुनती हो, बँगला नहीं, सभी के बच्चों को हिन्दुस्थानी भाषा पढ़ना होगा।··· अपने (अर्थात् गोपाल पाइन) कह रहे थे कि स्कूल की नौकरी इस शर्त पर मिली है कि पहले खुद हिन्दुस्थानी भाषा पढ़कर 'परीक्खा' देना होगा। अब समझो, जिस देश में मास्टर को भी 'परीक्खा' देना पड़े वहाँ कोई मास्टर क्या पढ़ायेगा ?··· सब गेलो ! सब गेलो !!

–सन्ध्या को एक छापेदार साड़ी मिली है।

–किसने दिया ? जादोब ने ?

–नहीं, ताले काका ने। ताले काका ने जीवन में पहली बार मांस-पुलाव खाया सो बोले कि जिसने पुलाव पकाया है उसको 'बकसीस' मिलना चाहिए।

सभी पवित्रा से असन्तुष्ट हैं। किन्तु पवित्रा के जोड़े हुए नये रिश्ते के अनुसार सभी तालेवर गोढ़ी को 'ताले काका' कहने लगे हैं। और कोलोनी के सैकड़े-पंचान्बे प्राणी ताले काका की 'कृपादृष्टि' अपनी ओर फेरने की चेष्टा में लगे रहते हैं।

कालाचाँद की दोस्ती हरिप्रसाद जादब से अब बहुत गहरी हो गयी है। भोज के बाद जादब अपने साथ कालाचाँद को भी अपने गाँव, अपने घर पर ले गया।··· कालाचाँद आज लौटा है, बैलगाड़ी पर। साथ में–पाँच बोरे। एक बोरा चावल, एक बोरा चूड़ा, एक बोरा आलू, एक बोरा मूँग की दाल।··· धोती भी नयी दी है जादब ने–बिदाई में !!··· सब टाका का खेला !··· सब गेलो, सब गेलो !!

कॉलॅनी और गोड़ियर गाँव के सहभोज से गोड़ियर गाँव के सभी लोग प्रसन्न नहीं। पण्डित रामचन्द्र चौधरी का परिवार, पहलवान की पुतोहुएँ, दीपा की माँ–सभी इस असामयिक तथा अचानक भोज और 'सर्वसंघठन' से नाखुश हैं।··· पारस पहले प्रसन्न था। किन्तु जब उसको मालूम हुआ कि दीपा की माँ श्रीमती सरस्वती देवी

का 'बंगाल-बिहार-मिलन-भोज' का 'बाइकाट' करती है तो पारस ने भी भोज को बाइकाट कर दिया।

पहलवान की पुतोहुओं ने मिलकर पहलवान की दुर्गति कर दी !

पहलवान के प्रस्ताव पर ही यह भोज 'कोलोनी' में हुआ और बंगालियनों के हाथ का मांस-पुलाव सभी ने खाया।··· और इस भोज में बहुत दिनों के बाद पहलवान ने पेट-भर और जी भरकर खाया।··· जयराम सिंघ परोस रहा था। उसका हिसाब है–बासठ पूरियाँ, बारह डब्बू मांस, बीस कलछुल दही, बत्तीस चम्मच बुँदिया और करीब एक सेर टमाटर की खटमिट्ठी-चटनी, पहलवान पत्तल पर चाट-पोंछकर उठ गया !

दूसरे दिन सुबह आठ बजे से पहलवान का पेट और मुँह चलने लगा। जब तक देह में शक्ति रही, हाथ से लोटा लेकर कूप से पानी भर-भरकर पिछवाड़े की झाड़ी में गये। जब असमर्थ हो गये तो बिछावन पर ही सब कर्म।

बड़ी पुतोहू चिल्लायी–और जाओ, खूब खाओ भोज !··· रगटुटवे, सब भोज तेरा निकल रहा है !!

छोटी हँसती रही–भेद-वमन की आवाज सुनकर वह हँसती हुई कहती–पुलाव निकला।

लेमंचूस चूसती हुई छोटी बहू एक बार झाँककर देखने आयी–कोढ़िया मर गया या जिन्दा है ?··· ए दीदी, ए दीदी ! बुढ़वा तो भरसक टें बोल गया।

–एँ ? ··· हैजा ?

–एकदम मर गया या··· ?

पहलवान लड़ रहा था।··· उसने यमराज के दूत को कसकर 'धोबिया-पाट' दावँ लगाया। धोबिया-पाट दावँ की 'काट' यमराज के दूत के पास कहाँ ? वह भीतर से ही नागफाँस लगा रहा है, पहलवान के गले में। पहलवान गरदन तानकर जाँघ और घुटने में यमदूत को मिट्टी में रगड़ रहा है !··· उ-य-य-य-हा-य !!

दीपा की माँ ने सुना तो वह भी जल-भुन गयी। बोली–पहलवान जेठ की जीभ ही एक दिन यमदूत को बुला लावेगी, यह मुझे मालूम था।··· मरे, कोई क्या कर सकता है ?

किन्तु दीपा की माँ को दया आ गयी। दीपा के बाप की मृत्यु के बाद से उसके मन में जीव के प्रति दया का भाव पैदा हो गया है। मरते हुए पशु-प्राणियों की रक्षा करने को धर्म मानने लगी है।··· तिस पर पहलवान जेठ ! पहलवान जेठ ने दीपा की माँ का भला छोड़कर कभी बुरा नहीं किया !··· दीपा की माँ के कहने पर पहलवान जेठ ने ऐसा भी काम किया जो उनको नहीं करना चाहिए। वह 'प्राण-बिन्दु' की शीशी लेकर आँगन से बाहर निकली और सीधे पहलवान के घर में गयी।

पहलवान लड़ रहा था। नागफाँस को छुड़ाने की चेष्टा कर रहा है। यमदूत ने दूसरा दावँ लगाया–पेशाब बन्द ? नाड़ी बन्द ? देह में ठण्ड और ऐंठ ?

दीपा की माँ ने पूछा–घर में चीनी है ? बतासा ? कुछ भी नहीं ?

छोटी बहू बोली–लेमनचूस है।

–लाओ, लेमंचूस ही दो।

दीपा की माँ ने लेमंचूस पर दो बूँद 'प्राणबिन्दु' की गिराकर पहलवान के मुँह में डाल दिया। वह बोली–लच्छन अच्छे नहीं।··· लड़कों में से किसी एक को तार भेजवा दो, बहू !

–तार कौन लगाने जायेगा ?

–पारस जा रहा है शहर।

–कितना लगेगा ?

–तीन-चार रुपये से कम क्या लगेगा।

तीनों पुतोहुओं ने मिलकर पैसा जमा किया और तय हुआ कि तीनों बेटों को बुलाया जाये। बन्दूक सिंघ, अदालत सिंघ और फौजदार सिंघ, तीनों के नाम तार दिया गया है–बाप लबेजान है, जल्दी आओ।

छोटी बहू कामदेव की दुकान की ओर चली गयी।··· इस बार वह अपने पति अदालत सिंघ से कहेगी–नौकरी छोड़ दो और यहीं गाँव में दुकान करो !

वह एक गीत गुनगुनाती हुई जा रही थी–हो राजा, छोड़ि दे रे नौकरिया या-या !!

पण्डित रामचन्द्र चौधरी की स्त्री, छोटी को बुलाने जा रही थी। बूढ़े का क्या हाल है ?

–नरक भोग रहा है, और क्या ?

पण्डित रामचन्द्र चौधरी और उनके पुत्र कामदेव चौधरी ने इस बार डेढ़ हजार रुपये का मुनाफा किया है। इसलिए दोनों ने परामर्श किया है–यदि कुछ दिलेर औरतों को अपने गिरोह में रख लिया जाये तो··· ?

पहलवान की छोटी पुतोहू ने सबकुछ सुनकर कहा–ठीक है। इस बार कामदेव की माँ के साथ वह भी जायेगी। लेकिन तार पाकर घरवाला घर आवेगा।··· और बुढ़वा का क्या होता है।

–ठीक है, अभी इस 'खेप' में देरी है।

पण्डित रामचन्द्र चौधरी को पक्का विश्वास हो गया है, उसकी गयी हुई सम्पत्ति फिर लौट आयेगी।··· पास में पैसा रहने पर बात भी बुलन्दी से निकलती है।

अपने दरवाजे पर बैठकर चौधरी किसको क्या सुनावे ? वह गाँव से बाहर निकलकर 'गुअरटोली' की ओर चला जाता है। वह कल से ही, जब से गाँव लौटकर आया है, इस भोज और मेल-मिलाप के खिलाफ बातें करता फिरता है–मैं कहता था न ? खिलाया न सभी को मुसलमानी खाना ! कौन कहता है कि पोलाव मुसलमानी खाना नहीं ? हिन्दू खाना है खीर-पूरी ! सबकी जाति मारी गयी। अरे, इस गोढ़िया की बुद्धि बुढ़ापे में भ्रष्ट हो गयी है। खुद कण्ठी तोड़कर मछली खाना शुरू किया

और सारे गाँव के लोगों को पाकिस्थनियाँ टोले की औरतों के हाथ पकाया हुआ मुसलमानी खाना खिला दिया। सबको 'पतिया-प्रायश्चित' करना होगा। गोबर, बालू और तुलसी का पत्ता निगलना होगा।

लेकिन गुअरटोली में पहुँचकर रामचन्द्र चौधरी अवाक् हो गया।··· यह क्या है ? यह कौन है ? यही है वह··· पाकिस्थानी-टोला की सरदारिन ? गुअरटोली में क्या करने आयी है ?··· लेकचर दे रही है ?

पण्डित रामचन्द्र चौधरी को सभी ने पाँव लागी की और पवित्रा ने हाथ जोड़कर नमस्कार किया। पण्डित रामचन्द्र का मन पानी-पानी हो गया। पवित्रा को देखने के बाद सभी का मन इसी तरह बदल जाता है। पाकिस्थानी और शरणार्थियों पर खिजाया हुआ आदमी जब पवित्रा को देखता है, उसकी राय बदल जाती है। ··· कोई जादू तो नहीं जानती ? जब ज्योतिष जानती है तो जादू भी जरूर जानती होगी।··· 'दिन' तो ऐसा 'उचार' दिया कि जहाँ अढ़ाई सौ रुपये की उम्मीद थी वहाँ एक हजार का मुनाफा हुआ।··· नहीं, इससे बैर मोल लेना ठीक नहीं होगा।

पवित्रा गुअरटोली के लोगों को समझा रही है, बंगाल में ब्राह्मण, कायस्त, गोप, कुर्मी, कैवर्त सभी जाति और वर्ण के लोग रहते हैं।

—लेकिन बंगाली तो बंगाली है। वह ब्राह्मण या कायस्त कैसे होगा ?

पवित्रा हँसती है—बिहार में रहनेवाले को क्या कहते हैं ? बिहारी। उसी तरह बंगाल प्रदेश में रहनेवाले···।

पण्डित रामचन्द्र चौधरी को इस बार बोलने का मौका मिला। हँसते हुए बोले—देवीजी, ये लोग तो 'लिख लोढ़ा, पढ़ पत्थर' हैं। ये क्या समझेंगे आपकी ?··· अजी, बंगाल के कारण ही हिन्दू धर्म का 'नेम' बचा हुआ है। बेसी दूर नहीं, जाकर अररिया-कोट में देखो। बंगाली के घर-घर में साँझ को शंख फूँका जाता है। रोज कोई न कोई पूजा होती ही रहती है।··· क्या जनाना, क्या मर्दाना और क्या बच्चे जितनी बार 'दिशा-मैदान' से आवेंगे, कपड़ा जरूर बदलेंगे। नहावेंगे जरूर।··· बंगाला मुलुक नहीं होता तो न काली माई रहती कहीं और न दुर्गा माता !

काली माई और दुर्गा माता का नाम लेकर पण्डित रामचन्द्र चौधरी ने शून्य में दो बार नमस्कार किया हाथ जोड़कर। फिर अपना परिचय देते हुए बोले—देवीजी, मेरा नाम है पण्डित रामचन्द्र चौधरी। इस गोड़ियर गाँव का पुराना जमींदार। ··· दुर्दिन और दुश्मनों ने मिलकर यह दिन दिखलाया है कि अपनी ही जमीन पर दूसरों के हल चलते देखकर··· अब क्या बतावें देवीजी !··· मेरा लड़का कामेश्वर आपसे दिन 'गनना' करवाकर आया सो यात्रा ऐसा शुभ हुआ कि··· अब क्या बतावें ! किसी दिन इस गरीब ब्राह्मण के घर भी श्रद्धा करके आइए !

पवित्रा आयी थी गाँव के बच्चों को स्कूल भेजने की 'पैरवी' करने। लोगों ने कहा—बच्चे पढ़ने जायेंगे तो गाय-भैंस की रखवाली कौन करेगा ?··· पढ़ने से बाबू हो जायेगा। फिर फुटानी छाँटेगा। खेती-बारी कौन देखेगा ?

यों, गोड़ियर गाँव का हर टोला गन्दा है। लेकिन गुअरटोली की गन्दगी ? हर कूप के पास कीचड़ से भरा हुआ गड्ढा। गड्ढे में बैठी हुई भैंस ! पोखरा एक था, सो सूख गया।··· सूखेगा कैसे नहीं ? पोखर के किनारे–दस रस्सी जमीन चारों ओर–नरक की धरती !···

गुअरटोली से पाँच बच्चे जायेंगे ! तीन लड़के और दो लड़कियाँ। पवित्रा ने पाँचों को बुलाकर प्यार से नाम-धाम पूछा। एक लड़के ने साफ-साफ कह दिया, वह स्कूल नहीं जायेगा पढ़ने।··· गुरुजी बेंत से मारते हैं।

पवित्रा ने उसे दुलारते हुए कहा–गुरुजी नहीं, तुझे मैं पढ़ाऊँगी। तब तो जायेगा स्कूल ?

दँतटुट्टे लड़के ने लजाकर हँसते हुए हामी भरी–जायेगा !

पण्डित रामचन्द्र चौधरी घर लौटे। उसके जी में आया, एक बार तालेवर गोढ़ी से नहीं मिलना ठीक नहीं। तीरथ में जा रहा है। इसके अलावा, साला गोढ़ी सचमुच थोड़ा गुण-मन्तर जानता है। नहीं तो आज तक कोलोनी की जिस जादू जाननेवाली बंगालिन से कोई भर-मुँह बात नहीं कर सके–उसको गुण-मन्तर से काबू में कर लिया !

··· रामजय इस तरह झटपटाता हुआ कहाँ आ रहा है ?

रामजय ने पण्डित रामचन्द्र चौधरी को सूचना दी–दीपा की माँ तो सिविल सर्जन का कान काटती है। पहलवान एकदम मर गया था। नाड़ी डूब गयी थी। ऐसी दवा चलायी कि पहलवान को जाकर देखिए–भूख से भात-भात चिल्ला रहा है।

तालेवर गोढ़ी 'यार्त्रा' से दो दिन पहले हर मिलनेवालों को सुनाकर कहता है–बेटी कहती है कि जगन्नाथपुरी से लौटकर आइए तब एक बार 'दुआरिका जी' ले जाऊँगी··· बेटी का कहना है, काका आप गाँव से जा रहे हैं। एकदम अन्धकार हो जायेगा–गाँव। मैंने कहा कि नहीं बेटी, तुम हो तो समझो तीसों दिन चाँदनी !

तालेवर गोढ़ी के दरबार में बैठे लोगों ने कहा–वह जनाना नहीं। साच्छात देवी है, देवी।··· बाभन की बेटी है और गोढ़ी-गुआर को 'काका-दादा' कहती है ?··· हरदम हँसती रहती है।··· बच्चों से तुरत हेलमेल कर लेती है।

पण्डित रामचन्द्र चौधरी ने आज स्वीकार किया–तालेवर बाबू, हम बहुत बड़ा भारी भ्रम में थे। सो, आज हम अपने चश्म से देखकर समझ गये–वह सचमुच देवी है। उसमें भगवती का अंश 'जरूर से जरूर' है।

तालेवर गोढ़ी की आँखों में फिर आँसू उमड़े–देखा न ? देखा न पण्डितजी, मेरी बेटी को ?–धन्न रे मेरा भाग !!

तेरह

जिला कॉलॅनी कमिटी की बैठक में इस बार पवित्रा के विरुद्ध कई दरख्वास्त पढ़ी गयीं। और दोनों शिकायत-पत्र गुमनाम !

एक पत्र में कहा गया है, 'पवित्रा देवी कालोनी-मेम्बर के पद के योग्य नहीं। ··· उसका दिमाग ठीक नहीं। कोलोनी के बाहर के लोगों से हेलमेल बढ़ाती है। ··· कोलोनी के लिए मंजूर हुए स्कूल में कोलोनी के बाहर के बच्चों की भर्ती करवाती है।··· '

दूसरे पत्र में इल्जाम लगाया गया है–'पवित्रा देवी योगेशदास की लड़की सन्ध्या की शादी 'हिन्दुस्थानी' से करवाने के लिए तुली हुई है।··· वह कहती है, गाँववालों के साथ रोटी-बेटी होना बहुत जरूरी है।'

कॉलॅनी कमिटी के अधिकांश सदस्य इन पत्रों को पढ़कर हँसे। किन्तु जिले के कोने-कोने से आये हुए कॉलॅनी मेम्बरों के चेहरे संकुचित हो गये !

बैठक से आर. ओ. साहब और गैर बंगाली सदस्यों के जाते ही वे पवित्रा पर टूट पड़े–यह क्या सब कर रही हैं आप ? लड़कपन नहीं तो और क्या ?··· छेलेमानुषी !

कस्बा कॉलॅनी के मेम्बर नोगेन बागची ने कहा–आप यदि अपनी शादी किसी हिन्दुस्थानी से करना चाहती हैं तो शौक से कीजिए। मगर किसी को जबर्दस्ती··· ?

··· नोगेन बागची जुमापुर का शरणार्थी नहीं और न नबीनगर कोलोनी का वासी। वह नारायणगंज का रिफ्यूजी है। सतगोप, बागदी नहीं–वह ब्राह्मण है। नोगेन बागची के सामने पवित्रा की 'दीदी ठाकुराइनी' नहीं चलेगी। वह जानता है, पवित्रा जब भी कोलोनी-कमिटी की बैठक में पूर्णियाँ–सदर आती है तो दो दिनों तक कहाँ-कहाँ किसके साथ रात-दिन रहती है ! रेण्डी आर काके बले ?

पलासी-पटेंगना कोलोनी के गोणेश पाइन ने एक नयी सूचना दी–'एबार एकटा मोटा आसामी··· ! एक बूढ़े जेले' (मछुआ) को पकड़ा है। पैसावाला आदमी है, मछुआ है तो क्या ! बूढ़ा है तो क्या !··· और कहती है अपने को 'बामुनेर मेये' ? छिः छिः···

भूना-मछेला कोलोनी के किश्टो मोड़ल ने कहा–उई देखून।··· साली का यार आ गया, फटफटिया लेकर।

पवित्रा स्कूटर (फटफटिया) की आवाज सुनकर दफ्तर से बाहर आयी, मुसकुराती हुई ! स्कूटर पर आये हुए युवक ने पूछा–मुझे बहुत देरी हो गयी क्या ?

पवित्रा ने अपना थैला स्कूटर के सामने लगी टोकरी में डाल दिया और साड़ी के आँचल को कमर में लपेटकर स्कूटर की पिछली गद्दी पर जा बैठी युवक की

पीठ पर एक हाथ डालकर।··· गर्र-र्र-र्र-र्र-र्र। कें ! कें !!···

बरामदे पर खड़े सभी कोलोनी सदस्यों ने बारी-बारी से अपने मुँह में जमे हुए थूक को सशब्द बाहर फेंका—आ-क-थू-उ-उ !··· आमार रोक्तो माथाय उठे जाय।··· छिनाल !

—ए फटफटियावाला के ?

—बर्मा !··· सभी बर्मा कहते हैं। मिस्टर बर्मा।

—खबरेर कागजेर लोक !

—उरा उदिके कोथाय गेल ?

—लीला-खेला खेलते।

—कृत्यानन्दनगर की ओर गया है।··· निर्जन !

पूर्णिया-कृत्यानन्दनगर रोड ! निर्जन-सड़क !!

स्कूटर की चाल धीमी करके युवक ने अपनी पीठ पर लदी युवती से पूछा—आज इतना चुप क्यों हो, क्या बात है ?··· पीठ पर कई बार लम्बी और गरम साँसों के मृदु स्पर्श !

—जानती हो, सिनहा साहब क्या कह रहे थे ?··· बोले कि यार, तुमने तो इस मुफस्सिल पूर्णियाँ में भारत की राजधानी नयी दिल्ली का समाँ बाँध दिया है !

—तो तुमने क्या जवाब दिया ?

—मैंने कहा सिनहा साहब, आप जानते हैं मेरा ताल्लुक 'इनकलाब' नामक अखबार से है। और मैं अपने को जन्मजात इनकलाबी मानता हूँ···।

पवित्रा ने नरेश वर्मा की पीठ पर एक हलकी चपत लगाकर टोका—ए, ए रकम गुरुचाण्डाली भाषा केन बोलो ?··· जन्मजात इनकलाबी ?

··· अरबी-फारसी के जुमले ! इनकलाब !!··· पवित्रा की देह सिहर उठती है।

—क्यों क्या हुआ ?

—होबे आर की ?

—अजीब बात है। स्कूटर के पीछे कोई लड़की या औरत का बैठना बेहयाई है ! अनैतिक व्यापार है ! हा-हा-हा अश्लीलता है··· हा-हा-हा-हा।

—ए ! पागलेर मत हाँसो केन ?

—हँसना भी गुनाह ?··· लाहौल !

—तुमी तोमार लाहौल-माहोल बन्द कोर्बे ?

—आमि इंजिन बन्द कोर्लाम। नामो !

—एखाने केन ?··· इस धाँगड़ टोली में क्या है ?

—एक वी. आई. पी. हैं यहाँ ?

—वी. आई. पी. !

–हाँ, हम अखबारवाले 'वेरी इम्पार्टेण्ट परसन' से ही मिलने··· !!

आध दर्जन धाँगड़ बच्चे-बच्चियाँ नरेश वर्मा को देखकर एक ही साथ 'हुर्रे-रे-रे' कहकर किलक उठे।

··· बच्चों की किलकारी के पीछे औरतों की हँसी की हिलोरें !

··· तरुण-तरुणियाँ-श्याम-बदनियाँ !!

–नमस्कार भैयाजी !

–मोतिया ? बाबूजी कहाँ ?

–भैंसे खोजने गये हैं। आइए न ?

एक स्वस्थ किशोर ने आगे बढ़कर हँसते हुए धीरे-से पूछा–भैया ? यही··· ?

–हाँ रे गंगू हाँ ! यही हैं पवित्रा देवी। और पोबी, आओ इनसे परिचय करा दूँ।··· यह है गंगू। हमारे गुरु माने वी. आई. पी. श्री नूना माँही का बेटा। यह उनकी बेटी मोतिया और यह जोगिया, यह थारू, यह लगमा, यह पुरैनी और यह-यह ··· क्या नाम है इसका–बिटनी !!···

नूना माँही की अधेड़ औरत हँसती हुई आयी–हाथ में सफेद जंगली फूलों का गुच्छा लेकर। पवित्रा के जूड़े में खोंस दिया माँही गृहिणी ने।··· सभी खिलखिलाकर हँस पड़े।

नरेश वर्मा पटना के प्रसिद्ध अंग्रेजी साप्ताहिक 'इनकलाब' का प्रतिनिधि है। ··· लोकगीत गाता है और पिछले साल उसने यहाँ के धाँगड़ों का एक 'नाच दल' संगठित किया।··· 'नाच दल' इस बार दिल्ली से 'रिपब्लिक डे शील्ड' जीतकर ले आया है।··· पूर्णियाँ जिले में युगों से बसे हुए इन धाँगड़ों ने कभी किसी 'दिक्कू' [गैर धाँगड़] को अपने नाच में शरीक नहीं किया। किन्तु नरेश वर्मा ने इस धाँगड़ टोली के मुखिया नूना माँही और उसकी स्त्री रुपिया के दिलों को न जाने कैसे जीत लिया। धाँगड़ टोली का एक-एक बच्चा उसे अपना सगा-भैया समझता है। गाँव के पशु-पक्षी तक उसे अपना समझते हैं। किराये का काला कुत्ता धाँगड़ टोली में किसी 'बाहरी' आदमी को घुसने नहीं देता।··· नरेश की बोली सुनते ही दुम हिलाने लगता है।

नूना माँही भैंसे को डोरी में बाँधे आया और स्कूटर देखकर आनन्द विह्वल हो उठा–नरेश आया है।

–पोबी, यही हैं मेरे गुरु–वी. आइ. पी. श्री नूना माँही।··· पवित्रा देवी !

नूना माँही कुछ बोलता नहीं, बतीसों-दाँत निकालकर हँसता है। हँसता ही जाता है।

मोतिया चाय ले आयी !

··· आज भोज !··· मेहमान ! पवित्रा दीदी आयी है !

··· आज नाच ! !··· नरेश भैया आये हैं !

पवित्रा दीदी भी नाचेगी ?

जोगिया और थारू 'रिपब्लिक डे शील्ड' ले आया।

मोतिया एक अलबम ले आयी !

पवित्रा फोटोग्राफ देखने लगी। रंगीन ग्रुप-तस्वीर को देखते समय वह मुसकुरा कर एक-एक को पहचानने लगी !··· प्रधानमन्त्री पण्डित नेहरू बीच में प्रसन्न मुद्रा में खड़े हैं। दाहिने सजी-धजी सटकर खड़ी है मोतिया··· यह सरदार नूना माँही ··· मादल गले में लटकाये—जोगिया··· बाँसुरी टेरता हुआ थारू··· यह 'बिकटा' किराय ··· लगमा··· पुरैनी··· बिटनी।··· ओही, पण्डितजी के हाथ में बाँसुरी है एक ?

—हाँ, उनके लिए स्पेशल बाँसुरी बनाकर ले गये थे गुरुजी।

मोतिया इतना शीघ्र पवित्रा से घुल-मिल गयी है ! वह मन्द-मन्द मुसकुराती हुई बोली—पोवीदी, एक 'जन' को पहचाना ? यह रंगीन पगड़ी बाँधे··· ? हिहिहिहिहि !!

··· रंगीन पगड़ी बाँधे··· अरे, यह नरेश ?

सभी खिलखिलाकर हँस पड़े !

—तूहू नाचबे आज पोबी दी। नरेश भैया भी नाचबे। सब नाचबे !! है है है है !!··· आज नाच !

नरेश ने पवित्रा को 'नाच दल' गठन करने का किस्सा बताया—किस तरह उसके दिमाग में बहुत दिनों से एक योजना थी। फिर किस तरह नूना माँही से भेंट हुई, सौभाग्यवश। किस प्रकार महीनों वे बैठकर गीत और नाच के टुकड़ों को लेकर बहस करते रहे। अन्त में किस तरह दल के सदस्यों का चुनाव किया गया। दिल्ली में हमारे 'नाच दल' के एक-एक सदस्य की अलग-अलग कितनी तस्वीरें लोगों ने उतारीं इसका पता नहीं। विदेशी पत्रकारों के झुण्ड केमरा लटकाये इस मोतिया की हँसी को तरह-तरह से पकड़ने के लिए चक्कर मारते फिरते थे।··· मोतिया की रंगीन तस्वीर 'लाइफ' के मुख पृष्ठ पर छप चुकी है। 'धर्मयुग' में रंगीन ग्रुप-फोटो-ग्राफ···।

रंगीन ग्रुप-फोटोग्राफ—'नाच दल' का।

··· मादल बजा नाच दल का !

··· बाँसुरी बोली।

··· रंगीन ग्रुप-फोटोग्राफ में खड़े लोग··· बिखर गये !

··· विभिन्न रंगों में डूबी मूर्तियाँ हँसती हैं ?

··· युवतियाँ एक-दूसरे के कन्धे पर हाथ रखकर एक घेरा बनाती हैं।

··· पुरुष सामने की पंक्तियों में, विभिन्न वेष में।

··· मादल और बाँसुरीवाला बीच में—सिर में मोरपुच्छ खोंसे।

··· नरेश ?··· पोबी नाचबे ?

··· पोबीदी आ ना रे-ए-ए !

—डाडिगा-डाडिगा-डाडिगा··· !

··· है रे। है रे !

कौने बने किश्ना बँसिया बजावे

कौने बने गइया चराबे मोहना–है रे ! है रे-है रे !!

डाडिगा-डाडिगा···

··· मोतिया। दिल खोलि के नाच। झामर-झामर··· ?

गोपाल बेटा हाम्रा बोलाये।

नाम धरि शाम-सुन्नर हाम्रा बोलाये–है रे ! है रे-है रे !!

··· जोगिया ! ताल न टूटे। नाच-नाच के बजा बेटा !

··· द्रुत !

··· हैरे हैरे ! हैरे हैरे ! !

बाप माई कूल पलिवारे-ए-ए-ए

सब छोड़ि किश्ना एलूँ जमुना किनारे-ए-ए

होय–भाई घटवारे।

होय राज रखवारे !

एहि ठाम किश्ना की बँसिया बजाये ?

एहि ठाम किश्ना की गइया चराये ?

हैरे-हैरे··· !

··· द्रुत ! द्रुततर !!

डिगडिगडा–डिगडिगडा···।

··· आ ना रे पोबी दी !

··· पोबीदी तोर नाम धरे··· किश्ना बोलाये !

पवित्रा किसी दूसरे लोक में पहुँच गयी है। मादल और डिग्गा की आवाज खोल और करताल के सुर में खो गयी है। कीर्तन गा रही कमला झरिया··· के, चि. सी. डे··· सहगल··· युथिका राय··· मन्नाडे··· सचिनदेव बर्मन··· सभी मिलकर गा रहे हैं।··· गौर-निताई की जोड़ी··· कोथाय काला किश्न आमार–मोहनी मूरतवाला··· सखि गो-ओ-ओ-ओ-ओ-ओ !

··· पोबी !

··· पोबीदी ?

··· बेटी !

··· ओ ! नूना माँही ने उसे बेटी कहा या उसकी स्त्री ने ?

–रो रही है ?

–क्या हुआ पोबीदी को ? क्यों रो रही है ?

–बोलो न नरेश भैया, क्या हुआ··· ?

–होगा क्या ?··· कुछ लोगों को हर बात में रोना आता है।

··· पवित्रा हँसी··· रोयी। हँसती रही, रोती रही !

··· नूना माँही की स्त्री रुपिया ने पवित्रा को अँकवार में भरकर पुकारा–बेटी ! काँदोना··· तोरा नाच सिखाय देबौ।

··· नरेश !

जिस लड़की ने जन्म के बाद सिर्फ 'गंजना' ही सहन किया। जिसे जन्मते ही माँ ने लात मारकर एक ओर कर दिया था। माँ, मौसी, दादी किसी ने प्यार नहीं किया। अशुभ और अमंगल की साक्षात् प्रतिमा समझी जाती।··· बाबा अपना सारा प्यार लुटाना चाहते। और एक दिन माँ ने देवतुल्य उस महात्मा पर 'कलंक' लगा दिया। भाइयों ने–बड़े और छोटे–मिलकर जलील किया। हवेली के अन्दर ओठ सीकर नौकरानी की तरह खटती रही।··· कालाचाँद की माँ ने देखा है, सबकुछ। ··· नरेश, तुमने ठीक कहा है। कुछ लोगों को हर बात में रोना आता है। नाच देखकर मुझे क्यों रोना आया–मैं नहीं जानती, किन्तु कालाचाँद की माँ के बाद मेरी यह रुपिया माँ–दो माताएँ··· इन्हीं दो महिलाओं के मुँह से मैंने प्यार-भरा सम्बोधन सुना–बेटी !!··· नरेश, बोलो ना ! आमि की ?··· मैं न जाने क्या हूँ··· जिसे प्यार करती हूँ वही डंक मारते हैं।··· अब वे मुझे नहीं चाहते !

–कौन वे ?

–नबीनगर कोलोनी के निवासी।

–क्यों ?

–पता नहीं ?··· कोलोनी मेम्बर नहीं रहना चाहती।

··· गर्रर्रर्रर्र··· कें कें कें कें !

··· ले उड़ा, ले उड़ा !

··· जुलुम !

··· हद है !!

एक तरकारी बेंचनेवाली सिर की टोकरी नीचे रखकर पगली जैसी नाचने लगी–आ अल्ला ! अब का का देखना बाकी है।··· 'उड़नछौंड़ी' इसी को कहते हैं ? देख ले, देख ले–जमाने को देख ले। गजब हो गया ! है रे उड़नछौंड़ी रे-ए-ए !!

इस बार पवित्रा के लौटने के पहले ही, पवित्रा की 'लीला-खेला' की बात नबीनगर पहुँच चुकी थी। कस्बा कोलोनी के नोगेन बागची ने एक गाड़ी फेल करवाकर, बिश्टू को विस्तारपूर्वक सुनाया है··· बिश्टू का माथा झुक गया लाज से !

पवित्रा ने लौटकर देखा, सन्ध्या उदास है। सन्ध्या की माँ किसी से झगड़ने की तैयारी कर रही है और कालाचाँद की माँ के चेहरे पर गम्भीरता का मुखौटा चढ़ा हुआ है।··· इसका अर्थ पवित्रा समझती है ! काला की माँ को कुछ कहना है एकान्त में।

–क्या है काला की माँ ?

–किस्सु ना तो !

कालाचाँद की माँ ने एक चिट्ठी दी।

–किसने दी ?

–जादोब ने।

"··· परम पूजनीया दीदीजी। आगे मालूम हो कि अब मैं ज्यादा दिन नहीं सह सकते हैं इसलिए दिल खोलकर साफ-साफ बात लिखते हैं। आगे मालूम हो कि सन्ध्या से मेरा शुभविवाह 'अतिशीघ्र' 'शीघ्रातिशीघ्र' नहीं हुआ तो मैं कनैल का बीज खाकर मर जाऊँगा। मैं दिन-रात 'हाय सन्ध्या, हाय सन्ध्या' करता रहता हूँ। मेरे बाबूजी और मेरी माता सब लोग तैयार हैं। सिर्फ 'मांस-मछली' खाने में तकलीफ होगी सन्ध्या को कुछ दिन। याने–जबतक बूढ़ा-बूढ़ी जीवित हैं। आप कहिए तो हम रजिस्ट्री शादी करने को तैयार हैं, ताकि यदि कभी हम चाल से बेचाल हुए या सन्ध्या को दुख दें किसी किस्म का तो हमको जेरबार कर सके। इस बात का हम चन्दकलमा लिख देना चाहते हैं और आप लोग कहें तो 'फण्ड' में कुछ रुपया जमा दे दे सकता हूँ। लेकिन अब बगैर सन्ध्या के यह जिन्दगी–कुछ नहीं। सन्ध्या भी अब मिलन की बेला के लिए आकुल-व्याकुल हो रही है। नहीं पतियाते हैं तो सन्ध्या से एकान्त में पूछ देखिएगा। ज्यादा क्या लिखें आप खुद सज्ञानवती हैं।··· एच. पी. जादब।"

प्रत्येक बार कॉलॅनी कमिटी की बैठक से लौटने के बाद पवित्रा शाम को कॉलॅनी-निवासियों को बैठाकर कमिटी की कार्यवाही विस्तारपूर्वक सुनाती है।··· आवेदन-निवेदन-पत्रों और अभाव-अभियोग के बारे में क्या-क्या हुआ–सुनाती हैं।

आज शाम को भी 'बैठकी' बुलायी गयी !

कालाचाँद लौट आया–बिश्टू आसिबे ना !

–क्यों ?

–वह कहता है कि बैठकी में जाकर क्या सुनना है। जो सुनना था सुन चुके हैं, हम लोग !

किन्तु पवित्रा ने देखा–बिश्टू बैठकी में आया है !

गोपाल पाइन ने पूछा–दीदी ठाकरुन हेडमास्टर कब तक आवेंगे ?

राखाल की दर्खास्त का क्या हुआ–लोन के लिए··· ?

बिश्टू बोला–नोगेन बागची बोला है कि कल यहाँ एक मिटिंग होगी। बाहर से, माने दूसरे कोलोनी से भी लोग आवेंगे।

शारदा बर्मन ने बिश्टू को इशारे से कहा–पूछें ?

बिश्टू ने भी कनखी से जवाब दिया–पूछो !

–दीदी ठाकरुन, क्या सचमुच सन्ध्या की शादी जादोब से हो रही है ? माने, आपने हुकुम दे दिया है ?

–मुझे किसी की शादी के बारे में नहीं मालूम।

बिश्टू कुछ कहना चाहता था। किन्तु चुप रहा।

हरलाल साहा ने कहा–कालाचाँद कहाँ है। वही जानता है असली बात। इस शादी का 'घटक' वही है। नयी धोती पहन आया है, जादोब के घर से। धान, चावल और चूड़ा-दही ले आया है।

कालाचाँद पहले से ही तैयार बैठा था। बोला–हाँ पूछिए। किसको क्या पूछना है किसकी शादी के बारे में ?

किसी ने कुछ नहीं पूछा।

तब कालाचाँद का साहस और बढ़ा। उसने कहा–और किसी की शादी के बारे में कुछ नहीं कह सकता। लेकिन अपनी शादी के बारे में जरूर बतला सकता हूँ।...

कालाचाँद की माँ बोली–तुम क्यों बोल रहे हो ?

–क्यों नहीं बोलूँगा।... आमि कि दालाल ? और धोती और चावल-चूड़ा की बात पूछते हैं। शारदा बर्मन मोसाय, हमको तो प्रेम से जो दे दिया है, ले लिया। लेकिन आपने रामजय सिंघ से किस बात के लिए पचीस रुपये लिये हैं ?

कालाचाँद की माँ बोली–बिश्टू की चाची गाँव से 'मूढ़ी' माँग लायी थी एक दिन, सो ?

पवित्रा आज किसी को रोकती-टोकती नहीं। वह उठकर चली जाती है।

सन्ध्या की माँ गिरिबाला और पिता योगेशदास आज इस बैठकी में अनुपस्थित रहे–जान-बूझकर। सन्ध्या बैठकर पवित्रा के सिखाये हुए गीत का रेयाज कर रही है, हारमोनियम पर–देशे-देशे मोर घर आछे। आमि सेई घर खूजि मरिया।...

सन्ध्या की माँ गिरिबाला का स्वभाव विचित्र है। लोगों की चुगली करना, झूठमूठ की बातें गढ़कर बोलना और सदा अपने स्वार्थ की बातें करना।... वह जानती है कि बिश्टू असल में क्यों असन्तुष्ट है।... असल में उसकी नजर सन्ध्या पर है। शुरू से ही। और यह 'छूँड़ी' उसकी ओर कभी देखती ही नहीं आँखें उठाकर। ... सन्ध्या की माँ सतगोप है, बिश्टू कैवर्त। कैवर्त से शादी कैसे हो भला ?

किन्तु आज सन्ध्या की माँ का दिल थोड़ा दहल गया। कोलोनी में कई दिनों से लोग़ 'गुप्त मिटिंग' कर रहे हैं ? दूसरे कोलोनी से भी मेम्बर लोग आनेवाले हैं कल। पता नहीं, बिश्टू और शारदा बर्मन और क्या-क्या बदमाशी करें।

सन्ध्या की माँ, बिश्टू और शारदा बर्मन को प्रसन्न रखना चाहती है। आज उसने बातचीत के सिलसिले में कई लोगों से ऐसी बातें घुमा-फिराकर की हैं जिनका स्पष्ट अर्थ यही हो सकता है कि वे लोग नहीं चाहते कि सन्ध्या का विवाह किसी 'हिन्दुस्तानी-गोप' से हो। लेकिन दीदी ठाकरुन... ।

सन्ध्या की माँ ने सन्ध्या को पुकारकर कहा–मैं तुझे पुकारते-पुकारते मर रही हूँ और तुम इधर 'घर खूजी मरिया' गा रही हो।... इधर सुन।

सन्ध्या अनमनी-सी उठी।

–टॉर्च लेकर जा। पहुँचा आ जरा !

–क्या है ? किसको ?

–बेगुन-चिंगड़ी।

सन्ध्या की माँ ने फिसफिसाकर कहा–बिश्टू के दिये आय।... हरलाल के घर से अपनी 'बैठी' लेती आना। देरी मत करना। शायद, दीदी ठाकरुन को कोई

काम…।

पवित्रा अपनी झोंपड़ी के अन्दर से ही बोली–नहीं, मुझे कोई काम नहीं।

सन्ध्या बोली–मुझे अभी पढ़ना है।

सन्ध्या की माँ ने तेवर चढ़ाकर कहा–पढ़ना !

… सन्ध्या ?

बिश्टू चौंका !

–बेगुन-चिंगड़ी। माँ पाठिये से !

–सन्ध्या !

बिश्टू अवाक् हुआ–यह अचानक तरकारी की सौगात क्यों ?

… सन्ध्या की माँ जानती थी, बिश्टू की बहरी चाची अभी आँगन में नहीं। माखन के घर गयी है। बिश्टू अकेला होगा ?

–सन्ध्या !… सुनो सन्ध्या !

–की ?

–तुम… तुम क्या सचमुच उस हिन्दुस्थानी गोप से ब्याह करने जा रही हो ?

–किसने कहा तुमसे ?

–जो सुन रहा हूँ लोगों के मुँह से…।

–तो सुनो लोगों के मुँह से। मुझसे क्यों पूछते हो ?

… हें हें–तुम नाराज तो नहीं। मैं तुम्हारे लिए कब से एक 'जिनिस' लाकर रखे हुए हूँ।

–की जिनिस ?

–नॅकली मुक्तोर माला !

सन्ध्या हँसी–मैं कोई नकली 'जिनिस' नहीं लेती।

बिश्टू अप्रतिभ हुआ। बोला–आमरा गॅरीब मानुष…।

–तो गरीब मानुष मुक्तोर माला का शौक ही क्यों करे।

बिश्टू के पुरुषत्व को हलकी चोट लगी।

–कौन कह सकता है कि किसी दिन असली नहीं 'कर' सकूँ। ठाकुर की कृपा से…।

सन्ध्या बोली–ठाकुर की कृपा से जब असल मुक्ता की माला खरीदोगे तो कहना…।

सन्ध्या हँसती हुई चली गयी और माखन की स्त्री को पुकारने लगी–ओ रूलो बौदी ! बौदी ! ओ रूली बौदी ! बैंठी दिन आमार।

–एखन… बैठी क्या करेगी सन्ध्या ? हरलाल साहा की स्त्री ने पूछा।

सन्ध्या हँसकर बोली–एक प्राणी को 'हलाल' करना है।

बिश्टू ने शायद इसका कोई मतलब नहीं समझा। किन्तु हरलाल साहा की

स्त्री समझ गयी।… सन्ध्या को बिश्टू के घर की ओर जाते देखकर, टट्टी में छेद करके वह देख-सुन रही थी सबकुछ।

बिश्टू ने मन ही मन एक प्रतिज्ञा की–एक अश्लील प्रतिज्ञा–साली यदि तुमको यह बिश्टू… !!

पवित्रा धाँगड़ टोली के नाच के सपनों में खोयी हुई है। मादल, डिग्गा…

… है रे है रे ! है रे है रे !!

बाप-भाई कूल पलिवारे
सब छोड़ि किश्ना एलूँ जमुना किनारे-ए-ए
होय भाई घटवारे !
होय राज रखवारे !…

… द्रुत। द्रुततर !!

डिगडिगडा-डिगडिगडा-है रे-है रे !!

… आना पोबी दी ! आ…

–मोतिया ! मोतिया–मैं भी नाचूँगी !…

सन्ध्या को अचरज हुआ। यह मोतिया कौन है जिसे दीदी ठाकरुन सपने में याद कर रही है ?

–मोतिया।… के मोतिया ?

–ना, आमी सन्ध्या।

–अः

–दीदी ठाकरुन ?

–उँ।

–खाबे ना ?

–ना।

दीपा की माँ, अन्त में पारस की बात पर सोचने लगी।… पारस, छोटन बाबू से मिलने गया था। इसी को कहते हैं दुनिया। इन्स्पेक्टर के साथ जब आते थे तो कैसी मीठी-मीठी बातें करते थे। अब उनको याद ही नहीं है–कौन सरस्वती देवी ? … बहुत याद दिलाने पर भी जब उन्होंने सरस्वती देवी को नहीं पहचाना तब पारस को 'गुप्त बात' कहनी पड़ी… वही जिसको स्कूल-इन्स्पेक्टर… प्रेगनेण्ट… माने। तब छोटन बाबू को याद आयी। और बोले–तो अब क्या चाहती है ? किसी लीडर से… ?

सबकुछ सुनकर दीपा की माँ ने एक भद्दी गाली दी थी–छोटन बाबू के नाम, छोटन बाबू के नाम परोक्ष में ऐसी न जाने कितनी गालियाँ लोग देते हैं।… बेचारे छोटन बाबू भी क्या करें ? उन्होंने आजकल पटना में रहकर एक शहरी कहावत सीखी है–मैं क्या करूँ ? एक अनार सौ बीमार !! अकेला एक एम. एल. ए.

सारे इलाके के लोगों के अभावों की पूर्ति कैसे करवा दे सकता है ? और चूँकि चुनाव में बार-बार जीतना है, इसलिए किसी को निराश भी नहीं करना है।··· एक झूठ को दूसरे झूठ से, दूसरे को तीसरे से, तीसरे को चौथे से ढँकते-ढँकते मूल झूठ की जड़ मज़बूत हो जाती है।

··· छोटन बाबू क्या करें ?

पारस ने कहा—आप मेरे प्रस्ताव पर गौर-विचार करके देखिए। देखिएगा, जिले की बड़ी-बड़ी लीडरानी आपका पानी भरेंगी।···

रामजय सिंघ से उस दिन दीपा की माँ की आँखें चार हो गयीं—अचानक। ··· दीपा की माँ पहलवान की सेवा कर रही थी। बिछावन, कपड़ों को निकालकर, साफ कपड़ा बिछाकर पहलवान को सुला दिया—दीपा की माँ ने। रामजय बहुत देर से बैठा सबकुछ देख रहा था। और जब पहलवान ने आँखों को खोलकर पानी माँगा—रामजय जयजयकार करने लगा—जै हो ! पिपरावाली भाभी, सौ लेडी डॉक्टर और पाँच सौ सिविल सर्जन पर एक डाक्टरनी है।··· इसी को कहते हैं—मुरदे को जिलाना !··· जै हो !!

उसी दिन से वह दीपा की माँ के आँगन में रोज एक-दो घड़ी आकर बैठ जाता है। दीपा की माँ जब से इस गाँव में आयी, रामजय से कभी मुँहामुँही नहीं बोली थी।

··· रामजय अब 'इधर-उधर' अर्थात् किसी के मचान पर या बथान पर सोने नहीं जाता। क्योंकि आजकल रोज दो-चार ज्ञान की बातें चली ही जाती हैं कान में।

—रामजय बाबू, कहा है कि परदारा निज माता जान। सो परदारा को जो माता नहीं समझते हैं वह··· ।

रामजय ने 'परदारा' का अर्थ पूछा। पारस ने समझा दिया—दूसरे की स्त्री !

··· रामजय अब पारस से चिढ़ने लगा है।

आज मौका पाकर उसने दबी-जबान से पूछा—भौजी !··· वह पारस··· !

··· रामजय समझ गया—पारस के खिलाफ कुछ नहीं सुनना चाहतीं।··· दुनिया-भर के गुण बतला गयीं— ।···

रामजय सिंघ ने अभी आते ही कहा—भौजी, उस पारस से कहिए कि जल्दी आपका साइनबोट बनवाकर ला दे। और परोपगण्डा ? आज हाट में चौराहा पर खड़ा होकर दवा बेचनेवालों की तरह मैं कैसा भाखन दे आया हूँ, यह पूछिए आप अपने नौकर कारे से।··· कहो जी कारे ?

कारे बोला—हद भाखन दिया आपने मालिक।

कारे पर इधर कई दिनों से मालकिन अप्रसन्न हैं। कॉलनी के भोज के बाद कारे ने पवित्रा की बड़ाई, अपने 'पालवेत' रबिया के साथ मिलकर की थी, पछियारी टोले में। वह बात उड़कर न जाने कैसे आयी और मालकिन के कान में चली गयी। तब से नाराज हैं। हर बात में झिड़की देती हैं।

दीपा की माँ बोली–और तुम ? तुमने कोई भाखन नहीं दिया कि कोलोनी में एक देवी आयी है, एक दुर्गा आयी है···।

कारे रो पड़ा–इस्स, मालकिन ! एक ही बात का गुस्सा इस तरह मन में पालकर रखिएगा और रह-रहकर 'गुँगुआइएगा' तो कैसे काम चलेगा ?··· हमको क्या मालूम कि 'बंगाली-बिहारी' का 'रेसा-रेसी' हो रहा है। आपने ही कहा था कि इसका 'दिष्टान्त' उसमें और उसका···।

–रखो अपना दिष्टान्त ! जरा मेरे बेटे को कन्धे पर चढ़ाकर घुमा-फिरा लाओ !

कारे समझ गया–मालकिन खुश हो गयी। जब प्रसन्न होती है, अपनी बेटी को कन्धे पर चढ़ाकर हवा खिलाने को कहती है अथवा कोठरी में बुलाकर कहेगी–जरा पीठ की रीढ़ 'ससार' दो, तेल लगाकर।

कारे दीपा को कन्धे पर बैठाकर दुलकी चाल दौड़ता हुआ बोला–हट जाओ ! कुमार सन्नी बाबू का घोड़ा 'फर्दवाल' चाल में चलेगा···।

रामजय ने इस बात का भी विरोध किया–भौजी, दीपा बड़ी हो गयी है अब। इस तरह कन्धे पर··· !

–रामजय बाबू, दीपा बेटी नहीं। मेरा बेटा है।

–सो तो ठीक है। मगर है तो आखिर···।

दीपा की माँ की रीढ़ में दर्द चिनचिना उठा !··· मुरदा, अपने तो चला गया। लेकिन दीपा की माँ को जिन्दगी भर के लिए यह दर्द दे गया। 'अंगभंग' आदमी की पकड़ ! दीपा के बाबू का दाहिना हाथ कट गया था इसलिए बायें हाथ में ही दोनों हाथों की ताकत आ गयी थी। सो उस बार इस तरह 'हथिया सूँड़'–की तरह कमर में बाँह लपेटकर ऐंठ दिया कि दीपा की माँ बेहोश हो गयी।··· तभी से यह दर्द !

··· और यह दर्द जब 'चिनचिना' उठता है तो दीपा की माँ सब लाजलिहाज भूल जाती है और कारे को कोठरी में बुला लेती है–जरा ससार दो, तेल लगाकर ! सबसे पहले उसने 'पारस' से 'ससरवाया' था। लेकिन पारस की उँगलियों में जोर ही नहीं। तब से कारे भैंसवार से ही इस दर्द का इलाज करवाती है।···

··· आश्चर्य ! किसी हट्टे-कट्टे नौजवान से एकान्त में आमने-सामने हुई कि यह दर्द चिनचिनाया।··· पहलवान जेठ को हर सप्ताह शनिवार की रात में कबूतर खिलाती है। इस बीमारी में ऐसी सेवा की, दीपा की माँ ने।··· पहलवान जेठ जिस दिन उसकी रीढ़ की हड्डी पर उँगली देता है–सप्ताह-भर दर्द नहीं होता फिर ! ··· पहलवान जेठ ने दीपा की माँ के अनुरोध पर वह काम किया जो नहीं करना चाहिए। फिर उसके लिए दीपा की माँ जो कुछ करे, थोड़ा है।

–रामजय बाबू। जरा इधर आना।··· अन्दर !

··· रामजय ने इस बात का विरोध नहीं किया !

··· रामजय की उँगलियों में पहलवान जेठ की उँगलियों से भी अधिक ताकत है ?

··· रामजय··· देवर··· रामजय बाबू।

··· हाँ, रामजय बाबू–मैं डाक्टरनी हूँ।

··· रामजय बाबू,–तुम मेरे डाक्टर बनो !

··· पारस को 'जवाब' दे दूँगी।

··· कारे को भी !

उस दिन शाम को सभी ने अचरज से देखा–रामजय, अपना बोरिया-बिस्तर लेकर दीपा की माँ के दालान की ओर जा रहा है। रामजय का वक्तव्य है : भाई, मुसम्मात आखिर मुसम्मात है। एक मर्द-पुरुख घर में नहीं रहे तो नौकर-चाकर के भरोसे काम कैसे चल सकता है ? इसलिए भौजी बोली कि रामजय बाबू, देवर बेटा-बराबर होता है।··· भौजी असल सती नारी है। उसके हाथ में गुण और जस दोनों है। वाक् में भी सत्त है।···

कारे को दीपा की माँ ने नहीं, रामजय सिंघ ने 'जवाब' दिया अर्थात् बर्खास्त कर दिया।

कारे को अचरज हुआ। वह बोला–आप जवाब देनेवाले कौन होते हैं। मैं मालकिन के मुँह से सुनना चाहता हूँ कि आखिर किस कसूर पर मुझे··· आप बिला कसूर···।

तब दीपा की माँ अन्दर से बोली–कारे, कल आकर हिसाब ले जाना।··· अभी तुम्हारा भात यहीं बना है। खा लेना।

–रखिए अपना भात। कुत्ता को···।

–क्या बोला रे साला राड़···।

–गाली मत दीजिए।

रामजय सिंघ ने कारे के गाल पर एक तमाचा जड़ दिया। आश्चर्य ! कारे न रोया, न चिल्लाया। अचरज से वह रामजय की ओर बहुत देर तक देखता रहा। फिर, चुपचाप आँगन से निकल गया।

दीपा की माँ को रामजय का गुस्सा अच्छा लगा।··· उसके मन में हुआ, रामजय उसको भी ऐसा ही एक तमाचा क्यों नहीं लगाता।··· रामजय का दाहिना हाथ। ··· हस्तरेखा-ज्ञान दीपा की माँ को विवाह से पहले ही हो गया था। लेकिन इसी को कहते हैं भाग्य का खेला। घरवाला ऐसा मिला जिसको दाहिनी हथेली ही नहीं ! ··· रामजय बाबू की हथेली में शुक्र का स्थल कितना उच्च है !

कारे के पालवेत रबिया ने पूछा–आखिर बात क्या हुई ?

–पालवेत ! वही नाच और बंगालिन देवीजी !

–तो, रामजय की पैठ वहाँ कब से हुई ?

–उसी नाच की रात में।

–क्या लच्छन है ?

इस सवाल का जवाब कारे ने एक चुटकुले से दिया। बोला–पालवेत, वह किस्सा नहीं जानते हैं। एक बेवा औरत, एक रँड़वा मरद ! मरद ने कहा :

तोहरा न घरवाला, हमरा न बहू–
ऐसन कुछ काज करू कि एकहि ठाम रहू।

दोनों पालवेत ठठाकर हँस पड़े।

कारे बोला–साले ने थप्पड़ मारा है। हम जूता मारेंगे।

रबिया ने कहा–जाने दीजिए पालवेत–लाख टका की चीज तो आप लूट लाये। ··· खूब मौज किया। है कि नहीं ?

–सो तो ठीक। लाख टका की चीज···।

–उसकी बेटी, देखिएगा–अगले साल से ही 'कहर' मचायेगी इलाके में। कहर !

–अगले साल से ?··· पालवेत आप कहाँ हैं ?

–अच्छा ?

–रामजैवा साले ने उस दिन शायद कुछ देख लिया था। इसी से साले ने जब मारा तो··· !

रबिया ने कहा–पालवेत ! मैं भी एक जगह लटपटा गया हूँ !

–कहाँ ?

–पाकिस्थानी टोला में।··· वह हरलाल है न–उसकी बेवा बहन है।··· रोज़ मछली पहुँचाता हूँ।

कारे और रबिया 'बेहुला' नाच का एक गीत बहुत देर तक गाते रहेः

ओ रे की दूध लिखिलो आमार कपाले हो भगवान
की दूख लिखिलो आमार कपाले-ए-ए-ए-ए !
ओ रे सूख भोगिलाँ एहि संसारे हो भगवान
की सूख भोगिलाँ एहि संसारे-ए-ए-ए-ए ! !

दोनो पालवेत जाल लेकर मछली पकड़ने चले गये।

चौदह

नरेश वर्मा !

पवित्रा की याद आती है, नरेश को पहली बार देखकर उसकी कैसी दशा हुई थी।... कॉलॅनी कमिटी की पहली बैठक में गयी थी पवित्रा। पूर्णियाँ, कोर्ट स्टेशन के सामनेवाली चाय की दुकान पर नरेश को देखकर उसका कलेजा धड़क

उठा–विनोद !··· पवित्रा ने घोड़ा-गाड़ी के कोचवान से कहा–ए, एक्का रोका ज़रा ! ··· हाँ, विनोद ही है।··· हँसी देखकर और भी विश्वास दृढ़ हो गया। कोचवान ने पूछा–क्या लेना है दीदी जी। पवित्रा चाय पीने का बहना करके उतरी।

··· अजीब हालत हो गयी, पवित्रा की। वह दुकान पर गयी। भीड़ थी। किन्तु वह सीधे चली गयी। आँखे चार हुईं। पवित्रा के ओठों पर मुसकुराहट थी। लेकिन ··· विनोद ज़रा भी नहीं मुसकुराया। पवित्रा ने पूछा–चिनते पार्छो ना ?

–हाँ ! चिनते पेरेछी आपनार एई 'बैज' देखे।··· बैज पर लिखा हुआ है, मेम्बर डिस्ट्रिक्ट कॉलॅनी कमिटी।··· और ज़िला कॉलॅनी कमिटी की एकमात्र महिला सदस्य का नाम मुझे बहुत बार लिखना पड़ा है।··· मिस पवित्रा चटर्जी।··· ओर अखबारों में यह 'चाटुर्ज्या' जो छपता है वह मेरे ही कारण।··· हम लोग सुनीति बाबू के नाम के साथ 'चाटुर्ज्या' ही जोड़ते हैं।··· आपके बारे में सुन चुका हूँ।

पवित्रा ने देखा, यह आदमी विनोद की तरह हँसता-बोलता है, तुतलाता भी उसी तरह है। नाक के पास तिल भी है। बाल भी घुँधराले हैं। नाक-नक़्शा भी वही।··· और वह कहता है, बैज देखकर पहचानता हूँ !

–आमि नरेश वर्मा ! पत्रकार ! इनकलाब !

–तुमि नरेश वर्मा होते जाबे केन ?··· तुम क्यों होने लगे नरेश ? मुझे धोखा देना चाहते हो ?··· तमि··· तुमि··· आमार··· आमादेर विनोद !

··· पवित्रा की आँखें छलछला गयी··· राजन ! आबार तुमि तोमार शकुन्तला के भूले गेले ? चिनते पार्छो ना ?··· एई जे तोमार अंगुरीय··· ?

··· पवित्रा की अवस्था देखकर नरेश घबरा गया था तनिक।

–ना, आमि नरेश वर्मा। आपनि भूल··· ?

··· आमार भूल ना, बिधातार भूल ?

–चलून।··· मुझे भी भट्टा बाज़ार जाना है।

नरेश वर्मा, सचमुच नरेश वर्मा ही है। किन्तु पवित्रा के लिए वह विनोद ही है। विनोद मुखर्जी।... लोगों ने झूठ ही अफ़वाह फैला दी थी कि विनोद मुखर्जी मारा गया। विनोद–पवित्रा का विनोद जीवित है। सिर्फ़ उसने नाम बदल लिया है।

··· नरेश वर्मा, पूर्णियाँ के प्रसिद्ध 'वर्मा-परिवार' का लड़का है। नरेश का बड़ा भाई टीकापट्टी कॉलेज का प्रिन्सिपल है। मँझला भाई छोटानागपुर में 'फ़ॉरेस्ट-रेंजर' है। मँझली भाभी ऑल इण्डिया रेडियों में असिस्टेण्ट स्टेशन डाइरेक्टर हैं। मँझले भैया इम्पीरियल टोबैको की बड़ी नौकरी करते हैं–बम्बई में।··· चचेरा भाई दिनेश वर्मा बिहार का मशहूर क्रिकेट खिलाड़ी है। एक चचेरी बहन नेपाल एयरलाइन्स में 'एयर होस्टेस' है।··· और यह दासानुदास–नरेश वर्मा··· !

··· नरेश धाँगड़ !

··· हाँ, अब उसे लोग 'धाँगड़' ही कहते हैं। बहुत-से लोग समझते हैं कि वह सचमुच धाँगड़ ही है। कुछ ओछे लोगों ने यह शिकायत भी फैला दी है कि नरेश

किसी धाँगड़नी से शादी करनेवाला है।

··· किसी धाँगड़नी से ? किस धाँगड़नी से ?···

··· मोतिया से ?

··· पोबी दी आ ना रे। आ ! नाच !

··· पण्डित नेहरू से सटकर मुसकुराती खड़ी मोतिया !

··· मोतिया ! मोतिया !!··· मोतिया, आमि नाचबो !

सन्ध्या डर गयी।··· निश्चय ही दीदी ठाकरुन को कुछ हो गया है। सब दिन सपने में बड़बड़ाती है–किसी मोतिया का नाम लेकर ! और कहती है–आमि नाचबो···

सन्ध्या की माँ ने सबकुछ सुनकर कहा–उई ताले काका निश्चय कोनो मन्तर··· !

··· मन्तर ?

··· जादोब भी कोई मन्तर जानता है क्या ?

··· जादोब, जादोब। ··· तुम क्यों नहीं आते ?

··· बारह दिन हो गये, जादब नहीं आया है। क्यों नहीं आया है ? वह नहीं जानता कि सन्ध्या हर सातवें दिन पच्छिम की सड़क पर नजर गड़ाये बैठी रहती है ?··· कोई घोड़ावाला··· कोई घुड़सवार क्यों नहीं आता ?

··· घुड़सवार नहीं। घोड़ागाड़ी !!

घोड़ागाड़ी पर पलासी-पटेगना, कस्बा जलारूगढ़ और भूना-मछेला कोलोनी के मेम्बर आये हैं।··· गोणेश पाइन–गोपाल पाइन का भांजा–नोगेन बागची, प्रताप आइच और किश्टो मोड़ल।

सन्ध्या ने आज यहाँ के गाँव की लड़कियों की तरह साड़ी पहनी है।··· गहने भी ? कड़ा-छड़ा, बाजूबन, जादव ने गढ़वा दिया है।··· शादी में सभी गहने सोने के। जादब कहता है–मैं तुमको सोने के गहनों से 'छा' दूँगा–माने–ढँक दूँगा। ··· जादोब ! जादोब !!

··· हे भगवान !··· जादोब एसेछे ?

··· हे भगवान ! जादोब आज के केन एल ?

··· इसको आज ही आना था ?

हरिप्रसाद जादब का घोड़ा हिनहिनाया और··· असभ्य··· जानवर··· घोड़ा··· घोड़े की यह आदत बहुत बुरी ! मंजिल पर पहुँचकर एक घड़ा पेशाब करेगा और इसके बाद··· !! छिः असभ्य !!

गोणेश पाइन, नोगेन बागची, प्रताप आइच और किश्टो मोड़ल–सभी ने इस हरिप्रसाद को गौर से देखा।··· साला निजे-जेम्नि-तेम्नि सालार घोड़ा टा खच्चड़ !

जादब, सीधे योगेशदास के घर के अन्दर चला गया !

बलून, की करा जाय ?··· क्या किया जाये।

—मिटिंग में ही सब फैसला हो जायगा।

—आज ही हो जाना चाहिए।

—निश्चोय !

शाम की बैठकी में कालाचाँद कहीं से गाँजा पी आया है शायद। बैठकी में शुरू से ही उसकी आवाज जरा तेज है आज।

भूना-मछेला के किश्टो मोड़ल ने कहा—कालाचाँद किसका नाम है ? कालाचाँद स्कूल के विद्यार्थियों की तरह उठ खड़ा हुआ। मानो हाजिरी दे रहा हो—प्रेजेण्ट सर !

—तुमी कालाचाँद ?

—तोमार लज्या नेई ?

—आछे ! आपनार आछे ?

कालाचाँद ने दुबारा पूछा—आपको लाज है ? बोलिए।··· मोड़ोली कोर्ते एइसेचेन एखाने बड्ड।··· सॅब जानि···।

इस बार पवित्रा को बोलना पड़ा—कालाचाँद, तुम्हारा माथा खराब हो गया है, क्या ?

—हाँ, मेरा माथा खराब हुआ है। ऐसी-ऐसी बातें सुनकर किसका माथा खराब नहीं होगा ?··· आमार किसेर लज्या होवे ? लज्या नेई ?

पवित्रा ने कालाचाँद को शान्त किया। वह बाहर से आये हुए मेम्बरों की ओर मुखातिब हुई। बोली—मोड़ल मोसाय ! आप कालाचाँद से क्या पूछना चाहते हैं ?

मोड़ल के बदले, नोगेन बागची बोला—पूछना और क्या चाहेंगे।··· देश गया, धन गया मगर धरम बचाकर हम लोग इस पर-भूमि में किसी तरह—दाँतों के बीच जीभ-जैसे—बास कर रहे थे। लेकिन नोबीननगर कोलोनीवालों के चलते अब वह बचा हुआ धर्म भी जाने बैठा है।··· पूछना और क्या है। जो देखना था सो देख ही रहे हैं।

पवित्रा की मुसकुराहट देखकर नोगेन बागची के साथ गोणेश पाइन को भी क्रोध हुआ।

पवित्रा बोली—नोबीनगर कोलोनीवालों को क्यों दोष देते हैं।···

नोगेन बागची ने पवित्रा को नहीं बोलने दिया। वह चिल्ला उठा। वह अब हिन्दी में बोलने लगा—ठीक बात। नोबीनगर कोलोनी के लोगों का कोई दोष नहीं। सब आपका कसूर है।··· छिः छिः उस 'माफिक' निर्लज्जता··· कोलोनी-मेम्बर होकर, बाँगाली की 'लेड़की' होकर उस माफिक हिन्दुस्थानी-छोकरा के साथ 'मोटरबाइक' को 'पाछाड़ि' में बैठकर··· आपका 'करतोब' से हम लोग का माथ 'नीचू' होता है ··· हुआँ ऐसा और 'हियाँ' पर एक हिन्दुस्थानी-गोप का साथ एक सतगोप की 'लेड़की' का जबर्दस्ती से···।

··· मोटरबाइक पर कौन आ रहा है, रात में ?

पवित्रा ने समझा, नरेश आया।

नरेश नहीं, मोटरबाइक पर आया है पूर्णिया-सिटी से खुदोबाबू।··· तीन-चार पीढ़ी से पूर्णियाँ जिले में है, खुदोबाबू का परिवार। किन्तु खुदोबाबू—आज तक खुदोबाबू ही हैं।

इस बार पूर्णियाँ में खुदोबाबू ने खुद यह बात कही थी पवित्रा से—तीन पुश्त से हम लोग यहाँ हैं। लेकिन, आज तक खुदोबाबू, खुदोबाबू ही हैं। खुदोप्रसाद या खुदो सिंघ चाहे खुदो वर्मा तो नहीं हो गये ?

खुदोबाबू ने किश्टो मोड़ल से कहा—बस फेल हो गया मेरा। नहीं तो, साथ ही आते।··· ठीक है, मिटिंग हो। चले, कर्रवाई।··· होक मिटिंग !

—कार्रवाई और क्या चलेगा ? यहाँ का सब व्यापार 'आजगुबी' है।··· कहते हैं, ये लोग भी हिन्दू हैं।

नबीनगर कोलोनी के अन्य लोग अब तक चुप थे। अब हरलाल साहा ने कहा—क्या 'आजगुबी' व्यापार है ?

खुदोबाबू ने बीड़ी सुलगाते हुए कहा—देखिए, एक बात हम पूछते हैं, सबसे पहले। यहाँ का लोग, माने बिहारी चाहे हिन्दुस्थानी भी हिन्दू है। ठीक बात है। और पंजाब में भी हिन्दू है, मद्रास में भी हिन्दू है। लेकिन, इस पुरनियाँ में क्या 'होल' बिहार में बतलाय दीजिए कि कितना बिहारी का 'जोरू' मद्रासी है बा पंजाबी है ?··· ठीक बात है। शादी जिसको करना है, यहाँ पुरनियाँ में क्या बंगाली लड़के का अभाव है ?··· अभी चार साल पहले एक कैवर्त लड़का कलकत्ता से एक लड़की को भगाकर ले आया था। मालूम है, बंगाल सरकार मुकदमा अपना हाथ में लेकर, बिहार सरकार को 'धमक' दिया।··· आखिर, उस लड़की की दुर्दशा भी इसी खुदोबाबू को देखनी थी !··· सो, पवित्रा देवी यदि शादी करना ही चाहती हैं तो नरेश वर्मा से काहे, और भी 'चालू-पुर्जा' लड़के हैं—बंगालियों के घर में। नरेश से भी तेज ! जैसा नाच में, वैसा गान में, वैसा फुटबाल में—जैसा खोजिए।··· नरेश तो धाँगड़ टोली में लड़कियों से 'फस्टी-नस्टी' करने और 'पचाय' (भात की शराब) पीने जाता है !

सन्ध्या, पवित्रा से कुछ कहने आयी !

वह चली गयी तो खुदोबाबू ने पूछा—ए मेयेटि के ?

—एई तो···। बिश्टू ने कहा—एई !

—योगेशदास की लड़की।

—बांगाली··· माने उदवास्तु-मेये ?

—हाँ।

—तब उस तरह माने इस देश की लड़कियों-जैसी साड़ी क्यों पहनी है ? गहने भी सभी 'एदेशीय' ?··· ताज्जुब-व्यापार ! इसी लड़की से यहाँ के किसी गोप की शादी हो रही है ?

नबीनगर कोलोनी और बाहर के आये हुए सदस्यों को उम्मीद थी, योगेशदास अथवा उसकी स्त्री अस्वीकार करेंगे–नहीं, झूठी बात है। अफवाह है !

योगेशदास चुप रहा। उसकी स्त्री भी चुप रही।

तब, शारदा बर्मन ने कहा–वह जादोब आज आया है। देखिए, सब लोग यहाँ हैं और उधर वह अकेला उसके साथ बैठा है।··· माने सन्ध्या के साथ।

पवित्रा बोली–सन्ध्या मेरी रसोई पका रही है।

··· खुदोबाबू, डिस्ट्रिक्ट बोर्ड में रोड-सरकार हैं। खाकी हाफपैण्ट और हैट और भारी-भरकम देह और मोटर साइकिल के चलते दूर देहात में लोग उसे पुलिस-इन्स्पेक्टर समझते हैं। और, लोगों की इस अज्ञानता से काफी लाभ भी वे उठाते हैं।··· मछुवा लोगों को 'बन्दर घुड़की' देकर मछली मुफ्त में वसूल करने के लिए वह रोज कारीकोसी की ओर जाता है।··· खुदोबाबू को कोलोनी के कई लोगों ने और नोगेन बागची ने 'धमकी' घुड़की देने के लिए बुलाया था।

और, जब खुदोबाबू ने सुना कि आसामी नम्बर दो गाँव का गँवईगोप बालक है तो उनके अन्दर बैठा हुआ छद्म पुलिस इन्स्पेक्टर जगा। बोले–वह यहाँ-ा-ा-ा है–ए-ए-ए ? और, तुम लोग अब तक चुप थे ? तुम लोग क्या हो ज़ी ?··· बुलाओ उसको, जरा उसकी सूरत देखूँ !

बिश्टू उठा। लेकिन, योगेशदास ने कहा–वह यहाँ नहीं आवेगा।

–क्यों नहीं आवेगा ?

–वह काहे आयेगा ?

खुदोबाबू का क्रोध भड़का–ओ, तोमार बड़ जमाय ? ताय आसबे ना ?

योगेशदास ने कहा–तुई-तुकारी··· 'तुमताम' मत बोलिए। हाँ, है वह मेरा जमाय। तब ? चोर तो नहीं।··· ठग तो नहीं ?

–तुम कैसे जानते हो कि वह ठग-चोर नहीं ?

कालाचाँद बोला–जैसे आपको देखकर कह सकते हैं कि आप···।

–हम क्या हैं ? हाँ, हमको देखके क्या कह सकते हो ? बोलो ?

हरिप्रसाद जादब खड़ाऊँ खटखटाता हुआ खुद, खुदोबाबू की खिदमत में हाजिर हुआ–क्यों, मेरी बुलाहट हुई है, क्या ?··· मुझसे क्या पूछना है ? मुझे जो कुछ कहना था दीदी ठाकरुन को उसका 'चन्द कलमा' लिखकर दे दिया है।

हरिप्रसाद जादब को देखकर खुदोबाबू का तमतमाया हुआ चेहरा बुझ गया। ··· चेहरे पर घबराहट की एक हलकी छाया छा गयी।··· अरे, यह तो शिवनारायण बाबू मिनिस्टर का भांजा है–हरिप्रसाद जादब–कीर्तनियाँ !··· बहुत बड़े काश्तकार का बेटा है। बहुत बड़े मुकदमेबाज का बेटा है। खुदोबाबू हर साल इसके यहाँ घास और बाँस की मँगनी करने आता है और जादब के बूढ़े बाप को रिझा-बुझाकर एकाध बोरे चावल-चूड़ा भी ले जाता है।··· खुदोबाबू ने खँखारकर गला साफ किया।

–के, हरिबाबू ना कि ?

–कौन ? खुदोबाबू ?

इसके बाद खुदोबाबू—जो एकमात्र कुरसी पर अब तक बैठकर घुड़की और धमकी-भरी बातें कर रहे थे, उठ खड़े हुए—आइए। बैठिए··· हम समझा कि कोई दूसरा आदमी है।

इसके बाद खुदोबाबू की यह 'धर्म-रक्षिणी बैठकी' खुद-ब-खुद खत्म हो गयी।

बैठकी समाप्त होने के बाद खुदोबाबू ने हरिप्रसाद जादब को एकान्त में बुलाकर कहा—आप शादी करना चाहते हैं तो जल्दी ही कर लीजिए। क्योंकि शुभ काम जितना जल्दी हो।··· और कोलोनी के लोग थोड़ा कुनमुना रहे हैं सो इन लोगों को कुछ रुपया दे दीजिएगा। समझे ?··· हमने भी थोड़ा मेहनत किया है। और जब तक शादी नहीं हो जाये, मेहनत करते रहेंगे। इस कोलोनी में नहीं हुआ तो किसी दूसरी कोलोनी में।··· लड़की का अभाव है ?

बिश्टू और शारदा बर्मन ने मेम्बरों को बुलाया था। किन्तु इनके खाने-पीने की व्यवस्था पवित्रा की रसोई में हो रही थी।··· बाहर से आये हुए अतिथि-अभ्यागतों के आदर-सत्कार की सारी जिम्मेदारी सदा उसके सिर पर रही है।

भोजन करते समय अभ्यागतों ने देखा—पंक्ति में हरिप्रसाद जादब भी है।

खुदोबाबू ने गौर से देखा··· जादब बंगला भोजन करने का भेद जान गया है। सबसे पहले धुजिया मुँह में दिया।··· साला सब सीखे भूत हये आछे !

··· कालाचाँद के साथ यह कौन आ रहा है ?

—दीदी ! यह हरलाल साहा मेरे बारे में खूब जोर गले से झूठी बातें कहता है, मिटिंग में।··· पूछिए इस बेहुला नाचवाले से—मछली लेकर कहाँ आया है !

रबिया रोज हरलाल साहा के घर मछली पहुँचा जाता है। माँगुर, कबई, मिरका, रेबा !··· उसने सुना है कि कोलोनी में एक मिटिंग हो रही है जिसमें हरि जादब की शादी का फैसला होनेवाला है। इस मिटिंग में सभी का फैसला होगा—जो भी शादी करना चाहे।··· रबिया इसीलिए आया है। और कालाचाँद ने जब पूछना शुरू किया तो उसने कहा—पान-सुपाड़ी खाने के लिए आपको भी कुछ देंगे। किसी तरह यह शादी करवा दीजिए !···

खुदोबाबू ने खीर खाते हुए पवित्रा की ओर देखा।

हरिप्रसाद जादब की मूर्खता जग गयी। उसने झुंझलाकर रबिया से कहा—पूछता हूँ, तुमको प्रेम हुआ है किसी से ?··· यहाँ, जो प्रेम करेगा उसी की शादी हो सकती है।··· प्रेम को बंगला में क्या कहते हैं, जानता है तू ? भालो बासा—माने अच्छा घर ?··· तुमको तो अपना झोपड़ा भी नहीं···।

पवित्रा खिलखिलाकर हँस पड़ी।

कालाचाँद—सब साला एखाने बिये कोर्ते आसे।

'धर्म-रक्षिणी सभा' के बाद नबीनगर कॉलॅनी में बाबू हरिप्रसाद जादब की इज्जत बढ़ गयी।··· खुद खुदोबाबू जिसको देखकर पानी-पानी हो गये।··· मिनिस्टर का

भानजा ! और इज्जत के साथ हरिप्रसाद जादब की मूर्खता भी बढ़ती गयी। वह गाँव की हर लड़की से दिल्लगी करने लगा।··· सभी उसकी सालियाँ हैं।··· एक दिन गिनकर पचीस ढाकाई साड़ी खरीद लाया, सभी सालियों के लिए। कहता है, शादी में पाँच दिनों तक भोज होगा। सिनेमा-कम्पनी ही उठाकर ले आवेंगे, साले को !

पवित्रा ने त्यागपत्र भेज दिया है। वह अब नहीं रहेगी कोलोनी-मेम्बर।··· वह अब सेवा नहीं करेगी किसी की।

कॉलॅनी के स्कूल में ब्लाक की ओर से एक मुसलमान हेडमास्टर को भेजा गया। गोपाल पाइन यह देखकर पागल हो गया। वह समझ गया—सब बदमाशी इस पवित्रा की है।··· बदमाशी नहीं भी हो—लापरवाही तो जरूर कहेंगे।··· कोलोनी-मेम्बर होकर जो यह भी नहीं देखे कि उसके स्कूल में किस जाति का हेडमास्टर बहाल होता है ?··· आमि हांगर स्ट्राइक कोर्बो।

गोपाल पाइन ने स्कूल के बरामदे पर लेटकर अनशन शुरू कर दिया—हेडमास्टर साहब वापस चले गये। क्योंकि एक-डेढ़ घण्टे के अनशन से ही सारी कोलोनी में सनसनी फैल गयी। सभी की आँखों में लाल डोरे उतर आये।

कॉलॅनी के लोगों ने एक स्वर से माँग की—इस्तीफा ! और पवित्रा बोली—मैंने त्यागपत्र भेज दिया है।

नबीनगर कॉलॅनी के किसानों की खेती देखकर सारे गोड़ियर गाँव के लोगों को अचरज होता है। जिन खेतों में कभी कोई फसल न लगी उनमें धान के पौधे लहरा रहे हैं ! पाट की खेती ऐसी, किसी ने नहीं देखी कहीं आज तक।··· जी-तोड़ मेहनत के साथ खेती की तरकीब जानते हैं ये लोग।

—तरकीब नहीं। वह दीदी ठाकरुन जो है न, समझो सब मिठाई का गाछ, ऊख ! वही सबकुछ करती है। पतरा देखकर दिन उचारती है तब गाँववाला हल जोतने जाता है, बीज बोता है।

—खेती की तरकीब की बात पूछते हो ?··· एक दिन मैं टीशन-हाट से जरा देर करके लौट रहा था। दिया-बाती हाट पर ही जल गयी थी। अँधेरे में मैं कोलोनी के बगल से आ रहा था। देखा, गाँव से बाहर कई लोग हड़बड़ाये जा रहे हैं। मैं डर गया। लेकिन फिर सोचा 'संझरतिया' से और गाँव के पास, काहे का डर ? कलेजा कड़ा करके पूछ दिया—कौन लोग हैं ? देखा, सभी कोलोनी के काश्तकार हैं, कन्धे पर कुदाली लिये। मैंने पूछा—कहाँ जा रहे हैं आप लोग ? पानी-बुन्नी का कहीं नाम नहीं, आप लोग कुदाली लेकर कहाँ जा रहे हैं ? बस, सभी खिलखिलाकर हँसने लगे। एक बूढ़ा—वही कण्ठीवाला बूढ़ा बोला कि रात में 'घमाघम' पानी होगा। हम समझ गये, बुढ़वा साले ने कसकर गाँजा चढ़ाया है—'टहटह' आकाश में 'सहस्सर' तारे झलक रहे हैं, कहीं एक चुटकी मेघ नहीं और कहता है 'घमाघम बर्खा' होगी ?

इस पर वह कालाचाँद बोला—साँझ को सूरज की लाली के पास 'तितिरबर्नी' माने तितिर के पंख के रंग का एक रत्ती मेघ दिखलाई पड़ा था—दीदी ठाकरुन ने पाँजी में देखकर देखा, आज पंचमी है। बस, सभी को पुकारकर कहा—अपने-अपने खेतों के 'आल' अभी जाकर बाँध आओ। रात में घनघोर 'बिश्टी' होगी।··· लेकिन हमको 'परतीत' नहीं हुआ। समझ गये, साला सब किसी जानवर का शिकार करने जाता है—सनगोही-उनगोही देखा होगा कहीं, चाहे 'शाही-चिरैया' का काँटा देख लिया है।··· सो भैया उस रात की 'बर्खा' की याद सभी को होगी ? हाँ, जिस रात की 'बर्खा' में बुधनी मुसम्मात का घर गिर गया था। 'प्रलै-बर्खा !'···

तुत-तुत, तुत-तुत, तुत-तुत··· ।

तालेवर गोढ़ी का मिल चल रहा है। आजकल वह अपने गोदाम में जमे हुए धान को कूट रहा है—दूने दाम में चावल बिक्री करने का यही समय है।

चारों ओर धान और पाट के खेत—हरे-भरे ! लछमी खेतों में सजी-धजी खड़ी है धानी रंग की साड़ी पहनकर। मन्द-मन्द हासिनी। खेतिहर-किसानों के बैठे-बैठे मलार गाने के दिन हैं ? खेतों में लछमी हँसती है, घर में लछमी हँसती है।··· लेकिन जब तालेवर गोढ़ी का मिल चलने लगता है तो लछमी के चेहरे पर एक आतंक की छाया छा जाती है। हँसी बिला जाती है ! गीत रुक जाता है। तुत-तुत, तुत-तुत, तुत-तुत—इस ताल पर सभी का गीत 'बेताला' हो जाता है। ताल पर चलता है सिर्फ तालेवर गोढ़ी का बेटा रामजी गोढ़ी !! वह एक मिल अररिया-कोट में भी बैठायेगा।

तुत-तुत, तुत-तुत··· !

पण्डित रामचन्द्र चौधरी को इस बार फिर एक हजार मुनाफा हुआ है।··· साले गोढ़ी के मिल को देखना है ! पण्डित रामचन्द्र चौधरी सिर्फ धान कूटनेवाला और आटा पीसनेवाला 'मिल' नहीं—चूड़ा कूटनेवाला, तेल पेरनेवाला 'मिल' बैठावेगा !

तुत-तुत, तुत-तुत··· !

रामजय आजकल अकेला ही दीपा की माँ का सभी काम करता है। भैंस चराना, भैंस दूहना, दीपा को कन्धे पर बैठाकर घुमाना। और··· आजकल दीपा की माँ का दर्द नहीं चिनचिनाता। दीपा की माँ रामजय को डॉक्टर कहती है और रामजय दीपा की माँ को लेडी डाक्टरनी कहता है।··· पारस ने साइनबोर्ड का ऑर्डर दिया था, मगर एडवान्स नहीं दिया था। इसी बात पर रामजय ने पारस को भी 'जवाब' दे दिया एक दिन। और 'डबल-फीस' देकर बारह घण्टे के अन्दर ही साइनबोर्ड बनवाकर ले आया। गौशाला के छापीखाना से पर्चा छपा लाया। हाट-बाजार से लेकर गाँव की गली-गली में पर्चा चिपकाया और बाँटा—खुल गया ! खुल गया !! डॉक्टर श्रीमती सरस्वती देवी लेडी हेमोडाक्टरनी का दि हरखचन्द दातव्य दवाखाना मोकाम गोड़ियर में—खुल गया ! सभी गुप्त रोगों का इलाज शर्तिया, गरीब औरतों

को मुफ्त और अमीरों से यथाशक्ति तथा भक्ति··· दवा के अलावा कई गुप्त रोगों के हुक्मी टोटके··· आइए-आइए ! खुद आजमाइए··· हाथ कंगन··· !!

··· दीपा के बाप के नाम पर दवाखाना खोलकर जिस दिन बैठी दीपा की माँ–सबसे पहला केस आया 'आत्महत्या' का। पारस ने चूहा मारने की गोलियाँ खा लीं–गिनकर पन्द्रह गोलियाँ ! दीपा की माँ ने पन्द्रह मक्खियों को मारकर पान के साथ खिला दिया और उसके बाद पारस का पेट-मुँह, दोनों चलने लगा। नाड़ी मन्द थी तो बिल्ली का 'पुरैन' गोबर में घिसकर पिलाया और पारस की जान वापस आ गयी–लौटाये हुए पार्सल की तरह।··· मोहना दफ़ादार ने एक सौ रुपया वसूल किया था बाद में। लेकिन पारस सचमुच 'सगुनियाँ' आदमी है।··· पहले ही दिन पाँच रोगी–पचीस रुपये–लागत मात्र पाँच नये पैसे ! दीपा की माँ का दवाखाना चल गया है खूब।··· सब, इस रामजय के चलते।··· पारस का नाम कौन लेता है। अब उसका 'पार्सल' इस गाँव से जल्दी ही होनेवाला है। दीपा की माँ के नाम 'जोही-सोही' बोलते फिरता है, साला ?··· जयराम एक दिन पूछेगा। पर्चा लिख दिया तो दवाखाना का मालिक ही हो गया ?··· जयराम इसी साल गाँव में मुसम्मात के मिल का 'खुट्टा' गाड़कर दिखला देगा !

तुत-तुत, तुत-तुत··· !!

कॉलॅनी के लोग भी तालेवश्वर गोढ़ी की मिल के बोल पर पैर मिलाकर चलते हैं।··· बिश्टू अब फेरी छोड़कर हाट में दुकान लगायेगा। पूँजी बढ़ायेगा। पूँजी बढ़ते-बढ़ते-बढ़ते-बढ़ते··· !

तुत-तुत, तुत-तुत··· !!

पुरी से लौटते हुए तालेश्वर गोढ़ी ने दूर से ही सुना–मिल चल रही है। मिल चल रही है, माने काम हो रहा है। लोग बैठे नहीं हैं ?–जयराम ! मिल चल रहा है।

–रामजी बाबू बैठनेवाले आदमी थोड़े हैं।

जयराम ने समुद्रस्नान के बाद दाढ़ी बनाना छोड़ दिया है। पन्द्रह-बीस दिनों में दाढ़ी 'गुलजार' हो गयी है।··· गाँव की सीमा में प्रवेश करते ही जयराम ने अपना 'पट' (जगन्नाथजी की तसवीर) और बेंत की छड़ी को सँभालकर बगल में और फटी और बुझी हुई आवाज में 'जगरनथिया गीत' शुरू कर दिया–

जागरनथिया रौ भाय,
बाबा रौ बिराजे उड़िया देस में एँ-एँ-एँ।
अरे कौन गाँव के बड़का बाबू,
कँहबा बड़का पूल,
अरे कौन गाँव में पाँच पोखरिया
कँहवा अड़हुल फूल-जागरनाथियो-यो-यो !

जगरनथिया गीत सुनते ही सभी समझ गये, तीर्थ-यात्री लोग सकुशल लौट आये हैं। सभी दौड़े–आ गया जगरनथिया सब !

··· तुत-तुत, तुत-तुत, तुत-तुत।

मिल बन्द हो गयी। तब, जगरनथिया गीत सारे गाँव में गूँज उठा :

अरे गोड़ियर गाँव के तालेबाबू–
मोकामाह केह पूल
अरे भिखमगाम में पाँच पोखरिया
बेलुड़ अड़हुल फूल–जागरनाथियो-यो-यो-यो।
जागरनाथियो रे भाय–
बाबा रौ बिराजै उड़िया देस में ए-ए-ए-ए !!

गीत समाप्त करने के बाद जयराम ने पैर भी नहीं पखारा और सीधे कोलोनी की ओर झोली-झण्डा लेकर चला गया।

कोलोनी में एक ही साथ दो शंख बज उठे।··· जोड़ा शाक !!

तू-उ-उ-उ-उ। धू-उ-उ-उ-उ !!

सन्ध्या के ब्याह की बात आज एकदम पक्की हो गयी। योगेशदास उसके साथ अररिया-कोर्ट के हरिलाल झा वकील से शादी का 'मिसिल' बनवाकर ले आया है। शादी के एक दिन पहले रजिस्ट्रार खुद गाँव में आकर रजिस्ट्री कर देगा।

··· साला, औरत न हुई–धनहर-जमीन हुई। रजिस्ट्री करके तब 'दखल देहानी' 'टाइटिल सूट'··· बेदखली ?

जयराम सिंघ ने पवित्रा को सुनाया–मालिक कहते हैं कि हमारी बेटी बाँस फूस के घर में रहती है–मुझे पक्का मकान में नींद आये भला। इसी बार बेटी को पक्का मकान बनवा दूँगा।··· दीदी ठाकरुनजी–कलकत्ता में मालिक का ऐसा हाल हुआ कि क्या कहें। जिधर मालिक देखते उधर बस आपको ही देखते। कहते, देखो जयराम–मेरी बेटी जैसी है न ? वहाँ, 'पुरीजी' में भी कई लड़कियों को देखकर भ्रम हुआ उनको।

··· गाँव के लोगों को बाद में पता चला कि पुरी-तीर्थयात्रियों में दो महिलाएँ भी थीं। गुणवन्ती और सिंगारी !··· इस्स ! गाँव में किसी को पता ही नहीं लगने दिया और दो-दो औरत को 'तीरथ' करवा लाया।

··· पुरी में समुद्र-स्नान के बाद तालेवर गोढ़ी ने 'मन्तर' पढ़ते हुए कहा था–समझे जयराम। बस, अब यहीं किस्सा 'खत्तम'। इसके बाद अब किसी स्त्री से कोई प्रसंग नहीं। एकदम 'लँगोटाबन्न'। इसीलिए, मैंने कहा था··· !

··· चौड़े पाड़ और अँचरावाली कटकी साड़ी खरीदते समय सिंगारो और गुणवन्ती ने ऐसा नखरा पसारा कि ताले के साथ जयराम का भी सब 'ताल-माल भुतला' गया।

··· गुणवन्ती और सिंगारो की मनचाही चीजें खरीदकर तालेवर गोढ़ी ने कीमती साड़ी निकालने को कहा। एक रामजी की स्त्री के लिए, दूसरी पवित्रा के लिए,

तीसरी सन्ध्या के लिए। एक साड़ी सबसे कीमती !··· इतना सुनते ही गुणवन्ती घुनघुनाने लगी। इसके बाद सिंगारो ने भी गाल फुला लिया। तालेवर गोढ़ी ने सबकुछ समझकर भी कुछ नहीं समझने का बहाना किया। तब दोनों औरतों ने जयराम से साफ-साफ कह दिया–सभी साड़ी एक किसिम की होनी चाहिए।··· इज्जत लेने के बेर गुणवन्ती-सिंगारो की और कीमती साड़ी बंगलनियाँ-छोड़ियों के लिए। ··· ओझा से कह दीजिए, मुँहदेखी करेंगे तो यहीं सबकुछ खुल जायेगा।··· धर्मशाला के सिपाही को थोड़ा सन्देह हो चुका है !

··· गोड़ियर गाँव में तीन कटकी साड़ियाँ ?

··· कोलोनी में, दो साड़ियाँ ?

रामजी गोढ़ी का खून खौल उठा ! वह अब नहीं सहेगा। दो में-से एक का खून वह जरूर करेगा। या तो अपनी बन्ध्या बीवी की हत्या करेगा अथवा पितृ-हत्या··· !!

जयराम समझाता है–रामजी बाबू।··· हम आपको 'गौरंटी' से कहते हैं कि मालिक अब वह सब 'लन्द-फन्द' एकदम बन्द कर देंगे।··· समुन्दर में स्नान करने के बाद मालिक ने 'प्रन' किया है। आप अब निश्चिन्त रहिए ! एकदम लँगोटाबन्न !

–लेकिन, बंगलिनियाँ को पोख्ता मकान तैयार करवा देंगे–यह मैं हरगिज नहीं होने दूँगा।··· पहले बाँट-बखरा कर लें तब जिसको चाहें 'हवेली' बना दें या कोठा। ··· बुढ़ौती में घिना दिया !

मिल का 'फिटर' दौड़ा आया–मालिक, जल्दी चलिए–डलेबर साहब बेहोश हैं। फीता टूटकर एकदम कलेजे पर··· !

दीपा की माँ सचमुच लेडी-डाक्टरनी हो गयी है !··· रामजी बाबू के 'डलेबर' की उसने ऐसी दवा दी कि तुरत उठकर 'मिल' चालू कर दिया 'डलेबर' ने ?··· रामजी बाबू ने एक 'नम्बरी' दिया–'बकसीस' में ?

रामजय आजकल 'हवाई-शर्ट' और 'हवाई चप्पल' पहनकर चलता है और गाँव-घर, हाट-घाट और बाट में 'हवाई-प्रचार' करता फिरता है–नढ़ौवा डौढ़ी की रानी ने अपने गुप्त रोग की दवा 'पोस्काट' लिखकर मँगवाया है।··· डाक्टरनी-भौजी बम्बै से एक ऐसा 'मिशिन' मँगा रही है कि जिससे इलाज करने पर 'कागबन्ध्या' को भी बच्चा होने लगेगा।··· नाड़ी पर हाथ रखते ही डाक्टरनी-भौजी रोगी का 'भितरिया-रोग' समझ जाती है।

जयराम ने एक दिन पूछ दिया–क्या छोटकू ! क्या इरादा है ?

रामजय बोला–अब आप लोग जो कुछ भी समझिए ! लेकिन मैं मुसम्मात को अकेली··· !

रामजय अपनी बात पूरी नहीं कर पाया। दीपा दौड़ी आया–रामबाबा !

··· माँ रो रही है दर्द से। चलिए जल्दी !

जयराम को जो कुछ समझना बाकी था–सब समझ गया अब।··· चलो, इस बेढंगे का भी एक 'हिल्ला' लग गया ! सुख-चैन से रहे, कहीं भी रहे। किसी के साथ रहे।

कारे कई दिनों से जयराम सिंघ को खोज रहा है, एकान्त में। कारे जानता है–जयराम बाबू बंगाली-पाटी में हैं। बंगाली औरत की तारीफ करने के कसूर में कारे की नौकरी छूटी है। एक साल का दरमाहा बाकी है। माँगने जाते हैं तो–आजकल रामजय बाबू चट्टी-जूता पहनने लगे हैं न··· !

जयराम सिंघ बोला–जूता पहनने लगा है तो तेरे बाप का क्या पहनता है ? ··· साले, तू मुसम्मात की बेटी को छाती से सटाकर उस तरह दाँत काँटकर चुम्मा क्यों लिया था रे-ए-ए ! साला, मैं गाँव में नहीं था तो क्या समझता है कोई बात मुझसे छिपी हुई है ? साला, मेरे पैर में जूता नहीं है तो क्या··· साले बिना जूता पहने भी तुझे पचास जूते लगा सकता हूँ। खच्चड़, राड़ ! आग में हाथ देते डर नहीं लगता, साले ? बाभन-छत्री की इज्जत पर हाथ देता है ?··· गल जाओगे साले ! तीरथ से आने के बाद 'सराप' दिया है–याद रखना !

जयराम सिंघ को अचानक ज्ञान हुआ, उसने अनुचित क्रोध किया है।··· मुसम्मात जान-बूझकर इतनी बड़ी लड़की को कन्धे पर बैठाकर 'घुमाने-टहलाने' कहेगी तो 'राड़-रोहिया' लोग क्या करेंगे ?··· भूखे आदमी के हाथ में लालमोहन-खीरमोहन की चँगेरी हो या बतासा का एक टुकड़ा !··· जयराम ने उचित नहीं किया। उसने कारे को बीड़ी निकालकर देते हुए कहा–जा 'सराप' नहीं लगेगा। मगर ऐसा काम फिर कभी मत करना।

दीपा ने दूर से पुकारकर कहा–जय बाबा ! माँ कहती है, आज यहीं भात खाइएगा।

–नहीं बेटी। मैं अब जनाना का बनाया-पकाया भात नहीं खाता। अपने से बना-पकाकर खाता हूँ।

कारे ने कहा–इस ! तब तो बड़ा 'जब्बड़-हठजोग' का साधन कर रहे हैं आप, जय मालिक ?

कारे ने जयराम सिंघ को दण्डवत् किया–धरती पर लेट करके। साले ने तीरथ से आकर 'सराप' दिया है। वैसे, लौटा लिया है। मगर कहीं लग जाय तो ? इसलिए ठिकाने से 'सराप' कटा लेना अच्छा है।

–उठ कारे !··· धरम छोड़ जो अधरम करहि, सो सठ 'सुँगठी' होकर मरहि !! सियाबर्रामचन्द्र की जै !!

तुत-तुत, तुत-तुत, तुत-तुत··· !!

पन्द्रह

कॉलॅनी में अब कीर्तन नहीं होता !

साप्ताहिक गोष्ठी भी नहीं होती। शाम की बैठकी भी नहीं जमती। रात्रिपाठशाला भी बन्द।··· आपस में बैठकर बोलना-बतियाना भी रुक गया। गाँव एकदम बदल गया !

दिन-भर काम-काज करने के बाद अब सभी अपने-अपने घरों में बन्द हो जाते हैं। सामूहिक गायन अब नहीं होता। कालाचाँद अपनी झोपड़ी के कोने में लेटा हुआ कभी-कभी एकाध कड़ी गुनगुना लेता है। गोपाल पाइन आजकल दिल हलका करने के लिए अँगरेजी गीत गाता है अपने आँगन में बैठकर—आसमान की ओर देखता हुआ—ट्विंकिल-ट्विंकिल लिट्ल स्टार, हाउ आइ वण्डर ह्वॉट यू आर—ह्वाट यू आर—ह्वाट यू आर ?

कारे एक दिन आया—जखन आपना लोग सॅब केत्तो न बन्द करैयांछि तो खोल राखियाँ की करैयांछी। जोदो बेचैयांछी तो हामी किनैयांछी।

कालाचाँद ने धमकाते हुए कहा—कौन बोला कि कीर्तन बन्द हो गया ?

लेकिन कारे अब खोल खरीदकर क्या करेगा ? 'तीरथ' पर जाने के पहले तालेवर-मूलगैन ने कहा था—ठीक है, फिर नाच शुरू करो। सब खर्चा देंगे। और 'तीरथ' से आने के बाद एकदम उलटी बात ? कारे ने उस दिन हँसकर याद दिलाया तो कड़ककर बोले—नहीं। नाच-तमाशा के लिए कुछ नहीं मिलेगा !··· और, कौन लोग हैं नाचवाले ? जानते हो, नया सरकारी कानून ? बिना लाइसेन्स के 'नाच-पाटी' तैयार किया कि गये पाँच साल—हवा खाने। मालूम है ? आजकल कोई काम बिना सरकारी लाइसेन्स का होता है कहीं ? भकुवा सब कहीं के—मुझे भी भकुआ समझता है ?

तालेवर गोढ़ी ने बहुत सोच-समझकर यह फैसला किया है। उसने 'जगरनाथजी' में 'नाचपाटी' के लिए 'पर्दा-पोशाक' खरीदने का विचार किया कि उसी रात में 'सपनौती' हुआ कि रे मूरख, तू अपने पैर में आप ही कुल्हाड़ी मारता है ? 'नाच-पाटी' वालों को मदद करता है ? जरा गौर से विचार करके देख।···

··· सचमुच ! तालेवर गोढ़ी को ज्ञान हुआ। जब गाँव और इलाके पर 'बाभन-राजपूतों' का राज था, तालेवर गोढ़ी ने बेहुला-नाच-पाटी अपनी बीवी के गले की हँसुली बन्धक देकर शुरू की थी। इलाके-भर में तालेवर की मूलगैनी मशहूर हो गयी थी। किन्तु सबसे बढ़कर जो बात हुई उसपर किसी ने कभी सोचा ही नहीं। नाच-पाटी के कारण ही गोढ़ी-गुआर, कमार-कहार, कुर्मी-धानुक, केवट-कैवर्त आदि 'पिछड़ी जाति' का एक ठोस संगठन हो गया। इलाके में एक से एक अगिया बैताल—बाभन और पनियाँ—दरार साँप-राजपूत !··· सभी इस संगठन के सामने—फुस्स !

··· लेकिन अब जो नाच-पार्टी बनेगी और इसके चलते जो संगठन होगा उसके सामने खुद तालेवर गोढ़ी 'फुस्स' हो जायेगा।

··· इलाके में कोई बाजा नहीं बजेगा–'मिल' की बोली के सिवा।

··· अब जो गाने-बजाने में समय बरबाद करे बेकार–उसको पकड़कर फाँसी पर लटका देना चाहिए।

··· मिल की बोली की ताल पर 'सलिमा' का गाना खूब जमता है लेकिन!

··· तुत-तुत, तुत-तुत, तुत-तुत।

··· गोरी-तोरे-गोरे-गाल-पर गोदना !

हो गोदना-हो गोदना-हो गोदना

··· तुत-तुत, तुत-तुत···।

जयराम सिंघ ने आकर सूचना दी–मालिक, ई गुअरवा तो बड़ा भारी अन्याय करने पर तुला हुआ है !

–कौन ?

–वही, सुक्की-बेलाही का हरि जादब ?

–क्या किया ? क्या करनेवाला है ?

–हम सभी पाकिस्थानी टोला से आ रहे हैं।··· वह तो 'ट्रक' ले आया है।

–काहे वास्ते ?

–एकदम खोप सहित कबूतराय नमः करना चाहता है।··· लड़की मय उसके बाप और माँ, कहता है, सभी को ट्रक में लादकर ले जायेंगे ?

–कहाँ ?

–सुक्की–बेलाही।··· घरजमैया तो सुना था। मगर यह 'घर-ससुरा' और 'घरसास' नहीं सुना था।··· दीदी ठाकरुन जार-बेजार रो रही है। हमसे बरदाश्त नहीं किया गया तो दौड़ा आया हूँ आपके पास।

–क्या ? मेरी बेटी रो रही है जार-बेजार ?

–मैं झूठ बोलूँगा।··· तीरथ से लौटने के बाद भी ?

तालेवर गोढ़ी नंगे पाँव ही कॉलॅनी की ओर दौड़ा। पीछे-पीछे जयराम सिंघ!

–अरे-रे ! ताले मालिक को क्या हुआ ?

–कहाँ भागा जा रहा है ?

–ले, ले गिर पड़ा बुड्ढा। उसके पीछे दढ़ियल-जयराम सिंघ ? क्या हुआ है इन लोगों को ?

–होगा क्या ? उस बार 'गुण' मारकर कोलोनी की जादू जाननेवाली को अपने दरवाजे पर बुला लिया तो समझा कि बहुत बड़ा गुणी है। अब देखिए, कैसा 'गुण' वहाँ से बैठकर छोड़ा है कि बुढ़वा गिरते-पड़ते दौड़ा जा रहा है।··· देखिए, आँख खोलकर देख लीजिए–बंगाले के जादू का खेला।

तालेवर गोढ़ी और जयराम सिंघ के पीछे सारे गोढ़ियर गाँव के लोग दौड़े।
··· चलो, फिर लगता है एक भोज हाथ लगेगा–मांस-पोलाव का !

योगेशदास कहता है—जब मेरे कारण सारी कोलोनी की इज्जत जा रही है, धर्म जा रहा है, तो हम लोग यहाँ से चले जाँय यही ठीक है। क्या होगा 'कोलोनी' में रहकर ?··· मिछे-मिछे रोज झगड़ा।

लखीकान्त सरकार चिल्ला रहा है—ठीक है। जाना है जाइए। मगर हम लोगों के 'फण्ड' से दीदी ठाकरुन ने रुपये देकर आपका कर्जा चुकाया था, सो देते जाइए !

—तुम रुपया माँगनेवाला कौन ?

—हम सब होता है।

इस बार हरिप्रसाद जादब ने कहा—बाबूजी, आप इन लोगों से मुँह क्यों लगाते हैं। जब दीदी ठाकरुन ने हुक्म दे दिया तो अब जो साला कुछ बोला कि··· हम भी तैयार होकर आये हैं। आज यहाँ आल्हा ऊदल···।

तालेवर गोढ़ी और जयराम सिंघ हाँफते हुए आये। हरिप्रसाद जादब ने देखा, करीब एक सौ लोग उनके पीछे दौड़े आ रहे हैं।

तालेवर ने आते ही हरिप्रसाद जादब की ओर हाथ उठाकर कहा—तुम अपने को मिनिस्टर का भांजा समझते हो ? तुम बहुत बड़े मुकदमेबाज का बेटा हो ? ··· हमारी बेटी को रुला-कलपाकर, हमारे ही गाँव से तुम माँ-बाप सहित लडकी को ट्रक पर उड़ाकर ले जाओगे ?

जयराम सिंघ ने नारा लगाया—रघुकुल रीत सदा चलि आँहि, प्रान जाहि बरु बचनोनि जाँहि।··· प्रान चला जाय मगर ऐसा अन्याय नहीं होने देंगे।

पवित्रा ने तालेवर गोढ़ी को समझा-बुझाकर ठण्डा किया—ताले काका ! योगेश का चला जाना ही अच्छा है। एक तो, शुरू से ही इस कोलोनी के लोग 'वारिसाल' का आदमी कहकर परायेपन का बरताव करते थे उससे। इधर, जब से शादी की बात तय हुई है, कोई इनसे बात ही नहीं करता।

तालेवर ने पूछा—तुम रोती क्यों थी बेटी ?

सन्ध्या की माँ बोली—ताले काका ! सन्ध्या तो नाम के वास्ते हम लोगों की बेटी है। असल बेटी तो दीदी ठाकरुन की ही है। इसीलिए···।

तालेवर गोढ़ी ने शान्त चित्त से कहा—बेटी तो पराये घर की होती ही है। एक-न-एक दिन जाती ही है। मगर इस तरह नहीं ?··· शादी कब है ?

हरिप्रसाद जादब और योगेशदास ने एक ही साथ कहा—पाँच तारीख को चार दिन के बाद।

—हाँ, आज तो पहली तारीख है ?

तालेवर गोढ़ी ने कुछ सोचकर कहा—ठीक है। तुम बारात लेकर आओ।

—लेकिन मैं कोलोनी में शादी नहीं करूँगा, अपनी बेटी का।—योगेशदास बोला।

—ठीक है, शादी मेरे घर पर होगी।··· जाओ बारात की तैयारी करो। तब तक ये लोग मेरी हबेली में···।

हरिप्रसाद जादब ने जोर देकर कहा—नहीं। हम वकील साहब की सलाह के खिलाफ कोई काम नहीं कर सकते।··· हरलाल झा वकील का बनाया हुआ मिसिल

है कि जब तक शादी नहीं हो जाय लड़की किसी ग़ैर के घर नहीं जाने पावे।

हरिप्रसाद जादब ने अपने चमड़े के पोर्टफ़ोलियो बैग से टाइप किया हुआ 'मिसिल' निकालकर दूर से ही दिखलाया।

गोड़ियर गाँव के तमाशा देखनेवालों की बुद्धि में कोई बात नहीं आ रही थी। ··· पूछने पर कोई कुछ कहता नहीं। क्या बात है ?··· सुक्की-बेलाही के हरिबाबू का रुपया ठगकर ले लिया है कागज बनाकर–अब कहता है शादी नहीं होगी।

रबिया भीड़ के पीछे था। वह आगे आया–ताले मालिक, मेरा भी फैसला हो जाना चाहिए। जरा मेरा भी हिसाब।··· तीन रुपये सेर के दर से तीन मन मछली का कितना दाम हुआ ?

तालेवर गोढ़ी ने तुरत जवाब दिया–सात सौ बीस।··· क्यों, तुम्हारा इतना दाम बाकी है ?··· क्यों जी हरिप्रसाद, इस गरीब का दाम कौन देगा ?

–सो मैं क्या जानू ?

रबिया बोला–नहीं मालिक, वह हरलाल साहा है न। उसो के पास।··· दो सेर के रोजाना के हिसाब से लगातार चार महीने से मछली हमको फुसलाकर खाया। ··· कभी हमको एक शाम खाने के लिए भी नहीं पूछा और जब काम की बात चलाये तो हरलाल साहा और उसकी बीवी बँगला में गाली देने लगी।

तालेवर गोढ़ी का चित्त अब शान्त है। उसकी मुँहबोली बेटी के ओठ पर फिर देवी-दुर्गा के मुँह की हँसी लौट आयी है।··· कोई कहीं जाय। उसने अब वह सब छोड़ दिया है–समुद्र-स्नान के बाद से ! नहीं तो, आज ही इस निमोंछिये जवान हरिप्रसाद जादब को दिखला देता तालेवर गोढ़ी कि शादी के पहले लड़की ग़ैर के घर कैसे जाती है।

सभी देखते रहे और योगेशदास अपने घर का सारा सामान बाहर निकालने लगा।

हरिप्रसाद जादब ने तालेवर गोढ़ी को सुनाकर कहा–जिस दिन मेरी शादी है उसी दिन मेरा मिल भी बैठेगा। मेरे मिल का नाम जानते हैं–दि सन्ध्या राइस एण्ड आइल मिल, दि सुक्की बेलाही, दि पूर्णियाँ डिस्टीट !··· खुद मामा ने लायसेंस करवाकर नाम रजिस्ट्री करवा दिया है, जानते हैं ? और हमारा डलेबर हिन्दू-मुसलमान नहीं–खाँटी क्रिस्थान है !

पवित्रा ने अपने दिल को पत्थर बना लिया। वह उठकर ताले काका के लिए चाय बनाने गयी।

सन्ध्या ने पैर छूकर प्रणाम किया और सिर झुकाये खड़ी रही। पवित्रा बोली–शादी के बाद एक बार आना, तुम दोनों।

सन्ध्या रोने लगी और पवित्रा स्टोव में हवा देने के बहाने कमरे के अन्दर चली गयी !··· सन्ध्या की शादी में देने के लिए कई चीजें उसने अपने हाथ से तैयार की हैं।

पवित्रा के घर से निकलकर सन्ध्या हरिप्रसाद जादब के साथ ट्रक पर जा

बैठी।··· जादब ने योगेशदास और उनकी स्त्री को ट्रक के पीछे बैठाया और सन्ध्या को अगली सीट पर–अपनी बगल में सटाकर !

पवित्रा ने सुना, कालाचाँद की माँ सिसकियाँ लेकर रो रही है।··· पवित्रा ने अपनी छोटी आलमारी की ओर देखा–सन्ध्या अपने साथ दोनों शंख ले गयी !

ट्रक घरघराता हुआ गोड़ियर गाँव की सीमा से ओझल हो गया !

तालेवर गोढ़ी ने चाय पीते हुए जयराम से पूछा–ठीक कलकत्ता टीशन पर जैसी चाय पिये थे वैसा ही स्वाद है या नहीं ?

जयराम ने सन्तों-जैसी मुद्रा बनाकर कहा–है !

और, पाँचवें दिन जयराम सिंघ ने ही सूचना दी–जादब की शादी हो गयी। सचमुच, रजिस्ट्रार साहब आये थे, खुद !··· लेकिन, हरिप्रसाद जादब की माँ ने अपने आँगन में घुसने नहीं दिया है।··· दालान से बाहरवाले घर में रखा है तीनों प्राणी को।··· जयराम, मालिक के वसूल–तकादा के बहाने सुक्की-बेलाही जाकर रजिस्ट्री-शादी देख आया है।

वह यह शुभ संवाद, दीदी ठाकरुन को देने के लिए कॉलॅनी की ओर चला। उसको एक बहुत पुराने गीत की याद आयी। वह गुनगुनाने लगा–झौवा बूड़ल रौ भाय–सब छौड़ी सब जाइछौ ससुराल।··· सचमुच, किसी लड़की को ससुराल जाते देखकर चिरकुमार जयराम का जी उदास हो जाता है। बेवजह रोने का मन करता है।

कॉलॅनी के पास पहुँचकर उसकी नजर खून से लथपथ हरलाल साहा पर पड़ी–अरे-रे-रे ! क्यों साहाजी ?··· ई कैसे ?

रबिया और कारे ने मिलकर हरलाल साहा का सिर फोड़ दिया है, लाठी से। ··· रबिया ने खराब गाली दी और जब हरलाल ने बँगला में जवाब दिया गाली का तो दोनों ने मिलकर हरलाल को पटक दिया।

खून देखकर जयराम सिंघ का खून गर्म हो जाता है। उसने कॉलॅनी के लोगों को पुकारकर कहा–कहाँ हैं आप लोग ? देखिए, कितना बड़ा अन्याय हो गया इधर। आप लोगों को 'धिरकार' है कि इस गाँव का 'चोर-चुहाड़' सब मिलकर दिन-दहाड़े 'खूनी-खूनी' करता है और आप लोग चुप हैं।

किसी ने हरलाल साहा की हालत से हमदर्दी नहीं दिखलायी। तब जयराम ने कहा–आप मालिक के पास चलिए, हरलालजी। मालिक अभी पंचायत बुलवावेंगे।

सभी को हमेशा हँसानेवाला हरलाल साहा रोता हुआ अपने आँगन में चला गया। क्या होगा पंचायत करवाकर ? साला, कहता है सात सौ बीस रुपये दाखिल करो, नहीं तो तुम्हारी बहन एक दिन गायब हो जायेगी !··· इस कोलोनी में अब नहीं रहेगा हरलाल साहा !

जयराम, पवित्रा के ओसारे पर बैठकर सन्ध्या की शादी का किस्सा सुनाने लगा।

किन्तु पवित्रा रह-रहकर सामने के पेड़ की ओर देखती—भाई साहब, कौन हवा चल रही है, पुरवा या पछिया !··· आसिन में पुरवा हवा ?

—क्यों, क्या बात है दीदीजी ?

—कल साँझ को पछिया हवा चल रही थी।

—क्यों, क्या बात है दीदीजी ?

—आसिन महीने के ये लक्षण अच्छे नहीं ?

—लच्छन ? कैसा लच्छन ?

गोपाल पाइन इतनी देर के बाद उत्तेजित होकर घर से बाहर आया—ए सब की होच्छे ?··· यह सब क्या हो रहा है ? दीदी ठाकरुन, आप क्या अब यही सब करवाने लगी हैं।··· गाँव के सभी लोगों से हेल-मेल बढ़ाकर—कोलोनी के लोगों को पिटवाती हैं ?

जयराम सिंघ ने कहा—ए मास्टर, अब हम भी थोड़ा-थोड़ा बँगला बूझने लगे हैं। समझे ?··· दीदीजी का इसमें क्या कसूर है।

गोपाल पाइन तुरत अपने आँगन में वापस चला गया।··· सिंघ साला गाँजा टेनेछे निश्चोय !

पवित्रा ने कहा—भाईजी, आपकी खेती कैसी हुई है ?

जयराम सिंघ को अचरज हुआ, दीदीजी, आज इस तरह 'बे-सिलसिले' की बातें क्यों करती हैं ? कभी पूछती हैं, कौन हवा चल रही है ? कभी पूछती हैं, इस बार आपकी खेती कैसी हुई है ? उसने जवाब दिया—दीदीजी, मेरे पास जमीन कहाँ ?··· हाँ, मालिक की खेती की बात पूछती हैं तो, खेती अच्छी है। और, खेती अच्छी हो या खराब, मालिक को इससे क्या ? एक मिल अररिया-कोट में भी चलायेंगे। अब खेती में क्या ? 'बिचनेस' और 'मिल' चलानेवाले के हल आसमान में चलते हैं।

पवित्रा हँसी। बहुत दिनों के बाद फिर एक नया मुहावरा सीखा उसने—आसमान में हल चलते हैं ?

—दीदीजी, एक 'इस्दुआ' है आपसे।

—कहिए।

—मुझे आप अपने हाथ से पकाकर एक दिन मछली-भात नहीं खिलाइएगा ?

—लेकिन आप तो उस दिन कह रहे थे कि तीरथ से लौटकर जनाना-जाति के हाथ की पकी रसोई नहीं खाता।

—तो आप जनाना थोड़ी हैं ?··· आप··· आपको जो जनाना कहेगा उससे बढ़कर 'बेकूफ' और कौन होगा ?

कालाचाँद की माँ आयी—काला टा काल थेके जानि ना कोथाय··· ?

जयराम सिंघ को इतनी देर के बाद ख्याल हुआ कि कालाचाँद सुक्की-बेलाही में है और उसने आते समय अपनी माँ के नाम 'संवाद' भेजा है कि अभी दो-चार दिन वह सुक्की-बेलाही में मेहमानी करेगा !

कालाचाँद की माँ बोली—काला की मति-गति आजकल न जाने कैसी हो गयी है।··· कहता था, चलो हम लोग भी सुक्की-बेलाही में जाकर रहें।

फेरी करनेवाले लड़कों के साथ बिश्टू चिल्लाता हुआ आया—अब इस कोलोनी में कोई नहीं रहेगा।··· दिनदहाड़े यहाँ आदमी की जान चली जायेगी किसी दिन !

फेरी करनेवाले लड़कों ने अपना अलग संगठन बनाकर तय किया है—इस कालाचाँद को और उसकी माँ को और पवित्रा को कोलोनी से निकालकर ही वे पानी पीयेंगे।··· बिश्टू ने आज एक तुकबन्दी की है। सभी रह-रहकर इस तुकबन्दी को जोर-जोर से दुहराते हैं—'लुकिये करि अभिसार, सामने करि सेवार काज—आमार आबार किसेर लाज ?'

छोटे अन्दू ने एक पंक्ति और जोड़ी—दिनेर बेला खँई भाजि—रातेर बेला रानी साज़ी।

हरिधन मोड़ल के बेटे ने 'ठेठ हिन्दुस्तानी' में गाना शुरू किया—भीतर में छुपाय के, सत्तर चूहा खायके,—हज चली बिल्ली—हो—हज चली बिल्ली—हो भगतिन बिल्ली··· !!

बिश्टू ने शारदा बर्मन को जोर से सुनाकर कहा—दादा, नोगेन बागची ने क्या कहा जानते हैं। बोले, एक शीशी 'चुलकोन्नी' (खुजली) की दवा खरीदकर ले आओ।

··· हँ-हँ-हँ-हँ-हँ।··· ए-ए। धीरे-धीरे।

—धीरे से काहे ? किसी का डर है !

—आमरा सब जेने गेछि।

—खून का बदला खून !

—हरलाल, परवाह मत करो ?

—डाइनी !

—पवित्रा के कानों में हँसी और गालियाँ समाती जाती हैं।··· काला की माँ सो गयी है।··· ये लोग मुझे मेरे आँगन में आकर गाली-गलौज करेंगे—ऐसा लगता है।

आधी रात को जब सारी कॉलॅनी सो गयी, पवित्रा हिचकियाँ लेकर रोने लगी—उसका कोई नहीं, इस दुनिया में ? इतनी अकेली··· ?? माँ-आ-गो ! बाबा-आ-आ !!

··· गड़गड़ गुड़म-गुड़म !

··· कड़कड़—कड़-कड़—गुड़म-गुड़म !

··· सुई-सि-ई-ई-ई !!

काला की माँ जगी ! कॉलॅनी के लोग जगे !!··· यह क्या ? मेघ, हवा ? ··· आसिन महीने में 'कालबैशाखी' के लक्षण ?

··· गड़गड़ गुडम !

··· सुई-सि-ई-ई !!

··· माँ-आँ-गो।··· तुमने किसी दिन प्यार नहीं किया। जीवन में कहीं प्यार

नहीं मिला।··· बाबा !!

··· कड़कड़–गुड़म-गुड़म !

··· आँधी ! आँधी ! तूफान।··· झड़। झड़ एलो रे ?

आसिन महीने में यह आँधी-तूफान ? देखते ही देखते, हवा का पहला झोंका आया और सामने का पेड़ धराशायी !··· अरे बाप !

पहले झोंके के बाद–प्रलय ! लगा, अब धरती पर एक तिनका भी नहीं रह पायेगा। सभी उड़ जायेंगे–बिखर जायेंगे।··· ठाकुर ! ठाकुर !!–धरती और आकाश प्रकम्पित !

कालाचाँद की माँ ने देखा–दीदी ठाकरुन लेटी ही हुई है। करवट भी नहीं लेती ?

–दीदी ठाकरुन।··· उठून। प्रलय !

दस मिनट तक ताण्डव-नृत्य चलता रहा। इसके बाद वर्षा–ओले–एक-एक सेर, डेढ़-दो सेर वजन के ओले ! और, हर एक मिनट के बाद बिजली गिरती !···

··· कड़कड़-चर्र-र्-र्-गुड़ाम गुड़म !

··· सुई-सि-ई-ई !!

रात-भर वर्षा हुई !

सुबह को लोगों ने देखा–चारों ओर सिर्फ़ पानी !

··· गोड़ियर गाँव के सैकड़े-पचहत्तर झोंपड़े उड़ गये हैं।

··· कोलोनी के नये स्कूल-घर के सभी टीन उड़ गये।

··· दस आदमी की मृत्यु हुई। दस नहीं, पन्द्रह !

··· एक चुटकी धान भी इस साल नहीं होगा। और न पाट का कोई पौधा साबुत है। लगता है, किसी ने धान और पाट के पौधों को पत्थर से पीस दिया है–हल्दी-मिर्च की तरह। सड़क पर कमर-भर पानी बह रहा है।

··· शस्य श्यामला धरती की लाश ?

··· यह किस अपराध का दण्ड दिया भगवान् ने ?

··· ठीक ओठ तक आये हुए कौर को छीन लिया ?

··· होगा नहीं ? रीत छोड़कर 'अनरीत' करने का फल !

··· सभी की आशाओं पर–कमर भर पानी !

सभी की आशाओं पर कमर-भर पानी ! लेकिन तालेवर गोढ़ी इस दैवी-प्रकोप से भी फायदा उठावेगा। इस बार, पौबारह।··· पानी पड़े, 'बज्जर' गिरे, भूकम्प हो, अकाल पड़े अथवा बाढ़ आवे–पैसेवालों की चाँदी है। गहना-जेवर, गाय-भैंस, जमीन बन्धक लेकर कड़े सूद पर रुपया कर्ज देगा ! इस बार गोड़ियर गाँव की सारी जमीन तालेवर के पेट में चली जायेगी।··· तालेवर के हल आसमान में चलते हैं।

पण्डित रामचन्द्र चौधरी प्रसन्न हैं।··· रोज अपनी जमीन में तालेवर गोढ़ी की फसल देखकर देह में आग 'लहक' जाती थी। इस बार पण्डित रामचन्द्र चौधरी

भी रुपये लगावेगा–ड्योढ़े के सूद पर !

सिर्फ पैसेवाले ही नहीं, इन दैवी-प्रकोपों में और भी एक वर्ग के लोग फ़ायदे में रहते हैं–'पबलिक-वर्कर' अर्थात् 'देश-सेवा' करनेवाले। ऐसी विपत्तियों के समय–सरकारी रिलीफ और सार्वजनिक-चन्दे के रुपये, कपड़े, अनाज, तेल-दवा इत्यादि बाँटने का मौका मिलता है उन्हें ! बाँट-बँटवारा में नगद लाभ होता ही है, इसके अलावा वोट माँगने के समय उनको तथा उनके प्रचारकों को बोलने में बल मिलता है–भाइयो, आपको याद होगा–आप भूले नहीं होंगे कि फलाने बाबू ने बाढ़-पीड़ितों की सहायता नहीं की होती तो सारे इलाके के लोग डूबकर मर जाते··· इसलिए ऐसी विपत्तियों की ख़बर सुनकर वे प्रसन्न हो जाते हैं।··· भगवान् का वरदान !

लेकिन देशसेवकों की टोली के पहले पहुँचा संवाददाताओं का दल।··· अख़बार वाले बाबू लोग !

इसके बाद थानेदार साहब दल-बल के साथ आये··· पन्द्रह लाशें ?

··· एक-एक लाश का हुलिया थानेदार साहब ने अपनी डायरी में दर्ज़ किया। ··· घायलों को अररिया–अस्पताल भेजने की व्यवस्था की गयी है।

–पोबी ?

–के ? विनोद ?

–नरेश उर्फ़ विनोद !'

पवित्रा को लगा, कोई देवदूत आया है उसे अपने साथ ले जाने के लिए !

··· आश्चर्य ! इस दैवी-प्रकोप के चपेट में सिर्फ़ दस गाँव के लोग पड़े हैं। सारे जिले में कहीं न एक बूँद पानी पड़ा और न हवा चली।··· गोड़ियर, कुपाड़ी, परमानपुर, सिमराही, नननपुर, सुक्की-बेलाही, ढोल-बाजा, परवाहा, काला-बलुवा गाँव !

गोड़ियर गाँव के निवासियों को विश्वास हो गया है, भगवान् का यह गुस्सा जायज है।··· रीत छोड़कर 'अनरीत' करने का फल सारे गाँववालों को भोगना पड़ रहा है।

··· रीत छोड़कर अनरीत ?

··· तालेवर गोढ़ी कण्ठी तोड़कर मांस-मछली खाने लगा है।··· तालेवर गोढ़ी का अपनी बड़ी पुतोहू के साथ 'लाट-साट' है।··· तालेवर गोढ़ी ने बगांलिन बाभिन की इज़्ज़त खराब की है !··· तालेवर गोढ़ी तीरथ करने गया तो साथ में दो औरतों को ले गया !··· दीपा की माँ जयराम के साथ 'लटपटा' गयी है। अब तो सिन्दूर भी पहनने लगी है दीपा की माँ !

सुक्की-बेलाही के लोगों ने कहा–हरिबाबू के कारण ही यह प्रलय हुआ है। रोज शंख फूँककर पूजा करनेवाली बंगालिन कुमारी-कन्या से उसने विवाह किया।

··· इसलिए कलकत्तावाली काली मैया ने क्रोध किया है।

–पोबी !

–नरेश, मुझे समझा दो। मैं कुछ भी नहीं समझ पा रही हूँ। यह सब क्या हो रहा है ?

नरेश हँसा··· अब सही पवित्रा सामने आ रही है। उसने पूछा–क्या समझा दूँ ?

–क्यों ऐसा हुआ ? यह सब क्या हो रहा है ?

–प्रकृति की लीला ?

–विज्ञान ने कुछ ऐसा आविष्कार नहीं किया ?··· नरेश ! मुझे समझाओ, सूखी धरती को सींचने के लिए सुना है कृत्रिम-मेघ उमड़ते-घुमड़ते हैं–वैज्ञानिकों की कृपा से। किन्तु असमय के प्रलयंकारी बादलों को दूर करने के लिए कोई 'गैस'··· कोई उपाय··· कुछ··· ?

–पोबी, मुझे भूख लगी है।

कालाचाँद की माँ चूड़ा भूजकर ले आयी। नरेश बाबू को ऐसे दुर्दिन के समय देखेगी कालाचाँद की माँ, इसकी उसने कल्पना भी नहीं की थी।··· सचमुच हू-ब-हू विनोद बाबू !

कालाचाँद की माँ जानती है, दीदी ठाकरुन नरेश बाबू को विनोद कहकर ही पुकारती है।

कालाचाँद की माँ 'ठाकुरबाड़ी' (पवित्रा के पिता की हवेली) की नौकरी करती थी। पवित्रा के घर की बहुत-सी बातें जानती है। वह यह भी जानती है कि जुमापुर की विनाश-लीला के पिछे सिर्फ धर्म और जाति का 'पागलपन' ही नहीं था। क्योंकि इलाके-भर के मुसलमानों ने अपने 'पिता-ठाकुर' को एक दिन पूर्व तक यह विश्वास दिलाया था, आप निश्चिन्त रहें। यहाँ कुछ नहीं होगा। काला की माँ ने ही बेतिया कैम्प में चुपचाप बतलाया था–

कासिम भाले की नोक पर विनोद का कटा हुआ सिर लेकर सबसे आगे था !

कालाचाँद की माँ ने इस बार, जब पवित्रा कॉलॅनी कमिटी की बैठक से लौटी, पूछ दिया था–

दीदी ठाकरुन, एक बात पूछूँ ?··· बुरा न मानिएगा। आप पढ़वा-पण्डित हैं। भूल-चूक हो, माफ कर दीजिएगा। ··· पूछती हूँ, सबकुछ तो मिला। अपने देश का अन्न, 'चास-बास', माछ, तरी-तरकारी सबकुछ अपने जुमापुर गाँव में जैसा मिलता था–यहाँ भी मिलता है। हवा-पानी भी वही है।··· लेकिन, 'मन के मानव' के जैसा–कोई यहाँ नहीं ?··· तुमने एक बार कहा था–यहाँ भी सैकड़ों कासिम हैं।··· सैकड़ों कासिम हैं, एक भी 'विनोद' नहीं ?

पवित्रा समझ गयी थी, कालाचाँद की माँ क्या कहना चाहती है। पवित्रा को लगा था, कालाचाँद की माँ ने उसके हृदय के सबसे 'स्पर्श-कातर' स्थल को छू दिया।

पवित्रा ने अपने को सँभाल लिया था। उसने मुसकुराने की चेष्टा की थी–काला की माँ, अचरज की बात ! 'मन के मानुस'-जैसा भी 'मानस' है यहाँ। अपने मन की बात आँखों में लिखकर वह भी ले आता है।··· आँखों से ही जवाब उसे मिलता है !

काला की माँ बोली थी–देखने में हू-ब-हू विनोद बाबू जैसा है न ? मैं बतलाऊँ ? वह··· वह··· 'खबर के कागज' का बाबू ?

पवित्रा हँस पड़ी थी। कालाचाँद की माँ ने कहा था–मैंने ठीक ही पकड़ा है ··· किन्तु विनोद बाबू की तरह··· माने··· उसने कुछ कहा नहीं है ? आपने··· आपने ··· दीदी ठाकरुन··· सब भगवान् की लीला है। लेकिन बात आँखों में रखने से कैसे क्या होगा। जीभ पर लानी होगी बात···।

–काला की माँ सबसे अचरज की बात सुनोगी ? विनोद की तरह हँसता-बोलता है, तुतलाता है।··· मिठाइयों में इसको भी सर्वप्रिय है–चन्द्रपुलि !

–दीदी ठाकरुन, मैं तुम्हारे पाँव पड़ती हूँ। भगवान ने शायद उन्हें ही फिर भेजा है, मन की बात कहने के लिए।

–मन की बात वह कह चुका है।

–एँ ? तुमने क्या जवाब दिया दीदी ठाकरुन ?

पवित्रा ने डबडबायी आँखों से जवाब दिया था–तुम पागल हो गयी हो काला की माँ ? तुम क्या चाहती हो काला की माँ–खोये हुए धन को पाकर मैं फिर खो दूँ ?··· मैं सिर्फ पवित्रा नहीं, मैं आग हूँ··· मैं··· मैं··· तलवार हूँ, मैं बर्छी हूँ, मैं जहर हूँ··· साँपिन हूँ। वह मुझे पाकर कितनी देर तक जी सकेगा ? कासिम उसे मार डालेगा। भाले की नोंक पर उसका सिर लेकर जुलूस के आगे-आगे नारा लगायेगा।··· और तुम लोगों को छोड़कर मैं कहाँ जाऊँगी ? कौन है मेरा ? तुम लोग मुझे अपने दरवाजे से इस तरह ठेलकर बाहर नहीं फेंक देना। और··· तुम ··· तुम··· काला की माँ मेरी माँ हो। माँ के बदले, बचपन से ही मैंने तुम्हारा दुलार पाया है।··· तुमने देखा है सबकुछ।··· मैं जन्म से लेकर आज तक सिर्फ दुख भोग रही हूँ। मैं जहाँ जाती हूँ अपने साथ प्रलय ले जाती हूँ।··· मौत ! मुझे प्यार करनेवाला ज़्यादा दिनों तक जीता नहीं। भगवान् के लिए, फिर कभी ऐसी बात मुँह से न निकालना। उसे इस बात की भनक भी नहीं लगे··· दुहाई। उसे जीने दो···।

पवित्रा दहाड़ मारकर रो पड़ी थी।

कालाचाँद की माँ उसके उमड़ते हुए आँसू को पोंछते हुए खुद रो पड़ी थी।–नहीं माँ, मैं तुझे अपने कलेजे से सटाकर रखूँगी। अपनी 'खुकुमणी' (बिटिया) की आँखों में बिठाकर रखूँगी !··· तुमी जे आमार प्राण !

विनोद जानता है, पवित्रा ने पिछले कई दिनों से कुछ भी नहीं खाया है। इसीलिए उसने कहा था, मुझे भूख लगी है।··· इस गोड़ियर गाँव की दुर्दशा देख किसी को मुँह में अन्न डालने का साहस नहीं होगा।

–तुम भी खाओ !

—नहीं विनोद। मुझसे कुछ भी नहीं खाया जायेगा।

काला की माँ बोली—विनोद बाबू···।

इस बार नरेश ने, वातावरण को तनिक हलका करने के लिए कहा—अच्छा, यह विनोद कौन था ?

पवित्रा ने आज तक विनोद के बारे में कुछ नहीं बतलाया है उसे ! उसने एक दिन कहा था—उसके गाँव का विनोद देखने में ठीक नरेश के जैसा था।

काला की माँ ने पवित्रा की ओर देखा—क्यों, दीदी ठाकरुन ? बतला दूँ ?

पवित्रा ने मानो कुछ सुना ही नहीं।

—विनोद बाबू से दीदी ठाकरुन की मँगनी हो चुकी थी।

कालाचाँद की माँ हँस पड़ी।

नरेश बोला—पोबी, मैं अभी आता हूँ लौटकर। ज़िला मैजिस्ट्रेट आनेवाले हैं। रिलीफ़ की कोई व्यवस्था नहीं हुई है, अब तक !

जिला मैजिस्ट्रेट ने सबकुछ देख-सुनकर, कांग्रेस के सब-डिविज़नल लीडर छोटन बाबू से कहा—अभी तो रिलीफ़ फण्ड में एक पैसा भी नहीं है। मैं 'वायरलैस' से मिनिस्टर साहब से बातें करके ही कुछ व्यवस्था करवाने की कोशिश करूँगा।

छोटन बाबू ने तालेवर गोढ़ी के दरवाजे पर धरना देने का निश्चय किया है।··· गाँव के लोग मर रहे हैं और आपकी मिल चालू है। निकालिए एक हजार रुपया चन्दा। नहीं तो, इसी बार आपका लाइसेन्स कैन्सिल नहीं करवाया तो मेरा नाम छोटन बाबू नहीं।

तालेवर गोढ़ी ने भी प्रतिज्ञा कर ली है—इस तरह धमकी देकर उससे एक दमड़ी भी कोई नहीं वसूल सकता। धरना दीजिए या अनशन कीजिए !

··· देखना है किसकी जीत होती है। छोटन बाबू हारते हैं या तालेवर गोढ़ी।

तालेवर गोढ़ी के दरवाजे पर भीड़ लगी हुई है—दुख, पीड़ा, आतंक, भय और भूख से कातर लोगों के झुण्ड !

—ताले काका !

—कौन ?··· मेरी बेटी ?

पवित्रा अपना आँचल पसारकर खड़ी है !

कालाचाँद की कीर्तन पार्टी के लोगों ने करुण सुर में गीत शुरू किया—भिक्खा दाउ गो, भिक्खा दाउ गो एसेछि भिक्षा कोरिते आज। धन-जन-प्राण जादेर—गेछे··· !

तालेवर गोढ़ी नहीं देख सकता है अपनी बेटी की ऐसी हालत।··· भिखारिनी ? मेरी लछमी बेटी भीख माँगती है ?

जयराम सिंघ सिर्फ़ रोता है। रोता ही जाता है।

तालेवर गोढ़ी पर मानो कोई देव सवार हो गया। वह दौड़कर अपनी हवेली

में गया और थोड़ी देर के बाद नोटों के कई बण्डल हाथ में लेकर लौटा। पवित्रा के आँचल की झोली भर गयी–पाँच हजार !

–जै हो ! जै हो ! बोलिए एक बार प्रेम से तालेवर···

–ए ! ए ! चुप रहिए। मेरा जय नहीं। मेरे-जैसा 'पापी-तापी' की जय कभी नहीं हो सकती। कभी नहीं। मुझे तो भगवान् नरक में भी मुश्किल से जगह देंगे। ··· जै बोलो–देवी पवित्रा की !

भिखारियों का दल अब गाँव से शहर को चला–जुलूस बनाकर !··· भूखे, नंगे और पीड़ितों की टोली !

··· शहर के आत्मकेन्द्रिक लोगों की देह भी सिहर उठी !

गृहहीनों की टोली शहर की अट्टालिकाओं की खिड़कियों की ओर देख रही है।··· एकन्नी, अठन्नी, रुपया, कपड़ा, चावल, दाल यथा शक्ति तथा भक्ति !

पूर्णियाँ-सदर में इन पीड़ित गाँवों की सहायता के लिए, सांस्कृतिक कार्यक्रम का आयोजन किया है नरेश ने। चैरिटी-शो !··· नाच-दल !

··· आज नरेश ही नहीं, पवित्रा भी नाचेगी !

··· मादल बजा नाच दल का।

··· बाँसुरी बोली–करुण सुर में।

··· रंगीन फोटोग्राफ में खड़े लोग–बिखर गये।

··· है रे ! है रे !!

··· आज किशनलीला का गिरि-गोबरधन पाला

··· है रे ! है रे !!

बहि गेला–गोकुला नगरे ए-ए
डूबि गेला माल-जाल-खेत-रे-खमारे
कहाँ किश्न नन्दे-रे-दुलारे !
रक्खा कॅर–रक्खा कॅर मदन-मुरारे–
है रे ! है रे !!

··· मोतिया रो रही है।

··· नूना माँही रो रहा है।···

··· पवित्रा नाचती नहीं–हाथ में झोली लेकर दर्शकों की भीड़ में भीख माँग रही है।

है रे ! है रे !!
घर ना दुआर ना हमार कोई ठाम
एक रे सहारा बस किश्ना तोरे नाम
रक्खा कॅर–रक्खा कॅर सकल-समाजे
है रे ! है रे !!

··· पोबी दी !

–मोतिया काँदे ना। रोओ मत।

··· पोबी दी रे···।

–नरेश ?

–पवित्रा।

–मैं जी गयी फिर। मैं अकेली नहीं। मैं निस्संग नहीं। मैं कहीं निर्जन में नहीं। मैं एक विशाल परिवार की बेटी हूँ।··· इन आत्मीय-स्वजनों के बीच पारस्परिक सहानुभूति और सहयोगिता को फिर से पनपाऊँगी मैं।··· अपने गाँव समाज में–लोगों के वीरान हृदय में–आनन्द मुखर स्वर फिर से भरना होगा।··· खोयी हुई चीजों का उद्धार करना होगा।··· अपरिचय, अजनबीपन, उदासीनता, अकेलापन, आत्मकेन्द्रिकता, विच्छिन्नता को दूर करके भूले-भटके लोगों को, अपने लोगों को पास लौटाकर लाना होगा।··· मैं अपनी सत्ता को इस समाज में विलीन कर रही हूँ। लोक-संस्कृतिमूलक समाज के गठन के लिए–आमि आमा के उत्सर्ग कोर्लाम ! आमि आज जीवने प्रथम बार धन्य हइलाम !)

–पोबी दी !

–मोतिया।

–एक गीत सिखा दो। बंगला गीत।··· रोबी ठाकुरेर गीत।

पवित्रा गीत सिखाने लगी, अपनी प्यारी मोतिया को–

'आमि बिकाब ना किछु ते आर, आपनारे।
आमि दाँड़ाते चाई सभार तले-सबार साथे एक सारे···

कितने चौराहे

किशोर शहीद ध्रुव कुण्डू को–

उन्होंने कहा–आगे मत बढ़ो, लौट जाओ।
तुमने कहा–झंडा फहराकर ही लौटूँगा।
उन्होंने कहा–गोली मार दूँगा।
तुमने छाती तान दी।
झंडा तुमने फहराया,
उन्होंने गोली दागी–
गोली दाग दी !...

–'रेणुदा'

एक

अगहन का महीना है। सुबह का समय। खलिहान में धान की दवनी हो रही है। जाड़े की रात बड़ी होती है, इसलिए सभी प्राणी सूरज उगने के दो घड़ी पहले ही जग जाते हैं। अलाव के पास सकरकंद पकाने के लिए बच्चे आ रहे हैं—एक-एक कर। चारों ओर कुहासा छाया हुआ है। लोग कुछ बोलते हैं तो मुँह से भाप निकलती है, मानो हर आदमी बीड़ी या हुक्का पी रहा हो…।

मनमोहन को अपने पिता की याद आई। उसके पिता ने बार-बार कहा है, "शहर जाकर 'शहरी लड़का' मत बन जाना। बीड़ी-सिगरेट मत पीना।"

मनमोहन को इस बार अपर प्राइमरी की परीक्षा में छात्रवृत्ति मिली है—स्कॉलरशिप ! आज वह अपने पिता के साथ अररिया-कोर्ट हाई-स्कूल जायगा, नाम लिखाने !

मनमोहन मन-ही-मन सोचने लगा… शहरी ? शहर जाकर 'शहरी' मत बन जाना ! तो फिर शहर के स्कूल में भेजते ही क्यों हैं ? फूफा और फूफी ने कितना कहा कि सिमरबनी स्कूल—यानी उनके गाँव के स्कूल का जिला-भर में नाम है। बाबूजी ने हँसकर उड़ा दिया, "स्कूल का नाम जिला-भर में हो जाय, मगर रहेगा हमेशा 'गँवई' स्कूल ही।"… मनमोहन ने भी एक बार दबी जुबान से कहा था कि वह सिमरबनी स्कूल में ही पढ़ेगा। इस बात पर मनमोहन के काका ने झिड़ककर कहा, "कोसी के किनारेवाले गाँव में जाकर बनैला सूअर बनेगा ?" बनैला… धैला… … शहरी… गँवई ?

मनमोहन अपने बिछावन पर बैठा हुआ सोच रहा था, शहर के स्कूल की कल्पना कर रहा था। रह-रहकर एक डर समा जाता है उसके मन में।… मोहरिल मामा की चेतावनी उसको याद आती है—"अँगरेजी में सवाल का जवाब दे सकोगे तो ?… वहाँ तुमसे भी छोटे बच्चे अँगरेजी में तुमसे नाम-धाम पूछेंगे।"

मोहरिल मामा मनमोहन के अपने मामा नहीं। उनका कोई नहीं। जाति के भी नहीं। 'परजात-परमिन' हैं। न जाने किधर का रिश्ता जोड़कर बाबूजी को 'पाहुन' और माँ को 'दीदी' कहते हैं। बाबूजी कचहरी जाते हैं और कभी रात में रह जाना पड़ता है, तो मोहरिल मामा के बासा पर ही ठहरते हैं। अगहनी-भदई और रब्बी

फसल तैयार हो जाने के बाद मोहरिल मामा गाड़ी लेकर आते हैं–धान, चूड़ा, कुलथी, अरहर, घास, चूनी-भूसी अथवा बाँस माँगने। काका कुनमुनाते हैं, कभी-कभी। मगर बाबूजी उनको समझा देते हैं–'कर-कचहरी' के बहुत सारे जरूरी काम मोहरिल बिना पैसे के सँभाल देता है।

इस बार आये तो बाबूजी ने कहा, "हम लोगों का विचार है मनमोहन को अररिया-कोर्ट स्कूल में भर्ती करवाने का। बोर्डिंग में कितना खर्चा पड़ेगा हर महीना··· ?"

मोहरिल मामा ने दाँत से जीभ को दबाकर, आँखें 'बचाकर' कहा, "राम ! राम !! बोर्डिंग ? अपना घर रहते भला बोर्डिंग में रहेगा ? आप भी कैसी बात करते हैं पाहुन ? बोर्डिंग में लड़के को देने का मतलब है लड़के को 'फाटक', माने 'अड़गड़' में डाल देना। मास्टर और रसोइया और नौकरों के पेट से जो फाजिल बचता है, बेचारे बोर्डिंग के लड़के वही पाते हैं। बोर्डिंग में जाकर देखिएगा। सभी लड़कों की छाती की हड्डियाँ निकली हुई हैं। राम ! राम !!"

माँ अन्दर से सिहरकर बोली थी, "नहीं-नहीं। जब अपना घर है वहाँ, तो फिर 'बोटिन-फोटिन' में काहे ? भैयाजी ठीक ही कहते हैं।··· "

मनमोहन अपनी माँ को 'मौसी' कहता है। बचपन में ननिहाल में वह पला है, मँझली मौसी के बच्चे उसकी माँ को मौसी कहते थे। मनमोहन ने तभी से 'मौसी' कहना शुरू किया था। मनमोहन को हँसी आती है। मौसी ऐसी ही बोली बोलती है। बोर्डिंग को बोटिन, विराटनगर को विलासनगर, रामनगर को लामनगर !

मनमोहन बिछावन पर बैठकर ओसारे पर धूप आने की प्रतीक्षा कर रहा था। उसके काका ने अलाव के पास से पुकारकर कहा, "क्या मुनीजी, शहर जाकर भी इसी तरह चादर ओढ़कर बैठे रहोगे ? नया 'कोट-जूता' पहनकर जरा बाहर निकलो–'जंटूलमन-इश्टूडंट' बनकर।"

मनमोहन मन-ही-मन हँसता है। काका भी खूब हैं–जेंटिलमैन को जंटूलमन और स्टूडेंट को इश्टुडंट। न जाने कहाँ से सीख आये हैं एक अँगरेजी 'फकड़ा' (फिकरा)–'सनी मनी बनी टू–डनी पीटा वेरी डू–बी-कनी सूगर हू–कीकरता है कीकरटू···।' इसका अर्थ भी वे अन्वय-सहित समझाते हैं–'सनी याने पटसन, मनी माने रुपया, वनो ऊँची दर, डनी माने दंड-बैठक, पीटी माने छाती, वेरी डू माने बहुत ताकत, अर्थात् पटसन का भाव तेज हो तो हर आदमी की छाती में पहलवान की ताकत आ जाती है और बनी याने··· उसको फिर कौन सूगर माने खराब गाली दे सकता है ?' सारांश समझाते हुए अंत में कहेंगे, "मोटा बात–टका धरमो, टका करमा।"

लेकिन आज उसके काका ने ऐसा कोई फिकरा नहीं कहा। बाबूजी 'दिशा-मैदान' से लौटकर 'दतुअन' करने लगे, तो मनमोहन बाहर आया।

कुछ क्षण के लिए धूप में उसका मन उदास हो गया। खलिहान में धान के बोझों पर धूप ! अलाव के पास सकरकंद पकाते हुए बच्चे ! फूले-फुलाए सरसों

के पीले खेत पर ओस की सफेद चादर बिछी हुई है।··· क्या शहर में भी ऐसा ही होगा सब कुछ ? सिमरबनी में तो सब कुछ ऐसा ही है।

मनमोहन के बाबूजी ने कहा, "अपनी किताब-कापी, कलम-पेंसिल, 'उरदुल-खुरदुल-अगड़म-बगड़म' चीजें छोटी 'पेटी' में बंद कर लो।" मनमोहन ने अपनी हँसी को मन में दबा लिया। बाबूजी छोटी-छोटी चीजों को 'उरदुल-खुरदुल-अगड़म-बगड़म' कहते हैं। मनमोहन भी कहता था। लेकिन स्कूल के हेड पंडितजी ने पन्द्रह नम्बर काट लिया था–'रचना' की कापी में। मनमोहन को आज तक याद है–वे पंद्रह शब्द। रचना की पूरी पंक्ति याद है। उसने लिखा था–"हम लोग घर के 'उरदुल-खुरदुल-अगड़म-बगड़म' चीजों का कोई 'वैलू' नहीं लगाते हैं। किन्तु विलैत में ऐसा नहीं होता। वे लोग हम लोगों की तरह फोरट्वंटी नहीं, फोकट के माल में भी इनकम करते हैं। हम लोग अपना ज्यादा टैम··· ।"

मनमोहन की छोटी बहन पुष्पा कहने आई, "मूँदी। भैया ओले।"

उसने बहन को गोद में उठा लिया। पुष्पी मुनीजी नहीं कह सकती, कहती है–मूँदी।

घर में सभी मनमोहन को मुनीजी कहते हैं। नाना का दिया हुआ नाम है। उन्होंने ही 'मानत' करके मनमोहन के सिर में 'जटा' रखवा दी थी, सदनपुर के महादेव मेले में 'मुंडन' हुआ था। मनमोहन को याद नहीं, कुछ। सिर में इमली की तरह लटकती हुई जटाओं के कारण ही 'मुनीजी' कहा होगा उसके नाना ने–ऐसा उसका विश्वास है।

देखते-ही-देखते गाड़ी का समय हो गया। बैलगाड़ी पर बिछावन और बक्स और बोरे लदे। अचानक मनमोहन का मन उमड़ आया। वह माँ से विदा होते समय रो पड़ा। माँ भी रोने लगी। पुष्पा भी। कुसमलाल नौकर भी। सभी रोने लगे।

काका ने आँगन में आकर झिड़की दी, "हे देखो यहाँ की लीला ! अरे, सब-के-सब इस तरह रोता है क्यों ? और मुनीजी तू भी ? स्कौलरसिफ-होल्डर होकर भी ऐसी 'गोबरगनेसी' करता है रे ?"

जब गाड़ी चली तो मनमोहन ने देखा, काका की आँखें भी छलछला आई हैं। काका ने कहा, "अगले एतवार को मैं ऊख और गुड़ लेकर आऊँगा। मन लगाकर पढ़ना मुनीजी !"

स्टेशन पहुँचते-पहुँचते मनमोहन का जी कड़ा हो गया था। स्टेशन-मास्टर को तार खटखटाते देखकर उसको अचरज नहीं हुआ। इसी बार परीक्षा में पूछा गया था–टेलीग्राफ का आविष्कार किसने किया था ?

टेलीग्राफ ही क्यों, इंजन और हवाई जहाज के आविष्कर्ताओं के नाम भी बता सकता है वह !

गाड़ी आई। मनमोहन के बाबू ने कहा, "नया जूता है। सँभलकर पैर रखना पाँवदान पर। फिसल मत जाना।"

बाबूजी ने खुद चढ़ते हुए हाथ पकड़कर उसे भी रेल के डिब्बे में चढ़ाना चाहा। किन्तु मनमोहन खुद हैंडल पकड़कर पाँवदान पर चढ़ गया। गार्ड की सीटी सुनकर मनमोहन ने प्लेटफार्म की ओर झाँककर देखा—सफेद टोप और सफेद कोट-पतलून और सफेद जूता पहले गार्ड साहब ! हाथ में हरी झंडी हिलती हुई ! गाड़ी सीटी देकर खुली। फिर छक्-छक् करती हुई भागी। मनमोहन ने दाहिनी ओर खिड़की से देखा—'खेत-मैदान, पेड़-पौधे, गाँव-घर—सब भाग रहे हैं··· पीछे की ओर।··· वह, वहाँ रहा अपने गाँव का पेड़ !

दो

"एक सवारी··· एक सवारी !"

"टमटम होगा बाबूजी ?"

पोंपों ! टनटन ! टड़रंग !

"ए भैया बचके !"

अररिया-कोर्ट स्टेशन पर पहुँचकर टमटम और बग्घीवालों की चीख-पुकार और छीना-झपटी देख-सुनकर मनमोहन थोड़ा डरा जरूर। लेकिन, उसको अपने काका की चेतावनी याद आई, "तू तो अब स्कौलरसिफ-होल्डर है। डर किस बात का ? कोई पूछे तो अँगरेजी में ही जवाब देना। नहीं समझे तो उर्दू में माने 'काह-कूहे' में बतियाना, माने 'कचराही-बोली' बोलना। गाँव की बोली में जवाब मत देना। नहीं तो कहेगा कि 'देहाती भुच्च' है।"

मनमोहन ने पहली बार ट्रेन की सवारी की है। पहली बार घोड़ा-गाड़ी पर चढ़ा है और पहली बार अररिया-कोर्ट जा रहा है। किन्तु उसे लगता है कि वह बहुत आ चुका है। कुछ भी नया नहीं लगता है। उसका सब कुछ देखा-सुना है। मोड़ के बाद ही मोदी की दुकान होगी। उसके बाद ठाकुरबाड़ी। बाबूजी और काका के मुँह से वह सैकड़ों बार सुन चुका है। उसने जैसी कल्पना की थी, वैसा ही सब कुछ··· । हाई-स्कूल ? दूर से ही देखकर पहचान लिया, मनमोहन ने। सैकड़ों लड़के मैदान में ड्रिल कर रहे हैं, कतार में !

मनमोहन के रोंगटों पर एक फुरहरी-सी लगती है। उसका कलेजा जोर-जोर से धड़कने लगा और चेहरे पर एक तमतमाहट दौड़ गई।

स्कूल की सीढ़ी पर पहली बार पैर रखते समय उनको बाबूजी की चेतावनी याद आई, "फिसल मत पड़ना।"

हेडमास्टर साहब को देखकर मनमोहन डर गया। ऐसा आदमी उसने पहले कभी नहीं देखा। गोरा चेहरा, गोल-मटोल ! भरा-पूरा। सिर पर गिने-चुने केश। दाढ़ी-मूँछ सफाचट मुड़ाये हुए, किन्तु सभी सफेद। उन्होंने जब आँख उठाकर देखा,

तो चश्मे के अन्दर उनकी आँखें छोटी-छोटी 'चित्ती' कौड़ियों जैसी दिखलाई पड़ीं। ··· इतने बड़े और विशाल आदमी की आँखें इतनी छोटी ? नहीं, मनमोहन ने दूसरे क्षण देखा, आँखें बड़ी-बड़ी हैं, लेकिन चश्मे के अन्दर, माने सामने से देखने पर छोटी दिखलाई पड़ती हैं। चश्मे का शीशा··· काँच के गिलास की पेंदी जैसा मोटा है।

"नाम की ?"

"माइ नेम इज···।"

"थामो बापू। हम इंग्रेजी में पूछा ? ऐं ? बोलो ?"

मनमोहन कुछ कहे, इसके पहले ही उसको अपने हेड पंडितजी की चेतावनी याद आयी, "सभी मास्टरों को 'सर' कहना।"

"सर··· !"

"फिन इंग्रेजी ?"

अब मनमोहन के बाबूजी भी घबड़ा गए। उन्हें लगा, हेडमास्टर साहब मनमोहन का नाम नहीं लिखेंगे; क्योंकि वह नाम भी नहीं बता सका अपना ! बोले, 'हुजूर ! देहात का लड़का है। कभी शहर आया नहीं। इसकी उम्र ही क्या··· ?"

मनमोहन को यह अच्छा नहीं लगा। उसने कहा, "महाशय, मेरा नाम मनमोहन राय है।"

"ठीक, ऐसा माफिक बोलो !"

मनमोहन के बाबूजी ने कुछ कहना चाहा तो हेडमास्टर साहब ने मुस्कराकर कहा, "अहिंक बालक थीक ?"[1]

मनमोहन के साथ उसके बाबूजी भी चौंके। फिर हँसे। हँसकर जवाब दिया मनमोहन के बाबू ने, "आब हमर नहि। अपनेहिक बालक !"[2]

हेडमास्टर साहब के साथ ऑफिस में बैठे हुए सभी लोग हँसे। मनमोहन को यह बहुत अच्छा लगा। हेडमास्टर साहब ने उसके बाबूजी को कुर्सी पर बैठने को कहा।

"टेंगर !"

मनमोहन समझ गया, टेंगर यहाँ के चपरासी का नाम होगा।

एक नाटा-भूटा आदमी आया–ठीक मनमोहन के गाँव के शिवलाल महतो जैसा–गले में ठीक वैसी ही कंठी !

"टेंगर ! इस लैड़का को एइट्थ क्लास में पहुँचा यदो। जा बेटा ! हाँ, इधर सुनो। भालो से पड़ा-सोना कोरने से नहीं होगा–बदमाइशी कोरेगा तो हम छोड़ी से पिटाय के बाड़ी पाठाय देगा। बूझा !!"

मनमोहन ने कहा, "जी सर !"

---

1. आप ही का लड़का है ?

2. अब मेरा नहीं, आपका ही लड़का है !

"क्या बूझा ?"

और चलते समय मनमोहन के बाबूजी ने कहा–"तुम पढ़ने जाओ, मैं कचहरी का काम करके तीन बजे आ जाऊँगा। घबराना मत।"

टेंगर के पीछे-पीछे चलते हुए मनमोहन ने हर क्लास की तख्ती की ओर देखा–एलेवन्थ, टेन्थ··· नाइन्थ, एइट्थ।

"आइए जनाबआलू, खाइए सप्तालू···।"

सारा क्लास हँस पड़ा। और, अचरज की बात मनमोहन भी अप्रतिभ होने के बदले हँस पड़ा। मास्टर साहब ने लड़कों को डाँटकर चुप करते हुए मनमोहन से पूछा, "क्या नाम है आपका ?"

"सर, मनमोहन राय।"

"सर मनमोहन··· ?"

इस पर फिर हँसी छूटी। लड़कों को शान्त करने के बाद मास्टर साहब ने कहा, "जाइए सर मनमोहन साहब, आप उस बेंच पर बैठ जाइए !"

मास्टर साहब ने अब गम्भीर होकर सब कुछ पूछा। यह सुनकर कि मनमोहन एक स्कॉलरशिप लेकर आया है, बोले, "जनाब, आते तो हैं सभी मयूर का डैना लगाकर, मगर यहाँ आकर सभी कौए साबित होते हैं।··· ठीक है। सुनिए, हिस्ट्री का क्लास है और नूरजहाँ के बारे में पढ़ाई हो रही थी। हाँ तो मैं क्या कह रहा था ?"

दो-तीन लड़कों ने एक साथ कहा, "सर, नूरजहाँ के बारे में।"

"मगर क्या ?"

एक लड़के ने कहा, "सर, आपने इस नये लड़के से तो नहीं पूछा कि यह फुटबाल···।"

मास्टर साहब ने फिर मुँह और आँख को पहले की तरह गोल करते हुए कहा, "अरे हाँ-आँ-आँ, यह तो पूछना भूल ही गया। हाँ जी, क्या नाम कहा मनमोहन मुरलीवाले···।"

इस पर सारा क्लास फिर ठठाकर हँस पड़ा। मनमोहन को अब बुरा लगने लगा। उसकी आँखें छलछला आईं, चेहरा लाल हो गया। उसने कहा, "सर, मैं फुटबाल खेलना नहीं जानता।"

"जानना होगा।" मास्टर साहब ने टेबुल पर मुक्का मारते हुए कहा, "समझे ? जानना होगा··· ! अच्छा, तो मैं क्या पढ़ा रहा था ?"

दो-तीन लड़कों ने एक ही साथ जवाब दिया, "सर, नूरजहाँ के बारे में।"

"नानसेन्स ! नूरजहाँ के बारे में ! आखिर मैं··· कह क्या रहा था ?"

"सर ! सुना है, इस बार हम लोगों के स्कूल की 'टीम' 'लूकस कप' में नहीं खेलेगी।"

"··· किसने कहा ?" मास्टर साहब चौंके और नाराज होकर बोले, "तुम लोग कहाँ से बेबात की बात सुन लेते हो ? अपनी टीम इस बार 'लूकस कप' में ही नहीं, 'वनैली-शिल्ड' में भी एंटर करेगी।"

मनमोहन ने देखा, मास्टर साहब पढ़ाना छोड़कर फुटबाल के बारे में गप करने लगे। बरामदे पर टेंगर को देखकर वे सतर्क हो गए। फिर बोले, "हाँ, तो मैं नूरजहाँ के बारे में क्या कह रहा था ?"

एक दुबले-पतले लड़के ने, जो अब तक एकदम चुप था, कहा–"सर, आप कह रहे थे कि नूरजहाँ जब पान··· "

"हाँ-आँ-आँ। गू-ड, वेरी गूड। तो नूरजहाँ जब पान खाती थी तो कंठ यानी ··· यहाँ··· (अपनी कंठनली को दिखलाते हुए) लाल-लाल परछाईं दिख पड़ती थी। साफ-साफ ! अब समझो, कैसी खूबसूरत थी !··· होगी नहीं ? जिसका नाम ही नूरजहाँ यानी जहाँ का नूर।··· "

··· टन ! टन !! टन !!!

घंटी बजी तो मास्टर साहब अचानक गुस्सा हो गये, "तुम लोग बेवजह की बात में समय खराब करके मेरा भी समय बरबाद करते हो। अगले दिन नूरजहाँ रटकर आना।"

क्लास से मास्टर साहब के निकलते ही लड़कों ने मनमोहन को घेर लिया।

मनमोहन के बाबूजी ने हेडमास्टर साहब से कहकर उसे छुट्टी दिलवा दी।

मनमोहन के बाबूजी ने पूछा, "कहो मास्टर क्या बोला ? क्या पढ़ाई हुई ? जवाब दे सके या नहीं ?

मनमोहन ने कुनमुनाकर जवाब दिया, "मास्टर साहब बोले कि फुटबाल खेलना जानना होगा।"

मोहरिल मामा को खड़ा देखकर मनमोहन समझ गया कि यही घर है मोहरिल मामा का, जहाँ अब उसे रहना है।

सड़क के किनारे पतली-सी गली में खपरैल के कई अध-उजड़े घर। सामनेवाले घर में एक बीमार-सा घोड़ा मनों लीद के ढेर पर बँधा था। राख की ढेरी के पास कुत्ते और सूअर आपस में लड़ रहे थे और मोहरिल मामा के दरवाजे पर करीब एक दर्जन बच्चे बेवजह शोरगुल मचा रहे थे।

मनमोहन को अच्छा नहीं लगा।

मोहरिल मामा ने बच्चों को डाँटते हुए एक भद्दी गाली दी, फिर मेहमान यानी मनमोहन के बाबूजी की आवभगत करने लगे, "आइए पाहुन, हो गया नाम लिखाना ? 'घूस-ऊस' तो नहीं लिया ?"

मनमोहन के बाबूजी ने कहा, "हेडमास्टर साहब बहुत अच्छे आदमी हैं।"

मोहरिल मामा बोले, "अच्छा ! अरे, भारी 'सनकाहा' है। उसका तो अजीब-अजीब

किस्सा कहते हैं लोग !"

मनमोहन ने देखा, एक काला-कलूटा लड़का दरवाजे के उस पार से उसको जीभ निकालकर दिखला रहा है। मुँह चिढ़ा रहा है।

मनमोहन का मन घर के लिए छटपटा उठा, अचानक !··· मौसी इस समय कलेवा लेकर खड़ी होगी।

तीन

मोहरिल मामा के घर में मच्छरों और खटमलों के अलावा छछून्दरों और चमगादड़ों का भी बड़ा भारी अड्डा था। मनमोहन के बाबूजी रात की गाड़ी से घर वापस चले गये तो मनमोहन बहुत देर तक अंधकार में लेटा रोता रहा। उसे रह-रहकर घर की याद, माँ की याद, छोटी बहन पुष्पी–सभी की याद आई। ट्रेजरी-कचहरी पर पहरा देनेवाले बंदूकधारी सिपाही को दिन में ही देखकर मनमोहन तनिक डरा था। रात में रह-रहकर ट्रेजरी-कचहरी की ओर से एक खौफनाक आवाज आती ··· शहर के चौकीदारों की कर्कश और डरावनी बोली, चमगादड़ों की छटपटाहट, छछून्दरों की कचर-पचर और हजारों-हजार मच्छरों के हजारों-हजार सुइयाँ गड़ानेवाले गीत ! सामनेवाले घर में बँधा हुआ बीमार घोड़ा नाक झाड़ता–फड़र्र !

रात-भर जगा रहा मनमोहन। भोर को न जाने कब नींद आ गई। वह सपना देखने लगा। सपने में उसने देखा कि वह अपने धान के खेत में खड़ा है। धान की कटाई हो रही है। फिर उसने देखा वह अपने बगीचे में है, जहाँ बहुत-से आम हैं। वह एक आम तोड़ता है, ढेला मारकर। आम गिरा जमीन पर। लेकिन गेंद की तरह जमीन पर उछलने लगा। बहुत बड़ी गेंद। मनमोहन ने गेंद को पैर से तनिक छू दिया और गेंद बहुत दूर आसमान में उड़ गई।··· लाल गेंद।··· मनमोहन की माँ हँसती। काका हँसते हैं–"मुनीजी, अरे मुनीजी, तू तो लूकस-कप का पिलियर हो गया एक ही दिन में।"

एक झटका खाकर मनमोहन का सपना टूट गया। उसने आँख खोलकर देखा, मुँह चिढ़ानेवाला लड़का यानी मोहरिल मामा का बड़ा बेटा मटरू दुष्टताभरी हँसी हँस रहा है।··· मटरू ने मनमोहन की नाक में सुतली का 'पलीता' दे दिया था। इसलिए मनमोहन ने उठते ही छींकना आरम्भ किया। मटरू हँसते-हँसते धरती पर लोट-पोट होने लगा और मटरू की माँ यानी मनमोहन की मुँहबोली 'मामी' उधर आँगन में कोसने लगीं, "कैसा है ई लड़िका कुलच्छन कि भोरहि-भोर उठके छींके लगा है। आज एक्को मुअक्किल जो आवे··· 'दलिद्दर' लड़िका कहाँ से उठाके ले ऐलन··· अरे-रे मटरुआ-आ-आ-आ तनि बँगड़वा के खोल दे रे-ए-ए, अरे-रे-मटरुआ--आ-आ !"

मटरुआ अएने बहके हुए बँगड़वा यानी बाँगड़ को लेकर मनमोहन की चौकी के पास अपने करतब दिखला रहा था। उसने बाँगड़ को ललकारकर अपने दोनों हाथों को पहलवान की तरह फैलाया। बाँगड़ अपने अगले दोनों पैरों को उठाकर उससे भिड़ गया। मटरू उछलकर मनमोहन की चौकी पर चढ़ गया और साथ ही बाँगड़ भी। मटरू के बदले बाँगड़ ने मनमोहन को ही दो-तीन 'हुँत्था' लगाकर चौकी से नीचे गिरा दिया।

मटरू हँसता हुआ आँगन की ओर भागा। इधर बाँगड़ ने मनमोहन की नई कापी को चबाना शुरू किया। वह जमीन से उठे-उठे कि बाँगड़ ने उसके बिछावन पर मल-मूत्र त्याग करना शुरू कर दिया था। उसने पास पड़े एक डण्डे से बाँगड़ को डराया। मगर बाँगड़ बड़ा निडर था; आगे बढ़ आया और अपने ओंठ के ऊपरी हिस्से को संकुचित करते हुए, मुँह उठाकर अपनी बोली में न जाने क्या बोलने लगा। मनमोहन को लगा, बाँगड़ ने निश्चय ही कोई चिढ़ानेवाली, भद्दी गाली दी है।... वह मुँह चिढ़ा रहा है।

उधर मटरू चिल्लाया—"अरे भैया रे-ए-ए ! बँगड़वा के मार डण्डन के मुआ देलकऊ रे ए-ए-अरे-मै-या-या !"

और अचरज की बात ! अचानक बाँगड़ ने भी इस तरह मिमियाना शुरू किया, मानो उस पर बहुत मार पड़ी हो।

मटरू की माँ ने मनमोहन को पहली चेतावनी दी, "यहाँ रहना है तो बाँगड़, बत्तख या बच्चे पर कभी हाथ न उठाना। देहात नहीं है यह। और रोज सुबह 'किरिन' उगने के पहले ही यहाँ से बिछावन समेटकर बाहर में रखना होगा; क्योंकि मुअक्किल लोगों के बैठने की यही जगह है।"

मोहरिल मामा हाथ में लोटा लटकाये हुए आये। मटरू की माँ को इस तरह झिड़कते हुए देखकर ठिठक गये। फिर बोले, "क्या बात है ?"

फिर मोहरिल मामा ने उससे कहा, "सब कुछ साथ लाये, मगर एक लोटा नहीं होने से कैसे काम चलेगा ?... वह, वहाँ देखो। वह अलमुनियम का लोटा है, चाहे वह 'डिब्बा' है—पानी भरकर सरकारी 'बमपुलिस' में चले जाओ या मन हो तो नदी की ओर जाओ। दिशा-मैदान से हो आओ।"

काका के मुँह से कई बार मनमोहन अररिया-कोर्ट के सरकारी 'बमपुलिस' का किस्सा सुन चुका था। इसलिए उसने नदी की ओर जाना ठीक समझा।

मोहरिल मामा ने अपने बड़े बेटे को पुकारकर कहा, "मटरू, ले जा मनमोहन भैया को नदी की ओर।"

वह मटरू को अपने साथ नहीं लेना चाहता था, किन्तु मटरू चाहता था। कुछ दूर तक चुपचाप चलने के बाद मटरू ने कहा, "बीड़ी पीते हो ?"

"नहीं। और तुम ?"

"दुगो पैसा दोगे ?"

"क्या करोगे ?"

"बीड़ी खरीदूँगा।"

"नहीं, बीड़ी क्यों पीते हो ?" तुम्हारे बाबूजी··· मोहरिल मामा जानते हैं ?"

"नहीं, चुराकर पीता हूँ, आदत लग गई है।"

"तुम किस दर्जे में पढ़ते हो ?"

मटरू ने कहा, "अब खुद चले जाओ। पूरब ओर नदी है।"

मटरू उसी गली से अपने किसी यार को आवाज देने लगा, "टेंगना है रे-ए-ए ! आ देख, ए गो 'देहाती भुच्च' आया है। आके देख जरा।"

मनमोहन को नदी का किनारा बहुत अच्छा लगा। दूर तक बालू का बिछावन। बिछावन पर पड़ी हुई यह पतली-सी परमान नदी की धारा। चारों ओर कुहासा है। सूरज बाँस-भर ऊपर उग आया है, लेकिन कुहरे में दुबका ऊँघ-सा रहा है।

मनमोहन ने पानी छूकर देखा, गर्म है। उसने कुल्ली की, दातोन किया। बहुत देर तक घाट पर बैठा रहा। अचानक अपना नाम सुनकर वह चौंका। उसने उलटकर देखा, उसके क्लास का एक लड़का जो बहुत चुपचाप रहता है, जिसने कल मास्टर साहब को याद दिलाया था कि नूरजहाँ जब पान खाती थी···।

उसने पूछा, "यहाँ क्यों बैठे हो ? इधर ही रहते हो तुम ?"

मनमोहन ने सब कुछ बतलाया। उस लड़के ने कहा, "मेरा नाम रवीन्द्र है–रवीन्द्र खत्री। पुकारते हैं 'रोबी' कहकर।"

मनमोहन को अपने बाबूजी तथा काका की कही हुई बातें याद आईं। खत्री साहेब वकील की बहुत-सी कहानियाँ सुन चुका था। उसने पूछा, "खत्री साहब वकील आपके कौन लगेंगे ?"

रोबी ने कहा, "मुझे 'आप' क्यों कहते हो ? मेरे पिताजी हैं··· क्यों··· ?"

"ऐसे ही पूछ रहा था। उनका खूब नाम है।"

"तुम्हारे बाबूजी खेती करते हैं ? कितनी दूर है तुम्हारा गाँव यहाँ से ?"

"··· बस, चार स्टेशन।"

तेज सीटी की आवाज आई तो रोबी ने कहा, "कालू आ रहा है। कालीप्रसन्न घोष। वही लड़का, कल हफीज साहब को फुटवाल की बात में उलझा रखनेवाला···।"

"कौन हफीज साहब ?"

"हिस्ट्री और गेम्स-टीचर !"

मनमोहन को अब मालूम हुआ कि कलवाले मास्टर साहब को हफीज साहब कहते हैं।

कालू, ठीक रोबी का उल्टा। रोबी कम बोलता है, शान्त स्वभाव का है, किन्तु कालू ने आते ही चुटकी ली, "क्या जी मनमोहन मुरलीवाला ! तुम्हारा 'बासा' इधर ही है ?··· किस··· मुहरिल के यहाँ ? सोखालाल मुहरिल तुम्हारा मामा है ? अपना मामा हो या पराया मामा–सोखालाल को लोग यहाँ धोखालाल कहते हैं। नम्बरी चार सौ बीस। और, उसके घर में जगह कहाँ है ? हमने तो देखा है।

हमारे बाबूजी का भी काम करता था···।"

मनमोहन को मालूम हुआ कि कालू के पिता भी वकील हैं। बड़े भाई लोग डाक्टरी, वकालत और साइंस पढ़ रहे हैं। कालू के साथ उसका कुत्ता भी था। मनमोहन को कुत्ते के नाम पर हँसी आई–भालू !··· कालू का कुत्ता भालू !

मनमोहन को थोड़ी ही देर में अपने स्कूल और क्लास के बारे में बहुत कुछ मालूम हो गया··· हेडमास्टर साहब 'तीन एम. ए.' पास हैं, मगर थोड़ा सनकी हैं। अंग्रेजी जिसको ठिकाने से पढ़ा दें, वह अंग्रेजों की भी गलती निकाल दे। हफीज साहब का विषय 'हिस्ट्री' है। किताब देखकर अक्षर-अक्षर रटकर जवाब देनेवाले को पूरा नम्बर देते हैं। अपनी भाषा में सही लिखने पर भी नम्बर काट लेते हैं। ··· पढ़ाने से ज्यादा फुटबाल का किस्सा सुनते-सुनाते हैं। स्कूल के सेक्रेटरी के अपने आदमी हैं, नहीं तो···।

'क्लास-टीचर' के बारे में रोबी और कालू ने बतलाया, "प्रमोद बाबू एक मिनट भी देर से जाने पर–'अबसेंट'। ऐसा कड़ा टीचर एक भी नहीं सारे पूर्णिया जिले में।··· मारते नहीं हैं, मगर एक बार जिसको ठिकाने से घुड़क दें, उसको दाँती लग जाय।"

कालू ने चलते समय मनमोहन को चेतावनी दी थी, "मुरलीवाले ! एक बात, क्लास के दो-तीन लड़कों से हमेशा होशियार रहना। जुगल भारी चोर है। अरे, वही जो कल तुमको बार-बार 'जनाबआलू' कहता था। और इस्माइल···।"

मनमोहन ने पूछा, "यह 'जनाबआलू' क्या है ? कल मास्टर साहब ने भी कहा था।"

"जनाबआलू, माने घोड़े का डिम !" कालू बोला, "हफीज साहब सभी लड़कों से इसी तरह 'जोक' करते हैं।"

"जोंक ?"

"जोंक नहीं जोक जी–माने दिल्लगी !"

मनमोहन अपने डेरे पर लौट आया। उसको अचरज हुआ। थोड़ी देर पहले मटरू का जो रूप उसने देखा था, ठीक उसका उल्टा। मटरू ने कहा, "भैया आप कहाँ थे ? बाबूजी आपको खोजने के लिए गये हैं। चलिए, नाश्ता कर लीजिए।"

सुबह चेतावनी देनेवाली मामी का मन भी बदला हुआ था। मनमोहन को अन्दर बुलाकर बहुत प्यार से बोलीं, "बबुआ, बाहर मुअक्किल लोगों की जगह है। तुम्हारा बिछावन आँगन में ही लगा देने को कहा है तुम्हारे मामा ने। मुँह-हाथ धो चुके ? आओ कलेवा कर लो।"

मनमोहन ने देखा, उसके घर से आई हुई चूड़ा और चावल की बोरियाँ खुली हुई हैं। मामा की बड़ी बेटी शरबतिया पसेरा-तराजू लेकर तौल रही है।··· मनमोहन की माँ ने सबसे महीन चावल, मूँग की दाल, आलू और पाँच सेर 'तेजपत्ता' दिया था। मनमोहन के बगीचे में तेजपत्ता यानी 'पतरस' का पेड़ है।

शरबतिया दीदी ने पूछा, "पतरस का पेड़ होता है या लत्ती ?"

मनमोहन कलेवा करके बाहर जाने लगा तो शरबतिया दीदी बोली, "बाहर क्यों जाते हो ? अपनी कोठरी या बरामदे पर बैठकर पढ़ो।"

मनमोहन को बार-बार हर बात पर अचरज होता है। बाहर इतना गंदा और भीतर इतना साफ ? अपनी कोठरी को देखकर उसका मन प्रसन्न हो गया। चौकी पर बिछावन बिछा हुआ है। खिड़की के पास एक छोटे टेबुल पर उसकी किताबें सजाई हुई हैं। शरबतिया दीदी ने कहा, "अपना ही घर समझना। किसी चीज की जरूरत हो तो लजाना मत।··· मटरुआ बदमाशी करे तो तमाचे लगा देना।"

मामी बोलीं, "बेटा ! मेरे कहे का बुरा मत मानना। मुझे क्या मालूम ? जब तुम्हारे मामू ने बतलाया तो लाज के मारे मैं 'कठा' गई !··· मांस-मछली खाते हो या नहीं ?"

शरबतिया दीदी की हँसी ! हरदम हँसती रहती है। लगता है, शरबतिया दीदी से जाने कितने दिनों की जान-पहचान है।··· न जाने कितने दिनों की।

नहाने के बाद मनमोहन धूप में बैठा हुआ था। शरबतिया दीदी बोली, "साढ़े नौ बज रहे हैं। अब तैयार हो जाओ। डेढ़ बजे टिफिन में आकर 'भात' खाओगे या अभी ?"

शरबतिया दीदी कंघी से मनमोहन का केश सँवारने लगी। मनमोहन लजाया तो वह ठठाकर हँस पड़ी, "अरे ! बहिन से लजाता है, पगला !··· भैया, देख कैसा घुँघर-घुँघर केश है ?"

मनमोहन आईने में अपना मुँह और शरबतिया दीदी के हाथ की कंघी को देखता रहा।··· शरबतिया दीदी की शादी नहीं हुई है, शायद। सिन्दूर नहीं, टीका लगाती है सिर्फ !

स्कूल आते समय मनमोहन ने उलटकर देखा। शरबतिया दीदी दरवाजे के पास खड़ी मुस्करा रही थी और मटरू चुपचाप खड़ा था। उसने सुना, मटरू पूछ रहा था, मोहन भैया फिर आयेंगे न दीदी ?

चार

रविवार को तड़के ही उठकर मनमोहन बाहर निकला। उसने देखा, मामी अँगीठी ताप रही हैं और हुक्का पी रही हैं। मनमोहन बोला, "आज काका आयेंगे, शायद। इसी गाड़ी से।"

मटरू आँख मलता हुआ बाहर आया। उसने शाम को ही मनमोहन से कहा है, सुबह को चौराहे पर वह भी भैया के साथ जायगा।

दोनों चौराहे की ओर चले। पोस्ट ऑफिस के पास खड़े होकर बहुत देर तक घोड़ागाड़ियों के आने की प्रतीक्षा करते रहे दोनों।

एक बोझा 'ऊख' और एक बोरा भेली-गुड़ और एक हाँड़ी दही !

मामा के आँगन में शोर भर गया। बच्चे-बच्चियों को लेकर पास-पड़ोस की औरतें जुटने लगीं। शरबतिया ने ऊख के टुकड़े और भेली-गुड़ देकर सभी को विदा किया।

एक पड़ोसिन ने कहा, "और दही ? दही नहीं बाँटोगी ?"

इस बार मामी ने टोका, "बहिन, 'परजात-परमिन' का बच्चा है। माँ-बाप ने अपने लड़के के लिए भेजा है और मैं यहाँ 'सदाबरत' कर दूँ ! ऊख और गुड़ तो दिया सभी को।"

मनमोहन के काका ने सुना तो कहा, "मुनीजी अकेले एक हाँड़ी दही खाएगा ? बाँट दीजिए न। दही का अकाल है, भला ? आ जाएगी फिर एक हाँड़ी।"'

मामी ने तुरत-परिचित मनमोहन के काका को आँख की 'मटकी' से बतला दिया कि ये लोग अपने कोई नहीं।

बाद में बोली, "दही मैं सबसे पहले 'बबुआ' को परोसूँगी, तब किसी और को। इन लोगों को क्या, गंध लेती रहती हैं। आकर जुट जाएँगी।"

मनमोहन ने देखा, काका ने तुरत मामी से हेल-मेल कर लिया। मामी कहती हैं–'छोटके पाहुन !'

बहुत देर तक मनमोहन अपने काका को अपने छह दिनों का अनुभव सुनाता रहा।··· हेडमास्टर साहेब के बारे में··· हफीज साहब की नकल··· क्लास के बदमाश लड़के इस्माइल की हरकतें··· थोथना पंडित के किस्से··· !

मनमोहन के काका की हँसी एक बार छूटी तो घंटों हँसते रहे, "अरे मुनीजी ! यह हाई-स्कूल सचमुच पढ़ने के काबिल है। मेरा भी मन नाम लिखा लेने को करता है। वाह ! क्या-क्या नाम हैं। हाफिज साहब और थोथना पंडित ! वाह !"

मनमोहन ने धीरे-से कहा, "काका ! जोर से मत बोलिए। कोई सुन लेगा।"

मनमोहन ने बतलाया, "असल में थोथना पंडितजी का नाम बनखंडी ओझा है। मगर, खैनी बहुत खाते हैं और हमेशा ओठों में भरकर बतियाते हैं। और बस एक ही धमकी देते हैं, लड़कों को–'थोथना चूर देंगे।' बस, इसीलिए क्लास के सभी लड़के उनको 'थोथना पंडित' कहते हैं।"

"कोई खोखना मास्टर भी है ?'

अब मनमोहन की बारी थी। ऐसी खिलखिलाहट के साथ पेट में बल पड़ जानेवाली हँसी मनमोहन को बहुत दिनों के बाद आयी थी। वह चौकी पर लोट-पोट हो गया। तब तक शरबतिया दीदी आ गई थी, "वाह ! दोनों चाचा-भतीजा, मिलकर फुलझड़ी उड़ा रहे हैं, यह क्या बात है ?"

मनमोहन ने अपनी हँसी को सँभालकर कहा, "हाँ ! खोखना मास्टर भी हैं। एक मौलवी साहब हैं। उर्दू पढ़ाते हैं। काले हैं, मगर सफेद दाढ़ी, एकदम सफेद कुर्ता, सादा पैजामा और जूता भी सादा। इतने कड़े हैं कि उर्दू पढ़ाते समय बहुत लड़कों को 'खाँसी-उकासी' करवा देते हैं। कहते हैं कि 'हलक' से आवाज निकालो

और 'हलक' से आवाज निकलते समय लड़के खाँसने लगते हैं। इसलिए खोखना मौलवी नाम चालू कर दिया है, लड़कों ने।"

··· शरबतिया दीदी जब हँसती है तो उसके दाँत और भी अच्छे लगते हैं। शरबतिया दीदी ने पूछा, "छोटके फूफा ! आप मांस-मछली खाते हैं, तो ?"

"हम सरबभच्छी हैं।"

मामी आईं और बैठ गईं। फिर मुस्कराकर काका से पूछने लगीं, "छोटके पाहुन का गौना हुआ या नहीं ?"

मनमोहन ने ताड़ लिया–काका लाज के मारे गड़ गये ! इसलिए उसी ने कहा, "काकी का स्वर्गवास हो गया।"

"अरे !··· कब ?"

"पिछले साल !"

"गौना के पहले ही ?"

"हाँ !"

"कहाँ शादी हुई थी ?"

"कटिहार के पास एक गाँव है, पाँकी-टिकैली।"

'चः चः' करती हुई मामी बोले, "आदमी की जिन्दगी का क्या ठीक !"

काका ने बहुत देर के बाद हुँकारी भरी, "सो तो ठीक है।"

मामी अब अपने दुःख और अपनी इकलौती बेटी के फूटे हुए कपाल की कहानी सुनाने लगीं, "छोटके पाहुन, जब बेटी की खाली 'सींथ' पर नजर पड़ती है तो लगता है, कलेजे पर किसी ने गरम लोहा रख दिया··· "

मामी इससे आगे कुछ नहीं बोल सकीं। गला भर आया और आँखों से आँसू झरने लगे। अपने काका के साथ मनमोहन ने भी सुना शरबतिया की शादी का किस्सा ! किस तरह 'सहुआइन-धर्मशाला' में बराती खचाखच भर गये थे। अँगरेजी बाजा–खास दानापुर का–बाजेवाले की वर्दी ऐसी थी कि लोग देखते ही रह जाएँ, दूल्हा इनट्रेंस में पढ़ता था, इसलिए बराती में उसके स्कूल के सभी मास्टर और लड़के आये थे और बराती और शहरवालों में भारी 'मैच' हुआ था, जिसे देखने के लिए शहर-भर के लोग उमड़ पड़े थे।··· मगर, इसी को कहते हैं भगवान् की मार ! शादी के बाद ही दूल्हा की 'मति' मार दी 'गन्हींबाबा' के चेलों ने। पढ़ाई-लिखाई छोड़कर 'मोटिया खद्धड़' पहनकर 'सुराजी' काम करने लगा। अंग्रेज बहादुर से वैर मोल लेकर कौन पार पा सकता है ?··· सो, पुलिस-दारोगा ने पकड़कर इतना मारा कि 'जेहल' पहुँचते-पहुँचते··· !

मामी फिर रोने लगीं। शरबतिया दीदी ने आकर झिड़की दी, "मैया ! तू यहाँ बैठकर किस्सा सुना रही है। उधर, सालन चढ़ा हुआ है चूल्हे पर।"

मामी आँख पोंछती हुई उठीं। मनमोहन ने इस बार शरबतिया को गौर से देखा। माँ कहती थी, जिस लड़की का कपाल चौड़ा हो, वह जवानी में ही बेवा हो जाती है··· गाँव की मैनी, दयावती, महावती ! सभी बहनों के कपाल चौड़े हैं

और सभी बेवा !··· मनमोहन ने देखा, काका भी शरबतिया को बहुत 'दयाभाव' से देख रहे हैं। गाँव के बाबाजी रामगोसाईं भी दुःखी आदमी को इसी तरह देखते हैं।

काका साँझ की गाड़ी से वापस चले गये। जाते समय कह गये "मुनीजी, होली की छुट्टी में मटरू और शरबतिया को अपने साथ लेते आना।"

मामा ने कहा, "ठीक है।"

मनमोहन बहुत देर तक उदास खड़ा देखता रहा। टमटम जब आँख से ओझल हुआ तो उसने उलटकर देखा—शरबतिया चुपचाप खड़ी है। बोली "बस, अब और एक ही महीना रह गया है, होली पर्व को···।"

पाँच

उस दिन मनमोहन जब क्लास में पहुँचा तो उसने देखा 'सीनियर क्लास' का लड़का डेस्क पर छोटी-सी प्याली में 'तकली' चला रहा है, लड़के उसको घेरकर खड़े हैं और वह 'दनादन' महीन सूत कातता और लपेटता जा रहा है। उसकी खद्दर की कमीज पर नजर पड़ते ही मनमोहन को मामी की बात, शरबतिया के दूल्हे की बात याद आ गई।

कालू ने कहा, "प्रियोदा हैं। सेकेण्ड मास्टर साहब का सबसे छोटा बेटा। पढ़ने में बहुत तेज और भीषण साहसी···।"

मनमोहन की आँखों के आगे बहुत देर तक 'प्रियोदा' के कुर्ते पर टँकी हुई 'गोल चकत्ती' की तस्वीर छाई रही—जंजीर में जकड़ी एक देवी की मूर्ति। नीचे लिखा हुआ था—बन्दे मातरम् !

प्रमोद बाबू ने उस दिन मनमोहन की ओर पहली बार घुड़ककर देखा। जुगल के कारण उसको हफीज साहब ने भी झिड़की दी थी—शुक्रवार को। इस्माइल ने उसे चिढ़ाना शुरू किया और सोमवार को इस्माइल के चलते ही प्रमोद बाबू ने दो मिनट तक उसकी ओर आँखें फाड़-फाड़कर देखा। मनमोहन की देह में कँपकँपी समा गई। उसने हकलाते हुए कहा, "सर ! इस्माइल मुझे चिढ़ाता है।"

प्रमोद बाबू ने कहा, "तुम दोनों बेंच पर खड़े हो जाओ।"

इस्माइल रोज किसी-न-किसी 'घंटी' में बेंच पर खड़ा होता था, इसलिए वह तुरन्त हाथ में किताब लेकर बेंच पर खड़ा हो गया, किन्तु मनमोहन चुपचाप अडिग खड़ा रहा। प्रमोद बाबू ने कड़ककर कहा, "स्टैंड अप ऑन दि बेंच।"

मनमोहन फूट-फूटकर रो पड़ा। प्रमोद बाबू और जोर से चिल्लाने लगे—"खड़ा होता है या नहीं ?"

उस दिन जब मनमोहन लौटा तो शरबतिया दीदी और मटरू उसकी सूरत देखकर अवाक् रह गये।··· सूजी हुई आँखें लाल-लाल! आँखें चार होते ही मनमोहन फफककर रोने लगा। मामी दौड़ी आईं। शरबतिया पूछती रही, मगर मनमोहन बस एक ही जवाब देता, "मैं यहाँ नहीं पढ़ूँगा। मैं आज ही घर जाऊँगा। अभी···।"

मोहरिल मामा उसे समझाने लगे, "बबुआ, कहावत है न–'जौ गूड़ गंजन सहै तो मिसरी नाम धराय'–गुरु का गंजन तो आशीर्वाद है। जिला-भर में इस स्कूल का नाम है। यहाँ नहीं पढ़ोगे तो फिर कहाँ···?"

मटरू ने आकर कहा, "फूफाजी आये हैं।"

फूफाजी अर्थात् मनमोहन के पिताजी।

मोहरिल मामा दौड़कर बाहर गये। तब शरबतिया मनमोहन के पास आकर बड़े प्यार से बोली, "मोहन! छिः! आँखें पोंछो। जाकर बाबूजी को प्रणाम करो, इस तरह नहीं रोते।"

मनमोहन को शरबतिया के आँचल की गन्ध लगी। माँ के आँचल से भी ऐसी ही गन्ध आती है–नमकीन गन्ध!

मनमोहन जब आँगन से बाहर आया तो उसने देखा, उसके बाबूजी मंद-मंद मुस्करा रहे हैं। बोले–"क्यों? मास्टर साहब ने मारा था क्या? क्यों मारा था?"

मनमोहन कुछ बोले, इसके पहले ही मोहरिल मामा ने जवाब दिया, "यहाँ के मास्टरों की यही आदत है। जहाँ कोई देहाती का धनी लड़का आया कि बेवजह मारपीट करने लगते हैं ताकि 'ट्युशन' पढ़े। और जो ट्युशन पढ़ता है उसको इम्तिहान का सवाल पहले ही बता देते हैं।"

मनमोहन के बाबूजी ने कहा, "घर में क्या करोगे? भैंस चराओगे?"

रात में बहुत देर तक उसके बाबूजी ने समझाया कि बिना पढ़े-लिखे आदमी सब दिन बैल रह जाता है। "··· देखते नहीं, चार अच्छर अंग्रेजी में कुछ लिखवाना या पढ़वाना होता है तो पाँच रुपये बतौर फीस के पहले ही देने पड़ते हैं।··· बदमाश लड़कों की संगति ठीक नहीं। तुम्हारे मास्टर साहब ने सजा दी–ठीक ही किया है। मन लगाकर पढ़ोगे, तो सभी मास्टर प्यार करेंगे।"

दूसरे दिन प्रमोद बाबू के एक सवाल का जवाब क्लास के किसी लड़के ने नहीं दिया–मनमोहन को छोड़कर। प्रमोद बाबू की आँखें, जिनसे हमेशा चिनगारी निकलती रहती है, एकदम बदल गईं। उन्होंने प्रसन्न होकर कहा–"तुम सबसे अगली बेंच पर बैठा करो।"

अचरज की बात! सभी शिक्षकों के क्लास में मनमोहन ने सही-सही जवाब दिये, सिर्फ हफीज साहब ने कहा, "पढ़ाई-लिखाई ही नहीं, खेल-कूद में भी बढ़िया करना होगा।"

बाबूजी स्कूल आये। मनमोहन ने धीरे-से कहा, "बाबूजी, आपने ठीक ही कहा

था।"

मनमोहन ने देखा, उसके बाबूजी का मुरझाया चेहरा अचानक खिल गया। बोले, "मैंने कहा था न !"

डेरे पर लौटकर मनमोहन को मालूम हुआ कि बाबूजी उसको 'बोर्डिंग' में रखना चाहते हैं। शरबतिया बोली, "फूफाजी से मास्टरों ने कहा है कि बाहर रखने से लड़का बिगड़ जायगा।"

मामी उदास थीं। मटरू को शायद मार पड़ी थी, इसीलिए वह चुपचाप बैठा था। बाँगड़ को पड़ोसी रघु मोहरिल के लड़के ने फाटक में दे दिया है–मोहरिल मामा पंचायत करवाने गये हैं। शरबतिया भी उदास थी।

मनमोहन के बाबूजी वकील के घर से लौट आये। बोले–"बबुआ, पन्द्रह तारीख से बोर्डिंग में रहने का इन्तजाम कर दिया है...।"

मनमोहन ने बीच में बात काटते हुए कहा, "नहीं बाबूजी, मैं बोर्डिंग में नहीं रहूँगा।"

"लेकिन हेडमास्टर साहब कह रहे थे कि बाहर रहने से...।"

"ठीक है, इम्तहान में फेल करूँगा, तब जहाँ चाहें भर्ती करवा दीजिएगा।"

मनमोहन के बाबूजी को अपने बेटे की बात सुनकर आनन्द हुआ।... इतने ही दिनों में किस तरह समझदारी की बातें करने लगा है ! और, कल रो रहा था कि यहाँ नहीं पढ़ूँगा !

साइकिल से दो लड़के उतरे। मनमोहन के बाबूजी ने पहचाना–खत्री साहेब वकील का बेटा है।

रवीन्द्र और कालू ने आते ही कहा, "मोना ! जल्दी करो, समय हो गया है।"

मनमोहन ने बाबूजी ने पूछा, "ये लोग तुमको 'मोना' कहते हैं ?"

मनमोहन ने मुस्कुराकर जवाब दिया, "जी ! कभी मोना, कभी मोहन मुरलीवाला... "

तीनों को एक साथ जाते देखकर मनमोहन के बाबूजी की आँखें न जाने क्यों भर आईं ! पास खड़ी शरबतिया ने कहा, "फूफाजी ! मोहन की भी एक साइकिल खरीद दीजिए !"

छह

शरबतिया को यह क्या हो गया ? मनमोहन जब से आया है, वह एकदम बदल गई है। पहले किसी काम में जी नहीं लगता था; दिनभर पड़ी रहने को जी करता था। पड़ोस की सहेलियाँ तानें देतीं। माँ गालियाँ सुनातीं और कभी-कभी बाप भी बरस पड़ते, "इस तरह दुःख-सन्ताप और बढ़ेगा, घटेगा नहीं।"

लेकिन मनमोहन के आने के बाद से वह दिन-भर फिरकी की तरह काम करती रहती है। सुबह उठकर कलेवा तैयार करना। फिर रसोई बनाकर मनमोहन और बाबूजी को खिला-पिलाकर थोड़ी देर के लिए छुट्टी। इसके बाद गन्दे कपड़े मटरू, मनमोहन और बाप के साफ करने में जुट जाती। दोपहर में कुछ क्षण मनमोहन की चौकी पर लेटकर आराम करती। दिन ढलने के पहले फिर घर के काम में जुट जाती।

जिस दिन मनमोहन रोता हुआ घर वापस आया था, शरबतिया की इच्छा हुई थी कि वह बार-बार मनमोहन को चुप कराके शान्त करे। मगर मन में जो कुछ होता है, उसे किया नहीं जा सकता।··· थोड़ी देर पहले उसके जी में आया था कि वह भी मनमोहन के साथ चली चले। वे लोग संन्यासी-आश्रम' में गये हैं। वहाँ कोई स्वामीजी आये हैं, उपदेश देने के लिए।

··· शरबतिया को कभी-कभी लगता है, मनमोहन उसका··· उसका··· बेटा है!

मनमोहन के बाबूजी बोले, "बेटी ! मैं रात की गाड़ी से ही चला जाऊँगा। मोहरिल तो अभी तक लौटा नहीं। ये रुपये रख लो। बबुआ के कपड़े के लिए। कह रहा था 'स्काउट' का ड्रेस पन्द्रह तारीख के पहले ही तैयार करवाने की नोटिस दी गई है।

शरबतिया बोली, "मोहन तो अब लौट ही रहा होगा। रात में क्यों जाइएगा ? सुबह की गाड़ी··· ।"

शरबतिया की माँ आँगन से सुन रही थी। बोली, "ठीक ही तो कहती है सरो, रात में क्यों जाइएगा ?"

मनमोहन के बाबूजी बोले,··· "सप्ताह में तीन-चार दिन तो यहीं रहता हूँ। फिर परसों आऊँगा पोखर की मछली लेकर।"

शरबतिया की माँ बोली, "जब बेटा वकालत पास कर लेगा, "मामला-मुकदिमा के झंझट से तभी छुट्टी मिलेगी।"

"सब भगवान के हाथ में है।"

मनमोहन के बाबूजी का टमटम चौराहे पर नहीं गया होगा कि मनमोहन दल-बल के साथ लौट आया। शरबतिया ने कहा, "फूफाजी राह ताककर चले गये। भेंट करनी है तो अपने सभी लोगों से कहो, साइकिल से··· ।"

मनमोहन ने ओठों को बिदकाकर कहा, "भेंट क्या करनी है ! हर तीसरे दिन तो आते ही हैं।"

शरबतिया ने चुटकी ली, "तीन दिन पहले कौन 'भूत' सवार हुआ था ? गाँव का 'जीन-पीर'··· ? घर जाएँगे, घर जाएँगे। अभी जाएँगे।"

मनमोहन ने लाज छिपाने के लिए शरबतिया के हाथ में चिकोटी काटी।

शरबतिया हँसती हुई चीखी··· "इस्स" !

लेकिन मटरू को यह अच्छा नहीं लगा।

मटरू जब मनमोहन के पास अकेला होता है, मोहन भैया का आज्ञाकारी छोटा

भाई हो जाता है। ज्यों ही शरबतिया आई कि दिल बदल जाता है। जी में होता है कि मनमोहन की किताबें चुराकर नदी में फेंक आये; बाँगड़ को उसके बिछावन पर बाँध दे। और जब शरबतिया मनमोहन के बालों को सँवारने लगती है, तो उसका जी जलने लगता है।··· कहीं से एक कैंची लाकर एक रात मनमोहन के बाल काट देगा। अभी जब मनमोहन ने शरबतिया दीदी को चिकोटी काटी, मटरू की कनपटी गरम हो गई।

शरबतिया ने पूछा, "क्या कहा स्वामीजी ने ? परसाद-उरसाद भी मिला ?"

मनमोहन बोला, "दीदी ! स्वामीजी की सभी बातें तो समझ में नहीं आईं। लेकिन, बार-बार उन्होंने जोर देकर जो बात कही, उसका यही मतलब था कि कमजोर शरीर से दुनिया में कोई काम नहीं होगा।"

मटरू ने आँगन में अपनी माँ को चुपके से बतलाया, "मोहन भैया ने दीदी को चिकोटी काट ली।"

माँ बोली, "तो तेरा क्या बिगड़ा ?"

मटरू ने उदास होकर कहा, "दीदी मुझ पर हमेशा गुस्सा करती है और मोहन भैया से हँस-हँसकर बोलती है।"

माँ ने हँसी को दबाकर पुकारा, "सुनती है सरो, मटरू क्या कहता है ?"

शरबतिया ने जवाब दिया, "मटरू आजकल दिन-भर टेंगनवाँ के साथ बीड़ी धौंकता रहता है। उसका मुँह सूँघकर देख !"

मटरू ने मन-ही-मन कहा, "तुम मना करोगी तो और भी पीऊँगा।"

मनमोहन मुँह-हाथ धोकर पढ़ने के लिए बैठा। शरबतिया पास में ही बैठी मटर की छीमी छुड़ाने लगी। बोली, "स्काउट में नाम लिखाये हो तुम ?"

"क्यों ? सभी को भर्ती होना पड़ता है।"

"स्काउट बनकर क्या करते हैं ?"

"काम क्या करना होगा ? ड्रिल करते हैं और मेला-बाजार लगता है, तब लोगों की सेवा करने के लिए जाते हैं।" असल में मनमोहन भी पूरी तरह नहीं जानता कि 'स्काउट' का क्या-क्या काम है।

शरबतिया बोली, "उसके लिए ड्रेस बनवानी होगी ?"

"हाँ, बाबूजी से कह दिया है।"

"बाबूजी ने दाम दे दिया है।"

"दिया है ? ठीक है, कल ही कपड़ा खरीद लूँगा। प्रियोदा ने कहा है, खादी कपड़ा खरीदना।"

"कौन प्रियोदा ?"

"सैकेण्ड मास्टर साहब के छोटे लड़के। तकली कातते हैं। अपने हाथ से कते हुए सूत का ही कपड़ा पहनते हैं···।"

हठात् शरबतिया के चेहरे का रंग बदलते देखकर मनमोहन को ख्याल हुआ कि शरबतिया का दूल्हा भी खादी पहनता था। उसने बात को मोड़ने के लिए

कहा, "जानती है दीदी, सरस्वती-पूजा में 'भक्त ध्रुव' नाटक होगा, हम लोगों के स्कूल में।"

"तुम भी 'पाट' करोगे ?"

"कल बतलाऊँगा।"

"क्यों ?"

"कल चुनाव होगा। गाना और 'पाट' पढ़वाकर। तब 'पाट' बँटेगा।"

मनमोहन ने 'भक्त ध्रुव' की कहानी सुनाई। किस्सा सुनते-सुनते शरबतिया कई बार रोने-राने को हुई, लेकिन उसने मन पर काबू पा लिया। मटरू न जाने कब आकर किस्सा सुनने में मगन हो गया था। कहानी समाप्त होने पर उसने कहा, "मोहन भैया कितना बढ़िया किस्सा जानते हैं। और तू तो दीदी, बस 'एक था बकरचरवाहा और एक था लकड़सुँघवा' का किस्सा ही जानती है।"

"जा-जा ! बकरचरवाहा को बकरचरवाहा का किस्सा न सुनाया जायगा तो राजा-रानी का ?" शरबतिया मुस्कुराकर मटरू की पीठ पर हाथ फेरने लगी। बहुत दिनों के बाद दीदी ने उसको इस तरह प्यार किया है।

बाहर पैर की आहट सुनकर ही मटरू समझ गया, बाबूजी लौटे हैं। वह दौड़कर बाहर चला गया। शरबतिया ने नाक सिकोड़ ली। वह जानती है, बाबूजी झोली में बोतल लेकर लौटे हैं।··· आज फिर कुहराम मचेगा।

शरबतिया उठकर माँ के पास गई। बोली, "मैया, बाबूजी दारू लेकर आये हैं। लगता है, साथ में कालिका मोहरिल भी है।··· मोहन को इसीलिए बोर्डिंग में देना चाहते हैं फूफाजी।"

माँ नाराज हो गई, बोर्डिंग में देना चाहते हैं तो दें। कौन मना करता है ? दिन-भर थकने के बाद आदमी घर में थोड़ा 'शौख-मौज' नहीं करेगा तो कहाँ जायगा ? इतने दिनों की आदत कैसे छूटेगी भला ?"

शरबतिया के बाबू ने अपनी कोठरी से हाँक दी, "सरो ! माँ से कहो 'चाट-चखना' कुछ तैयार हो तो लेती आये।"

शरबतिया समझ गई, साथ में कोई नहीं, इसलिए आज माँ की बुलाहट हो रही है, कमरे में।··· आज माँ भी एकाध प्याली पीयेगी··· मटरू भी एकाध घूँट पी लेगा। इसके बाद, किसी बात पर बाबूजी नाराज हो जाएँगे, माँ से। फिर, मटरू को बाहर निकालकर माँ को पीटने लगेंगे। माँ अन्दर रोएगी और मटरू बाहर।··· तमाशा शुरू हुआ।

शरबतिया की माँ बोली, "सरो ! तू आकर भात देख जरा।"

शरबतिया ने मटरू से धीरे-से कहा, "मट्टू ! तू मत जाना कोठरी में।"

मटरू बोला, "क्यों, मोहन भैया दारू नहीं पीएगा ?"

शरबतिया भात का माँड़ निकालने लगी। मटरू मनमोहन के पास गया और धीमे-धीमे बोला, "मोहन भैया, जानते हो, बाबा अभी क्या पीयेंगे ? दारू··· हि हि हि··· तुम पीयोगे ?"

मनमोहन ने डाँटते हुए कहा, "तू यहाँ चुपचाप बैठ तो।··· ले, तस्वीरें देख।"

शरबतिया के बाप ने दो चुक्कड़ पीने के बाद कहा, "सरो की माँ, एक जगह से सरो के 'चुमौना' की बात आई है। लड़के की उम्र जरा ज्यादा है, 'दो-ब्याहू' है तो क्या हुआ ? किशनगंज रजिस्ट्री ऑफिस का सीनियर मोहरिल है। अपना मकान है। पहली से दो बच्चे हैं···।"

शरबतिया की माँ दारू गटककर बोली, "नहीं-नहीं, दो-ब्याहू और बच्चेवाले के साथ मैं हरगिज चुमौना नहीं दूँगी, सरो का। चाहे जो हो जाये !"

"पाँच सौ नगद देगा।"

"पाँच सौ क्या, हजार भी दे, फिर भी नहीं।"

"मुझे रुपये की जरूरत है।"

"तो क्या ? बेटी बेचोगे ?"

"धीरे से बोलो, जरा।" शरबतिया के बाबू ने खुशामद के सुर में कहा। एक चुक्कर और पीने के बाद शरबतिया की माँ भी गम्भीर हो गई।

"क्यों, चुप क्यों हो गई ?"

"क्या बोलूँ ?"

"इसी फागुन में···।"

शरबतिया की माँ उठ खड़ी हुई, "मैं परमान में डूब मरूँगी, मगर यह कुकर्म अपनी आँखों से नहीं देख सकती।"

शरबतिया भात उतारकर तरकारी छौंक रही थी। मटरू तस्वीरें देखता हुआ सो गया था और मनमोहन चुपचाप खिड़की से बाहर की ओर देख रहा था।

बोर्डिंग में खाने की घंटी बजी।

सात

प्रियोदा !

प्रियव्रत राय। मैट्रिक में पढ़ता है। स्कूल के सभी लड़के और मास्टर उसको प्यार करते हैं। स्कूल ही नहीं, उस छोटे-से कस्बे में उसको प्रायः सभी जानते हैं। हर रविवार की सुबह बगल में झोली लटकाकर 'संन्यासी-आश्रम' के लिए मुठिया वसूलने निकलता है–कभी अकेला, कभी साथियों के साथ। स्कूल का कोई छात्र या शिक्षक बीमार पड़ा कि प्रियोदा अपनी टोली के साथ उसके घर पर हाजिर। जब तक रोगी भला-चंगा न हो जाये, उसका दल सेवा में जुटा रहता है।

रोबी और कालू प्रियोदा के दल में हैं। उन लोगों ने मनमोहन को भी अपने साथ प्रियोदा के दल में शामिल कर लिया।

हर शनिवार को परमान के उस पार 'बालूचर' पर प्रियोदा के दल के सदस्य,

स्कूल की छुट्टी के बाद जमा होते हैं। खेल-कूद, गाने-बजाने के अलावा प्रियोदा दुनिया-भर की खबर सुनाते हैं। रविवार का प्रोग्राम तय करते हैं, किस मुहल्ले में कौन जाएगा मुठिया वसूलने। किस बीमार की सेवा करने कौन-कौन जाएँगे।

उस दिन मनमोहन का परिचय देते हुए कालू ने कहा था, "प्रियोदा ! यह– मोना··· मनमोहन। खूब तेज लड़का है। 'क्लब' का सदस्य होना चाहता है।"

प्रियोदा ने मनमोहन को सिर से पैर तक देखकर पूछा था, "भारतवर्ष के एक ऐसे आदमी का नाम लो, जिसे लोग भगवान का अवतार समझते हैं।"

"महात्मा गांधी।"

"ठीक है।··· तुम पढ़-लिखकर क्या बनना चाहते हो ?" प्रियोदा का दूसरा सवाल।

मनमोहन चुप रहा। फिर बोला, "वकील।"

सभी ठठाकर हँसे। लेकिन प्रियोदा गम्भीर ही रहे। बोले, "ठीक है।··· बीमार लोगों की सेवा करना जानते हो ?"

"सीख लेंगे।"

"शाबाश।··· यदि रोगी हैजा से पीड़ित हो ?"

मनमोहन चुप रहा; क्योंकि हैजा के नाम से ही उसे डर लगने लगता है।

"गाना जानते हो ?"

"जी।"

"तैरना ?"

"जी नहीं।"

प्रियोदा ने सूर्यनारायण नामक सदस्य से कहा, "सूरज ! मोना तैरना नहीं जानता।"

"सीख जाएगा। एक दिन उठाकर पानी में फेंक दूँगा, खुद तैरने लगेगा।"

सभी हँसे। सूर्यनारायण पढ़ने में कमजोर है, लेकिन शरीर उसका मजबूत है। रोज एक सौ 'डंड-बैठक' करता है। उसके साथी 'सूरज पहलवान' कहते हैं, उसको। दल के सदस्यों को तैरना सिखलाना उसी का काम है।

उस दिन सभी ने नये सदस्य मोना, यानी मनमोहन से गीत सुनने की इच्छा प्रकट की। मनमोहन पहले लजाया, किन्तु जब प्रियोदा ने आग्रह किया तो उसने खखासकर गला साफ किया।··· कौन गीत गाये वह ? उसने शुरू किया।

"राम रहीम न जुदा करो भाई
दिल को सच्चा रखना जी··· ।"

गीत समाप्त होने के बाद प्रियोदा बोले, "वाह ! बहुत मीठा गला है तुम्हारा ! कालू, तुम 'प्रभातफेरी' वाले दोनों गीत मोना को सिखा देना।"

सूरज पच्छिम की ओर झुक गया। बालूचर पर लाली उतर आई। परमान की धारा पर डूबते हुए सूरज की अन्तिम किरण झिलमिलाई। पखेरू दल बाँधकर

बाँस-वन की ओर लौटने लगे। प्रियोदा के दल के सभी सदस्य पंक्ति बाँधकर लौटे। पुल के पास एक गाड़ीवान तन्मय होकर गीत गा रहा था–"भोला गरीबक दीन–कहिया हरब भोला गरीब'क दीन।"...

सूरज ने भी उसी सुर में सुर मिलाकर गाना शुरू किया–"एक टा जे लोटा छल, बेटा छल तीन–पनियाँ पीबैत काल लोटा लेलक छीन... "

कृत्यानन्द झा ने कहा, "विद्यापति की 'नाचारी' है।"

"नाचारी ?"

"लाचारी।"

–ट्रट्ठाँय !...

बालूचर के उस पार से किसी ने फायर किया। एक पखेरू बालू पर गिरकर छटपटाने लगा। उसका जोड़ा विकल होकर बहुत देर तक रोता रहा।... मटमैले अन्धकार में एक अर्दलीनुमा आदमी दौड़ा हुआ आया और मरी हुई चिड़िया के डैने को पकड़कर चिल्लाया, "मिल गया हुजूर !"

इब्राहीम बोला, "सब-डिप्टी साहब का अर्दली है। साला, भारी खचड़ा है।"

प्रियोदा के मुँह से अचानक निकला, "हॉल्ट !"

तब इब्राहीम को अपनी गलती का एहसास हुआ। दल का नियम है कोई सदस्य किसी किस्म का अपशब्द या गाली मुँह से नहीं निकालेगा। इब्राहीम ने तुरन्त सिर झुकाकर दल के नायक प्रियोदा और सदस्यों से माफी माँगी, "बात यह है कि साले ने...।"

सभी हँसे। प्रियोदा ने गम्भीर होकर कहा, "इब्राहीम, यह तुम्हारी आठवीं गलती है, 'दस' होते ही हम तुम्हारे साथ नहीं रहेंगे।"

इब्राहीम ने पूछा, "लेकिन सरकारी अफसरों को गाली देने में क्या हर्ज है ?"

"तुम्हारा मुँह खराब होगा। उनका कुछ भी नहीं बिगड़ेगा।"

"मगर वे जो गाली देते हैं ?"

"वे ही क्यों, बहुत लोग गालियाँ बकते हैं।"

"नहीं प्रियोदा, आप इब्राहीम को नहीं समझा सकिएगा। वह महीन बात देरी से बूझता है। मैं समझा देता हूँ।... देखो, इब्राहीम ! यदि 'क्लब' का मेम्बर रहना है तो इसके 'रूल्स' को मानना होगा। नियम है कि कोई सदस्य आपस में बातचीत के सिलसिले में भी कोई खराब शब्द नहीं बोलेगा। जानते हो न ?... बस। बात खत्म।"

'सहुआइन-धर्मशाला' के पास आकर सभी ने एक-दूसरे से विदाई ली। कालू ने कहा, "मोना, तू रास्ते में डरेगा, मैं जानता हूँ। चल, मैं पहुँचा दूँ।"

प्रियोदा ने कहा, "मोना डरता है ? मैं उसे पहुँचा दूँगा। तू घर जा कालू !"

रास्ते में प्रियोदा चुप रहे। एक सूनी जगह पर आकर रुक गए।... सड़क के दोनों ओर बड़े-बड़े पीपल के पेड़। दोनों ओर बहुत दूर तक खंडहर और मैदान। पास के एक उजड़े हुए मकान की ओर इशारा कर प्रियोदा ने कहा, "जानते हो,

इस घर में कभी मुर्दों की चीर-फाड़ होती थी–पोस्टमार्टम-हाउस था यह। इसीलिए, लोगों को डर है कि आसपास के पेड़ों पर भूत-पिशाच किलकिल करते रहते हैं, मैदान में प्रेतनियाँ नाचती हैं–संतालियों की तरह झुंड बाँधकर।··· क्यों, डरने लगा ?"

"जी नहीं।"

"अकेले यहाँ आ सकते हो ?"

"जी नहीं।"

प्रियोदा हँसे। बोले, "देख मोना, भूत-प्रेत ऐसे आदमी को कभी नहीं तंग करता, जो 'दस' का काम करता हो। तुम्हारी उम्र में मैं भी डरता था। मेरे गुरु महाजन ने मुझसे हँसकर कहा कि 'दस' और 'देश' का काम करनेवाला तो खुद 'भूत' होता है–उसको भूत क्या कर सकता है ?··· चलो, शुरू करो तो वह गाना–राम रहीम ना··· "

मनमोहन गाने लगा, "राम रहीम ना जुदा करो भाई, दिल को सच्चा रखना जी-ई-ई-ई !!··· '

आठ

मनमोहन के बाबूजी ने घर लौटकर भोजन करते समय कहा, "बबुआ ने तो इस बार तमाशा खड़ा कर दिया था। जाकर देखता हूँ तो आँखें लाल-लाल अड़हुल के फूल की तरह रोते-रोते···।"

मनमोहन के काका ने टोका, "तो लेते क्यों नहीं आये, दू दिन के खातिर ?"

"सुनोगे भी !··· मोहरिल की बेटी शरबतिया एक ओर तो दूसरी ओर मोहरिल की घरवाली समझा रही है। और, बबुआ की बस एक जिद–घर जाएँगे। अभी जाएँगे। यहाँ नहीं पढ़ेंगे।··· मुझे देखकर और फफकने लगा। मैं अवाक् ! बच्चे का जार-बेजार रोना देखकर मेरा भी···।"

मनमोहन के काका रोने लगे।

बड़े भाई ने डाँटा–"अब तू क्यों रोने लगा ? पहले बात तो सुन ले।··· अरे ! उसको मास्टर ने बेंच पर खड़ा होने को कहा और यह जिद खा गया–मैंने कोई गलती नहीं की है तो बेंच पर क्यों खड़ा होऊँगा !··· मास्टर आखिर मास्टर है कि–दिया होगा एकाध तमाचा कसके, और यही 'बही-बस्ता' लेकर टिफिन के बाद फिरार !··· मैंने समझाया रातभर। दूसरे दिन विचार हुआ कि बोर्डिंग में रख दें। मगर दूसरे दिन स्कूल से लौटकर आया तो एकदम बदला हुआ। मास्टर ने सबसे आगे बैठाया। जितना सवाल पूछा, सबका सही-सही जवाब दिया। शाम को देखा, खत्री बाबू वकील और घोष बाबू वकील के लड़के आये। पुकारा–मोना !··· जानते हो, उसके साथी उसे प्यार से 'मोना' कहते हैं। चिढ़ाते हैं, 'मोहन

मुरलीवाला' कहकर।"

"मोना ?··· मोना··· मोना··· कितना बढ़िया नाम ? भौजी ! कहाँ है, सुनती है ? अब हमारे कुमार साहेब का नाम क्या से क्या हो गया ? मोना··· मोना··· वाह रे मोना ! अब हम लोग भी मोना ही कहेंगे।" मनमोहन के काका अब खुशी से रोने लगे। उनकी आँखों से आँसू झर रहे हैं और वह हँस-हँसकर बातें कर रहे हैं, "मैं कल ही जा रहा हूँ-दही-मछली लेकर।"

भाई ने टोका, "देखो, इस तरह रोज दही-मछली लेकर जाओगे तो उसका मन उचाट हो जायगा। दिल लगने दो ठिकाने से।··· होली की छुट्टी में तो आयेगा ही। और हर सप्ताह मैं जाता ही हूँ, कचहरी के काम से।"

मनमोहन की माँ न हँसती है, न रोती है। न हुलसकर कुछ पूछती है, न बिलखकर बेटे के बारे में कुछ कहती है।··· जब मनमोहन तीन महीने का था, 'सन्निपात' से लबेजान हो गया। एक दिन तो 'दम' भी खत्म हो चुका था। डाक्टर और वैद, ओझा-गुनी सब हार मान गये थे। मनमोहन की माँ ने देखा-बड़ी-बड़ी दाढ़ी-मूँछोंवाला एक जटाधारी उसकी गोद से बच्चे को झपट्टा मारकर ले भागा। मनमोहन की माँ दहाड़ मारकर रो पड़ी और दौड़ी उस 'बचपकड़ा' के पीछे। जब उसकी घिग्घी बँध गई तो उस भयंकर मूर्ति ने उलटकर डाँटा, खराब-खराब गालियाँ देने लगा और बोला, "यह तेरा बच्चा है ?" मनमोहन की माँ ने कहा, "हाँ बाबा !" इस पर उस विकराल व्यक्ति ने जोर से एक और भद्दी गाली देते हुए कहा, "तब तो अभी ही इसका गला घोंट दूँगा।" और वह बच्चे के कंठ पर दोनों हाथ की उँगलियों के नाखून गड़ाने को तैयार ! मनमोहन की माँ को अचानक ज्ञान हुआ। बोली, "यह आपका ही बच्चा है। मैं तो इसकी 'धाई' हूँ। पालती हूँ इसको।" यह सुनकर वह देव या दानव हँसा। खुश हुआ। बोला, "तो ले जा। मगर याद रखना। इसे अपना बेटा समझेगी, इसे बेटे की तरह लाड़-दुलार करेगी तो मैं इसे लेकर चला जाऊँगा"··· मनमोहन की माँ की आँखें खुलीं तो देखा, चारों ओर लोग घेरकर बैठे हैं। वैद्यजी हैं, मनमोहन के बाबूजी, काका--सभी अचरज से देख रहे हैं। उधर, दिन-भर से 'हुक-हुक' करता दम तोड़ता हुआ बच्चा रोने लगा। वैद्यजी खरल में जल्दी-जल्दी मकरध्वज घोंटने लगे।··· तब से मनमोहन की माँ को उस मूर्ति के कई बार दर्शन हो चुके हैं। हर बार, वह हाथ का चिमटा खनखनाकर चेतावनी दे गया है, 'याद रखना !'··· और, इसी को कहते हैं भगवान की माया ! माँ के बदल मनमोहन को उसके काका ने 'माँ' का लाड़-प्यार दिया है। उसी लड़के के कारण उनके स्वभाव में कुछ स्त्री-सुलभ गुण-दोष आ गये हैं।··· मनगोहन अपनी माँ को मौसी कहता है।

इसलिए बड़े भाई के कहने के बावजूद उन्होंने रात में ही प्रोग्राम पक्का कर लिया, "अब भैया बिगड़ें मुझ पर या जो करें। मैं तो कल दही-मछली लेकर जाऊँगा ही।"

और सुबह को सचमुच वह घर से लापता थे। मनमोहन की माँ हँसकर बोली-"वह

लौंडा जितना रोया है, उससे दसगुना तो ये रास्ते में ही रोएँगे। फिर वहाँ पहुँचकर··· इस बार मुनीजी से मोनाजी··· !"

अचरज की बात ! मन पर बंधन डालने से सब कुछ हो सकता है, शायद; क्योंकि उस बीमारी के बाद से ही मनमोहन की माँ सौतेली माँ समझने लगी अपने को।··· और इस बेरुखी और बिलगाव के कारण मनमोहन भी माँ को कभी अपनी माँ नहीं समझ सका; उसने 'माँ' कभी नहीं कहा।··· 'दुश्मन' छोड़कर माँ ने कोई दूसरा प्यार-भरा संबोधन नहीं किया ! और मनमोहन ने रोते समय कभी 'माँ-माँ' कहकर नहीं पुकारा। 'रुलाई' शुरू होने के पहले–'का–का··· '

··· दुश्मनी साधने के लिए कभी-कभी मोहन की माँ बेरहमी से पीटती थी। ··· वह भूल गई है कि कभी मनमोहन उसके गर्भ में था। मनमोहन के पहले तीन-तीन बच्चों की मृत्यु–ठीक तीन महीने की उम्र में और 'सन्निपात' से ही हुई। सो, अब सब कुछ भूल गई है कि कौन उसके गर्भ में था और कौन नहीं।

··· पढ़-लिखकर ही क्या कर देगा उसका ? जिसका बेटा है, उसके काम आयेगा।

बड़ी-बड़ी दाढ़ी घुँघराली–जटा-जूट–लाल-लाल आँखें–खराब-खराब गालियाँ, जिन्दगी-भर, देखती-सुनती रहेगी वह !

नौ

मनमोहन के काका ने टमटम से ही ताराबाबू वकील के घर के पास एक दर्जन से अधिक लड़कों को 'खोल-करताल' बजाकर गीत गाते देखा। फिर ध्यान से देखकर पहचान लिया–सबसे छोटा तो मुनीजी माने 'मोना' ही है। उन्होंने टमटमवाले से कहा, "जरा रोकना यहाँ।"

लड़कों का दल कीर्तन गाता हुआ आगे बढ़ गया। गीत की कोई पंक्ति उनकी समझ में नहीं आयी। पूछने पर पता चला कि पश्चिम की ओर कहीं 'प्लेग' की बीमारी फैली है। उन्हीं लोगों की सहायता के लिए वे मुठिया-चन्दा माँग रहे हैं–भीख ? मुनीजी माने 'मोना' भीख माँग रहा है। पढ़ने आया या यही सब करने।

शरबतिया ने लक्ष्य किया, इस बार मनमोहन के काका मुँह लटकाकर टमटम से उतरे। चेहरे पर कहीं हँसी-खुशी की पतली रेखा भी नहीं।

शरबतिया ने प्रणाम किया, तो जवाब में मिनमिनाकर कुछ कहा। शरबतिया बोली, "मोहन अभी 'परभातफेरी' में गया··· ।"

"देखा है, रास्ते में। क्या कहा ? कौन फेरी ?··· भीख माँगने को 'परभातफेरी' कहते हैं ? तुम्बाफेरी तो सुनी थी, मगर यह··· मैं पूछता हूँ··· यहाँ पर इसी के लिए उसको रखा है कि भोर-हि-भोर उठकर हाथ में झोली-झंडा लेकर भीख माँगे ? एँ ?" मनमोहन के काका ने रुखाई से पूछा।

जवाब दिया शरबतिया की माँ ने, "छोटके पाहुन, बात तो आप ठीक ही कहते हैं, मगर हम लोग तो समझाने-भर को ही समझावेंगे। मार-पीट तो नहीं कर सकते पराये बच्चे को।··· अब देखिए कि बाप दे गया था 'स्कौट' का 'उर्दू' सिलाने के लिए दाम। न मामा को पूछा, न बहिन को। रुपया लेकर बबुआ गये और मारते 'मोटिया-खद्धड़' उठाके ले आये।··· भैया, इस कमोटिया खद्धड़-गाँधी-सुराजी' का नाम सुनते ही मेरी देह में आग लग जाती है। मैं क्या बोलूँ ? फिर भी मैंने कहा कि बबुआ, यह काम तुमने अच्छा नहीं किया।"

शरबतिया दही-मछली उठाकर आँगन में ले गई और एक बाल्टी पानी भरकर ले आई। बोली, "खद्धर खरीदा है तो क्या बेजा किया ? तू तो बेबात की बात बकती रहती है हमेशा।"

"मैं बकती हूँ ?"

"हाँ, तुम चुप रहो··· छोटके फूफा, मोहन प्रभातफेरी में अकेला ही नहीं गया है। बड़े-बड़े वकील-मुख्तार के बेटे और संन्यासी महाराज लोग गये हैं। ··· दस की भलाई के काम से पुण्य होता है। कोई चोरी-चमारी थोड़े करने गया है ?"

मनमोहन के चाचा की 'अकिल' गुम हो गई शरबतिया की बात सुनकर। उस बार तो ऐसी 'टाँय-टाँय' बतियाती थी ?··· कहती है, चोरी-चमारी थोड़े करने गया है !

शरबतिया की माँ अब आँगन में बड़बड़ाने लगी, "भैया, जैसे अपना बच्चा, वैसे पराया। मैं चुप नहीं रहूँगी।··· आज खद्धड़ खरीदकर ले आया है। कल को कहेगा कि डोम-हाड़ी के साथ बैठकर खाएँगे। तो परसों सुनेंगे कि दारू की दूकान पर 'पिकेटिन' करने चला गया। और इसके बाद एक दिन पुलिस-दारोगा आकर मेरा घर कुर्क-नीलाम करे।··· दही-मछली खाया हुआ सब एक ही दिन साफ ! मैं कह देती हूँ··· किसी को भला लगे या बुरा। हाँ-आँ !"

शरबतिया हँसी, "आ गए भिखारी लोग !··· आइए, यहाँ काका मुगदर लेकर बैठे हैं।"

मनमोहन के साथ प्रियव्रत यानी प्रियोदा भी था। काका को देखकर मनमोहन को थोड़ा अचरज हुआ। फिर प्रियोदा से बातें करने लगा।

मनमोहन के काका को भीषण क्रोध हुआ। वह मन-ही-मन सुलगने लगे। प्रियोदा जब चला गया, मनमोहन मुस्कुराता हुआ काका के पास गया। पाँव छूकर प्रणाम करने के बाद काका का कठोर और कर्कश सवाल, "यह लौंडा कौन था रे ?"

"कौन लौंडा ? अरे, वे तो प्रियोदा हैं !" मनमोहन जरा कुंठित हुआ।

"कौन था ?··· देखोजी, मुनीजी ! तुमको यहाँ लोग मोना कहें या सोना–मैं बात जानूँ 'सफासफी'··· चार दिन में ही शहर की हवा तुमको इस तरह लग जायगी, यह जानता तो भैया को हरगिज··· ।"

"आखिर हुआ क्या !" मनमोहन ने हँसने की चेष्टा की। क्रोधित काका को

खुश करना वह जानता है। बोला, "किधर है शहर की हवा ? बोलिए न ?"

शरबतिया मुस्कुराई। काका ने मुँह फेरकर कहा, "रुपया तुमको खद्धड़ खरीदने के लिए दिया गया था या वर्दी सिलाने के लिए ?··· और भीख ही माँगनी है तो पढ़कर क्या करोगे ? चलो घर !"

मनमोहन से कब तक नाराज रहेंगे काका ! पाँच मिनट में ही सारा गुस्सा खत्म ! काका ने तुरन्त पूछ दिया, "तुमको किस मास्टर ने 'झापड़' लगाया था मुनीजी–थोथना या खोखना ?"

मनमोहन हँसा। लेकिन उसको अचानक किसी बात की याद आ गई। उसने धीमे से कहा, "थोथना खोखना नहीं, 'देखना'–प्रमोद बाबू न डाँटते हैं, न मारते हैं। सिर्फ आँखें फाड़कर देखते हैं–लगातार पाँच मिनट तक एकदम गुमसुम !"

"खूब हैं तेरे मास्टर सब !"

मनमोहन बोला, "नहीं काका, हमारे सभी मास्टर, पंडित और मौलवी पूज्य हैं।"

"क्या हैं ?"

"पूजने योग्य।"

"यह सब किसने सिखाया तुमको ?"

"प्रियोदा ने।"

शरबतिया, "पहले जलपान कर लीजिए, आप लोग। आज रविवार है, फिर सारा दिन दोनों–काका-भतीजा–गप्प करते रहिएगा।"

मनमोहन ने प्रियव्रत के बारे में जो कुछ सुना और देखा, पहले काका को विस्तार से बतलाया। मनमोहन ही नहीं, प्रियोदा के बारे में सारे कस्बे में इसी तरह लोग पूछते और कहते हैं।

··· सेकेण्ड मास्टर का सबसे छोटा बेटा–प्रियव्रत ! कहते हैं, बच्चों और गाय, बैल, भैंस और कुत्तों से पलक मारते ही हेल-मेल और दोस्ती करने की कला वह भगवान से ही सीखकर आया है। सात साल की उम्र में पड़ोस में आयी हुई बरात के हाथी को लड्डू खिलाकर नहीं, 'चुचकार-चुमकार'-भरी मीठी बोली से उसने मोह लिया था। और, हाथी उसके कहते ही बैठ गया था–सूँड़ सामने बढ़ाकर। प्रियव्रत, महावतों की तरह सूँड़ के सहारे हाथी की गर्दन पर चढ़ बैठा था। जब हाथी उठा और प्रियव्रत के कहने पर चलने लगा तो एकत्रित बालकों के दल ने कुहराम मचाया, "हाथी पगला गया।··· सेकेण्ड मास्टर का छोटका बेटवा पगला गया है।" लोगों ने देखा, बीच बाजार की सड़क पर हाथी मस्त होकर घण्टा हिलाता-डुलाता चल रहा है। रह-रहकर सूँड़ ऊपर उठाकर 'कू-कू' बोलता जाता है, मानो प्रियोदा के साथ खेल रहा हो।··· सेकेण्ड मास्टर साहब ने देखा और चुपचाप आँखें मूँदकर बरामदे में खड़े हो गए। प्रियोदा की माँ बेहोश हो गई। महावत दौड़ा।

तब तक प्रियोदा को लेकर हाथी लालाबाबू के बगीचे से वापस आ गया था।

... मुहल्ले के ही नहीं, सारे अररिया-कोर्ट कस्बे के छोटे-छोटे बच्चे प्रियोदा को देखते ही किलक उठते हैं। न वह मिठाई बाँटते हैं, न लेमनजूस, पर बच्चे उन्हें हमेशा घेरे रहते हैं। क्या हिन्दू, क्या मुसलमान, गरीब-अमीर सभी के बच्चे प्रियोदा की बोली सुनते ही माँ-बाप को छोड़कर दौड़ पड़ते हैं, 'प्रियोदा आया !'

... बच्चों और कुत्तों के झुंड के साथ खेलते देखकर, एक दिन 'संन्यासी-आश्रम' के बड़े महाराज को अचरज हुआ था। उन्होंने प्रियव्रत को 'आश्रम' में आने को कहा। तभी से महाराजजी को 'गुरु महाराज' कहता है प्रियव्रत, महाराजजी ने ही उसको 'बच्चों का मेला' और 'किशोर-क्लब' संगठित करने की सलाह दी थी।

... सारे कस्बे के लोग 'किशोर' के गुणों पर मुग्ध हैं। वह सारे कस्बे का बेटा है, इसलिए उसके सभी काम में लोग जी खोलकर मदद करते हैं।

बच्चों का मेला साल में एक बार लगता है—संन्यासी-आश्रम में। सभी जाति और वर्ग के बच्चों का यह मिलन देखने योग्य होता है। एक साथ सैकड़ों बच्चे एक ही पंक्ति में बैठकर प्रसन्न होकर खिचड़ी खाते हैं। दोपहर को 'पतंग' का मैच—आकाश में सैकड़ों रंग-बिरंगी पतंगें—ब-काटा, ब-काटा ! खेल-कूद-इनाम, हँसी-हल्ला—गीत-कीर्तन—सारा दिन !

... 'किशोर-क्लब' की मेम्बरी के लिए कुछ चन्दा नहीं देना पड़ता। सिर्फ इसके नियमों का पालन करना—चन्दा देने के बराबर। क्लब का कोई घर नहीं, न रसीद, न रजिस्टर। सब कुछ मौलिक। लेकिन साल में एक बार 'संन्यासी-आश्रम' में क्लब के सदस्य एकत्रित होते हैं। वाद-विवाद-प्रतियोगिता, व्यायाम-प्रदर्शन तथा क्लब की कार्यवाहियों का साल-भर का लेखा-जोखा—कस्बे के प्रतिष्ठित जन ही नहीं, साधारण जन तक प्रस्तुत करते हैं।... इस बार इनूस टमटमवाला भी बोला। शिवनाथ झा वकील क्लब के सदस्यों की तहेदिल से तारीफ करके ज्योंही बैठे, इनुस टमटमवाले ने कहा, 'हमारी भी एक अरज है।... बात यह है कि हम ठहरे शराबी-कबाबी आदमी, मगर प्रियोदा के कहने से हमने एकदम पीना छोड़ दिया। कहिए काहे ? तो, सुनिए एक दिन का किस्सा।—"

मनमोहन के काका ने कहा, "लेकिन, तू पढ़ने आया है या यहीं 'दादा-दादी' का किस्सा सुनने ?"

"काका, एक बात कहूँ ?"

"कहो।"

"तुम रोज एक सौ डण्ड-बैठक करो।"

"सो काहे ? मैं क्या कमजोर हूँ ?"

"और एक बात।"

"बोलो।"

"अपने कलमबाग में जिधर जड़ी-बूटी के पौधे हैं–गोल-गोल पत्तेवाली, जड़ी, जिसको तुम लोग 'भटपुरइन' कहते हो–वह 'ब्राह्मी' है, रोज उसका रस पीयो।"

"इससे क्या होगा ?"

"प्रियोदा कहते हैं, बुद्धि तेज होती है।"

"मारूँगा··· !"

शरबतिया खिलखिलाकर हँस पड़ी थी।

दस

सरस्वती-पूजा के बाद मनमोहन को स्कूल-भर के लड़के पहचानने लगे। उसके गीत 'राम रहीम ना जुदा करो' पर सभी मुग्ध हैं। बहुत दिनों तक गली-गली में इस गीत की कड़ियाँ गूँजती रहीं··· और, मोहरिल-मुहल्ला में तभी से उसका 'धुरुबजी' नाम चल पड़ा है। अब शरबतिया भी धुरुबजी कहती है।··· एक दिन क्लास में हफीज साहब ने कहा, "जनाब धुरुब साहब, आप तो छिपे रुस्तम निकले।" सारा क्लास ठठाकर हँस पड़ा था। हेडमास्टर साहब ने ऑफिस में बुलाकर कहा–"पढ़ा-सोना करके क्या करेगा तुम ? बाप को बोलो, 'उस्ताद' से गान सिखायकर 'उस्ताद' बना देगा।" सुनकर मनमोहन लजा गया था। बोला था, "सर, अब नहीं गाऊँगा।"··· हेडमास्टर साहब ने प्यार से कहा था, "तुमि एकटा आस्त गाधा।" अर्थात् 'तुम पूरा गधा हो–अधूरा नहीं !'

त्रैमासिक परीक्षा में मनमोहन क्लास में अव्वल आया, तो हफीज साहब ने कहा, "मुरलीवाले धुरुब साहब, इस बार मैंने नम्बर दे दिया है। छमाही से अगर इस तरह अपने मन से हिस्ट्री के सवालों के जवाब लिखिएगा तो नम्बर के नाम पर 'लड्डू' मिलेगा।"

होली की छुट्टी हुई। लेकिन मोहरिल मामा ने शरबतिया को साथ नहीं आने दिया। बोले, "गरमी की छुट्टी में आम खाने जायगी।"

काका ने कहा, "मैं लेने आ जाऊँगा।" मनमोहन ने मना कर दिया था। इस बार मनमोहन अकेला घर आया। उसके काका को भारी अचरज हुआ, "अरे मुनीजी, तूने टिकट कैसे कटाया अकेले ? अकेले ट्रेन में कैसे सवार हुआ ?"

गाँव आकर मनमोहन को लगा–गाँव के खेत-मैदान, बाग-बगान सभी उसके काका की तरह ही कोई सवाल करते हैं··· चने के खेतों और सकरकन्द, मिसरीकंद की बगिया से कोई इशारा करता है–"यहाँ आओ !' पुरवा और पछिया हवा सुबह-शाम पूरब और पश्चिम के टोलों से निमन्त्रण ले जाती है। गाँव के संगी-साथी, लँगोटिया यारों की टोली जमती है। डमरू और नगाड़े बजने लगते हैं। मनमोहन कहता है, इस बार खराब-खराब 'कबीर' नहीं, इस बार नया 'भँड़ौआ' गाओ :

"नी रखनी नी रखनी··· ।
सरकार जाली नी रखनी··· ।"

मनमोहन के बाबूजी ने होली के बाद एक दिन पास बिठाकर उससे पूछा, "खद्दर पहनने से हेडमास्टर साहब तो नाराज नहीं हुए हैं ?"

"नाराज क्यों होंगे; संस्कृत पंडितजी भी खद्दर पहनते हैं और सेकेण्ड मास्टर साहब भी। क्यों ? क्या बात है ?" मनमोहन बोला।

बाबूजी ने कहा, "देखो बबुआ, मैं तुमको खद्दर पहनने से मना नहीं करता, लेकिन वकील बनना है।"

मनमोहन हँसा। बाबूजी ने उसकी इस हँसी का मतलब नहीं समझा। उन्होंने पूछा, "क्यों ? हँसते क्यों हो ?"

मनमोहन को प्रियोदा की बात याद आई। प्रियोदा के सवाल का जवाब उसने दिया था–'वकील बनूँगा।' उस दिन प्रियोदा कुछ नहीं बोले थे। कई दिन बाद उन्होंने कहा था, "मोना ! तू मोना ही क्यों नहीं रहना चाहता ? 'वकील' क्यों बनना चाहता है ?" मनमोहन ने जवाब दिया था, 'बाबूजी चाहते हैं।' यह सुनकर प्रियोदा ने कहा था कि "तुम्हारे बाबूजी यह नहीं जानते हैं कि वकील और डाक्टर अपने माँ-बाप से भी फीस लिये बगैर मुकदमा और रोगी को नहीं छूते !··· खीरोद बाबू वकील का किस्सा नहीं मालूम ? एक बार एक मुकदमा में अपने ससुर से ही जिरह कर दिया था–"क्या यह बात सच नहीं कि मुहल्ले के लोग सुबह-सुबह आपका नाम नहीं लेते ?" मनमोहन हँसा था। तब प्रियोदा ने कहा, "अभी क्या हँसते हो ? ससुर ने क्या जवाब दिया, सो सुन लो। जमाई घाघ वकील, तो ससुर भी पुराना मुकदमाबाज। बहुत स्थिर और शांत स्वर में उन्होंने जवाब दिया, "हाँ, पहले तो नहीं। जब मैंने अपनी गाय जैसी मँझली बेटी की शादी एक कसाई से कर दी, तब से लोग सुबह-सुबह मेरा नाम नहीं लेते !"

मनमोहन ने अपने बाबूजी को अपनी हँसी का कारण और खीरोद बाबू वकील का 'चुटकुला' सुना दिया। बाबूजी भी हँसने लगे। बोले, "सचमुच, खीरोद बाबू कसाई हैं।"

मनमोहन के काका ने न जाने क्या समझा। कहा, "भैया, मुनीजी से आजकल बहस मत करो कोई। तुरन्त 'भटपुरन' की पत्ती पीसकर पीने को कह देगा। कहेगा–ब्राह्मी रस पीने से बुद्धि तेज होती है। इसके प्रियोदा ने कहा है।"

मनमोहन के काका छुट्टी-भर उससे मुँह फुलाये रहे। हर बात में ताना देकर कहते–"तू अब उड़ने लगा है। शहर की हवा लग गई है। तू हम लोग को गधा समझता है। अब तुम भी मण्डलजी मास्टर की तरह अपने बाप-काका के बारे में लोगों से कहेगा, 'ही इज माइ सरवेण्ट।' अभी तो साल भी नहीं पूरा हुआ है।"

लेकिन छुट्टी खत्म होने के एक दिन पहले उन्होंने भरे गले से कहा, "मुनीजी,

हम लोग जाहिल-भट्ट, भैंसवार-गाड़ीवान हैं, मगर हैं तुम्हारे बड़े, इसलिए मेरे कहे-सुने का बुरा मत मानना। जो जी में आये, करो, मगर पढ़ाई में पीछे मत होना किसी से !··· और साधु-संन्यासी लोगों से तनिक दूर-दूर ही रहना। उन लोगों का क्या, कोई ऐसा 'मन्तर' पढ़कर फूँक देंगे कि हम लोगों को पहचानोगे भी नहीं !"

जब मनमोहन स्कूल लौट गया तो उसके काका ने कहा, "भैया, मुनीजी इतना जल्दी इतना निडर हो गया। यहाँ गाँव में जिस दिन कोई 'लाल पगड़ी' वाला आ जाता है, तो दिन-भर घर में छिपा रहता था डर से। अब देखिए कि 'टिकस-चेकर'; से लेकर 'गाट साहब' तक से अंग्रेजी में बतियाता है। सैकड़ों लाल पगड़ीवाले पुलिस के सामने खद्धर की वर्दी पहनकर 'लेफरैट' करता हुआ शान से चला जाता है।"

सैकड़ों लाल पगड़ीवाले तो नहीं, दर्जनों लाल पगड़ीवाले एक दिन मनमोहन के स्कूल में आये···।

··· चैत की उदासी चारों ओर छाई हुई है। गर्मियों की छुट्टी में अभी देरी है। एक दिन ऐसी उदास रात में प्रियोदा साइकिल पर मनमोहन के डेरे पर आये। मनमोहन आँखें मलता हुआ बाहर आया। मोहरिल मामा और मामी की नींद तो नहीं खुली, शरबतिया दीदी जग पड़ी थी।

प्रियोदा बोले, "मोना, जानता है, महात्मा गांधी गिरफ्तार हो गए।"

मनमोहन ने पूछा था–"क्यों ?"

प्रियोदा हँसे थे, "गाँव जाकर बुद्धि जरा मोटी हो गई है तेरी, पूछता है क्यों ?"

मनमोहन लज्जित हुआ। सचमुच यह बात ही ऐसी है कि 'क्यों' का सवाल ही नहीं उठता।

मनमोहन ने हिम्मत करके पूछा, "तब ? माने हम लोग··· आप··· ?"

"हम लोग कल हड़ताल करेंगे–'स्ट्राइक'–स्कूल नहीं जाएँगे–बाजार बन्द रहेगा।" प्रियोदा बोले।

"सरकार··· माने··· पुलिस-दारोगा ?"

"क्या करेगा ? हम कल खाना नहीं खाएँ–स्कूल नहीं जाएँ–कोई चीज खरीदें नहीं, बेचें नहीं, इससे सरकार को क्या सरोकार ?"

"··· मगर 'हड़ताल' के अगुआ लोगों पर वे नजर रखेंगे। सजा और जुर्माना करने की सलाह देंगे, हेडमास्टर साहब को। हाँ, मैं तुमसे पूछने आया था कि तू क्या करेगा। तू तो 'स्कॉलरशिप-होल्डर' है। ऐसी हड़तालों में 'फ्रीशिप' और 'स्कॉलरशिप' वाले लड़के कभी साथ नहीं देते। वकील, मुख्तार और अफसरों के लड़के साथ नहीं देते।··· तू सोचकर देख, क्या करेगा। मैं अभी आता हूँ। सुबह बाजार खुले ही नहीं, ऐसा कुछ करना होगा।"

अंधकार में चुपचाप कई मिनटों तक खड़ा रहा मनमोहन। प्रियोदा साइकिल

पर सवार होकर चले गए।··· चौराहे तक उनकी परछाईं बोलती गई, "तू सोच के देख। तू क्या करेगा ?··· बायें या दाहिने अथवा सीधे ? किधर ?"

"उधर कहाँ जा रहे हो ?"–शरबतिया ने पूछा तो मनमोहन को होश हुआ। शरबतिया धीरे से बोली, "क्या हुआ है मोहन ? क्या बात है ? कौन गिरफ्तार हुआ है ?"

मनमोहन को लगा कि चैत महीने की सारी उदासी शरबतिया दीदी की बोली में उतर आई है। फौजदारी कचहरी के कंगूरे पर चाँदनी ! लगता है, कैथोलिक अस्पताल की मेम सिर से पैर तक सफेद आबा-काबा में सिर झुकाकर फौजदारी-कचहरी की छत पर जा खड़ी हुई है।

शरबतिया और निकट आई, "बोल ना ?"

"महात्मा गांधीजी !"

शरबतिया बोली, "ओ-हो ! गांधीजी की गिरफ्तारी कोई ऐसी-वैसी गिरफ्तारी है ! पिछली बार पकड़कर जेल में रखा। अंग्रेज सार्जेण्ट का माथा खराब हो गया। वह दौड़कर जेल के अन्दर जाकर देखता है तो महात्माजी जेहल की कोठरी में बैठकर चरखा कात रहे हैं। और जेल से बाहर–महात्माजी के घर में जाकर देखा–वहाँ भी वे मौज से चरखा चला रहे हैं। अंग्रेज सार्जेण्ट का माथा खराब हो गया था। चलो सो रहो।"

मनमोहन बिछावन पर लेटा, किन्तु उसे नींद नहीं आई। कुछ देर तक उसकी कनपट्टी गरम रही। बाद में उसका मन रोने लगा।··· इस बार होली की छुट्टी में घर गया तो माँ पुष्पी को लेकर मामा के घर चली गयी थी। बड़ी फूआ ने तरह-तरह के पकवान बनाये थे, लेकिन माँ के हाथ के मालपुए में जो स्वाद होता है···। पुष्पी को देखने के लिए जी छटपटा रहा है। बाबूजी ने कहा था कि होली में मामा के घर चला जा। मगर काका को अकेला छोडकर वह कैसे जाता ! और काका मनमोहन के 'ननिहाल' नहीं जाते। किसी वजह से रूठे हुए हैं।

··· पुष्पी जब बड़ी होगी, उसे लाकर यहाँ के लड़की-स्कूल में भर्ती कर देना होगा। इस बार कोई खिलौना नहीं ले गया था मनमोहन !

वह चुपचाप रोने लगा–पुष्पी के लिए। अपनी छोटी-सी गुड़िया-जैसी बहन पुष्पी को याद कर··· !

"यह क्या हो रहा है ?" शरबतिया दीदी की गरम-गरम साँस मनमोहन की गर्दन पर पड़ी। उसने सिर उठाकर देखा–शरबतिया दीदी झुककर उसको देख रही है। मनमोहन ने मुँह फेरा तो अपने 'आँचर' से उसकी आँखों को पोंछती हुई बोली, फिसफिसाकर, "मनमोहन भैया ! छिः··· मत रोओ। सुनो··· !"

मनमोहन को लगा, वह धीरे-धीरे छोटा होता जा रहा है। छोटा, छोटा–पुष्पी के बराबर ! उसे लगा, वह पुष्पी–शरबतिया माँ है··· माँ की गोद में पुष्पी ? माँ हौले-हौले पुष्पी को चूमती है–'ना ! ना ! रानी बिटिया। ना रोये–ओहो-हो–चु··· !'

··· पुष्पी की आँखों में नींद घुल-मिल रही है।

मनमोहन सो गया तो शरबतिया एकटक उसको देखती रही। फिर खुद बिलख-बिलखकर रो पड़ी।

ग्यारह

जैसा कि प्रियोदा ने पहले ही सोचा था, वही हुआ। अफसरों के लड़के, फ्रीशिप और स्कॉलरशिप पानेवाले लड़के, और मुसलमान लड़के ही स्कूल में हाजिर हुए, लेकिन शहर की एक भी दूकान नहीं खुली दिन-भर। और, गर्ल्स-स्कूल में पूरी हड़ताल रही।

सुबह को प्रियोदा ने मनमोहन से पूछा था, "क्या सोचा तुमने ?"

मनमोहन बोला, "इसमें सोचना क्या है। पाँच रुपये महीने वजीफे से क्या आता-जाता है ?"

"आता-जाता तो बहुत-कुछ है, लेकिन तुम्हारा 'लोकल गार्जियन' नाराज तो नहीं होगा ?"

शरबतिया के बारे में प्रियोदा जानते हैं। एक दिन कह रहे थे कि वह लड़की 'साइमन-गो बैक-शहीद' की विधवा है। साइमन-कमीशन जब पूर्णिया आया था तो 'बायकॉट' का नारा सबसे आगे बढ़कर वही लगा रहा था··· यानी उस लड़की (शरबतिया दीदी) का घरवाला।

सारा दिन स्कूल के 'हड़ताली विद्यार्थी' परमान नदी के पास–बालूचर और पुल के पास खेलते-कूदते, नहाते-गाते रहे। दोपहर को पास के गाँव के कई लोगों ने मिलकर चार हाँड़ी दही और कई टोकरे चूड़ा भेजा–प्रियोदा के साथ।

प्रियोदा बोले, "गाँववाले भात भी बनवा रहे हैं।··· भोज की व्यवस्था है !"

किसी ने कहा, "आज तो खूब भोज हो रहा है। कल जब नाम कटेगा तो मालूम होगा।"

एक साथ कई लड़कों ने उस बेचारे को डाँट दिया था, "क्या 'सड़ी-पची' बात करते हैं। ऐसा डर था तो स्कूल क्यों नहीं गये ?"

तीसरे पहर, धू-धू कर पछिया हवा धूल उड़ाती हुई चली। गेहूँ के कटे हुए खेतों में दाने चुनती हुई पतरंगा चिड़िया की जोड़ी रह-रहकर एक लम्बी, किन्तु उदास सीटी बजाती है।··· उस पार, परमान के कगार पर मुर्दा लेकर एक दल आया।··· मनमोहन ने देखा, चिता की आग धीरे-धीरे लहक उठी। लपलपाने लगी।

सभी भोज खाने की खुशी में हो-हल्ला मचा रहे हैं। हर आधा घंटे के बाद शहर से खबर आती है–ताजा खबर··· "अभी एस. डी. ओ. साहब स्कूल आये थे। अभी एस. पी. साहब और संस्कृत-पंडितजी में 'बतकही' हो गई।··· सभी को

'रस्टिकेट' किया जायगा। पुलिस के सिपाहियों का एक जत्था इधर ही आ रहा है।"

पुलिस के सिपाहियों का नाम सुनकर अधिकांश विद्यार्थी घबराये और भागे। जो रह गये, उन्होंने पेटभर 'कड़ही-भात' खाया।

शाम को लौटते समय सूर्यनारायण ने एक चैती गीत शुरू किया :

'चैत महिनवाँ रामा, चैत महिनवाँ
गांधी बाबा गइले जेहलखनवाँ हो रामा'...

प्रियोदा ने बंगला गीत गाया :

आमार जन्मभूमि–से जे आमार
जन्मभूमि...
एमन देश टि कोथाय खूँजे
पाबे नागो तूमी–ई ई
सकल देशेर सेरा से जे
आमार जन्म भू... मि !!

और सबसे अन्त में मनमोहन का–'राम-रहीम ना जुदा करो भाई... '

पुलिसवालों के डर से भागनेवाले विद्यार्थियों में से बहुतों ने स्कूल पहुँचकर माफी माँग ली। होस्टल के लड़कों को पंडितजी ने जुर्माना किया। किन्तु इससे बात दबी नहीं। स्कूल का प्रेसिडेण्ट स्थानीय एस. डी. ओ., एक अंग्रेज था... मिस्टर लूकस। उसने हेडमास्टर से कहा–गैरहाजिर लड़के लिखकर माफी माँगें, गैरहाजिरी का उचित कारण दिखलाएँ, तभी उन्हें क्लास में आने की अनुमति दी जाय।

हेडमास्टर साहब विद्वान् बहुत थे। डबल एम. ए. थे। मगर, डरपोक इतने कि एस. डी. ओ. के चपरासी को भी देखकर कुर्सी छोड़कर खड़े होते हैं। उन्होंने सेकेण्ड मास्टर को भी बुलाकर कहा, "बोलिए, अब क्या करूँ ?... आपनार छेले आमार चाकरी खाबे, आमि जानताम ना !... लेकिन, हमारा चाकरी जायेगा तो हम आपका चाकरी के साथ जायेगा, समझा ?... अपने कीर्तिमान लड़के से लिखवाकर लाइए कि अब ऐसा कभी नहीं करूँगा। जाइए।"

सेकेण्ड मास्टर साहब बहुत मितभाषी व्यक्ति हैं। दाढ़ी रखते हैं और हमेशा गीता की छोटी-सी प्रति पॉकेट में रखते हैं। उन्होंने जवाब दिया, "वह मेरा लड़का है तो क्या। मैं उसका 'क्लास-टीचर' नहीं।"

होस्टल-सुपर संस्कृत-पंडितजी ने कहा, "एक-एक रुपया जुर्माना कर दिया है। और क्या चाहिए ?"

तीसरे दिन करीब-करीब हर दर्जे के हड़ताली छात्रों ने लिखकर माफी माँग ली–सात 'शैतानों' के सिवा।

हेडमास्टर साहब ने क्रोध से दाँत पीसते हुए कहा था, "सातों शैतानों को

मैं स्कूल से निकाल-बाहर करूँगा। एक्केबारे रस्टिकेट !"

··· शैतानों के सरदार प्रियोदा ! और बाकी छह सूर्यनारायण, कृत्यानन्द, इब्राहीम, भोला, अशर्फीलाल और सबसे छोटा मनमोहन !

··· हेडमास्टर साहब ने नोटिस निकालकर दर्जे के शिक्षकों और विद्यार्थियों को सूचना दी–पाँचवीं घंटी के बाद सामने मैदान में इन शरारती लड़कों को बेंत लगाए जाएँगे।

··· प्रियोदा दौड़े आये थे, मनमोहन के पास। हँसते हुए पूछा था–"क्यों रे ! डरेगा तो नहीं ? रोने से अच्छा है कि पहले ही माफी माँग ले। कोई बात नहीं। तुमने अन्त तक हम लोगों का साथ दिया। क्लब का नाम नहीं डुबाया, यही क्या कम है ?··· जा माफी माँग ले !"

मनमोहन के नथुने फड़क उठे थे अपमान से, "प्रियोदा, आप मुझ पर विश्वास क्यों नहीं करते ?"

"तुम जे एक्केबारे बाच्चा !"

"किन्तु, बाघ का बाच्चा···।"

प्रियोदा प्रसन्न हुए थे, "स्वामीजी की वाणी हमेशा याद रखते हो, देखता हूँ।··· बाघेर बच्चा हउ !··· लोहे की देह में–फौलाद की शिराएँ··· अपने को पहचानो ! हे वीर··· बोलो, मैं भारतवासी हूँ··· "

इसके पहले, मारपीट के जुर्म में अनुशासन-भंग करने के अपराध में कई लड़कों को मैदान में खड़ा करके बेंत लगाये गए हैं, मनमोहन ने नहीं देखा है, कभी। ··· सुनते हैं, बेंत पड़ने के बाद स्कूल में छुट्टी दे दी जाती है।

कालू ने गुप्त खबर लाकर सुनाई, "बेंत मारने के लिए कोई टीचर तैयार नहीं हुआ तो सिक्स्थ मास्टर अकराम साहब ने बीड़ा उठाया है।"

हेडमास्टर साहब ने इसकी कल्पना भी नहीं की थी कि तमाशा देखने को इतने लोग जुट जाएँगे। विद्यार्थियों से अधिक जमा हो गए शहर के लोग। थोड़ी देर पहले भी वे ऑफिस से बाहर आते तो कोई रास्ता निकाल सकते थे। आज मुल्तवी कर सकते थे। लेकिन अब ?···

हेडमास्टर साहब ने सभी शिक्षकों को कड़ा आदेश दिया था कि 'केनिंग' के समय उपस्थित रहें, नहीं तो प्रेसिडेण्ट साहब से शिकायत की जायेगी।

वॉली-बाल के मैदान को घेरकर सभी खड़े थे। हठात्, नीली शेरवानी और लाल तुर्की टोपी पहने, हाथ में बेंत लेकर सिक्स्थ मास्टर अकराम साहब आँखें तरेरते हुए आये। भीड़ में किसी ने दबी जुबान से कहा, "आ गया जल्लाद !"

सातों 'शैतान' अब तक होस्टल के एक कमरे में बैठे हुए थे··· प्रियोदा ने पाँच मिनट में 'जलियाँवाला बाग' के मदनगोपाल की कहानी सुनाकर सभी के सर पर 'मदनगोपाल' की आत्मा को सवार करवा दिया था। अन्तिम समय में प्रियोदा ने पूछा, "मोना ! तूमि आमार केनिंग देखबे ना ?··· देखना होगा। तुमने कहा न कि तुम बाघ का बच्चा हो ?"

अकराम साहब ने पुकारा, "पियोबत्तो !"

भीड़ के एक व्यक्ति ने कहा, "यह तो बाजाप्ता तमाशा··· !"

दल के कप्तान की तरह मुस्कुराते हुए प्रियोदा के मैदान में प्रवेश करने का ढंग हमेशा याद रहेगा, लोगों को। नाटक का मुख्य अभिनेता–शैतानों का नेता अपने दोनों हाथों को पीछे बाँधकर, सीना तानकर खड़ा हुआ। बेंत मारने के पहले अकराम साहब ने पान-जर्दा के साथ कुछ अंग्रेजी अल्फाजों को चबाते हुए जो कुछ कहा, उसका मतलब था, 'यदि फिर ऐसी बदमाशी करोगे तो रस्टिकेट कर दिए जाओगे।··· अण्डरस्टैण्ड ?··· स्टैच्योहैण्ड।'

"··· ठीक 'आगा-पारसी थियेट्रिकल कम्पनी' के 'एक्टर' की तरह बोलते हैं।" भीड़ में कोई बोला।

"व-न !"

–सपाक !

"टो-य।"

–सपाक् !

"थ्री-ई"–सपाक् ! "फो-ओ"–सपाक्··· !

"सूजानान। सपाक् !! व-न–सपाक् ! टो-य–सपाक्–थ्री-ई–सपाक्··· !"

मनमोहन ने देखा–सभी शिक्षक सिर झुकाए खड़े हैं। देखनेवाले विद्यार्थियों के चेहरे हर बेंत के साथ बदरंग होते जा रहे हैं। सिर्फ, हेडमास्टर साहब सीधे सूरज की ओर मुँह उठाकर खड़े हैं।··· पाँच बेंत हो गए ? अब कृत्यानन्द··· व-न, टो-य, थ्री-ई, फो-ओ, फाई-ई··· !

मनमोहन ने मन-ही-मन सोचा–अकराम साहब इब्राहीम को किस तरह पुकारेंगे ? इब्बाहों ?··· वह हँसा–सचमुच अकराम साहब ने पुकारा–"इब्बाहों"··· फाई-ई··· भोवा-वा··· फाई-ई··· असफ्फे व-न, टो-य··· फाई-ई··· !

"मम्मोन ! सपाक् ! स्टैच्योहैण्ड !"

मनमोहन मैदान में उतरा और भीड़ में एक हल्की-सी सिहरन दौड़ गई–'आः !'

मनमोहन तब तक अपने दोनों हाथों को दोनों ओर बगल में मोड़कर खड़ा हो चुका था। प्रियोदा चुप नहीं रह सके। बोल पड़े, "क्यों रे मोना ! एक्केबारे स्वामी विवेकानन्देर पोज ?"

मनमोहन हँस पड़ा। अकराम साहब ने दाँतों को किटकिटाते कहा, "आइ से-ए स्टैच्योहैण्ड !"

दोनों भुजाओं को पूर्ववत् समेटे मनमोहन ने पूछा–"व्हिच हैण्ड सर ! लेफ्ट और राइट ?"

"शाबाश !"

"सही सवाल !"

सिक्स्थ मास्टर अकराम साहब को मजबूर होकर कहना पड़ा, "राइट !"

मनमोहन ने दाहिने हाथ की तलहत्थी फैला दी।

"व-न !"

सपाक् !

··· वन्दे मातरम् !

"टो-य !"

–सपाक् !

–भारतमाता की जय !

"थ्री-ई !"

–सपाक् !

महात्मा गांधी की जय !

"फो-ओ !"

–अरे रे ! खून··· खून ?

महात्मा गांधी की जय ! जय !! जय !!!

भीड़ में उत्तेजना की लहर दौड़ गई। न जाने कहाँ से एक तिरंगा झण्डावाला बाबाजी आया और भाषण देने लगा।··· जय ! जय !!

हेडमास्टर साहब ने अपने हाथ से छुट्टी की घंटी बजाई, मगर भीड़ जमी रही। और जब तक लाल पगड़ीवाले पुलिस के सिपाही न आए, 'जयजयकार' होता रहा, स्कूल के मैदान में।

··· मनमोहन को किसी ने कन्धे पर बिछा लिया। उसकी देह में गुदगुदी लगती है।··· डाक्टर बनर्जी का अधपगला कम्पाउण्डर बोतल से दूध-जैसी दवा एक बर्तन में डालकर पट्टी भिंगो रहा है और हँस रहा है, 'ये सब रोक्तो मिछे नहीं जायेगा।" अर्थात् ये रक्त बेकार नहीं जाएँगे···।

रात में पट्टी बदलते समय शरबतिया दीदी रो पड़ी थी, "मोहन, तुम उन लोगों के संग क्यों जाते हो ?"

मोहरिल मामा साइकिल से गये हैं, मनमोहन के घर। मामी कह रही थीं, "भैया ! हम लोग ठहरे गरीब आदमी···।"

शरबतिया दीदी मनमोहन के पास बहुत रात तक बैठी रही–गरम पानी की थैली लेकर।··· मनमोहन का बुखार कम हो रहा है।

बारह

इस्माइल को मियादी बुखार हो गया है। उसकी सेवा का इन्तजाम किया है। प्रियोदा ने 'किशोर-क्लब' के सदस्यों को सूचना दी।

मनमोहन को लेकर मुश्किल खड़ी हो गई है। उसके बाप और काका आये हैं; बिना खाये-पीये पड़े हैं और मनमोहन प्रियोदा का साथ छोड़ने को तैयार नहीं।

वह न तो होस्टल जाएगा और न घर, जिद पर अड़ा हुआ है।

मनमोहन को आते देखकर सूरज ने कहा, "आ रहा है–वीर बालक !"

शहर में मनमोहन का नया नाम मशहूर हो गया है–वीर बालक, बड़े-बूढ़े भी उसको देखकर आदर-भाव दिखलाते हैं। ताराबाबू वकील का मुहर्रिर तो झुककर दोनों हाथ जोड़कर 'प्रणाम' करने लगता है··· लगता है, उसकी छोटी-सी काया के अन्दर कोई 'विज्ञ' व्यक्ति छिपकर बैठा हुआ है··· हफीज साहब कहने लगे हैं–'लांगी मिर्चा !'

"की रे मोना, बाबा बुझलो–ना तुई बुझली ?" किसको··· किसने समझाया ? प्रियोदा ने पूछा।

"बाबा तो समझ गए। मगर काका जरा देर से समझेंगे। उन्होंने अब यहीं रहने का फैसला किया है। 'लम्बा ठाकुर' के होटल में रहेंगे।" मनमोहन हँसता है।

आज क्लब में दो नये 'अतिथि-सदस्य' आये हैं–विश्वनाथ और हरेन्द्र।··· सप्तमहारथी नहीं, अब 'नवरत्न'।

सूर्यनारायण एक छोटे काश्तकार का बेटा है। उसके गाँव में कांग्रेस का शिविर है। उसके बड़े भाई नमक बनाकर जेल गये हैं। बहुत साहसी है। सुन्दर स्वास्थ्य और जरा उग्र स्वभाव ! आठवें दर्जे में पढ़ता है।

कृत्यानन्द के पिताजी जिले के प्रसिद्ध पंडित हैं। संस्कृत और फारसी के बेजोड़ विद्वान्। कृत्यानन्द का परिवार बड़ा है। वे छोटे जमींदार हैं।··· कृत्यानन्द आर्यसमाजी हो गया है ? 10वें का 'फर्स्ट' स्टुडेण्ट।

इब्राहीम है मुहर्रिर का बेटा। फुटबॉल का अच्छा खिलाड़ी। स्कूल क्या, शहर-भर में अपने शरारती स्वभाव के कारण बदनाम था, मगर प्रियोदा के प्यार ने उसको एकदम बदल दिया है। पढ़ने में 'कुंद-जेहन' है। हर क्लास में दो साल रहता है। सूर्यनारायण के साथ पढ़ता है।

भोला और अशर्फी 9वें दर्जे में पढ़ते हैं। एक ही गाँव के लड़के हैं–एक परिवार के नहीं, किन्तु दोनों की दोस्ती बेजोड़ है। दोनों 'नाटक' के पीछे पागल !

शिवनाथ और हरेन्द्र मनमोहन के साथ पढ़ते हैं। उम्र और ऊँचाई भी समान ही है। दोनों जमींदार के लड़के हैं··· 'केनिंग' यानी 'बेंत लगने' के दिन से दोनों ने प्रतिज्ञा की है–खादी पहनेंगे और 'किशोर-क्लब' के सदस्य बनेंगे।

इस्माइल की सेवा के लिए कृत्यानन्द, अशर्फी और भोला की ड्यूटी–दिन में। प्रियोदा और इब्राहीम–रात में। मनमोहन सुबह अस्पताल से दवा ला देगा–रोज।

'संन्यासी-आश्रम' से लौटते समय रास्ते में ही काका से भेंट हो गई मनमोहन की।

काका को देखकर मनमोहन हँसा, किन्तु काका नहीं हँसे। बोले, "कहाँ है तुम्हारा प्रियोदा ! जरा मैं भी उससे बात करना चाहता हूँ।"

मनमोहन के मुँह से उसके काका के बारे में सुन चुका था प्रियोदा। हँसकर

बोला, "क्यों काका, मोना को खोजने आये हैं ?"

मैं आपसे पूछने आया हूँ। सभी से पूछता हूँ कि यह कौन-सा तरीका है ? भले घर के लड़कों को फुसलाकर चौपट करने से आप लोगों को क्या फायदा होता है ? बोलिए ?"

काका ने एक ही साथ प्रियोदा और बड़े महाराज से पूछा, "बोलिए, क्या मिलता है आप लोगों को ?"

बड़े महाराज मन्द-मन्द मुस्कुराते ही रहे। प्रियोदा ने जवाब दिया, "काका ! भले घर के इन 'आवारा' लड़कों ने किसका क्या बिगाड़ा है, कह सकते हैं ?"

प्रियोदा से बड़े महाराज ने कहा, "तुम लोग कहाँ जा रहे थे, जाओ। मैं इनसे बातें करता हूँ।"

मनमोहन इस्माइल के घर गया। काका आश्रम में ही रहे। बड़े महाराज ने कहा, "आइए काका साहेब ! हम लोग उधर चलकर बैठें।"

इस्माइल के मुहल्ले में इससे पहले कभी नहीं आया था मनमोहन। गन्दी बस्ती और छोटे-छोटे घर। इस्माइल का बाप चमड़े का कारबार करता है। कच्चे चमड़े का गोदाम है। पहले तो लगा कि दुर्गन्ध से उसका खाया-पीया सब उलट जाएगा। ··· इस्माइल की बदमाशी की याद आई। क्लास में घुसते ही वह किसी-किसी दिन अपने साथ बैठनेवाले पीताम्बर झा से कहता—"झा ! आज मैं 'बड़ा गोश्त' खाकर आया हूँ। 'बड़ा गोश्त' नहीं समझे··· ?" अथवा किसी दिन इस बात का झगड़ा शुरू कर देता कि हिन्दू लोग 'पत्थर' को क्यों पूजते हैं।

लेकिन बिछावन से सटा हुआ इस्माइल कोई दूसरा इस्माइल है। मनमोहन को लगा—वह खुद बीमार होकर इस गन्दे कमरे में पड़ा हुआ है।

इस्माइल की आँखें खुलीं। मनमोहन ने कहा—"ईशू ! कैसा जी है ?··· बहुत जल्दी आराम हो जाएगा।"

मनमोहन ने अस्पताल से दवा लाकर इस्माइल की माँ को दी, "कच्चे नारियल का पानी पीने को कहा है, डाक्टर साहब ने।"

डेरे पर लौटकर मनमोहन ने देखा, उसके काका प्रसन्नचित्त बैठे हैं। बोले, "आज खाना-पीना नहीं होगा क्या ? एतवार के दिन भी आराम नहीं करोगे जरा ?"

शरबतिया को देखकर लगा, वह खूब रोई है। शायद मामी ने आज गालियाँ दी हैं। मटरू भी रोया है।

किन्तु काका का बदला हुआ मन देखकर उसको अचरज हआ। उसने पूछा, "बड़े महाराज को देखा ?"

काका चुप रहे। फिर बोले, "देखा। साधु-संन्यासियों की क्या बात। कोई मन्तर 'पढ़कर' मन फेर देते हैं।"

"तुम्हारा मन फिरा या नहीं ?"

"मुनीजी ! वहाँ तो ऐसा लगा कि जो कुछ महाराज कहते हैं, ठीक ही कहते हैं। लेकिन तुमको देखते हैं तो लगता है··· ।"

"काका, एक बात मानोगे ? घर जाकर तीन-चार नारियल ले आओ न—कच्चा नारियल।"

"कच्चा नारियल क्या होगा ? आश्रम में 'दाढ़ीवाले बाबा' की मूर्ति को कच्चा नारियल ही चढ़ाते हैं क्या ?··· ई बंगाली साधू-संन्यासी लोग भी खूब होते हैं।"

"नहीं काका, मेरा एक साथी बीमार है। डाक्टर ने कहा है, और यहाँ मिलता नहीं।"

"कौन साथी ?"

"इस्माइल।"

"यह तो मुसलमानी नाम है।"

"है दोस्त का ही नाम।"

मनमोहन के काका ने उसकी ओर गौर से देखा। मनमोहन ने देखा, काका कमीज पहनकर बिना कुछ बोले तैयार हो गए, "चार से काम चल जायगा ?"

"हाँ काका ! और यह गुड़िया पुष्पी के लिए ले जाओ।"

"इस सबमें फालतू क्यों खर्चा करता है रे ? कितना दाम दिया ?"

"खरीदा नहीं है। प्रियोदा की दीदी ने दिया है—हाथ से बनाकर।"

"प्रियोदा की दीदी ?··· हमारी पुष्पी को उसने कहाँ देखा ?"

"पुष्पी को नहीं। पुष्पी के भैया को तो देखा है।"

काका ने कहा, "सचमुच तू 'लीलधरिया' है रे। 'लीला' पसारता रहता है।"

शरबतिया ने सूचना दी कि मामा और मामी ने सुबह से कुछ खाया-पीया नहीं है। शायद दारोगा साहब ने धमकी दी है।

"कैसी धमकी ?"

मामी आई, काँखती-कराहती हुई बोली, "भैया ! हम लोगों को माफ करो। गरीब आदमी ठहरे। कहीं कुछ हो जाएगा तो···।"

मनमोहन खा नहीं सका।

शरबतिया दीदी बोली, "खा लेने देती तो जो कहना था, कहती···।"

मामी ने एक भद्दी गाली दी शरबतिया को।

मामा आए। बोले, "बाबू ! हमने तो तुमको 'निबोलिया' बच्चा समझा था। मैंने तुम्हारे बाबू को चिट्ठी लिख दी है। कहीं और रहने का इन्तजाम कर लो। जगह की तुमको क्या कमी !"

मनमोहन ने देखा, मामा आज दिन में ही झोली में बोतल लेकर लौटे हैं।

मामा ने आँगन के अन्दर से कहा—"शरबतिया, तू वहाँ क्या कर रही है ? अन्दर आ। जरा मछली भून दे।"

मनमोहन किताब लेकर पढ़ने बैठा। मटरू आया, हाथ में भुनी हुई मछली लेकर। मुँह चिढ़ाकर बोला, "हम दारू पिया है अभी।"

मटरू ने शायद दारू के नशे में कह दिया, "अब तुम्हारा सीट फिर बाहर में लगेगा। समझे मोहन भैया ! बाबूजी कहते हैं कि तुम बदमाश हो, तुम्हारे साथ

में दीदी भी बदमाश हो गई है। रात में तुम्हारे पास सो जाती है।"

मनमोहन को लगा, मटरू ने उसको एक भद्दी गाली दे दी। इस मुहल्ले में लोग दिन-रात भद्दी गालियाँ बकते हैं–औरत, मर्द, बच्चे सभी। मामी जब शरबतिया को गाली देने लगती है, तो मनमोहन कान में उँगलियाँ डाल लेता है।

शाम को काका आए। नारियल ही नहीं, चावल-दाल-दही, मिठाई की बोरियाँ-हाँड़िया लेकर।

मनमोहन ने कहा, "काका ! यह सब क्यों ले आए ?··· अब यहाँ नहीं रहने देंगे।"

"कौन नहीं रहने देगा ? मोहरिलजी ?··· अरे, भैया को चिट्ठी दिया था कि चावल-दाल के अलावा दस रुपये महीना भी चाहिए। सो भैया ने जवाब दे दिया है–रुपया-पैसा की कोई चिन्ता नहीं··· ।"

अचरज की बात ! बाबूजी की चिट्ठी पढ़ते ही मामा एकदम बदल गए। बोले, "अरे, रुपये-पैसे की क्या बात है, छोटके पाहुन ! असल में हमको लोगों ने डरा दिया कि दारोगा साहब मोहन का नाम लिखकर ले गए हैं। सो जब उन्होंने लिखा है तो अब जो हो, लेकिन आप बबुआ को समझा दीजिए कि 'हड़ताल-उड़ताल' न करे।"

काका ने कहा, "मैं आखिर यहाँ किसलिए हूँ 'बोरिया-बधना' लेकर ?"

काका ने कहा, "नई हाँड़ी में दही महाराजजी का है। नये कपड़े में चूड़ा है, वह भी महाराजजी के लिए है। लाइए मैं पहुँचा आता हूँ।"

मनमोहन मुस्कुराने लगा।··· महाराजजी का 'मन्तर' काम कर रहा है !

मामी ने बहुत रोका कि भोजन यहीं कर लें। काका बोले, "उधर 'लम्बा ठाकुर' हाजिरी भर देगा बेकार। मैं सुबह आऊँगा।"

··· काका क्यों घर-बार छोड़कर यहाँ पड़े हुए हैं ?–शरबतिया दीदी इस तरह क्यों देख रही है ?–मटरू ने फिर दारू पीया है या यों ही खुश है !–काका से यह पूछना भूल ही गया कि पुष्पो गुड़िया पाकर खुशी से नाचने लगी थी क्या ? पुष्पी 'भैया' को अब भी खोजती है क्या ?

आज प्रियोदा ने 'खुदीराम' की कहानी सुनाई। 'खुदीराम' का अन्तिम गीत–

'माँ, विदाय दाउ फिरे आसी।
–फिरे आसी ! फिरे आसी !!'

तेरह

"भगवान ! मेरी अरजं सुनो··· तुमने कहा, यह मेरा लड़का। मैंने कहा, मैं इसकी 'धाई' हूँ। बोलो, मैंने इसके बाद कभी कहा कि यह बेटा मेरा है ? अपने इकलौते

बेटे को 'सतबेटा' समझती हूँ आह ! ऐसा न करो बाबाजी··· ! बाबाजी··· पैर पड़ती हूँ। मैं मर जाऊँगी–लेकिन यह बच्चा··· ?"

मनमोहन की माँ हड़बड़ाकर उठी।··· फिर वही सपना !

मनमोहन की माँ ने देखा, वही भयंकर आकृति फिर आयी है, झोली में एक छोटा-सा बच्चा ले आयी है और कहती है–"ले, यह रहा तुम्हारा बेटा ! मेरे बेटे का लालच मत करना कभी !"

··· मेरा बेटा !

जगिया चमाइन ने 'सौर-घर' से निकलकर हँसते हुए कहा, "लाइए एक जोड़ी, मालिक बेटा हुआ है।"

मनमोहन के काका गाँव की सीमा के बाहर ही थे कि हलवाहे ने सूचना दी। आँगन से आकर उन्होंने कहा, "एक मुनीजी तो वहाँ पढ़ने के बदले 'हड़ताल' करता है, अब दूसरे मुनीजी आये हैं !··· यह हलवाही करेगा।".

मनमोहन के काका ने अपने बड़े भाई को सुनाया, "भैया, एक बात कहूँ ? ··· मुनीजी जो भी करता है, करने दीजिए। समझ लीजिए कि कोई 'अवतारी आदमी' रास्ता भूलकर हम लोगों के घर में आ गया है।··· संन्यासी-आश्रम के बड़े महाराज को शहर-भर के हाकिम-हुक्काम, अफसर, मास्टर, वकील, मुख्तार पैर छूकर प्रणाम करते हैं। प्रतापी महात्मा हैं। सो बड़े महाराज भी कह रहे थे कि यह लड़का आप लोगों का नहीं।

मनमोहन के बाबूजी बोले, "जिद्दी है !"

"जिद्दी है तो क्या ? सच्ची बात के लिए जिद्द पकड़ता है। एक बात सुनिएगा ? अब तो 'आश्रम' में जाकर आँख-साँस मूँदकर 'योगाभ्यास' भी सीखने लगा है। ··· हाँ, मैं अभी की गाड़ी से ही वापस जाऊँगा।"

मनमोहन के बाबूजी ने कहा, "और, तू क्यों घर छोड़कर शहर अगोरकर बैठा है ?"

गाँव छोड़ने के पहले मनमोहन के काका ने एक रैयत से दस रुपए वसूल कर लिये और कहा, "भैया को अभी मत कहना।"

टमटम से उतरकर मनमोहन सीधे राखालबाबू की दूकान में गया; खादी की धोती खरीदी; खादी का कुर्ता सिलाने को दिया।

लम्बा ठाकुर के होटल में पहुँचकर एक खुशखबरी और सुनने को मिली–मनमोहन को छमाही परीक्षा में 'डबल परमोशन' मिला है !··· छह महीने में ही एक क्लास पास ! अब कौन कह सकता है कि मुनीजी पढ़ने के बदले 'हड़ताल' करता है ?

काका मोहरिल के डेरे पर पहुँचे। मटरू ने पूछा, "दही-मछली नहीं लाए ? मोहन भैया ने 'डबल पास' किया है।"

शरबतिया बोली, "मोहन तो भगवान के घर से ही सब कुछ पढ़कर आया है, लगता है।"

शरबतिया की माँ बेहद खुश थीं। कहने लगीं, "छोटके पाहुन, मटरू के बाबू भी बचपन में ऐसे ही तेज थे पढ़ने में। एक साल में तीन पास करते थे। सो कह रहे थे कि हमारे घर के 'भात-पानी' का इज्जत रख लिया–बबुआ ने।"

काका ने हँसकर कहा, "और, वहाँ एक 'गुनीजी' आ गए हैं।"

"वाह ! तब तो सब जगह 'डबल'... ।"

सभी हँसे। मटरू भी बिना कुछ समझे हँसा और पूछने लगा, "भैया, कौन गुनीजी ?"

"मोहन भैया को भाई हुआ है। समझे ?"

"भैया, मेरा भाई कब होगा ?"

इस बार सिर्फ काका ठहाका लगाकर हँसे। शरबतिया आँगन में भागी और उसकी माँ आँचल में मुँह छिपाकर हँसने लगी।

बाहर सड़क पर शोरगुल सुनाई पड़ा।

... जय ! जय !!

'आओ वीरो मरद बनो अब जेहल तुम्हें भरना होगा... सत्याग्रह के समरक्षेत्र में आ-आकर डटना होगा।... शूर लड़ाके मर्दाने हो, पैर हटाना कभी नहीं–मरते-मरते माता का अब करज अदा करना होगा।... महात्मा गांधी की–जै ! कौमी नारा–वन्दे मातरम् ! कौमी नारा... '

लाल पगड़ीवाले दो बन्दूकधारी पुलिसवाले दोनों ओर, बीच में एक 'नाटा-भूटा' आदमी घुटने तक धोती और गले में फूलमालाओं के गुच्छे–सिर पर टोपी, कन्धे पर झंडा, हाथ में हथकड़ी, कमर में रस्सा, कपाल पर तिलक, पीछे-पीछे सैकड़ों लोग। एक आदमी गीत गाता है, सभी दुहराते हैं। दूसरा आदमी बीच-बीच में नारा लगाता है–कौमी नारा !

बाकी लोग दुहराते हैं–वन्दे मातरम् !

"सुनहु-सुनहु भैया–गांधीजी के बतिया... ।"

मनमोहन के काका ने गला को पहचान लिया–"यह तो मुनीजी का गला है।"

शरबतिया बोली, "हाँ, मोहन भैया ही हैं।"

जुलूस करीब आया।

'देशवा के करहु आजाद
भारवासियों–यो-यो-यो !
देशवा के खातिर मजहरुल हक
भइले फकीरवा से–
दीन भइले राजेन्द्र प्रसाद
भारतवासियो-यो-यो-यो... !'

मनमोहन के काका भी जुलूस में शामिल हो गए। लोग गीत गाते, नारे लगाते, झंडा उड़ाते थाने के पास पहुँचे। थानेदार ने लिखा-पढ़ी की। भीड़ बाहर अड़ी रही। थाने के बाद जेल के फाटक तक फिर जुलूस !

जेल का बड़ा फाटक 'ढनढना'कर खुला। संगीनधारी सिपाहियों ने भीड़ को सड़क पर ही रोक दिया। फाटक खुला–'सत्याग्रहीजी' सभी को हाथ जोड़कर नमस्कार करते हुए अन्दर चले गए।

तब मनमोहन के साथ सूर्यनारायण और विश्वनाथ ने नया गीत शुरू किया :

'नमो जेल देवी नमो माँ स्वतन्त्रे···
तेरी ही गोदी में श्रीकृष्ण जन्मे
तुम्हारे ही आँगन में गांधीजी खेले
तुम्हीं ने तिलक को दुलारा-सँवारा
नमो जेल देवी···
··· कौमी नारा–वन्दे मातरम् !'

दारू की दुकान पर रोज धरना देने के लिए एक वालण्टियर जाता है और उसके साथ ही तमाशबीन जमा हो जाते हैं। फिर पुलिस के सिपाही आते हैं। एक सिपाही आगे बढ़कर सत्याग्रही स्वयंसेवक से कहता है–"यहाँ से हट जाइए। आप कानून तोड़ रहे हैं।"

"जान रहते नहीं हटूँगा यहाँ से। मैं अंग्रेजी सरकार का कानून नहीं मानता।"

"हम आपको गिरफ्तार करते हैं।"

और, इसके बाद भीड़ में कोई जोर से नारा लगाता है–'महात्मा गांधी की जय !"

रोज यही होता है। ठीक साढ़े चार बजे दिन में सत्याग्रही-शिविर से धरना देनेवाला स्वयंसेवक निकलता है। स्कूल की छुट्टी हुई और लड़के तमाशा देखने पहुँच जाते हैं !

मनमोहन के काका ने उस साँझ को मनमोहन से पूछा, "मुनीजी, तुम्हारा भी मन जेल जाने को करता है ?"

"करता तो है, मगर बड़े महाराज कहते हैं कि अभी तुम लोगों का समय नहीं आया। अभी पढ़ो-लिखो, देह और मन को मजबूत बनाओ।··· तुम तो आजकल बड़े महाराज से खूब हँस-हँसकर बोलते-बतियाते हो ! क्या-क्या बातें होती हैं ?"

"अरे यह सब सुनकर तू क्या करेगा ?"

रात में बहुत देर तक काका मनमोहन के पास बैठे रहे। शरबतिया ने कहा, "आज यहीं भात बना है आपका। होटलवाले को माँ ने खबर भेज दी है–हाजिरी नहीं भरेगा।"

काका खा-पीकर जाने लगे तो बोले, "मुनीजी, गर्मी की छुट्टी तो पाँच दिन के बाद ही हो जायगी। छुट्टी में घर जायगा या यहीं रहेगा ?"

"घर जाऊँगा।"

"ठीक है।"

–कौमी नारा !

–यह क्या है ! मनमोहन ने 'कलाली' ने पास पहुँचकर देखा–काका 'पिकेटिंग' कर रहे हैं। प्रियोदा बोले, "मैं जानता था। काका किसी दिन नाम लिखाकर चले जाएँगे।"

मनमोहन कुछ देर तक मूढ़ हो गया। वह क्या करे ? हँसे, या रोए ?··· पुलिस के सिपाही आए। काका गिरफ्तार हुए। उन्होंने नजर दौड़ाकर खोजना शुरू किया और मनमोहन पर नजर पड़ते ही हँस पड़े, "मुनीजी–यह देख !"

काका ने हाथ की हथकड़ी दिखाकर कहा, "अब तो खुश हो ?"

खुशी के आँसू झर पड़े मनमोहन की आँखों से ! उसके कण्ठ से अपने-आप यह नया गीत निकल पड़ा !

"खुश हो, खुश हो नौजवानो
मौत का पैगाम है···।"
··· भारतमाता की जय !··· नमो जेल देवी !!

चौदह

'किशोर-क्लब' का सालाना जलसा गर्मियों की छुट्टी के पहले हर साल होता है। प्रियोदा इस बार मैट्रिक की परीक्षा देंगे, इसलिए नए 'संचालक' का चुनाव होगा। पाँच साल तक प्रियोदा ने क्लब का संचालन सुचारु रूप से किया है।

प्रियोदा ने अपने संक्षिप्त भाषण में अपने सहयोगियों और सदस्यों से कहा, "मुझे विश्वास है कि इन 'नवरत्नों' में से कोई भी सदस्य 'क्लब' का संचालन अच्छी तरह कर सकता है।"

सूर्यनारायण ने प्रस्ताव किया, "मैं प्रस्ताव करता हूँ कि मनमोहन क्लब का संचालक चुना जाय।"

शिवनाथ ने समर्थन किया और कृत्यानन्द ने अनुमोदन। बड़े महाराज ने अपने हाथ से 'रोरी' का टीका लगा दिया, मन्त्र पढ़कर।

मनमोहन को लगा–कोई उसकी देह में आकर बैठ गया।··· एक नई शक्ति समा गई आत्मा में।

उसने झुककर बड़े महाराज की चरण-धूलि ली। सभी आपस में गले मिले। इब्राहीम ने तुरत तुकबन्दी कर ली।

'सबसे छोटा वीर-बहादुर
प्यारा साथी मोना,
मिट्टी को भी छू दे तो
हो जाएगी–सोना··· ।'

काका को छह महीने की सजा सुना दी गई। एक रविवार को प्रियोदा के साथ मनमोहन अपने काका से मिलने के लिए जेल-गेट पर गया। प्रियोदा ने दर्खास्त देकर मुलाकात करने का हुक्म ले लिया था। नियम है, कैदी को फाटक पर लाया जाता है और मुलाकाती को फाटक के बाहर ही पाँच गज दूर खड़ा होकर बातें करनी पड़ती हैं–जोर-जोर से। पाँच मिनट की मुलाकात कुशल-समाचार पूछने और एक-दूसरे को देखने में तुरत खत्म हो जाती है।

किन्तु प्रियोदा को देखकर जेलर और डाक्टर साहब दोनों ने अचरज से कहा, "तू यहाँ ?"

"एखाने केन रे ?" डाक्टर साहब ने पूछा।

"देखा कोर्ते।"

"किसके साथ ?"

"यह मेरा मित्र मनमोहन है, यह अपने काका से मिलने आया है। यह रही दर्खास्त···।"

जेलर साहब ने दर्खास्त पढ़कर कहा, "सुपरिण्टेण्डेण्ट साहब के डेरे पर गए थे ?"

"जी।"

डाक्टर साहब ने हँसकर कहा, "जेलर साहब, होशियार रहिएगा।··· उई जो आप एक दिन एक दोहा बोला था–जहँ संतन को चरन···।"

जेलर साहब ने हँसते हुए आवृत्ति की–"जहँ-जहँ चरन पड़े संतन के तहँ-तहँ बंटाढार।"

प्रियोदा ने कहा, "निश्चय किसी 'असंत' की रचना है यह।"

सभी हँसे। तब डाक्टर साहब ने कहा–"अरे, जेलर साहब, प्रियो जब आया है, तो फाटक पर काहे, दोनों को भीतर जाने दीजिए–जरा पहले से देख-सुन लेगा सब कुछ।··· और इस पिद्दी··· तुम्हारा क्या नाम बोला··· मनमोहन··· इसको कम मत समझिए।··· 'केनिंग' के दिन यही 'छोकरा' नाटक किया था।··· अकराम साहब का 'ब्लड-प्रेसर' सात दिन तक 'एक्केबारे' हाई था और सपना में देखता था कि ये ही 'लड़का' को वह खून कर दिया है और सब कोई उसको पकड़ने को

दौड़ा है।"

एक वार्डर को बुलाकर जेलर साहब ने कहा, "दोनों बाबू को अन्दर ले जाओ, ठिकाने से सब-कुछ दिखला देना। और इसके चाचा से बातचीत··· अरे तलाशी-उलासी क्या लेना··· क्यों प्रियो, पॉकेट में 'बोमा-टोमा' तो नहीं ?··· तुम लोगों का क्या ठीक, बाबू।"

मनमोहन को देखकर काका अवाक् रहे कुछ क्षण। फिर दौड़े हुए आए, "कैसे आए ?··· तुम लोगों ने भी पिकेटिंग कर दिया ?··· तो मैंने क्यों··· ?"

उस दिन एकादशी थी। सुराजी कैदियों के लिए 'फलाहार' का प्रबन्ध था—उबला हुआ सकरकंद, केला, पपीता और गुड़।

काका ने जब सुना कि दोनों मुलाकात करने आए हैं तो हँस पड़े। दोनों को अपने वार्ड में ले गये। सभी से परिचय करवाया—"देखिए, यही है मेरा भतीजा और यह प्रियोदा, जिसके बारे में कहता था।··· और देख मुनीजी—यही हैं तिवारीजी।"

दोनों ने प्रणाम किया। बाकी सुराजी लोग दोनों को पहचानते हैं। सभी को—विलायती कपड़े की दूकान और शराब की दूकान से जेल-गेट तक गीत गाकर पहुँचानेवालों को वे नहीं पहचानेंगे भला।

एक ने कहा, "आप लोग पढ़-लिखकर क्या कीजिएगा ? छोड़िए इस्कूल-फिस्कूल···।"

"चले आइए।"

तिवारीजी किन्तु कुछ नहीं बोले। एक चश्माधारी नौजवान ने सुराजी से कहा, "आप लोग 'बानर-सेना' में क्यों नहीं भर्ती हो जाते ?"

प्रियोदा ने कहा, "हम पढ़ाई छोड़ने के मत में नहीं। पढ़ाई बहुत जरूरी है। ··· कोई 'राष्ट्रीय स्कूल' होता तो हम जरूर यहाँ से नाम कटाकर चले जाते।"

तिवारीजी ने कहा, "तुम ठीक कहते हो।··· नेशनल स्कूल एक खुला था, लेकिन सरकार चलने नहीं देती।··· कांग्रेस-दफ्तर के साथ स्कूल पर भी जप्ती लगा देते हैं।"

सुराजियों के आग्रह पर मनमोहन ने कहा—"खुश हो, खुश हो नौजवानो' गीत गाकर सुनाया। काका ने पीतल की थाली में फल लाकर दिया, "जब जेल के अन्दर आ ही गए हो तो जेल का 'फल' तो चखते जाओ।"

तिवारीजी हँसोड़ स्वभाव के हैं। बोले, "देखो, नमक और पानी मत देना।"

काका ने दाढ़ी बढ़ा ली है। मनमोहन ने देखा—काका के कम्बल पर 'इंगलिश-टीचर' किताब की एक प्रति पड़ी हुई है। उसने पूछा, "पढ़ते हो ?"

"बैठे-बैठे क्या करेंगे ! चरखा कातते हैं, मन नहीं लगता है तो किताब पढ़ते हैं। 'उर्दू-शिक्षक' भी मँगवा ली है।··· यहाँ एक होमियोपैथी के डॉक्टर भी पिकेटिंग करने आये है। उनसे, 'मेटेरिया मेडिका' माने डॉक्टरी पढ़ता हूँ।··· सुबह से आसन भी शुरू कर दिया है।" काका ने बताया।

प्रियोदा और मनमोहन ने एक ही साथ कहा, "बहुत अच्छा करते हो काका

··· बहुत अच्छा।"

प्रियोदा ने कहा, "रामचरितमानस माने रामायण मैं आज ही भेज दूँगा।"

काका ने पूछा, "क्यों रे मुनीजी, भैया तो मुझसे नाराज होंगे ?"

"तुम्हीं से नहीं। मुझ पर भी बहुत नाराज हैं–बड़े महाराज के कहने का उन पर कोई असर नहीं पड़ा और मुझसे बार-बार कहते रहे 'नाम कटवाकर घर चल–बाप ने मारी मेढकी, बेटा तीरंदाज'।"

काका हँसते हैं, "नहीं रे, भैया कब तक हम लोगों से नाराज रहेंगे !–उनका दिल एकदम साफ है।"

मनमोहन बोला, "ताराबाबू वकील ने उससे कहा कि प्रियोदा 'आवारा' नहीं और उनके 'क्लब' का कोई काम ऐसा नहीं कि पुलिस पीछे पड़े; थोड़ा 'हल्ला-गुल्ला' करता है, खादी पहनता है, तकली चलाता है, 'सुदेशी-गीत' गाता है तो क्या बेजा करता है··· ! यह तो आजकल की 'हवा' है।"

प्रियोदा ने कहा, "और, खत्री साहेब के घर पर··· काका ! क्या हुआ जानते हैं ? बाबूजी बहुत देर तक वहाँ भी मोना के बारे में 'रो-गा' रहे थे। हम दोनों रोबी से मिलने गए तो देखा, वे रोबी के मामा माने खत्री साहेब के चेम्बर में बैठे हैं। मोना लौटना चाहता था कि खत्री साहेब की नजर पड़ गई। पुकारा–'कौन है मोना ? रोबी अंदर में है, अंदर ही चला जा।' तब तक बाबूजी ने भी देखा। बोले–'क्या है ?'··· खत्री साहेब ने पूछा–'आप मोना को पहचानते हैं ?' अरे, जब बाबूजी बोले कि यही है उनका बदमाश बेटा मनमोहन, तो खत्री साहेब ने पाँच बार एक ही सवाल किया–'यह आपका लड़का है ? यही आपका मोना ही आपका बेटा है ? अरे ?··· इसको आप बदमाश कहते हैं ?'··· मोना ने इधर-उधर देखकर लगाई दौड़··· आँगन की ओर। मैं तो पहले ही पिछले दरवाजे से···।"

प्रियोदा ने कहा, "बाबूजी इस बार खुश होकर गए हैं।"

वार्डर ने सिर खुजलाते हुए कहा, "अब चलिए। बड़े साहब के आने का समय हो गया।"

मनमोहन ने चलते समय पूछा, "खाने-पीने के लिए कुछ भेज दूँ ?"

काका ने कहा, "मोना रे ! छह महीने का 'सुयोग' मिला है। इतने दिन तक यदि 'जीभ' पर भी लगाम न लगा सका तो फिर सत्याग्रहियों में नाम लिखाने से क्या फायदा हुआ··· 'जोगाड़ी' लोग 'सुराजी वार्ड' में भी हैं। बाहर से चीजें मँगवाकर खाते हैं। लेकिन तिवारीजी, गांगुलीजी, गोकुल बाबू ऐसी चीज छूते भी नहीं।··· मैं उन्हीं लोगों के वार्ड में हूँ। गांगुलीजी की भागलपुर बदली हो गई। नहीं तो देखते अभी···।"

फाटक के पास काका को याद आई–"हाँ··· 'गुनीजी' का क्या नाम रखा गया है ?"

मनमोहन ने कहा–"और क्या ? तुमने नाम रख ही दिया है–गुनीजी। सभी गुनीजी कहते हैं।··· क्यों, कोई नाम रखे हो क्या ?"

"हाँ, गांगुलीजी से मैंने कहा कि एक बढ़िया-सा नाम दीजिए।··· मैंने तुम्हारे बारे में सब कुछ बता दिया था उनको। और उन्होंने प्रियोदा के बारे में खूब सुन रखा है।··· बोला कि मनमोहन के छोटे भाई को 'जनमोहन' कहिए। मैंने समझा कि दिल्लगी कर रहे हैं। लेकिन उन्होंने कहा, 'बेजोड़ नाम है।'"

प्रियोदा बोले, "सचमुच बेजोड़ नाम है··· अब तक नहीं सुना ! खूब भालो नाम !"

मनमोहन ने मुस्कुराकर कहा, "लेकिन तुम उसको 'गुनीजन-गोहन बना दोगे—गुनीजी कहते-कहते।"

"जनमोहन !"

पन्द्रह

गर्मियों की छुट्टी हो गई। अदालत, फौजदारी, रजिस्ट्री-ऑफिस और स्कूल बन्द हो जाने के बाद इस कस्बे की सूरत ही बदल जाती है। चारों ओर सन्नाटा-सा रहता है। न अदालत के चपरासियों की पुकार—'कहाँ फलाना मुदई-हाजिर है ए-ए-ए !' न स्कूल के मैदान में लड़कों का 'ड्रिल'। सिर्फ ट्रेजरी का संगीनधारी सिपाही, जो हर घड़ी बरामदे पर चहलकदमी करता है और घड़ी देखकर बाहर टँगे 'घड़ीघंट' में लकड़ी के हथौड़े से चोट देता है, गिनकर—'एक ! दो ! तीन··· !'

··· रात में उधर होकर कौन जा रहा है अभी ? मनमोहन को जिस रात नींद नहीं आती, चुपचाप कान लगाकर रात में होनेवाली आवाजों को सुनता है। दूर गाँव से भौंकते हुए कुत्ते। नदी के उस पार से हवा के झोंके पर लहराती हुई आती है मृदंग और करताल की ध्वनि··· बरगद के पेड़ से लटकते हुए चमगादड़ों की कचपचाहट··· ठीक, एक-एक घंटे पर बोलनेवाला उल्लू··· बालूचर पर कोई चिड़िया बोलती है या कोई बच्चा रो रहा है··· रात में ट्रेजरी के सामनेवाली सड़क से गुजरनेवाले से सिपाही दूर से गरजकर पूछता है—'हाल्ट ! हुकुमदार··· !'

मनमोहन ने भोर में सपना देखा—एक आदमी को फाँसी दी जा रही है।··· काला भूत··· एक 'चंडाल' लाल-लाल आँखें निकालकर देखता है··· अरे ? यह तो प्रियोदा हैं··· प्रियोदा को क्यों फाँसी··· गांधी महात्मा की जय !··· जय !!

मनमोहन जगा। लेकिन जयजयकार सचमुच हो रहा है।··· कहीं से कोई गिरफ्तार होकर आया क्या ? मनमोहन को किसी ने पुकारा शायद। वह हड़बड़ाकर बाहर आया। कालू के चेहरे पर आतंक स्पष्ट अंकित देखकर उसने पूछा, "क्यों कालू, क्या बात है ?"

"अरे, यतीन—बाधा-यतीन मर गए ! अनशन करके मर गए।" मनमोहन ने बड़े महाराज से 'बाधा-यतीन' के बारे में बहुत सुना है। जिस दिन से अनशन

कर रहे थे, उसी दिन से महाराज कह रहे थे, "मार डालेगा इसको। जरूर मार डालेगा।"

"बासठ दिनों का अनशन !"

"सुने छिस ?–सुना मोला ?" प्रियोदा आए।

मोना की आँखें छलछलाईं। प्रियोदा ने कहा, "रोता क्यों है ? रोता क्यों है ? बात रोने की नहीं, हँसने की है। अब देरी नहीं। स्वराज्य करीब आ रहा है–धीरे-धीरे।–और भी मरेंग। मारे जाएँगे–अभी तू घर चला जा, मोना !"

"तुम नहीं चलोगे ?"

"आम पक जाएँ, तब एक दिन आऊँगा। 'आसन' वगैरह छोड़ना मत।"

मोना दोपहर की गाड़ी से गाँव लौटा।

–आम के बागों में 'मड़ैया' के पास लोग बैठे हैं। शुरू जेठ में पकनेवाले आमों का रंग बदल गया है। रात में पानी पड़ा है। जोते हुए खेतों से सोंधी मँहक आ रही है। बाँस के वन में पछिया हवा साँय-साँय कर रही है। पाट के खेतों में 'कमौनी' करते हुए मजदूर मिल-जुलकर 'लगनी' गीत गा रहे हैं–करुण, उदास गीत :

'कौन बने भीगे राम रे रामचनर कि
कौन बने भींगे लखन-भा-य-य-य
कौन बने भींगे राम रे सीया सुकुमारी
भइया के मन कल-पा-य-य–!'
··· मनमोहन !··· गुनीजी !··· लखन भाय ! पुष्पी !

दो-तीन दिन तक मनमोहन गाँव-घर, खेत-मैदान, बाग-बगीचे में खोया रहा। प्रियोदा की याद नहीं आई, सो बात नहीं। बड़े महाराज के लिए आम ले जाने की बात भी वह नहीं भूला है।··· गाँव आते ही, लगता है, माया, ममता, मोह, स्नेह, प्यार, दुलार लेकर धरती माँ दौड़ी आती है और उसे छाती से लगा लेती है। मनमोहन कई दिन तक बेसुध पड़ा रहता है।

इस बार दस दिन के बाद ही जी उचाट हो गया है। काका नहीं हैं।··· काका को जेठवा आम कितना पसंद था ! एक-दो टोकरी आम काका को पहुँचा आना होगा।

मनमोहन के बाबू अब निश्चिन्त हैं। बड़े-बड़े वकील-मुख्तारों की बात का नहीं, असल में बड़े महाराज की बात का ही असर हुआ है। मनमोहन प्रसन्न हुआ। बाबा ने कहा, "बड़े महाराज जो कहें, वही करना। वह बुरा रास्ता क्यों बतलाएँगे ? ··· तुम्हारे काका के बिना कोई काम यहाँ पड़ा तो नहीं है। वह यहाँ करता ही क्या था ! दिनभर दस दरवाजे से उस चौपाल में बेकार बेबात की बातों में समय

बरबाद करता था।–जेल में तेवारीजी वगैरह के 'संगत' में आदमी बन जाएगा।"

शहर आते समय मनमोहन ने अपने नन्हें भाई को गोद में लिया–गोल-गोल आँखें फाड़कर अचरज से देखता है–अरे, यह हँसता है ! देख पुष्पी, यह हँसता ··· क्यों गुनीजी ? काका को क्या 'संवाद' दूँगा, बोलो ? अरे, हँसता है !

पुष्पी ईर्ष्या से बोली–"यह बिछावन में पेशाब करता है। तुम्हारी गोदी में भी कर देगा।··· इसे गोदी से उतार दो।"

मनमोहन ने माँ की ओर देखा।··· पुष्पी के जन्म के बाद भी मनमोहन को बड़ी लाज लगती थी–माँ के सामने–इस बार तो माँ भी लजाती है।··· माँ ने जलपान के लिए पाँच रुपये देकर पूछा था, "तुम्हारे 'बड़े महाराज' कैसे हैं ? दाढ़ी-जटावाले ?"

"नहीं। एकदम उलटा। माथा, दाढ़ी-मूँछ सफाचट !··· क्यों मौसी ?"

"फिर कब लौटेगा ? अभी तो छुट्टी बाकी है, बहुत दिन। घर में मन नहीं लगता ?"

"नहीं।"

"फिर कब आएगा ?"

"जल्दी ही।"

पुष्पी धरती पर लोट-लोटकर जार-बेजार रोती रही, भैया के लिए। मनमोहन बैलगाड़ी पर जा बैठा··· दूर तक पुष्पी के रोने की आवाज सुनता रहा–भैया आवजी ! भैया आवजी !!···

गाड़ी के पीछे-पीछे आते हुए 'कैला' कुत्ते को मनमोहन ने डाँटकर कहा–"जा घर ! घर जा !··· भाग !"

कैला कुत्ता खड़ा होकर मुँह से जीभ बाहर निकालकर हाँफता हुआ अचरज से कान खड़े कर देखता रहा। फिर पिछले दोनों पाँवों पर बैठ गया···।

सोलह

"हफीज साहब का माथा खराब हो गया !"

डेरे पर पहुँचते ही मनमोहन को शरबतिया दीदी ने कहा, "तुम्हारे कोई मौलवी साहब मास्टरजी पगला गए हैं, सुना है।"

"मौलवी साहेब-मास्टर ?"

"अरे, वही हफीज साहब हैं न !"

मामी बोली, "मगज पर 'अंडा-गोश्त' की गरमी चढ़ी होगी। पगलावेगा नहीं ?"

रोबी आया। उसने भी कहा, "हाँ, हफीज साहब पागल हो गए।"

मनमोहन प्रियोदा के घर गया। प्रियोदा साइकिल लेकर बाहर निकले, "ले, तू आ गया··· मैं आज तुम्हारे गाँव जानेवाला था।··· चलो, हफीज साहब को देखने

चलोगे ?"

"सचमुच पागल हो गए हैं क्या ?"

प्रियोदा कभी-कभी कौतुक करते हैं। बँगला-कीर्तन की एक 'कली' पर सुर चढ़ाकर गाते हुए साइकिल में 'पम्प' देने लगे–"सबाय बोले आमाय पागल, आमि सबाय जे पागल बोली··· ।"

··· काली-बाजार के 'गुदड़ी-बाजार' पर भीड़, गोल बाँधकर खड़ी है–इनारे के पास। कोई मदारी, एक लड़के को सुलाकर छाती पर ताबीज रखकर पूछता होगा–'कहाँ गए ?' कपड़े से मुँह ढका चित्त सोया लड़का सुर में जवाब देता होगा 'ब-गै-चै-में-एँ-एँ।··· अथवा रूमाल को कबूतर बनाकर उड़ाता होगा–हो सकता है। दाद-दिनाय की दवा ! "अरे प्रियोदा, यह तो हफीज साहब हैं।"

दोनों साइकिल से उतरे।··· चारों ओर भीड़··· बीच में इनारे के जगत पर हफीज साहब 'नंग-धड़ंग' केले के पत्तों की घाँघरी पहने खड़े हैं और हाथ नचाकर भाव बतलाकर कह रहे हैं–"हँसो। हँसो। खूब हँसो ! एक दिन तुम्हें, तुम्हारी औरतों को केले का पत्ता भी मयस्सर नहीं होगा। नंगे-मादरजात नंगे हो जाओगे।··· मैंने तो फिर भी अंदर लँगोटी पहन रखी है।–पागलो ! चर्खा कातो, कपास उपजाओ इसी बात पर··· इस नाचीज बंदे हफीजसाह-सुथरा ने फरमाया है– ।"

··· घनी दाढ़ी-मूँछों में हफीज साहब के चमकते हुए दाँत ! ऐसी हँसी पहली बार देख रहा है मनमोहन। हफीज साहब ने अपनी आवाज को तेज करके पूछा–'क्या फरमाया है ?' फिर तुरन्त अपनी आवाज को मद्धिम करके शुरू किया :

'मोरा चरखा के ना टूटे तार
चरखवा चालू रहे
मोरा चरखा के ना टूटे तार··· '

··· अरे-रे-ये तो नाचने लगे, दोनों हाथों से चरखा चलाने का भाव दिखलाकर–कमर लचकाकर !

'··· चरखा चलावे गंधी महतमा
थर-थर काँपे सरकार-अँगरेजिया
पटलन करे तैयार–जुलुमियाँ
बनियाँ ब्रिटिश सरकार
चरखवा चालू रहे–मोरा चरखा के
ना-टूटे ना-टूटे ना-टूटे हो–
ओ-ओ-भैया तार-तार-तार
कि बाजे सितार यार
दादिड़दा–दादिड़दा··· अरे-ए
कहे साह-सुथरा फकीरा

बन्दा हफीज, जोलहा कबीर
की मैली न होवे चदरिया–
चदरिया-या-या…'

हफीज साहब के भाई और भतीजों ने उन्हें पकड़कर 'टमटम' पर बिठाया। भाई ने डराया, "दरोगा साहब आ रहे हैं।"

"अरे पागलो, मुझे छोड़ दो।… मैं अभी तार करता हूँ सरोजिनी नायडू को। छोड़ो !" हफीज साहब चीखते-चिल्लाते रहे। टमटमवाले ने घोड़े को दौड़ाना शुरू कर दिया।

"की रे मोना !… क्या देखा !"

"लोग पागलखाने में भेजना चाहते हैं, लेकिन उनका कहना है जेलखाना ले चलना हो तो ले चलो।"

"एक बात पर ध्यान दिया तुमने प्रियोदा !… पहले हफीज साहब हमेशा महात्मा गांधी को 'मिस्टर गांधी' कहते थे। अब 'गांधी महातमा' कहते हैं।"

मनमोहन का मन फिर उदास हुआ।… पुष्पी की याद आई। प्रियोदा ने एक बढ़िया समाचार सुनाया। संन्यासी-आश्रम में छुट्टी के बाद से एक 'स्टुडेण्ट्स-होम' खुल रहा है। मद्रास-आश्रम से एक 'महाराज' इसी काम के लिए आए हैं। सब ठीक हो चुका है। अभी सिर्फ पन्द्रह 'सीट' हैं…।"

"सिर्फ पन्द्रह !"

"कहता है सिर्फ पन्द्रह ! दस लड़के भी मुश्किल से जुट पाएँगे–देखना !"

"क्यों !"

"स्टुडेण्ट्स-होम' माने 'ब्रह्मचर्याश्रम'–सभी नियम-कानून अपने ही ढंग के–साढ़े तीन बजे भोर में उठना, शौच-स्नान आदि से निवृत्त होकर प्रार्थना, कसरत, आसन, सफाई, बागवानी, भिक्षाटन और विशेष अवसरों पर समाज सेवा।… और भी शर्तें हैं। जैसे 'स्टुडेण्ट्स-होम' में दाखिल होने के बाद जब तक मैट्रिक पास न कर ले, घर नहीं जा सकते। इसीलिए नीचे दर्जे के कम उम्र के विद्यार्थियों को ही पहला मौका दिया जाएगा। पाँच सीट हैं ऊपर दर्जे के विद्यार्थियों के लिए। लेकिन उसमें भी शर्त है–अविवाहित और सोलह के नीचे उम्र !… तो बोलो न कितने लड़के आएँगे !"

'बड़े महाराज' बहुत दिनों से 'स्टुडेण्ट्स-होम' की बात करते थे।… रिसड़ा; चौबीस परगना और मलयपुर के 'स्टुडेण्ट्स-होम' के बारे में… मनमोहन का रोम-रोम पुलकित हो गया इस समाचार को सुनकर। उसने कहा, "घर नहीं जाने देंगे, क्यों !"

प्रियोदा ने पूछा, "अच्छा, एक बात पूछूँ ! बुरा मत मानना।… तुम्हारा 'मोहरिल मामा' तो मुहल्ले का नामी पियक्कड़ है और तुम्हारी 'मोहरिल मामी' मुहल्ले की झगड़ालू। वैसे घर में वैसे लोगों के साथ… माने तुमको 'डिस्टर्बेन्स'… पढ़ने-लिखने

में ही नहीं, रहने-सहने में, कोई दिक्कत नहीं होती ?"

मनमोहन ने कहा, "नहीं तो !"

रात में मनमोहन बहुत देर तक प्रियोदा के इस अजूबा सवाल पर सोचता रहा। ऐसा क्यों पूछा प्रियोदा ने ?

शरबतिया दीदी आई और किशनभोग आम की तारीफ करने लगी, "इतना मीठा आम मैंने 'जिन्दगी' में कभी नहीं खाया।··· मोहन भैया, तुम्हारे बाग में कोई मोहनभोग आम का पेड़ भी है ?"

"नहीं।··· लेकिन तुम 'परतीत' नहीं करोगी मेरी बात–चलकर देखना–एक पेड़ बीजू आम का है, जिसका नाम है शरबतिया। आषाढ़ में पकता है। ले आऊँगा। सिर्फ रस होता है–पानी की तरह, शरबत की तरह–कहीं गूदा नहीं। बहुत मीठा।"

शरबतिया दीदी लजाई। तब मनमोहन को लगा, 'बहुत मीठा' कहते समय उसने 'बहुत' पर अधिक जोर दे दिया–'बहुत मीठा !'

मामी ने पुकारा, "अरी शरबतिया, बाँध इस बाँगड़ को।"

मनमोहन ने सुना, मामी ने एक भद्दी गाली दी शरबतिया दीदी को–मनमोहन का नाम लेकर। मनमोहन के कान गर्म हो गए।

··· डिस्टर्बेन्स··· दिक्कत ? मनमोहन सोचने लगा–प्रियोदा ने क्यों वैसा सवाल किया ?··· ठीक ही तो ? मनमोहन ने कह दिया कि कोई दिक्कत नहीं होती। लेकिन होती है।

··· मामा घुघनी-चाट-चटपटी लेकर दारू की बोतल सामने रखकर पीते हैं–घर के अन्दर। मामी भी अन्दर चली जाती हैं। मटरू एक घूँट पीकर उसके पास चला आता है। हठात् मामी और मामा आपस में लड़ने लगते हैं। शरबतिया आँगन का दरवाजा बन्द कर देती है। मटरू ओसरे पर 'उलटबाजी' उलटता-पलटता सो जाता है। मामी घर में किकियाती है। शरबतिया धीरे से मनमोहन के कमरे में आकर दरवाजा बन्द कर देती हैं। मनमोहन आँख मूँदकर सोने का बहाना बनाकर लेटा रहता है। शरबतिया बिछावन के पास आकर धीरे से पूछती है, "सो गए मोहन भैया ?" फिर धीरे से पास में बैठकर बालों पर हौले-हौले हाथ फेरती है और गाल-कपाल, होंठ पर बारी-बारी चूमती है। तब··· तब··· ? क्यों उसने कह दिया कि दिक्कत नहीं होती ?··· और, घर से इतना जल्दी वह क्यों भाग आया है ? काका को आम पहुँचाने अथवा शरबतिया को खिलाने ?··· नहीं, 'डिस्टर्ब' होता है ! बहुत होता है। आज शरबतिया जरूर किसी समय एक बार इधर आवेगी। ··· नहीं, वह, आँख मूँदकर सोएगा, बहाना बनाकर।··· लेकिन, उस दिन स्टेशन पर फोरबेस साहब की बेटी अपने भाई को प्लेटफार्म पर, उतने लोगों के सामने जो इस तरह चूम रही थी।··· वे अंग्रेज हैं, सही ! मगर आदमी ही हैं।··· प्रियोदा कह रहे थे कि शरबतिया को देखकर बहुत दया आती है–'साइमन-बायकॉट-शहीद' की विधवा है··· मनमोहन को 'दया' ही नहीं, 'माया' भी होती है शरबतिया को देखकर।··· एक ही साड़ी-कुर्ता है, मगर रोज नहाती है और साफ-सुथरी रहती

है।··· मामी आज क्यों इतना 'किकिया' रही है ?

हफीज साहब की याद आई।

अब 'हिस्ट्री' कौन पढ़ाएँगे–नूरजहाँ जब पान खाती थी।··· प्रियोदा की माँ पान खाती है–उनको पान खाते देखकर मनमोहन को सदा हफीज साहब की बात याद आ जाती है··· नूरजहाँ जब पान खाती थी··· आज आम खाकर प्रियोदा की माँ बोली थी–"ठीक तुम्हारी तरह मीठा और सुगन्धित तुम्हारे बगीचे का आम भी है, सेकेण्ड मास्टर साहब ने कहा था–'कलम आम बेसी खाबे ना। बीजू आम खाबे। बुझले ?' प्रियोदा से कहना, 'डिस्टर्ब' होता है।··· लेकिन, छुट्टी के बाद वह 'स्टुडेण्ट्स-होम' में जरूर चला जाएगा।··· नहीं तो··· नहीं··· तो किसी दिन वह एक घूँट दारू पी लेगा, घुघनी खाकर··· किसी दिन··· किसी दिन··· हे वीर ! विवेकानन्द स्वामी की मूर्ति··· जागो, उठो, बढ़ो, लोहे की देह में बिजली··· !

मनमोहन ने उठकर लालटेन की रोशनी को तेज किया और 'विवेकानन्द-वाणी' खोलकर पढ़ने लगा। नहीं, तस्वीर देखने लगा।··· बहुत देर तक एकटक देखता रहा।··· नहीं, दुर्गा आर्य की बात ठीक नहीं।··· मूर्ति और तस्वीर··· प्रतिमा··· तब ··· बाधा-यातीन की तस्वीरवाली किताब को सरकार ने क्यों जब्त किया ? वह तस्वीर जिसके पास पाई जाएगी, छह महीने की सजा होगी, पाँच सौ रुपए जुर्माना !

"सोओगे नहीं आज··· मोहन भैया ?"

"नहीं।"

"पानी पियोगे ?"

"नहीं।"

सत्तरह

रविवार की सुबह कंधे से झोला लटकाकर 'भीख' माँगने निकले हैं–'किशोर-क्लब' के सदस्य। पाँच-सात महीने में मनमोहन इस कस्बे के हर मुहल्ले के घर-घर में 'मुठिया' के लिए 'हाँक' लगा चुका है। हर गली के लोगों को वह पहचान गया है।

नए लोगों को समझाना पड़ता है।

मनमोहन मुजफ्फरपुर से आए हुए एक परिवार के लोगों को समझा रहा है–"आपका यह एक मुट्ठी चावल देश के हजारों पीड़ितों, दुखियों के लिए 'वरदान' है।··· बाढ़, महामारी में तबाह लोगों को दवा, कपड़ा और सेवा··· दे दे माई, एक मुट्ठी चावल !"

मनमोहन सोचता–हम लोगों के 'स्टुडेण्ट्स-होम' के लिए भी, देश के एक भाग में, उत्तर भारत के शहरों में मनमोहन की उम्र के विद्यार्थी हर दरवाजे पर झोली

पसारकर भीख माँग रहे होंगे–'दे दे माई !'

··· मुँह के ग्रास से निकालकर दिया हुआ अन्न ! इकन्नी-दुअन्नी, पैसे··· पन्द्रह विद्यार्थियों के लिए–'स्टुडेण्ट्स-होम'··· मद्रास के महाराज जी भाषण दे रहे हैं–कुछ चुने-चुनाये प्रतिभावान् बालकों को बचपन से ही अच्छे परिवशे में रखकर 'गढ़ना' ही स्टुडेण्ट्स-होम का काम होगा।··· और आप देखेंगे कि ये 'कुछ' लोग ही समय पड़ने पर बहुत कुछ कर दिखाएँगे।

मनमोहन ने अपने बाबूजी को, माँ को राजी कर लिया है, "घर नहीं आने देंगे तो क्या हुआ ? बाबूजी हमेशा जाते ही हैं। माँ भी पुष्पी और गुनीजी को लेकर आ जाएगी–भेंट-मुलाकात करने।"

बड़े महाराज ने मनमोहन से पूछा, "बाबूजी ने यह तो नहीं कहा कि खर्च नहीं देंगे।"

"नहीं महाराजजी, पूरा खर्च देंगे।"

पन्द्रह विद्यार्थियों की टोली !

पाँच विद्यार्थियों को 'पूरी माफी' मिली है, यानी रहने-खाने के लिए कुछ भी नहीं देना होगा। दो 'आधे-माफी' वाले विद्यार्थी ऊँचे दर्जे के हैं–जिन्हें सिर्फ दो वर्ष रहना है।

'स्टुडेण्ट्स-होम' में जाने के पहले मामी रोई थी, मटरू भी रोया था। शरबतिया ने पूछा था, "भेंट-मुलाकात भी नहीं करने देंगे किसी से ?"

"हर रविवार को मुठिया वसूलने के लिए तो आना ही पड़ेगा–मनमोहन ने जवाब दिया था।

मनमोहन ने स्टुडेण्ट्स-होम में पहुँचकर अनुभव किया–खाना-पीना, हँसना-बोलना, सोना-जागना, चलना-फिरना सबकुछ नये ढंग से जानना होगा। अब तक जो कुछ भी करता था, गलत करता था।

बड़े महाराज भोजन के समय लड़कों के साथ बैठकर ही भोजन करते हैं। एक लड़के को पहले ही दिन टोक दिया–इतना जल्दी-जल्दी क्यों निगलता है ? गाड़ी से कहीं जाना है, क्या ?··· सुन लो ! खाते समय हमेशा यही ध्यान में रखना कि तुम 'पूजा' कर रहे हो··· हाँ, 'पेट-पूजा' ही असल पूजा है।

दूसरा, किताब के पन्ने उलटते समय मुँह में उँगली डालकर गीली उँगली से पृष्ठों को पलटता है।··· तीसरा, हर बात का जवाब इस तरह देता है, मानो झगड़ा कर रहा हो।···

इब्राहीम और सूर्यनारायण ने पढ़ना छोड़ दिया और दोनों एक साथ 'कांग्रेस-शिविर' में रहते हैं। बड़े महाराज ने उन दोनों के लिए भी 'जगह' रखी थी। किन्तु बहुत समझाने पर भी वे पढ़ने को तैयार नहीं हुए। कांग्रेस-शिविर के एक वृद्ध सज्जन ने महाराजजी से कहा, "आप देशप्रेमी लड़कों को भटकाते

हैं। जरूर आप अंग्रेज-सरकार के 'पिट्ठू' हैं।

महाराजजी हँसते रहे। लगता है, कभी किसी बात पर क्रोध और दुख उन्हें होता ही नहीं।

लौटकर उन्होंने मनमोहन को बुलाया था, "मोना, तुमने, रामायण-महाभारत पढ़ा है ?"

"जी महाराजजी !"

'देखो मोना, तुम्हारे ऊपर मुझे बहुत भरोसा है। कभी 'झोंक' में आकर तुम भी पढ़ना-लिखना मत छोड़ बैठना।··· अभी सीधे बढ़े चलो। राह में छाँव में कहीं बैठना नहीं है। कितने चौराहे आएँगे। न दाएँ मुड़ना, न बाएँ, सीधे चलते जाना।" बड़े महाराज बोलकर बहुत देर चुपचाप बाहर की ओर देखते रहे।

मनमोहन को लगा, बड़े महाराज के अन्दर 'माँ और बाप' दोनों एक साथ··· !

महाराजजी ने पूछा—"प्रियोदा आज आया था ?"

"जी !"

"क्लास लिया था ?"

"जी !"

प्रियोदा तथा शहर के दो लड़कों ने रोज एक घण्टा 'स्टुडेण्ट्स-होम' में पढ़ाना स्वीकार किया है।··· बड़े महाराज स्वयं अंग्रेजी, बँगला और हिन्दी पढ़ाते हैं।

आश्रम के बाहर सड़क पर हो-हल्ला सुनकर महाराजजी ने पूछा, "देख तो, क्या हुआ ?"

मनमोहन सीढ़ी से नीचे उतर ही रहा था कि फाटक खोलकर हफीज साहब दौड़ते हुए अन्दर आ गए, "महाराजजी !··· महाराजजी ! मुझे बचाइए। सभी नापाकों ने मिलकर मुझे··· या अल्ला··· !"

साइकिल पर प्रियोदा आए। उन्होंने हफीज साहब को सँभाला, "मास्साहब ! इस तरह हल्ला कीजिएगा, तो लोग जरूर पागल कहेंगे।"

हफीज साहब तुरत सहज हो गए, "अरे प्रियो ? बेटा !··· तुम्हारी बलैयाँ लूँ। मेरी आँखों के नूर हो तुम··· !"

हफीज साहब ने महाराजजी को प्रणाम किया, "दण्डवत महाराजजी ! सुना है आपके यहाँ कोई स्टुडेण्ट्स-होम खुला है और उसमें हिस्ट्री के टीचर की जरूरत है। आइ एम एट योर सरविस। पूछिएगा लड़कों से—मेरी पढ़ाई हुई तवारीख कॉलेज में जाकर भी काम आती है।"

महाराजजी ने कहा, "आप तो चर्खा-कर्घा के प्रचार का काम करते हैं।"

"वह तो करता ही हूँ। यह 'प्राइवेट' काम करूँगा। सरोजिनी नायडू ने महात्मा गांधीजी को लिखा है, गांधी महात्मा ने लार्ड इरविन को तार दिया है··· तार-तार-तार-तार कि टूटें न चरखा के तार—चरखवा चालू रहे··· !"

हफीज साहब हाथों को नचा-नचाकर खुद नाचने लगे। बड़े महाराज ने उन्हें शान्त किया, "अच्छी बात। आप रोज आकर पढ़ाइए।"

"मैं पढ़ाऊँगा नहीं, इबादत करूँगा।"

"ठीक है।"

"मैं यहाँ नमाज पढूँगा।"

"ठीक है।"

"मैं यहाँ नमाज पढूँगा।"

"महाराजजी !"

"कहिए।"

"मजहब नहीं सिखाता आपस में बैर रखना।"

"सही बात !"

"मन्दिरों में है खुदा और मस्जिदों में राम है ?"

"है ! ठीक कहते हैं आप।"

"दोनों का एक ही काम है। है न ?"

"है।"

"तब मुझे क्यों पागल कहते हैं लोग ?"

"लोग खुद पागल हैं।"

"हैं-ए-ए ! आप सचमुच बड़े महाराज हैं। कहाँ रे ! प्रियो बेटे, हाँ, जरा वह गीत गा तो। अभी रास्ते में तुमने सुनाया था। गा बेटे !"

प्रियोदा ने गा दिया, 'सबाय बोले आमाय पागल आमि सबाय के पागल बोली।"

हफीज साहब गाने लगे, "आमि सबाय के पागल बोली—आमि सबाय के पागल बोली—आमि सबाय के पागल बोली।"

प्रियोदा ने हफीज साहब को समझा-बुझाकर अपने साथ कर लिया, "चलिए, सरोजिनी नायडू का तार आ गया।"

"आ गया ? तार ?—अरे तार-तार-तार-तार टूटें न चरखा के तार, चरखवा चालू रहे, मोरा चरखा के··· ।"

"कितना भला आदमी ! बेचारे की कैसी दुर्दशा हो गई !" महाराजजी बोले।

मनमोहन ने कहा, "कभी-कभी ऐसी बातें करते हैं कि पता नहीं चलता··· मुझे देखते ही 'लौंगी मिर्च' कहना नहीं भूलते।"

"देखते चलो।" महाराजजी मुस्कुराए।

अट्ठारह

मनमोहन को लगता है, पूर्वजन्म में वह किसी 'आश्रम' का विद्यार्थी ही था। स्टुडेण्ट्स-होम में आने के बाद उसे लगा कि बहुत दिनों तक इधर-उधर भटकने के बाद वह अपने 'घर' लौटा है।

आजकल वह 'तितलियाँ बनाता है। सुनील महाराज—जो 'ठाकुर रामकृष्ण' की पूजा-आरती करते हैं और 'श्यामा-संकीर्तन' गाते हैं—को वह 'दादा-महाराज' कहता है। सुनील महाराज ने ही उसे तितलियाँ बनाने का भेद बतलाया है।··· फूल के पौधे अथवा बेल या शहतूत के पेड़ पर किसी 'भूआ कीड़े' को रेंगते देखकर वे पुकारते, "मोना रे, शिग्गिर आय··· जल्दी आओ। इस 'कीट' से 'कैसरे-हिंद' तितली बनेगी—पीले और हरे रंग की बूटेवाली तितली ! इसको पपीते का पत्ता खिलाओ।··· लेकिन, खाने में यह राक्षस है।"

लकड़ी के एक डिब्बे में मनमोहन उस कीट को पकड़कर आहार के साथ डाल देता है। भर-पेट भोजन करने के बाद वह धीरे-धीरे एक स्थान पर स्थिर होकर बैठ जाता है। सुनील महाराज हँसकर कहेंगे—अब यह समाधि में लीन हो जाएगा। अब 'कैटरपिलर' नहीं, अब 'प्यूपा' हो गया। मूक कीट ! इस अवस्था में कई दिन तक रहने के बाद उसके चारों ओर एक कड़ा और चमकीला खोल लग जाता है। खोल के अन्दर भी कई दिन तक वह सोया रहता है··· ध्यान-मग्न ! एक दिन खोल फट जाता है और उसमें से सतरंगे पंखोंवाली सुन्दर तितली निकलकर बाहर आती है; थोड़ी देर तक पंख सुखाने के बाद हवा में उड़ जाती है।

आज सुनील महाराज ने कहीं से दो कीड़े लाकर देते हुए कहा, "यह लो। दोनों एक ही साथ मिल गये। एक से निकलेगा 'राजा' दूसरे से 'नवाब'···।"

अब तक मनमोहन ने एक दर्जन से अधिक 'शिशुकीटों' को पालकर, तितलियाँ बनाकर उड़ाया है। हर तितली के बारे में अपनी डायरी में वह लिखता जाता है और सुनील महाराज सामनेवाले पृष्ठ पर हू-ब-हू उस तितली को अंकित कर देते··· कभी-कभी सुनील महाराज पहले से ही मूक कीटावस्था में ही चित्र बनाकर रख देते हैं—'देखना, ठीक ऐसी ही तितली निकलेगी, और यदि शहतूत का पत्ता थोड़ा भी खाने को दिया हो तो 'स्वर्णधूलि' के असंख्य बूटे लगेंगे।"

तितलियों के उड़ जाने के बाद उसे अपूर्व संतोष और प्रसन्नता होती।··· सुनील महाराज कहते हैं, 'अब गुलाब बनाओ।'

तितलियां उड़ जाती हैं। गुलाब की पंखुड़ियाँ झर जाती हैं। मनमोहन उदास नहीं होता। उसके मन की तितली नाचती रहती है, गुलाब सदा खिला रहता है।

'स्टुडेण्ट्स-होम' से 'भाई-चारे' की सीख सबसे पहले दी जाती है, इसलिए सभी विद्यार्थी अपने को एक ही परिवार की संतान समझते हैं। लड़ाई-झगड़ा, वैर-विरोध, ईर्ष्या-डाह—कहीं कुछ नहीं। एक-दूसरे की सहायता करने के लिए सदैव तत्पर।

किन्तु, ऊँचे दर्जे के दो विद्यार्थियों में एक है पूरन विश्वास, जिसको यहाँ की किसी बात पर पूर्ण विश्वास नहीं।

पूरन दसवें दर्जे में पढ़ता है। उसे भी दो बार 'डबल प्रमोशन' मिला है। 'स्कॉलरशिप' पाता है। खाते-पीते घर का लड़का है। होस्टल में रहता था, लेकिन जब उसने सुना कि 'होम' में दो सीट ऊँचे दर्जे के लड़कों के लिए भी सुरक्षित

हैं, तो दर्खास्त लिखकर ले आया और रो-रोकर अपनी गरीबी के किस्से सुनाने लगा। महाराजजी ने 'हाफ-फ्री' कर दिया।

कुछ दिनों तक वह 'आज्ञाकारी बालक' बनकर रहा। किन्तु तीन महीने के बाद से ही वह हर बात पर तरह-तरह के सवाल उठाने लगा। उसकी बुद्धि में यह बात नहीं आती है। कि बिना किसी 'स्वार्थ' के कोई मनुष्य किसी की भलाई क्यों करने जायगा ? संन्यासी-महाराजों और बड़े महाराज तक की नीयत पर वह यदा-कदा शंका प्रकट करने लगा।··· कोई बीमार पड़ता तो उसकी सेवा से कतराता, परीक्षा का बहाना बनाकर 'सेवकों' की सूची से अपना नाम कटवा लेता। और जब खुद बीमार पड़ा तो दिन-रात उसके पास हमेशा कोई क्यों नहीं रहता–शिकायत करने लगा।··· ऊँचे दर्जे के लड़कों के साथ एक शर्त थी, उन्हें सप्ताह में कम-से-कम तीन 'ट्यूटोरियल क्लास' लेने पड़ेंगे। पूरन ने इसपर भी एतराज किया–'इतना समय देकर बाहर ट्यूशन' पढ़ाऊँ तो बीस रुपए महीना देंगे !'–'संध्या-आरती' के समय उसे लगता कि उसका समय व्यर्थ ही नष्ट हो रहा है।··· जिस दिन पूजा के लिए फूल चुनने की उसकी इ्यूटी होती, सुनील महाराज को स्वयं यह काम करना पड़ता। उसका विश्वास है कि 'स्टुडेण्ट्स-होम' से निश्चय ही कोई-न-कोई कुछ-न-कुछ फायदा संन्यासी-महाराजों को होता होगा। नहीं तो बिना 'स्वार्थ' के इस तरह कोई किसी की भलाई क्यों करेगा ?··· उसका ख्याल है कि महात्मा गांधी के कारण ही महँगाई होती है और अकाल पड़ता है और अंग्रेजी सरकार को खत्म करने की बात, स्वराज्य की बात, पागलों का प्रलाप है।··· वह रोज बाजार में चावल और सब्जी का दर-भाव पूछता है और हिसाब लगाकर कहता है–"दीनू महाराज 'सौदा' खरीदने जाते हैं और 'हाथ मारते' हैं !" यानी पैसा बचाते हैं।

पूरन अपने घर से पूरा खर्चा ही मँगाता है। स्कॉलरशिप के पैसे तथा घर से आया हुआ खर्च वह सूद पर 'पान' और सब्जीवालों को देता है–बीस रुपये सैकड़ा की दर से।

बड़े महाराज को यह बात मालूम हुई। उन्होंने पूछा तो पूरन ने 'भगवान-कसम' खाकर कहा, "नहीं महाराजजी, सब झूठ बात है।"

छानबीन करने पर पता चला कि पूरन की 'महाजनी' के कारण कई मुहल्लों में यह बात फैल गई है कि संन्यासी-आश्रम के लड़के 'काबुली' से भी अधिक ज्यादा सूद पर रुपये लगाते हैं।

प्रियोदा ने सूचना दी, पूरन ने कई शिक्षकों से भी 'स्टुडेण्ट्स-होम' के संबंध में झूठी बातें कही हैं।··· थर्ड मास्टर साहब पूछ रहे थे कि 'स्टुडेण्ट्स-होम' में बिहारी लड़कों का ज्यादा ख्याल नहीं किया जाता है क्या ?··· महाराज लोग भी 'बंगाली-बिहारी' का भेद-भाव रखते हैं, सुना है। पूछने पर बोले–आश्रम के ही किसी लड़के से उन्हें ये बातें मालूम हुई हैं।

पूरन ने कहा, "प्रियोदा झूठ बोलते हैं। इन्होंने मुझसे एक दिन पाँच रुपये उधार माँगे। मैंने नहीं दिये। मेरे पास पैसे थे नहीं, कहाँ से देता ! इसलिए

गढ़कर... ।"

बड़े महाराज को अचरज हुआ–"प्रियोदा ! तुमने उधार पैसे माँगे थे ?"

"हाँ महाराज !"

"किसलिए ?"

"सूद पर रुपया लगानेवाले से बिना सूद पर रुपये मिल सकते हैं समय पड़ने पर, या नहीं, यही जानने के लिए।... इनके बैग में अभी भी दस रुपये हैं। पूछिए।"

"तुमको मालूम है, यहाँ कोई अपने पास पैसा नहीं रख सकता; सभी दीनू महाराज के पास जमा कर देते हैं।"

पूरन चुप रहा। प्रियोदा से कहा, "यदि दीनू महाराज रुपया हजम कर लें ?"

पूरन उबल पड़ा, "आप चुगलखोर हैं।"

बड़े महाराज को अचरज हुआ। प्रियो ने ही पूरन की 'पैरवी' और सिफारिश करके उनको राजी किया था–"महाराज ! पूरन खूब प्रतिभावान लड़का है। उसे रखना ही होगा।"... पिछले साल परीक्षा-फीस घर से नहीं आयी तो प्रियो ने ही व्यवस्था कर दी। इधर-उधर से किताबें बटोरकर पूरन को पहुँचाता रहता है। ... और, उसने आज प्रियो को गाली दे दी ?

बड़े महाराज ने उसको स्टुडेण्ट्स-होम से नहीं निकाला, किन्तु ऊँचे दर्जे के विद्यार्थियों के लिए सुरक्षित दोनों स्थानों को रद्द कर दिया। अब मनमोहन भी पूरन के बारे में कुछ कहना चाहता था, पर चुप रहा। वह जानता है कि पूरन क्रूर और निर्मम भी है।... दीनू महाराज ने एक नेवले का बच्चा पाल लिया था। वह सभी से इस तरह हिल-मिल गया था कि नाम लेकर पुकारने पर दौड़ आता था।... एक दिन वह घूमता-फिरता पूरन के कमरे में चला गया। पूरन ने खड़ाऊँ से उसे मारकर कुचल दिया, 'साला ! और खाओ मुफ्त का दूध और मछली !' शाम को 'नवल' बहुत पुकारने पर भी नहीं आया तो मनमोहन को याद आई–पूरन के कमरे में एक बार 'नवल' के चीखने की आवाज आई थी, किन्तु पूरन ने कहा कि उसने नहीं सुना।... दूसरे दिन काग-चील नवल की पूँछ को लेकर आपस में लड़ रहे थे।

बड़े महाराज ने कहा, "देखते चलो।"

मनमोहन देख रहा है ! सुनील महाराज की बात वह सदा याद रखता है–"किसी से 'अधिक' की आशा मत करो !"

उन्नीस

भगतसिंह तथा उसके साथियों को फाँसी हो गई।

इस बार किसी को कुछ कहना नहीं पड़ा। खुद पूरी हड़ताल हो गई। इस

बार न हेडमास्टर ने और न स्कूल के प्रेसिडेण्ट एस. डी. ओ. साहब ने किसी छात्र को धमकी दी। वे चुप रहे।

प्रियोदा ने कहा था, "मोना, लगता है, स्कूल छोड़ने से पहले एक बार फिर अकराम साहब के हाथ की 'पिटैया' लिखी हुई है।"

"नहीं, प्रियोदा !"

"तुमने कैसे जाना ?"

"उस 'बेंत-काण्ड' के बाद हेडमास्टर साहब कभी हम लोगों से आँख मिलाकर बात नहीं कर पाते हैं। अकराम साहब तो मेरी ओर ताकते भी नहीं।··· देखना, इस बार यदि सजा भी दी गई तो बेंत मारने को तैयार नहीं होगा।"

"बड़ा ज्ञानी हो गया है तू ?"

इब्राहीम और सूर्यनारायण के बारे में खबर मिली है कि वे 'क्रांतिकारी-दल' में चले गए हैं; उन पर 'वारण्ट' है और वे दोनों फरार हैं।··· कुर्की और जब्ती हुई है।

··· मनमोहन अभी इधर-उधर नहीं देखेगा। सीधा चलता जायगा। किसी चौराहे पर मुड़ेगा नहीं–न दाहिने, न बाएँ··· ?

··· हफीज साहब को पागलखाने में भेज दिया गया। शरबतिया से उस दिन भेंट हुई थी। मनमोहन कुछ बोल नहीं सका। शरबतिया भी टुकुर-टुकुर देखती रह गई। मटरू ने पुकारकर कहा था, "मोहन भैया, दीदी रोज रोती है। आओ न !"··· बाबूजी एक दिन 'पुष्पी' को ले आये थे। बड़े महाराज ने मना कर दिया, 'बच्चे-बच्चियों को लेकर मुलाकात करने मत आइएगा।··· बाबूजी लजा गये थे। और पुष्पी अचरज से अपने भैया को बहुत देर तक अवाक् देखती रही–भैया न हँसता है, न बोलता है, न गोदी में लेकर प्यार करता है !··· वह रोने लगी थी, अप्रमानित होकर। मनमोहन को याद है–पुष्पी के ओठ किस तरह 'फड़क' रहे थे। पुष्पी के मर्मस्थल में चोट लगी थी शायद। घर से मंसूबे बाँधकर चली होगी–भैया गोदी में लेंगे, मिठाई देंगे, खिलौने खरीद देंगे··· !

काका जेल से सजा काटकर निकले। सीधे आश्रम में आये। बड़े महाराज ने कहा, "अब आपको यहाँ आने की जरूरत नहीं।··· अपना काम देखिए।"

काका उदास होकर बोले, "एकदम जेल की सजा ?"

प्रियोदा परीक्षा देने के लिए गये हैं। जाने से एक दिन पहले स्टुडेण्ट्स-होम के विद्यार्थियों को लेकर उस पर बालूचर पर 'पिकनिक' करने गये थे। बोले थे, 'किशोर-क्लब के काम में ढिलाई न आने पाये। कृत्यानन्द, अशर्फी और भोला–तीनों उत्साही सदस्यों से जितनी सहायता चाहोगे, मिलेगी।··· फिर बड़े महाराजजी तो हैं ही।"

उसी दिन प्रियोदा का एक चमत्कार देखा सभी ने।··· पिकनिक से लौटते समय वे एस. डी. ओ. साहब मि. लूकस के बँगले के पास से गुजर रहे थे। एस. डी. ओ. साहब का खानसामा कुत्ते को टहला रहा था और आसपास के खेलनेवाले

लड़कों पर कुत्ते को दौड़ा देता था, सीटी बजाकर। प्रियोदा पर भी उसने कुत्ते को 'हलकाया'। कुत्ता भौंकता हुआ झपटा, किन्तु पास आते ही दुम हिलाकर प्रियोदा को देखने लगा। फिर धीरे-धीरे पास आया, सूँघने लगा और प्रसन्न होकर खेलने लगा–अगले दोनों पैर उठाकर। खानसामा कुत्ते को पुकारता रहा। लेकिन कुत्ता प्रियोदा के पीछे-पीछे दौड़ता हुआ चला आया–आश्रम तक। बाद में प्रियोदा ने ही कुत्ते को पहुँचा दिया।··· तब तक खानसामा हण्टर की मार खा चुका था।

··· किसी अंग्रेज को देखते ही मनमोहन को खुदीराम बोस की कहानी याद आती है। कम उम्र के लड़के भी देश के लिए जान 'निछावर' कर सकते हैं, बहादुरी दिखला सकते हैं।··· वह सपने देखता है, कल्पना करता है–मि. लूकस को मारने का भार उसको सौंपा गया है। वह परमान नदी के उस पार बालूचर में झरबेरी की झाड़ियों में छिपकर बैठा है। मि. लूकस की गाड़ी पुल के पास आ गई। वह बम फेंकता है। न जाने कैसे मि. लूकस बाल-बाल बच जाता है और मनमोहन पकड़ लिया जाता है। उसे फाँसी की सजा सुना दी गई है। चारों ओर उसका नाम बच्चे-बूढ़े-जवानों के मुँह पर है। बड़ी-बड़ी तस्वीरें छपती हैं उसकी। फाँसी का फंदा ?–कूप में घड़ा–घड़े के गले में फंदा। मनमोहन को लगता है, वह मिट्टी का घड़ा है !

–अचरज होता है मनमोहन को। बड़े महाराज ने रविवार की शाम को 'धर्मनीति' पर बोलते हुए आदमी की देह की तुलना मिट्टी के घड़े से की है।

–हफीज साहब के बारे में, सूर्यनारायण तथा इब्राहीम के बारे में प्रियोदा ने पूर्णिया से पक्की खबर भेजी है, बड़े महाराज को··· हफीज साहब को पागलखाने के डाक्टरों ने 'पागल' नहीं माना। उन्हें रात में अच्छी नींद आती है। भूख भी लगती है। समझदारी की बातें करते हैं। सिर्फ 'चरखवा' वाला गीत का तार नहीं टूटता और सरोजिनी नायडू की मार्फत–दुनिया के सभी बड़े लोगों को खत और तार भेजने की बात नहीं भूलते ! इसलिए उन्हें कैम्प-जेल पटना भेज दिया गया है।–सूरज और इब्राहीम पर कोई 'वारण्ट' नहीं और न वे किसी 'क्रांतिकारी-दल' में गये हैं। वे अपने बारे में खुद ही तरह-तरह की कहानियाँ गढ़कर सुनाते फिरते हैं और अपने को 'फरार' कहकर परिचितों से मोटी रकम वसूलने की कोशिश करते हैं।

सूरज और इब्राहीम ने ऐसा क्यों किया ? क्या फायदा हुआ ? मनमोहन सोचता है अपने बारे में–वह क्यों इस तरह के सपनों और कल्पनाओं में बेकार समय बर्बाद करता है ? लोग उनका नाम लें, जय-जयकार करें, बहादुर कहें, उनकी तस्वीर छपे, गीतों में उनके नाम का जिक्र हो–ऐसा वह क्यों चाहता है ?

मनमोहन ने तय किया, अब वह ऐसे सपने नहीं देखेगा।··· लोग उसके लिए छाती पीट-पीटकर रोएँ, ऐसा क्यों चाहता है ?··· वह अपने को बड़ा भारी चालाक समझता है। स्वामीजी ने कहा है–'चालाकी से कोई बड़ा काम नहीं होता है।'

प्रियोदा परीक्षा देकर लौट आये हैं। साल लौटते देर नहीं लगती। इस एक

साल में ही मनमोहन ने कितने चौराहे पार किये–बिना अगल-बगल देखे आगे बढ़ आया है। बढ़ता जाता है !–

··· रोज सुबह साढ़े तीन बजे, जागने की घण्टी बजती है। सामूहिक प्रार्थना के स्वर गूँजते हैं। पढ़ने की घण्टी, नहाने की घण्टी, स्कूल की घण्टियाँ, ट्रेजरी का घड़ियाल–टन-टन-ढन-ढन–टन-ढन-ढँ-ढँ-ढँ-ढँ-ढँ-ढँ-तू-ऊ-ऊ-ऊ-ऊ··· ॐ··· सर्व मंगलमांगल्यं वरेण्यं वरदं शुभम्··· !!

"आज दुर्गाबाजार कौन जा रहा है–'मधुकरी' के लिए ?" बड़े महाराज पूछते हैं।

"मनमोहन और शिवनाथ।"

मनमोहन ने कहा, "मुझे कालीबाजार की ओर जाने दीजिए।"

"क्यों ?"

मनमोहन चुप रहा। फिर धीरे से बोला, "महाराजजी··· मोहरिल मामा की बेटी शरबतिया खाने-पीने के लिए जिद्द करने लगती है। नहीं खाता हूँ तो रोने लगती है।"

"ठीक है, तुम कालीबाजार ही जाओ।"

मनमोहन और हरेन्द्र झोली लेकर निकले। धीरेन बाबू की कोठी के पास जाकर दोनों दो ओर चले गये।

कालीबाजार की ओर 'भिक्षाटन' के लिए बहुत दिनों के बाद आया है मनमोहन, इसलिए लोग उसको देखकर चकित होते हैं, पूछते हैं–'तुम अभी तक हो ? हमने सोचा कि बानर-सेना में नाम लिखाकर चले गये ससुराल !'

ससुराल–जेल !

शशिभूषण बाबू होमियापैथी के बहुत नामी डॉक्टर हैं। उनके दोनों जुड़वाँ लड़कों से मनमोहन की गहरी दोस्ती है। दोनों भाई दीपू-तपू उसे मोनादा कहते हैं। वे देखते ही किलक उठे–'मोनादा ?'

भिक्षार्थी को कहीं बैठना, बेकार की बातें, बहस, झगड़ा करना मना है। मनमोहन मुस्कुराकर कहता है, "माँ से मेरा प्रणाम कहो जाकर और जल्दी भिक्षा ला दो।"

भिक्षा लेकर जो लड़की आई, उसको देखकर मनमोहन देखता ही रह गया–साक्षात् भगवती दुर्गा की प्रतिमा-जैसी यह लड़की कौन है ? लड़की ने झोली में अन्न डाल दिया। किन्तु मनमोहन झोली का मुँह खोले खड़ा रहा। तब लड़की हँस पड़ी, "और क्या चाहिए आलू-बैंगन भी ?–सीधा ?"

मनमोहन को होश हुआ। लजाया। बोला, "नहीं। सीधा की क्या जरूरत ?"

दीपू बोला, "मेरी बड़ी दीदी की बेटी है, नीलिमा। यहाँ पढ़ने आई है, बर्दवान से। चौथे दर्जे में पढ़ती है।"

तपू बोला, "वन्दे मातरम् गान इतना बढ़िया गाती है कि सुनोगे तो मोनादा–ईमान से तुम रोने लगोगे।"

दीपू ने पूछा, "सुनोगे ?"

"आज नहीं।"

··· यह किसको देखा मनमोहन ने आज ? 'और क्या चाहिए ? सीधा ? –आलू-बैंगन ?'–नीलिमा नाम क्यों ? नाम होना चाहिए–लालिमा ! एकदम लाल है चेहरा ! ठीक दुर्गा की प्रतिमा के ओठों पर जितनी-सी मुस्कुराहट छाई रहती है, आँखें भी वैसी ही तनी-तनी !

स्कूल की छुट्टी के बाद मनमोहन तपू-दीपू के साथ चला। तपू बोला, "माँ सुबह 'पूजा-घर' में थी। निकलकर बोली, 'मोना' इतना जल्दी चला गया ?··· चलो, तुमको देखकर बहुत खुश होगी।"

दीपू ने जोड़ा, "और दीदी भी। और नीलू भी।"

दोनों भाई एक ही जैसे हैं।–एक की गलती के लिए दूसरे पर डाँट पड़ती है। दीपू का 'प्राइज' तपू को मिल जाता है। दोनों को लेकर कभी-कभी हेडमास्टर साहब मुश्किल में पड़ जाते हैं।··· और बीमार दोनों एक ही साथ पड़ते हैं, अच्छे भी एक ही साथ होते हैं। दोनों बहुत मीठी बोली बोलते हैं।

मनमोहन ने नियम भंग किया। दीपू-तपू की माँ ने जिद्द करके हलुआ खिला दिया। नीलिमा ही लेकर आई थी। किन्तु उसने लौटा दिया था। तब माँ आई थी, "क्यों, इतने दिन के बाद आया है और यों ही चला जायगा ? ले खा !"

मनमोहन ने नीलू के हाथ से तश्तरी ले ली। नीलू मुस्कुराई, मानो कह रही हो कि मैंने दिया तो लौटा दिया।

–सचमुच रोने लगा 'वन्देमातरम्' गीत सुनकर मनमोहन। गीत समाप्त करके नीलू हँसी, बोली, "किसी को रुलाने के लिए गीत मैं नहीं गाती।" और भागकर भीतर चली गई।

··· पुष्पी भी ऐसी होगी ? इसी तरह उसका चेहरा भी लाल हो जाएगा ? वह भी गीत गाएगी ?··· शरबतिया साँवली है, लेकिन मन कितना साफ है !··· पता नहीं, नीलू का मन कैसा ?··· शरबतिया की हँसी ?

पन्द्रह दिन के बाद रविवार को फिर कालीबजार में भिक्षाटन के लिए मनमोहन और हरेन्द्र को ही जाना था। मनमोहन ने बड़े महाराज से कहा, "महाराजजी, मुझे कालीबाजार नहीं, गाड़ीवानपट्टी में जाने दीजिए।"

"कालीबाजार में क्या हुआ ?"

मनमोहन की आँखें झुक गईं। वह कोई उत्तर नहीं दे सका। चुपचाप खड़ा रहा। तब महाराजजी ने तनिक भौंह पर बल डालकर कहा, "ठीक है। अब तुमको कहीं नहीं जाना है भिक्षाटन के लिए।"

दिन-भर उदास रहा मनमोहन। किसी काम में जी नहीं लगा।··· उसकी क्यारी का वह गुलाब, जिसकी प्रतीक्षा में वह तीन महीने से बैठा था, जिसके रूप-रंग के बारे में उसने तरह-तरह की कल्पनाएँ की थीं, जिसे सींचते और गोड़ते समय

उसे लगता था कि वह स्वामीजी की मूर्ति की पूजा कर रहा है; देहरादून के बड़े महाराज ने बड़े 'जतन' से जिसकी कलम कृपापूर्वक भेज दी थी, वह गुलाब–पीला गुलाब–'दि ग्रेट संन्यासी'··· आज खिला है।

सुनील महाराज ने पुकारकर कहा, "मोना ! ऐसे छे 'महासंन्यासी' तोमारि द्वार ··· खोलो, खोलो द्वार··· दौड़ के आ।··· शंख ले आ आविर्भाव हुआ···।"

भगवान की लीला ! मनमोहन बाहर आया। उसने देखा, उसकी क्यारी में एक गैरिक वस्त्रधारी संन्यासी खड़ा हँस रहा है। उसने भक्ति-भाव से आँखें मूँदकर नमस्कार किया। आँखें खुली तो देखा, फाटक पर दीपू और तपू के साथ नीलिमा खड़ी मुस्कुरा रही है।

तपू ने पुकारा, "मोनादा, माँ ने बड़े महाराज के लिए नींबू भेजा है।"

दीपू पास आया, "मोनादा, आज तुम 'दे दे माई' करने नहीं गये। हम लोग तुम्हारी राह तकते रह गये।"

नीलू ने अपने छोटे मामाओं को हल्की झिड़की दी, "बड़े महाराजजी के पास चलो न !"

मोना अपनी क्यारी में चुपचाप खड़ा रहा। वे लौटे, तब नीलू बोली, "वाह ! कितना सुन्दर गुलाब !"

दीपू, तपू, नीलू तीनों ने बारी-बारी से मोना से पूछा, "इसका नाम 'दि ग्रेट संन्यासी'।"

··· नीलू ललचाई निगाह से फूल को देख रही थी। यदि माँग बैठती तो मनमोहन क्या करता ? क्या कहता ? दे देता ?··· दूसरा खिलेगा तो जरूर नीलू को भेज देगा वह। दे आएगा, खुद !

शाम को 'आरती' के बाद मनमोहन बड़े महाराज के पास गया।

"क्या है मोना ?"

"महाराजजी, मैंने गलती की है।"

"क्या हुआ ?"

"मैं आज सुबह कालीबाजार नहीं गया।··· बात यह है कि··· महाराजजी, दीपू और तपू की बड़ी दीदी की बेटी नीलू, जो आज सुबह आई थी वह बहुत बढ़िया गाती है। 'वन्देमातरम् गीत सुनकर मुझे रोना आया। महाराजजी, मैंने अपराध किया–स्कूल से दीपू-तपू के साथ चला गया–हलुआ खा लिया··· उसके बाद रोज-रोज उधर जाने को जी चाहता है।··· हलुआ खाने को मन ललचाता है।··· गीत सुनने की इच्छा होती है।··· गीत सुनकर मुझे··· नीलू को देखकर माँ की याद आती है, पुष्पी की याद आती है। घर भागने को मन करता है।··· महाराजजी मुझे क्षमा कर दें !"

बड़े महाराज बहुत देर तक चुपचाप उसके चेहरे की ओर देखते रहे। बोले, "तोर भैय नई··· डरने की जरूरत नहीं।··· भैय नहीं !"

··· मा भैः ! मा भैः !!

बीस

मनमोहन कभी नहीं डरा।

रोज सुबह साढ़े तीन बजे जागने की घंटी बजती है। प्रार्थना की घंटी, स्कूल की घंटी, ट्रेजरी का घड़ियाल एक साथ बजते हैं। शीतकाल समाप्त हो जाता है, गर्मी शुरू होती है ! धू-धू कर चलती हुई पुरवैया और पछिया हवा में सूखे पत्ते झड़ते हैं, उड़ते हैं–बालू पर परमान नदी के उस पार धूल की आँधी धूम मचाती रहती है, कोयल कूकती है, आम फलते हैं, आकाश झरता है–धरती भीगती है, डूबती है··· घंटे, घंटियाँ, घड़ियाल एक साथ बजते रहते हैं, खेतों में अन्नपूर्णा मुस्कुराती है, 'दुर्गाबाड़ी' में मिट्टी की प्रतिमा के ओठों पर कारीगर बहुत सावधानी से लाल-लाल मुस्कुराहट अंकित करता है; ढोल बजते हैं–हरसिंगार झरते हैं–कापी-किताबों के पृष्ठ-पन्ने फड़फड़ाते हैं–उड़ते हैं। कैथोलिक चर्च की फुनगी पर 'क्रॉस' बाँहें पसारकर खड़ा होता है। बड़ा दिन आता है और कैलेंडर को हटाकर नया साल शाल-दुशाल ओढ़कर प्रकट होता है, हाथ जोड़कर अभिवादन करता है··· !

प्रियोदा कलकत्ता में पढ़ते हैं। पूरन ने प्रथम श्रेणी में मैट्रिक पास किया। सूर्यनारायण और इब्राहीम फिर लौट आए। हेडमास्टर साहब ने अवकाश ग्रहण किया। नये हेडमास्टर आए। प्रमोद बाबू को बुढ़ापे में लड़का हुआ। हफीज साहब जेल से निकलकर भी पागल ही रहे। मनमोहन बड़ा हो गया, लम्बा हो गया। दाढ़ी-मूँछ उग आई है। मगर देखते ही 'लौंगी-मिर्चा' कहना नहीं भूलते। ··· पढ़ो बेटे। मैं सरोजिनी नायडू को लिख दूँगा।··· तार-तार-तार !···

··· माँ, पुष्पी, शरबतिया और नीलू की सूरतों को लीप-पोतकर दो बड़ी-बड़ी आँखें सदा मनमोहन के मानस-पटल पर अंकित हो जाती हैं। बाबा आते हैं। काका आते हैं, मनमोहन चुपचाप उन्हें देखता है। 'दे दे माई'··· उसके स्वर को सुनकर शरबतिया दौड़ी आती है। हँसती है–'गले की आवाज ही नहीं, चेहरा भी बदल गया है !··· राह में चौराहे पर स्कूल जाती और लौटती नीलू आँखें उठाकर देखती नहीं; चुपचाप चली जाती है··· टमटमवाला घोड़े की रास खींचता है मोड़ पर–बचके !'··· मनमोहन बच जाता है, बाल-बाल !

"बचो-बचो, भागो-भागो··· !"

धरती ढोलती है !

"भूकम्प !"

"भू-मि-कं-प !"

··· 1-9-3-4, 15 जनवरी !

प्रलयंकारी भूकम्प की विनाश-लीला की खबर चारों ओर से आती है। मुंगेर, मुजफ्फरपुर, दरभंगा में हजारों लाशें पड़ी हुई हैं। मलबे के नीचे हजारों जानें दम तोड़ रही हैं। रेलगाड़ियों का आना-जाना बन्द है। धरती फोड़कर पानी की धाराएँ निकली हैं। असमय में ही चारों ओर बाढ़… ! आकाश में गिद्धों के दल मँड़राते हैं। कुत्ते और सियार धरती पर लड़ते हैं। महाश्मशान… सारे उत्तर बिहार में त्राहि-त्राहि मची हुई है !–

"महाराजजी, 'सेवादल' में हम लोग भी जाएँगे–हम सभी…।"

प्रियोदा की चिट्ठी आई है। वे कलकत्ता से मुंगेर के लिए रवाना हो चुके हैं–'सेवा-समिति' के साथ !… सूर्यनारायण और इब्राहीम ने भी 'सेवा दल' में नाम लिखाया है।

कस्बे के लोगों ने जी खोलकर मदद दी है, भूकम्प-रिलीफ-फंड में।… रुपये, अठन्नी, चवन्नी, दुअन्नी, चावल, कपड़ा, दवा, बार्ली, माचिस की डिब्बियाँ !

… महात्मा गांधी को रिहा कर दिया गया। सभी राजनीतिक बंदियों को और क्रांतिकारियों को रिहा कर दिया गया है।

… महात्माजी सीधे बाहर आ रहे हैं !

बीस स्वयंसेवकों को लेकर बड़े महाराज का जत्था चला।… चलते समय सुनील महाराज ने मनमोहन से कहा, "आदमी की सेवा नहीं, भगवान की सेवा करने जा रहा है। याद रखना !"

… कालीबाजार की सड़क से गुजरते समय मनमोहन का दिल धक्-धक् करने लगा।… नीलू ? हाँ, नीलू ही है… इतनी बड़ी हो गई ?… शायद बड़े महाराज इधर ही देख रहे हैं, मनमोहन की ओर। मनमोहन की आँखें बार-बार नीलू की ओर उठतीं। नीलू चुपचाप युक्लिप्टस के तने से सटकर खड़ी रही…।

… मुजफ्फरपुर !

तस्वीरों से भी भयंकर दृश्य, जिसकी कल्पना भी नहीं की थी मनमोहन ने ! चारों ओर खँडहर… आह-कराह, दुर्गन्ध… महाश्मशान !

मनमोहन की ड्यूटी अस्पताल में पड़ी है !… हर अधेड़ के चेहरे पर वह अपने बाबूजी के मुखड़े की छाया देखता है। सभी घायल, बीमार औरतें उसकी माँ हैं … कितनी पुष्पी, नीलू, गुनीजी, शरबतिया दीदी, प्रियोदा… कितने-कितने… आह ! चीख-पुकार… !

"बेटा रे बेटा, कहाँ गया रे बेटा !"

"हाँ माँ, मैं यहाँ हूँ।"

"पानी पिला।"

"भैया ! भै-या-या-या !"

"क्या है दीदी ?"

"बाबू रे-ए-ए-ए !"

"दवा पी लो भैया !"

"स्वयंसेवक ! यहाँ 'बेड-पैन' !"

"हाँ, डाक्टर साहब !"

"ब्रह्मचारीजी !–इधर बार्ली।"

"येस सर !"

"गया-गया-गया-गया-गया··· !"

"नानी, रोओ मत।"

"हमको रोटी कौन देगा ?"

"भै-या-या-या !"

"स्वयंसेवक !··· 'मृतक-संस्कार' वाले कहाँ हैं ?"

"बाबू-रे-ए-ए-ए !"

"लीजिए। फल का रस पी लीजिए।"

–दिन-रात सभी मशीन की तरह खट रहे हैं। धरती खोदकर मलबे के नीचे से अधमरे लोगों को, मरे हुए लोगों की लाशों को निकाला जाता है। हजारों झोपड़ियों में लोग भरे पड़े हैं। विभिन्न सेवा-संस्थाओं के स्वयंसेवक अथक परिश्रम कर रहे हैं–आदमी की नहीं, भगवान की सेवा !

"महात्मा गांधीजी की जय !"

हजारों अभागों के चेहरे पर एक हल्की-सी आभा छिटक जाती है, "गांधीजी आंए हैं।"

मनमोहन ने पहली बार इस महामानव को देखा। वह अपने वार्ड में रोगियों को पथ्य बाँट रहा था। अचानक स्वयंसेवकों की एक टोली के साथ महात्माजी उसके वार्ड में आए। मनमोहन के जी में आया, दौड़कर चरण छू ले, किन्तु बड़े महाराज की बात याद आई–गांधीजी चरण छूनेवालों को डाँटते हैं। वह चुपचाप बार्ली बाँटता रहा।··· भगवान की सेवा।

गांधीजी उसके पास आए। धीरे से पूछा, "क्या बाँट रहे हो ?"

"बार्ली।"

"बाँटो। बाँटो।··· सेवा करो ! परमेश्वर की सेवा है यह तो।"

कुछ देर तक दोनों हाथों को जोड़कर गांधीजी वार्ड के बीच में खड़े रहे।

"स्वयंसेवक ! यहाँ बेड-पैन··· !"

मनमोहन जब तक रोगी के पास पहुँचे, गांधीजी 'बेड-पैन' उठाकर रोगी के पलंग के करीब पहुँच गए···।

मुंगेर से प्रियोदा भी गांधी के दल के साथ आये हैं। उन्होंने राजेन्द्र बाबू से खूब हेलमेल कर लिया है। कह रहे थे, "राजेन्द्रबाबू से कह-सुनकर महात्माजी के प्रोग्राम के लिए भी तय करवा दिया है।"

"स्वयंसेवक !"

डेढ़ महीने के बाद मनमोहन सेवादल के साथ जिस दिन लौट रहा था, उसे लगा–न जाने कितने आत्मीय स्वजनों से बिछुड़कर वह परदेश जा रहा है।··· वॉर्ड के एक-एक रोगी का चेहरा सामने आता है, मिट जाता है।··· कितनी आँखें, आँसुओं से डबडबाईं–कितने मुरझाए ओंठ, दम तोड़ती, आत्माएँ, सभी मिलकर मनमोहन को घेर रहे हैं–'मत जाओ ! मत जाओ !'

लौटकर मनमोहन ने देखा, उसकी क्यारी में सुनील महाराज ने 'जवाकुसुम' का पौधा लगा दिया है। उसको श्यामा-संकीर्तन की एक पंक्ति याद आई–'जवा होये फूटबो माँ गो तोमार चरण-तले !'

··· ओ माँ ! तुम्हारे चरण-तल में जवा-फूल बनकर खिलूँगा।··· लाल अड़हुल !!

इक्कीस

गुनीजी तीन वर्ष का हो गया।

··· तीन साल के बाद मनमोहन ने अपने छोटे भाई को देखा। बाबूजी, काका, माँ, पुष्पी परिवार के सभी लोगों के साथ गुनीजी मदनपुर के महादेवजी के मेले में जा रहे हैं–'मुंडन' करवाने। सिर में जटाए हुए घुँघराले केश ! भोला-भाला मुखड़ा ! किन्तु मनमोहन की गोद में नहीं आया। मनमोहन को माँ से बातें करते देखकर नाराज हुआ और गुस्से से ओठों पर दाँतों को बैठाकर आँखें तरेरकर मनमोहन को देखने लगा। मनमोहन हँसा, "देखो मौसी, यह किस तरह मुझे डरा रहा है।"

माँ ने कहा, "गुनी, भैया को डाँटता है रे !··· वहाँ तो खूब भैयाजी पुकारता था।"

पुष्पी बड़ी हो गई। फर्स्ट बुक में मेढ़क की तस्वीर के पास पढ़ती है।

"अच्छा बता तो, तुम्हारे देश का क्या नाम है ?"

"भारतवर्ष।"

"वाह !"

गुनीजी ने भी कोई जवाब दिया।

माँ बोली–"इससे भी कुछ पूछ।"

गुनीजी बिना कुछ पूछे ही बोलने लगा, "नीते-दौले लेल, ऊपल उले हवाजाज, लेल बोले जै जै काली··· !"

काका ने मतलब समझाया, 'नीचे दौड़े रेलगाड़ी, ऊपर उड़े हवाई जहांज। रेल बोले जै जै काली···।'

बड़े महाराज ने गुनीजी को देखकर कहा, "यह तो दूसरा मोना है !"

"मोना ना ! जनमोन···।"

गुनीजी ने कहा, "मोना नहीं, जनमोहन !"

सभी हँसे।

इस बार गुनीजी ने महाराज की ओर देखकर माँ से कुछ पूछा। माँ हँसने लगी, "··· कहता है कि इनका भी 'मुण्डन' हुआ है ?"

बड़े महाराज जी ने गुनीजी को 'प्रसाद' दिया।

··· आशीर्वाद दीजिए महाराजजी !

मनमोहन को याद आई, मुजफ्फरपुर में मलबे के नीचे से ठीक गुनीजी जैसे घुँघराले और जटाए हुए बालोंवाले एक लड़के की लाश निकली थी।··· ठीक ऐसी ही सूरत !

वे चले गये। बड़े महाराज ने मोना से कहा, "तू क्यों नहीं गया ? मैंने तो छुट्टी दे दी थी !"

··· छुट्टी ? न जाने कितनी छुट्टियाँ हुईं। मगर मनमोहन स्टुडेण्ट्स-होम से छुट्टी लेकर कहीं नहीं जाना चाहता। बाहर जब तक रहता है, जी उचाट रहता है। आश्रम की सीमा में पैर रखते ही सब दूर हो जाता है।

··· फिर वही चक्र ! ऋतुओं का, मौसम का, महीने का, दिन का !··· स्कूल से हर साल एक दर्जन से अधिक विद्यार्थी पास होकर निकलते हैं। दो-तीन ऊँची पढ़ाई पढ़ने के लिए जाते हैं। बाकी इन्हीं अदालत, फौजदारी, रजिस्ट्री-आफिसों में किरानी, पेशकार, मुहर्रिर का पेशा शुरू कर देते हैं।··· हर साल मलेरिया और काला-आजार अनेक प्रतिभावान् लड़कों को लीलते हैं।··· महँगाई, अकाल, अनावृष्टि के मारे हुए किसानों पर जमींदारों का जोर-जुल्म, अत्याचार होता है ! अदालत में कुर्क किए माल-मवेशी की नीलामी होती है। जमीनें छीनी जाती हैं। फसल लूटी जाती है। मुँह पर पट्टी बँधे गुलामों की टोली सिर झुकाकर आगे बढ़ रही है··· क्रूर नौकरशाही चाबुक फटकारकर पीटती है–जानवरों को।

··· राजा की 'सिलवर-जुबली' पंचम जार्ज की 'जुबली'–धूम-धाम से मनाने का हुक्म हुआ है। आनन्द मनाने का सरकारी आदेश !

··· मनमोहन तथा उसके साथियों ने छोटे-छोटे 'यूनियन जैक' खरीदने से इनकार कर दिया। हेडमास्टर साहब ने जुर्माना कर दिया।

··· स्कूल के मैदान में किसी ने रात में तिरंगा झंडा फहरा दिया। हेडमास्टर साहब ने मनमोहन तथा उसके साथियों पर संदेह किया; स्कूल से निकाल देने की धमकी देने लगे ! मनमोहन ने कहा, "सर, हम चुराकर कुछ नहीं करेंगे। जिस दिन झंडा फहराना होगा, खुले आम विधिपूर्वक फहराएँगे।"

आफिस के बाहर, मैदान में किसी की आवाज सुनाई पड़ी। हफीज साहब कह रहे थे–"हेडमास्टर साहब ! झंडा मैंने फहराया है। जो सजा देनी हो, मुझे दीजिए।"

हफीज साहब ने तब तक भाषण शुरू कर दिया था अपना, "जसन मनाओ।

फुलझड़ियाँ उठाओ, मिठाइयाँ बाँटो, सिलवर जुबली मनाओ ! मगर, हफीज साहब सुथरा की बात गाँठ बाँध लो।··· क्या बात ? तो सुनो–'जाये के पड़ी तोहरा जाये के पड़ी–एक दिन छोड़ि के भरथवा तोहरा जाये के पड़ी-ई-ई-ई ! सात समन्दर पार तोहरा जाये के पड़ी–और गांधी बाबा कहें प्रेम से, तू न सुने कुछ बतिया उनकी–घन-घन-घन-घन चरखा जब चलिहै–लन्दन के लुटिया डुबोये के पड़ी-ई-ई··· ।"

हफीज साहब नाचते-गाते चले गए।

हफीज साहब के बारे में एक अफवाह फैली है कि वे सरकार के सी. आई. डी. हैं। लेकिन मनमोहन एक दिन हफीज साहब को अपने हाथ से पेट-भर भोजन कराना चाहता है। उनको देखते ही लगता है, न जाने कब से हफीज साहब ने पेट-भर खाया नहीं है।

प्रियोदा ने कलकत्ता से लिखा है–पुलिस मेरे पीछे बेकार ही पड़ी है !

हरेन्द्र के पिताजी ने स्टुडेण्ट्स-होम को पाँच सौ रुपये और पाँच बीघे जमीन दान में दिये हैं··· सुनील महाराज देहरादून चले गए।

··· पिछले पाँच साल से सुनील महाराज इस आश्रम में थे। पेड़-पशुओं को प्यार करनेवाले सुनील महाराज की आँखें, आश्रम छोड़कर जाते समय तनिक छलछलाईं भी नहीं। कम्बल लपेटकर बगल में लिया और 'ठाकुर' को प्रणाम करके चल पड़े।··· हिसाब में एम. ए. हैं सुनील महाराज !

जाते समय बोले, "और क्या है मोना ! अब तो किनारे पर पहुँच गया। तीन साल कटते देर नहीं लगेगी।"

सुनील महाराज की जगह पर आए हैं मोती महाराज ! लगता है, सभी एक ही साँचे के ढले हुए हैं। संस्कृत और अंग्रेजी के प्रकाण्ड पंडित हैं, किन्तु बातें करते हैं, तो लगता है वज्र देहाती हैं।

मोती महाराज तरकारी की खेती के पीछे पागल रहते। हरेन्द्र के पिताजी ने जो जमीन खरीद दी है, उसकी जुताई और सिंचाई की बात छोड़कर आजकल और कोई बात नहीं करते मोती महाराज। आश्रम के आसपास के लोग उन्हें 'तरकारी महाराज' कहने लगे हैं।

मनमोहन ने एक दिन देखा, मोती महाराज किसी से बातें कर रहे हैं और पिछवाड़े में जाकर देखा, 'कद्दू' के बीजों को जमीन में बो रहे हैं और कह रहे हैं–"मिट्टी-माँ को दाँतों से पकड़ना।··· समझा ? छोड़ना मत।··· जिस दिन तुम्हारा अंकुर फूटकर निकलेगा–देखना, यह दुनिया कितनी सुन्दर है। फूलोगे, फलोगे और एक दिन मैं कहूँगा–भूख लगी है मुझे··· ।"

मनमोहन हँस पड़ा। मोती महाराज ने अचकचाकर देखा, "क्यों मोना, कद्दू की तरकारी तुझे अच्छी नहीं लगती ?"

"जी।"

"कद्दू बेचारा सबसे सीधा-सादा होता है। इसीलिए इस इलाके के लोग सीधे-सादे

लोगों को 'कद्दूदास' कहते हैं। और कद्दू नाम के आदमी को बच्चे चिढ़ाते हैं–'जद्दू बेचे कद्दू...'।"

मनमोहन के काका से मोती महाराज की खूब घनिष्ठता हो गई है। काका ने 'रत्ती' का बीज लाकर दिया है। मोती महाराज ने एक बीज हाथ में लेकर पूछा था, "जानता है, इससे सोना तौला जाता है। यह है रत्ती।... और इसकी तरकारी खाओगे तो मोना से सोना हो जाओगे।"

"लेकिन यह तो जंगली तरकारी है।"

"अब घरेलू हो जायगी।"

काका के साथ मोती महाराज और मनमोहन गाँव से हो आए। आकर बोले, "इस इलाके के लोग तरकारी बहुत कम खाते हैं। दाल-भात के साथ दो टुकड़ा तरकारी का 'नमो-नमो' करके भात पर रख देते हैं–अचार की तरह।"

जिस दिन मोती महाराज की बगिया की तरकारी पहली बार रसोई में बनी, मनमोहन ने एक तुकबन्दी सुनाई थी–'मोती बाबा की बगिया की आज बनी तरकारी...।'

... हर मौसम की सब्जी और तरकारी मोती महाराज की कृपा से अब आश्रम में ही होती है। लगता है, सभी मौसम तरकारी की टोकरी लेकर आता है। जाड़े के बाद गर्मी, बरसात, आलू के बाद घुइयाँ, फिर रामतरोई, परवल। इसके बाद कद्दू-कोंहड़ा, झिंगुनी-करैला।...

मोती महाराज ने यहाँ के हर मौसम की हवा को परख लिया है, मिट्टी के चप्पे-चप्पे को पहचान लिया है।

साल-भर का लेखा-जोखा जिस दिन लगाया गया, सभी अचरज में पड़ गए। ... इतने रुपए की बचत, सिर्फ तरकारी से ?

मनमोहन से दीपू ने आकर कहा, "नीलू जा रही है बर्दवान।... उस गुलाब का एक पौधा चाहती है, 'दि ग्रेट संन्यासी' का।"

"इसके लिए भी बड़े महाराज से कहना होगा ?"

"हाँ रे।... नीलू फिर नहीं आयेगी लौटकर ?"

"आएगी क्यों नहीं !"

मनमोहन ने देखा, क्यारी में एक बड़ा-सा फूल खिला है... किन्तु वह नीलू को फूल नहीं भेज सकेगा।

बाईस

ढोल बजाकर, लोगों को जमा करके स्कूल के मैदान में विधिपूर्वक 'तिरंगा झंडा' फहराया गया। गांगुलीजी ने झंडे की रस्सी खींची। पुष्प-वृष्टि के साथ तिरंगा

झंडा अररिया-कोर्ट के आकाश में लहराने लगा ! स्काउटों ने सलामी दी। हेडमास्टर साहब के साथ सभी शिक्षक और विद्यार्थियों ने 'झंडा ऊँचा रहे हमारा' गीत गाया; 'महात्मा गांधी' और 'भारत-माता' का जय-जयकार किया।··· मनमोहन ने नए नारे लगाए–"अमर शहीद यतीनदास–जिंदाबाद ! अमर बलिदानी भगतसिंह–जिंदाबाद !!"

1936.··· दो ही वर्षों के बाद मनमोहन की बात फैल गई। उसने हेडमास्टर साहब से कहा था, "सर, हम चुराकर कुछ नहीं करेंगे। जिस दिन झंडा फहराना होगा, खुले आम, विधिपूर्वक ही झंडा फहराएँगे।"

··· हेडमास्टर साहब भूले नहीं हैं, इसलिए जब प्रांत में कांग्रेसी मंत्रिमंडल बना और शिक्षा-मंत्री का प्रोग्राम अररिया-कोर्ट के लिए भी तय हुआ, तो उन्होंने मनमोहन को बुलाकर कहा, "मनमोहन, सबकुछ तुम्हीं लोगों को करना है–वंदेमातरम् गीत, स्वागत-गान से लेकर सभा की कार्रवाई तक; हम कुछ नहीं जानते।"

शिक्षा-मंत्री जी आए ! स्कूल के मैदान में सभा हुई।··· नीलू बर्दवान से लौट आई थी। उसने अपनी दो सहेलियों के साथ 'वंदेमातरम्' गीत गाया। 'सारे जहाँ से अच्छा हिन्दोस्ताँ हमारा' मनमोहन और कृत्यानंद ने और अन्त में फिर नीलू ने एक गीत गाया–क्रांतिकारी खुदीराम वाला गीत··· 'एक बार विदाय दाउ माँ फिरे आसी।'··· नीलू अब साड़ी पहनने लगी है। तीन लड़कियाँ तीन रंग की साड़ियाँ–सफेद-हरी-केसरिया। नीलू सादा साड़ी में और भी सुन्दर लगती है।

स्थानीय कांग्रेसी कार्यकर्त्ताओं ने मन्त्री महोदय के हाथ से 'शहीद-बालिका-विद्यालय' का शिलान्यास करवाने का कार्यक्रम बनाया था। कांग्रेस ऑफिस के सामने 'अनुष्ठान' के आयोजन के बाद सभा होनेवाली थी।

शिलान्यास के पहले जिला-कांग्रेस के सभापति ने पूर्णिया के शहीदों की वीरता और शहादत पर एक सारगर्भित भाषण दिया और प्रस्ताव किया कि मंत्री महोदय अपने पुनीत कर-कमलों से शहीदों की स्मृति में स्थापित इस बालिका-विद्यालय का शिलान्यास करें।

तालियों की गड़गड़ाहट में समर्थन और अनुमोदन किया गया। मंत्री महोदय अपने भारी-भरकम शरीर को तौल ही रहे थे कि दर्शकों के बीच से आवाज आई, "मैं 'संशोधन' करता हूँ।"

··· कौन हैं ?··· अरे ? मनमोहन ! क्या कह रहा है ? ऐ ! ऐ बैठिए। बैठ जाइए !

कांग्रेस के कई स्वयंसेवक एक साथ दौड़े। दारोगा साहब भी सतर्क हुए, किन्तु मनमोहन खड़ा रहा। शोरगुल थमने के बदले बढ़ता गया।

–बैठ जाइए। क्यों खड़े हुए ? क्या कहना है ?

–बड़ा झंझटिया है यह लड़का !

"दोस्तो ! पहले सुनिए कि यह लड़का क्या कह रहा है ?" हफीज साहब की बात का तुरन्त असर हुआ।

··· हफीज साहब को अब लोग 'चरखबाजी' कहने लगे हैं–"ठीक कहते हैं

चरखबाजी ! पहले सुनिए कि क्या··· ”

कांग्रेस के सभापतिजी ने विरक्त होकर कहा, “क्या कहना है आप··· तूमको ?”

मनमोहन ने शांत और नम्र भाव से कहा, “मेरा एक संशोधन है।··· निवेदन है कि जैसा कि आपने अभी कहा कि शहीदों की शहादत के चलते ही हम आज यहाँ तक पहुँचे हैं··· उनकी पुण्य स्मृति में जो कुछ भी किया जाए, थोड़ा है। ··· आपने शिलान्यास के लिए माननीय मिनिस्टर साहब से अनुरोध किया है। मेरी उनसे यानी मन्त्री महोदय से प्रार्थना है कि वे इस पुण्य कार्य के लिए श्रीमती शरबती सहाय से अनुरोध करें···।”

“ऐ ! ऐ ! बैठ जाइए, बैठो।”

“पागल मास्टर का पागल चेला !”

“कौन हैं यह श्रीमती शरबतिया सहाय ?”

“बैठ जाइए !'”

मनमोहन हँस पड़ा ! फिर कहने लगा, “श्रीमती शरबतिया सहाय एक ऐसे शहीद की विधवा हैं, जिन्होंने 'साइमन लौट जाओ' का नारा सबसे आगे बढ़कर लगाया था और उन्हें पुलिस ने डंडों से पीटकर वहीं ढेर कर दिया था। शायद आपको उनका नाम याद हो··· शहीद सुन्दर सहाय का नाम आपने कभी सुना हो ! उन्हीं की पत्नी यहाँ महिला दर्शकों की भीड़ में उपस्थित हैं।”

जादू कर दिया मनमोहन ने ! मंत्री महोदय ने सभापतिजी से कानाफूसी की। मंच के एक किनारे बैठे गांगुलीजी के चेहरे पर प्रसन्नता झिलमिलाने लगी। मंत्री महोदय ने उठकर कहा, “भाइयो !··· सबसे पहले मैं इस लड़के को धन्यवाद देता हूँ, जिसने इस मौके पर इतना कीमती और मौजू सुझाव दिया है।··· जब यहाँ शहीद सुन्दर सहाय की विधवा मौजूद हैं और 'शहीद बालिका-विद्यालय' की नींव डाली जा रही है, तो··· तो जाहिर है कि··· उनके हाथों ही शिलान्यास होना चाहिए। मैं··· मैं··· श्रीमती शरबती देवी से अनुरोध करता हूँ कि वे कृपापूर्वक इस पुण्य-कार्य में हाथ बँटाएँ।”

तालियों की गड़गड़ाहट !

“महात्मा गांधी की जय !”

“भारतमाता की जय !”

··· मनमोहन और रोबी महिलाओं के बीच से शरबतिया को ले आए। वह थर-थर काँप रही थी, 'मोहन भैया ! मैं नहीं··· तुमने यह क्यों··· बाबूजी माँ क्या···।' मनमोहन पाँच साल के बाद शरबतिया दीदी से बात कर रहा है, पहली बार। “दीदी ! चलो देर हो रही है।”

दूसरे दिन 'पूर्णिया-समाचार' के मुखपृष्ठ पर बड़ी-सी तस्वीर छपी··· शिक्षामंत्री, कांग्रेस के सभापति, ज़िला मजिस्ट्रेट, एस. पी., दारोगा, वकील-मुख्तारों से घिरी श्रीमती शरबती देवी··· हाथ में चाँदी की 'करनी' से ईंट पर सीमेंट डाल रही हैं। ··· चेहरे पर सलज्ज मुस्कुराहट अंकित है।

उस दिन कस्बा अररिया-कोर्ट की गली-गली में सिर्फ शरबतिया की चर्चा। ··· दूसरे मुहल्ले की औरतें दल बाँधकर उससे मिलने आतीं !

मोहरिल मामा से वकील-मुख्तारों ने ही नहीं, मुंसिफ साहब ने भी पूछा, "मुंशी सोखालाल, तुम्हारी ही लड़की की तस्वीर छपी है न ?"

मटरू अब बड़ा हो गया।··· उसको यह बात अच्छी नहीं लगती कि हर आदमी उसकी ओर उँगली उठाकर बतलाए और उसकी 'दीदी' का नाम ले।

मामी कहतीं, "फोटो छपा तो क्या हुआ ? पिनसिन तो नहीं दिया कुछ।"

पड़ोसी की स्त्री ने 'दोधारी बात' कही, "तुम्हारा भांजा मोहन चाहेगा तो वह भी एक दिन मिल जाएगा··· नमक का बदला चुकाना वह नहीं भूलेगा।"

महिलाओं के बीच से शरबतिया को बाहर निकलते समय मनमोहन ने देखा था। पास ही खड़ी नीलू उसकी ओर प्रसन्न नेत्रों से देख रही थी; कुछ नहीं बोलकर भी कह रही थी, 'तुमको बहुत-बहुत धन्यवाद !'

··· धीरेन बाबू के यहाँ 'प्रीति-भोज' में भी नीलू की आँखें इसी तरह चुपचाप मनमोहन को आशीर्वाद दे रही थीं··· सभी संन्यासियों और स्टुडेण्ट्स-होम के विद्यार्थियों को निमंत्रित किया था, धीरेन बाबू ने।··· कालू की माँ और धीरेन बाबू के छोटे भाई–संन्यासियों और छात्रों को परोस रहे थे। नीलू बच्चों की पंक्तियों में पूड़ी परोस रही थी और बार-बार मनमोहन और उसके साथियों की ओर देखती थी। बच्चों की पंक्ति शोर मचाती खा-पीकर उठी। नीलू चुपचाप खड़ी रही बरामदे पर। कालू की माँ ने कहा, "खड़ी क्यों है, इधर 'खटमिट्ठी चटनी' दो ब्रह्मचारियों को।"

लगा, इसी आदेश की प्रतीक्षा में थी वह। हुलसती हुई अन्दर गई और चटनी का कटोरा ले आई। मनमोहन ने न जाने क्यों पूछ दिया, "क्या है यह ?"

"खटमिट्ठी चटनी, टोमेटो।··· दूँ ?"

"बाप रे, खट्टा भी, मीठा भी ?" मनमोहन के मुँह से निकल पड़ा। नीलू खिलखिलाकर हँस पड़ी। मनमोहन को जब किसी बात पर अचरज होता है, तो उसके मुँह से 'बाप रे' अनायास निकल जाता है।

मोती महाराज अपनी पंक्ति में बैठे पुकारकर कह रहे थे, "लड़कों को पालक का साग एक बार और परोस दीजिए।"

नीलू इस बार साग ले आई और मनमोहन को सुनाकर बोली, "इस बार 'घास।··· '

शिवनाथ ने कहा, "मोनादा को दीजिए। वह कच्चा ही चबाकर खाते हैं।"

"क्या ?"

"पालक की पत्ती।"

"ओ !··· मैंने समझा।··· "

··· क्या समझा नीलू ने ? हँसती हुई भागी क्यों ?

··· भोजन के बाद मुँह धोते समय बड़े महाराज ने पूछा था, "क्यों मोना, पेट-भर

खाया तो ?"–क्यों पूछा महाराज ने ?–नहीं, महाराज इसी तरह पूछते हैं सभी से–"छोले की दाल अच्छी बनी थी ?"

पान की थाली लेकर नीलू फिर आई। लेकिन पान कोई नहीं लेता। इधर पान खानेवाले कोई नहीं। नीलू भूली हुई कोई बात कहने लगी, "मौनादा, हमलोगों के बाग में भी 'दि ग्रेट संन्यासी' खिज़ा है।"

तेईस

'धुतु तुतु-तुतु-तु-ऊ-ऊ–!'

स्काउट-मास्टर साहब का बिगुल ? खतरे का बिगुल !–कहीं आग लगी ?

'टू-टू-ऊ-ऊ-ऊ !'

मनमोहन ने सीटी फूँककर क्लब के सदस्यों को पुकारा, "दौड़ो ! आग लगी गाड़ीवान-पट्टी में !"

··· रात के अंधकार में लाल-लाल लपटें आकाश को छू रही हैं। बाँस और सरकंडों की चटकती आवाजें··· आग !··· मार-काट !

गाड़ीवान-पट्टी में पहुँचकर लोगों ने देखा, आग लगी नहीं–लगाई गई है। लगाई जा रही है। घर फूँके जा रहे है।–मार-काट हो रही है !

मनमोहन ने कहा, "कृत्यानंद, यह 'दंगा' हो रहा है रे-ए··· दंगा ! दंगा !··· हिन्दू-मुस्लिम दंगा !"

··· मारो-मारो ! काटो ! भागने न पाए। आग लगाओ।··· बचाओ ! बचाओ। अल्ला-हो-अकबर !··· हर-हर महादेव !··· मारो··· मारो !! ठाँय-ठाँय !!–दुर्गाबाजार में आग लगी–रे-ए-ए ! दौड़-दौड़कर–मारो-मारो, उधर भागा।··· बचाओ··· अल्ला-हो-अकबर··· हे भगवान !··· दुहाय बाबू-ऊ-ऊ ! मेरा बच्चा !! ··· भाइयो ! भाइयो !!··· मारो साला को··· आह ! भागो-भागो !··· हाय रे ए-ए-ए !···

एस. पी. साहब दो दर्जन मिलिटरी लेकर आए। धड़ाधड़ आसमानी फायर होने लगे। लोग तितर-बितर हुए। सेवादल, स्काउटों की टोली आग बुझाने में लगी हुई है।··· गुंडे आग लगा रहे हैं।··· ठाँय··· ठाँय··· भाइयो !··· भाइयो !!

सुबह को सारे शहर में सन्नाटा !

हफीज साहब और सूर्यनारायण घायल हुए हैं।··· सैकड़ों आदमी पकड़े गए हैं; पकड़े जा रहे हैं।··· सूर्यनारायण की हालत शोचनीय है। एक औरत को बचाते समय छुरा मार दिया गया उसे। हफीज साहब की देह पर किरासन डालकर आग लगा दी गई···।

सुबह को मनमोहन ने बड़े महाराज से कहा—महाराजजी ! मैंने··· मैंने··· रात में गणेशशंकर विद्यार्थी की ··· छाया··· या··· पता नहीं क्या—लेकिन, मैंने साफ-साफ देखा··· ठीक गणेशशंकर विद्यार्थी जैसा आदमी इस शहर में तो कभी नहीं देखा··· !"

बड़े महाराज ने अचरज से कहा, "तुमने देखा ?"

"हाँ महाराज !"

"सूरज ने कुछ वैसा काम किया है।"

··· सूर्यनारायण ने अस्पताल में मनमोहन का हाथ पकड़कर कहा था, "मोना, ।प्रयोदा से कह देना, मैंने अपना 'वादा' पूरा कर दिया।··· मोना रे, मैंने ऐसी ही मौत माँगी थी। छिः रो मत भैया !··· अभी भी बहुत दूर जाना है। बहुत काम करना है। बहादुर बनो ! लोहे की देह में इस्पात की पेशियाँ··· एक बार गा दे भाई, वह राम-रहीम··· ।"

मोना की आँखों से आँसू और कंठ से गीत एक ही साथ बहने लगे !

राम-रहीम ना जुदा करो भाई
दिल को सच्चा रखना जी ई-ई-ई !

··· प्रसन्न-मुख सूर्यनारायण धीरे-धीरे आँखें मूँद लेता है।··· सूरज डूब गया। ··· अर्थी पर प्रसन्न-मुख सूर्यनारायण सोया है—फूल-मालाओं के ढेर पर, तिरंगा कफन ओढ़े, मानो ध्यान से मोना का गीत सुन रहा है। मोना बेसुध गा रहा है।·· चौराहे पर दूसरी अर्थी आकर मिल गई इस 'मौन जुलूस' के साथ—हफीज साहब का जनाजा—फूल-मालाओं से ढकी देह, तिरंगे झंडे के कफन के पास उसका प्यारा चरखा··· 'किसान-चक्र'··· भारतमाता की जय ! महात्मा गांधी की जय !··· हिन्दू-मुस्लिम भाई-भाई !··· राम-रहीम ना जुदा करो भाई—तब मनमोहन ने शुरू किया, 'मोरे चरखा के ना टूटे तार, चरखवा चालू रहे··· ।'

उसी दिन प्रियोदा आए, शाम की गाड़ी से। उन्हें बंगाल से निकाल दिया गया है। यहाँ पहुँचते ही बिहार की पुलिस ने नोटिस तामिल कर दी है—शहर छोड़कर बाहर जाने के पहले पुलिस को खबर देनी होगी। रोज थाने में आकर हाजिरी देनी होगी।

प्रियोदा ने यह सब कबूल नहीं किया और पुलिस उन्हें पकड़कर ले गई। जाने से पहले मोना को कई किताबें दे गए। कह गए, "और ज्यादा दिन नहीं।"

··· सुबह साढ़े तीन बजे प्रार्थना की घंटी बजती है··· नहाने की घंटी, खाने की घंटी, ट्रेजरी का घड़ियाल—सभी एक साथ घनघनाकर बजते हैं।··· परमान नदी में बाढ़ आती है।··· कचहरी के लोगों की भीड़ लगती है, छँटती है··· हिमालय के पंछी हिमालय को लौट जाते हैं दल बाँधकर। गर्मी आती है, बरसात होती

है, जाड़ा पड़ता है—पुराने कैलेंडरों को समेटकर नया साल शाल-दुशाले ओढ़कर, मुस्कुराता हुआ उपस्थित होता है, नये साल का अभिवादन··· !

—मनमोहन परीक्षा देने के लिए जा रहा है। अररिया-कोर्ट कस्बे को, स्टुडेण्ट्स-होम को और अपने प्यारे स्कूल को छोड़कर जाने का मन नहीं करता।

विदाई के दिन बड़े महाराज ने कहा, "मोना, यह परीक्षा तो देने जा रहे हो—सबसे बड़ी परीक्षा में कभी 'फेल' नहीं होना, यही शुभकामना है और प्रार्थना··· ।"

उस दिन मनमोहन की आँखें बार-बार कालीबाजार की सड़कों पर दौड़ती रहीं।—नहीं, मनमोहन धीरेन बाबू के घर के पास चौराहे पर नहीं रुकेगा।

किन्तु उसे रुकना पड़ा। दीपू और तपू के साथ नीलू खड़ी थी, "हम लोगों की शुभकामनाएँ—तुम्हारे ही दिए हुए पौधे के फूल—'दि ग्रेट संन्यासी !' "

··· विदा ! बाललीला-भूमि !

··· परमान की धारा के उस पार बालूचर पर प्रतीक्षा करनेवाले मित्रो ! मैं फिर आ रहा हूँ।

··· शरबतिया दीदी प्रणाम !

··· सूरज ! हफीज साहब ! सलाम !

··· आ रहा हूँ। बहुत जल्दी ही !

चौबीस

किन्तु मनमोहन चार साल के बाद लौटा। चार वर्ष में कुछ बदला नहीं है, ऐसी बात नहीं। किन्तु मनमोहन को लगता है, पिछले महीने ही वह यहाँ से गया था।

··· परीक्षा देने के बाद तीन महीने तक वह घर में रहा। कहीं नहीं गया। खेत-खलिहान, बाग, मैदान, नदी-पोखर, हाट-बाट और घाट में वह अपने छोटे भाई जनमोहन और बहन पुष्पी के साथ घूमता, दौड़ता, खेलता रहा।

··· माँ ने एक दिन पूछा था, "तू दिन-भर इसी तरह मारा-मारा क्यों फिरता है ?"

"देखती नहीं, कितने दिनों के बाद आया हूँ। गुनीजी को अब तक न किसी ने नदी में स्नान कराया था, न पोखरे में··· ।"

"अररिया-कोर्ट नहीं जाएगा ? बड़े महाराज को दही पहुँचाने कौन गया ?"

"काका।··· मैं परीक्षा-फल निकलने के बाद जाऊँगा।"

गुनीजी ने आकर सूचना दी, "भैया, कलमबाग में एक सियार है, जिसके गले में मिट्टी की हाँड़ी की गर्दन··· ।"

"चलो देखें। इसी सियार का किस्सा मैंने तुमको सुनाया था।"

माँ अपलक देखती रही, किन्तु उसे तुरन्त ही सपने का खयाल हुआ—"अपने

बच्चे को सँभालो। मनमोहन उसको भी ले जाएगा।"

परीक्षा-फल के बाद मनमोहन बड़े महाराज को प्रणाम करने गया। महाराज ने आशीर्वाद देने के बाद कहा, "अचरज की बात ! जिस दिन के अखबार में तुम्हारा 'परीक्षा-फल' निकला है, उसी में एक खबर और छपी है। पढ़ा है ?... पूरन की याद है न ? पूरन विश्वास 'ओवरसियर' हो गया था। सरकारी नौकरी मिली थी। लेकिन नौकरी के छह महीने भी नहीं हुए, एक ठेकेदार से डेढ़ हजार घूस लेता हुआ पकड़ा गया।... आश्चर्य !!

चार वर्ष तक भागलपुर में रहा मनमोहन। किन्तु मन सदा अररिया-कोर्ट कस्बे की गलियों में भटकता फिरता। घर की याद बाद में आती। छुट्टियों में घर आता तो गाँव से बाहर कहीं जाने की तबीयत नहीं होती।... अररिया-कोर्ट आने का साहस नहीं होगा कभी।... शरबतिया, नीलू... उसको लगता कि अब वह यदि अररिया-कोर्ट-कस्बा जाएगा... तो... तो... फिर आगे बढ़ना सम्भव नहीं होगा।... नीलू को वह कुछ ऐसी बात कह देगा, जिसे सुनकर वह चुपचाप खड़ी रहेगी। मनमोहन... उसके उत्तर की प्रतीक्षा में चुपचाप खड़ा रहेगा।... खड़ा रह जाएगा वहीं।

चार साल के बाद, स्टुडेण्ट्स-होम में अतिथि होकर आया है मनमोहन। प्रियोदा जेल से छूटकर आए, फिर गए। फिर आए हैं, कुछ दिन पहले 'पैरोल' पर। माँ बीमार है उनकी।

—मनमोहन को प्रियोदा ने ही बुलाया है आवश्यक पत्र लिखकर... प्रियोदा ने कहा, "जानते हो, इस बार हिमालय को फोड़कर आग निकलनेवाली है। गांधीजी से अभी हाल ही में मेहरअली साहब मिलकर आए हैं। कह रहे थे—इस बार कुछ होकर रहेगा।... वर्किंग कमेटी की बैठक चल रही है बम्बई में। इसके बाद जो होगा, उसके कार्यक्रम का आभास मिल चुका है। इसलिए अपने-अपने क्षेत्र में सभी को तैयार रहना है...।"

नीलू मिली। मनमोहन ने हँसकर 'खटमिट्ठी' की याद दिलाई। नीलू ने कहा, "ठीक है, बहुत दिन बाद तुम सभी साथी इकट्ठे हुए हो !... कल यहीं भोजन करो न। माँ भी कह रही थी।... किन्तु पालक का साग अभी नहीं मिलेगा।"

"तू पकाना-बनाना जानती है ?" प्रियोदा ने पूछा था।

किन्तु नीलू का निमंत्रण वह पूरा नहीं कर सका। कोई नहीं कर सका। वह भोजन बनाकर बैठी प्रतीक्षा करती रही...।

शरबतिया का चुमौना हो गया, ससुराल चली गई। मामी बोली, "तुमको बहुत याद करती थी।"

सूरज और हफीज साहब की समाधि पर फूल चढ़ाकर वे लौट रहे थे—कृत्यानन्द, शिवनाथ, हरेन्द्र, अशर्फी, प्रियोदा, मनमोहन ! विमल नाम के एक लड़के ने दौड़कर सूचना दी, "गांधीजी गिरफ्तार हो गए। नेहरूजी भी।... बंबई में गोली चली है।"

"शुरू हुआ !" प्रियोदा ने सभी की ओर बारी-बारी से देखा, "तैयार !"

"बंबई से आई आवाज !"

"करो या मरो !"

··· पूरब-पश्चिम, उत्तर-दक्षिण चारों ओर बिखर गए सभी साथी। तय हुआ, परसों हर सदस्य अपने साथ स्कूल के विद्यार्थियों के जत्थे लेकर अररिया-कोर्ट आएगा–दस बजे से पहले !··· ट्रेजरी और कचहरी पर झंडा फहराना होगा।··· ऐ अंग्रेजो, भारत छोड़ो !

–चारों ओर से सैकड़ों विद्यार्थियों के जुलूस लेकर लोग पहुँचने लगे। स्कूल के सामने मैदान में 'केनिंग-ग्राउण्ड' में हजारों विद्यार्थी एकत्र हुए हैं। प्रियोदा भाषण दे रहे हैं।··· रेल-तार काटे जा चुके हैं। पोस्ट-ऑफिस पर कब्जा हो चुका है।··· ट्रेजरी का झंडा फहराना है।

–ऐ अंग्रेजो, भारत छोड़ो !

–क्रांति अमर हो !

–आगे बढ़ो !

–मोना, तू दाहिनेवाली सड़क से जुलूस लेकर बढ़।··· कृत्या, तुम मेरे साथ चलोगे !

–आगे बढ़ो !

–ठहर जाओ ! लौट जाओ !

–हम झंडा फहराकर ही लौटेंगे।

–आगे बढ़ोगे तो गोली मार दी जायगी।

–कृत्या !··· मेरे बाद तुम हो। झंडा जमीन पर गिरने मत देना।

–महात्मा गांधी की जय !

–प्रियोदा !···

–खबरदार ! गोली मार दी जायगी।

–प्रियोदा ने छाती तानकर कहा–मारो। मैं आगे बढूँगा···।

–फायर !

–ट्रट्ठाँय ! ट्रट्ठाँय !

–कृत्या-या !

–प्रियोदा !

–खबरदार ! गोली मार दी जायगी।

–मारो !··· महात्मा गांधी की जय !

–ट्रट्ठाँय ! ट्रट्ठाँय !!

–वंदे···

··· मोनादा ! मोनादा !! तपू मामा कोथाय ? दीपू मामा कोथाय ?···

तपू मामा-आँ आ ! दीपू-ऊ-ऊ-ऊ !··· नीलू ! तू घर जा। गोली चल रही है।

··· कृत्या ने पुकारा–मो··· ना··· !

··· अब मोना की बारी है। नीलू मुझे छोड़ो··· ना छोड़बो ना–दीपू मा-मा-मा !

··· अशर्फी आगे बढ़कर झंडा सँभालता है।··· ट्रट्ठाँय ! ट्रट्टाँय !!–मो-ना ·
·· झंडा न झुके !!

··· मोना कहाँ ? भोला ने झंडा सँभाला। आगे बढ़ता है।

–ट्रट्ठाँय ! ट्रट्ठाँय !!

–तपू-ऊ-ऊ-ऊ !

–पीछे हट जाओ ! खबरदार !

··· तपू चढ़ गया ट्रेजरी के ऊपर ! झंडा लहराने लगा–तिरंगा झंडा ! राष्ट्रध्वज ! वन्देमातरम् ! ट्रट्ठाँय !··· तपू नीचे गिरा।

··· प्रियोदा, कृत्यानंद, अशर्फी, भोला और तपू–एक गिरता, दूसरा आगे बढ़कर उसके हाथ से झंडा ले लेता; दूसरा गिरता, तीसरा झंडा थामता। चौथे ने गिरने के पहले मोना को आवाज दी–अपने 'जोड़ीदार' को। किन्तु मोना को पकड़कर नीलू पागलों की तरह चिल्ला रही थी–नहीं-नहीं। मोना न होता तो झंडा कौन सँभालता ?··· भोला के बाद तपू··· तपू का लिस्ट में नाम नहीं था···।

··· परमान के किनारे पर एक साथ पाँच चिताएँ धू-धूकर जल उठीं। हजारों आँखें एक साथ बरस पड़ीं।··· पाँचों की चिताओं में 'मोना' ने ही 'अग्निदान' किया। ··· यही अन्तिम कामना थी प्रियोदा की··· 'जो बचेगा, वही हमारा अंतिम संस्कार करेगा।··· चिता में आग देने के समय मोना ने कहा था, 'मैं जिंदगी-भर जलता रहूँगा तुम्हारी चिताओं की आग कलेजे में लेकर··· तुमने मुझे पुकारा। कमांडर ! तुम्हारी पुकार पर, तुम्हारे हुक्म पर–मैं··· मैं दोषी हूँ।··· अनुशासन भंग किया है मैंने। मुझे गलत मत समझना प्रियोदा, कृत्या, अशर्फी, भोला।··· तपू ! तू क्यों आता था ?···

श्मशान में ही मनमोहन और इब्राहीम को गिरफ्तार कर लिया गया।

पाँच-पाँच चिताओं की आग में झुलसता हुआ मनमोहन, पाँच साल तक जेल और सेल में यही बुदबुदाता रहा–नीलू नहीं आती··· नीलू नहीं होती तो इस ग्लानि की आग में क्यों तपता ?··· मुझे क्षमा करना साथियो, मैंने गद्दारी नहीं की।···

जेल से रिहा होने के बाद भागलपुर स्टेशन के प्लेटफार्म पर मनमोहन चहलकदमी करता रहा।–एक गाड़ी गई, दूसरी गई। किन्तु उसे साहस नहीं हुआ। एक बार गाड़ी में बैठ भी गया। गाड़ी चलने लगी तो उतर गया।

–नहीं। वह घर नहीं जायगा लौटकर ! वह मुड़ेगा नहीं। उधर मुँह नहीं करेगा। ··· नीलू के कारण वह मुँह दिखाने के योग्य नहीं रहा।··· नीलू का क्या दोष ? दोष मनमोहन का ही है।–खट्टा भी, मीठा भी !

उसने बाबूजी और काका के नाम एक चिट्ठी लिखी। पत्र में उसने स्पष्ट लिख दिया–"अब लौटकर नहीं आना है। मुझे क्षमा करें। मैं 'गृहस्थ' होने योग्य नहीं। इसलिए 'राजनीति' भी मुझसे नहीं हो सकेगी··· मैं अपना नाम, गोत्र, जाति, जाति-संस्कार सबकुछ का परित्याग कर दूसरी बार जन्म लेने जा रहा हूँ।··· आग

में झुलस रहा हूँ।··· गुनीजी··· जनमोहन रहा। देश शीघ्र ही आजाद होगा।··· गुनीजी की पढ़ाई-लिखाई मेरे कारण बन्द न हो। पुष्पी··· !"

पच्चीस

काल : 1965, सितम्बर !

स्थान : देहरादून स्टुडेण्ट्स-होम

तीन सौ किशोर बालकों की सामूहिक प्रार्थना का स्वर गूँज रहा है। स्टुडेण्ट्स-होम सेक्रेटरी स्वामी सच्चिदानन्द अपने दफ्तर में बैठकर एक सचित्र साप्ताहिक पत्रिका पढ़ रहे हैं। रेडियो से 'अमर वाणी' कार्यक्रम में स्वामी विवेकानन्द की वाणी प्रसारित की जा रही है।··· राष्ट्रीय संकट की घड़ी में स्वामीजी की वाणी का सही अर्थ समझ में आता है।··· लड़ाई थम गई है। भारत के वीर जवानों की बहादुरी की कहानियाँ सुनकर भरोसा होता है। भारत के उन महान् पुरुषों ने ऊसर में बीज नहीं बोए थे।···

सच्चिदानन्द महाराज लड़ाई में वीरगति पाए हुए कच्चे-कच्चे नौजवानों की तस्वीर··· नहीं देख सकते। आँखें छलछलाकर भर आती हैं और तस्वीरें अस्पष्ट हो जाती हैं।

वे समाचार पढ़ रहे हैं। एक तस्वीर के नीचे लिखा है—"15 सितम्बर फ्लाइट-लेफ्टिनेण्ट जे. मोहन ने शत्रु के व्यूह पर आक्रमण किया। शत्रु के विमानबोधी ने उसके विमान को क्षतिग्रस्त कर दिया। वह चाहते तो 'बेलआउट' करके, 'कॉकपिट' से कूदकर अपनी जान बचा सकते थे। किन्तु अपने विमान को खोना नहीं चाहते थे। जैसे भी हो, विमान की रक्षा करनी होगी। अपनी रही-सही ताकत लगाकर उन्होंने विमान को भारत की मिट्टी पर उतारने की चेष्टा की··· उन्हें इस बात का संतोष था कि दुश्मनों के तीन-तीन टैंकों का सफाया उन्होंने कर दिया है। अब कई लाख रुपए का यह विमान।··· 'फोर्स्ड-लैण्डिंग' करते समय उन्होंने देखा—नीचे मकान, सड़क और चौराहे हैं—भीड़ है। यहाँ विमान उतारने का मतलब है अनेक असैनिक नागरिकों की मृत्यु।··· वे लौटे अपने अड्डे की ओर, किन्तु विमान में विस्फोट हुआ। और, एक ही 'प्राण' की हानि हुई—और उस एक 'प्राण' को सभी जनमोहन कहते थे।··· अब उनकी लाश उनकी जन्मभूमि पर···।"

स्वामीजी के अन्दर आग की लपटें नाचने लगीं। उन्होंने तस्वीर पर दृष्टि दौड़ाई··· "अँ !··· गु-नी-जी !"

—प्रार्थना की घंटी, नहाने की घंटी, भोजन की घंटी, स्कूल की घंटी, ट्रेजरी का घड़ियाल··· असंख्य घड़ी-घण्ट-झाँझ-करताल एक साथ बज उठे। बजने लगे। शंख-ध्वनि होने लगी··· गुनीजी, तुम भी··· माँ को छोड़कर··· जनमोहन··· माँ···।

स्वामीजी ने अपने को सँभाला। उन्होंने आँखें मूँद लीं।··· नीचे आकाश में कोई सफेद पंछी तीर के वेग से निकल गया–सशब्द–'स-यों-यों-यों-यों !'··· भैया के मन की ग्लानि को 'छू-मंतर' कर दिया गुनीजी ने !··· आह ! पाँच-पाँच चिताओं की आग में एक युग से झुलसते हुए हृदय पर चन्दन लेप रहा है कोई !

··· कहीं नहीं। अभी ही··· अब उन्हें माँ के पास दौड़ जाना चाहिए अब··· मुड़ना होगा··· माँ के पास··· आ रहा हूँ माँ !

··· नहीं। गुनीजी··· कौन गुनीजी ? कौन जनमोहन··· कौन मनमोहन··· कौन माँ ?··· इतने-इतने जनमोहन··· सच्चिदानन्द ! सच्चिदनान्द !!··· सर्वशान्तिकरो भव–सच्चिदानन्द !

"मौना महाराज !"

स्वामी सच्चिदानन्द का ध्यान भंग हुआ। उनकी आँखों में आँसू और ओठों पर हँसी देखकर अष्टवर्षीय बालक ठिठक गया।

"कौन ? श्रीमन्त, क्या है ?"

"आज आप हमें कोई कहानी नहीं सुनाएँगे ?··· हॉल में सभी बैठे हैं।"

"ओ ! आज बुधवार है न ?"

"जी !"

"चलो !"

सच्चिदानन्द परम प्रसन्न मुद्रा में बालक श्रीमन्त के साथ चले गये।

कलंक मुक्ति

"अजीत भाई··· अजीत भाईजी ई-ई··· !"

अबुल हास लेन की अँधेरी दरगल्ली में रात के दस बजे एक नारी-कण्ठ की पुकार सुनकर हठात् रुक जाना पड़ा। पुकारनेवाली रिक्शा से उतरी और सामने आकर चुपचाप मुस्कराती खड़ी रही··· पहचानिए तो ? फिर मेरे चेहरे पर उड़नेवाली हवाइयों को भाँपकर हँस पड़ी–"आप तो इस तरह डर गये मानो किसी 'डाकिन-पिशाचिन' ने घेर लिया हो !"

"अरे ! रामरति··· तुम ?"

"फिर से देख लीजिए, गौर कर। यह देखिए, मेरे पाँव सीधे ही हैं।"–रामरति ने हँसने-हँसते, बारी-बारी से अपने दोनों पैरों पर 'पेन टॉर्च' की रोशनी डालकर दिखलाया।

समझने में देर नहीं लगी कि रामरति किस फिल्म के डायलॉग बोल रही है। अतः मैंने उसके पाँव देखकर गम्भीरतापूर्वक कहा–"इस्स !"

वह खिलखिलाकर हँस पड़ी।

"कब लौटी ? मतलब, कब रिहा हुई ?"–मैंने ही पूछा।

मेरा सवाल पूरा नहीं हो पाया, रामरति बीच में ही मेरी बात को काटती हुई बोली–"आज अपनी बात बताइए कि इस छोड़ी हुई नगरी में आप कब लौटे ? हमें तो पाँच साल की ही सजा हुई थी। आप दस वर्षों के बाद दिखलायी पड़े हैं।"

"तुम्हारी बेला दीदी ?"

मैंने लक्ष्य किया, रामरति मेरे प्रश्न से तनिक अप्रतिभ हुई। किन्तु, तुरंत ही सहज हो गयी–"मेरी बेला दीदी ! अर्थात् आपके उपन्यास को असफल बनानेवाली आपकी ही प्रधान नायिका।"

रामरति के इस सम्वाद ने मुझे हैरत में डाल दिया। मैंने पूछा–"तुम उपन्यास की बात कैसे समझने लगीं ?"

"जेल में, चक्की पीसने के बदले मुझे पढ़ने का 'कमान' मिला था। और, पाँच साल में बेला दीदी इस मिट्टी के गागर में जितना-सा सागर भर सकी··· ।"–रामरति अपनी काया की ओर 'सधुक्कड़ी' मुद्रा में संकेत करती बोली।

मैंने अब हथियार डाल दिया।

··· दस वर्षों के अन्तराल में क्या नहीं हो सकता है ? इसमें अचरज की क्या बात ? रामरति ने पढ़ना-लिखना सीखकर, कहानियों और उपन्यासों पर बहस करने

की हैसियत हासिल कर ली है··· अचरज की बात नहीं।

अँधेरी दरगल्ली में रामरति की मुस्कराहट रह-रहकर बिजली की तरह कौंध जाती।

"आप किदवईपुरी जाइएगा न ? आइए, बुद्धमूर्ति के पास उतर जाइएगा।"–रामरति ने कहा।

मुझे लगा, रामरति ने मुझे चिढ़ाने के लिए, शायद मुझे तौलने के लिए अथवा सिर्फ चुहल के लिए यह प्रस्ताव किया था। यद्यपि लोहियानगर में मुझे एक मित्र से मिलना था, मैंने रामरति के प्रस्ताव को स्वीकार कर लिया।

"तो मेरी प्रधान नायिका कहाँ है ?"–मैंने रिक्शा पर बैठते ही पूछा।

"इससे पहले कभी कहीं पूछताछ नहीं की ?"

सचमुच, पहली बार पूछताछ कर रहा था। मैंने हकलाते हुए अपनी सफाई देने की चेष्टा की–"असल में, मैं इस शहर को छोड़कर एक अर्से तक बाहर रहा। इलाहाबाद, बम्बई, कलकत्ता और फिर गाँव··· ।"

"लेकिन, पिछले तीन साल से तो आप लगातार इसी शहर में हैं। और, हम लोग चार वर्ष तीन महीने के बाद यानी जेल से रिहा होने के बाद से बराबर यहीं हैं।"

मैंने बात को टालने की कोशिश की–"तुम तो एकदम बदल गयी हो रामरति !"

वह फिर हँसी–"बदल गयी हूँ ? बदलकर एकदम आपकी हीराबाई जैसी हो गयी हूँ क्या ? हा-हा-हा··· ।"

मैं अपनी हँसी को जब्त नहीं रख सका। वह बोली–"कहाँ बदली हूँ ! जैसी-की-तैसी हूँ ! काली-कलूटी। आपने लिखा था न··· ।"

"नहीं, मुझे याद है कि मैंने तुमको कभी काली-कलूटी नहीं लिखा। साँवली-सलोनी··· ।"

"एक ही बात है। आपने लिखा था–'रामरति हमेशा खरी बात बोलती है, किसी को भली लगे या बुरी। लेकिन, उसे शराबी का बहुत डर है'··· ।"

"घबराओ मत, मैंने छोड़ रखी है।"

"मुझे पता है। वरना रात के वक्त क्या, कभी दिन में भी आपके साथ रिक्शा में बैठने की हिम्मत नहीं करती।"

"लेकिन तुमने कैसे जाना··· ?"

"देखिए अजीत भाई ! कहने को आपको भाईजी कहती हूँ। लेकिन, हमें कहना चाहिए–सिरजनहारजी, पिताजी। अपने स्रष्टा को हम कैसे भूल सकते हैं ?"

"किन्तु, बेला गुप्त ने मुझे छला है··· ।"

"सुनिए अजीत भाई ! मैं जानती हूँ, 'खगड़ा-मंजिल' से लेकर किशनगंज, फिर पेशावर के प्रसिद्ध होटल का चक्कर आप लगा आये थे। आपके ही शब्दों में, आपने उस 'दीपकली' के प्रकाश में बैठकर बड़ी-बड़ी आशाएँ पाल रखी थीं। लेकिन, खिली दीपकली बेला गुप्त अचानक बुझ गयी, आप निराश हो गये और आपका

उपन्यास असफल हो गया। यही है न आपका अभियोग ? किन्तु, बेला गुप्त बुझ नहीं गयी है। अगर वह दीपकली थी तो आज उसकी निष्कम्प लौ आँधी-तूफान में निर्भय चित्त··· ।"

मैंने टोका–"तुम लिखती भी हो ? मतलब, कविता-कहानी··· ?"

रामरति बोली–"आप जो चाहें बना दें। मगर, आपने अब तक जो कुछ भी बनाया है, मैं उसकी बात कर रही हूँ। बेला दीदी ने आपके उपन्यास को अप्रत्याशित ढंग से असफल नहीं बनाया। आप कहानी पूरी होने तक सब्र नहीं कर सके–यह मेरी राय है, आपकी प्रधान नायिका बेला गुप्त की नहीं।"

"उसकी क्या राय है ?"

"वह आप स्वयं जाकर क्यों नहीं जान लेते ? मैं इससे ज्यादा नहीं बताऊँगी कि बेला दीदी इसी शहर की बेली रोड के 'नूक' नाम के बँगले में रहती है।"

बुद्धमूर्ति के पास रिक्शाचालक ने रिक्शा रोक दिया। मैंने पूछा–"तुम अब उसके साथ नहीं रहतीं ?"

"अजीत भाईजी, मुझे जिसके साथ रहना चाहिए, रह रही हूँ।"

"अर्थात्, तुम्हारे पतिदेव ने भी शराब छोड़ दी··· ?"–मैंने रिक्शा से नीचे उतरते हुए पूछा।

रामरति इस तरह ठठाकर हँस पड़ी कि मैं डर गया। रात के ग्यारह बजे, बुद्धमूर्ति के पास किसी औरत का इस तरह ठठाकर हँसना !

"मेरी माँ–मुनिया–मरी नही है। लेकिन, आपने उनके बारे में कुछ नहीं पूछा।"

"अरे ! मैं तो भूल ही गया। कैसी है तुम्हारी माँ ?"

"मैंने कहा न, मरी नहीं है। आप पहले अपनी प्रधान नायिका की सुधि तो लीजिए, फिर सुखमय घोष से लेकर तारा, कुन्ती··· ।"

मैं डरा, रामरति फिर अस्वाभाविक ढंग से हँस न पड़े। मेरे हाथ स्वयं जुड़ गये, जिसका एक अर्थ विदा-सम्भाषण और दूसरा मतलब क्षमा-निवेदन भी था। रिक्शाचालक ने पैडिल पर पाँव रखा। रामरति ने रोक दिया–"एक मिनट रुको !"

वह मेरे करीब आ गयी और मुझसे सटकर बोली–"बेला दी ने आपको चरण छूकर नमस्कार किया था। मुझे आपकी चरणधूलि की कतई जरूरत नहीं थी। लेकिन, आपने हम पर अभियोग लगाकर जिस अवस्था में छोड़ दिया है उसके निस्तार के लिए आपके पैर पकड़कर प्रार्थना भी कर सकती हूँ–दुहाई ! हमें इस कैदखाने से निकालिए आप। कलंक-मुक्त कीजिए हमें। दुनिया हमें हमेशा गालियाँ देती रहेगी कि हमने मिल-जुलकर आपके उपन्यास को असफल किया है।"

रामरति सचमुच मेरा पैर पकड़कर इस तरह बैठ गयी जैसे मेले में आयी हुई कोई 'बहुरिया' अपने बाप से मिलते ही पैर पकड़कर बैठ जाती है और रोने लगती है। मुझे लगा, रामरति भी सुर में गा-गाकर उसी तरह रो पड़ेगी। मैंने कहा–"ठीक है।··· वचन देता हूँ !··· कसम खाता हूँ। तीसरी नहीं, चौथी ! अब उठो··· ।"

"नहीं, मैं 'तिरिया-चलित्तर' का खेला नहीं कह रही। जो कुछ भी कह रही हूँ, बहुत दर्द से कह रही हूँ।"

रामरति चली गयी तो बहुत देर तक मैं बुद्धमूर्ति के पास खड़ा होकर सोचता रहा, 'डाकिन-पिशाचिन' नहीं, यह मेरी ही रची हुई रामरति थी।

डेरे पर लौटकर मैंने अनुभव किया, मेरा मन बहुत अशान्त है। मन के किसी कोने में रामरति की प्रार्थना बार-बार गूँजती रही–'हमें कलंक-मुक्त कीजिए !'

अन्ततः रात के तीसरे पहर मैंने ढूँढ़कर एक पुरानी फाइल निकाली और 'स्टेट बनाम बेला गुप्त वगैरह' वाले मामले की पूरी 'केस हिस्ट्री' का अध्ययन करता रहा। मन के पर्दे पर, दस साल पहले की घटनाएँ उभरने लगीं, 'फ्लैश बैक'··· गणपतसिंह लेन स्थित 'खगड़ा-मंजिल' उर्फ 'वर्किंग-विमेन्स होस्टल'··· !!

वर्किंग-विमेन्स होस्टल का फाटक ग्यारह बजे रात में अस्वाभाविक ढंग से ढनढना उठा।··· नहीं, जानवर नहीं, कोई आदमी ही फाटक पीट रहा है। ढन-ढन, ढन-ढन··· !

गली की स्वान-मण्डली ने एक स्वर से इस हरकत का विरोध किया। तब, फाटक पर रुकी स्टेशन-वैगन का एक हार्न बजने लगा। कुत्ते और भी झुँझलाए।

"खो-लो-ओ-ओ !'–फाटक पीटनेवाले की फटी हुई आवाज कुत्तों के कलरव में डूब-डूब जाती थी। और, अन्तर से आता हुआ पतला जवाब, फाटक की ढनढनाहट में जाने कहाँ खो जाता–'के-है-ए-ए ?'

··· खो-लो-ओ-ओ ! ढन-ढन-ढन-ढन ! कें-कें-कें-कें ! भौं-भौं ! के-है-ए-ए ?–कई मिनटों तक इसी ताल पर सबकुछ होता रहा।

बूढ़ी मुनिया दाई ने फाटक खोलकर पूछा–"के है एत्ती बेर ?"

मुनिया ने बड़ी मेम साहब के ड्राइवर का चेहरा देखा और चिहुँक पड़ी–एं ? इसके बाद गाड़ी से उतरती हुई बड़ी मेमसाहब को देख उसकी धुकधुकी तेज हो गयी, कलेजे की।···

कलेजा धुकधुका देनेवाली ही बात है। बड़ी मेम साहब ने मुनिया का सलाम नहीं कबूल किया। अहाते के अन्दर पैर रखते ही लगा, बड़ी मेम अब धरती पर पैर नहीं रखेगी–क्यों री बुड्ढी ! क्या समझ लिया है ? हराम का पैसा खाती है और शाम को ही सो जाती है ? ठहरो, सबको, एक-एक कर खलास करवाती हूँ। तुम्हारी बेटी कहाँ है ? चलो, बेला मिस साहेब को जगाओ–नहीं, पहले औफिस खोलो। रोशनी जलाओ।··· सबको खलास करवाती हूँ–देखना।

बूढ़ी मुनिया अँधेरे में दौड़कर चलने लगी और किसी चीज से टकराकर गिरी। बड़ी मेम ने झिड़की दी–'अन्धी है क्या तू ?'

मुनिया दफ्तर के बरामदे में गयी। लेकिन, बड़ी मेम साहब अँधेरे में ही बेला मेम साहब के क्वार्टर की ओर बढ़ गयी। मुनिया की आँखों के आगे सैकड़ों जुगनू उड़ने लगे। क्या हुआ है बड़ी मेम साहब को ? गुस्से से 'जल-जल' क्यों कर रही है ?

किन्तु, बेला मेम साहब के बरामदे में सोई हुई, बूढ़ी मुनिया की जवान बेटी रामरति ने बड़ी मेम को देखते ही सबकुछ भाँप लिया। वह 'कपटखाँसी' खाँसती हुई उठी। सलाम करने का मौका भी तो मिले।··· बज्जात ! नमकहराम सब। क्यों रे, तुम माँ-बेटी ने क्या समझ लिया ? बाप की जमींदारी है ? हराम का पैसा खाती है और शाम को ही सो जाती है ? ठहरो, सबको खलास करवाती हूँ।··· कहाँ है तुम्हारी मेम साहब ? बुलाओ !

मिस बेला गुप्त बिना बुलाये ही बाहर आ गयी–नमस···।

–सुनो बेला, मैं तुमसे साफ-साफ पूछने आयी हूँ कि तुम क्या चाहती हो ? अभी जानना चाहती हूँ–अभी-ई-ई। समझीं ?

बड़ी मेम अर्थात् श्रीमती ज्योत्स्ना आनन्द एक-एक शब्द को चुभलाती हुई बोली–बोलो ना क्कुमारी बेल्ला रान्नी गुप्ता ! तुम विमेन्स वेलफेयर बोर्ड की सेक्रेटरी होना चाहती हो ?

–ज्योति दी···।

बेला गुप्त इसके आगे कुछ नहीं बोल सकी। श्रीमती ज्योत्स्ना आनन्द तड़प उठी–मैं किसी की दीदी या मौसी नहीं। आइ हेट !··· मैं पूछने आई हूँ कि अब तुमसे हुक्म लेकर काम करना पड़ेगा ? मैं तुम्हारी नौकरानी हूँ ?

रामरति बरामदे में कुर्सी रख गयी। ज्योत्स्ना आनन्द ने कुर्सी को खींचकर एक ओर कर दिया–खड़-र-र-र !!

होस्टल के कमरों की रोशनी एक-एक कर जलने लगी।

मिस बेला गुप्त को हँसी आ गयी।··· क्यों क्कुमारी बेल्ला रानी ? ऐसी भीषण मुखमुद्रा ? वह बोली–जी, नौकरानी हम हैं। कहिए हमसे क्या गलती हुई ?

–बड़ी भोली बनी है ! गलती क्या हुई, पूछती है ! बच्ची बनती है ! मैं पूछती हूँ कि मेरा घर क्या है ? बोलो, क्या है मेरा घर ? शराबियों और जुआड़ियों का अड्डा ?

–किसने कहा है आपके घर को शराबियों का अड्डा··· ?

–किसने कहा है ? तुमने कहा है और तुम्हारी इस महारानी-नौकरानी ने कहा है।··· क्यों री रामरतिया ! तुम्हारी जीभ बहुत लम्बी हो गयी है ? ठहरो, सबको खलास करती हूँ।

श्रीमती आनन्द दाँत पीसने लगीं।

बेला गुप्त ने कहा–देखिए, ज्योत्स्नादि···।

–फिर ज्योत्स्नादि ?

बेला गम्भीर हो गयी। बोली–एक वर्ष की आदत अभी··· इतनी जल्दी कैसे

छूटेगी ?

—मैं जानना चाहती हूँ ! श्रीमती आनन्द पर रह-रहकर गुस्से का दौरा आता है, मानो—जवाब दो, अंजू-मंजू को मेरी कोठी पर आने की छुट्टी तुमने क्यों नहीं दी ? गाड़ी क्यों लौट गयी वापस ?

बेला गुप्त ने जवाब दिया—सेक्रेटरी साहिबा, मुझे क्षमा करें—मैं होस्टल के नियम के विरुद्ध कोई छुट्टी नहीं दे सकती किसी को। आप नियम में संशोधन कर दीजिए। फिर, जिसको जब कहिए छुट्टी दे दूँगी।··· और, आप क्लर्क को, अंजू-मंजू के पास दिन में पाँच बार इस तरह न भेजा करें तो अच्छा···।

श्रीमती आनन्द ने बेला गुप्त को इस तरह देखा मानो अभी निगल जायेगी—बड़ी नियमवाली बनी है ! तुम कोई नियम नहीं तोड़ती ?

—नहीं।

—नहीं ?

—तुम रात में देर तक शहर में चक्कर नहीं मारती हो ?

इस प्रश्न पर रामरति ने दाँत-पर-दाँत बैठाकर सिहरने की मुद्रा बनायी। अर्थात् झूठ की भी सीमा होती है।

बेला ने लम्बी साँस लेकर कहा—मुझे शहर में चक्कर लगाने की छुट्टी कहाँ ?

—मिल जायेगी छुट्टी, घबराओ नहीं। तुम होस्टल की दाइयों से अपना काम क्यों करवाती हो ? मिल्क-सेण्टर के चूल्हे पर तुम्हारा खाना नहीं पकता है ? बोलो ! ये दोनों माँ-बेटी तुम्हारी दाई-बाँदी नहीं—सरकारी दाई हैं। समझी !

इस बार बेला गुप्त चुप हो गयी। किन्तु, बोली बढ़कर रामरति—ईह, बाप रे बाप ! एतना अन्याई बात ? दूधवाले चूल्हे पर तो मेमसाहब की चाय की केतली भी नहीं चढ़ती है, कभी। हः-हः एतना अन्धेर··· ?

—तू चुप रह बज्जात ! मुँह लगती है ! जबान लड़ाती है मुँह पर ! ठीक है, सबको खलास करती हूँ।

रामरति बोली—जरूर बर्खास कीजिए। गलती करेंगे तो एक बार नहीं एक सौ बार बर्खास कीजिए। मगर, किसी की देह पर झूठा अकलंग···।

बेला गुप्त ने कहा—रामरति ! बक-बक मत कर।

बेला गुप्त अपने कमरे में चली गयी··· होस्टल ही नहीं, पास की गली में भी लोग जग गये हैं। श्रीमती आनन्द स्वर के चढ़ाव-उतार पर कुत्ते भूँकते और चुप होते हैं। जब वह रामरति को डाँटती और धमकाती है, गली और फाटक पर एकत्र कुत्ते एकसाथ भूँकने लगते हैं।

··· अच्छा ! तुम्हारी इतनी हिम्मत ? मुँह फिराकर कमरे में चली गयी ? परवाह ही नहीं करती ?··· ठीक है, कागज-कलम से बात करना चाहती है। अब कागज-कलम से ही बात की जायेगी।

—अब्दुल !

अब्दुल ने गाड़ी का दरवाजा खोल दिया। श्रीमती आनन्द गाड़ी में जा बैठी।

किन्तु, अब्दुल होस्टल के खुले फाटक की ओर देखता रहा··· नहीं, अब और कोई नहीं आ रही।

गाड़ी स्टार्ट होने के पहले ही होस्टल का फाटक सशब्द बन्द हो गया।

श्रीमती आनन्द दाँत पीसकर कुछ बड़बड़ायी। इंजन की घरघराहट में कुछ सुनायी नहीं पड़ा।

कुत्ते अंतिम बार भूँककर चुप हो गये।

श्रीमती आनन्द का गर्जन-तर्जन सुनकर, होस्टल के सभी कमरों में रोशनी जल गयी थी। बेला गुप्त ने मुनिया को पुकारकर कहा–मुनिया-या-या ! रोशनी बन्द करने कहो दीदीजी लोगों को !

बेला गुप्त के ऐसे आदेशों का पालन करने के लिए मुनिया को दुमंजिले की सीढ़ियों पर नहीं चढ़ना पड़ता। बेला गुप्त, मुनिया को पुकारती है और रोशनियाँ बुझ जाती हैं, एक-एक कर।

आज भी ऐसा ही हुआ। एक कमरे को छोड़कर बाकी सभी कमरों की रोशनी बन्द हो गयी।

··· अन्नपूर्णा पढ़ रही है। कल से ही उसकी परीक्षा है।

··· रामरति कहाँ गयी ? चुड़ैल, होस्टल में समाचार प्रसारित करने गयी होगी। अभी एकाध घण्टे तक होस्टल के बोर्डरों की बैठकी होगी।

बेला गुप्त बिछावन पर लेट गयी। सारी देह झनझना रही है। दिसम्बर की सर्दी में भी चादर भारी लग रही है।··· अच्छा, मिसेज आनन्द जब गुस्साती हैं तो इनके 'केनाइन टुथ' इस तरह बाहर क्यों निकल आते हैं ? ठीक मछुआ टोली की गोरी मछुआइन-जैसी उँगलियाँ नचाती हैं !

दीदीजी ! –रामरति होस्टल का चक्कर लगा आयी, शायद। बेला गुप्त ने कोई जवाब नहीं दिया।

रामरति जानती है, दीदी सोयी नहीं हैं। कथरी ओढ़ती हुई वह बोली–अरे बाप ! बड़ी मेम तो आज मार-पीट करने आयी थी जैसे···।

बेला गुप्त ने इस बार भी कोई उत्तर नहीं दिया तो रामरति अपने-आप बड़बड़ाने लगी–सबको आँख दिखाकर डरावें, रामरति किसी से नहीं डरती। बोलना नहीं जानती है तो क्यों बोलती है कोई बात ? खलास-खलास बोलते जरा लाज भी आये इस 'बूढ़ी मौगी' को ! 'जिनगी' भर खलास करवाती रही है इसलिए खलास नहीं भूलती है।··· रामरतिया को न बाघ का डर, न भूत का भय–रामरतिया सिर्फ 'मनुस पीटना' से डरती है।···

बेला गुप्त को हँसी आ गयी। रामरति के मुँह से यह 'मनुस पीटना' का चुटकुला सुन चुकी है।

रामरति कम्बल पर लेटी बड़बड़ाती रही–हूँ ! आज न बनी है बड़ी मेम–रमला दीदी का मुकाबला करने चली है। सौ जनम में भी रमला दीदी का 'परतल' नहीं

कर सकेगी।···

फिर जम्हाई लेती बोली–हँ-हँ, ख-ला-स, खलास-स् बड़ी आयी है खलास करनेवाली।

एक का घण्टा बजा या साढ़े बारह ?

··· अन्नपूर्णा के कमरे की रोशनी भी बुझ गयी। दो-तीन बार खाँसने के बाद रामरति सो गयी।

सन्नाटा !··· अब बेला गुप्त के मन का बाँध हहराकर टूट गया। बहुत दिनों के बाद, दिल को चकनाचूर कर देनेवाली चोट लगी है, फिर।··· प्रत्येक आघात को, जीवन में–इसी तरह छुप-छुपकर, रो-रोकर–सहा है, बेला ने।

··· पिछले सप्ताह से ही नहीं, मिसेज आनन्द बहुत दिनों से उस पर नाराज हैं। रमला मौसी के समय से ही। जब से बोर्ड की सदस्या हुईं, हर बैठक में मिसेज आनन्द बेला गुप्त के कार्यों की, कोई-न-कोई त्रुटि निकालती रहीं। और, रमला मौसी की मृत्यु के बाद सेक्रेटरी हुई हैं, तब से बेला गुप्त के पीछे पड़ी हुई हैं।

··· आज यदि रमला मौसी होती तो बेला अभी दौड़ी जाती किचनर रोड–सीधे। सबकुछ सुनकर मौसी कहती–इस तरह टूट जानेवाली लड़कियों को समाज-सेवा का कोई व्रत नहीं लेना चाहिए। तुम यह क्यों भूल जाती हो कि तुम लड़ाई के मैदान में खड़ी हो। लड़ना है। कष्ट भोगना ही नहीं–मर जाना है यहीं··· !

बेला भोग रही है कष्ट। लेकिन, रमला मौसी के बिना कष्ट को झेलने की क्षमता बेला में नहीं।··· मौसी ! तुम थीं–सारे आघातों और आक्रमणों को अपनी देह पर ओढ़ लेती थीं।··· आज तो चाबुक से पीट गयी मिसेज आनन्द···

बेला गुप्त के मन में बसी रमला मौसी हँसी–बेली ! एक बार, 'सिस्टर निवेदिता' के पृष्ठों को खोलकर पढ़ो !

··· मौसी, रखो अपना यह सर्व-दर्दहर ग्रन्थ !

··· गले में कण्ठी, ललाट पर टीका ! सिस्टर निवेदिता की मूर्ति बेला गुप्ता की सजल आँखों में उतर आती है···

And the majesty of the soul comes forth
Only when someone is wounded to his depths.

घायल बेला सो गयी।

श्रीमती आनन्द रात-भर छटपटाती रही, मछली की तरह।

··· देखना है इस बेला गुप्त को ! गुप्त से प्रकट करके छोड़ेगी श्रीमती आनन्द। लेकिन··· कैसे क्या किया जाये ? बोर्ड के अधिकांश सदस्यों की बद्धमूल धारणा है कि बेला गुप्त-जैसी संगठन करनेवाली या व्यवस्थापिका–किसी संस्था में नहीं।

··· हूँ ! दूध की धोई है, बेला। बेला के गोरे गाल पर काला 'मासा' जो है। सभी बूढ़ों की आँखें उसके गाल पर ही अटक जाती हैं··· इन भूखे और खपे हुए बूढ़ों को क्या मालूम कि उनकी बेला दूध की धोई नहीं–न जाने कितनों के साथ सोयी

है !

··· हुँह ! कुमारी, बेला कुमारी !! कुमारी हो या बेवा, पुरुष के साथ वह जरूर सोयी है। श्रीमती आनन्द की आँखें इस मामले में धोखा नहीं खा सकतीं।

श्रीमती आनन्द की कोठी पर एक छोटी-सी पार्टी थी। दिल्ली से मिस्टर आनन्द के कई मित्र आये थे, एक 'ऑडिट-पार्टी' में। श्रीमती आनन्द ने होस्टल से अंजू और मंजू को 'लोकगीत' गाने के लिए बुलाया था। मेहमानों को उन्होंने निमंत्रित करते हुए कहा था–बिहार का लोकगीत सुनिएगा तो बिहार से वापस जाने का जी नहीं करेगा।

प्रधान अतिथि मिस्टर नाथ ने अपनी रसिकता का परिचय देते हुए कहा था–मिसेज आनन्द ! एक तो यों ही हमारा मन डगमगा रहा है, लोकनृत्य या गीत दिखलाइएगा-सुनाइयेगा तो हमारा बिस्तर ह-ह-ह-ह !!

इसलिए, आज आते ही मिस्टर नाथ ने श्रीमती आनन्द को याद दिलाया–बिस्तर बिछवाने का इरादा है क्या ?

श्रीमती आनन्द ने किशोरी कन्या की तरह जीभ काटकर लज्जित होने का सफल अभिनय किया।

–क्योंकि गीत सुनने के बाद तो बिस्तर बिछाना भी भूल जाऊँगा।

भोजन के पूर्व 'पान' का छोटा-सा आयोजन था।

गिलास टकराते समय भी बिस्तर की चर्चा हुई–चियर्स फॉर बिस्तर··· !

एक घूँट लेने के बाद मेहमानों की बातचीत का प्रसंग स्थानीय राजनीतिक दंगल की ओर मुड़ा। श्रीमती आनन्द ने अपने ड्राइवर अब्दुल को बुलाकर कहा–गाड़ी लेकर जाओ। होस्टल से अंजू-मंजू को तुरन्त ले आओ। जल्दी··· !

दो दौर के दर्म्यान बात घूमकर फिर किसी लड़की या महिला पर आ गयी थी। महिला के बाद 'बाँकीपुर-प्रिंस' 'फिश-फ्राइ' की विशेषताओं पर बातें हुईं, कुछ देर तक। इस बीच जब-जब श्रीमती आनन्द कमरे में आयी, मिस्टर नाथ ने उत्फुल्ल होकर पूछा–क्यों मिसेज आनन्द, आ गयी आपकी दोनों फौक्सी ?

–फौक्सी ?

··· हा हा हा हा हा हा हा !

हर बार श्रीमती आनन्द ने लाज से गड़ जाने का अभिनय किया। मिस्टर आनन्द बार-बार कहते–कोई बात नहीं ज्योति !··· डैट्स-आड्डा ! हा-हा फौक्सी !!

–अरे मँगाइए जल्दी, वर्ना गीत सुनने के पहले ही यहाँ सब सो जायेंगे।

–आ गयी ! आ गयी !

गाड़ी आयी। सभी चुप हो गये।··· आ गयी फौक्सी ?

श्रीमती आनन्द बरामदे में गयी। बाहर की रोशनी जल उठी।

–क्यों, क्या हुआ ?

–बेला मेम साहब ने छुट्टी नहीं दी।

–छुट्टी नहीं दी ? क्या बकता है ! तुमने कहा नहीं कि बड़ी मेम साहब ने

बुलाया है ?

—सबकुछ कहकर हार गया मेम साहब ! मगर वह तो इस तरह बात कर रही थीं जैसे··· ।

—ठीक है। चुप रहो। मैं जानती थी, औरतों के सामने तुम्हारे मुँह से बोली ही नहीं निकलती।

हमेशा बे-बात की बात बतिआनेवाले अब्दुल को इस बात की आँच लगी। बोला—हजूर, अब क्या बतावें। जैसे ही मैंने कहा कि कोठी पर पाटी है कि चिढ़कर बोलीं—अंजू और मंजू नहीं जायेंगी। मैंने कहा कि एकदम 'अरजण्टी बुलाहट' है तो··· ऐसा जवाब दिया कि अब क्या बतावें।

—ठीक है। बताने की जरूरत नहीं। मैं जानती हूँ।

—उनको यकीन ही नहीं हुआ कि मेम साहब बुलाती हैं। बार-बार पूछती रहीं—मेम साहब ने नहीं, बुलाया है तुम्हारे साहब ने।··· और वह ससुरी रमरतिया तो अलगे कूद रही थी।

मिस्टर आनन्द ने अन्दर से पुकारा—क्यों ज्योति ! क्या हुआ ?

श्रीमती आनन्द के कानों के पास बेला गुप्त की बोली गूँज रही थी··· मेम साहब ने नहीं, बुलाया है तुम्हारे साहब ने।

—नहीं आयी !

—हाय-हाय !!

—अब बिस्तर का क्या होगा मिसेज··· ?

मिस्टर आनन्द ने बात ताड़ ली—ज्योति ! इस बेला गुप्त के बारे में मैंने तुमसे पहले ही कहा था। यह ट्रबल देगी तुमको, मैं जानता था। मैं कहता हूँ गेट रिड ऑफ दीज गुप्ताज मुखर्जीज चौधरीज।··· वह एक रोग है तुम्हारे बोर्ड का। नारसिसस !

एकमात्र नौजवान मेहमान मि. बागे, जो अब तक चुपचाप मुस्करा रहा था, बोला—मैं परसताब करता हूँ कि हम यहाँ से उठकर सीधे चलें और उस संगदिल बेला गुप्त के दर के सामने बिस्तर बिछाकर आरजू पूरी करें··· ।

—हम तो लोकगीत सुनकर ही यहाँ से उठेंगे।

—श्रीमती ज्योत्स्ना देवीजी हमें कल से ही ललचा रही थीं।

मिस्टर आनन्द ने अपनी गंजी खोपड़ी पर एक बार हाथ फेर लिया। फिर, इधर-उधर देखकर उसने सूचना दी—आप लोगों को शायद यह नहीं मालूम कि ज्योति खुद बढ़िया लोकगीत गा लेती है।

—अच्छा ! प्रायः सभी मेहमानों ने एकसाथ आश्चर्य प्रकट किया—तब क्या जरूरत थी फौक्सी लड़कियों की ?

—शुरू हो जाय भाभी। बागे मोढ़े पर आ बैठा।

श्रीमती आनन्द के पास बागे को इस तरह बैठते देखकर सभी को हँसी आयी। मिस्टर आनन्द ने कहा—ज्योति ! डार्लिंग··· देरी हो रही है। शुरू कर दो··· ।

मिस्टर आनन्द ने स्वयं गुनगुनाना शुरू किया—अरे, सोने की थाली में जेवना

परोसी··· अजी हाँ··· सोने की थाली में भोज··· ना-परो-ओ-ओ-सी राम–हाय ! खाये ना मोरे राजा मैं क्या करूँ राम···

–जेवना या जोवना ?

हहहहहहह ! हहहहहहह !!··· श्रीमती आनन्द नहीं हँसी इस बार।

मेहमानों को खिला-पिलाकर विदा करने के बाद श्रीमती आनन्द ने अब्दुल को पुकारा। ग्यारह बजे रात में–सीधे होस्टल गयी, गुस्से में चूर–!

और, बारह बजे रात में लौटी तो गुस्से से उबल रही थी। दरबान जगा हुआ था। फिर भी उसे झिड़की सुननी पड़ी–इस तरह फाटक खोलकर बैठा क्यों हैं ?

सीढ़ी पर पैर रखते ही मिस्टर आनन्द के खर्राटे की आवाज कान में पड़ी। उबलता-सुलगता हुआ मन धधक उठा। श्रीमती आनन्द ने जोर से दरवाजा खोला और बन्द किया। मिस्टर आनन्द के खर्राटे का लय भंग नहीं हुआ। किन्तु पलँग पर पड़ी हुई, अपने पति की धनुषाकार काया को वह नाक सिकोड़कर देखती रही।··· अस्त-व्यस्त पाजामा, रक्तहीन सूखी टाँगें–दो ओर छिटकी हुई, पोपला मुँह खुला हुआ, गंजी खोपड़ी पर–ठीक ब्रह्मतालु के पास गिने-चुने दो-चार सुफेद केश !!

ड्रेसिंग-टेबुल के आइने में अपनी प्रतिच्छवि पर दृष्टि पड़ी और श्रीमती आनन्द ने अपने ललाट पर लटकते हुए घुँघराले केशगुच्छ को उँगलियों से हटाने की चेष्टा की।··· बेला गुप्त को अपने सुन्दर स्वास्थ्य और देह की गढ़न का अभिमान है। उम्र कम नहीं बेला गुप्त की। श्रीमती आनन्द से छोटी तो किसी भी हालत में नहीं हो सकती है, वह।··· मिस्टर बागे ने आज दिल्लगी में ही बड़ी बात कह दी है–भाभी, बंगालिनों में सबकुछ हो, किन्तु चेहरे पर दक्षिणी लावण्य वे कहाँ से लावेंगी ? आपको देखकर मुझे दक्षिण के मन्दिरों की याद आती है।··· शैतान है बागे !··· इन्हीं 'वक्षगण्डों' के कारण श्रीमती आनन्द को सदा लज्जित होना पड़ता है। बागे की नजर शुरू से अन्त तक श्रीमती आनन्द की छातियों पर ही थी। बार-बार उस तरह टाई के नॉट को क्यों छूता था ? असभ्य है, बागे ! छिः-छिः, उसकी देह में सिर्फ यही अंग इतना अश्लील-स्थूल क्यों है ?··· उस दिन सब्जी बाग में बूढ़े फलवाले के जवान बेटे ने श्रीमती आनन्द को देखकर ही आवाज लगायी थी–लेते जाना, लेते जाना, राँची के पपीते खाते जाना, लेते जाना–आठ-आठ आना !!

ड्रेसिंग-टेबुल के पास ही तिपाई पर रखी कटोरी में तरल सुफेद लोशन में रखे हुए दाँतों के सेट ! श्रीमती आनन्द के पति की परिचित हँसी का पथराया टुकड़ा–हि-हि-हि-हि !!

हि-हि-हि-हि-डार्लिंग, मैं तुम्हारा दूध-पीता बच्चा हूँ।

हि-हि-हि-हि-ज्योति–ये फ्लावर ऑफ फ्लेश··· !!

श्रीमती ज्योत्स्ना आनन्द रात-भर जगी रही।

बाँकीपुर की समाज-सेवी संस्थाओं में 'विमेन्स वेलफेयर बोर्ड' की बड़ी प्रतिष्ठा है। स्थानीय पत्रों में इसके कार्यक्रम और गतिविधियों के सचित्र संवाद छपते रहते हैं। राज्य के मुख्यमन्त्री बोर्ड के प्रेसिडेण्ट हैं। वाइस-प्रेसिडेण्ट लेडी सलाम के अलावा बोर्ड की 'कमिटी' में बारह महिला-सदस्य हैं। पुरुष-सदस्यों में–हाईकोर्ट के एक रिटायर्ड जज, दो वकील और स्त्री-रोग के पुराने विशेषज्ञ वृद्ध डाक्टर दूबे के नाम उल्लेखनीय हैं।

इसकी अधिकांश सदस्याओं को यहाँ के किसी भी सांस्कृतिक अथवा सरकारी उत्सव में–प्रथम पंक्ति की कुर्सियों पर देखा जा सकता है।··· हाथ में बड़ा बटुआ लटकाए कोकिल दीदी–शिशु-संसार नामक विद्यालय की संचालिका हैं। वह हैं लेडी सलाम। वह कोई बंगालिन नहीं, मिस हफीजा सलाम हैं, फर्राटे से बंगला बोलती हैं।··· पाटलिपुत्र महिला कालेज की प्रिंसिपल मिस रोजी वर्गिस। जेनरल हॉस्पिटल की मेट्रन टुडु। श्यामा सान्याल (बैरिस्टर डी, सान्याल के प्रथम पक्ष की पुत्री), नमिता घोषाल, मिसेज दूबे, बन्दना वर्मा, भुवनमोहिनी, मिश्रा, मिस कुजूर, मिसेज केरकेटा और ब्रह्मा कुमारी, मिस सत्य पाल !···

वेलफेयर बोर्ड की ओर से हर साल–बेबी-शो, महिला-शिल्प मेला, फ्लावर शो के आयोजन किये जाते हैं।

पिछले चार-पाँच वर्षों से विमेन्स वेलफेयर बोर्ड के तत्त्वावधान में एक वर्किंग-विमेन्स होस्टल चलाया जा रहा है। नवाब खगड़ा के विशाल 'खगड़ा-मंजिल' में ही होस्टल, मेटेरनिटी सेण्टर, शिल्प-केन्द्र और मिल्कसेण्टर हैं। सभी संस्थाओं का संचालन विमेन्स वेलफेयर बोर्ड द्वारा होता है।

मिस बेला गुप्त, होस्टल की सुपरिण्टेण्डेण्ट ही नहीं–इन सभी संस्थाओं की 'केयर टेकर' है।

मेटेरनिटी सेण्टर का फाटक पच्छिम ओर है (नवाब खगड़ा की अन्दर हवेली का फाटक !), किन्तु, हेल्थ विजिटर रात में 'कॉल' पर जाती हैं तो मिस गुप्त को सूचित करना पड़ता है। रजिस्टर में खानापूरी करनी पड़ती है। शिल्प-केन्द्र की अध्यापिका मिस बेला गुप्त के 'द्वारा' ही कोई आवेदन-पत्र भेज सकती हैं।

होस्टल में, नौकरी करनेवाली महिलाएँ ही रहती हैं।··· लेडी-टाइपिस्ट, टेलीफोन में काम करनेवाली, खादी प्रतिष्ठान की सेल्स-गर्ल, नर्स, महिला गाइड, प्रोफेसर, अध्यापिका और रेडियो स्टेशन की लेडी अनाउन्सर ! हर साल तीन-चार सीट की बढ़ोत्तरी की जाती है, फिर भी दर्जनों आवेदन-पत्र लौटते हैं–स्थानाभाव के कारण।

होस्टल के नियम-कानून वही हैं जो ऐसे होस्टल में होते हैं। पर, इस होस्टल में रहने के लिए कई विशेष नियमों को मानना आवश्यक है।··· बोर्ड ने, राजनीतिक पार्टी में काम करनेवाली महिला को 'वर्किंग-विमेन' की मान्यता नहीं दी है। मिसेज रमला बनर्जी हँसकर कहा करती–सिर्फ 'वर्किंग-विमेन' को सँभालना ही तो एक

कठिन व्यापार है–तिस पर पोलिटिकल पार्टी की औरत !... बाबा ! तब तो किसी 'महाभैरवी' को इस होस्टल का चार्ज देना होगा !

मिसेज रमला बनर्जी–बाँकीपुर शहर की मौसी !

करीब तीन वर्षों तक यह संस्था, इसके कार्यक्रमों की परिकल्पना, मिसेज रमला बनर्जी के हैण्डबैग में ही रही। पूरा समय देकर काम करनेवाली योग्य कार्यकर्त्री के अभाव में वह हाथ-पर-हाथ धरकर बैठी नहीं थी। बैठक, प्रस्ताव और कोष जमा करने के लिए चेरिटी-शो का 'जोगाड़' लगाती फिरती। जिससे मिलती, बस बोर्ड की ही बातें करती। और, अथक परिश्रम के बाद एक दिन उसकी कल्पना साकार हुई !

इसलिए, इस संस्था का परिचय देते समय स्वर्गीय मिसेज रमला बनर्जी के सम्बन्ध में कुछ कहना आवश्यक हो जाता है।

1936 की बात है।

राज्य के कांग्रेसी स्वास्थ्य मन्त्री ने बाँकीपुर मेडीकल कॉलेज की नर्सेज सेलेक्शन कमिटी की सदस्यता के लिए एक महिला सदस्य का नाम प्रस्तावित किया। कमिटी के सदस्यों को अचरज हुआ था।... कौन है यह मिसेज रमला बनर्जी ? कोई कांग्रेसी महिला है क्या ?

स्वास्थ्य मन्त्री ने, मिसेज बनर्जी का परिचय देते हुए संक्षिप्त भाषण ही दे दिया था–बाँकीपुर के बैरिस्टर श्री नगेन्द्र बनर्जी की पत्नी को मैं उस समय से जानता हूँ, जब वह भागलपुर कॉलेज में पढ़ती थी। खेलकूद से लेकर समाज-सेवा और सार्वजनिक कार्यक्रमों में धूम मचानेवाली मिस रमला चटर्जी को लोग भूल गये हैं।... 1934 के भूकम्प-पीड़ितों की सेवा के लिए स्वयं राजेन्द्र बाबू ने जिसकी भूरि-भूरि प्रशंसा की थी।

सेलेक्शन कमिटी के सदस्यों ने सर्वसम्मति से मिसेज बनर्जी के नाम का समर्थन किया।... लेक्चर देने की क्या जरूरत थी ? मिनिस्टर द्वारा प्रस्तावित नाम का कौन विरोध करेगा भला ?

कई मनचले सदस्यों ने, आपस में, आँखों-ही-आँखों में बातें की थीं–देखने में बमभोलानाथ हैं मन्त्रीजी, लेकिन नजर 'रसगुल्ला' पर ही रहती है।

किन्तु, दूसरी बैठक में सभी मेम्बर अवाक् हो गये।

... जिस महिला का गुणगान स्वयं मन्त्रीजी ने किया है, कैसी है वह मिसेज बनर्जी ?... कहाँ बैठेगी ? मेट्रन के पास या मन्त्रीजी के बगल में ? अपनी गाड़ी पर आवेगी या... ?

मिसेज रमला बनर्जी नहीं आयी। आये हैं उसके दो पत्र। एक पत्र और एक आवेदन-पत्र।

मिसेज रमला बनर्जी ने कमिटी के चेयरमैन को धन्यवाद देकर लिखा है–इस पद के योग्य वह अभी अपने को नहीं समझती।

आवेदन-पत्र था–ट्रेनिंग के लिए !

··· मिसेज रमला बनर्जी ? बैरिस्टर बनर्जी की स्त्री, नर्स की ट्रेनिंग लेगी ? माथा खराब है क्या ?··· जरूर कोई बात है ! स्वामी-स्त्री में कुछ गड़बड़ है।··· गजब !

बैरिस्टर नगेन्द्र बनर्जी ने, एक दिन अपनी स्त्री को बोरिया-बिस्तर के साथ 'नर्सेज-क्वार्टर' में पहुँचा दिया।

–रमला, रविवार को मैं आकर ले जाऊँगा।

–यदि उस दिन मुझे यहाँ छुट्टी नहीं मिली तो ?

–ताहले !

पाँच वर्षों तक घर-गृहस्थी छोड़कर नर्सेज-क्वार्टर में रही रमला बनर्जी।··· सुफेद कैप और एप्रॅन में बैरिस्टर बनर्जी की गृहिणी खो गयी।··· सर्जिकल, मेडिकल, आइ हॉस्पिटल, बेबी वार्ड, फिमेल वार्ड और टी. बी. वार्ड के मरीज उसकी पग-ध्वनि सुनकर प्रफुल्लित हो जाते–आ गयी ! आ गयी दीदीजी !!

ट्रेनिंग समाप्त करने के बाद, पति की अस्वस्थता के कारण कई वर्षों तक किसी सार्वजनिक काम में सक्रिय रूप से भाग नहीं ले सकी। पति की मृत्यु के बाद उसने अपने को पूर्णरूपेण समर्पित कर दिया–समाज-सेवा के लिए।··· राज्य-भर में घूम-घूमकर मेटरनिटी सेण्टर खुलवाती फिरी–दो वर्षों तक।

बाँकीपुर के गर्ल्स स्कूल, कन्या पाठशाला, बालिका विद्यालय या महिला कॉलेज के 'एनुअल स्पोर्ट्र्स' और 'प्राइज डिस्ट्रिब्युशन' के उत्सव में मिसेज रमला बनर्जी, प्रति वर्ष अवश्य पहुँचती। उसकी आँखें लड़कियों के झुण्ड में कुछ ढूँढ़ती फिरतीं। ··· क्या नाम है, तुम्हारा ? वीणा ! वाह ! खूब कूदती हो तुम। तुम 'पाइलट' बनोगी। हवाई जहाज उड़ाओगी–उड़नचण्डी !

··· शारदा 'डिबेट' में फर्स्ट हुई है ? बातूनी लड़की ! खूब तर्क करती है। ··· अरी-री-ओ–जी. ओ. सी. इधर-उधर–आइज फ्रण्ट !!

पिछले साल बिहार की सर्वप्रथम महिला-पाइलट कुमारी वीणा प्रसाद का अभिनन्दन करते समय मिसेज रमला की आँखें सजल हो गयी थीं–यह मेरी 'उड़नचण्डी' बेटी है···।

कुमारी वीणा ने जवाब दिया था–रमला मौसी नहीं होतीं तो अब तक मैं किसी साहुजी के आध दर्जन बच्चों की बीमार माँ होती और रमला मौसी के किसी मेटेरनिटी सेण्टर में दवा के लिए रिरियाती फिरती।···

गत वर्ष, बाढ़-पीड़ितों की सहायता के लिए आयोजित एक सांस्कृतिक उत्सव में ही उनकी मृत्यु हुई।··· सियाराम तिवारी देश गा रहे थे। अगली पंक्ति की कुर्सी पर बैठी मिसेज रमला बनर्जी, तनिक थकी-थकी बैठी थी। संगीत के ताल पर गर्दन हिला रही थी। हठात्, गर्दन एक ओर लुढ़क गयी।··· ताल टूट गया। गीत रुक गया।

बाँकीपुर की ममतामयी मौसी चली गयी !

विमेन्स वेलफेयर बोर्ड, महिला शिल्प कला विद्यालय, शिशु-कल्याण केन्द्र,

मातृमंगल मन्दिर, वर्किंग-विमेन्स होस्टल, महिला भवन आदि संस्थाओं की जननी—माँ, मौसी, दीदी, मायजी, देवीजी··· मिसेज रमला बनर्जी !

श्रीमती ज्योत्स्ना आनन्द को इन 'दीदी-मौसी' जैसे झूठे रिश्ते से चिढ़ है।··· वह रमला बनर्जी नहीं। वह किसी की दीदी या मौसी या नानी-दादी नहीं। वह ऑनरेरी सेक्रेटरी है—विमेन्स वेलफेयर बोर्ड की। उसके काम करने का अपना ढंग है। पिछले ग्यारह वर्षों से क्या किया रमला बनर्जी ने ? बोर्ड के नाम पर, सरकार के विभिन्न विभागों से पैसे वसूल करके—दुनिया-भर की बदचलन बंगालिनों का उपकार किया। ··· श्रीमती आनन्द ने एक वर्ष में जितना काम किया है—रमला देवी उम्र-भर में नहीं कर सकी।

अभी हाल में ही, 'हेल्थ सर्विसेज' की ओर से चालीस हजार रुपये का अनुदान मिला है। शिक्षा विभाग से भी इतने ही पैसे की उम्मीद है। रमला बनर्जी होती तो पाँच हजार का अनुदान पाकर ही गली-गली में ढिंढोरा पीट आती। गली-गली में नहीं, सभी बंगालिनों में।··· हेल्थ सर्विसेज के इस छोकरे डाइरेक्टर को यदि हाथ में कर सकी तो, फिर क्या है। उसने मिस्टर बागे को लगा दिया है इसके पीछे। किन्तु, उस दिन दूध के हिसाब को लेकर हेड-क्लर्क को बार-बार क्यों डाँट रहा था ? श्रीमती आनन्द की ओर आँखें उठाकर देखता क्यों नहीं था ?··· मिसेज रमला का प्रभाव तो नहीं उसके ऊपर ?

··· उँहु ! श्रीमती आनन्द अभी कुछ दिनों तक और कोई काम नहीं करेगी। बस, रमला बनर्जी के विषैले प्रभाव को दूर करेगी। एक-एक व्यक्ति के दिल-दिमाग से उस चुड़ैल की छाया को पोंछ फेंकना है।··· देह जलने लगती है श्रीमती आनन्द की। किसी भी काम से कहीं जाओ, सबसे पहले रमला बनर्जी की रामायण—ऐसी थी तो, वैसी थी। बाबा, जब थी तब थी। अब क्या ? और क्या थी, सो भी बतला देगी खोलकर यह ज्योति ! ··· इन मूरख बिहारियों को कौन समझावे ?

··· रमला बनर्जी औलाद छोड़ गयी है, लेकिन !

बेला गुप्त !

यदि बेला गुप्त ने खुद ही अपना नाम विथड्रा नहीं किया होता तो ? कमिटी के सभी सदस्य उसके नाम पर एकमत थे ! आश्चर्य !!

—ट्रिं-ट्रिं ! ट्रिं-ट्रिं !! ट्रिं···।

—डबल नाइन ओ नाइन। जी ? जी नहीं। बेला गुप्त यहाँ नहीं रहती। मैं ··· विमेन्स वेलफेयर बोर्ड की सेक्रेटरी बोल रही हूँ—ज्योतसना आनन्द ! आप कौन साहब बोल रहे हैं ? ओ-हो, नमस्कार।··· जी नहीं, था तो पहले सिर्फ वर्किंग-विमेन्स के लिए ही ! लेकिन, हाल ही करीब दो महीने से—हेल्थ सर्विसेज की ट्रेनिंग के लिए आयी हुई दस लिटरेट दाइयों को भी रखा गया है। जी हाँ। जाहिर है। बात यह है कि बेचारी एक तो देहात की थोड़ी पढ़ी-लिखी गरीब लड़कियाँ··· हाँ ··· कुल तीस रुपये तो मिलते हैं उन्हें, इतना पैसा कहाँ से दे सकेंगी ? हाँ, होस्टल

के पिछवाड़े में सर्वेण्ट्स क्वार्टर–जिसमें स्टोर वगैरह था–खाली करवाकर··· । बात यह हुई है पाण्डेजी कि मिसेज बनर्जी सारा हिसाब-किताब इस कदर गोलमाल करके मरी है कि··· जी हाँ, जी हाँ··· अब मैं मर रही हूँ। जी ? जी ! जी ! सो तो ठीक है। बेला गुप्त ? जी नहीं, उसकी अपनी 'नीस' नहीं। गलत सुना है आपने। क्यों, कोई खास बात ? वह तो होस्टल में–खगड़ा-मंजिल के कम्पाउण्ड में ही रहती है। जी ? जी।··· नमस्कार।–खटक् !

··· हुँ ! दैनिक 'देश-विदेश' पत्र के सम्पादकजी हैं और यह भी पता नहीं इन्हें कि इनके शहर की मशहूर संस्था विमेन्स वेलफेयर बोर्ड की सेक्रेटरी कौन है ? ··· देश-विदेश। हूं बेला गुप्त, बेला गुप्त, बेला गुप्त ! क्या है इस बेला गुप्त में ? ··· कुछ नहीं, भ्रम है लोगों को कि बेला गुप्त रमला बनर्जी की बहन-बेटी है। फ्राड सब। मुफ्त में दुनिया-भर के लोगों की हमदर्दी बसूल रही है !

–ट्रिं !

–जे !

–सुनो, बेला ने पिछली रिपोर्ट भेजी है ?

–जे, भेजा तो था किन्तु, फिन हँम लौटाया दिया है।

–भालो किया है।

–तुम कल गया था ?

–हेंहें-जे गेया था। आप जैसा माफिक बोला वैसा माफिक करा, किन्तु–हेंहें··· ।

–क्या करा ?··· पर्दा खींच दो। धीरे-से बोलो।

–जे-हेंहें हँम ओंजु-मोंजु को आप्ना दुई दिक में बैठाय कर··· ।

–कहाँ बैठायकर ?

–बाहिर का बेंची पँर।

–तब ? तब क्या हुआ ?

–फिन हँम ओंजू को कान में आपना मुख-सटाय करके, खूब नगीच से इस माफिक··· ।

–ए बुढ्ढा खोखा ! इधर क्यों सट रहा है ?··· तो तुम्हारी बेला दीदी क्या बोली ?

–ऊ तो कुछ नेंही बोली। ऊ रामरोतिया साली आयकर बोली··· !

–सुनो !–एक चिट्ठी लिखो।··· टु दि सुपरिण्टेण्डेन्ट, डब्ल्यु, डब्ल्यु, होस्टल ··· रामरति की नामंजूर छुट्टी के पैसे काटकर बिल भेजो··· और बूढ़ी मुनिया को आँख जँचवाने की नोटिस आज ही दे दी जाये।

–आभी भेज देता है।

–तो क्या बोली रामरतिया ?

–बोली कि मेम साहब बोलती हैं कि ओंजु-मोंजु को लेकर आप बाहिर में कहूँ जा सकते हैं बातचीत करने को वास्ते।

–तब ?

–तब हँम इंग्रेजी में उसको गालागाल देकर चला आया। खूब गुस्सा होके। ··· बेला मेम साहब तो हमारा अगाड़ी में आयी नहीं। आने से हँम जरूर इनसाल्ट करता।

–अच्छी बात है बुद्धा खोखा ! अब एक काम और करना है। कान मत खुजाओ। मैं तुम्हारा दर्खास्त 'लोन' के लिए हायली रेकोमेण्ड करके भेज दूँगी। समझा ?··· सुनो, ट्रेनिंग के लिए आयी हुई दो-तीन दाइयों को ठीक कर सकते हो ?

–मेम साहेब, आपका 'आकबल' से कँहिए तो सब ठो को ठीक कर सकता है।··· आरे, ऊ सब तो बुझिए कि छागली है छागली।

–क्या है ? छागली क्या ?

–जे, छागली ? छागली माने, बोक्री।

–बोक्री ?

–जे–उई जे महात्ता गांधी जिसका दूध पीता था शि-गोट !

इस बार श्रीमती आनन्द खिलखिलाकर हँस पड़ी। घर से बाहर–दफ्तर या किसी सार्वजनिक स्थान में वह इस तरह खिलखिलाकर–जी खोलकर कभी नहीं हँसती। जोर से हँसते समय उसकी देह असाधारण ढंग से हिलने लगती है। अंग-अंग कूदने लगते हैं मानो।

क्लर्क सुखमय घोष के बीड़ी से जले हुए काले-पतले-नुकीले ओंठों पर उसकी जीभ कई बार लपलपायी।··· हँरिबोल !

–ए बुद्धा खोखा ! इस तरह क्या देखता है ?

–आगें ना··· आगें हाँ। हँम ठीक कँर देगा किन्तु हमारा काम··· हजुर, एक 'लामसाम' मिलने से दु-दु जोवान बोन है घर में। उसको शादी··· आपका पैर पकड़ता है हँम···।

–ए-ए ! क्या करता है ? पागल है !··· सुनो घोष्ट ! तुम्हारी दोनों जवान बहन घर में बैठी क्या करती है ? दाई की ट्रेनिंग में क्यों नहीं डाल देता है ?

–आगें ना। उसमें तो नहीं डाल सकेगा।

–क्यों ?

–जे, हँम लोग के घर का लेड़की ए काम नेंही करेगी।

–यह काम नहीं करेगी। हुँ··· शादी करके पेट में बच्चा रखेगी और उसको निकालने का काम सीखने में तुम्हारी जाति मारी जायेगी। अभागा बंगाली !

इस बार घोष लज्जित हुआ; किन्तु उसने कोई जवाब नहीं दिया।

श्रीमती ज्योत्स्ना आनन्द को, असमय में ही बूढ़ा दीखनेवाले इस युवक सुखमय घोष के सामने तनिक भी लाज नहीं आती, किसी बात की। न जाने क्यों ! और, इसे बुद्धा खोखा, भूखा बंगाली, मछली का पोकर, बांगाल का बोका, चच्चड़ी का चाचा, घोष्ट–जब जो जी चाहा–कहती है। तरह-तरह के भौंड़े नामों से पुकारने

में आन्तरिक आनन्द आता है श्रीमती आनन्द को। आज फिर एक नया नाम मिला है।

—अच्छा बोक्री का दादा! अब यह तो बतलाओ कि तुम अंजु-मंजु से छिप-छपकर क्यों मिलने जाता था? अरे, मैंने तो समझा था कि तुम एकदम 'बुड़बक-बंगाली' है।··· तुम बेला से कहते थे कि बड़ी मेम के काम से आया है? मैंने तो तुमको एक ही दिन भेजा था और··· कल से तो तुमको लाइसेंस ही मिल गया है। क्यों?

—बोलो, क्यों जाता था दिन में पाँच बार?

—आगें, सँब दिन नेंही। खाली रॅब्बार में।

—और, 'रोब्बार' को भी मेरे काम का बहाना बनाता है! एँ? बुड्ढा पापी! ए··· तुम अंजु से शादी करेगा? बोलो!··· हँसता क्यों है?

—जे, उससे हमारा शादी कैसे होगा? ऊ हिन्दुस्थानी है···।

—और तुम क्या है? बिलायती बैगन है? तुम उसके पास जाता क्यों था?

सुखमय घोष ने दाँत निपोड़कर स्वीकार किया—आगें, बात है कि हँम थोड़ा-थोड़ा बेहाला बजाता है कि ना! एहि बास्ते, लोकधुन सुन कॅरके थोड़ा रेवाज करने को बास्ते··· !

—हूँ-ऊँ-ऊँ-ऊँ !

श्रीमती आनन्द, प्रायः सभी भाषाओं के एकाध अश्लील कहावत, अश्लील शब्द और अश्लील आशय के वाक्य जानती है। और, अवसर देखकर उसका प्रयोग भी करती है। यों भी, तनिक वल्गर बोले बिना उसके मुँह में लज्जत ही नहीं आती है। बोली—रेयाज करने जाते हो या सुख पाने?··· सुख पाच्छो, बुड्ढा खोखा?

घोष की देह में एक फुरहरी-सी लगी।··· सुख पाच्छो?

—तुम वहाँ गाना सुनने जाता है? आज ही तुमको नोटिस दी जायेगी, समझे? एक महीना के अन्दर तुमको अपनी शादी करनी होगी। फिर अपनी बोक्री-बहनों की फिक्र करना। समझे? जाओ।

जवान सुखमय घोष के अन्तर में बैठे हुए सतर्क और चालाक वृद्ध बंगाली ने मेम साहब के इस दुर्लभ, हल्के सुर में बँधे हुए मन का तत्काल लाभ उठाया। वह सबकुछ जान-बूझकर भी चिरौरी करने लगा। चिरौरी नहीं—अभिनय! उसने लपककर श्रीमती आनन्द का पैर पकड़ लिया—मेम साहेब! आगें—ऐसा मत बोलिए। हमको सब बात बोलिए उई शादी ठो मत करने को बोलिए। मेम साहब···।

—ए-ए! क्या करता है?

सुखमय घोष ने श्रीमती आनन्द का पैर छोड़ा नहीं, किन्तु।··· पागिर पायेर मांसउ साला जेन डनलोपिलोर पैड!

—सुनो घोष्ट! बेला से शादी करेगा? वह तो पियोर बंगालिन है।

—आगें, ऊ क्या है, क्या नेहीं है, ये भॅगवान को भी नेंहीं मालूम। बाँकीपुर के लोग का साथ में खाण्टी-बाँकीपुरिया बोलती है। भोजपुरे से भी भोजपुरे का माफिक बोलती है। मैथिली तो···।

—अरे रखो-रखो।···

यह क्या ? बेला आ रही है ?

मिस बेला गुप्त ने आकर नमस्कार किया।

श्रीमती ज्योत्स्ना ने नमस्कार का कोई जवाब नहीं दिया। सिर भी नहीं हिलाया और न मुँह से कोई शब्द निकला।

बेला खड़ी रही। श्रीमती आनन्द ने कुछ सोचकर कहा—बैठो।··· घोष ! तुम जाओ, लेटर टाइप कर लो जल्दी।

—आगें, आभी तुरत ! सुखमय घोष जान बचाकर भागा, मानो।

बेला गुप्त बैठी नहीं। बोली—मुझे घोष बाबू से काम है।

—क्या काम है ? घोष को यहीं बुला देती हूँ।

श्रीमती आनन्द ने इलेक्ट्रिक-कॉलिंग बेल का बटन दबाया।

सुखमय घोष प्रकट हुआ—जे ?

बेला गुप्त ने पूछा—घोष बाबू ! आप बेबी-शो का हिसाब फिर क्यों माँग रहे हैं मुझसे ? मैंने पाँच महीना पहले ही दे दिया है।

बेला गुप्त ने आज घोष से हिन्दी में बात की। घोष ने खँखारकर अपनी कण्ठनली को साफ किया।··· वह किस भाषा में जवाब दे ? आखिर, उसने हिन्दी में ही जवाब दिया—दिया होगा, किन्तु हमारा ऑफिस में नेंहीं है।

—नहीं है माने ? सेक्रेटरी साहिबा ने खुद पियन-बुक पर दस्तखत बनाकर 'रिसीव' किया है।

—किया होगा किन्तु हमारा ऑफिस में नेंहीं है।

—आपके ऑफिस में नहीं है तो आप मुझसे डुप्लिकेट कॉपी माँगिए। आपने तो लिखा है कि··· चूँकि अभी तक आपने बेबी-शो के खर्च का कोई···।

अब श्रीमती ज्योत्सना आनन्द ने बाधा डाली—देखो बेला, उसने सिर्फ खत टाइप किया है। हिसाब मैंने माँगा है। जो कुछ कहना हो मुझसे कहो।··· तुम जाओ घोष !

—नहीं, घोष बाबू को जाने को मत कहिए।

—क्यों ?

—घोष बाबू ! आपके मुहल्ले में कोई ड्रामा होने जा रहा है ?

—आगें ?

—आपने किसी ड्रामा में पार्ट लिया है क्या ? सेक्रेटरी साहिबा, घोष बाबू तो, लगता है, किसी नाटक का रिहर्सल करने होस्टल में जाते हैं। यह आपकी अंजू-मंजू को, होस्टल के पिछवाड़ेवाले बरामदे में—जिधर ट्रेनिंग में आयी हुई लड़कियाँ हैं···।

कई दिनों से धुधुआता हुआ क्रोध एक ही बार दपदपाकर जल उठा—आपकी अंजु-मंजु का क्या मतलब ?··· ठीक है, क्या किया मेरी अंजु-मंजु को घोष ने बरामदे में ?··· उनके साथ बैठा होगा। सोया तो नहीं था ? बोलो, सोया था ?

बेला ने अपने को सँभाला। बोली—यही हाल रहा तो ये वहाँ जाकर सोयेंगे भी।

—तुम्हारे साथ ही सोयेंगे।

बेला गुप्त कुर्सी छोड़कर उठी—श्रीमती आनन्द, आप गाली बक रही हैं।

—मैं गाली बकती हूँ और तुम आकर फूल बरसा रही हो मुझ पर ? देखो बेला, काम करना है तो सीधे मन से करो···।

—श्रीमती आनन्द, आप अपने घर की नौकरानी से नहीं बात कर रही हैं।

श्रीमती आनन्द अप्रतिभ हो गयी। उसे अचानक ख्याल हुआ कि वह गुस्से में बहुत बहक गयी है। उसने बेला गुप्त के चेहरे पर कोई ऐसी बात देखी कि वह तुतलाने लगी—तु-तु-तुम बेला, तुमने उस रात को मेरा अपमान किया है। मेरे मुँह पर तुमने धमाके से फाटक बन्द करवाया। तुमने मेरे पति को और मुझे गालियाँ नहीं दीं ? तुम-तुम···।

इस बार बेला गुप्त हँस पड़ी।

श्रीमती आनन्द ने अचरज से देखा··· हँसती है ?

—तुम मुझे चिढ़ाने आयी हो और मैं फूल-चन्दन से तुम्हारी पूजा करूँगी ? क्यों ?

—आपने कैसे समझा कि मैं चिढ़ाने आयी हूँ ?

—तुम हँसती क्यों हो ?

—आपको, असल में अचरज हो रहा है कि मैं रो क्यों नहीं रही हूँ।··· घोष बाबू, आप जाइए।

श्रीमती आनन्द चुप रही। घोष चला गया।

—मैंने कब गाली दी ?

—तुमने अब्दुल से क्यों पूछा कि अंजु-मंजु को मेम साहब बुला रही हैं या साहब ? क्या मतलब ? मेरा साहब क्या है ? शराबी ? रण्डीबाज ? एँ ?

—श्रीमती आनन्द, आपके साहब के बारे में हमने कुछ नहीं कहा है कभी। वे कई बार अंजु-मंजु से मिलने आये हैं। उन्हें साथ लेकर बाहर गये हैं। इसलिए मैंने अब्दुल से पूछा था।

—बेला ! क्या बात कर रही है ?

—क्यों ?

—आनन्द अंजु-मंजु से होस्टल में मिलने जाता है··· उन्हें साथ लेकर बाहर जाता है··· कहीं आवे, कहीं जाये आनन्द—तुम बोलनेवाली होती कौन हो ? झूठी ! फ्राड—हाँ, हाँ, जायेगा—आनन्द जायेगा ! एक सौ बार जायेगा, हजार बार जायेगा। तब ? क्या कर लेगी तू ?

बेला फिर हँसी। बोली—मैं चलूँ, मुझे जी. पी. ओ. में काम है।··· ज्योत्स्नादि, एक बात कहूँ··· लगता है, इधर आपने बहुत दिनों से अपना ब्लड-प्रेशर नहीं चेक करवाया है। नमस्कार !···

–ट्रिं-ट्रिं ! ट्रिं-ट्रिं। ट्रिं···।

–येस ! बोलिए··· रौंग नम्बर।–खटक्।

··· तो, आज लड़ने के लिए ही आयी थी यह चुड़ैल ?

–ट्रिं-ट्रिं ! ट्रिं··· !!

–हॅलो।··· गलत नम्बर। गलत नम्बर।–खटक्।

··· आनन्द ने फिर शुरू किया ? बेला उसको फिर पछाड़कर चली गयी ? इस आनन्द के कारण उसे फिर जलील होना पड़ा।··· आज पूछती हूँ।

–ट्रिं-टिं ! ट्रिं··· !!

–देखिए, भाई साहब ! आप बार-बार गलत नम्बर··· कौन ? बागे ?··· अरे-रे ! तो, तुम तभी से बाईजी, बाईजी क्या कर रहे थे ? ओ ! भाभी जी-ई ! माफ करना बागे, मैंने तुम्हारी आवाज नहीं पहचानी। अच्छा ! तो, आओ न ! आज शाम को ? नहीं, कल सुबह नहीं आ सकते ? ठीक है।··· नमस्कार।

··· बागे ने कहा कि टॉप-सेक्रेट बात करनी है ?

··· कहाँ गया वह बोक्री का दादा ?

··· बोक्री-बोक्री-बोक्री।

गणपतिसिंह लेन में–जिस गली में 'खगड़ा-मंजिल' है–इधर कई दिनों से पतंगबाजी हो रही है।··· ब-काटा ! ब-काटा !!

पिछवाड़े की तंग गली में, भद्दे गीत जोर-जोर से गाये जाते हैं। शाम को गली में मण्डली जुटती है।··· आवाज दो कहाँ हो !

–यहाँ हूँ !

खगड़ा-मंजिल के अहाते से, पतली आवाज में किसी ने जवाब दिया। गली में जमी मण्डली पागल हो गयी–मार डाला, हाय-हाय, आजा मेरी जान।··· एक साथ दर्जनों सीटियाँ बजने लगीं।

–रामरति ! देख तो, किस लड़की ने जवाब दिया है।

रामरति बड़बड़ाती आयी–दीदीजी, आप ही जाकर पूछिए। अब तो यहाँ रोज नया तमाशा होगा। 'गुरटिरेनीवाली' लड़की सब कहती हैं कि कोई ऊपरवाली ही बोली है।

ऊपरवाली अर्थात् होस्टल में रहनेवाली।

रामरति ट्रेनिंग में आयी हुई लड़कियों को गुरटिरेनीवाली कहती है।

··· हेल्थ सर्विसेज के डायरेक्टर ने, जिस दिन इन लिटरेट दाइयों के रहने की व्यवस्था 'खगड़ा-मंजिल' में करने का प्रस्ताव किया, बेला गुप्त ने उसी दिन एतराज किया था–दस हों या पाँच, उनके लिए कुछ अतिरिक्त नियम-कानून की जरूरत होगी।

डाइरेक्टर साहब को बेला की बात अच्छी नहीं लगी थी–अतिरिक्त नियम-कानून की जरूरत क्यों होगी ?

—सर ! होस्टल में रहनेवाली बोर्डर और इन लड़कियों में··· फर्क है न !

—देखिए मिस गुप्त ! नियम-कानून जो कुछ ही बनाना है, पीछे बनाते रहिएगा—मिल-जुलकर। शुरू में ही कोई झंझट मत लगाइए। अभी स्मूथली सबकुछ होने दीजिए।

··· डायरेक्टर साहब की बातों में, हेल्थ सर्विसेज के अनुदान की झाँस भी थी। इसलिए, बेला गुप्त मीटिंग में चुप लगा गयी उस दिन। इसके बाद बेला गुप्त ने, श्रीमती आनन्द से इस विषय पर बातें करने के लिए समय माँगा। वह टालती गयी।··· और, अब तो स्वयं श्रीमती आनन्द ने ही होस्टल के पुराने नियम-कानून को तोड़ना-तुड़वाना शुरू कर दिया।

··· नियमानुसार अंजु और मंजु को इस होस्टल में जगह नहीं मिलनी चाहिए। बेला गुप्त ने घोर विरोध किया था। और, श्रीमती आनन्द इसके बावजूद अपने हाथ में दोनों के नाम रजिस्टर में लिखकर चली गयी थी।

··· समस्या क्रमशः जटिल होती जा रही है।

··· प्रोफेसर निगम को आज फिर क्या हुआ ? आज किससे लड़ रही हैं ?

वर्किंग-विमेन्स होस्टल में कई दिनों से असन्तोष छाया हुआ है।··· प्रोफेसर रमा निगम, रेडियो की अनाउन्सर रेवा वर्मा, रेलवे-गाइड पटनेश्वरी देवी और खादी प्रतिष्ठान की शिप्रा मजुमदार—कहाँ आ रही हैं, दल बाँधकर ?

—मिस गुप्त, अब तो यहाँ रहना मुश्किल है।

—टेरिब्ल।

—न मालूम, किस जंगल में इन्हें फँसाकर लाया गया है। कहाँ की हैं सब ?

—मिस गुप्त ! अब यहाँ भी किसी दिन छुरा चलेगा। सहसराम की लेडी डॉक्टर का मर्डर भी ऐसे में ही हुआ था।

रेलवे-गाइड पटनेश्वरी देवी इन लड़कियों को देखते ही जल उठती है। हमेशा खाँव-खाँव करती रहती है—ए ! इधर क्यों आती है, तुम लोग ?··· ए। इधर साड़ी किसने पसारा है ?

—अब यहाँ चोरी-चपाटी और 'छिनरपनी' भी होगी।

प्रोफेसर निगम की आवाज बहुत सुरीली है और वह हमेशा एक खास लय में बोलती है—मिस गुप्त··· देखती हूँ कि··· बिहार की सब बातें··· बिहार-जैसी ही ··· हैं।···

—होनी ही चाहिए। बेला गुप्त ने जवाब दिया।

प्रोफेसर निगम का लय टूट गया मानो। तमककर बोली—मैं सिरियसली कह रही हूँ मिस गुप्त ! ऐसी गन्दी लड़कियाँ मैंने कहीं नहीं देखीं। ओह, दे आर टेरिब्ल। चलकर देखिए, ठीक सीढ़ी के पास एक टोकरी गन्दे चीथड़े बिखरे पड़े हैं।

अनाउन्सर रेवा वर्मा अब तक चुप थी। प्रोफेसर निगम से उसकी बातचीत कई महीने से बन्द है। वह पटनेश्वरी देवी से बोली—पटनदीदी, बात हम करने आयी हैं होस्टल के बारे में या बिहारी-बंगाली और पंजाबी सूबे के बारे में ?

··· गन्दगी कहाँ नहीं है ? सारा हिन्दुस्तान गन्दा है।

पटनेश्वरी देवी बोली–सो तो ठीक है।

शिप्रा मजुमदार बोली–देखिए भाई, आपस में झगड़ा अभी रखिए।

प्रोफेसर निगम ने शिप्रा मजुमदार से कहा–सुन रही हो शिप्रा ?

बेला गुप्त ने कहा–देखिए।··· हेल्थ सर्विसेज वाले पूरा होस्टल ही खाली करवाना चाहते हैं। इस ट्रेनिंग के बाद लेडी हेल्थ-विजिटर की ट्रेनिंग में पचीस लड़कियाँ आ रही हैं।

इस संवाद को सुनकर सभी के चेहरों के रंग उड़ गये।

किन्तु, रेवा वर्मा मुस्कराने लगी–उम्मीद है, मैं उसके पहले ही यहाँ से क्विट कर जाऊँगी।

शिप्रा ने पूछा–क्यों ? क्वार्टर मिलनेवाला है ?

–नहीं जी। हमारे बड़े-बड़े प्रोड्युसर और पी. ए. बाँकीपुर और महेन्द्रू की गालियों की हवा खा रहे हैं। हम अनाउन्सरों को क्वार्टर मिलेगा ?··· उम्मीद है, तब तक कुछ ऐसा हो जायेगा कि मुझे होस्टल छोड़ना पड़े।

प्रोफेसर रमा निगम मन-ही-मन कुढ़ी।··· कुछ ऐसा नहीं, वैसा हो जायेगा। डेढ़ साल से सभी को अपनी प्रेम-कहानी और अपने प्रेमी की बात, चाय पिला-पिलाकर सुना रही है मिस वर्मा। कभी कहेगी–वह कहता है, नौकरी छोड़ दो। मैं क्या करूँ, कुछ तय नहीं कर पा रही हूँ।··· कभी सुनावेगी–भाई, ये मर्द लोग इतने ईर्ष्यालु होते हैं, मैं नहीं जानती थी। अब कहता है, रेडियो-ड्रामा में हिरोइन का पार्ट मत लो। कोई तुमको उस तरह 'रानी' और 'डार्लिंग' कहे–यह मैं नहीं सह सकता।··· आज कह रही है–उम्मीद है तब तक कुछ ऐसा हो जायेगा। साफ-साफ क्यों नहीं कहती, मेरी शादी हो जायेगी··· अपने को सिनेमा-स्टार समझती है।

पटनेश्वरी देवी ने बात का सूत्र फिर पकड़ा–जब बन्द हो जायेगा होस्टल तो बन्द ही हो जायेगा। लेकिन, अभी तो कुछ करना ही होगा।

रेवा वर्मा बोली–पटनदीदी, क्या करना चाहती हैं आप ? कोई उपाय नहीं है। यदि कुछ करना चाहती हैं तो पहले अपने को सुधारना होगा।

–क्या सुधारना होगा ? प्रोफेसर निगम ने चार महीने के बाद रेवा वर्मा से बात की–इसमें अपने को सुधारने की क्या बात है ?

रेवा वर्मा ने नाटकीय अन्दाज में कहा–देवी जी ! थोड़ा लिपस्टिक का व्यवहार कम करना होगा। और कुछ नहीं।

–और, नुकीली ब्रेसरी··· प्रोफेसर निगम ने पूछा।

बेला गुप्त ने देखा, प्रोफेसर निगम और मिस वर्मा में अब गुत्थमगुत्थी होगी। बोली–यह क्या कर रही हैं आप लोग ?

रेवा वर्मा को बात लग गयी, क्योंकि नुकीली ब्रेसरी वही पहनती है। इस बार उसने सीधी चोट की–बिना ब्रेसरी पहने ही लोगों के नाम से पर्चे छपते हैं। और···।

बेला गुप्त गम्भीर हो गयी।

··· बाहर रामरति और मुनिया—दोनों माँ-बेटी मिलकर किसी 'ट्रेनी-लड़की' को डाँट रही हैं—यह बाँकेपुर है, गाँव नहीं। यहाँ एक-से-एक छुरेबाज बाँके रहते हैं। ··· हमेशा फिरकी-जैसी नाचती फिरती है।

सभी का ध्यान बाहर चला गया। रामरति चिंचियाती हुई आयी—दीदीजी, देखिए तो···।

—क्या देखेगी दीदीजी ? इस तरह चिल्ला रही हो क्यों तुम दोनों ?

—हजार बार बाहर जाती हैं, सब। मिलिट-मिलिट पर कौन फाटक खोले ? जब से ई लोग···।

बेला गुप्त ने मुनिया को झिड़की दी—मुनिया !

रामरति ने देखा, दीदीजी सचमुच गुस्सा गयी हैं।

—क्या है ?

दाई-ट्रेनिंग में आयी हुई गौरी देवी बोली—दीदीजी, सौदा लेने के लिए दुकान पर जाना है।

—देखिए, आप लोगों को जो कुछ सौदा-सामान लाना हो, दिन रहते ले आया कीजिए।

··· यह साँवली लड़की, गौरी देवी हमेशा मुस्कराती रहती है। अभी भी मुस्करा रही है। तनिक चंचल है। दौड़-दौड़कर चलती है। कमरे में झाड़ू लगाते समय और कपड़ा धोते समय वह अपने गाँव का कोई करुण गीत गुनगुनाती रहती है।

प्रोफेसर निगम ने, न जाने क्यों, हठात् गौरी देवी से पूछा—सुनिए ! आप हरिजन हैं ?

गौरी देवी खिलखिलाकर हँस पड़ी। उसकी हँसी झिलमिला उठी—सुफेद दन्तपंक्ति—जी नहीं, दीदीजी !

बेला गुप्त ने पूछा—क्या लाना है दुकान से ?

—जी, दीदीजी—सरसों का तेल—दो आने का। बहुत मच्छड़ है, रात में सोने नहीं देता है।

··· तेल मलकर सोयेगी देह में ?

—रामरति ! तेल ला दो बाहर से।

होस्टल की महिलाएँ दल बाँधकर चली गयीं। गौरी देवी खड़ी रही। रामरति उसके हाथ से तेल की शीशी और पैसा लेकर बाहर चली गयी, मटकती हुई। मुनिया अपने बरामदे में रोशनी बुझाने गयी। बेला गुप्त ने गौरी देवी से कहा—तब तक बैठिए।

साँवली लड़की, गौरी देवी मुस्कराकर रह गयी।

—सुनिए, अभी पिछवाड़े से गली के लड़कों को किसने जवाब दिया था ?

गौरी देवी की आँखें झुक गयीं। वह चुप रही। मुस्कराहट अंकित रही ओठों पर। सिर्फ, लाज की एक पतली रेखा फिर उभर गयी।

–आप जानती हैं, किसने··· ?

इस बार गौरी देवी ने आँखें चार कीं–दीदीजी, भूल से कसूर हो गया। इस बार माफ कर दीजिए, पहला कसूर···।

तो, आपने ही··· ?

–जी, दीदीजी–मेरा छोटा भाई चुनमुन बड़ा नटखट है। मुझे जब किसी काम से घर में खोजता तो यही गीत गाता था–दीदी, आवाज दो कहाँ हो ? और मैं भी हँसकर जवाब देती थी··· सो, भूल से आज···।

··· नहीं, यह लड़की झूठ नहीं बोल रही। इसकी आँखें, अपने नटखट भाई चुनमुन की याद में, छलछला आयी हैं।··· भैया दूज के दिन यही रो रही थी ! बेचारी !!

रामरति तेल लेकर आ रही है। बेला गुप्त ने मुस्कराकर पूछा–और, कोयल जब कूकती थी तो उसे भी चिढ़ाती थी, गाँव में ?

गौरी देवी की हँसी छलक पड़ी–जी, दीदीजी !

–यहाँ ऐसा मत कीजिएगा। यहाँ फागुन महीने में नहीं, हर महीने और हर मौसम में कोयल कूकती रहती है। कभी जवाब मत दीजिएगा !

–नहीं, दीदीजी।

तेल की शीशी लेकर गौरी देवी बाहर गयी। बरामदे से नीचे उतरते ही सरपट दौड़ी।

–ए-ए ! सुनिए···।

गौरी रुकी। बेला गुप्त ने बरामदे में आकर कहा–आप इस तरह दौड़कर क्यों चलती हैं, हमेशा ? किसी चीज में ठोकर लग जायेगी।··· यहाँ तुरन्त ही 'टिटेनस' हो जाता है।

गौरी देवी सहज चाल से होस्टल के पिछवाड़े की ओर चली गयी।

··· उधर, एक बल्व देना होगा।

रामरति बोली–यह गौरी देवी बहुत 'हरपटाही' है। पेंड़ पर चढ़कर अमरूद तोड़ती और कुतरती है। औरत है कि गिलहरी···।

··· गिलहरी नहीं, हिरणी !

जिधर ट्रेनी-लड़कियाँ रहती हैं, उसे यहाँ पिछवाड़ा कहा जाता है। खगड़ा-मंजिल के नौकर-बावर्ची जहाँ रहते थे, उन्हीं तीन दरबों में दस लड़कियाँ रहती हैं। इधर, होस्टल की महिलाओं ने इस हिस्से का नाम 'दाईकित्ता' चला दिया है।

'दाईकित्ता' के बाद दीवार है। दीवार के उस पार है मेटेरनिटी-सेण्टर, शिल्प-केन्द्र। यहाँ उस हिस्से को सिर्फ सेण्टर कहते हैं। होस्टल का रसोईघर और शौचालय अलग है। रसोईघर से सटे हुए कमरे में होस्टल की महराजिन रहती है। महाराजिन तो मिस निगम ने नाम रख दिया है। असल में, वह नानवाइन है। चूल्हा-चौका, रसोई-पानी-बर्तन-बासन और हाट-बाजार वही करती है–अकेली। महराजिन ही मेस इन्चार्ज है। मेस में, होस्टल की महिलाओं के अलावा सेण्टर

की दो-तीन महिलाएँ खाती हैं। बेला गुप्त कुकर पर अपना भोजन बनाती है। एक जून ही खाती है बेला गुप्त।··· बेला गुप्त जिस हिस्से में रहती है, उसका पुराना नाम मेम-हेवली। खगड़ा के नवाब ने मेम-हवेली बनाने के बाद मेम से शादी की थी।

मेम-हवेली के दो कमरे, दो बाथरूम और एक किचन बेला गुप्त के अधिकार में है। बाकी हिस्से में दफ्तर है, गोदाम है।··· श्रीमती आनन्द बेला गुप्त के क्वार्टर पर कई बार मन्तव्य प्रकट कर चुकी है–सिर्फ इस क्वार्टर में रहने के लिए भी बोर्ड की नौकरी कबूल कर सकती हूँ।··· इस क्वार्टर का भाड़ा कम-से-कम डेढ़ सौ रुपए माहवार होना चाहिए।

गौरी देवी 'दाईकित्ता' में पहुँची तो हँसी के मारे उसका दम फूला जा रहा था। कित्ते की सभी लड़कियाँ बना-पकाकर खा चुकी थीं और बाहर, नीचे थोड़ी सूखी लकड़ियाँ, पुआल, कागज और कण्डे बटोरकर–लहकाकर अलाव ताप रही थीं।

–क्या हुआ गौरी ?··· ले, ले–यह तो खुद मरी जा रही है हँसते-हँसते। अरी, बताओ भी ! बीड़ी लायी है या··· ?

बीड़ी का नाम सुनते ही गौरी की हँसी रुक गयी··· जः !!

वह बोली–बीड़ी कैसे लाती ? तेल तो, दीदीजी ने रामरति के हाथ से मँगवा दिया है।··· साँझ होने के बाद अब एकदम फाटक बन्द !

–रामरति और उसकी माँ बड़ी लालची है। हर महीने में हम लोग 'परबी' कहाँ से लावें ? बोलो तो, पैसा नहीं पाती है तो सताती है, छिनाल !

कुन्ती देवी बीड़ी नहीं पीयेगी तो डकार ही नहीं होगा।··· छोटी मेम बिगड़ें या जो करें–बीड़ी की पुरानी आदत इस उम्र में कुन्ती देवी नहीं छोड़ सकती–तो बीड़ी भी क्यों नहीं मँगवा लिया ?

–राम-राम ! दीदीजी के सामने कैसे देती ? और वहाँ अकेली दीदीजी ही तो नहीं–ऊपरवाली सब थीं।

–तो, तू हँस रही थी काहे ?

गौरी देवी की हँसी फिर लौट आयी–वही तो बता रही थी। वह सुरती सहुआइन ने मुझसे क्या पूछा जानती हो ?

वह फिर हँसते-हँसते लोटपोट हुई। गौरी देवी ने 'दाईकित्ता' में प्रोफेसर रमा निगम का नाम मशहूर कर रखा है–सुरती सहुआइन ! कहती है, उसके गाँव की सुरती सहुआइन भी ऐसी ही है। इसी तरह चलती है, मानो फुटबॉल लुढ़के। ऐसी ही लय में बोलती भी है–रो-रोकर। गर्दन भी ठीक सुरती सहुआइन-जैसी।

–बोल न, क्या बोली सुरती सहुआइन ?

–बोली कि··· सुनिए-ए-ए-ए-आ-ा-ा-ा-प-ह-रि-ज-न-हैं-एँ-एँ ?

इसमें हँसने की क्या बात थी, पता नहीं। लेकिन सुरती सहुआइन की नकल सुनकर सभी हँस पड़ीं।

–अरी चुप ! दीदीजी।

–यह धुआँ क्यों हो रहा है, इधर ?··· ओ, आप लोग अलाव ताप रही हैं ?

धुआँ ही नहीं, चिड़ाइन गन्ध भी। न जाने क्या-क्या झोंक दिया है सभी ने बटोरकर !··· रबर के टुकड़े, जूते का तल्ला, बाँस की टूटी खपच्चियाँ !

सभी लड़कियाँ खड़ी हुईं। बेला गुप्त ने कहा–अब आप लोग अन्दर जाइए। ··· और, इस तरह इधर-उधर आग मत सुलगाइए।

लड़कियाँ अपने-अपने दरबों में गयीं :

तारा देवी, जानकी और कुन्ती देवी को छोड़कर बाकी सभी की उम्र बाइस-तेइस के नीचे ही होगी।

तीनों अधेड़ महिलाएँ अनिच्छा से आग छोड़कर उठीं। कुन्ती देवी कुनमुनायी–बाँकीपुर में जैसा जाड़ा वैसा ही मच्छड़।··· धुआँ से मच्छड़ भागता है तनिमनि।

बेला गुप्त 'दाईकित्ता' में पहली बार आयी है।

··· बाहर की रोशनी जल रही है। बरामदे पर कई छोटे-छोटे चूल्हे हैं। सिगड़ियाँ भी हैं।··· पानी का नल ठीक से नहीं बन्द किया गया है। बेला गुप्त नल बन्द करने गयी।

शारदा कुमारी ने कहा–दीदीजी, इस कलटेरी का 'अथि' खराब है। कितनी 'अथि' करते हैं, अथिए न होता है।

··· सचमुच खराब हो गया है। वासर कट गया है, शायद। कल ही ठीक करवाना होगा। बेला गुप्त को इस तरह छर-छर कर चूते हुए नल से चिढ़ है।

उधर गौरी देवी फिर हँसने लगी। शारदा कुमारी की 'अथि' भरी बोली बेला गुप्त के कानों में भी खटकी थी। उसका जी भी गुदगुदाया था। जब गौरी देवी हँसने लगी तो उसकी हँसी भी प्रकट हुई–क्यों गौरी देवी। जब कल का 'अथि' खराब है तो हमको 'अथि' करना चाहिए न ?··· कलटेरी !

लगा, इस बार गौरी देवी हँसते-हँसते मर जायेगी।

··· शारदा कुमारी मिडवाइफरी क्लास में भी इसी तरह बोलती है। डाक्टर चाको मेम साहेब ने पूछा–शारदा कुमारी, 'पीजी' का बेड कैसे तैयार करेगी ! शारदा कुमारी ने जवाब दिया–जी मेम साहब ! 'अथि' पर पहले 'अथि' बिछा दूँगी, फिर 'अथि' डालकर 'अथि' से 'अथि' को ढाँक दूँगी··· ! डाक्टर चाको मेम साहेब बोली–यह अथि क्या है, बापू ?

बेला गुप्त तीनों कमरों में गयी।

एक कमरे में रहती है–तारावती देवी, श्यामा और सबसे दुबली लड़की शिय कुमारी।

तारावती देवी की उम्र, चालीस के करीब होगी। सामने के दो दाँत लम्बे हैं। आँखें कुर्री। आवाज फटी हुई। चेहरे पर सदा असन्तोष और शिकायत ! बोली–छोटी मेम साहेब ! बड़ी मेम साहेब के बाबू ने तो कहा कि आप लोगों के लिए अलग चपरासी का सैंगसन हो गया है।··· हाट-बाजार करने में लड़कियों को बहुत तकलीफ

होती है।

तारावती देवी अपना घर डालटेनगंज के पास कहीं बतलाती है। सधवा है। पति ने दूसरी शादी कर ली है। तारावती देवी को दो अक्षर का ग्यान था, इसलिए ट्रेनिंग में आयी है। पास कर जायेगी तो फिर जाकर बतावेगी अपनी सौत को। 'बलौक' में काम करेगी तो 'बलौक-अफिसर' उसका जरूर मदद करेगा।

शिवकुमारी पटना जिले की लड़की है। चचा बिहारशरीफ रजिस्ट्री-ऑफिस में मुहर्रिर है। शिवकुमारी मिड्ल पास करके गाँव की पाठशाला में पढ़ाती थी। चचा ने कहा–स्कूल की पढ़ाई में क्या मिलनेवाला है ? ट्रेनिंग लेने के बाद तो 'बलौक' में सवा सौ की नौकरी धरी हुई है।

श्यामा, भागलपुर जिले के मन्दार-पर्वत की तलहटी के किसी गाँव की बेटी है। नाटी-ठिगनी किन्तु सुश्री। गठी हुई देह। किन्तु··· अहा-हा-हाथ के रोयें लम्बे हैं–काले-काले। मैट्रिक में पढ़ती थी। पर, अपने पैरों पर खड़ी होकर दो छोटे भाइयों को पढ़ाना चाहती है। बाप की बड़ी बेटी··· श्यामा !

दूसरे कमरे में–गौरी, शारदा कुमारी और जानकी देवी।

गौरी, सहर्षा जिले की–कोसी-कछार पर रहनेवाली लड़की है। गाँव के चर्खा सेण्टर में अम्बर की ट्रेनिंग ले चुकी है। रानी पट्टी आश्रम के महिला-विभाग में भी रही है। वहीं, एक भूदानी-बहिनजी से दाई-ट्रेनिंग के बारे में मालूम हुआ ! आश्रम के मेटेरनिटी-सेण्टर की ओर से ट्रेनिंग के लिए भेजी गयी है।··· कमरे में झाड़ू देते समय और कपड़ा धोते समय कौन गीत गाती है गौरी देवी करुण राग में ?··· जँतसार। चक्की पर गाती हैं–गाँव की औरतें !

जानकी देवी के उत्साहित करते ही वह गाने लगी–गुनगुनाकर। बेला गुप्त चुप खड़ी सुनती रही।··· गीत सुनते समय, एक ग्रामीण बालिका-वधू की छवि उतर आयी आँखों के सामने। चंगेरी-भर गेहूँ लेकर पीसने बैठी है, चक्की पर। हमदर्द पड़ोसिन पूछती है–ओ, सुकुमारी ! किस पत्थरदिल सास ने तुझे चंगेरी-भर गेहूँ दिया है तौलकर, किस ननद ने तुझे अकेली नौ मन की चक्की चलाने को भेजा है। हाय-हाय, चक्की का हत्था पकड़कर, झमाई हुई निहुरी-सी घूँघट के अन्दर ही रोती है, छोटी गुड़िया-जैसी दुलहिन···

के तोरा देलकउ सुन्दरि दस सेर गेहुँआ
के तोरा भेजलकउ एकसरि जँतसारे-ना-कि।
कौन रे निदरदो के तेहुँ रे पुतौहिया
कौन रे मुरुखवा-पुरुखवा तोर भतार ना-कि।
'हथड़ा' पकड़ि सुन्दरि झमरि... !

बेला गुप्त बहुत देर तक इस गीत की चक्की-जैसी घूमती गति पर चक्कर खाती रही !··· इसको कहते हैं, लोकगीत। अंजू-मंजू तो फिल्मी लोकगीत गाती हैं–हजी हो-ओ-ओ, हजी-ओ-ओ और हैयो-रे-हैयो जोड़ देने से ही लोकगीत नहीं हो जाता··· वाह गौरी !

जानकी देवी, चनपटिया विधवाश्रम में बहुत दिनों तक 'पापड़-मुरब्बा-अचार-विभाग' में रह चुकी है। अब दाई-ट्रेनिंग लेने आयी है।··· बेला गुप्त को इस महिला के हाव-भाव पसन्द नहीं। गौरी के गीत के बाद ही जानकी देवी ने पूछा—मेम साहेब, आपके साहेबजी कहाँ रहते हैं ?

शारदा कुमारी भी सहरसा की है। एक कांग्रेसी-कार्यकर्ता की लड़की है। हर बात में 'अथि' लगाकर बोलती है। बड़ी सीधी है। सभी लड़कियाँ प्रणाम, नमस्ते या सलाम करती हैं, बेला गुप्त को। यह सभी को कहेगी—गोड़ लगती हूँ। बेला गुप्त को, श्रीमती आनन्द को और लेडी डाक्टर का चाको को—सभी को—गोड़ लगती हूँ कहकर सिर झुका देती है।

चन्द्रमोहिनी, विभावती, रुक्मिणी और कुन्ती देवी सबसे बड़े कमरे में रहती हैं।

चन्द्रमोहिनी शरणार्थी बंगालिन है। मोतिहारी-शरणार्थी कैम्प से आयी है।··· बँटवारे के समय देह पर अमानुषिक अत्याचार झेल चुकी है। चेहरा एक ओर जला हुआ है।

विभावती, खद्दर पहनती है। सलवार और कमीज ! पूर्णियाँ जिले के किशनगंज सब-डिविजन में रहती है। डालिमगंज गाँव में। बाप, स्कूल का शिक्षक है। विभावती सेवा की भावना से प्रेरित होकर ट्रेनिंग ले रही है। ··· उसके गाँव में, आसपास के गाँवों में बहुत-सी माताएँ, सौरगृह में ही मर जाती हैं, बच्चे रोग के शिकार होते हैं। इसलिए, ट्रेनिंग लेकर वह गरीब माताओं की सेवा करेगी। सबसे बड़ी सेवा है यह, उसके बाप का भी यही कहना है।··· चेहरे पर एक विशेष चमक है, विभावती के !

बेला गुप्त ने ध्यान से इस लड़की को देखा। निर्विकार आँखें, निर्भय चेहरा, सुडौल ललाट और घुँघराले बाल।··· साँवली-सलोनी यह विभावती ? यह भी किशनगंज की लड़की ? यह भी शिक्षक की बेटी ?

रुक्मिणी पूर्वी बाँकीपुर की रहनेवाली है। माँ, होली फेमिली अस्पताल में दाई का काम करती है। घरवाला फटफटिया का ड्राइवर है। हर शनिवार की सुबह में फटफटिया लेकर झड़झड़ाता-भड़भड़ाता हुआ आता है और रुक्मिणी को ले जाता है। फिर सोमवार को पहुँच जाता है।

कुन्ती देवी, एक युवक द्वारा उद्धार करके अपनायी गयी अधेड़ महिला है। स्वामी, छपरा कचहरी में किताबों की दुकान करता है। कुन्ती देवी के बिछावन पर 'लाल दुपट्टा मलमल का' रंगीन पुस्तक की एक प्रति पड़ी हुई थी।··· बेला गुप्त अपने को नहीं रोक सकी। पूछ बैठी—क्यों कुन्ती देवीजी, आपके स्वामी इन्हीं किताबों की दुकान करते हैं ?

कुन्ती देवी ने सगर्व स्वीकार किया—जी, और भी हैं। डाकू मानसिंह दिलेर, अफीम-सुन्दरी, लाला छुछुन्दर राम और फिलिम के गाने···।

बेला गुप्त को लगा, कमरे की तीनों लड़कियाँ कुन्ती देवी से नहीं बोलतीं।

··· कुन्ती देवी की चौकी एक कोने में है। और, वह कोना सबसे गन्दा कोना है–कमरे का।

बेला गुप्त ने सभी कमरों में–यहाँ के नियम-कानून और साधारण आचार-व्यवहार के पालन की बात बतायी। और हर कमरे की अधेड़–कुन्ती देवी, जानकी देवी और तारा देवी ने कोई-न-कोई सवाल उठाया–बेतुका।··· मच्छड़ों को भगाने के लिए धुआँ करना जरूरी है।··· महीना लेने के लिए बड़ा बाबू सुबह बुलाते हैं। दिन-भर बैठा रखते हैं। रिक्शा-भाड़ा में ही एक रुपया लग जाता है। इसलिए चाहती हैं कि 'महीना' मनिआर्डर से मिले।

–डाइरेक्टर के पास लिखिए !

··· लड़कियों के छोटे-छोटे चूल्हे, छोटी केतली, सस्ती टूटी-फूटी प्यालियाँ ! सस्ते गमछे, छोटा-संसार !··· मशहरी किसी के पास नहीं। विभावती के पास मशहरी है, पर लगाती नहीं।

··· विभावती भी किशनगंज की रहनेवाली है ?

··· विभावती के पिता भी स्कूल के शिक्षक हैं।

··· विभावती भी सेवा की भावना से प्रेरित होकर घर से बाहर आयी है ?

··· किशनगंज का इस्लामपुर गाँव !

··· इस्लामपुर स्कूल के व्यायाम-शिक्षक की पुत्री–बेला !

पढ़ने-लिखने में ही नहीं, खेल-कूद में भी वह किसी लड़के से पीछे नहीं रही, किसी दर्जे में। लाठी, भाला, तीर, तलवार चलाने से लेकर महानदी में तैरने तक की प्रतियोगिताओं में वह सर्वप्रथम होती···।

स्कूल के वार्षिकोत्सव में, हर वर्ष कोई नया करतब दिखाती अपना। दुर्गापूजा मेले में, गाँव की लड़कियों को लेकर स्वयंसेविका दल बनाती···। फिर जिन्दगी में कैशोर्य-सुलभ रहस्य-रोमांच की लहरें आयीं !···

क्रान्तिकारियों की कहानियाँ सुनते समय देह बार-बार सिहरती !··· जालियाँ बाग में मदन गोपाल को टिकटी में बाँधकर, चूतड़ पर बेंत लगाते हुए चाण्डालों की वह रंगीन तस्वीर जिस दिन मिली, बेला रो पड़ी थी।··· उस तस्वीर को देखकर घण्टों रोती रहती··· चूतड़ की चमड़ी उधड़ गई है। रक्त की धारा !!

··· और, वह गीत ? शहीदों की टोली निकली, सिर बाँधे कफनियाँ जी ! अजी-ई-ई, डायर के फायर से जबकि भूमि हुई थी लाल–भाइयो, भूमि हुई थी लाल, कि जलियाँवाला बाग में जूझे प्यारे म-द-न-गो-पा-ल–है-है कलेजे बीच, हाय-कलेजे बीच, गोली निकली-ई-ई-सिर बाँधे कफनियाँ जी !!

··· आर्यसमाजी कीर्तन में ढोलक बजानेवाला फेकू आर्य ढोलक पर थाप देता और बेला की आँखों के आगे लहरें आने लगतीं। लहरें उसके मन-प्राण में, कण्ठ में उतर आतीं, वह मुट्ठी तान लेती और गाती–कुँवर सिंह ने जब बिहार में किया महाहुंकार–भाइयो दिया एक ललकार–कि तब झाँसीवाली रानी निकली, लिये हाथ तलवार–जै दुर्गे ! जै दुर्गे !!··· बृटिश की ठिठोली निकली–है-है अंग्रेजों की ठिठोली

निकली।

इस गीत को सुनते ही गाँव के बड़े-बूढ़े, बच्चे-जवान, स्त्री-पुरुषों की भीड़ लग जाती। सभी इसके जुझारू-लय पर गर्दन हिलाने लगते। सभी सुर में सुर मिलाते।··· गाँव में किसी सार्वजनिक कार्य के लिए चन्दा वसूलना होता, बेला की बुलाहट होती ! स्कूल के प्रेसिडेण्ट, स्थानीय यूनियन-बोर्ड के मिम्बर, अमन-सभा के सदस्य हाजी अब्दुल वदूद साहब ने एक बार बेला के पिता को बुलाकर चेतावनी दी थी—मास्टर साहब, अपनी बेटी को अब जरा सँभालिए। 'बम-बम'-खेल खेलती है और वही कफनियाँवाला गीत गाती है स्कूल में। लड़की को सँभालिए वर्ना मामला एक दिन बे-सम्हाल भी हो जा सकता है···

हाजी साहब की बात सच निकली। बेला, अपने बाप के 'सँभाल' से बाहर हो गयी एक दिन।···

पिता का प्रिय छात्र—प्रियदर्शन, स्वस्थ तरुण बाँकेबिहारी जो उन दिनों काशी में पढ़ता था, जब गाँव आता, बेला के घर आकर दर्जनों क्रान्तिकारी कहानियाँ सुना जाता। किताबें लाता और नये गीत सुनाता—हारमोनियम बजाकर। कितने अच्छे, बाँके भैया !··· क्रान्तिकारी पार्टी में हैं ?

इस बार, बाँकेबिहारी भैया आये तो शुरू से ही गम्भीर थे।··· दिनभर छटपटाती रही थी बेला और बाँके भैया आये थे शाम को। वह भी दस मिनट के लिए। बेला मर्माहत हुई थी। क्या हो गया है इस बार बाँकेबिहारी भैया को ? दूसरे दिन बाँकेबिहारी ने गम्भीर होकर कहा था—उसकी क्रान्तिकारी पार्टी को महिला-कार्यकर्ता की सख्त जरूरत है।··· बेला-जैसी लड़की घर में कैद रहेगी तो 'भारत-माता' की बेड़ी कैसे टूटेगी ?

··· बाँके ने एकान्त में बेला को पिस्तौल दिखाया था।

··· बेला ने जीवन में पहली बार बाँके से एकान्त में, छुप-छुपकर मुलाकात की थी। बेला ने जिन्दगी में पहली बार एक असली पिस्तौल को आँखों से देखा ! लहरें आयीं !!··· उसने स्पर्श किया—ठण्ढा लोहा ! लहू में गर्मी !! रिवॉल्वर ? उसने पूछा था—बाँके भैया, इसमें गोली भरी हुई है ?

बाँकेबिहारी फुसफुसाकर बोला था—इसको मरम्मत करवाना है।

बेला ने अपनी उँगली के लहू से हस्ताक्षर कर दिया था एक सादा कागज पर। सादा कागज नहीं बाँके ने कहा था—प्लेज !

प्लेज लेने के बाद पार्टी की हुक्म-उदूली कैसे कर सकती थी ?··· एक दिन बाँके तूफान की तरह आया और बोला—पार्टी का हुक्म है, तुरत घर छोड़कर चलो। बेला को कुछ सोचने का अवसर भी नहीं दिया बाँके ने।··· तुरत ? कहाँ··· यह सवाल मत करो। कोई सवाल नहीं !

बाँकेबिहारी की बिहार क्रान्तिकारी पार्टी का हेडक्वार्टर बनारस !··· पार्टी के 'भाईजी' को पहली बार बेला ने देखा—कानपुर में। रक्त-मांस के बने सजीव क्रान्तिकारी-नेता 'भाईजी'। जिनकी दर्जनों कहानियाँ बेला सुन चुकी थी, उन्होंने

पीठ थपथपाते हुए कहा था··· स्वतंत्र भारत में सबसे पहले तुम्हारी आरती उतारी जायेगी !

··· पार्टी के काम से बाँकेबिहारी के साथ बेला को पेशावर जाना है। ··· फ्रण्टियर मेल ! बाँकेबिहारी बनारस-बुलानाला के एक फल के व्यापारी का बेटा कहता है अपने को ! बेला उसकी नववधू है। व्यापार के सिलसिले में ही वह जा रहा है—पत्नी को देश-विदेश देखने का शौक है।··· हाँ, हनिमून ही समझिए !!

··· घर से निकलने के बाद ही बाँकेबिहारी के 'सतीत्व' पर, पाप-पुण्य और देश की गुलामी पर बातें करते हुए कहा··· सतीत्व क्या है ? कुछ नहीं।··· पाप क्या है ? पुण्य क्या है··· देश को स्वतन्त्र करना ही सबसे बड़ा पुण्य है।··· भूख लगती है। वैसे ही, देह की भूख है।

··· यदि उस रात को, कानपुर में, मनसूर साहब नहीं आ जाते तो, बाँके उसी दिन—पेशावर-यात्रा की रात में ही अपनी भूख मिटा लेता।

··· बाँके ने अपनी भूख मिटायी, बाद में।

··· सबकुछ सह गयी बेला, देश की आजादी के नाम पर ! झेल गयी ! किन्तु, बाँके की कायरता का फल बहुत दिनों तक भोगती रही, बेला !

··· सरफराज खाँ, जिससे बाँकेबिहारी अपनी पार्टी के लिए 'आर्म्स' खरीदता था—रोज आने लगा। रोज, सामान आते—दाम चुकाये जाते। फलों की टोकरियों में पैक किये जाते। सबकुछ होता, किन्तु सरफराज खाँ की आँखें बेला के आसपास ही मड़राती रहतीं।

··· आखिरी किश्त ! उस दिन बाँके, बेला को समझा रहा था—पार्टी का काम जिससे बिगड़े नहीं—हमें इसके लिए सबकुछ सहना होगा। बेला तर्क कर रही थी—हम पति-पत्नी होने का बहाना बनावें, यहाँ तक तो ठीक है। पर, हम पति-पत्नी हो जायें सचमुच—यह और बात है।···

—तर्क मत करो !

··· तर्क मत करो। बाँके पुरुष है। तुम स्त्री··· उसके जब जी में आवेगा—तुम्हारा उपयोग करेगा।··· उसका चमड़े का पोर्टफ़ोलियो-बैग है—उसे वह जब चाहता है खोलता है, बन्द करता है। चमड़े का थैला तर्क नहीं करता। बेला क्यों तर्क करती है।··· बाँके का हाथ बेकार बैठा नहीं रह सकता। आश्चर्य ! जब उसको डर होता है किसी बात का—तब भी वह बेला को···।

··· दरवाजे पर दस्तक ! बाँके ने दरवाजा खोल दिया। सरफराज ! सरफराज ने आते ही हुक्म दिया बाँके को—तुम बाहर जाओ।··· बाँके ने चूँ शब्द नहीं किया। उसने उलटकर बेला को देखा भी नहीं। कमरे से चुपचाप निकल गया।

··· दरवाजा बन्द हुआ।

··· कमरे में, बर्बर अफ्रीदी सरफराज की आँखें ! आँखें-ही-आँखें !

··· एथोलेटिक्स··· फिजिकल··· डिमांस्ट्रेशन··· हाइजम्प··· तालियों की गड़गड़ाहट ··· बेला जीत गयी !!

··· शॉट पुट··· डिसकस-थ्रो··· जेवेलिनथ्रो··· जीत गयी, जीत गयी बेला !!

··· कुश्ती ! ··· नहीं, बॉक्सिंग··· फिर, हौप-स्टेप एण्ड जम्प··· तालियाँ !!

··· बेटी ! अबला नहीं, शक्ति की अराधना करके सबला बनना है तुम्हें !

··· फिल्ड इवेण्ट में सर्वप्रथम हुई बेला ?

··· बर्बर, दुर्निवार, अफ्रीदी जानवर से वह न जाने कब तक लड़ती रही।

–अन्त में, दाँत और नाखून··· किन्तु, अन्ततः वह हार गयी। खून से लथपथ सरफराज, घायल भेड़िये ने उसे दबोच लिया अपने जबड़ों में।··· नरक के चूल्हे ··· कढ़ाही में तेल खौल रहा है··· बेला के अंगों को काट-काटकर कड़ाही में डालता गया··· सिर पर आरा चला··· कलेजे पर कीलें··· कोल्हू में पेरी गयी··· भाले में भोंककर झुलसायी गयी !

··· कुमारी बेला रानी मर गयी, कोरोनेशन होटल, पेशावर के सोलह नम्बर कमरे में !

··· फ्रण्टियर मेल भागी जा रही है। बुलानाला-बनारस के व्यापारी का बेटा वापस लौट रहा है। उसकी नवविवाहिता वधू परदेश में आकर बीमार पड़ गयी है। तेज ज्वर में बड़बड़ा रही है।

··· मरी हुई बेला प्रार्थना कर रही है, बाँके बाबू इस लाश को यहीं फेंक जाओ। बाँकेबिहारी बर्फ की थैली सिर पर डाल रहा है–घबराओ मत। ठीक हो जाओगी।

··· बेला के दिमाग का क़ोई अंश उसी दिन शून्य हुआ। अब भी शून्य है। कभी-कभी घण्टों बेवजह बैठी रहती है चुपचाप।

··· वह क्यों पढ़ने बैठी है, जिन्दगी के उन पृष्ठों को ?

··· विभा किशनगंज की लड़की है।

किन्तु, बेला का किशनगंज में अब कोई नहीं। बेला फिर कभी नहीं लौटी। कहाँ लौटती ? किस मुँह से ?···

बाढ़ से हहाती-फुफनाती महानदी में बेला तैरने गयी है। लहरों से खेलती हुई बेला को बाप बुलाता है–बेटी, अब लौट आओ ! दूर मत जाओ।··· लौटो-ओ-ओ-ओ ! बे-ला-आ-आ-आ !

बाप पुकारता रहा–बेटी नहीं लौटी, किन्तु !

··· बाबा ने आत्महत्या कर ली–महानदी में डूबकर। अध-पगली माँ न जाने कहाँ चली गयी। बाँकेबिहारी ने, कृपापूर्वक यह सूचना बहुत बाद में दी थी। उस दिन बेला रो नहीं पायी थी। उस दिन के जमे हुए आँसू कलेजे पर लदे हैं। जीवन-भर समय-असमय इसी तरह झरेंगे, ढरेंगे। बे-मोल··· !!

··· पापिनी ! अभी क्या हुआ है ? तेरी दुर्गति अभी बाकी है। तुमने अपने गौ-जैसे बाप को कलपाया है।··· देश-सेवा-वा-वा-हा-हा-सेवा··· तुम्हारी आरती उतारी जा रही है स्वतन्त्र भारत में बेला देवी··· सुकुमार घोष तुम्हारे पास सोयेगा··· आनन्द सोयेगा··· डाइरेक्टर सोयेगा··· डाइरेक्टर का किरानी सोयेगा–सभी सोयेंगे। तुम सेवा करोगी। तुम कुछ नहीं बोल सकतीं।···

बेला चीख रही है–श्रीमती आनन्द, आप गाली बक रही हैं !

रामरति हड़बड़ाकर उठी–दीदीजी, दीदीजी-ई-ई। सपना रही है दीदीजी ? ··· उठिए, पानी पीजिए।

··· ओ ! पसीने से भीग गयी है बेला गुप्त। प्यास से कण्ठ सूख रहा है–रामरति, खिड़की खोल दे।

··· जाड़े में यह 'नाइट-स्वेट' ? रात में पसीना ?

क्यों ऐसा होता है ?

अन्नपूर्णा, काशी की लड़की है। बेसेण्ट स्कूल में पढ़ाती है। यहाँ बाँकीपुर विश्वविद्यालय से बी. ए. की परीक्षा देने आयी है। जब से अन्नपूर्णा आयी है, उसको देखते ही बेला गुप्त को काशी के केदार घाट की याद आती है।··· कचौड़ी गली की सोंधी गन्ध और विश्वनाथ गली की पवित्र मनोहर गन्ध छा जाती है चारों ओर। काशी के, कष्ट के दिनों की याद भी सुख दे जाती है··· सट्टीवाली–बुआ, कालिका की बेटी, सुपारी-दीदी··· गंगा··· गंगा··· महानदी !!

अब, विभावती को देखते ही, आँखों के सामने महानदी उभड़ने लगती है। धान-पाट के हरे-भरे खेत··· उत्तर हिमालय के शिखर पर सोने के ढेर··· दुर्गापूजा के बजते हुए ढोल–आओ अम्बे, आओ अम्बे–जै जगदम्बे !!

··· अन्नपूर्णा पन्द्रह तारीख को चली जायेगी ?

मिस्टर बागे ने लम्बी-चौड़ी भूमिका बाँधी। श्रीमती आनन्द धीरज खो बैठी–देखो, बागे ! मुझे ठीक साढ़े नौ बजे बाहर जाना है।

बागे ने चटपट अपना प्रस्ताव सामने रख दिया।··· श्रीमती आनन्द की तीन पीढ़ी को जानता है, वह। और, मिस्टर आनन्द ? पुराना घाघ है, बूढ़ा। बात समझाने के लिए इसको 'मूड' में लाना होता है। और, दूसरे के सिर पर पीते समय, डिम्पल स्काच के पाँच पेग पीकर भी मूड में नहीं आता है। एक पाइण्ट 'ओल्ड स्मग्लर' व्हिस्की उदरस्थ करने के बाद बोला–ठीक है, बागे ! मुझे एतराज नहीं। तुम ज्योति को बोलो। मेरा नाम मत बोलना।

··· पाउडर मिल्क, विटामिन बी कम्प्लेक्स की गोलियाँ लिवर-एक्स्ट्रेक्ट, पेनिसिलिन, स्ट्रेप्टोमाइसिन, सल्फागुनाडिन··· मार्किन कपड़ों की गाँठ ?··· पच्चीस हजार रुपये ?

··· क्या कहता है यह बागे ?

–भाभी, पच्चीस हजार क्या ? आप यदि 'सहाय' हों तो बाँकीपुर सेक्रेटेरियट के हर सेक्शन के हर बड़े साहब को, आपका यह बागे–उँगली पर नचाकर दिखा दे। पच्चीस हजार की क्या बात ?

–अच्छी बात। मान लो मैं 'सहाय' हूँ। मुझसे कैसी, कौन-सी सहायता चाहते हो तुम ?

बागे ने हाथ मलना शुरू किया–भाभी !··· आपके जिम्मे में तो विशुद्ध गृह-उद्योग के माल हैं। हेंहें··· भा··· भी··· !

–फिर, बुझौवल ? खुल्लमखुल्ला क्यों नहीं बोलते ?

–दास साहब कह रहे थे कि आपके कब्जे में देहात की कुल लड़कियाँ आयी हुई हैं ? किसी ट्रेनिंग में ?

–आयी तो हैं।··· दास साहब माने, बड़े दास साहब ?

–बागे किसी छोटे दास साहब से रिश्ता नहीं रखता। दास साहब ही क्यों, सभी साहबों को खबर है। ऐसी खबर भला छिपी रहती है ?

श्रीमती आनन्द का चेहरा लाल हो गया। पता नहीं, लाज से अथवा उत्तेजना से। बागे बोलता गया–कंकड़ बाग के कान्ति चटर्जी को जानती हैं ? फूड डिपार्टमेण्टवाला के. चटर्जी। पुराना हिन्दुस्तान-टेन लेकर 'बाइपास' के रास्ते आपके सिटी सेण्टर में भी जाता है। वहाँ भी उसके कई 'शिकार' हैं।··· गाड़ी में आधा दर्जन 'शिकार' लाद लेता है और बेली रोड से शुरू करके कर्जन पार्क के बँगलों में अथवा पहले से तय की हुई जगहों पर पहुँचा आता है।··· भाभी, जहाँ सभी बालू की दीवार बना रहे हैं वहाँ ईंट-सिमेण्ट का घर कोई पागल ही बना देगा। सदर-बाजार का जमाना चला गया।

भाभी, अब आपका क्या ?

श्रीमती आनन्द को अब अधिक नहीं समझाना होगा। आगे की भूमिका के पहले ही सबकुछ समझ गयी थी।··· अब तक 'अंजु-मंजु' के लोकगीत का लोभ बना देकर–जो व्यापार वह छिटपुट तौर पर कर रही थी–उसी को अब बड़े पैमाने पर–पार्टनर रखकर, कम्पनी बनाकर करना होगा। मिल्क पाउडर, विटामिन बी काम्प्लेक्स, स्ट्रेप्टोमाइसिन··· ? पच्चीस हजार रुपये ?

··· लकड़ी के बाद, यह लड़की का व्यापार !

श्रीमती आनन्द ने कहा–मुझे सोचने का समय दो, बागे !

–इसमें सोचना क्या है, भाभी ?

–बागे, तुम आनन्द को नहीं जानते।

बागे चला गया–शुभ संवाद देकर। लाभ की योजना बतलाते समय, चतुर-चालाक आदिवासी-सन्तान बागे ने स्पष्ट शब्दों में कहा–मुझे अपने को 'दलाल' कहने में कोई शर्म नहीं। मैं इसी की कमाई खाता हूँ। दलाली मेरा पेशा है।···

··· बागे ही क्यों, सभी दलाल हैं। यह दलालों की ही दुनिया है।···

श्रीमती आनन्द को नेपाल-तराई के दिन याद आये।

··· ईस्टर्न-टिम्बर कम्पनी, कलकत्ता के पर्चेज-ऑफिसर मिस्टर महान्ती ने नेपाल की तराई में पहुँचकर देखा–यहाँ ईस्टर्न-टिम्बर कम्पनी के पैसे से ही, दो और पॉकेट-कम्पनी बनाकर कारबार करना आसान है।

··· राणाशाही-शासनकाल में, वन-विभाग का एक साधारण सुब्बा भी अपने को तीन-सरकार–प्रधानमन्त्री–समझता था। और, सारी पूर्वी तराई का एकमात्र

कर्ताधर्ता-'बनजाँच' का खरदार, जेनरल नरबहादुर ? जिसे चाहे, ठेका दे या तोड़ दे ! सारे भारत के लकड़ी के व्यापारी, महीनों पड़े रहते, दल बाँधकर।··· हुजूर मर्जी होस !··· कृपा कीजिए प्रभु ! दयानिधे !

··· दि कलिंग टिम्बर कम्पनी से 'झापा-झिलमिलिया' और 'बनखण्डी' के जंगलों का टेण्डर दिया है। दि कलिंग टिम्बर कम्पनी ने, अर्थात् मिस्टर महान्ती ने। यदि त्रैवार्षिक ठेका मिल जाये तो फिर मिस्टर महान्ती ईस्टर्न-टिम्बर की ताबेदारी क्यों करेगा ? वह हेलिकोप्टर खरीदेगा।··· किन्तु, जेनरल नरबहादुर की शर्त सुनकर मिस्टर महान्ती के चेहरे का रंग उड़ गया।

··· शराब में भारतीय 'रम' और औरतों में साँवली, मोटी। ब्लेक एण्ड व्हायट, व्हायट हार्स, डिम्पल, हेग, ओल्ड स्मग्लर–कुछ नहीं पीता नरबहादुर। देवदुर्लभ इन अन्तर्राष्ट्रीय ख्याति की शराबों को वह 'रद्दी ड्रिंक' कहता है।··· बंगाल, मिथिला और काश्मीर की सुंदरता को देखकर वह 'ठण्ढा' हो जाता है। उसे साँवली औरत चाहिए। लड़की नहीं, औरत। पीले, लाल और गोरे चेहरे से नरबहादुर को अरुचि हो गयी है, शायद।··· कैसी औरत ? बताऊँ ? ठीक, आपकी मिसेज जैसी है, वैसी ही। हू-ब-हू वैसी नहीं होने से काम नहीं चलेगा। समझे मिस्टर महान्ती, लाखों का कारबार ?··· हजारों-हजार सिल्लियाँ, लकड़ियाँ··· सोने के बार··· गिन्नियाँ ! ··· उम्दा औरत चाहिए–मन के माफिक।

अपने दलाल-मित्र मिस्टर आनन्द के प्रस्ताव को सुनकर मिस्टर महान्ती ने कहा था–मुझे सोचने के लिए समय दो, आनन्द !··· तुम ज्योति को नहीं जानते आनन्द !

··· आनन्द मन-ही-मन हँसा था। ज्योति को तुम ही कितना जानते हो मिस्टर महान्ती !··· दो वर्ष पूर्व, जब वह महापात्र की पत्नी थी, मिस्टर आनन्द उसी समय से जानता है, ज्योति को। महान्ती साहब को क्या मालूम कि श्रीमती ज्योत्स्ना महान्ती ने, मिस्टर सोम सुन्दर आनन्द के साझे में–दि फायरवुड-सप्लायर्स नामक कम्पनी खड़ी कर ली है।··· छः महीने तक तराई के भीतर रहनेवाले महान्ती साहब–ईस्टर्न-टिम्बर के पर्चेज-ऑफिसर और कलिंग टिम्बर के प्रतिष्ठाता महान्ती साहब··· पूरे चार लाख का प्रोफिट !

–डार्लिंग, पूरे चार लाख रुपये-चार ला-ा-ा-ख ?

–तुमने मुझे वेश्या समझ लिया है ? महापात्र को छोड़कर तुम्हारे साथ आयी–इसका यह मतलब नहीं कि मैं अब किसी नेपाली-भूपाली···।

–ज्योति ! मुझे गलत न समझो।

–गलत नहीं, मैंने ठीक ही समझा है तुमको। कहाँ है आनन्द ? उसी के साथ जाना है न, नरबहादुर के कैम्प में ? ठीक है, मैं तुम्हारा टेण्डर मंजूर करवाने जा रही हूँ।··· बनखण्डी और झापा-झिलमिलिया के जंगलों के ठेके··· चार लाख का मुनाफा चाहिए तुम्हें ?

··· सचमुच, नरबहादुर को गोरी चमड़ी से अरुचि हो गयी थी। अपनी रुचि

की चीजों को सामने देखकर वह टूट पड़ा था।··· कौन-कौन जंगल चाहिए ? बनखण्डी ! ठीक है मिल जायेगा। समझो, मिल गया। और ? झापा-झिलमिलिया ? वह भी मिल जायेगा।··· जेनरल नरबहादुर असल छत्री है। जो बोलेगा, करेगा। सिर्फ, तुम्हारे लिए !

··· बनखण्डी और झापा-झिलमिलिया के जंगलों के ठेके मिल गये। दि कलिंग टिम्बर कम्पनी को नहीं··· दि फायरवुड-सप्लायर्स को ? महान्ती साहब की ईस्टर्न कम्पनी को इस बार एक भी टेण्डर मंजूर नहीं हुआ।

··· मिस्टर महान्ती ने तराई के अन्दर ही यह संवाद सुना। किसी फायरवुड-सप्लायर्स ने बाजी मार ली।··· ज्योति से भी ज्यादा उम्दा औरत मन के माफिक कहाँ से ले आया यह फायरवुड-सप्लायर्स ? त्रैवार्षिक ठेका ?

··· महान्ती फिर तराई से लौटकर आबादी में नहीं आया कभी।··· कभी नहीं आवेगा।

किन्तु श्रीमती ज्योत्स्ना महान्ती और सोम सुन्दर आनन्द का 'फायरवुड-सप्लायर्स' वाला कारोबार तीन वर्षों तक नहीं चल सका। दो ही वर्षों के बाद 1950 में राणाशाही के खिलाफ सशस्त्र क्रान्ति हो गयी।

अपना और अपने पति का सारा कारोबार समेटकर वह सोम सुन्दर आनन्द के साथ कानपुर गयी। वहीं, श्रीमती महान्ती से श्रीमती आनन्द भी हुई।···

पाँच वर्ष हुए यहाँ आकर मिस्टर आनन्द ने 'उत्तरांचल ट्रांसपोर्ट सर्विस' शुरू की है। कलकत्ता, दिल्ली, पटना, बनारस से काठमाण्डू, माल ढोनेवाली सर्विस ! नेपाल में, पुराने अफसरों से रिश्ते कायम हैं।··· इसलिए, बाँकीपुर के प्रथम श्रेणी के नागरिकों में जगह बनाते देर नहीं लगी मिस्टर आनन्द को।

बातचीत करते समय, बागे की उलझी हुई आँखों को अपनी छातियों से परे हटाया, कई बार।··· सबकुछ कहने के बाद भी, बागे ने कोई बात मन में रख ली है, शायद।

–और कुछ ?

–और··· और··· आपकी वह बेला गुप्त !

–क्यों, उसकी क्या जरूरत पड़ी ?

–एक सेण्ट्रलवाला मामला है। हबीब साहब, बस सपने में भी बेला गुप्त को ही देखते हैं। कहते हैं··· उसको देखते ही एक सुरूर छा जाता है।

–अच्छा ? लेकिन··· तुम्हारे इस प्रपोज्ड-बिजनेस में सबसे ज्यादा डर बेला गुप्त का है। समझे ?

–वह तो आपके हाथ में है। वह आपका काम है।

–मेरा काम ?

–हाँ ! नहीं तो, काम तो स्टोर और ट्रांजिट के बीच ही हो जायेगा।··· कुछ इन्क्रीमेण्ट का लोभ दिखाइए, तरक्की की उम्मीद, इनाम··· आप तो जानती ही हैं।

श्रीमती आनन्द सोच में पड़ गयी।··· फिर बेला गुप्त ?

–उसको खुश रखिए, अभी कुछ दिन। बाद में, फिर देखा जायेगा !

··· बोक्री का कारबार ?

–अब्दुल !

–हजूर।

–गाड़ी निकालो।

मिस्टर आनन्द, किसी अवैध व्यापार के सिलसिले में ही काठमाण्डू गया है। ··· सत्यमेव जयते। सरकारी कैलेण्डर के राज्यचिह्न के ऊपर लिखित इस आर्षवाक्य को पढ़कर श्रीमती आनन्द हँसती है–सत्यमेव जयते, सत्यमेव···।

··· बेला को खुश रखना होगा ?

··· श्रीमती आनन्द ने सुखमय घोष को सिखा-पढ़ाकर बेला को 'इनसल्ट' करने के लिए भेजा था।··· घोष ने कहा है, ट्रेनिंग में आयी हुई लड़कियों को वह ठीक कर देगा।

··· किन्तु तंग करने पर भी यह चुड़ैल इस्तीफा देकर नहीं भागेगी।··· भागेगी कैसे ? ऐसा क्वार्टर कहाँ मिलेगा ?

गाड़ी होस्टल के फाटक पर पहुँची। श्रीमती आनन्द को बागे की बात याद आयी है–उसको खुश रखिए, अभी कुछ दिनों तक।

बेला गुप्त को अचरज हुआ। श्रीमती आनन्द आज असमय में क्यों आयी है–सीधे बेला गुप्त के क्वार्टर में फिर ? गाली··· ?

–बेला, एक गिलास पानी पिलाओ।

रामरति और मुनिया भी अचरज में डूब गयी।··· आज तो बड़ी मेम का मन-मिजाज एकदम बदला हुआ है।

पानी पीने के बाद, रूमाल से ओठों को पोंछती हुई, श्रीमती आनन्द बोली–बेला, तुमने ठीक ही कहा था। काम के साथ ही, ब्लड-प्रेसर इतना बढ़ेगा–मुझे क्या मालूम ?

बेला गुप्त ने कहा–मैं आज ही आपके पास जा रही थी।

–क्यों, कोई जरूरी काम··· ?

–जी, इन ट्रेनी-लड़कियों के आने के बाद रोज एक-न-एक समस्या खड़ी हो रही है। डाइरेक्टर साहब ने कहा था, बाद में अतिरिक्त नियम-कानून···।

–देखो बेला, मीटिंग और बैठक में पास करवाने के भरोसे रहोगी तो कुछ नहीं कर सकोगी। जो उचित समझो, करती जाओ। बैठी मत रहो।··· और सुनो। घोष को मैंने मना कर दिया है, वह नहीं आवेगा। आनन्द, अंजु-मंजु को डाक्टर के पास ले गया था। अब वह भी नहीं आवेगा।··· मैंने उस दिन तुम्हारे जीजा को कम डाँटा है ? लेकिन, बेला ! वह तुमसे मिलने जरूर आवेगा। कह रहा था, बेला-जैसी साली··· हैं हैं हैं हैं !

श्रीमती आनन्द हँसी। बेला के ओठों पर मुस्कराहट अंकित रही–पूर्ववत्।

—और, लगता है तुमने डाइरेक्टर साहब पर भी ज़ादू कर दिया है। कह रहे थे—बेचारी का काम इतना बढ़ गया है !

रामरति और मुनिया के बारे में श्रीमती आनन्द बोली—मैंने यों ही धमकाने के लिए नोटिस दी थी।··· देखो, इन दाई-मेहतरानियों को बीच-बीच में धमकाना बहुत जरूरी है।··· रामरति को छुट्टी के पैसे दे देना और यह बूढ़ी मुनिया इस बुढ़ापे में कहाँ जायेगी ? आँख जँचवाने की जरूरत नहीं।

श्रीमती आनन्द, बेला गुप्त के साथ 'दाईकित्ता' में गयी। छुट्टी का दिन है। रुक्मिणी को छोड़कर सभी ट्रेनी-लड़कियाँ कित्ते में ही हैं।

तीनों अधेड़ महिला एक ही साथ आगे बढ़ आयीं—सलाम बड़ी मेम साहब !

कुन्ती देवी ने कहा—बड़ी मेम साहब, रात में अलाव लगाने का हुकुम नहीं दीजिएगा तो मच्छड़ धुनकर खा जायेगा हम लोगों को। धुआँ से मच्छड़ तनिमनि हटा रहता है। औडर दिया जाये···।

—औडर बड़ी मेम नहीं, छोटी मेम से माँगो।

—छोटी मेम कहती है बड़ी मेम···।

श्रीमती आनन्द ने मुँह विकृत करके कुन्ती देवी की बात अनसुनी कर दी। मुस्कराती हुई गौरी देवी पर श्रीमती आनन्द की दृष्टि पड़ी और बड़े दास साहब की बात याद आयी। बागे की बात··· आपके पास विशुद्ध ग्रामोद्योग के माल हैं।

—क्या नाम है तुम्हारा ?

बेला गुप्त को इन लड़कियों से हमदर्दी है। हुँ, सारी हमदर्दी निकालेंगी—यही लड़कियाँ। ठहर जा।··· अभी तो तुमको खुश रखना है।

··· बागे, ठीक ही कहता था। गाँव की इन भोली-भाली दीखनेवाली लड़कियों को देखकर पुराने पापियों के मुँह में जरूर राल भर जाती होगी।··· गौरी देवी, विभावती, श्यामा !!

··· क्या हो गया है श्रीमती आनन्द को ? आज तो लगता है, रमला मौसी ही उसकी जीभ पर आ बैठी है। जाते समय कह गयी—बेली ! अपने जीजा को एक दिन स्टू बनाकर क्यों नहीं खिलाती ? बेचारा रोज बोलता है—स्टू तो बेला ही बना सकती है।

मुनिया कहती है—जो भी कहो, बड़ी मेम का भीतर एकदम साफ है। सादा दिल !

रामरति बोली—सादा दिल नहीं, और कुछ। इस मौगी के मन का थाह तुम पाओगी ?

जमादारिन चिल्ला रही है—फैनाइल खतम हो गया।··· महीना नहीं बढ़ाइएगा तो अब हमसे काम नहीं होगा। हाँ, मैं कह देती हूँ।

बेला गुप्त ने देखा, विभावती खड़ी है।

—क्या है विभा ? अन्दर आओ।

विभावती अन्दर आयी—दीदीजी…।

—क्या है ?

—वह कुन्ती देवी… बहुत… वैसी है।

—क्या है ? कैसी है ?

—उसकी आदत ठीक नहीं। या तो हम लोगों को दूसरे कमरे में भेज दीजिए या कुन्ती देवी को।… रात में वह सोने नहीं देती है।

—क्या करती है ? धुआँ करती है ?

विभावती का मुखड़ा तमतमा गया—जी… जी नहीं। वह हम लोगों के पास आकर सो जाती है। फिर…। मेरे पास और चन्द्रमोहिनी के बिछावन पर भी। रुक्मिणी और कुन्ती देवी हमेशा खराब-खराब बातें बोलती रहती हैं।

बेला गुप्त को तुरत, बाँकीपुर नर्सेस-क्वार्टर की घटनाएँ याद आयीं। स्टाफ मेस भी इसी तरह अपने कमरे की लड़कियों को तंग किया करती थी।

बेला गुप्त चुप रही। फिर बोली—कुन्ती देवी को भेज दो जाकर। नहीं, तुम जाओ।… रामरति ! कुन्ती देवी को बुलाना।

कुन्ती देवी आयी।

—कुन्ती देवी ! आपके कमरे में चार लड़कियाँ हैं न ? आप और रुक्मिणी बगलवाले कमरे में जाइए। अभी खुलवा देती हूँ।

कुन्ती देवी बोली—क्यों, क्या बात हुई छोटी मेमजी ?

—कुछ नहीं। जाइए। अपना सामान निकालिए।

—किसी दूसरी लड़की को भेज दीजिए। मैं जहाँ हूँ, वहीं रहूँगी।

—नहीं, दूसरी लड़की नहीं जायेगी। कोई नहीं जायेगी। रुक्मिणी भी नहीं। आप अकेली…।

—यह अन्याय है।

—चुप रहिए। लाज नहीं आती ?

—लाज किस बात की आवेगी ?… मेरा क्या पेट फूला है ?

—कुन्ती देवी !

—वह लौंडिया, विभावती आपके कान में फुसफुसाकर न जाने क्या-क्या लगा गयी और आपको परतीत हो गया ? एकतरफा बात सुनकर किसी को जरेबार नहीं करना चाहिए।

बेला गुप्त बोली—उस कमरे में नहीं जाइएगा तो फिर यहाँ कहीं जगह नहीं मिलेगी।

—सो काहे ? इस बार कुन्ती देवी का गला तेज हुआ।

बेला गुप्त ने कहा—आप रात में लड़कियों को तंग करती हैं ?

—क्या तंग करती हूँ।… जुलुम बात ! जनाना होकर जनाना को क्या तंग करेगी कोई ? देखिए, छोटी मेम—यह सब शहरी चाल-चलित्तर हम लोगों को नहीं मालूम है। यहाँ होता होगा वह सब। हम लोग देहात की हैं।… जरा सुने न—क्या

तंग करती हूँ।

घृणा से बेला गुप्त ने मुँह विकृत कर लिया।

–रामरति ! रुक्मिणी आयी है ? बुलाओ।

कुन्ती देवी बोली–हाँ, बुलाइए रुक्मिणी को। पूछिए।

रुक्मिणी आयी–क्या है दीदीजी ?

बेला गुप्त के कुछ कहने के पहले ही कुन्ती देवी बोली–सुनती हो रुक्मिणी ! तुम और मैं मिलकर रात-भर उस मुँहजली बंगालिन और 'चूतड़-चालाक' विभावती को तंग करती हूँ। सुनोगी और कुछ··· ?

–आप चुप रहिए।··· रुक्मिणी, तुम और कुन्ती देवी मिलकर क्या सब गन्दी बातें बोलती रहती हो ?

रुक्मिणी पूर्व बाँकीपुर की लड़की है, पुरैनियाँ जिला के गाँव की नहीं। उसने ऐसा मुँह बनाया मानो आकाश से गिरी हो–गन्दी बातें ? कौन कहती है ? विभावती ? चन्द्रमोहिनी ?··· तो, सुनिए, मेम साहब ! विभावती रोज क्लास में गलती करती है। पीजी, पीभी, पीआर सब गड़बड़ा जाती है। इसलिए, उसको मैं माने बतला रही थी। पीभी का माने।

विभावती और चन्द्रमोहिनी बाहर खड़ी थीं।

चन्द्रमोहिनी बोली–यह झूठ बोलती है, दीदीजी ! यह हर सोमवार को घर से आते ही अपने-आप बकना शुरू करती है।

–क्या बकती हूँ ?

–अभी क्या बोल रही थीं तुम ?

–अरी वाह रे लड़की ! अब कमर में दर्द हो तो नहीं बोलूँगी कि कमर में दर्द है ? बड़ा आयी है किसी का मुँह बन्द करने। मेरा मुँह मत खुलवाओ नहीं तो खोलकर रख दूँगी, सबकुछ। हाँ ! छोटी मेमजी, पूछिए इस चन्द्रमोहिनी से, यह बस-ड्रैबर के बगल में–सटकर क्यों बैठती है रोज आगे में–पूछिए, सभी लड़कियों से।

कुन्ती देवी रोने लगी–आज ही लिखती हूँ उस मर्द को। खूब ट्रेनिंग के लिए भेजा है ? नहीं लूँगी ऐसी ट्रेनिंग···।

बेला गुप्त ने कहा–रुक्मिणी, तुम और कुन्ती देवी बगलवाले कमरे में अपना डेरा ले जाओ।··· कुछ नहीं। मैं कुछ नहीं सुनना चाहती।··· रामरति, तीन नम्बर कमरा खोल दो, जाकर।

–कुछ नहीं सुनिएगा और किसी को बिला-कसूर हलाल कर दीजिएगा ? मैं अभी बड़ी मेम के पास जाती हूँ। हम लोग गरीब हैं तो क्या एकदम गुड़हट्टा की कस्बिन हैं ?

रामरती अब तक चुप थी। इस बार बोली–हल्ला-गुल्ला, रोना-पीटना अपने कित्ता में जाकर कीजिए।··· गुड़हट्ट की कस्बिन सब भी अब आवेगी, ट्रेनिंग में। देखियेगा।

बेला गुप्त के क्वार्टर से बाहर निकलकर कुन्ती देवी विभावती पर टूटी। फूहड़ मुद्रा बनाकर बोली–चुगली खाती है ? छोटी मेम से यह क्यों नहीं कहा कि कुन्ती देवी औरत नहीं मर्द है !···

–कुन्ती देवी ! बेला गुप्त चीख पड़ी इस बार।

प्रोफेसर रमा निगम ने आज नये डिजायन का कुण्डल पहना है, कान में। हवा में हिलता-डुलता रहता है, हमेशा।··· काँपता हुआ व्यक्तित्व !

मिस रेवा वर्मा से उसकी बातचीत बन्द थी। उस रात को पटनेश्वरी देवी और शिप्रा मजुमदार ने मिलकर दोनों में मेलजोल करवा दिया है।··· पहले तो, एक पान को दो टुक करके खाती थीं, आपस में।

प्रोफेसर रमा निगम और रेवा वर्मा में बहुत घनिष्ठता थी। दोनों एक ही कमरे में रहती थीं। एक-दूसरे की चीजों का व्यवहार करती थीं। प्रोफेसर निगम, रेवा वर्मा के प्रेमी के पत्रों को बिना पूछे खोलकर पढ़ती थी। फिर, पत्र का उत्तर लिखने में मदद भी करती थी। दोनों एक-दूसरे को अपनी प्रेम-कहानियाँ सुनाती थीं। इधर कई महीने से हठात् दोनों में बोलचाल, न जाने क्यों, बन्द हो गयी।

–कारण-वारण कुछ नहीं। मिस वर्मा कहती–अब बतलाइए, रेडियो का प्रोग्राम देना मेरे हाथ में तो नहीं। मैंने 'नारी-संसार' की इन्चार्ज मिसेज शर्मा से कई बार कहा। उन्होंने कुछ ध्यान ही नहीं दिया··· कौन है यह प्रोफेसर निगम ? अब मैं क्या करूँ ? मैं एस. डी. तो नहीं कि इनको प्रोग्राम का कण्ट्रेक्ट देकर खुश करूँ।

प्रोफेसर निगम हाथ में एक बादामी कागज लेकर आयी–रेवा ? देखो तो–इसमें कहाँ क्या लिखना है और कहाँ क्या काटना है ?

–क्या है ? अरे, यह तो कण्ट्राक्ट है !

प्रोफेसर निगम बोली–हाँ, अभी आया है डाक से। इसको डाक से ही भेजूँ या तुम्हारे हाथ ?

रेवा वर्मा कण्ट्राक्ट पढ़ने लगीं–स्कूल-प्रोग्राम··· सरल-भाषा में पंचतन्त्र की एक कहानी। समय–पाँच मिनट, फी–पन्द्रह रुपये मात्र !

प्रोफेसर निगम मन्द-मन्द मुस्करायी। अर्थात्–देखो, घर बैठे रेडियो-प्रोग्राम मिला या नहीं ?

मिस रेवा वर्मा ने अपने मन की बात छिपा ली। बोली–चलिए। बहुत दिनों से आप प्रोग्राम-प्रोग्राम रट रही थीं !··· तो, मोदी से आपकी जान-पहचान कब हुई ?

–कौन मोदी ?

रेवा हँसी–रेडियो स्टेशन के 'बाल-गोपाल' प्रोग्राम के 'लाल भाई'।

–अच्छा ? लाल-भाई का नाम मोदी है ?

–पहले यह बतलाइए कि लाल-भाई से कहाँ भेंट हुई ?

–हमारे कॉलेज के उत्सव में रेकार्ड करने आये थे।··· लेकिन, तुम इस तरह खोदकर क्यों पूछ रही हो ?··· हँसती क्यों है ?

–लाल-भाई का एक नाम और है–रजिस्ट्रार साहब। इसीलिए पूछ रही थी। ··· खैर, अब चिन्ता की कोई बात नहीं। उनके रजिस्टर में नाम चढ़ गया है, अब बराबर प्रोग्राम मिलता रहेगा।

प्रोफेसर निगम आज बहुत प्रसन्न है। बात-बात पर हँसती है–लेकिन, वे तो प्रोड्युसर हैं।

–प्रोड्युसर नहीं, डाइरेक्टर जेनरल ! भाई, यह महज मामूली स्टाफ-आर्टिस्ट है।

–तुम भी तो स्टाफ-आर्टिस्ट हो ?

–हमारे प्रोड्युसर लोग भी स्टाफ-आर्टिस्ट हैं। और, सारंगी बजानेवाला शुबराती खाँ भी। बात यह है रमा बहन कि वह पुराना है, लोकल है और सभी कामों को अच्छी तरह जानता है। रेकार्डिंग, डबिंग, अनाउंसिंग से लेकर इफेक्ट–सभी कामों में माहिर !

प्रोफेसर निगम को विश्वास नहीं हुआ। निश्चित ही रेवा, मन में जलकर खाक हो रही है।

अचानक रेवा वर्मा को मानो कुछ खयाल हुआ। धीमे-से बोली–देखो रमा बहन, उससे कुछ मत कहना।

–क्या नहीं कहूँगी ?··· देखो रेवा, इसी बात पर अभी कुछ कह बैठूँ तो तुम नाराज हो जाओगी। आधी बात जीभ पर और आधी पेट में–यह अच्छी बात नहीं।

प्रोफेसर निगम की आत्मीयता-भरी बोली सुनकर रेवा वर्मा बोली–जब इतना पूछती हो तो कहती हूँ। लेकिन, उससे कहना मत।··· वह मोदी मशहूर 'हण्टर' है।

–अच्छा-आ-आ ? देखने में तो एकदम इन्नोसेंट-जैसा लगता है !

–एकदम इन्नोसेंट ! उसको तो नरक में भी जगह बहुत मुश्किल से मिलेगी। जानती है रमा बहन, आजकल पाँच प्रेमिकाओं की आँखों का अकेला नूर है, वह।

प्रोफेसर निगम हँसने लगी। बिछावन पर लुढ़क गयी।

–रेवा, तुमको तो 'पोयेटेस' होना चाहिए।

–रमा बहन, मोदी के काण्ड-कारबार का पुंखानुपुंख-वर्णन किया जाये तो एक महा-उपन्यास हो जाये।

–तो लिख क्यों नहीं डालती ? महान उपन्यास-लेखिका बन जायेगी मुफ्त में ही।

रेवा ने चुटकी ली–रमा बहन, वह काम तुम्हारे लिए छोड़ दिया है।

··· हँहँहँहँ !! प्रोफेसर निगम लय और ताल में हँसी।

मिस रेवा वर्मा ने–देर से ही सही–समझ लिया–'लाल-भाई' दूर नहीं, प्रोफेसर निगम के पहलू में बैठे हैं–यहीं।··· आज जाते ही मोदी को मुबारकबाद देगी, रेवा।

–तो, पाँचों रेडियो स्टेशन की ही हैं ?

–रेडियो स्टेशन की माने ? हाँ, प्रोग्रामों में आती हैं। जैसे अब आप जाया करेंगी।

–मार खायेगी, रेवा !

– मार नहीं, मैं मिठाई खाऊँगी।

··· सचमुच मिठाई मँगा रही हैं प्रोफेसर निगम ?

कमरे में पटनेश्वरी देवी और शिप्रा मजुमदार ने एक ही साथ हड़बड़ाकर प्रवेश किया–अरे जानती हो ? डोरोथी की शादी हो गयी !

–डोरोथी की शादी ? कौन डोरोथी, हम लोगों की 'नम्बर प्लीज' डोरोथी ?

–इसीलिए छुट्टी लेकर गयी है–लम्बी ?

–किससे ? कहाँ ?

–रेलवे गार्ड है। गया में···।

–चलो, एक यहाँ बाँकीपुर में ट्रंक-कॉल का नम्बर भिड़ावेगी और दूसरा उधर लाल-हरी झण्डी हिलाकर गया से मुगलसराय संटिंग करेगा–इंजन !

रेवा वर्मा की बात पर सभी हँस पड़ीं।

रेवा वर्मा बोली–चलो, इसी बात पर यहाँ आज मिठाई बँटके रहेगी।··· रामरति ! रमा बहन बुला रही हैं।

–पाँच रुपये की मिठाई ले आओ। क्यों रेवा, नमकीन भी ?

रामरति चली गयी। तब प्रोफेसर निगम ने कहा–अच्छा रेवा, जब कोई बेचारा वहाँ जमशेदपुर में नाइट-कॉलेज में पढ़ाता रहेगा और यहाँ कोई कहेगी–'यह आकाशवाणी है', तब ?

–तब, आप 'लाल-भाई' से मिठाई वसूल कर मुझे खिलायेंगी।

पटनेश्वरी देवी और शिप्रा मजुमदार को आश्चर्य हुआ··· यह 'लाल-भाई' कौन है ?

'दाईकित्ता' में भी इस शादी की सूचना पहुँची।

जानकी देवी बोली–सुनते हैं कि ऊपरवाली में से किसी एक की शादी हुई है, आज। रामरतिया, एक टोकरी पूरी-कचौरी और मिठाई ले जा रही थी।

कुन्ती देवी आजकल दिन-रात सभी से कुढ़ी रहती है। उसने बड़ी मेम के पास जाकर शिकायत की। बड़ी मेम ने भी कुछ नहीं सुना। रुक्मिणी छुट्टी लेकर घर गयी है। कुन्ती देवी अकेली रहती है। किसी से नहीं मिलती। किन्तु, दिन-भर सभी को लक्ष्य करके बातें फेंकती रहती है। वह अपने-आपसे बातें करने लगी–शादी हुई तो तुम लोग जाकर नाचो। मिठाई बँट रही है। जाओ, मिलेगी सभी को। ऐसी जीभ में आग लगे। मैं किसी से नहीं कहती।··· शादी तो इस कित्ते में भी होगी। देखना, आँखें खोलकर।

जानकी देवी हँस पड़ी। कई दिनों से कुन्ती देवी से कोई गप नहीं हो सकी है। बोली–ले-ले। ले भला। तो, मुझसे क्यों झगड़ती है कुन्ती देवी ?

तारा देवी पहले से ही कुन्ती देवी के पास बैठी थी। असल में, बड़ी मेम के किरानी बाबू ने जो कुछ भी कहा है, उस पर अमल करने के पहले कुन्ती देवी का मन टटोलने आयी थी। इसी बीच जानकी देवी आ गयी।··· इस जानकी देवी का कोई ठीक नहीं। कभी इधर, कभी उधर। डगरे का बैगन है !

जानकी बोली–विभावती को छोटी मेम बहुत मानने लगी है। आज चाह भी पिलाया है।

तारा देवी ने कहा–और, गौरी ? वह तो तरकारी खा आयी है, मछली की !

कुन्ती देवी से भी बड़ी मेम के किरानी बाबू ने कुछ कहा है ! वह अभी मन में ही रखेगी, उस बात को। वह बोली–बड़ी मेम दिल्ली जा रही है। दिल्ली से बम्बै–एक महीने का सफड़।

–तो, एक महीना यह छोटी मेम ही राज चलावेगी ?

–नहीं तो, तुमको दे जायेगी राज-पाट। कुन्ती देवी हँसी।

जानकी देवी धीमे स्वर में बोली–अच्छा छोटी मेम का कुछ पता चला कि कुमारी है या बेवा या क्या है ?

–न कुमारी न बेवा, सदा सुहागिन।

हल्की हँसी, एकान्त में कुछ देर तक हिलकोरें लेती रही। तारा देवी बोली–देखती नहीं है, रोज शाम को एक घण्टा-डेढ़ घण्टा गायब रहती है।··· अण्डा-मछली की गर्मी उतारे बिना बाँकीपुर की गर्मी कैसे बर्दाश्त कर सकती है।

जानकी देवी ने कहा–साँझ में तो, सुनती हूँ कि किसी संन्यासी-आश्रम में जाती है। रामरति बोलती थी।

–संन्यासी-आश्रम में ही तो भोग···।

कुन्ती देवी बात नहीं पूरी कर सकी। सभी हँस पड़ीं।

तीनों अधेड़ महिलाओं के मन से दुराव-छिपाव का भाव दूर हो गया। कुन्ती देवी ने बीड़ी-माचिश निकालकर सामने रख दिया। तीनों महिलाओं ने बारी-बारी से बीड़ी सुलगाया।

तारादेवी बीड़ी पीते समय बहुत थूक फेंकती है। एकदम लगावेगी, फिर खाँसेगी और थूकेगी। जानकी देवी को यह आदत बड़ी घिनौनी लगती है। लेकिन, आज इस ओर उसका ध्यान नहीं गया।

–बड़ी खटांस है !

–नम्बरी मक्खीचूस !

–ऐसी औरत 'भितर-छिनाल' होती है।

–'चूतड़-चालाक' भी है।

–इससे ऊपरवाली सब भी चिढ़ी रहती हैं।

–बूढ़ी मुनिया और उसकी बेटी रामरतिया दोनों माँ-बेटी ने तो मानो मुट्ठी में कर रखा है, इसको।

–अन्दर-ही-अन्दर हिस्सादारी होगी।

—चुप ! गौरी आ रही है।··· गौरी के हाथ में क्या है ?

गौरी हँसती आयी—सुरती सहुआइन का परसाद है। सभी के लिए एक-एक सिंघाड़ा और मेंहींदाना।

कुन्ती देवी ने गौरी की ओर आँखें उठाकर देखा भी नहीं।

कुन्ती देवी को डर है, यह लड़की भी किसी दिन कुछ कह दे सकती है। पाँच-सात दिनों तक कुन्ती और गौरी देवी अकेले ही थीं—ट्रेनिंग शुरू होने के समय।·
·· यह लौंडिया इतनी चालाक कि रात में बगल के कमरे में सोने लगी।···

कुन्ती देवी बोली—मैं नहीं खाती वह सब।

गौरी बोली—तो, सुरती सहुआइन ने तेरा क्या बिगाड़ा है, कुन्ती मौसी ?·· हरिजन तो वह मुझे समझती है।

—मुझे मौसी-पीसी मत कहे कोई।

—क्यों री गौरी ! छोटी मेम के घर कोंहड़े के लत्तर की भाजी कैसी बनती है—सूखा या रसदार ? छोटी मेम खुद बनाती है।

—उँहु ! खुद नहीं बनाती है—बनाता है उनका वह डिब्बावाला··· क्या नाम है भला—कूकड़ ! सभी चीजें डाल देती है, एकसाथ। और जब उतारती है तो भात अलग, दाल अलग, तरकारी अलग।

गौरी देवी भाँप गयी··· यहाँ कोई अदगोई-बदगोई चल रही थी। जहन्नुम में जायें। वह हँसती आयी थी और मुस्कुराती वापस गयी।

जानकी बोली—एक बात पर तुम लोगों की नजर गयी है ?

—किस बात पर ?

—वहाँ जनाना अस्पताल में ?

तीनों महिलाएँ फिर हँसीं—ओ-ओ !

ट्रेनी-लड़कियों के कई क्लास जनाना अस्पताल में होते हैं। वहाँ के कई मर्द डाक्टर और स्टुडेण्ट गौरी देवी के इर्द-गिर्द मँडरा रहे हैं।··· यही न ? देखा है, देखा है। सभी की नजर गयी है। यहाँ तक कि डाक्टर चाको मेम साहब की भी···।

—रुक्मिणी का घरवाला यहाँ का नामी छुरेबाज है।

रुक्मिणी छुट्टी लेकर घर गयी है।··· अब यहाँ नहीं रहेगी, शायद।

बच्चों की किलकारियों से सेण्टर का एक कोना मुखरित है।

सुबह आठ बजे के पहले ही, मिल्क-सेण्टर में दूध पीनेवाले बच्चे जमा हो जाते हैं। बेला गुप्त को सभी नये-पुराने बच्चों के नाम याद हैं।

आठ बजे से साढ़े-नौ बजे तक इन्हीं बच्चों के पीछे लगी रहती है—अरी ओ किशोरी, अपने भाई को सँभाल। गिर पड़ेगा।··· लतीफ, फूल नहीं तोड़ते। बेंच पर बैठो जाकर।··· जहाना, कटोरी ले आ। गोली मिली है न ? ले आ शीशी। इधर।··· ए-ए राधेश्याम—तू मार खायेगा। ला, रामरति राधेश्यमवाँ को कोई यहाँ ले आ। कल से तू मत आना। लड़कियों को गाली देता है ?···

फूलपतिया की छोटी बहन—पाँच साल की बुलबुलिया अपने कुत्ते के बच्चे को ले आयी है, गोदी में। दुबला-पतला रोगी पिल्ला—ए बुलबुल ! हँटा उस गन्दे पिल्ले को।

बुलबुल बहुत निडर लड़की है। तुतलाकर कहती है—इथ, काहे हन्ताम। पैथा लेके कात बना दिदिए न हमाले लाकेत कुमाल को।

—क्या नाम है इसका ? क्या कहा—कौन कुमार ?

फुलपतिया हँसती है, बतीसों दाँत निकालकर। हँसती हुई बोली—जी, रॉकेट कुमार !

—ए-ए-हे-राकेट कुमार ना रिकेट कुमार। कार्ड बना दीजिए ! ला, कहाँ है पैसा देखूँ ?

बुलबुल सचमुच हाथ में इकन्नी ले आयी।

फुलपतिया बोली—बगल के पगलू दादा ने नाम रख दिया है।

बेला गुप्त ने हँसकर कहा—दे-दे रामरति आधा डब्बू दूध इसके रॉकेट कुमार को।

बुलबुल तुनुककर बोली—आधा दब्बू काहें··· ?

—अरी भाग ! पगलू दादा इसे भी पगली बनावेंगे।

बुलबुल अपने रॉकेट कुमार के लिए बर्तन ले आयी है। रामरति ने आधा डब्बू दूध डाल दिया। चटर-चटर करके तुरत पी गया। और रामरति की ओर नहीं—बेला गुप्त को देखने लगा।

—नहीं। और नहीं। कड़ाही-भर दूध पी जायेगा फिर भी तेरा पेट नहीं भरेगा। ··· बुलबुल, इसे सुपारी जलाकर खिला। पेट निकला हुआ है इसका।

दूध बाँटने के बाद ही बेला गुप्त, हेल्थ-विजिटर और मिडवाइफ की टोली के साथ 'एरिया' के राउण्ड में जाती है। हेल्थ-विजिटर नयी 'पीजी मदर' (गर्भवती माता) खोजेगी। बातें करेगी।··· कहीं स्वागत होगा। कहीं झिड़की सुनेगी। हँसेगी, सहेगी। शान्त-शिष्ट होकर समझावेगी। ··· मिडवाइफ और मेटेरनिटी-सेण्टर से मिलनेवाली सुविधाओं के बारे में बतावेगी। कभी, मुहल्ले की गन्दी धाई-चमाइनों की गालियाँ सुनेगी—आ गयी मेमिनियाँ-सब। खूब कोख खाती फिरो घूम-घूमकर डायन सब—कहती है बच्चा कम पैदा करो।···

बेला गुप्त साथ में रहती है तो चमाइनें चुप रहती हैं।

बेला गुप्त, मिल्क सेण्टर में दूध पीनेवाले बच्चों के घर जाती है। बीमार बच्चों को सेण्टर में—शनिवार के दिन आने को कहती है। डाक्टर चाको, अगस्त महीने से सप्ताह में एक दिन चिल्ड्रेन्स-क्लिनिक लेने लगी हैं, सेण्टर में।··· शिल्प-केन्द्र में मुफ्त में सिलाई-कटाई सीखने के लिए—महिलाओं को बुलाती है।

··· दोपहर को लौटकर एक घड़ी में भी जो शान्ति मिले बेला गुप्त को।

—रामरति ! कौन है ?

—रुकमिनी का घरवाला है। आपसे बात करना चाहता है।

–रुम्मिणी का पति फटफटिया-गाड़ी चलाता है। उसने आकर भद्रतापूर्वक नमस्कार किया। बोला–हुजूर ! हमारी वाइफ आज सतनारायन-कथा करवा रही है। सो, कुन्ती देवी, जानकी देवी और गौरी देवी को कथा सुनने के लिए बुलायी है।

बेला गुप्त बोली–देखिए, उन लोगों की छुट्टी डाक्टर चाको मेम साहब से जाकर लीजिए।

–हुजूर हैं तो फिर डाक्टर चाको···।

–नहीं। डाक्टर चाको ने कहा है कि बिना उनके पुर्जे के किसी लड़की को छुट्टी नहीं दी जाये। आप पुर्जा ले आइए।

रुक्मिणी का पति कुछ कहना चाहता था। बेला गुप्त अपने कमरे में चली गयी।

–दीदीजी ! शारदा कुमारी का मुलाकाती आया है।

–कौन है शारदा का ?

–कहती है कि चाचा है।··· चाचा ही होगा। एकदम देहाती है। कम्बल-लोटा वाला···।

–शारदा कुमारी को भेजो।

–जी, दीदीजी, गोड़ लगती हूँ, दीदीजी !

शारदा कुमारी इस तरह थर-थर क्यों काँप रही है ?

–जी दीदीजी, काका आये हैं गाँव से दही-चूड़ा लेकर।··· अथि में अथि लगा हुआ है यहाँ।···

–फिर अथि ? किसमें क्या लगा हुआ है ?··· तुम इस तरह थर-थर क्यों काँप रही हो ?

–दीदीजी, काका ! यहाँ अथि में··· हाईकोर्ट में मोकदमा लगा हुआ है

–वहाँ बड़े कमरे में ले जाओ–बैठाओ।

कूकर के डिब्बों से गर्म भात और आलू निकालकर खाने बैठी बेला गुप्त। रामरति आयी–दु-तीन गो क्रिस्थान साहब लोग 'टेलिफोनी-दीदी' को फूल देने आये हैं।

–तो, कह क्यों नहीं दिया कि डोरोथी दीदी छुट्टी में हैं। और, शादी यहाँ–नहीं–गया में हुई है।

–बोली तो, कहते हैं कि अब यह फूल का गुलदस्ता कहाँ ले जायेंगे लौटाकर। मेम साहब को दे देंगे।··· छोड़का साहेब लोग हैं–राँची के काले साहब लोग। 'पीयले' है, भरसक।

–फाटक बन्द कर।··· दिल्लगी करने आया है !

–कंकड़बाग सेण्टर से ड्राइवर आया है दूध लेने।

–कागज ले आया है ?··· गोदाम खोलो, मैं आती हूँ।

··· उँहु ! बेला गुप्त अब नहीं सह सकेगी !

··· यह किसकी सेवा कर रही है–वह ?

युथिका, सही जगह पर चली गयी–जमशेदपुर में, रामकृष्णमिशन द्वारा परिचालित टी. बी. सेनिटोरियम में काम कर रही है।···

युथिका ने स्टाफ की ट्रेनिंग पूरी कर ली थी।··· बेला गुप्त सेकेण्ड-इयर में ही थी कि नर्सेस-क्वार्टर छोड़ना पड़ा। ट्रेनिंग छोड़नी पड़ी।

··· बेला देवी ! गुजरी हुई जिन्दगी, फटी-पुरानी कथरी नहीं कि उतारकर फेंक दिया। यह कथरी उतरनेवाली नहीं।··· फिल्म का रील नहीं कि कैंची चलाकर 'एडिट' कर दिया–कलापूर्ण ढंग से !··· निस्तार नेई, निस्तार नेई !!

··· बेला गुप्त के साथ उस रात को पाँच लड़कियों ने नर्सेस-क्वार्टर छोड़ा था–विरोध में 13 सितम्बर, 1943 की रात को !

··· युथिका, फातिमा, सरस्वती देवी और आयसा !

युथिका–धनबाद कॉलेज के प्रोफेसर की जिद्दी बेटी।

फातिमा–सोनपुर के एक नेशनलिस्ट मौलवी साहब की पगली बेटी। बुर्का-पर्दा मुर्दाबाद करके–इनकलाब करके घर से निकल आयी थी !

सरस्वती देवी–भागलपुर के एक सनातनी-परिवार की बाल-विधवा वधू।

आयसा–जन्म से पंजाबी, स्वभाव से बंगाली। बंगाली पढ़ती-बोलती थी। ढाका से आयी थी।

और, बेला गुप्त ?

··· बेला गुप्त, बाँकेबिहारी के दोस्तों के पॉकेट-क्रान्तिकारी-दल के आवर्त से उबरकर–लहरों पर तैरती, बनारस की गलियों और काल-कोठरियों से निकलकर गंगा में पाप धोकर कलकत्ता के मातृ-कल्याण-संघ के किनारे लगी। किनारे नहीं लगी–फिर जाल में फँसी। निकली और युथिका के साथ–1940 ई. में कलकत्ता से बाँकीपुर मेडिकल कॉलेज में ट्रेनिंग के लिए आयी।

दो ही वर्षों में बेला गुप्त ने, बाँकीपुर जेनरल हॉस्पिटल में अपनी जगह बना ली। साढ़े-तीन सौ लड़कियों के बीच–पाँच लड़कियों की एक अलग टोली।··· ऐसी टोली, जिसमें हर वार्ड के मरीज, कुली, जमादार, नर्स, डाक्टर और मरीजों के एटेण्डेण्ट–अपने ही वार्ड में हमेशा देखना चाहते थे।

··· बेला की देह स्पन्दित हो उठती है।

··· सबकुछ भूलकर, बेला ने नयी जिन्दगी शुरू की थी। जीवन पर फिर विश्वास जमा था–एक नन्हा-सा पौधा प्यार का फिर पनपा था–झुलसे हुए बाग में !

··· वे दो वर्ष–जीवन के उज्ज्वल वर्ष !

··· 1943 में फिर भावुकता के चंगुल में··· इस बार की पकड़ में एक अद्‌भुत जादू था। वह इससे निकलना नहीं चाहती थी।

··· प्रिजनर-पेसेण्ट, राजनीतिक-बन्दी-रोगी--राइटिस्ट, लेफटिस्ट, क्रान्तिकारी–पेयिंग-वार्ड, कमरों में, सभी केबिन में और प्रिजनर वार्ड में भरे पड़े थे।

··· उनमें–रमाकान्त ही एक देशभक्त तो नहीं था। फिर, उसके लिए बेला को क्यों रात-भर नींद नहीं आती थी ?

··· बाँकेबिहारी की पार्टी नकली क्रान्तिकारी पार्टी थी। बाँकेबिहारी नकली क्रान्तिकारी था। और, रमाकान्त ? उसकी पार्टी प्यारी थी बेला को या रमाकान्त स्वयं ?

··· बाँकेबिहारी का उसने सदा विरोध किया। उससे लड़ी-झगड़ी। उसकी मृत्यु का संवाद सुनकर बोली–धरती माता का भार हल्का हुआ। और, रमाकान्त में कौन-सा खोया धन मिला था। जो हमेशा कलेजा से चिपकाये रखना चाहती थी। बेला ?··· रमाकान्त की बात–ब्रह्मवाक्य !

··· और, रमाकान्त ने एक दिन केबिन से भागने की असफल चेष्टा की।

··· नहीं-नहीं ! बेला कुछ नहीं जानती थी रमाकान्त की योजना के बारे में। यदि जानती तो निश्चय रोकती, समझाती और अन्त में पुलिस को सूचित कर देती। उसके दोनों फेफड़े जर्जर थे। दाहिने में ए. पी. दी जा रही थी। कम-से-कम पाँच महीने सम्पूर्ण विश्राम की आवश्यकता थी, उसे।

··· नहीं-नहीं ! उसे क्या मालूम कि रामसिंह बुक्सेलर की दुकान से जो रामायण वह ले आयी थी उसकी जिल्द में ही–बाहर से बनकर आयी हुई–भागने की योजना छिपी हुई थी। उसे कुछ नहीं मालूम !

··· नहीं। रमाकान्त की मृत्यु का संवाद सुनकर बेहोश नहीं हुई थी। उसे अपने बाप की याद आयी थी–अपनी माँ की याद आयी थी–इसलिए वह हिचकियाँ लेकर रो रही थी।··· वह भागा क्यों ? मरने के लिए ही तो भागा था। मृत्यु उसे घसीट ले गयी–गंगा के किनारे। बीच गंगा में–तैरता हुआ पकड़ा गया। किन्तु, नाव पर आकर फिर ऐसा भागा कि··· सभी धर-पकड़ से बाहर। मुक्ति !!

··· अहा-हा ! उसने मरते समय यों ही··· हाँ··· यों ही बेला का नाम ले लिया होगा। क्योंकि बेला उस दिन सुबह··· हँसी-हँसी में उसको बिछावन पर बेल्ट से बाँध रही थी। डाक्टर हई ने कम्पलीट रेस्ट कहा था और वह केबिन में चक्कर लगा रहा था–रमाकान्त चिढ़कर बोला था–बन्धन ? तुम्हारी सरकार का बन्धन, तुम्हारा बन्धन–किसी का बन्धन रमाकान्त कभी कबूल नहीं करेगा !··· बेला ने चिढ़कर कहा था–नहीं कबूल करेगा तो, मरेगा !

··· इसीलिए उसने मरते वक्त कहा होगा–बेला, मैं कोई बन्धन नहीं मानूँगा !

··· क्या कहा था ? और क्या बोला था रमाकान्त अन्तिम साँस लेने के पूर्व ? क्या ? हा-हा-हा !!

बूढ़ी मैट्रन मिस कुरियन की घुड़कती हुई नीली आँखों में बिजली कौंधी थी। उसने खप से बेला की कलाई पकड़ी–बेला लड़की ! तुम झूठ नहीं बोलतीं। तुम उसको देश के वास्ते 'लव' नहीं करती थीं ? है न ? अपने वास्ते लव करती थीं। लेकिन, पुलिस को शक है।··· ठीक है।

··· नहीं-नहीं !

—बेला लड़की ! तुमको हर हालत में क्वार्टर छोड़ना होगा। बाहर जाओ—पुलिस अपना काम करेगी। कानून अपना काम करेगा। मुझे दुःख है लेकिन··· यहाँ कोई गड़बड़ी नहीं होने दूँगी।··· अभी जाओ, इसी रात में।

मैट्रन की इस आज्ञा के विरोध में चार लड़कियों ने नर्सेस-क्वार्टर छोड़ा था—उस रात को।

··· पाँचों, मखनियाँ-कुआँ में—मुनिया के खपरैलवाले घर में जाकर ठहरी थीं।

··· इसके बाद—पूछताछ, पुलिस-सी. आई. डी. और बदमाशों की रोज आवाजाही शुरू हुई। रात में डेढ़ बजे एस. पी. साहब पहुँचते, तीन बजे भोर में डी. एस. पी.।··· जितनी पूछताछ सब रात में ही। फातिमा ने कहा था—रात में अब आइयेगा तो दरवाजा नहीं खोलेंगी। आप हमें गिरफ्तार कीजिए, हमें कबूल है मगर रात में आपकी सूरत···।

तीसरे दिन हँसती हुई आयी थी एक महिला—कहाँ हैं वे पंचकन्याएँ ?··· की, कोथाए गो पंचकन्यारा ?

··· मिसेज रमला बनर्जी !

रमला मौसी ने सबकुछ सुनने के बाद कहा था—कोनो भय नेई।··· डरने की कोई बात नहीं।

रमला मौसी ने सभी झंझटों को दूर किया।

··· युथिका और फातिमा को रमला मौसी ने फिर से ट्रेनिंग की सुविधा दिला दी। सरस्वती देवी, आयसा और बेला गुप्त—रामरति की माँ—गरीब विधवा मुनिया का घर किराये पर लेकर रहने लगीं। रमला मौसी ने 'नारी शिल्प-केन्द्र' के फण्ड से डेढ़ हजार रुपये की सहायता दी थी—आसनी, टेबुल-क्लाथ, स्वेटर आदि तैयार करने के लिए।

··· फिर, एक दिन हँसती हुई आयी थी—बेला, हो गया। तुम्हारे योग्य काम का इन्तजाम हो गया। अब हमारा वर्किंग-विमेंस बोर्ड का काम बाजाप्ता शुरू हो जायेगा।

··· डेढ़ सौ रुपये मासिक पारिश्रमिक पर फिल्ड-आर्गेनाइजर का काम करने लगी। आज तक वह फिल्ड-आर्गेनाइजर है और पारिश्रमिक भी वही है। बेला गुप्त ने इसके लिए कभी कोई आवेदन-निवेदन नहीं किया।

··· युथिका, स्नेहलता, शिवानी, फातिमा, ओलिव-लिवाय, मिस बाड़ला, सरस्वती देवी, कंचनलता, आयसा, पारूल और बेला।

तब, रमला मौसी कहने लगी—एकादशी-संघ !

युथिका ने लिखा है, जमशेदपुर से—रमला मौसी के बाद फिर हमारे सेण्टर पर और खासकर मुझपर क्या बीती, इसको लिखने का साहस मेरे पास नहीं। जो नहीं हुआ, उसके लिए भगवान को असंख्य धन्यवाद।··· यहाँ पहुँचा दिया भाग्य ने। पूर्वजन्म में निश्चय ही मैंने थोड़ा पुन्य किया—पहली बार जीवन में—परिपूर्ण आत्मतृप्ति।

··· और बेला ? जीवन-भर जलती रहेगी ?

अन्नपूर्णा आज चली गयी।

अंजु-मंजु–जुड़वाँ बहन !

श्रीमती आनन्द की कोई नहीं; अंजु-मंजु। लेकिन, श्रीमती आनन्द लोगों से कहती है–मेरे स्वर्गीय मामा की लड़कियाँ हैं। खड्गपुर से ले आयी है इन्हें। पाटलिपुत्र महिला कालेज में पढ़ती हैं और वर्किंग-विमेंस होस्टल में ही इन्हें रखा है श्रीमती आनन्द ने–बेला गुप्त से लड़-झगड़कर।

अंजु-मंजु लोकगीत गाकर नाचती हैं।

नृत्य-गीत के जानकार उनके नाच-गान में अनेक त्रुटियाँ निकाल सकते हैं। किन्तु, दोनों बहनों में–ईश्वरप्रदत्त कोई विशेष बात थी कि स्टेज पर उतरतीं और ऑडिटोरियम में लोग पागल हो जाते।··· इतनी कम उम्र की लड़कियों की ऐसी विकसित देहयष्टि। मछुवारिन-नाच में दौड़-दौड़कर, ताल पर मछलियों को बाँहों में भरने का भाव दिखातीं तो मिस्टर आनन्द जैसे गंजी खोपड़ीवालों के भी सिर के गिने-चुने बाल खड़े हो जाते।··· अब यह तो अंजु-मंजु ही बता सकती हैं कि किस प्रदेश की मछुवारिनें बाहुबन्धनों में मछलियाँ पकड़ती हैं, उस तरह ? लेकिन, इस नाच को देखकर बाँकीपुर के सैकड़ों प्राणियों के मन की मीन जल के बिना तड़प उठती थी।··· औरतें चिल्लातीं–ए ! आइसक्रीम–इधर से लाओ !

कॉलेज के विद्यार्थियों ने नाम दिया है–अंजन और मंजन !···

श्रीमती आनन्द गर्व से कहती है–यदि हमारे-जैसा लोकल-गार्जियन नहीं होता तो बाँकीपुर के लोग दोनों बहनों को कच्चा ही चबा देते।···

वर्किंग-विमेंस होस्टल के कमरा नम्बर दो में रहती हैं। बहुत चुपचाप रहती हैं, दोनों बहन। किसी से नहीं बोलतीं। लेकिन, कोई पुरुष आ जाये–दोनों थिरकने लगती हैं।··· मिस्टर आनन्द को देखकर कूक उठती हैं दोनों, एकसाथ।··· गौरी देवी को बुलाकर बातें करने लगी हैं, इधर कई दिनों से।··· सुखमय घोष अब 'रेवाज' करने नहीं जाता।

··· सुखमय घोष के अन्दर के चोट खाये हुए–कुण्ठित कलाकार ने एक राह निकाली है। वह श्रीमती आनन्द के सामने, प्रस्ताव रखने में हिचकिचा रहा है ··· किन्तु ! सिर खुजलाता है और दाँत निपोड़कर चुप हो जाता है।

–क्या है घोष ?

··· श्रीमती आनन्द गम्भीर हैं ? घोष्ट नहीं, घोष कहती हैं ?

–आगें, एक ठो अर्जी है हमारा···।

–बाबा, कह तो दिया कि तुम्हारी दर्खास्त··· ?

–आगें, ओ बात नहीं, दूसरा है।

सुखमय घोष ने 'वाइफ एण्ड हजबैण्ड' नामक एक नाच की परिकल्पना की

है। नाच का थीम, स्वर, शब्द और सुर सभी सुखमय घोष के हैं। सिर्फ, नाच के लिए वह प्रार्थना कर रहा है श्रीमती आनन्द से–यदि अंजु-मंजु उसके इस नृत्य को प्रस्तुत करें तो सुखमय घोष··· बड़ी मेम जो कहेगी–करेगा। सारी जिन्दगी गुलामी करने को तैयार है, वह।

अब श्रीमती आनन्द मूड में आ गयी–अरे बुड्ढा खोका ! तुम्हारे पेट में इतनी विद्या है ?··· शैतान ! अंजु बनेगी वाइफ और तुम बनेगा हजबैण्ड ?

–आगें नेहीं। मंजु बनेगी हजबैण्ड।··· हॅम खाली डाइरेक्ट करेगा। ··· उस दिन बेला गुप्त बोली जे आप क्या हुआँ ड्रामा करने जाता है। बस, मेम साहब–हमको उसी घड़ी मन में ऐसा राग हुआ···।

–अच्छा, सुनाओ–क्या है इस वाइफ एण्ड हजबैण्ड में। बढ़िया हुआ तो इसी बार, छब्बीस जनवरी को ही 'शो' दिलवा दूँगी। सुनाओ !

सुखमय घोष के जीवन में ऐसे सुखमय अवसर बहुत कम आये हैं। उसकी सूखी काया के भीतर न जाने कब से घुटती हुई–कलाकार की आत्मा पुलकित हुई। उसके चेहरे पर एक अपूर्व आभा छा गयी। उसने प्रारम्भ किया–देखिए मेम साहब ! मन में बुझिए कि··· स्टेज पर घनऽअंधऽका-ा-ा-ा-ा-र है। एक ठो तारा जॅलजॅल करता है आकाश में··· करता है कि नहीं ? एई बार··· थोड़ा-सा 'आलो' हुआ कि हॅम पीछू से बेहाला पर मुर्गा की बोली बजाबेगा–फिन थोड़ा-सा आलो–हॅम बेहाला पर कोकिल का डाक देगा, फिन पाखी का चूँ-चूँ बजाबेगा–फिन थोड़ा आलो-अंधऽकार में एक ठो लेकड़ी सोयी है···।

–कहाँ सोयी है ?

–आपना घर में।

–तब ?

–तब ? तॅब··· हाँ, फिन आलो–लेड़की आस्ते-आस्ते पास फिराये के चित्त हो जायेगी··· सब ठो ताल पर होगा, किन्तु··· फिन आलो, हॅम बेहाला पर 'अकेली मति जैइयो राधे' भैरवी सुर में बजावेगा–खूब दूर में–फिन आलो···।

–अरे, कितना 'फिन आलो' करेगा घोष्ट ?

श्रीमती आनन्द अपनी हँसी को नहीं रोक सकी। बोली–चलो, आगे बढ़ो। ··· फिन आलो, तब ?

–तॅब, इस बार आलो ठो एकदॅम बुक पर आये के ठिकराये कर–थाम जायेगा। फिन, उधर बैकग्राउण्ड में पर्दा पर हिमालय को चुड़ा पर आलो देगा–इधर में दु-तीन लोक–एक-दु ठो लेड़की होने से चगत्का-ा-ा-र–एक ठो लोकगीत गावेगा–जागो रे जागो रे जागो रे-ए-ए भै-या-फिन से हुआ बिहान जागे रे जागो रे-ए-ए-ए-कि फिन आलो··· एकदम सब आलो··· !!

–भालो-भालो ! फिन आलो !!

–आगें, आलोक-सम्पात में ही तो सब खेला है।

श्रीमती आनन्द को हठात् किसी बात की याद आयी। बोली–ठीक है

घोष–अंजु-मंजु नाचेंगी। लेकिन, उसके अपने साजिन्दे हैं।···

–उन लोगों को हॅम ठीक कर लेगा। मेम साहेब···।

घोष, श्रीमती आनन्द के आगे झुक गया। आज भी उसने लपककर श्रीमती आनन्द का पैर पकड़ लिया। आज श्रीमती आनन्द ने पैर छुड़ाने की चेष्टा नहीं की।··· अच्छा लगता है।

–ठीक है, तुम्हारा 'वाइफ एण्ड हजबैण्ड' होगा।

–हॅम जीवॅन-भोर आपका चाकरी करेगा।

–जीवन-भर चाकरी करने की जरूरत नहीं, घोष ! जो काम तुम्हारे जिम्मे है उसको चतुराई से कर दिखाओ।

–आगे हॅम देखाये देगा आपको। हम बेला गुप्त को झाड़कर कापड़ पहराय देगा।

श्रीमती आनन्द ने मुस्कुराकर दाँतों से जीभ को दबाया–अरे-रे ! ऐसा मत करना।

–हम लोगों का भाषा में एक फ्रेज है कि 'झेड़े-कापड़ परिए देउया' माने झाड़कर कापड़ पहिराये देगा। हॅम वही करेगा।

–जाओ तुम। आज छुट्टी !

··· पता नहीं, बागे को कहाँ देरी हो गयी ! डेढ़ बजे आनेवाला था, ढाई बज रहे हैं। टेलिफोन तो करना चाहिए भले आदमी को कम-से-कम। कुछ गड़बड़ तो नहीं हुआ कहीं ?··· नहीं, आ गया। (ागे की गाड़ी का ही हॉर्न है।

··· बागे ने आज कीमती टाई बाँधी है। साथ में यह किस छोकरे को लिए आ रहा है ?

बागे ने काला चश्मा उतारकर दाहिनी आँख मींची–भाभी ! आइए आपको बाँकीपुर की एक बड़ी हस्ती से मिलाऊँ। मनोरंजन झा, बाँकीपुर-टाइम्स के स्टाफ-रिपोर्टर और आप– श्रीमती आनन्द।

–नमस्कार।

–नमस्कार जी।··· अच्छा, बाँकीपुर-टाइम्स में कितने स्टाफ-रिपोर्टर हैं ? मेरे पूछने का मतलब है कि हमारे बेबी-शो की रिपोर्टिंग किसने की थी ? आपने ही ?

झा ने कमरे में प्रवेश करते ही ऐसे आक्रमण की कल्पना नहीं की थी। वह तुतलाया तनिक–जी ? जी हाँ। क्यों ?

न जाने क्यों, श्रीमती आनन्द ने बहुत हल्के अन्दाज में–झा से बातें शुरू कीं–अच्छा। तो, आपकी ही थी वह रिपोर्टिंग ? आप बिहारी हैं ?

–जी। परदादा मैथिल थे। मेरा जन्म पूना में हुआ। पढ़ाई-लिखाई इलाहाबाद में हुई।··· कह नहीं सकता, मैं कितना परसेण्ट बिहारी हूँ।

–इसी से,ए-ए !

–क्यों, क्या बात है उस रिपोर्टिंग में ?

–उस बेबी-शो में किस बेला गुप्त ने क्या किया था जो आपने डेढ़ कॉलम

में उसकी तारीफ लिख मारी ?

–तारीफ करने योग्य काम कोई भी करे…।

–गलत। संस्था के सामने व्यक्ति का कोई मूल्य नहीं।

रटे हुए तोते की तरह श्रीमती आनन्द बोल गयी।

… तो, यह छोकरा भी बागेवाली निगाह से देखता है, श्रीमती आनन्द को ? अपनी देह के जिस अंग से उसे चिढ़ है, जिसके लिए उसे लज्जित होना पड़ता है–उस अवांछनीय अंग की ओर प्रशंसा की दृष्टि से देखनेवालों की आँखों को पकड़ने में वह कभी गलती नहीं करती। वह मन-ही-मन, ऐसी ललचाई निगाह से देखनेवालों को चाहने लगती है !… महान्ती, आनन्द, बागे, तुलपुले, देसाई और यह मनोरंजन झा !

… छोकरा छँटा हुआ बदमाश है। बेला से निश्चय ही इसका परिचय होगा। सम्भवतः दीदी भी कहता हो। ऐसे ही भाइयों के बल पर बेला, श्रीमती आनन्द को अपमानित करने का साहस कर सकती है–भरी मीटिंग में।

श्रीमती आनन्द ने मिट्टी पहचानकर, खुरपी चलायी–खैर, आप अपने को असल बिहारी नहीं कहते। लेकिन, जो असली बिहारी हैं, उन्हें भी लाज नहीं।… देखिए, मैं बिहारी नहीं–मेरे माँ-बाप-पति कोई बिहारी नहीं। लेकिन, बिहार में–खासकर इस बाँकीपुर में–बहुत-से बिहारी नौजवानों को देखा है जो सूखी 'चच्चड़ी' और सड़ी हुई मछली के लिए जान देते हैं। जो, छोटी-छोटी पकी हुई बंगालिन लड़कियों को 'रोसोगोल्ला' खिलाकर उनके 'मिष्टी-मुख' से एक बार 'दादा' सुनकर धन्य हो जाते हैं।… आपने बंकिमनाथ, रवीन्द्रनाथ, शरदनाथ या किसी भी बंगाली राइटर की किताब पढ़ी है ? मैंने भी नहीं पढ़ी कोई। आनन्द कहता है कि 'गुरुदेवा' से लेकर 'चेलादेवा' तक–सभी बँगाली राइटर ने बिहारियों को उजड्ड, गँवार, गुण्डा, खोट्टा, मूर्ख ही लिखा है।–बाड़ी ते एकटा हिन्दुस्थानी चाकर, एकटा भोजपुरे लठेल, एकटा खोट्टा दरबान छिलो !… हुँ, मानो बंगाल, हिन्दुस्तान से बाहर कहीं आस्मान में टँगा हो।… सोनार बाँगलावाले, बिहार को 'आमार कानीकौड़ी-बिहार' भी नहीं कहते कभी। बिहार का यंगर-जेनरेशन तो और भी रीढ़हीन है–न अपना कलचर, न अपना कुछ–गाये जा रहे हैं बेसुरा रवीन्द्र गीत।… बंगालिन माई की चरणधूलि पाकर पवित्र होते हैं !

–मिसेज आनन्द ! मैं आपकी बात को समझता हूँ। बंगवासियों और फ्रांसवासियों में बहुत बातों में साम्य है।…

–तब तो कलकत्ता आपके लिए पेरिस से बढ़कर होगा ?

–मैं दूसरी बात कह रहा हूँ। मैं चरित्र के बारे में कह रहा था–दोनों ही लम्बी नाकवाले। कलाकार की जाति। पड़ोसियों को हीन समझनेवाले, एकमात्र अपने को सुसंस्कृत माननेवाले ! अहंकारी कलाकार–फ्रेंच और बंगाली !…

बागे बाथरूम से आ गया।

–क्यों भाभी ! आते ही आते झा जी से किस बात पर ?

बागे ने आँख मींचकर फिर संकेत किया–छोड़िए भी !

–अरे, मैं तो यों ही बाइ-द-वे इनसे कह रही थी कि बिहार की नयी पीढ़ी भी रीढ़हीन साबित हो रही है।··· बुद्धि बंगालियों के घर में बन्धक पड़ी है इनकी, अभी भी।

मनोरंजन झा ने घड़ी देखी। बोला–अच्छी बात। आपसे फिर कभी मिलकर इस सवाल पर बातें करूँगा।··· आपसे परिचय प्राप्त करके–खासकर, आपसे बातें करके मुझे बहुत प्रसन्नता हुई है। फिर आने का लोभ लेकर आज··· ।

श्रीमती आनन्द ने फिर झा की आँखों की चोरी पकड़ी। बोली–बागे, एक दिन आनन्द से झा जी को मिलाओ।··· काठमाण्डू से आ जाये आनन्द !

–मैं स्वयं ही किसी दिन सेवा में उपस्थित हो जाऊँगा।

बागे ने कहा–भाभी, आपने तो इसकी बोली ही बन्द कर दी। यों, तेज लड़का है।

–मेरे मन में पुराना गुस्सा था। कमबख्त ने बेबी-शो की रिपोर्टिंग में–मिस बेला गुप्त, निःस्वार्थ समाज-सेविका, अटूट लगनवाली शान्त-सौम्य और न जाने क्या-क्या लिखा था। इसके सिर पर भी रमला बनर्जी की प्रेतनी सवार है।

–अंजु-मंजु का सचित्र परिचय छापना चाहता है।··· वह खुद आवेगा एक दिन। एक दिन नहीं, अनेक दिन।

–आवेगा तो आवेगा। तुम लड़कपन मत करो।

इधर कई दिनों से बागे एक नाटकीय अन्दाज में बातें करने लगा है श्रीमती आनन्द से–तुम इस भरी दोपहरी में कहाँ से पी आये ?

–भाभी, आज एक 'ऊँची महफिल' में भटकता हुआ पहुँच गया। वहाँ लंच के पहले जापानी 'साके' चला··· ।

–यह साके क्या है ? बीयर-जैसी कोई चीज ?

–जी, अन्न से बनी हल्की शराब। जाड़े में गर्म करके पीते हैं।··· .लेकिन मुझे मतली आ रही है।

–इसीलिए, आते ही बाथरूम में जा घुसे।

–भाभी, मिठाई खिलाइए।

–क्यों ?

–शुभ संवाद है। विमेन्स-वेलफेयर बोर्ड को मिसेज रमला बनर्जी के देवर ने पन्द्रह हजार रुपये का अनुदान दिया है। डाइरेक्टर साहब कह रहे थे।

–मालूम है। अनुदान देकर खुद बोर्ड-कमिटी का मेम्बर बनना चाहता है, या किसी बंगालिन को घुसाने की कोशिश करेगा।··· हुँ ! रमला बनर्जी के नाम पर स्कालरशिप और पुरस्कार बाँटेंगे ये !··· फ्राड सब।

–इस बात पर नहीं तो··· मिठाई खिलाने की और बातें सुनाऊँ ?

बागे ने इधर-उधर देखा। श्रीमती आनन्द बोली–घोष को मैंने छुट्टी दे दी है। क्या बात ?

बागे ने धीमी आवाज में, प्रायः फुसफुसाकर कहा–भाभी ! जुट-कॉटन मिल और माइका–मेरी तीनों पार्टी के काम एक ही साथ हो जाने की उम्मीद है।··· अच्छा, भाभी, रुपये तो 'उत्तरांचल-ट्रांसपोर्ट' के नाम जमा होगा ? भाई साहब तो यही कह गये थे, अब आप जैसा कहिए–करवा दूँ !

–आनन्द ने जैसा कहा है, वही करो।

–और, आप··· आपको··· ?

–मुझे क्या ?

–मैंने आपके लिए··· ठीक है, रहने दीजिए अभी। बाद में बताऊँगा।

–क्या, मेरे लिए क्या ?

–कुछ नहीं, भाभी !··· थोड़ा झंझट है, लेकिन।

–क्या ?

–अव्वल तो यह कि डीसाहब और पीसाहब की बातों से ऐसा लगा कि अंजु-मंजु अब नहीं–ग्रामोद्योगी माल चाहिए। दूसरी बात–माल पहुँचना चाहिए उनके पास, कान्ति चटर्जी के थ्रू ही। के. चटर्जी को ही उनके अड्डे मालूम हैं।

श्रीमती आनन्द बोली–लेकिन, ग्रामोद्योग का माल अभी कैसे मिल सकता है, बागे ?

–अभी नहीं, पाँच दिन बाद सही। चाहिए लेकिन ढेंकी का चावल और गाँव का घी।

–तुम्हारी पार्टी कलकत्ता तो नहीं भागेगी ?

–भागकर कहाँ जायेंगे बेचारे।

–सतर्क रहना।

–भाभी, बागे को नहीं कहना होगा।

–बाबा, मैं दिल्ली में रहूँगी। इधर तुम्हारे जो जी में आवे करना। पर, कुछ करने के पहले आनन्द को जरूर सूचित कर देना।

–भाभी, आज रात मारवाड़ी होटल की मेसी-रोटी मुझसे नहीं खायी जायेगी।

श्रीमती आनन्द देख रही है, जापानी साके ने बागे को आज निडर बनाया है अथवा व्यापार के लाभ की खुशी से इतना चंचल हो गया है ? ··· वह एकटक, भीख माँगती हुई निगाह से श्रीमती आनन्द को देख रहा है। वह आमिष आहार चाहता है। वह किशोरी कन्या-जैसी लजाई। फिर, साँस लेकर बोली–तुम आनन्द को नहीं जानते, बागे !

–भाभी ! आज ऊँची महफिल में डीसाहब ने, मूड में आकर बहुत बड़ी बात कह दी। बोले–सुनो पी ! कोई भी पार्टी पावर में आवे, जातीयता फूलेगी-फलेगी। फेवरटिज्म मिटेगा नहीं ! भाई-भतीजावाद भी कायम रहेगा।··· रूलिंग पार्टी का अदना कार्यकर्ता जिला के कलक्टर की कलम पकड़ने का साहस, तब भी करेगा। ··· तो, तुम और हम ही क्यों मरेगा ? राज्यधर्म पालन करते चलो। डरने की जरूरत नहीं–सत्य की विजय नहीं होती है कभी, इसलिए 'सत्यमेव जयते' लिखकर

टाँगनेवाला वाक्य हो गया है ! इस वाक्य का प्रथम अक्षर 'अ' लुप्त है। इसी छेद से निकलकर हम और तुम भगवान के पास··· !

··· अरे, ये लड़कियाँ कहाँ आ रही हैं ?–देखो बागे, तुमने चर्चा की और ग्रामोद्योग-भण्डार ही हाजिर।··· बोक्री सब !

कुन्ती देवी ने आज आकर सबसे पहले पैर छूकर प्रणाम किया। विभावती को छोड़कर सभी लड़कियों ने श्रीमती आनन्द को पैर छूकर प्रणाम किया। शारदा कुमारी पैर छूकर बोली–गोड़ लगती हूँ बड़ी मेम साहेबजी।

विभावती ने हाथ जोड़कर नमस्ते कहा। श्रीमती ज्योत्स्ना आनन्द ने विभावती को आँखों की कनखियों से देखा।··· यह छोकरी अपने को लगाती है–खद्दर पहनती है न !

विभावती को बचपन से ही शिक्षा मिली है–पाँव छूकर सभी को प्रणाम करना चाहिए।

कुन्ती देवी बोली–बड़ी मेम साहेब ! आपके पास एक इस्तदुआ लेकर आयी हूँ। कहना यह है बड़ी मेम साहेब कि हम लोगों को अब एक चपरासी के बिना बहुत तकलीफ हो रही है। मुनिया बूढ़ी फाटक खोलने और बन्द करने के सिवा और कोई काम नहीं करती। रामरति है, सो उसे छोटी मेम से आगा-पीछा से ही छुट्टी नहीं मिलती।··· दोयेम बात के ऊपरवाली सब हम लोगों को बहुत नीच-नजर से देखती हैं।··· यह गौरी देवी बाभिन है, इसको हरिजन कहती है। कहिए भला। और छोटी मेम साहब अब छुट्टी देने में इतना बखेड़ा करती है कि रुकमिनी तो अब घर चली ही गयी। बाकी लड़कियाँ भी घर भागेंगी कुछ दिन में। जेहलखाना से भी बढ़कर !··· कहीं जाने की छुट्टी नहीं देती। सभी लड़कियाँ, जब से आयी हैं सलिमा देखने के लिए छटपटा रही हैं। कहती है, तीस रुपया ही पाती है, सलिमा देखेगी ? जब छुट्टी माँगिए, डाक्टर चाको मेम साहब जाने। और, डाक्टर चाको मेम साहब की कोठी पर जाने की छुट्टी माँगिए तो छुट्टी नहीं देती।

श्रीमती आनन्द ने बागे से अंग्रेजी में कहा, देखते हो। कितना असंतुष्ट हैं सभी बेला गुप्त से।

बागे, तभी से काले चश्मे के नीचे से ही इन लड़कियों को देख रहा था। ··· यह तो एकदम हिरनी है हिरनी।

बागे की आँखें घूम-फिरकर श्रीमती आनन्द के पास लौट गयीं।

श्रीमती आनन्द ने लड़कियों से कहा–ठीक है। मैं डाक्टर चाको से बोलूँगी। और चपरासी भी मिल जायेगा।

कुन्ती देवी ने हाथ जोड़कर कहा–बड़ी मेम साहेब ! आपके पास आती हूँ तो यहाँ से जाने का मन नहीं होता है।··· मैं चुगली नहीं करती। मगर इतना जरूर कहूँगी कि छोटी मेम का शील-सुभाव ऐसा रहेगा तो एक दिन मेरे मुँह से कुछ निकल जायेगा। बस, यही दो-तीन लड़कियों से बोलती है। और, वह रामरतिया हम लोगों में झगड़ा लगाती है–आपस में। मुनिया पैसा माँगती है, हर बात में।

–ठीक है, मैं आज शाम को होस्टल में आऊँगी।

लड़कियाँ चली गयीं तो श्रीमती आनन्द ने पूछा–क्या हाल है मिस्टर बागे! आप कहाँ हैं ?

–आपके चरणों पर !··· डीसाहब ने निश्चय ही उस गौरी देवी को कहीं देख लिया है। मैं बाजी बद सकता हूँ।

–तुमको कौन-सी पसन्द हुई ? वह सलवारवाली–खादीधारी छोकरी ?

–भाभी, मेरी पसन्ददीदगी की बात मत पूछिए !

–क्यों ?

–क्योंकि मैं··· आनन्द को नहीं जानता !

श्रीमती आनन्द अब समझ गयी, बागे दुखी है। बागे को आन्तरिक कष्ट हो रहा है।··· सचमुच, लड़कियों में से कोई भी नहीं पसन्द आयी बागे को ?

··· बागे की आँखों में चिनगारी ?

श्रीमती आनन्द ने कहा–तो, आज रात में मेरे साथ खाओगे ?

··· आमिष आहार !

–बेला ! मैंने डाक्टर चाको से मिलकर ट्रेनी-लड़कियों के प्राब्लेम्स पर बातें कर ली हैं।··· और देखो, इन लड़कियों की छुट्टी-छपाटी को लेकर तुम अपना माथा मत खराब करो। ये हेल्थ-सर्विसेज की हैं। इनसे हमारा क्या लेना-देना···।

–लेकिन, रहती तो हैं हमारे होस्टल में। नियम के अनुसार यहाँ रहनेवाली सभी बोर्डर अपने दफ्तर से लिखवाकर ले आती हैं ऐसी छुट्टियों के लिए। नाइट-ड्यूटी, नाइट-पास और इस तरह की छुट्टियाँ हम बिना समुचित प्रमाण के···।

श्रीमती आनन्द की सतर्कता के बावजूद, नियम-कानून की बात सुनकर, अन्दर से गुस्से की चिनगारी निकल ही पड़ी–बेला ! तुम हर बात में नियम-कानून की दुहाई मत दिया करो।··· मैं पूछती हूँ कि इन्हें नियम-कानून में बाँधने में कौन-सा सुख मिलता है तुमको ? ट्रेनिंग लेकर जायेगी, ब्लॉक के कर्मचारियों के साथ रहेगी–सोयेगी। तुम वहाँ भी जाओगी, पहरा करने ?

··· फिर श्रीमती आनन्द सोने-सुलाने की बात करने लगी ?

बेला गुप्त बोली–इसीलिए मैंने शुरू में ही विरोध किया था।

श्रीमती आनन्द ने अपने को सँभाल लिया तब तक। बोली–तुम्हारे या मेरे विरोध करने से कुछ नहीं होता है और न होगा !··· अंजु-मंजु को बुलाना जरा। नहीं, रहने दो।

श्रीमती आनन्द चली गयी। कह गयी–बेली ! हेवी रिस्पांसिवलिटि–जबर्दस्त उत्तरदायित्व के लिए तैयार रहो। तुम्हारी रमला मौसी ने जो चांस कभी नहीं दिया–वह मैं दूँगी। और, यदि जिम्मेवारी को ठिकाने से निबाहा तो–मेरी प्यारी बेली रानी–सीधे केनाडा भेजी जाओगी !

··· सीधे कनाडा नहीं, जहन्नुम में !

कल से गली के लड़कों ने फिर उपद्रव प्रारम्भ कर दिया है। बेला गुप्त सोच रही है, क्या किया जाये। एक बार करीम भाई से कहकर देखूँ ? करीम भाई बड़े शरीफ हैं।··· ऐसी बदमाशी तो कभी किसी ने नहीं की, आज तक ?

युगों से इन गलियों पर छाया हुआ, खगड़ा-मंजिल का आतंक, होस्टल और सेण्टर खुलने के बाद ही दूर हुआ था। फातिमा ने करीम भाई से परिचय कराया था। उसके बाद जब कभी गली में मिलते हैं, झुककर सलाम करते हैं।··· सेण्टर की महिलाओं की इज्जत गली के बच्चे तक करते थे। अचानक यह क्या हो गया कि हर लड़की छेड़ी जा रही है।

मिस रेवा वर्मा आकर बोली—अब तो इस गली में, दिन में भी अकेली चलने का साहस नहीं होगा किसी को। बीड़ीवाले छोकरे ने क्या कहा आज जानती हैं ?

प्रोफेसर निगम झुँझलायी—यहाँ तो किसी के पास नालिश-फरियाद करना भी फिजूल है। बेला दीदी एक कान से सुन लेती हैं और दूसरे से निकाल देती हैं। ··· हरामजादा बाँह पर नाखून से बन्दर की तरह नोंच भागा। शिप्रा, तुम्हारे पास डेटोल है ?

शिप्रा डेटोल की शीशी ले आयी—अब इस गली में भी किसी दिन एसिड फेंका जायेगा।··· मुझे तो बेपानी कर दिया आज।

पटनेश्वरी देवी कहती है—हम लोगों को अब पिस्तौल मिलनेवाला है।

रामरति का दूसरा मत है—सिर्फ गली के बदमाशों को ही दोख मत दीजिए। वह रेडियोवाली दीदी तो कान में झुमका हिलाकर खूब छमक गयी। रोज रात में दोस्त के साथ रिक्शा में बैठकर आती है—रिक्शावाले को पैसा देने के बाद—आधा घण्टा-पौन घण्टा तक फाटक के पास खड़ी बतियाती है—हँसती है। इधर कई दिनों से रमा बहिन के संग में भी एक काला कोट-पतलूनवाले बाबू आने लगे हैं। रमा बहिन भी वही करती है।··· फाटक पर खड़ा होकर बतियाने की क्या जरूरत ? गली के लड़के सभी चलित्तर देखते-देखते अब छुछुआने लगे हैं और, खादी-दीदी को इतना होश तो रखना ही चाहिए कि जब 'टैम' का दिन है तो होशियारी से चलें। आज मोड़ पर ही रिक्शे से उतरकर पैदल आ रही थी। पीछे-पीछे छुछुन्दरों का दल ! कोई कहे कि—नहीं रे नहीं, लाल रोशनाई है तो कोई बोले कि नहीं रे पान का दाग है।··· सब्जी लेकर लौटी आ रही थी। देखा तो खादी-दीदी की साड़ी पीछे से एकदम भुभुक्का ! मैंने तुरत आड़ कर लिया और हरामियों को गलिया के भगाया।··· अब कहिए कि गली के लड़कों को ही सिर्फ क्यों दोख दिया जाये ? रोटी दोनों हाथ से पकती है, दीदीजी !··· लीलाखेला देखकर बदमाश लोग जरूर बमकेंगे !

मुनिया और उसी बेटी रामरति !

बेला गुप्त को ही नहीं—पाँचों लड़कियों को, होस्टल छोड़ने के बाद, सबसे पहले अपने घर में आश्रय मुनिया ने ही दिया था—सो भी, 1943-44 में। पुलिसवालों

की धमकी से न मुनिया कभी डरी और न उसकी बारह साल की बेटी रामरति।

गरीब विधवा मुनिया को एक गाय और एक खपरैल के घर का सहारा था। गोतिया-पट्टीदारों ने उससे भी बेदखल कर दिया। तब से बेला गुप्त के साथ ही रहती हैं दोनों—माँ-बेटी।

रामरति की शादी बचपन में ही हुई थी। जवान होने के बाद गौना हुआ। बस, गौना में ससुराल से लौटी तो फिर नहीं गयी कभी। आज तक अपने प्रण पर डटी हुई है।··· घरवाला या तो दारू छोड़े या उसका मोह ! रामरति की एक ही बात।

··· दारू की महक से ही रामरति को उलटी होने लगती है। उसे शराबी का बहुत डर है। इसलिए कहती है—रामरति को न बाघ न डर न भूत का भय। सिर्फ, मनुसपीटना से डरती है रामरति।··· मनुसपीटना माने शराबी !

रामरति हमेशा खरी बात बोलती है, किसी को भली लगे या बुरी। बेला गुप्त को भी सुना देती है—खाइयेगा सिर्फ आलू का भर्ता और भात और दिन-रात काम कीजियेगा। देह आखिर देह है।

मुनिया कहती है—क्या चेहरा था सो क्या हो गया ! तू जोर करके मछली-मांस क्यों नहीं खिलाती रमरतिया, दीदीजी को ?

बेला गुप्त ने कहा—करीम भाई आजकल यहीं हैं या छपरा गये हैं ?

—अब, रहीम भाई करीम भाई के यहाँ आपको जाने की जरूरत नहीं। जाने जौ और जाने जाता। आप कितने लोगों से लड़ती रहियेगा। जैसा चाल, वैसा हाल होगा।··· हैं-हैं··· दीदीजी, यह क्या कर रही हैं आप ? बर्तन-बासन क्यों उठाती हैं। छोड़ दीजिए ! क्या हो गया है आपको ?··· अब देखिए दीदीजी, ऐसा कीजियेगा तो मैं माथा कूट लूँगी अपना।··· बड़ी मेम के कहने से किसी दिन आप मुझे भी छोड़ दीजियेगा ?···

रामरति का गला भर आया।

—तू नखरा पसारना बन्द करके, एक बार देख आ कि करीम भाई कहाँ हैं ? नहीं हैं तो, कब आवेंगे !

करीम भाई ने सबकुछ सुनकर दाढ़ी पर हाथ फेर लिया। असहाय मुद्रा बनाकर बोले—बेला दीदी ! जमाने ने कुछ ऐसा अजब मोड़ लिया है।···

करीम भाई के बदले आगे बढ़कर बोला—रामगुलाम हलुवाई, जो खजूर की ताड़ी पीने के बाद मूँछ से झाग भी नहीं पोंछ पाया था—करीम भाई से क्या कह रही हैं मेम साहब ? आपके चिड़ियाखाना में तो अब ऐसी-ऐसी लक्का कबूतर आ गयी हैं कि इस गली में जो न हो जाये, थोड़ा है।··· वह आपकी अजनू-मजनू दोनों बहन जो हैं—स्कूल की गाड़ी से उतरकर गली के लड़कों को मुँह चिढ़ाती हैं, गन्दे इशारे करती हैं।··· फाटक पर रात में जोड़ा-का-जोड़ा खड़ा रहता है। दूसरी गली का कुत्ता इस गली में आवे और इस गली के कुत्ते भौं-भौं नहीं करें—यह

कैसे मुमकिन है।

··· रामगुलाम शाह खजूरी-ताड़ी पीकर और न जाने क्या-क्या बकता रहा।

बेला गुप्त चुपचाप वापस आ गयी।

प्रोफेसर निगम अब दिन में पाँच बार टेलीफोन पर बात करती है, लाल-भाई से। साथ काम करनेवाली महिलाओं को सुनाकर, टेलीफोन पर नखरा पसारती है–नहीं-ई-ई लाल-भाई ! गीत-ऊत मुझसे नहीं हो सकेगा कोई। गला मीठा होने से क्या हुआ ?··· आज नहीं आ सकूँगी। क्या, नहीं बोलियेगा ? अच्छी बात, तब तो आना ही पड़ेगा। कॉफी पिलाइयेगा ? अच्छी बात !

वह सभी को सुनाती रहती है–देखिए, अब मैं क्या करूँ ? लाल-भाई कहते हैं कि तुम लोकगीत बढ़िया गा सकती हो। कहिए भला ! मानते ही नहीं हैं।

··· लाल-भाई कहते हैं कि तुम्हारी आवाज रेकार्ड होकर दिल्ली गयी है।

··· लाल-भाई जिद्द कर रहे हैं, अब ड्रामा आडिशन के लिए दर्खास्त दे दो।

मिस रेवा वर्मा अब क्या बोले ?

अब तो, प्रोफेसर रमा निगम के बोलने और सुनने के दिन हैं।··· इतनी जल्दी आग भड़कते कभी नहीं देखी है रेवा वर्मा ने।

पहला टॉक जिस दिन देकर आयी थी प्रोफेसर निगम ! रेवा वर्मा ने खोद-खोदकर पूछना शुरू किया था–रात में।

–क्यों रमा बहन ! ठीक रिहर्सल करवाया था लाल-भाई ने या··· ?

–भाई, तीन बार पढ़वाया उन्होंने। फिर, एक बार खुद पढ़कर सुनाया।

–तब ? रजिस्ट्री-फी लगी या नहीं ? वह तो रजिस्ट्रार है न !

–क्या रजिस्ट्री-फी ! ··· तुमसे जरूर किसी ने कुछ कहा है। वह लड़का-अनाउंसर बहुत मुस्कुरा रहा था, न जाने क्यों ? तुम कहाँ चली गयी थीं ?

–रमा बहन, मैं जरा कॉलेज चली गयी थी।

–अच्छा रेवा ! लाल-भाई पीते भी हैं क्या कभी-कभी ?

–क्यों, कुछ बहक-बहक गया था रिहर्सल के समय क्या ?

प्रोफेसर निगम के कुण्डल हिले-डुले।

मिस रेवा वर्मा और भी करीब चली गयी थी खिसककर।

–सच बताना रमा बहन, तुम्हें मेरी कसम। झूठ मत बोलना।

–रेवा, तुम भी कसम खाओ कि झूठ नहीं बोलोगी।

··· अच्छा ? तो इन्हें भी कुछ पूछना है ! कान में डाल दिया है–मोदी ने ?

–लीजिए, पूछिए। क्या पूछना है ? आप मत पूछिए, आपके सवालों के जवाब दे रही हूँ–सुनिए। पहली बार जब 'बाल-गोपाल' प्रोग्राम में गयी थी तब से लेकर स्टाफ-आर्टिस्ट बनने तक–दस साल से देख रही हूँ, मोदी के रिहर्सल कराने की बस एक ही टेकनिक है–और उसका एक ही बूथ है, नम्बर छै।··· लो मैं बताऊँ ?

तुमने पढ़ा होगा, मान लो··· एक राजा के पाँच लड़के थे। तो, लाल-भाई ने कहा होगा–नहीं रमा, इस तरह पढ़ो ! और, 'इस तरह' कहकर स्क्रिप्ट लेते समय उँगलियों को मसलकर, मुस्कुरा दिया होगा–जो मोदी की टेकनिक है–ठीक, सिनेमा के हीरो की तरह। दूसरे रिहर्सल तक टेबुल के नीचे लाल-भाई के पैर···।

प्रोफेसर रमा निगम हँसते-हँसते लोटपोट हो गयी।

··· तो रिहर्सल हुआ है, डटकर ?

मिस रेवा वर्मा ने अन्त में कहा था–आदमी भला है वैसे।··· तब, कभी-कभी वह टिप्स भी माँगेगा ?

–टिप्स ?

इस बार प्रोफेसर निगम रुष्ट हो गयी–तुमने मुझे क्या समझ लिया है रेवा ? मैं इतना गिर गयी हूँ ?

··· कानपुर से वह नौजवान प्रेमी आकर पर्चा जो बाँट गया था सो गलत नहीं ? प्रोफेसर निगम ने सचमुच वहाँ वह सब काण्ड किया होगा। कहती है, मैं इतना गिर गयी हूँ ?

–भगवान से यही प्रार्थना है रमा बहन, कभी नहीं गिरो।··· अब सोने दो। जमशेदपुर से मेरा 'टेलिपैथी-कॉल' आ गया !

दोनों बहुत देर तक अपने-अपने बिस्तर पर 'उस-खुस' करती–करवटें लेती रहीं।

श्रीमती आनन्द ने गाड़ी का हार्न सुनकर घड़ी की ओर आँखें उठायीं–एकदम सही समय पर आ रहा है, बागे।

–बड़े पंक्च्युल हो आज ?

··· बागे इतना गुमसुम क्यों है ? इधर-उधर देखता क्यों है ?··· आखिर यह आदिवासी मूरत ही रह गया सब दिन। श्रीमती आनन्द बच्चियों जैसी लजाती है। किन्तु, बच्ची नहीं वह।

–इसमें क्या है ? अरे··· !

–कुछ नहीं भाभी, महँगू की दूकान का सींककबाब है। सारे भारतवर्ष में और कहीं नहीं मिलता।

–क्यों, यह सब लाने की क्या जरूरत थी ?··· और, यह ? किसके लिए ?··· छि··· मैं ड्रिंक नहीं करती।

–भाभी, यह तो वैट-सिक्सटी नाइन है, स्कॉच !··· ड्रिंक से इसका कोई ताल्लुक नहीं।

··· आश्चर्य। बिराटनगर-नेपाल में आनन्द ने भी पहली बार 'वैट-सिक्सटी नाइन' की ही बोतल खोली थी–महान्ती की अनुपस्थिति में।··· ठिंगनी बोतल !

श्रीमती आनन्द उठकर पर्दों को सरका आयी। बाहर की रोशनी बुझ गयी। अन्दर का नीला चाँद जला।··· मिस्टर आनन्द की बड़ी तस्वीर में माला लटक रही है। तस्वीर के पास, दीवार पर एक छिपकली दौड़कर पतंगों को पकड़ रही

है।

अपने पति मिस्टर आनन्द को छोड़कर और किसी पुरुष के सामने श्रीमती आनन्द ने कभी ड्रिंक नहीं किया। मिस्टर आनन्द के मित्रों के सामने वह शराब के गिलास को छूती तक नहीं। मिस्टर आनन्द मौज में आकर कभी-कभी दुराग्रह करने लगते हैं, अपने मित्रों की ओर से–ज्योति ! आज तक नहीं पी। ठीक है। अब ये कहते हैं तो एक घूँट !···

तब, श्रीमती आनन्द डरी-दुबकी उठकर भाग जाती है।

किन्तु, मिस्टर आनन्द के साथ 'सोलन' व्हिस्की ही पीती है–और तीन-चार पेग पीकर भी होश में रहती है।

श्रीमती आनन्द ने एक गिलास लाकर सामने रख दिया।

बागे ने भौंहों को चढ़ा लिया–भाभी ! नखरा मत कीजिए। ले आइए गिलास।

··· बोतल खुलने के पहले ही यह कैसा नशा छा गया ?

–बागे, तुम यह बोतल अपने साथ लेते जाना, याद करके। तुम आनन्द को नहीं जानते।

श्रीमती आनन्द गिलास ले आयी–बागे, तुम बहुत लड़कपन करते हो। तुम आनन्द को नहीं जानते। सूँघकर जान लेता है सबकुछ।··· तुम्हारी बात रख लूँगी। बस, एक ड्राप !

बागे ने, अपनी भाषा में कुछ बुदबुदाकर–वैट की ठिंगनी बोतल को खोला। श्रीमती आनन्द ने तुरत बोतल में नाक लगाकर सूँघ लिया।

–सोडा लोगे या पानी ?

–पानी।··· और आप ?

–अरे-रे, यह तुमने क्या किया ? पूरा डबल पेग डाल दिया तुमने ?

--माप-तौल का अन्दाज तो बहुत सही करती हैं भाभी !

गिलास टकराये–तुनुक टुँ-टुँ शब्द के साथ–!

श्रीमती आनन्द दो घूँट में ही गटक गयी और गला पकड़ बैठ गयी, मानो कण्ठनली जल गयी उसकी। पहली बार पी रही हो, जैसे।

··· इसको कहते हैं औरत !

··· ठिंगनी बोतल पर दो बदसूरत चेहरे प्रतिबिम्बित हुए।

ठिंगनी बोतल झुकती गयी।··· 69 नम्बर का असली स्कॉच !

बागे ने फिर ग्रामोद्योगी-माल की चर्चा चलायी।

··· आश्चर्य ! श्रीमती आनन्द पीने के बाद इतना 'सॉबर' हो जाती है ?

–बागे, इस समय भी तो उन्हें भूलो।

–क्षमा कीजिए !

बागे, सचमुच लजा गया।

ठिंगनी बोतल खाली होती गयी धीरे-धीरे।

··· बागे ! बागे··· लड़कपन मत करो। मुझे अब मत दो। मुझे पिलाकर बेहोश

क्यों करना चाहते हो आखिर ? क्यों ?

आपको पिलाकर बेहोश नहीं कर सकता कोई !

–तब ?

··· बागे ! बागे ! तुम आनन्द को नहीं जानते।

··· आनन्द को बागे नहीं जानेगा तो और कौन जानेगा श्रीमतीजी ! बागे यह भी जानता है कि बुड्ढा वहाँ हिमालय होटल में क्यों पड़ा हुआ है, दो सप्ताह से। पार्टी से, नेपाली-रक्सी और 'कांछी' का पूरा पैसा, हिसाब करके लेगा।

बागे अब इधर-उधर नहीं देखता, कुछ। एकटक, श्रीमती आनन्द में खो गया है।

··· आदिवासी, घोर श्याम वर्ण युवक !

··· ठिंगनी बोतल, घुटनों के बल खड़ी है। आ··· ह ! बा··· गे !!

··· वैट-सिक्सटी नाइन।

··· सिक्सटी नाइन ?

··· दो जाम !

··· दो आँखें !

···6···9···69 !!

··· फिन आलो, बेहाला पर लोकधुन बजा रहा है, घोष ?

··· फिन आलो, फिन आलो, फिन-फिन··· !

··· बागे··· बागे ! ··· एकदम सब आलो।

··· सि-ई-ई-सि···।

बागे को चलते वक्त याद आया–एक उपहार वह ले आया था श्रीमती आनन्द के लिए।

श्रीमती आनन्द ने वैट-सिक्सटी नाइन की खाली बोतल हाथ में थमाते कहा–तुम आनन्द को··· ! यह क्या ?

··· बागे !

··· आप दिल्ली जा रही हैं, कान्फ्रेंस में। वहाँ देश-विदेश की महिलाएँ आवेंगी। ··· आपके गले में यह मेरी याद, आज की, झूलती रहे !

बागे, आनन्द को जान गया है, शायद।

··· स्खलित औरत ? खाली बोतल ?

सेण्टर की लेडी हेल्थ-विजिटर रानीबाला, एरिया-विजिट करके लौटते समय उदास होकर बोली–बेला दी, मुझे तो न जाने, कैसी शंका हो रही है !

–क्या ?

–बिरजू के रोग के अद्भुत लक्षण देखकर ही मेरा माथा ठनका था।··· बिरजू को लेकर, यह तीसरा केस हुआ, ऐसा।

—क्या अनुमान है तुम्हारा ?

—बात समझ में नहीं आती है। हँसता-खेलता हुआ बच्चा हठात् काँपने लगता है। आँखें मूँद लेता है। आश्चर्य ! देह की ताप, बड़ी स्वाभाविक रहती है और धीरे-धीरे रोगी सिंक कर जाता है।··· बेचारा बिरजू कल ही कह रहा था, अगले साल बेबी-शो में मेरी छोटी बहन को इनाम मिलेगा।

—तुमने डाक्टर चाको को रिपोर्ट दी है ?

—डाक्टर चाको कहती हैं, कुछ नहीं है। गन्दगी, पौष्टिक भोजन के अभाव में अखाद्य-कुखाद्य खाकर जो रोग न हो जाये।

··· पौष्टिक भोजन ? हुँ ! पेट-भर खाने को मिल जाये, गनीमत है।

—नहीं रानी, तुमको जो शंकाएँ हो रही हैं, लिखकर भेजो हेल्थ-ऑफिसर को। तीनों बच्चों की केस-हिस्ट्री विस्तारपूर्वक तैयार करके दो।

··· गुलबी, शौकत और बिरजू !

मिल्क-सेण्टर के बच्चों में मायूसी छायी हुई है। सेण्टर का सदा मुखरित रहनेवाला कोना आज गुमसुम है। बिरजू की मीठी शैतानी की याद आती है, कोमल-मति बच्चों को। दुनिया-भर के बुझौबल थे, उसके पेट में। आते ही चिल्लाता—बूझो तो ?··· एक चिरैया ऐसी, खूँटें पर बैठी, मुँह में न बोली, न आँख से रोती, बैठी-बैठी काली बुढ़िया की गोटेवाली चुनरी धोती। बोलो, क्या है ?

बच्चों से लेकर बूढ़ों की नकल वह अविकल उतारता। एक बार गूँगा बनकर डाक्टर चाको को अचरज में डाल दिया था, बिरजू ने।···

उसकी जगह पर कोई नहीं बैठ सकता था··· ए ! ए !! बाबू बिजेन्द्रलाल की जगह पर कौन बैठा है ?

··· बाबू बिजेन्द्रलाल की जगह खाली है !

रामरति ने उसका कार्ड निकालकर एक ओर रख दिया है। लेडी हेल्थ-विजिटर ने लाल रोशनाई से लिख दिया—डायड !

सबसे डरनेवाली, गोलमटोल गुलबी की बड़ी-बड़ी आँखें थीं।

और, शौकत जो हमेशा किसी गीत की कड़ी गाता-गुनगुनाता रहता था, लट्टू में डोरी लपेटता हुआ—अजमेरवाले-ए-ए ओ अजमेरवाले, मेरी सुन लेना अरजी, फिर मानो नहीं मानो है तुम्हारी मरजी !···

बुलबुल के रॉकेट कुमार को कोई चुरा ले गया। जली हुई सुपारी और सेण्टर का दूध पीकर रॉकेट तन्दुरुस्त हो गया था। उसकी याद आते ही बुलबुल रोनी सूरत बनाकर कहती है—टुथमन थब की नदल लग गयी !

दुश्मन की नजर ?

··· मिल्क-सेण्टर में एकत्रित बच्चे खेल रहे हैं।

··· छोटे-छोटे चूजों का चुनमुन-कूजन !!

पेड़ पर बैठे हुए चील की नजर झुण्ड पर लगी हुई है। घात लगाकर बैठा है।

··· हाहास ! चें-ए-चेंए !! ले गया, ले गया !!

··· सभी पंछियों की आँखों में आतंक, पंखों में कम्पन !

··· एक चिरैया ऐसी, खूँटे पर बैठी !

··· गुलबी बेटी रे-ए-ए !

हाय-हाय, तुमने खूब सुनी अरजी। ओ अजमेरवाले !

बेला गुप्त को लगता है, सभी सन्तानहारा माताएँ उसी को ढूँढ़ रही हैं, पागल होकर। अपने खोये हुए शिशुओं को, छाती पीट-पीटकर खोजनेवाले सभी पिता–उसके बाप हैं··· बेटी ! लौट आओ-ओ-ओ ! बे-ला-आ-आ !!

–दीदीजी, कुछ खाइयेगा नहीं तो थोड़ा दूध ही पी लीजिए !

··· रामरति क्या कहे ? सारे एरिया के बच्चों के लिए इतना मोह बेकार करती हैं। मरना-जीना तो लगा ही हुआ है। देह आखिर देह है।

बेला गुप्त, मिल्क-सेण्टर के ग्रुप-फोटोग्राफ को देख रही है··· बिरजू, गूँगे-जैसा हाव-भाव बनाकर कैमरे की ओर देख रहा है।··· गोलमटोल गुलबी बाँकी निगाह से देख रही है।··· और, फैज पहने शौकत की यह मुद्रा ! लगता है, अभी शुरू कर देगा–ओ, अजमेरवाले-ए-ए···।

··· कोई अरजी नहीं सुनता, शौकत ! यहाँ, अरजी सुननेवाला कोई नहीं !

कुन्ती देवी दाईकित्ता की 'मेंट' हो गयी है, अब।

किसी ने उसे चुना नहीं है। वह अपने मुँह के जोर और बुद्धि के बल से सब ट्रेनी-लड़कियों की प्रतिनिधि बन गयी है। बड़ी मेम से मुँहामुँही बात करती है। बड़ी मेम भी उसको मानने लगी है। हँसकर बोलती है, कुन्ती देवी से।··· देखा नहीं, उस दिन आते समय कुन्ती देवी ने कहा, मेम साहब, रिक्सा-भाड़ा का पैसा नहीं है। बड़ी मेम ने तुरत अपने बटुआ से दो रुपये का नोट निकालकर दे दिया–रिक्सा से जो बचे तुम लोग चाय पीना। कुन्ती देवी ने न किसी को रिक्से पर चढ़ाया और न चाय पिलाया–दोनों रुपये हड़प गयी।··· कौन बोले ?

विभावती पर बड़ी मेम नाराज हैं, मन-ही-मन। बड़ी मेम के किरानी साहब कह रहे थे, यदि विभावती 'अफिडिफिट' नहीं करवायेगी तो ट्रेनिंग से निकाल दी जायेगी और जो स्टाइपन मिला है, जोड़कर वसूल कर लेगी सरकार।··· सरकारी काम है कि खेल है ? स्कूल-सार्टिफिकेट के मुताबिक विभावती की उम्र होती है–चौदह साल आठ महीने। फार्म में भरी है, उन्नीस साल।

–अफिडिफिट कैसे करवायेगी ?

–कचहरी में हलफ लेकर कहेगी कि मैं विभावती देवी, वल्द··· हलफ लेकर कहती हूँ कि जो कुछ कह रही हूँ होश में···।

–उतना कहने की क्या जरूरत ?

··· तारा देवी भी आजकल मजेदार गप करने लगी है।

—तब क्या कहेगी ?

—अरे, दुकान पर जाकर रबड़ का गेंदावाली तीन लम्बर की चोली खरीदकर पहन ले, फिर काहे का अफिडिफिट और काहे का हलफ··· ? डाक्टर चाको को नहीं देखती, लगता है जैसे असली है एकदम !

—गौरी ने जूती खरीदी है। एँड़ीवाली।

—देखा है।

—खरीदी है या··· किसी ने खरीद दिया है ?

—भगवान जाने।

—उस दिन देखा उस चश्मावाले 'इश्टूडण्ट' को, गौरी देवी को कितना बढ़िया 'कलण्डर' लाकर दिया ?

कुन्ती देवी बोली—अरे वह शुरू-शुरू में मेरे आसपास बड़ा चक्कर मारता था। मैंने एक दिन कसके सुना दिया··· रिपोर्ट कर दूँगी जाकर चाको मेम साहब के पास।

तारा देवी बोली—अच्छा जानकी बुआ, उस दाढ़ीवाले 'कम्पोटर' से आपकी पहले से जान-पहचान है क्या ?

—हाँ, पहले चनपटिया अस्पताल में था। क्यों ?

—पूछ रही हूँ।··· आदमी बड़ा भला है, लेकिन। है कि नहीं ?

जानकी देवी दाँत में दियासलाई की तीली डालती हुई बोली—अपने भला रहो तो सब भला।··· देखो न, दुनिया-भर का टिंगचर-आयडिन बोतल में भरकर दे गया है, कल।

—दे गया है ? मुझे भी देना एक छोटी शीशी-भर।

—मुझे भी।

—और, स्प्रिट भी तो दे गया है एक बोतल ! नीला स्प्रिट है या सादा ?

नीला स्प्रिट !

कहते हैं कि बाँकीपुर जेनरल हॉस्पिटल की ऑडिट-रिपोर्ट में एक साल स्प्रिट की खपत पर भीषण आश्चर्य प्रकट किया गया। स्वास्थ्य-विभाग के अधिकारियों की आँखें खुलीं। सचमुच ! एक वर्ष में तीस ड्राम स्प्रिट यहाँ के कुली-जमादार वगैरह मिलकर सोख गये। इसके बाद, स्प्रिट में कोई नीला पदार्थ, शायद तूतिया मिलाया जाने लगा।··· बाद में नीले स्प्रिट को विषरहित करने का भेद भी लोग जान गये। स्प्रिट में रूई भिगोकर चूसने लगे हैं।··· नीलकण्ठ लोग ईथर भी पीकर पचा जाते हैं।

—क्यों, नीला-पीला क्यों पूछ रही है ?

—पीयेगी क्या ?

—तुमने मँगाया है काहे ?

—मैंने अपने 'झंझट' के समय के लिए मँगाया है। दो चमचा निकालकर, पानी में डालकर पी लेती हूँ तो चैन रहता है।··· पीयेगी ?

—कुछ होगा तो नहीं ?

जानकी देवी ने दरवाजा बन्द कर दिया।

तीनों ने स्प्रिट में पानी मिलाकर पीया।··· ए ! होशियारी से। बीड़ी मत पीना अभी।

तीनों अधेड़ महिलाओं ने बाहर आकर बीड़ी सुलगायी। नशा सिर पर सन्न से सवार हो गया—मानो बारूद में पलीता ! तीनों के चेहरे जलने लगे—दप-दप !

तीनों ने कबूल किया—चीज अच्छी है।

फिर, तीनों ने स्वीकारोक्ति की—अच्छी-से-अच्छी चीज भी पी है उन लोगों ने।

कुन्ती देवी बोली—मैं चाहूँ तो रोज मँगा सकती हूँ, पी सकती हूँ—किसी की नानी भी नहीं परख सकेगी। लेकिन, मैं इसलिए नहीं मँगाती-पीती कि पीने के बाद मेरा मन काबू में नहीं रहता है।

—पीने के बाद किसी का मन काबू में नहीं रहता।

—जानती हो, ऊपरवाली सुरती सहुआइन को ? नहाने की कोठरी की इधरवाली खिड़की खोलकर नहाती है। और जैसे ही वह नहाने के घर में आयी कि उधर गली के दुमंजिले पर एक जैण्टल मैन बाबू आकर खड़ा हो जाता है और टक-टक—एकटक देखता रहता है। और यह खिड़की के सामने ही देह रगड़ेगी—पर्दा खिसकाकर।

—ओ-हो, रविवार के दिन मैंने भी देखा था।

—जानबूझकर खिड़की खोलती है।

—अरी, मैं तो उस दिन हँसते-हँसते मर गयी। कहती हूँ कि··· टकटकी लगाकर बैठे हुए उस जैण्टुल मैन का मुँह देखकर—हा-हा-हा-हा !

—सुरती सहुआइन के साथ भी एक 'दुम' ?

—दुम यहाँ सभी के हैं।

—एक हम्हीं लोग हैं कि बेदुम—हा-हा-हा !

—ए, जानकी देवी, जोर से मत हँसिए। छोटी मेम की बच्ची सब बगल में ही है।

—मैं हँसूँगी, मैं रोऊँगी अपने कमरे में। कोई क्या कर लेगी, देखूँ।

—देखना, इस छिनाल छोटी मेम से बदला नहीं लिया तो कुन्ती देवी नाम नहीं।

—रुकमिनी को मौज हुआ। अब घर में ही रहती है।

—रामरतिया का घरवाला आया था, सुनती हूँ।

—तो, रामरतिया इस बार जायेगी ससुराल ?

—रामरतिया ससुराल जायेगी तो यहाँ फिर रामगुलाम हलवाई, रस में जिलेबी को छनौटा से कैसे तर करेगा ?

—ईह ! खचड़ी रात में फाटक खोलकर चरने चली जाती है, रोज।··· कान

में सोने के झुमके ऐसे ही नहीं झूलते हैं। कस्बिन ! खेला करती है और कुन्ती देवी की चुगली लगाती है। सब खेला निकालूँगी–यहाँ जवानी··· पुलिस-हवलदार और जमादारों के साथ काट चुकी है कुन्ती देवी। देखना !

जानकी देवी के मन में भक्ति-भाव जाग उठा। वह गुटका ब्रह्मनन्दी-भजन खोलकर गाने लगी, धीरे-धीरे–राग बनजरा··· इस दुनिया का सबकुछ खेला-आ-आ, यह दो दिन का है मेला-आ-आ, यह चलाचली का बेला।

–मेला की याद मत दिलाओ जानकी देवी !

–क्यों कुन्ती देवी, मन काबू से बाहर हो रहा है ?

विभावती और गौरी अपने कमरे में कैरमबोर्ड खेल रही थीं। गौरी चिल्लायी–गिरी है कुइन इस बार !

··· विभावतिया ! तुमको भी देखेगी कुन्ती देवी !

प्रोफेसर निगम बाहर से आयी और दरवाजा बन्द कर अपने बिछावन पर लेट गयी। रेवा वर्मा समझ गयी, सीधे रेडियो से आ रही है, प्रोफेसर निगम। आज रविवार था न ?··· क्या हुआ इसको आज ? फिर कोई ढंग पसारेगी क्या ? ·· अरे, यह तो रो रही है ?··· दरवाजा क्यों बन्द किया ?

रेवा वर्मा प्रोफेसर निगम के पास गयी–रमा बहन ! क्या हुआ ?

–मैं लुट गयी रेवा···।

–कहाँ ?··· पर्स ?

··· अच्छा ? तो ये आनन्द के आँसू हैं ? यह छटपटाहट··· रिफ्लेक्स-एक्शन ? ··· इक्सटेटिक ?··· इक्साइटमेण्ट ?

–रमा बहन, इस तरह तकिया में मुँह गड़ाकर बोलेगी तो मैं क्या समझूँगी ?

–तुम्हारे लाल-भाई ने···।

–देखो, रमा बहन, मैं कह दूँ ! वह मोदी सभी का लाल-भाई है, पर मेरा कोई नहीं। अब बोलो ! क्या किया लाल-भाई ने ? तुम भी रमा बहन, इस जमाने में रहकर भी प्लेटोनिक-लव को···।

–प्लेटोनिक नहीं रेवा···।

–तो ?

इसके बाद प्रोफेसर निगम ने विस्तारपूर्वक अपने लुट जाने की घटना का वर्णन शुरू किया–सिसकियाँ ले-लेकर। कैसे उसका कलेजा धड़क रहा था··· स्टुडियो में पोग्राम चल रहा है और इधर बूथ नम्बर छै में लाल-भाई ने 'फेडर' ऑन करके,··· मैं क्या जानूँ उनके मन की बात···।

रेवा ने रोका–बस, बस–रमा बहन, यहीं तक। इससे आगे लोग न कुछ कहते हैं, न सुनते हैं।··· और, इस खेल में लुट जाने के बावजूद लोग मिठाई खिलाते हैं। बुलाऊँ रामरति को ?

··· प्रोफेसर निगम मुँह छुपाकर रो रही है या हँस रही है ?

–रेवा !

–क्या ?

–मैं मर जाना चाहती हूँ।

रेवा वर्मा ने घृणा से मुँह विकृत कर लिया··· जब 'गुरूआइन' का यह हाल है तो 'चेलाइनों' के मालिक भगवान ही हैं।

रेवा वर्मा टेबुल-घड़ी की ओर देखकर हठात् चिहुँक पड़ी–अरे हाँ रमा बहन, छै बज रहे हैं ? आज तो सिफ्टन-हॉल, में अंजु-मंजु का नाच है। चलोगी ?

रेवा वर्मा ने अपने बैग से एक रंगीन कार्ड निकालकर पढ़ा–श्री सुख्मय घोष के निर्देशन में–जुड़वाँ बहन अंजु-मंजु का नया लोकनृत्य–वाइफ एण्ड हजबैण्ड–स्थान, सिफ्टन-हॉल, समय, साढ़े छै बजे···।

रमा निगम बोली–नहीं रेवा, मैं कहीं नहीं जाऊँगी।

रेवा वर्मा ने झिड़की दी–रमा बहन, अब नखड़ा छोड़ो !

बेला गुप्त को अचरज हुआ, श्रीमती आनन्द ने अपने हाथ से अंग्रेजी में पुर्जा लिखकर भेजा है–आज सभी ट्रेनी-लड़कियों को 'नाइट-पास' दे देना।···

कुन्ती देवी बोली–बड़ी मेम साहेब कहिन हैं कि यदि छुट्टी नहीं मिले तो तुरंत टेलिफून कर देना।

बेला गुप्त ने मुस्कुराकर पूछा–क्यों ? आप लोग रात में कहाँ रहेंगी ?··· सिनेमा ?

–जी नहीं, अंजु-मंजु मिस साहेब का नाच है। सबको 'काट' मिला है।··· आपको तो काट भेजिन थे बड़ी मेम साहेब के बड़ा बाबू !

बेला गुप्त पूर्ववत् मुस्कुराती रही–जाइए।

कुन्ती देवी दाईकित्ता में जाकर हाथ चमका-चमकाकर भाषण देने लगी–आज यदि छुट्टी नहीं देती छोटी मेम तो–एकदम हड़ताल हो जाता। इसी को कहते हैं–तुम्हारा डर नहीं, डर तुम्हारे गोसैंया का। देखा ? जैसे ही टेलिफून का नाम लिया··· !

रेवा वर्मा और रमा निगम के बाद होस्टल की अन्य महिलाओं ने भी छुट्टी माँगी और बेला गुप्त ने सभी को ठीक इसी अन्दाज में मुस्कुराकर कहा- जाइए।

–रामरति ! देख तो, रानी एरिया से लौटकर आयी है या नहीं ? कहना, एक बार बच्चों के कार्ड और रजिस्टर लेकर इधर आये।

बिरजू, शौकत, गुलबी, रामचन्दर, पिण्टो, कलावती, मुरुल, नाथू, गोबिन्द··· सब मिलाकर पन्द्रह बच्चों की मृत्यु हुई है !

इस नये और अनजाने शिशु-रोग के बारे में, हेल्थ-सर्विसेज के मेडिकल-ऑफिसर को एक आवश्यक पत्र लिखवाना चाहती है, बेला गुप्त। कल वह स्वयं जायेगी, एम. ओ. के बँगले पर। डाक्टर चाको ने तो आज लेडी हेल्थ-विजिटर रानीबाला से स्पष्ट शब्दों में कह दिया–अपनी बेला दीदी से अपना काम देखने को कहो।

··· इस देश का अजब हाल है। जिसे देखो वही मेडिकल-सायंस में नाक घुसाने की कोशिश कर रहा है !···

लेडी हेल्थ-विजिटर रानीबाला आयी—बेला'दी ! दो केस··· सीजर··· नयी-सड़क का रमेश और गोरपाड़ा का कुन्दनलाल !

बेला गुप्त पत्र लिखवाने लगी—लिखो··· सिर्फ एक सप्ताह में पन्द्रह बच्चों की मृत्यु, इस अनाम शिशु-रोग से हो चुकी है। दो नये केस की सूचना, पत्र लिखते समय मिली है। हमने अपनी 'चिल्ड्रेंस क्लिनिक' की ऑनररी डॉक्टर को लिखकर इसकी सूचना दी है। आपसे निवेदन है कि शीघ्र ही···।

नयी-सड़क से रमेश की माँ दौड़ी आयी—बेला दीदी ! आप एक बार चलकर रमेश के माथे पर हाथ रख दीजिए। आपका नाम लेकर पुकारता है—होश में आते ही। आपके पैर पड़ती हूँ···।

बेला गुप्त और रानीबाला ने पहुँचकर देखा, रमेश लड़ रहा है। रह-रहकर वह मुट्ठी बाँधकर देह को झाड़ता है। आँखें खोलता है और बड़बड़ाता है।

रमेश की बूढ़ी दादी कहती है—बाय है बाय ! जब से अदरख के रस में चाँदमड़वा की जड़ घिसकर दिया है, देह में गर्मी आ गयी है।··· आप लोग कोई दवा अभी मत दीजिए।

बेला गुप्त को अचरज हुआ, बूढ़ी शान्त चित्त से हुक्का गुड़गुड़ा रही है। रमेश की माँ का दिल स्थिर नहीं। वह देवी-देवताओं को मनौती कबूलती जा रही है, भरे गले से—जै गंगा मैया !··· काली माता, काल' छागल चढ़ाऊँगी··· भगवती··· ! बूढ़ी डाँटती है—बहू ! तू हट जा यहाँ से। मनौती-चढ़ावा जाकर उस घर में कबूल करो। अरे बाय है बाय। अभी तुरत ठीक हो जायेगा लल्लू मेरा। तू कुलच्छन-भरी बातें मत बको।

बूढ़ी ने पुकारा—बेटा लल्लू !··· रमेश ! आँखें खोलो भैया !··· हाँ, अब आँखों में लाली नहीं। देख, कौन आयी है। बेला दीदी आयी है तुम्हारी।

रमेश का बाप एक ओझा को साथ लेकर आया—मैया ! घर खाली कर दो। ओझाजी चक्कर पूजेंगे।

—क्या होगा चक्कर पूजकर ? अरे, बाय है बाय। इसमें ओझा-गुनी और डागडर-बैद का क्या काम ? अभी तुरत ठीक हो जायेगा।

बेला गुप्त ने रानीबाला से कहा—नाड़ी देखो तो।

रानीबाला नाड़ी पर हाथ रखकर चौंकी—नार्मल ?

अब बेला गुप्त को बूढ़ी की बात पर थोड़ा विश्वास हुआ। उसने पूछा—रमेश की दादी ! चाँदमड़वा की जड़ कहाँ मिलती है ?

—यहाँ तो पंसारियों के पास ही मिलती है। गाँव में अली-गली और जंगल-मैदान में इसकी झाड़ी फलों से भरी रहती है—बारहों मास। जड़ ही नहीं, इसके पत्ते में भी बहुत गुन !

—आपने इस 'बाय' को कैसे पहचाना ?

बूढ़ी हँसने लगी–लच्छन देखकर।··· एक बार, हमारे नैहर का एक टोला ही 'समापत्त' हो गया था इस रोग से।

–यह छुतैला रोग है ? रानीबाला ने प्रश्न किया।

रमेश उठकर बैठ गया–अम्माँ !

बेला गुप्त ने रमेश को पुकारा–रमेश !

रमेश ने उलटकर देखा और अपनी नंगी देह को कपड़े से ढँकने लगा। उसके मुर्झाये हुए होंठों पर मुस्कुराहट की एक पतली रेखा खिंच गयी।

बेला गुप्त ने रानीबाला से कहा–रानी, तुम एक बार कुन्दन के घर जाकर बूढ़ी अम्माँ की बतायी हुई दवा दे आओ।

रमेश की दीदी ने चाँदमड़वा की जड़ी अपनी पिटारी से निकालकर दी–पहले अदरख को पीसकर रस निकालने कहियेगा··· और हाँ, अदरख में एक बूँद भी पानी न पड़े। इसके बाद जड़ी को उसी सिलवट पर घिसकर बराबर दो बार पिला दे !

रानीबाला बोली–पंसारी की दुकान में यह जड़ी मिलेगी तो ?

रमेश ने कहा–अम्माँ, मुझे भूख लगी है।

बेला गुप्त और रमेश की माँ ने बूढ़ी की ओर देखा।

बूढ़ी ने कहा–भूख लगी है ? पुराने चावल का भात, एक मुट्ठी जल्दी पका दो और ओझा-गुनी बुलाकर लानेवाले से कहो–कहीं से कागजी नीबू ले आवे, एकदम हरा !

बेला गुप्त बहुत देर तक रमेश के साथ बैठी रही।

रमेश ने बहुत रुचि से नीबू और नून के साथ भात खाया।

··· यमराज को नीबू-नून चटा दिया, बूढ़ी ने ?

सिफ्टन-हॉल खचाखच भर गया है।

सुखमय घोष ने, कार्ड बाँटने के समय हॉल की कुर्सियों की संख्या का लेखा-जोखा लेने की कोई आवश्यकता नहीं समझी। किन्तु, ऊपर बालकनी को 'सिर्फ महिलाओं के लिए' सुरक्षित रखने के लिए, अंग्रेजी के अलावा दो प्रमुख भारतीय भाषाओं की तख्तियाँ लटकायी गयी थीं··· सब बेकार !

अकेला सुखमय घोष क्या करे ? बाहर आकर लोगों का स्वागत करे या भीतर में 'मेकअप' पर नजर रक्खे ! दफ्तर के दोनों चपरासी और माली ने एन मौके पर विद्रोह कर दिया–यदि उनके साथ आये हुए लोगों को अन्दर नहीं होने दिया गया तो वे कोई काम नहीं करेंगे। और, हर आदमी के साथ पन्द्रह से लेकर बीस औरत-मर्द-बच्चे !

सुखमय घोष उत्तेजित होकर धमकी दे रहा है–तुम लोग क्या लाट साहब से भी बढ़कर पोजिशनवाला है ? अगाड़ी का सभी कुर्सी खाली कराने बोलाता

है ? खूब अस्पोर्धा हुआ है तुम लोगों का, ठहरो, अभी बोलता है मेम साहब को !

श्रीमती ज्योत्स्ना आनन्द ने सुखमय घोष को बुलाकर झिड़की दी–क्या हो रहा है घोष ? देरी क्या··· ?

सुखमय घोष तुतलाया–आगे ड्रैसिंग में थोड़ा देरी है और थोड़ा फौक्सिंग का वायरिंग में !

श्रीमती आनन्द के पास बैठे हुए बागे ने धीरे-से चुटकी ली–फौक्सी ?

श्रीमती आनन्द ने आँखों से ही बागे को डाँट दिया–शैतानी मत करो। डी. साहब देख रहे हैं।

कुन्ती देवी भीड़ को चीरती हुई बड़ी मेम के पास इस्तदुआ लेकर पहुँची–मेम साहब ! ऊपर में सभी लड़कियों की देह लड़कों की धकमधुक्की के मारे–छिला रही है। दुनिया-भर के गुण्डे...।

श्रीमती आनन्द ने बागे को ऊपर भेजा–बागे, सभी ट्रेनी-लड़कियों को यहीं ले आओ !

बागे, लड़कियों का उद्धार करने ऊपर की ओर भागा और हॉल की रोशनी बुझ गयी।

··· स्टेज पर घना अन्धकार। नील आकाश में एक नक्षत्र जगमगा रहा।

··· हल्की रोशनी के साथ बेहाला पर–कु-क-कडू-कूँ-ऊँ ! दर्शकों ने एक स्वर में बाँग देना शुरू किया–कु-क्-क-डूँ-कूँ-ऊँ !!

··· बेहाला पर कोयल की कूक ! नील-गगन का तारा बुझ गया। हल्के-हल्के अंधकार में एक लड़की सोयी है। लड़की धीरे-धीरे करवट लेती है।··· हॉल में जनता कूकती है–एकसाथ सैकड़ों कुहू ! पीली रोशनी की एक चंचल छटा, वक्षस्थल पर,··· चोटियों पर स्थिर हो गयी।

ऊपर बालकनी में कोलाहल शुरू हुआ।

··· मारो-मारो ! पकड़ो !! रोशनी जलाओ··· ए-ए, कौन है–मैया री मैया, ए शान्ति··· !!

··· मेन स्विच ऑफ ?

हॉल के अन्धकार में–पीली रोशनी में प्रदर्शित दृश्य विभिन्न रंगों में तैरने लगे। अन्धकार के पर्दे पर–कम्मलिमेण्टरी-कलर्स में प्रतिफलित छाया ! रेखाएँ-त्रिभुज, वृत्त, चक्र···।

कोलाहल को चीरती हुई कुन्ती देवी के कर्कश कण्ठ की पुकार हॉल में गूँज रही है–बड़ी मे-ए-म सा-आ-आ-हे-ब !

भगवान भला करें लाल-भाई का। वे नहीं होते तो रेवा वर्मा और रमा निगम की भी वही दुर्दशा होती जो विभावती और गौरी की हुई है। पटनेश्वरी और शिप्रा को भी लाल-भाई ने ही बचाया–गुण्डों के हाथ से। लाल-भाई को देखते ही गुण्डों का घेरा टूट गया। सभी एक-एक कर गायब हो गये।

रात के तीन बजे श्रीमती ज्योत्स्ना आनन्द के ड्राइवर अब्दुल ने आकर फाटक ढबढबाया। गाड़ी से कुहरती हुई विभावती उतरी, कुन्ती देवी का सहारा लेकर। गौरी सिसकियाँ ले रही थी और गाड़ी में बैठे हुए मिस्टर बागे उसे समझा रहे थे–देखो, नासमझ मत बनो। चुप रहो। चुप रहो…।

बेला गुप्त को कुन्ती देवी ने सूचना दी, विभावती और गौरी अँधेरे में सीढ़ी से फिसलकर गिर पड़ी हैं। बड़ी मेम साहब ने अपने हाथ टिंचर-आयडिन लगा दिया है। अंजु-मंजु को बड़ी मेम अपने बँगले पर ले गयी हैं। बेला गुप्त के दिमाग के पर्दे पर अभी सिर्फ मरते-मरते जी उठनेवाले शिशु रमेश का मुखड़ा नाच रहा है। रमेश सचमुच जी गया ! तो, अदरख के रस में इतना गुण है ? जहाँ कोरामिन की सूई का कोई असर नहीं होता, नाड़ी मन्द पड़ती जाती है–वहाँ एक चम्मच अदरख के रस से ही देह में गर्मी आ जाती है ?

–दीदीजी !–रामरति ने पुकारा–बड़ी मेम साहब आयी हैं !

श्रीमती ज्योत्स्ना आनन्द अभी पाँच बजे भोर में ही क्यों आयी हैं ?

–बेला ! माफ करना, मैंने तुमको असमय में ही आकर जगा दिया। सुनो, आज युनिसेफ के एक अमेरिकन आफिसर आ रहे हैं। लेकिन, आज मैं राजगीर जा रही हूँ। और यह तो अन्याय है। बिना किसी सूचना के इस तरह टेलीग्राम दौड़ाने का क्या मतलब है ? दिन-भर उनके साथ सेण्टरों में चक्कर काटने के लिए मेरे पास समय नहीं। मैं राजगीर के प्रोग्राम को पोस्टपोण्ड नहीं कर सकती। … देखो, हेल्थ-सर्विसेज वाले उन्हें यहाँ ले आवेंगे। तुम कह देना कि स्टॉक-रजिस्टर सेक्रेटरी के पास है। दिखलाना मत।… बात यह है बेली, इस अभागे सुखमय घोष ने नये स्टॉक को कहीं इण्टर ही नहीं किया है। मैं इसी बार उसको भी खलास करवाती हूँ।… जानती हो, रात में उस अभागे के कारण हमारी जान कैसी साँसत में पड़ गयी थी। मत पूछो–मैंने तय कर लिया है, अंजु-मंजु को कभी स्टेज पर उतरने नहीं दूँगी। और हाँ, अब वे मेरे ही बँगले पर रहेंगी… तुम्हारा सिरदर्द दूर हुआ !

कुन्ती देवी बड़ी मेम की बोली सुनकर खड़ाऊँ खटखटाती हुई आयी, आँखें मलती–परनाम बड़ी मेम साहब !

–क्या है ? श्रीमती आनन्द ने रुखाई से पूछा।

कुन्ती देवी बोली–आपसे एक प्रायविटी बात है।

–क्या प्रायविटी ?

कुन्ती देवी ने आँखें मटकाकर इशारा किया। अर्थात्–मामला गड़बड़ है। श्रीमती आनन्द पर इसका तुरत असर हुआ। वह बोली–रात के भगदड़ में शायद दो लड़कियों को चोट आ गयी है। तुमने देखा है उन्हें ?

बेला गुप्त की समझ में कोई बात नहीं आ रही है। वह रात-भर जगी है।

एक गली से दूसरे मुहल्ले में, बीमार बच्चों को देखती फिरी है—रात-भर। सुबह उठकर ही हेल्थ-सर्विसेज के डाइरेक्टर के पास जाने का प्रोग्राम बनाया है उसने—रात में ही।··· युनिसेफ के औफिसर आ रहे हैं ?··· अंजु-मंजु रात में नहीं लौटी थीं ? पता नहीं—कौन-कौन लड़कियाँ घायल हुई हैं ?

वह बोली—ज्योतिदी, एक अजीब रोग फैला है। बच्चों की बीमारी ! पिछले कई दिनों में ही सोलह बच्चे···।

श्रीमती आनन्द का ध्यान कुन्ती देवी की ओर था—मैं उन्हें देख आऊँ जरा। क्या बताऊँ—इस अभागे घोष के कारण···।

श्रीमती आनन्द कुन्ती देवी के पीछे-पीछे चली—दाईकित्ता की ओर।

रामरति ने आकर पूछा—दीदीजी, बड़ी मेम के लिए भी चाय बनावें ?

बेला ने कहा—बनाओ। और जरा हेल्थ-विजिटर को बुलाना।

मुनिया दाईकित्ता में सोयी थी। बड़ी मेम की झिड़की खाकर ओठों से कुछ बुदबुदाती हुई आयी। रामरति ने पूछा—भोरे-भोर इस तरह साँप का मन्तर क्यों पढ़ रही हो ? क्या हुआ ?

—होगा क्या ? इस कुन्ती देवी को सिंग हुआ है। खुजाती फिरती है।

—दाईकित्ता में तू जाती ही क्यों है ? यहाँ इतनी जगह छोड़कर—दाईकित्ता में मरने जाती है ! किसी दिन कोई अकलंग लगा देगी—तब बूझना मजा।

शिशु-रोग के पुराने विशेषज्ञ तथा हेल्थ-सर्विसेज के मेडिकल-ऑफिसर डाक्टर मिंझ ने मिस बेला गुप्त को घुड़कती हुई निगाह से देखा—कहिए, क्या है ?

—सर ! पिछले सप्ताह से एक अद्भुत रोग फैला है बच्चों में···।

हेल्थ-विजिटर की बात को डाक्टर मिंझ ने बीच में ही काट दिया—डाक्टर चाको ने मुझे इसकी सूचना दी है। अब आपको क्या कहना है ? कोई खास बात ?

—सर ! मुझे लगता है कि यह कोई संक्रामक रोग है।

—मान लेता हूँ, संक्रामक रोग है। फिर ?

इस बार मिस बेला गुप्त ने जवाब दिया—डाक्टर साहब ! यह रोग संक्रामक ही नहीं, इसके लक्षणों से यह साफ हो गया है कि तीस-चालीस मिनटों में ही जान ले लेता है। कोई दवा काम नहीं करती। हम आपके पास···।

डाक्टर मिंझ ने कहा—जब दवा ही काम नहीं करती कोई तो, मेरे पास क्यों आयी हैं ? दुआ कीजिए।

बेला गुप्त अब अपने को जब्त नहीं रख सकी। बोली—डाक्टर साहब, आप इस तरह नाराज क्यों हो रहे हैं हम पर ? क्या किसी अजूबा रोग की सूचना देना—अन्याय है ?

बाहर सड़क पर, सुबह का ताजा अखबार लेकर हॉकर चिल्लाया—पढ़िए-पढ़िए ! नेपाली कोठी में पचास जुआड़ी रँगे हाथों पकड़े गये। पचास जुआड़ी कौड़ियों के

साथ गिरफ्तार। पढ़िए-पढ़िए–ताजा खबर–देश-विदेश का गर्म-गर्म समाचार–ताजा खबर–जमशेदपुर, भागलपुर और दुमका में एक अजूबा रोग। बच्चों की एक अजव बीमारी फैली है–अजब बीमारी…।

डाक्टर मिंझ की खुमारी टूटी। अतिरिक्त पान के कारण सुबह उठते ही सिर में दर्द चिनचिना उठा। बेला गुप्त की बदली हुई मुखमुद्रा और अखबार बेचनेवाले की पुकार ने उन्हें झकझोरकर जगा दिया मानो। बोले –नहीं, नाराज नहीं। मैं जानना चाहता था… मेरे कहने का मतलब है कि अब तक मुझे बजाप्ता सूचना क्यों नहीं दी गयी ?

–बजाप्ता सूचना ? हमने डाक्टर चाको से हर रोज निवेदन किया। लेकिन, उन्होंने हमारी बात पर ध्यान ही नहीं दिया।

हेल्थ-विजिटर ने कहा–मैंने तो डाक्टर चाको को लिखकर भी रिपोर्ट दी है।

डाक्टर मिंझ ने अखबार के पृष्ठों को जल्दी-जल्दी उलटते हुए कहा–डाक्टर चाको भी अजीब हैं। उन्होंने मुझे कल मजाक में हँसते हुए कहा कि गनपत सिंघ लेन सेण्टर की लेडी हेल्थ-विजिटर और वर्किंग-विमेंस हॉस्टल की सुपरिण्टेण्डेण्ट ने एक नयी बीमारी की खोज की है।… इसलिए मैंने तो समझा कि…।

… जमशेदपुर में बीस बच्चों की मृत्यु !

… दुमका में–तेरह !

… सुलतानगंज में–पन्द्रह ! डाक्टर परीशान हैं। कोई दवा काम नहीं करती।

बेला गुप्त ने कहा–सर ! हमारे क्षेत्र में अठारह बच्चों में सोलह बच्चों की मृत्यु हो गयी। सिर्फ दो बच्चे रोग-मुक्त हुए हैं।

–हुए हैं ? किस दवा से ? किसके इलाज से ?

बेला गुप्त ने उत्साहित होकर कहा–डाक्टर साहब ! कल रात में हम एक केस देखने गये थे। बच्चे की दादी ने उसे एक जड़ी घिसकर पिला दी थी और निश्चिन्त बैठी हुक्का गुड़गुड़ा रही थी।

–तो, आपने उस जड़ी के बारे में पूछा नहीं ?

–जी हाँ, चाँदमड़वा और अदरक को घिसकर…।

–यह चाँमड़वा क्या है ? कहाँ मिलता है ?

–जी, यह जड़ी हर पंसारी की दुकान पर पायी जाती है।

हेल्थ-विजिटर ने अपनी झोली से जड़ी निकालकर दिखलाते हुए कहा–यह देखिए सर ! यही जड़ी है।

–आप लोगों ने इसका प्रयोग किया है ?

–जी सर ! उस बच्चे की सुधरी हुई हालत को देखकर हम लौटे और एक नये केस में यही दवा दी। तत्काल फायदा हुआ।

हेल्थ-विजिटर ने हँसते हुए कहा–एक अजीब बात है। रोग-मुक्त होते ही बच्चे भूख से छटपटाने लगते हैं।

बेला बोली–और, जैसाकि रमेश की दादी ने बताया, रोग-मुक्त होने के बाद

भात के साथ कागजी नीबू का रस देना चाहिए।

डाक्टर मिंझ ने अपनी डायरी में कुछ नोट करते हुए कहा–ठीक है। आप लोग जाइए। धन्यवाद !

दूसरे ही दिन बिहार के सभी प्रमुख पत्रों में 'डाक्टर मिंझ का फार्मूला' बड़े-बड़े अक्षरों में प्रकाशित हुआ–अखबार बेचनेवाले ने सुबह को आवाज लगायी–पढ़िए-पढ़िए–ताजा समाचार–बाँकीपुर के पुराने डाक्टर का चमत्कार–अजूबा रोग की दवा निकल गयी। जरूर पढ़िए !

चाँदमड़वा की जड़ी और अदरख के रस ने सैकड़ों अबोध और प्यारे बच्चों की जान बचा ली।

रेवा वर्मा आज बहुत उदास है।

प्रोफेसर निगम ने आते ही पूछा–क्यों रेवा, क्या बात है ? आज इस तरह मुँह लटकाकर क्यों बैठी हो ? जमशेदपुर की डाक आज नहीं आयी क्या ?

रेवा मानो निगम के लिए ही बैठी थी। निगम के ऐसे सवालों का जवाब वह हमेशा कूट करके देती है। लेकिन, आज एक लम्बी साँस लेकर वह चुप रही। अब निगम ने ताड़ लिया, जरूर कोई वैसी बात हुई है ! उसने गम्भीरता से पूछा–क्या बात है रेवा ? बतलाओ–क्या हुआ ?

रेवा की आँखों से आँसू टपक पड़े। वह सुबक-सुबककर रोने लगी। प्रोफेसर रमा निगम ने उसे बाँहों में भरकर पूछा–छिः-छिः रेवा ! इस तरह रोने से मैं क्या समझूँगी ! बोलो न, क्या हुआ ? बोलो··· रेवा··· जी छोटा न करो ! कोई चिट्ठी आयी है ? कहाँ आयी है ? कहाँ है चिट्ठी ? लाओ देखूँ ! अरी–बोलती क्यों नहीं कुछ ? रोये जा रही है। देखो पटनेश्वरी आ रही है। क्या समझेगी, सुनो···।

रेवा ने अपने तकिये के नीचे से एक लिफाफा निकालकर दे दिया। प्रोफेसर रमा निगम लिफाफे से पत्र निकालकर पढ़ने लगी। रेवा वर्मा के प्रेमी का ही पत्र है। शुरू में ही आर्षवाक्य की तरह एक प्रचलित संस्कृत श्लोक की गलत पंक्ति लिखी हुई है–त्रिया-चरित्रे पुरषस्य भाग्ये··· ! और इसके बाद लिखा है–मुझे हमेशा छलनेवाली रेवा !··· यह क्या ?

रेवा ने आँसू पोंछते हुए कहा–जानते हैं भगवान। इस आदमी के लिए मैंने माँ-बाप, भाई-बहन, कुल-परिवार सभी को छोड़ा ! और आज यही लिखता है कि मैंने उसके साथ विश्वासघात किया है। रमा बहन, तुम गवाह हो। इस आदमी के चलते मैंने कम-से-कम आध दर्जन लोगों का इन्सल्ट किया। अपने रेडियो स्टेशन के कितने सहकर्मियों से झगड़ा मोल लिया और आज यही लिखता है कि मैंने उसके साथ चालबाजी की है !

रेवा फिर रोने लगी। रमा निगम ने एक ही साँस में चिट्ठी पढ़ ली। बोली–देखो रेवा ! घबराने से काम नहीं चलेगा। इसकी सभी चिट्ठियाँ तुम्हारे पास हैं तो ?

रेवा बोली–उन चिट्ठियों का अब क्या होगा ?

–सबकुछ होगा।

–नहीं, रमा बहन ! मेरा दिल टूट चुका है।

–तुम मूर्ख हो। इन मर्दों को तुम नहीं जानतीं। सीधी उँगली से घी नहीं निकलता। तुम घबराओ मत।

–नहीं, रमा बहन ! अब नहीं···

–देखो रेवा, मैं तुमसे उम्र में बड़ी हूँ। मैं जो कुछ भी कहती हूँ, सुनो। मैं इस आदमी को पानी पिलाकर छोड़ूँगी।

–लेकिन···।

–लेकिन-वेकिन कुछ नहीं। मैं जैसा कहती हूँ, करो। फिर देखना। अरे–हाँ ! यह तो बताओ··· किसी ने तुम्हारे खिलाफ कुछ लिख तो नहीं दिया है उसे ? हो सकता है किसी ने दुश्मनी साधने के लिए उसको झूठ-फरेब गढ़कर कुछ लिख दिया हो, क्योंकि उसने एक बात लिखी है–मेरे पास सभी प्रमाण हैं। अब तुम मुझे अँधेरे में नहीं रख सकतीं। क्या बात है ? क्या प्रमाण हो सकता है उसके पास !

अब रेवा ने तनिक दिल को कड़ा किया। बोली–रमा बहन, मैं अब इस बेईमान से कोई सम्बन्ध नहीं रखना चाहती। मुझे शुरू से ही इसके चाल-चलन पर सन्देह था।

–अच्छा, एक बात बतलाओगी ?

प्रोफेसर निगम ने फिसफिसाकर पूछा–उसने कभी माने··· कभी··· मतलब··· तुमने कभी अपने को एकदम··· माने··· !

रेवा ने कपाल पीटकर कहा–रमा बहन ! मैं आखिर रो क्यों रही हूँ। इसलिए तो···।

–मूर्ख लड़की ! यही वजह है। वह इतना बढ़कर बातें लिखेगा नहीं ? तुमने शुरू में ही गलती की। यह तुम जान लो रेवा, और कोई कारण नहीं। यदि तुमने अपनी कमजोरी नहीं दिखलायी होती–अछूती रहतीं तो, देखतीं। अब तो वह यही कहेगा कि शादी के पहले जब तुमने मेरे साथ वैसा किया तो क्या सबूत कि दूसरे के साथ···।

–ठीक यही बात उसने दूसरे ढंग से कही है, अपनी पिछली चिट्ठी में।

–लाओ देखूँ, सभी चिट्ठियाँ निकालो। तुम इतना मूर्ख हो, यह मुझे क्या पता। नहीं तो शुरू में ही तुमको चेतावनी दे देती।

बाहर शिप्रा और पटनेश्वरी की बातचीत सुनायी पड़ी। रेवा वर्मा ने उठकर कमरे का दरवाजा बन्द कर दिया। पटनेश्वरी ने दरवाजे पर दस्तक दी–दरवाजा खोलो ! कौन है अन्दर, खो-लो···।

–क्या है ?

–तुम्हारा मुलाकाती आया है।

—मुलाकाती ?

रेवा ने दरवाजा खोल दिया। पटनेश्वरी देवी हँसती हुई आयी—मिठाई खिलाओ। तुम्हारे उनको स्टेशन से पकड़कर ला रही हूँ। बेचारा न जाने कब से वर्किंग-विमेन्स होस्टल का टेलीफोन डायल कर रहा था। यहाँ किसी ने उठाया ही नहीं।··· मैंने तो तुम्हारे हाथ से बुने हुए स्वेटर से उनको पहचाना।··· जाओ, बेचारे बहुत हड़बड़ाए हुए हैं।

—देखो पटन दीदी, दिल्लगी मत करो।

—मैं दिल्लगी करती हूँ ? लो भला, जाकर देखो, फाटक पर चहलकदमी कर रहा होगा। मेरा विश्वास नहीं होता तो शिप्रा से पूछो।

जब शिप्रा ने कहा तो रेवा को विश्वास हुआ। उसने प्रोफेसर रमा निगम की ओर अर्थपूर्ण दृष्टि से देखा। अर्थात्—अब ?

रमा निगम ने आँखों से ही जवाब दिया—ठहर जाओ।

पटनेश्वरी देवी और शिप्रा अपने कमरे में चली गयीं तो रमा निगम ने फुर्ती से रेवा के पास आकर हाथ पकड़कर बिछावन पर बैठा दिया—कहाँ चलीं ? बड़ा लाट साहब आया है ? तुम भी खूब हो। खबर मिली और दौड़ चलीं। इसीलिए तो उसकी इतनी हिम्मत बढ़ गयी है। ठहरो, पहले रामरति के हाथ पुर्जा भेजने दो। देखूँ क्या लिखता है।

रेवा ने कहा—लेकिन यदि···

—लेकिन, परन्तु कुछ नहीं। तूने यदि इस बार गलती की तो जिन्दगी-भर रोयेगी। मैं जानती हूँ वह क्यों दौड़ा आया है। शैतान !

रामरति नहीं, आयी उसकी माँ मुनिया बूढ़ी—रेवा दीदी, रेवा दीदी। ए गो बाबू आये हैं।

निगम ने पूछा—पुर्जा ले आयी है ?

—पुर्जा तो नहीं दीहिन। माँगे जाकर ?

—बिना पुर्जे लिये तुम क्यों बुलाने आयी ?

मुनिया बड़बड़ाती हुई सीढ़ी से उतरने लगी—एतना दिन तो बिना पुर्जा-पुर्जी के ही घण्टों भेंट-मुलाकात करती थी और आज नया कानून···।

कुन्ती देवी के घर से तार आया है। छोटी मेम है नहीं। दाईकित्ता में कोई लड़की अंग्रेजी पढ़ना नहीं जानती। इसलिए ऊपरवालियों से पढ़वाने आयी है।

शिप्रा ने तार पढ़कर कहा—लिखा है, घरवाला बीमार है—तुरत आओ।

कुन्ती देवी रोने लगा—मैं अब क्या करूँ ? परसों से इम्तिहान है और उधर घरवाला बीमार। हे भगवान ! छोटी मेम साहेब दोपहर से ही न जाने कहाँ चली गयी हैं। छुट्टी के लिए बड़ी मेम के यहाँ जाना होगा। हाथ में एक भी पैसा नहीं। मैं क्या करूँ ?

मुनिया बूढ़ी पुर्जा ले आयी—मिस रेवा वर्मा। मुलाकाती—सक्सेना !!!

रमा निगम ने रेवा के हाथ से पुर्जा लेकर कहा—तुम ठहरो। पहले मैं मिल

आती हूँ।

मुनिया बूढ़ी को अचरज हुआ–पुर्जा किसी के नाम से और मिलने जाती है कोई और !

रेवा बोली–रमा बहन, मैं भी चलूँ। मैं फाटक के इस पार में रहूँगी।

प्रोफेसर रमा निगम ने डाँटते हुए कहा–फिर पागलपन ? मुझे पहले देखने तो दो कि हजरत का दिमाग सही दुरुस्त है या फिर कोई झमेला लगाने आये हैं। हो सकता है वह अपनी चिट्ठियाँ वापस लेने आया हो !

रेवा चुपचाप अपनी उँगलियों से साड़ी के खूँट में गिरह लगाती और खोलती–खड़ी रही। रमा निगम जल्दी से एक पाउच पाउडर का मुँह पर फेरकर तैयार हो गयी–अभी देखना, मैं किस तरह जनाब को आसमान दिखलाती हूँ।

रमा निगम चप्पल खिसकाती हुई चली गयी।

विभावती को तेज ज्वर है। ज्वर में वह बड़बड़ा रही है–मुझे छोड़ दीजिए। मैं आपके पैर पड़ती हूँ। मैं आपकी बेटी हूँ।··· बाबूजी, बाबूजी–यह क्या कर रहे हैं ?··· हे भगवान, लाज रखो। दुःशासन मेरी साड़ी खींच रहा है।··· मैं नंगी हूँ ! मैं मर गयी··· !!

गौरी रात से ही रो रही है। तारा देवी उसको समझा रही है–देखो गौरी, जा होना था सो हो गया। अब मुफ्त में रोने से क्या फायदा ? शहर में यह सब होता ही है। रोयेगी भी तो बात फैलेगी और बेकार की बदनामी होगी। ट्रेनिंग भी नहीं पूरी कर सकेगी।

विभावती चिल्ला रही है–मैं नहीं लूँगी ट्रेनिंग। न··· बाबूजी, मुझे घर भेज दीजिए। बाबूजी, मेरी माँ को बुला दीजिए।···

हॉस्पिटल से ऐम्बुलेन्स-गाड़ी आयी और विभावती को स्ट्रेचर पर सुलाकर लोग ले गये। अब गौरी देवी चीख-चीखकर रोने लगी।

रामरति ने बेला गुप्त को सूचना दी–जानती हैं दीदीजी ! रात में तो अंनर्थ हो गया है ! गौरी और विभावती सीढ़ी से गिरी नहीं हैं। जानवरों ने···।

इसके बाद रामरति ने संकेत करके कुछ कहा जिसका अर्थ बेला गुप्त नहीं समझ सकी। उसने पूछा–क्या बकती है ! कौन जानवर ?

अब रामरति ने साफ-साफ बतलाया–दीदीजी, दोनों को जबर्दस्ती एक कोठरी में बन्द करके बेइज्जत किया है–बड़ी मेम के दोस्तों ने !

बेला गुप्त मानो आसमान से गिरी–जबर्दस्ती बेइज्जत किया है ? ··· बड़ी मेम के दोस्तों ने ? क्या कहती है यह रामरति ?

रामरति बोली–गौरी रो रही है जार-बेजार, उनसे जाकर पूछिए न। सब मालूम हो जायेगा कि कैसे-कैसे उन लोगों को गाड़ी में चढ़ाकर–कहाँ-कहाँ ले गये शैतान लोग।

बेला की आँखों के सामने एक बार फिर पेशावर के कोरोनेशन होटल के दृश्य नाच गये।··· उसे लगा, कल रात में जानवर सरफराज ने फिर उसकी देह को नोचा-खसोटा है। उसकी देह जल रही है।

बेला गुप्त गौरी के कमरे में गयी–गौरी !

गौरी का चेहरा देखकर वह सिहर पड़ी। गौरी ने आँखें खोलकर बेला गुप्त को देखा और धार मारकर रोने लगी–दीदीजी, मैं जहर खाकर मर जाऊँगी। दीदीजी, मुझे आज ही घर भेज दीजिए।

बेला गुप्त, गौरी की चौकी पर बैठ गयी। उसने धीरे-से गौरी के सिर पर हाथ रखकर कहा–गौरी ! रोओ मत ! दिल को मजबूत करो–भगवान पर भरोसा करो।

लेकिन, गौरी रोते-रोते बेहोश हो गयी। दाँत-पर-दाँत बैठ गये। रामरति ने मुँह पर पानी का छींटा मारकर उसे होश में लाया।

बेला ने पूछा–विभावती अस्पताल चली गयी !

रामरति ने फिर इशारे से बताया कि विभावती की हालत नाजुक है। तेज बुखार में अनाप-सनाप बक रही है।··· कपड़ा खून से तरबतर !

बेला गुप्त का–वर्षों का जमा हुआ आक्रोश मानो एक ही बार धुधुआकर सुलगा। उसने तारा देवी को बुलाकर पूछा–क्यों तारावती देवी–कुन्ती देवी कहाँ है ?

–जी, उसके घर से तार आया था। घरवाला उसका लबेजान है। चाको मेम साहेब से छुट्टी लेने गयी है। आप बाहर थीं इसलिए···।

बेला गुप्त ने पूछा–रात में आप भी गयी थीं नाच देखने ?

–जी, मेम साहेब !

बेला गुप्त ने रामरति से कहा–सभी लड़कियों को बुलाओ।

रामरति चली गयी तो तारावती देवी बोली–मेम साहेब, हमको 'कुछो' नहीं मालूम है। हल्लागुल्ला जब हुआ तो मैं–

बेला गुप्त ने उसे बीच में ही रोक दिया–आपको क्या नहीं मालूम है ?

–यही, विभावती गौरी के बारे में।

–विभावती और गौरी को क्या हुआ है ?

–हमको क्या मालूम ?

गौरी ने रो-रोकर कहा–दीदीजी, इसी डायन ने मुझे पकड़कर कोठरी में बन्द किया था और विभा दीदी को उस कुन्ती देवी ने अपने हाथ से मुँह में कपड़ा ठूँसकर···।

तारावती देवी चिल्लाने लगी–खबरदार ! हमको अकलंग लगाया तो सबकुछ खोलकर रख दूँगी। हा ! बड़ी चली–महीन सूत कातने। सुनिए छोटी मेम ! इससे पूछिए कि नयी रेशमी साड़ी और एँड़ीवाली जूती किसने खरीद दिया है। छिनाल–यार लोगों से आँख लड़ाकर चीज वसूल करेगी–मौज उड़ावेगी और दोख लगाने के

बेर—कुन्ती देवी और तारावती देवी के सिर…।

बेला गुप्त ने डाँटकर कहा—तारावती देवी, आप चुप रहिए !

दाईकित्ता की सभी लड़कियों ने एक-एक कर जो बयान दिया, उसे सुनकर बेला गुप्त पागल हो गयी। उसने रामरति से कहा—आज ये लड़कियाँ कहीं भी नहीं जायेंगी। अस्पताल भी नहीं—ट्रेनिंग-क्लास में भी नहीं। मैं अभी आती हूँ।

बेला गुप्त दाईकित्ता से बाहर निकल रही थी कि कुन्ती देवी पर नजर पड़ी। वह नजर बचाकर, पिछवाड़े के दरवाजे से कित्ता में जा रही थी। बेला गुप्त ने पुकारकर कहा—कुन्ती देवी, यहाँ आइए।

कुन्ती देवी की आँखों से आँसू झरने लगे। हाथ में तार लेकर वह आगे बढ़ आयी—छोटी मेम, पता नहीं मेरा घरवाला है या…। देखिए न, यह तार !

—आप कहाँ गयी थीं ?

—चाको मेम साहब से छुट्टी लेने के लिए।

—मिल गयी छुट्टी ?

—जी हाँ, अभी कोई टैन नहीं है। मैं बस से जाऊँगी।

—नहीं। आप नहीं जा सकतीं।

—क्यों ?

—यहाँ जो काण्ड आप लोगों ने किया है, जब तक इसकी जाँच नहीं हो जाती किसी को छुट्टी नहीं मिलेगी !

—कौन काण्ड ?

बेला गुप्त ने घृणा से मुँह फेर लिया। कुन्ती देवी ने कड़ककर पूछा—बोलिए न, कौन काण्ड ? मैंने क्या किया है ?

—आपने जो कुछ भी किया है वह विभावती और गौरी के बयान से मालूम होगा। जाइए।

—मैं तो अभी ही घर जाऊँगी। मुझे चाको मेम साहेब ने छुट्टी दे दी है। देखें कि हमको कौन रोकता है !

—रामरति ! फाटक में ताला लगा दो।

—मैं दीवार लाँघकर जाऊँगी। रखिए ताला लगाकर।

इस बार रामरति ने कहा—कुन्ती देवी, आपकी चालाकी नहीं चलेगी और…।

—चुप कुतिया ! मुझसे मुँह लगायेगी तो मुँह तोड़ दूँगी !

कुन्ती देवी रामरति पर झपटी। रामरति ने अपने को बचाकर—उसकी कलाई पकड़ ली। कुन्ती देवी जोर-जोर से चिल्लाने लगी—दौड़ो हो लोगो-ओ-ओ-ओ, यह छिनाल सब मिलकर मेरी जान ले रही है-ए-ए-ए ! अरे बाप ! मेरा घरवाला मर रहा है उधर और इन कस्बिन ने…।

रामरति ने जोर से दाईकित्ता का दरवाजा बन्द करके ताला लगा दिया।

ठीक, इसी समय होस्टल के फाटक पर युनिसेफ की गाड़ी आकर लगी। बूढ़ी

मुनिया दौड़ी आयी–दीदीजी, साहब लोग आये हैं। खाँटी साहेब–मेम··· !

बेला गुप्त को याद आयी, आज युनिसेफ के कोई ऑफिसर आनेवाले हैं। हेल्थ-सर्विसेज के डिप्टी डायरेक्टर के पीछे-पीछे युनिसेफ के अधिकारियों का दल होस्टल में आया। सबसे पहले वे मिल्क सेण्टर देखेंगे।

बेला गुप्त ने अपने को सम्हालने की चेष्टा करते हुए–डिप्टी डायरेक्टर ऑफ हेल्थ-सर्विसेज को नमस्कार किया।

डिप्टी डायरेक्टर ने पूछा–क्यों मिस गुप्त ! मिसेज आनन्द नहीं आयी हैं, अब तक ?

–जी, वह तो शायद राजगीर गयीं।

–राजगीर ? लेकिन, उनके क्लर्क ने तो कहा कि सेण्टर में ही गयी हैं।

–जी, नहीं तो ! वह मुझसे कल कह गयीं कि राजगीर जा रही हूँ।

–युनिसेफ के ऑफिसर आये हैं। स्टॉक चेक करने के लिए। सब ठीक तो है ?

–जी, सब ठीक ही है··· माने नये स्टॉक को छोड़कर पिछला सबकुछ ठीक है।

–नये स्टॉक को छोड़कर ? मतलब ? स्टॉक-रजिस्टर कहाँ है ?

–जी, स्टॉक का रजिस्टर श्रीमती आनन्द के पास ही रहता है।

डिप्टी डायरेक्टर को आश्चर्य हुआ–तो फिर हम इनको क्या दिखलायेंगे ? जब स्टॉक-रजिस्टर ही नहीं है तो हिसाब कैसे मिलेगा ? श्रीमती आनन्द के क्लर्क को बुलवाइए।

युनिसेफ के अमेरिकन अफसर ने हेल्थ-विजिटर से पूछा–दूध और विटामिन की गोलियाँ आपको मिल गयी हैं तो ?

–सर, पिछला स्टॉक खत्म होने के बाद फिर दूध हमें नहीं मिला है। युनिसेफ की ओर से भेजी गयीं विटामिन बी की गोलियाँ भी खत्म हो गयी हैं।

अफसर ने अचरजभरी निगाह से डिप्टी डायरेक्टर की ओर देखा–क्या कह रही हैं यह ? नया स्टॉक अभी तक इन्हें नहीं मिला ?

डिप्टी डायरेक्टर ने हकलाते हुए कहा–सर ! बात यह है कि अभी सेण्टरों में बाँटा नहीं गया है।

–लेकिन, स्टॉक आये हुए तो तीन महीने हो रहे हैं ?

–जी, बात यह है कि···।

–फ़नी ! स्टॉक किसने रिसीव किया है ?

–सर, मिसेज आनन्द–आनररी सेक्रेटरी ने।

–वह कहाँ हैं ?

–वह टूर पर गयी हैं।

–क्या उन्हें मेरे आने की सूचना नहीं दी गयी थी ?

अमेरिकन ऑफिसर ने भेदभरी दृष्टि से मिस बेला गुप्त की ओर देखते हुए पूछा–और यह कौन है ? यह क्या करती हैं ?

डिप्टी साहब ने बतलाया कि मिस बेला गुप्त शिशु-कल्याण-केन्द्र तथा वर्किंग-विमेन्स-बोर्ड की ऑरगनाइजर हैं।

—क्यों मिस गुप्त ! अमेरिकन ऑफिसर ने पूछा—आपकी सेक्रेटरी को मेरे आने की सूचना नहीं मिली थी क्या ?

—जी ? मुझे··· मेरा खयाल है कि उन्हें सूचना जरूर मिली होगी।

—तब ? वह गैरहाजिर क्यों हैं ?

—वह राजगीर गयी हैं।

—कब तक लौटेंगी ? आज उनके लौटने की उम्मीद है ?

—कह नहीं सकती।

—कल तक ?

—जी, मैं नहीं जानती।

—तब, आप क्या जानती हैं ?

अमेरिकन ऑफिसर हँसा। उसने लेडी हेल्थ-विजिटर से नये शिशु-रोग के सम्बन्ध में पूछा—क्या आपके यहाँ भी वह रोग फैला है ?

—जी, फैला तो था।··· लेकिन, हम लोगों ने उस पर काबू पा लिया है।

—अच्छी बात है। क्या आप मुझे उन बच्चों के टिकट दिखलावेंगी ?

—निश्चय।

हेल्थ-विजिटर के साथ अमेरिकन ऑफिसर साहब सेण्टर में चले गये। डिप्टी डायरेक्टर ने मिस बेला गुप्त से कहा—मिस गुप्त ! आपने क्या कह दिया कि श्रीमती आनन्द को उनके आने की सूचना मिल गयी थी ?

—मैं झूठ कैसे बोलती ? वह खुद मुझसे कह गयी हैं···।

—सो तो ठीक है; लेकिन, इन्होंने क्या समझा होगा। अपने देश की बात नहीं।··· विदेशी लोग बहुत शंकालु होते हैं।

अमेरिकन ऑफिसर हेल्थ-विजिटर के साथ वापस आये। उन्होंने गोदाम जाँच करने की इच्छा प्रकट करते हुए व्यंग्य किया—गोदाम की चाबी भी क्या आनररी सेक्रेटरी के जिम्मे है ?

मिस बेला गुप्त ने कहा—जी नहीं। गोदाम की चाबी मेरे पास है।

रामरति ने गोदाम-घर खोल दिया।

अमेरिकन ने गोदाम में रखी हुई चीजों की जाँच करने के पहले स्टॉक रजिस्टर की माँग की। बेला गुप्त ने जब बतलाया कि स्टॉक-रजिस्टर श्रीमती आनन्द के पास है तो वह ठठाकर हँस पड़ा। बोला—मैंने कहा था न ! चाबी आपके पास और स्टॉक-रजिस्टर मिसेज आनन्द के पास ! अचरज की बात है ! सिर्फ बाँकीपुर की बात नहीं।··· हर जगह ऐसा ही हुआ है !··· हा-हा !!

अमेरिकन ऑफिसर ने विजेट-बुक में लिखा—तीन महीने पहले जो स्टॉक भेजा गया है उसका कोई हिसाब सेण्टर के अधिकारियों ने नहीं दिखलाया।··· मेरे आने की सूचना पाने के बावजूद सेण्टर की सेक्रेटरी अनुपस्थित रही।··· स्टॉक का कोई

पता-ठिकाना नहीं लगा।··· आदि-आदि।

बागे ने श्रीमती आनन्द को गुदगुदाते हुए कहा–भाभी ! बोलो, मेरे लिए दिल्ली से क्या लेती आओगी ?

राजगीर के सरकारी रेस्ट-हाउस में श्रीमती आनन्द के साथ बागे चुहल कर रहा है। आज श्रीमती आनन्द सोलन का पूरा पाइण्ट पी गयी है। आज उसने कोई नखरा नहीं किया। बागे ढालता गया और वह पीती गयी। श्रीमती आनन्द ने कहा–पता नहीं, आनन्द कब तक लौटे। मैं तो परसों सुबह की गाड़ी से ही दिल्ली चली जाऊँगी। पता नहीं उस घोष्ट ने रिजर्वेशन का क्या किया !

–भाभी, बागे के रहते रिजर्वेशन की फिकर मत कीजिए। मैं सब ठीक कर दूँगा। गाड़ी खुलने के पाँच मिनट पहले तक मैं रिजर्वेशन करवा सकता हूँ।

श्रीमती आनन्द पर ऐसा नशा कभी नहीं सवार हुआ था। सामने विपुला-पहाड़ी की सिलहुट-छवि–आकाश में असंख्य तारे–डॉरमेटरी में रह-रहकर घड़ी-घण्ट बोलता है–इस समय भी सामूहिक प्रार्थना कर रहे हैं।

बागे के दिये हुए उपहार को उसने आज पहली बार पहना है। बागे ने जब गुदगुदाना शुरू किया तो वह अपने को जब्त नहीं रख सकी। उसने बागे के गले में अपनी बाँहें डाल दीं। बागे निहाल हो गया। बागे ने पूछा–एक पेग और ढालूँ ?

–नहीं डियर··· प्यारे··· बागे··· नो मोर वाइन··· नाउ··· नाउ !!

बागे समझ गया श्रीमती आनन्द क्या चाहती है। लेकिन आज वह खेलने के मूड में था।

–नो-नो ! बागे–इस तरह नहीं··· इस तरह··· ! बात अधूरी रखकर श्रीमती आनन्द ने बागे को बतला दिया–ऐसे !! हाँ, ऐसे !!··· बागे ने हल्की सिसकी ली–भाभी !

–नो ! नाट दिस हेल भाभी !

–तब ?

–डार्लिंग !··· मैं तुम्हारी हूँ–तुम्हारी ही। वनली योर्स–आह, हेट दैट ओल्ड हॉग !

बागे चुपचाप इस अधेड़ औरत को अंकवार में भरकर पलँग पर लेटा रहा और वह आनन्द-विह्वल बड़बड़ाती गयी–बागे··· डियर··· किल मी··· किल मी··· ! ··· तुम··· बागे··· तुम··· सचमुच फरिश्ता हो··· तुम··· ओह··· तुम··· तुम··· मुझे इतना प्यार करते हो ?··· मुझे उस बुड्ढे के चंगुल से छुड़ाकर अपना क्यों नहीं बना लेते बागे ? एकदम अपना··· एकदम अपना··· आह··· किल मी··· किल मी दिस नाउ··· !!

एक पहाड़ी चिड़िया अचानक कचपचा उठी। दूर, चौकीदार की आवाज सुनायी पड़ी। श्रीमती आनन्द बेहोश पलँग पर पड़ी रही। बागे ने उसके अस्त-व्यस्त कपड़ों को सहेजकर उसके सिर को तकिये पर ठिकाने से रख दिया।

बागे ने सामने के आईने में अपना चेहरा देखा और घृणा से मुँह विकृत कर बाथरूम में चला गया।

बागे सोचने लगा–क्या है यह औरत ? औरत का यह कौन-सा रूप है ? उस बुड्ढे को छोड़कर अब यह मुझे फाँसना चाहती है ?··· बागे इतना अहमक नहीं !

सुबह को जब श्रीमती आनन्द की आँखें खुलीं तो बागे हाथ में कॉफी की प्याली लेकर खड़ा था–उठिए।

श्रीमती आनन्द मुस्कुराई–उठा नहीं जाता !

बागे ने तिपाई पर प्याली रख दी और उसने दोनों हाथ बढ़ाकर श्रीमती आनन्द को उठाना चाहा, लेकिन श्रीमती आनन्द अपने दोनों हाथों को उसके गले में डालकर लटक गयी। उसकी खुली अँगिया से उसकी ढीली छातियाँ खिसककर लटक गयीं। ··· बिनाई की थैली से भूरे रंग के ऊन के दो गोले बाहर लटक गये, मानो !

–बागे ! मुझे अपनी गोदी में बैठा लो।

–मैडम, यह रात नहीं, सुबह है।

–हुआ करे। तुम्हारे साथ क्या रात, क्या दिन, सब बराबर है।

बरामदे पर बैरा के पैर की आहट सुनायी पड़ी। श्रीमती आनन्द को साड़ी सहेजते समय खयाल हुआ–उसकी ढीली छातियाँ खुली लटकी हुई हैं, बागे की जाँघ पर। वह सचमुच लजा गयी।

बैरा ने आकर कहा–हुजूर, टेलिफोन है।

–टेलिफोन ?

–हाँ साहब ! बाँकीपुर से आया है।

बागे ने कहा–आप कॉफी पीजिए, मैं देखता हूँ।

–देखो, यदि घोष्ट हो तो उसको कहना, आनन्द को एक टेलिग्राम लगा दे।

बागे जब चला गया तो श्रीमती आनन्द को होश हुआ··· युनिसेफ के ऑफिसर आनेवाले थे। सम्भव है, डायरेक्टर साहब ने टेलिफोन किया हो !

बागे लौट आया। उसके पैर की आहट से ही श्रीमती आनन्द समझ गयी–मामला गड़बड़ है।

–भाभी ! डिप्टी डायरेक्टर का फोन है।

श्रीमती आनन्द हड़बड़ाती हुई उठी और कमरे से बाहर चली गयी।–हैलो ! हाँ, मैं बोल रही हूँ। जी ? तो उसने क्या कहा ?··· एँ ?··· अच्छा ? लेकिन स्टॉक-रजिस्टर तो उसके पास होगा। क्या कहा उसने ? झूठी है वह। रजिस्टर सभी उसी के पास होंगे। मुझे लगता है, उसने जानबूझकर झूठ कहा है।··· क्या उसने यह भी कह दिया है ? ठीक है। मैं आ रही हूँ।··· आप गवाह हैं।

रिसीवर रखकर श्रीमती आनन्द ने बागे की ओर अर्थपूर्ण दृष्टि से देखा।

बागे ने पूछा–क्या ?

–चलो, कमरे में बतलाती हूँ।

दोनों रेस्ट-हाउस के कमरे में चले गये। श्रीमती आनन्द ने बतलाया–जानते हो बागे ! उस चुड़ैल ने युनिसेफ के ऑफिसर से क्या कहा ? कह दिया कि श्रीमती आनन्द को आपके आने की सूचना थी और इसके बावजूद वह चली गयीं। इस

शैतान को क्या किया जाये ?

—भाभी, आप निश्चिन्त रहिए। वह आपका कुछ भी नहीं बिगाड़ सकेगी। डी साहब और पी साहब रहते आपका…।

बागे जो मुहावरा व्यवहार करना चाहता था—नहीं कर सका। उसने बात को बदलते हुए कहा—कहिए, ब्रेकफास्ट के लिए क्या आर्डर दूँ ?

—बागे ! न जाने क्यों मुझे संदेह हो रहा है, इस बेला ने कहीं और कोई बदमाशी न की हो।

—और क्या कर सकती है वह ?

—देखो, बागे ! मैंने सबकुछ तुम्हारे भरोसे किया है। आनन्द को भी कुछ नहीं मालूम।

बैरा ने आकर फिर सूचना दी—मेम साहब, फिर टेलिफोन… !

—हैलो ! कौन ? घोष ? क्या है ? आनन्द की कोई चिट्ठी आयी ? अंजु ? मंजु, दोनों ? कहाँ गयीं ? कब ? कब से लापता हैं ? दरबान ने क्या कहा ? होस्टल में देख ! क्या ? वहाँ भी नहीं हैं ? पुलिस को खबर करो। और देखो ! आज एक टेलिग्राम मेरे नाम से लगा दो आनन्द को—मैं कल दिल्ली जा रही हूँ। क्या मीटिंग पोस्टपोण्ड हो गयी ? किसने कहा ? कब आयी है चिट्ठी ? ठीक है। मैं आ रही हूँ शाम तक।

श्रीमती आनन्द ने घबरायी हुई निगाह से बागे को देखा। बागे की आँखों ने उसे तसल्ली देने की चेष्टा की।

कमरे में आकर श्रीमती आनन्द पलँग पर धम्म से गिर पड़ी—बागे ! अब क्या होगा ? अंजु-मंजु न जाने कहाँ चली गयीं !

—कहाँ जायेंगी ? बाँकीपुर में ही होंगी कहीं।

—दिल्ली की मीटिंग पोस्टपोण्ड हो गयी।

—होने दीजिए—हम दो दिन यहाँ और बिता सकेंगे।

—नहीं, बागे ! मुझे आज शाम तक लौटकर जाना ही पड़ेगा। उधर होस्टल में न कोई गड़बड़ी हुई हो, मुझे इसी का डर है।

—होस्टल में क्या गड़बड़ी हो सकती है ? आप बेकार चिन्ता करती हैं।

—नहीं। मुझे लगता है, कहीं कुछ हुआ है।

—कुन्ती देवी को मैंने ढाई सौ रुपये दिये हैं। वह बाकी लड़कियों को ठीक कर लेगी।

रेस्ट-हाउस के बैरा को अचरज हो रहा है, पाँच-पाँच मिनट के अन्तर पर मेम साहब का टेलिफोन आ रहा है। उसने इस बार मुस्कुराकर कहा—मेम साहब, फिर…।

—क्या ? फिर टेलिफोन ?

—जी।

बागे ने कहा—आप बैठिए। मैं देखूँ, इस बार कौन है ?

—नहीं, मैं खुद जाती हूँ।

—हैलो ! कौन ? बेला, यह तुमने क्या कह दिया युनिसेफ के अफसर को ?··· तुमने क्या समझ लिया है अपने को ? क्या चाहती हो तुम ?··· क्या ? किसने··· कैसे ? क्या हुआ ? अरे ! तो तुम कहाँ थीं ? टेरिबल ? आखिर, तुम वहाँ किस काम के लिए हो ? मर गयी या··· ? कहाँ, अस्पताल में ?··· क्या बक रही हो ? खबरदार !··· लेकिन,··· लेकिन मैं तो यहाँ हूँ··· झूठ, सब झूठ···। तुम जिम्मेदार हो—हाँ, तुमने सबकुछ किया है।··· शट अप !!

इस बार श्रीमती आनन्द का चेहरा एकदम काला पड़ गया। वह भागी हुई कमरे में आयी—बागे, बागे ! जुल्म हो गया ! अब क्या होगा ? बागे, तुम जानो अब। मेरा सिर चकरा रहा है। भगवान जाने क्या होगा अब !

—क्या हुआ ?

—उस गौरी ने··· वह··· उसने कपड़े में किरासन तेल डालकर आग लगा ली। अस्पताल में है। सुनती हूँ, उसने कोई बयान भी दिया है। पता नहीं क्या बयान दिया है !

इस बार बागे के चेहरे पर भी भय की रेखाएँ खिंच गयीं।

श्रीमती आनन्द ने सिर पीटते हुए कहा—और पता नहीं अंजु-मंजु कहाँ गयीं ! बेला कह रही थी कि पुलिस ने होस्टल की सभी लड़कियों का अलग-अलग बयान लिया है। पता नहीं, बेला ने क्या-क्या और लगाया है, हमारे नाम !

बेला कल से ही भूखी है। अन्न मुँह में डालने की इच्छा ही नहीं होती। चाय भी अच्छी नहीं लगती। गौरी के पास अस्पताल में रात-भर बैठी रही। अभी, सुबह को पुलिसवालों ने एक-डेढ़ घण्टे तक उसे परेशान किया है। होस्टल के सभी नियम-कानून को श्रीमती आनन्द ने ही तोड़ा है और भुगतना पड़ रहा है, उसे।

··· रामरति ने डटकर बयान दिया है। उसने निडर होकर सभी सवालों का जवाब दिया है। फिर भी पुलिस ने उसे क्यों गिरफ्तार किया ? कुन्ती देवी रात में ही भाग गयी। विभावती ने भी बयान दिया है। पता नहीं क्या बयान दिया है !

पुलिस इन्स्पेक्टर ने तो साफ-साफ कह ही दिया है, हम श्रीमती आनन्द को नहीं जानते। होस्टल की सुपर आप हैं। हम तो आपसे ही पूछेंगे।··· तब ? उधर उस घोष ने तो सारी जिम्मेवारी बेला के ही सिर थोपी है। उसने स्पष्ट कहा कि होस्टल के बारे में श्रीमती आनन्द कुछ भी नहीं जानती। सब बेला गुप्त···।

—कौन ? रामरति ? आ गयी तू ? कैसे आयी ? मैंने तुम्हारे जमानत के बारे में पूछा तो पुलिस इन्स्पेक्टर ने कहा कि जमानत नहीं हो सकता।

रामरति और मुनिया रोती हुई आयीं—दीदीजी ! इस डायन बड़ी मेम ने हम

लोगों को ही… ।

रामरति इससे आगे और कुछ नहीं बोल सकी।

गौरी की मृत्यु हो गयी ?

बेला गुप्त फूट-फूटकर रो पड़ी। होस्टल से रेवा वर्मा और रमा निगम, पटनेश्वरी देवी सभी आयीं। उन लोगों ने एक स्वर से कहा–हम लोग अब होस्टल में नहीं रहेंगी। रात-रात-भर पुलिसवालों की जिरह का जवाब कौन दे ?

रमा निगम ने कहा–बेला दी ! आपने–इधर–बहुत–ढील दे दिया था–नियम-कानून में।

फाटक पर पुलिस-वैन रुकी।

आध दर्जन सिपाहियों के साथ, इन्स्पेक्टर साहब फाटक को ठेलकर अन्दर आये।

बेला गुप्त गिरफ्तार !… रामरति भी !

सारे होस्टल की तलाशी ली जा रही है।

बेला गुप्त के क्वार्टर से कुछ कागजात और होस्टल के एक कमरे से 'एफ-एल' के कई पैकेट पुलिसवाले अपने साथ ले गये !

गणपतसिंह लेन के निवासियों ने अवाक् होकर देखा–एक-दूसरे से पूछा और दूसरे दिन सुबह को अखबार में सारा किस्सा ही छप गया।… ओ ? तो, ऐसी थी वह बेला गुप्त ?

हाँ, बेला गुप्त की 'पास-बुक' में अर्थात् बाँकीपुर बैंक में बेला गुप्त के नाम साढ़े-पन्द्रह रुपये जमा हैं। तब इतना पैसा… इतनी आमदनी कहाँ रखती थी ? किसके नाम ? मामले की छानबीन हो रही है।

लेखक की स्वीकारोक्ति

एक हीन मनोवृत्ति का कुहरा–युद्ध के बाद से ही घना होकर–सारे समाज पर छा रहा है। इस धुन्ध में, दीपकली की तरह खिली बेला गुप्त अचानक बुझ गयी… ।

मेरे कृपालु पाठक मुझे क्षमा करें, मेरे इस उपन्यास की प्रधान नायिका ने

ही मुझे छला है। खगड़ा-मंजिल की गली से लेकर किशनगंज और पेशावर के प्रसिद्ध होटल का चक्कर लगा आया। इस दीपकली के प्रकाश में बैठकर बड़ी-बड़ी आशाएँ मन में पालता रहा। किन्तु, किसे पता था कि मिस बेला गुप्त इस तरह मेरे उपन्यास को असफल बना देगी ?

मिस बेला गुप्त गिरफ्तार हुई। स्थानीय समाचारपत्रों में सनसनीखेज खबरें छपीं। तरह-तरह के अभियोग लगाये गये। और, मैंने सोचा कि अब 'क्लाइमेक्स' पर आ गयी कहानी।

मैंने सोचा था, बेला देवी कचहरी में कोई लम्बा-चौड़ा बयान देगी—नाटकीय ढंग से। बाँकीपुर के हर वर्ग के प्रतिष्ठित और न्यायप्रिय लोगों की दुहाई देगी, प्रशंसा-पत्रों की मूल प्रतिलिपियाँ प्रस्तुत करेगी। सफाई-गवाह होंगे यहाँ के प्रतिष्ठित समाज के···।

मेरा विश्वास था कि (वर्तमान सामाजिक जीवन की कलुषताओं के बीच भी) जीने की प्रबल इच्छा कुछ लोगों को 'सत' बना देती है। इसलिए मैंने आशा की थी कि मिस्टर बागे, श्रीमती आनन्द, तारा देवी अथवा मिस्टर आनन्द, इनमें से कोई भी, किसी समय रहस्य के आवरण को चीरकर सामने आ सकते हैं, स्वीकारोक्ति कर सकते हैं—'बेला एकदम निर्दोष है··· !'

अथवा, फैसले के दिन कचहरी में बाँकेबिहारी, संन्यासी के वेष में प्रकट होकर कह सकता है—'बेला, मैं जीवित हूँ। मुझे क्षमा करो। चलो, मैं तुम्हारे साथ हूँ···।'

मैंने यह भी कल्पना की थी—बेला गुप्त अपने 'पेसेण्ट-प्रिजनर' रमाकान्त को याद कर 'मोनोलॉग' में बातें करेंगी—रमाकान्त ! तुम चले गये वरना मैं तुम्हारे आदर्शों की इस सड़ी-गली हुई लाश को तुम्हारे कन्धे पर डालकर पूछती—यही है तुम्हारी आजादी, यही है तुम्हारे समाजवादी समाज की रूपरेखा ?··· सच्चाई नामक गुण मनुष्य के हृदय से धीरे-धीरे लोप हो रहा है।··· स्वार्थसिद्धि के लिए आदमी किसी भी शर्त पर अपनी आत्मा को बेच सकता है।··· जहाँ जीवन में कोई अवलम्ब नहीं, आधार नहीं, विश्वास नहीं। चारों ओर व्यर्थता का राज··· !

किन्तु, मैजिस्ट्रेट ने पूछा—कसूर किया ?

जवाब में बेला गुप्त ने पहले सिर हिलाकर, फिर स्पष्ट शब्दों में स्वीकार कर लिया—जी हाँ, मैंने कसूर किया। सभी अभियोग सच हैं।

सभी अभियोग सच हैं ?

अर्थात्—बेला गुप्त ने बच्चों के लिए विदेश से आयी हुई दवा और दूध के सैकड़ों बक्से की बिक्री की ?··· वर्किंग-विमेन्स होस्टल को एक चलता-फिरता चकला बनाया ?··· व्यभिचार के बड़े अड्डे की वह मालकिन थी ?

बेला गुप्त के सभी शुभचिन्तकों के चेहरे एक ही साथ बुझ गये—यह क्या··· ?

बेला ने किसी की ओर आँखें उठाकर नहीं देखा। वह चुपचाप कठघरे में

खड़ी रही–ओठों पर एक हल्की और स्वाभाविक मुस्कान की रेखा लेकर।

और, रामरति ने भी कबूल किया–हाँ हुजूर ! कसूर किया।

पाँच वर्ष की सजा हुई, दोनों को।

कचहरी के निस्तब्ध वातावरण में कई दीर्घ-निःश्वास स्पष्ट सुनायी पड़े–ओ··· ह !

मेरे उपन्यास को अप्रत्याशित ढंग से असफल बनाकर बेला गुप्त कठघरे से धीरे-धीरे उतरी और पुलिस के घेरे में जेल की ओर चली गयी। 'मामले-मुकदमे' की रिपोर्टिंग के लिए आये हुए मेरे पत्रकार मित्रों ने चुटकी ली–क्यों लेखक महोदय ! अब आपके उपन्यास का क्या होगा ?

बैरिस्टर सिन्हा साहब हड़बड़ाते हुए आये। मुझे देखकर बोले–राइटर ! बेला ने तुम्हीं को नहीं–मुझे भी 'फाँकी' दिया। कल घण्टों उसे समझाया, लेकिन वह डिफेन्स के लिए तैयार ही नहीं हुई। बार-बार बस एक ही बात दुहराती रही–मुझे क्षमा कीजिए। मैं शान्तिपूर्वक हूँ यहाँ···।

मैं जेल-गेट पर बेला गुप्त से मुलाकात करने गया–पाँच नहीं, दस मिनट नहीं–पूरे डेढ़ घण्टे की आज्ञा लेकर।

–यह क्या किया तुम··· आपने ?

–क्या करती ?

–सबकुछ आपके पक्ष में था। सारे प्रमाण, हर तरह के सबूत हमारे पास हैं। क्या राजगीर रेस्ट-हाउस की उस रात की टेपरेकार्डिंग और फिल्म के नेगेटिव्स ··· मिसिज आनन्द के हाथ के लिखे हुए पुर्जे··· चश्मदीद गवाह··· !!

–अब बन्द करो अपना तमाशा ! बहुत नाच चुकी ! गौरी को मिल-जुलकर मार डाला लोगों ने। अब विभावती रह गयी है। भरी कचहरी में घाघ वकीलों से जिरह करवाना चाहते हो न ?··· कचहरी में उस दिन तिल धरने की भी जगह नहीं रहेगी और··· और··· तुम्हें··· रस मिलेगा जब वकील पूछेगा–बोलो, तुमको कैसा लगा था ? स्टॉक की गड़बड़ी, चोरी और दूसरे अभियोगों से अपने को बरी साबित करने के लिए··· मैं सफाई पेश करूँगी। और, तब मेरी कहानी तुम नहीं–लिखेंगी मिसेज आनन्द, कुन्ती देवी, तारा देवी···। एक-से-एक दिलचस्प कहानियाँ।··· तब तुम अपने उपन्यास को सफल मानोगे ?

··· और देखो, मेरे मन में एक युग से 'पाप-बोध' पल रहा था। यह सजा भोग लूँगी तो लगेगा–गंगा नहाया है।··· और तुम्हारा उपन्यास एकदम असफल नहीं हो इसलिए कुछ सूचनाएँ दे दूँ–सूचना ही नहीं–प्रार्थना !···

–मेरी बेटी पर नजर रखना।

–आपकी बेटी ?

–हाँ, मेरी बेटी। मेरे गर्भ में पली–अन्नपूर्णा।

–कौन अन्नपूर्णा ?

–वह, जो काशी से आयी थी–परीक्षा देने। बेसेण्ट स्कूल की संगीत-अध्यापिका।

–यह क्या हुआ ?

–आपके उपन्यास के लिए !··· और, विभावती मेरी मौसेरी बहन है। अन्नपूर्णा, बाँकेबिहारी की बेटी है। और, मैं बंगाली नहीं बिहार की लड़की हूँ।··· आपके पाठक भ्रम में हैं ! हालाँकि, इसमें आपका कोई दोष नहीं।

–क्या सबूत है कि अन्नपूर्णा आपकी बेटी है ?

–आप पता लगा लीजियेगा।··· और, एक प्रार्थना ! इस बात का हमेशा खयाल रखियेगा–नारी-हृदय को यथार्थ रूप से पहचानना, किसी पुरुष के लिए सहज नहीं। और यदि वह नारी बेला गुप्त जैसी धीर-स्थिर-शान्त हो तो उसे समझ पाना और भी कठिन है !

–मैं मानता हूँ। और यह भी जानता हूँ कि जीवन और संसार की मंगलकामना मेरे मन में प्रबल रहे तो··· तो··· नारी क्या··· मैं सिरजनहार के हृदय को भी···।

बेला गुप्त ने मुझे चरण छूकर नमस्कार किया और चली गयी··· और मेरा उपन्यास असफल-का-असफल ही रहा !!···

वर्किंग-विमेन्स होस्टल का फाटक अस्वाभाविक ढंग से ढनढना उठा। सरकारी चपरासियों ने फाटक पर एक बड़ा-सा ताला लटका दिया–'चलो खिस्सा खतम !'

गली में एकत्रित भीड़ में से किसी ने कहा–चिड़ियाखाना बन्द हो गइल ?

भीड़ छँटने के बाद एक ग्यारह वर्षीय किशोर ने इधर-उधर देखकर कोयले के टुकड़े से फाटक पर एक अश्लील वाक्य लिख दिया··· !!

एक दशक बाद, रात-भर बेला गुप्त वगैरह के दस्तावेज पढ़ते समय अनेक पात्र-पात्रियों के बीच रहा। सुबह लगा, सारी रात स्नेह-सरिता में नहाकर मन शान्त हो गया है।

सुबह तैयार होकर सबसे पहले गणपतसिंह लेन की ओर गया। 'खगड़ा-मंजिल' के एक हिस्से में रेलवे का सिटी बुकिंग ऑफिस खुल गया है। दूसरे हिस्से में, दुकानें चल रही हैं। वर्किंग-विमेन्स होस्टल का कहीं नाम-निशान तक नहीं।

गली के बुजुर्ग करीम भाई अब भी हैं, सन की तरह सुफेद हो गयी है उनकी दाढ़ी। रामगुलाम शाह हलुवाई जीवित है। सभी लड़के जवान होकर, शादी-ब्याह करने के बाद बाप को छोड़कर अलग हो गये हैं। गठिया के कारण चल-फिर नहीं सकता। होस्टल के बारे में पूछने पर, मुँदी हुई आँखों को फाड़ते हुए वह बोला–"आपको कोई 'सपनौती' हुआ है ? अरे, उस चिड़ियाखाना को बन्द हुए तो एक युग हो गया है।"

मैं फिर बेला गुप्त से मिलने नहीं गया। साहस नहीं बटोर पाया हूँ, अब तक। हाँ, इतना लिखकर बता देना आवश्यक समझता हूँ कि मेरे उपन्यास को बेला

गुप्त वगैरह ने असफल नहीं बनाया। उसकी सफलता अथवा असफलता की सारी जिम्मेदारी मेरी है। और, अपने अनुभव के आधार पर कह सकता हूँ कि कुछ ऐसे चरित्र होते हैं जो प्राण-प्रतिष्ठा पाते ही अपने सिरजनहार के बँधे-बँधाये नियम-कानून, नीति अथवा 'फार्मूले' को तोड़कर बाहर निकल आते हैं और अपने जीवन को अपने मन के मुताबिक गढ़ने लगते हैं। उनके अन्दर, जिन्दगी को बार-बार तोड़कर गढ़ने के लिए अगाध स्नेह की संजीवनी धारा सदैव बहती रहती है—पुण्या··· पवित्रा··· पुण्यमयी··· पापहरा धारा··· !!

रामरतन राय

सुना है, पच्छिम में कई खूँखार और भयानक असामाजिक-अपराधियों ने जेल की काल-कोठरियों में बैठकर भोगी हुई जिंदगी और किए हुए कर्मों के नंगे अनुभव लिखकर रातोंरात प्रसिद्धि प्राप्त कर ली है। मैं अब तक किसी अपराध में पकड़ा नहीं गया हूँ और खुले आकाश के नीचे 'नो मेन्स लैंड' के कछार पर (नेपाल की ओर) बैठकर 'यह सब' लिख रहा हूँ। किंतु, इस 'दसगज्जा' यानी 'नो मेन्स लैंड' के 'इस पार' या 'उस पार' मुझे जीवित या मृत 'कैपचर' करने अथवा करवा देनेवाले को इनाम में अच्छी रकम मिल सकती है। संभव है, कोई सरकारी खिताब अथवा वीरता की कोई राष्ट्रीय 'पदवी' भी प्राप्त कर ले।...

यदि मुझे जीवित पकड़ा गया तो मेरी गिरफ्तारी के बाद अपराधों की एक लंबी फेहरिश्त मेरे नाम के साथ नत्थी कर दी जाएगी। देशद्रोह या शत्रुपक्ष की जासूसी के इल्जाम भी लगाए जा सकते हैं। और कोई अजब नहीं कि मुझे किसी नई और उग्रतम राजनीतिक पार्टी का एकमात्र नेता मशहूर कर दिया जाय अथवा कई कुख्यात अंतर्राष्ट्रीय गिरोह से मेरा संबंध जोड़कर, मुझसे कबूल करवाने की हर कोशिश की जाय।...

ज्यादा उम्मीद तो इसी बात की है कि मुझे देखते ही, 'इस पार' या 'उस पार'–गोली मार दी जाय।...

दोनों ओर के पुलिस तथा गुप्तचर विभाग में कई दर्जन लोग हैं जो मुझे पहचानने के दावे कर सकते हैं। बहुत बार उन्होंने मुझे पहचाना है। पहचानकर भी वे भ्रम में पड़ गए हैं और मुझे 'कोई और आदमी' समझकर निश्चिंत हो गए हैं।...

इस बार मैं हर अंजाम के लिए तैयार होकर बैठा हूँ–अब जो भी हो। जो कुछ भी होगा, इसी दसगज्जा के कछार पर ही... !

और, मैं यह सब क्यों लिख रहा हूँ ? क्यों ?... क्यों ? ठीक-ठीक बता नहीं सकता। किंतु, प्रसिद्धि के लोभ में हर्गिज नहीं। और न अपनी सफाई देने के लिए ही। असल में, मैं इस 'दसगज्जा' के बारे में, इसके 'इस पार' और 'उस पार' के गाँवों, लोगों और जानवरों के संबंध में कुछ लिखे बगैर नहीं रह सकता, अब।... शायद, मन के किसी कोने में यह उम्मीद भी छिपी हुई हो कि जिस दिन–कभी भी–यह किसी तरह प्रकाश में आएगा–आदमी को लेकर 'कारबार' करनेवालों को मानव-चरित्र के कुछ अद्‌भुत उदाहरण, कई विचित्र नमूने मिल जाएंगे।...

मैंने जीवन में कभी एक दिन की डायरी भी नहीं लिखी। सचमुच, लिखना

मेरा काम कभी नहीं रहा। किंतु, इस क्षण–प्रतिपल मृत्यु की प्रतीक्षा करते हुए लिखने में एक अपूर्व आनंद का अनुभव हो रहा है। हमेशा, दसगज्जा के पास आते ही मेरे अंदर एक तूफान घुमड़ने लगता था। इस बार, लगता है, उस तूफान को कोई दिशा मिल गई है।

दसगज्जा !

भारत और नेपाल की सीमा-रेखा की दस गज धरती–नो मेन्स लैंड ! पूर्णिया जिले का, उत्तरी-पच्छिमी हिस्सा-चक्करघट्टी ! मौजा–चक्करघट्टी, थाना-जोगबनी। कटिहार-जोगबनी लाइन की गाड़ी जहाँ पहुँचकर वापस हो जाती है।···

रेलवे स्टेशन से हमारा गाँव पाँच कोस दूर था। किंतु, दसगज्जा से ठीक 'दस रस्सी' दूर। हमारे गाँव के पास आकर सीमा-रेखा 'चक्राकार' हो गई है। हो सकता है, इसीलिए इस इलाके का नाम चक्करघट्टी पड़ा हो।···

यदि मेरे घर से दस रस्सी की दूरी पर यह 'दसगज्जा' नहीं होता तो मैं आज जो कुछ भी हूँ–वह नहीं होता। मैं ही क्यों, मेरे इलाके के बहुत सारे 'नामी' लोगों की प्रसिद्धि के पीछे–दो देशों की सीमा-रेखा–इस दसगज्जा के लंबे हाथ हैं।

दो देशों के बीच–दस गज धरती की पट्टी, जिस पर किसी का अधिकार नहीं। न हिंदुस्तान का, न नेपाल का। कहते हैं, चालीस-पचास साल पहले तक 'इस पार' या 'उस पार' में अपराध करके यदि कोई अपराधी दसगज्जा में आकर खड़ा हो जाता तो, उस व्यक्ति को न हिंदुस्तान की और न नेपाल की पुलिस पकड़ सकती, न उस पर गोली ही चला सकती थी।··· हमने कभी ऐसे अपराधी को दसगज्जा में खड़ा होकर आत्मरक्षा करते नहीं देखा। किंतु दसगज्जा में, गिद्ध-सियार-काग-कुत्तों से घिरी लावारिश लाशों को बहुत बार देखा है। औरत-मर्द, जवान-बूढ़े की लाश। कभी 'देसवाली' (भारतीय) कभी गोर्खाली (नेपाली)··· । जब-जब दोनों देश के सरकारी अधिकारी मिल-जुलकर जाँच करने पहुँचते, दसगज्जा पर बिखरी हुई हड्डियाँ, कंकाल और नरमुंड के सिवा ऐसा कुछ भी नहीं रह जाता जिसे देखकर लाश की शिनाख्त की जा सके।··· ऐसे अवसरों पर हम बच्चों के कौतूहल का एक विषय था कि कितने सियार, कुत्ते, चील, गिद्ध, काग किस देश के हैं ? यानी, कितने इस पार के, कितने उस पार के ? हम गिनने की चेष्टा करते–दो गिद्ध, एक चील, पाँच कुत्ते, तीन सियार अपने देश के; चार सियार और दो कुत्ते, दस गिद्ध उस पार के।··· याद है, जब कभी अपने देश के इन पशु-पक्षियों की संख्या कम होती तो हमें वैसा ही दुख होता जैसा अपने गाँव के कबड्डी-दल के पड़ोसी गाँव से हार जाने पर। उन लाशों की 'राष्ट्रीयता' ने हमारे मन में कभी कोई ऐसा भाव नहीं जगाया। यानी, किसी 'देसवाली लाश' को देखकर न हमें दुख हुआ और न 'नेपाली लाश' को देखकर सुख।···

अंग्रेजी राज में भी चक्करघट्टी के लोगों ने कानून की कभी परवाह नहीं की। दसगज्जा से दस कोस उत्तर नेपाल की धरती और दक्षिण में बारह कोस (भारत की) तक की परती भूमि, चक्करघट्टी के लोगों को उनकी पगध्वनि से ही पहचान

लेती थी। दसगज्जा को आधार मानकर—लाल रोशनाई से एक वृत्त बनाकर—पुलिस विभाग के नक्शे में आज भी दर्ज है—'क्रिमनल एरिया—मौजा, चक्करघट्टी।'

चक्करघट्टी !

जिसके एक ओर, यानी उत्तर की ओर नेपाल की घनी तराई, धरान-धनकट्टा की पहाड़ियों तक फैली हुई; पच्छिम की ओर कल-कल कर बहती हुई 'कोसी माई'। पूरबी और दक्षिणी हिस्सा कई कोसों तक—आठ महीने अथाह पानी में डूबा रहता और चार महीने खर-पतवार, नरकट-सरकट आदि जंगली घासों से ढँका हुआ—जिसमें हाथी भी डूब जाय ! हिरण, बनैले सूअर और तेंदुए के लिए मशहूर शिकारगाह इलाका। इसलिए, इस अंचल का नाम 'चक्करघट्टी-टापू' भी चालू हो गया। बाद में सिर्फ 'टप्पू' कह देने से ये काम चलने लगा और सन बावन के 'सर्वे' के समय नये सरकारी नक्शे और खलिहान में चक्करघट्टी के बदले 'टप्पू' ही दाखिल हो गया है।

टप्पू इलाके पर असल राज—पाँच-सात साल पहले तक—जाहिद अली का था। जाहिद अली का नाम सुनकर आज भी इधर के लोगों की देह काँपने लगती है। माताएँ अपने रोते हुए बच्चों को चुप कराने के लिए आज भी डराती हैं—"आ रहा है जाहिद अली का सिपाही।"

··· वे कौन हैं ?

नहीं, उनसे कोई खतरा नहीं। बिहार सरकार के 'एक्साइज' यानी आबकारी विभाग के आध दर्जन सिपाही, दसगज्जा के इस पार छोटी-सी चाय की दुकान पर बैठकर चाय पी रहे हैं। एक सिपाही तलहथी पर नेपाली गाँजा मसलता हुआ 'कंकड़' सुलगाने की तैयारी कर रहा है। उसके छोटे अफसर को मैं अच्छी तरह पहचानता हूँ। पंद्रह हजार घूस देकर उसने अपना ट्रांसफर यहाँ करवाया था। हवलदार होकर आया था; अब छोटा इंस्पेक्टर है। हमेशा 'सर-सर' कहकर मुझसे बातें करता था। उसके सबसे बड़े अफसर को मैं 'तुम' कहता था।··· किंतु, अभी उसकी निगाह मुझ पर पड़ी कि वह उत्तेजित हो जाएगा।··· नहीं, मुझे तनिक भी भय नहीं हो रहा। एक ही डाँट में इन सातों को 'डिमोरलाइज्ड' कर दूँगा।··· पुलिस और आबकारी विभाग के सिपाहियों से निपटने के सभी भेद मुझे मालूम हैं।··· नेपाली गाँजा, शराब, चरस के बड़े-बड़े व्यापारियों के सभी एजेंट मुझे पहचानते हैं। मिलते ही 'नजराना' चढ़ाते हैं—एक बोतल नारंगी की शराब और एक सौ एक नकद ! डाकुओं और चोरों के गिरोहों के 'दलपति'—दोनों देशों के—अब भी समय-असमय मदद के लिए मुझे ढूँढते फिरते हैं। काठमांडू से लेकर आसाम तक के चोरबाजारिये, सेठों के कारकून मुझे ही अपना असल मालिक समझते हैं।··· मुझे इन लोगों से कोई खतरा नहीं।

··· खतरा है तो सिर्फ—दोनों देशों के—ऐसे क्रिमनल्स से, जिनके मुखौटे मैं कभी भी उलट दे सकता हूँ।··· उनकी राष्ट्रीयता, उनके देशप्रेम, मानवता की बोलियाँ और नैतिकता की बड़ी-बड़ी बातें ? वे अब जान गए हैं कि मैं उनके काम का

आदमी नहीं रह गया। उन्हें मुझसे खतरा है और इसलिए मैं उनसे सदा सतर्क रहता हूँ। ऐसे क्षणों में मेरे कानों के पास जाहिद अली साहब की वाणी गूँजती रहती है–'जिस समय कोई अपने दुश्मन को मारने का मंसूबा बाँधता रहता है, ठीक उसी समय उसका वह दुश्मन खंजर लेकर उसे मारने के लिए आधी राह तय करता होता है… ।'

जाहिद अली !…

जाहिद अली कुल जमा बीस बीघे जोत का मामूली कास्तकार था। लेकिन, उसके सात सौ सिपाही थे। सारे इलाके में किसी की जमीन में अच्छी फसल लगी हो, किसी के बाग में अच्छे फल लगे हों, किसी के पास दुधारू गाय-भैंस, तेज भागनेवाले घोड़े या गाड़ी के बैल और किसी का जवान बेटा पहलवान हो तो, वह सब जाहिद अली का।…

उसके सिपाहियों में मुसलमानों से अधिक हिंदुओं की संख्या थी। दोनों देश–भारत और नेपाल–के फरार, कुख्यात, खूँखार डकैत और हत्यारे जाहिद अली की सेवा में हाजिर होकर–'ईमान-धरम' से अपने बारे में सबकुछ खुलासा बतला दे–फिर, उस पार यानी नेपाल का 'करनल' हो या 'जरनल', चाहे इस पार के कलक्टर, कमिश्नर–किसी का कोई डर नहीं।… छोटे-बड़े सब मिलाकर डेढ़ सौ गाँव के लोग जाहिद अली की मर्जी से खुशी और दुखी होते थे; जीते थे, मरते थे।…

दोनों देश के सरकारी अफसर, हाकिम-हुक्काम, जाहिद अली की कद्र करते थे। अपने देश में वे 'आमन सभा' के मेम्बर थे। 'खाँ बहादुर' का खिताब मिला था। मोरंग (नेपाल) के 'करनल', बन जाँच विभाग के सुब्बा और 'गोस्वारा' (अदालत) के 'सरदार साहब'–हर साल दीवाली के अवसर पर–पाँच दिनों तक जाहिद अली के साथ जुआ खेलते थे। राजबनैली के राजा साहब जब भी शिकार पर आते, जाहिद अली को पंद्रह दिन पहले ही सूचना देना नहीं भूलते। और, कलकत्ते के मशहूर–'दि रूँगटा टिम्बर कम्पनी' के बड़े सेठजी जब कभी व्यापारिक दौरे पर जोगबनी आते–जाहिद अली से अपने 'स्पेशल सैलून' में बैठकर घंटों बातें करते। और, जाहिद अली की सलाह पर ही वह किसी नई तराई के जंगलों का ठेका लेते अथवा छोड़ते… ।

मुझे याद है… जब पहली बार जाहिद अली को करीब से देखा था। उस समय मैं नंगा ही खेला करता था। यों, हमारे गाँव के बच्चे–लड़के-लड़कियाँ–आठ-नौ साल की उम्र तक नंग-धड़ंग ही रहते थे।… बड़ी माँ ने उस दिन मुझे नया जाँघिया और नयी गंजी पहनाते हुए कहा था–"अब जा। दादा साहब को हाथ से, इस तरह झुककर सलाम बजाना।"

गाँव की एक बेवा औरत की पंचायत में वे अपने दलबल के साथ–हाथी पर सवार होकर आए थे… लंबा-तगड़ा शरीर, गोरा मुखमंडल, नीली आँखें, गेरुआ चपकन, गेरुए रंग में रँगी दाढ़ी और केश। पैर में लकड़ी की खड़ाऊँ और हाथ में बनबाँस की एक टेढ़ी-मेढ़ी लाठी। उनकी बोली आज तक याद है। आसामी

मंगलसिंघ–(जिसने बेवा पर अत्याचार किया था) को उन्होंने गाँव घर की बोली में ही चेतावनी दी थी। शुद्ध मैथिली में कहा था–"एहन अनर्गल कुकर्म हमर अछैत ?" अर्थात मेरे रहते इस इलाके में ऐसा जघन्य कुकर्म हो ?···

जाहिद अली अपढ़ था। लेकिन, अंग्रेजी, बंगला, नेपाली और मेवाड़ी बोलियों को सुनकर ही मतलब समझ लेता था।

जाहिद अली के बारे में उन दिनों बहुत-सी बातें कानों-कान कही-सुनी जाती थीं। बहुत लोगों का कहना है कि जाहिद अली जन्म से मैथिल ब्राह्मण ही था और किसी 'बाईजी' के पीछे 'फिदा' होकर मुसलमान हो गया था। कुछ लोगों का मत है कि वह हरिपुरी कोठी के पादरी साहब का बच्चा था जिसे एक मुसलमान फकीर ने पाल-पोसकर बड़ा किया···।

जो भी हो, चक्करघट्टी तथा आसपास की सामाजिक जिंदगी पर पिछले साठ-सत्तर साल से इस व्यक्ति की अमिट छाप पड़ी है।···

चक्करघट्टी तथा आसपास के गाँवों में एक भी घर ऐसा नहीं जहाँ कोई-न-कोई अवैध काम न होता हो। एक भी आदमी ऐसा नहीं मिलेगा जिसने छोटा या बड़ा गैरकानूनी काम न किया हो। और कुछ काम तो ऐसे हैं जिनको करते समय 'कानूनी-गैरकानूनी' का सवाल यहाँ के लोगों में कभी नहीं उठा।··· जैसे, उस पार की घनी तराई से कीमती लकड़ियाँ काट लाना। इस पार से बीड़ी के बंडल उस पार बेच आना। उस पार से गाँजा लाकर गोदाम में जमा करना। लकड़ी, तंबाकू, पशुधन और गाँजा के अलावा कभी-कभी लड़कियाँ भी ! कभी गंगा-पार की लड़की को भगाकर–पहाड़ पहुँचा देना और कभी पहाड़ी लड़कियों को कलकत्ता पहुँचाकर बेच आना···। यों, 'उढ़री लड़कियाँ' अर्थात् उड़नेवाली··· घर से भागनेवाली लड़कियाँ अक्सर चक्करघट्टी इलाके में ही खप जातीं। इस अंचल में जिस पुरुष के दो-तीन औरतें न हों, उसे 'नामर्द' कहा जाता था।···

मेरे बाबूजी बहुत दिनों तक, इलाके की निगाह में, नामर्द और नावल्द ही रहे। अंत में मेरे बाबूजी की पहली स्त्री अर्थात् मेरी बड़ी माँ ने ही एक कम उम्र की पहाड़िन 'एढ़री' (भगोड़ी) लड़की को अपने आँगन में रखकर जाहिद अली साहब के 'दरबार' में खबर भेज दी थी, "बापजान ! आपके मुखिया (अर्थात् मेरे बाबूजी) रैयत ने, औलाद के लिए एक रखेलिन पसंद किया है। हुकुम दिया जाए···।"

कहते हैं, उस शादी में जाहिद अली खुद आए थे, कपड़े और रुपए लेकर। उनके मुसाहिब-मुखिया लोगों में मेरे बाबूजी की एक खास जगह थी।···

और मेरी माँ ? अर्थात् वह पहाड़िन··· ?

एक ही साल के बाद मेरी माँ ने अपनी ही सूरत के एक बच्चे को भूमिष्ठ किया। और, छठी की रात में ही बच्चे को छोड़कर भाग गई–पता नहीं किधर ?

जाहिद अली के सिपाही चारों ओर चालीस कोस तक खोज आए, कहीं नहीं मिली। कहते हैं कि छोड़कर जाने के पहले एक बार भी उसने कहीं जाने का

न नाम लिया। न कभी रूठी, न कभी झगड़ी और न कभी नखरे पसारे। हमेशा हँसती रहती।··· बड़ी माँ ने उसकी नकल करके बहुत बार सुनाया था, किस तरह वह बाबूजी को मैथिली मुहावरे से चिढ़ाती थी–"बुढ़वा रातियो नै खलक चटनियाँ बिनू ना··· ।" ··· दाल-भात, दूध-दही के बदले मकई के आँटे की लपसी, जिसे वह अपनी भाषा में 'ढिंढ़ो' कहती, प्रेम से खाती थी। लेकिन, मांस और रक्सी (दारू) सप्ताह में एक बार नहीं मिलने पर उसका माथा गरम हो जाता था। सो, मेरे बाबूजी और बड़ी माँ ने ऐसा मौका कभी आने ही नहीं दिया। रक्सी के साथ वह खाने के लिए जब वह अपने ढंग से मांस पकाती, बड़ी माँ, बाबूजी और पास-पड़ोस के लोग गंध से ही जान जाते–पहाड़िन आज अपना 'चाट-चखना' तैयार कर रही है। तैयार कर रही है अर्थात् लकड़ी की आग में झुलसा रही है।··· मछली के बदले मछली की 'सुंगठी' (सूखी मछली) के लिए जान देती थी। आम छूती भी नहीं थी और जामुन के पेड़ पर चढ़कर 'खोंइछा' भर जामुन तोड़ लाती थी। ··· हमेशा हँसती रहती, किंतु जब और जिस दिन किसी पर बिगड़ती, उसके चेहरे को नोच-खसोटकर लहूलुहान कर देती।··· और काम करने में तो 'भूतनी' थी–डेढ़ मन धान दो घंटे में ही कूटकर रख देती।

बड़ी माँ के मुँह से अपनी माँ की सैकड़ों ऐसी कहानियाँ मैंने सुनी थीं।

यों हमारे गाँव में 'थारू' और 'कोच' लोग थे जिनकी नाक चिपटी होती है, भौंहें, पलकें और दाढ़ी-मूँछ के नाम पर सुनहरे-भूरे थोड़े बाल। किंतु, मेरी चिपटी नाक की बात और है।

बड़ी माँ ने बड़े प्यार से मेरा नाम रखा था–रामरतन। मगर, गाँव के लोगों ने 'बच्चा किरवा' कहना शुरू किया तो यही चालू हो गया। 'किरवा' अर्थात् किरात, जो कभी-कभी पीठ पर डोको में पतरस, नारंगी, चिरायता तथा अन्य जड़ी-बूटियाँ लादकर, दल बाँधकर गाँव में आते थे। उस दिन गाँव भर के लोग मुझे चिढ़ाते–"रे किरवा ! चल देख, तेरे नाना और मामा लोग आए हुए हैं।"

मेरी माँ मुझे छोड़कर किधर गई यह किसी ने नहीं देखा था। लेकिन माँ की बात छिड़ते ही मेरा मुँह उत्तर दिशा की ओर मुड़ जाता।··· नीले रंग के पहाड़ की चोटियों पर चमकते हुए सोने और चाँदी के गुंबद !··· सुनते हैं, मेरी माँ की देह पर सब मिलाकर सोलह भर सोने और पचीस भर चाँदी के जेवर थे। किंतु वह एक सूत भी अपने साथ नहीं ले गई। पिटारी से अपना 'चोलो-फरिया' (पूरे बाँह का कुर्ता और साड़ी, जो वह पहनकर आई थी) निकालकर पिछवाड़े में जाकर पहना और नई साड़ी केले के पेड़ से लटकाकर, न जाने किधर··· कहाँ··· ?

'न जाने किधर' कहने के बावजूद बड़ी माँ का विश्वास था कि वह उत्तर की ओर अर्थात् अपने देश नेपाल की ओर ही गई होगी। इसलिए बचपन से ही मैं, अपने गाँव के अन्य बालकों की तरह, 'गंगामुखी' नहीं हो सका। हमारे गाँव में बच्चों को एक 'फिकरा' सुनाकर दिशा-ज्ञान कराया जाता था :

पूरब देखे सूरजमुखी
दक्खिन गंगामुखी··· ।

मेरा विश्वास है कि बड़ी माँ के बदले यदि मेरे बाबूजी की मृत्यु पहले होती तो मैं कुछ और होता। जो भी होता–आज जिस अवस्था में हूँ–जो भी हूँ–वह नहीं होता।

पचास-पचपन की उम्र में–विराटनगर, धरान, धनकुट्टा, काठमांडु के अलावा कलकत्ता, दिल्ली, बंबई और सिंगापुर तक रिरियाने के बाद–फिर उसी दसगज्जा के कछार पर मरने के लिए आना पड़ेगा, मैंने इसकी कल्पना भी नहीं की थी। मेरे कानों के पास रह-रहकर आजकल जाहिद अली के वे वाक्य गूँज जाते हैं : "चक्करघट्टी की मिट्टी पर पैदा होनेवाला हर आदमी–चाहे वह कहीं भी चला जाए–अंत में मिट्टी चक्करघट्टी का ही पाता है।"

बड़ी माँ यदि जीवित रहती तो मुझे निश्चय ही पढ़ने-लिखने नहीं देती। उनका विश्वास था कि पढ़ने-लिखनेवाला लड़का दुबला-पतला, बीमार और अल्पायु होता है। सो, जब तक वह जीवित रही, मुझे खड़िया भी नहीं छूने दिया।

बड़ी माँ न बीमार हुईं, न खाट पर पड़ीं। एक दिन तनिक सिरदर्द हुआ और चल बसीं। बड़ी माँ की याद करके, अट्ठारह-बीस साल की उम्र तक, मैं रो पड़ता। किंतु, धीरे-धीरे उनकी याद धुँधली पड़ती गई और अब तो, बहुत चेष्टा करके, सिर्फ नाक में लटकती हुई सोने की 'बुलाकी' की हल्की-सी झलक-मात्र··· ।

बहुत दिनों के बाद–करीब तीस-चालीस वर्षों के बाद–बड़ी माँ की याद फिर इधर कई दिनों से आने लगी है।··· मुझे चरवाहे की तरह 'कछनी' पहनाकर हँसती हुई कहतीं :

रामरतन राय
चरावे गाय
पानी पीये कोशी का
बाँसी बजाय–रामरतन राय !

बड़ी माँ को छोड़ और किसी ने मुझे इस नाम से नहीं पुकारा। बाबूजी ने भी नहीं। सभी मुझे अपने-अपने रखे हुए नाम से पुकारते–किरवा, पहड़िया, परबतिया।··· हाँ, एक और व्यक्ति–जाहिद अली–मुझे रामरतन कहते थे।

बड़ी माँ की मृत्यु के कुछ महीने बाद से ही मैं गाय चराने के लिए जंगलों में जाने लगा। चरवाहे मुझे चिढ़ाते : बाप करे सरदारी, बेटा चरवाही !

कहते हैं, उड़ती हुई चिड़िया की बोली को भी जाहिद अली परख लेते थे। और चक्करघट्टी के चारों ओर, दस कोस के गिर्दाव में कोई उनके खिलाफ फिसफिसा कर भी कुछ बोले तो बात उनके कान तक पहुँच जाती थी··· 'बाप करे जाहिद अली की सरदारी और बेटा चरवाही ?'

जाहिद अली ने मेरे बाबूजी को बुलाकर कहा था–"क्या नाम है तुम्हारे लड़के का ?··· अरे, किरवा नहीं, रामरतन कहो ! तुम अपनी गायों को चराने के लिए कोई चरवाहा रख लो। रामरतन मार्टिनगंज स्कूल में पढ़ने जाएगा। अपने चरवाहे का खर्चा तुम देना, तेरे बेटे की पढ़ाई का खर्च मैं दूँगा–जहाँ तक पढ़ सके··· !"

सारे चक्करघट्टी इलाके में मैं पहला बालक था जिसे जाहिद अली ने पढ़ने का हुक्म, खर्च सहित, दिया था। गाँव के अन्य लड़कों ने, खासकर चरवाहों ने इस 'हुक्म' के बाद मेरी ओर दया और करुणाभरी दृष्टि से देखा था–मानो आजीवन कारावास की सजा पाए हुए कैदी को देख रहे हों।··· और, आज जब लेखा-जोखा लेता हूँ तो 'पढ़ाई' मेरे लिए सचमुच कारावास की सजा साबित हुई।···

मार्टिनगंज स्कूल के शिक्षक, विद्यार्थी अथवा चपरासी–जो भी मेरे गाँव का नाम सुनता, उसके चेहरे का रंग कुछ क्षण के लिए सुफेद हो जाता। फिर, मेरी सूरत को कुछ देर तक एकटक अचरज से देखकर पूछते–"चक्करघट्टी में पहाड़ी लोग भी रहते हैं ?"

बंगाली हेडमास्टर साहब ने बंगला में ही कहा था–"नाम, रामरोतोन··· ग्राम, चोकोरघोट्टी··· गार्जियन, जाहेद अली··· मुख देखते, नेपाली··· तुमी तो सति एकटा रोतोन बाबा !"

ठीक उसी समय जाहिद अली दफ्तर में आए। बोले–"मास्टर साहब, 'रतन' को जौहरी सिर्फ परखता ही नहीं, उसको तराशकर और भी कीमती बना देता है।"

हेडमास्टर ही नहीं, दफ्तर में बैठे सभी टीचर कुर्सी छोड़कर उठ खड़े हुए थे–ऐसा भव्य था जाहिद अली का व्यक्तित्व !

मेरी नाम-लिखाई की फीस के अलावा जाहिद अली ने स्कूल को एक सौ रुपए का चंदा दिया था।

किंतु, चक्करघट्टी के राय-सरदार के पुत्र को किसी ने कभी 'देसवाली' नहीं समझा। उसका नया नाम पड़ा–नेपाली··· नेपलिया !

कुछ ही दिनों में मार्टिनगंज का हर आदमी जान गया कि मेरी माँ नेपालिन थी। बाप 'देसवाली' और गार्जियन मुसलमान है।

पता नहीं, मेरी सूरत में वो क्या था कि लोग मुझे ठिठककर देखते। कभी-कभी अकेले अपनी कोठरी में, आईने में मैं अपनी सूरत देखता रहता। क्यों ? मेरा चेहरा ऐसा क्यों हुआ ?··· भौंहों पर बाल क्यों नहीं ? मेरी नाक चिपटी क्यों हुई ? मेरे केश सुनहले क्यों हुए ? मेरा रंग–हल्दी-रंग–गोरा क्यों हुआ ? मेरी तरह और किसी की सूरत क्यों नहीं ?

और, एक दिन ठीक अपने जैसे चेहरे के एक लड़के को देखकर, अंग्रेजी की फर्स्टबुक में पढ़ी हुई एक पंक्ति मेरे मुँह से अनायास निकल पड़ी थी "ऐज़

आई एम, सो हि इज़।"

जाहिद अली ने चरवाहों की बात सुनकर, मुझे चरवाहा से 'पढ़वा' बनाने के लिए मार्टिनगंज स्कूल में नाम लिखा दिया। बाद में, पता नहीं, फिर उनके कान में किसकी कौन बात पड़ी कि मुझे मार्टिनगंज स्कूल से हटाकर सीधे 'उस पार' अर्थात् नेपाल के नेपालगंज बाजार के राणा जंगबहादुर हा. स्कूल में दाखिल करवा दिया, जहाँ के सभी लड़कों के चेहरे मुझसे मिलते-जुलते थे।

मुझे बड़ी प्रसन्नता हुई थी और फर्स्ट बुक की उस पंक्ति को सुधारकर मैं मन ही मन बुदबुदाया था–"ऐज़ आइ एम सो दे आर।"

किंतु, हाय ! वह प्रसन्नता क्षणिक ही थी। नेपाली लड़कों ने जब मुझसे नेपाली में बातें शुरू कीं तो मैं मैथिली और हिंदी में उनके जवाब··· !!

मेरे झोंपड़े के–अर्थात् जिस झुग्गी में बैठकर अभी यह सब लिख रहा हूँ उसके–मालिक को अब मुझ पर विश्वास हो गया है कि मैं उसके कारबार में खलल डालनेवाला आदमी नहीं। वह मुझे अपने ही गोत्र का समझने लगा है, यानी, उसी की तरह किसी अपराध-कर्म में निमग्न। इसलिए, उसने मुझे कल तुरत सुरक्षित स्थान पर पहुँचा दिया था–थोड़ा-सा खटका पाकर ही। बत्तीस घंटे के बाद फिर अपनी झुग्गी में लौटकर लिखने बैठ गया हूँ।··· पता नहीं कौन है वह, जिसको मैं सबकुछ ईमानदारी से सुना जाना चाहता हूँ ! पता नहीं कौन··· ?

··· नेपालगंज के नेपाली लड़के मेरा जवाब मैथिली में सुनकर बोले थे–"यो मधेसिया पो रहेछ···।"

मधेसिया, मोगलान को मान्छे···।

नेपाली लोग उन दिनों भारत को 'मोगलान' और भारतवासियों को 'मधेसिया' कहते थे। सारे नेपालगंज बाजार का व्यापार इन्हीं मधेसिया लोगों के हाथ में था। इसलिए बाजार और आसपास के गाँव में पचहत्तर प्रतिशत मधेसिया लोग बसे थे। किंतु, बहुमत में होकर भी बहुबल नहीं थे, क्योंकि 'हुक्मीराज' अर्थात् राणाओं के एकतंत्र शासन के समय नागरिक अधिकार नाम की कोई चीज नहीं थी।

अपने जैसे चेहरेवालों ने भी मुझे नहीं अपनाया। उन्हें जब यह पता चला कि मेरी माँ पहाड़िन थी और 'मोगलान' में भागकर मधेसिया से उसने शादी की थी, तो वे मुझे अस्पृश्य भी समझने लगे।··· पता नहीं, इसकी माँ किस जाति की थी–खार्किनी अर्थात् डोमिन थी या किरातिन··· !

जाहिद अली का एक गोदाम–चमड़े का–नेपालगंज में भी था। किंतु जाहिद अली ने मुझे बोर्डिंग में रखवा दिया था। लोगों को जब यह मालूम हुआ कि मेरा अभिभावक जाहिद अली है, तो उन्हें और भी अचरज हुआ। किंतु इससे एक लाभ यह हुआ कि मुझे अपमानित करने का साहस नेपाली लड़के भी नहीं करते। और, मुझे हर महीने जितने रुपए जाहिद अली छात्रवृत्ति के रूप में देते थे, उतने पैसे हमारे स्कूल के हेडमास्टर साहब भी माहवार नहीं पाते थे। यानी, तीन सौ रुपए···। सो, पैसे की कृपा से मुझे कुछ लोग प्यार भी करने लगे थे। मुझसे 'हेलमेल'

करके रहना चाहते थे सभी। रहा भी हेलमेल से हमेशा उनके साथ। लेकिन मैं अपने अकेलेपन से उबर नहीं सका कभी।···

अक्सर मैं छुट्टियों में तराई की ओर, गाँवों में किसी ग्रामीण मित्र के साथ चला जाता। कभी पहाड़ी गाँव की ओर।··· शायद, कहीं मेरी माँ मिल जाए और मुझे पहचानकर हुलसती हुई छाती से लगाकर कहे–'मैं ही तेरी माँ ! जन्मा-दायिनी··· !'

सारा जीवन खोजता रहा। न माँ मिली और न अपनी मातृभूमि से मेरा कोई संपर्क रहा। किंतु मैं इसके लिए तनिक दुखी नहीं। न मुझे कोई ग्लानि हो रही है। जो कुछ भी किया उसके लिए पश्चात्ताप भी नहीं कर रहा। सिर्फ एक तीव्र इच्छा है–अपने किए हुए को··· देखे हुए को··· और भोगे हुए को लिपिबद्ध करते जाने की।··· टेपरेकर्डर होता तो बोलता जाता··· बोलता जाता···। लिखना मेरे बस का काम नहीं।

आज सबसे पहले, इसीलिए, मुझे याद आती है पुष्पराज की। लिखता था वह ! मैं तो सिर्फ सुनता था। आज वह बड़ा भारी लेखक बन बैठा है और बचपन का वह उपनाम भी नहीं रहा अब उसका !···

पुष्पराज नेपाली नहीं था। हमारे गाँव से बीस मील उत्तर एक गाँव का रहनेवाला लड़का। उसके पिता की मैत्री नेपालगंज के प्रसिद्ध श्रीराम उपाध्यायजी से थी। उपाध्याय-परिवार में बहुत बचपन से पलकर उसने अपना उपनाम नेपाली ही रखा था–पुष्पराज। किंतु लिखता-पढ़ता था वह हिंदी ही।···

पुष्पराज ने मेरे दिल के दर्द को तनिक समझा था। उसने एक बार 'खोई हुई माँ' शीर्षक से एक लंबी कविता लिखी थी। सुनकर ऐसा लगता था कि उसने मेरे दिल में पैठकर सबकुछ देख-सुन लिया है।···

हाँ, अब समझ में आई है बात··· शायद। यानी मैं शायद यह चाहता हूँ कि मेरा यह लिखा हुआ··· यह सब जो लिख रहा हूँ, किसी तरह उसके हाथ में पहुँच जाय।··· मैंने कभी उसको कोई खत नहीं लिखा, कभी भी नहीं। लगता है, यह उसी के नाम मेरा लंबा और अंतिम पत्र है···।

पुष्पराज ! तुम्हारे हाथ यदि यह 'कागजात' हाथ लगे कभी, तो सबसे पहले मुझे इसके लिए माफ करना कि मैंने अंत में–तुम्हारे कथनानुसार–'अनधिकार चेष्टा' की है। यों, मेरे जीवन की सारी चेष्टाएँ ही 'अनधिकार' रही हैं। फिर भी, तुम्हारे क्षेत्र में प्रवेश करने का साहस मैंने कभी नहीं किया था। क्यों कर रहा हूँ, यह नहीं जानता। शायद तुम समझ सको कि मैंने क्यों यह सब लिपिबद्ध कर जाना आवश्यक समझा··· !

पुष्पराज से मेरी मित्रता के समय से ही एक काँटा उग आया था, किंतु। अर्थात्, मैं पुष्पराज का–नेपाली संस्कृति के प्रति, नेपाली समाज और परिवार और

व्यक्ति के प्रति–संपूर्ण समर्पण का भाव नहीं मानता। वह कहता··· वह अंग्रेजी का एक कहावत कहकर हँस पड़ता–"रोम में रहते समय रोमनों की तरह···।"

··· मुझे अपनी झुग्गी छोड़नी पड़ी।

अब मैं 'दसगज्जा' के उत्तर–यानी, नेपाल की धरती पर आ गया हूँ। यहाँ से दसगज्जा एक कोस दक्षिण है। किंतु, दृष्टिपथ में कोई बाधा-व्यवधान नहीं होने के कारण, दूरबीन से मैं, सीमा के सुफेद गुंबद के पास चरते हुए भेड़ों के झुंड को स्पष्ट देख पा रहा हूँ। गड़रिये के चेहरे को पहचान गया हूँ। वह हमारा ··· हमारा नहीं··· वह मेरा ही आदमी है।···

पता नहीं मेरे संवाद की क्या प्रतिक्रिया हुई ! उत्तर की ओर से जो सूचना मिली है, वह उत्तेजक ही नहीं, खौफनाक भी है। दक्षिण में अब भी यह भ्रम छाया हुआ है कि 'एकमात्र हिन्दू राष्ट्र नेपाल' सबकुछ करे, मगर··· यह नहीं कर सकता···।

कल भीमभार गया था !

भीमभार, भारत-नेपाल सीमा पर स्थित एक छोटा-सा कस्बा है। उस पार भारत में इसके 'काउंटरपार्ट' को जोगबनी कहते हैं।

भीमभार में एक विशाल रिजर्वायर है एक डैम का। डैमसाइट के आसपास एक कोलोनी बस गई है। भारतीय-नेपाली कर्मचारियों की कोलोनी···।

क्वार्टर नं. के/टी/12/20··· भीमभार !

··· यह मुझे क्या हो गया ?

अब इस आखिरी वक्त में प्रेम के 'व्यापार' में भी फँसना पड़ेगा क्या ? मुझे खुद पर हँसी आती है–मुझको यानी अनेक नामोंवाले इस असल 'थ्री आर' अर्थात् रामरतन राय को हँसी आती है अपनी बुद्धि पर। मैं कल जीवन में पहली बार प्रेम में पड़कर आया हूँ। भीमभार से लौटकर सबकुछ बदला-बदला-सा लगने लगा है !···

कामिनी-कांचन का कारबार बहुत कर चुका हूँ। किंतु, कामिनी अथवा कांचन के प्रेम में पड़ने का अवसर कभी नहीं आया। इस बार यदि वह भी हो जाए तो क्या हर्ज है ?···

एक भूतपूर्व नेपाली 'मंत्री' की वर्तमान पत्नी एक 'स्टेनलेस स्टील' का कारखाना खोलना चाहती है। उसे पता है कि 'स्टेनलेस स्टील' का स्पेशलिस्ट हूँ मैं। उसका पति जिन दिनों 'मंत्री' के पद पर था, मैं 'दि नेपाल स्टेनलेस स्टील कंपनी' का काम देखता था।··· देखता था, अर्थात् 'गैरकानूनी विभाग' मेरे हाथ में था, उस कंपनी का।

महिला खूबसूरत है। और, वह समझती है कि मैंने उसको पहली बार देखा है। मैंने उसका भ्रम तोड़ना उचित नहीं समझा। नहीं तो, कह सकता था–'देवीजी ! जब आप काठमांडु के 'बसंत विहार' में फ्राक पहनकर तितलियों के पीछे दौड़ती थीं, 'सेवक' आपको उसी समय से जानता है।··· आपके धीरे-धीरे जवान होने और

उसके साथ ही आपकी सुंदरता की प्रसिद्धि की भनक मेरे कानों तक भी पहुँची थी। इन आँखों ने आपको जवानी के प्रथम चरण में, कलकत्ते के मशहूर होटल में मदहोशी की हालत में भी देखा है।··· उस बंगाली कलाकार से अचानक सारे नेपाल के नौजवान ईर्ष्या करने लगे थे, जिसे आपने सादर वरण किया था। सच, उस बार जी चाहा था कि आपके पास जाकर आपकी स्तुति करूँ।··· किंतु, उस बेचारे भावुक प्राणी को एक दिन मरना ही था–सो, आपकी आग में झुलसकर तीन महीने में ही राख हो गया।··· मैं कलाकार नहीं, किंतु !'

पुष्पराज ! तुम बुरा मत मानना। कलाकारों को मैं कभी बर्दाश्त नहीं कर सका–तुम्हारे सिवा। मेरे ख्याल से, सबसे घटिया किस्म का आदमी अर्थात् बगैर रीढ़ की हड्डी का आदमी ही कलाकार होता है।··· तुमको याद है, मैंने एक बंदर पाला था जिसका नाम 'कलाकार' रखा था। और, तुमने इस बात पर मुझसे उस दिन बोलना पसंद नहीं किया था।···

··· सूचना मिली है अभी-अभी कि गणपतसिंघ को जोगबनी में देखा गया है। तो इसका यह मतलब हुआ कि मेरी सूचना उन्हें मिल चुकी है और वे सतर्क हो गए हैं। किंतु, वे मुझसे संपर्क करना नहीं चाहते। क्यों ?

इधर, विराटनगर से जो समाचार प्राप्त हुए, उसके अनुसार कहा जा सकता है कि वे अब भी अज्ञान के अंधकार में हैं। ऐसी अवस्था में क्या किया जाए ? क्या स्वयं एक बार जोखिम उठाकर 'ऊपर' जाना होगा ?

··· नहीं चाहते हुए भी भीमभार चला गया।

पुष्पराज ! यह तुम्हारे लिए है खासकर। 'बसंत विहार' की उस सुंदरी की प्रशंसा में तुमने न जाने कितनी कविताएँ लिखीं··· भई, मैं क्या जानूँ। तुम्हारे प्रशंसकों ने ही बात उड़ा रखी थी कि पुष्पराज की प्रत्येक कहानी की नायिका वह 'वसंतसेना' ही होती है और उसकी कविताएँ···।

यहाँ उस महिला की बातचीत–एक पर-पुरुष से–का एक अंश तुम्हारे लिए ही लिख रहा हूँ :

"आखिर, आप इस 'स्टेनलेस' के कारबार में क्यों पड़ना चाहती हैं ?··· व्यापार में क्यों आना चाहती हैं ?"–पर-पुरुष ने प्रश्न किया।

"चूँकि यह स्टेनलेस है।" इसके बाद सरगम के सुर में हँसी। "क्यों ठीक कहा न ?"

"लेकिन, आपके पतिदेव अब भी मंत्रिपद पाने की चेष्टा में हैं।"

"तो क्या हुआ ? वह मंत्रित्व करेगा, मैं व्यापार करूँगी।"

"ऐसा होना संभव नहीं।"

"तो फिर, मंत्री को छोड़ दूँगी।"

"यदि व्यापार नहीं चला ?"

"चलेगा कैसे नहीं ? चलना होगा।"

"यह आपकी···।"

"मूर्खता है ! यही कहना चाहते हैं न ? तो सुन लीजिए मि. थ्री. आर.··· मैं स्टेनलेस का कारबार आपकी सहायता से शुरू करने जा रही हूँ और आप विश्वास कीजिए कि आप सहायता दें अथवा न दें, आपकी सहायता मुझे सहज ही उपलब्ध हो जाएगी।"

"अर्थात्··· ?"

"आप ही मि. थ्री. आर. हैं इसका क्या सबूत ?"

"मैं मि. थ्री. आर. हूँ–यह आपसे किसने कहा ?"

"आप घबरा गए ?" व्यंग्यभरी एक कुटिल हँसी।

"देवीजी ! मैं आपको उसी समय से जानता हूँ जब आप काठमांडु के 'बसंत विहार' के बाग में फ्राक पहनकर तितलियों···।"

"तो आप अब भी मुझे फ्राक पहनी हुई एक छोटी-सी लड़की ही समझ रहे हैं ?"

"नहीं, मेरे कहने का मतलब है कि मैं आपको बहुत बचपन से ही जानता हूँ···।"

"आप इतने बड़े मूर्ख हैं–यह मैं विश्वास नहीं कर पा रही हूँ।··· मुझे बचपन से ही जानने से क्या फर्क पड़ जाता है ?··· आप यह क्यों नहीं कहते सीधे कि आप भी अपने कवि-मित्र की तरह···।"

"एकदम गलत।"

"यदि मैं कहूँ–सोलहों आने सच ?"

"पिछले पंद्रह साल में, ऐसी कोई चीज मेरे लिए अलभ्य नहीं रही काठमांडु में–मैं चाहूँ और न मिले।"

'तो, फिर अपने 'कवि-मित्र' की सहायता क्यों नहीं की ?"

"मुझे क्या पता था कि 'बसंत विहार' में पली हुई एक लड़की 'चकले' में पलनेवाली जैसा···।"

पागलों की तरह उसकी हँसी गूँज उठती है, गूँजती रहती है।

"अपनी मातृभूमि के प्रति इतना प्रेम कहाँ से ले आए अचानक आप ?"

"आप अपनी कंपनी की बात करें, स्टेनलेस स्टील कंपनी की।"

"जिसके आप प्रधान गुप्त सहायक होंगे।"

"होऊँगा।"

"थ्री चीयर्स फार थ्री आर !"

अगर मैं किसी दूसरी जगह होता और बात आज से दो महीने पहले घटी होती तो 'डायलाग' इतना दूर आगे नहीं बढ़ पाता। वह मायाविनी मेरी कमजोरी को ताड़ गई है।··· मेरी योजना का आभास उसे मिल गया है शायद। अब, तत्काल कल्याण इसी में है कि वह जो भी कहे, उसे आँख मूँदकर कबूल कर लिया जाए !

··· आज अपना ठौर फिर बदलना पड़ा।

मैं अब श्रीमती मंत्री को बसंतसेना ही कहता हूँ।··· बसंतसेनाजी की कृपा

से मैं भीमभार में, उन्हीं के बँगले के एक कमरे में मेहमान हूँ।

कैसी जगह तजबीज करके बँगला बनवाया है, मंत्रीजी ने।··· इधर, जरा भी गड़बड़ हुई कि कूदकर उस पार–हिन्दुस्तान में !

वसंतसेना बोली–"यह रिजर्वायर ? भारत के राजनेताओं की बुद्धि की बलिहारी !"

मैंने मातृभूमि के प्रति अपने प्रेम का कोई प्रदर्शन नहीं किया। कुछ नहीं कहा।

"क्यों, अगर यह रिजर्वायर टूट जाए अचानक तो क्या होगा ?"

"क्या होगा, उत्तर बिहार के कई जिलों के लोग चींटी की तरह बह जाएँगे !"

"देखो, मेरे सामने बनने की कोशिश मत करो !"

"क्या जानना चाहती हैं आप ?"

"मैं जानना चाहती हूँ कि जिस भारत भूमि के लिए आपके दिल में नफरत के सिवा और कुछ भी नहीं था, जहाँ के राष्ट्रीय नेताओं के लिए आपके पास एक-से-एक भद्दी गालियाँ सहेजी हुई थीं, अचानक उसका नमक कब से आपके लहू में घुलने लगा है ?"

"आपको गलत सूचना दी गई है कि मैं भारत सरकार के गुप्तचर विभाग के काम में लग गया हूँ।"

"बहरहाल, मैं विश्वास कर लेती हूँ।"

··· कल गणपतसिंघ का एक दल माल के साथ घेरा गया। दोनों ओर से गोलियाँ चलीं। माल छोड़कर वे भाग खड़े हुए। दो नए ट्रक सहित माल पकड़कर भी आबकारी के अफसर प्रसन्न नहीं दीख रहे हैं।

··· गणपत आकर गिड़गिड़ा गया है–"सालों ने पैसे भी खाए और हमला भी किया।··· आपके रहते यह सब हो रहा है।"

मैं क्या करूँ ?

चक्करघट्टी गाँव में जन्मे हुए इस आदमी को अचानक इस उम्र में आकर अपने देश की कुछ सेवा कर जाने की बात सूझी है। नहीं तो, गणपत इस तरह निराश होकर नहीं लौटता।

मुझे लगता है, मैं रोज-रोज एक विशाल गुंजलक में फँसता जा रहा हूँ।·· दायरा और करीब होता जा रहा है।··· एक फंदा–फाँसी का–मेरी आँखों के सामने आकर झूलने लगता है।

··· इस पार बहुत मुश्किल से आ सका।

जय हो बसंतसेना की ! इस पार आकर मैंने उसके पास संवाद भेजा–"जय हो··· !"

जवाब आया है–"स्टेनलेस जिन्दाबाद !"

स्टेनलेस··· !

'स्टेनलेस' असल में एक देश के नाम के लिए व्यवहार करती है, बसंतसेना।

'स्टेनलेस कंपनी' का मतलब हुआ उस देश-विशेष की सेवा करना···।

··· बहुत मुश्किल से यह काम हासिल किया है। जब बसंतसेना है तो फिर कोई बात नहीं। मुझे डर था कि मामला 'बड़ी हवेली' का भी हो सकता है।

··· 'बड़ी हवेली' वाले सबकुछ कर सकते हैं। जब 'होटल' खोलने में वे पीछे नहीं हैं···।

बसंतसेना का मुकाबला 'बड़ी हवेली' वालों से ही है। लगता है, फिर जवान हो रहा हूँ।

इस गुंजलक के सिमटते हुए घेराव का अब मुझे कोई भय नहीं।

जाहिद अली कहा करते थे–पहले से खौफ खाया हुआ आदमी कुछ सोच नहीं सकता। इसलिए, सोचना छोड़ दो। वक्त आने पर देखना, बगैर सोचे हुए ही राह निकल आती है।

बचपन से लेकर अब तक की स्मृतियों के जंगलों में मैंने अपने को भटकाकर रखा अब तक।··· इसके बाद, क्या सुसंयत ढंग से कुछ कर पाऊँगा ?

··· और कुछ कर पाऊँ या न कर पाऊँ–इस रहस्यजाल को तोड़कर ही दम लूँगा।

'बड़ी हवेली' का व्यापार !

'स्टेनलेस' का कारबार !!

'विटायू'···

'नक्सवोमिका' 70 ···

'··· थ्री आर !!'

चलो, एक सप्ताह की मुहलत मिली।

··· कल तो ऐसा लगा कि बस अब सबका निबटारा हो जाएगा। किंतु, बसंतसेना के 'स्टेनलेस' की ओर से कोई संवाद आया और फिर 'ऑपरेशन स्थगित'–एक सप्ताह के लिए।

मैं श्रीमती मंत्री को बसंतसेना कहता हूँ। क्योंकि वह काठमांडु के प्रसिद्ध 'बसंत विहार' में जन्मी थी और उसने पहली शादी कलकत्ता के एक कलाकार पी. सेन से की थी, अतः बसंतसेना··· !

बिराटनगर और नेपालगंज का एक चक्कर लगा आना ठीक होगा।

··· बिराटनगर से संवाद आया है, हमारा 'गड़ेरिया' बीमार है। नेपालगंज में अपने कई लोग मुझसे न जाने क्यों फिर मिलना चाहते हैं।

नेपालगंज पहुँचते ही मुझ पर किसी दानव की आत्मा सवार हो जाती है मानो। बचपन की सारी घटनाएँ एक-एक कर आँखों के सामने नाच जाती हैं, चलचित्र की तरह।···

याद आती है, श्रीराम उपाध्याय के विद्यालय का नाम बदलकर 'श्री जंगबहादुर हा. स्कूल' की घोषणा के बाद स्कूल के सभी छात्र और शिक्षक कितने उत्तेजित

हुए थे। दूसरे दिन हड़ताल करने का निश्चय किया गया। सड़कों पर विद्यार्थियों ने पिकेटिंग की व्यवस्था की थी। यानी, वह हड़ताल नेपाल की सबसे बड़ी हड़ताल थी। उस दिन स्कूल में मेरे सिवा एक भी विद्यार्थी उपस्थित नहीं हुआ था। एकमात्र मैं उस हड़ताल में शरीक नहीं हुआ। अतः छात्रों के सम्मिलित क्रोध का शिकार हुआ। स्कूल से निकलने के बाद, चौराहे पर मेरी ऐसी मरम्मत की गई कि अस्पताल पहुँचकर ही होश हुआ।···

इस घटना से मुझे एक लाभ हुआ कि स्थानीय गवर्नर (कर्नल) स्वयं मुझे अस्पताल देखने आए और श्री तीनसरकार (प्रधानमंत्री) के दरबारियों ने मेरी बहादुरी की चर्चा 'सिंहादरबार' में भी चलाई। फलतः मुझे 'सरकार' की ओर से एक खुखरी ईनाम में दी गई, जिसकी मूँठ पर खुदा हुआ था–श्री 3सरकार को मर्जी के मोताबिक···।'

जाहिद अली को जब इस घटना की सूचना मिली, स्वयं आकर मुझे शाबाशी दे गए–"चक्करघट्टी के लड़के हमेशा हवा के खिलाफ ही चलते हैं।··· 'जैसी बहे बयार पीठ तब तैसी दीजै' के कायल वे नहीं।"

तीसरे महीने जब 'लखपतिया–जंगल' की डाक बोली जानेवाली थी, जाहिद अली ने मुझे चुपचाप अपने साथ लिया और 'बनजाँच के खर्दार' (जंगल विभाग के बड़े अफसर) की कोठी पर पहुँचकर 'डाली' भिजवाई।··· खर्दार साहब ने 'लखपतिया जंगल' का ठेका, बिना डाक बोले ही, मेरे नाम से 'पास' कर दिया। और, उसी दिन जाहिद अली ने लोहार के पास जाकर, लकड़ी पर 'मार्का' देनेवाली हथौड़ी बनाने का ऑर्डर दे दिया था। उन्होंने मुझसे पूछा था–"मार्का देवनागरी में रहेगा या अंग्रेजी में ?"

"अंग्रेजी में !"–मैंने बिना कुछ सोचे-समझे जवाब दिया था।

उसी दिन से 'थ्री आर' नाम का सूत्रपात हुआ जो आज तक मशहूर है।··· लखपतिया जंगल सारे मोरंग जिले में सबसे अधिक घना और विस्तृत था। 'थ्री आर कंपनी' के बारह आढ़त कायम हुए। हर आढ़त पर बीस से पच्चीस कर्मचारी काम करते। आढ़तदार, सिपाही, मुंशी, कारकून और चौकीदारी की एक टोली हर आढ़त पर। और, ये सभी चक्करघट्टी के ही होते।··· जंगल जब खुलता, अर्थात् जब लकड़ी कटने का मौसम आता और सरकारी एलान होता तो हर आढ़त पर रोज पाँच सौ से अधिक बैलगाड़ियाँ लकड़ी लादकर, 'मार्का' देनेवाले की प्रतीक्षा करती रहतीं।

··· मुझे याद है, वह पहला दिन जब मार्का मारने गया था। जाहिद अली ने मुझे ताकीद कर दी थी कि मार्का मारने के लिए खुद जाना। मेरे साथ दो बंदूकधारी सिपाहियों की ड्यूटी लगा दी गई थी।··· फी गाड़ी दो रुपए सिर्फ मार्का मारने का। और इन दो रुपयों में एक रुपया बनजाँच के खर्दार का और एक मेरा। जाहिद अली सिर्फ लकड़ी की कीमत लेते थे।

पहाड़ी घोड़े पर सवार होकर सबसे पहले मैं मधुमाला आढ़त पर गया था।

वहाँ चार दिनों से लोग मेरा इंतजार कर रहे थे। हमारे पहुँचते ही गाड़ीवानों के दल में प्रसन्नता की लहर दौड़ गई थी–"आ गये ! आ गये··· !"

हमारे आढ़तदार ने मुझे एकांत में सबकुछ समझा दिया था कि किस तरह मार्का मारने के पहले गाड़ीवानों के साथ पेश आना चाहिए··· किसी गाड़ी को 'अधिक लदाई' कहकर छाँटना, किसी को 'गैरवाजिब लकड़ी' काटने के कारण कैंसिल करना और किसी को इसलिए रोक रखना कि उसने लकड़ी काटते और लादते समय आढ़त के कर्मचारियों की बात नहीं मानी थी।

'खट-खट, खट-खट्ट !'

"बाबू ! मेरी गाड़ी पहले··· ।"

'खट-खट, खट-खट··· !'

"हजूर, मैं दस दिनों से बैठा हुआ हूँ।"

'खट-खट, खट-खट··· !'

"दया की जाए··· ।"

खट्ट-खट, खट्ट-खट ! मार्का मारने की हथौड़ी हर गाड़ी की लकड़ियों पर पहली–RRR ··· और उसके साथ ही चाँदी के रुपए झरते। खट-खट, खट-खट ··· ठन-ठन, ठन-ठन !!

मार्का के रुपए लेकर लौटा, पहली बार। देखा, डेरे पर जाहिद अली साहब बैठे मेरी प्रतीक्षा कर रहे हैं। मैंने रुपए की थैली उनके सामने रख दी। उन्होंने पूछा–"कितना है ?"

"पाँच हजार होंगे !"–मैं अंदर चला गया।

जाहिद अली ने एक-एक रुपए को बजा-बजाकर गिना। फिर, दोनों सिपाहियों के साथ बनजाँच के खर्दार साहब के बँगले की ओर चले गए। एक थैली में ढाई हजार रुपए मेरे लिए रखकर बोले–"ये रुपए तुम्हारे हैं। लेकिन, कहो तो इसे मैं अपने गोदाम के खजाने में डलवा दूँ।"

मैंने कहा था–"नहीं।"

जाहिद अली को अचरज हुआ। अचरज होने पर वे सिर्फ मुस्कुराते रहते थे। मुझे भी विस्मय हुआ कि मैंने कैसे उनके मुँह पर ही 'नहीं' कह दिया।

मैंने कहा–"असल में, चमड़े के कारबार के खजाने में,··· ये लकड़ी··· ।"

"हो हो हो" ।–जाहिद अली साहब ठठाकर हँस पड़े थे–"ठीक है, ठीक है। इसे तुम अपने ही पास रखो।"

"नहीं, दादाजी ! आप इसे नेपाल बैंक में जमा कर दीजिए।"

जाहिद अली रुपए की थैली लेकर चुपचाप सिपाहियों के साथ चले गए थे।···

··· गणपत फिर आया था। मैंने उससे स्पष्ट कह दिया–'मैं कोई मदद करने के

काबिल अब नहीं रहा।' लेकिन, वह मानता ही नहीं···।

गणपतिसिंघ का कारबार नेपाल-भारत सीमा पर पाँच 'प्वायंट' पर होता है। पूरब, झापा-झिलमिलिया। इधर, रंगैली बाजार, हनुमाननगर, बिरौली और जोगबनी। दो हजार से अधिक कर्मचारी उसके हैं और सवारियों में ट्रक से शुरू करके टैक्सी, टेम्पो, घोड़ा, हाथी और बैलगाड़ियाँ···।

गणपतसिंह का बेटा राजनेता है। एम. एल. ए. है। गणपतसिंघ हाथ खोलकर 'पार्टी' को चंदा देता है। हर कान्फ्रेंस के समय विशेष चंदा और हर चुनाव के समय पार्टी के 'चुनाव कोष' में एक लाख रुपए देता है। इसलिए अन्य कंपनियों से ज्यादा काम उसकी कंपनी में होता है।

मुझे गणपतसिंघ से जरूरी काम लेना है। इसलिए उसकी मदद करने को तैयार हो जाता हूँ। लेकिन, मुझे क्या पता था कि उसकी सहायता को जाते समय मैं खुद फँस जाऊँगा।

मैंने गणपतसिंघ को भीमभार आइ. बी. में प्रतीक्षा करने को कहा था। वहाँ पहुँचकर देखा–गणपतसिंघ के बदले मेरा दुश्मन नं. 3 ··· कुँअर चौधरी बिराजमान है।

मुझे देखते ही कुँअर चौधरी काँपने लगा। उसने अपने दोनों हाथ ऊपर उठाने का उपक्रम किया। मुझे हँसी आ गई। मैंने कहा–"नहीं चौधरी ! डरो मत।"

कुँअर बोला–"आप··· आप जिंदा हैं ?"

"नहीं।"

"जी ?"

"चौधरी ! तुमने जो सुना है, ठीक सुना है। मैं जिंदा नहीं हूँ। और, जो कुछ देख रहे हो–इसे सपना समझकर भूल जाना।"

"जी ?"

"अगर मैं जिंदा होता तो तुम इतनी देर तक बातें नहीं करते रहते···। अब तक तुम्हारी लाश यहाँ छटपटाती रहती। और मुझसे इस मुलाकात की बात को जिस दिन तुमने सच समझा, यानी किसी और को सुनाया, तो समझ लो, मैं फिर जिंदा हो जाऊँगा।"

"जी ?··· जी हाँ !"

"अब बतलाओ, गणपतसिंघ के साथ क्या बखेड़ा लगवा रखा है तुम लोगों ने ?"–मैंने साधिकार पूछा।

"हम लोगों ने ?··· गणपतसिंघ को तो आप जानते हैं। हमेशा रौब में ही रहते हैं।··· इधर, उनके लड़के की 'पार्टी' जब से 'पावर' से हट गई है, उनका रौब काम नहीं करता।··· हम लोग क्यों बखेड़ा करेंगे ?"–उसने मेरी खुशामद करते हुए कहा।

हमारी बातें समाप्त भी नहीं हुई थीं कि सी. आर. पी. की एक टुकड़ी ने पूरे आइ. बी. को घेर लिया। दरबान दौड़ा आया–"हुजूर ! रेड हो गया···।"

मैंने कुँअर चौधरी की ओर देखा। वह भी सचमुच भयभीत था। मैंने पूछा–"तुम पर तो कोई वारंट वगैरह नहीं।"

"जी नहीं।"

"तुमने अपनी दुश्मनी तो नहीं साधी ?"

"क्या कहते हैं आप ?"

मैं पलक मारते 'किचेन' में दाखिल हुआ। बावर्ची और नेपाली चौकीदार मानो मेरी ही प्रतीक्षा कर रहे थे। उन्होंने मेरे लिए उपयुक्त पोशाक का बैग तैयार रखा था। मैं तुरत अपने नए रूप में किचन का चूल्हा सुलगा रहा था और उधर सी. आर. पी. के सिपाहियों के साथ सबसे बड़ा अफसर, हाथ में एक फोटोग्राफ लेकर, कुँअर चौधरी से जिरह कर रहा था।

अफसर साहब ने गोदाम और किचेन और सभी कमरों की तलाशी ली। मगर 'थ्री आर' कहीं नहीं मिला। किचन में आकर उन्होंने एक-एक आदमी को गौर से देखा। मुझे भी। फिर, वे अपने 'इन्फार्मर' को गालियाँ बकते हुए चले गए।

कुँअर इस खुशी में बीयर की बोतल खोलकर बैठ गया था–"आओ बॉस ! कुत्ते चले गए···।"

"मगर कुँअर, यह कैसे हुआ ?"

"आप विश्वास करें···।"

"मैं अगर विश्वास नहीं करता तो बीयर की बोतल खुलने के पहले तुम्हारी गर्दन खुल जाती, कुँअर ! लेकिन, यह बताओ कि यह कैसे हुआ ?"–बीयर का मग हाथ में लेते हुए मैंने पूछा।

कुँअर कोई जवाब दे, इसके पहले ही दरबान ने आकर सूचना दी–"गणपतसिंघ।"

"भेज दो।"

गणपत घबराया हुआ आया।

"क्यों गणपत, तुम कहाँ थे ?"

"हुजूर ! मैं जब यहाँ पहुँचा तो देखा कि चारों ओर मिलेटरी के सिपाही···।"

"तुम पहले से ही जानते थे।"–कुँअर ने कहा।

गणपत ने कुँअर के मुँह पर जोर से तमाचा जड़ दिया–"साले ! कल तक मेरे तलुवे सहलाकर गुजर करता था और आज तेरी यह हिम्मत हो गई कि मुझ पर···।"

मैंने गणपत को बैठाया। कुँअर चिल्लाने लगा–"मैं··· मैं···।"

"चुप रहो चौधरी !"–मैंने कड़ककर कहा।

"अब बतलाओ गणपत ! तुम कैसे कहते हो कि तुमको पता नहीं था ?"

गणपतसिंघ पुराने खिलाड़ी की तरह तुरंत सँभल चुका था–"आपको विश्वास हो रहा है कि मुझे यह सब पता था और मैंने जानबूझकर आपको यहाँ आने को मजबूर किया ?"

कुँअर चौधरी कुछ बोलना चाहता था। किंतु, गणपतसिंघ ने घुड़ककर कहा–"तुम साले अभी चुप रहो। हराम का माल पीयो चुपचाप।"

और, सचमुच कुँअर चुपचाप बीयर पीने लगा।

मैंने कहा–"असल बात की जानकारी मुझे दस मिनट में ही हो जाएगी।··· खैर, जाने दो। अब कहो, तुम्हारी वह 'पार्टी' कहाँ है, जिससे मुझे बातें करनी हैं ?"

"जी, वह तो–उस पार भीमभार 'मार्बल हाउस' में है।"

"मार्बल हाउस में ?··· श्रीमती मंत्री के घर पर ?"

"जी ?··· श्रीमती मंत्री कौन हैं ?"

"तुम नहीं जानोगे।"

मार्बल हाउस पहुँचा। मुझे देखते ही 'बसंतसेना' चिल्ला उठी–"मैंने··· हाँ, मैंने ही तुम्हें फँसाया था।"

मैंने देखा, वह नशे में थी। उसके पैर डगमगा रहे थे। उसकी जुबान लड़खड़ा रही थी।

"तुमने ? आखिर क्यों ?"

"मजा देखने को।"

मैंने हँसकर कहा–"मजा तुम इस पार भी देख सकती थीं। अभी भी देख सकती हो। मैं हाजिर हूँ।"

अचानक बसंतसेना मानो होश में आ गई। उसके बिखरे बाल, उसकी लड़खड़ाती हुई जुबान सब एकसाथ सहज हो गए। वह बोली–"अगर तुम आज उधर गिरफ्तार हो जाते तो मैं यह मान लेती कि तुम जो कुछ कर रहे हो–या कह रहे हो–वह सब सच है।"

बसंतसेना बैठ गई थी। मैं भी उसके सामने बैठ गया–"अर्थात् ?"

"अर्थात्-वर्थात् मैं नहीं जानती। मैं यह जान गई हूँ कि तुम भारत की ओर से किसी 'शिकार' की टोह में हो।"

मैं चुप रहा

"क्यों, ठीक है न ?"

"टोह में जरूर हूँ, मगर किसी की ओर से नहीं।"

"यह मैं कल तक विश्वास करती थी।"

"मत करो विश्वास।"

"बोलो, क्या मँगाऊँ तुम्हारे लिए ?"

"जहर !"

"बस, हाजिर है।··· बहादोर !"

पिछले तीस-चालीस साल से जंगलों में रहने के कारण, 'जंगलियों' के जैसा व्यवहार करना मेरा स्वभाव हो गया है। इधर कुछ दिनों से अपने अंदर के उस 'जंगली' को मैं किस तरह काबू में रखे हुए हूँ,–यह मैं ही जानता हूँ। मेरे लिए

आदमी को मारना और मच्छड़ को मारना, दोनों बराबर था।

बसंतसेना ने कल एक बात बड़े पते की कही थी। वह बोली थी–"मेरा अनुमान है कि तुम्हारे दुश्मनों ने तुमको खामख्वाह 'हीरो' बना दिया है।"

"तुम ठीक कहती हो"–मैं कल उसकी हर बात में 'ठीक कहती हो' कहता रहा।

"मैं जानती हूँ कि आज मैं जो कुछ भी कहूँगी, उसे तुम ठीक ही कहोगे।"

मैंने उठते हुए कहा था–"श्रीमतीजी ! 'श्री आर' मर गया है, वह जिंदा नहीं। अगर वह जिंदा होता तो···।"

"तो ?··· तो, क्या होता ?"–वह अचानक मुझसे लिपट गई और मुझसे प्यार करने लगी–"बोलो ना··· !"

[अपूर्ण]

गोत्रांतर अर्थात्
एक अधूरी कहानी

जाड़े की सुबह ! चारों ओर कुहरा छाया हुआ है।

कुहरे को चीरती हुई भागी जा रही है–E. B. Rly (ईस्ट-बंगाल रेलवे) की ब्रांच लाइन की एक रेलगाड़ी।

रेलगाड़ी का एक Inter class का कम्पार्टमेंट।

उगते हुए सूरज की मद्धिम रोशनी–खिड़की की 'झिलमिली' से झाँकती हुई किरणें–एक बर्थ पर सोये हुए संजय की छाती पर पड़े कम्बल पर प्रकाश की 'आड़ी-तिरछी' रेखाओं का 'पैटर्न' बुन रही हैं।

रेलगाड़ी के दूसरे किसी कम्पार्टमेंट में कोई फटी हुई आवाज में–गँवई-गीत–प्रातकी गा रहा है। गीत की कड़ियाँ स्पष्ट सुनाई नहीं पड़तीं। बीच-बीच में गीत के कई शब्द सुनाई पड़ते हैं–('अवध अइहैं कौन काम हे जननी--मैं ना जीयब बिनु राम !)

गाड़ी एक हिचकोले के साथ रुक जाती है।

दूसरे बर्थ पर बैठा–गंदा ऊनी चादर ओढ़कर–ऊँघता हुआ अधेड़ व्यक्ति बर्थ पर लुढ़क जाता है। उसके मुँह से एक हल्की चीख-सी निकल पड़ती है–हुस्स !

संजय की नींद खुल जाती है। वह अचकचाकर उठता है और तकिये पर कुहनी टेककर, अधलेटी अवस्था में उस व्यक्ति से पूछता है–"कौन स्टेशन है ?"

वह व्यक्ति फिर ऊँघ रहा था। आँखें मूँदे ही जवाब देता है–"दही भात होगा।"

नाम सुनकर संजय को अचरज होता है। उसके चेहरे पर झुंझलाहट की कई रेखाएँ उभर जाती हैं। वह कुढ़ कर कहता है–"दिल्लगी कर रहे हैं ?"

"दिल्लगी नहीं साहब। ससुरी-टेसन का नाम ही यही है। दही भात।'

अधेड़ व्यक्ति खिड़की की झिलमिली को उठाकर कहता है–"पढ़िए न ! बंगला में भी लिखा हुआ है।"

संजय देखता है, सचमुच स्टेशन का नाम दही भात ही है। अंग्रेजी, हिन्दी, उर्दू और बंगला में लिखा हुआ है–DAHI BHAT दही भात دہی بھات দহিভাত

"रतनगंज और कितना दूर ?"–संजय पूछता है।

"बस, और तीन टेसन !"

गाड़ी खुलती है।

संजय की दृष्टि कम्पार्टमेंट की लेवेटरी के पासवाली 'चेतावनी-पट्ट' पर पड़ती है–"अपाना टीकट आप खरीद माल का उपर नजर राख। जुयाचोर चोर पकेटमारा नजीक है" (अंग्रेजी, उर्दू और बंगला में भी···)

संजय अधमुँदी आँखों से उस व्यक्ति को देखता है।

"बस, और एक घंटा।"–कहकर वह व्यक्ति अपना पॉकेट टटोलने लगता है।

संजय की आँखें उस अधेड़ व्यक्ति पर टिकी हुई हैं।

उसकी आँखों के आगे उसके पिता की तस्वीर उभरती है··· ।

··· बाजार से लौटकर थैला रखते हुए कहते हैं–"बाजारे आगुन लेगेछे !" बड़े भाई की सूरत विरक्त मुद्रा "जे जार पथ देख !"

माँ की कर्कश आवाज सुनाई पड़ती है– "··· !"

भाभी ताने देती है–"निजे खेते पायना-शंकरा के डाक ! एदिके बिये कॅरबार शॅख आछे सब-रजिस्ट्रार नबीनबाबूर मेयेर संगे। अकेजो··· !"

बड़े भाई की अष्टवर्षीया पुत्री–"ना चूले हाथ केन बुलिये दिब ? सिल्केर फिते एनेदिले ?"

गाड़ी एक हिचकोले के साथ रुकती है। संजय की नींद फिर खुलती है। अधेड़ व्यक्ति कम्पार्टमेंट में घुसने वालों को चेतावनी देता है–"ए ! ए !! ड्योढ़ा है ड्योढ़ा !"

संजय करवट लेकर पूछता है–"कौन स्टेशन ?"

"सिमराहा।"

संजय की आँखों के आगे पुनः, अपने घर से विदाई के समय के दृश्य उभरने लगते हैं··· ।

पिताजी कह रहे हैं–"इन्टर क्लासेर टिकिट कोरबी। तुमि एकटा सूगर मिलेर कैसियर बाबू हये ओखाने नामबे थार्ड क्लास थेके ?"

माँ तली हुई मछलियाँ टिफिन-कैरियर में डालती हुई कहती हैं–"शॅरीरेर जॅत्न निउ··· !"

बड़े भाई गंभीर मुद्रा में कहते हैं–"भालो मॅने जाओ ! और मॅने रेख-उद्योगी पुरुषसिंह लक्षीलाभ कोरेई। तुमि एक दिने मिलेर मालिक हये बसते पारो !"

पुतुल रोती है–काका !···

पृष्ठभूमि में प्रातकी की टूटी हुई कड़ी रह-रहकर उभरती है–'सोआरथ को संसार रे मन भजले सीताराम !'

गाड़ी रतनपुर स्टेशन पर पहुँच गई।

रतनपुर स्टेशन का बाहरी-हिस्सा !

दूर दिखाई पड़ती हैं–सुगर मिल की चिमनियाँ !

एक बैलगाड़ी पर संजय का सामान लादा जा रहा है। पास ही खड़ा है–संजय का सहयात्री–वही अधेड़ व्यक्ति। वह हँस कर कहता है–

—"जी, यह आपके कलकत्ते की ट्रामगाड़ी नहीं—गोरुगाड़ी है ?"

वह व्यक्ति गाड़ीवान से कहता है—"मिल के कैसियर बाबू हैं। सीधे मिल के अंदर, सेठजी की कोठी पर ले जाना।"

संजय बैलगाड़ी में बैठता है।

वह व्यक्ति हाथ जोड़कर कहता है—"अच्छा तो··· राम-राम बाबू।"

गाड़ी आगे बढ़ती है।

चारों ओर ऊख के खेत !

ऊख के सफेद फूलों के गुच्छे असंख्य सफेद पताकाओं की तरह दूर-दूर तक दिखाई पड़ते हैं। हवा के हल्के झोंके भी इन खेतों में तरंग पैदा करते हैं।

गाँव की कच्ची सड़क !

सड़क पर, ऊख से लदी गाड़ियाँ जा रही हैं।··· आ रही हैं।

संजय जीवन में पहली बार यह सब देख रहा है—उत्तर बिहार के गाँव, खेत, पेड़-पौधे। वह नहीं जानता था कि ऊख के फूल होते हैं—कास के फूल गुच्छे की तरह—चँवर की तरह !

गाड़ीवान् अपने बैलों को हाँकता हुआ कहता है—"चल भैयन ! सीधे मिल के अंदर—सेठ जी की कोठी पर।"

एक सियार को बायें से दाहिने की ओर जाते देखकर गाड़ीवान् अचानक प्रफुल्लित होकर कहता है—"हुजूर बाबू साहेब !" जातरा बड़ा ठीक है। वह देखिए सियार पंडित को—"बायें से दाहिने जा रहा है।"

संजय मुस्कराकर पूछता है—"और, अगर दाहिने से बायें जाये तो ?"

"बहुत खराब··· ।"

गाड़ी सड़क के एक खड्ड में हिचकोले खाती है—गाड़ीवान् अपने बैलों से कहता है—"जरा सड़क देखकर चल !"

संजय को मुस्कराते देखकर गाड़ीवान् को साहस होता है। वह पूछता है—"हजूर का घर कलकत्ता शहर में पड़ता है ?"

"हाँ !··· क्यों ? क्या बात है ?"

"अब ठीक से चलेगा मिल का कारबार। 'कल-कांटा' का मामला बिना कलकत्ता वाले के ठीक से चले भला ?··· हमारे मामा के साला का बेटा कलकत्ता भाग कर कमाने गया और दो साल के बाद लौटा तो दाढ़ी बनाने का एक ऐसा 'मिसिन' ले आया कि दाढ़ी में लगाते ही तुरत-सफाचट-हजामत··· ।"

संजय हँसकर कहता है—"तुम भी भागकर कलकत्ता क्यों नहीं चले जाते ?"

गाड़ीवान् अप्रतिभ होकर कहता है—"धत् ! भागकर कलकत्ता क्यों जायेंगे ? कहा है कि··· घर की आधी रोटी भली—नहीं बाहर की चार।"

गाड़ी एक मोड़ पार कर, एक बड़े तालाब के बगल से गुजरने लगी। पोखर

के किनारे बड़े-बड़े पेड़ों के नीचे अलाव के पास कुछ लोग आग ताप रहे हैं–बूढ़े, बच्चे, औरतें··· ।

गाड़ीवान कहता है–संथाल लोग हैं। धनकटनियाँ मजदूर।

एक जवान संथालिन हँसती हुई पूछती है–"कहाँ जैते गाड़ी–हो गाड़ीवान भाय !"

गाड़ीवान् गर्व से कहता है–"रतनपुर मिल के अंदर–सीधे सेठजी की कोठी पर !"

संजय संथाल धनकटनियाँ मजदूरों के दल को देखता है। हर व्यक्ति के–बूढ़े-बच्चे-जवान के चेहरे पर एक अपूर्व मुस्कराहट खिली हुई है–तालाब में फूले हुए कुमुदनी (कोका) फूलों की तरह !

रतनपुर बाजार का बाहरी हिस्सा !

संजय देखता है–एक छोटा-सा बाजार। आस-पास कुलियों के क्वार्टर ! कर्मचारियों के बँगले।

बाजार के चारों ओर साग-सब्जी के खेत। खेतों में तरह-तरह के पुतले खड़े हैं–लोगों की बुरी नजर से फसल की रक्षा के लिए, कौओं और जानवरों को डराने के लिए।

इन्हीं पुतलों पर उभरती हैं–मनुष्य की आकृतियाँ। कुछ लोगों की भीड़ ! उत्सुक मुखड़े।

गाड़ी मिल के फाटक पर पहुँचती है। दरबान टोकता है। गाड़ीवान् दुहरा देता है–"सीधे सेठजी की कोठी पर।"

सेठ रतनलाल की कोठी।

बैलगाड़ी बंगले के फाटक पर रुकी हुई है।

सेठ रतनलाल, संजय का हार्दिक स्वागत करते हैं। वे बहुत प्रसन्न दिखलाई पड़ रहे हैं। अपने नौकर से कहते हैं–"बाबू का सामान दो नम्बर बँगला में पहुँचा दो और मेरी कोठी से स्प्रिंगवाला पलंग दो नम्बर बँगले में भेज दो।"

सेठजी संजय की ओर मुखातिब होकर पूछते हैं–"क्या नाम बतलाया ?"

–"जी। संजय !"

–"वाह ! कितना पवित्तर नाम है। गीता में यह नाम बार-बार आता है। है न ?··· जै हो ! जै हो ! !"

संजय के होंठों पर पहली बार मुस्कराहट खिली। सेठजी कहते हैं–"अच्छा तो संजै बाबू, आप चलकर नहाइए-धोइए। थोड़ा जलपान करके आराम कीजिए ··· अरे हाँ, बिना 'चहा' के किसी बंगाली बाबू की थकावट भला दूर हो। यहाँ तो 'चहा' की कोई दुकान नहीं··· (नौकर से) मंगल ! कैशियर बाबू के लिए 'इसपिसिल, चहा भी तैयार करा के भेज देना।

बँगला नम्बर दो !

संजय जलपान करने के बाद, सेठ रतनलाल की कोठी से आई हुई स्पेशल-चाय में चुस्की लेता है। चुस्की लेकर वह चाय के स्वाद को पहचानने की चेष्टा करता है–मसाले की गंध !

सेठजी प्रकट होते हैं। हँसकर कहते हैं–"इसपिसिल चहा ! इसमें तुलसी, गोलमिर्च, तेजपात, इलायची और मिश्री डाली जाती है। (सेठ जी हँसते हैं) एकदम कविराजी-चहा। मलेरिया कभी नहीं होगा।"

सेठजी की नजर अचानक दीवार पर टँगी अपनी बड़ी तस्वीर पर पड़ती है। उनके तैलचित्र पर मकड़ी ने जाली लगा दी है और तस्वीर के पीछ गौरैया-पक्षियों ने बड़ा-सा घोंसला लगा दिया है।

सेठजी नौकर से कहते हैं–"कमरे की सफाई कौन करता है ? (नाराज होकर) उसका एक दिन का तलब कटेगा ! समझे ?"

नौकर गिड़गिड़ाकर कहता है–"हुजूर ! ससुरी गौरैया अंडा दे देले बा ! हुकुम हो तो··· ।"

सेठजी क्रुद्ध दृष्टि से नौकर की ओर देखते हैं। नौकर दूसरे कमरे में चला जाता है।

सेठजी पूछते हैं–"क्यों संजै बाबू ! बँगला पसन्द आया ? इसमें कभी अंग्रेज कैमिस्ट मोबर्ली साहेब रहते थे। खास लन्डन शहर का अंग्रेज। हे-हे-हे-हे !"

नौकर सीढ़ी लगाकर सेठजी की तस्वीर के पीछे से चिड़ियों का घोंसला उजाड़ रहा है। एक गौरैया उड़कर इस खिड़की से उस खिड़की पर जाती है।

संजय की विकृत-मुद्रा को देखकर सेठ रतनलाल को अचानक पंछी पर दया आ जाती है। वह नौकर को डाँटता है–"अरे घोंसला क्यों उजाड़ता है ? मकड़ी के जाले को साफ कर दो।"··· नौकर गमछी से तैलचित्र को झाड़ता है !

सेठजी कुर्सी से उठते हुए कहते हैं–"अभी दो-चार दिन तो जी नहीं लगेगा। (मुस्कराते हुए) हाँ, मैं जानता हूँ। हर बंगाली बाबू अपने 'देश' से लौटकर, दो-चार दिनों तक उदास रहता है। जिसको बंगला में 'मन मरा' कहते हैं। है न ? फिर, एक दिन 'देश' पर किसी के नाम एक लम्बी चिट्ठी लिखकर जी हल्का कर लेता है और काम में जुट जाता है ! मुझे सब मालूम है। हे-हे-हे-हे ! !"

संजय–आपने दुनिया देखी है, सेठजी !

सेठजी–बस, समझ लो कि यह कारखाना तुम्हारा ही है। इसकी तरक्की में ही तुम्हारी तरक्की है। काम दिखाओ फिर देखना कि यहाँ कितना प्रॉस्पेक्ट है। बस, अभी और मैं कुछ भी नहीं कहूँगा। मैं बातें ज्यादा नहीं करता !

सेठजी चले जाते हैं।

संजय उठकर सेठजी के तैलचित्र के सामने जाकर खड़ा हो जाता है और मद्धिम-स्वर में बुदबुदाता है–"मुझे भी सब मालूम है। आप धनकुबेरों की रीति-नीति की सारी खबर मुझे है। आपकी मीठी जुबान में कितना जहर घुला हुआ है–यह

मैं जानता हूँ।··· हिस्स··· तरक्की··· प्रॉस्पेक्ट··· भविष्य··· जॅत-सॅब !

मिल का भोंपा बजता है।

क्रशिंग-मैशीन की घड़घड़ाहट क्रमशः तेज होती जाती है। एक ओर पेरे गये ऊखों की 'सिट्ठियों' की ढेरी लग रही है। दूसरी ओर रस के हौज में सुफेद झाग। तैयार माल–चीनी की बोरियों के अम्बार !

संजय अपने कैश-बुक, लेजर, चालान-रसीद, बही आदि के साथ काम में डूबा हुआ है।

काम में डूबे हुए संजय को दो जोड़ी आँखें–अपलक निगाहों से घूरती हैं। ··· एक जोड़ी आँखें–रायबहादुर सेठ रतनलाल की !

दूसरी जोड़ी आँख–नेमियार की !!

बँगला नम्बर दो–यानी संजय का बँगला !

संजय पत्र लिख रहा है।

बाहर, नेमियार की बोली सुनाई पड़ती है। वह संजय के नौकर सतकौड़ी से कुछ कह रहा है–अधिकार भरे स्वर में।

संजय लिखना बंद कर खिड़की से बाहर की ओर देखता है। नेमियार हाथ उठाकर सलाम करता है–"सलाम बाबूजी।" संजय की मुद्रा हठात् बदल जाती है। झुँझलाहट की रेखाएँ उसके चेहरे पर स्पष्ट हो जाती हैं।

नेमियार मुस्कराता हुआ खड़ा है। कहता है–"बाबूजी ! एक नम्बर कुएँ को छोड़कर और किसी कुएँ का पानी हरगिज मत पीना। मलेरिया पकड़ लेगा। मैंने सतकौड़ी से कह दिया है।"

संजय की तनी हुई भौंहें तनिक झुक जाती हैं।

"अच्छा तो सलाम बाबूजी।"–खाँसता हुआ नेमियार चला जाता है।

संजय दूसरी खिड़की से कुएँ के जगत पर पानी भरते हुए लोगों को देखता है। कई औरतें, जवान लड़कियाँ, बच्चे, अधेड़ मर्द हाथ में लोटा, बाल्टी, घड़े आदि लेकर पानी भर रहे हैं, कपड़ा धो रहे हैं।

कई औरतें घूँघट काढ़े खड़ी हैं।

एक साँवली-सलोनी युवती पानी भर रही है और आँखें नचा-नचाकर बतिया रही है–"हुँ, एक लम्बर ! एक लम्बर कुएँ के पानी में दवा की ऐसी गंध रहती है कि कुछ मत पूछो। मैं तो इसी कुएँ का पानी पीती हूँ चाहे मलेरिया हो या कलेरिया।"

दूसरी युवती पूछती है–"यह कलेरिया कौन बीमारी है रुकनी ?"

रुकनी नामक युवती आँखें मटकाकर कहती है–"कलेरिया नहीं जानती ? (संजय

के बंगले की ओर इशारा करके) कलकतिया बाबू से जाकर पूछ ना।"

युवती लजाकर कहती है–"मैं क्यों जाऊँ पूछने। तू जा के पूछ।" रुकनी घड़े में पानी भरती हुई एक गीत की कड़ी गुनगुना देती है–"सइयाँ गइले कलकतिया-से हमरा छाड़िना !"

सभी औरतें एक साथ खिलखिलाकर हँस पड़ती हैं।

संजय भी हँसता है। उसके पीछे सतकौड़ी आकर खड़ा है, सिर खुजलाते हुए अचानक संजय का ध्यान भंग हुआ।

"बाबू !"

संजय उलटकर उसको जिज्ञासा भरी दृष्टि से देखता है।

सतकौड़ी इधर-उधर देखता है। फिर, संजय के और भी करीब आकर मद्धिम आवाज में कहता है–"बाबू ! ये नेमियार और उसकी बहन रुकनी है न–दोनों से जरा होशियार रहिएगा, बाबू !"

संजय–क्यों ? क्या बात है ?

सतकौड़ी–जी··· बड़ी लटपटिया है।

संजय–लटपटिया माने ?

सतकौड़ी–जी, लटपटिया माने··· माने··· लटपट काम करता है।

संजय–लटपट काम ?

सतकौड़ी लटपट का कोई सही अर्थ नहीं बता सका तो संजय हँस पड़ा। बोला–"ठीक है। समझ गया।"

सतकौड़ी चला जाता है। संजय आधी लिखी हुई चिट्ठी को फाड़कर फेंकते हुए बुदबुदाता है–"जॅंत सॅब–लटपट !"

संजय का दफ्तर !

संजय अपने रजिस्टर पर झुका हुआ लिख रहा है।

हाथ में एक झोली लेकर नेमियार प्रकट होता है–"सलाम खजांची बाबू !"

झोली से कई शीशी-बोतल और पैकेट निकालकर टेबिल पर रखते हुए कहता है–"आपके लिए सदर-अस्पताल से ले आया। टिंचर आयडिन है, कैस्टर आयल है और ये हैं कुनैन की गोलियाँ।"

नेमियार पास के स्टूल पर बैठ जाता है और भेद की बात बतलाने के अंदाज में कहता है–"बात यह है खजांची बाबू कि आप अभी नये आये हैं। नया आदमी यहाँ अगर होशियारी से नहीं रहे तो समझ लीजिए कि···।"

संजय झुँझलाकर कहता है–"लटपट का मतलब मुझे मालूम है।"

नेमियार तनिक भी अप्रतिभ नहीं होता। हँराकर उठते हुए कहता है–"तब ठीक है।··· अच्छा तो सलाम !"

संजय अपने काम में लग जाता है।

पास के कमरे में काम करता हुआ एक अधेड़ कर्मचारी संजय के पास आकर कहता है–"बाबू, यह नेमियरवा कहाँ आया था ? आपने ठीक किया। इस आदमी को दफ्तर में घुसने मत दीजिए।"

संजय की गंभीरता देखकर वह रुक जाता है। फिर टेबिल पर रखी हुई दवाओं की ओर इशारा करके कहता है–"भला आपको इन सब वाहियात चीजों की क्या जरूरत होगी ?" संजय कुछ नहीं कहता। वह कर्मचारी दवाओं को अपने पॉकेट में डालते हुए कहता है–"यह नेमियरवा सभी को एक ही बटखरे से तौलता है। हुँ··· ।"

लोडिंग-शेड !

एक विशाल वेईंग मशीन पर ऊख से लदी हुई गाड़ी चढ़ा दी जाती है। हर गाड़ी को वजन करने के बाद नेमियार चिल्लाता है–चालीस मन।··· पैंतीस मन··· । आदि। किसान, गाड़ीवान, कुलियों और ऊख की गाड़ियों के बीच नेमियार का व्यक्तित्व ! सभी उसकी खुशामद करते नजर आ रहे हैं। यदि नेमियार खुश रहे तो चालीस मन पैंतीस सेर को एकतालीस मन मान लेगा–नहीं तो पूरे एकतालीस मन को भी पैंतीस मन कह सकता है।

वह अपने विभाग का 'सर्वेसर्वा' है। सभी उसे 'ओजन बाबू' कहते हैं। ओजन बाबू अर्थात् वजन करने वाला बाबू !

एक किसान नेमियार से कुछ कहता है, धीरे स्वर में। नेमियार हँसकर कहता है–"नया खजांची बाबू 'लटपट' का मतलब समझता है। समझे ?

एक किसान–अभी सिर्फ मतलब ही समझता है। बेचारे को कुछ ही दिनों में पता चल जायगा कि यहाँ बिना लटपट में फँसे गुजारा नहीं।"

दूसरा किसान–रस का कारबार ही ऐसा है कि बिना लटपटाये··· । नेमियार हठात् कर्कश स्वर में चिल्ला पड़ता है–"चलो, चलो ! ! बड़ा आया है रस की बात बघारने !"

एक किसान–ओजन बाबू, मैं सूरज उगने से पहले से ही आकर बैठा हूँ। तीन ही गाड़ी माल है, मेहरबानी करके··· ।

दूसरा–ओजन बाबू, पहले मेरी गाड़ी··· ।

कई किसान नेमियार को घेर लेते हैं। नेमियार दोनों हाथों से भीड़ को दो ओर हटाते हुए कहता है–"मेहरबानी करके आप लोग अपनी-अपनी गाड़ी के पास चले जाइए। जिसका नाम पुकारा जायेगा–वही यहाँ आयेगा।··· हटो यहाँ से।··· लेना ना देना–मुफ्त में मेहरबानी।"

मिल का भोंपा बजता है !

आज सप्ताह की मजदूरी देने का दिन है। मजदूरी जिसे यहाँ की भाषा में 'हफ्ता' कहते हैं।

संजय के दफ्तर के सामने मजदूरों, कार्मकारों, कुलियों की भीड़ लगी हुई। सभी के हाथ में उसका कार्ड है।

रेलमपेल !

खिड़की के उस पार से संजय कहता है–"इस तरह भीड़ लगाने से किसी को कुछ नहीं मिलेगा। मैं खिड़की बंद कर दूँगा।··· एक-एक कर आइए !"

किन्तु शोरगुल में उसकी आवाज खो जाती है ! भीड़ पर इसका कोई असर नहीं पड़ता।

संजय ने सुना–सभी ने सुना–बाहर नेमियार की कर्कश-कंठध्वनि ! वह कह रहा है–"इस तरह भेड़ियाधसान में किसी को 'हफ्ता' नहीं मिलेगा।··· लाइन लगाओ। एक-एक कर ! एक एक कर··· इधर···।"

नेमियार लोगों को अधिकारपूर्वक लाइन में खड़ा कर रहा है। तुरंत तीन पंक्तियों में लोग खड़े हो जाते हैं।

संजय अचरज से देखता है। आज पहली बार उसने नेमियार को गौर से देखा है। उसके चेहरे का तनाव तनिक ढीला हुआ। नेमियार मुस्कराता हुआ चला जाता है।

मजदूर एक-एककर खिड़की के पास आते हैं। संजय नाम पूछता है। एक चपरासी अँगूठे की टीप लेता है। संजय कागज पर कुछ नोट करके–रुपये, नोट, रेजकारी गिनकर देता जाता है। संजय के व्यवहार से मजदूर प्रसन्न हैं।

एक मजदूर–नये खजांची बाबू सभी को 'आप' कहते हैं।

दूसरा–भला आदमी है।

तीसरा–मगर यहाँ के लोग भला रहने देंगे ?

सेठ रतनलाल की कोठी। सुबह।

सेठ रतनलाल अपने बाग में घूम-घूमकर चीटियों की बाँबियों के पास चीनी बिखेर देते हैं। चीटियों को चीनी खिलाकर पुण्य बटोर रहे हैं। रोज नहाने के पहले सेठजी यह पुण्य कर्म करते हैं। एक नौकर एक थाली में चीनी लेकर उनके पीछे-पीछे चलता है और सेठजी मुट्ठी भर चीनी लेकर चीटिंयों की बाँबियों के पास बिखेर देते हैं।

संजय आता है।

सेठजी उसको देखकर आह्लादित होते हैं–"आओ-आओ-कैसियर बाबू ! तुमसे एक जरूरी बात करनी है।"

सेठजी बगीचे के एक बेंच पर बैठ जाते हैं और संजय को भी अपने पास

इशारे से बैठने को कहते हैं।

नौकर सेठजी का हाथ धुला जाता है।

तौलिये से हाथ को पोंछते हुए सेठजी कहते हैं–"माफ करना बाबू! मैंने आपको सुबह-सुबह तकलीफ दी। आज रविवार है न ?··· आज छुट्टी का दिन है। मगर मैंने देखा है कि आप रविवार को भी काम करते हो। यह ठीक नहीं। काम करने के लिए आराम भी जरूरी है। है न ?

संजय–जी, सो तो ठीक है। मगर···।

सेठ–हाँ-हाँ··· बोलो··· घबराने की क्या बात है बाबू !

संजय–काम में लगे रहने से··· मतलब··· काम न करूँ तो जी परेशान-सा रहता है।

सेठ–यह कैसी बात ? (कुछ सोचकर) घर की याद आती होगी।

संजय–जी, घर की याद नहीं···

सेठ जी जिज्ञासा भरी आँखों से देखते हैं। संजय कुछ नहीं कह पाता है, मानो··· यह सेठजी को कहकर नहीं समझा सकता। सेठजी हँसकर कहते हैं–"संजै बाबू, हामी बीस साल बंगाला मुलुक में काटियाछी··· हामी बंगाली बाबू लोग के खूब भालो कोरे चीनी।"

··· किसी उदास-बंगाली से उसकी उदासी का कारण पूछो, तो वे कहेंगे–"की जानी मोन केयव केयव कोरे। हा-हा-हा-हा। ठीक ना ? (फिर उपदेश देने के लहजे में कहते हैं) सुनो संजै बाबू ! मन को यहाँ की माटी के रस में नहीं डुबाओगे तो यह हमेशा इसी तरह 'केयव केयव' करेगा। समझे ?"

संजय मुस्कराने की चेष्टा करता है।

संजय का बँगला··· दिन···।

संजय अपनी खिड़की से देख रहा है। मजदूर कॉलोनी के मजदूर सदल-बल कहीं जाने की तैयारी कर रहे हैं। चारों ओर किसी त्योहार का आयोजन ! औरतें सिर पर छोटी-छोटी गठरी लेकर, बच्चों को गोद में लेकर उत्साहपूर्वक कहीं जा रही हैं।

संजय की दृष्टि एक गिरोह पर–उस गिरोह की साँवली-सलोनी रुकनी पर पड़ती है। कई युवतियों के बीच, धुली हुई साड़ी पहने, सिर पर गठरी–रुकनी अपनी सहेलियों से चुहल कर रही है।··· वे किसी की प्रतीक्षा कर रही हैं। एक औरत रह-रहकर किसी का नाम लेकर पुकारती है।··· रुकनी फिर कुछ कहती है और सभी खिलखिलाकर हँस पड़ती हैं !

चिड़ियों का एक झुंड कलरव करता हुआ उड़ गया।

संजय सब कुछ अपलक, चुपचाप देख रहा है।

"बाबूजी ! इसीलिए कह रहा था कि एक बन्दूक का लाइसेंस करवा लीजिए !"

संजय ने उलटकर देखा। उसे ऐसा लगता है, नेमियार ने उसकी कोई चोरी पकड़ ली हो। भेद भरी मुस्कराहट होंठों पर अंकित किये नेमियार खड़ा है–"बंदूक हो जाय तो दोनों जन साथ शिकार पर निकलेंगे। एक से एक चिड़िया, एक से एक खरगोश, हिरण···।"

संजय को लगा, नेमियार व्यंग्य कर रहा है। वह तनिक अप्रतिभ हुआ। फिर संभल कर बोला–"मैं चिड़ियों, खरगोशों और हिरण का शिकार नहीं करता।"

"मत कीजिए। गोली मारो उन्हें। चाहें तो बाघ या बनैला भैंसा··· ।"

संजय अचानक गंभीर हो जाता है।

बाहर, पेड़ के पास रुकी रुकनी की टोली किसी बात पर खिलखिलाकर हँस पड़ती है।

इस हँसी की प्रतिक्रिया संजय पर हुई। नेमियार ने परख लिया। वह बाहर जाकर रुकनी को पुकारकर कहता है–"अरी ओ रुकनी। दीया-बाती की बेला से पहले ही लौट अइयो।··· देरी होगी तो मार के ठंढा कर देंगे। हाँ !"

संजय पूछता है–"आज सुबह-सुबह ही लोग कहाँ जा रहे हैं ?"

नेमियार–"आज कोशी-नहान का दिन है। पौष-पूर्णिमा के दिन कोशी में नहाने से गंगास्नान का पुण्य होता है।··· कोशी के कछार पर-बालुचर पर मेला लगता है। चलिएगा ?

संजय सहमत होता है। नेमियार कहता है–"रहिए। मैं किसी सवारी का इंतजाम करूँ··· ।"

संजय कहता है–"कितना दूर है ?"

नेमियार–बस, दो कोस।

संजय–तब पैदल ही ठीक है।

कोशी-मेला !

सफेद बालू पर हजारों औरत-मर्द-बच्चों की भीड़ !

औरतें कोशी-महात्म्य के गीत गाती हैं–

रुकनी की टोली-आईना-कंघी-सिंदूर वगैरह की दुकान पर खरीदारी कर रही है।

मेले में कई बार संजय और नेमियार–रुकनी की टोली के आमने-सामने हुए ! कई बार रुकनी की आँखें, संजय की आँखों से टकराईं। नेमियार सब समझता है।

संजय एक बार सारे मेले की भीड़ की ओर देखकर कहता है–"नेमियार ! ये इतने गरीब हैं, मगर इतने खुश कैसे हैं ?"

दीयाबाती के पहले ही पौष पूर्णिमा की साँझ की सर्दी में ठिठुरती हुई टोलियाँ घर की ओर वापस हो रही हैं।

रुकनी की टोली में गीत चल रहा है–

"कौने जइते हाजीपुर
कौने जइते पटना
कौन जइते कलकतवा शहरवा हे ननदी !

'भइया आनते मोतीहार
बापा आनते टिकुली
कि सैयों आनते सिंथी के सिंदुरआ हे ननदी ! ! "

शाम ! नेमियार का क्वार्टर !!

लालटेन की मद्धिम-रोशनी में नेमियार की सूरत डरावनी-सी लगती है। वह चुक्कड़ में मुँह लगाकर महुआ का दारू पी रहा है। पी लेने के बाद कुछ क्षणों तक उसका चेहरा विकृत हो जाता है। वह पुकारता है–"अरी ओ रुकनी ! 'चखना' में और कितनी देर ?"

रुकनी छोटी-सी थाली में कुछ ले आती है।

नेमियार का चेहरा मानो खिल पड़ता है–"वाह ! फिश-फ्राय ! (चखकर) क्या बात ! तुम्हारा जवाब नहीं (चटखारी लेकर) जीओ !" रुकनी मुस्कराती-खड़ी है।

नेमियार चुक्कड़ में दारू डालकर पीना चाहता है किन्तु रुकनी की आँखों में कुछ पढ़कर रुक जाता है–"कुछ कहना चाहती है ?"

रुकनी–कल से मोदी उधार नहीं देगा। पिछला बकाया···

नेमियार नाराज होकर कहता है–कितनी बार मना किया कि कल की बात आज मत किया करो··· ।

रुकनी जाने लगती है। नेमियार उसे रोककर कहता है–इधर सुन। यह नया कैसियर बाबू आया है न, कहता है कि मुझे लटपट का मतलब मालूम है··· ।"

(दरवाजे पर दस्तक ! नेमियार इशारे से रुकनी को कुछ कहता है। रुकनी दरवाजे के छेद से देखती है। लौटकर कहती है–"फोरमैन रग्घू है।")

–नेमियार इशारे से ही रुकनी को जाने का आदेश देकर मद्धिम आवाज में कहता है–"तू इधर मत आना। साला भारी लटपटिया है। इसको टरकाना होगा··· !"

रुकनी अचरज से नेमियार की ओर देखकर अंदर चली जाती है।

नेमियार दरवाजा खोलता है।

फोरमैन रग्घू आता है। उसके आने के ढंग से ही मालूम हो जाता है कि वह बराबर यहाँ आता है।

"सुना, कैसियर बाबू को ले के मेले गये थे ?"–फोरमैन ने पूछा।

नेमियार दूसरे चुक्कड़ में दारू डालते हुए कहता है–"गया था।"

फोरमैन प्यासे की तरह चुक्कड़ एक बार में ही शेष कर देता है। नेमियार को गुमसुम देखकर वह पूछता है–"क्यों उस्ताद ? बात क्या है ? मिजाज कुछ··· ।"

नेमियार बीच में ही काटकर कहता है–"मुफ्त का पीने आया है। माल पी··· घर जा। मिजाज की बात मत पूछ !"

फोरमैन हँसता हुआ चुक्कड़ पीने लगता है। पीकर मुँह पोंछते हुए इधर-उधर देखता है। फिर पूछ देता है–"आज रुकनी नहीं नजर आ रही··· ।"

हठात् नेमियार उसकी कमीज का कॉलर पकड़कर आक्रामक मुद्रा में कहता है–"साले ! रुकनी तेरी बीवी है ? तेरी रखैल है (एक घुस्सा !) ये रंडीपाड़ा है··· साले ! बोल–तू लोगों से क्या कहता फिरता है–रुकनी तुम पर जान देती है ? (एक घुस्सा !) फिर, रुकनी का नाम लेगा··· ?"

फोरमैन अपनी गर्दन छुड़ाकर भागना चाहता है। नेमियार उसे पकड़कर पुनः उसकी जगह पर बैठा देता है–"भागा कहाँ जा रहा है। यह तेरा जूठी दारू कौन पीयेगा। और, पीकर अपना जूठा चुक्कड़ भी साथ लेता जा··· ।"

फोरमैन चुक्कड़ को मुँह लगाकर पीता है और हाथ में खाली चुक्कड़ लेकर चला जाता है।

नेमियार अपने आप बड़बड़ाता है–"कमीना !··· " रुकनी को देखकर नेमियार चुप हो जाता है। फिर हँसकर कहता है–"तू नाराज है रुकनी ? मारो गोली इस फोरमैनवाँ को।··· नया कैसियर बाबू दिलदार आदमी मालूम होता है !···"

संजय का ऑफिस··· दिन··· ।

संजय सिर उठाकर देखता है–सामने खड़ा नेमियार मुस्करा रहा है।

"क्यों खजांचीबाबू। कैसा रहा कल का मेला ? आपको ज्यादा थकावट तो नहीं··· ?"

संजय ने अनमना-सा कोई जवाब दिया जिसका मतलब था कि वह नेमियार की उपस्थिति से प्रसन्न नहीं। काम के क्षण में इस व्यक्ति की बेमतलब की बातें अच्छी नहीं लगती।

नेमियार, संजय की इस उदासी का सही मतलब समझता है। किन्तु वह अप्रतिभ नहीं होता। वह पूर्ववत् मुस्कराता हुआ कहता है–"खजांची बाबू ! पाँच रुपये ··· लोन··· माने कर्जा देंगे ? अगले महीने में छह रुपये आठ आने चुका दूँगा। बहुत जरूरी··· ।"

संजय सिर हिलाकर कहता है–"माफ करना भाई। लेन देन का कारोबार मैं नहीं करता।"

नेमियार, संजय के इस व्यवहार से दुखित नहीं होता है। वह उसी तरह मुस्कराता हुआ चला जाता है।

नेमियार के जाने के बाद संजय कुछ क्षण तक उधर देखता ही रहता है–उसके चेहरे पर जो भाव है उसका भावार्थ स्पष्ट है– मैं तुमको पहचानता हूँ।··· मैं आदमी को पहचानता हूँ।

रात··· वर्षा हो रही है।

स्थान–संजय का बँगला।

संजय कुर्सी पर चुपचाप लेटा हुआ है। सामने टेबल पर संजय का भोजन ढँका हुआ है। नौकर ढँककर चला गया है। हवा के झोंके के साथ पानी के छींटें खिड़की से आ रहे हैं।

संजय उठकर खिड़की बंद कर देता है। लालटेन की काँपती लौ फिर से सहज हो जाती है।

दरवाजे पर हल्का दस्तक !

संजय सतर्क होता है। किन्तु हवा के झोंके में हुई आवाज समझकर पुनः पढ़ने लगता है।

दरवाजे पर फिर दस्तक। इस बार स्पष्ट !

संजय उठकर पूछता है–"कौन ?"

दरवाजा खोल देता है संजय !

हवा के झोंके के साथ पानी के फुहार और पानी में भीगती रुकनी कमरे में प्रवेश करती है। रुकनी थाली में कुछ ढककर ले आयी है। संजय बहुत अचरज में पड़ गया है।··· वह चुपचाप मुँह बाये खड़ा देखता है। रुकनी थाली को टेबल पर रखकर दरवाजा बंद कर देती है और अपने भीगे हुए बालों को निचोड़ती हुई कहती है–"नेमियार भैया आज मछली के शिकार पर गये थे। बड़ी-सी रोहू मछली मिली। बोले–इतना कौन खायेगा ? खजांचीबाबू को दे आ !"

रुकनी थाली के ढक्कन को खोलती है।

भात और मछली ?

रुकनी कहती है–मैंने कहा कि मछली ही देनी है तो पका कर दूँ। खजांची बाबू का सतकौड़ी तो आलू का भर्ता ही बनाना जानता है सिर्फ !"

रुकनी हँसती है। संजय अवाक् उसको देख रहा है। उसके बोलने-बतियाने के ढंग, उसकी कजरारी आँखें–मोतिया फूल की माला की तरह उसकी दंतपंक्तियाँ··· !

संजय लक्ष्य करता है–मेले में जो साड़ी पहनकर गई थी उससे भी अच्छी साड़ी पहनकर आज आई है रुकनी ! संजय मंत्रमुग्ध-सा बना रहा। अपलक रुकनी के रूप को निहारता रहा। रुकनी कहती है–"आप खाइए बाबू। मैं बैठती हूँ।

संजय भोजन करने लगता है–मंत्रमुग्ध अवस्था में ही।

रुकनी पूछती है–मछली कैसी बनी है ?

संजय मुँह से सी-सी आवाज निकालता है–किन्तु कहता है–"बहुत अच्छी !"

रुकनी कहती है–"अच्छी न सिर। देख तो रही हूँ कि बाबू लाल मिर्च से परेशान हैं··· ।"

संजय कहता है–"नहीं, लाल मिर्च ज्यादा नहीं तो ? ठीक है।"

रुकनी ठुड्ढी पर हाथ रखकर हँसती है।

फिर कहती है–यहाँ का पानी नरम है बाबूजी। बात और भात में थोड़ा मिर्च न डालो तो यहाँ सब दिन नरम ही रहोगे।"

संजय हँसकर पूछता है–बात और भात में झाल ? मतलब समझकर और भी हँसता है।

रुकनी देखने में ही सलोनी नहीं–बातें भी करना जानती है। बुद्धिमती है रुकनी–संजय प्रसन्नचित्त भोजन करते हुए समझता है, परखता है–रुकनी सचमुच धूल में पड़ी कीमती मणि है।

संजय के भोजन के बाद रुकनी उठकर जूठे बर्तनों को एकत्र करती है और संजय की ओर देखकर कहती है–"अच्छा तो बाबू··· मैं चली··· ।"

संजय तौलिये से हाथ पोंछता हुआ कहता है–"अकेली कैसे जाओगी ?"

"जैसे आई थी"–कहकर रुकनी हँसती है।

उसकी दंतपंक्तियाँ–मोतियाफूल की माला की तरह झिलमिला जाती हैं और संजय बेसुध-सा हो जाता है !

रुकनी हाथ में बर्तन लेकर पैर आगे बढ़ाती है।

संजय उसकी बाँह थाम लेता है।

रुकनी उसकी आँखों में आँखें डाल देती है।

संजय की आँखों में–'प्रणय निवेदन' वह पढ़ती है।

कहती है–मद्धिम स्वर में–"आः ! बर्तन तो रख लेने दो !"

संजय बाँह थामे रहता है।

रुकनी दूसरे हाथ का बर्तन जमीन पर झुककर रखती है।

संजय, झुकी हुई रुकनी को अपने बाहुओं में कस लेता है।

संजय का दफ्तर !

डाकिया आकर डाक दे जाता है। संजय अपनी चिट्ठियों को लेकर टेबल के एक ओर रख देता है।

वह लिखावटों को देखकर समझ लेता है, किसकी चिट्ठी है–बाबा की, भैया की, माँ की··· !

सभी चिट्ठियों में एक ही बात बराबर दुहराई जाती है–केमन आछो ? उन्नतिर कत दूर··· संसारे बड़ टानाटानी··· किछु पाठाओ··· ।'

नेमियार आता है–"राभ-राम खजांची बाबू।"

संजय हँसकर–'राम-राम' दुहराता है।

नेमियार इधर-उधर देखता है। फिर पूछ बैठता है–"आपको रोज इतनी चिट्ठियाँ आती हैं ?··· सब निजी चिट्ठियाँ हैं ? (वह कई लिफाफे को उलटता है)

नेमियार देखता है–चिट्ठियाँ खोली नहीं गयी हैं।

नेमियार फिर इधर-उधर देखता है।

फिर, संजय से सटकर, स्वर को मद्धिम करके पूछता है नेमियार–"खजांची बाबू ! तुम रुकनी को प्यार करते हो ? है न ?"

संजय इस प्रश्न के लिए मानो तैयार नहीं था।

उसे अप्रस्तुत देखकर नेमियार कहता है–"तो, इसमें लजाने की क्या बात है। यह तो खुशी की बात है।"

संजय की आँखें झुक जाती हैं।

नेमियार हठात् कहता है–"अच्छा तो मैं चला ! निकालो··· (इशारे से बताता है–रुपये।)

संजय अचकचाकर पूछता है–"क्या ?"

नेमियार हँसकर कहता है–"अरे वाह बाबूजी ! उस दिन कहा था न कि पाँच रुपये··· ।"

संजय अपने मनीबैग से एक पाँच रुपये का नोट निकालकर नेमियार को देता है।

नेमियार उसे पॉकेट में रखता हुआ कहता है–"थैंक यू !··· अब से जब जिस बात की जरूरत हो–कहना !"

संजय का बँगला··· साँझ···

रुकनी स्टोव पर कुछ तल रही है। कड़ाही उतारती हुई कहती है–"अब से जो भला-बुरा खाने को मन हो–कहना। मैं जैसा जानती हूँ–बनाकर खिलाया करूँगी।"

संजय उसको काम में मग्नावस्था में निहारता है। रुकनी का रूप दिन-ब-दिन खुलता जा रहा है। खिलता जा रहा है। चेहरे पर परिवर्तन की रेखाएँ स्पष्ट अंकित हो रही हैं।

हठात् रुकनी पूछती है–इस तरह क्या देखते हो बाबू !

संजय–तुमने आज बंगला-ढंग से साड़ी पहनी है ?

रुकनी (मुस्कराती है)–"क्यों ? ठीक नहीं हुआ ?"

संजय–ठीक ही है। मगर··· ।

रुकनी की आँखें इस मगर का मतलब पूछती-सी लगती हैं।

संजय कहता है–"ठीक ही है बंगला साड़ी। मगर मुझे पसन्द नहीं··· ।"

रुकनी स्टोव की हवा खोलकर स्टोव बुझाती है और घबराई-सी पूछती है–"क्या पसन्द नहीं ?··· इस तरह साड़ी पहनकर मैं बंगालिन जैसी नहीं लगती ?"

संजय, रुकनी के करीब आकर कहता है–"ठीक बंगालिन जैसी लगती हो। लेकिन, तुम तो तुम ही हो। तुम वही अच्छी लगती हो जो तुम हो !"

रुकनी पूछती है–"सच ?"

संजय–हाँ ! तुम्हारे कड़े-छड़े, बाजूबन्द-पायल··· साड़ी-चोली बिंदी-साजसिंगार सभी चीजों में तुम्हारी अपनी झलक मिलती है।

रुकनी, स्थानीय पहनावे में सजी हुई लजाई सी हँसी हँस रही है।

संजय उसके ललाट पर 'टिकुली' लगा देता है।

रुकनी का चेहरा दपदपा उठता है–एक अपूर्व आभा से ! वह अस्फुट शब्दों में कहती है–'खजांची बाबू !"

संजय कहता है–"खजांची बाबू नहीं।"

रुकनी की आँखें पूछती हैं–"तब ?"

संजय उसको दुलारता हुआ कहता है–"संजय। सिर्फ संजय। बाबू भी नहीं।"
संजय के बाहुओं में बँधी हुई रुकनी कहती है–"मुझे कलकत्ता नहीं ले जाओगे ?"

संजय का कलेजा धड़क उठता है।

रुकनी ने मानों उस धड़कन को सुन लिया है। पूछती है–"क्यों ? क्या हुआ ?"

संजय अपने को सँभालकर कहता है–"क्यों नहीं। जरूर ले जाऊँगा।"

रुकनी–"तुम झूठ कहते हो ! तुम मुझे कलकत्ता नहीं ले जाना चाहते।"

–संजय कबूल करता है–"हाँ रुकनी। मैं तुमको कलकत्ता नहीं ले जाना चाहता। ··· मैं खुद कलकत्ता नहीं जाना चाहता।"

रुकनी–संजय के कथन की सचाई को समझती है। वह कहती है–"चलो। जी छोटा मत करो।··· मैं कहीं नहीं जाऊँगी।"

संजय प्रसन्न होकर कहता है–"मैं कहीं नहीं जाने दूँगा। मैं कहीं नहीं जाऊँगा ··· तुमको छोड़कर।"

दरवाजे पर दस्तक !

इस दस्तक को रुकनी पहचानती है–नेमियार भैया !

रुकनी उठकर कपड़े सहेजती–दरवाजा खोल देती है।

नेमियार हाथ में एक बड़ी बोतल लेकर प्रवेश करता है और आँखों से ही पूछता है, मानो–"बाबू का मिजाज ठीक है तो ?"

नेमियार रुकनी के हाथ में एक झोला थमाते हुए कहता है–"चिंगड़ी मछली है। जल्दी से घी में भून दे।"

नेमियार, संजय के कमरे में प्रवेश करता है।

संजय उसके हाथ में बोतल देखकर आश्चर्यचकित होता है।

"नम्बरवन माल है। संतरे का शराब··· ।" नेमियार इधर-उधर कुछ ढूँढ़ता है। फिर पॉकेट से चाकू निकालकर बोतल का काग निकालने लगता है–"खास

नेपाली माल है बाबू। इसके सामने देसी-विलायती सब समझो कि पानी··· ।"

बोतल खोलकर नेमियार सूँघता है,··· "आ-हा-हा ! क्या खुशबू है !"

संजय चुपचाप देख रहा है। नेमियार अब अपने दूसरे पॉकेट से हरे बाँस की 'फोंफी' के दो 'पात्र' निकालता है-"अंग्रेजी दारू, काँच के गिलास में-देसी-अलमुनियम के कटोरे में; महुआ-मिट्टी के चुक्कड़ में और नेपाली बाँस की फोंफी में ही जमता है।"

नेमियार दोनो पात्रों को सामने रखकर संजय की ओर देखता है।

संजय हकलाकर कहता है-"मैं यह सब··· मैंने जीवन में कभी··· मैं शराब नहीं पीता।"

"इसीलिए तो !"-कहकर नेमियार रसोईघर की ओर मुँह करके पुकारता है-"ओ-ओ-रुकनी देवी ! चिंगड़ी कटलेट में क्या देर है ! (फिर, संजय की ओर मुखातिब होकर कहता है) इसीलिए सोचा कि अच्छा-सा··· माने··· शुभदिन देखकर कोई काम शुरू करना चाहिए।"

रुकनी आती है-दो कटोरे में मछलियाँ लेकर। नेमियार उलाहना देने के स्वर में कहता है-"खजांची बाबू अब तक कोरे ही हैं ?"

संजय कहता है-"मैंने जिन्दगी में कभी··· ।"

"आपकी उम्र ही कितनी होगी, बाबू ? ऐसा बहुत-सा काम है जो जिन्दगी में कभी नहीं किया। मगर करना पड़ेगा।"-नेमियार मुँह में मछली डालकर चखता है-"खूब भालो !"

रुकनी चली जाती है-मुस्कराती हुई।

नेमियार संजय से पूछता है-मद्धिम आवाज में-"जिन्दगी में कभी औरत का स्वाद मिला था ?" ··· कहकर नेमियार ठठाकर हँस पड़ता है-"भला शराब के बिना औरत का क्या स्वाद मिलेगा बाबू··· !"

नेमियार बाँस की फोंफी में शराब डालता है। संजय मना करता है-"बस, एक ही में··· मैं··· ।"

नेमियार का चेहरा कठोर हो जाता है-"क्या नामर्दों की तरह मेंमिया रहे हो बाबू ! यहाँ रहना चाहते हो और ठाठ के साथ रहना चाहते हो तो··· इन सब चीजों से इनकार मत करना।··· रुकनी ?"

रुकनी आती है। नेमियार कहता है-"तू ही समझा अपने बाबू को।"

संजय कहता है-"रुकनी कहती है यहाँ 'बात' और 'भात' के साथ जरा 'झाल' नहीं मिलाने से आदमी हमेशा 'नरम' रहता है।"

"ठीक ही कहती है। सोलह आने सच कहती है।"-नेमियार कहता है।

संजय रुकनी की ओर देखता है। रुकनी इशारे से कहती है-"पीयो न। क्या हर्ज है।"

नेमियार, संजय का पात्र रुकनी की ओर बढ़ा देता है।

रुकनी संजय के हाथ में थमाती हुई कहती है-"दिनरात न जाने क्यों चेहरा

लटकाये रहते हो। पीकर देखो न–सब फिक्र दूर··· ।"

संजय, रुकनी की दंतपंक्तियों की झिलमिलाहट को देखकर सब कुछ भूल जाता है, मानो वह रुकनी के हाथ से 'पात्र' लेकर एक घूँट पीता है और कंठनली पकड़ कर–सिर हिलाने लगता है··· । नेमियार के मुँह से शाबाशी के शब्द निकल पड़ते हैं–'शाबाश !' पात्र में बची हुई शराब रुकनी पी लेती है।

संजय मछली चखकर 'सीं-सीं' करता हुआ कहता है–"रुकनी के हाथ में जादू है।"

नेमियार कहता है–"अभी जादू कहाँ देखा है, बाबू। जब सिर पर चढ़कर बोले–तब जादू।"

नेमियार फिर बोतल से पात्र में शराब डालता है।

संजय इस बार बिना एतराज किये रुकनी के हाथ से पात्र लेकर पी लेता है और पुनः कंठ नली पकड़कर-मुँह विकृत करता है।

नेमियार खाली पात्र में रुकनी के लिए शराब डालता है–"रुकनी ! तू बड़ी भाग्यवती है रे।··· "

"मुझे और मत दो। रसोई बनाने जा रही हूँ।"

संजय के मुखमण्डल पर अपूर्व चमक दौड़ गयी है।

वह रुकनी को रोककर कहता है–"कहाँ जाती है ?"

"आई"–कहकर रुकनी चली गयी।

संजय नेमियार की ओर देखकर कहता है–"नेमियार !"

नेमियार पात्र में शराब डालता हुआ–संजय की ओर जिज्ञासु भाव से देखता है। "नेमियार !"–संजय कहता है–"क्या बताऊँ ! तुम लोगों ने मुझे एक नये बंधन में बाँध लिया है।"

"पुराना बंधन भी है कोई ?"–नेमियार भेदभरी दृष्टि से देखकर कहता है–"तोड़ डालो पुराने बंधनों को। बाबू, इधर देखो (अपनी कमीज को छाती से हटाकर कहता है) इसके अंदर चीर कर देखोगे तो अंदर दिल नहीं–छलनी है छलनी। नेमियार ने अकेला सब कुछ बर्दाश्त किया है। अपने-पराये, हित-मित्र कुटुम्ब–सबके लिए अकेला यह नेमियार चिंता करता रहा। आधी जिन्दगी दुःख में ही गुजर गयी (पॉकेट से अखबार का एक टुकड़ा निकालकर) लो, पढ़कर देखो। एक औरत अपने दो बच्चों के साथ कुएँ में गिरकर खुदकुशी कर लेती है। मगर नेमियार का इसमें क्या कसूर··· ? (कहते-कहते उसका गला भर आता है।)

संजय अखबार की कटिंग को पढ़कर पूछता है–"कौन थी यह स्त्री ?"

नेमियार तब तक एक पेग पी लेता है और सहज स्वस्थ होकर कहता है–"मेरी स्त्री !"

संजय अचरज से नेमियार का मुँह ताकता रहता है। नेमियार उसके हाथ में पात्र देकर कहता है–"बस, यही समझ लो कि सारी दुनिया में दुःख ही दुःख है। धरती का दुःख जिस दिन दूर होगा–नेमियार का दुःख भी दूर होगा और संजय

बाबू का भी।"

संजय पीकर कहता है—"तुमने पते की बात कही है।"

संजय पुनः पीता है—"हाँ नेमियार ! तुम ठीक कहते हो।··· मैंने दुनिया को जितना-सा देखा समझा है··· माँ-बाप, भाई-बहन—सभी को अपने मतलब-से-मतलब है।··· मैं भूल जाना चाहता हूँ सब कुछ। मैं किसी के लिए क्यों चिंता करूँ··· ?"

नेमियार पात्र भर देता है।

संजय पर नशा सवार हो गया है। वह अनवरत बोल रहा है—"नेमियार !" कलकत्ते की याद—घर की याद आते ही मुझे लगता है कि··· अब क्या बताऊँ ··· (हाथ के इशारे से) बस, 'टाका' ही सब कुछ है। रुपया न हो तो··· तुम्हारा कोई नहीं··· मैं सच कहता हूँ··· यहाँ आकर मुझे नयी जिन्दगी मिली है।

नेमियार टोकता है—"नई जिन्दगी को नये सिरे से शुरू करो बाबू !"

संजय, रुकनी को पुकारता है।

रुकनी आती है। खड़ी हो जाती है।

संजय कहता है—"और यह रुकनी !··· मैं क्या बताऊँ कि इस तरह··· निस्वार्थ भाव से आज तक किसी ने मुझे नहीं प्यार किया··· रुकनी को देखकर मैं सब कुछ भूल जाता हूँ··· मैं कभी कलकत्ता लौटकर नहीं जाऊँगा। मैं··· मैं··· हमेशा··· !"

नेमियार पात्र में डालना चाहता है। रुकनी रोक देती है—"आज पहला दिन है। आज, बस इतना ही··· "

नेमियार का हाथ रुक जाता है। वह उठकर लड़खड़ाता हुआ विदा होता है—"दरवाजा बंद कर ले।··· और हाँ—ज्यादा चढ़ जाय तो नीबू खिलाना··· ।

नेमियार चला जाता है।

संजय रुकनी को बाँहों में जकड़कर कहता है—"नहीं, नहीं। मैं नशे में नहीं। ··· लगता है, आज पहली बार होश में आया हूँ।··· रुकनी ! बोल—तू मुझे छोड़कर कहीं चली तो नहीं जायेगी ? मेरी रानी··· मेरी जान··· ।"

रुकनी कहती—"कहाँ जाऊँगी मैं ? तुम्हारे सिवा अब मेरा कौन है ?"

संजय दौड़कर टेबल पर पड़ी हुई चिट्ठियों को उठा लाता है और रसोईघर में घुसकर—एक-एक पत्र को आग में डालता जाता है।

आग की लपट के बीच—माँ, बाप, भाई, और भाभी के चेहरे प्रकट होते हैं और क्रमशः विलीन हो जाते हैं।

सब पत्रों को जला डालने के बाद संजय रुकनी का सहारा लेकर लड़खड़ाती आवाज में कहता है—"बहुत जोरों की नींद आ रही है।"

सेठ जी का बँगला··· दिन···

सेठ अपने मुनीम से कोई गुप्त बातें कर रहा है।

मुनीम—"सिर्फ नेमियार ही नहीं—उसकी बहन से भी बंगाली बाबू की गहरी दोस्ती

हो गयी है।··· अब तो वह बंगले में रात भी काटती है।"

सेठ जी कहते हैं–"तब ठीक है !"

मुनीम मुँह बा कर देखता है। वह समझ नहीं पाता कि सेठजी ने "तब ठीक है"–क्यों कहा।

सेठजी–समझे मुनीम जी ! नेमियार से दोस्ती की बात सुनकर मेरा माथा भी ठनका था। इसलिए, मैंने तुमको उस पर नजर रखने के लिए कहा था।··· लेकिन, जब रुकनी के फेर में पड़ गया है तो ठीक है। अब कोई डर नहीं।

मुनीम कहता है–"मगर बदचलन औरत के साथ रहनेवाला आदमी खजांची का काम करे··· ।"

सेठ जी–तुम नहीं समझते मुनीम जी। बेकार और कुँआरा बंगाली यानी जो नौजवान बंगाली, औरत से दूर रहे तो उसका डर मानना चाहिए।··· सरकार भी ऐसे नौजवानों से डरती है।··· जब औरत के फेर में पड़ गया है, तो डरने की कोई बात नहीं। हे-हे-हे-हे !!··· सब जहर उतार देती है औरत।

संजय का दफ्तर !

संजय लेजर पर झुका लिख रहा है।

सेठ रतनलाल का चपरासी आकर सलाम करता है–"हुजूर ! सेठजी ने सलाम भेजा है।"

संजय आँखें उठाकर देखता है। चपरासी कहता है–"कोठी पर !"

संजय अपने सहकर्मी को कोई हिदायत देकर–कुर्सी छोड़कर खड़ा होता है।

बाहर निकलकर संजय ने देखा–सैकड़ों गाड़ियों की कतार–ऊख से लदी हुई गाड़ियाँ !

क्रशिंग-मशीन की गड़गड़ाहट के साथ दोपहर का भोंपा बजता है !

लोडिंग-शेड से नेमियार के गले की आवाज आती है–"एक-एक कर ! भीड़ मत लगाओ।··· तैंतीस मन !··· चलो, आगे बढ़ो !"

गोदाम का फाटक खुला हुआ है। अंदर, चीनी की बोरियों की छल्लियाँ लगी हैं··· ।

राह चलते कर्मचारी सम्मानपूर्वक नमस्कार करते हैं–संजय को।

मुनीमजी, सेठ के बंगले से निकलता है।

संजय सेठ के बंगले में प्रवेश करता है।

सेठजी–"आओ संजै बाबू !··· बैठो !"

सेठजी संजय की ओर गौर से देखकर कहते हैं–"अब ठीक है ! चेहरा देखकर ही पता लग गया कि अब बंगाली बाबू का 'मोन' 'केमोन-केमोन' नहीं करता है हाहा-हाहा··· ।"

संजय भी हँसता है।

सेठजी कहते हैं–"कैसियर बाबू ! आपको एक खास काम के लिए बुलाया है।··· बात यह है कि हमारा केन इन्स्पेक्टर छुट्टी पर गया है, तो अब तक वापस नहीं लौटा और इधर सारा-का-सारा काम उसके बिना पड़ा हुआ है।"

संजय चुपचाप सुनता है–जिज्ञासु भाव से।

सेठजी फाइल उलट-पलटकर कहते हैं–"आगामी 'सीजन' के लिए फसल का 'सर्वे' अब तक हुआ नहीं।··· मैं चाहता हूँ कि आप आसपास के गाँवों में एक सप्ताह घूमकर आँकड़ा लीजिए। कितने एकड़ में, किस जाति का ऊख लगा है और गाँव में खुद ऊख पेर कर शक्कर और गुड़ बनानेवाले किसानों की संख्या–इन सारी बातों का पता आपको करना होगा।"

संजय कहता है–"मगर मैं यहाँ के गाँवों से वाकिफ नहीं। असल में मैं कभी गाँव में गया ही नहीं।"

सेठजी हँसते हैं–"वाकिफ नहीं हैं इसीलिए तो आपको भेज रहा हूँ।··· साथ में किसी जानकार आदमी को··· (अचानक याद आती है !) अरे हाँ ! वह नेमियार है न ! वह यहाँ के गाँवों का चप्पा-चप्पा जानता है। उसे साथ कर दूँ ?"

संजय कोई जवाब नहीं देता–उसकी हिचकिचाहट देखकर सेठजी कहते हैं–"देखिए संजै बाबू ! यह नेमियार आदमी थोड़ा 'उज्जड़' है, बदमाश भी है मगर है बड़ा काम का।··· अपने को काम से काम है।··· और, आपके साथ रहकर, मुझे उम्मीद है, वह बदल जायेगा।··· पारस तो लोहे को भी सोना बना देता है। हेहे-हेहे !"

संजय का बँगला।

बाहर दो साइकिल लगी हुई हैं।

संजय तैयार हो रहा है। नेमियार कह रहा है–"बाबू यह बात मेरे समझ में नहीं आ रही है कि सेठजी ने मुझे काम का आदमी कब से और क्यों कर समझना शुरू कर दिया ?"

संजय–(हँसकर कहता है) "ऐसा मत कहो। सेठजी को तुम पर बहुत विश्वास है।"

नेमियार हँसता है–"विश्वास ? आप भी क्या बात करते हैं, बाबूजी। सेठ को इस सारी दुनिया में किसी पर विश्वास नहीं–उस एक मुनीम के सिवा। आप इस मुगालते में मत रहिए कि वह आप, यानी–कैसियर बाबू पर भी विश्वास करता है।··· और, सेठजी का मुझ पर विश्वास हो–यह मेरे लिए लाज की बात है ?"

संजय अचरज से पूछता है–"लाज की बात ?"

रुकनी अंदर से हाथ में बैग लेकर आती है–संजय के कपड़े। कहती है–"मच्छरदानी भी डाल दिया है।"

नेमियार बैग लेकर बाहर चला जाता है।

रुकनी दूसरे कमरे में संजय को बुलाती है। वह संजय के बटन को ठीक

करती हुई पूछती है–"कब तक लौटेंगे।"

संजय–पाँच-सात दिन लग ही जायेंगे।··· क्यों ?

रुकनी उदास है। कहती है–सात दिन ? सात दिन मेरे लिए सात वर्ष··· संजय ··· लगता है··· लगता है, तुम मुझसे हमेशा के लिए··· ।

रुकनी का गला भर आता है। वह कुछ नहीं बोल सकती। उसकी आँखें डबडबा आयी हैं। संजय उसको खींचकर अपने बाहुओं में समेट कर कहता है–"पगली ! कैसी बातें करती है।"

"गाँव में तुमको मुझसे भी अच्छी लड़कियाँ मिलेंगी।"

"तो क्या होगा ?"

"तुम मुझे भूल जाओगे··· ।"

"तुमको भूलना इतना सहज नहीं रुकनी।"

नदी का किनारा।

एक पेड़ के नीचे संजय और नेमियार बैठे हैं।

नेमियार दूर एक काले जंगल की ओर दिखलाकर कहता है–"वह जो देख रहे हैं न–काले जंगल में खंडहर··· यहीं नीलहा-साहेब बार्कर की कोठी थी। एक जमाना था जब बार्कर साहब का नाम सुनते ही इलाके के लोगों के कलेजे की धुकधुकी तेज हो जाती थी। साला नम्बर एक जुल्मी था और भारी खच्चर"।

पृष्ठभूमि में एक ग्राम्य-गीत की कड़ी उभरती है।

दोनों उलटकर देखते हैं। एक पागल किस्म का आदमी, खिचड़ी-दाढ़ी–हाथ में एक बाँस की पतली कमानी में एक अखबार–झंडे की तरह। वह इन्हीं लोगों की ओर आ रहा है।

नेमियार कहता है–"पगला माधो गुसाँई है। पढ़ा-लिखा है। सुराजी काम में एक बार जेल भी हो आया है। गीत गाता है–खंजड़ी बजाकर। जेल में ही दिमाग खराब हुआ सो अब तक खराब है··· ।"

पगला माधो गा रहा है–

गंगा रे जमुनवाँ की धार नयनवाँ से नीर बही।
फूटल भारतीया के भाग, भारत माता रोई रही।।
तीन ओर सिंधु रखवरवा अधीर होई गरज रहे।
उत्तर हिमालय कोतवाल देखि दुःख बिलख रहे।।
देशवा के सब धन धान विदेशवा में जाय रहे।
महँगी पड़त हर साल कृषक अकुलाय रहे।।
कहाँ गइल अरजुन, भीम, नकुल सहदेव नहीं।
कहाँ कृप, द्रोण, हरिश्चन्द्र, युधिष्ठिर धीर नहीं।।

देखि जाहु आजु दुर्योधन भारतीया के भाग यही।
जहाँ तु रचौले महाभारत–सो भारत नहीं।।
पढ़ि पढ़ि लोग अंगरेजिया विदेशिया के ठाठ गहे।
हैट कोट बूट पतलून गुलमियाँ के साज सजे।।
का करें गांधी जी अकेले तिलक परलोक बसे।
कवने सरोजनी के आस अवहिं परदेस रही।।
सुनू सुनू गाँधीजी के बतिया···

पगला माधो का गीत दोनों मंत्रमुग्ध होकर सुन रहे हैं।

पगला माधो गीत बंदकर–इनकी ओर देखता है। उसकी गोल-गोल घुड़कीली आँखें देखकर संजय को तनिक भय होता है। नेमियार हँसकर कहता है–"अरे माधो बाबा ! कहाँ से आ रहे हो ?"

"सीधे लंदन से। पंचम जारज ने बुलाया था। बोला–देखो माधो गुसाँई, तुम लंदन में रह जाओ। हम बोला–तुम्हारा लंदन का लंद-फंद हमको मालूम है। हम अपना मुलुक में रहेगा। भूख से मरेगा–धूप में जरेगा; कूप में गिरेगा, टूट के रहेगा चाहे फूट के रहेगा–रहेगा तो अपने मुलुक में रहेगा।

नेमियार–(संजय से धीमे स्वर में) "अभी दिमाग बुलन्दी पर है।"

संजय–"हमला तो नहीं करेगा ?"

पगला माधो हँसता है, ठठाकर, मानो उसने इनकी बातें समझ ली हैं। वह कहता है–

"की कोरैछो गिटिर-पिटिर
की कोरैछो कँथा
देश तुम्हारा बंगाला में
मच्छड़ होइछौ मँशा–मँशाय खूब बले रे···।"

(वह गाता हुआ नाचने लगता है।)

संजय हँसता है। माधो उसके पास आकर कहता है–"घर बंगाला है न ?"

संजय कहता है–"जी हाँ। कलकत्ता ?"

"कलकत्ता ? (अचानक प्रफुल्लित होकर) कलकत्ता ? पहन के लत्ता चल कलकत्ता; ले ले छत्ता, पैर में जूत्ता, पान का पत्ता, दिल अलबत्ता, चल कलकत्ता··· !"

पगला माधो चल देता है– 'चल कलकत्ता' रटता हुआ !

संजय कहता है–बात किन्तु पते की करता है।"

नेमियार–"बहुत से लोगों का अनुमान है कि माधो गुसाँई सी. आई. डी. का आदमी है।"

गाँव !

एक किसान का घर !

किसान संजय और नेमियार से तरह-तरह के सवाल पूछता है।

किसान–"क्या नाम ?"

संजय–"संजय कुमार ?"

किसान–"कौन बेरादर··· माने··· कौन जाति ?"

संजय–"आदमी।"

किसान संदेह से उसकी ओर देखता है–"आदमी ?"

नेमियार बीच में टोकता है–"इतना जिरह क्यों करते हैं। हम लोग सुगर मिल रतनपुर के आदमी हैं। चीनी मिल के !"

किसान अचानक घबराकर–हाथ उठाकर–सलाम करता है–"सलाम साहेब ! ··· बात यह है कि आजकल किस 'भेख' में कौन रहता है, पता नहीं। शिलानाथ बाबू के घर पर उस दिन एक आदमी आया और बोला कि हम डॉक्टर हैं–बाद में एक किताब शिलानाथ बाबू के घर में 'जप्त' कर लिया और मुकदमा चला दिया कि गैरकानूनी किताब घर में रखता है। इसीलिए··· ।"

दूसरे किसान का चौपाल !

संजय पूछता है–"आपने कितनी खेती की है ऊख की ?"

किसान–"जी, दस एकड़ पुराना और तीन एकड़ नया–तेरह एकड़ मोट।"

संजय–"अपने से भी पेरियेगा !"

किसान–"तीन एकड़ में गुड़ बनाने के लिए देसी ऊख लगाया। दस एकड़ दस नम्बर का है–वह मिल में देने के लिए।"

संजय–"आपका नाम।"

किसान–"जी, शिलानाथ।"

संजय–(कुछ याद करके) "ओ ! आप ही हैं जिनके घर से पुलिस कोई किताब उठा ले गयी है ?"

शिलानाथ (गर्व से) "जी ! 'भारत में अंग्रेजी राज' नाम की किताब। (वह अपने घर की दीवार से लटकी हुई गाँधीजी की तस्वीर की ओर देखकर कहता है) सो, क्यों ?"

संजय–"यों ही पूछ रहा था।"

शिलानाथ–"मुकदमा चलावे या जेल ले जाय–हम नहीं डरते। गाँधीजी के 'प्रताप' से अब लोगों के दिल से डर दूर हो रहा है। नहीं तो नीलहे-साहबों के जुल्म के चलते–गोरी चमड़ी को देखते ही आदमी थर-थर काँपने लगता था।··· सब गाँधीजी की महिमा है !" (वह तस्वीर की ओर हाथ उठा, नमस्कार करता है)।

संजय–"नील-युग की बातें आपको याद हैं ?"

शिलानाथ–"क्यों नहीं ?··· आपका रतनपुर मिल जिस जमीन में बना है, उसी जमीन पर इस इलाके के मशहूर बहादुर कुलदीप दास को चाबुक से मार-मार कर बार्कर साहब ने सुला दिया मगर कुलदीप दास मरते दम तक कहता रहा–'दादन नहीं लेंगे–नील की खेती नहीं करेंगे !'··· कुलदीप वहीं ढेर हो गया।

संजय–"चलिए–नील युग खत्म हुआ···।"

शिलानाथ–"नीलयुग खत्म हुआ, अब ऊख-युग आया है। क्यों ? मगर··· आपके सेठजी, बार्कर से भी ज्यादा जुल्मी हैं।"

संजय–"मगर सेठ जी तो किसी को चाबुक से नहीं मारते।"

शिलानाथ–"चाबुक से नहीं, वह आदमी को चूस-चूसकर मारता है।"

गाँव का दूसरा हिस्सा··· साँझ !

एक बाबाजी के अखाड़े पर दोनों पहुँचते हैं। बाबाजी भी बड़े किसान हैं-खेती करते हैं। तीस एकड़ में ऊख लगाया है।

नेमियार मठ के दरवाजे पर हाँक लगाता है–"कोई है ?"

एक युवती सुफेद साड़ी में, गले में कंठी-माला और कपाल पर तिलक लगाये प्रकट होती है–"महंथ साहेब नहीं हैं।"

नेमियार–"महंथ के कोई कारपरदाज नहीं ?"

युवती–"सभी 'मूर्ति' कचहरी गये हैं।"

एक पुरुष-बाबाजी-नाटा, काला-कलूटा हाथ में कुल्हाड़ा लेकर आता है। आते ही कहता है–"आप लोग जनाना फाटक पर काहे हैं। चलिए, उधर 'मर्दाना' फाटक पर···।"

संजय चुप है। नेमियार जरा नाराज होकर कहता है–"मठ में भी जनाना फाटक होता है ? यह मठ है या रेलगाड़ी का डिब्बा ?··· इधर सुनिए बाबाजी ! महंथ साहब ने पिछले साल तीस एकड़ में ऊख की खेती की थी। इस बार कितनी···।"

बाबाजी कहता है–"ऊ सब हमको कुछ नहीं मालूम।"

"तो, तुमको क्या मालूम है ?"

"हम तो भंडारी हैं। 'प्रसाद' पकाना हमारा काम है।"

"ठीक है, आज रात हम लोग मठ पर ही प्रसाद पायेंगे··· हम लोग रतनपुर सुगर मिल के आदमी हैं···।"

"आप लोग वैष्णव हैं या 'साकठ'··· ?"

"साकठ क्या ?"

"जो माँस-मछली खाता है।"

"हाँ, हम लोग दोनों खाता है।"

"तब तो यहाँ प्रसाद नहीं पा सकियेगा।"

"अरे बाबा, बिना मांस-मछली के भी हमारा काम चल जायेगा।"

"नहीं।" कहकर बाबाजी मठ का दरवाजा बंद कर देता है।

दोनों साईकिल लेकर अंधकार में खड़े हैं। गाँव की गँवई सड़कों के खड्डों और अँधेरे के कारण साईकिल पर चढ़ नहीं सकते। वे इधर-उधर भटक रहे हैं!

अँधेरे में औरतों की एक टोली हँसती-बतियाती आ रही है।

अचानक, संजय और नेमियार पर नजर पड़ते ही सबसे अगली डर के मारे चीख पड़ती है–"अरे बप्पा रे!···

सभी डरकर एक दूसरे को पकड़ लेती हैं और चिल्लाने लगती हैं। संजय जल्दी से बैग से टार्च निकालता है। नेमियार खाँसने लगता है।

तब तक एक-दो पुरुष दौड़कर पहुँचते हैं–हाथ में लाठी भाला लेकर–"के है रे?··· कौन है रे? घेर-घेर···।"

सबसे अगले व्यक्ति को नेमियार डाँट देता है–"तुम लोग इस तरह हल्ला क्यों मचा रहा है। एँ? आदमी देखकर भी डरता है?"

एक व्यक्ति नेमियार को पहचान लेता है–"अरे! ई तो ओजन बाबू हैं। चीनी मिल के ओजन बाबू···। धत्··· सलाम ओजन बाबू!"

नेमियार कहता है–"गाँववाले क्या किसी परदेसी को रात में रहने की जगह नहीं देते?··· रात हो गयी, हम कहाँ जायें।"

वह व्यक्ति उत्साहपूर्वक कहता है–"तब चलिए जमुनाबाबू के यहाँ। उनके यहाँ आज पूजा है। अभी नाच होगा–"ननदी-भउजिया' का। देखिए न, गाँव के सभी लोग वहीं जा रहे हैं।"

जमुनाबाबू का चौपाल।

दो-तीन पेट्रोमेक्स जल रहे हैं। शामियाना तना हुआ है और एक आदमी ग्रामोफोन बजा रहा है–अँधेरिया है रात सजन रहियो कि जइयो···।

दस पंद्रह व्यक्ति बैठे हुए हैं। उत्सव का आयोजन···।

नेमियार अपने आप बड़बड़ाता है–"रहिहौं ना तो अभी कहाँ जइहौं।"

झुंड की औरतें खिलखिलाकर हँस पड़ती हैं।

जमुनाबाबू नामक व्यक्ति हाथ जोड़कर स्वागत करता हुआ कहता है–"धन्य भाग्य! धन्य भाग्य!!··· आप लोग··· कैसे इस गरीब की कुटिया पर···?"

नाच का ढोलक बजता है।

हारमोनियम मास्टर गत छेड़ता है। भीड़ शामियाने में समा नहीं पा रही है।

संजय, नेमियार कई भद्र व्यक्तियों के साथ कुर्सियों पर बैठे हैं। नाच का विदूषक मुँह में कालिख-चूना पोतकर, हैट पतलून पहनकर–ताल पर नाचता हुआ आता है और ढोलक के ताल पर मुँह से बोल निकालता है–

धड़िग धड़िंगा गनपत गंगा
धिन तक धिन्ना-धिन्ना-तिन्ना
हाथ गोड़ लम्बा, जै जगदम्बा
बाँस खंभा-धिन तक धिन्ना… ।

भीड़ में हँसी की पहली लहर खेल जाती है !

विदूषक ताल कटते ही नाच के समाजियों से पूछता है–"अरे भाई ! यह ढोलक और ललमुनियाँ बाजा यहाँ क्यों बज रहा है ?"

"अभी नाच होगा-नाच।"

"ओ ! नाच होगा ?"

विदूषक और समाजी के वार्तालाप में होनेवाले नाच का नाम–समाजियों के नाम-धाम का परिचय दिया जाता है। फिर नाचनेवाले नटुए घांघरी पहनकर-गाते हुए आते हैं–

कि आहे मैया सरोसती है
प्रथमे बन्दना तोहार…
कि आहे मैया-भूलल आखर जोड़ि के… अमद !

संजय देखता है, एक नटुआ की वेशभूषा-ठीक रुकनी की तरह है। वैसी ही साड़ी, उसी रंग की चोली–बाजूबन्द, हँसली, हार, कड़े-छड़े–सब वैसे ही।

वह नटुआ ननद बना है, जो अपनी 'भउजी' को रो-रोकर कहती–

'करि के गवना सैयां
गइले पटनवाँ
लिखियो ना भेजे कोनो पाँति रे भउजिया !'

भीड़ रह-रहकर विदूषक की बातों पर हँसती है। नटुआ के दर्द भरे गीत पर 'आहें' भरती है।

संजय अपलक नाच देख रहा है। नेमियार ऊँघ रहा है।

एक किसान–"बड़े किसानों को क्या है ? मारे जाते हैं हम दो चार बीघेवाले छोटे किसान !"

संजय एक नोटबुक पर लिखता जा रहा है।

दूसरा किसान—"मिलवालों ने एलान किया था कि बीज के लिए कर्ज देंगे। मगर, महीना भर दौड़ने के बाद भी कोई सुनवाई नहीं हुई।"

संजय लिख रहा है।

तीसरा किसान—हम मिल के लिए नहीं—अपने से पेरकर गुड़ बनाने के लिए ऊख लगाया।··· कौन अपना माल देकर 'बाबू-बाबू' रिरियाता फिरे !"

नदी का किनारा !

पेड़ के पास आकर नेमियार कहता है—"यहाँ सुस्ताइयेगा नहीं।"

संजय कहता है—"नहीं। अब सीधे रतनपुर चलकर ही सुस्तायेंगे।"

नेमियार कहता है—"खजांची बाबू। रुकिये··· ।"

नेमियार साईकिल से उतर पड़ता है। संजय भी उतरकर पूछता है—"क्या हुआ ?"

"मैं तो बिना थोड़ी देर यहाँ बैठे आगे नहीं बढ़ सकता।"—नेमियार जेब से बीड़ी निकालकर सुलगाता है।

दोनों बैठ जाते हैं। नेमियार कहता है—"देखा ? यहाँ के गाँवों को ?"

संजय—नेमियार, मैं अपने यहाँ के गाँवों में भी कभी नहीं गया। पहली बार गाँव में एक सप्ताह काटा है, मैं कभी नहीं भूल सकूँगा।··· अच्छा, ये सचमुच इतने भोलेभाले होते हैं ?"

नेमियार—भोले भाले ? बाबू, जिस आदमी को आप सबसे भोंदू समझेंगे—वही आपको दिन में तीन बार ठग लेगा। हाँ !··· इनको शहर और कस्बे के किसी भी आदमी पर भरोसा नहीं।··· स्टेशन पर टिकट कटायेगा, तो दूसरे से पढ़वाना नहीं भूलेगा कि देखिए तो बाबूसाहब, कहाँ का टिकस दिया है और कितना पैसा लिया है।"

संजय—"इसका मतलब है कि शहरवालों ने—बाबुओं ने इन्हें काफी ठगा है।"

नेमियार—"आपका अनुमान ठीक है, बाबू।"

संजय—"नेमियार ! मुझे लगता है, मेरा घर इन्हीं गाँवों में कहीं है। पता नहीं क्यों—गाँव छोड़ने का जी नहीं कर रहा था।"

नेमियार—(मुस्करा कर) "कहीं दिल अटक गया क्या ? हें हें। वह सब अब नहीं चलेगा, कैसियर बाबू। रुकनी इसी नदी में डूब मरेगी···।"

संजय—"अरे, नहीं नहीं !"

दूर—रतनपुर मिल का भोंपा बजता है !

संजय का बँगला।

रुकनी कहती है—"मैं आज किसी को साथ लेकर तुम्हें खोजने जाने की बात सोच रही थी।"

संजय–"खोजने ? क्या मैं कहीं गया था !"

रुकनी–"तुम क्या जानो–किस तरह ये सात दिन कटे हैं मेरे··· ! लगता था, अगर पंख हो तो तुम्हारे पास उड़कर पहुँच जाऊँ–जहाँ भी तुम रहो।"

संजय–"जानती है ! ननदी-भउजिया नाच में ननदी ठीक तुम्हारी तरह थी–हू-ब-हू··· ।"

रुकनी–"धत् ! नाचनेवाला नटुआ ! (हँसती है) मैं नचनियाँ-लड़के जसी हूँ क्या ?"

बाहर नेमियार खांसता है।

रुकनी और संजय सतर्क हो जाते हैं। रुकनी दरवाजा खोल देती है।

संजय लेटा हुआ है। नेमियार हाथ में बोतल लेकर प्रकट होता है–"आज सौंफ का माल है–सौंफी। एक ही घूँट में थकावट छू मंतर··· ।"

संजय–"इसको किस चीज में पीते हैं ?"

नेमियार–"मैं ले आया हूँ। (झोली से हरा तालपत्र निकालता है और रुकनी से कहता है) रुकनी बना दे दो दोने !··· ताड़ के दोने में-सौंफ का माल !"

रुकनी ताड़ के पत्ते लेकर–दोना बनाने लगती है और नेमियार पॉकेट से तीन चार अंडे निकालता है–"और जंगली बत्तख के इन अंडों का 'आमलेट' बना दो··· ।"

आज संजय जरा भी एतराज नहीं करता है। रुकनी दोना बनाकर ले आती है। नेमियार-बोतल से शराब निकालकर ढालता है। रुकनी अंडे लेकर अंदर जा रही है। नेमियार रोककर कहता है–"जानती है ? बाबू का दिल गाँव में अटक गया था। मैं छुड़ाकर ले आया हूँ।"

रुकनी हँसती–अंदर चली जाती है।

संजय कहता है–"सच, मैंने फैसला कर लिया है। इन्हीं गाँवों में कहीं अपना घर बनाऊँगा।"

"सुनती है रुकनी ?"

दोनों हँसते-बतियाते बहुत देर तक पीते रहते हैं। अचानक नेमियार उत्तेजित-सा हो जाता है–"खजांची बाबू, तुम्हारे साथ में रहकर मैं भला आदमी होता जा रहा हूँ।··· भला आदमी बनने से मेरा काम नहीं चल सकता। तुम नहीं जानते खजांची बाबू–मेरे सीने के अंदर कैसी आग सुलग रही है।··· ईमानदारी से काम करने का नतीजा मैं भोग चुका हैं। भला आदमी बनकर मैंने चुपचाप अपनी बीवी-बच्चों को मौत की मरजी पर छोड़ दिया।··· मैं कुछ करना चाहता हूँ। कुछ ऐसा··· कि इस सेठ को छठी का दूध याद आ जाये।"

नेमियार उत्तेजित होकर खड़ा हो जाता है–"मैं चला खजांची बाबू। आप अफसर आदमी ठहरे। मैं ठहरा अदना मजदूर। आपसे मेरी दोस्ती नहीं निभ सकेगी··· "

नेमियार लड़खड़ाता हुआ चला जाता है।

संजय रुकनी से पूछता है–"आज नेमियार ऐसी उखड़ी-उखड़ी बातें क्यों कर रहा है ?"

रुकनी चुपचाप संजय को देखती रहती है। फिर कहती है–"भैया शायद ठीक ही कहते हैं। हम ठहरे गरीब मजदूर और तुम··· आप··· ।"

"तुम भी यही कहती हो ?"–संजय दुःखी होकर कहता है–"मुझ पर किसी को विश्वास नहीं।"

रुकनी भोजन परोसती है।

संजय चुपचाप बैठा रहता है। उसकी आँखें डबडबा आयी हैं।

रुकनी करीब आकर कहती है–"तुम अपने मन की बात मुझसे क्यों छिपाते हो ?"

संजय चुप रहता है।

"बोलो न–तुम इस तरह बीच-बीच में रोते क्यों हो ? किसकी याद आती है।··· तुम्हें मेरी कसम जो छिपाओ !"

संजय चुपचाप खिड़की की ओर देखता रहता है।

रुकनी उसके गले से लिपट जाती है–"संजय !"

सेठ जी की कोठी ! दिन।

सेठजी व्यस्त और नाराज नजर आ रहे हैं। क्लर्क से कह रहे हैं–"किरानी बाबू कितनी बार कहा कि मजदूरों या कर्मचारियों का कोई ज्वायंट पिटिसन (Joint petition) मत लिया करो–मगर तुम समझते नहीं··· ।"

सेठजी दर्खास्तों को मरोड़कर फेंक देते हैं।

सेठजी मुनीम को पुकारते हैं–मुनीमजी !

मुनीम चुपचाप उठकर खड़ा हो जाता है। सेठजी पूछते हैं–"कैस बाबू आया है या नहीं ?"

मुनीम के कुछ कहने से पहले ही क्लर्क कहता है–"जी, आ गये हैं।··· यह है उनकी रिपोर्ट।" (क्लर्क फाइल से कागज निकालता है !)

डाकिया आकर एक टेलिग्राम दे जाता है।

सेठजी रिपोर्ट पढ़ना छोड़कर 'तार' खोलकर पढ़ते हैं। उनके समझ में कोई बात नहीं आती। क्लर्क से कहते हैं–"पढ़ो। क्या लिखा है··· ।"

क्लर्क पढ़ता है–तार अंग्रेजी में है। भावार्थ : "जावा चीनी की खुले बाजार में आमदनी के कारण देसी चीनी का भाव गिर गया है··· ।"

अचानक मिल का भोंपा अस्वाभाविक ढंग से बजने लगता है–खतरा ! खतरा !!

शोरगुल, कोलाहल और भागदौड़ !

एक आदमी दौड़ा हुआ आता है–"सेठजी। एक्सीडेंट··· एक्सिडेंट··· चार मजदूर मर गये–दो घायल हो गये हैं। एक का हाथ कट गया है।"

सेठ जी आतंकित हैं।

मिल के अन्दर !

नेमियार एक घायल को कंधे पर ढोकर बाहर निकालता है। वह जोर-जोर से बोल रहा है–"दुनिया भर का 'कंडम' मशीन और पुर्जे इसी मिल में लगाये गये हैं !"

आह–चीख-कराह से वातावरण और भी वीभत्स हो गया है।

संजय कहता है–"डॉक्टर कहाँ है ? डाक्टर को बुलाओ !"

सेठजी आते हैं। कोलाहल करते हुए मजदूर चुप हो जाते हैं। सेठजी आते ही नेमियार पर बरसने लगते हैं–"इतना हल्ला क्यों मचा रहा है ?"

"आदमी मर गये और हल्ला नहीं करूँ ?"

संजय कहता है–"डॉक्टर !"

सेठजी संजय से कहते हैं–"इस तरह 'कैस' छोड़कर कोई कैसियर बाहर नहीं दौड़ता।"

साँझ ! नेमियार का क्वार्टर !

नेमियार कई मजदूरों के बीच खड़ा होकर कह रहा है–"क्या कहता है सेठ ? मरनेवाले या घायल लोग इस मिल के कर्मचारी नहीं ? तब कौन हैं ये लोग ? ··· हत्यारा !

नेमियार संजय के बँगले की ओर हड़बड़ाता हुआ भागता है।

संजय सुनकर कहता है–"क्या ? वे इस मिल के कर्मचारी नहीं तो कौन हैं ? कहाँ से आये··· ?"

संजय कुछ याद करके कहता है–"नेमियार !··· सेठ जी ने अभी कुछ देर पहले मजदूरों की हाजिरी और 'पे-रजिस्टर' अपनी कोठी पर मँगाया है !"

नेमियार–"बस, मैं समझ गया। हाजिरी बही और पे-रजिस्टर ही बदल दिया जायेगा !"

सेठ का चपरासी आता है–"हजूर। सेठजी ने अपनी कोठी पर अभी बुलाया है।"

नेमियार संजय की ओर अर्थ भरी निगाह से देखता है।

संजय सेठजी के तैलचित्र की ओर देखकर कहता है–"अब आपका असली रूप सामने आ रहा है, सेठ जी !"

सेठजी कहते हैं–"संजैबाबू ! हम तो डूब गये।"

संजय कहता है–"कानून के मुताबिक मजदूरों के परिवार को वाजिब हरजाना देकर··· ।"

सेठ झल्लाकर कहता है–"तुम किसके हरजाने की बात कर रहे हो बाबू ! ··· तुम यहाँ के लोगों को नहीं जानते। दारू पीकर औरत के लिए झगड़ेंगे, छुरेबाजी करेंगे–और मरे हुए लोगों को मिल के अन्दर पहुँचाकर हल्ला मचायेंगे कि मजदूर मारा गया।··· खोज लो हमारे रजिस्टर में–मँहगू मंडल नाम का कोई मजदूर है ? जनक पासवान नाम का भी कोई नहीं··· फालतू बातें।"

सेठ जी संजय की ओर कलकत्ता से आया हुआ टेलिग्राम फेंक देते हैं और दोनों हाथों से सिर थाम लेते हैं।

संजय तार पढ़कर अचरज से कहता है–"यह क्या हुआ ?"

"जुल्म हो गया !··· हम तो डूब गये।"··· सेठ सिर पकड़ कर कहता है।

मिल का भोंपा करुण-सुर में बोल रहा है।

चारों ओर उदासी छाई हुई है··· छा रही है।

"चीनी का भाव गिर गया ?"–एक मजदूर दूसरे से पूछता है।

"अब ऊख का भी भाव गिरेगा"–दूसरा।

"हमारा क्या होगा ?"–तीसरा !

मिल का भोंपा रह-रहकर बज उठता है !

क्रशिंग-मशीन की घड़घड़ाहट डरावनी प्रतीत होती है।

दूर-दूर तक ऊख के खेत–उदासी के आलम में डूबे हुए से लगते हैं।

रेलगाड़ी की इंजन की सीटी सुनाई पड़ती है।

स्टेशन पर–प्लेटफार्म पर 'जावा चीनी' की बोरियाँ उतर रही हैं। बाजारों में 'जावा-चीनी' भर गया है।

एक दुकानदार हाँक लगा रहा है–"ले जाओ ! आ गया-आ गया, जावा का माल आ गया।"

"देसी चीनी' का रंग तनिक भूरा है और 'जावा चीनी' दूध की तरह सफेद !

मिल-एरिया में यह उदासी और घनी मालूम पड़ती है।

सेठजी की कोठी।

सेठजी मुनीम को कोई हिदायत दे रहे हैं।

मुनीम जी हाथ में एक कागज लेकर निकलता है।

वह सबसे पहले दफ्तर में जाता है और मिल के डायरेक्टर सेठ रायबहादुर रतनलाल का आदेश पढ़कर सुनाता है–

मुनीम–"··· इसलिए, मासिक वेतन और दैनिक मजदूरी में सैकड़े चालीस के दर से कटौती की जाती है।"

एक साथ दर्जनों टाइपराइटरों की खटपटाहट बंद हो जाती है।

फैक्टरी का भीतरी हिस्सा !

मुनीम जी पहुँचते हैं। एलान सुनाते हैं–"··· मजदूरी में सैकड़े चालीस की कटौती !" क्रशिंग-मशीन का कोई 'पार्ट' अचानक बेसुरे ताल में बजने लगता है !

कर्मचारियों के चेहरे अचानक बुझ जाते हैं।

मिल का फाटक !

किसानों की भीड़ लग गयी है। गोरखा दरबान फाटक बंद करके कंधे पर बंदूक लिये खड़ा है।

मुनीमजी हाथ में एक भोंपा लेकर प्रकट होते हैं। एलान करते हैं–"··· इसलिए, यह फैसला किया गया है कि ऊख का दर ग्यारह पैसे फी मन के हिसाब से खरीदा जाय। जो किसान इस दर में बेचना चाहते हैं–कल से फसल मिल में पहुँचावें···।

भोंपा में मुनीमजी की आवाज विचित्र और डरावनी सुनाई पड़ती है।

एलान सुनकर किसानों के मुँह से एक हल्की चीख निकल पड़ती है–"हाय बाप ! ग्यारह पैसे मन ?··· हम मर जायेंगे।··· इससे तो खेती की लागत और मजदूरी भी नहीं··· हे भगवान् ! यह क्या हो गया ?"

पगला माधो गुसांई की बड़बड़ाहट सुनाई पड़ती है–'बज्रपात–पेट पर लात–अजब बात–बासी भात–ऊख रे ऊख ! भूख रे भूख !!'

साँझ हो आयी। किन्तु फाटक पर भीड़ लगी हुई है।

सेठजी हाथ जोड़कर प्रकट होते हैं–"भाई लोग ! बेकार की भीड़ और बेमतलब का झमेला क्या··· (ऊपर की ओर दिखलाकर) सब उनकी मर्जी है। उन्हीं से प्रार्थना करो कि अच्छे दिन लौट आवें···।"

भीड़ को हटाकर–मुनीराम नामक किसान आगे आता है और कहता है–"मगर सरकारी-रेट तो पौने पाँच आना है ?"

रायबहादुर सूखी हँसी हँसकर कहते हैं–"सरकारी रेट ? हूँ ? सपने की बात है। भाइयों, अब वह रामराज नहीं।··· जावा के माल ने बाजार में डाका डाल

दिया है। चारों ओर आग लग गयी है।··· मिल बंद कर देना पड़े–हमें इस बात का खौफ है।"

मुनीराम–"कल सुबह घर के सभी बालबच्चों को भेज दूँगा। मेहरबानी करके उन्हें–एक-एककर गोली के घाट उतार दें–इससे वही अच्छा !" सेठजी मुनीराम को मानो स्नेहपूर्वक डाँटते हैं–"क्या बेवकूफी की बात करते हो। जाओ घर–माथा ठंढा करो।··· ए, शंकर पहलवान् फाटक बंद करो !"

फाटक झनझनाकर बंद हो जाता है।

शाम का अंधकार।

एक बड़े बट-पेड़ के नीचे कई लोग खड़े हैं। बट-पेड़ का चबूतरा पक्का है। यहाँ अवकाश के क्षण में मजदूर लोग बैठते हैं। गाते-बजाते और पूजा करते हैं ?

हल्की रोशनी में कई लोगों के चेहरे स्पष्ट होते हैं।

मुनीराम, सुखलाल, छेदी और भी कई किसान।

नेमियार कहता है–"सेठ माथा ठंढा करने को कहता है। सुना आपने खजांची बाबू ?"

संजय–"इसका बदला लेना होगा। इस अन्याय के खिलाफ लड़ना होगा।"

मुनीराम आर्तनाद के स्वर में–"दुहाई बंगाली बाबू। कोई रास्ता निकालिए।"

दो-तीन किसान एक साथ–'हर-हर महादेव' की जय ध्वनि करते हैं।

नेमियार उन्हें डाँटता है–"ए ! ए !··· कोई आवज नहीं। खबरदार। सिस।"

कुछ क्षण तक चुपचाप रहने के बाद संजय कहता–"कोई किसान फसल मत बेचे।"

सभी प्रायः एक ही साथ–"ठीक बात।··· वाजिब बात ! !"

संजय–तुम लोग किसी भी हालत में दर नहीं कमाना।··· मिल वालों को मजबूर होकर फसल खरीदना पड़ेगा। नया क्रशिंग-मशीन आया है। उन्हें माल की सख्त जरूरत है।"

सुखलाल–"यदि नहीं खरीदे ?"

संजय दृढ़ स्वर में कहता है–"उन्हें झख मारकर खरीदना पड़ेगा। लड़ाई शुरू कर दो।··· इस बट-बाबा के नीचे, बेदी को छूकर कसम खाओ–कम दर पर फसल नहीं बेचेंगे।"

सभी के चेहरे पर दृढ़ता और प्रसन्नता की झलक।

संजय और नेमियार अंधकार में चुपचाप चल रहे हैं।

अचानक संजय रुककर कहता है–"नेमियार। अब तुम जाओ। आज से–अभी से लग जाओ। ठीक से 'आर्गेनाइज' करो···।"

नेमियार–"बहुत अच्छा बाबूजी।"

नेमियार चला जाता है। संजय कुछ देर तक खड़ा रहता है। उसकी आँखों के सामने–विगत दिनों की स्मृतियों के चित्र नाचने लगते हैं–'बी. ए. की डिग्री लेने का दिन।··· ऊँची आशाओं के दिन।··· फिर, बेकारी के दिन और एक ग्रेजुएट का साधारण कैस-मुंशी का पद स्वीकार करना।··· सेठजी की बात–काम दिखलाओ। यह मिल तुम्हारा ही है। इसकी उन्नति में ही तुम्हारी उन्नति है।··· "

रतनलाल सुगर मिल्स की चिमनी अंधकार में भय की सृष्टि करती है–मिल की चिमनी धुआँ उगलती हुई–सारे इलाके के खेतों के ऊपर काले-काले धुएँ का गुब्बारा छा रहा है।

संजय धीरे-धीरे रुकनी के क्वार्टर के अन्दर कदम रखता है।

रुकनी, संजय को देखकर अचरज में पड़कर कहती है–"मैंने सतकौड़ी से कह दिया था कि आज नहीं आ सकूँगी··· ।"

"क्यों ?··· मुझे सताने में तुमको सुख मिलता है क्या ?"–संजय बैठते हुए कहता है।

"वाह रे ! एक दिन नहीं आयी तो क्या हुआ ?"

"एक दिन ? मैं आधा दिन भी तुम्हारे बिना नहीं रह सकता, रुकनी रानी।"–संजय रुकनी को अपनी ओर खींचता है।

"हूँ, बड़ा सस्ता माल मिल गया है। क्यों ?"–रुकनी मान भरी बोली बोलती है।

संजय हठात् रुकनी का हाथ छोड़ देता है–"सस्ता ? मेरे पास देने को अब क्या रह गया है, रुकनी। सब कुछ देकर तुमको पाया है और तू ही ऐसा कहती है··· ।"

रुकनी अपनी गलती मानकर संजय को मनाती है–"अच्छा, अच्छा माफ करो। अब नहीं कहूँगी।··· लेकिन, तुम्हीं ने तो नशे में उस दिन कहा था–रुकनी तुम शरबत का गिलास हो, शरबत नहीं।"

संजय कोई जवाब दे, इसके पहले ही रुकनी संजय के पास बैठ जाती है और उसके बालों में हाथ फेरने लगती है–"सुनो, मुझे कुछ थोक रुपये की जरूरत है।··· जरा मेरी ओर गौर से देखो तो।"

रुकनी लाज भरी हँसी हँसती है।

रुकनी अपने आँचल को सरकाकर खड़ी हो जाती है। पूछती है–"कुछ समझ में आयी बात।"

संजय गंभीर होकर कहता है–"ओ !··· हाँ ! समझ गया।"

सेठ रतनलाल पागलों की तरह चिल्लाकर कहता है–"मत बेचो ! कोई जरूरत नहीं। इसीलिए हमने पचास एकड़ में ऊख लगा कर रखा है। अभी एक महीना

हम अपने ही फसल से मिल चलायेंगे। मुनीमजी–किसानों से कह दो–किसी भी दर पर हम फसल नहीं खरीदेंगे। हमें जरूरत नहीं···।"

"हमें जरूरत नहीं ! हाहा-हाहा ! !"–अट्टहास सारे इलाके के ऊख के खेतों में प्रतिध्वनित होती है–"जरूरत नहीं। जरूरत नहीं ! !"

सेठ रतनलाल आवाज को मद्धिम करके मुनीमजी से कहता है–"अपने विश्वासी एजेन्टों को रुपये लेकर गाँव-गाँव में भेजो। लोगों से कहो कि माल बेचना हो तो जल्दी बेचो। अगर फसल का पत्ता लाल हुआ तो मुफ्त में भी नहीं लिया जायेगा। समझे ? होशियारी से।"

रतनलाल मिल का भोंपा आर्तनाद करता है।

क्रशिंग-मशीन की घड़घड़ाहट धीरे-धीरे मंद होती जा रही है। मशीन की चाल (Speed) क्रमशः कम होती जाती है। और अंततः मशीन एक विकट स्वर के साथ बंद हो जाती है। सेठजी मानो बुरा सपना देखकर चौंक जाते हैं।···

गाँव। ऊख के खेतों में कटाई बंद है।

किसानों के एक गिरोह को मिल का एजेन्ट समझा रहा है–फुसला रहा है–"खेत पर ही नकद पैसा ले लो। कोई झंझट नहीं।··· फसल का पत्ता लाल हुआ कि समझो सब बेकार।"

किसानों की भीड़ सिर हिलाकर अस्वीकार करती है–"कम दर पर हर्गिज फसल नहीं देंगे।"

एजेन्ट चला जाता है।

नेमियार प्रकट होता है–"खबरदार ! एजेन्टों के बहकावे में मत पड़ना। मिल की चिमनी ठंडी हो रही है।··· मशीन में जंग लग जायेगा। होशियार !"

आसमान में गिद्ध और चील उड़ रहे हैं।

एक करुण और उदास सुर हवा में तैर रहा है। किसी औरत का बच्चा मर गया है, शायद !

अकाल और महँगी फैल रही है। किसानों के पास पैसे नहीं। लोग दल बाँध कर सूदखोर महाजनों की ड्योढ़ी पर जाते हैं–गाँव के बड़े-बड़े किसान भी महाजनी करते हैं। आदर्श की बातें करनेवाला किसान शिलानाथ भी कर्ज देता है और महंथ भी। काबुलीवाले की बन आयी–कड़े दर-सूद पर रुपया देता है।

सादा कागज पर अंगूठा का निशान लगाकर लोग रुपये कर्ज ले रहे हैं।

गाँव के नौजवानों का एकदल–आसाम की ओर काम की तलाश में गाँव छोड़कर जा रहा है जिसमें वह गाड़ीवान् भी है, जो संजय को स्टेशन से बैलगाड़ी पर लाया था–'घर की आधी रोटी भली' कहने वाला नौजवान।

हर घर के भंडार खाली हैं। अनाज के बर्तन लुढ़क रहे हैं। चूल्हे ठंडे हैं–कई शाम से भूखे बच्चे माँ को परेशान करते हैं। माँ कहती है–"मुझे ही खा लो !

छुट्टी मिल जाय।"

मिट्टी के मोल बिक रहे हैं पशुधन। पाँच रुपये में दुधार भैंस।

दुधार गाय–आठ रुपये।

बर्तन-बासन, गहने-जेवर–सभी मिट्टी के मोल बिक रहे हैं।

हाहाकार मचा हुआ है।

संथालिनें गाछ के पत्ते तोड़कर उबालती हैं–अपने बच्चों को खिलाती हैं।

रायबहादुर रतनलाल अपने एजेन्टों को गालियाँ दे रहे हैं–"सभी कामचोर हैं। मुफ्तखोर हैं, सब।··· जिस तरह से भी हो, माल लाओ–माल। माल के बिना न इज्जत बचेगी और न मशीन··· जंग लग जायेगी पुर्जों में। एक कर्मचारी सेठजी को सूचना देता है–"हुजूर ! एस. डी. ओ. साहब आ रहे हैं।"

मोटर गाड़ी की आवाज सुनाई पड़ती है। सेठजी दौड़कर एस. डी. ओ. की अगवानी करने जाते हैं।

एस. डी. ओ. मिल एरिया में घूम-घूमकर देख रहा है। सेठजी कहते हैं–"हुजूर ! मैं डूब जाऊँगा !"

सेठजी के पीछे मुनीम जी सलामी क़ी 'डाली' लेकर आये हैं–"फल, मेवा, अंग्रेजी शराब की बोतल आदि।"

सेठजी हाथ जोड़े खड़े हैं। एस. डी. ओ. कहते हैं–"अच्छी बात ! हम सरकारी फार्म का माल कल से भेजेगा–"एक सौ एकड़ का माल कितना दिन चलेगा ? ··· भागलपुर और पूर्णिया से भी माल माँगने का इंतजाम हम कर देगा।"

"हुजूर–दो सप्ताह।··· हुजूर··· माय-बाप···।"

"ठीक है। सरकारी फार्म का माल आयेगा··· कोई गड़बड़ी हो तो सदर में खबर भेज देना–आर्म्ड फोर्स भेज देगा।"

एस. डी. ओ. साहब की गाड़ी धूल का बवंडर पीछे छोड़ती हुई चली जाती है।

सेठजी के एजेन्ट फिर गाँव-गाँव में घूम रहे हैं। लोगों को धमकियाँ दे रहे हैं। "सुन लो भाइयो, आखिरी मौका है।"

"सरकारी फार्म से माल आ रहा है। पूर्णियाँ और भागलपुर से स्पेशल मालगाड़ी में माल भरकर आ रहे हैं। अगर, तुम लोग अब भी नहीं चेते तो फसल खेत में ही खड़ी सूख जायेगी।"

मुनीलाल–"हम फसल में आग लगा देंगे मगर कम दर पर नहीं बेचेंगे।"

दूर–रतनपुर मिल की चिमनी से घने काले धुएँ के गुब्बारे निकल रहे हैं।

बटतला। अंधकार।

सुखलाल, मुनीलाल, छेदी वगैरह किसानों के साथ संजय बैठा हुआ है। वे किसी की प्रतीक्षा कर रहे हैं।

नेमियार आता है। उसकी सूरत भयावनी हो गयी है। उसकी आँखें लाल-लाल हैं। आते ही वह मद्धिम आवाज में कहता है–"बाबू ! इन मजदूरों को समझाना आपका काम है। वे मेरी बात नहीं मानते !"

सुखलाल के मुँह से अस्फुट स्वर में निकलता है–"बाबू ! अब क्या होगा ?"

नेमियार कहता है–"जैसे भी हो। मिल को फिर से चालू नहीं होने देना है। अगर मिल चालू हुआ तो किसानों को सँभालना मुश्किल होगा। वे ग्यारह पैसे के बदले दो आना मन पर ही माल बेचना शुरू कर देंगे।··· मैंने रग्घू फोरमैन, रुस्तम अली मेंठ और कई मजदूर-सरदारों को अभी बुलाया है। आप उन्हें समझाइए।"

रग्घू फोरमैन, रुस्तम मेंठ, भुटैली सरदार वगैरह आये।

संजय उन्हें समझा रहा है–"यह गरीबों की लड़ाई है। चाहे वह किसान हों या मजदूर··· ।"

रग्घू फोरमैन बात काटकर कहता है–"मजदूरों को इस लड़ाई से क्या वास्ता ? यह तो किसानों का मामला है। वे जानें और उनका काम जाने।"

संजय कहता है–"कैसी बात करते हो रग्घू ! क्या तुम लोगों की मजदूरी में कटौती नहीं हुई है।··· सेठ कहता है कि चीनी का दर गिर गया है। मगर गिरे हुए दर पर भी सेठ को सैकड़े पचास मुनाफा होगा। सेठ कभी घाटे में नहीं रहेगा।"

रग्घू–"मगर, हड़ताल करने से हमारा अभी क्या फायदा होगा ? काम पर नहीं जायेंगे तो खायेंगे क्या ? हमारे पास न बैल है न भैंस–न थाली है न लोटा। हम क्या बेचकर खायेंगे ?"

नेमियार "फोरमैन··· सेठ गरीबों के पेट पर लात मार रहा है, यह बात तो समझ में आती है। मगर, गरीब ही गरीब का गला काटने की तैयारी करे–यह अचरज की बात ही नहीं–डूब मरने की बात है।"

एक सरदार–"मगर मजदूर खायेंगे क्या ?"

नेमियार–"हम गाँव-गाँव घूमकर मुठिया वसूलेंगे–चंदा बटोरेंगे। भीख माँगेंगे।..."

संजय–"मजदूरों ने हड़ताल की कि सेठ खुद घुटने टेक देगा।"

रग्घू–"अगर सेठ मिल में ताला लगा दे, तब ?"

संजय–"कौन कहता है ताला लगायेगा ? अगर हम संगठित रहें तो सेठ को झुकना ही पड़ेगा।"

एक सरदार–"ठीक है। हम तैयार हैं लेकिन बाद में जो कुछ होगा–उसकी जिम्मेदारी आप लोगों पर है।"

रग्घू–"अच्छी बात। हम हड़ताल करेंगे।"

दूसरा सरदार–"रात के शिफ्ट में ही काम बंद करना होगा।"

नेमियार कहता है–"हम डट कर लोहा लेंगे।"

सेठजी की कोठी।

संजय से सेठजी, व्यंग्य और क्रोध भरे अंदाज में कहते हैं—"मैंने गलत समझा था कि पारस लोहे को भी सोना बना देता है। लोहा, पारस को भी लोहा बना देता है··· ।"

संजय कहता है—"सेठजी। आप कहें तो मैं इन किसानों को समझाऊँ··· ।"

सेठ—"कोई जरूरत नहीं। मैंने तुमको सिर्फ इसलिए बुलाया है कि मैंने कैसियर के रहने के लिए बँगला दिया है।··· बदचलन औरतों का चकला बनाने के लिए नहीं।"

संजय कुछ कहना चाहता है किन्तु सेठजी कहते हैं—"जाओ, संजै बाबू। किसानों को समझाने की जरूरत नहीं। वे खुद समझ जायेंगे।···"

मिल का भोंपा बजता है। सेठजी घड़ी की ओर देख कर चौंकते हैं।

क्रशिंग-मशीन की घड़घड़ाहट क्रमशः मंद पड़ रही है। धीरे-धीरे मशीन बंद हो जाती है।

सेठजी चिल्लाते हैं—"मुनीमजी !··· "

दिन।

मिल की चिमनी से धुआँ नहीं निकलता।

क्रशिंग-मशीन की आवाज नहीं होती।

सब कुछ बंद है। एक भी मजदूर काम पर नहीं आया है।

सेठ पागलों की तरह चिल्ला रहा है—"हाहा हाहा ! कोई परवाह नहीं ! हम मिल बंद कर देगा—मगर झुकेगा नहीं।··· मुनीम जी—मजदूरों के क्वार्टरों में ताला लटका दो। नहीं चाहिए··· ।"

दूर—ऊख के खेत में आग की लपट दिखलाई पड़ती है।

किसी किसान ने अपने खेत में आग लगा दी है।

आग की लपट और धुएँ से सारा वातावरण एक खौफनाक रूप धारण कर लेता है !

माधो गुसाँई की तुकबन्दी सुनाई पड़ती है—'नील का साहब, मिल का सेठ—दोनों का एक ही है पेट—कमती रेट, खाली पेट, बंद है गेट··· आग लगी है खेत में-आग लगी है पेट में··· ।'

संजय का बँगला। शाम !

संजय अपने कमरे में अकेला बैठा कुछ सोच रहा है।

लालटेन की मद्धिम रोशनी में नेमियार आकर सामने खड़ा होता है।

गंदा खाकी पैंट, फटी हुई कमीज, बिखरे अस्त-व्यस्त बाल। लोहे की मूर्ति

की तरह खड़ा है नेमियार।

संजय सिर उठाकर देखता है–प्रश्न भरी दृष्टि से।

नेमियार दरवाजा बंद कर देता है और धीरे से संजय के करीब आकर खड़ा हो जाता है–"खजांची बाबू !··· कैस घर की चाबी कहाँ है ?"

संजय–"कैस घर की चाबी ? क्यों ?"

नेमियार–(हाथ बढ़ाकर) "निकालो चाबी ?"

संजय अचरज और भय से नेमियार को देखता रहता है।

नेमियार फिसफिसाकर कहता है–"चाबी दो बाबू ! झाड़ पोंछकर अभी ले आता हूँ–जितना 'कैस' है। घर में आग लगा दूँगा। फाइल-रजिस्टर, सब जलाकर खाक कर दूँगा।··· अरे तुमको कैसे पकड़ेंगे। कौन बतायेगा कि कितना 'बैलेन्स' था।··· दो, निकालो चाबी।"

संजय गरदन उठाकर बाहर की ओर देखता है–घोर अंधकार !

उसके रोम-रोम सिहर उठे और उसके जाँघ थर-थर काँपने लगते हैं।

नेमियार की मद्धिम आवाज क्रमशः गुर्राहट जैसी प्रतीत होती है। उसकी आँखें मानो भेड़िये की आँखें हों।

वह कह रहा है–"किसानों के घर में अन्न नहीं, मजदूरों के बच्चे भूख से तड़फ रहे हैं–फिर भी वे अपनी आन पर डटे हैं। उन्हें भोजन चाहिए··· तुम्हारे किसान-मजदूर की फौज को रसद चाहिए। फिर देख लूँगा कि कौन मर्द का बेटा पूर्णिया और भागलपुर से माल ले आता है। हूँ ! समस्तीपुर और चम्पारण से मजदूर मंगायेंगे-सेठजी।··· सेठ को इस बार मालूम हो जायेगा कि किसान और मजदूर–चाहे वह कहीं के हों–एक हैं।··· फसल कोई नहीं बेचेंगे–वे अपनी लगायी हुई खेती में आग लगा देंगे–खाक कर देंगे, मगर झुकेंगे नहीं।··· वे अपनी जान देंगे और लेंगे···। दो, निकालो चाबी संजय बाबू।··· "

संजय किंकर्तव्यविमूढ़ ही नहीं–संज्ञाहीन-सा हो गया है। उसे लगता है, वह बुरे सपने देख रहा है। वह रह-रहकर अपनी आँखों को मूँदता और खोलता है।

नेमियार उसकी अवस्था देखकर–उसके करीब आ जाता है। संजय की पीठ पर हाथ फेरते हुए कहता है–"इतना सोच-फिकर किस बात का दोस्त !··· तुमने भी कसम खायी थी न ?··· देरी मत करो, निकालो चाबी।"

पागल की तरह बहुत देर तक कमरे में बेकार चक्कर लगाने के बाद संजय बाहर बरामदे पर चला जाता है–तनिक ठंडी हवा पाने के लिए। उसे लगता है उसका दम घुट रहा है। नेमियार की आँखों से चिनगारी-सी निकल रही है। वह चाबी निकाल कर–थर-थर काँपता हुआ–बढ़ा देता है।

"शाबाश !"–नेमियार झपटकर उसके हाथ से चाबी ले लेता है और प्रसन्न होकर कहता है–"अब इस सेठ के बच्चे को देख लूँगा··· (वह रुककर संजय से कहता है)··· "तुम एक बार रुकनी को देख आओ··· उसकी तबियत··· आज उसे बच्चा होने वाला है··· ! !"

नेमियार अंधकार में विलीन हो जाता है।

संजय का सपना टूटता है, मानो !

अब वह क्या करे! एक बार झपटकर बरामदे के नीचे दौड़ जाता है। पुकारता है—नेमियार ! किन्तु, उसे लगता है, उसके गले से आवाज नहीं निकल रही है।

वह भागता हुआ अपने कमरे में आता है।

सेठजी की तस्वीर मानो ठठाकर हँस पड़ती है—"हामि जानी। बंगाली बाबू लोग का हामि खूब चीनी··· हेहेहेहे।"

वह दौड़कर अपने बंगले के अहाते से बाहर चला जाता है !

रुकनी के क्वार्टर का बाहरी हिस्सा। अंधकार।

संजय खिड़की के पास चोर की तरह आकर खड़ा होता है।

अंदर से नवजात शिशु के रोने की पतली आवाज आ रही है।··· वह खिड़की में आँख सटाकर—छेद से अंदर का दृश्य देखता है।

रुकनी फर्श पर पड़ी हुई है।

साड़ी अस्त व्यस्त—कमर में लिपटी हुई।

बाल बिखरे, धरती के धूल पर छितराये हुए।

इधर-उधर बिखरी हुई हैं टूटी हुई चूड़ियाँ ! चूड़ियों के टुकड़े !

घायल नागिन की तरह रुकनी ऐंठी हुई पड़ी है। रह-रहकर करवटें लेती और कराहती है !

शिशु के रोने की आवाज स्पष्ट हो गयी।

संजय चौंककर पीछे हट जाता है।

वह नेमियार के क्वार्टर की ओर कदम बढ़ाता है।

संजय नेमियार के दरवाजे के 'फांक' से अंदर का दृश्य देखता है। मटमैले अंधकार में—काला पैंट पहने, कमर में चौड़ी पट्टीवाला बेल्ट कसा हुआ··· नेमियार बैठा है और रोटी चबा रहा है !

सामने रखी हुई चमकती हुई खुली भुजाली और महुआ के शराब की बोतल !··· नेमियार भुजाली पर शान चढ़ाता है।

दूसरी ओर और भी कई आकृतियाँ··· !! कई हट्टे-कट्टे नौजवान लाठियों में बर्छी की फली लगा रहे हैं। ··· कोई गड़ासे में धार कर रहा है—रेती से रेत रहा है··· !!

नवजात शिशु के रोने की आवाज, रुकनी की कराह—और हथियार पर 'शान' चढ़ाने की आवाज—तीनों आवाजें मिलकर संजय के कान के पास एक खौफनाक गीत के सुर की सृष्टि करती हैं। वह भागता है !

सड़क छोड़कर—मैदान के ढलान पर दौड़ता है। गड्ढों को छलाँग मारकर पार करता हुआ भागा जा रहा है।

मिल के फाटक पर जलती हुई रोशनी–कुहरे में अजीब-सी दिखाई पड़ती है। संजय को लगता है–दोनों रोशनी दो आँखें हैं, जो उसको अंधकार में देख रही हैं–उसका पीछा कर रही हैं··· ।

भागते हुए वह वट-वृक्ष के नीचे-बेदी के पास खड़ा हो जाता है। उसकी आँखों के आगे–अपने घर के दृश्य, अपनी माँ की सूरत उभरकर आती है–माँ पुकारती है–"फिरे ऐसो खोका !"

संजय भागता है।

सेठजी का बँगला !

संजय चोर की तरह आहाते में घुसता है।

दस्तक दे रहा है, संजय–सेठजी के दरवाजे पर !

दरवाजा खुलता है और वह हाँफता हुआ कमरे के अंदर चला जाता है।

संजय फर्श पर अधलेटा पड़ा हुआ है।

सेठजी घबराये-से उसके पास बैठे हैं। मुनीमजी हाथ में पानी का गिलास लेकर खड़े हैं।

संजय हाँफता हुआ, रुक-रुककर कह रहा कि है–"··· आज ही रात दो बजे ··· मुझे उन लोगों ने बाँध दिया था।··· चाबी छीनकर ले गये !··· नेमियार··· वे मुझे मार डालना चाहते थे··· मगर··· ।"

सेठजी कहते हैं–"समझ गया !··· मुनीमजी, बाबू के लिए 'अंदरहवेली' से गरम दूध ले आओ।··· शंकर पहलवान् ! बंदूकधारी गोरखो सिपाही को लेकर चुपचाप 'कैसघर' के पिछवाड़े में तैयार रहो।··· नेमियार कैसबाबू को छुरा दिखाकर चाबी छीन ले गया है। आज ही रात दो बजे चोरी करने आवेगा।··· चोट्टा साले की बोटी-बोटी नुचवा लूँगा।"

मुनीम दूध ले आता है।

सेठजी अपने हाथ से संजय को दूध पिलाते हैं।

सेठजी मुनीम से कहते हैं–"मुनीमजी। बाबू जी स्टेशन जायेंगे। तुरंत सबसे तेज घोड़े पर 'जीन' कसवाओ।··· और सुनो··· मेरे 'दान-खैरात' वाली संदूकची ले आओ।··· बाबू को 'बकसीस' देना होगा। बहुत ईमानदार आदमी है···

संजय सेठजी को नमस्कार करके खड़ा हो जाता है।

रायबहादुर सेठ रतनलाल कह रहे हैं–"चुपचाप, होशियारी से निकल जाओ। उनकी निगाह नहीं पड़े नहीं तो वे तुम्हें मार डालेंगे।··· और हाँ ! अभी कुछ दिन घर जाकर आराम करो। कुछ दिनों के बाद मेरे गोरखपुर वाले मिल में आना–"सौ रुपये महीना तनख्वाह··· ।"

संजय घोड़े पर सवार होकर–ऐड़ लगाता है।

अंधकार में–तीर की तरह घोड़ा भागा जा रहा है।

किसानों ने अपने-अपने खेत में आग लगा दी है–ऊख के खेत जल रहे हैं–धू-धू कर।

आग की लपट से आसमान लाल हो रहा है।

संजय का घोड़ा भागा जा रहा है।

आकाश में एक तारा टूटकर गिरता है !

एक टीले के पास जाकर–संजय घोड़े को रोकता है। दियासलाई जलाकर कलाई की घड़ी में समय देखता है।

दो बजकर पाँच मिनट !

संजय सुनता है–दूर धाँय-धाँय की आवाज होती है। बंदूक की आवाज।

संजय को लगता है–उसे भ्रम हो गया है।

धाँय-धाँय ! फिर आवाज होती है।

हठात् संजय के कान के पास–करुण कराह, आह और चीखने-रोने की सम्मिलित आवाज गूँजने लगती है।

इन सारी आवाजों को चीरती हुई–एक पतली-सी आवाज नवजात-शिशु की··· ।

नवजात-शिशु की आवाज क्रमशः विकृत होती जा रही है।

लगता है–नवजात शिशु के कंठ को कोई दबोच रहा है। घिघियाती हुई आवाज··· !!

संजय इसे सहन नहीं कर सकता है। वह फिर घोड़े को भगाता है। तेजी से–और तेज··· !

इस आवाज से छुटकारा पाने के लिए–वह घोड़े को और भी तेज भगाता है।

सूरज की पहली किरण।

दूर दिखलाई पड़ता है–स्टेशन का डिस्टेंट सिगनल।

एक दुबली-पतली नदी की धारा !

संजय घोड़े से उतरकर–पानी के किनारे जाता है।

वह अपने चेहरे को पानी के छींटे डालकर धोता है।

फिर, चुल्लू से पानी पीता है–एक घूँट, दो घूँट··· !

रचनाकाल : 1970

●●●

रेणु रचनावली-4

[रिपोर्ताज, रपटें, टिप्पणियाँ, साक्षात्कार, अनुवाद]

रेणु रचनावली

4

संपादक

भारत यायावर

राजकमल प्रकाशन
नयी दिल्ली इलाहाबाद पटना

मूल्य : ₹ 4800
पाँच खंडों का सम्पूर्ण सेट

पहला संस्करण : 1995
चौथी आवृत्ति : 2012

प्रकाशक : राजकमल प्रकाशन प्रा. लि.
1-बी, नेताजी सुभाष मार्ग
नई दिल्ली-110 002

शाखाएँ : अशोक राजपथ, साइंस कॉलेज के सामने, पटना-800 006
पहली मंजिल, दरबारी बिल्डिंग, महात्मा गांधी मार्ग, इलाहाबाद-211 001

वेबसाइट : www.rajkamalprakashan.com
ई-मेल : info@rajkamalprakashan.com

आवरण और कलापक्ष : सुरेन्द्र राजन

मुद्रक : बी.के. ऑफसेट
नवीन शाहदरा, दिल्ली-110 032

RENU RACHANAWALI-4
Edited by Bharat Yayawar

ISBN : 978-81-7178-735-7 (सम्पूर्ण सेट)

▲ रेणु *(1977)* फोटो सौजन्य : सुरेश शर्मा

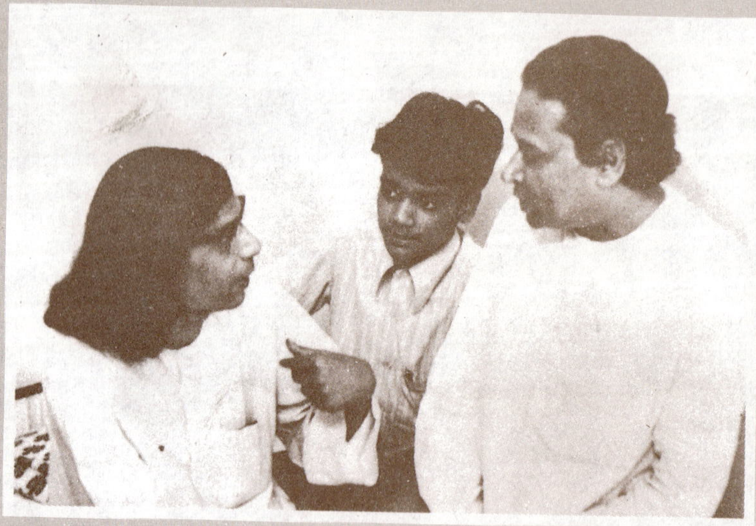

▲ रेणु सुरेश शर्मा और रघुवीर सहाय के साथ : 1974 का बिहार आंदोलन
फोटो : श्रवण कुमार गर्ग

▼ बाबा नागार्जुन के साथ फोटो : राबिन शॉ पुष्प

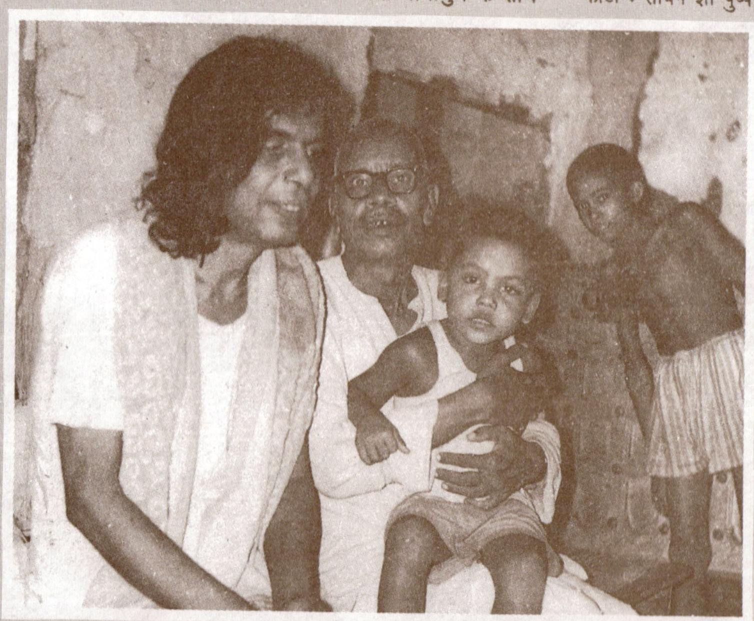

▲ *अज्ञेय, डा. रामवचन राय के साथ*   फोटो : अबोध

▼ *जयप्रकाश नारायण के साथ*   फोटो : राबिन शॉ पुष्प

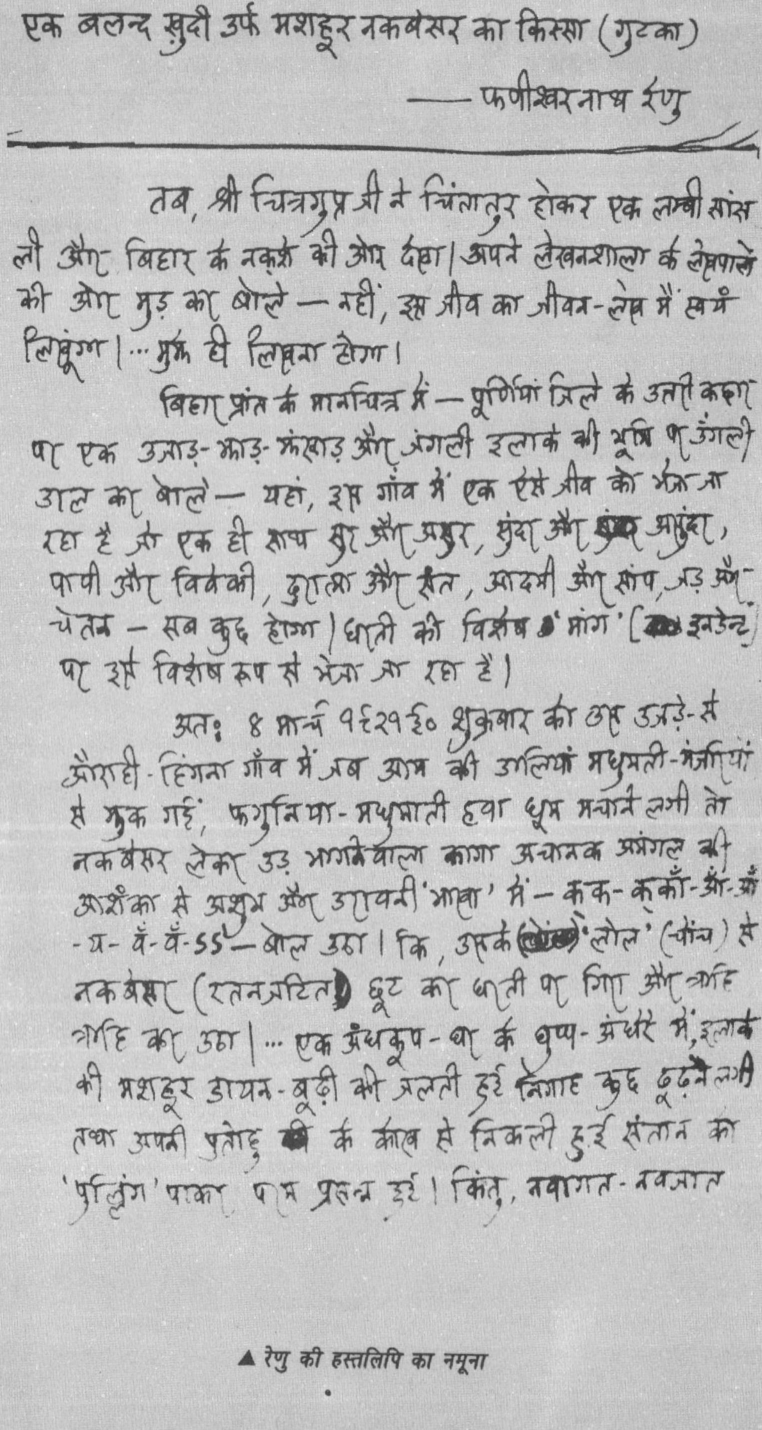

एक बलन्द खुदी उर्फ मशहूर नकबेसर का किस्सा (गुटका)

— फणीश्वरनाथ रेणु

तब, श्री चित्रगुप्त जी ने चिंतातुर होकर एक लम्बी सांस ली और बिहार के नक्शे की ओर देखा। अपने लेखनशाला के लेखपालों की ओर मुड़ कर बोले — नहीं, इस जीव का जीवन-लेख मैं स्वयं लिखूंगा।...मुझे ही लिखना होगा।

बिहार प्रांत के मानचित्र में — पूर्णियां जिले के उत्तरी कछार पर एक उजाड़-झाड़-झंखाड़ और जंगली इलाके की भूमि पर उंगली डाल कर बोले — यहां, इस गांव में एक ऐसे जीव को भेजा जा रहा है जो एक ही साथ सुर और असुर, सुंदर और असुंदर, पापी और विवेकी, दुरात्मा और संत, आदमी और सांप, जड़ और चेतन — सब कुछ होगा। धरती की विशेष 'मांग' [इनडेन्ट] पर इसे विशेष रूप से भेजा जा रहा है।

अतः ४ मार्च १९२१ ई० शुक्रवार को उस उजड़े-से औराही-हिंगना गांव में जब आम की डालियां मधुमती-मंजरियों से झुक गईं, फगुनिया-मधुमाती हवा धूम मचाने लगी तो नकबेसर लेकर उड़ भागनेवाला कागा अचानक अमंगल की आशंका से अशुभ और डरावनी 'भाखा' में — कक-ककाँ-आँ-आँ-य-वँ-वँ-ऽऽ — बोल उठा। कि, उसके 'लोल' (चोंच) से नकबेसर (रतनजड़ित) छूट कर धरती पर गिरा और झहि झहि कर उठा।... एक अंधकूप-घर के घुप्प-अंधेरे में, इलाके की मशहूर डायन-बूढ़ी की जलती हुई निगाह कुछ ढूंढने लगी तथा अपनी पतोहू के कोख से निकली हुई संतान को 'पुल्लिंग' पाकर परम प्रसन्न हुई। किंतु, नवागत-नवजात

▲ रेणु की हस्तलिपि का नमूना

संपादकीय

रेणु रचनावली के इस खंड में रिपोर्ताज, राजनीतिक, सामाजिक विषयों पर लिखी गई टिप्पणियाँ एवं रपटें तथा रेणु से साक्षात्कार और अनुवाद संकलित हैं। एक महत्त्वपूर्ण उपन्यासकार एवं कहानीकार के साथ ही उनका महत्त्व एक सशक्त रिपोर्ताज-लेखक के रूप में भी है। हिंदी में रिपोर्ताज बहुत कम लिखे गए हैं। रेणु के रिपोर्ताज इस कमी को पूरा करते हैं। 'धर्मयुग' ने 1963-64 में हिंदी के महत्त्वपूर्ण कथाकारों की कहानियाँ प्रकाशित की थीं। उन कहानियों के बीच रेणु का कथा-रिपोर्ताज 'पुरानी कहानी : नया पाठ' प्रकाशित हुआ। इस रिपोर्ताज के साथ रेणु का यह वक्तव्य गौरतलब है–"...गत महायुद्ध ने चिकित्सा-शास्त्र के चीर-फाड़ (शल्य-चिकित्सा) विभाग को पेनसिलिन दिया और साहित्य के कथा-विभाग को रिपोर्ताज !" रेणु के इस वक्तव्य से यह स्पष्ट है कि रिपोर्ताज कथा-साहित्य की ही एक उपविधा है एवं इसकी उत्पत्ति द्वितीय विश्वयुद्ध के दौरान हुई, हालाँकि पहले भी इस प्रकार का कुछ साहित्य रचा गया था। हिंदी में इस विधा की विधिवत शुरुआत करनेवाले रेणु ही है। उनका पहला रिपोर्ताज 'बिदापत-नाच' साप्ताहिक 'विश्वमित्र' में 1945 में प्रकाशित हुआ था। रांगेय राघव का बंगाल के अकाल पर लिखा हुआ रिपोर्ताज इसके बाद ही प्रकाशित हुआ। यह खेद का विषय है कि रेणु के विपुल संख्या में ['मैला आँचल' के पूर्व] जो रिपोर्ताज प्रकाशित हुए, उनमें बहुत कम ही उपलब्ध हो पाए हैं। जो रिपोर्ताज अब तक उपलब्ध नहीं हो पाए हैं, उनका विवरण यहाँ प्रस्तुत है।रेणु का पहला महत्त्वपूर्ण रिपोर्ताज 'जै गंगा' है, जो साप्ताहिक 'जनता' में 1947 ई. में प्रकाशित हुआ। इसी क्रम में, दूसरा महत्त्वपूर्ण रिपोर्ताज 'डायन कोसी' है, जो 'जनता' में 1948 में प्रकाशित हुआ। रेणु का तीसरा महत्त्वपूर्ण अनुपलब्ध रिपोर्ताज 'एक टू आस्ते-आस्ते' है, जिस पर अश्लीलता का आरोप लगाया गया था और तत्कालीन सोशलिस्ट पार्टी में लंबी बहस चली थी। चौथा महत्त्वपूर्ण अनुपलब्ध रिपोर्ताज 'रामराज' है। नेपाली क्रांति के बाद रेणु का सबसे लंबा रिपोर्ताज 'हिल रहा हिमालय' धारावाहिक रूप में 'जनता' में ही प्रकाशित हुआ, जिसका पुनर्लेखन कर रेणु ने बाद में 'नेपाली क्रांति-कथा' के रूप में प्रकाशित करवाया। डालमियानगर में मजदूरों के आंदोलन

पर 'घोड़े की टाप पर लोहे की रामधुन' नामक रिपोर्ताज़ 1950 ई. में प्रकाशित हुआ। रेणु 1950-51 में अपने रिपोर्ताजों का संग्रह प्रकाशित करना चाहते थे, साथ ही 'हिल रहा हिमालय' को अलग पुस्तक-रूप में। पर अर्थाभाव के कारण उनका प्रकाशन नहीं हो सका। 1952 के बाद वे 'मैला आँचल' के लेखन-प्रकाशन में लगे और ये रिपोर्ताज असंकलित रह गए। रेणु बाद में इन्हें खोजते-तलाशते रहे, पर वे उन्हें उपलब्ध नहीं हो सके। मुझे भी बरसों की खोज-यात्रा के बाद उनके प्रारंभिक चार रिपोर्ताज ही उपलब्ध हो पाए।

रेणु के रिपोर्ताजों की कई श्रेणियाँ हैं। कुछ रिपोर्ताज कहानी-विधा के करीब हैं, जैसे–'हड्डियों का पुल', 'नए सवेरे की आशा', 'जीत का स्वाद', 'पुरानी कहानी : नया पाठ' आदि। इसीलिए उनके 'डायन कोशी' एवं 'पुरानी कहानी : नया पाठ' को कहानी-संकलनों में शामिल किया गया। 'नेपाली क्रांति-कथा' औपन्यासिक शिल्प में लिखा गया रिपोर्ताज है। 'सरहद के उस पार' एवं 'एकलव्य के नोट्स' रिपोर्ट के करीब हैं एवं इनका समाजशास्त्रीय महत्त्व है। 'समय की शिला पर : सिलाव का खाजा' एवं 'भूमिदर्शन की भूमिका' यात्रा-कथात्मक शिल्प में लिखे गए रिपोर्ताज हैं। 'रस के बस में–चार रात', 'युद्ध की डायरी', 'श्रुत-अश्रुत पूर्व' एवं 'पटना-जलप्रलय' रोजनामचा शैली में एवं ' 'तीसरी कसम' के सेट पर तीन दिन' फिल्म-निर्माण की प्रक्रिया को व्यक्त करनेवाले संस्मरणात्मक रिपोर्ताज हैं। इस तरह, रेणु रिपोर्ताज-विधा को एक बहुआयामी स्वरूप और व्यक्तित्व प्रदान करते हैं। इस विधा का हिंदी में प्रारंभ करने के साथ ही वे इसका चरम विकास करते हैं।

रघुवीर सहाय ने रेणु पर एक छोटी टिप्पणी लिखी है, रिपोर्ताज-संग्रह–'ऋणजल-धनजल' की भूमिका में। उस टिप्पणी में रघुवीर सहाय ने रेणु की विशेषताओं का उल्लेख किया है, खासकर उनके रिपोर्ताजों के संबंध में–"वह जैसा सोचते थे, वैसा बोलते थे और जैसा बोलते थे, वैसा लिखते थे–और फिर जब उसको पढ़ो तो लगता था कि रेणु बोल रहे हैं।" रेणु की यह विशेषता उनके 'ऋणजल-धनजल' के रिपोर्ताजों में कुछ ज़्यादा ही है। रघुवीर सहाय ने जो अन्य विशेषताएँ रेखांकित की हैं, वे हैं : "उनके लेखन में अपूर्व वर्णन-शक्ति है और वह सिवाय उतनी ही अपूर्व पर्यवेक्षण-शक्ति के और कहाँ से आ सकती है ? वह चारों ओर जो कुछ देखते हैं, उसके ब्यौरे उनके लिए रमणीय होते हैं, पर लिखने के लिए स्मृति में रखने योग्य ब्यौरों का चुनाव करते समय वे निर्ममता से बहुत-से ब्यौरों को रद्द करते जाते होंगे, यह स्पष्ट है। यह दुर्लभ गुण उन्हें तमाम हिंदी-लेखकों से ऊँचे स्थान पर ला बिठाता है जो ब्यौरों को घटिया लोगों का रोजगार और उपदेश को अथवा दार्शनिकता को श्रेष्ठ साहित्यिक कर्म मानते हैं। रेणु का देखना एक ही साथ बाहर और भीतर दोनों ओर होता है। यही उनके ब्यौरों को अर्थ दे जाता है : अलग से अर्थ गढ़कर बनाने की जरूरत तो उन्हें होती ही नहीं, सही शब्दों से उलथा करके बताना भी उनकी शैली में आवश्यक हो जाता है।" ··· रेणु के लेखक के ये दुर्लभ गुण सिर्फ उनके रिपोर्ताजों में ही नहीं दिखाई पड़ते,

बल्कि हर विधा में उनका इस्तेमाल हुआ है।

रेणु का पहला रिपोर्ताज 1945 में प्रकाशित हुआ एवं अंतिम पटना-जलप्रलय पर 1975 में, यानी उनके लेखन के प्रारंभिक दौर से अंतिम दौर तक रिपोर्ताज-विधा से उनका गहरा जुड़ाव रहा। रेणु ने इस विधा का हिंदी में प्रारंभ करने के साथ ही उसे विकास के चरम पर भी पहुँचाया। रेणु के रिपोर्ताजों में 1945 से 1975 तक के बीच की कई भूली-बिसरी घटनाएँ, कथाएँ, प्रसंग और जीवन-स्थितियाँ तो प्रस्तुत हुई ही हैं, इनमें रेणु का अपना असली व्यक्तित्व, उनके विभिन्न प्रकार के 'मूड्स', उनकी आस्था और विश्वास के दर्शन भी होते हैं। इनमें रेणु का कथाकार लोक-जीवन से लेकर बंबई की फिल्मी दुनिया तक जाता है, नेपाल के मुक्ति-संग्राम में सशरीर भाग लेता है और पाकिस्तान-युद्ध तथा बांग्लादेश-मुक्ति संग्राम की बारीक से बारीक ध्वनियाँ सुनता है। बाढ़ और सूखा—ये दो त्रासदियाँ हर वर्ष देश में कहीं न कहीं घटित होती रहती हैं और रेणु के बाढ़ और अकाल के रिपोर्ताज़ आज भी मानो भूख और गरीबी से लड़ते मनुष्यों की संघर्ष-गाथा प्रस्तुत करते दिखाई पड़ते हैं।

रेणु का पहला रिपोर्ताज—'बिदापत-नाच'—कई दृष्टियों से महत्त्वपूर्ण है। इसका महत्त्व इस बात में हैं कि रेणु अपने ग्रामीण इलाके के दलित वर्ग में प्रचलित इस अनूठे नृत्य-संगीत को लेकर उपस्थित होते हैं, एवं इसका दूसरा महत्त्व इसकी शैली को लेकर है। यह रिपोर्ताज यह बताता है कि रेणु की भाषा-शैली 1945 में ही आकार ग्रहण कर चुकी थी। बाद में रेणु ने 'मैला आँचल' में भी 'बिदापत-नाच' के एक दृश्य का संयोजन किया। उनकी प्रसिद्ध कहानी 'रसप्रिया' बिदापत-नाच के एक कलाकार पंचकौड़ी मिरदंगिये को लेकर लिखी गई।

रेणु के इलाके से सटा नेपाल का प्रसिद्ध शहर—विराटनगर। यहीं उनका प्रारंभिक जीवन कोइराला-बंधुओं के सान्निध्य में गुजरा। यहीं उन्हें साहित्य और राजनीति की दीक्षा मिली। इसीलिए उन्होंने नेपाल के दो बड़े जन-आंदोलनों में जमकर हिस्सा लिया। 'सरहद के उस पार' में विराटनगर के मिल-मजदूरों की बदतर जीवन-स्थितियों का यथार्थ चित्र खींचने के साथ ही वहाँ के पूंजीपतियों एवं राणाशाही पर तीखा व्यंग्य है। इसके अलावा इस रिपोर्ताज में रेणु के प्रखर वामपंथी स्वरूप का भी दर्शन होता है। इस रिपोर्ताज का प्रकाशन 2 मार्च, 1947 को साप्ताहिक 'जनता' में हुआ और इसके प्रकाशन के ठीक दो दिनों बाद, यानी 4 मार्च से विराटनगर के मिल-मजदूरों का ऐतिहासिक आंदोलन शुरू हुआ। इस आंदोलन के संदर्भ में कुछ बातें स्पष्ट करना यहाँ जरूरी होगा, क्योंकि यही आंदोलन बाद में चलकर नेपाल में पहली बार (1951 में) प्रजातांत्रिक सरकार के लिए चले ऐतिहासिक संघर्ष की पृष्ठभूमि यानी 'नेपाली क्रांति-कथा' की भूमिका बना। विराटनगर में भारत के कई पूँजीपतियों ने कारखाने स्थापित किए। वे राणाशाही की सरकार की सहायता से मिल-मजदूरों के साथ पशुवत् व्यवहार करते। मजदूरों को यूनियन बनाने की भी छूट नहीं थी। वे अपनी जायज माँगों को लेकर हड़ताल नहीं कर सकते थे।

रेणु उनकी यथार्थ दशा को लेकर जब 'सरहद के उस पार' लिख रहे थे, उसी समय उनके बीच दबे-छुपे ढंग से कोइराला-बंधुओं के साथ यूनियन भी कायम कर रहे थे। उन्होंने तभी एक लंबा रिपोर्ताज भी लिखा था–'विराटनगर की खूनी दास्तान', जो एक पुस्तिका के रूप में प्रकाशित हुआ था। [खेद है, उसकी प्रति अब तक उपलब्ध नहीं हो पाई है। इस रिपोर्ताज की चर्चा आज भी पूर्णिया के कई लोग करते हैं।] 4 मार्च से विराटनगर के मिल-मजदूरों का आंदोलन कोइराला-बंधुओं के नेतृत्व में शुरू हुआ। पूर्णिया जिले के प्रमुख सोशलिस्ट कार्यकर्त्ता एवं रेणु भी इस आंदोलन में पूरी तरह शरीक थे। इस आंदोलन को कुचलने के लिए राणा सरकार ने गोलियाँ चलवाईं, जिसमें कई मजदूर मारे गए एवं असंख्य घायल हुए। रेणु भी इस आंदोलन में जख्मी हुए। मजदूरों का यह आंदोलन नेपाल के कई शहरों में फैल गया। नेपाल की जनता जगह-जगह सड़कों पर उतर आई और निरंकुश राणाशाही के खिलाफ प्रदर्शन करने लगी। नेपाल में यह पहला इतना बड़ा आंदोलन था। पर अन्ततः इसे दबा दिया गया। इस आंदोलन के प्रायः सभी प्रमुख व्यक्तियों को जेल में बंद कर दिया गया। रेणु एवं उनके साथियों को जोगबनी में गिफ्तार कर पूर्णिया जेल में बंद कर दिया गया। पूर्णिया के अंग्रेज डी.एस.पी. ने रेणु एवं उनके साथियों पर अमानुषिक अत्याचार किये। जेल से बाहर आने के बाद रेणु ने इस संदर्भ पर एक और रिपोर्ताज़ लिखा–'डी.एस.पी. की बड़ी-बड़ी मूँछें'। इसका प्रकाशन भी स्वतंत्र पुस्तक-रूप में हुआ था। पर यह रिपोर्ताज भी अब तक उपलब्ध नहीं हो पाया है। 1950 के अंतिम दिनों में राणाशाही के खिलाफ दूसरा सशक्त संग्राम शुरू हुआ, जिसका संपूर्ण ब्यौरा 'नेपाली क्रांति-कथा' में है। रेणु ने 'जनता' में 'हिल रहा हिमालय' नाम से धारावाहिक रूप में उसी समय एक लंबा रिपोर्ताज लिखा था, जिसका परिवर्द्धित रूप 'नेपाली क्रांति-कथा' है। यह 1971 में 'दिनमान' के अंकों में धारावाकि रूप से छपा है। इस आंदोलन में जन-संपर्क अधिकारी के रूप में रेणु पर्चे-गीत वगैरह लिखने के साथ ही 'मुक्ति-संदेश' नामक एक बुलेटिन का प्रकाशन भी करते थे। तारिणीप्रसाद कोइराला के साथ मिलकर उन्होंने इस क्रांति के समय ही स्वतंत्र प्रजातंत्र नेपाल रेडियो की स्थापना भी की थी। आज नेपाल में लंबे समय के बाद पुनः प्रजातांत्रिक सरकार कार्यरत है और इतिहास बन चुकी इस 'क्रांति-कथा' का पुनरवलोकन अब और भी जरूरी हो गया है।

रेणु ने कई किसान-आंदोलनों में भाग लिया था। 25 नवम्बर, 1949 को पटना में ऐतिहासिक किसान-सम्मेलन हुआ था। इस सम्मेलन में भाग लेने पूरे बिहार से किसान आए थे। पूर्णिया से जिन किसानों का जत्था इस सम्मेलन में भाग लेने आया था उन किसानों के मार्च का अभूतपूर्व चित्रण 'नए सवेरे की आशा' नामक रिपोर्ताज में है। इस रिपोर्ताज के केन्द्रीय पात्र 'ज्ञान' में रेणु का अपना व्यक्तित्व समाहित है। पूर्णिया से लेकर पटना तक का यह किसान-मार्च रेणु के लिए नए सवेरे की आशा थी। 'नए सवेरे' से उनका तात्पर्य 'मजदूर-किसान राज्य'

कायम करने से था। वे मजदूर-किसान राज्य की स्थापना को ही असली 'सुराज' मानते थे।

'हड्डियों का पुल' 1950 में अकाल पर लिखा गया रिपोर्ताज है, जो 1966 में लिखे गए 'भूमिदर्शन की भूमिका' से कई अर्थों में भिन्न है। 1950 में पूर्णिया-सहरसा का अकाल यानी अन्न संकट और भुखमरी बाढ़ आने के बाद की पैदा हुई स्थिति है, जबकि 1966 का दक्षिण बिहार का अकाल सूखे यानी अनावृष्टि (ऋणजल) के कारण पड़ा था। 'हड्डियों का पुल' की संरचना रेणु की कहानियों के ज्यादा करीब है, इसीलिए रेणु ने अपने व्यक्तित्व को राजेन नामक पात्र का रूप दिया है, जबकि 'भूमिदर्शन की भूमिका' की संरचना कथात्मक है। इन दोनों रिपोर्ताजों में रेणु भूखे, नंगे, दलित वर्ग के लोगों के बीच हमें चुपचाप ले जाकर खड़ा कर देते हैं। भूख से तड़प-तड़पकर मरते हुए मनुष्यों का दर्शन करवाकर रेणु मानो 'असली हिंदुस्तान' से ही साक्षात्कार करवाते हैं। इन दोनों रिपोर्ताजों में वे जीवन की विसंगतियाँ दिखलाकर व्यंग्य करते हैं।

अकाल पर लिखे गए रिपोर्ताजों की तरह ही बाढ़ पर लिखे गए रिपोर्ताजों में भी जीवन की विपरीत स्थितियों एवं भंगिमाओं को उभारने में रेणु ने व्यंग्य का सहारा लिया है। यहाँ व्यंग्य जीवन की गहरी करुणा से उभरकर आ रहा है, इसीलिए वह इतना प्रभावशाली है। रेणु के बाढ़ पर लिखे दो रिपोर्ताज यहाँ संकलित हैं–'पुरानी कहानी : नया पाठ' और 'पटना-जलप्रलय'। 1950 के पूर्व रेणु के दो रिपोर्ताज बाढ़ पर प्रकाशित हुए थे–'जै गंगा' और 'डायन कोशी'। ये दोनों रिपोर्ताज अब तक अनुपलब्ध हैं। बाढ़ का आना रेणु के लिए पुरानी कहानी की तरह है, पर उसके नए पाठ को प्रस्तुत करने का उद्देश्य है–मौजूदा राजनीति और समाज के प्रतिनिधि 'जनसेवकजी' के असली चरित्र को उजागर करना, जो इस बाढ़ से पैदा हुए संकट में असली अपराधी हैं।

1975 में पटना में आई बाढ़ पर लिखा रेणु का रिपोर्ताज एक प्रकार से इमरजेंसी की मनःस्थिति को भी अभिव्यक्त करता है। क्या कारण है कि रेणु के इस रिपोर्ताज में 'पुरानी कहानी : नया पाठ' वाली तल्खी नहीं है ? पाठक आपात्काल के सेंसरशिप को याद करें, जब यह रिपोर्ताज धारावाहिक रूप में, 'दिनमान' के अंकों में प्रकाशित हो रहा था। रेणु बेहद पीड़ित मनःस्थिति में इन दिनों जी रहे थे। वे शमशेरबहादुर सिंह के एक शेर को बार-बार याद करते हैं–"जहाँ में अब तो जितने रोज अपना जीना होना है। तुम्हारी चोटें होती हैं, हमारा सीना होना है।"

'जीत का स्वाद' कानपुर में हुए भारत-आस्ट्रेलिया टेस्ट मैच की रनिंग कमेंट्री को प्रस्तुत करता एक कहानीनुमा रिपोर्ताज है। इसमें रेणु के क्रिकेट-प्रेमी होने का पता चलता है। 'श्रुत-अश्रुत पूर्व' बांग्लादेश मुक्ति संग्राम पर लिखा गया रिपोर्ताज है एवं 'युद्ध की डायरी' 1965 के भारत-पाकिस्तान युद्ध पर। इन दोनों रिपोर्ताजों में रेणु घटना-स्थल पर नहीं जाते, बल्कि युद्ध के वक्त की अपनी मनःस्थिति एवं

जीवन-स्थिति के चित्र ज्यादा अंकित करते हैं। इन रिपोर्ताजों में उनका छटपटाता हुआ, व्याकुल हृदय अभिव्यक्त है। ये रिपोर्ताज आत्म-निष्ठ होते हुए भी अपनी सांकेतिकता में विस्तार लिए हैं।

'एकलव्य के नोट्स' रिपोर्ताज का प्रकाशन उपेन्द्रनाथ अश्क द्वारा संपादित साहित्य संकलन 'संकेत' (1955) में हुआ था। यह रेणु के अन्य रिपोर्ताजों से भिन्न है। इसमें एक गाँव में हो रहे नए परिवर्तनों का बेहद बारीकी से चित्रण हुआ है। रेणु ने इस रिपोर्ताज के कुछ अंशों को बाद में 'परती-परिकथा' में भी संयोजित किया। 'एकलव्य के नोट्स' को एक गाँव के समाजशास्त्रीय सर्वेक्षण एवं विश्लेषण की दृष्टि से भी पढ़ा जा सकता है।

रेणु के मन में बुद्ध, रामकृष्ण परमहंस और विवेकानंद के प्रति असीम श्रद्धा-भक्ति थी। 'भूमिदर्शन की भूमिका' में 'बौद्धगया' का जहाँ चित्रण है, वहीं बौद्धों और भूख से लड़ते लोगों को देखकर रामकृष्ण परमहंस को याद करना–इसी बात का प्रमाण है। 'समय की शिला पर : सिलाव का खाजा' राजगृह-नालंदा पर लिखा गया यात्रा-कथात्मक रिपोर्ताज है, जिसमें रेणु एक प्रकार से हमें बौद्ध युग में ही ले जाते हैं।

'रस के बस में–चार रात' में रेणु रामकृष्ण मिशन, पटना, में चार रातों तक चलने वाले कार्यक्रमों को देखते हुए रामकृष्ण एवं विवेकानंद के असली और जनवादी स्वरूप का दर्शन कराते हैं। हिंदी के साहित्यकारों में निराला के बाद रेणु ही हैं, जो रामकृष्ण-विवेकानंद के प्रति असीम श्रद्धा-भाव रखते हैं एवं रामकृष्ण मिशन में दीक्षित हैं। रेणु के मन के एक कोने में रामकृष्ण सदैव विराजमान रहते हैं। पटना के बाढ़वाले रिपोर्ताज में रेणु ने रामकृष्ण का चित्रण उन्हें डाँटते हुए, बोलते-बतियाते हुए अद्भुत रूप में किया है। रेणु का मानना है कि रामकृष्ण 'सूखा संन्यासी' नहीं थे। वे 'रस' में डूबे हुए थे। यदि, "रामकृष्ण रस के बस में नहीं रहते, सूखा संन्यासी हो जाते, तो-तो मैं समझता हूँ–आज बंगाल में न कोई गीत गाता, न नाटक खेलता, न फिल्म बनाता, न चित्र आँकता, न साहित्य-सृष्टि करता। ...मात्र, बारूद का गोदाम।"

रेणु की 'तीसरी कसम अर्थात् मारे गए गुलफाम' कहानी पर सुप्रसिद्ध गीतकार शंकर शैलेंद्र ने 'तीसरी कसम' फिल्म बनाई थी। फिल्म-निर्माण के सिलसिले में शैलेंद्र रेणु को बार-बार बंबई बुलाते। अपनी पहली बंबई यात्रा पर उन्होंने लंबा रिपोर्ताज़ लिखा, जो बंबई से प्रकाशित सिने साप्ताहिक 'ऊर्वशी' के पाँच अंकों में प्रकाशित हुआ था। उसका पहला अंक ही अब तक उपलब्ध हो पाया है। 'तीसरी कसम' के फिल्मांकन के संदर्भ में ही उनके दो अन्य रिपोर्ताज 'धर्मयुग' में प्रकाशित हुए। ये तीनों रिपोर्ताज संस्मरणात्मक हैं।

●

रेणु ने 'दिनमान' के प्रकाशन-वर्ष 1965 से लेकर 1967 तक एक रिपोर्टर की

हैसियत से बिहार का प्रतिनिधित्व किया था। 'दिनमान' में उस दौरान लिखी गई रपटों का एक संकलन 'एकांकी के दृश्य' राजकमल से 1986 में छपा है।

रेणु ने हजारीबाग के कांग्रेस सम्मेलन की समाप्ति तथा पटना के छात्रों पर 'विद्या ददाति' शीर्षक से एक टिप्पणी लिखी थी। यह अप्रकाशित रह गई थी। इसे सर्वप्रथम 'सारिका' के रेणु स्मृति अंक, अप्रैल 1979 में प्रकाशित किया गया था। मैंने इसका शीर्षक 'सम्मेलन की झलकियाँ' रखा है। शेष सभी रपटें, टिप्पणियाँ 'दिनमान' में ही प्रकाशित हैं। सबके अंत में उनके प्रकाशित अंकों की तिथि दे दी गई है।

●

रेणु रचनावली के इस खंड में रिपोर्ताजों एवं रपटों के साथ ही रेणु से समय-समय पर लिए गए साक्षात्कारों एवं बातचीत को भी संकलित किया गया है। बोलते-बतियाते रेणु को देखना एक सुखद अनुभव की तरह है। इन साक्षात्कारों में रेणु का अपना जीवन, उनकी मान्यताएँ, उनका विश्वास, उनकी विचारधारा, उनकी समय-समय की मनःस्थितियाँ उजागर हुई हैं। रेणु का पहला इण्टरव्यू 'अवंतिका' पत्रिका में उस वक्त छपा था, जब 'मैला आँचल' पर तीव्र निषेधात्मक आलोचनाएँ छप रही थीं एवं ढेर सारे विवाद चल रहे थे। इस इण्टरव्यू को इन विवादों एवं विरोधी आलोचनाओं को निरस्त करनेवाले एक लेख के साथ (सुश्री) गौरा, एम.ए., के नाम से प्रस्तुत किया गया था। 'अवंतिका' में जब यह प्रकाशन के लिए आया था, तो रेणु से अंतरंग रूप में जुड़े कुछ लेखकों ने उसकी लिखावट से पहचाना कि यह तो स्वयं रेणु का ही लिखा हुआ है। उन्होंने इसका प्रचार भी किया। तब रेणु ने 'प्रकाशन-समाचार' में गौरा को गौरा मुखर्जी के रूप में प्रस्तुत करते हुए एक पत्र छपवाया–गौरा मुखर्जी के ही नाम से और यह सिद्ध किया कि रेणु गौरा मुखर्जी नहीं हैं। 'प्रकाशन-समाचार' के संपादक ओमप्रकाशजी बाद में रेणु के इस प्रकरण को रस ले-लेकर सुनाया भी करते थे। रेणु का वह लेखनुमा इण्टरव्यू महत्त्वपूर्ण है। उसमें रेणु प्रेमचंद की परंपरा में नागार्जुन को रखने की वकालत करते हुए, स्वयं को बंगला के ताराशंकर, सतीनाथ भादुड़ी आदि की परंपरा में रखने की बात करते हैं। रेणु कहते हैं–"प्रेमचंद बहुत महान् थे, उनके आसन पर मेरे जैसे अयोग्य को देखकर कुछ न्यायप्रिय लोगों को व्यर्थ तकलीफ होगी।" वे नागार्जुन के विषय में कहते हैं–"सही माने में प्रेमचंद की परंपरा को फिर से 'बलचनमा' ने ही अपनाया। नागार्जुन पर बहुत भरोसा है मुझे। ···मेरी स्थिति उस छोटे भाई-सी है, जो अपने बड़े भाई के बल पर बड़ी-बड़ी बातें करता है।" लंबे समय से बिहार में 'नागार्जुन-बनाम रेणु' नामक बहस चलानेवालों को नागार्जुन के बारे में रेणु की इस राय को अवश्य देखना चाहिए।

रेणु के साक्षात्कारों को पढ़ना–उनसे मिलने की तरह है। वह मूलतः एक किसान हैं–ठेठ भारतीय किसान ! रेणु का पूरे हिंदुस्तान के जन-जीवन को देखना–उसी

दृष्टि से है। एक राग-भरी कृषक-दृष्टि ! मध्यकालीन संत कवियों को पढ़ने पर जो उनकी छवि बनती है–रेणु से साक्षात्कार करते हुए वही छवि ! रेणु के जीवन के कई आयाम हैं, कई प्रसंग। क्या कहें, रेणु का चरित्र बहुआयामी है। इसमें एक कृषक का, एक लेखक का, एक राजनीतिज्ञ का, एक बीमार का, एक कैदी का... और भी कई आयाम एवं प्रसंग ! रेणु से लिए गए साक्षात्कार इन सभी प्रसंगों पर हैं, यानी ये रेणु के पूरे जीवन से साक्षात् कराते हैं। 'खेती करने में कविता करने का आनंद' पानेवाले रेणु का मन, 'बीमारों की दुनिया में' जी रहे रेणु का मन, जेल में पीड़ित मनःस्थिति में रह रहे रेणु का मन, चुनाव लड़ रहे रेणु का मन, आंदोलन में भाग लें रहे रेणु का मन और इमरजेंसी के दौरान का रेणु का मन–एक ही मन हैं या अनेक ? रेणु बातचीत करते हुए और अपने बारे में लंबे संस्मरण सुनाते हुए इसमें मिलते हैं, जिनका रेणु के पाठकों के लिए बहुत महत्त्व है।

रेणु के घनिष्ठ मित्र और बंगला के प्रसिद्ध कथाकार ताराशंकर बंद्योपाध्याय तथा सतीनाथ भादुड़ी चाहते थे कि रेणु उनकी कृतियों का हिन्दी अनुवाद करें। पर रेणु ने सिर्फ विश्वेश्वरप्रसाद कोइराला की कथाकृतियों के ही अनुवाद किये। इसके पीछे एक कारण यह हो सकता है कि हमारे यहाँ नेपाली से हिन्दी में अनुवाद की उस समय कोई परंपरा नहीं थी, दूसरे रेणु का कोइराला परिवार से घनिष्ठ संबंध भी था। इस खंड में कोइराला की दो कथाकृतियों के अनुवाद भी शामिल हैं।

बोकारो स्टील सिटी **भारत यायावर**
18 अक्तूबर, 1993

अनुक्रम

रिपोर्ताज

रपटें, टिप्पणियाँ

साक्षात्कार

अनूदित रचनाएँ (नेपाली से)

और अन्त में···

रिपोर्ताज

बिदापत-नाच

नृत्य-कला के आचार्य श्री उदयशंकरजी से प्रार्थना करूँगा कि वे इसे मेरी अनधिकार चेष्टा कदापि नहीं समझें। मेरा तो अनुमान है कि उन्होंने इस 'नाच' का नाम भी नहीं सुना होगा।

ओरियंटल और क्लासिकल नृत्य से दिलचस्पी रखनेवाले पाठक-पाठिकाओं का समय व्यर्थ ही बबांद न हो, इसलिए मैं पहले ही अर्ज कर देता हूँ–यह महज़ 'बिदापत-नाच' है।

इस नाच की उत्पत्ति दरभंगा जिले में हुई, ऐसा अनुमान किया जाता है। पता नहीं, अपनी जन्मभूमि में इसकी क्या अवस्था है, किंतु उत्तरी बिहार के कुछ जिलों तथा भागलपुर, पूर्णिया आदि के गाँवों में आज भी इसकी 'कद्र' है। यह निम्न स्तर के लोगों की ही चीज रह गई है। तथाकथित भद्र समाज के लोग इस नाच को देखने में अपनी हेठी समझते हैं, लेकिन मुसहर, धाँगड़, दुसाध के यहाँ–विवाह, मुंडन तथा अन्य अवसरों पर इसकी धूम मची रहती है।

जब से मैं अपने को भद्र और शिक्षित समझने लगा, तब से इस नाच से दूर रहने की चेष्टा करने लगा, किंतु थोड़े दिनों के बाद ही मुझे अपनी गलती मालूम हुई और मैं इसके पीछे 'फिदा' रहने लगा। दुख है कि मुझे असफलता ही हाथ लगी। नाच के समय ज्योंही मैं पहुँच जाता, नाचनेवाले के पाँव शिथिल पड़ जाते, मृदंग की आवाज धीमी पड़ जाती और नाच बंद होने-होने को हो जाता। दर्शकों में कानाफूसी होने लगती, मैं अपना-सा मुँह लेकर वापस हो आता। मेलों में प्रायः अपने दिल की साध पूरी कर लेता हूँ, पर थोड़ी देर के लिए ही। ज्यों ही दर्शकों की निगाहें मुझ पर केंद्रित हुईं कि सब 'गुड़-गोबर' !

हाँ, तो–'बिदापत-नाच' में साधारणतः सात-आठ कलाकार रहते हैं। दो ही वाद्य-यंत्र–मृदंग और मंजीरा। एक या दो नाचनेवाले, एक बिकटा (विदूषक) और दो-तीन सहायक गवैये। लाल सालू की घाँघरी और पीतल-काँसे के गहनों को साज के लिए पर्याप्त समझा जाता है। घुँघरू अथवा पैंजनी की कोई आवश्यकता

नहीं। चेहरे पर कालिख पोतकर, घुटने तक तंग पतलून और हाथ में एक 'थुथनीदार' छड़ी लेकर कोई भी 'बिकटा' बन जा सकता है। काने, कुब्जे अथवा अंग-भंग व्यक्तियों को तो सफल बिकटे की 'सर्टिफिकेट' मिली ही रहती है। इस नाच की सफलता एक सफल 'बिकटे' पर ही निर्भर करती है। नर्तकों में, वयस्क नर्तक को ही पार्टीवाले तरजीह देते हैं।

आइए, आज आप भी मेरे साथ थोड़ी देर के लिए भद्रता का चोगा उतार फेंकिए। वहाँ, मुसहर टोली में जो भीड़ जमा है, वहीं आज 'बिदापत-नाच' होने जा रहा है। कोल, मुसहर और धाँगड़ की सारी बस्ती उमड़ आई है। युवक-युवतियाँ, बूढ़े, बच्चे–सभी नाच शुरू होने की प्रतीक्षा कर रहे हैं।

'धृंग-धा, धृंग-धा तिन्ना'–मृदंग बजकर चुप हो गया।

'कुन कुन कुन कुन··· ' मंजीरे ने एक स्वर में साथ दिया।

'गननायकं फलदायकं पंडितम् पतितम्··· '

आप हँस पड़े। यदि नाच देखना हो, तो चुपचाप देखते-सुनते जाइए। हँसिए-बोलिए मत।··· जी हाँ, यह मंगलाचरण था। शुद्ध संस्कृत ?

'धृंगा धृंगा धृंगा धृंगा'–मृदंग बोलने लगा।

'किनकां किनकां किनकां किनकां'–मंजीरे ने साथ दिया।

नर्तक ने समाजिए के चारों ओर भाँवरी (चक्कर) देना शुरू किया। 'बिकटा' भी उसके पीछे-पीछे चक्कर लगा रहा है और मृदंग के प्रत्येक 'धृंगा' पर मुँह विकृत कर जोर-जोर से 'ओय्-ओय्-ओय्' करता है।

'धिरिनांगि-धिरिनांगि-धिरिनांगि'–मृदंग ने ताल बदला।

'किनकां-किनकां··· '

अब नर्तक एक ही स्थान पर जमकर झूमने लगा। गंदी घाँघरी फूल की तरह खिल गई और उससे गुमी हुई दुर्गंध निकलकर चारों ओर फैलने लगी। 'बिकटा' भी नर्तक का अनुकरण कर रहा है, पर बेचारे का तंग पतलून खिले तो कैसे! इसलिए वह अपने दोनों हाथों को दोनों ओर फैलाकर नाच रहा है।

'धिरिनांगि-तिनता, तिटक-तिटक-धा, तिटकल गदगिन धा !'

ताल समाप्त। ताल के साथ ही नाचना शेष हुआ और नर्तक घूँघट काढ़कर दर्शकों की मंडली में छिपकर बैठ रहा। इधर बिकटा उसे खोज रहा है, यहाँ तक कि समाजियों की आँखों की तलाशी भी करने लगता है।

'धृंगा-धृंगा'–

'धिन-तिनक तिनक, धिन-तिनक-तिनक'–मृदंग बोला।

'हे··· ' समाजियों ने सुर में सुर मिलाया–

'हे लेल परबेश परम सुकुमारि
हंस गमन वृषभान दुलारि··· '

दर्शकों के बीच से 'नर्तक' उठकर घूँघट काढ़कर धीरे-धीरे हंस की चाल में नाचते हुए प्रकट हो रहा है। 'बिकटा' हर्ष से ताल पर 'ओय् ओय् ओय्' करने लग जाता है।

'धिन तिनक् तिनक् धिन तिनक् तिनक्'
'हे ! तन मन बदन पवन सहजोर हे
दामिनी ऊपर उगलन्हि चाना··· '

नर्तक घूँघट हटा लेता है, चंद्रमुख (घुटी हुई दाढ़ी-मूँछवाली बेडौल सूरत) देखकर 'बिकटा' के साथ ही साथ दर्शक भी निहाल हो जाते हैं।

'हे अबसर ललिता नयन नहीं हेरे··· '

नर्तक की निगाह एकदम नीची है, लज्जावती लता-सी वह सिकुड़ी हुई नाच रही है अथवा नाच रहा है। 'बिकटा' उसे अपनी ओर आकृष्ट करने के लिए पूरी कोशिश कर रहा है।

'हे बिहँसि उठलि पिऊ देखि सुहागिनि
लाज बदन लेल फेरि··· '

नर्तक विहँसकर मुँह फेर लेता है। विहँसने के समय दंत-पंक्ति (सुर्ती-सेवन से जो काली पड़ गई है) चमक उठती है।··· कृपया आप शांत हो जाइए। जी, जी हाँ, विद्यापति की पदावली हो सकती है, पर यह है 'बिदापत-नाच'।··· न्यू थियेटर्स, विद्यापति, काननबाला, पहाड़ी सान्याल की बकवास बंद कीजिए। आखिर आप अलापने ही लगे–'मोरे अँगना में आए आली, मैं चाल चलूँ मतवाली'–आपको कितना समझाऊँ कि यह बिदापत-नाच है और वह नर्तक है टहलू पासवान, उसका बाप पक्का डकैत था। बाप को काले पानी की सजा हो गई, माँ किसी और के साथ चली गई और यह बचपन से ही नाचने लगा। अपने जवानी के दिनों में इसने धूम मचा दी थी–धूम। हाव-भाव बतलाने में तो अभी भी वह अपना सानी नहीं रखता। इसी हाव-भाव पर रीझकर तो 'परबतिया' अपनी बसी-बसाई गृहस्थी छोड़कर इसके साथ रातों-रात भाग आई थी। हाँ, तो टहलू पासवान यह गा सकता है कि-

'अँगना आएत जब रसिया
पलटि चलब हम इषत् हँसिया
कान्ह जतन बहु करयिन्ह'

लेकिन–'मोरे अँगना में आए आली'–यह बेचारा क्या जाने ?

'धृन्ना धृंगा, तिना-तिन्ना'–मृदंग ने अब दूसरी ताल पकड़ी।

'किन्ना-किन्ना··· ' मंजीरे ने भी बोल बदला।

'सखि हे···
सखि हे, कि पूछसि अनुभव मोहे···'
'जनम अवधि हम रूप निहारलौं,
तबहु न तिरपित भेल।'

'अरे ? चुप ! चुप !!'–बिकटा गुस्से में आकर समाजियों को 'चुप' करा रहा है। एक समाजी उधर जल्दी-जल्दी अंगौछे का कोड़ा बना रहा है।

'तड़ाक्-तड़ाक्' बिकटा महोदय की पीट जो होने लगी। दर्शकों की मंडली मचल पड़ी। अपभ्रंश मैथिली में 'बिकटा' कह रहा है कि मुझे पीटकर बेकार समय बर्बाद किया जा रहा है। जमींदार के जूते खाते-खाते मेरी पीठ की चमड़ी मोटी हो गई है। उसने महज इसलिए लोगों को चुप किया था कि 'वह जन्म-भर किसका रूप निहारती रही ?'

उसे जब यह समझा दिया गया कि उसी का, तो वह खुश होकर अपने पाकेट से एक छोटा आईना निकालकर सगर्व अपनी सूरत को देखने लगता है।

गीत समाप्त हुआ, अब बिकटा महोदय की बारी है।

'हे नैक जी (नायक जी) !'

'हूँ !'

'आब हमरो सूनूँ !' (अब मेरी भी सुनिए !)

'बाप रे ! ···
बाप रे कोन दुर्गति नहीं भेल।
सात साल हम सूद चुकाओल,
तबहूँ उरिन नहीं भेलौं।
कोल्हुक बरद सन खटलौं रात-दिन
करज बाढ़त हि गेल।
थारी बेंच पटवारी के देलियेन्ह,
लोटा बेंच चौकीदारी।
बकरी बेंच सिपाही के देलियेन्ह,

*फटक नाथ गिरधारी।'**

कुछ समझा आपने ? नहीं ? रह गए आप भी पूरे 'फटकनाथ गिरिधारी।' जरा इधर देखिए, उन दर्शकों को। उन लोगों ने क्या समझा जो हँसते-हँसते लोट-पोट हो रहे हैं !

'धृंगा, धृंगा, धिधिन्ना तिन्ना··· '

'सखि हे !
इ माह भादर, भरल बादर।
शून्य मंदिर मोर।··· !'

"सुंदर ! सुंदर ! वास्तव में विद्यापति मैथिल कोकिल !··· "

आप फिर बहकने लगे, देखता हूँ आप 'बिकटा' से कुछ कम नहीं हैं।

बिकटा भी प्रत्येक गीत पर अपनी कुछ-न-कुछ सुनाता ही है, चाहे उसे लाख मना किया जाए, और आप भी ! यह लीजिए 'बिकटा' महोदय टपक ही पड़े–

'इ माह भादर, बरिसे बादर,
चुअत छप्पर मोर।'

'हहा-हहा··· !!' दर्शकों की मंडली हँसते-हँसते लोटपोट हो गई। हाँ, एक बात तो कहना ही भूल गया कि 'बिकटा' अपने को कृष्ण भी समझता है, परदेशी साजन भी समझता है, लेकिन इसके साथ ही वह यह नहीं भूल जाता कि वह कलरू मुसहर है, हलहलिया का रहनेवाला है और मनुष्य रहते हुए भी है सिर्फ कोल्हू का बैल।

इसलिए जब नर्तक उसके गले में बहियाँ डालकर घूँघट काढ़कर, मान-अभिमान का भाव जताकर कहता है कि–'माधव तजि के चललों विदेश !' तो वह भूल जाता है कि वह 'कृष्ण' है और वह गोकुल से मथुरा जा रहा है। उसके समक्ष जीवन की विषमता मूर्त होकर नाच उठती है और वह समझाता है–

'नहीं बरसल अदरा (आद्रा नक्षत्र) नहीं अशरेस,
चारों दिश देखैछि बुढ़ियाक केश

(यानी चारों ओर कास ही कास दिखाई पड़ते हैं)

माछ काछू सब गेल पताल,

---

* बाप रे, मेरी कौन दुर्गति नहीं हुई। सात वर्षों तक मैं सूद चुकाता रहा, तब भी ऋण से मुक्त नहीं हुआ। कोल्हू के बैल की तरह रात-दिन मेहनत की, पर कर्ज बढ़ता ही गया। थाली बेचकर पटवारी को दी और लोटा बेचकर चौकीदारी में दे दिया। एक बकरी थी, जिसे बेचकर रुपए सिपाही को दे दिए और अब 'फटकनाथ गिरधारी' यानी पूरी तरह कंगाल हुआ फिर रहा हूँ।–सम्पादक

अब कि पड़त सखि महा अकाल,
दिन भर खटि के एक सेर धान
एकरा से कैसे बचत परान,
*छोड़ू-छोड़ू सजनि जाइछि विदेश… आदि।**

फिर दूसरे ही क्षण जब नर्तक गाने लगता है कि–

'गोद लय बलमा के चललि बजार
हटिया के लोग पूछे, के लागे तोहार।
सासू जी के लड़िका, ननद के जेठ भाय,
पूर्व के लिखल स्वामी छिक् हे हमार।'

और तब 'बिकटा' एक भोले-भाले शिशु की तरह तेल की जलेबी, बताशा अथवा खिलौनों के लिए मचलने लगता है।

अभी-अभी नर्तक ने गाया है–

'राति जखन भिनसरवा रे,
पहूँ (स्वामी) आयल हमार।
कर कौशल कर कँपइत रे हरवा उर जार
कर पंकज उर थपयित रे मुखचन्द्र निहार।'

बिकटा ने बीच में ही रोककर एक समाजी से इसकी भाषा-टीका करने को कहा है। समाजी भी खुलकर टीका कर रहा है। वह कैसे सोई थी (नायिका पुआल पर सोई हुई थी, अपनी झोंपड़ी में, अकेली !) कैसे वह (बिकटा) आया था…।

अब जरा इन दर्शकों के बीच में चलिए। काली-काली, गठीली-तगड़ी युवतियाँ मुस्कुरा-मुस्कुराकर हँसी को जब्त करना चाहती हैं। एक-दूसरे को केहुनी से खोंच-खोंचकर जाने क्या कानाफूसी करती हैं ! अधेड़ औरतें 'लाज-सरम' की दुहाई देकर, कृत्रिम क्रोध प्रकट कर उनकी हरकतों को रोकना चाहती हैं, किंतु दबी हुई हँसी, गुदगुदाया हुआ दिल भला कब मानता है ? इधर नर्तक अलाप उठता है–

'चलू मन, चलू मन… ससुरालि
जइबै हो रामा,

---

* इस वर्ष न तो आर्द्रा नक्षत्र में वर्षा हुई, न अशरेस में। चारों ओर बुढ़िया के सफेद बालों की तरह कास फूटे हुए हैं। मछलियाँ आदि भी मानो पाताल में चली गई हैं। इस वर्ष महाअकाल पड़ेगा। दिन-भर मेहनत-मजदूरी करने से एक सेर धान मिलता है, जिससे जीवन-यापन कैसे होगा ?–सम्पादक

कि आहो रामा, नैहरा में
अगिया लगाइब रे कि···'

युवतियाँ चंचल हो उठती हैं, नौजवानों के नसों में बिजली दौड़ जाती है–और अधेड़ों की आँखों में 'गई हुई जवानी' लौट आती है। एक अजीब वातावरण की सृष्टि हो जाती है। नाच भी अब शेष होने को है।

'चलू मन, चलू मन···
धिन धिनक धिनक, धिन धिनक धिनक···
कि आहो रामा, नैहरा में अगिया लगायब रे कि··· !
डिम डिमिक डिमिक, डिम डिमिक डिमिक···

अरे, यह क्या ? ओहो ··· ! चेथरू गुसाँई जी हैं। गुसाँई जी कबीर जी के भक्त हैं। इसी गाँव के रहनेवाले हैं। दस-पंद्रह वर्ष पहले की बात है–जमींदार साहब ने एक झूठी गवाही देने के लिए कहा, इन्होंने अस्वीकार कर दिया और जमींदार साहब ने क्रोधित होकर इनको 'गृहहीन' कर दिया। तभी से आप 'स-स्त्रीक बैरागी' हो गए हैं। खंजड़ी, झोली और चिमटा, जटा और लंबी दाढ़ी···

यह लीजिए, गुसाँई जी तो खंजड़ी बजा-बजाकर इन्हीं लोगों के साथ नाचने लगे–

'डिम डिमिक डिमिक, डिम डिमिक डिमिक
कि आहो रामा, नैहरा में अगिया··· '

बात यह है कि चेथरू गुसाँई जी इस गीत को संपूर्ण 'निरगुन' मानते हैं। अहा ! उनकी धँसी हुई आँखों में सचमुच आँसू की बूँदें चमक रही हैं।

नाच समाप्त। अब चलिए··· कला-वला की बात रखिए।

दुखी-दीन, अभावग्रस्तों ने घड़ी-भर हँस-गाकर जी बहला लिया, अपनी जिंदगी पर भी दो-चार व्यंग्य-बाण चला दिए, जी हल्का हो गया। अर्धमृत वासनाएँ थोड़ी देर के लिए जगीं, अतृप्त जिंदगी के कुछ क्षण सुख से बीते। मिहनत की कमाई मुट्ठी-भर अन्न के साथ-साथ आज इन्हें थोड़ा-सा 'मोहक प्यार' भी मिलेगा, इसमें संदेह नहीं।··· आप खोज रहे हैं–आर्ट, टेकनीक और न जाने क्या-क्या, और मैं आपसे चलते-चलाते फिर भी अर्ज करता हूँ कि यह महज बिदापत-नाच था।

[साप्ताहिक 'विश्वमित्र' के 1 अगस्त, 1945 अंक में प्रकाशित]

सरहद के उस पार

बी. ए. रेलवे की 'कटिहार-जोगबनी' ब्रांच लाइन का अंतिम स्टेशन–जोगबनी। गाड़ी की इंजन को जहाँ से फिर कटिहार की ओर मोड़ा जाता है, उससे दस गज के फासले पर सरहद रेखा, उसके बाद ही 'नेपाल राज्य' का विराटनगर, विराटनगर–'मिलों का नगर'–कई मीलों तक फैला हुआ। विशाल मशीनों के विभिन्न पुर्जों की अलग-अलग आवाजें–धड़-धड़, फट-फट, घर्र-घर्र, सू-सू, चर्र-चू-फस··· वगैरह, सामूहिक आवाज–हः-हः, हाय-हाय !

नेपाल राज्य ! स्वतंत्र राज्य ! हिमालय की सुनहरी चोटियाँ ! आजाद मिट्टी, मुक्त हवा–कितना मोहक ! कितना सुन्दर !–आखिर आप मचल पड़े उस पार जाने को।

'ठहरिए !'–तलाशी दीजिए। जी हाँ, वह गंदा सुखाल (नेपाली पाजामा) और गंदी टोपी पहना हुआ व्यक्ति स्वतंत्र राज्य का कर्मचारी है। आपके पास से कोई आपत्तिजनक चीज नहीं निकलती ? बीड़ी भी नहीं ? तो चलिए जल्दी, वरना 'ट्रक' में जगह नहीं मिलेगी। क्या कहा ? आप इस म्युनिसिपलेटी के कूड़ा ढोनेवाले 'ट्रक' पर नहीं चढ़िएगा ? लेकिन, दूसरा चारा ही क्या है ? और इस पर भी जगह मिल जाय तो सौभाग्य ही समझिए। आखिर वही हुआ, जो मैंने कहा था, जगह नहीं मिली ! देखूँ, यदि ड्राइवर की बगल में बैठने को मिल जाय, पैसे कुछ ज्यादे देने पड़ेंगे। नहीं, वहाँ तो लेफटेंट साहब बैठे हैं। देखिए, आपका यह सफेद कुर्ता और पाजामा बहुतों की निगाह में खटक रहा है। कहीं पूछे जाने पर छाती फुलाकर यह मत कह डालिएगा कि 'मैं सोशलिस्ट हूँ और विराटनगर में मजदूर यूनियन कायम करने आया हूँ। अथवा मजदूरों की हालत का अध्ययन करने आया हूँ।' फिर तो साहब, आपकी सारी किताबें जब्त हो जाएँगी, और आपको रोककर न जाने कितने बखेड़े खड़े किए जाएँगे। बदकिस्मती से कहीं आपके बैग से 'जनता' की एक कापी निकली या आप 'बेनीपुरीजी' निकले, तब तो बड़ी मुश्किल है। मामला बहुत महँगा पड़ जाएगा। क्योंकि 'जनता' और 'बेनीपुरीजी' को यहाँ के बड़े हाकिमों से लेकर छोटे सुबा तक जानते हैं। जिस राज्य में 'घूस' को 'राजधर्म' मान लिया गया हो, वहाँ यदि इस आशय के अफवाह फैल चुके हों कि 'नेपाल सरकार ने बेनीपुरीजी को घूस में बहुत बड़ी रकम आफर की थी, किंतु उसे अस्वीकार कर, वे 'जनता' में नेपाल की चिट्ठियाँ प्रकाशित करते रहे–तो 'बेनीपुरी' वहाँ के हाकिमों के लिए वास्तव में दूसरी दुनिया के जीव होंगे ही।

अब देखते क्या हैं, चलिए पैदल। अब शुरू हुआ यह मिलों का नगर,

'चमड़िया–सिंहानियाँ–लायलकाओं' का षड्यंत्र क्षेत्र। आपके मुल्क के महान् क्रांतिकारियों और आजादी के परवानों–सोशलिस्टों ने 1942 की क्रांति में इस नेपाल राज्य में अपना अड्डा कायम किया था, किंतु उपरोक्त 'कैपिटलिस्टों' की निगाह बहुत दिनों से इस पवित्र मिट्टी की ओर लगी हुई है तथा वे धीरे-धीरे अपने षड्यंत्र में सफल भी हो रहे हैं। हाँ, षड्यंत्र ! यहाँ के मुट्ठी-भर राजघरानों और शासक वर्गों की कदमबोसी तथा पाकेट-पूजा करके करोड़ों अशिक्षित, भूखी, दरिद्र और अबोध जनता को लूटने का षड्यंत्र ! न इनकम टैक्स का बखेड़ा, न ट्रेड यूनियन कानूनों की पाबन्दी और सबसे बड़ी खुशी की बात कि मजदूर यूनियनों के भूतों का यहाँ जरा भी डर नहीं। उस संगीनधारी गुर्खे को देख रहे हैं न ! उसे सिर्फ गोली चलाना ही सिखाया गया है। आपकी 'शिवनाथ-बसावन-हरिहर एंड कंपनी' की दाल वहाँ नहीं गलने की। आपको मेरी बात लग गई, लेकिन मैं कहता हूँ कि इन मिलों में पंद्रह-बीस हजार मजदूरों की पिसाई होती है, मगर कभी आह भी नहीं करने दिया जाता है। माँगों और हड़तालों की चर्चा तो स्वप्न में भी नहीं की जाती। और मजदूरों की जिंदगी का पता तो अभी तुरंत लग जायगा। देखिए, दाहिनी ओर वह मजदूर कालोनी है या 'सूअर के खुहारों' का समूह ! उनके बच्चों और औरतों की दशा देखिए, कितनी दर्दनाक सूरत है। अस्पतालों और स्कूलों की जरूरत जब यहाँ की सरकार ही अपनी प्रजा के लिए नहीं महसूस करती है, तो इन 'राक्षसों' से क्या आशा की जाय ? हाँ, मजदूरों के स्वास्थ्य और दिलबहलाव को मद्देनजर रखकर सुरा-सुंदरी का विशेष प्रबंध यहाँ अवश्य है। औसतन दस क्वार्टरों पर एक 'भट्ठी' और पाँच क्वार्टरों पर एक वेश्यालय। महुआ, धान, जौ, सौंफ, नारंगी, नासपाती और केले की शराब; और वेश्याएँ ? देशी, पहाड़िन, बंगालिन, आसामी, सिंगापुरी, बर्मीज, सस्ती-महँगी सब तरह की। फिर त्योहारों तथा महाराजा के जन्मदिवस पर जुए का आम हुक्म। जुए की छुट्टियाँ ? कितनी बड़ी सहूलियत। कितनी अच्छी जिंदगी ! बोलिए–प्रभुवर राणा के वंशजों के साथ-साथ चमड़िया-सिंहानियाँ-लायलकाओं की जय !!

जूट मिल्स एरिया खत्म। यह कॉटन मिल्स है। जरा उन बँगलों की ओर देखिए। स्वर्ग में देवताओं को भी ऐसे सुंदर बँगले शायद नसीब न हों। यह उन्हीं साँपों की (चमड़िया, सिंहानियाँ, लायलकाओं की) बाँबियाँ हैं, जिसमें वे आराम से लेटे-लेटे नेपाल सरकार द्वारा 'दूध-लावा' पाकर, जहरीले साँपों की आबादी बढ़ा रहे हैं। मैच फैक्टरी, हाइड्रो-इलैक्ट्रिक, सूगर मिल्स, पेपर मिल्स और सीमेंट मिल्स धड़ाधड़ खुल रही हैं। इसके साथ ही अबोध नेपाली जनता की गाढ़ी कमाई की रकम विदेशी बैंकों के खातों में भरी जा रही है। दिन-प्रतिदिन नेपाली प्रजा की जिंदगी बदतर होती जा रही है। इस पर तुर्रा यह कि अभी और भी कितने विषधर अपने-अपने दाँतों को तेज कर रहे हैं, नेपाल की सड़कों पर चक्कर काट रहे हैं। 'प्रभो !

मुझे सिर्फ हड्डी पीसनेवाली मिल ही खोलने की आज्ञा दी जाय। अमेरिकन मशीन, नए ढंग की पिसाई···

उफ··· ! बहुत जल्द ही इन पूँजीपतियों के घर में नेपाल राज्य बंधक पड़ जायगा। बस, आप निराश हो गए ? मैं कहता हूँ, सुनिए—बहुत शीघ्र ही यहाँ जबर्दस्त क्रांति होगी और सफल क्रांति होगी। निरंकुश नेपाली शासकों के साथ-साथ इन पूँजीपतियों के गठबंधन ने कोढ़ में खाज का काम किया है। नेपाल के चैतन्य समाज की आँखें खुल चुकी हैं।

हाँ, मेरे उपरोक्त कथन के पीछे नेपाल की परिस्थितियों का गहरा अध्ययन छिपा हुआ है। मुझे नेपाल के जंगलों में ही राजनीति और साहित्य की शिक्षा मिली है। नेपाल की एक काठ की कोठरी में ही मैंने समाजवाद की प्रारंभिक पुस्तकों से लेकर, महान् ग्रंथ 'कैपिटल' तक को पढ़कर, समझने की धृष्टता की है। पहाड़ की कंदराओं में बैठकर, बँसहा कागज की बही पर 'रशियन रेवोल्यूशन' को नेपाली भाषा में अनुवाद करते हुए उस नेपाली पागल नौजवान की चमकती हुई आँखों को मैंने अपनी जिंदगी में मशाल के रूप में ग्रहण किया है और उस देवता की अमूल्य वाणी को, उसके आशीर्वचन को मैं कैसे भूल सकता हूँ, जो नेपाल के 'पिताजी' थे। हाँ, नेपाल के 'बापू'। 1942 में दो 'बापू' नजरबंद किए गए। एक को अंग्रेजी सरकार ने आगा खाँ के राजभवन में बंद कर रखा था, और दूसरे को नेपाल सरकार ने बागमती के किनारे एक धर्मशाला में। दुनिया की परिस्थिति ने एक 'बापू' को छुड़ा लिया, पर नेपाल सरकार ने दूसरे 'बापू' की 'हत्या' कर डाली। गठिया और निमोनिया से जर्जर, उस वृद्ध तपस्वी को बिना दवा और पथ्य के, नेपाल की कड़ाके की सर्दी में तड़पा-तड़पाकर ठिठुरा-ठिठुराकर मार डाला गया। नेपाल में प्रजातंत्र राज्य कायम करने का सपना देखनेवाले कर्मठ 'बापू' आज नहीं रहे, किंतु शिक्षित और चैतन्य सान्दाज्युओं (छोटे भाइयों) का युवकदल अब निष्क्रिय होकर बैठा हुआ नहीं है। उनमें शत-प्रतिशत को आप समाजवाद का हिमायती पाइएगा। हिंदुस्तान में—नेपाली कांग्रेस का जन्म और प्रसिद्ध सोशलिस्ट श्री विश्वेश्वर प्रसाद कोइराला की रहनुमाई से आप मेरे कथन की सत्यता को जाँच सकते हैं। हिंदुस्तान से गोरी फौज की विदाई के बाद बहादुर गुर्खों ने अब गलती से भी कभी एक राउंड गोली हिंदुस्तानी नागरिकों पर चला दी, तो नेपाल की एक-तिहाई आबादी आत्म-ग्लानि से सर झुका लेगी। हमारी अगली क्रांति में नेपाल एक जबर्दस्त हिस्सा लेगा, खुलकर खेलेगा, किंतु देश के नेताओं की निगाह पर तो जैसे पट्टियाँ बँधी हैं, मुँह पर ताले पड़े हैं। उन्हें दुनिया-भर के लिए दर्द है पर नेपाल की शोषित जनता के लिए उनके मुँह से एक शब्द भी नहीं निकलता।

अब नेपाल की साहित्यिक प्रगति की कहानी सुनिए। नेपाली साहित्य का नाम सुनते ही आप हँस पड़े। आप विश्वास कीजिए, महान् प्रगतिशील कलाकारों की संख्या क्रमशः बढ़ ही रही है। प्रगतिशील लेखकों का मोर्चा वहाँ बहुत पहले ही कायम हो चुका है। 'सिपाही', 'केकयी', 'परालो को आग', आदि रचनाओं को लेकर नेपाल की साहित्यिक मंडली, दुनिया की किसी भी साहित्यिक प्रतियोगिता में सम्मान प्राप्त कर सकती है। सिर्फ एक 'सुंदरी बल' झील पर अब तक करीब पाँच सौ मौलिक रचनाएँ रची जा चुकी हैं। उनमें से किसी एक को भी सेकेंड ग्रेड में रख देने की हिम्मत आप नहीं कर सकेंगे। प्रकृति-सुषमा संबंधी कविताओं के अलावा–'सानी माँ, यों ढिठों के सित खाने हो ? (अर्थात मौसीजी, यह मक्के की खिचड़ी किस चीज के साथ खाऊँ, ? घर में नमक भी नहीं है ?)–जैसी हृदय को विगलित कर देनेवाली 'रियलिस्टिक' रचनाओं की भी वहाँ कमी नहीं। काश ! प्रजा की अपनी पत्र-पत्रिकाएँ होतीं !...

यह राजपथ है। इसकी धूल से आप परीशान हैं। बरसात में तो इन सड़कों पर घुटनों तक कीचड़ होते हैं। कम-से-कम प्रत्येक पाँच साल के बाद भी, गरीब जनता के पैसों का पंचमांश ही इन सड़कों पर खर्च किये जाते तो, चाँदी की चमचमाती हुई सड़क के किनारे सोने के माइलस्टोन गड़े होते। किंतु यहाँ के ठेकेदारों और शासक-वर्ग के गड़बड़ घोटालों को आप नहीं समझ सकेंगे। धूल फाँकते चलिए ! राह का एक साथी भी मिल गया। यही है बहादुर गोर्खा ! रूस के 'कज्जाकों' का चचेरा भाई ! इनकी लाल सेना, दुनिया की किसी भी रंग की सेना के छक्के छुड़ा सकती है। इस कौम को यहाँ की सरकार ने सदियों से मूर्ख और अपढ़ बनाकर, अंग्रेजी सरकार की सेवा के लिए रिजर्व रखा है। इन सड़कों की तरह ही इनकी भी जीवन-कहानी है। लीजिए ! वह आपको देखकर मुस्कुरा पड़ा। कितनी सरल मुस्कान है; वह आपसे 'असल सिगरेट' (बढ़िया, यानी कैप्सटन-नेविकट) माँग रहा है, बदले में वह गीत सुना देगा–

'धन धन अँगरेजी सरकार
आकाश मा जहाज उड़ाये को;
*पानी मा जहाज चलाये को... '**

कुछ समझा आपने ? इन गीतों की रचना सरकारी प्रचार विभागों में होती है।

'खुखुरी भिड़ेर काछा, जानू पर्छ
जर्मन को धावे मा' ।

---

* अंग्रेजी सरकार धन्य है, जो आकाश में जहाज उड़ाती है और पानी में जहाज चलाती है। –सम्पादक

हाँ, जर्मन की लड़ाई में जाना पड़ेगा, जर्मनों पर धावा बोलना होगा। अब तक, सभी लड़ाइयों में, इस कौम ने बिना समझे-बूझे भाग लिया है, अब आप इन्हें अपनी लड़ाई का मकसद समझा दें।

जनता (साप्ताहिक, पटना) के 2 मार्च, 1947 में प्रकाशित

नए सवेरे की आशा

दिमाग पर एक बड़ा-सा बोझ लिए ज्ञानचंद अपने गाँव के छोटे-से स्टेशन पर उतरा, जहाँ गाड़ियाँ महज चंद मिनटों के लिए रुकती हैं, बस नाम के लिए। ज्ञानचंद की एक नई और कीमती किताब गाड़ी पर रह गई और उसके डिब्बे के पास पहुँचने के पहले ही गाड़ी खुल गई। अजीब स्टेशन है ! मानो गाड़ी को जबरन रुकना पड़ता है, इच्छा के विरुद्ध। अजीब स्टेशन है ! आखिर यह स्टेशन है किसलिए ? न टेलीग्राफ और न टेलीफोन ! इट्'स ऑफुल !···

वही पुराना स्टेशन है, जहाँ वह सैकड़ों बार उतर चुका है। स्टेशन की बनावट में कहीं भी न एक ईंट जोड़ी गई है और न तोड़ी गई है। गाड़ियों के हाल्टेज में भी कोई फर्क नहीं, लेकिन ज्ञान को यह एक अजनबी स्टेशन मालूम होता है, जिंदगी में कभी देखा ही नहीं, उतरने की बात तो दूर। 'रेचेड' स्टेशन !···

स्टेशन की दीवार पर 'चावल कम खाइए··· शकरकंद खाइए' वगैरह सरकारी एलानात के पर्चे चिपके हुए हैं। एक नए पोस्टर ने ज्ञानचंद का ध्यान आकर्षित किया और तब वह स्टेशन फिर पुराना स्टेशन हो गया, अपने गाँव का स्टेशन, जहाँ वह सैकड़ों बार जल्दी-जल्दी गाड़ी पर चढ़ा है और गाड़ी से उतरा है। जल्दी-जल्दी ! यहाँ गाड़ी महज चंद मिनटों के लिए रुकती है ! पोस्टर को देखते ही उसे अपने दिमागी बोझ की याद आई।··· 'जेनरल अस्पताल जाने का रास्ता, खतरा ! सामने पुल टूटा है, दाहिने मोड़ से'–वगैरह साइनबोर्ड और तख्तियाँ ज्ञानचंद जैसे लोगों के लिए ही तो नहीं लगाई जातीं ? ज्ञानचंद ने फिर पोस्टर को देखा–"ता. 25 नवम्बर को पटना चलो !··· किसान मार्च।" उसे अपने थाने-भर के जत्थों के साथ मार्च करना है। इसीलिए वह भेजा गया है।

"क्या आप बतला सकते हैं, पटना यहाँ से कितनी मील दूर है ?"

नए स्टेशन मास्टर ने उस अजीब सवाल करनेवाले को घूरकर देखा और एक किताब को उलट-पुलटकर बतलाया–"दुई सौ एकसठि माइल !"

261 मील ! ज्ञानचंद, गाँव की ओर जानेवाली पगडंडी पकड़ता है। 261 मील !

पगडंडी के दोनों ओर खेतों में धान की पकी हुई बालियाँ झुकी हुई हैं। हवा का निर्बल झोंका भी खेतों में ज्वार-भाटा-सा पैदा कर देता है। बालियाँ झूमती हैं। कौन धान है यह ? ज्ञानचंद धानों की किस्म को, नामों को, जातियों को नहीं जानता-पहचानता। और वह किसानों का अगुआ बनने जा रहा है ! उसे कमलनाथ पर गुस्सा हो आता है। कमलनाथ ने एक लंबा लेक्चर झाड़कर साबित कर दिया कि ज्ञानचंद-जैसे प्रगतिशील लेखकों, कथाकारों को इस ऐतिहासिक मार्च में अवश्य शरीक होना चाहिए। कमलनाथ बोलना जानता है। वह बोलता है और लोग सुर-में-सुर मिला देते हैं। खुद ज्ञानचंद ने अपने थाने की जिम्मेदारी ली और आज उसे कमलनाथ पर गुस्सा आ रहा है। उसे लगता है, कमलनाथ ने उसे गलत जगह पर 'फिट' कर दिया है। यह सही है कि वह किसान का बेटा है, गाँव में उसका जन्म हुआ है, लेकिन वह धानों की किस्म को, नामों को और जातियों को भी नहीं जानता-पहचानता। ऐसे मौकों पर उसकी जगह होनी चाहिए--हजारों-हजार जनता के बीच एक खास प्रतिष्ठित दायरे में, प्रेस गैलरी में। एकत्रित जनसमूह को गिनना उसका काम है, जनसमूह को एकत्रित करना नहीं। भाषण देना उसका काम नहीं–शार्टहैंड··· रिपोर्टिंग···। लेकिन कमलनाथ को कौन समझावे। उसके सिर में दिमाग की जगह 'डायलेक्टिकल मैटिरियलिज़्म' के पन्ने बिखरे हुए हैं।

हरे-भरे पेड़ों के झुरमुट में दादा मोसाय (चटर्जी परिवार) का नया सुफेद बँगला दूर से ही चमकता है। बनानी आई होगी ? बनानी, बनी··· ज्ञानदा, बोका ज्ञानदा। ज्ञानचंद का पैर मेड़ पर से फिसल गया और उसके दिमाग में बनानी तालियाँ पीटकर खिलखिला पड़ी। दादा मोसाय के परिवार ने ही तो ज्ञानचंद को कुछ-से-कुछ बना दिया है, वरना यह धानों की किस्म को, नामों को, जातियों को अभी दुहरा देता।··· दादा मोसाय के बड़े पुत्र केशव'दा कालेपानी की सजा भुगत रहे थे, छोटी-सी बनानी बड़े गर्व से गर्दन हिलाकर, होंठों पर एक खास नजाकत लाकर कहती–"जानो ज्ञान ! बड़'दा इंगरेज मेरेछिलो··· गुली कोरे, ठाँय !" दादा मोसाय के मँझले पुत्र किरण'दा कलकत्ते में नजरबंद हुए, सबसे छोटे पुत्र नवीन का पढ़ना बंद करवा दिया दादा मोसाय ने। बनानी बोली थी–'इंग्रेजी पोड़लेई इंगरेज के मारबार इच्छे कोरे। जानो ? ताई नवीन···।' उसी दिन से ज्ञानचंद जोर-जोर से–'ए फैट कैट सैट ओन दि मैट' रटता और रह-रहकर आजमाता कि उसकी इच्छा अँगरेज को मारने की हो रही है या नहीं।

केशव'दा कालेपानी से योगी होकर लौटे, पांडेचरी आश्रम में रहे। आजकल अपनी छोटी-सी जमींदारी की देख-भाल करते हैं।

किरण'दा जब तक नजरबंद रहे, कम्युनिस्ट रहे। रिहाई के बाद जब तक पुलिस की निगाह कड़ी रही, वे झुके नहीं। शादी हुई, संध्या बौदी (भौजी) आई, फिर पुलिस को निगाह कड़ी करने की आवश्यकता नहीं हुई !

बनानी अब मिस बनानी चटर्जी बी. ए. है। पिछले साल शांतिनिकेतन से निकलकर कलकत्ते में मौसी के यहाँ रहती है। रेडियो पर गाती है। राजनैतिक चर्चा छिड़ने पर बड़े गर्व से कहती है–'श्रीभवन के जिस कमरे में इंदिरा नेहरू रहा करती थी, उसी में उसे भी रहने को मिला, और तीसरे साल जब नेहरूजी कलकत्ता आए थे तो उसने देशप्रिय पार्क की सभा में 'जन गन मन' गाया था।' बस ! इतना ही।...

कमलनाथ की निगाह में बनानी एक बेवकूफ लड़की है और ज्ञानचंद कहता है कला की पुतली। कमलनाथ की बात निराली है। कुछ बोलिए, वह अपनी इच्छानुसार आपको **Puberty, Adolscent** या **Maturity** के दायरे में फेंक देगा। कुछ पहनिए, बस उसका **Cnoism** पर लेक्चर शुरू हो जाएगा। जिससे जरा जान-पहचान हुई, उसके घर को पार्टी-दफ्तर समझ लिया।

बादर मंडल का चौपाल ग्राम-किसान पंचायत का दफ्तर है। हर सातवें रोज मोहन गुरुजी आकर 'जनता' पढ़कर सुना जाते हैं, पंचायत के सरकूलरों की सूचना देते हैं। बाँस की पट्टियों का आलमारीनुमा एक मचान है, जिसमें एक ओर 'जनता' की कापियाँ सहेजकर रखी जाती हैं, दूसरे खाने में दवात, कलम, रजिस्टर, चंदा-बही तथा दूसरे कागजात। शाम को लोग बाहर के 'घूर' (अलाव) के पास आ जुटे हैं। ज्ञानू भाई आए हैं।

"पर्चे, पोस्टर वगैरह मिल गए हैं न ?" –ज्ञान पूछता है।

"आया तो था।"–चादर में आधा मुँह छिपाए हुए मोहन गुरुजी जवाब देते हैं।

"आया तो था, मानी ? बँटवाया नहीं ?"

गुरुजी चुप हैं। मुश्किल से चुप रहनेवाला नौजवान देवीप्रसाद कहता है–"बाँटा कहाँ गया। स्कूल के लड़के उठाकर ले गए सब। कागज की महँगी है न। एक ओर सादा था, लड़के कापी बनाएँगे।"

"अजीब बात है। पर्चे, पोस्टर वगैरह भेजे गए, मगर...। खाक काम होगा। लोग समझते हैं नहीं। मुश्किल है।... "

"अरे फाहरम (फार्म यानी पर्चा) यहाँ कौन पढ़ता है ! फाहरम को तो लोग नाच-तमाशे का फाहरम समझते हैं। आप यह पूछिए कि कितने लोग जाने के लिए तैयार हैं।"–बादर मंडल कहता है।

"कितने लोग तैयार हैं ?"

"डेढ़ सौ।"

"डेढ़ सौ ?"

अब मोहन गुरुजी चादर से मुँह निकालकर कहते हैं–"दो सौ आदमी जाने के लिए नाम लिखाए थे। कुछ तो बीमार पड़ गए और कुछ... तीस-पैंतीस को

कमलनाथजी ने छाँट दिया। बोले, बूढ़े हैं, चल नहीं सकेंगे। अब वे लोग आपके पास अपील करनेवाले हैं। सब कंपलीट है। ओढ़ना, बिछौना, चूड़ा, सत्तू, गुड़। सिर्फ गाना नहीं मिला है।" कमलनाथजी ने कहा था, ज्ञानू भाई के मार्फत भेज देंगे।

फाइल से कागज निकालकर ज्ञानचंद देता है–"लीजिए गुरुजी, गीतों को तैयार करवाइए। कल परमानपुर में सभा है। परसों लहसनगंज, रामपुर में। तीसरे दिन सुबह 'मार्च'।"

सब मोहन गुरुजी को घेर लेते हैं। गाओ मुंजी, सुंदर कहाँ गया। ढोलक लाओ। हुड़दंग मच गया। ज्ञान उठ खड़ा हुआ।

जाते हुए ज्ञान ने सुना, मुंजीलाल शुरू करता है, बाकी लोग दुहराते हैं–'आयल दिनवाँ महान, चल-चल हो किसान··· !'

ज्ञान दादा मोसाय के घर की ओर मुड़ता है। धरती पर फीकी चाँदनी फैली हुई है। गाँव के लोग अलाव के पास बैठकर आग ताप रहे हैं। नंगे बच्चे, फाकाजदा मरियल गाय-बैल ! ग्राम-पंचायत के दफ्तर में दूसरा गीत शुरू होता है–

'मिला नहीं है अन्न पेट भर,
*नहीं देह पर साबित बस्तर,**
बेदखली अब भी जारी है··· आगे कदम बढ़ाओ !'

"केज्ञान ?"

"एइजे ज्ञान।"

"ज्ञान एसेछे ?"

गोल टेबुल के चारों ओर लोग बहस के 'मूड' में बैठे हैं। मकान नए ढंग का है, कमरे की सजावट में नयापन है। नयापन, जिससे सुरुचि टपकती है। ज्ञान एक लंबी साँस लेकर बैठ जाता है। कमरे में पहुँचने पर उसने महसूस किया कि बाहर कड़ाके की सर्दी पड़ रही है। गलाजत से भरी हुई गर्दोगुबार, बदबू से भरपूर गाँव की गलियों में उसका दम घुटा जा रहा था। यहाँ पहुँचकर वह राहत की साँस लेता है।

"के, कोबिबोर एसेछे ?" –मुस्कुराती बनानी प्रवेश करती है। संगीत और नृत्य के लय-ताल पर ही वह बोलती और चलती तो नहीं ? कड़ाके की सर्दी में ज्ञान की कनपटी के पास गर्म खून दौड़ जाता है। चाय की प्यालियों की खनखनाहट, प्यालियों से उमड़ते हुए भाप, चंद चूड़ियों की तुनुक आवाज, दीवार पर टँगी अधनंगी शकुंतला की तस्वीर, बनानी की मद्रासी साड़ी। कमलनाथ होता तो चाय की पहली

---

* बस्तर=वस्त्र

चुस्की लेकर ही कमरे की सरसता को भ्रष्ट कर देनेवाली कर्कश और भोंड़ी आवाज में चिल्ला उठता–"शूगर वांटेड !" और उसके बाद ही चीनी की कमी, शूगर सिंडिकेट की बेईमानी, सरकार की नपुंसकता, कांग्रेसियों की खुदगर्जी पर एक वक्तव्य दे देता।

ज्ञान अनुभव करता है, कमरे का वातावरण जरूरत से ज्यादा गंभीर है। उसे क्या पता कि शाम से ही यहाँ 'शांतिनिकेतन' में होनेवाले विश्व-शांति सम्मेलन की चर्चा हो रही थी। किरण-दा पूछते हैं–"विश्व-शांति सम्मेलन देखते जाबे ना ज्ञान ?"

"बनीर नृत्य हबे··· " –संध्या बौदी इयरिंग हिलाकर हँसती है।

"कि नृत्य ? शांति नृत्य बुझि ?"–ज्ञानचंद चुटकी लेता है। बनानी चिढ़कर जवाब देती है–"आग्ये हाँ, शांति नृत्य ! जे जिनिस जानो ना, ता निये आर टानाटानी केन ?"

मतलब यह कि ज्ञानचद नृत्य के बारे में कुछ नहीं जानता, उसे इसमें दखल नहीं देना चाहिए। शांति नृत्य ! किरण'दा हँसते हैं, ज्ञान अच्छी चुटकी ले सकता है। चाय की चुस्की लेकर वे गर्दन हिलाते हैं–"शांति नृत्य !" बनानी चिढ़ने की मुद्रा बनाती है। केशव'दा पूछ बैठते हैं–"आर तोमादेर क्रांति नृत्येर कि खबर ज्ञान ?"

ज्ञान सवाल के असल मतलब को समझता है और उसके सामने फिर वही पोस्टर, जिसमें किसानों के मार्च करते हुए जत्थे की तस्वीर है, उनके नारे लिखे हुए हैं, चिपक जाता है। कमलनाथ पार्टी रैली में भाषण दे रहा है–'चाय की प्यालियों में इन्कलाब लाने के दिन लद गए !'

ज्ञान जवाब ढूँढ़ रहा है। सवाल एक ऐसे व्यक्ति ने किया है, जिसके कानों ने पहले-पहल इन्कलाब की आहट सुनी थी, आँखों ने सबसे पहले उसकी चमक देखी थी, जिनके रगों में दौड़नेवाले लहू ने पहले-पहल उसकी रंगीनी को अपने में घुलाया-मिलाया था, और जिसकी गर्दन इन्कलाब के इशारे पर सबसे पहले कुर्बान होने को झूम उठी थी। इसलिए जवाब ढूँढ़ रहा है ज्ञान।

"मैं तीसरे दिन पाँच गाँवों के जत्थों के साथ मार्च कर रहा हूँ।"

"तुमी ? तुमी ?"–केशव और किरण'दा प्रायः एक ही साथ पूछते हैं। केशव'दा के आश्चर्य में व्यंग्य है, किरण'दा की उत्सुकता में प्रशंसा और खुशी की झलक। ज्ञान मुस्कुराता है। बनानी सबों की ओर बारी-बारी से देख रही है। मुँह देखती है।··· कमलनाथ की निगाह में बनानी एक बेवकूफ लड़की है।

केशव'दा किसान-मार्च पर बहुत कुछ कह रहे हैं, कहते जा रहे हैं। ज्ञान याद करने की कोशिश करता है कि यही बातें,··· ठीक अक्षर-अक्षर, उसने कहीं सुनी या पढ़ी हैं। याद आई··· प्रांत के मशहूर जमींदार के अखबार का संपादकीय लेख। प्रांतीय कांग्रेस के मंत्री का वक्तव्य। कमलनाथ ने चिल्लाकर सुनाया था–"टीकापट्टी आश्रम के महंथ यानी सदाकत आश्रम के संत सेनानी ने फतवा दिया है यारो ! सुनो–यह किसान-मार्च एक 'मजाक' है··· सोशलिस्ट नेता शुतुरमुर्ग हैं··· किसानो

होशियार !"

इतनी देर के बाद बनानी की समझ में सारी बात आती है। कहती है–"ओ किसान-मार्च !"

"हाँ किसान-मार्च", केशव'दा हँसते हैं–"चायनार लांग मार्च, गाँधीजीर डांडी मार्च सुनेछिले तो ? एबार ज्ञान बाबूर किसान-मार्च हबे।"

"ओ बाबा ! ए तो साहित्यकारेर क्रांति नृत्य !"–बनानी डरने की मुद्रा बनाती है, फिर अपने खूबसूरत बालों की वेणी को उँगलियों में लपेटकर गंभीर हो जाती है। पिछले साल इसी तरह वेणी को उँगलियों में लपेटकर गंभीर होते हुए उसने शिकायत की थी–"ज्ञान, न जाने तुम लोगों में यह कौन-सी आदत है। कोई भी बात करो, घूम-फिरकर राजनीति पर आ जाएँगे।" और उसकी इस शिकायत पर ज्ञान ने राजनीति की बातें छोड़कर··· कॉफी की सोंधी खुशबू की, 'फिरपो' की, पेस्ट्री की, अवनींद्रनाथ के चित्रों की, दार्जिलिंग की सुबह और पुरी के समुद्र-तट की बहुत-सी बातें की थीं।

केशव'दा का जवाब देते हैं किरण'दा–"चायनार लांग मार्च वा गाँधीजीर डांडी मार्चेर मत ऐतिहासिक मार्चेर एखन दरकार। यदि ए 'किसान-मार्च' सफलीभूत हय··· "

"ता हले, कि बलते चाउ, नेहरू प्याटेल पालिए हिमालयार कंदराय चले जाबे ?"

"च्यॉंगकाइशेक··· "

"तुमी सोशलिस्ट पार्टीर सापोर्ट कोच्छो किन्नी दा"–घी का व्यापारी नवीन आश्चर्य से पूछता है। ज्ञान को मौसी अंदर बुलाती है। बहस के बीच में ही ज्ञान को उठना पड़ता है। केशव और किरण'दा की ऐसी बहस को कमलनाथ कहा करता है–'दो जंग लगी हुई तलवारों की खटाखट।'

लौटने के समय ज्ञान ने चाहा, बनानी से थोड़ी देर बातें करे लेकिन कॉफी की सोंधी खुशबू, फिरपो की पेस्ट्री, अवनींद्रनाथ के चित्रों, दार्जिलिंग की सुबह और पुरी के समुद्रतट के सिवा वह और कुछ सुनना चाहेगी ? कुछ समझेगी ? बनानी गा रही है··· "तोमार मदेर गंधे अंध वायु बेये चारिदिके।" बेचारी को इतना भी नहीं मालूम कि मदेर गंधे अंध वायु नहीं, तूफान आ रहा है।··· बनानी अच्छा गाती है। ज्ञान की इच्छा होती है, 'मार्चिंग गीत' सुनने की–

उर्ध्वे गगने बाजे बादल, निम्ने उतला धरणीतल।
अरुण प्रातेर तरुण दल, चल रे चल रे चल !![1]

बनानी का गला इतना मधुर है कि इस गीत की ज्वाला शांत हो जाएगी। या बनानी के पारद पंख झुलस जाएँगे। ऊपर··· आसमान में नक्कारे बज रहे हैं, नीचे··· धरती टलमला रही है··· बनानी इसमें सुर नहीं मिला सकती। कॉफी की सोंधी

---

1. काज़ी नज़रुल इस्लाम लिखित प्रसिद्ध मार्चिंग गीत।–संपादक

खुशबू मिट जाएगी, फिरपो की पेस्ट्री का मजा खराब हो जाएगा, अवनींद्रनाथ के चित्रों का रंग धुल जाएगा, दार्जिलिंग की सुबह की खूबसूरती बिगड़ जाएगी और पुरी के समुद्र-तट पर लहरें नहीं आएँगी, नहीं आएँगी।

यदि तोमार डाक सुने केउ ना आसे, तँबे ऐकला चलो रे !
ऐकला चलो रे ![1]

जिनसे प्रेरणा मिली, आज वे व्यंग्य कर रहे हैं, जिससे प्यार मिला, उसके हल्के मन में भीगी हुई उदास हवा आज अंधा बनाना चाहती है। आसमान में नक्कारे की आवाज बुलंद हो रही है...

अकेला चलो। अकेला क्यों, तूफान आ रहा है। तुम्हारा साथी तूफान !

"ज्ञान !"

ज्ञान रुककर देखता है, किरण'दा मुस्कुरा रहे हैं। "सुनो ज्ञान !"–वे कहते हैं–"इतनी दूर की मंजिल तुम पैदल तय कर सकोगे ?... सच ? शाबाश, मेरे भाई ! तुम कलाकार हो, प्रगतिशील, क्रांतिकारी। इतनी बड़ी ऐतिहासिक घटना में तुम 'अन्य पुरुष' में कैसे रह सकते हो !"

"... किरण'दा"–ज्ञान मुँह देखता है।

"आश्चर्य की कोई बात नहीं।... " किरण'दा मुस्कुराते हैं–"मेरा प्रजातांत्रिक समाजवाद में विश्वास है, निरंकुश समाजवाद में नहीं। सोशलिस्ट पार्टी के 'पटना विधान' से मेरे ख्यालात को और भी बल मिला है। पार्टी की पॉलिसी और प्रोग्राम ने शको-सुबहा को दूर कर, मेरे दिल में नई उम्मीदों के चिराग जला दिए हैं। इन्कलाब को 'एसिड बल्ब' में बंद कर प्रयोग करनेवाला प्रोग्राम समाजवादी प्रोग्राम हरगिज नहीं। जरूरत है, करोड़ों-करोड़ शोषितों, पीड़ितों, मेहनतकशों की भूखी अँतड़ियों, सूखी हड्डियों, खाली दिमाग और निराश दिल में हरकत पैदा करने की, गति लाने की। नई उम्मीदों की रोशनी जलानेवाला यह प्रोग्राम ! किसान मार्च ! वक्त की माँग और जरूरत को सही-सही समझनेवाली जमात... सोशलिस्ट पार्टी, प्रतिक्रियावादी शक्तियाँ आँखें नहीं मिला सकेंगी। सातों समुंदर का पानी उलीचकर इसकी लपट को बुझाना असंभव होगा।... ऐसे महत्त्वपूर्ण मार्च में जो कलाकार शरीक नहीं हो सका... !"

जंग लगी हुई तलवार ! किरण'दा अपना थर्मस, 'फर्स्ट एड बक्स' तथा जरूरत की और भी कई चीजें देते हैं। एक हस्तलिखित अंग्रेजी किताब–'बिहार का सामरिक भूअंकन' (Military Geography)। किरण'दा ने लिखी है। कम्युनिस्ट पार्टी के जनरल सेक्रेटरी के फौजी हुक्म पर भी उन्होंने जिसे देना अस्वीकार कर दिया था। एक नक्शा–बिहार का रोडमैप। 'लायका' कैमरा–बनानी माँगती थी। इसकी उपयोगिता विश्व-शांति सम्मेलन में नहीं।... शांति नृत्य... शांति...

---

1. रवींद्रनाथ ठाकुर का प्रसिद्ध गीत।–सम्पादक

"शांती··· शांती··· शांती। ऐ भाई, शांती रहिए।"

"परमानपुर में किसानों की सभा हो रही है। दाढ़ीवाले बाबाजी चुन्नीदास लोगों को शांत कर रहे हैं। चुन्नीदासजी 1930 से '42 तक चौदह बार जेल की सजा भुगत आए हैं। कबीरदास के बाद गाँधीदास बननेवाले इस भोले किसान की सारी जमीन नीलाम हो गई। जमींदार न तो पानी बरसाता है, न खेत की पैदावार को बढ़ाता है। फिर कैसी मालगुजारी, कैसा खजाना ? 1934 में ही उनका यह नारा था। जमीन नीलाम हो गई, बीवी मर गई, बच्चों को 'कँगरेस' में, गाँधी बाबा की सेवा में सुपुर्द किया। एक आज तक 'काँग्रेस आश्रम' का बर्तन माँजता है, दूसरा पूरब कमाने के लिए भाग गया। जब तक सुराज न होगा, 'जटा और दाढ़ी' नहीं कटाएँगे। सो '15 अगस्त' को साधू का धरम भ्रष्ट होते-होते बच गया, प्रतिज्ञा टूटते-टूटते रह गई। दुहाई गाँधी बाबा, जमीन पर जोतनेवालों का हक नहीं, गरीबों के पेट में अन्न नहीं, देह पर बस्तर नहीं। लोगों ने झूठमूठ हल्ला मचाया कि सुराज हो गया। दुहाई गाँधी बाबा, चौदह बार फिर जाने को तैयार हैं···।

'डिम डिमिक डिमिक, डिम डिमिक डिमिक'

सभा की कार्यवाही शुरू होती है। चुन्नीदासजी खँजड़ी पर स्व-रचित निरगुन शुरू करते हैं–

'ब्योधा जाल पसारा रे हिरणा, ब्योधा जाल पसारा।
झूठ सुराज के फंद रचावल, लंबी-लंबी बतिया के चारा
मुँह पर गाँधीजी के नाम बिराजे, बगल में रखलबा दुधारा
रे हिरणा···

डिम डिमिक डिमिक, चट् डिमिक डिमिक··· '

उपस्थित जनता गर्दन हिला रही है, झूम रही है। पर्दाफाश हो गया, चालाकी नहीं चलेगी। यह आजादी झूठी है··· झूठी है··· वादे झूठे हैं··· काँग्रेसी सरकार ने जनता के साथ विश्वासघात किया है।

'अरे मोटिया धोती, टोपी पहिन के फिरतबा रँगल सियारा।'

हा हा हा ! हो हो हो ! सारी सभा हँसती है। ठीक, अक्षर-अक्षर ठीक। रँगे सियार। अब रंग धुल जाएगा।

'महँगी की चक्की में रोये किसनवाँ, मौज करे जमींदारा।
गाँधीजी के बेंचत चोरबाजार में, लीडर सेठ साहूकारा रे हिरणा···

डिम डिमिक डिमिक, चट् डिमिक डिमिक··· '

"शांती··· शांती··· शांती··· ।"

ज्ञान बोलने को खड़ा होता है। जनकवि चुन्नीदास के 'निरगुन' की अटपटी पंक्तियाँ महात्मा कबीर की याद दिला रही हैं। ज्ञान के अंदर का कलाकार अपनी हार स्वीकार करता है। ज्ञान कहता है–'सचमुच जाल पसारा गया है। हिंदोस्तान में फासिज़्म कायम करने की कोशिशें हो रही हैं।'

जनता एक स्वर से कहती है–'हम सब लोग समझते हैं, आप यह बताइए कि हमें क्या करना है ?'

जनता भाषण नहीं सुनना चाहती, प्रोग्राम माँगती है ! क्या करना है ! ज्ञान की आँखों के आगे का परदा मानो हट जाता है। प्रोग्राम ? क्या करना है ? '12 अगस्त 1942'। जनता पूछती है, क्या करना है। रेल उखड़ गये, तार कट गये, थाने लूटे गये, अब क्या करना है ? ज्ञान के पास प्रोग्राम नहीं है, ज्ञान के पास जवाब नहीं है। और जनता थाने में आग लगा देती है, दरोगा और दो कांस्टेबलों को आग में झोंक देती है। ज्ञान को मानो लकवा मार गया है। आग की लपट में दोनों सिपाही तड़प रहे हैं, छटपटा रहे हैं और चेथरू साह किरासन का खाली कनस्तर बजा-बजाकर नाच रहा है, होली गा रहा है–

'फेरू होइहैं राम के राज
अरे लाला फेरू होइहैं राम के राज··· ।'

आज···12 नवंबर 1949। 'राम-राज्य' में जनता फिर पूछती है, क्या करना है। आज भी यदि ज्ञान चुप रहा तो ?···

"राजधानी चलो, हजारों की तादाद में जमा होकर, अधिकार के नशे में मदहोश, जनता से दूर, जनता के दुख-दर्द से परे, जनमत से परे, गद्दी के मालिकों को झकझोरकर जगाओ और कहो–अंधे हो गए, देखते नहीं ? बहरे हो गए, सुनते नहीं ? वादा भूल गए, झूठे··· "

"इस पर भी यदि नहीं जगे··· तो ?" जनता का सवाल है।

"तो ?"

'चटाक् चटाक् चट् धा'··· खँजड़ी फड़फड़ा उठती है, जनकवि चुन्नीदास आल्हा शुरू करते हैं–

'सुमरि कराली माँ काली को, गाँधीजी के करि जयकार
पकड़ चोटिया सब चोट्टन को, तब गद्दी से देहु उतार
बेइमानों का राज खतम कर चटपट बने अपन सरकार
लटपट सटपट सेठ महाजन, छटपट करे जालिम जमींदार
झटपट भागे दुख रे दरिदवा मचे देश में जय जयकार···

··· बोलिए प्रेम से–महात्मा गाँधी की जै !

'काँग्रेसी राज मिटाएँगे
सोशलिस्ट राज बनाएँगे !'

'पटना चलो, पटना चलो, पटना चलो रे !'

औराही, परमानपुर, लहसनगंज, मिल्की, सरसी के 550 किसानों के 5 जत्थे 13 नवंबर, 3 बजे भोर को एक आम के बाग में जमा हैं। नाम लिखे जा रहे हैं, नायक चुने जा रहे हैं। ओढ़ना, बिछौना, कंबल, लोटा, डोरी की गठरी पीठ पर लटकाने के तरीके बताए जा रहे हैं। ज्ञान ने आज पहली बार लाल टोपी पहनी है। हर जत्थे में ढोलक है। 261 मील !

'ड्रम ड्रम ड्रम, ड्रम ड्रम ड्रम'

लेफ्ट राइट, लेफ्ट राइट···

"हम चले–नए जहाँ की नींव डालने।"

'ऊपर–आसमान में नक्कारे बज रहे हैं, नीचे–धरती टलमला रही है··· कारवाँ निकल पड़ा। महा अभियान शुरू हुआ··· महात्मा गाँधी की जै !!'

पूरब आसमान में लाली दौड़ गई। पेड़ों की डालियों पर सोए हुए परिंदे डैने फड़फड़ाकर उड़े, 'हल गरारी' वाली 550 लाल झंडियाँ फिजाँ में अपनी लाली बिखेरने लगीं। एक हजार एक सौ तेज कदम ! 550 बेकरार दिलों की आवाज हवा को कँपा रही है।···कंपन···शून्य···ईथर···कंपन। मार्टिनगंज के एस. पी. साहब 'वायरलेस' पर 'हिज मास्टर्स वायस' की प्रतीक्षा कर रहे हैं। हुकुम हो तो अभी··· ठाँय !

'टक्कु ट्रा ट्रा ट्रा टक्कू टक्कू··· '

चंदरपुर डाकघर के तारबाबू जाड़े की सुबह में परीशान हैं। दरोगा साहब सिर पर सवार हैं। टू द एस. पी.। टू द डी. एम.। टू द डि. आई. जी., सी. आई. डी. एंड पोलिस··· टु द···। फाइव हंड्रेड किसांस मार्चिंग थ्रू···।

"क चूचू··· चू··· चू च च !'

भर पेट जन-सेवा की कसमें खाकर प्रधानमंत्रीजी स्प्रिंगदार पलँग पर करवट ले रहे हैं। जाड़े की सुबह की मीठी नींद।··· कंपन··· शून्य··· ईथर।··· रोजी, रोटी, कपड़ा दो, नहीं तो गद्दी छोड़ दो।··· हम गद्दी नहीं छोड़ेंगे। गाँधीजी का नाम लो, सुबह-सुबह क्या रोटी-रोटी की रट लगा रखी है तुमने ? रोटी के लिए तो कुत्ते लड़ते हैं। नेहरूजी की बातें सुनो–टबों में खेती करो, गमलों में अन्न उपजाओ, शकरकंद खाओ···। बेदखली बंद करने की माँग मत करो। जमींदारों को मुआवजा नहीं दोगे ? सरदार पटेल ने कहा था, याद नहीं–यह डकैती है। जाओ, रामधुन गाओ। कपड़े की क्या जरूरत है, भस्म लगाओ। हमारी संस्कृति, भारतवर्ष की प्राचीन संस्कृति वल्कल और भस्म, राख···। हम गद्दी नहीं छोड़ेंगे।···

'आँखें अगर न खुलतीं, तुम पास मेरे होते।'

रेडियो पर गाने के लिए 'कला की पुतली' बनानी नए ग़ज़ल पर भैरवी का

'टच' देने की कोशिश कर रही है। 'तुम पास' कहते वक्त गले को फँसाकर दर्द पैदा करना चाहती है। सपना टूट जाने पर, साथ छूट जाने पर जैसा दर्द होता है। मीठे सपने !

यह दौरे इन्कलाब है··· । रानीगंज हाट । 10 मील । जत्थों को रोकिए । रुकिए ! जलपान कर लीजिए ! चूड़ा, गुड़, मूढ़ी, सत्तू। पोटलियाँ खुल रही हैं। जेल में चना के बदले चूड़ा माँगने में ज्ञान को भी लाठियाँ खानी पड़ी थीं। 'चना के बदले चूड़ा लेंगे। ठहरो बेटा लाठी देंगे !'··· मुंजीलाल महसूस करता है, चाय के बिना ज्ञान भैया की बुरी हालत होगी। ईंट जोड़कर, पीतल के लोटे में चाय तैयार करता है। रानीगंज हाट के लोग उमड़ पड़ते हैं, इन अनोखे तीर्थयात्रियों को देखने के लिए। पटना, ढाई सौ मील ! बाप रे ! तख्तियों पर क्या लिखा है··· 'जो सरकार घूसखोरी न रोके, वह सरकार निकम्मी है'··· कल ही यहाँ पर एक काँग्रेसी चीनी की चोरबाजारी करते हुए पकड़ा गया है। दफा 40 के मुकदमे में थाना काँग्रेस के मंत्री ने जमींदारों के पक्ष में गवाही दी।··· एक काँग्रेसी गाँधी स्मारक फंड का साढ़े सात हजार रुपया खा गया है।··· सरकारी दफ्तरों में, कचहरियों में घूसखोरी की हद हो रही है।···

लोगों की निराश आँखों में नई आशा की झलक दिखाई पड़ती है। पाँच उत्साही किसान के बेटों ने जत्थे में नाम लिखाया। दौड़कर सामान ले आते हैं। वे भी पटना जाएँगे। 550 में 5 और मिल गए। 550 में, अपने वर्ग में, अपनी जाति में।

'अरे बेटा रे ! राजा बेटा··· !'

वह बुढ़िया छाती पीटकर रो रही है ? पूछिए !··· वह समझती है कि ये लोग फिर लाइन उखाड़ने, तार काटने जा रहे हैं। '42 के आंदोलन में, रेल उखाड़ने के जुर्म में उसके लड़के को फाँसी हो गई, तभी से वह पगली हो गई है।··· जीवन की माँ तो नहीं हैं ?··· हाँ। ज्ञान की आँखों के आगे स्वस्थ, उत्साही, हँसमुख नवजवान जीवन गोप की तस्वीर आकर खड़ी हो जाती है।··· आशीर्वाद दो जीवन की माँ, हम जीवन की अंतिम इच्छा–किसान-मजदूर राज्य कायम करने के लिए बढ़ रहे हैं।···

बढ़े चलो, बढ़े चलो··· !!

खेतों में धान काटनेवाली औरतों का गीत थम जाता है। वे अचरज से इस लाल फौज को देखती हैं। अचरज से। भोला अचरज ! देखकर यों ही बिला वजह मुस्कुरा रही हैं। एक युवती के मोतियों-से सुफेद दाँत, बहुत अर्से तक ज्ञान की आँखों में लरजते रहे। उसने मेकलिंस टूथपेस्ट का नाम भी न सुना होगा। बगल के खेतों से धान की कई बालियाँ लाकर चलते-चलते किसनू कहता है–देखिए ज्ञानू भैया, यह है नाजिर, यह है रांगी, यह बासमती, कनक-जीर···

'आयल तीरथ महान, चल चल हो किसान' जनकवि चुन्नीदास गा रहे हैं। गंगा, काशी, हरद्वार, काबा, मक्का, मदीना से भी बढ़कर पुण्य देनेवाला, जिंदगी को बदल देनेवाला, स्वर्गलोक को धरती पर उतारनेवाला तीर्थ !!

बाँस-भर दिन बाकी है। मुरलीगंज स्कूल में रात को पड़ाव डालना है। तेज कदम। रास्ते के अगल-बगल के छोटे-छोटे गाँव, उनके गरीब बासिंदे सड़क के किनारे चुपचाप खड़े हैं, उनकी अबोध आँखों से उनके दिल की शुभकामनाएँ बरस रही हैं। कोई-कोई सिर्फ 'जय-जय' कहते हैं। ये लड़कियाँ हैं या औरतें ? गालों में गड्ढे, छातियों में सिलवटें पड़ी हुईं। ये लड़कियाँ कभी जवान नहीं होती हैं। लड़कियाँ और फिर एकदम माँ बन जाती हैं। जवानी क्या है, रस क्या है, इन्हें इन बातों की समझ नहीं। उस दवा का क्या नाम था ?··· ज्ञान भूल रहा है··· थरमस निकालते वक्त संध्या बौदी की आलमारी में उसने देखा था, अंग्रेजी में लिखा था–For breast beauty use.···

मुरलीगंज आ गया। मुरलीगंज हाईस्कूल के हेडमास्टर साहब दाँत निपोड़कर अपनी लाचारी दिखाते हैं–"सो तो ठीक है, सो तो ठीक है। मगर स्कूल के सेक्रेटरी के परमिशन के बिना··· आप तो जानते हैं··· हमारी क्या हस्ती है।" स्कूल के सेक्रेटरी एक काँग्रेसी जमींदार हैं, किसानों के जत्थे, अपने दुश्मन के जत्थे को भला कौन आराम और सहूलियत देता है। होस्टल के लड़के, स्कूल के कमरों से बेंच निकाल रहे हैं, दरी, बिछावन, वगैरह बिछा है। इजाजत ! गाँव के किसानों की त्योरियाँ चढ़ जाती हैं।··· कैसी इजाजत, किसकी इजाजत ? आप लोग स्कूल में ठहरिए, देखें सेक्रेटरी क्या करता है। इजाजत की ऐसी-तैसी। हिस्··· ।

शाम को सभा में मुरलीगंज गाँव की सारी आबादी उमड़ पड़ती है। औरत, बूढ़े, बच्चे, जवान। चुन्नीदासजी का निरगुन, आल्हा। मुंजी का गीत, थका हुआ ज्ञान ज्यादा नहीं बोल सकता है। लेकिन अँधेरे में हजारों आँखें चमक रही हैं। उन आँखों में किसान-मजदूर राज, असली सुराज की भूख स्पष्ट रूप से दिखाई पड़ती है। गाँववाले आपस में तय करते हैं। पाँच सौ हों या हजार, गाँव की इज्जत चली जायगी, ये अपने लोग हैं, अपने। गरीबों के, मिहनतकशों के। ये हमारी दुनिया बसाने के लिए जा रहे है।··· घर पीछे दो सेर चावल, आधा सेर दाल। भोज, प्रीतिभोज !!

ज्ञान को नींद नहीं आ रही है। थकावट में तो नींद आती है ! फिर ? तलवों में जलन है। नाचने से पैर में थकावट नहीं मालूम होती ? तलवे नहीं जलते··· कितने धोखे में था वह। कितनी दूर था वह, अपने वर्ग से, समाज से, जनता से। उसकी जिंदगी का रुख, जिंदगी को देखने का, समझने का, परखने का, दृष्टिकोण ही अचानक बदल गया है।··· शशांक कहता था–"नया दौर हमेशा एक तरह के जेहनी इन्कलाब के साथ आता है, नए दौर में कद्रें बदल जाती हैं, नई कद्रों के बलबूते पर नए अदीब पुरानी शाहराह से मुँह मोड़ लेते हैं।"··· यहाँ डाकघर है। शशांक को एक खत डाल देना चाहिए। वतन से दूर··· अमेरिका में बैठा हुआ

शशांक 25 ता. को रेडियो पर बैठा इंतजार करेगा। नहीं, हिंदोस्तान के पत्रों और रेडियो पर भरोसा करनेवाला वह नहीं है।··· ता.··· अक्टूबर को बेचारा, बेवकूफ घी का व्यापारी नवीन रात-भर रेडियो पर, पेकिंग स्टेशन से बोलनेवाले नेताजी की मृत या अमृतवाणी का इंतजार करता रहा।··· शशांक को अपने दोस्तों के खतों का भरोसा है।···

शशांक,

'··· तुम्हारी कहानी 'लहर आयी' इस मार्च में बार-बार याद आ रही है।··· समुंदर का पानी चीख रहा है, लहरें जा रही हैं, लहरें फिर जायेंगी, जाती ही रहेंगी जब तक कि···। विश्वास करो, हिंदोस्तान की मिट्टी पर फासिज्म की नींव नहीं पड़ने देंगे। हमारी मंजिल करीब है।··· अब समुद्र की गहराई में हमें जाना है जनता के बीच, एक खास प्रतिष्ठित दायरे में नहीं।'

14 नवंबर। लाल आसमान। लाल फिजा। तैयार ! जरा ठहरिए···। क्यों ? यह क्या ? फूलमालाएँ किसलिए ? यह आरती ? देखिए, यह गलत बात है। लाल साड़ियों में लज्जावती मिथिला कन्याओं की टोली रुक जाती है। ज्ञान कहता है, यह व्यक्ति-पूजा गलत चीज है।··· गाँववाले कहते हैं–'हम अपने यात्रियों को विदाई दे रहे हैं।' जनसमूह की आरती उतारी जाती है। लड़कों का दल शंख, घंटा घड़ियाल बजाता है। डाँग, डंग, डाँग, डंग, धू···। बीगबेन, साइरेन। 50 किसान और साथ हुए। 550 से 555। 555 से 605। दूसरे पड़ाव तक जाने के लिए 250 किसान। दूसरे पड़ाव से ये लौट आयेंगे। धनकटनी का समय है, लाचारी है।

'माँग रहा है हिंदोस्तान, रोटी-कपड़ा और मकान।'

जूठे पत्तलों पर जीनेवाला, भूखा; गुदड़ी से लाज ढँकनेवाला, नंगा; फुटपाथ पर और खुले आसमान के नीचे सोनेवाला, बेघर का हिंदोस्तान जा रहा है। तेज-तेज कदमों से बढ़ता हुआ कहाँ जा रहा है हिंदोस्तान ?··· जो भूखे हैं, जो नंगे हैं, अब गुस्सा उनको आया है। भूखे शेर से खिलवाड़ ?··· भूखा हिंदोस्तान, नंगा हिंदोस्तान।··· बढ़े चलो, बढ़े चलो। जमीन का चप्पा-चप्पा पुकार रहा है, विदाई दे रहा है··· बढ़े चलो।

ज्ञानचंद रोडमैप निकालता है। तय किए हुए रास्ते को लाल पेंसिल से लाल कर देता है।··· ताल !··· बीरपुर सिर्फ 15 मील है, 5 मील के बाद सड़क के किनारे एक पोखरा है, पोखरे के पास एक आम का बाग है, वहीं स्नान-जलपान होगा। बढ़े चलो···।··· वह दूर धूल क्यों उड़ रहा है ? जत्था ! जत्था ! जत्था !··· जत्थे मिलते हैं आपस में। अनिरुद्ध का जत्था···। मुरलीधर सिंह का जत्था बीरपुर में इंतजार करेगा।··· बढ़े चलो। अंधपुरी के शमाबरदारो !··· चिराग जलाए चलो··· रोशनी ···प्रकाश···आलोक···महा आलोक···। बीरपुर। रात की सभा। अनिरुद्ध और चुन्नीदास

का सम्मिलित जनगीत। प्रीतिभोज।··· गाँव के जमींदार साहब के सिपाही रात-भर चिल्ला-चिल्लाकर पहरा देते हैं। खबरदार ! 15 नवंबर ! लाल आसमान। लाल फिजा। तैयार। बीरपुर के किसान राह खर्च देते हैं, चावल, दही, चूड़ा, गुड़। कौड़ी-कौड़ी जोड़कर जमा की हुई रकम–50 रु. एक निस्संतान विधवा देती है। चवन्नी, एकन्नी, दुअन्नी···। किसान-संघर्ष में उसका स्वामी जमींदारों द्वारा मारा गया था, 1937 में।··· पाँच जत्थे, पाँच नायक, पाँच रास्ते। ज्ञान के जत्थे में सिर्फ 235।··· सही सुराज के लिए··· बढ़े चलो। कोई कोना बाकी न रहे··· हौसला बढ़ाते चलो··· चप्पा-चप्पा लाल हो जाय।

16 नवंबर···

नक्शे पर ज्ञान की लाल पेंसिल सरकती है। लाल···

17 नवंबर···

गाँव, घर, नदी-नाले, पोखर-तालाब, खेत-खलिहान, लाल··· लाल पेंसिल सरकती है।

18 नवंबर···

लाल ! लाल ! लाल !

19 नवंबर··· 20 नवंबर··· लाल··· 21, 22, 23, 24.··· लाल··· लाल··· हिंदोस्तान जा रहा है। तेज-तेज कदमों से, दौड़ता हुआ··· अपने लक्ष्य की ओर··· हिंदोस्तान··· 25 नवंबर··· गंगा मैया की जय !!··· इंकलाब··· जिंदाबाद !

गंगा के किनारे। हजारों किसान-यात्री नावों का इंतजार कर रहे हैं। सुफेद बालू पर हजारों-हजार लाल झंडे, 'हल गरारी' वाले लाल झंडे ! कपड़े की सफाई, स्नान, जलपान और रह-रहकर 'रोटी रोजी कपड़ा दो···।' 550 से 555। 555 से 605 से डेढ़ हजार और गंगा किनारे। ज्ञान कहता है–पच्चीस हजार। सहरसा के एक उत्साही साथी कहते हैं–तीस हजार। मुरलीधर सिंह कहते हैं–चालीस हजार ! वे दोनों कहते हैं–'आप अखबारनवीस होकर इतना कम कहते हैं ?' बातों को बढ़ाकर कहना ही मानो अखबारनवीसों का काम हो !

दस बज रहे हैं। लोग अधीर हो रहे हैं। झंडा सलामी में शरीक नहीं हो सकेंगे। करीब डेढ़ सौ उत्साही किसान गंगा में कूद पड़ते हैं, तैरकर जाएँगे।··· ज्ञान के जत्थे में पंद्रह किसान बीमार हैं। स्टीमर से उन्हें भेजकर ज्ञान बालू पर टहलता है और गुनगुनाता है–*'ए आबे रौदे गंगा ! वह दिन है याद तुझको, उतरा तेरे किनारे जब कारवाँ हमारा।'*··· यह दूसरा ज्ञान है। मकसद की याद दिलाने के लिए अब पोस्टरों की जरूरत नहीं। लाल झंडे में सजी हुई सैकड़ों किश्तियाँ गंगा की धारा में एक अजीब रंग घोल रही हैं।··· लाल झंडों का यह जंगल !!

रजी अजीमाबादी, गोपीकांत, हम्मीद के साथ अपना नया झंडा-गान गाते हैं।

झंडा लाल, आशा की लाली, हल और
चक्का सूरज

नए सबेरे का संदेशा, इस झंडे की सजधज।
शोषित जनता के जीवन में लाया है उजियारा,
झंडा लाल हमारा...

जे. पी. आज लाल टोपी में हैं... । टोपियाँ, लाल झंडे... मानो शोले उठे हैं। भड़ककर... ज्ञान अपने दोस्तों को खोजता है। विशाल गाँधी मैदान भर रहा है। ... लहरें चारों ओर से आई हैं। एक बज रहा है, जुलूस रवाना होने को है। ज्ञान को अब न अपना जत्था मिलता है और न दोस्त ही। ज्ञान खो गया।... 'सोशलिस्ट पार्टी का यह एलान/मालिक हो मजदूर किसान... ।' जुलूस रवाना हुआ। इतना बड़ा जुलूस ? 'बस' का बूढ़ा कंडक्टर कहता है–"जिंदगी में इतना बड़ा जुलूस पटने में नहीं देखा।"... ज्ञान एक जत्थे में मिल जाता है। दो बज रहे हैं, उसका जत्था खड़ा है। ढाई बजे कहीं उसका जत्था हरकत में आ सका। सबसे पीछे बेचारे शिवधारी बाबू का जत्था है, उनके जत्थे को करीब तीन बजे तक खड़ा रहना पड़ेगा।... जुलूस में चलते हुए, एक काले चश्मेवाले साथी को देखकर ज्ञान को फिर शशांक की याद आती है। वतन से दूर... कितना बेचैन होगा शशांक।

यदि आज रेडियो स्वतंत्र होता और हिंदुस्तान अमेरिका की तरफ लहर फेंकता ? शून्य... ईथर... माइक... कंपन। शशांक अपने रेडियो का मीटर ठीक कर रहा है। ... कर... कर... खड़... गड़... गड़कड़क... यह ऑल इंडिया रेडियो, पटना है। अभी दिन के डेढ़ बज रहे हैं। जुलूस रवाना हो चुका है। आप इस ऐतिहासिक जुलूस के साथ-साथ चलनेवाले हमारे रिपोर्टर का आँखों देखा चलता विवरण सुनिए।... । कर... करड़... कर... । जमींदारी का मुआवजा... कोलाहल... जमीन की बेदखली... कोलाहल...आपने अभी जुलूस के नारों को सुना।...अ...सबसे अगला जत्था मुसल्लहपुर पहुँच चुका है... और सबसे पिछला जत्था अभी भी लॉन में खड़ा है। जुलूस के सबसे आगे गाड़ी है, उसके बाद पहली कतार में जयप्रकाश चल रहे हैं। उनके पीछे रियासत करीम, अबुल हयात चाँद, हरिकृष्ण, रजी चल रहे हैं। हर जिले का जत्था अपने साइनबोर्ड के साथ है। भागलपुर, मुंगेर, संथालपरगना, मुजफ्फरपुर, दरभंगा, गया, पूर्णियाँ, सहरसा, हजारीबाग, राँची, मानभूमि, सिंहभूमि–संथालों की अलग टोली है। शहर की जनता दूर पड़ी है। जुलूस का अगला सिरा निचली सड़क के लिए घूम रहा है और पिछला जत्था ?... पिछला जत्था... पिछला जत्था अब भी मुरादपुर में खड़ा है। 'इट्स वंडर... ।' लोग कह रहे हैं इतना बड़ा जुलूस पटना ने अब तक नहीं देखा।... जनरल अस्पताल की खिड़कियों और बरामदे पर बिमारों की ठठ्ठ आँखों में नई जिंदगी की उम्मीदें लिए खड़ी देख रही हैं... । कोने-कोने से पचास हजार भूखे-नंगे अन्नदाता किसान सैकड़ों मील की मंजिल पैदल तय कर आए हैं। अजीब समा है, अजीब जोश है। कर...कर...गड़क–सोशलिस्ट राज बनाएँगे... । अब जुलूस की लंबाई... तकरीबन–अ... ढाई-तीन मील लंबा हो गया। शहर के लोग भी बड़े उत्साह से जुलूस में शरीक हो रहे हैं। सोशलिस्ट

पार्टी और किसान पंचायत के लीडर बिन मुकाबले मार्च करके आए हैं। वे अपने-अपने जत्थे में हैं ?··· मुश्किल है, जनता की इस विशाल भीड़ में नेता लोग नजर नहीं आ रहे हैं।··· वो रहे हिंद किसान पंचायत के जनरल सेक्रेटरी रामानंदन मिश्रजी और···और··· वे कौन हैं···हाँ, कर्पूरी ठाकुर···बिहार किसान पंचायत के जनरल सेक्रेटरी। इन लोगों ने दरभंगा से मार्च किया है। और वह सियाराम सिंह, सूरज नारायण सिंह भागलपुर के जत्थे में। वह अंबिका सिंह··· ? फालिज के मरीज विशेश्वर मिश्र गया से मार्च करके आ रहे हैं। सहरसा के नायक··· माफ कीजिए··· नहीं पहचान रहा हूँ। पूर्णियाँ के जत्थे में मुरलीधर सिंह, देवनाथ राय नजर आ रहे हैं। नए-नए जत्थों का आना जारी है। जत्थे आ ही रहे हैं।··· सबसे पीछे सोशलिस्ट पार्टी के पुराने और बुजुर्ग नेता शिवधारी सिंह हैं।··· इस जुलूस को देखकर शहर और देहात के शोषितों-पीड़ितों की भावी एकता में शकोशुबहा नहीं रह जाता। जनता में ऐसी बेदारी, ऐसा जोश 1942 के आंदोलन के बाद कभी नहीं देखा गया।···मगर प्रधानमंत्री जी सेक्रेटरियट पर फौजी पहरा बिठाकर, मिलिटरी ट्रकों को तैनात करवाकर दिल्ली जा चुके हैं।··· वह कौन-सा जत्था है ? हाँ, वह सोशलिस्ट पार्टी के अखबारनवीसों, लेखकों, अदीबों, कलाकारों का जत्था है। लंबाई और जेहन में बेजोड़ बी. पी. सिन्हा, प्रगतिशील आलोचक··· गोपीकृष्ण, अहद फातमी; कथाकार विश्वमोहन सिनहा के हाथ में झंडा है, उसके बाद कयूम कायद हैं। फिर चित्रकार दामोदर··· नरमुंड··· नरमुंड··· नरमुंड··· जनता··· जनता··· जनता।

जहाँ तक निगाहें जाती हैं बस नरमुंड···सुर्ख परचम··· लाल झंडे··· । सारा पटना लाल हो रहा है।···

"कौन ज्ञान ?"

"हरेकृष्णजी !"–ज्ञान ने देखा, जुलूस मैदान पहुँच चुका है।

गाँधी मैदान। पचास हजार से ज्यादा एकत्रित जनसमूह ने दुहराया–'हमारे नेता जयप्रकाश।'

जयप्रकाशजी खड़ा होते हैं। शोरगुल, नारे, बाजे, फुसफुसाहट–सब बंद, सन्नाटा। शांति।··· "मैं चाहता हूँ कि शुरू में दो-एक चेतावनी दे दूँ, आपने दो-एक ऐसे नारे लगाए हैं, जिनसे मुझे तकलीफ हुई है। आपने मेरे नाम का नारा लगाया है जिसे मैं पसंद नहीं करता। तहरीके-आजादी के सिलसिले में आपने नेहरू और पटेल वगैरह के नामों के नारे लगाए। लेकिन इसके बाद क्या हुआ !··· "

इसके बाद क्या हुआ ? इसके बाद क्या हुआ ? –ज्ञान तेरह दिनों से विशाल जनसमूह के साथ है, हजारों गाँवों से वह गुजरा है, लाखों के चेहरे पर उसने पढ़ा है–"जब नेहरू और पटेल अपने वादे को भूलकर पूँजीपतियों, जागीरदारों, जमींदारों के हाथ का खिलौना बन जा सकते हैं तो··· ? नाउम्मीदी, निराशा, घृणा, अविश्वास।··· कुओमिंतांग शासन के शोषण, अत्याचार, खुदगर्जी से तबाह होकर

चीन के किसानों ने अपनी नई दुनिया बसाने के लिए सफर शुरू किया–लांग मार्च–इसी का नतीजा है कि आज चीन लाल हो उठा है···

'मौजूदा सरकार की अप्रजातांत्रिक हरकतों ने मोंचि जैसे ठंडे व्यक्ति को भी यह सोचने को मजबूर किया है कि क्या शांतिमय तरीकों से इस सरकार को हटा फेंकना कभी संभव होगा··· ।'

'Now he is so bitter ?' कालेज का एक विद्यार्थी अपनी जमात में आश्चर्य प्रकट करता है।··· यह जयप्रकाश··· अवनींद्रनाथ का नहीं··· । ज्ञान की आँखों के आगे फिर '42 के नज्जारे दौड़ते हैं··· चेथरू साह किरासन का कनस्तर बजा-बजाकर नाच रहे हैं, होली गा रहे हैं।

"आप अपनी हालत दिखाने, अपने दुख-दर्द की कहानी प्रधानमंत्री से सुनाने आए और वे··· "

भाग गए, छिप गए ? ज्ञान सोचता है, किरण'दा ठीक कह रहे थे, प्रतिक्रियावादी ताकतें आँखें न मिला सकेंगी। जनता से दूर, जनता के दुख-दर्द से प्रधानमंत्री ने रेत में सिर गड़ा लिया··· हाय, प्रांतीय काँग्रेस के मंत्रीजी ! उन्होंने 'किसान-मार्च' को एक 'मजाक' और सोशलिस्ट नेता जयप्रकाश को शुतुरमुर्ग कहा था। लेकिन तूफान देखकर शुतुरमुर्ग ने सिर गड़ा लिया। अजीब मजाक··· काँग्रेस के नेताजी को इससे बेहतर मजाक कभी सूझा न होगा। एक दर्जन से ज्यादा 'इंकलाबी पार्टियों' ने पिछले साल किसान रैली बुलाई थी।··· काँग्रेस के मंत्रीजी और उनके लोगों को 'मजाक' करना उन्हीं पार्टियों ने सिखाया है शायद !··· लेकिन यह तूफान तो महज एक चेतावनी है, जब काल बैशाखी पागल होकर तांडव शुरू करेगा तब ?··· नृत्य ··· शांति··· नृत्य··· बनानी··· उसके घुँघराले बाल··· कॉफी की सोंधी खुशबू।··· ज्ञान का सिर चकराता है। वह उठता है, भीड़ से बाहर जाने की कोशिश करता है।··· कमलनाथ··· कमलनाथ··· । कमलनाथ के पास वह धम्म से बैठ जाता है··· कमलनाथ कहता है–"अब तुम्हें 'जनान' (Jnan) नहीं कहूँगा, जवान कहूँगा, जवान–हौसलों-वाला जवान।" ज्ञान गिर पड़ता है। ज्ञान ? ज्ञान ? बेहोशी। अरे, तेज बुखार है। एंबुलेंस !···

ज्ञान आँखें खोलता है। आयोडिन, ईथर, ब्लिचिंग पाउडर के मिले-जुले गंध का अनुभव करता है।··· कहाँ है वह ? कौन है ?··· गोपीजी ?

'हाँ'–गोपीजी फाइल सहेजते सिगरेट का धुआँ फेंकते हुए, एक ही साँस में कहते हैं–"घबराइए नहीं, यह जनरल अस्पताल है, आपको कल चक्कर आ गया था न। तेज बुखार में आप क्यों चल-फिर रहे थे ?"

"देखिए !"–नर्स आकर कहती है–"अभी इनकी बेहोशी दूर हुई है और आप बात कर रहे हैं। रेस्ट लेने दीजिए। डाक्टर ने कहा है··· "

"कल से ही हम लोग परीशान हैं। लोगों को फिक्र है।"

"देखिए !"–नर्स झुँझलाती है।

गोपीजी बोल ही रहे हैं–

"लखनऊ में भी खूब रहा। वहाँ भी पंत भाग गया।" फायल से अखबारों की कटिंग निकालते हैं। ज्ञान इस तरह उठकर बैठ जाता है, मानो उसे कुछ हुआ ही नहीं।

–"यह 'नेशनल हेराल्ड' की कटिंग है। किसान-मार्च एंड जी हुजूर्स। अच्छी रिपोर्टिंग की है।"

"लखनऊ के इतिहास में बड़े-से-बड़े जुलूसों में से एक !"

"लड़ाई का पहला मोर्चा फतह कर लिया गया।" लोहिया साहब कहते हैं।

आचार्यजी* ने कहा है–"यह किसान-मार्च उस आंदोलन का प्रारंभ है जो नई जिंदगी का रास्ता प्रशस्त बनाएगा।"

ज्ञान का ज्वर से सूखा हुआ चेहरा खिल जाता है।··· किसान मार्च की अद्‌भुत सफलता, इसके महान सामाजिक और ऐतिहासिक महत्त्व··· हिंदोस्तान लाल हो रहा है, नए सवेरे की आशा··· ।

मासिक 'जनवाणी' (वाराणसी) के जनवरी, 1950 के अंक में प्रकाशित

हड्डियों का पुल

पुल ! हवड़ा का पुल !

सूखे कास की झाड़ियों, नरकट, झौआ-झलासों के जंगलों और झरबेर के वनों में रहनेवाले जंगली प्राणियों ने भी 'हवड़ा के पुल' का नाम सुना है··· पुल ! अरे बाप ! हवड़ा का पुल बिना खंभा का है ! हजार आदमी का 'बलदान' देने पर भी गंगा मैया राजी नहीं हुई ? गंगा मैया अपनी छाती पर भला 'कील' पड़ने दे ?··· तब सरकार बहादुर गंगा मैया के ऊपर बिना खंभा का पुल बनाया··· रेल ले गया। हवड़ा का पुल !···

··· पुल, आदमी का बलिदान, लकड़सूँघे निकलते हैं; झोली में मिठाई रखते हैं; बच्चों को फुसलाते हैं और झोली में बंद कर भाग जाते हैं।···

टहलू मुसहर की पुतोहु कुरसाहा से आई है। नई दुलहन ! कहती है कि कुरसाहा के पुल में आदमी का 'बलदान' देते हुए खुद उसके बाप ने देखा था। उसके अपने फुफेरे भाई को भी लकड़सूँघे ने पकड़ा था। 'भाग' अच्छा था, देह में घाव था,

---

* –आचार्यजी से यहाँ तात्पर्य आचार्य नरेन्द्रदेव से है। –सम्पादक

इसलिए 'बलदान' नहीं पड़ा।...

टहलू मुसहर की पुतोहू 'शहरू' है, चमकीले पीतल का कनफूल पहनती है; कनफूल हमेशा थर-थर काँपते रहता है। हँसती है तो हिलता, बोलती है तो डुलता है। कितना अच्छा !... ठीक 'डागदरनी माई' की तरह... ! कुरसाहा 'टीशन' के एकदम नजदीक, कुरसाहा बाजार के पास ही उसके बाप का घर है। वह भला झूठ बोलेगी ?

गाँव में 'गुलाबछड़ी' मिठाईवाला घंटी बजा-बजाकर गाता–

"गुलाबछड़ी कड़-कड़ बोले,
लड़िकन सबके मनवाँ डोले
माय-बाप से पैसा लावे...
...कलकत्ते की काली मैया
हबड़ा जी का पुल..."

"क्या कहता है ? पुल ?... मिठाई... काली मैया... लकड़सूँघा... लकड़सूँघा है रे ! भाग रे !" –छोटे-छोटे, मिट्टी में सने हुए, नंगे और काले मुसहर के बच्चे भागकर अपनी-अपनी खोपड़ी (झोंपड़ी से भी छोटी) में छिप जाते। हबड़ाजी का पुल ! ... कुरसाहा का पुल !!

टहलू मुसहर की पुतोहू 'भगिया'! पंद्रह साल की लड़की कुछ ही महीने में गाँव में सबसे समझदार 'झोटा' (औरत) समझी जाने लगी है। ऐसा कि बिकन ओझा (झाड़-फूँक करनेवाला) भी उसके सामने कुछ नहीं। फुलिया के बच्चे को नजर लग गई थी, पेट फूलकर भाथी ! रात-भर बिकन ओझा 'चक्कर' (चक्र) पूजकर झाड़ते रहे, कुछ फायदा नहीं। सुबह को भगिया ने जाकर कहा–'बोतल में गरम पानी करके पेट पर दो। ठीक हो जाएगा।'... बस, तुरत ठीक ! बच्चा हँसने लगा ! वह कहती है–'छत्तीस बाबू डागदर के यहाँ बचपन से ही उनके 'आँगन' का काम (चौका-बरतन) किया है।'...

'सचमुच ! भगिया ने जैसा कहा था वैसा ही... !'

पुल से दो मील उत्तर एक 'चौर' में 'करमी' और 'सारूख' खोजनेवाले भूखों की जमात ने आँखों पर उँगलियों का 'शेड' डालकर देखा–

–'ठीक वैसा ही ! विशाल ! लाल ! काली माई की जीभ की तरह लाल...।'

सामने कोशी के गँदले पानी की सुफेदी... पृष्ठभूमि में सुफेदी... सुफेद चादर पर पुल स्पष्ट और भयंकर मालूम होता है।

'गड़... गड़... गड़म... गड़-गड़-गड़ाम... '

'पुल पर गाड़ी··· मालगाड़ी ! !'

सामने कोशी के गँदले पानी की सुफेदी। सुफेद चादर पर पुल स्पष्ट मालूम होता है।··· मालगाड़ी अजगर की तरह सरकती हुई पुल पार कर जाती है।

"रेलगाड़ी ! साला रेल़ नहीं होता तो अपने मुलुक का चावल, धान, मकई दूसरा मुलुक जाता !" –कच्चा 'सारूख' चबाते हुए नौजवान गोरखू मुसहर चेहरे पर कसैलेपन का भाव लाते हुए कहता है–"साला··· !"

बाकी लोग इसका विरोध करते हैं।

"गाड़ी को गाली देता है ? काली माई है। सरकार बहादुर के 'आगपानी' का खेल है। गाली देता है ?" –बूढ़ा तेतर इस तरह डरकर कहता है, मानो अब गाड़ी पुल पर से नीचे उतरकर, गुस्से से धुआँ उगलती हुई इधर ही आ रही है ! वह दोनों हाथों को जोड़कर पुल की ओर 'बंदगी' करता है–"जै गाड़ीजी !··· जै पुलजी ! जै सरकार बहादुर !!"

रात को गाँव में कोलाहल मचा हुआ है। लोगों को काफी 'करमी' और 'सारूख' मिला है, इसलिए नहीं। बल्कि गाँव के लोगों ने कुरसाहा का पुल देखा है। वे एक ही साथ पुल के बारे में चिल्ला-चिल्लाकर बड़े उत्साह से बयान करते हैं कि किस तरह पुल पर गाड़ी को जाते देखा, बेवकूफ गोरखू की बात पर गाड़ी को गुस्साते देखा और··· । सचमुच भगिया कम उम्र की होकर भी गाँव-भर में सबसे ज्यादे 'देखी-सुनी' और समझदार औरत है।

दूसरे ही दिन शाम को भगिया की झोंपड़ी के सामने गाँव-भर के लोग बैठते हैं। औरत, बूढ़े, बच्चे, जवान··· और कुत्ते भी।

गाँव का नायक चमरू दुसाध गले में फटा गमछा डालकर दीन भाव से खड़ा होकर कहता है, भाषण के लहजे में, प्रार्थना के शब्दों में–"बेटी ! तुम सिर्फ टहलू की पुतोहू नहीं, गाँव-भर की पुतोहू हो, बेटी हो। बात यह है कि इलाके में अब न अन्न है और न काम।··· गाय, बाछा, बैल, बकरी सब बिक गए। जिनके पास अनाज है, वे मजदूरी देकर काम नहीं कराना चाहते।··· दो-दो फसलों का नुकसान, छोटे हल-बैलवालों और जमीनवालों की हालत खुद खराब है।··· लक्ष्मीपुर बाबू के यहाँ उस टोले के कुछ लोग 'पेट-भात' पर भी काम करने को राजी हुए तो सुना कि पाव-भर सड़े हुए चावल पर भी बज्जर !··· दूसरे-दूसरे टोले के लोग काम की तलाश गें, अन्न की खोज में निकल रहे हैं, गाँव खाली कर रहे हैं। हम लोग तीन पुश्त से इस इलाके में बसे हैं, कुछ 'भगैया-परैया' नहीं। गाँव के कुछ लोगों के पास एकाध बीघा 'बटैया' जमीन भी है।··· हम क्या करें ?··· गाँव छोड़ दें ? ··· 'डीह' छोड़ दें ?"

गाँव की औरतें भगिया को घेरे बैठी हैं। भगिया चुप है, क्या जवाब दे !

टहलू कुछ देर के लिए भूख की पीड़ा भूल जाता है–उसकी पुतोहू !··· इतनी

'सगियान' ?··· गाँव के नायक हाथ बाँधे खड़े हैं··· !! ···जरूर बहू में 'भगवती' का अंश है !···

"बोल भगवती, बोल भगवती !"–टहलू पागलों की तरह नाच-नाचकर भगिया से प्रार्थना करता है। टहलू पर अक्सर 'दीना भदरी'··· (मुसहरों के देवता) सवार होते हैं। टहलू की बोली में 'दीना भदरी महाराज' कहते हैं–"हेय ! हेय ! उयेक ! ··· कू··· कू··· दीना हुकुम दै छौ, बोल भगवती ! रास्ता बता, गाँववाला के ऊबार··· !"

दो-तीन भक्त उठकर 'धूप-धूप··· पानी··· सिंदूर··· ' वगैरह चिल्लाते हैं। 'दीना भदरी'··· टहलू की देह से प्रस्थान करते हैं। टहलू की देह थर-थर काँप ही रही है।

···भगिया खखासकर गला साफ करती है। भूखी-प्यासी श्रोता-मण्डली में सन्नाटा छा जाता है–चुप !··· कानाफूसी नहीं !···भगिया कहती है–"बिपत पड़ने पर आदमी सबकुछ करता है। 'डीह' धर पर रहने से यदि खाना मिले तो फिर 'डीह' छोड़ने की क्या जरूरत ? जहाँ खाना मिले, मजदूरी मिले, जान बचे··· "

सर्व-सम्मति से तय होता है–कल पौ फटते ही गाँव के मर्द जाति के (बारह वर्ष तक के लड़के भी) लोग पूरब की ओर काम की तलाश में निकलेंगे। औरतें घर में रहेंगी। सात दिनों के लिए घर में 'करमी' और 'सारूख' है। घटेगा तो एकाध दिन 'पटुआ' साग से भी काम चल जायेगा। दस दिन में अन्न लेकर गाँव लौटना है।···

सामने जहाँ तक निगाहें पहुँचती हैं–पानी··· पानी··· शून्य··· । मटमैली धरती··· मटमैला आसमान।··· झरबेर··· बबूल और दूसरे किस्म के छोटी जाति के दरख्तों के ठूँठ ··· कहीं-कहीं नजर आते हैं। आसमान के मटमैले रंग में थोड़ी-सी लाली घोलकर सूरज उग आता है। हवा के झोंके में कीचड़ों, जंगलों, फसलों और घों-घों की सड़ाँध मिली हुई है।··· अन्न की खोज में–कोखजली धरती के लाल बढ़े जा रहे हैं।···

··· बिरौली बाजार ! सेठ कुंदनमल का भारी गोला। गोदाम है··· अन्न नहीं ···काम नहीं ?··· अन्न है, तुम्हारे पास कोई जेवर है ?··· नहीं। तुम्हारे पास जमीन है ?··· नहीं। तुम्हारे पास क्या है ?··· कुछ नहीं।··· सिर्फ देह में··· रोज क्रमशः घटती हुई··· ताकत !··· ताकत ?··· हिस्स ! ताकत !···

··· भूखों की भीड़ बढ़ रही है। धरती की छाती चीरकर, पाताल से 'अन्न' निकालनेवालों को आज अन्न नहीं मिल रहा है।··· ये सहरसा से आ रहे हैं··· पुरैनियाँ तऽ धानक बखार छिकै।··· हमरा सब भेलाही से अबै छी··· उम्हर कहत पैड़ गेलैक ··· हमरा सब 'झिटकिया' रहै छी··· अरे ! पूर्णिया जिला में भी धान नहीं, चावल नहीं ?··· हमरा सनिरऽ घर रहे जिला में छहौं··· एहै रुपौली थानारऽ जरलाही मौजा

में रहै छी।··· हैं, ··· जरलाही रऽ 'जालिम सिंह' नाच नामी छै··· उहै जरलाही··· कोढ़ा ··· भगवान··· गंगदुआर··· !

'आ रही है··· ।' सेठ कुंदनमल की थुलथुल देह का रोम-रोम पुलकित हो रहा है–'आ रही है, लक्ष्मी आ रही है।··· चाँदी के सिक्के सोने के हो जाएँगे··· कागज के नोट··· सोने के चदरे··· सोने की सिल्ली··· सोना··· एक बोरो चावल नहीं, मोती के दानो हैं दानो !

भीड़ रास्ता पकड़ती है। निराशा की सर्द आहों और उम्मीद की गर्म साँसों पर झूलता हुआ इंसान आगे बढ़ता है। भूख इनका नेतृत्व कर रही··· भूख, मौत का नेतृत्व ?···

किसुनपुर कोठी !···पूर्णिया के सबसे बड़े काश्तकार···बिहार के सबसे बड़े काश्तकार ··· किसुनपुर के गंभीर बाबू की हवेली यही है।···सुफेद मकान···राजदरबार···अनाज के बखारों की कतार···लक्ष्मी यहीं बिराजती है···अन्न मिलेगा···क्या ?···?···अन्न नहीं ··· काम नहीं··· जिनके पास पचास से भी ज्यादे कामत हों और हरेक कामत पर औसतन बीस हजार मन से भी ज्यादे धान होता हो···वहाँ अन्न नहीं ?···जिले के विशाल भू-भाग पर जिनके पुराने 'हल' से लेकर 'ट्रैक्टर' तक चलते हों···वहाँ अन्न नहीं ?···तो आगे बढ़ना बेकार है।···

"चलो वापस ! घर में भूखे बच्चे हैं, बूढ़े बाप हैं, माँ है···बीवी···साथ मरेंगे।"

"चलो वापस !"

कुछ लोग वापस होते हैं। कुछ लोग सोच में पड़े हैं, मन को तौल रहे हैं। कुछ तय कर लेते हैं–वापस लौटकर क्या करना है ?···यहाँ भी मौत···वहाँ भी।

मरना भलो विदेश में
जहाँ न अपना कोय
काया खाए कूकरा···

वे और आगे बढ़ते हैं !

घर वापस लौटनेवालों में ज्यादातर पूर्णिया जिला के ही लोग हैं। रहिकपुर, दियारी, बभनगामा, गंगदुआर··· । घर नजदीक है···मोह ताजा है। मिट्टी का मोह ··· बीवी की मुस्कुराहट और बच्चों की तोतली बोलियाँ उन्हें वापस लौटने को मजबूर करती हैं।···कौन गाँव है ? गद्दीपुर का कोशीमेला··· गद्दीपुर के शोभित बाबू।··· कंगरेसी··· नहीं··· आजकल··· 'सुशलिट' में हैं···गरीब का पाटी में··· । याद है ? लाल रंग के घोड़े पर सवार होकर गाँव-गाँव में घूमकर जब शोभित बाबू फौज जमा कर रहे थे ?···चलो थाना पर चढ़ाई है, 'सुराज' जीतना है।···धाँय-धाँय गोली चली थी···मगर शोभित बाबू का पलटन जरा भी पीछे हटा ?···हटेगा कैसे ···शोभित बाबू ललकार जो रहे थे··· 'बढ़े बहादुर डर काहे का, चाहे जान रहे कि

जाय'··· आल्हा-उदल का जोश··· बस··· साफ··· राख··· दरोगा और दो सिपाही को जिंदा ही जला दिया···उसके बाद मिलेटरी ने अपने गाँव में ही क्या कम उत्पाद किया था···रघुनी की जवान बेटी को दिन-दहाड़े सड़क पर···लोधन की पुतोहू के पेट में 'किरिच' भोंक दिया था···अकलू हजरा जेल में ही मर गया।···

··· मगर शोभित बाबू सुराज जीतकर ही लौटे···।

"चलो ! शोभित बाबू के यहाँ।"

"सुराज जीतनेवाला अन्न का भी उपाय जरूर करेगा।"

"चलो !"

काला-कलूटा, अधेड़ आदमी–जिसकी आँखें अंदर में घुसी हुई घुड़कीली मालूम होती हैं–दूध की तरह सुफेद खादी की धोती घुटने तक पहने खड़ा है।···शोभित बाबू ! ···ध्यान से सुनते हैं। भीड़ की ओर देखते हैं और गंभीर होकर पूछते हैं–"तो आप लोगों ने क्या तय किया ?"

"कुछ नहीं। हमें अन्न चाहिए, काम चाहिए···।"

"हम चाहते हैं"–मधुवन का एक नौजवान महुआ आगे बढ़कर कहता है–"गाड़ी से हम लोगों के मुलुक का अन्न बाहर गया है। यह गाड़ी ही सारे फसाद की जड़ है, इसलिए···"

"इसलिए क्या ? रुक क्यों गए ?"–मेघ की तरह गंभीर आवाज में शोभित बाबू पूछते हैं। आँखें और भी घुड़कीली हो जाती हैं, काले मुखमंडल पर भी लाली दिखाई पड़ती है–"बोलो ! इसलिए क्या करोगे ? क्या करना चाहते हो ?"

"हम चाहते हैं"··· नौजवान हकलाकर जवाब देता है–"हुक्म हो तो हम कुरसाहा के पुल को तोड़ दें···"

'गड़ गड़ गड़म···गड़म···गड़म !!'

'बज्रपात !'

"यह तुमसे किसने कहा ? बोलो ! यह किसने बताया ?"

"नखा···नखा मालाकार ने !"

"मालाकार ने ?"

"जी !"

"नखा कौन है, जानते हो ?"

"काँगरेस··· नहीं··· सुशलिट··· नहीं··· किरांती पार्टी का सिपाही···वह कहता है···।"

शोभित बाबू सहसा मुस्कुरा पड़ते हैं। धीरे-धीरे बुदबुदाते हैं–"इसी से तो कहता हूँ, यह तुम्हारा अपना ख्याल कैसे हो सकता है ? यह तो वे ही सोच सकते हैं। '42 में सी. आई. डी. का काम करने में, '46 में देशभक्ति बघारने और '50 में रेलवे लाइन तोड़ने में, एसिड बल्ब फेंकने में देश का कल्याण और जनता के

राज का सपना देखनेवाले···क्रांतिकारी पार्टी··· !"

"सुनो !··· " शोभित बाबू भीड़ को संबोधित करते हैं–"अन्न नहीं है, बाहर चला गया। रेल के जरिए, पुल पार होकर बाहर चला गया। ठीक है···मगर उसके वापस लाने का रास्ता क्या यही है··· पुल तोड़ दो ?··· "

भीड़ में पहले फुसफुसाहट, फिर भुनभुनाहट और फिर शोरगुल···कौन है यह आदमी ? बोलने का अक्ल नहीं,···हिस्स···पुल उड़ा दो···बदमाश आदमी है···मगर काँगरेसी बाबू भी तो कुछ नहीं कहते। हम लोग वहाँ भी गए थे···रामलरैन बाबू बोले कि जाओ अन्न पैदा करो, पेड़ लगाओ, झंडा फहराओ, दिवाली मनाओ, सुराज की 'चौबरखी' होगी···कंगाल भोजन होगा··· ।

•

अच्छी नस्ल की खूबसूरत, देशी घोड़ी लगाम मानती नहीं, नाचती है। शोभित बाबू लगाम को थामकर कहते हैं–"यदि तुम्हें अन्न लेना है तो मेरे साथ चलो। मैं तुम्हारे लिए अन्न और काम का प्रबंध करने में कुछ उठा नहीं रखूँगा। दूसरों की बात मैं नहीं जानता। झंडापूजन और पुल उड़ाने से जिन्हें अन्न मिलता हो, वे वापस जा सकते हैं। वह गलत रास्ता है, वह मेरा रास्ता नहीं।"

गठिया और पुरानी डिसेंट्री से पीड़ित शोभित बाबू के काबू में घोड़ी नहीं आ रही।···दस वर्ष की उम्र से घोड़े की सवारी करनेवाला आदमी···घोड़ी लगाम नहीं मानती ?···लगाम झकझोरते हैं···जानवर रास्ता पकड़ता है···ठुमुक-ठुमुककर नाचती हुई घोड़ी आगे बढ़ती है और पीछे भूखों का दल। मुर्झाए चेहरों पर हल्की-सी रोशनी ! उम्मीद की रोशनी !···

"दो सौ रुपए का चावल !"–सेठ कुंदनमल सामने पड़े हुए दोनों नोटों को घृणा की निगाह से देखते हैं और सामने बैठे हुए इस भूत की तरह काले आदमी को देखकर दिल के गुस्से को दबा लेते हैं–"शोभित बाबू ! आप पागल तो नहीं हो गए ! चावल कहाँ है ? गोदाम आपका है, देख लीजिए···एक चुटकी भी मिले तो···गौ माता की कसम··· "

"सुनिए सेठजी ! आप मुझे दो सौ रुपए का चावल दीजिए। भूख से इन लोगों का बुरा हाल है ! आज इन्हें भोजन मिल जाय तो कल तक मैं गाँव में घूमकर इनके काम का प्रबंध कर लूँगा ! इतने गाँव हैं, सभी तो अपने हैं, दस-दस हरेक गाँव में रख लिए जायँ तो ये मौत के मुँह से बच जाएँगे।··· आप बहाना मत बनाइए··· लोग भूख से तबाह हैं। मैं वाजिब कीमत से कुछ ज्यादा भी देने को तैयार हूँ···"

न जाने क्यों, सेठजी अचानक गंभीर हो जाते हैं, शांत मुद्रा बनाकर कहते हैं–"शोभित बाबू ! यों तो आप लोग लीडर आदमी ठहरे, सबकुछ जानते हैं, समझते हैं। लेकिन मैं पूछता हूँ कि इस तरह आप कितने लोगों को घर से खिलाइएगा ?

और कब तक ?···फिर आप काँग्रेस में भी नहीं हैं, जो कुछ बाहरी आमदनी भी हो। मैं भी आपको दो सौ रुपए चंदा देता हूँ। आप चार सौ रुपए का चावल कहीं और खरीद लें।'

"चावल आपके गोदाम में है।"

"गंगा कसम, नहीं है।"

"सेठजी, आप सैकड़ों की जान के साथ खिलवाड़ कर रहे हैं।"

"रामजी कसम, नहीं है।"

"है।"

"नहीं है।"

भीड़ में एक कम उम्र का लड़का बेहोश हो जाता है। लोग निराश हो रहे हैं। शोभित बाबू भी हार गए !···हा भगवान !

"गोदाम खोलिए सेठजी !"

सेठ परिस्थिति को ताड़ लेता है, अचानक उदारता दिखलाते हुए हँसता है–"अरे, शोभित बाबू ! गोदाम तो आपका ही है। कुछ बोरियाँ बचाकर रखा था कि इलाके के मजदूरों के काम आएगा।···आप मानते नहीं···नहीं···बैठिए···मुनीमजी, दो सौ रुपए का चावल चालू भाव से तौल दो।"

"और दो सौ रुपए–चंदा ?"

"यह जुलुम है शोभित बाबू ! चंदा और चावल दोनों ? नहीं-नहीं, समझ लीजिए कि मुफ्त में दे रहा हूँ···" दोनों नोटों को उठाकर तिजोरी में बंद करते हुए सेठजी गिड़गिड़ाते हैं।

बिरौली बाजार पर रात-भर 'लोरिक', 'कुमर बिजैभान' और 'सारंगा सदाबृज' के तराने गाए जाते हैं। भूखों को अन्न मिला है, वे खुश हैं, गा रहे हैं। उन्हें काम मिलेगा, अन्न मिलेगा !···नई जिंदगी की उम्मीद में वे गाते हैं–"रामाँ दियरा सना जरै छै चननिया केर हे रूप !" (चननिया का रूप दीपक की तरह जल रहा है।)

सेठजी को नींद नहीं आ रही है।···इसी तरह यदि भूखों के काम और अन्न का इंतज़ाम होता गया तो चाँदी के सिक्के सोने के नहीं हो सकते !···सोना···एक बोरा चावल···कीमती मोतियों के दाने !···राख···शोभित बाबू उसकी उम्मीद की दुनिया को जलाकर राख करना चाहते हैं ?

'मोहनपुर, कोशकापुर, चन्ननपट्टी का दौरा करके, सैकड़ों भूखों की रोजी और रोटी का प्रबंध कर शोभित बाबू वापस आ रहे थे, बरसौनी हाट पर अचानक गिरफ्तार कर लिए गए।'···एक लाल टोपीवाला नौजवान पूर्णिया डाकघर से पटना तार दे रहा है। पूर्णिया सोशलिस्ट पार्टी ऑफिस में कुछ लोग 'मजनू' की सूरत में बैठे

हैं और चिल्ला-चिल्लाकर बातें करते हैं। अकालपीड़ित इलाके के कार्यकर्त्तागण आए हैं ! शोभित बाबू की गिरफ्तारी, अकाल की सर्वनाश गति, सरकार की बेरुखी वगैरह पर वे बातें करते हैं···यह सरकार का जुल्म है, इसे फासिज्म कहते हैं, अकाल आ गया, लोग मौत के मुँह में जा रहे हैं, उन्हें मौत के मुँह से बचानेवाले जेल में ठूँसे जा रहे हैं···

···और तारीफ यह कि दो महीना पहले ही पार्टी ने और किसान पंचायत ने साफ ऐलान कर दिया था, सरकार का ध्यान आकर्षित किया था···अन्न की कमी है, अकाल आ रहा है और लोग मरेंगे।

"मगर सरकार उसे सोशलिस्टों का प्रचार समझने को बाध्य थी।"···लंबे बालोंवाला, रोगी-सा एक नौजवान सिगरेट का धुआँ छोड़ता हुआ लापरवाही से कहता है–"आप लोग हँसते हैं। यह बात इतनी सच्ची है कि इसे ढँकने के लिए सत्य, अहिंसा, गाँधीजी और रामराज की 'रामनामी' चादर की जरूरत होती है। अकाल से लोग मरेंगे, और खाद्यमंत्री का जवाब आप नोट कर लीजिए। उनका जवाब होगा–'अन्न की स्थिति उतनी खराब नहीं, जितना कि अकाल का भय फैलाया गया है। हर साल बाढ़ के समय इन अंचलों में ऐसी अवस्था उत्पन्न होती है, जिसे देखकर अकाल का संदेह होता है। सरकार के पास अभी इतना साधन मौजूद है कि एक भी आदमी भूख से नहीं मर सकता। गलत लोगों के बहकावे में जनता न पड़े।"

··· और जो काँग्रेस में नहीं–वह गलत आदमी है। जो चोरी नहीं करे–वह गद्दार है। जो घूसखोरी रोकने की बात करे–वह देशद्रोही है !

'भूख लगी है, रोटी दो !' कहनेवाला–भिखारी है !

भूख से दम तोड़नेवाला–बीमार है !

सब गलत–एक गद्दी सत्य !···

··· "ठहरो राजेन, देखता हूँ तुम आजकल बहुत कड़वा होते जा रहे हो।··· हमें सही रास्ता अख्तियार करना होगा। जेल और नजरबंदी हमें अपने रास्ते से नहीं मोड़ सकेगी !"–पार्टी सेक्रेटरी कहते हैं।

भूखे, थके-हारे, बेजान लोग घर लौट आए हैं।···खाली हाथ ?···हे भगवान !···उम्मीद की पतली डोरी भी टूट जाती है। भूख की ज्वाला और तेज हो जाती है, आँखों के आगे का अँधेरा और भी गहरा हो जाता है। बारह दिनों से 'पटुआ' और 'करमी' खाकर जिस उम्मीद पर जी रहे थे···जब अन्न नहीं तो अब जिंदा कैसे रहा जाए ?

सारे गाँव पर मौत की काली छाया घनीभूत होकर छा रही है···जिंदा लाशों का गाँव !···

भगिया अपनी झोंपड़ी में चुपचाप पड़ी हुई है। टहलू बरसौनी हाट पर गिरफ्तार हो गया, उसका 'पुरुख' हड्डियों का ढाँचा लेकर लौटा है। सारी देह को निचोड़ने

पर भी चुल्लू-भर खून मुश्किल से निकले···यह भी जेल क्यों नहीं चला गया ? ···वहाँ खाना तो मिलता···जेल में काम है, रोटी है···तब क्यों लौट आया ?··· किसलिए··· ?

भूख से उसकी अँतड़ी कुलबुलाती है। पास ही पड़े हुए अपने बेजान 'पुरुख' की ओर देखती है–किसलिए ?··· कुछ ही दिन पहले इसकी बाँहों की मांसपेशियाँ कैसी उभरी हुई थीं ?···राक्षस की तरह ताकत थी बाँहों में।···अब तो देह में इतना भी बल नहीं जो उठकर पेशाब भी कर सके···सोए-सोए पेशाब करता है···छिः, यह उसका पुरुख नहीं···'पुरुख' का पिशाच भले ही हो, यह उसका अपना आदमी नहीं···

भूख से वह छटपटाती है–आँखों के आगे चावल का अंबार लगा हुआ है ···खाने की चीजें, किस्म-किस्म की···पूरी, खीर, मिठाई, मांस, रोटी, भात।···भोज है, कुरसाहा के सूर्यवंशी बाबू के बूढ़े बाप का श्राद्ध···यही दो-ढाई महीने की बात है। चौदह दिनों तक भोज चलता रहा। 'हौल इंडिया' का (सही मतलब–सारे जिला-जवार; यहाँ कुछ अंशों में 'ऑल इंडिया' भी सही है, क्योंकि···सुना है, केंद्र के कई मंत्रीगण भी भोज में शरीक हुए थे) हाकीम-हुक्काम, पुलिस-दरोगा, अमला-फैला चौदह दिनों तक खाते रहे थे, फिर भी 'भंडार' भरा रहा।··· 'कुरसाहा टीशन' में रेलगाड़ी रोक-रोककर 'जातरी' लोगों को 'पूरी-मिठाई-दही' खिलाया गया ···मगर भंडार नहीं घटा।···

किसकी आवाज है ?···रहिकपुर के बाबू लोग हैं शायद !···रहिकपुर के बाबू ··· कम उम्र के लड़के, जिनकी मसें भी अभी नहीं भींगीं···चार-पाँच दिनों से मुसहर टोली में चक्कर काट रहे हैं···झोली में मकई के दाने लिए रहते हैं,··· कहते हैं–जिन्हें मकई लेना है, लो ! सेर-दो सेर नहीं–चार मुट्ठी।···कर्ज !··· लेकिन सूद पहले ही चाहिए··· उनकी नई जवानी बूढ़ी और जवान या बच्ची में कोई फर्क नहीं समझती। ··· गाँव की बहुत लड़कियों ने निगाह नीची कर उनके मकई का लावा लिया है, खाया है।···छिः,··· 'पाप की कमाई' समझकर मन नहीं मानता हो, सो बात नहीं। ··· सिर्फ मकई के लावा पर··· ?··· वह भी इतनी कम कीमत पर··· ?

कुरसाहा बाजार··· सेठजी का गोदाम··· गोदाम में वह रोज चावल फटकने जाती ··· मुनीमजी उसकी ओर टकटकी लगाकर देखते रहते··· गोदाम का अँधेरा बढ़ता जाता और वह चीनी, आटा, घी, चावल–अपने मन के मुताबिक गठरी बाँधकर लौटती··· मगर सेठ लोग सिर्फ मोटे होते हैं···

करवट बदलकर वह अपने पुरुख की ओर देखती है–सूरजवंशी बाबू के यहाँ भोज में···उमराव सिंह सिपाही ने उसका भी नाम 'लिस्ट' में चढ़ा दिया था।···

··· आह ! वे चौदह दिन और चौदह रातें···जगमगाती हुई रातें, हँसती हुई रातें ··· खीर, पूरी, मिठाई, हलवा, और मांस से भरपूर वे चौदह दिन और रातें···और वर्दी-पेटी, कोट-पैंट, सुफेद कपड़ों के नीचे का इन्सान ?···कितना बेदर्द···कितना वहशी ··· लेकिन उनके शरीर में 'इतर के तेल' की खुशबू···कितना मनोहर।··· और मकई

का लावा !··· किसकी आवाज है ? ··· आज वह 'लावा' खायगी···मोहन चौधरी का बेटा आया होगा···

उसका 'पुरुख' पेट के बल जमीन पर पड़ा हुआ है। वह बाँस का सहारा लेकर उठती है। सारे शरीर में झनझनाहट मालूम होती है। वह एक बार फिर अपने पुरुख की ओर देखती है और लड़खड़ाती हुई बाहर चल देती है।

"लो !"

"क्या है ?"

"रोटी !"

"रोटी !"

"हाँ भगिया ! सिर्फ तुम्हारे लिए !"

भगिया अपने निढाल शरीर को सूखी घास पर डाल देती है। एक रोटी में दाँत लगाकर काटती है, चबाती है, निगलती है।···

··· अपने 'पुरुख' को जगाती है, हिलाती है।···उसके हाथ में 'रोटी' थमा देती है, फिर हाथ को उसकी नाक के पास ले जाती है···संजीवनी बूटी··· । उसका पुरुख 'रोटी' को दूसरे हाथ से टटोलता है, आँखें खोलने की कोशिश करता है और चिल्ला उठता है–'भगवती जै भगवती'···फिर रोटी पर एक ही साथ टूट पड़ता है···बाजरे की सूखी रोटी का बड़ा-सा कौर गले में अँटक जाता है···आँखें बाहर निकल आती हैं···धीरे-धीरे शरीर ठंडा पड़ता जाता है और धमनियों में बहते हुए खून की धीमी रफ्तार बंद हो जाती है।

··· मटमैली अँधियाली में थोड़ी-सी लाली घोलकर सूरज उग आता है। भगिया अपने सिर का सिंदूर धो डालती है, मगर उसके मुर्झाए, काले ओठों पर 'पान' की लाली उसके जीवन की थोड़ी रंगीनी बचा लेती है।···रात को मोहन चौधरी के बेटा ने पान भी खिलाया था··· !

"भगिया कुरसाहा जाएगी !"

गाँव के अर्धमृतकों में यह खबर बिजली की तरह फैल जाती है। लोग काँखते-कराहते उसकी झोंपड़ी के पास आते हैं–माँ भगवती ! तुम जा रही हो ? हम क्या करेंगे ?···राघोपुर संथाल टोली के बिरसा माँझी ने एक सेर चावल के लिए एक लड़के को भाला से मार दिया···यह दुनिया कैसे रहेगी माँ ?··· हम कैसे बचेंगे ?···

भगिया की आँखों के आगे कुरसाहा भोज के चौदह दिन चक्कर काट रहे हैं। वह मानो बेहोशी में बड़बड़ाती है–चलो ! मेरे साथ···वहाँ खीर, पूरी, मिठाई का भंडार है, कभी घटता नहीं।···

"अब कितनी दूर ?"

कोशी के फैले हुए गँदले जलराशि पर डूबते हुए सूरज की रोशनी पड़ती है ··· लहू का समुंदर !

दिशाएँ धुँधली हो रही हैं। दरियाई पखेरू की एक जोड़ी हौले-हौले पंख पसारे आसमान में उड़ रही है, चक्कर काटती है और पंख समेटकर तीर की तरह पानी में गोता मारती है।···

··· कुरसाहा से चार माइल उत्तर, चन्ननपट्टी दियारा पर अर्धमृतकों की टुकड़ी खड़ी है···अब आगे बढ़ना असंभव है···कितनी दूर ?··· भगिया की आँखों की रोशनी गायब तो नहीं हो गई ?···वह कुछ भी देख नहीं पाती, क्यों ?

वह अपनी देह की बची-खुची ताकत को आँखों पर डालती है···आँखें बाहर निकल आती हैं···बड़ी-बड़ी आँखें··· आँखें शून्य में मानो गड़ी ही रह जाती हैं–हाँ, वही ··· वही लाल··· काली माँ की जीभ की तरह लाल··· कुरसाहा पुल··· सूरजवंशी बाबू के यहाँ भोज हो रहा है···

उसके पाँव धरती पर जम नहीं पाते। उसके पेट में भीषण पीड़ा मालूम होती है।··· चार महीने का गर्भ···मांस का पिंड बाहर आने के लिए, खीर, पूरी का मुलुक देखने के लिए अंतिम जोर लगाता है। भगिया जमीन पर गिर पड़ती है···धरती गर्म खून से पट जाती है··· ।

'गड़ गड़ गड़म···गड़ गड़ गड़म··· ।'

45 नंबर मिक्सड ट्रेन पुल से निकल जाती है। जशपति हजारिया चावल मिल का आखिरी स्टॉक···स्पेशल बुकिंग हुई है, सारे ट्रेन में मालगाड़ी के डब्बे जुड़े हुए हैं···गाड़ी मंथर गति से धुकुर-धुकुर करती हुई चली जाती है।···

'करमी' के झुरमुट में भगिया ऐंठ रही है। करमी के फूल, खूबसूरत फूल ···भगिया की आँखें फूलों को देखती हैं···पूरी···खीर···मिठाई···भात···दाल···रोटी···मकई का लावा···अशेष भंडार··· !!

भगिया के बाद चेथरू···

फिर बादर का छोटा बेटा···

फिर गौरी बूढ़ी···

'उठ जाग मुसाफिर भोर भई
अब रैन कहाँ जो सोवत है !'–

चन्ननपट्टी के बाबू लोग रात-भर जल-विहार कर लौट रहे हैं। हारमोनियम ··· तबला··· बाँसुरी··· । उनकी उनींदी आँखें दियारे पर होनेवाली हरकत से खुल जाती हैं··· गिद्ध डैना फटफटा रहा है··· सियारों··· गिद्धों और इन्सान में गुत्थमगुत्थी हो रही है।··· भोर और शाम, दिन और रात, भूख और अन्न से परे मुसाफिरों

के जीवन में कभी भोर हुआ ही नहीं··· जागने··· का सवाल ही नहीं उठता।

'पूर्णिया जिला में अन्न के बिना हाहाकार··· लोग मर रहे हैं।'–पटने के एक अंग्रेजी अखबार का हॉकर सुबह-सुबह चिल्ला उठता है।

आँख मलते हुए लोग उठते हैं। पढ़ते हैं, आँखें मलते हैं, फिर पढ़ते हैं और··· "इस 'राज' में सबकुछ संभव है।"

'पूर्णिया जिला में तीस व्यक्ति भूख से मर गए।'–एक हिंदी दैनिक ने मृत्यु-संख्या बताई।

–"बस तीस ही। कांग्रेसी सरकार की कृपा से सारे प्रांत की जनता भूख से तड़प-तड़पकर मरेगी।'

'प्रांत पर अकाल का काला पंजा···पूर्णिया और सहरसा में अन्न के बिना रोज मौतें हो रही हैं···मंत्रीगण वन-महोत्सव मना रहे हैं'–एक सोशलिस्ट साप्ताहिक ने मोटे हरफों में लिखा।

"वाह! मंत्रियों के वन-महोत्सव से मरनेवालों का क्या ताल्लुक? यह गलत आलोचना है। मरनेवालों का वन-महोत्सव से क्या ताल्लुक? वन-महोत्सव मनानेवालों का मरनेवालों से क्या ताल्लुक?"

'बिहार प्रांतीय काँग्रेस के मंत्री ने प्रेस-प्रतिनिधियों के सामने पूर्णिया के अकाल के बारे में बयान देते हुए कबूल किया है कि चौदह मौतों की उन्हें पूरी जानकारी है, वे अन्न के बिना मरे हैं।' पी. टी. आई.।

–"चौदह? शायद मरनेवालों की आत्मा उनके सिर पर चढ़कर जी-चाहा कहवा रही है। इंतजार कीजिए, एक सप्ताह में ही उन्हें अपने बयान का प्रतिवाद प्रकाशित करवाना होगा।"

'अकाल! अकाल!!··· लोग मर रहे हैं!'

'जे. पी. आज पूर्णिया के लिए रवाना हो गए।'

'माननीय कृष्णवल्लभ सहाय तथा माननीय अनुग्रह नारायण सिंह आज एक प्रेस कान्फरेंस में अकाल पर प्रकाश डालेंगे।'

'सहरसा कांग्रेस कमिटी के सभापति लिखते हैं–दर्जनों मौतें हो चुकीं, सैकड़ों मौत के मुँह में। अकाल का तांडव।'

'माननीय कृष्णवल्लभ सहाय ने प्रेस कान्फरेंस में छह मृत्यु की बात स्वीकार की है।'

'केंद्रीय खाद्य मंत्री अकाल-पीड़ित क्षेत्रों का दौरा करने जा···रहे हैं···'

'गड़ गड़ गड़··· गर··· गर··· गर··· गर···'

जा रहा है। इंद्रप्रस्थ का देवता पुष्पक विमान से जा रहा है।···कुरसाहा में उतरेंगे।··· सूर्यवंशी बाबू का अपना 'लैंडिंग ग्राउंड' है।

सूर्यवंशी की नई अतिथिशाला में एक दिन पहले से ही कांग्रेसी नेताओं–देवदूतों की भीड़ लगी हुई है।···आसमान में 'पुष्पक विमान' मँडराता है···मक्खन की तरह दपादप सुफेद टोपियों का झुंड 'लैंडिंग-ग्राउंड' की ओर दौड़ता है।··· 'लैंडिंग-ग्राउंड' को घेरकर 'होम गार्ड्स' के नौजवान, बिहार पुलिस के जवान, एस. पी. साहब के नायकत्व में 'गार्ड ऑफ आनर' देने के लिए छाती ताने कतार में खड़े हैं।···

विमान धरती पर उतरता है। देवता उतरते हैं··· गार्ड ऑफ आनर्स··· स्वागत, फूल-मालाओं का बोझ ! ··· सूर्यवंशी बाबू धन्य हैं। देवता धन्य हैं। वे दोनों गले मिल रहे हैं।

सूर्यवंशी बाबू की नई अतिथिशाला मधुमक्खी के छत्ते की तरह भुनभुना रही है। देवता सूर्यवंशी बाबू के खास 'नौरतन' में हैं। अतिथिशाला में 'देव-भोज' चल रहा है।···किस्म-किस्म के पकवान, तरह-तरह की डिशें···कलकत्ते के किसी नामी 'कैटरर' ने ठेका लिया है। प्लेट, गिलास, चम्मच की खटपटाहट के साथ घरेलू राजनीति की टीका-टिप्पणी हो रही है···"क्यों यादुवेंदु बाबू, डेलीगेट एलेक्शन का क्या हाल है ? बाँका में एक भी सीट अनकंटेस्टेड गया या नहीं ?···सुनते हैं रामपुर में 'बक्सा' छीन लिया, लाठियाँ चल गईं।··· क्यों राजकुमारजी··· प्रांतीय सभापतित्व के चुनाव की कनवैसिंग के लिए झुनझुनवालाजी आपके यहाँ गए थे ?··· "

एक दल में बहस छिड़ी हुई है कि गाँधीजी 'टमाटर स्क्वाश' खाते थे या नहीं ? यदि खाते थे तो इसके 'पोषक-तत्त्व' के बारे में उन्होंने 'हरिजन' में कोई लेख क्यों नहीं लिखा ?

एकाध छिटपुट गप्प का टुकड़ा–"हमारा 'पेट' आजकल जरा बढ़ गया है। डॉ. बनर्जी कह रहे थे 'ब्लड प्रेसर' का खतरा है।"

भीषण डकार लेते हुए कोई कहता है–"मेरे पेट की गड़बड़ी दूर नहीं हो रही है। 'डायजेस्ट' नहीं होता, 'कन्स्टीपेशन' रहता है।"

कोई कह सकता है कि उक्त पेट के रोगी के ही पेट या दिमाग की उपज है, बिहार विधायिका सभा के प्रवेश-पत्र की भाषा···सभा वेश्म में, सामान्य दर्शक दीर्घा··· ?

तैयार··· देवता तैयार··· हैं ! देवदूतों की टोली सुफेद टोपी और 'लाल फीता' वाली फायलों के साथ तैयार है।···

मोटरबोटें, बाढ़ से फैली हुई कोशी की छाती पर, अस्थायी समुद्र की अगम धारा में भड़भड़ाती हुई निकल पड़ती हैं। सारा भू-भाग पानी में डूबा हुआ है,

हरियाली का कहीं चिह्न नहीं, फसलों का एक तिनका भी कहीं नजर नहीं आता—भदई, धान-मकई, बाजरा कोशी के जल-प्लावन में नष्ट हो चुके हैं—देवता 'अकाल' को खोज रहे हैं। कहाँ है ?

··· मौजा जरलाही !

"यहाँ भी लोग मरे हैं ?"

'देवता' नाव से उतरते हैं। पीछे-पीछे विभिन्न वेशभूषा में बड़ी-सी फौज। सत्यान्वेषकों का दल !

"रे बूढ़ी ! क्या करती है ? इस गाँव में कोई मरा है ?" पाट का साग तोड़ती हुई बुढ़िया घबड़ाती है।··· कोई मरा है ?··· हाकिम, पुलिस··· बाप रे !··· "नै हजुर ! नै मरा है !"

"अगहनू मुसहर कैसे मरा ?"

बुढ़िया काँपने लगती है, ···"हजुर बेराम रहै।"

"बीमार था।···सुना न आप लोगों ने ?" भूख से बेहाल गाँव में भगदड़ मच जाती है। कोई पाट के खेत में छिपता है। उठने में असमर्थ औरतें घुटने के बल से, रेंग-रेंगकर पाट के खेत में जा छिपती हैं।···मलेटरी···पुलिस···गोर्रा···बंदूक !··· बाप रे !···

"ऐ बूढ़ा, रामफल कैसे मरा ?"

"हजुर हमरा कुछ नै मालूम।"

"रामफल का कौन घर है ?"

"हजुर हमरा कुछ नै मालूम।"

"रामफल कौन था ?"

"हजुर हमरा कुछ नै मालूम ?"

"इस गाँव का रहनेवाला था या नहीं ?"

"हजुर हमरा कुछ नै मालूम।"

"··· जरूर वह कोई भिखमंगा होगा !"

देवता नाराज हैं। चेहरा तमतमाया हुआ है। नाव पर बैठते हुए बड़बड़ाकर कहते हैं—"हुँ··· हल्ला मचा दिया··· अकाल का तांडव-नृत्य··· लोग मर रहे हैं।··· झूठे !"

देवदूतगण एक-दूसरे का मुँह देखते हैं। ऑफिसरों की टोली खैर मना रही है। जिला कलक्टर अपनी रिपोर्ट पर डटे रहने का साहस बटोर रहे हैं।···सत्य का पता लगाकर देवता लौटते हैं। नावें वापस आ रही हैं।···देवता अपना बयान लिखवा रहे हैं···बेचारा पी. ए. डर से थर-थर काँप रहा है।···सत्य के प्रकाश को बयान से ढकने की कोशिश हो रही है—'अकाल नहीं है। मौतें नहीं हुईं। खबरें झूठी हैं। अकाल की बात करनेवाले गद्दार हैं, स्वार्थी हैं। सारे जिले में सिर्फ दो मौतें हुईं—एक बीमार था, दूसरा भिखमंगा···।'

देवता के मोटरबोट पर एक खास किस्म के रेडियो सेट का खास इंतजाम है। भला जल-विहार में जब संगीत नहीं तो···फिर क्या मजा ?···सूरजवंशी बाबू इसे भूल सकते हैं।···

'डुबाया उसने कश्ती को
जिसे हम नाखुदा समझे।'...

लखनऊ रेडियो स्टेशन से कोई ग़ज़ल के इस पुरदर्द टुकड़े को हवा में बिखरा रही है। गायिका के गले में दर्द है...सुर में दर्द है...ग़ज़ल का टुकड़ा पुरदर्द है। ... डुबोया उसने कश्ती को...जिसे हम नाखुदा समझे !...

देवता की भृकुटि चढ़ जाती है–"क्या वाहियात उर्दू ग़ज़ल... !"

स्वीच ऑफ... ।

करकट्...ट्...ट्... !"

गीत कट जाता है। मानो किसी के गले को जोर से दबोच दिया गया हो और उसकी आवाज अंदर ही घुटकर, छटपटाकर खत्म हो गई हो... । लेकिन ग़ज़ल का टुकड़ा फिजा में मँडला रहा है...डुबोया उसने कश्ती को... । चन्ननपट्टी दियारे पर बिखरी हुई हड्डियों को छूती हुई स्वर-लहरी हवा में मँडला रही है।... देवता इसे बर्दाश्त नहीं कर सकते हैं। वे अपने बयान को बार-बार दुहराते हैं... ।

पटने के पत्रकारों की टोली मुँह फाड़कर देखती है, कान खोलकर सुनती है और अवाक् रह जाती है।... केंद्रीय खाद्य मंत्री महोदय धीरे-धीरे अपना वक्तव्य समाप्त करते हैं... चेहरे पर कहीं शर्म की कोई रेखा नहीं... । आश्चर्य...इतना भीषण झूठ बोलकर भी आदमी निगाहें उठाकर देख सकता है ?

... केंद्रीय संसद में, दिल्ली में, इंद्रप्रस्थ में...प्रजातंत्र के पवित्र पाए पर टिकी हुई इमारत में भी–'नरो वा कुंजरो' की पुनरावृत्ति होती है, और ताज्जुब, वह इमारत जरा भी न हिली, न डुली... ।

जंतर-मंतर रोड से दीघा घाट, दीघा घाट से पूर्णिया। अ. भा. कां. क. दफ्तर से प्रांतीय दफ्तर, फिर प्रांतीय दफ्तर से जिला ऑफिस... । गश्ती चिट्ठी दौड़ती है। ...गाँव-गाँव में तिरंगा झंडा लहरा-लहराकर चिल्लाता है–'अकाल नहीं है। अकाल की बात मत करो। मौतें हुई हैं, मत बोलो।'

सत्य, अहिंसा, गाँधीजी और रामराज की छाती को कुचलती हुई, रौंदती हुई गश्ती चिट्ठी चक्कर मारती है।...अकाल की बातें मत करो। मौतें हुई हैं, मत कहो।...

देवदूतों की बोलियाँ बदल जाती हैं। पवित्र राष्ट्रीय पूँजी प्राप्त पत्रों की 'वाणी' मूक हो जाती हैं। पुछल्ले पत्रों के हेड लाइन बदल जाते हैं–'अकाल की सारी बातें निराधार।'

पटने में एक जगह पर कुछ बाकी टाइप के नौजवान पत्रकार आपस में बात करने के लिए इकट्ठे हुए हैं।

"हम सच्ची बातों पर पर्दा नहीं पड़ने देंगे।"

"हम पत्रकार हैं। ··· क्रिमनल नहीं।"

"मुंशी हों या नेहरू ! उन्हें लाखों इंसानों की जानों से खिलवाड़ करने का मजा चखना होगा।"

"समय आ रहा है··· "

"हम सच्ची बातों पर पर्दा नहीं पड़ने देंगे"–सभी इस फैसले को मानकर उठते हैं।

एक-दो पत्रों को छोड़कर बाकी सभी पत्रों में पूर्णिया और सहरसा के अकाल की, भुखमरी की खबरें छपती हैं। मौत के आँकड़े··· लिस्ट··· गाँवों के नाम··· मरनेवालों के नामों की फेहरिस्त छपते हैं··· मुंशी को चुनौतियाँ दी जाती हैं !···

गश्ती चिट्ठी चक्कर मारती है।···मगर बेकार।

मुंशी का झूठ निखर उठता है···कांग्रेस की भ्रष्टता···नेताओं के वीभत्स चेहरे साफ नजर आते हैं। किस्म-किस्म के बयानों के बवंडर में 'सत्य' छिपता नहीं !···

–'जे. पी. फिर सहरसा जा रहे हैं।'

–'सरकार पूर्णिया और सहरसा को अकालग्रस्त अंचल नहीं मानती।'

–'सारा जिला मौत के गर्त की ओर बढ़ा जा रहा है।'–कर्पूरी ठाकुर का बयान।

–'अकाल नहीं है ! मौतें नहीं हुईं, ··· अन्न काफी है'–सरकारी प्रचार विभाग का भोंपा चिल्ला रहा है।

राजेन खत लिख रहा है।

पूर्णिया के उत्तरी हिस्से में रहनेवाले एक छोटे किसान का बेटा है राजेन। कथाकार है, अपने को प्रगतिशील मानवतावादी कहता है···मगर एक अस्पष्ट साहित्यिक सिद्धांत उसके दृष्टिकोण को गुमराह कर रहा था।···पूर्णिया के अकाल ने, मरते हुए लोगों की पुकार ने उसे झकझोर दिया है। जिले पर धीरे-धीरे छा जानेवाली काली रात की बदसूरती को वह देख रहा है।···खुशी है उसे नई दृष्टि मिली है–उसे नई वाणी मिली है।···वह लिखता है–

> शशांक,
>
> 'जनता' में–नई संस्कृति स्तंभ में तुम नई-नई बातें कहते हो। नाच के बारे में, बेलट के मुतल्लिक, गीतों के संबंध में, तस्वीरों की रेखाओं और रंगों के जादू और रंगमंच के चमत्कार के संबंध में तुमने बहुत-सी

नई बातें कही हैं ! तुम्हारी बातों से मुझे कितना भरोसा हुआ, यह मैं क्या बताऊँ ?

··· अच्छा यह तो बताओ ! क्या यही के. एम. मुंशीजी, उपन्यासकार कन्हैयालाल माणिकलाल मुंशी हैं ?

यदि 'हाँ' तो लेखकों, कथाकारों यानी कलाकारों को प्रायश्चित करना ही होगा।··· गाँधी को एक पत्रकार ने मारा और एक उपन्यासकार लोगों की मौत को अपने बयान से ढँककर लाखों की जान लेने की कोशिश कर रहा है। कला के सुंदर चेहरे पर कालिख पुत रही है। ···मैं कहता हूँ–कलाकारों को यहाँ भेजो।

–तुम्हारे नृत्य के विशेषज्ञों ने मृत्यु का नंगा नाच नहीं देखा है।

–तुम्हारे कवि ने भूख से दम तोड़ते हुए इंसान के बेजान और पुरदर्द नगमे को नहीं सुना।

–तुम्हारे चित्रकार, मुर्झाए हुए चेहरे पर बुझती हुई आँखों को नहीं आँक सकते ?

–'कोरस'··· हाँ, मृत्यु-संगीत के 'कोरस' को तुमने नहीं सुना है।

–तुम्हारे 'रंगमंच' पर हड्डियाँ बिखर रही हैं–यह तुम्हें नहीं मालूम ? हाँ, मैं देख रहा हूँ। सारे जिले की धरती पर हड्डियाँ बिखर रही हैं। आसमान में गिद्धों का दल चक्कर मार रहा है, चील झपट्टे मार रहे हैं, कुत्ते, गीदड़ों, और दम तोड़ते इंसानों में छीना-झपटी हो रही है। ···हवा में लाशों की सड़ाँध फैल रही है।···इन बिखरी हुई हड्डियों को बटोरकर कोशी डैम···नहीं··· कम-से-कम कोशी पर एक विशाल पुल तैयार किया जा सकता है।··· हमारी सरकार के पुनर्निर्माण विभाग का, पूँजीवादी समाज के 'इंजीनियरिंग विभाग' का नया नमूना··· ताजमहल की तरह अद्वितीय और दर्शनीय होगा वह पुल।

देख रहा हूँ··· एक भी मध्यवर्गीय किसान के पास अब अपनी जमीन नहीं रह जायगी।···परिवार टूट रहे हैं···औरतों की देह के गहने (यहाँ तक कि बच्चों के गले की 'ताबीज' भी) 'बंधक' पड़ चुके हैं···मैंने आज अपनी कमला का कंगन बेचा है। बेचकर परिवार का चावल खरीदा है। बस, पंद्रह दिनों की खुराक। इसके बाद ? जमीन ? –मगर जमीन है कहाँ ?··· रजिस्ट्री आफिसों के पास मेले लगे रहते हैं··· कलकत्ते के रायल एक्सचेंज और बंबई के दलाल स्ट्रीट की सरगर्मी छाई हुई है। चंद महीनों के बाद ही सारे जिले में बंगाल से भी भीषण अकाल

का महा-तांडव-नृत्य शुरू हो जाएगा।··· और उस महानृत्य की पृष्ठभूमि से–मैं आशा की चमक··· क्रांति की चिनगारी को निकलते देखता हूँ। इस बार नरमेध यज्ञ के कुंड से महा बवण्डर फूटेगा··· ।··· तुमने देखा शशांक !··· 'हिमानी' (सरकारी मासिक पत्रिका) में 'वन-महोत्सव' पर 'सलिल' की एक कविता छपी है–'यह दरख्त है हमारे पुण्य रामराज का··· '

··· सुना है, प्रचार विभाग में नौकरी की कोशिश कर रहा है।···और मुझे हर्ष और ताज्जुब है कि तुम्हारी 'जनता' 'अकाल अंक' के बाद की तैयारी कर रही है।··· उसे विश्वास है कि इन सारी बातों के बावजूद कलाकार ने आत्महत्या नहीं की है··· ।

जनता/17 सितंबर, 1950 के अंक में प्रकाशित

एकलव्य के नोट्स

ग्राम–परानपुर
पोस्ट ऑफिस–एजन
थाना–फारबिसगंज
ज़िला–पूर्णिया, बिहार
काल–सितंबर, 54

ज़िले का एक बड़ा गाँव। विभिन्न जातियों के तेरह टोले हैं। मुसलमान टोली छोटी है, पचास घर रह गए हैं अब। आबादी सात-आठ हजार करीब।

पढ़े-लिखे लोग–आठ ग्रेजुएट, एक एम. ए (पागल होने के पहले ही पास किया था), पचास मैट्रिक्युलेट, एक सौ मिडिल पास··· । डेढ़ दर्जन कवि, करीब दो दर्जन कथाकार, दो साहित्यालंकार और एक नाटककार। पिछले साल एक हरिजन ने बी. ए. पास किया है, सबसे पहले। लड़कियाँ भी पढ़ी-लिखी हैं। जिले की एकमात्र साप्ताहिक पत्रिका में एक कुमारी कवयित्री की रचनाएँ हमेशा छपती हैं।···यह और बात है कि लोग तरह-तरह की बातें करते हैं उनकी रचनाओं के संबंध में। ··· रघ्घु रामायनी–जिसे एक अक्षर का भी बोध नहीं, किंतु बालकांड से उत्तरकांड तक कंठ में है, उसके मन-सरोवर में तैरता हुआ हंस आज भी मोती चुगता है ···गोस्वामी तुलसीदास उसे स्वप्न में दर्शन देते हैं। (··· तीनों लड़के अलग हो गए हैं। बुढ़ापे में फिर से 'खुरपी' पकड़नी पड़ी है रघ्घु को, आध घंटे में ही हाँफने

लगता है।)

विद्यालय–एक उच्चांग्ल है (H. E. School, Estd. 1929)। वह था तो मिडिल स्कूल, उच्चांग्ल तो हाल में ही हुआ है (उन्नीस सौ चौंतीस में)। व्यंग्य करते समय कहते हैं–उच्चांग्ल। यों एच. ई. स्कूल ही कहलाता है। स्कूल के लिए पैसे जिस वृद्ध दाता ने दिए थे, उसके लड़कों ने अपने पिता के नाम पर स्कूल के नामकरण का विरोध किया था, इसलिए वृद्ध दाता की जाति के नाम पर स्कूल की नामकरण क्रिया हुई थी–ब्राह्मण एच. ई. स्कूल।···गत तीन वर्षों से कोई हेडमास्टर दो महीने से ज्यादा नहीं टिक पाते।···जाति और पंचायत, गाँव की दलबंदी के ऊपर चढ़े करेले की भुजिया स्कूल कमेटी की कड़ाही में भूँजी जाती है न···इसीलिए···! स्कूल की अवस्था शोचनीय कही जाती है।

एक कन्या विद्यालय है–मिडिल वर्नाक्यूलर।··· तीन ही अध्यापिकाएँ हैं। जब से विद्या दीदी पति की आज्ञा लेकर अध्यापिका हुई हैं, स्कूल की अवस्था अच्छी है।···बालिका विद्यालय की बालिकाएँ कोरस में 'जन-गन-मन' बहुत सुंदर गाती हैं।

पुस्तकालय–स्थापना 1930। 1944 से सरकारी सहायता मिलती है। पाँच साल पहले रेडियो भी दिया गया–राज्य सरकार की ओर से। आजकल बंद है। पुस्तकालय के सदस्यों का कथन है, 'छित्तन बाबू के बड़े भाई साहब ने ही पुस्तकालय के लिए अपने बँगले की एक कोठरी दी थी।' चार महीना पहले की बात है, छित्तन बाबू ने साफ लफ्जों में कह दिया–'यहाँ लाइब्रेरी कहाँ है ? खबरदार ! यदि सीढ़ी पर किसी ने पैर रखा तो फौजदारी हो जाएगी।··· ट्रैसपासिंग का मुकदमा कैसा होता है, किसी वकील से जाकर पूछो।'··· "छित्तन बाबू बड़ा अन्यायी है, सार्वजनिक पुस्तकालय को इस तरह हथिया लेना छोटी बात नहीं।···निंदा का प्रस्ताव पास होना चाहिए।"

छित्तन बाबू का कथन है–"पिछले दस साल से पुस्तकालयवाले सरकार से घर-भाड़ा के नाम पर चालीस रुपए माहवार वसूलते हैं। कभी एक पैसा भी दिया है मुझे ?··· चार-पाँच हजार रुपयों की बात है; खेल नहीं।··· कहाँ गए रुपए, कुछ हिसाब तो होना चाहिए··· सरकारी रेडियो, बिकू बाबू की सुहागरात में बजने के लिए गया, उसी रात से खराब होकर उनके यहाँ पड़ा है।···बैटरी का पैसा सरकार से बराबर वसूला गया है।"

बिकू बाबू और छित्तन बाबू के झगड़े में, जातिवाद के पचडे। फिर सेक्रेटरी प्रेसिडेंट कलह-कांड।···इसलिए, छित्तन बाबू का पंचवर्षीय पुत्र 'दीपशिखा' के पृष्ठों को काट-काटकर दीवार पर चिपकाता है, उसे कौन मना कर सकता है ?

नाट्यशाला–स्थापना 1929। 1930 में राजबनैली चंपानगर के दरबार कलकत्ता की 'लड्डन कंपनी' को पानी-पानी कर दिया था परानपुर नाटक-मंडली ने।···चार साल पहले तक नाटक खेले गए हैं–हिंदी के प्रसिद्ध नाटककारों की किताबों को स्टेज किया है। (डायलाग पारसी अंदाज में ही बोलते हों, मगर स्टेज जरूर करते

थे।) पिछले साल एक बार ब्राह्मण टोली के मिश्रजी की बैठक में नया एकांकी खेला गया तो भूमिहार टोली में दूसरा एकांकी स्टेज हुआ।

··· भूमिहार पुत्रों ने ब्राह्मण समाज के एकांकी करनेवाले नौजवानों पर उसी समय से व्यंग्य करना शुरू किया है। ब्राह्मण टोली के एकांकी के एक पात्र की नकल उतारकर लगीनासिंह आज भी बता देते हैं–पारसी कंपनीवालों की तरह–'दे-ए-ए-ए-वी-वी-द-नू-ई-ज-द-ली-ऊ-नी-का-क्या-आ-दे-स्-है-ए··· "

फिर आवाज पतली बनाकर तुरत ही 'उत्तर' जड़ देते हैं–'स-ब-ऽऽसे-स-है (लंबी आह लेकर !) सब सेस है भगवान, सब सेस है।'

दनुजदलनी देवी का पार्ट, ब्राह्मण टोली में, करने वाला मिला नहीं। तंत्रिमा टोली के धनपत को रटाया गया। धनपत ततमा टोली की 'बलवाही मंडली' (बाउलसुर में नाचने-गानेवाली मंडली) का 'नटुआ' है। दाढ़ी-मूँछ नहीं है। 'वलगोबना' है। अपढ़ है, किन्तु पार्ट रटा दिया गया था ऐसा कि···।

ब्राह्मण टोली के अभिनेतागण जरा मुस्कुराकर कहते–'कहाँ से लाए भाई··· साक्षात् फिल्म स्टार लीला देवी ?'

भूमिहार टोलीवालों ने क्रांति की थी।···मनमोहन बाबू वामपंथी हैं। उन्होंने अपनी छोटी बहन को पढ़ाया-लिखाया है। पटने में पढ़ती है, मनमोहन बाबू के मामा कांग्रेसी एम. एल. ए. हैं।···लीला फिल्मी गीत नकल करती है। एकांकी में उसने अभिनय किया था। भूमिहार टोली के किसी नौजवान ने अपने विरोधी कैंपवालों पर रोब गालिब करते हुए सुनाया था–'एकदम फिल्म स्टार उतर आई थी समझो।' ··· इसलिए 'साक्षात-फिल्म स्टार' कहकर ब्राह्मण टोलीवाले लड़के मंद-मंद मुस्कुराते हैं। इसी बात को लेकर एक दिन मारपीट हो जाती। बात यह हुई कि···

> [यह, विद्यार्थी एकलव्य के नोट्स का एक अंश है। एकलव्य जो अपने को 'समाज विज्ञानी' कहते हैं। किसी विश्वविद्यालय से संबंध नहीं। पिछले साल तक पटने के एक सचित्र हिंदी साप्ताहिक के संपादन में सहायता करते थे–अपने एक परमपूज्य साप्ताहिक संपादकजी की। अचानक एक दिन गायब हो गए–जुलाई 1954 में। यार लोग बहुत-सी बातें उड़ाने लगे। पत्र के संपादक एकलव्यजी के शुभचिंतक साहित्यिकजी पर अप्रत्यक्ष रूप से इल्जाम लगाए गए, किंतु एकलव्यजी ने उपर्युक्त साप्ताहिक पत्रिका के कालमों के द्वारा अपने सभी हित-अहित, शुभ-अशुभचिंतक मित्रों को लिखा : "एकलव्य ने अस्थायी रूप से पत्रकारिता छोड़कर, पूर्णिया के एक गाँव में 'पॉलट्री' खोली है। प्रयोग को वे पाप नहीं समझते। व्यापार उतना लाभदायक नहीं जितना कि 'टेक्स्ट बुक-चाबी निर्माण !' ···किंतु, बुरा नहीं। जलवायु अच्छा है। ··· पत्रकार तथा साहित्यिक बंधुओं को सादर निमंत्रण।···हिरन, साँभर, बनैले सूअर तथा नीलगाय के शिकार का शौक रखनेवाले अपने बंदूकवाले मित्रों को साथ ला सकते हैं।"

पटने के विभिन्न होटलों, रेस्तराँ तथा कैंटीनों में बैठे हुए एकलव्यजी के मित्रों ने 'टेबलतोड़' ठहाके लगाए थे–'साला ! सचमुच पागल हो गया।'

–पत्रकारिता खेल नहीं बच्चू !

–रंग उतर रहा था···साला भारी चालाक है !

–एक आर्टिकल के बल पर 'संपादकी' करने आया था ! किंतु एकलव्य के 'संपादक' को (जिस पर एक वर्ग के पत्रकार कुछ दिनों से 'गुरुडम' का इल्जाम लगाने लगे हैं !) भरोसा था। एकलव्य को वे 'आर्ट' और 'लिटेरेचर' का अधिकारी नहीं तो उत्तराधिकारी जरूर मानते थे।···हिमाकत ! और क्या कहेंगे ?···एकलव्यजी की 'कुक्कुट पालन साधना' में भी उन्हें साहित्य और समाज की समृद्धि की संभावना दिखलाई पड़ती थी !

जून 1955 में एकलव्यजी पटना लौट आए हैं, कालाआजार तथा 'डिसेंट्री' लेकर। तब से पटने के जेनेरल हास्पिटल के एक जेनेरल वार्ड में भर्ती हैं। अपने संपादक को उन्होंने हस्तलिखित कागजात का बड़ा पोथा सुपुर्द किया है। संपादकजी उस पोथे के बारे में जब-जब अपने बंधु-बांधवों से कुछ कहना चाहते हैं, लोग बात काटकर एकलव्य के ब्लडप्रेशर की रिपोर्ट तथा उसके दिमाग की कुशल पूछते हैं।···'पाटलीपुत्र परागदल' (एक स्थानीय सांस्कृतिक संस्था) के चीफ ने भविष्यवाणी की है, 'काँके न भेजा जाए तो कहना।'

संपादकजी ने हिंदी की विभिन्न पत्र-पत्रिकाओं की सेवा में 'एकलव्य के नोट्स' के अंश प्रकाशनार्थ प्रेषित किए। अधिकांश पत्रों ने धन्यवादपूर्वक नोट्स को वापस कर दिया है।···बहुतों ने तीखी-मीठी टिप्पणियों के 'खरोंच भी लगाए हैं।]

बात यह हुई कि···। एक बात पहले की कह देना अच्छा है।···इधर कुछ दिनों से लगता है कि दुनिया तेज रफ्तार से भागी जा रही है। दिशा ज्ञान की बातें पीछे करूँगा–चाल की तेजी का अनुभव सभी कर रहे हैं।···उदाहरणार्थ–लैंड सर्वे सेट्लमेंट ! जमीन की फिर से पैमाइश हो रही है। साठ-सत्तर साल बाद। भूमि पर अधिकार ! बँटैयादार का जमीन पर सर्वाधिकार हो सकता है, यदि वह साबित कर दे कि जमीन उसी ने जोती-बोई है।··· चार आदमी (खेत के चारों ओर के गवाह जिसे 'अरिया-गवाह' अथवा चौहद्दी के गवाह कहते हैं) कह दें, बस हो गया। बिहार टेनेंसी एक्ट की दफा 40 के मुताबिक लगातार तीन साल तक जमीन आबाद करनेवालों को 'आकोपेंसी राईट' (मौरूसी हक) हासिल हो जाता था। जमींदारी

प्रथा खत्म करने के बाद राज्य सरकार ने अनुभव किया–पूर्णिया जिले में एक क्रांतिकारी कदम उठाने की आवश्यकता है।···हिंदुस्तान में, संभवतः सबसे पहले पूर्णिया जिले पर ही 'लैंड सर्वे आपरेशन' का प्रयोग किया गया है। जिले में जमींदार राजाओं की जमींदारियों का विनाश अवश्य हुआ, किंतु हिंदुस्तान के सबसे बड़े किसान यहीं निवास करते हैं।···गुरुवंशी बाबू जमींदार नहीं, किसान हैं। दस हजार बीघे जमीन है। दो हवाई जहाज रखते हैं। दूसरे हैं भोला बाबू। करीब पंद्रह-बीस हजार बीघे जमीन है, सवा दर्जन ट्रैक्टर हैं। पर यह बात सच्ची है कि वे जमींदार नहीं।···पाँच सौ बीघेवाले किसान मध्यवर्गीय किसान कहलाते हैं। गाँव-गाँव पर इन किसानों का राज ! भूमिहीनों की विशाल जमात। जगती हुई चेतना।···जमींदारी प्रथा समाप्त होने के बाद भी हर साल फसल कटने के समय एक-डेढ़ सौ लड़ाई-दंगे और चालीस-पचास 'मरडर' होते रहे तो फिर से जमीन की बंदोबस्ती की व्यवस्था की गई है। एक विशाल आँधी की प्रतीक्षा में 'क्षयिष्णु' समाज, समाज के गाँव, गाँव के लोग खड़े हैं···

शहर से (पटना से) शशांक ने लिखा है–"हिंदी साहित्य की प्रसिद्ध 'परसनेलिटी' ने कहा है–'एकलव्य एक दिन अपनी गलती पर पछताएगा।··· ' गाँव, अंचल, आंचलिक वगैरह-वगैरह के गोरखधंधे से निकालकर उसे शुद्ध साहित्य की रचना करने को कहो !"

पक्की बात है। मुझे अपनी पॉलट्री पर ध्यान देना चाहिए। बिजनेस इज बिजनेस।··· मगर यह गाँव ! 1880 साल में मि. बुकानन ने अपनी 'पूर्णिया रिपोर्ट' में इस गाँव के बारे में जो लिखा है, उसकी कुछ पंक्तियों का अनुवाद है : 'इस इलाके के लोग परानपुर को सारे अंचल का 'प्राण' कहते हैं। अक्षरशः सत्य है उनका कथन।··· गाँव से पच्छिम बहती हुई दुलारी-दाई की धारा। तीन ओर विशाल प्रांतर। जिले के नक्शे के बीचोंबीच–उत्तर से दक्खिन की ओर पड़ी हुई लाखों एकड़ बादामी रंग की धरती···परती ! दुलारी-दाई जिसकी पच्छिमी रेखा है, जहाँ से हरियाली शुरू होती है। अपने दोनों हाथों से दोनों कछार की धरती पर सुख-समृद्धि बाँटती हुई दुलारी-दाई···वंध्या धरती की समवेदना में बहती हुई अश्रुधारा जैसी। ···गाँव के दक्खिन हजारों सेमल के पेड़ों का बाग है। सेमलबनी ! ···फूलों के मौसम में 'लाल आसमान' को मैंने देखा है–अपलक नेत्रों से, अचरज-भरी निगाहों से। ··· लाल आसमान !

सेमल का बाग आज भी है। हर पाँच-सात साल के बाद नई पौध ! कहते हैं, सात साल पहले एक दियासलाई कंपनी का ठेकेदार आया और सेमल–जिसको (जिसके फल को) गिलहरी भी न खाए, जिसकी लकड़ी से कोई मुर्दा भी न जलाए, शीशम के दर बिकने लगा। लेकिन इसी को कहते हैं तकदीर का खेल ! बन के मालिक के अधपगले एम. ए. पास पुत्र ने साफ जवाब दे दिया–'एक पेड़ भी

नहीं बेचूँगा।' साठ हजार रुपये की 'आखिरी डाक' देकर कंपनी का ठेकेदार चला गया।...हाय-हाय करने से क्या होता है ? जमींदारी चली गई, सेमलबनी पर सरकार का कब्जा हो गया। सरकार जो चाहे करे।...अब हाईकोर्ट में अर्जी दी है–'सेमल के गाछ का सर्वनाश न किया जाए।'... पागल आदमी को कौन समझाए ?

इस तथाकथित अर्द्ध-पागल नौजवान से मैं मिला हूँ। सनकियों के कुछ लक्षण उसमें अवश्य हैं। सेमल बाग को न बेचने का कारण पूछने पर चिढ़कर उसने कहा था–'आप नहीं समझिएगा साहब।... आप समझ ही नहीं सकते मेरी बात...'

फूलों के मौसम में सेमल की नंगी बाँहें जब लाल-लाल फूलों से भर गईं, एक सुप्रभात के आसमान की फिजा देखकर मैंने मन-ही-मन उस अर्द्ध-पागल नौजवान को श्रद्धापूर्ण नमस्कार किया। उसने अतिशिष्ट एवं सभ्य भाषा में मुझे कड़वी गालियाँ दी थीं।–वह मेरा प्राप्य था।

मेरे प्यारे गैबी...हाँ, यह मेरे मुर्गे का नाम है। रोड्स जाति का है। बड़ा अक्खड़, बड़ा लड़ाका। मेरे प्यारे गैबी पर भी सिंदूरी जादू चल गया है मानो। अस्वाभाविक ढंग से चकित होकर बार-बार इधर-उधर देखता है, अरुणचूड़ा चमकाकर नाचता है, बाँग देता है...जन्मजात 'लेफ्टिस्ट' है मेरा गैबी ! बाँग जब देने लगता है, तो लगता है, कंबख्त नारे लगा रहा है।...नारे से बेहद चिढ़ते हैं कुछ लोग।...चुप रहो प्यारे ! वर्ना कभी जिबह कर दिए जाओगे !...और ये छोटी-छोटी देशी मुर्गियाँ भी बिलायती बोल बोलती हैं जब गैबी नारा लगाता है।... गैबी का क्या दोष ? ... सेमल को फूलते देखकर हवा भी बावरी हो गई है।...चक्की पीसती हुई लड़कियाँ गाती हैं...

'सेमली के बगिया अगिया लागी...रही !'

गैबी ने आसमान सिर पर उठा लिया है। उसका क्या कसूर ? मेरी भी कविता करने की इच्छा हो रही है–

'लाल-लाल फूल से भरे
हजारों हाथ आस्माँ में उठाए
हम खड़े हैं
काल पर्दे के पार बेबस
ओ ! नए युग की पहली सुबह,
रात के किले में कैद नए आफताब सुनो !
हम तुम्हें आजाद करने आए हैं !

[यह धन्यवादपूर्वक अस्वीकृत अंश है 'एकलव्य के नोट्स' का। पत्र के संपादक ने एकलव्यजी के परम शुभचिंतक संपादक से मौखिक रूप में कहा–'बेवजह बहुत 'लाल-लाल' चिल्लाने की चेष्टा है।...' एक पिछड़े हुए जिले के खास

अंचल का 'डिड्डम' पीटा है।···'कथा साहित्य' को इस 'नोट' से कोई तालुक नहीं।···संपादकजी ने एकलव्य के नोट्स से और दो टुकड़े लेकर इसमें जोड़ दिए हैं।]

बौंडोरी ! बौंडोरी !!

सर्वे का काम शुरू हो गया है। अमीनों की विशाल फौज उतरी है।···बौंडोरी, बौंडोरी !

बौंडोरी अर्थात बाउंड्री ! सर्वे की पहली मंजिल ! अमीनों के आगमन के साथ ही गाँव में नए शब्द आए हैं—सर्वे से संबंधित ! बच्चा-बच्चा बोलता है।

सर्वे की पहली मंजिल—बाउंड्री ! फिर किश्तवार, तब मुरब्बा, खानापुरी, तनाजा, तसदीक और दफा तीन··· ।

जरीब की कड़ी, तख्ती, राइटेंगल, गुनियाँ, कंपास आदि लेकर अमीन लोग अपने टंडैलों के साथ धरती के चप्पे-चप्पे पर घूम रहे हैं। जरीब की कड़ी खनखनाती हुई सरक रही है—खन-खन-खन !!

सर्वे के अमीन साहब का कहना है—'यदि किसी 'प्लाट' पर एक कौआ आकर कह दे कि जमीन मैंने जोती-बोई है, तो उसका नाम लिखने को हम मजबूर हैं। ··· यही कानून है। यह मत समझो कि 'बौंडोरी' बाँध रहा हूँ··· '

मैंने शशांक के पत्र का जवाब दिया है—"शशांक ! यह मत समझो कि 'बौंडोरी' बाँध रहा हूँ।···चार महीने हो रहे हैं, बहुत बड़ी-बड़ी बातें होते देख रहा हूँ।··· अब इस अंचल को क्या करूँ कि 'जादू-टोना' मारे जा रहा है।···मैं बहुत करीब से देख रहा हूँ इस उथल-पुथल को।···धरती पर आकाश की परी उतरती है, हौले-हौले ! हरसिंगार की डालियों से जरा-सी चुनरी उलझी, मृदु झटके से जो फूल झरे, शरद की चाँदनी में भींगी धरती पर पड़ते-झरते हरसिंगार के 'परस' की खबर मुझे हो ही जाती है। युगों से पददलित, शोषित, भुक्खड़ भूमिहीनों की टोली—यहाँ हर टोले में, दिन-रात न सुनूँ ?··· क्या कहता है—हमारा प्रतिष्ठित मित्र ? कान बंद कर लूँ ?···

"धरती में कान लगाकर दिन-रात सुनता हूँ !"

"क्या सुनता हूँ, नहीं सुनना चाहते तुम, न सुनो। बहरा कैसे हो जाऊँ मित्र··· ! ज़िले-भर में किसानों और बेजमीनों में महाभारत छिड़ा हुआ है। दुखरन साह मेरे पड़ोस में रहते हैं, छोटी दुकान है। पचास बीघे जमीन है। भोगनेवाला कोई नहीं।···उसने सोचा था—'भूदान' में दो बीघे जमीन 'दान' देने से अड़तालीस बीघे तो बच जाएँगे। हजार बीघेवाला भी एक इंच जमीन छोड़ने को राजी नहीं ···'बोर' मत होना दोस्त ! अजीब जिला है यह !"

मगर, अमीन साहब कहते हैं, 'असल चीज है बाउंड्री ! अभी जिसका नाम दर्ज हो गया, समझो पत्थर पर रेखा पड़ गई।' इसीलिए जमीनवाले और बेजमीन—सभी

उन्हें हमेशा घेरे रहते हैं। न जाने कब कोई कौआ उड़कर आए और तनाजा दे दे जमीन में।

'तनाजा' सर्वे की एक मंजिल है !

तनाजे का फैसला कानूनगो साहब करेंगे। इनको बहुत 'पावर' है। अभी अमीन और सुपरवाइजर इनके 'अंडर' में रहते हैं।···पाँच महीने तक 'तनाजा' का फैसला होगा !··· सबों ने पाट बेचकर पैसे जमा कर रखे हैं, क्या जाने कब रुपये की जरूरत पड़ जाए !··· दिन-रात कचहरी लगी रहती है कानूनगो साहब की। कानूनगो के 'चपरासीजी' को इलाके के बड़े-से-बड़े जमीनवाले हाथ उठाकर–'जयहिंद' करते हैं–"जयहिंद चपरासीजी !··· कहिए, कानूनगो साहब को 'चावल' पसंद आया ? असली बासमती चावल है, अपने खर्च के लिए घर में था।···जी-जी-हाँ।··· घी आज आ जाएगा।"

कचहरी लगी रहती है–देशसेवकों की। कांग्रेसी, समाजवादी, कम्युनिस्ट–सभी पार्टीवालों ने अपने बाहरी 'वरकर' मँगाए हैं। गाँव के 'वरकरों' की बात उनके अपने परिवार के ही अन्य सदस्य नहीं मानते।···अपना-अपना भाग्य ! अपना-अपना हिस्सा !

बहुत से 'वरकरों' का ट्रायल होनेवाला है। सेवकों की सेवाओं की परख हो रही है।

सभी पार्टी के कार्यकर्ता सतर्क हैं, सचेष्ट हैं। बँटाइदारी करनेवालों के नाम पर्चा दिखवाने का व्यापार बड़ा टेढ़ा है !

चौहद्दी के गवाहों की गवाही बड़ी पुख्ता समझी जाती है–कानूनगो के सामने। ··· प्लाट नंबर 472 ! इसके उत्तर कौन है 471 में ? जीतू हजरा ? क्यों जी जीतू हजरा, क्या तुम्हें मालूम है कि तुम्हारी जमीन के दक्खिन किसकी जमीन है ? रेखागणित के सहारे बात आसानी से समझी-समझायी जा सकती है।···क्योंकि, प्लाट नंबर 472 का 'तनाजा' जाँच रहे हैं हाकिम। 472 पर दो-दो दावे हैं। जमीन मालिक मोती मिसर और बँटाइदार सुखानू राउत के अलावा और भी दो बँटैयादारों के दावे हैं। सबों के दावे हैं कि वे ही असल बँटैयादार हैं।···472 के उत्तर 471 में जीतू हजरा के बाप का नाम पुराने कागजात में दर्ज है–कायमी बँटाइदार की सूरत से।···एक पार्टी ने उसको गवाह बनाया है। दूसरी पार्टीवाला कागज पेश करता है–'हुजूर माय-बाप ! देखा जाय। जीतू हजरा के बाप ने अँगूठे का निशान लगाकर पच्चीस साल पहले 'सुपुर्दी' लिखकर दी है, इस जमीन पर हमारा या हमारे वारिसान का कोई हक नहीं रहेगा।'···रेखागणित के द्वारा ही यह साबित होता है कि प्रत्येक प्लाट पर पाँच-पाँच आधीदारों के झगड़े हैं।···व्यक्ति-व्यक्ति की लड़ाई है।···कानूनगो साहब मुस्कुराकर पार्टी वरकरों की ओर देखते हैं–"आप लोग तो जनता के नेता हैं। देखिए, कितना झंझट का काम है। मैं किसे सच मानूँ।"

जमीनवाले फर्जी बँटैयादार खड़ा कर रहे हैं।···जमीन बचाने के लिए वे हर तरह के कुकर्म कर सकते हैं।

'मगर फर्जी बँटैयादारों की संख्या जोड़कर देखिए...बहुमत की फर्जी... ।' कानूनगो साहब बिच्छू की तरह डंक मारकर हँसते हैं, दुष्ट हँसी ! सभी पार्टीवालों पर उनके विरोधी दल का इल्जाम है...अपनी किसान सभा के मेंबरों को गैर-वाजिब ढंग से जमीन दिलाना चाहते हैं। गाँव में 'सपोर्ट' शब्द खूब प्रचलित हो गया है।

"क्यों रामदैल ! तुमको तो दो-दो पार्टीवाले 'सपोर्ट' करते हैं।... पर्चा तुम्हीं को मिलेगा।"... "अरे, नहीं भाई। बड़ा 'इंदरजाल' हो रहा है।–कानूनगो साहब की 'इसतिरी' का 'ममहर' रामलगन बाबू की ससुराल के बगलवाले गाँव में है। लगता है आखिर 'तिरियाचलित्तर' का 'खेला' करवाएँगे रामलगन बाबू।"

किंतु लुत्तो बाबू की बात निराली है। शासक पार्टी के कार्यकर्ता हैं। सर्वे के समय उनकी कीमत और बढ़ रही है। बड़े लोगों की सेवा कभी निष्फल नहीं जाती। पाँच साल तक थाना कमेटी के नेताजी का बिस्तर यों ही नहीं ढोया है ...लुत्तो बाबू ने।

"अरे, सोशलिस्ट, कौमनिस्ट को कौन पूछता है। जमीन लेनी है तो 'जय' बोलो लुत्तो बाबू की।"

सभी धीरे-धीरे जान गए हैं, सोशलिस्ट और कम्युनिस्ट पार्टीवाले जिनकी मदद करेंगे, उन्हें जमीन हरगिज नहीं मिल सकती, ब्रह्मा-विष्णु-महेश भी उठकर आएँ तब भी नहीं।...इसमें कुछ-कुछ भेद है–जिसे सिर्फ लुत्तो बाबू ही जानते हैं। लुत्तो बाबू के चरण गहो... ।

खेत-खलिहान, घाट-बाट, बाग-बगीचे, पोखर-पहार...पर खनखनाती हुई जरीब की कड़ी घसीटी जा रही है... खन-खन-खन-खन !

–क्या नक्शा बन रहा है !

–नया खाता, नया पर्चा...जमीन के नए मालिक !

तनाजा के बाद तसदीक ! तसदीक करने के लिए कानूनगो से ज्यादा 'पावर' वाले नए हाकिम साहब आए हैं। ए. एस. ओ. साहब। असिस्टेंट सर्वे ऑफिसर। ... हर नया हाकिम नया एलान करता है।

"बाउंड्री–तनाजा हम कुछ नहीं जानता है। हम फिर शुरू से जाँच करेगा। ... यही सरकुलर आया है। नया सरकुलर।"

–छै महीने में ही गाँव का बच्चा-बच्चा पक्की गवाही देना सीख गया है।

–छै महीने में ही गाँव एकदम बदल गया है। बाप-बेटे में, भाई-भाई में, अपने हक को लेकर ऐसी लड़ाई कभी नहीं हुई।... अजीब-अजीब घटनाएँ घटती हैं। सरबन बाबू की ही बात लीजिए... । सरबन बाबू इलाके के नामी-गरामी आदमी हैं। गाँव में अब भी काफी प्रतिष्ठा है। जवार-भर की पंचायतों में जाते हैं।... हाल में ही काशीजी से 'शिवलिंग' मँगवाकर स्थापना करवाई। पुण्य का झंडा लहरा रहा है आसमान में, शिवाले के ऊपर।... उनके छोटे भाई लालचन बाबू को किसी ने बताया कि सभी पर्चों पर सरबन बाबू अपने लड़कों के नाम या स्त्री का नाम चढ़वा रहे हैं। लालचन बाबू का नाम कहीं भी नहीं–एक 'प्लाट' पर भी नहीं।

जिन पर्चों पर सरबन बाबू का नाम चढ़ा है, सरबन बाबू के साथ··· 'वगैरा' भी नहीं है जो कभी लालचन बाबू दावा कर सकें···। लालचन बाबू पढ़े-लिखे नहीं हैं तो क्या हुआ ? इतनी-सी बात भी उनकी समझ में नहीं आएगी ? उनके वकील साहब ने फीस लेकर सलाह दी है–'आपको आगे बढ़ने की कोई जरूरत नहीं (आगे बढ़ने का मतलब यहाँ कोर्ट-कचहरी करने से है)··· बड़े भाई को आगे बढ़ने दीजिए।'

लालचन बाबू ने दूसरे ही दिन 'मारे लाठी के' सिर फोड़कर सरबन बाबू को, यानी अपने बड़े भाई साहब को आगे बढ़ा दिया है।

बड़े-बड़े इज्जतदारों की हवेली में बंद घूँघटों में छिपी बेवा औरतें पर्दे को चीरकर आगे बढ़ आई हैं। अपने नाबालिग वंशधरों की उँगलियाँ पकड़े खड़ी हैं– "हुजूर ! माय-बाप !··· देखा जाय, 'निसाफ' किया जाय हुजूरखाते में कहीं भी इस लड़के का नाम नहीं। इसका बाप कमाते-कमाते मर गया। कोल्हू के बैल की तरह सारी जिंदगी खटते-खटते बीती।··· भगवान आपको 'जश' देंगे। नाम लिखा जाय हुजूर !"

सुना है, सरबन बाबू ने भरी कचहरी में कह दिया है।··· ईमान-धरम खाकर उन्होंने कह दिया है–"लालचन मेरा कोई नहीं !"

कालेजों में पढ़नेवाले विद्यार्थी परीक्षा की तैयारी छोड़कर गाँव दौड़े आए हैं। ··· बाप का भी भरोसा नहीं। छोटे को प्राणों से बढ़कर प्यार करते हैं। छोटे के नाम से भी सभी उपजाऊ जमीनें लिखवा दे सकते हैं। कोई भरोसा नहीं किसी का।

··· खट-खट, खट-खट !

गाँव की 'अली-गली' अगवार-पिछवाड़ की ओर निकलनेवाली पगडंडियाँ बंद की जा रही हैं।··· डर है, नक्शा बन जाने का। खेत के बीचोंबीच 'पगडंडी' यदि 'नक्शे' में दर्ज हो गई तो हो चुकी खेती !

आँधी चल रही है। दो साल तक लगातार चलेगी यह आँधी। बाउंड्री से तसदीक तक एक साल, दफा एक सौ तीन से एक सौ नौ तक दूसरे साल।

दीवानी-कचहरियों में बेदखली, फसलजब्ती, टायटिल-सूट का बाजार गर्म है। ठलुए वकीलों को भी दस रुपए रोज की आमदनी होने लगी है।···

मेरी 'पालट्री' ?··· एक खेवे के चूजों को पंख लग गए हैं। गैबी कल घायल हो गया है। लेगहार्न जाति के नौजवान मुर्ग, जुम्मन ने घायल कर दिया है उसे पूरी तरह··· । भगवान न करे मेरे गैबी को कुछ हो जाए। गैबी रह-रहकर पाँखें फड़फड़ाता है। असह्य वेदना से उसकी आँखों की आरक्त पुतलियाँ काँपती हैं। जुम्मन की आवाज सुनकर उठने की चेष्टा करता है। खोल दूँ तो मर मिटे अभी।

बहुत बुरा स्वप्न देखकर उठा–जनवरी, 55 की पहली तारीख को। भोर का सपना, कहते हैं सत्य होता है !

हजारों सेमल के पेड़ों को काटते हुए देखा है–सपने में ! फूलों से भरी पेड़ की डालियाँ छिन्न-भिन्न होकर इधर-उधर बिखरी हुई···।

जी 'उचाट' हो गया है।··· तबीयत भारी रहती है।

भगवान भला करे 'बैकवार्ड और शिड्यूल्ड कास्ट' टोले के नौजवानों का ! नाटक स्टेज करेंगे (अंग्रेजी नामकरण स्वयं 'बैकवार्ड और शिड्यूल्ड कास्ट' के नौजवानों ने किया है।··· तीन साल पहले तक 'गंगोला' जाति के 'लीडर' लोग अपने क्षत्रिय के प्रमाण में बहुत लंबे-लंबे भाषण देते थे। नाम के अंत में 'सिंह' जोड़ते थे।··· सरकार 'बैकवार्ड' और 'शिड्यूल्ड कास्ट' के लड़कों को स्कालरशिप देने लगी है, सरकारी नौकरियों में 'सीटें' रिजर्व रखती है।··· मुरलीसिंहजी सवर्ण हिंदू हैं। सुनते हैं–उनके लड़के ने अपने को 'अनुसूचित जाति' की संतान बताकर, स्कालरशिप 'झीट' लिया है। साठ रुपए प्रतिमास।)

इस 'महाभारत' के बीच इन नौजवानों के उत्साह को देखकर मन प्रसन्न हो गया। नाटक खेल रहे हैं।

दलित वर्ग को हर तरह से मर्दित करके रखा गया था अब तक। नाटक मंडली के लिए प्रत्येक वर्ष खलिहान पर चंदा काट लेते हैं–मालिक लोग। लेकिन, कभी भी द्वारपाल, सैनिक, अथवा दूत का पार्ट छोड़कर अच्छा पार्ट··· माने 'हीरो' का पार्ट नहीं दिया सवर्ण टोली के लोगों ने।···

इस बार उन लोगों ने नाटक खेलने की तैयारी की है। पिछले साल गाँव के नाटककार श्री प्रेमकुमार 'दीवाना' जी ने एक नाटक लिखा। नाटक मंडली के एक-एक सदस्य को उन्होंने सुनाया-समझाया, मगर लोगों ने पसंद नहीं किया।

दलित वर्ग के नौजवानों ने 'दीवाना' जी के नाटक को काफी पसंद किया है। नाटक का नाम है 'प्यार का बाजार'।

दीवानाजी ने नाटक की रचना खासकर गाँव की नाटक 'मंडलियों के लिए' की है। दीवानाजी की बात विचार करके देखने की है। नाटक मंडली के लिए चंदा सभी देते हैं। और, नाटक में राजा, राजा का बेटा पुरोहित, मंत्री आदि जितने भी अच्छे पार्ट होते हैं, ऊँची जातिवालों को दिए जाते हैं। बाकी बचे हुए लोगों को 'जो आज्ञा' वाला पार्ट देकर टरका दिया जाता है।··· कहेंगे–नाटक में जितना पार्ट लिखा है, उससे ज्यादा लोगों को कैसे दिया जाए। भला, शहर के नाटक लिखनेवालों को क्या मालूम कि गाँव में कितने लोग यों ही बिना पार्ट के रह जाते हैं। 'प्यार का बाजार' में तीस हीरो हैं। औरत का पार्ट कोई लेना नहीं चाहता, इसलिए एक घूँघटवाली हिरोइन की व्यवस्था की गई है–किताब में।··· गाँव में गाँव के नाटककार का नाटक नहीं स्टेज करते··· देश का कल्याण करने चले हैं।

–इसके बाद 'प्यार के बाजार' ने एक 'विराट् व्यापार' का रूप धारण कर लिया।

–दलित नाटक समाजवाले जब सवर्ण टोली से 'पर्दा-पोशाक' लेकर चले गए तो मालूम हुआ कि अब वे 'पर्दा-पोशाक' लौटाकर नहीं देंगे।··· पच्चीस साल से चंदा लिया जा रहा है, मगर कभी 'हीरो' का पार्ट नहीं मिला।··· छित्तन बाबू ने पुस्तकालय को 'हथिया' लिया। बिकू बाबू सरकारी रेडियो बजाते हैं–अपनी कोठरी

में !··· पर्दा-पोशाक पर दलित नाटक समाज का कब्जा होना जायज है।

–देखना है, कौन माँगने आता है पर्दा-पोशाक !

–एक मूँछ भी नहीं मिलेगी !

किंतु, सवर्ण टोली पर जाहिरा इसकी कोई भी प्रतिक्रिया नहीं हुई। नाटक शुरू होने के दो घंटा पहले सवर्ण टोली के लोग भी पहुँचे। सबों ने मिलकर स्टेज की तारीफ की, सजावट को सराहा।

टोले में एक अभूतपूर्व आनंद की लहरें आई हुई थीं। पहली बार इस टोले में स्टेज बना था।···

सवर्ण टोलीवालों ने अपनी गलती मान ली। मंत्रीजी बोले–"नाटक ही करना था तो मिल-जुलकर करते।"

–"दूर-दूर से लोग देखने आए हैं। क्या कहेंगे लोग ?"

–"अरे भाई जमीन की लड़ाई जमीन पर, गाँव की लड़ाई गाँव में।"

–"नाटक मंडली में फूट होने से तो दुनिया हँसेगी।"

–"परानपुर की प्रतिष्ठा का प्रश्न है प्यारे भाइयो।"

'दीवाना' जी को समझा दिया गया कि नाटक मंडली ने उनकी किताब को अस्वीकृत करके भारी भूल की है। किंतु, यह बात भी ठीक है कि 'दूसरे सीन' में संशोधन की आवश्यकता है। संशोधन करते ही नाटक चमक उठेगा। दीवानाजी ने उत्साह से हाथ फेंकते हुए कहा–"यह तो मेरे लिए बाएँ हाथ का खेल है। पाँच मिनट में कर सकता हूँ–संशोधन !"

सर्वसम्मति से यह संशोधन भी स्वीकृत हो गया कि सवर्ण और दलित दोनों टोले के लोग मिल-जुलकर नाटक खेलेंगे। सवर्ण टोलीवाले सिर्फ संशोधित 'सीन' में उतरेंगे, दलित टोले के एक भी हीरो को 'ड्रॉप' नहीं किया जाएगा।

हारमोनियम मास्टर ने जब 'मार कटारी मरि जाना'–बजाना शुरू किया तो किसी को भी होश नहीं रहा। दर्शकों ने तालियाँ बजाकर पर्दा उठाने की उत्कंठा प्रकट की।

पर्दा उठा। प्रथम दृश्य में नाटककार–दीवानाजी ने पंद्रह मिनट भाषण देकर प्रमाणित कर दिया कि सिर्फ नाटकों से ही ग्राम-सुधार संभव है। शर्त यह है कि गाँव में–गाँव के योग्य ही नाटक खेले जाएँ। गाँव में बढ़ती हुई कटुता नाटक से ही दूर हो सकती है, कुछ क्षण पूर्व की घटना द्वारा, प्रत्यक्ष प्रमाणित करने के बाद इंग्लैंड, अमेरिका, चीन, रूस आदि देशों के नाटकों पर भी प्रकाश डालने में काफी समय लग गया।

दूसरे ही सीन में (संशोधित सीन में) सवर्ण टोली के बीसों कलाकारों को एक ही साथ उतरना था।

सबसे पहले एक व्यक्ति हाथ में तलवार लेकर स्टेज पर आया।··· दीवानाजी पर्दे की आड़ में जोर-जोर से 'प्रांपटिंग' कर रहे थे। किंतु उस 'हीरो' ने अपने 'डायलाग' में पुकारा–"साथियो ! तैयार हो ?"

–अंदर से सम्मिलित आवाज आई–"हम तैयार हैं।"

–हुक्म हुआ–"एक-एक कर प्रवेश करो !"

बीसों कलाकार, किस्म-किस्म की पोशाकों और हथियार से लैस होकर आए। आठ-दस 'नायकों' के सिर पर बक्से भी लदे थे।··· दीवानाजी दौड़कर स्टेज पर आए। उन्होंने कुछ कहने की चेष्टा की।

प्रथम 'हीरो' ने हुक्म दिया–"इस व्यक्ति को कैद कर लो।" दीवानाजी को सबों ने घेर लिया। उन्होंने बहुत हाथ-पैर मारने की चेष्टा की। इस घेर-भाग और धड़-पकड़ से समवेत दर्शक मंडली बेहद खुश हुई और तालियों से इस संशोधित सीन का स्वागत किया गया।··· हारमोनियम मास्टर साहब ने लड़ाईवाली धुन छेड़ दी। 'हीरो' आखिरी डायलाग बोला–"निकल पड़ो !" बीसों 'हीरो' सारे साजो-सामान तथा पोशाक के साथ दर्शकों के बीच उतर पड़े।

दो नायकों ने 'नाटककार' जी को कंधे पर बेबस करके लटका लिया था। प्रथम हीरो ने दलित टोले के 'पंचायती पेट्रोमैक्स' को आगे बढ़ाकर गुल कर दिया। ··· भीषण कलरव और कोलाहल में किसी की समझ में कोई बात नहीं आई कि क्या हुआ।

–कहते हैं, टँगे हुए पर्दे की डोरी तक वे काटकर ले गए !

–बारह-तेरह व्यक्ति बाँस के खरोंच से घायल हुए।

–थाने में खबर दी गई है। डकैती का अभियोग लगाकर नालिश की गई है।

सब हँसते हैं।··· मैं हँसने के 'मूड' में नहीं हूँ। पंचायती पेट्रोमैक्स गुल हो जाए–यह हँसने की बात नहीं।

गैबी कल मर गया।

जुम्मन उसकी लाश के पास घंटों चुपचाप खड़ा रहा।

–पशु-पक्षी को भी शोक होता है क्या ?

बेकार की बातों में अपना दिमाग खराब करूँ, पागल हो जाऊँ शॉक से–यह मेरी व्यक्तिगत स्वाधीनता है ! हमारी 'ह्यूमन-डिगनिटी' है !

['एकलव्य के नोट्स' के उपर्युक्त तीन असंलग्न खंडों को एक साथ किसी मासिक पत्रिका में प्रकाशित किया गया। 'कथा-साहित्य को ऐसी स्थूल चीजों की आवश्यकता नहीं' संपादकीय 'नोट' के साथ !

··· किंतु, समाजविज्ञान के एक प्रोफेसर साहब इसके लेखक एकलव्य से अस्पताल में मिलने आए।··· संपादकजी से बातें करते समय प्रोफेसर साहब ने 'विलेज सर्वे' पर थोड़ा प्रकाश डाला।··· फील्ड स्टडी, साइकलोजिकल स्टडी, स्टेटिक तथा पेराडॉक्स आदि शब्दों से प्रयुक्त वक्तव्य के द्वारा 'एकलव्य

के नोट्स' की आवश्यकता बतलाई।··· 'पोथा' उन्हें सुपुर्द कर दिया गया है !]

संकेत (संपादक–उपेंद्रनाथ अश्क), 1955, में संकलित

जीत का स्वाद

24 दिसंबर 1959 !

दैनिक कैलेंडर की तारीख बदलते समय सुधामयी उस तारीख को एक बार मन ही मन दुहराती है–24 दिसंबर।

सुधाकांत को पिछले कई दिनों से बुखार है। हल्की सर्दी, हल्का ज्वर ! डाक्टर ने आराम करने की सलाह दी है।

कैलेंडर की तारीख बदलने के बाद, सुधामयी ने रेडियो खोल दिया। भजनामृत का कार्यक्रम चल रहा था–'अबकी टेक हमारी, लाज राखो गिरधारी !'

इस भजन को मानो सुगंध से भर दिया सुधामयी ने, अगरबत्ती जलाकर। थर्मामीटर में सुधाकांत का ज्वर देखकर उसका चेहरा खिल गया–नार्मल !

'आज भात खाने दोगी तो !'–सुधाकांत बच्चों की तरह पूछता है। कहता है–'आज मैं चंगा हो गया।'

सुधा हँसी। सुधाकांत को बड़ी भली लगती है यह हँसी। आज उसको सबकुछ अच्छा लगता है।

भजनामृत-कार्यक्रम में अब प्रसिद्ध भजन-गायिका गा रही थी–'निरबल के बल राम।'

जब कभी यह भजन बजता है–वह इसको अजाने ही गुनगुनाने लगती है।

सुधाकांत कहता है–निरबल के बल राम नहीं; निरबल के बल भात !

सुधा फिर वैसी ही हँसी हँसती है–सुधाकांत को भली लगनेवाली हँसी।

माँ ने कमरे में प्रवेश किया–बहू ! भैया का जी कैसा है आज ? माँ रोज सुधाकांत के ललाट को अपनी ठंडी-ठंडी उँगलियों से छूती हैं। पूजाघर से तुरत निकली माँ की उँगलियों से चंदन की भीनी-भीनी सुगंध निकलती है। पावन-पवित्र सुगंध !

माँ बोली–अभी रामू अपने संगी-साथियों के साथ होस्टल से आया है–मैच सुनने के लिए।

सुधाकांत को हँसी आई। उसका सबसे छोटा भाई रमाकांत अपने स्कूल की क्रिकेट टीम का अच्छा खिलाड़ी समझा जाता है। सुधामयी उस दिन कह रही थी–जब से रामू की तस्वीर अखबार में छपी है, माँ भी क्रिकेट में दिलचस्पी लेने लगी हैं।

यह क्रिकेट सुधाकांत की समझ में कभी नहीं आया। इसलिए कुछ हद तक वह इस खेल से चिढ़ा रहता था।–यह भी कोई खेल हुआ। पाँच दिनों तक खेल रहे हैं; हर पंद्रह-बीस मिनट के बाद विश्राम। न जाने क्यों हमारे यहाँ इस खेल को इतना बढ़ावा दिया जा रहा है।

लेकिन, जब से रमाकांत की तस्वीर छपी है–अखबार के खेलकूदवाले पृष्ठ पर, वह भी रोज एक बार सरसरी निगाह डाल लेता है।

उसके परिवार में उसका छोटा भाई रमाकांत एकमात्र स्पोर्ट्समैन निकला··· गाँव जाता है तो चरवाहों के साथ कबड्डी का भी वह अच्छा खिलाड़ी समझा जाता है–सारे गाँव में। सुधाकांत ने पिछले पाँच-सात दिनों का दैनिक समाचारपत्र नहीं देखा है··· कहाँ खेल हो रहा है ?

रेडियो से सुबह का समाचार प्रसारित किया जा रहा है।

"क्रिकेट : आज दूसरे टेस्ट मैच का पाँचवाँ और अंतिम दिन है। कल भारतीय दल ने अपनी दूसरी इनिंग्स में दो सौ इक्कानवे रन बनाए और उसके सभी खिलाड़ी आउट हो गए। इसके बाद आस्ट्रेलियन टीम मैदान में उतरी। कल खेल खत्म होने तक आस्ट्रेलिया ने उनसठ रन बनाए और उसके दो खिलाड़ी आउट हो गए हैं···।"

रामू अपने संगी-साथियों के साथ ऊपर आया। सुधाकांत ने उन्हें चिढ़ाते हुए कहा–क्या होगा कमेंट्री सुनकर। हर मैच में एक इनिंग्स से।···

सभी लड़के प्रायः एक साथ चीख पड़े–भैया ! वैसी बात मत कहिए।

सुधाकांत को अचरज हुआ।··· हार, पराजय, डिफीट, शिकस्त आदि शब्दों का उच्चारण न करे कोई आज इनके सामने। कोई अपशकुन न हो जाय कहीं।

सुधामयी हँसती है–तो रामू बाबू ! जीत के लिए कितना विष्णुजाप करवाया है माँ से ?

"एक हजार; क्यों माँ !"

बूढ़ी माँ लजा गई। सुधाकांत मुँह धोकर, तौलिया से मुँह पोंछते हुए पूछता है–तो क्या उम्मीद करते हैं आप ? विष्णु सहस्रनाम जाप करवाकर संसार की सर्वश्रेष्ठ टीम को हरा दीजिएगा !

रमाकांत के एक छोटे साथी ने तुतलाते हुए कहा–भैया, यह क्रिकेट है। कुछ नहीं कहा जा सकता।

रमाकांत पिछले चार दिन के खेलों का संक्षिप्त विवरण सुनाता है–19 दिसंबर

को टास जीतने के बाद हम लोग बैट करने उतरे। 'सिर्फ 152 रन बनाकर हमारे सभी खिलाड़ी आउट हो गए।'

–चलो, छुट्टी !

'अभी सुनिए तो।'–सभी चिल्ला उठे। 20 तारीख को लंच के पहले तक आस्ट्रेलिया की जीत के सभी लक्षण स्पष्ट थे। यानी 1 विकेट पर 128 रन।

लेकिन, लंच के बाद–गुजरात का आफ-स्पिन-बौलर, जासू पटेल–आस्ट्रेलिया का सहज विजयपथ रोककर खड़ा हो गया। उसकी संहारमूर्ति तथा आक्रमण के सामने आस्ट्रेलिया के बड़े-बड़े महारथियों के पाँव उखड़ गए। चाय के पहले का स्कोर सुनिए : जासू पटेल का–18 ओवर, जिसमें 10 मैडेन और सिर्फ 24 रन देकर 8 विकेट लिया हमारे हीरो ने।

सुधाकांत को विश्वास नहीं हुआ–सच !

रमाकांत कहता गया–चाय के कुछ क्षण बाद ही–219 रन बनाकर आस्ट्रेलिया की पहली इनिंग्स समाप्त हो गई।··· पटेल ने अकेला 9 विकेट दखल किया।

"तीसरे दिन क्या हुआ !" –सुधामयी पूछती है।

आस्ट्रेलिया दल दूसरी इनिंग्स में खेल रहा है। उसके हाथ में अभी 8 विकेट हैं और जीत के लिए 166 रन की जरूरत है।··· उसका सबसे खतरनाक खिलाड़ी नील हार्वे कल ही आउट हो गया।··· आज खेल का पाँचवाँ दिन है।··· 24 दिसंबर !

संसार की सर्वश्रेष्ठ टीम–आस्ट्रेलिया की टीम। एक ओर आधुनिक साज से सज्जित विश्व की श्रेष्ठ सेना को लेकर धुरंधर सेनापति खड़ा है। दूसरी ओर मुकाबले में खड़ी है दुर्बल और क्षुद्र सैन्यवाहिनी !

अपनी शक्ति और स्वरूप की उपलब्धि करके सुधाकांत का मन मुरझा जाता है। कमरे में बैठे हुए सभी के मन में एक ही प्रश्न उठता है–क्या जासू पटेल फिर पहली इनिंग्स का चमत्कार दिखला सकेगा ? क्या भारत जीत सकेगा ? ··· क्या कल्पना और सपना सच हो सकता है ?

कमरे में ही नहीं–सारे भारत के क्रिकेट-उत्साहियों के मन में यही जिज्ञासा जगी हुई है–जीत सकेगा भारत ?

माँ उठकर पूजाघर की ओर जाती है। सुधाकांत कहता है–"रेडियो बगल के कमरे में ले जाओ।" सुधा, रामू तथा उसके मित्रों के लिए जलपान लाने रसोई घर में गई।

सुधाकांत का मित्र प्रफुल्ल आया–क्या हाल है प्यारे। मारो इस बुखार को गोली।

सुधाकांत की अष्टवर्षीया पुत्री नवनीता दौड़ी आई और प्रफुल्ल को देख-देखकर मुस्कुराने लगी।

प्रफुल्ल ने प्यार से पूछा–क्यों, क्या बात है बेटी ?

नवनीता अपनी भेदभरी मुस्कुराहट को नहीं खोलती। वह अपने पापा के कान में चुपके-चुपके कुछ कहती है।

सुधाकांत ठठाकर हँसता है–ओ प्रफुल्ल ! आज तुम्हारी कठिन परीक्षा है।··· आज सुबह-सुबह आए हो तुम ! यदि भारतीय दल की जीत हुई तो तुम सदा प्रफुल्ल; नहीं तो तुम सदा मनहूस··· ।

बात समझकर प्रफुल्ल हँसता है–यह तो सचमुच कठिन परीक्षा है।··· नवनीता लजाकर नीचे भागी।

सभी की आँखें बार-बार घड़ी की सुई पर जाती हैं।

शुभ शकुन के सभी उपादान इकट्ठे किए गए हैं। मंगलघट, मछली तथा अन्य पदार्थ। नीचे दही बेचनेवाली ने हाँक दी–दही ले-ले !!

दही माने सही।··· वामे फणपति दाहिने सियार; दही ले दही ले करति गुआरि ··· ये शुभ लक्षण हैं।

सुधामयी कभी दही नहीं खरीदती। लेकिन आज वह दही खरीदेगी–'ओ दहीवाली।"

अब सिर्फ पाँच मिनट बाकी हैं। रेडियो ट्यून किया गया।

एक सीटी जैसी अनवरत ध्वनि निकलती है रेडियो से।

फिर खड़खड़ाहट–यह आकाशवाणी है··· चलिए, कानपुर चलें।

रमाकांत ने अपनी कापी पर लिखा··· श्री गणेशाय नमः।

रमाकांत के एक साथी ने धीरे-से कहा··· जासू पटेल जिंदाबाद।

माँ पूजाघर से फूल ले आई। रेडियो के ऊपर पूजा का पत्र-पुष्प डाल दिया गया।

गुड मार्निंग··· रिपोर्टिंग फ्राम ग्रीन पार्क ऑफ कानपोर···

एक ही साथ··· सभी के कलेजे की धड़कन तेज हो गई। प्रसिद्ध कमेंटेटर की चिरपरिचित आवाज।··· उसके मन में भी यही जिज्ञासा है··· गुजरात का यह लिट्लमैन पटेल फिर अपना कौशल दिखा सकेगा क्या ?··· यदि ऐसा हुआ तो ··· तो क्या यह संभव है !

नीचे गली में शोरगुल बढ़ रहा है। ऊपर-नीचे, अगल-बगल, अली-गली और सड़क-फुटपाथ पर··· जहाँ भी रेडियो बज रहा है··· लोग जमा हो रहे हैं। युवक-वृद्ध-किशोर के दल। सभी के चेहरे पर एक ही सवाल है–क्या होगा !

खेल शुरू हुआ। कमेंटेटर बार-बार दुहरा रहा है··· आस्ट्रेलिया के हाथ में अभी 8 शक्तिशाली विकेट हैं और जीत के लिए उन्हें सिर्फ 166 रन चाहिए।

··· आस्ट्रेलिया के दोनों बैट्समैन मेकडोनाल्ड और ओ नील मैदान में उतरे। ··· जय माँ काली।

भारतीय बौलर··· एक ओर उम्रीगर, दूसरी ओर जासू पटेल !

उम्रीगर टु मैकडोनाल्ड !··· गुड बौल !

संसार के दक्ष बल्लेबाज हैं दोनों। रमाकांत अपनी कापी पर··· मैदान का खाका

बनाकर फील्डिंग एरेंजमेन्ट को सुनकर जगह-जगह लाल बिंदियाँ लगा रहा है··· सिली मिड ऑन !··· अधिनायक रामचाँद के मन की बात को समझ रहा है रमाकांत ! कैप्टेन के मन में भी यही सवाल है··· क्या सपना साकार हो सकता है !

··· टु ओ नील !··· आउट ? यस, हि इज़ आउट। ओ नील इज़ आउट···।

प्रफुल्ल, जो अब तक साँस रोककर बैठा था, चिल्ला उठा–"कहाँ गई नवनीता ? ओ बेटी नीता··· अब मैं भागूँ। इज्जत बची।"

नवनीता ही नहीं, सभी एक साथ अनुनय करते हैं–नहीं-नहीं। आप बैठिए ··· प्रफुल्ल काका, प्रफुल्ल भैया। ऊपर-नीचे, अगल-बगल, सड़कों और गलियों में कोलाहल, हर्षध्वनि··· कमेंटेटर की बोली हजारों-हजार दर्शकों की तालियों की गड़गड़ाहट में डूब गई। सुधामयी शंख बजा रही है।

··· कौन आ रहा है अब··· मैके। कमेंटेटर प्रसन्न है। कहता है··· मैके··· नाट मकै···

··· पटेल टु मैके। एंड बिलीव मी··· हि इज़ आउट।

··· यह क्या हो रहा है ? मैके आया और वापस जा रहा है–बैक टु दि पेवेलियन ! उम्रीगर और पटेल में होड़ लगी है, कौन ज्यादा विकेट लेता है। आनंद की लहरें आती हैं। रमाकांत का एक साथी शुरू से ही आँख मूँदकर बैठा है। पूछने पर कहता है, आँख मूँदते ही मैं कानपुर पहुँच जाता हूँ। सारा मैदान मेरे सामने है ··· मैं भी देख रहा हूँ, डेविडसन आ रहा है !··· उम्रीगर टु डेविडसन।··· लगता है, डेविडसन खेल के रुख को मोड़कर ही दम लेगा। रन बनते हैं। और फिर वातावरण शांत हो जाता है। बिजी, सर्वाधिकारी, माइकेल चार्ल्टन एक के बाद दूसरे कमेंटेटर अपनी-अपनी राय प्रकट कर रहे हैं··· सर्वत्र उत्तेजना की लहर दौड़ रही है। विश्व की अपराजेय टीम के एक-से-एक सिद्धहस्त बैट्समैन, बॉल की गति को समझने में असमर्थ हैं। रमाकांत, आस्ट्रेलियन कमेंटेटर माइकेल चार्ल्टन की आवाज को ध्यान से सुनता है। और ओपनिंग बैट्समैन मैकडोनाल्ड, अभी भी अविचल होकर खेल रहा है। माँ फिर पूजाघर से कुछ ले आई।

··· पटेल टु डेविडसन।··· हि इज बिट्न। यस, हि इज़ आउट। डेविडसन इज आउट।

गली में पानवाले की दुकान के पास अब तिल धरने की जगह नहीं।

रमाकांत का साथी आँख मूँदकर कानपुर के मैदान का तमाशा देख रहा है।

डेविडसन वापस जा रहा है। बेचारा मुस्कुराने की चेष्टा कर रहा है।

अब आ रहे हैं खुद कैप्टेन। अधिनायक विनोड।

माँ पूछती है–यह विनोद और अनिल तो अपने ही खिलाड़ी हैं न ?

सभी हँस पड़ते हैं। बूढ़ी लजा जाती है। सुधाकांत खुली खिड़की के बाहर झाँककर देखता है–लगता है, हठात् सारा शहर क्रिकेट-उत्साही हो गया है। पटेल टु विनो··· । आउट !

फिर कलरव, कोलाहल, पटाखे, शंख, घंटा-ध्वनि और घड़ियाल की मिलीजुली

गगनभेदी आवाज !

'उम्रीगर टु जेरमन ! आउट !'

आनंद की बाढ़ आ गई, अब तो ? लहरें आती हैं रह-रहकर।

सुधामयी दौड़ी आती है–अरे, बस··· अरे, गली का पानवाला पागल हो गया। चंगेरी-भर पान और सिगरेट लुटा रहा है !

अब कौन धनुर्धर आ रहे हैं ? क्लीन··· माने साफ।

क्लीन नहीं क्लाइन ! लिंडसे क्लाइन !

पटेल टु क्लाइन··· क्लाइन इज़ आउट !!

विनोड, जेरमन और क्लाइन–एक के बाद एक सभी शून्य !

लहरें आईं··· आनंद और उल्लास की उमड़ती धारा में असंख्य लहरें··· उनमें ओपनिंग बैट्समैन आस्ट्रेलिया का··· यह मैकडोनाल्ड अभी भी अविचल है। 8 विकेट पर मात्र 84 रन !

मेकिफ आया है। लगता है, मैकडोनाल्ड ऐसे ही साथी की प्रतीक्षा में था। दोनों ने पीटकर खेलना शुरू किया है। दस मिनट में इक्कीस रन बनाए हैं। जीतने के लिए मात्र 61 रन रह गए हैं।··· दिल बैठने लगे सभी के !

पटेल टु मैकडोनाल्ड। आई थिंक हि इज़ आउट; यस, हि इज़ आउट !

तुमुल कोलाहल के बीच, मैकडोनाल्ड के आउट होने का संक्षिप्त विवरण सुना रहा है कमेंटेटर !··· पटेल के बॉल को, आगे बढ़कर मारते समय उसने बॉल की गति को नहीं समझा। उसने उलटकर, अचरज से देखा कि भारतीय विकेट कीपर तमाने, उसी बॉल से स्टम्प की गुल्ली उड़ाकर··· मंद-मंद मुस्कुरा रहा है !

रोरके बीमार है–नहीं खेलेगा ! तो, दूसरी इनिंग्स समाप्त ! खेल खत्म ! सचमुच जीत गया भारत ! अपराजेय दल आस्ट्रेलिया का··· हार गया ! पहली बार। तो, सपने भी सच होते हैं !

रमाकांत उठकर माँ, भैया और भाभी की चरण-धूलि लेता है··· बारी-बारी से। मानो, भारतीय दल का अधिनायक वही हो।··· सभी ने आशीर्वाद दिया··· टेस्ट मैच में खेलो। आनंदमुखर वातावरण में कोई किसी की बात नहीं सुनता है। ··· यह राम नाम की माया है। अधिनायक रामचंद। नहीं, यह विष्णु सहस्रनाम जाप की महिमा है। नहीं नहीं, यह जीत प्रफुल्ल के सुबह-सुबह आने के कारण हुई है।··· मंगलघट, मछली, दहीवाली, नीलकंठ··· पूजा के फूल, इसके बाद, अब जो कुछ भी हो। संसार की सर्वश्रेष्ठ टीम को हमने शिकस्त दी है। यह जीत जीत का यह पहला स्वाद !

"मेरे जीवन का सबसे अधिक आनंद का दिन है आज।"··· भारतीय दल के अधिनायक रामचंद ने अभी-अभी पत्र-प्रतिनिधियों को बताया है। आस्ट्रेलियन कैप्टेन विनोड ने आस्ट्रेलियन टोपी भेंट की है।

सड़क पर··· शहनाई, बैंड तथा अन्य बाजे-गाजे के साथ एक जुलूस निकला है क्रिकेट उत्साहियों का।··· विजय का यह पहला स्वाद। पहली जीत की यह खुशी। यह ऐतिहासिक खुशी।

आज का दिन, यह 24 दिसंबर··· त्यौहार का दिन जैसा लगता है। सुधाकांत अपलक दृष्टि से अपने छोटे भाई रमाकांत की सुंदर सुडौल देह को देख रहा है। किसी दिन मेरा यह छोटा भाई भी टेस्ट में खेलेगा। सुधाकांत को भूख लगी है। वह सुधामयी की ओर देखता है।

सुधामयी थर्मामीटर में शाम का बुखार देखती है–नार्मल !

24 दिसंबर स्मरणीय दिवस।

अजेय आस्ट्रेलियन दल की पराजय··· पराजय का पहला स्वाद··· क्रीड़ा-जगत के इतिहास में एक स्मरणीय घटना।

रात में, सुधाकांत के घर पर एक छोटा-मोटा प्रीतिभोज हो गया। सात दिनों के बाद सुधाकांत ने मुँह में आज अन्न दिया है।··· मुँह का स्वाद फिर लौट आया है।

रमाकांत कहता है··· भाभी, ग्रीन पार्क की इस घटना ने हमें सिर उठाने की शक्ति दी है। सारे भारत में आनंद का प्लावन।··· यह पारिवारिक उत्सव। सारा क्रिकेट संसार भारत की इस सफलता को देखकर अवाक् हो गया है !

असंभव को संभव करने का यह आनंद ! विस्मय की यह सिहरन ! यह दूसरा टेस्ट : यह पहला स्वाद !

24 दिसंबर 1959 ! !

साप्ताहिक 'योगी' के 25 जून, 1960 के अंक में प्रकाशित

समय की शिला पर : सिलाव का खाजा !

दादी अम्मा तीरथ से आई
झूठ बोलने का ठेका ले आई।

–एक आंचलिक लोकोक्ति का भावार्थ।

गत वर्ष राजगिर-नालंदा-यात्रा की योजना तीन-तीन बार बनकर बिगड़ गई

तो समझा, सनीचर बाम हैं। दाहिने होंगे, 'अयात्रा' में भी यात्रा पर निकल जाना पड़ेगा–इच्छा नहीं रहते हुए भी।

सो, शनैश्चर देव की कृपा हुई। 17 मार्च (शनिवार) 1962 ई. को दस बजे दिन में, हमारे एक निकट के आत्मीय चीखते-पुकारते हड़बड़ाते हुए आए। आत्मीय, पिछले दो महीने से राजगिर में सपरिवार स्वास्थ्य-लाभ कर रहे हैं। आवश्यक कार्य से पटना आए हैं। आज वापस जा रहे हैं–अभी-ई-ई ! यदि हम चलना चाहें तो, उनकी गाड़ी द्वार पर खड़ी है। उन्हें प्रसन्नता होगी···

मैं उनकी गाड़ी पर कोई मंतव्य न प्रकट कर बैठूँ, इसलिए उन्होंने एक स्थानीय गैरेज का 'बिल' दिखलाकर मुझे आश्वस्त किया, "दस दिन पहले ही सर्विसिंग हुई है, देखिए।"

उनकी गाड़ी पर 'असवार' होने का सौभाग्य प्राप्त नहीं हुआ था। कहानियाँ बहुत सुन चुका था, उनकी गाड़ी की–इसलिए मुस्कुराकर रह गया।

आत्मीय बोले, "गाड़ी से उतरकर धक्का नहीं मारना पड़ेगा। हैंडिल भी नहीं मारना पड़ेगा। 'सेल्फ' लगा लिया है। भोंपा खोलकर अंदर रख दिया है और 'हार्न' कितना तेज है, यह तो आपने थोड़ी देर पहले सुन ही लिया है।"

–"तेज या कर्कश ?··· और भाई मेरे–सर्विसिंग करवाने से क्या होता है ? नई दुलहिन और पुरानी गाड़ी के नखरे ! फिर, जिसकी कुंडली में दोनों एक साथ हों··· !!"

ठहाके में बात उड़ी नहीं, किंतु !

पहले तो समझा विशुद्ध औपचारिकता की बातें हैं। पर, बाद में देखा वे हमें ले चलने को तुले हुए हैं।

दूर के नहीं (पत्नी की सहोदरा, छोटी बहन के पतिदेव !), अति निकट के इस आत्मीय को सिर्फ धन्यवाद देकर टालना अच्छा नहीं लगा ! इसलिए गंभीर होकर कहा, "भाई, इस जाने का कोई मतलब है ? अभी कोई मौसम है राजगिर जाने का ? पाँच दिन के बाद ही होली है। मुझे सर्दी और हल्का बुखार है। नौमी का जी अच्छा नहीं। और 'उनकी' परीक्षा निकट है।"

सुना, नौमी बहुत पहले ही–बकलस-साँकल सहित भागकर गाड़ी में जा बैठी है। (दो वर्षीया सुनहली-घुँघराली कॉकर स्पेनियल, हमारी नौमी !) घर की दूसरी महानुभावा चावल-दाल-आलू–खिचड़ी के सामान की गठरी-पोटली बाँध रही हैं। ··· दस-ग्यारह वर्ष से पटने में हैं। पिछवाड़े की 'जगह' भी इन्होंने नहीं देखी। कोई सुनेगा तो क्या कहेगा, भला ! आलस्य की भी एक सीमा होती है। दुनिया के लोग आकर देख गये···

शिकायत और उलाहना की गठरी खोली जा रही थी।

मैंने तनिक तेज होकर कहा, "इस तरह जाने का कोई अर्थ है ? दौड़कर

गए और भागकर आए ! अभी कोई मौसम है जाने का ?··· चार दिन में क्या स्वास्थ्य-लाभ हो जाएगा ? रह तो आए हैं दो माह–देख लीजिए इनकी सुधरी हुई तंदुरुस्ती !"

किंतु, जनमत जानेवालों के साथ था। उस समय हमारे घर पर जो आया, उसी ने कहा, "तो, हो आइए न !"

और, उस लँगोटिया यार को भी उसी समय आना था। उसने आते ही 'रूलिंग' दे दी, "तुमको जाना पड़ेगा।" यार मेरा, मेरे ही क्षेत्र से साढ़े पाँच हजार 'वोट' से जीतकर आया है–पहली बार। उसकी 'रूलिंग' का मतलब है–हमारे क्षेत्र की 'जनता' की आज्ञा।

निरुपाय, डायरी खोलकर मैंने एक 'बुद्धवचन' पढ़ दिया।

"चरंचे नायिश्च्छेयूयं सेयूयं सदिमत्तनो,
एकचरियं दलूहं कयूरा नत्थि बाले सहायता।"

आत्मीय ने अर्थ पूछा। कहा, "बंगला में इसका अर्थ हुआ–'यदि तोर डाक सुने केउ ना आसे, तबे एकला चलो रे !' और हिंदी में कहें, तो कहना पड़ेगा, यदि यात्रा में अपने से अच्छा अथवा अपने सदृश सहयात्री नहीं मिले, तो दृढ़व्रत होकर अकेला हीं चलना। मूर्खों की सहायता किसी काम की नहीं।"

आत्मीय मुस्कुराकर बोले, "मैं चिढूँगा नहीं। मैं प्रमाणित करना चाहता हूँ कि मूर्खों की सहायता भी काम की होती है।"

जनता के प्रतिनिधि, अपने यार को मैंने इतिहास के आदिगुरु मरहूम मौलाना हफीज साहब की याद दिलाई, जो इतिहास को भी संस्कृत की भाँति 'रटंत विषय' मानते थे। जो नहीं रटता उसे एक पैर पर खड़ा रहना पड़ता। हमें मुर्गा बना-बनाकर–'ऐसा इतिहास विमुख' किया उन्होंने कि फिर कभी 'बी. सी., ए. डी., अथवा 'दि नागाज, दि पालाज' के पाले नहीं पड़ा।

लगा, युगों बाद फिर हफीज साहब के क्लास में बगैर रटे हुए जाना पड़ रहा है !

इसके पहले तीन बार बनी-बिगड़ी योजनाओं की याद आई।

पहली बार–'यायावर' (हिंदी के) के साथ। वे नहीं आए। उनकी चिट्ठी आई ··· अब तो लौटकर आएँगे, तभी ! दूसरी बार –'अंधायुग' के लेखक ने लिखा–राजगिर जाने के लिए ही आऊँगा। वे भी नहीं आए। अंतिम प्रचेष्टा–बंबई के दो तरुण फिल्म-डाइरेक्टरों के साथ जाना निश्चित हुआ। किंतु, उस समय वे जिस चित्र की कहानी पर काम करने के लिए बिहार आए थे–उससे राजगिर और नालंदा का कोई संबंध नहीं था और न वहाँ 'आउट-डोर शूटिंग' के लिए कोई 'लोकेशन' मिलने की संभावना थी। यात्रा स्थगित हो गई। इसलिए, सोचा था–एकचरियं !

कभी जाऊँगा तो अकेला जाऊँगा।

अंत में मैंने उस राह में होनेवाली दैनिक दुर्घटनाओं की ओर लोगों का ध्यान आकर्षित किया।··· तिस पर आज शनिवार है।

उधर, टिफिन-कैरियर के डिब्बों में 'लंच' भरकर कब्जा लगाया जा रहा था–ये जड़भरत हैं। ये जगद्दल हैं। कहीं जाने का नाम सुनते ही इन्हें··· !

बुद्धं शरणं गच्छामि !

मेरे आत्मीय का नाम बुद्धदेव (भट्टाचार्य !) है। इसलिए, राजगिर-नालंदा से मोह होना स्वाभाविक है। उनकी पत्नी भी इतिहास पढ़ती-पढ़ाती थी। विवाह के बाद बौद्धयुग में दिलचस्पी और बढ़ी होगी, किंतु हमारे परिवार को खंडहर और शिला-लिपि से क्या लेना-देना ? भगवान की दया से, फिलहाल कोई रोग-शोक भी नहीं कि गर्म पानी के कुंड में नहाने जाएँ।

किंतु, अपने चाहने से क्या होता है ? नहीं चाहने पर भी चार जन के कंधे पर, पाँच जन के साथ जाना पड़ता है।

आखिर बुद्धदेव के हाथ में अपने को सौंप दिया। बुद्धदेव ने कहा, "दादा, घबराइएगा नहीं, मेरा हाथ अब परिपक्व हो गया है।"

बुद्धदेव अपनी गाड़ी में बैठाकर, स्वयं 'ड्राइव' करके हमें राजगिर ले चले। ठीक साढ़े बारह बजे दिन में।

घर से बाहर पैर रखते ही संभवतः दो किलोमीटर जाते-जाते–फाहियान और ह्यूएन च्यांग की प्रेतात्माएँ दोनों कंधों पर सवार हो गईं। बुद्धदेव ने पूछा, "कुम्हरार आपके घर के इतना निकट है। यहाँ तो आप अक्सर आते ही होंगे ? ··· क्या ? आपको यह भी नहीं मालूम कि यहाँ खुदाई हो रही है ?"

"मालूम तो है। लेकिन, खुदाई देखकर क्या करूँगा ?"

सामने से आती हुई विशालकाय ट्रक की ओर उनका ध्यान आकर्षित किया। गाड़ी चलाते समय उनको बातें करने की आदत है और मेरा कहना है कि गाड़ी चलानेवाला, इतिहास-भूगोल पर बहस न करे।

इसके बाद बुद्धदेव दृढ़तापूर्वक 'धर्मचक्र' (स्टियरिंग) धरकर एकाग्र होकर रथ का संचालन करते रहे।

इस घुमावदार, सँकरी, ऊबड़-खाबड़, गड्ढों से भरी (बाइ-पास) सड़क पर कोई भला (आदमी) ड्राइवर क्यों किसी से आगे बढ़ जाने की मूर्खता करेगा ? और, कोई नई गाड़ीवाला 'ओवरटेक' करके आगे निकल ही गया तो उसके पीछे हाथ धोकर पड़ने की क्या जरूरत ?··· बुद्धदेव के कर्कश हार्न से मेरे कान के पर्दे पर गुदगुदी लगती है और छींकने के लिए मन व्याकुल हो जाता है।··· क्या लड़कपन है !

लड़कपन नहीं, बुद्धदेव अपना धर्मपालन कर रहे हैं। सड़क के गड्ढे में हिचकोला खाकर अगली गाड़ी का पेट्रोल-टैंक फट गया है।··· देखिए न, किस तरह हू-हू

कर तेल गिर रहा है और ड्राइवर को कोई होश ही नहीं।

होश में कैसे रहेगा ? गाड़ी में अकेला मर्द, ड्राइवर ही है। गाड़ी में औरतों की संख्या अधिक है। बुद्धदेव का हार्न सुनकर वह–'अफसर का ड्राइवर'–जरूर गाली दे रहा होगा।··· एक लड़की पीछे की ओर देख-देखकर हँस रही थी।

डेढ़-दो किलोमीटर तक यह दौड़ चली। अंत में बंका घाट के आसपास कहीं ड्राइवर साहब का जोश उतरा।

बुद्धदेव गाड़ी से उतरकर अपना दूसरा धर्मपालन करने गए। 'योग्य सेवा' पूछ आए।

रथ रुकने के बाद महसूस किया, हार्न-ध्वनि से मेरी श्रवणेंद्रिय ही आक्रांत नहीं, हड्डियों के जोड़ भी ढीले पड़ गए हैं।

मेरी धारणा थी कि बिहार शरीफ तक अब 'इतिहास' मौन रहेगा। पर, बैकट गाँव की सीमा में प्रवेश कर बुद्धदेव की गाड़ी की चाल धीमी हो गई। यहाँ बहुत प्राचीन शिवमंदिर है। कहते हैं, जरासंध अपने कंधे पर इस शिवलिंग को ढोकर लाया था।

बाएँ मुड़कर, गाड़ी मंदिर की ओर चली।

मंदिर के पास पहुँचने के पहले ही पंडों की भीड़ लग गई, बच्चे-जवान-बूढ़े ! सभी आकार-प्रकार के पंडे। इस असमय में एक गाड़ी-भर श्रद्धालु शिवभक्त जजमान-जजमानियों को पाकर वे अत्यधिक प्रसन्न हुए। जब वे आपस में लड़ने-झगड़ने लगे तो हमारी नौमी ने उन्हें भूँक-डाँटकर चुप किया।

गंगा के कछार पर–गाँव से बाहर बैकट का यह पुराना शिवमंदिर !

पटना सिटी के किसी रईस ने इसका जीर्णोद्धार किया था कभी। मंदिर के चँदोवे पर फिरंगी-कलम (पटना शैली ?) से राम या शिव कथा अंकित है। चित्र स्पष्ट नहीं। वात से पीड़ित वृद्ध पंडाजी ने कहा, 'जीर्णोद्धार करवाइए आप लोग इस मंदिर का। आप ही लोगों की कृपा से··· ।'

शिव-शिव ! हमारी कृपा ? सो भी, शिवजी पर ? और, शिवमंदिर का जीर्णोद्धार करके शिव को कौन अप्रसन्न करना चाहेगा ? शिव तो ऐसी ही जगहों में मस्त रहते हैं। मंदिर के प्रांगण में वन-कपोतों की बीट फैली हुई है। छोटे-छोटे पंडे (या पंडों के बच्चे) हाथ पसारकर अपना प्राप्य माँग रहे हैं।

मेरे मन में एक बार शंका हुई··· यहाँ के शिव का नाम तो नहीं सुना कभी ? अचानक एक फगुआ-गीत (होली) की पंक्ति मन में गूँजी–

बैकट, बैकट, बैकट रे बम भोला,
शिव शंकर हो लाल
बैकट से होरिया खेले !

पछिया हवा के झोंके पर मंदिर की अँगनाई में एकत्र पेड़ की सूखी पत्तियाँ उड़ चलीं–सैकड़ों घुँघरू बजाती !

बख्तियारपुर होकर बहुत बार आया-गया हूँ। कभी फेरीवालों ने इस तरह नहीं घेरा। इस बार हमारे चेहरों को देखकर ही ये समझ गए–हम राजगिर के तप्त कुंड में स्नान करने, जरासंध का सोन-भंडार देखने, गृद्धकूट पहाड़ पर चढ़ने और नालंदा के भग्न विहार में भटकने जा रहे हैं–लाई है लाई, रामदाने की लाई। बख्तियारपुर की लाई, मशहूर लाई–बूढ़ों का टिफिन और बच्चों की मिठाई। लाई है···

महिला-सहयात्री को 'लंच' के लिए यही स्थान और काल, उचित-उपयुक्त लगा। इस समय यदि कहूँ कि यह भोजन मुझे दुख देगा तो सड़क पर तमाशा शुरू हो जाएगा। भीड़ लग जाएगी।

··· बख्तियारपुर ! बख्तियार खिलजी ने नालंदा-विहार को जलाकर स्वाहा किया था। उसके नाम पर यह 'पुर' आज तक बसा हुआ है। तरक्की कर रहा है !···

··· शरतचंद्र का श्रीकांत भ्रमण करता हुआ यहाँ आया था। बीमार पड़ गया था। पटना सिटी से राजलक्ष्मी दौड़ी आई थी।

बख्तियारपुर के बाद सड़क फिर सँकरी हो गई है। सड़क पर एक ओर मोटर, बस, ट्रक और बैलगाड़ियाँ आती-जाती हैं, दूसरी ओर बी. बी. एल. रेलवे की पटरी बिछी हुई है !··· मध्यम मार्ग कोई नहीं !···

पुल पर दो गाड़ियाँ एक साथ नहीं आ-जा सकती हैं। इसलिए, प्रत्येक पुल के पास पाँच से लेकर पंद्रह मिनट तक रुकना पड़ा। बख्तियारपुर से बिहार शरीफ तक छोटे-बड़े सब मिलाकर पाँच-सात पुल हैं। हर पुल पर आलू से लदी बैलगाड़ियाँ अथवा पत्थर के 'चिप्स' से लदी भीमकाय ट्रक !

यह इलाका आलू के लिए प्रसिद्ध है। भारत के बड़े-बड़े होटलों के 'खरीद-अफसर' या 'कंट्राक्टर' यहाँ 'पटनियाँ आलू' खरीदने आते हैं।

पाँच साल पहले की बात याद आई।···

कलकत्ता से पटना आ रहा था। एकमात्र सहयात्री 'साहब' ने रात-भर बख्तियारपुर, बिहार शरीफ, राजगिर के बारे में, कुछ न कुछ पूछताछ की–कैसी जगह है ? जलवायु कैसा है ? लोग कैसे हैं ? होटल-वोटल है ? मजदूर मिलते हैं या नहीं ?

रात-भर मैंने उनको पुरातत्त्व विभाग का कोई 'उत्खनक' समझा। प्रातःकाल मैंने जब 'खुदाई' के बारे में पूछा तो वे बोले, "आलू की खुदाई का यही मौसम है। हम खेत ही खरीद लेते हैं !"···

उन्होंने कलकत्ता के एक प्रसिद्ध होटल का नाम लिया, "हम उसी होटल का पोटेटो-सप्लायर है !"

बिहार शरीफ से पहले, दूर से जिस कस्बे को देखकर बिहार शरीफ का भ्रम होता है, वह असल में सोहसराय है। आलू की सबसे बड़ी मंडी !

··· क्यों न सोहसराय का नाम बदलकर 'आलू शरीफ' कर दिया जाय ?

हजारीबाग-राँची जानेवाली सड़क बाईं ओर निकल गई। इसके बाद की मंजिल मेरे लिए एकदम नई थी।

दीपनगर 'बाइ-पास' से गाड़ी गुजरी। दूर से ही 'नव-नालंदा विहार' के नए भवन की झलक मिली। महिला-सहयात्री इस झलक पर अकारण ही मुग्ध हो गई–'की सुंदर !'

हँसी आई। अभी तो न जाने कितना 'भीषण-सुंदर' देखना बाकी ही है।

नालंदा स्टेशन (बस स्टाप, रेलवे स्टेशन) पर बुद्धदेव का रथ रुका। नालंदा के खंडहरों में जाने के लिए, सड़क उत्तर की ओर निकल गई है।

यहीं कहीं 'नालो' ग्राम रहा होगा। सारिपुत्र-मौद्‌गलायन का जन्म स्थान। संभव है, जहाँ हमारी गाड़ी खड़ी है–यहीं···।

दक्खिन-राजगिर-गिरिव्रज !

रामायणकालीन-वसुमति। महाभारतकाल का-बृहद्-रथपुर, बौद्धयुग का कुशाग्रपुर–मगध के राजाओं की राजधानी राजगिर !

यहाँ, एक प्रेतात्मा और आकर गाड़ी में सवार हो गई–इत्सिंग !

··· पंद्रह साल पहले, सारिपुत्र-मौद्‌गलायन की हड्डियाँ, विदेश से आईं और भारत के नगरों में घूमती-फिरती पाटलिपुत्र पहुँचीं, तो इन हड्डियों के स्वागत में एक विशाल जुलूस निकला था। उस जुलूस को देखकर दासानुदास ने (पार्टी-पत्रिका में) एक निबंध प्रकाशित करवाया था–हड्डियों का जुलूस !

इत्सिंग की प्रेतात्मा ने बतलाया, उस निबंध में एक-दो तथ्य की बातें जोड़ देना आवश्यक है··· सिद्धि-लाभ के कुछ दिन बाद ही संबुद्ध कपिलवस्तु गए। उनके साथ शिष्य सारिपुत्र भी था। बालक राहुल को (भगवान का आदेश पाकर) सारिपुत्र ने ही भिक्षुव्रत के प्रथम पर्याय में प्रवेश करवाया था।

बालक भिक्षु को घेरकर जब महाप्रजावती गौतमी, राहुल-माता यशोधरा–सारा राज-परिवार छाती पीट-पीटकर रोने लगे, उस समय सारिपुत्र के मन में सौ-सौ तूफान चल रहे थे। हड्डियाँ तक करुणा से काँप रही थीं··· ।

सिलाव गाँव की तख्ती पढ़ते ही खाजा की याद आई, मन में प्रश्नोदय हुआ–सिलाव के खाजा का इतिहास कितना पुराना है ? क्या चीनी यात्रियों के यात्रा-वर्णन में कहीं भी इस मिठाई की कोई चर्चा नहीं ?

देश-विदेश के लोग राजगिर-नालंदा आते हैं। जाते समय सिलाव का अति प्रसिद्ध खाजा खरीदकर ले जाते हैं।··· महिला-सहयात्री अभी से खाजा खरीदने को उत्सुक दिखाई पड़ीं। लेकिन, बुद्धदेव फिर एक 'बाइ-पास' से मुड़ गए।

साढ़े बारह बजे हमारी यात्रा शुरू हुई थी। ठीक साढ़े तीन बजे बुद्धदेव का 'भूपति' (लैंड मास्टर), धूल-धूसरित अवस्था में राजगिर पहुँचा।

धूल के गेरुए बादल के नीचे सूरज क्रमशः निष्प्रभ होता जा रहा था। नातिउष्ण फागुनी हवा चल रही थी और तप्त जल के कुंडों में साँझ को नहानेवाले स्नानार्थियों के छोटे-बड़े झुंड निकल पड़े थे।

बुद्धदेव का डेरा, कुंड स्टेशन के पास ही सटा हुआ है।

काशीधाम पहुँचने के बाद यात्रियों का दल सबसे पहले गंगा के घाट पर जाता है। यहाँ आकर तुरंत ही कुंड की ओर जाते हैं, लोग।

पाँच बजे हम भी 'स्नान-यात्रा' पर निकले। साँझ के झुटपुटे में बिंबिसार के 'नया राजगिर' की गढ़ी देखी।

...कहते हैं, एक बार राजा बिंबिसार को, 'तपोद' (गर्म पानी के कुंड का तत्कालीन नाम) में नहाते समय कुछ विलंब हो गया। जब वे लौटे, तो बहिर्नगर के बत्तीसों द्वार बंद हो चुके थे। निरुपाय, उन्होंने वेणुवन मठ में भगवान बुद्ध के साथ रात्रियापन किया था।

बुद्धदेव से पूछा, "इस घटना के बाद ही बिंबिसार ने 'नया राजगृह' बसाया होगा ?"

बुद्धदेव ने हँसकर कहा, "जोर देकर कुछ भी नहीं कहा जा सकता। फाहियान लिखता है, बिंबिसार के पुत्र अजातशत्रु ने इसे बसाया और ह्यूएन च्यांग कहता है, बिंबिसार ने ही इस 'दुर्ग-नगर' का निर्माण किया।"

महिला-सहयात्री बोली, "दोनों ने मिल-जुलकर बनाया होगा।"

जो भी हो, इस कहानी से यह तो प्रमाणित ही हो जाता है कि पुराकाल से कुंड में लोग शाम को भी स्नान करते हैं।... मैं बेकार डर रहा था।

महिला-सहयात्री की पुरानी आदत है, हर दुकान के साइन बोर्ड को सस्वर पढ़ती है—राह चलते।... वेणुवन होटल ! उदयन होटल !! वाह की सुंदर नाम !

—तब तो, यहाँ कोई 'जीवक मेडिकल स्टोर' भी होना चाहिए ! है क्या ?

बुद्धदेव को यह नाम बहुत पसंद आया, "अभी तक तो नहीं है। जब कलियाकोर्मा की दुकानवाले 'वेणुवन' और 'उदयन' नाम रख सकते हैं तो 'सल्फा ड्रग' या सिर दर्द की गोलियाँ बेचनेवालों को यह नाम कभी-न-कभी जरूर सूझेगा। मुझे कोई मिला तो, सुझा दूँगा !"

बुद्धपत्नी बोली, "कौन जीवक ? आम-बागानवाला प्रसिद्ध राजवैद जीवक, जिसने देवदत्त द्वारा लुढ़काए पत्थर से घायल बुद्ध की जान बचाई थी अथवा राम-रावण युद्ध में मूर्च्छित राम की जिसने चिकित्सा की थी ?"... नहीं महाशय, सुषेन नहीं। बौद्ध साहित्य जीवक का ही नाम लेता है।

मैंने पूछा, "आप किस राम की बात कर रही हैं ? जिसकी बहन सीता थी ? कौन रावण ? जिसने बुद्ध से धर्म पर वार्तालाप किया था ? कौन सीता ? जिसका जन्म मंदोदरी के गर्भ से हुआ था और जिसके पिता रावण ने ज्योतिषियों की भविष्यवाणी के भय से सोने की पिटारी में बंद करके जिसे मिथिला में गड़वा दिया था ?"

महिला-सहयात्री बोली, "छिः-छिः, कैसी बेबात की बात ?"

"छिः-छिः बेबात की बात मत कहिए। शास्त्रोक्त बातें हैं !"

हम कुंड-क्षेत्र में पहुँचे !

यह राजगिर का सबसे 'जीवंत' इलाका है, जिसको अंग्रेजी में कहते हैं–हम्मिंग विद एक्टिविटीज़ !

कुंड के पास ही एक छोटा-सा मार्केट बसाया गया है, हाल ही। 'नया राजगिर' की खुदाई हो रही है। पुरातत्त्व विभाग के कार्यकर्ताओं के कैंप में लताबाई की स्वरलहरी गूँज रही है–आ जा रे-ए-ए-ए !!

बाहर रोशनी की अच्छी व्यवस्था है। किंतु, उस दिन कुंडों के अंदर जलनेवाले बल्ब या तो खराब हो गए थे या चुरा लिए गए थे। 'स्नानागार' (सप्तधारा) में एक 'शून्य-शक्ति' का लट्टू भुकभुका रहा था।

नौमी को लेकर अथवा जूता पहनकर हम स्नानागार में झाँक भी नहीं सकते ? यहाँ पर स्वच्छंद विचरण करनेवाले, कटखने और घाववाले कुत्तों को कोई रोकता-टोकता नहीं।

स्नानागार में, ट्रस्ट, जिला अधिकारी तथा पंडा कमिटी की ओर से बहुत-सी 'वर्जना-वाणियों' की तख्तियाँ लटकी हुई हैं–यहाँ साबुन लगाना मना है। मिट्टी लाना मना है। फोटो लेना मना है।

इसके बावजूद गंदगी और गोलमाल ?

पाँचों धाराओं को ऊँची दीवार से बाँध दिया गया है। पाँचों धाराओं में संगमरमर के गोमुख लगे हुए हैं। प्रथम धारा से, जो प्रवेशद्वार के पास ही है, अधिक पानी गिरता है। इसके पास ही, ऊपर दीवार को फाड़कर एक छोटी-सी धारा निकली है। इस छोटी धारा के नीचे एक सज्जन मुँह बाकर शायद पानी पी रहे थे। पूछने पर मालूम हुआ–पायरिया की प्राकृतिक चिकित्सा कर रहे हैं।

धारा में हाथ डालकर जल का ताप मापा। जो सर्दियों में गर्म पानी से नहाते हैं, उनकी देह पहली बार ही इस ताप को सह लेगी। बहुत दिनों तक मैं भी इसी मुगालते में था कि आमाशय के रोगी यहाँ खिचड़ी का सामान लेकर आते हैं। तसले में चावल-दाल-घी डालकर धारा का जल डाल दिया और खिचड़ी तैयार ! एक बार, अपने एक दक्षिण भारतीय मित्र को मैंने लिखकर सलाह भी भेजी थी।

धारा में नहाने के बाद कुंड-स्नान !

फूल, बेलपत्र, दूर्वादल लेकर बैठे हुए माली और कुंड में नहानेवाले प्रत्येक यात्री से चिपकने की चेष्टा करनेवाले पंडे–आदमी पहचानते हैं। कौन स्वास्थ्य-कामी है और कौन पुण्यार्थी–यह पहचानना उतना कठिन नहीं।

कुंड के एक कोने में–छोटे से गर्भ-गृह में गणेश सहित कई देव-देवियों की प्रतिमाएँ विराजित हैं, जिन्हें मैं अंधकार में नहीं देख सका ! जब, नहाते हुए पंडाजी ने मुझे जरा उधर सरक चलने को कहा, तो मैं अकचकाया !

... महिलाओं के लिए अलग कुंड है। तब, फिर यह महिला इस कुंड में क्यों

नहाने आई है ? पाँच हाथ से भी कम की परिधि में, गले-भर पानी में डूबे हुए–किलोल करनेवाले असभ्य पुरुषों के धक्के और बोली क्यों सह रही है ?

कुंड से निकलकर फिर धारा में नहाने का नियम है। कह नहीं सकता, यह नियम धार्मिक है या व्यावहारिक। तब, एक बात अपने अनुभव के बल पर कह सकता हूँ कि कुंड के बँधे हुए जल में नहाने के बाद खरस्रोता धारा के नीचे बैठकर नहा लेने से मन परम-पवित्र हो जाता है।

तत्काल फल मिला : देह-पिंजर के जोड़ की हड्डियों में अब दर्द नहीं। सिरदर्द, जो नहाने के पहले तक था, दूर हो गया। सर्दी के कारण बंद नासारंध्र–परिष्कार !!

डेरे पर पहुँचने के बाद फिर चाय पीने की इच्छा नहीं थी। किंतु कुंड में नहाने के बाद चाय पीने का नियम है, शायद।

महिला-सहयात्री पर मन प्रसन्न हो गया। मशहरी ले आई हैं। उन्हें दुःख है, झाड़ू लाना भूल गई।

··· पिछले साल डॉ. नर्मदेश्वर प्रसाद ने, राजगिर से लौटकर एक अद्‌भुत कहानी सुनाई थी। सिस्टर निवेदिता के एक जीवनी-लेखक ने उनकी राजगिर यात्रा पर थोड़ा-सा प्रकाश डाला है कि निवेदिता जब राजगिर आईं तो एक पहाड़ी पर चुपचाप बैठकर उन्होंने कुछ देर तक 'हिस्ट्री को रिकंस्ट्रक्ट' (इतिहास से पुनर्परिचय ?) करने की चेष्टा की थी।

डॉक्टर नर्मदेश्वर कुंड की सीढ़ी पर इमली के पेड़ की छाया में बैठकर सामने विपुला और रतन-पहाड़ी को देख रहे थे और मन ही मन सोच रहे थे कि किस तरह निवेदिता ने 'हिस्ट्री को रिकंस्ट्रक्ट' किया होगा। किस युग में किधर से सड़क निकली होगी, सार्वजनिक आनंदोत्सव किन स्थानों में मनाए जाते होंगे···

इसी समय एक देहाती अधेड़ उनके पास आकर बैठ गया। कुछ देर तक चुप रहने के बाद उस व्यक्ति ने डॉक्टर प्रसाद से पूछा, "कहाँ आए हैं बाबू साहेब, राजगिर देखने ? अजी बाबू साहेब, आप लोग क्या राजगिर देखिएगा, राजगिर देखने आई थीं कभी सिस्टर निवेदिता··· "

डॉक्टर प्रसाद अवाक् ही नहीं, परेशान भी हुए ! वह व्यक्ति सीढ़ियों पर चढ़ता हुआ कुंड की ओर चला गया। बाद में उन्होंने उसको बहुत खोजा (अब भी जाते हैं तो खोजते हैं उसको !), वह नहीं मिला कभी।··· ठीक जिस समय निवेदिता की बात सोच रहा था मन में, उसी समय उस व्यक्ति का ऐसा कहना··· क्या कहा जाय ? सिर्फ, काकतालीय ?

मैं भी किसी अलौकिक अथवा अद्‌भुत घटना की प्रतीक्षा में था : यात्रा के शुरू से ही।

महिला-सहयात्री हड़बड़ाती हुई कहाँ से आ रही है ?

मेरा कलेजा धड़कने लगा। हुआ अब कुछ अलौकिक ! मैं जो कुछ भी सोच रहा हूँ, वही कुछ वह भी तो नहीं कहने आई है ?

"जानते हो, यहाँ अंडा कितना सस्ता है ? सिर्फ डेढ़ रुपए दर्जन ! और सहिजन

और इमली का तो यहाँ जंगल ही है।"

मैंने कहा, "की सुंदर !"

रात्रि भोजन के समय, आनेवाले कल के लिए प्रोग्राम बनाया गया। सबसे पहले प्रातःकाल कुंड-स्नान और सबसे अंत में कुंड-स्नान (साँझ में)···

अपनी सुविधा-असुविधा के अनुसार, प्रोग्राम में हेर-फेर की चेष्टा किसी ने नहीं की। यद्यपि, मुझे यह कहना था कि दोपहर को एक-डेढ़ घंटा सो लेने से उपकार ही होगा। और यह कि नालंदा के विहार में सूरज ढलने के कुछ पहले, गृद्धकूट पर्वत पर चाँदनी रात के प्रथम प्रहर में और सोन-भंडार की गुफाओं में दस बजे रात को मोमबत्ती (टार्च नहीं !) जलाकर जाने में जो सुख मिलेगा···

किंतु परदेश में कम खाना चाहिए, यह बात कौन किसे समझावे ? यहाँ का जल पत्थर को भी पचा सकता है, मानता हूँ। और यह भी जानता हूँ कि पत्थर को पचानेवाला जल अँतड़ी को भी सिद्ध कर दे सकता है।··· कुंड में नहाते समय ही मैंने अनुभव किया था, स्नानार्थियों में—वात, लकवा, चर्म रोग से पीड़ित व्यक्तियों के अलावा—अधिकांश पेटू पांडे हैं। आवश्यकता से अधिक, पेट में ठूँस लेनेवाले भोजन-भट्टों को अंत में राजगिर-सेवन के सिवा और चारा नहीं, यहाँ पहुँचकर फिर 'ओवरलोडिंग !'

··· सन् 1908 या 1911 ई. में राजगिर में दर्शनार्थियों की एक विशिष्ट टोली आई थी। उस दल के कुछ सदस्यों के नाम हैं—सिस्टर निवेदिता, रवींद्रनाथ ठाकुर, जगदीशचंद्र बसु, और यदुनाथ सरकार।

··· जहाँ तक मुझे मालूम है, सिस्टर निवेदिता का एक लंबा लेख (राजगिर पर) उनकी किसी किताब में संकलित है। कवि ने किसी को एक लंबी चिट्ठी लिखी थी यहाँ से (संभवतः 'श्यामा' की रचना इस यात्रा के बाद ही हुई हो !), और यदुनाथ सरकार का 'मॉडर्न रिव्यू' (कलकत्ता) में एक निबंध प्रकाशित हुआ था। सुना है, तप्त कुंड के संबंध में जगदीशचंद्र बसु की राय—कवि के पत्र में ही है।

··· किसी अच्छे ग्रंथागार में बैठकर—मॉडर्न रिव्यू, 'प्रवासी' और 'विश्व भारती' आदि पत्रिकाओं की पुरानी फाइलों पर परिश्रम करने से सभी सामग्रियाँ उपलब्ध हो सकती हैं। राजगिर-नालंदा-साहित्य में दिलचस्पी रखनेवालों का ध्यान आकर्षित करने के लिए किसी दैनिक पत्र के 'संपादक के नाम पत्र' प्रकाशित करवाना अच्छा होगा ! हिंदी में कोई गाइड बुक भी नहीं।

··· प्रातःकाल कुंड में स्नान करने के बाद, कुंड-मार्केट से कुछ यात्रियोपयोगी सामान खरीदने गया तो, फिर अचरज में पड़ा। दुकानदार ने दो मिनट में ही यहाँ के जलवायु से लेकर प्राचीन इतिहास और वर्तमान अवस्था की झाँकी दिखला दी। उन्होंने टूरिस्ट सर्विस रोजगार की सेवाओं की चर्चा की (इस संस्था के सेक्रेटरी की हैसियत से) और कृपापूर्वक टूरिस्ट सर्विस का एक अंग्रेजी पर्चा भी दिया।

मैंने पूछा, "हिंदी में टूरिस्ट सर्विस का कोई पर्चा नहीं ?"

उन्होंने गंभीर होकर कहा, "और साहब, यह रोमांटिक जगह भी है। माने,

यहाँ भी ऐसे स्पाट हैं, ऐसे निभृत-निकुंज, मनोरम 'कूजी'··· मेरा दावा है कि नैनीताल और मंसूरी में भी ऐसे स्पाट्स नहीं। एक-से-एक स्कैंडल प्वाइंट्स !"

उन्होंने अंग्रेजी में मेरा नाम पूछा। मैंने, अपने पूरे नाम के प्रत्येक 'ण' और 'र' का स्पष्ट उच्चारण करके सुना दिया। नाम सुनकर उन्होंने पूछा, "आप साउथ इंडियन हैं ?"

फिर रोमांटिक स्थानों की रोमांचक लोमहर्षक और लुभावनी बातें शुरू हुईं—कोई लिखनेवाला हो तो दिन में दर्जनों 'लव स्टोरी' यहाँ लिख सकता है।··· जी, मैं तो सिर्फ जर्नलिस्ट हूँ।

दिन के प्रकाश में इस सार्वजनिक सर्व-रोग-पापहर स्नानागार का सही रूप देखने को मिला। एक ओर महिलाएँ नहा रही थीं। ऊपर मंदिर के छज्जे पर खड़े कुछ लोग उन्हें टकटकी लगाकर देख रहे थे। उन लोगों के साथ स्थानीय किसी मठ का एक (चीनी या जापानी !) रंगीन भिक्षु भी था, जो अपलक दृष्टि से देखता ही नहीं—बीच-बीच में उत्तेजित होकर कुछ बोलता और अश्लील इशारे भी करता था।

रात को अँधेरे कुंड में पुरुषों के साथ नहानेवाली महिला सुबह भी नहा रही थी, उसी तरह हँस रही थी, देह मल रही थी और जाग्रत देवता का नाम ले रही थी।···

कोख-मर्दन का स्थान मर्दकुक्षि··· नौमी गुर्राई··· यह कौन आकर बैठ गई मेरे सामने ?

असंतोष और अतृप्ति की साकार प्रतिमा !

मैं गाइड बुक में डूब गया।

सामने बैठी प्रतिमा अपने-आप बड़बड़ाने लगी, "तुम्हीं मौज में हो। सुख से हो !"

किससे कह रही है ? मुझसे या नौमी से ?

किसी से नहीं। वह अपने से ही कह रही है, और नहीं तो क्या ?··· "भगवान, मैं यदि जानती कि पेट में साँप पल रहा है ! साँप का बच्चा ! जब से जन्म लिया—बाप को जकड़े हुए है। रक्त चूस रहा है। दस वर्ष हुए—देह में हाड़ ही नहीं। मुँह में बोली कहाँ से आएगी ! साँप भी बोलता है, भला ! और उसका अभागा बाप ? जिस दिन से इस पितृहंता का जन्म हुआ है—घर-गृहस्थी, सगे-संबंधी की बात तो दूर, वह मुझे भी भूल गया है। उसे उम्मीद है कि उसका बेटा एक दिन उठकर खड़ा होगा—हा-हा—चलेगा—हा-हा—दौड़ेगा—हा-हा—फुटबाल खेलेगा—हा-हा ··· भगवान ! मुक्ति दो। इस भले आदमी को मुक्ति दिला दो। सुबह-शाम प्रार्थना करती हूँ—बेचारे को साँप की लपेट से छुड़ा लो प्रभु !··· दुश्मन ! यदि जानती कि तू बाप को जिंदा चबाने के लिए मेरे कोख में आया है तो गरम पत्थर से पेट सेंककर··· सभी मौज में हैं, सुख भोग रहे हैं। एक वही बेचारा इस अपंग

जानवर के पीछे सबकुछ··· "

वह रोने लगी, बिलखकर !

··· तो, वह अपंग लड़का इसी महिला का है जिसे उसका बाप एक धारा से दूसरी धारा के पास–अपनी तलहथी पर रखकर ढोता फिरता है ! मैंने देखा है, इस महिला के पति को, गुमसुम-उदास किंतु जिसके मन में अटूट विश्वास है।

महिला रोती हुई चली गई।

उसी समय गाइड बुक में मैंने जो कुछ पढ़ा–उसे क्या कहें ? काकतालीय ?··· यहीं, पास ही–गृद्धकूट की तलहटी में 'मर्दकुक्षि' नामक स्थान है, जहाँ बुद्ध, अपने आत्मीय देवदत्त के द्वारा लुढ़काए पत्थर से घायल हुए थे।··· मर्दकुक्षि नाम के पीछे एक ऐतिहासिक 'किस्सा' है। कहते हैं, जब राजा बिंबिसार की रानी को यह पता चला कि उसके पेट में पितृहंता (अजातशत्रु !) पल रहा है तब इसी स्थान पर 'कोखमर्दन' करवाकर अजन्मे बालक से पिंड छुड़ाने की चेष्टा की थी।

महामाया ! यह मैंने, तुम्हारा कौन-सा रूप देखा आज ?

महिला-सहयात्री ने बक्स से मेरा कैमरा निकाल दिया।

मैंने पूछा, "और मेरी मोटीवाली डायरी ?"

"वह भी है। यह लीजिए।"

"डायरी नहीं, यह तो 'सिद्ध साहित्य' है।"

"जो है, यही है। बस।"

मेरा माथा गर्म हो गया, "सिद्ध-साहित्य क्या होगा ?" महिला-सहयात्री इमली चुनने चली गई।

··· फिर काकतालीय व्यापार ?

–'चलो रे मन, गंगा-यमुना तीर !' स्वर्गीय पलुस्कर का गीत आकाशवाणी के किसी केंद्र से प्रसारित हो रहा था–'गंगा-यमुना निर्मल पानी, शीतल होत शरीर। चलो रे मन··· '

गंगा-यमुना तीर नहीं। चलो रे मन–नाला, नालक ग्राम !

राजगिर से नालंदा की दूरी–पालिग्रंथों के अनुसार एक योजन और संस्कृत साहित्य (बौद्ध) के मुताबिक आध योजन है। पिछले साल तक यह–राजगिर से सात माइल उत्तर था। और इस वर्ष··· 7 माइल कितने किलोमीटर हुए ?

··· पता नहीं हम कहाँ जा रहे हैं–नाला ? नालक ? नालक ग्राम ? नालंद ? नालंदा ?

··· हम उदंतपुरी तो नहीं जा रहे ? उदंतपुरी विहार नालंदा के पास ही था।

··· जोर देकर, अधिकारपूर्वक, कुछ नहीं कहा जा सकता।

बुद्धदेव ने ब्रेक लिया। गाड़ी एक धक्का देकर रुकी। कुत्ते का दुबला-पतला रोगी बच्चा बाल-बाल बच गया।

विहार अथवा म्यूजियम के अंदर नौमी को ले जाने की अनुमति मिलेगी तो ?

कल बुद्धदेव ने सिलाव 'बाइ-पास' से गाड़ी निकाल ली थी। आज हम सिलाव गाँव के बीच से निकलेंगे।··· सड़क के दोनों ओर 'खाजा' की दुकानें। हर दुकान में 'सिलाव का असली खाजा' मिलता है।··· असली खाजा ! गर्द-गुबार, धूल और मक्खियों के बावजूद जिसके स्वाद में कोई फर्क नहीं पड़ता। जितना बासी हो, उतना ही ताजा समझा जाता है।

हमने ताजा खाजा लिया।

नालंदा स्टेशन पर आज का ताजा अखबार मिला।

मैं अखबार को एक सरसरी निगाह से देख रहा था।··· फिर, अलौकिक कांड ? ··· नालंदा म्यूजियम से फिर मूर्तियों की चोरी ?

'नालंदा म्यूजियम से मूल्यवान सामग्री की चोरी हो गई'

सात महीने के अंदर यह दूसरी बार चोरी ? पुलिस पता लगाने में असमर्थ ? ··· कांस्य की अलभ्य बुद्ध मूर्तियाँ !

–की सुंदर ?

पालि इंस्टिच्यूट को देखकर यह मंतव्य प्रकट किया गया या मूर्तियों की चोरी का संवाद सुनकर ?

गाड़ी आगे बढ़ी। अखबार की यह खबर तुरत ही–डेढ़ मिनट में ही–इतिहास की बात हो गई। मैं बहुत ही देर तक 'स्टेच्यू-स्मगलर' का हिंदी शब्दार्थ ढूँढ़ता रहा··· मूरत चोर ? प्रतिमा तस्कर ?

··· इन प्यारे भाइयों से और दो दिन नहीं रहा गया ? हमें देख लेने देते, तब फिर ठिकाने लगाते।

म्यूजियम के दरबानों ने नौमी को पुलिस का चोर पकड़नेवाला कुत्ता समझा। इसलिए, नौमी जब उन्हें बारी-बारी से सूँघने लगी तो वे आँखें मूँदकर पत्थर की मूर्ति की तरह खड़े रहे।··· आज सुबह को ही पुलिस का कुत्ता एक दरबान को पकड़ चुका है। अब न जाने किसकी बारी हो।···

कांस्य मूर्तियों की सूनी वेदियाँ ! सूना कक्ष !

जो मूर्तियाँ अब तक चोरी नहीं हुई हैं–उन्हें अधिकारियों ने इस कक्ष से 'अपसारित' कर दिया है। हमने जानने की चेष्टा की–कौन-कौन मूर्तियों को चोर ले गए ? कुछ पता नहीं चला। बची हुई मूर्तियों को देखते रहे और अनेक विचार मन में घुमड़ते रहे।

तंत्रयान का गढ़ (केंद्र !) नालंदा महाविहार !

जहाँ ये मूर्तियाँ पूजी जाती थीं–गढ़ी जाती थीं। गढ़ना सिखलाया जाता था। संभवतः जहाँ मूर्तियों का गोदाम भी हो। पुराने यात्रियों में से किसी ने इसको 'मूर्ति उत्पादन केंद्र' भी कहा है।

हम विहार के द्वार पर आए।

द्वारपाल हमें देखकर मुस्कुराया। लगा, अब वह अपनी प्रश्नावली शुरू करेगा !

ह्यूएन च्यांग ने नालंदा महाविहार की गतिविधि के संबंध में लिखते हुए कहा है, "अन्य मतावलंबी विद्वान, जो शास्त्रार्थ करने के लिए अंदर जाना चाहते, द्वारपाल उनसे कई कठिन प्रश्न करता था। अधिकांश प्रवेशार्थी उत्तर नहीं दे सकते और उन्हें निराश होकर लौटना पड़ता।··· "

द्वारपाल ने हमसे सिर्फ एक प्रश्न पूछा, "बाबूजी, कुत्ता काटता तो नहीं ?"

प्रवेशार्थियों की ओर से कहा गया, "अकारण ही कभी नहीं।"

यह सुनकर द्वाररक्षक ने हमारा सहर्ष स्वागत किया।

बुद्धदेव यहाँ कई बार आ चुके हैं। हम उनके पीछे-पीछे चले। द्वारपालजी ने हमें पीछे से पुकारा, "सुनिएगा ! ठहरिए, जरा मैं आ रहा हूँ।"

··· तो, द्वारपालजी ही गाइड का काम करते हैं ! वे हमारे दल के आगे-आगे चले। भला आदमी जरा-सा तुतलाता है और शुद्ध हिंदी बोलने की चेष्टा करते समय, लिंग संबंधी गलती न हो—इसका जरा अधिक ध्यान रखता है। अंग्रेजी शब्दों का जी खोलकर व्यवहार करता है और किसी भी चीज को सबसे पहले 'अथि' कहता है—यह 'अथि' जो देख रहे हैं न सो देखने में तो 'अथि' के ऐसा लगता है। मगर, असल में यह 'अथि' नहीं है।··· पढ़ते-पढ़ते जब 'इश्टूडंट' को नींद लगने लगती थी तो यहीं, इस 'पिलाटफारम' पर 'गते-गते' सो जाता था !

··· अब, इधर देखिए जरा। एक्सकेवेशन जब हुए तो पता चला कि इसके 'लेयर' में भी एक पिलाटफारम है। जब पिलाटफारम का एक्सकेवेशन हुआ तो मालूम हुआ कि इसके नीचे भी कमरे हैं !···

मैं अपने 'झंझटियल' (कंप्लिकेटेड) कैमरे में उलझा हुआ था। इससे तो अच्छा हमारा—बचपन का—पुराना बेबी बॉक्स कैमरा ही था। विश्वासपूर्वक, बेखटक, फटाफट बटन दबाता जाता। और, विउफाइंडर में देखी हुई सैकड़े पंचानबे छवि, फिल्म पर हू-ब-हू उतरती थी।

··· अचानक, महापंडित राहुलजी की याद न जाने कैसे—उस समय आ गई; खंडहर के कोने-कोने में जमी उदासी—मानो प्राण पर छा गई।

उधर, द्वारपाल कह रहा था "गुप्ता पेरियट के 'डिजैन' में एक खास बात है कि गंथाई 'धनुष के आकार की मेहराबदार' होती थी। यह देखिए, 'गुप्ता पेरियट' का 'डिजैन' !··· "

टोली से बिछुड़कर एक भग्न प्राचीर की छाया में जा बैठा। अब दल के लोग मुझे जो कहें, मैं यहाँ थोड़ी देर बैठूँगा।

द्वारपालजी का कथन है, इसके 'मेन गेट' का अब तक पता ही नहीं लगा है क्रि किधर था और किस 'डिजैन' का था।

भारत सरकार के पुरातत्त्व विभाग की पुस्तिका (गाइड बुक ?) खोलकर देखा, मैं मोनेस्टरी साइट (?) में—मठवासियों की कोठरियों के सामने बरामदे पर बैठा

हूँ।

··· इन्हीं कोठरियों में से किसी एक में नागार्जुन रहते होंगे। किसी में शीलभद्र, आर्यदेव, आसंग, वसुबंधु, धर्मपाल, पद्मसंभव।

··· शून्यवाद का प्रारंभिक चिंतन; मध्यमकारिका की रचना–इन्हीं कोठरियों की कृपा है।

··· और, कालांतर में मंजूश्रीमूल कल्प की प्रयोगशाला ?

··· स्वामी विवेकानंद के पत्रों का अनुवाद करते समय एक पत्र की पंक्तियों को कई बार अनुवाद करना पड़ा। इसलिए, याद हो गई हैं और इस समय मेरी आँखों के सामने स्पष्ट अंकित हो रही हैं··· "हमारे यहाँ अभी तक जो तंत्र प्रचलित हैं–मेरा विश्वास है–इनके 'आदि स्रष्टा' बौद्धगण ही हैं। इन तंत्रों में व्यभिचार को अतिमात्रा में प्रश्रय मिला था।··· जिस प्रकार संन्यासीगण शंकर को–बाउल, चैतन्य महाप्रभु को–व्यभिचारी, सुरापायी तथा नाना प्रकार के जघन्य आचरणकारी कहते हैं, उसी तरह आधुनिक (मॉडर्न) तांत्रिक बौद्धगण-बुद्धदेव को घोर पापाचारी कहते हैं, और प्रजापारमितोक्त तत्त्वगाथा के सुंदर-सुंदर वाक्य की कुत्सित व्याख्या करते हैं।···

"··· पाषंड ! पाषंड !! जो उनके धर्म को नहीं जानते उन्हें वे पाषंड कहते। 'पाषंड' बौद्धों की बहुत पुरानी गाली है। तब भी एक बात है, बेचारों ने कभी तलवार नहीं उठाई !··· तर्क से–वेद उड़ा। किंतु, तुम्हारे धर्म का प्रमाण ?–वही पुराना जवाब, विश्वास करो ! जो सभी धर्मों की टेक है।··· दुनिया में दुख है। भागो-भागो–क्यों भागूँ ? सुख क्या एकदम नहीं ? दुख है तो है !··· बुद्धदेव मेरे इष्ट हैं, मेरे ईश्वर हैं। वे ईश्वरवाद में विश्वास नहीं करते–वे स्वयं ईश्वर हैं। किंतु 'इति' करने की शक्ति किसी में नहीं। ईश्वर में भी–अपने को सीमाबद्ध करने की शक्ति नहीं।··· "

मोक्षदेव (ह्यूएन च्यांग नालंदा का विहारवाला नाम !) कहता है–यहाँ हेतुविद्या (लॉजिक), शब्दविद्या (व्याकरण) और चिकित्साविद्या के अलावा अथर्ववेद की भी पढ़ाई होती थी। अथर्ववेद ? मंत्र-तंत्र, जादू-टोना का कोष ?

मैंने प्रस्ताव किया, अब कहीं बैठकर चाय पी ली जाए। थरमस हल्का हो जाएगा। चाय के पहले, सिलाव के खाजा की चंगेरी खुली।

··· सचमुच ! प्रशंसनीय पदार्थ है। बगैर खाए जिसके स्वाद की कोई कल्पना ही नहीं की जा सकती। एक पर्त के बाद दूसरा स्तर, दूसरे के बाद तीसरा, चौथा, पाँचवाँ, छठा, सातवाँ। सात 'लेयर'। और प्रत्येक पर्त में समान रूप से रस, गंध।

··· नालंदा के भग्न महाविहार का प्रतीक यह मिष्टान्न–सिलाव का खाजा–चीन, जापान, अमरीका, रूस–कहीं ले जाइए–हमेशा ताजा !!

मुख्य चैत्य–3 के ऊँचे बुर्ज के पास–दोनों चौमुख-गुंबदों में बाँस की बल्लियाँ बँधी हुई थीं। मरम्मत कर रहे हैं ?··· संस्कार ?

द्वारपालजी बोले–"जी, मरम्मत नहीं। यहाँ भला मरम्मत ? गुंबदों में जो मूर्तियाँ

बनी हुई हैं वे मिट्टी की हैं। बीच-बीच में 'लोनी' लग जाती है। उसी को मथुरा के मसाले से साफ किया जा रहा है !"

इतिहासकारों का कथन है, इस महाविहार में कम-से-कम एक बार तो जरूर आग लगी थी।··· बख्तियार खिलजी के लूटने-जलाने की कहानी, मुस्लिम इतिहासकार मिनहास ने विस्तारपूर्वक कही है। पर एक बार हिंदुओं के द्वारा भी 'अग्नि-संयोग' की सूचना मिलती है—विद्याभूषण के 'हिस्ट्री ऑफ इंडियन लॉजिक' में।

'तुर्कों की चढ़ाई के बाद इसके मंदिरों और चैत्यों को मुदितभद्र नामक महात्मा ने फिर से बनवाया। इसके बाद मगध राज्य के मंत्री कुक्कुटसिद्ध ने नालंदा का पुनर्निर्माण किया। महाविहार में फिर से नई जान आई।··· एक बार जब महाविहार में कोई धार्मिक अनुष्ठान हो रहा था—दो ब्राह्मण तीर्थिक क्रोधी योगी यहाँ आए ! कई नटखट नवयाचकों (नॉविस मौंक्स) ने इनके ऊपर मखौल में शौचजल डाल दिया। दोनों योगी बहुत क्रुद्ध हुए। उन्होंने बारह वर्षों तक सूर्य की उपासना करने के बाद यहाँ एक यज्ञ का अनुष्ठान किया। और 'हवन कुंड' से अंगारे निकालकर बौद्धविहारों, चैत्यों में डाल आए। भीषण आग सुलगी और उसी आग में नालंदा के ग्रंथागारों में प्रमुख 'रत्नोदधि' जलकर भस्म हो गया··· '

··· सवाल उठता है, जब हवन-कुंड की आग से ही 'अग्नि-संयोग' करना था तो योगियों ने व्यर्थ बारह वर्षों तक सूर्य की कठोर उपासना क्यों की ?··· बारह वर्षों तक 'जनमत' तैयार करके आग बटोरी होगी योगियों ने ? अथवा—योगबल ?

नौमी जब से आई है, सिर्फ सूँघ रही है। बेचैन है, कोने-कोने में नाक लगाकर कुछ सूँघती है—दौड़ती है किसी सूत्र को पकड़कर। घ्राणसूत्र जहाँ टूट जाता है, वहाँ चक्कर काटने लगती है, इधर-उधर खोजती है। शून्य में सूँघती है। अपने 'सिक्स्थ सेंस' से किसी अदृश्य आत्मा की उपस्थिति का अनुभव कर रही है ? एक बार गुर्राई भी !···

हमें बताया गया, हम जहाँ खड़े हैं वह 'गोर स्थल' है।

बुद्धदेव की पत्नी को भूत-प्रेत पर अगाध विश्वास है। उसको तनिक सचेत कर दूँ तो वह इन खंडहरों में अट्टहास भी सुन सकती है।··· हा-हा-हा-हा-हा-हा-हा !!

द्वारपालजी ने कहा, "साढ़े पाँच बजे बंद होने का समय है !"

द्वारपाल—गाइडजी को (अर्थपूर्ण) धन्यवाद देकर हम बाहर निकल आए।

मैं न जाने कब से शंभूनाथ भाई की यह प्रसिद्ध पंक्ति मन-ही-मन गुनगुनाता रहा था :

'समय की शिला पर मधुर चित्र कितने
किसी ने बनाए किसी ने मिटाए।'

"तो, दादा ! चाँदनी रात के प्रथम प्रहर में ही गृद्धकूट पर्वत पर चढ़िएगा ?"

"हाँ भाई।"

"और, दस बजे सोन-भंडार के गुफाओं में ?"

महिलाओं और बच्चों की ओर से आपत्ति प्रकट की गई। "और आज नहाना नहीं होगा कुंड में ?"

"सब होगा।"

हम सब राजगिर-कुंड-मार्केट के पास पहुँचे तो रोशनी जल चुकी थी।

... द्वादशी-शुक्ल का चाँद पहाड़ी के ऊपर ?

... की सुंदर !

कुंड-मार्केट से सचमुच मोमबत्तियाँ ले आया, यह देखकर दल के कई सदस्य यहाँ नहाने के लिए उतर गए।

हमारी गाड़ी आगे बढ़ती गई–बहिर्नगर की अदृश्य दीवार को पार कर अंतर्नगर में। दाहिनी ओर 'मनियारमठ' को छोड़कर हम 'बिंबिसार की जेल' के पास पहुँचे। इन स्थानों को, चाँद की 'आलो-छाया' में गाड़ी में बैठकर ही देखा। अंतर्नगर के दक्षिणी द्वार के पास आकर हम पूरब की ओर मुड़े।...

भाई सी. एस. पी. सिन्हा ने ठीक ही कहा था !...

'जीवक आम्रवन' में हम पहुँचे तब चाँद गृद्धकूट पर्वत से और भी ऊपर उठ गया था !... चाँदनी रात में इस तरह आसपास बैठकर रवींद्र संगीत गानेवाली जोड़ी के पास ही गाड़ी रोककर, बुद्धदेव ने अच्छा किया या बुरा ?

देखा, यहाँ 'मर्दकुक्षि' में–गृद्धकूट की तलहटी में–कई गाड़ियाँ (सब कलकत्ते की !) पार्क की हुई हैं !

हमारी टोली बिंबिसार-पथ पर चढ़ने लगी।...

... लगा, हजारों मजदूरों के साथ मैं भी पत्थर ढोता हुआ गृद्धकूट पर्वत पर चढ़ रहा हूँ !

... हमारे दल के कई सदस्य गाड़ी में ही रह गए। नौमी भी ! वह जोर-जोर से भूँक रही है। वह हमारे साथ आना चाहती थी।

... जीवक के आम्रवन में ही शुभादेवी की कथा याद आई।

... शुभ या सुभा ? अग्रश्राविकाओं में एक विशिष्ट भिक्षुणी–जो वैद्यराज जीवक के आम्रवन में रहती थी और जिसने छुरी से अपनी आँखें निकालकर, एक लंपट को पाप-पथ से पुण्य-पथ की ओर लौटाया था।

मेरे मन में शुरू से ही पाप समाया हुआ है शायद ! नहीं तो, गृद्धकूट पर्वत पर चढ़कर–अग्रश्राविकाओं की ही याद क्यों आती रही–बहुत देर तक ?... उत्पलवर्णा, ऋषिदासी, आम्रपाली और अर्धकाशी !

उतरते समय हम सभी चुप थे। सिर्फ, एक चिड़िया रह-रहकर कचपचा उठती थी।... मर्दकुक्षि-क्षेत्र में, पत्थर तोड़नेवाले मजदूरों ने ढोल-झाँझ या तसला-थाली पर फगुआ गीत शुरू कर दिया था।

मोमबत्ती जलाकर सोन-भंडार की पच्छिमी गुफा में प्रवेश किया।

सोन-भंडार या स्वर्ण-भंडार ? दक्षिणी दीवार पर जैन तीर्थंकरों की छोटी-छोटी मूर्तियाँ अंकित हैं ? कनिंघम ने इन्हें पहली बार देखा था और पहले 'पिप्पला गुफा' माना; फिर 'सप्तपर्णी गुफा' कहा। कनिंघम के सहायक बेगलर ने इन गुफाओं को बुद्ध और आनंद की गुफाओं के रूप में पहचाना। किंतु पच्छिमी दीवार पर खुदी शिलालिपि (निर्वाण लाभाय तपस्वी-योगये सुभे गुहे··· इत्यादि) को पढ़ने के बाद इसमें संदेह नहीं रह गया कि उन्हें किसी जैन-तपस्वी ने निर्वाणलाभ के लिए बनवाया था।

··· फिर, जरासंध के स्वर्ण-भंडार की अलौकिक कहानियाँ अपनी जगह पर हैं।

पूर्वी गुफा की छत गिर गई है। इस गुफा से एक नेवला निकलकर हमें अचरज से देखता रहा, कुछ क्षण। नौमी जंजीर छुड़ाकर झपटी। बहुत देर तक हम नौमी को पुकारते रहे। हमारी बोली पहाड़ियों में गूँजी। 'रणभूमि' की ओर से आते हुए कमकरों की टोली का एक युवक बोला, "ले बलैया ! कोनो लड़की जंगलवा में हेरा गेल हो, लगैत है !"

··· नेवले की बात पर साँप की बात निकली। साँप की बात करते समय ख्याल हुआ–हम 'मनियारमठ' के बहुत ही निकट हैं, जहाँ साँप की पूजा होती थी। महाभारत के अनुसार राजगृह में 'मणिनाग' निवास करते थे। मनियारमठ की दीवारों पर अंकित 'नाग-नागिनों' (मनुष्याकृति !) की मूर्तियों के नीचे कहीं 'मणिनाग' भी लिखा हुआ है। मिट्टी के बहुत सारे बर्तन सौ मुँहवाले घड़ों के साथ अन्य प्राप्त वस्तुओं को देख-परखकर यह बात मान ली गई है कि यह स्थान कभी सर्प-पूजा का केंद्र अवश्य था।

"साँप तुम सभ्य तो नहीं हुए, नगर में बसना भी नहीं सीखा !"

मनियारमठ में इस समय जाने के लिए कोई तैयार नहीं हुआ। इसलिए, हम 'रणभूमि' की ओर चले। रणभूमि जिसका एक नाम 'अखाड़ा' भी है। कुछ दूर पैदल चलकर हम तार से घिरी हुई जगह में पहुँचे। तख्ती पर पढ़ा, यहाँ अट्ठाईस दिनों तक लड़ाई हुई थी।

··· अतुल बल प्राप्ति के लिए लोग यहाँ की मिट्टी अपनी देह में मलते हैं। ··· इतनी मुलायम मिट्टी, उजली मिट्टी पहले कहीं नहीं देखी थी। दल के एक किशोर ने मिट्टी चखकर कहा, "मीठी है, ठीक ग्लुकोज जैसी !"

दस बजे रात में भी कुंड-स्नान चल रहा है !

मैं फिर इमली के पेड़ के नीचे जा बैठा। पास ही कुछ लोग बैठकर, 'राजगिर-महात्म्य' कह-सुन रहे थे।

बात जब 'मखदुम कुंड' के संबंध में होने लगी, तब मेरी इच्छा हुई कि एक

'गप' अपनी ओर से भी चला दूँ। मैंने कहा, "एक बार मखदुम शाह शर्फुद्दीन नामक एक मुसलमान योगी इस कुंड में नहाने आए। हिंदू, जैन, बौद्ध सभी धर्म के योगियों ने मिलकर विरोध प्रकट किया। तब मखदुम योगी ने कहा, 'रखो अपना गर्म कुंड, अपने पास। चाहूँ तो ऐसे-ऐसे गर्म पानी के हजार कुंड चुटकी बजाकर बना दूँ।' सभी हँसे–'हजारों नहीं, पहले एक ही बनाओ मियाँ साहब!' बस, मखदुम योगी ने सामनेवाली पहाड़ी में एक जगह चिमटा मारा और गर्म पानी की धारा कलकल करती हुई फूट पड़ी...।'

इस कहानी को और भी रोमांचक और दिलचस्प बनाया जा सकता है, यह मुझे बाद में मालूम हुआ। सीढ़ी के पास लेटे हुए वृद्ध ने मेरी कहानी को अधूरा कहा और इस तरह पूरी की, "जब गर्म पानी की धारा निकली तो ऐसी-वैसी नहीं–एकदम खौलता हुआ पानी। पानी जिधर से बहता, पत्थर जल जाते। पेड़ झुलसने लगे। धरती सूखने लगी। हाहाकार मच गया। तब, सभी लोगों ने–हिंदू, मुसलमान, क्रिस्तान–सबने मिलकर मखदुम फकीर से 'अर्जी की... ।"

राजगिर में, हर रात कोई-न-कोई स्वप्न अवश्य देखा।

यों, छोटे-मोटे अथवा असंलग्न सपने अनेक आए। जैसे–पत्थरों की दीवारों को कँपाती हुई किसी की कातर वाणी पहाड़ियों में प्रतिध्वनित हो रही है–बेटा, अजातशत्रु! इस राह से बुद्ध जाएँगे... मुझे एक बार, बस एक बार, एक झलक देखने दे!

... राजा गृद्धकूट पर जाएँगे भगवान से मिलने। हजारों मजदूर जंगल-पहाड़ को काटकर सड़क बना रहे हैं! राजा पहाड़ की चोटी पर पत्थर का घर बनवा रहे हैं। हम मजदूर बड़ी-बड़ी चट्टानों को ढोकर पहाड़ की चोटी पर ले जा रहे हैं। छाती पर पत्थर!... एक राजा साँप के भय से भागा हुआ आया–वह हर तरफ साँप ही साँप देखता है। एक भिक्षु उनसे कहता है, कोई भय नहीं। सब दूर हो जाएँगे, तू मेरी शरण में आ!

संक्षेप में कहूँ, फिर भी दो सपने की बात कहे बिना यह यात्रा-कथा पूरी नहीं होगी। पहला सपना–

मैं नालंदा-विश्वविद्यालय का एक मुंडित-मस्तक नया विद्यार्थी हूँ।

आचार्यों और मठाधीशों के कठोर अनुशासन में–महाविहार में मेरा युवक तन-मन उचाट हो गया है। मैं असंतुष्ट हूँ यहाँ के वातावरण से। भिक्षुणियों और महा-मुद्राओं की गदराई हुई देह देखकर–सभी सूत्र भूल जाता हूँ। गुरु-देवताओं की तरह आनंदमय जीवन बिताने के लिए अभी वर्षों कठोर परिश्रम और प्राणांतक परीक्षाएँ पार करनी होंगी।... दो हिंदू युवक-वेदांती आए हैं। सारे विहार में कोलाहल है–दोनों हिंदू-योगियों ने द्वारपाल के कठिन से कठिन प्रश्नों का उत्तर एक ही शब्द में दे दिया। रह-रहकर महाविहार में उनका हुंकार गूँज रहा है–शिवोऽहं!! एक मूर्ति को देखकर दोनों

ही क्रोध से पागल हो गए–किसने कल्पना की है ऐसी ? शिव और पार्वती को पदमर्दित करने की हिम्मत ?··· आचार्यों ने ललकारा–शास्त्रार्थ करो ! शुरू हुआ शास्त्रार्थ। रोज-रोज शास्त्रार्थ ! वे दोनों रोज ही बाजी मार रहे हैं। मैं खुश हूँ। विद्यार्थियों को हराने के बाद आचार्यों की बारी आई। उन्होंने आचार्यों को भी परास्त करना शुरू किया। सारे महाविहार पर दोनों योगी छा रहे हैं। विद्यार्थीगण प्रभावित हो रहे हैं। भिक्षुणियों और महा-मुद्राओं ने उन दोनों की ओर प्रशंसा भरी दृष्टि से देखा।··· तब, एक शाम को मेरी ही कोठरी के पास रहनेवाले दो दुष्ट विद्यार्थियों को आचार्यों ने बुलाया। मैं छिपकर सबकुछ सुन रहा हूँ। आचार्य कहते हैं, "तुम दोनों की 'दुष्ट-सरस्वती' भी मंद पड़ गई है, क्यों ? इन 'पाषंडों' को किसी तरह यहाँ से 'टहला' नहीं सकते ?"

दुष्ट-सरस्वती के पुजारियों ने कहा, "बस, कल प्रातःकाल ही।"

सुबह, गलियारे में कोलाहल ! दोनों योगी गलियारे में खड़े ऊपर की ओर देख रहे हैं। ऊपर, छज्जे पर खड़े दोनों चंचलमति विद्यार्थियों ने कहा, "आप शिव हैं, तो लीजिए यह तीर्थजल !··· किंतु, आश्चर्य ! जल नीचे नहीं गिरा। उनकी देह के पास पहुँचते ही अग्नि की लपट !··· आग उड़ रही है, चारों ओर ! आग के बादल !··· इसे कोई नहीं रोक सकता–इस अग्नि-घूर्णि-चक्र को।··· स्वाहा !!

इस स्वप्न के बाद, सुबह तन का ताप मापकर देखा–101° !

अब दूसरा स्वप्न–

मैं किसी संग्रहालय का क्युरेटर या डायरेक्टर अथवा··· न जाने क्या हूँ। लेकिन, हूँ कोई उच्च अधिकारी ही।

··· रात को संग्रहालय का निःशस्त्र दरबान आकर मेरा दरवाजा पीट रहा है, "हुजूर। उठिए।"

मैं हड़बड़ाकर दरवाजा खोलता हूँ, "क्या है ?"

डर के मारे उसकी बोली स्पष्ट नहीं निकल रही, मानो जीभ बँधी हुई हो। "हुजूर, मु-मु-मुर्तियाँ··· इश्टैचू सब··· !!!"

"क्या, चोर ?"

"जी नहीं, इस्टैचुआ सब भागल जात बा···।"

"क्या बकता है। जरूर चोर आए हैं। लो, मेरी बंदूक। आगे बढ़ो। चलो, देखें !"

दरबान बोला, "हुजूर, पहले तो हमहुँ यही समझे कि ससुरा चोर-चुहाड़ है। मगर, करीब जाके देखली तो देखा कि इश्टैचुआ सब अपने-आप घसकल जात है-गते-गते।'

मैं उसके हाथ से बंदूक लेकर दुश्मन की ताक में सतर्क सिपाही की तरह चारों ओर देखता हुआ आगे बढ़ा। लॉन के पास पहुँचकर एक हिलती-डुलती छाया

पर दृष्टि पड़ी। निशाना लेकर चिल्लाया, "खबरदार !"

छाया जरा हिल-डुलकर स्थिर हो गई।

··· छाया नहीं, यह तो काँसे का अमिताभ है !

अचानक मूर्ति मुस्कुराई, बोली, "तात ! बंदूक की नली मेरी छाती से हटाओ, जरा।"

मैं अचरज के मारे गूँगा हो गया।

मूर्ति की मुस्कुराहट चारों ओर बिखर गई, "तात ! अचरज मत करो।··· हम स्वयं ही जा रहे हैं।"

"कहाँ ?"

"विदेश। मैं पेरिस जा रहा हूँ। एक महिला के घर।··· और, वज्रपाणिजी··· चले आइए वज्रपाणिजी !"

पत्थर के वज्रपाणिजी झाउ की झाड़ी की आड़ से बाहर निकलकर खिसकते हुए आए।

मैंने कहा, "आप जा रहे हैं, लेकिन हमारी नौकरी ?"

वज्रपाणि बोले, "तात ! हम जानते हैं। पाँच-सात कन्याओं के विवाह की चिंता से तुम अर्धमृत-अवस्था में हो। तुम किसी सचिवालय में होते, तो लोहे या सिमेंट के इस फाइल को खोल अथवा बंद करके ही हजारों की प्राप्ति कर सकते थे। और यहाँ हमारी 'खानापूरी' और हाजिरी लेकर··· ।"

अमिताभ बोले, "तात ! दुखनिरोध आर्य-सत्य है। दुख को दूर करने का उपाय उसके कारण को दूर करना है।"

वज्रपाणि ने समझाया, "और सम्यक्-आजीव ? जिस रोजगार में लाभ नहीं उसे छोड़कर ऐसे रोजगार में लगना, जिससे धर्म नहीं बिगड़ता है। 'राजधर्म' पालन करो तात !"

अमिताभ ने अभय मुद्रा में कहा, "डरो मत। हमें जाने दो, तुम्हारा कल्याण होगा। हमें यहाँ से ढोकर ले जाने के लिए ट्रक प्रतीक्षा कर रही है। आलू की बोरियों के नीचे, पत्थर की गिट्टियों के तले सोकर हमें सैकड़ों योजन की यात्रा तय करनी पड़ेगी।··· पेरिस की वह महिला मुझे पाकर धन्य हो जाएगी। सारा जीवन मुझे ही देखेगी और दिखलाएगी !"

वज्रपाणि ने हमें सम्यक् दृष्टि से देखा। मेरे और दरबान के हाथ में क्रमशः एक-एक भारी थैली दे दी–दस-दस हजार हैं। बराबर-बराबर !! और, भविष्य में भी इसी ज्ञान के प्रकाश में कार्य करना, तात ! निर्वाण-प्राप्ति होगी।

यात्रा-कथा समाप्त करते समय; फिर, भाई सी. एस. पी. सिन्हा साहब का एक पत्र प्रकाशित हुआ है, संपादक के नाम–कुंड तथा कुंड-क्षेत्र में फैली हुई गंदगी से उन्हें दुख हो रहा है।

दूसरी खबर : अखबार में एक ही साथ दो खबरें छपी हैं। समाचार की पहली पंक्ति : बख्तियारपुर से राजगिर तक बड़ी लाइन चालू हो गई !

दूसरी पंक्ति : (पुरानी लाइन) बख्तियारपुर-बिहार लाइट-रेलवे के तीन सौ से अधिक कर्मचारी बेकार !!

'धर्मयुग' के 15 जुलाई 62, 22 जुलाई 62 एवं 29 जुलाई 62 के अंकों में प्रकाशित

एक फिल्मी यात्रा

पटना जंकशन !

दिसंबर की एक कोहरा-लिपटी सुबह। हावड़ा-दिल्ली-एक्सप्रेस में जुड़नेवाली बोगी के सामने–'सी-ऑफ' करनेवालों ने–मिट्टी के चुक्कड़ों में चाय पीते हुए शुभकामनाएँ प्रकट कीं–आपकी यात्रा शुभ हो !··· यात्रा फिल्म जगत् की !!

'दूर-देखने' के लिए जमा हुए मित्रों में कई किस्म के लोग हैं। साहित्यिक, गायक, लोकगीत गायक, रेडियो-ड्रामा-स्क्रिप्ट-राइटर, म्युजिक कंपोजर, पत्रकार, रेडियो स्टेशन के कंट्रोल-रूम का एक नौजवान इंजीनियर, रिक्शाचालक यूनियन का एक राजनीतिक कार्यकर्त्ता और सी. आई. डी. विभाग के अधेड़–सेन दादा ! इत्तफाक से सभी जमा हो गए हैं–कोई सुबह की ड्यूटी पर जा रहे थे, कई लोग कलकत्ते से आनेवाले अपने अतिथियों को 'रिसीव' करने आए थे और किसी की ड्यूटी स्टेशन पर आने-जानेवाली गाड़ियों को देखने के लिए ही लगी हुई थी। मुझे बाजाप्ता 'सी-ऑफ' करने आनेवाले साहब की नींद ही नहीं खुली ! कोई नहीं आए थे !

साहित्यिक मित्र–जो नई कविता लिखते हैं इसलिए नए कवि हैं–कोहरे की मशहरियों पर फँसी सुबह की धूप जैसी हँसी हँसकर बोले–चले दिल्ली ?

मैंने कहा–अब वहाँ क्यों जाना ? लालकिले पर तिरंगा तो कब का फहर चुका।

इस बात पर मेरे लँगोटिया यार रिक्शाचालक यूनियन के कार्यकर्त्ता ने सबसे पहले जोर का ठहाका लगाया। साहित्यिक मित्र ने 'कदम-कदम बढ़ाए जा' और 'दिल्ली चलो' के 'आजाद-हिंदी' नारे से संबंधित मेरे इस जवाब को शायद नहीं समझा। और समझा भी हो तो गलत समझा !

सेन दादा मेरे पास सट आए–कार झंडी फहरा ? की झंडा फहरा बोलले ?

नए कविजी ने इस बार दूसरा माकूल सवाल किया–बंबई ? 'इलम' छोड़कर

'फिलम' में ?

जवाब दिया—हुक्का-चिलम अपना साथ लिए जा रहा हूँ, इसीलिए !

सुबह की सर्दी का मुकाबला करने के लिए, मैंने अपना पाइप सुलगाया। भारत जी··· भारतभूषणजी [फिल्म अभिनेता नहीं, हिंदी के प्रमुख नए कवि और हिंदी के एकमात्र प्रवीण (लिमेरिक राइटर) तुक्तक !] के एक 'इलम-फिलम-चिलम' वाले 'तुक्तक' के आधार पर उठाई गई बात का जवाब भारतजी के ही प्रतीक-शब्दों में सुनकर हिंदी के नए कवि जी 'मधुर्मधुर' [यह प्रयोग भी संयोगवश भारतजी के एक तुक्तक का है !] मुस्कुराते हुए चाय पीने लगे।

अंग्रेजी के पत्रकार मित्र ने विशुद्ध मैथिली में आत्मीय प्रश्न किया—बंबय प्रथमे जा रहल ही ?

—प्रथमे !··· पहली बार जा रहा हूँ।

साहित्यिक मित्र को चाय पीकर पूरी स्फूर्ति मिली, शायद। बोले—जाते हैं, जाइए, मगर कहानी आपकी 'मर्डर' होकर रहेगी।

इस 'मर्डर' शब्द ने, जाने क्यों कंट्रोल-रूम के नौजवान इंजीनियर को अत्यंत आतंकित कर दिया—लाहौल··· किसका मर्डर ?

हर आने-जानेवाली गाड़ियों को देखने के लिए जिनकी ड्यूटी लगी हुई थी, जिन्हें मैं सन् 1942 ई. से ही जानता हूँ, और सेन दादा कहता हूँ—एक अजीब प्राणी हैं। मुझे सचमुच स्नेह की दृष्टि से देखते हैं। वे मेरे पास फिर आए और कान में पूछा—तोमरा कार मर्डरेर कथा बोलछिले ?

—दादा, स्टोरी के मर्डर की बात हो रही थी !

उन्होंने पूछा—तोमार बुझि कोनो क्राइम-स्टोरी बोई होच्छे ?

—जी नहीं, सीधी-सादी प्रेम-कहानी है।

—की नाम ?

—तीसरी कसम, अर्थात् मारे गए गुलफाम।

दादा ने नाम सुनकर भयाकुल होने की मुद्रा बनाई—इसका तो नाम में ही 'मर्डर' है··· मारे गए गुलफार्म··· किंतु ई गुलफार्मटा की ? कोनो फूल-टूलेर नाम बुझि ?

—फूल नहीं, फूल जैसी सूरतवाला। जिसका रंग गुलाब के फूल का-सा हो।

नए कवि उर्फ साहित्यिक मित्र ने समय का लाभ उठाते हुए पूछा—नाम क्या पूरा-का-पूरा रहेगा ?

—कह नहीं सकता। इन्हीं बातों पर विचार करने के लिए बुलाहट है।

पत्रकार मित्र ने पूछा—किंतु, नामक संबंध में अपनेक अपन-विचार ?

—प्रथमार्ध के प्रथमे प्रश्रय··· ।

—बुझि गेलो !

लोकगीत गायक बंधु ने कहा—मगर, एक बात पर ध्यान रखिएगा कि 'लोकगीत' बिहार का सही, 'फोक म्युजिक··· माने··· फोक सौंग' हो। आजकल इस फोक सौंग

के नाम पर खूब 'होक्स' चला हुआ है।

कवि जी ने कहा–अजी, इन्हें खुद पर ध्यान रखने को कहिए। सहीसलामत लौट आएँ। साला फोक सौंग होक्स या 'ट्वेंटिएथ-सेंचुरी फौक्स' हो !

–तुक तो खूब भिड़ाया आपने !

रेडियो स्टेशन के ड्यूटी-ऑफिसर हड़बड़ाते हुए आए और कविजी चुप हो गए।··· मुझे बजाप्ता 'सी-ऑफ' करने के लिए आए हैं ! इस ड्यूटी-ऑफिसर मित्र को सभी जानते हैं–गंभीरतम समस्याओं और प्रश्नों की खिल्ली उड़ा देने में उस्ताद ! आते ही बोले–मैं जानता था, आप समय से दो घंटे पहले ही स्टेशन पर पहुँच जाइएगा और कविजी आपके दिमाग पर, किसी रचनाप्रक्रिया से संश्लिष्ट कोई पेंचदार समस्या ठोंकने के लिए प्लेटफॉर्म पर पहले से ही उपस्थित रहेंगे।··· लेकिन, हवड़ा-बंबई बाय-वीकली को छोड़कर इस दिल्ली-एक्सप्रेस से बंबई-यात्रा करने का मतलब है कि आप एक निपट अनाड़ी यात्री हैं।

गाड़ी चलने लगी तो सभी के चेहरों पर मैंने एक ही भाव अंकित देखे–अब, लौटकर आइए तो··· !

सचमुच मैं निपट अनाड़ी यात्री हूँ। कहीं जाने का नाम सुनते ही मेरे हाथ-पाँव फूल जाते हैं। यह अड़तीस घंटे की लंबी यात्रा ! किंतु, इस बार गाड़ी खुलने पर सदा की भाँति बेवजह मन उदास नहीं हुआ !

बंबई ! बॉम्बे !!··· बॉम्बेटे !! बंबइया !!

एक नई जगह देखने का आतंक मुझ पर सवार है। इस शहर के नाम की 'भीम भयानकता' और 'विस्फोटकता' से मैं बचपन से ही आक्रांत हूँ।··· हमारे गाँव में हर बड़ी और वजनी चीज को 'बंबइया' की संज्ञा दे दी जाती है और हर छोटी चीज को विलायती कहते हैं, हम। आम हो या बैंगन अथवा केला या हरी मिर्च हो–आकार में बड़ा हुआ तो उसको तुरंत कहेंगे–अरे यह तो बंबइया है !

··· यह है बंबे, मेरी जान ! मेरे एक प्रोफेसर मित्र को यह गीत, और खास प्रथम पंक्ति इतना प्रिय है कि अपनी पालतू कुतिया के चारों बच्चों के नामों पर इसको फिट कर दिया है। एक का नाम है–जरा हट के ! दूसरा–जरा बच के ! तीसरा–यह है बंबे और चौथी संतान चूँकि 'कन्या' है इसलिए उसको 'मेरी जान' कहकर पुकारते हैं।

यदि मेरे सहयात्री सपरिवार इस दर्जे में सवार नहीं होते तो मैं इस गीत को जोर से गुनगुना लेता–जरा हट के··· !

इलाहाबाद तक की धरती जानी-पहचानी हुई है। सो, खिड़की से बाहर, दूर तक नजर दौड़ाने के बदले आधी रात से उचटी हुई नींद से समझौता किया जा सकता है। मैं बिस्तरबंद खोलकर लेट जाता हूँ।

··· चले ? चले फिल्म में ! फिल्मी दुनिया की ओर ? फिल्मलैंड, मूवीवर्ल्ड ??

··· तो क्या बंबई फिल्म-जगत है ? बंबई-यात्रा का अर्थ हुआ–फिल्म-जगत की यात्रा ?

··· नहीं। यदि फिल्म-जगत नामक कोई दुनिया है तो वहाँ की यात्रा मैंने एक माह पूर्व ही शुरू कर दी है। दिल्ली से ही। आकाशवाणी भवन के टेलिविजन सेक्शन के एक कमरे से–जहाँ बैठकर मैंने अपनी कहानी, फिल्म के लिए बेची !

··· दिल्ली !

दो माह पहले दिल्ली जाते समय भी इसी तरह लेटकर मैंने नींद को बुलाने की चेष्टा की थी। उस बार भी कुछ फिल्म और फिल्मी दुनिया की बातों की कल्पना-अल्पना करता रहा और नींद नहीं आई।··· जा रहा हूँ टेलिविजन-स्क्रिप्ट-राइटर की ट्रेनिंग के लिए और सोच रहा हूँ शंकर शैलेंद्र के पत्र के संबंध में (तत्कालीन टेलिविजन-स्टेशन डायरेक्टर शंकर शैलेंद्र के पत्र के संबंध में नहीं–फिल्म के मशहूर गीतकार शंकर शैलेंद्र की चिट्ठी··· !)

दफ्तर के पते पर आए हुए व्यक्तिगत पत्रों की वही दुर्गति होती है जो अत्यावश्यक दफ्तरी चिट्ठियों की ! तिस पर जिस दिन बड़े या छोटे साहब अथवा किसी गुरु-लघु औरत-मर्द सहकर्मियों से किसी कारणवश कुछ सुनना-सहना पड़ा हो तो उस दिन की डाक से आई हुई 'प्रेम की पाँति' भी अप्रतिभ होकर टेबल के एक ट्रे में पड़ी रहती है। किंतु, एक चिट्ठी जिसके लिफाफे के पुश्त पर अंग्रेजी में अत्याधुनिक 'लेटरिंग' वाला मोनोग्राम एंग्रेव्ड था–एस. एस.–मेरे हाथ में सबसे पहले आ गई। हालाँकि, उस समय मैं अंदर ही अंदर कुढ़ा हुआ था। टेलिविजन-स्क्रिप्ट-राइटर्स की ट्रेनिंग के लिए दिल्ली से आई, बुलाहट पर एक महीना पहले भी बड़े साहब के 'दरबार' में टीका-टिटकारी, (टिटकारी, खिसियाकर खंभा नोचनेवाले व्यंग्य को कहते हैं !) हुई थी। और, मैं कोई माकूल बहाना बनाकर गाँव चला गया था–छुट्टी में। लौटकर आया तो देखा, दूसरे 'बैच' के लिए फिर मेरे नाम पर्वाना आया हुआ है।

··· श्री पी. एल. देशपांडे का नाम मैंने सुन रखा था। ये उन दिनों ऑल इंडिया रेडियो-दिल्ली में चीफ ड्रामा प्रोड्यूसर और टेलिविजन के भी प्रमुख प्रोड्यूसर थे। नई पीढ़ी का एक प्रवीण कथाकार, कमलेश्वर वहाँ पहुँचा हुआ था स्क्रिप्ट–राइटर होकर। और, शिवेंद्र–हम लोगों के पटना शहर का तेजस्वी लड़का जो विलायत से ड्रामा और टेलिविजन के बारे में बहुत कुछ पढ़-लिखकर हाल ही में लौटा है और टेलिविजन का एसिस्टेंट प्रोड्यूसर है। फिर, वीरेंद्र मेरा पुराना मित्र–वह भी युनाइटेड किंगडम से ड्रामा और स्टेज-क्राफ्ट की कोई डिग्री ले आया है और आकाशवाणी भवन में ही उसका दफ्तर है–म्युजिक-डांस-ड्रामा···।

इतने सारे आकर्षणों के ऊपर युग के एक अत्याधुनिक माध्यम–टेलिविजन–से

निकटतम संबंध का। तदुपरि, दिल्ली के लड्डू का जो आजकल विभिन्न रूप धरकर कनाट में चक्कर देता रहता है !!

··· उन दिनों टेलिविजन के स्टेशन डायरेक्टर जो सज्जन थे, उनका नाम भी संयोगवश शंकर शैलेंद्र ही था !··· शंकर शैलेंद्र को लिख दिया है—यह जानकर प्रसन्नता हुई कि आपने मेरी कहानी 'तीसरी कसम अर्थात्··· ' में फिल्म की संभावनाएँ देखी हैं।··· मैं दिल्ली जा रहा हूँ, इस संबंध में पत्र-व्यवहार दिल्ली के पते पर ही करें। आदि-दि।

...दिल्ली में श्री पी. एल. देशपांडे को जितनी बार देखा, उतना ही करीब खिंचता गया। इस बेजोड़ कलाकार से—क्लास में अथवा स्टूडियो में रह-रहकर एक प्रश्न पूछने की इच्छा होती थी। जब वे पूछते थे—किसी को कुछ पूछना है तब भी वही सवाल मेरी जीभ पर आकर अटक जाता था। दफ्तर से बाहर—एक दिन उन्होंने कहा—आपसे एक सवाल पूछना है। मैंने कहा था—मुझे भी !

··· उस दिन दफ्तर पहुँचा तो आकाशवाणी भवन की पहली मंजिल पर ही खबर मिली—देशपांडेजी आपको खोज रहे हैं। दूसरी मंजिल पर सूचना दी गई—कमलेश्वर बहुत जोर से ढूँढ़ रहे हैं। तीसरी पर शिवेंद्र ने कहा—एक सज्जन आपसे मिलने के लिए आए हैं, बहुत देर से इंतजार कर रहे हैं। मैं देशपांडेजी के कमरे की ओर लपकता हुआ बढ़ा कि वीरेंद्र ने रोक लिया—एक जेंटलमैन तुम्हारे लिए बैठे हैं। और, सभी लोग तुम को उन्हीं के लिए ढूँढ़ रहे हैं।

··· एक कमरे में कई काम करते हुए व्यक्तियों के बीच, अकेलेपन से ऊबे हुए व्यक्ति से आँखें चार हुईं। उनके चेहरे से घुटन की छाया दूर हुई। मुस्कुराकर, मद्धिम आवाज में अंग्रेजी में बोले—शंकर—शैलेंद्र···।

मैंने शंकर शैलेंद्र के नाम की लटकती हुई तख्ती की ओर उँगली दिखलाकर अपनी कुढ़न जाहिर की।

—जी नहीं। मैं शंकर शैलेंद्र का पत्र लेकर आया हूँ।

—बंबई से ?

—जी !

हम लोगों ने एक-दूसरे के हाथ को पकड़ लिया—अनायास !

(अपूर्ण)

साप्ताहिक 'उर्वशी' (बंबई) के 6 सितंबर, 1963 के अंक में प्रकाशित

'तीसरी कसम' के सेट पर तीन दिन

पूरे चालीस घंटे की लंबी और ऊबभरी यात्रा का अंत डेढ़ बजे दिन में दादर स्टेशन पर हुआ। प्लेटफार्म पर पैर रखते ही सूचना मिली कि 'तीसरी कसम' की शूटिंग कमाल स्टूडियो में 'चालू' है और प्रोड्यूसर तथा डायरेक्टर साहब ने कहा है कि तनिक विश्राम करके मैं भी तीन बजे तक स्टूडियो पहुँच जाऊँ, तो अच्छा··· !

कमाल स्टूडियो के तीन नंबर फ्लोर के फाटक पर मैं ठीक तीन बजे दिन में हाजिर था और 'तीसरी कसम' के डायरेक्टर नंबर तीन, श्रीमान बाबूराम 'इशारा' ने पहली निगाह में मुझे पहचानने से साफ इंकार कर दिया। मूक अभिवादन-भरी मेरी मुस्कुराहट पर उनकी मुख-मुद्रा और गंभीर हो गई, 'शूटिंग देखना माँगता है यह आदमी !' बाद में गले से लिपटकर बोले, 'दादा, आप तो एकदम मेकअप बदलकर आए हैं··· !' (रेणु ने अब बाल लंबे रख लिए हैं, पिछली बार जब वे बंबई पधारे थे तब ऐसे नहीं थे।–सं.)

स्टूडियो के अंदर कदम रखते ही डायरेक्टर (यंग !) बासु भट्टाचार्य का उच्च ग्राम में बँधा हुआ स्वर सुनाई पड़ा, 'शैलेंद्र !··· उधर देखो–तुम्हारा गेस्ट !··· '

हाँ, बासु भट्टाचार्य ही नहीं–'इमेज मेकर्स' के प्रायः सभी लोग मुझसे नाराज, दुखी और रूठे हुए थे··· आधी तस्वीर बन चुकी है और अभी तक 'राइटर साहब' ने एक बार भी··· !

मुझे भी इस बात का कम दुख नहीं था कि मैंने अभी तक अपनी तस्वीर की शूटिंग नहीं देखी। अपनी ही क्यों, किसी की, किसी भी तस्वीर की शूटिंग मैंने अब तक नहीं देखी !

··· गीतकार शैलेंद्र जब मुस्कुराता है तो प्यार-भरे गीत का कोई 'मुखड़ा' गूँज उठता है।··· 'कौन कहता है कि हम पूरे ढाई साल के बाद मिले हैं ?'

एक ओर नौटंकी (दि ग्रेट भारत नौटंकी कंपनी) का सेट लगा हुआ है और स्टेज के पीछे करीब आध दर्जन तंबू··· तो, 'लोकेशन' देख आने का यह शुभ परिणाम है। हू-ब-हू वैसा ही स्टेज, जैसा पूर्णिया के गुलाबबाग मेले में–प्रोड्यूसर, डायरेक्टर, कैमरामैन और असिस्टेंट्स देख आए हैं।

दूसरी ओर, गाड़ीवान, पट्टी के एक किनारे एक 'टप्पर' गाड़ी खुली पड़ी है। गाड़ी के पास, गोबर, गोमूत्र के कीचड़ में घुटना टेककर, भक्ति-भाव से गाड़ी की 'बल्ली' पर एक अभिनेता अपने हृदय की श्रद्धा बिछाए जा रहा है। 'डॉयलॉग' और 'एक्शन' का रिहर्सल कर रहा है, पलटदास ?

··· तो यह उस समय की बात है जब 'जनाना जात और रातवाली बात' सोचकर हिरामन ने पलटदास को चेतावनी देकर भेजा था। 'लेकिन तुम वहाँ अपना

'भजन' मत शुरू कर देना !'

··· लेकिन टप्परगाड़ी के अंदर तो सिर्फ एक तकिया चादर में लिपटा हुआ है और यह पलटदास उस तकिए को ही भक्ति-गद्‌गद स्वर में कह रहा है : 'ए सीता मैया !··· सिया-सुकुमारी··· ?'

कैमरामैन सुब्रतबाबू भ्रू-कुंचित करके एक ओर असंतुष्ट और तटस्थ खड़े थे, 'मेला में हम जैसा फॉगी-ईवनिंग (कुहरा-भरी संध्या) देखा है वैसा इफेक्ट कहाँ··· ?'

तीनों डायरेक्टर एक साथ चिल्ला उठे, 'ए ! चालू करो धूप !··· लोहवान डालो !··· गुग्गुल !! डालो !··· '

तुरत सुब्रत मित्रा के 'मन के माफिक' कुहरा-भरी साँझ (पवित्र सुगंधमयी संध्या) घिर आई–गाड़ीवान पट्टी के उस कोने पर। ऐसे वातावरण में पीछे से एक भद्र महिला सिलेटी रंग की फूलदार साड़ी में–झुकी निहुरी (भले घर की बहू-बेटी जैसी ! प्रकट हुई !··· बासु भट्टाचार्य सेट पर ही नहीं–सेट के बाहर भी किसी बात पर तनिक अधिक जोर डालकर बोलते हैं। और खास-खास मौके पर उनकी बात 'दुधारी' मार करती है। बोले, 'देखुन राइटर साहब ! आपनार हीराबाई।'

('··· देखून हीराबाई ! आपनार राइटर साहब !')

हीराबाई टप्पर के अंदर जाकर बैठ गई। गाड़ीवान की 'आसनी' पर उसके दोनों पैर ! पैरों में चाँदी के पाजेब, उँगलियों में चाँदी के छल्ले !··· मुझे, न जाने क्यों 'किसी प्रिय कवि' की किसी कविता की एक पंक्ति, बार-बार याद आने लगी : 'ये शरद के चाँद से उजले धुले-से पाँव··· !!'

उधर, पलटदास इन चरणों की सेवा करने को आतुर ! डायरेक्टर साहब पैरों के पोज के लिए परेशान, कैमरामैन 'फ्रेम और पोजीशन' ठीक करने में व्यस्त और असिस्टेंट कांटीन्यूटी खोज रहे थे। और, मेरे पास बैठा हुआ गीतकार-प्रोड्यूसर शैलेंद्र, दूर से ही पैरों के रिद्‌म की बात सोच रहा था।··· पौन घंटे के बाद सभी एक साथ संतुष्ट हुए और तब 'संवाद' और अभिनय का रिहर्सल शुरू हुआ।

'क्या है ? बोलो··· हाँ-हाँ-कहो··· अरे, क्या ? बाजा बजाना चाहता है ?'

'जी··· चरणसेवा··· आप सिया सुकुमारी··· मैं सेवक··· !'

हीराबाई तमककर पैर छुड़ाती है, 'अरे, भाग !··· भाग जा यहाँ से।' पलटदास देखता है··· सिया सुकुमारी की आँखों में चिनगारी ? वह भागता है। हीराबाई मुस्कुराकर बुदबुदाती है, 'पागल !'

'ठीक है। रेडी फॉर टेक···।'

किंतु, सुब्रत बाबू किसी कारणवश जरा 'बिब्रत' हैं, 'ऐंगिल ठो तो ठीक है लेकिन ?··· अच्छा ठीक है ! पलटदास का 'पीछू' में माने 'पेंदी' में एक छै इंची का देना पड़ेगा !'

तीनों डायरेक्टर चिल्लाए, 'लगाओ छै इंची !'··· यह छै इंची क्या है राम ? देखा, लकड़ी का एक पीढ़ा पलटदास के नीचे डाल दिया गया।

इसी बीच असिस्टेंट डायरेक्टर बासु चटर्जी ने मेरे पास आकर धीरे-से कहा, 'चलिए, जरा कैमरा के 'व्यू फाइंडर' में आँखें सटाकर देखिए, तब पता चलेगा कि गाड़ी में कैसा 'चंपा का फूल'··· !'

बासु चटर्जी असिस्टेंट डायरेक्टर के अलावा बंबई का एक मशहूर 'कार्टूनिस्ट' है, जो हर सप्ताह अपनी बाँकी निगाह से दुनिया को देखता है और दिखलाता है। इसलिए उसकी किसी बात पर पहली बार गंभीरतापूर्वक मैं कभी ध्यान नहीं देता। मैंने कहा, 'नहीं चटर्जी मोशाय ! मैंने जिस चश्मे से हीराबाई को देखा है, देख रहा हूँ !'

तब चटर्जी मोशाय को यह कहना पड़ता है, 'मैं 'सीरियसली' कह रहा हूँ। ··· चलून ना, एक बार देखून तो !'

एक बात कह दूँ, मैं सुब्रत बाबू के कैमरे को सुब्रत बाबू की देह से भिन्न नहीं–उनका सजीव अंग मानता हूँ। मेरे दिल में इस व्यक्ति (कैमरा सहित) के लिए असीम श्रद्धा है। मुझे याद है, आज से तीन वर्ष पहले जब आउट डोर के लिए 'लोकेशन' देखने और गुलाबबाग मेले की शूटिंग के लिए 'तीसरी कसम' की यूनिट पूर्णिया गई थी··· 'पथेर पांचाली', 'जलसाघर', 'अपराजितो', 'अपूर संसार' को सेल्यूलाईड पर अंकित करनेवाले व्यक्ति (और मशीन) को निकट से देखने का सुअवसर मिला था। हम करीब एक सप्ताह एक साथ रहे थे। वे मेरे गाँव–मेरे घर में कई दिन ठहरे ही नहीं थे–मेरी हवेली के अंदर (कथांचल के लोगों के चलने-फिरने, बोलने-बतियाने के ढंग को चित्रबद्ध करने के लिए !) परिवार की महिलाओं का 'चलचित्र' लिया था।··· तीन दर्जन बैलगाड़ियों की दौड़··· आम्र के बाग की ढलती हुई छाया··· सिंदूरी-साँझ की पृष्ठभूमि में उड़ते हुए बगुलों की पाँतियाँ ··· इन सारे दृश्यों को 'ग्रहण' करते समय सुब्रत बाबू के चेहरे पर एक अद्‌भुत चमक खेल जाती थी।···

इसके बावजूद, मैं उनकी आज्ञा के बिना उनके कैमरे को छूने का साहस नहीं कर सकता।··· सुब्रत बाबू मुस्कुराए (बहुत बड़ी बात है !) और मैंने आँख सटाकर देखा और देखकर उसी तरह भड़का जैसे टप्परगाड़ी में झाँककर पलटदास भड़का था : 'अरे आप !' कंपनी की औरत ? कंपनी का बाघ ? आँखें–बाघ की या औरत की ?

व्यू फाइंडर से देखा कि एक जोड़ी घुड़कती हुई आँखें मुझे घूर रही हैं। सिया सुकुमारी की आँखों से चिनगारी निकल रही है ?

कई बार कट-कूट करने के बाद–अंतिम 'टेक' हुआ। डाइरेक्टर ने 'ओके' बोल दिया। मगर कैमरामैन से जब प्रोड्यूसर साहब ने पूछा तो जवाब मिला, 'कुछ कहने नहीं सकता।··· ठीक हुआ है शॉट, किंतु हम आखिरी डॉयलॉग के समय वाहिदाजी का चेहरा 'मन का माफिक' नहीं पाया !'

'रिटेक !'··· 'ओके !'

मेरे अंदर में किसी ने 'डॉयलॉग' दुहराया : 'इस्स ! इतना तेज जेहन ?···

और बोली भी हू-ब-हू फेनूगिलासी ?'

कल हीराबाई के नाच का 'पिक्चराइजेशन' होगा स्टेज पर। मैं, टेक-रिटेक एनजी-ओके-ऑल, लाइट-बेबी-पंजा-कटर-एलकटर-नेट-फ्लोरा-जूम और छै इंची जैसे शब्दों को रटता हुआ अपने निवास स्थान पर लौटा।

सामने, स्टेज पर पनघट का सेट लगाया जा रहा है। दोनों ओर विंग्स में आधे दर्जन जलते हुए पेट्रोमेक्स लटक रहे हैं। नृत्य-निर्देशक लच्छू महाराज सपत्नीक स्टेज पर खड़े डायरेक्टर बासु को अंग-प्रत्यंग नचाकर कुछ समझा रहे हैं। और, एक रुपयावाले 'क्लास' में एक बेंच पर बैठकर मैं, गीतकार शैलेंद्र के मुँह से गीत की पंक्तियाँ सुन रहा हूँ : हाय गजब कहीं तारा टूटा··· !!

आज, इस शूटिंग के तीसरे दिन, तीन तारे टूटनेवाले हैं। पहला तारा–अटरिया पर, दूसरा फुलबगिया में, तीसरा–बीच बजरिया में !

··· कलवाली हीराबाई, भले घर की बहू-बेटी जैसी, थकी सिया सुकुमारी-सी हीराबाई कहाँ चली गई ?

··· मुझे फुटबाल के एक मैच की याद आई। मोहन बागान टीम का कैप्टन चुन्नी गोस्वामी तथा उसकी टीम के अन्य खिलाड़ी मैदान में उतरने के पहले अपनी-अपनी देह के हर जोड़ को तोड़-मरोड़ और झकझोर रहे हैं। किंतु मेरी निगाह सिर्फ चुन्नी गोस्वामी पर है। वह खंजन की चाल में कुछ दूर दौड़कर हठात् दाएँ-बाएँ तिरछी चाल चलता है, फिर कमर पर हाथ रखकर लगातार कूद रहा है··· !

··· घाघरी और घुँघरू ! चंद्रहार और बाजूबंद और कंगना और नकबेसर और यह खिलखिलाहट ?··· चुन्नी गोस्वामी खंजन की चाल में कुछ दूर दौड़कर फिर तिरछी चाल चलता है !··· मैदान में उतरने के पहले देह के हर जोड़ को तोड़-मरोड़ रहा है। किंतु सबकुछ एक ताल पर हो रहा है।··· हीराबाई स्टेज पर लापरवाही से चलती है, हँसती है, बतियाती है और हँसते-हँसते लोट-पोट हो जाती है। मेकअप करती है, घुँघरू बाँधती है। और सबकुछ एक लय में बँधा हुआ है।

··· सीटी बजी। म्यूजिक शुरू हुआ और घुँघरुओं ने गीत के बोल का स्पष्ट उच्चारण कर दिया। लच्छू महाराज के मुँह से बरबस निकल पड़ा : 'जीयो ! जीयो !!'

एक-डेढ़ घंटे के घनघोर रिहर्सल के बाद पहली पंक्ति और नाच के पहले टुकड़े की 'टेकिंग' के लिए क्षणिक विश्राम दिया गया : 'लाइट्स आफ !'

तब, हम दोनों भाइयों (कथाकार और गीतकार) ने मिलकर नौटंकी का एक गीत गुनगुनाना शुरू किया :

'अरे तेरी बाँकी अदा पर मैं खुद हूँ फिदा,
तेरी चाहत का दिलबर बयाँ क्या करूँ।

यही खाहिश है कि तू मुझको देखा करे–
और दिलोजान मैं तुझको देखा करूँ।'···

किर्र्र-र-र-किर-किर-घन-घन-घन-घड़ाम। घन-घन-घन-घड़ाम !!

··· पिछले तीन वर्षों से हम दोनों किसी बात पर जब एक साथ अति प्रसन्न होते हैं तो नौटंकी की इन्हीं पंक्तियों को इसी तरह गाते हैं और एक-दूसरे को कई मिनट दिलोजान देखते रहते हैं, फिर हँसते-हँसते लोट-पोट हो जाते हैं। हाँ, हम सैकड़ों योजन दूर बैठकर अपनी चिट्ठियों में भी इस गीत को गाते हैं !

गीत का मुखड़ा और नृत्य का पहला टुकड़ा सकुशल 'चित्रित' (पिक्चराइज़) हुआ !··· आश्चर्य ! 'लंच' शब्द के साथ ही इतनी जोर की भूख जग पड़ती है ! अथक और सार्थक परिश्रम के बाद भोजन में यों भी बहुत स्वाद मिलता है।

उस दिन लच्छू महाराज के पास जितने नुकीले टुकड़े थे (तीर, तलवार, कटार, खंजर, बल्लम, बर्छी, भाला !!) बासु भट्टाचार्य एक-एक कर माँगता गया और वयोवृद्ध कथक आचार्य ने प्रसन्नचित्त सबकुछ दिया !

मैंने भी माँग की, 'शैलेंद्र भाई ! कोण-त्रिकोण-त्रिभुज तो बहुत लिए गए। किंतु कुछ वृत्त और चक्र भी चाहिए–हिरामन के मन को चर्खी पर चढ़ाने के लिए कुछ 'स्पिनिंग'··· !'

शैलेंद्रजी को बात भा गई और वे उठकर डायरेक्टर और कैमरामैन से कह आए और तब सुब्रत बाबू ने मेरी ओर जिस मीठी निगाह से देखा, उसे मैं कभी नहीं भूल सकता। उन्होंने सोत्साह पुकारकर कहा, 'क्रेन माँगता है !'···

पुरइन के पात की तरह खिली हुई घाँघरियाँ !!

और, उसी दिन सेट पर एक डॉयलॉग सुना, जिसे मैंने नहीं लिखा। रिहर्सल के बाद डायरेक्टर ने कहा, 'टेक !'

वहीदा रहमान ने कहा, 'नो टेक विदाउट टेप !'

रिहर्सल के सिलसिले में घुँघरू बाँधने की जगह छाले पड़ जाते हैं तब 'ल्युको-प्लास्ट' नामक फीते का टुकड़ा काटकर चिपका दिया जाता है। किंतु, पैरों की गति के 'क्लोज़अप' लेने में कैमरामैन को इससे थोड़ी असुविधा होती है। इसलिए बासु बाबू ने कहा, 'नो टेप !··· नौटंकी की लड़कियाँ इतनी नाजुक नहीं होतीं।'

'नाजुक न हों, इंसान तो होती हैं,' वहीदा के इस जवाब ने मार्क्सवादी बासु भट्टाचार्य के मुँह पर ताला जड़ दिया।

चाय के समय पूर्णिया से आए मेरे मित्र अरुण भारती ने विशुद्ध मैथिली में पूछा, 'साँझुक की प्रोग्राम अछि ?' और मैंने उन्हें शाम को जिस स्थान पर मिलने को कहा, वह बंबई में नहीं, भट्टाबाजार पूर्णिया में है। अरुण अवाक् होकर मुझे कुछ क्षण देखता रहा, तो मुझे होश हुआ कि मैं गुलाबबाग मेला में नहीं–कमाल स्टूडियो में हूँ !

तीसरे दिन लंच के बाद शैलेंद्रजी कहीं चले गए तो मैं अकेला पड़ गया। गीत और नाच की अंतिम कड़ी के कई 'रिटेक' हो चुके थे। मुद्राओं के क्लोज़अप लिए जा रहे थे। स्टिल-कैमरामैन राकेश इधर-उधर घूमकर अपना फ्लैश चमका रहा था। इसी समय मेरे पासवाली खाली कुर्सी पर वहीदा रहमान की 'हेयर ड्रेसर' आकर बैठी। उसकी मुस्कुराहट से लगा, वह मुझसे कुछ पूछना चाहती है।

उसने पूछा, "एक्सक्यूज़ मी··· यह कहानी आपने लिखी है ?"

"जी हाँ !"

"और आप भी इस फिल्म में उतर रहे हैं !"

"नहीं तो ?"

"ओ !··· तो, फिर आपने ये बाल क्यों 'उपजाए' हैं ? कोई धार्मिक कारण है या··· ?"

"थोड़ा धार्मिक और थोड़ा शौक भी ! गंजा होने के पहले एक बार बालों की बागवानी··· ?"

"नाइस !··· कौन-सी क्रीम व्यवहार करते हैं ?"

"पिछले तीस साल से कोई तेल या क्रीम कुछ नहीं डाला।"

भद्र महिला अचरज में पड़ गई, "सिर चकराता नहीं ? केश झड़ते नहीं ? रंग तो किंतु··· !"

अंग्रेजी भाषा में दो-चार गज से ज्यादा बात करते मेरा दम फूलने लगता है। इसलिए मौका पाते ही सवालों का सूत्र मैंने अपने हाथ लिया, "आप स्टूडियो की 'हेयर ड्रेसर' हैं ?"

"नहीं, सिर्फ (एक्सक्लूसिवली) वहीदा रहमान की।"

"ओ !"

"बेतरतीब होने के बावजूद, आपके बाल सुंदर लगते हैं।··· खूब घने हैं, नरम भी होंगे।"

('काले भी हैं !' मैं कहना चाहता था।)

··· मेमसाहब के गंगा-जमुनी केश पर नजर पड़ते ही मैंने बात बदल दी, "मैं बहुत दिनों से किसी 'हेयर ड्रेसर' की सलाह लेना चाहता था।"

वह हँसकर बोली, "हेयर ड्रेसिंग के अलावा मैं वेस्टर्न-म्यूजिक कंपोज करती हूँ। मैंने अपना दो कंपोजीशन पर्ल बक को भेजा है। उन्होंने लिखा है, किसी फिल्म में उपयोग करेंगी।"

इस तरह बात केश-प्रसाधन से शुरू होकर पश्चिमी संगीत पर आई, फिर वहीदा रहमान की ओर मुड़ गई। वह बोली, "मिस्टर राय (सत्यजित) की वहीदा रहमान के बारे में क्या राय है, जानते हैं ?"

"हाँ, किसी बँगला-सिने-पत्रिका में पढ़ा था।··· आनेवाले पच्चीस साल में इस कलाकार से फिल्म बनानेवाले कितना और क्या वसूल कर सकते हैं, यह उनकी प्रतिभा और शक्ति··· !"

उधर स्टेज पर अचानक काम रुक गया। किसी ने किसी से हल्की आवाज में कहा, "लु। लुक।··· व्हाट ए नाइस पेयर।" डायरेक्टर, असिस्टेंट्स, कैमरामैन, आर्टिस्ट्स सभी खामोश हो गए, किंतु हम बातचीत में मशगूल रहे। और उधर स्टिल कैमरामैन राकेश को किसी ने इशारा किया। फ्लैश की चमक पर हमारा ध्यान भंग हुआ और फ्लोर पर बहुत देर तक हँसी और ठहाके और कहकहों का आर्केस्ट्रा बजता रहा।

शाम को लौटते समय मुझे क्या–वर्षों से मेरी छाती पर बैठकर मूँग दलनेवाला हिरामन, लालमोहर, पलटदास और लहसनवाँ–सभी देवदानव एक साथ उतरकर कहीं चले गए। सिर्फ चक्की की घरघराती हुई, घूमती हुई एक रागिनी मेरे मन में मँडरा रही थी। मैंने गीतकार की ओर देखा। उनकी मुखमुद्रा से लगा वह फिर 'तेरी बाँकी अदा पर' शुरू करेंगे। मैंने कहा, "नहीं भाई, ··· वह··· वह बंदिनी का वही गीत··· !"

गाड़ी घोड़बंदर रोड छोड़कर लिंकिन रोड की ओर मुड़ रही थी। गीतकार गुनगुना रहा था : "अबकी बरस बाबुल भैया के भेज··· "

मेरा 'भैया-मन' दूर अपने गाँव की गलियों की राह ढूँढ़ने लगा। जहाँ मेरी बहनें मिल-जुलकर गा रही थीं : "सुनु मोरी सखिया सावन-भादव केरि उमड़लि नदिया–भैया अइले बहिनी बुलावे लाहे–सुनु सखि या-या-या।"

'धर्मयुग' 26 अप्रैल, 1964 के अंक में प्रकाशित

स्मृति की एक रील

"अजी, खेला तो पर्दे के अंदर है। अभी तो लोगों को जमाने के लिए 'जमनिका' दिया जा रहा है।"

मैं पहले चौंका। फिर थोड़ा सहमकर शैलेंद्र भाई की ओर देखने लगा। उनकी बड़ी-बड़ी आँखों ने मुस्कुराकर कहा–"देखिए !"

देखने लगा, आर. कै. का शानदार 'ऑडिटोरियम' ! जहाँ उस रात 2 जुलाई '66 को 'कव्वाली' का विशेष आयोजन था ! अत्याधुनिक वेशभूषा में सुसज्जित स्त्री-पुरुष, आधुनिकतम केशविन्यास के एक-से-एक नमूने ! रुपहले पर्दे पर छानेवाले नए-पुराने–किंतु, हाड़-मांस के–टेकनिकलर तथा ईस्टमैनकलर के चेहरे। हर चेहरे पर, रह-रहकर रंग-बिरंगी हँसी खेल जाती है।

"जा रे जवानी !"

कुर्सियों की प्रत्येक पंक्ति में हँसी की हिलोरें सरगम के सुर में बज उठीं। बजती गईं–'हँ-हँ-हँ-हँ–स-र-ग-म-प-ध-नी··· !'

उस 'एयरकंडिशंड माहौल' में भी मैं पसीने से पानी-पानी हो गया। मुझे लगा, 'तीसरी कसम' का संवाद बोलकर राजकपूर साहब मुझ देहाती गँवार का मखौल उड़ा रहे हैं ?

"रेणुजी ! आप पानी के साथ 'पाइएगा' या··· ?"

"जी, पानी··· ।" इससे ज्यादा मेरे मुँह से कुछ नहीं निकला। ऑडिटोरियम में आवाज गूँज उठी, "रेणुजी के लिए भी पानी··· अजी, कहाँ गए सब ? जा रे जमाना ! बड़ी 'हैफवाली' बात। क्या था और क्या से क्या हो गया !··· जयराज, इनसे मिलो। आप ही हैं 'तीसरी कसम' के लेखक··· जोहार, इनसे परिचय है ?··· डेविड साहब, इधर देखिए–यही हैं रेणुजी।··· मेरा नाम तो हीरामन है जी, हीरामन।"

जयराजजी गले से लगे और आत्मीयता से बतियाने लगे। डेविड साहब ने हाथ मिलाकर बधाई दी–"मैंने ट्रायल देखा है।"··· जयकिशनजी मुस्कुराते हुए आए। हसरत साहब ने मिलते ही कोई मिसरा दुहराया। कुछ क्षण के लिए हम इस तरह हिल-मिलकर हँसते रहे कि नए आनेवाले मेहमानों ने समझा शायद इसी लंबे गेसूवाले का प्रोग्राम होनेवाला है। यानी, मैं ही अजमेर-शरीफ से आया हुआ वह 'मीर कव्वाल' हूँ, जिनकी 'पार्टी' का अभी प्रोग्राम होगा।

कव्वाली शुरू हुई। और, जैसा कि होना चाहिए–देखने-सुननेवाले ताल पर तालियाँ बजाते हुए झूमने लगे। पहली ग़ज़ल खत्म हुई। लोग–'वाह-वा, बहुत अच्छे, क्या कहना, कोई जवाब नहीं' कहने लगे। सिर्फ एक व्यक्ति बोला–'धन्न है, धन्न है।' फिर मेरी ओर मुड़कर और आँखों में मीठी शरारत भरकर पूछा–"है कि नहीं ?"

एक-दो ग़ज़ल के बाद खान-पान के लिए क्षणिक विश्राम की घोषणा होते ही उसके मुँह से निकला, "अरे हाँ-हाँ। भूख-प्यास सभी को लगी है।··· रेणुजी, इधर आइए। देखिए, ये हैं मेरी कृष्णा। और आप हैं मेरी पूजनीय माताजी–यह सब इन्हीं 'देबी-मैया' का 'परताप' है।" दोनों हाथों को पसारकर एक खास (यानी हीरामन की) अदा के साथ कहा गया।

अब मुझसे चुप नहीं रहा गया। मैंने कहा, "देखिए कृष्णाजी ! मुझे लगता है कि मैंने आपके पतिदेव के लहजे और बोली को एकदम बिगाड़ दिया है। आपको तो बहुत बुरी लगती होगी इनकी··· ?"

"अजी नहीं। बहुत अच्छी–रैदर–बहुत मीठी लगती है। ये तो घर पर भी अब हमेशा इसी लहजे में बोलते हैं–'फेनूगिलासी', डैमफैटकैटलैट, उपलैन···'।"

हम हँसे और हमारी मिली-जुली हँसी पर उसने एक मासूम अदा के साथ मुँह बनाकर कहा, "इस्स !" और मेहमानों की खातिरदारी के लिए एक ओर चल पड़ा।

ढाई बजे रात को जब हम लौट रहे थे, तो रह-रहकर मेरे पेट में गुदगुदी

लगती। मैंने कहा, "भाई साहब ! अपना हीरामन तो सचमुच हीरा आदमी है। सभी 'डायलाग' तीसरी कसम का ही बोल रहा था।"

शैलेंद्रजी भेद-भरी मुस्कान के साथ बोले, "यह आप देखिए।"

मैं समझ गया कि भाई ने 'आप' पर जोर क्यों दिया है। बात चार साल पीछे की है जब हीराबाई और हीरामन के लिए सही मूरतों के चुनाव किए जा रहे थे··· डेरे पर लौटकर मुझे नींद नहीं आई। चार साल पहले की बातें याद आती रहीं–रात-भर।

चेहरे की तलाश : एक फिल्मी शिकार पार्टी

उस रात की याद, जब मैं पहली बार बंबई आया था। शैलेंद्रजी ने मुझसे पूछा था, "अच्छा ! कहानी लिखते समय आपके सामने हीराबाई की कोई तस्वीर तो जरूर होगी। अब, जबकि फिल्म की बात हो रही है, तो फिल्म इंडस्ट्री में आपकी उस मूरत से कोई सूरत मिलती-जुलती नजर आती है ? यानी, आप किसको इस भूमिका के लिए··· ।"

मैंने हँराकर जवाब दिया था, "भाई ! हम लोग काननबाला, उमाशशि, यमुना, देविका रानी, सुलोचना और नसीम वगैरह के युग में सिनेमा देखा करते थे। अब तो सब चेहरे एक ही साँचे में ढले-से लगते हैं। किसका क्या नाम है, याद ही नहीं रहता।"

"यह तो बात को टालनेवाली बात हुई।" वे हँसे थे।

थोड़ी देर के बाद मैंने कहा था, "वह एक··· 'प्यासा' में माला सिन्हा के साथ कोई लड़की थी न··· ?"

शैलेंद्र ने बासु भट्टाचार्य की ओर देखा और बासु के मुँह से एक किलकारी के साथ निकला था–'स्साला !'··· मैं जानता था, यह कोई गाली नहीं। बंगाली विद्यार्थी जब किसी बात पर बहुत खुश होते हैं, तो उनके मुँह से यह शब्द अनायास ही निकल पड़ता है ? किंतु मैं झेंप गया था–शायद मैं किसी गलत और सर्वथा 'मिसफिट' चेहरे की बात कह गया।

शैलेंद्रजी 'ताड़' गए थे। बोले, "हमारे मन में भी उसी की सूरत है।··· आप क्या सचमुच उसका नाम नहीं जानते ?··· वह वहीदा रहमान है।"

मैंने पूछा, "इंद्राणी रहमान की कोई लगती है क्या ?"

"नहीं जी ! मगर नाचना जानती है और अच्छी तरह जानती है।"

दूसरे या तीसरे दिन वे वहीदा रहमान को कहानी सुनाने गए। लौटे तो बहुत खुश नजर आए। सूचना दी, "साहब ! हो गई आपके मन की हीराबाई। परसों हम एग्रीमेंट पर दस्तखत कराने जाएँगे।··· कहानी सुनकर उसकी आँखें छलछला आईं।"

मैंने धीरे से पूछा था, "और हीरामन ?"

शैलेंद्रजी कोई जवाब देने के बदले मुस्कुराने लगे थे। बासु भट्टाचार्य को उन

दिनों लोग 'आग निगलनेवाला' मानते थे। उसने कहा था, "शैलेंद्र ! तुम फिर से सोचो··· आमार एक्केबारे आसल हीरामन चाय।··· "

बासु के जाने के बाद मैंने पूछा था, "आप क्या राजकपूर साहब को लेने की बात सोच रहे हैं ?··· लेकिन, लेकिन··· !"

तब तक मुझे 'जागते रहो' के राजकपूर की याद आ गई थी। मैंने कहा था, "राज साहब तो कर सकते हैं, लेकिन, करेंगे क्या ? माने हीरामन की आत्मा में पैठ सकेंगे ? सुना है अपनी तस्वीर के सिवा··· !"

शैलेंद्रजी ने कहा था, "आप अगर यह मानते हैं कि वे कर सकते हैं, तो समझ लीजिए 'करेंगे'।··· आपने सुना है, देखा तो नहीं ?"

'तीसरी कसम' के पलटदास के इस संवाद के बाद मुझे धुन्नीराम के सुर में कहना पड़ा था, "झूठ क्यों बोलूँ, देखा नहीं है।"

"देख लीजिएगा।"

(कव्वाली सुनकर लौटते समय—'यह आप देखिए' कहकर इसी प्रसंग की याद 'कविराज' ने दिलाई !)

दो-तीन दिन बाद हमारे प्रोड्यूसर और डायरेक्टर साहब मुँह लटकाकर वापस आए, "राइटर साहब ! वहीदा नहीं हो सकती। नहीं हो सकेगी। उसको भूल जाइए अब।"

"मतलब ?" मैंने पूछा था, "इन दो दिनों में ही उसके मन में क्या हो गया··· ?"

"जी हाँ। मन ही तो है।"

मेरा दिल अचानक बुझ गया। बासु भट्टाचार्य ने एक हल्की चुटकी लेकर बात को हँसी में उड़ा देने की चेष्टा की थी। किंतु, मैं हँसकर भी हँस नहीं पा रहा था। बासु कहता जा रहा था, "चलो। हम एकदम नया लड़की लेगा। नया प्रोड्यूसर, नया राइटर, नया हीरो, नया हीरोइन··· ।"

शुरू हुई नए चेहरों की खोज। इस 'शिकार पार्टी' में मैं भी कई दिनों तक उनके साथ रहा। कई मशहूर होटलों के नाम लिए गए। समुद्रतट पर, यानी 'बीच' पर ढूँढ़ने की बात तय हुई।

समुद्र के तट पर, एक प्रसिद्ध होटल के लॉन पर एक रंगीन 'छत्र' के नीचे हम जा बैठे। मैं समुद्र की ओर देख रहा था। बासु ने पूछा, "की देखछेन ?"

मैंने जवाब दिया, "मेये··· !" अर्थात् लड़की।

"समुद्र में से लड़की कहाँ से आएगी।"

"समुद्र से जो लड़की आवेगी उसका मुँह चाँद के समान होगा। और उसकी बोली में अमृत घुली होगी और चाल में हाथी की मस्ती और उसका नाम होगा, 'लक्खी'··· ।"

थोड़ी देर के बाद कई विदेशी जोड़े तैरने की पोशाक में आए। देह में तेल मलकर समुद्र में नहाने लगे। एक मोटी और बेडोल लड़की नहाकर लौटी और

ठीक हमारे सामने लॉन पर चित लेट गई। फिर लॉन की सिंचाई करनेवाले पाइप से अपने चेहरे पर छिड़काव करने लगी। बासु ने पूछा, "एइ से मेये ?" अर्थात् यही वह लड़की है ?

कहा गया, सांताक्रुज हवाई अड्डे पर भी लड़कियाँ दिखलाई पड़ती हैं। अतः दूसरे दिन हमारी टोली हवाई अड्डे के रेस्तराँ में जा बैठी। डायरेक्टर साहब का हुक्म हुआ, "सभी अपनी निगाह खोलकर रहें।"

अंत में डायरेक्टर साहब की आँखों ने ही एक रूपसी को देखा। वह कार से उतरकर रेस्तराँ में आई और सीढ़ियों से ऊपर के केबिन में चली गई। हमने बासु साहब को उत्साहित किया और वे उस लड़की से बातें करने के लिए ऊपर गए। दस मिनट के बाद वे उतरे तो उनके चेहरे पर खनक तो थी, किंतु चमक गायब थी। आते ही बोले, "चलून ! आर एखाने नय"··· यहाँ ठहरना उचित नहीं।

गाड़ी में बैठने के बाद उन्होंने जो किस्सा बताया, तो हमने महसूस किया कि यदि एक कप चाय और पीने के लिए हम बैठे रहते तो–तो-तो न जाने क्या होता।··· पीठ में गुदगुदी के बदले··· !!

पिछले तीन-चार वर्षों में, हर वर्ग और हर उम्र के परिचित तथा अपरिचितों ने मुझसे जो सवाल पूछे हैं, उन्हें कभी नहीं भूल पाऊँगा। इन सवालों को सुनकर ही मुझे लगा है कि हम 'फिल्म युग' में जी रहे हैं। मैं चेहरा देखकर कह सकता हूँ कि कौन व्यक्ति मुझसे क्या प्रश्न पूछेगा। नायक, नायिका, गीत-लेखक, संगीत-निर्देशक, पार्श्व गायक-गायिका, खलनायक और हास्य अभिनेताओं के 'फैन'–समाज के हर वर्ग में हैं। उन्हें एक बार मालूम हो जाए कि आप बंबई से यानी फिल्म-जगत् से आए हैं और आप उनके 'प्रिय' से परिचित हैं–वे रोज आपके पास आवेंगे और रोज एक ही सवाल पूछेंगे। मुझसे पूछे गए प्रश्नों के कुछ नमूने प्रस्तुत हैं–

"अच्छा ! राजकपूर की, यानी हीरामन की पीठ में गुदगुदी लगने को किस तरह दिखलाया गया है ?"

"आपकी कहानी में जो संवाद हैं वे बदले तो नहीं हैं ?"

"क्या राजकपूर ने सचमुच बैलगाड़ी हाँकी है ?"

"बैलों को हाँकते समय 'टिटकारी' दी है ?"

"नौटंकी के 'बहरत' और 'चौबेला' को सही-सही गवाया है न ?"

"वहीदा रहमान नौटंकी की बाई की तरह लगती है न ?"

"राजकपूर क्या खाते हैं ? यानी भात या रोटी ?"

"लता मंगेशकर कभी बोलती है या चुप ही रहती है ?"

"मुकेश भगवान को मानता है या नास्तिक है ?"

"शंकर-जयकिशन अंग्रेजी बोलना जानते हैं ?"

"आपने कहानी को तोड़ने-मोड़ने तो नहीं दिया ?"

"नूतन होनेवाली थी हीराबाई। क्यों नहीं हुई ? वहीदा ने तो इंकार किया था ?"

"राजकपूर ने शैलेंद्र से भी पैसा लिया है ?"

"वहीदा सचमुच पान नहीं खाती ?"

"आपने राजकपूर को छुआ है ?"

"गीत कैसे हैं ?··· जब गीतकार की ही फिल्म है तो जरूर अच्छे होंगे।"

"वहीदा साँवली है या काली ?"

"बाँसगाड़ी और ताँगे की भिड़ंत के बाद लोगों ने सचमुच राजकपूर को मारा ?"

"आपकी और भी कोई कहानी··· ?"

"फिल्म स्टार दिन में घर से बाहर नहीं निकलते ?"

"उनका आजकल किससे··· चल रहा है ?"

"उनके लिए ही उसने नींद की··· ?"

सजनवाँ बैरी हो गए उर्फ बैलगाड़ी का खेला

जिन्होंने मेरी कहानी पढ़ी है, वे सबकुछ पूछने के बाद एक सवाल पूछना कभी नहीं भूलते–"और कहानी का अंत ? माने दोनों को मिला तो नहीं दिया है ?" अंत में सभी बेताबी से यही पूछते हैं–"कब रिलीज हो रही है ?··· कब देखने को मिलेगी ?"

मगर, सिक्के का दूसरा रुख भी मैंने देखा है !

पिछले दो-तीन साल से तस्वीर 'रिलीज' होने की जितनी संभावित तिथियाँ बतलाईं, गलत साबित हुईं। इस बीच 'क्या से क्या हो गया'–और मेरी फिल्म अभी तक पर्दे का मुँह नहीं देख पाई, तो जाहिर है, 'सजनवाँ भी बैरी' हो गए। जो जन्म के बैरी हैं, वे तो मेरे घर के सामने बिस्तर बिछाकर पड़े रहते और घर से निकलते ही 'चालू' हो जाते ! अपने, पराए, दोस्त, दुश्मन, परिचित, अपरिचित सभी मुझे देखकर मुँह बिदकाने लगे। ऐसा कोई दिन नहीं गुजरता जिस दिन पीठ पीछे या आमने-सामने (गुदगुदी लगानेवाली नहीं !) चुभनेवाली दस बातें सुनने को नहीं मिलतीं–"एक इनकी फिल्म बन रही है सो मुद्दत से बन रही है।"

"अजी, 'मुगले-आजम' के बाद अब इनकी 'बेगमे-आजम' बन रही है !"

"भैया ! बैलगाड़ी का खेला है, जेट प्लेन का नहीं। इतनी जल्दी कैसे बन जाएगी। बैलगाड़ी तो अपनी ही चाल से चलेगी।"

"कहिए जनाब ! राजकपूर के साथ कोई फोटो खिंचवाई या नहीं ? चः चः, नहीं ? वहीदा के साथ तो जरूर···।"

"मारे गए गुलफाम !"

"यार ! तुमने फिल्म को बहुत 'सीरियसली' ले लिया है। फिल्म में तो ऐसा

होता ही है। बनते-बनते नहीं बनती है। बनकर बिगड़ जाती है। मारो गोली। बने या न बने, तुमको क्या ? कुछ पैसे मिल गए और 'फोकट' में 'पबलिसिटी' भी हो गई। पढ़ाई-लिखाई जारी रखो।"

"अरे ! आप पटने में हैं ? हमने तो समझा कि आप बंबई जा बसे।"

"इलम छोड़कर गए फिलम में, हाय ! चिलम भी हाथ नहीं आई।"

सो, जनवरी 1966 को शहर छोड़कर गाँव की ओर भागा। जानता था, ट्रेन के 'चेकर' और 'गार्ड' भी पूछेंगे अथवा कोई फिकरा कसेंगे। इसलिए, चौबीस घंटे की यात्रा कंबल ओढ़कर पूरी की। किंतु अपने स्टेशन पर उतरा, तो बूढ़े स्टेशन मास्टर साहब ने पूछ ही दिया, "छबि आर रिलीज हबे ना ?"

गाँव पहुँचकर भी चैन नहीं। हलवाहे, चरवाहे, मजदूर, दुकानदार, फेरीवाले जो मिलते, सिर खुजलाकर सवाल पूछ बैठते–"आपके सलीमा का क्या हुआ ?"

"अपने गाँव में गाड़ी-दौड़ की जो फोटो-छापी हुई थी, सो कब दिखलाई जाएगी ?"

"बाबू ! सुना कि बायस्कोपवालों ने आपको ठग लिया !"

तीन वर्षों तक इंतजार करने के बाद अब गाँव में भी कानाफूसी शुरू हो गई थी। यहाँ भी तरह-तरह की अफवाहें फैल चुकी थीं, जिनमें दो अफवाहों का बाजार गर्म था–

(1) बांबे का कोई एक्टर ऐसा 'थड किलास पाट' करने को तैयार ही नहीं हुआ। बोला–देहाती का, सो भी गाड़ीवान का पाट कभी नहीं करेंगे।

(2) सलीमा कंपनी की औरत इनको (अर्थात् मुझे) पान देने लगी, तो इन्होंने (अर्थात् मैंने) उँगली में दाँत काट लिया। बस, कंपनीवालों ने गुस्साकर खेला खत्म कर दिया।··· बात 'गजट' में छप गई है !

गाँव के लड़के–जो स्कूल-कॉलेजों में पढ़ते हैं, हजार किस्म की फिल्मी पत्रिकाएँ खरीदकर ले आते हैं। उन्होंने भी खबर फैलाई थी कि लता मंगेशकर और आशा भोंसले–कोई भी नौटंकी की बाई का गाना गाने को तैयार नहीं हुई। कि राजकपूर कहता है कि 'डायलॉग' नहीं बदलोगे और हीरामन से हीराबाई की शादी नहीं करवाओगे तो काम नहीं करेंगे। और शंकर-जयकिशन और शैलेंद्र-हसरत में जमकर लड़ाई हुई है–एक ही लड़की के लिए। सो, अब 'तीसरी कसम' की कोई उम्मीद नहीं।

पिंजड़ेवाली मुनियाँ

गाँव आकर, घर से बाहर हाट-घाट-बाट में निकलना भी मुश्किल ! मैं क्या दुनिया-भर के मुँह में ताले लगाता फिरूँगा ! एक बार सोचा, क्यों नहीं शैलेंद्रजी की चिट्ठी का ब्लॉक बनवाकर, पर्चा छपाकर बँटवा दूँ ? फिर अपनी मूर्खता पर खुद हँसता। चुपचाप अपने दरवाजे पर बैठा रहता और किसी आगंतुक को देखते ही 'अंदर-हवेली' में जाकर छिप जाता।

हमारी ओर मई का महीना–चैत-बैसाख के दिन बहुत उदासी के दिन होते हैं। बेवजह मन रोने-रोने को होता है। एक दिन अपने गाँव से उत्तर बाँध पर तीसरे पहर अकेला बैठा हुआ था। स्टेशन की ओर से एक औरत सिर पर सौदा-सुलफा लेकर आ रही थी। करीब आई तो पहचाना–गाँव की पूरब टोली के कोहाय मड़र की औरत है। यह गाँव में गीत गानेवाली औरतों की 'मेंट' है। जब रेडियो का मुलाजिम था तो एक बार 'जाट-जटिन' गीत-कथा रिकार्ड करके ले गया था। प्रोग्राम के दस दिन पहले ही घरवालों को लिख दिया था कि कोहाय की बीबी को प्रोग्राम सुनने के लिए जरूर बुला लिया जाए। कई महीने के बाद जब गाँव लौटा तो 'जटिन' की तरह हाथों को नचाकर, आँखों में आनंद के आँसू भरकर हँसती हुई बोली थी, "जुग-जुग जीयो बाबू ! अपना गाया गीत अपने कान से सुन लिया··· ।"

उस दिन भी उस महिला के चेहरे पर वैसे ही भाव थे। नजदीक आकर, सिर की गठरी जमीन पर रखकर बोली, "बाबू बोलो मिठाई कब खिलाते हो ? ··· अरे, अब काहे उदास हो भैया ? सतरंगा-घाँघरी और बाँह में बाजूबन और कान में झुमका और नाक में नथिया पहनकर, इस तरह टेड़ी-बाँकी आँख निकालकर–उँगलियों से यों 'बतौना' बताकर नाचती हुई तुम्हारी सलीमा की 'हिरौनी' ने अखबार में खबर दिया है कि हम रेणुबाबू का सलीमा बनाकर तैयार कर दिया। ··· आप 'परतीत' नहीं करते ? अभी 'टीसन' पर अपने नगेंदर बाबू को घेरकर 'टीसन मास्टर' से लेकर सभी लड़के और 'बाबू-बबुआइन' पढ़ रहे थे। मैं झूठ काहे बोलूँगी ? आ रहे हैं नगेंदर बाबू। अभी देखिएगा।··· लेकिन, इस बार फूलछाप साड़ी वसूल करके रहूँगी मैं। हाँ··· ।"

नगेंद्र यानी मेरा चचेरा भाई 'माधुरी' का अंक लेकर आया। उसमें वहीदाजी का एक सचित्र लेख छपा था।··· मुझे हँसी आई, कोहाय की स्त्री ने ठीक ऐसी ही मुद्रा बताई थी। और, लेख में एक स्थान पर लिखा था–"अब, जबकि 'तीसरी कसम' बनकर तैयार हो चुकी है··· ।"

एक दिन सुबह मेरे एक प्रिय आत्मीय श्री बालगोविंदजी ट्रांजिस्टर ले आए। मैंने पूछा, "तीसरी कसम के गीत आ रहे हैं ?"

"मैंने अब तक नहीं सुना है। लेकिन कहते हैं कि अब आने लगा है," कहकर वे रेडियो ट्यून करने लगे।

और अचरज की बात ! लगा, वे 'टेपरेकर्डर' बजा रहे हैं। यानी, रेडियो ट्यून किया और ढोलक की गमक, और हारमोनियम के सुर पर मन्ना डे की स्वर-लिपि गूँज उठी–"चलत मुसाफिर मोह लिया रे पिंजड़ेवाली मुनियाँ··· ।"

गीत समाप्त हो गया। किंतु, दरवाजे पर भीड़ बढ़ती गई। लोग घंटों रेडियो अगोरकर बैठे रहे। कोई गीत नहीं बजा। किंतु वे निराश नहीं हुए। कहने लगे, "जब शुरू हुआ है तो रोज बजेगा। किसी-न-किसी दिन सुनेंगे ही। 'खेला' जब बनकर तैयार हो गया है, तो कभी-न-कभी देख ही लेंगे।"

एक तेज जहनवाले चरवाहे ने–जो गीत शुरू होने के समय मौजूद था–चलते समय 'अंतरा' गुनगुनाया–'उड़ि-उड़ि बैठे हलवैया दोकनियाँ, बर्फी के सब मजा ले लिया रे पिंजड़ेवाली मुनियाँ !'

'धर्मयुग' के 11 सितंबर, 1964 अंक में प्रकाशित

पुरानी कहानी : नया पाठ

बंगाल की खाड़ी में डिप्रेशन–तूफ़ान–उठा !

हिमालय की किसी चोटी का बर्फ पिघला और तराई के घनघोर जंगलों के ऊपर काले-काले बादल मँडराने लगे। दिशाएँ साँस रोके मौन-स्तब्ध !

कारी-कोसी के कछार पर चरते हुए पशु–गाय, बैल, भैंस–नदी में पानी पीते समय कुछ सूँघकर भड़के, आतंकित हुए। एक बूढ़ी गाय पूँछ उठाकर आर्तनाद करती हुई भागी। बूढ़े चरवाहे ने नदी के जल को गौर से देखा। चुल्लू में लिया–कनकन ठंडा ! सूँघा–सचमुच, गेरुआ पानी !

गेरुआ पानी अर्थात पहाड़ का पानी–बाढ़ का पानी ?

जवान चरवाहों ने उसकी बात को हँसी में उड़ा दिया। किंतु जानवरों की देह की कँपकँपी बढ़ती गई। वे झुंड बाँधकर कगार पर खड़े नदी की ओर देखते और भड़कते। फिर धरती पर मुँह नहीं रोपा किसी बछड़े ने भी।

कारी-कोसी की शाखा-नदियाँ–पनार, बकरा, लोहंद्रा और महानदी के दोनों कछारों पर भदई धान, मकई और पटसन के खेतों पर मोटी कूँची से पुता हुआ गहरा-हरा रंग ! गाँवों की अमराइयों और आँगनों में 'मधुश्रावणी' के मोहक गीतों की गूँज ! हवा में नववधुओं की सूखती-लहराती लाल, गुलाबी, पीली चुनरियों की मादक गंध ! मड़ैया में लेटे, मकई के दुधिया बालों की रखवाली करनेवाले अधेड़ किसान के मन में रह-रहकर एक मीठा पाप जगता है–पाट के खेतों में साग खोंटनेवाली काली-काली जवान मुसहरनियों के झुंड को देखकर। वह विरहा अलापने लगता है, ऊँचे सुर में–'अरे साँबरी सुरतिया पर चमके टिकुलिया कि छतिया पर जोड़ी अनार गे–छौंड़ी छतिया पर जोड़ी अ-ना-आ-आ-आ-र !'

"मार मुँहझौंसे बुढ़वा-वानर को। बुढ़ौती में अनार का सौख देखो।"

लड़कियाँ खिलखिलाकर हँसीं। हँसते-हँसते एक-दूसरे पर गिर पड़ीं।··· छौंड़ी माने तू बोली हमार गे–छौंड़ी माने तू बतिया ह-मा-आ-आ-आ-र !

···अनार नहीं, अन्हार ! अर्थात अंधकार !

पाट के खेतों सहित काली-काली जवान मुसहरनी छोकरियाँ आकाश में उड़ गईं ? दल बाँधकर मँडरा रही हैं ? हँसती हैं तो बिजली चमक उठती है।··· रखवाला सूरज दो घड़ी पहले ही डूब गया। अं-ध-का-आ-आ-आ-आ-र !

साँझ को बूँदाबाँदी शुरू हुई। मन का हुलास, गले से बरसाती गीत 'बारहमास' की लय में फूटकर निकल पड़ा–'एहि प्रीति कारन सेतु बाँधल सिया उदेस सिर-राम हे-ए-ए-ए-ए-ए !'

हे-ए-ए-ए-हो-ओ-ओ-ओ !

··· हथिया (हस्ता) नक्षत्र की आगमनी गाती हुई पुरवैया हवा, बाँस के वन में नाचने लगी। उसके साथ सैकड़ों प्रेतनियाँ, डाल-डाल में झूले डालकर झूल पड़ीं। ··· विकट किलकारियाँ !

झमाझम वर्षा में दूर से एक करुण अस्फुट गुहार आकर गाँवों को सिहरा गया–हे-ए-ए-ए-हो-ओ-ओ-ओ !

··· कोई औरत राह भूलकर अँधेरे में पुकार रही है ?

बाँस-वन की प्रेतनियाँ, करोड़ों जुगनुओं से जड़ीं चुनरियाँ उड़ाती दौड़ीं, खेतों की ओर।··· डरे हुए बच्चों को माताओं ने अपनी छातियों से चिपका लिया। दूर नदी के किनारे खेतों में खड़ी कोई उसी तरह पुकारती-गुहारती रही– हे-ए-ए-ए-हो-ओ-ओ-ओ !

··· खेत की लछमी आधी रात में रो रही है ?

··· सर्वनाश !

गुहार की पुकार क्रमशः क्षीण होती गई और एक क्रुद्ध गुर्राहट की खौफनाक आवाज उभरी–'गों-ओं-ओ-ओ !'

··· हवाई जहाज ?

गुर्राहट क्रमशः निकट आ रही है। सबसे उत्तरवाले गाँव के सैकड़ों लोग एक साथ चिल्ला उठे। भयातुर प्राणियों के कंठों से चीखें निकलीं–"बा-आ-आ-ढ़ ! अरे बाप !"

"बाढ़ ?"

"बकरा नदी का पानी पूरब-पच्छिम दोनों कछार पर 'छहछह' कर रहा है। मेरे खेत की मड़ैया के पास कमर-भर पानी है।"

"दुहाय कोसका महारानी !"

इस इलाके के लोग हर छोटी-बड़ी नदी को कोसी ही कहते हैं।··· कोसी-बराज बनने के बाद भी बाढ़ ?··· कोसका मैया से भला आदमी जीत सकेंगे ?··· लो और बाँधो कोसी को !

"अब क्या होगा ?"

कड़कड़ाकर खेतों में बिजली गिरी। गाँव के लोगों की आँखों की रोशनी मंद हो गई।··· एक तरल अंधकार में दुनिया डूब रही है।··· प्रलय–प्रलय !

निरुपाय, असहाय लोगों ने झाँझ-मृदंग बजाकर कोसी मैया का वंदना-गीत

शुरू किया।

जवानों ने टाँगी-कुदाली से बाँस की बल्लियों, लकड़ियों को काटकर मचान बाँधना शुरू किया।

मृदंग-झाँझ के ताल पर फटे कंठों के भयोत्पादक सुर··· "कि आहे-मैया-कोसका-आ-आ-हैय-मैया-तोहरो-चरनवाँ-गै मैया अड़हूल-फूलवा कि-हैय-मैया-हमहु-चढ़ायब-हैय··· !"

··· धिन-तक-धिन्ना, धिन-तक-धिन्ना !

··· छम्मक-कट-छम, छम्मक-कट-छम !

उतराही-गाँव का एकमात्र 'पढ़ुआ-पागल' हँसता हुआ इसी ताल पर जनकवि नागार्जुन की कविता की आवृत्ति कर रहा है–"ता-ता थैया, ता-ता-थैया, नाचो-नाचो कोसी मैया··· !"

और सचमुच इसी ताल पर नाचती हुई कोसी मैया आई और देखते-ही-देखते खेत-खलिहान-गाँव-घर-पेड़–सभी इसी ताल पर नाचने लगे–ता-ता-थैया ता-ता थैया ··· धिन तक-धिन्ना, छम्मक कट-छम !

–मुँह बाए, विशाल मगरमच्छ की पीठ पर सवार दस-भुजा कोसी नाचती, किलकती, अट्टहास करती आगे बढ़ रही है।

अब मृदंग-झाँझ नहीं, गीत नहीं–सिर्फ हाहाकार !

किंतु नौजवान लोग जीवट के साथ जुटे हुए हैं; मचान बाँध रहे हैं; केले के पौधों को काटकर 'बेड़ा' बना रहे हैं।··· जब तक साँस, तब तक आस !

"ओसारे पर पानी आ गया !"

"बछरू बहा जा रहा है। धरो-पकड़ो-पकड़ो !"

"किसका घर गिरा ?"

"मड़ैया में कमर-भर पानी !"

"ताड़ के पेड़ पर कौन चढ़ रहा है ?"

"घर में पानी घुस गया। अरे बाप !"

"छप्पर पर चढ़ जा !"

"माय गे-ए-ए-ए–बाबा हो-ओ-ओ-दुहा-ई-ई-सँभल के-ले ले गिरा-गिरा–छप्पर पर चढ़ जा–ए सुगनी-रे··· रमललवा-आ-आ दीदी ई-ई-हाय-हाय–माय गे–बाबा हो-हो–हे इस्सर महादेव–ले ले गया-गया–डूबा-डूबा–आँगन में छाती-भर पानी–यह छप्पर कमजोर है, यहाँ नहीं–यहाँ जगह नहीं–हे हे लें ले गिरा–भैंस का बच्चा बहा रे-ए-ए-ए–डोमन ए डोमन-साँप-साँप–जै गौरा पारबती–रस्सी कहाँ है–हँसिया दे–बाप रे बाप–ता-ता थैया, ता-ता थैया, नाचो-नाचो कोसी मैया–छम्मक-कट-छम··· !"

भोर के मटमैले प्रकाश में ताड़ की फुनगी पर बैठे हुए वृद्ध गिद्ध ने देखा–दूर, बहुत दूर तक गेरुआ पानी-पानी-पानी ! बीच-बीच में टापुओं जैसे गाँव-घर, घरों और पेड़ों पर बैठे हुए लोग। वह वहाँ एक भैंस की लाश ! डूबे हुए पाट और

मकई के पौधों की फुनगियों के उस पार··· ।

राजगिद्ध पाँखें तोलता है–उड़ान भरता है ! हहास !

जंगली बत्तकों की टोली अपने घोंसलों और अंडों को खोज रही है। टिटही असगुन और अमंगल-भरी बोल रही है।

बादल फिर घिर रहे हैं। हवा फिर तेज हुई।··· दुहाई !

इस क्षेत्र के पराजित उम्मीदवार, पुराने जन-सेवकजी का सपना सच हुआ। कोसका मैया ने उन्हें फिर जनसेवा का 'औसर' दिया है।··· जै हो, जै हो ! इस बार भगवान ने चाहा तो वे विरोधी को पछाड़कर दम लेंगे। वे कस्बा रामनगर के एक व्यापारी की गद्दी से टेलीफोन करके जिला मैजिस्ट्रेट तथा राज्य के मंत्रियों से योगसूत्र स्थापित कर रहे हैं–"हैलो ! हैलो··· !"

राजधानी के प्रसिद्ध हिंदी दैनिक-पत्र के स्थानीय निज संवाददाता को बहुत दिन के बाद ऐसा महत्त्वपूर्ण समाचार हाथ लगा है–क्या ? प्रेस-टेलीग्राम का फार्म नहीं है ?··· ट्रा-ट्रा-टक्का-टक्का ट्रा-ट्रा··· !

"हैलो हैलो। हैलो पुरनियाँ, हैलो पटना, हैलो कटिहार।"

··· ट्रा-ट्रा-टक्का-टक्का··· !

"हैलो, मैं जनसेवक शर्मा बोल रहा हूँ। जी ? जी, करीब पचास गाँव एकदम जलमग्न–डूब गए। नहीं हुजूर, नाव नहीं, गाँव। गाँव माने विलेज, जी ? कुछ सुनाई नहीं पड़ रहा जी ! नाव एक भी नहीं है। हुजूर, डी. एम. को ताकीद किया जाय जरा। जी ? इस इलाके का एक एम. एल. ए. ? जी, वह तो विरोधी पार्टी का है। जी··· जी ? हैलो-हैलो-हैलो !"

जनसेवकजी ने संवाददाता को पोस्ट ऑफिस के काउंटर पर पकड़ा और उसे चाय की दुकान पर अपना बयान लिखाने के लिए ले गए। किंतु चाय की दुकान पर सुविधा नहीं हुई, तो उसे अपने डेरे पर ले गए। लिखो–"स्मरण रहे कि ऐसा बाढ़··· बाढ़ स्त्रीलिंग है ? तब, ऐसी बाढ़ ही लिखो। हाँ, तो स्मरण रहे कि ऐसी बाढ़ इसके पहले कभी नहीं आई···।"

"किंतु दस साल पहले तो···।"

"अजी, दस साल पहले की बात कौन याद रखता है ! तो लिखो 'कि सूचना मिलते ही आधी रात को मैं बाढ़ग्रस्त इलाके··· ।' और सुनो, आज ही यह 'स्टेटमेंट' चला जाए। वक्तव्य सबसे पहले मेरा छपना चाहिए।"

संवाददाता अपनी पत्रकारोचित बुद्धि से काम लेता है–"लेकिन एम. एल. ए. साहब ने तो पहले ही बयान दे दिया है–'फर्स्ट प्रेस ऑफ इंडिया' को–सीधे टेलीफोन से।"

जनसेवक शर्मा का चेहरा उतर गया।··· इत्तने दिन के बाद भगवान ने जनसेवा का औसर दिया और वक्तव्य चला गया पहले विरोधी का ? दुश्मन का ? चीनी

आक्रमण के समय भी भाषण देने और फंड वसूलने में वह पीछे रह गए। और, इस बार भी ?

"सुनो। मैंने कितने बाढ़ग्रस्त गाँवों के बारे में लिखाया था ? पचास ? उसको डेढ़ सौ कर दो।··· ज्यादा गाँव बाढ़ग्रस्त होगा तो रिलीफ भी ज्यादा-ज्यादा मिलेगा, इस इलाके को। अपने क्षेत्र की भलाई के लिए मैं सबकुछ कर सकता हूँ। और झूठ क्यों ? भगवान ने चाहा तो कल तक दो सौ गाँव जलमग्न हो जा सकते हैं !"

संवाददाता को अपना वक्तव्य देने के बाद उन्होंने अपने कार्यकर्ताओं की विशेष 'आवश्यक और अरजेंट' बैठक बुलाई। वक्तव्य में उन्होंने जिस बात की चर्चा नहीं की, उसी पर विशेष प्रकाश डालते हुए सुझाया—"यह जो बरदाहा-बाँध बना है पिछले साल, इसके कारण इस कस्बा रामपुर पर भी इस बार खतरा है। पानी को निकास नहीं मिला तो कल सुबह तक ही—हो सकता है—पानी यहाँ के गाड़ीवान टोला तक ठेल दे !"

गाड़ीवान टोले के कर्मठ कार्यकर्ताओं ने एक-दूसरे की ओर देखा। आँखों-ही-आँखों में गुप्त कार्रवाई करने का प्रस्ताव पास हो गया।

दूसरे दिन सुबह को संवाददाता ने नया संवाद भेजा—"आज रात बरदाहा-बाँध टूट जाने के कारण करीब डेढ़ सौ गाँव फिर डूबे···।" टक्का-टक्का-ट्रा-ट्रा ! जनसेवकजी 'ट्रंक' से पुकारने लगे—'हैलो-हैलो-हैलो पटना, हैलो पटना··· !!"

कस्बा रामपुर के व्यापारियों और बड़े महाजनों ने समझ लिया—'सुभ-लाभ' का ऐसा अवसर बार-बार नहीं आता। चीनी आक्रमण के समय वे हाथ मलकर रह गए।··· यह अकाल का हल्ला चल ही रहा था कि भगवान ने बाढ़ भेज दिया। दरवाजे के पास तक आई हुई गंगा में कौन नहीं हाथ धोएगा भला ! उनके गोदाम खाली हो गए, रातों-रात बही-खाते दुरुस्त ! अकाल-पीड़ितों के लिए फंड में पैसे देने की सरकारी-गैर-सरकारी अपील पर, उन्होंने दिल खोलकर पैसे दिए।··· अनाज ? अनाज कहाँ ?

सरकारी कर्मचारियों ने उनके खाली गोदामों पर सरकारी ताले जड़ दिए।

"भाइयो ! भाइयो !! आज शाम को। स्थानीय टाउन हॉल यानी 'ठेठरहोल' में। कस्बा रामपुर की ज़नता की एक विराट सभा होगी। इस सभा में बाढ़-पीड़ित-सहायता-कमिटी का गठन होगा। भाइयो ! भाइयो··· !"

"प्यारे भाइयो ! द अनसारी टूरिंग सिनेमा के रुपहले परदे पर आज रात एक महान पारिवारिक खेल··· प्यारे भाइयो··· आज रात !"

"मेहरबान, आँख नहीं तो कुछ नहीं। जिन भाइयों की आँखों में लाली हो—आँख से पानी गिरता हो—मोतियाबिंद और रतौंधी हो—एक बार हमारी कंपनी का मशहूर और मारूफ अंजन इस्तेमाल करके देखें···।"

··· मैं का करूँ राम मुझे बुड्ढा मिल गया !

··· छप गया-छप गया। इस इलाके का ताजा समाचार। दो सौ गाँव डूब गए।

··· आ गया ! आ गया ! सस्ता बंबैया चादर !

··· आ गई। आ गई। रिलीफ की गाड़ी आ गई।

··· आ गईं। आ रही हैं। तीन दर्जन नावें।

··· सिंचाई मंत्रीजी आ रहे हैं।

··· भिक्षा दो भाई भिक्षा दो–चावल-कपड़ा पैसा दो।

··· इंकलाब जिंदाबाद !

कस्बा रामपुर के दोनों स्कूल, मिडिल और उच्च-माध्यमिक विद्यालय के लड़के जुलूस निकालकर, गीत गाकर, फटे-पुराने कपड़े बटोरते रहे। शाम होते-होते वे दो दलों में बँट गए। बात गाली-गलौज से शुरू होकर 'लाठी-लठौवल' और छुरेबाजी तक बढ़ गई।··· दिन-भर जुलूस में गला फाड़कर नारा लगाया–गाना गाया मिडिल स्कूल के लड़कों ने और लीडर में नाम लिखा जाए हायर सेकेंड्री के लड़के का ? मारो सालों को !

किंतु रिलीफ-कमिटी के सभापति श्री जनसेवक शर्माजी निर्विरोध निर्वाचित हुए। एम. एल. ए. साहब को लोगों ने मिलकर खूब फींचा। "वोट माँगने के समय तो खूब 'लाम काफ' बघार रहे थे। और अभी सरकारी रिलीफ–बोट की बात तो दूर, एक फूटी नाव तक नहीं जुटा सकते ?··· जवाब दीजिए, क्यों आई यह बाढ़ ?··· आपकी बात नहीं सुनी जाती तो दे दीजिए इस्तिफा !"

एम. एल. ए. साहब के सभी 'मिलीटेंट-वर्कर' अनुपस्थित थे। नहीं तो बात यहाँ भी रोड़ेबाजी से शुरू होकर··· !

सभी राजनैतिक पार्टियों के प्रमुख नेता अपने-अपने कार्यकर्ताओं के जत्थे के साथ कस्बा रामपुर पहुँच रहे हैं। उनके अलग-अलग कैंप गड़ रहे हैं।

सरकारी डॉक्टरों और नर्सों की टोली अभी-अभी पहुँची है। डाकबँगले के सभी कमरों में आफिसरों के डेरे हैं।··· अफसरों की 'कोर्डिनेशन मीटिंग' बैठी है।

सभी राजनैतिक पार्टी के नेताओं ने अपने प्रतिनिधि का नाम दिया है–विजिलेंस-कमिटी की सदस्यता के लिए। प्रायः सभी पार्टियों में दो गुट हैं–आफिशियल ग्रुप, डिसिडेंट···। हर कैंप में एक दबा हुआ असंतोष सुलग रहा है।

··· कल मुख्यमंत्रीजी 'आसमानी दौरा' करेंगे।

··· केंद्रीय खाद्यमंत्री भी उड़कर आ रहे हैं।

··· नदी-घाटी-योजना के मंत्रीजी ने बयान दिया है।

··· और रिलीफ भेजा जा रहा है। चावल-आटा-तेल-कपड़ा-किरासन-तेल-माचिस-साबूदाना-चीनी से भरे दस सरकारी ट्रक रवाना हो चुके हैं।

··· कल सारी रात विजिलेंस कमिटी की बैठक चलती रही।

"भाइयो ! आज शाम को। म्युनिसिपल मैदान में। आम सभा होगी। जिसमें सरकार की वर्तमान 'रिलीफ नीति' के खिलाफ घोर असंतोष प्रकट किया जायगा। रिलीफ कमिटी का मनमाना गठन करके···।"

"भाइयो ! कल साढ़े दस बजे दिन को। कामरेड चौबे। स्थानीय रिलीफ-आफिसर

के सामने। अनशन करने के लिए··· !"

··· जा जा जा रे बेईमान, तोरा एको न धरम। एको न धरम हाय कछू ना शरम। जा जा जा रे बेइमान तोरा··· !

"भाइयो !"

दो दिन से छप्परों, पेड़ों और टीलों पर बैठे पानी से घिरे भूखे-प्यासे और असहाय लोगों ने देखा–नावें आ रही हैं।

अगली नाव पर झंडा है। कांग्रेसी झंडा !

पिछली नाव पर भी। मगर दूसरे रंग का।

··· जै हो ! महात्मा गाँधी की जै !

··· ए ए ! इसमें महात्मा गाँधी की जय की क्या बात है ?

··· हड़बड़ाओ मत। नहीं तो डाली टूट जाएगी।

··· तीसरी नाव ! अरे-रे ! वह नाव नहीं। मवेशी की लाश है और उस पर दो गिद्ध बैठे हैं।

··· हवाई जहाज ! हवाई जहाज !

नावें करीब आती गईं। अगली नाव पर जनसेवकजी स्वयं सवार हैं। उनकी नाव पर 'माइक' फिट है। वे दूर से ही अपनी भूमिका बाँध रहे हैं–"भाइयो, हालाँकि पिछले चुनाव में आप लोगों ने मुझे वोट नहीं दिया। फिर भी आप लोगों के संकट की सूचना पाते ही मैंने मुख्यमंत्री, सिंचाई मंत्री, खाद्य मंत्री··· !"

पिछली नाव पर विरोधी दल के कार्यकर्ता थे। उन्होंने एक स्वर से विरोध किया–"यह अन्याय है। आप सरकारी नाव और सरकारी सहायता का इस्तेमाल गलत तरीके से पार्टी के प्रचार में···।"

जनसेवक रिलीफ कमिटी के सभापति हैं। उन्हें विरोध की परवाह नहीं। वे जारी रखते हैं–"भाइयो, आप लोग हमारे कार्यकर्ताओं को अपनी संख्या नाम-ब-नाम लिखा दें। आप लोग एक ही साथ हड़बड़ाकर नाव पर मत चढ़ें। भाइयो, स्टाक अभी थोड़ा है। नाव की भी कमी है। इसलिए जितना भी है आपस में सलाह करके बाँट-बटवारा··· !"

रिलीफ कमिटी के सभापति की नाव जलमग्न क्षेत्र में भाषण बोती हुई चली गई। साथवाली नाव पर बैठे लोग लगातार विरोध करते हुए साथ चले। दोनों नाव से कुछ कार्यकर्ता उतरे–बही-खाता लेकर।

"बड़ी नाव आ रही है !"

"भैया, खाली नाव ही आ रही है या और भी कुछ ? बच्चे भूख से बेहोश हैं। मेरी बेटी लबेजान है।"

दो दर्जन नावें शाम तक लोगों को बटोरती रहीं। रात को विजिलेंस कमिटी की बैठक में रिलीफ आफिसर ने स्पष्ट शब्दों में कह दिया, "नावों पर किसी पार्टी

का झंडा नहीं लगेगा !··· बगैर अँगूठा-टीप लिए या बिना दस्तखत कराए किसी को कोई चीज नहीं दी जाए।··· हमें दुख है कि हम बीड़ी नहीं सप्लाई कर सकते।··· रिलीफ बाँटते समय किसी पार्टी का प्रचार या निंदा करना गैरवाजिब है। ऐसा करनेवालों को कमिटी का किसी प्रकार का काम नहीं सौंपा जाएगा।"

डॉक्टरों और नर्सों को अभी कोई काम नहीं। 'इनडोर' और 'आउटडोर' खेलों में मस्त हैं··· गेम बॉल !··· टू स्पेड !··· की मिस बनर्जी–की, होलो ?··· नो ट्रंप !

रेलवे लाइन के ऊँचे बाँध पर–कस्बा रामपुर के हाट पर पेड़ों के नीचे स्कूलों में बाढ़-पीड़ितों के रहने की व्यवस्था की गई है। जिन गाँवों में पानी नहीं घुसा है, मगर पानी से घिरे हैं, ऐसे गाँवों में भी लोगों के रहने की व्यवस्था की गई है। उनके लिए रोज राशन लेकर नावें जाती हैं। डॉक्टरों और नर्सों के कई जत्थे गाँवों में सेंटर चलाने के लिए भेजे गए हैं।

पानी धीरे-धीरे घट रहा है !

मुसहर तथा बहरदारों का दम, कैंप के घेरे में कई दिन से फूल रहा था। इन घुटते हुए लोगों ने पानी घटने की खबर सुनते ही डेरा-डंडा तोड़ दिया। वे पानी के जानवर हैं। पानी-कीचड़ में वे महीनों रह सकते हैं··· टीप देते-देते अँगूठे की चमड़ी भी काली हो गई।··· भीख माँगकर खाना अच्छा, मगर रिलीफ का हलवा-पूड़ी नहीं छूना। छिः छिः !!··· वह 'कुर्र-अंक्खा' भोलंटियर मेरी सुगनी को फुसला रहा था, जानते हो ?··· सब चोरों का ठठ्ठ !

"भाइयो, कैंप से जाने के पहले। अपने इंचार्ज को। अवश्य सूचित करें। जिन गाँवों से पानी हट गया है वहाँ के लोग अब जा सकते हैं। उनके पुनर्वास के लिए रिलीफ कमिटी की ओर से बाँस-बाड़-सूतली तथा और जरूरी सामान··· !"

"भाइयो, आपको मालूम होना चाहिए। कि आपकी सहायता के लिए। आए हुए सामान के वितरण में। घोर धाँधली हो रही है। आप खुद अपनी आवाज बुलंद करके। मौजूदा कमिटी को··· !"

"··· भाइयो–भाइयो ! सुनिए। दोस्तो !!"

भाइयो-भाइयो पुकारते हुए दोनों घोषणा करनेवालों ने एक-दूसरे को झूठा और बेईमान कहना शुरू किया। फिर मारपीट शुरू हुई। पुलिस ने शांति स्थापित करने के लिए लाठी-चार्ज किया। कई बाढ़-पीड़ित रात-भर हिरासत में रहे।

··· राजधानी के प्रमुख अंग्रेजी पत्र ने पर्दाफाश करते हुए लिखा–"छोटी-छोटी नदियों, खासकर कोसी की पुरानी धाराओं में, छोटे-बड़े बाँध बाँधने में पी. डब्ल्यु. डी. के इंजीनियरों ने अदूरदर्शिता से काम लिया है। यही कारण है कि जिन क्षेत्रों में कभी बाढ़ नहीं आई, वे जलमग्न हैं इस बार। सरकार के अकर्मण्य कर्मचारियों··· ।"

··· दूसरे दैनिक ने इस बाढ़ की जिम्मेदारी पड़ोसी राज्य के अधिकारियों के सिर थोपते हुए लिखा–"पड़ोसी राज्य ने हमारे राज्य की सीमा से सटे हुए क्षेत्र

में बराज बाँधकर सारे उत्तर-पूर्वी बिहार की तमाम छोटी नदियों का निकास अवरुद्ध कर दिया। बराज बनाने के पहले यदि हमारे राज्य-अधिकारियों से सलाह-परामर्श किया जाता तो ऐसी बाढ़ नहीं आती।"

स्थानीय, अर्थात् जिला से निकलनेवाली साप्ताहिक पत्रिका ने इस बाढ़ को 'मैनमेड' बाढ़ करार देते हुए प्रमाणित किया—"पड़ोसी राज्य नहीं, पड़ोसी राष्ट्र के कर्णधारों ने ही हमें डुबाया है।"

बरदाहा बाँध टूटने की जिम्मेदारी चूहों पर पड़ी। चूहों ने बाँध में असंख्य 'माँद' खोदकर जर्जर कर दिया था—एक ही साल में।

··· पढ़िए-पढ़िए—ताजा समाचार ! सारे राज्य में हाहाकार ! राज्य की मौजूदा सरकार के खिलाफ अविश्वास के प्रस्ताव की तैयारी ! मुख्यमंत्री के निवास पर अनशन !

पचास टिन किरासन, दस बोरा आटा और चावल के साथ रिलीफ की नाव पनार नदी की बीच धारा में डूब गई !··· लापता हो गई।

जनसेवकजी के विरोधियों ने मुकदमा दायर किया है। करें। जनसेवकजी का काम बन चुका है। सारे इलाके में उनका जयजयकार हो रहा है।··· चुनाव में हारने और चीनी आक्रमण के समय पिछड़ जाने की सारी ग्लानि दूर हो गई है। उन्होंने सूद-सहित वसूल लिया है।··· भगवान जरूर है, कहीं-न-कहीं।

··· भाइयो !

··· ओ मेरे वतन के लोगो ! जरा आँख में भर लो पानी··· !

आकाश में गिद्धों की टोली भाँवरी ले रही है। सैकड़ों काले-काले पंख—मँडराते हुए बादलों जैसे।

धरती पर मरे हुए पशुओं की लाशें—कंकाल ! हरी-भरी फसलों के सड़ते हुए पौधे !

··· दुर्गंध-दुर्गंध-गंध !

··· कीचड़-केंचुए-कीड़े—धरती की सड़ी हुई लाश !

सर्वहारा लोगों की टोली, सिर झुकाए बचे-खुचे पशुओं को हाँकते, बाल-बच्चों, मुर्गे-मुर्गियों, बकरे-बकरियों को गाड़ियों, बँहगियों और पीठ पर लादकर अपने-अपने गाँव की ओर जा रही हैं, जहाँ न उनकी मड़ैया साबित है और न खेतों में एक चुटकी फसल। किंतु उनके पैर तेजी से बढ़ रहे हैं। तीस-बत्तीस दिन के रौरववास के बाद उनके दिलों में अपने बेघर के गाँव और कीचड़ से भरे खेतों के लिए प्यार की बाढ़ आ गई है।··· कीचड़ पर उनके पैरों के छाप दूर-दूर तक अंकित हो रहे हैं।

गाँव फिर से बस रहे हैं।

सरकारी रिलीफ, कर्ज और सहायता के बोझ से दबी हुई आत्माओं में फिर

देवता आकर बसने लगे। तीस-बत्तीस दिन तक अपनी-अपनी जान के लिए वे आपस में लड़ते रहे, रिलीफ के कार्यकर्ताओं की खुशामद करते रहे। स्वार्थ-सिद्धि के लिए उन्होंने एक-दूसरे की गर्दन पर हाथ रखे, दूसरे का हिस्सा हड़पा, चोरी की, झगड़ा किया।··· सभी के दिल में शैतान का डेरा था।

आसिन का सूरज रोज धरती को जगाता है। सूखते हुए कीचड़ों पर दूब के अँखुए हरे हुए।

जंगली बत्तकों की पाँती 'पैंक-पैंक' करती हुई चक्कर मार रही है। चील, काग, गिद्ध–सभी प्यारे लगते हैं। गड्ढों में 'कोका' के फूल हैं या बगुले ?··· हरसिंगार की डाली फूलों से लद गई। हवा में आगमनी का सुर–माँ आ रही है ! डाली फूलों से लद गई। हवा में आगमनी का सुर–माँ आ रही है ! भिखारिनी–अन्नपूर्णा माँ !

मिट्टी-कीचड़ की प्रतिमा में प्राण-प्रतिष्ठा का मंत्र फूँककर मिट्टी की संतान ने पुकारा–माँ-आँ-आँ ! हमें क्षमा करो··· !

पूजा के ढोल बजने लगे, सभी ओर।

कारी-कोसी की निर्मल धारा में अष्टमी का चाँद हँसा। शरणार्थी बंगाली मल्लाहों के गीत की एक कड़ी रजनीगंधा के तुनुक-कोमल डंठलों की तरह टूट–टूटकर बिखर रही है–ओ रे भा-य-य-य ! तोमारि लागिया-बधुआ-आ-आ-काँदे हाय हाय–उगो पिरित करिया बधुआ मने पस्ताय··· !

इलाके का 'पढ़ुवा पागल' आजकल 'निराला' की एक ही पंक्ति को बार-बार दुहराता है–'मिट्टी का ढेला शकरपाला हुआ।'

'धर्मयुग', 8 नवंबर, 1964 के अंक में प्रकाशित

रस के बस में–चार रात

24 दिसंबर, '64–रामकृष्ण मिशन आश्रम, पटना, में आयोजित 'क्रिसमस ईव' से लौट रहा हूँ। मन-प्राण स्वर्गीय सुगंध में डूबा हुआ है। जीभ पर प्रसाद (केक) की गुलाबी मिठास ! किंतु, ओवरकोट इतना भारी है कि लगता है कंधे पर सलीब ढो रहा हूँ। एक कुहरा-भरी साँझ में अभी जो कुछ देखता हूँ, उस पर एक 'क्रॉस' की छाया उभर आती है : सड़क, रोशनी, रिक्शा, आदमी, क्रॉस+क्रॉस+क्रॉस+++ – आश्रम से निकलकर दाहिनी ओर मुड़ रहे थे पैर–जिधर जाते-जाते गाँधी मैदान

के पास जाकर मैं एक 'जहन्नुम' में चला जाता। मन मना कर रहा था, मगर पैर मुड़ रहे थे। हठात् कर्कश हॉर्न सुनकर वाम दिशा के फुटपाथ पर चढ़ गया। देखा, एंबुलेंस बाय-पास होकर छुतहा अस्पताल जा रहा है। कुहरे में भी, दूर तक, सफेद मोटर-वान पर अंकित रेड-क्रॉस दिखलाई पड़ता है। फिर कुहासे के झीने पर्दे पर–कंपलिमेंटरी कलर में क्रॉस+क्रॉस+क्रॉस ! बाईं ओर चलता हुआ घर आया।

मेरी सूरत देखकर ही घर के लोग समझ जाते हैं, मैं आज जहन्नुम से नहीं, जन्नत से आ रहा हूँ।

संयोग की बात, बिजली चली गई ! हमने आध दर्जन मोमबत्तियों को जलाकर उजाला किया। घर का हर प्राणी, नौमी–सुनहरी, झबरी, हमारी नौमी !–और तोतू (हरबोला पंछी !) भी, अचानक ईश्वरोन्मुख हो गया। सभी के चेहरों पर एक दिव्यभाव ! काँपती हुई रोशनी में काँपते हुए हम भोजन करने बैठे। लगता है कहीं पास ही कोई मद्धिम आवाज में गद्‌गद कंठ से पढ़ रहा है–'भोजन करते समय येसु ने रोटी ली और उसे आशीष देकर तोड़ा और अपने शिष्यों को देते हुए कहा–लो और खाओ, यह मेरा शरीर है··· तब कटोरा लेकर धन्यवाद दिया और यह कहते हुए उन्हें दिया–इसमें से सब-के-सब पी लो, क्योंकि यह मेरा लहू है, व्यवस्थान का लहू जो बहुतों के लिए बहाया जा रहा है, कि उन्हें पापों की क्षमा मिले।··· मैं ही रोटी हूँ, जीवित रोटी, जो स्वर्ग से उतरी है··· जो संसार के जीवन के लिए समर्पित है।··· '

यदि उस समय एंबुलेंस का हॉर्न मुझे बाएँ फुटपाथ पर नहीं कर देता, बहुत दूर तक रेडक्रॉस नहीं जगमगाता रहता, तो मैं दाहिनी ओर मुड़ रहा था।

जन्नत से लौटकर जिस साँझ आता हूँ–उस रात को नींद नहीं आती है। इसी के डर से मैं वहाँ हर साँझ नहीं जाता। महीनों नहीं जाता। हर साँझ को मौत खरीदने निकल जाता हूँ–जहन्नुम की ओर !

"कल, 25 दिसंबर को बड़ा दिन है, 'श्री श्री माँ' परमा प्रकृति सारदामणि का दिन है। सुबह साढ़े आठ बजे से विशेष-पूजा और हवन–रात में 'श्री श्री माँ' फिल्म-शो"–सूचना देने के लहजे में, मैं बोला–"कल 'श्री श्री माँ'। परसों–'विरेश्वर विवेकानंद' और 'मीराबाई'। 27 दिसंबर को 'परमहंस रामकृष्ण'–"

हमारे सोने के कमरे का एक कोना–'मिनिएचर मंदिर' है। एक छोटी-सी चौकी पर रंगीन चदरी बिछी हुई है। उस पर गणेश, शिव, बुद्ध, सरस्वती, ईसा और रामकृष्ण की छोटी-छोटी मूर्तियाँ हैं–दीवार के सहारे दशभुजा दुर्गा की रंगीन तस्वीर (पट !) टिकी हुई है और रामकृष्ण-सह-महाकाली की छवि ! मेरे गुरु स्वामी माधवानंद का फोटोग्राफ। दाहिनी दीवार पर ध्यानरत विवेकानंद। और इन सभी के ऊपर हैं–श्री श्री माँ !

चौकी के पास फर्श पर धूपदानी है और··· और सोलन की बोतल में गंगाजल···। बोतल का लेबल ज्यों-का-त्यों चिपका हुआ है।

बस एक बार, बंग देश की एक इंटेलेक्चुअल महिला ने पूछा था–'सबसे ऊपर

श्री माँ को रखने का कोई खास मतलब है क्या ?'

जो सही बात थी निवेदन किया–'मूर्तियों और तस्वीरों को सजाने-बैठाने-लटकाने के समय कोई खास मतलब नहीं था। जगह, आकार और जायतन के हिसाब से, सहूलियत जैसा हुआ··· मगर, अब एक मतलब निकाल लिया है। विवेकानंद अमेरिका से अपने गुरुभाई शिवानंद को लिखते हैं–जीती-जागती दुर्गा की पूजा दिखलाऊँगा। भाई, माँ की याद आते ही कभी-कभी कहता हूँ–को राम ? (अशोकवाटिका में सीता को देखकर, हनुमान भूल गए थे राम को–को रामः ?) रामकृष्ण परमहंस ईश्वर थे या आदमी–जो भी कहो–किंतु, जिसकी माँ पर भक्ति नहीं–उसको धिक्कार।'

फिर रामकृष्ण-सारदा कथोपकथन का एक टुकड़ा।

रामकृष्ण की पदसेवा करती हुई सारदा एक दिन हठात् पूछ बैठती हैं, "मैं तुम्हारी कौन लगती हूँ ?"

"तुम ? तुम मेरी आनंदमयी हो !··· जो माँ मंदिर में हैं (अर्थात्–भवतारिणी काली) वही नहबत-घर में (रामकृष्ण की माँ चंद्रमणि) हैं और वही यहाँ अभी मेरा पैर टीप रही हैं।"

भद्र महिला को स्मरण दिलाया था–'और, स्वयं रामकृष्ण ने जिनकी पूजा की थी। षोड़सी पूजा ! चरणों पर भक्ति-श्रद्धापूर्ण प्रणाम निवेदन किया था···।'

तब, उन्होंने मुस्कुराकर पूछा था, "और, इस बोतल में क्या है ?"

मैंने तनिक हकलाकर कहा था, "वह मैं हूँ।"··· अर्थात्, वह मेरा प्रतीक है। ··· यानी, सोलन की बोतल में गंगाजल।

बोली, "आपके अहंकार की तारीफ···।"

मैं बोला, "दासोऽहं। सोऽहं नहीं। रामकृष्ण की सीख !"··· वह झुँझलाकर हँसी थी। मन-ही-मन बोली थी–'भाँड' !

सचमुच, मैं 'भाँड' ही हूँ क्या ? बगुला भगत ? संभव है, होऊँ। मगर, अभी इस समय आधी रात को–जब गाँधी मैदान के पासवाले गिर्जाघर में घड़ीघंट घनघना उठा है–मैं भाँड नहीं। मैं हड़बड़ाकर, कुर्सी छोड़कर उठता हूँ और दीवार के सहारे खड़ा होकर दोनों हाथों को दोनों ओर फैला देता हूँ ! और, तब देवदूत कहता है–'डरो नहीं–सुनो, मैं तुम लोगों के लिए बड़ी खुशखबरी ले आया हूँ, जिससे सारी जनता को आनंद होगा। आज दाऊद की इसी नगरी में तुम्हारे लिए मुक्तिदाता जन्मे हुए हैं···।'

मैं हूँ सत्य, मैं हूँ मार्ग, मैं हूँ जीवन !–प्रभु ईसा कहते हैं।

पूजा और हवन में, समय पर नहीं पहुँच पाने के कारण, नहीं सम्मिलित हो सका।

किंतु, प्रसाद वितरण के बहुत पहले ही आश्रम पहुँच गया था। भंगी टोली के सैकड़ों प्रसादार्थियों की भीड़ में खड़ा होकर इस बार माँ का प्रसाद लूँगा। खिचड़ी प्रसाद। खेचरान्न ! रामकृष्ण तथा माँ को खिचड़ी बहुत प्रिय थी। इसलिए, इनकी पूजा में, भोग खिचड़ी का ही निवेदित होता है।

मैंने, पिछले कई वर्षों में एक बात की परीक्षा ले ली है। कई अभक्त [अर्थात् जो रामकृष्ण के भक्त नहीं, नास्तिक हैं, द्वंद्वात्मक भौतिकवादी हैं !] जनों को यह प्रसाद खिलाकर पूछा है–'ऐसी खिचड़ी पहले भी आपने कभी खायी थी ?' और, भोजन-रसिक मेरे मित्रों ने निस्संकोच जवाब दिया है–'कभी नहीं। इतनी सुस्वाद खिचड़ी !'

अथच, मूँग की दाल और चावल, आलू के अलावा इसमें न घी होता है और न कोई सुगंधित मसाला !

खिचड़ी खाकर अघाए हुए नंग-धड़ंग बच्चे में एक अजीब उत्साह है। रात में सिनेमा होगा। एक रात ही नहीं। तीन-तीन रात !

बंद, अँधेरे हॉल में बैठकर आनंद लूटने को, कोई आत्म-रति कहे तो, उसे मैं पागल नहीं कहूँगा। रामलीला, रासलीला, नौटंकी, जात्रा देखनेवाली जनता को भी देखा है और अंध-बंद-हॉल के दर्शकों की सिलहुट छवि भी। लालटेन, गैसबत्ती, पंचलाइट, डे-लाइट, किरोसिन लाइट, पैट्रोमेक्स की रोशनियों में हर मुखड़े पर अंकित, हँसी-रुदन, आनंद-अवसाद की रेखाएँ, स्पष्ट हो जाती हैं। किंतु, फिल्मयुग में अब नाटक भी अँधेरे में होता है।··· अंधकार में टटोलती हुई हँसी, ··· लड़खड़ाती हुई मुस्कुराहट, गुपचुप, फिसफिस··· !

लेकिन, खुले मैदान में जब-जब फिल्म देखी है, एक अद्‌भुत आनंद मिला है। पर्दे पर तस्वीरें अस्पष्ट उतरती हैं, आवाज झनझनाई हुई निकलती है, फीता बार-बार कट जाता है, इनके बावजूद–सुख मिलता है।

एक हजार दर्शकों में से सात सौ को छाँट देता हूँ–वे सिर्फ बायस्कोप देखने आए हैं। तीन सौ में, दो सौ को अभक्त की श्रेणी में डालकर–एक सौ दर्शकों को मैं रामकृष्ण का भक्त मान लेता हूँ।

रामकृष्ण मिशन के इस मैदान में, साल-भर में कई बार भारी भीड़ होती है। उस समय, आश्रम के विद्यार्थी जूतों की रखवाली से लेकर ट्राफिक कंट्रोल तक करते हैं। आश्रम के बड़े महाराज, समय-समय पर, शोरगुल करनेवालों को शांत करते हैं। किंतु, आज की भीड़ को कोई नहीं सँभाल रहा। लोग, जूते पहनकर ठाकुर-मंडप में खड़े हैं। उन्हें कोई कुछ नहीं कहता ! कुछ कहना बेकार है।··· कोलाहल··· कलरव··· आनंदोल्लास !

आज की रात–'श्री श्री माँ' में रामकृष्ण की भूमिका में श्री गुरुदास बंदोपाध्याय हैं। सुना है रामकृष्ण की भूमिका करते समय–शूटिंग के दिनों–आप रामकृष्ण-रस में विभोर रहते हैं। सबकुछ 'ऐबनॉरमल' हो जाता है ! पर्दे पर रोशनी उतरी और भीड़ धीरे-धीरे संयत हो रही है। स्वयं चारों ओर खामोशी छाती गई। खेल शुरू

होने के पहले··· ट्रेलर, डाक्यूमेंटरी दिखाई जा रही है– सिविक सेंस··· व्यक्ति है जो सार्वजनिक स्थलों पर, बसों में, ट्रेन में, ट्राम में, पब्लिक टेलिफोन पर, लिफ्ट पर, मुहल्ले के नल पर, घर में–हर जगह अपनी हरकतों से अनेकानेक हास्यास्पद स्थितियाँ पैदा कर जाता है।··· हहहह ! हहहह !

नहीं, भीड़ ने मूल बात को ग्रहण कर लिया है। एक तेरह साल का स्कूलिया लड़का अपने साथी से कह रहा है–'अभिये न देखले लकऊ पर्दा पर !'

··· श्री श्री माँ ! इसके अलावा मैं कुछ भी नहीं पढ़ सका। शायद, पढ़ना ही नहीं चाहता था–क्योंकि मैंने चेष्टा नहीं की। सिनेमा हॉल में भी मैं यही करता। एक अंधभक्त की दृष्टि से मैं यह 'लीला' देखने आया हूँ।··· मैं पलटदास हूँ ! मैं माँ सारदामणि को सीता कहता हूँ, मानता हूँ।

··· अद्‌भुत भाव-विभोर होकर सभी ने काम किया है। एक रील समाप्त होने के बाद विराम के क्षण में मुझे लगा, मैं उन्नीसवीं शताब्दी में पहुँच गया हूँ। मैं उस युग का आदमी नहीं··· मैं लट्टू महाराज हूँ जो, परम आह्लाद से माँ की रोटी बेलने को ही असल पूजा मानता है !

··· रामकृष्ण की आँखों को, विभिन्न अवस्था और 'भाव' के क्षणों में देखकर–देखते-देखते मैं चंचल हो उठा। लगा, ओवरकोट के नीचे–स्वेटर के नीचे कोई पतंगा घुस गया है। नहीं, मैं डर गया हूँ असल में।

मुझे बार-बार ऐसा लगता है कि जोर-जोर से रोने लगूँगा–चिल्लाने लगूँगा–हँसूँगा। हालाँकि, मैंने आज किसी किस्म का नशा नहीं सेवन किया है, मगर लोग कहेंगे–'साला ! यहाँ भी आया है पी के।'··· अथवा कहेंगे–'साला, गिरीश घोष की नकल कर रहा है !'

जब माँ सारदामणि, पगली वैष्णवी को प्यार से पुचकारकर शांत करने लगीं–मैं डगमगाता हुआ उठ खड़ा हुआ। फिर, उस भीड़ से कैसे बाहर निकला–स्मरण नहीं। बड़े महाराज ने पूछा–'क्यों ? चले ?' जवाब दिया–'नहीं। जरा खड़ा होकर इस पेड़ के नीचे से देखूँगा।'··· लेकिन, पाँच मिनट के बाद मैंने भागकर घर जाने में ही कुशल माना।

घर आकर लगा, इस भारी ओवरकोट के कारण ही मेरी वैसी अवस्था हो गई थी, शायद। बोझ और गर्मी के मारे 'ब्लड प्रेसर' पर असर··· नहीं, मुझे ब्लड प्रेसर की शिकायत नहीं। फिर भी, एक बार जँचवा लेने में क्या है ?··· ब्लड प्रेसर आपरेटस··· डाक्टर··· अस्पताल··· मेरे कमरे के मंदिर में कोई बोला–'अरे दुर साला ! निजे के रोगी-रोगी भाबले सत्ति-सत्ति रोगी हॅये जाबे ! किछु नेई··· !!' ओवरकोट के कारण नहीं–असल में रामकृष्ण के कारण ही मैं, 'लीला' से भाग आया।

मुझे बार-बार अस्पताल के उस महान् दिन की याद आती है; उन क्षणों की याद आती है, जब मैंने ठीक इसी तरह इस 'मूरत' को भाव-विह्वल होकर बोलते देखा था। उन क्षणों–उस दिन–के पहले तक रामकृष्ण की तस्वीर को देखकर–मेरे मन में कभी भक्ति नहीं उमड़ी, बल्कि, अश्रद्धा ही अधिक होती थी। और, मैं

उनके संबंध में कुछ नहीं जानता था। न कभी जानने की उत्सुकता हुई। यहाँ तक कि विवेकानंद उन्हीं के शिष्य हैं और विवेकानंद ने क्या-क्या कहा, क्या-क्या किया–यह सब जाने बगैर मन में विवेकानंद से बैर ठाने हुए था। मार्क्सवादी की हैसियत से हर मजहबी आदमी को अफीमखोर या गँजेड़ी आदमी मानता था!

1951-52.···

··· दो-दो बाल्टी रक्त उगलकर मैं ठंडा होता जा रहा था। उस दिन हमारे वार्ड में आध दर्जन से अधिक व्यक्ति मर चुके थे। पंखा बंद था, नल में पानी नहीं। मेरी जीभ पर··· गोंद··· मेरी साँसों को कोई गोंद से चिपकाकर··· फेफड़े का रोगी, अंतिम क्षणों तक होश में रहता है··· त्राहि-त्राहि मची हुई वार्ड में··· मुझे रह-रहकर नींद आती है··· गंध, दुर्गंध भीषण नरक–आँखें खुलते ही एक छाया चेहरे पर झुकी हुई–हट गई छाया! समझ गया–यह उचक्का मेहतर हर वार्ड में मरनासन्न लावारिस 'रोगियों' के इर्द-गिर्द मँडराता है। मरा कि टूटा !! वह झुककर परीक्षा कर रहा था–साँस चल रही है या नहीं। मुझे जिंदा देखकर छिटककर अलग जा खड़ा हुआ। मैंने तकिये के नीचे रखी हुई घड़ी-कलम को टटोलकर देखा। हाथ शायद तकिये के नीचे ही रहा और मैं फिर सो गया। हालाँकि, जगे रहने की अंतिम दम तक मैंने चेष्टा की।··· एक पागल या नशाबाज-दाढ़ीवाला हाथ में गाँजे का चिलम लेकर धुआँ उड़ाता हुआ मेरे पास आता है। जोर से धुआँ मेरी ओर फेंककर हँसता है–ठठाकर !··· वह मुझसे पूछता है कि तुम रो क्यों रहे हो ? और आश्चर्य–बंगला में ही पूछता है–फिर हँसकर कहता है–'दुर साला ! कांदछिस केन ?'–मैं कहता हूँ–'मुझे बहुत काम करना था, लेकिन यह नींद।··· मैं सोना नहीं चाहता··· ' दाढ़ीवाला गंभीर होकर, व्यंग्य-भरी मुद्रा में कहता है–'देश का उद्धार तो कर दिया, अब क्या ?··· साला देशेर सेबक··· सेबकेर जालाय लोके बाय-बाय कोर्बे··· तोमार तो कलम सोनार'··· 'हाँ, पार्कर फिफ्टी वन है न !'–मैं लजाकर कहता हूँ। दाढ़ीवाला बोला–'इस सोने की कलम से क्या-क्या लिखा ? कभी मेरा नाम लिखा ?··· दुर साला–किच्छुई जाने ना–हो-हो-हो–दुर साला–तोर किच्छुई नेई–तुमी भालो–तुमी रोगी नउ–तुमी सुस्थ–तुमी सुस्थ–उठो···।'

आँख खोलकर देखा–वार्ड के बरामदे पर धूप है ! लगा, मैं स्वस्थ हो गया। डेढ़ साल से चढ़ा हुआ बुखार आज आधा डिग्री उतरा–पहली बार !

डाक्टर हर्ड साहब आए–'क्राइसिस की रात कट गई !'

··· और उसी दिन से मेरा बुखार घटता गया, (कुल 90 पाउंड) वजन बढ़ता गया··· क्रमशः। पाँच छै महीने के बाद डाक्टरों ने वजन घटाने की सलाह दी। अस्पताल से 'डिस्चार्ज' होने के दिन डाक्टर साहब कह रहे थे, अपने विद्यार्थियों से–'कुछ अद्‌भुत ढंग से यह आराम हुआ–है न ?'

अस्पताल से निकलकर, दूसरे दिन एक किताब की दुकान पर गया। बंगला पुस्तकों में एक 'गेटअप' ने आकर्षित किया। परमपुरुष रामकृष्ण परमहंस। लेखक–अचिंत्य कुमार सेनगुप्त।··· प्रच्छदपट परिकल्पना–सत्यजित राय। (उस समय

तक फिल्म डायरेक्टर नहीं हुए थे)–और-और–अंदर फोटोग्राफ्स देखकर–मैं घबरा गया था। यह तो-तो-तो-तो उस दिन–छै-सात महीने पहिले अस्पताल में उस महान दिन को–उस रात को–यही मूरत ??

'रामकृष्ण विवेकानंद साहित्य' पढ़ना शुरू किया।··· वर्षों के भूखे-प्यासे आदमी को भोजन मिला हो, मानो बार-बार पढ़कर भी तृप्ति नहीं होती। अंत में इन ग्रंथों का 'पाठ' शुरू किया।

रामकृष्ण की छवि के सामने, विधिपूर्वक !··· अपना पहला उपन्यास लिखना शुरू किया। पांडुलिपि पर सबसे पहले 'ॐ भगवते श्री रामकृष्णाय नमः' लिखना चाहता था।··· से कि रे ! सोनार कलम दिए बई लिखबे ? आमार नाम लिखबे ? प्रथमे गणेशेर नाम लिखते हय रे बोका··· साला ! आमार की सूँड आछे जे आमि गणेश होबो ? जा स्साला, तोर जा मने इच्छे ताई लिख··· ! तब, मैंने 'श्री गणेश' नहीं लिखकर लिखा–सिर गनेश ! और तब उपन्यास का सिरगनेश (बिसमिल्लाह) किया।

आश्रम में 'श्री-श्री माँ' देखते वक्त मुझे वह अद्‌भुत हँसी सुनाई पड़ती थी। लगता था, बस अब मुझसे सवाल करेंगे–'की रे साला ! सोनार कलम दिए की लिखली ?'··· जो माटी वही सोना, जो सोना वही माटी ! फोरटीन कैरेट सोना–फोरटीन कैरेट माटी !

रामकृष्ण ने कहा था–'माँ, मुझे सूखा संन्यासी मत बनाना।–मुझे रस के बस में रखना।'

यदि, रामकृष्ण रस के बस में नहीं रहते, सूखा संन्यासी हो जाते, तो–तो–मैं समझता हूँ–आज बंगाल में न कोई गीत गाता, न नाटक खेलता, न फिल्म बनाता, न चित्र आँकता, न साहित्य-सृष्टि करता।··· मात्र, बारूद का गोदाम ! कल, 'विवेकानंद' और 'मीरा' की लीला देख सकूँगा या नहीं–राम जाने।··· लेकिन आज की रात भी नींद नहीं आएगी–यह मैं जानता हूँ।

नहीं, आज भी नहीं देख सका पूरा खेल। शिकागो-भाषण स्वामीजी ने शुरू किया और मेरी देह काँपने लगी !

घर लौटकर सिस्टर निवेदिता लिखित किताब The Master as I Saw Him पढ़ता रहा। बीच-बीच में मन में एक सवाल उठता–'सिस्टर निवेदिता भी अंधभक्त थी क्या ?'

हाँ, निवेदिता ने भी अपने गुरु की तरह, अपने गुरु को 'ठोंक-बजा' कर देख लिया था और फिर 'अंध' हो गई थी।–रामकृष्ण ने कहा था, नरेन (विवेकानंद) से–'हाँ, ठोंक-बजाकर देख लो। तुम दूसरों की कही-सुनी बातों को, अंधों की तरह क्यों ग्रहण करोगे ?··· '

'मन चलो निज निकेतने'–पहली मुलाकात के दिन, रामकृष्ण को भजन सुना

रहा है–नरेन। रामकृष्ण ने भाव-समाधि ली। देखा, यह तो वही है–मेरा गुरु–वह प्रकाश पुंज–जिसने मुझे यहाँ भेजा–तुम चलो, मैं आ रहा हूँ।

··· गीत समाप्त हुआ। रामकृष्ण की विह्वल-गद्गद वाणी··· फिर आना। बार-बार आना।–ओ आमार गुरु–ओ नारायण–ओ शिव–ओ अग्नि–नरेन आमार खापाखोला (म्यान से निकली) तरवार !

विवेकानंद, अपने पश्चिमी भक्त-पाठकों को अपने गुरु (मदीय आचार्य देव !) के संबंध में सुनाते हुए लिखते हैं–"··· इस तरह, मैं क्रमशः नास्तिक होता जा रहा था। ऐसे समय में ही··· यह आध्यात्मिक ज्योतिष्क मेरे भाग्य-गगन में उदित हुआ। उसने मुझे बुलाया–उपदेश सुनने गया। लेकिन, मैंने देखा–यह तो साधारण आदमी की तरह ही है। कोई असाधारणत्व नहीं देखा। वह अति सरल भाषा में बातें करता था–मैंने सोचा, यह आदमी एक बड़ा धर्माचार्य कैसे हो सकता है ? ··· मैं जो कुछ कह रहा हूँ–वह कोई मनगढ़ंत या कल्पित कथा नहीं–यह वास्तविक सत्य है। मैं दिन-प्रतिदिन इस व्यक्ति के निकट आने लगा। सारी बातें तो मैं अभी नहीं बताऊँगा, तब, इतना कह सकता हूँ कि–धर्म भी दिया जा सकता है–यह मैंने वास्तविक रूप से प्रत्यक्ष किया। मैंने ऐसा बार-बार होते देखा है–एक 'स्पर्श'–अथवा एक 'दृष्टि' से समग्र जीवन परिवर्तित !··· मैंने बुद्ध, ईसा, मुहम्मद और प्राचीन काल के विभिन्न महापुरुषों के बारे में पढ़ा था–उन्होंने उठकर कहा, 'स्वस्थ होओ !' और वह व्यक्ति स्वस्थ हो गया। मैंने अब जाना, यह सत्य है। मैंने जब इस 'पुरुष' को देखा-मेरा सारा संदेह बह गया। धर्मदान संभव है। मेरे गुरुदेव कहते–'दुनिया की और चीजें जैसे ली-दी जाती हैं–धर्म तदपेक्षा अधिक प्रत्यक्ष रूप से दिया-लिया जा सकता है···।'

नरेन–एक तूफान ! केशवचंद्र, ईश्वरचंद्र विद्यासागर, गिरीश घोष, बंकिम चंद्र–सभी की आँखें इस तूफान पर थीं। आश्चर्य ! उस पागल ने, दक्षिणेश्वर के अपढ़ व्यक्ति ने इस आँधी को मुट्ठी में कैद कर लिया !

–'यह आपने क्या किया ? मुझ पर कौन-सा जादू डाल दिया ? नहीं-नहीं। ऐसा मत कीजिए। मेरी माँ है, भाई है–परिवार है। मेरा सबकुछ क्यों छीन लिया आपने ? मुझे छोड़ दीजिए–दुहाई··· !' –आर्तनाद कर उठा नरेन। रामकृष्ण 'जै माँ-जै माँ' कहते–हाथों से तालियाँ बजाते हुए कहते हैं–'जा ! जा ना ! कहाँ जाएगा ? हो-हो-हो-हो !'··· विचित्र हँसी !!

··· चारों ओर लहराता समुद्र ! कन्याकुमारी की चट्टान पर खड़ी गैरिककाया–दूर से देख रही है। या सूरज को उगा रही है–मंत्र पढ़कर ?··· उठो ! जागो ! प्राप्त करो या···।

रोमाँ रोला परिचय देते हैं–'उनके शब्द महान संगीत हैं, बीथोवन शैली के टुकड़े हैं, हैडेल के समवेत गान के छंद-प्रवाह की भाँति उद्दीपक लय हैं। शरीर में विद्युत-स्पर्श के-से आघात की सिहरण का अनुभव किए बिना मैं उनके इन वचनों का स्पर्श नहीं कर सकता जो तीस वर्ष की दूरी पर पुस्तकों के पृष्ठों में

बिखरे पड़े हैं। और, जब वे नायक के मुख से ज्वलंत शब्दों में निकले होंगे तब तो न जाने कैसे आघात एवं आवेग पैदा हुए होंगे !'

पिछले साल की बात याद आती है। एक 'भौतिकवादी'-(भारतीय) प्रकाशक मुझे देखकर ही, मन का क्षोभ उतारने लगे-"साहब हद है ! इस अंतरिक्ष यात्रा के युग में-विज्ञान, टेक्नोलॉजी वगैरह की किताबें नहीं खरीदकर-सरकार ने इस बार सारी खरीदारी-सब पैसे-'विवेकानंद ग्रंथावली' के लिए लगा दिए हैं। हद है ! अजब देश है यह !"

मैंने कोई जवाब देना उचित नहीं समझा। क्योंकि, एक समय था, जब मैं भी इसी तरह आग-पेशाब करता फिरता था। जिस दिन मेरा अभिमान चूर्ण हुआ था-देखा, मैंने अनेकानेक 'शिव' को अपवित्र कर दिया है। तब जोर-जोर से रोया था।··· आँसुओं में नहाकर पापमुक्त हुआ हूँ। अब राह चलते वक्त, हर मील के पत्थर (माइल स्टोन !) के सामने श्रद्धावनत् होकर माथा टेकता हूँ। किंतु पिछले साल से अब तक बच्चों के लिए प्रकाशित जीवनी-पुस्तिकाओं में सबसे अधिक प्रिय पुस्तिका प्रमाणित हुई-रामकृष्ण मिशन प्रकाशन द्वारा प्रकाशित-'बच्चों के विवेकानंद !' उस तेज प्रकाशक से यह बात छिपी नहीं होगी।··· विवेकानंद जन्मशती के अवसर पर घटी हुई दूसरी घटना ! आश्रम (पटना) में आयोजित एक सार्वजनिक सभा में उस दिन 'दिनकर' जी बोलनेवाले थे। पटना के प्रायः हर वर्ग के श्रोता उपस्थित थे। संख्या अधिक थी बुद्धिजीवियों की ही। दिनकरजी ने उठकर रामकृष्ण की मूर्ति को नमस्कार किया-विवेकानंद के तैलचित्र की ओर देखा, फिर बोलने लगे। और, जब बोलने लगे तो बोलते-बोलते एक बार रवींद्र, गाँधी को विवेकानंद के सामने 'कुछ भी नहीं' कह दिया।··· मैंने आज तक उनके मुँह से वैसा भाषण कभी नहीं सुना। डॉ. प्रसाद बोले-मैंने भी नहीं।··· किंतु सभा में क्षोभ की लहर भी आई। कई रवींद्र-भक्तों ने, सभा के बाद उनसे पूछा-'यह आपने क्या कह दिया ?' दिनकरजी बोले, 'मुझे याद नहीं कि मैंने क्या कहा ? लेकिन, जो कुछ भी कहा-उसकी सफाई मैं नहीं दूँगा।··· ' एक गाँधी-भक्त ने पूछा-'दिनकर जी, आपने समयोपयोगी भाषण देने के लिए वैसा कहा या आप···।'

'जी नहीं, मैं अपनी बात पर अटल हूँ।'-शायद, दिनकरजी ने इन्हीं शब्दों में उत्तर दिया था।

··· किंतु सुबह अखबार पढ़कर काँप गया ! रामकृष्ण की ओर मुँह करके पूछा, "रामेश्वरम् और धनुषकोटि में यह क्या कर दिया आपने, ठाकुर ?"-"दुर साला ! आमार खुशी। तुमी जवाबदीही कोरनेवाला के रे ? तोमरा आटम बोम फटाम-फोटोम कोरे सारा पृथ्वी के फाटाते पारिस, आर आमि दु-चार जाएगा खेए फेलेछी क्षुधार ताड़ाय तो चेचाछिस ?"

"क्षुधार ताड़ाय ? तबे की तुमी एके बारे 'हंग्री'··· माने··· हंग्री जेनरेशनेर ?"

"हो-हो-हो-हो, साला भाग-नहले आमि एखूनी लेंगटो हबो-काछा खुले !"

मैंने घर में कहा, "आज खिचड़ी बनाओ। ठाकुर 'खिचड़ी' खाएँगे। ही इज

वैरी हंग्री।"

जवाब मिला, "ठाकुर खाना चाहते हैं या अपनी तबीयत हुई है ?"

"एक ही बात है।"

'आज की रात शुरू से अंत तक बैठकर–देखने देना ठाकुर।'–खिचड़ी-भोग देते समय मैंने अनुनय के स्वर में कहा।

आज प्रार्थना-मंडप में जगह मिल गई, बैठने की। किंतु, 'लीला' जब शुरू हुई तो देखा, मैं औरतों के गिरोह में बैठा हूँ। उठने की चेष्टा की तो एक साथ एक दर्जन नारी-कंठों की झिड़की निकली–'बोसे पड़ून !' नहीं, मैं औरतों के झुंड में नहीं–औरतें ही मर्दों के साथ बैठ गई हैं !

सामने पर्दे पर (भैरवी) संन्यासिनी समझा रही हैं रामकृष्ण को–'वत्स ! तोमार मतन उन्मत्तता जाहार आसिया छे, से धन्य ! समग्र ब्रह्मांडई पागल–केह धनेर जन्य, केह सुखेर जन्य, केह नामेर जन्य, केह बा अन्य किछुर जन्य। सेई व्यक्ति-ई धन्य, जे ईश्वरेर जन्य पागल।'

फिर–जब सारदामणि पहली बार अपने स्वामी के पास आई। भैरवी (तंत्र-गुरु) की इच्छा के विरुद्ध रामकृष्ण ने अपनी पत्नी की पूजा की–'आमि जानियाछि, सकल रमनीई आमार जननी ! तथापि, एखन तुमि जाहा बलिबे, ताहाई प्रस्तुत आछि !'

माँ बोलीं–'आमार आपना के जोर करिया संन्यासी करिबार ईच्छा नाई, आमि आपनार निकट आपनार सेवा एवं साधन-भजन सिखिते–'

··· मेरे पास बैठी हुई महिला रोने लगी। मैं भी, शायद रोने लगूँगा ! शायद क्यों, सचमुच !

तंत्र की शिक्षा भैरवी ने दी। तब आए तोतापुरी। परम पंडित और दर्शनशास्त्रविद् संन्यासी–मायावादी तोतापुरी !··· गुरुदास का जीवन है। निश्चय ही, ठाकुर रामकृष्ण की यह महिमा है कि वह इतना··· !

किंतु, मैं जब कभी रामकृष्ण की 'लीला'–अर्थात् 'फिल्म' बनाऊँगा–रामकृष्ण के अन्य गुरुओं और साधनाओं की कहानी भी दिखलाऊँगा। तोतापुरी के बाद ही गोबिंदराय को लाकर उपस्थित करूँगा–दक्षिणेश्वर। क्षत्रिय थे। किंतु, एक भ्रातृत्व के आदर्श पर मुग्ध होकर मुसलमान हो गए हैं, गोबिंदराय। रामकृष्ण दौड़कर उनके पास जाते हैं–'एसेछो ?··· आमि मुसलमान हब !'

गोबिंदराय ने अचरज से पूछा–'क्या ?'

–'आमि मुसलमान हब ! इसलामेर पथउ तो एकटा पथ।···इस रास्ते से कितने ही साधक वांछित धाम तक पहुँचे हैं। मैं ही उस पथ को क्यों छोड़ दूँ ?··· तुमी आमा के दीक्षा दाउ।'

··· ला-इलाहाइलिल्लाह–मुहम्मद दुर्र रसूलिल्लाह !–गोबिंदराय दीक्षा देते हैं।

फिर, रामकृष्ण को दो गंजी लुंगी पहनाकर पेश करूँगा। वह मंदिर के आसपास तक नहीं फटकता। मूर्तिपूजा की निंदा करता है। देव-देवी का नाम सुनकर चिढ़ता है। नित्य पाँचों वक्त की नमाज। अज़ान-पोखरे में जाकर वजू कर रहा है।··· नमाज पढ़ते समय चेहरे पर व्याकुलता का भाव। स्पष्ट उच्चारण। अंत में, एक वृद्ध फकीर, जिसके बड़े-बड़े बाल सन के समान सुफेद हैं, सुफेद दाढ़ी–गले में काँच की माला, हाथ में लाठी। एक स्वर्गीय मुस्कुराहट मुखमंडल पर–तुमी एसेछे ? बेश··· । फिर रामकृष्ण ने देखा, एक मुसलमान 'सानकी' (थाली) में भात लेकर आया। वह वहाँ एकत्रित मुसलमानों को खिलाकर–रामकृष्ण को भी एक ग्रास दे गया।··· माँ आमाके देखालेन, एक ही है–दूसरा नहीं !

गोबिंदराय के बाद दिखलाऊँगा–शंभू मल्लिक का घर ! रामकृष्ण, दीवार पर टँगी हुई एक तस्वीर को देख रहे हैं। तस्वीर–मरियम की गोदी, बालक क्राइस्ट ! पूछते हैं रामकृष्ण–'ये कौन हैं ? बोलो न ?' शंभू मल्लिक जवाब देते हैं–'वह एक मेमसाहब और उसके बेटे की तस्वीर है।'

रामकृष्ण बालक की तरह विश्वास कर लेते हैं। लेकिन, तस्वीर से आँखें हटा नहीं सकते–फिर पूछते हैं, 'कहो न, ठीक–ठीक। कौन हैं ? वह तो कोई देव-शिशु जैसा लगता है। और, माँ वह तो कोई पवित्रता की साक्षात् प्रतिमा ही है।'

शंभू··· माँ मेरी और येसु खिष्ट !

रामकृष्ण देखते ही रहते हैं, एकटक–माँ यशोदा की गोदी में बाल-गोपाल !

कट टु : गिर्जाघर के घंटे की आवाज। गिर्जाघर के अंदर सभी प्रार्थना कर रहे हैं। बाहर, सीढ़ियों के पास रामकृष्ण डगमग कर चलते हैं–धीरे-धीरे सीढ़ियों पर चढ़ते हैं। फिर, दरवाजे के पास आकर खड़े हो जाते हैं !

रामकृष्ण देखते हैं–यह तो काली-मंदिर ही है। भीतर, वेदी पर माँ बैठी हैं। माँ जगदंबा। माँ भवतारिणी।

रामकृष्ण की आँखों से आँसू झर रहे हैं, आनंद के आँसू !

गिर्जाघर से लौटते हुए, ईसाईभक्त श्री मिश्र, देखते हैं रामकृष्ण को और चिल्लाते हैं–'यही ईश्वर हैं, यही राम और यही कृष्ण···।'

–'आरे दुत। बलछि, कि देखचो ?'

मिश्र भरे गले से कहता है–'सिर्फ आपको देख रहा हूँ। आप और यीशु एक··· !

रामकृष्ण पर–यीशु का भाव। समाधिस्थ !

कट टु : मथुरबाबू का दक्षिणेश्वर स्थित बँगला।

माइकेल मधुसूदन दत्त आए हैं। रामकृष्ण को देखना चाहते हैं। रामकृष्ण जाना नहीं चाहते–'अरे बाप ! उतना बड़ा आदमी–उसके पास खड़ा हो सकूँगा ?··· ओ, नारायण शास्त्री–तुम मेरे साथ चलो।··· आमि इंगरेजी-टिंगरेजी जानि ना···।'

कट टु : तीर्थयात्रा। वैद्यनाथ धाम में मथुरबाबू के साथ रामकृष्ण। साथ में सिपाही, बरकंदाज, अमला-फैला, खजांची वगैरह हैं–मथुरबाबू के। हठात्, रामकृष्ण की दृष्टि, नंग-धड़ंग और गरीब संथालों पर पड़ती है। वे जिद पकड़ते हैं–मथुर ! इन्हें भोजन कराओ। कपड़े दो। नहीं तो, मैं भी नहीं खाऊँगा। मैं भी नंगा हो जाऊँगा··· अरे, ये ही असल शिव हैं।··· क्या ? नहीं है संभव ? तब रखो अपना तीर्थ–आमि जाबो ना कोथाउ।

कट टु : सभी गरीब, कंगाल, अर्धनग्नों की भीड़–तृप्तिपूर्वक भोजन कर रहे हैं सभी। रामकृष्ण रो रहे हैं।

अचानक, धक्का खाकर–मन की तस्वीरें मिट गईं। सामने, पर्दे पर श्री गिरीश घोष आ चुके थे। नशे में धुत्त–दक्षिणेश्वर आए हैं। आँगन में आकर लड़खड़ाती हुई आवाज में पुकारते हैं–'केउ आछे ए-ए-इखाने ?··· नेइ केउ !' रामकृष्ण अंदर से निकलते हैं।

गिरीश घोष के अभिनय से एवं उसके संवाद को सुनकर लोग हँस रहे हैं।···

मैं, किंतु अपनी तस्वीर में यह भी दिखलाऊँगा कि रामकृष्ण–गिरीश घोष का नाटक देखने गए हैं। बॉक्स में बैठे हैं !··· नायिकाओं को स्टेज पर देखकर प्रणाम करते हैं।··· सत्ति आमि महामाया के देखछी !···

पीछे खड़े, बकबक करनेवाले नौजवानों में से एक ने पूछा–'की रे सब सत्ति ना गाँजा ?'

मेरे मन में एक जवाब आया। जोर गले से जवाब देना चाहता था। किंतु, चुप रहना ही धर्म समझा।

पर, जिन लड़कियों का सान्निध्य पाकर वे नौजवान इतना मुखर थे–उन्हीं लड़कियों में से एक ने जवाब देना, अपना धर्म समझा। आश्चर्य, उसने ठीक वही जवाब दिया–अक्षर-अक्षर–जो मैं देता–वह उलटकर बोली–'आप जिस स्थान पर खड़े हैं, वह सच है या झूठ ? यदि सच है तो सामने पर्दे पर जो कुछ देख रहे हैं, वह भी सच है।'

युवकों की टोली वहाँ से हट गई।

हाँ, मैं हिंदी में बनाऊँगा, तस्वीर। नहीं, जरा भी अस्वाभाविक नहीं लगेगी हिंदी बोली, रामकृष्ण के मुँह में। किसी भी पात्र के मुँह में।··· मेरे पास कुंजी है एक।

निरालाजी ने श्री 'म' लिखित 'श्रीरामकृष्णवचनामृत' का अनुवाद किया है। एक बार, आश्रम में रामकृष्ण जन्मोत्सव के दिन बड़े महाराज स्वामी वीतशोकानंद ने मुझसे कहा–'आप ही पाठ करें।'

यद्यपि सुननेवालों में अधिक संख्या बंग-भाषियों की ही थी, पाठ हिंदी में

होना था। जब पाठ समाप्त हुआ तो महाराज, सुनील महाराज तथा स्टुडेंट होम के विद्यार्थियों ने एक स्वर में कहा–'अचरज की बात ! जरा भी अस्वाभाविक नहीं। रामकृष्ण ने बंगला में ये बातें कही थीं–कभी नहीं मन में उठा।'

बंगला से हिंदी में अनुवाद करनेवालों से मेरा नम्र निवेदन होगा–वे एक बार इस ग्रंथ का अनुवाद, मूल से मिलाकर पढ़ जाएँ। बंगला की पुरानी से लेकर तरुणतम पीढ़ी की रचनाओं के अनुवाद-कर्म में सहायता मिलेगी–निराला ने अनुवाद नहीं किया है–पूजा की है, भाव-विभोर होकर ! तन्मय होकर।

पर्दे पर, तिरोधान की तैयारी कर रहे हैं रामकृष्ण। अंतिम क्षण : सारदामणि से कहते हैं–'वह मेरी तस्वीर ले आओ इधर।' सारदामणि, तस्वीर ले आती हैं। रामकृष्ण कहते हैं–'थोड़ा फूल भी देना।'

··· रामकृष्ण ने अपनी तस्वीर पर पुष्पार्पित किया। भक्तिपूर्वक प्रणाम किया–देखना। घर-घर में इस तस्वीर की पूजा होगी··· घरे-घरे पूजो हबे !

समाप्त

लेकिन, मैं यहीं समाप्त नहीं करूँगा।

दिखलाऊँगा–विधवा सारदामणि हाथ से 'बाला' खोल रही है।

रामकृष्ण की तस्वीर हँसकर कहती है–केन गो ? आमि कि कोथाउ गेछि। ए तो ए घर–आर ओ घर ?··· मैं कहीं गया थोड़े ही हूँ। यहीं तो, इस घर से–उस घर में ! आमि के मरेछि जे विधवार वेष धरबे ?

अणिमा (संपादक : शरद देवड़ा) के जनवरी-मार्च, 1965, प्रवेशांक में प्रकाशित

युद्ध की डायरी

रामपाठक की डायरी से

15 भाद्र (हिंदी 10 भाद्र), अंग्रेजी 1 सेप्टेंबर, मु. जमा'-यल··· बुद्धवार··· षष्ठी··· घं. 4/1/9 मध्ये नीम तथा बाद में ताल अभक्ष्य··· यात्रा, घं 4/1/9 गते सिद्धियोग !

आज सिद्धियोग नहीं भी होता, यात्रा करनी पड़ती। संयोग की बात, सिद्धियोग है। घर लौटने के समय 'खना-वचन' की प्रसिद्ध उक्ति याद आती है–'की कोरो ससूर लेखा-जोखा··· !' अर्थात्–घर लौटने के लिए 'पंजी-पोथी' देखकर यात्रा 'उचारने' की क्या जरूरत ?

गाँव से आई हुई चिट्ठियों को निकालकर पढ़ा। रेडियो की बैटरी और पेट्रोमेक्स खरीदकर लाने को कहा गया है। न बैटरी खरीदूँगा, न पेट्रोमेक्स। पिछली बार

ही बैटरी खरीद दिया है, डेढ़ महीने में ही स्वाहा ? और, पेट्रोमेक्स बार-बार चोर चुरा ले जाता है !

तय किया : इस बार न अखबार पढ़ूँगा, न रेडियो सुनूँगा। घुप्प अँधेरे में रहूँगा ! बावजूद हितचिंतकों की चेतावनी के रोज सुबह-सवेरे-रात में भैंस का दही खाऊँगा–भादों के महीने में। बैटरी, पेट्रोमेक्स नहीं–एक दुधारू भैंस इस बार खरीदना आवश्यक है। ··· काली भैंस जैसी रात। अंधकार ! घोर ! झमाझम बरखा। भींगती-भागती 'बरौनी-जोगबनी' पैसेंजर-गाड़ी। हड़बड़ाकर उठ बैठा। मैंने सपने में देखा–गाड़ी पानी को चीरती अतल-तल की ओर भागी जा रही है, पूरे वेग से ! गाड़ी नहीं, पनडुब्बी जहाज ?

16 भाद्र, अंग्रेजी 2 सेप्टेंबर···

गाड़ी कटिहार जंक्शन पर पहुँची। कुछ क्षणों के लिए सूर्योदय हुआ। फिर, बादल उमड़ने लगे। फुहिया बरखा··· ! ऐसी सुबह में, कटिहार पहुँचकर 'सोराबजी रेलवे होटल' की याद–कलेजे में ही नहीं–जीभ में 'टीस'··· । गाड़ी रुकते ही सोराबजी का बेरा अबदुल अपने साफ-सुथरे लिबास में–ततोधिक परिष्कार–पॉट, प्याले, चम्मच ··· तश्तरी में तैरते दो स्वस्थ-अंडे का वाटरपोच ! और सर्वोपरि दार्जिलिंगिया चाय की मनोहारी सुगंध।–तीन साल पहले तक भोगा हुआ सुख अब सपना हो गया।

अखबार नहीं खरीदा। ऊब··· ऊब··· उबकाई ? ब्लिचिंग पाउडर और मलमूत्र की मिली-जुली गंध !··· आँखों पर पट्टी बँधे··· हथकड़ियों में जकड़े पाकिस्तानी घुसपैठियों की तस्वीरें··· खेतों-जंगलों में छिपे हुए शत्रुओं को खोजते–'मॉपिंग' करते भारतीय जवानों की तस्वीरें··· कपड़ा धोती हुई हँसती यौवनवती की तस्वीरें··· दाँत धोकर दिखलाती हुई दंतवती··· ऊब··· ऊब !! शायद, नया 'ब्रश' थैले में नहीं रखा गया। पुराना इतना गंदा है कि किसी के सामने निकाल नहीं सकता।···

नार्थ-ईस्ट-फ्रंटियर-मेल सामने आ लगी। हर–घासी-रंग में रँगे हुए डिब्बे। डिब्बों के अंदर उसी रंग की वर्दी में बैठे 'जवान'–हर डब्बे के दरवाजे को खोलकर ··· एक जवान खड़ा है ! आश्चर्य ! वह ठीक कथाकार महीपसिंह ? कच्ची-कच्ची, छोटी-छोटी दाढ़ी-मूँछ, घासी रंग की वर्दी-पगड़ी। पगड़ी के नीचे, ठीक कपाल पर लाल फिफ्टी···। फिफ्टी पगड़ी के नीचे··· ! ओंठों पर वैसी-ही मुस्कुराहट। संभव है, उसका नाम महीपसिंह ही हो।

नहीं, मैं लड़ाई के मैदान से भागकर नहीं जा रहा। नहीं, मैं लड़ाई के डर से घर के कोने में छुपने नहीं जा रहा। लेकिन, बार-बार अपने मन को इस तरह समझाने का मतलब स्पष्ट है कि मैं डरा हुआ हूँ। मैं कायर हूँ !··· महीपसिंह जैसे नौजवानों को लड़ाई के मोर्चे पर जाना पड़े, कितनी अश्लील बात है ! इस समय, ऐसी सुबह में यह लड़का यानी महीपसिंह, पलँग पर किस अंदाज से अपनी नवविवाहिता अथवा अविवाहिता को चूमकर जगाने की चेष्टा करता··· बगैर पगड़ी, बगैर कपड़े··· ??

नहीं, मैं सिरदर्द की गोली नहीं खाऊँगा। ब्रेसरी नहीं खरीदूँगा। सरल संतति-निग्रह का उपाय नहीं जानूँगा। प्रेसर कुकर, बिस्कुट, खाँसी की दवा, साड़ी··· आज का समाचार नहीं पढ़ूँगा। न जाने कब से पढ़ रहा हूँ ! रोज-रोज एक ही खबर। लड़ाई अब छिड़ी, तब छिड़ी। छिड़ क्यों नहीं जाती ? घमासान। घनघोर··· 'फॉग सिगनल' की तड़तड़ाक आवाजें ! मिलेटरी-स्पेशल खुल गई। मेरा मन भीषण उदास हो गया।

पूर्णिया स्टेशन पर जब एक युवती-माता ने मुझे भक्तिपूर्ण प्रणाम (यानी चरण छूकर !) किया तो मुझे लगा, मैं 'बिरंची बाबा' हूँ !··· 'कापुरुष ओ महापुरुष' नहीं देख सका। अजितकेशकंबलियों को हिजड़े के अलावा 'साधु' भी समझते हैं, लोग। यों, साधू भी वही हो जाता है, कठोर-साधन करके ! पटना के प्रसिद्ध हनुमान जी का 'प्रसाद' मेरे पास था। उसके पुत्र को प्रसाद देकर, ललाट पर सिंदूर का तिलक लगा दिया–'सर्व शांति करो भव !'

बैटरी और पेट्रोमेक्स के बदले सिर्फ हनुमानजी का प्रसाद पाकर परिवार के बड़े से छोटे सदस्य तक असंतुष्ट हुए हैं। रात के सवा आठ बजे हैं। अब हिंदी में समाचार सुनाया जा रहा होगा। पता नहीं कौन सुना रहा होगा ? नारी-कंठ या पुरुष ? शुभ या अशुभ समाचार ? मैंने मन-ही-मन समाचार सुनने की चेष्टा की–शुभ कंठ ही सुना··· हमारे जवानों ने हाजी पीर दर्रा पर कब्जा करके पाकिस्तानी घुसपैठियों का रास्ता बंद कर दिया है।··· आज जनरल निमो घर लौट रहे हैं।···

सचमुच बैटरी खरीदना बहुत जरूरी है और रोशनी की भी समुचित व्यवस्था आवश्यक है। भादव मास की भयंकर रात, बादल छाए हैं, मगर बरसते नहीं। रोपे हुए धान के पौधे पीले पड़ रहे हैं। अब वर्षा नहीं हुई तो सारी 'कृषि' सूख जाएगी।··· दुहाई इंद्र महाराज !

पुरवैया हवा में लालटेन भुकभुकाकर बुझ गया। सारे गाँव के खेत, बाग, जंगल के अंधकार को मुझसे पाँच गज दूर रोक रखनेवाला नन्हा-सा प्रकाश प्रहरी जूझ मरा और मैं अंधकार का बंदी।··· वह किस फिल्म का गीत है–ये कहानी है··· हुँ··· आँ··· सैकड़ों सियार बोलने लगे।··· रात ढलने लगी, चाँद छुपने चला ! आ-आ भी जा !··· शैलेंद्र को एक खत लिखना होगा। कब 'तीसरी कसम' रिलीज करोगे प्यारे ?

3 सेप्टेंबर, शुक्रवार

बैटरी मँगा देने पर भी काम नहीं चलेगा। रेडियो के अंदर से चूहों के एक दर्जन बच्चे चूँ-चूँ कर बाहर निकले। बल्बों के इर्द-गिर्द भृंगों ने मिट्टी के घर बना लिए हैं। सूक्ष्म तार कई कटे हुए हैं। चलो, छुट्टी। अब काहे को बाँसुरी बजेगी फिर ?

लोग सुबह से ही आकाश की ओर आँखें लगाए बैठे रहते हैं। आसमान में

बादल नहीं, गिद्ध मँडराते हैं। त्राहिमाम !

कुशल-क्षेम पूछने के पहले ही लोग पूछते हैं, उधर (अर्थात्–पटना में) 'पानी-बुन्नी' हुआ है या नहीं ?

दूर–उत्तर की ओर, कहीं किसी कोने में बादल गरजा। कूप से पानी भरती हुई एक ग्रामबाला ने (ग्राम्य) गाली दी–'मुड़कटवे ! दूर-ही-दूर से गरजते हो। बरसते लाज आती है ?'

लड़ाई की खबर मामूली लोग नहीं पूछते !

आज दिन-भर बासी अखबार की एक ही खबर को बार-बार पढ़कर रह गया–हमारे जवानों ने उन्नीस चौकियों पर अधिकार कर लिया और एक स्थान पर पैंतालीस टन गोला-बारूद··· एक महीने की रसद··· !!

किंतु, दो-तीन दिन में वर्षा नहीं हुई तो बिहार का अन्न भंडार ?··· (ग्रेनरी ऑफ बिहार)··· हाहाकार मच जाएगा।

4 सेप्टेंबर

युद्ध ! जंग ! लड़ाई ! वार !··· धुआँधार। गोलीबारी–बमबारी··· ??

क्या करूँ ? पाट बेचकर अभी पाँच-सौ भी प्राप्त नहीं होंगे। सूखा तो अगहन में 'खान्न' के दिन 'परमान्न' (खीर !) नहीं, 'परान्न' भी नहीं मिलेगा। अभी नया रेडियो खरीदना हिमाकत है।

अखबार पढ़े बिना खाया-पीया हजम नहीं होता। तय किया गया कि एक आदमी रोज शहर जाकर अखबार ले आएगा। लेकिन, आज जो व्यक्ति गया, वह 'अफवाहों' के सिवा और कुछ नहीं ला सका। उसका कहना है, पाकिस्तान ने एलान किया है कि एक सप्ताह में सारे हिंदुस्तान को दखल कर लेगा।

तय हुआ, कल जो व्यक्ति जाएगा, वह अपने साथ एक हट्टा-कट्टा लठैत लेकर जाएगा और हिंदी, बंगला, उर्दू, अंग्रेजी जो अखबार मिले, लेकर ही घर लौटेगा।

आज दिन-भर रामपाठक ने मंद-मंद-सुर में सस्वर रामायण-पाठ किया। लंका-कांड !

'मैं तव दसन तोरबे लायक'

बालिकुमार अंगद, लंकापति से कहते हैं।

'आयसु मोहि दीन्ह रघुनायक।'

हम शांति-कामी हैं। अकारण अपने पड़ोसी पर आक्रमण करने की आज्ञा (आयसु) जनतंत्र के जननायक नहीं देते।

'गूलर फल समान तव लंका
बसहु मध्य तुम्ह जंत असंका।'

मंदोदरी भी समझाती है–

'निकट काल जेहि आवत सोईं
तेहि भ्रम होइ तुम्हारिहि नाईं ।'

··· इस बार··· इस बार··· भगवान··· दुश्मन का मोह भंग करो !

अब लोग लड़ाई की खबर पूछने आते हैं। और, अंत में यह पूछना नहीं भूलते कि लड़ाई छिड़ने के बावजूद पटसन का भाव तेज क्यों नहीं हो रहा है? पूछनेवाला कुछ जाने या नहीं, इतना जानता है कि लड़ाई में बोरियों की जरूरत होती है। जूट (पटसन) पाकिस्तान में और हिंदुस्तान में पच्छिमी बंगाल और बिहार के पूर्णिया जिला में ही पैदा होता है।··· फिर, पटसन का दर आसमान क्यों नहीं छूता ? उन्हें अचरज होता है।

आज का बाजार-भाव : पटसन, चालीस रुपए मन। चावल, पचपन रुपए मन।

5 सेप्टेंबर··· 3.45 मिनट (सुबह)

घनघोर वर्षा शुरू हुई।··· टूट खाट, टपकत··· सोना बरस रहा है! मोती की बरखा हो रही है। कौन कहता है कि भादों की रात भयानक होती है ! ऐसी रूपसी रात्रि ?

कुछ देर तक 'तानसेन' फिल्म का गीत गुनगुनाता रहा–'बरस रे-ए-ए-ए-कारे बादरवा··· ।'

अविरल, अविराम वारिपात ! डेढ़ घंटे तक सैकड़ों रविशंकर, अली अकबर, विलायत खाँ, थिरकवा, चतुरलाल, राधिका मोहन की युगलबंदी। युगलबंदी नहीं, सहस्रबंदी !

बजते दमामे, नक्कारे और नाचती जलपरियाँ !

बैठकखाने के सामने परती पर छलमलाहट ? फिर छपछप, छटपट··· मछलियाँ ? सबकुछ बिसर गया अचानक !

धनखेतों के मेड़ों को डुबाकर भागती हुई जलधारा ! कुलकुल-कुलकुल ! सारी कृषि जीवंत। चारों ओर जिंदगी ही जिंदगी।

रेवा, सोनापोठी, माँगुर, रेहू के बच्चे, बोआल ! कोसी की मछलियाँ। सोने-चाँदी की मछलियाँ··· हीरे और 'लाल' की आँखें !

'आ-आ रे सुन पखिस्थनियाँ, हमरो-ओओ पचनियाँ, तोहरो जुलुमियाँ··· ।'

पाँच सेर मछलियाँ अकेले पकड़ने की खुशी में एक खेतिहर मजदूर 'उछाह' में गीत जोड़कर गा रहा है। मुझे देखकर जोर से कहता है–मछली का 'सगुन'

हुआ है। समझिए कि लड़ाई में 'फत्ते'···

आ-रे-ए-ए-तोहरो कलेजवा पे दलब दलनियाँ, चिनियाँ चपाट चोर तोहर

··· 'मार-मार ! भागा ! भागा–साला साँप !'

'फत्ते' अर्थात् फतह !

रामपाठक को 'खनावचन' की एक उक्ति याद आई–'पंडित-ज्योतिषी का गुनी और मूरख-गँवार के मुँह से अनायास निकली बात–बराबर।'

तो, लड़ाई में हमारी जीत होगी ? हमने एक मोर्चा जीत लिया है। अब 'मूसिन' (चूहिया) पूछेगी 'मूस' से–'कहाँ रखूँगी धान ?'

अब, तारीख, दिन, महीना कुछ नहीं
सिर्फ युद्ध के दिन··· !

घर से उत्तर, नहर के किनारे खड़ा रहता हूँ। शाम के चार बजे उत्तर और दक्षिण से गाड़ियाँ आती-जाती हैं। रोज घड़ी देखकर मिलाता हूँ, कोई भी ट्रेन देर से नहीं आती। शांति के समय हर गाड़ी एकाध घंटे देर से आती थी !

गाड़ियाँ समय पर आ-जा रही हैं। पूरब की ओर एक हवाई जहाज रोज जाता है। पहले की तरह। मतलब, सबकुछ ठीक-ठाक चल रहा है।

पटने की चिट्ठी में लिखा है–'ब्लैक आउट है। सारे भारत में ब्लैक आउट है।'···

··· 1941 में, 1962 में, फिर 1965 में ब्लैक आउट ? 'लतिका' हवाई हमले से बचने-बचाने की शिक्षा 1962 में ले चुकी है।

मैं नहर पर ऐसी जगह आकर खड़ा होता हूँ जहाँ से तीन ओर जाने के रास्ते निकले हैं। हर यात्री से लड़ाई की खबर पूछता हूँ, चाहे वह कोई हो और कहीं से आता हो। सभी अपने-अपने ढंग से सुनी हुई बातों को सुनाते हैं। कई शंकालु व्यक्ति मेरे सवाल को सुनकर चुप रहते हैं, मेरा मुँह देखते हैं, फिर–'हम लोगों को क्या मालूम'–कहकर खैनी थूक देते हैं। मैं उनके मन की बात को सुनता हूँ–'पता नहीं, क्यों लड़ाई की खबर पूछ रहा है यह आदमी ! पता नहीं, मुँह से क्या-क्या भला-बेजा बात अनजाने निकल जाय !'

दरअसल, मैं अखबार पढ़ने के पहले लोगों के मुँह से खबर सुनना चाहता हूँ। झूठ, सच, अफवाह–जो भी सुनता हूँ, सुनने में अच्छा लगता है।–टैंक, पैटन टैंक, जेट, नैट, सैबर के अपभ्रंश रूप और उच्चारण पर हँसी नहीं आती।··· आज हमारे गाँव में यह अफवाह बहुत जोर से फैली कि दुश्मनों ने 'किशनगंज' पर बमबारी की है।··· किशनगंज यानी हमारे जिले का वह हिस्सा जो पाकिस्तान की सीमा पर है। तो पूर्वी मोर्चा भी सक्रिय हुआ ?··· पाकिस्तान-निसिचर गैर-सैनिक क्षेत्रों पर बम गिराते हैं ?

बगैर कहे ही आज रात गाँववालों ने 'ब्लैक आउट' कर दिया है। मैं भी

लालटेन की रोशनी बुझा देता हूँ। अंधकार मेरी रक्षा के लिए तैनात हो जाता है !

रात-भर आकाश की ओर देखता रहा—कहीं कोई विमान नहीं। छतरीधारी घुसपैठिए नहीं !

किशनगंज नहीं—किशनगंगा !

निसा सिरानि भयउ भिनसारा

हमारी सेना लाहौर की ओर बढ़ रही है !

'सन्मुख मरन वीर के सोभा।'

'अवघट-घाट बाट गिरिकंदर !'

आज से दालान पर बैठकर रामायण-पाठ शुरू किया। पंद्रह-बीस साल पहले तक इस दालान पर बैठकर रामायण, महाभारत, सुखसागर, प्रेमसागर का 'पाठ' होता था। गाँव-भर के लोग रात में दो-तीन घड़ी यहाँ बैठते थे। आज फिर, बीस साल बाद, रामायण सुनकर गद्‌गद हो रहे हैं सभी।

दोपहर को 'को-ऑपरेटिव' की दुकान के सामने एक नौजवान लेक्चर देने के लहजे में लोगों से कह रहा था—'अमेरिकन गेहूँ मत खाओ। उसमें जहर मिलाया हुआ है। खबरदार !'

बहुत दिनों के बाद अखाड़े में फिर ढोल बजा। लड़के कुश्ती खेलने के लिए जमा हुए हैं। दोपहर को बरगद के नीचे 'आल्हा' का आयोजन किया गया है। एक बूढ़े 'अल्हैता' को खुशामद करके बुलाया गया है। वह दाहिने हाथ की कलाई पर घुँघरू बाँधकर ढोलक पर 'थाप' देता है—

'सुमरि भवानी जगदंबा को, औ काली को शीश नवाय।
हाल सुनाऊँ महुवा गढ़ का··· ।'

आज कई मुकदमेबाज और चालाक लोगों से मिलकर अपने दुश्मन को समूल नष्ट करने का समयोपयोगी सीधा उपाय निकला। उन्होंने गाँव में घूम-घूमकर गुप्त प्रचार किया कि अमुक व्यक्ति के घर में रोज रात में पाकिस्तानी जासूस आकर सोते हैं। रात में उसके घर को घेरकर··· !

सभी तैयार थे। मैंने मना किया तो भीड़ से एक आवाज आई—'यह भी एजेंट है।··· शहर से गाँव में आकर इसीलिए बैठा है।'

अकबर मियाँ (जिसके घर में पाकिस्तानी जासूसों के रहने की बात फैलाई गई थी) को हम बचपन से ही अकबर काका कहते हैं। उसकी बेटी शरबतिया को 'दीदी' कहता हूँ।··· किंतु, आज रात अकबर काका कहकर नहीं पुकार सका।

पुकारता तो मेरा हलवाहा ही मेरे मुँह पर थप्पड़ लगाना शुरू कर देता।

हम उसके आँगन में चुपचाप घुसे। देखा, झोंपड़े के अंदर, चटाई पर कोई कराह रहा है। पास में कई लोग बैठे हैं। शरबतिया का बेटा बीमार है। पेट के दर्द से लबेजान है। कोई दवा 'काट' नहीं करती। अकबर मियाँ, उसकी बीवी और बेटी खुदा पर भरोसा कर चुपचाप हैं। अचरज की बात, लोगों को क्या हो गया! कहाँ गया इनका क्रोध ? एक आदमी आगे बढ़कर बोला–'अकबर मियाँ ! बैठकर क्या देख रहे हो ? डाक्टर को क्यों नहीं बुलाते ?'

अकबर मियाँ की बेटी बोली–'टका कहाँ से देंगे डाक्टर को ?'

गाँव का सबसे नामी कंजूस आदमी (जिसका सुबह में कोई नाम नहीं लेता) कहता है–'अरे जान से बढ़कर टका-पैसा ! जाओ, डाक्टर को बुला लाओ। रुपया मैं दे दूँगा।'

मैं रामायण लेकर बैठ जाता हूँ और लाल पेंसिल से जगह-जगह दाग देता जाता हूँ :

'रावन रथी, विरथ रघुवीरा।'

अर्थात् हमारे पास पैटन टैंक और सेबर जेट नहीं। किंतु–

'सखा धर्ममय अस रथ जाके,
जीतन कहँन कतहुँ रिपु ताके।'

–प्रधानमंत्री लालबहादुर शास्त्री कहते हैं कि हम 'विरथ' हैं किंतु अधर्मा नहीं। और जिधर धर्म, उधर जय !

'नभ चढ़ि बरप विपुल अंगारा।'

'निसिचर छलबल करई अनीती।'
'मारू मारू धरु धरु मारू
सीस तोरि गहि भुजा उपारू।'

'ढाहे महीधर सिखर कोटिन्ह
विविध विध गोला चले।
घहरात जिमि पठिपान गजत
जनु प्रलय के बादले।।
मर्कट विकट भट जुटत कटत
न लटत तन जर्जर भये।

गहि सैल तेहि गढ़ पर चलावहि
जहँ सो तहँ निसिचर हये।।'

'राम विमुख (अर्थात्–शांति विमुख) अस हाल तुम्हारा
रहा न कोउ कुल रोवनिहारा !'

शांति, शांति !

अणिमा/दीपावली विशेषांक/अक्तूबर-दिसंबर, 1965 के अंक में प्रकाशित

भूमिदर्शन की भूमिका

भूमिदर्शन की भूमिका : 1

पिछले कई वर्षों से सैंकड़ों शब्द, नाम, देश, समस्याएँ और समाचार मेरे लिए बेमानी हो रहे हैं, होते जा रहे हैं, उनमें–डेमोक्रेसी, चाइना, चुनाव, रेल-दुर्घटना, खाद्यान्न, भ्रष्टाचार, जनता, सत्यमेव जयते, कर्फ्यू, फायरिंग, बाढ़-फ्लड, दहाड़, सूखा-जरी-सुखाड़ जैसे नित्य के समाचारों में इस्तेमाल होनेवाले शब्द भी हैं, जिनके बिना आजकल किसी का काम नहीं चल सकता।

रोजाना अखबार के पन्नों में खोजकर निकालता हूँ–धनबाद के 'डबल-मर्डर' यानी दुहरी-हत्या अर्थात् दो बहनों के खून की रहस्यपूर्ण कहानी··· किस तरह उनकी प्रेतनियाँ, सड़क से आने-जानेवाले प्रतिष्ठित और भद्र जनों की कार को रोककर अपने घाव दिखलाती हैं। दुहाई देती हैं–'बचाओ··· पुलिस··· इंसाफ' और फिर लोप हो जाती हैं।

··· मोहित मजुमदार के मुकद्दमे में मेरी ज्यादा दिलचस्पी है। इसलिए, कौन राज्यमंत्री 'रूलिंग-ग्रुप' में और कौन 'डिसिडेंट'–यह जानने की कभी उत्कट अभिलाषाएँ नहीं होतीं। इसलिए, 'हथिया-नच्छत्तर' नहीं 'फरा' और भयानक सूखे की आशंकाओं और संभावनाओं-भरी खबरें प्रकाशित होने लगीं तो 'फ्लड-बाढ-दहाड़' की तरह 'ड्राउट' सूखा-सुखाड़-भुखमरी भी मेरे लिए धीरे-धीरे बेमतलब हो गए।

··· इसी कारण, कलकत्ते के एक प्रसिद्ध बंगला (अंग्रेजी) दैनिक का विशेष संवाददाता–जिसको विशेष रूप से 'ड्राउट' देखने के लिए भेजा गया था–मेरी बातें सुनकर 'हतप्रभ' हो गया (हुँ ! ड्राउट देखने आए हैं मानो छत्तर-सोनपुर का मेला

देखने आए हैं।)

दीपावली के तीन दिन पहले पाँच बजे शाम से हजारों पटाखे हमारे शहर, यानी बिहार की राजधानी, पटने की सड़कों, गलियों, फुटपाथों, हमारे फ्लैट के मुँडेरे, गलियारे में धूम-धड़ाके और धमाके-से छूट रहे थे और मुझसे सवाल पूछा जा रहा था, "मोशाय ? खाबेन की ?··· खाइएगा क्या ? उधर गाँवों में जो कुछ देखकर आ रहा हूँ··· ।"

मैंने बीच में ही टोककर कहा था, "आमादेर दिके माने आमार खेते कोसी-प्रोजेक्टेर कृपाय भालो धान होये छे।"

मेरा जवाब सुनकर 'विशेष संवाददाता मोशाय' अवाक् कुछ क्षण मेरी ओर ताकते रहे। फिर, अपनी गलती के लिए क्षमायाचना की मुद्रा बनाकर बोले, "आमि भेबेछिलाम जे आपनि हिंदी-राइटर श्री··· , सुना था, हिंदी में एक ही 'पेन नेम' के हजारों आदमी होते हैं··· देखछि, कथाटा सत्ती।"

उसके जाने के बाद मुझे भी अपने 'लेखक' पर अचरज मिली दया आ गई। मेरा लेखक जो इस हद तक कुंठित और पतित हो गया है कि हर अहम सवाल और समस्या पर मुँह बिदकाकर एक ही बात कहता है–"सब झूठ है। बकवास है। आल फ्रॉड ! स्टंट !"

आईने में अपनी काया की छाया से पूछता हूँ–"तुमने कभी कोसी-कवलित जनों, अकाल-पीड़ितों और शरणार्थियों के दुख-दर्द को भोगकर जीती-जागती छवियाँ आँकी थीं ? क्या हो गया तुझे जो इस तरह 'बोतल प्रसाद' हो गया तू ?"

इस सवाल के जवाब में मुझसे सवाल किया जाता है–"कौन कहता है सूखा पड़ा है ? सरकार ? सोशलिस्ट (प्रजा-संयुक्त) ? कम्युनिस्ट ? कांग्रेसी ? कौन बोलता है ? कोई मिनिस्टर ? कोई जनता का सेवक ?··· आल फ्रॉड।"

किंतु, दूसरे ही दिन लेखकजी यानी 'बोतल प्रसाद' ने देखा कि सूखे के नाम पर राजधानी के 'बार' और सब्जी बाजार में सुरा से लेकर बैंगन तक की कीमतें अचानक बढ़ गई हैं तो उसका माथा ठनका, तब वह पटना की सड़कों पर 'ड्राउट' देखने निकला।

नगीनाराम सब्जीवाले ने हँसते हुए कहा, "सूखा नहीं हुजूर, बाढ़ ! बाहर से पाँच हजार 'बाबू लोग" पटना आए हुए हैं। गर्दनीबाग, आर. ब्लाक से शुरू करके भिखना पहाड़ी तक के सभी होटलों में जाकर देखिए–एक भी कुर्सी खाली नहीं मिलेगी आपको।"

कल्लू अंडेवाले ने बात में जरा पेंच लगाकर कहा, "ज्यादा दिन नहीं सर ! बस, पचीस तारीख तक !··· उसके बाद सभी लोग अपने-अपने घर लौट जाएँगे। भाव खुद-ब-खुद गिर जाएगा। यह कमाई तो समझिए कि बाढ़ का पानी··· "

(··· बाढ़ ! दुग्धोज्ज्वल खादी की टोपियों की बाढ़, ज्वार-भाटा ! तरंग ! एक

लहर इधर से आती है, एक लहर उधर से आती है··· जय हे-ए-ए, जय हे-ए-ए-ए-भारत··· !)

'बार' का बेरा अब्दुल सूखा जवाब देता है, "साहब ! व्हिस्की कोई भी नहीं। न स्काच, न देशी, न नेपाली··· "

होटल के मैनेजर ने सुनाया, "तंदूरी क्या, कोई भी चिकन नहीं। डेढ़ सौ मुर्गियों के आर्डर तो रोज 'उधर' से यानी बाहर से मिलते हैं··· प्लीज वेट टिल ट्वेंटी फिफ्थ।'

(सूखा पड़ा है 'बार' में। अकाल है, होटलों में··· पड़ गया बंगाले में काल, भरी कंगालों से धरती–पटी कंकालों से धरती···)।

रोज दिल्ली अर्थात् केंद्र से कोई-न-कोई 'अन्नदाता' उड़कर आता है 'ड्राउट' देखने। (छत्तर का मेला हो गया यह ड्राउट !) रोज राज्य का कोई-न-कोई मालिक (बड़ा, छोटा, मँझला, सँझला, पाँचू, छठू, सत्तो··· मालिकों का अकाल है यहाँ ? एक पर एक मालिक हैं) 'भयानक' और 'भीषण' बयान दे डालता है, केंद्र के अन्नदाता कहते हैं, पहले इन चूहों का अंत करो जो अन्न-वस्त्र को ही नहीं–सारे राज्य की जनता की आत्मा को कुतर रहे हैं।

अखबारों की मोटी सुर्खियाँ रोज-रोज एक ही बात को विभिन्न शब्दों में दुहराती हैं। राजधानी में, शहरों में दीपावलियाँ सजती हैं। पटाखे फूटते हैं, फुलझड़ियाँ छूटती हैं।··· उधर, गया के गाँवों में, मुंगेर के दक्षिणी हिस्से में, पलामू और हजारीबाग की पहाड़ियों और जंगलों की धरती की छातियाँ दरकती जाती हैं, पानी पाताल की ओर खिसकता जा रहा है। आदमी भूख से ऐंठ-ऐंठकर मरने लगते हैं।

(··· सब झूठ ! जयप्रकाश नारायण नामक 'आदमी' को कोई काम तो है नहीं। अतः इसी तरह कभी भूदान, कभी भोटान, कभी नागालैंड, कभी कश्मीर पर बे-बात की बात करता है। अब सूखा की समस्याओं पर बात करता है और एक सर्वदलीय सभा बुलाकर सुख-चैन से सोए हुए लोगों के सूखे हृदय में 'करुणा' का संचार करने की कोशिश कर रहा है। मगर, उसकी अपील लोगों के सिर और टोपियों के ऊपर से गुजर जाती है··· इतना फालतू समय और पैसे किसके पास हैं ?··· चलो दिल्ली··· जय हिंद !)

'आदमी मर रहे हैं'–खबरें आने लगीं !

दिल्ली से 'दिनमान' के संपादक का तार आया है। वह सूखा क्षेत्र देखने आ रहे हैं। (मानो छत्तर का मेला देखने आ रहे हैं !) क्या मैं कुछ दिन उनके साथ चल सकूँगा ? किंतु तार पाकर मुझे तनिक भी खुशी नहीं हुई। मुझे अपनी 'अच्छी फसल' काटने के लिए गाँव जाना है··· उनके आने के पहले ही 'कट पड़ो बंदे !'

लेकिन लाख कोशिश करके भी 'बंदा' कट नहीं सका। 'दिनमान' संपादक वात्स्यायनजी ही नहीं, आ रहे हैं एक पुराने क्रांतिकारी, कवि-उपन्यासकार और

चिंतक– अज्ञेय यानी यायावर ! सूखी धरती पर भूख से तिलमिलाकर मृत्यु से साक्षात्कार करनेवालों से साक्षात्कार करने के लिए।

भारी मन लेकर हवाई-अड्डे पर जाता हूँ। हवाई जहाज से करीब डेढ़ दर्जन स्थानीय असंतुष्ट कांग्रेसी नेता उतरते हैं। सबसे बाद में अज्ञेयजी दिखलाई पड़े। राजनैतिक पहलवानों की टुकड़ी मार्च करती हुई आगे बढ़ी। मैंने वात्स्यायनजी को छूकर रोक दिया··· इन्हें जाने दीजिए ! वे मुस्कुराए !

मैं अपने चेहरे पर सूखे-से-सूखे हुए आदमी का मुखौटा लगाना चाहता था। किंतु, हड़बड़ी में जो मुखौटा लगाया, वह एक अपराधी का था। झुकी हुई निगाहें और बुझा हुआ दिल !

अज्ञेय प्रसिद्ध मितभाषी हैं। किंतु मुझे हमेशा यही लगा है कि उनका मौन ज्यादा मुखर होता है। उन्होंने मुझसे कोई सवाल किए बिना–चुप रहकर ही–पूछना शुरू कर दिया–आप सूखा क्षेत्र में हो आए हैं ? क्यों नहीं ? लेखक क्या समाज के बाहर का प्राणी है ? क्यों ? ऐसी उदासीनता क्यों ? तुम इस हद तक बीमार हो ? क्यों ? जवाब दो–क्यों ?

मैं सिर झुकाकर चुप रहता हूँ। कोई जवाब नहीं दे सकीं, मेरी आँखें।

दिनमान/9 दिसम्बर, 1966

भूमिदर्शन की भूमिका : 2

पटना, गया, मुंगेर, हजारीबाग, पलामू जिले के नक्शे सामने बिछे हुए हैं, पचास-साठ अथवा सौ बरस पहले आँके गए नक्शे।··· मैं यह भी नहीं जानता कि पटना से जमुई कौन-सी सड़क जाती है। गया से चतरा तक जानेवाली सड़क कैसी है। मुझे नहीं मालूम कि छतरपुर किस जिले में पड़ता है। मैं चश्मा लगाकर भी नक्शों के नन्हे अक्षरों को नहीं पढ़ सकता। अज्ञेय नक्शा देखते समय चश्मा उतार लेते हैं। वह बीच-बीच में कोई सवाल करते हैं। मैं सुनकर भी नहीं सुनने का भाव दिखलाता हूँ। जवाब देते हैं पत्रकार-मित्र जितेंद्रसिंह। सोचता हूँ, यदि आज जितेंद्र नहीं होते तो··· ?

मैंने सोचा था, अज्ञेय सबसे पहले बिहार के मुख्यमंत्री से मिलेंगे। फिर कृषिमंत्री से। तब सरकारी हवाई जहाज अथवा हेलिकॉप्टर या जीप पर सवार होकर सरकार की मर्जी से सूखा-क्षेत्र में जाएँगे। जहाँ-जहाँ जाएँगे, वहाँ के सरकारी अधिकारी पहले से ही उनकी यात्रा के उद्देश्य की पूर्ति के लिए तत्पर और प्रस्तुत रहेंगे। किंतु, उनकी डायरी में सबसे ऊपर जयप्रकाश नारायण का नाम था–जो एक दिन पहले पटना से गया चले गए थे और अज्ञेय उनसे मिलने के बाद ही संकटग्रस्त क्षेत्रों में जाएँगे। अतः तुरत गया चल पड़ना उचित समझते हैं।

सोचा था, भोजन के बाद एक घंटा विश्राम करेंगे तो अपनी भी दिवानिद्रा में कोई व्याघात नहीं होगा। दोपहर के भोजन के बाद भोजन-पान-शयनविलासी

तन-मन को तनिक सुख-नींद तो चाहिए ही। किंतु, मैं नींद-भरी आँखों और अनमना-मन लेकर ओढ़ना-बिछावन, तहमत-तौलिया वगैरह समेटकर तहियाने लगा। और, जिसकी निगाह में संसार का सर्वश्रेष्ठ आलसी हूँ यानी 'आलस्य-श्री', 'आलस्य-भारती' और 'आलसी-बिहार का प्रतीक' आदि हूँ–वह मेरी दयनीय दशा देखकर खुशी से हँस-हँसकर मरी जा रही थी, क्योंकि मेरे चेहरे पर बँगला का एक 'छड़ा' (फिकरा) स्पष्ट लिखा हुआ था–"पड़ेछि मोगलेर हाथे, 'खाना' खेते हबे साथे... "

जितेंद्र बिना टैक्सी के निराश वापस लौटे तो भरोसा हुआ, कम-से-कम कुछ घंटों की मोहलत मिली। पर सवाल उठा कि अगर टैक्सी से नहीं चलना है तो गया जानेवाली गाड़ी में अब ज्यादा देर नहीं। सिर्फ बीस मिनट। मेरी राय ली जाती तो कल सुबह के पहले किसी गाड़ी से चलने का प्रोग्राम नहीं बनाता। किंतु 'यायावर' ने तुरंत कंधे में कैमरा लटकाया–एक हाथ में अटैची और दूसरे में बास्केट ... मेरा अब तक बिस्तर भी नहीं बँधा है, बैग में डाली जानेवाली चीजें चारों ओर 'छत्राकार' बिखरी हुई हैं। मैं एक पाँव में पाताबा डालकर, पाजामा में पहनाई जानेवाली डोरी खोज रहा हूँ, और, मन-ही-मन मना रहा हूँ कि यदि मेरे 'अयात्रीसुलभ संस्कारों' को यात्रा के लिए अशुभ मानकर–अथवा नाराज होकर भी–मुझे मुक्ति दे दें तो मुझे दुख नहीं होगा। (उनके जाते ही लंबी तानकर चैन से सो रहूँगा!) एक बार ऐसा लगा कि वह चुप रहकर जो कुछ कह रहे हैं, उसका आशय है, "तो, आप आराम कीजिए। मैं चला।"

लेकिन, मुस्कुराकर बोले, "मैं मदद करूँ ?"

मैं चुप रहा। घर का दूसरा प्राणी मदद करने के साथ बड़बड़ा रहा था, "भाईजी तो एक बेकार का बोझ ले रहे हैं अपने साथ... "

समझनेवाले ने मुझे 'बोझा' समझकर भी 'बेकार का' नहीं समझा।

(समझते तो अच्छा होता ! और मुझे लगा कि अब देर करूँगा तो दरवाजे के पास खड़ी विशाल काया मुझे अपने दूसरे कंधे पर लटकाकर चुपचाप चल पड़ेगी।)

कार्तिक पूर्णिमा से एक दिन पहले–'छोटी नहान' का दिन। बिहार में हर पर्व के एक दिन पहले एक छोटा पर्व मनाया जाता है, छोटी होली, छोटी दिवाली ! 'नहान' का दिन अर्थात् छत्तर के मेले का दिन और पटना-गया लाइन (पी. जी. ट्रेन !) की रेलवे यात्रा ! दुर्गा का नाम लेकर निकला था। स्टेशन पहुँचकर 'काली' का नाम जपने लगा... गाड़ी में कहीं भी तिल धरने की जगह नहीं। दोनों फर्स्ट क्लास के डिब्बों पर पुण्यार्थियों का पूर्ण अधिकार। हमें कंपार्टमेंट के अंदर क्या, पाँवदान पर भी पैर रखने देना नहीं चाहते थे। मुझे पंद्रह-बीस दिन पहले की एक घटना याद आई। आसाम मेल पर इसी तरह मेला देखनेवालों ने पूरा कब्जा कर लिया था और सबसे तेज चलनेवाली उस गाड़ी को बरौनी से खगड़िया तक ही पहुँचने

में दस घंटे लग गए थे। चेन खींचने से लेकर घनघोर 'रोड़ेबाजी' तक हुई थी–जमकर। पचासों निरपराध यात्री घायल हुए थे और अंत में 'फौजी पैसेंजरों' को राइफल निकालकर 'लोड' करने की जरूरत महसूस हुई थी··· मुझे 'पटना-गया लाइन' की अपनी उन यात्राओं की याद आई जिनमें रोड़े से लेकर रगड़-झगड़ और गालियों का मुकाबला करना पड़ा था।··· आज भी यही सारे लक्षण उपस्थित हैं। प्लेटफार्म पर चहलकदमी करता हुआ पुलिस का सिपाही हमारी कोई मदद करने में असमर्थ है। जितेंद्र हार गए तो 'अज्ञेय' आगे बढ़ गए और अपनी दोनों भुजाओं को पसारकर भीड़ को ठेलने लगे–"आप बाहर नहीं निकलेंगे तो मैं गाड़ी को आगे नहीं बढ़ने दूँगा। चलिए··· "

भीड़ में सन्नाटा छा गया। लोग हड़बड़ाकर उतरे। किंतु भीड़ को भड़कानेवाला 'एलिमेंट' सक्रिय हुआ तो भीड़ कंपार्टमेंट के सामने लग गई। हमने दरवाजा बंद किया और दरवाजे पर हजार धक्के पड़ने लगे। खिड़कियों पर आघात होने लगे। अंदर खड़े लोगों ने दरवाजा खोलकर अपने मित्रों को अंदर बुलाना शुरू किया। मैं चुपचाप 'नाम-जाप' कर रहा था। मुझे लगा, अब 'क्लाइमेक्स' बहुत नजदीक है। अज्ञेय टमककर फिर दरवाजे के पास जाने लगे। मैंने जितेंद्र की ओर देखा और जितेंद्र दौड़कर दरवाजे पर गए··· गाड़ी खुली, लटकते हुए लोग चिल्लाने लगे–"अंदर आने दीजिए, गिर जाएँगे।" मुझे मालूम है, अंदर आने के बाद वे बहस शुरू करेंगे और गालियाँ बकेंगे। फिर, अगले स्टेशन पर उतरकर–रोड़े से हमारे सिर तोड़ेंगे !··· अंदर आनेवालों ने तुरत अपना कार्यक्रम शुरू कर दिया यानी 'युद्धं देहि' की मुद्रा बनाकर बहस करने लगे। शुरू किया एक नौजंवान ने। बात का सूत्र जोर-जबर्दस्ती अपने हाथ में लिया एक अधेड़ खादीधारी आदमी ने, जो अपने को किसान कहता था और हर बात को 'एज़ ए किसान' पेश करता था। पोलिटेक्निक स्कूल का विद्यार्थी और 'बस' का 'कंडक्टर' (सबसे मूर्ख यह बस कंडक्टर) और एक बूढ़ा देहाती और एक किशोर–बहस के वक्ता थे।··· हमारे 'सेंस ऑफ़ ह्यूमर' ने वातावरण के तनाव को ढीला कर दिया और हम जीत गए। हमारी गर्दन पर सवार और बात-बात में सिर तोड़ने को तैयार 'किसानजी' कांग्रेस राज को गाली देने लगे। नेताओं को भला-बुरा कहने लगे। उनका सारा गुस्सा एक ही पदार्थ पर था–जिसे खाकर (उनके कथनानुसार) आज के नेता 'लीडरी' करते हैं–'मुर्ग-मुसल्लम' ! हर बात के बाद वह मुर्गा-मुर्गी और मुर्गी के अंडे का जिक्र करना नहीं भूलते–हम लोगों ने लाठी खाए, जेल गए, देश को आजाद किया··· अब तो एक मुर्गी का अंडा खिला दीजिए और काम··· अब तो बिना मुर्गी के···।

मैंने उनकी मुर्गी की टाँग पकड़ी यानी उनका हथियार अपने हाथ में लिया और हर बात के बाद उसका इस्तेमाल शुरू किया तो 'सिंहजी' यानी 'एज़ ए किसान' बोलनेवाले की बत्तीसी निकल आई। वह समझ गए कि हम उनमें से नहीं, जिन पर उनका गुस्सा है। व्यंग्य-विनोद का जादू चल गया। जो हमारा सिर तोड़ने

आए थे–उतरते समय मुस्कुराकर नमस्कार करके उतरे। जो नौजवान अपने स्टेशन पर उतरकर हम पर रोड़ा फेंकता–वह जहानाबाद स्टेशन पर उतरकर हमारे लिए चायवाले को बुलाने गया।

कहते हैं, यात्रा शुभ हो तो पद-पद पर संयोग भी बढ़िया जुटता जाता है। गया स्टेशन से हमें बुनियादगंज मुहल्ले में–जे. पी. के पड़ाव पर जाना था। प्लेटफार्म पर पाँव रखते ही मेरी एक पुराने साथी पर नजर पड़ी, जो रेलवे कर्मचारी है। जब कभी गया स्टेशन पर पहुँचा हूँ, उससे मुलाकात हो गई है और हर बार वह पुराना 'कामरेड' (रेलवे यूनियन का !) मेरे काम आया है। इस बार, उसकी नजर बचाकर, कतराकर एक ओर से गुजर जाना चाहता था। किंतु, उसने देख लिया। सलाम का 'चलता-फिरता जवाब' देकर आगे बढ़ जाना चाहा, मगर उसने हाथ थाम लिया–"इस तरह खब्तुलहवास··· कहाँ··· जे. पी. से मिलने ? यार, कहाँ जा रहे हो ? जे. पी. अभी स्टेशन आ रहे हैं। सच कहता हूँ, उनकी गाड़ी लगी हुई है··· एडिटर साहब को रोको; नाहक कहाँ परेशान होने जाएँगे ? बनारस जा रहे हैं जे. पी.।··· "

मैं दौड़कर स्टेशन के बाहर गया। हमारा सामान टैक्सी के मुँडेरे पर रखा जा चुका था। वे हमारी प्रतीक्षा कर रहे थे।

मैंने यह सूचना दी। सामान उतार लिया गया। जितेंद्र ने बुनियादगंज टेलिफोन करके पता लगाया, बात सच थी। वह प्लेटफार्म की ओर गए और हड़बड़ाए लौटे–"बुला रहे हैं आप लोगों को। गाड़ी खुल रही है··· "

गाड़ी और प्लेटफार्म के आखिरी छोर तक हम दौड़ गए। दूर से ही देखा–एक कंपार्टमेंट के दरवाजे के फ्रेम में जड़ा-सा एक व्यक्ति खड़ा है। मद्धिम रोशनी में भी चेहरे को एक प्रसन्न मुस्कान आलोकित कर रही है–"कब आए ?··· मैं तो अभी बनारस जा रहा हूँ, तीस तारीख को झुमरी तिलैया मैं रहूँगा··· उसके बाद ? दो-तीन-चार लगातार पटना।"

मुझे देखकर हँसकर बोले–"अच्छा··· तो आप भी हैं।"

मैं चुपचाप मुस्कुराता रहा। जवाब दिया जितेंद्र ने हाथ जोड़कर–"जी ! हिंदी के दो···।"

जयप्रकाशजी ने गया, जमुई, हजारीबाग, और पलामू के कई इलाकों और गाँवों के नाम बताकर कहा–"वहाँ जरूर जाइए··· हाँ, वह इलाका भी सबसे ज्यादा 'एफेक्टेड' है··· वहाँ तो पीने को पानी भी नहीं। वहाँ जरूर जाइए··· "

गाड़ी खुली तो मैंने पढ़ा, जे. पी. के ओठों पर हमारे लिए यह संदेश स्पष्ट अंकित था : नाभिनंदेत मरणं नभिनंदेत जीवितम्, कालमेव प्रतीक्षेत निर्देशं मृतको यथा···

एक नई (प्राइवेट) टैक्सी लेकर तीन अपटूडेट जवान सरदार किसी गाँठ और

परिवार के पूरे हिंदू या बौद्ध पुण्यार्थी की ताक में घात लगाकर बैठे थे। हमें देखकर उनके दिमाग में कोई बात नहीं आ रही थी। एक मेरे लंबे केशों की ओर देखता, दूसरा अज्ञेय की दाढ़ी को और तीसरा जितेंद्र के गोरे एवं गोल मुखमंडल को। इसीलिए, बुनियादगंज मुहल्ले तक जाने का भाड़ा उन्होंने हमसे 'फकत' बीस रुपए माँगा था। और, लौटकर जब बुनियादगंज के बदले 'सर्किट हाउस' पहुँचाने का किराया पूछा तो वे अवाक् होकर एक-दूसरे को देखने लगे।

अज्ञेय को चाय से प्रीति नहीं। किंतु, उन्होंने खानसामा को बुलाकर मेरे लिए 'बेड-टी' का आर्डर देते हुए मुझसे समय पूछा तो मुझे लगा कि मैं सचमुच इनका बेकार का बोझ हूँ, मिनमिनाकर जवाब दिया—"साढ़े छह बजे हैं !" (ईमान की बात है, घर में साढ़े सात से पहले कभी नहीं···)

··· अज्ञेय आज तक 'बोधगया' कभी नहीं गए, बोधि का दर्शन नहीं किया। फिर कहाँ पाई करुणा ?··· मैं भी बोधगया कभी नहीं गया··· बोधगया के रास्ते के गाँव संकटग्रस्त हैं। बौद्धधर्म स्वीकार करता है कि दुःख है और इतना ही पर्याप्त है कि हम दुःख से मुक्ति पा सकते हैं। सुख पाएँगे या नहीं, हम नहीं जानते ··· बौद्ध संसार से परे कोई वस्तु नहीं मानते। बुद्ध ईश्वर के विषय में पूर्णतया अज्ञेयवादी हैं, किंतु हमारे धर्म में ईश्वर का हर जगह उपदेश देते हैं—सगुण-निर्गुण दोनों का···

मैं रामकृष्ण का स्मरण करता हूँ··· देवघर में भूखे-नंगे संथालों को देखकर, काशी-यात्रा स्थगित करके बैठे हैं—"पहले इन्हें भरपेट भोजन दो··· चूल्हे में जाय तुम्हारी काशी की गंगा··· मैं तीर्थ करने नहीं जाता··· इन्हें भरपेट खाने दो, ये ही शिव हैं। ये ही नारायण··· "

दिनमान/16 दिसम्बर, 1966

भूमिदर्शन की भूमिका : 3

खानसामा 'बेड टी' लेकर जिस समय आया—असली नींद का समय वही था। ऐसी नींद कि आँखें मूँदे रहिए और फिर भी सबकुछ देखिए-सुनिए।··· अंदर से दरवाजा खोला गया। खानसामा आकर चला गया। दो-तीन मिनट के बाद चम्मच और प्यालियों के टकराने की तुनुक-टुन-टुन आवाजें हुईं। और तब समझा कि 'बेड टी' का एक अर्थ 'जागिए कृपानिधान' भी होता है।

इस बार भी गया आकर यहाँ के प्रसिद्ध तिलकुट की, देव के मगही पान, गया की ठुमरी और यहाँ के साहित्यिक मित्रों की यादें आईं। ऐसी सुहावनी सुबह में··· नींबू-चाय पीते हुए··· गया के सांस्कृतिक पक्ष पर कोई समाजशास्त्रीय 'गप-सप' शुरू करके सूरज उगाया जा सकता था। किंतु, 'यायावर' अपने कैमरे के लेंस, फिल्टर और जूम का हिसाब-किताब बैठाने में व्यस्त थे, चुपचाप··· जिसका मतलब साफ था··· 'जागिए ही नहीं। तैयार हो जाइए कृपानिधान !'

हम लोग अभी तैयार भी नहीं हो पाए थे कि बरामदे पर कई व्यक्तियों के पग एवं पादुका-ध्वनि सुनाई पड़ी। झाँककर देखा : रात के कथाकार भाई के साथ और भी कई साहित्यिक मित्र ! परिचय और चायपान के साथ-साथ बातें शुरू हुईं। लेकिन, कविता और कहानी-उपन्यास पर नहीं, सूखा और भुखमरी से संबंधित समस्याओं पर ही। उन्होंने जो देखा-सुना और अनुभव किया है··· एक-एक कर सुनाया। उन गाँवों के नाम लिखाए जहाँ की हालत बदतर है। वहाँ पहुँचने के रास्ते बतलाए। और हमारी तात्कालिक और जटिल समस्या उन्हीं के सफल उद्योग से हल हुई। दोस्तों ने न जाने कहाँ से ढूँढ़कर, एक ऐसे मस्तमौला 'टैक्सी-एजेंट' को 'ऊपर' किया जिसको देखते ही मुझे लगा, इस आदमी से पुरानी जान-पहचान है। उसके गले की आवाज सुनकर, बातें करने का ढंग देखकर एकाएक पहचाना ··· यह तो वही टैक्सीवाला है जिसके नाम का तुक, मेरे नाम से मिलाकर बंबई से आए हुए 'फिल्म यूनिट' के लोग चुटकी लेते थे। मैंने कहा–"तुम्हारी गाड़ी पर हम कोयलबर की ओर, देहात में गए थे। तुम्हारा नाम··· रामेश्वर या कोई ईश्वर··· "

"बस, बस। अब हमको भी याद हो गया। तभी से हमहूँ यही सोच रहे थे कि··· । नाम मेरा कौलेश्वर है, जी।··· बस अब समझ गया।··· आप जितना दे देंगे ··· मंजूर होगा हमको। नवादा तक ही क्यों, एक ही दिन के लिए क्यों ? दो-तीन-चार-पाँच जितना दिन रखिए।··· मगर, गाड़ी जब छोड़िएगा और जहाँ से भी छोड़िएगा··· ड्राइवर के हाथ मेरे नाम 'दू-कलम' खत लिखकर जरूर भेज दीजिएगा। मेरे पास बहुत-से बाबू लोगों और 'फौरेन' के साहब लोगों के सिट्टिफ्किेट हैं।" उसने कहा कि उसका ड्राइवर एकदम 'सूधा' लड़का है। (सीधा और सूधा में बहुत फर्क है।) कोई नशा नहीं, कोई ऐब नहीं। साथ रहेगा, देखिएगा ही। और अपनी ही गाड़ी समझिएगा। 'यायावर' गाड़ी को नजदीक से देख आए। रात में स्टेशन पर कई जरा-जीर्ण टैक्सियों की दुरवस्था वे देख चुके थे।··· गाड़ी की अवस्था अच्छी है।

प्रोग्राम बना, सबसे पहले बोधगया का। कवि-मित्र के कथनानुसार बोधगया के रास्ते में ही कोख-जली धरती की पहली झलक मिल जाएगी।··· साहित्यिक मित्रगण कम-से-कम मंदिर और बोधि के दर्शन के समय अज्ञेय के संग-संग रहना चाहते हैं। वे 'टूरिस्ट ब्यूरो' की गाड़ी लेकर बोधगया की ओर चल पड़े।

बोधगया जाने के पहले स्थानीय किसी अधिकारी से सरकारी लेखा-जोखा ले लेना उचित समझा गया। हम ए. डी. एम. के बँगले पर पहुँचे। युवक हाकिम ने हमें बैठाकर अपने रिलीफ अफसर के सहयोग से बीस-पच्चीस मिनट में–"हमें पूर्ण विश्वास है कि इस लड़ाई में हमारी ही जीत होगी।"

बातचीत के सिलसिले में मैंने शुरू से ही लक्ष्य किया था, ए. डी. एम. साहब किसी भी अंग्रेजी शब्द और वाक्य के पहले उसका हिंदी रूप बोलते थे··· कठिन श्रम योजना, लघु सिंचाई, अनाज-वितरण, अभियान, निर्माण··· हमें मालूम था कि

युवक और नए अफसर लोग जन-संपर्क के महत्त्व को समझते हैं। जानते हैं, किस वर्ग के लोगों से कैसी बातें करनी चाहिए ! लेकिन, बाद में जब पता चला कि वह बंगाली हैं तो अचरज हुआ ! निष्ठापूर्वक हिंदी बोल रहे हैं··· 'किस' वर्ग के लोगों से 'कैसी' बातें ही नहीं··· किस 'भाषा' में बातें करनी चाहिए, ए. डी. एम. यह भी जानते हैं।

बोधगया में मंदिर और बोधि का दर्शन हमने सामूहिक रूप से किया। मंदिर के प्रांगण में घूमते हुए मुझे रह-रहकर··· रिपुंजय, बिंबिसार, अजातशत्रु, शिशुनाग, महापद्मनंद, चंद्रगुप्त, अशोक, शून्यपुराण और कम्युनिस्ट मैनिफेस्टो की याद आई ··· राहुलजी, भदंत और नागार्जुन की याद आई।··· वर्षों पहले पढ़ी बातें, 'वज्रयान' और 'ब्रजत्व' की व्याख्या : ब्रजत्व-लाभ करना मनुष्य का जन्मसिद्ध अधिकार है। मनुष्य का अधिकार ही सबसे बड़ा है। मनुष्य ही सत्य है, और सब मिथ्या।··· महासुख ही महाप्रभु, महाशून्य, वही करुणा, वही सर्व-देवता।··· एक्क न किज्जई मंत न तंत, निअ घरनी लई केलि करंत। निअ धर घरनी जाव न मज्जई, ताव कि पंचवर्ण बिहरिज्जई··· !!

साहित्यिक मित्रों के प्रसन्न-विदा-संभाषण का संबल लेकर हम आगे बढ़े। और यहीं से हमारी असली यात्रा शुरू हुई ! 'यायावर' जो अब तक पीछेवाली 'सीट' पर थे, सामने ड्राइवर के पास अपने 'लटकन-छटकन' के साथ जा बैठे। मेरे ठीक सामने। किंतु, मैं उनकी 'पीठ' नहीं··· देख रहा था उनका सिर। जो स्वयंचालित यंत्र की तरह, काँच के 'वाइपर' की तरह··· बाएँ से दाहिने और दाहिने से बाएँ घूम रहा था। टोह लेती हुई आँखें। ड्राइवर के बाएँ कंधे पर उनकी उँगली पड़ी··· ड्राइवर गणेश ने 'ब्रेक' लिया।··· 'यायावर' उतर पड़े। घास 'गढ़' कर यानी खोदकर लौटती हुई औरतें··· सिर पर टोकरियाँ। धान का बोझा नहीं, सूखी झुनाई घास ! साथ में वह नन्हीं बच्ची··· क्लिक ! अब एक 'कलर' चाहिए, शायद। गाड़ी से दूसरा कैमरा लेकर 'यायावर' को दौड़ना पड़ा।··· मगध की छोरियाँ कुछ गोरियाँ (कुछ कारियाँ भी !) कुछ भोरियाँ··· बाजरे की कलगी नहीं, बिछली-घास भी नहीं ··· सिर पर घास की टोकरियाँ लेकर तेजी से चली जा रही हैं। 'यायावर' ने कैमरे का बटन दबाना चाहा कि सबसे अगली (जो पहले भी बच निकली थी !) मुँह पर कपड़ा डालकर अचानक इस तरह 'फिरकी' की तरह मुड़ गई कि 'यायावर' हारकर भी हँस पड़े।

ऐसा लगता है, बोधगया जाते समय ही 'यायावर' की दृष्टि में कई 'ऑबजेक्ट' या 'सबजेक्ट' पड़ चुके थे। दो फर्लांग के बाद, जहाँ से हमारी गाड़ी फिर गया शहर की ओर मुड़ी··· ड्राइवर गणेश के कंधे को छूकर गाड़ी रोकी गई। देखा—वहाँ, एक खेत में काला-कलूटा, दुबला-पतला, भूखा-प्यासा, थका-हारा बूढ़ा धान के सूखे पौधों को हँसिया से काट रहा है, यदि हमारी 'यात्रा' कंडक्टेड किस्म की

होती तो मैं यह कदापि विश्वास नहीं करता कि यह बूढ़ा सचमुच कोई बूढ़ा है जो संकट से लड़ रहा है—उसने कई ऐसे 'पोज' दिए जो कुशल-सफल कोई चरित्र-अभिनेता भी नहीं दे सकेंगे। भगवान् सफल नाटककार ही नहीं, 'डाइरेक्टर' भी है। (देखिए 'दिनमान', 9 दिसंबर, पृ. 24-27)।

गया शहर छोड़कर हम नवादा की ओर जा रहे हैं। ग्राम गुरुचक्र और बुद्धगैरे के नाम पढ़कर हमें गाँवों और जगहों के नामों पर एक समाजशास्त्रीय 'गप्प' शुरू करने का अवसर मिला : इस रास्ते से बुद्ध गए होंगे। और, ग्राम गुरुचक्र में 'श्रीचक्र' की तरह कोई अनुष्ठान संपन्न हुआ होगा। वात्स्यायनजी भी मुस्कुराकर इस बातचीत में शरीक होना चाहते थे कि अचानक सड़क के दोनों ओर का भू-भाग—लैंडस्केप—सपाट, सू-खा-आ-आ··· !!—यह क्या ? जहाँ तक दृष्टि जाती है—एक तृण नहीं। कहीं एक तिनका भी हरा नहीं। बंजर-परती धरती नहीं··· धान के खेत हजारों एकड़। प्रकृति के प्रकोप की मारी धरती !—यह क्या देख रहा हूँ ? यह किसका शाप है ?··· किसका पाप··· ?

हँसुआ पहुँचते-पहुँचते बोतलप्रसाद यानी लेखकजी न जाने कहाँ हवा में 'बिला' गए। उनकी जगह पर रह गया—बिहार के एक गाँव का एक किसान का बेटा, जो सिर्फ यही सोच रहा है कि यदि उसके जिले में, इलाके में ऐसा सूखा पड़ा होता तो उसकी जमीन, उसके गाँव, गाय-बैल, औरत-बच्चे ऐसे ही··· इसी तरह···।

गाँवों के आसपास थोड़ी हरियाली देखकर आँखों को ही नहीं, जलते हुए दिल को भी राहत मिलती है।··· जिंदगी गाँवों को अगोरकर सिमटी-सिकुड़ी पड़ी हुई है।

अब हमारी आँखें और कुछ नहीं देखतीं··· सिर्फ सूखा और अकाल !··· आने-जानेवालों की गठरियों में क्या है—गेहूँ, मकई, बाजरा ? गाड़ियों पर क्या है, बोरे में ? अनाज या चारा ?··· अन्न के बोरे नहीं, सूखा पुआल। दुकानों के सामने क्या है—मकई ? पंजाबी मकई ?··· इधर कहाँ जा रहे हैं—सभी लोग ? वह बूढ़ी बकरी लेकर कहाँ जा रही है ? जरूर बेचने जा रही होगी।··· गाँवों के आसपास बच्चे खेलते-भागते तो हैं ? वह छोटा-सा लड़का हमारी गाड़ी को देखकर, हाथ हिलाकर 'हो-य-य' कहकर खुश तो हुआ !··· वह लड़की हमारे गाँव की सुरती की तरह लगती है। यह बूढ़ा नई लालटेन खरीदकर ले जा रहा है।··· उस गाँव में निश्चय ही किसी की शादी हुई है या गौना हुआ है, रँगे हुए कपड़े सूख रहे हैं। शादी या गौने में 'भोज' हुआ होगा ! बच्चे पढ़ने जा रहे हैं ? क्या खाकर जा रहे हैं ? स्कूल में मुफ्त दूध मिलता होगा ? हाल ही, थोड़ी-सी वर्षा हुई है—इससे कुछ फायदा तो हुआ होगा ! लेकिन, कहाँ ? देखता हूँ, कहूँ—हाँ, वहाँ··· वहाँ हरियाली की पतली-सी रेखा ! रबी का रंग··· दूर-दूर खेतों में लोग दिखाई पड़ते हैं, हल जोतते हैं, कुदाल चलाते हुए··· वहाँ रहा 'एंटिएयरक्राफ्ट'··· कच्चे कुएँ की डोल के लंबे-लंबे बाँस—सूखी धरती और आसमान की पृष्ठभूमि में ऊपर-नीचे गिरते

हुए लट्ठे–लोग लड़ रहे हैं। वहाँ भी–वहाँ कुछ खोदा जा रहा है–आहर, पैन या कूप ? कुछ भी हो··· वे लड़ रहे हैं।···

यह, एकदम करीब ही कच्चे कूप पर तीन लट्ठे चल रहे हैं। डोरियों की लंबाई से जल के तल–वाटर-लेवेल–का पता चलता है–सचमुच पानी पाताल की ओर भागा जा रहा है।··· तीन जन पानी भर रहे हैं एक 'पैन' ठीक कर रहा है। एक हल जोत रहा है। लड़ रहे हैं, सभी !··· ड्राइवर के कंधे पर अब उँगली रखने की जरूरत नहीं होती–एक 'हुँ' पर ही गाड़ी रोक देता है।

हल जोतनेवाले भाईजी से नाम पूछा तो उसने सुनकर भी कोई जवाब देने की जरूरत नहीं समझी ! (सड़क से गुजरनेवाले हर आदमी के सवालों का जवाब देने लगे तो वह खेत कब जोतेगा ?)। बैलों को एक भद्दी गाली देकर हाँकते हुए उसने हमें भी अपने हाथ के 'पैने' से हाँकने की कोशिश की। हम हाँके नहीं गए और उसके काम में बाधा डाले बिना उसकी प्रतीक्षा करने लगे। बस, दो मिनट में ही उसका हल खेत के उस किनारे से इस किनारे की मेंड़ तक 'रेह' फाड़ता हुआ करीब आ जाएगा–और करीब–'तोहार नाम की हो भाय ?'–नाम ? नाम हमर–जागो !–विलक !··· जागो ने अपनी दुलहिन को–जो खेत के उस मेंड़ के पास खड़ी थी–इशारे से कुछ कहा। उसकी 'दुलहिनियाँ' पेड़ की आड़ में चली गई।

रेपुरा-सिरसा गाँव के इस हलवाहे ने अपना नाम 'जागो' बतलाकर हमारे सभी सवालों का एक ही जवाब दे दिया था ! उधर, खेतों में काम करनेवालों के हाथ रुके नहीं। एक आदमी हमारे पास आया–हाथ की मिट्टी झाड़ता हुआ। हमें देखकर मुस्कुराया। फिर पूछा–'क्या देखने आए हो ? यह सूखा ?··· ऐसा कभी नहीं हुआ–लेकिन, हम लोग लड़ रहे हैं। थोड़ा-सा पानी पड़ा है। और बाकी कूप-कुआँ से–जहाँ तक हो सके आदमी जान रहते तो हिम्मत नहीं हारेगा।··· अब, भगवान् की मर्जी।··· अच्छा तो–परनाम !'

'यायावर' फोल्डर खोलकर नक्शा देखते हैं। पूछते हैं–'क्या नाम बताया था उस गाँव का ?··· आपने लिखा था, हाँ, कोसला !' हँसुआ से राजगिर रोड की ओर मुड़कर छह माइल पर है कोसला गाँव। उसके बाद मियाँबीघा··· उससे पूरब कछुआरा···।

'यायावर' पूछते हैं–'कछुआरा या कहुआरा ?'–हाँ, कहुआरा ! कवि-कथाकार-आलोचक-पत्रकार मित्रों ने उन गाँवों के नाम लिखवाए हैं जहाँ भूमिहीन-जनों की–खेत-मजदूरों की 'बस्तियाँ' हैं !

'यायावर' हँसुआ पहुँचकर बाईं ओर गाड़ी मोड़ने को कहते हैं–"राजगिर जानेवाली सड़क यही है···।"

रास्ते में, भेलुवा गाँव के खेतों में कुछ कम उम्र के लड़के भी काम करते हुए दिखलाई पड़े। कूप खोदा जा रहा है।··· बृजनंदन सिंह, बिपिन बिहारी शर्मा, बिजेंदर, विजयकुमार और लटना। मुसहर का नंग-धड़ंग बालक।··· हम जब गाड़ी

की ओर लौट रहे थे, तब सुना बिजेंदर या विजयकुमार हँस-हँसकर कह रहा था–"सार ! लटनो के फोटो खिंचा गेलइ। फोटो में सार लँगटे ठाड़ रहते··· ?"

"कोसला और कितनी दूर ?" हर आनेवाले राही से पूछते हैं हम।

"बस, आगे।··· डेढ़-दू कोस।"··· हर जवाब देनेवाला जवाब देकर खड़ा हो जाता है और बहुत देर तक हमारी गाड़ी की ओर अचरज से ताकता रहता है।

दिनमान/23 दिसम्बर, 1966

भूमिदर्शन की भूमिका : 4

पक्की सड़क से उतरकर, कुछ दूर तक 'कच्ची' पर गाड़ी जहाँ तक जा सकी–गई। हम गाड़ी से उतर पड़े। पगडंडी के दोनों ओर सूखी 'बारी-झारी' की क्यारियाँ–जंगली 'भुटके' का साग भी नहीं ! मिट्टी के छोटे-छोटे घर, उजड़े-अधउजड़े झोंपड़े··· हवा में श्मशान-जैसी 'चिड़ाइन' गंध··· छप्पर पर सूखती चिरकुट-कथरी··· फूटे हुए मिट्टी के बर्तन-बासन–कुत्ते का डोलता और हाँफता हुआ एक कंकाल बिना-भूँके एक ओर चला जाता है। एक माता अपने बच्चे को गोदी में लेकर आ रही है, हमें देखकर ठिठक गई। उसका बच्चा अ-वाक्–उदास आँखों से हमारी ओर देखता रहता है। माँ मुँह फेर लेती है। काले-काले होंठों के बीच, सफेद दाँतों पर बिजली-सी कौंध गई–मैंने 'मूलमंत्र' जपना शुरू किया।

हम गाँव के मध्य-भाग में पहुँचे। एक मिट्टी की गिरी-पड़ी दीवार के पास एक 'खुनखुन' बूढ़ी बैठी थी। हमें देखते ही बड़बड़ाने लगी। क्रोध से उसके नथुने के आसपास की सिकुड़ी-सिमटी चमड़ी थर-थर काँपने लगी–उसकी घुड़कती आँखें और टूटी दंत-पंक्तियाँ··· मैं मन-ही-मन 'कालिका सहस्रनाम' जपने लगा–घोररूपा, घोरदंष्ट्रा, घोरा, घोरतरा, शुभा··· कोटराक्षी··· बहुभाषिणी··· प्रचंडा··· चंडी··· चंडवेगिनी, यक्षिणी, योगिनी, जरा, राक्षसी, डाकिनी, वेदमयी, वेदविभूषणा··· निष्ठुरवादिनी··· माँ··· !!

एक झोंपड़े से झाँकती हैं एक जोड़ी गुस्से से भरी तेज आँखें–एक सात-आठ साल की बच्ची की। उसकी अधेड़ माँ हड़बड़ाकर उठ बैठती है, कपड़े से अपनी देह ढँकती है। गुस्से में कुछ बुदबुदाती है। दूसरे, तीसरे, फिर चौथे झोंपड़े के प्राणी भी कुनमुनाकर निकलते हैं–बच्चे, बूढ़ियाँ, अधेड़ और जवान औरतें। मर्द एक भी नहीं–एक नंग-धडंग, चित्ती कौड़ियों-जैसी आँखोंवाले, दुबले-पतले-पीले बीमार बालक के सिवा !

हममें से कोई भी 'मगही' बोलना नहीं जानता। लेकिन मेरा विश्वास है कि जो थोड़ी-सी भी मैथिली या बंगला अथवा भोजपुरी–यहाँ तक कि ठेठ हिंदी–बोल ले सकते हैं, वे समय पड़ने पर 'मगही' बोल-समझ सकते हैं। बोली के 'लय' को पकड़कर मैं न जाने कौन-सी 'भाषा' बोलने लगता हूँ। मगही जाननेवाले इसे शुद्ध मगही नहीं मानें, समझ सबकुछ लेंगे।

मैं बोला : "गाँव में कौनो मरद-पुरुखवन केर पता न है ! कहाँ गेल हो, ई सब ?"

"जइते कहाँ ? कमावे कोड़े ला।"–तुरत जवाब मिला।

"चुल्हवा में की पक्कत हलै ? धुँइयाँ देखैहियेक्।"

"पक्के के की है जे पकतई ! लड़कोरिया लेल गोइठवा में अगिया सुलगत हय–ओकरे धुँइयाँ··· ।"

"पक्के के कुछ नअ हउ–त ई बचवा सब की खइतउ ? की गे–तोर की नाम हौ ? बोल ना, लजावे है काहे ? ई लइका केक्कर है ?··· बीमार है ? ओ ? ··· भुक्खल है–खाए बिना एकर एइसन दसा है··· ओ··· ।"

–मेरी बातचीत सुनकर तनाव कम हुआ। मुझे लगा, चारों ओर तनी हुई कमानियाँ अचानक ढीली हो गईं। वे करीब आईं, आने लगीं। आधा दर्जन से अधिक भूखी माताओं के बीच मैंने अनुभव किया–गाँव की दादी, फूफी, काकी, मौसी चारों ओर से दौड़कर आई हैं–मेरे आने की खबर सुनकर–बाल-बच्चों को लेकर !

"पाँच जन केर मजदूरी–पाँच मुट्ठी एहे खेसारी–देखऽ !"

"खसरियो निपट्ट घुनायेल–से देखऽ !!"

"मलिकवन के कौन फिकिर ? घर में अनाज–पानी भरल है।"

"हमनिये के उपजायेल, ओसायल-बरायल और घर में सँइतल अनजवा–देखल अनजवा कहाँ चल जइतै, भैया ?"

"अपने बिजली के कुइयाँ खना रहलन हैं··· ।"

"गरीबन के देखेवाला केयो नहीं।"

"सात दिन केर लड़कोरिया के एह खेसारी के घाठा ? हे परमेसर, एसन कभ्भी न देखली।"

"माइए के ना खाएला मिलतइ तऽ बचवा जीयतय कैसे ?"

"दुधवे न होइ है··· ।"

"कीप ऑन टाकिंग··· ।"–'यायावर' अपने कैमरे के 'व्यूफाइंडर' में देखते हुए कहते हैं।

"तोहर की नाम हौ गे··· ?" –मैं पूछता हूँ उस तेज और गुस्से-भरी आँखोंवाली सात-आठ साल की लड़की से, जो अपनी बेटी-जैसी लगती है।

"बोल ने गे। बता दहिक् ने गे, जसोधिया।"

"जसोधा।"

"वाः जसोदा गाई··· !" जितेंद्र कहते हैं।

सूखे मुखड़ों पर मुस्कुराहट खेल गई। मैं यशोदा का हाथ पकड़कर अपनी ओर खींचता हूँ। वह नाराज और कुछ डरी-सी (ठीक अपनी बेटी-जैसी !) मुँह से सिर्फ 'बक्-बक्' उच्चारण करके–घुड़कती हुई निगाह से देखती है। सौरघर से झाँककर देखती है–एक सूखी, पीली, युवती-माता। चिथड़े में लिपटे हुए शिशु की ओर दिखलाकर अपनी बहन से हँसकर कहती है–"ई अकलवा के भी छापी उतरवा

दे··· ।"

अकाल और सूखा में जन्मे हुए बच्चों के सही नाम 'अकालू' और 'सुखाड़ी' नहीं तो और क्या होंगे ?

पूछता हूँ–"अकलवा केर छट्ठी कहिया भेलय ?"

"कल ही त।"

"कीप ऑन टाकिंग··· ।"

"अकलवा के महतरिया केर की नाम ?"

"बच्ची देवी।"

"अकलवा के ई मौसी है न ? एक्कर की नाम ?"

"कलेसरी देवी।"

"भात खइला कतेक दिन भेलउ ?"

इस सवाल पर सभी हँस पड़ीं। एक बोली : ऐ-हे-ए···

"आसिने में भात खैलिए··· ।"

"तोहर की नाम हो रे बबुआ ?"

"पिनोदपा··· ।"–चित्ती कौड़ी-सी आँखोंवाला बीमार बालक चें-चें कर बोला।

"बिनोदवा नाम है।"

"बिनोदवा केर बाप कहाँ ?"

"कलकत्ता में बहनोय बिजली कंपनी में काज करत हइ ओकरे लग··· ।"

"कौनो सरकारी 'कार्ड-उर्ड' भैटलै है केकरों ई गाँव में ? लाल रंग केर 'काट'··· ?"

इस सवाल पर वे फिर हँसीं। इस बार शुष्क हँसी–"कहाँ मिलल है 'कटवा' और 'कटवा' भेटओ करतय त दुकनवाँ में अनाज नहिं··· ।"

"मलिकवन के करेजा में तनिको दया-धरम नहिं।"

"जेकरा खातिर बाप-दादा से लेकर हमर लइका-पोता हड्डी गला के 'राँगा कइलक'–ओकरा सबके नजर में पानी नहिं।"

मालिक-टोले का एक आदमी बहुत देर तक चुपचाप गप सुन रहा था। मौका मिलते ही बोल उठा : "आरे ! आदमी को खिलानेवाला कौन बाप का बेटा जनम लिया है। भगवान् जिसको चाहें खिलावें चाहे··· !"

उसकी बात पूरी नहीं हो पाई। बिनोदवा की माँ बोली–"अरे, भगवान्··· भगवान् मलिकवने सबके ओर··· नहित भगवानो आन्हर है कि बहिर··· हाय रे··· एसन अनियाव ? तीन-तीन दिन पर हमन के एकगो मड़ुओ के रोटी न मिले हुनकर हवेली में पुरनमासी के सतनरैनजी के कथा में पूड़ी-बुँदिया केर जेवार··· और रूआब ऐसन कि बोलो मत। चोरी में पकड़ा देगा। डकैती में फँसा देगा। जेहल में देगा। ··· जेहल में देगा, त उहे दे दो। जेलवा में खाए के त मिलतई ?··· हः हः, गरीब के देखेवाला को-य-न-हीं··· ।"

"ठीक बात।"–जितेन्द्र ने आँख मूँदे, सिर झुकाए कहा।

"मलिकवन के घर हैजा-फौती मइसो··· ।"

मैं सिहर पड़ा, इस शाप से ! जितेंद्र ने भी सिर हिलाकर 'हुँहु' किया। बूढ़ी रुक गई–"पेटवा जरैहै त मुँह से गरिया निकसय है।"

"थारियो-लोटवो बेचलइए, बकरी-बकरा सब··· ।"

"ई जाड़ा त केतना के··· ।"

"अगिया जरतय कइसे ?"

"लकड़ियो-जलावनो सब मलिकवने के··· ।"

"आग लागो हुनकर··· ।"

"बिनोदवा। इधर आ। यहाँ सामने··· ।"

'यायावर' के कैमरे को उसकी आँखें छेद देंगी–ऐसा लगा। रोशनी एकदम कम हो गई थी।··· फ्लैश चमका तो बिनोदवा के चेहरे पर आतंक की एक हल्की झलक देखने को मिली, जिसे देखकर सभी हँस पड़े।

"जशोदा माई ? बिनोदवा··· !" इससे आगे क्या कहूँ ? क्या कहना चाहिए ? कह दूँ–जाकर खाना भेज दूँगा ? दूध भेज दूँगा ? दवा भेज दूँगा ? क्या कह दूँ ? हम यहाँ क्यों आए ? यह क्या देखा ?

अज्ञेय अब चुपचाप खड़े हैं। जितेंद्र का मुँह एकदम लाल हो गया है। मैं 'बिदा' माँगने के लिए शब्द ढूँढ़ रहा हूँ–"तब ?··· अब हम सब चलित हैं। फेर आएब··· ।"

"अच्छा त–परनाम !··· परनाम !!··· पन्नाम !!!"

हम न जाने कहाँ आए थे !··· इनफेरनो ? नरक में ? या 'पाराडिसो' में यानी स्वर्ग में ? हम कौन हैं ? यह कौन 'लोक' था ? यह कौन-सा युग है ? हम कहाँ हैं ?

उलटकर देखा : सभी एकटक हमारी ओर देख रही थीं··· गाँव से 'बिदाई' के दिन गाँव के हर टोले की औरतें–गाँव के आदमी को इसी तरह खड़ी होकर देखती हैं। न हाथ हिलाती हैं और न रूमाल।··· चित्ती कौड़ी-जैसी आँखोंवाला दुबला-पतला भूखा बिनोदवा, भूखी जशोदा, सूखी बच्चीदेवी, दाने को तरसती कलेसरी और सूखी माँ की छाती को चूसता हुआ सात दिन का शिशु–अकलवा !··· इनसे मैंने क्यों कह दिया कि फिर आऊँगा ?

मैं कोसला गाँव फिर कभी नहीं आना चाहता। कभी नहीं आऊँगा, यहाँ ! क्योंकि जानता हूँ··· जब लौटकर आऊँगा तो देखूँगा··· जशोदा नहीं है। अथवा अकलवा अपनी माँ को खाकर चल बसा है। सुनूँगा–बिनोदवा को आखिरी दिन घुनी खेसारी का 'घाठा' भी नहीं मिल सका था।··· मैं खोजूँगा–यहाँ कहीं कोसला गाँव था ! यहाँ जशोदा थी !··· जशोदा मा-ई-ई !··· जशोदा बेटी-ई-ई !

गाड़ी में आकर हम सभी चुप बैठे रहे, घंटों। गाड़ी आगे बढ़ी–मियाँबीघा गाँव

की ओर। किंतु गाँव के बाहर पहुँचकर हमारी हिम्मत नहीं हुई, गाँव में प्रवेश करने की।··· हमारी गाड़ी लौट चली। रास्ते में, कोसला गाँव की ओर, खिड़की से झाँककर देखा–साँझ का अंधकार घना हो गया था। एक नन्ही-सी रोशनी भी कहीं नहीं थी।··· किंतु, लगा बिनोदवा की आँखें 'दपदपा' कर जल उठीं !

यदि कोसला गाँव की भूखी-प्यासी औरतें हमें गालियाँ देकर, झाड़ू-बुहारन से मार-मारकर, हमारे कपड़े-लत्ते नोंच-खसोटकर गाँव से बिदा करतीं तो हम अपने बचाव के लिए न उँगली उठाते और न मुँह से 'चूँ' शब्द निकलता।··· हमारे पेट में अन्न भरा था, देह पर जरूरत से ज्यादे कपड़े थे। हमसे बढ़कर और कौन अपराधी होगा ?···

वही अच्छा होता। क्यों कह आया कि लौटकर फिर आऊँगा ?··· क्या लेकर आऊँगा ? खाली हाथ–भरे पेट, किस मुँह से आऊँगा यहाँ··· अज्ञेय मुझे कहाँ ले आए ?

"हम कहाँ आए ?··· छह बज गए ?"

"नवादा।"

"हम आज रात कहाँ ठहरेंगे ?"

"यहीं। लेकिन, सबसे पहले यहाँ के एस. डी. ओ. से मिलना आवश्यक है। अभी, तुरत···।"

जितेंद्र ने घड़ी देखकर कहा–"मेरी 'बस' में अभी एक घंटा-भर देरी है। चलिए···।"

नवादा के एस. डी. ओ. जनाब अब्दुल खैर के बँगले पर जब हम पहुँचे, रोशनी जल चुकी थी। बरामदे पर, बाहर में कई कारिंदे, क्लर्क और चपरासियों के अलावा तीन-चार 'व्यापारी-कम-नेता' किस्म के लोग भी थे। हमें 'चेंबर' में बैठाकर चपरासी अंदर से खबर ले आया कि 'साहब' नमाज़ पढ़ रहे हैं।··· इस समय 'मगरिब की नमाज़' (यानी सूर्यास्त के समय पढ़ी जानेवाली) पढ़ रहे हैं या 'नमाज़े-इस्तरका' (अकाल और सूखा के समय वर्षा के लिए पढ़ी जानेवाली) ?

हम 'अरदास' लगाकर बैठे। जिंदगी में बहुत बार बहुत-से 'हुजूरों' के दरबार में दीदारी के इंतजार में बैठा हूँ। इसलिए, ऐसे लोगों को अच्छी तरह पहचानता हूँ जो मिलनेवालों को 'अंदर हवेली' से खबर भेजते रहते हैं–मालिक पूजा कर रहे हैं या साहब नमाज़ पढ़ रहे हैं।

कोने की दीवार पर गया जिले का बड़ा नक्शा टँगा था। अज्ञेय और जितेंद्र कोने में खड़े होकर नक्शा देखने लगे। मैं बैठा सोच रहा था कि हाकिम साहब अभी आएँगे तो उनके चेहरे पर कैसे भाव होंगे। पूजा-ध्यान और रोज़ा-नमाज़ के बाद आदमी का तन-मन पिघला-सा रहता है। लेकिन हाकिम पर्दा हटाकर प्रकट हुए और मारे अचरज के अवाक् हो गए। शायद, पूछना चाहते थे–आप लोग कौन हैं जो इस तरह मेरी गैर-हाजिरी में मेरे दफ्तर का नक्शा देख रहे हैं ? लेकिन, हकलाते हुए बोले–"आप लोग कौन··· आप लोगों को पहचाना नहीं।"

जितेंद्र बोले : "आदाब अर्ज़। अभी बतलाता हूँ। आप हैं दिनमान-संपादक ··· मैं जितेंद्र··· और आप हैं···। हम 'ड्राउट-एफेक्टेड' इलाके में घूम रहे हैं।"

"ओ-ओ-ओ ! मैंने समझा कि आप लोग कोई रिलीफ देने आए हैं।··· खैर ! तो, महाशय, रिलीफ़ यानी 'सहाय' का काम देखने के लिए तो··· और हाँ, 'रिलीफ़' का क्या मतलब समझते हैं, आप ? सहायता ? जी नहीं ! गलत ! रिलीफ़ का सही माने है 'स-हा-य !'* ··· समझा ?"

जितेंद्र आँखें मूँदकर और सिर झुकाकर खैर साहब के तर्ज़े-बयाँ का मजा ले रहे थे। अज्ञेय मेरी ओर देखते हैं : आदमी जिंदादिल हैं···

हमें पद-यात्रा के लिए सहर्ष प्रस्तुत देखकर उनको फिर अचरज हुआ। कहने लगे–"सहाय का कार्य और 'कार्यक्रम' तो वही है जो आप लोगों ने पढ़ा होगा या यहाँ आने के पहले सुना होगा।··· अंचल अधिकारी अर्थात् अंचलाधिकारी··· अर्थात्··· मतलब समझते हैं न ?"–अज्ञेयजी से इस बार पूछा गया।

"हाँ साहब, समझने की बात है। आजकल, हर बात का सही और गलत मतलब होता है। अब तक मैं जानता था कि 'प्रधानमंत्री' का मतलब 'प्राइम मिनिस्टर' होता है। मगर, यहाँ आकर मालूम हुआ कि यहाँ भी एक 'प्रधानमंत्री' रहते हैं···।'

मैंने अचरज से पूछा–"दूसरे प्रधानमंत्री कौन हैं ?"

उन्होंने हँसकर मेरी ओर देखा और एक स्थानीय सार्वजनिक संस्था का नाम लिया। यह पूछने पर कि विधान-सभा में इस क्षेत्र से प्रतिनिधि कौन हैं, जवाब मिला–"साहब, यहाँ 'कांग्रेस-राज' नहीं। यह 'जनसंघी' पाकेट है।··· 'जन-प्रतिनिधि' विधानसभा में हमेशा गलत सवाल करते हैं और उनको जवाब भी हमेशा गलत मिलता है।"

हम खैर साहब को मान गए !

हमें बाहर से आनेवाले खाद्यान्न के दैनिक आँकड़े पूछने की जरूरत नहीं पड़ी। हाकिम ने बा-तकल्लुफ हम लोगों से माफी माँगकर टेलिफोन उठाया और उस छोर पर बैठे किसी 'साहब' को पिछले कई दिनों के आँकड़े देने लगे–"हाँ, लिखिए ! लिख रहे हैं न ? तारीख पचीस नवंबर··· पाँच वैगन मकई··· जनाब, यहाँ से तिलैया स्टेशन की लाइन 'जाम' है। वैगन खाली हो जल्दी तब तो··· रात में हमारे सिपाही पहरा तो करते हैं, मगर··· कल ही रात कई मुसहरों को पकड़ा है–बोरे से अनाज निकाल रहे थे··· और सब ठीक है··· उधर का क्या हाल है··· आज का 'स्टेटमेंट' तो स्टेशन से आदमी आने पर ही दिया जा सकेगा··· आदाब अर्ज !"

एस. डी. ओ. साहब से 'रेड कार्ड' के बारे में पूछा। जवाब देते समय उनके होंठों पर फिर 'वक्र मुस्कुराहट' खेल गई। बोले–"रेड कार्ड ! रिलीफ़ कोड 188 ? ··· हाँ, साहब। कार्ड बँट रहे हैं। जहाँ अब तक नहीं बँटे हैं, आशा है कि 'शीघ्रा-ति-

* यहाँ 'स-हा-य' से तात्पर्य बिहार के तत्कालीन मुख्यमंत्री कृष्णबल्लभ सहाय से है। – संपादक

शीघ्र'··· !"

हमने कोसला और मियाँबीघा का नाम लिया और सूचना दी–"वहाँ रेडकार्ड नहीं मिला है किसी को।··· वहाँ की हालत चिंताजनक है।"

इतनी देर में पहली बार खैर साहब को गंभीर होते देखा। उन्होंने न जाने क्यों, हमारी ओर बारी-बारी से देखा और फिर गर्दन हिलाते हुए कहा–"हाँ, उधर नहीं बँटा है।··· मैं हँसुआ के अंचलाधिकारी को कल ही ताकीद करता हूँ।··· हालत चिंताजनक नहीं रहेगी।··· और मेरे 'योग्य' कोई सेवा ?"

दिनमान/30 दिसम्बर, 1966

भूमिदर्शन की भूमिका : 5

हम नवादा के 'इंसपेक्शन बँगला नंबर वन' के अहाते में दाखिल हुए। पास ही बस-स्टैंड है, जहाँ आने-जानेवाली गाड़ियाँ पंद्रह मिनट तक रुकती हैं। बहुत बार इस सड़क से हज़ारीबाग गया हूँ। हर बार, इस 'इंसपेक्शन बँगलो' में एक रात गुजारने की ख्वाहिश हुई है। लेकिन, यहाँ आकर लगता है कि यहाँ बहुत बार रह चुका हूँ। यहाँ ही नहीं, किसी भी 'इंसपेक्शन' या 'डाक' अथवा 'हाल्टिंग'-बँगले में पहुँचकर लगा है, इसमें पहले भी रात बिता चुका हूँ। यहाँ खानसामा-बावर्ची के एक ही जैसे चेहरे। हर जगह की 'छोटी' और 'बड़ी हाजिरी' के एक ही स्वाद और कमरों में एक ही तरह की गंध। हर 'बँगले' में देखा है, मच्छरदानी लगानेवाले डंडे और खूँटे इसी तरह, हिलते-डुलते रहते हैं।···

ऐसे पड़ाव पर पहुँचते ही 'साहब लोग' सबसे पहले बावर्ची को बुलवाते हैं : ब्रेकफास्ट या लंच अथवा डिनर में क्या दे सकता है ? और, हर बावर्ची एक ही जवाब देता है–"जो आर्डर दीजिएगा, बन जाएगा।··· स्पेशल-डिश भी बन जाएगा।"

हमने पहुँचते ही एक 'पॉट' गर्म पानी का ऑर्डर दिया।

कॉफी पीने के बाद, कुछ देर तक बाहर अकेला खड़ा पूर्णिमा के चाँद को देखता रहा। याद आई : उत्तर बिहार के भारत-नेपाल सीमावर्ती अंचलों में आज की रात 'सामाचकेवा' पर्व मनाया जा रहा होगा। हिमालय से उतरनेवाले पंछियों का स्वागत कर रही होंगी–हर गाँव की कुमारी कन्याएँ–दल बाँधकर गीत गाती हुई··· ! जिस साल धान की फसल मारी जाती है, एक भी मुर्गाबी या लालसर की आवाज नहीं सुनाई पड़ती–हालाँकि कभी-कभी पचासों एकड़ धान को एक ही रात में 'चुग'कर साफ कर देती हैं, इनकी टोलियाँ। फिर भी, इन चिड़ियों के आगमन को शुभ समझा जाता है।···

एक पवित्र-मधुर सुगंध ने मन में संध्या-आरती की बेला का शंख फूँक दिया, मन के कोने में। कमरे में लौटकर देखा, 'यायावर' अपने दिन-भर के काम का 'लेखा-जोखा' ले रहा है–चुपचाप।··· यात्री को मनपसंद धूपबत्ती का एक पैकेट

हमेशा साथ रखना चाहिए। हर जगह–जहाँ भी जाइए–अपने ही कमरे की गंध मिलेगी··· हर पड़ाव पर अपना घर।

बावर्ची से जिस चीज के बारे में पूछा, एक ही जवाब मिला–"फस्टक्ला-स !" आटा बढ़िया होगा न ?–फस्टक्ला-स ! फुलके यानी चपाती बनाना जानते हो न ? –फस्टक्ला-स ! बगैर मिर्च-मसाले की सब्जी ?–वेजिटेबल-स्टिउ ? फस्टक्ला-स !

बावर्ची से इस इलाके के सूखा और अकाल के बारे में कुछ पूछने का साहस नहीं हुआ। एक ही जवाब मिलेगा–फस्टक्ला-स।

रात्रि-भोजन के समय मुँह में पहला कौर डालते समय–बिनोदवा और जशोदा की याद आई। नर्म-नर्म फुलके की तारीफ नहीं कर सका। मुझे लगा, अज्ञेय की आँखों के सामने भी उन्हीं की मूर्तियाँ प्रकट हुईं। 'वेजिटेबल-स्टिउ' के बारे में कुछ कहना चाहते थे। नहीं कह सके।··· हम कुछ क्षण तक हाथ में रोटी के टुकड़े लेकर बैठे रहे।

··· मडुआ की आधी रोटी और खेसारी का घाठा खाकर बच्चे चिरकुट-कथरी के नीचे घुटने से ठुड्डी लगाकर सो गए होंगे।··· खैर साहब ने कहा है, शीघ्रातिशीघ्र उन इलाकों में रेड कार्ड बँट जाएँगे।··· विदेशों से मिल्क पाउडर, विटामिन की गोलियाँ और 'जैम-जेली' के हजारों-हजार डिब्बे आ रहे हैं।··· कोई भूख से नहीं मरेगा।

"चपाती सचमुच फस्टक्लास बनाया है।"

"और स्टिउ भी।"

"अंचल अधिकारी अर्थात् अंचलाधिकारी।"

"रिलीफ़ का अर्थ सहायता !"

"गया के ए. डी. एम., आर. एन. घोष बहुत निष्ठापूर्वक हिंदी बोलते थे।"

"खैर साहब का प्रश्न ?··· क्या रिलीफ़ देने आए हैं, आप लोग ?"

"प्रतिनिधि ऐसे हैं कि हमेशा गलत सवाल पूछते हैं और गलत जवाब मिलता है।"

"बाहर पटाखे··· कैसे छूट रहे हैं ? पूर्णिमा··· लक्ष्मीपूजा के उपलक्ष्य में ?"

"पता नहीं।"

"धान के पौधों को काटने के बाद धरती में जो हिस्सा रह जाता है, उसको यहाँ क्या कहते हैं ?"

"खुट्टी।"

"आपने पूछा था कब भात खाया, तो क्या जवाब दिया ?"

"आसिन महीने में ही।"

"मुसहर नाम क्यों ?"

"शायद 'मूषक' के बिल से अनाज निकालकर खाने के कारण। शायद, मूषक का शिकार करके खाने के कारण।"

"मरते हैं और मरेंगे तो ये··· भूमिहीन लोग ही।"

"हुँ···। कल हम लोग किस समय चलेंगे ?"

"यह आपके ऊपर है। आप जब तैयार हो जाएँ।"

सुबह जल्दी उठने के लिए रात को जल्दी ही सो गया। नींद भी जल्दी आई। टूटी भी शीघ्र ही–रात के डेढ़ बजे ! कई भीषण धड़ाके और विस्फोट सुनकर 'धड़फड़ा' कर उठ बैठा–पटाखे नहीं, बम··· !

डेढ़ बजे रात से शुरू करके भोर साढ़े चार बजे तक यही विस्फोटक सिलसिला रहा। हर दस मिनट के बाद गोलाबारी ! आँख में लौटी हुई नींद उड़ जाती। पेड़ों पर सोए हुए परिंदे डैने फटफटाकर अंधकार में फिर इधर-उधर उड़ते।··· सो नहीं सका; अच्छा हुआ। नींद के साथ सपने भी आते थे। ऐसे सपने, जिन्हें देखकर आदमी नींद में 'गों-गों' करने लगे। पसीने से तर-बतर हो जाए।

··· चाय का सही स्वाद, सौरभ और गुण रात्रि-जागरण के बाद ही मिलता है।

सूरज उगा। नक्शा खुलते ही मुझे संस्कृत पाठ के उन 'पंडितों' की कहानी याद आती है जो हर 'चतुष्पथ' पर पहुँचकर शास्त्र खोलते और खोजते थे–कः पंथाः ? महाजनो येन गतः··· जमुई से पहले यह कौन-सी जगह है जहाँ बिहार शरीफ से एक सड़क आकर मिल जाती है ?

फिर, डायरी में लिखे जगहों के नाम नक्शे में खोजे जा रहे हैं : कौआकोल, पकरी-बरावाँ, देबनगढ़, चौरसा, खड़गौर, कादिरगंज···। एक-एक गाँव के नाम के साथ सैकड़ों मुखड़े आँखों के सामने उभरते हैं–माटी के पुतले ! हजारों भूखी–आक्रोश से जलती हुई आँखें ! सिर्फ, एक स्थान के नाम के साथ एक ही व्यक्ति की सूरत सामने आती है। सोखोदेउरा : जयप्रकाश···।

हमारी गाड़ी नवादा छोड़कर कौआकोल की ओर बढ़ी जा रही है। और, मेरी स्मृतियाँ मुझे तेज गति से पीछे की ओर लेकर भागी जा रही हैं–1940, 41, 42 की ओर।

··· देवली कैंप-जेल से एक लेख लिखकर बाहर भेजा है जे. पी. ने। उसे पुस्तिका के रूप में प्रकाशित किया गया है–'क्या यह युद्ध अविभाज्य है ?'··· देवली कैंप-जेल से, प्रभावतीजी के हाथ भेजते समय एक चिट्ठी पकड़ी जाती है। अँगरेजी सरकार देश-विदेश के पत्रों में उस चिट्ठी को प्रकाशित करके जे. पी. को 'बदनाम' करने की चेष्टा करती है। लेकिन वह चिट्ठी ऐतिहासिक महत्त्व की हो जाती है। 'अगस्त क्रांति' में जे. पी. की चिट्ठी में बताए गए प्रोग्राम ही कारगर साबित हुए। ··· जे. पी. का जेल से पलायन। आजाद दस्ते का संगठन। हनुमाननगर (नेपाल) में गिरफ्तारी। फिर, आजाद दस्ते के सैनिकों द्वारा हनुमाननगर जेल पर हमला ··· बहुत-सी घटनाएँ।

··· जेल में हमारे एक 'मिलिटैंट कामरेड' ने एक 'प्रतिदल' के कार्यकर्ता को उठाकर पटक दिया था और छाती पर बैठकर पूछ रहा था–"फिर जे. पी. को

रिएक्शनरी कहेगा ?··· जान से मार डालूँगा।"··· पगली-घंटी बज गई थी।

··· जेल से रिहा होने के बाद मेरे एक मित्र ने जे. पी. की शान के खिलाफ कुछ कह दिया तो बचपन के उस लँगोटिया यार से फिर मेरी कभी बातचीत नहीं हुई–"आइ हेट टु टाक विद यू···।"

गाड़ी रुकी। 'यायावर' को भूखे-प्यासे बैल-गायों का एक झुंड मिल गया है। ··· वहाँ, उस खेत में हल जुता हुआ एक जानवर गिर पड़ा है।··· आकाश में गिद्धों की टोली डैने पसारकर 'भाँवरी' ले रही है।··· सड़क के दाहिनी ओर छोटी-मोटी पहाड़ियों और चट्टानों पर कुहरा-सा छाया हुआ है। धरती पर एक ही रंग पुता हुआ है–धूसर, उदास। शस्यहीना धरती पर–दरारें।··· 'पतरंगा' चिड़िया पास ही किसी झाड़ी में बैठकर अपने जोड़े को पुकार रही है।

एक लड़के के हाथ में अच्छी जाति का ऊख देखकर मैं समझ गया, सोखोदउरा आश्रम अब नजदीक है। आश्रम पहुँचने के पहले एक बार फिर पीछे की ओर मन भागा··· प्रथम आम चुनाव के बाद, पटना के अंजुमन-इस्लामिया-हॉल में चुनाव में हार-जीत के कारणों पर विचार करने के लिए 'पार्टी' की आम सभा बैठी है–सैद्धांतिक सवालों के अलावा व्यक्तिगत आक्षेप और आरोपों के तीर एक-दूसरे पर छोड़े जा रहे हैं।··· जे. पी. आँखों में आँसू भरकर सभा-भवन से बाहर निकल गए और तभी से निकले हुए हैं।··· ऐसे लोगों की एक बड़ी जमात है जो जे. पी. से नाराज हैं। जो मानते हैं कि जे. पी. ने उनकी 'जवानी' को मुफ्त में बर्बाद कर दिया। भारत में ही नहीं, एशिया के समाजवादी आंदोलन को जे. पी. ने नुकसान पहुँचाया है··· मैं भी उनसे नाराज लोगों में से एक हूँ। लेकिन, मेरी नाराजगी के ये कारण नहीं।

आश्रम पहुँचते ही कई 'प्रस्तर-मूर्तियों' पर आँखें पड़ीं।··· रानीपतरा सर्वोदय आश्रम और इस आश्रम में क्या अंतर है, वह इन कलाकृतियों को देखकर समझ गया।

आश्रमवासियों के साथ डेढ़-दो घंटे तक रहकर–हमें जो कुछ जानना और पूछना था–जान लिया। बिना कुछ पूछे जो कुछ जाना जा सकता था, जान लिया। आश्रम के कृषि-विशेषज्ञ ने हमें पाँच पके हुए अमरूद दिए–जे. पी. के आश्रम का फल। सूँघकर देखा, अच्छी जाति का है।

परसामा गाँव के पास खेत में करीब दो-तीन सौ मजदूर काम कर रहे थे। मिट्टी का काम। पानी का खजाना ! हमारी गाड़ी रुकी। ऐसा लगा, कोसला और मियाँबीघा के सभी भूमिहीन मुसहर रजवार ही अपने बाल-बच्चों के साथ यहाँ काम पर जुटे हुए हैं। यहाँ भी 'बोली' ने हमारी बड़ी मदद की। मुंगेर के इस अंचल में अपभ्रंश 'अंगिका' बोली जाती है।··· भात को यहाँ की बोली में 'भता' कहा जाता है।··· यहाँ भी वही आक्रोश, वही गुस्सा। किंतु यहाँ भी उन्होंने अपना दिल खोलकर हमारे सामने रख दिया।··· भैया, छिपावे के की बात तोहरा से ? ऐहन दिन··· जितिए में 'भता' खै लिए···।

जयप्रकाशजी के आश्रम के पाँच फलों में से दो हमने बंगाली मुसहर (उस नामहीन नारायण) के पाँच साल के पुत्र को दिया··· तुम्हारा फल, तुम्हीं को समर्पित··· !

दिनमान/6 जनवरी, 1967

भूमिदर्शन की भूमिका : 6

अज्ञेयजी ने हाथ में अमरूद लेकर बंगाली मुसहर के बच्चे को बुलाया तो पहले वह झिझका। उसको विश्वास ही नहीं हुआ। फिर 'हुलसता' हुआ दौड़ा आया। उस समय उसके सूखे-मुरझाए चेहरे पर एकाएक आनंद की आभा देखकर लगा–कोई 'अलौकिक' दृश्य देखा ! ऐसा लगा, मिट्टी की मूर्ति अचानक··· (नहीं, इतना अधिक भावुक होने की आवश्यकता नहीं ! भावुकता के 'दौरे' में ही 'नक्षत्र मालाकार' ने··· !)

कल शाम से ही रह-रहकर 'नक्षत्र मालाकार' की याद आ रही है।··· 1949 में पूर्णिया-भागलपुर के कुछ इलाकों में अकाल पड़ गया था। सभी बड़े किसानों और गल्ले के व्यापारियों ने अनाज छिपा लिया था। 'हाहाकार' मचा कि बंगाल के बाद इस बार बिहार की बारी है। किसान-मजदूरों की पार्टियाँ आवश्यक बैठक बुलाकर अकाल की समस्या पर विचार करने का प्रोग्राम तय ही कर रही थीं। उधर, नक्षत्र मालाकार ने हजारों भुक्खड़ों की टोली लेकर बड़े किसानों और व्यापारियों के 'बखार' और 'गोले' को लुटवाना शुरू कर दिया। रोज-रोज खबरें आने लगीं–आज मोहनपुर में··· आज ढोलबाजा में··· आज पीरपैंती के हाट पर··· । उसका नाम सुनते ही गरीबों के गाँव में खुशी की लहर दौड़ जाती; अमीरों की हवेलियों में सन्नाटा छा जाता और अधिकारियों का आराम हराम !··· फरार नक्षत्र पर पाँच हजार रुपए का इनाम 'बोला' गया। 'हमारी' पार्टी ने स्पष्ट कर दिया कि वह हमारे दल का सदस्य नहीं, उसे पार्टी से निकाल दिया गया है !··· मैं नक्षत्र को बहुत नजदीक से जानता था। एक गरीब माली का बेटा, जिसके पिछवाड़े में बस एक धुर जमीन थी, जिसमें फूलों की खेती होती थी। जवानी में कदम रखने से पहले ही सत्याग्रहियों के शिविर में चला गया। जेल गया। फिर 1937-38 में जयप्रकाशजी द्वारा परिचालित 'समर स्कूल ऑफ़ पॉलिटिक्स' सोनपुर में समाजवाद का मंत्र पाया। (नक्षत्र मालाकार नाम जयप्रकाशजी ने ही दिया था। नहीं तो उसका नाम नछत्तर माली ही रहता या नछतरा···) 1942 की क्रांति में जिसकी बहादुरी की कहानियाँ सुनकर बूढ़ों की हड्डियाँ भी कसमसाने लगती थीं, गोरे फौजी तक जिसके नाम को सुनकर घबराते थे··· ऐसे साथी को लुटेरा और डकैत कहने का साहस हममें नहीं था। हमने उसे 'गुमराह' कहा। उन्हीं दिनों, साप्ताहिक 'जनता' (पटना) में अकाल पर मेरा एक

लंबा रिपोर्ताज़* प्रकाशित हुआ, जिसमें नक्षत्र के 'कृत्यों' की आलोचना और निंदा की गई थी··· नक्षत्र अपने विरोधियों और दुश्मनों की 'नाक' काट लेता था। (पूर्णिया-भागलपुर में आज भी दर्जनों ऐसे नकटे-कनकटे हैं, जिन्हें नक्षत्र ने ही सजा दी थी।) रिपोर्ताज़ प्रकाशित होने के कई सप्ताह बाद मेरे पास नक्षत्र ने जो संवाद भेजा, उसका आशय था : जिस नाक-कान पर तुम सुनहले फ्रेम का चश्मा लगाकर लिखते-पढ़ते हो, उसको काटने के लिए जब रात में पहुँचा, तब तुम लिख रहे थे। उस समय तुम्हारा चेहरा मुझे फूल-जैसा लगा। तुम जो मन में आए, लिखो। मुझे गालियाँ दो। मगर, एक बार इन गाँवों में आकर देखो। सबकुछ भूल जाओगे।··· आदमी इतना बेदर्द हो सकता है ?··· सात दिन के भूखे बच्चों के मुँह पर हँसी देखकर जेल-फाँसी और नरक सब कबूल करके तुम भी वही शुरू करोगे जो मैं कर रहा हूँ।···

दस-पंद्रह वर्षों के बाद, अब लगता है कि साथी नक्षत्र ने ठीक ही कहा था–जेल, फाँसी और नरक सब कबूल··· (नहीं, इतना अधिक भावुक होने की आवश्यकता नहीं !)

जमुई पहुँचते-पहुँचते मेरे मन की वेदी पर फिर एक मूर्ति आकर विराज गई। जिसकी प्रतिमा को तोड़ चुका था, उसी जयप्रकाश की एक नई मूर्ति··· (नहीं, इतना अधिक भावुक होने की आवश्यकता नहीं !) लेकिन, मेरा विश्वास है, यदि यह 'आदमी' नहीं होता तो यह सूखी धरती आज लहू की धारा में नहाती रहती।

'यायावर' मरे हुए पशुओं के कंकालों के पास लड़ते हुए कुत्तों, उड़ते हुए गिद्धों और कागों के झुंड को देखकर उतर पड़ते हैं। मैं अपने मन में सद्यःस्थापित मूर्ति को फिर हिलाता-डुलाता हूँ। (भावुक होने के बदले 'साइंटिफिकली' सोच-विचारकर जे. पी. को 'क्रांति' की राह का रोड़ा क्यों न कहा जाए ? क्योंकि, 'शास्त्र' कहता है··· !)

जमुई से वापस लौटते समय सिकंदरा के चौराहे पर फिर नक्शा खोला गया (कः पंथाः ?)। जाते समय ही 'यायावर' ने ड्राइवर से पूछा था, "सिकंदरा से बिहारशरीफ़ जानेवाली सड़क कैसी है ?" ड्राइवर ने बिना जाने-बूझे ही कह दिया था–"बहुत रद्दी। इत्ता बड़ा-बड़ा रोड़ा है रास्ते में। कच्चा है···।" किंतु 'यायावर' की समझ में यह बात नहीं आ रही थी कि पुरानी सड़क को रद्दी क्यों बना दिया गया, जबकि नई-नई सड़कें खुलती हैं··· पुरानी सड़क की तो और अच्छी अवस्था होनी चाहिए। अतः सिकंदरा पहुँचकर हमने 'बस कंडक्टरों' से पूछा। मालूम हुआ, सड़क

---

* रेणुजी का वह रिपोर्ताज़ है–'हड्डियों का पुल'।–संपादक

की हालत बहुत अच्छी है। चौराहे पर पहुँचकर गाड़ी रोकी गई–हम पढ़ने लगे, यहाँ से बिहारशरीफ़ कितनी दूर है, नवादा कितने माइल… कि पासवाली दुकान से एक आदमी दौड़कर आया। देखने में यह 'रोड सरकार' यानी 'सड़क का चौकीदार' की तरह लगता था–नाटा, चेहरे पर चेचक के दाग, खाकी 'हाफ शर्ट' पहने और हाथ में एक छोटा-सा डंडा। लपककर उसने पूछा–"ह्वाट ? ह्वाट ?"

उसके गले की आवाज सुनकर ही समझ गया–गाँजा ! फटी और बुझी हुई आवाज में उसकी अंग्रेजी समझ में नहीं आई। उससे पूछा–"भाई, बिहारशरीफ़ जानेवाली यह सड़क कैसी है ?"

"दिस रोड इज़ बेटर।" उसने जवाब दिया।

चाय की दुकानों पर बैठे हुए लोगों को हँसते-मुस्कुराते देखकर समझ गया कि यह आदमी यहाँ का 'मसखरा' है। अज्ञेयजी ने कहा–"अरे भाई, आप अंग्रेजी में क्यों बोल रहे हैं ? हम तो हिंदी में पूछ रहे हैं ?"

बात पूरी होने के पहले ही उसने जवाब दिया–"क्योंकि मेरा जन्म अंग्रेजों के समय हुआ था।… यैस। बॉर्न इन इंग्लिश राज। माइ नेम ?… लाला एजेंट ! यैस… थैंक्यू… सैल्यूट।"

हम बहुत देर तक हँसते रहे।… सिकंदरा चौक पर, चाय की दुकानों पर बैठे हुए लोग भी बहुत देर तक हँसते रहे होंगे। यदि अज्ञेय नहीं होते तो मैं यहाँ रुक जाता। तीसी के तेल में पकते हुए उरीद के गरम-गरम पकौड़े… काली-काली केतलियों की टोंटियों से अनवरत निकलते हुए भाप… चुरमुरे… गपशप… चारों ओर के… बसों पर चढ़ते-उतरते लोगों के चेहरे… गाँजे का धुआँ और लाला एजेंट की मसखरी… !

अपनी डायरी में नोट कर लिया है : यहाँ फिर कभी आना है।… राह-चलते, एक-दो सेकंड के लिए कोई मिलता है और हमारे मन को गुदगुदाकर हँसा देता है। ऐसे लोग बहुत बार मिलते हैं। उनकी याद एक-एक कर आती है… ।

"दिस रोड इज़ बेटर !"

'यायावर' के नक्शे में अंकित सड़क के दोनों ओर पुराने पेड़ों की पंक्तियाँ–पुरानी सड़क की यादगारी हैं। नई सड़क बनी है। बाईं ओर पेड़ों की दुहरी पंक्तियाँ और दाहिनी ओर दूर तक फैले हुए खेत !… अगहनी-साँझ की महक पहली बार मिली।

सचमुच, यह सड़क बेहतर है। दोनों ओर के गाँवों में पुआल के ढेर लगे हैं। धान की दबनी हो रही है। गाँवों की ओर लौटते हुए पशुओं के रोम-रोम पुलकित हो रहे हैं। सड़क के आसपास आने-जानेवाले प्राणियों के चेहरे पर नमी दिखलाई पड़ती है। अगहनी धान के नये चूड़े की और गुड़ की मिली-जुली गंध जलते हुए पेट्रोल की गंध पर रह-रहकर छा जाती है। बोधगया से जमुई तक

की सूखी-दरकी धरती और सूखे-भूखे प्राणियों को देख-देखकर जलती हुई आँखों में कोई अंजन लेप गया। मानो इस 'पट्टी' में (बेल्ट को क्या कहेंगे ?) धान की अच्छी खेती हुई है।··· रबी की हरियाली गोधूलि के रंग में घुल-मिलकर तन-मन में समाने लगी।···

सामने, यानी ठीक पच्छिम में–राजगिर पहाड़ियों की चोटियों पर–तुरत डूबे हुए सूरज की किरणों के रंगीन परस ! पीछे, पूरब की ओर पूर्णिमा के एक दिन बाद उगनेवाले चाँद के उगने की खबर !··· 'अज्ञेय'जी को बचपन की बातें याद आने लगीं। पिता, माता और भाइयों की यादें !

मितभाषी 'अज्ञेय' एकाएक मुखर हो उठे। लगा, टेपरेकार्डर पर 'टेप' बजाकर 'संस्मरण' सुन रहा हूँ··· !

··· तीस-चालीस साल पहले, इसी इलाके में पुरातत्त्ववेत्ता श्री हीरानंद शास्त्री धरती की खुदाई करवा रहे हैं। मिट्टी के नीचे से निकलनेवाली सही-टूटी मूर्तियों के होंठों पर अंकित मुस्कुराहट को देख-परखकर इतिहास के पुराने पृष्ठों पर फिर से कुछ लिखते जाते हैं।··· आज यहाँ, कल वहाँ–कैंप की जिंदगी !

··· बालक 'अज्ञेय' अपने भाइयों के साथ बिहारशरीफ़ बाजार आया है नाटक देखने–पहली बार। सत्य हरिश्चंद्र नाटक। खेल देखकर रोया है। और, लौटते समय–बिहारशरीफ़ से नालंदा के बीच–सभी भाई डाकुओं के हाथ में पड़ जाते हैं। डाकुओं ने बैलगाड़ी के गाड़ीवान और नौकर को बाँध दिया और 'अज्ञेय-बंधुओं' को अपने साथ लेकर चले। भाई लोग डरे, रोए। डाकुओं ने धमकी दी, चुप हो गए। किंतु, 'अज्ञेय' को लग रहा था कि वह 'नाटक' ही देख रहा है। अंत में, सत्य की ही जीत होगी। और हुई भी। डाकुओं को न जाने कैसे सुबुद्धि आई–आपस में कुछ सलाह करने के बाद बच्चों को गाड़ी के पास पहुँचा दिया !

'स्मृति-कथा' सुनते समय रह-रहकर मेरी आँखों के सामने अखबारों में प्रकाशित होनेवाले आजकल के समाचारों की सुर्खियाँ साया हो जातीं··· बिहारशरीफ़ के पास टैक्सी रोककर मुसाफिरों को लूट लिया गया··· कल शाम को हजारीबाग की ओर से आनेवाली 'बस' को रोककर डाकुओं ने यात्रियों का सबकुछ छीन लिया··· !! किंतु, डरा नहीं। अंत में, सत्य की जीत होती है !

पीठ-पीछे चाँद उगा। 'आलो-छाया' का 'खेल' शुरू हुआ। सामने से आते ट्रकों और जीपों की रोशनियाँ, बैल-गाय-भैंस-कुत्ते-सियार की जलती हुई आँखें··· गाँवों में जलते हुए अलाव···, कस्बों की 'बिजली-बत्तियों' की माला।

शायद मुझे नींद आ गई थी और चलती हुई गाड़ी में सपना देख रहा था। पता नहीं··· पास बैठे गुमसुम सहयात्री से यह पूछने का साहस नहीं हुआ कि वह अभी अपने बचपन की कोई कहानी सुना रहे थे क्या ?

ऐसा ही भ्रम, डाल्टनगंज जाते समय हुआ !

पाली, विक्रम, अरवल के धनखेतों को देखते-देखते एकाएक ऐसा लगा कि हम भारतीय नृत्यकला-मंदिर में बैठकर कुमारी वीणादास का 'मोहिनी अट्टम्' नृत्य देख रहे हैं : सोलहों सिंगार करके मोहिनी अन्नपूर्णा सज-धजकर पायल झनकारती हुई इस खेत से उस खलिहान में जा रही है–थिरकती हुई। राबिंद्रिक, किंतु, गीत चल रहा है, आज सबारि रंगे रंग मिसाते होबे।··· आज रंग-सागरे तूफान उठे ··· काँचा-सबूज धानेर खेते···।

नहरी इलाके की सुजला-सुफला धरती शस्य के भार से दबी हुई-सी लगती है। जहाँ तक दृष्टि जाती है–धानी रंग की माया। प्रत्येक प्राणी के चेहरे पर पानी है, मन में रस है। धान काटकर लौटनेवाले मजदूरों की चाल में मस्ती है। चरवाहे गीत अलाप रहे हैं। बच्चे-बच्चियों की किलकारियाँ सुनाई पड़ती हैं। भर-पेट चारा-पानी पाकर जानवर बैठे जुगाली कर रहे हैं।··· यह सब भोर का सपना तो नहीं ? मैं बार-बार आँखें मूँदकर खोलता रहा। 'यायावर' अन्नपूर्णा की इस छवि को जी भरकर निहारने और आँकने के लिए गाड़ी से उतरकर खेतों के बीचवाली मेंड़ पर चले गए हैं।

जवान मुसहर और मुसहरनियों की टोली धान काट रही है–'निहुर' कर। मालिक-किसान कंधे पर बड़ी लाठी (जिसे 'गोजी' कहते हैं यहाँ) लेकर मेंड़ पर बैठा तहलथी पर खैनी मल रहा था और रसभरी 'बतियाँ' सुनाकर मजदूरों का मनोरंजन कर रहा था। हमें देख बोला–"अरे, फोटो लेना है तो चले जाइए मंदिर में। बहुत-से नागा लोग आए हुए हैं।" हमारी ओर से कोई जवाब न पाकर उसने ड्राइवर गणेश से कहा–"का हो डलेवर साहेब ? गाँजा-वाँजा नहीं है पल्ले में ? एक चिलम चल जाए, तब तक।"

कौन कहेगा कि बिहार में सूखा और अकाल है ?··· यह कैसी माया (कहीं धूप कहीं छाया !)··· औरंगाबाद के बाद फिर धरती की झुलसी हुई लाश पड़ी मिली ! कुरूप, कुत्सित, भूखंड···

आकाश में छाए सलेटी रंग के बादलों का रंग और भी गाढ़ा हो गया। पहाड़ियों की घुमावदार घाटियों के तीखे मोड़ शुरू हुए और आसमान झरने लगा। 'यायावर' के कैमरों को छुट्टी मिली।··· मृदंगम ! मोहिनीअट्टम ! गाड़ी के इंजिन से लगातार एक नया सुर निकल रहा है–चढ़ाई-उतराई के समय देह में गुदगुदी लगती है। ··· 'अज्ञेय' रह-रहकर डायरी में कुछ लिख लेते हैं।

घनघोर वृष्टि लेकर हम डाल्टनगंज पहुँचे, छह बजे शाम। डिप्टी कमिश्नर डॉ. कुमार सुरेश सिंह के बँगले पर सात बजे। डेढ़ घंटे तक, सारे जिले की स्थिति और समस्याओं पर प्रकाश डालते हुए डी. सी. साहब ने बार-बार कहा–बुरे दिन तो अब आनेवाले हैं !

किसी नई जगह में रात में पहुँचना मुझे हमेशा अच्छा लगता है। सुबह सूरज

की रोशनी में नई जगह का रूप धीरे-धीरे उजागर होता है और एक अमिट छाप छोड़ जाता है, मन पर। किंतु, सुबह झड़ी लगी हुई थी। सबकुछ ढँका-ढँका हुआ था।

सबकुछ इसी तरह रहता तो अच्छा होता। हम कहीं नहीं जा पाते। कुछ नहीं देखते। गया और जमुई के गाँवों में खेतों में लड़ते हुए लोगों को देखकर बल मिला था। भूखी औरतों और बच्चों की आँखों में क्रोध की चिनगारी देखकर मन में एक श्रद्धा-सी उमड़ आई थी। किंतु पलामू में जो कुछ देखा··· ?

··· 24 जुलाई, 1966 को सुखाड़ी महतो ने भूख-प्यास से डाल्टनगंज में दम तोड़कर भुखमरी की घोषणा कर दी। 26 जुलाई को सुखदयाली भूइयाँ। 27 को जित्तन भूइयाँ।

··· मन्नू माँझी की औरत। एक औरत तीन बच्चों के साथ कूप में गिरकर मर गई। एक अज्ञात व्यक्ति··· एक औरत··· एक बच्चा··· !!

दिन खुला। हम गाँवों की ओर निकले। बसना गाँव में भारत-सेवक समाज की ओर से 'मुफ्त लंगर' चालू किया गया है। डी. सी. उद्घाटन करेंगे। आयोजकों ने हमें भी निमंत्रित किया है। बसना पहुँचकर देखा, सैकड़ों भूखी आत्माएँ एक जगह एकत्रित होकर हाकिम के आने की प्रतीक्षा कर रही हैं।··· रोटियाँ सिंक रही हैं। भाजियाँ कतरी जा रही हैं। प्रवेश-द्वार पर अशोक के पत्ते बाँधे जा रहे हैं। 'माइक' टेस्ट किया जा रहा है। भाषण देनेवालों के नाम नोट किये जा रहे हैं। कौन स्वागत करेगा, कौन धन्यवाद देंगे–सब ठीक किया जा रहा है और भूखों की भीड़ रह-रहकर सड़क की ओर देखती है–'इस गाड़ी में कौन आए ?'

गया और मुंगेर के लोग हाथ-पाँव मार रहे थे। उबरने की जी-तोड़ कोशिश कर रहे थे। यहाँ लोगों ने हिम्मत हारकर–अपने को छोड़ दिया है··· अब जो हो ! क्या चारा है ! हर आदमी के चेहरे पर मौत की छाया, जिसे देखकर अब वे डरते नहीं। डर-भय, सुख-दुःख, भूख-प्यास, हँसी-रुदन कुछ भी नहीं।··· ठहर जाइए। प्यारे भाइयो ! अब आपके सामने श्री··· रिपोर्ट प्रस्तुत कर रहे हैं। इसके बाद प्रीतिभोज। जरा सब्र कीजिए।··· बैठ जाइए।··· खड़े हो जाइए। इधर भीड़ मत लगाइए। सुनिए··· प्यारे भाइयो !

··· ये लोग कौन हैं जो 'प्यारे भाइयों' को इस तरह 'प्यार' से संबोधित करके समझा रहे हैं ? क्या ये नहीं जानते कि 'प्यारे भाइयों और बहिनों' को भाषण सुनाना व्यर्थ है ?

अति-नाटकीय ढंग से एक महिला (जो निश्चय ही अध्यापिका होगी) हाथ में माला लेकर बेसुरी आवाज में–"नैनों के तारे हमारे पधारे–हृदय में हमारे" गाती हुई प्रकट हुई। मुझे लगा, डी. सी. साहब अब रोकेंगे। लेकिन, हम कुढ़ते रहे और वह महिला एक-एक पंक्ति पर एक-एक पग बढ़ाती गाती रही।··· उसके हाथ की

माला··· उसकी नायलन की साड़ी··· उसके गीत की पंक्तियाँ–वातावरण को और भी कुरूप बनाती रहीं।

अंत में, पत्तल पड़े। हर पत्ते में एक रोटी और एक मुट्ठी सोयाबीन की घुघनी। ··· 'यायावर' तसवीरें खींचने में व्यस्त हैं। उनका कैमरा जिस पंक्ति की ओर मुड़ता है–उधर के पत्तों में रोटी तुरत डाल दी जाती है।··· जिसके पत्ते में कुछ नहीं पड़ा है, वह माँग नहीं रहा है कुछ। चुपचाप देख रहा है। बच्चे टूट पड़े हैं मगर किसी ओर न हँसी है, न खुशी।

मैंने जीवन में ऐसे लोगों की भीड़ कम देखी है, चलते-फिरते मुर्दों की टोली। मुझे लगा, मुँह में ग्रास डालकर चबाते हुए बिना कोई स्वाद पाए ही लोग निगलते जा रहे हैं।

आयोजकों में से एक 'चौधरी किस्म' का आदमी किसी कार्यकर्ता से कह रहा था : "साइनबोर्ड का कपड़ा ठीक से खींच दीजिए।··· फोटो में ठीक से नाम उतरेगा नहीं।"

हम 'बसना' से भागे–पहाड़ी गाँवों की ओर। नावा, खेंगरा, केंडा, तुकबरो गाँव। जंगलों में झरबेरियों की झाड़ियों के नीचे खड़ी निराश औरतें। 'गेंठी' खोजते हुए जवान···।

ओकराहा गाँव के रत्तूसिंह ने हमें प्रेम से पाँच बेर लाकर दिए। 'बसना' में जो कुछ देखा था–रत्तूसिंह की एक सरल मुस्कुराहट ने ही सबको पोंछ–मेट दिया। उससे पूछा गया कि जब यह बाजरा भी नहीं मिलेगा तो क्या करोगे ? क्या होगा ?

उसने उसी तरह सरलता से जवाब दिया–"होतै की ? खायला न मिलतै–त मरतै।" खाने को नहीं मिलेगा, तो मरेंगे। और क्या होगा ?··· और क्या होगा ?

रत्तूसिंह मर जाएगा तो क्या होगा ? इतने लोग मर गए तो क्या हुआ ? ··· क्या होगा ? कुछ नहीं होगा।

दिनमान/13 जनवरी, 1967

श्रुत-अश्रुत पूर्व

नः, अब किसी भी 'वेवलेंथ' पर, किसी भी मीटर पर 'ढाका बेतार केंद्र' नहीं बोल रहा··· जय बांग्ला ? नहीं, रेडियो पाकिस्तान, ढाका ? नः, यह आवाज किसी 'स्टाफ

आर्टिस्ट' की नहीं, दाउद अहमद की नहीं, मुस्तफ़ा जमाल अब्बासी की नहीं, अब्दुल अलीम की नहीं, लायला अंजुमन बानो की नहीं। यानी, किसी भी मधुरभाषी मुक्तिकामी कलाकार की नहीं। यह 'रस-कस-हीन' कठाई आवाज फौजी अफसर की है जो सिलसिलेवार मार्शल-लॉ का एलान कर रहा है। अंग्रेजी के बाद बंगला में। निश्चय ही यह किसी अ-बंगाली की आवाज है। पंजाबी का लेखक भाई हरनाम दास सहराई (या सरनामदास हरजाई ?) जब बंगला बोलने लगता है तो ठीक ऐसी ही–इसी तरह ! यही लहजा, ऐसे ही उच्चारण : 'मार्शल लॉ आर्डर नंबर एक सौ बाईस··· जे कोनो ओगनी-ओस्तरो-सस्तरो बा गोला-बारूद··· खुदा हाफिज़, पाकिस्तान ज़िन्दाबाद !'

ढाका बेतार केंद्र नहीं बोल रहा। किंतु, जितने दिनों तक वह बोल गया है, बोलकर, गाकर, जो आग-राग बो गया है, उन्हें मन के अश्रुत-पूर्व 'मीटर' पर निरंतर सुन रहा हूँ–जय जय जय–जय बांग्ला !!

भावुक, सेंटिमेंटल और रोमांटिक जैसे शब्द इन दिनों गाली की सीमा तक बदनाम हो चुके हैं। इसलिए, मन सदा सतर्क रहता है–कहीं भावुकता के बहाव में 'भँस' तो नहीं रहा ? किंतु, इस क्षण, अभी-अभी (जबकि दाउद अहमद, अब्बासी, अलीम और लायला की आवाजें घोंट दी गई हैं, जो आवाजें पिछले कई सप्ताह से 'आकाशे बातासे अग्नि ज्वाला गीतेर माला' के बंदनवार सजा रही थीं) मेरा यह विश्वास फिर दृढ़ हो रहा है कि मशीनगन, मोर्टार और टैंक का मुकाबला निहत्थे, भावुक, रोमांटिक और सेंटिमेंटल ही कर सकते हैं। अभी-अभी, इस क्षण–'जय जय जय, जय बांग्ला–आमि तोमाय भालोबासि, ओ आमार देशेर माटी' गाते-गाते हँसते-हँसते कितने भूलुंठित हो रहे होंगे, भूने जा रहे होंगे ?··· मीडियम वेव पर ही, –इस छोर से उस छोर तक के मीटरों को टटोल रहा हूँ··· च्याऊँ-फुंग-च्याँ ··· डाकबोना··· हाँ, यह कलकत्ता है। निर्धारित कार्यक्रम के अनुसार 'भक्ति मूलक-गान' का प्रोग्राम 'नैवेद्य' चल रहा है–रामप्रसादी गीत–'माँ बोले आर डाकबोना–जानबो आमार माँ मरेछे··· जानबो तोरे निजे हाते दियेछि माँ चिताय तुले··· ' (जाओ, माँ कहकर अब नहीं पुकारूँगा, समझूँगा कि मेरी माँ मर गई। समझूँगा कि तुमको अपने हाथ से चिता पर चढ़ा दिया···)

मुझे लगा–गंगा-यमुना-पद्मा-मेघना सब एक ही साथ उमड़ आई हैं। समस्त विवेक-तर्क-चातुरी-कूटनीति-राजनीति··· कागज की नाव··· माँ बोले आर डाकबो ना गो जानबो आमार माँ मरेछे !

5.30 पर फिर कलकत्ता बोला। एक पंक्ति की हड़बड़ाई हुई घोषणा, पहले अंग्रेजी, फिर बांग्ला में–'पूर्व पाकिस्ताने सिविल वार चोलछे !' और घोषणा के बाद ही प्रसिद्ध गीत का रिकार्ड–'आमार सोनार बांग्ला, आमि तोमाय भालोबासि··· '

किंतु, मैं तो सुबह से ही–जिस क्षण मार्शल लॉ की घोषणा की जा रही थी–अपने मन के टेलिविजन-सेट के पर्दे पर (न जाने किस चैनल पर !) देख रहा था, धर्म-युद्ध

के दृश्य। एक के बाद दूसरी उभरती हुई तस्वीरें··· फेड इन : युवक-युवतियों का विशाल जुलूस, हर चेहरे पर अपूर्व आलोक, हर कंठ में एक ही गीत, हर होंठों पर भुवनमोहिनी हँसी, पृष्ठभूमि में पार्श्व संगीत : ओई जे आकाशे सूर्य उठेछे, आलोके आलोकमय–जय-जय-जय !··· ट्रट्ठाँय ! जय बांगला !! ट्रट्ठाँय-ठाँय !! जय-जय-जय...ट-ट-ट-ट-ट-ट-ट, ...फेड आउट ! ...फेड इन : किसान, मजदूर, नाविक, मल्लाह, कछुए काश्तकारों की विशाल टोली–बूढ़े-बच्चे औरतें–'हानादार होशियार !' बंग-बंधु मुजीब जिंदाबाद ! ट्रट्ठाँय-ठाँय ! जय बांगला-ट-ट-ट-ट-ट-ट-ट ! ट-ट-ट-ट-ट-ट-ट-टी !! आग की लपटें, धुएँ का गुब्बारा और आलोके आलोकमय गीत की कड़ी···

रात दस बजकर पैंतालीस मिनट पर आकाशवाणी कलकत्ता से पंकज मल्लिक का कंठ-स्वर सुनकर उत्कर्ण हुआ। और गीत सुनकर मन का अवसाद दूर हुआ–'एबार तोर मरा गांगे बान एसेछे, जय माँ बोले–भाँसाउ तरी··· ओ रे ! दिन-दिन बाड़लो देना, करलि ना किछु बेचा-केना··· ओ भाय ! घाटे बाँधा दिन गेलो रे, मुख देखाबि कैमन कोरे ! दे, खुले दे पाल तुले दे–जा हय हबे, बाँचीमरी–तोर मरा गांगे बान एसेछे जय माँ बोले, भाँसाउ तरी··· (इस बार तुम्हारी सूखी नदी में बाढ़ आई है, 'जय माँ' बोलकर नाव को "भँसा' दो··· दो। खोल दो नाव–उठा दो पाल–किश्ती खुदा पर छोड़ दो। जो होना है होगा। मरें या बचें···)

कट !! पर्दे पर पद्मा नदी का लैंडस्केप ! उमड़ती हुई पद्मा के वक्षस्थल पर, लहरों पर, नाचती हुई अनेक पालखुली नावें ! उनके सामूहिक गीत की कड़ी–पुरवैया हवा पर तैरती आती है–'मन माँझी रे-ए-ए-ए ! एबार बांग्ला मायेर दोहाय दे रे··· बांग्ला मायेर दोहाय··· नदी-नाला खाले-बिलें; पद्मचाँपा दीघिर कूले–खेते-माठे-ग्रामे-घरे ! आगुन ज्वाला गानेर माला दे रे विलाय दे–रे माय, बांग्ला देशेर माँझीर हाथे सकलि तुलिया दे–बांग्ला मायेर दोहाय दे··· "

अब समझ में आ रहा है कि कल, 25 मार्च को, अब्दुल अलीम भाव-भरे गले से जीवनानंद की इन पंक्तियों की आवृत्ति क्यों कर रहा था :

"आबार आसिबे फिरे, धानसिड़िटिर
तीरे, एई बांगलाय
हयतो मनुष्य नय–हयतो बा शंखचिल
शालिखेर बेशे;
हयतो भोरेर काक हये एई कार्तिकेर
नवान्नेर देशे
कुयाशार बुके भेसे एक दिन आसिब,
ए कांठाल-छायाय

हय तो बा हाँस हब...
आबार आसिब आमि बांगलार नदी
माठ खेत भालोबेसे
जलांगीर ढेउये भेजा बांगलार ए सबुज
करुण डांगाय।"

[फिर आऊँगा लौटकर, धानसिड़ि के तीर पर–इसी बंगाल में। हो सकता है मनुष्य नहीं, चील अथवा मैना के वेश में। अथवा सुबह का कागा होकर–कार्तिक में नवान्न करनेवाले देश में (नवान्न के दिन काग को नए अन्न का 'पायस' खिलाते हैं)। कुहासे पर तैरता हुआ एक दिन कटहल पेड़ की छाया में आऊँगा–शायद बत्तक के रूप में–फिर आऊँगा मैं लौटकर–बंगाल की नदी-मैदान-खेतों को पार करके... जलांगी की लहरों से भींगी बंगाल के इस हरे-करुण ताल-तलैये में !]

लड़ाई की खबरें आने लगीं। रोज़ घमासान लड़ाई की खबरें आ रही हैं, लगातार बांग्ला के सभी करुण-सबुज ताल-तलैये और पुष्करणी में रोज 'रक्तकमल' के दल खिल रहे हैं। नारिकेल, सुपारी, खजूर, आम-जाम-कटहल, अशोक, बकुल के बन में आग लग गई है। आग लगाई जा रही है। फसल से भरे खेतों में, धान भरे खमारों में–गोदामों में, बाजारों में। सुबह 'बादे-सबा' बारूद की गंध से लदी आती है। पूरब का आकाश घाव से क्षत-विक्षत, लहू-लुहान... !!

और, मैं आश्चर्य और गर्व से पिछले कई सप्ताहों के–ढाका बेतार केंद्र द्वारा प्रसारित–गीतों, आलेखों, कविताओं, लोकगीतों की पंक्तियों को याद करने की चेष्टा कर रहा हूँ। मैंने नोट्स नहीं लिए। प्रोग्राम सुनते समय सामने की पत्र-पत्रिकाओं पर यंत्रवत् जो कुछ भी लिखता गया था–उन्हें ढूँढ़कर एकत्र कर रहा हूँ। काजी नज़रुल तथा जीवनानंद के अलावा बांग्ला देश के समकालीन युवा कवियों की रचनाओं के चयन, गायन व प्रस्तुतीकरण–ऐसे सुघड़ ढंग से और ऐसे दुर्दिन में किस तरह संभव हो सका ? पुरातन बाउल गीत, तर्जा, भठियाली, रामप्रसादी और कीर्तन की पदावलियों की अदम्य प्रेरणा-शक्ति को जीवन में पहली बार अनुभव किया है, मैंने। अतः मैं हलफ़ लेकर साक्षी दे रहा हूँ : एक फौजी तानाशाह जब सारे बांग्ला देश को आग में झोंकने का कुचक्र रच रहा था, बांग्ला देश की जनता गाँव-घर, हाट-घाट-बाट में बाउल के गीत गा रही थी–"पथेर दीक्षा दाउ गो मुरशिद–पथेर दीक्षा दाउ !" कि 'हानादारों' (हमलावरों) की बंदूकें और मशीनगन जब आग उगलने लगीं, तब भी वे गा रहे थे। उनके हाथ में उस समय भी, कोई हथियार नहीं–गोपीयंत्र (एकतारा), खोल और करताल थे। कि वे समवेत सुर में गाते-नाचते बांग्ला देश के लिए न्योछावर हो गए...

और, उस दिन को जीवन में कभी भूल नहीं पाऊँगा जिस दिन बंग-बंधु मुजीब

पहली बार, सर में कफन लपेटे कातिलों से मिलने जा रहे थे। उस दिन ढाका बेतार केंद्र से प्रसारित हर देशभक्तिमूलक गीत और लोकगीत, वैराग्यमय वातावरण की सृष्टि कर रहा था। हर गीत का वक्तव्य : मिट्टी की यह देह एक दिन मिट्टी में मिल जाएगी। देश की मिट्टी को मुक्त करने के लिए यदि देह जाती है तो इससे बढ़कर पुण्य और क्या हो सकता है !

मैंने जिसको 'रनिंग कमेंट्री' समझा, वह असल में 'वायरलेस वार्तालाप' था। यह जानते हुए भी कि 'वायरलेस' सुनना अपराध है, इस 'वार्तालाप' को पकड़े रहा। ढाका और कुमिल्ला में बातें हो रही थीं। ढाका उत्तेजित स्वर में कह रहा था—कहता जा रहा था—"ह्याँ ! ह्याँ ! ! एईमात्र··· ह्याँ··· दिस नाउ··· आमि देखलाम—सादा घपघपे टोयेटो—गाड़ी ते—कालो पाताका उड़िए—आमादेर बंगबंधु मुजीब—जनगणेर प्रति हँासिमुखे अभिनंदन जानाते···ह्याँ ह्याँ··· एकेबारे एकला—रास्तार दुई धारे समवेत हाजार-हाजार नरनारी··· की बलब··· एमन··· "

कुमिल्ला : "हैलो ! सोनो··· जेते तो देखले। फिर आसते देखबे की ? देखे आमादेर बोलो। बुझले··· ?"

ढाका : "की बोलो ? फिरबे ना ? फिरते देबेना ?··· एँ ? की जे बोलो··· कोन साला आटकाबे··· ?"

कुमिल्ला : "उहे ! 'सिक्राफोन' व्यवहार कोरो। पुट ऑन सिक्राफोन··· "

और, इसके बाद वार्तालाप का प्रत्येक शब्द डिस्टॉर्टेड··· और स्वाभाविक रूप से अमानवीय आवाज—क्याँ-क्याँ-कों-को-केंए।

ठीक उसी समय ढाका बेतार केंद्र से शमशुल अस्करी का लोकगीत प्रसारित हो रहा था। बंधु के बिछोह की आशंका से कातर गायक के हृदय का दर्द :

तोमार मत दयाल बंधु, आर कोथाय पाबना
देखा दियाँ उहे रतन ! फिरे जेउना···
तुमि आमादेर तरीर कांडारी···
एके तो झड़ेर बातास—तारो परे ढेउ
आमार नाव डुबाइया—सकल हाराए
एई कि तुमि चाऊ··· ?
बंधु रे-ए-ए-ए—फिरे तुमि आसिबे की
एई आमादेर भाबना—तोमार मत दयाल बंधु···

ढाका बेतार केंद्र के 'व्यापार विभाग' के प्रसारण का एक उदाहरण। फ़ारुक रहमान एक आधुनिक गीत गा रहा है :

किसान बोले कारे तुमि आज घृणा कोरो ?
श्रमिक बोले कारे तुमि एड़िये चलो ?···
आमरा बुकेर पांजर दिया, तोमार प्रासाद दिलाम तुलिया

आमराउ जे दाबीदार, आमराउ जे इन्सान
··· दिते हबे सम्मान··· दिते हबे···

गीत समाप्त होने के बाद, व्यापार विभाग की प्रचार-वाणी : जॅय जॅय जॅय ··· आलोके-आलोकमय ! युनाइटेड बैंक लिमिटेड–आपनार बैंक ! माने बांग्ला देशेर बैंक !··· ट्रिंकल··· हानादार, होशियार ! आर कोनो रकमेर शोषण, दंशन बा उत्तीड़न ए देशे चलबेना। नाइलोन मशारी व्यवहार करुन, मशा माछी एवं पोका-माकड़ इत्यादि घूमे व्याघात कोरबे ना··· ट्रिंकल···

आपनार प्रिय चित्र तारिका रोजिनार प्रिय साबान लक्स !··· ट्रिंकल··· मने आछे तो ? आमादेर ऐतिहासिक अहिंस सविनय आंदोलनेर आज सप्रदस दिवस। आज के नतून कोरे सपथ नेबार जन्य बिराट जनसभार आयोजन हच्छे। आपनिउ सपथ निन !!–ट्रिंकल··· बा-बा-बा-बाटा ! एक जोड़ा डैडी आर एक जोड़ा अम्मी; एक जोड़ा आमि आर एक जोड़ा तुमि–बाटा-बाटा··· ट्रिंकल··· एक बारे सुनून अब्दुल नासरेर गाउया एकखानि गीत :

आमादेर बंदी कोरे ओरा यदि भावे
पापेर घाटे पुण्य गेछे डूबे
सेटा भूल-भूल-भूल···
आमादेर संतानेरा तादेर भाँगबे भूल-भूल-भूल
आमादेर एई जीवने सुख-दुखेर कोनो हिसेब नेई
एई दिन टा दिन नय रे–आरो दिन आछे
आमादेर संतानेर–नेबे-नेबे-नेबे
आमादेर पावना टुकु आदाय कोरे निबे···

[हमें बंदी करके वे यदि सोचते हैं कि पाप के घाट पर पुण्य डूब गया है तो यह उनकी भूल धारणा है। हमारी संतान उनके इस भ्रम को दूर कर देगी। हमारा बाकी-बकाया सब हमारी संतान पाई-पाई कर इनसे वसूल करेगी···]

28 मार्च ! ढाका से, बिना साज-साजिंदे के कोई गा रहा है ? तो क्या, फिर 'ढाका बेतार केंद्र··· ?? नहीं, यह रेडियो पाकिस्तान ढाका है। गीत के अस्फुट बोल–तोमारे हेरिया बेहेस्त बाँदा··· तोमार लागि भुलाई खोदा··· महम्मद मूशा··· तोमार एख्तियार···

इस 'लाइव-प्रोग्राम' के बाद, बगैर 'फेडर ऑफ़' किए ही कोई बोलता, है–'रेकर्ड ··· नातवाला··· नहीं-नहीं··· ' फिर 'पथेर दीक्षा दाउ गो मुरशिद' बजने लगता है। अरे ? यह तो 'मुक्ति सैनिकों' का प्रिय गीत है। अचानक गीत बजना बंद हो जाता है। फिर नया ऐलान–नतून घोषणा··· सब रकमेर ट्रांजिस्टर सैट मार्शल लॉ अधिकारीर काछे जमा दिते हबे···

मेरी आँखों के आगे एक दृश्य साकार हुआ : रेडियो स्टेशन का स्टूडियो।

बाहर फौजियों के बूटों की कर्कश आवाज··· सड़कों और गलियों से मशीनगन, ब्रेनगन चलाने की आवाजें आ रही हैं। एक मिलेटरी यान में ठूँसकर गिरफ्तार किए हुए लोगों को लाया जाता है। ढाका रेडियो को चालू रखना बहुत जरूरी है, इसलिए आर्टिस्टों को पकड़कर लाया गया है। स्टूडियो के अंदर कई कलाकारों को घसीटकर बंद कर दिया जाता है। इसके बाद कोई लेफ्टिनेंट अथवा मेजर–हाथ में रिवाल्वर लेकर एक-एक से कहता है–"चलो, गाना गाओ।"

"नेंहीं। हम गाना नेंहीं जानता।"

"गाना नहीं जानता ? मरना जानता है ?"

"जानता है।"

"तुम चलो। गाओ··· गाना पड़ेगा !!"

"नेंहीं !"

"ट्रठाँय !"

"तुम गाएगा ?"

"नहीं !··· हाँ··· हाँ··· हम गाएगा !"

"चलो ! गाओ··· शुरू करो। मगर बांगला देशवाला गाना नहीं !"

"आमार लहो नमस्कार
सब छेड़ेछि बिदाय नितेछी–कोनो कथा नेई आर
लहो नमस्कार··· "

"एय। बंद करो ! बदमाश ! बांग्ला देश का गाना गाता है ? हमको चकमा देता है ?"

गायक बिना रुके हुए आलाप लेता है :

"ओय जे आकाशे सूर्य उठे छे–आलोके–
आलोकमय–जॅय जॅय जॅय··· !"

"ट्रट्ठाँय !"

"जॅय जॅय जॅय··· आमि 'स्वाधीन-बांग्ला-बेतार केंद्र' थेके बोलछी ! बंगबंधु मुजीबुर्रहमान बलेछेन··· !"

"जॅय जॅय जॅय !!"

दिनमान/11 अप्रैल, 1971 के अंक में प्रकाशित

नेपाली क्रांति-कथा

एक

विराटनगर, ईस्टर्न कमांड का हेडक्वार्टर, पूर्वी मोर्चा···

अक्तूबर 1950 की एक सुबह, मुक्ति की संभावना का मधुर संदेशा दे गई, पशुपतिनाथ मंदिर के प्रांगण में वज्रनिनाद-स्वर में जयध्वनि हुई–"जय, पशुपतिनाथ की जय !"

जयध्वनि या मेघगर्जन ? मुक्ति की सूचना लेकर यह जयध्वनि मँडराती रही–पहाड़ों में, तराइयों में, नगरों और गाँवों में। राणाशाही के बंधन में युगों से जकड़ी हुई धरती–नेपाल की–विहँस पड़ी। देश के कोने-कोने में छाई हुई उदासी दूर हो रही है।

मुक्तिसेना के सिपाहियों के मुखमंडल पर सर्वदा एक अपूर्व आभा और ओंठों पर मनमोहक मुस्कुराहट अंकित रहती है। विजयादशमी के दिन गुरुजनों के चरण छूकर नमस्कार करते समय इस बार ये इतना प्रसन्न क्यों हैं ?··· माँ, इस बार रक्त का टीका लगा दो··· पिताजी, आशीर्वाद दीजिए–देश की मुक्ति के लिए अपने को उत्सर्ग कर सकूँ··· जय हो, विजय हो। बड़े-बूढ़ों की आँखों में प्रसन्न आँसू ढलमलाते हैं–क्या हो गया है इन नौजवानों को ?··· यो कस्तो पागलपन ?

मुक्तिसेना का एक-एक सिपाही–तैयार–प्रतीक्षा कर रहा है।

और भी कई दिन प्रतीक्षा में बीते। झिलमिलाती हुई दीपावली की रात आई। विराटनगर के अधिकांश घरों में इस बार 'दीपावली' और 'भाई दूज' का पर्व एक ही साथ मनाए जा रहे हैं। भाइयों ने जिद्द पकड़ी है–"इस बार दो दिन पहले ही 'टीका' लगा दो दीदी !"

शंखध्वनि हुई। दीपों की माला जगमगाई। 'भाई-टीका' देते समय स्नेहमयी बहनों ने अपने-अपने भाइयों की आँखों में न जाने कैसी चिनगारी देखी कि उनके मुँह से आशीर्वाद के ये दो शब्द स्वयं ही निकल पड़े–'जय नेपाल'।

नेपाली वधुओं ने अपने-अपने पतियों की 'खुकरी' को सिर से छुलाकर विदाई दी–'जय नेपाल'।

मुक्तिसेना की पहली टुकड़ी, रात के सन्नाटे में–तराई, नदी-नाले और ऊबड़-खाबड़ खेतों को लाँघती हुई–विराटनगर शहर की ओर बढ़ी। गेर्रिला-युद्ध का श्रीगणेश हुआ। टुकड़ी के सभी मुक्ति-सैनिकों के मन में फौजी बैंड के ताल पर, एक ही गीत गूँज रहा है–नेपाली ! नेपाली !! अगि बढ़दै बढ़दै जाऊ–क्रांति झंडा ले··· ड्रम ड्रम ड्रम।

इनके प्रत्येक पदचाप पर धरती पुलक-पुलक उठती है। शहीद शुक्रराज,

कृष्णप्रसाद कोइराला तथा अनगिनत-अनाम-अमर शहीदों की आत्माएँ शांत हुई हैं–पहली बार। नक्षत्रखचित आकाश में खलबली मची हुई, मानो···

हाल्ट !

विराटनगर शहर के बाहर एक क्षण के लिए टुकड़ी रुकी। अंतिम निर्देश : ट्रेजरी, मालखाना और जेल पर–एक भी गोली खर्च किए बगैर ही–निःशब्द कब्जा करना होगा। आवश्यकता पड़ने पर संगीन और रिवाल्वर से ही काम लेना होगा। यह हुआ पहला कार्यक्रम। दूसरा काम मोरंग जिला के गवर्नर उत्तमविक्रम राणा के निवासस्थान पर धावा बोलकर गवर्नर तथा अन्य फौजी अफसरों को गिरफ्तार करना। इस धावे में हम खुलकर अपने हर हथियार का इस्तेमाल करेंगे।

टुकड़ी को दो हिस्सों में बाँट दिया गया।

गिरिजा और विश्वबंधु के नेतृत्व में एक दल स्कूल के मैदान में जा उपस्थित हुआ। दूसरे दल के दलपति हैं तारिणी प्रसाद और गेर्रिला-युद्ध के प्रशिक्षक भोला चैटर्जी। प्रथम दल को–ट्रेजरी, जेलखाना और सरकारी अफसरों के कैंप पर छापा मारकर कब्जा करना है··· द्वितीय दल, अस्त्रागार, फौजी बैरक पर चढ़ाई करेगा।

मालखाना (अस्त्रागार) का संतरी मच्छरों के मारे परेशान है। वह 'भानुभक्त-रामायण' की पंक्तियों को गुनगुनाता हुआ बरामदे पर टहल रहा है–'लो लंकापति तिम्रो यमदूत आयो··· ' अचानक, टार्च की तेज रोशनी उसकी आँखों को चौंधिया देती है। सावधान होकर वह जब तक राइफल सँभाले, गेर्रिलों की चमकती हुई शाणित संगीनें उसे चारों ओर से घेर चुकी थीं–"चुप, न कराउ··· चिल्लाओ मत।"

संतरी ने मुस्कुराकर हथियार सुपुर्द कर दिया। लगा, वह पहले से ही इसके लिए तैयार था।

अस्त्रागार में रक्षित राइफलों और बुलेटों के ढेर देखकर गेर्रिले किलक पड़े। इस्पात, ताँबे और निकेल के अस्त्र-शस्त्रों का अंबार ? लेकिन, उधर ट्रेजरी की बड़ी तिजोरी खुल नहीं रही है। चाबी बड़े हाकिम यानी गवर्नर के पास है।

"टूट नहीं सकती तिजोरी ?"

"जोरों की आवाज होगी।"

"गिरफ्तार संतरियों पर नजर रखो।"

"मालखाना का 'माल' सँभालो।"

ऐसी घड़ी में भी हँसानेवाली कोई ऐसी घटना घट सकती है कि आदमी हँसते-हँसते लोट-पोट हो जाए !

"अंधकार में यह कौन है··· एकदम नंगा ?"

"एकदम नंगा नहीं, अंडरवियर है।"

"परम भूधराकार शरीरा··· ?"

खिलखिलाहट सुनकर डाँट पड़ी–'ए ! चुप··· एक शब्द नहीं।"

जोगबनी के भावुक गुरुजी फेंकन चौधरी शुरू से ही कोइराला-परिवार के

भक्त और नेपाली कांग्रेस के सक्रिय सहायक हैं। गेर्रिलों ने 'जय नेपाल' कहकर मार्च किया तो आप भी निहत्थे साथ चल पड़े। टुकड़ी के संचालक भोला चैटर्जी ने आपत्ति की–"सुफेद खादी की धोती और यह सुफेद गाँधी टोपी ? घने अंधकार में भी गोली ठीक आपके सिर में लगेगी।" किंतु गुरुजी ने मैथिली भाषा में ही कहा–"जब गोलिये खाये लेल जायत छी त फेर माथ में लागौक चाहे पैर में–एक्के बात··· "

मालखाना में समस्या खड़ी हुई–राइफल तो दो-दो या तीन-तीन भी लटकाई जा सकती हैं, कंधे से, किंतु इतने बुलेट ? कोई बोरी या झोली भी नहीं– "··· अब कसरी कै गर्न··· कैसे क्या हो ?"

"हे-हे लियौ, समस्याक समाधान !"-कहकर गुरुजी ने अपनी धोती खोल दी, "बाँधिए गठरी। इससे भी नहीं हो तो लीजिए, इस कुर्ते का झोला बना देता हूँ।"

जेल का संतरी सतर्क हो गया, शायद ? वह रह-रहकर विकट और विकृत स्वर में चिल्लाता है–'खबरदार, होय खबरदार !' इतना ही नहीं, वह अब निशाना लेकर तैयार है। दलपति ने ताड़ लिया। बस, सन्नाटे को चीरती हुई मुक्तिसंग्राम के सिपाही की 'पहली गोली' दगी–ठाँय। रिवाल्वर की गोली ने संतरी को सुला दिया।

फिर, सभी ओर चुप्पी। घुप्प अंधकार।

सभी काम 'बेखटके' हो रहे हैं। जेल का कपाट खुला। जेल के अंदर की काल-कोठरियाँ खुलीं। भगदड़, कोलाहल। और, लाख मना करने के बावजूद शुरू हुई जयध्वनि और नारे···

'कोइराला-निवास' के पूरब, मैदान में–अंधकार में ही सारी घटनाएँ घट रही हैं। उन्नत सिर 'कोइराला-निवास' मानो सबकुछ देख रहा है··· कोइराला-निवास। जहाँ साठ-पैंसठ साल पहले एक महामानव ने एक विद्रोह की पहली चिनगारी जलाई थी। जिसके प्रत्येक कमरे में–न जाने कब से नेपाल की मुक्ति के सैकड़ों सपने देखे हैं, इसके निवासियों ने। और, आज जिसका प्रत्येक सदस्य मुक्तिसंग्राम का सशस्त्र सैनिक है।

'कोइराला-निवास' के उत्तर-पूर्व में है–उत्तमविक्रम राणा का निवासस्थान। विशाल मैदान के बीच ऊँची चारदीवारी से घिरा दुमंजिला बँगला। प्रवेशद्वार पर कई पुराने, ऊँचे पेड़···

अचानक, एक पेड़ की फुनगी से, 'सर्च-लाइट' की रोशनी सामने के मैदान के अंधरहस्य को खोल गई। मुक्तिसैनिकों के दोनों दल इसी मैदान में एकत्र हैं···

"लेट जाओ सभी। रेंगते हुए आगे बढ़ो।"

सुशिक्षित गेर्रिले रेंग-रेंगकर आगे बढ़ने लगे। एक बार सर्चलाइट की रोशनी फिर नाच गई, मैदान में।

–ट-ट-ट-ट; ट-ट-ट-ट···

राणाशाही-ब्रेनगन आग उगलने लगी–अविराम।

पूरब, फौजी बैरक में खतरे का बिगुल आर्तनाद कर उठा।

विराटनगर शहर कच्ची नींद से अचकचाकर जगा। फिर, घंटों सिर्फ गोलियाँ बोलती रहीं–ट्रट ठाँय-ठाँय··· धाँय-धाँय। ट-ट-ट-ट-ट-ट··· ठाँय-ठाँय···

–विकू ! लेट जाओ भैया। लेटे रहो।

–फ्लास्क से पानी ढालकर विकू को पिला दो।

–निशाना–पेड़ पर···

–सुँ-ई-ई··· ठाँय। सुँ-ई-ई··· ठाँय-ठाँय···

राणाशाही की धाराप्रवाह गोली-वर्षा का जवाब, मुक्तिसेना की बंदूकें तुतला-तुतलाकर दे रही हैं, मानो–'हम डटे हैं।'

–किसे गोली लगी ? राइफल ले लो उससे।

–गिरिजा को कारतूस चाहिए···

सर्चलाइट की रोशनी, काली नागिन की लपलपाती हुई जीभ की तरह, रह-रहकर अंधकार को चीरकर नाच जाती है। अब, ऐसा लगता है कि एक भी मुक्ति-सैनिक बचकर नहीं लौटेगा। अब तक सामने से ही गोली की वर्षा हो रही थी। इस बार पीछे से बैरक के फौजियों ने फायरिंग शुरू कर दी है···

मुक्ति-संग्राम की इकलौती स्टेनगन धुआँधार, जवाबी फायरिंग करती हुई गर्म हो गई है। जलते हुए बारूद की उत्कट गंध सारे वायुमंडल में फैलती जा रही है।

डेढ़ इंच की गोली–थ्री-नाट-थ्री की–सनसनाती हुई गिरिजा की कनपटी के पास से गुजर गई। मौसेरा भाई विकू चिल्लाया–"गिरिजा, सिर धरती पर··· " किंतु दूसरी गोली विकू की जाँघ को चीरती हुई धरती में धँस गई। सामने की पंक्ति में लेटकर राइफल चलानेवाले बहादुर साथी बलबहादुर की निष्प्राण देह लुढ़ककर गिरिजा को ढँक लेती है। अमर शहीद कृष्णप्रसाद कोइराला का सबसे छोटा बेटा, नेपाली कांग्रेस के सभापति मातृकाप्रसाद का और मुक्तिसेना के ईस्टर्न कमांड बी. पी. कोइराला का सबसे प्यारा छोटा भाई गिरिजा देख रहा है–गोलियों से बलबहादुर की लाश छलनी हो रही है··· अब शायद उसकी बारी हो···

–ट-ट-ट-ट-ट-ट-ट-ट; ट-ट-ट-ट-ट-ट-ट···

मुक्तिसेना के दलपति ने पीछे हटने का आदेश दिया, किंतु पीछे हटा जाए कैसे ? लगता है, चारों ओर से गोलियाँ चल रही हैं।

उत्तमविक्रम के फौजियों ने रात-भर फायरिंग जारी रखी। डेढ़-दो घंटे तक मुकाबला करने के बाद गेर्रिले पीछे हट गए।

विराटनगर से पूरब, सिंधिया नदी के किनारे सभी गेर्रिले एक-एक कर एकत्र हुए। एक साथी नहीं लौटा। वीर बलबहादुर शहीद हो गया। तीन मुक्ति-सैनिकों को गोली लगी है। एक की अवस्था चिंताजनक है। तीनों की मरहम-पट्टी की गई।

घायलों को लादकर पूर्वनिश्चित योजना के अनुसार सभी रंगेली बाजार की

ओर चल पड़े–निःशब्द।

पराजय की ग्लानि, पैर पीछे हटाने की लज्जा और मुक्तिसेना की सारी चेष्टाओं को अपमानित करती हुई राणाशाही-ब्रेनगन की आवाज–ट-ट-ट-ट-ट-ट-ट–मानो, मुँह चिढ़ा रही हो–वाह रे पटाखेबाजो !

शहीद बलबहादुर, जो 1946 के ऐतिहासिक मजदूर-आंदोलन में, सत्याग्रहियों में नाम लिखाने के बाद अचरज से पूछ बैठा था–"यह कैसी लड़ाई है, बाबा ? राणा का सिपाही हमको गोली से मारेगा और हम सिर्फ 'जिंदाबाद' बोलेगा ? नहीं भरती होना है, ऐसी लड़ाई में··· "

इस बार जब उसे मालूम हुआ कि बंदूक का जवाब बंदूक से दिया जाएगा तो वह हँसता हुआ आया–"मुक्तिफौज में मेरा नाम लिख लिया जाए।"

एक बूढ़ी माँ और पाँच वर्ष के एक पुत्र को नेपाल के किसी पहाड़ी गाँव में छोड़कर–हँसता हुआ चला आया बलबहादुर। मरते-मरते उसने कई साथियों के प्राणों की रक्षा की। कल शाम को चाय पीते समय उसने एक पहाड़ी गीत सुनाया था जिसका भावार्थ इस प्रकार है : 'युद्ध के मैदान में मरनेवाले सीधे स्वर्ग पहुँचते हैं ? मेरी राह रोककर कौन खड़े हैं ? पिता ? माँ ? स्त्री ? पुत्र ? मैं किसी को नहीं पहचानता। सभी हट जाओ मेरी राह से। मेरी आत्मा सीधे स्वर्ग पहुँचने के लिए मचल रही है।'

उसके साथी नरबहादुर के हाथ में गोली लगी है। मैदान से लड़ने में उसे देर हो गई। ब्रेनगन की गोलियों की वर्षा के बीच वह अपने बचपन के साथी बलबहादुर की मृत देह को बहुत देर तक ढूँढ़ता रहा। उसने कहा था–यदि मैं लड़ाई में काम आ जाऊँ तो मेरी खुकरी मेरी माँ के पास पहुँचा देना–एकलौते बेटे के लिए अमूल्य धन।

सभी मुक्ति-सैनिकों के अंदर एक तूफान चल रहा है। सभी चुप हैं। चुपचाप चल रहे हैं, ओस से भीगी हुई पगडंडी पर।

एक साहित्यिक और रसिक मुक्ति-सैनिक इस असह्य चुप्पी को तोड़ता है–"आज एक कहावत का जन्म हुआ : जो जीते सो गोलंदाज, जो हारे सो पटाखेबाज !"

बात वाजिब जगह पर जाकर लगी। जले पर जान-बूझकर नमक छिड़कना इसी को कहते हैं–"जनाब ! अपनी शायरी रखिए अभी !"

"मैं शायरी करता हूँ ? मैं पूछता हूँ, भागने का हुक्म क्यों दिया गया ?"

"भागने का हुक्म ? कैसा जंगली है ? 'रिट्रीट' को भागना बोलता है ? अपने बहादुर साथियों को 'पटाखेबाज' कहता है ?"

"रिट्रीट ही सही। किसने हुक्म दिया पैर पीछे हटाने का ?"

"क्यों ? मैंने।"

"तो, इसी स्टेनगन से सभी साथियों को यहीं समाप्त कर दीजिए। हम किस मुँह से लौटकर जाएँगे ?··· मेरा जी करता है, इसी रिवाल्वर से अपना काम तमाम कर लूँ।"

"सेंटिमेंटल फूल !"

हठात्, कड़कता हुआ फौजी कमान–"गेर्रिलाज ऑफ़ नेपाल लिबरेशन आर्मी–अटेन्शन !"

गेर्रिला-युद्ध का शिक्षक भोला चैटर्जी कहता है : हम पराजित नहीं हुए हैं। इतने अस्त्र-शस्त्र, गोला-बारूद, कारतूस हमें प्राप्त हुए। दो घंटे तक हमने दुश्मन के ब्रेनगनों का मुकाबला किया···

कुछ भी कहे भोला चैटर्जी। मनोबल नाम की चीज, जरा-सी बात में बनती और बिगड़ती है···

'बेस कैंप' से 'बेतार-संवाद' प्रेषित करते समय ऑपरेटर लंबी और ठंडी साँस लेता है–पहला ही संवाद उत्साहभंजक ?

संवाद भेजने के बाद ऑपरेटर लामा दुश्मन के 'बेतार-संदेश' 'इंटरसेप्ट' करने में व्यस्त हो जाता है··· उत्तमविक्रम राणा नशे में झूमता हुआ संदेश दे रहा है, प्रधानमंत्री ('तीन सरकार') मोहन शमशेर जंगबहादुर राणा को। दिल खोलकर हँस रहा है उत्तमविक्रम। हज़ोर यो बोलाहे को कांग्रेसी कुत्ता हरू··· इन पागल (कांग्रेसी) कुत्तों के लिए हमारे बैरक के जवान ही काफी हैं। चिंता न करें। सब ठीक-ठाक है···

विराटनगर के निवासियों ने 'दुहाई पशुपतिनाथ' रटकर रात काटी। भोर को राणाशाही ब्रेनगन चुप हुई तो फौजी जीपों की गुर्राहट, फौजियों की भारी बूटों की भड़भड़ाहट और क्रुद्ध फौजी अफसरों की कर्कश कंठ-ध्वनियाँ–सब मिलकर नगर की गली-गली को कँपाने लगीं–भटभट भट-भर्र–कड़प-कड़प, कड़प-कड़प··· ए-बा-ठा-न ! बा-या-ने-ट कि-का !!··· लोड ! फायर !

उत्तेजित फौजियों को आम हुक्म दे दिया है कर्नल उत्तमविक्रम राणा ने। हर घर को घेरकर तलाशी ली जा रही है। मारपीट, लूटपाट और गिरफ्तारी··· औरतों और बच्चों का सम्मिलित रुदन, घायलों की चीख-पुकार से आकाश भर रहा है। सड़कों पर अमानुषिक अत्याचार के हृदयविदारक दृश्यों को देखकर सुबह का सूरज सिहर-सिहर जाता है।

नेपाली कांग्रेस के, छोटे-बड़े सभी सदस्यों के नाम 'मौत का परवाना' जारी कर दिया गया है–"देखते ही गोली मार दो !" किंतु, दोपहर तक सारे नगर को छान डालने के बाद भी नेपाली कांग्रेस का कोई सदस्य नहीं पकड़ा गया। एक बच्चा भी नहीं।

कर्नल ने कहा–"उनकी औरतों से कहो, अपने-अपने घरवालों को दो दिन के अंदर हाजिर करें। नहीं तो औरतों को ही 'धुन' दिया जाएगा अर्थात् कैद किया जाएगा··· सबकुछ किया जाएगा।"

परिवार के बच्चों और बीमारों को रात में ही निरापद स्थान में भेजने के बाद, 'सानो आमाँ' (श्रीमती दिव्या कोइराला) अकेली बैठी हैं, 'कोइराला-निवास' के एक कमरे में–अपने इष्टदेव के विग्रह के सामने। किंतु, रह-रहकर 'जाप' में बाध पड़ती है। ध्यानमंदिर में 'परमगुरु' की प्रतिमा आज प्रतिष्ठित नहीं हो पा रही। बार-बार गिरिजा का मुस्कुराता हुआ मुखड़ा आँखों के आगे मूर्त्त हो जाता है। कानों के पास उसकी मीठी पुकार प्रतिध्वनित हो जाती है–आमाँ ! म आयँ··· कौन ? किसने पुकारा ? को हो ?··· कोई नहीं ? भ्रम, या मेरा बेटा रात की लड़ाई में देश की मिट्टी को 'प्यारा' हुआ ?

माँ का हृदय हाहाकार कर उठता है। वह दौड़ी हुई परमगुरु स्वर्गीय पति, कृष्णप्रसाद कोइराला की तस्वीर के पास आती है और धड़ाम से गिर पड़ती है–"बल दो प्रभु ! शक्ति दो··· हुजूर ! तुम देखते रहना–तुम्हारे सभी बच्चे-बच्चियाँ लड़ाई के मैदान में हैं।"

सानो आमाँ सुनती हैं, वे कह रहे हैं–"तुम्हें बार-बार अपने बच्चों की ही याद क्यों आती है ? नेपाल-जननी के इतने बच्चे अपनी जान देने आए हैं। उनकी याद नहीं आती ?"

"आती है हुजूर, आती है, नहीं तो, यहाँ बैठी क्यों हूँ ?"

'कोइराला-निवास' के चारों ओर घेरा डालकर बैठे हुए सिपाहियों को अचरज होता है–निवास के अंदर पाँव रखने का साहस किसी अफसर में नहीं··· कौन आए ? वहाँ बैठी गुर्रा रही होगी–सिंहनी माँ ! 1946 के मजदूर-आंदोलन के समय की झिड़कियाँ अफसरों को याद हैं–"लाज नहीं आती ? बड़े अफसर हो ? संसार के किसी सभ्य देश के नगण्य-नागरिक के सामने भी सिर ऊँचा कर सकोगे कभी ? स्त्रियों से बात करना नहीं जानते ? कैसी शिक्षा दी है तुम्हारे राणा पिताओं ने ?"

"सानो आमाँ ! सानो आमाँ खोया ?··· कहाँ हैं माताजी ?"

रोती, छाती पीटती औरतों की टोली आई–"खोय, मेरो छोरो (बेटा) खोय ? मेरा लोग्ने (पति) खोय ? सानो आमाँ !"

बताओ, माताजी ! मेरा बेटा कहाँ है ? कहाँ है मेरा स्वामी ?··· माताजी, तुम्हारे लड़कों ने मेरे भोले-भाले भाई को बहकाकर हमारा सत्यानाश कर दिया··· फौजियों के हाथ से हमें कौन बचाएगा ? कौन हमारे सतीत्व की रक्षा करेगा ?

पाँच-पाँच शेर बच्चों की माँ–नेपाल की इस महिमामयी माता का गला भर आया–"तुम मुझसे पूछने आई हो ! लेकिन, मैं किससे पूछूँ कि मेरे बच्चे कहाँ हैं ? कौन बताएगा कि मेरे बच्चे जीवित हैं या काल के गाल में चले गए ? ··· यह देश, नेपाल-माता भी यही सवाल पूछती है–कौन बचाएगा मुझे ? मैं पूछती हूँ, क्या तुम्हारे घर में कलछी, छनौटा, सड़सी, दाब, खुकरी, कुल्हाड़ी, कुदाल कुछ भी नहीं ? सेफ्टीपिन और बाल में खोंसनेवाले काँटे तो हैं··· "

औरतों की टोली में, दनुजदलिनी दुर्गा आकर खड़ी हो गई मानो। नेपाल की

ललनाएँ प्रतिज्ञा करती हैं : 'राणाशाही जुल्म और अत्याचार का डटकर मुकाबला करूँगी। सिर नहीं झुकाऊँगी।'

थकी-हारी, मक्तिसेना की पहली टुकड़ी विराटनगर से सात कोस पूरब रँगेली बाजार में विश्राम कर रही है। रँगेली की जनता के उत्साह, आतिथ्य और देशभक्ति के भाव से मुक्तिफौजियों को अपार बल मिला है।

'बेस-कैंप' से संदेशवाहक आया है··· रात के संघर्ष में, एक दर्जन से भी अधिक राणाशाही फौजी मारे गए हैं··· अंधाधुंध गिरफ्तारियाँ हो रही हैं। सभी मिलें बंद हैं। सारा शहर वीरान है।

और सबसे उत्साहवर्धक समाचार : हेडक्वार्टर से बेतार संवाद आया है—मित्र-देश से आनेवाला अस्त्र-शस्त्र इस मोर्चे पर—यानी ईस्टर्न कमांड में शीघ्र ही पहुँचनेवाला है। सिंगापुर, मलाया और बर्मा के प्रवासी नेपाली, गुर्खे सैकड़ों की संख्या में इस मुक्तियुद्ध में शरीक होने के लिए आ रहे हैं।

हिमालय एयरलाइंस का विशेष वायुयान मित्र-देश से चल चुका है। उसे कहाँ उतारा जाए ? हवाई जहाज कुछ ही क्षण में भारत पहुँच जाएगा। हिमालय एयरलाइंस के कर्ता-धर्ता महावीर शमशेर कलकत्ते में परेशान हैं। बार-बार वह सुवर्ण शमशेर से पूछ रहे हैं—"हवाई जहाज कहाँ उतारा जाए ?" सुवर्णजी, महावीर शमशेर को समझाते हैं—"पटना से अभी देवेंद्र बाबू का ट्रंक आएगा··· लीजिए, आ गया ट्रंक··· "

मित्र-देश से 'सामान' लेकर आते हुए विशेष वायुयान को 'गुप्त-बेतार-यंत्र से सूचना दी जा रही है : रोबट··· रोबट··· दिस इज पीटर कालिंग रोबट··· हैलो रोबट··· यस··· डाइवर्ट, टुवाईस··· डाइवर्ट वेस्ट पैटना स्ट्राइप—ओवर।

विशेष वायुयान में बैठा मुक्ति-सैनिक नक्शे पर निगाह दौड़ा रहा है। वह पूछता है : हैलो पीटर पीटर··· वेस्ट ऑफ पैटना··· डू यू मीन बिहटा ?··· ओवर।

दो

'बेस-कैंप' से आए हुए संदेशवाहक ने और भी कई महत्वपूर्ण सूचनाएँ दीं : 'बी. पी.' गोरखपुर की ओर—नेपाल-भारत-सीमा के इलाके का भ्रमण करके पटना लौट आए हैं। सुवर्णजी कलकत्ता में बैठकर काठमांडो की गतिविधि परख रहे हैं, अस्त्र-शस्त्र का प्रबंध कर रहे हैं। गणेशमानसिंह को जिस उद्देश्य से काठमांडो भेजा गया था—उस योजना को कार्यान्वित करने के लिए, फिर किसी साहसी साथी को भेजना आवश्यक है। महाराजाधिराज से संपर्क स्थापित करने के पहले ही गणेशमानजी गिरफ्तार हो गए। कल से नेपाल कांग्रेस की आवश्यक और विशेष

बैठक हो रही है।

सबकुछ सुनकर भग्न मनोबल गेर्रिलों की रक्त-धमनियों में फिर उष्ण-लहरी आई। तुरंत, 'एक्शन कमेटी' बैठी। तुरंत फैसला लिया गया–"आज रात को ही पूर्वी-तराई के दूसरे प्रमुख नगर 'झापा' पर छापा··· "

दोपहर के भोजन के बाद, केशवप्रसाद कोइराला के नेतृत्व में मुक्तिसेना के सिपाहियों ने झापा के लिए कूच किया।

तराई के पशु-पक्षियों ने अचरज से देखा–ये बंदूकवाले किस जानवर के शिकार में निकले हैं ? सरपट दौड़ रहे हैं तराई के बीहड़ पथ पर ? एक मूर्ख बाघ से नहीं रहा गया, शायद। अचानक गुर्राकर झपटा। गेर्रिलों की गति में बाधा पड़ी, जरा। फिर, पलक मारते ही रास्ता साफ हो गया। तराई के पशु-पक्षियों को फिर अचरज हुआ : ये कैसे शिकारी हैं ? मृत शिकार को यों ही उपेक्षित, असुरक्षित छोड़कर चले गए।

विराटनगर की चढ़ाई की उड़ती हुई खबर अफवाहों के रूप में झापा तक पहुँच चुकी थी। दिन-भर उत्तेजना और आशंका-भरी बातें कह-सुनकर झापा के नागरिक रात को गहरी नींद में सोए हुए थे। स्थानीय सरकारी अधिकारियों, फौजी अफसरों को विश्वास है, यह सारी गड़बड़ी और 'गोलमाल' विराटनगर तक ही है। यहाँ कोई खतरा नहीं।

नेपाली कांग्रेस के स्थानीय कार्यकर्ता से आवश्यक सूचना प्राप्त करने के बाद टुकड़ी के नायक के. पी. कोइराला ने एक गेर्रिले को चुपचाप कोई आदेश दिया। गेर्रिला धरती पर पेट के बल लेटकर रेंगने लगा–रेंगता हुआ चला गया, ट्रेजरी तक।

तराई के घने अंधकार में–पेड़ की फुनगियों पर कैसी लाली छा रही है ? लाली बढ़ती ही जाती है··· आग ?

आग ! आग लगी है आग··· !!

तुमुल कोलाहल-कलरव के बीच झापा ट्रेजरी धू-धूकर जल रही है। अब बैरक में भी आग लग गई ? कैसे लगी आग ? आग, आग ! दौड़ो–बुझाओ–बचाओ !!

जय नेपाल !

जनता रुक गई। जनता समझ गई, यह जनक्रांति की आग है। इसको बुझाने के बदले इसमें घी डालना ही जनता का पुनीत कर्तव्य है। भाइयो ! यह राणाशाही मेधयज्ञ है–आहुति डालो इसमें। सदियों से नेपाल की छाती पर बैठकर रक्त चूसनेवाली राणा-सरकार का नाश हो।

झापा का बड़ा हाकिम (गवर्नर) क्या करे ? पहले आग बुझाए या पहले··· ? पहले आग बुझाओ ! हुक्म हुआ।

राणाशाही पलटन के जवान, राइफल रख, बाल्टी और घड़े लेकर दौड़े आग बुझाने। आग बुझानेवाले और आग लगानेवाले–एक देश के लोग। एक ही बोली

उनकी। इसलिए आग लगानेवालों की बात उनकी बुद्धि में तुरंत आ गई–नहीं! इस आग को बुझाना सचमुच पाप है। आग बुझानेवाले कई सिपाहियों ने बाल्टी रख दी–"दाजु भाई हो! देशवासियो! मत करो प्रतिरोध। इस बर्बर, जालिम सरकार की रक्षा हम क्यों करें?–चलो, चलो!! जो घर जारे आपना, चले हमारे साथ।

राणा के इन पलटनों ने एक स्वर में कहा–जय नेपाल!!

अस्त्रागार से अस्त्र-शस्त्र और ट्रेजरी से खजाना निकालने में इन्हीं नए गेर्रिलाओं ने आगे बढ़कर सहायता की।

आकाश को छूती हुई, लपलपाती लपटें।

फायर! बड़ा हाकिम अपनी मूर्खता पर बौखलाया–सामने की झाड़ी के उस पार!

इसके बाद शुरू हुआ दोनों ओर से गोलियों का आदान-प्रदान। दोनों ओर से एक खास तर्ज और ताल पर गोलियाँ दगने लगीं। कल रात की लड़ाई और आज की लड़ाई में कुछ अंतर है। आज मुक्तिसेना के जवान अधिकारपूर्वक अस्त्र-संचालन कर रहे हैं। कल दुश्मन के पास ब्रेनगन थी। आज गेर्रिलों के पास स्टेनगन और मौजर हैं। इसलिए आज की लड़ाई का सुर-ताल भिन्न है।

गेर्रिले रात-भर डटे रहे। तीसरे पहर दलपतियों ने अपने साथियों को 'रिट्रीट' करने का संकेत दिया और तब देखा गया कि दशरथ के एक हाथ की हड्डी चकनाचूर हो गई है, किंतु वह राइफल थामे हुए है। बनारस विश्वविद्यालय का छात्र दशरथ चौधरी अपने मित्र विश्वबंधु के लिए, विश्वबंधु के देश की मुक्ति के लिए जान दे सकता है। जान देने के लिए ही वह आया है।

दो मुक्तिसेनानी के प्राण यहाँ की धरती की गोद में भी जुड़ाए। 'बेस-कैंप' में लौटकर मुक्तिसेनानियों ने सुना–हेडक्वार्टर से बेतार संदेश आया है : कल ही वर्किंग कमेटी की आवश्यक बैठक है। मित्र-देश से आए हुए अस्त्र-शस्त्र को हर मोर्चे पर पहुँचाने की शीघ्र ही व्यवस्था हो रही है। सुवर्णजी, सूर्यप्रसाद उपाध्याय, बी. पी. और महेंद्रविक्रम शाह–विभिन्न अंचलों का दौरा समाप्त करके आज ही हेडक्वार्टर पहुँच रहे हैं। मलाया, बर्मा, सिंगापुर और कोहिमा के मोर्चों पर लड़ते हुए अनेक अनुभवी गुर्खों ने स्वेच्छापूर्वक इस संग्राम में भाग लेने की इच्छा प्रकट की है। पूर्वी मोर्चे के दलपतियों के साथ 'प्रचार अधिकारी' की भी बुलाहट है, हेडक्वार्टर में–विशेष बैठक के सामने 'विराटनगर-झापा' की छापामारी की रपट प्रस्तुत करने के लिए।

विकू तथा अन्य घायल साथियों को पटना भेज दिया गया है। दलपतियों के साथ पूर्वी मोर्चे के प्रचार-अधिकारी धड़कते हुए दिलों से हेडक्वार्टर की ओर चल पड़े–पता नहीं, 'हाई कमान' का क्या रुख हो। सभापतिजी और देवेंद्रबाबू तो अप्रसन्न नहीं हैं, किंतु सुवर्णजी और बी. पी. ?

नवंबर 1950 ! ! नेपाल के इतिहास में चिरस्मरणीय रहेगा।

पटना के दैनिक पत्रों में विराटनगर और झापा की चढ़ाई के समाचार पढ़कर, नेपाली कांग्रेस के सभापति मातृकाप्रसाद कोइराला के अभिनंदन और जनक्रांति के समर्थन में–पटना के प्रवासी नेपालियों ने एक विशाल सभा का आयोजन किया। और, जब सभा समाप्त हुई तो सैकड़ों प्रवासी नेपाली मुक्तिसेना में नाम लिखा चुके थे–छात्र, डॉक्टर, व्यापारी, बुद्धिजीवी, पत्रकार, श्रमजीवी–सभी वर्ग के नेपाली।

विराटनगर और झापा पर चढ़ाई के इस चमत्कारपूर्ण प्रभाव को देखकर स्वयं विराटनगर और झापा के दलपतियों को भी अचरज हुआ। प्रचार-अधिकारी साहित्यिक गेर्रिला ने मुस्कुराकर अपनी गलती स्वीकार की–"कामरेड चैटर्जी, आपने ठीक ही कहा था, संघर्ष असफल नहीं होता कभी।"

नहीं, कोई अप्रसन्न नहीं। एक-एक करके सभी शीर्षस्थ नेता आए। कमांडर-इन-चीफ मेजर सुवर्ण शमशेर, ईस्टर्न कमांड के चीफ बी. पी. कोइराला–सभी प्रसन्न हैं। काशी में भी प्रवासी नेपालियों ने इस संवाद को सुनकर एक बड़ी सभा की। वहाँ भी भरती हुए हैं सैकड़ों नेपाली युवक।

"पाइते साथी हरु कस्तो··· घायल साथियों का क्या हाल है ?"–सुवर्णजी ने पूछा।

"दुश्मन को एक दिन भी चैन मत लेने दो–गेर्रिला-युद्ध की यह पहली शर्त है। और, तराई से लेकर पहाड़ियों के एक-एक गाँव तक मुक्तिफौज का संदेश जितना शीघ्र हो पहुँचाने की व्यवस्था, धुआँधार प्रचार··· "

अचरज की बात ! जिस नेपाल में राणाशाही की नजर में 'हिंदी टाइपराइटर मशीन' रखना जुर्म हो और उसकी सजा आजीवन कारावास, गाँधीजी से मुलाकात करने की सजा कठोर कालकोठरी की यातना (और··· एक बार एक कृषि-विशेषज्ञ ने 'मकई की खेती' शीर्षक अपने लेख में एक ऐसी पंक्ति लिख दी कि उसे भयानक खूँखार व्यक्ति समझकर राणाशाही ने उसको तुरंत गिरफ्तार करके जेल में डाल दिया। वह पंक्ति है : "यह दुख की बात है कि नेपाल के सभ्य और श्रेष्ठवर्ग के लोग 'विदेशी कुत्ते' पालने में जितनी दिलचस्पी लेते हैं उसका शतांश भी यदि 'देसी खेती' में··· ")–उसी नेपाल में आधुनिक 'साज-सरंजाम' से लैस 'मुक्ति-युद्ध' के गेर्रिले मैदान में उतर पड़े हैं--वायरलेस, वायुयान, आटोमैटिक अस्त्र-शस्त्र।

गेर्रिले दलपतियों को लेकर नेपाली मुक्तिसेना का 'बौनेंजा' उड़ा–पूर्वी मोर्चे की ओर झापा, रँगेली, विराटनगर, धरान, धनकुट्टा, सप्तरी, महोत्तरी, राजविराज की आबादी में–आकाश से इन परचों को बरसाना होगा··· मुक्तिसेना के सर्वाधिनायक तथा नेपाली कांग्रेस के सभापति का सन्देश··· देशवासियों के नाम, राणाशाही के निरीह सिपाहियों के नाम–"दाजू भाई हो। तपाई को कर्तव्य··· आपका कर्तव्य··· आपकी अग्नि-परीक्षा की घड़ी।"

नेपाली कांग्रेस के हेडक्वार्टर, पटना में बहुत रात तक कार्यकारिणी बैठी रही। सभी न जाने क्यों तनिक चंचल हैं।

सुवर्णजी ने सोने के पहले 'बेतार के यंत्र' के ऑपरेटर से दरयाफ्त किया-"कोई संवाद नहीं है ?"

"जी नहीं।"

"यह संवाद कलकत्ता भेज दो। और, देखो। काठमांडो को जगाए रखो। बीच-बीच में मैसेज के लिए पूछो।"

6 नवंबर की वह रात !!

उधर, 'काठमांडो पैलेस', 'नारायणहिटी-दरबार' की एक दीवार पर एक धुँधली 'सिलुएट' (छाया) उभरती है-चंचल छाया। कई छायाएँ स्त्री-पुरुषों की। उत्सुक-आकुल-आतंकित प्रतीक्षा के भाव, सभी छायाओं के कंपन से स्पष्ट हैं। सारा वातावरण थमा-थमा-सा। रुकी-रुकी-सी घड़ी। फिर, एक संकेत-भरी सिसकारी हवा में हौले-हौले सिहरन की सृष्टि कर गई। छायाएँ सतर्क मुद्रा में इधर-उधर ताकती हैं।

पशुपतिनाथ मुस्कुराए। दक्षिणकाली ठठाकर हँस पड़ी !! सोया हुआ मोहन शमशेर-कोई भयानक सपना देखकर चीख पड़ा ??

फिर, सबकुछ 'फेड-आउट !···

रात का तीसरा पहर। जमा देनेवाली सर्दी और हिमपात में भी-काठमांडो-स्थित नेपाल कांग्रेस के 'गुप्त बेतार केंद्र' के ऑपरेटर की देह में एक अजीब-सी गर्मी दौड़ गई है। वह पागलों की तरह 'पटना' को बुला रहा है, 'फ्रिक्वेंसी' अदल-बदलकर पुकारता जा रहा है-"हैलो वाल्ट डिजनी-वाल्ट डिजनी-डिजनी-इलियट कालिंग वाल्ट डिजनी-येस-ग्रेट न्यूज-'ठुलो खबर'-हाँ-महाराजाधिराज त्रिभुन-किंग त्रिभुवन-किंग--'के' फार काठमांडो, 'आइ' फार इंडिया-एन फार नेपाल-'जी' फार गैन्जेज-अपने पूरे परिवार के साथ इंडियन-एम्बेसी में चले गए हैं-सकुशल। मोहन शमशेर पागल हो गया है। क्राउन प्रिंस के तीन-वर्षीय पुत्र को आज ही रात गद्दी पर बैठाने की बात सोच रहा है-प्राइममिनिस्टर के भाई-भतीजे इंडियन एम्बेसी पर चढ़ाई करने की सलाह दे रहे हैं। काठमांडो की हर सड़क पर फौजी तैनात हो रहे हैं-बस, अभी इतना ही। जय नेपाल-ओवर।"

पटना-स्थित गुप्त बेतार केंद्र का ऑपरेटर परेशान है। सभी उसके सिर पर सवार हैं-एम. पी., बी. पी., सुवर्णजी, देवेंद्र बाबू, सुशीला कोइराला-संवाद सुनकर सभी दौड़ आए हैं। काठमांडो से और भी कई बातें पूछनी हैं-"हैलो इलियट··· वाल्ट डिजनी कालिंग इलियट···।'

कोई जवाब नहीं ?

"स्थानीय संवाद-सूत्रों से पूछो।"

"हैलो पी. टी. आई ? काठमांडो की कोई खबर··· ?"

"कौन ? देवेंद्र बाबू ? अरे, ग्रेट न्यूज़ ! गजब खबर !!··· "

तत्क्षण–ब्राह्मबेला में–वर्किंग कमेटी बैठ गई। दिल्ली के मित्रों को ट्रंक की लंबी घंटी घनघनाकर जगाया गया–"क्यों भाई, दिल्ली का क्या रुख है ?"

"किंग को लाने की व्यवस्था की जा रही है।"

"कोई विशेष संवाद ?"

"सरदार का बयान सूरज उगने के पहले ही अखबारों के मुखपृष्ठ पर साया हो जाएगा। बयान नहीं, बम है बम !!"

मुक्तिसेना के प्रचार-अधिकारी को दो घंटे के अंदर ही बी. पी. का एक 'प्रोफाइल' प्रस्तुत कर संवादसूत्र को देना है। वह सोच रहा है–कहाँ से शुरू किया जाए ?–किस शैली में प्रस्तुत किया जाए ? उसे याद आती हैं, स्वर्गीय कृष्णप्रसाद कोइराला (जो सारे नेपाल में 'पिताजी' के नाम से पुकारे जाते थे) के मुँह से सुनी हुई अनेक घटनाएँ। सानो आमाँ–दिव्या कोइराला की बातें–निर्वासित जीवन के संस्मरण।

वह, यानी प्रचार-अधिकारी–देशबंधु चितरंजन दास की अमर वाणी को चरितार्थ होते देख रहा है। बचपन की बात। अपने देश से निर्वासित 'पिताजी', अपने छोटे पुत्र (बालक बी. पी.) के साथ कलकत्ते में देशबंधु चितरंजन दास के अतिथि हैं। अपने देश नेपाल की मुक्ति का मार्ग ढूँढ़ रहे हैं–कृष्णप्रसाद कोइरालाजी। देशबंधु ने एक दिन हँसकर कहा था–"कोइरालाजी, आप चिंता न करें। आपका यह पुत्र–विश्वेश्वर–जो एक सेकेंड भी चैन से नहीं बैठ सकता, कुछ-न-कुछ करता रहता है, सैकड़ों पेचीदे प्रश्न पूछता है–और जो बगैर क्लोरोफार्म के खतरनाक ऑपरेशन को मुस्कुराते हुए सह सकता है–वह निश्चय ही एक दिन अपने देश की बर्बर सरकार का 'तख्ता' पलटेगा। बैठा नहीं रहेगा यह।"

सचमुच, बी. पी. कभी चैन से नहीं बैठा। कालेज में पढ़ते समय दो-दो बार क्रांतिकारी कार्यकलापों से संबंध रखने के अभियोग में भारत में अंग्रेजी सरकार द्वारा नजरबंद हुआ। कालेज की पढ़ाई के बाद–बिहार सोशलिस्ट पार्टी का सक्रिय सदस्य–1942 के आंदोलन में हज़ारीबाग सेंट्रल जेल में तीन साल तक नजरबंद। जेल से मुक्त हुआ–कंठ में असाध्य रोग कैंसर लेकर। बंबई में, 'टाटा कैंसर अस्पताल' में जब तक चिकित्सा होती रही, बिछावन पर लेटे-लेटे ही नेपाली राष्ट्रीय कांग्रेस के संगठन की योजनाएँ बनाता रहा। और, जीवनी शक्ति की जय हुई। असंभव, संभव हुआ। डॉक्टरों ने स्वीकार किया–"प्रबल इच्छा-शक्ति ने रोग को रोकने में सहायता दी है। जड़ से यह दूर न भी हो, कोई बात नहीं। अब प्राण पर कोई संकट नहीं··· "

"मतलब ? मैं काम कर सकता हूँ ?"

डॉक्टरों का जवाब–"जी, थकानेवाला कोई काम नहीं।"

विश्वेश्वर मुस्कुराया था, डॉक्टरों की राय सुनकर–"थकानेवाला कोई काम नहीं ?···

'कैंसर इन्स्टीच्यूट' से निकलते ही बी. पी. ने सभी मुक्तिकामी प्रवासी नेपालियों का–नेपाली राष्ट्रीय कांग्रेस की स्थापना के लिए आह्वान किया। फलतः कलकत्ते में नेपाली राष्ट्रीय कांग्रेस का जन्म हुआ। और, इसके डेढ़ माह बाद ही नेपाली राष्ट्रीय कांग्रेस के सभापति विश्वेश्वरप्रसाद कोइराला विराटनगर जूट मिल्स, काटन मिल, मैच फैक्टरी के दस हजार मजदूरों की ऐतिहासिक हड़ताल–राणाशाही नेपाल में पहली हड़ताल–का संचालन करते हुए नेपाल की राणाशाही द्वारा गिरफ्तार हुए। जेल में फिर पुराना रोग उभरा। भीषण रूप धारण किया कंठनली के कैंसर ने। महात्मा गाँधी ने तत्कालीन प्रधानमंत्री के नाम अपील की। मुक्त हुए, तीन महीने बाद ही छद्मवेश में काठमांडो उपत्यका में–पाटन, भातगाँव, कीर्तिपुर नगरों में–छिप-छिपकर प्रचार करते रहे। फिर गिरफ्तार। कई महीने की नजरबंदी के बाद पुनः कारामुक्त। सारे देश में करबंदी आंदोलन और सत्याग्रह-संग्राम का बिगुल...

और, अब सशस्त्र संग्राम–ऑल नेपाल लिबरेशन आर्मी के ईस्टर्न कमांड के चीफ के रूप में–एक्शन कमेटी में–ऐतिहासिक प्रस्ताव पारित कर रहे हैं–"कल ही वीरगंज इलाके में हेडक्वार्टर शिफ्ट किया जाए–और शीघ्र ही वीरगंज पर चढ़ाई का आयोजन–नेपाल की जनता में, खासकर राणाशाही फौज को–महाराजाधिराज के इस नाटकीय पलायन का कारण, विस्तारपूर्वक समझाकर–विद्रोह के लिए–मुक्तिसेना में सम्मिलित होने के लिए आह्वान... "

ऑल इंडिया रेडियो से लौहमानव सरदार पटेल की–बेलौस और कटु सत्यवाणी प्रसारित हो रही है–"भारत सरकार महाराजाधिराज त्रिभुवन वीरविक्रम शाह देवज्यू को ही नेपाल का नरेश मानती है–मोहन शमशेर द्वारा घोषित, शिशु महाराजाधिराज को कोई पागल ही मान्यता दे सकता है–और, भारतीय वायुसेना का एक वायुयान, महाराजाधिराज को सपरिवार निरापद भारत में ले आने के लिए भेजा जा रहा है। इस कार्य में किसी भी प्रकार के व्याघात को बर्दाश्त नहीं किया जाएगा।"

मोहन शमशेर–'तीन सरकार'–ने इस समाचार के समय काठमांडो बिजलीघर को बंद करवा दिया। किंतु, 'बैटरी सेट' पर सरदार का यह संदेश–नेपाल के कोने-कोने में–मुक्तिकामी नेपालियों के दिलों में प्रसन्नता की लहरों की सृष्टि करता हुआ–घोषित होता रहा।

घटनाएँ अब जल्दी-जल्दी घटने लगीं !!

सभी शीर्षस्थ अपने-अपने क्षेत्र की ओर उड़े !!

तीन

थिरबममल्ल...

मुक्तिसेना के प्रचार-अधिकारी के सामने एक नेपाली युवक की तस्वीर

है–प्रियदर्शन, उन्नत ललाट, उदार-प्रसन्न मुखमंडल।

मुक्तिसेना के प्रायः सभी छोटे-बड़े नायकों के संक्षिप्त जीवन-वृत्त उसने तैयार कर लिए हैं। फौजी युनिफार्म में सभी के फोटो पहले ही आ चुके हैं। किंतु, आज पश्चिमी मोर्चे से मुक्तिसेना के सर्वाधिनायक जनरल सुवर्ण का विशेष संवाद आया है। आदेश है : सभी संवाद-सूत्रों को थिरबममल्ल का 'मैटर' शीघ्र दे दिया जाए। आज ही–एंड डौंट एनाउन्स 'वेदर रिपोर्ट एंड फोरकास्ट', अर्थात् मुक्तिसेना के मूवमेंट और गतिविधियों के बारे में कोई संवाद मत दो।

थिरबममल्ल का 'मैटर' दो-तीन पंक्तियों से ज्यादा और क्या हो सकता है कि यह तेईस-वर्षीय युवक जनरल सुवर्ण का भगिना है और उसने देहरादून सैनिक विद्यालय में फौजी तालीम पाई है तथा अपने मामा एवं अन्य आत्मीयजनों के साथ पिछले कई वर्षों से कलकत्ते में निर्वासित जीवन व्यतीत कर रहा है··· नेपाल की मुक्ति के लिए छटपटा रहा है ! मल्ल : पैतृक उपाधि, नाम : थिरबम। उम्र : 23.··· अपने मामा की तरह धीर, गंभीर और मितभाषी।

'वेदर रिपोर्ट एंड फोरकास्ट' ? प्रचार-अधिकारी का कलेजा अचानक धड़कने लगा। खुशी से··· तो, क्या··· तो, इसका मतलब अगला एक्शन··· अगले एक्शन के लिए··· नहीं-नहीं··· मुझे यह सबकुछ नहीं सोचना चाहिए, यानी किसी संवाद से न प्रसन्न होना चाहिए और न दुखी। कानों के पास एक चेतावनी बार-बार प्रतिध्वनित हो जाती है : 'अपने दिल, दिमाग और मन के दरवाजों पर लटकते हुए तालों को भी बार-बार खींचकर देखते रहना··· किसी गोपनसंवाद का एक ही शब्द तुम्हारी असावधानी से बाहर निकलकर एक ही साथ सैकड़ों मुक्ति-सैनिकों का सफाया कर दे सकता है। सदा सतर्क, सावधान !!

नेपाल के कोने-कोने से संवाद और समाचार आ रहे हैं–सभी तैयार हैं, सारा देश तैयार है–राणाशाही से जूझने के लिए। प्रचार-अधिकारी समाचारों के आधार पर 'स्टोरी' तैयार कर रहा है··· अभी तुरंत यह तराई अंचल के ऊपर··· आकाश से हजारों पर्चे गिराकर आया है–"जनता तैयार रहे··· उसके नगर और गाँव में मुक्तिसेना शीघ्र ही पहुँच रही है··· जनता का कर्तव्य··· महाराजाधिराज को, राणाशाही के बंधन से मुक्त नेपाल की पावन धरती पर शीघ्र ससम्मान वापस ले आना··· जय नेपाल ! जय नेपालनरेश !"

"यह कोइराला क्या है ? कामरेड जैसा कोई शब्द ?"

नेपाल कांग्रेस के प्रधान-कार्यालय-कैंप में देशी-विदेशी पत्रकारों की एक छोटी-सी भीड़ जम गई है, भीड़ लगी रहती है, हमेशा। कोई नई खबर ? ताजा समाचार ? ··· अगला कदम ?

सभी बड़े नेता और नायक–महाकाल से मेची तक–नेपाल के विभिन्न अंचलों के दौरे पर हैं। अतः बी. पी. के बाल्यबंधु तथा नेपाली कांग्रेस के अन्यतम सक्रिय

सहायक देवेंद्रप्रसाद सिंह को घेरकर ये तरह-तरह के सवाल पूछ रहे हैं। देवेंद्र बाबू मुक्तिसेना-प्रचार-अधिकारी का पत्रकारों की मंडली के सभी सदस्यों से परिचय कराते हुए कहते हैं–"अगले कदम के बारे में हम कुछ नहीं बता सकेंगे। आपके और सारे सवालों के जवाब, मुझे उम्मीद है, यह सही-सही दे सकेगा।"

प्रचार-अधिकारी सबसे पहले पूर्वी मोर्चे से आए हुए टटके समाचारों की 'स्टोरी' प्रस्तुत करता रहा है–"विराटनगर के गवर्नर उत्तमविक्रम राणा ने सभी सुरक्षात्मक व्यवस्था पूरी कर ली है। उन्होंने अपने निवास को एक सुरक्षित किले में बदल दिया है। दीवार के चारों ओर गहरी खाइयाँ खोद दी गई हैं। बैरक, गोसवारा, माल, अमीनी कचहरियाँ, बाजार आदि प्रमुख स्थानों के आस-पास ट्रेंचों का जाल बिछा दिया गया है। पहाड़ के रास्ते–धनकुट्टा होकर–काठमांडो से राणा-सैनिकों की कई टुकड़ियाँ विराटनगर पहुँच चुकी हैं। सूरज डूबने के दो घंटा पहले से ही 'कर्फ्यू' लागू हो जाता है। विराटनगर से जोगबनी तक जानेवाली सड़कों पर कई 'चेकपोस्ट'… ।"

प्रचार-अधिकारी हर सवाल को घुमा-फिराकर 'पूर्वी मोर्चे' की ओर मोड़ देता है। बात दिल्ली की हो या काठमांडो की–उसको वह किसी तरह विराटनगर तक पहुँचा देने की चेष्टा करता है। पिछले दिन से ही वह सभी का ध्यान पूरब की ओर 'डाइवर्ट' कर रहा है। आज के सभी अखबारों में इसी तरह के संवाद प्रकाशित हुए हैं। सभी की निगाहें, नेपाल के नक्शे के पूर्वी हिस्से पर केंद्रित हैं। कलकत्ता के पत्रकारों का एक दल जोगबनी पहुँच चुका है।

"दिल्ली के अखबारों में महाराजाधिराज त्रिभुवन की तस्वीरें–कनाट प्लेस में खरीदारी करते हुए–छपी हैं… " एक पत्रकार बोला।

प्रचार-अधिकारी ने तुरंत समाचार दिया :

"महाराजाधिराज त्रिभुवन के सकुशल भारत पहुँचने का समाचार पाकर मोरंग जिले के गाँव-गाँव में दीपावली मनाई गई। विराटनगर और धरान-धनकुट्टा के मंदिरों में विशेष पूजा… जोगबनी में छात्राओं ने 'चिरायुँ रहुन–चिरायुँ रहुन श्री पाँच प्रभुज्यु चिरायुँ रहुन… सूर्यचंद्र झें अटल रहन प्रभु छाओस कीर्ति महान'–समवेत स्वर में गाते हुए एक विशाल जुलूस… "

पत्रकारों के प्रश्न :

"अधिकांश गेर्रिला दलपतियों के नाम के साथ कोइराला जुड़ा हुआ… यह कोइराला क्या है ? कामरेड जैसा कोई शब्द ?"

"कोतपर्व नेपालियों का कैसा पर्व है ?"

"सुवर्ण शमशेर किस वर्ग के राणा हैं ? 'ए' या 'बी' या 'सी' ?"

इसके अलावा कई चिढ़ानेवाले प्रश्न। प्रचार-अधिकारी तनिक भी अप्रतिभ नहीं होता। पिछले चार-पाँच वर्षों के अनुभवों से वह जान चुका है कि कौन-कौन-सी 'न्यूज एजेंसी' और 'पत्रिका' और पत्रकार नेपाली कांग्रेस के प्रति सहानुभूतिशील हैं और किन पत्रों, संवादसूत्रों और संवाददाताओं को राणा सरकार के भारतीय

एजेंटों ने 'धर्मभ्रष्ट' कर दिया है। वह एक ऐसे 'श्रमजीवी पत्रकार' को भी जानता है जो पिछले चार-पाँच साल में 'कोइराला' शब्द को भी कभी सही-सही न लिख सका, न बोल सका—'कोरेला' अथवा 'कोरियाला' या 'कोयलावाला' या 'कोलियारा' ··· एक साहब हैं जो बी. पी. के सोशलिस्ट होने के कारण नेपाल के जन-आन्दोलन और मुक्ति की सारी प्रचेष्टाओं को 'सोशल डेमोक्रेटों' और साम्राज्यवादियों का व्यक्तिगत 'मामला' मानते हैं, नेपाली कांग्रेस के हर कदम को 'अप्रगतिशील' और 'रिएक्शनरी' घोषित करते हैं और शाम को थ्री-एक्स-रम के मात्र एक पेग के बाद ही उनके सिर पर 'विश्व का एकमात्र हिंदू राष्ट्र' का भूत इस कदर सवार हो जाता है कि 'मार्क्सिस्ट' बोली छोड़कर अवधूतों की भाषा में बातें करने लगते हैं, अतः प्रचार-अधिकारी सतर्क और गंभीर होकर सवालों के जवाब दे रहा है, एक-एक कर :

"कोइराला, नेपाल के उपाध्याय ब्राह्मणों की एक उपाधि है। यों, नेपाल में अर्जुनवृक्ष को कोइराला··· अर्जुनवृक्ष नहीं देखा कभी ? पटना में ही कई पेड़ हैं··· आयुर्वेदिक निघंटु के अनुसार जिसको कुटज और जिसके बीज को 'इंद्रजौ'··· जी हाँ, एक वनौषधि जिसके सुफेद फूलों के गुच्छ में बकाइन के फूल जैसी कटु-मधु मृदु-मंद-मंद गंध होती है··· उत्तर बिहार और मोरंग की तराई में जिसको 'कोरैया फूल' कहते हैं··· महाशय, इसके उपाधि बन जाने के पीछे भी ठीक बाटलीवाला, बंदूकवाला, अथवा नेहरू या लोहिया की तरह··· मैंने स्वयं डॉक्टर लोहिया को 'पब्लिक मीटिंग' में प्रसंगवश कहते सुना है—'मेरे पूर्वजों में कोई लोहे का कारोबारी रहा होगा जिसके प्रताप से यह 'लोहिया' उपाधि चल पड़ी हो।' संभव है, किसी उपाध्याय-पंडित के दरवाजे पर या पिछवाड़े में कोइराला का पेड़ रहा हो और वह 'कोइरालावाला पंडित' के रूप में तथा उसके वंशज 'कोइराला' के रूप में प्रसिद्धि पा गए हों··· "

आफिस सेक्रेटरी ताजा 'संवाद' दे गया—"जोगबनी बेस-कैंप में गेर्रिलाओं ने धूमधाम से 'कृष्णप्रसाद कोइराला स्मृतिदिवस' का पालन फौजी ढंग से किया। सलामी दागी गई, बिगुल पर मातमी धुन बजा··· "

"अब कोतपर्व··· यह कोई पावन-पर्व नहीं, एक नारकीय और जघन्य कुकृत्य का नाम है। 'तीन सरकार' अर्थात् प्रधानमंत्री की गद्दी को हथियाने के लिए निकटतम अथवा भावी उत्तराधिकारी की छल-बल-कपट-कौशल से हत्या करके जंगबहादुर राणाओं ने प्रायः 'रक्तरंजित कोतपर्व' का पालन किया है··· जी, मैं यह नहीं कह सकता कि अंग्रेजी के 'कू' (तख्तापलट) से इसका कोई संबंध है। संभव है, हो भी। किंतु कोतपर्व की अनेक कहानियाँ मैंने सुनी हैं—सपरिवार भोज में निमंत्रित करके भोजन-पान में जहर मिलाने से लेकर सीधे खुकरी से हमला करके सारे परिवार को 'कचिंगल'··· अर्थात् कत्लेआम के अनेक उदाहरण मिलते हैं।··· भाई ने भाई को मारा, पिता ने पुत्र को मौत के घाट उतारा, पुत्र ने पिता की जान ली और माँ ने अपनी कोख के बेटे का गला घोंटकर 'कोतपर्व' मनाया··· इस बार

एक 'महाकोतपर्व' असफल हुआ है। अगर महाराजाधिराज त्रिभुवन एक मिनट भी देर कर देते तो मोहन शमशेर और उनके भाई-भतीजे मिलकर श्री-5 वीरविक्रम शाह देव के वंशवृक्ष को निश्चय ही निर्मूल··· अभी काठमांडो में धूमधाम से 'जश्न' मनाया जाता होता, शराब की नदियाँ बहती होतीं और सार्वजनिक रूप में जुआ खेलने के लिए सात दिनों की सरकारी छुट्टी की घोषणा हो चुकी होती··· मारा, मारा–'तीया' दाँव हमारा !!"

पी. टी. आई. के दफ्तर से फोन आया है–दिल्ली से तीन सौ भारतीय सैनिक वायुयान के द्वारा–इंडियन एम्बेसी की रक्षा के लिए–काठमांडो जा रहे हैं, अभी-अभी···

"अब पिताजी के बारे में··· " प्रचार-अधिकारी अपने दोनों हाथों को जोड़कर श्रद्धा और भक्तिपूर्वक अपने कपाल से छुलाता है–"भारत का बच्चा-बच्चा मोहनदास कर्मचंद गाँधी को 'बापू' कहता है न··· ठीक उसी तरह, नेपाल का प्रत्येक चैतन्य नागरिक कृष्णप्रसाद कोइराला को 'पिताजी'··· नेपाली क्रांति के जनक स्वर्गीय कृष्णप्रसाद कोइराला ने राणाशाही के विरुद्ध क्रांति की पहली चिनगारी जलाई और अपनी जान देकर उस आग को जलाए रखा। 1942 में 'भारत छोड़ो' आंदोलन के सिलसिले में इधर (भारत में) 'बापू' आगाखाँ के राजभवन में नजरबंद थे और उधर (नेपाल में) 'पिताजी' काठमांडो की एक कालकोठरी में। बंदी अवस्था में ही उनकी मृत्यु हुई··· कहने का लोभ संवरण नहीं कर पा रहा हूँ कि जिस दिन 'पिताजी' गिरफ्तार हुए थे, मैं 'कोइराला-निवास' में ही था। चरण स्पर्श कर प्रणाम करने गया तो उन्होंने हाथ की हथकड़ी दिखला हँसते हुए पूछा था–'हाउ डू यू लाइक इट··· ?' जी हाँ, 'भारत छोड़ो' आन्दोलन के सिलसिले में ही–भारत के स्वतंत्रता-संग्राम में सक्रिय सहायता करने और सहानुभूति रखने के जुर्म में–राणाशाही ने उन्हें नजरबंद करके–अंग्रेजी सरकार के हुक्म का वफादारी से पालन किया··· एक लंबी कहानी है··· "

"रुकिए मत··· कीप ऑन टेलिंग··· थामाबेन ना मशाय,"–पत्रिका का प्रतिनिधि कहता है–"अद्‌भुत एवं आश्चर्यजनक··· महत् जीवनकथा··· "

'कहानी लंबी है। मैं पिताजी के जीवन की एक झाँकीमात्र ही दे सकूँगा··· आज से चालीस-पैंतालीस साल पहले की बात है···

"नेपाल के तत्कालीन 'तीन सरकार' चंद्र शमशेर जंगबहादुर राणा इंग्लैंड गए थे। वहाँ अपने सम्मान में आयोजित एक भोज-सभा में भाषण देते हुए उन्होंने अंग्रेज राजनेताओं को एक कीमती सलाह देने की 'कृपा' की ('तीन सरकार' जो कुछ करें, उनकी प्रत्येक क्रिया–खाना-पीना-सोना–के साथ 'कृपा' शब्द जोड़कर नहीं बोलने या लिखनेवाले को तुरंत चालान कर देने का हुक्म है, हुक्मीराज नेपाल में··· हुक्मीराज अर्थात जहाँ 'तीन सरकार' के मुँह से निकला हुआ कोई भी हुक्म कानून का रूप ले लेता है)··· 'महानुभावो, आप लोगों ने हिंदुस्तान के हर शहर में कालेज और हर गाँव में स्कूल खोलने की अबाध अनुमति दे दी है और आप

यह आशा भी रखते हैं कि हिंदुस्तान के लोग 'स्वराज्य' की माँग न करें··· मेरे देश में देखिए ! स्कूल-कालेज की बात दूर–एक पाठशाला तक खोलने की इजाजत हम नहीं देते। मेरे देश में, मेरे परिवार यानी राणाओं के बच्चों की पढ़ाई के लिए स्थापित 'दरबार स्कूल' के अलावा कोई 'चटसार' तक नहीं··· सुख और चैन से शासन करना है तो प्रजा को मूर्ख बनाकर रखिए··· '

"युवक कृष्णप्रसादजी को, उनके एक उदार अंग्रेज मित्र ने पत्र लिखकर इस 'भोजभाषण' की सूचना दी है। उसने लिखा है–'तुम्हारे 'तीन प्रभु' की इस कीमती सलाह को सुनकर कई मान्य सदस्य बहुत मुश्किल से अपनी हँसी को रोक पाए थे··· '

"कोइरालाजी पत्र को पढ़कर उत्तेजित, पिंजड़े में बंद बाघ की तरह छटपटाते रहे। उनका गौर दिव्य 'अनुहार' अपमान से साँवला हो गया है। कई दिनों तक इसी अवस्था में रहने के बाद उन्होंने दो पंक्तियों का एक 'विनती-पत्र' तीन सरकार की सेवा में भेजने के लिए तैयार किया··· 'निवेदन है, मैंने नेपाल में शिक्षा-प्रचार का व्रत लिया है। अतः मुझे अभी मोरंग जिला की तराई और पहाड़ियों के गाँवों में पाठशाला खोलने की अनुमति देने की कृपा करें। शिक्षा-प्रचार के लिए मैं अपना धन-जन और जीवन समर्पित कर दूँगा।'

" 'विनती-पत्र' का कोई उत्तर नहीं आया। श्री-तीन-सरकार चंद्रशमशेर जंगबहादुर राणा ने कृपा नहीं की। कोई सरकारी चिट्ठी नहीं मिली। किंतु सरकारी रुख का पता चल गया। मोरंग के गवर्नर ने चुपचाप आकर बतलाया–'तीन सरकार की 'कोपदृष्टि' कोइराला-निवास पर पड़ गई है।' सुनकर वे मुस्कुराए और अपनी नववधू से कहा–'दिव्या, तुमने भी व्रत लिया है न ? तैयार हो जाओ।'

"दशहरा के अवसर पर, प्रत्येक वर्ष 'कोइराला-निवास' से 'तीन प्रभु' की सेवा में स्वस्ति की डाली भेजने की भी पुरानी प्रथा चली आ रही थी। उस बार कृष्णप्रसादजी ने 'डाली' में रखवाया–रेशमी वस्त्र के स्थान पर एक गरीब नेपाली का सहस्र छिद्रवाला 'सरवाल' (नेपाली पाजामा) और स्वर्ण-मुद्राओं की थैली में एक कानी कौड़ी भी नहीं। मात्र, कागज का एक पुर्जा, जिस पर लिखा था–'महाप्रभु ! आपकी प्रजा को एक जून पेट-भर भोजन भी मयस्सर नहीं। कपड़े के नाम पर, लज्जा-निवारण के लिए एक हाथ की लँगोटी तक नहीं··· विद्या-बुद्धि से हीन वे··· '

"तुरंत सरकारी हुक्म आया–'इस पागल पंडित-दंपति को पिंजड़े में बंद करके पहाड़ी रास्ते से काठमांडो भेजो। मोगलान (हिंदुस्तान) होकर नहीं। इसकी सारी संपत्ति जब्त कर लो।'

"विराटनगर के गवर्नर चुपचाप आए, रात में। अनुनय-भरे स्वर में भरे गले से गिड़गिड़ाकर उन्होंने प्रार्थना की–'आप जिद्द मत पकड़ें, कृपया। आपके गिरफ्तार होने का क्या अर्थ है, जानते हैं ? नेपाल में प्रकाश की पहली किरण को हमेशा के लिए बुझा देना··· यह तर्क करने का समय नहीं। आज रात ही, अभी ही–सीमा पार करके आप दोनों 'मोगलान' चले जाइए··· मेरी विनती है··· '

"पति-पत्नी ने तराई की पगडंडी पकड़ी। आकाश का एक तारा टूटकर गिरा और राह दिखा गया··· बीस वर्षों तक विदेश में, हिंदुस्तान और मारिशस के नगर-नगर में भटकते रहे—निर्वासित कोइराला-दंपति। तीन सरकार ने बार-बार वायसराय से निवेदन किया—कोइराला को तुरंत गिरफ्तार करके नेपाल भेज दिया जाए। वायसराय ने जब-जब कोइराला-दंपति के विरुद्ध कार्रवाई करनी चाही—सर तेजबहादुर सप्रू और मोतीलाल नेहरू जैसे प्रसिद्ध विधि-विशेषज्ञों ने उन्हें निरस्त किया··· चंद्र शमशेर के बाद भीम शमशेर प्रधानमंत्री हुए तो सबसे पहले उन्होंने कृष्णप्रसाद कोइराला को स्वदेश वापस बुला भेजा। जिस गवर्नर ने कृष्णप्रसाद को चुपचाप 'मोगलान' की सीमा में भगा दिया था—उनका नाम मृगेंद्र शमशेर था और वह भीम शमशेर के पुत्र थे। और, सुवर्ण शमशेरजी मृगेंद्र शमशेर के पुत्र हैं··· भीम शमशेर ने उन्हें शिक्षा-प्रचार की अनुमति ही नहीं, सरकारी सहयोग का वचन दिया, बाजाब्ता 'लाल' मोहर लगाकर··· कोइराला-दंपति स्वदेश वापस लौटे। सबसे पहले, विराटनगर में आदर्श विद्यालय की स्थापना··· फिर पहाड़ और तराइयों में घूम-घूमकर पाठशालाएँ खुलवाते रहे··· स्मरण रहे, नेपाली कांग्रेस के सभापति और ईस्टर्न कमांड के चीफ—बी. पी. के अलावा, मोर्चे के दो सौ छापामारों में, डेढ़ सौ उसी आदर्श विद्यालय में शिक्षा पाए हुए छात्र हैं··· 'फिदवी' भी उसी विद्यालय का एक नगण्य··· सो, ऐसे थे नेपाल के पिताजी और, भीम शमशेर के पौत्र सुवर्ण शमशेर—नेपाल की गद्दी के सीधे हकदार—न जाने कितने 'कोतपर्वों' से बाल-बाल बचकर—अब कलकत्ता में निर्वासित जीवनयापन कर रहे हैं। जघन्य 'कोतपर्व' के बदले सशस्त्र क्रांति की तैयारी में—नेपाल में जनतंत्र लाने के लिए—लगे हुए हैं। सर्वस्व होम करने का संकल्प करके बैठे हैं।' "

एक स्थानीय संवादसूत्र के अधिकारी का सवाल—"लेकिन, नेपालियों के मुक्ति-संग्राम में आप··· यानी··· आप या देवेंद्र बाबू··· अथवा कोई भी भारतीय क्यों सक्रिय भाग ले··· मतलब, आप लोग क्यों··· ?"

प्रचार-अधिकारी, इसका कोई सीधा जवाब देने के बदले सवाल करता है—"महाशय, आपने पहले यह क्यों नहीं पूछा कि कृष्णप्रसाद कोइराला ने, भारतीय स्वतंत्रता-आंदोलन में भाग लेकर, क्यों अपनी जान दे दी ?··· उनके पुत्रों ने क्यों जेल-यातना का वरण किया—भारत की आजादी की लड़ाई में ?"

'बेस-कैंप' से एक एस. ओ. एस. आया—"हैंडग्रेनेड फेंकने की ट्रेनिंग लेते समय काँछी मैयाँ बुरी तरह जख्मी हो गई हैं। तुरंत—'एलाफाई प्लेन' भेजिए··· "

चार

तीन बजे भोर को एक मीठा सपना देख रहा था—प्रचार-अधिकारी, कि वायरलेस ऑपरेटर ने झकझोरकर जगा दिया—'जय नेपाल'। वेस्टर्न फ्रंट से समाचार आ रहा

है–"वीरगंज लिबरेटेड··· कैप्चर्ड··· "

देवेंद्र बाबू, सुशीला कोइराला तथा अन्य साथियों से घिरा हुआ ऑपरेटर दनादन कागज पर लिखे जा रहा है। ट्रांसमीटर से 'बीप-बीप··· बी··· प··· बीप-बी··· ' ध्वनि निकल रही है–"जेनरल सुवर्ण ने वीरगंज पर चढ़ाई के लिए तेईस वर्षीय युवक थिरबममल्ल को मुक्तिफौज का परिचालक नियुक्त किया··· थिरबममल्ल की सेना ने बारह बजे रात को वीरगंज पर हमला किया··· राणा के फौजियों ने मुकाबला किया। किंतु वे अधिक देर तक टिक नहीं सके। वीरगंज के गवर्नर ने आत्मसमर्पण कर दिया है। जनरल ने तेजबहादुर को वीरगंज का मिलेटरी-गवर्नर नियुक्त किया है।"

"बीप··· बीप··· बीप··· थिरबममल्ल भीषण रूप से घायल··· उनकी देह में दुश्मन के सात बुलेट··· रक्सौल के डंकन अस्पताल में मुक्तिसेना के इस वीर योद्धा ने 'वीरगति' पाई··· बी··· बीप··· बीप··· "

"आह !"

ऑपरेटर ने फिर संदेश 'डिकोट' करके प्रचार-अधिकारी के सामने रख दिया–"डोंट अनाउन्स मल्लाज़ डेथ न्यूज़··· थिरबममल्ल की मृत्यु के संवाद को अभी प्रकट मत करो··· "

आफिस सेक्रेटरी किंकर्त्तव्यविमूढ़ होकर खड़ा है। वह क्या करे ? दफ्तर के ऊपर 'विजय' का झंडा फहराए अथवा झंडा झुका दे ?

मुक्तियुद्ध–मुक्तिफौज, मुक्ति, मुक्ति···

सभी भाषाओं के दैनिक पत्रों के मुखपृष्ठ पर मोटी सुर्खियों में वीरगंज-विजय की खबर–वीरगंज पर मुक्तिसेना का कब्जा··· वीरगंज लिबरेटेड··· वीरगंज कैप्चर्ड ··· वीरगंज··· वीर···।

उत्तर आकाश में युद्ध के दमामों के गंभीर शब्द निरंतर गूँजने लगे। सभी की निगाहें उत्तर की ओर मुड़ गईं। खबरें आने लगीं–आ रही हैं लगातार–दिन-रात–तार से, बेतार से।

मुक्तिसेना की 'एडवांस फोर्स की टुकड़ी' के साथ मार्च करता हुआ–पी. टी. आई. के विशेष संवाददाता लैज़रस का आँखों देखा विस्तृत विवरण : "नवंबर की सर्द रात में सोए हुए वीरगंज के निवासियों की नींद मुक्तिवाहिनी की राइफलों और ब्रेनगनों की दहाड़ से टूटी। सहस्र कंठों से 'जिंदाबाद' के नारे प्रतिध्वनित हुए। स्थानीय जनता ने मुक्तकंठ से 'राणाशाही के नाश' होने की कामना प्रकट की–'राणाशाही मुर्दाबाद !!'··· बिजली की तरह चमक और कड़ककर–मुक्तिवाहिनी, राणा-फौज पर टूटी। विस्मित, हतबुद्धि राणा की फौज में पहले भगदड़ मची। फिर तुरंत ही सँभलकर प्रत्याक्रमण में वे गोलियाँ बरसाने लगे। किंतु, मुक्तिसेना के युवक कमांडर थिरबममल्ल की रणचातुरी और आजादी के दीवाने मुक्तियोद्धाओं

की अदम्य वीरता के आगे वे बहुत देर तक नहीं टिक सके। सुबह होने के पहले ही वीरगंज के 'बड़ा हाकिम' ने आत्मसमर्पण कर दिया और वीरगंज के प्रमुख सरकारी भवन पर–नेपाली कांग्रेस का चार सितारोंवाला लाल झंडा–विजयपताका–फहराने लगा··· और, रात की इस लड़ाई का संचालन करते हुए मुक्तिसेना के कमांडर थिरबममल्ल बुरी तरह घायल होकर रक्सौल के डंकन अस्पताल में··· "

मुक्तिवाहिनी के सर्वाधिकार मेजर जनरल सुवर्ण ने नेपाली कांग्रेस के लोकप्रिय कार्यकर्ता तथा मुक्तिसैनिक तेजबहादुर को वीरगंज का मिलेटरी गवर्नर मनोनीत किया है। नेपाली कांग्रेस के सभापति ने भारत सरकार से इस नए राष्ट्र को मान्यता देने की अपील की है।

और, 'संग्राम-समिति' की ओर से शहीद थिरबममल्ल की मृत्यु की घोषणा की जा रही है··· नेपाली कांग्रेस की केंद्रीय संग्रामसमिति अपनी पार्टी तथा अपने देश की जनता को गहरे दुख के साथ सूचना देती है–पच्छिमी मोर्चे के अधिनायक थिरबममल्ल ने वीरगंज-विजय के सिलसिले में कल रात वीरगति पाई··· !!

सद्यःमुक्त वीरगंज की धरती पर–लिबरेटेड एरिया में–थिरबममल्ल का अंतिम संस्कार फौजी कायदे के मुताबिक हो रहा है–बिगुल पर मातमी धुन और राइफलों से सलामी···

धन्य, धन्य मुक्तभूमि, मुक्तियुद्ध, मुक्तिसैन्य, मुक्ति, मुक्ति, मुक्ति··· !

नेपाली प्रजातंत्र–अमर हो !

वीरगंज के मिलेटरी गवर्नर, नेपाली प्रजातंत्र के प्रथम फौजी शासक तेजबहादुर के कार्यालय तथा अन्य सरकारी इमारतों के अलावा वीरगंज के घर-घर पर–महलों से लेकर झोंपड़ों के मुंडेरों पर–चार सितारोंवाले लाल झंडे–बड़े-छोटे, असंख्य–लहराने फहराने लगे। हर्षोत्फुल्ल नागरिक जयघोष करते हैं। प्रजातंत्र के स्वागत में गाते-बजाते हैं।

उधर, काठमांडो में–जंगबहादुर के वंशजों की अनेकानेक अंग्रेजी उपाधियों और सैकड़ों सामंती सम्मान तथा वीरता के स्वर्ण-रौप्य-कांस्य पदकों की चमक अचानक गायब हो गई है। कालिमा पुत रही है–उनके दरबारों के इर्द-गिर्द। राणातंत्र का अंतिम 'नामलेवा' मोहन शमशेर दाँतों को पीसता हुआ कसमें खा रहा है– "मरगत खानैछू··· मैं इनका रक्त पीयूँगा··· इनकी बोटियों का कलेवा करूँगा··· कांग्रेसियों का कच्चा मांस··· हा-हा-हा··· मार्टार··· फील्डगन··· मशीनगन··· ब्रेनगन··· मरगत खानैछू··· !"

मेजर जनरल सुवर्ण ने अब पूर्वी मोर्चे की तैयारी का गुप्त आदेश दिया है। नेपाली कांग्रेस का मुख्य कार्यालय तथा केंद्रीय संग्राम-समिति, प्रचार-विभाग के दफ्तर नेपाल की पूर्वी तराई में स्थानांतरित हुए। युगों से 'परदेश-परभूमि' में निर्वासित प्रवासी नेपालियों के विशाल समूह अपनी जन्मभूमि की ओर लौटे। और, मुक्तिसेना के करीब साढ़े चार सौ सैनिक–पूर्वी तराई में ही कहीं–पूर्वी मोर्चे की नाकेबंदी में जुट गए।

अब गेर्रिला छापेमारी नहीं, बाजाब्ता युद्ध··· मुक्तियुद्ध, मुक्तिसैन्य, मुक्तिफौज, मुक्ति··· नेपाली··· ने-पा-ली··· आगि बढ़दा बढ़दै जाउ क्रांति-झंडा ले–क्रांति-झंडा ले–ने-पा-ली··· नेपा··· ली··· ई··· !!

मुक्तिसेना के सर्वाधिनायक सुवर्ण तथा ईस्टर्न कमांड के चीफ़ बी. पी. शिविरों का परिदर्शन कर आए हैं। रणक्षेत्र में उनकी उपस्थिति मुक्तिसैनिकों के दिलों में उत्साह और उमंग भर जाती है। प्रत्येक मुक्तिसंग्रामी के कानों के पास सर्वाधिनायक सुवर्ण की गंभीर वाणी सदा गूँजती है : "साथी हरू हो !··· आप इसको हमेशा याद रखें कि राणाशाही मात्र नहीं, यह नेपाल में प्रजातंत्र चाहनेवाले प्रत्येक नेपाली की लड़ाई है··· हम नेपाल की जनता के सैनिक हैं··· '

युद्ध, युद्ध, युद्ध··· मुक्तियुद्ध, युद्ध··· ने-पा-ली-नेपा··· ली··· ई··· ई !!

पच्छिमी मोर्चे पर फिर गोलाबारी।

मारात्मक अस्त्र-शस्त्रों से सुसज्जित मोहन शमशेर की सेना–राह के दोनों ओर के गाँवों को लूटती-खसोटती, आतंक फैलाती हुई–नीचे की ओर–समतल तराई की ओर बढ़ रही है। मुक्तिसेना के जवान आगे बढ़कर अमलेखगंज में उनसे जाकर टकराते हैं। प्रबल प्रतिरोधात्मक युद्ध ! घमासान लड़ाई !

राणाशाही अफसरों का मोहभंग हुआ। नाकेबंदी और अस्त्र-संचालन के ढंग देखकर वे समझ गए–ये 'नवसिखुए' सिपाही नहीं–रेगुलर··· अनुभवी लड़ाके हैं ! ··· मशीनगन नहीं, अब मोर्टार फायर !!···

राणाशाही तोप दहाड़ने लगी–धाँ··· य ! धाँ··· य !

मुक्तिसेना के सर्वाधिनायक को दिन-रात कभी चैन नहीं। उन्होंने नींद नहीं आनेवाली गोलियाँ खा ली हैं, शायद। उन्होंने फिर एक मोर्चे को जगाया–नया मोर्चा। तीसरा मोर्चा–पच्छिमी नेपाल के प्रमुख नगर नेपालगंज पर–नेपाली कांग्रेस के जनरल सेक्रेटरी महेंद्रविक्रम शाह के नेतृत्व में मुक्तिसैनिकों ने धावा बोल दिया।

ड्रम-ड्रम ड्रम··· मुक्तियुद्ध··· युद्ध !!

महाकाल से मेची तक युद्ध के नगाड़े बज रहे हैं। नेपाल की धरती पर जययात्रा करते हुए मुक्तिसैनिकों के कदम–उसी ताल पर बढ़ रहे हैं–धरती के चप्पे-चप्पे को मुक्त करते हुए।

राणाशाही फौज–अंधाधुंध गोले बरसाती हुई–अमलेखगंज तक पहुँचने में सफल हुई। किंतु, तब तक मुक्तिसेना का कमांडर-इन-चीफ सुवर्ण पच्छिमी नेपाल के दूसरे नगर भैरवाहा में एक और मोर्चा स्थापित कर चुका था। भैरवाहा में के. आई. सिंह के जवान कई दिनों से आदेश की प्रतीक्षा में 'कछमछा' रहे थे। हुक्म पाते ही वे दुश्मनों की सेना पर टूट पड़े। रणभेरी भैरवाहा के आकाश-पाताल में भी गूँजने लगी।

सारे नेपाल में भूचाल··· हिलती-डोलती 'तीन सरकार' की गद्दी पर झकोले खाता हुआ मोहन शमशेर क्रोध से चिल्लाता है–रगत खानैछू··· रक्त चाहिए। और, उसकी रक्तपिपासा मिटाने के लिए–मुक्तिफौजियों का टटका खून लाने

को–काठमांडो से रोज राणाशाही फौज की एक टुकड़ी मार्च करती हुई चल पड़ती है–फबानी, भैरवाहा और नेपालगंज की ओर··· !

मेजर जनरल सुवर्ण ने उपयुक्त अवसर देखकर–'वार काउंसिल' में विराटनगर पर चढ़ाई का प्रस्ताव रखा। सर्वाधिनायक की रणनीति के अनुसार विराटनगर का मोर्चा महत्वपूर्ण और निर्णायक होगा। दुश्मन को पच्छिम में पूरी तरह उलझाकर–पूरब में पूरी शक्ति के साथ आक्रमण।

'वार काउंसिल' में, शीर्षस्थ नायकों के अलावा मोरंग जिला नेपाली कांग्रेस के कई जिम्मेदार कार्यकर्ताओं को भी शरीक किया गया है। शिवहरि, तारिणी, विश्वबंधु, शिवजंग, और भोला चैटर्जी एकमत हैं : विराटनगर पर चढ़ाई करने का यही सही समय है। वातावरण हमारे पक्ष में है। विभिन्न मिलों के दस हजार मजदूर हमारा साथ देने को तैयार हैं–वे सभी नेपाली कांग्रेस के साधारण सदस्य हैं··· गाँव के किसानों में हमारा संगठन मजबूत है··· विराटनगर की जनता हमारी प्रतीक्षा कर रही है।

मुक्तिसेना के गुप्तचर विभाग ने उत्तमविक्रम राणा की सारी तैयारियों का पूरा लेखा-जोखा संग्राम-समिति के सामने प्रस्तुत कर दिया है–बाजाब्ता नक्शे के साथ।

ईस्टर्न कमांड के चीफ अब पूर्वी मोर्चे के नए अधिनायक की ओर देखते हैं। नया अधिनायक : बर्मा से आया हुआ, ब्रिटिश सेना का अवकाशप्राप्त अफसर जी. बी. सुब्बा उर्फ याकथुम्बा।

याकथुम्बा ने इस इलाके में एक सप्ताह रहकर एक अनुभवी फौजी की दृष्टि से सबकुछ देख-परख लिया है। यों, उसके मुखड़े पर सदा मुस्कुराहट अंकित रहती है। किंतु, संग्राम-समिति में अपनी राय जाहिर करते समय उसके चेहरे पर एक अपूर्व गंभीरता छा जाती है। सैनिक-सुलभ अनुशासित वाणी में वह अपना मत प्रकट करता है : "हमारा मौजूदा लोकबल निर्णायक आक्रमण के लिए यथेष्ट है। किंतु हमें कम-से-कम पाँच सौ राइफल चाहिए··· "

"कम-से-कम पाँच सौ राइफल और ?"–वार काउंसिल में शरीक अधिकांश साथियों के चेहरों के रंग अचानक उतर गए–"कहाँ से आएँगी इतनी राइफलें ? न राधा को नौ मन तेल होगा न राधा नाचेगी।"

सर्वाधिनायक सुवर्ण ने अधिनायक याकथुम्बा से बहुत ही सहज ढंग से कहा–"कम-से-कम पाँच सौ राइफल हम आपको देंगे।"

याकथुम्बा ने तुरंत उठकर सर्वाधिनायक को फौजी सलामी दी। सर्वाधिनायक ने अब संग्राम-समिति के विशेष आमंत्रित साथियों की ओर अर्थपूर्ण दृष्टि से देखा। वे सभी चुपचाप खेमे से बाहर चले गए–चकित, प्रसन्न।

नेपा-ली-ई-ई-नेपा-ली-ई··· !! रात आधी बीत चुकी है और पूर्वी मोर्चे के शिविरों

में मुक्तिसैनिक 'रतजगा' कर रहे हैं। बड़े-बड़े बक्सों से राइफलें निकाली जा रही हैं। मित्र-देश से आई हुई राइफलें और प्रचुर मात्रा में 03 बुलेट। सारे शिविर में–शिविर के साढ़े पाँच सौ मुक्तिसैनिकों की देह में उत्तेजना की लहर दौड़ रही है। वे तैयार हो रहे हैं। कोई आकर इनका 'साज-सिंगार' देखे। बूट-पट्टी बाँधते हुए, कमर के बेल्ट को कसते हुए–वे गुनगुना रहे हैं–एक सबसे मधुर गीत, जययात्रा का प्रसिद्ध गीत–नेपाली ! 'नेपाली··· रक्त माँगता है आज··· मुक्तियुद्ध, मुक्तियुद्ध··· !'

एक प्रोज्ज्वल तारा पूरब आकाश में चमक उठा। पाँच सौ मुक्तिफौजियों के लोहे के टोपों तथा राइफलों की संगीनों पर इस सितारे की चमक–'टलकिंछ'–अर्थात् जगमगा उठी। मुक्ति-सैनिकों को दो कालमों में बँट 'जययात्रा' का आदेश दिया, अधिनायक याकथुम्बा ने !

वे कदम से कदम मिलाते हुए विराटनगर शहर की ओर चल पड़े। विराटनगर जूट मिल के पास पहुँचकर पाँच सौ राइफलों ने अपनी भाषा में 'जयध्वनि' की–ट्रठाँय !··· जय नेपाल !!

पाँच सौ मुक्ति-सैनिकों के मुक्त कंठ की आवाज़ ध्वनित होकर गूँजी–जय नेपाल !!

मुक्ति-फौज मुक्ति-फौज, मुक्ति, मुक्ति–नेपा-ली ! नेपाली !!

मुक्तिसेना ने सबसे पहले जूट मिल, फिर काटन मिल और मैच फैक्टरी पर कब्जा किया। जोगबनी से विराटनगर शहर को जोड़नेवाली दोनों–सदर और कच्ची–सड़कों के किनारे राणाशाही फौज के चेकपोस्ट पर तैनात संतरियों ने राइफलों की आवाज तथा हजारों मानवकंठ की जयध्वनियों से ही अंदाज लगा लिया–वे आँधी के तिनके की तरह उड़ जाएँगे। मुक्तिसेना के मैच फैक्टरी के पास पहुँचने के पहले ही–वे सभी चेकपोस्ट छोड़कर गवर्नर उत्तमविक्रम के 'किला-निवास' में एकत्रित हो चुके थे।

कदम से कदम मिलाती, मुक्तिवाहिनी की दोनों टुकड़ियाँ आगे बढ़ रही हैं। मुक्तियोद्धाओं के प्रत्येक पदचाप पर नेपाल की धरती मुक्त होती जा रही है। मुक्त हो रही धरा, मुक्त हो रहा गगन–मुक्त जन मन, कदम मिला करके चल रहे–"राणाशाही मुर्दाबाद !"

'बाजार अड्डा'–विराटनगर शहर के प्रवेशद्वार के पास मुक्तिसेना ने पुनः जयघोष किया। राइफलों ने अपने संचालकों के स्वरों में इस्पाती निनाद भर दिया–जय नेपाल !··· ट्र-ट-ठाँ··· य··· ठाँय··· !!

मुक्तिवाहिनी निर्विघ्न आगे बढ़ती जा रही है : सरकारी इमारतों तथा राणाफौज द्वारा खोदी गई खाइयों पर कब्जा करती हुई–दो रास्तों से, दो दिशाओं से उत्तमविक्रम के किले की ओर–सरकारी हेडक्वार्टर की ओर।

सदर सड़क के शनिहाट की ओर बढ़नेवाली टुकड़ी–'गोलचा हाउस' के सामने 'तिराहे' पर पहुँची तो राणाशाही फौज की राइफलें प्रतिरोध के स्वर में बरस पड़ीं–ठाँय-ठाँय-ठाँय-ठठाँय।

मुक्तिफौज के दूसरे 'कालम' की गति का अवरोध उत्तमविक्रम के किले के मुँडेर पर फिट मशीनगन ने किया–खुले मैदान के दक्षिण। मजबूत चारदीवारी के अंदर, निरापद स्थानों में बैठे राणा के फौजियों ने–दक्षिण और पच्छिम की ओर मशीनगनों और ब्रेनगनों की गोलियों की झड़ी लगा दी–अविराम।

मुक्तिफौज के दोनों कालमों ने कुछ क्षणों तक तो धुआँधार जवाब दिया। बाद में, दोनों कालमों के नायकों ने राणाशाही फौज की इस उन्मत्त गोलाबारी का तत्काल मुकाबला करना उचित नहीं समझा। वे राणाफौज द्वारा खोदी गई खाइयों में आश्रय लेने के लिए बाध्य हो गए···

"रक्षा करो पशुपति, हे दंतकाली··· !"

"जय वराहदेव··· !"

"रक्षा करो··· जय नेपाल !"

विराटनगर की जनता अपने-अपने घरों में बंद त्राहि-त्राहि कर रही है। शहर के अधिकांश परिवारों ने कई दिन पहले शहर छोड़ दिया है। जो रह गए हैं, वे हर 'फाइरिंग' पर दहल रहे हैं। सबसे ज्यादा भयभीत हैं–राणाशाही की चाकरी (जी-हजूरी) करनेवाले, बिर्तेवाले (बिना माल-गुजारी दिए ही सैकड़ों एकड़ जमीन के जागीरदार), चोरबाजारी से रातों-रात करोड़पति-लखपति बन जानेवाले काले व्यापारी, पेंशनभोगी, सरकारी कर्मचारी।

"रक्षा करो··· "

खिड़कियों को अच्छी तरह बंद करके भी खरदारनी निश्चिंत नहीं। 'हुजुरबाजे' अर्थात् खरदारबाजे–पेंशनभोगी वृद्ध, भरी हुई बंदूकें लेकर बंद जनाना फाटक पर बैठे हुए हैं। मुकुंदे, बड़ा बेटा ऊपर तिजोरीवाले कमरे में 'भरुआँ बंदूक' (पुरानी किस्म की, जिसमें गज से बारूद भरा जाता है) लेकर, मानबहादुर के साथ बैठा हुआ है। पुष्पा और गैबी, दोनों रजाई में दुबके, पलँग पर पड़े हैं। दोनों ही रजाई छोड़कर माँ के आँचल में छिप जाना चाहते हैं···

फड़र्रर-र्र-र्र-र्र··· !

गुड़गुड़म··· धाँय-धाँय !!

टटटटटटटट ! टटटटटटटटटटट··· !!

ठाँठाँय-ठाँठाँय–ठाँय-ठाँय··· !

पुराने बैरक के पास फाइटिंग चल रही है !··· खरदार साहब आवाज परखकर फिसफिसाकर कहते हैं–"घोर फाइटिंग चलदैछ।"

खरदारनी अपने सात महीने के शिशु तीरथ को कलेजे से चिपकाकर–पलँग और ट्रंकों के बीच की जगह में बैठी हुई है–मानो ट्रेंच में बैठी हो। उसका बायाँ हाथ पलँग पर पुष्पा और गैबी के सिरहाने है और दाहिनी हाथ गोद में सोए तीरथ के सिर पर। आश्चर्य, तीरथ निर्भय गटर-गटर कर दूध पी रहा है··· लेकिन, मुकुंदे

जो ऊपर है··· रक्षा करो। शायद उसने खिड़कियों को ठीक से बंद नहीं किया हो। फुलवारी की ओर खुलनेवाली खिड़की की चिटखनी जरा ढीली थी··· रक्षा करो··· और, 'हुजुरबाजे' फाटक पर क्यों हैं ? उन्हें अंदर आ जाना चाहिए। 'भानसाघर' (रसोईघर) के टीन के छज्जे पर कभी-कभी गोलियाँ आकर गिरती हैं। पिछले कई दिनों से खरदारनी कह रही थी–जोगबनी या रँगेली के 'कामत' (खलिहान) पर सभी को लेकर··· 'हुजुरबाजे' की जिद, अब सीखें ! और, यह मुकुंदे ? बहू को कल शाम को मैके भेज दिया। प्रभानानी (पुतोहू) के बाप का घर कर्नल के बँगले की ओर है। आजकल के लड़के माँ-बाप की बात एक बार भी अगर मानें··· मना किया। नहीं माने। अब सीखो मजा···

"फड़र्र-र्र-र्र-र्र-र्र !"

"गुड़गुड़म–धाँय, धाँय, धाँय ! !"

"टटटटटटटटटटटट··· !"

"ठाँयठाँय, ठाँयठाँय-ठ-ठाँय··· !"

"रक्षा करो··· "

"रक्षा करो, जय नेपाल !"

खबरदार साहब ने पहचाना–औरत की आवाज ?

खरदार साहब ने फाटक को तनिक खोलकर पूछा–

"को हो ?··· कौन ?"

"म··· शिबू की आमाँ··· जरनैलनी··· "

"जरनैलनी ?··· भित्र आउनेस··· च्याड़े··· जल्दी।"

बुढ़िया भय से थर-थर काँपती हुई अंदर आ जाती है।

"और, जनरैल साहब ?"

"जनरैल साब, कानूछा, नानी–सधै गो।"

"गयो ? कता··· कहाँ गए सभी ?"

"कुन्नी··· पता नहीं कहाँ··· "

"हजुरी, ढोका खोल,"–खरदार साहब किवाड़ से मुँह सटाकर धीरे से पुकारते हैं–"हजुरी, दरवाजा खोलो।"

पुष्पा और गैबी एक साथ रजाई फेंककर उठ खड़े होते हैं–"बाउ !"

"को भो ?"–खरदारनी एक हाथ से दरवाजा खोलकर, काँपती हुई पूछती है–"क्या हुआ ?"

"जरनैलनी !"

"जरनैलनी ?"

"फड़र्रर्र-र्र-र्र-र्र··· "

"जय नेपाल !"

"राणाशाही मुर्दाबाद !"

"कड़प-कड़प कड़प-कड़प, कड़प··· "

अचानक टिमटिमाती हुई बिजली गुल ! पुष्पा और गैबी माँ के आँचल में छिप जाते हैं। खरदार साहब फर्श पर बैठकर जमीन पकड़ लेते हैं। खरदारनी फिसफिसाकर जरनैलनी से पूछती है–"उनिहर घर मिस् पछन के ?"··· वे क्या घरों में भी घुसेंगे ?

खरदार साहब पूछते हैं–"आपका शिबू तो नेपाली कांग्रेस··· ?" खरदारनी सिसकारी-भरे शब्दों में कहती है–"सिस !··· धीरे से।"

बाहर, सड़क पर फौजियों के दौड़ने की आवाज··· ?

"जै गयंपति गयंपति··· " अर्थात्–गणपति गणपति।

मल्हूरामजी की अवस्था चिंताजनक है। राइफलों की आवाज को वे 'बम' गिरने की आवाज समझ रहे हैं और जब तोप दहाड़ती है तो उन्हें लगता है, बाजार का एक-एक कोना उड़कर आसमान में चक्कर काट रहा है। उनका मुँह खुला हुआ है–जबड़े बैठ नहीं रहे हैं। पहली ही फाइरिंग की आवाज सुनकर उनका मुँह खुला सो खुला ही रह गया। खुले हुए जबड़े के कारण वे कुछ भी स्पष्ट उच्चारण नहीं कर पाते हैं–पयय, पयय–अर्थात् प्रलय। प्रलयकाल उपस्थित है ··· लेकिन, तिजोरी छोड़कर वे कहीं नहीं जा सकते हैं। वे चल-फिर नहीं सकते हैं। तिजोरी को देखकर उनको लकवा मार जाता है–रुपए, जेवर, सोना··· वह लाचार हैं।

"गुड़गुड़म–धाँय ! धाँय !!"

"टटटटटट··· !"

अब तीन मोर्चे। पहला, गवर्नर के निवास के पूरब-दक्षिण कोने में–सिंधिया नदी की ओर, सोमप्रसाद नेपाल के घर के पास। दूसरा सदर रोड पर–'तिमुहानी' पर··· तीसरा, बाजार-अड्डे के पास।

मुक्तिसेना के अधिनायक याकथुम्बा–सी. बी. सुब्बा राणाफौज के बालू के बोरों और खोदी हुई खाइयों पर कब्जा कर बैठे हैं। ट्रेंचों में छिपे मुक्तिसेना के जवान–घनघोर गोलाबारी के बावजूद–हर मिनट पर बाहर निकलकर 'एटैक' करना चाहते हैं। कवर-फाइरिंग करते हुए आगे बढ़ना चाहते हैं। मगर, किले से अविराम गोलियों की वर्षा हो रही है··· वे फिर ट्रेंचों में छिप जाते हैं।

टटटटटट ! टटटटटट···

शंकरजंग की माँ, मौसी और छोटी बहन उषा··· सभी एक ही कमरे में बंद हैं। और, हर 'फाइरिंग' पर सोलह-वर्षीया उछल पड़ती है। ठीक शंकरजंग की तरह देह को मरोड़ती है, झटके देकर··· अगर, एक राइफल नहीं तो शाटगन भी होती तो··· शंकरजंग की माँ और मौसी और भी तेजी से माला फेरने लगती हैं ··· शंकरजंग गया, हिरण्यजंग गया इसी तरह ऐंठते-छटपटाते, ताल ठोंकते। इस लड़की की 'मति-गति' का भी क्या ठीक ! कब निकल जाय–"उषा ! त्योस्तो न गर··· ऐसा मत करो। खिड़कियों को मत खोलो।"

"आमाँ, मलाई त जानू मन परयो–दाज्युलाई मदद गर्ने··· माँ मेरा तो जाने का मन कर रहा है, भैया की सहायता करने के लिए···

"त्यस्तो कुरा न गर··· ऐसी बातें मत करो !"

"फड़र्र-र्र-र्र-र्र··· "

"जय नेपाल !"

अब उषा पगली की तरह नारे लगाने लगती है–"नेपाली कांग्रेस जिंदाबाद ! राणाशाही मुर्दाबाद ! प्रजातंत्र कायम हो।"

"टटटटटटटट ! टटटटटटटटट !!"

मल्हूरामजी 'पयय-पयय' रट रहे हैं। पिछले कंट्रोल के जमाने में–भारत-नेपाल की सीमा पर–करेंसी नोट के पुल बाँधकर कपड़े-सिमेंट, किरासन तेल, चीनी की गाड़ियाँ सीमा के इस पार से उस 'पार' करनेवालों में मल्हूराम का नाम सबसे पहले लिया जाता है। हिंदुस्तान के कितने सरकारी अफसरों और कांग्रेसी कार्यकर्ताओं को दावत खिला चुके हैं, चंदे दिए हैं··· लेकिन, जबड़े बंद नहीं हो रहे हैं। क्योंकि, गोलियाँ गोदाम की छत पर ओले की तरह गिर रही हैं ! झर-झर-झर-झर गोलियाँ दावत और चंदे नहीं चाहतीं। सीधे जान माँगती हैं। पयय-पयय···

"गुड़गुड़म··· धायँ-धायँ !"

मुकुंद ने अपना काम बना लिया था··· बाप की सारी कमाई तिजोरी से निकालकर बोरियों में बाँधकर मानबहादुर के सिर पर रखा ही था कि खरदार साहब ऊपर के कमरे में आ धमके–"तिजोरी कैसे खुली ?"

"हट जाइए। गोली मार दूँगा।"

"भरुआँ बंदूक से पिता की हत्या नहीं हो सकेगी। यह लो, असल बंदूक,··· मार डालो··· मार डालो सभी को, माँ को, भाई को, बहन को··· "

"त्यस्तो करायेर कुरा न गर !"–खरदारनी, पिता-पुत्र के ऐसे दर्जनों झगड़े दिन में दस बार देख-सुन चुकी है। वह चाहती है कि अभी कोई 'गुलगपाड़ा' नहीं हो अंदर।

खरदार साहब अपनी बंदूक और कारतूस की पेटी लेकर निकल पड़ते हैं–"जिसके लिए चोरी किया, वही कहे चोर। अरे, कृष्णप्रसाद कोइराला का मित्र होकर भी मैं आज तक मुँह सीकर क्यों बैठा था ? तुम्हीं लोगों के लिए ?··· हजूरी, दरवाजा बंद कर लो। मैं आजादी की लड़ाई में शरीक होने जा रहा हूँ··· लानत है, धन-दौलत और परिवार पर··· बेटे की गोली खाकर मरने से अच्छा–युद्धभूमि में दुश्मन से लड़ते हुए मरना··· जय नेपाल।"

"ठाँय ! ठाँय !!"

"फिल्डगन्स–फायर !"

कर्नल उत्तमविक्रम के 'किला-निवास' के अंदर भय और मायूसी रह-रहकर घिर आती है। कर्नल के दोनों पुत्र–चारदीवारी के अंदर–दक्षिण और पच्छिम की ओर–सैन्यसंचालन कर रहे हैं। उन्हें विश्वास है कि धनकुट्टा के रास्ते शीघ्र ही सहायता मिल जाएगी। अतः वे उदारतापूर्वक बुलेट और गोले खर्च कर रहे हैं। किले के अंदर व्याप्त होनेवाली मायूसी को दूर करने के लिए भी आवश्यक है–अविराम अस्त्र-संचालन।

"फड़र्र-र्र-र्र… "

सुबह की रोशनी के साथ राणाशाही फौज की फाइरिंग की गति भी तेज होती जा रही है… अपने-अपने घरों की खिड़कियाँ खोलकर झाँकनेवालों पर, सड़कों पर भागते हुए लोगों को लक्ष्य कर गोलियाँ दागी जा रही हैं। लोग घायल होकर गिर रहे हैं, यत्र-तत्र।

मुक्तिफौज के तीनों मोर्चों पर डटे हुए जवान, राणाशाही-गोलियों का समुचित उत्तर देते हैं, रह-रहकर… याकथुंबा की टुकड़ी ने चाय पीने के बाद–पंद्रह मिनट तक किले की छत पर–ब्रेनगनों से गोलियाँ बरसाईं और राणाशाही के एक 'गनर' को सदा के लिए चुप करा दिया।

दोपहर को, विराटनगर की आबादी पर राणाशाही-मोर्टार के गोले गिरने लगे। एक बार उन्होंने किले से बाहर निकलकर आक्रमण करने का साहस भी किया। किंतु, मुक्ति-सैनिकों ने उन्हें फिर किले के अंदर छिपने के लिए मजबूर कर दिया।

दोपहर को ही जब विराटनगर में घमासान गोलाबारी हो रही थी–विराटनगर जूट मिल अर्थात् मुक्ति फौज के हेडक्वार्टर में, संग्राम-समिति में सर्वाधिनायक सुवर्ण ने केशप्रसाद कोइराला को विराटनगर का मिलेटरी गवर्नर मनोनीत किया। मेजर जनरल ने ठीक ही समझा है : अब थोड़ा समय लग जाएगा। युद्ध की अवधि बढ़ेगी।

"त्येसेले मेरे विचार मा, 'लीस्ट ब्लडशेड' मरेर 'विक्टरी' नै असल हो… इसलिए मेरी राय में, न्यूनतम रक्तपात करके विजय प्राप्त करना ठीक है।"–ईस्टर्न कमांड के चीफ बी. पी. अपनी राय जाहिर करते हैं।

अग्रिम मोर्चे से याकथुंबा ने 'कोड' में संवाद भेजा है : हम डटकर जवाब दे रहे हैं। किले के बाहर एक भी फौजी को कदम नहीं रखने दिया है… याकथुंबा, सर्वाधिनायक के अगले हुक्म की प्रतीक्षा कर रहा है।

'संग्राम-समिति' के फैसले के मुताबिक अग्रिम मोर्चे के अधिनायक को आदेश दिया गया : "पूर्ववत् घेरा डाले रहो।"

सर्वाधिनायक ने विश्वबंधु और शिवहरि को–नागरिकों से संपर्क स्थापित करके तुरंत 'नागरिक सुरक्षा समिति' गठन करने का आदेश दिया है। भोला चैटर्जी की

गैर्रिला-वाहिनी के पचास प्रतिशत जवानों को एडवांस फोर्स में लिया है याकथुंबा ने। चैटर्जी के बाकी गैर्रिला हेडक्वार्टर में दलपतियों के सशस्त्र अंगरक्षक, कार्यालय के संतरी, मुख्यद्वार के प्रहरी, मालखाना, गोदाम, पावर हाउस, प्रयोगशाला, लंगर आदि प्रमुख स्थानों पर तैनात किए गए हैं।

सुसंगठित, साधनसंपन्न और अनुशासित मुक्तिफौज का प्रधान कार्यालय। कार्यालय के ऊपर, नेपाली काँग्रेस का चार सितारोंवाला बड़ा झंडा लहरा रहा है।

मुख्यद्वार पर जनता की अपार भीड़··· मुख्य द्वार पर सीमेंट की मेहराब पर 'श्री जुद्ध प्रभु की जै जै जै' लिखा हुआ था–उसको तोड़ दिया गया है। जुद्ध शमशेर की मूर्ति की गर्दन तोड़ दी गई है। राणाशाही की हर निशानी, प्रत्येक प्रतीक और चिह्नों को मिटा दिया गया है। जनता रह-रहकर नारे लगाती है। खुशी से नाच रही, गा रही है।

मुख्यद्वार के पास ही–मुक्तिफौज का 'भरती दफ्तर' खुला हुआ है, भर्ती चल रही है। सामने दो-तीन पंक्तियों में कतार बाँध क्यू लगाकर खड़े हैं–मुक्तिफौज में भरती होनेवाले उम्मीदवार, कच्ची उम्र के सैकड़ों प्रसन्नमुख नेपाली जवान।

सभी कार्यालयों के सामने, देवनागरी लिपि में साइन बोर्ड लटकाए जा रहे हैं : जनस्वास्थ्य, यातायात, नागरिक सुरक्षा समिति, खाद्य तथा आपूर्ति विभाग के दफ्तर···

यातायात विभाग के कब्जे में तीस ट्रक, बारह जीप, चार स्टेशन-वैगन और चार कारें हैं। एम. जी. अर्थात् मिलेटरी गवर्नर ने शहर के सभी पेट्रोल डीजल पंपों और डिपो को अपने अधिकार में ले लिया है। दोनों जूट मिल, सुगर फैक्टरी, काटन मिल के तेल के भंडार और कोयले के डिपो में सामयिक सैनिक सरकार के संतरी तैनात हैं। यातायात दफ्तर में पेट्रोल और डीजल के पुर्जे (कूपन) दिए जा रहे हैं, इसलिए सबसे ज्यादा गुलजार हैं···

ड्राइवरों की मंडली सबसे ज्यादा उत्तेजित और प्रसन्न है। ड्राइवरों के दलपति गौरमणि को गर्व है : फौजियों के पहले हम ड्राइवरों ने काम किया है। हमें चालीस घंटे पहले ही राणाशाही का हुक्म मिल गया था–चौबीस घंटे के अंदर-अंदर अपनी गाड़ियाँ सरकारी गैरेज में जमा कर दो। हमने उस हुक्म की परवाह नहीं की और मुक्तिसेना की 'जययात्रा' के दो घंटे पेश्तर हमारे ड्राइवर भाई लोग अपनी गाड़ियों के सामने झंडा बाँधकर 'रेडी' थे।

जनसमुद्र लहरा रहा है–मुख्यद्वार के सामने। जनता अपने बहादुर नायकों को देखना चाहती है। नारों से आकाश गूँज रहा है। कोलाहल, कलरव, जयकार हठात् रुक जाता है। मोर्चे की ओर से दो गाड़ियाँ धूल का बवंडर उड़ाती हुई, मुख्यद्वार के पास भीड़ को चीरती हुई पहुँचीं। अगली गाड़ी स्टेशन-वैगन–'रेडक्रास' का एंबुलेंस है : तीन घायल नागरिक और दो मुक्तिसैनिक घायल होकर आए हैं। पिछली

गाड़ी जीप पर–चार युद्धबंदी, राणाशाही फौज के, भागते हुए पकड़े गए हैं।

और भी कई गाड़ियाँ : एम. जी. अपने अंगरक्षकों के साथ आए। दूसरी गाड़ी पर, नागरिक सुरक्षा समितिवाले, विश्वबंधु शिवहरि, शिवजंग, भोला चैटर्जी, तारिणी प्रसाद। सभी के चेहरे धूल-धूसरित। किंतु सभी के ओंठों पर ताजा मुस्कुराहट।

ध्वनि-विस्तारक यंत्र से घोषणा की जा रही है–भाइयो ! आज संध्या तीन बजे–जूट मिल के मैदान में विशाल सभा होगी, जिसमें नेपाली कांग्रेस के सभापति मातृका प्रसाद कोइराला का भाषण होगा।

"नेपाली प्रजातंत्र–जिंदाबाद··· !"

ऐतिहासिक सभा ! अभूतपूर्व जनसमागम। पंद्रह हजार से भी अधिक नर-नारियों का सम्मिलित जयघोष हो रहा है। असंख्य झंडे–चार सितारोंवाले–लहरा रहे हैं।

'बेतार कक्ष' में वायरलेस से सटकर बैठा 'प्रचार-अधिकारी' मोर्चों से आए हुए 'मैसेज' को सिलसिलेवार फाइल करता जा रहा है। 'वार काउंसिल' द्वारा सेंसर होने के बाद ही इन्हें प्रकाश में लाया जा सकेगा। प्रचार अधिकारी का चेहरा, पच्छिमी मोर्चे के संवाद को पढ़ते समय जर्द हो जाता है : वीरगंज की आजादी खतरे में··· राणाशाही ने अपनी बिखरी ताकत को बटोरकर वीरगंज पर अधिकार करने के लिए अंतिम आक्रमण कर दिया है। संभवतः यह संवाद, वीरगंज से प्रेषित 'मुक्तिसेना बेतार केंद्र' का अंतिम मैसेज हो।

किंतु, अभी-अभी पूर्वी मोर्चे से दो टुकड़ियाँ धरान और धनकुट्टा की ओर जा रही हैं–मुक्तिसेना की अग्रिम-विजयवाहिनी की टुकड़ियाँ··· जै नेपाल ! प्रजातंत्र–अमर हो !!

मुक्तियुद्ध-मुक्तियुद्ध-मुक्तियुद्ध-मुक्ति···

पाँच

20 नवंबर '50.···

शहीदों की धरती पर राणाशाही फौज ने पुनः सामंतवाद का झंडा गाड़ दिया और इसके बाद शुरू हुई पैशाचिक लीला··· अस्पताल के मरीजों की, उनके 'बेड' पर ही गोली मारकर हत्याएँ की गईं··· बच्चों, बूढ़ों और अपाहिजों को भी नहीं छोड़ा गया। देखते-देखते सारा वीरगंज श्मशान हो गया !··· जलते हुए घर··· आर्त्तनाद ··· क्रंदन··· और हवा में जलती हुई लाशों की चिड़ाइन गंध ! साकार रौरव नरक के दृश्य : चारों ओर !!

किंतु राणाशाही फौज की सम्मिलित शक्ति मुक्तिवाहिनी के अटूट मनोबल को तनिक भी भंग नहीं कर सकी। वीरगंज से 'रिट्रीट' करने के बाद वे अन्य मोर्चों पर दूने उत्साह और संकल्प से दुश्मन पर टूट पड़े। वीरगंज के पतन के बाद सारे देश में मुक्तिसेना की गतिविधि एक ही साथ तीव्र हो गई।

उस दिन विराटनगर के मोर्चे पर याकथुंबा के जवानों ने कर्नल उत्तमविक्रम के सिपाहियों को पल-भर चैन लेने नहीं दिया। सुबह से शाम तक अविराम आक्रमण··· !

विराटनगर मोर्चे पर धुआँधार लड़ाई चल रही है और विराटनगर से चार मील दक्षिण, मुक्ति-सेना के हेडक्वार्टर में–जूट मिल के सामनेवाले मैदान में जनसमुद्र उमड़ आया है !!··· उत्ताल शब्द-तरंग और लहरें, गगनभेदी नारे और जयध्वनियाँ !!

लगता है मोरंग जिला के सारे गाँव–गाँव के लोग उमड़ते आ रहे हैं–सभी दिशाओं से। जहाँ तक दृष्टि जाती है–अपार भीड़, नरमुंड ही नरमुंड और असंख्य झंडे लहराते हुए।

विशाल सभा ! अभूतपूर्व जनसमागम !!

चार मील उत्तर–मोर्चे पर तोपों की दहाड़ 'जिंदाबाद' की गूँज में खो गई और विशाल जनसभा के ऊँचे मंच पर–'माइक' के सामने नेपाली काँग्रेस के सभापति मातृका प्रसाद कोइराला हाथ जोड़कर प्रकट हुए··· कुछ क्षणों तक वह कुछ भी नहीं बोल सके। जय ध्वनियों की प्रतिध्वनियाँ बहुत देर तक आकाश-पाताल में मँडराती रहीं। जनता अपनी सेना के सेनापतियों को देखना चाहती है··· एक झलक ··· झाँकी, दर्शन··· !

मातृका बाबू ने शुरू किया–"दाजूभाई हो··· सबसे पहले आपको यह बता दूँ कि इस सभा में मुक्तिसेना के सर्वाधिनायक मेजर जनरल सुवर्ण अथवा ईस्टर्न कमांड के चीफ अथवा मुक्तिसेना के कोई नायक न तो उपस्थित हैं और न होंगे। भाषण देने का तो कोई सवाल ही नहीं पैदा होता। वे लड़ाई के मोर्चे पर हैं। वे युद्ध का संचालन कर रहे हैं। वे इस समय कहाँ हैं, कैसे हैं, किस अवस्था में हैं–हैं भी या नहीं--हम नहीं कह सकते··· "

"जिंदाबाद-जिंदाबाद-जिंदाबाद··· जिंदा··· !!" जनता ने इस स्थल पर भाव-विह्वल होकर हार्दिक शुभकामना प्रकट की।

आनंदातिरेक से उन्मत्त 'अबूझ जनता' तुरत 'बूझ' गई। उन्होंने एक स्वर से कहा–"ठीक है··· आप ही बोलें··· हुजूर ही बोलें !"

'भाइयो ! अब न तो यहाँ 'हजुरिया राज' है और न कोई अब यहाँ 'हुजूर' कहलाएगा। मुक्तिसेना के जवान, राणाशाही के बंधन से देश और देशवासियों को मुक्त करने के लिए, अपनी जान कुर्बान कर रहे हैं··· नेपाली काँग्रेस के सभापति की हैसियत से मैं आपको यह विश्वास दिलाता हूँ कि सिर्फ राजनैतिक मुक्ति ही नहीं, हम आर्थिक गुलामी से भी नेपाल की जनता को मुक्ति दिलाएँगे··· अर्थात् नेपाल में प्रजातंत्र··· गणतंत्र··· जनता की सरकार··· "

"जिंदाबाद-जिंदाबाद-जिंदा··· जैजैजै-जैजै··· !!"

"मुट्ठीभर राणाओं की सामंतशाही चक्की में युगों से पिसती हुई जनता गुलामी की बेड़ियों को तोड़ चुकी है। काली रात का अंत हो चुका है। प्रजातंत्र का सूरज अब उगनेवाला है। यह नेपाल की सर्वहारा जनता की लड़ाई है। यह जनयुद्ध

है। मुक्तिसेना की जीत का मतलब है जनता की विजय, प्रजातंत्र का उदय··· "

"नेपाली प्रजातंत्र अमर हो !"

"भाइयो, हम अभी लड़ाई के मैदान में हैं। दुश्मन का रू-ब-रू मुकाबला कर रहे हैं। लड़ाई का हर लमहा नाजुक होता है। मगर, हम यह दावे के साथ कह सकते हैं कि जिस तरह सूरज का उगना सत्य है, हमारी जीत भी उसी तरह निश्चित है। सारी दुनिया की निगाह आज नेपाल पर है··· "

जय नेपाल, जय नेपाल, जय-जय··· जैजैजैजै !!"

उस दिन जिन लोगों ने मातृका बाबू को पहली बार बोलते सुना था और जिन्होंने कई बार उनके भाषण सुने थे, सभी ने एक स्वर में कहा–"ऐसा भाषण कभी नहीं सुना और न इतनी बड़ी सभा हुई कभी नेपाल में !··· पच्चीस हजार सद्यःमुक्त जनता का प्रथम और अभूतपूर्व सम्मेलन !"

सचमुच सारी दुनिया की दृष्टि नेपाल के नक्शे पर है।

तिब्बत पर साम्यवादी चीन के कब्जे के बाद हिमालय की गोद में बसे हुए नेपाल में, समाजवादी बी. पी. कोइराला के नेतृत्व में जनक्रांति ने अमरीका को रहस्यपूर्ण चुप्पी साधने के लिए बाध्य कर दिया है।

लेकिन, अंग्रेज चुप नहीं रहेंगे। मोहन शमशेर ने अंग्रेजी साम्राज्य की रक्षा के लिए नेपाल में गरीब गुर्खों की भर्ती की अबाध अनुमति दे रखी है अंग्रेजों को। अतः अपने स्वार्थ के लिए वे मोहन शमशेर की यथासाध्य सहायता करना चाहेंगे।

और आज रूस के समाचारपत्रों ने नेपाली जनता के इस जनयुद्ध का मखौल उड़ाते हुए कहा है : "नेपालियों का यह तथाकथित मुक्ति-संग्राम नेपाल के बुर्जुआ वर्ग द्वारा शासन पर अधिकार करने के लिए छेड़ा गया है। यह सर्वहारा की लड़ाई नहीं··· !!"

"भाइयो ! भाइयो !··· सामयिक सरकार के जनसंपर्क-विभाग की ओर से रोजाना बुलेटिन का प्रकाशन आज से शुरू हो गया है। रोज शाम को तीन बजे, दो पन्ने का यह बुलेटिन एक आना में मुक्ति-सेना के स्वयंसेवकों से खरीदकर पढ़ें··· अफवाहों पर कान न दें। दुश्मन के गलत प्रचार पर यकीन मत करें··· "

'वार कौंसिल' में अंतर्राष्ट्रीय राजनैतिक दृष्टिकोण और कूटनीतिक दाँव-पेंच पर विचार-विमर्श हो रहा है। सभी के चेहरों पर एक ही प्रश्न अंकित है–"रूस के इस रुख का क्या असर पड़ेगा हमारे संग्राम पर ?"

नेपाल के मुट्ठी-भर कम्युनिस्ट नेता इस लड़ाई में अब तक नेपाली काँग्रेस के साथ थे। बी. पी. का विश्वास है, रूस की राय जान लेने के बाद निश्चय ही वे इस जनक्रांति के विरुद्ध हो जाएँगे।

"मगर वे तो उँगलियों पर गिने जा सकते हैं··· "

"हमने उन पर विश्वास करके, धनकुट्टा इलाके की सारी जिम्मेदारी सौंप दी ··· हमने उन्हें अस्त्र-शस्त्र भी दिया है और सबसे बड़ी बात यह कि हमारी एडवांस फोर्स को इन्हीं लोगों पर भरोसा करने के लिए कहा गया है··· "

"और अपने गुप्तचर-विभाग की रिपोर्ट है कि विराटनगर का कम्युनिस्ट नेता मनमोहन अधिकारी बीमार पड़कर बाहर नहीं गया है। पिछले सप्ताह उसे दार्जिलिंग में कई 'तिब्बती-नेपालियों' के साथ देखा गया··· "

"विराटनगर के हर मिल की मजदूर कालोनी में उनके 'घोंसले' (सेल्स) हैं··· "

"कल जोगबनी के बाजार में चंदरमा सिंह को देखा गया। कम्युनिस्ट पार्टी की बिहार शाखा के और कई लोग··· "

"हूँ ! सर्वहारा-क्रांति !!··· मुश्किल यह है कि हमारे कई समाजवादी साथी भी रूस की बात करते समय इस भ्रम में पड़े रहते हैं कि वहाँ लेनिन बैठा हुआ है। स्तालिन मोहन शमशेर और राणाशाही के पक्ष में और नेपाली जनक्रांति के विरुद्ध कुछ कह या कर सकता—उन्होंने कभी कल्पना ही नहीं की··· "

कोशी-कछार के मोर्चे में कमांडर कुलदीप झा का संवाद लेकर आया है संवाद-वाहक : धनकुट्टा सेक्टर के सभी संग्रामी, जिन्हें आर्म्स दिए गए थे और खिरियाही-पुल की निगरानी करने का आदेश दिया गया था, आर्म्स-सहित लापता हैं। पुल पर राणाफौज का दखल है··· हम कोशी के किनारे कुसहा घाट के पास मोर्चा लगाकर राणाफौज की प्रतीक्षा कर रहे हैं। धनकुट्टा के विश्वासघाती साथियों ने राणाशाही फौज की खुलकर मदद की है। उनसे सावधान··· !

"सावधान ! सावधान !··· ले जाइए एक आना में—मुक्ति-संदेश : प्रजातंत्र नेपाल की रू···क सरकार का समाचार बुलेटिन··· सावधान, सावधान··· दोस्त के वेश में दुश्मन··· ···ता सतर्क रहे··· पढ़िए, पढ़िए··· !"

नेपाली कांग्रेस के 'प्रचार-विभाग' ने अब सरकार के 'जनसंपर्क-विभाग' का रूप ग्रहण कर लिया है। अब 'पब्लिसिटी आफिसर' या 'प्रचार-अधिकारी' नहीं—पी. आर. ओ.··· पीआरो··· पियारे और अंततः 'प्रियो बाबू'।

'प्रियो बाबू' के दफ्तर में सबसे ज्यादा भीड़ है। प्रत्येक विभाग में काम करनेवालों के 'परिचयपत्र' यहीं बनाए जा रहे हैं। मिलेटरी गवर्नर केशवप्रसाद के हुक्म से एलान किया गया है : कल से बिना 'परिचयपत्र' (आइडेंटी कार्ड) के, हेडक्वार्टर की चारदीवारी के किसी भी द्वार से कभी भी प्रवेश पाने की चेष्टा करना असंभव और विपदजनक हो जाएगा। इसलिए सभी विभाग के अधिकारी अपने कार्यकर्ताओं के 'कार्ड' सबसे पहले बनवा लेना चाहते हैं। अतः जनसंपर्क विभाग में सघन जनसमागम, कलरव और कोलाहल। 'किचेन-इंचार्ज' अर्थात् 'लंगर अधिकारी' मधुसूदन सिंह तारस्वर में चिल्ला रहा है—"तो ठीक है। किचेनवालों का कार्ड मत

बनाइए—आज शाम को ही, 'टी' टाइम में ही, सभी विभाग के बाबू लोगों को पता चल जाएगा।"

सभी हँसते हैं। उन्मुक्त हँसी की लहरें एक दफ्तर से दूसरे विभाग में और फिर बाहर सड़कों पर आकर हिलोरें लेने लगती हैं।

चार मील उत्तर—मोर्चे पर फायरिंग होने लगती है। यहाँ शोर-गुल हठात् थम जाता है। सभी उत्कर्ण होकर सुनते हैं—धाँय-धाँय। यह राणाशाही मोर्टार है··· यह चालू हुआ मशीनगन··· पगला गया है कर्नलवा क्या जी ?··· यह··· यह··· अपनी सेना का जवाब है निश्चय ही··· मुक्तिवाहिनी—तीनों मोर्चों से एक साथ जवाब दे रही है··· जय हो ! जय हो !!

अधिनायक याकथुंबा की इच्छा के अनुसार मेजर जनरल ने प्रयोगशाला को 'प्राचीरभंजक बमगोले', 'हथगोले', 'धूमजाल बम' (स्मोकस्क्रीन बम) प्रस्तुत करने का आदेश दिया है। याकथुंबा ने काठमांडो से आती हुई राणाफौज के लिए तराई में 'बूबी-ट्रैप' अर्थात् 'मूरख फंदा' बिछाने का प्रस्ताव रखा था किंतु मेजर जनरल सहमत नहीं हुए··· द्वितीय विश्व-युद्ध की रण-नीति की उपज यह 'बूबी-ट्रैप'—ऊपर से निरापद तथा निर्दोष दिखनेवाली कोई वस्तु, जो छूते ही धड़ाके के साथ फट जाए··· नहीं-नहीं··· हमने पराए देश पर चढ़ाई नहीं की है। हम अपनी मातृभूमि को लुटेरों के हाथ से मुक्त करनेवाले मुक्तिसंग्रामी हैं··· नो बूबी ट्रैपिंग, हियर···

प्रयोगशालाओं को विस्फोटकों की परीक्षा करने के लिए निर्जन स्थान चाहिए। निर्जन स्थान का संधान देना जनसंपर्क विभागवालों का काम है। लेकिन, पी. आर. ओ. कहता है : 'लिबरेटेड एरिया' (मुक्त क्षेत्र) में विस्फोटन से 'पैनिक' ··· भगदड़ मच जाएगी। लोग घबराकर गाँव-घर छोड़कर भागने लगेंगे। इसके लिए या तो 'मिलेटरी गवर्नर' अथवा किसी अन्य उच्च अधिकारी की अनुमति लेना आवश्यक है।

फील्ड हास्पिटल के ऑप्रेशन थियेटर में बिजली की लाइन तुरंत कैसे लगाई जा सकती है—इसका उपाय शीघ्र बताना या करना भी जनसंपर्क··· ?

पूर्णिया जिला सोशलिस्ट पार्टी के जनरल सेक्रेटरी नरसिंहनारायण सिंह पर नजर पड़ते ही पी. आर. ओ. पुकारता है—"नरसिंह बाबू, आपके 'सोशलिस्ट रेजिमेंट' के दो सौ साथियों के परिचयपत्रों पर आपका 'काउंटर सिगनेचर' चाहिए। बहुत सारे कामरेडों की सूरत पहली बार देख रहा हूँ—यहाँ आकर। इसलिए आप तनिक सतर्क होकर··· अरे, पता नहीं आपके 'हर-बोलिया दल' में कैसे-कैसे लोग आ गए ··· हाँ, लीजिए, कामरेड भोलानाथ मंडल और सरयुग मिश्र भी आ गए हैं। इनकी मदद लीजिए और चटपट, एक घंटा··· "

नरसिंहनारायण सिंह ने मुस्कुराकर धीरे से कहा—"सुनो ! इस गाड़ी से मनमोहन अधिकारी आ रहा है। कटिहार से खबर आई है। बी. पी. को इसकी सूचना तुरंत दे दो।"

मनमोहन अधिकारी ? बी. पी. का आत्मीय है।' 1947 की हड़ताल में

बी. पी. के साथ गिरफ्तार होकर कई वर्षों तक एक साथ जेल में रहा, किंतु सदा अपनी 'कम्युनिस्टी कट्टरता' को बरकरार रखा। बी. पी. हमेशा उसकी कट्टरता की तारीफ अपने ढंग से करते हैं...

गिरिजा और शिवजंग बी. पी. का आदेश पाकर जीप लेकर जोगबनी स्टेशन पर पहुँचे, मनमोहन की अगुआनी करने... बूबी ट्रैप ?

पी. आर. ओ. ने अपनी व्यक्तिगत डायरी में उस रात को लिखा : "मनमोहन को नजरबंद कर दिया गया है। बी. पी. ने कहा, 'मनमोहन की सुरक्षा के लिए ही ऐसा किया गया है, क्योंकि, धनकुट्टा के कामरेडों की करतूत की खबर याकथुंबा के जवानों को लग गई है और याकथुंबा के जवान तो नेपाली कांग्रेस के नहीं हैं और न ही वे किसी पार्टी के लीडर या कार्यकर्ता को पहचानते हैं। वे 'दोस्त' और 'दुश्मन' को गंध से ही परख लेते हैं। इसलिए मनमोहन का बाहर रहना उचित नहीं... ' सांदाज्यु (अर्थात् छोटे भैया) ने जिस गंभीरता से यह वक्तव्य दिया और उनकी वह मुद्रा मैं कभी नहीं भूलूँगा।"

'यह ऑल इंडिया रेडियो है... समाचार सुनिए ! आज ब्रिटिश सरकार के विदेश विभाग के विशेष अधिकारी सर एलसर ड्रेनिंग... मोहन शमशेर जंगबहादुर राणा से बातचीत के लिए जब काठमांडो के गोचर हवाई अड्डे पर उतरे तो वहाँ करीब बीस हजार जनता ने उनका काले झंडे से स्वागत किया। जनता अंग्रेजी सरकार और उसके विशेष दूत सर ड्रेनिंग के मुर्दाबाद के नारे लगा रही थी। खबर है कि गोचर अड्डे पर तैनात फौजियों ने निहत्थी और अहिंस्र जनता पर अंधाधुंध लाठीचार्ज किया। फलतः अनेक लोग घायल हुए। घायलों में कालेज के छात्र और छात्राओं की संख्या अधिक है। बूढ़े और बच्चे भी फौजी दमन के शिकार... "

"मुर्दाबाद, मुर्दाबाद... मुर्दा... !"

विराटनगर मोर्चे पर एक बार फिर जमकर गोलाबारी हुई। किले से बाहर निकलकर भागते हुए राणा के दो फौजी फिर मारे गए। तीन ने आत्मसमर्पण कर दिया है... तारिणी प्रसाद कोइराला राणा के इन फौजियों से किले के अंदर के बारे में पूछताछ कर रहे हैं... तो, उत्तमविक्रम एक महीने की रसद लेकर अंदर बैठा हुआ है ?... उनके दोनों पुत्र आत्मसमर्पण के विरुद्ध हैं और उन्हें विश्वास है कि दीपावली की रातवाली चढ़ाई की तरह—मुक्तिसैनिक 'रिट्रीट' कर चले जाएँगे... काठमांडो से उन्हें शीघ्र कुमुक भेजा जा रहा है।

हेडक्वार्टर के प्रवेश-द्वार के बगल में, मिल के ब्लाकों को भी अब कारागार करार दे दिया गया है... 'जंगला-ताला-बत्ती-आला' के साथ दर्जनों संतरी की दिन-रात की ड्यूटी। धीरे-धीरे कारागार के कमरे भर रहे हैं। सरकारी अफसर, गुप्तचर, पुराने क्रिमिनल, राणाशाही के चाकरीबाज नागरिक और झूठमूठ अफवाह फैलानेवाले रोज पकड़े जा रहे हैं। आज 'सोशलिस्ट रेजिमेंट' के भी दो आदमी 'कैप्चर' कर

लिए गए हैं··· यहाँ 'कैप्चर' शब्द खूब चालू हो गया है–हर व्यक्ति, हर जगह अपनी बात में इस शब्द का धड़ल्ले से व्यवहार करता है–"भाई, मेरी जगह को किसने कैप्चर ?"

'सोशलिस्ट रेजिमेंट' नाम 'अनआफिसियल' है–पी. आर. ओ. का दिया हुआ, स्वयं पी. आर. ओ. सोशलिस्ट पार्टी का सदस्य है और धीरे-धीरे दिल्लगी में ही उसने इस नाम को चालू कर दिया है। नरसिंह नारायण ने 'परिचयपत्रों' पर दस्तखत करने के पहले जब 'चेक' किया तो एक सौ अस्सी सोशलिस्टों में दो आदमी ठग निकले, अर्थात् उन्होंने अपने को सोशलिस्ट बताकर प्रवेश पा लिया था। दोनों व्यक्तियों को सामयिक सरकार के पुलिस एवं जेल-अधिकारी शिवजंग के पिता के जिम्मे सुपुर्द किया गया और शिवजंग के पिता ने उनकी ओर घुड़ककर देखा तो दोनों ने तुरंत कबूल कर लिया कि वे पूर्णिया-सहरसा के एक मशहूर डकैत के दल के हैं। दलपति ने उन्हें हथियार-बमगोले वगैरह चुराने के लिए भेजा था। दोनों कैप्चर्ड हो गए··· चंद्रप्रसाद नेपाल का बड़ा बेटा तीरथ नेपाल भी कैप्चर्ड होकर आया है। उसने दो साल पहले–छद्मवेश में नेपाल में पार्टी का प्रचार करते हुए बी. पी. को गिरफ्तार करवाया था–ऐसी अफवाह उस समय फैली थी। लेकिन उसको चाकरीबाजी नागरिक होने के जुर्म में 'कैप्चर' किया है।

झापा कैप्चर्ड ! रँगेली कैप्चर्ड !!

भदरपुर कैप्चर्ड !!!

मालगोदाम कैप्चर्ड–अर्थात् मिल का खाली मालगोदाम, जिसमें सोशलिस्टों का 'रैनबसेरा' था–उसे रँगरूट सैनिकों का बैरक बना दिया गया है। इस बैरक का इन्चार्ज कपिलदेव को बनाया गया है। सोशलिस्ट कपिलदेव···

मुक्ति-संग्राम के पूर्वी मोर्चे पर पूर्णिया जिले के डेढ़ सौ सोशलिस्टों के अलावा बंगाल के भी आधा दर्जन समाजवादी आकर डटे हुए हैं। एक दर्जन से अधिक सोशलिस्ट हैडक्वार्टर में विभिन्न विभागों के उत्तरदायित्वपूर्ण पदों पर मुस्तैदी से काम कर रहे हैं। पच्चीस सोशलिस्ट गेर्रिलों को ही याकथुंबा ने अपने काम का समझा है। सबसे ज्यादा भरोसा कुलदीप झा पर है–याकथुंबा को, ईस्टर्न कमांड के चीफ को, तथा सर्वाधिनायक सुवर्ण-शमशेर-टुकड़ी–अग्रगामी दल–का दलपति उन्हें ही चुना गया है और सकलदीप उर्फ शैलेन्दर उर्फ रहीम उनके सहायक। कामरेड लखनलाल कपूर··· सभी 1942 के 'आजाद दस्ता' के अनुभवी और बहादुर लड़ाके–जिनके नामों को सुनकर ही 'टॉमी' और 'बलूच' सिपाही थर-थर काँपते थे।

बंगाल के समाजवादियों में भोला चटर्जी। गेर्रिला-युद्ध की ट्रेनिंग देने से शुरू करके विदेश से, मित्र-देशों से अस्त्र-शस्त्र लाने का काम उसने किया है। डॉक्टर लोहिया ने बी. पी. से इस बहादुर बंगसंतान का परिचय देते हुए कहा था : "यह स्वयं एक भीषण मारात्मक विस्फोटक पदार्थ है··· "

कलकत्ते से तारापद बाबू के नेतृत्व में कई नौजवान आए हैं, जो 'लेबोरेटरी'

(प्रयोगशाला) में काम कर रहे हैं। ठीक, ईस्टर्न कमांड।

एक और सोशलिस्ट कामरेड है जो गुरुत्वपूर्ण पद पर है, यानी, 'किचेन फ्रंट' का कमांडर मधुसूदन सिंह। वह दिन-रात इस जाड़े के मौसम में भी पसीने से लथपथ हो रहा है। सदा तारस्वर में बातें करनेवाला। आज वह तनिक उदास है। कहता है–"यार ! किचेन फ्रंट पर एक बार आकर देखो–एक ही दिन में सारी 'फुटफुटी' गायब हो जाएगी ! आज मोर्चे के जवानों ने ट्रेंच में लंच नहीं खाया। यार, पता नहीं क्या बात हुई !"

छः

एक बंगला कहावत है–ढेंकी अगर स्वर्ग भी जाएगी तो वहाँ भी उसको धान कूटना पड़ेगा। अब तक पूर्णिया जिला में सोशलिस्ट पार्टी के जितने भी सम्मेलन हुए और शिविर चलाए गए, सभी के भोजनालय-विभाग को सुचारु रूप से चलानेवाला साथी मधुसूदन, यहाँ आकर भी अर्थात् लड़ाई के मैदान में भी, सात-आठ सौ व्यक्तियों को तीन जून भोजन 'सप्लाई' करने के काम में जुटा हुआ है। तीन बजे भोर को ही अपने दल-फौज के साथ 'किचेन' में आकर कोयला सुलगाना शुरू कर देता है। बड़े-बड़े कड़ाहों और देगों को माँजने की आवाज ब्रह्मवेला में ठीक झाँझ-करताल के साथ बजनेवाले पूजा के ढोल की आवाज-जैसी सुनाई पड़ती है। सात सौ व्यक्तियों को अहले सुबह चाय–ठीक डेढ़ बजे दोपहर का भोजन, तीन बजते-बजते चाय और रात में आठ से दस बजे तक रात्रि-भोजन की दैनिक व्यवस्था हँसी-खेल नहीं। और कामरेड मधुसूदन रसोई बनानेवाले पाचकों को सिर्फ हुक्म नहीं देता–खुद हाथ में छोलनी या छनौटा अथवा बड़ी कलछी लेकर–बड़े-बड़े दहकते भट्ठों पर चढ़े कड़ाहों में 'मटनकरी' या 'वेजिटेबल स्टू' पकाता हुआ कभी वह मसाला पीसनेवाले को सतर्क करता है–"अरे भाई ! हल्दी के खराब गाँठ नहीं पहचानते तो क्यों पीसने गए हो मसाला ! चलो, पानी भरो जाकर।" कभी याद दिलाता है–"ए भाई ! हास्पिटल का खाना अब तक गया है या नहीं ?··· ए संतरी ! किचेन में बाहरी आदमी को मत आने दो··· हाँ-हाँ··· पाँच बार बाहर जाओ या सौ बार, आते-जाते संतरी को तलाशी देनी ही पड़ेगी··· ए बाबाजी··· ट्रेंच जवानों के लिए पचीस-तीस थरमस चाय चाहिए। पुर्जी लेकर गोदाम से कंडेंस्ड मिल्क ले आइए और कहिएगा कि डिब्बे की मछली कोई जवान छूता तक नहीं–लगता है खराब हो गया है··· अरे यार ! यहाँ सोशलिस्ट पार्टी के सम्मेलन के डेलीगेट नहीं जो सिर्फ हो-हल्ला और नारा लगाकर–बिना तरकारी के भात खा लेंगे। मैं सभी से फिर कह रहा हूँ–मोर्चे पर जानेवाले जवान से कोई 'बकटेटी' (बेकार बहस) मत करना। छोटकू बाबाजी से पूछो–आज बच गए छोटकू बाबाजी··· "

छोटकू बाबाजी कह रहा है–"अरौ बाबा ! आजि हमर बुँझू जे प्राण बचि

गेल। एहेन सुतारि कै चाहक गम हमरा पर फेंकलक··· "

छोटकू बाबाजी की बोली सुनकर सभी हँसते हैं। नेपाली काँग्रेस के सभापति मातृका प्रसाद के अति प्रियपात्र। इन्हें देखते ही वह मैथिली में बोलने लगते हैं। और, छोटकू पंडित आज तक 'कप' को 'टब' और 'मग' को 'गम' ही कहता है।

मातृका बाबू हँसते हैं–"सुतारी कै की फेंकलक ?"

"जी ! वैह की जे कहैछै··· ?"

मधुसूदन कहता है–"एक जवान चीनी माँग रहा था बहुत देर से। छोटकू बाबाजी लगे कानून बघारने कि दो चम्मच से फाजिल चीनी देने का 'औडर' नहीं है। कि 'औडर' शब्द सुनते ही वह अगिया बैताल–औडर ? औडर··· किस्का औडर ? तुम्हारा ? तुम हमारा कमांडर होता है ? तुम औडर देगा··· मूजी-ई··· पूरे मग की चाय उछालकर छोटकू की ओर फेंककर चला गया··· "

"आ गए, आ गए ! दोनों सेनापति आ गए !!"

पश्चिमी मोर्चे का दौरा करके मेजर जनरल सुवर्ण अभी-अभी आए और ईस्टर्न कमांड के साथ अगले मोर्चे पर मुक्तियोद्धाओं से मिलने के लिए जा रहे हैं। बी. पी. के साथ बाडीगार्ड जा रहे हैं तारिणी प्रसाद और भोला चटर्जी। बी. पी. ने 'पी. आर. ओ.' को भी साथ कर लिया है।··· पी. आर. ओ. के राइफल ढोने के ढंग और मुद्रा को देखकर सभी हँसते हैं। मेजर जनरल ने प्रसन्न होकर पी. आर. ओ. को अपनी टामीगन भेंट करते हुए कहा–"बट डोंट फारगेट योर पेन··· "

दो जीपों में लदकर वे चले अगले मोर्चे की ओर–जहाँ तीन दिनों से ट्रेंचों में मुक्तिसेना के जवान डटे हुए हैं··· बाजार अड्डा के मोर्चे के पास ही याकथुंबा अगुआनी के लिए उपस्थित था। उसने पहले एतराज जाहिर किया–अगली खाई तक जाना ठीक नहीं–बहुत जोखम है। लेकिन मुक्तिसेना के सर्वाधिनायक और ईस्टर्न कमांड ट्रेंच में लड़ते हुए एक-एक मुक्तियोद्धा से मिलना चाहते हैं। अतः याकथुंबा बहुत सतर्कतापूर्वक अपने अफसरों को लेकर आगे बढ़े–अब लेट जाइए ··· पेट के बल 'क्राल··· हाँ··· अब एकदम पेट के बल पड़े रहिए–दुश्मन फायरिंग कर रहे हैं··· कई मिनट बाद जब मशीनगन चुप हुई तो वे फिर आगे बढ़े।···

ट्रेंचों की अवस्था देखकर अचरज होता है–इनमें तीन दिनों से कैसे पड़े हुए हैं ये लोग ?

मुक्तिसेना के प्रत्येक योद्धा की एक ही प्रार्थना है–बुलेट, मारक विस्फोटक बम, हथगोले और भेजिए। दुश्मन की पचीस गोलियों के बाद हमें एक गोली छोड़ने का हुक्म है··· हमें फाइनल हमले का हुक्म दिया जाए। ट्रेंच में इस तरह पड़े रहने से अच्छा है घायल होकर अस्पताल के बेड पर··· नहीं–नहीं··· भोजन में कोई गड़बड़ी नहीं–खाने को जी नहीं करता···

मेजर जनरल ने एक-एक मुक्तियोद्धा को प्यार से कहा–"साथी ! घबराओ मत। बहुत जल्दी ही प्रचुर मात्रा में बुलेट और अन्य अस्त्र-शस्त्र आ रहे हैं··· "

'फील्ड हास्पिटल' में चार सर्जन और पंद्रह नर्स घायलों की सेवा कर रहे हैं। सानोआमाँ, नलिनी दीदी, इंदिरा, विजयलक्ष्मी–और नूना भाभी–कोइराला-निवास की माँ, बेटियों और बहुओं के साथ नगर के प्रतिष्ठित घरों की लड़कियाँ स्वयंसेविका के रूप में दिन-रात फिरकी की तरह घूमती रहती हैं।

सर्वाधिनायक की पार्टी हास्पिटल का परिदर्शन करके लौटी ही थी कि हेडक्वार्टर में भीषण धमाका··· धड़धड़-धड़ाम !!··· ठीक मेजर जनरल के दफ्तर के बगल में··· धरती काँप उठी··· धुएँ का काला गुब्बारा बढ़ता हुआ सारे मिल के आकाश को आच्छादित करता जाता है··· सभी धरती पर लेट गए··· बारूद और गंधक की जलती हुई गंध··· मुक्तिवाहिनी ने लगातार कई राउंड फायर किया··· दुश्मन··· दुश्मन··· ??

नहीं, दुश्मन नहीं ! दोस्त··· कामरेड तारापद अपने चार साथियों के साथ प्रयोगशाला में काम कर रहे थे। असावधानी से एक ग्रेनेड गिरकर फूटा और सभी तैयार बम और गोले एक साथ··· विस्फोटक धड़धड़ाकर फटने लगे··· दीवारों में दरारें··· ध्वंस··· ईंट-सिमेंट, रक्त··· रक्त, ध्वंसावशेष··· तारापद बाबू और उनके साथियों की लाशों की चित्थियाँ··· मांस के कुचले और जले हुए कई लोंदे मात्र··· और कुछ नहीं··· न किसी का सिर, न किसी का पैर··· हड्डियाँ चिंदी-चिंदी··· एक वीभत्स दृश्य।

सात

शेल-शॉक ?

भोला चैटर्जी, तारिणीप्रसाद कोइराला और 'पी. आर. ओ.' को 'शेल शॉक' लगा है, शायद ! तीनों कई घंटे तक 'एबनार्मल' की तरह बड़बड़ाते और चुप हो जाते। और चुप्पी ऐसी कि जोर से पुकारने पर भी कोई जवाब नहीं !

नेपाली कांग्रेस के सभापति मातृकाप्रसाद–सारे शिविर के 'ठुलो दाज्यु'–बड़े भैयाजी हैं। उस रात को वह इन तीनों के कमरे में ही बहुत देर तक बैठे रहे।

उसी भीषण विस्फोट के बाद–तारापद बाबू तथा उनके साथियों की आकस्मिक और समूह-मृत्यु के बाद–मुक्तिसेना के हेडक्वार्टर में कई घंटों तक ऐसा सन्नाटा छाया रहा कि जिसकी याद करके मातृका बाबू आज भी रवींद्रनाथ ठाकुर की इन पंक्तियों को दुहराने लगेंगे–"नमि हे भीषण, मौन, रिक्त ! एस मोर भाँगा आल, हस्ते तोमार लौह-दंड बाजिछे लौह बलय··· !!"

उस रात की भीषण उदासी को गौरव प्रदान करने के लिए 'ठुलो दाज्यु' (मातृका बाबू) ने रवि ठाकुर की और भी कई पंक्तियों की आवृत्ति की थी, धीरे-धीरे सस्वर गाया भी था–"ओगो मरण हे मोर मरण हाय एमनि करे कि उचो चोर चुपि-चुपि एसे··· ?"

'पी. आर. ओ.' बड़बड़ा उठा था–"चुपि-चुपि नहीं। चोरी-चोरी नहीं, इसे डकैती कहिए–धमाके के साथ आगमन··· !"

मातृका बाबू इन भावुक युवकों की मनोदशा को समझ रहे थे, अच्छी तरह। वह बड़े भैयाजी का कर्तव्य पालन करते रहे। इनके दिलों में चुपचाप व्याप्त होनेवाली शून्यता और रिक्तता को दूर करने के लिए उन्होंने एक 'बाउल गीत' भी गाकर सुनाया। और, अंत में स्वरचित एक नेपाली गीत–"साथी अब कति टाढ़ा जाने ··· साथी अब और कितना दूर जाना है ?"

और, उनके इस सवाल का जवाब दिया–बीस मील उत्तर-पश्चिम कोसी के कुसहा घाट से, अग्रगामी टुकड़ी के अधिनायक डॉक्टर कुलदीप झा ने–"मंजिल करीब ला रहे हैं हम !"

कुसहा घाट से आए हुए 'विशेष संवाद' ने हेडक्वार्टर के मनहूस वातावरण को पलक मारते दूर कर दिया। सभी इस संवाद को सुनकर जग गए हैं–सर्वाधिनायक से लेकर संतरी तक··· तो, वह सकुशल हैं ?

पिछले दो दिनों से चेष्टा करने पर भी एडवांस फोर्स की टुकड़ी का कोई संवाद हेडक्वार्टर को नहीं मिल सका था। कोई अता-पता नहीं। तारापद बाबू और उनके साथियों की मृत्यु के बाद हेडक्वार्टर के कई कोनों में एक आशंका कभी-कभी प्रबल हो जाती थी–संभवतः एडवांस फोर्स के सभी जवान किसी कुचक्र के शिकार हो गए। युद्ध-भूमि के अनुभवी सैनिकों का कहना है–कभी-कभी खराब समाचार आने लगते हैं तो लगातार कई दिनों तक बस 'बैड न्यूज' ही आते रहते हैं चारों ओर से··· !

डॉक्टर कुलदीप झा ने एक लंबी चिट्ठी लिखी है। अग्रगामी टुकड़ी वास्तव में खतरे में पड़ गई थी। धनकुट्टा के 'कम्मी-कामरेडों' ने विश्वासघात नहीं–'सेबटाज' भी किया। अगर खिरियाही पुल के पास ट्रकों को रोककर अधिनायक ने पुल की परीक्षा नहीं की होती तो 'एडवांस फोर्स' के सभी जवान एक ही साथ मौत के मुँह में समा जाते। हमारे ये नए दुश्मन पुल की पटरियों को हटाकर पास की झाड़ियों में छिपे बैठे थे। डॉ. कुलदीप ने अपने जवानों को सिग्नल दिया और वे ट्रकों से उतरकर 'पोजीशन' लें, इसके पहले ही पुल के उस पार तराई में राइफलों की आवाज गूँजती रही।

··· हमारे दो जवान–दोनों ड्राइवर–ट्रकों के साथ लापता हैं··· क्या वे वहाँ पहुँचे हैं ?··· हम सकुशल कोसी के कुसहा घाट के आस-पास व्यूह-रचना करके दुश्मन की प्रतीक्षा कर रहे हैं··· तराई में, अग्रगामी टुकड़ी के टोह लेनेवाले जवान गिरिजा और शिवजंग के नेतृत्व में सदा सतर्क होकर घूम रहे हैं। जय नेपाल !

कमांडर कुलदीप झा ने अपने पत्र में अपनी एक सलाह भी लिख भेजी है ! विराट नगर सुगर मिल के फार्म में कई 'बुलडोजर' पड़े हुए हैं। उनमें से एक को टैंक में कनवर्ट करवाया जाए, तो किले की दीवार को तोड़कर हमला करना सहज हो जाए···

लेकिन, संग्राम-समिति का विश्वास : 'टैंक' की जरूरत नहीं होगी। एक-दो दिनों में कर्नल विक्रम स्वयं घुटना टेक देगा।

और, इसी का नाम है–युद्ध-भूमि !!

सुबह की रोशनी के साथ ही सारी उदासी–भीषण मौन और रिक्तता–दूर हो रही है। चारों ओर फिर प्रसन्नता, चंचलता, कार्यव्यस्तता। सर्वाधिनायक का उस दिन का हुक्म–"पूर्ववत् घेरा डाले रहो··· !"

मिलेटरी गवर्नर का आदेश–"शहर खाली कीजिए। इवेकुएशन··· !"

शहर खाली करवाने के पहले विराटनगर मोर्चे का कमांडर याकथुंबा हेडक्वार्टर में आया है। ईस्टर्न कमांड के चीफ ने उन्हें बुलाया है। बी. पी. शहर खाली करवाने से पहले एक बार कर्नल उत्तमविक्रम से 'अपील' करना चाहते हैं···

"अपील ?"–याकथुंबा अचरज से पूछता है–"मोर्चे पर··· अपील··· ? यो कसरी हुन सक्छ··· यह कैसे हो सकता है ?"

"क्यों ? लाउडस्पीकर की आवाज किले की दीवार के उस पार तक नहीं पहुँचेगी ?··· पुग्दैन ?"

"पुग्न लाई त सिंधिया नदी पर्यंत पुग्छ··· पहुँचने को तो सिंधिया नदी तक आवाज पहुँच सकती है। लेकिन यह उत्तमविक्रम के दिल-दिमाग तक पहुँचेगी, इसमें मुझे संदेह है। और, इसकी जरूरत ही क्या है ?"

"जरूरत है।"–बी. पी. दृढ़तापूर्वक कहते हैं।

एक ओर फौजी पोशाक में एक संवेदनशील, उच्च शिक्षित, सही मानवमूल्यों में विश्वास करनेवाला मधुरभाषी बुद्धिजीवी नेपाली है और दूसरी ओर सैनिक अकादेमी का प्रशिक्षित शत-प्रतिशत फौजी नेपाली, जिसके सिर में दिमाग की जगह पर 'मिलेटरी मैनुअल' रखा हुआ है। मैनुअल में, मोर्चे से दुश्मन के नाम अपील करने की बात कहीं नहीं ! ईस्टर्न कमांड के चीफ तर्क करते हैं–"उत्तमविक्रम की हठधर्मी अथवा मूर्खता के कारण सैकड़ों नेपाली जवान मारे जाएँ–यह मैं नहीं चाहता। मुझे लगता है, उत्तमविक्रम और उसके पुत्र अपनी सुरक्षा का ख्याल करके ··· अर्थात् वे समझते हैं कि पकड़े जाने पर उन्हें तुरंत गोली से उड़ा दिया जाएगा। शायद, इसीलिए··· "

याकथुंबा तर्क नहीं करता। वह 'एटेंसन' की मुद्रा में खड़ा हो गया है। अब बी. पी. कह रहे हैं–एक-एक प्रशिक्षित नेपाली जवान की क्या कीमत है, हम जानते हैं··· आज वे गरीब राणा के साथ हैं, उनके हुक्म से गोलियाँ चलाते हैं। कल वे ही नेपाली प्रजातंत्र सरकार के सैनिक होंगे··· !"

एक जीप पर लाउडस्पीकर के सारे सामान–बैटरी, एम्पलीफायर, हार्न और माइक आदि लादे जा रहे हैं। दूसरी गाड़ी पर याकथुंबा के साथ बी. पी. की पार्टी–अर्थात् दोनों अंगरक्षक भोला चैटर्जी और तारिणी प्रसाद। आज बी. पी. ने

'पी. आर. ओ.' से साथ चलने को नहीं कहा। वह ईस्टर्न कमांड के साथ चलने की अनुमति माँगता है–"वहाँ तो आप भाषण देंगे न ? तब तो मेरे विभाग के किसी व्यक्ति को वहाँ उपस्थित रहना चाहिए। न्यूज कवर करने को।"

बी. पी. हँसते हैं। किंतु तारिणी और भोला चैटर्जी व्यंग्य करते हैं–"अरे यार पी. आर. ओ.–तुम कहाँ चलोगे ?··· हू विल कवर यू ?"

बी. पी. की अनुमति पाकर 'पी. आर. ओ.' जवाब देता है–"अकेला कहाँ हूँ ? यह रही मेरी 'रक्तपा' और वह 'सिद्धिदा'।"

'पी. आर. ओ.' ने सर्वाधिनायक-प्रदत्त अपनी 'टामीगन' को नाम दिया है 'रक्तपा' और उसके सभी मित्र तथा आत्मीय जानते हैं, 'सिद्धिदा' उसकी 'पार्कर 51' कलम का नाम है।

बाजार अड्डा मोर्चे के पास दोनों गाड़ियाँ रुकीं। 'रिजर्व' के जवानों ने 'लाउडस्पीकर' के सामान के साथ ऑपरेटर को अगले मोर्चे तक पहुँचाया। बाद में स्वयं याकथुंबा और सी. बी. सुब्बा–बी. पी. की पार्टी को 'कवर' करके मोर्चे की ओर बढ़े।

मोर्चे पर पहुँचकर पता चला–आज सुबह से राणाशाही गोला-बारी की गति तनिक मंद है। मुक्ति-सैनिकों को राणाशाही के बीस राउंड के बाद एक 'राउंड' से ज्यादा गोली चलाने की आज्ञा अब भी नहीं दी गई है। इसलिए, प्रत्येक मुक्ति-फौजी के चेहरे पर 'बोरडम' (एकरसता) से उत्पन्न रेखाएँ अंकित हैं।

अब, ईस्टर्न कमांड के चीफ की 'अपील', ध्वनिविस्तारक-यंत्र की सहायता से–गोस्वारा-कचहरी की दीवारों से टकराकर प्रतिध्वनित होने लगी–"कर्नल साहब ··· कर्नल उत्तमविक्रम राणाजी–कृपया ध्यान दें··· कर्नल उत्तमविक्रम··· अगर आप तक मेरी आवाज पहुँच रही हो तो··· थोड़ी देर के लिए फाइरिंग बंद करवा दें। मैं–मुक्तिसेना के पूर्वी कमांड का चीफ–बी. पी. कोइराला–आज आपके सामने एक 'अपील' लेकर उपस्थित हुआ हूँ··· हम राणातंत्र के दुश्मन हैं, राणाओं के नहीं। हमारी मुक्तिफौज के अधिनायक राणा ही हैं। कई प्रमुख राणा-परिवार के नौजवान, मुक्तिसेना के अधिनायक और साधारण सैनिक हैं। आपके जैसे अनुभवी शासक की जरूरत नेपाल की किसी भी सरकार को पड़ेगी··· यह निश्चित है कि विजय अंततः नेपाली जनता की ही होगी। मुझे उम्मीद है कि आप अपने देश की जनता का साथ देकर खोया हुआ अवसर··· याद रहे, हम अपने देशवासियों का रक्त व्यर्थ ही नहीं बहाना चाहते। आप जनता की इस लड़ाई में शरीक हों, आप जिस पद पर हैं–सामयिक सरकार आपको उसी पद पर बरकरार रखेगी। इस संबंध में अगर आप विस्तारपूर्वक बात करना चाहें तो मैं इसके लिए भी तैयार होकर आया हूँ। दोनों ओर से सफेद झंडे फहराए जाएँ। आप किले से अपने अंगरक्षकों के एक दस्ते के साथ बाहर निकलकर 'हुलाख' (पोस्ट आफिस) के बरामदे पर आने की कृपा करें, मैं भी आगे बढ़कर उस जगह पर पहुँचता हूँ। अगर आप चाहें तो··· !"

किले की दीवार के उस पार एक सफेद झंडा ऊपर की ओर उठ रहा है।

उठता ही जा रहा है। हाँ, सफेद झंडा ! सुबुद्धि की जय हो ! इधर भी सफेद झंडा लहरा उठा।

उधर, किले का लौह कपाट खुला–सशब्द। फिर बी. पी. मुक्तिवाहिनी के दोनों अधिनायकों और सशक्त जवानों के साथ–ट्रेंच से बाहर निकलकर–आगे बढ़े।

किंतु, वे दस कदम भी नहीं बढ़े होंगे कि सामने से किले की छत पर फिट मशीनगन अट्टहास कर उठी–टटटटटट··· टटटटट··· टट··· !!

याकथुंबा और सी. बी. सुब्बा दोनों एक ही साथ बी. पी. को 'अँकवार' में भरकर यंत्र-चालित मशीन की तरह फुर्ती से जमीन पर लेट गए और लुढ़कते हुए ट्रेंच में गिरे। कई जवान बुरी तरह घायल हुए। और, पंद्रह-बीस मिनट तक दोनों ओर से जैसी गोलाबारी हुई वैसी कई दिनों से नहीं हुई। मुक्तिसेना के जवान पागल हो गए हैं–सफेद झंडा दिखलाकर फाइरिंग ? ऐसी दगाबाज़ी ?··· इसका मजा चखाना होगा। ट्रटठाँय-ठाँय-ठाँय !!

उस दिन कर्नल उत्तमविक्रम तथा उनके दोनों पुत्रों को पूरा विश्वास हो गया था कि उनकी 'धोखाधड़ी-गोलाबारी' सफल हुई यानी बी. पी. कोइराला मर गए। मुक्तिसेना के 'बेतार-ऑपरेटर' ने उस दिन कर्नल विक्रम की 'आकाशवाणी' (राणा सरकार के शासन के समय नेपाल 'वायरलेस विभाग' का नाम आकाशवाणी ही था !) को जितनी बार 'इंटरसेप्ट' किया, उत्तमविक्रम यही संवाद बार-बार काठमांडो भेज रहा था–हमने बी. पी. के जीवन का अंत कर दिया··· ।

"हाँ–घायल नहीं, एकदम समाप्त··· वह निश्चित रूप से मारा गया है··· ।"

बी. पी. तथा उसकी पार्टी के सदस्यों को हेडक्वार्टर में सकुशल पहुँचाने के बाद ही, याकथुंबा के चेहरे पर उसकी सहज और स्वाभाविक मुस्कराहट लौट आई–"रणचंडी की विशेष और असीम कृपा है हम पर अन्यथा आज··· !"

"जय नेपाल कमांडर !"

याकथुंबा प्रसन्नता के मारे उछल पड़ता है–"साथी पूरनसिंह ? कब आए ?"

नेताजी सुभाषचंद्र बोस की 'आजाद हिंद फौज' का प्रसिद्ध लड़का पूरनसिंह अपने कई 'मिलटरी मैकनिक' साथियों के साथ आया है–सर्वाधिनायक सुवर्ण का संदेश पाकर। आते ही उसने सबकुछ सुनने के बाद–कैटरपिलर बुलडोजर को टैंक में परिणत करने के सुझाव का समर्थन किया है। आज रात से ही वह अपने साथियों के साथ जूट मिल के बड़े 'वर्कशाप' में लोहे की चद्दरों की 'वेल्डिंग-मौल्डिंग' का कारोबार शुरू कर देगा।

इवेकुएशन ! एवेकुएशन !!

"शहर खाली कीजिए !"

विराटनगर शहर खाली हो रहा है। खाली करवाया जा रहा है। ट्रकों पर लदे हुए सामान–बिस्तर, ट्रंक, रेडियो, सिलाई की मशीन, पेट्रोमेक्स, पंखे, ग्रामोफोन··· पालतू

कुत्ते-बिल्ली, तोता-मैना, काकातुआ··· !!

"घबराइए नहीं। पच्चीस ट्रक हैं। बारी-बारी से एक-एक परिवार को सकुशल सुरक्षित स्थान में–इवेक्वी कैंप में–पहुँचा दिया जाएगा। आपस में झगड़ें नहीं। अपने घरों और गोदामों में ताले लगा दें··· पहले गर्भवती महिलाओं को–बूढ़ों, बच्चों और बीमारों को पहले जाने दीजिए–प्लीज, प्लीज, गुलगपाड़ा एकदम नहीं–आपकी सहायता के लिए हर मुहल्ले में, हर गली में मुक्तिसेना के सशस्त्र स्वयंसेवक तैनात हैं–स्वयंसेविकाएँ भी हैं–भाग-दौड़, होहल्ला नहीं–होशियारी से–पैदल जानेवाले भाइयो ! मुक्तिसैनिकों की बात का अक्षरशः पालन करें–उनके बताए हुए रास्ते से चलें। वे जैसा कहें, करिए–हाँ, दूसरा ट्रिप··· तीसरा खेप··· ट्रक और जीप गाड़ियाँ जा रही हैं–घबराइए नहीं–स्वयंसेवकगण शांति से काम लें, कृपया।"

विराटनगर की सड़कों, गलियों और नुक्कड़ों पर 'पिकेट' करते हुए मुक्तिसेना के संतरी अवाक् हैरान हैं–ऐसा तो कभी नहीं देखा। न बर्मा में, न इम्फाल में और न कोहिमा में–कहीं भी नहीं। औरतें, जवान लड़कियाँ, मुर्गे-मुर्गियाँ, भेड़-बकरे, रुपए-पैसे सभी सुरक्षित जा रहे हैं। सर्वाधिनायक की चेतावनी उनके कान के पास प्रतिध्वनित हो जाती है–"हम लुटेरे सैनिक नहीं। हम मुक्तिसैनिक हैं–हम नेपाल की जनता के सिपाही हैं··· "

ट्रकों की निरंतर 'आवाजाही' से सड़कों पर सदा धूल के विशाल बवंडर मँडराते रहते हैं··· स्मोक-स्क्रीन··· प्राकृतिक धूमजाल !!

पूरनसिंह अपने साथियों के साथ 'वर्कशाप' की भट्ठी को सुलगा चुका है। वर्कशाप में रह-रहकर प्रज्ज्वलित होनेवाली नीली रोशनी आस-पास की इमारतों की दीवारों पर चकाचौंधपूर्ण इंद्रजाल की सृष्टि कर जाती है, रह-रहकर। बड़े-बड़े हथौड़ों से जब लोहे की 'पिटाई' होने लगती है तो हेडक्वार्टर की सभी इमारतों में लगे लोहे खनकने लगते हैं।

और, ठीक उसी समय हेडक्वार्टर के नए और बड़े बेतार कक्ष में बाहर से आए हुए वायरलेस-इंजीनियर साहब, 'पावरफुल ट्रांसमीटर' बैठा रहे हैं। टेस्ट कर रहे हैं–हैलो-हैलो !!··· पूरनसिंह के वर्कशाप के हथौड़े की चोट पर ट्रांसमीटर की 'मेजिकाइज़' की रोशनी काँप-काँप जाती है।

दो दिन पहले, 'पी. आर. ओ.' और उसके लँगोटिया यार नेपाली के तरुण और यशस्वी कथाकार–तारिणी प्रसाद कोइराला–ने मिलकर संग्राम-समिति के सामने एक आवश्यक सुझाव रखा था–"हमारे साधारण वायरलेस का 'रेंज' काठमांडो, गोरखपुर, बनारस, कलकत्ता, दार्जिलिंग तक है। क्यों नहीं हम बाजाब्ता ब्राडकास्ट करवाना शुरू कर दें ?"

सर्वाधिनायक ने इस सुझाव को मानकर, हवाई जहाज भेजकर नया ट्रांसमीटर और बड़े इंजीनियर को बुलवाया है। कल सुबह आठ बजे से ही 'शार्ट वेव' के

41 मीटर बैंड पर 'प्रजातंत्र नेपाल रेडियो' का प्रसारण शुरू हो जाएगा। सभी पत्र-प्रतिनिधियों को समय और मीटर की पूरी सूचना दे दी गई है।

'पी. आर. ओ.' को बहुत मुश्किल से एक कीर्तन-मंडली का पुराना हारमोनियम मिला। लेकिन, रात के ग्यारह बजे तक 'पी. आर. ओ.' तथा तारिणी प्रसाद 'डुग्गी-तबला' की जोड़ी की खोज में जोगबनी के बाजार में भटकते रहे। सभी को अचरज होता है–फौजियों को हठात् हारमोनियम-तबला की जरूरत क्यों पड़ गई ? और, जब 'इवेक्वी कालोनी' में वे किसी सुकंठ गायक अथवा गायिका की तलाश करने पहुँचे तो दोनों की नीयत पर भी संदेह किया जाने लगा–कमांडर को सूचना देनी होगी ?··· खाकी वर्दी, मुँह में हर्क्युलिस-रम की तीव्र गंध और किसी गानेवाली की रात में खोज ?··· दोनों बहुत रात तक भटकते रहे।

दूसरे दिन सुबह, सात बजकर तीस मिनट तक भी कोई गायक नहीं मिला। तब वायरलेस-विभाग के ही दो-तीन कार्यकर्ताओं को लेकर 'जय-यात्रा' का रिहर्सल शुरू किया गया। चीफ ऑपरेटर लामा ने संकेत दिया। सबसे पहले उसने कई बार–'दिस इज़ प्रजातंत्र नेपाल रेडियो टेस्टिंग ऑन फोर्टीवन मीटर बैंड'–दुहराया। और, आठ बजते ही हारमोनियम और डुग्गी के ताल पर–"नेपाली, नेपाली अगि बढ़दा, बढ़दै जाउ क्रांति झंडा ले" गीत का प्रसारण प्रारंभ हो गया !

तारिणी हारमोनियम बजा रहा था और डुग्गी पर ताल दे रहा था 'पी. आर. ओ.' –डम-डम-डम। नेपाली-नेपाली ! !

"जय नेपाल !"–प्रजातंत्र नेपाल रेडियो पर तारिणी का प्रथम अभिवादन !!

"डम-डम-डम–नेपाली-नेपाली··· "

"यो प्रजातंत्र नेपाल रेडियो है। हामी नेपाल को मुक्त क्षेत्र बाट··· !" तारिणी नेपाली में खबरें सुनाने लगा।

"यह प्रजातंत्र नेपाल रेडियो है।"–'पी. आर. ओ.' ने हिंदी में समाचार पाठ किया–"हमारे दिल्ली-स्थित संवाददाता ने अभी-अभी खबर दी है कि मोहन शमशेर के दो दूत, जनरल केशव और विजय शमशेर जंग पिछली रात को दिल्ली पहुँच गए हैं··· झापा पर मुक्तिसैनिकों ने कब्जा कर लिया है··· धनकुट्टा के रास्ते में खिरियाही पुल के पास मुक्ति-सेना की एडवांस टुकड़ी ने जमकर मुकाबला किया··· "

"यू आर ट्युण्ड टु प्रजातंत्र नेपाल रेडियो··· !"

अंग्रेजी समाचार बुलेटिन विजयलक्ष्मी के स्वर में।

उस दिन प्रजातंत्र नेपाल रेडियो के 'फिल्म-स्टूडियो' से प्रसारण के बाद जब वे बाहर निकले–सर्वाधिनायक सुवर्ण, बी. पी. तथा एम. पी. सभी एक साथ बधाई देने के लिए प्रसन्न खड़े थे–"शाबाश !··· वाह !!"

'पी. आर. ओ.' ने मातृका प्रसाद से अनुमति माँगी–"आज दोपहर की सभा में–आपका गीत–'साथी अब कति टाढ़ा जाने' प्रसारित किया जाएगा··· तारिणी गाएगा। क्या आप रिहर्सल के समय कुछ देर के लिए स्टूडियो में पधारने की

कृपा करेंगे ?"

ठुलो दाज्यु ने हँसते हुए कहा–"जो हुक्म !··· हुन्छः"

आठ

कोसी का कुसहा घाट !

घनी तराई को दो हिस्सों में बाँटती हुई हिमालय की प्रसिद्ध नदी कोसी, अर्थात् कोसी मैया, दूर तक फैली हुई श्वेत, सैकतशय्या पर लेटी है। कार्तिक-अगहन में, इस घाट पर कोसी 'तन्वंगी' तो है किंतु, श्रांत-क्लांत-निश्चल नहीं। कलकल-वाहिनी प्रखर तरंगिनी है। पहाड़ी के नीचे उतरने के बाद–कोसी का यह दूसरा अथवा तीसरा घाट है–कुसहा; जहाँ मुक्तिसेना की अग्रगामी-टुकड़ी के कमांडर डॉक्टर कुलदीप झा पिछले कई दिनों से व्यूह-रचना करके सतर्क बैठे हैं। घाट की सभी नावें और डोंगियाँ डुबो दी गई हैं।

कुहरा-कुहासा चारों ओर व्याप्त। सूरज उगने के दो घंटा बाद भी कुहरा छँटा नहीं है। तराई की हरियाली पर गहरा सफेद आवरण ! और सुबह चलनेवाली पहाड़ी हवा के साथ शीतलहरी !! इस पार से उस पार तक दृष्टिपथ को घेरकर रखनेवाले सफेद आवरण पर कहीं कोई धब्बा नहीं।

सूरज ने तराई से और ऊपर उठकर अपनी किरणों से इस श्वेत आवरण को कई स्थानों पर चीरना शुरू कर दिया। और, तब कमांडर झा ने देखा–घाट के उस पार··· उस पार बालू पर क्या है वह ?··· गाड़ी पर नाव ?··· अर्थात् वे आ रहे हैं ?··· अरे रे ! दरिया में भी किश्तियाँ··· रहीमजी··· दूरबीन ?

"दूरबीन पार्टी नंबर दो के पास है।"

"गाड़ी पर नाव है न ? और नदी में··· ?"

"मगर गाड़ियों में बैल या भैंसा नहीं–आदमी जुते हुए हैं।"

"वहाँ, बालू पर··· तराई से पंक्तिबद्ध··· ?"

दुश्मन··· दुश्मन ! तराई की हवा कुसहा मोर्चे के हर जवान के क़ानों के पास फिसफिसाकर कह गई–दुश्मन !

कमांडर के संकेत पर वे 'पोजीशन' लेकर तैयार हो गए। कमांडर ने हुक्म दिया और गोलाबारी शुरू हो गई।

कामरेड रहीम उर्फ शैलेंदर सिंह उर्फ सकलदीप के शब्दों में कुसहा घाट की इस लड़ाई का विवरण–"फायरिंग करते-करते राइफल की नली आग हो गई समझिए। फ्लास्क का पानी खत्म। खैर, किसी तरह नली को ठंडा किया। डॉक्टर साहब तब तक स्टेनगन से नाव पर बैठे दुश्मनों को भून चुके थे। दोनों नावों को डुबा चुके थे। उधर पार्टी नंबर दो दाहिने बाजूवाली खाई से फायरिंग किए जा रही थी। दुश्मन जब तक भौंचक रहा, सिर्फ हमारी गोलियाँ ही बोलती रहीं। मगर

दुश्मन ने जब हमारा ठिकाना जान लिया, तो जवाब आने लगा। ऐसा जवाब कि समझिए झड़ी लगा दी। हम और डॉक्टर साहब जिस 'भिट्ठे' की आड़ में थे, वह ढहने लगा तो हम रेंग-रेंगकर दूसरी खाई में पहुँचे। पार्टी नंबर दो ने भी अपना ठिकाना बदला··· एक ही दूरबीन, सो भी पार्टी नंबर दो के पास। डॉक्टर साहब बोले–'पार्टी नंबर दो चुप क्यों हो गई ?' उस पार से धुआँधार गोलियाँ आ रही थीं।

"डॉक्टर साहब घुटने के बल बैठकर स्टेनगन को ठीक करने लगे। मैं बोला, 'पेट के बल लेट जाइए।' डॉक्टर साहब इतने लंबे कि घुटने के बल बैठने पर भी पीठ दिखाई पड़े। पेट के बल पर हम दोनों लेटे रहे। फायरिंग रुकी तो फिर नया 'पोजीशन' लिया। डॉक्टर साहब ने पाँच मिनट तक गोली चलाई होगी। जिस वक्त पार्टी नंबर दो फायरिंग देने लगी, हम दोनों जगह बदलने के लिए 'सखुआ' पेड़ की आड़ में खिसकते हुए जा रहे थे कि डॉक्टर साहब के मुँह से निकला–'ओह !' मुड़कर देखा तो वह पेट पकड़े हुए थे। दुश्मन की गोलियाँ सामनेवाले पेड़ के तने के 'बाकल' को उधेड़ रही थीं। दुश्मन ने हम दोनों को अच्छी तरह देख लिया था। डॉक्टर साहब पेट पकड़कर रेंगते हुए ढलान से नीचे लुढ़क गए। हमको भी ऐसा ही करने को कहा। बोले–'फायरिंग बंद मत करिए ! जारी रखिए ! मगर, जब हमने उलटकर देखा, तो डॉक्टर साहब खून से लथपथ थे। मैं उनके पास पहुँचा तो हुक्म हुआ–'अपनी पार्टी के जवानों को पार्टी नंबर दो की मदद के लिए भेज दीजिए'··· वही किया। लौटकर आया तो खुद अपनी कमीज फाड़कर, बूट की पट्टी खोलकर पेट पर बाँध रहे थे। हमको देखकर बोले–'अंतड़ी निकल गई है। सँभालकर अंदर करके पट्टी बाँध दीजिए।' पहले तो सोचा कि पार्टी नंबर दो को खबर दूँ। मगर, डॉक्टर साहब को उस हालत में छोड़कर कैसे जाएँ ? आखिर अपनी राइफल और डॉक्टर साहब की स्टेनगन को अगल-बगल लटकाकर–डॉक्टर साहब को पीठ पर लादकर–पहाड़ी 'झोरा' (सूखी नाली) की राह पकड़कर मैं चला··· "

घनी तराई का बीहड़ पथ। एडवांस फोर्स के घायल कमांडर को पीठ पर लादकर, कामरेड रहीम हेडक्वार्टर की ओर जानेवाली पगडंडी को खोज रहा है। कमांडर झा गंभीर रूप से घायल हैं। किंतु, बेहोश नहीं–"साथी रहीमजी ! आप 'अकनेधी' का लत्तर पहचानते हैं ? सन्थाल लोग और अपने गाँव के लोग भी इसके पत्ते को पीसकर कटे हुए स्थान पर लगाते हैं। खून तुरंत बंद हो जाता है और फिर घाव सूखने पर ही लेप अपने-आप उतर जाता है। 'एंटीसेप्टिक' भी होता है और घाव को आराम करने में उस्ताद है यह जड़ी। मुझे किसी जगह पर रखकर झाड़ियों में ढूँढ़िए।" कामरेड रहीम ढूँढ़कर 'अकनेधी' की लता ले आया है। डॉक्टर साहब मुस्कुराकर कहते हैं–'ठीक है। आप जंगली जड़ी-बूटी को पहचानते हैं।' रहीम, पत्तियों को राइफल के 'बट' पर रखकर पत्थर से कुचलता-पीसता है। किंतु पट्टी को हटाकर घाव को देखते ही उसका सिर चकराने लगता है। डॉक्टर

झा कहते हैं, 'कुछ ही दूर पर, इटहरी गाँव में एक डॉक्टर रहता है। उसके पास पेनिसिलिन होगी। अगर अभी एक सुई लग जाए··· "

लेकिन डॉक्टर के पास पेनिसिलिन नहीं थी। और होती भी तो··· ?

इटहरी पहुँचते-पहुँचते डॉक्टर झा की अवस्था नाजुक हो चुकी थी। उनकी बोली बंद हो चुकी थी। इटहरी पहुँचकर रहीम ने जब उनको बरामदे पर लिटाया, तो एक बार आँखों को खोलकर देखा। फिर, एक लंबी साँस के साथ, सब समाप्त !

सुबह आठ बजे का चला हुआ रहीम, शाम को पाँच बजे डॉक्टर झा की लाश को लेकर हेडक्वार्टर में हाजिर हुआ। और, दो मिनट के बाद एडवांस फोर्स की पार्टी नंबर दो का संदेशवाहक भी शुभ संवाद लेकर पहुँचा। डॉक्टर झा की लाश को मेजर जनरल के कमरे में बंद कर दिया गया। पार्टी नंबर दो के संदेशवाहक का लाया हुआ 'उत्साहवर्द्धक समाचार' तत्काल ही 'प्रजातंत्र नेपाल रेडियो' के दफ्तर में शाम के समाचार-बुलेटिन में प्रसारण के लिए भेज दिया गया। और, तुरंत एक टुकड़ी कुसहा घाट की ओर चल पड़ी—एडवांस फोर्स की मदद करने के लिए।

"यह प्रजातंत्र नेपाल रेडियो है··· एक विशेष संवाद सुनिए (फ्लैश !!!)··· आज सुबह आठ बजे कोसी नदी के कुसहा घाट पर जमकर लड़ाई हुई। काठमांडो से विराटनगर को आती हुई राणाशाही की सेना की टुकड़ियाँ जब नावों पर लदकर नदी पार कर रही थीं, मुक्तिसेना के जवानों ने उन पर अचानक गोलाबारी शुरू कर दी और दुश्मन की दो नावों को डुबा दिया। डेढ़ घंटे तक मुकाबला करने के बाद हमारे जवानों ने दुश्मन को उस पार की तराई में खदेड़ दिया है··· !!"

रात को साढ़े नौ बजे प्रजातंत्र नेपाल रेडियो की तीसरी सभा समाप्त करके 'पी. आर. ओ.' अपने कैंप में लौटा तो पहरे पर खड़ा संतरी साथी गिरधारी फूट-फूटकर रो पड़ा।

कैंप में चारों ओर हिचकियाँ-सिसकियाँ और घुटता हुआ क्रंदन !! सोशलिस्ट पार्टी के जनरल सेक्रेटरी नरसिंह नारायण सिंह की आँखें झर रही थीं और वह मानो 'बाय' में बोले जा रहे थे—"तुमने··· अब तक डॉक्टर साहब से मुलाकात नहीं की ? रहीम कह रहा था—मोर्चे पर डॉक्टर साहब तुमको बार-बार याद करते थे··· चलो, अपने प्यारे साथी कुलदीप झा से मिल लो।"

नेपाल-भारत की सीमा-रेखा के पास 'नो मैंस लैंड' के किनारे, भारत की भूमि पर एक चिता सजाई जा रही है। विराटनगर और जोगबनी के दस हजार मजदूरों के प्यारे और बहादुर साथी की अर्थी उठ रही है। पूर्णिया जिला के किसानों का अगुआ-लड़का और बिहार के विद्यार्थियों और नौजवानों के प्रिय 'भैयाजी'—लाल झंडे में लिपटे, फूलमालाओं से लदे आ रहे हैं··· सावधान ! आगे-आगे मातमी धुन बजाती हुई बिगुलवादकों की टुकड़ी··· धीरे-धीरे आ रही है··· भारत-नेपाल मैत्री,

अमर हो··· नेपाली प्रजातंत्र जिंदाबाद··· डॉक्टर कुलदीप झा ट्रठाँय ! सलाम–लाल सलाम !!··· ट्रठाँय !··· सलाम··· ट्रठाँय !!

नौ

"··· समाचार आप प्रजातंत्र नेपाल रेडियो से सुन रहे हैं। मोहन शमशेर के दोनों विशेष दूत, आज दिल्ली से काठमांडो वापस हो गए। जानकार सूत्रों का कहना है कि भारत सरकार ने मोहन शमशेर की समझौता-वार्ता की शर्तों को नामंजूर कर दिया है और साथ ही इस बात पर बल दिया है कि भारत श्री-5 महाराजाधिराज त्रिभुवन को नेपाल का महाराजाधिराज मानता है··· आज के विशेष समाचार फिर एक बार सुन लीजिए–ईलाम पर, मुक्तिसेना ने बिना एक बूँद रक्त बहाए कब्जा कर लिया है, भोजपुर-खटांग में घमासान लड़ाई चल रही है··· लीजिए, अभी-अभी खबर मिली है कि भोजपुर-खटांग के सरकारी-भवन पर मुक्तिसैनिकों ने विजय का झंडा फहरा दिया है··· "

प्रजातंत्र नेपाल रेडियो से प्रतिदिन तीन बार–सुबह, दोपहर और शाम की सभाओं में समाचार प्रसारित किए जाते हैं। समाचार के अलावा गीत, लोकगीत, रिपोर्ताज़ और एकांकी। सभी प्रसारणों का मूल वक्तव्य–'नेपाल में सदियों से छाए अंधकार को दूर कर–नया सूरज नया विहान ला रहा है।'

किंतु, विराटनगर का अडिग और अजेय दुर्ग इन सारी बातों को झुठलाता हुआ नित्य नरसंहार कर रहा है। इसलिए झापा, ईलाम और भोजपुर-अंचलों के उत्साहवर्धक समाचारों पर जनता अविश्वास-सा करने लगी है। मुक्तिसैनिकों के मनोबल भी डाँवाडोल हो रहे हैं। और, सबसे बड़ी और 'टाप' सीक्रेट बात–यदि एक-दो दिन में विराटनगर किले का पतन नहीं हुआ तो मुक्तिसेना के समक्ष एक भीषण और चरम संकटपूर्ण समस्या उपस्थित हो जाएगी। अर्थात् मुक्तिसेना का गोलाबारूद और बुलेट का भंडार करीब-करीब खाली हो चुका है। तब क्या होगा ? सिर्फ प्रेरणादायक राष्ट्रीय गीतों और रक्त को उबालनेवाले रिपोर्ताज़ से राणाशाही फौज की दुर्वार गति को रोका तो नहीं जा सकता ?

भट भट भट भट भट··· ??

पूरनसिंह तथा उसके साथियों ने कैटरपिलर बुलडोजर को सचमुच टैंक में कनवर्ट कर दिया है। वे इस लौह-दानव को चला-फिराकर 'ट्रायल' ले रहे हैं। लोहे के चद्दरों से मंडित, ब्रेनगन से सुसज्जित। पूरनसिंह ब्रेनगन की चर्खी को घुमा-फिराकर विभिन्न कोण में निशाना लेकर देखता है–"कमांडर याकथुंबा–यह रहा आपका टैंक !"

आश्चर्य ! दोपहर की सभा में प्रसारण के लिए, उत्तमविक्रम राणा के नाम, ईस्टर्न कमांड की फिर एक अपील ? अपील नहीं, अंतिम चेतावनी—"अब जनि दोष देहु मोहि लोगू··· ।"

और, इस अंतिम चेतावनी का जवाब उत्तमविक्रम की सेना ने मोर्टार के गोलों से दिया—

'मिले न कबहुँ सुभट रण गाढ़े··· ।'

तेईस दिसंबर के सुनहले दिन का तीसरा पहर। मुक्तिसेना के बैरकों में मानो नई जिंदगी दौड़ गई है। रिजर्व के जवान भी तैयार हो रहे हैं। चारों ओर सरगर्मी, उत्तेजना की लहरें !! ट्रकों में लदकर मुक्तिवाहिनी के योद्धा··· विराटनगर मोर्चे की ओर चले और ट्रकों के पीछे-पीछे तमाशबीन निहत्थी जनता। कमांडर के सामने नई समस्या—"नहीं, नहीं। पब्लिक को रोको। एकदम रोको।"

पिकेट पर तैनात मुक्तिसेना के जवान मुस्तैदी से सड़कों पर घेरा डालकर अड़ गए। अबूझ जनता को नेपाली कांग्रेस के स्वयंसेवक समझा रहे हैं। किंतु जनता अपनी सेना के साथ मार्च करना चाहती है—"भाइया ! फौजियों की जय-यात्रा में कोई बाधा न पड़े—कोई अमंगल घटना न घटे—इसलिए आपसे अनुरोध है, आप विराटनगर की ओर एक कदम भी आगे न बढ़ावें··· "

अगले मोर्चे पर कमांडर याकथुंबा और सी. बी. सुब्बा ने मिलकर 'आखिरी हमले' की सारी तैयारी कर ली है। ड्राइवरों का सरदार गौरमणि, टैंक के 'पिट' में बैठा हुआ मुस्कुरा रहा है। मुक्तिसेना के जवानों को कई कालमों में बाँट दिया गया है। सभी ईस्टर्न कमांड के चीफ बी. पी. के आने की प्रतीक्षा कर रहे हैं।

ईस्टर्न कमांड के चीफ की पार्टी आई। याकथुंबा ने आगे बढ़कर स्वागत किया—"सब, ठीक-ठाक—तैयार है। हुक्म हो।"

कमांडर ने सबसे पहले टैंकचालक गौरमणि को संकेत किया—स्टार्ट !

भटटटटट-टट-टट-भट-भट··· !

मार्च !!

भटभटभटभटभट··· !

लोहे का विशाल-कच्छप सचल हुआ।

यंत्रदानव धरती को कँपाता हुआ आगे बढ़ा। इसके पीछे-पीछे मार्च करती—कवर फाइरिंग देती हुई—मुक्तिसेना। सामने से मार करती हुई राणाशाही गोलियाँ। गोलियाँ टैंक पर सशब्द बरस रही हैं—भट-भट-भट—ट्ठाँय-ट्ठाँय-धाँय-टटटटटट-भटभटभट-ठाँय-ठाँय—नरपति गिरा। उसको ट्रेंच में ले जाओ—ठाँय-ठाँय—जय नेपाल—आह !! भटभटभटभट—धाँय-धाँय—जय माँ काली—टटटटट घायलों को ट्रेंच में ले जाओ—धाँय-धाँय—भटभटभट भट भट—ट्ठाँय-ट्ठाँय—जय नेपाल—भटभटभट—भटभट-धड़धड़धड़ाम—अर-र-र गिरी-गिरी दीवार धड़धड़ाम—टूट गई दीवार किले की—जय हो—भट

भटभटभट···

किले की दीवार के टूटने के बाद का आँखों देखा हाल प्रजातंत्र नेपाल रेडियो की तीसरी सभा में प्रसारित हो रहा है, पी. आर. ओ. के शब्दों में–"दीवार अरराकर टूट गई है और मुक्तिवाहिनी का टैंक गर्जन करता हुआ किले के अंदर प्रवेश कर गया है–अब सिर्फ मुक्तिसेना की गोलियाँ बोल रही हैं–भीषण कलरव–कोलाहल, जयध्वनि–मैं देख रहा हूँ, अंदर की दीवार यानी पूरब की दीवार को फलाँगकर राणा के सैनिक भागना चाहते हैं लेकिन वे एक-एक कर नीचे गिर रहे हैं–मुक्तिसेना के जवान क्रोध में पागल हो गए हैं–सफेद झंडा दिखलाकर फायरिंग करने का मजा वे अच्छी तरह चखा देना चाहते हैं, दुश्मन को। अब मैं भी किले के अंदर पहुँच चुका हूँ–बी. पी. दौड़कर उत्तमविक्रम के निवास की ओर जा रहे हैं–मुक्तिसेना के जवान एक लाश को घसीटकर ले आए हैं–यह शायद–शायद–हाँ, यह उत्तमविक्रम के तीसरे पुत्र सुदर्शन शमशेर की लाश है–मुक्तिसेना के जवानों को मालूम है कि सफेद झंडा फहराकर बी. पी. पर गोली चलाने का आदेश सुदर्शन शमशेर ने ही दिया था, इसलिए मुक्तिसेना के जवानों ने कसमें खाई हैं–"रगत खानछू–रक्त पीयूँगा उसका"–और, और··· वे सचमुच रक्त पी रहे हैं, किलक-किलककर–एक नारकीय दृश्य–चारों ओर,–दुर्गंध-दुर्गंध–कोलाहल–आर्तनाद, जयध्वनि–गोलियों और संगीनों की मार–ट्ठाँय–खच्च-खच्च !! ठाँय-ठाँय–"नो नो नो !!"

बी. पी. अपनी दोनों भुजाओं को पसारकर उत्तमविक्रम के दरवाजे के पास–राह छेंककर खड़े हो गए हैं–"स्टाप फाइरिंग !" किंतु मुक्तियोद्धाओं को उत्तमविक्रम की गर्दन चाहिए। याकथुंबा और सी. बी. सुब्बा जवानों को सँभाल रहे हैं। नेपाली काँग्रेस के स्वयंसेवक अब विजय के नारे लगाने लगे। उत्तेजना तनिक मंद हुई है। और आत्मसमर्पण की मुद्रा में–दोनों हाथों को ऊपर की ओर उठाए–दुश्मन के जवानों को उन्होंने कतार में पंक्तिबद्ध खड़ा कर दिया है। मुक्तिसेना के जवान उनके फेंके हुए हथियार बटोर रहे हैं–राणा के मशीनगनचालक की गर्दन धड़ से अलग करके–फुटबाल की तरह पाँव से लुढ़का रहे हैं और उन्हें रह-रहकर जब उत्तमविक्रम के अमानुषिक कुकृत्यों की याद आती है तो वे कर्नल के बँगले की ओर जाना चाहते हैं··· बी. पी. कर्नल उत्तमविक्रम के रोते हुए पोते-पोतियों को चुप करा रहे हैं–मुँह में उँगली डालकर रोता हुआ एक शिशु–जिसकी घिघ्घी बँध गई है रोते-रोते–उत्तमविक्रम पत्थर की मूर्ति की तरह खड़ा है–उसको घेरकर खड़ी कई महिलाएँ–दुहाई माँगतीं, बिलखतीं, रोतीं··· । बी. पी. कहते हैं–"कर्नल साहब, अब आप सपरिवार मुक्तिसेना के बंदी हैं, घबराइए मत। नहीं-नहीं–अब कोई गोली नहीं चलाएगा–आपके दोनों पुत्र घायल हुए हैं–मामूली चोट है–नहीं-नहीं–आप यकीन करें–आपको फिलहाल कोई गोली नहीं मारेगा, शांत होइए–इन्हें पानी पिलाइए, बच्चों को भी··· "

पानी पीते समय भी उत्तमविक्रम की आँखें बी. पी. पर टँगी रहीं–उसे विश्वास ही नहीं हो रहा था कि उसकी जान···। लेकिन जब बी. पी. स्वयं एक रोते हुए

बालक को गोद में लेकर चुप कराने लगे तब उत्तमविक्रम की पथराई हुई-सी आँखों में पानी छलछला आया और उसने प्रलाप शुरू किया–"आप देवता हैं, मनुष्य नहीं–मैं देवहत्या-ब्रह्महत्या करनेवाला–मुझे मत माफ कीजिए–बी. पी., बी. पी. आप सचमुच नेपाल की जनता के नेता··· युग-युग जीयें आप··· !"

दस

शेष हुआ–विराटनगर का यह मृत्युयज्ञ !

अपने प्राणों की आहुतियाँ डालकर जिन योद्धाओं ने इसे सफल और संपन्न किया–उनके नाम इतिहास के पृष्ठों पर कभी नहीं लिखे जाएँगे। वे सदा अनाम रह जाएँगे। किंतु, मुक्त नेपाल में जब कभी 'स्वाधीनता दिवस' या 'प्रजातंत्र दिवस' का उत्सव होगा–आकाश-पाताल में उनकी मृत्युंजय वाणी गूँजती रहेगी–"जय नेपाल ! जय नेपाली प्रजातंत्र !!"

विराटनगर-विजय के बाद मुक्तिवाहिनी की अग्रगामी टुकड़ियों ने धरान और धनकुट्टा की ओर सम्मिलित शक्ति और दूने उत्साह के साथ कूच किया। इन योद्धाओं की जय-यात्रा के अवसर पर प्र. ने. रेडियो से एक चेतावनी प्रसारित हो रही है–धरान और धनकुट्टा के राणा शासकों के नाम–"मुक्तिसेना धरान और धनकुट्टा की ओर मार्च कर चुकी है। अब भी पाँच-सात घंटे का समय है। इसी बीच आप ठंडे दिल और दिमाग से अंतिम फैसला कर लें। अगर कर्नल उत्तमविक्रम ने हमारी चेतावनियों पर गंभीरतापूर्वक ध्यान दिया होता तो कम-से-कम डेढ़-दो सौ नेपाली जवान–दोनों पक्षों के–आज नेपाल की मुक्त धरती पर जीवित हँसते-गाते होते। वे आज विराटनगर और मोरंग जिले के नर-नारियों के साथ विजय-उत्सव मनाते होते। किंतु, राणाशाही हठधर्मी के कारण आज उनकी लावारिस लाशें··· अगर अपने अंचल के सैकड़ों अबोध नेपालियों को मौत के मुँह में नहीं झोंकना चाहते तो आपसे यह अंतिम और सविनय अनुरोध है कि आप आत्मसमर्पण की भावना से आगे बढ़कर–मुक्तहृदय और रिक्तहस्त–नेपाली कांग्रेस के जयघोष के साथ मुक्तिसेना का स्वागत करें··· !"

तीन बजे भोर को चीफ ऑपरेटर लामा खुशी से नाचता-उछलता, चुटकियाँ बजाता–मुँह से सीटी 'सिसकारता' हुआ आया–"धरान-धनकुट्टा-आ-आ-आ-अगि बढ़दा–बढ़दै हाम्रो विजय भये को–हो साथि हो–धरान-धनकुट्टा सरेंडर्ड··· साथी यो विजय साचे भन्ने भए, सरासर प्रजातंत्र नेपाल रेडियो ले छोड़े को 'शब्दबाण' बाट ने··· !!"

चीफ ऑपरेटर लामा ही नहीं, ईस्टर्न कमांड के चीफ बी. पी. ने भी हँसकर स्वीकार किया–"हाँ, धरान और धनकुट्टा विजय का श्रेय प्रजातंत्र नेपाल रेडियो को ही देना होगा··· दिनु पछे··· "

विराटनगर-पतन और धरान-धनकुट्टा के आत्मसमर्पण के साथ ही मुक्ति-संग्राम के 'अंतिम पर्व' का आयोजन शुरू हुआ। प्र. ने. रेडियो से घोषणा की जाने लगी–"विजयी मुक्तिसेना अब काठमांडो की ओर बढ़ रही है। कुसहा घाट के मोर्चे से भागनेवाले राणा-सैनिकों में अधिकांश तराई की जनता के द्वारा पकड़ लिए गए हैं··· !"

रेडियो स्टेशन के प्रतीक्षालय में अब उम्मीदवार कलाकारों की भीड़ लगी रहती है। रेडियो से अब सिर्फ 'जुझाऊ गीत' ही नहीं, चाँद-तारे, पहाड़-झरने और प्रेम के गीत भी प्रसारित किए जाते हैं। प्रथम प्रसारण के दिन चिराग लेकर ढूँढ़ने पर भी आश्रय-प्रार्थियों के कैंप में कोई कलाकार नहीं मिला था। अब ऐसा लगता है, प्रत्येक परिवार में एक या एकाधिक गुणी गायक अथवा वादक अवश्य हैं। सितार, सारंगी, हारमोनियम, बाँसुरी, क्लेरियोनेट, तबला, ढोलक और 'घटम' (घड़ा) बजानेवालों के आवेदनपत्र नित्य प्राप्त हो रहे हैं। शास्त्रीय और सुगम संगीत गानेवाले कलाकार तारिणी और पी. आर. ओ. को हमेशा घेरे रहते हैं। तारिणी कहता है–"अभी हमें दुर्गा या जयजयवंती अथवा ठुमरी-दादरा नहीं–विशुद्ध लोकगीत चाहिए, नेपाली जनजीवन के 'असल' गीत। 'भयाउरे' गानेवालों की जरूरत है हमें–फिल्मी धुन की नकल नहीं चलेगी··· !"

नेपाली, नेवारी, हिंदी और अंग्रेजी में समाचार बुलेटिन पढ़ने के लिए और भी कई सुकंठ उद्घोषकों की नियुक्तियाँ हुई हैं। सब मिलाकर पंद्रह-बीस स्त्री-पुरुष 'स्टाफ़ आर्टिस्ट' के रूप में काम कर रहे हैं और अब कई सप्ताह पहले ही प्रसारित होनेवाले प्रोग्राम का 'शिड्यूल' बना लिया जाता है। समय की पाबंदी पर पूरा ध्यान दिया जाता है। रेडियोवाले सदा गाने-बजाने और रिहर्सल में व्यस्त रहते हैं। इसीलिए हिंदी समाचार बुलेटिन पढ़ने के लिए, सोशलिस्ट कैंप के एक साहित्यिक साथी 'निर्झर' की नियुक्ति हुई तो सबसे ऊबे हुए और सदा सभी पर कुढ़ते रहनेवाले एक कामरेड ने व्यंग्य किया था–"आप लोग तकदीर के सिकंदर हैं। जिनको मरना था मर गए। अब आप लोग मौज कीजिए। जाइए, रेडियो में 'बन की चिड़िया बन-बन बोलूँ रे' दोगाना गाइए··· !!"

जब तक लड़ाई चल रही थी, किसी विभाग के किसी कोने में भी सद्भाव, सहयोग और भाईचारे का अभाव नहीं दीखता था। सभी मानो एक नशे में मस्त थे। किंतु, युद्ध की गति मंद होते ही मनोमालिन्य, ईर्ष्या, द्वेष और स्वार्थपरता के लक्षण प्रकट होने लगे हैं। एक नए किस्म का 'बोरडम' चतुर्दिक व्याप्त हो रहा है, धीरे-धीरे। आठ-दस हजार मजदूर अब अपने को सचमुच बेकार समझने लगे। अतः नेपाली कांग्रेस के सभापति ने तात्कालिक समस्याओं पर विचार-विमर्श करने के लिए आवश्यक बैठक बुलाई है।

उधर मोहन शमशेर समझौता के लिए फिर दिल्ली का दरवाजा खटखटा रहा

है। नेपाल के 'परराष्ट्रविभाग' के मंत्री को दिल्ली भेजा गया है !!

"समझौता ? कैसा समझौता ? किसके साथ समझौता ?"

"सैकड़ों नेपाली नौजवानों की कुर्बानियों के बाद, देश के एकतिहाई से अधिक भू-भाग को मुक्त करने के बाद समझौता शब्द का उच्चारण भी करनेवाला देशद्रोही समझा जाएगा।"

नेपाली कांग्रेस के सभापति ने सदस्यों का ध्यान अफवाहों से हटाकर उपस्थित तात्कालिक समस्याओं की ओर आकर्षित किया—"आप विश्वास करें—नेपाली कांग्रेस ऐसा कोई कदम नहीं उठाएगी जो जनमत विरोधी हो··· अभी हमारे सामने—'लिबरेटेड एरिया' में 'लॉ एंड आर्डर' कायम करने का अहम सवाल है। दस-पंद्रह हजार मजदूरों की रोटी-रोजी की व्यवस्था करना, शहर और गाँवों के अस्त-व्यस्त जीवन को फिर व्यवस्थित करना हमारा पहला कर्तव्य है··· !"

"अब हाम्रो घर तिर फरकने बेला आयो !··· अब हमारे घर लौटने का समय आ गया।" आश्रय-प्रार्थियों के मुहल्ले में रह-रहकर सम्मिलित हँसी और किलकारियाँ गूँज जाती हैं।

नागरिक-सुरक्षा-समिति के कार्यकर्त्ता फिर सक्रिय हुए। ट्रकों, जीपों और बैलगाड़ियों पर फिर सामान लादे जाने लगे। लोगों के उत्साह का अंत नहीं। अब वे अपने-अपने घरों को वापस जा रहे हैं। एक 'बस' के मुरेड़ पर—बक्स-बिस्तर-पिटारियों के बीच बैठा एक नेपाली—अपने पालतू बंदर को कंधे पर बिठाकर गा रहा है—"हम मेहमाँ हैं अब अपने घर जाएँगे—घर जाएँगे, हाँ जी घर जाएँगे··· "

मिलेटरी गवर्नर ने सभी मिलों के मालिकों के नाम नोटिस जारी किए हैं—"एक सप्ताह के अंदर कल-कारखानों को चालू कर दें। जो उद्योगपति इस आदेश का पालन नहीं करेंगे, उनके मिलों को सामयिक सरकार अपने हाथ में ले लेगी और उन्हें चलाने की व्यवस्था करेगी··· ।"

ग्राम-पंचायत के आरंभिक और मूल सिद्धांतों पर विचार करने के लिए मोरंग जिला नेपाली काँग्रेस की विशेष बैठक बुलाई गई है। नागरिक-सुरक्षा-समिति के दो प्रमुख अधिकारी शिवहरि और विश्वबंधु की सम्मिलित राय है—"ग्राम-पंचायत ट्रेनिंग कैंप चलाने की व्यवस्था शीघ्र की जाए और प्रशिक्षित कार्यकर्ताओं को ही ग्राम-पंचायत के संगठन के लिए गाँवों में भेजा जाए।"

ग्राम-पंचायत ट्रेनिंग कैंप में 'ट्रेनिंग' देने का दायित्व 'सोशलिस्ट रेजिमेंट' के नरसिंह मंडल पर पड़ा है। उसने बाजाब्ता ट्रेनिंग ली है—ग्राम-पंचायत संगठनकर्ता की। अपने मन का काम पाकर नरसिंह मंडल का सदाप्रसन्न मुखड़ा अब और भी चमकने लगा है। वह अपने दल-बल के साथ मोरंग जिले के दूर गाँवों की ओर—'जनसंपर्क अभियान' में जा रहा है। सोशलिस्ट कैंप के सदा कुपित-कुंठित और कुढ़े हुए एक कामरेड ने फिर व्यंग्य किया—"आप भी तकदीर के सिकंदर

हैं। जाइए, मौज कीजिए !"

उधर नेपाली कांग्रेस के खेमे में शिवजंग राणा का व्यक्तिगत असंतोष दिन-प्रतिदिन बढ़ता जा रहा है। तुरंत उत्तेजित होकर कुछ कर गुजरनेवाला यह राणा संतान आजकल सदा असंतुष्ट रहता है। बात-बात में व्यंग्य और आक्षेप करने की आदत बढ़ गई है··· सामयिक सरकार का जेल और पुलिस विभाग उसके पिता के जिम्मे था। किंतु उस दिन बंदी उत्तमविक्रम राणा के कमरे के पास भावुक 'बाबू साहेब' (राणा के लिए व्यवहार किया जानेवाला आदरसूचक शब्द) का हृदय उमड़ आया–"एक राणा संतान अपने ही भाई राणा को काल-कोठरी में बंद कर ताला लगावे··· विधि को यो कस्तो विडंबना ?" वे खिड़की से सिर सटाकर रोने लगे, फूट-फूटकर, और खबर पाते ही मिलेटरी गवर्नर ने उन्हें तत्काल जेल तथा पुलिस विभाग के दायित्व से मुक्त कर दिया है। बाबू साहेब का पुत्र शिवजंग नाराज है। उसकी नाराजगी के बहुत सारे कारण उसके पास जमा हो गए हैं। किंतु मुख्य कारण है बी. पी. के द्वारा उसके व्यक्तित्व और महत्त्व की अवहेलना, उसके प्रति 'हाइ कमांड' की उपेक्षा का भाव तथा शिवहरि और विश्वबंधु से अधिक लगाव–उन पर अधिक विश्वास··· !

अचानक एक आवश्यक संवाद पाकर सभी शीर्षस्थ नेताओं ने दिल्ली के लिए प्रस्थान कर दिया है। फिर एक बार समझौते की संभावनाओं और समझौते के विरोध में बातें शुरू हो गई हैं–और बहस के सिलसिले में बात बढ़कर भारतीय राजनेताओं के विरुद्ध कटु आलोचना का रूप भी ले लेती है। हर वर्ग के लोग अपनी-अपनी बुद्धि और विचार के अनुसार अपनी राय प्रकट करते हैं··· असिस्टेंट वायरलेस ऑपरेटर नेत्र बहादुर गुरुंग ताश खेलता हुआ कहता है–"यो अब 'ट्वैंटी नाइन' को खेला शुरू भए को झन्न··· इंडिया के हाथ में अभी रंग का 'रायल पेयर' मतलब किंग और क्वीन की जोड़ी है। नेपाल कांग्रेस और राणाशाही–दोनों को वह जब चाहे तब दे सकता है। विरोध किया कि 'रायल पेयर' दिखलाया–हा-हा-हा-हा !!"

युद्ध-भूमि से समझौते के टेबुल पर पहुँचकर नेपाली कांग्रेस के नेताओं ने गलत किया या सही–यह सदा विवाद का विषय बना रहेगा। किंतु नेपाल-क्रांति में विराट नगर ने अपनी शानदार और प्रमुख भूमिका का जिस बहादुरी से निर्वाह किया उसको सभी स्वीकार करेंगे। अविस्मरणीय रहेगा विराटनगर का अवदान··· !!

ग्यारह

पिछले तीस वर्षों से नेपाल की राजनीति में सैकड़ों तीखे मोड़ आए हैं और पिछले बीस वर्षों से–हर ऐसे मोड़ पर–पी. आर. ओ. अपनी पुरानी डायरी के कई पृष्ठों को खोलकर फिर से पढ़ लिया करता है और हाशिए पर कुछ लिख

दिया करता है :

"17 फरवरी, शनिवार, 1951

हो गया समझौता ! मोहन शमशेर प्रधानमंत्री होंगे और बी. पी. डिप्टी-प्राइममिनिस्टर ! बबर शमशेर (राणा पक्ष) रक्षामंत्री और सुवर्ण शमशेर (ने. का.) अर्थमंत्री⋯

लोग जो भी कहें–मैं इसे असमाप्त क्रांति ही कहूँगा, असफल नहीं।"

आज शिवजंग ने अचानक विद्रोह कर दिया। सशस्त्र सैनिकों के एक दस्ते को लेकर उसने कॉटन मिल एरिया पर धावा बोल दिया। 'निर्झर' ने हिंदी समाचार बुलेटिन पढ़कर समाप्त किया और मैं मिलेटरी गवर्नर के आदेश का प्रसारण कर ही रहा था कि बिजली गुल हो गई। एमरजेंसी डाइनेमो चलाने की व्यवस्था हो रही थी, कि शिवजंग ने अपने विद्रोही सिपाहियों को लेकर रेडियो स्टेशन को घेर लिया। 'निर्झर' ने तुतलाकर अंगिका बोली में कहा–"बरगाँही शिवजंगा पगलाय गेलछै !" 'निर्झर' की बात सुनकर वैसी घड़ी में भी हँसी आ गई। शिवजंग हाथ में रिवाल्वर लेकर चिल्लाता हुआ आया–हैंड्स अप ! एवरीबडी हीयर आर कैप्चर्ड–हैंड्स अप !"

रेडियो स्टेशन के बगल में ही नजरबंदों के एक कमरे में मनमोहन अधिकारी चिल्ला रहा है–"किल दीज़ इंडियंस–पहले इन 'मधेसिया मूजियों' को खत्म करो।"

हम सभी हाथ ऊपर की ओर उठाए खड़े रहे। शिवजंग ने गुर्राकर पूछा–"ह्वेर इज़ योर टामीगन ?"

मैंने जवाब दिया–"मैंने कल ही मालखाना में जमा कर दिया है।"

शिवजंग रेडियो स्टेशन की तलाशी लेने के लिए अपने सशस्त्र साथियों के साथ अंदर गया। बाहर चारों ओर भगदड़, कोलाहल और बीच-बीच में फाइरिंग की आवाज। 'निर्झर' मुझसे सटकर खड़ा है और अपने गाँव की मीठी बोली में कुनमुनाकर मुझसे कह रहा है–"हे रे भैया ! एकर मुख पर जवाब मत देवै–खिसियैलो छौ⋯ (भाई रे ! इसके मुँह पर जवाब मत दो, गुस्से से पागल हो रहा है। गोली मार देगा पगला !)"

शिवजंग ने बाहर निकलकर फिर रिवाल्वर तानते हुए कहा–"एवरीबडी कैप्चर्ड ! –हम समझौता नहीं मानता है। हम मोहन शमशेर के साथ मिलकर गवर्नमेंट बनानेवालों को खत्म कर देंगे⋯ "

"लेकिन हम मोहन शमशेर के साथ मिलकर सरकार नहीं बना रहे।"–मैंने बहुत साहस बटोरकर कहा। 'निर्झर' उस समय भी कुनमुना रहा था–"हे रे भैया, बरगाँही कर मुख पर जवाब मत दहैं। गोली मारी देतौ रे !"

"हैंड्स अप !"–याकथुंबा अपने जवानों के साथ आया। उसको देखते ही विद्रोही सिपाहियों ने हथियार रखकर आत्मसमर्पण कर दिया। याकथुंबा ने फुर्ती से शिवजंग के हाथ से रिवाल्वर छीनकर कहा–"यों बोलाहे लाइ कैप्चर गर !"

मिलेटरी गवर्नर के पास पहुँचकर शिवजंग ने अपनी गलती कबूल करके माफी

माँग ली है। सुना, अगर याकथुंबा समय पर नहीं आ जाते तो आज शिवजंग कई लोगों को मार डालता, निश्चय ही।

जान बची, लाखों पाए। लेकिन घर का बुद्धू अभी लौटकर नहीं जा रहा। आदेश आया है–शपथ ग्रहण करने के दिन प्रजातंत्र नेपाल रेडियो का कोई प्रतिनिधि काठमांडो में उपस्थित रहे। किंतु मैं नहीं जाऊँगा : मैं बी. पी. को डिप्टी-प्राइममिनिस्टर के रूप में–सो भी, मोहन शमशेर के प्रधानमंत्रित्व में–नहीं देखना चाहता। इसकी कल्पना भी हमने नहीं की थी। उधर के. आई. सिंह ने उस समझौते के खिलाफ अपनी आवाज उठाई है। पूरब, भद्रपुर में भैरव प्रसाद उपाध्याय ने भी लड़ाई बंद करने के हुक्म को अमान्य कर दिया है। बार-बार नेत्रबहादुर गुरुंग की बात कान के पास गूँज जाती है–"इंडिया के हाथ में रायल-पेयर हैं... !!"

21 फरवरी, बुधवार।

पूर्णिया जिला सोशलिस्ट पार्टी के जनरल सेक्रेटरी नरसिंह नारायण सिंह ने सभी सोशलिस्टों को नेपाल से वापस आने का आदेश दिया है। अच्छा किया है उन्होंने। ग्राम-पंचायत के लिए मोरंग के गाँवों में गए हुए कुछ समाजवादी भाइयों ने सचमुच में मौज करना शुरू कर दिया है। नरसिंह मंडल ने उनके खिलाफ कार्रवाई की, तो उन्होंने नरसिंह मंडल को ही जान से मार डालने की धमकी दी है। मुझे विश्वास नहीं हो रहा कि वे कामरेड जनरल सेक्रेटरी के आदेश का पालन करेंगे। आठ वर्ष की उम्र से ही मैं नेपाल की धरती पर पला हूँ। नेपाली कितने 'टची' (स्पर्श-कातर) होते हैं, जानता हूँ। यह भी जानता हूँ कि नेपाल की आम जनता के दिल में भारत और भारतीय के प्रति तनिक 'खटखटापन' सदा से रहता आया है। भारतीय उन्हें हेय दृष्टि से देखते हैं। उनके आर्थिक और राजनीतिक पिछड़ेपन को असहानुभूतिपूर्ण दृष्टि से देखते हैं। विराटनगर के भारतीय उद्योगपतियों ने अपने व्यवहार से इस 'खटास' को और भी बढ़ाया है। नेपाल में पिछले कई दशक से कारोबार करनेवाले भारतीय उद्योगपतियों का भागा हुआ दल–मिलेटरी गवर्नर के आदेश पर वापस आ गया है और इस बार वे काँटे से ही काँटे को निकालने की चेष्टा कर रहे हैं। उन्होंने प्रत्येक सोशलिस्ट के विरुद्ध गुप्त रूप से प्रचार करवाना शुरू कर दिया है। वे नेपाली कांग्रेस के कार्यकर्ताओं की आवभगत करते हैं और उन्हें सदा सतर्क करते रहते हैं–भारतीय राजनैतिक कार्यकर्त्ताओं के संसर्ग से अपनी पार्टी को दूर रखिए, नहीं तो उधर के सारे रोग ला करके वे इधर भी फैला देंगे। बात बिगड़ने के पहले ही हमें यहाँ से चल देना चाहिए।

4 मार्च, रविवार।

दो महीना पहले शोकाकुल अवस्था में सांदाज्यु (बी. पी.) का पत्र मिला

था—"तुम्हारे पिताजी और छोटे भाई की मृत्यु एक ही पखवाड़े में हुई और इस दोहरे दुख को तुम झेल रहे हो, मालूम हुआ। तुम्हारे दुख को अनुभव कर रहा हूँ। किंतु इस तरह शोक में डूबे रहने से कैसे काम चलेगा ? फिर इससे कोई लाभ भी तो नहीं। अभी तो न जाने ऐसे कितने शोक-संवाद मिलेंगे—यहाँ आकर देखो—कितने लोग मरने के लिए आए हुए हैं। इस वर्ष का अंत होते-होते तक पता नहीं तुमको और कितने प्रियजनों की मृत्यु के समाचार सुनने और सहने को मिलें। पत्र पाते ही यहाँ आ जाओ। एक बार यहाँ आओ तो सही। फिर, न हो तो, वापस चले जाना। तुम्हारा, सांदाज्यु।"

आज विराटनगर छोड़ने के पहले सांदाज्यु के नाम एक पत्र लिखकर जाना चाहता हूँ—"सांदाज्यु ! आपसे अनुमति मिले बिना वापस जा रहा हूँ। क्षमा करेंगे।"

लेकिन, नहीं लिखूँगा। यों, लिखने को एक महत्त्वपूर्ण पत्र भारत के प्रधानमंत्री के नाम भी लिखना चाहता हूँ—"प्रधानमंत्रीजी ! पिछले कई सप्ताह से काठमांडो-स्थित भारतीय दूतावास में वायरलेस पर होनेवाली बातचीत को हम इंटरसेप्ट कर रहे हैं। एक आवाज—फटी-फटी-सी आवाज को हमने पहचान लिया है। यह निश्चय ही हमारे राजदूत महोदय की है। बिहारी होने के कारण हम बिहार के खूसट जमींदारों की बोली और मुहावरों को अच्छी तरह समझते हैं। अपने को 'किंग मेकर' और 'किंग्स केयरटेकर' माननेवाले इस महानुभाव के तेवर कुटिल और बोली कर्कश सुनाई पड़ने लगी है। भारतीय राजदूत के रूप में नेपाल की सीमा से सटे हुए इलाके के इस 'सर' की सारी बिरादरी और भाई-भतीजे नेपाली जनता के भाग्यविधाता बन बैठे हैं। यह फटी हुई आवाज बहुत शीघ्र ही नेपाल में भारत-विरोधी स्वर को तीव्र कर देगी। महाराजाधिराज को सकुशल देश से बाहर भगा ले जाने और वापस लाने के बाद हमारे राजदूत महोदय अपने को ही 'महाराजाधिराज' मान बैठे हैं। वह नेपाल की जनता और नेपाल के नेताओं का पग-पग पर अपमान करने को प्रस्तुत रहते हैं। उनको गलतफहमी हो गई है कि नेपाल बिहार का एक जिला मात्र है··· क्या आप भी यही समझते हैं ?··· महोदय, किसी नौकरशाह अथवा 'सर' या 'रायबहादुर' को नहीं—किसी विशालहृदय, उदार व्यक्तित्व को नेपाल के राजदूत के पद पर··· "

लेकिन, मैं किसी को पत्र नहीं लिखूँगा। सिर्फ नेपाल को संबोधित कर नमस्कार कर लूँ—"नेपाल मेरी सानोआमाँ··· नेपाल मेरी मौसी अम्मा, मेरा नमस्कार ग्रहण करो।"

भारत-नेपाल सीमा पर सोए हुए प्रहरी साथी कुलदीप झा को 'लाल सलाम' करके कहता हूँ—"अच्छा तो डॉक्टर साहब, हम चले। आप देखते रहना—भारत-नेपाल-मैत्री का पौधा सूख न जाए : इसे कोई जानवर ठूँठ न कर दे··· "

"और तारापद बाबू ?—बलून ना—आपनार माँ के गिए की बोले दिब ?"··· क्या कहूँगा आपकी माँ से ?"

पटना-जलप्रलय

कुत्ते की आवाज

मेरा गाँव ऐसे इलाके में है जहाँ हर साल पश्चिम, पूरब और दक्षिण की–कोशी, पनार, महानंदा और गंगा की–बाढ़ से पीड़ित प्राणियों के समूह आकर पनाह लेते हैं, सावन-भादों में ट्रेन की खिड़कियों से विशाल और सपाट परती पर गाय, बैल, भैंस, बकरों के हजारों झुंड-मुंड देखकर ही लोग बाढ़ की विभीषिका का अंदाज लगाते हैं।

परती क्षेत्र में जन्म लेने के कारण अपने गाँव के अधिकांश लोगों की तरह मैं भी तैरना नहीं जानता। किंतु दस वर्ष की उम्र से पिछले साल तक–ब्वॉय स्काउट, स्वयंसेवक, राजनीतिक कार्यकर्ता अथवा रिलीफवर्कर की हैसियत से बाढ़-पीड़ित क्षेत्रों में काम करता रहा हूँ। और लिखने की बात ? हाईस्कूल में बाढ़ पर लेख लिखकर प्रथम पुरस्कार पाने से लेकर–'धर्मयुग' में 'कथा-दशक' के अंतर्गत बाढ़ की पुरानी कहानी को नए पाठ के साथ प्रस्तुत कर चुका हूँ। *जय गंगा* (1947), *डायन कोशी* (1948), *हड्डियों का पुल* (1948) आदि छुटपुट रिपोर्ताज के अलावा मेरे कई उपन्यासों में बाढ़ की विनाश-लीलाओं के अनेक चित्र अंकित हुए हैं। किंतु, गाँव में रहते हुए बाढ़ से घिरने, बहने, भँसने और भोगने का अनुभव कभी नहीं हुआ। वह तो पटना शहर में 1967 में ही हुआ, जब अट्ठारह घंटे की अविराम वृष्टि के कारण पुनपुन का पानी राजेंद्रनगर, कंकड़ बाग तथा अन्य निचले हिस्सों में घुस आया था। अर्थात् बाढ़ को मैंने भोगा है, शहरी आदमी की हैसियत से। इसलिए इस बार जब बाढ़ का पानी प्रवेश करने लगा, पटना का पश्चिमी इलाका छाती-भर पानी में डूब गया तो हम घर में ईंधन, आलू, मोमबत्ती, दियासलाई, सिगरेट, पीने का पानी और कांपोज की गोलियाँ जमाकर बैठ गए और प्रतीक्षा करने लगे।

सुबह सुना, राजभवन और मुख्यमंत्री-निवास प्लवित हो गया है। दोपहर में सूचना मिली, गोलघर जल से घिर गया है ! (यों, सूचना बंगला में इस वाक्य से मिली थी–"जानो ! गोलघर डूबे गेछे !") और पाँच बजे जब कॉफी हाउस जाने के लिए (तथा शहर का हाल मालूम करने) निकला तो रिक्शेवाले ने हँसकर कहा–"अब कहाँ जाइएगा ? कॉफी हाउस में तो 'अबले' पानी आ गया होगा।"

"चलो, पानी कैसे घुस गया है, वही देखना है," कहकर हम रिक्शा पर बैठ गए। साथ में नई कविता के एक विशेषज्ञ-व्याख्याता-आचार्य-कवि मित्र थे, जो मेरी अनवरत-अनर्गल-अनगढ़ गद्यमय स्वगतोक्ति से कभी बोर नहीं होते (धन्य हैं !)।

मोटर, स्कूटर, ट्रैक्टर, मोटरसाइकिल, ट्रक, टमटम, साइकिल, रिक्शा पर और पैदल लोग पानी देखने जा रहे हैं, लोग पानी देखकर लौट रहे हैं। देखनेवालों की आँखों में, जुबान पर एक ही जिज्ञासा–'पानी कहाँ तक आ गया है ?' देखकर लौटते हुए लोगों की बातचीत–"फ्रेजर रोड पर आ गया ! आ गया क्या, पार कर गया। श्रीकृष्णपुरी, पाटलिपुत्र कॉलोनी, बोरिंग रोड ? इंडस्ट्रियल एरिया का कहीं पता नहीं··· अब भट्टाचार्जी रोड पर पानी आ गया होगा।··· छाती-भर पानी है। विमेंस कॉलेज के पास 'डुबाव-पानी' है।··· आ रहा है !··· आ गया !!··· घुस गया··· डूब गया··· डूब गया··· बह गया !"

हम जब कॉफी हाउस के पास पहुँचे, कॉफी हाउस बंद कर दिया गया था। सड़क के एक किनारे एक मोटी डोरी की शक्ल में गेरुआ-झाग-फेन में उलझा पानी तेजी से सरकता आ रहा था। मैंने कहा–"आचार्यजी, आगे जाने की जरूरत नहीं। वह देखिए–आ रहा है··· मृत्यु का तरल दूत !"

आतंक के मारे मेरे दोनों हाथ बरबस जुड़ गए और सभय प्रणाम-निवेदन में मेरे मुँह से कुछ अस्फुट शब्द निकले (हाँ, मैं बहुत कायर और डरपोक हूँ !)।

रिक्शावाला बहादुर है। कहता है–"चलिए न–थोड़ा और आगे !"

भीड़ का एक आदमी बोला–"ए रिक्शा, करेंट बहुत तेज है। आगे मत जाओ !"

मैंने रिक्शावाले से अनुनय-भरे स्वर में कहा–"लौटा ले भैया। आगे बढ़ने की जरूरत नहीं।"

रिक्शा मोड़कर हम 'अप्सरा' सिनेमा-हॉल (सिनेमा-शो बंद !) के बगल से गाँधी मैदान की ओर चले। पैलेस होटल और इंडियन एयरलाइंस दफ्तर के सामने पानी भर रहा था। पानी की तेज धारा पर लाल-हरे 'नियन' विज्ञापनों की परछाइयाँ सैंकड़ों रंगीन साँपों की सृष्टि कर रही थीं। गाँधी मैदान की रेलिंग के सहारे हजारों लोग खड़े देख रहे थे। दशहरा के दिन रामलीला के 'राम' के रथ की प्रतीक्षा में जितने लोग रहते हैं, उससे कम नहीं थे··· गाँधी मैदान के आनंद-उत्सव, सभा-सम्मेलन और खेल-कूद की सारी स्मृतियों पर धीरे-धीरे एक गैरिक आवरण आच्छादित हो रहा था। हरियाली पर शनैः-शनैः पानी फिरते देखने का अनुभव सर्वथा नया था।

कि इसी बीच एक अधेड़, मुस्टंड और गँवार जोर-जोर से बोल उठा–"ईह ! जब दानापुर डूब रहा था तो पटनियाँ बाबू लोग उलटकर देखने भी नहीं गए··· अब बूझो !"

मैंने अपने आचार्य-कवि मित्र से कहा–"पहचान लीजिए। यही है वह 'आम आदमी', जिसकी खोज हर साहित्यिक गोष्ठियों में होती रहती है। उसके वक्तव्य में 'दानापुर' के बदले 'उत्तर बिहार' अथवा कोई भी बाढ़ग्रस्त ग्रामीण क्षेत्र जोड़ दीजिए··· "

शाम के साढ़े सात बज चुके और आकाशवाणी के पटना-केंद्र से स्थानीय समाचार प्रसारित हो रहा था। पान की दुकानों के सामने खड़े लोग चुपचाप, उत्कर्ण

होकर सुन रहे थे···

"··· पानी हमारे स्टूडियो की सीढ़ियों तक पहुँच चुका है और किसी भी क्षण स्टूडियो में प्रवेश कर सकता है।"

समाचार दिल दहलानेवाला था। कलेजा धड़क उठा। मित्र के चेहरे पर भी आतंक की कई रेखाएँ उभरीं। किंतु हम तुरंत ही सहज हो गए; यानी चेहरे पर चेष्टा करके सहजता ले आए, क्योंकि हमारे चारों ओर कहीं कोई परेशान नजर नहीं आ रहा था। पानी देखकर लौटे हुए लोग आम दिनों की तरह हँस-बोल रहे थे; बल्कि आज तनिक अधिक ही उत्साहित थे। हाँ, दुकानों में थोड़ी हड़बड़ी थी। नीचे के सामान ऊपर किए जा रहे थे। रिक्शा, टमटम, ट्रक और टेम्पो पर सामान लादे जा रहे थे। खरीद-बिक्री बंद हो चुकी थी। पानवालों की बिक्री अचानक बढ़ गई थी। आसन्न संकट से कोई प्राणी आतंकित नहीं दिख रहा था।

··· पानेवाले के आदमकद आईने में उतने लोगों के बीच हमारी ही सूरतें 'मुहर्रमी' नजर आ रही थीं। मुझे लगा, अब हम यहाँ थोड़ी देर भी ठहरेंगे तो वहाँ खड़े लोग किसी भी क्षण ठठाकर हम पर हँस सकते थे–'जरा इन बुजदिलों का हुलिया देखो ?' क्योंकि वहाँ ऐसी ही बातें चारों ओर से उछाली जा रही थीं–"एक बार डूब ही जाए !··· धनुष्कोटि की तरह पटना लापता न हो जाए कहीं !··· सब पाप धुल जाएगा··· चलो, गोलघर के मुँडेरे पर ताश की गड्डी लेकर बैठ जाएँ··· विस्कोमान बिल्डिंग की छत पर क्यों नहीं ?··· भई, यही माकूल मौका है। इनकम टैक्सवालों को ऐन इसी मौके पर काले कारबारियों के घर पर छापा मारना चाहिए। आसामी बा-माल··· "

राजेंद्रनगर चौराहे पर 'मैगजिन कॉर्नर' की आखिरी सीढ़ियों पर पत्र-पत्रिकाएँ पूर्ववत् बिछी हुई थीं। सोचा, एक सप्ताह की खुराक एक ही साथ ले लूँ। क्या-क्या ले लूँ ?··· हेडली चेज़, या एक ही सप्ताह में फ्रेंच/जर्मन सिखा देनेवाली किताबें, अथवा 'योग' सिखानेवाली कोई सचित्र किताब ? मुझे इस तरह किताबों को उलटते-पलटते देखकर दुकान का नौजवान मालिक कृष्णा पता नहीं क्यों मुस्कुराने लगा ! किताबों को छोड़ कई हिंदी-बंगला और अँगरेजी सिने पत्रिकाएँ लेकर लौटा। मित्र से विदा होते हुए कहा–"पता नहीं, कल हम कितने पानी में रहें।··· बहरहाल, जो कम पानी में रहेगा वह ज्यादा पानी में फँसे मित्र की सुधि लेगा।"

फ्लैट में पहुँचा ही था कि 'जनसंपर्क' की गाड़ी भी लाउडस्पीकर से घोषणा करती हुई राजेंद्रनगर पहुँच चुकी थी। हमारे 'गोलंबर' के पास कोई भी आवाज, चारों बड़े ब्लॉकों की इमारतों से टकराकर मँडराती हुई, चार बार प्रतिध्वनित होती है। सिनेमा अथवा लॉटरी की प्रचारगाड़ी यहाँ पहुँचते ही–'भाइयो' पुकारकर एक क्षण के लिए चुप हो जाती है। पुकार मँडराती हुई प्रतिध्वनित होती है–भाइयो··· भाइयो ··· भाइयो··· ! एक अलमस्त जवान रिक्शाचालक है जो अक्सर रात के सन्नाटे

में सवारी पहुँचाकर लौटते समय इस गोलंबर के पास अलाप उठता है–'सुन मोरे बंधू रे-ए-ए··· सुन मोरे मितवा-वा-वा-य··· '

गोलंबर के पास जनसंपर्क की गाड़ी से ऐलान किया जाने लगा–"भाइयो ! ऐसी संभावना है··· कि बाढ़ का पानी··· रात्रि के करीब बारह बजे तक··· लोहानीपुर, कंकड़बाग··· और राजेंद्रनगर में··· घुस जाए। अतः आप लोग सावधान हो जाएँ।'

(प्रतिध्वनि। सावधान हो जाएँ ! सावधान हो जाएँ !!···)

मैंने गृहस्वामिनी से पूछा–'गैस का क्या हाल है ?"

"बस, उसी का डर है। अब खत्म ही होनेवाला है। असल में सिलिंडर में 'मीटर-उटर' की तरह कोई चीज नहीं होने से कुछ पता नहीं चलता। लेकिन, अंदाज है कि एक या दो दिन··· कोयला है। स्टोव है। मगर किरासन एक ही बोतल··· "

"फिलहाल, बहुत है··· बाढ़ का भी यही हाल है। मीटर-उटर की तरह कोई चीज नहीं होने से पता नहीं चलता कि कब आ धमके।"–मैंने कहा।

सारे राजेंद्रनगर में 'सावधान-सावधान' ध्वनि कुछ देर गूँजती रही। ब्लॉक के नीचे की दुकानों से सामान हटाए जाने लगे। मेरे फ्लैट के नीचे के दुकानदार ने, पता नहीं क्यों, इतना कागज इकट्ठा कर रखा था। एक अलाव लगाकर सुलगा दिया। हमारा कमरा धुएँ से भर गया।

फुटपाथ पर खुली चाय की झुग्गी दुकानों में सिगड़ियाँ सुलगी हुई थीं और यहाँ बहुत रात तक मंडली बनाकर जोर-जोर से बातें करने का रोज का सिलसिला जारी था। बात के पहले या बाद में बगैर कोई गाली जोड़े यहाँ नहीं बोला जाता–"गाँधी मैदान (सरवा) एकदम लबालब भर गया··· (अरे तेरी मतारी का) करंट में इतना जोर का फोर्स है कि (ससुरा) रिक्शा लगा कि उलटियै जाएगा··· गाँजा फुरा गया का हो रामसिंगार ? चल जाय एक चिलम 'बालुचरी-माल'–फिर यह शहर (बेट्चः) डूबे या उतरे।"

बिजली ऑफिस के 'वाचमैन साहेब' ने पच्छिम की ओर मुँह करके मंडली के किसी सदस्य से ठेठ मगही में पूछा–"का हो ? पनियाँ आ रहलौ है ?"

जवाब में एक कुत्ते ने रोना शुरू किया। फिर दूसरे ने सुर में सुर मिलाया। फिर तीसरे ने। करुण आर्त्तनाद की भयोत्पादक प्रतिध्वनियाँ सुनकर सारी काया सिहर उठी। किंतु एक साथ करीब एक दर्जन मानवकंठों से गालियों के साथ प्रतिवाद के शब्द निकले–"मार स्साले को ! अरे चुप··· चौप ! (प्रतिध्वनि : चौप ! चौप ! चौप !!)

कुत्ते चुप हो गए। किंतु आनेवाले संकट को वे अपने 'सिक्स्थ सेंस' से भाँप चुके थे··· अचानक बिजली चली गई। फिर तुरंत ही आ गई··· शुक्र है ! भोजन करते समय मुझे टोका गया–"की होलो ? खाच्छो ना केन ?"

"खाच्छि तो··· खा तो रहा हूँ।"–मैंने कहा–"याद है ! उस बार जब पुनपुन का पानी आया था तो सबसे अधिक इन कुत्तों की दुर्दशा हुई थी।"

हमें 'भाइयो ! भाइयो !' संबोधित करता हुआ जनसंपर्कवालों का स्वर फिर गूँजा। इस बार 'ऐसी संभावना है' के बदले 'ऐसी आशंका है' कहा जा रहा था। और ऐलान में 'खतरा' और 'होशियार' दो नए शब्द जोड़ दिए गए थे··· आशंका ! खतरा ! होशियार···

रात के साढ़े दस-ग्यारह बजे तक मोटर-गाड़ियाँ, रिक्शे, स्कूटर सायकिल तथा पैदल चलनेवालों की 'आवाजाही' कम नहीं हुई। और दिन तो अब तक सड़क सूनी पड़ जाती थी !··· पानी अब तक आया नहीं ? सात बजे शाम को फ्रेजर रोड से आगे बढ़ चुका था।

"का हो रामसिंगार, पनियाँ आ रहलौ है ?"

"न आ रहलौ है।"

सारा शहर जगा हुआ है। पच्छिम की ओर कान लगाकर सुनने की चेष्टा करता हूँ··· हाँ, पीरमुहानी या सालिमपुर-अहरा अथवा जनक किशोर-नवलकिशोर रोड की ओर से कुछ हलचल की आवाज आ रही है। लगता है, एक-डेढ़ बजे रात तक पानी राजेंद्रनगर पहुँचेगा।

सोने की कोशिश करता हूँ। लेकिन नींद आएगी भी ? नहीं, कांपोज की टिकिया अभी नहीं। कुछ लिखूँ ? किंतु क्या लिखूँ··· कविता ? शीर्षक–बाढ़ की आकुल प्रतीक्षा ? धत्त् !

नींद नहीं, स्मृतियाँ आने लगीं–एक-एक कर। चलचित्र के बेतरतीब दृश्यों की तरह !···

1947 ··· मनिहारी (तब पूर्णिया, अब कटिहार जिला) के इलाके में गुरुजी (स्व. सतीनाथ भादुड़ी) के साथ गंगा मैया की बाढ़ से पीड़ित क्षेत्र में हम नाव पर जा रहे हैं। चारों ओर पानी ही पानी। दूर, एक 'द्वीप' जैसा बालूचर दिखाई पड़ा। हमने कहा, वहाँ चल कर जरा चहलकदमी करके टाँगें सीधी कर लें। भादुड़ीजी कहते हैं–"किंतु, सावधान !··· ऐसी जगहों पर कदम रखने के पहले यह मत भूलना कि तुमसे पहले ही वहाँ हर तरह के प्राणी शरणार्थी के रूप में मौजूद मिलेंगे" और सचमुच–चींटी-चींटे से लेकर साँप-बिच्छू और लोमड़ी-सियार तक यहाँ पनाह ले रहे थे··· भादुड़ीजी की हिदायत थी–हर नाव पर 'पकाही घाव' (पानी में पैर की उँगलियाँ सड़ जाती हैं। तलवों में भी घाव हो जाता है) की दवा, दियासलाई की डिबिया और किरासन तेल रहना चाहिए और, सचमुच हम जहाँ जाते, खाने-पीने की चीज से पहले 'पकाही घाव' की दवा और दियासलाई की माँग होती··· 1949 ··· उस बार महानंदा की बाढ़ से घिरे बापसी थाना के एक गाँव में हम पहुँचे। हमारी नाव पर रिलीफ के डाक्टर साहब थे। गाँव के कई बीमारों को नाव पर चढ़ाकर कैंप में ले जाता था। एक बीमार नौजवान के साथ उसका कुत्ता भी 'कुँई-कुँई' करता हुआ नाव पर चढ़ आया। डाक्टर साहब कुत्ते को देखकर 'भीषण भयभीत'

हो गए और चिल्लाने लगे–"आ रे ! कुकुर नहीं, कुकुर नहीं··· कुकुर को भगाओ !" बीमार नौजवान छप-से पानी में उतर गया–"हमारा कुकुर नहीं जाएगा तो हम हुँ नहीं जाएगा।" फिर कुत्ता भी छपाक् पानी में गिरा–"हमारा आदमी नहीं जाएगा तो हम हुँ नहीं जाएगा"··· परमान नदी की बाढ़ में डूबे हुए एक 'मुसहरी' (मुसहरों की बस्ती) में हम राहत बाँटने गए। खबर मिली थी वे कई दिनों से मछली और चूहों को झुलसाकर खा रहे हैं। किसी तरह जी रहे हैं। किंतु टोले के पास जब हम पहुँचे तो ढोलक और मंजीरा की आवाज सुनाई पड़ी। जाकर देखा, एक ऊँची जगह 'मचान' बनाकर स्टेज की तरह बनाया गया है। 'बलवाही' नाच हो रहा था। लाल साड़ी पहनकर काला-कलूटा 'नटुआ' दुलहिन का हाव-भाव दिखला रहा था; यानी, वह 'धानी' है। 'घरनी' धानी घर छोड़कर मायके भागी जा रही है और उसका घरवाला (पुरुष) उसको मनाकर राह से लौटाने गया है। घरनी कहती है–"तुम्हारी बहन की जुबान बड़ी तेज है। दिन-रात खराब गाली बकती रहती है और तुम्हारी बुढ़िया माँ बात के पहले तमाचा मारती है। मैं तुम्हारे घर लौटकर नहीं जाती।" तब घरवाला उससे कहता है, यानी गा-गाकर समझाता है–'चल गे धानी घर घुरी, बहिनिक देवै टाँग तोड़ी धानी गे, बुढ़िया के करवै घर से बा-हा-र' (ओ धानी, घर लौट चलो ! बहन के पैर तोड़ दूँगा और बुढ़िया को घर से बाहर निकाल दूँगा !) इस पद के साथ ही ढोलक पर द्रुत ताल बजने लगा–'धागिड़गिड़ धागिड़गिड़-चकैके चकधुम चकैके चकधुम–चकधुम चकधुम ! कीचड़-पानी में लथपथ भूखे-प्यासे-नर-नारियों के झुंड में मुक्त खिलखिलाहट लहरें लेने लगती है। हम रिलीफ बाँटकर भी ऐसी हँसी उन्हें दे सकेंगे क्या ! (शास्त्रीजी, आप कहाँ हैं ? बलवाही नाच की बात उठते ही मुझे अपने परम मित्र भोला शास्त्री की याद हमेशा क्यों आ जाती है ? यह कभी बाद में !)··· एक बार, 1937 में, सिमरवनी-शंकरपुर में बाढ़ के समय 'नाव' को लेकर लड़ाई हो गई थी। मैं उस समय 'बालचर' (ब्वाय स्काउट) था। गाँव के लोग नाव के अभाव में केले के पौधों का 'भेला' बनाकर किसी तरह काम चला रहे थे और वहीं सवर्ण जमींदार के लड़के नाव पर हारमोनियम-तबला के साथ 'झिंझिर' (जल-विहार) करने निकले थे। गाँव के नौजवानों ने मिलकर उनकी नाव छीन ली थी। थोड़ी मारपीट भी हुई थी··· और 1967 में जब पुनपुन का पानी राजेंद्रनगर में घुस आया था, एक नाव पर कुछ सजे-धजे युवक और युवतियों की टोली–टोली किसी फिल्म में देखे हुए कश्मीर का आनंद घर-बैठे लेने के लिए निकली थी। नाव पर स्टोव जल रहा था–केतली चढ़ी हुई थी, बिस्कुट के डिब्बे खुले हुए थे, एक लड़की प्याली में चम्मच डालकर एक अनोखी अदा से नेस्कैफे के पाउडर को मथ रही थी–'एस्प्रेसो' बना रही थी, शायद। दूसरी लड़की बहुत मनोयोग से कोई सचित्र और रंगीन पत्रिका पढ़ रही थी। एक युवक दोनों पाँवों को फैलाकर बाँस की लग्गी से नाव खे रहा था। दूसरा युवक पत्रिका पढ़नेवाली लड़की के सामने, अपने घुटने पर कोहनी टेककर कोई मनमोहक 'डायलॉग' बोल रहा था। पूरे 'वॉल्युम' में बजते हुए 'ट्रांजिस्टर' पर गाना आ रहा

था–'हवा में उड़ता जाए, मोरा लाल दुपट्टा मलमल का, हो जी हो जी !' हमारे ब्लाक के पास गोलंबर में नाव पहुँची ही थी कि अचानक चारों ब्लाक की छतों पर खड़े लड़कों ने एक ही साथ किलकारियों, सीटियों, फब्तियों की वर्षा कर दी और इस गोलंबर में किसी भी आवाज की प्रतिध्वनि मँडरा-मँडराकर गूँजती है। सो सब मिलाकर स्वयं ही जो ध्वनि संयोजन हुआ, उसे बड़े-से-बड़े गुणी संगीत निर्देशक बहुत कोशिश के बावजूद नहीं कर पाते। उन फूहड़ युवकों की सारी 'एक्जबिशनिज़्म' तुरत छूमंतर हो गई और युवतियों के रँगे लाल-लाल ओंठ और गाल काले पड़ गए। नाव पर अकेला ट्रांजिस्टर था जो पूरे दम के साथ मुखर था–'नैया तोरी मँझधार, होश्यार होश्यार !

"काहो रामसिंगार, पनियाँ आ रहलौ है ?"

"ऊँहूँ, न आ रहलौ है।"

ढाई बज गए, मगर पानी अब तक आया नहीं। लगता है कहीं अटक गया, अथवा जहाँ तक आना था आकर रुक गया, अथवा तटबंध पर लड़ते हुए इंजीनियरों की जीत हो गई शायद, या कोई दैवी चमत्कार हो गया ! नहीं तो पानी कहीं भी जाएगा तो किधर से ? रास्ता तो इधर से ही है··· चारों ब्लाकों के प्रायः सभी फ्लैटों की रोशनी जल रही है, बुझ रही है। सभी जगे हुए हैं। कुत्ते रह-रहकर सामूहिक रुदन करते हैं और उन्हें रामसिंगार की मंडली डाँटकर चुप करा देती है। चौप··· चौप !

मुझे अचानक अपने उन मित्रों और स्वजनों की याद आई जो कल से ही पाटलिपुत्र कॉलोनी, श्रीकृष्णपुरी, बोरिंग रोड के अथाह जल में घिरे हैं··· जितेंद्रजी, विनीताजी, बाबू भैया, इंदिराजी, पता नहीं कैसे हैं–किस हाल में हैं वे ! शाम को एक बार पड़ोस में जाकर टेलिफोन करने के लिए चोंगा उठाया–बहुत देर तक कई नंबर डायल करता रहा। उधर सन्नाटा था एकदम। कोई शब्द नहीं–'टुंग फुंग' कुछ भी नहीं।

बिस्तर पर करवट लेते हुए फिर एक बार मन में हुआ, कुछ लिखना चाहिए। लेकिन क्या लिखना चाहिए ? कुछ भी लिखना संभव नहीं और क्या जरूरी है कि कुछ लिखा ही जाए ? नहीं। फिर स्मृतियों को जगाऊँ तो अच्छा··· पिछले साल अगस्त में नरपतगंज थाना के चकरदाहा गाँव के पास छाती-भर पानी में खड़ी एक आसन्नप्रसवा हमारी ओर गाय की तरह टुकुर-टुकुर देख रही थी···

नहीं, अब भूली-बिसरी याद नहीं। बेहतर है, आँखें मूँदकर सफेद भेड़ों के झुंड देखने की चेष्टा करूँ··· उजले-उजले, सफेद भेड़··· सफेद भेड़ों के झुंड। झुंड ··· किंतु सभी उजले भेड़ अचानक काले हो गए। बार-बार आँखें खोलता हूँ, मूँदता

हूँ। काले को उजला करना चाहता हूँ। भेड़ों के झुंड भूरे हो जाते हैं। उजले भेड़ ··· उजले भेड़··· काले भूरे··· किंतु उजले··· उजले··· गेंहूँए रंग के भेड़··· !

'ओई द्याखो—एसे गेछे जल !"—झकझोरकर मुझे जगाया गया। घड़ी देखी, ठीक साढ़े पाँच बज रहे थे। सवेरा हो चुका था··· आ रहलौ है ! आ रहलौ है पनियाँ। पानी आ गेलौ। हो रामसिंगार ! हो मोहन ! हो रामचन्नर—अरे हो···

आँखें मलता हुआ उठा। पच्छिम की ओर, थाना के सामने सड़क पर मोटी डोली की शक्ल में—मुँह में झाग-फेन लिए—पानी आ रहा है; ठीक वैसा ही जैसा शाम को कॉफी हाउस के पास देखा था। पानी के साथ-साथ चलता हुआ, किलोल करता हुआ बच्चों का एक दल··· उधर, पच्छिम-दक्षिण कोने पर—दिनकर अतिथिशाला से और आगे—भंगी बस्ती के पास बच्चे कूद क्यों रहे हैं ? नहीं, बच्चे नहीं, पानी है। वहाँ मोड़ है, थोड़ा अवरोध है—इसलिए पानी उछल रहा है··· पच्छिम-उत्तर की ओर, ब्लॉक नंबर एक के पास—पुलिस चौकी के पिछवाड़े में पानी का पहला रेला आया··· ब्लॉक नंबर चार के नीचे सेठ की दुकान के बाएँ बाजू में लहरें नाचने लगीं।

अब मैं दौड़कर छत पर चला गया। चारों ओर शोर-कोलाहल-कलरव-चीख-पुकार और पानी का कलकल रव। लहरों का नर्तन। सामने फुटपाथ को पार कर अब पानी हमारे पिछवाड़े में सशक्त बहने लगा है। गोलंबर के गोल पार्क के चारों ओर पानी नाच रहा है··· आ गया, आ गया ! पानी बहुत तेजी से बढ़ रहा है, चढ़ रहा है, करेंट कितना तेज है ? सोन का पानी है। नहीं, गंगाजी का है। आ गैलो···

सामने की दीवार की ईंटें जल्दी-जल्दी डूबती जा रही हैं। बिजली के खंभे का काला हिस्सा डूब गया। ताड़ के पेड़ का तना क्रमशः डूबता जा रहा है··· डूब रहा है।

··· अभी यदि मेरे पास मूवी कैमरा होता, अगर एक टेप-रेकॉर्डर होता ! बाढ़ तो बचपन से ही देखता आया हूँ, किंतु पानी का इस तरह आना कभी नहीं देखा। अच्छा हुआ जो रात में नहीं आया। नहीं तो भय के मारे न जाने मेरा क्या हाल होता··· देखते ही देखते गोल पार्क डूब गया। हरियाली लोप हो गई। अब हमारे चारों ओर पानी नाच रहा था··· भूरे रंग के भेड़ों के झुंड। भेड़ दौड़ रहे हैं—भूरे भेड़। वह चायवाले की झोंपड़ी गई, गई, चली गई। काश, मेरे पास एक मूवी कैमरा होता, एक टेप-रेकॉर्डर होता··· तो क्या होता ? अच्छा है, कुछ भी नहीं। कलम थी, वह भी चोरी चली गई। अच्छा है, कुछ भी नहीं—मेरे पास।

अचानक सारी देह में कँपकँपी शुरू हुई। पानी के बढ़ने की यह रफ्तार है तो

पता नहीं पानी कितना बढ़े। वहाँ कोई बैठा थोड़ी है कि रोक देगा—अब नहीं, बस अब, हो गया। 'ग्राउंड-फ्लोर' में छाती-भर पानी है। इसके बाद भी यदि पानी बढ़ता गया तो दूसरी मंजिल तक न भी आए—कंडेक्टर द्वारा निर्मित यह मकान निश्चय ही ढह जाएगा। 1969 में पुनपुन का पानी एक सप्ताह तक झेल चुके हैं ये मकान। हर साल घनघोर वर्षा के बाद कई दिनों तक घुटने-भर पानी में डूबे रहते हैं। और सरजमीन ठोस नहीं—'गार्बेज' भरकर नगर बसाया गया है··· पुनपुन की बाढ़ इसके 'पासंग' बराबर भी नहीं थी। दोनों ओर से तेज धारा गुजर रही है। पानी चक्राकार नाच रहा है, अर्थात् दोनों ओर गड्ढे गहरे हो रहे हैं··· बेबस कुत्तों का सामूहिक रुदन, बहते हुए सूअर के बच्चों की चिंचियाहट, कोलाहल-कलरव-कुहराम !··· हो रामसिंगार, रिक्शवा बहलौ हो। धर-धर-धर !

कल एक पत्र गाँव भेज दिया था। किंतु कल एक कप कॉफी नहीं पी सका। कल 'दोसा' खाने को बहुत मन कर रहा था··· कोक पीने की इच्छा हो रही है। कंठ सूख रहा है। प्रियजनों की याद आ रही है।

थर-थर काँपता हुआ छत से उतरकर फ्लैट में आया और ठाकुर रामकृष्ण देव के पास जाकर बैठ गया—'ठाकुर ! रक्षा करो। बचाओ इस शहर को··· इस जलप्रलय में··· '

"अरे दुर साला ! काँदछिस केन ?··· रोता क्यों है ! बाहर देख साले ! तुम लोग थोड़ी-सी मस्ती में जब चाहो तब राह-चलते 'कमर दुलिए-दुलिए' (कमर लचकाकर, कूल्हे मटकाकर) ट्वीस्ट नाच सकते हो। रंबा-संबा-हीरा-टीरा और उलंग नृत्य कर सकते हो और बृहत सर्वग्रासी महामत्ता रहस्यमयी प्रकृति कभी नहीं नाचेगी ?··· ए-बार नाच देख ! भयंकरी नाच रही है—ता-ता-थेई-थेई, ता-ता-थेई-थेई। तीव्रा तीव्रवेगा शिवनर्त्तकी गीतप्रिया वाद्यरता प्रेतनृत्यपरायणा नाच रही है। जा, तू भी नाच !"

अगरबत्ती जलाकर, शंख फूँकता हूँ—नाचो माँ !··· उलंगिनी नाचे रणरंगे, आमरा नृत्य करि संगे। ता-ता थेईथेई, ता-ता थेई-थेई··· मदमत्ता मातंगिनी उलंगिनी—जी भरकर नाचो !

बाहर कलरव-कोलाहल बढ़ता ही जाता है। मोटर, ट्रक, ट्रैक्टर, स्कूटर पानी की धारा को चीरती, गरजती-गुर्राती गुजरती हैं··· सुबह सात बजे ही धूप इतनी तीखी हो गई ? साँस लेने में कठिनाई हो रही है। संभवतः ऐसी घड़ी में वातावरण में ऑक्सीजन की कमी हो जाती है। उमस, पसीना, कंपन, धड़कन ? तो क्या··· तो क्या ?

अब, तुमुल तरंगिनी के तरल नृत्य और वाद्य की ध्वनियों को शब्दों में बाँधना असंभव है ! अब··· अब··· सिर्फ··· हिल्लोल-कल्लोल-कलकल-कुलकुल-छहर-छहर झहर-झहर-झरझर-अर, र-र-र ह-ए-ए धिग्रा-धिंग-धातिन-धा तिन धा-आ-आह-मैया-

गे-झाँय-झाँ रय-झघ-झघ-झाँय झिझिना-झिझिना··· । कललकुलल-कुलुल-बाँ-आँ-य-बाँ-आँ-म-भौ-ऊँ-ऊँ··· चेंईं-चेंईं-छछना-छछना-हहा-हा ततथा-ततथा-कलकल-कुलकुल··· !! पानी बढ़ना रुक गया है ? रुक गया है ? बीस मिनट हो गए। पानी जस का तस, जहाँ-का-तहाँ है ? कम-से-कम अभी तो रुक गया है।

··· तू-ऊ-ऊ-ऊ ! फिर मैंने शंखध्वनि की ? नहीं। रेलवे-लाइन पर एक इंजन तार स्वर में चीख रहा है–तू-ऊ-ऊ-ऊ-ऊ !

कड़वी चाय के साथ कांपोज की दो टिकिया लेकर बिछावन पर लेट जाता हूँ।

'दिनमान', 21 सितंबर, 1975

जो बोले सो निहाल

आँखें मींचे, बहुत देर तक, 'शवासन' की मुद्रा में लेटा रहा। किंतु, प्रशांतिकर औषधि (ट्रैंक्विलाइजर) तथा 'आसन' का कोई सुफल नहीं हुआ। इसके विपरीत, आंतरिक यंत्रणा धीरे-धीरे और भी तीव्र, और गंभीर होकर प्राण के निकटतम हो गई। दीर्घ निःश्वास का क्रम बढ़ता गया। एक बार लगा कि अब सचमुच दम घुट जाएगा। छटपटा उठा। और, आँखें खुलते ही मोहाच्छादित !··· यह क्या ? कमरे की सभी दीवारों पर, फर्श पर, सामानों पर–नीचे-ऊपर सभी ओर एक रहस्यपूर्ण अलौकिक आलोक-जाल ! एक सचल रश्मि-धारा !!··· मेरे सारे शरीर पर बेलबूटेदार सुफेद झीनी चदरी-सी यह क्या है, जो सजीव है ? रोमांचित हुआ। फिर तुरत ही सबकुछ समझ गया··· यह तो विश्वप्रकृति की लीला हो रही है न ? मेरे ब्लाक के चारों ओर फैली हुई, वेगवती जलधारा पर सूर्य की प्रखर किरणें पड़ती हैं और प्रतिच्छटा प्रेक्षित होकर हमारे कमरे में इंदरजाल फैला रही है ?··· 'बहुरूपी' (बंगला नाटक-मंडली) के आलोक-संपात करनेवाले उस प्रसिद्ध कलाकार का नाम अभी याद नहीं आ रहा··· फिल्मवाले 'आउटडोर' में बड़े-बड़े आईने ले जाते हैं। उनको 'रिफ्लैक्टर' कहते हैं··· अपने कमरे के बड़े आईने में अपने को देखकर मुस्कुरा पड़ा। मुँह-आँख-कान-हाथ-पैर पर वही आभा दौड़ रही थी। लग रहा था, मेरी देह कमरे के शून्य में तैर रही है। इस सम्मोहन से मुक्त होने का मन नहीं करता···

बाहर, कोलाहल ही नहीं··· किलोल, तमाशबीनों की भीड़ उमड़ आई है। घुटने और कमर-भर पानी में लड़के नहा रहे हैं। तैर रहे हैं। जल-किलोल··· पुनपुन की बाढ़ के समय भी ऐसा ही मेला लगा था।

··· लो, वही जीपवाला फँसा। 'टॉप-गियर' पर गुर्राती हुई आवाज अचानक बंद हो गई। इसके बाद 'सेल्फ' को चालू करने की चेष्टा में कुछ देर 'खचचचच ··· खचचचच··· ' फिर निस्तब्ध। निश्चय ही 'गियर बॉक्स' में पानी भर गया होगा।

जीप के फँस जाने पर, आसपास जलविहार करनेवालों और जल-उत्सव देखनेवालों को बड़ी खुशी हुई। जीप के बेबस होते ही एक सम्मिलित हँसी की लहर चारों ओर फैल गई··· पुनपुन की बाढ़ में हमें फँसा देखकर देखनेवालों का पहला जत्था हँसते-हँसते लोटपोट हो गया था। ऊपर की ओर अर्थात् हमारी ओर देखकर ताने देता हुआ एक छोकरा जोर-जोर से बोला था–"अच्छा ! हा हा !··· घर में गैस का सलींडर, पाँच मिनट में ही खाना बनानेवाला कूकर, दिन-रात चालू रेडियोग्राम, पलँग के पास में टेलिफोन और ठंडा पानी का फ्रीज। अब बोलो–बच्चू ! कहाँ सटक गई सारी नवाबी ? एँ ? ही ही ही ही !··· बैरा ! साहब लोगों को टेबुल पर 'छोटी हाजिरी' दो और मेमसाहेब के वास्ते बाथरूम के टब में साबुन का झाग··· हाहाहाहा··· ठीक हुआ है।"

जीप से उतरकर कई लोग पीछे से गाड़ी को धकेलने लगे तो नहानेवाले लड़कों की टोली मदद करने आ गई–"अरे साहब, आगे धकेलकर कहाँ ले जाइएगा ? पीछे की ओर ठेलकर वापस कीजिए।" कुछ लड़के सामने से धकेलने लगे–"मार जवानो–हइयो !" कुछ पीछे से ठेलते रहे–"मार जवानो–हइयो !" गाड़ी एक गड्ढे से निकलकर दूसरे में फँस गई। लड़के खुश होकर नहाने लगे···

रिक्शावालों का साहस और उत्साह दुगुना हो गया है। तेज धारा के बावजूद, कमर-भर पानी में नीचे उतरकर रिक्शा को खींच रहे हैं। 'जलकेलि' करनेवाले लड़के हर रिक्शावाले को बिना माँगे मदद दे रहे हैं। रिक्शा को पीछे ठेलकर पार करवा रहे हैं–"हैइ-यो-यो है-है-है। बीच-बीच में ट्रैक्टर और ट्रक अपनी सारी ताकत लगाकर पानी को चीरते हुए निकल जाते हैं। पानी में हिलकोरे और गोलंबर के आकाश में गूँजती, मँडराती प्रतिध्वनियाँ।

मैं कभी पश्चिम की खिड़कियों से देखता हूँ और कभी पूरब के बरामदे से। पूरब, एक पँचमंजिला बिल्डिंग है। उस मकान की जब नींव डाली गई थी तो पुनपुन की बाढ़ आ गई थी। चारों ओर इकट्ठी की गई ईंटों और गिट्टियों की ढेरी पर राह के कुत्तों ने शरण ली थी। पानी हटने के बाद जब इस मकान का काम शुरू हुआ तभी समझा था कि मकान बनानेवाले ने पहले के प्लान पर फिर से विचार कर आवश्यक सुधार किया है। फलतः इस बार जब कि आसपास के मकानों के 'ग्राउंड फ्लोर' घुटने से लेकर छाती-भर पानी में हैं, इस बिल्डिंग के अहाते में चार-पाँच इंच-भर पानी है। मकान की पहली सीढ़ी भी पानी से बाहर है··· और संयोग की बात : एक सप्ताह पहले इसके सामनेवाले मैदान में नए मकान की नींव डाली गई और सोन का पानी आ गया। हमारे ब्लाक के बाएँ बाजू में–पटना इम्प्रूवमेंट ट्रस्ट के कई नए ब्लाक बनकर अभी-अभी तैयार हुए हैं–कटि स्नान कर रहे हैं।

"ए कि ? जल चले गेछे ? कले जल नेई ? बड्डो मुश्किल"–निष्प्राण 'हैंडपंप'

के हैंडिल को चलाती हुई लतिकाजी बोलीं।

"किंतु, पुनपुन की बाढ़ के समय तो कभी पानी बंद नहीं हुआ ?" मैंने गंभीरतापूर्वक कहा।

"अरे दुर तोमार··· पुनपुन की बाढ़ की बात। मैं पूछ रही हूँ कि अब क्या होगा ?··· देखूँ, टोमैटो की माँ के कल में है या वहाँ भी··· " बड़बड़ाती हुई, हाथ में छोटी बाल्टी लेकर छत के रास्ते वह चली गई।

महा-मुश्किल ! मैंने पंप के हैंडिल को चलाकर देखा—एकदम बेजान नहीं। भरोसा है थोड़ा··· राजेंद्रनगर के इलाके में ऊपर के तल्लों में पानी की किल्लत हमेशा रहती है। प्रेशर कम रहता है। बहुत दिनों तक कष्ट झेलने के बाद, तीन साल पहले हमने सड़क के किनारे 'अंडरग्राउंड मेन लाइन' में डेढ़ सौ फीट 'पाइप' जुड़वाकर हैंडपंप लगवाया। गाँव के ट्यूबवेल का पानी जब सूख जाता है—हम ऊपर से पानी डालकर उसको पुनर्जीवित करते हैं। यहाँ भी वही करना होगा। घड़े से एक 'मग' पानी लिया, पंप की थुथनी (नोज़ल) को ऊपर की ओर करके पानी डाल दिया, फिर हैंडिल चलाने लगा। तब तक लतिकाजी छोटी बाल्टी में पानी लेकर पहुँचीं और मुझ पर बरस पड़ीं। "एक मग पानी बर्बाद कर दिया न ! मुन्नी की माँ के फ्लैट से पानी ला रही हूँ।"

वह घड़े में पानी डालकर फिर बाहर गई तो मैंने हैंडपंप को फिर एक 'मग' पानी पिलाया और हैंडिल चलाने लगा। वह उल्टे-पाँव दौड़ी आईं,' "तुम समझते क्यों नहीं ? फिर एक मग पानी बर्बाद किया न ? जरा बुद्धि से भी तो काम लिया करो। जब 'मेन पाइप' में ही पानी नहीं तो··· मिछे मिछे··· बेकार पानी डालकर··· "

तब तक पंप में जान आ गई थी। पंप की उल्टी हुई थुथनी से पानी का फव्वारा निकला और मैं भीग गया। पुरुषार्थ-भरे स्वर में कहा, "बुद्धि से ही काम लेकर तो अब तक जी रहा हूँ, श्रीमतीजी ! लीजिए, घर में जितने भी बर्तन हैं—पात्र-अपात्र-कुपात्र—सबमें पानी स्टोर कर लीजिए। श्रीकृष्णपुरी की ओर न पानी है, न बिजली। इधर भी, जब तक है—है··· "

"सुना है, स्टेशन भी डूब गया है। गाड़ी बंद··· "

मैं कहता हूँ, "अरे, स्टेशन क्या डूबा होगा—रेलवे लाइन पर पानी आ गया होगा। लेकिन, यह खबर कौन ले आया ?"

टोमैटो, गाँधी और बालाजी वगैरह घर में बंद रहनेवाले लड़के थोड़े हैं ! सब निकलकर गया था। सुनछि, एयरोड्रम डूबे गेछे।

और, स्टीमर सर्विस तो दो दिन पहले से ही बंद है··· जल-थल-नभ सभी मार्ग बंद !

छत पर गया। ब्लाक के सभी—बत्तीसों फ्लैट के लोग छत पर जमा थे। गंगा नहीं, सोन का पानी है। "गंगा अचानक डेढ़ हाथ नीचे चली गई··· गंगा मैया की कृपा··· नहीं तो, अब तक पटना का नाम-निशान तक नहीं रहता। पुनपुन का क्या

हाल है भाई ?··· पानी कहाँ-कहाँ है और कहाँ-कहाँ नहीं है ?··· पश्चिमी पटना तो समझिए कि एकदम 'डुबिए' गया है, इधर स्टेशन, गाँधी मैदान, कदमकुआँ, पीरमुहानी, नाला रोड, लोहानीपुर, मंदीरी—सब जगह कमर से लेकर छाती-भर पानी है। मंदीरी की हालत सबसे बदतर है। अथाह पानी है वहाँ। नहीं, अशोक राजपथ पर एक बूँद भी पानी नहीं है··· धूप इतनी तेज है तो पानी जरूर घटेगा··· आपके कल में पानी आ रहा है न ? देखिए, पानी-बिजली कब तक चालू रहे··· अब तक कोई नाव नहीं आई। नाव नहीं, स्टीमर आएगा आपके लिए··· पानी स्टोर कर रहे हैं न ?··· खाना क्या है, बस खिचड़ी पका लो और आलू का भुर्ता। बस··· वह देखिए—पीपे की नाव बनाकर आ रहे हैं, कुछ लोग।"

सभी नीचे की ओर देखते हैं। नीचे मेला और रेला बढ़ता ही जा रहा है। पता नहीं, इन लड़कों को मोटर का ट्यूब कहाँ से इतना मिल गया है ?··· मिलेगा कहाँ से ? सड़क पर जितनी फँसी गाड़ियाँ लावारिस पड़ी हुई हैं, सभी के टायर-ट्यूब निकालकर ला रहे हैं।

तैरना, पानी उलीचना और बीच-बीच में ब्लाक के किसी फ्लैट की खिड़की की ओर देखकर फिकरे कसना—सबकुछ पूर्ववत् चल रहा है··· ऊपर, एक हवाई जहाज मँडरा गया··· अरे, ऊपर से क्या देख रहे हो, जरा नीचे उतर आओ भाई ··· शायद, हवाई फोटो ले रहा है··· अरे भाई, फोटो लेकर क्या करेगा ? सभी अखबारों के मशीनघर में पानी घरघरा रहा है··· पता नहीं, क्या हो, पानी बढ़ सकता है ··· पानी बढ़ा है··· हाँ, देखिए—पानी फिर बढ़ रहा है। एँ ? पानी फिर बढ़ने लगा। अब खैर नहीं···

फ्लैट में आकर रेडियो ट्यून किया। सुबह से ही फतुहा-ट्रांसमिशन सेंटर से प्रोग्राम प्रसारित किया जा रहा है··· आवाज किसी पेशेवर 'अनाउंसर' की नहीं। शायद, वहाँ के दरबान या इंजीनियरिंग-सेक्शन के किसी कर्मचारी की आवाज··· सीधे और सपाट ढंग से वह बीच-बीच में सूचना देता है कि छज्जू बाग के मुख्य स्टूडियो में पानी आ जाने के कारण फतुहा से प्रोग्राम हो रहा है··· अब आप एक कव्वाली का रिकार्ड सुनिए। सितार बजने लगता है तो रिकार्ड रोककर कहता है—सुनिए, कव्वाली नहीं, यह सितार का रिकार्ड है··· अब आप हमारा दिल्ली का समाचार सुनिए···

प्रारंभ की दो पंक्तियाँ डूब गईं··· "अब आप पूरे समाचार सुनिए। पटना की बाढ़ की स्थिति में कोई सुधार नहीं हुआ है। पिछले अठारह घंटे से पटना का संपर्क देश के शेष भागों से कटा हुआ है। दूरसंचार के सभी साधन भंग हो गए हैं। गाड़ियों का आना-जाना बंद है, क्योंकि पटना जंक्शन रेलवे स्टेशन की रेल की पटरियाँ पानी में डूब गई हैं। आज एयर इंडिया का विमान पटना हवाई अड्डे पर नहीं उतर सका···

"अब आप फिल्मी गीत सुनिए–हम तुम··· कमरे में बंद हों और चाबी खो जाए··· "

··· अनाउंसर पेशेवर नहीं हो। लेकिन, रिकार्ड उसने चुनकर लगाया है।

रेडियो से–पटना का देश के शेष भागों से संपर्क कट जाने की बात सुनने के बाद मेरे अंदर का 'मैं' कातर हो उठा। ऐसा लगा कि एक द्वीप पर अकेला बैठा हुआ हूँ। चारों ओर समुद्र लहरा रहा है। कहीं किसी जहाज का मस्तूल या किसी नाव का पाल नहीं दिखलाई पड़ रहा···

न जाने कब नींद आ गई। जगा तो दिन के चार बज रहे थे। हर दस मिनट पर पश्चिम की खिड़कियों पर जा खड़ा होना, फिर पूरब के बरामदे पर आकर बाहर देखना–नियम-सा बन गया है, हर बार बिजली के खंभे पर, सामने की नंगी दीवार की ईंटों पर और ताड़ के तने पर निगाह डालकर देखना कि पानी घटा है या बढ़ रहा है। सो, जागते ही खिड़कियों के सामने जाकर खड़ा हो गया। भीड़ में अपने किसी भी परिचित का चेहरा ढूँढ़ रहा हूँ। नहीं, इस भीड़ में कहीं भी कोई अपना परिचित नहीं··· भीड़-प्रिय आदमी कभी किसी का अपना नहीं होता··· वह व्यक्ति अपने परिवार के कनिष्ठतम प्राणी के साथ बाढ़ का मेला देखने आया है। परिवार के सभी सदस्य रंग-बिरंगी पोशाक पहने हुए हैं। औरतें और लड़कियाँ सजी-धजी हुई हैं। बँगला में इसी को 'हुजुग' कहते हैं। इस हुजुग को, मेला देखनेवाली भीड़ को, देखकर बाढ़ के पानी में डूब मरने को जी करता है···

छत पर आने का मन नहीं करता। यहाँ ऐसी-ऐसी बातें सुनने को मिलती हैं कि दिल डूबने लगता है और कभी खून गर्म हो जाता है··· और कम उम्र की अल्हड़-सी लड़कियों की तरह अधेड़ औरतें बचकानी बातें करने लगती हैं तब। असल में, मैं ही सठिया गया हूँ।

··· अच्छा, बतलाइए तो, सोन बढ़ रहा है या बढ़ रही शुद्ध है ?··· मुस्कुराहट··· नदी तो स्त्रीलिंग है, इसलिए सोन बढ़ रही··· खिलखिलाहट··· आप भी कैसे 'कबी' हैं जी ? जानते नहीं, सोन तो मर्द है। नदी नहीं, नद है। समझे ? तभी तो राजधानी में घुस आया है··· ही ही ही ही ! आपने दाढ़ी रख ली, इसीलिए बाढ़ आ गई। कटा लीजिए, पानी घट जाएगा !··· हा हा हा !···

एक भाई साहब हैं जो कभी भी किसी मौके पर कोई ऐसी बात नहीं करते, जिसे सुनकर मन में कोई उत्साह या आनंद अथवा राहत मिले। आज दिन-भर अपने फ्लैट में पता नहीं हथौड़े से क्या ठक-ठककर ठोंकते रहे और अभी छत पर एकत्रित प्राणियों (जिनमें 'फेमनिन' की संख्या ही गरिष्ठ है) के बीच आकर 'ठकाठक' कई कठोर खबरें ठोंक गए–"पुनपुन के तटबंध में भी 'ब्रीच' हो गया है··· इधर गंगा का पानी फिर बढ़ने लगा है··· और, और सचिवालय के पास स्टीमर

आ गया है और सारे कागजात को सुरक्षित··· ”

खिलखिलाकर हँसनेवालियों के चेहरे एक ही साथ बुझ गए—मानो बिजली गुल हो गई—हाय राम ! तब तो समझिए कि प्रलय···

भाई साहब कल से ही जिस बात को हजार बार कह चुके हैं, उसी को फिर, अपनी खल्वाट खोपड़ी पर हाथ फेरते हुए, कहते हैं—“भगवान बुद्ध ने कहा था कि इस शहर को तीन बातों से हमेशा खतरा रहेगा··· ”

हजार बार सुनकर भी हर प्राणी की उत्सुकता नहीं मिटती—“कौन-कौन-सी तीन चीज··· ?”

मैं पूछना चाहता था कि सचिवालय के पास स्टीमर आ जाने की खबर भाई साहब को कहाँ से मिली। वे मौर्य-युग में पहुँचे हुए थे, अतः चुपचाप नीचे अपने कमरे में चला आया।

अब सूरज की लाली बाढ़ के गँदले जल में घुल रही है। ऐसा दृश्य अर्थात् बाढ़ के जल पर डूबते हुए सूरज की किरणों को रंगीन लकीरें खींचते बहुत बार देखा है, मैं उस अँधियारी की प्रतीक्षा में हूँ—जो आज रात इस नगर में छानेवाली है ··· पानी घटा नहीं है। भीड़ बढ़ गई है। कोलाहल में कोई कमी नहीं।

··· आज साढ़े सात बजे प्रसारित होनेवाला प्रादेशिक समाचार नहीं प्रसारित हुआ। कव्वाली, फिल्मी गीत, तबला, वायलिन और सितार के घिसे-कटे रिकार्ड बजते रहे··· प्रादेशिक समाचार नहीं प्रसारित हुआ तो क्या बिगड़ गया ? प्रसारित ही होता तो क्या बन जाता ? बाढ़ का पानी घट जाता ? कोई राहत मिल जाती ? ··· मैंने एक बार लगातार तीन महीने तक अपने गाँव में बिना अखबार पढ़कर और बिना रेडियो सुनकर अनुभव किया है। कोई फर्क नहीं पड़ता। बल्कि एक पुराना रोग (कब्जियत) दूर हो गया था··· ।

पानी की धारा पर बहुत देर तक निगाहें गड़ाकर देखते रहने से एक आनंददायक भ्रम होने लगता है। सारा मकान स्टीमर की तरह तैरता हुआ-सा लगता है··· उधर, पूरब की ओर कुछ हुआ, शायद; लड़के उधर दौड़ क्यों रहे हैं, एक साथ ? नाव आ रही है। हाँ, नाव ही है। नाव पर सात-आठ सरदारजी और कई गैर-सरदार बैठे हैं। किसी भी सिख को देखते ही मेरे मन के अंदर यह अभिवादन ‘भक्तिभाव’ से गूँजने लगता है—‘जो बोले सो निहाल—सत सिरी अकाल !’

सरदारजी लोगों का दल जलविहार करने नहीं, रिलीफ बाँटने आया है। सामनेवाले पँचमंजिला इमारत के मुँडेर पर पनाह लेनेवालों को वे बुला रहे हैं—“नीचे आओ !”

हमारे ब्लाक के बाएँ जो मकान बनकर तैयार हुए हैं, उनमें अब तक चालीस-पचास बाढ़पीड़ित परिवार आकर डेरा डाल चुके थे—रिक्शावाले, खोमचावाले, रद्दी कागज-शीशी-बोतल खरीदनेवाले। सभी रोटियाँ लेने उतरे। सरदार स्वयंसेवकों

ने चिल्लाकर कहा–"पानी में मत उतरो। हम वहीं आ रहे हैं।"

नाव हमारे फ्लैट के नीचे से गुजरी। नीचेवाले फ्लैट से किसी ने पूछा, "क्या दे रहे हैं ?"

'रोटी, सब्जी और घुघनी। और पीने का पानी भी। रोटी बहुत अच्छी हैं, गर्म हैं··· बढ़िया आटे की हैं। क्यों, चाहिए क्या, हैं ?" स्वयंसेवक सरदारजी ने एक रोटी निकालकर दिखलाते हुए कहा। फिर पूछा–"आप लोगों की छत पर पनाहगुर्जी कोई नहीं··· "

इसके बाद नाव को घेरकर भूखे-प्यासे लोग अपने बाल-बच्चों के साथ रोटियाँ लेते रहे और शोर मचाते रहे··· रिलीफ देनेवालों की यह पहली टोली थी··· दिन-भर के भूखे-प्यासे प्राणियों को तृप्तिपूर्वक भोजन करते हुए, घूँट-घूँटकर पानी पीते हुए देखकर रोम-रोम पुलकित हो उठा। जोर से पुकार उठा, 'जो बोले सो निहाल–सत सिरी अकाल !" और–नाव पर बैठे स्वयंसेवकों ने मेरे इस हार्दिक अभिनंदन को स्वीकार करते हुए एक साथ 'सत सिरी अकाल' कहा। फिर पूछा, 'कुछ चाहिए ? रोटी-पाणी ?"

मैंने कहा, "उधर, कम्यूनिटी हाल··· दिनकर अतिथिशाला में, और उसके पच्छिम की ओर जाइए, वहाँ बहुत लोग हैं··· "

"हाँ-जी, उधर हमारी एक नाव गई हुई है।"

बिजली आ गई है। जल-थल आलोकित हो गया है। पुनपुन की बाढ़ के समय, पानी की धारा पर बिजली के लट्टुओं और मर्करी-ट्यूब का जैसा आलोक नृत्य देखा था, वैसा ही दृश्य··· किंतु, सारा पश्चिमी पटना घोर अंधकार में डूबा होगा।

··· दिल्ली से रेडियो पर कहा जा रहा है··· पटना के लोग मौत से जूझ रहे हैं।

कमरे के कोने से ठाकुर रामकृष्ण देव बोले–"की रे ? सारा दिने··· दिन-भर में तीन बार ठूँसकर खाया है ? दिन-भर सिगरेट फूँकता रहा, चाय पीता रहा। यही है तुम्हारा मौत से जूझना ?··· घर से बाहर निकलता क्यों नहीं ? आश्रम के स्वयंसेवकों के साथ दुखियों की सेवा करने क्यों नहीं जाता ? उस बार तो खूब उत्साह के साथ गया था। क्या हुआ इस बार ?"

"ठाकुर ! तुम तो जानते हो। मैंने कसम खाई है, बाढ़-पीड़ितों की सेवा करने के लिए अब नहीं जाऊँगा।"

"एई तोमार तीसरी कसम ?"

लतिकाजी भीगी साड़ी में लथपथ लिपटी हुई आईं और बाथरूम की ओर जाती हुई बोलीं, "ओदेर··· उन्हें खिला आई।"

मैंने कुछ भी नहीं समझा। वह स्नान करके, कपड़े बदलकर आईं। पूछा, 'ओदेर माने ?"

"ओई बेचारा कुकुरदेर··· बेचारे कुत्ते। एक ने चायवाले की झोंपड़ी को 'आस्ताना' (बसेरा) किया है। दूसरा–वहाँ ईंटों की ढेरी पर है और तीसरा तीन नंबर ब्लाक की एक खाली दुकान के रैक पर बैठा है। रोटी दे आई हूँ और, उस चायवाले को देखो। मुझे रोटी खिलाते देखकर दौड़ा आया और लाठी से बेचारे को कोंचने लगा। कहने लगा, मेरा छप्पर नोंचकर बर्बाद कर देगा।"

"भगा दिया ?"

"नहीं। अपने ब्लाक के लड़के सब नीचे थे। उन्होंने कहा, कुत्ते को अगर भगाया तो तुम्हारी झोंपड़ी कल बह जाएगी।"

बाहर बिजली चमकी। पूरब और दक्षिण की ओर आकाश में काले मेघ उमड़ आए हैं। उमस से देह चिपचिपा रही है। बाहर 'आवाजाही' अब तक बंद नहीं हुई है। भीड़ नहीं है। किंतु, लोग आज भी साढ़े ग्यारह बजे तक चल रहे हैं। हर आदमी के हाथ में एक लाठी–दूसरे में झोली, बोतल या डालडा का डिब्बा अथवा गठरी··· सचमुच, मौत से ही जूझ रहे हैं। पानी में भँसता हुआ डेढ़ बित्ते का कोई कीड़ा डंक मार दे और एक घंटा में ही सब समाप्त··· दीवार गिर पड़े और खेल खत्म··· फिर कहीं कोई तटबंध टूट जाए अथवा गंगाजी का कोप बढ़ जाए और चारों ओर पानी की एक उठती हुई ऊँची दीवार के साथ पटाक्षेप।

अब बिजली की प्रत्येक कौंध के तुरंत बाद ही मेघ गरज उठता है। इसका मतलब है कि बादल अब पटना के आकाश पर छा गया। बाहर निकलकर देखा और मुँह से सहसा निकल पड़ा–"तुम्हीं क्यों बाकी रहोगे आस्माँ··· जरा बाहर आकर देखो इन बादलों को··· की भीषण··· "

एक कुत्ते ने रोना शुरू किया। किंतु, कल के रुदन से आज का रोना भिन्न है। कल वे आशंका और आतंक को सूँघ रहे थे और, आज मौत को बहुत करीब देखकर रो रहे हैं··· मुझे फिर टेप-रिकार्डर की जरूरत··· असल में इस रुदन को जिसने सुना है, वही समझ सकते हैं–'ओ-य-यूँ-ऊँ-ऊँ-ऊँ-हाँ-हा-हाँ-य-ह··· ह-ओ-आ-आ··· "

आज उन्हें डाँटकर कोई चुप नहीं कर रहा। इसलिए वे सम्मिलित सुर में रह-रहकर रो रहे हैं ! उनकी करुण पुकार में कोई बाधा नहीं पड़ती।

··· कुत्तों को चुप किया, तेज हवा के पहले झोंके ने। हवा तेज हो गई। बिजली जल्दी-जल्दी कौंधने लगी–कड़ककर टूटने लगी। एक बार तो लगा, आसमान चरचराकर फट ही गया। हवा नहीं, यह तूफान है। आँधी आ गई ? सभी फ्लैटों की खुली हुई खिड़कियों और दरवाजों के पल्ले काठ के पंख की तरह फड़फड़ाने-धड़धड़ाने लगे। धड़ाधड़ खिड़कियाँ बंद होने लगीं। अब, हवा के साथ मूसलाधार वृष्टि। घनघोर वर्षा··· पास ही किसी मकान में कोई भयातुर आत्मा 'अजान' देने लगी–"अल्ला-हो अ-क-ब-र··· "

पुनपुन की बाढ़ को न्योतकर ले आनेवाली, अट्ठारह-बीस घंटे तक अविराम होने वाली वर्षा की याद आई··· उस बार मुंगेर के किसी इलाके में बादल टूटकर (बर्स्ट) गिरा था और पाँच मिनट में ही कई गाँव पानी के अतल तल में समा गए थे ··· सबकुछ संभव है।

··· उन लोगों पर अभी क्या बीत रही होगी जो छतों पर, खुले आसमान के नीचे हैं ?

··· अब जो दृश्य उपस्थित हो रहा है, होता जा रहा है, उसे देखने का साहस नहीं बटोर पा रहा हूँ। विश्व-प्रकृति का यह उन्मत्त नृत्य, अब इस शहर को डुबाकर ही बंद होगा··· ऊँ नमस्ते सते सर्वलोकाश्रयाय··· त्वमेकं शरण्यं त्वमेकं वरेण्यं··· भयानां भयं भीषणं भीषणानां··· परेषां परंरक्षण-रक्षणानां··· तदेकैस्मरामस्तदेकंजपा··· भवांभोधिपोतं शरण्यं ब्रजाणः··· !!

संसार-सागर से उबारनेवाले एकमात्र 'पोत' को सुमिरता हुआ, रक्षकों के भी रक्षक की शरण गहता बाहर की ओर देख रहा हूँ। पानी बढ़ता जा रहा है। लेकिन, अब डर नहीं लग रहा। अब काहे का डर ?··· दिन में सूअर के बच्चे जिस तरह डूबते-बहते हुए मर रहे थे, उसी तरह मरने को तैयार हूँ। किंतु, चिंचियाऊँगा नहीं उनकी तरह। मृत्यु की वंदना गाता हुआ मरूँगा··· तैंतीस-छत्तीस साल पहले का एक गीत (रवि ठाकुर के प्रसिद्ध गीत का हिंदी-अनुवाद और सुंदर अनुवाद !)–'कंगन' फिल्म का पुराना गीत गुनगुनाने लगता हूँ। फिर, बाहर की घनघोर वर्षा के ताल पर, जोर से–गला खोलकर गाना शुरू कर देता हूँ–"मरण रे-ए-ए-ए तुँहु मम श्याम समा-आ-आ-न··· घोर घटा का मोर-मुकुट धर धर बिजली की मुरली अधर पर ··· गा दे अमृत··· गा-आ-आ-आ-न··· मरण र-ए-ए-ए··· "

दस मिनट बरसकर बादल छँट गए। हर फ्लैट की खिड़कियाँ फिर खुल गईं। आसमान साफ हो गया··· पटना एक बार फिर बच गया। बाहर झाँककर देखा–कई लोग जाल फेंककर मछलियाँ पकड़ रहे हैं।

'दिनमान', 28 सितंबर, 1975

पंछी की लाश

वर्षा के बाद वातावरण का ताप कम हुआ। किंतु, बिछावन पर लेटते ही बाढ़ की स्मृतियाँ–'नास्टेल्जिया' की तरह फिर लौटकर आने लगीं और मन पसीजने लगा··· ऐसा क्यों होता है ? इसके मूल में क्या है ?··· बहुत देर तक आत्मविश्लेषण करता रहा।

बचपन से 'बाढ़' शब्द सुनते ही विगलित होने और बाढ़-पीड़ित क्षेत्रों में जाकर काम करने की अदम्य प्रवृत्ति के पीछे–'सावन-भादों' नामक एक करुण ग्राम्य गीत

है, जिसे मेरी बड़ी बहिन अपनी सहेलियों के साथ सावन-भादों के महीने में गाया करती थी। आषाढ़ चढ़ते ही–ससुराल में नई बसनेवाली बेटी को नैहर बुला लिया जाता है। मेरा अनुमान है कि सारे उत्तर बिहार में नव-विवाहिता बेटियों को 'सावन-भादों' के समय नैहर से बुलावा आ जाता है··· और जिसको कोई लिवाने नहीं जाता, वह बेचारी दिन-भर वर्षा के पानी-कीचड़ में भीगती हुई गृहकार्य संपन्न करने के बाद रात-भर नैहर की याद में आँसुओं की वर्षा में भीगती रहती है। 'सावन-भादों' गीत में ऐसी ही, ससुराल में नई बसनेवाली कन्या की करुण कहानी है :

"कासी फूटल कसामल रे दैबा
बाबा मोरा सुधियो न लेल,
बाबा भेल निरमोहिया रे दैबा
भैया के भेजियो न देल,
भैया भेल कचहरिया रे दैबाजी
भउजी बिसरि कइसे गेल ?"

(अब तो चारों ओर कास भी फूल गए, यानी वर्षा का मौसम बीतने को है। पिछली बार तो बाबा खुद आए थे। इस बार बाबा ने सुधि नहीं ली। बाबा अब निर्मोही हो गए हैं। भैया को 'जमीन-जगह' के मामले में हमेशा कचहरी में रहना पड़ता है। लेकिन, मेरी प्यारी भाभी मुझे कैसे भूल गई ?)

भाभी भूली नहीं थी, उसने अपने पति को ताने देकर बुलाने के लिए भेजा। भाई अपनी बहिन को लिवाने गया··· इसके बाद गीत की धुन बदल जाती है। कल तक रोनेवाली बहुरिया प्रसन्न होकर ननदों और सहेलियों से कहती है :

"हाँ रे सुन सखिया ! सावन-भादव केर उमड़ल नदिया
भैया अइले बहिनी बोलावे ले–सुन सखिया··· "

ओ ननद-सखी ! सावन-भादों की नदी उमड़ी हुई है। फिर भी मेरे भैया मुझे बुलाने आए हैं। तुम जरा सासजी से पैरवी कर दो कि मुझे जल्दी विदा कर दें··· सास कहती है–मैं नहीं जानती, अपने ससुर से कहो। ससुर ताने देकर कहता है कि नदीवाले इलाके में बेटी की शादी के बाद दहेज में नाव क्यों नहीं दिया। अंत में, पतिदेव कुछ शर्तों के साथ विदा करने को राजी होते हैं। ससुराल की दुखिया-दुलहिन हँसी-खुशी से भाई के साथ मायके की ओर विदा होती है। लेकिन, नदी के घाट पर आकर देखा–कहीं कोई नाव नहीं। अब क्या करें। भाई ने हिम्मत से काम लिया। कास-कुश काटकर, मूँज की डोरी बनाकर और केले के पौधों के तने का एक 'बेड़ा' बनाया और उस पर सवार होकर भाई-बहिन उमड़ी हुई कोशी की धारा को पार करने लगे। किंतु, बीच नदी में पहुँचते ही लहरें तेज

हो गईं। बेड़ा डगमग करने लगा। और, आखिर :

"कटि गेल कासी-कुशी छितरी गेल थम्हवा
खुलि गेल मूँज केर डोरिया–रे सुन सखिया !
… बीचहि नदिया में अइले हिलोरवा
छुटि गेलै भैया केर बहियाँ–रे सुन सखिया !
… डूबी गेलै भैया केर बेड़वा–रे सुन सखिया !!"

(नदी की उत्ताल तरंगों और घूर्णिचक्र में फँसकर बेड़ा टूट गया। भाई का हाथ छूट गया। और, भाई का बेड़ा डूब गया। भाई ने तैरकर बहिन को बचाने की चेष्टा की, किंतु, तेज धारा में असफल रहा। डूबती हुई बहिन ने अपना अंतिम संदेश दिया–माँ के नाम, बाप के नाम… फिर किसी बेटी को सावन-भादों के समय नैहर बुलाने में कभी कोई देरी नहीं करें। और, देरी हो जाए तो जामुन का पेड़ कटवाकर नाव बनवाएँ, और तभी लड़की को लिवाने भेजें !

… तकिए का गिलाफ भीग गया। गीत की पंक्तियाँ मन में गूँजती रहीं और आँखें बरसती रहीं। ऐसा हमेशा हुआ है।

और, इस गीत के साथ पिछले कई वर्षों से एक और करुण गीत-कथा की कहानी जुड़ गई है। इसलिए, इस गीत का दर्द दूना हो गया है… 'तीसरी कसम' की शूटिंग के दिनों शैलेंद्रजी मुझसे 'महुआ घटवारिन' की 'ऑरिजिनल' गीत-कथा सुनना चाहते थे ताकि उसके आधार पर गीत लिख सकें। एक दिन हम 'पबई-लेक' के किनारे एक पेड़ के नीचे जाकर बैठे। 'महुआ घटवारिन' का गीत मुझे पूरा याद नहीं था। इसलिए मैंने एक छोटी-सी भूमिका के साथ 'सावन-भादों' का गीत अपनी भोंड़ी और मोटी आवाज में, भरे गले से सुना दिया। गीत शुरू होते ही शैलेंद्र की बड़ी-बड़ी आँखें छलछला आईं और गीत समाप्त होते-होते फूट-फूटकर रोने लगे। गीत गाते समय ही मेरे मन के बाँध में दरारें पड़ चुकी थीं। शैलेंद्र के आँसुओं ने उसे एकदम तोड़ दिया। हम दोनों गले लगकर रोने लगे। 'ननुआँ' (शैलेंद्र का ड्राइवर) टिफिन कैरियर में घर से हमारा दोपहर का भोजन लेकर लौट चुका था। हम दोनों को इस अवस्था में देखकर वह चुपचाप एक पेड़ के पास ठिठककर बहुत देर तक खड़ा रहा… इस घटना के कई दिन बाद, शैलेंद्र के 'रिमझिम' में पहुँचा। वे तपाक से बोले–चलिए, उस कमरे में चलें। आपको एक चीज सुनाऊँ।

हम उनके शीतताप-नियंत्रित कमरे में गए। उन्होंने मशीन पर 'टेप' लगाया। बोले–आज ही 'टेक' हुआ है। मैंने पूछा–'तीसरी कसम ?' बोले–नहीं भाई ! 'तीसरी कसम' का टेक होता तो आपको नहीं ले जाता ?… यह 'बंदिनी' का है… पहले, सुनिए तो… !

रेकार्ड शुरू हुआ–"अब के बरस भेज भैया को बाबुल, सावन में लीजो बुलाय

रे··· अमुआँ तले फिर से झूले पड़ेंगे··· कसके रे जियरा छलके नयनवाँ··· बैरन जवानी ने छीने खिलौने··· बाबुलजी मैं तेरे नाजों की पाली··· बीते रे जुग कोई चिठियो ना पाती, ना कोई नैहर से आए रे-ए-ए।"

कमरे में 'पबई-लेक' के किनारेवाले दृश्य से भी मर्मांतक दृश्य उपस्थित हो गया। हम दोनों हिचकियाँ ले-लेकर रो रहे थे–आँसू से तर-बतर··· शैली ने (तब बांटू, यानी हेमंत !) किसी काम से अथवा गीत सुनने के लिए कमरे का दरवाजा खोला और हमारी अवस्था देखकर पहले कई क्षणों तक अवाक् रहा। फिर कमरे से चुपचाप बाहर चला गया··· कमरे में बार-बार वही रेकार्ड बजता रहा और न जाने कब तक बजता रहता यदि शकुनजी आकर मशीन बंद नहीं कर देतीं।

भीगे हुए तकिए पर तौलिया रखकर लेट गया। जी-भर रो लेने के बाद जी हल्का हो गया था। दृश्य पर प्रशांति छा गई थी··· मीठी नींद आ गई।

भोर को एक सुंदर अपूर्व सपना देख रहा था। और सपने में भी आनंदातिरेक से रो रहा था··· लतिकाजी ने झकझोरकर जगाया–"ऐ ? ऐ ? की हयेछे ?··· क्या हुआ ?"

जगकर मन खीझ उठा··· इतना सुंदर सपना बीच में ही टूट गया··· मुझे क्यों जगाया··· मैं नींद में रोऊँ या हँसूँ–इससे किसी का क्या बिगड़ जाता है ?··· आह !

लतिकाजी बोलीं–"ऐसे में कभी-कभी आदमी का दम घुट जाता है।"

"घुट जाता तो घुट जाता··· "

··· दरवाजे की कुंडी खटखटाई। जाकर दरवाजा खोला तो सामने हँसते हुए शैलेंद्र खड़े थे। उनके साथ में थे, उनके एक प्रिय स्वजन, पटना के प्रियदर्शन डा़क्टर भोला। मैं अचरज में गूँगा हो गया। उनसे कुछ पूछना चाहता था। लेकिन मुँह से बोली ही नहीं निकल रही थी। शैलेंद्र बोल रहे थे–"आना ही पड़ा··· बेबी और गोपा के लिए योग्य 'पात्रों' को देखने के लिए। अकेला बांटू और काका बेचारे क्या करें ?··· अपनी प्यारी बेटियों के लिए मुझे आना पड़ा–ऐसे दुर्दिन में भी भला कोई आता है ?··· बाबुलजी मैं तेरे नाजों की पाली, फ़िर क्यों हुई पराई–यह सुनकर कौन ऐसा बाप है जो··· बांटू को कबीर, दादू और रैदास पढ़ने को कहता था। पता नहीं, उसने पढ़ा या नहीं··· इधर उसने एक बड़ा ही प्यारा गीत लिखा है। एल. पी. में आ गया है। सुनिए न··· "

क्या सुनूँ ? सपने का संसार ही समाप्त हो गया। अब जगकर, अवसन्न अवस्था में सुन रहा हूँ–फतुहा से बजता हुआ–'गीत-कव्वाली-गजल-ठुमरी-सितार' का रेकार्ड !

जग गया। परंतु सपने से इस तरह अभिभूत रहा कि बहुत देर तक 'जलप्रलय' को भूल गया। चाय पीता हुआ बहुत देर तक सपने में अचानक आ गए शैलेंद्र के अभियोग और उलाहने-भरे शब्दों पर विचार करता रहा··· सचमुच, हम सभी कितने स्वार्थी सिद्ध हुए ?

पच्छिम की खिड़की से झाँककर देखा—करेंट की गति थोड़ी मंद पड़ गई। कलवाला 'रिद्म' नहीं है··· वह··· वहाँ सफेद-सी कोई चीज 'भँसती' हुई चली आ रही है ··· खरगोश या विलायती चूहा या कोई चिड़िया ?··· मुर्गी है—सफेद मुर्गी ! पानी की धारा के साथ हिलकोरे खाती हुई पूरब की ओर सड़क की मुख्य खरस्रोता धारा में पहुँची और वहाँ से तेज रफ्तार में बहने लगी··· कल पानी के साथ हवाई चप्पल, बच्चों के खिलौने, कंघी, सायकिल का बास्केट, प्लास्टिक के रंगीन कटोरे वगैरह भँसते दिखलाई पड़ते थे। आज सुबह उठकर पंछी की लाश पर दृष्टि पड़ी तो मन इस अपशकुन से आशंकित हो गया। रात के तीसरे पहर में एक बार उठकर देखा था, मछली पकड़नेवालों के अलावा तीन-चार व्यक्ति पैर से टटोल-टटोलकर कुछ खोज रहे थे। जो कुछ मिलता था उसे हाथ में एक बार लेकर देखते। अपने झोले में रख लेते या फिर पानी में फेंक देते··· सूअर के कई बच्चों की लाशों को लाठी की 'बँहगी' में लटकाकर भंगियों का दल आ रहा था। दल के एक युवक ने मुर्गी की लाश का पीछा किया। पानी से उठाकर डैने को खींचकर जाँचने लगा और फिर चिल्लाकर बोला—"नहीं ! सड़ल न है, काठ के जैसन कड़ा हो गया है।"··· "ले ले आ, ले ले आ !!" बहँगी में लटकती हुई सूअर के बच्चों की लाशों के साथ सफेद मुर्गी भी लटकी। अब उसका मरना सार्थक हो गया। सूअर के बच्चे और मुर्गी की मृत देह अब 'लाश' नहीं—उपभोक्ता-वस्तु बन गई··· जन्म अकारथ नहीं गया।

··· दिल्ली से प्रसारित समाचार में जब यह कहा गया कि आकाशवाणी पटना के संवाददाता श्री एच. पी. शर्मा ने बाढ़ का पानी झेलकर—'बाइपासरोड' से किसी तरह दूर जहानाबाद पहुँचकर, दिल्ली केंद्र से संपर्क स्थापित करके पटना की बाढ़ का ताजा समाचार दिया है तो··· तो··· मुझे लगा कि पटना के अलावा सारे बिहार के (और भारत के अन्य भागों के) रेडियो सुननेवालों की हार्दिक शुभकामनाएँ शर्माजी ने अर्जित कर लीं··· अट्ठारह-बीस घंटे से देश के अन्य भागों से छिन्नसूत्र पटना नगर का और नगर के निवासियों के मौत से जूझने का समाचार देने के लिए सहज हार्दिक शुभकामनाएँ देने के सिवा और क्या दे सकते हैं, हम ?··· जुग-जुग जियो शर्माजी··· तुम्हारा कल्याण हो··· बहादुर पत्रकार !··· तुम्हारे बाल-बच्चे सुखी रहें, भगवान उनको लंबी उम्र दें !!

··· देश के अन्य भागों के चिंतित लोगों की यह अशुभ आशंका दूर हो गई होगी कि पटना, महेंजोदड़ों की तरह, नदी के गर्भ में समा नहीं गया है··· पटना, धनुष्कोटि की तरह गर्क नहीं हो गया, बचा हुआ है और वहाँ के लाखों लोग जीवन और मृत्यु के बीच झूल रहे हैं··· मौत से जूझ रहे हैं।

आज नहानेवालों के दल में मोटर ट्यूब के अलावा कई लोग 'स्विमिंग-सूट' (तैराकी की पोशाक) में भी दिखलाई पड़ रहे हैं··· अब मेरा मन कर रहा है कि

छत पर जाकर 'माइक' से ऐलान करूँ–'भाइयो ! भाइयो ! आप लोग कल से ही बाढ़ के गँदले पानी में नहा रहे हैं, यह आपके स्वास्थ्य के लिए खतरनाक है। फ्लू, सर्दी, बुखार, टायफायड आदि के अलावा पानी में भँसते हुए जहरीले साँप··· '

अपने इस मूर्खतापूर्ण विचार पर आप ही हँसा··· माइक का मोह न गयो तेरो मन से मूरख !

तमाशबीन जनता की छोटी-बड़ी टोलियों का आगमन शुरू हुआ··· एक नीमजवान 'नवसिखुआ' कैमरावाला लड़का कमर-भर पानी में खड़ा होकर–पूरब मुँह से–यानी सूरज की ओर मुँह करके–तस्वीरें ले रहा है। नहानेवाले लड़के उसके सामने जाकर मुँह चिढ़ा रहे हैं। एक लड़का गले तक पानी में डूबकर अद्‌भुत आवाज में डूबती हुई लड़की का अभिनय करते हुए पुकार रहा है–"ब-चा-ओ !··· बचाओ ! मैं डूबी जा रही हूँ··· " भीड़ का एक कड़ियल-जैसा आदमी कैमरावाले से तैश में कुछ कह रहा है। ब्लाक नंबर एक के छत पर खड़े लोग भी चिल्ला-चिल्लाकर कुछ कह रहे हैं। हमारे ब्लाक के मुँडेरे से भी आवाजें कसी जाने लगीं··· यहाँ लोग कल से घिरे हुए हैं, न कहीं नाव है, न रिलीफ और ये फोटो लेनेवाले सिर्फ तस्वीर ले रहे हैं ?··· इसी को कहते हैं कि किसी का घर जले और कोई मौज से तापे ··· मत खींचने दो किसी फोटोवाले को कोई भी फोटो··· इनको पैसा कमाने का यही मौका मिला है ?

कैमरावाला जवान (नवसिखुआ भले ही हो) बुद्धिमान है। उसने तुरंत कैमरे का रुख तमाशबीनों की ओर कर दिया। तैश में आया हुआ कड़ियल-जैसा आदमी तुरंत ठंडा हो गया और गले में लिपटा हुआ अँगोछा ठीक कर मुँह पर हाथ फेरकर फोटो खिंचाने के पोज में खड़ा हो गया। नहानेवाले लड़कों ने वहाँ पहुँचकर पानी उलीचना-छींटना शुरू किया। भीड़ का दूसरा आदमी अब तैश में आकर नहानेवाले ऊधमी लड़कों को डाँटकर भगाने लगा। छाती-भर पानी में भागते हुए लड़कों में से एक, अपने ड्रम के 'बेड़े' पर चढ़ गया और अपने पैंट के अग्रभाग के एक विशेष स्थान की ओर संकेत करके बोला–'इसका फोटो लो'··· कुछ लोग हँसे। कुछ ने मुँह फेर लिया और कई लोग एक साथ–"अरे-रे-रे-रे हरमजदवा··· " कहकर चुप हो गए··· छाती-भर पानी में जाने का साहस उनमें नहीं था··· मुझे पाँच-सात महीने पहले देखी हुई युगोस्लावी फिल्म (वी आर बिविच्ड, इरिन) के एक दृश्य की याद आ गई। झरने में अर्द्धनग्न नहाती इरिन को चारों ओर से छिपकर देखनेवाले आवारे लड़कों को जब इरिन के ससुर ने खदेड़ते हुए कहा था कि अब अगर इधर कभी देखा तो जान से मार डालूँगा··· विल 'किल यू' तो भागते हुए छोकरों में से एक ने कुछ दूर जाकर, उलटकर ऐसी ही मुद्रा बनाई थी–'किल दिस !'

फोटो लेनेवाला लड़का 'डिमोरलाइज्ड' होकर कैमरा समेटकर चला गया··· मेरा कोई मित्र होता या मैं खुद होता तो इस 'पोज' को कभी 'मिस' नहीं करता।

··· लेकिन कैमरावालों के प्रति लोगों का अचानक यह आक्रोश क्यों ? यह

तो अच्छी बात नहीं। अपने कई प्रेस-फोटोग्राफर मित्रों तथा अन्य गैर-पेशेवर फोटोग्राफर दोस्तों की याद आई··· जनार्दन ठाकुर, सत्यनारायण दूसरे, सूर्यनारायण चौधरी, वासुदेव शाह, सत्यदेव नारायण सिन्हा (आर. एस. चोपड़ा तो बंबई जा बसे) तथा गुरु उप्पल के अलावा बहुत संभव है बाहर के जाने-माने छायाकार आए हों। पता नहीं, उनके साथ क्या-क्या व्यवहार करें ये ?"

मैं अब अपनी छत पर 'चचागिरी' करने के लिए पहुँचा। मेरे ब्लाक के लड़के मेरे नाम के साथ 'चचा' जोड़कर मुझे संबोधित करते हैं। छत पर जो भी 'भतीजे' मौजूद मिले उन्हें मैंने समझाया कि किसी फोटो लेनेवाले को 'हूट' न किया जाए। वे तुरंत समझ गए–"अच्छा चचाजी ! हम लोग नीचे जाकर इन लड़कों को समझा देते हैं··· "

नहानेवालों की टोली के उत्साह में बाधा डाली–एक गाय की लाश ने। लाश फूलकर भँसती और दुर्गंध फैलाती हुई आ रही थी। मेरे कमरे की खिड़कियों से बदबू का पहला झोंका आया··· ब्लीचिंग पाउडर और फिनायल की महक के साथ सड़ती हुई लाश की दुर्गंध··· लगता है, किसी मुहल्ले में यह अटक गई थी। और, वहाँ इस पर प्रचुर मात्रा में ब्लीचिंग पाउडर और फिनायल डाला गया था··· असह्य दुर्गंध ! कहीं हमारे ब्लाक के नीचे किसी दुकान में न अटक जाए। फिर तो साँस लेना भी मुश्किल हो जाएगा। जीना दूभर हो जाएगा !··· नहीं, अब तक धीरे-धीरे बहती हुई आती लाश, सड़क की मुख्य धारा के पास जाते ही–एक बार नाचकर–तेज धारा के साथ हो गई और फिर उसकी गति काफी तेज हो गई।

"एई जा !··· गैस फुरूलो··· गैस समाप्त ! मैंने कहा था न ?" रसोईघर से बाहर निकलती हुई लतिकाजी बोलीं ! फिर चुपचाप कोयलेवाला चूल्हा सुलगाने की तैयारी करने लगीं।

मैं पूरब बरामदे पर खड़ा रहा··· वह आ रहे हैं, डॉक्टर शिवनारायण, हाथ में बड़ी-सी लाठी लेकर टेकते हुए, अस्पताल जा रहे हैं··· कल रात में क्या यही सितार बजा रहे थे ? पूछूँ ?··· नहीं, अभी तो यह डाक्टर हैं। सितारवादक नहीं।

··· कमर से धोती लपेटे, गंजी पहने–लाठी टेकते और मुस्कुराते एक परिचित मुखड़े पर दृष्टि पड़ी–ओ ! परेसजी हैं। 'रूपरंग' नाट्य संस्था के निदेशक-लेखक अभिनेता··· परेसजी मेरे ही ब्लाक की ओर आ रहे हैं ? मेरे फ्लैट के नीचे आकर बोले–"अरे ! यहाँ तो बहुत तेज करेंट है। लगता है, उठाकर फेंक देगा।" उन्होंने पूछा, "सिगरेट है न ?··· और किसी चीज की जरूरत ?··· जी नहीं, हम लोगों का क्वार्टर ऊँची जगह पर है। पानी नहीं है··· मित्रों की खोज-खबर लेने निकला हूँ।"

मैंने कहा–"इधर कहीं किरासन तेल मिलेगा ? हम लोगों की 'गैस' अभी-अभी खत्म हुई है··· स्टोव के लिए किरासन चाहिए। यदि उधर··· "

"अच्छी बात ! देखते हैं ?"–परेसजी नीचे से ही चले गए।

लतिका मुझे झिड़की देती हुई बोलीं–"तुम भी कैसे हो ? बेचारा हाल-समाचार पूछने आया था और तुमने किरासन तेल की फरमाइश कर दी··· लज्या नेई तोमार एकटू ?"

"लाज की क्या बात है इसमें ? मित्र हैं। बाढ़ से पीड़ित नहीं हैं ! हाल-समाचार पूछने आए थे··· इनसे सहायता माँगने में क्या लाज ?" दिल्ली से प्रसारित समाचार में कहा जा रहा है कि सेना के जवान लोगों को सुरक्षित स्थानों में पहुँचा रहे हैं ! हेलिकाप्टरों से खाद्य सामग्रियाँ गिराई जा रही हैं !··· केंद्रीय खाद्य-मंत्री ने हवाई सर्वेक्षण के बाद वक्तव्य दिया है···

दिल्ली के समाचार के बाद, पटना के फतुहा 'कैंप-केंद्र' से एक आवश्यक सूचना प्रसारित की जा रही है, आज किसी पेशेवर अनाउंसर की आवाज है–भीषण बाढ़ के कारण, पटना नगर में पानी की आपूर्ति में बाधा पड़ गई है, अतः पेयजल का भीषण अभाव हो गया है··· नागरिकों से अनुरोध है कि वे किसी भी प्रकार के पानी को पंद्रह मिनट तक उबालने के बाद काम में ला सकते हैं···

किसी भी तरह के पानी का मतलब हुआ कि बाढ़ के पानी को भी पंद्रह मिनट तक उबालकर (छानकर नहीं) पी सकते हैं ?··· मैंने अपने कमरे के कोने में बैठे हुए देवता से कहा–"अब इस शहर के सभी नागरिक 'परमहंस' हो जाएँगे ··· तुमने कहा है न–जिस दिन नाली के गंदे पानी और गंगाजल में कोई भेद नहीं मानोगे··· लेकिन, मैं परमहंस नहीं होना चाहता। दया करके मेरे 'टैप' को 'ठप्प' मत करना।"

'घायल' आ रहा है। नरेंद्र घायल। मैंने इसका नाम दिया है–स्वामी मुश्किल आसानानंद। पुनपुन की बाढ़ के समय भी सबसे पहले 'घायल' ही पहुँचा था। बीमारी के समय, अस्पताल में लगातार तीन महीने तक सेवा करता रहा। मैं तो, उसके जिला-जवार, गाँव-घर का भैया ही हूँ–किंतु पटना के किसी भी दुखी और बीमार साहित्यसेवी की सेवा और सहायता के लिए वह सदा तत्पर रहता है–चाहे वह पंडित शिवचंद्र शर्मा हों या कोई अज्ञात कुलशील नया लेखक··· आते ही उसने पूछा–"भाभी ! लगता है आपका गैस खत्म हो गया है। नाला रोड में पानी भरा हुआ है और गैस कंपनी भी डूबा हुआ है··· "

मैंने कहा–"अगर किरासन तेल की कोई व्यवस्था कर सको··· "

"व्यवस्था क्या, ले ही आता हूँ।" वह उठ खड़ा हुआ। लतिकाजी ने रोकते हुए कहा–"अरे, कहाँ जाते हो ? अभी तो चूल्हा सुलगा लिया है। चाय पी लो।"

मैंने कहा–"उस दिन फ्रेजर रोड पहुँच नहीं सका। डबलरोटी नहीं ला सका। डी. लाल की दुकान डूब चुकी थी। कार कंपनी भी··· "

"आ जाएगी रोटी भी। अशोक राजपथ पर मिल जाएगी।"

"अब तुम लगे न फरमाइशी... "

"और आपकी सिगरेट का क्या पोजिशन है ?"

"सिगरेट तो है। लेकिन, हथुआ मार्केट खुला हुआ हो तो विश्वनाथ की दुकान से मगही पान... "

लतिकाजी अब सचमुच क्रुद्ध हो गईं–"और, चार बोतल कोका-कोला ? नहीं घायल। कुछ भी नहीं लाना है... ऐसे दुर्दिन में आदमी को अपनी जरूरत कम करनी चाहिए और इनकी फेहरिस्त लंबी होती जा रही है।"

जनाब सत्यनारायण दूसरे साहब कंधे से झोला-झब्बा लटकाए आए–घुटने तक पैंट समेटे। मैंने पहला सवाल किया–"स्टूडियो कितने पानी में है ?"

"कमर-भर।"

"फोटो लेते समय लोग गालियाँ तो नहीं देते, यानी 'हूट-ऊट' तो नहीं करते ?"

"यह आपको कैसे मालूम हुआ ? कुछ अजीब हालत है, इस बार... पत्रकार और फोटोग्राफर को लोग नाव पर चढ़ाना भी नहीं चाहते... मैंने तो पच्छिम पटना करीब-करीब कवर कर लिया है।"

"कहीं, शारदेय पर नजर पड़ी ?"

"दो दिन पहले 'संगी होटल' में थे–ऐसा मालूम हुआ है... वह बंबई चला गया होगा।"

"बोटानिकल गार्डेन के पशु-पक्षियों का क्या हाल है ?"

"पोल्ट्रीफार्म तो एकदम साफ है... बोटानिकल गार्डेन के भी कई जानवर बह गए हैं। कुछ डूब भी गए होंगे।"

दूसरे और घायल चाय पीकर चले गए। मैं फिर कुदरत का जलवा देखने के लिए खिड़की के पास हो गया... अब वह किस मृत प्राणी की लाश आ रही है ? बहकर आनेवाली कोई भी छोटी-बड़ी चीज हमारे ब्लाक के पिछवाड़े में आकर मंद गति से इधर-उधर थोड़ा चक्कर काटती है। हमारे ब्लाक की अर्धवृत्ताकार इमारत के पास आकर, हर फ्लैट के नीचे से गुजरती हुई, सड़क की ओर जाकर तेज धारा के साथ हो जाती है। शायद, बछड़ा है। नहीं। यह अलसेसियन कुत्ता है। दोनों कान शान से खड़े हैं ! रौब में कहीं कोई कमी नहीं। कान से पूँछ तक इसकी मुद्रा और तेवर देखकर ही समझ लेता हूँ–इसने बहादुरी से मौत को वरण किया है। मौत की छाया पर झपट्टे मारकर लड़ता हुआ मरा है।

... बाढ़पीड़ित ग्रामीण क्षेत्रों में मृत पशुओं की–गाय, बैल, घोड़े, बकरी आदि की–लाशें बहुत बार देख चुका हूँ... अलसेसियन कुत्ते की लाश, शहर की बाढ़ का प्रतीक, पहली बार देख रहा हूँ।

बाहर शोर हुआ–कुम्हरार में भी पानी घुस गया। कुम्हरार और कंकड़बाग में आज पानी घुसा है।

... अब प्राचीन पाटलिपुत्र (अशोक के पाटलिपुत्र) को धरती के नीचे से खोदकर उद्धार करेंगे या आधुनिक पटना को भूगर्भ में जाने से बचाएँगे ?

अब इधर-उधर–बाहर, भीतर कुछ भी देखने का मन नहीं करता। क्या करूँ। कुछ पढ़ने की चेष्टा की जाए··· विश्वकवि की शरण गहूँ।

निबंधमाला–द्वितीय खंड। पृष्ठ उलटाया और पढ़ना शुरू किया तो अचरज के मारे बहुत देर तक चुपचाप कमरे के कोने में बैठे ठाकुर को देखता रहा··· यह कैसा संयोग ? पृष्ठ उलटाया और यहाँ भी बाढ़ का प्रसंग ?··· यह क्या संपूर्ण 'काकतालीय'–संयोग है ?"··· और रवींद्रनाथ ठाकुर की भी पंछी की लाश पर ही दृष्टि पड़ी थी ?

पढ़ना शुरू करता हूँ–"शिलाइदह, 9 अगस्त, 1894··· नदी एकेबारे कानाय भरे गेछे। ओ पारटा प्राय देखा जाय ना··· आज देखते पेलूम, छोटो एकटि मृत पाखी स्रोते भेसे आसछे··· आर मृत्युर इतिहास बेस बोझा जाच्छे··· किसी, एक गाँव के बाहर बाग में, आम की डाली पर उसका 'बासा' (घोंसला) रहा होगा। साँझ को 'बासा' में लौटकर संगी-साथियों के नरम-नरम गर्म डैनों के साथ अपना पंख मिलाकर श्रांत देह सो रहा होगा··· हठात् पद्मा ने जरा करवट ली और पेड़ के नीचे की मिट्टी अरराकर धँस गई। नीड़च्युत् पंछी ने हठात् एक मुहूर्त्त के लिए जगकर 'चें' किया, इसके बाद फिर उसको जगना नहीं पड़ा। मैं जब मफस्वल में रहता हूँ–रहस्यमयी प्रकृति के पास, अपने साथ अन्य जीव का प्रभेद अकिंचित्‌कर उपलब्ध करता हूँ। शहर में 'मनुष्य-समाज' अत्यंत प्रधान हो जाता है। वहाँ वे निष्ठुर रूप से अपने सुख-दुख के सामने अन्य किसी प्राणी के सुख-दुख की गिनती ही नहीं करते··· एक पंछी के सुकोमल पंखों से आवृत स्पंदमान क्षुद्र वक्ष के अंदर जीवन का आनंद कितना प्रबल है, इसे मैं अचेतन भाव से··· भूले थाकते पारि ने··· "

कलाकारों की रिलीफ पार्टी

आज सुबह से ही 'अपने लोग'–स्वजन-सनेही, मित्र और प्रीतिभाजनजन–हमारी सुधि लेने आ रहे हैं। कोई खाली हाथ नहीं आता। एक हाथ में लट्ठ और दूसरे में हमारे लिए कोई-न-कोई आवश्यक सामान··· सभी एक अभूतपूर्व 'मेकअप' में–लुंगी या धोती लपेटे, गंजी पहने। डॉक्टर रामवचन राय आए, तो उनके हाथ में जो लाठी थी वह उनसे भी वजनी रही होगी। मैंने हँसकर कहा था–"आचार्यजी, लाठी में गुण बहुत हैं, सदा राखिए संग। नदि-नाला··· "

परेसजी आए, हाथ में बोतल लेकर–"बहुत मुश्किल से एक बोतल 'ऊपर' किया है। आज-भर तो काम चल जाएगा न··· ?"

बोतल पर 'ब्लैकनाइट' का लेबुल··· हालाँकि काफी मटमैला और बदरंग था। लतिकाजी आतंकित स्वर में बोलीं–"यह··· क्यों··· फिर··· फिर··· ?"

"जी किरासन तेल !"

एक क्षण पहले ही जिनको मेरा कोई महामद्यप और 'माताल' मित्र समझकर दरवाजे पर से ही विदा करने को सोच रही थीं, लज्जित और पुलकित होकर उन्हें धन्यवाद देने लगीं–"अंदर आइए न··· भीगकर आए हैं। चाय पी लीजिए।"

मैंने लतिकाजी से एकांत में अनुनय किया–"तुम दया करके इनसे यह मत पूछा करो कि दाम कितना लगा। आर्टिस्ट लोग हैं, छोटी-सी बात से ही ठेस लग जाती है इन्हें।"

अभी कुछ देर पहले डाक्टर रामवचन राय एक बड़े झोले में हरी और टटकी सब्जियाँ भरकर ले आए–झिंगुनी, रामतोरई, करेला, परवल, फ्रेंचबीन, हरी मिर्च और चार दूधिया-नाजुक मकई के बाल···

लतिकाजी ने औपचारिकतापूर्ण बातों के साथ ही पूछ लिया–"तीन-चार किलो तो जरूर होगा–सब मिलाकर। इतना ढेर क्यों ले आए ?··· कितना दाम··· ?"

मैंने बात को बीच में काटते हुए रामवचनजी से कहा–"असल दिक्कत किरासन तेल की है।"

"तोमार बस एकई कथा–किरासन तेल। नहीं, रामवचनजी, आप किरासन तेल मत लाइएगा। मैं भी अभी निकलूँगी, ले आऊँगी··· देखिए न, आज सुबह से जो भी आते हैं सबसे बस किरासन तेल की दिक्कत··· मैं तो डरी कि कहीं अपने नए 'जमाय' और 'कुटुंब' को भी किरासन तेल की दिक्कत सुनाकर फरमाइश न कर बैठें।"

परेसजी बैठे ही थे कि डॉक्टर रामवचन राय 'डालडा' के एक नए डिब्बे में किरासन तेल लेकर लौटे। इसके तुरंत बाद ही श्रीमान घायल एक किरासन तेल वेंडर को ही गाड़ी के साथ लेकर प्रकट हुए–"लीजिए, कितना तेल लीजिएगा।" घायल के हाथ में 'फैरेजनी' की दो डबलरोटियाँ थीं–"अशोक राजपथ पर एक दुकान में मिल गईं··· "

मित्रों के जाने के बाद लतिकाजी की बेकार की बहस को मैंने समाप्त करने की चेष्टा की–"देखिए, मैं यानी पटना का एक लेखक, अर्थात् कलाकार, बाढ़ से घिरा हुआ हूँ··· एरा आमार जातेर लोक,··· ये हमारी बिरादरी के लोग हैं–लेखक, कवि, पत्रकार, कथाकार, आर्टिस्ट, अभिनेता–मेरी सुधि लेने आते हैं और मेरे लिए 'रिलीफ़' ले आते हैं। मुझे जिस चीज की जरूरत होती है उनसे बेझिझक कह देता हूँ··· अपने को धन्य मानकर, उनके लाए हुए 'सौगात' को प्रसाद से भी अधिक पवित्र समझकर, निर्विकार चित्त से उपभोग करता हूँ। इसमें लाज-शर्म की बात अथवा 'जग-हँसाई' कहाँ है ? हाँ, बेटी के ससुराल से आए हुए फल तथा अन्न को आप निश्चय ही अलग रख दीजिए।"

सरदारों की रिलीफ टोली आज दोपहर में भी रोटी-पानी बाँट गई है। आसपास के मकानों में बसेरा लिए हुए लोग गर्म-गर्म रोटियाँ खाते हुए बतिया रहे हैं–"पूरी

से भी ज्यादा स्वाद है इस रोटी में... कितना प्रेम से 'बाँट-बखर' करते हैं; न किसी को कम न किसी को ज्यादा... बोल रहे थे कि साँझ को भी 'लगर' आएगा, घबराना मत... ई 'लंगर' का है हो ?"... "हँ-हँ-हँ–लंगर नहीं समझा–यही जो खा रहे हो।"

अभी टेलिफोन लाइन ठीक रहती तो कहीं से जाकर सीधे अपने पुराने मित्र सरदार चंद्रमौलेश्वर सिंह को इन संवादों के साथ बधाई दे देता... चंद्रमौलेश्वर नाम सिख नामावलि में असाधारण, 'अनकॉमन' और अजनबी भले ही हो–सरदार चंद्रमौलेश्वर श्री पटणासाहब गुरुद्वारा प्रबंधक कमेटी के जनरल सेक्रेटरी हैं। पंजाबी सिक्ख नहीं, पूर्णिया के सिक्ख हैं। इसलिए इतना मनोहर नाम है। हाँ, हमारे जिला में पंद्रह-बीस टोलों के ऐसे-ऐसे बड़े गाँव भी हैं जहाँ अचानक पहुँचकर किसी को भ्रम हो सकता है कि हरियाणा अथवा पंजाब के किसी इलाके में आ गया है... ढोर चराते हुए सिक्ख, खेत गोड़ते हुए सिक्ख, बैलगाड़ी पर सरदार, घोड़े पर–इधर-उधर हर तरफ छोटी-बड़ी, रंग-बिरंगी (और बदरंगी भी) पगड़ियोंवाले–छोटे-बड़े सरदार... गुरु तेगबहादुर ने असम जाते समय यहाँ गंगा पार डेरा डाला था और यहाँ के लोगों के बीच 'सतसंग' करके धर्मप्रचार किया था। पाँच धर्मप्रचारकों को वह छोड़कर गए थे। अब तो इस इलाके में दो गुरुद्वारे हैं–उचला में, लक्ष्मीपुर में। बोली, पूर्णिया के गाँव की ही बोलते हैं... हमारे मित्र सरदार श्री चंद्रमौलेश्वर इसी इलाके के एक बड़े गाँव 'उचला' के निवासी हैं तथा तेगबहादुर द्वारा रखे गए पाँच धर्मप्रचारकों में से एक के वंशज हैं। इसलिए गुरुद्वारा पटना साहब की ओर से बँटनेवाली 'रिलीफ' का थोड़ा श्रेय स्वयं लेता हुआ मैं कहता हूँ–"यह भी समझो कि... हमारे पूर्णिया के 'परताप' से ही... "

शाम को एक नया दल आया। एक मुहल्ले के कई प्रवासी बंगाली-बिहारी गायक, वादक, लेखक, गीतकार, कवियों ने मिलकर मुहल्ले के घर-घर से 'मुठिया' जमा किया। एक नाव किराए पर ले आए। अपने हाथों से रोटियाँ बेलकर, सेंककर, सब्जी पकाकर बड़े-बड़े 'देग' में ले आए हैं। दूध के चूरे और दवाइयाँ भी हैं ... नाव पर खड़े एक युवक की सूरत अतिपरिचित-सी लग रही थी। वह भी मुझे उसी दृष्टि से देख रहा था और मेरी ही तरह भटक रहा था। मैंने पुकारा–"आलोक ? आलोकधन्वा ?" वह हँसा। नाव से नीचे उतरकर हमारे फ्लैट के नीचे आया। उसने दाढी मुड़ा ली है और मेरी दाढ़ी बढ़ गई है, इसलिए...

मैंने फिर लतिका को छेड़ा–"बाहर आकर देखिए, हमारे तरुण कलाकारों की रिलीफ पार्टी।"

तरुण कलाकारों की नाव रोटी, सब्जी, दूध, दवा बाँटती हुई चली गई। मैं बहुत देर तक चुप न जाने क्या सब सोचता रहा कि मन फिर कातर होने लगा। किंतु अपनी कसम की याद करके तुरंत 'चंगा' हो गया।

लतिका देवी अपने सगे, संबंधियों और छात्राओं का हाल-समाचार जानने के

लिए निकल पड़ी हैं। मुझसे इस बार इस औपचारिकता का निर्वाह भी नहीं हो सकेगा—मुझे इसका खेद है।

इन दिनों छत पर पहुँचने का अर्थ है 'गाँधी मैदान' पहुँच जाना; मतलब छत पर पहुँचते ही अपार जनता के बीच पहुँच जाना-सा हो जाता है। पहुँचते ही चारों ओर से प्रत्येक फ्लैट के निवासियों द्वारा संचित, संग्रहीत तथा संपादित समाचार मिलने लग जाते हैं··· इंडस्ट्रियल एस्टेट में दरवाजा नहीं खुल सकने के कारण एक पूरा परिवार ही··· किदवईपुरी में एक स्कूटर पर स्वामी-स्त्री और बच्चे की लाशें—स्वामी स्कूटर का हैंडिल एकदम 'टाइट' होकर पकड़े हुए था··· एक लकड़ी के बक्से में दो बच्चे मिले। एक मर चुका था। बक्से के अंदर एक चिट्ठी थी—हम लोग पानी से घिरे हैं। अगर आप लोगों में से किसी को यह बक्सा मिले··· अरे साहब, तटबंध को तो 'फलाना' ने उड़ा दिया है··· वीमेंस कालेज में क्या हुआ सो मालूम है ?

अब मैं ऐसी बातों से नहीं चिढ़ता। मुझे इन लोगों से अब सहानुभूति होने लगी है। बेचारे चारों ओर से पानी से घिरे हुए लोग, छत पर आकर कुछ सुन-सुनाकर अपनी 'बोरियत' को दूर कर लेते हैं··· संभव है ऐसी विपदा की घड़ी में आदमी थोड़ा बेमतलब और बेसिर-पैर की 'नानसेंस' बोलकर कुछ राहत हासिल करता हो।

किंतु, आज पहुँचते ही एक मतलब की बात की—बोरिंग रोड की ओर से किसी फ्लैट में आकर टिके हुए एक पटनियाँ-बंगाली नौजवान ने। बोला—"हम लोग अगस्त से लेकर अक्तूबर तक किसी भी स्थानीय समाचारपत्र के दो-तीन कालम को कभी नहीं पढ़ते थे—उत्तर बिहार की बाढ़ के समाचारों के कारण। हर वर्ष नियमपूर्वक आनेवाली हर बाढ़ को पिछले साल की बाढ़ से बढ़कर बताया जाता। किसी तटबंध का टूट जाना और फसल के साथ जान-माल की बर्बादी के समाचारों के कोई प्रभाव हम पर नहीं पड़ते थे। इसीलिए इस बार ऐसा लगता है कि··· हे मोर अभागा देश, जादेर कोरेछो अपमान हते हबे तादेर सम्मान··· "

उस युवक को इस तरह आवेश में आकर आवेगपूर्ण आवृत्ति करते सुनकर उसकी फूफी या मौसी ने पुकारकर कहा था—"खोकन, की सब जा-ता देश-टेश निए जादेर-तादेर संगे तुई 'आबोल-ताबोल' बले बेड़ाच्छिस ?··· नीचे चल !"

मन में हुआ कि टोकूँ—"की दीदी ?··· आपनि रवि ठाकुरेर कविता के आबोल-ताबोल बलछेन ?" किंतु फिर समझा कि वह 'भद्रमहिला' शायद ठीक ही कह रही है।

इम्प्रूवमेंट ट्रस्ट के नए मकान की छत पर बाढ़पीड़ितों के कई परिवार एकत्रित होकर वार्तालाप कर रहे हैं। ऐसी ही खबरें वहाँ भी प्रसारित-प्रचारित हो रही हैं··· कमला-बलान नदियों के इलाके में रहनेवाले एक व्यक्ति ने कहा—"जे दुखे छोड़लहु घोराघाट, से दुख लागले रहल साथ··· जिस दुख के कारण घोराघाट छोड़ा वह दुख साथ लगा ही रहा। कमला-बलान ने गाँव उजाड़ दिया, तो भागकर पटना

आए। पटना आए तो–ले बलैया ! पटना में भी वही हाल !"

उसके साथी ने कहा–"पटना में भी वही हाल कैसे ? वहाँ, अपने गाँव में, बाढ़ के समय रहने को तिमंजिला मकान मिलता था ! एँ ! बोलो ! ऐसन नरम-नरम, गरम-गरम रोटी और रसादार तरकारी वहाँ मिलता था ? एँ ? बोलो ?"

"अयँ हो, रेडियो में तो बोलिस है कि होली-कफ्टर से बनल-बनावल, पकल-पकावल खाना गिरावल जाता है। मुदा इधर कहाँ गिराइस है एको दिन ? अयँ हो··· ?"

"सुनते हैं जी ? सरदारजी लोग के 'लंगर' में अभी जो पियाज की चटनी दिया था, ऐसा स्वाद था कि क्या बतावें। कि सच्चो कहते हैं–टोकरियो-भर रोटी हम उत्ती-सी चटनी से खा जाते !"

'धेत्त मर्दे ! टोकरी-भर रोटी खाने का मिजाल है तुम्हारा ?"

शाम को साढ़े सात बजे पटना उर्फ फतुहा कैंप-केंद्र ट्यून किया–"अब आप रामरेणु गुप्त से समाचार सुनिए··· !"

तो आज न्यूज़ एडिटर श्री एस. एन. मिश्रा सदल-बल फतुहा कैंप-केंद्र पहुँच गए हैं ?··· रात में दो विशेष प्रसारण की विशेष सूचनाएँ प्रसारित की गई हैं।

लतिकाजी रात के साढ़े आठ बजे लौट आईं, तो उधर से जितनी खबरें लेकर लौटी थीं, उनमें से प्रायः सभी समाचार कुछ हेर-फेर के साथ मैं अपनी छत पर ही सुन चुका था।

··· पानी में 'क्लोरिन' की मात्रा इतनी बढ़ा दी गई है कि चाय, कॉफी, रोटी, दाल सबमें बस एक ही स्वाद। कहते हैं क्लोरिन का दाँत के 'एनामेल' पर बुरा असर होता है !

··· कल रात को काले भयावने बादलों को देखकर मुँह से सहसा निकला था और मैंने सिगरेट की डब्बी पर लिख दिया था–"तुम्हीं क्यों बाकी रहोगे आस्माँ !"··· आज उसके नीचे दूसरी पंक्ति लिखकर प्रसन्न हुआ–"तुम ही क्यों बाकी रहोगे आस्माँ ! कहर बरसाकर शहर पर देख लो !"··· कहर 'बरसा' कर या 'बरपा' कर ? नहीं, बरसाकर ही ठीक है !··· किंतु मुझे संदेह है कि ये पंक्तियाँ मेरी नहीं किसी और शायर की हैं··· दुष्यंत को लिखकर पूछूँ ? बहुत देर तक दुष्यंत की एक ग़ज़ल की कई पंक्तियों को मन-ही-मन दुहराया। फिर शमशेर के शेर की इन दो पंक्तियों को तरन्नुम के साथ गुनगुनाता रहा–"जहाँ में अब तो जितने रोज़ अपना जीना होता है। तुम्हारी चोटें होती हैं, हमारा सीना होता है। जहाँ में अब तो जितने रोज़··· "

शायद क्लोरिन में अन्य गुण-अवगुण के अलावा शीघ्र सुलाने की भी थोड़ी शक्ति होती है। बिछावन पर लेटा और संभवतः दस मिनट के बाद ही गहरी नींद आ गई।

सुबह साढ़े छह बजे छत पर दौड़-धूप और आपाधापी से नींद खुली··· आकाश में एक साथ कई विमानों की सम्मिलित भनभनाहट··· हाँ ! हाँ ! लगता है इसी में हैं। इसी में··· ? इंडिन एयरफोर्स का प्लेन है न ? तब इसी में हैं !···

उठकर खिड़की पर गया। आज अभी भीड़ कम है। बाहर, भीतर सभी लोग आसमान की ओर आँखें उठाकर देख रहे हैं। 'एहि में हौ··· एहि में हौ ? एहि में··· बीचवाला में··· हमको तो आवाज से ही पता लग गया कि यही प्लेन है।'

आकाशवाणी से प्रसारित प्रत्येक बुलेटिन में कल से ही कहा जा रहा है कि सेना के विमान और हेलिकॉप्टरों के द्वारा बाढ़ में फँसे हुए लोगों को सुरक्षित स्थानों में भेजा जा रहा है और पके-पकाए भोजन के पैकेट गिराए जा रहे हैं ! अतः हवाई जहाज की आवाज सुनते ही सभी की आँखें आकाश की ओर टँग जाती हैं··· कहाँ गिराया कुछ ?

दरवाजे की कुंडी खड़की··· सुबह साढ़े सात बजे ही पानी में हेलकर सुधि लेने कौन 'उदार बंधु' आ गए ? बिछावन छोड़ना ही पड़ा··· पास-पड़ोस के ब्लॉक के दो-तीन सज्जन। उनका अधेड़ अगुआ आगे बढ़कर बोला—"आपको थोड़ा कष्ट दिया। माफ किया जाए। देखिए, तीन दिन हो गए। अब तक हम लोगों के चारों ब्लाक में एक भी नाव नहीं मिली। सुना है कि 'कलेक्टेरियट' में 'ज्वायंटली' जाकर कहने से नाव मिलती है। तो सोचा कि आपको ही अगुआ बनाकर ले चलें। आपके रहते फिर··· "

"मुझे ? अरे··· मेरे लिए तो··· मुश्किल है··· मैं तो इतना लाचार हो गया हूँ ··· कि," मैं हकलाने लगा।

"क्यों-क्यों ? बीमार-उमार हैं क्या ?"

"मेरा चेहरा देखकर आप कुछ नहीं समझ सके ?"

"हाँ, हाँ। इधर थोड़ा कमजोर लग रहे हैं। तो क्या तकलीफ है ?"

साथ में आए हुए नौजवान को मालूम था कि मैं पैप्टिक अलसर का मरीज हूँ। उसने कहा, "पैप्टिक अलसर है तो ऑपरेशन क्यों नहीं करवा लेते ?"

"ऑपरेशन नहीं। इसको इंडियन मेडिकल इंस्टिट्यूट, दिल्ली में डॉक्टर आत्मप्रकाश के द्वारा 'फ्रीज' करवाना है।"

"यह फ्रीज क्या होता है ?"

"होता है··· "

"माफ किया जाए। आपको कष्ट दिया।"

"साला, मिथ्येवादी, बेइमान, जोच्चोर··· झूठा। भाग यहाँ से।" कमरे के कोने से मुझ पर दनादन गालियाँ दागी गईं। ऐसी गालियाँ सुनकर मन प्रसन्न हो जाता

है··· तो ठाकुर प्रसन्न है !

"तुम तो जानते हो ठाकुर, मैंने एक शब्द भी झूठ नहीं कहा। मैंने यह भी नहीं कहा कि पैप्टिक अलसर के कारण उनके साथ जाने में असमर्थ हूँ··· अब तुम ही बताओ न, नाव लेकर मैं क्या करता, अथवा वे ही क्या करेंगे ? उधर सारा पच्छिमी पटना अगम पानी में है—आप छाती-भर पानी में ही हैं। कहीं डुबाव पानी तो है नहीं। कहीं से एक नाव मिल भी गई तो रोज आपस में ही सिर-फुटौवल··· "

सुबह आठ बजे का समाचार सुनकर ही समझा कि लोग आज सुबह साढ़े छः बजे आकाश की ओर हवाई जहाज को क्यों देख रहे थे। केंद्रीय खाद्यमंत्री के बाद स्वयं प्रधानमंत्री हवाई सर्वेक्षण करने के लिए (आई थीं) आए थे।

आज पानी घटा है। अविराम बहती हुई धारा की गति और भी मंद हुई है। बाढ़ के जल में अब एक विचित्र-सी महक आ गई है··· आज एक भी नहानेवाला नहीं, कहीं भी। पानी में नहाते हुए ऊधमी लड़कों ने कई दिनों से जी को काफी कुढ़ाया था। आज वे नहीं हैं, तो लगता है कहीं जिंदगी है ही नहीं··· जलप्रलय में भी वे जलकेलि करते रहे। रोग के कीड़ों की पर्वाह किए बिना राजेंद्रनगर गोलंबर के गोल पार्क के चारों ओर 'तेज गति से चक्कर मारनेवाली' इस अभूतपूर्व 'नई नदी' में नहानेवाले लड़के सब आज कहाँ चले गए ?

एक नाव से मेडिकल स्वयंसेवकों की टोली एलान कर रही है—"भाइयो ! बाढ़ के कारण पटना नगर में तरह-तरह के संक्रामक रोगों के फैलने की आशंका है। आपके दरवाजे पर हमारे स्वयंसेवक टीका लगाने पहुँच रहे हैं। कृपया, फौरन टायफाइड तथा हैजे का टीका ले लें।"

एलान सुनकर मन में तुरंत सवाल उठा—'इतनी दवाइयाँ अभी मौजूद होंगी ? अथवा··· बाहर से आनेवाली दवाओं के समाचार के आधार पर··· ?'

रेडियो से बिहार के बाढ़पीड़ितों के लिए 'दान' मिलने के समाचार निरंतर आ रहे हैं··· रोटियाँ, दूध के चूरे, पके-पकाए भोजन, विटामिन की गोलियाँ, दवाइयाँ, रुपए—अनाज··· "

रात में छत पर सुना—कल हम लोगों के इलाके पर—राजेंद्रनगर-लोहानीपुर में हेलिकॉप्टर से खाने के लिए सामान गिराए जाएँगे।··· कल दिल्ली से और भी कई बड़े मंत्री आ रहे हैं··· सेना ने पटना शहर को बचाने का काम अपने हाथ में ले लिया है। आर्मी के जवानों ने बचाव-कार्य शुरू कर दिया है··· राजेंद्रनगर में कल खाद्यसामग्री गिराए जाने की बात एकदम पक्की है। देख लीजिएगा।

और सचमुच दूसरे दिन सुबह सात बजे से ही राजेंद्रनगर में 'एयर-ड्रापिंग' का काम शुरू हो गया।

··· आकाश में एक दैत्याकार आँखफोड़वा-टिड्डा जैसा भूरे रंग का फौजी हेलिकॉप्टर, साइरन की तरह अविराम पतली सीटी-सी बजाता हुआ, घोर गर्जन करता हुआ, छतों पर धूल का धूर्णिचक्र उड़ाता, 'लो-फ्लाइंग' करके धीरे-धीरे नीचे

की ओर आता है। 'थुथने' को तनिक आगे की ओर झुकाकर, पूँछ ऊपर किया··· । गरगराहट और भी तेज हो गई और लो··· लो··· वह गिरा··· बड़ा बक्सा है··· कार्डबोर्ड का बक्सा··· हा-हा···

'सीं-ई-ई-ई-ई··· गरगरगरगरगरगर··· गुड़र गुड़र गुड़र··· सीं-ई-ई-ई-ई-गरगरगरगरगर–एक और आ गया उधर से··· उस छत पर एक बक्सा फिर गिरा। एक नहीं, दो ?'··· सिं-ई-ई-ई–गरगरगरगर··· इस छत पर भी गिरेगा, अपने छत पर भी गिरेगा··· सिंई-ई-ई पाइलट सिख नौजवान है, हँस रहा है··· ए, देखो। होशियार ! बच्चों को पकड़ो। उड़ जाएँगे··· वह चटाई उड़ी··· साड़ी-ब्लाउज-तौलिया सब उड़ा ··· सींई-ई गरगरगरगरगर··· गिरा, गिरा···

निश्चय ही उनके पास मूवी कैमरा होगा। उनके पास–अर्थात् हेलिकॉप्टर पर जो लोग बैठे हैं।··· कैसे लगते होंगे ऊपर से हर छतों के दृश्य··· सभी मकान के मुँडेर पर औरत-मर्द-बच्चे, इधर से उधर दौड़ रहे हैं, ऊपर की ओर हाथ पसारे। एक-दूसरे को धकेलते, गिरते-पड़ते लोगों के झुंड, हर मकान के छत पर··· ?

··· सीं-ई-ई-ई-ई-ई-गरगरगरगर-गुड़र-गुड़र-गुड़र–अपनी छत पर कोई लाल फ्लैग नहीं ? लाल फ्लैट् दिखलाओ··· यहाँ भी गिराओ··· ओ मिस्टर पाइलट–ऑन दिस रूफ··· पाइलट साहेब, इधर भी··· इधर भी··· अरे यहाँ कुछ बिछा दो–सिगनल दो, यहाँ गिरावेगा··· यहाँ-यहाँ··· ए, पाइलट साहेब, सरदारजी–ई··· गिराइए··· गिराइए ··· ए, लाल 'फ्लैगिंग' करो··· सीं-ई-ई-ई-ई-ई-गरगरगरगर–गुड़रगुड़रगुड़र··· यहाँ··· इस छत पर क्यों नहीं गिरता ?··· सीं-ई-ई-ई-ई-ई। गरगरगरगरगर···

दिनमान / 12 अक्तूबर, 1975

मानुष बने रहो

पानी की धारा एकदम मंद हो गई। पानी का रंग धारा की गति के साथ ही धीरे-धीरे बदल रहा है। बहाव बंद होते ही पानी का रंग कुछ ही घंटों में हरा हो जाएगा। पानी पर हरे रंग की पपड़ी जम जाएगी और हवा में सूखी मछली की गंध जैसी 'बिसाइन' महक।

आज कई स्थानीय दैनिक पत्रों ने एक पन्ने का 'अंक' निकाला है। पत्रकार मित्र सूर्यनारायण चौधरी कई हिंदी-अंग्रेजी अखबार लेकर आए। डेढ़ पृष्ठों में टेंडर, वांटेड, विश्वविद्यालयों तथा अन्य सरकारी-अर्धसरकारी संस्थानों की विशेष विज्ञप्तियाँ। बाकी में पटना की बाढ़ के सचित्र समाचारों के बीच-बीच में यत्र-तत्र 'बॉक्स न्यूज' : दिल्ली से इतने हजार किलोग्राम मॉडर्न रोटी आ रही है। दिल्लीवालों के दैनिक राशन में रोटी की कटौती : विदेश से 'केक' और 'चीज' भी : आगरे के पेठे : कलकत्ते से भी रोटियाँ : प्राण-रक्षक दवाइयाँ और कपड़े।

अखबार पढ़ने के बाद बात समझ में आई कि क्यों कुछ देर पहले छत पर भाईसाहब इतने उत्तेजित, असंतुष्ट और क्रुद्ध थे। निश्चय ही उन्होंने आज का अखबार पहले ही पढ़ लिया था। हमारी छत पर हेलिकॉप्टर से पाँच पैकेट जो गिरे थे उनमें से तीन, भाईसाहब तथा उनके परिवार और सगे-संबंधियों के हाथ लगे थे और तीनों में बस चिउरा, भुने चने, पॉप कार्न तथा दालमोठ ! बाकी दो पैकेट में भी यही चीजें थीं। भाईसाहब के मुँह से, घुले हुए पान की जाफरानी पीक की गुड़गुड़ाहट के साथ लानत-भरी आवाज निकली–"क्या तमाशा है !" फिर, पीक थूककर चालू हो गए–"इज़ इफ वी आर लेबरर··· तमाशा है··· दिल्ली का ब्रेड कहाँ है ? बतलाइए। बटर, केक, 'चीज़' कुछ भी नहीं, सिर्फ चूड़ा-चना-फरही ?··· बोरिंग रोड, कृष्णपुरी या पाटलिपुत्र कालोनी की बात छोड़िए–यहीं, अभी, राजेंद्रनगर में ही कंट्राक्टर, फलाने प्रसाद सिंह के एरिया में जो पैकेट गिराए गए हैं सबमें 'ए-वन' चीजें–मतलब, ब्रेड-बटर-चीज सबकुछ–और हम लोगों की छत पर सिर्फ ये 'रॉटन' चबेने ? बोलिए, इसका क्या जवाब है ? एँ ?··· खुद, सरकारी रेडियो बोलता है कि 'राजेंद्रनगर इज़ ए पाश एरिया–'आलीशान इलाका है राजेंद्रनगर और वहाँ गिराई जाती हैं··· दिस इज शीयर पार्सियालिटी··· नहीं तो और क्या··· अरे साहब, खा गया–खा गया, सब खा गया··· "

"जो कुछ मिला है आप भी चबा लीजिए। वरना··· "

"वरना, क्या··· ?"

"वरना, नरम हो जाने पर कुरमुराहट नहीं··· "

"हुँह ! चबा लीजिए ?··· आई एम नाइदर ए विलेजर नार ए लेबरर, ऑर ए बेगर··· " मेरे मुँह पर अपनी मुँहतोड़ अंग्रेजी में 'रिटर्न शॉट' मारकर भाईसाहब का क्रोध तत्काल कुछ कम हो गया। अपनी एक 'केलिकुंजिका'* से उन्होंने कहा–"पैकेट ले जाओ और उधर 'झोंपड़-पट्टी' से जो लोग आए हुए हैं उन लोगों को 'डिस्ट्रिब्यूट' कर दो··· खा गया, सब खा गया··· !!"

बाकी दो पैकेट पानेवालों ने अपनी छत पर उपस्थित लोगों के बीच 'भाग बँटवारा' कर लिया था। चूड़ा और दालमोठ चबाता हुआ प्रोफेसर साहब का नौकर कहता है–"चूड़ा बहुत 'फाइन' है और दालमोठ एकदम पियोर पोस्टमैन में छाना है··· "

भाईसाहब नीचे गए तो मेरे पास एक दूसरे सज्जन सरककर आ गए। नम्र और दबी हुई आवाज में (फुसफुसाहट में) उनकी शिकायत थी : 'उधर प्लास्टिक के बड़े-बड़े 'कैन'··· हाँ, इतने बड़े कि उसमें करीब चार घड़े पानी तो जरूर··· एकदम

---

* दस साल पहले दिल्ली में, अपनी पत्नी की छोटी बहन का परिचय देते हुए डॉ. सुरेश अवस्थी ने किसी संस्कृत कोष का हवाला देकर अर्थ सहित यह शब्द बताया था। उन्होंने 'सिरियसली' कहा था या दिल्लगी में, नहीं कह सकता, किंतु तब से मैं इस शब्द को भद्रतापूर्वक व्यवहार में लाता हूँ। –रेणु

मिल्की व्हाइटकैन के मुँह पर टाइट किया हुआ जेट ब्लैक कैप··· लवली··· मैंने कल खुद अपनी आँखों से देखा है। हेलिकॉप्टर से गाँधी मैदान में पानी पर 'थपाथप' गिराया गया, वहाँ से आर्मी का आदमी बटोरकर नाव पर लेकर वेस्ट पटना की ओर चले गए··· मानता हूँ कि हम लोगों के एरिया में पीने के पानी की कमी नहीं है लेकिन, कैन··· ?"

"उस छत पर अभी ही एक लाल फ्लास्क–छोटा–गिराया है।"

"उधर, लोहानीपुर की एक छत पर कपड़े का बंडल भी गिरा है··· शायद, गलती से गिर पड़ा है।"

"एयर ड्रापिंग दो तरीके से करते देखा। एक, मुँह की ओर से–पाइलट के बगल में बैठकर, दूसरा–दुम की ओर से। मुँह की ओर से गिरानेवाला, पैकेट गिराते समय दुम ऊपर की ओर उठाकर, मुँह नीचे की ओर झुका लेता है··· और दुम की ओर से गिरानेवाला सिर ऊपर की ओर उठा लेता है··· कभी-कभी इतना करीब आ जाता है कि उस छत पर लगा कि एक आदमी को हाथों-हाथ पैकेट दे दिया ··· धन्न है।"

अभी रेडियो से एक आवश्यक सूचना प्रसारित करके लोगों को सावधान किया गया है : 'कृपया अपनी छतों पर ऐसे सामान नहीं रखें जो उड़ सकते हों। हेलिकॉप्टर जब आपकी छत के ऊपर पहुँचे तो उस समय कपड़े, चटाई, किताबें वगैरह हटा लें, और छोटे बच्चों को भी··· '

छोटे बच्चे ही क्यों, हेलिकॉप्टर के बवंडर में पड़कर क्षीणकाय अल्पप्राण बड़े-बूढ़े भी उड़ जा सकते हैं··· और औरतों को चाहिए कि हेलिकॉप्टर के नीचे जाने के पहले दक्षिणी ढंग से साड़ी पहन लें। नहीं तो, जैसा कि अभी देखा–सारी बिच नारी है कि नारी बिच सारी है कि सारी है कि नारी है कि··· खाली बस नारी है।

कुंडी खड़की··· मेडिकल कालेज के बस तीन-चार विद्यार्थी हाथ में स्टील के छोटे-छोटे बक्स लेकर खड़े हैं–'हैजे की सूई'। मेडिको वालेंटियर की टोली को 'गाइड' कर रहा है, हमारे ब्लाक का किशोर टोमेटो। बेचारा थोड़ा तुतलाता है और उत्तेजना अथवा उत्साह में तुतलाहट बहुत बढ़ जाती है। हमारे ब्लाक के रविजी तो मेडिकल स्क्वाड के साथ ही हैं। "भाई, वह हैजे और टाइफाइड दोनों एक ही साथवाली दवा नहीं है ? क्या नाम है उसका ? टी. ए··· ? सिर्फ हैजे की सूई ? तब तो दो बार ?··· लगा दो दाहिने हाथ के बाँह पर ही। अब मेरे दाएँ और बाएँ हाथ में कोई फर्क नहीं··· इतनी बार सूई ली है, फिर भी सूई देखकर तनिक घबरा ही जाता हूँ। और हैजे की सूई का दर्द बाढ़ में इतना बढ़ जाता है कि··· बस, धन्यवाद··· !!"

मेडिको-वालेंटियर ने बुखार की गोलियाँ, आँख में डालनेवाली दवा और बोरिक

पाउडर की पुड़िया दी··· जियो। सुखी रहो !!

पास के ही एक फ्लैट के सभी निवासी, जो अब तक बाहर खड़े हँस-बोल रहे थे, अचानक अंदर चले गए। फ्लैट एकदम निःशब्द ! टोमेटो ने कुंडी खड़काई। अभिभावक ने दरवाजे पर प्रकट होकर ऐसी मुखमुद्रा बनाई मानो पूजा का चंदा माँगनेवाले लड़कों से निबटना है–"क्या है ? हैजे की सूई ? हम लोग तो ताजा-ताजा गरम-गरम खाते हैं। बासी चीजें नहीं खाते। सूई लेने की क्या जरूरत ?"

टोमेटो हकलाता है। किंतु, कभी-कभी मौके पर वाजिब जवाब देते समय उसकी बोली जरा भी नहीं अटकती। उसने कहा–"एक आप ही लोग ताजा और गरम खाते हैं, बाकी सभी लोग बासी, ठंडा और सड़ा-गला खाना खाते हैं, क्यों ?"

दरवाजा सशब्द बंद हो गया। सीढ़ियों से उतरते समय एक लड़का बोला–"असल बात कुछ और है। हम लोगों के साथ लेडी स्टूडेंट नहीं है न। और इस फ्लैट में सब मिलाकर ज्यादा··· "

"लेडी स्टूडेंट नहीं। कल से बी. एस. एफ. के जवान रहेंगे साथ। तब देखना कि बिना चीं-चपड़ किए किस तरह··· " शायद, रविजी बोल रहे थे।

अपने ब्लाक के, एक 'हीरा लड़का'–रंजन की याद आती है। स्वस्थ, सुंदर, सभ्य और उत्साही। राजीव रंजन। अभी रहता तो निश्चय ही अपने साथियों का अगुआ होता। ढाई महीना पहले मोटर-दुर्घटना में उसकी मृत्यु हो गई···

"आ रहा है। हेलिकॉप्टर फिर आ रहा है।"

हमारी पूसी बिल्ली सुबह से ही आतंकित है। हेलिकॉप्टर जब तक हमारे ब्लाक के ऊपर मँडराता रहा, वह अपने नवजात बच्चों को मुँह में लेकर, इस कमरे से उस कमरे में सुरक्षित स्थान में पहुँचाती रही। उसके बाद से हवाई जहाज की भनभनाहट सुनते ही वह दौड़कर अपने बच्चों के पास चली जाती है। मैं उसको डराने के लिए बीच-बीच में कहता हूँ–"आ रहा है हेलिकॉप्टर।" और वह दौड़कर अपने चार दिन के बच्चों के पास पहुँच जाती है।

··· आ रहा है। सचमुच, फिर आ रहा है। अब, शायद दोपहर का भोजन–लंच–देने आ रहा है। बिहटा से नहीं, पटना कालेज के मैदान में हेलिपेड बनाया गया है। वहीं से हेलिकॉप्टर में सारे पैकेट 'लोड' किए जाते हैं, यहाँ का मेला अब वहाँ चला गया है। हेलिकॉप्टर को उड़ते और धरती पर उतरते देखने के लिए हमेशा जनसमुद्र उमड़ा रहता है। वहाँ गेट पर कड़ा पहरा है, इसके बावजूद··· 'आ गया। चलो छत पर। एक भी बाहरी आदमी को अपने ब्लाक की छत पर मत रहने देना··· कोई लाल कपड़ा ले लिया है न ? आ गया। ए ! इस बार चिल्लाओ मत। ऐसी जोर क़ी गरगराहट में चिल्लाने से क्या फायदा ? हाथ के इशारे से बताओ–हम भूखे हैं, प्यासे हैं।'

पॉश एरिया–आलीशान इलाके की सभी आलीशान इमारतों की छतों पर

नर-नारियों की भीड़। धोती-लुंगी-पैंट-अंडरवियर-जाँघिया-साड़ी-बेलबाटम-फ्रॉक-सलवार-मेक्सी-मिनी में झुंड-मुंड ! ! एक साथ दौड़ते, कभी इधर कभी उधर। सभी के दोनों हाथ ऊपर आसमान की ओर उठे हुए अथवा हेलिकॉप्टर को अपनी छत की ओर बुलाते हुए, इशारा बताते–लाल झंडियाँ हिलाते हुए।

"··· सीं-ई-ई-ई-गरगरगरगर-गुड़रगुड़र··· आ गया, अपने छत पर भी आ गया। अरे रे ! फिर कपड़े-कागज-पत्तर-सूखे पत्ते उड़े··· गिरा ! गिरा ! इस बार तो पैकेट की वर्षा हो रही है। बगल हो जाओ। गिरा, गिरा। क्या है ? लोफ, लोफ··· डबलरोटी गिर रही है इस बार··· दौड़ के। लपक लो। हट जाओ। मेरा है मैंने लूटा। इधर कहाँ ?··· वाह ! बहादुर लड़की है··· बहादुर नहीं, लुटारू ललना। फिर आएगा। तैयार रहो···

सुबह से ही, जब पहली बार पैकेट गिराए जा रहे थे, तभी से 'एयरड्रापिंग' के इस अभूतपूर्व दृश्य के 'बैक ग्राउंड' में एक फिल्मी रिकार्ड बजाने का मन कर रहा है। किस फिल्म का वह गाना है, नहीं जानता। किंतु 'मुखड़ा' से लेकर ताल और बोल सब एकदम फिट। अगर मेरे पास रिकार्ड प्लेयर होता और वह रिकार्ड होता तो हर बार एयरड्रापिंग के समय छत पर निश्चय ही बजाना शुरू कर देता।

चूँकि, मेरे पास कुछ भी नहीं। इसलिए पैकेट गिराते समय मेरे मन में वह गाना मय म्यूजिक और मुखड़े के–कुछ नए 'बोल' लेकर बजता रहता है। सीं-ई-ई-ई-ई–गरगरगरगर–गुड़रगुड़रगुड़र–आ गया जी आ गया। गिरा गिरा गिरा ··· लूट-लूट लूट ले··· ए पायलट साहेब··· पैं-पैं-पैं- पपम पपम में-ए-ए-खाना मिलेगा, पीना मिलेगा, भैया की शादी है सबकुछ मिलेगा, खाओ मेरे यार, पीओ मेरे यार ! लूटो मेरे यार, मीटो मेरे यार··· पैं पैं पैं पपम पपम पैं-ए-ए-पायलट साहेब, इधर भी गिराइए। जरा रहम खाइए, यों ना दौड़ाइए। पानी भी पिलाइए। फ्लास्क भी गिराइए। इधर-इधर-इधर गिरा, उधर-उधर-उधर गिरा। क्या-क्या गिरा, क्या-क्या लूटा। एँ··· ये··· चूड़ा-चना-दालमोंठ ? छोड़ो नहीं यार, फाँको मेरे यार ! जो भी गिरे लूट ले, जो भी मिले ठूँस ले। महँगा है फोकट का माल··· पैं पैं··· पैं पपम पपम पैं-एँ···

"अरे ? तुम यहाँ बैठे हो। ऊपर छत पर जाकर देखो··· "

"पाँवरुटिर वृष्टि होच्छे"–लतिका हड़बड़ाती हुई आईं।

"सिर्फ पाव रोटी या उसके साथ और भी कुछ ?"

"पोलिथिन पेपर के बड़े-बड़े पैकेट गिराए जा रहे हैं। पता नहीं उनमें और क्या-क्या है !"

दिल्ली की–कलकत्ते की रोटी, आस्ट्रेलियन मक्खन, यू. के. का केक, चीज और आगरे के पेठे ? मेरी रसना अचानक रसवंती ही नहीं–बाढ़ आ गई मुँह में। बिना चप्पल के ही छत पर दौड़ा। किंतु पहुँचते ही हेलिकॉप्टर के बवंडर ने मेरे सिर पर, बाल-आँख-कान, मुँह में टोकरी-भर धूल झोंक दिया। पनिआयी हुई जीभ अचानक सूखकर काठ जैसी हो गई। छत के एक कोने में दीवार के सहारे खड़ा

होकर धूल झाड़ रहा था, आँखें मल रहा था कि एक उछलती-कूदती किशोरी-सी दीखनेवाली कन्या ने मेरे हाथ में एक थैला थमाते हुए कहा–"यहाँ इस तरह खड़ा रहिएगा तो कुछ भी नहीं मिलेगा। लीजिए।"

'माल' से भरा थैला लेकर नीचे उतर आया। लतिकाजी के आगे यह आस्मानी तोहफा डालकर सीधे नहाने के घर में घुसा··· मेरी देह के प्रत्येक लोमकूप में धूल के कण समा गए थे और सारे शरीर में खुजली और जलन हो रही थी। ऊपर की छत पर कुहराम और हाय-तोबा जारी था–"लेकिन, मॉडर्न का ब्रेड कहाँ है ? यह तो लोकल अन्नपूर्णा है··· दिल्लीवाली रोटी नहीं गिराई ? बटर-केक-चीज़ कुछ भी नहीं ? पेठा भी नहीं ?··· तमाशा है ! ब्रेकफास्ट के समय इधर चना-चबेना और अभी लंच में भुआई हुई फफूँद लगी लोकल लोफ··· असल माल सब उधर ही··· खा गया ! सब खा गया !"

दरवाजे पर आकर एक 'भद्र स्त्री' भाषण देने लगी–"यह तो गरीबों को बाँटने के लिए गिराया जा रहा है। हम लोगों ने सुबहवाला सब सामान बाँट दिया है और अभी भी जितना मिला है, सब गरीबों को दे देंगे।"

लतिका कह रही थीं–"हम लोग भी बाँट देंगे। रिक्शेवाले हैं, दाई हैं।"

किंतु, वह भद्र स्त्री कहती जा रही थी–'दाई और रिक्शेवाले गरीब थोड़ो हैं। हम लोग उधर जाकर··· "

मैं बाथरूम में नहाता हुआ ठंडे दिमाग से सबकुछ समझ रहा था··· बात यह हुई होगी कि इनकी छोटी बहन ने कहा होगा कि एक थैला 'तीस नंबर' को दे दिया। इस पर परिवार के सभी उसकी मूर्खता पर नाराज हुए होंगे और उनको विश्वास हो गया होगा कि तीस नंबर को जो थैला दिया गया है, उसी में सब 'असल माल'–मॉड्र्न ब्रेड, बटर, केक, चीज़ और पेठे···

"आपसे यह किसने कह दिया कि हम गरीब नहीं हैं ?" मैं बाथरूम से बाहर निकलकर बोला।

हमने दरवाजा बंद ही किया था कि दस्तक पड़ी। खोलकर देखा, इम्प्रूवमेंट ट्रस्ट के नए मकान के बाढ़पीड़ितों का एक छोटा-सा जत्था–चार-पाँच छोटे-छोटे लड़के-लड़कियाँ और दो-तीन मर्द, एक औरत–"बाबू ! मालूम हुआ है कि हजूर एक झोला भरकर रोटी लूटे हैं··· बच्चा सब भूखल है।"

यह पूछने की जरूरत नहीं समझी कि कहाँ और किससे मालूम हुआ है। थैला उनके सिपुर्द कर दिया। जत्थे के अगुआ ने रोटियों को गिनकर कहा–"बस ? ई तो छवे गो है। मालूम हुआ कि··· "

उस दिन साँझ तक हर दस-पंद्रह मिनट के बाद दरवाजे की कुंडी खटखटाती रही–"बाबू ! सुना कि आपको एक बोरा रोटी और विलायती गुलगुला और दूध का पौडर हाथ 'लगल' है··· अरे हजुर बाबू साहब ! आप लोगों को भगवानजी बहुत दिया है··· 'कोनों' चीज का 'कम्मी' है ? थोड़ा 'गरीबों' का खियाल करिए ··· एक तो गिरानेवाला एक 'चश्मखोर' कि जहाँ पर गिराना चाहिए वहाँ नहीं गिराया

तिस पर आप लोग 'बाबू भैया' होकर ऐसा 'गरीब मार' करिएगा तो··· गरीबन के हक··· भला उतना बड़ा थैला में 6वें गो रोटी होगा··· खाली रोटिए होगा भला··· ?"

"भद्र स्त्री ने अच्छी सजा दी !"

दो दिन तक सुबह से शाम तक तीन-चार बार दो-दो हेलिकॉप्टर हमारे गोलंबर के ऊपर 'लो फ्लाइंग' करके रिलीफ बरसाते रहे। उनकी गरगराहट-मनमनाहट की प्रतिध्वनियाँ, छत पर (सिर पर) 'भूत-नृत्य' करते हुए लोगों का कुहराम··· उनकी धमाचौकड़ी सहते-सहते अनायास ही तन पत्थर का तथा मन 'संत' का हो गया है।

एक ओर, गुरु-गौरव गर्जन के साथ ऊपर से करुणा और दया बरसाई जा रही है, दूसरी ओर स्वयंसेवी संस्थाएँ चुपचाप ट्रकों, नावों और ठेलों पर खिचड़ी, चावल, रोटी, दूध, नमक, पानी, मोमबत्ती, दियासलाई, कपड़े और दवाइयाँ—स्लम तथा गरीब मुहल्लों में बाँट रही हैं।

रोज-रोज कोई-न-कोई नई राहत की घोषणा होती रहती है। प्रत्येक 'कार्ड होल्डर' को पाँच किलो गेहूँ मुफ्त : रिक्शाचालकों को भी। पाँच किलो अनाज मुफ्त में मिलेगा। सरकारी कर्मचारियों को पंद्रह दिनों का वेतन अग्रिम मिलेगा। सिर्फ पंद्रह ही दिनों का नहीं··· पुनर्विचार के बाद फैसला लिया गया है। एक महीने का वेतन बतौर अग्रिम मिलेगा, जिसका भुगतान बाद में धीरे-धीरे किया जा सकेगा। सेना के सभी अंग राहत में लगे हुए हैं। जलसेना (नेवी) को भी सतर्क और तैयार रहने का आदेश दिया गया है। बी. एस. एफ. के जवान डॉक्टरों को लेकर संक्रामक रोगों से बचने के लिए लोगों को टीके··· ! और एम्फिबियन (मेढ़क गाड़ी) आ रही है जो जल और थल में समान रूप से दौड़ेगी···

पानी का बहाव बंद होने के बाद सड़ाँध के साथ 'ब्लिचिंग-पाउडर' की उत्कट गंध से हवा बोझिल रहती है। किंतु, मेरी पंचेंद्रियों में से अधिकांश शिथिल हो गई हैं। इसलिए, किसी तरह का कष्ट नहीं हो रहा।

ऐसी ही मनःस्थिति में—पता नहीं क्यों—सेल्फ से 'परती : परिकथा' निकालकर ले आता हूँ। थोड़ी देर, पृष्ठों को उलट-पलटकर पढ़ने की चेष्टा करता हूँ। पढ़ता हूँ—"कोनार नदी के किनारे--डैम साइट पर, एक विशाल 'क्रेन' की छाया में बैठते हुए कहा था जीत ने—न जाने कोसी का काम कब शुरू हो··· यह मेरा इलाका है। कोसी-कवलित अंचल। जहाँ हर साल लाखों प्राणियों की बलि लेती है कोसी

महारानी...

"जितेंद्र ने इरावती से कहा था–'आपका दुख मैं समझता हूँ। अनुभव करता हूँ, आपके यहाँ की नदियों में खून की बाढ़ आई थी। एक अंधवेग, एक पागलपन, एक जनून। रक्त की धाराएँ बहीं... सिर्फ बाढ़ ही नहीं, दावानल भी। भयंकर लपटें उठानेवाला। सबकुछ जल गया। धन-संपत्ति, कला-कौशल। मैं उसकी भीषणता की कल्पना कर सकता हूँ और आप भी कल्पना कीजिए उस भूभाग की। डायन कोसी के सुफ़ेद बलुवाही आँचल पर बिखरे लाखों नए नर-कंकालों की कल्पना से आप डर तो नहीं जाएँगी ?... '

"इरावती का सपना : उसका प्यार फिर पनप रहा है। इंसान सिर्फ कत्ल और बलात्कार ही नहीं करता। इंसान गढ़ भी सकता है। गढ़ रहा है। बना रहा है। रचना कर रहा है–समाज के लिए, अवाम के लिए। वीरान को बसाने के लिए, बंध्या धरती को शस्य-श्यामला बनाने के लिए ?...

"समाज को मानवीय और मनुष्य को सामाजिक बनाना ही मुक्ति का एकमात्र पंथ है... हमारी मिट्टी में सांस्कृतिक सोना फल सकता है... प्राण नहीं, अनुभूति नहीं। अब मनुष्य को यंत्र चला रहा है... टेक्नालोजी के युग में हम लोग जीवन-उपभोग का मूल तकनीक ही खो बैठे हैं... "

'परती : परिकथा' की इन पंक्तियों को रेखांकित करके रख देता हूँ। फिर 'जुलूस' निकाल लाता हूँ। अंतिम पृष्ठ की अंतिम पंक्तियों को पढ़ता हूँ : 'मैं एक विशाल परिवार की बेटी हूँ... इन आत्मीय स्वजनों के बीच पारस्परिक सहानुभूति और सहयोगिता फिर से पनपाऊँगी... मैं अपनी सत्ता को इस समाज में विलीन कर रही हूँ–लोक संस्कृतिमूलक समाज के गठन के लिए... !!'

'कलर बक्स' उठाकर लाता हूँ। कूची से 'परती : परिकथा' तथा 'जुलूस' की चिह्नित पंक्तियों पर गहरा काला रंग पोतकर भी संतोष नहीं होता। मन में जमी हुई अशांति पिघलती नहीं। तब दियासलाई की एक सलाई जलाकर इन पृष्ठों को छुलाता हूँ। अचानक, कोने में बैठे देवता चिल्ला उठते हैं–"ए-ए-ए-ए की होच्छे ? यह क्या हो रहा है ? तेरा दिमाग खराब हो गया है क्या ?"

फूट-फूटकर रोता हुआ कहता हूँ–"ठाकुर ! तुम तो जानते हो–जितनी अगाध आस्था, अटूट विश्वास और दृढ़ निष्ठा के साथ मैंने ये पंक्तियाँ लिखी थीं। इन चरित्रों के निर्माण के लिए मैंने अपने हृदय का कितना रक्त... !"

"साला ! गाँजाखोर, अहंकारी ! बोल, तुमने लिखी थीं ये पंक्तियाँ... ?... मैं-मैं-मैं करके तभी से बकरे की तरह मेमिया रहा है और औरतों की तरह रो रहा है ? तुमने लिखी थीं... ?"

होश में आया–"नहीं ठाकुर ! मैं कौन होता हूँ लिखनेवाला–चरित्र गढ़नेवाला ? तुमने जो भी, जैसा भी लिखवाया–लिखता गया।"

"तो, फिर अपने मन से इन पंक्तियों पर कालिख क्यों पोत दिया ? आग क्यों लगा रहा था ? और कालिख पोतने से, आग लगाने से क्या 'अक्षर' मिट

जाएँगे ?··· मैंने मानुष की क्या परिभाषा दी है ? याद है ?"

"जिसको अपने मान का होश हो–वह 'मानुष'··· "

"तब ? हमेशा अपने मान का होश रखो। मानुष बने रहो। रोने से कुछ नहीं होगा। यों माडर्न की रोटी और विलायती गुलगुला तुम नहीं लूट सके, इसका दुख मुझे भी है।"–ठाकुर हँसे–"अब जरा बाहर निकलकर खोजो। कहीं मिल ही जाए।"

मन का अवसाद दूर हो गया। किताबों को सिर से छुलाकर सेल्फ में रख दिया।

उस दिन सुबह। 'हिंदुस्तान स्टैंडर्ड' के प्रतिनिधि जनार्दन ठाकुर आए। जनार्दनजी अंग्रेजी के पत्रकार हैं। लेकिन, मुझसे हमेशा मैथिली में बोलते हैं। आते ही बोले–"हमर किछु प्रश्न अछि–बाढ़क संबंध में··· "

"बाढ़क संबंध में ?··· मुझसे इस बाढ़ का क्या संबंध ?"

"संबंध है।"

"जनार्दनजी ! दया करके बाढ़ के बारे में कोई चर्चा नहीं। बाढ़ की बातें भी अब गँधाने लगी हैं।"

उन्होंने मेरी बात को अनसुनी करके पूछा–"पटना का क्या भविष्य है अर्थात भविष्य क्या होगा !··· हाँ, मैं जानता हूँ कि आप कोई भविष्यज्ञाता ज्योतिषी नहीं, रचनाकार हैं।" जनार्दनजी का मुखमंडल गंभीर था।

मैं कुछ देर चुप रहा। फिर कहने लगा–"बिहार की राजधानी को पटना से हटाकर फिर राजगिर ले चलिए। यदि यह संभव नहीं तो फिर ऐसा कीजिए कि सारे नगर के हर घर की छत पर नाव, लाइफ बेल्ट यानी किसी स्टीमर पर संकट की घड़ी में प्राणरक्षा के लिए जो-जो उपकरण रहते हैं–रखना अनिवार्य कर दीजिए ··· प्लास्टिक के सामान बनानेवाली कंपनियों से छोटी-छोटी डोंगियाँ बनाने को कहिए ··· हर मकान के ग्राउंड फ्लोर के रेंट में सैकड़े पचहत्तर की कमी और ऊपर के तल्लों में थोड़ी-सी वृद्धि··· जीवन बीमा निगम वालों से परामर्श करके–हर मकान-मालिक से हर महीने के भाड़े में जीवन बीमा का अनिवार्य अंश··· और पटना ही क्यों, बाढ़ से किसी भी प्रदेश का पिंड कभी नहीं छूटने का··· ।"

मैंने देखा, जनार्दनजी अपनी छोटी-सी डायरी में नोट कर रहे हैं–"अरे ! आप तो सचमुच··· ?"

"सचमुच नहीं तो और क्या ?" वे डायरी अपने पाकेट में रखकर उठ खड़े हुए।

मैंने अपना प्रण पूरा किया। बाढ़ के पानी में पैर नहीं दिया। छत के रास्ते दूसरे फ्लैट की सीढ़ियों से उतरकर–ईंटों पर पैर रखता हुआ–सड़क पर आया और

रिक्शे पर अकेला बैठकर उधर ही चला, जिधर से बाढ़ के जल को आते देखा था··· रास्ते में देखा–दीवारों पर लाल दाग लगाकर अंग्रेजी में काले रंग से 'एच. एफ. एल. 75; लिखा जा रहा है। रास्ते चलते एक युवक ने दूसरे से कहा–"एफ. एल. तो सुना था। यह एच. एफ. एल. क्या है भाई ?"

कॉफी हाउस खुला देखकर प्रसन्न हुआ। लेकिन, अंदर कदम रखते ही 'फफूँद' की गंध लगी तो लौटना चाहता था। देखा, सारे कॉफी हाउस में बस एकमात्र सतीश आनंद–कला संगम नाट्य संस्था के प्राण–चुपचाप बैठे हैं। उनका चेहरा देखकर डरा–बाढ़ में निश्चय ही इनका बहुत नुकसान हुआ होगा, शायद··· मुझे देखकर उनका चेहरा तनिक खिला। बोले–"आज ही, अभी ही थोड़ी देर पहले खुला है। मैं ही पहला ग्राहक हूँ और आप दूसरे··· "

"दूसरे तो सत्यनारायण ही हो सकते हैं··· और क्या हाल है ? इतने उदास क्यों हैं ?"

"उदास ? जी, उदास नहीं, चिंतित।"

"अरे राम ! कॉफी है या क्लोरोकॉफी ?··· कैसी चिता ? सार्वजनिक या व्यक्तिगत ?"

"साहब, एक नया नाटक खेलने को सोचा था। वह तो अब निकट भविष्य क्या, दूर भविष्य में भी··· अजब है, स्टेज के लिए कोई लड़की या स्त्री मिल ही नहीं रही··· "

"आपने क्या उम्मीद की थी ? इस बाढ़ में कहीं से भँसती हुई आ जाएगी ?" मैंने पूछा।

सतीश अप्रतिभ हुए। फिर कुछ याद करके बोले–"इधर आपकी मुलाकात 'यौनाचार्य' से नहीं हुई है ? इस बाढ़ ने उनकी सारी दमित वासनाएँ··· लीजिए, नाम लिया और आप प्रकट हो गए।" सतीश ने बाहर की ओर देखकर कहा।

हमारे कॉफी हाउस के एक एडवोकेट मित्र हैं। पिछले साल हिंदी में यौन-मनोविज्ञान की कहानियों का एक संग्रह प्रकाशित करवाया है। पुस्तक प्रकाशन के बाद मित्रों ने उन्हें 'यौनाचार्य' की उपाधि प्रदान की तो उन्होंने सहर्ष स्वीकार कर लिया। अपना परिचय देते समय वह यह कहना नहीं चूकते कि वे चार-चार बार रेस्टीकेट हो चुके हैं और यह कि वे छात्रों के 'चिर नेता' हैं और तांउम्र रहेंगे।

यौनाचार्यजी ने सगर्व स्वीकार किया–"भाई ! इस बाढ़ से पटना नगर और इसके नागरिकों की जो भी तबाही हुई हो–मैं तो फायदे में क्या··· जो आज तक कभी नसीब नहीं–वह इस बाढ़ के प्रताप से या महिमा से कहिए, तीन-तीन यंग लड़कियाँ और कई स्त्रियाँ मेरे घर में शरणार्थी होकर आईं··· सुबह में कोई चाय दे रही है तो कोई हलुआ तो कोई आमलेट तलकर ला रही है। कोई दोपहर को अपनी प्रेमकहानी कहती तो कोई रात में दो बजे तक गाना सुनाती। और मेरा बाथरूम ? चलकर जरा सूँघ लीजिए–नहीं विश्वास हो तो–लेवेंडर की सुरभि से सदा सुरभित रहता है··· अब आपको क्या बताएँ ?"

उस दिन ही नहीं, एक सप्ताह तक अपनी किस्मत खुलने का किस्सा लोगों को कॉफी पिला-पिलाकर सुनाते रहे। यहाँ तक कि दिल्ली के एक वरिष्ठ पत्रकार बाढ़ के सिलसिले में पटना आए थे। उनको भी अपना भाग्य फिरने का किस्सा सुनाने पहुँचे। होटल में मौका नहीं मिला तो हवाई अड्डे तक पहुँचकर, वक्तव्य देने के लहजे में उनसे कहा–"साहब, आदमी क्या ? इस बाढ़ में तो मछलियाँ भी 'सेक्सी' हो गई थीं··· "

मुझे उसी दिन लगा था कि यौनाचार्य अब 'काम' से गए। और इन पंक्तियों के लिखते समय उनके मित्रों से तथा स्वयं उनके मुँह से सुना कि उनकी अवस्था संगीन है। सिर चकराता है और सिर के अंदर 'वैकुअम' जैसा लगता है। आँखों के आगे सरसों के फूल नजर आते हैं। डॉक्टरों ने कोई सिरियस रोग बताया है, जिसका संबंध–नाक तथा आँख के जरिए–दिमाग से है··· भगवान उनको चंगा करें।

यों, पटना शहर भी बीमार ही है। इसके एक बाँह में हैजे की सूई का और दूसरी में टाइफायड के टीके का घाव हो गया है। पेट से 'टेप' करके जलोदर का पानी निकाला जा रहा है। आँखें जो कंजक्टिवाइटिस (जोय बांग्ला) से लाल हुई थीं–तरह-तरह की नकली दवाओं के प्रयोग के कारण क्षीण ज्योति हो गई हैं। कान तो एकदम चौपट ही समझिए–हियरिंग एड से भी कोई फायदा नहीं। बस, 'आइरन लंग्स' अर्थात रिलीफ की साँस के भरोसे अस्पताल के बेड पर पड़ा हुआ किसी तरह 'हुक-हुक' कर जी रहा है।

"ऊँ सर्वविघ्नानुत्सारय हुँ फट् स्वाहा··· "

26 अक्तूबर, 1975

रपटें, टिप्पणियाँ

सह-अस्तित्व

बजट अधिवेशन के प्रारम्भ के साथ बिहार विधानसभा में कांग्रेसी और कांग्रेस-विरोधी विधायकों ने प्रदेश की राजनीति और कार्यनीति के विभिन्न पहलुओं को जिस दिलचस्प तरीके से छुआ, उससे काफी सरगर्मी रही। सदन में आवाज गूँजी, "राजनीति प्रदेश में सबसे ज्यादा फायदे का उद्योग बन गयी है।" एक विधायक महोदय, जिन्हें महाशय कहना ठीक होगा, इसके पहले मिस्टर होने का भ्रम पाले हुए थे। वे देखते-ही-देखते मोशाय हो गये। कुछ जनसंघी सदस्यों ने मुख्यमन्त्री द्वारा भेजे गये निमन्त्रण को ठुकराकर अपने 'त्याग' का परिचय दिया। हिन्दी के प्रश्न पर लक्ष्मीनारायण 'सुधांशु' की रोषपूर्ण दृढ़ता; सरकार पर लदता हुआ भारी जन-ऋण, अक्षमता और सरकारी कुव्यवस्था आदि-अनादि समस्याओं पर बहस और सवाल-जवाब।

धन–बिहार की राजनीति क्षेत्रीय राजनीति है। उसकी हलचल का प्रभाव केन्द्र पर भले न हो पर उत्तेजनापूर्ण होने के कारण प्रादेशिक ढंग से वह बहुत महत्त्वपूर्ण है। मुख्यमन्त्री कृष्णबल्लभ सहाय उसे हर तरह से सन्तुलित बनाये रखने की कोशिश करते रहे हैं। लेकिन इस सत्र की शुरुआत क्योंकि बजट के साथ हुई और बजट भी बहुत घाटे का रहा, इसलिए उन्हें कई तरह के प्रश्नों का सामना करना पड़ा!

ऋण–वित्तमन्त्री अम्बिकाशरण सिंह ने बताया कि तीसरे आयोजन के अन्त तक जनता द्वारा लिये हुए कर्ज की रकम 4 अरब हो जायेगी। विरोधियों ने आपत्ति की कि रकम फिजूल के कामों में खर्च की गयी है और ऐसे दुरुपयोग से शीघ्र ही प्रदेश का आर्थिक ढाँचा लड़खड़ा जायेगा। वित्तमन्त्री ने स्पष्टीकरण दिया कि ऋण की राशि का 80 प्रतिशत केन्द्रीय सरकार के सहयोग से खर्च हुआ है। फिजूलखर्ची, कुव्यवस्था आदि के और भी आरोप लगाये गये। एक विधायक ने कहा कि सरकार को चाहिए कि वह कृषि उत्पादन को सुरक्षा की दूसरी पंक्ति जैसा महत्त्व दे। राजनीतिक उद्योग की जगह पर कृषि उद्योग पर बल दे। उत्तर में मन्त्री ने बताया कि वर्तमान योजना के अन्त तक 83 करोड़ रुपये कृषि पर खर्च होंगे। कृषि उत्पादन बढ़ा है। कुछ वर्ष पहले जो उत्पादन 49 लाख टन था अब वह 75 लाख टन हो गया है।

आरोप-प्रत्यारोप–अभी बहस ठीक से समाप्त भी नहीं हुई थी कि एक सदस्य ने पुराने आरोपों का प्रश्न उठा दिया। मुख्यमन्त्री कृष्णबल्लभ सहाय के खिलाफ भी पंजाब, उड़ीसा और मैसूर के मुख्यमन्त्रियों की तरह भ्रष्टाचार और पद के दुरुपयोग के आरोप रहे हैं। केन्द्रीय उपसमिति ने उनकी जाँच करके उन्हें निराधार ठहराया था। इसके बावजूद एक कांग्रेसी विधायक ने कहा कि केन्द्रीय उपसमिति ने भले ही मुख्यमन्त्री को दोषमुक्त सिद्ध कर दिया हो, उससे उनकी जिम्मेदारी खत्म नहीं होती। उन्हें चाहिए कि वह सदन को भी बतायें कि उनके खिलाफ कौन-से आरोप रहे हैं और उनका उन्होंने क्या जवाब दिया है।

महाशय से मोशाय–अन्य प्रश्नों के साथ जब बहस हिन्दी की ओर मुड़ी तो उसने सदन के अन्दर और बाहर कई रूप अख्तियार किये। सुधांशु बिहार विधानसभा के भी अध्यक्ष हैं और अखिल भारतीय राजभाषा सम्मेलन के भी। स्वतन्त्र विधायक झरेश्वर घोष ने सदन में कहा कि वह अपना भाषण बंगला में देंगे तो उन्हें अनुमति मिल गयी। सदस्यों के तीखे विरोध के बावजूद बिहार विधानसभा के इतिहास में पहली बार हिन्दी क्षेत्र में बसे हुए एक अहिन्दी-भाषी विधायक ने बंगला में भाषण किया।

हिंदी सम्बन्धी प्रतिक्रिया का दूसरा रूप जनसंघी सदस्यों की ओर से सामने आया। श्रीमती इन्दिरा गाँधी के सम्मान में मुख्यमन्त्री ने चायपान का आयोजन किया। निमन्त्रण-पत्र जनसंघी विधायकों को भी भेजे गये लेकिन उन्होंने उसे इसलिए लौटा दिया कि वह हिन्दी-अंग्रेजी में अगल-बगल छपा था। हिन्दी प्रदेश में हिन्दी और अंग्रेजी के, और प्रदेश तथा संस्था की भीतरी और बाहरी राजनीति में सन्तोष और असन्तोष के सह-अस्तित्त्व का इससे अच्छा नमूना और क्या मिल सकता है ?

28 फरवरी, 1965

बीमारपुरी : डाक्टरनगर

'बिहार हेल्थ सर्विसेज़ एसोसियेशन' के प्रधान डाक्टर मधुसूदन दास के सभापतित्व में पटना में, चौबीस सौ डाक्टरों ने मिलकर फैसला किया कि यदि 31 मार्च, 1965 तक उनकी माँगें पूरी नहीं की गयीं तो, 1 मई, 65 को वे सामूहिक रूप से त्यागपत्र देकर सरकारी नौकरियों से मुक्ति ले लेंगे। चिकित्सकों का नारा था–'वेतन-दर में समीकरण करो, नहीं तो अपनी नौकरी रखो !'

बिहार की 'बीमार जनता' का दिल इस भयोत्पादक घोषणा को सुनकर जरा भी नहीं धड़का। असल में इसकी प्रतीक्षा बहुत दिनों से की जा रही थी। जब से बिहार सरकार ने, सरकारी डाक्टरों के 'निजी-उपचारगृह' (प्राइवेट क्लीनिक) और 'निजी व्यापार' (प्राइवेट प्रैक्टिस) को बन्द करने की आवाज़ उठाने का साहस किया, तभी से इस 'जवाबी आवाज' के लिए लोग तैयार बैठे थे—बीमार, स्वस्थ सभी। डाक्टरों के इस फैसले के बाद भी सब आश्वस्त हैं कि अनहोनी नहीं घटेगी क्योंकि बात अब माँग और 'धमकी' तक बढ़कर राजनीतिक स्तर पर पहुँच गयी है। इसलिए इसकी प्रतिक्रिया इतनी ही हुई कि अस्पताल में लेटे किसी रोगी को तीस साल पहले गाये हुए एक गीत की कड़ी बार-बार याद आयी, "मसीहा बन के बीमारों को किस पर छोड़ जाते हो ?"

पिछले कई वर्षों से सरकारी अस्पतालों के डाक्टर और 'बीमार जनता' के आपसी सम्बन्ध को स्पष्ट करने के अवसर बार-बार आये और आ रहे हैं किन्तु ऐसा लगता है कि इस बार भी यह अस्पष्ट रह जायेगा। पटना के मेडिकल कालेज अस्पताल में हुई कई 'विवादग्रस्त' मृत्युओं को केन्द्र बनाकर 'लापरवाही और निर्दयता' के कई आरोप लगाये गये। जाँच की माँग मंजूर हुई और हर बार सरकारी डाक्टरों द्वारा 'निजी व्यापार' और 'निजी उपचार-गृह' चलाने के विरुद्ध जनमत दृढ़ होता गया।

पंगु एक्स-रे—बिहार के जन-स्वास्थ्य या 'पीड़ित मानवता' की सेवा के सवालों पर विचार करते समय कई आवश्यक और नयी सूचनाओं पर ध्यान जाना स्वाभाविक है। बिहार सरकार ने विधानसभा में यह स्वीकार किया कि राज्य के विभिन्न अस्पतालों में 13 एक्स-रे यन्त्र कई वर्षों से बेकार पड़े हुए हैं। इस स्वीकारोक्ति को सुनकर बिहार विधानसभा के अध्यक्ष लक्ष्मीनारायण 'सुधांशु' के मुँह से बरबस निकल पड़ा, "ऐसा लगता है, सिर्फ एक्स-रे मशीन ही नहीं, सरकारी कल-पुर्जे भी मूलभूत रूप से बिगड़े हुए हैं !"

विधानसभा में ही एक मन्त्री ने यह कबूल किया कि राज्य के 161 ब्लाकों में कोई डाक्टर नहीं। अर्थात् इन ब्लाकों के लोग बिना डॉक्टर के भी स्वस्थ हैं और जी रहे हैं।

अंसारी साहब के अनुसार—3 मार्च को, राज्य के स्वास्थ्यमन्त्री अब्दुल क़य्यूम अंसारी ने विधानसभा में बतलाया कि डाक्टरों के वेतन-दर के सवाल पर सरकार गंभीरतापूर्वक सोच रही है। कुछ सप्ताह में ही इस सम्बन्ध में फैसला हो जायेगा।

बिहार विधानसभा के संदस्य, पटना के प्रसिद्ध नेत्र-विशेषज्ञ तथा पटना मेडिकल कॉलेज के भूतपूर्व प्रिंसिपल डाक्टर दुखनराम ने अपना दृष्टिकोण उपस्थित किया—"डाक्टरों के 'निजी व्यापार' को बन्द करने के पहले डाक्टरों के वेतन-दर में बढ़ोत्तरी करनी चाहिए।

स्वास्थ्यमन्त्री इसके पहले ही मेडिकल विभाग की 'बजट-माँग' पर बोलते समय सूचित कर चुके थे कि राज्य में सरकारी डाक्टरों के 50 प्रतिशत से अधिक पदों

के लिए प्रैक्टिस का निषेध कर दिया गया है।

वेतन-दर के सवाल पर सरकार कुछ ही सप्ताह में अपना फैसला दे देगी, ऐसी आशा है। चौबीस सौ चिकित्सक उस फैसले को स्वीकार करके चुप हो जायेंगे, इसकी सम्भावना कम है।

डाक्टरों ने त्यागपत्र 1 मई को ही क्यों देना तय किया ? यह कौतूहल इसलिए बढ़ जाता है कि एसोसिएशन के सभापति, मधुरभाषी डॉक्टर मधुसूदन दास, बिहार के प्रसिद्ध चिकित्सक के अलावा कम बोलनेवाले कम्युनिस्ट समझे जाते हैं।

अशोक-राजपथ–बिहार राज्य के जन-स्वास्थ्य की समस्याओं के जवाब पटना के अशोक-राजपथ पर कुछ दूर चलने में ही मिल जाते हैं। अशोक-राजपथ पर मुरादपुर से पूरब–एक ओर यक्ष्मा-केन्द्र का विशाल भवन है। अन्दर की ओर गंगा के किनारे राजेन्द्र-सर्जिकल-ब्लाक है फिर, रेडियम इंस्टिट्यूट, जो वास्तव में कैंसर-इंस्टिट्यूट है, जनाना अस्पताल, आँखों का अस्पताल। अस्पतालों का सिलसिला दूर तक चलकर खुदाबख्श पुस्तकालय के बाद विश्वविद्यालय के दरभंगा भवन के सामने मैथुनज रोग अस्पताल तक पहुँचकर समाप्त होता है। सड़क की दाहिनी ओर जितनी सड़कें गयी हैं, जितनी गलियाँ निकली हैं, उनमें दोनों ओर डाक्टर-ही-डाक्टर रहते हैं। सभी धर्मशालाओं और अधिकांश होटलों के कमरों में रोगी भरे पड़े हैं। सारे बिहार के रोगी अपने इलाके के प्रतिनिधि के आसरे, पटना के बड़े-से-बड़े डाक्टर से इलाज करवाने आते हैं, इसलिए एम. एल. ए. आवास में रोगी भरे रहते हैं।

लेकिन, राजेन्द्रनगर को डाक्टरों का नगर कहना ही ठीक होगा। डाक्टरों की विशाल अट्टालिकाएँ और मधुमक्खी के छत्ते की तरह उनके 'प्राइवेट क्लीनिक' देखकर कोई भी समझ सकता है कि आखिर डॉक्टर होकर कोई ब्लाक और देहात में मरने क्यों जायेगा जबकि पटना की किसी गली में बैठकर सिर्फ मलमूत्र की परीक्षा करके ही तीन वर्ष में तिमंजिला मकान बनवाया जा सकता है ?

14 मार्च, 1965

फिर डाक्टर ? फिर बीमार ?

बिहार विधानसभा के बजट-अधिवेशन में–माँग और कटौती, आरोप-प्रत्यारोप, तत्काल गद्दी छुड़वाने के तकाजे या आरोप गलत हों तो तुरन्त त्यागपत्र देने के 'ऑफर' के बीच जनता के प्रतिनिधियों का ध्यान एक धमाके के साथ धनबाद

ने अपनी ओर खींचा। 8 मार्च को धनबाद स्कूल ऑफ माइंस के एक छात्र की मृत्यु सरकारी अस्पताल में हो गयी। इसे अस्पताल के डाक्टर तथा अन्य कर्मचारियों की लापरवाही का नतीजा मानकर कई सौ छात्रों ने अस्पताल को घेर लिया और उन डाक्टर और कर्मचारियों को खोजने लगे जिन्हें वे इस मौत के लिए जिम्मेवार समझते थे। डाक्टर के घर पर रात-भर घेरा डालकर और कुछ तोड़-फोड़ की कार्रवाई करने के बाद विद्यार्थियों ने जुलूस और नारों के साथ मामले की तुरत जाँच और दोषियों को उचित दण्ड देने की माँग की। पुलिस की गाड़ियों को घेरने और डाक्टर की गाड़ी को जला डालने की सूचनाएँ भी मिली हैं। स्थिति क्षुब्ध है, किन्तु काबू से बाहर नहीं। जन-स्वास्थ्य-विभाग के निदेशक उड़कर धनबाद जा रहे हैं।

इसे संयोग की बात ही कहेंगे कि बिहार में अभी स्वास्थ्य-सप्ताह मनाया जा रहा है और कई दिन पहले ही सरकारी डाक्टरों के वेतन-दर, सरकारी अस्पताल और अस्पताल के डाक्टरों को लेकर प्रचुर तर्क-वितर्क हो चुके हैं !

तुरत जाँच–बिहार मन्त्रिमण्डल ने 12 मार्च को एक विशेष बैठक में, तुरत जाँच के लिए एक व्यक्ति का आयोग नियुक्त किया है। आयुक्त हैं–डा. जॉर्ज जैकब, पटना विश्वविद्यालय के (उस दिन तक के) सफल उपकुलपति, जिनके गले में उसी शाम डाली गयी विदाई की मालाओं के फूल अभी मुर्झाये भी नहीं थे और जिनकी झोली लोगों के स्नेह और विश्वास से भरी थी। क्षुब्ध वातावरण में स्थिति को तुरत शान्त करने के लिए, बिहार मन्त्रिमण्डल ने ऐसी तत्परता अब तक बहुत कम बार दिखायी है।

उधर धनबाद में इण्डियन मेडिकल एसोसिएशन की स्थानीय शाखा की एक 'तत्कालीन' बैठक में बिहार राज्य मेडिकल एसोसिएशन के सभापति डा. ए. के. सेन ने डाक्टरों की ओर से यह माँग की कि सारे मामले की जाँच एक अदालती जाँच कमेटी द्वारा की जाये। बैठक में डाक्टरों ने कहा कि धनबाद के अधिकारियों ने उनकी जान-माल की सुरक्षा में बेहद ढिलाई दिखलायी।

पुनः पुराने आरोप–मुख्यमन्त्री की 'आरोप-मुक्ति' से राजनीतिक (खासकर विक्षुब्ध-गुट के) मिजाज में कुछ मन्दी आयी थी कि बजट अधिवेशन की बहसों के दौरान फ़िज़ा फिर गर्म हो गयी। सहाय-मन्त्रिमण्डल के जन-कार्य विभाग के मन्त्री ने अपनी विभागीय-माँग की पुस्तिका का वितरण किया। यह कहना गलत होगा कि उन्होंने विक्षुब्धों को और भी विक्षुब्ध करने के लिए ऐसा किया पर लोग चिढ़ गये। भोला शास्त्री पासवान को पुस्तिका छपाकर वितरण करने पर एतराज नहीं था पर पुस्तिका का नाम पढ़कर उन्हें भ्रम हो गया था कि यह 'अर्थमन्त्री' रामलखन सिंह यादव का बजट-भाषण है ! इस पर मन्त्री महोदय ने सूचित किया कि उन्होंने अपनी प्रति में 'सुधार' कर दिया है।

भारी तो लगा–'झा' मन्त्रिमण्डल के राजकाल में तत्कालीन मन्त्री दारोगा राय की भी कोई-कोई हरकत तत्कालीन असन्तुष्टों को बुरी तरह चिढ़ा देती थी और

बात सबसे ज्यादा लगती थी रामलखनसिंह यादव को। इसलिए अब सहाय के इस मुख्य सहायक को 'फींचने' का मौका पाकर विक्षुब्ध दारोगा राय भी नहीं चूकते, भले ही उन्हें विरोधी दलों द्वारा चलायी गयी पुरानी छड़ी का सहारा लेना पड़े। नहीं तो एक संयुक्त समाजवादी द्वारा हफ्तों पहले बिहार विधान-परिषद में लगाये गये इस आरोप को वह क्यों दुहराते कि "दुर्गा-पूजा संगीत-समारोह के लिए बम्बई के 'फिल्म स्टार' और 'तबलचियों' से बातचीत करने के लिए मन्त्री महोदय के टेलीफोन काम में लाये गये और पैसा 'पब्लिक' का गया।" या कि, "मन्त्री महोदय अपने दर्जनों मित्रों को सरकारी पैसे से कश्मीर की सैर करा लाये ··· कि यादव-महासम्मेलन में सरकारी जीपों का इस्तेमाल हुआ···।"

आक्रान्त मन्त्री ने अपने स्वभाव के अनुसार ताककर जवाबी हमला किया। सदन में देर तक शोर-गुल होता रहा; मन्त्री महोदय ने अपनी तीरन्दाजी पर कुछ देर तक मग्न रहने के बाद अपनी बात वापस ले ली कि "सदस्यों के पास साज-सामान, फर्नीचर वगैरह के करीब साठ हजार रुपये सरकारी बकाया के खाते में पड़े हुए हैं।" बात को वापस लेने के बावजूद आत्मतोष का भाव रामलखनसिंह यादव के चेहरे पर लिखा रह गया।

सम्मिलित विरोधी अभियान–सुना जाता है कि असन्तुष्ट कांग्रेसियों के हस्ताक्षरों से युक्त एक ताजा आरोप-पत्र दिया गया है। ये कांग्रेसी विरोधी दलों के संयुक्त सम्मेलन में भाग नहीं ले सकते; पर उस सम्मेलन में जब वर्तमान मन्त्रिमण्डल को अपदस्थ करने के लिए भाषण हो रहे थे तब निस्सन्देह वक्ताओं की आँखों के सामने अनेक अनुपस्थित व्यक्तियों के चेहरे भी थे जिनसे 'नैतिक' (पर गुप्त !) सहायता की भी आशा की जा सकती है और 'प्रामाणिक तथ्यों' की भी।

प्रेस कानफरेंस में जब संयुक्त समाजवादी भोलाप्रसाद सिंह ने मुख्यमन्त्री की 'आरोप-मुक्ति' पर क्षोभ प्रकट करते हुए प्रधानमन्त्री लालबहादुर शास्त्री को भी 'पक्षपात' के दल-दल में घसीट दिया, तो ऐसा लगा कि वे विक्षुब्ध कांग्रेसियों के मन की ही बात कह रहे हैं। बहरहाल, वह एक ऐसा नया आरोप-पत्र लेकर दिल्ली जा रहे हैं जिसे "ओडिसा और पंजाब के भूतपूर्व मुख्यमन्त्रियों पर लगाये गये आरोपों से मिलाकर पढ़ा जाय"–यही उनका आग्रह होगा। किन्तु सहाय-मन्त्रिमण्डल को निकट भविष्य में किसी खतरे की आशंका नहीं है। असन्तुष्ट कर्मचारियों की धमकियाँ, शिक्षकों की चुनौतियाँ, डाक्टरों के आन्दोलन, छात्रों के उपद्रव की तरह विरोधी दलों के सम्मिलित आघात को झेल लेने की क्षमता उसमें है, यह मुख्यमन्त्री की आत्मविश्वासपूर्ण और भाव-रहित-मुद्रा से स्पष्ट झलकता है।

21 मार्च, 1965

हरी तराइयों में पीले चेहरे

बिहार राज्य के उत्तरी-सीमा स्थित जिलों के उत्तरी कगार पर, 'दसगज़ा' विसैनिक क्षेत्र (नो-मैंस लैंड) के उस पार नेपाल की हरी-भरी तराइयों में चीनियों के मुखड़े अब अधिक दिखलाई पड़ें; वे खेतों, नदियों, मैदानों और पुलों की तस्वीरें लें अथवा सिमरा और विराट नगर के हवाई अड्डों पर सैकड़ों की संख्या में जमा हों तो उन्हें देखकर अचरज नहीं होता क्योंकि नेपाल और चीन को जोड़नेवाली 75 मील लम्बी कोदरी सड़क पिछले महीने खुल गयी है और तब से हजारों की संख्या में वे नेपाल आ रहे हैं।

किन्तु बिहार के सीमास्थित जिलों के लोग नेपाल के खुले बाजार से–चीरा बाजार से–चोरी-छिपे चीनी ट्रांजिस्टर, टेपरिकॉर्डर, कलम, घड़ी और कैमरे वगैरह का व्यापार शुरू कर दें, अथवा नेपाल के रास्ते भारतीय पेट्रोल, कपड़े, सिमेण्ट, किरासन तेल और खाद्यान्न उन देशों में चोरी से भेजें जो भारत के 'भाई-भाई' भले ही रह चुके हों, अब मित्र नहीं हैं–तो इससे बढ़कर और दुर्भाग्य की बात क्या होगी ?

हर देश के सरहदी इलाकों की तरह सीमा के दोनों ओर बसी जनता का एक विशेष चरित्र होता है। गत महायुद्ध के बाद अन्न और वस्त्र संकट के समय इन इलाकों में अवैध व्यापार की हजारों लीलाएँ हो चुकी हैं। 'दसगज़ा' के उस पार गाड़ियाँ 'पास' कराने के लिए करेंसी नोटों के पुल बाँध दिये जाते हैं। इसीलिए, रक्सौल, दरभंगा, जयनगर, जोगबनी, फारबिसगंज के इलाके में, चीनी दियासलाई की एक-आध फेंकी हुई डब्बियों को देखकर ही सतर्क हो जाना चाहिए।

सांस्कृतिक उपनिवेशवाद–सुना जाता है, चीन से करीब पचास स्त्री-पुरुष कलाकारों की एक टोली शीघ्र ही आ रही है, जो नेपाल तराई के प्रमुख नगरों में 'सांस्कृतिक प्रदर्शन' करेगी। यहाँ पर यह बात याद रखनी चाहिए कि नेपाल के सभी कम्युनिस्ट पीकिंगपन्थी हैं और उन्होंने चीन के कलाकारों को नेपाली, हिन्दी के अलावा मैथिली सिखा-पढ़ाकर पण्डित बना दिया है।

नेपाल भारत का भी मित्र है। किन्तु, बिहार विधानसभा में राज्य के खाद्यमन्त्री ने दुख प्रकट करते हुए सूचना दी कि नेपाल से बिहार को युग-युगांतर से धान मिलता आ रहा था। लेकिन, कुछ महीने पहले से नेपाल सरकार ने धान-चावल के भारत आने पर रोक लगा दी है। फलतः सीमा पर चलनेवाली कई चावल मिलें बन्द हो गयी हैं। सुना जाता है कि नेपाल, धान-चावल भारत को देने के बजाय चीन को देगा।

पूर्णिया जिले के किसनगंज इलाके में पाकिस्तान की सीमा के उस पार सैनिकों का जमघट और नेपाल की तराइयों में कलाकारों का मेला–दोनों का एक ही अर्थ है।

गत चीनी आक्रमण के समय बिहार की कई सांस्कृतिक संस्थाओं और बड़े कलाकारों ने मोर्चे पर जाने की उत्सुकता दिखलायी थी। उन्हें 'दसगज़ा' के आसपास बसे इन गाँवों में–जहाँ पचास प्रतिशत ऐसे लोग बसते हैं जो राष्ट्रीयता का अर्थ नहीं समझते अथवा 'देश' से बढ़कर रुपये को प्यार करते हैं–जाना चाहिए।

28 मार्च, 1965

एकांकी के दृश्य !

बहिरंग–23 मार्च। **समय** : दोपहर। **स्थान** : बिहार विधानसभा का प्रवेश द्वार; मैदान। आसमान में तैरते हुए असमय के बादल। आँधी की तरह चलती हुई पछवा हवा और, उस हवा के विरुद्ध छाती तानकर आगे बढ़ती हुई–देवीप्रसाद राय चौधरी कृत महान् एवं जीवन्त कलाकृति, '42 अभियान के शहीद विद्यार्थियों की टोली! चारों ओर भीड़। कृतियों की फौलादी मांस-पेशियाँ एकत्रित समूह की शिराओं में तनाव पैदा करती हैं और लहू में गर्मी। सामूहिक रूप से 'आकस्मिक' ही (कैजुअल-लीव) मनानेवाले अराजपत्रित कर्मचारियों की भीड़ अचानक नारे लगाने लगती है। मूँगफली बेचते हुए कर्मचारियों के बच्चे, उनकी बच्चियाँ जिनके कुर्तों में 'बिल्ले' टँके हैं और जिन पर लिखा हुआ है–"मुख्यमन्त्री ने कहा है कि कर्मचारियों के बच्चे मूँगफली बेचें।" इसलिए लोग अतिरिक्त उत्साह से मूँगफली खरीदकर, चवन्नी, अठन्नी या इससे ज्यादा दाम खुशी-खुशी दे रहे हैं। एक जनसंघी सदस्य पाँच रुपये में एक पैकेट खरीदकर गर्व से सिर तानकर इधर-उधर ताकता हुआ आगे बढ़ जाता है। फोटोग्राफर अभी उधर की तस्वीरें ले रहा है ? मुख्यमन्त्री की गाड़ी दूर से ही पहचान ली जाती है। भीड़ में अचानक सरगर्मी बढ़ जाती है। नारे जोर-जोर से लगने लगते हैं। बीच में से एक-आध अभद्र गाली तैर गयी। कर्मचारियों के बच्चे मुख्यमन्त्री की गाड़ी में मूँगफली के कई पैकेट फेंकते हैं। अर्ध-निमीलित नेत्रों से इस तमाशे को देखते हुए कृष्णबल्लभ सहाय की गाड़ी आगे बढ़ जाती है। नारे बन्द। उत्साह समाप्त।

अन्तरंग–स्थान : बिहार विधानसभा के अध्यक्ष लक्ष्मीनारायण 'सुधांशु' का चैम्बर। अध्यक्ष महोदय आराम के क्षण में आवश्यक कागजात देख रहे हैं कि–'हाथापाई !'–कोई दौड़कर उन्हें सूचना देता है; वह तुरन्त उठकर खड़े हो जाते हैं। इतने तेज कदमों से उन्हें इस गलियारे में आज तक कभी चलते नहीं देखा गया। दौड़कर वह सदन में पहुँचते हैं जहाँ दर्जनों क्रुद्ध-कण्ठों की सम्मिलित चीत्कार

में उपाध्यक्ष सत्येन्द्रनारायण अग्रवाल की सारी चेष्टायें और बातें डूब-डूब जाती हैं। सामने उपस्थित था अभूतपूर्व दृश्य : शहीद विद्यार्थियों के अगुआ के अन्दाज में 'मन्त्रीवर्ग' की ओर कमर कसकर झपटते हुए कम्युनिस्ट रामावतारसिंह और आस्तीन समेटकर हाथ चमकाते हुए सदन से निकलते रामलखनसिंह यादव। यहाँ उनका संवाद सुनायी पड़ता है–"सदन से बाहर इसका फैसला हो जाय।··· हो जाय ! ··· आ जाओ··· देखना है एक-एक को।"

किन्तु अध्यक्ष के पहुँचते ही हठात् सबकुछ सहज और शान्त हो जाता है। मानो स्कूल-भर के उद्दण्ड छात्रों के बीच हैडमास्टर साहब आ गये !

हाँ, बात बिगड़ी फिर रामलखनसिंह यादव को केन्द्र करके। कांग्रेसी सदस्य मोहनलाल गुप्त ने यह आरोप लगाया कि ज़नकार्य मन्त्री ने अपने 'स्टाफ' में सिर्फ अपनी ही 'जाति' के लोगों को बहाल किया है। मन्त्री महोदय ने बीच में रोकने-टोकने की चेष्टा की लेकिन प्रजा समाजवादी कामदेवप्रसाद सिंह ने उन्हें बोलने नहीं दिया। संयुक्त समाजवादी कपिलदेव सिंह ने अपनी 'जाति' पर गर्व करते हुए टोका : 'आपको, हम लोगों के 'स्टैण्डर्ड' और ऊँचाई तक पहुँचने में मुद्दत लग जायेगी।' इस जातिवादी फिकरे के जवाब में कोई महीन और पैना व्यंग्य करके विरोधियों को काटनेवाले व्यक्ति रामलखनसिंह यादव नहीं। ऊँचाई-नीचाई को प्रमाणित करने के लिए वह महाभारत, यादव सेना अथवा श्रीकृष्ण की दुहाई भी नहीं देंगे। उनकी मान्यता है कि वह एक ऐसे 'पिछड़े वर्ग' के सदस्य हैं, जिसने समाज में कभी किसी जाति की श्रेष्ठता नहीं कबूल की और न किसी 'वर्ण' के सामने सिर झुकाया। अतः उसकी 'जाति' को लेकर जब सदन में बात उठ खड़ी हो तो जाहिर है, उसके पास सदन में देने योग्य कोई जवाब नहीं मिलेगा। बाहर, मैदान में श्रेष्ठता प्रमाणित करने का अवसर वह बार-बार उदारतापूर्वक देते रहेंगे–इसी तरह !

राज्य की प्रतिष्ठा–"यदि अनुशासनहीनता को इस तरह बढ़ावा दिया जाता रहा तो इसका बुरा असर सरकार पर ही नहीं, सारे राज्य पर पड़ेगा।" मुख्यमन्त्री कृष्णबल्लभ सहाय ने 25 मार्च को विधानसभा में बोलते हुए कहा–"सिर्फ मुझे ही नहीं, प्रदर्शनकारी कर्मचारियों ने मेरी पत्नी, लड़की और बहन को 'पब्लिकली' गालियाँ दीं।"

मुख्यमन्त्री ने इस बात को सरासर गलत बतलाया कि उन्होंने कर्मचारियों के बच्चों को मूँगफली बेचकर गुजर करने को कहा है। उन्होंने कर्मचारियों की कठिनाइयों को महसूस करते हुए यह स्पष्ट कर दिया कि राज्य की मौजूदा आर्थिक स्थिति में 4.60 करोड़ सालाना का अतिरिक्त आर्थिक बोझ नहीं सँभाला जा सकता।

चीनी चीन्हे–विधानसभा में भूतपूर्व मुख्यमन्त्री विनोदानन्द झा के भाषण के दिन (जिसमें उन्होंने कुछ इलाकों में कम्युनिस्ट गोरिल्ला आन्दोलन की भविष्यवाणी की थी) यानी 25 मार्च को पटना की पुलिस ने हवाई अड्डे पर आठ चीनियों को जासूसी के सन्देह में गिरफ्तार किया। उसी दिन सूचना मिली कि राज्य सरकार ने भारत-नेपाल सीमा स्थित निगरानी चौकियों को चीनी सामानों को बिहार में

चोरी-छिपे लाने के विरुद्ध तत्पर रहने के लिए सतर्क कर दिया है। साथ ही चंपारण, पूर्णिया, दरभंगा आदि जिलों के जिलाधीशों को इस सम्बन्ध में कड़ाई करने का आदेश भेजा है। सरकार ने जिलों के अधिकारियों को स्पष्ट कह दिया है कि यदि सरकारी कर्मचारी इस तस्कर-व्यापार में लिप्त पाये जायें तो उनके साथ कठोरतम कार्रवाई की जाय। इस आदेश से यह पता चलता है कि सरकार को वस्तु-स्थिति का सही-सही ज्ञान है।

चेतावनी के बावजूद सवाल बना रह जाता है कि क्या इन सीमावर्ती इलाकों की जिम्मेदारी राज्य सरकार और जिलाधीशों के कन्धों पर छोड़ देना उचित होगा? बिहटा में पकड़े गये आठ चीनी जासूस सड़क के रास्ते कहीं भी 'दसगज़ा' पार कर सकते थे। और सुदूर उत्तर के नेपाली और चीनी चेहरों में तमीज़ करने की क्षमता क्या हमारी खुफिया विभाग के हर कर्मचारी में है?

4 अप्रैल, 1965

बग़ावत मेरी मंज़िल··· !

सहरसा के मध्यावधि चुनाव के बाद–चुनावफल घोषित होने के तुरत बाद–बिहार विधानसभा में एक दिन एक सदस्य ने जब इस चुनाव के सिलसिले में खुद मुख्यमन्त्री के द्वारा चुनाव क्षेत्र में की गयी धाँधलियों और धीनागर्दियों का सिलसिलेवार ज़िक्र करते हुए 'जनतन्त्र खतरे में' का नारा बुलन्द किया, तो अधिकांश सदस्य और दर्शक बहुत देर तक इस मुगालते में रहे कि बोलनेवाला किसी विरोधी दल का सदस्य है। जिस बुलन्द आवाज़, भेदक अंगभंगी और कड़वे सुर में वक्ता-सदस्य आरोप-पर-आरोप लगा रहे थे, वह चुनाव में हारी हुई संयुक्त समाजवादी पार्टी के सदस्य के ही उपयुक्त था। किन्तु चौंकानेवाली और सही बात यह है कि विन्ध्येश्वरीप्रसाद मण्डल कांग्रेसी सदस्य हैं।

इसके पहले, चुनाव-प्रचार के समय भी एक बार इस नाम के साथ पत्रों में कई विवादपूर्ण वक्तव्य प्रकाशित हुए थे। चुनाव के बाद लोगों ने विक्षुब्ध कांग्रेसियों के प्रमुख नेताओं के अलावा एक अतिविक्षुब्ध और उग्र व्यक्ति से परिचय प्राप्त कर लिया और मुँगेर में हारने के बाद सहरसा की जीत से दुगुने खुश कांग्रेसी सदस्यों के चेहरों की रौनक अचानक गायब। विक्षुब्धों को एक–'दो-टूक खरी-खरी, सीधी और मोटी बात मुँह पर कहनेवाला'–उग्र जमाँमर्द मिला, जिसकी कमी उन्हें अर्से से खटक रही थी।

जवाब दो, क्या जवाब दूँ !–कांग्रेस विधायक दल के सेक्रेटरी ने सदस्य महोदय से जवाब तलब किया कि इस गैरजिम्मेदार और अनुशासन भंग करनेवाले भाषण के लिए उन्हें पार्टी से क्यों नहीं निष्कासित कर दिया जाय ? जैसा कि ऐसे मामलों में, बात बढ़ने पर होता है, इस उग्र-विक्षुब्ध सदस्य ने अपने जवाब में जवाबतलब किया कि कोई उसे बताये कि उसके भाषण के किस अंश को 'अनुशासनहीन' कहकर उस पर 'शो काज़' की कार्रवाई की गयी है। बिहार प्रदेश कांग्रेस के प्रधान तथा अन्य प्रमुख अधिकारियों को, जाहिर है, अपने सदस्य की यह हरकत बहुत बुरी लगी। ऊपरवालों तक यानी हाईकमान के कान तक बात पहुँचाकर ही ये निश्चिन्त नहीं हो गये और अचानक प्रसिद्धि पाकर विन्ध्येश्वरीप्रसाद मण्डल भी इधर-उधर वैधानिक बातें बतियाने लगे, चुनौतियाँ देकर ऐसी बैठकों में शरीक होने लगे जिनमें भाग लेने की उन्हें मुमानिअत थी।

लखनौआ बाँके के लहजे–यह सब देख-सुनकर ऐसा लगने लगा था कि अनुशासनहीनता और निष्कासन के इस सवाल पर शीघ्र ही उठा-पटक के बाद जोर-आजमाई हो जायेगी। 30 मार्च की बैठक में यदि विन्ध्येश्वरीप्रसाद मण्डल सम्मिलित हो जाते तो निश्चय ही कुछ होकर रहता, ऐसा अनुभवी और जानकारों का अनुमान है। किन्तु बैठक के एक-दो दिन पहले से ही वातावरण के तनाव को ढीला करने में निरन्तर लगे हुए कई सदस्यों की चेष्टाएँ सफल हुईं। फलतः जिस बैठक में आँधी-तूफान और ओले बरसने की आशंका थी, उसमें विक्षुब्ध गुट के एक प्रमुख सदस्य ने हौले-हौले प्रस्ताव रखा कि इस मामले को कार्यसमिति के पास पुनर्विचार के लिए भेज दिया जाय। दूसरे विक्षुब्ध सदस्य द्वारा समर्थित इस प्रस्ताव पर दल के नेता कृष्णबल्लभ सहाय ने सदस्यों की राय माँगी और सभी ने एक स्वर से इसकी ताईद कर दी।

किन्तु लखनौआ बाँकों के लहजे में इस मामले को टालकर, कांग्रेस विधायक पार्टी तथा प्रदेश कांग्रेस के सामने उपस्थित 'अनुशासनहीनता की समस्या' का समाधान नहीं हो सकता, जबकि भूतपूर्व उपमन्त्री अब्दुल गफूर, मन्त्रिमण्डल के फिर से संगठन की माँग पर अभी भी अडिग हैं। उनके समर्थकों में प्रमुख समर्थक भी इस सवाल पर अटल हैं। कम-से-कम वर्तमान मन्त्रिमण्डल के 'एक मन्त्री' को हटाये बग़ैर ये चैन नहीं लेंगे–यह भी सुना गया है। और सुना तो यह भी जाने लगा है कि प्रमुख विक्षुब्धों के मन में अब यह चिन्ता और शंका समा गयी है कि इस उग्र-विक्षुब्ध ने कहीं जरूरत से ज्यादा प्रसिद्धि तो नहीं प्राप्त कर ली है ? क्योंकि दल की 'सफाई' का सवाल भी कभी-कभी बड़ा सवाल बन जाता है।

जो भी हो, कामराज के सामने कांग्रेस पार्टी और कांग्रेस-राज के हित की बात करने की तैयारी में–दोनों गुटों के प्रमुख नेताओं की, यह तन-मन की 'धुलाई' की सराहना सभी परिष्कृत रुचिवाले यानी सफाईपसन्द व्यक्ति करेंगे।

11 अप्रैल, 1965

'चिनियाँ देश के समनवाँ'

बिहार मन्त्रिमण्डल ने 31 मार्च की बैठक में बिहार-नेपाल सीमा पर एक ऐसी व्यवस्था को स्वीकृति दी है जिसका अनुकरण पश्चिमी बंगाल, उत्तर प्रदेश और पंजाब राज्य भी करें, तो शुभ हो।(हालाँकि बिहार सरकार ने तनिक देर से इधर ध्यान दिया है।) इस व्यवस्था के अन्तर्गत 300 मील लम्बे सीमान्त पर अतिरिक्त फौजी पुलिस की टुकड़ी तैनात की जायेगी; पूर्णियाँ, दरभंगा और चम्पारण ज़िलों में पाँच नयी पुलिस चौकियाँ स्थापित होंगी। सीमा की सभी निगरानी चौकियों में शीघ्र सूचनाएँ भेजने के लिए बेतार-यन्त्र लगाये जायेंगे और, 'उस पार' से आकर लूट मचानेवाले सशस्त्र लुटेरों से मुकाबला करने के लिए सीमावर्ती गाँवों के हर रक्षा-दल के पाँच सदस्यों को सशस्त्र करने का निश्चय किया गया है।

किन्तु तस्कर-व्यापार को रोकने के लिए और तिब्बती-चीनी-पाकिस्तानी लोगों के अनधिकार-प्रवेश को बन्द करने के लिए बिहार सरकार का यह महत्त्वपूर्ण फैसला महज कागजी मसविदा साबित हो सकता है, यदि सम्बन्धित इलाकों में 'जनता-जनार्दन' का सहयोग नहीं मिला।

यह कहना गलत होगा कि चम्पारण, पूर्णियाँ, दरभंगा आदि जिलों के इन अंचलों में कभी 'नमक कानून' तोड़कर दल-के-दल लोग जेल नहीं गये, या कि यहाँ कभी विदेशी वस्त्रों की होली नहीं जली अथवा गाँव-गाँव में 'सुराजी स्वयंसेवकों' ने अलख जगाकर देशभक्ति के गीत नहीं गाये; या कि व्यक्तिगत सत्याग्रह में 'न एक पाई, न एक भाई' और '42 में 'भारत छोड़ो' नारे नहीं लगे। पर इन सारी बातों के बावजूद इन क्षेत्रों के अधिकांश लोग 'बिकाऊ' हो गये हैं। कारण जो भी हों, किन्तु यह कहा जा सकता है कि सीमावर्ती क्षेत्र में कम-से-कम तीन हजार ऐसे व्यक्ति क्रियाशील हैं जिन्हें देश को बेचने में भी कोई एतराज नहीं होगा।

चीनी माल—इस भूखण्ड के प्रायः सभी स्कूल-कॉलेजों के अधिकांश 'गुरु-चेलों', सभी सरकारी महकमों के छोटे-बड़े हाकिमों, कलमजीवियों और कलम के शौकीनों के पास आपको 'चीनी कलम' अवश्य मिल जायेगी। चीनी कपड़े की कमीज पहने बिहार सरकार को कोसनेवाले कर्मचारी से आपकी मुठभेड़ ट्रेन या बस में कभी भी हो सकती है और आपको क्या पता कि आपके पास बैठा हुआ नवविवाहित युवक किसी 'प्रोजेक्ट' के किसी बड़े अफसर का दामाद है जिसे 'दहेज' में उसके 'ससुर साहब' ने दस-पन्द्रह हजार रुपये की जो 'चीजें' दी हैं, सभी 'चीनी माल' है, जिसकी नेपाल में खरीद हुई !

यह बात भी सही नहीं कि इधर की धरती में कोई राजनीतिक दल नहीं पनपा।

सच्ची बात यह है कि इन्हीं इलाकों की 'आर्थिक-सिंचाई' के कारण बहुत-से दलों का अस्तित्व बचा हुआ है। प्रायः सभी राजनीतिक दलों की अनेक पताकाएँ हवा में यहाँ भी उड़ती रहती हैं। पर, एक युग से रवैया देखकर यह साहस के साथ कहा जा सकता है कि 'दसगज़ा' के पास इन झण्डों के साये में एकत्रित होनेवाले लोगों में प्रति सैकड़ा पंचानवे 'असत् प्रवृति' से प्रेरित आये-गये और आ-जा रहे हैं। यही कारण है कि किसी राजनीतिक दल की ओर से अब तक कहीं कोई ऐसी आम या खास सभा का आयोजन नहीं हुआ जिसमें "चीनी सामान छूना पाप है, गद्दारी है, देशद्रोह है, गोहत्या तुल्य है, हराम है"–यह नारा सबल-कण्ठ और विगलित-हृदय कोई वक्ता देता और भावावेश में कोई विद्यार्थी या नागरिक अथवा कोई भी अपनी जेब से 'चीनी कलम' निकालकर तोड़ते हुए प्रायश्चित्त के आँसू बहाता, अथवा कोई चीनी कपड़े की कमीज फाड़कर "भारत माता की जै" कहते हुए आग लगा देता। वरना, हर 'जलती समस्या' पर लोकगीत रच-छपाकर, गा-गाकर बेचनेवाले लोक-कवियों को अब तक प्रेरणा मिल चुकी होती और गली-गली, खेत-खलिहान, मैदानों में बच्चे-बच्चे गाते फिरते–"भइया छुइहो मति चिनियाँ देश के समनवाँ, बड़ा दुसमनवाँ बा··· !"

उस पार–रक्सौल में उस दिन दो चीनी जासूस पकड़े गये जिनके पास 16,700 रुपये के करेंसी नोट और सोने की 111 छड़ों, 31 स्वर्णमुद्राओं के अलावा नक्शे और कुछ 'गुप्त कागजात' बरामद हुए। हम सतर्क हैं, सन्देह नहीं पर बिहार-नेपाल सीमा स्थित एक प्रसिद्ध रेलवे स्टेशन के पास–'दसगज़ा' के किनारे दिन-रात चलनेवाले व्यापारों में एक 'विशेष व्यापार' को देखकर 'दिनमान' विशेष रूप से आशंकित हुआ। दिन ढलने के पहले से ही 'इस पार' से कुछ ऐसे लोग 'उस पार' के बाज़ार में झुण्ड बाँध कर जाते हैं, जो खाने-पीने के शौकीन और मशहूर 'इश्कबाज' समझे जाते हैं। उधर के बाज़ार में–दो बड़ी-बड़ी जूट मिलों, कपड़ा मिल, दियासलाई-कारखाने में हजारों भारतीय मजदूर हैं और सीमा से ही सटी दर्जनों ऐसी 'बहुधन्धी' दुकानें हैं जहाँ सन्तरा-सौंफ-छुआरे से लेकर चावल की शराब और बरमा से लेकर तिब्बत तक की सुन्दरियाँ स्वर्णमण्डित-दन्तपंक्तियाँ चमकाती हुई हँस-हँसकर लोगों का–खासकर भारतीय शौकीनों का–स्वागत करती हैं। रेडियो से गीत प्रसारित होता है–"रात भर रहियो, सबेरे चले जइयो, ओ राजा जी।"

सुना है, रात-भर 'उस पार' रहकर सबेरे 'इस पार' चले आनेवाले 'राजाजी' के लिए अफीम के फूल की कलियों के भौंरों के लिए शीघ्र ही एक ऐसा चीनी होटल खुलनेवाला है जिसमें उन्हें 'चाउ-चाउ राइस नूड्ल' तो चखाये ही जायेंगे, साथ में चीनी तितलियों के नाच की व्यवस्था भी रहेगी। जैसाकि 'दिनमान' को मालूम हुआ है–बिहार के लोकगीतों के विभिन्न सुरों के आधार पर चीनी गीत तथा अनुवाद में सुर-सहित मैथिली-भोजपुरी भाषाओं के गीत-कार्यक्रम भी सम्मिलित हैं।

पैंतालीस साल पहले इसी क्षेत्र के वनप्रान्त में एक लोक-कवि देश की दुर्दशा

पर फूट-फूटकर रोया था—"गंगा रे जमुनवाँ की धार नयनवाँ से नीर बही।" प्रदेशों की दशा पर भारतमाता आज फिर रो रही है—जार-बेज़ार।

18 अप्रैल, 1965

भीमा भयानका भीतिहरा : कोसी !

24 अप्रैल को भारत के प्रधानमन्त्री लालबहादुर शास्त्री नेपाल सरकार के अतिथि के रूप में, बिहार-नेपाल (भारत-नेपाल) सीमा पर (नेपाल की धरती पर) निर्मित विशाल 'कोसी बाँध' की पश्चिमी नहर के खनन-समारोह के अवसर पर नेपाल के महाराजाधिराज श्री महेन्द्र वीर विक्रमशाह देवज्यू के साथ भीमनगर-वीरपुर पधार रहे हैं। चीनी विदेशमन्त्री के प्रस्थान के बाद, काठमाण्डू की घाटियाँ, नेपाल के मित्र-देश की मैत्री और भाईचारे की भावना को जगानेवाले नारों से गूँज उठेंगी। शाही तथा दूतावास के भोजों में पद-पद पर औपचारिकता का निर्वाह दोनों देशों की ओर से किया जायेगा, भारत-नेपाल की अटूट दोस्ती पर प्रकाश डालते हुए इसे और भी सुदृढ़ बनाने की बातें की जायेंगी। गरज़ यह कि चीनी विदेशमन्त्री चेन यी के स्वागत-सत्कार में काठमाण्डूवासियों और शाही अधिकारियों ने जितना उत्साह प्रदर्शित किया है, भारत के प्रधानमन्त्री के आगमन पर उससे कहीं अधिक चहल-पहल और खुशी दिखाई पड़ेगी। किन्तु, लालबहादुर शास्त्री के कार्यक्रम में 'पशुपतिनाथ-दर्शन' की विशेष व्यवस्था अवश्य होगी और भीमनगर-वीरपुर आने के पहले सम्भवतः बाबा पशुपतिनाथ का फूल, चन्दन, प्रसाद पा चुके होंगे। भारत-नेपाल की मैत्री और भाईचारे की रेशम-डोरी युगयुगान्तर से पशुपतिनाथ, गुह्यकाली, महाकाली, वराह-क्षेत्र, दन्तकाली आदि देव-देवियों के हाथों रही है और आज भी है—तमाम राजनैतिक उलट-फेर के बावजूद। इसलिए जब वेदमन्त्र के पवित्र उच्चारण और शंखध्वनि के बीच नेपाल नरेश कोसी बाँध की पश्चिमी नहर के खनन का श्रीगणेश करेंगे तब भारत तथा नेपाल के सम्बन्ध सुदृढ़ होने के साथ पवित्र भी हो जायेंगे।

अनुष्ठान का सम्वाद—किन्तु इस शुभ अवसर के सात दिन पूर्व तक—सीमा के दोनों ओर दस मील की दूरियों तक—बिहार तथा नेपाल तराई के गाँवों में इस अनुष्ठान की कोई खबर नहीं। हाँ, वीरपुर सरकिट हाउस के बावर्ची-बैरे को लगता है कि जरूर कोई बड़े नेता आ रहे हैं क्योंकि सरकिट हाउस के बड़े भोजघर की दीवारों की लिपाई-पुताई हो रही है और कमरा ठण्डा करनेवाले इंजीनियर

साहब उनकी नाप-जोख कर गये हैं। सभा के मैदान में जहाँ नेहरूजी का भाषण हुआ था, नये खूँटे गाड़े जा रहे हैं।

यों वीरपुर कालोनी में बसनेवाले बड़े-छोटे और मँझले कर्मचारियों के चेहरों पर छायी हुई सामूहिक झुँझलाहट को देखकर भी इस समाचार पर विश्वास किया जा सकता है कि जरूर कोई बड़े नेता आनेवाले हैं।··· हफ्तों का आराम हराम हुआ !

अथवा, सहरसा-पूर्णियाँ की राजनीति में समान रूप से हाथ रखने और मारनेवाले किसी कांग्रेसजन से प्रधानमन्त्री के आगमन की बात दर्याफ्त करने पर यह जवाब भी मिल सकता है–'साहब, प्रधानमन्त्री आ रहे हैं या नहीं, यह जानें 'फलाने बाबू'–कोसी-प्रोजेक्ट की कृपा से जो 'तर' गये हैं।··· अपने प्रबल प्रभाव से दूधनाहा-बीरपुर रोड को छः मील बढ़वाकर अपने गाँव तक पहुँचाकर तब सीधे उत्तर की ओर मुड़वानेवाले देश को 'मूँड़' कर छोड़ेंगे। इसमें सचाई भले ही न हो, मगर इस तरह के विक्षोभ की गूँज-अनुगूँज जगह-जगह सुनाई देती है।

डायन कोसी–छिन्नमस्ता डायन कोसी को साध लिया गया है, हालाँकि उसकी छटपटाहट बतलाती है कि साधकों के सामने वह कभी भी नयी समस्या उपस्थित कर दे सकती है। हर साल लाखों एकड़ धरती को डुबाकर तबाह करनेवाली, उर्वर भूमि को बालू से पाटकर बंजर बना देनेवाली, हर साल राह काटनेवाली, लाखों प्राणियों को लीलनेवाली वेगवती कोसी की विनाश-लीला की कहानियाँ अब पौराणिक कहानियाँ हो जायेंगी और कोसी को 'नाथने-साधने' के बाद ऐसी ही नयी कहानियाँ लिखी-कही जा रही हैं।

नयी कहानियाँ–पिछले साल मुख्य पूर्वी नहर में अनुष्ठान के बाद पहली बार ऐन बरसात में पानी दिया गया तब पता चला कि मुख्य नहर के बहुत-से पुल-पुलियों, फाटक आदि के निर्माण में ठेकेदारों ने अपनी चतुराई का प्रचुर परिचय दिया है। मुख्य नहर के अलावा उप-नहर, शाखा-नहर पर निर्मित पुलों की दुर्दशा देखकर अबोध जनता में यह भय फैलना स्वाभाविक है कि कहीं भीमनगर का कारबार भी ऐसा ही कच्चा तो नहीं ?··· वह स्वप्न-भंग कैसा होगा !

इस क्षेत्र का बच्चा-बच्चा जानता है कि नहरवाले ठेकेदारों से सस्ती दर पर ईंट-सीमेंट, लोहे के छड़ खुलेआम खरीदे जा सकते हैं। न खरीदनेवाला इस कर्म को अवैध मानता है और न ही बेचनेवाला और ये ठेकेदार कौन होते हैं ? कांग्रेस के कर्मठ कार्यकर्ताओं या उनके भाई-भतीजों को छोड़कर और कोई नहीं ! अवैध व्यापार के बाद भी इनमें से अधिकांश ठेकेदारों के नाम सर्टिफिकेट जारी होते हैं, रुपये हजम करने के आरोप में ये पकड़े जाते हैं पर अन्ततः इनके ऊपरवाले नेता किसी प्रकार दोषमुक्त करवाकर इन्हें फिर से काम दिलवा देते हैं। नीचे से ऊपर तक–मण्डल कमेटी से प्रान्तीय कमेटी तक–गुटपरस्ती में लिप्त। जनता के सेवकों को इतनी फुर्सत कहाँ कि ऐसी घड़ी में ऐसे महत्त्व के अवसरों का सदुपयोग करने की बात पर वे ध्यान दें ! तब, प्रधानमन्त्री और महाराज के हवाई जहाज

से उतरते समय या खनन के श्रीगणेश के क्षण अथवा जहाज पर पुनः सवार होते समय उनके साथ तस्वीरें उतरवाने का कोई-न-कोई अवसर उन्हें अवश्य मिल जायेगा। अगले चुनाव के पहले टिकट माँगने के समय अपनी कर्मठता और जनप्रियता को प्रमाणित करने के लिए इतना ही काफी है!

ऐसी हालत में कोई अबोध व्यक्ति या दल, भय और भ्रमपूर्ण यह सवाल लोगों से पूछता फिरे कि कोसी बाँध भीमनगर (नेपाल) में बनाकर भारत सरकार ने क्या अदूरदर्शिता का परिचय नहीं दिया है ? तो उसकी शंका के निवारण के लिए पंचशील, तटस्थता, भाईचारे, सांस्कृतिक एकता आदि शब्दों से खचित कोई वक्तव्य पर्याप्त नहीं होगा। कोसी को वे 'डायन' मानते ही रहेंगे। डायन, जो अपने ही बच्चों को खा जाती है। भारत-नेपाल मैत्री को बनाने और बिगाड़ने की जिम्मेदारी, बिहार-नेपाल की 300 मील व्यापी सीमा पर बसनेवाली भारतीय-नेपाली जनता के सिर भी है, यह बात कौन, किसे, कैसे समझाये ?

25 अप्रैल, 1965

आत्मनिरीक्षण के क्षण !

"आज मेरे लिए एक आत्मनिरीक्षण का दिन है और इसलिए मैं पसन्द करूँगा कि जितनी देर तक हो, मैं चिन्तन करूँ।"–पटना के भारतीय नृत्य-कला मन्दिर में अपने 66वें जन्मदिवस पर आयोजित एक सभा में बिहार के भूतपूर्व मुख्यमन्त्री विनोदानन्द झा ने भावगद्‌गद भाषण करते हुए कहा–"मैं आज पिछले वर्ष के अपने कार्यकलापों की समीक्षा कर रहा हूँ ताकि यदि मुझसे कोई गलती हुई हो तो उसको प्रभु की कृपा से सुधार सकूँ। साथ-ही-साथ अगले वर्ष के लिए क्या कर सकता हूँ, इसकी आज कल्पना कर रहा हूँ।"

भूतपूर्व प्रतिरक्षा मन्त्री वी. के. कृष्ण मेनन की उपस्थिति से धन्य तथा स्थानीय राजनीतिक बुद्धिजीवियों की करतलध्वनियों और स्वस्तिवाचनों से सम्पन्न इस विशिष्ट सभा के अलावा उस दिन बिहार प्रदेश के अन्य प्रमुख नगरों में भी विनोदानन्द झा की जयन्ती धूमधाम से मनायी गयी।

पग घुँघरू बाँधि–यह बात बहुत कम लोगों को ज्ञात है कि विनोदानन्द झा राजनैतिक व्यक्ति के अलावा एक सफल और सुकण्ठ गायक भी हैं। हजारीबाग और भागलपुर सेंट्रल जेलों में राजनैतिक बन्दियों की सांस्कृतिक बैठकियों में जिन लोगों ने उन्हें तन्मय, भावविभोर होकर तथा भाव बतलाकर–"पग घुँघरू बाँधि

मीरा नाची रे" गाते सुना है, वे यह कभी नहीं स्वीकार कर सकते कि विनोदानन्द झा बेसुरा राग अलापनेवाले व्यक्ति हैं। उनकी अपूर्व स्मरणशक्ति को स्मरण कर आश्चर्यित होते हुए वे बतलायेंगे कि किस तरह सभी अखबारों को अकेले पढ़कर, बाद में 'व्यासगादी' पर बैठकर समस्त लघु-गुरु संवादों की समीक्षा किस निपुणता से अपने ऐसे सहबन्दियों को वे पिलाया करते थे, जिन्हें यह समझा दिया गया था कि 'गाँधीवादियों' को कुछ पढ़ने की जरूरत नहीं। इसलिए ऐसा व्यक्ति किसी पुण्य अवसर पर जब अपने पिछले कार्यकलापों की समीक्षा करने बैठे तो उसकी नीयत पर सन्देह करना भद्रता नहीं।

उगलें या निगलें–विनोदानन्द झा जैसे देशभक्त को चिन्तन और आत्मनिरीक्षण के क्षण अकेला छोड़ देना इसलिए भी आवश्यक है कि इनको इसी समय भूत के साथ भविष्य की चिन्ता भी करनी है। जैसाकि सुना गया है, गृहमन्त्री गुलजारीलाल नन्दा ने इस जयन्ती के पुनीत अवसर पर इन्हें जो तोहफा दिया है उसको स्वीकार या अस्वीकार करने की दुविधा में विवश वे झूल रहे हैं और यह दुविधा या समस्या अकेले उनकी नहीं, सारे विक्षुब्ध गुट की हो गयी है।

अपने राजकाल में विनोदानन्द झा ने, झारखण्ड-प्रदेश की माँग करनेवाले झारखण्ड-वनवासियों को, सन्थाल परगना से लेकर छोटानागपुर तक व्याप्त झारखण्ड पार्टी (चुनाव-चिह्न मुर्गा) को जिस चतुराई से घुलामिलाकर कांग्रेस पार्टी में विलय करवा दिया, वह स्मरणीय और स्तुत्य है।

मुर्ग़दिल मत रो–किन्तु, नये मुख्यमन्त्री कृष्णबल्लभ सहाय ने जब सुशील बागे (झारखण्डी कांग्रेसी) को नेता मानकर मन्त्रिमण्डल में लिया और अब तक के मानेजाने झारखण्ड नेता जयपाल सिंह को नज़रअन्दाज़ कर दिया तो हलाल हुए मुर्ग़े फिर से बाँग देकर डैने फड़फड़ाने लगे। सुशील बागे के दौरे, दर्जनों सभाओं में भाषणों और पत्रों में वक्तव्यों के बावजूद, मुर्ग़दिल 'जयपाल-दम्पति' के आँसू पोंछनेवाले विक्षुब्ध कांग्रेसियों ने छिपे-खुले इसको 'राजनैतिक चार सौ बीस' कहना शुरू किया।

झारखण्ड कांग्रेस, सन्तुष्ट-असन्तुष्ट कांग्रेसियों के इस खण्डयुद्ध के दरम्यान–राजाजी के स्वतन्त्र पार्टी से दामन छुड़ाकर बिहार की जनता पार्टी के राजा-जन्मदाता कामख्यानारायण सिंह का अपने 47 अनुगामी विधायकों के साथ कांग्रेस-शिविर में पनाह माँगने की घटना, अपनी सारी नाटकीयता के अलावा महत्त्वपूर्ण है। मुख्यमन्त्री सहाय के पुश्तैनी दुश्मन कामख्यानारायण सिंह तथा उनके 47 साथियों को 'शरण' देकर सहाय-मन्त्रिमण्डल के सिर पर नंगी तलवार लटकाने के कु-प्रयास पर प्रदेश-कांग्रेस के पदाधिकारियों ने ऐतराज जाहिर किया। कहना नहीं होगा कि विक्षुब्ध कांग्रेसियों की ओर से बिना रोक-टोक 'शुद्धि-संस्कार' करके गले लगा लेने की वकालत जारी रही और एक अरसे से झारखण्ड के राजा और 'जनता' (पार्टी) के राजा के सवाल साथ-साथ खटाई में हैं।

पूर्वाभास–विनोदानन्द झा की जयन्ती के अवसर पर ही यह सुना गया कि

जयपाल सिंह को केन्द्र में मन्त्रित्व प्रदान कर सन्तुष्ट किया जा सकता है और राजा को बाद देकर उनके चालीस साथियों को कांग्रेस में शामिल करने की सिफारिश 'बाज़ाब्ता' कर दी गयी है।

राजनीतिक और जानकार क्षेत्रों की फैली हुई इन अफवाहों में एक भी सच हुई (विनोदानन्द को राज्यपाल, जयपाल को मन्त्रित्व और कामख्यानारायण सिंह को साफ जवाब) तो प्रदेश की राजनीति को एक नयी दिशा मिलेगी। यदि सभी बातें सही हों तो इसके दूरव्यापी प्रभाव का पूर्वाभास–कम-से-कम विनोदानन्द झा को आत्मचिन्तन के समय–अवश्य मिल सकता है। हालाँकि, कई प्रमुख विक्षुब्धों का यह विश्वास पक्का है कि 'विनोदा बाबू' अपने प्रदेश की जनता की सेवा करना पसन्द करेंगे और अगले चुनाव तक यानी अगली जयन्ती के पहले ही फ़िज़ा बदल चुकी होगी।

2 मई, 1965

झारखण्ड के प्रेत

25 अप्रैल को मोनिका सोरिन और ध्रुवनारायण को मुख्यमन्त्री के राँची-स्थित निवास-स्थान के सामने से हटाकर सदर अस्पताल में दाखिल किया गया तब राँची नगर के निवासियों को मालूम हुआ कि 'अलग झारखण्ड प्रदेश' की माँग करनेवाली मृत झारखण्ड-पार्टी की लाश में फिर से जान डालने के लिए (एक नारी और एक नर) अपने-अपने प्राणों की आहुतियाँ तिल-तिलकर दे रहे हैं। रमणीय पहाड़ी-परिवेश में बसे राँची नगर की आब-हवा फेफड़े और दिमाग के विकारों के लिए अति स्वास्थ्यवर्धक समझी जाती है। अतः मुख्यमन्त्री कृष्णबल्लभ सहाय ने–जो 22 अप्रैल को अपने 'काँके' रोड स्थित निवास-स्थान में ठण्डे दिमाग से सम्भवतः किसी समस्या पर सोचने के लिए पटना से आ गये थे–इन मरणपन्थियों से मिलने से इनकार कर दिया तो उन पर सीधे अमानुषिकता का आरोप नहीं लगाया जा सकता। इतने दिनों के अनुभव से, यह बात सभी जान चुके हैं कि इस देश में 'राज' किसी भी दल का हो, प्रधानमन्त्री और मुख्यमन्त्रियों के निवास-स्थान के सामने अपनी माँग की तख्ती लटकाकर, बिस्तर बिछाकर आमरण-अनशन करनेवालों की कमी कभी नहीं होगी।

व्यक्तिगत व्यापार–मोनिका सोरिन (भूतपूर्व झारखण्ड विधायक जुना सोरिन की पत्नी) और ध्रुवनारायण कांग्रेस में विलीन झारखण्ड-पार्टी के विक्षुब्ध गुट के

सदस्य हैं, जिन्होंने जयपाल सिंह के मन्त्रिमण्डल में नहीं लिये जाने के बाद से विलयन और कांग्रेस का विरोध करना शुरू किया है। प्रदेश के विक्षुब्ध कांग्रेसियों के नैतिक समर्थन के बल पर पार्टी को फिर से संगठित कर लेने की उम्मीद में अथवा मोल-तोल करके एकाध कुर्सी का सौदा पटाने की गरज से–झारखण्ड-राज्य के नये नारे लगानेवाले इधर अधिक सक्रिय दीखते हैं। इसलिए स्थान और अवसर का खयाल किये बग़ैर वे जहाँ-तहाँ अपना राग छेड़ देते हैं। लेकिन भूतपूर्व मुख्यमन्त्री की जयन्ती के अवसर पर आयोजित राँची के नागरिकों की सभा में ऐसा नहीं लगा कि जहानारा जयपाल सिंह ने अवसर का दुरुपयोग किया है। आप बोलीं–"झारखण्ड-कांग्रेस विलयन का श्रेय पण्डित विनोदानन्द झा को है लेकिन उसकी सारी शर्त पूरी नहीं हुई; इसलिए किसी भी समय यह विलयन समाप्त हो सकता है जिसका दायित्व वर्तमान प्रशासन और कांग्रेस पर होगा।" समाजवादियों के अलग-अलग होने के बाद इन्हें यह विश्वास हो गया है कि टूटी हुई पार्टी को जोड़कर भी जिया जा सकता है–इज़्ज़त के साथ।

कुकडूँकूँ–जहानारा जयपाल के इस भाषण के कुप्रभाव को नष्ट करने के लिए यानी इसके जवाब में कई दिन बाद सुशील बागे ने (मन्त्रिमण्डलीय झारखण्डी) राँची के एक ग्रामीण क्षेत्र में भाषण देते समय एक मशहूर फिल्मी-गीत की पहली कड़ी की भोंडी-'पैरोडी' प्रस्तुत करके भोले आदिवासियों को गुदगुदाकर हँसाने का अवसर हाथ से नहीं जाने दिया। आपने कहा–"झारखण्ड-पार्टी अन्तिम और पूर्ण रूप से कांग्रेस में घुल-मिल गयी है, हालाँकि कुछ लोग अपने स्वार्थ की सिद्धि के लिए गाये जा रहे हैं–"बोल मुर्गा बोल, झारखण्ड होगा या नहीं।" और हजारों उन्मुक्त-हृदयों की खिलखिलाहट के बीच किसी रसिक युवक ने जोरों से नारा लगाया–'कु-क्-डूँ-कूँ-ऊँ-ऊँ !'

अनशन की लाचारी–लोग कुछ भी कहें ऐसी परिस्थिति में एकाध आमरण-अनशन-अनुष्ठान की घोषणा के सिवा और कोई ऐसा उपाय नहीं जिससे देश के ध्यान को आकर्षित किया जाय। मगर मोनिका और ध्रुवनारायण की स्थिति नाजुक हो जाने के बाद भी (अस्पताल में स्थानान्तरित होने के बाद भी) स्थानीय तथा प्रदेश के पत्रों में इस समाचार की कोई प्रतिक्रिया नहीं दिखलाई पड़ी, तब इसको वे प्रदेश के बहुसंख्यक गैर-आदिवासियों द्वारा अल्पसंख्यक आदिवासियों की जलती समस्याओं को नज़रअन्दाज़ करने का एक नमूना कहेंगे, इसमें क्या सन्देह !

मादल और बाँसुरी–यों इस 'अनशन' का सन्देश लेकर प्रदेश के गैर-आदिवासी जिलों के आदिवासी क्षेत्र (आदिवासियों के लिए सम्पूर्ण सुरक्षित क्षेत्र) में 'मुर्गाछाप कार्यकर्ता' पहले ही पहुँच चुके हैं। भागलपुर, सहरसा, पूर्णियाँ और किशनगंज की हर सन्थाल टोली, धाँगर टोली और उराँव-बस्तियों में रात को नृत्य-गीत बन्द करवाकर वे 'पंचायत' में मसीही अन्दाज में आदिवासियों के अन्दर की आग को भड़काने की चेष्टा कर रहे हैं–"दिल्ली में आजादी के जश्न में तुम्हें और तुम्हारी

अधनंगी औरतों को नचाकर देखने-दिखानेवाले तुम्हें हमेशा नचाते ही रहेंगे। मादल और बाँसुरी छोड़कर हाथ में फिर से तीर-धनुष लेने का समय आ गया है। इन 'दिकुओं' (ग़ैर-आदिवासी) के चंगुल से... ।" यह बात दूसरी है कि पिछले पचास वर्षों से विभिन्न उत्तेजनापूर्ण हिंसक आंदोलनों में आँखें मूँदकर भाग लेने, मरने-कटने और आजीवन कारावास भोगनेवाले इन अनुभवी आदिवासियों पर अब ऐसी बातों का कोई प्रभाव नहीं पड़ता। लेकिन इससे यह स्पष्ट हो जाता है कि अन्ततोगत्वा अगले चुनाव तक एक कामचलाऊ पार्टी अवश्य खड़ी हो जायेगी जो कितनी भी कमजोर क्यों न हो, कांग्रेस पार्टी के लिए सिरदर्द सिद्ध होगी। यह भूलने से काम नहीं चलेगा कि कभी झारखण्ड पार्टी ही प्रदेश की सबसे शक्तिशाली विरोधी पार्टी थी।

"झारखण्ड होगा या नहीं ?"—हम नहीं जानते। तब झारखण्ड पार्टी यदि फिर से पनपी तो इसका सारा श्रेय कांग्रेस पार्टी को मिलेगा, खासकर विक्षुब्ध कांग्रेसियों को।

यह स्मरणीय है कि 'अलग झारखण्ड-प्रदेश' का एकमात्र नारा लगाकर पहली बार प्रदेश की विधानसभा में आने के बाद किसी झारखण्डी ने कभी भी 'झारखण्ड-प्रदेश' की चर्चा नहीं की। विक्षुब्ध कांग्रेसियों का कथन है कि अब भी वे चर्चा नहीं करेंगे... बशर्ते... !

9 मई, 1965

एक सुन्दर सम्मेलन

बिहार का बाग—हजारीबाग ! छोटा नागपुर के घने वन और पहाड़ियों के बीच सुगम, सुन्दर सजा-सँवरा एक कस्बा—जहाँ बिहार, बंगाल और ओडिसा तक के अस्वस्थ व्यक्ति सिर्फ सप्ताह भर रहकर ही स्वास्थ्य लाभ करके लौटते हैं। अप्रैल से जुलाई तक वहाँ तरह-तरह की गाड़ियों से भाँति-भाँति के लोग उतरते हैं; केनेरी पहाड़ी पर बनी ऊँची गुमटी पर चढ़कर विशाल और नयनाभिराम नेशनल पार्क में फलाँगते शशक और चौकड़ी भरते हिरनों को देखकर किलकते हैं। और झील के किनारे पिकनिक के जूठन और खाली डिब्बे छोड़ जाते हैं। इसलिए, अब इस कस्बे के निवासी हर परदेशी को 'चेंजर-बाबू' या 'पिकनिक-बाबू' मानकर यथोचित व्यवहार करना सीख गये हैं।

ऐसे सुन्दर स्थान और सुन्दर मौसम में सम्मिलित होने का ऐसा सुन्दरतम प्रस्ताव करके बिहार प्रादेशिक कांग्रेस के पदाधिकारियों ने निश्चय ही अपनी रस-मर्मज्ञता का परिचय दिया है। गुलमोहर, पलास, अमलतास, कचनार और

योजनगन्धा की ऊँची-ऊँची फुली-फुलायी फुनगियों पर शुक-पिक कूजन कई दिनों के लिए बन्द रहेगा; सिर्फ ध्वनिविस्तारक-यन्त्रों का राज छाया रहेगा।

लाख टके का काम—18-19 मई को हजारीबाग में बिहार प्रादेशिक कांग्रेस राजनीतिक सम्मेलन का नवाँ अधिवेशन दस वर्षों के बाद होगा। राज्य भर के जिला कांग्रेस कमेटियों के पदाधिकारी, प्रतिनिधि यहाँ आकर दो दिन का मेला लगायेंगे। प्राकृतिक वैभव से सम्पन्न इस क्षेत्र की राजनीतिक विशेषताएँ भी हैं। इसी नगर के पास 'रामगढ़ कांग्रेस' का अधिवेशन हुआ था। यहाँ जनता पार्टी के राजा रामगढ़ की विशाल गढ़ी है, झारखण्ड पार्टी का भी गढ़ यहीं है, मुख्यमन्त्री कृष्णबल्लभ सहाय का घर यहाँ है—और कांग्रेस की हालत यहीं बदतर है। अब तक के चुनावों में कांग्रेस को हजारीबाग क्षेत्र ने सब्जबाग ही दिखलाया है। अतएव हजारीबाग सम्मेलन का महत्त्व इस दृष्टि से भी आँका जायेगा। जैसी घड़ी में यह सम्मेलन हो रहा है, लोग उम्मीद करेंगे कि कांग्रेस राजनीतिक सम्मेलन में कुछ ऐसी बातें की जायेंगी जिससे लोगों में देश-प्रेम की भावना जागे।लेकिन वह सब नहीं होगा। सन्तुष्ट-असन्तुष्ट गुट का कोई बड़ा दंगल भी नहीं होगा। काम-में-काम—'लाख टके का काम'—एक ही बड़ा काम यह होगा कि इन्दिरा गाँधी इस सम्मेलन का उद्‌घाटन करेंगी और बिहार प्रदेश कांग्रेस के अध्यक्ष बिहार प्रदेश कांग्रेस कमेटी की ओर से एक लाख रुपये की थैली—नेहरू स्मारक कोष के लिए—उन्हें समर्पित करेंगे। और जब इन्दिरा गाँधी आ रही हैं तो महिला सम्मेलन कैसे नहीं होगा ? वह तो होगा ही, लगे हाथ युवकों की 'रैली' भी होगी। क्योंकि इन्दिरा गाँधी सूचना-प्रसारणमन्त्री हैं, सांस्कृतिक कार्यक्रम में आदिवासी नृत्य-गीतों की विशेष व्यवस्था अवश्य होगी, हालाँकि प्रबन्धकों ने कार्यक्रम में इसकी चर्चा नहीं की है।

एक सफल प्रयोग—बिहार प्रदेश के कांग्रेसियों की चतुराई की तारीफ करनी चाहिए। वे जानते थे कि पण्डित नेहरू के बाद ही देश से अचानक 'वीरपूजा' की भावना मिट नहीं जायेगी। नेहरू सदैव 'समाचार' रहे—उनकी एकमात्र और लायक सुपुत्री के लिए कम-से-कम बिहार में वही 'खुट्टा-तोड़-भीड़' उमड़ेगी। इसकी परीक्षा इसी वर्ष के प्रारम्भ में कर देखी गयी—दो-दो बार। एक बार मन्त्रीमण्डलीय गुट के बुलावे पर, दूसरी बार विक्षुब्ध-गुट के निमन्त्रण-रक्षार्थ ! दोनों बार दोनों गुटों के अगुआओं ने उनके समय का भरपूर सदुपयोग किया। सुबह पाँच बजे से रात डेढ़ बजे तक सभा, गोष्ठी, सेमिनार और सांस्कृतिक कार्यक्रमों में अथक, वह डटी रहीं—एक क्षण आराम किये बगैर।

पहली बार, एक ही दिन में समस्त उत्तर बिहार के प्रमुख स्थानों की सभाओं में दर्शन और भाषण देकर जब वह छः बजे पटना पहुँचीं, तो यहाँ 'गाँधी मैदान भर' जनता तीन बजे दिन से ही आकाश की ओर आँखें लगाये प्रतीक्षा कर रही थी। असंख्य नरमुण्डों के ऊपर, मंच पर अचानक नीली साड़ी में प्रकट हुई—चारों ओर घूम-घूमकर नमस्कार करती हुई इस महिला को दूर से ही देखकर—एक

देहाती-बूढ़ी फूट-फूटकर रो रही थी और कह रही थी–"एकर बप्पा रहतिएहल त एइसन 'रने-वने' काहे"–अर्थात् अहा ! आज बेचारी का बाप जीवित रहता तो यह इस तरह 'अरण्य-वन' में क्यों भटकती फिरती। उसी दिन दोपहर को फार्बिसगंज की सभा में–भारत तथा नेपाल की तराई के गाँवों के लोग रात से ही सभा-स्थल पर जमा होने लगे थे। गाँव खाली; खेती-मजदूरी, काम-धन्धा बिलकुल बन्द–बस, एक झलक देखने के लिए–बड़े बाप की बड़ी बेटी को !

उत्तर बिहार के बाद, इस बार दक्षिण बिहार पर भी यह प्रयोग सफल सिद्ध होगा, इसमें सन्देह नहीं लेकिन जैसा कि पहले ही कहा गया है–यहाँ के लोग हर 'परदेशी' को 'चेंजर' समझते हैं और उन पर कोई जादू नहीं चलता।

बेबसी की घड़ी–पण्डित नेहरू के जीवन में 'नेहरू की भीड़' से लाभ उठानेवाले कांग्रेसियों को उनके सामने मंच पर बकवास या बेवकूफी करने का मौका कम मिलता था। लेकिन, इन्दिरा गाँधी के सामने मूक भी वाचाल हो जाता है और आदमी 'माइक' पर कुछ बोलने जाता है तो गाना गाने लगता है। और मन-ही-मन विरक्त होकर भी इन्दिराजी को वह सहना पड़ता है जिसकी भनक पड़ते ही पण्डितजी तमककर कह बैठते थे, "आप··· आप आदमी हैं या भठियारे ?"

आशा है, इस सुहावने-सलोने मौसम और सुरम्य-अंचल के इस सम्मेलन की छाप से बिहार के कांग्रेसजनों के मन की असुन्दरता थोड़ी अवश्य कम होगी; संसर्ग का प्रभाव यदि कुछ पड़ता हो तो··· !

16 मई, 1965

सम्मेलन की झलकियाँ

छोटानागपुर की सड़कों के बारे में बोलते समय हर बिहारी, कवि बिहारीलाल बन जाता है, और 'अमिय हलाहल रस भरे' बैन बोलने लगता है–वह भाड़े की गाड़ी का चालक ही क्यों न हो !

ट्रक की पिछली पट्टी पर 'फिर मिलेंगे' लिखनेवाला कोई दिलदार जरूर रहा होगा। मगर मोटर-चालकों के स्वर्ग–छोटानागपुर पहाड़ी की घाटियाँ–में ज़रा-सी चूक पर स्वर्गधाम सवार-सहित गाड़ी के दरवाजे पर ज़ोर का धक्का मार सकती है। मगर हजारीबाग आते-जाते समय हर दिल वाले ड्राइवर का दिल 'घाटियों में घुमाव' के पहले ही एक बार अवश्य डोल जाता है–"सावधान ! सामने तीखे मोड़ हैं–बहुत-से तीखे मोड़।"

हजारीबाग कांग्रेस-राजनीतिक सम्मेलन की समाप्ति के बाद बिहार के प्रत्येक राजनीतिक दल के लोग यह अनुभव करने लगे हैं कि सामने घुमावदार रास्ता है और उनके दिल में एक 'हौल दिल' समा गया है। सभी सतर्कतापूर्वक गर्दन तानकर अपनी-अपनी गाड़ी चला रहे हैं। 'उतराई' पर यों ही रगों में तनाव आ जाता है। देह में गुदगुदी लगने लगती है। अनुभवी लोगों का कहना है कि रामगढ़ कांग्रेस के बाद भी ऐसा ही हुआ था—घुमावदार रास्तों से निकलकर अलग-अलग रास्ते !

बिहार प्रदेश कांग्रेस के प्रमुख पदाधिकारी हजारीबाग से 'डेरा-डंडा' तोड़ने के पहले स्थानीय निवासियों से 'कहा-सुना, भूल-चूक, लेनी-देनी' माफ करवाकर, चेहरे पर प्रसन्नता के मुखौटे लगाकर पटना लौट रहे हैं। भारतीय दल द्वारा एवरेस्ट-विजय संवाद को वे 'छोटानागपुर-विजय' का शुभ-संकेत कह रहे हैं। किंतु असंतुष्ट और 'मिलिटेंट' कांग्रेसियों ने इस 'चला-चली' की बेला में भी चिल्लाकर कह दिया—"सावधान ! बिहार कांग्रेस की गाड़ी जहन्नुम की ओर चली !'

इस सम्मेलन के द्वारा 'जयपाल-रामगढ़' को मुँहतोड़ जवाब देनेवाले मंत्रिमंडलीय-गुट के लोगों ने अपनी सामर्थ्य के अनुसार 'जयपाल-रामगढ़' को मुँह-तोड़ उत्तर दिया है—इस सम्मेलन के द्वारा। 'जयपाल-रामगढ़' मिलकर कहर ढायें, यह मिथ्या-भय उनके दिल में नहीं। संयुक्त समाजवादियों का विश्वास इस सम्मेलन के बाद और भी दृढ़ हो गया है कि अब झारखण्ड-वनवासियों के दिल आसानी से जीते जा सकते हैं। कोने-कोने से कांग्रेसी-राज को दूर करने को कटिबद्ध लोगों ने बिहार के नक्शे पर छोटानागपुर को लाल पेंसिल से घेर दिया है। नील-उत्ताल तरंगों की तरह फैली इन पहाड़ियों में सभी शक्ति लगा देने की कसम वे खा चुके हैं।

'झारखण्ड और जनता पार्टी का पुनर्जन्म हो गया है'—यह अफवाह नहीं !

सफल मनोरथ !—प्रबन्धकों ने जैसा चाहा था, भीड़ उससे बढ़कर उमड़ी। तीन-साढ़े तीन लाख लोगों ने इंदिरा गाँधी का दर्शन किया, भाषण सुना। तीन-साढ़े तीन लाख लोगों ने पड़ोसी राज्य की महिला मुख्यमंत्री को देखा। फिर अपने राज्य के मुख्यमंत्री को भारत के प्रधानमंत्री और कांग्रेस के अध्यक्ष में पूर्ण विश्वास प्रकट करते हुए 'बढ़ती हुई कीमतों और खाद्य-संकट से लड़ने' का पुरुष-संकल्प लेते देखा। हजारीबाग की पथरीली धरती अपने सफल-मनोरथ-सपूत कृष्णबल्लभ सहाय पर कई दिनों तक इतरायी। तमाशा खत्म होने के बाद हजारीबाग के निवासियों ने एक 'महा-वन-भोज' के सिवा और कुछ नहीं समझा।

बालिग लोग—हजारीबाग सम्मेलन में उत्तर प्रदेश और आसाम के मंत्रियों की उपस्थिति ने बंगाल के राजनेताओं की सम्पूर्ण अनुपस्थिति को अधिक उजागर कर दिया। पिछले कई वर्षों से कांग्रेस के 'भीतरी झगड़ों' की पंचायतों में बंगाल के सदैव नील-उपनेत्रधारी-समदर्शी, खेलकूद प्रिय-नेता पंच मुकर्रर होकर बिहार आते रहे हैं और हर बार बिहार के कुछ प्रमुख कांग्रेसियों को उनकी कुछ मुद्राओं

से ठेस लगी कि उन्हें अतुल्य घोषादि अब तक नाबालिग राजनीतिज्ञ समझते हैं। कांग्रेस हाईकमान को अब निश्चय ही विश्वास हो गया होगा कि बिहार के हर छोटे-बड़े मामलों में 'पंच' नियुक्त करते समय तनिक सोच-विचार लें कि उस व्यक्ति को बिहार से सच्ची सहानुभूति है या नहीं।

पंडितजी की एक झलक–उमड़ती हुई भीड़ को देखकर इस बार इंदिरा गाँधी के चेहरे पर भी वही पैतृक दमक खेल गयी, क्षणभर के लिए। जन-समुद्र में उठती लहरों पर अन्यथा शासन और रौब गालिब करने वाले प्रदेश के एक प्रमुख कांग्रेसी को उन्होंने ऐसे ही क्षण ठेलकर एक करते हुए कहा–'आप उन्हें क्यों रोक रहे हैं ? पहले आप चुप होइये, लोग खुद शान्त हो जायेंगे। आप बेवजह··· '

ऐसी सभाओं में पंडित नेहरू पहले स्वयंसेवकों को अपनी-अपनी जगह पर बैठ जाने के हुक्म देते थे।

अप्रकाशित। प्रथम बार 'सारिका', 1 अप्रैल, 1979 में प्रकाशित

दल के भीतर और बाहर

10 वर्षों के बाद बिहार प्रादेशिक कांग्रेस का नवाँ अधिवेशन हजारीबाग में बड़ी धूमधाम से सम्पन्न हो गया। जैसाकि 'दिनमान' ने पहले ही संकेत किया था, दक्षिणी बिहार के इस खूबसूरत नगर में केन्द्रीय सूचना-प्रसारण मन्त्री इन्दिरा गाँधी के आगमन ने एक नया जोश फूँका। देश-प्रेम और दायित्व की याद दिलानेवाले भाषण तो हुए ही, महिलाओं और युवकों की रैली भी हुई। हजारीबाग अपनी खूबसूरती के बावजूद कांग्रेसी आकर्षण से काफी दूर तक अलग रहा है। उसने मुख्यमन्त्री कृष्णबल्लभ सहाय को जन्म दिया लेकिन गहरा नाता झारखण्ड पार्टी से जोड़ रखा। प्रादेशिक अधिवेशन के लिए हजारीबाग का चुनाव करने का एक उद्देश्य यह भी था कि इस क्षेत्र में कांग्रेस की जो शक्ति क्षीण हो गयी है, वह फिर से वापस लायी जा सके।

देश का सवाल–उद्घाटन भाषण में श्रीमती इन्दिरा गाँधी ने कहा, "आज का युद्ध मैदानों तक सीमित न रहकर देश के कोने-कोने में फैल गया है। कल-कारखानों में, खेतों-मैदानों में, हर जगह हमें इस युद्ध का मुकाबला करना है।" अध्यक्षपद से बोलते हुए कृष्णबल्लभ सहाय ने कहा, "यह सच है कि अन्न का संकट है। लेकिन यह भी सच है कि किसानों की आमदनी बढ़ी है। मुनाफा अधिक लेने

के लिए उन्होंने गल्ला रोक रखा है। समाज के कुछ तत्त्व अभाव की स्थिति पैदा कर रहे हैं।" उन्होंने किसानों और मिल मालिकों से खाद्य-संकट को दूर करने की अपील करते हुए कहा, "यह देश का सवाल है, समाज का सवाल है। इसमें सभी लोगों को मदद करनी चाहिए।"

अभाव का प्रभाव–लेकिन कर्तव्य और नैतिकता के नाम पर सहयोग माँगनेवाले सहज-बुद्धि सहाय को भाषण देते वक्त शायद यह खयाल नहीं रहा कि उनके कुछ सहयोगी हजारीबाग से बाहर दूसरी तरह की योजनाएँ बनाने की कोशिश में व्यस्त हैं। अधिवेशन के दो ही दिन बाद पटना में बिहार के प्रमुख कांग्रेसी नेता और प्रदेश कांग्रेस के भूतपूर्व अध्यक्ष महामाया प्रसाद सिन्हा ने कहा, "अधिकारी और चोरबाजारी अपने कुकृत्यों से जनता को त्रस्त कर चुके हैं। कांग्रेसी सरकार को नशे की बनावटी नींद से जगाने और भ्रष्टाचारियों से लोहा लेने के लिए मैंने अपने पुराने कांग्रेसियों के साथ एक सशक्त जन आन्दोलन करने का निश्चय किया है।" बनावटी विपत्ति की आग ने भूखी जनता को क्रान्ति के लिए विवश कर दिया है। सरकार मूल्य-वृद्धि रोकने में असफल है, भ्रष्ट अफसरों और मुनाफ़ाखोरों द्वारा लूट का बाजार गर्म है और वह कुछ नहीं कर पा रही है।

खण्ड-खण्ड झारखण्ड–भूतपूर्व मुख्यमन्त्री विनोदानन्द झा के जमाने में जो झारखण्ड दल कांग्रेस में शामिल हो गया था उसमें भी अन्दरूनी फूट के संकेत मिलने लगे हैं। झा के वक्त में कांग्रेस में शामिल होने का पुरस्कार दल के एक नेता जयपाल सिंह को मिला था और वह मन्त्री बना दिये गये थे। इधर जब कृष्णबल्लभ सहाय ताक़त में आये तो जयपाल सिंह पद से मुक्त कर दिये गये और आदिवासियों का प्रतिनिधित्व करनेवाले एक दूसरे नेता एस. के. बागे को उनकी जगह पर नियुक्त कर दिया गया। इस घटना ने झारखण्ड दल को ही गुटों में विभक्त कर दिया। झारखण्ड दल के 20 विधायकों में से 12 ने पिछले दिनों राँची में निश्चय किया कि यदि जयपाल सिंह कांग्रेस से अपना सम्बन्ध तोड़ लें तो वे उनका पूरा समर्थन करेंगे। बागे को सहाय का कट्टर समर्थक भी माना जाता है। झारखण्ड दल के असन्तुष्ट गुट की शिकायत है कि कांग्रेस ने वादे करके भी आदिवासियों के सामाजिक-आर्थिक विकास के लिए कोई उल्लेखनीय काम नहीं किया। सरकार और संगठन में भी उन्हें उचित प्रतिनिधित्व नहीं दिया गया। मुख्यमन्त्री के साथ-ही-साथ बागे भी असन्तुष्ट गुट की शिकायतों को गलत घोषित करते हैं। इस प्रकार झारखण्ड दल में आपस में ही एक दरार पैदा हो गयी है–दल के भीतर ही एक नया दल। कांग्रेस से उनका अलग होना उन्हें और भी कमज़ोर बनायेगा और तब सम्भव है कि उसमें से कुछ लोग स्वतन्त्र दल में चले जायें।

30 मई, 1965

प्रलयंकारी विस्फोट

आँसू धीरे-धीरे सूख रहे हैं। बिहार के मुख्यमन्त्री सहाय, प्रधानमन्त्री शास्त्री और विभिन्न संस्थाओं ने दुःखी परिवारों की सहायता में तत्परता दिखायी है। धोरी कोयला खान के पिछले 60 वर्षों के इतिहास में ऐसी दुर्घटना पहले कभी नहीं हुई थी। यह भयानक विस्फोट भारत का सबसे बड़ा और विश्व का तीसरा बड़ा विस्फोट है, जिसमें ढाई सौ से ऊपर मज़दूर मौत के शिकार हुए। खान के इर्द-गिर्द का मीलों का आकाश, कई दिनों तक धुएँ और गैस में लिपटा रहा। सहायता करनेवालों के चेहरों पर पीड़ा, मज़दूरों के परिचितों और आश्रितों का चीत्कार, तरह-तरह की शंकाएँ, तरह-तरह की बातें।

विस्फोट का कारण–धोरी खान में पिछले छः हफ्तों से जो हड़ताल चल रही थी, वह विस्फोट से सिर्फ 5 दिन पहले केन्द्रीय सरकार के हस्तक्षेप से समाप्त हुई थी। ऊपरी तौर पर मज़दूर असन्तुष्ट नहीं थे लेकिन–क्योंकि इन क्षेत्रों में मज़दूरों के नेतृत्व का भी एक अंश वामपन्थी कम्युनिस्टों के हाथों में है, शंका इस बात की भी हो सकती है कि इस विस्फोट के पीछे उनका हाथ रहा होगा। भारत की आन्तरिक व्यवस्था को नष्ट करने की दृष्टि से इस तरह के काम पहले भी हुए हैं। राँची कारखाने की दुर्घटना और असम में रेलवे-लाइन की फिश प्लेट हटाने की शृंखला में यह भी एक कड़ी हो सकती है। अखिल भारत ट्रेड यूनियन कांग्रेस के महासचिव डाँगे ने जो वक्तव्य दिया है, उसके अनुसार विस्फोट का कारण खान में सुरक्षा-व्यवस्था की कमी है। बोकारो रामगढ़ कोल कम्पनी के निदेशक का कहना है कि इस दुर्घटना के पीछे कोई-न-कोई षड्यन्त्र जरूर है। उनके अनुसार इस खान में इसके पहले कोई दुर्घटना नहीं घटी, वरन् उसे हर वर्ष भारत सरकार का प्रमाणपत्र मिलता रहा है। विस्फोट खान के भीतर गैस में आग लग जाने के कारण हो सकता है लेकिन इसकी आशंका यों समाप्त हो जाती है कि प्रबन्ध-निदेशक के अनुसार इस क्षेत्र की खानें गैसवाली नहीं हैं। ऐसी स्थिति में, जबकि विस्फोट का कारण सुरक्षा-व्यवस्था की खामी न हो, यही सम्भावना बच रहती है कि इस दुर्घटना के पीछे किसी का हाथ रहा हो।

जाँच–भारत सरकार ने परिस्थितियों की जाँच का आदेश दे दिया है। राष्ट्रीय खनिक मजदूर संघ ने माँग की है कि दुर्घटना की न्यायिक जाँच हो। ऐसी दुर्घटना के लिए जिसके पीछे तरह-तरह की आशंकाएँ हों, यह जरूरी है कि जाँच न्यायिक-स्तर पर ही करायी जाये। इससे तथ्यों का सही-सही पता चल सकेगा और तब इस दिशा में उचित कार्रवाई की जा सकेगी।

6 जून, 1965

भूखभूखभूखभूः

उपज अच्छी होने के बावजूद इस बार अप्रैल-मई में ही सारे बिहार से 'अन्नपूर्णा' अन्तर्ध्यान हो गयीं। कहीं एक चुटकी न चावल है न गेहूँ। लू की लपट में सारे प्रदेश की हरियाली झुलस रही है। भूख की ज्वाला में लाखों लोग जल रहे हैं। जिन जिलों को धान-चावल का भण्डार कहा जाता था—वहाँ के गाँवों में कई सप्ताह से चूल्हे नहीं सुलग रहे हैं। कच्चे आम, कटहल, जंगली कन्द और करमी का साग भी अब मयस्सर नहीं। भूखों की बिलबिलाती टोलियाँ कस्बों और शहरों की ओर बढ़ रही हैं।

बिहार के खाद्यमन्त्री मुँगेरी लाल को इस पर काफी चिन्ता और अचरज हुआ है इसमें सन्देह नहीं। वे लोगों को इस अन्न-संकट के कारण बतलाते फिरते हैं। भूखी जनता से हमदर्दी दिखलाकर बातें करते हैं लेकिन बातों से पेट भरने की कला में प्रवीण लोगों को इस बार ज्ञात हो जायेगा कि भूखे लोगों को सत्संग और भजन नहीं—सचमुच अन्न चाहिए। और, भूख से दम तोड़ते हुए लोगों को यह पता है कि हाल ही में हजारीबाग में 'खा-पीकर अघाये' हुए लोगों ने 'विशाल अन्नध्वंस यज्ञ' सम्पन्न किया है।

नकली संकट, असली भूख—बिहार से नेपाल तथा अन्य सीमावर्ती राज्यों को चोरी-छिपे चावल भेजा जाना; केन्द्रीय सरकार द्वारा अपर्याप्त आपूर्ति; बड़े किसानों द्वारा गल्ला रोका जाना—कारण एक हो या सभी हों, यह 'संकट' बिहार को विप्लव के द्वार पर ले आया है। यह 'विपत्ति' बनावटी हो या असली, भूख नकली नहीं। सम्भव है इन पंक्तियों के छपते-छपते 'भुखमरी' की खबरें स्थानीय पत्रों में छपनी शुरू हो जायें। किन्तु, सरकारी विज्ञप्तियों में उन खबरों को निराधार बताकर, 'खण्डन' प्रकाशित करवाकर, खा-पीकर सोनेवाले इस बार सुख की नींद नहीं सो पायेंगे।

वादा-पूर्त्ति--पिछले साल बिहार विधानसभा में एक दिन कई विधायकों ने खाद्यमन्त्री को सूचित किया कि वे जिस सरकारी गल्ले की दुकान से चावल-गेहूँ खरीदते हैं उसमें कई दिनों से एक दाना नहीं। खाद्यमन्त्री ने तुरन्त उठकर प्रतिज्ञा की—"कल सुबह दस बजे के पहले आपको उस दुकान में गल्ला नहीं मिले तो निश्चय ही पद को त्याग दूँगा। और, दूसरे दिन तड़के लोगों ने देखा कि खुद खाद्यमन्त्री महोदय अपनी नयी गाड़ी पर गल्ले की दो पुरानी बोरियाँ लादकर उस दुकान पर पहुँचा रहे हैं। जनता के प्रतिनिधियों ने जय-जयकार करने के बदले उस समय दुत्कारा नहीं होता तो इस 'महाकाल' के प्रथम प्रहर में वैसा ही कोई 'नाटक' दिखलाने से वे बाज नहीं आते। क्योंकि उनको इस 'मूल मन्त्र' पर बहुत विश्वास है—'नाचे-कूदे तोड़े तान, वाको दुनिया राखे मान।' शायद, उन्हें इस बार

'मान' बचने के लक्षण नहीं दिखलायी पड़ते।

हजारीबाग सम्मेलन में मुख्यमन्त्री ने अन्न-संकट से जूझने की प्रतिज्ञा की, न कि भुखमरों से सशस्त्र-मुकाबला करने की। बिहार की भूखी जनता को अब भी भरोसा है कि कृष्णबल्लभ सहाय भूखों को अन्न ही देंगे—लाठी-गोली नहीं।

6 जून, 1965

बन्ध और निर्बन्ध

रेल की पटरियाँ उखाड़कर, पेट्रोल और डीजल की टंकियों में आग लगाकर, टेलीफोन के तार काटकर, डाकघरों पर हमला बोलकर और सरकारी इमारतों से राष्ट्रीय ध्वज को उतारकर जिन लोगों ने विरोध-प्रदर्शन की योजना को नियन्त्रण से बाहर चले जानेवाले हिंसात्मक आन्दोलन का रूप दे दिया, उनके उद्देश्यों की उससे पूर्ति तो नहीं ही हुई, समाजवादियों की 'सस्ती लाने' की मुराद भी पूरी नहीं हुई। आन्दोलन का स्पष्ट कारण कच्छ-सीमा समझौते का विरोध, अनाज की कमी, और चोर-बाजारी तथा छात्रों की बढ़ी हुई फीस भले ही रहा हो और छात्रों तथा नेताओं ने भी मात्र विरोध के इरादे से ऐसा किया हो लेकिन जनभावना को उस ओर से हटाकर अपनी मुट्ठी में कर लेने तथा परिस्थिति को अराजकता की सीमा तक पहुँचा देने का बृहत्तर श्रेय वामपन्थियों और पाकपरस्तों को था। आन्दोलन शान्त हो गया है। मुख्यमन्त्री कृष्णबल्लभ सहाय और 50 संसद-सदस्यों ने एक बार फिर प्रधानमन्त्री शास्त्री से भेंट की है और उनसे आग्रह किया है कि केन्द्र के सुरक्षित भण्डार से बिहार के लिए अनाज की व्यवस्था की जाये।

वास्तविकता और सरकार—जाहिर है कि छात्र-वर्ग या आन्दोलनकारी नेता—किसी का भी यह उद्देश्य नहीं था कि वह प्रदेश में ऐसी अशान्ति भड़का दें जिसमें जनता या सरकार असाधारण स्थितियों की शिकार हो जाये और प्रदेश में बदअमली फैल जाये। उनका उद्देश्य मात्र विरोध था—हाँ, उस विरोध को प्रभावशाली जरूर बनाना चाहते थे। डॉ. लोहिया ने अपने भाषण में छात्रों से भी आग्रह किया था कि वे शान्तिपूर्ण ढंग से ही प्रदर्शन करें। प्रदेश सरकार की कमजोरियों से इन्कार नहीं किया जा सकता। वह जनता का उचित हित-चिन्तन कर पाने में बुरी तरह असफल रही है। बाढ़ से लेकर भूख तक—तरह-तरह से परेशान जनता उस सरकार को सहती रही है लेकिन शान्तिपूर्ण आन्दोलन को क्रान्तिकारी-विद्रोही दृश्य में बदलने के लिए जो तरीके अपनाये गये उनसे विरोध-प्रदर्शन की जगह पर किसी भयानक

सुनियोजित षड्यन्त्र की ही पुष्टि होती है। जाँच से भी ऐसे ही तथ्य सामने आये हैं कि इसके पीछे पाकपरस्तों और वामपन्थियों का ही हाथ रहा है। सरकार की जिम्मेदारी जन-कष्ट-निवारण की तो है ही, बिगड़ी हुई परिस्थितियों को ठीक करने की भी है। पूरे-के-पूरे प्रदेश में एक किनारे से दूसरे किनारे तक आन्दोलन का एक ही तरह का रूप लेना राष्ट्र-द्रोही षड्यन्त्रों की ही पुष्टि करता है। घटना के बाद ही कई पक्षों से पुलिस-गोली चालन की न्यायिक जाँच की माँग की गयी। मुख्यमन्त्री ने पुलिस कार्रवाई को उचित ठहराया था। लेकिन उस तरह की जाँच से अधिक आवश्यक है, ऐसे तत्त्वों की जाँच जो पीकिंग या पाकिस्तान के प्रभाव में राष्ट्र के भाग्य से खुलेआम जुआ खेल रहे हैं।

गुप्त हाथ–घटना के सम्बन्ध में सर्वोदय नेता जयप्रकाश ने कहा, "मुझे शंका है। कुछ गुप्त हाथ घटनाओं के सूत्रधार थे। कुछ गुण्डे भी शामिल हो गये थे।" प्रजा समाजवादी नेता बसावन सिंह ने कहा, "भिन्न-भिन्न जिलों में तोड़-फोड़ की एक ही तरह की घटनाओं से स्पष्ट हो जाता है कि इनका सूत्र एक ही प्रकार के संगठन के हाथ में था। इनसे पता चलता है कि वाम तथा दक्षिणपन्थी कम्युनिस्ट देश में छापामारी और गृह युद्ध कराने की तैयारी कर रहे हैं।" पटना के स्थानीय पत्र 'इण्डियन नेशन', 'प्रदीप' और 'आर्यावर्त' ने भी घटनाओं का विश्लेषण करते हुए यही निष्कर्ष निकाला है कि खाद्यान्नों की महँगाई और फीस की वृद्धि का विरोध करनेवाले लोग इतने उत्तेजित नहीं हो सकते कि सरकार का तख्ता सीधे-सीधे उलटना चाहें और कानून अपने हाथ में ले लें। 'सर्च-लाइट' ने भी यह स्वीकार किया है कि स्थिति–छात्रों, नेताओं से अलग विध्वंसकों के अधिकार में आ गयी थी।

पाक-परस्ती–जिन लोगों ने 'अंजुमन इस्लामिया हॉल' की सभा में उपद्रव किया, उन्हीं में से कुछ लोग इन ध्वंसात्मक कार्यों का भी नेतृत्व करते हुए पाये गये थे। इस तरह की भी सूचना मिली थी कि कांग्रेसी-मुस्लिम-सम्मेलन को ध्वस्त करने के लिए जो गैर-बिहारी तत्त्व बाहर से पटना आये थे, उन्होंने भी इन घटनाओं में खुलकर हिस्सा लिया। यों तो उर्दू की आड़ में पूरे देश में एक सरकार-विरोधी साम्प्रदायिक आन्दोलन अपनी जड़ें जमाने में सक्रिय है लेकिन बिहार में इसका खास जमाव है। डॉ. सैयद महमूद की अध्यक्षता में पहले भी एक सम्मेलन हुआ था जिसमें सरकारी नीति के प्रति असन्तोष व्यक्त करते हुए कुछ प्रस्ताव पास किये गये थे और कुछ धमकियाँ दी गयी थीं। इधर जब कांग्रेस-मुस्लिम-सम्मेलन का समारम्भ हुआ, तो उसे भी असफल बनाने की चेष्टा की गयी। अंजुमन इस्लामिया हॉल के दरवाजों से उपद्रवी भीतर घुस गये। कुछ प्रतिनिधियों को पीटा गया और राष्ट्रवादी मुसलमानों को बुरा-भला कहा गया। मुख्यमन्त्री की कार पर ईंटें बरसायी गयीं और अब्दुल क़य्यूम अंसारी की जान लेने की कोशिश की गयी।

पाकिस्तानी घोंसले–कांग्रेसी तथा गैर-कांग्रेसी मुसलमानों के सम्मेलन में प्रदेश के स्वास्थ्यमन्त्री अब्दुल क़य्यूम अंसारी ने कहा, "उन सभी पाकिस्तानी घोंसलों

को नष्ट करना होगा जिनका विस्तार बिहार-मन्त्रिमण्डल तक है।" एक पाक-समर्थक ने लिखित प्रश्न किया, "तुम पाकिस्तान की शिकायत करते हो, इसीलिए खुदा ने मोटर दुर्घटना कराकर तुम्हारा हाथ तुड़वा दिया।" अंसारी ने उत्तर देते हुए कहा, "यह खुदा की नाराजी का ही सबूत है कि पाकिस्तान का निर्माण करानेवाले जिन्ना के मुँह में सांघातिक कैंसर हो गया था।" उन्होंने जोर देकर यह बात दुहरायी कि प्रदेश में साम्प्रदायिक तत्त्व तेजी से सक्रिय हो रहे हैं और मुसलमानों को राष्ट्र के प्रति वफादार नहीं होने दे रहे हैं। इन्हें तत्काल खत्म करने का प्रयत्न करना चाहिए।

अन्य प्रदेशों की तरह बिहार में भी किसी जमाने के कट्टर लीगी खद्दरधारी कांग्रेसियों के रूप में विद्यमान् हैं। वे राष्ट्र का हित न सोचकर राष्ट्रवादी मुसलमानों को भी बहकाने और बरगलाने की कोशिश चोरी-छिपे करते हैं। पटनाबन्ध आन्दोलन के परिणामों को समाजवादी नेताओं और छात्रों की माँग से अलग, इन राष्ट्रद्रोही तत्त्वों के ही सन्दर्भ में देखने की अधिक आवश्यकता है।

27 अगस्त, 1965

ग्रामदान का तूफ़ान

'युद्धस्व विगतज्वर'–विनोबा ने यह पुराना नारा नये सन्दर्भ में, शिवनगरी वाराणसी के उस अंचल से दिया है, जहाँ सर्व-सेवा-संघ के प्रतिश्रुत 'शान्ति-सैनिक' अब तक 'ओ, वरुणा की शान्त कछार' शीर्षक 'प्रसाद'-गीत गुनगुनाने में अपनी साधना की सार्थकता समझते रहे हैं।

आह्वान–पिछले सप्ताह वाराणसी में आयोजित सर्वोदय कार्यकर्ताओं के विशेष सम्मेलन में वर्तमान पाकिस्तानी हमले का जिक्र करते हुए विनोबा ने राष्ट्र का स्पष्ट आह्वान किया कि वह बिना किसी द्वेष-भाव के पाकिस्तान की आक्रामक कार्रवाई का डटकर मुकाबला करे। उन्होंने यह भी स्पष्ट घोषित किया कि शान्ति की कामना और उसके लिए उनके सत्प्रयास का यह कभी मतलब नहीं होता कि वे पाकिस्तानी प्रेजिडेण्ट की 'उत्तेजनात्मक आक्रामक हरकतों' को नजर-अन्दाज कर दें।

11 सितम्बर, 1965 से लगातार छः महीने तक बिहार में चलनेवाले ग्रामदान के 'तूफ़ान' के लिए उचित राष्ट्रीय भूमिका प्रस्तुत की है, विनोबा ने अपने इस वाराणसी वक्तव्य से। बिहार में विनोबा के आतिथेय और प्रमुख 'शान्ति-सैनिक' जयप्रकाश नारायण ने भी वर्तमान पाकिस्तानी हमले की तुरन्त भर्त्सना कर, भूदान

और ग्रामदान आन्दोलनों के प्रति राष्ट्र-मानस में एक नयी श्रद्धा जगायी है।

अगर बापू के 'ग्राम-स्वराज्य' की भूमिका 'ग्रामदान' प्रस्तुत करता है, तो विनोबा के 'जय जगत्' की अवतारणा के लिए 'जय-राष्ट्र' और 'जय लोकतन्त्र' की सार्थकता समझना जरूरी है। समस्त राष्ट्रों, खासकर पड़ोसी राष्ट्रों के साथ मैत्री और शान्ति के सम्बन्ध बनाये रखने की सारी कोशिश करते हुए हमें गाँवों के 'बहुजन' को राष्ट्र की सुरक्षा और लोकशाही की हिफाजत के लिए भी सन्नद्ध बनाना है।

सर्वोदय-विचारक श्री धीरेन्द्र मजूमदार ने इन्दौर में 'महाराष्ट्र साहित्य सभा' की विशेष गोष्ठी में (30 जून) बाहरी हमलों की चुनौती के सन्दर्भ में दो टूक बात रखी थी–

"चाहे देश अहिंसा को माने या न माने, देश की सुरक्षा के व्यावहारिक कार्यक्रम के तौर पर शान्ति सेना, विकेन्द्रित कार्य-रचना (खादी-ग्रामोद्योग) तथा ग्रामदान के त्रिविध कार्यक्रम को अपनाना ही होगा। इसी में आज की संकटपूर्ण समस्याओं का हल निहित है।"

नयी दिशा–सर्वोदय-हल में हमारी पूरी आस्था हो या न हो लेकिन राष्ट्रीय सुरक्षा और गाँवों में बसनेवाली बहुसंख्यक जनता के सर्वतोमुखी विकास के लिए, विनोबा के नेतृत्व में चलनेवाला 'ग्रामदान का तूफ़ान' हमें सोचने की नयी दिशा देता है।

स्वराज और शक्ति–लगभग छः महीने पहिले अपने पवनार आश्रम के 'ब्रह्मविद्या मन्दिर' में दिये गये एक प्रवचन में आचार्य विनोबा ने साफ-साफ कह दिया था–

"आपको ग्रामदान इसलिए करना है कि वह ग्राम-स्वराज की बुनियाद है और उसके बिना हिन्दुस्तान नहीं टिकेगा। उसके बिना भारत में जन-शक्ति भी नहीं आयेगी।"

सुरक्षा के किले गाँव-गाँव में बनाने के लिए और अजेय लोकतन्त्र की जड़ें गाँव-गाँव में मजबूती से जमाने के लिए श्री जयप्रकाश नारायण ने पिछले चन्द महीनों में बिहार के कोने-कोने में जाकर यह समझाने का प्रयास किया है कि "बापू के नमक-सत्याग्रह आदि छोटे दीखनेवाले कार्यक्रमों में जो महान् शक्ति अव्यक्त रूप से रहती थी, वही शक्ति विनोबाजी के आन्दोलन में निहित है। यह जनशक्ति जगाने का, लोकतन्त्र को मजबूत बनाने का और ग़रीबी, बेकारी, भ्रष्टाचार को मिटाने का कार्यक्रम है।"

'त्रिविध कार्यक्रम' (ग्रामदान, शान्ति-सेना और खादी-ग्रामोद्योग) की तुलना बम्बई के पास की 'हाथी-गुफा' (एलिफाण्टा) से करते हुए कल के समाजवादी और आज के सर्वोदयी नेता जयप्रकाश ने अपनी हाल में प्रकाशित एक पुस्तक 'ग्रामदान और उसकी समस्याएँ' में 'त्रिमूर्ति' के सृजनात्मक महत्त्व पर जोर देते हुए लिखा है–

"दुनिया में यह शिल्पकृति शायद सबसे श्रेष्ठ मानी जायेगी। उसमें जो शक्ति है, जो कला है, वह अद्वितीय है। इस त्रिविध कार्यक्रम के अन्दर यह विचार और भावना भरी हुई है।"

पता नहीं सर्वोदय-कार्यक्रम की 'त्रिमूर्ति' बम्बई के गुफा-द्वीप 'त्रिमूर्ति' की तरह मुख्यतया विदेशी सैलानियों के लिए आकर्षण-बिन्दुमात्र होकर रह जायेगी या नयी समाज-संरचना का प्रेरणा-स्रोत बनेगी।

एकनिष्ठ 'बाबा-भक्ति' और 'मूर्ति-पूजा' की परम्पराओं के बावजूद इधर सर्वोदय-विचारक और कार्यकर्त्ता नये समाज के निर्माण के लिए आवश्यक 'व्यूह-रचना' पर सामूहिक विचार-विमर्श करने लगे हैं।

जयप्रकाशजी के सीधे-सादे शब्दों में–

"अगर ग्राम-दान हो जाता है, तो फलाने महतो का, फलाने शर्मा का नाम कटकर गाँव का एक नाम रह जाता है। सबका नाम कट गया, ग्राम का एक खाता बन गया। सारी जमीन गाँव-सभा के नाम से हो गयी। देखिए, रवेन्यू विभाग का काम कितना आसान हो जाता है।"

सुलभ ग्रामदान–पहले का 'ग्रामदान' वस्तुतः सम्पूर्ण सम्पत्तिदान था। पर आज प्रचलित 'सुलभ ग्रामदान' में चार बातें मुख्य हैं–

1. गाँव में गाँव-सभा बनती है।
2. जितने भूमिवान् हैं, वे अपना स्वामित्व, भूमि-स्वामित्व, जमीन की मालिकी गाँव-सभा को अर्पित करते हैं।
3. जितने भूमिवान् हैं, वे सब अपनी जमीन का बीसवाँ हिस्सा, अपने गाँव के भूमिहीनों के लिए गाँव-सभा को अर्पित करते हैं।
4. खेतों में जो अनाज पैदा होता है और जो लोग मज़दूरी से कमाते हैं, व्यापार से कमाते हैं, नौकरी वगैरह से कमाते हैं, वे तथा जो अनाज पैदा करते हैं, वे मन में एक सेर, जैसा भी गाँव-सभा निर्णय करे, गाँव के कोष में इकट्ठा करें फसल के बाद। जिनकी कमाई नकदी में होती है, वे तीन दिन की कमाई में से एक दिन की; गरीब हैं तो साठ दिन की कमाई में से एक दिन की कमाई दें लेकिन नियमित रूप से दें। यह सारा गाँव के कोष में जमा होता जाय। इस तरह हर गाँव का अपना एक भण्डार बन जाय।

ग्रामदान की इस सुलभ व्यवस्था से जमीन के बीसवें हिस्से का ही पूर्ण त्याग करना पड़ता है। बाकी जमीन गाँव-सभा के स्वामित्व के बावजूद वर्तमान भूमिवान की ही जोत में रहेगी। उपज का चालीसवाँ हिस्सा वह गाँव-कोष में उसी प्रकार देगा, जैसे जमीन का बीसवाँ अंश वह भूमिहीनों के लिए देता है।

इस व्यवस्था को संवैधानिक रूप देने के लिए, बिहार ग्रामदान विधेयक का एक प्रारूप प्रादेशिक विधानसभा के पिछले अधिवेशन के समय प्रसारित किया गया था। प्रस्तावित विधेयक में यह भी व्यवस्था है कि 'समुदाय का सम्मिलित एवं व्यक्तिगत हित तथा ग्राम-सभा के सदस्यों के कल्याण की दृष्टि से ग्राम-सभा लोक-कार्य का प्रबन्ध करेगी।' लोक-कार्यों में ग्रामीण तथा लघु उद्योग की योजना भी सम्मिलित होगी, जिसके लिए स्थानीय साधनों और मानव-शक्ति के अधिकतम

उपयोग के साथ ग्राम-सभा सरकार या अन्य संस्थान से अनुदान, दान या कर्ज प्राप्त कर सकती है। हाँ, ग्रामदानी गाँव की किसी भी जमीन की खरीद-बिक्री गाँव-सभा के आदेश से ही, उसी गाँव के अन्दर हो सकेगी।

यह सारी नयी व्यवस्था निहित स्वार्थों के एकाधिपत्य पर आघात करेगी। सबसे ज्यादा तिलमिलाये हैं गाँव के 'महाजन', जो कर्ज देते-देते, सूद में जमीन भी हड़प लिया करते थे।

होरी का विषाद—प्रेमचन्द का 'होरी' बिहार के अनेक गाँवों में आज भी कर्ज से लदा है। ग्रामदान हो जाने पर महाजनों को मनमाना सूद वसूलने में दिक्कत होगी। इसलिए वे इस आन्दोलन को विफल करने के लिए कई तरह के हथकण्डे अपना रहे हैं। इनमें से एक हथकण्डा यह भी है कि 'ग्राम-कोष' की कल्पना को निरर्थक बताया जाय और ग्रामोद्योग को पनपने न दिया जाये।

मुंगेर जिले में बराई गाँव जब ग्रामदान में मिला, तब स्वयं जयप्रकाश जी उसका गुणगान करते नहीं अघाते थे। उस गाँव के लोगों ने 'प्रमादग्रस्त' बी. डी. ओ. (प्रखण्ड विकास पदाधिकारी) को जबरदस्ती गाँव के तालाब में मछली मरवाने के लिए 'दण्डित' किया। गाँव-सभा ने उस अधिकारी से माफी मँगवायी और पैसा भी वसूल किया। उस गाँव में गाँव-कोष का निर्माण हुआ। पर कुछ महाजनों और संकीर्ण व्यापारिक वर्गों के षड्यन्त्र से 'धानकुटाई' के सहकारी ग्रामीण उद्योग में उस गाँव को लगभग बीस हजार रुपये का घाटा हुआ।

'दिनमान' के विशेष प्रतिनिधि से बात करते हुए बिहार सर्वोदय मण्डल के एक तरुण कार्यकर्त्ता ने स्वाभाविक 'विषाद' के साथ यह कहा कि "लगता है, बराई क्षेत्र में धान कूटनेवाली ढेकियाँ बन्द हो जायेंगी।' प्रतिस्पर्द्धा भी गाँवों के इस पुराने उद्योग में बाधक है। समाज के बजाय शासन ही इस सम्बन्ध में उचित सन्तुलन कायम कर सकता है।

ग्रामदान हो जाने पर अफसरों को घूस मिलने में स्वभावतः दिक्कत होती है। इस नाराजी को वे कई तरीकों से व्यक्त करते हैं। संथाल परगना जिले में एक ग्रामदानी गाँव है—'तुरुक डीहा'। इस गाँव में 'अभाव के विरुद्ध अभियान' (वार ऑन वांट) नामक 'क्वेकर' आन्दोलन के अन्तर्गत आर्थिक सहायता दी गयी। उस रुपये से ग्राम-सभा ने पूरे गाँव में सिंचाई की नयी सुविधा के लिए एक बाँध की योजना बनायी पर दो-तीन साल बीत जाने पर भी बाँध-निर्माण के लिए आवश्यक आर्थिक मदद प्रखण्ड विकास पदाधिकारी से नहीं मिल पायी। वरिष्ठ सर्वोदयी नेता श्री रामकृष्ण पाटिल (मध्यप्रदेश के भूतपूर्व मंत्री) ने वहाँ जाकर उस अधिकारी को समझाया, पर कोई असर नहीं हुआ।

जब तक दया, करुणा और प्रेम की दुहाई देने के साथ, सर्वोदयी कार्यकर्त्ता अन्याय और उत्पीड़न के खिलाफ शान्तिपूर्ण सामूहिक प्रतिरोध की भावना नहीं जगायेंगे, तब तक सच्चा 'ग्राम-स्वराज्य' दूर का तारा बना रहेगा।

लक्ष्य—विनोबा ने छः महीने के अन्दर बिहार के लगभग सत्तर हजार गाँवों

में से दस हजार गाँव ग्रामदान में हासिल करने का मंसूबा बाँध रखा है। गाँव-गाँव पैदल न जाकर, इस बार वे मोटर गाड़ी की तेज रफ्तार से सारे बिहार में ग्रामदान का तूफ़ान उठाना चाहते हैं।

विनोबा का बड़ा लक्ष्यांक पूरा होगा या नहीं–यह कहना कठिन है। सितम्बर, 1963 तक सारे भारत में कुल 5794 ग्रामदान हो चुके थे। तीन महीने पहले प्राप्त विवरण के मुताबिक सारे देश में ग्रामदानी गाँवों की संख्या कुल 7319 तक पहुँच पायी थी।

प्रगति में तेजी इधर जरूर आयी है–खासतौर से बिहार में। इस बार 'एक बाबा' और 'एक नेता' के सहारे टिके रहने के बजाय सर्वोदयी कार्यकर्त्ता बिहार के ज्यादा-से-ज्यादा गाँवों में घूम-घूमकर काफी पहले से 'ग्रामदान के तूफ़ान' का वातावरण तैयार कर रहे हैं।

जीवन-दर्शन–लेकिन इन कार्यकर्त्ताओं को आज से चौदह साल पहले तेलंगाना में प्रतिपादित विनोबा के साम्ययोग दर्शन को भी अपने मानस में सदा जागृत रखना चाहिए। 22 अप्रैल, 1951 को साम्यवादी हिंसा के गढ़ में प्रतिपादित उस विनोबा-दर्शन की तीन आधारशिलाएँ थीं–

1. समाज में किसी भी सत्ता का शासन हो। सद्विचार का अनुशासन हो।
2. व्यक्ति की सब शक्तियाँ समाज को अर्पित हों। समाज की ओर से व्यक्ति को विकास के अवसर प्राप्त हों।
3. ईमानदारी से शक्ति के अनुरूप की गयी सब तरह की सेवाओं का नैतिक, सामाजिक और आर्थिक मूल्य समान माना जाये।"

आज यह आदर्श जीवन-दर्शन कार्यरूप में परिणत हो सके या नहीं, पर साम्यवाद या अधिनायकवाद की निरंकुश अतिवादिता का प्रत्युत्तर ऐसे ही जीवन-दर्शन में निहित है। अपने देश में लोकशाही की रक्षा और सृजनात्मक लोकशक्ति के विकास के लिए भी इस जीवन-दर्शन की आवश्यकता है।

17 सितम्बर, 1965

एक पाकशाला में एक पाक-नापाक बूचड़

शिविर के आखिरी दिन 'बड़ा खाना' यानी 'महाभोज' का आयोजन किया गया है। एन. सी. सी. (राष्ट्रीय सैन्य शिक्षा), नैवेल विंग (नौसेना-अंग) के 600 सैन्य विद्यार्थियों के चेहरों पर (हिन्दू, मुस्लिम, सिख, ईसाई) एक ही मात्रा में हँसी-खुशी

खेल रही है। हर तरफ 'उजले-नीले' रंग का राज–उत्साह का उमड़ता समुद्र और रह-रहकर हँसी की लहरें आती हैं। हवा में, 'लंगर' से उठती हुई जाफरानी गन्ध दूर तक छा गयी है। शिविर का हर कोना सरगर्म है। चारों ओर कार्य-व्यस्तता!

ऐसे माहौल में एक अधपगला-जैसा नौजवान लंगर, अर्थात् शिविर की पाकशाला में अपने किसी जान-पहचान के आदमी को खोजता हुआ दाखिल होता है। हर बावर्ची से 'सलाम-दुआ' करके हेल-मेल बढ़ाने की कोशिश करता है और उनके काम में बगैर कहे ही हाथ बँटाने लग जाता है। काम में मगन लोग अपने-अपने काम में मगन रहे किन्तु कुछ ही क्षण के बाद एक कोने में बैठे किसी तेज व्यक्ति को दाल में कुछ काला नजर आया। उसने उस अधपगले खिदमतगार से कुछ सवाल किये तो अजनबी ने अपने किसी नामी खालू के नाम पर खेल जाने की कोशिश की। उसकी तलाशी ली गयी। एक पाकेट से भुने हुए मुर्ग़ का एक टुकड़ा निकला। लोगों ने सोचा–चटोर मुर्गीखोर-चोर है। मगर उसके पैंट के पाकेट से एक छोटी-सी शीशी निकली–जिसके अन्दर के पारदर्शी रवे के बारे में उसने कहा कि 'पिपरमेंट' है जिसे वह खालू के लिए खरीदकर ले जा रहा है।

तब तक पहचाननेवालों ने पहचान लिया था कि वह कुछ भी कहे मगर उसका सही नाम खिजर हयात कादरी है। उसे तुरंत हिरासत में ले लिया गया है। कहते हैं, उसके पकड़े जाने के बाद शिविर के बाहर दो-तीन व्यक्तियों को भागते हुए देखा गया।

शीशी तथा पके हुए भोज्य पदार्थों के नमूनों को रासायनिक परीक्षा के लिए भेज दिया गया। सारे शिविर में पहले एक सिहरन, फिर सन्नाटा छा गया। पके हुए मीठे चावल, बिरियानी, गोश्त, मुर्ग़, मछलियों, सब्जियों, पूरी और मिठाई के अम्बार–सभी को ज़मींदोज कर दिया गया। परीक्षा करके देखा गया तो शीशी में जहर-कातिल तो था ही, भोजन भी विषाक्त हो चुका था। अर्थात् कुछ ही मिनट में कोकनद जैसे खिले 600 सुशिक्षित नौनिहाल छटपटा कर मुरझा जाते, झर जाते–विष की ज्वाला में झुलस कर।

घटना पटना की है और गत 16 अक्तूबर की।

पश्चिमी पाकिस्तानी नहीं, पटनियाँ–ऐसा लगता है कि भारत सरकार के गृह मन्त्रालय को उक्त व्यक्ति (खिजर) के बारे में गलत खबर है। नहीं तो जिस नौजवान का बाप बिहार सरकार का मुलाजिम है, जो पटना में पैदा हुआ, पला और कभी पाकिस्तान नहीं गया, उसे पश्चिमी पाकिस्तान से आया हुआ बगैर पासपोर्ट का पाकिस्तानी कैसे कहा जाता?

पटना के पुलिस सुपरिण्टेण्डेण्ट से लेकर सब्जीबाग और गर्दनीबाग के चाय, फल और सब्जीवाले तक जानते हैं–खिजर को। वह लगातार सात बार मैट्रिक की परीक्षा में बैठा है और फेल हुआ है। कहते हैं, वह पास करने के लिए नहीं, ता-उम्र मैट्रिक का 'स्टूडेण्ट' बने रहने के लिए इम्तहान दिया करता था। स्टूडेण्ट बने रहकर गुण्डागिरी करने में पकड़े और पीटे जाने का खतरा नहीं।

यों, खिजर 1964 में भारत रक्षा कानून के अन्तर्गत गिरफ्तार हुआ था और 8 अगस्त को अंजुमन-इस्लामिया हॉल में आयोजित नेशनलिस्ट मुस्लिम कन्वेंशन के कार्यकर्त्ताओं और प्रतिनिधियों पर रोड़े-पत्थर बरसाने वालों में उसे सबसे आगे देखा गया था। दूसरे दिन सचिवालय पर चढ़ाई करनेवालों का भी वह खास बरदार था।

मामला विचाराधीन है इसीलिए खिजर के बारे में इतना ही कह सकते हैं कि खिजर का अर्थ होता है–एक प्रसिद्ध पैगम्बर, जो वनों और जल के स्वामी और भूले-भटकों के मार्गदर्शक माने जाते हैं।

एक पुरदर्द दास्तान–अगस्त के प्रथम सप्ताह में नेशनलिस्ट मुस्लिम कन्वेन्शन की तैयारी के दौरान अब्दुल क़य्यूम अंसारी ने महसूस किया कि प्रदेश के 90 प्रतिशत शिक्षित और कुलीन मुसलमानों के दिल और दिमागों पर फिरकापरस्ती का जहर छाया हुआ है। देश पर मँडराते हुए पाकिस्तानी संकट को मद्देनजर रखकर इस बात को ऊँची आवाज में बता देना उन्होंने अपना फर्ज समझा। अपने को शिक्षित और कुलीन माननेवाले, अंसारी साहब की इस साफगोई से इस कदर नाराज हुए कि नेशनलिस्ट मुसलमानों का घर से बाहर कदम रखना मुश्किल हो गया। 'मुर्दाबाद' के नारे बुलन्द होने लगे। बड़े-बड़े मंत्रियों के घर पहुँचकर खतरे की जंजीरें खींची गयीं, प्रदेश कांग्रेस के प्रधान से कहा गया कि वे इस 'कन्वेन्शन' को बन्द करवा दें। अंसारी साहब तथा उनके साथियों को रोज तरह-तरह की धमकियाँ दी जाने लगीं।

अपनी दास्तान सुनाते हुए एक नेशनलिस्ट मुसलमान ने एक लम्बी साँस लेकर कहा था–"हमारे लिए ये धमकियाँ कुछ भी नहीं। मुद्दत से–मतलब कायदे आजम जिन्ना के जमाने से ही ऐसी धमकियाँ और गालियाँ हम सुनते आ रहे हैं। उस समय हमें कांग्रेस और हिन्दुओं के टुकड़े पर पलने वाले 'काफिर', 'कुत्ते' कहा जाता था और अब 'जनतन्त्र' की भाषा में हमें 'देशद्रोही' कहते हैं।··· यह किस्सा देश के बँटवारे के दिन से शुरू होता है जबकि रातों-रात सभी 'लीगी' 'गांधी टोपी' लगाकर कांग्रेसी हो गये। गुटपरस्ती के माहौल में सब हवा हो गया। हमारी उपेक्षा और उनकी इज्जत-अफजाई होती गयी। हमें प्रोफेसर अब्दुल बारी की कुर्बानी देनी पड़ी···।"

फिर वही नजारे, फिर वही जनून–8 अगस्त की अंजुमन-इस्लामिया हॉल के सामने फिर वही नजारे–वही नारे और वही चेहरे देखने-सुनने को मिले, जो आजादी के पहले लोगों को गुण्डों द्वारा प्रस्तुत किये जाते थे। रोड़े और पत्थर बरसाने के अलावा–कहा जाता है–कई लोगों को कत्ल करने की फेहरिस्त पहले ही बना ली गयी थी और अचरज की बात, इस फेहरिस्त में सबसे ऊपर मरहूम (शहीद) 'अब्दुलबारी' के सुपुत्र का नाम था–जिस पर इतनी मार पड़ी है कि महीनों उठकर पानी नहीं पी सकेगा।

शिक्षित और कुलीन··· ?–उस दिन पुलिस के सिपाही टुकुर-टुकुर मुँह देखते

रहे, क्योंकि सीनियर पुलिस-सुपरिण्टेण्डेण्ट ने लाठी चलाने का हुक्म नहीं दिया। उन्होंने हुक्म इसलिए नहीं दिया कि रोड़े-पत्थर फेंकनेवालों में माननीय मन्त्री से लेकर एक उपकुलपति के बेटे कमाल दिखला रहे थे और खुद उनका लाड़ला भी मार-पीट कर रहा था। फिर, लाठी चार्ज और गिरफ्तारी का सवाल ही नहीं उठता।

पुलिस के इस निकम्मेपन से प्रेरित और प्रोत्साहित होकर दूसरे दिन इन्हीं तत्त्वों ने सचिवालय के सामने तब तक हिंसात्मक कार्रवाई जारी रखी जब तक कि गोली नहीं चल गयी। और, इस गोलीकाण्ड के बाद--कन्वेंशन में की गयी गुण्डागर्दी की बात दब गयी। कई 'बड़े' लोगों के बेटे गिरफ्तार हुए, जमानत पर छूटे। पुलिस सुपरिण्टेण्डेण्ट का तबादला हो गया।

लेकिन कुछ बदला नहीं है। मगर वह विषैला-तत्त्व दबा नहीं है। खिजर की तरह अपने साजो-सामान के साथ मौके की ताक में कहीं-न-कहीं दुबके हैं। इस लड़ाई के बाद कुछ लोगों का मोहभंग अवश्य हुआ होगा। लेकिन 90 के बदले 50 प्रतिशत ही ऐसे लोग क्या कम खतरनाक हैं ?

5 नवम्बर, 1965

अथ अन्नपूर्णा व्रतम् !

बारह महीने में सैकड़ों 'व्रत', पर्व और त्यौहार-पालन करनेवाले भारतवासियों के प्यारे प्रधानमन्त्री ने युद्धकालीन आन्तरिक समस्याओं से जूझने के लिए कई समयोपयोगी नारे दिये हैं और देशवासियों से एक विशेष 'व्रत' पालन करने का आग्रह किया है कि लोग सप्ताह में एक 'शाम' निराहार रहें। इस व्रत के पालन से 'अन्नपूर्णा' प्रसन्न होंगी और हम 'परान्नभोजी' नहीं रहेंगे।

प्रधानमन्त्री ने पहली नवम्बर से सपरिवार, मन्त्रिमण्डल सहित इस 'व्रत' का शुभारम्भ कर दिया है।

बिहार सरकार के मन्त्रिमण्डल ने अपनी 2 नवम्बर की बैठक में तय किया कि सरकार अपने प्रचार के सभी माध्यमों और साधनों के द्वारा प्रधानमन्त्री की इस 'पुनीत-पुकार' को राज्य के जन-जन तक तो पहुँचायेगी ही, सभी मन्त्रीगण सप्ताह में एक 'बेला' निराहार रहकर, उदाहरण प्रस्तुत करेंगे।

सोमवार अथवा मंगल या··· ?–किन्तु बिहार प्रदेश कांग्रेस के प्रधान तथा उनके कार्यालय के सभी लोगों ने हर मंगलवार को यह 'व्रत' रखने का फैसला किया

है और बिहार प्रादेशिक युवक कांग्रेस के मन्त्री ने 6 नवम्बर यानी शनिवार को शुरू तथा 'पालन' करने की सूचना दी है।

पटना में मंगलवार 'अतुलित बलधामं-दनुज-वनकृशानुं' महावीर हनुमानजी का दिन माना जाता है। सम्भव है, बिहार प्रदेश कांग्रेस के प्रधान ने इसलिए ही मंगल को इतना मंगलमय दिन माना है और युवक कांग्रेस के अधिकारियों ने शनि की वक्रदृष्टि से बचने के लिए शनिवार को उचित दिन समझा हो, शायद !

किन्तु, उचित और उपयुक्त तो यही होगा कि सारा देश (प्रधानमन्त्री से लेकर जनता जनार्दन और दरिद्रनारायण तक) एक ही दिन यानी सोमवार को रात का भोजन त्यागें। उस दिन देश का जन-जन और कण-कण हर क्षण यह अनुभव करके पुलकित और प्रोत्साहित होगा कि आज··· अभी··· रात को हमारा सारा देश निराहार ही सोया है।··· अन्नपूर्णा के विषादपूर्ण-मुखमण्डल पर हल्की-सी मुस्कराहट दौड़ जायेगी !

सब्जी और सब्जबाग–अक्तूबर महीने की 21वीं या 22वीं तारीख से पटना में 'रसोईघर-बाग' (किचन गार्डन) योजना शुरू हुई। बिहार प्रदेश कांग्रेस के जनरल सेक्रेटरी ने इस योजना को सफल बनाने के लिए राज्य के मन्त्रियों, बड़े अफसरों तथा सभी पुष्पवाटिका युक्त बँगलेवाले नागरिकों से हार्दिक अपील की–"फूल नहीं, सब्जी पैदा कीजिए।"

किन्तु 31 अक्तूबर–लक्ष्यपूर्ति की अन्तिम तिथि को इस योजना का जीवन एक सप्ताह के लिए और बढ़ा दिया गया क्योंकि उत्साही सब्जी उगानेवालों की–हल, बैल, ट्रैक्टर–की माँगों की पूर्ति सरकार नहीं कर सकी। यह सही है कि चौदह राजपत्रित (गजटेड) और सैंतालीस सहायक कर्मचारियों की टोली को पाँच जीपगाड़ियों सहित इस अभियान में लगाया गया। किन्तु यह भी सही है कि इनके पास शेखूपुरा-ब्लॉक से मँगनी में मिले बारह जोड़ी बैलों के सिवा और कुछ नहीं था, जिससे कि गाड़ी आगे बढ़ सके। और यह कहावत किसे नहीं मालूम कि मँगनी के बैलों के दाँत नहीं देखे जाते !

समय बढ़ा देने से इस सरकारी सब्जी-आन्दोलन को कितनी सफलता मिलेगी यह अनिश्चित है। किन्तु इस सिलसिले में बिहार की आम जनता को यह जानने का अवसर मिला कि राज्य में 'स्टेट हॉर्ट्रिकल्चर डेवलपमेण्ट ऑफिसर' और 'वेजिटेबल डेवलपमेण्ट ऑफिसर' भी हैं। समय पड़ने पर सब्जी पैदा करनेवालों को तत्काल समुचित सरकारी-सहायता पहुँचाना इनका कर्त्तव्य है। (बशर्ते कि··· नौ मन तेल मौजूद हो इनके पास !)

धान-उगाही–यह कहना कि 1962 से अब तक 'पैडी-लेवी' यानी धान-उगाही की योजना–बड़े किसानों, गल्ला दबाकर रखनेवालों और मुनाफाखोरों के चलते ही अब तक सफल नहीं हो सकी है–एकतरफा बात है। यह सोच लेना कि वर्तमान राष्ट्रीय-संकट के कारण तथा तनिक संशोधित रूप से इस वर्ष अभूतपूर्व सफलता मिलेगी ही–भरमानेवाली बात है। स्थानीय पत्रों में, रोज इस सम्बन्ध में बड़े-से

लेकर छोटे दिग्भ्रमित और गुमराह किसानों की चिट्ठियाँ छप रही हैं। अनाज खेतों में है किन्तु अभी से उसे छिपाने के तरीके सोचे जा रहे हैं। फिलहाल मुख्यमन्त्री सहाय को इतना ही स्मरण दिला देना काफी है कि कुछ ही दिन पहले जब वे दल-बल सहित 'अनाज बाहर निकालो' अभियान पर निकले थे तो उस समय जिस उत्साह और उदारता का परिचय जनता ने दिया—वह 'नकली' कदापि नहीं ! आवश्यकता है, आन्तरिकता की। जिसके बिना ही सभी सरकारी-अभियान असफल होते हैं।

12 नवम्बर, 1965

भनहि विनोबा, सुनहु सुजान

सन्त विनोबा इन दिनों बिहार प्रदेश के उत्तरांचल में अलख जगा रहे हैं। गाँव-गाँव—खेत-मैदान-खलिहान—में उनकी पवित्र-वाणी रोज गूँजती है। इस तूफानी सफर में विनोबा, नित्य ही ग्रामीणों और गाँवों की छोटी-बड़ी समस्याओं का साक्षात्कार करते हैं और समाधान सुझाते हैं। भारत-नेपाल सीमा पर बसे हुए गाँवों की प्रार्थना-सभाओं में कही गयी 'सच्ची बातों' की महक, सीमा के उस पार बसे लोगों को भी मुग्ध करती है और इन पंक्तियों के लिखते समय तक यह बात फैल चुकी है कि आचार्य विनोबा भावे नेपाल नरेश के निमन्त्रण पर शीघ्र ही नेपाल जायेंगे।

पिछले पखवारे में विनोबा के कई अनमोल बोल सुनायी पड़े हैं। शादी-विवाह में होनेवाली (अनिवार्य) फिजूलखर्ची से बचने के लिए 'हनुमान जयन्ती' के दिन बगैर किसी आडम्बर और आचार के, वर-वधू के 'गठबन्धन' मात्र का विधान देते हुए उन्होंने दृढ़ स्वर से कहा—"मुझे विश्वास है कि मुसलमान भी इस 'दिन' को विवाह का शुभ दिन सहर्ष मान लेंगे।"

अन्न और खेती-बाड़ी की समस्या पर बोलते समय एक सभा में उन्होंने अन्न के 'षड्‍रिपुओं' का परिचय दिया—"और ये तीन श्रेणियों में बँटे हैं। मूँगफली और गन्ना 'सात्विक', पटसन (जूट) और कपास 'राजसिक' और तम्बाकू-चाय 'तामसिक'··· !"

एक गाँव की सभा में तमककर बोले—"महान् अपराध है यह। चावल की (मशीन में) छँटाई अर्थात् चावल पर 'पॉलिस' करना जुर्म है।"

तटस्थ पार्टी ?—किन्तु, 15 नवम्बर को मुजफ्फरपुर टाउन-हाल के मैदान में आयोजित एक विशाल सभा में उन्होंने राजनैतिक दलों के 'दुष्कर्मों' पर प्रकाश

डालते हुए जो कुछ कहा उसे हँसकर टाल देने से काम नहीं चलेगा।

स्वतन्त्र भारत के 'परतन्त्र गाँवों' की दुर्दशा की सारी जिम्मेदारी, सारा दोष राजनैतिक दलों के सिर मढ़ते समय वे तनिक भी विचलित नहीं हुए। उन्होंने कहा, "राजनैतिक दलों ने गाँवों को सुधारने के बदले शान्त ग्रामीण वातावरण को कलुषित किया है। हर आदमी को दलबन्दी के दलदल में फँसाकर, 'जातिवाद' की संकीर्ण भावनाओं को भड़काकर चुनाव जीते जाते हैं। हर दल का नेता अपने-मुँह अपनी तारीफ करता है और दूसरे दलों के नेताओं पर कीचड़ उछालता है। और, झूठे वायदे करता है···।"

राजनीतिक पार्टियों की कुरीतियों के कुप्रभाव को नष्ट करने के लिए सन्त ने एक ही रास्ता सुझाया–"शासक-दल और विरोधी-दल के अलावा एक 'तटस्थ-दल' की आवश्यकता है।"

दो दिन के बाद चम्पारन जिला के मेहसी गाँव की सभा में आचार्य ने 'ग्राम-पंचायतों' का पर्दाफाश किया–"इन पंचायतों ने गाँवों को तोड़ा है, बेरहमी से। हाँ, ईर्ष्या-डाह-वैर-विरोध आदि का राष्ट्रीयकरण और शोषण का विकेन्द्रीकरण करने में ये अवश्य सफल हुई हैं।"

बरु भल बास नरक कर ताता–'तटस्थ-दल' की बात पर सैंकड़ो बातें उठ सकती हैं। एक सवाल पहले ही उठाया जा सकता है कि आज कोई व्यक्ति 'तटस्थ' रह सकता है क्या ? क्योंकि, अन्ततः तटस्थ 'रह सकने' के लिए बड़ी-बड़ी कीमतें चुकानी पड़ती हैं और यह बहुत साहस का काम है।

सन्त विनोबाजी अपने को तीन सरकारों की मातहती में पलनेवाला प्राणी कहते हैं–भगवान्, जनता-जनार्दन और दिल्ली की सरकारें। किन्तु, गृहस्थ-जनों के सिर पर सैकड़ों सरकारों की नंगी तलवारें लटक रही हैं आज। गाँवों पर आज राजनीतिक दलों के बाँके 'लठैतों' का राज है। सैकड़ों दरबारों में दिन-रात झुक-झुककर सलाम करते गाँव के लोगों की रीढ़ की हड्डियाँ झुक गयी हैं। ऐसे में सिर तानकर अन्याय के विरोध में आवाज उठानेवाले को अपनी गर्दन हथेली पर लेकर निकलना पड़ता है।··· तटस्थ-व्यक्ति से राजनीति के पेशेवरों को बहुत घबराहट होती है।

इसलिए 'गाँव वापस चलो' के नारे में विश्वास करनेवाले, आँसू से भीगी हुई धरती पर प्यार की खेती करने का सपना देखनेवाले किसी ग्रामीण को शहर में बसने के लिए 'दो गज ज़मीं' ढूँढ़ते देखकर हमें आज अचरज नहीं होता। हम जानते हैं कि उसकी कहानी कुछ ऐसी ही होगी–"फलाने बाबू ने चुनाव के समय आकर वोट माँगा, मैंने नहीं दिया। तटस्थ रहा और फलाने बाबू हार गये। हारने के बाद खिसियाकर खम्भा नोचने लगे··· "

और, इनका खम्भा नोचना ?··· साल-भर मेहनत करके लगायी गयी खेती एक ही रात में पार ! मवेशी की चोरी, फसल की चोरी, फलों की चोरी और सीनाजोरी। चूँकि कोतवालों के कोतवाल के स्वामी 'फलाने बाबू' हैं–इसलिए खून कर देने पर भी कहीं चर्चा नहीं होती।

ग्राम-कथा—उत्तरी बिहार के किसी जिले के किसी गाँव के किसी कथाकार को नये गाँव की नयी कहानी लिखते समय, कलम में रोशनाई भरने के पहले रिवाल्वर में गोलियाँ भरकर सामने रखते देखकर, 'भूदान-आन्दोलन' पर खोज करनेवाले समाज-विज्ञान के एक विदेशी-विद्यार्थी ने कौतूहल से पूछा था, "ऐसा क्यों ?"

"क्योंकि मैं तटस्थ हूँ। इसलिए तीन बार मेरी जान लेने की कोशिशें की गयीं।" मेरे एक 'भाई' की हत्या कर दी गयी है। एक सहायक के घर में भीषण डकैती हो गयी है, हाल ही में। लेकिन मैं आत्म-समर्पण नहीं करूँगा...।' जवाब देते समय 'लेखक' ने मुस्कुराने की चेष्टा की लेकिन उस विद्यार्थी का चेहरा आतंक से पीला पड़ गया—'फिर भी आपको गाँव से प्यार है... ?"

3 दिसम्बर, 1965

धान-उगाही : किसान तबाही

30 नवम्बर को पटना में आयोजित सर्वदलीय-खाद्य-सलाहकार समिति की उद्घाटन-बैठक में जब मुख्यमन्त्री सहाय ने 'धान-उगाही-आदेश' में पुनः संशोधन करने की घोषणा की तो बिहार प्रदेश के राजनीतिक-आकाश में असमय में उमड़नेवाले अशान्ति के बादल अनायास ही छँटने लगे। मुख्यमन्त्री की इस अप्रत्याशित नमनीयता का दूरव्यापी प्रभाव पड़ेगा, इसमें तनिक भी सन्देह नहीं।

क्योंकि, मूल आदेश की त्रुटियों और उससे उत्पन्न होनेवाली कठिनाइयों पर बातें करने के लिए आये हुए पूर्णिया के किसानों के एक प्रतिनिधिमण्डल को हाल ही में जब दो-टूक सुनाकर कृष्णबल्लभ सहाय ने इस आदेश से एक इंच भी इधर-उधर न होने का रुख अख्तियार किया तो राज्य के अन्य राजनैतिक दलों को दुःख के साथ सुख भी हुआ। कारण—पूर्णिया जिले को बिहार का 'गल्ला-गोदाम' और 'अतिरिक्त धान उपजाऊ क्षेत्र' (सर्प्लस एरिया) कहा जाता है। ऐसे इलाके के महत्त्वपूर्ण अंचल के किसानों के मन में सुलगती असन्तोष और विक्षोभ की आग में मुख्यमन्त्री का यह सहानुभूति-शून्य बरताव घी का काम करेगा। और, खुद भड़की इस आग में हाथ सेंकने का ऐसा सुअवसर ऐसी घड़ी में, विरोधी दलों के हाथ बार-बार नहीं आता। फिर जिनके नाबालिग लड़के 'बस' के भाड़े में तनिक बढ़ोत्तरी के खिलाफ अथवा स्कूल की फीस में कटौती की माँग और विशाल प्रदर्शन करके ('तोड़-फोड़' तो गुण्डे कर देते हैं) गोली खा सकते हैं, वे (यानी बगैर किसी किस्म की सरकारी सहायता के, सिर्फ भगवान् के भरोसे कर्ज काढ़कर, भूखों रहकर

खेती करनेवाले लोग) असन्तुष्ट होकर हर गाँव के खेतों और खलिहानों में 'सरकारी जोर-जुल्म' और पुलिस की गोली के सामने, 'गरेबाँ-चाक' कर बाल-बच्चों सहित खड़े हो जायें; गाँधी जी को 'गुहार' कर सत्याग्रह शुरू कर दें, तो हर राजनीतिक दल के नेता से लेकर साधारण कार्यकर्त्ता तक यही चाहेगा कि सत्याग्रही-किसानों के कन्धे पर उसी की पार्टी का झण्डा हो !

अतएव, धान-उगाही के खिलाफ इस आसन्न अगहनी-आन्दोलन की आशंका मुख्यमन्त्री सहाय की समझदारी से निर्मूल न भी हुई हो, तनाव में कमी अवश्य हुई है। वरना, 'मूल-आदेश' में दर्जनों त्रुटियाँ गिनाने वाले छोटे और बड़े किसानों में और सरकारी आदेश का हर हालत में (जोर-जुल्म से भी) पालन करने को कटिबद्ध अफसरों में अब तक कहीं-न-कहीं एक-आध झड़प हो चुकी होती।

बजा फरमाया–इस सर्वदलीय बैठक में, संयुक्त समाजवादी पार्टी के अध्यक्ष रामानन्द तिवारी ने महत्त्वपूर्ण सुझाव दिया–

"खण्ड विकास अधिकारियों (बी. डी. ओ.) को धानकटाई खत्म होने तक लगान (असेसमेंट) और उगाही की कार्रवाई मुल्तवी रखने का हुक्म तुरंत भेज दिया जाये !"

मुख्यमन्त्री ने इस सुझाव को स्वीकार करके यह साबित कर दिया है कि वह जनता की कठिनाइयों को अच्छी तरह समझते हैं। उन्होंने इस आदेश से उत्पन्न ग़लतफ़हमियों को दूर करने के लिए इसी बैठक में ऐलान किया कि 'धान-उगाही' में संशोधन करके 'गल्ला-उगाही' कर दिया गया है। अब केवल धान ही नहीं, सरकार गेहूँ, मकई और चना भी उगाहेगी।

उन्होंने यह भी विश्वास दिया कि इस बात का पूरा खयाल रखा जायेगा कि सरकारी अधिकारी किसानों पर जोर-जुल्म न कर पायें।

सहानुभूतिपूर्वक दुबारा संशोधित इस आदेश की सफलता में फिर भी सन्देह की पूरी गुंजाइश है। क्योंकि जब तक राज्य के सभी राजनैतिक दल इसके महत्व को एकमत से स्वीकार कर धान-उगाही-अभियान में सक्रिय सहयोग नहीं देंगे, सरकारी गाड़ी एक इंच भी आगे नहीं बढ़ सकेगी। अथवा बढ़ेगी तो अन्धाधुन्ध, रौंदती हुई और किसी खड्ड में गिरकर खत्म हो जायेगी।

जब देश के कोने-कोने में 'जय जवान, जय किसान' का नया नारा गूँज रहा हो, वैसे समय में बिहार पुलिस के जवानों को किसानों के खेतों और खलिहानों पर बन्दूक लेकर धान उगाहने के लिए जाना पड़े–इससे बढ़कर लज्जाजनक स्थिति और क्या होगी ? बहरहाल, मुख्यमन्त्री सहाय की समस्याओं को सही-सही समझने की सुबुद्धि पर सभी को इतना-सा भरोसा जरूर है कि वे ऐसी स्थिति उपस्थित नहीं होने देंगे।

10 दिसम्बर, 1965

तब लगि घास सुखाइए…!

'घास' नहीं–धान ! क्योंकि, 'पैडी लेवी ऑर्डर' जारी करने के बाद बिहार सरकार को हठात् (अनुभव से !) यह ज्ञान प्राप्त हुआ कि शुरू अगहन में तैयार होनेवाला धान कच्चा यानी गीला होता है इसलिए वजनदार होता है। क्योंकि धान की 'दबनी' में धान के साथ 'खाँखी, खर-पतवार' भी झरते हैं; धान 'खलिहान' में तैयार होता है और खलिहान जमीन पर होता है इसलिए धान के साथ 'खाँखी, खर-पतवार, ढेले-कंकड़' वगैरह मिले हुए हों, तो किसानों को सीधा दोष नहीं दिया जा सकता। क्योंकि, 'मूल आदेश' में अन्य अनेक दोषों और कमियों के साथ धान की 'किस्म' का कुछ खुलासा नहीं किया गया था; और, भीगे अथवा मिट्टी-कंकड़-खर-पतवार मिश्रित धान को 'अस्वीकार' करने का कोई 'अधिकार' सरकार के हाथ में नहीं। अतः मुख्यमन्त्री सहाय ने 6 दिसम्बर को विधानसभा में इस बात को स्पष्ट कर दिया कि धान का मतलब होता है, मिट्टी-कंकड़ वर्जित, साफ-सुथरा और सुखाया हुआ धान।

मगर, उनके बयान से ग़लतफ़हमी और भी बढ़ गयी। स्थानीय पत्रों के अधिकांश संवाददाताओं ने (न जाने कैसे) समझा कि 'पैडी लेवी' खटाई में पड़ी। पत्रों में मोटी सुर्खियों में समाचार प्रकाशित हुए–"पैडी लेवी ऑर्डर फ़िलहाल मुल्तवी।" कहना नहीं होगा कि दूसरे ही दिन सारे प्रदेश में यह ग़लतफ़हमी गहरी होकर छा गयी। मुख्यमन्त्री सहाय को अचरज के साथ दुःख हुआ कि उनके कहने का यह ग़लत मतलब कैसे निकाल लिया गया ? लिहाजा, उन्हें विधानसभा में फिर एक बयान देना पड़ा और सरकार को 'प्रेस नोट' जारी करके मुख्यमन्त्री के कथन का सही तात्पर्य समझाना पड़ा।

किन्तु प्रदेश-भर की अदालतों के अहाते में 'उज्रदारों' की उमड़ती हुई भीड़ पर इन सारी बातों का कोई असर नहीं पड़ा है। वकीलों, मुहर्रिरों, पेशकारों और हाकिमों को दम लेने की फुर्सत नहीं। 'स्टाम्प-विक्रेताओं' के पास टिकट नहीं ? सरकारी 'महाफिज-खाने' में भी नहीं ? ट्रेज़री में भी नहीं ? सादा कागज पर ही सही–पैडी लेवी नोटिस के खिलाफ़ समय रहते उज्रदारी नहीं की गयी तो 'सर्वनाश' हो जायेगा। खलिहानों में धान दबनी के बगैर सड़ रहे हैं, आलू-दलहन-तिलहन और रबी की खेती चौपट हो रही है–होने दो। पहले मुकद्दमा–फिर खेती ! हर गाँव का हर प्राणी हठात् मुक़द्दमेबाज़ हो गया है।… एक आतंक फैलता ही जा रहा है… सर्वत्र !

इस 'आतंक' को शीघ्र दूर करने के लिए सरकार क्या कर रही है, हमें नहीं मालूम। मगर सरकार को (अनुभव से !) यह ज्ञान भी शीघ्र ही प्राप्त हो जायेगा कि आतंकित और सशंक लोगों से किसी योजना में हार्दिक सहयोग की उम्मीद

करना हिमाक़त है।

एक झूठी कहानी–मुख्यमन्त्री सहाय ने विधानसभा में (फिर विधान-परिषद में) एक 'ध्यानाकर्षण-प्रस्ताव' का जवाब बार-बार देकर पिछले महीने फली-फूली एक ग़लतफ़हमी (अफ़वाह अथवा प्रचार) को दूर कर दिया। उन्होंने कहा, "बिहार सरकार के किसी मन्त्री ने किसी 'डच' लड़की के साथ हवाई जहाज़ पर कलकत्ता से जमशेदपुर जाते समय कोई दुर्व्यवहार नहीं किया और न इस सम्बन्ध में प्रधानमन्त्री अथवा कांग्रेस अध्यक्ष का कोई पत्र ही उन्हें मिला है। कुछ दिन पहले गवर्नर साहब ने जब इस 'अभियोग' की ओर उनका ध्यान आकर्षित किया था, जमशेदपुर के डिप्टी कमिश्नर तथा 'टिस्को' के रेज़िडेण्ट-डायरेक्टर से पूछताछ करने पर पता चला कि बात निराधार है। उस फैली या फैलायी गयी कहानी को यहाँ दुहराने से कोई लाभ नहीं। स्थानीय पत्र-पत्रिकाओं में जब यह कहानी प्रकाशित हुई और किसी ओर से कोई 'खण्डन' नहीं किया गया तो लोगों ने इसे सच मान लिया था। जब इस 'अभियोग' के कारण किसी मन्त्री को 'त्यागपत्र' नहीं देना पड़ा और मुख्यमन्त्री ने सफाई दे दी तो 'औरत' की आड़ में शिकार करनेवालों को निश्चय ही निराशा हुई होगी।

'काम' और 'काम रोको'–"कोई अभियोग झूठ हो या सच, विचाराधीन हो अथवा विवादग्रस्त–पुलिस जब तक अभियोग-पत्र नहीं दे देती, विधानसभा को उस पर विचार और बहस करने का पूरा अधिकार है"–बिहार विधानसभा के अध्यक्ष लक्ष्मीनारायण 'सुधांशु' ने इन शब्दों के साथ संयुक्त समाजवादी सदस्य कर्पूरी ठाकुर तथा कांग्रेसी सदस्य विन्ध्येश्वरी प्रसाद मण्डल आदि द्वारा मिल-जुलकर पारित 'काम रोको प्रस्ताव' को स्वीकार कर लिया, और कहा कि 13 दिसम्बर को सदन इस प्रस्ताव पर दो घण्टे तक विचार करेगा।

कहा जाता है कि जिला सहरसा के सौर बाजार थाना में पामा गाँव की एक महिला पर रात के वक्त थाना के सहायक दारोगा ने बलात्कार करने की चेष्टा की। गाँव के लोगों ने दारोगा साहब को रँगे हाथों पकड़ा और सम्भवतः 'मरम्मत' भी की। दूसरे दिन सशस्त्र पुलिस के सिपाहियों को लेकर एक मजिस्ट्रेट साहब आये और सारे गाँव को घेरकर कई घण्टों तक बुरी तरह लूट-पीट मचायी गयी। औरतों के साथ दुर्व्यवहार भी किया गया।

सरकार की ओर से दूसरे दिन सामान्य शासन विभाग के राज्यमन्त्री नवलकिशोर सिंह ने जवाब दिया कि इस घटना को लेकर एक 'पुलिस-केस' तथा पुलिस के खिलाफ एक 'काउण्टर-केस' दायर हो चुके हैं। पुलिसवालों का मुक़दमा है कि थाने का एक सहायक दारोगा, डकैती केस के एक आसामी को गिरफ़्तार करने के लिए पामा गाँव में गया तो कई गाँववालों ने उसको पकड़कर घर में बन्द कर दिया। एस. पी. साहब को जब इसकी सूचना मिली तो उन्होंने कुछ सशस्त्र सिपाहियों के साथ एक मजिस्ट्रेट को घटनास्थल पर भेजा। जब तक ये लोग पहुँचे, दारोगा को छोड़ दिया गया था।

मन्त्री महोदय का यह जवाब अध्यक्ष 'सुधांशु' को लचर और असन्तोषजनक लगा, और उन्होंने 'काम रोको प्रस्ताव' को स्वीकार करके न्यायप्रियता के साथ 'साहस' का परिचय दिया है। क्योंकि यह बात सभी जानते हैं कि ऐसे अभियोगों (झूठ हों या सच) पर सरकार की ओर से जवाब देने के लिए जब कोई मन्त्री आगे आता है, तो वह किसी बड़े सरकारी अफसर द्वारा रचित 'बयान' को ही पढ़कर सुना देता है, जिसमें 'बचाव पक्ष' की बातों को बढ़ा-चढ़ाकर कहने के बाद अन्त में यह कहकर मामला खत्म किया जाता है–क्योंकि मामला कोर्ट में विचाराधीन है··· विवादग्रस्त है, अतः इस पर सदन में बहस की कोई गुंजाइश नहीं।

17 दिसम्बर, 1965

'धर्मक्षेत्रे कुरुक्षेत्रे' : (प्रजा) समाजवाद

भीषण गर्मियों के दिन थे और छोटा नागपुर की कठोर चट्टानों को काटकर बहनेवाला दामोदर नद सूखा-सा पड़ा था, जब सन् 1964 की मई के उत्तरार्द्ध में रामगढ़ के जंगलों में प्रजा समाजवादी दल का सातवाँ राष्ट्रीय सम्मेलन आयोजित किया गया था।

उस समय समाजवादी दल से मिलने के लिए प्रतिनिधियों में इतना उत्साह था और इतनी उतावली थी कि 17 मई से 20 मई तक आयोजित सम्मेलन एक दिन पहले समाप्त हो गया और 18 मई (1964) को जब समाजवादी दल के साथ विलयन के प्रस्ताव पर मत लिया गया तब प्रस्ताव के विरोध में केवल दो मत आये, जिनमें एक मत था हरिविष्णु कामत का।

सम्मेलन की समाप्ति की साँझ को 'नरेन्द्रदेव नगर' से सबसे आखिर में सांस्कृतिक कार्यक्रमों में भाग लेनेवाले कलाकारों को विदाई देते हुए स्वागताध्यक्ष बसावन सिंह, एम. एल. सी. ने बगल में खड़े साक्षी पत्रकार से भावविह्वल वाणी में कहा, 'धर्मक्षेत्रे कुरुक्षेत्रे···।' रामगढ़ के 'धर्मक्षेत्र' में 'युयुत्सु' नहीं, 'स्नेहातुर' और 'मिलनोत्सुक' समाजवादी एकत्र हुए थे। इसलिए बाद में गीता के उस श्लोक-खण्ड का करुण व्यंग्य और उभरकर सामने आया।

रामगढ़-सम्मेलन के मंच पर प्रजा समाजवादी दल के अध्यक्ष एस. एम. जोशी की बगल में समाजवादी दल के भूतपूर्व अध्यक्ष राजनारायण बैठे थे और प्रजा समाजवादी दल के महासचिव प्रेम भसीन की बगल में समाजवादी दल के महासचिव गोलप बारबोरा समासीन थे।

समाजवादी दल से प्रजा समाजवादी दल के बिना शर्त विलयन का प्रस्ताव पेश करते हुए नाना साहेब गोरे ने घोषित किया—

"समाजवादी एकता एक ऐतिहासिक आवश्यकता है और इस बार जो एकता हम हासिल करने जा रहे हैं, उसे दुनिया की कोई ताकत तोड़ नहीं सकेगी। दोनों पार्टियों की शादी पक्की हो चुकी है और अब उसे सम्पन्न कराने के लिए सिर्फ एक पुरोहित की जरूरत है।"

रामगढ़-सम्मेलन के एक सप्ताह के अन्दर समाजवादी दल का विशेष अधिवेशन गया में हुआ जिसमें दोनों समाजवादी दलों के 'बिना शर्त' विलयन की पुष्टि कर दी गयी। जहाँ पितरों को तर्पण किया जाता है, वहाँ दो पार्टियों की शादी हुई।

नया घर और गृह-युद्ध—सात जून, 1964 को दिल्ली के 18, विंडसर प्लेस में प्रजा समाजवादी दल का प्रधान कार्यालय नये 'संयुक्त समाजवादी दल' का घर बन गया। कई जन-संघर्ष भी नये दल के झण्डे के नीचे समाजवादियों ने मिल-जुलकर शुरू किये। फिर भी आठ महीनों से ज्यादा यह संयुक्त परिवार नहीं चल पाया और वाराणसी में 31 जनवरी, 1965 को नये दल के 'स्थापना-सम्मेलन' या 'संयुक्त' समाजवादियों की राय के मुताबिक दल के प्रथम राष्ट्रीय सम्मेलन में ही समाजवादियों का सम्मिलित परिवार पुनः टुकड़े-टुकड़े हो गया।

जिसे समाजवादी राजनारायण ने 'राम-भरत' का मिलन समझा था, वह पुनः 'महाभारत' के गृह-युद्ध में बदल गया।

जिसे प्रजा समाजवादी कामत ने 'जल्दी की शादी' कहा था, वह दो दलों का विलयन बिल्कुल वैसा ही साबित हुआ और शादी टूटकर रही।

विलयन का प्रस्ताव रखनेवाले नाना साहेब गोरे आज पुनरुज्जीवित प्रजा समाजवादी दल के अध्यक्ष हैं और प्रजा समाजवादी दल के रामगढ़-अधिवेशन के अध्यक्ष आज विभक्त 'संयुक्त समाजवादी दल' के अध्यक्ष हैं।

समान रक्त-गोत्र के लोगों के साथ नियति ऐसा ही क्रूर उपहास करती है और ऐसे लोग रामायण का 'मिलन-पर्व' मना भी नहीं पाते कि उनके बीच महाभारत की साँझ उतर आती है।

'समाजवादी एकता' का संकल्प परीक्षित की तरह अभिशप्त है कि परिपक्व और सशक्त होने के पहले ही उसे जन-सद्भावनाओं के फूलों के बीच से 'तक्षक' डँस जाता है।

मंच टूट गया—सन् 1953 की 29 दिसम्बर को तीसरे पहर इलाहाबाद के कायस्थ पाठशाला इण्टरमीडिएट कॉलेज के मैदान में जब प्रजा समाजवादी दल का प्रथम राष्ट्रीय सम्मेलन आचार्य कृपलानी की अध्यक्षता में शुरू हुआ, उसके कुछ देर बाद ही सभा-मंच एकाएक टूट गया। एक स्थानीय हिन्दी पत्र ने लिखा—"सौभाग्यवश मंच पर आसीन व्यक्ति, जिनमें आचार्य कृपलानी, श्रीमती सुचेता कृपलानी, आचार्य नरेन्द्रदेव, डॉ. राममनोहर लोहिया तथा जयप्रकाश नारायण भी थे, बाल-बाल बच गये। प्रतीत होता है कि मंच को सँभालनेवाली बल्ली भारी वजन के कारण

टूट गयी।"

कांग्रेस मंच पर इससे 'भारी वजन' रहता आया है, किन्तु वह टूट-टूटकर भी बचा रहता है। फिर बार-बार 'समाजवाद' का मंच ही क्यों टूट जाता है ?

30 दिसम्बर, 1953 के जिस अंक में प्रयाग के पुराने हिन्दी दैनिक 'भारत' ने प्रजा समाजवादी दल के खुले अधिवेशन के समय ही सभा-मंच टूट जाने की खबर छापी थी, उसी में एक व्यंग्य-चित्र भी प्रकाशित किया था जिसमें अशोक मेहता, आचार्य कृपलानी, जयप्रकाश नारायण, आचार्य नरेन्द्रदेव और डॉ. राममनोहर लोहिया एक साथ 'प्रयागराज के प्रजा समाजवादी यात्री' के रूप में अंकित किये गये थे।

आज इन पाँचों 'यात्रियों' में से कोई भी प्रजा समाजवादी दल के खेमे में नहीं है। अशोक मेहता आयोजना आयोग के उपाध्यक्ष हैं और कांग्रेस के साथ हैं। आचार्य कृपलानी संसद के निर्दली सदस्य हैं। जयप्रकाश नारायण 'अच्छाई की खोज में' सक्रिय राजनीति से हटकर 'निरपेक्ष' सर्वोदय राजनीति तक पहुँच गये हैं। डॉ. राममनोहर लोहिया दस वर्षों तक एक अलग समाजवादी दल का नेतृत्व करने के बाद आज प्रजा समाजवादी दल से पृथक् 'संयुक्त समाजवादी दल' के सदस्य हैं। यह भी कहा जा सकता है कि प्रजा समाजवादी दल उनके 'संयुक्त' समाजवादी दल से पृथक् है।

आचार्य नरेन्द्रदेव, जिन्हें अपने संघर्षमय और तपःपूत जीवन के आखिरी दिनों में प्रजा समाजवादी दल के अध्यक्ष के नाते दल के विघटन का दर्दनाक दृश्य निकट से देखना पड़ा, आज परलोक में हैं।

. गंगाशरण सिंह भी, जिन्होंने 1959 के नवम्बर में बम्बई में आयोजित समाजवादी आन्दोलन के रजत-जयन्ती समारोह की अध्यक्षता की थी, आज राज्यसभा के 'निर्दल' सदस्य हैं।

प्रजा समाजवादी दल के सातवें राष्ट्रीय सम्मेलन के अध्यक्ष एस. एम. जोशी आज संयुक्त समाजवादी दल के अध्यक्ष हैं।

'अमीरे कारवाँ'–नेताओं के एक-एक कर पृथक् होने (या कभी-कभी पृथक् किये जाने) पर भी प्रजा समाजवादी दल के कुछ बुद्धिजीवी सदस्य गाते रहते हैं–

"फिर मैं लौट आया तेरे पास ऐ अमीरे कारवाँ,
छोड़ आया था जहाँ तू, वह मेरी मंजिल न थी।"

यह 'अमीरे कारवाँ' कौन है, जिसके पास लौट-लौटकर बची-खुची (प्रजा) समाजवादी पार्टी के बुद्धिजीवी राहत की साँस लिया करते हैं ?

यह 'अमीरे कारवाँ' और कोई नहीं, इकत्तीस-बत्तीस साल पुराने समाजवादी आन्दोलन के साधारण कार्यकर्त्ता हैं, जो मार्क्सवादी वर्गसंघर्ष और गाँधीवादी जनसंघर्ष–दोनों में दीक्षित हो चुके हैं, किन्तु जिन्हें एक साथ सशक्त और सन्तुलित नेतृत्व की तलाश हमेशा परेशान किये रही है।

सैद्धान्तिक बहस जिस उत्साह से लगातार समाजवादियों के बीच चलती रही

है और जो नैतिक साहस स्वीकृत समाजवादी मूल्यों के लिए लड़ने में देश के समाजवादी कार्यकर्त्ता दिखाते रहे हैं, उसकी मुक्त सराहना सर्वोदयी नेता जयप्रकाश नारायण ने सक्रिय राजनीति से संन्यास लेने के पाँच वर्ष बाद नवम्बर 1959 में की। अवसर था–बम्बई में प्रजा समाजवादी दल के पाँचवें राष्ट्रीय सम्मेलन का और देश में समाजवादी आन्दोलन की रजत जयन्ती का।

उस अवसर पर जयप्रकाश नारायण ने एक ऐसे दिन की कल्पना की जब कांग्रेस के अन्दर के समाजवादी, कांग्रेस के बाहर के समाजवादियों से मिलकर एक ऐसे 'सशक्त लोकतान्त्रिक विकल्प' का निर्माण करेंगे जो देश में सच्चे समाजवाद की स्थापना करे। उस समाजवाद का राष्ट्रीयता से विरोध नहीं होगा और उसकी निष्ठा का आधार मास्को या पीकिंग नहीं होगा। उस समाजवाद में नागरिक स्वतन्त्रता, सहकारिता और सत्ता के विकेन्द्रीकरण पर पर्याप्त बल दिया जायेगा। डॉ. लोहिया का जीवन-दर्शन इस विचारपरिधि से मेल खाता था। इसलिए उनसे भी जयप्रकाश ने एक 'सशक्त लोकतान्त्रिक विकल्प' के रूप में समाजवादी आन्दोलन को मजबूत करने की अपील की।

नियति का व्यंग्य ऐसा है कि आज न तो बचा-खुचा प्रजा समाजवादी दल और न संयुक्त समाजवादी दल देश के सामने कांग्रेस का सशक्त लोकतान्त्रिक विकल्प उपस्थित कर पाया है।

समाजवादी आन्दोलन के सच्चे 'अमीरे कारवाँ', पुराने तपे-तपाये समाजवादी कार्यकर्त्ता को पुनः इस दिशा में सक्रिय चिन्तन करना है, चाहे दोनों दलों के नेतृत्व ने 'कटु अनुभवों के कारण निराश होकर' इस उद्देश्य को ही तिलांजलि दे दी हो। अगर इस बड़े उद्देश्य को दोनों समाजवादी दलों ने कर्म में न सही तो कम-से-कम विचार के स्तर पर भी ध्यान में नहीं रखा, तो अगले कई आम चुनावों तक कांग्रेस के बाहर के लोकतान्त्रिक समाजवादी देश के सामने सत्ताधारी दल का सही विकल्प नहीं रख पायेंगे।

प्रखर राष्ट्रीयता–अभी-अभी बम्बई में जो प्रजा समाजवादी दल का आठवाँ राष्ट्रीय सम्मेलन समाप्त हुआ है, उसमें नाना साहेब गोरे के अध्यक्षीय भाषण से इतना अवश्य प्रमाणित होता है कि प्रखर राष्ट्रीयता का ठेका कांग्रेस या जनसंघ ने ही नहीं ले रखा है। प्रजा समाजवादी मंच से नाना साहेब गोरे ने घोषित किया कि 'प्रसारवादी चीन की साम्यवादी अधिनायकशाही और स्वतन्त्र भारत की लोकशाही के बीच लम्बा संघर्ष चलेगा और इस संघर्ष में विजय प्राप्त करने के लिए भारत को सैद्धान्तिक और नैतिक दृष्टियों से पूरी तरह सशक्त बनना पड़ेगा।'

चीन के 'मायाजाल' में फँसे हुए पाकिस्तान की सैनिक तानाशाही को भी प्रजा समाजवादी नेता ने चुनौती दी कि वह कश्मीर या भारतीय राष्ट्र के किसी अन्य हिस्से पर से अपनी गृद्ध-दृष्टि हटाये, नहीं तो आक्रामक प्रसारवाद में उसका 'गुरु' चीनी महासर्प उसे भी एक दिन निगल जायेगा।

शास्त्री-सरकार से गोरे ने जोरदार आग्रह किया कि वह ताशकन्द या किसी

और जगह शान्ति-वार्ता में भाग लेते हुए रावलपिंडी या पीकिंग के आक्रामकों की तुष्टि के लिए 'राष्ट्र की मर्यादा या अखण्डता का सौदा न करे।'

प्रजा सोशलिस्ट नेतृत्व की राय में कश्मीर पूरी तरह भारतीय गणराज्य का अंग है और कश्मीर के बारे में किसी समझौते की बात उठनी ही नहीं चाहिए।

खाद्य-नीति को 'दोषपूर्ण' और 'अवसरवादी' ढंग से चलाने की कांग्रेसी प्रक्रिया की निन्दा करते हुए गोरे ने कुछ 'संयुक्त समाजवादी लहजे' में सरकार को चेतावनी दी है—'आपात्काल के नाम पर हम यह बर्दाश्त नहीं करेंगे कि सरकार भुखमरी और गरीबी से पीड़ित जनता की आवाज को ही दबा दे।' जनता की स्पष्ट माँग है कि देश जल्दी-से-जल्दी कम-से-कम अन्न के मामले में तो आत्मनिर्भर बने।

अर्थ-नीति सम्बन्धी एक प्रस्ताव द्वारा पूरे प्रजा समाजवादी सम्मेलन ने इस बात पर चिन्ता प्रकट की कि 'शास्त्री-सरकार नेहरू-सरकार की निष्क्रिय अर्थ-नीति को जारी रखते हुए कुछ ऐसे कदम भी उठा रही है, जो मुल्क को समाजवादी दिशा से बिल्कुल दूसरी ओर ले जा सकते हैं।'

प्रस्तावक और स्वागताध्यक्ष नाथ पै ने तो कह दिया कि 'कांग्रेस समाजवाद की बात करते हुए पूँजीवाद के साथ सहवास करती है।'

नाथ पै ने गोरे की प्रखर राष्ट्रीयता में समाजवाद का पुट दिया।

गृह-युद्ध जारी—छह साल पहले बम्बई के 'यूसुफ मेहर अली' नगर में समाजवादी आन्दोलन की रजत जयन्ती मनायी गयी। उसी शहर के 'शहीद अब्दुल हमीद' नगर में अभी-अभी प्रजा समाजवादी दल का आठवाँ राष्ट्रीय सम्मेलन सम्पन्न हुआ है।

पर पहले की तरह आज भी समाजवादियों का 'गृह-युद्ध' जारी है।

और दुश्मनों का खयाल छोड़कर 'धर्मक्षेत्रे-कुरुक्षेत्रे' (प्रजा) समाजवादी और संयुक्त समाजवादी एक-दूसरे के खिलाफ व्यूह-रचना में ज्यादा संलग्न हैं।

प्रजा समाजवादी सम्मेलन में 'विशेष अतिथि' के रूप में 'आचार्य कृपलानी' भी सम्मिलित हुए, किन्तु 'अन्य' प्रतिपक्षी दलों के साथ मिलकर 'अकर्मण्य और अयोग्य' कांग्रेस को सत्ता से अपदस्थ करने की 'आचार्य-युक्ति' का असर अभी भविष्य के गर्भ में है।

'दिनमान' के विशेष प्रतिनिधि से बात करते हुए 'संयुक्त' समाजवादी डॉ. लोहिया ने इतनी सफाई अवश्य दी है कि 'जब वह अन्य प्रतिपक्षी दलों से (अगले आम चुनाव में) सीटों के बँटवारे की बात करते हैं, तो समाजवादी नीति या कार्यक्रम कुण्ठित होने का कोई सवाल ही नहीं उठता।'

औरों के साथ चाहे वांछित रिश्ते कायम हो सकें या नहीं, पर समाजवादियों का अपना 'गृह-युद्ध' तो समाप्त होना चाहिए। नहीं तो इस देश में प्रजातन्त्र का भविष्य हमेशा खतरे में रहेगा।

31 दिसम्बर, 1965

नये साल के पुराने किस्से

1965 के आखिरी महीने के अन्तिम सप्ताह में एक शाम को पटना के पत्रकारों को सादर 'चाय' पर बुलाकर पटना के एक नौजवान ने बतलाया कि उसने 'कांग्रेस हिन्दू फ्रण्ट' के संगठन का निश्चय किया है। बिहार के राजनीतिक मुहल्ले के मशहूर 'मिलिटैण्ट' विद्यार्थी और युवक कांग्रेस के प्रसिद्ध 'योद्धा' रामचन्द्र चौहान ने सवाल करनेवालों को इस सवाल से चुप कर दिया, "क्यों नहीं ? कांग्रेस के अन्दर जब 'कांग्रेस मुस्लिम फ्रण्ट' के संगठन को जायज समझा जाता है तो 'कांग्रेस हिन्दू फ्रण्ट' को क्यों नहीं ?"

पहले तो ऐसा लगा कि विनोदप्रिय, रसिक और दोस्तनेवाज चौहान ने दिसम्बर में ही अपने मित्रों को 'अप्रैल-फूल' बनाने का कोई आयोजन किया है अथवा माहौल को पुरमजाक बनाने के लिए हल्की बातें कर रहा है। मगर अपनी 'चंद्रशेखर आजाद-कट' मूँछों पर ताव देते हुए उसने गम्भीर स्वर में बहुत ही शीघ्र 'फ्रण्ट' के 'कन्वेन्शन' और उसमें शरीक होने वाले (सम्भावित !) व्यक्तियों के नाम गिनाये, तो लोग धीरे-धीरे गम्भीर होने लगे। क्योंकि, तब तक यह बात समझ में आ चुकी थी कि 'कांग्रेस मुस्लिम फ्रण्ट' से सभी–प्रदेश और केन्द्र के कांग्रेसजन सहमत और सन्तुष्ट नहीं हैं। और, चौहान साहब सीधे नहीं तो परोक्ष रूप से कांग्रेसी मन्त्री जाफर इमाम वगैरह के नुक्तेनिगाह की वकालत कर रहे हैं और अब्दुल कय्यूम अंसारी आदि का विरोध।

बहरहाल, चौहान की मौलिक सूझ-बूझ की दाद दिये बगैर कोई नहीं लौटा।

'कांग्रेस मुस्लिम फ्रण्ट' के खिलाफ जगजीवनराम का एक कड़ा बयान तीन दिन के बाद प्रकाशित हुआ और तब, चौहान की 'चाय-पार्टी' की चर्चा एक बार फिर नये सिरे से शुरू हो गयी। अब्दुल कय्यूम अंसारी को जगजीवनराम के इस बयान से दुःख हुआ है। लेकिन, जाफर इमाम साहब और उनके साथियों को खुशी हुई है। क्योंकि अंसारी साहब ने अपने सहयोगियों को पूरा भरोसा दे रखा है कि प्रदेश कांग्रेस के प्रधान और मुख्यमन्त्री ही नहीं, कांग्रेस अध्यक्ष तथा कार्यकारिणी के सभी सदस्य उनके साथ हैं।

अंसारी साहब का आरोप है कि कांग्रेस के 'लीगी-मुस्लिम' सदस्यों की नीयत साफ नहीं। जाफर साहब को 'नेशनलिस्ट-मुस्लिम' शब्द से ही चिढ़ है और ऐसे 'नाजुक सवाल' को बुद्धिमानी से सुलझाने के बदले राजनीतिक दंगल की तैयारियाँ हो रही हैं। अगले चुनाव के लिए 'टिकट' बँटने तक 'बैकवर्ड-फारवर्ड-नेशनलिस्ट, और दलित' कांग्रेसियों में जो 'उठा-पटक' होगी, यह उसी का पूर्वाभास है।

7 जनवरी, 1966

भूखी पीढ़ी का दण्डित कार्य

अभी 'भूखी पीढ़ी' के पटना स्थित केन्द्रीय कार्यालय से सूचना मिली है कि बंगला साहित्य की 'भूखी पीढ़ी' के जन्मदाता और नेता, कवि मलय रायचौधुरी को कलकत्ते के बैंकसाल कोर्ट ने अश्लील कविता लिखने और प्रकाशित करने के अपराध में दो सौ रुपये जुर्माने की सजा 28 दिसम्बर को सुना दी है।

इस तरह, पिछले दो वर्षों से चलनेवाले एक मशहूर मुकदमे का अन्त हुआ!

दो साल पहले की घटना है। पटना के एक बैंक की सीढ़ियों से एक सुदर्शन युवक को रस्से में बाँधकर बंगाल और बिहार पुलिस के अधिकारी एक साथ उतरे। सड़क पर भीड़ लग गयी। किसी ने कहा : डाकू है, बैंक में डकैती करने गया था। किसी ने बतलाया : जाली चैक भुना रहा था। और किसी को मालूम हुआ कि जेबकतरा है।

इधर पुलिस के अधिकारियों के सामने विकट समस्या थी। क्योंकि इस किस्म के अपराधी को उन्होंने पहली बार गिरफ्तार किया था इसलिए उन्हें यह बात समझ में नहीं आ रही थी कि इस असामी के साथ कैसा व्यवहार करे। अन्त में, कीमती और सुरुचिसम्पन्न वेशभूषा से सज्जित इस युवक को वे पैदल ही हवालात में ले चले और उनके पीछे-पीछे एक छोटा-मोटा जुलूस चल पड़ा।

हवालात में, पहले से ही जो लोग ठुँसे हुए थे उन्होंने अपने इस नये और 'फैशनेबल-जोड़ीदार' से मिलते ही पूछा, "कहो यार ? किधर··· कितना हाथ मारा ?··· किसी बड़े अफसर की लड़की से छेड़खानी··· पिस्तौल-उस्तौल ?'

चोर-डकैत और जेबकतरों को अचरज हुआ कि कवित्त जोड़ने के जुर्म में भी आदमी पकड़ा जाता है ?

कलकत्ता की पुलिस जब इस युवक को लेकर हावड़ा स्टेशन पर पहुँची तब पटना के लोगों को (पुलिस को भी) पता चला कि बैंक में गिरफ्तार होनेवाला युवक मलय रायचौधुरी था, जो (बैंक का किरानी तो था ही) अपने को 'कवि' कहता है; जो पटना में पैदा हुआ, पला और पटना में ही बैठकर बंगला साहित्य की तरुणतम पीढ़ी को 'नयी दिशा' देता है; जो 'भूखी पीढ़ी' का जन्मदाता है।

जिस कविता के लिए मलय दण्डित हुआ है, उसका शीर्षक है—'प्रचण्ड वैद्युतिक छुतार !' कलकत्ते की पुलिस ने इस कविता को 'भीषण अश्लील' साबित कर दिया है। हालाँकि, नयी और पुरानी पीढ़ी के अनेक बंगला लेखकों और कवियों ने साक्षी देते हुए कहा कि विवादग्रस्त कविता तनिक भी अश्लील नहीं बल्कि कला का एक नमूना है।

कलकत्ता की पुलिस ने दो सालों तक मुक़द्दमा चलाकर मलय को 'प्रसिद्ध' कर ही दिया था। कोर्ट ने 'दण्डित' करके उसमें और वृद्धि कर दी। उसकी कविताएँ

विदेशों में अनूदित होकर प्रकाशित होती रहीं। और, कलकत्ता के मशहूर बैंकसाल कोर्ट से सजा पाकर जब वह बाहर निकला तो उसके हाथ में विदेश-भ्रमण के कई निमन्त्रणपत्र थे। कहा जाता है, सैन-फ्रांसिस्को के तरुण कवियों ने मलय को अपने बीच बुलाने की सारी व्यवस्था कर ली है।

मलय के साथ 'भूखी पीढ़ी' के अन्य कई कवि गिरफ्तार हुए थे। किन्तु उन्हें पहले ही बरी कर दिया गया था।

24 वर्ष के इस दुस्साहसी कवि ने अब तक पाँच काव्यग्रन्थों की रचना की है और हाल ही में 'जेबा' नामक पत्रिका का सम्पादन किया है।

14 जनवरी, 1966

जनवरी की डायरी

सन् 1967 का पहला दिन। पटना के गाँधी मैदान की एक सभा में जयप्रकाश नारायण सूखा और अकाल से पीड़ित इलाकों के बारे में बोल रहे थे। यह सभा पटना के नागरिकों को महात्मा गाँधी की प्रार्थना सभा की याद दिला रही थी। साम्प्रदायिक दंगे की आग में जलते-झुलसते बिहारवासियों के दिलों पर 'बापू' इसी तरह चन्दन लेपते थे; इसी तरह मैदान के एक कोने में जनता के आमने-सामने बैठकर 'बातचीत' करते थे।

जयप्रकाशजी की इस सभा में 'जिन्दाबाद-मुर्दाबाद' या 'तोड़ दो–फोड़ दो–छोड़ दो' का कोई नारा नहीं लगाया जा रहा था और न कहीं किसी का 'जय-जयकार'। लगा, एक 'अभिभावक' परिवार के सदस्यों को बैठाकर दुर्दिन से उबरने की बात पर सोच-विचार कर रहा है। ओस गिरने लगी तो प्रभावतीजी ने 'टोपी' बढ़ा दी। और, टोपी सिर पर डालते हुए जे. पी. बोले–"जब मैं अमेरिका में था, तब 'रैंच' में काम करते समय कभी मैंने 'हैट-वैट' नहीं पहना। पहनना जरूरी होता है··· 'हिमकण' से बचने के लिए। मैं काम के बाद बालों को झाड़ लेता था। बाल घने थे।··· अब तो 'गंजा' हो गया हूँ। ओस से बचने के लिए टोपी पहननी पड़ती है। नहीं तो, सर्दी-जुकाम··· !" जे. पी. को टोपी पहनने की सफाई देते देख-सुनकर बहुत लोगों को इसी गाँधी मैदान में आयोजित उन सभाओं की यादें आयीं जिनमें कभी 'लाल टोपी' पहनकर उन्होंने टोपी को 'लाल' करने का कारण बतलाया था।

सूखा और अकाल की भयावहता पर प्रकाश डालते हुए एक बार फिर उन्हें सफाई देने की जरूरत पड़ी। कह रहे थे–"उधर हजारों-हजार गाँवों में लोग दाना-पानी

के बिना मर रहे हैं और अपने को जनता के सेवक कहनेवाले 'चुनाव' के दंगल में फँसे हैं। मैं कहता हूँ, भाई चुनाव है तो क्या है ? छोड़ दो न मतदाताओं के ऊपर। आपने अपने क्षेत्र में अच्छा काम किया है तो मतदाता खुद आपको अपना मत देंगे और यदि पाँच साल में आपने कुछ नहीं किया है तो एक महीना-पन्द्रह दिन 'लाउड स्पीकर' बजाकर, पर्चा-पोस्टर बँटवाकर क्या होगा ?··· मैं सूखा और अकालग्रस्त क्षेत्रों में घूमता रहता हूँ। मैं आपसे बतलाऊँ, मुझे कहीं भी किसी दल का कोई कार्यकर्त्ता या नेता नहीं मिला।··· इस रिलीफ कमेटी की ही बात को लीजिए। यह सर्वदलीय संगठन है मगर लोग मीटिंग में भी नहीं आते। मैं अब उन्हें पत्र लिखवा रहा हूँ कि भाई, पीछे मत कहना कि मैं नहीं था और यह नहीं हुआ और यह नहीं होना चाहिए था। सभी चुनाव में फँसे हैं। किसी के पास समय नहीं।··· यों बिहार में ऐसा कोई आदमी नहीं बचा जिस पर 'जातीयता' का या 'स्वजाति' का पक्ष लेने का आरोप नहीं लगा। जब, राजेन्द्र बाबू तक को लोगों ने नहीं छोड़ा, उन पर भी उँगली उठी, तो फिर और कौन... लेकिन जो सच है, वह तो कहना ही पड़ेगा कि 'गुट' और 'चुनाव' के दंगल के बावजूद मुझे यहाँ का चीफ मिनिस्टर ही एक ऐसा आदमी मिला, जिससे मेरी मुलाकात सूखा-क्षेत्र में हर जगह हुई।··· टिकटबाजी, गुटबाजी या जो भी कहें–वह करते होंगे। राजनीतिक पार्टी में हैं, इसलिए यह सब करते ही होंगे। मगर इन बातों के अलावा यही एक आदमी है जो पीड़ित इलाकों में घूमता रहता है···।"

इस बातचीत के दौरान जयप्रकाशजी एक बार नाराज भी हुए। कांग्रेस की 'कृषि-नीति' की आलोचना करते समय उन्होंने भुवनेश्वर-कांग्रेस का हवाला दिया–"जिस भुवनेश्वर कांग्रेस में जवाहरलालजी बीमार पड़े तो फिर··· उठे नहीं उस बीमारी में से।" कि सामने की पंक्ति में बैठे हुए कई नौजवान हँस पड़े। जे. पी. का चेहरा क्रोध से लाल हो गया। तेज आवाज में उन्होंने डाँटना शुरू किया–"यह हँसने की बात है ? जवाहरलालजी मर गये, यह हँसने की बात है ? ··· यही हमारी संस्कृति है ?··· पता नहीं, क्या हो गया है इस देश को··· पता नहीं क्या··· क्या कहूँ··· क्या कहा जाये··· ! हाँ, ठीक है ! आप··· ठीक ही हैं। जो हो रहा है, ठीक ही हो रहा है।··· आप ही ठीक हैं।··· यही होना चाहिए··· यही ठीक है··· इस देश का··· जहाँ गाँधीजी को ही गोली··· !"

जे. पी. ने फिर अपनी बातचीत की डोरी पकड़ी और तुरत एक मीठी 'चुटकी' लेकर खुद मुस्कुराना शुरू किया–"विद्यार्थियों पर भरोसा था। मगर स्कूल-कॉलेज बन्द हैं। यह खुशी की बात है कि मुजफ्फरपुर गोलीकाण्ड की 'ज्युडिशियल इन्क्वायरी' की माँग सरकार ने मान ली है। 3 तारीख को स्कूल-कॉलेज खुल रहे हैं। अब देखें, विद्यार्थी क्या करते हैं ! वे चाहें तो बहुत कुछ कर सकते हैं। बहुत तरह के काम हैं···।"

सभा-विसर्जन से पहले जयप्रकाश नारायण ने लोगों की 'नंगा-झोरी' भी कर ली–"अभी तो कुछ देते जाइए !··· आठ आना, चार आना··· एक रुपया ! घर

से चलते वक्त कुछ तो पॉकेट में··· कुछ भी तो बचा होगा 'पल्ले' में··· देते जाइए न !"

'तुरत दान' करके कल्याण प्राप्त करनेवालों में से अनेक ऐसे भी थे जो जे. पी. को आमने-सामने पाकर कुछ कहे बिना नहीं रह सके। जयप्रकाश उनकी बातों का जवाब हँस-हँसकर दे रहे थे। अचानक रूखी आवाज में कहते हैं–"आपको जो कुछ देना है, दे दीजिए और मिनिस्टरों या 'किसी' को गाली देनी है तो उधर जाकर दीजिए··· ।"

सारी सभा हँस पड़ती है !··· उस समय यह कौन जानता था कि ठीक चार दिन बाद–ठीक इसी समय, यहाँ हँसी-खुशी के बदले आग लगी होगी और गोलियों से घायल लोगों की चीख-पुकार और त्राहि-त्राहि मचती रहेगी। कौन जानता था··· !

जयप्रकाशजी की तरह बिहार सरकार को भी भरोसा हो गया था कि मुजफ्फरपुर गोलीकाण्ड की 'अदालती जाँच' की माँग मान लेने के बाद छात्रों का असन्तोष दूर हो गया है। स्कूल-कॉलेज खुलते ही वे परीक्षा की तैयारी में मशगूल हो जायेंगे।

बहरहाल, 3 जनवरी को बिहार के सभी विश्वविद्यालयों के स्कूल-कॉलेज खुले। 3 जनवरी को पटना के छात्रों ने शोक-सभा के बाद 'शोक-चिह्न' (काला बिल्ला) लगाकर मौन और शान्त जुलूस निकाला। तब पटना के नागरिकों को भरोसा हो गया कि अब कुछ ठीक-ठाक चलेगा लेकिन तभी राँची में विद्यार्थियों पर पुलिस ने गोली चला दी और 4 जनवरी को फिर शोक-सभा के बाद विद्यार्थियों का जुलूस निकला। यह जुलूस कल की तरह 'शान्त' नहीं था। जुलूस मुख्यमन्त्री के निवास-स्थान पर पहुँचा। जिलाधीश ने विद्यार्थियों को 'समझा-बुझा' कर जुलूस को वापस किया। खबर मिली, छात्रों के कई प्रमुख प्रतिनिधियों ने रात में मुख्यमन्त्री से मुलाकात की। और सुबह अखबारों में जो खबर छपी, उसका आशय यही था कि मुख्यमन्त्री कुछ भी नहीं सुनना चाहते। वह छात्रों की कोई भी माँग मानने को तैयार नहीं। अतः विद्यार्थियों के सामने 'विरोध-प्रदर्शन' के सिवा और कोई चारा नहीं।

5 तारीख को पटना की हर गली में एक ही नारा सूरज उगने से पहले से गूँज रहा था–"जो हमसे टकरायेगा, चूर-चूर हो जायेगा।"

किन्तु 5 तारीख के 'जुलूस' और 'विरोध-प्रदर्शन' करनेवालों में विद्यार्थियों की संख्या बहुत कम थी। जो भी हो, अभूतपूर्व विरोध-प्रदर्शन हुआ। खादी-भवन-'दहन' के बाद भी जब प्रदर्शनकारियों का क्रोध और उत्साह कम नहीं हुआ तो 'दमन काण्ड' शुरू हुआ। कितने मरे और कितने घायल हुए, इसको लेकर हर 'गोलीकाण्ड' के बाद मतभेद रह जाता है। इस बार भी सरकारी 'संख्या' को झूठा समझा जा रहा है और अनुमान किया जाता है कि मरनेवालों की संख्या दस से बहुत अधिक थी।

इस तरह, 'कांग्रेस-टिकट-बँटाई' के समय से और 'समस्तीपुर-मुजफ्फरपुर विद्यार्थी-आन्दोलन' के समय से ही डेढ़-दो महीने तक बिहार के वायुमण्डल में जो गर्मी जमी हुई थी, वह बिहार की राजधानी यानी बिहार के मुख्यमन्त्री कृष्णबल्लभ सहाय के 'चुनाव क्षेत्र' पर आग और शोले बनकर बरसी। कई दिनों तक पटना-निवासी आकाश में रेलवे इंजन या स्टीमर का धुआँ देखकर अथवा साइकिल-रिक्शा की ट्यूब फटने की आवाज सुनकर भी घबराते रहे। कांग्रेसी और गैर-कांग्रेसी खादी पहननेवाले घर से निकलने के पहले दस बार सोचते। गाँधी टोपी पहननेवाले 'सिर सलामत' रखने के लिए या तो खाली सिर निकलते अथवा "चाहे सर हो कलम, पर न छोड़ेंगे हम" जैसे पुराने राष्ट्रीय गीत की पंक्तियों को याद करके बाहर कदम रखते। क्योंकि गोलीकाण्ड के बाद मुख्यमन्त्री ने जो बयान दिया, वह जले पर नमक का काम कर रहा था। रोज सभाएँ होती थीं। बिहार के कोने-कोने से प्रस्ताव पास करके गोलीकाण्ड की जाँच की माँगें की जा रही थीं और मुख्यमन्त्री गोली चलानेवाले पुलिस के सिपाहियों और अफसरों की तारीफ करने और 'धन्यवाद' देने के बाद, बस एक ही बात को बार-बार दुहराते–"कैसी ज्युडिशियल इंक्वायरी ? कोई जाँच नहीं होगी।" मुख्यमन्त्री की कठोर और कर्कश वाणियों को सुनकर हर समय यही डर लगा रहता था कि फिर गोली न चल जाये कहीं।

अब आगे जो भी हो, अभी यानी जनवरी के अन्तिम सप्ताह में सब-कुछ शान्त हो चुका है, चुनाव के नारे और गालियाँ और पथराव और 'खादी जलाओ' की खबरें निकट और दूर से आती हैं। मगर, अब चुनाव स्थगित होने का डर नहीं।

और, बिहार में ऐसा लगता है कि एक ही 'चुनाव-क्षेत्र' में चुनाव लड़ा जा रहा है। कृष्णबल्लभ सहाय को हराने के लिए सभी प्रतिपक्षी दलों ने मोर्चाबन्दी कर रखी है और उनका विश्वास है कि पटना में मुख्यमन्त्री की जमानत जब्त होगी और हजारीबाग में भी उनकी 'करारी' हार होगी। मुख्यमन्त्री का विश्वास है कि पटना में ही नहीं, हजारीबाग में भी उनकी 'शानदार' जीत होगी।

कौन हारेगा और कौन जीतेगा, यह कहना कठिन है। मुख्यमन्त्री और शिक्षामन्त्री को दो-दो चुनाव क्षेत्रों से लड़ने की आजादी किसने दी और मुख्यमन्त्री अपने चुनाव अभियान में हथियारबन्द पुलिस लेकर क्यों चलते हैं–इसका जवाब अभी देनेवाला कोई नहीं है। किन्तु, एक बात साफ है कि कृष्णबल्लभ सहाय इस चुनाव के दौरान 'कांग्रेस' के प्रतीक हो गये हैं।

10 फरवरी, 1967

चुनाव-लीला : बिहारी तर्ज़

पर्दा उठने के पहले—पृष्ठभूमि में हजारों-हजार एकड़ सूखी धरती पर भूख से छटपटाते हुए लोगों का हाहाकार। पटना में डेढ़ महीने तक (शासक दल के) 'जनता के सेवकों' की चीख-पुकार। फिर, दिल्ली की दौड़ और दिल्ली से लौटी हुई विक्षुब्ध और अशान्त लहरें राज्य के हर जिले के कगारों पर पछाड़ें खाकर सिर धुन रही हैं। 'जन कांग्रेस' के बाद बिहार में 'जनक्रान्ति दल' का जन्म हुआ—हाथ में एक जलता हुआ मशाल लेकर !

टिकट की लड़ाई में जीते हुए कांग्रेसियों का सदाकत आश्रम में 'सह-मिलन' और सह-भोज सफलतापूर्वक सम्पन्न हुआ और समाचार प्रकाशित हुआ—"हर उम्मीदवार को एक जीप और ढाई हजार रुपये मिलेंगे।"

समस्तीपुर-मुजफ्फरपुर गोलीकाण्ड की न्यायिक-जाँच की माँग सरकार ने मान ली। किन्तु राँची में उसी दिन पुलिस को विद्यार्थियों पर आँसू गैस छोड़नी पड़ी।

'जनक्रान्ति दल' के संस्थापकों ने घोषणा की—'दल' को बिहार के भूतपूर्व मुख्यमन्त्री पण्डित विनोदानन्द झा का हार्दिक समर्थन और आशीर्वाद प्राप्त है। विनोदा बाबू ने तुरन्त 'खण्डन' प्रकाशित करवाकर कहा, उन्होंने न समर्थन किया है और न आशीर्वाद दिया है किन्तु कांग्रेस से रूठने और टूटनेवाले इन लोगों की (राजा रामगढ़ आदि की) शिकायतें जायज़ हैं।

जनक्रान्ति दल के दलपतियों ने विनोदा बाबू को खुला निमन्त्रण दिया—'कृपया आइये और हमारा पथ-प्रदर्शन कीजिए !'

चारों ओर सूखा और अकाल का हाहाकार ! राजनीतिक दलों का जय-जयकार ! जनमत प्राप्त करने के लिए 'जननायकों' के धुआँधार प्रचार की तैयारी। हवा में उड़ते अनेक पताकाओं के साथ एक नया झण्डा—एक नयी 'पार्टी' का। और, उसका 'प्रतीक'—हाथ में जलता और लपलपाता हुआ मशाल !

पर्दा उठता है—पटना, 5 जनवरी, 1967। दोपहर। गोलघर के मुड़ेरे के दाहिने, आसमान में घोर काले धुएँ का विशाल और भयावना गुब्बारा !··· कहाँ लगी यह आग ? तो जिस जुलूस को दो घण्टे पहले सब्जीबाग के पास देखकर आया, उसके नारे झूठे नहीं थे। जुलूस के 'लोगों' को और उनके 'मूड' और उनके नारे को देख-सुनकर जो अनुमान किया था, सही साबित हुआ ? कल रात को रिक्शावाले ने ठीक ही कहा था—"कल देखिएगा, कुछ होकर रहेगा।"

राजेन्द्रनगर की सारी आबादी, मकान की छतों पर चढ़कर देख रही है। पटना के हर मुहल्ले के हर मकान की मुण्डेर पर लोग लदे हैं। सभी की निगाहें धुएँ के उस भयावने गुब्बारे पर हैं, जो पल-पल में सैकड़ों भीषण आकृतियाँ बनाता हुआ सारे पटना के आकाश पर छा गया है। लड़के-बच्चेवाले गृहस्थ अपने वंशधरों

को खोज रहे हैं।··· नहीं, एक-दो-तीन-चार-पाँच किसी भी 'ब्लाक' के किसी फ्लैट का कोई लड़का यानी कोई विद्यार्थी अनुपस्थित नहीं। सभी घर में हैं। क्रिकेट खेल रहे हैं।

एक आदमी आँखों-देखी 'खबर' ले आया। सभी उसको घेरकर सुन रहे हैं–"किस तरह मुख्यमन्त्री के घर पर जमकर पथराव किया गया, कैसे 'खादी-भवन' और 'बस डिपो' में आग लगायी गयी–लगता था, सभी 'एक्सपर्ट हैण्ड हैं', पुराने बोरे और चीथड़ों के गोले बनाकर, पेट्रोल में डुबाकर–आग के गोले फेंकते थे।··· आग लगाने के बाद ही पानी के नल को काट दिया ? ह्यूम पाइपों को जमा कर सड़क को 'जाम' कर दिया। जमकर 'लाठी चार्ज' और आँसू-गैस··· ।

एक उत्साही लड़का सीढ़ियों से धड़धड़ाता हुआ उतरता है। उसकी माँ उसको दौड़कर पकड़ती है–"कहाँ जा रहा है··· ? तमाशा देखने··· ? अरे बेटा, वहाँ अभी गोली चलेगी, गोली। वाह ! आग लगी है और गोली नहीं चलेगी ?"

"कौन चलायेगा गोली ?"–एक फ्लैट के सज्जन ने हँसते हुए कहा–'नानी मर जायेगी साहब ! एक समस्तीपुर में गोली चलाने के बाद मुजफ्फरपुर में गोली चलानी पड़ी। अब ठीक चुनाव के मौके पर गोली चलेगी ?··· –यहाँ··· ! पटना में ? हरगिज नहीं··· । 'बेट' लगा लीजिए।"

अब तक गोली नहीं चली है ? सभी के कान 'सतर्क' हैं।··· कोई आवाज हुई न ? अरे, नहीं साहब ! कौन चलाता है गोली ? सारे बिहार में कांग्रेस को हराना है, क्या ?

··· 1930-31 में विलायती कपड़े की गाँठों में और 'यूनियन जैक' में आग लगाकर लोग 'देशभक्ति' का परिचय देते थे। 1967 में खादी, तिरंगा-झण्डा और गाँधी-टोपी में आग लगाकर।··· उधर से जो भी आता है, कहता है–खादी भवन में खुद भवनवालों ने आग लगायी है। 'ऑडिट' में लाखों रुपये का 'गबन' पकड़ा गया था।··· हर आदमी यही बोल रहा है। आग के साथ ही आग की तरह 'गबन' की बात फैल चुकी है।

आसमान में एक 'एलफाई हवाई जहाज' तेजी से दो-तीन चक्कर लगाकर धुएँ की परिक्रमा करके हवाई अड्डे की ओर चला गया।··· बंगला के भूखी-पीढ़ी के लेखकों का कहना ठीक ही है, शायद–'राजनीतिक व्यक्तियों की जगह गदहे की पूँछ और छिनाल··· !'

···ट्ट्ठाँय ! ट्ट्ठाँय ! !

–फाइरिंग ?

··· ट्टठाँय ! ठाँय-ठाँय··· ठ-ठ-ठाँय !··· शुरू हो गयी फाइरिंग। चल रही है। ··· ठाँयठाँय-ठाँय-ठ-ठ-ठाँय··· अरे रे, यह तो भुट्टे की तरह भून रहा है।··· ठाँय ! ठाँय !··· रंग लग गया अब।

चुनाव-लीला शुरू हो गयी। अब देखना है कि बिहार के मुख्यमन्त्री, कांग्रेस के घर में लगी इस आग को किस तरह बुझाते हैं।

और यह भी देख लेना है कि कायस्थ-कांग्रेसी, राजपूत-कांग्रेसी, भूमिहार-कांग्रेसी, मैथिल ब्राह्मण-कांग्रेसी, बैकवर्ड-कांग्रेसी और 'मेजोरिटी-माइनोरिटी-ग्रुप' के क्षुब्ध एवं प्रसन्न कांग्रेसियों के झगड़े और क्या-क्या रंग लाते हैं।

किन्तु, करोड़ रुपये से भी अधिक की यह क्षति, ऐसे दुर्दिन में, जब कि जे. पी. चार आने, आठ आने पैसे चन्दा उगाह रहे हैं।...

कहनेवाले ने कह दिया—"भाई साहब ! यदि पहली जनवरी को गाँधी मैदान की सभा में जयप्रकाश नारायण ने बिहार के मुख्यमन्त्री की प्रशंसा नहीं की होती, तो सम्भव है, यह आग नहीं लगती और लगती भी तो सिर्फ 'बस डिपो' में। ठीक चुनाव के मौके पर, किसी 'व्यक्ति' के चुनाव क्षेत्र में बैठकर... भूमिका के साथ... उसकी तारीफ करने को 'चुनाव-प्रचार' नहीं तो और क्या कहेंगे ?... 'खादी भवन' में आग लगाकर एक ही साथ दोनों (कृष्णबल्लभ सहाय और जयप्रकाश नारायण) को सजा दी गयी है।"

और देखो देखनवालो—10 मरे। अनेक घायल हुए। कर्फ्यू लागू हुआ। पटना जिला के नासिरगंज पोस्ट आफिस को लूट लिया गया। बिहार शरीफ में गोली चली। मुर्दों को नंगा ही जलाया गया। अफवाह गर्म हुई। खादी भवन की आग में कई लाशों को झोंक दिया गया। लाशों को गंगा में फेंक दिया गया। विरोधी दल के नेताओं ने 'प्रेसिडेण्ट रूल' की माँग फिर दुहरायी।

किन्तु, मुख्यमन्त्री ने स्पष्ट कह दिया है—न्यायिक जाँच नहीं होगी और अमन-चैन बनाये रखने के लिए वे सबकुछ करेंगे, चाहे जो हो जाये।

गोलीकाण्ड के बाद से ही इस व्यक्ति ने अर्थात् बिहार के मुख्यमन्त्री ने अपने बयानों और व्यवहारों से कांग्रेस के विरोधियों और असन्तुष्ट कांग्रेसियों को और भी चिढ़ाना शुरू किया। और, गोलीकाण्ड के बाद 'चैलेंज' देकर चुनाव लड़नेवाले बाँके लड़ाके महामाया प्रसाद ने ताल ठोंककर इन्हें ललकार दिया। यों संसोपा के उम्मीदवार पहले से ही मैदान में थे। और अराजपत्रित कर्मचारियों के लिए संघर्ष करके प्रसिद्धि पानेवाले रेवतीरंजन को मुख्यमंत्री के मुकाबले में खड़ा करके संसोपा ने ठीक ही किया था। लेकिन 'युनाइटेड-लेफ्टिस्ट फ्रण्ट' ने महामाया बाबू का समर्थन किया तो रेवतीरंजनजी को 'किन्तु-परन्तु' करने के बाद मैदान छोड़ना पड़ा। रेवतीरंजन हटे तो विद्यार्थियों के एक नेता ने ऐलान किया—"विद्यार्थियों का नाम लेकर और विद्यार्थियों को बदनाम करके एवं मरवाकर चुनाव लड़नेवाले राजनीतिक दलों के नेताओं को मालूम होना चाहिए कि विद्यार्थी अपना प्रतिनिधि आप ही चुनेंगे। मैं विद्यार्थियों का नेता जगदेव सिंह 'प्रलय'...।"

'प्रलय' की बात कोई सुने या नहीं, महामाया बाबू को सुनने के लिए भीड़ उमड़ पड़ती है और जादूगर वक्ता महामाया बाबू अपने श्रोताओं को कभी निराश नहीं करते। व्यंग्य, चुटकुलों और कहावतों का कुशलपूर्वक व्यवहार करना जानते हैं। जनता उनकी बात सुनकर हँसती है। जनता उनको रोते देखकर रोती है और बीच-बीच में 'महामाया बाबू जिन्दाबाद' के नारे लगाती है। बच्चा-बच्चा उनका

नाम लेता है और मुख्यमन्त्री को भद्दी-भद्दी गालियाँ देता है। महामाया बाबू जहाँ भी जाते हैं, हाथ जोड़कर मुस्कुराते हुए जाते हैं। कृष्णबल्लभ सहाय के साथ दर्जनों सशस्त्र पुलिस के सिपाही रहते हैं और उनकी आवाज 'मीठी' तो एकदम नहीं।

कृष्णबल्लभ सहाय ने अपनी एक सभा में कहा–"आपका यह 'घोड़ा' पाँच साल के बाद फिर अस्तबल में लौट आया है।" महामाया बाबू ने अपनी सभा में जवाब दिया–"घोड़ा बेलगाम का है।"

"माँ की गोदी सूनी है, के. बी. सहाय खूनी है।" नारे लगाते रहते हैं। किन्तु, इन कारणों से ही राजनीति के 'दर्शक-उपभोक्ताओं' के दिल-दिमाग पर कृष्णबल्लभ सहाय की जो 'छाप' अंकित हो गयी है उसको मनोविज्ञान की भाषा में 'पितृ-प्रतिमा' (फादर-इमेज) कहते हैं। यह सवाल दूसरा है कि 'डेमोक्रेसी' में यदि जनता एक ऐसे लीडर को चाहे, जो उसकी रक्षा कर सके, तो यह अच्छी बात है या बुरी बात।

अखबारों में खबर छपी है कि मुख्यमन्त्री ने धनबाद के एस. पी. को आम जनता के बीच ऊँच-नीच सुनाना शुरू कर दिया। गरजते हुए बोले–"देसाई साहब और मेरी सुरक्षा का विशेष प्रबन्ध क्यों नहीं किया गया ? मैं आप लोगों के कुकर्मों को ढँकने के लिए–'ज्युडिशियल जाँच' नहीं करवाता और आप लोग हमारी जान की परवाह नहीं करते ?"

इस तरह की बहुत-सारी भोंडी बातें सुनने के बाद दिनमान के प्रतिनिधि ने मुख्यमन्त्री से मुलाकात करके पूछा–"आप इस तरह पुलिस के अफसरों को डाँटते क्यों हैं ?"

मुख्यमन्त्री ने कहा–"मैंने किसी को कहीं डाँटा-डपटा नहीं है और अमन-चैन नहीं कायम रहेगा तो चुनाव कैसे हो सकेगा ?"

यह पूछने पर कि आप चौदह जगहों से क्यों खड़े हो रहे हैं, उन्होंने 'डमी कण्डिडेट' का मतलब समझाने की कोशिश की। और तीसरे ही दिन मालूम हुआ कि चौदह जगहों से तो नहीं, दो स्थानों से मुख्यमन्त्री चुनाव लड़ेंगे। हजारीबाग के कांग्रेसी उम्मीदवार को बैठा दिया गया। उधर छोटे साहब यानी सत्येन्द्रनारायण सिंह भी 'दो नाव' पर सवार हैं–जलालपुर और नबीनगर से उम्मीदवार हैं। किन्तु इनसे कोई पूछे कि आप घबराकर ऐसा कर रहे हैं, तो दोनों एक ही जवाब देंगे "बिलकुल नहीं !"

कांग्रेसियों की गाड़ियों पर पथराव, सभाभंग और झण्डा जलाने की घटनाओं को मद्देनजर रखकर बिहार कांग्रेस चुनावसमिति के प्रचारसचिव शंकरदयाल सिंह से 'दिनमान' ने पूछा–"आप इसका मुकाबला किस तरह करेंगे ?"

"करेंगे क्या ? कर रहे हैं !"–युवक और नये लेखक-कवि शंकरदयाल ने तनिक ऊँची आवाज में जवाब दिया–"42 की क्रान्ति में अंग्रेजों की खुफ़ियागिरी करनेवालों और देशभक्तों को फाँसी पर झुलानेवालों को हम अच्छी तरह जानते

हैं। यह हमारी 'डेमोक्रेसी' की महिमा और कांग्रेस का बड़प्पन है कि चीन और पीकिंग-पन्थियों को भी पूरी आजादी है...।"

लेकिन, कांग्रेस की चुनाव-सभाओं पर पथराव, विरोधी दल के लोग ही नहीं—कांग्रेसजन भी करवा रहे हैं। पत्थर चाहे सत्यनारायण सिन्हा और विनोदानन्द झा की गाड़ियों पर फेंके जायें अथवा जगजीवनराम की, सभी में—पत्थर मारनेवालों में कांग्रेस-कर्मियों का हाथ अवश्य होगा। कांग्रेसियों को हराने के लिए कांग्रेसियों ने ही तन-मन-धन अर्पण कर दिया है। सारे प्रान्त में यही हाल है। दरभंगा में सत्यनारायण सिन्हा का मुकाबला कर रहे हैं पुराने प्रभावशाली नेता जानकीनन्दन सिन्हा। कामाख्या नारायण सिंह ने जलालपुर और नबीनगर में भी सत्येन्द्रनारायण सिंह से मोर्चाबन्दी कर रखी है। इस चुनाव में, बिहार के लोगों को यह कहने का मौका मिला कि बिहार में 'जातीयता' की बात अब कम हो रही है। कायस्थ का मुकाबला कायस्थ, राजपूत का सामना राजपूत कर रहा है। लेकिन, किसी कांग्रेसी उम्मीदवार को अपने पर भरोसा नहीं !

आत्मविश्वास है मधुलिमये को। उसने अपने क्षेत्र में जैसा किया है, वह अनुकरणीय है। इस बार मधुलिमये के विरुद्ध कांग्रेसी उम्मीदवार चन्द्रशेखर सिंह के अलावा प्रसोपा के डॉक्टर हुदा भी हैं, जो उतने लोकप्रिय नहीं। किन्तु जिन्हें देखने के लिए भीड़ उमड़ पड़ती है। फिर भी, मधुलिमये को कोई डर नहीं। अपने क्षेत्र के मतदाताओं के दिलों में उसने जगह बना ली है। अपने पाँचों विरोधियों से ज्यादा मत उन्हें प्राप्त होंगे। मधुलिमये को इसका भरोसा है।

महेश प्रसाद सिन्हा को अपने क्षेत्र में बुरे मौसम का सामना करना पड़ा है अतः ऐसा लगता है कि वह अपने विरोधी कम्युनिस्ट-नेता 'योगी भाई' को मात दे देंगे।

महिला उम्मीदवारों में तारकेश्वरी सिन्हा ने, जो पिछले चुनावों में वाक्पटुता, व्यक्तित्व, और शेरो-शायरी के बल पर 'वोट' बटोरती थीं—इस बार भी 'शेर' सुनाकर सुननेवालों को अपनी बात समझाने की कोशिश की—"वो गुस्से से देखें, मगर देखते तो हैं। मैं खार हूँ पर हूँ तो किसी की निगाह में।" लेकिन इस बार उन्होंने 'ग़ज़ल' सुनाने के बदले अखबारों में धड़ाधड़ लेख लिखकर प्रकाशित करवाना शुरू कर दिया है।

पत्रम् : पत्रकारम् : पुष्पम्—पत्र और पत्रकारों से कोई खुश नहीं। न विरोधी दल के लोग और न कांग्रेसजन। एक 'पत्र' को विरोधी दल की सभा में—'मुख्यमन्त्री का पत्र' कहा गया और उसी 'पत्र' के 'पत्रकार' को मुख्यमन्त्री के एक लेफ्टिनेण्ट ने धमकियाँ दीं। मुख्यमन्त्री को शिकायत है कि पत्रकार उनके 'मुँह' में अपनी 'बात' पहना देते हैं। अ-राजनीतिक लोगों का कहना है कि चुनाव के समय पत्रकारों की पाँचों उँगलियाँ घी में रहती हैं।

अफवाह फैली कि मुख्यमन्त्री विद्यार्थियों को रुपये देकर खरीद रहे हैं। मुख्यमन्त्री ने अपनी सभा में कहा—"हाँ, मैंने सूखा-क्षेत्र के विद्यार्थियों के लिए पाँच लाख

रुपये दिये हैं, जयप्रकाशजी को। मेरे पास और भी रुपये हैं। जिन्हें जरूरत हो–एक लिस्ट बनाइए। मेरे पास आइए, बात कीजिए और रुपये ले जाइए।"–अब इस बात को पत्रकार बेचारा 'अपनी भाषा' में किस तरह लिखे कि अफवाह दूर हो ? जब हमारे देश में भी चुनाव के उम्मीदवारों के लिए 'प्रचार-कार्य' करनेवाली 'पेशेवर-संस्था' और 'व्यापारिक प्रतिष्ठान' की स्थापना हो जायेगी तब समाचार-पत्रों और पत्रकारों से किसी भी दल या व्यक्ति को कोई शिकायत नहीं होगी।

जन जनमत जनखा–बिहार में 53 लोकसभा की सीटों के लिए 305 उम्मीदवार मैदान में हैं। कांग्रेस के बाद जनसंघ ही एक ऐसा दल है जिसने लोकसभा और विधानसभा में सबसे अधिक उम्मीदवार खड़े किये हैं।

विधानसभा की 318 जगहों के लिए 2013 उम्मीदवार हैं, जिनमें एक हैं हिजड़ा–चनका। 'चनकाजी' उसी क्षेत्र से चुनाव लड़ रहे (या रहीं या क्या ?) हैं जिस क्षेत्र से पण्डित विनोदानन्द झा दो बार चुनकर आये थे। इस बार विनोदा बाबू दरभंगा चले गये और कहा गया कि चनका हिजड़ा को आशीर्वाद देकर गये। चनका ने ही यह प्रचार शुरू किया। बात अखबारों में आयी तो पण्डित विनोदानन्द झा को फिर एक 'खण्डन' प्रकाशित करवाना पड़ा–'उन्होंने किसी को आशीर्वाद नहीं दिया है... न 'जनक्रान्ति' को, और न जनखा को ?'

17 फरवरी, 1967

बिहार : साझे की सरकार

कृष्णबल्लभ सहाय की किस्मत के साथ बिहार के बीस वर्षीय 'कांग्रेसी राज' का सूरज डूब गया। दो दशक पहले, सर्वप्रथम कांग्रेसी मुख्यमन्त्री (स्वर्गीय) श्रीकृष्ण सिंह ने जिस कांग्रेसी सरकार की नींव डाली–उसकी कब्र पर कृष्णबल्लभ सहाय को अन्तिम और पराजित मुख्यमन्त्री की हैसियत से मिट्टी डालनी पड़ी। इस तरह चौथे आम-चुनाव के बाद–1967 से बिहार कांग्रेस का 'कृष्ण-पक्ष' शुरू हुआ।

यह ठीक है कि बिहार की जनता ने किसी एक दल को अपना पूरा समर्थन नहीं दिया है। किन्तु ज़नता कांग्रेस और कांग्रेसी हुकूमत को कतई नहीं चाहती–चुनाव के नतीजों से यह बात साफ हो गयी। अतः राज्य के पाँच प्रमुख कांग्रेस-विरोधी दलों ने मिल-जुलकर 33 सूत्रीय कार्यक्रम तैयार किया और इसको रूपायित करने के लिए साझे की सरकार बनाने का प्रस्ताव किया।

इसलिए संयुक्त समाजवादी दल और कम्युनिस्ट पार्टी के नेताओं ने राजा

रामगढ़ की नयी पार्टी–जनक्रांति दल–के अध्यक्ष महामाया प्रसाद सिन्हा का 'नेतृत्व' कबूल कर लिया और जनसंघ को भी 'पंगत' में जगह दे दी, तो बहुत दिनों से फैला हुआ एक बेकार का 'भरम' दूर हो गया।

और जनसंघ के नेताओं ने सिर्फ 32 सूत्रों से ही अपनी सहमति प्रकट करते हुए तथा एक सूत्र का (उर्दू को राज्य-भाषा की मर्यादा देने का) विरोध करते हुए नयी सरकार के मन्त्रिमण्डल में सम्मिलित होना स्वीकार कर लिया, इससे लोगों को सुखद अचरज हुआ। जब राज्यपाल ने संयुक्त दल के दलपति महामाया प्रसाद सिन्हा को मन्त्रिमण्डल गठन करने का निमन्त्रण दिया, तब जाकर बिहार की जनता को विश्वास हुआ कि अब सचमुच कांग्रेस और कांग्रेसी सरकार से पिण्ड छूट गया है।

उधर कांग्रेस के खेमे में चलते-चलते इसी बीच एक 'खण्डयुद्ध' फिर हो गया। विरोधी दल के नेता के चुनाव को लेकर जीत कर भी हारे हुए कांग्रेसियों ने ऐसा समाँ बाँधा मानो मुख्यमन्त्री का चुनाव होनेवाला हो। एक गुट ने विनोदा बाबू को मैदान में लाकर खड़ा किया। दूसरे पक्ष ने महेशप्रसाद को सामने किया। दो दिन तक दिन-रात प्रचार और गुप्त सभाओं का सिलसिला रहा और अन्त में 'मतदान' के बाद एक 'मत' से महेशबाबू पार्टी के 'लीडर' निर्वाचित हुए। और, इस अद्भुत 'वोट-युद्ध' की विशेषता यह थी कि स्वयं कृष्णबल्लभ सहाय इसका संचालन कर रहे थे। उनकी जिद्द पूरी हुई, विनोदानन्द झा 'लीडर' नहीं बन सके।

अब यह बहस करना बेकार है कि अगर संयुक्त समाजवादी दल की बिहार शाखा ने एक महत्त्वपूर्ण क्षेत्र (पश्चिमी पटना) के उम्मीदवार को 'बैठाया' नहीं होता तो इस बार अकेले संयुक्त समाजवादी पार्टी ही सरकार बना सकती थी अथवा कर्पूरी ठाकुर को 'नेता' के बदले 'उपनेता' पद के लिए तैयार करके संसपा ने दूसरी गलती की है। 'समय' का जो तकाजा था उसे पूरा करने के लिए सभी कांग्रेस-विरोधी दलों ने थोड़ा-बहुत समझौता करके 'चुनौती' को स्वीकार किया है। यही सबसे बड़ी बात है और सबसे अच्छी बात है।

यों, ऊपर से देखने पर यह 'मेल' जरा बेमेल, भानुमती का कुनबा और अस्थायी लग सकता है। लेकिन यह तय है कि बीस वर्षों से लगातार तबाह और बर्बाद राज्य की पीड़ित जनता के दुख-दर्द को दूर करने के लिए कांग्रेस का विरोध करते रहना यानी कांग्रेस को सरकार से बाहर रोके रहना हर दल का अब भी पहला कर्त्तव्य होगा और एक बार मिल-जुलकर काम करने का मीठा फल पाने के बाद कौन ऐसा दल है, जो मिल-जुलकर काम करना नहीं चाहेगा ? इस सन्दर्भ में नये मुख्यमन्त्री महामाया प्रसाद की यह उक्ति कि बिहार में 'गिरि-गोवर्धन-लीला' की पुनरावृत्ति हुई है, बहुत हद तक सही है। हमें विश्वास है कि मुख्यमन्त्री इस वास्तविकता से निश्चय ही अवगत हैं कि 'गिरि-धारण' के साथ-साथ अनेक 'गिरि-शृंखलाओं का लंघन' करना अभी बाकी है। अतः सरकार के साझेदार दलों की आपसी एकता को हमेशा मजबूत बनाये रखने के लिए उन्हें हर दल के नेताओं के सक्रिय और हार्दिक सहयोग की अपेक्षा होगी और वह उन्हें मिलेगा, इसमें

सन्देह नहीं।

एक बूँद सहसा छलकी–5 मार्च को संयुक्त विरोधी मोर्चे के नेता महामायाप्रसाद सिन्हा अपने तेरह अन्य सहयोगियों के साथ जब शपथ-ग्रहण करके राज-भवन से बाहर निकले तब बाहर उनके स्वागत के लिए अपार जन-समुद्र उमड़ आया था। उस अवसर पर–जिसको महामहिम राज्यपाल ने 'अभूतपूर्व अवसर' कहा–जन-गण के हार्दिक उल्लास को देखकर मुख्यमन्त्री का हृदय उमड़ आया और उनकी आँखों से प्रेम के आँसू छलक पड़े।

असली सुराज–संयुक्त समाजवादी दल के रामानन्द तिवारी को हर्षोन्मत्त भीड़ ने कन्धों पर उठा लिया और जय-जयकार करते हुए जुलूस बनाकर कुछ लोग चल पड़े। विभिन्न पार्टियों के रंग-बिरंगे झण्डोंवाली जीप-गाड़ियाँ, ट्रकों पर लदे नारे लगाते हुए लोग, नयी गैर-कांग्रेसी सरकार की जयकार करने के बाद अपनी-अपनी पार्टियों का 'जिन्दाबाद' कहना नहीं भूलते। अपने समर्थकों और साथियों की भीड़ में घिरे संयुक्त समाजवादी दल की बिहार शाखा के चेयरमैन और नयी सरकार के वरिष्ठ मन्त्री रामानन्द तिवारी ने इन शब्दों में अपने मन में उठनेवाली भावना को व्यक्त कर दिया–"जनता समझती है कि असली सुराज इस बार हुआ है।'

शपथ-ग्रहण के पहले कई दिनों तक 'भावी मन्त्रियों' के कोई-न-कोई बयान प्रकाशित होते रहे हैं। किसी ने कहा–"हम बँगले में नहीं रहेंगे। ठाठ-बाट और शान-शौकत से परहेज करेंगे।" दूसरे मन्त्री महोदय ने दूसरी बात कही–"हम साइकिल से या पैदल ही दफ्तर जायेंगे।" तीसरे दल के मन्त्री ने ऐलान किया–"हम कम वेतन लेंगे।" और अन्ततः एक माननीय मन्त्री ने अपनी पूरी तनख्वाह सूखा-पीड़ित इलाके के लोगों की सहायता के लिए छोड़ने की घोषणा करके 'त्याग' का एक नया प्रतिमान स्थापित कर दिया है। इसलिए यदि जनता समझती है कि असली सुराज इस बार आया है, तो वह गलत नहीं समझती।

नया रिवाज–शपथ ग्रहण करने के सिर्फ आठ घण्टे बाद मन्त्रिमण्डल की पहली बैठक शुरू हुई। बैठक शुरू होने के पहले ही रामानन्द तिवारी ने मन्त्री की हैसियत से एक पुरानी 'व्यवस्था' को एक शब्द में समाप्त कर दिया। हुआ यह कि मन्त्रियों के पहुँचते ही सेक्रेटेरियट कैण्टीन के बैरों का एक झुण्ड आया और वे टेबल पर प्लेट-पॉट और प्यालियाँ जल्दी-जल्दी सजाने लगे। इस पर तिवारीजी ने अवाक् होकर पूछा–"यह सब क्या है ?" जवाब दिया गया–"हुजूर ! केबिनेट की मीटिंग चाय-पानी के बाद शुरू होती है। यही रिवाज है।' मन्त्री महोदय ने कहा–"बस ! अब तक जो हुआ सो हुआ। आगे से इसकी जरूरत नहीं।"

उधर, सचिवालय की भीड़ में एक आदमी लोगों से उस कमरे का अता-पता पूछ रहा था जहाँ केबिनेट की मीटिंग होती है। लोगों ने मखौल में कहा–"यह देखिए, इनको बता दीजिए कि केबिनेट की मीटिंग किस कमरे में हो रही है। यह भी देखने जायेंगे।" उस व्यक्ति ने कहा–"देखने नहीं, उसमें शरीक होने जायेंगे।" किसी पहचाननेवाले ने पहचाना–"अरे ! यह तो मन्त्रीजी हैं ! आइए हुजूर !"

जो वादा किया था–उस दिन गाँधी मैदान की विशाल सभा में रामानन्द तिवारी ने कहा–"याद कीजिए ! हमने चुनाव के समय क्या कहा था ? कहा था कि हम 'पावर' में आयेंगे, तो सबसे पहले पटना गोलीकाण्ड की अदालती जाँच करवायेंगे। और, जब हम पावर में आये तो हमने क्या किया ? किया यह कि तुरन्त आदेश दिया··· कि गोलीकाण्ड की जाँच हो। हमने हर जिला के कलक्टर को 'वायरलेस' से आदेश दिया कि तुरन्त मालगुजारी वसूली बन्द हो जानी चाहिए।··· हम पढ़ा-लिखा हुआ आदमी नहीं, बेबात का बात करना नहीं जानते। हम सिपाही हैं। हम लड़ना जानते हैं और गढ़ना भी। मगर, हम झूठा वादा करना नहीं जानते। जो वादा करते हैं–जान पर खेल कर पूरा करते हैं। तो, भाइयो···।"

इन पंक्तियों के लिखते समय तक यह खबर पक्की हो चुकी है कि रामानन्द तिवारी को 'सामुदायिक विकास' के साथ अब पुलिस विभाग भी सौंप दिया गया है। अब इनका 'चरित' लिखनेवालों को दिलचस्प सामग्री के साथ बढ़िया शीर्षक भी मिल गया–"पुलिस कांस्टेबल से पुलिस-मन्त्री !"

"ग्यारह बजने में दस मिनट बाकी हैं, राज्यपाल महोदय की 'सवारी' अभी तक नहीं आयी है। बिहार विधानसभा भवन पर राष्ट्रीय झण्डा पछिया हवा में बड़ी शान से लहरा रहा है। अध्यक्ष महोदय–यानी नये अध्यक्ष धनिकलाल मण्डल आ गये हैं।··· वह रही मुख्यमन्त्री महामाया बाबू की गाड़ी। विद्यार्थियों की टोलियाँ उन्हें घेर लेती हैं। मुख्यमन्त्री हाथ जोड़कर किसी बात के लिए माफी माँग रहे हैं।··· अब वह भीड़ से बाहर हैं।··· सामने गोलाकार लॉन पर सफेद वर्दी और लाल टोपियों में बिहार मिलिटरी पुलिस के बैण्ड-वादकों का दल खड़ा है। उनकी निगाहें सामने सड़क की ओर हैं। जहाँ तक निगाहें जाती हैं–लोगों की भीड़ ! वह, वहाँ 'प्रवेश-द्वार' पर कुछ हुआ। मैं देख रहा हूँ कि पुलिस के कई वरिष्ठ अधिकारी हाथ जोड़कर भीड़ के लोगों से कोई 'विनती' कर रहे हैं। जनता कुछ नहीं सुनती है। रेलमपेल शुरू हुआ। हाँ, कुछ लोग अन्दर चले गये। शोरगुल बढ़ता जा रहा है। एक जटाधारी बाबा चादर ओढ़कर सदन के अन्दर जा रहे हैं। शायद विधायक हैं। हाँ, विधानसभा के सदस्य ही हैं। नाम है, विवेकानन्द स्वामी। संयुक्त समाजवादी पार्टी के टिकट पर चुनाव जीतकर आये हैं। मगर, अपने क्षेत्र में पार्टी के चुनाव मेनिफैस्टो का कहीं कोई जिक्र नहीं किया बाबाजी ने। कोई प्रचार नहीं। सिर्फ "हरे राम, हरे राम, राम राम हरे हरे" महामन्त्र का अष्टयाम कीर्तन, गाँव-गाँव में करवाकर अपने विरोधी से ज्यादा मत प्राप्त किये।··· दूसरे गेरुआधारी, किन्तु, मॉडर्न संन्यासी हैं–कांग्रेस के विवेकानन्द गिरी और तीसरे गेरुआधारी जनक्रांति दल के हैं। पगड़ी और गले की माला से 'दशनामी' संन्यासी मालूम पड़ते हैं। ··· चन्द्रशेखर सिंह–कम्युनिस्ट। चन्द्रशेखर अपनी गाड़ी में आये। यह एक सुखद संयोग की बात है कि कामरेड चन्द्रशेखर के पिता रामचरित्र सिंह जब मन्त्री (कांग्रेसी) थे, तब उनके जिम्मे भी सिंचाई और बिजली विभाग था। लेकिन उन्होंने (रामचरित्र सिंह ने) अपने कार्यकाल में कभी किसी 'प्रोजेक्ट' के चीफ इंजीनियर के 'साइड'

पर रहने के बदले पटना के ठाठदार बँगले में रहने पर कोई एतराज नहीं किया। मगर चन्द्रशेखर को अचरज हुआ कि ये पटना में क्यों रहते हैं ? उन्होंने आदेश दिया है—मुख्य अभियन्ता अपने 'कार्यस्थल' पर जाकर रहें।··· मेरे दाहिने खड़े लोगों का ख्याल है कि कर्पूरी ठाकुर से बढ़कर ईमानदार, त्यागी और सूझबूझवाला आदमी इस मन्त्रिमण्डल में और दूसरा नहीं। इनका कहना है कि कपिलदेव तुरन्त झुँझला जाता है किसी बात पर। लेकिन कर्पूरी ठाकुर हँस-हँसकर भी कलेजा काट लेनेवाली बात कह सकते हैं।··· यह आये भोला सिंह—एल. एस. जी. यानी 'स्वायत्त शासन' के मन्त्री। पटने की उन सड़कों के नाम बदलेंगे, जो अब भी अंग्रेजी के नाम ढो रही हैं। हार्डिंग पार्क से हार्डिंग की मूर्ति को उठाकर जादूघर में रखवायेंगे और उस स्थान पर किसी राष्ट्रीय नेता की मूर्ति बैठायेंगे।··· सिर पर केसरिया रंग की टोपी, पीली धोती, रेशमी कुर्त्ता पहने और रेशमी चादर ओढ़े हुए व्यक्ति को देखकर विद्यार्थियों ने तुरन्त ब्याह करके आया हुआ 'दुल्हा' समझा था—वह हैं सहकारिता मन्त्री रामदेव महतो—जनसंघ के प्रतिनिधि।··· यह रहे दूसरे कम्युनिस्ट कामरेड—इन्द्रदीप सिंह—राजस्व मन्त्री। टाटा तथा अन्य निजी औद्योगिक प्रतिष्ठान के मालिकों को (जो कारबार तो करते हैं बिहार में और राजस्व देते हैं किसी अन्य राज्य को !) चेतावनी दी है··· राजा साहब आये। राजा रामगढ़ ! आगे-पीछे लोगों की भीड़। सभी झुक-झुककर कोर्निश बजाते हैं।··· कोलाहल, कलरव, जयकार !··· राज्यपाल की सवारी पहुँच गयी। सारे शोरगुल को चुपकर बैण्ड और बिगुल का सुर वातावरण पर छा गयी।··· राज्यपाल सदन के अन्दर गये। सुना है, कल सदस्यों के शपथ-ग्रहण के समय 'दर्शक दीर्घा' में बैठे दर्शकों ने कुछ 'अनपार्लियामेण्टरी हरकतें' कीं। पता नहीं, आज क्या हो। दर्शकों का 'मूड' आज भी अच्छा नहीं लग रहा है··· ।"

शाम को सुना—राज्यपाल जब भाषण दे रहे थे, 'दर्शक-दीर्घा' में लगातार शोरगुल हो रहा था। राज्यपाल ने दर्शकों से शान्तिपूर्वक रहने अथवा सदन छोड़कर बाहर जाने का अनुनय किया। जनता ने राज्यपाल के निवेदन पर ध्यान नहीं दिया तो उन्हें परेशानी हुई और नाराज होकर बोले—"यह सिनेमा-हॉल नहीं।"

लोगों का विश्वास है कि मुख्यमन्त्री महामायाप्रसाद अपने व्यवहार और कर्त्तव्य से इन अशान्ति मचानेवाले तत्त्वों के दिलों को शीघ्र ही जीत लेंगे। उनकी जनप्रियता और किस दिन काम आयेगी ?

लेकिन, इन सारी बातों के बावजूद हर जगह, हर समय, कोई-न-कोई शक्की पूछ बैठता है—"चल सकेगी यह सरकार ?··· कितने दिन चलेगी यह सरकार ? ··· चलेगी भी ?'

इन शंकाओं के मूल में 'पर-श्री कातरता' के अलावा वही हीन-भावना काम कर रही है, जो अंग्रेजी राज में समझती थी कि अंग्रेजों के जाने के बाद भारतीय शासन को सँभाल नहीं सकेंगे। एक और सवाल है, जो बार-बार पूछा जाता है—"क्या इस सरकार को चलने दिया जायेगा ?" सवाल का सही मतलब है कि क्या विरोधी

दल यानी कांग्रेस के लोग इसे चलने देंगे ? और इस सवाल के जवाब में एक सवाल पूछा जा सकता है कि विरोधी पक्ष इस सरकार को क्यों नहीं चलने देगा ? अर्थात् इस सरकार को नहीं चलने देकर उनका क्या भला होगा ? राष्ट्रपति शासन और मध्यावधि-निर्वाचन ? किन्तु ऐसी अवस्था में होगा यही कि इस बार जितने कांग्रेसी निर्वाचित होकर आये हैं, इससे भी कम संख्या में वे चुने जायेंगे। इसके अलावा गुटबन्दी और आपसी झगड़े के कारण कांग्रेस के टुकड़े-टुकड़े हो चुके हैं। सारे देश में कांग्रेस-विरोधी वातावरण का विस्तार हो चुका है। ऐसे में नयी सरकार के कामों में बाधा डालकर अपदस्थ करने की चेष्टा करके अपनी मौत को ही बुलायेंगे। वे ऐसी हिमाकत क्यों करेंगे ?

नयी सरकार ने शपथ-ग्रहण करने के बाद कई महत्त्वपूर्ण घोषणाएँ की हैं। पटना-मुजफ्फरपुर और समस्तीपुर गोलीकाण्डों की अदालती-जाँच, स्कूल-कॉलेज के विद्यार्थियों के तीन महीने की फीस की माफी, मालगुजारी वसूली का स्थगन, जन सुरक्षा कानून की समाप्ति और अकाल से लड़ने का दृढ़ संकल्प आदि।

इन घोषणाओं को बिहार की नयी सरकार कार्य रूप में नहीं परिणत कर सकेगी, ऐसा सोचने का कोई भी कारण नहीं। क्योंकि जहाँ तक योग्यता, कार्यक्षमता और ईमानदारी का सवाल है, इस मिली-जुली, विभिन्न दलों की सरकार के वामपन्थी पक्ष के सभी सदस्यों में वे सभी गुण मौजूद हैं। जो सफल शासकों के लिए आवश्यक हैं। बिहार की जनता उन्हें पिछले तीस-पैंतीस वर्षों से जानती-पहचानती है कि वे किस धातु के बने हुए हैं।

और महामाया प्रसाद सिन्हा के रूप में बिहार को एक ऐसा मुख्यमन्त्री मिला है, जो 'महाभावुक' है जो दूसरों के दुःख-दर्द को देखकर फूट-फूटकर रोने लगता है। उसके 'राज' में राज्य के आधे से अधिक हिस्से के लोग दाना-पानी के बिना मरते रहें, इसे वह कैसे बर्दाश्त कर सकेगा ?

बिहार की जनता धीरज और उम्मीद बाँधकर नयी सरकार की ओर देख रही है।

23 अप्रैल, 1967

सरकार की नीयत : राज्य की नियति

दिल्ली में आयोजित मुख्यमन्त्रियों के सम्मेलन में जाने से पहले बिहार विधानसभा में खाद्य-संकट पर बोलते हुए नयी सरकार के खाद्यमन्त्री, संयुक्त समाजवादी

कपिलदेव सिंह ने केन्द्र तथा राज्यों की सरकारों को एक 'चेतावनी' दे दी– 'यदि इस संकट की घड़ी में केन्द्र तथा अन्य राज्य हमारी मदद नहीं करेंगे तो हमें भी बाध्य होकर अपने राज्य का कोयला, अबरख आदि खनिज पदार्थ अपने राज्य की सीमा से बाहर जाने बन्द करने पड़ेंगे।'

श्री सिंह के इस वक्तव्य की हँसी उड़ायी गयी, कटु आलोचनाएँ हुईं और इसे 'बचकाना स्टण्ट' भी कहा गया। लेकिन मुख्यमन्त्री सम्मेलन से खाली हाथ और भारी दिल लौटने के बाद केन्द्र की मर्जी के खिलाफ इन लोगों ने बिहार के अधिकतर हिस्से में अकाल घोषित कर दिया, तो फैली हुई गलतफहमी दूर हो रही है। नयी सरकार के नये मन्त्रियों की 'कथनी' को अब 'महत्त्व' दिया जाने लगा है। राज्य के हर जिले के कोने-कोने से माँग की जा रही है–"हमें भी अकाल-पीड़ित घोषित करो।" इसलिए, संयुक्त समाजवादी मन्त्री की 'चेतावनी' के बाद जब कम्युनिस्ट मन्त्रिद्वय–चन्द्रशेखर और इन्द्रदीप सिंह ने केन्द्र सरकार का 'बाकी-बकाया' रोक रखने की 'धमकी' दी, तब इसकी तीव्र और अपेक्षित प्रतिक्रिया हुई।

नयी सरकार की कथनी और करनी को देख-सुनकर यह सन्देह भी दूर हो रहा है कि संयुक्त मोर्चे की यह गैर-कांग्रेसी सरकार, सरकार चलाने के लिए अथवा जनता की सेवा के लिए नहीं बल्कि राष्ट्रपति-शासन को टालकर मध्यावधि-चुनाव तक सरकारी छत्रछाया में अपनी-अपनी पार्टी को 'सुसंगठित' करने के लिए गठित हुई है। लेकिन इन बातों से विरोधी दल के लोगों का यह विश्वास दृढ़ होता जा रहा है कि एक के बाद एक बड़ी-बड़ी घोषणा करने के बाद, कड़ी धमकियाँ देने के बाद एक दिन केन्द्र की कांग्रेसी सरकार पर सारा दोष डालकर सम्मिलित घोषणा करके समारोह के साथ गद्दी छोड़-छाड़कर ये जनता के बीच चले जायेंगे और कांग्रेस-विरोधी आग को उनचास-पवन से 'लहकाना' शुरू करेंगे। कांग्रेसियों के इस विश्वास का प्रभाव सरकारी हलके पर भी पड़ा है। वे भी इस मुगालते में हैं कि दो-तीन महीने से ज्यादा यह सरकार नहीं टिक सकेगी।

'ना' कक्ष–राज्य विधानसभा में राज्यपाल के भाषण पर वादविवाद के सिलसिले में यह अच्छी तरह से देख और समझ लिया गया कि विरोधी दल की हैसियत से कांग्रेस पार्टी कैसी भूमिका अदा करेगी, उसके कौन-कौन वाग्वीर समय पड़ने पर सरकार पर निर्मम प्रहार कर सकने में समर्थ हो सकेंगे और विरोध की 'भाषा' क्या होगी और एक ही 'मत' से बने नेता के पीछे नाना जाति, पन्थ, फिरके और गुट के अनेक लोग 'एकमत' होकर कब तक चल सकेंगे ?

यह याद रखना होगा कि कांग्रेस के अधिकतर विधायक देशव्यापी कांग्रेस विरोधी तूफ़ान को झेलकर, धनघोर पथराव के बावजूद आये हैं। जो आये हैं उनमें ऐसे अनेक लोग हैं, जो 'सरकार' चला चुके हैं, जिन्हें हर 'सदर' और 'चोर दरवाजे' का पता है। कुछ बुनियादी विरोधी किस्म के लोग हैं। कुछ ऐसे भी व्यक्तित्व हैं जिन पर तब के विरोधियों ने कभी उँगली नहीं उठायी और सिर्फ बहस के

लिए बहस करनेवाले, विकटतम प्रश्न पूछनेवाले, चिकोटी काटकर चिढ़ानेवाले, बात-बात पर 'व्यवस्था' की बात लेकर खड़े होनेवाले और अध्यक्ष के बार-बार कहने पर भी 'आसन' नहीं 'ग्रहण' करनेवाले अखाड़ेबाज लोग भी हैं। अतः सरकारी पक्ष के कनिष्ठतम सदस्यों को सदन में और सदन से बाहर भी सदा सतर्क और प्रस्तुत रहना पड़ेगा। यह भी कि विरोधियों की हर बात के जवाब में यह कहने से काम नहीं चलेगा कि आपने अपने समय में क्या किया ?

'हाँ' पक्ष—सदन की कार्रवाई को देखकर यह भी लगा कि बीस वर्षों से लगातार विरोधी-पक्ष में रहने के कारण सरकार-पक्ष के सदस्यों ने विरोध की भाषा और लहजे को इस तरह आत्मसात् कर लिया है कि वे जब भी कुछ बोलने को उठते हैं तब यह भूल जाते हैं कि इस सरकार में उसकी पार्टी का भी हिस्सा है। यही कारण है कि नयी विधानसभा में इस बार 'वॉक आउट' का श्रीगणेश—विरोधी दल के नहीं—सरकारी पक्ष के तीन सदस्यों ने किया।

सरकार के साझेदार दलों की आपसी एकता के बारे में इधर कई अशुभ अफवाहें फैलीं, तो संयुक्त मोर्चे के नेता महामायाप्रसाद सिन्हा ने उनको सरकार के विरोधियों की दिमागी-खुराफात कहकर 'खण्डित' किया। किन्तु यह सभी जानते हैं कि राजनीतिक क्षेत्र की ऐसी अफवाहें एक दिन सही समाचार बनकर प्रकाशित हो जाती हैं इसलिए इस तरह के 'खण्डन' प्रकाशित करवाने के साथ ही मुख्यमन्त्री को चाहिए कि वह अपने 'पक्ष' का 'मण्डन' भी किया करें।

उस दिन सदन में जब एक कांग्रेसी विधायक ने जन-कार्य तथा खनिज और खान विभाग के मन्त्री राजा बहादुर कामाख्यानारायण सिंह और उनके अनुज वन-विभाग और आबकारी के मन्त्री बसन्तनारायण सिंह को मन्त्रिमण्डल में सम्मिलित करने की खरी आलोचना की, तब मुख्यमन्त्री ने तुरत उठकर मुँहतोड़ जवाब देना अपना कर्त्तव्य समझा। बोले—"राजा साहब का राज चला गया मगर उन्होंने बिहार की जनता के दिलों को जीतकर उन पर अपना 'राज' कायम कर लिया है।" मुख्यमन्त्री के इस हर्षोत्पादक उत्तर पर सरकारी पक्ष के सिर्फ जनक्रान्ति दल के सदस्यों ने ही हँस-हँसकर तालियाँ बजायीं। एक भी संयुक्त समाजवादी, प्रजा समाजवादी और कम्युनिस्ट सदस्य के चेहरे पर मुस्कुराहट की हल्की रेखा भी अंकित नहीं हुई और वे गम्भीर मुख-मुद्रा बनाकर बैठे रहे।

वामपन्थियों की इस गम्भीरता का अर्थ तब स्पष्ट हुआ जब कम्युनिस्ट पार्टी के सेक्रेटरी जगन्नाथ सरकार ने मुख्यमन्त्री महामाया बाबू के नाम अपनी एक चिट्ठी की प्रतिलिपि प्रकाशित और प्रचारित की। इस पत्र से यह जाहिर हुआ कि राजा रामगढ़ के विरुद्ध अभियोग हैं कि उनके पास बिहार सरकार के करीब 5 करोड़ रुपये खान और वनविभाग के हिसाब में बाकी पड़े हैं और इन्हीं के खिलाफ 246 सरकारी मुक़द्दमे लगे हुए हैं। उनकी पत्नी के पास भी राज्य बिजली बोर्ड के हजारों रुपये बाकी हैं। इन अभियोगों का खण्डन न सरकार बहादुर ने किया है और न ही राजा बहादुर ने। यदि सरकार अपने ही मन्त्रियों पर लगाये

गये अभियोगों का पता नहीं लगा सकती या उन्हें दूर नहीं कर सकती तो वह भ्रष्टाचार के खिलाफ किस बूते पर लड़ सकेगी ?

कबाब में काँटा—मन्त्रियों की सम्पत्ति के ब्योरे को लेकर भी असन्तोष फैला है—संयुक्त मोर्चे के खेमे में। जहाँ एक ओर कर्पूरी ठाकुर को अपनी माँ-बहन और बीवी के चन्द चाँदी के जेवरों का ब्योरा देना पड़ा, रामानन्द तिवारी ने घर के बर्तन, बासन और आम-नीम-महुआ के दो चार पेड़ों तक का हिसाब दिया—वहीं राजा बहादुर की ओर से कानूनी भाषा में कहा गया कि उन्होंने अपनी सम्पत्ति का ब्योरा आयकर विभाग को (ऑलरेडी) दे दिया है। मतलब यह कि जिनको उनकी सम्पत्ति का ब्योरा जानना हो, वे आयकर विभाग में जाकर देख सकते हैं। जिस व्यक्ति ने जनता की सेवा के लिए अपनी पूरी तनख्वाह छोड़ दी है—लोग उसकी भी आलोचना करते हैं। तिस पर मित्र-पक्ष के सदस्य। जनक्रान्ति दल के लोगों को इससे दुख हुआ है और उनका कहना है कि जनक्रान्ति दल की जनप्रियता को देखकर कई दलों के नेताओं के दिल जलने लगे हैं। जनक्रान्ति दल के प्रवक्ता अपनी जन-प्रियता के प्रमाण में उन तीन सदस्यों को प्रस्तुत करते हैं, जो कांग्रेस छोड़कर जनक्रान्ति दल में शरीक हो गये हैं। उन्हें उम्मीद है कि अगले सत्र में करीब बाईस कांग्रेसी सदस्य कांग्रेस से टूटकर उनके दल में आ मिलेंगे। राजा बहादुर के विरुद्ध वातावरण तैयार करने के सिलसिले में यहाँ तक कहा जा रहा है कि यदि विनोदा बाबू को राज्यपाल और सत्येन्द्र नारायण को राजदूत बना दिया गया तो राजा साहब सदल-बल कांग्रेस में जा मिलेंगे और स्वयं उपमुख्यमन्त्री बनकर कांग्रेसी सरकार के पुनर्गठन में ठोस योगदान देंगे।

पता नहीं, क्या हो। लेकिन, यह तय है कि विधानसभा के अगले अधिवेशन तक संयुक्त-समाजवादी दल के भी अनेक विधायक राजा रामगढ़ से घोर असन्तुष्ट हो जायेंगे। अब यह भी खुलकर कहा जाने लगा है कि संयुक्त मोर्चे की एकता तथा नयी सरकार को बाहरी दुश्मन का उतना खतरा नहीं जितना अन्दर के 'मित्र' का।

विरोधी दल के लोग चुपचाप नहीं हैं, इस विषय पर। उनके साथ ही एक और 'ताकत' अप्रत्यक्ष रूप से सक्रिय है—जिसका नाम है नौकरशाही ! इस अदृश्य शक्ति का विश्वास है कि एक बार अच्छी तरह उसके 'भ्रष्ट पाश' में बँध जाने पर कोई भी सरकार कभी कुछ नहीं कर सकती—उनकी मर्जी के खिलाफ। राज्यव्यापी अशान्ति के लिए सरकारी अधिकारी अब नयी सरकार की नीतियों और रुख को दोष देने लगे हैं। बिहार विधानसभा भवन के 'प्रवेश द्वार' पर अशान्ति और उत्तेजना भरे वातावरण में उस दिन एक वरिष्ठ अधिकारी सरकारी पक्ष के एक विधायक से कह रहे थे—"स्टूडेण्ट लोगों का कोई दोष नहीं। सब आप लोगों का कसूर है। आप लोग एक ओर 'यूनियन' भी 'बनवायेगा' और 'चाहिएगा' कि 'गड़बड़ी' भी नहीं हो। कल इनको सिर पर चढ़ाया है, आज पिण्ड छुड़ाना चाहते हैं ?"

7 मई, 1967

विद्या ददाति… ?

उस दिन पटना लॉ कॉलेज के पास छात्रों के दो दलों में घमासान 'युद्ध' हुआ, जिसमें साइंस कॉलेज के छात्र श्री रामधारी ठाकुर खेत रहे। इस घटना पर साधारण जनता को अचरज नहीं हुआ। क्योंकि लोग जानने-बूझने लगे हैं कि गद्दी के लिए 'लड़ाई' चल रही है अविराम—राजनीतिक दलों की। और विद्यार्थी उन 'दलों' के सैनिक हैं।

किंतु इधर की घटनाओं और खासकर पटना की इस घटना से इस बात की पुष्टि हुई है कि विद्यार्थी राजनीतिक दलों से पहले अपनी-अपनी 'जाति' के सैनिक हैं। पिछले छः महीने से राँची, बिहार और पटना विश्वविद्यालय के दरवाज़े खुलते और फड़फड़ाकर बंद होते रहे हैं। हर मौसम में छुट्टियों के पहले ही लंबी छुट्टियाँ दे देनी पड़ती हैं। इस बार भी वही हुआ। नयी सरकार ने छात्रों की माँगों पर सहानुभूतिपूर्वक विचार करने का आश्वासन दिया। तीन महीने की फीस की माफी हुई। जिन विद्यार्थियों पर मुक़द्दमे चल रहे थे और जेलों में बंद थे, उन्हें छोड़ दिया गया। इसके बावजूद विद्यार्थियों में असंतोष की यह आग सुलगती और भभकती रही। इसका एक अर्थ यह भी हो सकता है कि यह आग छुट्टियाँ देकर नहीं बुझायी जा सकती। पटना विश्वविद्यालय छात्रावास समिति की बैठक में भी उपकुलपति डॉ. के. के. दत्त ने छात्रावासों के अधीक्षकों एवं वार्डन को सलाह दी कि वे छात्रावास के छात्रों को शीघ्र घर चले जाने की सलाह दें। और सदा सतर्क रहें कि किसी प्रकार की अप्रिय घटना नहीं हो।

पटना का हर उत्साही नौजवान समय पड़ने पर 'विद्यार्थी' हो जाता है और पटना के हर विद्यार्थी को यह कहने का हक है कि उसने वर्तमान मुख्यमंत्री को 'विजयी' बनाने के लिए क्या-क्या न किया !

महामाया बाबू के ऐसे ही 'स्वयं सैनिकों' ने एक ऐसी 'निगरानी समिति' की स्थापना की है, जो महामाया बाबू तथा उनके मंत्रिमंडल के सदस्यों को भ्रष्ट व्यक्तियों के संसर्ग से दूर रखेगी। मुख्यमंत्री विद्यार्थियों के असंतोष को दूर करने में समर्थ नहीं हो सके—कोई बात नहीं। स्नेह, प्यार, आदर, श्रद्धा, विश्वास उन्होंने खो नहीं दिये हैं। इसको जाँचने का यही उपयुक्त अवसर है, जो बाद में चाहने पर भी हाथ न आये और इन गर्मी की छुट्टियों में जिस राजनीतिक दल की ओर से 'समर स्कूल ऑव पॉलिटिक्स' जैसे शिविर के संचालक… और जब विद्यार्थियों के बिना राजनीतिक दलों का काम चलना नामुमकिन है तो ऐसी आकस्मिक छुट्टियों में 'समर स्कूल ऑव पॉलिटिक्स' (ग्रीष्मकालीन राजनीति का स्कूल) जैसे शिक्षा-शिविर संचालन करने की बात कोई राजनीतिक दल या व्यक्ति क्यों नहीं सोचता ? या सही बात यही है कि अब छात्रों पर किसी दल का कोई प्रभाव नहीं रहा ?

उस दिन ऐसे ही एक सवाल पर संयुक्त मोर्चे के एक प्रवक्ता ने एक पत्रकार से सवाल कर दिया, "और आपके संपादक, इनके (अर्थात विद्यार्थियों के) विरुद्ध कोई 'संपादकीय', कोई 'अग्रलेख' या विशेष लेख क्यों नहीं लिखते ? इनको बढ़ावा क्यों देते हैं ?"

पत्रकार ने धीरे-से कहा, "जरा धीरे-धीरे बोलिए। किसी ने सुन लिया तो हमारे अखबार के साथ आपकी सरकार मुर्दाबाद··· "

अप्रकाशित। 'सारिका', रेणु स्मृति अंक, 1 अप्रैल, 1979 में प्रकाशित

हार्डिंग की प्रतिमा

1912 में लॉर्ड हार्डिंग अपनी पत्नी के साथ बिहार पधारे थे। उसी पुण्य अवसर की स्मृति में उस समय के लेफ्टिनेण्ट गवर्नर सर चार्ल्स बेली और महाराजा रामेश्वर सिंह (दरभंगा नरेश) के उद्योग से 1915 में पटना में लॉर्ड हार्डिंग की प्रतिमा की स्थापना की गयी थी। इस प्रतिमा के शिल्पी लन्दन निवासी हैम्पटन को इसके पारिश्रमिक में 4,000 पौण्ड मिले थे। 12 फुट ऊँची वेदी पर इसकी स्थापना हुई। उसके आसपास की भूमि को घेरकर 70,100 रुपये की लागत से एक उद्यान लगाया गया–जिसका नाम हार्डिंग पार्क मशहूर हुआ।

12 अप्रैल, 1967 को बिहार की गैर-कांग्रेसी सरकार के संयुक्त समाजवादी मन्त्री भोलासिंह (स्वायत्त शासन विभाग) ने इस ऐतिहासिक मूर्ति को (जो हमारी गुलामी के दिनों की यादगार भी थी।) हटाकर जादूघर में डलवा दिया। और, यह शुभ कर्म उसी व्यक्ति के हाथ से सम्पन्न कराया गया जो संयुक्त समाजवादी पार्टी के 'अंग्रेजी हटाओ' आन्दोलन के समय इस मूर्ति का अंग-भंग करने की चेष्टा के अपराध में दण्डित किया गया था। 5 टन वजन की कांसे की विशाल मूर्ति जब ट्रक पर लदकर जादूघरकी ओर चली, उपस्थित जनता ने 'विदाई' में तरह-तरह के नारे लगाये, जिसमें एक नया नारा भी था–"स्वेतलाना को वापस बुलाओ।"

सड़क से गुजरती सवारियों पर बैठे लोग अचरज से सबकुछ देख-सुन रहे थे। एक देहाती ने रिक्शेवाले से पूछा–"भैया यह किसकी मूरत थी ?" रिक्शाचालक ने तुरत जवाब दिया–"अरे, यह भी नहीं मालूम ? बहुत पुराना कांग्रेसी लीडर था और था कृष्णबल्लभ सहाय का 'आदमी'··· "

7 मई, '67 के 'चरचे और चरखे' स्तम्भ में प्रकाशित

'इधर-उधर' विवाद

बिहार में कांग्रेस विरोधी पक्ष में है। विरोध के लिए कोई मुद्दा उठाते ही सरकारी पक्ष, जो कल तक विरोधी पक्ष था, चट से पूछ बैठता है–आपने अपने समय में क्या किया ?

उस दिन ऐसे ही प्रसंग में कांग्रेस के एक पुराने विधायक, भूतपूर्व मन्त्री दारोगा राय ने सरकारी पक्ष के वक्ता को जवाब दिया–"जनाब ! हमने जो किया, उसी का नतीजा है कि हम–'इधर' बैठे हैं और आप 'उधर'। हम लोग बीस साल के बाद 'इधर' आये हैं लेकिन आप लोग तो बीस ही दिन में 'इधर' आने की तैयारी कर रहे हैं... "

इस कुटिल-व्यंग्य लिपटी सरल स्वीकारोक्ति को सुनकर इधर-उधर दोनों तरफ मिली-जुली हँसी खेल गयी। सदन में एक मुस्कुराहट उस समय भी सामूहिक रूप से छायी हुई थी जब सहस्र-छिद्रवाले दल का एक वक्ता केदार पाण्डेय अनोखी अदा के साथ सरकार के सतरंगे स्वरूप का 'बखान' कर रहा था। अचरज की बात है कि सरकारी-पक्ष के किसी सदस्य को मशहूर देहाती कहावत की याद नहीं आयी–"चलनी कहे सुई से कि तेरी पेंदी में छेद !"

7 मई, '67 के 'चरचे और चरखे' स्तम्भ में प्रकाशित

...नूनी तूफ़ान : बाख़बर और बेख़बर जन

[1]

जनवरी में 'जनक्रान्ति' की जो लहर इस प्रदेश में उठी, वह 'खादी भवन' और कांग्रेसी शासन को नेस्तनाबूद करने के बाद लौट नहीं गयी।

लहरें रोज आती रहीं। पिछले छह महीने में ऐसी-ऐसी घटनायें इतनी तेजी से घटी हैं कि अब लोग उनको 'ख़बर' या 'समाचार' नहीं कहकर 'आम बात' समझने लगे हैं।

वह लहर कभी विधानसभा की दर्शक-दीर्घा में पहुँचकर सदस्यों पर तालियों और गालियों की 'वृष्टि' करती, कभी रेलगाड़ियों पर हमला करती, राह चलती लड़कियों को छेड़ती, परीक्षा-भवन तथा परीक्षकों पर घातक आक्रमण करती,

रोड़े-पत्थर बरसाती और राज्य के कोने-कोने से अमन-चैन को मिटाती–पन्द्रह अगस्त की पुण्य-तिथि को पटना के गाँधी मैदान में आकर फिर उमड़ी, और राज्य के प्रथम गैर-कांग्रेसी, मिली-जुली पार्टियों की सरकार के प्रथम मुख्यमन्त्री महामाया प्रसाद के उस सुनहले भरम को दूर कर गयी कि वह 'इन लहरों के राजहंस' हैं। महामाया बाबू अपने हृदय में संचित समस्त स्नेह को गले में उतारकर हाथ जोड़कर विनय करते ही रहे–"आप मेरे जिगर के टुकड़े हैं, आप मेरे भविष्य··· !" मगर उनके जिगर के टुकड़ों ने गाँधी मैदान के सारे प्रबन्ध को टुकड़े-टुकड़े करने के बाद मैदान में जो-जो करतब दिखाये उन्हें नहीं लिखने से भी काम चल सकता है। मुख्यमन्त्री पुलिस और फौज की सलामी नहीं ले सके और न (हर साल का आकर्षण) 'पैरेड' हो सकी। बीवी-बाल-बच्चों को लेकर, किसी तरह जान बचाकर भागते हुए एक अधेड़ गृहस्थ ने बाकरगंज मोड़ पर 'अपना बाजार' के विशाल और नये भवन की ओर देखकर जो आशंका प्रकट की उसे भी नहीं लिखा जाये तो काम चल सकता है। किन्तु 15 अगस्त को मैदान में जो 'असगुन' हुआ उसे मुख्यमन्त्री 'अन्य वर्षों से अधिक उत्साह' का परिणाम मानें और खुश होकर पत्रों में वक्तव्य दें तो यह लिखने-पढ़ने और जानने की बात हो जाती है।

किन्तु, उपमुख्यमन्त्री कर्पूरी ठाकुर और पुलिसमन्त्री रामानन्द तिवारी का–देर से ही सही–वास्तविकता से साक्षात्कार हो चुका था। अतः उन्हें बहुत कड़वे मुँह से 'प्रिवेंटिव डिटेंशन' की आवश्यकता को स्वीकार करना पड़ा। उन्होंने कड़ी कार्रवाई करने की धमकियाँ दीं, तो प्रदेश की शान्तिप्रिय जनता को भरोसा हुआ। गाड़ियों के साथ सशस्त्र पुलिस का जत्था तैनात करने के बाद पुलिसमन्त्री ने चेतावनी दी–"अब ज्यादा बर्दाश्त नहीं किया जायेगा··· !" इन सब बातों से राजनीतिक क्षेत्र में एक उम्मीद और बँध चली थी कि छह महीने तक राज करने के बाद उपमुख्यमन्त्री कर्पूरी ठाकुर 33 सूत्री कार्यक्रम के उर्दूवाले कार्यक्रम को उसी चतुराई से चलाने का कौशल सीख चुके होंगे जिस तरह कांग्रेसी-शासकों ने चलाया था। मगर ऐसा नहीं हुआ।

और हुआ यह कि 28 जुलाई को विधानसभा भवन के सामने और एक लहर फिर आयी और थपेड़ों से विधानसभा भवन की हर ईंट को कँपा गयी। उस उमड़ती हुई भीड़ में उर्दू-विरोधी 'जनता' में मौजूदा सरकार के दुश्मन नम्बर एक पार्टी के लोग ही नहीं–दोस्त एवं साझीदार पार्टी के लोग भी थे। यह कोई अचरज की बात नहीं, लोगों को इस बात का अचरज अवश्य हुआ कि अकाल, अन्न-संकट, भ्रष्टाचार और अराजकता से लड़ते वक्त एक जन-हितकारी तथा प्रगतिशील सरकार को किन-किन समस्याओं को लेकर किन-किन ताकतों से सामना करना पड़ सकता है–इन सबकी जानकारी के बावजूद यह कर्मठ समाजवादी मन्त्री इस 'फील-चक्कर' में कैसे पड़ गया। या यहाँ के शिक्षामन्त्री यानी उपमुख्यमन्त्री कर्पूरी ठाकुर के साथ भी वही कुछ हुआ, जो 'बाँगला' के खाद्यमन्त्री घोष के साथ··· ? यानी साझेदारों में से किसी एक ने इन्हें बदनाम करने को बीहड़ वन में फँसा दिया ? या यहाँ

का हर मन्त्री अपना ही 'इमेज' बनाने के चक्कर में है ? भाषा को लेकर देश में एक-से-एक अलौकिक काण्ड हुए हैं, उनमें से एक की भी याद, एक भी मन्त्री को क्यों नहीं आयी ? कहा जाता है कि उस दिन कर्पूरी ठाकुर सिद्धान्त की दुहाई देते हुए, उर्दू को बिहार राज्य की 'दूसरी भाषा' बनाने की बात पर अटल रहे और इसे चुनौती मानकर उर्दू-विरोधी 'जनता' तिलमिलाती हुई लौट गयी।

सरकार की साझेदार पार्टियों ने–एक को छोड़कर–इस विरोध-प्रदर्शन को 'कांग्रेसी कुचक्र' करार दिया और निश्चिन्त हो गये कि कांग्रेस के नाम से ही ईंट-पत्थर बरसानेवाली जनता इस सवाल को लेकर फिर कभी गुमराह होकर भीड़ लगाने नहीं आयेगी।··· काश ! ऐसा ही होता।

मगर, भीड़ फिर उमड़ी !

बिहार हिन्दी साहित्य सम्मेलन की ओर से 12 जुलाई को पटना पहुँचकर विशाल रैली और विशाल विरोध-सभा करने का 'बुलावा' दिया गया। राज्य के हर नगर और गाँव की दीवारों पर, हर ट्रेन के डिब्बों पर, टैक्सी, रिक्शा और टमटम पर एक पोस्टर चिपका देखा गया–"पटना चलो, पटना ! 12 अगस्त को पटना··· अगर आप चाहते हैं··· ।"

श्रावण शुक्ला सप्तमी–12 अगस्त–तुलसी जयन्ती के दिन गाँधी मैदान में फिर भारी भीड़ लगी।

शुरू हुआ राजव्यापी 'शान्तिपूर्ण आन्दोलन' ! शुरू हुई 'विरोध-पक्ष' के प्रथम दिन की कार्यवाही !

"··· मंच पर साहित्य सम्मेलन के वरिष्ठ अधिकारियों के अलावा बैठै हैं··· डॉ. लक्ष्मीनारायण 'सुधांशु' (कांग्रेस), ठाकुर प्रसाद (जनसंघ) और··· और··· नागार्जुन।

"··· साहित्य-सम्मेलन के मन्त्री उपस्थित जनसमूह को वक्ताओं के नाम, परिचय सहित सुना रहे हैं। सुधांशुजी का परिचय देते समय कहा गया–"हमारे पेशवा··· ।"

"भाषणों में सुधांशुजी का भाषण सन्तजनोचित तथा तुलसी-जयन्ती के ही उपयुक्त था। कहीं कोई उत्तेजक या विस्फोटक शब्दावली नहीं !··· और, कहनेवाले इनको 'फेनेटिक हिन्दीवाला' कहते हैं !···

"··· प्रस्ताव प्रस्तुत किया नागार्जुनजी ने। प्रस्ताव पढ़ते समय उनकी वाणी बौद्ध-भिक्षु जैसी ही थी। मगर जब प्रस्ताव पर बोलंने लगे तो 'नागा बाबा' हो गये। उन्होंने कहा–'कुछ लोगों ने मुझसे कहा कि नागार्जुनजी, आप भी उर्दू का विरोध करते हैं, क्या आप भी 'जनसंघी' हो गये ? मैंने कहा कि अगर उर्दू का विरोध करना 'जनसंघी' होना है तो मैं एक सौ जनसंघी होने को तैयार हूँ··· ।"

बाद में नागार्जुन के क्रोध का कारण भी मालूम हो गया। एक स्थानीय मशहूर दैनिक उर्दू पत्र और उसके सम्पादक का नाम लेकर उन्होंने कहा–"एक साहब हैं, जो आजकल मुख्यमन्त्री की नाक के बाल बने हुए हैं। उनके अख़बार को कभी पढ़ा है ?··· मैंने उसके पाँच अंक के सम्पादकीय को पढ़वाकर सुना है।···

साहब, लिखा है–अब आपसे क्या बताऊँ कि क्या लिखा है–लिखा है कि हिन्दीवालों को पकड़कर इतने जूते लगाये जायें कि उनकी खोपड़ी गंजी हो जाये···।"

नागार्जुनजी ने इतना कहकर अपनी खोपड़ी पर हाथ फेर लिया।··· किन्तु, जनता क्रोधित होने के बदले हँस पड़ी।

जब सभा समाप्त हुई तो किसी के चेहरे पर अशान्ति के चिह्न नहीं थे। शान्तिपूर्वक एकाध नारे लगाकर लोग वापस चले गये–अपने-अपने जिलों में, नगरों में विरोध-पक्ष का आयोजन और 'शान्तिपूर्ण आन्दोलन' करने।

10 सितम्बर, 1967

[2]

12 अगस्त की 'विरोध-सभा' में बोलनेवालों में बस एक ही 'वक्ता' ऐसा था जिसकी हर बात पर गाँधी मैदान तालियों की गड़गड़ाहट से गूँज उठता था। 'जनसंघ' के नेता ठाकुरप्रसादजी ने कहा–"नागार्जुनजी ने अभी 'जनसंघी' होने की बात कही। मगर मैं तो जनसंघ का प्रतिष्ठाता और जन्मदाता हूँ। 'जनसंघ' कोई ऐसी-वैसी पार्टी नहीं है ! हर शहर और गाँव की गली-गली में मोर्चा लेने की ताकत है ··· अगर, सरकार ने उर्दू-विधेयक को वापस नहीं लिया तो आप यह जान लीजिये–मैं इस सरकार के टुकड़े-टुकड़े कर दूँगा··· " (इस पर बहुत देर तक तालियाँ बजती रहीं)···

ठाकुरप्रसादजी ने जनता को मनोरंजक बातें सुनाने के क्रम में एक पुराना 'लटका' भी सुनाया–"साहब, उर्दू भी कोई भाषा है ! और उसकी लिपि ? जरा-सा नुक्ते का हेर-फेर हुआ कि खुदा से जुदा··· (जनता खिलखिलाकर हँस पड़ी और तालियाँ बजाकर बहुत देर तक हँसती रही।)

किन्तु शान्ति-प्रिय लोगों को चिन्ता हुई–जिस प्रदेश में कानून और व्यवस्था का यह हाल है कि नव-विवाहिता दुल्हन के बगल में बैठकर छेड़खानी करने पर एतराज करनेवाले दूल्हे पर ही नहीं–सारे बरातियों पर हमला बोला जाता है, असम-मेल से सफर करते हुए फौजियों की भी पत्थरों से 'दुर्गत' की जाती है–वहाँ कोई आन्दोलन शान्तिपूर्ण ढंग से चल सकता है क्या ?

और जिस 'अखबार' के पाँच अंकों के सम्पादकीय को ही पढ़कर प्रसिद्ध प्रगतिवादी कवि नागार्जुन बौखलाकर एक सौ जनसंघी होना चाहता है उसके एडिटर साहब इस दरम्यान कलम थामकर बैठे रहेंगे क्या ? और जैसा कि सुना जाता है, हज़रत 'नाक के बाल' हैं··· तब तो खुदा ही खैर करे !

ठीक रक्षाबन्धन के दिन बिहार स्टेट अंजुमन तरक़्क़ी-ए-उर्दू के सदर और उर्दू पत्र संस्था के एडिटर जनाब गुलाम सरवर साहब की 'प्रेस-कॉन्फ्रेंस' का रुक्का मिला। कुछ लोगों को लगा कि गुलाम सरवर साहब अपनी 'प्रेस-कॉन्फ्रेंस' में उन इलज़ामात का खण्डन करेंगे। मगर उन्होंने यह नहीं कहा कि उनके अखबार में

ऐसी बातें नहीं छपी हैं ! बल्कि उन्होंने खुली चुनौती दी··· ।

पिछले आम चुनाव के समय 'संयुक्त मोर्चे' की सभाओं में यानी महामाया बाबू की चुनाव-सभाओं में गुलाम सरवर को सुनने के लिए लोग इस गली की सभा के बाद उस नुक्कड़ की सभा में दौड़े जाते थे। पटना की आम जनता को इस तेज-तर्रार नौजवान का तआर्रुफ़ आम चुनाव में मिला। मगर जाननेवाले बहुत पहले से जानते हैं कि वह नेशनलिस्ट मुस्लिम-विरोधी अर्थात् सम्प्रदायवादी दृष्टिकोण का पोषक और प्रचारक है। उन दिनों गुलाम साहब पर कई मुक़दमे दायर थे कि उनके अखबार में साम्प्रदायिकता को उभाड़नेवाली बातें छपी हैं।

आम चुनाव के समय जब पटना में 'कांग्रेस हराओ–देश बचाओ' अभियान शुरू हुआ–गुलाम सरवर अपने 'संगम' सहित इसमें कूद पड़े और यह ठीक है कि अगर महामाया बाबू के चुनाव-अभियान में गुलाम सरवर नहीं होते, तो पटना के 'मुस्लिम इलाकों' के मत इतनी बड़ी संख्या में उन्हें नहीं मिलते। इसलिए मुख्यमन्त्री बनने के बाद महामाया बाबू उसको कैसे भूल जाते ? चुनाव में इस सखुनसाज नौजवान ने अपनी तकरीरों से महामाया बाबू को फ़तह दिलायी और इसके एवज़ में महामाया बाबू उसकी फ़तह की कामना करें या उसके कहे मुताबिक चलें तो यह ईमानदारी की बात है। अतः गुलाम सरवर पर साम्प्रदायिकता की आग भड़कानेवाली सामग्री लिखने-छापने और प्रचारित करने के सभी मुक़द्दमे सरकार ने वापस ले लिये। कहा जाता है कि यदि ये मुक़द्दमे न चलते होते तो गुलामसाहब वज़ीर भी बन सकते थे। मगर यह भी कोई छोटी बात नहीं कि उसके कहने पर वज़ीर बनाये जायें !

बहरहाल, गुलाम सरवर ने अपनी प्रेस-कॉन्फ्रेंस में कहा–"मैं उर्दू की मुख़ालिफ़त करनेवालों को खुली चुनौती देता हूँ कि अगर वे हमारा या, हमारी अंजुमन का पाकिस्तान से कोई भी रिश्ता साबित कर दें···।"

··· और इसी इलज़ाम को झूठा साबित करने के लिए–अंजुमन-तरक़्क़ी-ए-उर्दू की ओर से एक मुशायरे का आयोजन किया गया, जिसमें ख्वाजा अहमद अब्बास और कृश्नचन्दर और सज्जाद ज़हीर बुलाये गये।

··· किन्तु इसका असर उलटा पड़ा। उर्दू-समर्थन और उर्दू-विरोध के माहौल में उर्दू के इन शीर्षस्थ अदीबों के पटना-आगमन को तहरीकी कदम समझा गया और मुख्यमन्त्री की 'सरवर-प्रीति' को अब 'उर्दू-प्रीति' समझा जा रहा है।

··· इसी बीच जस्टिस ख़लील अहमद मन्त्री बनाये गये तो इसको भी इसी दृष्टि से देखा गया। इस बहाली को लेकर संयुक्त समाजवादी पार्टी और कम्युनिस्ट पार्टी (दक्षिण) के मन्त्रियों ने कुछ ऐसे बयान दिये जिनका यह अर्थ निकलता था कि मुख्यमन्त्री ने ख़लील अहमद को मन्त्रिमण्डल में मनमाने ढंग से लिया है।

··· राँची में एक पर्चा वितरित हुआ है, जिसके नारे हैं–"उर्दू ले के रहेंगे ! माओ को सलाम !"

··· और अपने वक्तव्य में जनाब सरवर कह रहे हैं–"उर्दू के आन्दोलन को

पाकिस्तानी चाल कहनेवाले सड़े दिमागवाले हैं।··· हम सीधी और साफ बात कहना जानते हैं कि हमें नागरी लिपि में नहीं–फारसी लिपि में उर्दू चाहिए··· !"

22 अगस्त को इस 'प्रेस-कॉन्फ्रेंस' का समाचार वक्तव्य सहित तरह-तरह के शीर्षकों से प्रकाशित हुआ–"नागरी लिपि में उर्दू हमें मंजूर नहीं··· हम अपना हक लेकर रहेंगे··· गुलाम सरवर चैन नहीं लेंगे··· !!"

और 22 अगस्त को ही राँची में उत्पात शुरू हुआ। उर्दू-विरोधियों और उर्दू-समर्थकों में पहले मुठभेड़, रोड़ेबाजी, फिर छुरेबाजी और आगजनी, लूट··· दंगा ··· दंगा··· !!

23 अगस्त। सूरज की रोशनी के साथ बात फैल रही है। 'दिनमान' का विशेष प्रतिनिधि पटना के मुस्लिम मुहल्लों–सब्जी बाग से लेकर बाकरगंज की गलियों में अहले-सुबह घूम-घूमकर देख रहा है–हर चेहरे पर आतंक ! हर कूचे में सन्नाटे का आलम ! दुकानें खुली हैं, अधखुली हैं, मगर खाली हैं। नानबाई, कसाई अत्तार और चाय की दुकानों पर लोग उर्दू नहीं, हिन्दी पत्र 'आर्यावर्त्त" अथवा 'प्रदीप' पढ़ रहे हैं–चुपचाप ! कोई रायजनी नहीं करता है–कोई बातें नहीं करता है ! ··· तो, क्या राँची की आग की लपट यहाँ तक··· ?··· उर्दू-विधेयक वापस लो। ··· पाकिस्तान के दलालो, होशियार··· !

··· खुदा खैर करे ! यहाँ भी शुरू हुआ ?

आधा दर्जन नौजवान नारे लगा रहे हैं और प्रचार कर रहे हैं–'भाइयो ! आज शाम को राँची-हत्याकाण्ड पर रोष प्रकट करने के लिए··· खून का बदला खून··· !'

खैर हुआ कि नारे लगानेवाले गिरफ्तार कर लिये गये और दफा 144 लागू कर दी गयी।

24 अगस्त। राँची में पन्द्रह मरे।··· हर अखबार पढ़नेवाला इस संख्या को पाँच या दस से गुणा कर लेता है।··· पुलिसमन्त्री रामानन्द तिवारी ने आदेश दिया है–'जरूरत पड़ने पर देखते ही गोली दागो !' फौज बुला ली गयी है। अखबारों के मुताबिक स्थिति काबू में है। मगर राँची से आनेवाले चुपचाप कहते हैं– 'पुलिस और फौजी जवान भी नहीं सँभाल पा रहे हैं।··· मुख्यमन्त्री को फख्र है कि इन सारी घटनाओं के बावजूद पुलिस ने गोली नहीं चलायी है।'

25 अगस्त। मुख्यमन्त्री महामायाप्रसाद तथा उनके सहयोगियों ने कांग्रेस के एक गुट-विशेष को इस दंगे के लिए जिम्मेदार ठहराया है।··· पुलिसमन्त्री रामानन्द तिवारी अपनी जान जोखिम में डालकर दंगाइयों का मुकाबला कर रहे हैं। बाकी मन्त्री सिर्फ बयान प्रकाशित करवाने में व्यस्त हैं।

26 अगस्त। राँची के औद्योगिक क्षेत्र हटिया में कत्लेआम ! 12 लाशें बरामद ! मृत्यु-संख्या–38 ··· ? मगर, स्थिति काबू में है।··· दिन-रात कर्फ्यू लागू रहने के बावजूद मार-काट कैसे जारी है ? सुना, रात में ही मुहल्ले-का-मुहल्ला साफ कर दिया जाता है। गलियों में पुलिस गश्त लगाती रहती है और घरों में आदमी-आदमी

को, आदमी के बच्चों को, औरतों को··· !!

बिहार हिन्दी साहित्य सम्मेलन के पुराने और नये 'नेताओं' का एक वक्तव्य प्रसारित किया गया है–एक प्रेस-कांफ्रेंस में–"बिहार हिन्दी साहित्य सम्मेलन का एक प्रतिनिधिमण्डल उर्दू-विरोधी आन्दोलन के सिलसिले में हुए अशोभनीय कार्यों के निरीक्षणार्थ 24-25 अगस्त को राँची गया। प्रतिनिधिमण्डल के नेता पण्डित छविनाथ पाण्डेय का वक्तव्य··· ।"

'दिनमान' के प्रतिनिधि ने साहित्य सम्मेलन के इस प्रतिनिधिमण्डल के कई सदस्यों को 'अशोभनीय कार्यों' के निरीक्षणार्थ राँची जाते समय देखा था, उनसे बातें भी की थीं। ऐसा लगता था, ये वहाँ गिरफ्तार होने जा रहे हैं और यदि सम्भव हुआ तो शहीद भी हो जा सकते हैं और वहाँ से सही-सलामत वापस आकर उन्होंने जो 'प्रेस-कांफ्रेंस' की उसमें लिखित वक्तव्य के अलावा जो व्यक्तिगत और मौखिक वक्तव्य व्यक्त किये गये उनसे यह बात स्पष्ट थी कि पुलिसमन्त्री रामानन्द तिवारी ने इन्हें राँची में गिरफ्तार न करके इन्हें 'नेता' होने से बचा लिया है !···

उधर दंगे की आग 'धुधुआ' रही है और राजनीतिक पार्टियों के नेताओं की 'वक्तव्यबाजी' जारी है। जनसंघ के नेता ठाकुर प्रसाद की राय में इस दंगे के पीछे पाकिस्तानी एजेण्टों और पीकिंग-पन्थियों के हाथ हैं ?

कम्युनिस्ट पार्टी (दक्षिण) के जगन्नाथ सरकार ने जनसंघ को सरासर दोषी ठहराया है।

दिल्ली में उपमुख्यमन्त्री ने अपनी 'प्रेस-कॉन्फ्रेंस' में बार-बार बिहार हिन्दी साहित्य सम्मेलन के अधिकारियों और बिहार कांग्रेस के प्रचारमन्त्री की चर्चा की है !

बिहार कांग्रेस के नेताओं ने एक स्वर से इस दंगे के लिए सरकार को दोषी ठहराया है।

मगर, पुलिसमन्त्री रामानन्द तिवारी एकदम मौन है। वह राँची में 'श्मशान-साधना' कर रहा है।··· भूतों-प्रेतों और पिशाचों से लड़ रहा है।···

"अगर, इस दंगे के कोलाहल में बिन्देश्वरी प्रसाद मण्डल उर्फ बी. पी. मण्डल ने 'दल-बदल', 'राज-पलट' और 'गद्दी-दखल' करने का नाटक नहीं शुरू कर दिया होता तो सारे राज्य में इस दंगे की चिनगारी फैलती–विभिन्न राजनीतिक पार्टियों के नेताओं के तरह-तरह के आरोप-प्रत्यारोप भरे बयानों के कारण।"–ऐसी भी राय जाहिर की जा रही है। 'समूह' के मनोविज्ञान का अध्ययन करनेवालों का कहना है–"मण्डल मुख्यमन्त्री बने या नहीं बने–उसने अनजाने ही अनेक अबोध लोगों की जानें बचा ली हैं।"

इस 'हास्यास्पद वक्तव्य' की आंशिक सत्यता तब प्रकट हुई जब डॉ. लोहिया और राजनारायण पहले राँची जाने के बदले पहले पटना आये। दफा 144 के बावजूद उन्हें विशाल जन-सभा बुलाने की विशेष अनुमति दी गयी, तो ऐसा लगा डॉ. साहब शुरू से अन्त तक साम्प्रदायिकता की आग को बुझानेवाली बात ही

कहेंगे। किंतु उनके आगमन का पहला मकसद था दल-परिवर्तन करनेवालों के अगुआ बी. पी. मण्डल की लगाई आग को बुझाना।

डॉ. साहब ने मण्डल से शुरू करके मण्डल पर ही अपना भाषण समाप्त किया।

राजनारायणजी ने पटना से वापस होकर लखनऊ में जो वक्तव्य दिया उसमें 'जनसंघ' को तनिक लपेट दिया तो उनकी ही पार्टी के एक मन्त्री भोलासिंह ने पटना में नाराजगी जाहिर करते हुए इसका विरोध किया और बयान दिया–"मुझे दुःख है··· !"

राजनारायणजी के इस वक्तव्य पर जनसंघ के कार्यकर्त्ताओं में रोष और क्षोभ है। उनका कहना है–"राजनारायणजी ने पटना की सभा में यह बात क्यों नहीं बतायी··· ?"

आधा दर्जन से अधिक स्थानीय 'प्रगतिवादी साहित्यिकों' की ओर से एक सम्मिलित वक्तव्य तैयार किया गया। उस पर हस्ताक्षर लेने के लिए जो लोग घूम रहे थे उनमें नागार्जुनजी भी थे। उस वक्तव्य में कांग्रेस और साहित्य-सम्मेलन और सेठों, भ्रष्टाचारियों, मुनाफ़ाखोरों को पानी पी-पीकर कोसा गया था। जनसंघ का कहीं नाम नहीं था और जब बातें छेड़ने की कोशिश की गयीं तब पता चला कि 'तख्ता पलटने' का असली खतरा जनसंघ से है, बी. पी. मण्डल से नहीं। इसलिए जनसंघ को कोई 'साझेदारी पार्टी' नाराज नहीं करना चाहती। 'दिनमान' के प्रतिनिधि को तुलसी जयन्ती के दिन आयोजित सभा और उसमें हुए ठाकुर प्रसाद के भाषण की याद फिर आयी–"अगर इस सरकार ने हम पर उर्दू लादने की कुचेष्टा की, यदि उर्दू-विधेयक को वापस नहीं लिया तो आप जान लें–मैं इस सरकार के टुकड़े-टुकड़े कर दूँगा··· !"

उर्दू को बिहार की 'दूसरी भाषा' बनाने की बात पर नागार्जुन अन्त तक विरोध करते रहेंगे–ऐसा उन्होंने जोर देकर कहा है।

लेकिन कोई जोर देकर यह नहीं कहता है कि अब ऐसा रक्तपात–भाषा के नाम पर–कभी नहीं होगा; क्योंकि हम सभी सबकुछ जानकर भी अनजान बने रहने का बहाना करते हैं, अथवा कुछ नहीं जानते हुए भी सबकुछ जानने का दम भरते हैं।

भारत के प्रधानमन्त्री तथा रक्षामन्त्री ने बारी-बारी से बिहार के पुलिसमन्त्री रामानन्द तिवारी की प्रशंसा की है। किन्तु, इन्हीं कारणों से रामानन्द तिवारी के कतिपय सहयोगी मन्त्री उनसे मन-ही-मन नाराज हैं–यह भी सुनने में आया है। ··· कानून और व्यवस्था की गड़बड़ी को लेकर जिस 'व्यक्ति' का 'इमेज' बिगाड़ने की वे सोच रहे थे–उसने अपना इतना सुन्दर 'इमेज' बना लिया कि इन्दिरा गाँधी ने उसको अपने पास बैठाया और प्रशंसा-भरी निगाहों से देखा···।

··· राजनीति तेरो गति लखि ना परे !!

24 सितम्बर, 1967

साक्षात्कार

कलाकार की कसौटी

मैला आँचल : स्वस्थ दृष्टियाँ और उचित दृष्टिकोण

" 'मैला आँचल' गतवर्ष के ही सर्वश्रेष्ठ उपन्यासों में नहीं है, वह हिंदी के दस सर्वश्रेष्ठ उपन्यासों में सहज ही परिगणनीय है··· मैंने इसे 'गोदान' के बाद हिंदी का दूसरा महान् उपन्यास माना है··· इसके लेखक को भी चित्रणीय जीवन का आत्मीयतापूर्वक ज्ञान है, परकाय प्रवेशवाली उपन्यासकारोचित सामर्थ्य है, और सर्वोपरि है चित्रांकन के समय ऐकांतिक तटस्थता एवं निर्लिप्तता बनाए रखनेवाली कलाकारोचित प्रतिभा··· "

—नलिनविलोचन शर्मा : आलोचना–15

"उपन्यास में कोई त्रुटि न हो, ऐसी बात नहीं··· पहली त्रुटि तो उपन्यास का एक बैठक में न पढ़ा जा सकना ही है··· अंत रेणु ने सुखद कर दिया पर यदि प्रशांत न आते और तब भी माँ का स्नेह बना रहता और पिता के क्रोध के बावजूद वह अपनी बेटी को दूसरे से स्नेह करने और शादी करने में मदद देती, तो—आधुनिक नारी की एक प्रमुख समस्या का हल कर देते··· "

—उपेंद्रनाथ अश्क : आलोचना–15

"सन् 1954 के सबसे महत्त्वपूर्ण हिंदी-प्रकाशनों में है··· मेरी राय में यदि लेखक अपने इस उपन्यास को सामयिक राजनीति से पूरी तरह अनासक्त रख सकता, तो रचना और भी श्रेष्ठ बन पाती··· इसकी समाप्ति इतनी कमजोर है कि 'मैला आँचल' कुछ बहुत अच्छे चित्रों का अलबम-सा बनकर रह गया है··· 'रेणु' कथानक की शानदार इमारत तैयार नहीं कर पाये··· 'मैला आँचल' जैसे आंचलिक उपन्यास में कथानक की उतनी भव्य इमारत बना पाना न तो उतना आसान था और न 'रेणु' का वह ध्येय ही था··· सब मिलाकर हम कहना चाहेंगे कि 'मैला आँचल' 1954 की सर्वश्रेष्ठ हिंदी-रचना है··· हम यह भी आशा करते हैं कि शीघ्र ही सभी भारतीय भाषाओं में इसका अनुवाद उपलब्ध हो सकेगा··· "

—चंद्रगुप्त विद्यालंकार : आजकल : सितंबर, 1955

"··· लेखक ने बड़े संयम से इस जीवन का चित्र अंकित किया है··· दृष्टि

मूलतः मानवतावादी है··· कथा का अंत आशावादिता से हुआ है। जो अस्वाभाविक-सा हुआ है··· समस्या का यह हल आदर्शवादी है, जैसा प्रेमचंद के प्रारंभिक उपन्यासों में मिलता है··· "

—प्रकाशचंद्र गुप्त : नई धारा : अगस्त, 1955

"··· फणीश्वरनाथ 'रेणु' को प्रेमचन्द की ऊँचाई छूने में प्रयत्नशील लोगों की पंक्ति में रखा जाय या उनसे अलग एक समानांतर ऊँचाई स्थापित कर देनेवाले कलाकार के रूप में··· उपन्यास के अंत की ओर भी लेखक उतना ही तटस्थ और सचेत रहता, तो एक बड़े दोष से बच सकता था··· "

—श्यामलता : ज्ञानोदय : सितंबर, 1955

'Phanishwarnath Renu can claim that he has seen more of life-than others...No one after Premchand has woven so rich a tapestry of Indian village-life as Renu...

—टाइम्स ऑफ इंडिया में समीक्षा : 'अदीब'

1

ऊपर 'मैला आँचल' पर प्रकाशित दर्जनों आलोचनाओं में से कुछ के उद्धरण प्रस्तुत किये गये हैं। रेडियो पर भी काफी चर्चा हुई है, पर वह सब प्रसारित मैटर है और पाठक के लिए प्रकाशित वस्तु का ही महत्त्व है; भले मैंने या कुछ और लोगों ने सबको सुना हो ! उद्धरण चुनने में यह ध्यान रखा गया है कि अधिक-से-अधिक अनुकूल या प्रतिकूल तथ्यों एवं सभी तरह की दृष्टियों और कोणों का समावेश हो जाय। ऐसा करना आगे की चर्चा के लिए बड़ा महत्त्व रखता है।

इसी तरह की आलोचनाओं की आशा मैंने तब की थी, जब पिछले दिसंबर में मैंने पुस्तक पढ़ी। यों, पढ़ने को बहुत कुछ पढ़ती हूँ (धंधा ही यही है), मगर हिंदी के अधिकांश उपन्यासों को पूरा पढ़ नहीं पाती। 'नदी के द्वीप' पढ़कर लगा था, अब हिंदी के उपन्यास पढ़ना उचित नहीं··· 'मैला आँचल' भी जब एक प्रिय मित्र द्वारा वर्षगाँठ के उपहार में मिला तब प्रशंसा के प्रति मैं शंकित ही थी और कुछ उपेक्षा-भाव से मैंने उसे पढ़ना प्रारंभ कर दिया, किंतु रात को दो बजे मैंने पाया कि पुस्तक समाप्त हो चली है !

कई बार पढ़कर राय बनायी, उसके गुण निरखे, छिद्र ढूँढ़े और अपनी शंकाएँ सँभालकर हिंदी-जगत् की प्रतिक्रिया की प्रतीक्षा करने लगी। अवश्य ही प्रतिक्रिया के संबंध में मेरे स्पष्ट एवं निश्चित अनुमान थे और वे 90-95 प्रतिशत सही आये ! थोड़े ही समय में इस उपन्यास ने केवल अपने आंतरिक मूल्य के आधार पर हिंदी-जगत् का ध्यान आकृष्ट कर लिया। उस पर बहुत-सी बातें कही गयीं और बहुत-से प्रश्न उठाये गये। दिग्गज आलोचकों की कई स्थापनाओं से मेरे अपने मत मिलते थे। अतः सोचा, यदि लेखक ने कोई स्पष्टीकरण दिया, तो मेरा भी समाधान हो जायेगा। किंतु हिंदी की परिपाटी के विरुद्ध लेखक ने अब तक "मैंने मैला आँचल

क्यों लिखा" या "मैं अगले उपन्यास में क्या करूँगा" जैसे लेख लिखकर सफाइयाँ नहीं दीं। इससे मेरी उलझनें बढ़ गयीं, क्योंकि उपन्यास के कई पक्षों की विद्वान् आलोचकों ने चर्चा भी नहीं की थी और उन्हीं पर मुझे बड़ी शंकाएँ थीं। सौभाग्य से 'मैला आँचल : एक दृष्टिकोण' जैसा लेख लिखने की नौबत नहीं आयी और लेखक से इंटरव्यू संभव हुआ।

2

चेहरा गंभीर बना, घड़ी की ओर नजर डाल, बेग से बाजाप्ता प्रश्नावली निकालते हुए पूछा–"आप इंटरव्यू के लिए तैयार हैं न ?"

उन्होंने पहले हँसकर उड़ाने की कोशिश की–"ओ बाबा! यह तो विराट् व्यापार है ?" किंतु पीछे उन्होंने लगभग सब प्रश्नों के उत्तर बिना किसी मुद्रागत अस्वाभाविकता के दिये, बड़ी देर तक गप-शप की और बड़े विषयान्तरों में गये। आध की जगह ढाई घंटे बीत गये।

यहाँ सब उत्तरों या कथनों का उल्लेख अनावश्यक और असंभव होगा। दूसरे, अभी ही सबको प्रकाशित कराने की लेखक की अनुमति भी नहीं है। उन्हीं बातों का जिक्र करती हूँ, जो आज के विषय से सीधा संबंध रखती हैं, या उनके उपन्यास के संबंध में कुछ स्पष्टीकरण करती हैं।

मैंने बात प्रारंभ की–"आपके उपन्यास की तो काफी प्रशंसा हुई है··· "

"हाँ, तीखी आलोचनाएँ भी कई हुई हैं; आपने चंद्रगुप्तजी विद्यालंकार की समीक्षा नहीं पढ़ी ?"

"पढ़ी है, मगर सही अर्थ में तीखी आलोचना तब होती, जब कोई डालरखोर आलोचक झल्ला कर कहता कि विश्व उपन्यास की तुलना में यह काफी सतही और अपरिपक्व प्रयास है; पात्रों को आत्मान्वेषण के पर्याप्त अवसर नहीं दिए। अथवा कोई प्रगतिशील आलोचक कहता कि यह कथानक-विहीन, थ्योरी-रहित उपन्यास··· "

"सो सब ठीक है, कुछ लोग इसी की रोटी खाते हैं। निंदा सुनना बुरा नहीं लगता है। आलोचना में जितनी बातें ग्राह्य होती हैं, उन्हें स्वीकारता हूँ और अगले कामों में उनका ध्यान रखता हूँ। जो कुछ लोग अधिक बड़ाई करते हैं, आशीर्वाद समझ सुनना पड़ता है। देखिए न, भगवतशरण उपाध्याय जी ने पत्र लिखा है–

"मैला आँचल अभी एक ही बैठक में समाप्त किया है; प्रेमचंद की परंपरा में दशकों बाद यह पहला उपन्यास लिखा गया है; गोदान के जोड़ का है; सर्वथा प्रगतिशील ! ··· गाँवों के घिनौने वातावरण को मिथ्या कर उनके काल्पनिक चित्र उपस्थित करनेवालों पर करारी चपत है, साथ ही सर चार्ल्स मेटकॉफ के ग्रामवाद पर भी।··· "

अन्य भारतीय भाषाओं के विषय में बतलाया गया कि गुजराती क्षेत्र में काफी चर्चा हुई है; उपन्यास का अनुवाद-कार्य भी चल रहा है। मराठी में भी अनुवाद के लिए बातचीत हुई थी। प्रश्नावली पर कुछ उत्तर इस प्रकार दिये गये–

"आंचलिकता पद की संतोषजनक व्याख्या आपके पास··· "

"हाँ, मेरे मन में उसकी बड़ी स्पष्ट परिभाषा है। मैं इस विषय पर विस्तृत लेख लिखनेवाला हूँ।"

"आप ने अपनी भूमिका में सफाई क्यों रखी··· 'पिछड़े गाँवों का प्रतीक'··· फिर शूल हैं, तो फूल भी आदि··· क्या यह आत्मविश्वास की कमी का द्योतक नहीं ?'

"जिसमें लोग दिमाग सही रखकर राय-बात करें। वैसे तो पूर्णिया में ऐसे गाँव भी हैं, जो बहुत समृद्ध हैं और एक दर्जन से अधिक ग्रेजुएट बेकार हैं; किसान ऐसे कई हैं जिनके पास दो-दो हवाई जहाज और 6-6 ट्रैक्टर··· और दूसरा कनफेशन (फूल हैं, शूल भी···) इसलिए करना पड़ा कि बहुधा लोग एकांगी चित्रण को ही कला मानते हैं। युटोपिया के लिए एकांगी चित्रण बहुत अच्छा है, उपन्यास के लिए बिल्कुल गलत।"

जब 'रेणु' विस्तार से बतलाने लगे तो मैंने प्रश्नावली से बाहर का एक प्रश्न कर दिया–"नैतिकता-अनैतिकता के संबंध में आपका क्या मत है ?"

उत्तर–"मेरी राय से सब लोग सहमत न होंगे। नैतिकता का अर्थ मेरे लिए बहुत व्यापक है; उस व्यापकता में यौन-नैतिकता का बड़ा गौण स्थान है। नैतिक मूल्यों की चर्चा में मैं मानवीयता को सबसे अधिक महत्त्व देता हूँ; किसी सामाजिक, राजनीतिक या धार्मिक मतवाद पर अनावश्यक ध्यान नहीं देता। सारांश यह है कि नैतिकता के लिए अंध आग्रह मुझ में नहीं है। कला पर नैतिकता थोपना मैं अच्छी बात नहीं समझता। **आस्कर वाइल्ड** की तरह कला को नैतिकता-अनैतिकता के परे मानता हूँ; अर्थात्, तटस्थ, यथार्थानुकारी एवं मर्यादित। स्पष्टतः यह मर्यादा कोई प्रिजुडिस्ट धर्मध्वजी या कुत्सित समाजशास्त्री नहीं नियत कर सकता !"

"परंपरा पर जो बातें होती रही हैं··· "

"हाँ, परंपरा की यह बात ! बहुत लोग लिख देते हैं, अमुक-अमुक की परंपरा में···; सद्भाव से लिखा जाने पर भी यह अनुचित है। एक बड़ा-सा नाम लेकर हम लेखक की उपलब्धि को झुठला देते हैं; फिर भी, यदि परंपरा से इतना ज्यादा आग्रह हो तो हमें हिंदी से बाहर की संभावनाओं का भी विचार करना चाहिए। ··· बंगला के **श्री ताराशंकर वंद्योपाध्याय** मेरे अतिप्रिय लेखक हैं। फिर 'जागरी' के लेखक **श्री सतीनाथ भादुड़ी** का भी गहरा प्रभाव ढूँढ़ा जा सकता है। प्रभाव का कारण है–भादुड़ी जी मेरे साहित्यिक गुरु हैं। उपन्यास-कला की दीक्षा मैंने उन्हीं के श्री-चरणों में पायी। अतः कहना ही हो तो इन्हीं लोगों की परंपरा का बतलाना अधिक संगत होगा। मुझे भी इसमें बहुत खुशी होगी। **प्रेमचंद** बहुत महान् थे, उनके रिक्त आसन पर मेरे जैसे अयोग्य को देखकर कुछ न्यायप्रिय लोगों को व्यर्थ तकलीफ होगी।"

श्री रेणु ने 'बलचनमा' के बारे में कहा–

"सही माने में प्रेमचंद की परंपरा को फिर से 'बलचनमा' ने ही अपनाया। **नागार्जुनजी** पर बहुत भरोसा है मुझे।··· मेरी स्थिति उस छोटे भाई-सी है, जो अपने

बड़े भाई के बल पर बड़ी-बड़ी बातें करता है।"

कमरे से निकलते हुए पूछा–

"अभी तक केवल प्रशंसा या संयत आलोचनाएँ आयीं, मगर कुछ कोनों से यदि जोरदार असहिष्णुता प्रकट की गयी तो··· ?"

(हँसकर) "कर-कुठार आगे यह सीसा।··· "

3

इधर 'विरोध–विरोध के लिए' सिद्धांत पर दो बौखलायी 'आलोचनाएँ' देखने में आयी हैं। एक तो नवंबर, **'55 की अवंतिका** में श्री **लक्ष्मीनारायण भारतीय** का लेख 'मैला आँचल : एक दृष्टिकोण'; दूसरी श्री **यज्ञदत्त शर्मा** की नव प्रकाशित पुस्तक 'परिवार' में और तीसरी आलोचना श्री **नरोत्तम नागर** द्वारा लिखित भूमिका*–'सुनीता' से 'मैला आँचल' और 'परिवार' तक में।

भारतीय जी का लेख काफी गैर-जिम्मेवार, असंबद्ध और अस्पष्ट है। उस पर अधिक ध्यान देना उचित नहीं। कई दृष्टियों से ऐसी चीजों का छपना बहुत कल्याणप्रद है (किंतु प्रतिक्रियावादियों के खेमे से)। आलोचकप्रवर श्री नरोत्तम नागर की 'भूमिका' पूर्णतया भ्रष्ट, हद से ज्यादा अनुत्तरदायी और घोर आक्रामक है; इसकी उपेक्षा उचित नहीं; गलत बात का समय रहते, पूर्ण उच्छेद वांछनीय है। फिर दोनों विरोध लगभग समान समय में ही प्रकट हुए, दोनों के आरोप भी मिलते-जुलते हैं, इसलिए भारतीयजी के लेख को छोड़ा नहीं जा सकता। दोनों की पूरी खोज-खबर लेनी आवश्यक है। इसमें मुश्किल यह है कि 'मैला आँचल' के लेखक की नीति है–'··· उन्हें नहीं उत्तर दो।' यों तो मेरी प्रकृति भी बहुत सहनशीला है, मगर मैं 'महामारात्मक प्रयोग' के लिए भूँकनेवालों को बर्दाश्त नहीं कर पाती···

बेहतर हो, उनकी नीयत में विश्वास रख, उन्हें पूरी सहूलियत दे उनके वक्तव्यों को जाँचें और अंतिम फल पर निर्णय छोड़ें।

पहले तो 'आंचलिक' शब्द के प्रयोग से ही नागर जी का पारा शायद चढ़ जाता है–"यों सभी उपन्यास आंचलिक होते हैं या फिर कुछ नहीं होते।" निवेदन है कि आंचलिक शब्द की स्पष्ट व्याख्या और परिभाषा दी जा सकती है। और यह भी कि हिंदी-उपन्यास के प्रकारों का पूरा विभाजन नहीं हुआ; मोटे भेदों से काम चलाया जाता रहा। अब वस्तु और शिल्प के आधार पर नये प्रयोग यदि किये जायें, तो कम-से-कम 25-30 भेद निकलेंगे। नागर जी ने एक नये भेद 'पारिवारिक' के अंतर्गत 'परिवार' को 'शायद पहला' गिनाया है। एक अन्य जगह आंचलिक भी। 'शायद' लगाना नागर जी की ईमानदारी है; **राजेंद्र यादव** का एक श्रेष्ठ पारिवारिक उपन्यास 'प्रेत बोलते हैं' बहुत पहले प्रकाशित हो चुका है।

---

* अज्ञेय ने लिखा है–'एक पुस्तक की सफाई दूसरी पुस्तक में देना, दोनों के साथ थोड़ा अन्याय करना है।' अब विज्ञ पाठक यह निर्णय करें कि एक पुस्तक की भूमिका में दूसरे की अन्यायपूर्ण थर्डक्लासी आलोचना देना, मौलिक कर्म होते हुए भी कितना निकृष्ट हो जाता है।–लेखिका

भारतीय जी की 'बुद्धि स्वीकार नहीं करती कि यह प्रेमचंद की परंपरा का रक्षण है··· यह तो अश्क-स्कूल की परंपरा ही है।' शायद उन्होंने बातें कहने के 'अतिरिक्त उत्साह' में यह बात कह डाली। उनसे अनुरोध है, वे परंपरा के संबंध में रेणु जी का स्पष्टीकरण देख जायँ।

भारतीय जी उसी अतिरिक्त उत्साह में कह डालते हैं–'किसी गैर-भारतीय भाषा में इस (मै. आँ.) का अनुवाद कर आप कहें कि हिंदी की, सन् '54 की, यह सर्वश्रेष्ठ कलाकृति है तो क्या यही मापदंड आप स्वीकार करेंगे ?' नम्र निवेदन है कि विश्व-उपन्यास के भांडार में हमारी देन नगण्य है और उसमें भारतीय जी जैसे लेखक और नागर जी जैसे आलोचक के कारण वृद्धि हो पाने में पूरा संदेह है। और, जब कुछ लोग गोदान के बारे में कहते हैं–"विश्व-उपन्यास की तुलना में वह काफी सतही है··· तो पहली कृति 'मैला आँचल' की··· !!

हिंदी में ऐसे निरामिष (?) आलोचक भी हैं जो समय पड़ने पर अश्लीलता के 'अ' से ही सिहर पड़ते हैं और समय-असमय नैतिकता का प्रश्न उठाया करते हैं। श्री नरोत्तम नागर जी ने भी **डॉ. रामविलास शर्मा** का नाम लेकर (देखिए, नाम माहात्म्य !) बड़ी असंयत और आपत्तिजनक भाषा में **जैनेंद्र, यशपाल** और **अज्ञेय** के साथ (रेणुजी, बधाइयाँ) 'मैला आँचल' की एकाध बातों के लिए रेणुजी पर बड़े फूहड़ ढंग से मनमाने आरोप लगाये हैं और बदनाम करने की पूरी कोशिशें की हैं।

अश्लीलता और अनैतिकता का प्रश्न 'सुनीता' से उठाया गया है और प्रश्न मुख्यतः स्त्रियों से संबंध रखता है; इसलिए मुख्य प्रतिक्रिया यदि अपेक्षित थी तो वह महिलाओं की ओर से ही आनी चाहिए थी। मगर मुझे याद नहीं आता, कभी किसी पाठिका या आलोचिका ने विरोध में आवाज उठाई हो–और यह मानने का कारण नहीं कि हिंदी विदुषियों से शून्य रही है। मैंने भी 'सुनीता', 'दादा कामरेड' और 'नदी के द्वीप' पढ़े हैं ('नदी के द्वीप' को मैं एक श्रेष्ठ 'काम' उपन्यास मानती हूँ।) मगर मुझे कभी असुविधा या उलझन नहीं हुई। और भी, जो गंभीर पुरुष समीक्षक हैं, उनमें किसी ने कोई बड़ी आपत्ति नहीं उठाई··· फिर काजी जी दुबले क्यों ?···

मैं सेक्स में चटपटी भाषा का नहीं, बल्कि वैज्ञानिकता का महत्त्व मानती हूँ। अतः, (बिना निरर्थक संकोच के) मैं निवेदन करूँगी कि साहित्य में अश्लीलता का प्रश्न निरर्थक है। 'वह सब' सनातन का व्यापार है और निकट भविष्य में वह पूरी तरह बदलेगा, ऐसी आशा भी नहीं। फिर प्रक्रिया भी दो ही अंतों के बीच कहीं स्थित होगी–चाहे वह 'नदी के द्वीप' की संयत काम-क्रीड़ा हो या बर्बर नोंच-खसोट··· इसे नकारने का प्रयत्न सारे मानव-मनोविज्ञान एवं पाँच हज़ार वर्षों की मानवीय उपलब्धियों को झुठलाना होगा।

मगर प्रक्रिया और प्रसंगों के ट्रीटमेंट में 'ग्राम्यता' चिंत्य है। अर्थात् फूहड़ चित्रण जितना कम हो, अच्छा है। इस दृष्टि से मैंने 'मैला आँचल' को सर्वथा निर्दोष पाया है। अन्य समीक्षकों में भी किसी को इस संबंध में कोई आपत्ति नहीं

है। (लेख का प्रारंभिक अंश)

इस सिलसिले में बावन दास की चर्चा भारतीयजी ने की है और नागरजी ने भी। भारतीय जी के शब्दों में, "यथार्थ चित्रण के और भी रास्ते हो सकते थे।" मगर मेरी राय में उक्त प्रसंग के अंकन में लेखक ने असाधारण संयम और कौशल से काम लिया है और कुछ यौन प्रतीकों, आभाओं, दृश्य संकेतों-द्वारा ही दृश्य को समाप्त कर तुरंत एक महान् सबलाइमेशन प्रस्तुत किया है। मैं नहीं समझती कि कोई दूसरा शार्टकट था।

अक्सर विश्व उपन्यास की बात की जाती है। अतएव, उनमें ऐसे प्रसंगों का कैसा ट्रीटमेंट होता है, इसे स्पष्ट करने के लिए सोचा था—अंग्रेजी के सर्वश्रेष्ठ उपन्यासों से उद्धरण पेश करूँ, पर संभव है, एक महिला का यह काम लोगों को न रुचे। अतः इस लोभ को यहीं छोड़ती हूँ।

'फँसा-फँसी' के अतिरेक से नागर जी खिन्न हैं, भारतीय जी भी। भारतीय जी सोचते हैं कि, वैषयिक संबंधों के अतिरेक के कारण, पूछने की इच्छा होती है कि "हर टोला नियमित, व्यवस्थित और, खुले रूप से, अनैतिकता का अड्डा ही है क्या ?" और, नागर जी का निर्णय है कि "गर्ज यह कि सब किसी-न-किसी से फँसे हैं।" स्मरण रहे कि इस बात पर अन्य किसी आलोचक ने इस तरह की कोई आपत्ति नहीं की (लेख के पूर्वांश में कहीं कुछ ऐसा मिला ?)।

भारतीय जी से निवेदन है कि कुशल उपन्यासकार के कैमरे की आँखें बहुत सेंसिटिव होती हैं और वे यदि सामाजिक संबंधों के सतही चित्र भी प्रस्तुत करती हैं, तो ऐसे लोग चौंकते हैं जिन्होंने जीवन को कम देखा-समझा है। यदि सभी संबंधों का माइक्रो-फोटोग्राफी द्वारा विश्लेषण किया जाय तो बड़े विचित्र फल आयेंगे, जिनसे कुछ लोगों को भयंकर शॉक लग सकते हैं।...

नागर जी यों बात नहीं करते; एक आदर्श भी पेश करते हैं। श्री यज्ञदत्त शर्मा को 'परिवार' के लिए गुड कंडक्ट का सर्टिफिकेट देते हुए कहते हैं कि "परिवार उपन्यास लाल सलूका मार्का इस क्रांति से, प्रणय की इस आदमखोरी भूख और फँसा-फँसी से मुक्त है। सच तो यह है कि प्रस्तुत उपन्यास का लेखक इस मामले में बिलकुल कोरा है।" नागर जी की भूमिका पढ़कर उक्त प्रशंसित उपन्यास पढ़ने की तबीयत नहीं हुई, मगर यदि उनकी बात सही है तो 'परिवार' के लेखक पर बड़ी दया आती है। उन्हें अब उपन्यास लिखना छोड़कर विनोबा जी के संग भ्रमण करना चाहिए। वस्तुतः, जो जीवन और उसके संबंधों को उनकी समग्र संश्लिष्टता और जटिलता में नहीं समझता, जो अपने वर्ण्य-विषय को उचित रीति से रखने में अक्षम है एवं जिसकी कृति में मौलिकता का योग नहीं है, वह क्या खाकर उपन्यास लिखेगा ? इन्हीं अभावों के कारण हिंदी के अधिकांश उपन्यास असफल होते हैं। मैं ऐसे कई उपन्यासकारों को जानती हूँ जिनके दर्जनों उपन्यास प्रकाशित हो चुके हैं और, और कई दर्जन यंत्रस्थ या अप्रकाशित हैं, फिर भी, जिनकी कोई पूछ नहीं।

ऊपर के उद्धरण में 'लाल सलूका' मार्का क्रांति की बात करते हैं, उसका भी मजेदार किस्सा है। नागर जी ने 'मैला आँचल' के कुछ उद्धरण पेश किये हैं··· और उनसे, तोड़-मरोड़ कर, मनमाने अर्थ निकाले हैं।

"लाल ओढ़ना ओढ़कर गाड़ी पर चढ़ने जाओ तो गाड़ी रुक जायगी और ओढ़ना जपत हो जायगा–हसल गाँव हाट के पास एक लाल चादरवाले को देखकर उसका कलेजा धुकधुका उठता है। भले आदमी ने लाल चादर की पगड़ी क्यों बाँध ली,··· क्या है लाल सलूका ? खबरदार झंडा और लाल सलूका में क्या फरक है।··· "

इस उद्धरण को पेश कर शायद नागर जी लेखक श्री रेणु को प्रगतिविरोधी सिद्ध करना चाहते हैं या कुछ अश्लील अर्थ ढूँढ़ते हैं या सिर्फ 'लाल' शब्द के कई प्रयोग दिखलाकर निष्कर्ष निकालते हैं, "जरूर कोई बात है।" किंतु हमारे पाठक भ्रम में न पड़ें (नागर जी तो सब समझते ही हैं)। 'लाल' शब्द का प्रयोग पूरी स्वाभाविकता में हुआ है–लेखक की किसी दुरभिसंधि के कारण नहीं। पहले वाक्य के संबंध में कुछ अधिक कहने की जरूरत नहीं–सब लोग यह जानते हैं कि रेल के लिए कपड़े के लाल टुकड़े–झंडी–का क्या अर्थ है। दूसरे वाक्य के बारे में यह कहना पर्याप्त होगा कि बिहार में पुलिस की पगड़ी गहरे लाल रंग की होती है और कलेजा धुकधुका उठता है–एक फरार असामी का··· अंतिम वाक्य के बारे में भी ज्यादा नहीं कहना–सब लोग जानते हैं कि सोस्लिस्ट पार्टी का झंडा लाल रंग का है और 'तलाशी' में पुलिस लाल सलूके या सोस्लिस्ट झंडे में फर्क स्वीकार नहीं करती।

विज्ञ पाठकों को स्पष्ट हो गया होगा कि नागरजी की प्रतिक्रियावादिनी प्रतिभा किस तरह किसी तथ्य, वक्तव्य या उद्धरण को तोड़-मरोड़कर, सारी बातों को गड्ड-मड्ड कर भयंकर गलतफहमियाँ पैदा करती है। अपनी इस प्रतिभा का उपयोग 'परिवार' की भूमिका लिखने में उन्होंने एक-दो जगह नहीं, बल्कि सर्वत्र किया है। 'मैला आँचल' से वे इतने नाराज हैं कि उसमें उन्हें सर्वत्र दोष-ही-दोष मिलते हैं···

अतः डॉक्टर प्रशांत की शत-प्रतिशत सही बात–"यहाँ इंसान है कहाँ ? अभी पहला काम है, जानवर को इंसान बनाना"–के लिए डॉक्टर और उपन्यास के लेखक की फजीहत करते हैं; उपन्यास के एक पात्र जोतखीजी की सभी बातों को गंभीर मान लेते हैं (धन्य हैं !) ! और भी, ऐटमबम की चर्चा के लिए लेखक को निराशावादी करार देते हैं··· फिर उपन्यास के ग्रामगीतों, नृत्यों, वाद्य-यंत्रों के पृष्ठ, संगीत एवं स्थानिक बोली के प्रयोग, या यों कहें कि उपन्यास की नयी टेकनीक, जिसकी सभी समीक्षकों ने एक स्वर से प्रशंसा की है, उन्हें प्रसन्न नहीं कर सकीं और वे शिकायत करते चलते हैं···

और, तब पाठक अपना संदेह नहीं रोक सकता–उनकी नीयत में गहरा संदेह ! वस्तुतः नीयत में फितूर तो भूमिका के शीर्षक से ही स्पष्ट हो जाता था··· 'सुनीता

से मैला आँचल और परिवार तक··· '

पाठक 'सुनीता' और 'मैला आँचल' के विस्मयकारी संबंध पर अविलंब चौंकता है और कुछ मनोरंजन के भाव से सोचता है कि क्या 'परिवार' हिंदी-उपन्यास का 'नवीनतम माइल-स्टोन' है कि नागरजी इतने परेशान हैं !···

वस्तुतः यह कहने को बाध्य होना पड़ता है कि सारी भूमिका में नागरजी और उनके बौखलाये साथियों का दुराग्रह ही बोलता है। मजे की बात कि नागर जी आगे स्वयं स्वीकार लेते हैं !···

लेखक को दुराग्रह की पाटियों में पीसने के बाद उसके समर्थक आलोचक की बारी आना जरूरी है। अतः, नागर जी लिखते हैं–

"लेकिन हिंदी के आलोचक प्रवर··· इस उपन्यास को हल्दी की गाँठ बनाकर पसरहट्टा सजाने पर तुले हैं··· 'मैला आँचल' को फहराते हुए ऐलान कर रहे हैं–प्रेमचंद के बाद अगर किसी उपन्यास का स्थान है तो इसका।" (यह सब सम्मतियाँ तो आप लेख के पूर्वांश में पढ़ चुके हैं, भूल चले हों तो फिर देख लीजिए।)

"यह है उन लेखकों को मारने के लिए, जो प्रेमचंद के बाद देश और समाज का चित्रण करने में लगे हैं। नागार्जुन का 'बलचनमा' इनकी नजर से गायब हो गया, ओमप्रकाश शर्मा का 'साँझ का सूरज' इन्हें नहीं दिखाई दिया, 'रुद्र' की 'बहती गंगा', सत्यार्थी का 'रथ के पहिये', अमृतराय का 'बीज', हर्षनाथ का 'करमू और जगनी', हितबल्लभ गौतम का 'प्रदीप'–गर्ज यह कि एक ही झपाके में सब खत्म हो गये।"

इन बातों पर बहुत कुछ कहा जा सकता है, मगर नागरजी के दुराग्रह के कारण निरर्थक होगा। फिर भी यह तो पूछा ही जा सकता है कि आपने (मतलब श्री नागरजी ने) इस लिस्ट में उन श्री यज्ञदत्त शर्मा का नाम क्यों नहीं लिया, जिनके कारण आपने स्वयं यह महामारात्मक प्रयोग किया, जिनके बहुत से उपन्यास छप चुके हैं, किंतु जो अपने दुर्भाग्य और राष्ट्रभाषा के सौभाग्य से सिग्निफिकेंट कथाकार नहीं हो पाये, यों जिनके चित्र 'प्रकाशन समाचार' के मुख पृष्ठ पर बाकायदा 'प्रेमचंदीय परंपरा' के सार्टिफिकेट के साथ छपते हैं और जिन्हें 'मैला आँचल' छपने से तकलीफ हुई है !··· और नागर जी मरहम-पट्टी तो उन्हीं की कर रहे थे ?

अब मुझे और कुछ नहीं कहना है। मैंने बहुत सहूलियत और उदारता से श्री नागर जी की बातों पर विचार किया और अब अंतिम फल विज्ञ पाठकों के सम्मुख रख देती हूँ, अपना निर्णय वे ही दें।

'मैला आँचल' नवीन शिल्प के चमत्कार का सबल प्रमाण है। लेखक हिंदी-कथा-साहित्य में बहुत बड़ी पूँजी लेकर आया है। उसे बहुत बातें कहनी हैं। उसकी दूसरी पुस्तक विश्व-उपन्यास की दृष्टि से भी कुछ मूल्य रखेगी–मेरा विश्वास दृढ़ है।

लेख की समाप्ति करते, श्री नागर जी से अनुरोध है कि वे भ्रष्ट आलोचना में दिलचस्पी कमकर अपने सुयश और लेखनी को कलुषित होने से बचाएँ। अंतिम

बात मुझे 'मैला आँचल' के यशस्वी लेखक से कहनी है। करीब सवा साल तक वे मौन रहे–अधिक समय तक का मौन कई दृष्टियों से घातक है। अब वे अपनी चुप्पी तोड़ें और पूरे आत्मविश्वास के साथ, सामने आएँ; प्रश्नों के उत्तर दें।

(सुश्री) गौरा, एम. ए., अवंतिका, जनवरी, 1956

रेणु के साथ बातचीत

रेणु जी, आपने मैला आँचल उपन्यास के लिए 'आंचलिक उपन्यास' शब्द का व्यवहार किया है। इस आंचलिक उपन्यास का तात्पर्य क्या है ?
–'आंचलिक-उपन्यास' से मेरा आशय ऐसे उपन्यास से है, जिसकी समस्याओं को सामाजिक दृष्टिकोण से रेखांकित किया जा सकता है। हालांकि उसमें शिल्प-भावना के साथ परिवर्तित युग-परिस्थिति के फलस्वरूप जीवन बोध में जो परिवर्तन आता है, उसका भी चित्रांकन किया जा सकता है। इस बारे में सिर्फ इतना ही कह सकता हूँ कि उपन्यास जगत् में इस धारा का प्रयोग मैंने ही पहली बार किया है।

आंचलिक चरित्र में भाषा ठीक कैसी होनी चाहिए ?
–यह ध्यान रखा जाना चाहिए कि आंचलिक शब्दों के प्रयोग से भाषा की सजीवता बढ़े। ऐसा कर पाने पर वह चरित्र पाठक के सामने पूरी तरह जीवंत हो उठेगा। यह सब लेखक और उसके लेखन पर पूरी तरह निर्भर करता है। देखना होगा कि लेखक आंचलिक शब्दों के न्यूनतम प्रयोग न करते हुए भी ग्राम्य-जीवन का यथार्थ चित्रण कर सकता है या नहीं। यदि वह सफल होता है तो आंचलिक शब्दों के अभाव में भी उसके उपन्यास को आंचलिक-उपन्यास ही कहा जायेगा।

मैला आँचल के अनेक शब्द, जैसे–सोसलिंग या सुसलिंग या इसी तरह के अन्य शब्दों के अनुवाद अहिन्दी भाषा या विदेशी भाषाओं में कैसे किया जायेगा ? फिर, अनुवाद में इनकी प्रकृति या स्वरूप को क्या पाया जा सकता है ?
–निश्चय ! इस तरह के शब्दों को अनुवाद में भी जस का तस रखा जा सकता है और मेरा यह दृढ़ विश्वास है कि इस तरह के अनुवाद से भी पाठक रसास्वादन कर सकेंगे। जैसे कि **शोलोकोव का 'एण्ड क्वाइट फलोज द डॉन' या न्युट हम सून** का उपन्यास जो अंग्रेजी में अनूदित होकर आया है। **मुल्कराज आनन्द ने 'कुली'** उपन्यास अंग्रेजी में ही लिखा है और उन्होंने इस तरह के अनेक शब्दों का प्रयोग

किया है। इससे कहीं रस भंग होता है, यह मैं स्वीकार नहीं करता।

'मैला आँचल' में विश्वनाथ प्रसाद के चरित्र में जो आदर्शभाव दिखाया गया है, वह क्या आरोपित है या कि परिस्थिति के दबाव के कारण उन्हें आदर्शवादी बनना पड़ता है ?
—यह आदर्शभाव परिस्थिति के प्रभाव से सर्वत्र स्वाभाविक हो उठा है। सबसे पहले, विश्वनाथ प्रसाद मुनीम किस्म के आदमी हैं। जब उन्होंने समझा कि इस जमीन को ज्यादा दिनों तक अपने अधिकार में नहीं रखा जा सकेगा, क्योंकि जमींदारी प्रथा खत्म हो गयी और जमीन की बन्दोबस्ती दूसरे ढंग से होने वाली थी, तो उन्होंने सब को पाँच-पाँच बीघा जमीन दान में दे दिया। ऐसा करने पर ग्रामवासियों की नजर में वे काफी ऊपर उठ गये। सबसे बड़ी बात कि उनकी बेटी कमला के लिए लड़का मिल जाता है जिसकी तलाश, वे पिछले कई वर्षों से कर रहे थे। कोई तैयार नहीं हो रहा था। इसके अलावा कमला की शादी के लिए उन्हें कम-से-कम बीस हजार रुपये खर्च करने पड़ते। यदि डाक्टर शादी करने से अस्वीकार करता, तो कमला के शादी से पूर्व गर्भवती हो जाने के कारण उनकी इज्जत मिट्टी में मिल जाती। फलस्वरूप डाक्टर जैसे ही दामाद बनना स्वीकार लेता है, यह मान लेना पड़ेगा कि पापहारिणी गंगा स्वयं आकर उसके पापों को धो जाती है और वे भी पूरी तरह निश्चिन्त हो जाते हैं।

आनन्द के इस सघन क्षण में यदि थोड़ी-सी उनकी उदारता प्रकट हो जाती है, तो वह यथार्थ कारणों से ही होती है, जो मानव स्वभाव के अनुकूल है। फिर हम यह भी देखते हैं कि भू-दान यज्ञ में लोग हजारों बीघा जमीन दान करते हैं। यह उदारता या हृदय परिवर्तन परिस्थिति के प्रभाव से ही होता है। यह कहीं से भी आरोपित नहीं है।

अच्छा रेणु जी, आपकी दृष्टि में आज का नागरिक जीवन क्या आंचलिक उपन्यास की पृष्ठभूमि हो सकता है ?
—जरूर हो सकता है। यदि उस उपन्यास में नगर-जीवन के आचार-व्यवहार, उसकी भाषा, उसके विभिन्न संस्कार आदि का समावेश हो। हालांकि लेखन का मान भी उसके साथ विचारणीय है।

पिछली पीढ़ी के किन-किन रचनाकारों का लेखन आपको प्रभावित करता है ?
—इस मामले में मैं अपने गुरु स्वर्गीय श्री **रामदेनी तिवारी 'द्विजदेनी'** का ऋणी हूँ। वस्तुतः उनकी रचना 'भइया जी की घोड़ी' ने ही मुझे प्रेरणा दी है। मेरे लेखन की प्रेरणा… एक और सज्जन थे—डब्लू. जी. आर्चर। पूर्णिया के जिला कलेक्टर होकर भी इन्होंने संथाली जीवन पर लिखा था। इनके अलावे जिनका ज्यादा प्रभाव मुझ पर पड़ा वे हैं—**शोलोकोव, तारा शंकर, सतीनाथ भादुड़ी और प्रेमचंद।**

साहित्य में 'श्लीलता-अश्लीलता' के बारे में आपकी राय क्या है ?
—यह हालांकि काफी पुराना प्रश्न है। कुछ भी हो, साहित्य क्षेत्र में श्लीलता-अश्लीलता

के लिए कोई सीमा रेखा खींचने के पक्ष में मैं नहीं हूँ।

रेणुजी, 'परती-परिकथा' में लुत्तो बार-बार अनुचित व्यवहार करता है, फिर भी जितेन्द्र को किसी तरह उत्तेजित होते नहीं देखा जाता है, जो अस्वाभाविक-सा लगता है। ऐसा कैसे हुआ ?

–यह बात पूरी तरह जितेन्द्र पर निर्भर करती है। जितेन्द्र की मानसिकता को लक्ष्य किया जाय तो स्पष्ट हो जाता है कि वह आधुनिक जीवन, साहित्य, शिल्प के साथ गहरे परिचित है। उच्च शिक्षा ने उसे परिमार्जित और सुसंयत होना सिखाया है। वह अच्छी तरह जानता है कि लुत्तो का पिता किस तरह उसके पिता के हाथों अपमानित और निपीड़ित हुआ है। बैल की तरह उस पर अकथ्य अत्याचार हुआ, जिस कारण गों-गों की आवाज करता हुआ वह तड़प-तड़प कर मरा। जितेन्द्र यह भी जानता है कि यदि लुत्तो को अवसर मिले तो उसे वह कभी नहीं छोड़ेगा। जमींदारी प्रथा खत्म होने पर सर्वे-सेट्लमेन्ट की स्थिति को भी वह ठीक-ठाक समझता है, इसलिए विवादग्रस्त जमीन की रक्षा के लिए अदालत की शरण में जाते उसे नहीं देखा जाता है। हाँ, मेम-माँ से प्राप्त दुलारी दाय के कुंड की रक्षा अवश्य करता है, क्योंकि कुंड दरअसल ताजमणि की सम्पत्ति है।

ललितांशुमयी, विपक्ष, रेणु अंक में प्रकाशित

मिलिए फणीश्वरनाथ रेणु और उनके परिदृश्य से

"धान की इतनी अच्छी फ़सल, जितनी अच्छी इस साल है, हो तो खेती करने में कविता करने का आनन्द है। खेती और कविता में जरा भी फर्क न लगे। एक बार ताइचून रोपते समय वर्षा में भींगते हुए मैंने एक कविता रची। मन हुआ कि राजकमल चौधरी को भेज दूँ। लेकिन बाद में भूल-भाल गया।... मेरे विचार से तो अभी एक बीघा खेत में खेती कर लेना पाँच लेख और पाँच कहानियाँ लिखने से ज्यादा फ़ायदेमन्द है।... "

रेणु के गाँव जाकर उनके परिदृश्य से और रेणु से मिला रहे हैं युवा कथाकार कवि सुवास कुमार

हरीतिमा। जैसे एक ही जगह दुनिया की सारी हरियाली बिछा दी गयी हो। रेलवे लाइन के दोनों ओर फैला हुआ सीमान्तक शस्य-क्षेत्र। कुछ-कुछ पीताभ हरियाली

ओढ़े हुई धान की रूप-गर्विता बालियाँ पुरवा के हर स्पर्श पर इठला रही हैं। छाती-भर खड़ी फसल में पगडण्डियाँ खो गई नजर आती हैं। कहीं-कहीं बाँसों के कुछेक बीट और इक्का-दुक्का बड़े वृक्षों को छोड़कर दृष्टि-पथ में धन-खेतों की हरियाली का ही व्यापक प्रसार है।

यह दृश्य पूर्णिया जिले के सिमराहा स्टेशन के करीब का है, जहाँ का 'धत्ता' (उजाड़ भूमि) कुख्यात था। यही है 'परती : परिकथा' की वास्तविक भूमि। 'परती : परिकथा' के लेखक का गाँव 'औराही हिंगना—जहाँ मैं जा रहा हूँ—करीब तीन मील पर है। यह तीनों मील पैदल चलना होता है—किसी सवारी की व्यवस्था नहीं। कोई सड़क भी तो नहीं। एक कच्ची-टूटी सड़क है भी, तो घूमकर जाती है। चाहें तो इसे सड़क कह लें या बैलगाड़ी की लीक।··· सो खेतों की मेंड़ पर से गुजरना होता है। खेतों की मेंड़ से गुजरना—यानी हरियाली के बीचो-बीच गुजरना मुझे अच्छा लग रहा है। रेलगाड़ी में कोयले के कणों के पड़ने के कारण कछमछाती आँखों को यह दृश्य बड़ा ही शीतल कर गया है।

कौन कह सकता है कि इसी बिहार में भीषण सूखा पड़ा है ? कौन कह सकता है कि हम बंगाल के शस्य-प्रदेश में यात्रा नहीं कर रहे ? यदि पूर्णिया जिले का कोई निवासी पाँच-सात वर्षों के बाद अब अचानक यहाँ पहुँच जाये तो उसे कदाचित् ही प्रतीति हो कि वह इसी जगह को छोड़कर कभी गया था। जिन किसानों ने यह फसल उगाई है और जो प्रसन्न-मन इसे काटेंगे, उनके पूर्वजों की एकमात्र फसल थी—पाट, सो भी बरसात के दिनों में, अलग मिट्टी वाली जमीन में। अब तो यहाँ गेहूँ, चना, जौ, मटर, सरसों—हर फसल उगेगी; क्योंकि अब यहाँ की माटी माटी नहीं, सोना है। पहले यह माटी बालू थी।

'परती : परिकथा' कल ही पढ़कर समाप्त की है—दूसरी बार। पहली बार चार साल पहले पढ़ी थी। इस हरियाली को देखकर मेरी कल्पना की आँखें इन खेतों के अतीत को देखना चाहती हैं।··· काँटों-भरे झाड़-झंखाड़ और दिगन्तव्यापी रेत। कुछ जंगली जानवरों की दूहें और बालू के टीले। निर्लज्ज, निर्वसन बन्ध्या नारी की तरह लेटी हुई जमीन—बंजर जमीन बादलों की सारी प्यास सोखकर भी अतृप्त रह जाती। जिसका हिया कभी न जुड़ाये, जिसकी गोद कभी हरी न हो, ऐसी बंजर जमीन। परती धरती।

और अब तो मेरी आँखों के आगे सद्यःप्रसूता धरित्री है। कहाँ बाँझ—बलुआही जमीन और कहाँ स्वर्ग शस्य प्रदेश ! मैं ही क्यों, जो यहाँ के निसर्ग के पूर्वरूप से परिचित हैं, ऐसा कोई भी व्यक्ति इस परिवर्तन को सहज ही महसूस कर सकता है। लेकिन यह परिवर्तन क्या यों ही सहज सम्भव हुआ होगा जिस रूप में हम आज इसे ग्रहण कर रहे हैं ? निश्चय ही इस उपलब्धि के पीछे एक मनुष्य-गाथा—बल्कि मनुष्यों की वह साहस गाथा है, जिसने इस निर्वसना प्रकृति को हरी चूनर पहनने को मजबूर किया।

··· बलुआही मिट्टी—कोई गन्ध नहीं। गन्धहीन माटी। यहाँ चाहे चिलचिलाती

हुई धूप और लू से लदी हुई हवाएँ चलें या झर-झर-झहर-झहर बादल झरें–कोई अन्तर नहीं पड़ता था। परती–सैकड़ों वर्षों से पड़ी हुई धरती पर केवल कुश-काँटे और कहीं-कहीं बन-लहसुन पैदा होते थे। यही था कोसी-कवलित अंचल। हर साल लाखों प्राणों की बलि लेती थीं कोसी महारानी !

हिमालय की गोद से अरुण, तिमुर और सुतकोसी–ये तीन धाराएँ निकलकर वराह क्षेत्र के पास मिल जाती हैं। त्रिवेणी। त्रिवेणी के बाद सप्त कोसी, फिर कोसी–डायन कोसी। जिसकी साँसों में उनचास पवन इठलाये, आँखों में हमेशा खून पीने की हविस, जो करवट ले तो भूचाल आ जाये, जिधर चले उधर प्रलय-हड़कम्प मचा दे। कोई एक रास्ता नहीं, जब जिधर जी चाहे चल दी। रातोंरात गाँव के गाँव जल-मग्न ! ऐसी सर्वग्रासिनी कोसी को बाँधने की बात, तो मैक्कैनो ही थी न ? मैक्कैनो–बच्चों द्वारा बनाया जाने वाला पुल, डैम, मकान। घर के अन्दर, मन के अन्दर मनचाहे ख्वाब देखना। मगर कोसी को बाँधना आसान काम नहीं। फिर भी "मन केर ममोला मनहि में रहलऽ सेमरिक फलवा सूखि के फुटाइल–सेमरिक रूई उड़त'–सेमल की रूई की तरह उड़ती हुई मन की आशाओं का कोई क्या करे ?

–इस विशाल परती पर क्या कहीं इस प्रकार की मिट्टी नहीं, जिसमें जंगल लगाना सम्भव हो ?

–आपको मालूम है मिस्टर, 'एट लीस्ट हण्ड्रेड टाइम्स' इस परती के सॉइन्स का 'केमिकल एनालिसिस' किया जा चुका है। तीन-तीन 'केमिकल सेक्शन' की रिपोर्ट है...

–फिर भी जंगल लगाने की योजना पर...

–जी, बालू में पेड़ रोप दें ? आप तो जानते ही होंगे कि अफ्रीका का जंगल सहारा मरुभूमि में नहीं है। आपके पास फाजिल पैसा है, आप जो चाहें कर सकते हैं। मगर मैं तो कहूँगा, बेहतर होगा कि आप इन पैसों का 'नेशनल सेविंग्स सर्टिफिकेट' खरीद...

मैं 'परती : परिकथा' के उस दृश्य की कल्पना करता हूँ, जब जित्तन बाबू ने परती में पहले-पहल ट्रैक्टर चलाया था। पुरानी परती की वीरान धरती पर संशय-भरी नजरों ने पहली बार ट्रैक्टर चलते हुए देखा। लोगों के मन में बरसाती हरियाली की तरह क्षणिक आशा भी नहीं उपजी, प्रत्युत मृग-तृष्णा के प्रति एक सन्देह उपजा...

–पागल कहीं का, परती में ट्रैक्टर चला रहा है–क्या सनक है !

–गुदड़ी उधेड़कर सी रहा है...

–भाई, अब बासमती धान उपजेगा। कितना खाओगे ?

–हो–हो–हा–हा !

–धान नहीं, केला ! केला भी नहीं उपजेगा। ट्रैक्टर से जोते या...

–परती तोड़कर गौ माता के कलेजे पर छुरी चला रहा है, जित्तन !

–उधर सिमराहा, फारबिसगंज, बथनाहा, वीरपुर, भीमनगर में हाकिमों का मेला लग गया। चीफ इंजीनियर, सुपरिन्टेंडिंग इंजीनियर, सब डिवीजनल ऑफिसर्स ऑव कोसी प्रोजेक्ट, सेक्शनल ऑफिसर ! फिर सेक्रेटरी, पी. ए., रीडर, स्टेनो, वर्क सरकार, अमीन, चपरासी–सब कोसी योजना वाले साहब लोग हैं। चतरा गद्दी में पुल बाँधने आये हैं।···

··· वाह रे, चतरा गद्दी में पुल बाँधने आये हैं, तो पचास कोस दूर बैठकर भला वे पुल कैसे बाँधेंगे ? और पुल बाँधने के पहले तो आदमी की बलि की जरूरत होती है, सो ?

–देखो, बच्चे घर से बाहर न निकलें।

–केवल परती पर ही नहीं, कोसी-किनारे के ताड़-वृक्षों पर भी ब्रह्म-पिशाच का राज्य है। उससे कैसे पार पायेंगे ये लोग ?

–इन्हें कोसी मैया की ओर दुर्मति खींच रही है। हजारों बलिदानों से सन्तुष्ट होंगी, कोसी मैया !

–हुँ, बाँध बाँधेंगे···

–काहे नहीं ? आदमी ने ही तो राक्षस की तरह विकराल मशीन बनायी है। याद है, दन्ता राकस ने किस तरह से धरती को खोदा था। 'सुन्नरि नैका' की गीत-कथा में···

कोसी-योजना 'सुन्नरि नैका' के समानान्तर एक और कथा है। वीरपुर, बथनाहा, फारबिसगंज, सिमराहा, पूर्णिया, विराटनगर, दूबी–जगह-जगह कॉलोनी बनी। जहाँ दिन में भी पहले टिटही बोलती थी वहाँ अब रात में भी रोशनी का बाजार लगा रहता है। कोसी-योजना के अधिकारियों को एक मिनट की भी फुरसत नहीं। 'मस्टर रॉल' के मजदूरों के सिर पर दूरबीन और नाप-जोख के दूसरे सामानों को रखे, धूल-कीचड़-बालू-सने फुलपैण्ट और बुश्शर्ट पहने, मुड़े-तुड़े रूमाल से दनादन पसीना पोंछते हुए और लाल-लाल आँखों में किचकिचाते बालू का दर्द झेलते मगर बेतहासा दौड़ते हुए सेक्शनल ऑफिसर। साथ में अमीन और वर्क सरकार। मिनट-मिनट पर गुर्राती जीप गाड़ी से दौरा करते हुए सबडिवीजनल ऑफिसर और सुपरिण्टेंडिंग इंजीनियर।

इन्सान गढ़ता भी है, रचना भी करता है समाज के लिए, अवाम के लिए। वीराने को बसाने के लिए, बन्ध्या धरती को शस्यश्यामला बनाने के लिए ही तो जी-तोड़परिश्रम करता है आदमी···

–यादव जी, 'कॉण्ट्रैक्टर' के मुनाफे में ही तो 'हमारा', 'पर्सेण्टेज' बँधा है···

–सर, उधर 'ओवरसीयर' साहब भी 25% कहते हैं। हम बेमौत मारे जायेंगे, सर !···

–'कॉण्ट्रैक्टर' मारता है; मरता नहीं है, यादव जी···

–तीन हिस्सा नहीं, सात हिस्सा बालू। 'ओवरसीयर' साहब 'खुद्दे' कहिन हैं···

–सिंध जी ने भी खूब भाषण दिया। लगता था रो रहे हैं···

–काहे नहीं, इसी एस. ई. साहब ने तो उन्हें बनाया। जब उतना मानते थे तो उनके 'फेयरवेल' पर दो बूँद आँसू भी नहीं चुआयेंगे ?

–पार्टी में कुल कितना खर्च पड़ा होगा, अन्दाज ?···

–कोई हिसाब है ? एक पार्टी हो जाने पर प्रबन्धक लोगों के घर पर महीने भर पार्टी खायी जाती है।

–सुनते हैं, साहू जी के यहाँ दो हाँडी रसगुल्ला गया था···

–और तीन टोकरी सेब भी।

–नये एस. डी. ओ. पांडेजी भी खूब बतक्कड़ हैं। कहते थे···

–अजी, दरबारी आदमी हैं।

–पहले डी. वी. सी. में थे। घूस के लिए बदनाम···

उजाड़, बंजर और बेकार अंचल में युगान्तकारी परिवर्तन हुआ है। कोसी की मुख्यधारा और अन्य शाखा नदियों पर बाँध बाँधे गये हैं। बड़े-बड़े और ऊँचे बाँध। नदियों की धाराओं को इच्छानुकूल मोड़ा गया। बथनाहा स्टेशन से वीरपुर तक रेल की छोटी पटरी बिछाई गयी। मालगाड़ियों का निरन्तर सिलसिला।··· सीमेंट, कोयले, पिट्रोल और लोहे की भारी-भरकम मशीनें लगातार ढो कर वीरपुर तक ले जायी गईं। सम्पूर्ण इलाके में बिजली के तार लग गये। धरती पर नदी जैसे नहरों और नहरों के भी कई-कई शाखा-उपशाखाओं के जाल बिछाये गये। सड़कें और पुल बनाये गये।···

··· परम आदरणीय अध्यक्ष महोदय, मंत्रीजी, अतिथियों एवं साथियों··· "अवर अभियन्ता संघ के छठवें अधिवेशन पर आपकी उपस्थिति से हम गौरवान्वित हैं। कोसी योजना का मुख्य निर्माण-केन्द्र वीरपुर, जहाँ आप सभी उपस्थित हैं, निर्माण के प्रारम्भिक दिनों में घने जंगलों, विशाल मरुप्रदेश एवं कासपटेरों से परिपूर्ण प्रायः जनशून्य था। पिशाचिनी कौशिकी की संहार-लीला से आक्रान्त, अविद्या, दारिद्र्य एवं व्याधियों से ग्रसित उपेक्षित मनुष्य··· मोरंगिया वायु से प्रभावित मलेरिया की गोद में खेलता मानव जीर्ण-कंकाल जैसा था। संचार-व्यवस्था के अभाव में यह क्षेत्र टापू बना हुआ था। ऐसी भयानक स्थिति में रहते हुए लोगों ने जिस प्रकार इस अंचल की कायापलट की, वह आज मात्र कल्पना की वस्तु बन गई। पक्की सड़कें, अनवरत दौड़ती गाड़ियाँ, विद्युत-दीपों से आलोकित नगर आज अलकापुरी···

कोसी अब चिड़ियाघर में बन्द अजगर हो गयी है। उसे अपनी सीमाओं में बहते देखकर एक आश्चर्य-मिश्रित सुखद भय होता है। कोसी अब वरदात्री है। बहुत-कुछ देती है; अनाज, पाट, बिजली और मछलियाँ। किसानों के दिन फिरे हैं : खेतों में 'ट्रैक्टर' चल रहे हैं। एक स्वप्न पूरा हुआ है।

अब धरती को बाँझ कौन कहेगा ? वह तो सदा सुहागिन है। इन्द्र-धनुषी साड़ी पहने यह धरती हँसती है, खिलखिलाती है, गाती है, झूमती है। धान के

खेतों में अब धानी रंग उतर आया है। बालियाँ झुक आई हैं।··· कातिक-बीते अखता धान की कटनी शुरू हो जाती है।

नेपाल की तराई से लेकर गंगाजी के किनारे तक लाखों एकड़ में फैला हुआ बन्ध्या धरती का आँचल अब सूना और उदास नहीं रहा। दूधों-नहायी और पूतों-फली धरती है अब। मुझे अजित कुमार की कविता की पंक्तियाँ याद आई हैं–

जिसका भी जी चाहे कहले
–ऐसे कभी नहीं थे पहले
खेत सुनहले
अंगराग बन गई कि जो थी अब तक धूल
नाच रहे जैसे पहने रंगीन दुकूल
नीले फूल !
(झाँकियाँ : अकेले कण्ठ की पुकार)

हमारी आँखों के आगे वस्तुतः इतना बड़ा परिवर्तन उपस्थित हो गया है कि सहसा अपनी आँखों पर विश्वास नहीं होता। इस सुखद परिवर्तन का एहसास कितना पुलक-भरा है। मैं सोचता हूँ कि इस परिवर्तन को अलग-अलग तबके के लोग अवश्य ही अलग-अलग ढंग से लेते होंगे। इस संदर्भ में एक किसान का दृष्टिकोण एक राजनीतिज्ञ या साहित्यकार के दृष्टिकोण से अवश्य ही विलग और विलक्षण होगा। इस परिवर्तन का असर भी अवश्य ही विभिन्न वस्तुओं पर विभिन्न रूपों में पड़ा होगा। यह परिवर्तन तो इतना स्पष्ट और प्रत्यक्ष लक्षित होता है कि लोक-चेतना के सांस्कृतिक आयामों पर भी इसके प्रभाव का अध्ययन किया जा सकता है। इस सम्बन्ध में क्यों न किसी किसान से 'इण्टरव्यू' किया जाय ?

स्वयं 'परती : परिकथा' के लेखक को यह सब बदल जाना कैसा लगता होगा ? चिलचिलाती धूप में चमकते हुए रेतकण जिन आँखों में हरियाणी की मृगतृष्णाएँ रचते होंगे, उन आँखों को यह लहलहाती हुई फसल और लहरों में चमचमाती हुई मछलियाँ, कैसा महसूस होती होंगी ? इस ऊसर और वीराने में जहाँ दिन में भी गीदड़ और खिखिर बोला करते थे, अब मैना और हल्दी-चिरैया की चहचहाहट उन्हें कैसी लगती होगी ? जिस लेखक ने कभी आशा की थी : "लाखों एकड़ बन्ध्या धरती, कोशी-कवलित, मरी हुई शस्य-श्यामला हो उठेगी। कफन-जैसे बालू-भरे मैदान में धानी रंग की जिन्दगी के बेल लग जायेंगे। मकई के खेतों में घास गढ़ती हुई औरतें बेवजह हँस पड़ेंगी। मोती-जैसे दाँतों की चमक।" (मैला आँचल) उसे रवी और खरीफ की फसलों में से आती हुई अबोध खिलखिलाहटें कौन-सी अनुभूति देती होंगी ? मैंने मन-ही-मन 'रेणु' जी से ही बाकायदा इण्टरव्यू लेने की बात सोची।

श्री फणीश्वरनाथ 'रेणु' सम्भवतः प्रेमचन्द के बाद दूसरे हिन्दी के कथाकार हैं, जिन्हें गाँव और खेतों से आन्तरिक लगाव है। (दोनों का चाहे-अनचाहे फिल्म क्षेत्र में भी प्रवेश हुआ–अद्भुत साम्य है !–किन्तु जहाँ प्रेमचन्द फिल्मों और अपने

अन्तिम उपन्यास 'गोदान' में निराशावादी हो गये; इसके विपरीत 'रेणु' की मनोवृत्ति को साहित्य की ही भाँति फिल्म में भी सफलता मिली।)

मैं 'रेणु' जी से इतनी बार मिला हूँ कि कितनी बार मिला हूँ–यह याद नहीं। शायद अन्यों की अपेक्षा उन्हें नजदीक से देखा भी है। उनके घर की मिट्टी की दीवार पर पेन्सिल या खरोंचों से बनाये गये उनके चित्र देखने या उनके वैयक्तिक नोटबुक से कविताएँ (जी हाँ, 'रेणु' जी कविताएँ भी करते हैं) सुनने का अवसर, मैं समझता हूँ, ज्यादा लोगों को नहीं मिला है। मैंने उनके खेत में उनके साथ बैठकर ईख, उनके बगीचे के 'कच्चा-मीठा' आम और उनके हाथ की बनी खिचड़ी खायी है। वैसे हमारी बातचीत की परिधि में श्री रामकृष्ण परमहंस के आध्यात्मिक जागरण से लेकर भूखी पीढ़ी वालों की कविता तक आती है, मगर गाँव-घर की बात करने से 'रेणु' जी खूब खुश होते हैं। एक बार उन्होंने मुझसे कहा था–"शहर से जब मैं गाँव आ जाता हूँ, तो भूल जाता हूँ कि मैं लेखक भी हूँ। देश और दुनिया की खबरों से कोई सरोकार नहीं रखता, क्योंकि यहाँ न तो रेडियो सुनता हूँ, न अखबार ही पढ़ता हूँ। गाँव ही मेरा संसार हो जाता है। इस स्थिति में आप आते हैं, तो मुझे एहसास होता है कि मैं लेखक भी हूँ।"

शहर में और शहर की बातों को लेकर 'रेणु' जी भले ही भीड़-भीरु हों, किन्तु गाँव में वे 'समाजी' इस अर्थ में हो जाते हैं कि गाँव के बारे में बोलते नहीं अघाते। इसीलिए तो उनसे मैंने बेहिचक 'इण्टरव्यू' की चर्चा छेड़ दी।

औराही हिंगना–'रेणु' जी का घर। वे बरामदे में कुरसी डाले बैठे थे। मैं भी बैठा। मैंने जब धान की फसल की चर्चा की तो वे खुश होकर बोले–"चलिए, आपको धान के खेत दिखायें।"

मैं तो तैयार था ही। 'रेणु' जी लुंगी-कुरते में थे। स्वेटर पहना और हाथ में घूमने की छड़ी लेकर चल पड़े। खेतों की मेड़ों पर लम्बी चोटी की भाँति पड़ी हुई पगडंडियों पर हम चले। धान के पौधों का शरीर से संस्पर्श रोमांचक था, सामाजिक था, जो नगर-जीवन में दुर्लभ ही है। मैं अपने बदन से उनकी लम्बाई नापता हुआ चला–कमर-भर··· छाती-भर धान। मैंने नोटबुक खोल ली और खेतों में घूम-घूमकर और फिर खेत की मेड़ पर बैठकर प्रश्न पूछने लगा।···

सु. कु.–'सारिका' में आपके पते के बारे में घोर अनिश्चितता पाकर मैं तो सोच बैठा था कि आप शायद यहाँ न हों–

फणीश्वरनाथ रेणु–यह कैसे हो सकता है कि बुआई या कटाई के समय मैं गाँव न आऊँ ? बचपन में 'सिरपंचमी' सरस्वती-पूजन–के दिन स्कूल में पूजा-स्थल से भी मैं और मेरे समवयस्क लड़के जल्दी ही घर और घर से खेत भाग आते थे, क्योंकि वर्षा आरम्भ के कारण उस दिन खेत में पहली बार हल्की मिट्टी से शुभस्पर्श कराया जाता था। मुझे वह दिन अब भी भूला नहीं है और इसलिए तो अब भी इस अवसर पर बच्चों की भाँति कहीं से भी भागकर गाँव पहुँच जाता हूँ।

सु. कु.–शहर से गाँव आने पर आपको कैसा महसूस होता है ?

रेणु–हाल ही में कलकत्ते गया था। वह पटने की अपेक्षा ज्यादा 'शहर' है। शहर में अस्तित्व का संकट या यन्त्रणा-बोध तीव्र हो जाता है। इसलिए शहर से गाँव आना कुछ वैसा ही है, जैसा 'स्लॉटर हाउस' के करीब से निकलकर खुली हवा में साँस लेना।

सु. कु.–इस बार तो धान की फसल काफी अच्छी मालूम होती है। आपका क्या विचार है ?

रेणु–··· सो तो आप देख ही रहे हैं। धान की इतनी अच्छी फसल, जितनी अच्छी इस साल है, होतो खेती करने में कविता करने का आनन्द है। खेती और कविता में जरा भी फर्क न लगे। एक बार ताइचून रोपते समय वर्षा में भीगते हुए मैंने एक कविता रची। मन हुआ कि राजकमल चौधरी (अब स्वर्गीय) को भेज दूँ। लेकिन बाद में भूल-भाल गया।··· मेरा तो कभी-कभी मन करता है और यदि मुझसे बन पड़े तो लिखना-विखना छोड़कर केवल खेती ही करूँ।··· जे. पी. (जयप्रकाश नारायण) फारबिसगंज आये थे। सभा में मैं भी आमंत्रित था। जे. पी. ने पूछा–"आप यहाँ कब से हैं ?" मैंने कहा, "करीब पन्द्रह दिनों से।" फिर उन्होंने पूछा–"क्या हो रहा है ? कुछ लेखन कार्य ?" मैंने उत्तर दिया–"अभी तो ताईचून लगा रहे हैं।··· मेरे विचार से तो अभी एक बीघा खेत में खेती कर लेना पाँच लेख और पाँच कहानियाँ लिखने से ज्यादा फायदेमन्द है।" जे. पी. उत्तर सुनकर प्रसन्न नजर आये।

खूब हुआ है धान। मैं तो इन खेतों में बराबर टहला करता हूँ। सुबह कुहरे में उठते हुए खेतों का स्लेटी वर्ण, दोपहर–धानी रंग और शाम को ढलते हुए सूरज की किरनों से निखरी हुई इन खेतों की स्वर्णाभा दर्शनीय होती है। अलग-अलग समय में खेतों में अलग-अलग रंग-वर्ण ही नहीं, अलग-अलग गन्ध भी सहज ग्राह्य हैं।··· इस फसल की लहलहाहट में तो अब पात्र भी लहलहा रहे हैं। लिखने को मन कुलबुला रहा है। यहाँ से पटना लौटकर कुछ-न-कुछ लिखूँगा। फिलहाल 'कनकजीर' धान की पाँच-पाँच बालियाँ दोस्तों को भिजवा रहा हूँ। हमारा मेक्सिकन गेहूँ 'लर्मा रोहो' देखने आप अवश्य आइए।

सु. कु.–यह क्षेत्र कोसी की विभीषिका से आक्रान्त था। विज्ञान ने कोसी नदी को वरदान बना दिया। पूर्णिया जिले में नहरों का जाल बिछ गया है। परिवर्तन की इस स्थूल प्रक्रिया ने लोक-जीवन की सूक्ष्म मान्यताओं और विश्वासों को किस हद तक झकझोरा है ?

रेणु–नहरों के बनने से पहले यहाँ पाट और कुछ मात्रा में कहीं-कहीं धान पैदा होता था। पाट का पैसा नकद मिल जाता था और इसलिए भी धान को लोग धान नहीं समझते थे। खरीद-फरोख्त में दो पूले पाट या चार सेर धान–यही हिसाब था। सच पूछिए तो लोग पहले खेती नहीं करते थे, नवाबी करते थे। आपने कदाचित् यह कहावत सुनी होगी–

आबरन देवे पाट पेटभरन देवे धान।
परानपुर के बेफिकरा सोबे चादर तान।

कोसी-प्रोजेक्ट की कृपा से ऊसर जमीन में भी अब धान, गेहूँ, सरसों, चना, मटर, जौ आदि पैदा होंगे। पिछली नवाबी खतम। जमीन वाले मेहनत करेंगे। करना ही होगा। 'आलसीपन' का कारण यही था कि मेहनत का फल पाने की आशा पहले नहीं रहती थी। एक कारण और था, और वह यह कि मलेरिया और कालाजार के भीषण प्रकोप के चलते घर के घर, गाँव के गाँव सुनसान बने रहते। कभी-कभी परिवार के सारे सदस्य इस बीमारी की चपेट में आ जाते और कोई पानी देने के लिए भी बचा नहीं रहता था। सन् 45 से 50 तक यह रोग जोरों से फैला था। यूँ क़हिए कि 'सुराज' का अगर तुरत का कुछ फल था तो मलेरिया उन्मूलन। इस इलाके के दो प्रमुख अभिशाप थे—कोसी और कालाजार। कोसी के चलते सिमरबनी आदि की फसल चौपट और कालाजार के चलते आदमी चौपट। दोनों का सालाना नृत्य चलता ही रहता।

अब न तो बीमारी की विभीषिका रही, न कोसी की। गाँव-गाँव में बिजली और पन-बिजली आ रही है। कृषकों को कृषि की सारी सुविधाएँ प्राप्त हो रही हैं। अब खेती के करने में उत्साह भी होना चाहिए। फिर अब तो साम्प्रतिक अकाल और इण्टरनेशनल हंगर—अन्तर्राष्ट्रीय भूख ने अन्न का महत्त्व प्रतिपादित कर दिया है। खेती का नहीं किया जाना अब क्राइम जैसा लगता है।

लोग कोसी-योजना को पहले सन्देह की दृष्टि से देखते थे। उन्हें प्रकृति की उच्छृंखलता के संयमन में मानव-विजय—जैसी सफलता आप देख रहे हैं—की आशा नहीं थी। अब उन्होंने प्रगति की ओर जमाने की तेज रफ्तार देखी है और अब मानव शक्ति में उनकी आस्था बलवती होती जा रही है। कोसी-योजना के यान्त्रिक और वैज्ञानिक परिवेश के सम्पर्क में आने के कारण जन की मान्यताओं और विश्वासों में तर्कों का प्रवेश हो रहा है।

सु. कु.—मैं समझता हूँ कि निम्न-वर्ग की जनता सामान्यतः राजनीति से असम्पृक्त रहती है तथा सरकार के प्रति अपने मन में एक 'सिनिक' दृष्टिकोण पाले रहती है। किन्तु कोसी-योजना के द्वारा इन लोगों को बाँटी गयी समृद्धि के पश्चात् राजनीति के साथ इनका सम्बन्ध किस प्रकार का हुआ है ?

रेणु : गाँव का बदमाश हर पार्टी में रहता है। सभी पार्टी वाले उसे अपनी तरफ मिलाकर रखना चाहते हैं। अभी जनता को राजनीति से फायदा नहीं है। मान लीजिए, गाँव में 'क' और 'ख' के दो दल हैं। चुनाव में 'क' की जीत हुई। वह अपने दल के पचास आदमियों··· या यदि जीतने पर उसके दल के सदस्यों की संख्या बढ़कर सौ हो गयी हो तो उन सौ 'हैव नॉट्स' को वह 'हैव्स' करेगा। उधर 'ख' अपने दल के पचास सदस्यों या हारने पर उसके दल की संख्या घटकर पचीस ही क्यों न रह गयी हो—को लेकर अगले चुनाव में जीतने की टिप्पस भिड़ायेगा। दोनों ही हालतों में प्रतिनिधि को अपने चुनाव-क्षेत्र का सहयोग नहीं मिलता,

और वह स्वयं भी तो इसमें बाधा-स्वरूप है। प्रतिनिधित्व हमेशा एकांगी होता है।···

सु. कु.–सरकार के प्रति लोगों की धारणा कैसी है ?

रेणु–सरकार के प्रति लोगों की धारणा का बहुत-कुछ अन्दाज तो लोक में प्रचलित इस वाक्य से लगा सकते हैं कि 'अंग्रेज' गये तो 'कंग्रेज' आये !

सु. कु.–मगर राज्य में तो कांग्रेसी सरकार नहीं रही, फिर···

रेणु–कांग्रेसी सरकार ने यदि बुद्धि का अकाल पैदा किया था, तो संयुक्त-सरकार ने मतिभ्रम पैदा किया है।

सु. कु.–कोसी-योजना के अन्तर्गत निर्मित तथा प्रयुक्त बड़ी-बड़ी कॉलोनी भारी भरकम मशीनें, बड़े बाँध, बिजली के खम्भे, साइफन, कल्वर्ट, नहर, नहर से छहर–इन्हें आम जनता किस दृष्टि से देखती है ? इनके प्रभाव से समुत्पन्न भावनाओं को लोक-जीवन में कैसी अभिव्यक्ति मिली है ?

रेणु–अभिव्यक्ति क्या मिलेगी–वैसे ग्रामीण शब्दावली में इनमें से कतिपय शब्द मिल-पच गये हैं, अपने विकृत रूप में ही सही। इसके अलावा अभी सृजन-प्रतिक्रिया तो खत्म ही हुई है। फल के उपभोग की स्थिति जब पुरानी हो जायेगी तब प्रभावों की अभिव्यक्ति सम्भव होगी। देखिए··· !

सु. कु.–शहर में न केवल आदमी-आदमी के बीच का सम्बन्ध टूट रहा है, अपितु वहाँ व्यक्तितत्त्व भी टूट रहा है। सुनते हैं कि वहाँ तमाम मान्यताएँ और मूल्य विघटनशील हैं। क्या मूल्यों के अवमूल्यन की बात गाँव के परिप्रेक्ष्य में चलाई जा सकती है ?

रेणु–क्या शहर, क्या देहात–हर जगह चीजें, सारी चीजें अवमूल्यित हुई हैं। देखिए, आपने जब चर्चा छेड़ ही दी तो मैं 'परती : परिकथा' की ओर आप का ध्यान ले जाना चाहूँगा। उसमें व्यक्ति के टूटते हुए सामाजिक सम्बन्धों पर विचार किया गया था। सर्वे के समय में परिवार टूटा। जैसे लड्डू से बुँदिया झरता है न, उसी तरह झर-झर झरते हुए लोग–समाज से और परिवार से। मैंने लिखा था–"कोई घर साबूत नहीं, क्या गरीब, क्या अमीर। अब परिवार का एक प्राणी दूसरे को सन्देह-भरी निगाहों से देख रहा है। एक-एक आदमी अपने को एक किला बना रहा है। सभी कछुए हुए जा रहे हैं।"

'परती : परिकथा' में ही उदाहरण-स्वरूप एक कहानी आती है··· एक प्रतिष्ठित परिवार के दो भाइयों की। बड़े भाई सरबन बाबू ने सर्वे के समय सभी प्लॉट अपने लड़कों और स्त्री के नाम पर लिखवा लिया तो दूसरे ही दिन छोटे भाई लालचन बाबू ने लाठी से सिर फोड़कर सरबन बाबू यानी अपने बड़े भाई को आगे··· कचहरी बढ़ा दिया। सरबन बाबू भी कुछ कम नहीं थे। उन्होंने भी भरी कचहरी में हलफ लेकर कह दिया··· "लालचन मेरा कोई नहीं। इसके बाप का ठिकाना नहीं। मेरे बाबू जी के मरने के तीन बरस बाद··· ।" तो इस भयानकता से टूटा है परिवार। भाई-भाई में बनती नहीं, ठनती जरूर है; क्योंकि कहावत

बन गई है··· 'भाय-भैयारी भैसी की सींध। जखने जनमल तखने भिन्न।' मान लीजिए किसी परिवार में चार भाई हैं। परिवार में इमली का एक ही पेड़ है। आपस में लड़-झगड़ कर चारों भाई एक-एक इमली भी नहीं तोड़ पाते हैं, किन्तु दूसरे आदमी इस फूट से फायदा उठाकर वह इमली तोड़ ले जाते हैं।

मतलब यह कि हर सम्बन्ध में दरार है। कहीं वह स्पष्ट परिलक्षित होता है तो कहीं उसे मिट्‌टी से लेप दिया गया है लेकिन दरार तो है। अपना परिचय देते वक्त गाँव में प्रायः ऐसे प्रश्नों का सामना करना पड़ता है··· कितने भाई हैं? साथ हैं या अलग-अलग ?

··· अब गाँव का आदमी उतना मूर्ख या भोंदू या ये दोनों शब्द अच्छे न लगें तो कह लीजिए भोला नहीं रहा जितना पहले का था, या जितना शहर में अब भी समझा जाता है। 'वोटिंग' को ही ले लीजिए। अब ग्रामीण भेड़िया-धँसान होना पसन्द नहीं करते। लोगों में 'इंडिवीजुअलिटी' की 'फीलिंग' पनपने लगी है। उसे समूह में किसी रास्ते पर हाँकना आसान नहीं रह गया। वह अब बगल के रास्ते से भी चलने की बात सोचने लगा है।

चौपाल, अलाव-गोष्ठी आदि से सम्बन्धित गँवई लोगों की कहानियाँ तो आदिम गाँवों की प्रतीत होती हैं। अब तो अगर कोई ग्रामीण मेले में 'लाउडस्पीकर' से किसी दन्त मंजन का भी प्रचार सुनेगा तो मन में ही रखेगा। रात को घर आकर एकान्त में अपनी पत्नी से कहेगा··· "सुनती हो, एक बड़ी 'प्रायबिट' बात है। बाजार में एक बढ़िया दन्त मंजन बिक रहा है। कहो तो कल खरीद लें। और हाँ, सुनो किसी को पता नहीं चलने पाए, नहीं तो वह भी खरीद लेगा।"

मनुष्य हर जगह संशय-ग्रस्त है।···

सु. कु.–यह तो तय है कि वातावरण और जलवायु का प्रभाव शारीरिक और मानसिक दोनों होता है और इस कारण भी शहर के लोगों और ग्रामीण में अन्तर होता है; लेकिन मैं जानना चाहूँगा कि शहर और गाँवों में किन-किन चीजों की स्थिति या अनुपस्थिति के कारण दुराव है ? प्रायः शहर वाले शहर से असन्तुष्ट देखे जाते हैं, किन्तु क्या गाँव वाले भी गाँव से सन्तुष्ट हैं ?

रेणु–अब तो कितने ही गाँवों में कतिपय नगरोचित सुविधाएँ प्राप्त हैं–मसलन, सड़कें, बिजली, सुलभ-शिक्षा, पुस्तकालय, स्पोर्ट्स आदि। यदि ऐसे गाँवों को गाँव मानें तो गाँवों की कोटियाँ निर्धारित करनी होंगी। यदि इन्हें शहर मानें तो निश्चय ही भारत में गाँवों की संख्या कुछ कम हो गयी है।

शहर ने गाँवों को आकर्षित किया है। जैसे शहर के लोग बम्बई भाग जाते हैं उसी तरह गाँव के लोग शहर की ओर। यहाँ का मजदूर-वर्ग शहर के बारे में सोचता है कि वहाँ साला 'रिक्शा डिलैवरी' भी करेंगे तो 300 रु. महीना !"

शहर में क्या नहीं है ? पैसा का तमाशा है–"खोलो पैसा देखो तमाशा।" गाँव में पैसा खोलकर भी तमाशा देखा जा सकता है ? इसीलिए तो मुर्गी गाँव में बोलती है, मगर अण्डा शहर में बिकता है।

शहर में एक बात और है। वहाँ जो अच्छे कपड़े पहनता है, उससे कम अच्छे कपड़े वाला उसे 'बाबू' कहता है। गाँव में कितना ही अच्छा कपड़ा कोई क्यों न पहन ले, 'फलनामा' ही ('फलां' का बिगड़ा हुआ रूप) कहलाएगा।

शहर में जात-पाँत से मुक्ति है क्योंकि वहाँ धन की ऊँचाई जाति के बुर्ज से भी ऊँची होती है। अब गाँव में भी छुआछूत की समस्या पहले-जैसी नहीं है और पैसा ही जाति है। फिर भी छुआछूत कमोबेश विद्यमान है ही।

गाँव में युग के प्रतिकूल कुछ परम्पराएँ बुरी तरह ढोयी जा रही हैं। प्राचीन प्रथाओं के अवशेष भी बचे हैं। जमींदारी-प्रथा तो खतम हो गयी लेकिन जमींदार तो खतम नहीं हुए। रघुवंश नारायण सिंह के 'स्टैण्डर्ड ऑव लिविंग' में रत्ती-भर भी कमी हुई है ? क्या उन्होंने तसर पहनना छोड़ दिया ?

कुछ व्यक्ति होते हैं जो स्थिति से समझौता करके आनन्द से रहते हैं। अधिकांश गाँव वाले गाँव में ही खुशी देखते हैं। किन्तु नयी पीढ़ी शहर की ओर ज्यादा आकर्षित है। गाँवों में शिक्षा का प्रचार-प्रसार होने पर भी छात्र शहर की ओर भागते हैं क्योंकि उन्हें ज्ञात होता है कि फारबिसगंज और पूर्णिया के कॉलेजों के प्राध्यापकों का 'पे' और 'रिजल्ट' कम है, मगर पटना के प्रोफेसर का 'फर्स्ट क्लास' है ! दूर का ढोल सुहावना होता है या दूसरे शब्दों में कह लीजिए–घर की मुर्गी दाल बराबर। मुझे तो गाँव में शहर याद आता है और शहर में गाँव। गाँव में आकर मैं शहर की कहानियाँ लिख लेता हूँ।

सु. कु.–क्या गाँव वालों के जीवन-दर्शन को आलस्य से उद्भूत जीवन-दर्शन कहना उचित होगा ?

रेणु–हाँ, गाँव वालों का कोई ऐक्टिव जीवन-दर्शन नहीं होता, क्योंकि जीवन-दर्शन वस्तुतः परम्परा, परिस्थिति और परिवेश-सापेक्ष होता है, संघर्ष-सापेक्ष कम। हो सकता है, यही आगे चलकर 'एक्टिव' मालूम पड़ने लगे जिसे आप कभी 'आलस्य से उद्भूत' कह रहे हैं।

सु. कु.–अच्छी फसल का प्रभाव ग्रामीणों के रहन-सहन के स्तर पर कैसा पड़ता है ? प्रभाव पड़ता भी है ?

रेणु–क्यों नहीं ? अगहन महीने में जरा गाँव में घूम जाइए तो देखिएगा कि जो व्यक्ति पहले से बीड़ी पीता होता है, उन दिनों सिगरेट पीता है। पान खाता है, अच्छे कपड़े पहनता है, सिर में चुल्लू-भर तेल डालता है, बातें ज्यादा और काम कम करता है।

सु. कु.–सरकार के जन-सम्पर्क-विभाग के बारे में आपका क्या खयाल है ? जन-सम्पर्क के लिए जो माध्यम अपनाये गये हैं, क्या आप उनसे सन्तुष्ट हैं ?

रेणु–जन-सम्पर्क-विभाग का क्या काम है, मैं नहीं जानता। एक गाड़ी पटना में देखता हूँ, जिस पर 'जन-सम्पर्क-विभाग' लिखा होता है। जब कोई बड़ा आदमी मर जाता है, तो उस गाड़ी में से राम-धुन बजाया जाता है। कर्फ्यु या 144 धारा, जो प्रायः लगते ही रहते हैं, के लागू होने पर उस गाड़ी से घोषणा की जाती है।

सु.कु. :शहर की समस्याओं को गाँव के सन्दर्भ में उठाना क्या नितान्त अनुचित होगा ?

रेणु : सच पूछिए तो शहर को गाँव से 'कम्पेयर' करने का सवाल ही नहीं उठना चाहिए। दोनों के सर्वथा विलग परिप्रेक्ष्य होते हैं। गनीमत है कि गाँव में शहर का हर 'ट्रबुल' नहीं आया। गाँव में शहर वाला 'टेन्शन' भी नहीं है।

सु. कु. : गाँवों का शहरीकरण या शहरों का ग्रामीकरण–इन दो विकल्पों में से आप किसे पसन्द करेंगे और क्यों ? गाँवों की भौतिक प्रगति का लक्ष्य क्या 'शहर होना' ही नहीं है ? यदि नहीं तो फिर गाँवों की नियति ?

रेणु : सवाल शहर और गाँव का नहीं, आदमी का है। 'मैला-आँचल' में मैंने कहा था कि आदमी बनाना है, आदमी अभी बना कहाँ है ? आजादी के बीस साल हो गये लेकिन आदमी अभी तक आदमी नहीं बना। बिगड़ा ही है–और भी ज्यादा।

'परती : परिकथा' में भी मैंने इसी तरह की कुछ बातें कही थीं कि अब मनुष्य को यन्त्र चला रहा है। 'टेक्नॉलॉजी' के युग में हम लोग जीवन-उपभोग का मूल तकनीक ही खो बैठे हैं। हजारों-हजार जनता के बीच भी हरेक आदमी विच्छिन्न है, अकेला है। हँसी-खुशी, उत्तेजना-अवसाद, आनन्द-उल्लास–सभी यान्त्रिक हैं। धरती की पपड़ी टूट गयी है, मन की पपड़ी ज्यों-की-त्यों पड़ी हुई है। वीरान होती जा रही है। लगता है मन को छूने वाला मन्त्र ही हम भूल गये हैं।

सारे देश में निराशा का वातावरण है लेकिन इस वातावरण में रहते हुए भी मैं निराश नहीं हूँ। गाँव में अब भी सुकून है। सुकून शहर में नहीं है। गाँव में मैं एक प्रकार का आश्वासन पाता हूँ इसीलिए तो गाँव चला आता हूँ बराबर।

··· तब राजेन्द्र नगर में प्लॉटों की बिक्री हो रही थी। कुछ बन्धु वहाँ घर बनाने के लिए मुझे उकसा रहे थे। मेरे पास उन दिनों कुछ हजार रुपये भी थे, सो जी ललच रहा था मेरा भी। मित्रों ने कागज-पत्तर ठीक कर रखा था। उन्हीं दिनों वी. पी. (नेपाल के भूतपूर्व प्रधान-मन्त्री विशेश्वरप्रसाद कोइराला) ने मुझसे कहा–"राजेन्द्र नगर में ही क्यों घर बनाना चाहते हो ? शिमला-मसूरी-सिलीगुड़ी आदि में क्यों नहीं ?··· जब गाँव छोड़ देना ही है, तो फिर पटना में ही घर बसाने में क्या तुक है ? तुम कोई बैरिस्टर-वगैर भी तो नहीं कि तुम्हें पटने में 'ऑफिस अटैन्ड' करना होगा !"

वी. पी. की बात मुझे जँच गयी और मैंने वह विचार त्याग दिया। पूर्णिया जिले–अपनी 'नेटिव' जगह से मुझे खासा मोह है। यह अभी की बात नहीं है, जब जमीन बंजर ही थी तभी से पूर्णिया का उच्चारण-मात्र मुझे रोमांचित करता रहा है।

··· तो आपका प्रश्न। शहर का ग्रामीकरण होने से तो रहा। गाँव का शहरीकरण भी–जिस बुरे (!) 'सेंस' में आप प्रयोग कर रहे हैं, अलम् नहीं। हाँ, सरकार गाँवों को मॉडर्न घर तथा आवागमन की सुविधाएँ दे। इसके अलावे स्वास्थ्य, शिक्षा, को-ऑपरेटिव बैंक आदि की सुविधाएँ गाँवों को मिलनी अनिवार्य हैं।

सु. कु.–आज की प्रतिपल ह्रासोन्मुखी स्थिति में हम किस प्रकार के लेखकीय दायित्व की अपेक्षा करें ?

रेणु–मान लीजिए सामाजिक नैतिकता का ह्रास हुआ तो इसका मतलब क्या यह है कि अब 'सदा सत्य बोलो'–जैसी चीज लिखी जाये ? आदर्श यथार्थ से और यथार्थ आदर्श से निरपेक्ष कैसे हो सकता है ?

हम फिर लहलहाती हुई फसल के बीच थे। यह लहलहाती हुई फसल प्रतीक है आशावादिता का। '··· उठ जित्तू चाउर पूरे'–'परती : परिकथा' की पण्डुकी का 'चाउर' पूर गया है··· अब वह जित्तू को कहानियाँ सुना सकती है। 'मैला आँचल' का डॉक्टर जेल से छूटकर कमली को वरने आ गया है। 'दीर्घतपा' की 'हॉस्टल-सुपरिण्टेण्डेंट और 'जुलूस' की पवित्रा··· सबका समापन एक स्वर्गीय आलोक में होता है। जीवन के हर क्षेत्र··· साहित्य, कला, संस्कृति, फिल्म, कृषि··· में 'रेणु' जी पूर्णतः आदर्शवादी हैं, आशावादी हैं, बने रहना चाहते हैं। यह आशावादिता जीवन के सम्पूर्णतः स्वीकार, जीवन के प्रति गहरी निष्ठा से ही सम्भव है।

परती के दिन फिरे हैं।···

ज्ञानोदय, अक्तूबर, 1968

बीमारों के देश में···

··· 'लास्ट मोमेंट' जैसी मेरी आदत है। उपन्यास लिखूँगा, मगर नामकरण नहीं किया जायेगा। मैटर प्रेस में चला जायेगा, तब कुछ नाम सोचूँगा। कहानियों के साथ भी यही स्थिति है। कमलेश्वर तो काफी छूट देता है मगर मार्कण्डेय घबरा गया। 'माया' का विशेषांक निकाल रहा था। एक कहानी जल्दी-जल्दी भेज दी थी। फिर सोचा, यह बात साफ नहीं हुई है। एक पोस्टकार्ड गिराया; 'फेयर' करते समय ये पंक्तियाँ छूट गयी हैं, जोड लो। दूसरे दिन फिर लगा कि इतना और जुड़ना चाहिए। फिर कार्ड गिराया। तब मार्कण्डेय का पत्र मिला–बस-बस, अब कहानी प्रेस में दे रहा हूँ, अब नहीं... !

इन बातों के अलावा अपनी बीमारी के लम्बे अनुभव प्रसिद्ध कथाकार रॉबिन शॉ पुष्प को बता रहे हैं रेणु जी !

गाँव में था लेकिन माँ ने कहा, लतिका अकेली होगी। दशहरा करती है। तुम्हारे बिना उसे अच्छा नहीं लगेगा। मैं पटना आ गया। तीन दिन बाद तार मिला। माँ का देहान्त हो गया··· फिर गाँव चला गया। सारी जिम्मेदारियों को निभाने के बाद पटना लौटने का विचार आया। लेकिन धान पक चुका था। खुद मैंने खेती करवाई थी, सो रुक गया। सोचा, धान कटाकर ही लौटना ठीक रहेगा। 6 दिसम्बर की बात है। 7 बजे शाम पेट में दर्द उठा। वैसे मैं काफी तन्दुरुस्त था। केवल कुछ अपच जैसा लगा। दूध-चाय के लिए लोगों ने पूछा। मैंने मना कर दिया, अपने कमरे में अकेला था। रात दस बजे से साँस लेने में तकलीफ होने लगी। पेट एकदम कड़ा हो गया। ठुड्डी तक टेहुने पर नहीं रख सकता था। जाड़े की रात। किसी को कष्ट देकर भी क्या होता। डॉक्टर गाँव से आठ मील दूर फारबिसगंज में। सोचा, किसी तरह रात खेप लूँ लेकिन पसीना शुरू हो गया। तभी एक नौकर आया। मैंने इशारे से आग जलाने को कहा। जानता था, अगर देह में गरमी नहीं जाएगी और पसीना बहता रहेगा, तो 'राम-नाम-सत्' में देर नहीं है। पसीना इतना बहा कि पोंछते-पोंछते पूरी एक धोती भीग गयी। किसी तरह लड़ते-लड़ते सुबह हो गयी। चार बजे सुबह ही धान की दबनी होने लगती है। बैल हाँकने एक नौकर आया। उसे इशारे से कहा कि चचेरे भाई को बुला दो। भाई को तार की भाषा में इतना ही कहा–"हमारी हालत ठीक नहीं है। महानन्द झा डॉक्टर से कहो कि 'पेप्टिक अल्सर' का कोई कंप्लिकेशन है। हालत अच्छी नहीं।"

मेरा गाँव औराही-हिंगना है। फारबिसगंज वहाँ से आठ मील दूर। घोड़ा कसकर वे लोग चल दिये। तभी मुझे खयाल आया, डॉक्टर को आने में तो काफी समय लग जायेगा। उनके पास मोटर है, जीप नहीं। बिना जीप के आना तो सम्भव नहीं। लेकिन लोगों ने अक्ल से काम लिया। वे ब्लॉक के डॉक्टर के पास चले गये। वहाँ से जीप लेकर आगे बढ़े। 8 बजे तक ब्लॉक के डॉक्टर महानन्द झा को लेकर आ गये। मुझे सुई दी गयी। फिर जीप के पीछे खूब पुआल बिछाकर, मुझे फारबिसगंज ले आए। 20 पाइंट सलाइन चढ़ाया गया, लेकिन एक मुसीबत शुरू हो गई। मिनट-मिनट पर हिचकी आने लगी। किसी प्रकार वहाँ के डॉक्टरों ने इस लायक बना दिया कि पटना आ सकूँ। कई तार इधर-उधर दिये गये। समाचार पाकर लतिका भी आ गयी थी। फर्स्ट क्लास कूपे में डालकर लोगों ने 14 दिसम्बर को पटना की यात्रा शुरू की। परन्तु बरौनी में गाड़ी ही छूट गयी। मोकामा तक टैक्सी से आना पड़ा। 15 दिसम्बर को जब पटना पहुँचा, तो लोग अस्पताल लाना चाहते थे और लतिका घर। जीत लतिका की ही हुई। घर आया। तिमंजिले पर जाना पड़ा। दूसरे दिन ही डॉक्टर अभय पहुँचे। अपने ही इलाके के हैं। मुझसे दो साल सीनियर। वे उठाकर अस्पताल ले आये। अब यहीं से डबल अटैक प्रारम्भ हुआ। इलाहाबाद से फोन। भोला शास्त्री का फोन··· ट्रिन··· ट्रिन··· और डॉक्टर अभय कहते–"अभी कुछ नहीं कहा जा सकता। एक पाँव

कब्र में डालकर तो आया है। हम खींच रहे हैं। देखिए…।"

21 को खतरा कुछ कम हुआ। अब तक 30 पिंट पानी और 1000 सी. सी. खून चढ़ाया जा चुका था। डॉक्टर अभय ने एस्पिरिन और सोने की दवाओं के लिए मना किया था। लेकिन जो भी हाउस-सर्जन आता, वही दर्द की दवा लिखता। नाक में ट्यूब थी। मैंने साफ करने को कहा। किसी ने कुछ ध्यान नहीं दिया। मैंने निकाल दिया, तो वे शोर मचाने लगे कि पेशेंट जिद्दी है। जब डॉ. अभय ने मुझे कहा कि ऐसा करना ठीक नहीं, तब मैंने कहा कि आपने जिन दवाओं पर प्रतिबन्ध लगाया है, क्या उन्हें ही देना ठीक है। और मैंने हाउस-सर्जनों का लिखा दिखा दिया। किसी में सोने की दवा, किसी में नोवल्जिन। पता नहीं, फिर क्या हुआ, कि वे हाउस-सर्जन मुझे दोबारा नहीं दीखे।

21 को ही गवर्नर का आदेश आ गया कि मुझे सारी सुविधाएँ दी जाएँ। लेकिन जैसे यह 'क्राइसिस पीरियड' था। रोज कोई-न-कोई मरता और रोनेवालियों की आवाज। मुझे ऐसा लगता कि कल जो आवाज थी, आज भी वही आवाज है। एकदम वही आवाज। लतिका से कहा, उसने भी कहा–बिल्कुल कल जैसी आवाज ! मैं सोचता, कहीं मेरा भ्रम तो नहीं। फिर सोचता, शायद रोनेवालियों की एक टोली हो। यह अस्पताल भी तो एक देश है। जिसका कोई नहीं, वहाँ ये रोने आ जाया करती हैं, क्योंकि यहाँ भी 'बिजनेस' होता है। बाहर जो चाय वाला बैठता है, वह चाय के साथ-साथ चूल्हे का भी व्यापार करता है। रोटी सेंकिए तो इतने पैसे। चावल बनाइए तो इतने पैसे। फलवाला यह कभी नहीं सोचता कि रोगियों के लिए फल ले जाना है। वह खराब-से-खराब माल लाता है। किताबें भी बिकती हैं। हेल्थ एण्ड हाइजिन, नंगी तसवीरों की पुस्तकें भी खपती हैं। सचमुच यह बीमारों का देश है। यहाँ क्या नहीं है–प्यार, झूठ, फरेब, व्यापार… सब कुछ तो है !

किसी डिब्बे की तरह यार्ड में पड़ा था। लेकिन इस बीमारी ने फिर पिछली बीमारियों से जोड़ दिया है। 1942 में जब जेल में था, बीमार पड़ा था। फिर 1952 में टी. बी.। एकदम अन्तिम घड़ी थी। आसमान पर बादल, न पानी बरसता था, न बदली छँटती थी। उमस। नल बन्द हो गया। पानी के लिए लोग चिल्ला रहे थे तभी बिजली चली गयी। घुप्प अँधेरा। फिर कुछ जलाया-वलाया गया। किसी तरह मैंने सुराही की तरफ हाथ बढ़ाया। वह गिर गया। पानी छितर गया। एक रोगी घिसटकर आया। और चाटते चाटते समाप्त हो गया। मुझे लगा, मर तो रहा हूँ, लेकिन इतना कुछ, जो मेरे भीतर है, उसका क्या होगा ? क्या सब यूँ ही निरर्थक चला जाएगा ? तभी एक दाढ़ी वाला पागल जैसा आदमी सामने आ जाता है। ठहाका लगाता है। बंगला बोलता है। पूछता है–"तुमने सोने की कलम (पार्कर-51) से मेरा नाम कितनी बार लिखा या नहीं… फिर वह गाँजे का धुआँ मेरे मुँह पर फेंककर कहता है–"दुर साला, तोमार किच्छुइ हॉयनि ! तुमी भालो… "और गायब हो जाता है। दूसरे दिन से ही मैं प्रगति करने लगता हूँ।

मुझसे जो बेहतर लोग थे, वे आश्चर्य करते हैं कि क्या यह चमत्कार हो गया है। मैं उन्हें बहुत पीछे छोड़ देता हूँ। अच्छा होकर जब अस्पताल से निकलता हूँ, तो सबसे पहले एक किताब की दूकान पर जाता हूँ। दूकानदार बंगला की एक किताब सामने फेंक देता है। बहुत सुन्दर आवरण। रामनामी चादर की तरह। खोलता हूँ, वही बूढ़ा... हाँ-हाँ, वही बूढ़ा... एकदम वही... मगर ये तो परमहंस हैं और फिर आस्था... विश्वास... दीक्षित होना और लिखना, 'मैला आँचल' जिसने मुझे ऊँचाई दी... लेकिन इस बार लगा, अभी वह बूढ़ा आयेगा और कहेगा, "साला अनेक हयेछे लेखा पड़ा। एखन तोमार माथाए किच्छुई नाई। एबार चौल।" एकदम कमजोर हो गया था। हाथ इधर रखता था तो उधर चला जाता था। सबका चेहरा ऐब्सट्रैक्ट लगता था। जो देखने आते, उन्हें देखकर सोचता, इसका चेहरा इतना विकृत क्यों है, यह कौन है... धीरे-धीरे मुझे लगने लगा, यह माया-मोह क्यों ! एक दिन तो सबको मरना है। मुझे भी। फिर क्यों न एकदम तटस्थ होकर मृत्यु को स्वीकार लिया जाए। वेदांत, शंकर जो भी मैंने पढ़ा था, सब सामने था। बस, अब मैं एकदम तटस्थ हो गया था, लगता था टिकट जेब में, गाड़ी आने की देर है। आते ही सवार हो जाना है। सो मैं गाड़ी की प्रतीक्षा करने लगा। लेकिन जीवन में ऐसा कहाँ हुआ है। मैंने कभी प्रतीक्षा नहीं की। स्टेशन जब भी पहुँचा हूँ कि गाड़ी खुलती रहती है, झट चढ़ गया हूँ। हरदम हड़बड़ी में रहा हूँ।

शीला–"लिखने में भी यही बात होती है ?"

रेणु–'लास्ट मोमेंट' जैसी मेरी आदत है। उपन्यास लिखूँगा। मगर नामकरण नहीं किया जायेगा। मैटर प्रेस में चला जायेगा, तब कुछ नाम सोचूँगा। कहानियों के साथ भी यही स्थिति है। कभी-कभी तो लिफाफा खोलकर नाम बदलता हूँ। 'आदिम रात्रि की महक' के कई नाम सोचे। 'आदिम गंध'। 'महक की महक' फिर सोचा, चलो सीधा-सा नाम रख दो, 'करमा की कहानी'। लेकिन नहाते समय फिर खयाल आया, 'आदिम रात्रि की महक' और फिर लिफाफा खोलकर यही नाम दे दिया। 'नयी कहानियाँ' में आयी थी यह कहानी। कमलेश्वर तो काफी छूट देता है। मगर मार्कण्डेय घबरा गया। 'माया' का विशेषांक निकाल रहा था। एक कहानी जल्दी-जल्दी में भेज दी थी। फिर सोचा, यह बात साफ नहीं हुई है। एक पोस्टकार्ड गिराया, "फेयर करते समय ये पंक्तियाँ छूट गयी हैं, जोड़ लो।" दूसरे दिन फिर लगा कि इतना और जुड़ना चाहिए। फिर कार्ड गिराया। तब मार्कण्डेय का पत्र मिला–बस-बस, अब कहानी प्रेस में दे रहा हूँ अब नहीं।

मैं उस समय एक बात सोचता था, कि यदि मैं मरने वाला हूँ तब तो सब कुछ बदल जाना चाहिए था। लेकिन लतिका तो अब भी पहले की तरह ही डाँटती है। शायद कहीं कुछ नहीं बदला है तब तो... फिर लगातार यह सब क्यों ! जीवनी शक्ति ही नहीं है... कि एक सज्जन जिनसे मैंने कुछ भी नहीं कहा, कहते हैं–"जीवनी शक्ति तो भरपूर है। आपको कुछ नहीं होगा। जल्दी अच्छे होकर प्राकृतिक चिकित्सा करवाइए।"

कुछ दिनों से काफी दुखी था। जब रोग का दोषारोपण रोगी पर किया जाता है, तब कितना दुख होता है। बड़े-बूढ़े कहते, अपनी चाल से यह हालत बना ली है। तभी बगल की बेड पर एक रोगी आया। एकदम यही बीमारी। वह न पान खाता, न सिगरेट-दारू पीता। सुपारी तक नहीं। उसे क्यों यह बीमारी हुई ? ... मुझे काफी बल मिला। फिर मैंने तो ऐसा कभी नहीं पिया, कि कहीं लुढ़क गया हूँ। जहाँ तक हुआ है, दूसरों को घर भी पहुँचाया है। पीना कैसे शुरू हुआ ? अरे ! जैसे हर काम शौक से होता है। चार यार-दोस्त के साथ पीने लगा। मगर बाद में, राजेंद्रनगर में बंद होकर पीने लगा, तब तो बाबा मामला गम्भीर !

सबसे पहले राजकमल[1] का नक्शा मेरे सामने आया। फिर वही साहित्यिक ग्रुप। अखबार में भूल से भरे वक्तव्य। सरकार ध्यान दे। चन्दा। और तब मैंने नरेन्द्र से कहा कि मेरी बीमारी के बारे में किसी को पता नहीं चलना चाहिए। आखिर साहित्यकार के बीमार पड़ने पर इतना हंगामा क्यों होता है ? मुक्तिबोध से राजकमल तक इतना शोर क्यों ? और कोई बीमार पड़ता है, तब यह बात क्यों नहीं होती ? यह सब बेकार है।

गीता–"साहित्यकार जो लिखता है, उससे लोगों का सम्बन्ध जुड़ जाता है। अपनी रचना के माध्यम से वह सम्बन्धी बन जाता है और अपने लोगों का हाल अपने लोग पूछते ही हैं। उनके दुःख से खुद को दुःख होता है। जो रात-दिन ब्लैक या बेईमानी करते हैं, उस व्यापारी के बीमार पड़ने पर क्या सहानुभूति हो सकती है ? मन को लगेगा, अच्छा हुआ, साला बड़ा चोर था।"

रेणु– हाँ, ऐसा तो है। दरभंगा से एक छोटा-सा पत्र मिला था। लिखनेवाले ने लिखा था– 'आप से कभी भेंट नहीं हुई। कुछ नहीं माँगा। लेकिन बस इतना माँगता हूँ कि आप जल्द अच्छे हो जाएँ।' दूसरा पत्र था– 'जैसा कि हम जानते हैं, एक लम्बी बीमारी ने आपसे 'मैला आँचल' लिखवाया। ये कहना अच्छा तो नहीं, पर कभी-कभी श्राप भी वरदान बन जाता है। आगे बीमारी भी आपसे वैसी ही कोई चीज लिखवाएगी।'

जनरल वार्ड से कॉटेज में आ गया हूँ लेकिन लिखने के लिए छटपटा रहा हूँ मगर यहाँ लिखना होगा नहीं। बिना घर जाए संभव नहीं। घर में पेट के नीचे तकिया दबाकर लिखता हूँ, वह भी रात में। लगता है, रात मेरे लिए बनी है। बस, लिखता हूँ। जिस दिन लिखना होता है, खीर या कोई हल्की चीज खाता हूँ। करीब-करीब लिखना समाप्त कर खुद ही कॉफी बनाकर पीता हूँ और जमकर आठ बजे तक सोता हूँ। लोग कहते हैं–अरे, अभी तक सो रहे हो ? लेकिन यह सोना अच्छा लगता है, क्योंकि रात-भर काम किया है। शराब पीकर लिख नहीं सकता। जिस दिन पी लेता हूँ जल्द सो जाता हूँ। फिर तड़के नींद टूट जाती है। लोग खुश होते हैं, कि आज रेणु बाहर सुबह-सुबह घूम रहा है। अरे ! घूमेगा

1. राजकमल चौधरी : प्रसिद्ध कवि-कथाकार।

नहीं तो क्या करेगा ? मेरे खयाल से लिखना तो खुद एक नशा है। जब लिखने का नशा चढ़ जाये तो शराब क्यों सूझेगी ?

"आप आराम से बैठिए न।"

रेणु–"ये कुफ्री तरीका है। जरा दो जानू होकर बैठ जाऊँ।" दोनों पैरों को पीछे समेटकर बैठ जाते हैं।

"कुछ समझा नहीं ?"

रेणु–"मुसलमानों के साथ खूब रहा हूँ। एक-एक चीज जानता हूँ। कितनी बार नमाज पढ़ी जाती है। कितनी तरह की नमाज होती है।"

दिन में एक चिट्ठी भी नहीं लिख सकता हूँ। रेडियो पर जब काम मिला, तो सामने टेबुल। समझ नहीं आता कि इस पर किस प्रकार लिखा जायेगा। बिस्तर पर पेट के नीचे तकिया दबाकर लिखने की आदत है। खैर, बाद में रेणुजी ब्राडकास्ट के दस मिनट पहले किसी स्टूडियो में बन्द होकर स्क्रिप्ट लिखने लगे। लेकिन खाक लिखा ! फिर कहानी देखते समय··· यहाँ एस्प्रो। कलम रुक जाती। नाम कहीं न जाना चाहिए। एक बार भी नाम चला गया तो विज्ञापन हो जाएगा। फिर यह अश्लील है, वह अश्लील है, और बाद में तो ऐसा हो गया कि कोई भी अपनी चीज घर में लिखने बैठता तो लगता यह नाम··· यह बात··· बड़ी दिक्कत होने लगी। अन्त में तंग आकर नौकरी ही छोड़ दी।

अनुभव के लिए हर कथाकार अथवा लेखक को एक बार अस्पताल में भर्ती होना चाहिए। पहले जनरल वार्ड में आना चाहिए फिर चिंतन के लिए कॉटेज में।

पिछली बार देखा था, एक 10-12 साल का लड़का बीमार था। उसकी माँ को छह महीने तक रात में सोते हुए नहीं देखा। वह यमराज से लड़ रही थी। और मैं 'हेड-टेल' किया करता था लेकिन वह जीत गयी। एक दूसरी माँ भी सामने आयी दरभंगा से, इलाज करवाने के बाद वह बेटे को लेकर आयी। रात में वह रोगी चिल्लाता। तब वह नाराज हो गयी। "तीन महीना तो दरभंगा में तंग किया। अब यहाँ भी चैन नहीं देगा। न खुद सोता है, न सोने देता है। ऊपर से मच्छर। एक तुम ही बेटे नहीं हो कि तुम्हारे लिए ही मरती-खपती रहूँ··· " और वह बेटा, एकटक माँ को देखता रहा। फिर धीरे-धीरे उसने आँखें बन्द कर लीं। हमेशा के लिए··· इस मौत ने मुझे हिला दिया।

फिर एक पत्नी सामने आयी। खाना लाती। लेकिन मैं देखता, उसके साथ में एक नौजवान आता है। दोनों दस मिनट तक बाहर बातें करते हैं, फिर वह खाना खिलाती है। मगर बीच-बीच में उधर देखकर मुस्कराती है। 20 नम्बर यह सारी बातें नहीं देख पाता है। एक दिन उसका खाना नहीं आता है। मुझे परेशानी होती है। 20 नम्बर का खाना नहीं आया। हर किसी को चिंता होती है। 3 बजे वह पाव रोटी निकालकर खाता है। पूछने पर कुछ नहीं कहता। लेकिन रात में वह रोने लगा। और जब बड़ा आदमी रोता है, तब किसी खास कारण से रोता

है। उसकी हिचकी बँध गयी। दूसरे दिन उसने कमीज पहनी। नर्स के लाख रोकने पर भी जाने लगा। थोड़ी दूर जाते ही गिर गया। फिर समाचार मिला, वह मर गया। उसकी औरत, उसी नौजवान के साथ भाग गई थी।

मैं देखता हूँ। ब्लड की बोतल में अनार के दाने। बड़ा आश्चर्य होता है। लतिका से कहता हूँ, वह भी देखती है–हाँ, एकदम अनार के दाने। तभी दोनों हाउस-सर्जन देखते हैं। एक पूछता है–यह क्या है, यार ? दूसरा कहता है–काँच की गोलियाँ। फिर पहला पूछता है–मगर इसमें क्यों ? अब दोनों आश्चर्य से देखते हैं। समझ नहीं पाते कि गोलियाँ क्यों हैं ? मुझे अच्छा लगता है। मेरे आश्चर्य और एम. बी. बी. एस. हाउस-सर्जन के आश्चर्य में अन्तर है।

ऑपरेशन-डे। जानता हूँ आज ब्लड भी चढ़ना है, लेकिन कोई अच्छे डॉक्टर तो हैं नहीं। सब ऑपरेशन में व्यस्त होंगे। मैं अपने हमबीमारों से कहता हूँ–"होशियार हो जाओ। आज खैर नहीं।" और सचमुच एक अजनबी हाउस-सर्जन आता है। साथ में वही दुबली-सी लड़की, जो बराबर मुझे ब्लड चढ़ाया करती थी। तीन लोगों को ब्लड दिया जाना था। मैं बहाना बनाता हूँ, 19 नम्बर को पहले दीजिए। मैं खाना खाता हूँ। वह 17 नम्बर के हाथ में वेन खोजता है। एक हाथ छलनी कर देता है। मैं धीरे-से कहता हूँ–अब दूसरे हाथ में खोजिए। और कमाल, वह 17 नम्बर के दूसरे हाथ में वेन खोजने लगता है। वहाँ भी नहीं मिलने पर मेरे पास आता है। मैं ना करता हूँ तो बिगड़ जाता है। खैर, मैं बायाँ हाथ बढ़ाता हूँ–"इधर बाएँ हाथ में ट्राई कीजिए। यदि यह हाथ खराब भी हो गया, तो कोई बात नहीं। दाहिना सलामत रहेगा, तो लिखकर कमा खाऊँगा।" वह घूरकर देखता है। मैं हमेशा अपनी चीजें रखता हूँ। मैंने अपनी सुई दी। उसने एक बार प्रिक किया। दो बार। मैंने कहा–बी. ऑफ.। इस लड़की को देने दो। वह नाराज हो गया–"यह नर्स ब्लड नहीं देगी। यह डॉक्टर का काम है।" मैंने नर्स को इशारा किया। जाने उसे क्या सूझी कि वह पास आ गयी। उसने रबड़ भी नहीं लगाया। बस लतिका को हाथ से पकड़ने को कहा और एक प्रिक में वेन मिल गयी। एम. बी. बी. एस. सर्जन मुँह ताकते रह गए।

हर वार्ड में एक पागल होता है, जो सबको हँसाता है। डॉक्टर का अजीज बन जाता है। ऐसा ही पागल जनरल वार्ड में है। उसका नाम है भुवनेश्वर। कहता है–"भू का अर्थ है पृथ्वी। नश्वर का, नाश करने वाला। मैं एक दिन इस पृथ्वी को नाश कर दूँगा।" सप्ताह में दो दिन ऑपरेशन-डे। एक दिन चिल्लाएगा, "आज तुम लोग कोई तैयार मत हो। आज तो मेरा ऑपरेशन होगा। मुझमें ही आठ घण्टे लग जाएँगे।" दूसरे दिन मुँह लटका लेगा–"अब कुछ करना ही होगा। ये डॉक्टर लोग ऐसे ही टल्ली मारेंगे। अब तो गर्वनर से मिलना होगा। मगर वे भी डॉक्टर लोगों को ही डाँटेंगे। फिर कहीं गुस्से में डॉक्टर ने ऑपरेशन कर दिया तो"··· और एक बार जाती हुई नर्स को आवाज देगा–"सुनो जिगरी दोस्त···"

सुबह गैस्ट्रिक से काफी तकलीफ थी। तभी पद्मश्री मिलने की खबर मिली।

मुझे कोई इससे लाभ नहीं हुआ। हाँ, दवा खाने से फायदा जरूर हुआ। वैसे भी, मेरी समझ में यह बात नहीं आती कि उपाधि देने का आधार क्या है ? अनुभव ? आयु ? आखिर क्या ? कहाँ सोहनलाल द्विवेदी और कहाँ मैं ! उन्हें या तो पद्मभूषण मिलना था या फिर मुझे। पंकज मलिक कितने पुराने आदमी हैं। लकवा मार जाने के बाद भी साधना करते हैं। रेडियो पर संगीत-शिक्षा देते हैं। लेकिन उन्हें और मुझे एक साथ उपाधि मिलती है। ईश्वर इस प्रकार की उपाधि और व्याधि से बचाये। लेकिन एक बात जरूर हुई है कि अब मैं भी वी. आई. पी. बन गया हूँ। सोचता हूँ, गाँव में यह खबर फैली होगी। अलाव के पास आग तापते हुए किसी ने कहा होगा कि "रेणु को पद्मश्री··· (सिरी)··· मिल गई। किसी बुद्धिहीन ने सुना होगा··· सिरी··· सि··· उसने बात फैलायी होगी, "रेणुजी तोपहले ही बीमार थे, अब सरकार ने उनका नाम 'सी' क्लास में लिख लिया है, अभागा !"

जो भी हो, मार्च में विज्ञान भवन जाऊँगा, देखूँगा कैसा होता है फंक्शन।

मन लिखने के लिए छटपटा रहा है। डेरे पर चला गया था। यहाँ के लोगों को जो बख्शीश-इनाम देना था, दे दिया था। सर-सामान के साथ दो बजे डेरे पहुँचा। सोचा, अब लिखेंगे जमकर। उपन्यास शुरू कर रखा है। 'मैला आँचल' और 'परती : परिकथा' से आगे की कड़ी। दो-तीन अध्याय और शेष हैं और आ धमके डॉ. अभय। बिगड़ने लगे–"क्यों आ गये तुम ?" मैंने डिस्चार्ज वाला कागज दिखाया। वे देखते रहे–"अच्छा इसे भी देखूँगा। तुम अभी चलो। भर फरवरी वहीं रहना होगा। अभी और ब्लड चढ़ेगा।" फिर 11 बजे रात में वापस कॉटेज में आ गया हूँ।

22 जनवरी को, जनरल वार्ड की खिड़की से राजेन्द्र अवस्थी ने कहा था–"रेणु इज़ गॉन। बालों के बिना रेणु कहाँ !"

बचपन में मनौती मानी गयी थी। बालों को बढ़ाया गया था। और एक दिन गाँव के नाई ने बेरहमी से छील दिया··· खरोंच। फिर नाई के नाम से ही भय लगने लगा। मैं तेल नहीं के बराबर लगाता हूँ। यदि लगाता हूँ, तो तेल-साबुन साथ कि चिपचिपापन नहीं रहे। तेल भी जवाकुसुम। फिर केश-साधना शुरू करूँगा। सिर ढका रहता है। अच्छा लगता है। लोग पौधों की देखभाल करते हैं, बालों की देख-भाल हॉबी है।

'तीसरी कसम' (फिल्म) के कारण नर्सें मेरा विशेष खयाल रखती हैं। लेकिन उ. प्र. की एक नर्स मेरी बड़ी सेवा करती है। उसने मुझे काफी पढ़ा है। एक दिन मैं पूछता हूँ–"मेरी इतनी सेवा कर तुम्हें क्या मिलेगा ?" वह मुस्कराती है–"सेवा का तो हमने व्रत ही लिया है। जब कोई रोगी अच्छा हो जाता है, तब किसी माँ को बेटा मिलता है, किसी पत्नी को पति, किसी बच्चे को पिता, लेकिन हमें क्या मिलता है। आपके मामले में हमारा कुछ स्वार्थ है। आप अच्छे होकर जाएँगे, तब हमें कोई-न-कोई अच्छी किताब पढ़ने को मिलेगी। आप अच्छे होकर लिखेंगे न ?"

सोचता हूँ, इस अस्पताल से जितनी जल्दी छुट्टी मिले, बेहतर है, जाकर पुस्तक लिखनी है न···

नोट :

पुष्पजी, अभी मेरे नाम के आगे पद्मश्री मत जोड़ियेगा। बाल कट जाने से श्रीहीन हो गया हूँ। सिंह अपने लच्छों के कारण जँचता है। चेहरा जरा भर जाये, फिर यह भारी-भरकम उपाधि ठीक लगेगी। तब कहिएगा—'पद्मश्री फणीश्वरनाथ रेणु।'

धर्मयुग, सं. डॉ. धर्मवीर भारती, 19 अप्रैल, 1970

टूटता विश्वास

"पूर्णियां जिले में इतनी परती जमीन थी कि वह बिहार का बखार कहा जाता था। परती जमीन आबाद होने लगी, मेरे बाप-दादा क्या पुरखे तक नहीं जानते थे कि इस जमीन में कुछ होने वाला है। अपूर्व उत्पादन होना शुरू हुआ। इस हरी क्रान्ति के या जो भी नाम दे दिया जाए, उसके होते हुए लोग वकालत, प्रोफेसरी छोड़कर खेती करने लगे और जो गरीब खेती करने वाले थे, वे टुकुर-टुकुर देखने लगे। किसी भी पार्टी में वह दमखम नहीं है कि जमीन के सवाल को लेकर लड़ाई लड़े, न ही किसानों और भूमिहीनों को किसी के कार्यक्रम पर भरोसा है।"

पूर्णियां जिले के सन्दर्भ में भूमि-समस्या के बारे में विस्तार से दिनमान-सम्पादक व प्रसिद्ध कवि रघुवीर सहाय को बता रहे हैं रेणु जी !

धूसर, वीरान, अन्तहीन, प्रान्तर।

पतिता भूमि, परती जमीन, बंध्या धरती···

धरती नहीं, धरती की लाश, जिस पर कफन की तरह फैली हुई हैं—बालूचरों की पंक्तियाँ। उत्तर नेपाल से शुरू होकर, दक्षिण गंगा तट तक, पूर्णिया जिले के नक्शे को दो असम भागों में विभक्त करता हुआ—फैला-फैला यह विशाल भूभाग। लाखों एकड़ भूमि, जिस पर सिर्फ बरसात में क्षणिक आशा की तरह दूब हरी

हो जाती है।

संभवतः तीन-चार सौ वर्ष पहले इस अंचल में कोसी मैया की यह महाविनाश लीला हुई होगी। लाखों एकड़ जमीन को अचानक लकवा मार गया होगा। एक विशाल भू-भाग, हठात् कुछ से कुछ हो गया होगा। सफेद बालू से कूप, तालाब, नदी-नाले पट गये। मिटती हुई हरियाली पर हल्का बादामी रंग धीरे-धीरे छा गया।

कच्छपपृष्ठसदृश भूमि ! कछुआ-पीठा जमीन ? तन्त्रसाधकों से पूछिए, ऐसी धरती के बारे में वे कहेंगे—असल स्थान वही है जहाँ बैठकर सब कुछ साधा जा सकता है। कथा है···

कथा होगी अवश्य इस परती की भी। व्यथाभरी कथा बंध्या धरती की ! इस प्रांतर की छोटी-मोटी, दुबली-पतली नदियाँ आज भी चार महीने तक भरे गले से, कलकल सुर में गाकर सुना जाती हैं, जिसे हम नहीं समझ पाते। (परतीःपरिकथा, पृ. 1)

जित्तन के कपाल पर एक रोड़ा आकर लगा। उसका सफेद कुर्त्ता खून से तरबतर हो गया। ओंठों पर जमते हुए लहू को पोंछकर उसने हाथ उठाया—आप मेरी बात सुन लीजिए, पहले। इसके बाद ढेले-रोड़े और लाठियों से जवाब देना चाहें, दें··· आपने जिस अफसर को कुछ देर पहले मारा है, वह मरते समय भी आपकी भलाई की बात सोचकर मरेगा··· भिम्मल मामा के साथ इरावती भी आ गयी, दौड़ती, हाँफती ! ··· आज के पत्रों में विस्तृत समाचार प्रकाशित हुआ है। जितेन्द्र के चेहरे पर मुस्कुराहट दौड़ जाती है। समाचार-पत्र खोलकर वह जोर-जोर से पढ़कर सुनाता है—परानपुर की परती पर इसी साल जूट और धान की खेती ··· इसमें जूट, धान, दलहन, तिलहन, मकई, ज्वार आदि की उपज होगी, जबकि दुलारीदाय में सिर्फ जूट और धान की ही खेती होती थी··· दुलारीदाय में कुछ उपजाऊ जमीन ढाई हजार एकड़, जब कि परती पर सात-आठ हजार एकड़ जमीन अगले वर्षों में तैयार हो जाएगी··· दुलारीदाय के पाँचों कुण्ड में बारहों महीने पानी भरा रहेगा। गीतवास के पास एक छोटा बाँध तैयार होगा। परती की सिंचाई। गंगा के किनारे तक दुलारीदाय के कछार पर फैली ऊसर धरती खेती के लायक हो जाएगी··· दुलारीदाय के किसानों को परती पर जमीन दी जायेगी। इसकें साथ बेजमीन लोगों को भी··· फसल की कीमत के साथ नकद क्षतिपूर्ति। तीन साल तक सरकारी सहायता मिलेगी, नयी खेती करने वालों को। दुलारीदाय नहर और गीतवास बाँध निर्माण में गाँव के लोगों को काम··· (परतीःपरिकथा, पृ. 507)

फणीश्वर नाथ रेणु की कल्पना की परती भूमि आज फिर अन्याय से रौंदी जा रही है। 'परती : परिकथा' में उन्होंने दिखाया था कि जब ऊसर-उजाड़ में बसे बेसहारा पिछड़े जनों के बीच एकाएक समृद्धि की आशा अवतरित होती है, तो उनमें कितनी आशंकाएँ फूट पड़ती हैं—समृद्धि आएगी तो अमीरों के लिए अमीरी और उनके लिए और अधिक गरीबी लाएगी। इस प्रसिद्ध दस्तावेज की रचना के 13 वर्ष बाद आज उपन्यासकार अनुभव करता है कि उसका भरोसा गलत

निकला–"मुझे विश्वास था कि जब कोसी योजना सफल होगी तो जिन्हें अभी जमीन नहीं मिली है उन्हें आगे चलकर मिल जाएगी लेकिन वैसा नहीं हुआ"··· आज भी 100 पीछे 75 लोग ऐसे हैं जिनके पास कोई भूमि नहीं है'··· इसके लिए कुछ होगा, ऐसी मुझे सचमुच आशा थी; पर किसी ने कुछ किया नहीं। आज जो लोग कुछ कर रहे हैं, वे नक्सलपंथी नाम से जाने जाते हैं, लेकिन जमीन की लड़ाई वे लड़ रहे हैं।

दिनमान से एक भेंट में रेणु ने एक लम्बी कहानी बतायी–पूर्णिया में वायदा और विश्वास टूटने की, कानून पर से भरोसा हटने की और आखिरकार आतंक का सहारा लिये जाने की कहानी। उनसे बातचीत करके यह धारणा पुष्ट हुई कि हमारे राजनीतिक दलों ने भूमिहीनों को लगातार लम्बे समय से धोखा दिया और अब जब दलित वर्ग हताश होकर अपने हाथों अपना अधिकार छीनने उठ खड़ा हुआ तो उसका नेतृत्व चीनी राजनीति के हाथ में जाना स्वाभाविक ही है। रेणु ने कहा, "अभी नछत्तर है, जो नक्सलवादियों का जवाब है, हमारे यहाँ लोगों को भरोसा है कि नछत्तर नक्सलवादियों को रोके हुए है। गरीब उसे अपना नेता समझते हैं। एकाध बार तो जयप्रकाश बाबू ने भी कहा था कि अगर भूमिहीनों को भूमि नहीं दी गयी तो दूसरा कौन-सा उपाय है ? लोग अपनी मर्जी से नहीं देंगे तो छीनकर नछत्तर कौन-सा गलत काम कर रहा है ?

किन्तु क्या हमारे राजनीतिक दल भारत की धरती से ऐसा नेतृत्व विकसित होने देंगे जो विदेशी शक्तियों से जुड़ा न हो ? यहाँ भी दक्षिणपंथी कम्युनिस्ट नछत्तर को वामपंथी कम्युनिस्टों के खिलाफ अपनी लड़ाई में एक हथियार के रूप में इस्तेमाल कर रहे जान पड़ते हैं। "जेल से आने के बाद वह सीधे मेरे पास आया था," रेणु ने बताया, उसने लोगों से मेरे बारे में पूछा और मिलने आ गया। लेकिन जब वह आया तो कम्युनिस्ट (दक्षिण) पार्टी के आदमी उसके साथ थे। चुनाव के समय उसने बहुत सक्रिय होकर काम किया था और जिन लोगों के जरा भी जीतने की उम्मीद न थी उन्हें जिताया था। इसलिए उसको साथ रखने को वे लोग उत्सुक हैं और सन्देह करते हैं कि कहीं वह उनके हाथ से निकल न जाये ··· उसे अपने मन से कुछ करने नहीं दिया जाता, हजारों बीघे का एक इलाका था, जो बरसात में पानी से डूब जाया करता था। उसमें खेती करने का कोई उपाय नहीं था। अभी हाल में नछत्तर ने कहा–अगर नाली यहाँ से निकाली जाये तो पानी निकल जायेगा, खेती हो सकेगी। जिनकी जमीन ऊँचाई पर थी उन्होंने कहा, नछत्तर की बात नहीं मानेंगे–कांग्रेस के, सोशलिस्ट पार्टी के लोग भी हैं, उन्हीं की मानेंगे। फिर नछत्तर ने अल्टीमेटम दिया और दो हजार फावड़ों के साथ पहुँचा। पुलिस आयी। गिरफ्तार किया। हल्ला मचा कि गैर-कानूनी बात हो रही है। जब इसकी चर्चा कम्युनिस्ट (दक्षिण) वालों से हुई और उनसे कहा गया कि नछत्तर को इस इलाके की पूरी जानकारी है–धरती का ऊँचा-नीचा भी पता है तो वे बोले, 'परन्तु इसके पीछे दिमाग तो कोई और ही है (वे खुद)।' लगता है

कि लोग उसे श्रेय नहीं देना चाहते। कहते हैं नछत्तर के साथ इतने लोग हैं तो इसीलिए कि वह कम्युनिस्ट पार्टी का मेंबर है।"

पूर्णिया अंचल की कहानी भूमिहीनों की कहानी है। **दिनमान** से भेंट में रेणु ने इसकी आवृत्ति की। इसका आरम्भ उन्होंने किया यह बताकर कि पूर्णिया में ऐसे किसान भी हैं, जो दो-दो हवाई जहाज रखते हैं। ये नम्बर दो के किसान हैं। नम्बर एक के जो किसान हैं, वे जरा कंजूस हैं। वे हवाई जहाज वगैरह नहीं खरीदते; जमीन उनके पास बहुत ज्यादा है। वे जमींदार नहीं हैं··· किसान हैं, लेकिन वे किसी भी जमींदार से बढ़कर हैं। यों ऐसे भी जमींदार वहाँ हैं जिनके पास 50 बीघा जमीन है और पाँच बीघे वाले जमींदार भी हैं··· जो रैयत नहीं हैं। एक तरफ तो भूमिहीनों की बहुसंख्या है। दूसरी तरफ बड़े-बड़े किसान हैं। भूमि के न्यायपूर्ण वितरण के लिए पहले दूसरी पार्टियों पर भरोसा था–वामपंथी भी दक्षिणपंथी भी। पर लेफ्टिस्ट पार्टियाँ हों या राइटिस्ट, सभी के लिए बड़े किसान 'कर्ण' कहलाते थे। उन्होंने हर एक को पैसा दिया; यहाँ तक कि आजादी से पहले पाकिस्तान चाहने वाली मुस्लिम लीग को भी दिया था। सब पार्टियों का बँधा हुआ रहता था। जयप्रकाश बाबू जब दौरे पर आये (तब वह सोशलिस्ट पार्टी में थे) तो सारे जिले में आने-जाने के लिए बड़े किसान ने स्पेशल ट्रेंन (तब अवध तिरहुत रेलवे थी) की व्यवस्था करवा दी। इसके अलावा हवाई जहाज से भी सफर कराया।

यह बात सन् 1947-48 की है। तभी मेरे मन में बात उठती थी कि जो लोग किसानों को भूमि-सुधार का वायदा करते हैं, वे बड़े किसान की जमीन कैसे छीनेंगे। लेकिन जो राजनीति में थे उनका कहना था कि हमें जहाँ से पैसा मिलेगा लेंगे और जो काम करना होगा वह तो करेंगे ही। वे लोहिया की तरह नहीं थे कि फलाँ के यहाँ नहीं जाएँगे, उसकी चीज नहीं लेंगे। ऐसे विवेक का असर किसानों पर पड़ता है। इसके अभाव में गरीब भूमिहीन सोचने लगे, बड़े लोगों के लड़के लीडर हो रहे हैं; वे कैसे अपनी जमीनों को जाने देंगे ? तब लोगों को लगा, काँग्रेस वालों को भी, कि कुछ करना होगा–इन सारी बातों के बावजूद, जो भी पार्टी हो, किसानों और भूमिहीनों का किसी पर विश्वास नहीं था। वे आते सभी की सभाओं में थे लेकिन जब हम लोगों को सफेदपोश देखते थे तो उनके मन में विश्वास नहीं रह पाता था।

सर्वे और सर्वोदय : परती जमीन कोसी की घाटी में बहुत थी, जिसका कोई मूल्य न था। यह वह जमीन थी जो चरागाह के काम में भी नहीं आ सकती थी। फिर सभी पार्टियों ने कहा कि जमीन का सर्वे होना चाहिए। 1950 के आसपास की यह बात है। इसके साथ-ही-साथ सर्वोदय का भी कारबार चला, तो जमीन वालों ने सोचा कि सर्वोदय में ज्यादा जमीन दे दें–जो सर्वोदय में थे वही पहले काँग्रेस में थे–उन लोगों ने सोचा कि सर्वे जब होगा तो यही लोग हैं, जो फैसला करने आयेंगे। तब ये हम पर दया-दृष्टि रखेंगे। लेकिन सर्वे के समय जब परिवार के लोगों ने परिवार के लोगों को ही हक नहीं देना चाहा तो फिर किसान-मजदूरों

को क्या देते। सोशलिस्ट भी किसानों का साथ नहीं दे रहे थे। कम्युनिस्ट पार्टी वाले इतने थे नहीं। लेकिन जो थे, वे भी सब मध्यवर्गीय परिवार के ही थे।

गरीब पार्टी, अमीर पार्टी –खुद-ब-खुद गाँव-गाँव में गरीब पार्टी और अमीर पार्टी बन गयी। गरीब या भूमिहीन किसी भूमिहीन के खिलाफ गवाही नहीं देगा, ऐसा तय हुआ। फिर सामाजिक रिश्ते भी इसी आधार पर टूटे। गरीबों ने कहा कि रामायण साथ-साथ बैठकर सुनना और मालिक के यहाँ नौटंकी मेला देखने जाना है, तो जमीन हाथ नहीं आयेगी। संगठन नहीं रखोगे, लाठी मजबूत नहीं रखोगे तो जमीन नहीं मिलेगी। इसका फल यह हुआ कि कोई दस सैकड़ा लोगों को जमीन मिली। पर इसके बाद दीवानी मुक़द्दमों का दरवाजा तो खुला ही हुआ था। अन्ततः मुक़द्दमों के बल पर दस में से पाँच सैकड़ा लोगों की जमीन तो छिन ही गयी। जितनी उम्मीद थी उतना सुधार हुआ नहीं। जहाँ तक मेरी बात है मैं कहूँगा कि बड़े किसानों को कुछ नहीं हुआ। पहले एक जहाज था, अब दूसरा भी खरीद लिया है। सर्वे से जो फायदा होने वाला था, वह नहीं हुआ। सर्वोदय से और भी कम हुआ। एक और बात हुई इस बीच। अभी लोग अदालत में थे। कुछ ने दावा छोड़ दिया; काहे से कि अगर मालिक कहते कि हजार रुपया ले लो और जमीन मेरे नाम कर दो तो लालच तो होता ही था। इस तरह सरंडर कर दिया। इस बीच कोसी योजना सफल हुई। उसके सफल होने के बाद लोगों को पानी मिलने लगा, खाद मिला; नये किस्म के बीज लोगों ने लिए। जिन दिनों तीन साल पहले पलामू में अकाल पड़ा हुआ था, हमारे इलाके में घनघोर फसल हुई। पूर्णिया जिले में इतनी परती जमीन थी कि वह बिहार का बखार कहा जाता था। परती जमीन आबाद होने लगी। मेरे बाप-दादा क्या पुरखे तक नहीं जानते थे कि इस जमीन में कुछ होने वाला है। वहाँ अपूर्व उत्पादन होना शुरू हुआ। अब ऐसे जमीन वाले जिनके पास सौ बीघा जमीन थी और अब पचास बीघा रह गयी थी उसी में से दो सौ बीघा जमीन जितनी पैदावार करने लगे। इस हरी क्रान्ति के या जो भी नाम दे दिया जाये, उसके होते हुए लोग वकालत, प्रोफेसरी छोड़कर खेती करने लगे और जो गरीब खेती करने वाले थे, वे टुकुर-टुकुर देखने लगे। किसी भी पार्टी में वह दमखम नहीं है कि जमीन के सवाल को लेकर लड़ाई लड़े, न ही किसानों और भूमिहीनों को किसी के कार्यक्रम पर भरोसा है।

धन-धान्य–पूर्णिया अजब क्षेत्र है। वहाँ तमाखू, मिर्च, जूट आदि धनद फसलें भी होती हैं, धान भी होता है। ऐसे में लोग कम में सन्तुष्ट रहते हैं और इसीलिए उसे बिहार का बखार कहा जाता है।

आबरन देवे पटुवा, पेट भरन देवे धान,
पूर्णिया के बसइया, रहै चदरवा तान।

(पूर्णिया में इसी से तो मेले मशहूर हैं। मध्यवर्गीय बाबू लोग मेलों में शौक की चीजें दूर-दूर से मँगाते थे। देखिए 'तीसरी कसम'।)

कोई भी समझ सकता है कि जो उपजाने वाले हैं वे मुँह ताकते रह जाएँगे,

यह नहीं हो सकता। पर (कानून के समर्थक लोगों में से) किसी ने कभी इन लोगों को नेतृत्व नहीं दिया। अब स्थिति यह हो गयी है कि इनको ऐसा कोई आदमी चाहिए, जो कानून की परवाह न करता हो। ऐसा कोई आदमी उठता है, तो उसका नाम नक्सलपंथी हो जाता है। नेपाल की सीमा पर कुछ सचमुच नक्सलपंथी विचार के लोग हैं जरूर–वहाँ बहसें भी होती होंगी; शायद शिक्षा भी होती हो। उस विचारधारा का कुछ असर है पर मुझे कहीं भी उनका कोई नेता देखने को नहीं मिला। अक्सर संथाल लोगों को ही आगे देखा जाता है (संथालों पर अंग्रेज कलेक्टर भी रहम खाते थे और उनका पक्ष लेते थे, पर उन्हें हक दिलाने में वह असफल रहे। यह लड़ने वाली जाति है।)।

प्रश्न–इस आतंकवादी गतिविधि के प्रतिरोध में क्या हो रहा है ?

रेणु–अभी तो कुछ खून-खराबा हुआ नहीं। तीर वगैरह चले हैं। हल्ला बहुत हुआ है। हल्ला जमीन वाले मचा रहे हैं। जैसा कि पाकिस्तान से आने वालों ने किया था कि साहब हमारा तो सब कुछ लुट गया, यहाँ लोग कहते हैं कि क्या खेती करें, नक्सलपंथी लोग लूट ले जाएँगे, ऐसा विचार बन गया है। पर इतना आतंक है नहीं। विप्लवकारी स्थानीय लोग हैं। उनका कोई भी नेतृत्व करने वाला नहीं है। गाँवों में कोई नक्सलपंथी नहीं पहुँचा। जिस किसी को काँग्रेस ने या सोशलिस्ट पार्टी ने निकाल दिया था अब उसे मौका मिला है कि मारो··· जमीन वाले खुद लड़ना नहीं चाहते, इसलिए हल्ला मचाते हैं कि सरकार ही हमारी ओर से लड़े। इसीलिए इतना हल्ला मच रहा है और कुछ लोगों को पकड़वाने की कोशिश चलती है। इस हल्ले से असली नक्सलपंथियों को खुशी होती है कि स्थानीय विद्रोह के चलते नाम हमारा हो रहा है और राजनीतिक शक्ति भी बढ़ रही है। कुछ नक्सलपंथी क्षेत्र सीमा पर बने हैं। वहाँ के लोगों में से एकाध से मेरी बातचीत भी हुई। वे सारे लोग गुंडे नहीं हैं।

प्रश्न–काँग्रेस पार्टी क्या कर रही है ?

रेणु–दोनों ही काँग्रेस पार्टियाँ अपने-अपने अस्तित्व की रक्षा में लगी हुई हैं। जो बड़े-बड़े लोग इस इलाके में हैं उनसे उन्हें सहायता मिलती है। अगर ये भूमिहीनों की मदद करने लगेंगे तो इनका अस्तित्व खत्म हो जायेगा।

नछत्तर माली–1947 में पूर्णिया जिले में अकाल की स्थिति आयी थी। लोगों ने सोचा कि अनाज की कमी हो गयी है। लेकिन स्थिति यह थी कि बड़े-बड़े किसानों और व्यापारियों ने बखारों में अनाज दबा दिया था। नछत्तर 1936 से ही सोशलिस्ट पार्टी का कार्यकर्त्ता था। उसने पार्टी के लोगों से कहा कि आप लोग आइए और लोगों को अनाज दिलवाइए। हम लोग प्रस्ताव पास करते थे, लेकिन कुछ करते नहीं थे। लेकिन वह आदमी बैठा रहने वाला नहीं था। उसने बखार खुलवाकर अनाज बँटवाना शुरू कर दिया। मालिक जब पूछते तो वह कहता था कि "चचा साहब, चारों तरफ अकाल है, लोग आपके यहाँ आये थे और आपने गाली-गलौज से बातचीत की। ये मर जाएँगे तो आपका अनाज किसके काम आएगा ?

मालिकों और सिपाहियों को कहता था, चुपचाप बैठे रहो। सामने और लोगों से कहता था कि बखार में से निकालो और खाओ।" पहले तो वह कभी-कभी कागज-पत्र भी रखता था कि किसको कितना अनाज मिलेगा। उसके बाद वह अज्ञातवासी हो गया। उसको इन लोगों ने खदेड़ना शुरू कर दिया। कुछ दिनों तक उससे लोग बहुत डरते रहे, क्योंकि उसका सिद्धान्त था कि जो सी. आई. डी. का काम करता हो उसे तुरन्त उसकी सजा मिलनी चाहिए। अभी भी 2-3 दर्जन लोग बिना नाक-कान वाले हैं। उनका सबको नाक-कान काटकर इसी ने सजा दी। सन् '47 के बाद भी जब नछत्तर लोगों को अनाज दिलवाने लगा तो पार्टी के लोग भी उससे डरने लगे। अन्ततः उसे पार्टी से निकाल दिया गया।

नक्षत्र मालाकार–नछत्तर जब 1936 में सोशलिस्ट पार्टी में भर्ती होने आया तो जयप्रकाश बाबू ने नाम लिखते हुए कहा–नछत्तर माली क्या, नक्षत्र मालाकार कहो न। इसके पहले 1930 में वह जेल गया था। जेल में उसने काँग्रेस के नेताओं से पूछा कि जब सुराज हो जायेगा तो क्या आप लोग अपनी जमीनें लोगों में बाँट देंगे ? तो उन नेताओं ने कहा कि नहीं। भला ऐसा कैसे हो सकता है। सभी अंगुलियाँ बराबर थोड़े ही होती हैं। उसने कहा कि, तो फिर सुराज काहे का। 1942 में उसने सबसे ज्यादा काम किया, लेकिन नाम लूटा दूसरे लोगों ने। वह ढूँढ़-ढूँढ़कर बम बनाने वालों को, राइफलें बनाने वालों को जुटाता था। जब हम लोगों ने उसे त्यक्त कर दिया तभी वह पकड़ा गया।

चलित्तर कर्मकार–रेणु ने कहा, 'मैला आँचल' का चलित्तर कर्मकार यही नक्षत्र मालाकार है। नहीं कहा जा सकता कि रेणु की अगली कृति में पूर्णिया का कौन-सा रूप निखरेगा, परन्तु वह नयी रचना की तैयारी में हैं, यह निश्चित रूप से कहा जा सकता है। 'लिखने में देरी का कारण यही है कि हालात बड़ी तेजी से बदल रहे हैं। चीनी हमले के समय, फिर पाकिस्तान से लड़ाई के दिनों में जो देखा उससे लगा कि राष्ट्रीयता हमारे नस-नस में है। झण्डा लेकर चाओ-माओ मुर्दाबाद का नारा लगे। भरोसा हुआ कि राष्ट्रीयता है। फिर देखा कि चीनी माल से बाजार भर गये। जो कोई उस पार जाता, चीनी सिल्क, चीनी ट्रांजिस्टर, फाउंटेन पेन लेकर चला आता। इस काम से कोई बचा नहीं। जो यह काम रोकना चाहता, उसे रुपया देकर चुप करा दिया जाता था। जो लोग यह काम कर रहे हैं, नेपाल में जिन्होंने माल भर लिया है, वे वहीं से पूरे आँकड़े रखते हैं कि इसका भारत पर क्या प्रभाव पड़ता है, क्योंकि जब भारत में लोगों ने चीनी माल तोड़ना-जलाना शुरू किया तो व्यापारियों ने जानते हैं क्या किया ? उस पर 'मेड इन चाइना' लिखना बन्द कर दिया और जब यह लिखना बन्द कर दिया तो खरीदने वालों की और बेचने वालों की आत्मा शुद्ध हो गयी।

दिनमान, 3 मई, 1970

देश की वास्तविक ताकत मजदूर और किसान

एक बार पटना के पिंटू होटल में एक 'रायपंथी' कलाकार से बातें करते हुए किसी पार्टी-सदस्य द्वारा देख लिया गया था। दूसरे ही दिन पार्टी के एक वरिष्ठ 'साथी नेता' ने मुझे एकान्त में बुलाकर एम. एन. राय के विरुद्ध सप्रमाण भाषण पिलाया। दूसरी बार मुझे भागलपुर में बुखारी नामक कम्युनिस्ट छात्र नेता के साथ घुल-मिलकर बातें करते देख लिया गया··· बुखारी 'फ़ारुखी ग्रुप' वाले स्टुडेन्ट फेडरेशन का कार्यकर्त्ता। सन् 1941-'42 की बात होगी। हम लोग एक-दूसरे को गालियाँ देते हुए मिलते, एक-दूसरे की पार्टियों के नेताओं को गालियाँ देते। मगर, जब मिलते थे, घण्टों साथ रहते। यह बात बेनीपुरी जी को मालूम हुई। उन्होंने मुझे समझाया कि कम्युनिस्टों से मुझे क्यों नहीं बात करनी चाहिए। तो, हर पार्टी का एक 'तबेला' होता–चारों तरफ दीवार से घेरकर अपने 'कमअक्ल' कामरेडों को इसलिए रखना पड़ता कि कहीं वे 'इधर' से 'उधर' आकर्षित न हो जायें··· और मैं अपने को 'टेस्ट ट्यूब' में डालकर खोज रहा था···

कथाकार मधुकर सिंह को ये सब बातें बता रहे हैं रेणुजी !

बातें शुरू हुईं–बीच-बीच में लतिकाजी, नौमी का पारिवारिक स्नेह हमारी बातचीत के प्रति सजगता को सहज और आत्मीय बना देता था।

–आपने अपने ज़ीवन की शुरुआत राजनीति से की थी। उसकी सक्रियता अचानक रोककर आपने मात्र साहित्य तक ही अपने को क्यों समेट लिया ?

–जीवन की शुरुआत राजनीति से की थी मैंने, अथवा किसी 'नीति' से, कह नहीं सकता, मगर राजनीति हमारे लिए 'दाल-भात' की तरह है। अगर, आपका मतलब 'राजनीतिक पार्टी' से है तो यह सही है कि अब मैं किसी पार्टी का सदस्य नहीं रहा। कारण ?··· क्या बताएँ आपको ? समझिए कि मिसफिट होने के कारण ही ऐसा हुआ होगा··· देखिए, चरखा को मैंने केवल यह नहीं समझा कि यह गाँधीजी का है, वरन् यह समझा कि घर के कुदाल, खुर्पी, हँसिया, हल वगैरह की तरह चरखा भी हमारे जीने का सामान है। परिवार में राजनीतिक चेतना पहले से थी। पिताजी काँग्रेस के मेम्बर थे और पढ़ने के लिए बहुत तरह की पत्रिकाएँ मँगाते थे–हिन्दी और बंगला, बचपन में, मेरी आँखों के सामने, 'चाँद' के फाँसी अंक और 'हिन्दू-पंच' के बलिदान अंक और सुन्दरलाल की पुस्तक 'भारत में अंग्रेजी राज' के लिए मेरे घर की दो बार तलाशी ली गयी थी··· आर. एल. बर्म्मन, कलकत्ता

द्वारा प्रकाशित 'बोलशेविक रूस' या ऐसी ही कई पुस्तकों में लेनिन की तस्वीर देखकर, उनकी पार्टी की तथा उनकी कहानियाँ पढ़कर रोमांचित होता था··· शायद, इसीलिए मुझ पर तलाशी की भय जैसी प्रतिक्रिया नहीं हुई, क्योंकि अन्दर-ही-अन्दर बाबूजी को भी इस पर गर्व था। मेरा तब एक संस्कार बना। अब भी किसान-मजदूरों की मानसिकता से जुड़ा हूँ–मैं उनके हर आन्दोलन और ऐक्शन में अपने को इनवाल्व्ड पाता हूँ··· उन दिनों जब मैं पार्टी का सदस्य था, कुछ भी लिखने वाला साहित्यिक कहलाता था–अखबारों में 'संवाद' प्रकाशित करना, आम सभा के लिए पर्चे लिखना भी रचनात्मक साहित्य-सृजन था। प्रथम आम चुनाव के पहले से ही मैं अपने को 'पार्टी' के लिए अनुपयुक्त समझने लग गया था। यह विश्वास जरूर बन गया था कि लिखने के क्षेत्र में ही मैं कुछ कर सकता हूँ। उन्हीं दिनों, कहीं मुझे एक 'चिरकुट' में कुछ 'सुभाषित' जैसी पंक्तियाँ पढ़ने को मिल गयीं। आप विश्वास कीजिए–मैं पढ़कर आतंकित-सा हो गया। किसी कीमती अंग्रेजी पत्रिका के किसी पृष्ठ का टुकड़ा था (कागज और छपाई देखकर जैसा समझा) और उस पर लिखा था–(मेरी वह डायरी ही खो गयी)–उस पर जो कुछ भी लिखा था, उसका आशय यही था–ऐसा व्यक्ति जिसका राजनीति और साहित्य में समान रूप से प्रवेश हो और दोनों ही क्षेत्र में काम करने की क्षमता बराबर हो अगर कभी उसे दो में से एक को चुनना हो तो साहित्य का चुनाव करने वाला व्यक्ति बुद्धिमान है। उन दिनों मैं बंगला कहावत के अनुसार "का के धरी, का के छाड़ी–बुझिते ना पारी" वाली स्थिति से गुजर रहा था। उस टुकड़े से मेरे रचनाकार को बहुत बड़ी शक्ति मिली। इस 'संयोगवाणी' को अपने 'जीवन देवता' की वाणी समझकर मैं राजनीतिक दल की सक्रिय सदस्यता से अलग ही हो गया। मगर, लेखन में अभी भी राजनीतिज्ञ हूँ···

–सन् 1938 के सोनपुर में होने वाले 'समर स्कूल ऑफ पालिटिक्स' का आप पर क्या असर हुआ ? उससे आपका सम्बन्ध ?

–उन दिनों मैं बनारस में पढ़ता था। पटना से प्रकाशित होने वाली बिहार सोशलिस्ट पार्टी की (रामवृक्ष बेनीपुरी द्वारा संपादित) साप्ताहिक पत्रिका 'जनता' में कार्रवाइयाँ विस्तारपूर्वक छपती रहती थीं। जयप्रकाशजी उस स्कूल के प्रिंसिपल थे। एक-डेढ़ महीने का वह शिक्षण-शिविर अपने ढंग का अकेला था। कमलादेवी चट्टोपाध्याय, मीनू मसानी, अच्युत पटवर्धन, नरेन्द्रदेव, मेहरअली, अशोक मेहता वगैरा जैसे लोगों ने क्लास लिए थे··· और इसका भी मेरे जैसे लोगों पर अनुकूल प्रभाव ही पड़ा था। यानी, समाजवाद और बिहार सोशलिस्ट पार्टी के प्रति अधिक आस्थावान् हो गया था··· मैं उसमें चाहकर भी सम्मिलित नहीं हो सका था। किन्तु बेनीपुरी के संपादन और लेखन की कृपा से दूर रहकर भी इसमें सम्मिलित होने जैसा लाभ हुआ था।

–नक्षत्र मालाकार और आप साथ रहे हैं। उनसे अपने लगाव का कारण बताएँगे ?"

—बराबर तो नहीं, कुछ वर्षों तक हम 'साथी' रहे हैं—1941-42 से 1947 तक, नक्षत्र मालाकार के बारे में जानना हो तो बस उसके बारे में ही पूछिए। मैंने एकाध बार उसके बारे में लिखा है। जब-जब राजनीतिक लोगों ने 'राजनीतिक' मानने से इन्कार किया और उसको विशुद्ध क्रिमिनल करार देने की साजिश की—हम कई लोगों ने इसका विरोध किया—1947 से ही। हम कई लोग—जिनमें बंगला के प्रसिद्ध लेखक सतीनाथ भादुड़ी भी थे—पहले पार्टी में उसके निष्कासन के विरुद्ध आवाजें उठाते रहे और जब वह पार्टी से निकाल दिया गया और परम स्वतन्त्र होकर जब वह अपने जी की करने लगा, उसकी लूट, डकैती, हत्या, बलात्कार आदि की कहानियाँ सुन हमने लिखकर उसके कुकृत्यों की निन्दा की। किन्तु तब भी उसको 'राजनीतिक' मानता रहा··· जिस तरह आप, आज उसके बारे में जानना चाहते हैं, तत्कालीन ज़िला पुलिस के अधिकारी और गुप्तचर विभाग वाले भी अक्सर हमसे मिलकर नक्षत्र के बारे में ऐसे ही सवाल करते थे। उन्हें जो जवाब देता था, आज भी दे रहा हूँ—"नक्षत्र जनता का आदमी है"। वह गिरफ्तार हुआ। आजीवन कारावास की सजा झेल रहा था। अभी इतना ही कि नक्षत्र मालाकार का मतलब है—जन-जीवन की एक जबरदस्त छटपटाहट !

—जयप्रकाश नारायण की प्रेरणा से प्रगतिशील लेखक संघ के जवाब में 'नव सांस्कृतिक संघ' का निर्माण हुआ था जिसमें दिनकरजी आदि जैसे बड़े लोग भी थे। आपका भी उससे कोई सम्बन्ध रहा है ?

—'प्रगतिशील लेखक संघ' या 'नव सांस्कृतिक संघ' अथवा ऐसे ही किसी संघ की बात ? तब तक अपने अनुभवों के आधार पर मैं यह समझ चुका था कि राजनीतिक पार्टियों के ऐसे तथाकथित सांस्कृतिक मोर्चे क्या हैं और विशुद्ध राजनीति करने वाले लोगों की निगाहों में लेखक, गीतकार, चित्रकार, अभिनेता आदि क्या हैं। भोले कलाकार बेचारे राजनीतिक दांव-पेंच क्या समझें !··· पार्टी में हम लोगों की हैसियत हमेशा 'दूसरे दर्जे के नागरिकों' जैसी रही। बल्कि, इस मामले में विद्यार्थी मोर्चे पर काम करने वालों की ज्यादा वकत थी, और आज भी है—हर पार्टी में। अतः पार्टी का सदस्य होते हुए भी मैंने 'सांस्कृतिक संघ' की घोषणाओं पर कभी यकीन नहीं किया··· इस सम्बन्ध में कई घटनाओं की याद आती है··· एक बार पटना के पिंटू होटल में एक कोने में बैठकर चाय पीते हुए एक 'रायपंथी' कलाकार से बातें करते हुए, किसी पार्टी-सदस्य द्वारा देख लिया गया था। दूसरे ही दिन पार्टी के एक वरिष्ठ 'साथी नेता' ने मुझे एकांत में बुलाकर एम. एन. राय के विरुद्ध सप्रमाण भाषण पिलाया। दूसरी बार मुझे भागलपुर में बुखारी नामक कम्युनिस्ट छात्र नेता के सांथ घुल-मिलकर बातें करते देख लिया गया··· बुखारी 'फारुखी ग्रुप' वाले स्टूडेंट फैडरेशन का नेता था और मैं 'शाह ग्रुप' वाले स्टूडेंट फैडरेशन का कार्यकर्त्ता। सन् 1940-41 की बात होगी। हम लोग एक-दूसरे को गालियाँ देते हुए मिलते, एक-दूसरे की पार्टियों के नेताओं को गालियाँ देते। मगर, जब मिलते थे, घंटों साथ रहते। यह बात बेनीपुरीजी को मालूम हुई। उन्होंने मुझे समझाया

कि कम्युनिस्टों से मुझे क्यों नहीं बातें करनी चाहिए, तो हर पार्टी का अपना एक 'तबेला' होता—चारों तरफ दीवारों से घेरकर अपने 'कमअक्ल' कामरेडों को इसलिए रखना पड़ता कि कहीं वे 'इधर' से 'उधर' आकर्षित न हो जाएँ⋯ और मैं अपने को 'टेस्ट ट्यूब' में डालकर खोज रहा था⋯ [1]

—'मैला आँचल' पढ़ने के बाद लगता है कि स्वातंत्र्योत्तर भारत के सम्बन्ध में आप कुछ कहना चाहते हैं। आपके भीतर ऐसा कुछ क्या है ? कहीं 'मैला आँचल' का सन्दर्भ कांग्रेस-सोशलिस्ट पार्टी के आन्दोलन से प्रभावित तो नहीं है ?

—जब कोई किसी पार्टी का सदस्य हो तो उसके अनुभव और विचार भी उस पार्टी के होंगे। किसान-मजदूरों में काम करने से मुझे कम फायदे नहीं—बल्कि सच पूछिए तो राजनीति ने मुझे बहुत दिया। अपने जिले के गाँव-गाँव घूमा, लोगों से मिला, उनके सुख-दुख से परिचित हुआ, चन्दे वसूले। अपनी सक्रियता के कारण साथियों के साथ गाँवों में रात के वक्त भी डेरा डालना पड़ता⋯ रात में दूर से कभी ढोलक-झाँझ पर नाच-गान की स्वर-लहरी मंडराती आती और मैं अपने साथियों को सोते छोड़ वहाँ चल देता। कभी 'विदेशिया', कहीं जालिम सिंह सिपहिया और किसी गाँव में 'ननदीभउजिया' के नाच-गान, मैं नाच देखने में ज्यादा नाच देखने वालों को देखकर अचरज से मुग्ध हो जाता। तब समझा कि हमारे लच्छेदार भाषणों से ज्यादा प्रभाव उस सांस्कृतिक चेतना का होता है, जो उन्हें मुसीबतों में भी गाते रहने के लिए मजबूर किये रहती है। जहाँ तक बोली और भाषा का प्रश्न है, इन्हीं गाँव में घूमकर भाषा की शक्ति को समझने का मौका मिला। मैं यह मानता हूँ कि वे लोग ही—गाँवों के किसान-मजदूर ही—मुझसे लिखवाते थे, ठीक उसी प्रकार जैसे भूख लगने पर आदमी 'ऐक्शन' और तनाव दोनों महसूस करता है।

—'मैला आँचल', 'परती : परिकथा' जैसे उपन्यासों और 'रसप्रिया' जैसी कहानियों की 'कथा-भूमि' में अंग्रेज जमींदारों और देशी जमींदारों-सामंतों का कैसा शोषण था, जिसकी आपके लेखन में गहरी प्रतिक्रिया हुई ?

—बिहार में, खासकर पूर्णिया जिला तो देशी-विदेशी जमींदारों का गढ़ ही था। अंग्रेज जमींदारों के नाम पर कई गाँव और कस्बे बसे हुए हैं। फोर्ब्स साहब के नाम पर फोर्ब्सगंज (फारबिसगंज), एक साहब की मेम के नाम पर मेरीगंज। कई राजे, दर्जनों 'कुमार' और बहुत-से नवाबों के गढ़ और हवेलियाँ आज भी मौजूद हैं। जिले में ऐसे भी बड़े-बड़े किसान हैं जिनके पास दो-दो हवाई जहाज हैं और दूसरी ओर वहीं पचहत्तर प्रतिशत भूमिहीन, अभी भी बड़े, छोटे और मंझोले किसानों के शोषण के लिए मौजूद हैं और सामाजिक असमानता और दुर्व्यवहार बरकरार है। इसकी प्रतिक्रिया किसी भी 'दर्दी लेखक' पर गहरी ही पड़ सकती है।

—'सवर्णों के घर नहीं, छोटी जाति के लोगों के यहाँ मोहना जैसे 'लड़की-मुँहा'

---

1. इस प्रसंग की 1945 में लिखी कहानी 'पार्टी का भूत' पाठकगण अवश्य पढ़ें।

लड़के हमेशा पैदा नहीं होते। वे अवतार लेते हैं समय-समय पर।··· पंचकौड़ी मिरदंगिया और मोहना के सन्दर्भ की प्रतिक्रिया इतिहास-विरोधी ताकतों पर तेजी से प्रहार करती है। इधर आपके लेखन में वह सहसा अवरुद्ध क्यों है ?

—कुछ लोगों को लगना स्वाभाविक है कि मैं अपनी समस्या से अलग हो रहा हूँ। दरअसल, उस समस्या और इतिहास पर निर्भर करता है कि हमारी चेतना को वह कहाँ तक पकड़ पाती है। इससे दिन भर या कुछ दिनों तक अलग होने का मतलब समस्या से 'एस्केप' नहीं होता। ब्लू फिल्म, सेक्सी उपन्यास और सामाजिक असमानता से उत्पन्न यौनाचार—ये सारी सामन्ती विकृतियाँ हैं। गरीब के भीतर भी विकृतियाँ हैं। मगर आप महसूस नहीं करते कि दोनों वर्ग की विकृतियाँ कहाँ से पैदा होती हैं। असल सवाल है उन्हें पहचानने का।

—मेरी दृष्टि में प्रेमचन्द के बाद ग्रामीण-समस्या के भीतर आपने सबसे पहले और सही ढंग से प्रवेश किया है। भूमि-समस्या आपको भी देश की सबसे बड़ी समस्या लगती होगी। देश का आर्थिक विकास मौलिक रूप से भूमि-समस्या के वास्तविक समाधान पर ही निर्भर करता है। तब क्या यह सच नहीं है कि जिस देश के कमाने वाले करोड़ों लोग खरीददार ही न हों, वहाँ न तो औद्योगीकरण हो सकता है, न बचत, न पूँजी का निर्माण ? आपका कोई कमेंट ?

—मधुकरजी, आपने प्रश्न के साथ उत्तर भी दे दिया है। बहरहाल, मैं आपके विचार से 'एकमत' या 'सहमत' जो कह लें, हूँ। मगर सामाजिक असमानता को पहले तोड़ना होगा। आर्थिक असमानता को यही तो बलवान् बनाती है··· और, प्रेमचन्द के बाद ग्रामीण-समस्या के भीतर सबसे पहले प्रवेश अथवा उसके बाद में प्रवेश किसने किया, इस पर विवाद करके क्या फायदा ?

—केवल भूमि-समस्या को लेकर कुछ लिखने की फिर इधर आपके दिमाग में योजना है या नहीं ? अपनी लम्बी बीमारी से मुक्ति के बाद क्या किसी बड़े उपन्यास की शुरुआत आप कर चुके हैं ?

—पूर्णिया जिले में बँटाईदारी सवाल को लेकर 'परती : परिकथा' की रचना हुई। इसके पहले 'मैला आँचल' में भूमि-समस्या की भूमिका प्रस्तुत की गयी थी। आजकल मैं पिछले दो-तीन साल से एक बड़ा उपन्यास लिख रहा हूँ। अभी समय लग सकता है, क्योंकि देश बहुत तेजी से बदल रहा है··· दल-बदल, भूमि-हड़प, कुर्सी-हड़प के बाद देखिए और क्या-क्या होता है।

—यह प्रसिद्ध है कि तांत्रिक उपासना-पद्धति से आप सम्बद्ध हैं। इसका आपकी रचना और दृष्टि से कहीं सम्बन्ध है या यह आपकी निजी बात है ?

—देखिए, तांत्रिक उपासना-पद्धति से सम्बद्ध व्यक्ति यह कभी नहीं कहता कि वह, 'तन्त्र साधना' कर रहा है, क्योंकि, गोपनीयता इसकी सबसे बड़ी चीज है। कोई स्वयं अपने को तान्त्रिक कहे तो समझना चाहिए कि आपको वह मूर्ख बना रहा है। मुझे ऐसा लगता है कि अधिकांश लोग खुलकर शराब पीने और यौनाचार के लिए ही अपने को 'तन्त्र साधक' कहने लगते हैं। कुछ लोग इसे जादू-टोना

और चमत्कार मात्र मानते हैं··· संभवतः इसकी गोपनीयता ही इसका सबसे बड़ा आकर्षण है। किन्तु, मुझे इसके एक कारण ने खींचा–तन्त्र 'विभेद' और 'असमानता' बिल्कुल नहीं मानता। 'वाममार्गी' इस माने में सचमुच 'वामपंथी' हैं। बौद्धों ने ईश्वर और वेद को तो नकार दिया, मगर जनता का विश्वास प्राप्त करने के लिए तन्त्र का मार्ग पकड़ा। भगवान् और शास्त्र में वही रूप खप सकता है, जो शुद्ध है। तन्त्र में कोई भेद नहीं। ऐसी समानता कहीं नहीं, शायद··· मैंने कोई साधना अथवा उपासना नहीं की है। साधु-संग किया है, बस। और, इसे निजी मामला ही समझिए।

–लेखकों के संयुक्त मोर्चे अथवा सार्त्र की तरह किसी फोरम के निर्माण की कल्पना आपके भी दिमाग में आती है या नहीं ?

–बड़े-बड़े राष्ट्रीय या अन्तरराष्ट्रीय सवालों पर लेखकों का संयुक्त हो जाना स्वाभाविक और सार्थक है। साम्प्रदायिकता, वियतनाम, कम्बोडिया, चेकोस्लोवाकिया जैसे मानवीय सवालों से वह अलग कैसे रह सकता है ? सामान्य लोगों की तरह उसे भी ऐसे सवाल बराबर पागल किये रहते हैं और वह भी विरोध और लड़ाई के लिए तैयार रहता है। अन्तर्राष्ट्रीय स्तर के प्रश्नों के लिए लेखकों के ऐसे सामयिक मोर्चे बड़े कारगर होते हैं। सार्त्र ने फोरम के द्वारा ऐसे बहुत कार्य किये भी हैं।

–दिल्ली के एक कोने से 'भाषा का संकट' इन दिनों बहुत बोलता है। भारत की और कई जगहों में भी इसका डंक फैल रहा है। आपको भी इसका डंक कभी महसूस हुआ ?

–डंक ?··· मैंने कोई डंक-वंक नहीं महसूस किया। और न कभी संकट का एहसास हुआ··· पिछली बार दिल्ली गया तो 'भाषा संकट' वाली एक बड़ी-सी गोष्ठी में शरीक अवश्य हुआ था। उस गोष्ठी में मैंने सिर्फ एक किस्सा सुनाया था। किस्सा यों है : एक बार बंगाल में वैष्णव सम्प्रदाय के एक महंत साहब को डाकुओं ने राह में पकड़कर मार-पीट की। महंत साहब के साथ में उनका एक शिष्य था। वह महंत साहब पर हमला होते देखकर जोर से मठ की ओर भागा, अपने गुरु भाइयों को सूचना देने के लिए। वह बहुत तेजी से भागा हुआ मठ के पास पहुँचा तो अचानक 'भाषा का संकट' उसके सामने खड़ा हो गया। उसे मानो काठ मार गया। वह क्या कहकर–यानी किन शब्दों में–यह संवाद अपने गुरु भाइयों को सुनायेगा ? वैष्णव लोग रोजमर्रा की भाषा में भी 'काटना', 'रक्त बहाना', 'मारना', आदि शब्दों का व्यवहार नहीं करते। तरकारी-सब्जी को वैष्णव लोग 'काटते' नहीं। अगर कोई कह दे कि तरकारी काट दी गयी है महाराज, तो वैष्णव के लिए अभक्ष्य पदार्थ हो जाता है। वे इसके लिए 'अमनिया' करना व्यवहार करते हैं। सो, भाषा के संकट में पड़े हुए शिष्य ने इन शब्दों में जाकर अपने गुरु भाइयों को सूचना दी–"भाय रे ! गुरुजी के डाकातारा मिले 'अमनिया' कोरे फेले दियेछे। गुरुजी 'रंगे-रसे' एक्के बार एकाकार··· " जब तक लोग वहाँ पहुँचते, उसके पहले ही गुरुजी काया छोड़ चुके थे। अगर भाषा के संकट में पड़कर शिष्य ने देरी नहीं की होती तो सम्भव था कि गुरुजी को 'फर्स्ट एड' वगैरह मिल पाता··· 'भाषा के संकट' का

सवाल उठते ही मुझे हमेशा यही कथा याद आती है।

—कामतानाथ, ज्ञानप्रकाश, सतीश जमाली, इसराइल, सुदीप, जितेन्द्र भाटिया, विभुकुमार, प्रकाश बाथम, विश्वेश्वर की रचनाएँ आपने पढ़ी होंगी। क्या ऐसा कुछ नहीं लगता कि 'नयी वास्तविकता' के लिए सामाजिक दृष्टिकोण से कुछ बदल रहा हो ?

—इन नये लेखकों में काफी दम है। अपने सामाजिक दृष्टिकोण में बदलाव के कारण ही ये काफी लोगों को अपनी ओर खींच रहे हैं और लगता है, बहुत दिनों के बाद एक नयी शुरुआत हुई है। मुझे तो एक ही विश्वास है, इनकी धीरज-शक्ति और दृष्टि ही इन्हें जिन्दा ले चल रही है। वे इस बात को अच्छी तरह जानते हैं। ये ज्यादा बातूनी नहीं हैं और छद्म गुस्सा और बनावटी शक्ल से बिल्कुल अलग हैं।

—क्या आप भी ऐसा महसूस करते हैं कि अपने देश के भीतर 'कुछ बहुत बड़ा' होने वाला है जो कई तरह के अन्तर्विरोधों से उबरकर देश को सही संघर्ष के रास्ते पर लाकर खड़ा कर दे ?

—यह केवल भारतीय समस्या ही नहीं है। बदलाव से अपने को अलग कैसे किया जा सकता है ? मेरा तो अपना मत है कि निकट भविष्य के चार-पाँच वर्षों के भीतर अपने देश में कोई नयी राजनीतिक पार्टी जन्म लेने वाली है, जो वास्तव में 'राजनीतिक पार्टी' हो। नक्सलवाद तो प्रतीक है, एक गुस्सा है। इनके पास कोई नया समाधान नहीं है। जमीन के लिए सही लड़ाई अभी बाकी है। जमीन का फैसला बहुत जल्द होने वाला है। जब सही जनता सामने खड़ी हो जायेगी तो बंदूक की सारी बातें हवा हो जाएँगी और जनता जमीन को स्वयं लड़कर ले लेगी।

सारिका, मार्च, 1971

दुख-सुख में साझेदारी के लिए

··· मैं 1952 तक सक्रिय राजनीति में था,··· अपने क्षेत्र में कई किसान आन्दोलन, काश्त-संघर्ष तथा मिल-मजदूरों की हड़ताल में नारे लगाने और पार्टी-पत्रिकाओं में उन संघर्षों के अनुभवों पर रिपोर्ताज़ वगैरह लिखा करता था।... तो, मैं चुनाव लड़ रहा हूँ—अपने क्षेत्र के साधारण जन के सुख-दुःख में सक्रिय रूप से हाथ बटाने के

लिए। अपने लोगों की समस्याओं को मुक्त कण्ठ से प्रस्तुत करने के लिए।... अपने क्षेत्र के विषाक्त किये गये सामाजिक-सांस्कृतिक जीवन को फिर से निरामय विशुद्ध करने के लिए।...

1972 के विधानसभा के प्रत्याशी के रूप में खड़े होने के बाद जुगनू शारदेय को कई स्पष्टीकरणों के साथ पिछले जीवन के संस्मरण सुना रहे हैं रेणुजी।

फणीश्वरनाथ रेणु का नाम साहित्य के अध्येताओं के लिए नया नहीं है। वह चुनाव लड़ रहे हैं। 1970 में सर्वोदय नेता जयप्रकाश नारायण ने उन्हें एक पत्र लिखा था– "गाँव की कठोर वास्तविकताओं को निकट से देखने का यहाँ अवसर मिला है। 23 वर्षों के स्वराज्य के बावजूद भारत माता का आँचल सचमुच कितना 'मैला' है... मैं चाहता हूँ आप जैसे साहित्यकार इन वास्तविकताओं को आकर देखें और उनकी तस्वीर साहित्य में उतारें। 'मैला आँचल' लिखकर रेणु ने साहित्य-लेखन या उपन्यास-लेखन की जो परम्परा शुरू की थी, वह समाप्त हो गयी-सी लगती है। आज की पृष्ठभूमि में उसे पुनर्जीवित कर आगे बढ़ाने की जरूरत है। यह तो जाहिर है कि इस देश में भावी क्रान्ति का क्षेत्र गाँव ही होगा और नव-निर्माण का आरम्भ भी वहीं से होगा। अतः क्रान्तिकारी नवसाहित्य का सृजन गाँव में बैठकर ही किया जा सकता है।" मैंने रेणु जी से जब पूछा कि आप चुनाव क्यों लड़ रहे हैं तो उन्होंने पहले जयप्रकाश नारायण के इस पत्र को उद्धृत किया और तब अपनी बात आगे बढ़ाते हुए बोले–

"मैं 1952 तक सक्रिय राजनीति में था, यह तो आपको मालूम ही है। अपने क्षेत्र में कई किसान आंदोलन, काश्त संघर्ष, तथा मिल-मजदूरों की हड़ताल में नारे लगाने और भाषण देने के अलावा पार्टी-पत्रिकाओं में उन संघर्षों के अनुभवों पर रिपोर्ताज़ वगैरह लिखा करता था। बाद में मैंने पार्टी (सोशलिस्ट पार्टी) छोड़ दी। सक्रिय राजनीति से अलग होकर भी राजनीति से संन्यास नहीं ले सका। मेरे उपन्यास–'मैला आँचल', 'परती : परिकथा', 'दीर्घतपा', 'जुलूस', 'कितने चौराहे' उसके प्रमाण हैं। रोजी-रोटी के लिए पिछले 15 सालों से शहर में रहने के बावजूद गाँव से मेरा सम्बन्ध विच्छिन्न नहीं हुआ है। अपने इलाके के हर सुख-दुःख को पहले की तरह भोगता हूँ। अपने क्षेत्र की राजनीति का सीधा असर मुझ पर अब तक पड़ता रहा है। गाँव-समाज में संग्रामी-सुराजी किसान का बेटा पहले हूँ–लेखक बाद में। पार्टी और राजनीति से अलग हुए मुद्दत हुई लेकिन अपने क्षेत्र की साधारण जनता की नजर में मैं अब भी वही हूँ–जो पहले था। मेरे जन्म से पूर्व ही तिलक स्वराज्य फंड वसूलने के दिन से ही इलाके में मेरा परिवार राष्ट्रीय परिवारों में से एक समझा जाता रहा है। यही कारण था कि मेरी राजनीतिक निष्क्रियता के बावजूद मेरे आँचल के लोग मुझे अराजनीतिक व्यक्ति नहीं समझते।

"इतनी-सी आवश्यक भूमिका के बाद, अब आपके प्रश्न का सीधा जवाब दे रहा हूँ। 1970 में श्री जयप्रकाशनारायण ने मुसहरी से मुझे एक पत्र लिखा था, जिसे मैं आपको सुना चुका हूँ। इस पत्र को मैंने पटना में आयोजित युवा लेखक सम्मेलन में भी पढ़कर सुनाया था। जयप्रकाश जी के इस पत्र ने मुझे एक बार फिर झकझोरकर जगा दिया। 'मैला आँचल' के डॉक्टर प्रशान्त ने कहा था, 'कम-से-कम एक ही गाँव के कुछ प्राणियों के मुरझाए ओंठों पर मुस्कराहट ला सकूँ, उनके हृदय में आशा और विश्वास को प्रतिष्ठित कर सकूँ।' जयप्रकाशजी ने भी एक गाँव को लिया है और करीब-करीब ऐसा ही व्रत उन्होंने लिया है। जयप्रकाश जी ने मुसहरी में रहकर जो कुछ प्रत्यक्ष देखा-सुना और अनुभव किया उन्हें मैं हमेशा अपने गाँव में देखता-सुनता और भोगता आया हूँ। फिर क्या कारण है कि 'मैला आँचल' की परम्परा समाप्त हो रही है। मैं सोच में पड़ा रहा और ऐसा लगा कि बिना 'इन्वाल्व' हुए अब काम नहीं चल सकता। दिमाग में यह सब चल ही रहा था कि अचानक एक दिन अखबार में पढ़ा कि मेरे गाँव के हिन्दू-मुस्लिम आपस में लड़ रहे हैं और सारे इलाके में तनाव का वातावरण है। गाँव में सशस्त्र पुलिस के दल तैनात हैं। अब तक कभी ऐसी घटना नहीं घटी थी, बल्कि तीन-चार साल पहले तक होली में मेरे गाँव के फरजंद मियाँ सदलबल झाँझ बजाकर फाग गाते थे और कई साल पहले भी गाँव के बूढ़े पुराने लोगों के अनुरोध पर मुहर्रम में कमर में घुँघरू बाँधकर बाँस की भूडनी बजा-बजाकर मैंने राष्ट्रीय मर्सिया गाया है–'देसवा के खातिर मजहरुलहक भइलन फकीरवा हो हाय··· कि दीन भइलन राजेन्द्र प्रसाद हो हाय··· हो हाय !' बाद में मालूम हुआ कि लोग आपस में लड़ाये गये हैं। सैकड़ों की तादाद में फौजदारी कचहरियों में दफा 107 की कार्रवाई के सिलसिले में वे महीनों चक्कर में रहे। अन्त में एक पंचायत बुलाकर आपस में मेल करवाया गया जिसमें मैं भी उपस्थित था। बातचीत के सिलसिले में जब पुराने दिनों की बातों की याद दिलाने लगा तो सभी की आँखें छलछला गयीं और इसके कई महीनों के बाद ग्रामपंचायत के चुनाव में एक मुस्लिम युवक को लोगों ने मुखिया बनाया।

"पिछले ही साल सितम्बर-अक्टूबर महीने में अखबारों में एक खबर पढ़ने को मिली कि मेरे ही गाँव के दो मुसहर भूख से मर गये। समाचार में यह भी था कि सरकारी डॉक्टर ने पोस्टमार्टम रिपोर्ट में इसे भूख से हुई मौत करार दिया है तथा सरकार की ओर से इन्हें हैजा से हुई मृत्यु घोषित किया गया है। फारबिसगंज में सुना, विधायक मित्र ने मुझे ही सम्बोधित कर कहा, अजी रेणु ! तुम्हारे ही गाँव के दो मुसहर भूख से मरे हैं। यह भी सुनने में आया कि क्षेत्र के विधायक सरकारी घोषणा के विरुद्ध कुछ करने वाले हैं, वे विधान-सभा में अपने दल के मुख्य सचेतक थे। सरकार भी उन्हीं के दल की थी। मैंने आशा की थी कि विधायक महोदय और कुछ न कर सकें, त्यागपत्र तो दे ही सकते हैं, किन्तु उन्होंने ऐसा कुछ भी नहीं किया। वे अचानक चुप हो गये, शायद अपनी लड़खड़ाती सरकार

को बचाने की कोशिश में व्यस्त हो गये।

"पिछले ही साल की बात है कि मेरे गाँव का एक नौजवान अचानक मेरे डेरे पर आया और 'सर्चलाइट' के मुखपृष्ठ की कतरनों को मेरे सामने बिखेर कर खड़ा हो गया। यह प्रतिभावान नौजवान पाठशाला से लेकर विश्वविद्यालय तक सर्वप्रथम आता रहा है। गोल्ड मेडल भी प्राप्त किया है। गत दो वर्षों से बार-बार इंटरव्यू होता है, कई बार चुना गया पर नौकरी मिल जाती है किसी दूसरे या तीसरे को।'सर्चलाइट' के सम्पादक ने कई बार मुखपृष्ठ पर उसके बारे में मोटी-मोटी सुर्खियों में लिखा, पर सब बेकार। मैंने अपने इलाके के विधायक और एम. पी. के नाम पत्र देना चाहा तो उसने तिलमिलाकर कहा, आप किन लोगों के पास जाने को कह रहे हैं। मैं कहाँ नहीं गया हूँ... और आखिरी तिनका कहिए या अन्तिम चोट, जिले के संथाल हत्याकांड ने दी। आपने उसके बारे में लिखा भी और आपने 'मैला आँचल' में संथाल हत्याकांड की कहानी पढ़ी ही होगी। इसके बाद मुझसे तटस्थ रहकर तमाशा देखा नहीं गया। फैसला कर लिया...

"तो, मैं चुनाव लड़ रहा हूँ—अपने क्षेत्र के साधारण जन के सुख-दुःख में सक्रिय रूप से हाथ बँटाने के लिए। अपने लोगों की समस्याओं को मुक्तकंठ से प्रस्तुत करने के लिए। सिर्फ वकालत करने के लिए नहीं, अपने क्षेत्र के विषाक्त किये गए सामाजिक-सांस्कृतिक जीवन को फिर से निरामय विशुद्ध करने के लिए। और अपने क्षेत्र की नयी पीढ़ी, नयी पौध, नई फसल की निगरानी करने के लिए। मैं चाहता हूँ कि मेरा क्षेत्र कम-से-कम पाँच साल 'डि-पोलिटिसाइज' की प्रक्रिया से गुजरे। आपको यह बता दूँ कि कभी फारबिसगंज से ही सारे जिले की राजनीति का सूत्र संचालित होता था। जिला कांग्रेस का मुख्यालय भी वहीं था।"

"आपके चुनाव क्षेत्र की समस्याएँ क्या हैं; और यदि आप जीते तो उनका समाधान कैसे करेंगे ?"

"मेरे क्षेत्र के लोगों की सबसे बड़ी समस्या है उनकी भूमिहीनता; फिर यातायात की असुविधा। पाट उपजाने वाले खेतिहर की किस्मत पाट के बाजों के हाथ में है। उत्तर की ओर भारत-नेपाल सीमा है, जो नित्य नयी सामाजिक विकृतियों को जन्म देती है... समाधान ? समाधान तो सरकार करेगी। मैं इन समस्याओं को लेकर सरकार को कभी चैन नहीं लेने दूँगा। सभा के अन्दर और बाहर वाली और लेखनी के सहारे जब कुछ नहीं हो सकेगा तो व्यक्तिगत सत्याग्रह और आन्दोलन।"

"मगर आप तो अकेले रहेंगे ?"

"अकेले चने से अकेले आदमी की तुलना गलत है। अकेला चना भाड़ न फोड़ सके मगर जमीन में जड़ जमाकर मुट्ठी भर चना तो पैदा कर ही सकता है, अकेला और निर्दलीय होने के कारण मेरी आवाज मन्द नहीं हो जायेगी। इसका मुझे विश्वास है। मैं 'तबे एकला चलो रे' विश्वास के साथ गाया करता हूँ।"

"बुद्धिजीवी और राजनीतिक दलों के बीच आपकी समझ से कैसे सम्बन्ध

होने चाहिए ?"

"देखिए ! अब सभी राजनीतिक दल बुद्धिजीवियों का नाम लेने लगे हैं। सभी पार्टियाँ राजकाज में शरीक कराना चाहती हैं। पार्टियाँ बुद्धिजीवियों को सबसे पहले दलमुक्त करना चाहती हैं। उनकी बदनीयती का यही सबसे बड़ा सबूत है। वे चाहते हैं कि लोग पहले अपनी बुद्धि पार्टी के पास गिरवी रख दें। यह कैसे हो सकता है ? दलमुक्त होने के बाद भी खैरियत रही है। किसी दल का बुद्धिजीवी होना ही पर्याप्त नहीं है। उस दल में आप किस व्यक्ति और किस गुट के बुद्धिजीवी होंगे ? बुद्धिजीवी कभी किसी व्यक्ति या पार्टी की गुलामी कबूल नहीं कर सकता–चाहे वह पार्टी कितनी भी बड़ी क्यों न हो और वह व्यक्ति 'अतिमानव' ही क्यों न हो।"

"साहित्य और राजनीतिक क्या एक दूसरे के पूरक हैं ?"

"आपके इस सवाल का जवाब अभी विस्तार से नहीं दे सकूँगा। मेरा ध्यान अभी अपने चुनाव-क्षेत्र के गाँवों और गलियारों में है। साहित्य और राजनीति के आपसी सम्बन्ध के सवाल मुझसे बराबर पूछे जा रहे हैं। मैंने हमेशा इसके जवाब में घुमा-फिराकर कहा–मेरा साहित्य पढ़िये।"

"आपकी पुरानी पार्टी, सोशलिस्ट पार्टी के बारे में आपकी क्या राय है जिसने पहले तो आपको अपना समर्थन भी दिया और अब उनका उम्मीदवार भी आपके क्षेत्र में है ?"

"अव्वल तो आज की सोपा वह सोपा नहीं है जिसका एक सदस्य मैं था, हाँ लोग वही जरूर हैं। सोपा ने जब मेरे विरुद्ध कोई उम्मीदवार खड़ा नहीं करने की बात फैलायी तो मुझे विश्वास होने लगा था कि राजनीतिक दोस्ती महज दिमाग की नहीं हृदय की भी होती है। लेकिन, अखबारों की बयानबाजी और व्यक्तिगत पत्र के बावजूद सोपा का उम्मीदवार, मेरा प्यारा कामरेड (?) जब खड़ा हो गया तो मेरा क्षणिक भ्रम दूर हो गया। हाँ, उम्मीदवार के पहले मेरा प्यारा दोस्त यह पुर्जा मेरे घर पर छोड़ गया था–प्रिय रेणु, मैं पाँच बजे संध्या में आया था, ताला बन्द देखकर जा रहा हूँ। पाँच फरवरी को अररिया कोर्ट में मिलूँगा–2 बजे दिन में फारबिसगज क्षेत्र से केवल तुम्हीं को पार्टी समर्थन देगी। ऐसा निश्चय कर लिया है–तुम्हारा भाई–लषण : 3-2-72। मगर अपने प्यारे कामरेड की उम्मीदवारी से मुझे कोई अचरज नहीं हुआ–मैं ऐसी ही आशा करता था।"

"एक अन्तिम जिज्ञासा, 'मैला आँचल' और 'परती परिकथा' के फारबिसगंज और चुनाव-क्षेत्र फारबिसगंज में क्या समानता–अन्तर है ?"

"आपके इस दिलचस्प सवाल का जवाब भी दिलचस्प देने जा रहा हूँ इसलिए निवेदन कर दूँ कि मेरे कथन पर अविश्वास मत कीजिएगा। 5 फरवरी को नामांकनपत्र दाखिल करने के बाद मैंने अपने क्षेत्र के मतदाताओं के नाम अपील की कि 8 फरवरी से 11 फरवरी तक मैं अपने क्षेत्र के प्रमुख स्थानों में उपस्थित होकर आपसे आमने-सामने बातचीत करना चाहता हूँ। आपके मन में कोई शंका और सवाल

हों तो उठाएँ। अगर आप यह समझते हैं कि मैं आपका प्रतिनिधित्व करने के काबिल नहीं हूँ, तो आप मुझे रोकें-टोकें। भरी सभा में हो-हल्ला कर मुझे हूट करें। चारों रैलियों में हर वर्ग के लोग जमा हुए और घंटों मेरी बात चुपचाप सुनते रहे। फारबिसगंज स्टेशन के चौराहे पर हमारे गुरु स्वर्गीय रामदेनी तिवारी 'द्विजदेनी' के प्रस्तर-प्रतिमा के नीचे रिक्शा पर बैठकर चौराहे पर मैं एक घंटा बोला कि एक वृद्ध, 75 साल के श्री रामलाल मंडल जी आ गये--मैला आँचल का एक जीवित पात्र जो साबरमती आश्रम में गाँधीजी को रामचरित मानस गा-गाकर सुनाते थे, माइक लेकर बहुत देर तक मेरे जन्म से लेकर अब तक की बात बोलते रहे। दूसरे दिन जोगबनी में, सरहद के किनारे शहीद साथी कुलदीप झा की समाधि के पास जब बोल चुका तो'नेपाली क्रान्तिकथा' ('दिनमान' में धारावाहिक प्रकाशित) और 'परती : परिक़था' के एक पात्र फेकन चौधरी जी समर्थन में बहुत बोले और शुभकामना प्रकट की, तीसरा दिन सिमराहा हाट में संयोगवश हम उसी जगमोहन भगत की दुकान पर दही-चूड़ा खा रहे थे, जहाँ 'मैला आँचल' के बावनदास ने दही-चूड़ा खाते समय दो जलेबियाँ भी चख ली थीं। हम जब दही-चूड़ा खा रहे थे, उसी समय किसी ने याद दिलाया, आपके बावनदास ने भी यहीं पर दही-चूड़ा·· इसे क्या कहेंगे–सिर्फ संयोग। समानता और अन्तर की क्या बात करूँ।

दिनमान, 27 फरवरी, 1972

बात बोलेगी, मैं नहीं···

अपने चुनाव-भाषण में मैं रामचरितमानस की चौपाइयों, दोहों का उद्धरण दूँगा, उन्हीं का सहारा लूँगा... कबीर को उद्धरित करूँगा, अमीर खुसरो की भाषा में बोलूँगा, ग़ालिब और मीर को गाँव की बोली में प्रस्तुत करूँगा और लोगों को उन्हें समझाऊँगा। यों अभी कई जन-सभाओं में मैंने दिनकर, शमशेर, अज्ञेय, पन्त और रघुवीर सहाय को उद्धृत किया है···

रेणु से चुनाव-चर्चा कर रहे हैं भूपेन्द्र अबोध !

नाव हिन्दी के अन्तर्राष्ट्रीय ख्यातिप्राप्त उपन्यासकार और 'तीसरी कसम' के लेखक फणीश्वरनाथ रेणु का चुनाव-चिह्न है, जो इस बार अपने ग्रामीण क्षेत्र फारबिसगंज

(पूर्णिया) से बिहार विधान-सभा के निर्दलीय प्रत्याशी हैं।

पिछले 31 जनवरी को एक साधारण से प्रेस-सम्मेलन में रेणु ने निर्दलीय प्रत्याशी के रूप में चुनाव लड़ने सम्बन्धी अपने निर्णय की घोषणा की थी, और अगले दिन बिहार के दैनिक समाचार पत्रों में जब यह खबर आयी तब यहाँ के बुद्धिजीवी और राजनीतिक वर्ग में एक हलचल-सी उठ खड़ी हुई। चेहरे पर प्रश्न टाँके रेणु के परिचित एक-दूसरे से पूछते फिर रहे थे–रेणु के माथे यह क्या खप्त सवार हो गयी ? समाचार सही है या गलत ? चुनाव लड़ने की ही इच्छा है तो निर्दलीय क्यों ? कोई भी दल रेणु को पाकर गौरवान्वित होगा, उसकी प्रतिष्ठा बढ़ेगी। रेणु को बहुत करीब से जानने वाले लोग नामांकन-पत्र भरने के आखिरी दिन का इन्तजार कर रहे थे–क्या पता भरते भी हैं, या टाल जाते हैं। घोषणा तो एक मूड-विशेष की बात थी, कर दी गयी। मनःस्थिति बदल भी सकती है–उनका कौन ठिकाना ? और घोषणा के दो-चार दिनों के अन्दर ही कई दलों की ओर से रेणु के पास एक-के-बाद एक 'आफर' पहुँचे–चुनाव लड़ने का निश्चय सचमुच हो तो वह उनके दल से चुनाव लड़ें। रेणु टाल गये–वह सब नहीं करना और इसी बीच वह पटना से गायब !

और नामांकन पत्र दाखिल करने से लेकर उम्मीदवारी वापस लेने की आखिरी तारीख फारबिसगंज में गुजारकर जब वह पटना आये तब स्वाभाविक था, लोग उनसे पूछते–क्या हुआ ?

--बस, सब ठीक-ठाक। क्षेत्र के बूढ़े, जवान, विद्यार्थी, प्राध्यापक, मजदूर, किसान सबों में उत्साह है। प्रचार-कार्य चल रहा है। मैं अपना चुनाव-भाषण 18 फरवरी से शुरू करूँगा।

निर्दलीय प्रत्याशी क्यों ? पार्टी-विशेष क्या बुरी थी ?–अगला सवाल !

–पार्टी-विशेष बुरी नहीं लेकिन पार्टी के भीतर पार्टी, वह तो बुरी है ? बुद्धिजीवी आदमी को पार्टीबाजी में नहीं पड़ना चाहिए। लोग कहेंगे फलाँ रामलखन सिंह यादव गुट का उपन्यासकार है, फलाँ दारोगाराय गुट का। फलाँ कर्पूरी ठाकुर गुट का बुद्धिजीवी, फलाँ रामानन्द तिवारी गुट का। आप ही से कोई पूछ दे, क्या जवाब दीजिएगा ? वैसे ही कांग्रेसी, जनसंघी या सोपा मार्का बुद्धिजीवी होना बुरा है, उसमें भी दल के भीतर अलग-अलग व्यक्तियों का प्रभाव-मार्का होना पड़े, मेरी नैतिकता इसे नहीं स्वीकार करती।

रेणु अपनी जिद के आदमी हैं। नैतिकता, वह चाहे साहित्य में हो, जीवन में या राजनीति में–बहुत बड़ी शर्त होती है। सफलता-असफलता अपनी जगह है। सफलता पाने के लिए आदमी को नैतिकता गिरवी रख देनी पड़े, व्यक्ति-जीवन का यह भयंकरतम अपराध है। लेकिन आज नैतिकता का निर्वाह करने वाला आदमी राजनीति में अपना निर्वाह कैसे कर सकता है ?–यह एक अहम सवाल है। रेणु ऐसे किसी प्रश्न से अनभिज्ञ हों, ऐसा नहीं कहा जा सकता। रेणु की प्रतिष्ठा और ख्याति को देखते हुए और यह पता होने के बावजूद कि साहित्य में आने

के पहले वह समाजवादी पार्टी और नेपाल कांग्रेस के सक्रिय कार्यकर्ता थे, मैंने उनसे जानना चाहा कि इस बार चुनाव लड़ने की बात उनके मन में कैसे और क्यों आयी ? आयी भी तो वह अपने क्षेत्र फारबिसगंज से ही क्यों खड़े हुए ? हिन्दुस्तान का कोई क्षेत्र ऐसा नहीं है, जहाँ रेणु को श्रद्धा और प्यार देने वाले लोग न हों, वह कहीं से भी खड़े हो सकते थे और बदले में उन्होंने जो कुछ बताया, वह चुनाव में खड़े किसी पेशेवर नेता की अपने क्षेत्र की जनता के प्रति सामयिक और दिखावे की सहानुभूति से सर्वथा अलग की चीज थी। वैसे भी रेणु के मन में अपना गाँव-इलाका, वहाँ के लोग, वहाँ के सुख-दुःख, वहाँ की समस्याएँ जिस रूप में और जिस अंश तक जीवित हैं, वह अपने आप में एक इतिहास है। यह निर्णय करना बिल्कुल ही कठिन और लगभग असम्भव है कि रेणु के गाँव-इलाके की समस्याओं ने, वहाँ के सुख-दुःख ने, शिक्षित-अशिक्षित किसान-मजदूरों ने प्रत्यक्ष-अप्रत्यक्ष रूप से लिखने की प्रेरणा जगाकर रेणु को इतना बड़ा लेखक बनाया, या रेणु ने लिखकर अपने गाँव-इलाकों से, वहाँ की समस्याओं से पूरी दुनिया को परिचित कराया कि बिहार का पूर्णिया जिला और फारबिसगंज खुद रेणु का पर्यायवाची बन गया। पूर्णिया या फारबिसगंज का नाम सुनते ही रेणु आँखों के सामने आ जाते हैं, 'मैला आँचल' और 'परती : परिकथा' के पृष्ठ हवा में फड़फड़ाने लगते हैं–रेणु का पूर्णिया, रेणु का फारबिसगंज ! ऐसा लगता है, रेणु नहीं होते तो पूर्णिया 'बिहार का कालापानी' बना रहता, रेणु न हों तो पूर्णिया फिर से 'बिहार का कालापानी' बन जाए–रेणु और रेणु के लेखन से प्यार करने वाले करोड़ों-करोड़ लोगों का ऐसा ही कुछ खयाल है।

मेरे प्रश्न के बदले आँख पर झूल आई लटों को कान पर समेटते हुए उन्होंने बताया–आप जानते हैं कि मैं 'होल-टाइम' साहित्य करने के पहले राजनीति करता था, यानी पार्टी में था–किसान-मजदूरों के बीच। किसानों की कई एक बड़ी लड़ाइयाँ लड़ीं, मजदूर-आन्दोलनों में सक्रिय भाग लेता रहा। इधर यों देखने में तो ऐसा लगता था कि सक्रिय राजनीति से मैंने संन्यास ले लिया है, सक्रिय राजनीति से अलग हो गया हूँ, मगर बात ऐसी नहीं थी। राजनीतिक पार्टी का सदस्य न होकर भी आदमी राजनीति कर सकता है, यह बात लोगों के दिमाग में अटेगी भी नहीं। मेरी रचनाएँ, खासकर 'मैला आँचल', 'परती : परिकथा', 'दीर्घतपा', 'जुलूस', 'कितने चौराहे' सभी राजनीतिक समस्याओं, विचारों के ही प्रतिफल हैं। अब रही बात फिर से सक्रिय राजनीति में आने की, तो तात्कालिक कारणों में से कई कारण हैं। पिछले साल मेरे इलाके, मेरे क्षेत्र या यों कहिए कि गाँव (औराही-हिंगना) में एक के बाद एक कई ऐसी घटनाएँ घटीं, जिन्होंने मुझे हिला दिया। और वे हैं :–

1. मैं जिस क्षेत्र का हूँ उसमें एक तिहाई अल्पसंख्यक जन हैं। मुझे याद नहीं कि वहाँ कभी हिन्दू-मुस्लिम झगड़े हुए हों। दो साल पहले तक हिन्दू-मुसलमान मिलकर होली में फाग गाते थे और अबीर-गुलाल उड़ाते थे। मुहर्रम में कमर में

घुँघरू बाँधकर हाथ में बाँस की झरनी लेकर झूम-झूमकर मैं और मेरे गाँव के लोग मर्शिया गाते थे। लेकिन इधर की राजनीतिक चेतना (?) ने इस सौहार्द्रपूर्ण माहौल को ऐसा कलुषित कर दिया कि पिछले साल वे आपस में लड़ पड़े। लड़ पड़े नहीं, बल्कि यों कहिए कि उन राजनीतिक तत्त्वों द्वारा लड़ा दिये गये जो ग्राम-पंचायत से लेकर विधान-सभा और लोकसभा के चुनावों में अल्प-संख्यक और बहु-संख्यक वर्ग को कच्चे माल की तरह इस्तेमाल करते हैं। बहुत-से लोग जख्मी हुए फिर गिरफ्तारियाँ हुईं, मुकदमे चले और गाँव के सैकड़ों लोग महीनों कचहरी में परेशान किये गये। मेरे इलाके में कहीं कुछ भी हो, लेकिन ऐसा कभी नहीं हुआ था। इस घटना के बाद जब मैं गाँव पहुँचा तब मुझे ऐसा लगा कि इसके लिए थोड़ा दोषी मैं भी हूँ।

2. पिछले वर्ष ही सितम्बर-अक्तूबर महीने में अखबार में तीन पंक्तियों की खबर पढ़कर मैं फिर चौंका। मेरे ही गाँव में भूख से दो बेजमीन मुशहर की मौत हो गयी है, यह उस खबर में थी। मेरे क्षेत्र के विधायक जोर-जोर से कह रहे थे कि मौत भूख से हुई और सरकार की ओर से इसे इन्कार किया जा रहा था और इस मौत का कारण हैजे की बीमारी बताया जा रहा था। हालाँकि सरकारी डॉक्टरों ने अपनी पोस्टमार्टम रिपोर्ट में उस मौत का कारण भूख को ही बतलाया था। उस वक्त मुझे ऐसा लगा कि हमारे क्षेत्र के विधायक महोदय तथा अन्य राजनीतिक पार्टियाँ मिल-जुलकर रोष प्रकट करेंगी, आन्दोलन करेंगी, मगर ऐसा कुछ भी नहीं हुआ। मैंने यह भी सोचा था कि हमारे विधायक महोदय इसी बात पर और कुछ नहीं कर सकें मगर अपनी लंगड़ी सरकार से इस्तीफा तो दे ही देंगे। मगर वह चुप हो गये और फिर कभी उस घटना को लेकर कोई चर्चा नहीं हुई। यों वह सरकार दो या तीन महीने बाद गिर भी गयी।

3. पिछले ही साल मेरे गाँव का एक नौजवान, जो पाठशाला से लेकर विश्वविद्यालय की परीक्षा तक में कभी द्वितीय नहीं हुआ, मैट्रिक, बी. ए., एम. ए. में जिसने विश्वविद्यालय में सर्वप्रथम स्थान प्राप्त किया, जिसकी लम्बाई, चौड़ाई, मुटाई में कहीं कोई ऐब नहीं, जो स्वस्थ और तन्दुरुस्त है—मेरे पास आया। मेरे सामने दैनिक सर्चलाइट (पटना) की कतरनों को बिछाते हुए अपना दुखड़ा रोना शुरू किया कि किस तरह हर बार उसे विश्वविद्यालय की नौकरी के लिए इन्टरव्यू में बुलाकर जलील किया जाता रहा है। कई बार तो चुने हुए प्रत्याशियों में उसका नाम पहला होता था, लेकिन नौकरी दूसरे या तीसरे प्रत्याशी को मिल जाती थी। वह मेरी सहायता चाहता था। मैंने उसे अपने क्षेत्र के विधायक और संसद-सदस्य के पास जाने की सलाह दी तो पहले उसने हताश होकर मेरी ओर देखा, फिर गुस्से में आकर कहने लगा—आप मुझे किन लोगों के पास जाने को कहते हैं ? यह खेल तो उन्हीं लोगों के हैं। आप लोग राजनीति से अलग और विमुख होकर इस तरह निर्विकार हो गये उसी के ये सब नतीजे हैं। और चौथी बात—रेणु थोड़ी देर के लिए रुके थे। चेहरे पर झूल आई लटों को कान पर उन्होंने फिर से सहेजा

था, चेहरे पर दुख की परछाइयाँ स्पष्ट उभर आयी थीं–चौथी बात कि पिछले दिनों मेरे जिले में जो सबसे दिल दहलाने वाली घटना हुई, यानी चौदह आदिवासी संथाल मारे और जला दिये गये, इसने तो मुझे अपनी ही निगाह में गिरा दिया। आप 'मैला आँचल' में देखिएगा, बेजमीन संथालों के संघर्ष की कथा 1954 में मैंने लिखी थी। संथालों की समस्याओं को लेकर मैंने जिन खबरों की कल्पना की थी, ऐसा लगा कि वह अठारह वर्षों बाद इस नाटकीयता से फिर से दुहराई जा सकती हैं। और तभी से इन चार सवालों को लेकर मेरे अन्दर विचार-मन्थन चलता रहा, फिर अन्ततः यह फैसला कि मैं भी इस बार का चुनाव लड़ूँगा।

"लेकिन अपने क्षेत्र की समस्याओं और वहाँ के लोगों के दुःख-दर्द से द्रवित होकर चुनाव लड़ने का फैसला ले लेना ही तो सब कुछ नहीं है। आप वहाँ के लिए कुछ कर सकें, इसके लिए चुनाव में आपकी जीत की जरूरत है और चुनाव जीतने की आज जो प्रक्रिया–लाठी, पैसे और जाति की ताकत–सबसे ज्यादा कारगर साबित हो रही है, उसमें आप कहाँ ठहरते हैं ? आपके पास लाठी और पैसे हैं नहीं, न ही आप जातिवादी हैं, फिर वह कौन-सा नैतिक विश्वास है, जो आपको भरोसा दे रहा है ?" मेरा अगला सवाल।

"सक्रिय राजनीति में जिन दिनों था और जन-जीवन से मैंने जो भी कच्चा माल जमा किया उसे 'फिनिश्ड' बनाकर साहित्य को देता रहा। इन घटनाओं ने मुझे यह भी एहसास दिया कि कच्चे माल की अब कमी हो गयी है, जन-जीवन के दुख-दर्द से मैं अपरिचित-सा होता जा रहा हूँ। गाँवों में जो यह नयी पीढ़ी आयी है, यानी 20-21 साल के नौजवानों की, वे तथा मैं–दोनों आपस में एक-दूसरे के लिए अजनबी हैं। मैंने यह फैसला साहित्य के लिए भी किया है। अर्थात् फिर इन्वाल्व्ड हुए बगैर काम चलने का नहीं।

"जहाँ तक बात नैतिक विश्वासों की है, अपना नामांकन-पत्र भरने के बाद मैंने यह फैसला किया कि अपने इलाके के कई प्रमुख स्थानों में लोगों को बुलाकर उनसे आमने-सामने बातचीत करूँ, उनकी राय जानूँ। अगर वे मुझे अपने प्रतिनिधि के योग्य न समझें तो फिर अपना नामांकन-पत्र वापस कर लूँगा। मैंने अपने पर्चे में लोगों को नियंत्रित किया कि वे इन गोष्ठियों में आएँ और अगर मैं उनका अगुवा बनने के काबिल नहीं, तो मुझे रोकें, और टोकें और उचित समझें तो हों-हल्ला कर, शोरगुल मचाकर मुझे मेरे फैसले से विमुख करें और इस सिलसिले में तीन-चार गोष्ठियों में मुझे जो कुछ देखने-समझने को मिला उसने मुझे और दृढ़ कर दिया। एक सभा में एक ग्रामीण अधेड़ ने तो साफ शब्दों में मुझसे कहा–अगर इस बार उम्मीदवार नहीं होते तो आप सबसे बड़े मुजरिम होते। नौजवान, विद्यार्थी, अध्यापक तथा मेरे प्रेमी पाठक कार्यकर्त्ता के रूप में काम कर रहे हैं। मेरी चार गोष्ठियों में मेरे बाद जो लोग सामने बोलने के लिए आये, अचरज की बात कि वे सभी मेरे उपन्यासों के जीवन्त पात्र थे, जो अपने सही नाम के साथ मेरे उपन्यासों में आये हैं और जीवित हैं (राम लाल मण्डन–मैला आँचल, फेकन चौधरी–नेपाली

क्रान्ति कथा, जगमोहन भगत की दुकान और उसके परिवार के लोग–मैला आँचल)

"मुझे उम्मीद है कि इस चुनाव-अभियान के दौरान कहीं-न-कहीं मरे हुए बावनदास से भी मेरी मुलाकात हो जाएगी, अर्थात् वह विचारधारा जो बावनदास पालता था, अभी भी सूख नहीं गयी है।

"रही बात लाठी, पैसे और जाति की ताकत की, तो अगर ऐसा ही है और यह नियम हो चला है कि इन्हीं तीन चीजों के बल पर चुनाव जीते जाते हैं, तो बगैर लाठी, बगैर पैसे और बगैर जाति के बल पर चुनाव लड़कर क्यों नहीं देखा जाये ? यानी, समाज और तन्त्र में प्रवेश करती हुई इन विकृतियों से लड़कर ही क्यों न देखा जाये ?"

"चुनाव जीतने के लिए तमाम दल अपनी नीतियों के अनुरूप अपने चुनाव घोषणा-पत्र और नारे तैयार करते हैं। निर्दलीय प्रत्याशी के रूप में आपने भी तो कुछ सोचा होगा ?"

"हाँ, मेरे क्षेत्र में जो साम्प्रदायिक जहर संक्रामक रूप से फैला है उसे दूर करने की हर कोशिश करना, बेजमीन लोगों की समस्याओं को सबल कण्ठ से प्रस्तुत करना तथा उसे अमल में लाने के लिए व्यक्तिगत सत्याग्रह से लेकर सामूहिक आन्दोलन तक करना तथा अपने अंचल की नयी पीढ़ी, नयी पौध, नयी फसल की निगरानी करना मेरा पहला कर्त्तव्य होगा। मेरा नारा है–

कह दो गाँव-गाँव में, अब के इस चुनाव में।
वोट देंगे नाव में, नाव में, नाव में।।
कह दो बस्ती-बस्ती में मोहर देंगे किस्ती में।
मोहर दीजै नाव पर, चावल दीजै पाव भर।।

"मैंने अपने मतदाताओं से अपील की है कि वे मुझे पाव भर चावल और एक वोट दें।"

"अपने चुनाव-भाषण में जनता के सामने किन नेताओं के उद्धरण और उदाहरण पेश करेंगे ?"

"अपने चुनाव-भाषण में मैं रामचरित-मानस की चौपाइयों, दोहों का उद्धरण दूँगा, उन्हीं का सहारा लूँगा (अचरज की बात है कि चुनाव लड़ने के लिए सैकड़ों पंक्तियाँ रामचरित-मानस में पड़ी हुई हैं), कबीर को उद्धरित करूँगा, अमीर-खुसरो की भाषा में बोलूँगा, ग़ालिब और मीर को गाँव की बोली में प्रस्तुत करूँगा और लोगों को उन्हें समझाऊँगा। यों अभी कई जन-सभाओं में मैंने दिनकर, शमशेर, अज्ञेय, पन्त और रघुवीर सहाय तक को उद्धृत किया है–

'दूध, दूध ओ वत्स ! तुम्हारा दूध खोजने हम जाते हैं'–**दिनकर**
यह दीप अकेला स्नेह भरा–**अज्ञेय**
बात बोलेगी, मैं नहीं–**शमशेर**
भारतमाता ग्रामवासिनी–**पन्त**
न टूटे सत्ता का तिलिस्म, न टूटे–**रघुवीर सहाय**। और भी देखिए, कौन-कौन

आते हैं।" कहकर रेणु चुप हुए। पटना शहर के युवा-बुद्धिजीवी वर्ग के कुछ लोग उनसे मिलने आ गये हैं। मैं अपनी नोट-बुक सम्हालता हुआ उठता हूँ–अगले सप्ताह ही कटिहार वाली गाड़ी पकड़ूँगा, रेणु को उनके गाँव-इलाके में देखने की बहुत पुरानी इच्छा है।

साप्ताहिक हिन्दुस्तान, 5 मार्च, 1972

रेणु का आत्म-साक्ष्य

"सारे हिन्दी लेखकों को···गाँवों में भेजना चाहिए, एकदम ! गाँवों में किसानों के साथ काम करें–और किसी को 'उससे ज्यादा कुछ' करना हो तो खान में जरा भेजें !··· ये हिन्दी के लेखक, जो सब अपने को 'जनता' समझ बैठे हैं ! जो सोचते हैं कि वे सब-कुछ जान गये हैं, लिखने को जान गये हैं, राष्ट्रभाषा उनकी हो गयी है··· और असल में इनकी गरीबी का, बौद्धिक गरीबी का हिसाब नहीं है। ये और कुछ जानते ही नहीं–धान का पेड़ होता है या पौधा–यही ये नहीं जानते। मगर ये समस्याएँ उठायेंगे किसानों की ! समस्या उठायेंगे मजदूरों की ! जिनसे इनका दूर का भी रिश्ता नहीं। लेकिन यह सब चलता है··· "

जर्मनी के हिन्दी विद्वान् डॉ. लोठार लुट्से को अपना आत्मसाक्ष्य प्रस्तुत कर रहे हैं रेणु जी !

[प्रस्तुत इन्टरव्यू 'नया प्रतीक' (सं.-स. ही. वात्स्यायन) के जून, 1977 के अंक में प्रकाशित हुआ, इस सम्पादकीय टिप्पणी के साथ–

"रचना-प्रक्रिया के एक अन्वेषण के सिलसिले में डॉ. लोठार लुट्से ने, जो हाइडेलबर्ग विश्वविद्यालय के 'दक्षिण एशिया शोध संस्थान' में भारतीय भाषाओं के प्राध्यापक हैं, भारत में अनेक लेखकों से उनकी एक-एक रचना को निमित्त बनाकर प्रश्नोत्तर तैयार किये थे। इसी सिलसिले में स्व. फणीश्वरनाथ रेणु से उनकी जो भेंट हुई थी, उसमें रेणु की कहानी 'आत्म-साक्षी'[1] को आधार बनाया गया

1. 'आत्म-साक्षी' रेणुजी के दूसरे कहानी संग्रह 'आदिम रात्रि की महक' में संकलित एक प्रसिद्ध कहानी है।

था। इस रोचक और आलोकप्रद वार्तालाप का टेप से प्रत्यंकन यहाँ प्रस्तुत किया जा रहा है। डॉ. लुट्से के मूल प्रश्न अंग्रेजी में थे। उनका यहाँ हिन्दी अनुवाद कर दिया है; रेणु जी के उत्तर ज्यों-के-त्यों हैं–केवल कहीं-कहीं सहज उक्ति को लिखित वाक्य की अन्विति देने के लिए थोड़ा परिवर्तन अनिवार्य पाया गया।"

डॉ. लोठार लुट्से का इस इन्टरव्यू के पूर्व वक्तव्य : "मैं 6 दिसम्बर को पटना पहुँचा। रेणु जी 'एयरपोर्ट' पर उपस्थित थे, बीमार होने पर भी। हमारा साक्षात्कार अगले दिन ही हो सका। 7 दिसम्बर, 1972 की हमारी पहली और आखिरी मुलाकात हमेशा याद रहेगी–सर्दियों का एक सुनहरा दिन, राजेन्द्र नगर में रेणु जी का घर, मेजबान की प्रसन्नता, उनकी उदारता (खास भारतीय किस्म की)। भेंटवार्ता उनकी "आत्म-साक्षी' नामक कहानी से शुरू हुई। ठीक है, यह 'तीसरी कसम' जितनी लोकप्रिय नहीं है, उसकी काव्यात्मकता, उसकी संगीतात्मकता शायद कम हो–फिर भी, 'आत्म-साक्षी' भी मुझे बहुत पसन्द है, और जर्मन अनुवाद मैंने इसी कहानी का प्रकाशित करवाया। शायद यह बात अच्छी लगी हो कि लेखक फिर एक बार एक मामूली आदमी के पक्ष में है, जिसे ईमानदारी और भोलापन की वजह से सजा मिलती है। मेरे विचार में यही रेणु जी का सबसे महत्त्वपूर्ण विषय था। साथ ही, उन्हें भारतीय जनसाधारण पर पूरा विश्वास था।"]

लोठार लुट्से–रेणु जी, आपकी कहानी का शीर्षक है 'आत्म-साक्षी'। पहला प्रश्न आपसे मैं यह पूछना चाहता हूँ कि इस 'आत्म' का विषय कौन है ? –यह गनपत कौन है ? क्या आप ही का एक अंग है, अथवा आपका परिचित कोई वास्तविक व्यक्ति, या व्यक्तियों पर आधारित एक निर्मिति ? या वह सम्पूर्ण कल्पित चरित्र है ?

रेणु–(मैं हिन्दी में कह रहा हूँ।) 'आत्म-साक्षी' इसलिए कि वह जो पात्र है न, मेरा हीरो गनपत है जो–मैं नाम भी भूल गया हूँ–वह साधारण, यहाँ के जो कार्यकर्ता होते हैं न, वही है और मैंने ऐसे लोग देखे हैं। आपने **'मैला आँचल'** में भी देखा होगा, वह एक बावनदास है, तो बावनदास कुछ सही नहीं था। उसमें सही है वह, जो एक चुन्नीदास है। चुन्नीदास को मैंने देखा। और हर पार्टी में ऐसे लगन से काम करने वाले होते हैं–ऐसे जो सचमुच में आप जो कुछ भी कह दें, वह उनके लिए एक वाक्य होता है। उनकी किताब में लिखा हुआ, और उसको वे ईमानदारी से करते हैं और फिर उनको कह दीजिए कि 'तीन बजे फलानी जगह मीटिंग होगी' तो वे अढ़ाई बजे जरूर पहुँच जायेंगे। बस इतने ईमानदार ! और पार्टी का एक पैसा भी चन्दे में लेकर खाने वाले नहीं। जैसे बावनदास ने लिया था, तो मालूम हुआ कि अरे यह तो जलेबी खा रहा है, शौक कर रहा है, तो उसने कै भी कर दिया था।–तो जो कुछ गनपत में है, यदि बावनदास जीवित रहते और वह भी कोई पाटी-वार्टी ज्वाइन कर लेते, तो वही हालत उनकी भी होती, जो ईमानदार लोगों की होती है हर जगह।

लुट्से–रेणुजी, मैंने आपको बताया कि आपकी (इस) कहानी का मैंने जर्मन

अनुवाद किया है, जो चार और कहानियों के साथ एक संग्रह में छपेगा। संग्रह का नाम मैंने रखा है **'आजादी की मुश्किलें'**। आपकी कहानी का एक अंश मैंने अपने सवाल का आधार इसलिए बनाया कि मुझे लगता है, आपका चरितनायक गनपत मानो एकाएक आजादी की मुश्किलें–बल्कि कह लीजिए **आजादी की मुसीबतें** पहचान लेता है–बिजली की कौंध की तरह। क्या आप मेरी बात से सहमत होंगे ?

रेणु–हाँ, मैं आपसे सहमत हूँ।

लुट्से–इस अंश के आरम्भ में आपने निर्गुण कवि की एक पंक्ति का उल्लेख किया है–शायद कबीर की पंक्ति होगी–और अन्त में एक गीत की पंक्ति है, जिसका सम्बन्ध गाँधी जी के आन्दोलन से रहा होगा। पूरी बात कबीर और गाँधी जी के बीच में आ जाती है–क्या इसे केवल संयोग माना जाये ?

रेणु–नहीं, यह संयोग की बात नहीं है। अगर कबीर के बाद साधारण जनता को किसी ने उद्‌बुद्ध किया, किसी ने एक बार झकझोरा था, तो गाँधी जी ने झकझोरा था। एक कारण यह भी हो सकता है; और यह लिखने के समय क्योंकि इस चरित्र गनपत पर जबकि निर्गुण का प्रभाव है, तो यह अपने आप जाकर के गाँधी में, झगड़ में से होकर 'कचहरिया' में हो सकता है। बल्कि गाँधी जी के भी जो गीत बनते थे–गाँधी के नाम पर–उनमें सीख चाहे गाँधी जी की होती थी, पर उस पर जो गीत उस समय बनते थे, उनकी तर्ज वही होती थी, शब्दावली भी वही, जो कबीर से लायी जाती थी। कबीर से, तुलसी से नहीं। हालाँकि गाँधी जी ने तुलसी को ही लिया, राम की वजह से, तुलसीकृत **रामचरितमानस** को ही लिया। पर गाँधी जी की व्याख्या कबीर के ही शब्दों में हो सकती है–भारतवर्ष में, मेरे ध्यान में।

लुट्से–मैंने आपके समकालीन कमलेश्वर के एक निबन्ध में भी ऐसी ही बात पढ़ी थी–शायद आपने भी देखी हो–'नयी कहानी की भूमिका' में। कमलेश्वर का भी यही तर्क है कि हमें आज कबीर की जरूरत है, तुलसी की उतनी नहीं। अच्छा अब मैं एक और साधारण प्रश्न पूछूँ। साधारणतया आपकी कहानी क्या कथानक मूलक होती है ? या कि चरित्र-प्रधान होती है ? या कि विचार-प्रधान ? यानी साधारणतया आप कहानी गढ़ते समय केन्द्र में क्या रखते हैं–कथानक या चरित्र या कोई विचार ?

रेणु–साधारण तो समस्याएँ जो होती हैं और उनमें खुद अपने को खोजना होता है–वे सगरयाएँ जो हमको किसी-न-किसी ढंग से प्रभावित करती हैं। तो यों कहानी में मेरा ही तो बहुत-सा रूप हो जाता है। और, इसलिए कभी-कभी तो ऐसा होता है कि बात किसी पात्र पर चली आती है, और कभी-कभी घटनाओं पर चली आती है। कभी यह भी पूरा नहीं होता है, और दोनों के बीच झगड़ा ही चलता रहता है। जैसे **तीसरी कसम** की बात को लें– **तीसरी कसम** के बारे में जब मैं सोचता हूँ कि यह कैसे–क्योंकि **तीसरी कसम** लिख करके भी, कहानी लिखकर के भी, मैं पूरा सन्तुष्ट नहीं हुआ। और फिर दूसरी बातें तो खैर जाने

दीजिए, लेकिन जब उस कहानी को लिखकर के भी मेरे मन में यह बात बनी रही कि नहीं, हीरा को और भी कुछ कहना चाहिए, तो हीरा का रूप और भी सामने आना चाहिए था, हीरामन को और भी कुछ होना चाहिए था।… या फिर उस तरह की स्टोरी ही नहीं होनी चाहिए थी, जैसी है, कुछ और बननी चाहिए थी। तो इसका मतलब यही कि मैं जो कहना चाहता था, कह नहीं पाया हूँ। इसका मतलब यह होता है कि मैंने सचमुच में कोई ऐसी नायिका देखी हो, जिसकी बुलन्दी, जिसकी ऊँचाई तक मैं नहीं पहुँच पाया हूँ। बल्कि लोगों को अचरज लगेगा कि इसे इतना महान् बना दिया है, इस डर से भी मैंने उसको कुछ कम कर दिया था। तो कभी-कभी ऐसा भी होता है।…

लुट्सै–रेणुजी, क्या आपको याद है कि 'आत्म-साक्षी' आपने किस प्रेरणा से लिखी ?

रेणु–हाँ–हाँ। वह देखिए न–राजनीति में, राजनेता को लोग यहाँ बड़ी इज्जत से देखते थे, देवताओं की तरह से समझते थे। कभी एक जमाना था–ब्रिटिश अमल में–जब खद्दरधारी को देखकर–जब खद्दरधारी जिस गाँव में जाता था, वहाँ लोग उसकी क्या सेवा करते थे कि 'आ-हा-हा, बेचारा तो जेल चला जाएगा, तो फिर क्या खाने पायेगा !'–तो घर में जो अच्छी से अच्छी चीज हो, वही उसको खिलाते थे। एक समय में वह था। फिर इन लोगों का इमेज धीरे-धीरे, धीरे-धीरे–जब खद्दरधारी राजकाज में आया तब फिर बदल गया। बात यह है कि जनता को–या कोई भी हो उसको–ज्यादा दिन तक तो अनजान नहीं रखा जा सकता। यह दोहरा चरित्र, तेहरा चरित्र, यह सब बारीकी जनता नहीं समझती; जनता एक बात समझती है–ठीक है तो ठीक; काला है तो काला है; सादा है तो फिर बीच में उसको कैसे रंग मिलाया जा सकता है ? तो जनता यह सब नहीं समझती थी और उसको यह भरोसा था कि चाहे वह कांग्रेसी हों, चाहे कम्युनिस्ट हों, चाहे सोशलिस्ट हों, जो भी हों, राज-कर्मी सब हमसे बहुत ऊँचे हैं, हमारी सेवा करने वाले हैं, हमारा दुःख-दर्द सचमुच देखने वाले हैं। इसलिए हम चोर हो सकते हैं, हम बदमाश हो सकते हैं, लेकिन इन लोगों को नहीं होना चाहिए; हम झूठे हो सकते हैं, लेकिन ये तो ऊपर के आदमी हैं, साधु-सन्त जैसे होते हैं, जो शिक्षा देते थे, दूसरों की सेवा करते थे–ये तो वैसे होंगे… तो यही उम्मीद थी जनता को। लेकिन जब उन लोगों ने देखा कि बात किताब की किताब में है, इनका भाषण जो है सो भाषण ही है; लेकिन जो ये करते हैं सो कुछ और ढंग से–जब देखा कि बाहर तो कुछ है और अन्दर-अन्दर यह है, तो मोह टूट गया। इन लोगों का आपस का स्वार्थ का सन्दर्भ जब बढ़ा, सभी पार्टियों में, तो इनके जो नीति-नियम थे, जो ये लोग पालन करते थे--चोरों के भी होते हैं कुछ नियम, और खास करके जो अँधेरे में कारोबार करते हैं उनके बहुत अच्छे नियम होते हैं। तो इनके आपस के कुछ नियम थे बने हुए, जैसे लेने-देने का : ठीक है, भूमिहार, ब्राह्मण यदि दस ज्यादा आ गया है तो हम सभापति होंगे। तो राजपूत हैं सो उनके उप-सभापति होंगे।

तो यह आपस का लेन-देन, हर जगह यही, हर पार्टी में यही होता था। स्वार्थ की बात हर जगह। कौन पावर में आता है, कौन लोगों का संचालन करता है, किसके हाथ में कब क्या होता है। यह जब हुआ, और जब-जब यह जिस-जिस पार्टी में हुआ, तब-तब जनता को मोहभंग समझिए कि जरूरी था–दल-बदल से इस पार्टी में से उस पार्टी में, पार्टियों का टूटना, पार्टियों का तिनतिन होना–यह सब। जब पहली ही दरार पड़ी थी–कांग्रेस में नहीं, जब यह पार्टियों में पड़ी थी–सोशलिस्ट और कम्युनिस्टों में, अन्तर्राष्ट्रीय स्तर पर, वहीं जब हमारे यहाँ हमने देखा–जब वहाँ सब हुआ था, तब खयाल हुआ ही था कि यहाँ भी होगा ही यह सब। लेकिन जब यहाँ वही सब हुआ, तो कम्युनिस्ट पार्टी की तो बात ही जाने दीजिए, वह तो इन्टरनेशनल पार्टी थी–अपने देश के सोशलिस्ट थे–इनकी तो उस पार्टी में मैं भी कभी था !–तो यहाँ भी ऊपर से ऐलान भी हुए जगह-जगह, पार्टी टुकड़ों में बँटी हुई थी। फिर जात और फिर प्रभाव–यह सब काम कर रहा था–यही सब देखकर तो हम लोग निकल आए थे। लेकिन ये तो खुलकर खेल रहे हैं। लोहिया साहब ने खेला; अच्छा, फिर लोहिया ने जब खेला तो फिर धीरे-धीरे देखते हैं कि हर पार्टी में होने लगा। यहाँ तक कि लोकल पार्टियाँ जो थीं–यहाँ एक जमींदार ने पार्टी बना ली थी–आपको है पता ? बिहार में एक बहुत बड़े जमींदार ने जिसका कि थोड़ा-सा **परती : परिकथा** में जिक्र है–कामाख्यानारायण सिंह का नाम मैंने कामरूपनारायण सिंह कर दिया–कामरूप कामाख्या एक जगह का नाम है, असम में है–देवी है जिसकी लोग पूजा करते हैं, कामरूप-कामख्या भी कहते हैं। तो असल नाम था उनका कामख्यानारायण। तो मैंने उसे कामरूप नारायण कर दिया उपन्यास में। देखिए, एक तो बहुत बड़े जमींदार राजा थे; जो असल में उनके यहाँ के एक मिनिस्टर थे–तात्कालिक मिनिस्टर, कृष्णबल्लभ सहाय, जो चीफ मिनिस्टर भी रहे–तो कहा जाता है कि उनके बाप उनके यहाँ नौकर थे–राजा के यहाँ नौकर थे। बेटा फिर लीडर हो गया। लीडर हो गया तो "तुम्हारा बाप मेरे यहाँ नौकर था तो मेरा भी तो कुछ करो।" लेकिन उन्होंने सोचा कि यदि मैं इसका कुछ करूँगा तो मैं जनता में बदनाम हो जाऊँगा। इसी वजह से उनमें आपस में लड़ाई है।

तो जब लड़ाई हुई तो उसने यह तय कर लिया कि मैं मुकाबला करूँगा कांग्रेस का, और वह सिर्फ उस एक आदमी के लिए। हालाँकि वह, रामगढ़ कांग्रेस जब हुई थी, सन् उनतालीस में, तब वह राजा था। उसको उम्मीद थी कि कांग्रेस में उसके लिए जगह बन जाएगी–आखिर उसके नौकर का लड़का वहाँ था। वह सब जब नहीं हुआ तो फिर उसने कहा कि "मैं तुझे एक सबक सिखलाऊँगा, तू याद रखेगा।" तब तक जमींदारी खत्म होने की बात आयी; और यह कृष्णबल्लभ सहाय उस समय रेवेन्यू मिनिस्टर थे, तो राजा ने सोचा कि यह तो जमींदारी प्रथा खत्म होने के पहले ही, जंगल विभाग को, जो उसका अपना था उसको बिल्कुल फ्री कर दिया। वह जानता था कि इसमें मेरा तो कुछ लेना-देना है नहीं, जो होगा

सरकार भुगतेगी, उसी का नुकसान होगा सबसे ज्यादा। यों उसने तरह-तरह के तरीके चलाये। लेकिन जिस दिन जमींदारी प्रथा खत्म हुई, उस दिन उसने अपने सारे नौकर-चाकर–और बहुत थे नौकर, जनरल मैनेजर और सर्कल मैनेजर से लेकर के फिर बराहीन, सिपाही तक, सब, तो उसने सबको बुलाया। वे सब सलाम करने आये तो उसने कहा कि–"नहीं, तुम्हें छुट्टी नहीं दी जा रही, तुम लोग सब अपनी जगह पर रहो; तुम्हारे पैसे भी जितने मिलते थे, उससे पाँच-पाँच रुपये ज्यादा ही मिलेंगे; सिर्फ यह है कि तुम सब खद्दर पहनना शुरू कर दो और टोपी लगाना शुरू कर दो।"

और उसने, राजा ने, एक जनता पार्टी चला दी और जनता पार्टी ऐसी चलायी कि स्वतन्त्र पार्टी को झख मारकर के उससे समझौता करना पड़ा–चुनाव के लिए मिन्नत करनी पड़ी ! और अन्त में तो कांग्रेस पार्टी वाले, सोशलिस्ट पार्टी वाले, कम्युनिस्ट पार्टी वाले सब उस राजा से गले मिले। मैं तमाशा देखने गया था असेम्बली में–किस तरह से इस राजा को मिनिस्ट्री में लेकर दाहिनी तरफ कांग्रेस के चन्द्रशेखर और बायीं तरफ कामरेड, सोशलिस्ट पार्टी के ठाकुर, सब किस तरह बैठते हैं, यही देखने के लिए। मैं कई दिन गया देखने ये विकृतियाँ ? वे लोग सब समझते हैं कि यह सब असेम्बली हाल में और उनके यहीं तक रहता है; जनता में नहीं जाता है। ये लोग ऐसा समझते हैं और उनको अचरज होता है कि ये लोग क्यों गाँव के गाँव लूट रहे हैं, कैसे फसल काटकर ले जाते हैं। बयान देते हैं कि यह सब क्यों हो रहा है। ये लोग यह नहीं समझते हैं कि यह सब उन्हीं की वजह से हो रहा है ! ये नहीं जानते और न ही कबूल करेंगे ये।

लुट्से–रेणुजी, एक अच्छे हिन्दी लेखक के पास–और मैं सोचता हूँ कि आप श्रेष्ठ लेखकों में एक हैं, अगर सर्वश्रेष्ठ नहीं, तो उसके अधिकार में एक सुन्दर भाषा है। अब मैं आपसे भाषा-प्रयोग के बारे में सवाल पूछना चाहता हूँ। आपकी भाषा की खड़ी बोली की भित्ति तो है ही, डायलाग में आप स्थानीय बोलियाँ ले आये हैं, जिनका आधार **मैथिली** ही होगा–फिर जहाँ-तहाँ **अंग्रेजी** आ जाती है। ऐसी अंग्रेजी के लिए आपने कहीं–शायद **परती : परिकथा** में 'अप्रभ्रंश' शब्द इस्तेमाल किया है। इस पंचमेल भाषा के बारे में आपके कलापरक विचार क्या हैं, बताएँगे ?

रेणु–देखिए, यों जब साधारण जनता की बात कहनी हो, जब वे लोग बोलते हैं, तब तो जाहिर है कि अपनी गाँव की बोली में बोलते हैं, **मैथिली** में बोलते हैं, **मगही** में बोलते हैं। मुझको लिखना पड़ रहा है उसको हिन्दी में। तो अगर मैं उसको शुद्ध, व्याकरण-सम्मत और पंडिताऊ भाषा में लिखता हूँ, तो यह तो खुद कान में कैसा लगेगा कि यह एक गाँव का आदमी किस तरह से बोलता है–इतना शुद्ध बोलता है ! और बिलकुल वैसा या अशुद्ध लिखने से यह उपन्यास चल नहीं सकता है। तो बीच का कहीं एक रास्ता तैयार करना होगा। तो, जो वे लोग बोलते हैं कचहरी-वचहरी में– **कचराही-बोली** कहते हैं उसे–कचहरी की खिचड़ी भाषा में बोली जाने से 'कचराही बोली'–मैंने इस्तेमाल किया है कई जगह

इसी कचराही-बोली का। वे लोग जो कचराही बोली भी बोलते हैं, तो उसमें खास बात एक यह होती है कि जेंडर का–पुल्लिंग-स्त्रीलिंग का खयाल उसमें नहीं होता है। हिन्दी भाषा में स्त्रीलिंग-पुल्लिंग तो बहुत हैं। वे अपने ढंग से बोलते हैं। पर फिर उसी ढंग से रखें तो भी इन लोगों के गले नहीं उतरेगा–सब कहेंगे कि यह तो बस रद्दी करके छोड़ दिया है, इनकी भाषा सीखने से तो हमारी भाषा खराब हो जायेगी, तो मैंने व्याकरण की दृष्टि से उसको सही रखा या सही कर दिया। यों गाँव का आदमी ही बोलता है जो ग्रामर नहीं जानता, लेकिन मैंने ग्रामर सही रखा है। फिर उसकी जो भाव की गति है, लय है बोलने की, उसको मैंने नहीं तोड़ा। है वह खड़ी बोली ही, लेकिन थोड़ा-सा ये शब्दों का हेर-फेर कर देने से आपको सुनने में लगेगा कि उसकी लय पकड़ में आ जाती है। है वह खड़ी बोली, लेकिन लय उसकी अपनी है। और फिर जो शब्द अंग्रेजी का उसके पास चला गया है–जैसे **निस्पेट्टर** : वह तो निस्पेट्टर ही बोलता है। आप उसको कहेंगे कि 'तुम अंग्रेजी बोल रहे हो', तो वह तो ऐसा नहीं समझेगा। वह तो निस्पेट्टर अपनी भाषा में बोलता है। तो उसको हम कैसे छोड़ देंगे ? वह तो उसकी अपनी चीज है। ऐसे ही वे लोग कई संस्कृत शब्द बोलते हैं गाँव में–जैसे '**तापतवात नहीं खाएँगे**'। तो लोग कहेंगे कि गाँव की बोली बोलता है, लेकिन है तो इतना ही कि शुद्ध संस्कृत के 'तप्त' को वह 'तापत' बोलता है। तो यह भी है कि बहुत सारे संस्कृत शब्द अब भी अपभ्रंश होकर इन लोगों की बोली में इस्तेमाल होते हैं।

अच्छा, अंग्रेजी के बारे में तो कहा ही, उर्दू शब्दों का भी कुछ ऐसा ही हुआ है। उन्हें भी मैंने, जिस ढंग से बोले जाते हैं, वैसे रखा है–इतना खयाल करते हुए कि भाषा कहीं चौपट न हो जाये। इसीलिए ग्रामर मैंने सही रखा। बाकी वाक्य बनाने में थोड़ा-सा मैंने लय के लिए हेर-फेर कर दिया। और तारीफ की बात बता दूँ : **तीसरी कसम** देखकर बम्बई में एक आदमी ने मुझसे पूछा कि 'यह हिन्दी की तस्वीर है ? शुरू से आखिर तक हिन्दी है ?' लेकिन उसमें भाषा की लय जो है, बोलने का ढंग जो है, शब्दों की बनावट जो है, वाक्य की गठन जो है–वह सब मैंने जैसा है वैसा इसलिए किया है।

थोड़ी-सी भाषा की विभिन्नता तो हिन्दी में ही है। आप जिधर चले जाइए हमारे तरफ के इलाके में, तो हम लोग दूसरी किस्म की हिन्दी बोलते हैं। बम्बई में देखिए लोगों को, तो और एक किस्म की हिन्दी है। और दिल्ली वाले दूसरी किस्म की, लखनऊ वाले दूसरी किस्म की बोलते हैं। तो जब इतनी-इतनी विभिन्नता है ही, तो आम जनता जहाँ रहती है, वैसे ही ढंग से बोलती है : मैथिली हो तो वैसी या मगही प्रदेश के हों तो वैसी हिन्दी बोलते हैं। मैंने ऐसा बीच का रास्ता अख्तियार करके लिखा–कथा की ईमानदारी तक पहुँचने के लिए भी, उसको सच्चा बनाने के लिए भी। कई जगह तो डायलाग में ही चरित्र उभरकर आपके सामने चला आयेगा।

लुट्से–रेणुजी, 'नयी कहानी' के सन्दर्भ में लोगों ने 'शहरी' और 'आंचलिक' वर्ग में भेद किया है। मुझे यह भेद बहुत रुचता तो नहीं पर आपसे मिलने से पहले मैंने आपके कई 'शहरी' सहयोगियों से बातचीत की थी–वे 'आंचलिक' वर्ग की खासी आलोचना करते हैं–शायद उनसे ईर्ष्या भी करते हैं। वे लोग कहेंगे–"ये आंचलिक लोग तो रोमानी प्रकृति का पोषण करते हैं, यह तो एक तरह की 'कुटीर-उद्योग' मनोवृत्ति है और हम लोग शहर का कटु यथार्थ प्रस्तुत कर रहे हैं !" ऐसी आलोचना का आप क्या जवाब देंगे ?

रेणु–यह दुष्कर्म–यह पाप भी मैंने ही किया–जब **मैला आँचल** मैंने लिखा और जब उसका भीतर का टाइटल छपने को जा रहा था–तब मैंने लिखा **मैला आँचल** और फिर मैंने उसके नीचे लिख दिया **'एक आंचलिक उपन्यास'**। मैंने यह सही सोचकर किया कि मैंने जो शब्दों का इस्तेमाल किया, जैसी भाषा लिखी, क्या पता उसको लोग कबूल करेंगे या नहीं करेंगे–इसीलिए मैंने उसे 'आंचलिक उपन्यास' कह दिया। अगर उस समय वहाँ डॉ. लुट्से जैसे मेरे मित्र कोई होते और कहते कि "यह क्यों ? उपन्यास तो उपन्यास होता है, आंचलिक क्या होता है ?" तब शायद मैं हटा लेता लेकिन मैंने तो वह कर दिया और उसके बाद से लोगों में एक खाँचा बना दिया 'आंचलिक' का। और थोड़ी-सी घबराहट और हुई उनको–हुई थी, लेकिन फिर एक बहाना भी मिल गया कि चलो, यह तो 'आंचलिक उपन्यासकार' है। तो चलो, आंचलिक उपन्यासकार। जैसे कि आंचलिक उपन्यासकार को आदमी से तो कुछ लेना-देना नहीं है, समस्याओं से कुछ लेना-देना नहीं है। बस अंचल एक चीज है, और आँचल, आंचलिक उपन्यास है। और आंचलिक लेखन की नकल जिन लोगों ने शुरू की, ज्यादा मारा उन्हीं लोगों ने। ये लोग करते थे यह कि कुछ शब्दावली नोट कर लेते थे और उसको फिर एक कहानी में घोंटते थे। तो अगर कहने को कुछ हो नहीं और जबरदस्ती यदि उसके बीच में हम पिरोयें कुछ मोती और कुछ दाने, तो देखने में कैसा लगेगा ? और यह रुखड़ापन–अब देखिए कि, हमारे यहाँ एक रेशम चला हुआ है, उसको **रॉ सिल्क** कहते हैं, उसकी बनावट बड़ी रूखी और मोटी होती है, लेकिन आज वह **माडर्न फैशन** है। तो उसको फैशन के रूप में देखने में वह अच्छा भी लगता है, थोड़ा-सा अच्छा होता भी है, साथ-साथ उसका मोटापन, अनगढ़पन तो होता है, वही उसकी खूबसूरती होती है। तो इसको ये लोग नहीं समझ पाये। जो अनगढ़पन, जो **टेक्सचर**, जो अपनी बुनावट उसकी है–तो कोई यह समझने लगे कि यह आदमी भी ढीला-ढाला है या बुनना नहीं जानता है ? आप समझे न ?–ऐसा भी हुआ। तो··· और दूसरी बात यह हुई–आंचलिक चाहे सफल हों और चाहे असफल, चाहे नकल करने वाले हों, जो भी हों, कम-से-कम आम जनता की एक बात तो सामने लाते हैं। और इन शहरियों के सामने तो कनाट सर्कस है, चौरंगी है, कुछ होटल हैं। फिर एक आदमी ही क्या कम है–अकेले भी उसकी भी कुछ चिंताएँ होती हैं–अकेला **इंडीविजुअल** जो कहते हैं। तो फिर नये-नये ढंग की अ-कहानी··· अब प्लाट नहीं है तो कोई

बात नहीं है, कहने को तो कुछ होना चाहिए ! तो ये लोग समझने लगे कि ये तो सीधे आदमी के पास ले जाते हैं। और फिर उनको मुझसे जरा खतरा भी लगा। मैं जानता हूँ। मुझसे इसलिए भी खतरा लोगों को लगने लगा कि ये लोग 'प्रेमचन्द के बाद' की बात करने लगे। प्रेमचन्द तो एक बहुत बड़ी हस्ती थी। उसके बाद ही उसको अगर जोड़ देते हैं, फिर दूसरी हस्ती यही हो जाता है–बीच में तो कोई आते ही नहीं हैं ! हालाँकि मैंने जरूर इस बात का विरोध किया–कि "बाबा, प्रेमचन्द के नाम के साथ मेरा नाम मत जोड़ो ! यह मेरा अपकार ही होगा।" और कालान्तर में अपकार हुआ ही। लेकिन इस सबसे होता क्या है ? मैं ज्यादा लिखता नहीं। लोगों ने बहुत कहा कि "यही समय है। जब गरम कड़ाही में घी खूब कड़का हुआ रहे तो उसमें तुम बढ़िया चीज, पूरी-वूरी भी निकाल सकते हो, मालपुआ भी निकाल सकते हो, दो ठो मिर्च भी तो निकाल सकते हो।"··· लेकिन अन्दर से जब तक लिखने के लिए मजबूर नहीं हो जाये आदमी, तब तक मैं समझता हूँ कि वह बात नहीं···

लुट्से–अब मेरा आखिरी सवाल, रेणुजी ! मैंने जब पत्र लिखकर पूछा था कि कब मिलने आऊँ, तो आपने अपने जवाब में लिखा था कि आपको 'कटाई' के लिए गाँव जाना है। फिर आपने आज भी बताया है कि आप राजनीति में सक्रिय रहे। तो मेरा सवाल यह है कि इस सबमें **लेखक** का स्थान कहाँ है ? यानी आप कहते हैं कि आपको कटाई के लिए वहाँ होना है, तो कटाई में लेखक का क्या काम है ? फिर आप राजनीति में रहे, तो यह तो आप जानते ही रहे होंगे कि अगर आपका चुनाव आन्दोलन सफल हो गया होता तो आप आज राजनीतिक होते, जो लेखक के कैरियर का अन्त ही होता। यह मैं नहीं कह रहा हूँ कि वह बुरा ही होता; वह तो इस पर निर्भर है कि आप कैसे राजनीतिक बने होते ! आपने हमारे एक जर्मन उपन्यासकार के बारे में तो सुना ही होगा–**गुंठर ग्रास** के बारे में–उन्होंने राजनीति में पड़कर लिखना छोड़-सा दिया है। इस बारे में कुछ कहेंगे ?

रेणु–कटाई की बात इसलिए भी कि ये हम लोगों का मौसम जो होता है, यह धान कटाई का, तो इसमें जरा अन्नपूर्णा देवी को घर लाना होता है। इसलिए उस समय घर के बड़े लोगों को मौजूद रहना चाहिए। असल में होता है यह कि खाने-पीने का समय भी यही होता है यहाँ। गरम देश है न–यहाँ जाड़े में जो खाता है, वह पचाता-बचाता है, वही खाना अंग भी लगता है और हर चीज में स्वाद भी मिलता है ठंड की वजह से। दूध भी जल्दी फटता नहीं है। मांस, पनीर, जो कुछ भी आदमी खायेगा, वह सब अंग लगता है, और बाकी समय में यहाँ गर्मी के समय में तो क्या खायेगा और क्या पचायेगा ! और इस समय धान कटता है, नवान्न होता है–नया चावल, नया चिउड़ा–सबकी पूजा की जाती है, परिवार के लोग खाते-वाते हैं। और फिर जिनका लेना हुआ, देना हुआ, लोग हलवाहे हैं, चरवाहे हैं, सबका हिसाब होता है। मैं ही घर का बड़ा हूँ, तो मैं ही जाता

हूँ, तो कुछ उन लोगों का लेना-देना रहा, साफ करके फिर दूसरे साल जो रहेंगे, उनकी बातचीत करनी होती है कि फिर साल-भर वे हमारे यहाँ काम करेंगे, क्या लेना होगा, क्या देना होगा। और अगर मेरे जमीन-वमीन नहीं भी होती तो भी इस समय हम गाँव में रहना चाहते, क्योंकि यही एक समय है, जबकि सब कोई खुश रहता है, सबके चेहरे पर हँसी रहती है। धान काटने को मिलता है, पेट-भर खाने को मिलता है, जा के मछली मारते हैं, मछली-भात खाते हैं और फिर दूसरे दिन धान काटने जाते हैं। फिर जब फसल एक जगह जमा हो जाती है–आपने **मैला आँचल** में पढ़ा होगा–तब जो नाच होते हैं, तमाशे होते हैं, रात-भर जागते हैं, फिर जो दँवरी होती है, पैकिंग होती है, तो आनन्द होता है। वही एक मौसम होता है जिसमें हम सबको जरा फुर्सत है। बाकी तो बराबर रिरियाना रहता है–यहाँ कर्ज माँगना, वहाँ यह करना, वहाँ वह करना, तो वो देख लेते हैं।

यदि मैं सफल हो गया होता चुनाव में, तो शायद मुझे पागल ही करार दिया जाता ! क्योंकि तब हर दिन कुछ-न-कुछ इनके यहाँ करना होता। क्योंकि **सीरियसली** काम करना है तो मुझे अपने इलाके की बात करनी पड़ती, तब वे लोग कहते हैं कि "अच्छा, इसका जवाब अगले सप्ताह दिया जायेगा", तब मैं कहता कि "तब मैं जाता हूँ यहाँ सत्याग्रह करने के लिए। तब तक आप जवाब भेजिए।" अब देखिए न, वहाँ सड़क टूटी हुई है पिछली बरसात से और अभी तक नहीं बनी है, तो फिर ऐसे में यहाँ आके क्या करूँगा ? मैं वहाँ जाकर वहाँ के लोगों को लेकर के वह सड़क बन्द कर दूँगा। उसे कोई नहीं पार कर सकेगा। पर यह तो फिर कानून तोड़ना हुआ न। फिर कानून तोड़ने के बाद जो होता है वही होता। तो मैं सफल हो जाता तो कम-से-कम अपने इलाके के लोगों के लिए तो जरूर कुछ करता। कुछ समय तो उसके लिए निकालता ही। और उसमें मुझे भी फायदा होता। उससे मेरे लेखन को भी फायदा होता। और देखिए, हिन्दी के लेखकों को–दूसरी किसी भाषा के बारे में मैं नहीं जानता–मेरा सुझाव यही है कि इन लोगों को–किसी दल को नहीं, सारे हिन्दी के लेखकों को इसके लिए कुछ अलग कानूनी व्यवस्था करके–पकड़-पकड़ करके सबको कांस्ट्रेशन कैम्प में तो नहीं, सबको गाँवों में भेजना चाहिए, एकदम ! गाँवों में किसानों के साथ काम करें और किसी को उससे ज्यादा कुछ करना हो तो उसको खान में जरा भेजें–अन्दर नीचे खान में जायें सब ! ये हिन्दी के लेखक, जो सब अपने को जनता समझ बैठे हैं। जो सोचते हैं कि वे सब-कुछ जान गये हैं, लिखने को जान गये हैं, राष्ट्र-भाषा उनकी हो गयी है। सबसे पहली बात तो यही है कि ये अपने को राष्ट्र-भाषा के लेखक कहते हैं, समझते हैं कि ये और सब लेखकों से ऊपर हैं। और असल में इनकी गरीबी का, बौद्धिक गरीबी का हिसाब नहीं है। ये और कुछ जानते ही नहीं। धान का पेड़ होता है या पौधा होता है, यही ये नहीं जानते। मगर ये समस्याएँ उठायेंगे किसानों की ! समस्या उठायेंगे मजदूरों की, जिनसे इनका दूर का भी रिश्ता नहीं। लेकिन यह सब चलता है।...

'साहित्यिक कथाएँ फिल्मी चौखटे में'

एक अर्थ में 'तीसरी कसम' एक युद्धभूमि थी बम्बइया फिल्मों के खिलाफ और यह मानना पड़ेगा कि यह एक जीता हुआ युद्ध है।··· देखिए, निर्मल वर्मा ने अपनी टिप्पणी में कहा है न, कि निर्देशक को कथा में मन लायक तत्त्व नहीं मिलता, तो वह खुद कथा गढ़ता है। बहुत सम्भव है, इशारा को न गुलशन नन्दा में कोई तत्त्व मिलता और न फणीश्वरनाथ रेणु में !··· मुझे लगता है कमलेश्वर ने आवश्यकता से अधिक कटु बात कह दी है।···

साहित्यिक कथाओं के फिल्माने के सन्दर्भ में और 'तीसरी कसम' के बारे में बहुत कुछ बता रहे हैं युवा पत्रकार जुगनू शारदेय को रेणुजी !

धर्मयुग द्वारा आयोजित संवाद–'साहित्यिक कथाएँ फिल्मी चौखटे में' पढ़ने के बाद तुरन्त मन में खयाल आया कि इस संवाद के ऊपर श्री फणीश्वरनाथ रेणु की प्रतिक्रिया जानना दिलचस्प होगा। संवाद से, सतीश वर्मा की टिप्पणी और आवरण परिचय से उभरकर एक बात सामने आयी कि नयी, नंगी, कला, समांतर (या जो भी नाम दे दें) फिल्मों का सूत्रपात 'तीसरी कसम' से हुआ। पाठकों के लिए यह सूचना भी सुखद हो सकती है कि अच्छी फिल्मों के चर्चित नामों के साथ कहीं-न-कहीं रेणुजी या 'तीसरी कसम' का नाम भी जुड़ा है।

सो नवम्बर की सर्दी और पानी में जब राजेन्द्र नगर पहुँचा, तो उन्हें थोड़ा-सा आश्चर्य हुआ। चाय की चुस्की के साथ मैंने सीधा सवाल किया, "धर्मयुग द्वारा आयोजित कथाकारों–निर्देशकों के संवाद-टिप्पणी के ऊपर आपकी क्या प्रतिक्रिया है ?"

रेणु–"मुझे तो ऐसा लगता है कि सभी मित्रों के अनुभव अपने-अपने हैं। सभी का अनुभव, अपना अनुभव है। किसी की नीयत पर भी मुझे सन्देह नहीं लगता, बड़ी साफगोई से मित्रों ने बात की है। लेकिन मुझको लगा कि कुछ लोग छूट गये हैं। कुछ और लोग होते तो अच्छा होता, जैसे इशारा। जहाँ तक अनुभव की बात है, इशारा भारतीय फिल्मों के चलते-फिरते अनुभवपुंज हैं।"

"··· लेकिन यह संवाद तो कथाकारों–निर्देशकों के बीच का है और इशारा अपनी फिल्मों के कथाकार भी स्वयं हैं।"

रेणु–"देखिए निर्मल वर्मा ने अपनी टिप्पणी में कहा है न कि निर्देशक को कथा में मन लायक तत्त्व नहीं मिलता, तो वह खुद कथा गढ़ता है। बहुत संभव है, इशारा को न गुलशन नंदा में कोई तत्त्व मिलता हो और न फणीश्वरनाथ रेणु में। एक साहित्यिक चीज लेकर मनमानी करने से ज्यादा बढ़िया है कि निर्देशक

स्वयं ही कहानी का भी सृजन कर ले। बासु (भट्टाचार्य) ने भी किया है। एक बात और भी कह ही दूँ··· ऐसा भी हो रहा है कि अभी साहित्यिक कथाओं पर फिल्म बनाने का क्रेज चल पड़ा है, तो कुछ लोग उन कथाओं की मूल संवेदना में न जाकर सिर्फ नाम भर ले लेते हैं। एक नाम कथा का, एक नाम कथाकार का ही फिल्म में होता है। परिणाम होता है कि नाम कथा या कथाकार का होता है और बाकी सारा निर्माता-निर्देशक का।

"यों शैलेन्द्र अगर जीवित रहते, तो उनके अनुभव भी इस बहस में बहुत काम के होते। शैलेन्द्र ने एक साहित्यिक कृति पर बिग स्टार वाली फिल्म बना कर भी कृति को मरने नहीं दिया, बल्कि फिल्म तकनीक और भाषा के माध्यम से कहानी की रक्षा करते हुए उन बातों को और भी उभारा, जो प्रस्तुति की दृष्टि से अनिवार्य थे। जैसे सारी फिल्म बन चुकी थी, कई एक ट्रायल शो हो चुके थे और फिल्म के व्यावसायिक पक्षधरों ने सर्व-सम्मति से चाहा कि नायक-नायिका को मिला दिया जाये और उन लोगों में राजकपूर साहब भी थे जो फिल्म के नायक ही नहीं, शैलेन्द्र के अच्छे मित्रों में थे। निर्माता की हैसियत से शैलेन्द्र के अंग के गिरह-गिरह बँधे हुए थे। एक ओर थी कथा की आत्मा, दूसरी ओर बॉक्स ऑफिस की खिड़की-तोड़ भीड़। मुझे विशेष रूप से बुलवाया गया और शैलेन्द्र ने कहा, रेणुजी, मैं अभी तक डटा हूँ, अब यह आपके ऊपर है कि हीरामन और हीराबाई को मिला दें··· मैंने पूछा था, आप क्या चाहते हैं ? तब उन्होंने कहा था, मैं तो चाहता हूँ कि न मिलें।–और यही राय बासु की भी थी।

"एक अर्थ में 'तीसरी कसम' एक युद्धभूमि थी बंबइया फिल्मों के खिलाफ और यह मानना पड़ेगा कि वह एक जीता हुआ युद्ध है।

"मैं चाहता हूँ कि धर्मयुग ने जो बहस चलायी है, इस प्रकार की बहस चले–खूब चले। इस प्रकार की बहस हिन्दी और प्रकारांतर में भारतीय फिल्मों के परिष्कार के लिए अनिवार्य है।

"लेखक और निर्देशक का सम्बन्ध सिर्फ अनुबन्ध तक ही नहीं, बल्कि 'दि एण्ड' तक होना चाहिए। मेरे साथ तो··· जैसा कि आपको बता चुका हूँ कि मेरी मर्जी के खिलाफ एक पत्ता भी नहीं हिलने दिया गया। लेकिन है यह कठिन, बहुत ही कठिन। हम लोग भी झगड़े थे। इसी घर में स्क्रिप्ट भी फाड़े जाने की बात हुई थी, पर सारा कुछ सँभल गया। यह एक-दूसरे को समझने की समस्या है। अगर कथाकार यह मानकर चले कि यह आदमी (निर्माता-निर्देशक) हमेशा मेरी कथा को मारकर पैसा कमाने के चक्कर में है, तो बात नहीं बन सकती। और यह अपने आप में एक सवाल बन जाता है कि आपसी समझ कैसे पैदा हो ? समझ का मूल आधार निर्माता, निर्देशक और लेखक के बीच सोच और संवेदना की बुनियादी पृष्ठभूमि में एकरूपता के साथ-साथ बौद्धिक स्तर पर एक ठहराव का होना भी जरूरी है। इसका उल्लेख कुमार शाहनी ने अपनी टिप्पणी में किया भी है।

"मुझे तो लगता है कि कमलेश्वर ने आवश्यकता से अधिक कटु बात कह दी है। वैसे शिवेन्द्र और कमलेश्वर पुराने मित्र हैं। कमलेश्वर की टिप्पणी से मुझे लगा कि उन्हें दुःख सुमी के स्वप्न-सोच और उसका पोस्टर पर इस्तेमाल करने का है। मैं समझता हूँ कि कमलेश्वर को यहाँ पर निर्माता-निर्देशक की सीमाओं, संभावनाओं और विवशता के सन्दर्भ में थोड़ा उदार होना चाहिए।"

धर्मयुग, 21 जनवरी, 1973

नयी जिम्मेदारियाँ

पटना में अगर श्री फणीश्वरनाथ 'रेणु' को मिलना हो तो तरीका बहुत आसान है : नये कॉफी हाउस चले जाइए, सुबह साढ़े दस बजे से साढ़े बारह तक वह वहाँ होते हैं और शाम को साढ़े पाँच के बाद। वहीं उनकी गोष्ठियाँ होती हैं और वहीं राजनीतिक, सामाजिक, सांस्कृतिक और साहित्यिक गपशप। 'रेणु' जी का खास एक नुक्कड़ है जहाँ रेणु के सिवाय और किसी को बैठने का अधिकार नहीं। अगर वहाँ कोई अनजान आदमी बैठ जाये तो यही समझना चाहिए कि वह कॉफी हॉउस में नया आया है या 'रेणु' जी पटना के बाहर हैं या 'रेणु' जी के परिचितों में से है जो उनके आने पर उठ जायेगा।

4 मार्च को उनका जन्म दिन था। रस्मी तौर पर उन्हें बधाई दी। एक अन्य पत्रकार रेणु श्रद्धालुओं के लिए चाकलेट ले आया। सभी ने चाकलेट खाया लेकिन 'रेणु' जी उस चाकलेट को कभी एक हाथ में और कभी दूसरे हाथ में लेते। "आप चाकलेट क्यों नहीं खाते ?" बिना हिचकिचाहट के उत्तर मिला–"इससे मुझे एलर्जी है। पता नहीं यह नाम मुझे क्यों नहीं अच्छा लगता। मैंने इसे कभी नहीं खाया।"

"चलिए साहित्य अकादेमी का सदस्य और फिल्म पुरस्कार समिति का सदस्य हो जाने के उपलक्ष्य में खा लीजिए ?" उनका दृढ़ लहजा था–"प्रलोभन के ये तरीके अब पुराने पड़ चुके हैं।"

मैं पास ही बैठा था, पूछा–"आजकल क्या कर रहे हैं?"

उत्तर मिला, "पार्किनसंस लॉ पढ़ रहा हूँ।"

बात समझ में आ गयी। बैठकों में जाने से पहले पार्किनसंस लॉ लोग अमूमन पढ़ते हैं। अमल अपनी जरूरतों के मुताबिक करते हैं। पूछ बैठा, "कितना अमल किया है ?"

उत्तर मिला, "पहली बैठकों में नहीं गया हूँ।"

"इस का क्या असर हुआ ?"

"एक और समिति का सदस्य बना दिया गया हूँ।" "अब क्या इरादा है ?"

रेणु जी मुस्कराये, बोले "अब जरूर एक बैठक में जाऊँगा जिसमें न जाने के कारण सदस्यता जा सकती है।"

"क्या आप भी छपे-छपाये और टाइप किये हुए दस्तावेजों पर आँख मूँदकर हस्ताक्षर कर दिया करेंगे ?"

"ऐसा मैं तो नहीं सोच सकता। अभी मैंने उनसे पुरानी रपटें, पुराने दस्तावेज, उनके कार्यक्रम आदि संबंधी कागज माँगे हैं। इससे ही दोनों समितियों को यह पता चल जाना चाहिए कि मुझे कार्यकलापों में कुछ दिलचस्पी है। मैं दस्तखतिया नहीं हूँ।"

"आप के दिमाग में क्या योजनाएँ हैं?"

"अभी केवल आधे-अधूरे चित्र बन-मिट रहे हैं। वह कौन-सी शक्ल अख्तियार करते हैं, यह तो बाद में पता चलेगा। मसलन एक भाषा के लेखक को दूसरी भाषा के लेखकों और उनकी लेखनी जानने की अभी तक हमें कोई सुविधा नहीं है। उस सुविधा को प्राप्त करना है। हमने सुना है कि तमिलनाडु में हिंदी विरोध है। हिंदी की पुस्तकें जलायी जाती हैं। लेकिन इतना कह देने से तो काम नहीं चलता और न ही हम उन राजनीतिक आग्रहों और नारों को मान लेंगे। अगर ऐसा है तो हमें वहाँ जाने की सुविधा मिलनी चाहिए। उन लोगों का दिलोदिमाग जानने के अवसर मिलने चाहिए, जो इस तरह साहित्य जलाने का काम करते हैं। तभी हम यह मान सकते हैं कि उन्हें हिंदी के प्रति वैर-भाव है। किसी के कह देने से बात नहीं मानी जा सकती।"

"साहित्य अकादेमी की पुरस्कार नीति के बारे में आप के क्या विचार होंगे ?"

"देखिए, बात बिलकुल सीधी है। अब वह दिन लद गये हैं जब उम्र देखकर पुरस्कार दिया जाता था। लिखने-पढ़ने और नये विचारों की उम्र 25-30 साल तक होती है। इस उम्र में ही कुछ क्रांतिकारी विचार आते हैं। विचारों में कुछ आग होती है। उम्र ढलने के साथ वह आग बुझ जाती है। किसी भी कृति का मूल्यांकन पहले की उन पुस्तकों पर किया जाना चाहिए। यदि आग रहते हमने उसका सम्मान नहीं किया तो चुक जाने के बाद तो निर्जीव शरीर को सुंदर कपड़े पहना देने के बराबर है। चाहिए यह भी कि जो तथाकथित क्रांतिकारी, नक्सलवादी या और उग्रवादी साहित्य है उस पर भी पूर्ण विचार हो, बातचीत हो और तभी पुरस्कार देने की घोषणा की जाये। निस्संदेह इस काम में मेहनत होती है। लेकिन मेहनत से कतराना और बढ़ती उम्र को पुरस्कार दे देने के पक्ष में मैं हरगिज नहीं हूँ। पुरस्कार देने के तरीकों को नयी तरतीब देनी होगी। हिंदी जजों की पुस्तक छाँटने

की कसौटी क्या है, उस का मूल्यांकन करना होगा। मैं तो यह भी चाहूँगा कि राष्ट्रीय पुस्तक न्यास और साहित्य अकादेमी में तालमेल हो। साहित्य अकादेमी अपना कार्य परखने तक ही सीमित रखे, छापने का काम पुस्तक न्यास करें। वित्तीय व्यवस्था में सुधार की बहुत जरूरत है। प्रतिनिधिमंडलों के चयन में भी नया और व्यावहारिक दृष्टिकोण अपनाया जाना चाहिए। नये लोगों की आवाज को तरजीह दी जानी चाहिए। जहाँ तक मैं समझता हूँ, साहित्य अकादेमी की नीतियों और कार्यक्रमों में यदि मैं रचनात्मक योगदान न दे सका तो मेरा वहाँ जाना या वहाँ बैठना बेमानी होगा।"

"लेकिन लोगों को आप से आशा भी तो है ?"

"इसीलिए तो मैं कहता हूँ कि इस सब काम के लिए अध्ययन की जरूरत है और मैं इस बारे में गंभीरता से सोच रहा हूँ।"

"और फिल्म पुरस्कार समिति ?"

"हाँ, इस बारे में भी कुछ नयी लीकों की जरूरत होगी। प्रयोगात्मक फिल्मों को प्रोत्साहन देना होगा। लेकिन इसका मतलब यह भी नहीं कि फिल्म फाइनेंस कार्पोरेशन जो फिल्में बनाता है, वे सब अच्छी ही होती हैं। पुरस्कार देने के समय, मूल्यांकन करते समय हमें सभी तरह के गुणों-अवगुणों को ध्यान में रखना होगा।'

"अगली फिल्म आप की किस पुस्तक पर बन रही है?"

"**मैला आँचल** पर नवेंदु घोष काम कर रहे हैं। वह आये थे। उन से कई चीजें तय हुई हैं। उसके संवाद भी मुझे लिखने होंगे। पुस्तक का फिल्मीकरण करने का सारा जिम्मा भी मेरा ही होगा। फिल्म के लिहाज से कहानी में कुछ कटाई करनी होगी, कुछ तराशना भी होगा और शायद नाम भी बदलना पड़े क्योंकि यह नाम पहले ही बंबई निर्माताओं ने चुरा लिया है।'

"क्या 'तीसरी कसम' की तरह इसमें भी खूब समय लगेगा ?"

"नहीं, क्योंकि तब निर्माता भी नया था, निर्देशक भी और मैं भी। वक्त ने हमें काफी कुछ सिखा दिया है। फिल्म के बारे में लगभग सभी योजनाएँ पूरी हो चुकी हैं। जैसे, पात्रों में धर्मेंद्र, जया भादुड़ी, उत्पल दत्त के नाम निश्चित हो चुके हैं। संगीत राहुलदेव बर्मन का तय ही है। अब केवल आउटडोर शूटिंग की बात करनी है, जो नवेंदु और मैं मिलकर तय करेंगे।

–त्रिलोक दीप, दिनमान, 1 अप्रैल, 1973

•

क्यों ? और क्यों नहीं ?

बचपन से ही पत्र-पत्रिकाएँ पढ़ता था। तुकबन्दियाँ और कहानियाँ बचपन से ही जोड़ने-गढ़ने लगा था। प्रेरणा निश्चय ही अच्छी रचनाओं से मिली होगी।··· कुछ सोचकर लेखन-कार्य प्रारम्भ किया होता तो आज आपके इस प्रश्न का उत्तर देते समय इस तरह सोच में नहीं पड़ता। सचमुच, मैंने बिना कुछ सोचे-समझे लिखना शुरू किया। अच्छा किया या बुरा, कह नहीं सकता। अब भोग रहा हूँ—फल !

किसिम-किसिम के पाठकों के पत्र और सभी को एक साथ उत्तर दे रहे हैं रेणुजी !

पवन, तिनसुकिया (असम) : आपका जन्म कब और कहाँ हुआ ? आपने जो कुछ लिखा, वह 'स्वांतःसुखाय' लिखा या 'सर्वजनहिताय' ?

जन्म : शुक्रवार, 4 मार्च, 1921 ई., बिहार के पूर्णिया जिलांतर्गत 'औराही-हिंगना' गाँव में।

'स्वांतःसुखाय' लिखा और 'सर्वजनहिताय' प्रकाशित करवाया।

अनूप कुमार केशरी, वाराणसी : आपने साहित्य-क्षेत्र में पदार्पण कैसे किया ? आपकी सफलता का रहस्य क्या है ?

अपनी रचना लेकर—सीधे दरवाजे से। मेरी सफलता का रहस्य मेरी रचना ही बता सकती है। आपने मेरी कोई रचना पढ़ी है ?

ब्रजकिशोर हिसारिया 'राज', सीतामढ़ी (बिहार) : आपने आज तक कितने उपन्यास लिखे हैं ? उनमें आप सर्वश्रेष्ठ किसे मानते हैं ?

1. मैला आँचल, 2. परती-परिकथा, 3. दीर्घतपा, 4. जुलूस, 5. कितने चौराहे।

किसी को नहीं।

आपने सर्वप्रथम लेखन-कार्य कब प्रारम्भ किया ? पहली कृति का नाम ?

स्कूल-कॉलेज-मैगजीन में 1936 से। साप्ताहिक 'विश्वमित्र' (कलकत्ता) में 'बटबाबा' नामक पहली कहानी (1945) प्रकाशित हुई।

विनोद जैन, श्रीगंगानगर : आपको सर्वप्रथम लिखने की प्रेरणा कैसे मिली ? क्या इसके पीछे किसी का सक्रिय सहयोग भी रहा है ? यदि हाँ, तो किसका ?

बचपन से ही पत्र-पत्रिकाएँ पढ़ता था। तुकबन्दियाँ और कहानियाँ बचपन से ही जोड़ने-गढ़ने लगा था। प्रेरणा निश्चय ही अच्छी रचनाओं

से मिली होगी। नहीं भाई, सक्रिय सहयोग किसी का नहीं रहा।

राजेन्द्र कुमार राज, झाझा (बिहार) : आपने क्या सोचकर लेखन-कार्य प्रारम्भ किया ?

कुछ सोचकर लेखन-कार्य प्रारम्भ किया होता तो आज आपके द्वारा इस प्रश्न का उत्तर देते समय इस तरह सोच में नहीं पड़ता। सचमुच, मैंने बिना कुछ सोचे-समझे लिखना शुरू किया। अच्छा किया या बुरा, कह नहीं सकता। अब भोग रहा हूँ—फल !

विलास, मंडी : आपका साहित्यिक जीवन पारिवारिक जीवन पर हावी है या पारिवारिक जीवन साहित्यिक जीवन पर ?

पारिवारिक जीवन—मेरे साहित्यिक जीवन पर हावी हो या न हो—मेरे रचनाकार को 'कच्चा माल' अवश्य देता है।

नरेन्द्र कुमार शुक्ल, कानपुर : आप साहित्य-सृजन समाज-सेवा के उद्देश्य से करते हैं या आन्तरिक प्रेरणा है ?

निःसन्देह आन्तरिक प्रेरणा से।

अपूर्व कुमार चतुर्वेदी, फिरोजाबाद : आपने लेखन-कार्य को ही क्यों उपयुक्त समझा ?

अपनी आजादी के लिए।

वली मोहम्मद कुरैशी, फलोदी (जोधपुर) : आपके साहित्य-सृजन के पीछे क्या कोई सामाजिक उद्देश्य भी रहा है ?

सामाजिक उद्देश्य ? मेरी रचनाएँ पढ़कर आपको मेरी नीयत पर कुछ सन्देह हो गया है क्या भाई ?

श्यामसुन्दर प्रसाद, फारबिसगंज (बिहार) : विधानसभा के गत चुनाव में आप फारबिसगंज-क्षेत्र से निर्दलीय उम्मीदवार के रूप में खड़े हुए थे। चुनाव में हारने के बाद आपकी क्या प्रतिक्रिया हुई ? क्या आप आगामी चुनाव में पुनः खड़े होंगे ?

हुआ था। प्रतिक्रिया के लिए 'कागज की नाव' रिपोर्ताज की प्रतीक्षा कीजिए कृपया। और, राजनीति में आगामी इरादा नहीं बताया जाता, श्यामसुन्दर जी।

तारकेश्वर प्रसाद 'तारक', वैशाली : मैं एक साहित्यिक व्यक्ति हूँ। साहित्यकार को राजनीति में भाग लेना चाहिए या नहीं ? मैं तो साहित्य और राजनीति के दो पाटों के बीच पिस रहा हूँ। आपने किस उद्देश्य से चुनाव लड़ा था ? अगर आप विजयी होते तो साहित्य से किस हद तक सम्बन्ध रखते ? क्या पाठकों को फिर से 'मैला आँचल'-जैसा उपन्यास और 'तीसरी कसम'-जैसी कहानी पढ़ने को मिलती या नहीं ? या आप राजनीतिक दाव-पेंच में पड़ जाते ?

मैं भी हूँ, अतः सबसे पहले मेरा नमस्कार स्वीकार कीजिए। दो पाटों के बीच तो सारी दुनिया फँसी है, भाई साहब ! अगर आप सचमुच साहित्यिक व्यक्ति हैं तो आपका साहित्य ही आपको द्विधा-मुक्त कर सकता है।

अगर मैं विजयी होता तो साहित्य से किस हद तक सम्बन्ध रख पाता, मेरे पाठकों को फिर से 'मैला आँचल'-जैसा उपन्यास और 'तीसरी कसम'-जैसी कहानी मिल सकती या नहीं अथवा मैं राजनीतिक दाँव-पेंच में पड़ जाता—इन्हीं प्रश्नों के उत्तर जानने के उद्देश्य से चुनाव लड़ा था। हार गया, अतः प्रश्नों के जवाब नहीं जान सका। आपको बताऊँ तो क्या ?

जयन्तीलाल प्रसाद राठौर, मनोहरपुर : आपके चुनाव-संस्मरण (कागज की नाव) के 'लिखतंग' का काम समाप्त हुआ ? अगर हाँ, तो प्रकाशन-संस्था का नाम बताएँ।

जी हाँ। 'कागज की नाव' का 'लिखतंग' समाप्त हो गया है। 'छपतंग' बाकी है।

अनूप कुमार, छोटा टेंगरा : आधुनिक लेखक अपने नाम के साथ एक 'उपनाम' का 'लेबल' लगाते हैं। उपनाम लगाने की प्रेरणा आपको क्यों और कैसे मिली ?

आधुनिक लेखक उपनाम का 'लेबल' नहीं लगाते। वे अपने नाम को ही आधुनिक बना डालते हैं। मेरा उपनाम सौभाग्य या दुर्भाग्यवश मेरा 'घराऊ' नाम भी है। जन्मते ही घर में ऋण हुआ, इसलिए दादी प्यार से 'रिनुवा' कहने लगीं। रिनुवा से 'रूनु' और अन्ततः 'रेणु'। जब तुकबन्दी करने लगा तो छन्द के अन्त में अनायास ही—'कवि रेणु कहे कब रैन कटे, तमतोम घटे··· ' जुड़ गया और उपनाम की प्रेरणा लेखकों को शायद सहस्र-नामधारी विष्णु महाराज से ही मिली होगी।

करनजीतसिंह सरन, जुन्नारदेव : आपकी अपनी दृष्टि में वर्तमान साहित्य किस हद तक रचनात्मक है और किस हद तक कोरी बकवास ?

वर्तमान साहित्य हो या भूत-भविष्य साहित्य, बकवास को साहित्य की संज्ञा न दी गई है और न दी जाएगी।

दीनेन्दु भारती, मुजफ्फरपुर : अपने नाम के साथ 'रेणु' कब से लिखना प्रारम्भ किया और किससे प्रेरणा पाकर ? फिर आपने अपने बेटे का नाम 'वेणु' क्यों रखा ?

'रेणु' नाम की कहानी अभी-अभी छोटा टेंगरा के अनूप कुमार जी को सुना चुका हूँ। बेटे का नाम 'वेणु' भी घराऊ है, जो उसकी दादी ने अपने पुत्र के नाम की तुक पर रख दिया। उसका (अच्छा) नाम पद्मपराग है। इस नाम का कारण हमारे परिवार के ज्योतिषी-पंडित ही बता सकते हैं। मैं आपको यह बता सकता हूँ कि उसकी माँ का नाम 'पद्मा' है।

बिहार सरकार ने साहित्यकारों को जो 'पेंशन' दी है, क्या वह अनुचित नहीं है ? 'पेंशन' तो प्रायः रिटायर होने के बाद दी जाती है ? आप तो अभी सृजनरत

हैं, फिर इसे क्यों स्वीकारा ?

हाँ, भाईजान। साहित्यकार कभी 'रिटायर' नहीं होता। रवीन्द्रनाथ ठाकुर महाप्रस्थान के कुछ क्षण पूर्व तक, बेहोशी में भी कविता कर गये हैं।

बिहार सरकार ने साहित्यकारों को 'पेंशन' नहीं प्रदान की है। मैं इतना कुंठित नहीं हो गया हूँ कि सरकारी पैसा मुझे सृजन-विमुख कर दे। मैंने इसको ठीक उसी तरह स्वीकार किया है, जिस तरह सरकार द्वारा लगाये गये 'प्यूनिटिव टैक्स' (सामूहिक जुर्माने) की सजा को सिर झुकाकर स्वीकार किया था। किसी अनाचारी सरकार के विरोध में अथवा सरकार के किसी जन-विरोधी कदम के खिलाफ जोर से आवाज बुलन्द करने के लिए अस्त्र के रूप में भी इसका इस्तेमाल (इसे फेंककर) किया जा सकता है, अर्थात् धमाका जरा जोर से होगा।

साहु मधुप, अशोक नगर (म. प्र.) : आंचलिक उपन्यास फैशन के रूप में लिखे गये, जिन्हें पाठक-मन ने जितनी उत्सुकता से स्वीकारा उतनी ही बोरियत से अस्वीकार कर दिया। इस विचार से आप कहाँ तक सहमत हैं ? आंचलिक उपन्यास किस प्रेरणा से लिखे गये और किस कारणों से पाठक-मन को ज्यादा समय तक न छू सके ?

फैशन के रूप में नहीं लिखे गये। जीवन के शाश्वत प्रवाह से पूर्ण किसी भी शैली की रचना कभी अस्वीकृत या अपदस्थ नहीं हो सकती। मैं इससे सहमत नहीं हूँ कि आंचलिक रचनाएँ पाठक-मन को ज्यादा समय तक न छू सकीं। दूसरों की बात नहीं कह सकता। 'मैला आँचल' उपन्यास से लेकर कुछ दिन पहले प्रकाशित कहानी 'रेखाएँ–वृत्तचक्र' तक पाठक-मन की मेरी पहचान गलत साबित नहीं हुई है। मैंने आंचलिक रचनाएँ इस विचार से प्रेरित होकर कीं कि सिर्फ कला के जरिए लोग दूर देशान्तर के लोगों से मित्रता तथा आदर के भाव से मिल सकते हैं।

एक प्रकार के हिन्दी उपन्यास पुस्तकालय की आलमारियों को समर्पित हो जाते हैं तो दूसरी प्रकार के उपन्यास इतने हाथों से गुजरते हैं कि हाथों-ही-हाथों में कायामुक्त हो जाते हैं, फिर ज्ञानपीठ या नोबल पुरस्कार पाने की क्षमता नहीं रख पाते। उपन्यास की तरह कहानी-संग्रहों की माँग क्यों नहीं है ?

यदि आपका प्रश्न 'पॉपुलर' और 'क्लासिक' रचनाओं के सन्दर्भ में है तो कारण सही-सही कोई समाज-वैज्ञानिक ही बता सकता है। उसी तरह कहानी-संग्रह की माँग में गिरावट का कारण कोई प्रबुद्ध प्रकाशक ही बताएँगे। कथाकार के मुँह से आप अक्सर यही सुनेंगे कि प्रतिष्ठित पत्र-पत्रिकाओं के सम्पादक टेलीग्राम भेजकर उससे

कहानी माँग रहे हैं, कि उसकी कहानी पर नाटक या फिल्म बनाने की बात चल रही है, कि उसकी अमुक कहानी पाँच विदेशी और दस देशी भाषाओं में अनूदित हुई है और भारत के कई विश्वविद्यालयों के पाठ्यक्रम में भी···

आप बोर हो गए न ?

मीना भारती, मुजफ्फरपुर : स्वातंत्र्योत्तर हिन्दी साहित्य के सुप्रसिद्ध आंचलिक कथाकार एवं उपन्यासकार के नाते आप अपनी रचनाओं के माध्यम से देश, समाज और परिवेश को क्या सन्देश देना चाहते हैं ? क्या आज की कहानी पाठकों से कतराकर अपना अस्तित्व पूर्ण सुरक्षित रख सकती है ?

मीनाजी ! एक संवेदनशील, मानवधर्मी रचनाकार के नाते मैं अपनी रचनाओं के माध्यम से जो सन्देश देता रहा हूँ, वह 'कम्यूनिकेट' नहीं हो पा रहा है क्या ?

(सुनो कैरा सुनो ! क्या तुम तक मेरी आवाज··· ?) मेरी कौन-सी कहानी पाठकों से कतराती हुई नजर आती है आपको ?

रश्मि, रेखा, नन्दा, मुजफ्फरपुर : बंगला के 'सतीनाथ भादुड़ी' लिखित 'ढोढाई चरित-मानस' और आपके उपन्यास 'मैला आँचल' में कौन किससे प्रभावित है ?

रश्मिजी, रेखाजी तथा नन्दाजी ! ! ! आप लोगों ने बहुत चतुराई से मुझे चोर नहीं कहा है। यों, डेढ़ दशक पहले मुजफ्फरपुर की ही एक साहित्यिक अदालत के पंचों ने मुझ पर यह इल्जाम लगाया था। तब भादुड़ीजी (स्व. सतीनाथ भादुड़ी) जीवित थे। उन्होंने राजकमल प्रकाशन के तत्कालीन डायरेक्टर ओमप्रकाशजी को पत्र लिखकर इस मिथ्यावाद का खण्डन किया था। उनका पत्र प्रकाशन समाचार में प्रकाशित भी हुआ था। हिन्दी के कई विद्वानों ने 'ढोढाई चरित मानस' को इसी आरोप के सन्दर्भ में विशेष रूप से पढ़कर उस मिथ्या प्रचार को निरस्त किया था।

आप लोगों को यह जानकर प्रसन्नता होगी कि बहुत शीघ्र 'ढोढाई चरित-मानस' का हिन्दी अनुवाद प्रकाशित होने वाला है। हिन्दी क समस्त साधारण पाठकों को स्वयं पढ़कर आँख और कान की दूरी मिटा लेने तो दीजिए।

कादम्बिनी (सं.–राजेन्द्र अवस्थी), सितम्बर, 1973 में प्रकाशित

'मुझे इस बार छात्रों का स्वरूप बदला हुआ लगा'

कमलेश्वरजी का तार आया है : जनसंघर्ष में सक्रियता के लिए बधाई ! हम सब आपके साथ हैं।

रघुवीर सहाय ने भी पत्र लिखकर मेरा उत्साह बढ़ाया है। पटना में नागार्जुनजी के साथ मिलकर काम करने में मुझे कितना उत्साह मिल रहा है, इस विषय में कुछ कहना ही बेकार है। देश के सभी भागों से पाठकों के उत्साहवर्द्धक पत्र आ रहे हैं !

छात्र-आन्दोलन के बारे में विस्तार से अपने पत्रकार मित्र सूर्यनारायण चौधरी के प्रश्नों के उत्तर दे रहे हैं रेणुजी !

बिहार के छात्र-आन्दोलन के दूसरे चरण में दो महत्त्वपूर्ण बातें हुई हैं--सर्वोदय नेता जयप्रकाश नारायण द्वारा इस आन्दोलन का नेतृत्वग्रहण और आम जनता के सक्रिय रूप से आन्दोलन में शामिल हो जाने के कारण इसका जन-आन्दोलन में रूपान्तरण, 8 अप्रैल वाले ऐतिहासिक मौन जुलूस के साथ प्रारम्भ होने वाले इस दौर में ही इसमें सम्मिलित हुए प्रसिद्ध साहित्यकार फणीश्वरनाथ 'रेणु'। छात्रों की माँगों के समर्थन में बारह घण्टे के प्रतीकात्मक अनशन पर बैठे रेणु, नागार्जुन, कथाकार मधुकर सिंह, कवि रवीन्द्र राजहंस और पत्रकार जुगनू शारदेय। कला महाविद्यालय के छात्रों ने शासकीय जुल्म पर अनेक चित्र बनाये। नुक्कड़ों पर आयोजित होने लगे कवि सम्मेलन और चित्र प्रदर्शनी। काफिला बढ़ता गया। राबिन शॉ 'पुष्प', बाबूलाल मधुकर, परेश सिन्हा, सत्यनारायण, रामवचन राय, वासुदेव शाह, सतीश आनन्द, वसन्त कुमार आदि पटना के साहित्यकार–कलाकार आम जनता से मिलने और जुड़ने के लिए सड़कों पर आ गये।

लगातार बारह दिनों तक पटना के विभिन्न नुक्कड़ों पर यह आयोजन करने के बाद रेणु और नागार्जुन कलाचित्रों के बंडल के साथ बिहार के दूसरे शहरों में जनजागृति के लिए घूम रहे हैं।

मैं रेणुजी से उनके इस जन-आन्दोलनसम्बन्धी विचारों को जानने के लिए उनके राजेन्द्र नगर स्थित निवास-स्थान पर पहुँचता हूँ। हम लोगों की बातचीत शुरू हो जाती है।

"आप बहुत दिनों तक सोशलिस्ट पार्टी के साथ रहे। सन् '42 की क्रान्ति और नेपाल की क्रान्ति में भी आपने सक्रिय रूप से भाग लिया था। फिर राजनीति से अलग होकर साहित्य की दुनिया में चले गए। इस बार जब 18 मार्च को छात्रों का यह आन्दोलन अत्यन्त उग्र रूप में आरम्भ हुआ, तो इस पर आपकी पहली

प्रतिक्रिया क्या हुई ?" मैंने रेणुजी से पूछा।

"मैंने राजनीति नहीं छोड़ी। दलगत राजनीति और सक्रिय राजनीति से अवश्य अलग हो गया ! अपने राजनीतिक दिनों के अनुभव को ही मैंने अपने उपन्यासों और कहानियों में सहेजा, समेटा। फिर जब मेरा अनुभव संसाररिक्त पड़ने लगा, तो मन में बेचैनी बढ़ने लगी। इधर देश, सरकार और समाज की हालत बिगड़ती ही चली जा रही थी। जनतन्त्र क्या रह गया है ? वर्तमान चुनाव-पद्धति से कौन जीत पाता है ? क्या इस चुनाव का विकल्प अब बुलेट मात्र ही रह गया है ? अनेक प्रश्न मन को मथते रहते थे। पर मैं किसी निष्कर्ष पर नहीं पहुँच पा रहा था। अन्ततः मैं एक बार फिर राजनीति की ओर मुड़ा और '72 के मध्यावधि चुनाव में बिहार विधानसभा के लिए एक निर्दलीय प्रत्याशी बनकर चुनाव के मैदान में उतरा। जीता तो नहीं, पर काफी अनुभव लेकर लौटा।" रेणु कुछ रुके और फिर मेरे प्रश्न की ओर बढ़ते हुए कहने लगे, "सिंगापुर के छात्रों ने जब अपने उग्र आन्दोलन के जरिए सरकार को झुका दिया, तो फिर एक बार मेरा ध्यान छात्र-शक्ति की ओर गया। गुजरात में युवा-शक्ति को सफलता मिली। जयप्रकाश का उन्हें नैतिक समर्थन प्राप्त हुआ था। पर बिहार के छात्र जातीयता, क्षेत्रीयता आदि के खेमों में बँटे हुए थे। विश्वास ही नहीं हो पा रहा था कि यहाँ भी कुछ हो सकता है।

"19 मार्च तक इस आन्दोलन की लहर सुदूर पूर्णिया जिला के फारबिसगंज तक पहुँच चुकी थी। मैं स्टेशन पर ही था, छात्रों की एक टोली आयी। मैं उसी जगह पर खड़ा होकर यह सब देख रहा था जहाँ आज से कोई 32 वर्ष पहले सन् '42 में क्रान्ति में भाग लेने आया था। पर एक बड़ा फर्क आ गया था। अधिकांश छात्र परिचित थे। उनके पार्टी-बिल्लों की भी जानकारी मुझे थी। पर इस बार उनका स्वरूप बदला हुआ था और उनके नारों में एक अजीब पकड़ थी। मुझे लगने लगा कि '42 की क्रान्ति से भी बड़ी एक क्रान्ति का सूत्रपात हो चुका है।"

"पटना आकर आपने क्या अनुभव किया ?" मैंने बातचीत को और आगे बढ़ाने के उद्देश्य से पूछा।

"रेडियो से काट-छाँटकर जिस प्रकार की खबरें आ रही थीं, उसके आधार पर ही मेरे लिए यह अनुमान कर पाना बहुत मुश्किल नहीं था कि उस समय पटना के लोगों पर क्या बीत रही होगी। यहाँ आने पर मैंने सारे शहर को 'इन-डोर' में पाया। कर्फ्यू लगा हुआ था। लोग अन्दर-ही-अन्दर उबल रहे थे। इसी बीच प्रधानमन्त्री इन्दिरा गाँधी ने जयप्रकाश जी को छेड़ा, उन पर आरोप लगाया। जिस निर्भीकता और स्पष्टता से जयप्रकाश ने उसका उत्तर दिया, उससे मेरी इस धारणा की पुष्टि हो गयी कि इस बार वे इस आन्दोलन को अन्तिम परिणति तक ले जाने के लिए कृतसंकल्प हैं। दलविहीन जनतन्त्र की बात अभी भी मेरी समझ में नहीं आयी है पर अधिकांश जनता पार्टियों की घेरेबन्दी से अलग है और इनको

लेकर एक शक्तिशाली आन्दोलन चलाया जा सकता है, मुझे यह विश्वास हो गया। इससे देश बनेगा या नहीं, समाज सुधरेगा या नहीं, यह मैं निश्चित रूप से नहीं जानता। पर मैं अपनी कुंठाओं और निराशाओं से मुक्त होता चला जाऊँगा, अपने मन के मैल को मल-मलकर धो-पोंछ लूँगा और एक आदमी बना रह सकूँगा–ऐसा मेरा विश्वास है ?"

मैंने जयप्रकाश जी के नेतृत्व वाले मौन जुलूस की बात चलायी।

रेणु पूरे विश्वास के साथ कहने लगे, "बहुत से लोग, जिनमें जे. पी. के प्रशंसक भी थे, कहते थे कि मुँह पर पट्टी और हाथ पीछे की ओर मोड़कर निकालने वाले मौन जुलूस से क्या हो पाएगा ? पर जब यह मौन जुलूस निकला और शहर के सारे लोग उनके समर्थन में सड़कों के किनारे आकर मौन खड़े हो गये, तो ऐसा लगा कि गली-गली, मुहल्ले-मुहल्ले से भय को झाड़-पोंछकर भगा दिया गया। मुकाबले की हजारों बन्दूकें भी इस वातावरण को नहीं तोड़ सकती थीं। जुलूसों, अनशनों, और प्रदर्शनों का ताँता लग गया। छोटे-छोटे बच्चों, छात्राओं और गृहिणी महिलाओं का जब जुलूस निकलता था, तो उनके आगे-पीछे, दाएँ-बाएँ होते थे मशीनगन ताने सीमा सुरक्षा बल के जवान। पर कहीं कोई भय नहीं। सारे वातावरण में एक निर्भीकता आ गयी।

"स्वतन्त्र भारत में अहिंसा का इतना बड़ा प्रयोग कभी हुआ ही नहीं था। लोहिया ने सिविल नाफरमानी को अपना अस्त्र अवश्य बनाया, पर वह एक पार्टी की चीज बनकर रह गयी। आम जनता ने कभी इसका प्रयोग नहीं किया।"

मैं इस आन्दोलन पर साम्यवादी दल द्वारा लगाये गये आक्षेप के विषय में उनसे पूछता हूँ। उनका स्पष्ट उत्तर होता है, "हाँ, सी. पी. आई. वाले इसे फासिस्टों का आन्दोलन कहते हैं और जनतन्त्र की रक्षा के लिए कांग्रेस सरकार का साथ देना परम कर्तव्य मानते हैं। पर यह कोई नयी बात नहीं है। 42 की क्रान्ति में भी इन साम्यवादियों ने हमारे क्रांतिकारी नेताओं को फासिस्टों का दलाल कहकर पुकारा था और ब्रिटिश सरकार का साथ दिया था। अभी इस समय वाद-विवाद में उलझने के लिए हम लोगों के पास समय नहीं है। क्रान्ति का हर दाँव महत्त्वपूर्ण होता है। सफलता ही हमारे तर्क की सबसे बड़ी कसौटी होगी।"

"क्या आप इस आन्दोलन को युवा वर्ग के नैतिक जागरण का भी आन्दोलन कहना पसन्द करेंगे ?" मैंने युवकों के बदलते व्यवहार को ध्यान रखकर उनसे यह प्रश्न पूछा।

"निश्चय ही। देखते नहीं कि ये छात्र कितने बदल गये हैं। न सिर्फ बिध्वंस के बल्कि इनमें निर्माण-कार्य करने की भी अपार क्षमता है। आजकल कई जगह छात्र संघर्ष समिति की ओर से चाय और सब्जी की दुकानें खोली गयी हैं। कई जगह स्वास्थ्य-शिविरों का संचालन हो रहा है। और सबसे उल्लेखनीय है, छात्राओं के प्रति उनका बदला-बदला व्यवहार। निर्भय, निश्शंक होकर लड़कियाँ उनके साथ अनशन पर बैठ रही हैं, जुलूसों में जा रही हैं। गया में जब धरना पर बैठी महिलाओं

को घसीटा गया, तो किस प्रकार उनके रक्षार्थ आकर छात्रों ने पुलिस की गोली का सामना किया, यह घटना नैतिक जागरण का प्रतीक है।"

"आपकी सक्रियता पर आपके अन्य साहित्यिक बन्धुओं की क्या प्रतिक्रिया हुई है ?" मेरा अन्तिम प्रश्न था।

"कमलेश्वर जी का तार आया है। जनसंघर्ष में सक्रियता के लिए बधाई। हम सब आपके साथ हैं। रघुवीर साहय ने भी पत्र लिखकर मेरा उत्साह बढ़ाया है। पटना में नागार्जुन जी के साथ मिलकर काम करने में मुझे कितना उत्साह मिल रहा है, इस विषय में कुछ कहना ही बेकार है। देश के सभी भागों से पाठकों के उत्साहवर्द्धक पत्र आ रहे हैं।" रेणुजी ने बातचीत समाप्त करते हुए कहा।

धर्मयुग, 26 मई, 1974

स्थितियों के सामने सर झुकाना पसन्द नहीं

पिछले दो दशकों से मैं लिख-लिखकर लोगों को चकमा देता रहा हूँ–लोगों ने कहा कि स्पष्ट नहीं हो पाता, तुम कहना क्या चाहते हो ? दो उपन्यास लिखे, तीसरा दो सौ पृष्ठों के बाद नहीं लिख पाया। अब लोकनायक जयप्रकाश ने पथ-प्रदर्शित किया है, डायरेक्ट इनवॉल्वमेंट द्वारा मृत्युपर्यन्त अब आदमी की लड़ाई लड़ता रहूँगा, कलाकार की हैसियत से आदमी की खोज करना ही मेरी प्रतिबद्धता है।

74 के आन्दोलन के विशेष सन्दर्भ में यादवेन्द्र पांडेय के प्रश्नों के लिखित उत्तर दे रहे हैं रेणुजी !

भागलपुर विश्वविद्यालय स्नातकोत्तर छात्र परिषद के निवर्तमान अधिकारियों को विदाई देने के अवसर पर 10 फरवरी, 1975 को विश्वविद्यालय प्रांगण में प्रख्यात साहित्यकार श्री फणीश्वरनाथ रेणु आमंत्रित अतिथि थे। अपने अभिभाषण के पश्चात् राजनेता न होते हुए भी राजनेताओं सी व्यस्तता की मजबूरी में जब श्री रेणु ने प्रश्नों की सूची माँगी, तो वही सूची दे देनी पड़ी, जिसमें कुछ बारीक संशोधनों की अभी और आवश्यकता थी।

प्रश्न–साहित्य में अपनी प्रतिबद्धता के बारे में स्पष्ट करें।

उत्तर–पिछले दो दशकों से मैं लिख-लिखकर लोगों को चकमा देता रहा हूँ–लोगों ने कहा कि स्पष्ट नहीं हो पाता, तुम कहना क्या चाहते हो ? दो उपन्यास (मैला आँचल' और 'परती : परिकथा') लिखे। तीसरा दो सौ पृष्ठों के बाद नहीं लिख पाया। अब लोकनायक जयप्रकाश ने पथ-प्रदर्शित किया है, डाइरेक्ट इनवाल्वमेंट द्वारा। मृत्युपर्यन्त अब आदमी की लड़ाई लड़ता रहूँगा। कलाकार की हैसियत से आदमी की खोज करना ही मेरी प्रतिबद्धता है।

प्रश्न–यह आन्दोलन तो भ्रष्टाचार के खिलाफ है। आपके अनुसार इस भ्रष्टाचार की जड़ें कहाँ हैं ?

उत्तर–एक उदाहरण काफी होगा। कपूर की अर्क तो फायदे की चीज है। लेकिन इतने से ही बात नहीं बनती–कपूर की अर्क डाबर या अमुक कम्पनी की होनी चाहिए। यहाँ से ठप्पेबाजी की जोड़-तोड़ शुरू हो जाती है और भ्रष्टाचार की नींव पड़ जाती है। एक और उदाहरण–एक युवती जुलूस में है, उसके उठे हाथ में एक झण्डा है। यहाँ तक तो ठीक है। क्या अपने आप में यह एक स्पष्ट प्रगतिशील रचना नहीं है ? लेकिन नहीं, उस झण्डे में रंग भरा जाता है–उस पर अपने सिंबल्स चस्पाँ किये जाते हैं। इसी को रोकना होगा।

प्रश्न–क्या एक सृजनशील साहित्यकार को स्थितियों से न जूझ पाने की अशक्तता के परिणामस्वरूप वर्तमान से मुँह मोड़ लेना चाहिए ? आपने कहा कि आपको आजादी के बाद बाहर नहीं होना चाहिए था, जेलें ही आपके लिए बनी हैं। सत्ता की तानाशाही के विरुद्ध बोलने-लिखने से तो स्वयमेव आपको कैद मिलेगी।

उत्तर–मेरे कहने का आशय यही था कि अन्याय की जिस प्रक्रिया का आरम्भ आजादी के बाद हुआ, उसका सक्रिय विरोध मुझे आरम्भ में ही करना चाहिए था। गत वर्ष जब मैंने सक्रिय विरोध किया तो मुझे गैरकानूनी ढंग से 74 दिन जेल में रहना पड़ा।

प्रश्न–एक साहित्यकार को संघर्ष करना पड़ता है। पर निराशा हाथ लगते ही क्या उसे स्थितियों के सामने माथा टेक देना चाहिए ?

उत्तर–साहित्य का सृजन भी मानसिक संघर्ष की प्रक्रिया से होता है। मैं उपदेशक नहीं हूँ, परन्तु स्थितियों के सामने सिर झुकाना मुझे पसंद नहीं है।

प्रश्न–भाषा का विवाद खड़ा कर सत्ताधारियों को कौन-सा लाभ प्राप्त हो सकता है ? क्या साहित्य के माध्यम से भाषा-विवाद खत्म नहीं किया जा सकता ?

उत्तर–भाषा की पूजा बन्द करो, भाषा का इस्तेमाल करो।

प्रश्न–बुलेट या बैलेट ? आजकल चुनावों में पैसे का जो महत्त्व है उसे देखते हुए ऐसा लगता है कि इसमें गरीबों का कोई स्थान नहीं रह गया है। क्या आप इसके लिए कोई समाधान सुझा सकते हैं ?

उत्तर–बेशक बैलेट। पर 'बूथ कैप्चरिंग' वाला नहीं, सच्चा, निष्पक्ष और लोकमत का प्रतिनिधित्व करने वाला मतदान। बिहार का वर्तमान लोकनायक जयप्रकाश नारायण के नेतृत्व वाला आंदोलन ही समाधान है।

प्रश्न–1972 के चुनाव में हार जाने के बाद आपको क्या अनुभव हुआ ? इसके कारणों पर प्रकाश डालेंगे ?

उत्तर–पराजित हो जाने के बाद मुझे जो अनुभव हुआ, वह इतना ही कि सच और झूठ का अन्तर मैं जान गया और मैं यह मानता हूँ कि आज की चुनाव पद्धति में आम आदमी का चुनाव लड़ना मुश्किल ही नहीं, असंभव है।

प्रश्न–रिश्वतखोरी की चर्चा करते हुए आपने सम्पूर्ण व्यवस्था को भ्रष्ट करार दिया है। तो आखिर इसकी वजह क्या है ? दोषपूर्ण शिक्षा-प्रणाली तो नहीं ?

उत्तर–निश्चित रूप से पूरी व्यवस्था दोषपूर्ण है और उसमें शिक्षा-प्रणाली भी शामिल है।

प्रश्न–कुछ लोग इस क्रान्ति को प्रतिक्रान्ति कहते हैं। आप इस आन्दोलन को क्या कहेंगे ?

उत्तर–क्रान्ति सिर्फ क्रान्ति होती है··· और यह आन्दोलन जन आन्दोलन है।

प्रश्न–शुरू में ही यह सड़ी-गली चीज–पद्मश्री आपने ग्रहण क्यों की, क्योंकि यह बात सर्वविदित है कि सरकार ये उपाधियाँ लेखनी को गिरफ्तार करने के लिए देती है ?

उत्तर–जब तक पद्मश्री का तमगा मेरे पास था, तब तक क्या मेरी लेखनी गिरफ्तार हुई थी ? जब हमने उन तमगों पर खून के छींटे देखे, उन्हें तत्काल वापस कर दिया और अब फैसला किया है कि कभी भी किसी सरकार से (चाहे वह जयप्रकाश नारायण की ही क्यों न हो) अलंकरण और वृत्ति ग्रहण नहीं करूँगा।

प्रश्न–आपने उन खूनी हाथों से वृत्ति के रूप में जो पैसे लिए, वे तो अब पच ही गए। भला अब उन्हें कैसे वापस करेंगे ?

उत्तर–पैसा जनता का था। जिस दिन मुझे अहसास हुआ कि खूनी हाथ दे रहे हैं, तुरन्त लेना बन्द कर दिया। रही बात पचने की, तो जनता के पैसे अब तक लेता रहा हूँ, उनका सदुपयोग मैंने उन खूनी हाथों को बदलने के काम में ही किया है।

मुक्ता, मई प्रथम, 1975

ऍखॅन सकलेर दृष्टि···!

भाई रघुवीर [सहाय] जी, आराम से हूँ, खुश हूँ ! नरकवास के 62 दिन कट गए। ये बासठ दिन 'धन्य-धन्य' करके गुजारे हैं।

सिर्फ मानसिक तनाव ज्यादा रहता है। कम्पोज की अनेक गोलियाँ लेनी पड़ती हैं। नींद के लिए नहीं, तनाव के लिए। किन्तु प्रायः कम्पोज से भी कुछ नहीं होता, क्योंकि तनाव बढ़ाने की कई वजहें यहाँ मौजूद हैं। यदि कोई लगातार आपके कान के करीब हुकूमत चलाए : 'यह करो ! ये मत करो, इस तरह रहो–इस तरह नहीं' तब आपकी क्या हालत होगी, सोचिए !

पूर्णिया जेल में बिताये अपने विकट अनुभवों एवं 'मैला आँचल' के पात्रों से जेल में मिलने की लम्बी दास्तान बंगला भाषा में बंगला के प्रसिद्ध कवि समीर राय चौधरी को सुना रहे हैं रेणुजी !

लगता है साँस रुक रही है, अन्दर-ही-अन्दर छटपटाकर रह जाना पड़ता है–कैसे हालात हैं ! ऐसा भारतवर्ष हमने चाहा था क्या ? पच्चीस वर्षों में हम कहाँ आकर खड़े हैं ?

मेरे दोनों मुख्य उपन्यासों के बाद इस त्रयी के तीसरे अंश के बारे में बार-बार सोचा है। लेकिन पता नहीं क्यों आगे बढ़ना नहीं हो पाता। ऐसा लगता है कहीं पतवार खो गयी है। मैला आँचल और भी मैला हो गया है। 'मैला आँचल' नाम मैंने पन्तजी की कविता से लिया था–

भारतमाता ग्रामवासिनी
खेतों में फैला है श्यामल
धूल भरा मैला-सा आँचल
नैनों में गंगा-यमुना जल मिट्टी की प्रतिमा
उदासिनी

'मैला आँचल' का वह चलित्तर कर्मकार, वास्तविक जीवन में पूर्णिया का मजदूर नेता नक्षत्र मालाकार, कालीचरण, जो कि वास्तव में तारिणी मंडल है या 'मैला आँचल' का वह घटनाक्रम जहाँ आधी रात को पार्टी आफिस के दरवाजे को खटखटाता है जेल से भागा कालीचरण। भागते वक्त झाड़-झंखाड़ में छुपते वक्त सोचा कि पैरों में शायद काँटा चुभा है, बाद में पता लगा कि पुलिस की गोली से पाँव में छेद हो गया है–उसी अवस्था में उसे पार्टी आफिस से कृष्णकान्त जी ने भगा दिया–खून की बूँदें छोड़ता हुआ कालीचरण अंधकार में खो गया। उपन्यास में फिर कालीचरण का जिक्र नहीं आया है। कृष्णकान्त जी अभी प्रसिद्ध एम. पी. हैं। उनका वास्तविक परिचय तो आप जानते ही हैं। अमुक मिनिस्टर के 'गुट' का आदमी है। (दल या 'ग्रुप' के लिए हिन्दी में 'गुट' शब्द धड़ल्ले से लिखा–कहा–जाता है। 'गुट' शब्द में घुप्प अँधेरा और कचोटने का भाव है।) 'मैला आँचल' के शिवनाथ चौधरी की याद है। वास्तव में जो वैद्यनाथ चौधरी हैं, ये एक बार

काग्रेस के सभापति हुए थे। इनके लिए ही भादुड़ीजी (सतीनाथ भादुड़ी) कांग्रेस से जुड़े थे। ये प्राइमरी पास भी नहीं थे। भादुड़ी महोदय ने भागलपुर सेंट्रल जेल में इन्हें अंग्रेजी पढ़ायी थी। गाँधीवादी वैद्यनाथ चौधरी एक साथ ही चरखा कातते और अंग्रेजी सीखते। पढ़ाते वक्त भादुड़ीजी गाँव की भाषा में बोलते–B-U-T 'बट' भेलई P-U-T पट न भेलई। उस समय राजनीतिक भाषा में सभी उर्दू का प्रचुर व्यवहार करते और लिखते समय बात-बात में तखल्लुस का प्रयोग करते। वैद्यनाथ चौधरी व्यतिक्रम थे। भादुड़ी जी की नजरों में ये बातें आई थीं। भादुड़ीजी की पढ़ाई से सिर्फ 15 दिनों के बाद वैद्यनाथ चौधरी ने 'इण्डियन नेशन' के सम्पादकीय अनुवाद का जिम्मा लिया था और सिर्फ 36 दिनों में अंग्रेजी में दक्षता प्राप्त कर ली–विश्वास करेंगे आप ! इन्हीं वैद्यनाथ चौधरी ने रानी पत्रा आश्रय में कांफ्रेंस की जगह का नाम रखा था–'भादुड़ी नगर'–सतीनाथ भादुड़ी के नाम पर।

लेकिन इनको लेकर–किनको लेकर क्या लिखूँ ! इस जीवन की जरूरतें मुश्किल होती जा रही हैं–हर जगह गन्दगी, हर जगह गड़बड़ी ! लिखकर क्या होगा, क्या हुआ–राजनीतिक लोग तो मनमर्जी चलते हैं। बचपन और मूर्खता, ये सब उलट-पलट करके रख दिया–देश का क्या हाल हुआ है ? फारबिसगंज से चुनाव भी लड़ा मैंने। पता था कि जीतूँगा नहीं, फिर भी जाँचने की इच्छा थी। गरीब और आम आदमी इस देश में चुनाव लड़ सकता है क्या ? सन्देह को दूर करना चाहा था। लेकिन राजनीतिज्ञों ने इस बीच 'बूथ ग्रेविंग' का आविष्कार किया–यानी जबरन बूथ पर कब्जा कर अपनी इच्छानुसार बॉक्स में बैलेट पेपर डाल देना। छोटे कर्मचारी नौकरी बचाने के लिए चुप रहते हैं और ऊपर के लोगों में कुछ तो इनसे हाथ मिलाते हैं और उपेक्षापूर्वक निर्विकार रहते हैं–"होने दो जो होता है, साला !"

इस अवस्था में जब दिलोदिमाग काम नहीं कर रहे थे–कहीं मुक्ति का रास्ता नजर नहीं आ रहा था–तब शुरू हुआ जयप्रकाश जी का आन्दोलन। इसमें सभी दलों के लड़के हैं। सी. पी. आई. एम. और एम. एल., लाल टोपी–खादी टोपी–सभी। लेकिन सभी झण्डे समेट वर्दी खोलकर आन्दोलन से जुड़े हैं। पार्टी और दलबाजी ने इस देश का सबसे ज्यादा नुकसान किया है। एक लेखक के लिए किसी पार्टी की उठापटक से जुड़ना किसी भी तरह सम्भव नहीं है। अन्ततः आदमी ही लेखक का विषय हो सकता है–झण्डे और वर्दियाँ नहीं।

जयप्रकाश जी के साथ मेरे पुराने सम्पर्क तो आप जानते ही हैं। जयप्रकाश जी ने कोई दल नहीं, स्वीकार किया था–सर्वोदय। इस आन्दोलन के कुछ महीनों पहले, उत्तर बिहार के मुजफ्फरनगर जिले के मुशहरी ब्लॉक से जयप्रकाश ने मुझे एक पत्र लिखा था। नक्सली लड़कों के बारे में। सरकार इनको लेकर चिन्तित थी। जयप्रकाश जी को छुपाकर वहाँ ले जाया गया था। चम्बल की आश्चर्यजनक घटना तो आप जानते ही हैं। कैसा जादू हुआ था ! इन खूँखार डकैतों ने जयप्रकाश जी के उपदेशों और बातों में जीवन ही बदल लिया। वर्षों से शासक जिसे असम्भव मानता आ रहा था, जयप्रकाश जी ने उसे सम्भव कर दिखाया। मुशहरी में भी

ऐसा ही हुआ था।

जयप्रकाश जी गाँधीवाद के अन्तिम कुछ लोगों में से एक हैं। वर्तमान आन्दोलन भी उसी गाँधीवाद का अन्तिम Experiment है। इससे समझ में आयेगा कि देश अब भी गाँधीवाद के योग्य है या नहीं।

ठीक उसी समय लतिका दी बारांदे से चिल्लाकर बोलीं–"तुम्हारे नहाने का पानी भरने का समय नहीं निकाल पायी। मैं जा रही हूँ, तुम पानी भर लेना, बारह बजे तक पानी रहेगा।" लतिका दी चली गयीं। दरवाजे की आवाज आयी। लतिका दी बंगला में एम. ए. हैं–हजारीबाग की हैं। मैंने लतिका दी को सबसे पहले, स्कूल पढ़ते वक्त देखा था। बड़े जीजाजी के घर के सामने, पटना के सब्जीबाग बिड़ला मन्दिर के पास सिफ्टन वेलफेलर सेंटर (अस्पताल) में रेणुजी की सेवा में ! वहाँ नौकरी करती थीं लतिका दी। गोरी-चिट्टी सुन्दर-सी देहयष्टि। अद्भुत आँखें और चेहरा तथा भंगिमाएँ। अस्पताल की वह सेवापरायण सादी पोशाक। ऐसी सेवापरायण महिलाओं को देखकर बीमार होने की तीव्र इच्छा होती है–ठीक वैसे ही। पटना के राजेन्द्र नगर में तीन तल्ले पर एक फ्लैट में ये दोनों रहते हैं। कुछ दिनों पहले एक कुत्ता भी था, मर गया। रेणु जी के फ्लैट में कुल दो बेडरूम हैं, अलग बाथरूम और रसोई और एक बारांदा। बरामदे के एक कोने में बाहर का दरवाजा। उस दरवाजे से निकलते ही सीढ़ियाँ। फ्लैट में बाथरूम के सामने नीचे से ऊपर पानी खींचने के लिए चाँपाकल। बरामदे के अन्त में जो बैडरूम है, वह बैठकखाना और रेणुजी के लिखने-पढ़ने के कमरे के रूप में इस्तेमाल होता है। दीवाल पर विधानचन्द्र राय और नेहरूजी की तस्वीरें हैं, राष्ट्रपति वी. वी. गिरि के हस्ताक्षरयुक्त पद्मश्री का प्रमाण-पत्र टाँगा हुआ है। दूसरे दो पुरस्कारों के कागज भी मढ़कर टाँगे हुए हैं। इसके अलावा एक तख्ते पर चादर बिछाकर तकिया और मसनद रखे हैं। दूसरी तरफ किताबों के ढेर ! सबसे ऊपर सुबल गंगोपाध्याय द्वारा सम्पादित सतीनाथ भादुड़ी स्मरण ग्रन्थ ! रेणुजी ने किताबों की तरफ दिखाकर कहा–"मेरा बंगला लेखन देखा है ? लतिका को नहीं दिखाया है–गलतियाँ निकलेंगी।" बरामदे में दोनों तरफ स्तूपीकृत किताबों के ढेर हैं। जरूर ही लतिका दी का काम है। बरामदे की दीवार पर इन्दिरा गाँधी के साथ रेणुजी की दो तस्वीरें हैं और एक तस्वीर है वी. वी. गिरि के साथ। जयप्रकाशजी की तस्वीर पूरे घर में नहीं देख पाया।

जेल मैं इसके पहले भी गया हूँ। इसे लेकर चार-बार। पहली बार 1930 में–वानर सेना में था तब। तब मैं नौ वर्ष का था। हर बार पूर्णिया जेल में ही गया। क्योंकि मैंने जब भी, जो कुछ भी किया है, अपने इलाके फारबिसगंज में जाकर ही। उन किशोरों के दल को घोड़ागाड़ी पर चढ़ाकर जेल के फाटक तक

ले जाया गया। तब हमारा नारा था 'बन्दे मातरम्' और 'भारतमाता की जय' ! आपने ध्यान दिया होगा, स्वाधीनता के बाद राजनीतिज्ञों ने जिस कारण से भी हो, इस नारे को लुप्त कर दिया और अब जयप्रकाश जी के इस आन्दोलन में ये दो नारे वापिस आ गये हैं। इसके अलावा–"हमला चाहे जो भी होगा, हाथ हमारा नहीं उठेगा।" आप जानते हैं इन्दिरा ब्रेगेड के फूलेना राय के किन लोगों ने गोली चलायी। उस दिन जयप्रकाश जी के सात लाख लड़के पटना में थे। लेकिन जयप्रकाश जी की एक बात पर किसी ने भी प्रतिशोध की बात तक नहीं की। इसे आप क्या कहेंगे ? हाँ, मैं जो कह रहा था–ज्योंही हमने जेल के दरवाजे पर पहुँचकर नारा दिया–'बन्दे मातरम्'–दोनों तरफ लगे वटवृक्षों पर से असंख्य चमगादड़ों ने किचमिच की आवाजों के साथ आकाश ढँक दिया। हम लोग इसके लिए तैयार नहीं थे। इस अजीब-सी घटना से हम सारे लड़के पलभर के लिए आतंकित हो गये। अचानक ब्लेंक फायर हुआ। सारे चमगादड़ वापस टहनियों पर आ झूलने लगे। तब इन चमगादड़ों को चुप कराने के लिए जेल में यही आदेश था। हर बार जेल जाने पर इसकी पुनरावृत्ति हुई है। इस बार देखा कि एक वृक्ष काट दिया था। सिर्फ एक तरफ का गाछ था। फिर अगस्त आन्दोलन 42 में जेल गया था–इन्हीं जयप्रकाश की पुकार पे–उसके बाद 1947 में–विराटनगर (नेपाल) मजदूर आन्दोलन। नेपाल पुलिस ने सीमा के इस पार भगाया। आन्दोलन के साथ मातृकाप्रसाद कोइराला भी थे जो बाद में नेपाल के प्रधानमन्त्री भी हुए थे। और चौथी बार–इस बार नौ अगस्त को फारबिसगंज में गिरफ्तार होकर पूर्णिया जेल में लाया गया। कुल मिलाकर साढ़े तीन वर्ष जेल में काटे हैं। पहली बार चौदह दिन, दूसरी बार लगभग एक वर्ष, तीसरी बार दो वर्षों से ज्यादा और चौथी बार–इस बार बासठ दिन ! हाँ, उस बार वानर सेना में, याने वानर सेना के आन्दोलन में इन्दिरा जी भी थीं। जानते हैं वानर सेना सहित गिरफ्तार होकर क्या नाम ठिकाना बताया था–नाम जवाहरलाल, बाप का नाम मोतीलाल–पता–आनन्द भवन। कोई-कोई यह भी कहता–नाम बन्दर, बाप का नाम चुकन्दर–घर जेल के अन्दर। तब ऐसा ही आदेश था। मेरे पिता भी पुराने निष्ठावान् कांग्रेसी थे।

> रेणुजी थोड़े छटपटाये। मैंने कहा–हाँ बारह बज गये हैं शायद। पानी भर लेंगे क्या ? अन्यथा नहाना कैसे होगा ? रेणुजी ने उठकर चाँपाकल चलानी शुरू की। ग्यारह बार चलाकर दो मिनट रुककर फिर कुछ देर चलाने के बाद बाल्टी भरकर रख दी और कपड़े से हाथ पोंछते हुए कमरे में दाखिल हुए। बगल की टेबल से गाँजा की पुड़िया उठाकर पूछा–"लेंगे" ? मैंने हाँ कहाँ–सिगरेट की आधी तम्बाकू झाड़कर गाँजा भरते-भरते बातें शुरू कीं।

नौ अगस्त की घटना तो आपने 'दिनमान' और 'देश' पत्रिका में पढ़ी होगी। इस तारीख की घटना बताऊँ। पूर्णिया जेल में मुझे पहले जनरल वार्ड के सोशलिस्ट हिस्से में रखा गया। बाहर जैसे देखते हैं–सोशलिस्ट, कम्युनिस्ट, एम. आर. एम.

एल. वगैरह–जेल में भी इसी तरह सोशलिस्ट भट्टा, कम्युनिस्ट भट्टा, नक्सल भट्टा, जनरल भट्टा अर्थात् प्रत्येक दल का अलग मेस, अलग खाना, रहना। प्रशासन की इच्छा से ही ऐसा हुआ है। प्रत्येक भट्टे का लीडर रहता है, जैसे पार्टी का। राशन में पूरी गड़बड़ होती है। तीन सौ पचास ग्राम में सिर्फ अढ़ाई सौ लीडर के हाथ में आता था। बाकी बचे सौ ग्राम राशन में जेल के अधिकारीगण और बाकी के स्टाफ तथा लीडर की भागीदारी होती है। लीडर इससे मिले पैसों से पोस्ट आफिस में खाता खोलता है। पार्टी के लिए ही वे रुपये खर्च होते हैं। जनरल वार्ड में साधारण अपराधी रहते हैं, जिनका किसी पार्टी से सम्पर्क नहीं रहता है। खूनी, चोर, बलात्कारी और 'रेगुलर' जो जेल में कैदी जीवन गुजारते हैं–ये सब जनरल भट्टे में रहते हैं। जनरल भट्टे में भक्तिमान लीडर और दलाल रहते हैं। उनके हाथों में ही भट्टे का राशन जाता है। साधारण अधिकारी के लिए सिर्फ पचास ग्राम राशन। इसी खाने पर उन्हें गुजारा करना पड़ता है। बाकी बचे राशन में दलाल, कैदी और जेल कर्मचारी याने जेलर बाबू में भागीदारी हो जाती है। इस ऊपरी आमदनी के बल पर दलाल कैदी भयानक नरक खेल में दिन बिताते हैं। जेल में जो 'जूविनल वार्ड' रहता है, वह साफ अर्थों में इनकी 'होमोसैक्सुअलिटी' का पूरक रहता है। ये लड़के सजधज कर चमकते रहते हैं। उन्हीं में एक बीड़ी कम्पनी का नचनिया लड़का भी है। उसके लिए रस्साकसी चलती है। ये सब दसटकिया माल हैं। नचनिया लड़के के विरुद्ध में कई केजी चावल चुराने का अभियोग है लेकिन जेल की पुलिस और कैदियों की मौजमस्ती के कारण दो वर्षों से यह मामला बन्द ही पड़ा है और शायद कभी खुलेगा भी नहीं। महिला वार्ड तो पूरी तरह ही रण्डीखाना है। इन सबका कोई उपाय भी नहीं है। जेल में सबको जेल का नियम मानना ही होता है। वैसे ही मानते हुए वे जिन्दा हैं। वहाँ हर आदमी की कहानी में रुदन का आलाप है। मैंने लगातार जेल में यह सब देखा-सुना है। वहाँ के कई नियम-कानून को चोट पहुँचायी है। दो दिन बाद ही कलक्टर साहब से गुप्त निर्देश आया था। उन्होंने मुझे डिवीजन दिया और सेल में लाकर रखा। वहाँ कुल चार सेल थीं। एक में तो मैं था और दूसरे में नेपाल के हवाई अपहरण याने 'हाई जैकिंग' के मामले के चक्र प्रह्लाद बस्तोला और लक्ष्मीप्रसाद शर्मा–छत्तीस साल से मामला चल रहा था–नेपाली कांग्रेस से सम्बद्ध। बस्तोला गजब का लड़का था–बनारस में पढ़ा-लिखा, हर विषय पर अधिकार था उसका। बंगला में शक्ति, सुनील की कविताएँ भी पढ़ी थीं। आपने तो बंगला में लता शर्मा और··· किसके साथ मिलकर कुछ अनुवाद किये हैं न, यह सब पढ़ा था उसने। अभी जेल में ज्योतिष शास्त्र पढ़ रहा है, बहुत-सी किताबें मँगायी हैं और चौथी सेल में हैं अवधबिहारी–राइस मिल के मालिक का बेहद आत्मीय और कर्मचारी। हमारे इलाके की ग्यारह वर्ष पहले की घटना थी। वायरहाउस कारपोरेशन और स्टेट बैंक के साथ मिलकर नौ लाख रुपयों का घोटाला। वायरहाउस के बाबू और राइसमिल के मालिक को छुटकारा मिल गया है। फँसे तो सिर्फ अवधबिहारी। यहाँ जेल

जाना मतलब फँस जाना। जिसके पास पैसे और पैरवी की ताकत है, वे कितने दिन फँसेंगे ? अवधबिहारी सात वर्षों से 'फास्ट' कर रहा है। बड़ा ही आश्चर्यजनक मामला है। जेल में अनशन करने पर फोर्स फिडिंग की व्यवस्था है। फोर्स फिडिंग का एक निश्चित राशन भी है। यह रहस्य अवधबिहारी की समझ में आ गया था। इसलिए वह सात वर्षों से फोर्स फिडिंग पर निर्भर है। नाक से तरल खाना सहन करने लायक गर्म पेट में जाता है। पहले-पहल तो अवधबिहारी को काफी तकलीफ हुई लेकिन धीरे-धीरे आदत पड़ गयी। नाक में तेल-वेल डालकर वैसी ही आदत डाल ली। अब कोई तकलीफ नहीं होती। स्वास्थ भी अच्छा है। अन्यथा जिनकी जमानत कराने वाला कोई नहीं है उनकी तरह पचास ग्राम राशन खाकर अब तक वह भी टें बोल गया होता। स्वाधीनता के बाद मौत के आँकड़े (जेल में) को लेकर किसी ने रिसर्च किया है कि नहीं, मालूम नहीं, किया होता तो एक भयानक सत्य सामने आता। लेकिन आकर ही क्या होता, वही राजनीति का नंगा झूठ-सच का खेल। पूर्णिया जेल के डेढ़ हजार कैदियों में हर वर्ष डेढ़ सौ मारे जाते हैं। मेरा एक परिचित डाक्टर महेश नारायण पूर्णिया जेल का डाक्टर है। पटना का लड़का है–स्मार्ट और अच्छा लड़का है, उसकी एक किताब है, बड़ों से मिलने के विचित्र अनुभव। मैंने ही इसके प्रकाशन की व्यवस्था की थी, लेकिन जैसा कि प्रायः होता है, अच्छे लोग ही आजकल समाज में अनफिट हैं, जीवन में भी। इसीलिए पचास ग्राम घुन लगे गेहूँ, तरकारी याने पोची हुई परवल और हल्दी के पानी को पीते हुए आदमी मर रहा है। सुबह 'सेल' के सामने से ही लाश जाती थी। ड्यूटी पर का वार्डर एक बार चिल्लाकर पूछता, "कोन गेलई रे !" जवाब में एक नाम सुनाई पड़ता। लगभग रोज ऐसे ही। इसीलिए अवधबिहारी का अनशन और फोर्स फिडिंग जेल की इस विचित्र अवस्था में बचे रहने का गजब का उपाय है। फोर्स फीडिंग का मैनू प्रायः ऐसा होता है–सभी तरल–

अढ़ाई सौ ग्राम साबूदाना
अढ़ाई सौ ग्राम वार्ली
मछली का सूप तीन बोतल
मांस का सूप तीन बोतल
दूध तीन बोतल
दाल का पानी तीन बोतल

पहले-पहले जबर्दस्ती होते-होते बाद में यह एक स्वाभाविक मामला हो गया। एक कैदी बैठा रहता पहरे पर। अवधबिहारी आधे दिन तक नाक में नली झुकाकर उस तरल खाद्य को पी आत्मसात करता। इसीलिए सात वर्ष ! शायद यह फोर्स फिडिंग का 'एवार्ड' होगा।

सेल के इलाके में एक अमरूद गाछ की छाया में अड्डा जमाते। मैं, बरतोला, शर्मा··· और वार्डों से भी कोई-कोई आता। हम भी जाते। हमारा प्रतिवादी भी।

यह एक रटी-रटायी घटना थी। जेल सुपरिंटेंडेंट एक मुसलमान सज्जन थे। भले आदमी थे, जैसे शरीफ लोग होते हैं। बीच-बीच में शेरोशायरी करते–

कभी उनको देखता हूँ
कभी अपने घर को देखता हूँ

उनकी लड़कियों ने 'मैला आँचल', 'परती : परिकथा' पढ़ी थी। वे भी अब्बा को तरह-तरह की बातें कहतीं। बीच-बीच में वे आकर पूछते, कोई दिक्कत तो नहीं। जेलर महा बज्जात था–जिसे कहा जाये पक्का हरामी। बात-बात में कानून दिखाता–साले को ऐसे झमेले में फँसाया–पहली बार 15 अगस्त को सेल में ले गया। बारह तारीख को गेट से जुगनू के जरिये 'दिनमान' की वह चिट्ठी जे. पी. को भेजी। जुगनू होशियार लड़का है। सुनील के साथ अच्छी दोस्ती है। 'तरुण संघर्ष' जे. पी. के अखबार में छपने के बाद जेल में भी सब जान गये। मैं बी-क्लासी यानि जेल के सारे कायदे-कानून जानता हूँ। जेलर ने पूछा–यह चिट्ठी कब भेजी ? यह सेंसर होकर नहीं निकली, अच्छा नहीं किया।

मैंने साफ-साफ कहा–"मैं कैदी हूँ। दुनियाँ के तमाम कैदियों का यह कर्तव्य होता है, जैसे भी हो, नियम तोड़ो यानि अवैध तरीके से सब कुछ का आदान-प्रदान। सभ्य तरीकों से किस तरह नियम तोड़ने चाहिए, मुझे मालूम है।"

उसी रात सेल में दे दिया। रात में लॉकअप करने से पहले ड्यूटी का सिपाही एक अधकटा गन्दा अलकतरा पुता कनस्तर कोने में रख गया अर्थात् कमोड़। यही यूरिनल-लैट्रिन, जो कहें। आधी रात को कितने बजे, ठीक याद नहीं, पेशाब करने एक दफे उठा था, पेशाब करते ही 'क्रर क्रर-र-र-र' टीन की आवाज हुई। लपककर ड्यूटी का सिपाही टार्च जला तेजी से दौड़ा आया। करीब आ सब देख सुनकर धुस्स करके चला गया। जाते वक्त सींकचों पर बटन लगा 'टंग्-टंग्-टंग्' की आवाज कर गया। उसने समझा था, आरी से सींकचे काटे जा रहे हैं। दूसरे दिन सुबह सुपरिंटेंडेण्ट आये, पूछा–"कोई दिक्कत ?" मैंने कहा, नहीं ठीक हैं। लेकिन मेन गेट पर जेलर को कायदे से कमोड के लिए ड्रेडेण्ट भेजा। पूरे दिन कुछ नहीं हुआ। शाम को फिर जैसे ही कनस्तर रखने लगा मैंने मना कर दिया। हाँ, कहना भूल गया–पिछली रात को पेशाब करने तथा सिपाही के जाने के थोड़ी देर बाद देखता हूँ साँप की तरह क्या सब पूरे फर्श पर इधर-उधर घूम रहे हैं। कनस्तर में छेद था। सारे का सारा फर्श पर लुढ़क गया, इसलिए दूसरे दिन वह फूटी टिन नहीं रखने दी। कायदे से रात को पेशाब लगने पर सीकंचों की फाँक से पेशाब करना शुरू किया। कुछ ही देर में देखता हूँ–ड्यूटी का सिपाही टार्च जला 'धत्' कर उठा। लुंगी सम्भालने का भी वक्त नहीं मिला। वह बेचारा कुछ दूर चबूतरे पर सोया था। अचानक नींद में पानी से भीग, चमक के उठा–रोशनी की, तो यह हालत ! दूसरे दिन भी सुबह जेल गेट पर ड्रेडेण्ट भेजा। कुछ भी नहीं हुआ। उसके दूसरे दिन मैंने सुपरिटेन्डेण्ट से कहा–"अच्छा परसों रात को जो ड्यूटी में

थे, उस सिपाही से मुझे माफी माँगना है। जेलर तो खूब खुश ! सोचा, कोई न कोई गलती पकड़ में आयेगी। शुरू में तो ना-ना करते हुए मैंने घटना बतायी। सिपाही जो सो रहा था, उसे जरा दूसरी तरह 'बैठा था' करके कहा, जिससे कि वह किसी झमेले में नहीं फँसे। जेलर का चेहरा उतर गया। सुपरिटेन्डेंट बोले–आप आज ही कमोड या बेड पैन दे दीजिए। जेलर ने लिख दिया, किन्तु दिन भर कुछ नहीं किया। दूसरे दिन फिर सुपरिटेन्डेंट से कहा। भले आदमी ने कहा–आज आप खरीदकर मँगवा लीजिए। जेलर ने सूचना दी–कहीं नहीं मिल रहा है। सुपरिटेन्डेंट ने कहा–मेरे बच्चे लोग देख आये हैं, फलाना दुकान में मिलता है। जेलर का चेहरा फक् हो गया। उसके बाद वाले दिन ठीक मिल गया। मैं आम सेफ्टी पाखाने, मैदान, झाड़-झंखाड़, नदी के किनारे कहीं, जहाँ जा सकता हूँ, किन्तु पाखाने पर पाखाना–वह मुझसे नहीं सहा जाता। पर जेल में आम व्यवस्था यही है। एक सीधी नाली होकर पाखाना बहा जा रहा है। उसी में कैदी एक के बाद एक पाखाना कर रहे हैं। भयानक, गिजगिजी गन्दी हालत ! पर वैसा सोफीस्टीकेटेड पाखाना भी मुझसे नहीं सहा जाता। लगता है, मैंने उसे गन्दा कर दिया है। जैसे, अपने प्रकाशक के जटिल, गैजेटमय बाथरूम में घुसने पर अजीब हालत में फँसा। एक-एक गैजेट दबाने पर क्या सब अजीबो-गरीब घटित होता !

इसी बीच रेणुजी ने गाँजा भरी एक सिगरेट खुद सुलगायी, दूसरी मेरी ओर बढ़ा दी। 'पैप्टिक अल्सर' हो गयी है इसलिए वह सब छोड़ दिया है, बिल्कुल बरदाश्त नहीं होता। इसी से ही जितना काम बने। अबकी फिर के काफी ताकत महसूस कर रहा हूँ।

1948 के छब्बीस बरस बाद जेल गया। (मेरी बहुत-सी रचनाओं में जेल एक महत्त्वपूर्ण आयाम लिए हैं)। काफी कुछ बाबा-सा बन गया था। शुरू में जेल में सिपाही कहते, बाबा जी भले आदमी हैं, इन्दिरा जी के आदमी हैं (पद्मश्री के चलते) किस मामले में जेल हुई, खासकर जब तक उन्हें नहीं पता चला, मैं 'बी क्लासी' ही (उनकी नजरों में) रहा।

गहरे मनस्ताप में गाँजे का दम भर धुआँ खींचकर रेणुजी अन्दर अटका रखते हैं। थोड़ी देर बाद छोड़ते हैं। सारे कमरे में रहस्य की पवित्र गन्ध बिखर जाती है। जेल में रहते हुए भी रेणुजी रोज सुगन्धलोक सुगन्धी धूप काम में लाते। गाँजा भी नियमित बाहर से आता। बाहर से सामान आने के विभिन्न तरीके हैं। जेल के भीतर बीड़ी ही जेल की करेंसी है, मिडियम आफ एक्सचेंज ! उसमें भी लैला बीड़ी का विनिमय मूल्य कुछ ज्यादा है। हार्ड करेंसी ! लगभग विनिमय दर इस प्रकार है–

6 बीड़ी–एक पकोड़ा
12 बीड़ी–एक चाय
10 बीड़ी–बिना दूध की चाय   जीवनयापन

10 बीड़ी–एक रोटी
औरत–दस रुपया
कमसिन लड़का–दस रुपया मौज
नायर–बारह रुपये
देशी–आठ रुपये मस्ती

हर तरह की चीज–बाजार भाव से कुछ ज्यादा

एक दिन एक कैदी दाल लेकर जा रहा था। पकड़ा उसे। दस सेर बढ़िया दाल जेलर के घर जा रही थी। मेरे जिरह करते ही पनिया छोड़कर भागा। मेरे पास जान जेलर भी माँगने नहीं आया। दाल मेस में गयी। सेल के कैदियों में किसी में भी किसी तरह का नशा या लड़की-लौंडे की तलब नहीं देखी। मुझे डिवीजन मिली थी यानी रोज के सत्तर रुपये। अपनी मरजी का खाना-वाना मँगा सेल के हम चारों जने खाते। जेलर से कहा–खुन्ती चाहिए। 'नहीं मिलेगी', उससे भागने को सुरंग कोड़ी जा सकती है। काठ का टुकड़ा ही था खुन्ती। चौंकी दिया, बेलन नहीं दी। उससे हिंसात्मक कार्यवाही की जा सकती है। बेलन ही की बेलन ! लेकिन एक दिन गच्चा देकर ये सब चीजें की वसूली। 'दिनमान'–सम्पादक रघुवीर जी को एक चिट्ठी लिखी एक दिन। सेंसर के लिए जेल गेट पर भेजी। इसके सिवा तमाम चिट्ठियाँ दीं। इसके उसके द्वारा सीधी भेजता क्योंकि रोज मेरी चिट्ठियों का ही बंडल आता। जवाब में कई लोग लिखा करते–आपकी चिट्ठी मिली। इसलिए रघुवीर जी के नाम से एक चिट्ठी का मजमून बनाया–

भाई रघुवीर जी, आराम से हूँ, खुश हूँ ! नरकवास के 62 दिन कट गये। ये बासठ दिन 'धन्य-धन्य' करके गुजारे हैं। सिर्फ मानसिक तनाव ज्यादा रहता है। कम्पोज की अनेक गोलियाँ रोज लेनी पड़ती हैं। नींद के लिए नहीं, तनाव के लिए। किन्तु प्रायः कम्पोज से भी कुछ नहीं होता, क्योंकि तनाव को बढ़ाने की अनेक वजहें यहाँ मौजूद हैं। यदि कोई लगातार आपके कान के करीब हुकूमत चलाए–"यह करो–ये मत करो, इस तरह रहो–इस तरह नहीं" तब आपकी क्या हालत होगी, सोचिए। और जो लोग यह सब कह रहे हैं उनके शरीर में जो प्रोटीन और चमक है, वह सब निरीह कैदियों के प्रोटीन और जीवन के ऐवज में जुगाड़ दिया गया है। औरत अथवा आर. जुवेनाइल वार्ड में यौन कारबार के लाभांश से इनके परिवार और बाल-बच्चों का पोषण होता है। इनसे बात करने में भी घृणा होती है। यह पत्र छपने या प्रचार के लिए नहीं भेज रहा हूँ। वह सब तो जब बाहर आऊँगा, तब फिर मेरी लेखनी आक्रमण शुरू करेगी।

–'रेणु'

यह चिट्ठी मिलते ही जेलर को तो बड़ा मुश्किल ! किसे काटे और किसे रखे। मैं बार-बार कहता, मेरी चिट्ठी सेंसर करके भेज दीजिए। जेलर का तो चेहरा सूख गया। मैंने कहा–जो काटना-पीटना हो काट दीजिए। उसमें भी उसे डर !

यदि काटे सहित छाप दिया जाए। हमारी शासन-व्यवस्था यह नहीं जानती है, ऐसी बात नहीं, जान-बूझकर वह लोग यह सब चलने देते हैं जिससे कि इस तरह के लोग इस प्रकार का सड़ा-गला जीवन गुजारेंगे, तो बहुतों को भाग-बँटवारे में सुविधा मिल जायेगी। इसके सिवा ज़ो लोग शासन चला रहे हैं, वह यह मानते हैं कि उनके जेल जाने के दिन बीत गये हैं। अतः जेल को साफ-सुथरा रखने से क्या फायदा ? सोचकर देखिए, कहाँ आकर हम रुके हैं। इन छब्बीस-सत्ताईस सालों में, काफी हुशियारी से हिन्दुस्तान के जीवन से इन्होंने अच्छाइयों को सुप्त कर हर क्षेत्र को स्वार्थ और निष्ठुरता से भर दिया है।

> रेणुजी गाँजे की दूसरी सिगरेट सुलगाने के लिए रुकते हैं। खिड़की के बाहर अविराम पुलिस की गाड़ियाँ घूम रही हैं। ठहरा-ठहरा-सा माहौल ! भारतवर्ष के लोगों को डरपोक और कायर बनाने की आखिर कोशिश में अब भी पुलिस का एक सशस्त्र जत्था गुमटी की ओर से मार्च करता हुआ आर्य कुमार रोड की ओर चला गया है। रेणुजी यह सब कुछ भी नहीं देख रहे। आत्ममग्न और अपनी आस्था में प्रतिष्ठित एक अद्भुत आदमी ने इसी वक्त रेणु जी की आँखों में आँखें डालकर पूछा–"मैं जयप्रकाशजी के इन सब अहिंसा, सर्वोदय या आन्दोलन किसी पर भी पूरा यकीन नहीं करता। मुझे इन सब पर काफी अजीब-सा सन्देह होता है।"

अहिंसा का तेज आपने देखा नहीं। इसके सिवाय आप जिस पर विश्वास करते हैं, उसमें भी आपने किया क्या है ? कुछ करने की मनाही कहाँ है ? चम्बल और मुशहरी ब्लॉक की घटनाओं के बारे में आप क्या सोचते हैं ? इसके अलावा एक लेखक की हैसियत से जीवन में डुबकी लगा, लेखन के चाह पर इस समय को ठीक-ठीक व्यक्त करना मेरा काम है। मई महीने से हम लोगों ने हर चौरास्ते पर कविता-पाठ और नुक्कड़ नाटक किये। लक्की स्वीट होम मिठाई दुकान के सामने के विशाल विज्ञापन के सम्मुख हमने अनशन किया। देखा, हर आदमी इस व्यवस्था से छुटकारे के लिए छटपटा रहा है। हम सभी इन हालातों में बदलाव चाहते हैं। उस बदलाव की ओर सब अपनी-अपनी तरह से बढ़ना चाहते हैं। जे. पी. ने भी यही किया है। इसमें आपको समझने की दिक्कत कहाँ हो रही है ?

नेहरू परिवार के लिए हमेशा हम लोगों के हृदय में एक श्रद्धा का भाव रहा है। जेल में इन्दिरा जी के शासन के नाम पर इन्दिरा जी के प्रति तरह-तरह की टिप्पणी करते। मुझसे यह सब नहीं होता। मैंने एक सपना देखा था। हम सबने, आपने भी जरूर पढ़ी होगी। नेहरू की 'लेटर्स टू हिज डॉटर'। हम लोगों ने सोचा था, ये पत्र हम सबको लिखे गये हैं। इसी के लिए हम सब मन-ही-मन तैयार हो चुके थे। किन्तु इसकी क्या परिणति हुई, यह भी हम सब देख रहे हैं। मुझे तो लगता है, एकान्त में गाल पर हाथ रख इन्दिरा जी भी जरूर यही सब बातें सोचती होंगी। सच बोलने में हर प्रधानमन्त्री के लिए कई कठिनाइयाँ हैं। किन्तु,

डर तो यह है कि हम क्या अपने देश को चाहना, देश के लोगों को प्यार करना, क्या बिलकुल ही भूल गये हैं ?

गिरफ्तारी के पहले नौ अगस्त को बाढ़-सहायता की माँग लेकर जब फारबिसगंज ब्लॉक गया, तो देखा बी. डी. ओ. साहब 'लॉ एण्ड आर्डर' को लेकर परेशान हैं। ब्लॉक आफिस में बहुत-बहुत पुलिस है। हमारी बाढ़-सहायता की बात सुनकर, जो कहा, उसका मतलब यही था कि सारा इलाका अगर बाढ़ में बह भी जाये तो करने के नाम पर ब्लॉक में एक फाइल खुली हुई है और खाद्य के लिए मैक्सीमम टेलीग्राम सदर भेजे गये हैं। 'मैक्सीमम' शब्द वे बात-बात में बहुत जोर देकर कह रहे थे। 'लॉ एण्ड ऑर्डर' की व्यवस्था जब कि इतनी मजबूत है, तो ठीक इसी तरह की पक्की व्यवस्था बाढ़-सहायता या खाद्य उत्पादन की क्यों नहीं हो सकती। इन बी. डी. ओ. लोगों की नौकरी की पहली पोस्टिंग से ही इन्हें इस तरह की गलत शिक्षा दी जाती है कि ये लोग 'लॉ आर्डर' का इस्तेमाल कर उसन्न अपने ऊपर वालों तथा शासक वर्ग से ज्यादा साबाशी हासिल करते हैं। हालाँकि उस दिन हम लोग गये थे—ब्लॉक के साहबों को गाँव ले जाकर बाढ़ की स्थिति दिखाने के लिए। ब्लॉक में जाकर देखा कृषि सुपरवाइजर, घोड़ा डाक्टर, कोऑपरेटिव और सोशल वेलफेयर—सभी को सरकार ने स्पेशल पावर देकर रातों-रात मजिस्ट्रेट बना दिया है। बाढ़ में डूबी पृथ्वी के किसी भी अन्य इलाके में शासक नाव पर यह सब सम्भव है ?

इस तरह के गोल-माल हम दिन-रात देखते हैं। आदत हो गयी है। इसी के बीच अवधबिहारी की तरह…

> रेणुजी का यह फारबिसगंज इलाका, रेणुजी की ही भाषा में उनकी 'कथा-भूमि' है, वहीं उनकी जमीन और जड़ें हैं, उसी धरती पर उनके उपन्यास और कहानी के पात्र गुजर बसर करते हैं। वहीं से उठकर आती हैं—उनके ग्रन्थों की शब्दावली। फारबिसगंज में गिरफ्तार होने के बाद रेणुजी ने अपने एक स्थानीय मित्र से कहा था—'मैला आँचल', 'परती : परिकथा' का वर्तमान संस्करण जुटाकर भेजने के लिए। समयाभाव और हेरफेर में छपायी की अनेक भूलें रह गयीं और मित्र ने किताबें पूर्णिया जेल में भेज दी थीं। संशोधित कर दिया रेणुजी ने। अपनी आँखों से देख आये हैं, एक समय पार्टी का आदमी कालीचरण उन्नीस पुलिस और पुलिस के आदमियों का खून कर पूर्णिया जेल में है। वही 'मैला आँचल' का कालीचरण ! चलित्तर कर्मकार को पार्टी के लोगों ने ही जेल में ठूँस रखा है क्योंकि बड़े किसानों के खलिहान लूटकर मजदूरों के बीच बाँटकर पार्टी आदर्शों को वह क्षुब्ध न करे, जैसे ! पचहत्तर वर्ष के शिवनाथ चौधरी भी रेणुजी के दोनों उपन्यासों में हैं, उन्हें अभी कलक्टर साहेब का दरवाजा तोड़ने के आरोप में गिरफ्तार कर पूर्णिया जेल में रखा गया है। आँखों में जिनके मोतियाबिन्द हो गया है। हाथ-पाँव काँपते

हैं, ठीक से देख-सुन नहीं पाते। रेणुजी से भी बड़ा राइटर वे देख आये हैं पूर्णिया जेल में। जेल के कैदियों में से जेल के रोजमर्रा के काम काज के लिए जिन्हें छाँट लिया जाता है, उनमें से जेल के आफिस में लिखने का काम जो लोग करते हैं, उन्हें कहा जाता है 'राइटर' और इनके बाद अन्यान्य कैदियों की देखभाल के लिए गेट पहरा इत्यादि। पूर्णिया जेल के 'राइटर' कल्याण मिश्र थे। वहाँ के राइटर बाबू ! जेलर साहेब की नजरों में मिश्रा का रेणुजी से भी बड़ा राइटर, पक्का और दूरदर्शी राइटर ! रेणुजी की जुबान से ही उनकी कहानी सुनी जाये।

लड़का बीच-बीच में सेल के इलाके में आकर अमरूद गाछ की छाया के नीचे बैठता। मेरी ओर बीच-बीच में एकटक देखता रहता। नाम-पता पूछने पर जवाब दिया–कल्याण मिश्र ! उम्र 21 साल, घर पूर्णिया, महानगर। खून के मामले में आसामी। मुझे लड़का पसन्द नहीं था। कत्ल सुनकर लड़के की ओर देखते ही जी घिनघिनाता। अपने बिछौने पर नहीं बैठने देता। अचानक उसका मामला खुल गया। रोज तारीखें पड़ने लगीं।

एक दिन अदालत से लौट सूखे मुँह से कहा–आपको अपने बारे में सब कुछ बताना चाहता हूँ। मुझे अच्छा नहीं लग रहा था सुनना, कत्ल की कहानी। सचमुच हत्या की बातें मुझसे नहीं सही जातीं। कल्याण पढ़ने-लिखने में खासा तेज लड़का था। उसके पिता गरीब होम्योपैथी डॉक्टर थे। किसी तरह परिवार चलता। पुलिस दिखलाकर माँ उसे बचपन में डराया करती। उसी से पुलिस के बारे में अजीब-सी उत्सुकता रहती !

पुलिस को देखते ही सलाम बजाता। बिहार में तो जानते ही हैं, ज्यादातर पुलिस वाले किस तरह के होमोसैक्सुअल होते हैं। धीरे-धीरे कल्याण की पुलिस लाइन के नाइट ड्यूटी के सिपाही रामवतार के साथ दोस्ती हो गयी। इतनी बड़ी उम्र के बड़े आदमी, बराबरी के साथ यह सब कर रहे हैं। यह सब उसे बराबरी की दोस्ती-सी लगती। कुछ भी खराबी महसूस नहीं होती, इसी तरह लाइन के सूबेदार साहेब से पहचान हुई। रामवतार बातों-बातों में कहता–सूबेदार साहेब ने यह किया, वह किया। कल्याण के मन में ऊँचे पुलिस वालों की अजीब तस्वीर बन गयी थी। सूबेदार के साथ जमीदार साहेब के साथ की दोस्ती कल्याण को खूब अच्छी लग रही थी। जो भी हो, उन्होंने ही शराब की लत लगा दी। इस 'होमोसैक्सुअल' सेल का एक और साथी था–बस स्टेण्ड का किशोर कुली मनटुआ।…

सूबेदार साहेब से इजाजत ले रामवतार ने गाँव से अपनी पत्नी लाकर भाड़े का घर लेकर रहना शुरू किया। कल्याण को गाँव की यह भाभी जी बड़ी अच्छी लगती। अक्सर भाभी जी के पास जाया-आया करता। रामवतार की नाइट ड्यूटी थी। यह शुरू से ही सूबेदार साहेब की दी हुई सुविधा थी क्योंकि इसके चार पैसे ऊपर के होते। बहू लाने के बाद रामवतार नाइट ड्यूटी छोड़ने की सोच रहा

था, पर कुछ ठीक नहीं कर पाया। क्योंकि बहू आने से बढ़ा हुआ खर्च कैसे निकलेगा। इसलिए लगाए जा रहा था। रात में कभी-कभी सूबेदार साहेब रामवतार की गैर हाजिरी में उसके घर पर आते। रामवतार ने ही पहले दिन साहेब को ले जाकर बहू दिखा दी थी। धीरे-धीरे सूबेदार साहब का लोभ बढ़ गया। हाथ बढ़ाया। शुरू में रामवतार को उसकी बहू ने कुछ नहीं कहा, क्योंकि गाँव में दो-चार दिन ज्यादा रह जाने पर रामवतार कहा करता, कुछ भी नहीं होगा; सूबेदार साहेब सब ठीक कर देंगे और यही होता, सब ठीक हो जाता। बात-बात में रामवतार कहता—सूबेदार साहेब ! सूबेदार साहेब। बहू सोच रही थी, साहेब को नाराज करना ठीक नहीं। आखिरकार एक दिन सूबेदार ने छलाँग लगा दी रामवतार की बहू पर। उस दिन और नहीं; घर लौटने पर रामवतार को बहू ने सारी घटना बता दी। रामवतार तो सुनते ही गर्म हो गया, खौलने लगा। साले को देख लूँगा ! ··· दूसरे दिन कल्याण को सारा कुछ सुनाया। कल्याण ने दोस्त मनटुआ को बताया। तीनों ने गुफ्तगू की। तड़ से कुछ नहीं किया जा सकेगा। प्लान करके करना होगा। 'होमोसेक्युअल' चलाते रहते हैं कल्याण मनटुआ और सूबेदार। इसी के दरमियान कल्याण सूबेदार को बताता—एक आफिसर की गजब की लड़की है—सूबेदार के लिए इंतजाम कर देगा। सुनकर ही सूबेदार लपलपाने लगा। मोहल्ले की लड़की की प्रायः छत पर और खिड़की पर खड़े रहने की आदत थी। इस तरह की आदत अनेक लड़कियों की होती है। वही सूबेदार को दिखला देता है। लेकिन किस तरह हाथ आयेगी इसका कुछ इंतजाम करो कल्याण, सूबेदार धीरज खो रहा था।

कल्याण सूबेदार को उकसाता रहा और धीरे-धीरे विश्वास जमा लिया। तय हुआ, लड़की रिफ्यूजी कैम्प से आगे पाट-खेतों की ओर दूसरी लड़कियों के साथ पिकनिक के लिए जायेगी। लौटते वक्त गोया रास्ता भूल, ग्रुप से अलग हो पाट के खेत में इंतजार करेगी। शाम के बाद कल्याण सूबेदार को ले जायेगा। निर्धारित दिन सूबेदार दोपहर से ही उत्तेजित ! शराब और मुर्गी खिलायी कल्याण और मनटुआ को। खुशी से सूबेदार फूला नहीं समा रहा ! आग-सी लग रही है ! लेकिन अन्तिम क्षणों में कल्याण ने लड़की के घर के चारों ओर घूमकर आकर बताया—आज मुमकिन नहीं क्योंकि उसके बाप ने टूर पर जाने की बात की है। जाना नहीं हुआ, किसी कारण से कैन्सल हो गया। कल्याण के हावभाव देख सूबेदार ने यकीन कर लिया, लेकिन उत्तेजित इतना था कि मनटुआ को ही ले जाकर बस स्टैण्ड के करीब एक मकान में रगड़ा-रगड़ी शुरू कर दी। फिर एक दिन तय किया गया। यही निर्णायक दिन है क्योंकि जाँच सफल हुई है। सूबेदार को कल्याण के प्रोग्राम में पर्याप्त रुचि है, क्योंकि परख हो चुकी है। इसी के बीच सूबेदार रामवतार पर बहन को गाँव से ले आने के लिए दबाव डाल रहा था। अन्तिम दिन भी सूबेदार दोपहर के आगे से ही उत्तेजित। कल्याण और मनटुआ को एक और मुर्गी खिलायी। लड़की को देने के लिए पचास रुपये पेशगी दे दिये सूबेदार ने। तीनों ही खूब पी पाकर तीसरे पहर से ही डगमग ! शाम के बाद रिक्शा कर

रिफ्यूजी कैम्प की ओर बढ़े तीनों–कल्याण, मनटुआ और सूबेदार ! रिफ्यूजी कैम्प से जरा आगे बढ़ खेतों के इधर ही रिक्शा छोड़ दिया। सूबेदार को रास्ते पर ही खड़ा कर कल्याण ने कहा–रुकिए, देख आता हूँ, लड़की ठीक-ठाक है तो ! पाट खेत में घुस गया कल्याण !

रामवतार नशा किये प्रतिहिंसा की मूर्ति बना, भुजाली लिये, घात लगाये ठीक जगह पर इंतजार कर रहा था। आँखें बड़ी-बड़ी पर कल्याण को इशारे से कहा–जा ले आ साले को। कल्याण ने लौटकर खिले चेहरे से सूबेदार को बताया। सब ठीक है चलिए जल्दी से। कल्याण के पीछे बढ़ चला सूबेदार।

खेत में मुड़ते ही घात लगाकर बैठे रामवतार ने पूरे जोर से पीठ में भुजाली मारकर खींच दी। अचानक आक्रमण से अचंभित सूबेदार कुछ भी समझ नहीं पाया। पीड़ा से नाचता रहा ! और··· और वार करता रहा रामवतार और साथ-ही-साथ बड़बड़ाता रहा–साला, मेरी बहू को खराब करने चला था हरामजादा ! रामवतार-कल्याण-मनटुआ ने अधमरे सूबेदार का हाथ-पाँव पकड़ हठात् यौनांग काट दिया। सूबेदार फिरकी की तरह नाचने लगा। यौनेन्द्रिय से रक्त की धारा बह निकली। कई बार उछल सूबेदार की देह माटी पर गिरकर तड़पने लगी। रामवतार ने अब कल्याण और मनटुआ की ओर भुजाली बढ़ाकर कहा–लो तुम लोग भी चलाओ। मैं क्या साला अकेले फाँसी के फंदे पर झूलूँगा। कल्याण और मनटुआ ने एक के बाद एक भुजाली चलाकर सूबेदार के शरीर के दो टुकड़े कर दिये। एक ओर पड़ा रहा सूबेदार का खून में लिथड़ा शरीर। पाटखेत पारकर नदी की ओर बढ़ गये तीनों। भुजाली रामवतार ने कहीं पर छिपा दी। तीनों नहाये। नशा इतनी देर में उतर गया तीनों का। धीरे-धीरे डर ने घेर लिया। रामवतार छुट्टी लेकर पहले से ही गाँव गया हुआ था ! गाँव से ही छुपकर आकर यह बदला लिया इसीलिए गाँव ही लौट गया। कल्याण घर से नहीं निकलता ! दिन-रात घर में ही रहता है। कुछ भी जैसे अच्छा नहीं लगता। मनटुआ उसी तरह बस स्टैण्ड लौट गया। कुछ दिन बाद सूबेदार की खोज हुई। कहाँ आखिर बार देखा गया–सूबेदार जी को ? बस स्टैण्ड में ! इसी सुराग से कल्याण पकड़ा गया ! कल्याण पर जरा-सा जुल्म करते ही उसने सारी घटना बता दी। एस. पी. के साथ पाट खेत में आ लाश दिखा आता है। इस बीच लाश सड़ गयी। एक-एक कर रामवतार भी पकड़ा गया। इसी के चलते पिछले छः सालों से वे जेल में हैं। अब जाकर मामला शुरू हुआ है। वकील की सलाह के अनुसार उन्होंने अपराध स्वीकार नहीं किया, किन्तु कल्याण के मन में चैन नहीं। उसके बाद शराब छुई नहीं। शराब की गन्ध-सी उसी दिन की घटना स्मृति में ताजी हो डर बनकर फैल जाती है। ठण्डी लहर-सी दौड़ने लगती है।

रेणु से कल्याण शान्ति की दवा चाहता है।

हत्यारा, हत्या की कहानी ! ! रेणु को कल्याण अच्छा नहीं लगता। कहा–तुम भगवान पर विश्वास करो ! कल्याण ने उदास होकर एतराज किया–"यह सब

मुझसे नहीं होगा और कोई रास्ता बताइए।" रेणु जी ने कहा–"यह जो धूपबत्ती और तुम्हारी जो अपनी तस्वीर है तुम्हारे पास, माँ की दी हुई।" हाफ पैंट पहने पन्द्रह साल की उम्र की एक फोटो कल्याण ने दिखायी। "एक कापी माँ के पास भी है। माँ कहती है तुम मेरे लिए इतने ही बड़े हो।" रेणुजी कल्याण को समझाते हैं–"सुनो ! तुम्हें क्या करना होगा। मुझे जो-जो सुनाया। तुम्हें अपनी तस्वीर सामने रख हर रोज की कहानी तुम शांत मन से अपने को सुनाओगे। धूप जलाकर रखना !" मेरी ओर देख रेणुजी ने कहा–"यह महेश योगी का रास्ता ही पकड़ा दिया !" कल्याण क्रमशः शांत हो गया। उत्तेजना काफी कम हो गयी। अचानक एक दिन अदालत से लौटकर कल्याण ने फूट-फूटकर रोते हुए बताया–"बगल की अदालत में खून के आसामी को बीस साल की सजा हो गयी है।" रेणु जी ने समझाया–"तुम्हें सजा नहीं होगी, और यदि हो भी तो क्या हुआ ? रोज की तरह अपने को शांत करना। तुम्हारी अभी उम्र ही क्या है ? देखते-देखते वक्त गुजर जायेगा। उसके बाद भी देखोगे, काफी जिन्दगी बची रह गयी है। इसके अलावा तुम तो जेल के राइटर हो। तुम्हें तो यहाँ कोई दिक्कत नहीं। आज से तुम एक घण्टे के बजाय दो घण्टे बैठकर अपनी कहानी सुनाओगे।" कल्याण ने वही किया। आहिस्ते-आहिस्ते बिल्कुल शांत हो गया। उस दिन शनिवार था–फैसले का दिन ! कल्याण बिल्कुल शांत ! रेणुजी के पास आकर खड़ा हुआ। कल्याण की माँ गेट पर पूड़ी-सब्जी दे गयी है। बहुत रोयी-चिल्लायी। रेणु ने कहा–"आज तुम खाओ ! इसकी तुम्हें जरूरत है।" गेरुआ तहमद और गेरुआ पोशाक वाले रेणुजी की बात काटी नहीं जा सकती। लम्बे-लम्बे फैले केश ! उज्ज्वल आँखें ! –भीतर तक भेदने वाली !

माँ का खाना और रेणुजी के पूड़े खा कल्याण अदालत गया। दो बजे के करीब जेल पर जोर का हल्ला-गुल्ला ! उन तीनों को ही मामले में रिहाई मिली। कल्याण की आँखों में पानी ! आकर रेणुजी के पैर छुए।

कल्याण जेल से छूटकर माँ के पास चला गया। चार-एक दिन के बाद गेट पर कल्याण आया है ! साथ में हैं मोहल्ले की कई बंगाली बहुएँ। किसी-किसी के गोद में बच्चे। रेणुजी की ओर सब कौतूहल से देख रहे हैं। बाबाजी मेरे बच्चे को जरा छू दीजिए, वह जैसे ठीक हो जाये। कल्याण ने इन दिनों में न जाने क्या सब कहानियाँ कही हैं ? किसी तरह समझा-बुझाकर रेणुजी जेल में लौट आते हैं। "यह एक झमेला हुआ न !" सब लौट जाते हैं।

रेणुजी लौटकर सोचते रहते हैं। अपनी ताकत का अहसास करा देने के बाद भी ये कितने असहाय रहते हैं। उसे भी पकड़कर नहीं रख पाते। कल्याण इस प्रकार के व्यवहार के साथ ही उजागर हो उठता है। रेणुजी के आत्मानुसंधान और आत्मविश्वास का चेहरा ! कल्याण छूट जायेगा। दावे के साथ यह कहना रेणुजी के लिए संभव नहीं था। लेकिन जिसने खून किया है या जिससे खून हो गया है, वह अच्छाइयों की ओर फिर से बढ़ सकता है–यह बोध कल्याण में बन

जायेगा, इतना अनुमान जरूर रेणुजी ने लगा लिया था।

जयप्रकाशजी के आन्दोलन में शामिल होने में भी रहा है यही एक विश्वास ! इसी तरह का एक समान बोध ! इस देश का आदमी बिल्कुल खंदक के किनारे पर आकर खड़ा है। इसी तरह यदि उन्हें कुछ वापिस लाया जा सके। सभी पार्टियों के लोग हैं इस आन्दोलन में। हालाँकि पार्टी को सामने नहीं रखने दिया गया–फिर भी अन्दर-ही-अन्दर पार्टी की सुविधा या स्ट्रेटेजी के चलते, कौशल के चलते वे आन्दोलन में आये हैं। किन्तु मानव एक ऐसा अजीब प्राणी है कि जिसे अगर धीरे-धीरे आगे बढ़ाकर ले जाया जा सके तो उनकी चतुराई चुकती जाती है। आदमी के मौलिक गुणों की हदों में ही उसकी अवशिष्ट लड़ाई शुरू हो जाती है। रेणु जी अपनी कथाभूमि के लोगों और पाठकों को ठेलकर ले जाना चाहते हैं–ठीक उसी ओर !

कृतिबास, बंगला मासिक, सं.–सुनील गंगोपाध्याय, दिसम्बर, 1974

रेणु व समीर राय चौधरी के पूरे संवाद बंगला में होने के कारण, बंगला जानने वाले हिन्दी पाठक मूल बंगला में इसका ज्यादा आनन्द उठा सकते हैं।

हिन्दी अनुवाद : प्रमोद बेड़िया/श्याम अविनाश

सबार ऊपरे मानुष सत्य

यह समान्तर-फमान्तर क्या होता है··· साहित्य समाज के समान्तर या समानान्तर नहीं चलता। साहित्यकार किसी स्थिति का दर्शक मात्र नहीं हो सकता। वह स्थितियों को जीता है, उन्हें भोगता है, प्रतिक्रिया करता है।··· मैं अपने आपको खोजता हूँ इसलिए लिखता हूँ। भोगे हुए साहित्य जैसे 'लिटरेरी जारगन' में मेरा विश्वास नहीं। पर लिखता मैं भी वही हूँ, जो देखता हूँ, सोचता हूँ, अनुभव करता हूँ।··· क्या लेखक स्वयं आम आदमी नहीं है !

बम्बई में प्रसिद्ध पत्रकार विश्वनाथ के साथ बातें करते हुए रेणुजी।

"प्रतिबद्धता··· "

रेणुजी ने मेरी बात पूरी नहीं होने दी। "किस प्रतिबद्धता की बात कर रहे

हैं आप ?" उन्होंने जरा तैश में कहा, "मैं प्रतिबद्धता का केवल एक ही अर्थ समझता हूँ–आदमी के प्रति प्रतिबद्धता, बाकी सब बकवास है।" मैं उनकी ओर देखने लगा।

वे उसी तैश में बोलते रहे, "प्रतिबद्ध लोग कहते हैं, बढ़े हुए पाँव, उठे हुए हाथ ही काफी नहीं हैं। वे दिखाना चाहते हैं कि उठे हुए हाथ में झण्डा किस रंग का है ?··· यह कैसी प्रतिबद्धता है ?"

आमदनी के प्रति स्वयं को प्रतिबद्ध बताने वाले हिन्दी के प्रसिद्ध कथाकार श्री फणीश्वरनाथ 'रेणु' ने यह बात अपने बम्बई प्रवास के दौरान कही थी। मालाड के एक गेस्ट हाउस के कमरे में उस समय मेरे अलावा दो-तीन और साथी भी थे और सबने देखा–रेणु का संवेदनशील साहित्यकार उस दिन उनके चेहरे पर स्पष्ट झलक आया था। साथ ही साहित्य को व्यवसाय बनाकर उसे भुनाने वालों के प्रति उनकी पीड़ा भी बातचीत के दौरान छलक-छलक पड़ती थी।

रेणुजी बिहार आन्दोलन से सीधे जुड़े हुए हैं। उन्होंने लाठियाँ भी खायी हैं। जेल भी गये हैं। स्वाभाविक था बातचीत में साहित्यकारों के दायित्व और समाज के सम्बन्धों का जिक्र आता। प्रतिबद्धता की बात भी इसी संदर्भ में उठी थी। उन्होंने कहा कि मनुष्य को वे सबसे बड़ा सत्य मानते हैं। अपनी बात को उन्होंने चण्डीदास के शब्दों में यूँ कहा था–

सुन रे मानुष भाई,
सबार ऊपर मानुष सत्य
ताहार ऊपर किछु नाई।

'मैला आँचल' और 'परती : परिकथा' का लेखक यदि इस भाषा में बात कर रहा था, तो यह स्वाभाविक ही था। उनके ये दोनों उपन्यास स्वतन्त्र भारत के आम आदमी की आशाओं-आकांक्षाओं की कहानी हैं, उनकी निराशा और हताशा की अभिव्यक्ति हैं।

"लेकिन आम आदमी की बात तो आज के लेखक भी कर रहे हैं। आज तो आम आदमी की बात करने का आन्दोलन-सा चलाया जा रहा है," मैंने कहा था।

"किस आम आदमी की बात ? और आम आदमी की बात करने के लिए आन्दोलन की क्या जरूरत है," रेणु जी ने पूछा।

इसी सन्दर्भ में उन्होंने कहा कि आज आम आदमी की दुहाई देना एक फैशन हो गया है। लेखक आम आदमी को ढूँढ़ रहा है। उन्होंने इस बात पर आश्चर्य प्रकट किया कि लेखक आम आदमी को खोजने की कोशिश कर रहे हैं ! क्या लेखक स्वयं आम आदमी नहीं हैं ? उन्होंने प्रश्न किया था और फिर स्वयं यही उन्होंने कहा था, यदि वह आम आदमी है तो स्वयं उसकी बात आम आदमी की बात होनी चाहिए। फिर उन्होंने कहा था, "यदि किसी लेखक के लेखन में ऐसा नहीं लगता, तो इसका सीधा-सा अर्थ है, लेखक में ईमानदारी नहीं है,

बनावट है।"

श्री रेणु साहित्यिक आन्दोलनों को अनावश्यक मानते हैं। उन्हें दिखावा कहते हैं।

स्वयं कथाकार होने के नाते उन्होंने समान्तर कहानी की भी चर्चा की। "यह समान्तर-फमान्तर क्या होता है," उन्होंने कहा था। उनके अनुसार–"साहित्य समाज के समान्तर या समानान्तर नहीं चलता। साहित्यकार किसी स्थिति का दर्शक मात्र नहीं हो सकता। वह स्थितियों को जीता है, उन्हें भोगता है, प्रतिक्रिया करता है।"

रेणु ने साहित्यिक आन्दोलनों को 'अस्तित्व की लड़ाई' की संज्ञा दी। उन्होंने कहा कि लेखक जब अपने अस्तित्व के प्रति चिंतित हो जाता है, अपने लेखन के प्रति सशंकित हो जाता है, तो साहित्यिक आन्दोलन की बात सोचने लगता है।

रेणुजी बम्बई में एक लेखक सम्मेलन में भाग ले चुके थे। साहित्यिक आन्दोलनों के बारे में उनकी इस बात के सन्दर्भ में मैं पूछ ही बैठा कि इस तरह के सम्मेलनों में वे क्यों भाग लेते हैं। उन्होंने बड़े हल्के ढंग से कह दिया, "अरे भाई, इनकी तो एक ही उपलब्धि होती है, आपस में मुलाकात।" और यह कहकर वे हँस पड़े थे।

"आप क्यों लिखते हैं ?" मैंने सीधा सवाल किया।

"मैं अपने आपको खोजता हूँ इसलिए लिखता हूँ।" वे फिर गम्भीर हो गये थे। "भोगे हुए साहित्य, जैसे 'लिटरेरी जारगन' में मेरा विश्वास नहीं। पर लिखता मैं भी वही हूँ, जो देखता हूँ, सोचता हूँ, अनुभव करता हूँ।"

"यह तो सब लेखक कहते हैं रेणुजी। आप अपने बारे में कुछ खास बात हो तो बताइए।"

"खास बात तो मैं नहीं जानता, पर हाँ इतना जरूर मानता हूँ कि जब तक मैं लिखने के लिए मजबूर नहीं हो जाता, मैं नहीं लिखता–पागल होने के बाद ही लिखता हूँ। रही क्यों लिखने की बात, तो अपना दुख-दर्द बँटाने के लिए लिखता हूँ।"

'परती : परिकथा' लिखने के बाद श्री रेणु का लगभग मौन हो जाना, कोई और उपन्यास न लिखना, उनकी इस बात की पुष्टि करता है। उन्होंने बताया भी, "मैला आँचल में मैंने अपना दुःख-दर्द लिखा था, नये स्वतन्त्र देश की हालत दिखायी थी। पर तब तक मुझे स्वतन्त्र भारत के भविष्य में भरोसा था। मेरा स्वर आशा का स्वर था। पर अपने दूसरे उपन्यास में एक तटस्थ लेखक की हैसियत से मैंने दिखाया कि आदमी का हृदय भी बंजर होता जा रहा है, स्वयं मेरा हृदय भी बंजर हो गया था···।"

रेणु को इस बात का दुःख है कि इन दो उपन्यासों में कही गयी उनकी बात को तीसरे दर्जे के नागरिक की बात समझी गयी। उन्होंने कहा भी, "लेखक की भूमिका पुरोधा की भूमिका होती है। पर हमारे राजनेता उसे तीसरे दर्जे का नागरिक

समझते हैं। जबकि तथ्य यह है कि समाज की सारी विकृतियाँ स्वयं इन राजनेताओं की देन हैं।"

"तो क्या राजनेताओं की उपेक्षा के कारण लेखक चुप होकर बैठ जाये ?"

"नहीं, चुप क्यों बैठे। यह चुप बैठ ही नहीं सकता…।"

"तो वर्तमान परिस्थितियों में लेखक को क्या करना चाहिए ? क्या कहना चाहिए ?"

इस प्रश्न के उत्तर में रेणुजी ने अपना उदाहरण देकर बात समझायी। उन्होंने बताया कि देश की वर्तमान स्थिति ने उनके सपने और विश्वास तोड़ दिये थे। वे निराश हो चुके थे। प्रजातान्त्रिक पद्धति से भी उनका विश्वास उठने लगा था। कुछ समय के लिए तो उन्होंने सोचा था कि शायद नक्सलपंथ ही ठीक है। पर यह भ्रम शीघ्र ही टूट गया। फिर गुजरात में जो कुछ हुआ उससे कुछ आशा बँधी। बिहार ने इस आशा को और मजबूत किया।

रेणुजी ने स्पष्ट कहा कि आज लेखक को सिर्फ कलम ही नहीं चलानी है बल्कि परिवर्तन की इस प्रक्रिया में सक्रिय भाग भी लेना है।

उन्होंने कहा, "मेरा लेखक मर चुका था। बिहार आन्दोलन ने उसे पुनः जीवित कर दिया है। अब मुझे लगने लगा है कि जिस समाज में मैं रह रहा हूँ, वह सुधर सकता है।"

मुझे लगा, यहाँ युवा लेखकों की बात की जा सकती है। "युवा लेखकों के बारे में आपकी क्या राय है," मैंने पूछा था।

"युवा लेखकों पर मुझे भरोसा है", यह बात मेरा प्रश्न सुनते ही उनके मुँह से निकली थी। उन्होंने कहा, "नवलेखन में कल्लोल तो है, पर आग भी कम नहीं।" उनका विश्वास था कि इस आग की गर्मी उनको भी लगेगी, जो हार-थककर बैठ गये हैं।

लेकिन रेणुजी ने इस बात की ओर संकेत किया कि बन्द कमरे में बैठकर लिखने का जमाना लद चुका है। लेखक को परिवर्तन की प्रक्रिया का गवाह नहीं, भागीदार बनना है। इस सन्दर्भ में उन्होंने बिहार आन्दोलन में जुटे युवा लेखकों का भी जिक्र किया। उन्होंने कहा कि ये लेखक अब जो लिखेंगे, उसमें अनुभव की सचाई तो होगी ही, एक नयी दृष्टि भी होगी।

देश के इस वरिष्ठ लेखक की यह मान्यता है कि लेखक का काम सृजन करना है, वक्तव्य देना नहीं। यदि लेखक को वक्तव्य देकर अपने सृजन की आवश्यकता महसूस होती है तो उसे डूब मरना चाहिए।

यहाँ उन्होंने आलोचकों की भी बात की। उन्होंने बताया कि स्वयं उनका आलोचकों में कोई विश्वास नहीं। क्योंकि अधिकांश आलोचक पूर्वाग्रह से ग्रस्त होते हैं। इस सन्दर्भ में उन्होंने एक घटना भी सुनायी थी। उनके एक कथा-संग्रह 'ठुमरी' का विज्ञापन छपा था। विज्ञापन में 'कथा-संग्रह' शब्द शायद नहीं था। कथा-संग्रह भी अभी प्रकाशित नहीं हुआ था पर एक 'विद्वान' आलोचक ने समालोचना

लिखकर छपवा दी, रेणु का यह उपन्यास भी रेणु के पिछले दो उपन्यासों की लीक पर है। यह घटना सुनाते हुए रेणु जी ने आलोचक के साथ जुड़े विद्वान शब्द पर विशेष जोर दिया था।

"रेणु जी, आपने कहा कि बिहार के आन्दोलन ने आपके लेखक को पुनः जीवित कर दिया है। क्या आप कुछ नया लिख रहे हैं।" मेरा अन्तिम प्रश्न था।

"हाँ," उनका उत्तर था। "एक उपन्यास लिख रहा हूँ। पर उसके बारे में कुछ बताऊँगा नहीं।"

"क्यों ?"

"अरे भाई, किसी आलोचक ने पढ़ लिया तो पहले ही समालोचना लिख देगा।"

और रेणु जी यह कहकर हँस दिये थे। इस बार की हँसी में हम, वे, सबने उनका साथ दिया।

छेड़ो न मेरी जुल्फें, सब लोग क्या कहेंगे !

सन् बयालीस के आन्दोलन में मुझे सेल के भीतर रखा गया। जेलखाने के कंबलों में चीलरें भरी थीं। बदन में चीलर और बालों में जूओं का साम्राज्य छा गया। इतनी जूएँ कि कल्पनातीत ! पहली बार अनुभव हुआ था कि जूँ कैसी होती है और कान पर कैसे रेंगती है। तब जितनी जूएँ पकड़ी थीं, सभी कान पर ही पकड़ी थीं।

जेल से छूटने पर जूओं से छुटकारे का सीधा जवाब–मुंडन करवा लिया ! [बाद में जूएँ भले सिसकती रही हों–तेरी जुल्फों से जुदाई तो नहीं माँगी थी, कैद माँगी थी, रिहाई तो नहीं माँगी थी !]

अपने बालों से जुड़ी कितनी ही कथा-परिकथाएँ सुना रहे हैं श्रीमती गीता पुष्प शॉ को रेणुजी।

रेणुजी की घनी, काली, घुँघराली नाजों से पली केशराशि से कई को रश्क है, और कई को इश्क। मैंने सोचा, चलकर उनका इंटरव्यू लिया जाये, सुन्दरतम केश सज्जा का रहस्य पूछा जाये, ताकि महिला जगत को कुछ लाभ हो सके (लम्बे बालों वाला पुरुषवर्ग तो लाभ उठाएगा ही)।

एक इतवार की सुबह उनके घर जा धमकी–अपने पतिदेव राबिन शॉ पुष्प के साथ। रेणुजी घरेलू किस्म का जूड़ा बाँधकर बैठे हुए थे। वैसे, कभी-कभी रिबन भी बाँधते हैं, या रबर बैंड लगाते हैं। बाल धोने की तैयारी कर ही रहे थे। बोले, बड़ा ठण्डा मौसम है। सामान जमा करके छत पर धूप में जाकर बाल धोऊँगा।" हम कोठे पर आ गये। उन्होंने सामान जमाया, "हाँ, तो कैसा इंटरव्यू लेंगी ?"

मैंने जरा संकोच से कहा, "जी जरा··· जरा··· इन्हीं बालों के सम्बन्ध में कुछ पूछना है।"··· तभी पड़ोस का लाउडस्पीकर चीख उठा–"छेड़ो न मेरी जुल्फें सब लोग क्या कहेंगे··· " मेरा सवाल गले में ही अटककर रह गया। रेणु जी भी चुप! जब गीत खत्म हो गया, तो किसी तरह बोले, "गीता जी, आज तक जाने कितने ही इंटरव्यू दे चुका हूँ··· लेकिन जुल्फों के सम्बन्ध में ये मेरा पहला इंटरव्यू होगा ··· कहीं लोग कुछ कहेंगे तो नहीं ? 'खैर, पूछिए···।" और वे बाल धोने लगे।

मैंने सवाल शुरू किए और वे जवाब देते चले गए।

"आप कितने दिनों में बाल धोते हैं ?"

"सप्ताह में एक बार, इतवार को, क्योंकि तब नल में पानी देर तक आता है। बाल सुखाने की भी फुरसत रहती है।"

"रेणुजी, वैसे तो सभी मर्द जिस साबुन से नहाते हैं, उसी से सिर धो लेते हैं। आप किस साबुन का इस्तेमाल करते हैं।"

"मैं साबुन से सिर नहीं धोता। वैसे मेरे चेहरे की सुन्दरता का राज है–मार्गो सोप।"

"अच्छा ! फिर आप बाल किससे धोते हैं ?"

"जब पटना में रहता हूँ, तो शैंपू से, कभी-कभी सैलून में जाकर भी शैंपू करवा लेता हूँ। देहात में रहता हूँ, तो बेसन से बाल धोता हूँ।"

"तेल कौन-सा लगाते हैं ?"

"अरे बाप रे ! तेल का नाम मत लीजिए। तेल से तो मुझे एलर्जी है। खाना खाते समय अगर हाथ में भी तेल लग जाता है, तो कई बार साबुन से हाथ धोता हूँ।"

"अच्छा, ये इतने सारे ब्रश और कंघियाँ किसलिए हैं ?"

"बालों में तेल नहीं डालता न, इसलिए वे जल्दी उलझ जाते हैं। जब बाल बनाता हूँ, तो सबसे पहले ब्रश से झाड़ता हूँ, फिर बड़ी कंघी से, फिर मोटी कंघी से और अन्त में फिनिशिंग टच–इस छोटी कंघी से।"

"तो यह बात है। अब मैं समझी कि इतनी देर क्यों लगती है।"

दिनकर जी जब थे, तो नीचे से ही चिल्लाते–"अरे, जल्दी नीचे उतरो, कितनी देर लगाते हो सिंगार-पटार में रेणु।"

उड़ें जब-जब जुल्फें तेरी उर्फ इमलियों का झूलना

"मेरे बचपन में कई देवी-देवताओं के नाम पर मनौतियाँ मानी गयी थीं। मनौती

पूरी होने पर मुंडन होता है। कई वर्षों से बाल बढ़ते-बढ़ते सिर में जटाओं की भरमार हो गयी थी। किसी तरह जटाजूट को बाँधकर रखा जाता।

"उस समय पाँच-छह वर्ष का था। लोग कहते– 'ए रिनुआ, हवा चलती है, तो पेड़ में लगी इमलियाँ कैसे झूलती हैं ? जरा दिखाओ तो, लेमनचूस देंगे।' और लेमनचूस के लालच में मैं सिर नचाकर, जटाएँ हिलाकर दिखाता–"ऐसे !"

घूँघरवाला मेरा, नाजों का पाला मेरा उर्फ पहला मुंडन

"पहली बार दस वर्ष की आयु में मेले में ले जाकर मुंडन करवाया गया। हमारे साथ घर का नाई भी गया। तभी पहली बार नाई के साक्षात दर्शन हुए। बूढ़ा नाई। मुँह से दुर्गन्ध। उसका उस्तरा इतना भोथरा था कि उससे शायद खुरपी का काम भी नहीं लिया जा सकता था। चार बाल काटता था, तो पच्चीस बाल नोचता था। वह पहला मुंडन इतना भयानक लगा, कि तब से नाई के नाम से ही भाग खड़ा होता। बाल बढ़ जाने पर टीचरों से खूब डाँट पड़ती, तब कहीं वर्ष में एक बार मुश्किल से बाल कटाता।"

तेरी जुल्फों से जुदाई तो नहीं माँगी थी उर्फ दूसरा मुंडन

"सन् बयालीस के आन्दोलन में मुझे सेल के भीतर रखा गया। जेलखाने के कम्बलों में चीलरें भरी थीं। बदन में चीलर और बालों में जुओं का साम्राज्य छा गया। इतनी जुएँ कि कल्पनातीत। पहली बार अनुभव हुआ था कि जूँ कैसी होती हैं और कान पर रेंगती हैं। तब जितनी जुएँ पकड़ी थीं, सभी कान पर ही पकड़ी थीं।

"जेल से छूटने पर जुओं से छुटकारे का सीधा जवाब–मुंडन करवा लिया।" (बाद में जुएँ भले सिसकती रही हों–तेरी जुल्फों से जुदाई तो नहीं माँगी थी, कैद माँगी थी रिहाई तो नहीं माँगी थी।)

सौतन के लम्बे-लम्बे बाल उर्फ 'एक्सक्यूज मी मैडम'

"एक बार मैं दिल्ली से पटना आ रहा था। ठण्ड की रात थी। नीचे की बर्थ पर रजाई ढाँप-ढूँप कर सो रहा था। सामने की बर्थ पर कोई श्रीमती जी सोई थीं। उनके श्रीमान ऊपर की बर्थ पर। श्रीमान को शायद डायबिटीज का रोग था। रात को मिनट-मिनट पर बत्ती जलाकर कहते–"एक्सक्यूज मी मैडम।" नीचे उतरते और बाथरूम जाते। उनकी देखादेखी ऊपर की बर्थ वाले दूसरे सज्जन भी बार-बार बाथरूम जाने लगे। हर बार बत्ती जलती। फिर "एक्सक्यूज मी मैडम", कहा जाता। उनकी श्रीमती जी मन-ही-मन कुढ़ रही थीं, "बड़ी एक्सक्यूज माँगी जा रही है इन लम्बे बालों वाली मैडम से हूँ !" और वे मुँह फेरकर सो गयीं। सुबह हुई, तो ऊपर वाले सज्जन फिर बोले–"एक्सक्यूज मी मैडम, रात आपको

बहुत परेशान किया।" मैंने जवाब नहीं दिया। मुस्कराता रहा।

"कानपुर स्टेशन पर सभी चाय लेने लगे। मैं भी रजाई फेंककर चाय लेने लपका। अब तो डिब्बे के सब लोग भौंचक। वे सज्जन झेंप गये। "अरे ! रात भर हम आपको मैडम समझते रहे।" श्रीमान की श्रीमती जी ने लम्बे बालों वाली सौतन की जगह लम्बे बालों वाले मर्द को देखा तो चैन की साँस ली।"

सजनवा बैरी हो गए हमार उर्फ बालों की खिंचाई

चलते-चलते मैंने रेणुजी से पूछ ही लिया, "यूँ तो आपने बड़े प्यार से अपनी जुल्फों को पाला है। बड़ा प्यार किया है। पर क्या कभी आपको तकलीफ भी हुई है–लम्बे बालों से ?"

रेणुजी एक आह भरकर बोले, "जी हाँ ! सन् बयालीस में जब सेल में बन्द था, तो पुलिस वाले बड़ी बेरहमी से इन्हीं जुल्फों को पकड़कर खींचते थे और दीवार पर सिर दे मारते थे। बहुत दर्द सहा था, तब इन्हीं जुल्फों के कारण और लम्बे बाल रखने का दुःख हुआ था तभी पहली बार।"

अनूदित रचनाएँ

(नेपाली से)

विश्वेश्वरप्रसाद कोइराला की दो कथाकृतियाँ

होड़

(कहानी)

पति और पत्नी अपने सोने के कमरे में थे। हाल ही शादी हुई थी। स्वभावतः प्रेम में डूबे हुए थे। पति जैसे प्रेम से पत्नी को निगल जाना चाहते थे। और, यद्यपि पत्नी उनके इस पुरुषार्थ से प्रतिद्वंद्विता करने में अशक्त थी, तो भी वह चाहती थी कि उन्हें सदा अपने नयनों में बसाये रखूँ। तात्पर्य यह कि दोनों में अगाध प्रेम था।

विजया को चिढ़ाकर, गुदगुदाकर, सजा पाने के डर से, विजय बिछौने से कूदकर कमरे के कोने में शरण लेने के लिए दौड़े। लेकिन पत्नी द्वारा प्रहारित तकिये का गोला उनके सिर पर आ ही पड़ा। इस तरह का नाजुक प्रहार पत्नी के सिवा और कौन कर सकता है?–रूई की तरह हल्का! इस तरह लड़ते-झगड़ते, कभी-कभी, गंभीर विषय पर, दोनों में तीव्र बहस भी छिड़ जाती। मुँह फुलाकर, कटुता में, दोनों, मुँह फेरकर सोने में भी देर न करते। न जाने किस प्रसंग से यह बात निकली; लेकिन दोनों में बड़े जोरों की बहस शुरू हो गई। विजय ने हँसकर, जोश को अचानक ठंडा कर, कहा–"सब स्त्रियाँ उसी की तरह होती हैं–शक्तिहीन, हृदय की अस्थायी उमंग में बह चलनेवाली–क्या तुम्हें इसके लिए प्रमाण चाहिए ?"

विजया जोश में थी, कहने लगी–"एक-दो को देखकर सारी जाति पर आक्षेप नहीं कर सकते। चरित्र के मामले में स्त्रियाँ कदापि कमजोर नहीं होतीं। एक-दो पथ-भ्रष्टा अपवाद में तो मिल ही सकती हैं।"

विजय ने शांतिपूर्वक कहा–"मैंने तुम्हारे ऊपर क्या आक्षेप किया है जो इस तरह नाराज हो गयीं ? सच पूछो तो मैं स्त्रियों की इस कमजोरी की वजह से उनकी अवहेलना नहीं करता। मैं तो उनकी कमजोरी को स्त्रीजनोचित गुण समझता हूँ। आखिर समाज में उनका स्थान किसलिए है ? उनकी जिम्मेदारी है क्या ? पुरुषों की सुख-प्राप्ति में सहायक होना। उनका कर्तव्य है कमजोर होना, चरित्रहीन होना ! उपयुक्त शब्द न मिलने के कारण 'चरित्रहीन' कह रहा हूँ, नहीं तो वास्तव में 'चरित्रहीन' शब्द जायज नहीं है। समझीं ?"

विजय के इन वाक्यों ने आग में घी का काम किया। विजया के क्रोध की

सीमा न रही। चिल्ला उठी–"प्रमाण देना होगा, प्रमाण। जो मुँह में आया सो बंक देने से न होगा। प्रमाण दो।"

विजय ने अपनी हथेली पर मुक्का मारते हुए कहा–"यही तो मैं तभी से कह रहा हूँ। मैं प्रमाण पेश करने को तैयार हूँ।"

बहस यहाँ आकर समाप्त हुई। यह तय रहा कि पति को प्रमाण देना है; तभी पति की बात को पत्नी स्वीकार कर सकेगी। नहीं तो, प्रमाण न देने पर, स्त्रियों के संबंध में आपत्तिजनक बातें कहने के अपराध में, पति को पत्नी के पैरों पड़कर माफी माँगनी होगी। तो, दोनों इस संधि पर राजी हुए।

पत्नी ने कहा–अच्छा, लो, कृष्णा को देखो।

पति–अच्छा, हाँ, रहा।

पति का शांत और विश्वासपूर्ण उत्तर सुनकर पत्नी को किंचित घबराहट हुई–कृष्णा न मालूम किस तरह की है, उसके पैर फिसल गये तो ? उसने कहा–कृष्णा को नहीं, प्रमिला को।

पति ने उसी निश्चल भाव से कहा–अच्छा, वही सही।

विजया का अब प्रमिला पर भी विश्वास न रहा। उसने फिर कहा–न, न, प्रमिला कुछ हल्के स्वभाव की है, उस पर मेरा भरोसा नहीं। हरिमाया को लो। तब समझूँ !

उस पर भी विजया को विश्वास न हुआ। बोली–नहीं, बाबा, नहीं। बाजी बहुत बड़ी लगाई है, मुझे समझ-बूझकर चलना है। हरिमाया न जाने कैसी निकले !

"अब देख रहा हूँ कि धीरे-धीरे तुम मेरे ही विचार की ओर आ रही हो। तुम्हारी इतनी सहेलियाँ हैं, किसी पर भी तुम्हारा भरोसा नहीं ! तब, तुम्हीं बताओ, मैंने जो कहा–'स्त्रियाँ चरित्र के विषय में कमजोर होती हैं'–क्या गुनाह किया ?... "

विजया अपनी सहेलियों को याद कर रही थी। मन ही मन एक के बाद दूसरे का अध्ययन करती और उन्हें छाँटती जाती। इसी बीच उसे याद आयी हरिकृष्ण की विधवा पत्नी की। अपने मन के मुताबिक स्त्री को पाते ही, जोश में कुछ कहने के लिए खुलते हुए पति के मुँह को हथेली से बंद करती हुई, विजया ने उमंग से कहा–"चुप रहो। लो, हरिकृष्ण की विधवा पत्नी को भ्रष्ट सिद्ध कर सको तो समझूँ।"

इस पर पति ने कुछ आनाकानी नहीं की। उस विधवा को चरित्रहीन साबित कर सकने पर पति की जीत होगी और उसके विचार को मानने के लिए पत्नी बाध्य होगी। लेकिन, यदि इस होड़ में पति की हार हुई तो उसे अपना विचार ही नहीं बदलना पड़ेगा, बल्कि उसे पत्नी के पैर छूकर क्षमायाचना भी करनी पड़ेगी !

पत्नी ने एक शर्त और लगाई–लेकिन, इन्हीं पंद्रह दिनों के अंदर ही मुझे प्रमाण चाहिए। समझे ?

अधीर होकर पति ने कहा–अच्छा, अच्छा; पंद्रह दिनों में ही। लेकिन, मुझ

पर नाराज न होना, मुझे धोखाबाज न समझ लेना। मैं कुछ स्वच्छंद आचरण रखूँगा–तुम्हारी पखवारे की अवधि-भर। मुझ पर शंका मत करना। समझीं ?

विजया ने खुलकर कहा–मंजूर।

दूसरे रोज, सुबह जगने पर ऐसा मालूम हुआ कि दोनों के बीच एक हल्का-सा मानसिक पर्दा पड़ गया है। पत्नी बिना कुछ बोले बिस्तर से उतरकर शरीर के कपड़े ठीक करने लगी। पति भी जगकर दीवार पर टँगे आईने के सामने खड़े हो गये। पत्नी ने पहले शांति-भंग किया–मानसिक पर्दा गिरा दिया; कहा–"शायद अपने को खूबसूरत समझ रहे हो, इसलिए जगते ही शीशे के सामने खड़े हो गये !"

विजय ने आँखें मटकाकर पूछा–क्या मैं खूबसूरत नहीं हूँ ? क्या मैं तुम्हें पसंद नहीं ?

पत्नी दौड़कर उससे चिपक गयी–मेरे लिए तुम सबसे सुंदर हो !

फिर दोनों मिलकर खूब हँसे।

रात को सोने के वक्त पत्नी ने कहा–एक दिन बीत गया। अब चौदह दिन ही रह गये। याद है न ?

पति मुस्कुराया–याद है !

फिर दूसरे रोज, सुबह उठने पर, दोनों का बर्ताव भिन्न था। पत्नी जगकर सीधे नहाने चली गयी। पति कुछ देर तक बिस्तर पर बैठै रहे; फिर मुँह-हाथ धोकर, कपड़े बदलकर, बाहर निकल गये। लौटने पर पत्नी ने कुछ तीखी जुबान में पूछा–किधर आज इतने तड़के··· ?

पति ने कपड़े उतारते हुए कहा–हरिकृष्ण के यहाँ गया था।

पत्नी का चेहरा अचानक उतर गया। लेकिन बलपूर्वक अपनी आकृति को सँभालकर बोली–ओहो ! इसीलिए तो आज इस तरह बन-ठनकर निकले थे–और इतने तड़के !

"क्या करूँ ? चौदह में भी एक दिन निकल गया ! बाजी जो लगा रखी है।"

पत्नी कुछ बोली नहीं; धीरे से उठकर रसोईघर की ओर चली गयी। रात में भी बिस्तर पर दोनों के बीच कोई बातचीत नहीं हुई। गुमसुम दोनों सो गये।

उन्हीं दिनों, एक दिन, विजया हरिकृष्ण की विधवा पत्नी के यहाँ गयी। विधवा ने स्वागत करते हुए कहा–धन्य मेरे भाग ! आज कैसे तुम रास्ता भूल गयीं ? मुझे एकदम भूल ही गयीं न ? दैव और संगिनी दोनों एक साथ मुझसे विमुख हो गये !

उसका सुंदर चेहरा देखकर विजया के हृदय में ईर्ष्या का हल्का-सा संचार हुआ। उसके मन ने तर्क भी किया–'इतनी सुंदर तो यह कभी न थी। विधवा होते ही इसकी सारी श्री लुप्त हो गयी थी। आज का यह प्रफुल्ल चेहरा कहाँ से आया ?'

विजया एकटक उसे देखती रही। विधवा उसका हाथ पकड़ उसे भीतर खींच ले गयी–क्यों तुम इस अनोखे ढंग से मेरी ओर ताक रही हो ? मुझमें अब रह

ही क्या गया ? और अगर कुछ हो भी तो, मेरे अपने तो गुजर गये !

विजया ने फिर मन में तर्क किया—इतनी चंचल तो यह पहले नहीं थी; बड़ी भोली-भाली थी।

वह लौटकर अपने घर चली आयी। खाते समय पति से व्यंग्यभरी वाणी में पूछा—वह विधवा तो खूब अच्छी है न ? चेहरा जैसे सुंदरता से दमक रहा हो !

विजय ने खाते हुए ही उत्तर दिया—हाँ, अच्छी जरूर है।

विजया मर्माहत हो रही। बाद फिर दोनों में कोई बातचीत नहीं।

रात को, सोते समय, विजया अनायास बिगड़ गयी—इसके क्या मानी ! सारा तकिया अपने ही लिए रखोगे, या मुझे भी इस पर सिर रखने दोगे ? इसका अर्थ कहीं यह तो नहीं है कि मैं दूसरा बिस्तर करूँ ?

पति ने आश्चर्य से पूछा—'बिगड़ क्यों गयीं ? बिस्तर में जगह काफी है। फिर क्यों एक कोने में सिमट गयी हो ? नजदीक चली आओ।'

अनखाकर बोली—'मुझे सटकर सोना अच्छा नहीं लगता !'

विजय ने उसी की ओर तकिया खिसकाते हुए कहा—ऐसी बात है तो तुम्हीं तकिया रख लो, मुझे इसकी जरूरत नहीं है।

विजय की ओर तकिया ठेलकर, अपने बायें हाथ पर सिर रखकर, सोने का स्वाँग करती हुई बोली—तकिया मुझे नहीं चाहिए।

अंत में तकिया दोनों के बीच ठंडा होकर बिस्तर पर पड़ा रहा !

विजय प्रतिदिन विधवा के यहाँ जाता। विजया भी बीच-बीच में वहाँ जाया-आया करती। एक दिन विधवा ने कहा—"तुम मेरे घर आती हो, मुझे बहुत संतोष होता है। मैं कितनी अकेली हूँ, मेरे लिए संसार कितना सूना है, तुम इसकी कल्पना भी नहीं कर सकतीं। तुम्हारे आने पर मैं कुछ देर के लिए सुखी हो जाती हूँ।"

विजया ने सहानुभूति के स्वर में कहा—"बहन, मुझे फुर्सत ही नहीं मिलती। फुर्सत मिलते ही मैं दौड़ी चली आती हूँ। विजय बाबू ही मुझे नहीं छोड़ते।"

इतना कहकर उसने धीरे से आँखें झुका लीं।

प्रेमसेन ?—विधवा ने पूछा।

विजया ने सिर हिलाकर 'हाँ' कहा।

विजया के कंधे पर हाथ रखकर विधवा कहने लगी—'पुरुषों का क्या ठिकाना ? पत्नी से भी प्रेम करते हैं, दूसरी औरतों पर भी नजर गड़ाये रहते हैं। पुरुष-जाति का यही तरीका है। लेकिन, तुम्हारे पति तो बड़े सुशील और सहृदय सज्जन हैं—उस तरह के नहीं होंगे।

विजया की झुकी हुई ठुड्डी को ऊपर उठाकर विधवा ने फिर कहा—तुम कितनी भाग्यवती हो !

विजया ने तुरंत परिस्थिति का खयाल कर कहा—बहन, तुमने उन्हें नहीं पहचाना है। ऊपर से देखने पर दूध के धुले मालूम पड़ते हैं। थोड़ा-सा चमड़ा कुरेदकर देखने पर सब पुरुष एक-से ही हैं—पशु, विषयी, व्यसनी !

विधवा ने विजया के मुँह को हथेली से बंद करते हुए कहा–छी-छी, विजया, क्या कह रही हो ? पति के प्रति क्या इस तरह के शब्द मुँह से निकालना उचित है ? तुम्हारे पति एक रत्न हैं–रत्न !

विजया क्रोध से तिलमिला उठी; मन ही मन दाँत पीसकर कहने लगी–'रत्न भला क्यों न हों जब आप उनकी पत्नी बनने जा रही हैं ! पतिता, भ्रष्टा !'

उस दिन से उसने विधवा के यहाँ जाना बंद कर दिया। अपने घर में चुप बैठी रहती। पति और पत्नी में बातें नहीं होतीं। घर में वह अकारण कोप किया करती। नौकरों की तो जान आफत में थी।

चौदहवें दिन उसकी दशा दयनीय हो गयी। वह दिन-भर छटपटाती रही, जैसे सारी देह में आग लग गयी हो। एक कमरे से दूसरे कमरे में जाती–कभी रसोईघर में, कभी बैठके में, कभी सोने के कमरे में, कभी भंडार-घर में। लेकिन, चैन कहीं नहीं। आखिर दौड़ी-दौड़ी फिर उसी विधवा के यहाँ गयी। पर आज उसे ऐसा भान हुआ कि विधवा ने उसका आना पसंद नहीं किया। बातें भी नहीं के बराबर हुईं।

विजया हतोत्साह होकर घर लौट आयी। उसे अचानक भयानक सूनेपन का अनुभव हुआ। वह भयभीत हो उठी। शरीर में कँपकँपी पैदा हो गयी, जैसे जाड़े से काँप रही हो। वह खड़ी न रह सकी। जाकर बिस्तर पर लेट गयी। फिर फूट-फूटकर रोने लगी। रोते-रोते उसे कुछ शांति मिली। वह शिथिल होकर सो गयी।

असमय सोयी हुई देखकर विजय ने उसे हिलाकर जगाया–कुवेला में क्यों सो रही हो, विजया ?

विजया आँखें मींजती हुई उठ बैठी। उसे ऐसा मालूम हुआ कि वह अत्यंत शिथिल तो हो गयी है, लेकिन चित्त में महान् शांति है। क्रोध तो उसके हृदय में अब लेशमात्र भी न था। उसमें अब न जोश था न उमंग, जैसे वह बिल्कुल भावना-शून्य हो गयी हो।

रात को पति ने उसे धीरे से गुदगुदाकर कहा–विजया, आज चौदहवाँ दिन रहा।

विजया ने धीमे स्वर में उत्तर दिया–मालूम है।

इतना कह बिस्तर पर दूसरी ओर फिरकर सोयी-सी हो गयी। लेकिन, उसके शरीर के कुछ हिलने से विजय को मालूम हुआ कि वह अपनी रुलाई को बलपूर्वक रोक रही है। उसे अपनी ओर फेरने का प्रयत्न करते हुए विजय ने कहा–क्यों, विजया, रोती क्यों हो ? क्या हुआ ?

विजय का इतना पूछना था कि विजया के संयम का बाँध मानो अरराकर टूट गया। वह तकिये में अपने मुँह को गाड़कर बिलख-बिलख रोने लगी।

विजय महान् आश्चर्य में था। उसने फिर बड़े प्यार से पूछा–क्यों, क्या बात है, मेरी विजया ! तुम आजकल मुझसे अकारण बिगड़ जाती हो। तुम्हारा बर्ताव भी कुछ निराले ढंग का हो गया है। मैं तो एकदम हैरान हूँ।

विजया ने रोते-रोते कहा—तुम मुझसे प्रेम नहीं करते। मैं तुम्हारी कुछ नहीं हूँ।

पति ने मृदुता से पत्नी की पीठ सहलाते हुए कहा—"विजया, क्यों ऐसा अमंगल वाक्य मुँह पर लाती हो ? तुम तो मेरे लिए सबकुछ हो—जीवन का प्रकाश, मेरी आशा··· !"

रोने की वजह से विजया की घिग्घी बँध गयी थी। वह हिचकी ले-लेकर कहने लगी—ऐसी बात है तो क्यों इस तरह तुम उस विधवा के पीछे पड़े हुए हो ? क्यों उससे इतना प्रेम करने लग गये ?

विजय ने हँसकर उत्तर दिया—कैसी नटखट है तू ? खुद होड़ लगाती है, खुद पंद्रह दिन की मोहलत देती है, बाद फिर खुद बिगड़ भी जाती है ! मैंने तो पहले ही कह दिया था, मुझ पर शंका मत करना।

विजया, सिसकियों को लंबी साँस में समेटती हुई, बोली—जरूरत नहीं है उस विधवा से अपना संबंध बढ़ाने की !

विजय उसके भोले चेहरे को घूरता हुआ बोला—"लेकिन, हमारी बाजी ! मैं उसे जीतने ही वाला हूँ !"

विजया अपनी खीझ-भरी हँसी को होंठों में चाँपती हुई बोली—"अच्छा, अच्छा, बाजी तुम्हारी ही रही। मैं हार गयी। मुझे अब प्रमाण नहीं चाहिए।"

विजय ने उसकी ठुड्डी को चुटकिया कर कहा—"ऐसी बात है तो अब तुम मानती हो न कि स्त्रियाँ···"

"मानती हूँ, बाबा, मानती हूँ।"—विजया ने अधीर होकर कहा, और··· !

'हिमालय' (संपादक-शिवपूजन सहाय) में 1946 में प्रकाशित

तीन अध्याय

(उपन्यास)

लेखक के बारे में...

श्री विश्वेश्वर प्रसाद कोइराला 1959 में नैपाल की प्रथम निर्वाचित सरकार के प्रधानमंत्री बने थे। बाद में नैपाली काँग्रेस के अवैध घोषित होने पर आप बन्दी बनाये गये और वर्षों 'सुन्दरी जल' के प्रसिद्ध जल-प्रपात के समीपस्थ बन्दीगृह में बन्द रहे।

आपका जन्म, 1914 में वाराणसी में हुआ और शिक्षा काशी हिन्दू विश्वविद्यालय में। भारत के स्वतन्त्रता-संग्राम में भाग लेते हुए 1941 तथा फिर 1942-45 में अंग्रेजी कारागारों में कैद रहे। नैपाली काँग्रेस की श्री कोइराला ने 1946 में स्थापना की थी।

राजनीतिक क्षेत्र में सक्रिय भाग लेने के अतिरिक्त श्री विश्वेश्वर प्रसाद कोइराला ने लेखक के रूप में नैपाल में विशिष्ट ख्याति पाई है।

–रेणु

एक

पैंतालीसवें वर्ष में पाँव रखने के बाद, शायद नारी को यह अनुभव होने लगता है कि वह किसी ऐसे स्थान पर पहुँच चुकी है, जहाँ से आगे की यात्रा करने की आवश्यकता नहीं। मानो, जीवन का भार उतारने के बाद विश्राम की शांति मिली हो। शरीर में पहले जैसी चंचलता नहीं रहती। वार्धक्य की स्थूलता, शरीर में चांचल्य को संभव नहीं होने देती। केश भी, एक-दो, एक-दो करके, कनपटी की ओर श्वेत होते जाते हैं और उन्हें चिमटे से उखाड़ने का 'जाँगर' भी अब नहीं रह जाता। बहुत यत्न से पाले-पोसे गये चेहरे पर महीन रेखाओं की झुर्रियाँ अंकित होने लगती हैं। मन-हृदय भी वैसी ही स्थिति में पहुँच जाता है–निरुद्विग्नता की स्थिति में ! नारी-हृदय का प्रेम, और उस प्रेम के दिये हुए वरदान अथवा अभिशाप के रूप में प्राप्त अलौकिक सुख तथा वैसा ही नारकीय अनुताप और ईर्ष्या की ज्वाला, आशा-निराशा–सभी केवल अनुभव की एक स्मृति छोड़कर विलुप्त हो जाते हैं। यदि अन्य यात्राओं की तरह जीवन की यात्रा भी 'उभयपंथी' होती तो प्रौढ़ा यात्री उस राह पर प्रत्यागमन करते समय, छोड़कर आई हुई जिन्दगी के अनेकानेक अनुभव, हृदय को कँपा देनेवाले सुख और दुख के बहुत सारे अनुभवों से पुनः साक्षात्कार कर सकती। किन्तु, जीवन की राह पर निरंतर आगे बढ़ते जाना मात्र ही संभव है। लौटने का फिर कोई उपाय नहीं। पैंतालीसवें वर्ष में पैर रखने के बाद इन्द्रमाया को लगा कि अब यात्रा यहीं समाप्त हुई। जीवन की संध्या होने में अब भी कुछ घड़ी बाकी हैं किन्तु 'यात्रा' तो यहीं समाप्त···। इस लम्बे सफर की ओर नजर डालकर अब कोई तीखा-सा अनुभव नहीं होता। केवल कोमल, किन्तु किंचित-उदास स्मृतियाँ उसके हृदय को करुणामय बनाती हैं। जीवन का संचित अर्जन !! यदि नारी भाग्यवती हुई तो ओस में भीगी धरती की तरह उसका हृदय भी करुणार्द्र हो जाता है।

अपने जीवन को वह असाधारण नहीं कह सकती। अन्य नारियों की तरह उसकी भी जिन्दगी साधारण ही थी। और, यदि उसके जीवन में लिये गये तीन निर्णयों के हिसाब नहीं किये जाएँ तो नारीत्व के महासागर में मिली हुई एक बूँद मात्र थी, वह। तथापि, उस एक बूँद ने–बूँद के रूप में ही जो निर्णय लिये थे–उन्हीं

नन्हे निर्णयों ने, नारीत्व के महासागर से उस 'बूँद' को सर्वथा पृथक् कर रखा है। इन्द्रमाया को लगा, महासागर बूँदों का समष्टिमात्र है। प्रत्येक बिन्दु, बिन्दु की हैसियत से, अपने अस्तित्व के सम्बन्ध में निर्णय लेता है और वह निर्णय उस बिन्दु को एक विशिष्ट पद-मर्यादा से विभूषित करता है। आजकल इन्द्रमाया, अकारण तीसरे पहर के एकान्त में, घर के काम-काज से निवृत्त होकर, बिछावन पर लेटी, ऐसी ही बातों को मन में खेलाती रहती है। उसे लगता है, ऐसे दार्शनिक ढंग के विचार निश्चय ही ढलती हुई उम्र के प्रमाण हैं। आजकल, जीवन में लिये गये तीनों निर्णयों की ओर, उसका ध्यान बार-बार खिंच जाता है।

पड़ोस के सहपाठी युवक से प्रेम—उसके निर्णय का परिणाम नहीं था। सच पूछा जाय तो पीताम्बर के लिए, उसके हृदय में, प्रेम का प्रवेश कब हुआ, बहुत यत्न करने पर भी वह निश्चयपूर्वक नहीं कह सकती। पीताम्बर जब उसके घर आता तो उसे अच्छा लगता था। और, माँ के याद दिलाने पर जब वह पीताम्बर के लिए चाय बनाने लगती तो उसको सचमुच बड़ा आनन्द मिलता था। पीताम्बर उसको अन्य युवकों से बहुत अधिक सुन्दर भी लगता था। और, एक दिन वह बोली थी—'पीताम्बर ! तुम्हारे साथ सिनेमा जाने में मुझे बड़ा आनन्द मिलता है। दूसरे के साथ उतना नहीं···।' इस वचन से पीताम्बर को हुई खुशी का अन्दाज लगाकर, इन्द्रमाया भी खुश हुई थी। यह सब बातें, क्रमिक विकास की लम्बी अवधि की हैं--जब दोनों का सम्बन्ध बहुत ही स्वाभाविक रूप से दृढ़तर होता गया था। सहज प्रेम के, मंदगति विकास के कारण इन्द्रमाया ने कभी स्वप्न में भी कल्पना नहीं की थी कि पीताम्बर के बारे में उसको अपने जीवन में एक महान् और प्रथम 'निर्णय' भी लेना पड़ेगा—जिस निर्णय से समुद्र के एक बूँद जल में हठात् एक विशिष्ट व्यक्तित्व आरोपित हो जाता है। घर में जब उसकी शादी की बातें होने लगीं तो उसे झुँझलाहट हुई। उसने माँ से कहा—'पीताम्बर तो है ही।'

अर्थात्, पीताम्बर के साथ मेरा विवाह कर देने से ही तो हुआ। माँ ने मतलब समझकर कहा—'इन्द्रमाया ! यह कैसे हो सकता है ? वह पर्वतिया-ब्राह्मण है और हम ठहरे नेवार वैश्य !'

इन्द्रमाया बोली—'लेकिन, मैं और किसी के संग सुखी नहीं हो सकूँगी।'

मुँह से इस वाक्य के निकलते ही इन्द्रमाया को हठात् अनुभव हुआ कि वह पीताम्बर के प्रेम में इतना डूब चुकी है कि अब उबरना संभव नहीं।

माँ-बाप के द्वारा खड़ी की गई जाति की बाधा उसको अत्यंत अप्रासंगिक लगी। उसको लगा कि माँ-बाप का संसार—जिसमें वह अब तक साँस ले रही थी—उसके लिए पराया देश है। पीताम्बर के प्रेम में आमस्तक डूबी हुई इन्द्रमाया के लिए समाज के नियम और विधान की बाधा उस तृण के समान थी—जिसे उसके माँ-बाप उसको उबारने के लिए नदी के तट पर से अगाध जल में फेंक रहे थे।

और, इन्द्रमाया को निर्णय करना पड़ा था। प्रेम ने, उसके एकान्त हृदय से, अपरिहार्य नियम की शक्ति-सम्पन्नता के साथ, प्रश्न किया था-'हाँ या नहीं ?'

उस दिन प्रेम के उस अपरिहार्य प्रश्न के सामने इन्द्रमाया नितान्त अकेली हो गई थी-असहाय, अनाथ और आश्रयहीना !! माँ-बाप और समाज उस एकाकी अवस्था में उसके काम नहीं आए, क्योंकि प्रेम का प्रश्न उन्हीं के सम्बन्ध में था। स्वयं सर्वाधिक प्रिय पीताम्बर भी उसके काम न आया क्योंकि वह भी प्रेम के प्रश्न से सम्बन्धित व्यक्ति था। जल-बिन्दु को महासागर का पानी कोई सहायता प्रदान नहीं कर सका। अकेली होकर, जीवन की विराटता के मध्य स्थापित एक-हृदय, मन और अपरिपक्व बुद्धि की-युवती को, केवल अपने में बची हुई पूरी क्षमता के आधार पर प्रेम के अलंघ्य प्रश्न का उत्तर देना पड़ा।

आज की भुक्तभोगी इन्द्रमाया को सोलह-वर्षीया इन्द्रमाया की याद आई। परिपक्वता के करुणामय कुहरे से वह, युवती की उस दिन की उद्विग्नता को, दूर से दिखनेवाले किसी दृश्य की तरह-देखने लगी। इन्द्रमाया सुन्दर और चंचल बालिका थी, किन्तु उसमें चिंतनशीलता का अभाव नहीं था।... उसके सामने प्रश्न था-एक ओर माँ-बाप और वह समाज, जिसकी एक सदस्या होकर वह इतनी बड़ी हुई और जिस समाज की भूमि में उसके सारे सम्बन्धों की जड़ें फैली हुई थीं। और, दूसरी ओर एक अकेला व्यक्ति पीताम्बर-समाज के बाहर का प्राणी। पीताम्बर असम्पन्न व्यक्ति था किन्तु उसकी असम्पन्नता की बाधा की ओर इन्द्रमाया का ध्यान एकदम नहीं गया था। उसके चुनने और न चुनने के प्रश्न पर, उसके पक्ष में केवल वही एक अकिंचन व्यक्ति मात्र था। दूसरी ओर, दलबल-सहित वृहत् समाज। प्रश्न था-अकेले कृष्ण को चुना जाए अथवा अक्षौहिणी सेना को ?

प्रेम का दूसरा रूप भी होता है, इसका अनुभव भी इन्द्रमाया को धीरे-धीरे होने लगा-बहुत द्रुत गति से। घर में उसकी शादी की बातचीत छिड़ने पर जिस दिन उसने, बालिका की सरलता के साथ, अपनी माँ को सीधे कह दिया था-'मैं पीताम्बर को छोड़ और किसी के साथ सुखी नहीं रह सकती'-उसी दिन बालिका की उम्र को लाँघकर यौवन की सीढ़ी पर उसके चरण पड़ गये थे। वह अविस्मरणीय घड़ी थी-उस दिन। उसी दिन उसने प्रेम का एक रूप देखा था : पीताम्बर के साथ उठने-बैठने से, उसके साथ हेल-मेल से बढ़नेवाले सरस आनन्द और सुख की अनेक घड़ियाँ और घटनाएँ ! अनजाने ही, संचित होने वाली सुखमय घड़ियों के कोष से इन्द्रमाया का हृदय कितना ऐश्वर्यवान हो चुका है, इसका अनुभव भी उसे उसी दिन हुआ। प्रेम का मृदु सौरभमय रूप ! इस रूप के अतिरिक्त प्रेम का दूसरा रूप भी है; धीरे-धीरे इसका भी ज्ञान उसी दिन से होने लगा।

माँ के साथ हुए उस हलके किस्म के उत्तर-प्रत्युत्तर के बाद इन्द्रमाया तुरन्त उठकर अपने कमरे में गई और अपने को बिछावन पर निढाल डाल दिया। क्लांत शरीर और अकेला हृदय !

सखी-सहेलियाँ सदा की भाँति उसको खोजती उसके कमरे में पहुँचीं और

बोलीं—'क्यों इन्द्रमाया ! दिन में बिछावन पर इस तरह पड़ी सो रही है, क्यों ? चलो, 'मैटिनी-शो'—'झुमका'—बहुत अच्छी फिल्म है।'

इन्द्रमाया अलसाये स्वर में, बिछावन पर लेटी हुई ही, बोली—'मैं नहीं जाऊँगी।'

अकेले में बैठकर सोचने में उसका मन रम गया था। इस तरह एकांत में अकेली बैठने की आदत उसकी कभी न थी। आज सखी-सहेलियों का, आनन्द मनाने का, निमंत्रण पाकर भी बिछावन से उठने का उसका जी नहीं हुआ। सहेलियों के अधिक आग्रह करने पर वह एक बार झुँझलाई भी। सखियों ने पूछा—'क्यों, क्या हुआ ? जी अच्छा नहीं है क्या, इन्द्रमाया ?'

यथार्थ में वह अस्वस्थ थी। जी शिथिल था और थोड़ा चिड़चिड़ा भी। सिर भारी लग रहा था।··· व्यथा ! प्रेम की व्यथा का यही रूप है—आत्मा अकेली और शरीर पीड़ामय ! और, सबसे बढ़कर यह कि प्रेम के चिंतन में पड़े रहने के कारण वह बहुत स्वार्थपरता के साथ, घर पर आई हुई सहेलियों का यथोचित स्वागत भी नहीं कर सकी और उनके साख्याग्रह के प्रति रूखे आचरण का प्रदर्शन किया। वह तो ऐसी नहीं थी कभी ? वह तो बड़ी सामाजिक थी। इसीलिए, किसी भी समाज का वह केन्द्र हो जाती थी, अपने मिलनसार स्वभाव और सामाजिक गुण के कारण ही। आज प्रेम ने उसके इस आवरण को भी उसके चरित्र से उतारकर अलग कर दिया। प्रेम की स्वार्थपरता की अग्नि में दीप्त नारी ने, यौवन के व्यथामय-अनुभव का पहला स्वाद पाया। प्रेम स्वार्थपरता है, एक अकेलापन है, व्यथा है ! किन्तु, साथ ही दुर्दमनीयता भी है, इसका ज्ञान इन्द्रमाया को उस दिन हुआ जब सहेलियों को निरादरपूर्वक लौटाकर वह अपने उत्तप्त शरीर को बिछावन पर उलटाती-पलटाती रही।

फिर, प्रेम की कोई औषधि भी तो नहीं। दिन-प्रति-दिन, लगातार एक ही तरह की पीड़ा; मर्म के न जाने किस स्थल में निरंतर लगती हुई चोट, मुक्त न होनेवाली सदा की तन्मयता ! इन्द्रमाया अकेली होती गई। कॉलेज जाना बन्द हुआ—माँ-बाप की इच्छा के अनुसार तथा स्वयं अपनी अनिच्छा के कारण ! सिनेमा, पिकनिक तथा बाहर के सभी आनन्द और आकर्षणों से उसने मन को मोड़ लिया था। माँ-बाप ने, अपने प्राप्त अधिकार का प्रयोग करके प्राप्तयौवना कन्या के हठ को सामाजिक नियम तथा मर्यादा के वश में रखने के उद्देश्य से, उसका बाहर की ओर खुलनेवाला दरवाजा बन्द कर दिया। यह व्यवस्था अनावश्यक थी। क्योंकि, इन्द्रमाया स्वयं—कछुए की तरह सिर तथा अन्य अंगों को अपने अन्दर समेटकर—अपने में लीन बैठी रहती, बाहर का जगत, निष्प्रयोजनीय हो रहा था उसके लिए। घर में माता-पिता ने, उसके नियंत्रण के लिए व्यवस्था की जो प्राचीर उसके चारों ओर खड़ी कर दी थी, उससे भी बढ़कर सुदृढ़ और ऊँची दीवारें इन्द्रमाया ने स्वयं अपने लिए तैयार कर ली थीं—अपने को नज़रबन्द रखने के लिए। माँ का स्नेहवत्सल हृदय, इन्द्रमाया की जिद देखकर कभी-कभी बेचैन हो जाता। उनका उद्देश्य इन्द्रमाया को सुधारना था—दण्ड देना नहीं।

माँ ने अत्यन्त ममता के स्वर में कहा–'बेटी, क्यों ऐसा कर रही हो ? किसी बात में तुम्हें कोई दिलचस्पी ही नहीं रही। अकेली कमरे में बैठी रहती है ? भोजन भी अच्छी तरह नहीं करती !'

इन्द्रमाया ने उत्तर में अपनी बड़ी-बड़ी आँखों को–जो अब भावशून्य हो चुकी थीं–माँ की ओर फेरा। फिर अपना सिर माँ की ओर, सहलाने के लिए, कर दिया।

माँ ने फिर कहा–'एक दूसरी भी बात है जो तुमको समझनी चाहिए। हम हैं राजा के आदमी; और समाज में हमारी इज्जत, प्रतिष्ठा, 'दरबार' के साथ हमारे पुराने सम्बन्धों के कारण ही है। पीताम्बर पार्टी का आदमी है जिसको 'दरबार' फूटी नज़र से भी नहीं देख सकता। तुम्हारे सुख के लिए ही–उसके प्रति 'दरबार' की ऐसी कुभावना है यह जानकर–तुम्हारे सुख के लिए ही मुझे कहना पड़ता है–कितने दिनों तक··· कब तक वह इस तरह लुक-छिपकर बचा रहेगा ?'

इन्द्रमाया ने कोमल स्वर में कहा–'इसीलिए तो··· मेरा स्थान, पीताम्बर के बगल में ही होना आवश्यक नहीं है क्या ?'

कोई छक्का-पंजा नहीं जाननेवाली माता ने, जो पुत्री के प्रति ममता के कारण सरल हुई थी, इन्द्रमाया के तात्पर्यभरे वाक्यों को नहीं समझा। केवल इतना समझ सकी कि लड़की के सिर पर भूत अब भी सवार है। दैव के प्रति एक लम्बा उच्छ्वास चढ़ाकर–घुटने पर हाथ रखकर उन्होंने अपने शरीर को उठाया और विफल-कामना की ज्योतिहीन दृष्टि पुत्री पर डालकर–कमरे से बाहर चली गईं।

इन्द्रमाया, माँ के जाने के बाद खुले दरवाजे की ओर बहुत देर तक देखती रही। उसे लगा, हर कोई बात, बस एक ही केन्द्र की ओर राह दिखा रही है। सभी बातें, केवल एक ही बिन्दु की ओर लक्षित हो रही हैं। अब तक की सारी घटनाओं का, उसके जीवन के समस्त उन्नयन का एक ही लक्ष्य है, एक ही परिणति ! उसकी बिना सोची हुई बात जिन वाक्यों में अप्रत्याशित ढंग से प्रकट होती थी, वह भी उसकी नियति के संकेत-चिह्न थे। अभी तुरत ही, माँ के प्रश्न के उत्तर में अप्रत्याशित वाक्य निकला कि संकट की घड़ी में उसका सही स्थान पीताम्बर के बाहुमूल में ही हो सकता है। उस दिन पहली बार विवाह की चर्चा चलने पर भी अप्रत्याशित वाक्य निकला था उसके मुँह से–'पीताम्बर तो है ही !' अंतःकरण के गोपन में रक्षित, घुटता हुआ प्रेम, उस दिन हठात् दिन के स्पष्ट आलोक में प्रकट हुआ था। बोतल का 'काग' उस वाक्य ने ही खोल दिया था और उसी दिन दुर्दमनीय दैत्य विश्व में प्रकट हुआ था। उसी दिन से इन्द्रमाया अहोरात्रि उसी की दानवी शक्ति की मुट्ठी में पड़ी आकुल-व्याकुल हो रही है। और, आज भी वैसा ही एक छोटा-सा वाक्य उसके मुँह से अनायास निकल पड़ा कि यदि पीताम्बर वास्तव में संकट में है तो इन्द्रमाया के लिए अब कोई ऐसा घेरा नहीं जो दुर्लंघनीय हो !

ग्रीष्म की संध्या ! सूर्यास्त हो चुका था, किन्तु एक अनूठा-सा धूमिल प्रकाश आकाश में व्याप्त था। टुँडिखेल[1] के किनारे के पेड़ दिन-भर की आँधी में अपने अनेक पत्ते धरती पर झाड़कर, इस समय संध्या का विश्राम पा रहे थे। सूखे पत्तों को हवा ने बुहारकर सड़क के किनारे की नालियों में पंक्तिबद्ध जमा कर दिया था। हवा में नमी भर रही थी। संध्या की द्वाभा ने प्रकृति को एक विचित्र अवास्तविकता का आवरण प्रदान कर दिया है जिसके कारण घर, पेड़-पत्ते, पगडंडी और सड़क पर चलनेवाले तथा टुँडिखेल में हवाखोरी के लिए आये हुए नर-नारियों के समुदाय के रूप स्वाभाविक नहीं थे। सभी बातें अनूठी थीं। कम-से-कम इन्द्रमाया को ऐसा ही लगा। हो सकता है, बहुत दिनों के बाद घर से बाहर निकलने के कारण, उसे ऐसा लग रहा हो। अथवा संभव है, शरीर की कमजोरी के कारण—मस्तिष्क के इतने दिनों के एकांत-चिंतन के कारण उसे ये सारे दृश्य तरल तथा अवास्तविक लग रहे हों—स्वप्न में देखे हुए चित्र की तरह। मस्तिष्क और वातावरण की उष्णता के कारण सारा जगत पिघला हुआ-सा प्रतीत हो रहा था। और, शहर की सांध्य-ध्वनियाँ, एकाकार होकर अस्पष्ट गुब्बारे की तरह उसके कान के पास फटफट फूट रही थीं। वह समझ नहीं पाती थी कि संध्या की विभिन्न आवाजें कोई नारी-कण्ठ या बाल-कण्ठ, अथवा किसी मोटरगाड़ी से निकली हुई ध्वनि हैं। विक्षिप्तता का कोई कारण नहीं, इसका उसे विश्वास था। उसने इधर कई दिनों के तीव्र चिंतन के बाद बहुत दृढ़तापूर्वक यह संकल्प लिया था। और अपने दृढ़-संकल्प के अनुसार ही उसके क़दम आगे बढ़ रहे थे। शहर की गली से निकलकर, टुँडिखेल होती हुई वह डिल्लीबाजार की ओर जा रही थी। अपने मन में, संकल्प की स्पष्टता के बावजूद सड़क का वातावरण उसके लिए अस्पष्ट था।

इन्द्रमाया को विश्वास था कि वह मतिभ्रम नहीं हुई है। केवल, उसकी 'मति'—बाह्यजगत से स्पष्टतर थी। वास्तविकता के ऊपर मानो महीन पर्दा पड़ा हुआ हो। किन्तु, स्वप्नजगत की चमकीली प्रकाश-किरण—उसके अंतस्तल की, उसके विचार-कल्पनालोक की प्रत्येक वस्तु को स्पष्ट करके—चमका रही थी। जिस अवस्था में अभी वह जल्दी-जल्दी पाँव बढ़ाती हुई चल रही थी, उसमें वह संसार—जिसे आज तक उसने पहचाना था—अजनबी बनता जा रहा था। माँ-बाप, सखी-सहेली, इष्टमित्र, नाते-रिश्ते—यहाँ तक कि इस समय दृष्टिपथ में पड़नेवाला वस्तु जगत—सभी अस्पष्टतर होकर धूमिल प्रदेश में बिला रहे थे। मन की एकाग्रता, संकल्प की दृढ़ता और तीव्र प्रेम का रचा हुआ उसका कल्पना-जगत—जिसमें पीताम्बर अधिष्ठापित था और जिसके मानो चारों ओर अब इन्द्रमाया का कार्यव्यस्त दैनिक जीवन बीत रहा था—उसके लिए स्थूल और वास्तविक हुआ। मन, पीताम्बर के साथ दैनिक जीवन का कार्यक्रम बना रहा था कि आँखों ने सड़क की दूसरी ओर सहेलियों के एक छोटे झुंड को, मोड़ पर मुड़ते देखा। इन्द्रमाया के मस्तिष्क के

1. टुँडिखेल=काठमांडू का विशाल परेड ग्राउण्ड।

किसी कोने में ऐसा ज्ञान हुआ-सा लगा कि ये सखियाँ मैटिनी-शो देखकर लौट रही होंगी और अब कुछ देर गप्प करने के लिए पद्मा के घर में जाकर घुसेंगी। उसी क्षण इन्द्रमाया को लगा कि ये अवास्तविक जगत की बातें हैं जिनसे अब उसका कोई सरोकार नहीं है।

इस स्वप्न और यथार्थ की पारस्परिक आँखमिचौनी की स्थिति में, उतनी लम्बी राह तय कर दिनशेष के अंतिम प्रकाश में उसने काली-थान की उस छोटी दीवार के बीच वाले फाटक के बन्द दरवाजों को हलके हाथों से ठेलकर खोल दिया। पीताम्बर अंदर फुलवारी में खड़ा था। इन्द्रमाया के रंग-ढंग और वेशभूषा को देखकर वह कुछ क्षण स्तब्ध रहा। इन्द्रमाया की दृष्टि ज्यों ही उस पर पड़ी कि स्वप्न और यथार्थ का द्वन्द्व उसके मस्तिष्क से एकदम दूर हो गया। मानो, दोनों का–स्वप्न और यथार्थ का–ज्योतिकेन्द्र पीताम्बर में 'फोकस' होकर एकाकार हो गया। पीताम्बर ने झटपट आगे बढ़कर, एक हाथ से दरवाजा बन्द करते हुए दूसरे से इन्द्रमाया को सहारा दिया। इन्द्रमाया के थके शरीर को एक बड़ा आसरा मिला। उसने अपने क्लांत सिर को पीताम्बर की छाती पर टिका दिया।

क्या इन्द्रमाया उस दिन को कभी भूल सकती है? आज जीवन की संध्यावेला में भी, उस दिन की, यौवन के सर्वप्रथम स्पर्श के अनुभव से पुलकित होती हुई, इन्द्रमाया की झिलमिली याद आ रही है। लगता है, कोई दूसरी प्रौढ़ा स्त्री, उस दिन की किसी अनुभवहीना को देख रही हो।··· पीताम्बर का चकित होकर देखना तथा प्रश्न करना–'क्यों इन्द्रा ! कैसे आईं ? क्या हुआ ? क्यों आईं··· ?'

और स्वयं कुछ न बोलकर, एक के बाद दूसरे प्रश्न की झड़ी लगा रहे पीताम्बर के झुके सिर के दो जिज्ञासु पुरुष-चक्षुओं को, उसकी छाती से सिर टिकाकर, गर्दन जरा मोड़कर, सिर्फ देखते रहना··· देखते रहना–जब तक कि संध्या का प्रकाश एकाएक लुप्त होकर सारे चराचर को अंधकार में एकाकार न कर दे··· !

और, पीताम्बर का कहना–'अँधेरा हो गया। चलो अन्दर, और सारी बातें खुलासा करके बताओ।'···

और, अपने को, पीताम्बर के सहारे, घर के अन्दर ले जाना तथा घर की सीढ़ी पर पैर रखते ही रुककर कहना–'पीता ! कहने की कोई बात मेरे पास नहीं। कैफियत क्या दूँ ?'

–ऐसा ही अनूठा स्वयंवर उसका हुआ था ! ऐसा स्वयंवर जिसके कारण अपने जीवन के अन्य सभी सम्बन्धों को तोड़कर उसे फेंकना पड़ा था।

रात हुई ! सुहाग रात उसने काटी। दूसरे दिन से शनैः-शनैः वह गृहिणी के रूप में अवतीर्ण होती गई !···

इन्द्रमाया सोचने लगी–समय कितना जल्दी-जल्दी बीतता जाता है ! फिर प्रेम में पड़ी हुई नारी का क्या पूछना ? आनन्दपूर्वक पीताम्बर के साथ इन्द्रमाया के दिन

बीतने लगे। मायके के लोग उसे एकदम भूल गये तो क्या हुआ ? पिता कहते–'मेरे लिए इन्द्रमाया मर चुकी है। उसकी बातें मत करो ! मुझे मत कहो कि वह काली-थान में है या कहाँ है और किसके साथ है।' माँ आँसू बहाती थी मगर घर के किसी कोने में छिपकर, पिता के डर से। कभी 'धाईमाँ' के हाथ, छिपा कर खाने-पहनने की चीजों की गठरी और रुपये-पैसे भी भेज दिया करती। सखी-सहेलियाँ भी छूटीं। पहले-पहल तो इन्द्रमाया की याद करके, उससे मिलने जाने की बात भी करतीं, किन्तु घर के अभिभावकों ने निषेध कर दिया था–'उस वेश्या के घर कोई मत जाओ।' बाद में वे स्वयं धीरे-धीरे इन्द्रमाया को भूलती गईं। लेकिन, इन सारी बातों से इन्द्रमाया की कोई क्षति नहीं हुई। गृह-त्याग के निर्णय और पीताम्बर को स्वयं वरण करने में इन सारी बातों की परिणति है–वह जानती थी। उसे यह भी मालूम था कि अकिंचन पीताम्बर के घर में, मायके की वैभव-सम्पत्ति का सुख नहीं मिलेगा।

इन्द्रमाया के लिए पीताम्बर के साथ की दुनिया ही उसकी अपनी दुनिया थी। यह दुनिया–अपने में ही भरी-पूरी व्यस्त, रंगमय और आनन्द से परिपूर्ण ! पीताम्बर के राजनैतिक साथियों का दल, बीच-बीच में उसके घर पर एकत्रित होता। खूब बहसें होतीं। इन्द्रमाया उन्हीं लोगों के बराबर पढ़ी-लिखी थी और राजनीति को उन्हीं लोगों की तरह समझती थी। किन्तु, वह अपने को उन लोगों के बीच प्रायः अल्पमत में पाती थी, क्योंकि वे आतंकवादी-विचार के लोग थे और इन्द्रमाया का विश्वास था कि आतंकवाद और हत्या, राजनीति के हितकर साधन नहीं। फिर भी, जो भी हो–हाहा-हीही, बहस की गरमागरमी, साथियों के जमा होने पर उनका आदर-सत्कार, चाय-पानी की व्यवस्था और दैनिक गृहस्थी की सारी ज़िम्मेदारियों में इन्द्रमाया सदा व्यस्त रहती। साथियों का वह बहुत खयाल रखती–'रमेश ! बहुत हुआ। आज यहीं तक–बस ! अब आराम करो !'

रमेश, इन्द्रमाया के हाथ से चाय की प्याली लेकर कहता–'भाभी ! हम लोगों के पास भाभी की प्रेमपूर्ण-आज्ञा का पालन करने का समय ही कहाँ ?'

स्नेह और कौतुक भरे स्वर में इन्द्रमाया कहती–'आज भर के लिए तुम्हारी क्रांति का जिम्मा मैं लेती हूँ। तुम लोग निश्चिन्त होकर एक रात यहाँ बिताओ। इससे यदि कुछ बिगड़े तो, मैं जवाब दूँगी।'

इन्द्रमाया के आग्रह को टालने का सामर्थ्य किसी में नहीं था। रमेश तथा अन्य साथी बीच-बीच में वहीं रात गुज़ारते थे।

कोई प्रेम से सम्बोधन करके कहता–'दीदी ! आपको व्यावहारिक राजनीति की बातों का पता है क्या ? तानाशाह सिर्फ भय को पहचानते हैं।'

इन्द्रमाया हँसकर पूछती–'क्या जनता भय को नहीं पहचानती ? तानाशाह–हम लोगों से ज्यादा, पता नहीं कितना ज़्यादा–भय उत्पन्न करने की शक्ति नहीं रखते क्या ?'

सभी हँसते और कोलाहल के स्वर में कहते–'देखो, देखो ! डरपोक··· कातर···

नारी के रंग-ढंग··· !'

उस जगत में मात्र वही एक नारी थी। इसीलिए, पुरुषों के समानान्तर अपने को अध्ययन करने का पूरा अवसर उसने पाया था। एक तो साधारणतः नारी के सिर पर आ जानेवाली ज़िम्मेदारी उसे अकेली ही निभानी पड़ती थी। उसका—नारी-उत्तरदायित्व का—पहला कर्तव्य था पति के प्रति। इस उत्तरदायित्व को प्रेम ने और भी बड़ा दावेदार बना दिया था। पीताम्बर की सारी—छोटी-बड़ी—आवश्यकताओं पर वह दृष्टि रखती थी और आवश्यकता के अनुभव होने के पूर्व ही पूरी कर देती थी। उसके खाने-पहनने की व्यवस्था तथा अन्य सभी प्रकार की सुविधाओं का सतर्कतापूर्वक खयाल रखती। पीताम्बर के इष्टमित्र, खासकर उसके राजनैतिक सहयोगियों के प्रति उसका उत्तरदायित्व था। इतना ही नहीं, पीताम्बर के राजनैतिक जीवन में सहयोगी बनने की ज़िम्मेदारी भी उस पर आ पड़ी थी। इन सारी ज़िम्मेदारियों को पूरा करने की प्रक्रिया में, नारीत्व के पार्थक्य का सूक्ष्म अनुभव उसे हो गया था।

एक दिन की बात है। साथियों को विदा करके—भोजनोपरान्त बिछावन पर लेटे हुए—पीताम्बर और इन्द्रमाया आपस में बातें कर रहे थे··· !

पीताम्बर ने कहा—'उस दिन तुम कितने साहस के साथ आई थीं ! है न ? अब, इतने दिनों के बाद, जब हमारा जीवन साधारण-गति से प्रवाहित हो रहा है—तो, लगता है कि उस साँझ को तुम्हारा मेरे घर आना एक साधारण-सी बात थी। लेकिन···'

इन्द्रमाया ने उत्तर दिया था—'नारी में एक प्रकार का हठ होता है। वह हठ पुरुष में हो तो हिम्मत कहलाता है। और, फिर मेरा सबसे बड़ा सहायक तो मेरे पास 'प्रेम' था न !—उसने मेरे निर्णय की यात्रा को एकदम सुगम कर दिया।'

पीताम्बर ने तनिक व्यग्र स्वर में कहा—'मैंने भी बहुत दिनों तक सोचा, लेकिन निर्णय नहीं ले सका था। तुम्हारे माता-पिता, समाज और स्वयं तुम्हारा भी ख़याल मुझे आता था।'

पीताम्बर की सलज्ज कंठध्वनि को लक्ष्य करके आश्वासन के स्वर में इन्द्रमाया बोली थी—'पीता ! पुरुषों को बहुत-सी बातों का ध्यान रखना पड़ता है। देखो न, तुमको मेरा तक ख़याल करके निर्णय लेने में हिचकिचाना पड़ा, यद्यपि, मेरे सम्बन्ध में वैसी हिचकिचाहट की कोई आवश्यकता नहीं थी। क्योंकि, किसी भी क्षण तुम मुझसे पूछते तो मेरी स्वीकृति अथवा अस्वीकृति तुम्हें तत्क्षण मिल जाती।'

कुछ आर्द्र होकर पीताम्बर के शरीर से सटकर, उसकी छाती पर हाथ फेरती हुई इन्द्रमाया कहती गई—'हम नारियाँ ! हममें इकहरी प्रवृत्ति होती है, इकहरा हठ ! इसलिए, मुझे 'हाँ' या 'ना' का निर्णय लेने में अधिक समय नहीं लगा। हठ ने बलपूर्वक खींचकर 'हाँ' की राह पर लाकर खड़ा कर दिया। फिर, प्रेम ने मेरी यात्रा को कितना सुगम, सरल कर दिया ! वह मेरा कोई बड़ा साहस नहीं था—पीता। नारी-सुलभ हठ और नारी-सुलभ प्रेम था वह··· ।'

उस रात ऐसी ही बातें हुईं। ऐसी बातें उनके बीच बराबर होती रहती थीं। ऐसे अवसर पर इन्द्रमाया पीताम्बर के संकोच को समझती थी और करुणार्द्र होकर पुरुष-हृदय के अभिमान को सांत्वना देती थी। उसकी बातें सीधे उसके मन से निकलतीं—बनाई हुई बातें नहीं होती थीं। वह एकांत में बैठकर प्रेम की भावना को खोलकर देखना चाहती थी। और, उसको लगता था कि पुरुष की अपेक्षा नारी को प्रेम की अधिक आवश्यकता होती है। उसने अपने हृदय की अलंघनीय-अभियाचना को समझा था। प्रेम का यह सम्बन्ध स्थापित करने के लिए—पुरुष होकर पीताम्बर के पहल करने के बदले, स्वयं नारी होकर उसने क़दम बढ़ाया था—इसके लिए भी उसको लज्जा की भावना का अनुभव नहीं होता था। प्रेम में पहला क़दम नारी को ही आगे बढ़ाना होता है। और, जीवन-पर्यन्त इस प्रथम-चाल-से स्थापित किये गये सम्बन्ध में—नारी को ही अगुआ होकर रहना पड़ता है। यह प्रकृति है; ऐसा ही है नारी-स्वभाव !

पीताम्बर के अपने समाज में वह पूर्ण रूप से स्वीकृत हो चुकी थी। आखिर, पीताम्बर का समाज—राजनैतिक साथियों के समाज से विस्तृत ही कहाँ था ? उसके माँ-बाप, भाई-बहन कोई नहीं थे। पहाड़ में चाचा-भतीजे वगैरह होंगे। किन्तु, शहर आने के बाद इन नाते-रिश्तों की रक्षा, आपसी आदान-प्रदान अथवा पत्र-व्यवहार से, न तो पीताम्बर ने और न उसके पहाड़ के सम्बन्धियों ने ही की थी। अतः ऐसी अवस्था में पीताम्बर को 'टूअर'[1] ही कहा जा सकता था। किन्तु, शहर में उसके कुछ इष्ट-मित्र थे—स्कूल-कॉलेज के सहपाठीगण; और उसका समाज, सही अर्थों में राजनैतिक कार्यकर्ताओं का जमात ही था। इस समाज में इन्द्रमाया अपना स्वाभाविक स्थान पा चुकी थी, इसी में घुलमिलकर वह मग्न थी। पीताम्बर के सहकर्मियों ने भी उसे विभिन्न नाते और सम्बन्धों के सूत्र में बाँध लिया था। कोई दीदी कहता, कोई 'भाउजू'[2] और, अगर कोई वयस्क हुआ तो, वैनी[3] और 'छोरी'[4] भी कहता। पीताम्बर की तो वह पत्नी ही थी। इसीलिए, नेवार वैश्य-समाज के एक परिवार की मिट्टी से उखाड़ी गई इन्द्रमाया—इस नये समाज की भूमि में तुरन्त ही जड़ ज़माकर, इस समाज के अपने वातावरण के अनुसार पनपती और बढ़ती गई। और, अन्त में उसे लगने लगा था कि यहाँ की माटी और हवा-पानी ही उसके लिए अधिक स्वाभाविक हैं।

साथियों को भी इन्द्रमाया के हृदय ने, उनकी उम्र, आचरण और स्वयं अपने ही हृदय के आग्रह से विभिन्न सामाजिक संबंधों की संज्ञा देकर, अपने निकट कर लिया था। वह किसी को भाई कहती और जिसे भाई कहकर पुकारती, वह उसके हृदय द्वारा ग्रहण की गई भावना का रूप होता। किसी को भैया, किसी को देवर, किसी को काका और किसी को बाबा कहकर—अपने हृदय द्वारा ग्रहण किये गए भावनात्मक नाते के अनुसार—संबोधित करती। केवल रमेश के बारे में

---

1. अनाथ; 2. भाभी; 3. बहन; 4. बेटी।

उसकी भावना अस्पष्ट थी। उसको किसी सामाजिक सम्बन्ध के स्पष्ट दायरे में वह नहीं रख पाती। वह, उसे औरो से बढ़कर प्यार करती और क्योंकि वइ पति का भी सर्वप्रिय साथी था, इसलिए अस्पष्ट रूप से उसको 'देवर' के रूप में पाना चाहती थी। एक-दो बार देवर कहकर उसको पुकारा भी था, उसने। किंतु, न जाने क्यों, यह संबंध उसके हृदय की भावना की पूरी व्याख्या नहीं कर पाता था। रमेश भी इन्द्रमाया के प्रति विशेष अनुराग रखता था–यह, उसके अप्रस्तुत आचरण से सिर्फ इन्द्रमाया ही समझती थी। इससे इन्द्रमाया घबराती। उसे लगता–सामाजिक संबंध के अनेक कोष्ठ में न बैठने की भावना शायद वांछनीय नहीं है। इससे अधिक दोषबोध इन्द्रमाया को नहीं था। रमेश आता तो उसे अच्छा लगता और इन्द्रमाया जब भी आग्रह करती, वह उसे अमान्य नहीं कर सकता और वहीं रात गुज़ारता। इसमें किसी प्रकार की अस्वाभाविकता नहीं थी, क्योंकि वह पीताम्बर का भी, सबसे बढ़कर, प्रिय साथी था।

इन्द्रमाया ने करवट बदली और एक हल्का निःश्वास उसके मुँह से निकल पड़ा। प्रेम के लम्बे अनुभव में–जिसमें, कम-से-कम अपनी ओर से चरम आत्मोत्सर्ग भी निहित है–उसे लगा, स्त्री-पुरुष का संबंध, प्रेम की प्रगाढ़ता में कितना भी पगा क्यों न हो, अपने-अपने विभिन्न स्वभाव और आवश्यकता के कारण निरंतर तनाव की स्थिति में रहता है–कसी हुई, तुनुक स्थिति में…।

एक दिन, ईर्ष्या की कडुवाहट को छलकाते हुए, पीताम्बर ने रसोईघर में आकर कहा था–'साथियों के जमात में तुमको बहुत आनन्द आता है। है न ?'

पीताम्बर के स्वर की किंचित् अस्वाभाविकता की आँच, इन्द्रमाया के हृदय को लगी थी। किंतु, सरलता के साथ उसने उत्तर दिया–'मेरा समाज ही यही है। इस समाज में मैं रम चुकी हूँ।'

पीताम्बर ने अपनी विषाक्त भावना को और भी स्पष्टतर करते हुए कहा–'क्यों न रमे ? इतने पुरुषों के समाज में मात्र तुम ही तो एक नारी हो। इसलिए, तुम्हारा मूल्य–तुमको लगता है–अधिक है। क्यों ?'

साथियों के लिए चाय बनाती हुई इन्द्रमाया तनिक थम गई और पीताम्बर की विकृत मुखमुद्रा को देखने लगी। फिर, एक क्षण के बाद बोली–'छिः छिः, क्या कहते हो, पीता ? क्या वे मेरे 'दाजू-भाई'[1] नहीं ?'

सलज्ज चेहरा लेकर पीताम्बर रसोईघर से बाहर निकला। इन्द्रमाया, चाय बनाकर एक बड़ी-सी किश्ती में चाय के सामान सजाकर, साथियों की बैठक में पहुँचा आई। उसके बाद अपने कमरे में आकर, पुरुष-नारी के प्रेम के संबंध में सोचने लगी।

पीताम्बर का आज का यह व्यवहार उसे तनिक भी अच्छा नहीं लगा। पहले भी, एक-दो बार साथियों के साथ उसके 'हेलमेल' को लक्ष्य कर पीताम्बर ने दिल्लगी

---

1. दाजू=भाई। भाई=छोटा भाई, भैया।

की थी–'इन्द्रा के पाँव आजकल धरती पर नहीं हैं। 'दीदी', 'बहन', 'भाभी' आदि पुरुषकंठ के सम्बोधनों ने उसके पंख लगा दिये हैं।'

इन्द्रमाया ने भी हँसकर जवाब दिया था–'उनमें एक और भी पुरुषकंठ मिला हुआ है, जो कहता है–'इन्द्रा, मेरी प्यारी !' और, इसी सम्बोधन ने, सबसे दूर, ऊँचे आकाश में पहुँचने के योग्य पंख उसे प्रदान किये हैं।'

एक-आधा बार उसने भी परिहास में पीताम्बर की चुटकी ली थी–'और तुम ? शहर की अनेक लड़कियों की आँखों में बसने लगे हो न ?'

पीताम्बर ने हँसकर बात टाल दी थी। वास्तव में, इन्द्रमाया ने उसके सम्बन्ध में इस तरह की बहुत सारी बातें सुनी थीं। रमेश जब उसे अकेली पाता तो, कहता–'भाउजू ! पीताम्बर भैया पर ज़रा नज़र रखना। इधर-उधर छुट्टा घूम रहे हैं !'

पीताम्बर की महिला-मित्रों के बारे में रमेश, अक्सर मौका देखकर, बातें करता। इन्द्रमाया को इन बातों का पता था। कौन नारी अपने पुरुष के ऐसे आचरण से अनजान रहती है ? किंतु, ईर्ष्या की भावना उसके हृदय में कभी भी नहीं जगी। केवल लगता था–उसके प्रेम के आत्म-समर्पण में अब भी कोई कमी रह गई है। निरंतर देते रहने की प्रक्रिया में, आत्मसमर्पण करते हुए उसके हृदय में, ईर्ष्या को जगह नहीं मिल पाई थी।···

किंतु, आज पीताम्बर की इस तरह चुभनेवाली नुकीली बातों से इन्द्रमाया बहुत व्यग्र हुई और बैठक में चाय पहुँचाकर अपने कमरे में लौट आई। वह सोचने लगी–निश्चय ही पीताम्बर ईर्ष्या से उत्पीड़ित है। क्या पुरुष-हृदय ईर्ष्या के कड़वे-तीते चाट में ही प्रेम का स्वाद पाता है ? ईर्ष्या का कोई कारण न होने पर भी, क्या वे काल्पनिक संदेह को उभार-उभारकर पीड़ित होते हुए प्रेम का स्वाद लेते हैं ? हाय ! पुरुष-हृदय 'वंचितता' से कितना आक्रान्त हो सकता है ? और, आक्रान्त इसलिए कि नारी की तरह आत्म-समर्पण द्वारा वह परिपूर्णता अर्जन नहीं कर सकता।

उस दिन पुरुष-प्रेम और नारी-प्रेम के भिन्न स्वरूप पर इन्द्रमाया ने गौर किया।··· पुरुष-स्वभाव और नारी-स्वभाव की भिन्नता, प्रेम के रूप में भी भिन्नता ले आती है। पुरुष स्वभाव से ही शासक होता है। उसकी स्थिति ही 'आरोहण' की है; इसलिए वह अपने को निरन्तर 'आरूढ़' देखना चाहता है। मात्र ऐसी ही स्थिति में उसका सम्मान, उसकी प्रतिष्ठा और उसका पुरुषत्व सुरक्षित रह सकता है–ऐसी उसकी धारणा बन जाती है। मान-अपमान की ईर्ष्यालु दृष्टि सदैव सतर्क रहती है उसकी–कहीं किसी की स्पर्धा के कारण उसकी 'पदहानि' तो नहीं हो गई ? अविश्वास, संदिग्धता और ईर्ष्या के सलाकों में वह हमेशा अपने को बिद्ध पाता है। हमारा–अर्थात् नारी जाति का–आचरण ठीक उल्टा होता है। हम तो समर्पण करना मात्र जानती हैं; समर्पण करना–अर्थात् नीचे पड़ी रहना···। हमारी स्वाभाविक स्थिति प्रकृतितः आरोहक की याचना करती है। इसलिए, हमारे प्रेम में दंभ ही कहाँ है ? उसमें अधिकार की चाहना ही कहाँ है, जिसकी सशंकित

दृष्टि अपनी अधिकार-सीमा की रक्षा के लिए सतत जागरूक रहती है—रात-दिन पहरे पर बैठे हुए प्रहरी की तरह ! इसमें ईर्ष्या असंगत है। पुरुष में यदि ईर्ष्या नहीं हुई तो उसका स्वाभाविक आकर्षण ही लोप हो जाता है। इस तरह की चिंता करती हुई इन्द्रमाया को लगा कि पीताम्बर की ईर्ष्या उसके प्रेम का प्रमाण है—जो प्रेम मुझ पर पुरुष के शासनाधिकार का दावा बार-बार करता है।

इन्द्रमाया को कुछ क्षण आंतरिक संतोष मिला कि पीताम्बर की ईर्ष्या का फण इसलिए फुफकार उठा है कि उसके प्रेम का अधिकार अक्षुण्ण रहे और अकुण्ठित भी। उसने अपने प्रेम की सिद्धि भी इस बात में पाई कि उसका प्रेम उत्सर्गमय होने के कारण ईर्ष्या-शून्य है। यदि पीताम्बर के बहुनारी-प्रयोजन से उसके हृदय में प्रतिहिंसा नहीं जगती तो, यही तो है नारी का अपना स्वभाव, स्वधर्म !!

फिर भी, सिर्फ एक महीन बात, इन्द्रमाया की—पति-पत्नी की—पूर्णांग सुन्दरता में छोटी-सी 'खोंट' रच रही थी। वह सूक्ष्म बात थी—उसके हृदय में मधुर स्वर में बजनेवाली, रमेश की यह आग्रहवाणी—'तो मैं कहाँ हूँ ? सम्बन्ध के किस स्तर पर ?' रमेश को किसी निश्चित सम्बन्ध-सूत्र में नहीं गूँथ पाने के कारण, उसको अपने हृदय में स्वेच्छा से आने-जाने की छूट देने के कारण, यदि पति में ईर्ष्या का भाव जाग्रत हुआ हो तो, ये सारी बातें उसके आत्म-समर्पण में भी बाधा उपस्थित कर सकती हैं। कहते हैं 'खोंट' लगी बलि को देवी ग्रहण नहीं करती। तो, क्या किंचित् ही सही—भावना की अनदेखी सुदूर सीमा पर कहीं से छोटे-से प्रथमाक्रमण के बावजूद—किंचित् 'खोंट' लगा हुआ समर्पण पूर्ण हो सकता है ? क्या उसकी सिद्धि में कभी पूर्णता आ सकती है ?

इन्द्रमाया ने उस दिन एकदम तटस्थ होकर निर्णय किया था कि उसका हृदय कुछ हद तक कलुषित हुआ है; कुछ हद तक उसका प्रेम अपूर्ण ही रह गया है; एक सीमा तक—पीताम्बर के हृदय में ईर्ष्या का अग्नि-बीज इन्द्रमाया का ही बोया हुआ है। प्रणय-व्रत, यदि मनसा, वाचा, कर्मणा एक ही साथ पालन करना होता हो तो इन्द्रमाया को अपनी सफाई में इतना ही कहना है—'हे भगवान, वाचा और कर्मणा मैं व्रत में एकनिष्ठ हूँ। केवल मनसा का एक छोटा कोना धूमिल हुआ है, जिसके लिए मैं स्वयं अपने को दण्डित होती पा रही हूँ। दण्ड-स्वीकार के बाद दोषमुक्त होती हुई, मनसा के किंचित् अपराध के लिए निरंतर दण्ड सहकर, मैं अकलुषित हो रही हूँ।'

इन्द्रमाया को एक दूसरी बात भी लगी थी··· शायद पीताम्बर का बहुस्त्री सम्बन्ध—पुरुषाधिकार की सीमा की बात होते हुए भी—मेरी इस छोटी-सी गलती को, मन के भीतर जमी काई के पतले परत को, अपनी सहृदयता से क्षमा का आवरण ओढ़ा दे !

इस प्रकार विचारों का ताना-बाना रचती हुई वह बहुत देर तक कमरे में बैठी रही। साथी लोग चाय पीकर, बहस समाप्त कर चलने की तैयारी में लगे—'क्यों दीदी, आज दिखलाई नहीं पड़ीं ?'.. 'चाय लाते समय आज इस तरह बुझी-बुझी-सी

क्यों लग रही थी, भाउजू ?'··· और रमेश के विशिष्ट स्वर में–'क्यों, भाउजू ?' प्रश्नवाची वाक्य उसके कमरे से भी सुनाई पड़ा। उसने सदा की भाँति, दरवाजे के पास तक जाकर, सभी साथियों को मुस्कुराकर विदा किया।

इस प्रकार इन्द्रमाया का जीवन बीत रहा था !

और, एक रात ऐसी एक घटना घटी··· !

उन दिनों दल के राजनैतिक काम बहुत बढ़ गये थे। सभी कार्यकर्ता व्यस्त थे। घर में पहले की तरह भीड़-भाड़ नहीं होती, बहस तो एकदम ही बन्द थी। कभी-कभार इक्का-दुक्का साथी आते; पीताम्बर भी ज़्यादातर बाहर रहता। अथवा घर आने पर भी बहुत जल्दबाजी में होता और उसका मिजाज़ यों ही गर्म रहता। उसके ऐसे मिजाज़ को देखकर इन्द्रमाया समझती कि यह काम के 'चाप' का परिणाम है। पीताम्बर के व्यवहार में भी वह हर घड़ी शुष्कता का परिचय पाती। उसको अधिकतर अकेली ही घर में रहना पड़ता और आलस्य से इधर-उधर समय काटना पड़ता। कि, एक दिन एकांत के बोझिल वातावरण में, घुटती हुई अवस्था में उसे अचानक ख़याल हुआ कि अब तक वह संतानवती नहीं हो सकी है। पति के प्रेम से फुर्सत नहीं पाई हुई नारी को आज एकांत में–फुर्सत की घड़ी में–एक बहुत बड़ी 'वंचितता' का अनुभव हुआ। उसने हठात् एक बड़े अभाव की शून्यता का विकराल मुख अपने अंतर्हृदय में बाया हुआ देखा। इतने आनन्द और चहल-पहलभरी ज़िन्दगी के बीच, इतने दिनों से वह एक महान् प्राप्ति से हीन ही रही है, अचानक उसे ऐसा लगा। चहल-पहल के रुकते ही, 'वंचितता' का शून्य-मात्र बाकी बचा हुआ था आज !

क्यों ऐसा हुआ है ? नारीत्व की किस त्रुटि के कारण अब तक वह माता नहीं बन पाई है ? पेट पर हाथ रखकर उच्छ्वसित स्वर में उसने अपने को कहा–'किस बात की त्रुटि रह गई है यहाँ ?'··· हाँ, इधर बहुत दिनों से, पीताम्बर के साथ का प्रणय-विलास खण्डित-ही-खण्डित हो रहा था। पता नहीं क्यों, पीताम्बर शारीरिक सम्बन्ध से क्रमशः विरत होता जा रहा था। आज उसको लगा··· कि, क्या जननी नहीं हो सकने के कारण ही तो पीताम्बर उसको दण्डित नहीं कर रहा ? प्रेम के सम्बन्ध की ऐसी विडम्बना ? यदि यह बात सत्य हो तो, अपने लक्ष्य की प्राप्ति में उदासीन रहकर, प्राप्य वस्तु के शीघ्र उपलब्ध होने की आशा क्यों कर रहेगी ? सहयोग का हाथ खींचकर, प्राप्य कैसे उपलब्ध हो सकता है, पीताम्बर ?

इन्द्रमाया को आज इन सब बातों की याद आती रही, जब पुरुषों का दल अपने काम से बाहर व्यस्त था और घर के भीतर एक नारी काम के बिना छटपटा रही थी। आज यह सूना घर मानो बालक की तोतली बोली की माँग कर रहा है। मानो घर की निस्तब्धता में बालक के डगमग कर चलते हुए जीवन की कामना व्याप्त थी। इन्द्रमाया को लगा–हाय ! आज तक अपने गर्भ के बालक को गुदगुदाकर

'खेला' नहीं पाई !

इस तरह इन्द्रमाया पश्चात्तापमय-वंचितता के आघात से शिथिल होती जा रही थी कि अचानक दरवाजा खुला और पीताम्बर ने प्रवेश किया। साँझ का झुटपुटा अंधकार घना हो चुका था। इन्द्रमाया ने बत्ती नहीं जलाई थी। धूमिल प्रकाश में पीताम्बर के थके हुए चेहरे को देखकर, वर्तमान के अभाव की शून्यता से उच्छ्वसित होती इन्द्रमाया, प्रेमिका की वाणी में बोली–'प्रियतम !'

पीताम्बर ने शुष्क उत्तर दिया–'यह कैसी कुसमय की रागिनी है ?'

पीताम्बर के उत्तर ने सहसा इन्द्रमाया को झकझोर दिया। अभी तुरत की संवेदना की भावना हठात् लोप हुई। वह बोली–'पीता ! शरीर सह न सके इतना परिश्रम क्यों करते हो ? ज़रा अपने को देखो, सूखकर क्या हो गये हो ?'

पीताम्बर ने, उतने ही शुष्क स्वर में जवाब दिया–'घर में पहले 'साँझ-बाती' तो पड़े, तभी कोई अपने को देख सकता है कि वह कितना दुबला हो गया है।'

इन्द्रमाया तुरत उठकर बत्ती जलाने गई। जाते-जाते उसने मन-ही-मन संकल्प किया–आज किसी भी हालत में पीताम्बर के मिजाज़ को बिगड़ने नहीं देगी वह। निःसन्देह, पीताम्बर को विश्राम की आवश्यकता है–घर आने के बाद नन्हे स्नेह-स्पर्श की भी ! वह स्वयं भी बहुत दिनों से प्रेम के मधुर स्पर्श से वंचित होकर पड़ी थी। आज दिन-भर अनुभव की गई शून्यता और वंचितता के कारण वह प्रेम के स्पर्श के लिए आतुर हो उठी थी।

कमरे के टेबिल पर बत्ती रखकर उसने पीताम्बर से कहा–'अभी तुरत पानी गरम कर देती हूँ। मुँह-हाथ धो आओ। रसोई भी शीघ्र तैयार कर देती हूँ। आज कहीं बाहर जाने की जरूरत नहीं, और ! रात घर में ही बितानी होगी…।'

पीताम्बर कोट उतारने लगा। इन्द्रमाया रसोई-पानी की तैयारी में लगी।…

बीते हुए लम्बे समय के बीच, उस रात की याद करके आज इन्द्रमाया को लगता है–उसी रात ने उसके जीवन के एक परिच्छेद को समाप्त किया था। उस रात के बाद वाली सुबह से उसके जीवन का नया अध्याय आरम्भ हुआ। जीवन के प्रथम खण्ड पर पटाक्षेप करनेवाली वह रात, क्या सुख और सन्तोष के कारण स्मरणीय है, आज ? सुख और सन्तोष ? नहीं, उनके स्थान पर पति-पत्नी के बीच तनाव और कसक मात्र !…

पत्नी, पति को भोजन कराने के बाद, स्वयं खाकर, घर के और कामों को निबटाकर–पति को साग्रह सोने के कमरे में ले गई। पति ने कहा–'आज मैं बुरी तरह थका हुआ हूँ।'

इन्द्रमाया ने देखा, सचमुच पीताम्बर क्लांत है। किंतु सत्य का दर्शन, शरीर और मन के आग्रह को टाल सकता है, क्या ? चित्त समझ सकता है, सांत्वना भी मिल सकती है। किंतु, शरीर और मन तो–एक क्षण के लिए ही सही–क्षुधामय ही रह जाते हैं।… इन्द्रमाया, पीताम्बर के क्लांत शरीर को हौले-हौले हाथों से 'टीपने' लगी और बात का सिलसिला शुरू करने के उद्देश्य से बोली–'आज दिन-भर बड़ा

सूना-सूना-सा लगा मुझे।'

पीताम्बर ने केवल एक छोटा-सा 'हूँ' कहा। इन्द्रमाया बोली–'तुम पुरुषों को बाहर के अनेक काम रहते हैं। व्यस्त रहते हो। इसलिए, घर का सूनापन कितना विरक्तिपूर्ण लगता है, तुम नहीं समझ सकते।'

पीताम्बर चुप होकर सुनता रहा।

इन्द्रमाया आगे बोली–'घर में बाल-बच्चे होते तो फिर सूनेपन का कोई सवाल ही नहीं था।'

पीताम्बर ने अनावश्यक उत्तेजना में कहा–'तुम्हीं हो न, आँखों को अच्छी तरह खोलकर, इस जीवन को ग्रहण करने के लिए, मेरे घर आनेवाली ?'

इन्द्रमाया बोली–'हाँ, और इसके लिए मुझे रत्ती-भर भी पश्चात्ताप नहीं। फिर भी, तुम इस तरह प्रेम की ज़िम्मेदारी मुझ पर सौंपकर पश्चात्ताप का स्वर निकालते हो। क्या तुमको पछतावा हो रहा है ?'

इन्द्रमाया को बुरी तरह ठेस लगी थी। बलपूर्वक वह आँसू रोक रही थी।

पीताम्बर ने थोड़ा नरम होकर कहा, "मैंने वैसा कब कहा है ?··· लेकिन, घर में बाल-बच्चे नहीं हुए तो इसके लिए मुझे क्या सुना रही हो ?··· हो सकता है, तुममें ही कोई ऐब हो··· वंध्या···।'

इन्द्रमाया मृदु स्वर में बोली–'सन्तान, पति-पत्नी के सम्मिलित सहयोग की सुन्दर रचना है। यहाँ वह सहयोग है कहाँ ?'

पीताम्बर ने करवट लेते हुए कहा–'आज मैं बुरी तरह से थका हुआ हूँ।'

इन्द्रमाया उसके शरीर को हल्के हाथों से 'टीपती' रही। शरीर को आराम मिलते ही पीताम्बर को नींद आ गई। इन्द्रमाया बहुत देर तक उसके शरीर को 'टीपती' रही। रात-भर उसे नींद नहीं आई; छत की कड़ियों को टकटकी लगाकर देखती हुई वह जगी रही। आँखें कभी-कभी आँसुओं से डबडबा आतीं।··· पीताम्बर शायद बहुत दिनों से अच्छी तरह सो नहीं पाया था; खूब मस्त होकर सोया रहा। इन्द्रमाया को लगा, बगैर सोये हुए भी रात गुज़र जाती है। और, कब उजाला हो कि वह घर के काम में जुट जाय ! इस प्रकार निराशा में वह प्रभात की प्रतीक्षा कर रही थी कि नीचे बगीचे में कोलाहल सुनाई पड़ा। जब तक यह समझ में आये कि क्या हो रहा है, मिलिटरी के सिपाही घर में भर चुके थे। फर्श पर अनेक बूटों की सम्मिलित आवाज के साथ–उसके कमरे के दरवाजे पर जोर का धक्का लगा।···

इस तरह रात बीतते-न-बीतते पीताम्बर बन्दी हुआ। रात-भर की कटुता, निराशा और क्षोभ सबकुछ सुबह की हलचल और आन्दोलन में एकदम बिला गये, मानो।··· अब सारी बातों को छोड़कर, बन्दी हुए पीताम्बर की सुविधाओं की व्यवस्था करना उसका प्रथम कर्तव्य हुआ।

इन्द्रमाया के जीवन का दूसरा परिच्छेद, दूसरा मोड़, इसी उद्योग से प्रारम्भ होता है !!

दो

जिस दूसरे निर्णय के बारे में इन्द्रमाया को आजकल बार-बार स्मरण हुआ करता है, वह था–रमेश के सम्बन्ध में उसके द्वारा लिया हुआ निर्णय। प्रौढ़ा के वार्धक्योन्मुख शरीर और मन की शिथिलता के कारण, आजकल जब वह अपने बीते हुए जीवन पर दृष्टिपात करती है तो उसे कभी-कभी लगता है कि जिस बात को वह तनाव की अवस्था के अहंकार में मेरा अपना स्वयं का निर्णय है कहती थी, शायद वह स्वेच्छा से लिया गया निर्णय नहीं था। शायद पग-पग पर लिये गये निर्णयों की शृंखला का काल-माप है जीवन। जीवन-पथ पर बढ़ता हुआ हर क़दम एक निर्णय के साथ उठता है। किंतु, आज का अलस मन, स्वत्व की वैसी महिमा को स्वीकार करने का 'जाँगर' नहीं बटोर सकता शायद। इसलिए भी, तृतीय प्रहर की इस उदास लगती-सी शून्य घड़ी में, बिछावन पर लेटी-लेटी इन्द्रमाया सोचती है–उसके द्वारा लिया गया 'निर्णय'–मानो नियति के द्वारा बनाये गये पथ पर–आगे बढ़ने की तरह है। नहीं तो, उस समय मात्र रमेश क्यों उसके सामने पड़ा और क्यों उस दुर्दिन में वही मात्र उसके काम में आनेवाला व्यक्ति बनता गया ? इतना ही नहीं, पीताम्बर के साथ प्रेममय सहवास के समय भी रमेश को अत्यधिक स्नेह से दिया जानेवाला स्थान–उसके मन ने अपने हृदय में, दे ही रखा था। यदि पीताम्बर बन्दी नहीं होता और यदि इन्द्रमाया का जीवन भी इसी तरह विशृंखल न हुआ होता तो–हो सकता है–उसके मन के उस छोटे कोने से रमेश कभी भी बाहर नहीं आता। क्या नारी अपने हृदय में वैसे अनेकानेक अग्निबीजों को, बाह्य जगत के वायुस्पर्श से जीवन-भर 'जुगा' कर चिता में अपने साथ ही, अग्नि में समर्पण नहीं करती ? उसे यह नहीं लगता कि पीताम्बर को बन्दी होना ही पड़ता और हृदय के उस अग्निबीज को–इसके बाद के अस्त-व्यस्त जीवन में–वायु के गहरे स्पर्श का अवसर मिलता ही। इसीलिए इन्द्रमाया को आजकल लगने लगा है कि कहने को तो मनुष्य ही निर्णय लेता है, किंतु नियति द्वारा निर्देशित मार्ग पर चलने का 'निर्णय'। उसका निर्णय भवितव्य के सेवक के रूप में प्रकट होता है। इन्द्रमाया ने, जिस निर्णय के आधार पर 'रमेश को स्वीकार किया'–कहा था–वह तो स्वीकार कर लेने के बाद की अभिव्यक्ति मात्र था। जैसे, प्रेम में पड़ जाने के बाद यह कहना कि अब मैं प्रेम करूँगा। पीताम्बर के रहते हुए ही वह इस राह पर चल चुकी थी और बार-बार उसको, इसके लिए संकोचबोध भी हुआ करता था।

लेकिन, साथ ही भवितव्य अथवा नियति के कन्धे पर उत्तरदायित्व का जुआ डालकर भी तो निश्चिन्त होने का अनुभव इन्द्रमाया को नहीं होता। वह इस तथ्य को स्वीकार करना नहीं चाहती, कि उसका 'निर्णय' निर्णय ही नहीं। कि वह जीवन के अनेकानेक मार्गों के बीच, अपनी इच्छा से वरण किये हुए पथ से भिन्न और

किसी राह पर चल ही नहीं सकती थी। कि जीवन में भोगते आए सुख-दुख, उसकी अपनी ही रचना नहीं। कि इन्द्रमाया दूसरी इन्द्रमाया नहीं हो सकती थी, इत्यादि। माँ-बाप के आग्रह को नहीं टालती तो क्या उसका जीवन दूसरा ही मोड़ नहीं ले लेता ? क्या वह भी अपनी बहनों की तरह एक मध्यवित्त परिवार की नारी के रूप में रूपान्तरित नहीं होती–जिसके जीवन को, समाज के नियम और विधियों के द्वारा कुछ अंश में पूर्वनिश्चित कर दिया गया होता और जिसकी सन्तान-सन्तति से घर भरा-पूरा होता तथा सभी इष्ट-मित्र, नाते-रिश्तेदार जिसको 'भाग्यमानी' नारी कहते ? समाज के संरक्षण में बढ़ते और पलते हुए जीवन को क्या इन्द्रमाया ने स्वेच्छा से ही नहीं छोड़ा ? इन्द्रमाया को विश्वास था–हाँ, उसने स्वेच्छा से ही उस जीवन को छोड़ा है और उस 'निर्णय' के लिए आज उसे पछतावा भी नहीं है।

पर, निर्णय के भी भिन्न-भिन्न स्वभाव-गुण होते हैं और निर्णयों की कठोरता का कारण है–मनुष्य द्वारा निषेधाज्ञा का उल्लंघन करने की प्रवृत्ति ! समस्त कठोर निर्णय–निषेधाज्ञा के उल्लंघन रहे हैं। इन्द्रमाया का पहला निर्णय, समाज के निषेध की अवज्ञा–'मैं समाज को नहीं मानती, पीताम्बर को वरण करूँगी।' किंतु, ऐसे क़दम जितने भी कठिन हों, फिर भी दूसरे किस्म के निर्णयों की तुलना में ऐसे निर्णय सहज संभव होते हैं। क्योंकि ऐसी निषेधाज्ञा देनेवाले तत्त्व, अपने से बाहर के तत्त्व हैं, जिनके विरोध में अपने को खड़ा करना अच्छा लगता है। विजय अथवा पराजय के परिणाम की कल्पना से द्वन्द्व की कठिनाई नहीं उपस्थित होती। प्रतिद्वन्द्वी कैसा तत्त्व है, किसके मुकाबले में खड़ा होना पड़ा है, ये ही प्रश्न, द्वन्द्व की कठिनता अथवा सुगमता निर्धारित करते हैं। समाज-तत्त्व जो भी हो, अपने से बाहर का तत्त्व है। उसके विरोध में खड़ा होते हुए पराभूत की आशंका निश्चय ही होती है; किंतु समाज, बाहरी तत्त्व होने के कारण, अन्यदेशीय है–जिसका अवांछनीय हस्तक्षेप, अपने जीवन में ऐसा शत्रुभावापन्न-सा लगता है–जैसा किसी विदेशी शत्रु के अपने देश पर हमला करने पर। आक्रमणकारी शत्रु के विरोध में, आदमी क्या परिणाम का लेखा-जोखा करके ही खड़ा होता है ? इन्द्रमाया को लगा–बाहर के दुश्मनों से जूझना आसान है। आक्रमणकारी कुचक्री शत्रु के साथ युद्ध का निर्णय लेना कठिन होते हुए भी–दुष्कर नहीं।...

परन्तु, जीवन में ऐसा भी निर्णय लेना पड़ता है, जिसमें 'स्व' के ही किसी-न-किसी अंश से युद्ध की घोषणा करनी पड़ती है। 'रमेश के साथ घनिष्ठता स्थापित नहीं करनी है'–हृदय की ऐसी निषेधाज्ञा, परम्परागत मान्यताओं के द्वारा हृदय में जमाकर बैठाये गये सामाजिक विश्वास और आस्था का ही एक रूप है। इसलिए यह भी विदेशी तत्त्व है–ऐसा मान लेने पर भी, हृदय में जड़ जमा लेने के बाद वह सामाजिक आस्था, किसी-न-किसी अंश में अद्भुत शक्ति सम्पन्न होकर, प्रतिद्वन्द्विता के लिए खड़ी होती है। आंशिक रूप में होते हुए भी, इस तरह का निर्णय, अपने विरुद्ध उठाये गए क़दम जैसा है। कुछ हद तक, अपने ही साथ लड़ने को उद्यत होना

है–ऐसा निर्णय ! सामाजिक नियम के विरुद्ध खड़ा होने से, न जाने कितना अधिक दुष्कर है अपनी आस्था के विरुद्ध खड़ा होना। हृदय की ऐसी आस्थाएँ समाज की तरह पृथक तथा अन्यदेशीय नहीं होतीं जिसके प्रति प्रतिकूल निर्णय लेते हुए भावाभिभूत होना पड़े–एक प्रकार की तटस्थता के साथ, निर्णय लिया जा सकता है–मन को चौकस रखकर–अपने को खण्डित न करके··· । कहाँ ? सुगमता उसे कहाँ मिली, जब उसने रमेश को स्वीकार किया ? यदि वरण में प्रथम क़दम का उत्तरदायित्व है तो, शायद स्वीकार में वैसा उत्तरदायित्व नहीं है, क्या ?··· वरण और स्वीकृति–दोनों अवस्था में परिणति-सादृश्य होते हुए भी–सहवास, सहभोग, सहयोग यदि दोष हों तो–स्वीकृति में प्रथम क़दम की ज़िम्मेदारी निहित न होने के कारण, यह दोष समर्थन में क़दम बढ़ाने का दोष मात्र है। पीताम्बर के पास पहुँचने के लिए इन्द्रमाया ने प्रथम क़दम बढ़ाया था। वह पीताम्बर को मिली थी–जाकर। इसलिए यदि दोष हो भी उसका तो प्रथम अंश की ही वह भागी है। पीताम्बर तो उसके द्वितीय अंश का अभिसंगी मात्र है। संभव है, इसीलिए उस सम्बन्ध से प्राप्त आनन्द, सुख, महिमा, गरिमा के भी प्रथम अंश में वही अधिकारिणी हुई। और, पीताम्बर सम्बन्ध की उत्कृष्टता के दूसरे अंश मात्र का भागी हो सका।··· रमेश के संग के सम्बन्ध में, इन्द्रमाया को लगता है, उसकी अपनी स्थिति उल्टी थी। इसमें उसने प्रथम क़दम नहीं बढ़ाया–सिर्फ अपने को, रमेश के द्वारा, 'पा' लेने दिया। क्या प्रतीक्षा में बैठी रहकर अपने को पा लेने देना 'दुरुत्साहन' नहीं है क्या ? हाँ, इन्द्रमाया अपने को, उतने अंश में दोषी मानती है।···

इधर, इन्द्रमाया को एक और बात का भी बड़ा गम्भीर अनुभव हो रहा था। पीताम्बर और अपने सम्बन्ध में, वह कभी भी दोष के संदर्भ में अपने को नहीं देखती थी। हाँ, मन में बातों को सुलझाते समय, प्रथम चाल की ज़िम्मेदारी का प्रश्न उठते ही, तर्कगत वाक्य उसके मन में मुखर हो उठता–'दोष हुआ··· ।' पीताम्बर के साथ निजी सम्बन्ध में दोष या पाप की अनुभूति तो उसे कभी भी नहीं हुई। किन्तु, रमेश के सम्बन्ध में रह-रहकर दोष का भाव जाग्रत होता था–पापबोध ! और, तब इन्द्रमाया को लगता कि पाप, 'स्व' के विरुद्ध करनेवाली कार्रवाई में उठनेवाली भावना है, जो कार्रवाई करने के लिए जीवन मनुष्य को बार-बार बाध्य करता है। ऐसी भावना उत्पीड़क होती है, आहत शरीर को पहुँचनेवाली पीड़ा जैसी !···

इसीलिए तो, पति और पुत्री में से एक को चुनते समय इन्द्रमाया अपने को दो टुकड़ों में बँटी हुई-सी अनुभव कर रही थी। वह निर्णय कितना दुस्सह था और उसकी पीड़ा कितनी दुर्दमनीय ! पुत्री को चुनकर उसने अपने जीवन का तीसरा निर्णय लिया था।··· हे परमपिता परमेश्वर ! क्यों तुमने मेरी ऐसी भीषण अग्नि-परीक्षा ली ? क्यों पति और पुत्री, दोनों को अपने साथ न रखने योग्य बनाकर मुझे जन्म दिया ? क्यों मुझे ऐसा भीषण निर्णय लेने को बाध्य होना पड़ा ? क्या

मैं उस निर्णय के कारण एकदम खण्डित नहीं हो गई ? उस निर्णय के बाद मैं एक अर्धनारी के अतिरिक्त और क्या रह गई ? मात्र माता ? नारीत्व के दो तत्त्वों में मुझे 'पत्नी-तत्त्व', 'प्रिय तत्त्व' का परिहार करना पड़ा और मात्र मातृ-तत्त्व को अपने में रहने देना पड़ा !...

यह तीसरा निर्णय, पीताम्बर को चुनते समय समाज के विरुद्ध यानी बाहरी तत्त्व के विरुद्ध लिया गया निर्णय जैसा नहीं था। नहीं तो यह रमेश के सम्बन्ध में लिये गये निर्णय की तरह ही था, जो अपने हृदय की आस्था के विरुद्ध उसने लिया था। यह तो अपने ही सत्त्व के एक आधारभूत तत्त्व के विरुद्ध लिया गया निर्णय था, अपने को अर्ध-खण्डित करके !... यह कैसा प्रतिद्वन्द्वी है ? कैसा रणक्षेत्र है यह ? कौन हत-आहत हुआ इस संघर्ष में ? उत्तर केवल यही है—स्वयं, स्वयं, स्वयं !! पति को परित्याग करके, क्या उसका हृदय अभी तक भी शान्त हो सका है ? क्या खण्डित नारी ने वेदना के किसी क्षण में भी मुक्ति पाई ? जहाँ भी, जिस क्षण भी—अपने अर्धांग को नित-निरंतर प्रोज्वलित अग्नि में अहर्निश पिघलते हुए अनुभव नहीं करती, क्या ? पुनः स्थापन न होनेवाली अपनी यह 'खण्डितता' ही शायद उसमें पापबोध को जगा रही है ? उसने जितना भी भीषण आघात अपने ऊपर किया, उतने ही बड़े पापबोध से वह उत्पीड़ित भी हुई।... हार्दिक वेदना शायद पाप है ? शायद, 'स्व' के खण्डन से इस वेदना की सृष्टि होती है, क्या ? किन्तु, क्या कोई ऐसा भी मनुष्य होगा जो, दूसरे के प्रहार से अपने को और अपने प्रहार से दूसरे को जीवन-भर बचाये रख सका हो ? प्रत्येक व्यक्ति पर थोड़ी-बहुत चोट पड़ती ही है और अनुभव के लिए मनुष्य जितनी ही गहराई में पैठता है, उतना ही सांघातिक आक्रमण उसको सहना पड़ता है।... जीवन भोग का चिह्न है—क्षत-विक्षत होना। पाप भी शायद यही है ! यही तो विडम्बना है मानव जीवन की ! आहत और खण्डित हुए बगैर जीवन का 'भोग' पाया नहीं जा सकता और जीवन का अनुभव है—बाद का पापबोध !...

आजकल, जब जीवन की—शायद उसके लिए भोग की—परिसमाप्ति की बेला आने को है, और तृतीय प्रहर की 'कार्य-निवृत्तता' का अवसर उसने पाया है, उसने अपने जीवन के अनुभव तथा प्राप्ति अथवा वंचितता पर अकेली बैठकर सोचने का समय भी पाया है। पहाड़ की चोटी पर बैठकर यात्री जिस तरह पीछे की ओर मुड़कर देखता है—वैसा ही लग रहा है उसे। वह जिस लम्बी राह पर चलकर आई है, वह दूर, बहुत दूर तक, दिखलाई नहीं पड़ती। दूर क्षितिज पर पहुँचकर बिला जानेवाली पथ-रेखा, जो अभी भी उसके पृष्ठप्रदेश में लम्बी खिंची पड़ी हुई है, यही तो है—अभी-अभी आँखों के सामने झिलमिलाता-सा दिखाई पड़नेवाला—उसका जीवन ! किन्तु, उस राह पर चलते समय यह रेखा कहाँ दिखलाई पड़ी थी ? जीवन के 'भोग' के क्षणों में जीवन बिसर जाता है, चाहे सुख का भोग हो अथवा दुख का। भोगे हुए क्षण-मात्र, जीवन के रूप में प्रकट होते रहते हैं। नहीं तो, आज इस तरह सुख-दुख की विवेचना करते समय उन क्षणों को जिस तरह 'पुंखानुपुंख'

देख रही हूँ, यह कैसे संभव होता ? उन दिनों भी तो इनकी याद आ सकती थी–किंतु, कभी कहाँ आई ? 'पीताम्बर के प्रेम में, उसके साथ सहजीवन में जीवन को भोग रही हूँ'–ऐसा भान भी कभी हुआ ? वैसे ही, उसके गिरफ्तार होने के बाद भोगे गये दुख में–जिसकी कोई सीमा ही नहीं थी–उसे कभी ऐसा ख़याल हुआ था कि जीवन के दूसरे पक्ष का भोग उसके द्वारा हो रहा है ? सुख-दुख की व्यस्तता में जीवन का भोग होता रहता है। जीने का एहसास हुए बगैर ही जीवन बीत जाता है।··· यदि जीवन के भोग सुख और दुख हैं और जीवन के अनुभव इन्हीं दो तत्त्वों से प्राप्त होते हैं, यदि सुख-दुख के अनुभव जीवन के माप हैं तो,–इन्द्रमाया को आजकल लगता है–स्वयं सुख-दुख का माप स्मृति या विस्मृति करती है। सुख की प्रगाढ़ता को विस्मृति के आवरण की आवश्यकता होती है। प्रगाढ़ता जितनी ही घनीभूत होती जाती है, विस्मृति उतनी ही आक्रान्त करती जाती है। चरम सुख विस्मृति की परम 'लुप्तता' में विलीन हो जाता है। दुख का भी ऐसा ही आचरण है। दुख की पराकाष्ठा में मनुष्य विस्मृति का प्राणदायक प्रलेपन पाता है। दुख हो या सुख, दोनों की उत्कृष्टता सम्पूर्ण विस्मृति में एकाकार हो जाती है। इसीलिए, इन्द्रमाया को लगता है कि इतने दिनों तक वह जिन्दगी को बगैर जाने ही, जीवन का भोग करती आ रही है। इन दिनों, आलस्य की बेला में इन बातों को याद करके वह स्वयं को कहती है–'पता नहीं, कितना सुख या दुख ढोया, मैंने !'··· किन्तु, भोग करते क्षणों में इन सब बातों को याद करने की फुरसत ही कहाँ थी ? न तो कभी यह एहसास ही हुआ–'अहा ! पीताम्बर के साथ जीवन बिताने के दिन कितने सुन्दर थे !'–और, न पीताम्बर की गिरफ्तारी के बाद, सिर पर हाथ धरकर यह सोचने का अवसर मिला–'पता नहीं, मुझे कितना दुख झेलना पड़ेगा'···

··· पीताम्बर की गिरफ्तारी के बाद मेरी व्यस्तता की सीमा नहीं रही। उस दिन सारी सुबह मिलिटरीवाले घर की तलाशी लेते रहे। पीताम्बर को सिर्फ कपड़े बदलने तक की मुहलत मिली। पता नहीं, उनको लेकर कहाँ चले गये, उसी समय। जब तक वे रहे, आश्वासन और सहारा के लिए मैं उनसे सटी-सटी-सी रही। कहने के लिए तो अपने पास कुछ था नहीं, बार-बार केवल उनके मुँह की ओर देखती थी और कभी उसके 'सुरवाल' और कभी कोट को सहेजती रही। जब उन्होंने पैर में जूते डाले–अन्तिम घड़ी में उन्हें विदा देती, सिर टेक कर–साड़ी के आँचल से उनके जूतों को पोंछ दिया मैंने। उन्होंने जाते-जाते कहा–'कोई··· 'बेर-बखत' आ पड़े तो··· रमेश से कहना !'

पूरे घर की तलाशी लेकर मिलिटरी के लोग जब गये तो दोपहर हो चुकी थी। घर के सारे सामान चारों ओर फेंके हुए··· बक्से सभी खुले हुए··· कपड़े-लत्ते जमीन पर छत्राकार बिखरे··· उलटी-सीधी फेंकी हुई··· बर्तन-बासन इधर-उधर लुढ़के

हुए !!··· पता नहीं, कहाँ से इतनी धूल और कचरा आकर जमा हो गये थे–मिलिटरी के सिपाहियों के बूटों के आघात से फर्श क्षत-विक्षत··· सारी व्यवस्था अस्त-व्यस्त ! मिलिटरीवालों के जाने के बाद हठात् शान्त हुआ तो, मुझे लगा कि एक भयंकर आँधी विध्वंसकारी उत्पात मचाकर अभी तुरंत चली गई है। घर में भयावनी स्तब्धता थी। तलाशी के समय, ओसारे के बाहर सड़क पर पड़ोस के नर-नारी और बच्चे खड़े तमाशा देख रहे थे। किंतु, मिलिटरीवालों के जाते ही–मुझे घर में अकेली देखकर, शायद करुणा या समवेदना दान करना पड़े, इस डर से तमाशबीन अपने-अपने बाल-बच्चों को घसीटते, अपने-अपने घर की ओर चले गये। विचित्र स्तब्धता थी वहाँ और मेरा अकेलापन कितना डरावना ? बगैर कुछ सोचे-समझे कि क्या करना है या नहीं करना है, मैं कमरे को झाड़-बुहारकर सहेजने में जुट गई।···

फिर लगा कि पीताम्बर को कहाँ ले गये होंगे, इसका पता लगाना ही मेरा पहला काम है। लेकिन, कहाँ जाकर पता लगाऊँ ? पास-पड़ोस में कोई ऐसे इष्ट-मित्र नहीं थे जो मेरी सहायता करें। नैहर से नाता तो कब का टूट चुका था। कॉलेज की सखी-सहेलियों से भी आजकल मेरा किसी प्रकार का सम्बन्ध और सम्पर्क नहीं रहा था। रमेश अथवा पीताम्बर के अन्य साथियों के घर का कोई अता-पता ही न था मुझे। क्या करूँ ? कहीं समाज ने आज मेरे साथ पुराना बैर-भाव तो नहीं साधा है ? क्या करूँ ? क्या किया जाय ? बार-बार एक स्वर से मेरा मन कहता रहा–क्या किया जाय अब ? क्या करूँ··· ?

इधर-उधर कुछ देखे बगैर मैं दौड़ती–घर के सामने, सड़क के किनारे वाली दुकान की बुढ़िया के पास पहुँची जो उबले हुए आलू, सकरकंद, चूड़ा और भेंटमास[1] बेचती थी।

मैं बोली–'बूढ़ी माँ, आज मैं बड़े संकट में पड़ी हूँ।'

मक्खियों को उड़ाती हुई बूढ़ी बोली–'मुझे मालूम है बेटी ! नैहर क्यों नहीं चली जातीं ?'

इसकी क्या विवृति दूँ उसे ? बोली–'वही तो··· बूढ़ी माँ··· इसीलिए तो तुम्हारे पास आई हूँ। ज़रा, रक्तकाली-मुहल्ले में जाकर मेरे नैहर में··· माँ-बाप को यह समाचार पहुँचा दो। यहाँ घर में कोई नहीं।··· और, हाँ ! वहाँ कोई नहीं मिले तो, मेरी एक पुरानी सहेली उधर ही पुत्तली सड़क में रहती है–पद्मा ! उसके घर जाकर यह खबर दे देना।'

मैंने उसको दोनों जगहों के ठिकाने बता दिये। वह जब जाने की तैयारी करने लगी तो मैंने फिर कहा–'हमारे घर में आनेवाले लड़कों के बारे में कुछ पता लगा सको तो लगाती आना ! समझी बूढ़ी माँ ?'

उसके जाने के बाद बहुत देर तक मैं उस 'नि-आसरे' घर में बैठी रही। शाम तक वह थकी-माँदी, पैर घसीटती हुई आई। बोली–'तुम्हारे नैहरवालों ने तो मुझे

---

1. सोयाबीन।

दुरदुरा कर भगा ही दिया। और, उसके साथ फिर कभी न आने की चेतावनी भी दे दी।··· और पद्मा अपने ससुराल में ही है, नैहर··· पुत्तली सड़क··· नहीं आई है।··· शहर में मालूम हुआ कि सभी लड़के पकड़े गये। किसी को नहीं छोड़ा है।'

ज़मीन पर पड़ी हुई अपनी लाठी को उठाती हुई बूढ़ी बोली–'अब तुम क्या करोगी, बेटी !'

बूढ़ी माता के स्नेह-भरे इस प्रश्न ने मुझे पिघला दिया। मानो, दिन-भर उबलते हुए दुख की भाप, अब कोई बाधा नहीं मानकर, निकलने को हुई। मैंने बलपूर्वक आँसू रोककर कहा–'बूढ़ी माँ ! अब जो सिर पर आये उसे झेलना ही पड़ेगा।'

उसके जाने के बाद मैं बहुत देर तक रोती रही। कुछ क्षण के बाद, साँझ का झुटपुटा घना हो गया। मैं थककर पड़ गई। दिन-भर कुछ न खाने के कारण शरीर शिथिल था। रात-भर, कभी आँखें झपकतीं और कभी अचक कर खुल जातीं। कभी भय का संचार होता तो कभी असहाय और अकेलेपन का अनुभव।··· इसी तरह, वह चिरस्मरणीय दिन बीता !

दूसरा दिन भी कोई सहायता लेकर नहीं आया। तीसरा, चौथा, पाँचवाँ और इस प्रकार पूरा सप्ताह ही बीता–नितान्त असहाय अवस्था में।··· इतने दिनों के बाद भी, पीताम्बर को कैद करके कहाँ रखा गया है इसका अता-पता मैं नहीं पा सकी। उनको कपड़े-लत्ते की या किस चीज की जरूरत है, वे किस अवस्था में हैं–कुछ भी पता नहीं पा सकी। मैजिस्ट्रेट के पास गई। वहाँ कुछ पता नहीं चला तो कमिश्नर के घर, कुछ पता पाने की उम्मीद में गई। वहाँ भी कुछ पता नहीं चला। सिर्फ, इतना-भर मालूम हुआ कि वे मिलिटरी के जिम्मे हैं। मैजिस्ट्रेट और कमिश्नर के दफ्तर के कुछ कर्मचारी तो स्पष्ट रूप से व्यंग्यभरी बातें कर रहे थे। किन्तु, कुछ लोग थे जो मेरी ओर–शायद लाज से हो–देखे बगैर, सिर झुकाकर लिखते रहे। सैनिक हेडक्वार्टर में तो प्रवेश ही सम्भव नहीं हो सका। फाटक के बहुत दूर ही, ड्यूटी पर तैनात संतरी ने–'ऑडर छैन।'[1]–दुत्कार कर मुझे लौटा दिया। मैंने घर से कई प्रार्थनापत्र भेजे–एक 'सर्वोच्च' से दूसरे 'सर्वोच्च' तक।··· चारों ओर से, मौनता की दीवारों से मैं घिरती गई··· !

शरीर दिन-प्रति दिन क्लांत होता गया। रसोई बनाने की सामर्थ्य मुझमें नहीं थी, इसलिए भंडार में जो कुछ भी पाती–एक मुट्ठी यों ही चबाकर पानी पीकर पेट भर लेती थी। सात दिनों में वह भी समाप्त ! घर में एक पैसा भी नहीं। पहले घर का काम कैसे चलता था, किस तरह चलता था, यह पीताम्बर ही जानें। घर की आवश्यकता के सारे सामान वही ला देते थे। और, कभी-कभार साथी लोग भी कुछ-न-कुछ लेकर आते थे। धन-मद्धे-धन–मेरे पास, बस कान के दो झुमके ! उन्हें खोलकर बूढ़ी माता की दुकान पर गई। बोली–'बूढ़ी माँ, इसे रखकर कुछ दिनों तक मुझे चूड़ा और आलू देती···।'

---

1. आर्डर नहीं।

बूढ़ी ने बीच में ही काटकर कहा–“बिटिया ! यह क्या ले आई है ?··· छिः ! कहती हूँ, पहन लो जल्दी कान में। कैसी बूची लग रही है ! चूड़ा लेती जा, दाम बाद में देना जब दे सको।'

मैंने कहा–'बाद में भी तो देने के लिए इन्हें ही खोलकर लाना पड़ेगा, बूढ़ी माँ–मेरी तो सारी सम्पत्ति ही ज़ब्त है।'

एक बड़े-से दोने में चूड़ा और आलू की तरकारी डालकर मुझे थमाती हुई वह धीमे स्वर में बोली–'जब तक सकूँगी, तुमको देती रहूँगी और तुम भी जब तक चाहो, लेती रहो।··· भला, वे लड़के हम गरीबों के लिए ही तो 'कैदी' हुए हैं।'

बहुत दिनों तक संयम से रोके गये भाव का वेग हृदय में उमड़ने लगा, बूढ़ी की समवेदना के शब्दों को सुनकर। चूड़े का दोना लेकर हड़बड़ी में मैं घर लौटी और धम्म से जमीन पर बैठकर भावावेग से भीगे गले से मैं चूड़ा का एक-एक ग्रास निगलने लगी। बूढ़ी की सहृदयता से मुझे फिर–अकेला होने का बोध हुआ। लगा, मेरा अब कोई नहीं रहा !···

उसी समय कमरे के दरवाजे आहिस्ता-आहिस्ता उघर गये और अकस्मात् रमेश ने कमरे में प्रवेश किया। मैं एकदम अचरज में पड़ गई। और, अचानक भाग्य फिरने का अनुभव करने के पहले ही खाते-खाते मैं चिल्लाई–'यह कौन ? रमेश ? कौन ? रमेश ? कहाँ से किधर से उदित हुआ यह देवता ?'

देवता ?–उस अप्रत्याशित-प्राप्ति के प्रति मेरा उद्गार था यह–अकस्मात् मुँह से निकला हुआ ! किसी चिन्तन की प्रक्रिया के परिणाम नहीं थे वे वाक्य !··· अनायास मुँह से निकले वे शब्द ! किन्तु, बाद में रमेश इसी एक शब्द को पकड़कर–मेरी जीभ को काबू में करने की कोशिश करता रहा–मानो, अपने इस शब्द से ही मैं बाजी हार गई। मानो, मेरी जबानबंदी हो गई ?··· कुछ दिनों तक वह 'इन्द्रमाया भाउजू' कहता रहा। किंतु, बाद में तो 'भाउजू' भी उसके सम्बोधन से लुप्त होता गया।··· हृदय में छिपे हुए भाव ऐसे ही अकस्मात्, अचिंत्य शब्दों से प्रकट होते हैं !!

मैं भी अन्त तक तर्क देती रही–'रमेश ! हिन्दू नारी देवता के दो भिन्न रूप देखती है। एक है–बाह्य अवस्थित शक्ति का एक ऐसा रूप जो दुर्दिन में उसकी सहायतार्थ करुणावान होकर आता है। ऐसा देवता तटस्थ रहता है। वह करुणामय होकर भी निजी वस्तु नहीं होता। दूसरा है–पति के रूप में देवता–आत्मीयता से ओतप्रोत और सर्वथा निजी वस्तु··· मेरे उस दिन के सम्बोधन को तुम केवल दूसरे अर्थ में ही क्यों लेते हो ?'

वह कहता–'इन्द्रमाया, यह तुम्हारा तर्क है सिर्फ। केवल तर्क, हृदय की बात नहीं।'

मैं साग्रह कहती–'बात को समझाने के लिए विस्तारपूर्वक कुछ कहा जाय तो उसे केवल तर्क का आडम्बर मत कहो रमेश !'

और, जितना ही मैं रमेश के साथ बातें करती उतना ही दृढ़ होकर तर्क पर तर्क थोपती जाती। किन्तु, अपने अन्दर आस्था की भित्ति कें हिलने की सूचना मैं पा रही थी। मुझे लगता था, मैं फाटक के दरवाजे को ही बलपूर्वक बन्द करके निश्चिन्त होना चाह रही हूँ। लेकिन, रमेश मुझे निश्चिन्त कहाँ होने दे रहा था ?··· वह बार-बार मेरी आस्था की दीवार की एक-एक ईंट को खिसकाता जाता था।

यों, उस दिन रमेश मेरे लिए सचमुच देवता होकर ही उदित हुआ था। असहायता और अकेलेपन के महासागर में डूबता हुआ प्राणी किसी भी सहारे को पकड़ना चाहता है–चाहे वह सहारा अंत में सर्वग्राही ग्राह ही क्यों न प्रमाणित हो। उसी तरह उस घड़ी में लपककर रमेश को अगोरने के लिए आगे बढ़ना–उतावली में की गई एक अन्ध-क्रिया मात्र थी।··· और, कुछ देर के बाद–चेतना का संचार होने के बाद–तनिक आश्वस्त होकर मैं सवाल करने लगी थी–'कहाँ ? पीताम्बर कहाँ ? कहाँ हैं वे ? कैसे हैं ? बताओ, बताओ रमेश ! बताओ न !··· और तुम ? कहाँ रहे इतने दिन ? मेरे यहाँ क्यों नहीं आये ?··· कितने दुबले हो गये हो ? बोलो न, क्यों कुछ बोल नहीं रहे ?'

उस समय–अव्यवस्थित होते हुए भी मेरा वह घर रमेश की उपस्थिति से प्राणवान हो गया था और आवासमयता से उज्ज्वल ! एक दिन–एक क्षण पहले तक वह–सभी के द्वारा छोड़ा गया भुतहा-घर की तरह भयावना लगता था। रमेश वहाँ आवासता का आलोक लेकर आया। मैंने भी, बहुत दिनों से न जलाई गई बत्ती को जलाया। कमरा आलोकित हुआ··· सामान वगैरह कमरे-भर में छत्राकार बिखरे फैले हैं तो क्या हुआ ?

रात-भर रमेश की बातें सुनती रही। उसने बताया, पीताम्बर को 'दरबार' के गारद में बन्द करके रखा गया है–नेल-हथकड़ी डाल दी गई है। किन्तु, किसी प्रकार की शारीरिक यातना नहीं दी गई है। अब शायद देंगे भी नहीं। कुछ दिनों में नेल-हथकड़ी भी काट दी जायेगी और पुलिस के मातहत–निजामती जेल में भेज दिया जायगा। रमेश ने और भी बातें बतलाईं; दल के प्रायः सभी लोग उसी दिन गिरफ्तार हुए और सभी को–पीताम्बर की तरह–सैनिक-हिरासत में रखा गया है। रमेश भी उसी दिन गिरफ्तार हुआ था। गिरफ्तारी के बाद कुछ लोगों को सिर्फ बयान लेकर, छोड़ दिया गया··· 'मुझे तो बयान लेने के बाद ही छोड़ दिया गया।'–और छूटते ही मैं यहाँ चला आया। रमेश ने कहा।

मैंने व्यग्र होकर पूछा–'पता नहीं, पीताम्बर को अब वे क्या करें ?'

रमेश बोला–'घबराइये मत भाउजू ! देश-सेवा करने के लिए निकले हुए लोगों के सिर ऐसी विपत्ति तो आती ही है। पीताम्बर भाई जेल से जल्दी तो छूट नहीं पायेंगे। लेकिन, अब उनका बन्दी-जीवन, पकड़े जाने के समय जैसा, कठिन नहीं होगा। फिर, उनके साथ बहुत सारे साथी भी हैं।'

मैंने फिर पूछा–'और कहो न रमेश ! पीताम्बर क्या करता था ? क्या कहता

था··· ?'

रमेश ने कहा–'कहने-सुनने की कोई बात ही कहाँ थी वहाँ ? हाँ, उनको कुछ कपड़े वगैरह भेज देना ठीक होगा। छूटने के समय मैं उनसे मिलने गया था। विदा होते समय मैंने सांत्वना देते हुए उनसे कह दिया है–'यहाँ से बाहर निकलते ही इन्द्रमाया भाउजू का सारा जिम्मा ले लूँगा–चिन्ता न कीजियेगा।'

इस तरह वह रात बीती।

सुबह उठकर मैंने कहा–'पीताम्बर के पहनने के कपड़ों का एक छोटा-सा बंडल बना देती हूँ। पहुँचा देना। और क्या-क्या चाहिये उन्हें ? खाने-पीने की कोई चीज ले जा सकते हैं या नहीं ?'

थोड़ी देर के बाद, कपड़ों को तहियाते हुए मैंने अनुरोध-भरे स्वर में कहा–'रमेश, मैं भी जाऊँगी तुम्हारे साथ कपड़े पहुँचाने।'

अचरज से उसने जवाब दिया–'आप कहाँ जायेंगी भाउजू, सिपाहियों की भीड़ में ?··· बल्कि, आप कपड़े वगैरह बदलकर तनिक सुघड़ होइये।··· थोड़ा सुन्दर हो लेने में क्या हर्ज है ?'

मैं बोली–'तुम आये तो मुझमें इतनी-सी शक्ति भी आई। दुश्चिन्ता दूर हुई।'

रमेश ने कहा–'लीजिये, मैं कपड़े पहुँचाने चला। तब तक आप नहा-धोकर परिष्कार होकर रहिये। यह क्या वैरागिनी का भेस बना रखा है ?'

'वैरागिन तो हुई ही हूँ, रमेश ! पीताम्बर ही नहीं तो फिर मेरा क्या रहा ?'

इतना कहते ही मुझे लगा, रमेश को आघात पहुँचानेवाले वाक्य निकल गये हैं मेरे मुँह से। उसको हलका करने के लिए, और कुछ कहना ही चाहती थी कि रमेश बोला–'आपके पीताम्बर जी अभी जीवित ही हैं। और, आप यह मत भूलें कि आपके और भी अनेक चाहनेवाले हो सकते हैं–पीताम्बर की तरह नहीं होते हुए भी···।'

मैंने बात को मोड़ते हुए कहा–'तुमने अपनी ओर भी देखा है तनिक ? कितने दुबले हो गये हो–फूँक में उड़ जाने जैसे···। तुम्हें भी नहा-धोकर साफ-सुथरा होना है न ?'

वह कपड़े पहुँचाने गया। मैंने उसके लिए, एक बड़ी पतीली में पानी गर्म होने के लिए चढ़ा दिया और पीताम्बर का एक जोड़ा पाजामा-कुर्त्ता उसके लिए निकाल दिया। नहाने के घर में साबुन और धुला हुआ तौलिया रख दिया। फिर, बूढ़ी-माता की दुकान पर पहुँची। बोली–'बूढ़ी माँ, आज मुझे थोड़ा चावल देना पड़ेगा और थोड़ी-सी दाल··· और, तरकारी हो तो वह भी। रमेश कल छूटकर आया है। घर में खाने-पकाने को कुछ नहीं।'

बूढ़ी-माता का, छुहारे की तरह सिकुड़ा हुआ चेहरा प्रसन्नता से खिल गया। वह बोली–'मैंने कहा था न बेटी ? दुख मत करो–खसम छूट कर आयेगा तेरा। ··· चलो, बड़ी खुशी हुई।'

मैंने हँसकर/कहा–'रमेश मेरा खसम नहीं, देवर है।'

सामान लेकर मैं फुर्ती से घर लौट आई और रसोई की तैयारी में लगी। बहुत दिनों के बाद मैं भात पका रही थी। पीताम्बर का समाचार पाकर जी हलका हुआ है। मन में बार-बार आश्वासन की ध्वनि उठती–'वे जीवित ही हैं, जीवित ही··· ।' उस समय इतनी-सी खबर ने ही मुझे खुशियों से भर दिया था। चित्त प्रसन्न था।

कुछ देर में रमेश भी रसोईघर में आ धमका। एक रोयेंदार तौलिया की गठरी फर्श पर रखते हुए बोला–'आपके लिए ले आया भाउजू !'

मैंने गठरी खोलकर देखा–साबुन, तेल, पाउडर, स्नो, क्रीम, सेन्ट, लिपस्टिक आदि–औरतों के शृंगार-प्रसाधन के सामान। मैं गद्‌गद होकर बोली–'यह क्या किया तुमने, रमेश ? इत्ती सारी चीजें मेरे लिए क्यों ले आये ?'

रमेश बोला–'नीचे, कुली के सिर पर एक 'बोरी' भी है–चावल, दाल, घी, तेल, तरकारी, माल-मसाला वगैरह ले आया हूँ। उन्हें रखवा दीजिये जाकर।'

मैंने फिर कहा–'यह सब क्या कर रहे हो, रमेश ?'

उसने कहा–'पहले सामान वगैरह रखवाइये !··· आदमी बगैर खाये जी नहीं सकता–इसीलिए लाना पड़ा।'

चूल्हे पर चढ़ी हुई तरकारी 'खरी' हुई जा रही थी। कलछी चलाती हुई, चूल्हे की ओर मुँह करके ही, मैं बोली–'जाओ नहा लो। गर्म पानी, साबुन, कपड़ा, तौलिया, सब नहाने के घर में है। सामान मैं रखवाती हूँ। तुम जरा जल्दी नहा लो।'

उसने मज़ाक करते हुए कहा–'ओ बाबा ! गर्म पानी, साबुन, धुले हुए कपड़े, सब गुसलखाने में मेरे लिए तैयार हैं ?··· यह आपने क्या किया है, भाउजू ?'

कुछ क्षण पहले उसने जैसा कहा था, मैंने भी उसी लहजे में जवाब दिया–'बगैर नहाये-धोये, गंदे कपड़े पहने कोई भला आदमी नहीं रह सकता–इसीलिए !'

और गर्दन मोड़कर मैंने उसको देखा। उसने भी उसी क्षण मेरी ओर देखा। हमारी आँखें चार हुईं। और, वह अपने फुर्तीले आचरण के अनुसार मुँह से सीटी पर किसी गीत का धुन बजाता हुआ नहाने के घर की ओर भागा।

थोड़ी ही देर में, नहा-धोकर, धुले कपड़े पहनकर–स्निग्ध होकर वह आया। रसोई के बर्तन को चूल्हे पर से उतारकर, साड़ी के आँचल से मुँह पोंछती हुई मैं बोली–"अब मैं नहा आती हूँ–जल्दी ही।'

कई दिनों के बाद नहाकर शरीर हलका हुआ, मन चंगा ! धुली हुई साड़ी और 'चोली' पहनकर, बालों को कंघी से सँवारकर कपाल पर टीका लगाया, फिर रसोईघर में पहुँची। रमेश उतावला हो रहा था। उसने कहा–'आपने तो इतनी देर लगा दी कि मुझे लगा, आज शायद उपवास ही करना पड़े।'

और, फिर मेरी ओर देखकर–मानो पहचानते हुए, बोला–'वाह कितना सुन्दर ?··· हाँ ! इसी तरह बन-सँवरकर रहा कीजिये, भाउजू ! आपको देखकर यों ही मन खुश रहता है। लेकिन, इसके साथ पेट की भूख भी उसी मात्रा में बढ़ती है।'

रमेश की ये बातें रसभरी थीं। मेरा मन भी प्रसन्न हुआ। मैं मुस्कुराई। लेकिन, बगैर कुछ बोले चौके में बैठकर भात परोसने लगी। मन में एक बार यह बात आई कि रमेश कितना रसिक है; पीताम्बर से एकदम भिन्न। इतने दिनों के सहवास में, पीताम्बर ने एक दिन भी, एक बार भी–'भूख लगी है' कहकर हल्ला नहीं मचाया। उतावली या हड़बड़ी कभी नहीं दिखलाई। कभी, एक बार भी–मेरे शृंगार की ओर ध्यान देकर उसने नहीं कहा–'इन्द्रमाया ! तुम कितनी सुन्दरी हो !'··· वह जब भूखा होता, मुझे इसका पता चल जाता था। किन्तु, स्पष्ट होकर उसने मुझे कभी कुछ नहीं कहा और न कभी आग्रह किया। रमेश ने जिस दिन मेरे रूप की साधारण प्रशंसा करते हुए 'कितना सुन्दर' कहा था, उसी दिन से इधर मैंने बहुत याद करने की चेष्टा की–कि पीताम्बर ने लम्बे सहवास में कभी ऐसी रसभरी बातें की थीं ? किन्तु, नहीं। ऐसी बातें करने की याद मुझे नहीं आई। 'वे देखेंगे'–यह सोचकर मैं अपने को कितने जतन से सिंगारती थी, किन्तु वे मेरे सामने मानो आँखें मूँदकर आते थे। अपने को संतोष देने के लिए मैं मन-ही-मन कहती–'पुरुष-चरित्र ऐसा ही है।'···

उस दिन मैंने एक भिन्न पुरुष-चरित्र देखा–रमेश का ! साथ ही बैठकर हमने भोजन किया। मैं, कुछ न बोलकर, मन में किसी बात की याद करती–खा रही थी। रमेश ने लक्ष्य करके कहा–'क्यों ? क्या सोच रही हैं भाउजू ?'

मैं बोली–'पीताम्बर ने क्या खाया होगा ?'

पीताम्बर की याद करके मेरा जी उदास हो गया। कल तक पीताम्बर की याद करके दुख से पीड़ित होती थी, मानो कोई व्यथा हो मन में। व्यथातुर थी किंतु, उदास नहीं। संवाद पाकर भी–उसके बारे में एक प्रकार से निश्चिन्त होने के बावजूद, उसकी आवश्यकता की चीजें भेजकर संतोष पाने के बाद भी–कल की तरह व्यथा नहीं बल्कि उसके स्थान पर उदासी घनीभूत हो गई। इसलिए तो मैंने बहुत ही उदास स्वर में रमेश से पूछा था–'पीताम्बर ने क्या खाया होगा रमेश ?'

रमेश ने वातावरण को थोड़ा हलका करने के लिए कहा–'हम भी तो यहाँ कोई छत्तीस व्यंजन का 'ज्योनार' नहीं कर रहे ?'

उसका लक्ष्य, बूढ़ी-माता की दुकान के मोटे चावल, छुनी हुई उर्द की काली दाल और सरसों के साग की ओर था।

मैं अप्रतिभ हुई। किन्तु, उदासी दूर हो गई। बोली–'कल से तरकारी और अचार वगैरह बनाकर पीताम्बर को भेजा करूँगी। क्यों ?'

रमेश बोला–'ठीक है।'

उस दिन से मेरी ज़िन्दगी ने फिर राह पकड़ी।···

पीताम्बर की गिरफ्तारी के बाद छिन्न-भिन्न हुए जीवन को पुनः धीरे-धीरे राह मिली। सारी सुबह घर के काम में व्यस्त रहती। कमरों में झाड़ू लगाना, घर के सामान को झाड़-पोंछकर सुघड़ता से रखना, रमेश के लिए नहाने के घर में

गर्म पानी की व्यवस्था करना, पीताम्बर के पास ले जाने के लिए दो-तीन प्रकार की सब्जी-तरकारी बनाना अथवा कोई पकवान तैयार करना और फिर रसोईघर का सारा काम··· । अक्सर, रमेश जब पीताम्बर को खाने की चीजें पहुँचाकर वापस आता–मैं रसोईघर से ही पूछती–'कैसा है पीताम्बर का जी ? कुछ बोल रहे थे ? कल की तरकारी कैसी बनी थी–कुछ कह रहे थे ?"

दोपहर के भोजन के बाद, यदि धोने के लिए कपड़े रह गये होते तो, नल के पास जाकर कपड़े धोती–पीताम्बर के, रमेश के और स्वयं अपने कपड़े। प्रायः प्रत्येक दिन कुछ-न-कुछ धोने को रहता ही था। दिन के तीसरे पहर में–रमेश के आग्रह को न टाल सकने के कारण–उसके साथ हवाखोरी के लिए भी निकला करती। और, कभी-कभी सिनेमा भी देखने जाते हम। शाम के गृह-कार्य में फिर कुछ घड़ी व्यस्त होती और रात के भोजन के बाद–बर्तन-बासन समेटकर, हाथ पोंछती रमेश के कमरे में जाती। वहीं बैठकर हम कुछ देर बातें करते या यदि कोई अच्छी किताब हुई तो, हम साथ-साथ पढ़ते।···

यही घर है, जो पीताम्बर के रहते दूसरे ही किस्म से चला करता था। साथियों के जमघट और आपसी बहस के तीखे स्वरों से मुखरित। सभी की देख-रेख करती हुई सदा व्यस्त रहती मैं। मेरा अपना कोई क्षण नहीं था। साथी लोग बहुत रात बीत जाने पर ही जाते और कितने तो अक्सर रात भी वहीं बिताते थे। कभी यदि थोड़ी फुर्सत भी रही तो, पीताम्बर–चंचल स्वभाव का न होने के कारण–कभी–'चलो, थोड़ी देर बाहर घूम आयें'–नहीं कहता। किन्तु, उस जीवन की हड़बड़ी, भागदौड़ और व्यस्तता में अथवा पीताम्बर के साथ के शान्त प्रणय-सम्बन्ध में मुझे आन्तरिक, तृप्तिदायक सुख का अनुभव होता था। लगता था, अपने उत्सर्ग से पाये सुख में मैं नारी-जीवन की सार्थकता का प्रमाण पा रही हूँ।··· आज वही घर दूसरे ही किस्म से चल रहा है। कोलाहल के बदले आज यहाँ दो व्यक्तियों के सहवास से निर्मित गहन निस्तब्धता व्याप्त है। होने को तो मुझे अभी भी फुर्सत नहीं, किसी-न-किसी काम में व्यस्त ही रहती हूँ। किन्तु, इधर की व्यवस्तता तनिक बारीक किस्म की है–एक-दो व्यक्तियों के छोटे-मोटे कार्यों को ध्यानपूर्वक सम्पादन करने की व्यस्तता। रमेश ऐसा शान्त प्रकृति का नहीं था कि मुझे नीरव व्यस्तता में छोड़कर स्वयं भी किसी एकान्त-चिन्तन में दिन बिताता। कोई-न-कोई योजना, अथवा प्लान, उसके मन में आता ही रहता। कभी कहता–'चलो, सिनेमा चलें'; कभी कहता–'एक दिन पिकनिक में चलो न भाउजू !' कभी कभी तो सिर्फ थोड़ी दूर सड़क पर या टुँडिखेल मैदान में कुछ देर घूम आने का ही आग्रह कर बैठता। रसोई घर में भी आकर–क्या पका है, नहीं पका है–देख जाता। और, जब कभी बाहर से आता वह, मेरे लिए कुछ-न-कुछ लेकर लौटता–उसकी यह बात मुझे सबसे ज्यादा पसन्द थी। कुछ न हुआ तो, एक गुच्छा फूलों का ही सही–याद करके, ले आता।

मैं कहती–'रमेश, ऐसा क्यों करते हो ?'

वह जवाब देता–'प्यार कर रहा हूँ भाउजू। प्यार··· !'

हमारे समय को रमेश इसी प्रकार सुहावना बनाया करता।

लेकिन, बीच-बीच में वह ऐसी बातें भी किया करता कि मैं बहुत व्यग्र हो उठती। एक दिन उसने कहा–'इन्द्रमाया भाउजू !'

'भाउजू' के साथ मेरा नाम जोड़कर उसने पुकारा तो मेरा कलेजा धड़का।

उसने कहा–'इन्द्रमाया भाउजू ! यह कैसा पर्दा है ?'

उसके कथन में जो 'संकेत' था उसे समझकर भी, अपनी व्यग्रता प्रकट न होने पाये इस खयाल से, मैंने सहज स्वर में कहने की चेष्टा की–'किस पर्दे की बात करते हो, रमेश ?'

रमेश ने, कहने को तो 'पहेली' में ही कहा, किन्तु, अपने आशय को भी स्पष्ट कर दिया–'यदि आप समझती हैं कि आप 'पर्दा' का मतलब नहीं समझतीं तो, आप अपने साथ ही 'पर्दादारी' कर रही हैं !'

मैं हड़बड़ाकर बोली–'मेरे साथ पहेलियों में बातें मत किया करो। 'विरक्त' लगता है, मुझे।'

रमेश कुछ देर चुपचाप बैठ रहा। किन्तु, उसकी आकृति पर छानेवाली कठोरता को देखकर मुझे लगा कि किसी बात को बहुत बलपूर्वक अन्दर दबाकर रखने में उसकी नसें तन गई हैं और चेहरा धीरे-धीरे लाल होता जा रहा है। मैं अप्रस्तुत-सी हुई। वातावरण एकदम भारी हो गया। 'क्या करूँ, क्या नहीं करूँ' की स्थिति से उबरने के लिए, किसी काम की अकस्मात् याद आने की मुद्रा बनाकर–मैंने उठते हुए कहा–'अरे ! उस पहर के लिए तरकारी अमनियाँ करना भूल ही गई।'

रमेश ने इससे पहले तक, अपने प्रेम की अभिव्यक्ति इतना स्पष्ट होकर प्रकट नहीं की थी। उस दिन भी एकदम स्पष्टता से उसने कुछ नहीं कहा; अपने भाव को पर्दे में ही छिपाकर रखा। किंतु, वह आवरण इतना झीना था कि अन्दर की सारी गोपनीयता झिलमिलाती हुई प्रकट हो रही थी।···

और, उसी दिन बोलते ही बोलते–'आप' से 'तुम' और 'भाउजू' से 'इन्द्रमाया' की घनिष्ठता में मुझे बाँधने की चेष्टा की, उसने।···

आज, इतने वर्षों के बाद–याद करते समय इन्द्रमाया को लगता है कि उस दिन उसके आतंकित होने का कारण–केवल सत्य के अनावृत रूप का दर्शन था। दैनिक व्यस्तता और नये जीवन के आनन्द तथा निश्चिन्तता के नीचे जो सत्य छिपकर बैठा था, उसके बारे में इन्द्रमाया को पता था। और, उसने सोचा था कि वह सत्य, आनन्द और कार्यरतता के भीतर ही छिपा रहेगा। एक-दो बार रमेश ने पर्दा हटाकर उस सत्य को प्रकट करने की चेष्टा की तो, इन्द्रमाया ने बात के सिलसिले का रुख मोड़ दिया था।··· किन्तु, उस दिन तो रमेश मानो किसी प्रकार का छल-प्रपंच मानने को तैयार नहीं था। ऐसा लगता है कि उसने यह कहने को

ठान लिया था–'इन्द्रमाया ! धोखा, छल और वंचना के साथ कितना दिन जीना चाहती हो ? मैं आज इन छलनाओं की चेष्टाओं को नहीं मानूँगा और आज यह कहकर रहूँगा कि मैं तुमको प्यार करता हूँ।'

रमेश के मुँह से निकलने के पहले ही, इन्द्रमाया के हृदय ने रमेश की बात की ध्वनि सुन ली थी। इसीलिए, आतंक के मारे वह भाग आई थी, तरकारी का बहाना बनाकर।

उस घड़ी के अनुभव ने–इन्द्रमाया और रमेश के सम्बन्ध की सहजता में, एकाएक, संकोचपूर्ण–अप्रस्तुतता घोल दी···।

दूसरे दिन की बात !···

मैंने बड़ी तन्मयता से बहुत समय लगाकर, पीताम्बर के लिए खाने की चीजें तैयार कीं। उनके पास ले जाने के लिए नये कपड़े वगैरह निकालकर हमेशा की तरह, किन्तु तनिक अप्रस्तुत होती, रमेश के कमरे में जाकर बोली–'पीताम्बर के पास ले जाने की चीजें तैयार हैं।'

रमेश ने भारी गले से, झिड़कते हुए कहा–'नहीं ले जाता मैं किसी का मालमत्ता रोज ढोकर।'

साधारण अवस्था में मैं भागकर चली आती। किन्तु, रमेश के ऐसे आचरण को देखकर मैं रुक गई। मैं बोली–'यह कैसा अत्याचार है ? पीताम्बर क्या अब भूखा-नंगा ही रहेगा ?'

उसने कहा–'जब देखो तब पीताम्बर, पीताम्बर, पीताम्बर–मानो दुनिया में और कोई है ही नहीं···।'

और, फिर एक बार तमककर बोला–'तुम्हारे··· इस तरह··· विधवा की तरह व्यवहार करने को मैं सहन नहीं कर सकता। मैं तुमको प्यार करता हूँ। समझीं ?'

मैंने भी थोड़ी दृढ़ता से जवाब दिया–'क्या, यह सोचकर कि मैं अकेली हूँ, तुम बलात्कार के लिए उद्यत हुए हो ?'

उसने भी गर्म होकर ही कहा–'तुम ? तुम अकेली ?··· तुमको यह पता है कि तुम पर कोई बलात्कार नहीं कर सकता–सिवा उस व्यक्ति के, जो तुमको अपना सम्पूर्ण हृदय देकर प्यार करता हो।··· बल्कि, बलात्कार तो तुम कर रही हो स्वयं अपने पर और मुझ पर। तुमको पता है कि मैं तुम्हारे घर 'भतुआ'[1] जैसा हूँ और तुम जब चाहे मुझे एक शब्द से ही भगा सकती हो !'

ऐसी 'कहा-सुनी' के बाद, पीताम्बर के पास ले जानेवाली चीजों की गठरी लेकर रमेश बाहर निकला। मेरे मन में बड़ी हलचल मची थी। बहुत देर तक मैं उद्विग्न होकर ही बैठी रही। लगा, रमेश का अंधहठ न जाने कहाँ ले जाये।···

1. भतुआ=भात पर पलनेवाला। सिर्फ भोजन पाकर खटनेवाला।

कुछ देर बाद उठकर मैं घर के काम-काज में लगी। भात पकाते हुए बार-बार पीताम्बर की याद आई। मुझे लगा, जेल में पड़े हुए पीताम्बर की यहाँ से मुझे कितनी सेवा करनी चाहिए, नहीं कर पा रही हूँ। यों तो, मैं कर ही क्या सकती थी ! फिर भी, खाने-पीने की चीजें जितने परिमाण और प्रकार से भेजना चाहिए, कहाँ भेज पाती हूँ ? कपड़ा-लत्ता, दवा-दारू, पढ़ने-लिखने की सामग्री–किसी की भी अच्छी व्यवस्था नहीं कर सकी। जेल में कितनी चीजों की जरूरत होती होगी ? और, मेरे सिवा उनको याद करनेवाला ही कौन है बाहर ? कल उनके भोजन में कुछ परिवर्तन करके भेजने की बात मेरे मन में आई। इधर लगातार एक ही तरह की तरकारी जाती रही है। सोचा, मीठी चीजें भी बनाकर भेजना होगा। एक जोड़ा जूता खरीद लाऊँगी और एक-दो जोड़ी जुर्राब भी। और आज ही कोकटी का एक जोड़ा 'सुरवाल'[1] और 'म्यालपोत'[2] सीने को दे दूँगी। इस प्रकार अपने को धिक्कारकर थोड़ी सांत्वना मिली। रमेश के लौट आने तक मैं पूर्ण आश्वस्त हो चुकी थी।

उसने सूखे हुए मुँह से रसोईघर में झाँककर देखा। मैं बोली–'रमेश, जाओ। जल्दी करो, गर्म पानी रख दिया है। नहा लो। रसोई तैयार हो गई।'

वह नहाकर आया तो सदा की भाँति मैं नहाने गई। जी हल्का हो चुका था और नहाकर तो एकदम फुर्तीली हो गई।

सुबह में बनाई गई योजना के अनुसार, बाजार जाकर मैं कपड़ा-लत्ता, जूता-मोजा वगैरह ले आई। रमेश मेरे साथ गया था। सामान खरीदने में मैं उसकी सलाह लेती रही। घर लौटते समय हम बहुत प्रसन्न थे। रमेश बोला–'पीताम्बर भाई के लिए तो इतने सारे सामान खरीदे गये; बेचारे 'मैं' के लिए कुछ भी नहीं !'

मैं आनन्द से हँसती हुई बोली–'वे तो–देखो, कितनी दूर हैं और तुम तो मेरे संग ही हो।'

रमेश खुशी से उज्ज्वल हो गया। रास्ते में एक जगह रुककर, उसने फूलों का एक गुच्छा मुझे खरीद दिया।

मैं बोली–'कितना सुन्दर ? है न ?'

वह बोला–'सुन्दर तो है, मगर...'

मैं बात काटती हुई बोली–'अगर-मगर मत करो।... तुमने, पता नहीं मुझे कहाँ ले जाने की सोची है... और अपने को भी।'

उसने कहा–'तुम अपने हठ से 'कुबाट' में चलना चाहती हो; उससे मैं तुमको अलग करना चाहता हूँ। अपने ऊपर अन्याय करनेवाली राह को 'कुबाट' ही कहेंगे न ?'

ऐसी बातों में मेरी रुचि घटी नहीं थी। बल्कि ज़्यादा आनन्दित होती थी।

वह बोला–'देखो, इन्द्रमाया ! तुम अपने अस्वाभाविक आचरण से, हमारे सम्बन्ध

---

1. नेपाली पाजाम; 2. नेपाली कुर्त्ता।

को कटु बना रही हो; वातावरण को सहज नहीं होने देती।'

हम 'सिंह दरबार' की ओर जानेवाली राह को काटकर आगे बढ़ गये थे। बाँसों के झुरमुट की छाया की शीतलता का परस पाकर मैं पुलकित हो रही थी। रमेश कह रहा था—'तुम कहोगी, मेरे प्रेम के अधिकारपूर्ण दावे के कारण वातावरण क्षुब्ध हुआ है। मेरी—प्रेम की—याचना के कारण सम्बन्ध सहज नहीं हो पा रहा है। ऐसा नहीं है। दावा करना तो प्रेम का धर्म ही है। प्रेम ही नहीं हुआ हो तो दावा करना मूर्खता है। प्रेम होने के बाद दावा करना, प्रेम का स्वाभाविक आचरण है। तुमको क्या मैं नहीं समझता ? तुम भी मुझे प्यार करती हो। उसके आग्रह और दावे को अपने हठ से अस्वीकार करके सम्बन्ध में तिक्तता घोल रही हो तुम। तिक्तता, नहीं—सहजता का अभाव, कहूँगा। अब तो हुआ न ?—और, इसीलिए हमारे घर का वातावरण बीच-बीच में क्षुब्ध हो जाया करता है।'

एक क्षण के बाद, शायद रमेश को लगा कि वह अकेले बहुत देर से बोले जा रहा है और मैं बगैर कुछ बोले चल रही हूँ तो, वह रुककर बोला—'कुछ बोल क्यों नहीं रही, इन्द्रमाया ?'

मैं बोली—'रमेश, मुझे बड़ा आनन्द आ रहा है।··· हाँ, कई कारण हैं। आज बाजार में खरीदे हुए सामान के कारण ! तुम्हारे दिए हुए फूल के गुच्छे के कारण। तुम्हारी बातों के कारण और बाँसों के झुरमुट की छाया की शीतलता के परस के कारण भी। आनन्द ही आनन्द !!'

इन्द्रमाया ने अपने जीवन में सबसे बड़ा अनुभव प्रेम का ही पाया था। किन्तु आज, उस अनुभव के आधार पर भी यह नहीं बता सकती कि प्रेम का मूल तत्त्व क्या है ? आत्मा या शरीर ? यदि वह आत्मा है—यदि वह तत्त्व मन है—तो, इन्द्रमाया ने बहुत पहले से ही रमेश से प्रेम किया है। और, इधर हाल में तो, अपने मन में वह इस सत्य को प्रतिपल अनुभव भी करती रही है। उसे अपने मन के एकान्त में स्वीकार करने में संकोच नहीं कि रमेश को वह भी उसी प्रकार प्रेम करती है, जिस तरह रमेश उसे।··· उसने केवल अपने शरीर का मांस-प्राचीर खड़ा कर रखा था, रमेश और अपने बीच में। समय-समय पर उन दोनों में होनेवाली झड़प और कहा-सुनी—इसी मांस-प्राचीर द्वारा—समागम की सुगमता में बाधा देने के कारण ही—हुआ करती थी। जब आस्था की आत्मा ही मर चुकी हो तो मात्र शरीर के द्वारा आस्था की लाश को इस तरह टिकाये रखना, क्या आत्मवंचना नहीं ? केवल एक आडम्बर नहीं ?

कभी-कभी इन्द्रमाया के मन में ऐसे तर्क भी आते थे कि प्रेम का असली तत्त्व शरीर ही है। कि, शरीर-दान ही प्रेम है। और, तभी उसे वेश्याओं का ख़याल हो आता, जिनके बारे में यह जानी हुई बात थी कि वे प्रत्येक ग्राहक में रत्ती-भर भी भेद-भाव न करके—किसी का पक्षपात किये बगैर—अपना शरीर दान करती

हैं। उन वेश्याओं और उनके ग्राहकों के सम्बन्ध को प्रेम-सम्बन्ध कदापि नहीं कह सकते। वे, शरीर देकर भी, प्रेम नहीं दे सकतीं और न ही ले सकती हैं।

वह सोच रही है··· बेचारा पीताम्बर ! मैं केवल इस कारण से–'पीताम्बर के प्रति वफादार हूँ'–कहती हूँ कि मैंने शरीर-दान करने मात्र से अपने को बचाकर रखा है। हो सकता है कि पीताम्बर जिस दिन आये–मैं दूसरे के द्वारा पूर्ण रूप से विजित होकर भी, अपने द्वारा दूसरे को सर्वस्व-समर्पण कर देने के बाद भी–केवल अपनी खोखली देह से उसका स्वागत करूँ; एकदम शून्य शरीर से। किंतु, क्या उसके प्रति प्रेम को इस तरह भुलावा दिया जा सकता है ? और, फिर यह मांस-प्राचीर कितने दिनों तक टिका रह सकेगा–यदि बाहर से रमेश का प्रहार और अन्दर से अपने मन का प्रहार दिन-रात उस पर होता रहा ? शरीर की मर्यादा अत्यन्त सीमित होती है। मृत्यु उसको चारों ओर से घेरकर ही नहीं रखती, रोग-व्याधि से बार-बार आक्रान्त करती है। भूख-प्यास और अपनी इच्छा से जर्जर शरीर ! फिर, उसमें इतनी शक्ति कहाँ से आए कि वह बाहर के प्रेमी के प्रणय-अधिकार और भीतर के हृदय के प्रेम के दावे को संग-संग सहकर–जीवन को संयम के साथ बढ़ा ले जा सके ?

इसी तरह दिन बीत रहे थे–उन दिनों। सुबह अकेले में पीताम्बर की याद करके उदास होती, दिन में रमेश के साथ दिल को बहलाती और रात में प्रेम के सम्बन्ध में नाना प्रकार के तर्क-वितर्क करती। और, वह धीरे-धीरे अनुभव कर रही थी कि प्रतिक्षण, काया का दुर्ग, जगह-जगह पर ढहकर, गिरता जा रहा है।···

एक रात रमेश के व्यग्र-आग्रह को बहुत बलपूर्वक टालकर वह अपने कमरे में आकर लेटी हुई थी। उसकी साँस तेजी से चल रही थी और कलेजा धड़क रहा था। आँख में तिल भर भी नींद नहीं। उसे एहसास हुआ कि रमेश को बलपूर्वक दूर करके–तनिक संतोष का सुख भी उसे नहीं मिला। पाई केवल पीड़ा और ताप। उसी समय उसने सोचा–यह बल-प्रयोग तमाम सत्य के प्रति केवल हठ करना मात्र है। और उसे लगा कि इस हठ ने, पीताम्बर के प्रेम को भी–आडम्बर की सारहीनता से खोखला बना दिया है। इसी तरह के 'विचार' को उसने अपने द्वितीय निर्णय की संज्ञा दी··· जब उसने अन्त में कहा था–'अब मैं हठ नहीं करूँगी !'

इस प्रकार उसने अपने शरीर की बाधा को हटा दिया था। इस प्रकार, निर्बाध सम्बन्ध में इन्द्रमाया और रमेश बँध गये, उस रात !!

दूसरे दिन वह, और दिनों से पहले ही उठ गई। उसे लगा, शरीर एक नये किस्म का, निराला आनन्द भोग रहा है। जी हल्का हो गया था। मानो, कोई भारी बोझ सिर से उतारकर वह रात-भर कहीं विश्राम कर रही थी। वह बिछावन पर उठ बैठी। उसने देखा, मस्तनिद्रा में रमेश का सिर तकिये पर पड़ा हुआ था और हलकी साँस पर उसका शरीर हौले-हौले हिल रहा था। उसके शरीर से सरकी दुलाई को

अच्छी तरह ओढ़ाकर वह कमरे से बाहर निकली। उसकी नींद आज बहुत जल्दी टूटी थी, किन्तु, शरीर पूरा विश्राम पा चुका था। प्रसन्न होकर उसने पूरब की ओर खुलनेवाली खिड़की को खोल दिया–उषा की हलकी-फीकी लाली आकाश में पोती जा रही थी। नीचे, बगीचे पर उसकी दृष्टि पड़ी। बाग के घास-पात और लता-पौधे ओस में नहाये हुए थे। बाग के बगल में, चहारदीवारी के फाटक को देखकर इन्द्रमाया को हठात् स्मरण हुआ··· पता नहीं, कितने दिन हुए, एक साँझ में इसी फाटक को खोलकर वह इस घर में पैठी थी। कौन था उस घड़ी बाग में खड़ा, चकित दृष्टि से इन्द्रमाया की ओर देखता हुआ ? पीताम्बर !! पीताम्बर की याद आते ही इन्द्रमाया उदास हो गई।··· अभी क्या कर रहा होगा पीताम्बर, जेल में ? आज की रात उसने किस तरह बिताई होगी ?··· यह उसी का घर है और मैं उसी की पत्नी !

इन्द्रमाया आगे बढ़ी और बैठक में टँगी पीताम्बर की तस्वीर को बहुत देर तक एकटक देखती रही। सूखी हुई माला उसमें आज भी लटक रही है। एक-एक करके वह सभी कमरों में गई। सभी स्थानों पर पीताम्बर का कोई-न-कोई चिह्न था–कपड़े-लत्ते, किताबें और इसी तरह के निजी-सामान, वगैरह।

शरीर और मन से आनन्द का सुस्वाद पाने का अनुभव करके भी–एक हलकी विषाद-भरी साँस उसके कंठ से निकली–'पीताम्बर मेरे ! मैं तुमको प्यार करती ही रही हूँ–करती ही रही हूँ।'

इसके बाद कन्धे पर साड़ी रखकर वह 'बागमती' में नहाने निकली। उसे उस दिन पशुपतिनाथ के दर्शन की भी कामना हुई।

उस दिन से पशुपति-दर्शन मेरा दैनिक कार्य हो गया। सुबह खूब तड़के ही उठकर–रमेश के जगने से पहले ही–बागमती में नहाकर, पशुपति-दर्शन करके मैं घर लौटती। बाद में जब रमेश को पता चला तो मुझे चिढ़ाने लगा–'पीताम्बर के प्रेम को–पशुपति-महाराज अपने प्रति भक्ति समझकर–पा रहे हैं। दोनों बेचारे ही ठगे जा रहे हैं।'

मीठा व्यंग्य था यह। मैं नाराज नहीं होती थी। कहती–'रमेश, तुम भी चलो न कभी दर्शन करने।'

रमेश जवाब देता–'बाबा, तुम्हारे और उन लोगों के बीच के मामले में मुझे मत घसीटो।'

बात भी सही थी। प्रतिदिन प्रातःकाल की मेरी पशुपति-यात्रा, मेरे और उन लोगों के बीच की ही बात थी–एकदम निजी। सुबह उठती, प्रसन्नता के साथ। लगता, जीवन सार्थक हो रहा है। शरीर पुलकित होता। किन्तु, कमरे से बाहर निकलते ही, तत्काल ही, आदतन पीताम्बर की याद जग जाती। विषाद का हलका बादल, आनन्दमग्न हृदय के आकाश पर छा जाता। उदास हो जाती, रोज़ की

तरह। बागमती-स्नान और पशुपति-दर्शन से मन को संतोष होता था। मेरा सबसे पहला काम होता, अँगनाई में बैठकर पीताम्बर के लिए भोजन तैयार करना। अत्यन्त तन्मयता से मैं काम करती—एकदम भक्तिपूर्ण तन्मयता के साथ। पशुपति-दर्शन से प्राप्त मन की तन्मयता और भक्ति-भाव उस समय तक लहलहाते ही रहते थे। मैं पीताम्बर के लिए नित्य नया-नया भोजन बनाती। अपने लिए नहीं भी हो, लेकिन पीताम्बर के लिए कोई-न-कोई मिठाई जरूर बनाती। खाने-पीने की चीजों के अलावा और भी कोई-न-कोई सामान उसे हमेशा की तरह भेजती रही। जब तक रमेश उन चीजों को पीताम्बर के पास पहुँचाकर लौट नहीं आता, मैं पीताम्बर के ख़यालों में डूबी रहती। लौटते ही रमेश नहाने जाता। और, तब तक रसोई तैयार हो जाती।···

इसके बाद का मेरा समय—रमेश के साथ का समय होता। दिन और रात-भर प्रसन्नता—आनन्द और सुख।···

सुख ? हर सुबह, बीते हुए दिन के सुख को उदासी से चुकता करती। और, जितना ही ज़्यादा सुख मैं पाती थी—उतना ही ज़्यादा विषाद की बढ़ी हुई कीमत देनी पड़ती। ऐसा प्रत्येक दिन मेरे लिए नया दिन होता, मानो जीवन को उस दिन फिर से प्रारम्भ करने जा रही होऊँ···।

सुख ? रमेश के साथ निर्बाध आनन्दपूर्ण सहवास में मुझे सुख नहीं मिला, यह कैसे कहूँ ? रमेश ने मुझे उच्च सिंहासन पर, राज करने के लिए बिठा दिया था। और, स्वयं एक अकिंचन याचक प्रेमी ! मेरे प्रेम की उदारता से वह जो भी, जितना-सा पाता था, उसके बदले में अपने को कृतज्ञ प्रेम से मुझे भर देता था। वह प्रतिपल मानो मुझे पुनः-पुनः जीतता जाता थां। मेरी छोटी-बड़ी इच्छाओं को, मेरी छोटी-मोटी आवश्यकताओं को पूरा करने का अवसर पाकर वह अपने जीवन को सार्थक समझता था। इसी तरह का सम्बन्ध था मेरा भी—पीताम्बर के प्रति; उसको प्रेम के सर्वोच्च सिंहासन पर स्थापित करके, मैं वहाँ अकिंचन याचिका थी। वहाँ था मेरे प्रेम का समर्पणमय अनुभव। किंतु, यहाँ निरंतर मुझ पर समर्पित होने का, न्योछावर होते रहने का अनुभव था। मानो, कोई देवी भक्त द्वारा चढ़ाया गया भोग पा रही हो ! जो प्रेमिका वहाँ भक्तिन थी, यहाँ वही देवी बनीं हुई है ! ··· देवी का आसन संतोषमय-आनन्द नहीं देता—यह कैसे कहूँ ?

किन्तु, उस संतोष और सुख के बदले में दूसरे दिन सुबह ही मुझे क्यों पाई-पाई कर कीमत चुकानी पड़ती थी ? क्यों उस समय का सुख, सुबह में विषाद का रूप ले लेता था ? और, क्यों पशुपतिनाथ के दर्शन के समय लगता था कि मेरा पाप-मोचन हो रहा है ? इस कारण से तो नहीं कि अपनी आस्था की अवज्ञा होने पर जिस खंडितता का अनुभव मैंने अपने अन्तर में किया, जो चोट अपने अवचेतन में मैंने की, उसी के पाप-ताप से अपने सुख का मोल तो नहीं चुकता करना पड़ रहा ? मानव-जीवन के सुख में भी—फूल में छिपे हुए कीट की तरह—पापबोध छिपकर बैठा रहता है, क्या ? रमेश के संग सुखानुभूति न होने पर क्या मैं पापानुभूति

का दंशन नहीं पाती ?...

और, पापबोध क्यों ? क्या शरीर-दान हुआ, इसीलिए ? किंतु, क्या शरीर दान करने के पहले, और सबकुछ मैंने रमेश को नहीं दे दिया था ? केवल शरीर नहीं दिया, इसी से अपने को खरी समझूँ ?

ऐसी बातें सोचते-सोचते इन्द्रमाया को लगता था कि प्रेम में कायादान अनिवार्यतः निहित है। ईश्वर के प्रति भक्ति, जब मधुर-भावना ग्रहण करती है तो भक्त का शरीर भी ईश्वर को अर्पित हो जाता है। यदि ईश्वर के द्वारा वह–शरीर-ग्रहण नहीं होता है तो, या तो–ईश्वर और मानव के बीच समागम की असम्भवता के कारण अथवा स्वयं ईश्वर की अनिच्छा के कारण। वह सहभोग संभव नहीं हो सका। भक्त की अनिच्छा से नहीं। कृष्ण को प्यार करनेवाली नारी-उपासिकाएँ प्रेम में विभोर होकर, अपने शरीर में संभोग के लक्षण देखती हैं। शरीर के अस्तित्व के बिना प्रेम नहीं होता ! तो, फिर क्यों दिन-प्रतिदिन पशुपति के प्रांगण में शुचिता का संधान ? क्यों पापमोचन की वैसी कामना ? क्यों नित्य विषाद से भरी सुबह ? क्यों पीताम्बर के प्रेम को नित्य हृदय में 'माँज' कर चमकीला बनाये रखने का इतना प्रयोजन ? क्यों... क्यों ??

इस तरह नाना प्रकार के प्रश्न उसके मन में सुबह होने के साथ ही जगते। इन प्रश्नों के उत्तर नहीं पाकर भी, इन्द्रमाया को आनन्दपूर्ण जीवनयापन करने में कोई कठिनाई नहीं हुई। इन दिनों इन्द्रमाया को लगता है, जीवन के प्रश्नों के उत्तर ही नहीं हैं। सुख और विषाद, इन दोनों का आपस में इतना वैषम्य नहीं कि एक को हृदय में बैठाने के लिए, दूसरे को निर्मूल करना पड़े !

एक दिन की बात आज इन्द्रमाया को ऐसी स्पष्टता से याद आती है मानो वह दिन उसके जीवन में उसी तरह उद्‌भासित होकर चमक रहा है !... रोज की तरह वह सुबह में उठी–विशेष सुख का अनुभव करती हुई। उठते समय, शरीर अलसाया रहा–सुख की थकावट से ! प्रतिदिन की भाँति कमरे से बाहर निकलकर उसने पूरब की खिड़की खोल दी। सुबह की शीतल मंद हवा से देह पुलकित हुई उसकी। आलस्य को तोड़ने के लिए–शरीर को ऐंठकर तोड़ा-मरोड़ा। मुँह में खट्टा पानी भर आया। मुँह का पानी खिड़की से बाहर थूककर वह कमरे में गई और कपड़े लेकर पशुपति की ओर चल पड़ी। रास्ते में भी वह उसी तरह आनन्दमग्न थी। पीताम्बर की याद करके उदास भी होती और रह-रहकर उसका शरीर आनन्द से कंपित भी होता।... हवा में आश्विन की शीतलता घुल गई है, उसने सोचा। उसे एहसास हुआ, मनभावन ऋतु आ गई; पर्व-त्यौहारों का अब लम्बा ताँता लगेगा। वातावरण पहले से ही पावन हो रहा है। उस दिन नहाकर जल से बाहर निकलते समय उसने बड़ी निर्मलता का अनुभव किया। और, पशुपति की पूजा में भी अन्य दिनों से अधिक तन्मय हुई। उसे अकारण ही लगा कि पीताम्बर भी अब जल्दी ही रिहा होगा। उसकी शिवाराधना सफल होगी; जीवन उत्सवमय होने को है। आनन्द, भक्ति और आर्द्रता सम्मिश्रित निःश्वास पशुपति में अर्पित करके वह घर

लौटी–'हे पशुपतिनाथ ! पीताम्बर को जल्दी मेरे पास ला दो !'

घर लौटकर उसने बड़े आयोजन के साथ पीताम्बर के लिए भोजन तैयार किया। भंडार-घर से बड़ी किश्ती निकालकर उसी में खाने की चीजों को सजाया। ... उसके जेल के साथी लोग भी देखें कि पीताम्बर के घर में एक श्रद्धावती नारी उसकी प्रतीक्षा में बैठी हुई है।

यह सब देखकर रमेश बोला–'अरे ! आज इतना वृहत् आयोजन क्यों इन्द्रमाया ? लगता है, जेल के अन्दर किसी उत्सव का सामान भेजा जा रहा है ?'

वह बोली–'यों ही, आज जी में आया। तिस पर भी मन को संतोष नहीं हो रहा। लगता है, मैं अपनी पूरी सेवा उनको नहीं दे पा रही हूँ।'

रमेश ने कहा–'सुनने में तो तुम्हारी बात उदासी से भरी हुई प्रतीत होती है। किंतु, चेहरा तुम्हारा आज कितना उज्ज्वल है ? तुम तो आज अपनी ही सुन्दरता को मात कर रही हो इन्द्रमाया !'

इन्द्रमाया ने जवाब दिया–'उदास तो हूँ। लेकिन, क्या आनन्दित भी नहीं ? सुख पूरा पा रही हूँ। किंतु, क्या वेदना भी नहीं है मन में ? देखो रमेश, तुमने मुझे–पुरुष द्वारा दिया जानेवाला–प्रेम दिया। मैंने भी, नारी को मिलनेवाला, सुख पाया। तथापि, क्या मेरी अंतरात्मा यह भूल सकती है कि मैं, ऐसे सुख में भी, एक बिछुड़ी हुई नारी हूँ–मेरे अपने... मेरे पीताम्बर से। तुम पाहुन की तरह हो इस घर में, स्वामी नहीं हो। यह, हमारा प्रेम–जितना भी सुखदायी हो; फिर भी–सहयात्री का साथ जैसा अस्थायी सम्बन्ध है। आनन्द है इसमें, चरम सुख भी है इसमें; किंतु यह किसी निश्चित स्थान पर पहुँचा हुआ नहीं है। यह आवास नहीं, यह निश्चिन्तता नहीं।'

रमेश, बस एक ही बात को पकड़े रहा–'तुम विषाद की बातें कितनी भी क्यों न करो–फिर भी आज सुन्दरता से दमक रही हो। और... मैं तुमको चरम सुख पहुँचा सका हूँ, इसका आश्वासन मैं तुम्हारे चमकते हुए मुखमण्डल से ही पा रहा हूँ।'

इन्द्रमाया बोली–'मैं बराबर कहती ही रही हूँ–प्रतिपल हृदय से अनुभव भी कर रही हूँ–सच कहती हूँ रमेश, मैंने तुमसे बहुत बड़ा सुख पाया है। और, मेरी आज की स्थिति में–मेरे स्वामी जब जेल में हैं–इतना बड़ा सुख मुझे सह्य नहीं होता यदि मुझे यह विश्वास नहीं होता कि यह अस्थायी है। आखिर, मैं दिन-रात इस प्रतीक्षा में बैठी हूँ कि पीताम्बर कब रिहा हों, कब अपने इस घर में आवें... ।'

रमेश का चेहरा बुझता हुआ देखकर इन्द्रमाया ने प्यार-भरे स्वर में कहा–'है या नहीं, रमेश ? आखिर, किसी-न-किसी दिन पीताम्बर रिहा होंगे और इस घर के–और मेरे भी–स्वामी बनकर रहेंगे। तुम्हारा भी अपना घर है। इधर तुमने उसकी खोज-खबर नहीं ली है तो क्या, कभी-न-कभी तुम्हें वहाँ जाना ही पड़ेगा। ... है या नहीं रमेश ?'

रमेश बोला–'हाँ, इन्द्रमाया ! और, सचमुच–एक बात कहना तो भूल ही गया था। इधर पीताम्बर के रिहा होने की अफवाह खूब गर्म है। शायद, जल्दी ही सभी लोग छूट जायेंगे। हाँ, इन्द्रमाया–सच ही कहा है तुमने कि आखिर मेरा घर भी–एक-न-एक दिन–मेरे ऊपर दावा अवश्य करेगा। पीताम्बर भी, जेल से मुक्त होने के साथ ही–अपने अधिकार का दावा करने आ धमकेगा···।'

इन्द्रमाया ने, उसकी बात को काटते हुए, उत्तर दिया–'अधिकार का दावा उनको नहीं करना पड़ेगा, रमेश ! उनकी अपनी चीज–स्वभावतः उनकी तो है ही, वह जेल में भी रहें तब भी। तुम तो जानते ही हो कि यदि प्रेम को वर्गों में विभाजित किया जा सके, तो अपने और पीताम्बर के सम्बन्ध को मैं प्रथम वर्ग में रखूँगी। इसीलिए तो मैंने तुमसे पहले ही कहा कि तुमसे पा रहे ऐसे सुख, ऐसे आनन्द, ऐसी नारी की सार्थकता–हाँ, रमेश नारीत्व की सार्थकता भी–मुझे जो सह्य हो रहे हैं, विरह-वेदना के कारण और इस विश्वास के कारण कि मेरे वर्तमान के सुख अंततः अस्थायी हैं।'

रमेश का चेहरा और भी जर्द हो गया। इन्द्रमाया हँसकर बोली–'क्या हुआ रमेश ? क्या सोचने लगे ?'

उसने गंभीर मुद्रा–किन्तु व्यंग्य वाक्य में कहा–'तुम्हारे सुख को यदि वेदना ने सह्य बनाया है तो सुनो–मेरा सुख भी मुझे सह्य हो रहा है, पुनः-पुनः पा रहे सुख के कारण।'

इन्द्रमाया हँसकर बोली–'तब, मेरा भी वही हाल समझो। सुख शेष नहीं होकर सह्य होता गया है।'

इस बात को कहते समय न तो इन्द्रमाया ने सच कहा था और न रमेश ही इस पर विश्वास करके आश्वस्त हुआ था। केवल, वातावरण को हलका कर दिया था इन्द्रमाया ने।

रमेश बोला–'हाँ, इन्द्रमाया ! तुमने आज जितनी बातें कहीं, अक्षरशः सत्य हैं। हमारा सुख, यात्रा की मग्नता है। लाओ, पीताम्बर के लिए इतने बड़े आयोजन के साथ तैयार किया गया तुम्हारा उपहार–पीताम्बर को पहुँचा आऊँ !'

मन की शंका को दूर करने के लिए इन्द्रमाया दोपहर को लेडी डाक्टर से जाँच कराने गई। जाँच करके लेडी डाक्टर ने पुष्टि की–'हाँ दो महीने से तुम गर्भ धारण कर रही हो !'

तीन

तृतीय प्रहर का अलस समय ! अपनी उम्र भी दिन की तरह ढल रही है। स्मृति के प्रवाह में, इन्द्रमाया ने अपने को खोखली बनाकर छोड़ दिया है। मानो, हलकी डोंगी, जो जल के अन्तःप्रवाह से स्वयं बही जा रही है। स्मृतियाँ, किसी-न-किसी विषाद की पतली छाया भी लेकर आती हैं शायद; सुख-स्मृति में भी किसी-न-किसी विषाद की छाया रहती है। दुख की स्मृति वेदना-रहित तो होती है, किन्तु उस पर भी विषाद की छाया पड़ी ही होती है–उदासी से भरे हुए कुछ क्षण !

कमरे में अकेली ही लेटी इन्द्रमाया अपने जीवन में भोगे हुए सुख-दुख का खुद जायज़ा ले रही है। कमरे के दरवाजे और खिड़कियों को बंद करके, आत्मीय अंधकार में वैसे क्षणों को बिताना उसे अच्छा लगता था। पच्छिम की ओर खुलनेवाली खिड़की की ऊपर वाली झिलमिली से–एक पतली किरण प्रवेश करके, पूरब वाली दीवार के दक्षिण कोने में प्रकाश का छोटा-सा चक्र बना रही थी। उसी ने कमरे के अंधकार को तनिक पिघला दिया था। इसीलिए कमरे का वातावरण घनिष्ठतर हो गया था। उस वातावरण में–स्मृति के स्पर्श में, इन्द्रमाया को लगा आलिंगन की आत्मीयता थी। कमरे के बाहर की दुनिया से आती हुई ध्वनियाँ, तृतीय प्रहर में, यों भी कोमल सुनाई पड़ती हैं।··· सड़क पर गिल्ली-डंडा खेलते हुए बालकों का किलोल, खुट्ट-खुट्ट कर चलते हुए आदमी की पगध्वनि, दुकान में मोल-तोल करते हुए ग्राहकों के यदाकदा सुनाई पड़नेवाले कंठ-स्वर–सभी आवाजें एकाकार होकर कमरे में प्रवेश करती हुई–तृतीय प्रहर को और भी आलस्यमय बना रही थीं।···

बाहरी ज़गत् की ऐसी आलस्यभरी ध्वनियों के साथ–नीचे दरवाजा खुलने की आवाज, इन्द्रमाया ने सुनी। और, साथ ही नारी-कंठ से निश्चिन्त-प्रसन्नता के साथ निकली हुई–चहकती हास्यमयी बोली भी उसके कान में पड़ी। कोई घर के अन्दर प्रवेश करती हुई कह रही थी–'साथियो, माफ करना–आज मुझे एकदम फुर्सत नहीं–एकदम ही नहीं··· ।'

अपनी बेटी की बोली को पहचानकर इन्द्रमाया को ख़याल हुआ, अचानक–आज वह अपने युवक-मित्र को मेरे पास ले आनेवाली है। भोजन के बाद ही मुझसे कह गई थी–'आज शाम उसको ले आऊँगी, आमाँ[1] !'

उसके साथियों का आग्रह, सुनाई पड़ा–'रमा ! आज तो नहीं मत कहो। गौरी ने सभी को सिनेमा देखने के लिए निमन्त्रित किया है।'

रमा हँसकर बोली थी–'नहीं साथियो ! आज मुझे अपने युवक मित्र का आमाँ

1. माँ।

से परिचय करवाना है।'

सभी साथियों के खिलखिलाकर, एक ही साथ हँसने का स्वर सुनाई पड़ा।··· रमा की भी प्रसन्न हँसी पहचानी जा रही थी।

इन्द्रमाया के मन में, इन किशोरियों के प्रति, ममता का भाव उदय हुआ। अपनी बेटी की आनन्दमय हँसी सुनकर तो वह विभोर हो गई।··· उसने भी ऐसी ही घड़ी, ऐसे ही क्षण पाये थे, अपने जीवन में ! ऐसी ही निश्चिन्त-प्रसन्नता से उसके समस्त पल रँगे हुए थे। इन्द्रमाया गद्‌गद हुई। आज रमा, अपने भावी पति को, अपनी प्यारी आमाँ से मिलाने के लिए, ला रही है !···

रमा कितने दिनों की हुई ? मन-ही-मन हिसाब जोड़ा इन्द्रमाया ने–उन्नीसवाँ पार करके, बीसवें में चल रही है।

ठीक बीस वर्ष पहले जब पति जेल में थे, इन्द्रमाया की कोख में समाई थी, रमा। इसके पिता, इसकी आमाँ के पति नहीं–इसी एक क्षुद्र कारण से केवल आमाँ के इकहरे ममत्व के आश्रय में, दुनिया के द्वारा अवांछित होकर, यह इतनी बड़ी हुई। इन्द्रमाया ने कितने कष्ट भोगकर, क्या-क्या न सहकर–इसे पाल-पोसकर बड़ा किया था।

··· मेरे गर्भवती होने के साथ ही रमेश के आचरण में परिवर्तन आते, मैंने लक्ष्य किया था। साथी लोग भी एक-एक कर जेल से रिहा होकर आ रहे थे। किन्तु, जो भी आते, मुझे रमेश के साथ देखकर चौंक जाते थे। शायद, उनको लगा होगा कि उनके साथी के प्रति–जो जेल में बंदी होकर पड़ा हुआ था–मैं वफ़ादार नहीं रह गई। मेरा असली आचरण, वह भी वैसी स्थिति में, उनकी नजर में अक्षम्य लगा होगा। मैं आग्रह करके उन लोगों को बुलाती थी; किन्तु, वे लोग मेरे विषाक्त संसर्ग से मानो दूर ही रहना चाहते। दिन-दिन बढ़ते हुए गर्भ की स्थूलता से मैं चल-फिर नहीं सकती थी। कमरे में ही बैठी रहती। बैठी-बैठी बिनाई-कढ़ाई आदि का काम करती रहती। फिर भी मेरा मन उदास रहा करता और पीताम्बर की याद आती रहती थी। बाद में तो, धीरे-धीरे पशुपति के दर्शन को जाने के योग्य भी नहीं रही। मेरे चिन्तन की एकाग्रता–पीताम्बर के प्रति–बढ़ती ही गई।··· जेल से साथियों के छूटकर आने के बाद से रमेश मेरे पास आना-जाना क्रमशः कम करता गया। एकाध बार जिज्ञासा की दृष्टि से देखने पर उसने सफाई दी–'देखो न इन्द्रा ! कोई-न-कोई काम आ ही पड़ता है–बाहर जाने का।··· मुझे··· अपने घर को भी तो··· एकदम भूल नहीं जाना चाहिए, न ?'

मैंने भी स्वीकार किया–'हाँ।'

और तब रमेश कहता–'साथी लोग भी··· देखती नहीं··· किस तरह आँखें फाड़-फाड़कर हमारी ओर देखते हैं। मुझे वे लोग नहीं पसंद करते और, मैं भी उन्हें···।'

ज्यों-ज्यों मेरा जी भारी होता जाता; मुझे लगता कि मेरे स्वच्छन्द आनन्द

के दिन भी अब बीते।··· एक ज़िम्मेदारी मेरे ऊपर पड़ी··· एक भार !

किन्तु, इसके साथ ही, गर्भधारण करने के बाद से एक अनूठा, एक नूतन, विस्मयपूर्ण आनन्द मुझे होने लगा। जिस समय डॉक्टरनी ने बताया कि मैं गर्भवती हो चुकी हूँ, आनन्द और विषाद से एक ही साथ आक्रांत होकर मैं चीख पड़ी थी–'क्या सचमुच··· क्या यह संभव है ?'

डॉक्टरनी बोली थी–'क्यों नहीं संभव है ? तुम्हारा स्वास्थ्य इतना अच्छा है, शरीर में भी कोई खोट नहीं।'

सड़क पर आकर, अपनी नई दुनिया की पहली साँस लेकर, चुनौती-भरे स्वर में–किन्तु, धीमे से, अपने को सम्बोधित करके मैंने कहा था–'समझी ? अब तू माता···।'

उसी क्षण मुझे ऊँची दीवारों के अन्दर अकेले समय बिता रहे पीताम्बर की याद आई। लगा, यह गर्भ उसका ही तो है।

दूसरे के बीज से उपजी, हरी-भरी हुई धरती–फिर भी कितनी मनोहारिणी !

निश्चिन्तता की गाढ़ी नींद में, एक ही करवट में रात काट दी मैंने। दूसरे दिन प्रातःकाल पशुपति को, माता होने का सौभाग्य पाने की खुशी में, पूजा दे आई। मैंने कहा–'हे पशुपतिनाथ ! मेरे पेट की इस सन्तान की रक्षा करो ! रक्षा करो मेरे बंदी पति की।'

जैसे-जैसे समय बीतता जाता था, जी भारी होता ही जाता था और शरीर शिथिल। आनन्द में भी सुख के अभाव का अनुभव होता। एक ऐसी किस्म का आनन्द जिसमें चंचलता नहीं थी, शायद पीताम्बर की स्मृति के विषाद के कारण ! जैसे-जैसे दिन करीब आने लगे, मैं उतना ही ज़्यादा, कमरे में बैठकर पीताम्बर की याद करने लगी–'हे ईश्वर ! पीताम्बर शीघ्र आए।'

मैं और मेरे पेट की संतान तो–एक ही देह थी। लेकिन, पीताम्बर के बारे में एकाग्र होकर सोचते-सोचते वह भी न जाने कैसे मेरे अन्दर–हमारे साथ–घुल-मिल गया था। लगता था, एक ही घर में तीन जन की गृहस्थी बस गई है, एक ही देह के एक ही मन में···।

बाद में, धीरे-धीरे रमेश ने एकदम ही आना छोड़ दिया। दुकानदारिन बूढ़ी की एक नातिन को मेरी सहायता के लिए, बाहर ही बाहर से, नियुक्त करके और मेरी जरूरत के लिए रुपए-पैसे की व्यवस्था करके, उसके मार्फत ही भेजकर–वह मेरे जीवन से धीरे-धीरे विलीन होता गया। मेरे जानते, यह कोई अन्याय नहीं किया था उसने, क्योंकि वह घर उसका तो था नहीं कि वह सदा मेरा होकर रहता। और दूसरी बात यह कि मैं स्वयं माता बनने की आशा में पीताम्बर के प्रति और अधिक अनुरागिनी होती जा रही थी। मुझे ऐसा लगने लगा था कि इस घर के निमित्त रमेश अब अनावश्यक हो गया है। मुझे यह भी लगता था कि वह, मेरी सन्तान के प्रति, मेरे पति के प्रति, एक तरह से, बाधा-स्वरूप हो गया है। इसलिए मैं स्वयं उसकी ओर से उदासीन होती गई थी। मुझे इसका एहसास होने लगा

था कि रमेश के लिए मैं जितना-सा समय देती हूँ, उसका सद्व्यवहार अपने माता होने में कर सकती हूँ। पीताम्बर के प्रति मेरा प्यार उमड़कर मानो मेरे सारे समय को व्याप्त करता गया। प्रिया का स्थान माता लेने जा रही थी। इसलिए शायद मेरी–'भर्ता-पति' की आवश्यकता और भी बढ़ गई थी। पीताम्बर को प्रेम तो पहले भी करती थी, एकनिष्ठ होकर। किन्तु, अब जिस प्रेम का अनुभव मुझे हो रहा था–उसमें पति की सत्ता के साथ संतान के पिता के भी निहित होने के कारण–अनूठा शक्ति-सम्पन्न था वह प्रेम ! भारी जी लेकर अकेले कमरे में बैठी मैं कहती–'जल्दी आओ न पीताम्बर !'

इन्द्रमाया को जीवन में मात्र एक बार माता होने का अवसर मिला, और वह भी वैसी असाधारण स्थिति में ! इसलिए यह निर्णय नहीं कर सकी कि सभी नारियों में माता होने का ज्ञान, पति के प्रति प्रेम को उसी तरह विकसित करना है क्या ? कहते हैं कि संतान पति के–कुछ अंश में ही सही–प्रेम का एकाधिकार छीन लेती है। और, गर्भ धारण करते ही नारी को पति की इकलौती आवश्यकता नहीं रह जाती। किन्तु, इन्द्रमाया के साथ तो ऐसा नहीं हुआ ! बल्कि, वह पीताम्बर के लिए विरह में और ज़्यादा पीड़ित होती गई। मानो, नये किस्म से–नये सिरे से पीताम्बर के प्रेम में वह फँसती गई। उसको भान होने लगा, पीताम्बर के प्रति उसका प्रेम, एक नई और असम्भव ऊँचाई छूने चला है। व्यग्र होकर, अकेले बैठी वह कहती–'पीताम्बर, जल्दी आओ न। विनती करती हूँ, शीघ्र आओ। देखो, अब दो आत्माएँ यहाँ तुम्हारी प्रतीक्षा कर रही हैं।'

और, एक दिन पीताम्बर आये भी !

किन्तु, कैसी अव्यवस्था की घड़ी में, रिहा होकर घर पहुँचे कि मैं उनके स्वागत के निमित्त दरवाजे पर खड़ी भी नहीं होने पाई।··· सुबह से ही वेदना से छटपटा रही थी। दुकानदारिन बूढ़ी की नातिन इसकी सूचना चुपचाप रमेश को दे आई होगी–ऐसा मेरा अनुमान है। क्योंकि, होश अथवा बेहोशी की अवस्था में मुझे अस्पताल पहुँचाने की व्यवस्था, उसी के द्वारा हुई होगी।··· अस्पताल में पहुँचने की याद है। वहाँ के उजाले की हलकी-सी याद भी चेतना के किसी कोने में है। इसके बाद वेदना की एक भीषण लहर ने पता नहीं अस्तित्व के किस अतल तल से उमड़कर–मुझे चेतन-शून्यता के अँधकार में धकेल दिया था। एक के बाद दूसरी, दूसरी के बाद तीसरी लहरें··· लहरें··· लहरें। लहरों के थपेड़े मुझे बेदम करने लगे। लगता था, साँस नहीं ले सकने के कारण मैं अथाह वेदना में डूबकर, घुटकर मर रही हूँ।··· क्रमशः उग्रतर होती हुई लहरें मुझे आत्मसात् कर रही हैं। चेतना का बुझता-टिमटिमाता प्रकाश–अर्धनिमेष के लिए, शायद देखा था··· अस्पताल के

आलेकित कमरे की छाप चेतना में झिलमिलाती-सी··· और फिर वेदना की लहरों में डुबकियाँ··· ।

मूर्छा के एक लम्बे अन्तराल के बाद जब मैं होश में आई, शरीर एकदम हलका हो चुका था। सिर्फ देह के निचले हिस्से में हलकी-सी मीठी पीड़ा, किन्तु, मन एकदम चंगा। मानो, मैं आकाश में तैर रही हूँ। अस्पताल के नरम बिछावन पर सुख की अत्यन्त मीठी गुदगुदी से नींद में डूबी रहती मैं। लगता था, बहुत दिनों के बाद सोने को मिला है। मन या शरीर में कहीं कोई वेदना नहीं। सुख के असीम अनुभव के अतिरिक्त और सबकुछ दूर से देखा हुआ-सा मात्र लगता था–अनुभव की सीमा से बहुत दूर से। केवल, पीताम्बर की स्मृति, उस सुख की निद्रा में, थपकियाँ देती-सी लगती थी। सुख के तन्द्रिल-प्रवाह में, हलकी देह को तिरते छोड़, और कुछ देर नींद का सुख पाने के लिए आँखें मुँदना ही चाहती थीं कि एक छोटी-सी पोटली जैसी चीज मेरे पास–बगल में, रखकर नर्स बोली–'देखिये ! कितनी सुन्दर बेटी !'

मेरी चेतना हठात् लौटी। देखा, लाल रंग का गोलमटोल एक मांसपिण्ड !

आनन्द से ओत-प्रोत होकर मैं फिर सुख की तन्द्रा में डूबने लगी थी कि दुकानदारिन बूढ़ी की नातिन का स्वर कानों में पड़ा–'पीताम्बर पण्डित जी घर आ गये।'

जीवन में इतना बड़ा संतोष मुझे फिर कभी नहीं हुआ।··· पलंग के पास, सफेद कपड़े में लिपटी, जीवित मांस की छोटी पुतली–मेरी अपनी संतान के साथ सोई मैं··· माता इन्द्रमाया ! पति भी बहुत दिनों तक कारावास काटकर आज ही घर लौटा है। इससे बढ़कर संतोष और क्या हो सकता है, जीवन में ? मानव-जीवन को दिया हुआ ईश्वर का वरदान यही तो है !··· अपरिमित सुख और संतोष से निर्द्वन्द्व होकर सोचती-सोचती, मैं सो गई !

उठकर देखती हूँ, एक छोटी किश्ती में खाने की चीजें लेकर नर्स खड़ी है। सुबह के सूरज की सुनहली किरणों से मेरा कमरा आलोक-रंजित और उद्भासित था। मेरे पास ही–पालने में–हलकी हलचल भी हो रही थी–नन्ही-सी हरकत !!

नर्स ने हँसकर कहा–'सुप्रभात !'

मैं बोली–'नर्स, जीवन बहुत सुन्दर है, बहुत सुखदायी है न ?'

वह बोली–'अब भोजन कीजिये। शरीर को ताक़त चाहिए !'

मैं बोली–'मैं अब घर जाना चाहती हूँ।'

नर्स ने कहा–'परसों तक आप जा सकेंगी। डॉक्टर से पूछना होगा। आपको नहीं मालूम कि कितने बड़े कष्ट से उबरी हैं आप इस बार।'

और फिर मुस्कुराकर बोली–'बिटिया ने तो आने के दिन खूब दुख दिया। ··· लेकिन, है कितनी सुन्दर ? है न ?'

बीते हुए कल की वेदना की घड़ियों को मैं भूल चुकी थी। उसी के सुख और आनन्द के आकाश में, कल पाई हुई वेदना मानो ऐसी काली घटा थी जो आज

आकाश से बिला चुकी है। अभी तो, मानो मेरी चेतना को आनन्द ने पोंछकर चमचम-चमकीला और उज्ज्वल बना दिया है। मेरे अंतर-हृदय में मानो कभी नहीं अस्त होनेवाले सूर्य का उदय हुआ–जिसने मेरे सारे जीवन को प्रकाशमय कर दिया है। मुझे बस एक ही बात की चाह थी–जल्दी घर लौटूँ। मेरे जीवन की, अब तक अकेली प्रवाहित होनेवाली धारा, जितना शीघ्र हो सके, मूल-स्रोत में जाकर मिल जाये–पीताम्बर के जीवन के मूल-स्रोत में। अपने साथ और भी एक छोटी-सी जीवनधारा को गोद में लेकर।···

उस दिन मध्याह्न में पीताम्बर भी अस्पताल आया था। शरीर से कुछ चंगा हुई मैं, बिछावन पर बैठकर, बच्ची के गीले कपड़े हलके हाथों बदल रही थी। बिटिया सोने के सिवा और कुछ नहीं जान पाई थी ! यद्यपि उसके, उस समय के चेहरे को सुन्दर नहीं कह सकते तथापि नर्स ने कहा–'कितनी सुन्दर है नन्ही !'···

सुन्दर और असुन्दर की विवेचना से अधिक, उस समय बिटिया को बार-बार देखकर मुझे, एक ही भावना होती : पूर्ण परितृप्ति की, संतोष की और अपनी सार्थकता की। उसी समय बाहर, बरामदे पर, पीताम्बर की बोली सुनाई पड़ी। हठात् लगा, पूर्ण सार्थकता की घड़ी तो अब आनेवाली है; जब पीताम्बर इस कमरे में आकर–प्रेम के विकास की पूर्णता को, एक अनछुए अंग को अंग से लगायेगा। अपने नवजात शिशु को देखते ही नारी के मन में सबसे पहले यह विचार उठता है कि पति को कैसा लगेगा, यह शिशु ! ऐसा सोचकर नारी अपने को शिशु के साथ घनिष्ठतर होने का अनुभव करती है। दुनिया के बारे में उसे और कोई चिंता नहीं रहती; केवल यही सोचती रहती है कि पति को कैसा लगेगा, कैसे विचार उठेंगे उसके मन में, क्या सोचेगा वह शिशु को देखकर ? सुन्दर या असुन्दर, उसे न जाने कैसा लगे यह शिशु ! इसलिए संतान के जन्म के बाद जब माता का ध्यान संतान से बाहर की दुनिया की ओर जाता है तो सबसे पहले अपने पति की याद करके संकोच में पड़ जाती है; वैसा ही संकोच–जैसा, सुहाग-रात में पति के साथ हुआ था।··· किसी सम्बन्ध का प्रारम्भ भी–मानचित्र के बिना किसी महासमुद्र के यात्रारम्भ जैसा ही है, ऐसा मुझे लगता है। माता होने के बाद नारी को–पति-पत्नी के प्रेम-सम्बन्ध को मानो पुनः एक नूतन स्तर पर, नये सिरे से शुरू करना पड़ता है। सबसे पहले तो उसको अपनी सबसे प्रिय प्राप्ति–अपनी सबसे बड़ी रचना–का परिचय करवाना होता है उस पति के साथ जो स्वयं ही, नारी के लिए परम प्रिय प्राप्ति होकर, आज तक आ रहा था।··· संकोच से झुकी हुई आँखों की पलकों को बिना उठाये ही वह सोचती रहती है कि पति किस तरह कमरे में खड़ा होकर सम्बन्ध की इस नई सृष्टि को परखेगा–एक निमेष के लिए ही सही–वह पृथक् होकर–तटस्थता से–माता और शिशु को आलोचक की दृष्टि से देखेगा।··· इसीलिए माता में हठात् संतान के प्रति घनिष्ठ ममता और भी घनी हो जाती है। इसीलिए, माता संतान के सम्बन्ध में पक्षपाती होती है !

इन्द्रमाया ने फिर एक बार बच्ची को देखा। वह नींद में थी। इन्द्रमाया ने टॉवेल से, हलके हाथों, उसका चेहरा पोंछ दिया, यद्यपि इस क्रिया से बच्ची के चेहरे में कोई फर्क नहीं आया। चेहरा पोंछते समय, बच्ची के मुखमण्डल पर किंचित् तनाव की रेखाएँ उभरीं और वह फिर निद्रामग्न अवस्था में बिला गई। किन्तु, इन्द्रमाया मग्न थी, मस्त थी और पीताम्बर के लिए बैठी, प्रतीक्षा कर रही थी··· ।

पीताम्बर दरवाजे के पास आकर खड़ा हुआ–चेहरा एकदम भावनाशून्य ! डॉक्टर और नर्स भी उसके साथ थे। पीताम्बर आगे नहीं बढ़ा–दरवाजे का सहारा लेकर, चौखट से सटकर खड़ा रहा। प्रेममय संकोच से झुके शिर को इन्द्रमाया ने धीरे-धीरे उठाया। पीताम्बर की भावशून्य आँखों से इन्द्रमाया की आनन्दमग्न आँखें चार होने को आईं।··· क्या इतने दिनों के संचित आनन्द की ज्योति, इस तरह अकस्मात् ही विलुप्त हो भी सकती है–केवल ग्लानि की एक असह्य अनुभूति छोड़कर ? पीताम्बर के भावहीन सूने चेहरे पर, खोजने पर भी जब वहाँ सुख की, पुनर्मिलन के उत्सुक आनन्द की कोई हलकी-सी रेखा तक नहीं मिली तो इन्द्रमाया के हृदय का समस्त आनन्द विलीन होने लगा।··· पीताम्बर का चेहरा रूखा, जेल में पाये गये कष्ट के कारण भी हो सकता है। किन्तु, उनकी आँखों में प्रकाश की एक महीन किरण भी नहीं दिखलाई पड़ी। आँख की वह वितृष्णा, निश्चय ही कारावास की दी हुई शून्यता नहीं !

नर्स बोली–'बेटी को नहीं देखा है न ? देखिये, कैसी सुन्दर गुड़िया··· ।'

चौकठ के सहारे टिका हुआ पीताम्बर ज्यों-का-त्यों खड़ा रहा; न हिला न डुला। इन्द्रमाया की आँखें झुककर–इस दुनिया के झमेले और प्रपंच से बेखबर, बिछावन पर नींद में मग्न सोई हुई बच्ची पर गईं और वहीं टिकी रहीं। पीताम्बर वगैरह के जाने के बाद उसने, शून्य दरवाजे की ओर आँखें उठाकर देखा। बाहर बरामदे में नर्स कह रही थी–'बाप को पहले दिन लाज लगती है और माँ को भी··· ।'

पीताम्बर, अस्पताल के बाकी-बकाया, लेन-देन का हिसाब पूछ रहा था। इन्द्रमाया ने सुना, डॉक्टर कह रहा था–'अस्पताल का कोई हिसाब बाकी नहीं, मिस्टर ! पहले ही चुका दिया गया है। आप अपनी पत्नी को परसों तक ले जा सकते हैं।'

ग्लानि और लज्जा से जड़वत् होकर कमरे में बैठी रही थी, इन्द्रमाया। यदि वह माता का गौरव लेकर बहुत दिन के बाद घर लौटे हुए पति के लिए–अत्यन्त उत्सुकता से प्रतीक्षा में नहीं बैठी रहती; यदि वह संतान और पति के बीच होनेवाले प्रथम परिचय की घड़ी के लिए, तरह-तरह की संकोचपूर्ण, रस-भरी बातें–मन में गुन कर नहीं रखती और यदि उसके मन में सुमधुर–'लाजुक' संकोच नहीं होता तो शायद उसको इतनी ग्लानि नहीं होती। रंगीन आशा के पंख लगाकर उसने जितनी ही ऊँची उड़ान ली थी, जितना ही ऊपर पहुँची थी–पीताम्बर के एक क्षण

के व्यवहार से वह उतना ही नीचे की ओर गिरने लगी।··· तिरस्कार का यह हृदय-भेदी अनुभव, उस माँ से कोई पूछे–जिसका पति–मातृरचना के आयोजन और निष्पत्ति के प्रति एकदम तटस्थ होकर, दूर से एक बार आग्रहहीन, रिक्त दृष्टिपात करता है, मानो उसका कोई वास्ता नहीं। अथवा उस नववधू से पूछे, जो धक-धक करते हुए दिल को लेकर, विवाह की प्रथम रात्रि की सुहागशय्या पर संकोच और उत्सुकता के साथ, अनुपस्थित पति की प्रतीक्षा में रात-भर जागकर काटती है और दूसरे दिन निराशा के प्रभात में, शय्या से नीचे उतर पड़ती है···।

अचरज की बात ! ऐसे भीषण क्षोभ और ग्लानि में भी पुत्री के प्रति इन्द्रमाया की ममता घटने के बदले प्रतिपल धीरे-धीरे बढ़ती गई।··· किन्तु, वह दिन-भर ग्लानि और कुण्ठा के कड़वे आँसुओं के घूँट पीती रही।

इसी घटना को लेकर–बाद में भी बहुत बार पीताम्बर और इन्द्रमाया में बातें चलतीं–किंचित् क्षोभमय वातावरण की रचना करती हुईं।

इन्द्रमाया कहती–'पीता ! उस दिन तुमको आने की ही क्या पड़ी थी, ऐसी अनिच्छा थी तो ?'

पीताम्बर अत्यन्त रूखे स्वर में कहता–'मेरा भी अपना कर्तव्य है, जिसका मुझे ख़याल करना पड़ता है। तुम्हारी तरह–औरतों की तरह–अनुत्तरदायी हम पुरुष कहाँ हो सकते हैं !'

इन्द्रमाया आहत होकर कहती–'कर्तव्य ? वही तो मैं कहना चाहती हूँ कि मात्र कर्तव्य की प्रेरणा से तुमको मेरे लिए तनिक भी कष्ट करने की आवश्यकता नहीं–यदि किसी अन्य प्रकार का आग्रह मन में न हो तो ! मेरे प्रति कर्तव्य करने की कोई आवश्यकता नहीं, तुमको।'

इन्द्रमाया ने बहुत संयम के साथ ये बातें कही थीं–हृदय में उमड़ते वाष्प को गले से नीचे ही बलपूर्वक रोक कर।

पीताम्बर ने वैसी ही शुष्कता-भरी वाणी में कहा–'कर्तव्य मैं अपने लिए करता हूँ। तुमको रिझाने के लिए नहीं, अपने संतोष के लिए। अस्पताल का हिसाब-किताब चुकाना मेरा धर्म था।'

इस वाक्य के कटाक्ष से इन्द्रमाया उतनी आहत नहीं हुई। वह कुछ तीक्ष्णता से बोली–'लेकिन, पीताम्बर ! स्वयं तुमने उस समय देखा था कि वहाँ कर्तव्य की कोई आवश्यकता नहीं थी। क्योंकि, वह तो और ही किसी व्यक्ति द्वारा पहले ही सम्पन्न हो चुका था। है न ? किन्तु, यदि कर्तव्य-पालन के आडम्बर से तुमको आत्मसंतोष होता हो तो मुझे कुछ नहीं कहना। फिर भी, पीताम्बर ! मुझे तो लगता है कि जीवन में कर्तव्य के प्रति जागरूकता–किसी आंतरिक, आत्मीय भावना से प्राणवान होती है। नहीं तो, क्या कर्तव्य-पालन आडम्बर का–अथवा कहूँ–आत्मवंचना का दूसरा नाम नहीं हो जाता ?'

इन्द्रमाया को, अपना दिया हुआ यह उत्तर कुछ तीखा हो गया-सा लगा।

उन दिनों वह सदा उदास रहती। उसे लगता था कि बच्ची अगर नहीं होती तो जीवन में उसका कोई भविष्य बाकी नहीं रह जाता, जिधर वह उत्सुकता से उन्मुख हो सकती। इसलिए, विरक्ति के कारण और दूसरे, बिटिया की मर्यादा के लिए वह कभी-कभी असंयत होकर तीखे जवाब देती।

इसलिए, उन दोनों के बीच जब कभी कहा-सुनी होती, इन्द्रमाया कहा करती–'देखो, पीताम्बर ! जिसे तुम कर्तव्य कहते हो, उसकी मैं अवहेलना नहीं करना चाहती। किन्तु, उसकी सीमा हमारे लोक और समाज से बाहर नहीं खिंची हुई है। इसलिए उसको लोकाचार भी कह सकते हैं। जीवन में उससे बढ़कर महत्त्व की आवश्यक बातें हैं जिनके प्रति जागरूक होना पड़ता है, मनुष्य को। तुमने अस्पताल पहुँचकर मेरे प्रति लोकाचार किया–जीवन की एक आवश्यक बात के प्रति–मेरे प्रति बिल्कुल उदासीन रहकर। कर्तव्य से ऊपर नहीं उठ सके तुम।'

पीताम्बर ने मुँह को तनिक विकृत करके कहा–'और, तुमने ?··· मेरी बंदी अवस्था में मेरे प्रति तुमने जैसे वफ़ादारी की··· ।'

इन्द्रमाया ने बीच में ही टोका–'मैंने लोकाचार नहीं किया। लोक की नजर में कर्तव्य-पालन नहीं किया मैंने, तुम्हारे प्रति। किन्तु, जीवन के आधारभूत तत्त्व को पोषण देकर मैंने अपनी आंतरिक वफ़ादारी–आत्मिक कर्तव्य–अक्षुण्ण रखी। इसलिए, लड़की को गर्भ में धारण करते ही, पश्चात्ताप की भावना से अपने को फिर नहीं छूने देकर–तुम्हारे लिए बहुत उत्कण्ठा के साथ बैठी रही। प्रतीक्षा करती रही तुम्हारी। और, ऐसा करने में मुझे कभी भी अपवित्रता, लज्जा अथवा कुंठा की भावना ने ग्रस्त नहीं किया। जबकि मैं गर्भ में दिन-रात एक संतान को पोस रही थी।'···

इन्द्रमाया को लगता है कि उसने ये सारे उत्तर केवल तर्क में जीतने के लिए नहीं दिये हैं। उसे उस समय लगा था कि माता होने की अवस्था में पहुँचकर वह नारीत्व की पूर्णता प्राप्त कर चुकी है और उस पूर्णता से गौरवान्वित हुई पत्नी का प्रेम अधिक पवित्र, अत्यंत तृप्तिकर और बड़ा संतोषदायी हो जाता है, पति के लिए। उस समय उसे लगा था कि प्रेम अब पूर्णांग हो गया है। यह सब बातें क्यों नहीं समझता-सोचता पीताम्बर ? क्यों समाज द्वारा ज़बर्दस्ती थोपे गये वैवाहिक नियम की मर्यादा से गंभीरतर प्रवेश उसका नहीं हो सका ? प्रेम के सम्बन्ध की मौलिकता की ओर उसका ध्यान क्यों नहीं जा सका ? क्यों वह केवल वैवाहिक अधिकार का दावा करके–गूदे को छोड़, छिलके के संग्रह में लगा हुआ है ? इन्द्रमाया और पीताम्बर का सम्बन्ध ही, समाज की मर्यादा से अधिक तात्त्विक आधार पर खड़ा है, इस बात को आज पीताम्बर क्यों भूलने लगा है ?

पीताम्बर ने एक दिन पूछा था, अत्यंत वितृष्णा के साथ–'क्या तुमको इसका कोई संकोच नहीं होता कि एक गद्दार, मुखबिर के साथ तुमने सहवास किया ? भ्रष्ट होने के लिए भी एक दूसरे भ्रष्ट को ही तुमने क्यों चुना ?'

पीताम्बर ने सोचा होगा कि ऐसा वाक्य विष में बुझा बाण का काम करेगा, इन्द्रमाया के हृदय पर। हो सकता है, हर घड़ी इन्द्रमाया को कोंचकर, वेदना-पीड़ित करके बदला लेना ही पीताम्बर का उद्देश्य रहा हो। किन्तु, इन्द्रमाया पर इसका कोई असर नहीं होता। अपने आचरण के प्रति मानो वह परम निश्चिन्त थी।

उसने उत्तर दिया था–'देखो, पीताम्बर ! यदि मेरा उद्देश्य सिर्फ तुम्हारा मुँह बंद करना होता तो मैं तुम्हारे प्रश्न का उत्तर इस प्रकार देती : 'पीताम्बर बाबू, क्या स्वयं आपने अपना राजनैतिक विश्वास उसको देकर, अन्य साथियों से बढ़कर उच्च स्थान पर उसको नहीं बैठाया था ? यदि आप राजनैतिक गलती कर सकते हैं तो मैंने भी चुनने में गलती की, कह सकती हूँ। इसलिए, मेरी गलती के लिए, कम-से-कम आपको उलाहना देना, तनिक शोभा नहीं देता।'–किंतु, पीता ! मैं ऐसा उत्तर नहीं दूँगी। क्योंकि, इसमें सिर्फ तर्क है, सत्य नहीं।'

इन्द्रमाया को लगा कि उसके मुँह से कड़े शब्द निकल पड़े हैं। इसलिए, वह तुरन्त ही नरम स्वर में बोली–'पीता, मान लो कदाचित् रमेश मुखबिर और गद्दार नहीं भी होता तो स्थिति में सुधार होता, क्या ? इस बालिका का पिता मुखबिर नहीं भी होता तो मेरे लिए कोई फ़र्क नहीं पड़ता। मैं उसके साथ जाते समय यह तर्क-वितर्क करके नहीं गई थी कि कैसे पुरुष के साथ 'जा' रही हूँ। तुम भी चाहे साधु प्रमाणित होओ अथवा डाकू, मेरे लिए तुम वही पीताम्बर रहोगे, जिसके लिए मैं अपने को सम्पूर्ण समर्पित हुई पाती हूँ। मेरे लिए, रमेश केवल एक ऐसा व्यक्ति रह गया है जिसने मेरा कुछ दिन जी बहला दिया और उसी आनन्दपूर्ण सहवास में मैंने कन्या अर्जन की। यदि अभी मेरे प्रेम से तुमको तृप्ति नहीं अथवा यदि मेरे प्रेम से तुमको अभी संतोष नहीं तो क्या रमेश के साधु होने से वह पूरा हो सकता था ? तुम क्यों अपने को धोखा देने की कोशिश कर रहे हो पीता ?'

पीताम्बर इन्द्रमाया का विचार नहीं समझ पा सका था। इन्द्रमाया को लगता था कि ईर्ष्या से अन्धा होकर पीताम्बर केवल अंधकार में भटक रहा है। इसलिए, जब पीताम्बर ने यह कहना शुरू किया था कि–मेरी गिरफ्तारी के बाद तुम पर बड़ी विपत्ति पड़ी। तुमको रुपये-पैसे की जरूरत पड़ी होगी–तो, इन्द्रमाया विरक्त होकर बेटी के कमरे में चली गई थी। रोती हुई बेटी उसको देखते ही मुस्कुरा पड़ी। इन्द्रमाया की विरक्ति दूर हो गई। बच्ची को गोद में लेकर, गद्गद होती, उसको चूमने लगी। उस क्षण उसको लगा–जीवन के अन्य सत्यों से सर्वोपरि सत्य था वह सुख–जो बेटी को अंक से लगाकर वह पा रही थी।

किंतु, उन दिनों वह बीच-बीच में सोचती थी–क्यों यह सब हुआ ? उसका प्रेम क्यों सर्वजयी नहीं हो सका ? क्यों वह पीताम्बर के हृदय के अन्धकार को नहीं हटा सकी अपने अंतःप्रकाश के द्वारा ? क्यों वह अपनी गहराई तक पीताम्बर को खींचकर नहीं ला सका ? अपने ऐसे समर्पण के उपरान्त भी इन्द्रमाया को क्या मिला ? पीताम्बर छिछले जल में ही है; समाज के आधारभूत स्थल पर ही

उसके पाँव स्थापित हैं। जीवन के सीमाहीन-सागर में पैठने का उनमें साहस नहीं।

उन दिनों ऐसे ही उदास चिंतन थे इन्द्रमाया के। उसे लगता था जीवन की सारी रंगीनी, सारा आनन्द अब चुकने को आये शायद। वे तो, माँ होते ही चुक गये ! अब तो केवल रह गया है गाढ़े सुख का एक चिरन्तन अनुभव–बेटी के हँसने पर, रोने पर उसको अंकमाल करती, छाती से चिपकाती, स्तनपान देती, लोरी गुनगुनाती–उसको यों ही अपलक निहारती, उसके बारे में सोचती···।

पुत्री द्वारा आलोकित उसके जीवन का पक्ष तो परम सुखकर था किंतु, दूसरा पक्ष कितना उदास ? पीताम्बर के साथ ही थी वह। लेकिन इन्द्रमाया के प्रति उसका कैसा आग्रहहीन व्यवहार ? मानो, दोनों पक्ष की ओर से उसको ही जिम्मेदारी ढोनी पड़ रही हो ! उसने स्वयं अपने हृदय में डूबकर देखा कि कहीं हृदय की हरियाली ही तो सूख नहीं गई है ? किंतु, जितनी गहराई में डूबकर वह देखती, वह विश्वास के साथ केवल एक ही निष्कर्ष पर पहुँचती–प्रेम की कोई सीमा ही नहीं होती। जिसको वह पहले प्रेम की संपूर्णता समझकर पीताम्बर को प्रेम करती थी–वह तो संपूर्णता ही नहीं थी।··· रमेश के संग सहवास और पुत्री-प्राप्ति के मात्र अनुभव से मानो उसके हृदय के धारण करने की क्षमता और भी सीमाहीन होती गई है। इसलिए, पीताम्बर की ओर से शुष्क व्यवहार और अनादर के बावजदू–इन्द्रमाया एकनिष्ठ होकर पति और पुत्री की सेवा में संलग्न थी।

उसने यह प्रयत्न किया कि पीताम्बर के–उसके प्रति प्रारम्भिक वैराग्य को पुत्री-स्नेह के आकर्षण के द्वारा मिटाया जाय। वह बेटी को पीताम्बर के कमरे में ले जाती और कभी साहस के साथ पति के बिछावन पर उसको रख देती। पीताम्बर बगैर कुछ बोले, खिसकर दूर बैठ जाता। कभी-कभी कहता–'मुझे बच्चे-कच्चे पसन्द नहीं।'

इन्द्रमाया यह समझती थी कि पीताम्बर का यह वाक्य केवल सभ्यता की रक्षा के लिए था। उसके कहने का अर्थ था–हटाओ इसको यहाँ से !

पीताम्बर के कमरे में पहुँचते ही रमा प्रायः रोने लगती। हाँ, यों ही रमा कहकर पुकारते-पुकारते लड़की का नाम रमा ही रह गया था। रमा की रुलाई सुनकर पीताम्बर ने दोनों कानों में उँगलियाँ डाले चिढ़कर कहा–'अब घर में क्या एक क्षण भी शांति नहीं मिलेगी ?'

कभी इन्द्रमाया घुटनों के बल चलनेवाली रमा को सिंगार-सँवारकर–पीताम्बर के बाहर जाने के समय–जान-बूझकर उसके रास्ते में, बरामदे पर छोड़ देती और स्वयं कमरे में बैठकर देखती। रमा घुटनों के बल खिसकती हुई पीताम्बर के कमरे के दरवाजे पर पहुँच जाती तो पीताम्बर उसको लाँघकर बाहर निकलता। इन्द्रमाया आहत होती और दौड़कर बच्ची को गोद में उठाकर चूमने लगती। पीताम्बर उलटकर देखता भी नहीं।··· कभी-कभी तो पीताम्बर को देखते ही रमा रोना शुरू कर देती।

एक दिन रमा को इसी तरह लतियाकर जाते हुए पीताम्बर को देखकर, रोती हुई रमा को गोद में लेकर इन्द्रमाया बहुत दुःख-भरे स्वर में बोली–'पीताम्बर, इस

बेचारी को क्यों दण्ड देते हो ? दोष मेरा है और दण्ड की भागी भी मैं हूँ।'

पीताम्बर कोई जवाब दिये बिना ही काठ की सीढ़ियों पर खट-खट करता हुआ नीचे उतर जाता।

इन्द्रमाया को बेटी के प्रति यह व्यवहार बहुत हृदयहीन लगा। बच्ची को बहुत देर तक छाती से लगाकर बैठी रही। कुछ-कुछ देर के बाद खुश होकर, नन्ही गुड़िया-सी रमा, कमरे में घुटनों के बल इधर-उधर खिसकती खेलने लगी।

पीताम्बर जब घर लौटकर आया, इन्द्रमाया बड़ी दृढ़ता से उसके सामने आकर बोली-'पीता ! दण्ड देना ही हो तो मुझे दो। अपराध अगर हुआ है तो अपराध मेरा है।'

एक बात का नया अनुभव इन्द्रमाया को इधर होने लगा था-प्रेम के समर्पण में मर्यादा का अवसान नहीं, बल्कि उसका उदय बहुत विस्तारपूर्वक होता है, प्रेम में। मर्यादा को छोड़कर प्रेम नहीं किया जा सकता। इधर प्रायः उसको पुत्री की मर्यादा का भी ख़याल बराबर होता था। उसको लगता था, मातृत्व की सारी शक्ति के साथ उसकी इस मर्यादा को अक्षुण्ण रखना पड़ेगा। इसलिए, आजकल पुत्री के प्रति अनादर की शंका भी होने पर वह चुप लगाकर नहीं बैठती थी।

और भी एक बात थी यहाँ !

जीवन की, पहले-पहले उपस्थित होनेवाली समस्याएँ वैसी मौलिक नहीं थीं कि जिनके प्रति-जीवन की गहराई की अन्तिम सतह पर पहुँचकर प्राप्त, सत्य के शिलाखण्ड पर खड़ा होकर-उसे विचार करना पड़ता। अभी की समस्याएँ तो उसके अस्तित्व से सम्बन्धित थीं। अपने अस्तित्व को लोप करवाकर ही इन्द्रमाया, अभी की समस्याओं से विमुख होकर बैठ सकती थी। पीताम्बर की बात मान लेने पर इन्द्रमाया फिर इन्द्रमाया नहीं रह जाती। यदि वह अपने जीवन के सत्य को पीताम्बर के आचरण और विचार के सम्मुख बेधड़क नहीं रखती तो क्या वह-प्रेमिका, पत्नी और माता के पद से अपने को स्खलित करके-केवल एक परान्नभोजी दासी में परिणत नहीं हो जाती ? वैसी स्थिति में जीवन का अर्थ ही लोप हो जाता। उसका समाज-त्याग, पीताम्बर से प्रेम, उसके द्वारा पीताम्बर का वरण, रमेश से प्राप्त उसका वह तृप्तिदायक आनन्द, अपने गर्भ का गौरव और माता की मर्यादा-सभी तत्त्वहीन आकाश में बिला जाते। इन्द्रमाया को लगा कि इन सारी प्राप्तियों के संरक्षण के लिए भी उसे चुप लगाकर बैठना नहीं चाहिए। इन्हीं कारणों से उसने दृढ़तापूर्वक पीताम्बर से कहा था-'दण्ड देना हो तो मुझे दो। इस नन्हीं बच्ची को नहीं...।'

सुनकर भी नहीं सुनने का भान करके पीताम्बर कमरे के अन्दर चला गया। इन्द्रमाया भी, पीछा करती कमरे के अन्दर पहुँची। पीताम्बर पलंग पर बैठकर 'सुरवाल' खोलने लगा।

इन्द्रमाया को इस तरह पीछे लगी आई देखकर वह बोला-'इन्द्रमाया एक काम करो। तुम अपनी लड़की को रमेश के जिम्मे लगा दो। फिर सब ठीक हो

जायेगा।'

इन्द्रमाया इस प्रस्ताव को नहीं समझ सकी। वह बोली–'क्या कहा तुमने ?'

पीताम्बर बोला–'तुम यदि लड़की को छोड़ दो तो हमारा सम्बन्ध फिर से सहज हो जाये।'

अर्थ समझकर इन्द्रमाया को अचरज हुआ। वह बोली–'यह कैसे ? हमारे सम्बन्ध को रमा ने कैसे गड़बड़ा दिया है ? यदि मेरे असती-आचरण ने यह समस्या तुम्हारे लिए उपस्थित की हो तो, लड़की के निर्वासन से उसका समाधान किस प्रकार होगा, पीताम्बर ? इसका कोई प्रतिकार नहीं–न सामाजिक स्तर पर और न तुम्हारे अल्प-प्रेम की गहराई में ही। प्रतिकार केवल प्रेम के अन्तराल में डूबी मेरी सर्वांगीणता–अच्छी-बुरी जो भी मैं हूँ–को निर्द्वन्द्व होकर अंगीकार करने में ही है। लेकिन, वह तो शायद तुमसे सम्भव नहीं...।'

पीताम्बर ने कहा–'ऐसी बात है तो तुम ही रमेश के घर क्यों नहीं चली जातीं ?'

इन्द्रमाया बोली–'इसका कारण तो स्पष्ट है। क्योंकि रमेश मेरा पति नहीं, जिसे मैंने एक दिन महान् निर्णय करके अपनी आत्मा के एकान्त में वरण करके पति के आसन पर बैठाया था। मैं इस सत्य को किसी तरह मिटा नहीं सकती।'

पीताम्बर ने फिर कहा–'और रमेश के साथ के यौन-सम्बन्ध को ?'

इन्द्रमाया को हठात् अत्यन्त विरक्ति हुई। उसे लगा कि एक प्रस्तर-प्राचीर के सम्मुख वह अपने सत्य के मर्मस्थल को उघार रही है। वह विरक्त होकर बोली–'यौन-यौन-यौन ! क्या तुम यौनचिंता से एक क्षण के लिए भी मुक्त नहीं हो सकते, पीताम्बर ? यौन-सम्बन्ध कितना भी आवश्यक क्यों न हो, उसमें वह अधिकार-शक्ति तो कदापि नहीं कि यौन प्राप्त पुरुष को केवल इसी कारण पति की प्रतिष्ठा प्रदान की जा सके ? तुमने अपने ही जीवन के अनुभवों से यह नहीं देखा कि यौन सम्बन्ध ने तुम्हें उन सबका पति नहीं बना दिया, जिनके साथ तुम्हारा शारीरिक सम्बन्ध था। और, वेश्या के सभी ग्राहक उसके पति नहीं होते।'

पीताम्बर को शायद लगा कि उसे एक तर्क-बिन्दु मिल गया है। उसने कहा–'तो क्या तुम स्वीकार करती हो कि तुम्हारा और रमेश का शारीरिक सम्बन्ध रसशून्य था ?'

इन्द्रमाया बोली–'रसशून्य नहीं था, क्योंकि वह सम्बन्ध प्रेमशून्य नहीं था। यदि ऐसा होता तो मेरा सहवास वेश्याचरण होता। कम-से-कम, तुम्हारी पत्नी वेश्या तो नहीं हो सकती थी।'

इन्द्रमाया को लगा कि इन शब्दों को स्तब्ध होकर पीताम्बर सुन रहा था। किन्तु, बिना कोई अर्थ समझे ही। इन्द्रमाया कहती गई–'बस, एक ही बात नहीं समझने के कारण हमारे सम्बन्ध में कठिनता–प्रायः एकदम असम्भवता–उपस्थित होती गई है। वह यह कि मेरा सतीत्व तुम्हारी आवश्यकता की चीज नहीं। वह तो ऐसी चीज है, जिसका सम्बन्ध सीधे मेरी आस्था से है। सती या असती जो भी होऊँ–मैं ही होऊँगी। इसलिए, मैं सती हुई या असती–यह तो मेरे निर्णय देने

की बात है। तुम्हारा वास्ता तो मेरे प्रेम मात्र से है न ?'

ऐसी हर बहस के बाद उनके सम्बन्ध की स्वाभाविकता क्रमशः लोप होती जाती थी और वातावरण और भी विषाक्त !

बाद में तो बातचीत, बहस, तर्क-वितर्क, सब बन्द ! बहस और आपसी तर्क-वितर्क में कितनी भी नोक-झोंक हो, वह कितना भी तीक्ष्ण क्यों न हो—उनके बीच लोप होते हुए सम्बन्ध के सेतु को किसी-न-किसी अंश में अब तक टिकाये रखने का काम कर रहा था। किन्तु, बाद में बातचीत भी बन्द हो जाने के कारण उनके बीच आदान-प्रदान का कोई माध्यम ही नहीं रहा। मानो, दोनों अपने-अपने कक्ष में असंपृक्त होकर घूम रहे थे।

इन्द्रमाया अधिक समय अपने कमरे में ही बैठी रहती। पीताम्बर भी अपने काम से प्रायः बाहर ही रहता और जब घर आता भी, तो सीधे अपने कमरे में चला जाता और वहीं बैठा रहता।

रमा बड़ी होती गई थी किन्तु अपनी माँ को छोड़कर एक क्षण भी नहीं रह सकती थी। पीताम्बर के सामने पड़ते ही वह चीत्कार कर रोने लगती थी। उसका स्वास्थ्य भी अच्छा नहीं था। इस प्रकार इन्द्रमाया और रमा, मात्र आपस में केन्द्रित होकर, एक दूसरे के आश्रय में आश्वासित होकर, उस घर से मानो अलग-थलग होकर रहने लगीं। माँ के सान्निध्य में आश्वस्त होकर पुत्री या तो सोई रहती अथवा खुश होकर खेलती रहती।··· इन्द्रमाया दिन-भर कमरे का दरवाजा बन्द करके लड़की के साथ रहने लगी।

उन दिनों अकेली बैठकर सोचती-सोचती इन्द्रमाया को लगने लगा था कि शायद अब वह फिर एक ऐसे निर्णय पर पहुँचनेवाली है, जिस निर्णय को लेने में उसे अपने नारीत्व को स्वयं खण्डित करना पड़ेगा। पीताम्बर ने एक तरह से इन्द्रमाया का परित्याग कर दिया था। यद्यपि इसे पीताम्बर ने शब्दों में प्रकट नहीं किया था। किन्तु व्यवहार से उसने यह स्पष्ट कर दिया था कि इन्द्रमाया, उसमें और रमा में, एक को ही चुन सकती है। एक दिन उसने इन्द्रमाया से कह दिया था कि यदि रमा को रमेश के घर नहीं भेज सकतीं तो किसी अनाथालय में रख देने से भी चल सकता है। इस पर इन्द्रमाया बोली थी—'वैसी हालत में मैं ही यहाँ क्यों पड़ी रहूँगी ? क्या भोजन और वस्त्र पाने के लिए ?'

एक दूसरी बात का एहसास भी इन्द्रमाया को होने लगा था कि पीताम्बर और वह, भिन्न-भिन्न लोक के ऐसे प्राणी हो गये हैं जिनके बीच न विचार का, न भावना का और न ही भाषा का आदान-प्रदान सम्भव है। इन्द्रमाया की ओर प्रेम का असीम पारावार उमड़ते रहने पर भी क्या हुआ जब पीताम्बर को स्पर्श तक भी नहीं कर सका था वह ? वह अपने जीवन के तात्त्विक सत्य को पीताम्बर के सामने उंडेल देती और पीताम्बर लौकिक मर्यादा में उलझे थोथे वाक्यों को दुहराता या अपने अहंकार और स्पर्धा की बातें किया करता। एक ही घर में रहकर भी पीताम्बर और इन्द्रमाया संग-संग कहाँ थे ?··· इन्द्रमाया को लगा कि

दो व्यक्ति आपस में सबसे ज़्यादा दूर तब रहते हैं, जब एक व्यक्ति जीवन के सुख-दुख के मौलिक स्तर के अनुभव करने की स्थिति में पहुँचता है और दूसरा वहाँ तक नहीं पहुँच पाने के कारण अपने अहंकार की सीमा में ही अड़ा खड़ा रह जाता है।

और, इतने दिनों के बाद इन्द्रमाया, अपने द्वारा लिये गये निर्णयों के बारे में सोचने लगी है। उसे लगता है, उसके निर्णयों का महत्त्व इसी में है कि उन निर्णयों को लेते हुए, उसने अपने को—अनावश्यक बातों में नहीं उलझाकर—जीवन के अस्तित्व पर ही आधारित किया था। जीवन में प्राप्ति दो ही प्रकार की होती है—या तो एकदम प्रचुर अथवा एकदम शून्य ! और, अन्त में दोनों किस्म की प्राप्ति हाथ लगती है। इसके साथ ही इन्द्रमाया को यह भी लगा कि एक वस्तु को पाने के लिए, दूसरी को छोड़ना पड़ता है। जीवन का हिसाब-किताब, लेना-देना—बराबर ! पीताम्बर का प्रेम-सुख पाने के लिए उसे समाज को त्यागना पड़ा था। रमेश से आनन्द प्राप्त करने के लिए आस्था का सन्तोष छोड़ना पड़ा और माता के सन्तोष की खोज में पति के सुख से वंचित होना पड़ा। इसी तरह, जीवन को वरण करते हुए मृत्यु को भी स्वीकार करना पड़ता है।...

उन दिनों रमा के साथ अकेली कमरे में बैठी इन्द्रमाया के मन में इसी तरह के विचार उठा करते। रमा का दुर्बल शरीर, बीच-बीच में थककर—माँ की गोद खोजता हुआ आता। इन्द्रमाया को लगता—इसने माँ के आधार के सिवा और किसी का आधार नहीं पाया !

बीच-बीच में रमेश बूढ़ी दुकानदारिन की नातिन की मार्फत खबर भेजा करता कि उसने साथियों के साथ, पार्टी के साथ गद्दारी नहीं की है; कि वह मुखबिर नहीं हुआ; कि उसके बाप ने—जो 'दरबार' में सरदार है—कोशिश-पैरवी करके उसे छुड़ाया था; कि साथियों ने—उसे इन्द्रमाया के साथ रहते हुए देखकर—ईर्ष्या और आक्रोश से उसको मुखबिर कहकर झूठा प्रचार किया है आदि आदि...। इन्द्रमाया अचरज से सोचती—'भला, रमेश को अपनी सफाई देने की जरूरत ही क्या है ? ये सारी बातें निरर्थक हैं।'

एक म्लान मुस्कान उसके विषाद, गंभीर मुख पर खिंच आई। उसने सोचा—'अब भी रमेश को, उसके प्रति मेरी धारणा का—सही अंदाज नहीं।' किन्तु, रमेश के बारे में उसकी खराब धारणा ही कब थी ? उसके गुण-दुर्गुण की विवेचना ही उसने कब की ? राजनैतिक स्तर पर खड़ी होकर उसने कब ठंडी निगाह से उसका निरीक्षण किया था ? उसने रमेश को प्यार किया था और उससे उसने संतान भी प्राप्त की। उसके सहवास के इन दोनों मौलिक तत्त्वों के अतिरिक्त और सब बातें क्या अप्रासंगिक नहीं ? इसी बात को नहीं समझकर पीताम्बर, इन्द्रमाया और रमेश के सम्बन्ध का केवल सामाजिक आधार ढूँढ़ते हुए, अन्दर-ही-अन्दर कटता रहता है—'वह यौन-सम्बन्ध रसमय था या नहीं ?'—मानो यौन-सम्बन्ध रसमय नहीं होता तो उसके लिए यह संतोष की बात होती। रमेश भी अपनी सफाई का संदेश

भेजकर यह प्रमाणित कर रहा था कि सम्बन्ध के मात्र छिछले स्तर की ओर ही उसका ध्यान है··· । 'रमेश, तुम्हारी सफाई अनावश्यक, निरर्थक और अप्रासंगिक है।'–मन-ही-मन बुदबुदाती इन्द्रमाया एक उदास हँसी हँस पड़ी थी। रमेश ने एक बार यह भी स्वीकार करके खबर भेजी थी कि जिन दिनों वह इन्द्रमाया के साथ था–उसकी शादी हो चुकी थी। किन्तु, लज्जा के कारण इस बात को इन्द्रमाया से छुपा रखा था और इसके लिए वह अब इन्द्रमाया से क्षमा-प्रार्थी है। लेकिन, इन्द्रमाया को इन सारी बातों में कोई दिलचस्पी नहीं थी। निष्प्रयोजन था रमेश का स्पष्टीकरण। शादीशुदा होकर भी उसने इन्द्रमाया के साथ सहवास किया, इसके लिए उसे लज्जित होने की भी जरूरत नहीं थी। यदि जीवन की वैसी मौलिक आवश्यकता के अजेय आग्रह द्वारा इन्द्रमाया और रमेश का सम्बन्ध पवित्र नहीं हो सका तो किसी प्रकार का स्पष्टीकरण भी उसमें सुधार नहीं ला सकता। वह भी तो विवाहिता नारी ही थी न ! और इस स्थिति के पूर्ण ज्ञान के साथ पुरुष-नारी के मौलिक सम्बन्ध में, वह रमेश के साथ बँध गई थी। पीताम्बर भी तो यही कहता था–'यह सम्बन्ध अपवित्र है।' रमेश ने भी मानो उसी तर्क को स्वीकार कर, लज्जा-बोध का अनुभव किया है। और, अब स्पष्टीकरण के द्वारा उसमें कुछ-न-कुछ तर्क-संगति लाने का प्रयत्न कर रहा है, वह। रमेश भी, अपने और इन्द्रमाया के बीच के वैसे आत्मीय सम्बन्ध को पीताम्बर की नजरों से ही देख रहा था। पीताम्बर तटस्थ होकर न्यायकर्ता के आसन से निर्णय दे रहा था–'तू अपवित्र, तू पतिता, तू पापिनी !' रमेश, इन्द्रमाया के सम्बन्ध का अंशभोगी होने के कारण, न्यायकर्ता का आसन तो नहीं ले सकता था, किन्तु सम्बन्ध की गहराई में नहीं पहुँच पाने के कारण–स्पष्टीकरण की आवश्यकता उसे पड़ गई थी। पीताम्बर और रमेश–दोनों के सदृश दृष्टिकोण !··· 'रमेश, तुमको सफाई का संदेश नहीं भेजना था।'

फिर, उसने एक बार खबर भेज दी, लड़की का बन्दोबस्त करने को तैयार है, वह। इन्द्रमाया को यह प्रस्ताव भी निरर्थक लगा। इस प्रस्ताव से लाभ उठाने की उसे आवश्यकता ही नहीं थी। क्योंकि, पुत्री को त्याग कर पीताम्बर के साथ रहने के प्रस्ताव की मर्यादाहीनता को लक्ष्य करके ही उसने पीताम्बर से भी पहले कह दिया था–'पुत्री को छोड़कर तुम्हारे साथ रहना पड़ा तो मैं परान्नभोजी दासी के रूप में ही रह सकती हूँ।'···

समस्या लड़की की व्यवस्था की नहीं थी। समस्या थी उसके नारी-अस्तित्व की दो मौलिक आवश्यकताओं की पूर्ति की–नारी के प्रिया तत्त्व और मातृ तत्त्व के एक ही साथ संरक्षण की। इन्द्रमाया के अस्तित्व की मौलिक माँग थी–'पुत्री को नहीं त्यागकर पीताम्बर को पाती रहूँ और साथ ही पीताम्बर को नहीं त्यागकर पुत्री को सदैव पाती रहूँ !'···

इन्द्रमाया ने स्पष्ट देखा कि अब उसके लिए कोई भी सहायता संभव नहीं। कोई भी संशोधन, कोई भी सुधार अब स्थिति को मदद नहीं पहुँचा सकता। केवल

एक ही मार्ग उसके लिए खुला है, गृहत्याग !···

किन्तु, क्या गृहत्याग इन्द्रमाया के लिए कोई अच्छी बात थी ? कुछ वर्ष पहले पितृगृह का त्याग उसने किया था, अपने भविष्य को अपनी मुट्ठी में लेकर, माँ-बाप को उसने छोड़ा था। उस गृहत्याग के परिणाम से रचित यह दूसरा गृहत्याग क्या वैसा ही सहज और सुगम था ? प्रथम गृहत्याग के बाद कोई एक किनारा तो मिला था, उसे ! मदद के लिए आगे की ओर बढ़ा हुआ एक बलिष्ठ हाथ उसका सहारा था। यह दूसरा गृहत्याग तो अपने को पुत्री-सहित शून्य में अर्पित करना था।···

एक दिन इसी तरह के विचारों का ताना-बाना बुनती हुई, उसने रमा को साफ-सुथरा करके नया फ्राक पहना दिया। रमा, फ्राक के ऊपर, पेट पर हाथ फेरती हुई बोली–'अहाहा ! आमाँ कैछा छुँदल···।'

इन्द्रमाया ने कपड़े-बिस्तर की एक छोटी-सी गठरी बनाई। सामान ही क्या था, बस, पहनने का एक जोड़ा कपड़ा और बच्ची के पुराने फ्राक और जाँघिये···।

बेटी को गोद में उठाया, गठरी सँभाली और पीताम्बर के खाली कमरे में आकर एक क्षण खड़ी हुई। बिछावन अस्त-व्यस्त-सा था। फर्श पर गठरी रखकर, एक हाथ से बिछावन की सिमटी-सिकुड़ी चादर को अच्छी तरह बिछा दिया। और, अपनी लिखी हुई चिट्ठी तकिये पर रख, गठरी सँभालती बाहर निकली। सड़क पर पहुँचकर बाहर के फाटक को बन्द करने के पहले वह ठिठककर खड़ी हुई, एक बार पूरे घर और बगिया को देखा उसने। फिर, धीरे-धीरे फाटक को बन्द कर दिया। रमा पूछ रही थी–'काँ जाने आमाँ ?'

आज से अट्ठारह वर्ष पहले शहर की एक साँझ में, बेटी और एक छोटी गठरी लेकर वह निकली थी।···

इसके बाद इन्द्रमाया के जीवन में कोई बड़ी बात नहीं हुई। अपनी और बेटी की जीविका चलाने के लिए कहाँ-कहाँ नहीं जाना पड़ा; कौन-सा काम नहीं करना पड़ा। किन्तु, ये बातें ऐसी बातें नहीं थीं कि इन्द्रमाया को असाधारण लगें। सिंह-दरबार में टाइपिस्ट हुई; नारायणगढ़ की अमेरिकी योजना में काम पाकर वह वहाँ भी पहुँची। बाद में, लड़की की शिक्षा की सुविधा का विचार करके फिर शहर लौट आई और एक बालिका विद्यालय में शिक्षिका का काम करने लगी। ये अट्ठारह वर्ष भी उसके लिए बगैर फुर्सत के दिन थे। दिन-रात, मामूली वेतन के लिए जुती रहती थी। किन्तु, क्या किसी दिन भी वह पीताम्बर को बिसार सकी थी ? क्या कभी भी पीताम्बर के प्रति उसका प्रेम घट सका ?

उसने घर छोड़ते समय चिट्ठी में लिखा था–'प्रियतम, सम्बोधन के लिए क्षमा

चाहती हूँ। किन्तु यह मेरे हृदय की भावना से सहज और स्वाभाविक रूप से उच्चारित किया गया सम्बोधन है। मैं तुमसे विदा लेती हूँ। इस कारण से मैं यह चिट्ठी लिख रही हूँ कि विदा के दिन तुमको किसी किस्म की व्यथा नहीं देना चाहती। रमा के साथ तुम्हारा परिचय नहीं हो पाया, इसलिए विदा की बेला में वह सिर्फ खुश ही हुई। किन्तु, तुम्हारी पत्नी ने, तुमको छोड़ते समय समझा है, मात्र उसी ने समझा है, कि जीवन को एकदम आधा काटकर, अपना आधा मात्र बाकी रखकर वह जा रही है। मैं जहाँ भी रहूँगी, तुमको प्यार करती रहूँगी और इस प्यार से गौरवान्वित होकर रहूँगी। हमारी फिक्र मत करना। मैं इतनी शिक्षिता तो हूँ ही कि दो प्राणियों की दैनिक व्यवस्था कर सकूँ… ।'

पैंतालीस वर्ष की प्रौढ़ा इन्द्रमाया आज तृतीय पहर में अपने एकांत कमरे में यही सब सोचती लेटी हुई थी। उसे याद आई, आजकल पीताम्बर एक दल का नेता होकर सम्मानित पद पर आसीन है। उसके गृहत्याग के कुछ महीने बाद ही, एक राजनैतिक अनुगामिनी के साथ उसने शादी की। पत्नी भी सुघड़ सुन्दर मिली है, गृहकार्य में निपुण और पति को रिझानेवाली।… रमेश भी सम्पन्न और सुखी है। बाप से झगड़कर, अपना हिस्सा लेकर अलग हो गया और आजकल संसद का सदस्य है। लड़के-लड़कियाँ भी मन के मुताबिक… ।

इन्द्रमाया धीमे और मधुर स्वर में अपने आप बोली—जीवन यही है।

नीचे, सीढ़ियों पर रमा की हँसी, इन्द्रमाया ने सुनी। उसने अपने को संयत किया।… पता नहीं कब दीवार पर पड़ती, अस्त होते हुए सूर्य की किरणें, लोप हो चुकी थीं। कमरे में अन्धकार छा चुका था। साँझ घनी हो गई थी। इन्द्रमाया बिछावन से उठी। आँखों में जमी, आँसुओं की बूँदों को उसने पोंछा। टटोलकर खिड़की खोली और बत्ती का स्विच दबाया। कमरा आलोकित हुआ।

उसी समय रमा और एक युवक ने कमरे में प्रवेश किया। रमा बहुत प्रसन्न थी। वह बोली—'आये हम, आमाँ ! आप ही हैं… ।' फिर सहज लज्जा से वाक्य को पूरा किये बिना उसने आँखें झुका लीं।

इन्द्रमाया ने देखा। उसे लगा… ठीक इसी उम्र की थी वह, जब माँ-बाप को छोड़कर पीताम्बर के घर गई थी, बीस-बांईस वर्ष पहले। उसने युवक को भी देखा—सुन्दर, स्वस्थ ! पीताम्बर भी उन दिनों इसी उम्र का था। ऐसा ही सुन्दर स्वस्थ !

युवक ने मुस्कुराकर कहा—'आमाँ, हम आशीर्वाद लेने आये हैं।'

इन्द्रमाया को लगा, इराका खुला स्वभाव है… खुशदिल है, रमेश की ही तरह !

वह बोली—'भाग्यवानी भए !'

1970 में अनूदित एवं 1971 में राधाकृष्ण प्रकाशन, दिल्ली से प्रकाशित

और अन्त में…

आपातकाल में रेणु : कुछ मनःस्थितियाँ

मैंने सैकड़ों-सैकड़ों पृष्ठों के ग्रन्थ लिखे–क्या इसी दिन के लिए ? अब मुझसे अधिक बर्दाश्त नहीं होता है। मेरी जीने की इच्छा खत्म हो गई है। मुझे ये लोग जेल क्यों नहीं ले जाते ? कल शाम को मैं फारबिसगंज के स्टेशन चौराहे पर खड़ा होकर भाषण दूँगा। जानता हूँ–बोलने नहीं दिया जाएगा। बोलने के पहले ही गिरफ्तार कर लिया जाऊँगा। पर यह करूँगा ! अब मुझसे सहा नहीं जाता। मैं अपने हाथों अपना गला नहीं घोंट सकता !

इमरजेंसी के दौरान बेहद पीड़ित मनोदशा में फारबिसगंज के युवा मित्रों–जयशंकर, बैजनाथ, विजय को अपनी पीड़ा और बेचैनी को व्यक्त करते रेणुजी !

और इसे प्रस्तुत कर रहे हैं–विजय अग्रवाल

मेरा यह घर (औराही-हिंगना) घर नहीं एक 'शाकआबजर्बर' है। अच्छी-से-अच्छी खबर और बुरी-से-बुरी सूचनाएँ मुझे यहीं मिली हैं। जब 'मैला आँचल' का प्रकाशन हो रहा था, तो दिल्ली के एक बहुत बड़े होटल में एक पार्टी का आयोजन किया गया था। उसकी सूचना मुझे इसी घर में मिली। 'तीसरी कसम' की फिल्म-निर्माण की स्वीकृति-सूचना यहीं मिली और इसे राष्ट्रपति एवार्ड मिला, यह सूचना भी यहीं मिली। साथ ही दुःख भरी सूचनाएँ, शैलेन्द्र, मोहन राकेश, दुष्यन्त कुमार, भारतभूषण अग्रवाल आदि के निधन की सूचनाएँ भी इसी घर में मिलीं और अब देखो–रात में 'वायस आफ अमेरिका' से यहीं पर पता चला कि भारत में इमरजेंसी लागू हो गयी है। यह आपतकालीन स्थिति नहीं है; इन्दिरा 'आफत काली' बन गयी। अब यह नरसंहार करेगी। इसका ताण्डव-नृत्य शुरू होगा। जनता इसे स्वीकार-अस्वीकार के लहजे में देख रही है।

हिन्दुस्तान के इतिहास में एक काला समय शुरू हो गया। इसका इतिहास कुछ नहीं होगा। इतिहास लिखने वाले लोग इतिहास की इस अवधि को काली

स्याही से पोत देंगे।

X X X

मेरे घर में चोरी हो गयी। इन चोरी गयी चीजों में तीन सौ पचास पृष्ठों की एक पाण्डुलिपि के अलावा मेरी एक कीमती कलम भी चोरी हो गयी। इस कलम ने मुझे विश्वख्याति प्रदान की थी। मैंने अब तक जो भी लिखा–उसी कलम से। मेरी कलम तो चोरी चली गयी, पर मैं इन कलम वालों से पूछता हूँ कि वे क्या कर रहे हैं ?

X X X

मुझे यहाँ से मुक्त करो। यहाँ मेरा दम घुटा जा रहा है। यहाँ तो लेखनी और वाणी पर भी प्रतिबन्ध है ! मुझे नेपाल जाना चाहिए। मैं वहीं अपनी आवाज बुलन्द करूँगा, अन्यथा भारत की जेलों में घुट-घुटकर मर जाऊँगा।

X X X

मैंने सैकड़ों-सैकड़ों पृष्ठों के ग्रन्थ लिखे। क्या इसी दिन के लिए ? अब मुझसे अधिक बर्दाश्त नहीं होता है। मेरी जीने की इच्छा खतम हो गयी है। मुझे ये लोग जेल क्यों नहीं ले जाते ? कल शाम को मैं फारबिसगंज के स्टेशन चौराहे पर खड़ा होकर भाषण दूँगा। जानता हूँ–बोलने नहीं दिया जाएगा। बोलने के पहले ही गिरफ्तार कर लिया जाऊँगा। पर यह करूँगा ! अब मुझसे सहा नहीं जाता। मैं अपने हाथों अपना गला नहीं घोंट सकता।

X X X

'साप्ताहिक हिन्दुस्तान' का 'बिहार विशेषांक' और 'धर्मयुग' का 'हास्य विशेषांक' निकलने वाला है। मुझे भी कहा गया है–इन पर कुछ लिखने को, क्या लिखूँ ? सारा देश जेल बन गया है। एक-एक साँस कैद है। अपनी इच्छा से जी भी नहीं सकते तो बिहार पर क्या लिखूँ ?–डाक्टर जगन्नाथ मिश्र की सरकार बीस सूत्री कार्यक्रम सफलतापूर्वक चला रही है ! नसबन्दी तेजी से हो रही है या–संजय गाँधी ने बिहार में दौरे कर बिहार की बहुत प्रगति कर दी ? क्या लिखूँ–'बिहार विशेषांक' पर ?

और 'हास्य विशेषांक' पर ! मेरे जे. पी. जेल में। गोलियों और बूटों से यहाँ की जिन्दगियाँ रौंदी जा रही हैं। बहते आँसू सूख नहीं पा रहे हैं। आहों और यातनाओं के इस दौर में मैं हास्य लिखूँ ? अच्छा हुआ जो यह दिन देखने के पहले ही मेरी कलम चोरी चली गयी।

X X X

आज (16 नवम्बर '76) जब मैं गाँव से फारबिसगंज स्टेशन आया, तो स्टेशन

के बाहर रामदेनी तिवारी जी की मूर्ति के सामने खड़ा हो गया। गुरुदेव ! यह क्या हो रहा है ? तभी अचानक अस्वस्थता के कारण मुझे खून की उल्टी हो गयी। वहीं गुरुदेव के सामने खून उगल डाला। देखने वालों ने समझा कि पान की पीक फेंक रहा हूँ। पर, गुरुदेव देख रहे हैं–उनका रेणु आज खून उगल रहा है।

X X X

इन्दिराजी क्यों नहीं अपनी गद्दी बचाकर पूरे देश को एटम बम से उड़ा देती हैं ? उनको एकछत्र राज ही तो करना है। न कोई बचेगा, न विरोध होगा। कम से कम मेरे जैसे लोग तो विरोध करेंगे ही। या नहीं तो ऐसा करें, मेरे जैसे लोगों को चुन-चुनकर फाँसी पर लटका दें।

X X X

यह भी कोई प्रजातन्त्र है ? कलमबन्द, जुबान बन्द ! पर आँखें खुलीं। इस अवस्था में आदमी पागल नहीं होगा तो क्या होगा ? मानसिक उद्वेग को कैसे शान्त करेगा ? मेरे जैसा आदमी या तो पागल हो जायेगा, या आत्महत्या कर लेगा।

X X X

दुनिया में जितने भी दुःख हैं, बर्दाश्त किये जा सकते हैं–केवल मानसिक दुःख को छोड़कर ! विशेषकर भावुक लोगों के लिए–जो केवल लिख-पढ़ और बोलकर ही अपनी भावनाएँ व्यक्त कर सकते हैं। सोचो–यदि उस पर अंकुश लग जाये तो उसकी क्या स्थिति होगी?

प्रजातन्त्र का अर्थ है–देश में जो कुछ भला-बुरा हो रहा है उसे जनता के सामने प्रकट कराना। लेकिन यह कैसा प्रजातन्त्र है। देश में कहाँ क्या हो रहा है, किसी को पता नहीं। कहाँ कितनी बड़ी दुर्घटना हो गयी, कहाँ क्या हो गया, कुछ पता नहीं। कितने लोग भूख-गरीबी-अत्याचार-दमन से मर गये, कोई सूचना नहीं। मित्र-बन्धु, साथी, घर-परिवार के लोग कहाँ हैं–जेल में बचे भी हैं कि नहीं–कुछ पता नहीं। यह क्या हो गया है ? सरकार अपने कर्तव्य से हट गयी है। अब विनाश की ओर जा रहा है–अपना यह देश !

X X X

मेरा यह दिमाग एक टेप है। अभी देश में जितनी भी घटनाएँ घट रही हैं और जो मुझे मालूम हैं, सारी बातें मेरे दिमाग में टेप हो रही हैं। इमरजेंसी समाप्त होने दो, मैं अपने दिमाग के टेप को वापस घुमाऊँगा और सारी बातें किताबों और फिल्मों के माध्यम से दुनिया के सामने रखूँगा।

अवकाश, जून (द्वितीय) 1979

●●●

रेणु रचनावली-5

[स्केच, संस्मरण, नाटिकाएँ, निबन्ध, व्यंग्य,
कविताएँ, पत्र]

रेणु रचनावली

5

संपादक

भारत यायावर

राजकमल प्रकाशन
नयी दिल्ली इलाहाबाद पटना

मूल्य : ₹ 4800
पाँच खंडों का सम्पूर्ण सेट

पहला संस्करण : 1995
चौथी आवृत्ति : 2012

प्रकाशक : राजकमल प्रकाशन प्रा. लि.
1-बी, नेताजी सुभाष मार्ग
नई दिल्ली-110 002

शाखाएँ : अशोक राजपथ, साइंस कॉलेज के सामने, पटना-800 006
पहली मंजिल, दरबारी बिल्डिंग, महात्मा गांधी मार्ग, इलाहाबाद-211 001

वेबसाइट : www.rajkamalprakashan.com
ई-मेल : info@rajkamalprakashan.com

आवरण और कलापक्ष : सुरेन्द्र राजन

मुद्रक : बी.के. ऑफसेट
नवीन शाहदरा, दिल्ली-110 032

RENU RACHANAWALI-5
Edited by Bharat Yayawar

ISBN : 978-81-7178-735-7 (सम्पूर्ण सेट)

▲ बारिश का आनंद उठाते रेणु   फोटो सौजन्य : राजेश राज

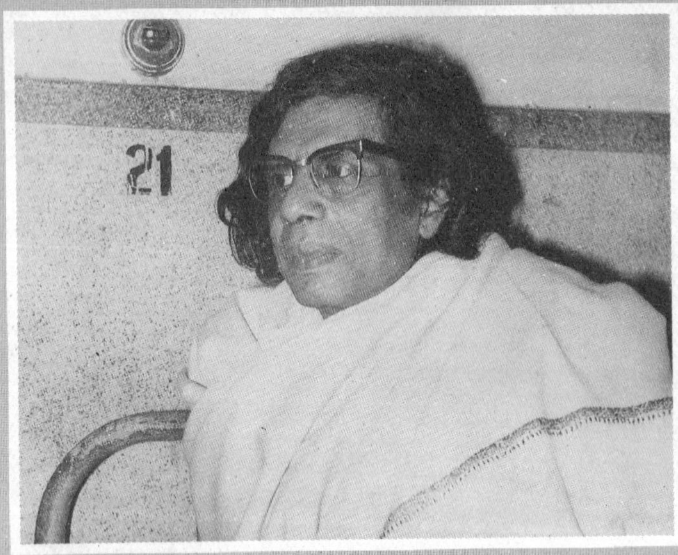

▲ राजेंद्र सर्जिकल ब्लाक (पी. एम. सी. एच.), पटना
के बेड न. 21 पर लिया गया रेणु का अंतिम चित्र
(1 जनवरी, 1977) फोटो : ननीधर

▼ औराही-हिंगना गाँव में नहर पर
अपने युवा मित्रों के साथ फोटो सौजन्य : राजेश राज

▲ *अस्पताल में रेणु* फोटो : राबिन शॉ पुष्प

▼ *अपने गाँव जाने के लिए रेणु यहीं उतरते थे* फोटो : जयशंकर

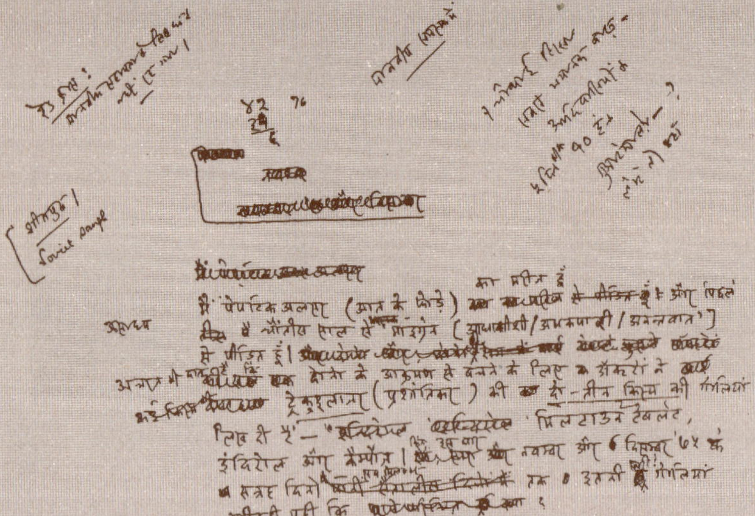

▲ मृत्यु के कुछ समय पूर्व रेणुजी के व्यवहार में काफी परिवर्तन हो गया था। अक्सर वे काफी देर तक गुमसुम रहते। कोई भी कागज का टुकड़ा उठाकर उस पर यों ही कुछ पक्तियाँ लिख देते। उस समय की मनःस्थिति का आभास कराती उनकी हस्तलिपि।

सम्पादकीय

रेणु रचनावली के इस पाँचवें और अंतिम खंड में उनकी विभिन्न विधाओं में लिखी रचनाएँ संकलित हैं। रेणु ने उपन्यास, कहानी और रिपोर्ताज के अलावा, प्रायः हर विधा में रचनाएँ की हैं–संस्मरण, स्केच, निबंध, हास्य-व्यंग्य, कविता, नाटक, पटकथा, पत्र आदि। *रचनावली* के इस खंड से रेणु की बहुमुखी प्रतिभा का परिचय मिलता है। वे एक साथ हिन्दी की लगभग तमाम विधाओं में अपनी रचनात्मक प्रतिभा की चमक लेकर उपस्थित होते हैं। इस खंड की रचनाएँ जहाँ एक ओर उनके जीवन की अनेक झाँकियाँ प्रस्तुत करती हैं, वहीं दूसरी ओर उनकी आस्था, विचारधारा और रचनाकार-मन को भी उजागर करती हैं। रेणु के निजी जीवन की पड़ताल उनके पत्रों के द्वारा भी की जा सकती है। उनके पत्रों में से उनके बारे में कई अनुद्घाटित तथ्यों की जानकारी मिलती है। इस खंड में उनकी आधी-अधूरी अप्रकाशित रचनाएँ भी संकलित हैं।

पाँचवें खंड को कई भागों में (विषयानुसार) विभक्त किया गया है। इसके पहले भाग में विभिन्न साहित्यकारों पर लिखे गये स्केच व संस्मरण हैं। दूसरे भाग में कई पात्रों पर लिखे गये स्केच एवं रेणु के आत्म-संस्मरण हैं। तीसरे भाग में विभिन्न विधाओं एवं विषयों की रचनाएँ हैं। चौथे भाग में रेणु की कविताएँ हैं। पाँचवें भाग में आधी-अधूरी अप्रकाशित रचनाएँ और अंतिम भाग में रेणु के पत्र संकलित हैं।

साहित्यकारों में बालकृष्ण सम, सुहैल अजीमाबादी, यशपाल, अज्ञेय, उपेन्द्रनाथ अश्क, पांडेय बेचनशर्मा उग्र, त्रिलोचन शास्त्री, कामताप्रसाद सिंह काम, शैलेन्द्र, शरत्चन्द्र, रवीन्द्रनाथ ठाकुर, सतीनाथ भादुड़ी आदि पर लिखे रेणु के स्केच एवं संस्मरण हिन्दी की अमूल्य निधि हैं।

दूसरे भाग में अन्य स्केच और आत्म-संस्मरण हैं। इसकी पहली रचना नेपाल क्रांति में शहीद हुए कुलदीप झा पर है। कुलदीप झा पूर्णिया जिले के महान् समाजवादी नेता थे। रेणु के परम मित्र और सहयोगी। पेशे से डाक्टर; लेखक। भारत और नेपाल की सीमा पर इनकी समाधि बनाई गई है। रेणु ने 'नेपाली क्रांति-कथा' में इनके तेजस्वी व्यक्तित्व एवं संघर्ष एवं शहीद होने के क्षणों को जीवंत शब्दों

में चित्रित किया है।

तीसरे भाग में निबन्ध, नाटिका, हास्य-व्यंग्य रचनाएँ, मूल मैथिली रचनाएँ एवं 'परिवर्त' नामक 'परती : परिकथा' का वह अंश जो 'निकष' पत्रिका में छपा था, संकलित हैं।

रेणु ने बहुत कम निबन्ध लिखे हैं। उनका पहला निबन्ध 'कार्यकर्त्ताओं से दो शब्द' 'समाज-चर्चा' स्तंभ के अन्तर्गत साप्ताहिक 'विश्वमित्र' के 2 अप्रैल, 1945 अंक में छपा था। इस निबन्ध में रेणु ने सामाजिक कार्यकर्त्ताओं के सामने अपने कुझ सुझाव रखे हैं। इस निबन्ध से यह पता चलता है कि समाज को बेहतर बनाने की चिंता रेणु को प्रारम्भ से ही थी, और सामाजिक समस्याओं के प्रति वे आरम्भ से ही जागरूक थे।

'राष्ट्र-निर्माण में लेखक का योगदान' निबन्ध 'परती : परिकथा' के प्रकाशन के ठीक बाद अक्टूबर, 1957 की 'आलोचना' पत्रिका में छपा था। इसीलिए 'परती : परिकथा' लिखने का मूल उद्देश्य भी इस निबन्ध में व्यक्त हुआ है।

रेणु ने अपने लेखन की शुरुआत कविता से ही की थी और वे ताउम्र कविताएँ लिखते रहे थे। उनकी 1945 से लेकर 1977 तक की कविताएँ एक साथ चौथे खंड में पढ़ी जा सकती हैं। 1936 ई. में जब प्रेमचंद की मृत्यु हुई, उसके ठीक एक महीना बाद पूर्णिया जिला हिन्दी साहित्य सम्मेलन में एक कविता-प्रतियोगिता में रेणु ने प्रेमचंद पर एक लम्बी कविता पढ़ी थी। इस पर उन्हें प्रथम पुरस्कार भी मिला था। उसी समय उनकी 'रामनामी चादर' कविता काफी प्रसिद्ध हो चुकी थी, जिसमें छद्म गाँधीवादियों पर व्यंग्य किया गया है। कस्तूरबा की मृत्यु पर गाँधीजी की मनःस्थिति को अभिव्यक्त करनेवाली एक मुक्तछंद की कविता उन्होंने जेल में लिखी थी, जिसका ज़िक्र उन्होंने 'भादुड़ीजी' संस्मरण में किया है। ये कविताएँ कहीं प्रकाशित नहीं हुईं, इसलिए मिल भी नहीं पायीं। रेणु की प्रारंभिक कविताएँ साप्ताहिक 'विश्वमित्र' में छपी थीं, जिनमें से दो-तीन ही मिल पायीं, जो पहली बार संकलित हो रही हैं। ये कविताएँ हल्की-फुल्की हैं। उनकी पहली महत्त्वपूर्ण कविता 'अपने जिले की मिट्टी से' विभाजन की त्रासदी की पीड़ित मनःस्थिति में 1947 के अंत में लिखी गयी।

रेणु की कविताओं के बाद उनका एकमात्र उपलब्ध गद्य-गीत 'ओ लाल आफताब !' रखा गया है। इसका प्रकाशन 'नई दिशा' [स्वयं रेणु द्वारा संपादित] के 9 अगस्त, 1949 के शहीद-विशेषांक में अग्रलेख की तरह हुआ था। ओजपूर्ण एवं संवेदनशील भाषा के समवेत प्रयोग इसमें हैं। गद्य में होते हुए भी लयपूर्ण। अपने-आपमें एक बेजोड़ गद्यगीत !

पाँचवें भाग में रेणु की आधी-अधूरी रचनाओं को संकलित किया गया है। कुछ रचनाएँ उनकी डायरी से 'सारिका' के रेणु स्मृति अंक में प्रकाशित हुई थीं। कुछ अलग-अलग पन्नों पर अस्त-व्यस्त अवस्थाओं में मिलीं। इनमें कुछ कहानियों के टुकड़े हैं, तो कुछ संस्मरणों के या अन्य विधाओं के। ये जिस रूप में उपलब्ध

थीं, उन्हें प्रकाशन-योग्य बनाने के लिए काफी मशक्कत और संपादन करना पड़ा। इन रचनाओं में कुछ 'विपक्ष' के रेणु विशेषांक में भी छपी हैं।

रेणु की सर्जनात्मक प्रतिभा की चमक उनके पत्रों में भी है। वे अपने पत्रों में कभी संस्मरण लिखते हैं, कभी डायरी। कभी अपनी मनःस्थिति को रखते हैं, कभी अपनी जीवन-परिस्थितियों को। कभी वे अपनी आस्था और विश्वास को व्यक्त करते हैं और कभी कोई हास्यास्पद प्रसंग तो कभी कारुणिक स्थिति। अपने कथा-साहित्य में जिस तरह वे कम शब्दों में बड़ी बात कह जाते हैं, वैसा ही पत्रों में भी। डा. नामवर सिंह को उन्होंने लिखा था–"हाँ, मैं अपना उपन्यास पूरा करने के लिए ही आया था। अब तक गाँव में ही हूँ। किंतु, देखता हूँ कि तीन-चार महीने में 'हरिभजन' कम और 'कपास ओटन' ज्यादा हुआ।" इसी पत्र के अन्त में वे लिखते हैं–"स्वस्थ हूँ। प्रसन्न नहीं। खेती सूख रही है। कहीं एक बूँद पानी नहीं।"

स्वस्थ होते हुए भी मन दुखी है, क्यों ? क्योंकि पानी के बगैर फसल सूख रही है। रेणु किसानी करते थे और उसे अपने साहित्य से कम महत्त्वपूर्ण नहीं मानते थे। अच्छी फसल को देखकर उनके मन में आनन्द की लहरें उठने लगती थीं, वहीं फसल को नष्ट होते देखकर उनका मन कलप उठता था। सुवास कुमार को एक पत्र में उन्होंने लिखा–"मैं पटना आ गया–'लरमा-रोहो' का चार 'शीष' लेकर। 'ठाकुर' को समर्पित करके निश्चिंत हूँ। मुझे जो कुछ करना था–खाद, पानी और संरक्षण–कर दिया। अब तो एक-एक पौधा स्वयं आकाश को हाथ उठाकर प्रार्थना कर रहा होगा। और मैं–यहाँ बैठकर कागज पर रोज एक 'शीष' आँकता हूँ–रंग भरता हूँ।"

रेणु खेती-बाड़ी, फसल, किसानी, गाँव-देहात की बातें अपने अधिकांश पत्रों में करते हैं। हिन्दी में रेणु इस तरह के पहले लेखक हैं, जो किसानी इतनी तन्मयता से, इतनी लगन से करते हैं। बिरजू बाबू, जो फारबिसगंज के उनके व्यवसायी मित्र थे, उनको एक पत्र में लिखते हैं–सभी हाल-समाचार के बाद–"और , गाँव-घर, खेत-खलिहान अभी बेपानी हो रहा है। मड़ुवा का आँव एक रुपया सात आना किलो, तीस रुपये मन पाट–खेत में पानी नहीं, नहरी इलाका होने की बावजूद–हम सभी इंद्र महाराज के आसरे बैठे हैं। पता नहीं क्या होगा ?"

मैंने प्रारंभ में ही बताया कि रेणु कम शब्दों में अपनी पूरी जीवन-स्थिति, मनःस्थिति, छटपटाहट, तनाव आदि किस कुशलता से रख देते हैं–यह उनके महान् कथा-शिल्पी होने का ही प्रमाण है।

रेणु के ऊपर तरह-तरह के आरोप लगाएँ जाते रहे हैं। उन्हें खारिज करने की बेतरह कोशिशें होती रही हैं। अपने कई पत्रों में उन्होंने इन बातों को टीस के साथ व्यक्त किया है। बेचनजी को एक पत्र में उन्होंने लिखा–"अविचल आस्थावादी मुझको नैराश्यवादी, जीवन-विरोधी, प्रतिक्रियाशील, पलायनवादी आदि साबित करने के लिए शास्त्र-मंथन कर रहे हैं ? मैं अविचल हूँ। जीवन-दर्शन-शून्य

तो कह ही रहे हैं।" फिर ऐसे लोगों पर व्यंग्य करते हुए कहते हैं–"बिना किसी जीवन-जिज्ञासा के जीवन-दर्शन जिन्हें लोकता है, वे महान् हैं ! मैं लंडूरा ही भला...। क्यों देखूँ किसी के उपनेत्र से ? कोई जबर्दस्ती है ?" रेणु का मानना है कि जिस रचनाकार के पास जीवन की कोई जिज्ञासा नहीं, वह कहीं से जीवन-दर्शन उधार भी ले ले, तो क्या बनता-बिगड़ता है। ऐसे जीवन-दर्शन की उपयोगिता क्या है ? वे आगे इसी पत्र में लिखते हैं–"मैं उन्हें नहीं समझा सकूँगा कि शिल्पी और मिस्त्री में फर्क होता है, कि हर शिल्पी की तरह मेरी भी जिज्ञासाएँ हैं, जो पुरानी हैं... मनुष्य की हैसियत से मनुष्य के अस्तित्व का क्या मूल्य है, इस पृथ्वी पर ? क्यों हम जिंदा हैं ? ज़ीवित रहने की युक्ति ढूँढ़कर कैस पा लेते हैं हम ? इतनी व्यर्थताओं के बीच भी मैं (मनुष्य मैं), रेतकण से भी नगण्य मैं, क्यों नहीं इतने अन्याय, अविचार, अनाचर के बीच आत्महत्या कर लेता हूँ ? मृतप्राय होकर भी जीवित रहने का आनंद कैसे प्राप्त कर लेता हूँ, कहाँ से ? प्रश्न पुराने हैं, उत्तर नये हो सकते हैं।"

मुझे रेणु के पत्रों के कई-कई ड्राफ्ट मिले हैं, जिनसे पता चलता है कि वे पत्रों पर भी अन्य रचनाओं की तरह मेहनत करते थे। वे पत्रों में अपना सबकुछ निचोड़कर रख देते थे। उनके पत्र धरोहर की तरह हो गये हैं।

बोकारो स्टील सिटी **भारत यायावर**
4 अप्रैल, 1994

अनुक्रम

पहला भाग

साहित्यकारों पर लिखे गये स्केच एवं संस्मरण

दूसरा भाग

अन्य स्केच एवं आत्म-संस्मरण

तीसरा भाग

निबन्ध

नाटिकाएँ

हास्य-व्यंग्य रचनाएँ

मूल मैथली रचनाएँ

उपन्यास-अंश

चौथा भाग

कविताएँ

गद्य-गीत

पाँचवाँ भाग

आधी-अधूरी एवं अन्य रचनाएँ

छठा भाग

पत्र

पहला भाग

साहित्यकारों पर लिखे गए
स्केच एवं संस्मरण

नेपाल का एक कलाकार परिवार (बालकृष्ण 'सम')

पिछली बरसात में अचानक एक दिन काठमाण्डू जाने को तैयार हो गया। सुबह उठा और बग़ैर किसी को कुछ कहे एरोड्राम की ओर चल पड़ा।

पूरे दस महीने तक अस्पताल की चारपायी पर लेटे रहने के बाद छुटकारा मिला तो सारी दुनिया ही बीमार नज़र आयी। चारों ओर तरह-तरह के रोगियों के झुण्ड ! कहीं जी नहीं लगता था। मुक्त नेपाल की राजधानी के नये रूप को देखने की लालसा लगी हुई थी। यों तो बचपन नेपाल में ही बीता और जवानी के बहुत-से रंगीन सपने नेपाल की तराइयों में ही मैंने देखे, किन्तु जिस दिन नये नेपाल का नया सवेरा हो रहा था, उस दिन मैं बड़ी बेचैनी से मौत का इन्तज़ार कर रहा था।··· और जब पिछली बरसात में काठमाण्डू से राजनीतिक जिच की तरह-तरह की खबरें आने लगीं, तब मुझे ऐसा लगा कि अब फिर मुक्त नेपाल की धरती पर पैर नहीं रख पाऊँगा। चूँकि नेपाल की मुक्ति के लिए मैंने भी चन्द कतरे खून के दिये थे, हमारे सैकड़ों दोस्तों ने अपने सुनहले अरमानों को न्योछावर किया था और हमारे बहादुर मित्र शहीद कुलदीप ने अपनी प्राणांजलि दी थी; इसीलिए अपने सुनहले सपनों को साकार रूप में देखने को जी मचल पड़ा। क्योंकि मुझे भय था कि नेपाल की तकदीर फिर राणाशाही की मुट्ठी में बन्द होने जा रही है।

"यदि कश्मीर को झीलों का शहर कहते हैं, तो काठमाण्डू को 'दरबारों' का नगर कहना अच्छा होगा। पद-पद पर, गली-गली में, एक-न-एक 'दरबार' है; दरबार की ऊँची चहारदीवारियाँ हैं।··· जब तक ये दीवारें–भूतपूर्व राणा-प्रधानमन्त्रियों के वंशधरों की बनायी हुई दीवारें–नहीं टूटतीं, नया नेपाल नहीं बन सकता।"–हवाई अड्डे से निवास-स्थान पर पहुँचते-पहुँचते मैंने यही निष्कर्ष निकाला। टैक्सी में बैठे-बैठे ही मैंने नये नेपाल को देख लिया। कुछ देखना बाकी नहीं रह गया। असल नेपाल तो इन्हीं गलियों में और सड़कों पर है। 'दरबारों' की चहारदीवारी के अन्दर 'बाबू-साहबों' (राणाओं) का नेपाल है, 'युद्ध-सड़क' के अमेरिकन और ब्रिटिश पुस्तकालय के इर्द-गिर्द चक्कर काटनेवाले युवकों का एक दूसरा नेपाल है, विभिन्न राजनीतिक पार्टियों के नये और चमकीले झण्डों के लिए 'पॉलिटिकल

थ्योरियाँ' रटनेवालों का नेपाल कोई और है तथा उस अर्द्धनग्न, चौदह वर्ष के बालक का नेपाल है जो उसके कन्धे पर तीन मन का भारी बोझ बनकर लटक रहा है ! उसका जन्म ही हुआ है 'नेपाल' के भारी बोझ को ढोने के लिए !··· अपने निवास-स्थान पर पहुँचते-पहुँचते मैं फिर बीमार होने लगा। हवाई जहाज में 'एयरसिकनेस बैग' का प्रबन्ध है, पर मेरे इस 'नेपाल सिकनेस' का कोई प्रबन्ध नहीं होगा ?

हर मिलनेवालों से मैं कोई नयी बात सुनना चाहता था, लेकिन बीमार मुल्क का आदमी अपनी बातों से मुझे और बीमार बना रहा था। उस समय गन्दी राजनीति अपनी चरमसीमा पर पहुँची हुई थी; भारतीय राजनीति का संक्रामक रोग नेपाल के भी विशुद्ध रक्त को सड़ा रहा था। आखिर मेरे मेजबान ने मेरे मिचलाते हुए अस्वस्थ मन को ताड़ लिया। बोला, "ज्ञानेश्वर चलोगे ?"

"ज्ञानेश्वर ? किस पार्टी का नेता है ?" मेरी आवाज में झुँझलाहट साफ थी।

"भई, ज्ञानेश्वर कोई आदमी नहीं, जगह का नाम है, जहाँ बालकृष्ण 'सम' जी रहते हैं।"

"ज्ञानेश्वर ? बालकृष्ण 'सम' ?··· मैं चलूँगा !"–मैं बिछावन पर से उछलकर फर्श पर खड़ा हो गया।

बचपन से ही बालकृष्ण 'सम' के बारे में सुना था। नेपाल के प्रसिद्ध नाटककार, उपन्यास-लेखक तथा कवि 'प्रबल गोरखा दक्षिणबाहु मे. क. बालकृष्ण शमशेर जंगबहादुर राणा !' इतने बड़े नाम के कारण नहीं। उनकी 'केकयी' शीर्षक कहानी की टक्कर की कहानी मैंने आज तक नहीं पढ़ी। मेरे इस कथन पर अतिशयोक्ति का दोष लगाया जा सकता है, लेकिन बात मैंने सच कही है। जिनकी हर किताब के दर्जनों संस्करण कुछ महीनों में ही समाप्त हो जाते हैं।··· गाड़ी में बैठे-बैठे मैंने अनुभव किया कि मेरा जी हल्का हो रहा है। मिचली धीरे-धीरे खत्म हो रही है। नेपाल की गढ़ों-भरी सड़कों पर हिचकोले खाती हुई गाड़ी भागी जा रही है। 'दरबारों' की दीवारों को देखकर पूछता जाता हूँ, "यह कौन दरबार है ?"··· यह 'वसन्त-दरबार'··· अमुक जंगबहादुर राणा के पोते का,··· यह 'चन्द्र दरबार', अमुक सरकार का, यह 'सूर्य दरबार'··· यह 'भीम दरबार'··· और यह है 'सरस्वती दरबार' ! गाड़ी का ब्रेक कसते हुए मेरे दोस्त ने हँसकर कहा।

"सरस्वती-दरबार ?··· मगर चहारदीवारी ?" मैंने अचरज से पूछा।

"गाड़ी से उतरो भी तो ! सरस्वती का दरबार चहारदीवारी में बन्द नहीं रहता !" उसने कहा।

"क्या हम बालकृष्णजी के घर के सामने हैं ?"

मेरे इस प्रश्न का जवाब दिया सामने के प्रवेश-द्वार की लिखी हुई इन पंक्तियों ने–'तुम्हारी राह कब से देखता हूँ !'

बँगले के प्रवेश-द्वार के स्तम्भों की जगह मानो दो विशाल पुस्तकों को खड़ा कर दिया है ! लोहे के फाटक को देखकर मुझे हल्के और खूबसूरत जापानी पंखे की याद आ गयी।

प्रवेश-द्वार के बाद ही 'सदाबहार' फुलवारी है; जो जी खोलकर खिली रहती है–बारहो मास। मेरी आँखों को पहली बार ठण्डक नसीब हुई !

फूलों की कुंजों में उलझी हुई दृष्टि जरा उठी तो सामने के द्वार पर अटक गयी। सफेद लकड़ी के किवाड़ों पर दो विशाल नेत्र अंकित थे। मेरे दोस्त ने कहा–"इसे ज्ञान-चक्षु कहते हैं।" दरवाजे के ऊपर हिन्दी 'अंकों' वाली घड़ी ने सरगम के सुर में सुबह के सात बजे का संगीत बजा दिया। घड़ी से ऊपर काले पत्थर पर कवि के उद्‌गार–

यो कर्मवास है नाथ ! मेरे जीवन-मार्ग को,
तिमि तिर म हिंड़ नेछू स्वप्न पूरा भये पछि।
(यह कर्मवास है नाथ ! मेरे जीवन-मार्ग का,
आऊँगा तुम तक मैं स्वप्न पूरा होने के बाद।)

मेरे दोस्त ने दरवाजे को खटखटाने के लिए हाथ बढ़ाया तो मैंने जल्दी से उसके हाथ को थाम लिया। मुझे लगा कि दरवाजा खटखटाकर हम किसी का स्वप्न तोड़ने का अपराध करने जा रहे हैं। मेरे दोस्त ने दरवाजे के एक हैण्डिल को पकड़कर धीरे से अन्दर की ओर खिसकाते हुए कहा, "यह कभी बन्द नहीं रहता–रात में भी नहीं।"

"यह है ड्राइंगरूम !"

नेपाल की प्राचीन शिल्पकला की जिन टूटी-फूटी शेष निशानियों को देखकर हम ठिठक जाते थे, उनकी सर्वांगीण सुन्दरता ड्राइंगरूम में देखने को मिली। मुझे बताया गया कि लकड़ी के ये कारुकार्य भी बालकृष्ण 'सम' की ही कृतियाँ हैं ! मैं तो सिर्फ देख रहा था–बोलने को मेरे पास शब्द ही कहाँ थे ? एक छोटी-सी बच्ची ने आकर हँसते हुए कहा, "स्टुडियो में हैं !"

"स्टुडियो में ?" इस बार मैंने अपनी शंका प्रकट कर दी, "तुम मुझे किस बालकृष्ण के पास लाये हो ?" मेरे दोस्त ने इशारे से कहा, "आओ !"

स्टुडियो का पर्दा हटाकर हौले पाँव हम अन्दर दाखिल हुए। एक भव्यमूर्ति शान्तिपूर्वक एक बड़े 'केनवैस' पर कोई अजीब शैली का चित्र बना रहा है, और एक किशोरी दूसरे 'केनवैस' पर··· तस्वीर को बिगाड़ तो नहीं रही ? मैंने धीरे-से अपने मित्र के कानों में कहा, "देखो, देखो, यह बच्ची तस्वीर बिगाड़ रही है।"

हमारी फुसफुसाहट ने दोनों का ध्यान भंग कर दिया। हम दोनों अपराधी की तरह खड़े रहे। और जब मैंने, अपराधी नं. 1,–उस किशोरी की ओर देखा तब उसकी दृष्टि में घनीभूत रंगीन कल्पना के रंगों को स्पष्ट देख लिया। सामने के 'केनवैस' पर काठमाण्डू का प्रसिद्ध मन्दिर उस बालिका की तूलिका के स्पर्श

से प्राणमय हो उठा है ! हमने नेपाल की इन दोनों विभूतियों को श्रद्धापूर्वक प्रणाम किया और दबे-पाँव हम ड्राइंगरूम में वापस आये।

गृहस्वामिनी ('सम' की धर्मपत्नी) ने आह्लाद से हमारा स्वागत किया। हँसते हुए बोली–"सारा घर तो कलम, तूलिका, छेनी, रंग, तेल और लकड़ी लेकर दिन-रात मशगूल रहता है–मेहमानों को देखे तो कौन ?" 'सम' की ज्येष्ठ पुत्री रश्मि राज्यलक्ष्मी (जो नेपाल रेडियो स्टेशन में सहायक डायरेक्टर के पद पर हैं) ने हमें 'प्रदर्शनी-कक्ष' दिखलाया, जिसमें सैकड़ों चित्र कलापूर्ण ढंग से सजाये हुए थे। विभिन्न शैली और विभिन्न पद्धति के चित्रों की अलग-अलग गैलरियाँ !

मैंने 'क्यूबिज़्म' शैली में अंकित गाँधीजी के तैलचित्र की तस्वीर लेने की अनुमति चाही। बाद में रश्मिजी ने हमें श्री बांगदेल (नेपाल का मशहूर कलाकार जो अभी फ्रान्स में है) द्वारा नवीन पद्धति में अंकित बालकृष्णजी के तैलचित्र तथा 'सम' द्वारा राजपूत-शैली में अंकित पृथ्वीनारायण शाह के तैलचित्र की तस्वीरें दीं। **Surrealism** (सुररियलिज़्म) पद्धति से जो चित्र 'सम' जी उस समय बना रहे थे, पूरा होने पर उसकी तस्वीर भी हमें भेज देने का वचन दिया। और हम उनके कृतज्ञ हैं कि उन्होंने अपने वचन को ठीक समय पर पूरा किया।

इस कलाकार-परिवार में कोई भी ऐसा नहीं, जिसे सरस्वती का विशेष वरदान प्राप्त न हो। ज्येष्ठ पुत्री 'रश्मि' कहानी लिखती हैं और नेपाली कथा-साहित्य में वह अपनी संक्षिप्त कथाओं के लिए प्रसिद्ध हैं। पुत्र जनार्दनजी कथाकार एवं चित्रकार हैं। प्रगतिशील नेपाली साहित्य में उनका विशिष्ट स्थान है। छोटी पुत्री 'तूलिका' (यह मेरा दिया हुआ नाम सारे परिवार को पसन्द है) के चित्रों को देखकर उसकी उम्र पर विश्वास करना कठिन हो जाता है। जनार्दन के दोनों बच्चों (पुत्र-पुत्री) को भी अभी से काठ-खुदाई तथा अंकन की शिक्षा दी जा रही है।

श्री 'सम' का दिन-भर का समय 'रुटिन' के मुताबिक बँटा हुआ है !–चित्र, काठ-खुदाई, मूर्ति-गढ़न, ईंट-सिमेण्ट का काम (अपने ही हाथों घर के कलापूर्ण हिस्सों को बनाते हैं), बागवानी, नाटक लिखना, अध्यापन, लकड़ी के काम (घर के सभी फर्नीचर उन्हीं के हाथों की कृतियाँ हैं)। हम जब उनके लिखने-पढ़ने के कमरे में बुलाये गये तब उस समय भी वे चन्दन की लकड़ी के एक टुकड़े को पतली छुरी से खोद रहे थे। बातें करते समय भी वह कुछ-न-कुछ करते रहते हैं।

'सम' के पुस्तकालय में हिन्दी, बंगाली, उर्दू, अंग्रेजी, इतालवी तथा फ्रेन्च भाषा के नाटकों की सैकड़ों पुस्तकें भरी पड़ी हैं। स्वाध्याय से ही उन्होंने चित्रकला पर अधिकार प्राप्त किया है। और दुनिया की कई प्रमुख भाषाओं के शिक्षक उनके कोई नहीं। कलकत्ते में एक बार एक फ्रेन्च अध्यापक ने उनसे पूछा, 'क्या यह सच नहीं है कि आप बचपन से फ्रान्स में रह रहे हैं ?' और जवाब में 'सम' ने मुस्कुराकर जब कहा, 'महाशय ! मैं अब तक विदेश नहीं जा सका हूँ।' तब उस अध्यापक ने विश्वास ही नहीं किया।

मैंने बातचीत के सिलसिले में नम्रतापूर्वक पूछा, "बगैर किसी शिक्षक के आपने

रेखाओं के कम्पोजिशन और रंगों के संयोजन को कैसे सीखा ?"

"और ड्रामा और कविता भी तो किसी शिक्षक ने लिखना नहीं सिखाया !" उन्होंने बड़ी सरलता से हँसते हुए कहा, "कुछ तो पुस्तकों से और कुछ यों ही रंगों को लीप-पोतकर !"

फिर कुछ गम्भीर होकर उन्होंने स्वीकार किया कि यह हिमालय का वरदान है। हिमालय जो हमारी सुन्दरता का प्रतीक है ! प्रदर्शनी करने की बात चली तो उन्होंने कहा, "मैं अभी तो कुछ भी नहीं कर पाया हूँ। जो चीजें हैं–इनमें कोई ऐसी बात नहीं जिसका प्रदर्शन किया जाये। मैं हिमालय को आँकना चाहता हूँ। ये सारी चेष्टाएँ उसी के लिए हैं। बस, हिमालय का एक चित्र आँक लूँ तो परिश्रम सार्थक समझूँ··· ।"

मुझे भाई शिवमंगल 'सुमन' की कविता की कुछ पंक्तियाँ याद आ गयीं–

भपके से केवल एक बूँद छनती है,
सारे जीवन में एक मूर्ति बनती है
जिसमें सारी साधना समा जाती है
जो युग-युग का इतिहास बना जाती है।

'सम' का अपना रंगमंच है। आधुनिक प्रसाधनों से सुसज्जित तथा 'सम' द्वारा निर्देशित इस रंगमंच पर कलकत्ते के प्रतिष्ठित अभिनेताओं ने नाटकों को देखा है और उनका कथन है–'ऐसे मौलिक रंगमंच की हमने कल्पना भी नहीं की थी।'

'सम' पत्थर की मूर्तियाँ भी गढ़ते हैं। इनके 'क्यूरियो' में नेपाल की बहुत-सी पुरानी और अलभ्य मूर्तियाँ संग्रहीत हैं, जिन्हें प्राप्त करने में इन्होंने अपने धन को तो फूँका ही है, बहुत बार अपने प्राण को भी संकट में डालना पड़ा है।

न जाने, किस तरह बारह घण्टे बीत गये ! सात बजे शाम को जब हम इस कलाकार-परिवार से विदा ले रहे थे तब उस समय मेरा बीमार और निराश मन पूर्ण रूप से स्वस्थ हो चुका था। मेरा विश्वास है कि कोई भी व्यक्ति यहाँ से नवीन प्रेरणा ही लेकर लौटेगा।

मेरा जहाज नेपाल की धरती को छोड़कर आसमान की ओर उड़ने के लिए पाँखें तोल रहा था; मैंने खिड़की से झाँककर नेपाल को नमस्कार किया। उस नेपाल को, जिसकी रचना 'सम' के स्टुडियो में, रंगमंच पर, पुस्तकालय तथा क्यूरियो में हो रही है।

हिमालय की ऊँची चोटियाँ एक दिन 'सम' की कला-कृतियों को अपने शिखर पर प्रतिष्ठित कर चमकेंगी–और उस दिन अन्तर्राष्ट्रीय कलाकार के रिक्त सिंहासन पर हम फिर एशिया के इस महान कलाकार को प्रतिष्ठित पावेंगे।

गुरुदेव ने स्वयं कहा है–

नब-नब जीबनेर गंध जाब रेखे
नब-नब बिकासेर बर्ण जाब ऐंके
नब-नब प्रबासेते नब-नब लोके
बांधिबे एमनि प्रेमे,
प्रेमेर आलोके बिकसित हब आमि–
भुवने-भुवने, नब पुष्पदले !

अवन्तिका/जनवरी, 1953

सुहैल अज़ीमाबादी

बात उस समय की है, जब भारत आजाद नहीं हुआ था, लेकिन, आजादी की आखिरी लड़ाई के अच्छे फल धीरे-धीरे स्पष्ट हो रहे थे। काली घटाएँ गरज-बरसकर छँट चुकी थीं।··· 'भूल जाओ और माफ करो' से भरे वातावरण की सृष्टि की जा रही थी। देशपिता स्वतन्त्र हो चुके थे। देश के लाड़ले–क्या नेता और क्या कार्यकर्ता रोज़ रिहा हो रहे थे। अखबारों ने एक खास कॉलम शुरू कर दिया था–'जेल डिलेवरी !'

बात उन दिनों की है, जब पटने की इकलौती सड़क–मौजूदा अशोक राजपथ–मुरादपुर के पास, पतली गली-जैसी संकीर्ण थी। टी. बी. सेण्टर या राजेन्द्र-सर्जिकल ब्लॉकवाले फाटक के आसपास एक 'मैजेस्टिक' नामक मशहूर मुसलमानी होटल था, जहाँ रात के डेढ़ बजे तक रोटी-गोश्त, दाल-चाय वगैरह गर्म-गर्म मिल सकती थीं।··· कसूर माफ किया जाय–मैं सुहैल साहब के बारे में ही अर्ज कर रहा हूँ। बीच में जान-बूझकर थोड़ी-सी आत्म-प्रशंसा···

जेल-अस्पताल से मेरी रिहाई हुई। फिर, डेढ़ महीने के बाद अहद भाई साहब (जनाब अहद फातमी साहब) अस्पताल से ही छूटे। और, इसके एक-डेढ़ महीने के बाद रजी भाई (रजी अज़ीमाबादी) रिहा तो हो गये थे, लेकिन अस्पताल से निकल नहीं पाये थे। सर्दियों की एक रात में–साढ़े बारह बजे हम उनके बेड के पास से उठे और प्रिज़नर्स वार्ड की बगल से होकर, नर्सेस-होम के सामने से बैचलर्स-क्वाटर के पास मुड़कर आगे निकले तो डिकोस्टा के 'होटल-डिलक्स' का बूढ़ा बावर्ची, जवान बेरा से किसी हिसाब-किताब को लेकर लड़ रहा था। फातमी भाई ने कहा–'रेणु मियाँ, अब तो 'मैजेस्टिक' के सिवा और कहीं न तो रोटी का एक टुकड़ा मिलेगा और न एक चमची चाय ही।' रेणु मियाँ नया मुसलमान नहीं

थे। लेकिन, खाने-पीने के मामले में फातमी भाई उदार ब्राह्मण थे। 'मैजेस्टिक' में सिर्फ चाय पीने और तन्दूरी रोटी खाने जाते थे। चाय भी नींबूवाली और तन्दूरी उबली हुई सब्जी के साथ। कसूर के लिए दुबारा माफी माँगता हूँ–सुहैल साहब का ही स्केच लिख रहा हूँ। लेकिन, बीच में फातिमा भाई का जिक्र करना जरूरी हो गया।···

बहरहाल, मुरादपुर की दुबली-पतली बूढ़ी सड़क फुटपाथ पर भिखारी-भिखारिनों को सुलाकर खुद डोमा साह ज्वेलर्स के पहाड़ी पहरेदार बहादुर की आँखों में जगी हुई थी। लेकिन, मैजेस्टिक–अपनी तंग गली की टूटी सीढ़ियों से लेकर बावर्चीखाने की खिड़की तक जगा हुआ था। हम पहुँचे तो, वफा वराही साहब अपने टटके नज़्म की पहली कड़ी पर सुर चढ़ा ही रहे थे; अब्दुल कय्यूम (तब कायद–अब कादिर) साहब अपने एक नये केडर-कामरेड (या रंगरूट ?) के साथ किसी स्टार-तस्वीर के सेकेण्ड शो के बीच से उठकर भागे ही आ रहे थे। और हमारा 'तन्दूरी रोटी विथ उबली हुई सब्जी' का ऑर्डर टेबुल पर तामील भी नहीं हो पाया था कि सीढ़ी पर से ही एक कुलफी 'लेमन-टी' का ऑर्डर नारे की तरह बुलन्द हुआ। मुझे छोड़कर बाकी सभी दोस्तों के (दुश्मनों के भी) चेहरों पर एक चमक दौड़ गयी–सुहैल साहब की पहली झलक उन्हीं चेहरों की चमक में पहली बार मिली।

फातमी भाई की पीठ पर धौल जमाने के खयाल से उठाया हुआ हाथ रुक गया, "भाई, अब ऐन मौके पर याद आ जाती है, तुम फेफड़े के मरीज हो !"

फातमी भाई ने बनावटी गम्भीरता को और गहरा करते हुए कहा था, "और बगल में बैठे इस ग़रीब का भी ख़याल कीजियेगा, यह भी उसी मर्ज का···।"

"अच्छा ?"

कायद साहब ने कायदे से परिचय कराया, "रेणु, मिलो इनसे–आप हैं जनाब सुहैल अज़ीमाबादी··· तरक्कीपसन्द मशहूर लेखक और पत्रकार। और, यह हैं रेणु, हमारे पार्टी कामरेड–कहानियाँ और रिपोर्ताज लिखते हैं।"

"और 'कविता' नहीं करते ?" दाँत में दियासलाई की तीली डालते हुए सुहैल साहब मुस्कुराये थे, जो मुस्कुराहट उस समय मुझे जरा भी नहीं सुहायी थी–न जाने क्यों ! मैंने फातमी भाई से फुसफुसाकर कहा था, "सब्जी मुझसे निगली नहीं जाती–मुर्गी नहीं मिलेगी इस समय ?"

"क्या, लेमन नहीं है ? क्या कुफ्र है।" सुहैल साहब ने तहमत पहने मैनेजर पर लानत भेजी।···

बात उन दिनों की है, जब मैं किसी क्लीन शेव्ड मुसलमान को क्रान्तिकारी समझता था और लेफ्टिस्ट भी हो, तो महान् क्रान्तिकारी। सो, सुहैल साहब ने हिन्दुस्तान

की अखण्डता और एकता की कीमत पर भी कहीं से नींबू खरीदकर लाने का हुक्म दिया, तो मैं समझ गया—यह आदमी भी मजहबी मुजाहिदों को नश्तर लगाने के लिए 'मैजेस्टिक' में आता है। जनाब सुहैल अज़ीमाबादी ने बगल में बैठे हुए लीगी बन्धु की ओर बग़ैर देखे हुए एक व्यंग्य-बाण छोड़ा। मैनेजर को फटकारते हुए बोले, "मियाँ, हिन्दुस्तान के टुकड़े-टुकड़े करने की बात तो खूब करते हो और, नींबू का एक टुकड़ा कहीं से नहीं ला सकते ?"

खुले दिलों के सम्मिलित ठहाकों से बेतरह चिढ़कर लीगी बन्धु ने कड़वी मुस्कुराहट ओंठों पर फैलाकर कहा था, "आपको चाय के साथ बेवा बकरी का दूध लेना चाहिए।"··· और साहब, इसके बाद जो सियासी और मजहबी अल्फाजों से लदी बात की तगड़ी लड़ाई छिड़ी तो लगा कि यह दंगा हुआ और वह छुरा चला। लीगी बन्धु के साथ बैठे 'जमायत-उल-उल्माँ के कोई बेजुबान सिम्पथाइजर' साहब 'हें-हें' कहकर अपनी दाढ़ी पर हाथ फेर लेता था। और, क्लीनशेव्ड-लेफ्टिस्ट-नेशनलिस्ट-थर्ड इण्टरनेशनलिस्ट-गैर लेफ्टिस्ट हमारे दोस्त—इसको-उसको नहीं—महान् कायदेआजम के हर कदम को रिएक्शनरी और गलत साबित करके कटाकट काटते जा रहे थे।··· मेरी चाय न जाने कब डर से ठण्डी हो गयी थी।

सुहैल साहब ने किसी सवाल पर बड़ी संजीदगी से कहा था, "जनाब ! यह पालिटिक्स नहीं—सरासर चूतियापा है ?"

रात के करीब दो बजे हम नीचे उतरे। यहाँ यह याद दिलाना जरूरी समझता हूँ कि उन दिनों बहुत कम लोग पूरा रिक्शा रिजर्व कर घूमते-फिरते थे, शहर में। रिक्शे पर किसी अजनबी से सटकर बैठ जाने को हम बुरा नहीं मानते थे। 'टेसन एक सवारी' टेरता हुआ रिक्शावाला निराश होकर कुछ दूर चला गया, तो सुहैल भाई बोले, "मैं 'परसताव' करता हूँ कि अब स्टेशन पर चलकर केलनर में चाय पी जाय।" याद नहीं 'सर्चलाईट' में नाइट ड्यूटी करते हुए किस मित्र को चलकर पकड़ने और मुड़ने की बात पर सभी एकमत हो गये थे। लेकिन दो गरीब (मुझे और फातमी भाई) के मुँह की ओर देखकर प्रस्ताव को कल पर स्थगित कर दिया गया था।··· सुहैल भाई ने कल चार बजे शाम को केलनर में चाय पर बुलाया है !

मुझे अच्छी तरह याद नहीं। लेकिन इतना तो कह ही सकता हूँ कि उन दिनों जो भी सिगरेटें बाजार और मध्यवर्गीय बाबुओं में प्रचलित थीं—सुहैल साहब के पास उनसे सर्वदा भिन्न कोई दूसरा ब्राण्ड था—शायद, 'अबउल्लाह' अथवा—मुराड।

एक बात अच्छी तरह याद है कि पोर्टफोलियो बैग उनकी बगल में प्रथम दिन ही देखा था और उसकी साइज़ उस दिन भी वैसी थी, जो आज है। बिना इस थैले के सुहैल साहब की कल्पना मुझसे नहीं की जा सकती।

उसी रात को दफ्तर—सालिमपुर अहरा लौटते समय—बनते हुए बिड़ला मन्दिर के

पास मैंने अहद भाई से पूछा था–'सुहैल साहब किस पार्टी में हैं ? कम्युनिस्टों से क्या रिश्ता है इनका ? दृष्टिकोण क्या है ? आधुनिक उर्दू-साहित्य में इनकी जगह कहाँ है ?'··· एक बार फिर मुआफ करें–बात यह है कि बात उन दिनों की है, जब अपनी पार्टी को ही एकमात्र क्रान्तिकारी पार्टी मानकर बाकी सभी पार्टियों को रिएक्शनरी कहना यह अपना धर्म समझते थे। पार्टीहीन किसी व्यक्तित्व को हम बहुत बुरी और भोंडी संज्ञा से विभूषित करते। किन्तु सुहैल भाई को वैसी कोई संज्ञा मेरे मन ने नहीं दी थी। वर्ना, पहली मुलाकात के बाद ही दूसरे दिन उनकी चाय की दावत पर दौड़ा-दौड़ा स्टेशन नहीं जाता।

चाय पीते समय उनके हाथ में जो किताब थी, उसको देखकर जी ललच उठा था। मेरे एक फ्रेन्च-साहित्य के रसिक मित्र ने कहा था–एलुआर कामु (ALBERT CAMUS) की किताब LA-STRANGER का अंग्रेजी में अनुवाद हुआ है–दि स्ट्रेन्जर।

सुहैल साहब ने, पढ़ने के बाद ही मुझे देने का वादा किया था। लेकिन, ऐसा लगता है कि वे, मेरे पहले करीब आधा दर्जन दोस्तों को किताब देने का वचन दे चुके थे।

बात उन दिनों की ही है, जब मशहूर पाटलिपुत्र, अर्थात् प्रसिद्ध अज़ीमाबाद के 'लतीफ मंज़िल' में एक उम्दा 'इण्डिया कॉफी हाउस' भी हुआ करता था। सुस्वादवादियों का कहना है कि उस कॉफी हाउस के उठने के साथ ही पटना से बहुत सारी बातें उठ गयीं। उनमें से कुछ ये हैं–सुन्दर (विजिटेबल और चिकेन) सेण्डविचेज, वाटरपोच, प्लमकेक विद क्रीम··· और··· और फिजूलखर्ची के लिए अगाध समय–धन तो हर जगह से लोप हो गया, मानो। सुहैल साहब वहाँ ब्लैक कॉफी का आर्डर दिया करते थे।

इसके बाद, जब-जब पटने आया–रहा–सुहैल साहब से भेंट हो गयी–कहीं-न-कहीं। पिण्टू में, कॉफी हाउस में, पटना मार्किट में, केलनर में, बुक कॉर्नर में, ह्वीलर की दुकान पर–कहीं-न-कहीं। *साथी* निकालने की धमकी देते हुए सुहैल साहब ! *तहजीब* का मनमोहक भविष्य आँकते हुए सुहैल भाईजी··· !

देश आजाद हुआ। देश का बँटवारा हुआ। दंगा-मारकाट हुआ। गाँव में बैठा आदमी के पैशाचिक कुकृत्यों की कहानियाँ सुनता था और कुछ चेहरे आँखों के आगे उभरते रहे–अहद भाई··· सुहैल साहब··· रजी भाईजी··· कयूम साहब··· कयूम असर–क्या ये लोग जिन्दा हैं ?

पागलपन समाप्त हुआ। दौड़ा हुआ पटना आया और सुना कि मजहब के अन्धभक्तों ने इनका सबकुछ लूट लिया–लेकिन इनकी आदमीयत को नहीं लूट सके।

रामानन्द सागर की किताब 'और इन्सान मर गया' सुहैल भाई को समर्पित

होकर प्रकाशित हुई–लिखा था : 'सुहैल अज़ीमाबादी को, हिन्दुओं ने जिसका सबकुछ लूट लिया, लेकिन जिसकी आदमियत को वे नहीं लूट सके।'

'साथी'–'तहजीब' के सम्पादक सुहैल साहब को रेडियो में जाते समय भी देखा था। श्रीनगर से उनका एक छोटा, लेकिन बहुत प्यारा, खत आया।··· अबउल्लाह, टर्किश, इजिप्सियन, चारमीनार और मुराड सिगरेटों का एक कश लेने को जी ललच उठा था।

दिल्ली में मुलाकात हुई। मेरी दूसरी किताब प्रकाशित हुई थी और मेरे प्रकाशक ने धूमधाम से दिल्ली के एक प्रसिद्ध होटल में दिल्ली के साहित्यकारों को चाय पर बुलाया था।··· उस दिन कान में फुसफुसाकर सुहैल साहब ने जो बात कही थी, वह आज भी मन के कोने में गूँज रही है। लेकिन, वह बात अभी कहने की नहीं है।

मैं कभी-कभी झुंझलाकर सोचता हूँ कि आखिर यह आदमी, जिसका नाम सुहैल अज़ीमाबादी है–कभी तनिक भी बदला क्यों नहीं ? वही दिल, वही दिमाग वही रंग और वही ढंग।

अब भी जब मिलते हैं–हम कहीं चाय पीने बैठते हैं, तो कभी-कभी लगता है–हम 'मैजेस्टिक' की मेज पर बैठे हैं और हमारे लिए लेमनवाली चाय की प्यालियाँ अभी आने ही वाली हैं। देश के आजाद होने के बाद यदि ये–किसी कारणवश हमारे बीच नहीं होते तो, आज यह दिल-दिमाग (और फेफड़ा भी) जितना मजबूत है अपना–उसकी जगह किसी बुजदिल का नन्हा-सा दिल होता, जो न कभी धड़कता, न फड़कता, न हिलता, न डुलता, न पसीजता और न पिघलता !!

रफ्तारे-नौ/अंक तीन/1960

यशपाल

हम चार मित्र मिल-जुलकर एक कहानी सुन रहे थे। पाँचवाँ साथी कहानी पढ़कर सुना रहा था, 'ज्ञानदान'। कहानी समाप्त हुई ! हम पाँचों के चेहरों पर तरह-तरह की मुस्कुराहटें खेलने लगीं। मेरे मुँह से निकला, "बहुत सुन्दर !"

दूसरे ने कहा, "कौन कहता है कि यशपाल यथार्थवादी है ? दिस मॉरबिड क्यूरियौसिटी एबाउट सेक्स !··· यशपाल न्यूरॉटिक लेखक है !"

तीसरा साथी, जो कहानी के शेषांक में सो गया था, पूछ बैठा, "अन्त में क्या हुआ ?"

चौथे ने जवाब दिया, "आटे की तरह देह को गूँधने लगा !"

पाँचवें ने कहा, "मुझे अचरज हो रहा है कि इस कहानी का प्लाट यशपाल को कहाँ से मिला ? यह तो··· यह तो··· अपने यहाँ घटी एक वास्तविक कहानी से मिलती-जुलती है !"

पहले ही कह दूँ, हम पाँचों एक ही राजनीतिक पार्टी के सदस्य थे, और किसान-सम्मेलन के कलरवपूर्ण प्रतिनिधि कैम्प में, न जाने क्यों, साहित्य-चर्चा छेड़ बैठे थे। शायद, आस-पास में सोये-लेटे, जगे-अधजगे प्रतिनिधियों को हम यह बतला देना चाहते थे कि इस किसान-सम्मेलन के हम बुद्धिजीवी प्रतिनिधि हैं।

हठात् एक छठे (अबुद्धिजीवी !) साथी ने बेरहमी से बहस का मुँह मोड़ दिया। बोला, "यशपाल तो,··· क्या कहते हैं··· सुर्खा है ! आप लोग रिएक्शनरियों की तारीफ़ में पार्टी का कीमती समय बर्बाद करते हैं ?"

वह क्रुद्ध अरणा-भैंसे की तरह सींग तानकर खड़ा हो गया।··· उसकी समझ में यह बात नहीं आ रही थी कि कुछ लोग कम्युनिस्टों द्वारा रचित साहित्य ही क्यों पढ़ते हैं ? पढ़ते हैं तो पढ़ा करें, खुलकर चर्चा और तारीफ क्यों करते हैं ? उनके इस आचरण से पार्टी का बहुत बड़ा अहित हो रहा है।··· वह इस बार यह 'सवाल' पेश करेगा। इस 'इसू' पर 'हायकमान' के साथियों की रूलिंग चाहिए, आदि-आदि।

सवाल पेश करनेवाला साथी बहुत उत्तेजित स्वर में बोल रहा था।··· उसको इस तरह बोलने का हक हासिल था। वह हमारे प्रान्त के कई किसान-आन्दोलनों का सफल संचालक था; उसकी तस्वीर, उसके चुनौती-भरे बयानों के साथ, पार्टी पत्रिका में कई बार छप चुकी थी। पार्टी के प्रत्येक सम्मेलन में, 'उठ मेहनतकश अब होश में आ/हाथ में झण्डा लाल उठा', गीत की पहली कड़ी वही गाया करता। सो, उसके 'अहम सवाल' पर आस-पास सोये-जगे-अधजगे साथियों के कान खड़े हुए।

"अयँ ! कम्युनिस्टों की किताब पढ़ता है ? अयँ ! कौन है ? तारीफ़ भी करता है ?"

काशी विद्यापीठ के एक टटके शास्त्री साथी ने तुतलाकर कहा, "नः-नः, यशपाल कम्युनिस्ट नहीं। मैं जानता हूँ अच्छी तरह।··· कम्युनिस्ट लोग उससे नाराज रहते हैं।"

"आप कुछ नहीं जानते। वह प्रच्छन्न··· "

"हो भी कम्युनिस्ट, तो क्या हुआ ?"

"आपने 'दिव्या' पढ़ी है ?"

"क्या धरा है 'दिव्या' में ? भगवतीचरण वर्मा की 'चित्रलेखा' प्रकाशित होने के बाद हिन्दी के लेखकों के मन में राजनर्तकी ही नाच रही है, बस !"

"अरे हाँ, दादा कामरेड को बारे, यशपाल नाकि बोला है जे शरत बाबू को 'पथेरदाबी' को जवाब है ! ··· एँ ? तबे ओ बाछाधर निश्चयई कम्युनिस्ट !"

आस-पास के तम्बुओं में तुरंत यह अफवाह उड़कर फैल गयी कि सम्मेलन में गड़बड़ी मचाने के लिए बनारस से कुछ कम्युनिस्ट आये हैं।··· पैम्फलेट के बण्डल पकड़े गये हैं !

जब किसान-सम्मेलन के स्वयंसेवकों ने अपने जत्था-कमाण्डर के एक 'कड़ियल कमान' पर हमारे तम्बू को घेर लिया तो हम पाँचों बुद्धिजीवियों की बुद्धि एक ही साथ ठिकाने पर लौटी। हम समझ गये, अभी यशपाल-साहित्य पर बहस जारी रखना बुद्धिमानी का काम नहीं।··· तीसरा साथी, जो कहानी के शेषांक में सो गया था, बड़ा प्रत्युत्पन्नमति निकला। उसने आगे बढ़कर अपनी पार्टी और पार्टी के नेताओं के नाम लेकर कई 'जिन्दाबाद' के नारे लगाये।

फिर बात हँसी की 'हुर्री' में उड़ गयी। जत्था-कमाण्डर ने इस खुशी में दो-चार 'मुर्दाबाद' के गरम नारे लगवाये। स्वयंसेवकों की टुकड़ी मार्च करती हुई 'नेता-निवास' की ओर चली गयी। किन्तु, बात उड़ नहीं गयी थी रात की।

सुबह नेता-निवास में बात फिर खुली रात की ही।··· ज्ञानदान, यशपाल··· क्रान्तिकारी··· कथाकार··· सोशलिस्ट, कम्युनिस्ट··· आर्टिस्ट··· फेलोट्रेवलर··· प्रगतिशील ··· क्रान्तिकारी कथाकार··· वात्स्यायन··· रायवादी··· मानवतावादी··· मानवेन्द्रराय बीमार हैं··· यशपाल··· दादा कामरेड··· कम्युनिस्ट !···

एक बड़े किसान-नेता के संग-संग डोलनेवाले साथी ने घुमा-फिराकर प्रगतिवादी आन्दोलन, जन नाट्य संघ आदि के बारे में, खुफिया पुलिस की भाषा और लहजे में जिरह करना शुरू किया तो, हम पाँचों एक ही साथ चिढ़ गये।

हम सीधे बड़े नेता के कैम्प में गये।··· नेताजी 'शेविंग सेट' लेकर बैठ गये, हमारी बात सुनने को। झोली से यशपाल की किताब निकालकर, सामने रखते हुए मैंने विनम्रता से कहा, "इस किताब का 'गेटअप' ही सिर्फ लाल है। हँसिया-हथौड़ा की छाप कहीं नहीं, जबकि अपनी पार्टी की हर छोटी-मोटी पुस्तक और पर्चे पर हँसिया-हथौड़ा अनिवार्य रूप से अंकित रहता है।··· और-तो-और, अपनी पार्टी का झण्डा भी वही है, जो कम्युनिस्टों का। हम भी कम्युनिस्ट मेनिफेस्टो··· "

नेता ने मुझे शान्त कर दिया, बीच में ही। उनकी मुस्कुराहट देखकर दुख दूर हुआ। दाढ़ी में साबुन लगाते हुए उन्होंने कुछ ऐसी मुद्रा बनायी, जिसका अर्थ हमने समझ लिया—मूर्खों की बात पर इतना आँख-कान नहीं देना चाहिए। उन्होंने हमारे लिए चाय लाने को कहा। फिर बनारस की बातें करने लगे। बार-बार रुस्तम सैटिन और मानू दीदी की चर्चा की।··· एक-डेढ़ साल पहले तक वामपन्थी एकता के जमाने में बनारस पहुँचकर रुस्तम वगैरह से मिले बगैर लौटते समय, नेता का जी कचोटता रहता था।··· अब तो कोई सवाल ही नहीं पैदा होता। हम एक-दूसरे के दुश्मन नम्बर एक हैं।··· लेकिन, नेता ने जोर देकर कहा, "मैं जानता हूँ यशपाल कम्युनिस्ट नहीं।··· मुश्किल तो यह है कि वह अपने को एक संस्था मानता है। आचार्यजी या अलगू राय क्या करें ?··· भाई लोगों ने, उसकी दुलत्ती खाकर भी, उसको अपने अस्तबल में रखने का फैसला कर लिया है।"

उपसंहार में रात की बात का भेद उन्होंने खोला तो हम सभी ठठाकर हँस पड़े। उन्होंने चुपके-से मद्धम आवाज में कहा, "वह 'ज्ञानदान' कहानी जो है न, वही है रात की सारी गड़बड़ी की जड़ में। कहानी सुनकर उसने (अहम सवाल पेश करनेवाले ने) समझा कि··· बात यह है कि अभी तक वह एट्टी परसेन्ट आर्यसमाजी ही है। 'ज्ञानदान' कहानी के कथासार से उसके एक पूज्य के सम्बन्ध में फैली हुई कहानी की बातें मिलती-जुलती हैं। एट्टी परसेन्ट।··· यही कारण है कि वह इतना तिलमिला रहा था।"

सुना, उस दिन कार्य-समिति में बहुत देर तक पार्टी-लिटरेचर, प्रकाशक तथा लेखक-कवियों से सम्पर्क-स्थापन पर विचार-विमर्श किया गया। उसी दिन, शाम को, बड़े नेता के संग-संग डोलनेवाले साथी ने शुभ समाचार सुनाया कि मुझे तथा मेरे अन्य चार मित्रों को, जो किसी-न-किसी रूप में विद्यार्थी थे, अब परिपक्व बुद्धिवाला साथी मान लिया गया है। किन्तु, अपरिपक्व बुद्धिवाले नये साथियों पर इतर साहित्य का प्रभाव न पड़ने पाये, इसकी जिम्मेदारी भी हम-जैसे चैतन्य-साथियों पर है।··· जिन्दाबाद !

और फिर, उसी शाम को, न जाने कैसे, यशपाल की चर्चा छिड़ गयी। मेरा विश्वास आज भी दृढ़ है कि चर्चा, लखनऊ से आये हुए उस पत्रकार साथी ने अपना मन 'खलास' करने के लिए ही शुरू की थी। उसने यशपाल के क्रान्तिकारी जीवन-काल के तीन-चार फूहड़ चुटकुले सुनाये। प्रसिद्ध इतिहासकारों की साक्षी देकर उन्होंने दो-चार भेद की बातें भी बतलायीं। अन्त में उन्होंने अपनी आँखों-देखी बातें सुनायीं कि किस तरह 'ठर्रा' पीकर वह धुत था··· कि किस तरह उन्होंने कहा था कि, 'क्यों यशपालजी ! विप्लव हो रहा है ?··· हें-हें-हें-हें !'

याद है, हमें सिगरेट पिला-पिलाकर उन्होंने गप्प जमाने की भरपूर चेष्टा की। लेकिन, जब उन्होंने, लगे हाथ, हिन्दी के हर लेखक-कवि का चुटकुला सुनाना शुरू किया तो हमें आपस में मैथिली और भोजपुरी में 'गुफ्तगू' करने की आवश्यकता हुई। भोजपुरी साथी ने कहा, "घेरले बा !" मैथिली में टिप का बन्द लगाया गया, 'चौगिर्दा !'

उस रात हम पाँच मित्रों में से एक ने सपने में देखा कि यशपाल अपनी पार्टी में आ गये हैं।··· पार्टी के एक पुराने क्रान्तिकारी नेता के साथ··· एक्शन की स्कीम बना रहे हैं !

इन सारी बातों के बावजूद, यशपाल मेरे मन में जहाँ बैठा था, वहीं प्रतिष्ठित रहा। स्वप्नद्रष्टा साथी का सपना सच निकले या झूठ, यशपाल अपनी जगह पर रहेगा।

यशपाल नाम लेते ही, आज भी, मेरी आँखों के सामने हिन्दी तथा बंगला के दैनिक, साप्ताहिक तथा मासिक पत्रों के पन्ने बिखर जाते हैं··· 'प्रताप'··· 'सैनिक'··· 'हिन्दू-पंच'

··· 'आनन्द बाजार पत्रिका'··· 'रंगपुर समाचार'··· 'चाँद'··· फिर, पिताजी की एक मुख-मुद्रा और उनकी दुख-भरी दबी बोली गूँज जाती, "आरे-रे ! सिर्फ, एक इंच के लिए··· लाट साहब का डब्बा बच गया !"

यशपाल··· यशपाल !

भगतसिंह आदि की फाँसी के बाद, हमारे इलाके में बहुत-से गीत मशहूर हुए। एक गीत की कड़ी याद नहीं, भावार्थ यह था कि ओ भारत माता ! तू कितना बलिदान चाहती है, भगतसिंह, सुखदेव, राजगुरु आदि की मुण्डमाल पहनकर भी तुम्हारा कलेजा ठण्डा नहीं हुआ ? ले, कितना बलिदान तू चाहती है ! अभी भी यशपाल··· आदि बाकी हैं !

यह गीत मुझे बड़ा प्रिय लगता; क्योंकि इसकी एक कड़ी में भारत माँ के लाल··· काल··· रक्त का थाल और मुण्डमाल के साथ यशपाल का अच्छा तालमेल बैठाया गया था।··· राष्ट्रीय कीर्तन में यह गीत खूब जमता था। लाल-काल-थाल-पाल आदि शब्दों पर ढोल बजानेवाला 'तमंचा मार' ताल बजाता था, याने ढोलक पर पिस्तौल की आवाज़ निकालने की सफल चेष्टा करता था।···

हिन्दी का यह कथाकार यशपाल वही यशपाल है, यही मेरे लिए बहुत है। ··· वह किसी अन्य भाषा में भी लिख सकता था। वह सोशलिस्ट, कम्युनिस्ट, कांग्रेसी, कुछ भी हो, साम्प्रदायिक दंगे तो नहीं करवा रहा अपनी लौह-लेखिनी से। 'विप्लव' के बदले वह किसी 'धर्म का बिगुल' भी निकाल सकता था !···

उस सम्मेलन के बाद, बारह-तेरह वर्षों तक, उस राजनीतिक पार्टी का सदस्य रहा। इस बीच अनेक, अखिल भारतीय और प्रान्तीय सम्मेलनों में शरीक हुआ, लेकिन यशपाल के प्रति मेरी श्रद्धा में तिल-भर की कमी नहीं आयी। उसकी अधिकांश कहानियाँ मुझे अच्छी लगीं। उसके राजनीतिक निबन्धों को मैंने पढ़ा ही नहीं (चक्कर क्लब के सिवा !)।

लेकिन हर सम्मेलन के अवसर पर, प्रत्येक सम्मेलन के प्रतिनिधि-कैम्प में उस किसान-सम्मेलन की याद अवश्य आयी।··· 'ज्ञानदान'··· यशपाल··· अहम सवाल··· क्यों यशपालजी ! विप्लव हो रहा है ?··· हें-हें-हें-हें !

राजनीति से अलग-विलग होने के बाद, करीब तीन-चार वर्षों के बाद, एक महासम्मेलन में सम्मिलित होने का सुअवसर मिला।···

थोड़ी देर के लिए यशपाल को छोड़कर इस सम्मेलन की संक्षिप्त कथा कह लेने दीजिए।··· हम उस समय प्रयाग जाकर रहने लगे थे।

एशियाई लेखक-सम्मेलन का पर्चा आया।··· पहला पर्चा !

दस-बारह दिनों तक एक दल ने (साहित्यकारों का) हर काफ़े और होटल की टेबुलों पर इस सम्मेलन के पर्चे की चर्चा छेड़ी।··· इस पर्चे की प्रतिक्रियाओं का संकलन और अध्ययन किया। विचार-विमर्श किया। उत्साह प्रकट किया।

दूसरा दल (लेखकों का ही !) हर काफ़े और होटल की टेबुलों पर चुपचाप

बैठा रहा। पर्चे की बात, सम्मेलन की चर्चा करने पर महान् आश्चर्य प्रकट करते हुए कोई यह भी पूछ बैठता, 'अच्छा, एशियाई लेखक-सम्मेलन हो रहा है ! कहाँ ?'

इस उत्साह और उदासीनता के मिले-जुले वातावरण में, यह दासानुदास लेखक पाँच बार उत्साहित होता, तो सात बार उदास होता दिन में !

दासानुदास को लगा, महासम्मेलन के होते-होते बहुत सारे अहंम सवाल पेश होंगे और अन्ततः यह सम्मेलन होकर भी नहीं होगा। नहीं तो प्रयाग से पूर्णिया सिर्फ चार दिन के लिए नहीं जाता। घर पहुँचा ही था कि लतिकाजी का टेलीग्राम मिला, 'दिल्ली जाना है, शीघ्र लौटो।'

दिल्ली जाना है ! दिल्ली··· दूर नहीं अब !

शीघ्र लौटकर सुना, एशियाई लेखक-सम्मेलन में भाग लेनेवाले प्रतिनिधियों में मेरा नाम भी है। प्रयाग से दो लिस्ट भेजी गयी है, मेरा नाम दोनों लिस्टों में है··· अर्थात् दोनों लिस्ट··· अर्थात् दोनों दल के लोग सम्मेलन में जायेंगे।

नाम लिस्ट में नहीं होता, फिर भी मैं सम्मेलन देखने (दिल्ली देखने !) के लिए अवश्य जाता। सबसे बड़ी खुशी की बात यह थी कि सम्मेलन दोनों दलों की राजी-खुशी से हो रहा था। अन्ततः सम्मेलन हो रहा है।··· जिन्दाबाद !

पहली बार दिल्ली जा रहा हूँ ! प्रथम दर्शन !

इलाहाबाद स्टेशन पर मुझे एक बार फिर उस किसान-सम्मेलन की याद आयी। ··· यशपालजी मिलेंगे··· आयेंगे ? पता नहीं।··· नाम दोनों लिस्टों में है। अच्छा है। बुरा है !··· है तो है !··· दिल्ली करीब होती जा रही है, क्रमशः।··· 'परिमल' सदल-बल इसी गाड़ी से जा रहा है।

हम अश्क-परिवार के साथ सफर कर रहे हैं। मैंने एक बार, जोर से, मन में सोचा, यशपालजी आयेंगे तो ?··· इसके बाद, कुछ देर तक यशपालजी की चर्चा होती रही।··· 'मण्टो–मेरा दुश्मन'··· 'नया पथ'··· भैरव ने कहा··· समर्पण की भाषा ··· यशपाल की नाराजगी का कारण बताते हैं अश्क जी। मैं अपनी ही खुशी में भूला-भूला, फूला-फूला हूँ।··· एशियाई लेखक-सम्मेलन देखने जा रहा हूँ ! दिल्ली ! हिन्दी के एक बड़े कथाकार के साथ यात्रा कर रहा हूँ ! एशिया-भर के लेखकों को निकट से देख-सुन सकूँगा; भारत की विभिन्न भाषाओं के सभी अंचल के लेखकों से मिलूँगा।··· मेरा सौभाग्य !··· पता नहीं, अश्कजी का नाम दोनों लिस्टों में है या एक ही में ? दोनों लिस्टों में होना चाहिए इनको भी।

नामधाम सब ठीक था।··· कार्ड, माने प्रवेश-पत्र, ही खो गया।··· विशाल विज्ञान-भवन में मैं खो गया।

एक काउण्टर पर खड़ा, अपने खोये हुए कार्ड के बदले दूसरा कार्ड बनवा रहा था।··· लेखकों का जमघट, चारों ओर ! छोटी-बड़ी टोलियाँ, यहाँ-वहाँ खड़ी

हैं। परिचित-अपरिचित।··· परिचय, कर-मर्दन, फिर, अल्प-सम्भाषण। आज भारतीय लेखकों की सभा बैठेगी, सुबह-सुबह।··· श्रीगणेश !

"क्षमा कीजिए··· आप रेणुजी हैं न ? मेरा नाम यशपाल है !"

क्षण-भर के लिए मैं गूँगा हो गया। आठ-नौ वर्ष की उम्र से जिसका नाम सुन रहा था, उसके सामने मेरे दोनों हाथ स्वयं ही जुड़ गये। हाथ मिलाते हुए यशपालजी ने पीछे खड़ी प्रकाशवतीजी से परिचय करवाया, "यही हैं रेणु !"

नया कार्ड बन गया था।

यशपालजी ने एक ओर देखते हुए कहा, "इधर कॉरिडोर में लोग कहाँ जा रहे हैं ? मेरा खयाल है, उधर कैण्टीन-वैण्टीन तरह की कोई व्यवस्था है।··· देखा जाये ?"

उधर कैण्टीन ही था—विशाल विज्ञान-भवन के अनुरूप ही। लोग जल्दी-जल्दी चाय-कॉफ़ी पी रहे थे।··· भारतीय लेखकों का प्रथम अधिवेशन शीघ्र ही शुरू होनेवाला है !··· टेबल खोजकर हम बैठे। मन का चोर बार-बार डरा; सम्मेलन-सम्बन्धी किसी ··· मौजूदा राजनीति पर बात नहीं करेंगे यशपालजी, चाय पिलाकर ?

यशपालजी ने चाय पीते हुए चाय की ही चर्चा की।

सिगरेट ऑफर करते हुए अपने ब्रॉण्ड के लिए माफ़ी माँगकर उन्होंने तम्बाकुओं की ही चर्चा की।

मैं चुपचाप देखता रहा, चाय पीते यशपालजी को ! यशपालजी की कहानियों और उपन्यासों के पात्र-पात्राओं की भीड़ को चीरकर, रेल के इंजन-घर के कुलियों-से नीले कपड़े पहने और एक सस्ता कम्बल ओढ़े एक आदमी सामने आया।··· ही विल गिव सम नाइस स्टोरी (कोई-न-कोई गप्प यह सुना ही देगा) ! ··· तुम्हारा मतलब मैं सैर कर रहा था ?··· हरीश, शैल बाला ?

मेरी कल्पना का यशपाल सिगार पीता था, किन्तु···

भारतीय लेखकों की सभा प्रमुख हॉल में शुरू हो गयी ! प्रयाग का दूसरा दल आ पहुँचा है।

हॉल में, शुरू से ही, न-जाने क्यों, एक असन्तोषपूर्ण वातावरण घना होता जा रहा है।··· हिन्दी का विभागीय प्रमुख व्यक्ति कौन है ? किसने उसको चुना ? ··· साहब, पहले पहुँचे हुए लोगों ने सभी सीटों पर अपना आदमी भर दिया है ! असल लोग छूट ही गये हैं, अनेक !···

यहाँ तक कि एक स्थल पर श्री हुमायूँ कबीर साहब से यह पूछा गया, 'एण्ड हू मेड यू प्रेसिडेण्ट ?'

हिन्दी के लेखक सबसे अधिक उत्तेजित थे।··· हॉल में एक ओर श्री भैरवप्रसाद गुप्त की बोली गूँज रही थी। दूसरी ओर से डॉ. लक्ष्मीनारायण लाल कोई तीखा जवाब दे रहे थे, हाथ चमकाकर।···

दासानुदास ने अगल-बगल झाँकना शुरू किया।··· हुआ पेश अहम सवाल ! यहाँ भी··· प्रथम ग्रासे !

उलटकर देखा पीछे।··· यशपालजी अपने कैमरे के 'व्यूफाइण्डर' में सामने बैठी हुई प्रकाशवतीजी की मुद्रा देख रहे थे।··· कहा जा सकता है कि जब भारतीय लेखकगण अहम सवालों पर वाद-विवाद कर रहे थे तो यशपाल निर्विकार भाव से अपनी पत्नी की तस्वीर उतार रहा था !

उतने तमतमाये हुए चेहरों के बीच, बहुत थोड़ी निर्विकार मूर्तियों को देखा। उसमें एक यशपाल का चेहरा है, जिस पर तनिक उत्तेजना की रेखा भी कहीं नहीं दिखायी पड़ी–कार्यवाही के दरमियान !

नई कहानियाँ/मई, 1960

अज्ञेय

आज से पच्चीस-छब्बीस साल पहले 'विशाल भारत' में एक ऐसे लेखक की कहानियाँ प्रकाशित होती थीं, जो अपनी हर कथा के नायक का नाम 'सत्य' ही रखता था। सो, दूर-देहात के इस किशोर पाठक (पाठकराम !) को यह ढंग ज़रा भी पसन्द नहीं था। लेकिन न जाने क्या बात थी कि उसकी कहानी देखकर पाठक (उपरोक्त) का मन ललच जाता, ललचने लगता।···

शायद, लेखक के नाम में कोई विशेषता थी ! विशेषता थी, पर इस नाम से थोड़ी कोफ्त ही होती थी। रामलीला या जात्रा में, मुँह पर मुखोस लगाकर प्रकट होनेवाले पात्रों के वास्तविक चेहरों को देखने के लिए मन जिस तरह अकुलाता था, वैसी ही अकुलाहट ऐसे नामों से होती थी।··· अज्ञात, अदृश्य, अकेला, विचित्र अथवा अज्ञेय !

तब, सम्भवतः भाषा···

हाँ, भाषा में ही कोई ऐसी बात रही होगी, क्योंकि कथा के वक्तव्य या कथोपकथन का अधिकांश शब्दार्थ समझ में कभी नहीं आया। इसके बावजूद मन के परदे पर कथा का गति-चित्र कभी धुँधला होकर नहीं उभरा।

इस नक़ाबपोश विचित्र लेखक की कहानियों से पहले, 'माधुरी' के पुराने अंकों में प्रेमचन्द की कई कहानियाँ पढ़ चुका था। बुढ़िया और बन्दरवाली कहानी, कर्बला ! ··· कहाँ उन कहानियों की भाषा-भाव की सादगी और कहाँ यह अलख, अचल, अगम, अगोचर, अजब··· अज्ञेय की भाषा, जिसके अनेक शब्दों का 'सुद्ध उचारन' भी नहीं कर पाता ! और, कर्बला कथा का किशोर नायक वह गरीब, करीम, हबीब, रहीम, हमीद, या जो भी नाम रहा हो उसका, कहानी पढ़ते समय जो पाठकराम

की आँखों के आगे साकार खड़ा हो गया था, फिर उसमें ही समा गया था। और, इधर अज्ञेय का यह अद्‌भुत नायक–सत्य ! ऐसा आदमी कभी देखा नहीं !...

उसकी एक नायिका का नाम याद है, पुष्पा ! सत्य ने एक बार स्केच आँका, बकरे का, मेमने का। फिर फाड़ दिया। उस दिन वह तास में हारता रहा। ग़लत पत्ते फेंकता गया।...

कुछ सोचता हुआ, सड़क पर जा रहा है सत्य ! पास की दुकान से रेडियो की आवाज़ आ रही है। रेडियो से केलिफोर्नियन आडू का विज्ञापन प्रसारित हो रहा है। रेडियो की ध्वनि, सत्य की चिन्ताधारा को बिन्दियों द्वारा असंलग्न कर देती है। वह दुकान में घुसता है। केलिफोर्नियन आडू का बन्द डिब्बा खरीद लाता है। सम्भवतः सीमेन्ट पर खोलता है। खाता है, स्वाद लेकर। खाते समय भी वह कुछ सोच रहा है। खाकर खाली डिब्बा फेंक देता है... खनखनाता-लुढ़कता टिन का डिब्बा... दौड़ते हुए नंग-धड़ंग लड़के। फिर, छीना-झपटी...

सत्य की ऐसी कहानियों से पाठकराम को कोई ज्ञान-लाभ नहीं हुआ, यह कहना ग़लत होगा।... उस समय तक रेडियो-सेट को न आँख से देखा था, न कान से सुना था। 'रेडियो सीलोन' आदि के व्यापार-विभाग के जन्म से पन्द्रह-बीस साल पूर्व ही वह जान गया था कि रेडियो से विज्ञापन भी प्रचारित होते हैं।...

किन्तु कथा पढ़कर बहुत दिनों तक केलिफोर्नियन आडू के लिए रसना रसवन्ती हो जाती।... आलू ? आलूचे ? आलूबुखारा ? आडू ? यह केलिफोर्नियन आडू क्या चीज़ होती है ? निश्चय ही कोई फल होगा !... शहर पूर्णिया जाकर, साह एण्ड कम्पनी में केलिफोर्नियन आडू माँगा तो सामने बैठे सज्जन का मुँह अचरज से गोल हो गया, 'देखो हे ! छोकरा-टा की चाय ? एँ ? केलिफोर्नियाँ आलू... ना तो... अरे, ये आडू क्या होता है ? अनारस माने अनानास भी नेंहीं, गुजबेरी नेंहीं ... तब क्या होता है ये केलिफोर्नियाँ... घोड़ार डिम ?... केलिफोर्नियाँ कहाँ है, है मालूम ? देखा है नाक्शा में... जतऽसब !' इसके बाद, पाठकराम ने फिर कहीं केलिफोर्नियन आडू का नाम-दाम नहीं पूछा... घोड़ार डिम ? और, जिस सत्य की कहानी पढ़ने के कारण उसको लांछित और लज्जित होना पड़ा था, उसी पात्र को वह प्रत्येक पत्रिका के पृष्ठों में खोजता रहा।...

ओ ??... तो, जनाबआली कवित्त भी बनाते हैं ! 'विशाल भारत' में ही 'सत्य' के लेखक का एक गीत छपा था। गाँव का कोई भी पाठक उन दिनों पद्य नामक चीज़ को पढ़ता नहीं था, अर्थात्, यों ही नहीं, गा-गाकर पढ़ता था।... बिना गाये अरथ कैसे खुलेगा ? अजोधा मड़र रामायण की चौपाई गाता था। लछुमन गुरुजी हमेशा तार-स्वर में गाते रहते, 'भगवान भारतबर्स में गूजै हमारी भा-र-ती-ई-ई-ई-ई !!' पाठकराम को भी यही शिक्षा मिली थी। मन-ही-मन गुनगुनाकर चमत्कृत हुआ। गीत गुनगुनाते समय पदों से... मृदंग की ध्वनि निकलती है। दौड़कर गाँव के प्रसिद्ध पखवजिया जनकदास को बुला लाया। वह सस्वर पढ़ने लगा। अपढ़ जनकदास, मृदंग बजाकर गीत का अर्थ खोलता गया...

जागो ! जागो !!
धिन्ना। धिन्ना।
जागो सखि बसन्त आ गया !
धिन्ना कत्रक तिन्ना तिरकिट ता,
धिनक-धिनक-धिन-धा।
जागो !···
धिन धा !!

कथाकार के इस गीत को, मृदंग के संगत के साथ यहाँ प्रस्तुत करने का कारण है।··· बहुत दिनों के बाद देखा, इस गीत को कथाकार ने अपनी एक कहानी में टाँक दिया है। रसमादकता से मन मदिर हो गया पाठकराम का !

वसन्त आ गया। सखि जागे या न जागे··· पाठकराम किशोरावस्था पारकर, गाँव से शहर आ गया। उसकी जवानी जागी और जगी रही। 1943 में, नज़रबन्द होने के बाद भागलपुर सेन्ट्रल जेल में एक दिन हाथ आयी एक जीवनी : शेखर की।

सच्चिदानन्द हीरानन्द वात्स्यायन अज्ञेय ! सत्-चित्-आनन्द–सत्य ?

'विशाल भारत' की कहानियों के सत्य ने अपना नाम बदल लिया था, शेखर !

पाठकराम सेल में शेखर की जीवनी पढ़ता और बगल के सेल में, उसकी पार्टी की नेशनल एक्ज़क्युटिव के एक मान्य सदस्य सच्चिदानन्द हीरानन्द वात्स्यायन अज्ञेय की जीवनी सुनाते, हँसी-ठहाके के साथ। फिर भाषण देने लगते, ह्युमेनिस्ट ··· मानवतावादी। हम जेल में हैं और उधर लेनिन के साथ मिलकर क्रान्ति-मसविदा बनानेवाले महान् क्रान्तिकारी एम. एन. राय साहब के चेले चाँदी काट रहे हैं !···

हर जगह 'अहम सवाल' ?

पाठकराम पर इसका कोई भीतरी असर नहीं पड़ा, क्योंकि वह (नमकहराम ?) मन-ही-मन, चोरी-चोरी मानवेन्द्रनाथ राय को भी श्रद्धा और भक्ति का फूल चढ़ाया करता था। गँवई आदमी, जयजयकार करते समय, सबसे अन्त में, 'सब सन्तन की जै' कहना नहीं भूलता। 'ऑरिजिन ऑफ दि फेमिली' पढ़ने के बावजूद वह एट्टी परसेन्ट सनातनी ही रहा, सब दिन।

याद है, जेल से निकलने के बाद कर्म-क्षेत्र में कहीं किसी कर्मठ कामरेड ने टोका था, "आपका वह लेखक··· कौसल्यायन··· सांकृत्यायन··· कात्यायन··· अरे वह 'शेखर एक जीवनी' का लेखक कहाँ है ? है मालूम ?"

··· आपका लेखक ? जवाब दिया, "मेरा ही नहीं, आपका भी। हमारा लेखक। हिन्दी का लेखक !"

"मारिए गोली ! मेरा लेखक क्यों होगा वह ? कहाँ है वह ? है मालूम ?

'वार' में ! पूर्वी फ्रण्ट पर ! जाइयेगा ?"

'वार' के विशेषार्थ, साम्राज्यवादी युद्ध और जनता की लड़ाई !

सच्ची बात यह है कि इस संवाद से पाठकराम पुलकित ही हुआ था। कामरूप कामाख्या की ओर गया है, जिधर जाना हर ग्राम-गीत में मना है। (हो मोरे राजा ! पूरब मत जा !), लौटकर कब 'सत्य' या 'शेखर' की जीवनी सुनायेगा ? रहस्यमय प्रदेश का जादू कब बोलेगा ?

पाँच-सात साल बाद।

देश स्वतन्त्र होकर बँट चुका था। और, दानवी लीला भी समाप्त हो चुकी थी। किसी ने सुनाया, उर्दू में एक अद्भुत किताब लिखी गयी है, 'और इन्सान मर गया' !

"उर्दू में ही 'पेशावर एक्सप्रेस' कहानी लिखी गयी है।"

"बंगला की एक पत्रिका में प्रबोधकुमार सान्याल का उपन्यास प्रकाशित हो रहा है, धारावाहिक !"

"और हिन्दी में ?"

"हिन्दी में ? हाँ, हिन्दी में भी चीज़ें आयी हैं। फिलहाल पढ़िए यह कहानी, 'शरणार्थी' !"

पाठकराम ने अपने प्रिय मित्र प्रतुलकुमार गुहाठाकुरता उर्फ़ छानू से पूछा था, "की रे छानू ? पोड़ेछिस ? बुझते पेरेछो ?"

पाठकराम के मित्र प्रतुल को आप रामपाठक कह सकते हैं, क्योंकि वह भी एक परम पाठक था। उसने गम्भीर होकर जवाब दिया था, "बुझे छी ! ताहले, हिन्दी में भी है।" लाख चेष्टा करने पर वह अज्ञेय का सही उच्चारण नहीं कर सका था, किन्तु।··· अग्गोंय !

अज्ञेय की कई किताबें माँगकर ले गया। उस दिन आया तो प्रसन्न था। बोला, "मैं अब नाम पुकारने में ग़लती नहीं करूँगा।"

"बोलो तो, सुनूँ !"

"मुहम्मद बक्श !!"

कई साल बाद, फिर प्रतुल ने ही एक दिन बतलाया, क्रान्तिकारी पार्टी में हिन्दी के दो लेखक थे। एक जनाब पिक्रिड एसिड धोते थे और दूसरे साहब शृंगार-प्रसाधन की सामग्री बनाते थे।

यशपाल, अज्ञेय !!

जयदोल, अरे यायावर रहेगा याद !

याद है ! इतनी सरस यात्रा-कथा पहली बार पढ़ रहा था।··· कानवाई, पूर्णिया की सड़क से नहीं गुजरेगा ?··· यों, सिलीगुड़ी से पूर्णिया को रास्ता जाता है, और वहाँ से कटिहार होकर फिर कहीं स्टीमर से गंगा पार की जा सकती है।··· किन्तु

इस सड़क की अवस्था के बारे में जो-कुछ पता चला था, उसके आधार पर यही निश्चय किया गया कि सिलीगुड़ी से ट्रेन से लदकर कलकत्ते···।

यायावर का कानवाई कलकत्ते की ओर मुड़ गया। पाठकराम का मन उदास हो गया, यायावर, पूर्णिया के तीतरों को नाम पुकारते नहीं सुन सकेगा।

दिल्ली जाना है ! दिल्ली··· दूर नहीं अब !

एशियाई लेखक-सम्मेलन की प्रारम्भिक बातें फिर से नहीं दुहरा रहा। निवेदन है, पाठक उसमें, 'दिल्ली दूर नहीं अब' के बाद जोड़ लें, कृपया !

शीघ्र लौटकर सुना, अज्ञेयजी प्रयाग आये थे। इसके बाद ही दूसरा दल, जो अब तक तटस्थ और उदास था, सम्मेलन में उत्साहपूर्वक सम्मिलित होने की तैयारी करने लगा।··· लिस्ट तैयार हुआ।

दिल्ली। हिन्दी के एक बड़े कथाकार के साथ यात्रा कर रहा हूँ। मेरा सौभाग्य।···

दिल्ली ! यही है दिल्ली स्टेशन ! डेल्ही !! अब दूर नहीं।··· स्टेशन के बाहर, कुलियों को सामान दिखला रहा था··· मेजबान को नमस्कार कह रहा था, भूली-खोयी चीज को खोज रहा था कि एक मीठी मुस्कुराहट के साथ सत्-चित्··· सज्जन सामने आये, "नमस्कार ! मैं अज्ञेय हूँ।"

उन्होंने मुझे चुप देखकर मेरे दिल्ली में रहने का ठौर-ठिकाना पूछा। मैं कोई जवाब दूँ कि अश्क भाईजी ने पुकारकर कहा, "अमाँ, लतिका भाभी वहाँ अकेली खड़ी कब से पुकार रही हैं। और तुम इधर···"

चलते-चलते सुना, अज्ञेयजी बोले, "जिन्हें लेने के लिए कोई नहीं आये हैं, वे मेरे साथ जा रहे हैं।"

मन का जवाब मुँह में ही रख लिया। कह देता तो क्या होता, पता नहीं ! कह देता, जी हाँ ! धन्य हैं वे लोग जो आपके साथ जा रहे हैं।

विशाल भवन, विज्ञान भवन। भवन के हर कोने में लेखक। उतने लेखकों के बीच एक ही पाठक निकला, वह भी लिफ्ट ऑपरेटर जवान सरदारजी ! लिफ्ट को ऊपर उठाने और नीचे उतारने के समय भी वह लगातार एक उर्दू नाविल के पृष्ठ-पर-पृष्ठ पढ़ता जा रहा था।

पाठकराम को बड़ी प्रसन्नता हुई, पाठक सरदार को पढ़ते देखकर। लिफ्ट में देखा, अज्ञेयजी चुपचाप किसी की प्रतीक्षा कर रहे हैं। चुप रहे हम। हम एक साथ ऊपर गये।··· अज्ञेयजी ने सरदारजी के नाविल का नाम पढ़ लिया था, नक़ाबपोश !

उतने तमतमाये हुए चेहरों के बीच, बहुत थोड़ी निर्विकार मूर्तियों को देखा।

उसमें एक यशपाल का चेहरा है, दूसरा अज्ञेय का !

बाहर, एक काउण्टर पर पेशेवर फोटोग्राफरों ने, सम्मेलन की कार्यवाही तथा अकार्यवाही के समय खींची तस्वीरों की दुकान लगा दी थी। लेकिन, ढूँढ़कर थक गया, अज्ञेय की लुकी-छिपी तस्वीर भी कहीं नहीं दिखायी पड़ी।

बंगला साहित्य के प्रसिद्ध, यात्रा-कथा लिखनेवाले, मनोज बसु पर दृष्टि पड़ी। हिन्दी के यायावर की याद आयी ! 'शनिवारेर चीठी' के प्रवीण सम्पादक सजनीकान्त दास को देखकर उनकी एक कहानी की घटना आँखों के सामने फिर से घट गयी ! किन्तु, तुरन्त ही 'हीली-बोन की बत्तखें' गर्दनें लम्बी करके उचकती हुई-सी चारों ओर जुट गयीं और 'कक्-कक्' करने लगीं।...

> 'कहानियों के सत्य में उतनी व्याप्ति नहीं होती, वह एक क्षण का, एक मनःस्थिति का सत्य है, एक दौड़ती लहर का गतिचित्र। यह गतिचित्र आपको दीख जाये और देखने में आपका मन भी थोड़ी देर के लिए उलझा जाये, तो लेखक को और कुछ नहीं चाहिए।' **–अज्ञेय**

लेखक को और कुछ नहीं चाहिए। किन्तु, पाठकराम को शब्द चाहिए। और उसने सुन रखा था कि अज्ञेय और कुछ दे दे, पर शब्द नहीं देता। नहीं देता तो पाठकराम क्या करेगा ? लाठी मारकर वसूल तो नहीं कर सकता !... महन्त, पादरी, पुरोहित, डिक्टेटर, धूर्त, चतुर, चालाक, सब-कुछ हो सकता है वह। किन्तु इससे... उसके कथाकार को छोटा कैसे मान लिया जाये ?

हिन्दी के कई कथाकारों के भाषण हुए, अंग्रेजी में ही।... अज्ञेय जब अपना वक्तव्य पढ़ रहे थे तो गोपाल हालदार एकटक उसकी मुखमुद्रा को परखने की चेष्टा कर रहे थे।... यशपाल बोलने लगा। भाषण के बीच में न जाने क्या बोला कि सभी रूसी लेखकों ने हेडफोन से अनुवाद सुनकर एक-दूसरे की ओर देखा। उनकी आँखें चमकीं। फिर काग़ज़ पर जल्दी-जल्दी नोट लेने लगे।

ताराशंकर बन्दोपाध्याय ने पाठकराम से कहा था, "मैं जानता हूँ, जैनेन्द्रजी को, अज्ञेय को, यशपाल को।... आरकारो नाम मने नेई।"

नेपाली लेखकों का दल अपनी भाषा में आपस में सलाह कर रहा था, "अज्ञेयजी सितकुराकानी गर्नू पर्छ !" अज्ञेयजी से बातें करनी होंगी।... किसलिए ? अज्ञेय इन्हें शब्द देगा ?... दे भी सकता है, पुरोहित ठहरा !

महन्त, चक्राधिपति, पादरी, पुरोहित, डिक्टेटर, हिपोक्रेट, केलिफ़ोर्नियन आड़ू खानेवाला... अदृश्य, अलख... अकेला... लेखक... अज्ञेय !

नई कहानियाँ/जून, 1960

अश्क

उपेन्द्रनाथ 'अश्क' का नाम हमारे गाँववालों ने पहली बार भिंमल मामा के मुँह से सुना था–अज उपिन्दरनाथ अशक !

उन दिनों हमारे गाँव के पुस्तकालय में उर्दू की कोई पत्रिका नहीं आती थी। और, मामा ने उर्दू पढ़ने का व्रत ले रखा था। व्रत तो नहीं, दौरा कहिए–उर्दू दौरा !

भिंमल मामा ने इसके लिए आन्दोलन छेड़ने का अल्टिमेटम दिया–क्यों नहीं आयेगी उर्दू पत्रिका ? यदि कोई मेम्बर अज उपिन्दरनाथ अशक का अफसाना पढ़ना चाहे तो कहाँ पढ़ेगा ? कैसे पढ़ेगा ?··· मत कहो इसको सार्वजनिक पुस्तकालय ! यह 'बहू-जनिक' अर्थात् केवल 'विवाहित आनन्द' पढ़नेवालों का पुस्तकालय है अब।

कई दिनों तक गाँव की अली-गली और हाट-घाट-बाट में अश्कजी का नाम लेकर पुस्तकालय अधिकारियों के विरुद्ध प्रचार किया था मामा ने !

किन्तु, जब अश्कजी ने हिन्दी में लिखना और छपाना शुरू किया तो मामा कैथी लिपि के प्रचार में व्यस्त थे। देवनागरी लिपि और हिन्दी भाषा से चिढ़े हुए थे। एक बार 'कर्मयोगी' अथवा किसी दूसरी पत्रिका में प्रकाशित अश्कजी की कहानी, उनकी सेवा में हमने सूचनार्थ-अवलोकनार्थ भेज दी।

मामा निहाल हो गये--तो अब, उपेन्द्रनाथ अश्क ? पूरे साढ़े सात साल के बाद मामा ने देवनागरी लिपि और हिन्दी भाषा में प्रकाशित रचना का रस ले-लेकर जोर-जोर से पाठ किया था।

फिर, अपनी बृहत् भानुमति-पेटिका, उर्फ़ 'कजकोल' में उस कथा की कुछ पंक्तियाँ नोट करते हुए कहा था–अशक नहीं, अश्क ! 'कजकोल' में दुनिया-भर की बातें संकलित हो रही थीं। साहित्य के सम्बन्ध में मामा की कई व्यक्तिगत मान्यताएँ थीं : (क) *चन्द्रकान्ता* के बाद भारतीय भाषा में कोई उपन्यास लिखा ही नहीं गया। (ख) अखिल भारतवर्ष में गुलाबरत्न बाजपेयी ही एकमात्र कथाकार हैं।

किन्तु, किसी सीरीज़ में प्रकाशित उर्दू की श्रेष्ठ कहानियाँ पढ़ने के बाद, बाजपेयीजी के साथ अश्कजी का नाम नत्थी करके उन्होंने प्रसन्न-घोषणा की थी–अब दो हुए। कथाकार बाजपेयी और किस्साख्वाँ अश्क ! कोच्छ नहीं, कोच्छ नहीं; ऑल वनस्पतियाँ !

'किस्साख्वाँ' अश्क को 'किस्साखाँ' होते देर नहीं लगी। आज भिंमल मामा नहीं रहे, हमारे गाँव के नवीन और प्रवीण, सभी पाठक जानते हैं कि अश्कजी का ही दूसरा नाम किस्साखाँ है।

भिंमल मामा-जैसा प्रेमी पाठक–अश्कजी या किसी भी लेखकजी का–दूसरा नहीं देखा। कहते हैं, जब मेरा लेखक कविता, कहानी, नाटक, एकांकी, संस्मरण, यात्रा-विवरण, व्यक्तिगत निबन्ध, आलोचना-प्रत्यालोचना सबकुछ लिखता है, तो दूसरे लेखकों की चीज़ क्यों पढ़ें··· इतना प्यारा नाम है किसी भाषा के लेखकों का ?

एक दिन अपना 'कजकोल' खोलकर बोले, "कोई बताये कि किस लेखक की पंक्तियाँ हैं···बाश्शाओ ! मैंनू तो जरलिज़्म-वरलिज़्म दा कोई तजरबा नेईं।··· बाश्शाहो, कुत्ते दी मौत मरना होंदा तो एथे आवन दी की लोड़ सी !··· मैं साब नू आखिया–भई जे मेहरबानी करनी एँ तो हुब कर।··· मैं कम्म सिखन दी पूरी कोशिश करांगा। जो मैं एथे कामयाब हो गया, ते साब ने मेरे नाल वादा कीता है कि मेरे लई तगमे दी सिफारिश करेगा।··· बोलो किस लेखक की पंक्तियाँ हैं ?"

"गुलेरी की ?"

"नहीं, यशपाल की ?"

"तो, जी. पी. श्रीवास्तव···"

"बेढब ब···"

"मैं बतलाऊँ–किस्साखां की !"

भिंमल मामा अपने गमछे के नीचे से एक नयी किताब निकालकर बोले–एक स्रोत से फूट बह रही कब से यह–दोधारा !··· अश्क मेड ईज़ी··· इसको पढ़ने के बाद अश्क-साहित्य को समझना सहज-सरल हो जायेगा।

मामा ने इस बुझौवल के विजेता बुझक्कड़ को किताब देकर कहा–'पढ़ो और बूझो कि अश्क क्या है !'

"लेकिन, इस संग्रह की कई कहानियाँ तो पढ़ी हुई हैं। जैसे··· यह टेबल-लैण्ड !"

"बिना पढ़े किसी किताब के बारे में रायजनी करने की हैसियत तुम्हारी नहीं हुई है, अभी।"

देखते-ही-देखते गाँव में अश्क के प्रेमी पाठकों की संख्या एक से ग्यारह हो गयी है ! उस दिन भिंमल मामा की 'अश्क-विवेचन-गोष्ठी' में भिंमल को जोड़कर एक दर्जन सदस्य उपस्थित थे।

मामा ने प्रारम्भ किया–सबसे पहले एक ममतामयी महिला की शुद्ध स्वीकारोक्ति सुनिए ! तो, महिला क्या लिखती है ? लिखती है–मैं अभी स्नानादि से भी निवृत्त न हुई थी, आपका (माने, अश्कजी का !) छोटा भाई आ पहुँचा और मालूम हुआ अश्कजी को आये चार-पाँच घण्टे हो गये हैं। उनकी (माने अश्कजी की) तबिअत खराब है, ज्वर है और हॉकी खेलते हुए आँख पर गहरी चोट आ गयी है।··· मैंने कहा, आप चलकर अश्कजी से कहिए कि मैं आध घण्टे में पहुँच जाऊँगी।

संक्षिप्त टीका : यह पहली ही मुलाकात की बात है और अब तक का परिचय बस चन्द पत्रों का। आगे चलकर रेखाचित्र-लेखिका लिखती है–कुछ श्रद्धावश,

कुछ इसलिए कि इतनी दूर से चलकर इनसे मिलने आयी थी–मैं चुप बैठी रही। यह जानकर कि शब्दों से खेलनेवाले यह कवि महाराज हॉकी भी इस निष्ठा से खेल सकते हैं कि आँख फुड़वा लें।··· इनके इस विचित्र फक्कड़पन के कारण इन्हें जानने की और भी उत्सुकता हो गयी थी।

पुनः टीका : मैं समझता हूँ, और ठीक ही समझता हूँ कि इस किताब का नाम इस वाक्य के आधार पर पड़ा है–'इतनी दूर से चलकर इनसे मिलने आयी थी।' और, अश्कजी ने भी एक कविता में लिखा है :

और मैं दरिया
चिर का चला··· !

तो, यह चिर का चला दरिया, इस नारी के सम्बन्ध में क्या सोचता है, सो सुनिए–मैंने कौशल्या (रेखाचित्र-लेखिका) को देखने के पहले उसके पत्रों को देखा।··· मैंने उसका पहला पत्र पाने के बाद ही उससे विवाह करने का इरादा कर लिया था। यदि कौशल्या को पत्र लिखने में, और बात सच्ची हो या झूठी, लिखी हुई पंक्तियों में हृदय की समस्त भावना भर देने की अपूर्व दक्षता प्राप्त न होती, तो हमारे जीवन के अतीव उलझे हुए तार कभी न सुलझ पाते।

अब, विवाह के प्रारम्भिक दिनों की एक घरेलू तस्वीर, श्रीमती कौशल्या अश्क के शब्दों में, देखिए–ऐसे ही एक बार जब अचानक कुछ मेहमान ज्यादा आ गये, मैंने बैठक में इन्हें बुलाकर कहा, बाकी तो सब ठीक है, पर बैंगन का भुर्ता कुछ कम है। कोई रह न जाय। कहिए तो जल्दी से दो बैंगन मँगाकर भून लूँ। बोले, तुम चिन्ता न करो, सब ठीक हो जायेगा।··· जब समय पर सब खाने को बैठे, मैंने भुर्ते की प्लेट की ओर संकेत किया। इन्होंने भुर्ता उठाया और अपनी प्लेट में पर्याप्त मात्रा में डालकर बोले, 'देखो भाई, यह तरकारी इतनी ही है। लेते समय दूसरों का भी ध्यान रखिए।'

एक सदस्य कुछ बोलने को हुआ तो भिंमल मामा ने बोलने ही नहीं दिया–मैं जानता हूँ कि तुम क्या कहना चाहते हो। यही न कि मैं बैंगन नहीं खाता।··· सचमुच, इस महिला, माने श्रीमती कौशल्या अश्क की 'पंक्तियों में हृदय की समस्त भावना' भर देने की अपूर्व दक्षता प्राप्त है। क्षणिक अन्तराल के बाद मामा ने कहा–अन्तिम पंक्ति है; अब यक्ष्मा से पीड़ित पिछले एक वर्ष से पंचगनी के एकान्त में पड़े हैं।

मामा का गला भर आया। आँखों की पुतलियाँ एक-दो बार अस्वाभाविक ढंग से नाचीं। मैंने कहा–मामा, आज यहीं तक रहें।···

लगा, बारूद की ढेरी में आग की चिनगी पड़ गयी ! न जाने कब से मुझ पर सुलग रहे थे–अन्दर-ही-अन्दर। फट पड़े–"मैं जानता हूँ, तुम्हारे दिल में बहुत पुराना पाप समाया हुआ है। तुम लोग अश्क के अमंगल की कामना करते हो, क्योंकि वह 'हंसवादियों' के साथ लिखता-पढ़ता है। 'नया साहित्य' का एक अंक भी पुस्तकालय में रहने दिया है तुम लोगों ने ? 'पक्का गाना' किसी ने देखा भी

नहीं, सरसरी निगाह से भी नहीं।··· क्षुद्रता की भी सीमा होती है।··· बड़ी भारी रिपोर्टाचार्य लिखनेवाला समझ लिया है अपने को··· तुम तो पेती-राइटर भी नहीं। ··· हृदयहीनो !··· इतिहास साक्षी रहेगा !··· ”

इसके बाद दो-चार ग्राम्य गालियाँ ! इससे भी जी नहीं भरा तो राजनीतिक गालियाँ—मनशेविखो ! सामाजिक दीमको (सोशल डेमोक्रेट)··· ट्रेटर आदि-आदि ! हम समझ गये, तीन-चार दिनों तक गालियों की वर्षा होती रहेगी, निरन्तर !··· उनकी गालियों का बुरा नहीं माना हमने, कभी।

तीन-चार दिनों तक अपने दो दर्जन शिष्यों को लेकर अश्क-साहित्य-प्रचार का काम शुरू किया।··· अश्कजी की किताबें खरीदने का अर्थ है, एक साहित्यकार की कीमती जान की रक्षा !

एक सप्ताह के बाद आये तो अपेक्षाकृत शान्त थे। बोले—मैं तुमसे एकान्तिक बात करने आया हूँ।··· प्रार्थना है, तुम शीघ्र पटना जाओ। जाँच करवाओ। तुम्हारी सूरत देखकर मैं डर गया हूँ। 'दो धारा' में छपी अश्क की तस्वीर देखी है न ?

मुझे लगा, मामा ने मेरे सबसे कमजोर स्थल को छू दिया। मामा ने कहा—अश्क का नाम लेते ही तुम्हारा चेहरा पीला क्यों पड़ जाता है ?

टटोलकर देखा, गत दो-तीन वर्ष से अश्क की रचनाओं को पढ़कर भी नहीं पढ़ता था। जब से मालूम हुआ कि अश्क टी.बी. का शिकार हो गया है, तभी से यह उपेक्षा, यह उदासीनता घनी होती गयी।··· अश्क का नाम लेते ही मुझे अपने फेफड़ों में फलते-फूलते रोग का खयाल होता। जेल में थिकेण्डप्लुरा हुआ था। अस्पताल से रिहा होते समय प्रसिद्ध डाक्टर टी.एन. बनर्जी ने चेतावनी दी थी—दौड़-भाग नहीं ! आरामकुर्सी में पड़े-पड़े जितना 'राजा-वजीर' मारो कोई बात नहीं !··· वजन दिन-दिन घटता जा रहा था।

भिंमल मामा के सदुपदेश को तुरन्त मन से मिटा दिया, क्योंकि··· बहुत बड़ी-बड़ी बातें होने जा रही थीं।··· महत्त्वाकांक्षा के सामने रोग के कीटाणु !

नेपाल में क्रांति का बिगुल बजा !

भारतीय स्वतंत्रता के संग्राम में सैकड़ों नेपाली नौजवानों ने भाग लिया था। आठ साल की उम्र से ही 'नेपाल-माँ' ने अमृत पिलाकर—पाल-पोसकर बड़ा किया—उसके लिए मुझे कुछ नहीं करना है ?··· करना है—ईस्टर्न कमाण्ड के 'सी-इन-सी' ने खुद पत्र लिखा है—यहाँ आकर देखो, मृत्यु कितनी प्रिय है··· कितने पिता, कितने पुत्र एक ही साथ मरने के लिए तैयार हैं। आ जाओ !···

फिर, सब भय दूर हो गया—रोग से घुल-मिलकर मरने से अच्छा है कामरेड कुलदीप की तरह मोर्चे पर मरना !

आवश्यक काम से पटना जाने का आदेश मिला। पटना आकर चार-पाँच दिन के लिए रुक जाना पड़ा।

बन्धुवर नर्मदेश्वर प्रसाद ने कहा—आज शाम को मेरे डेरे पर आइए। अश्कजी पटना आये हुए हैं। आज शाम को हम लोगों ने चाय पीने के लिए बुलाया है! विश्वमोहनजी, गोपीजी वगैरह रहेंगे।

अश्कजी काली शेरवानी और काली टोपी पहने, छड़ी घुमाते हुए आये। बातचीत शुरू हुई समाजवादी यथार्थवाद से, और समाप्त हुई 'नया साहित्य' में प्रकाशित 'पक्के गाने' के बोल पर। कहना न होगा कि बात अच्छी तरह जमी पक्के गाने के बोल पर। सजनी-ई-ई··· ओ सजनी··· ओ सजनी !

मैं सिर्फ यह पूछना चाहता था कि अब आप पूर्ण स्वस्थ हो गये हैं या नहीं।

ठीक दो महीने बाद एक दिन हठात् खून की कै करने लगा। रक्त थूकते समय मैं कभी टेबललैण्ड, कभी पंचगनी··· अश्क··· दीनानाथ··· कासिम भाई का नाम लेता। उस समय ऊल-जुलूल बोलने में एक अभूतपूर्व आनन्द आता था। न जाने क्यों ?

भिंमल मामा पर पिछले पाँच-सात महीनों से फिर तन्त्र-मन्त्र का भूत सवार हुआ। झाड़-फूँक, टोटके-टोने से लेकर श्मशान तक जगाते फिरते।

पटना आने के समय, एक बार उलटकर अपने गाँव की ओर देखा, सबकुछ धुँधला ! भिंमल मामा पर नजर पड़ी। दस-बारह दिन के बाद घर लौट रहे थे। स्टेशन पर कवच बाँध देने के बाद, बटुए से दस-दस रुपये के कई नोट और मुट्ठी-भर रेजगारी निकालकर बोले—'सोचा था, अपने बीमार लेखक अश्क को भेजूँगा। सात-आठ महीने में झाड़-फूँक में जो 'चिरागी' पैसे हुए··· एक सौ एक। अश्कजी तो अब स्वस्थ हो गये··· घबराना मत। तुम भी सेब-जैसे लाल-लाल गाल लेकर लौटोगे ! चवन्नी, अठन्नी, दुअन्नी··· सिन्दूर में सनी हुई रेजगारी !' एक बार फिर उलटकर गाँव की ओर देखा—अब धुँधला नहीं ? सारा गाँव सिन्दूर में सना हुआ !

अस्पताल में जब भी मामा का पत्र मिला, अश्कजी की चर्चा उसमें जरूर होती—अश्क का नया नाटक प्रकाशित हुआ है··· एक कहानी फिर छपी है।

रोगमुक्त होकर, पूर्ण स्वस्थ मन-प्राण लेकर गाँव लौटा। स्टेशन पर ही मालूम हुआ, भिंमल मामा नहीं रहे ! किसी लेखक का ऐसा पाठक नहीं देखा, जिसने अपने कथाकार के पात्र की पात्रता प्रमाणित की हो।

1953-54 में दूसरी बार पटना में ही अश्कजी का दर्शन प्राप्त हुआ। वीरेन्द्र के साथ आये और पाँच मिनट ठहरे, मेरे डेरे पर। किन्तु पाँच ही मिनट में स्वास्थ्य, साहित्य और संसार के सभी प्रश्नों को हँसी-ठहाके में उड़ाकर चले गये।

उसी दिन शाम को दिल्ली से आये हुए उपन्यासकार यज्ञदत्त शर्मा के सम्मान में आयोजित चाय-पार्टी में एक अप्रिय घटना घट गयी। यज्ञदत्तजी अपने शीघ्र ही प्रकाशित होनेवाले उपन्यास में उठायी गयी समस्याओं पर बोलने लगे। बहुत अच्छी तरह बोलते जा रहे थे कि उनकी दृष्टि अश्कजी और छविनाथ पाण्डेयजी पर पड़ी, जो आपस में 'कानाफूसी' कर रहे थे। यज्ञदत्तजी क्रोध से

थर-थर काँपने लगे। बोले–'अश्कजी, पहले आप लोग अपनी बातचीत समाप्त कर लीजिए, तो मैं बोलूँ।' अश्कजी के चेहरे पर एक बार क्रोध की रेखा अंकित हुई। किन्तु तुरत बिला भी गयी। चूना चाटते हुए नम्रतापूर्वक बोले–'भई, मैं तो तुम्हारे ही बारे में छविनाथजी को बतला रहा था।··· तुम्हारी तारीफ़ ही कर रहा था।'

यज्ञदत्त फिर नहीं उठे, शायद। उस दिन की घटना की जब-जब याद आती है, एक-दो प्रश्न मेरे मन में बार-बार उठते हैं कि श्रद्धेय पाण्डेयजी और अश्क भाई साहब की कुर्सियाँ आसपास संयोगवश ही लगी होंगी··· अश्कजी, अन्त तक यज्ञदत्तजी को समझाने की कोशिश करते रहे। किन्तु पाण्डेयजी एक शब्द भी नहीं बोले। सो, क्यों ?

अश्क-परिवार के साथ दिल्ली जा रहा हूँ और सारी बातें याद आ रही हैं, सिलसिलेवार ! कौशल्या भाभी अपने पति-पुत्र को रह-रहकर मीठी झिड़की देती हैं–नीलाभ बेटे, खिड़कियों को मत खोलो !··· अश्कजी, प्लीज बी कंसिडरेट··· बेचारे अभी से बिचले बर्थ पर जाकर कैसे लेट सकते हैं ? सहयात्री बेचारा कृतज्ञता-भरी आँखों से कौशल्या भाभी को देखता है और अश्कजी अपनी टेक पकड़ते हैं–लेकिन रेणु, भैरव ने तो कहा··· अश्कजी 'द्वितीय मत' अपने अनुपस्थित मित्र भैरवप्रसाद गुप्तजी के नाम से प्रकट करेंगे–लेकिन, भैरव ने तो कहा···

रात्रि-भोजन के बाद हम अपने-अपने बर्थ पर जाकर लेट गये। पिता ने सोने के पहले नारा लगाया–हे-ए-चेय-गेरेम !

सबसे ऊपरवाले बर्थ पर लेटे पुत्र ने खनखनाती हुई आवाज़ में प्रत्युत्तर दिया–मोंगफेली हे-ए !

कौशल्या भाभी ने एक ही साथ दोनों को धमकी दी–ऐ ! क्या हो रहा है यह ! और विश्वास कीजिए, इसके बाद पिता-पुत्र दोनों ने चूँ शब्द भी नहीं किया।

मुझे रात-भर नींद नहीं आयी।··· यह सदाबहार लेखक ! पटना में उस बार रंगीन तबिअत के एक प्रकाशक मित्र ने कहा था–यह आदमी अज़ब-अज़ब कारोबार करता रहता है।··· संकलन के लिए लेखकों से रचना उगाहने के लिए लेडी-लिटरेरी-एजेण्ट रखा है।··· एक दुखी लेखक मित्र ने घण्टों बैठकर यह समझाने की चेष्टा की थी कि अश्क अवसरवादी है।··· मैं अपने से पूछता हूँ–क्या मैं अवसरवादी नहीं हूँ ?··· स्वार्थी नहीं हूँ, मैं ?··· मेरा सौभाग्य कि इतने बड़े लेखक के साथ यात्रा कर रहा हूँ !

प्रथम अधिवेशन के दिन अश्कजी को कहीं चैन से बैठते नहीं देखा। वातावरण में बेचैनी थी। इसको किसी तरह शान्त करना आवश्यक था।··· प्रयाग के ही एक मित्र ने कहा–तो आप समझते हैं कि अश्कजी वातावरण शान्त करने के लिए बेचैन हैं ! अहमक हैं आप !

हमारे मेज़बान ने रात्रि-भोजन के लिए यशपाल, अश्क और भगवतशरण उपाध्याय को बुलाया है। यह सुनकर कोई दूसरा प्रोग्राम हमने नहीं बनाया।

अश्क और यशपालजी में बातें होने लगीं। उपाध्यायजी बीच-बीच में बोलते थे। मुझे सुनने के सिवा और कुछ नहीं करना है। किसी पक्ष की बात पर अधिक मुस्कुराना या गर्दन हिलाना भी हमारे लिए शोभनीय नहीं। हिन्दी के दो प्रख्यात कथाकार आपस में बातें कर रहे हैं! मेरे पूर्व-जन्म का पुण्य है कि मैं उन लोगों के पास बैठकर यह सब देख-सुन रहा हूँ।··· यही क्या कम है!

अश्कजी ने उपर्युक्त रात्रि भोजन के अवसर पर बातचीत की चर्चा अपने किसी वैयक्तिक निबन्ध में की है। यशपालजी भी लिख सकते हैं। मुझे बहस का विषय याद नहीं।··· दो बड़े-बुजुर्ग के बतियाने के तौर-तरीके और ढंग को गौर से देखना आसान काम नहीं। रह-रहकर मेरी नज़र कौशल्याजी की कलाई पर बँधी घड़ी पर जाती। फिर, प्रकाशवतीजी की घड़ी पर।

भोजन करते समय भी दोनों एक-दूसरे से उलझे रहे। दोनों ही कलाकार, तेज-कुन्द व्यंग्य का आवश्यकतानुसार उपयोग करना जानते हैं। मैं शुरू से ही बीच-बीच में यशपाल के चेहरे को अश्कजी के दृष्टिकोण से देख लेता—बिगड़ा हुआ ईसाई अफसर!

प्रयाग में ही एक नवोदित कवि के मुँह से अश्क-निन्दा सुनकर मैंने उनसे विनयपूर्वक कहा था—कल्पना कीजिए अश्कजी प्रयाग छोड़कर और कहीं जा बसे हैं।

नवोदित कवि ने मुस्कुराकर आँखें मूँद लीं। फिर ठठाकर हँस पड़ा—बड़ा फीका हो जायेगा यहाँ का साहित्यिक समाज!

अश्क के बारे में हर तीसरे महीने कोई-न-कोई गुल खिलता है। हर बार, ठहाका मारकर हँसते हुए, किसी मित्र की पीठ पर थाप देते हुए अश्कजी कहेंगे—भाई, मुझे तो जो-कुछ कहना-करना था, कह दिया, कर दिया। अब बैठकर आनन्द ले रहा हूँ।··· लोग परेशान हैं! मुझे तो मज़ा आता है!

—बाश्शाओ कुत्ते दी मौत मरना होंदा ते इथे आवन दी की लोड़ सी?··· और मैं दरिया, चिर का चला।··· चपरकनाती!··· नीला थोथा घोल के या दही में डाल के··· इन तकियाकलामों को अश्क के मुँह से दिन-भर में एक सौ बार सुनकर भी एक बार फिर सुनने का दिल करेगा आपका। और तब अश्क फिर एक कहकहा लगाकर कहेगा—लेकिन, यार! भैरव ने तो कहा···

नई कहानियाँ/जुलाई, 1960

जैनेन्द्र

लोगो,
शमशेर* से डरते क्यों हो ?
वह फौलादी है;
पर देखो, कितना झुक जाने को तैयार है !
लेकिन, खबरदार !
उसकी धार के सामने न पड़ना,
वह न्याय की तरह बारीक है।
शमशेर दो बातें जानता है...
बहादुरी, और गरीबी।
जिनमें दोनों नहीं, वे क्या आदमी हैं ?

... जानते हो, शमशेर प्यार का क्या करता है ? उसे कुचल डालता है... फिर ज़रा रो लेता है और अपने काम में लग जाता है...

शमशेर उसका उपनाम है। डकैतियों में भी, कविताओं में भी।

पहली बार जब मैं कवि शमशेर से मिला... (शमशेर भाई, मुझे क्षमा करें, मैं जैनेन्द्रजी का ही रेखाचित्र लिख रहा हूँ !)

सो, जब मैं पहली बार कवि शमशेर से मिला तो मैं जुलैका के बारे में पूछना चाहता था।

शमशेर से मिलने के पहले, उसकी कविताओं को पढ़ चुका था। कविता पढ़ने के पहले जुलैका की याद आती है और वह नाटकीय क्षण मूर्त हो जाता है।... झपटकर जुली चबूतरे के तख्ते पर पहुँच गयी और चिल्लायी, "और कुछ नहीं, शमशेर, और कुछ नहीं ?"

"और क्या, जुलैका ?"

"और कुछ नहीं ?... मरते वक्त और कुछ नहीं ?"

"नहीं !"

"थोड़ा-सा प्यार ?"

"जुलैका, क्या कहती हो ?'

"बिल्कुल ज़रा, ज़रा-सा प्यार..."

"जुलैका, औपन्यासिक न बनो। इसमें कुछ नहीं है !"

यह कवि शमशेर, वह कवि शमशेर नहीं, यह कैसे मान लूँ ? चलिए जैनेन्द्रजी से पूछ लिया जाये कि यह कवि शमशेर, वही कवि शमशेर है न, जिसे उन्होंने

* शमशेर और जुलैका—जैनेन्द्र की प्रारम्भिक लोकप्रिय कहानी 'फाँसी' के सशक्त पात्र हैं।

फाँसी पर··· मैं जैनेन्द्रजी से मिला हूँ। मैंने कभी नहीं पूछा, क्योंकि बिना पूछे ही मैं जैनेन्द्रजी का उत्तर जानता हूँ।

इस प्रश्न के उत्तर में जैनेन्द्रजी चिन्ता करते हुए आपसे कहेंगे, "सो ही तो ! यह शमशेर वह शमशेर नहीं है, यह मेरे द्वारा कैसे कहा जा सकता है ? यह और वह के अलावा कोई भी शमशेर शमशेर है या नहीं, यह कहना कठिन है।··· वैज्ञानिकों का कथन है कि बहुत-से ऐसे नक्षत्र हैं, जिनके प्रकाश को पृथ्वी तक पहुँचने में करोड़ों वर्ष लग जाते हैं। तो एक करोड़ वर्ष पूर्व जो प्रकाश किसी नक्षत्र से चला, वह हमारे पास आज पहुँचा। इस बीच, सम्भव है, वह नक्षत्र निश्चिह्न हो चुका हो। इसलिए, हम अभी जिस नक्षत्र को देख पा रहे हैं, वह इस समय सचमुच में है या नहीं, इस पर सन्देह किया जा सकता है।"

तब मैं आपसे पूछूँगा, "क्या समझा आपने ?"

मेरा विश्वास है कि हिन्दी का यह प्रिय कवि शमशेर वही है, जिसे जुलैका प्यार करती थी। इसी विश्वास को लेकर जी गया। वरना पार्वती के दरवाजे पर किसी दिन सुबह को भीड़ लग जाती और बैलगाड़ी पर लदी हुई लाश को लोग हाथ में अंकित नाम से ही पहचानते।··· देवदास पढ़ने के बाद ही अपने हाथ पर अपना नाम 'गोदवा' चुका था।

मेरे देवदास की पार्वती (पर्वतीय प्रदेश की) शरत्चन्द्र को कभी नहीं पढ़ती। जब देखो तब जैनेन्द्र की कोई-न-कोई किताब लेकर बैठी है। देवदास जैनेन्द्र से चिढ़ा रहता। उसने इधर-उधर से सुन लिया था कि जैनेन्द्र अपनी नायिका का सबकुछ उतारकर एक ओर रखवा देता है। इसलिए, उसकी किताबों पर लिखा होता है, स्त्रियाँ और बच्चे इसे नहीं पढ़ें। और स्त्रियाँ और बच्चे ही इसके पाठक हैं या हो सकते हैं। पार्वती खिलखिलाकर हँसी थी–तुम शरत्चन्द्र को पढ़कर ही अधिक मूर्ख हो गये हो, यह तुमको कौन समझाये ! तुम ऋषभचरण जैन और जैनेन्द्र कुमार, एक ही व्यक्तित्व को समझते हो ?··· लो, पढ़ो यह टटकी कहानी 'फाँसी' !

शमशेर से मेरा पहला परिचय पार्वती ने ही कराया। जैनेन्द्र को पढ़ने और चाहने के लिए मजबूर भी उसी ने किया।

किन्तु, विवाह के बाद, पार्वती से मिलकर बेचारा देवदास आतंकित ही हुआ था। उसे लगा, पार्वती ने देवदास को कसकर बाँधने के लिए इतना शीघ्र विवाह कर लिया था। वह चाहती थी कि देवदास जीवन भर बगलवाले कमरे में बैठा रहे। वह अन्दर के कमरे में ताड़ित होती रहे और मौका मिलते ही देवदास को अपनी देह खोलकर दिखलाये–देखो ये दाग ! इसके बाद ही देवदास को ज्ञान हुआ। देवदास ने, अपने शरत्चन्द्र को ग़लत समझकर ही, हाथ पर अपना नाम अंकित करवाया था। पार्वती ने भी अपने जैनेन्द्र को ग़लत समझा है··· दोनों बीमार हैं।

पार्वती फिर एक बार नाम बदलकर आयी। देवदास ने भी अपना नाम बदल लिया था। वह कहने लगा, "उर्मिला, असली मैं वही हूँ। आज नहीं जानता कि

तुम्हारे सामने वह सब मैं क्यों कहने बैठ गया। तुम सफलता चाहती हो, तुम रूपसी हो, युवती हो, विदुषी हो, कलावन्त हो, सबकुछ तुम्हें मिल सकता है, लेकिन उस सबमें मेरे लिए कहीं स्थान नहीं है। माफ करना, तुम्हें मेरे दुर्भाग्य का पता नहीं है, इसी से शायद तुम्हें माफ करने में कठिनाई हो रही है, लेकिन··· "

"तो दीनू, मैं लौट जाऊँगी।··· लेकिन ओह, कैसे बताऊँ कि पहले दिन ही मैंने तुम्हारी आँखों में देख लिया कि तुम इस दुनिया में अकेले, बेहद अकेले हो। ··· दीनू, सच कहती हूँ यह मायाविनी मैं नहीं थी। वह थी तो व्यंजन की भाँति तुम्हारे समक्ष परोसे जाने के लिए ही थी।"

दीनू ने उर्मिला का हाथ लेकर माथे से लगाया और कहा, "उर्मिला, भगवान से प्रार्थना है कि तुम सदा सौभाग्यवती रहो !"

और, उर्मिला को ऐसा लगा कि अगर घुँघरू होते तो वह इस समय ऐसा नाचती··· ऐसा नाचती···

देवदास··· पार्वती··· दीनानाथ··· उर्मिला··· क्रमशः फेड आउट हो गये। रह जाता है शमशेर। रह जाती है जुलैका।··· फाँसी के फन्दे में लटका हुआ मैं, शमशेर··· पिघलकर पानी हो गयी मेरी जुलैका !

कहने का मतलब हिगेल साहब का यह है कि परस्पर-विरोधी धारणाओं में ऐक्य-प्रतिष्ठा का नाम ही द्वान्द्विक पद्धति है। वाद, प्रतिवाद और संवाद।··· और मेरे कहने का मतलब 'चरम संवाद'–शमशेर !

(इन पंक्तियों को लिखते समय मुझे अपने स्तम्भ-पाठकों की चिट्ठियों की याद आती है।··· अच्छा मौका हाथ लगा है आपको, किये जाइए गुणगान !··· क्यों रेणुजी, स्तवन हो रहा है ? हें-हें-हें-हें !··· कथाकार के व्यक्तित्व की बारीकियाँ··· रहन-सहन का ढंग सभी उभारिए ! व्यक्तिगत रूप से गहराई तक जाकर··· भीतर धँसकर रेखाचित्र लिखा जाता है।···) तो आइए ! अब ज़रा भीतर धँसा जाये।

प्रश्न–आप क्यों जीते हैं ?

उत्तर–जब तक मौत न आये, क्या उससे पहले ही मरना होगा ?

प्रश्न–मौत नहीं तो फिर ध्येय क्या है ?

उत्तर–ध्येय है मुक्ति।

प्रश्न–मुक्ति क्या ?

उत्तर–व्यापक या व्याप्त सत्ता।

प्रश्न–खुलासा समझाइए।··· व्यक्त अर्थात् ज्ञात ?

उत्तर–नहीं।

प्रश्न–फिर क्या ?

उत्तर–ज्ञात सत्य का एक पहलू-भर है। ज्ञात+अज्ञात=अज्ञेय : सत्य यह सबकुछ है।

प्रश्न–जो अज्ञात और अज्ञेय है, उस पर श्रद्धा कैसे सम्भव है ?

(मेरे पॉकेट में पड़ी हुई चिट्ठियाँ नारा बुलन्द करती हैं–नहीं चलेगी, नहीं चलेगी !

चण्डूखाने की बात यहाँ नहीं चलेगी।)

दासानुदास निवेदन करता है—यह यक्ष-युधिष्ठिर-संवाद नहीं। यह गहराई में गये हुए, भीतर धँसे हुए लोगों ने हमारे लिए सुरंग तैयार किया है। भगवान भला करें हरदयालसिंह मौनी, गजानन पोतदार और सबसे अन्त में प्रभाकर माचवे का, जिन लोगों ने मिल-जुलकर, करीब पाँच सौ प्रश्न करके जैनेन्द्र के भीतर धँसने की चेष्टा की थी।··· इस सुरंग में जाकर कोई देखे कि वे कितना भीतर धँस सके हैं।

जैनेन्द्र का जीवन-दर्शन क्या है ?··· दर्शन क्या है ? मैं नहीं जानता।

जैनेन्द्र ने अन्य चिन्तक साहित्यकारों की भाँति जगत् और जीवन को समझने-समझाने की चेष्टा की है—अपने ढंग से। दर्शन के मन्दिर में जिसका आना-जाना नहीं है, वह किसी साहित्यकार चिन्तक की दार्शनिक भावधारा को सरलता से कैसे बूझेगा ? बिना समझे-बूझे यदि दार्शनिक जैनेन्द्र को कोई गढ़ने लगे तो शिव गढ़ते अशिव ही गढ़ेगा।··· कान्ट, स्पेन्सर, हिगेल, प्लेटो, बर्कले, लाइबॅनिज, ह्यूम, बर्गसं आदि का नाम बार-बार दुहराकर जैनेन्द्र को कितना-सा समझा-समझाया जा सकता है ?

और व्यक्तित्व-विचार ?

दासानुदास मानता है कि मनुष्य के वास्तविक चरित्र को, उसके समाज-निर्दिष्ट आचार-व्यवहार से नहीं समझा जा सकता। समाज के बहुसंख्यक लोगों के सुर-में-सुर मिलाकर वह जो राग अलापता है, इससे उसके स्वतन्त्र व्यक्तित्व का कोई आभास नहीं मिलेगा। व्यक्ति के जीवन में जो बेसुरे राग (ओवरटोन) ध्वनित होते हैं, उसी में असली मनुष्य (ऑथेण्टिक इण्डिविज्वल) की झाँकी मिलेगी। असल जैनेन्द्र को खोजने के लिए उसके बेसुरे राग को पकड़ना होगा।

दासानुदास जितना-सा पकड़ सका है, उसे ही आँकने की चेष्टा कर रहा है।

शमशेर··· जुलैका··· दीनानाथ··· उर्मिला आदि के जीवन में यह बेसुरा राग मैंने सुना है। इसलिए उसे भूलना असम्भव है।

जब कभी दिल्ली जाता हूँ, इलाहाबाद के बाद ही मेरे डिब्बे में एक अदृश्य व्यक्ति आकर बैठ जाता है। इटावा स्टेशन पर सजग बैठकर मुझसे पूछता है, "कहाँ जायेंगे बाबू ?" वह बार-बार कहता है कि शिकोहाबाद स्टेशन आने पर उसे अवश्य जगा दूँ। बार-बार कहता है, उसे टुण्डला उतरना है। टुण्डला स्टेशन पर वह उतर जाता है। और मैं हर यात्रा में टुण्डला स्टेशन पर भीड़ में एक भीता-चकिता स्त्री का मुँह खोजता हूँ। कभी कोई वैसी स्त्री नहीं मिलती, तो जैनेन्द्र को नहीं कोसता।

पहली बार जैनेन्द्रजी को उस समय देखा, जब वह विज्ञान-भवन के मंच से कुछ कहना चाहने के लिए माइक में कुछ बोल रहे थे। देखा, हिन्दी के लेखकों का सम्मिलित क्रोध सबसे प्रथम जैनेन्द्र पर ही बरसा।

"बैठ जाइए !..."

"किसने आपको बैठाया वहाँ ?"

"हमारे साथ अन्याय हुआ है। इस अन्याय में इस व्यक्ति का ज्यादा हाथ है !..."

"उतर जाइए मंच से ! हिन्दी के प्रतिनिधित्व करनेवाले और भी बहुत सारे लोग हैं !..."

उस दिन भी दुख हुआ था; आज भी दुख हो रहा है। जैनेन्द्रजी की वह स्थिति भूल नहीं सकता।

दूसरी बार, पटना में नलिनजी के डेरे पर अनायास दर्शन प्राप्त हुआ। बहुत देर तक सुनता रहा। 'जयवर्धन' तुरंत प्रकाशित हुआ था। दासानुदास का दोषी मन बार-बार जैनेन्द्रजी की चरण-धूलि लेकर अपना पाप-क्षय करना चाहता था। ... शमशेर फौलादी है, पर देखो कितना झुक जाने को तैयार है ! उसी रात नलिनजी की 'पुस्तक समीक्षा' प्रसारित हुई, स्थानीय केन्द्र से। सुनकर लगा मेरा सारा दोष कट गया है। विज्ञान-भवन के उस कोलाहल में मेरी भी अस्फुट बोली का योगदान निश्चय ही रहा होगा।

जब-जब शमशेर की कविता पढ़ता हूँ, जुलैका की याद आती है।

पिछले माह शमशेर ने कवि पन्त पर एक लेख लिखा है ! आपने पढ़ा है ?

मैं भी शमशेर-जैसा बनना चाहता हूँ। लेकिन, प्यार मुझे कुचल डालता है, हर बार ! इसमें जैनेन्द्र का क्या दोष ?

'शायद यह (रेखाचित्र) धृष्टता हो। मैं मोह-मुक्त नहीं हूँ। इस दुनिया का कुछ चाहना पाप है। पर चाह से एकदम छुट्टी कहाँ ! और जो लक्ष्य के अनुगत है, वह चाह कर्त्तव्य भी हो जाती है। सो जो हो, यह (रेखाचित्र) सामने आने देने का साहस मुझसे बन रहा है।'

उपर्युक्त वक्तव्य जैनेन्द्रजी का है। इसमें 'पुस्तक' की जगह कोष्ठक में 'रेखाचित्र' भरकर मैंने इसे अपनी कैफ़ीयत बना लिया है।

नई कहानियाँ/अगस्त, 1960

उग्र

सितम्बर, 1954 ! हिमालय होटल, काठमाण्डू, नेपाल ! उस रात को हठात् डायरी लिखने की प्रेरणा मिली। किन्तु, आधी पंक्ति... उपर्युक्त पंक्ति के बाद और कुछ

नहीं लिख सका था। आज, यानी अगस्त, 1960 में, उस रात की अधूरी डायरी को पूरा करने की इच्छा होती है; क्योंकि, देर से ही सही, लिखने का अवसर मिला है। अतः डायरी लिख रहा हूँ।

12 सितम्बर, 1954 !

जिस काम के लिए आया था, वह नहीं हुआ। नहीं हुआ, नहीं हुआ। सुबह नेपाल के प्रसिद्ध कवि, कथाकार, नाटककार व चित्रकार श्री बालकृष्ण 'सम' के घर पर चाय पी। कल रात 'माँ' ('सम'-लिखित नाटक) देखा, सिंह दरबार के नाट्य-भवन में। आज उनके नये चित्रों को देखा।··· 'सम' धीरे-धीरे ट्रेडिशन से अलग हो रहे हैं, लीक छोड़ रहे हैं। उनकी कनिष्ठा कन्या ज्वाला द्वारा अंकित 'स्टिल लाइफ' को देखकर, बहुत देर तक विस्मय-विमूढ़ रहा। अद्भुत है यह परिवार–पिता, पुत्र, पुत्रियाँ,–सभी कलाकार ! कलाकार-परिवार–सरस्वती निवास··· ज्ञानेश्वर··· काठमाण्डू ! शाम को हुण्डीखेल मैदान में बैठा रहा। कहीं नहीं गया। नेपाल की राजधानी का यह विशाल पैरेड-ग्राउण्ड। काठमाण्डू की यह प्रमुख सड़क ··· राजपथ··· जुद्ध-सड़क।··· जुद्ध, शमशेर जंगबहादुर राणा के नाम पर। यह होटल, हिमालय होटल, जुद्ध-सड़क पर ही है।

शाम को लौटकर, सीढ़ी से ऊपर चढ़ते समय देखा, कविवर भवानी भिक्षु सिगरेट सुलगाकर रेस्तराँ से निकल रहे हैं। ऊपर पहुँचते ही मानबहादुर ने बताया, "थुपरे माँछे···" यानी बहुत सारे लोग मुझसे मिलने आये हैं। वे नीचे रेस्तराँ में बैठे हैं। कहिए तो बुला लाऊँ उन्हें।"

मैंने कहा, "पहले मेरा कमरा खोलो।"

मानबहादुर कमरा खोलकर नीचे चला गया।

आध दर्जन नौजवान ऊपर आये।

मेरा भय दूर हुआ, एक भी राजनीतिक व्यक्ति नहीं। सभी साहित्यिक हैं, साहित्य-प्रेमी–लेखक–कवि-पाठक ! उन्होंने बताया, भिक्षुजी बहुत देर तक प्रतीक्षा करके चले गये··· एक परिचित-से सज्जन नहीं, परिचित ही निकले और साहित्यिक गप्प शुरू हुई।

बहुत देर तक 'सुन्दरी जल' (नेपाल का प्रसिद्ध रम्य स्थान) और 'गुण-केसरी' (नेपाल का प्रसिद्ध फूल) पर रचित कविताओं पर बातें हुईं। सैकड़ों कविताएँ लिखी जा चुकी हैं। कथा-साहित्य की जब चर्चा शुरू हुई तो सबसे पीछे चुप बैठे हुए मित्र ने पूछा, "आजकल उग्रजी कहाँ हैं ? क्या लिख रहे हैं ?"

मैं चुप रहा। चुप इसलिए रहा कि इन प्रश्नों के जवाब मुझे मालूम नहीं। ··· कहाँ हैं उग्रजी आजकल ? हैं या नहीं कहीं ? पता नहीं।

उसी समय मानबहादुर चाय ले आया।

उग्रजी के बारे में पूछनेवाले मित्र ने अपनी भाषा में ही अपने आसपास बैठे हुए बन्धु से कहा, "गजब को लेखक हो यो उग्र !··· मतवाला, लापरवाह··· त्यस्को

शैली लाई उग्र-शैली भदंछन ! जस्ता नाम त्यस्ता गुण ! उग्र !"

फिर उसी ने मुझे सूचना दी कि उग्र का 'चाकलेट' फिर प्रकाशित हुआ है। भूमिका की कुछ पंक्तियाँ भी उसने दोहरायीं, "सौदा नहीं, जुनूँ नहीं··· पढ़ें, समाज के बड़े-बूढ़े, पढ़ें-पढ़ें··· बस, मैं कह चुका !"

मानबहादुर चाय की प्यालियाँ बटोरने आया तो वे आपस में कुछ फुसफुसाकर हँस पड़े। पूछने पर, मेरे पूर्वपरिचित मित्र ने बताया कि कुछ ही दिन पहले, इसी होटल में, सम्भवतः इसी ब्वाय (मानबहादुर) के साथ··· चाकलेटपन्थी घटना घटते-घटते रह गयी। उधर के ही (भारत के) व्यापारी सज्जन थे, काठ के व्यापारी। होटल के मालिक ने मोटी सलामी लेकर मामला 'रफा-दफा' कर दिया।

उधर के ही सज्जन ?··· लाज के मारे मैं कठा गया।

कृष्णभक्त उपाध्याय ! उग्रजी के बारे में पूछनेवाला नेपाली नौजवान, कृष्णभक्त उपाध्याय, पूर्वी अंचल के पहाड़ का, धनकुट्टा पहाड़ का निवासी है। नेपाल का हिल-स्टेशन–धनकुट्टा, डाक-तार तथा यातायात की सुविधाओं से बहुत दूर। यह नौजवान हिन्दी पुस्तकों का पारसल छुड़ाने के लिए हजारों फुट नीचे उतरकर, पचास माइल समतल तराई पारकर जोगबनी (भारत) जाता है। नवीनतम पुस्तकों का ऑर्डर देता है और पारसल आने तक जोगबनी में रह जाता है। हिन्दी-साहित्य की आधुनिकतम प्रवृत्तियों से परिचित है। प्रयोगवादी कविता और नकेन के बारे में प्रश्न पूछता है।··· उग्रजी के बारे में इस तरह पूछ रहा था, मानो कोई अपने निकट के सम्बन्धी के सम्बन्ध में हुलसकर कुशल-क्षेम पूछ रहा है।··· और मैं, हिन्दी का एक टुटपुँजिया लेखक, मुझे यह भी पता नहीं कि उग्रजी जीवित हैं या··· !

नेपाली मित्रों के जाने के बाद बार-बार यह प्रतिध्वनित हुआ मन में–उधर के ही सज्जन ! अर्थात् यह रोग भारत के द्वारा नेपाल···

भूख नहीं। जो थी सो भी खत्म हो गयी। मानबहादुर से कह दिया–'नहीं खाऊँगा।' रोशनी बुझाकर सो गया हूँ। लेकिन, नींद नहीं आ रही है।··· मतवाला ··· उग्र··· निराला··· चन्द हसीनों के खतूत··· बुधवा की बेटी··· चौड़ा हुरा··· सुधारक का वह डॉक्टर··· माँ की चुनरी की साध··· उग्र-लिखित··· उग्र-शैली,··· उग्र-प्रणाली !

मैं बार-बार एक स्मृति को मिटा देता हूँ मानस-पट पर से। लेकिन यह हर बार उभरकर सामने आती है।··· स्कूल के हेडमास्टर साहब का दफ्तर–सर ! बहुत खराब बात, गन्दी बात कहता है।··· क्या कहता है ?··· चाकलेट कहता है। चाकलेट माने ? नहीं। मैं इस स्मृति को मिटा नहीं पाता हूँ।··· कुमार ने आत्महत्या की। एक पुर्जे पर लिख गया, 'मैं एक लड़का, एक पुरुष बनकर जीना चाहता था, लेकिन मेरे गुरुओं ने···'

तोप दग गयी। इसके बाद शहर में निकलना मना है। चाकलेट की गन्ध भी मुझे लग जाये, तो सर-दर्द होने लगता है। चाकलेट, आइसक्रीम या हॉट-ड्रिंक पी लूँ, तो भेद-वमन शुरू हो जाये। जीवन में कभी एक पैसे का चाकलेट नहीं खरीदा। ··· लेकिन, क्यों ? क्यों ? स्वयम्भू के किण्डोल-विहार का घण्टा इस आधी रात

में क्यों घनघना उठा ?··· मुझे उग्र-लिखित 'घण्टा' की याद आयी।

'मतवाला'-युग की दो अमर देन–निराला और उग्र। चिरस्मरणीय।··· झपकियाँ लेते हुए देखा, शहर बनारस की जमालो बुढ़िया, जिसके पास चीनी तलवार-सा चौड़ा, लम्बा छुरा है, जिससे वह साग-भाजी काटा करती है।··· पुलिस पलटन के अफसरों ने टार्च के प्रकाश में बूढ़ी जमालो को एक चौड़ा छुरा चूमते देखा।··· सुधारक का यह डॉक्टर सरपट दौड़कर विधवा के दरवाजे पर जाता है। सोलहों शृंगार किये युवती विधवा एक दरी पर, दीवार से सटी, आँखें बन्द किये बैठी है–माफ करना सुन्दरी··· ठुड्डी छूकर डॉक्टर बोलते-बोलते चौंका–विधवा ठण्डी थी। आत्महत्या ! काँपकर डॉक्टर गजों पीछे हट गया। क्षण-भर किंकर्तव्यविमूढ़ रहने के बाद वह भागा उस सूने घर से बाहर।··· मगर गली में आकर डॉक्टर रुका। कुछ सोचकर पुनः विधवा के शव के पास आया और सारे गहने चोरों की तरह चुनकर चलता बना।··· इस कहानी की अन्तिम पंक्ति के कारण ही मैं, (और मेरे कुछ मित्र) इस कहानी को सर्वश्रेष्ठ कहानियों में से एक समझता हूँ। ··· माँ की चुनरी की साध··· आठ वर्ष की बेचारी तुलसी की साध ?–मैं कल ही अपनी बेटी के लिए लाल मखमली नेपाली चप्पल खरीद लूँगा। बाद में पैसा रहे या नहीं, कौन जाने !

क्यूरियो के ऊपर रहनेवाले गृहस्थ का कुत्ता भूँकने लगा। मुझे अपने कुत्ते की याद आयी, फिर राबर्ट की–उग्र-लिखित असली कुत्ते की भी याद आ रही है।

न जाने कब की पढ़ी हुई एक घटना, सम्भवतः शराबी की–उग्र-लिखित शराबी की–घटना ! कहार वर और वधू से भरी पालकी उठाकर अपनी 'बानी' बोलते हुए आगे बढ़े। पालकी उठते ही हीरा के पति (वर) के मन में स्त्री का मुँह देखने की बात जगी।··· कहारों के कन्धों पर हल्का-सा धक्का लगा। उन्होंने अपनी बोली में कहा, 'राम दुहाई ऊँचा रे, सँभले भाई, खाला रे !' उनकी बानी ने हीरा के पति को सावधान कर दिया।··· फिर कहारों को धक्का-सा लगा। उन्होंने आवाज दी, "हिल मत भैया ऊँचा रे !' मैं अपनी हँसी को रोक नहीं सका। खिलखिलाकर हँस पड़ा। बगल के कमरे में मानबहादुर सोया था। उठकर आता है और खिड़की से झाँककर देख जाता है, बौलाहा तो नहीं हो गया हूँ मैं ? अर्थात् अचानक पागल तो नहीं हो गया हूँ ?···

उग्र के सम्बन्ध में हजार तरह की बातें सुन चुका था। उग्र की कहानियों से प्रभावित हुआ हूँ, उग्र की शैली का प्रभाव, प्रत्यक्ष या अप्रत्यक्ष रूप से, पूरी एक पीढ़ी पर पड़ा है।···

नहीं, मुझे नींद नहीं आयेगी। अब कोई क्या सोयेगा ?

सामने की पहाड़ियों की ओर से सूरज इस हरी-भरी सुन्दर घाटी को झाँक रहा है।··· आज पशुपतिनाथ की ओर जाऊँगा। मानबहादुर भी जायेगा।

मानबहादुर को देखकर मैं इतना लज्जित क्यों हो जाता हूँ ? क्या उग्रजी

कभी कम उग्र हो सकते हैं ?

डायरी समाप्त !

'चाकलेट' पढ़ चुका हूँ। मैं कितने बड़े भ्रम में था कि उग्रजी को··· आस्कर वाइल्ड समझता था ! उग्रजी के दर्शन से दासानुदास अब तक वंचित है। लेकिन, अब कोई पूछे तो सही-सही बता सकता हूँ कि उग्रजी कहाँ हैं और क्या कर रहे हैं। और यह तो हलफ़ उठाकर कहा जा सकता है कि उग्रजी सम्पूर्ण-रूपेण जीवित हैं। यह आग शीघ्र ही बुझ जानेवाली नहीं !

अप्रिय सत्यवक्ता उग्र के हाथ में आज भी उसकी पुरानी लेखनी है, यह हमारे लिए, हिन्दी के लिए कम सौभाग्य की बात नहीं। यों, इधर यह कहने की प्रथा हो गयी है कि सभी पुराने लेखक कुण्ठित हो गये हैं। जो हूँ सो मैं हूँ। पता नहीं, लेखक पुराना होने पर कुण्ठित कैसे हो जाता है ! लेकिन, मैं जो हूँ सो, इन्हीं लोगों के पोथी-पत्तर पढ़कर हुआ हूँ। निष्ठा-भक्ति में कमी हुई कि पथराया !

नई कहानियाँ/सितम्बर, 1960

मानव रवीन्द्रनाथ

बड़ी निराशा हुई गत शतवार्षिकी के अवसर पर। आशा थी कि इस 'परमलग्न' में रवीन्द्रनाथ ठाकुर के सम्बन्ध में और भी 'नयी' बातें पढ़ने-सुनने को मिलेंगी। क्योंकि, टैगोर के प्रियपात्र, शिष्य, सहचर और निकटतम अनुरागियों का एक छोटा-सा दल अभी भी है देश में। और कवि ने साहित्य-संगीत-चित्र-नाटक-अभिनय के अलावा ज़मींदारी भी चलायी थी, व्यवसाय भी किया था। कवि के सम्पर्क में रहनेवालों को यह भी मालूम है कि बचपन में महाकवि ने कुश्ती लड़ना भी सीखा था, बाजाप्ता लँगोट और अखाड़े की मिट्टी लगाकर। लेकिन, उनके देश की कई प्रतिष्ठित पत्रिकाओं ने यह तय किया कि रवीन्द्र के व्यक्तिगत जीवन या उनसे व्यक्तिगत सम्पर्क के माल-मसाले से रची गयी रचनाओं को वे निरुत्साहित करेंगे।

और उस शतवार्षिकी (अगली) तक न वे रहेंगे न ये रहेंगे और न रहेगा दासानुदास पाठकराम !··· दादा ! रवीन्द्र-प्रतिभा पर तो इसके बाद भी प्रकाश पड़ते रहेंगे–डालते रहेंगे लोग। किन्तु, आचार्य हजारीप्रसाद द्विवेदी [आचार्य क्षितिमोहन सेन तो चले ही गये !] के मुँह से रवीन्द्रनाथ की 'मजलिसी' बातें, प्रमथनाथ बिशी से शान्तिनिकेतन-स्मृति, श्रीमती निर्मला कुमारी की डायरी पढ़ने-सुननेवाले सदा-सर्वदा

अपने को सौभाग्यवान और धन्य मानेंगे।

क्या, इन (व्यक्तिगत सम्पर्क-संवलित) रचनाओं को बाद देकर कवीन्द्र की समग्र-मूर्ति (कवि की भाषा में–मोट छबि !) देखने को मिल सकती है ?

निराशा अवश्य हुई है, लेकिन पाठकराम एकदम निराश नहीं है। कविगुरु के अन्यतम शिष्यों, निष्काम-सेविकाओं, सहचरों, भक्तों की ऐसी रचनाओं पर, रचना के अंशों पर, पंक्तियों के नीचे–दस वर्ष पूर्व से ही–लाल दाग लगाना शुरू कर दिया था। जहाँ-जहाँ किसी कारणवश देह सिहरी, वहाँ पेन्सिल ठहरी। जहाँ भी मानव (साधारण मनुष्य) रवीन्द्रनाथ की झलक मिली··· हृदय पर एक चिह्न पड़ गया–लाल दाग !

एक दिन उन रचनाओं के कुछ रेखांकित अंशों को सिलसिलेवार सजाने लगा। देखा, सामने एक मोहिनी मूरत (दाढ़ीवाली ही) मन्द-मन्द मुस्करा रही है। भय से या भक्ति से–कह नहीं सकता–चरणों पर झुक गया दासानुदास।

अभी हाल ही–बगला के सुप्रसिद्ध लेखक, कवीन्द्र के प्रिय शिष्यों में अन्यतम सैयद मुजतबा अली (बंगला में आली) साहब से भेंट हुई, सौभाग्यवश। मैंने रेखांकित अंशों का सिलसिलेवार (कह सकते हैं–खिलवाड़ !) आकार दिखलाया, तो चचा (सैयद अली) चिल्ला उठे–'ताई तो ! मोहिनी मूरत मन्द-मन्द मुस्करा रही है सचमुच !'

आप स्वयं देख लें–मुझे झूठा नम्बर एक कहने के पूर्व !

तो शुरू करें दस वर्ष पूर्व मासिक 'बसुमती' में प्रकाशित सैयद मुजतबा अली के 'गुरुदेव' शीर्षक निबन्ध का एकांश ! वे फारसी, संस्कृत, उर्दू, अंग्रेजी, फ्रेन्च, पश्तो–नाना भाषाओं के मिश्रण से एक ऐसी भाषा लिखते हैं जिसको बंगला में मुजतबाई-भाषा कहते हैं। उनके एकांश का अनुवाद उन्हें दिखला-सुनाकर पास करवा लिया है।

'गुरुदेव !'

रवीन्द्रनाथ के शिष्यों में साहित्यिक के हिसाब से सर्वोच्च आसन पाते हैं श्रीयुत प्रमथनाथ बिशी। रवीन्द्रनाथ का घनिष्ठ साहचर्य सबसे अधिक उनको ही प्राप्त हुआ। खुदादाद या विधिदत्त रसबोध उनमें पहले से भी था। फलतः, वे अपनी सरस, हल्की कलम से रवीन्द्रनाथ के दैनन्दिन जीवन, खुशगल्प, अड्डामजलिस के सम्बन्ध में जितना लिख चुके हैं, उसके बाद मेरे लिखने योग्य बाकी ही नहीं रहता कुछ। कारण, बिशी दा जिस मजलिस में सबसे उच्च आसन के अधिकारी हैं उस मजलिस में–रवीन्द्रनाथ के शिष्य के हिसाब से, यदि मुझे कोई आसन मिले तो वह सबसे नीचे होगा।

किन्तु, बहुत शास्त्रों में विधान है कि सर्वज्येष्ठ किसी कारणवश श्रद्धांजलि नहीं दे सके तो देगा–सर्वकनिष्ठ। सो, इस पकड़-धकड़ के बाजार में बिशी दा को कहीं कुछ हो जाये तो मेरी 'आकन्दांजलि' की आवश्यकता पड़ सकती है। इसी भय से मा 'बसुमती' के पास इसे गुच्छित रख दिया।

यों, गुरुदेव सभी के गुरुदेव हैं। किन्तु, वे हमारे गुरुदेव थे–शब्दशः। एवं उस गुरु की महिमा को देखकर हम स्तम्भित हुए हैं। व्यक्तिगत बातें करते समय मन आगा-पीछा करता है। लेकिन, इस स्थल पर छात्र के कर्तव्य का समाधान करने के लिए ही कह रहा हूँ : शान्तिनिकेतन छोड़ने के बाद, बर्लिन, पेरिस, लन्दन, कैरो–बहुत जगहों में, बहुत गुरुओं को विद्या-दान करते देखा है, किन्तु इस गुरु से किसी की तुलना नहीं हो सकती। कीट्स ने हेमन्त की जैसी छवि निखारी है, उसे और भी अधिक उज्ज्वल किया जा सकता है, इस बात पर कोई सहज ही विश्वास नहीं करेंगे। अंग्रेजी कहावत है–You do not point a lily–इसलिए मन में प्रश्न जगना अस्वाभाविक नहीं कि रवीन्द्रनाथ कीट्स की हेमन्त-लिली को मधुरतर, प्रियतर करते थे, किसी जादूमन्त्र से ?

बिना तुलना के बात समझायी नहीं जा सकती। अँगरेजी कविता पढ़ते समय, हमेशा ऐसा लगता है–अँगरेजी कविता मानो परियों की कहानी की सोयी हुई सुन्दरी हो। हम उसकी सुन्दरता पर मुग्ध होकर उच्छ्वसित प्रशंसा करते हैं। किन्तु, उसके वाक्य-हास्य-नृत्य-रस से वंचित रहते हैं। और यह अभाव इतना 'मर्मन्तुद' होता है कि तब श्यामांगी, स्थूलांगी जाग्रता गौड़जा का संगसुख ही अधिकतर काम्य··· ।

गुरुदेव, कीट्स की एक पंक्ति पढ़ते हैं, निद्रिता-सुन्दरी आँखों के सामने ! गुरुदेव अपनी भाषा की सोने की छड़ी छुआ देते हैं–हेमन्ती आँखें खोलकर हेरती है। गुरुदेव के कण्ठ में प्राण-प्रतिष्ठा का मन्त्र उद्दीप्त होता है, सुन्दरी चटुल नृत्य आरम्भ कर देती है। गुरुदेव अपनी वीणा के तारों को 'करांगुलि' स्पर्श करके झंकार देते हैं–सुन्दरी गीत गाने लगती है।

कीट्स, शेली, ब्राउनिंग, वर्ड्सवर्थ को लेकर रवीन्द्रनाथ का यह इन्द्रजाल कितनी बार देखा है और सोचा है–हाय ! इन वर्णनों की कोई 'टेप' रखता तो बंगाली को तो रस मिलता ही, विलायत के लोग भी एक दिन उनका अनुवाद करवाकर अपने कवि के कितने अनाविष्कृत सौन्दर्य को देख पाते। किन्तु, यह भी मानता हूँ कि भानुमती की छवि, कैमरा नहीं पकड़ सकता। गुरुदेव की इस वर्णन शैली को किसी की कलम नहीं पकड़ सकती। जो थोड़ी-बहुत पकड़ी गयी वह पण्डित क्षितिमोहन सेन के भाण्डार में है।

··· हम–अर्थात् बंगाली लोग ही रवीन्द्रनाथ को कितना-सा जानते हैं ? रवीन्द्रनाथ की काव्य-प्रतिभा, नाट्य-निर्माण क्षमता, दार्शनिक चिन्तन-शक्ति, सार्वभौमिक धर्मानुभूति, औपन्यासिक अन्तर्दृष्टि, वैज्ञानिक कौतूहल–सबकुछ मिलाकर उनका अखण्ड रूप हृदय और मन में आँकने की बात तो दूर–जहाँ वे भारत तथा पृथ्वी के सभी कवियों को पीछे छोड़ गये हैं, उसका ही सम्पूर्ण परिचय कितने बंगालियों ने पाया है ?··· हम सभी परम आनन्द से अन्धे का हाथी-दर्शन कर रहे हैं और जो अंश हमारे हाथ आता है, जरा टटोलकर चिल्लाते हैं–यही है, यही है रवीन्द्रनाथ !

··· बेलजियम में पढ़ रहा था। हठात् एक दिन श्रीयुक्त अमिय चक्रवर्ती का

तार मिला–जर्मनी के मारबुर्ग शहर में गुरुदेव ने मुझे बुलाया है। जानते थे कि पास ही हूँ। मारबुर्ग की उस सभा का वर्णन मैंने अन्यत्र किया है। यहाँ इतना ही कहूँ कि गुरुदेव ने जब 'बीन' बजाना शुरू किया, तो मारबुर्ग के उस पर्व में एकत्र जर्मनी के गुनी ज्ञानी-मानी तत्त्वविदों के श्रेष्ठगण, मन्त्रमुग्ध सर्पों जैसे अपलक दृष्टि से उनकी ओर देखते रहे।··· कहीं कोई शब्द नहीं। एक बार भी उस सम्मिलित योग-समाधि का ध्यान भंग नहीं हुआ।

विशाल जनता की उद्वेलित प्रशंसा-प्रशस्ति पाने के बाद भी–मैं जब प्रणाम करके खड़ा हुआ तो–तो उन्होंने मृदु कण्ठ से पूछा, "कैसा रहा ?"

मैंने कोई जवाब नहीं दिया था।

शहर के वजीर-नाज़िर-कोतवालों ने गुरुदेव को उनके होटल में पहुँचा दिया। बाद में, पहुँचकर श्रीयुक्त चक्रवर्ती से ही विदा लेनी चाही। वे बोले, "सो क्यों ? भेंट करके जाइए !"

भेंट होगी, सुनकर खुश हुआ। कहा, "तो, आप जाकर कहिए।"

श्रीयुक्त चक्रवर्ती बोले, "यह नियम दूसरों के लिए है। आप सीधे जाकर 'नॉक' कीजिए।"

गुरुदेव क्लान्त पड़े हुए थे। फिर भी मुस्कुराकर बैठने को कहा। इसके बाद और भी अच्छी तरह मुझे निहारकर बोले, "इतना दुबला क्यों हो गया है तू ?"

मैं सिर झुकाकर चुप रहा। पढ़ाई-लिखाई के सम्बन्ध में बातचीत हुई। जब उठा तो बोले, "अमिय को बुला दे तो !"

चक्रवर्ती आये। गुरुदेव बोले, "अमिय, इसको अच्छी तरह खिला दो !"

जानता हूँ, पाठक-मण्डली इस तामसिक परिसमाप्ति से क्षुब्ध होगी। किन्तु, सुकरात की आँखों के सामने जब मृत्यु की छाया घनी हो आयी, तो उनके शिष्यों ने कान के पास चिल्लाकर पूछा, गुरुदेव ! कोई अन्तिम आदेश है ?

तब सुकरात ने कहा–हाँ, याद है। परसों जो मुर्गी खाया था उसका दाम नहीं दिया गया है। दे देना।

यह थी सुकरात की अन्तिम वाणी।

सभी ओर जिनकी दृष्टि हो, वही तो वास्तव में गुरु हैं–और, यह भी मृत्यु से बहुत पहले ही।

चचा के इस निबन्ध को पढ़कर भरोसा हुआ था–आचार्य क्षितिमोहन सेन के भाण्डार में जो कुछ है, वह मिलेगा ही हमें। इस शतवार्षिकी के अवसर पर आचार्य सेन की याद ही आती है। उनके भाण्डार में जो कुछ था, सो··· ? और आज भी भरोसा है–आचार्य हजारीप्रसाद के पास कई घड़े राविन्द्रिक रत्न हैं।

चचा के इस निबन्ध से यह मालूम हुआ था कि विश्वकवि को एकदम–'आमादेर आपन रवीन्द्रनाथ' कहनेवाले भी हाथी-दर्शन ही कर रहे हैं, अभी तक। और यह

कि हमारी ही तरह वे भी अन्धे हैं।

इसके बाद दो छोटी-छोटी चिट्ठियाँ हैं–अमल होम को कविगुरु द्वारा लिखी गयी। श्रीयुक्त अमल होम भी गुरुदेव के प्रिय शिष्य हैं, सुलेखक हैं, प्रसिद्ध समालोचक हैं।

[एक]

शान्तिनिकेतन
May, 1914

कल्याणीयेषु,

अमल, 'प्रवासी' के पुस्तक समालोचकों के बीच तुम्हारा आविर्भाव हुआ है, सुनकर कौतूहल हुआ। खुश नहीं हो सका। लेखकों की अक्षमता उसका अपराध नहीं, इस बात को भूल क्यों जाते हो ?–को इस तरह 'अप्रस्तुत' नहीं करते तो क्या होता ! अच्छा नहीं कह सकते, कटु क्यों कहोगे ? समाजपति[1] को अपना आदर्श मत बनाओ। तुम्हारा साहित्य विचार-सहिष्णु हो। इति, 5 ज्येष्ठ, 1321।

तुम लोगों का,
श्रीरवीन्द्रनाथ ठाकुर

[दो]

शान्तिनिकेतन
August, 1915

कल्याणीयेषु,

अमल, प्रमथ[2] ने तुम्हारी रचना को क्यों नहीं छापा, यह बात मैं उससे पूछूँ–यह नहीं हो सकेगा। तुम उनसे भेंट करके आलोचना क्यों नहीं करते ? मुझे अच्छी लगी थी, इसलिए उनको भी अच्छी लगेगी ऐसी कोई बात नहीं। 'सुबुजपत्र' का मानदण्ड 'प्रवासी' का नहीं। वहाँ अजित[3] की भी कोई एक रचना नहीं चल सकी, सुना है। 8 भाद्र, 1322।

शुभार्थी
श्रीरवीन्द्रनाथ ठाकुर

पत्र में अमल होम की कलम से आहत साहित्यिक का नाम नहीं है। पाठकराम अन्दाज से यह समझता है कि वह रवीन्द्रधारा का विरोधी कोई लेखक होगा। कवि के आलोचकशिष्य होने के नाते अमल होम ने उसकी गर्दन उतारी होगी।

---

1. सुविख्यात बंगला मासिक पत्रिका 'साहित्य' के सम्पादक–निर्मम और कटु आलोचना करने में बेजोड़ स्व. श्री सुरेशचन्द्र समाजपति।
2. 'सुबुजपत्र' के सम्पादक, श्री प्रमथ चौधरी (बीरबल)।
3. विशिष्ट रवीन्द्र साहित्य-समालोचक, शान्तिनिकेतन के अध्यापक स्व. अजितकुमार चक्रवर्ती।

··· शरत् बाबू की चिट्ठियों में भी कई स्थान पर 'अमल होम' की चर्चा है। तारीख मिलाकर पाठकराम ने देखा है, अन्दाज गलत नहीं !

किन्तु, इन बातों के अलावा पाठकराम को यह पढ़कर बहुत अचरज हुआ था कि आखिर होम साहब के गुरु को शिष्य का यह पुण्य-कर्म (आलोचना) क्यों नहीं पसन्द आया ? गीली आँखों से पीले गीत गा-गाकर गुरु को बोर करनेवाले शिष्यों से क्या फायदा ? असल शिष्य तो किसी गुरु का वही हो सकता है जो आलोचना करना जानता हो। और, जो कलम से गर्दन उतारना शुरू कर दे, उसे 'मानिटर' का पद शीघ्र ही प्राप्त हो जाता है—गुरु के मठ में। प्रमथ चौधरी ने 'सुबुजपत्र' में अमल होम की रचना नहीं छापी तो गुरुदेव ने इसके लिए जवाब क्यों नहीं तलब किया प्रमथ चौधरी से ? पत्र में लिखना बन्द करने की धमकी क्यों नहीं दी ? आखिर गुरु होते हैं किस दिन के लिए ?··· पाठकराम के गाँव के गुरु बाबा ने तो अपने एक चेलेराम के लिए अपनी लँगोटी तक··· ?

1

हाय गुरु !

'निर्वाण' पुस्तक में संकलित रचनाएँ पढ़ रहा था—1957 में। कवि गुरु की पुत्रवधू श्रीमती प्रतिमादेवी लिखित कवि-जीवन के अन्तिम दिनों का वर्णन :

'बहुत दिनों तक फिर उन्होंने उस आराम-कुर्सी का व्यवहार नहीं किया। आज फिर, इस बीमारी में देखा, वे उसी कुर्सी पर लेटना पसन्द करते हैं ! प्रायः, सारा दिन नींद और विश्राम के बाद—उसी आसन पर बैठे रहते··· ।'

'आसन' शब्द ने पाठकराम की स्मृति को झंकृत कर दिया। तुरत, सेल्फ से 'शेषलेखा' निकालकर उलटाया। पाठकराम ने ठीक निशान लगाया था :

आरो एक बार यदि पारि
*खूँजे निनॅसे **आसनखानि***
जार कोले रयेछे बिछानो
विदेशेर आदरेर वाणी।
X X
विदेशेर भालोबासा दिये
जे प्रेयसी पेतेछे आसन।

'निर्वाण' के पढ़े हुए पृष्ठों को फिर उलटाया। लगा, कोई बात पीछे छूट रही है। इस बार कवि का कथन है। प्रतिमादेवी को विदेश से लिखित पत्र का एक अंश : जब किसी तरह लौटने का जहाज मिला तो, अब विक्टोरिया मुझे किसी भी हालत में छोड़ना नहीं चाहती··· ।

कौन है यह विक्टोरिया ?

'निर्वाण' को अलग रखा। 'शेषलेखा' को बन्द किया। 'पूरबी' निकाल लाया। कौन है यह विक्टोरिया ?··· विदेशेर भालोबासा··· भाषा जार जाना छिलो नाको ··· विदेशी फूल···

"हे विदेशी फूल, आमि काने-काने शुधानु आबार।
भाषा की तोमार ?
हाँसिया दोलाले शुधु माथा··· !"

मन चंचल आतुर हुआ। कौतूहल के मारे फिर 'निर्वाण' के पृष्ठों में ढूँढ़ने लगा।··· है ? विक्टोरिया का पता लग गया–प्रतिमादेवी 'आसनदान' करनेवाली के सम्बन्ध में लिखती हैं :

'विक्टोरिया टूटी-फूटी अंग्रेजी बोल लेती थी। फ्रेन्च पर ही उसका विशेष अधिकार था। सुन्दरी तो वह उतनी नहीं थी किन्तु, बुद्धि की प्रखरता उसके मुखमण्डल पर सौन्दर्य की दीप्ति बनकर छा जाती।··· वह जब घुटने टेककर 'बाबा मँशाय' के पैरों के पास बैठती, लगता–क्राइस्ट की पुरातन छवि के सामने उनकी किसी हिब्रू भक्त महिला की निवेदन मूर्ति···।'

विक्टोरिया ही विदेशिनी है, विदेशी फूल है और सम्भवतः 'विजया' भी जिसके करकमलों में 'पूरबी' काव्य-ग्रन्थ उत्सर्ग किया गया है–वही है ! वही है···।

सन् 1959 में चचा अली पटना आये थे 'रवीन्द्र-भवन' में भाषण देने के लिए। मिलकर अपना कौतूहल प्रकट किया, "विजया ही विक्टोरिया··· विदेशी फूल··· विदेशिनी है क्या ?"

"ठीक छोरे छो !"

इसके बाद उन्होंने विक्टोरिया के बारे में कविमुख से वर्णित कुर्सी की कहानी–कवि की मजलिसी-गप के अन्दाज में सुनायी। इस सम्बन्ध में और भी प्रकाश पाने के लिए उन्होंने कहा–पठितव्यः चिठपत्र, युरोपेर डायरी, पश्चिमयात्रीर चिठी, रवीन्द्रनाथ लिखित 'On the Edges of Time; जगदीश गुप्त (जी नहीं, प्रयाग के नहीं–कलकत्ता के कवि, आलोचक–दुबले-पतले साहित्यिक !) के निबन्ध।

चचा ने उस दिन अपने भाषण में भी कविमानसी विदेशिनी विक्टोरिया पर थोड़ा प्रकाश डाला था [दासानुदास पाठकराम की जिज्ञासा के प्रसंग में ही !] और इन पंक्तियों की आवृत्ति की थी :

"भुवने भ्रमिया शेषे
एसेछि तोमार देशे
आमि अतिथि तोमार द्वारे, ओगो विदेशिनी !
एसेछि तोमार देशे !"

अर्जेन्टिना की राजधानी बुयोनेस-एयरिस में (9 नवम्बर, '24) एक महान् भारतीय अतिथि आया है–जो जहाज पर ही शीत ज्वर से आक्रान्त हो गया है। साथ में है एक इंग्लैंडवासी मित्र !

पेरू की सरकार ने, पेरू-स्वाधीनता-शतवार्षिकी के उत्सव में सम्मिलित होने के लिए संसार के विभिन्न हिस्से के वैज्ञानिकों, साहित्यिकों को आमन्त्रित किया है ! महामान्य अतिथि विश्वकवि उसी उत्सव में भाग लेने जा रहे हैं। किन्तु, इस अवस्था में, रोगग्रस्त शरीर को लेकर आगे कैसे बढ़ सकते हैं ? पेरू की राजधानी लोमा तक पहुँचने के लिए ट्रेन से, लम्बी पहाड़ी-यात्रा अभी बाकी है।

अपने महामान्य अतिथि के प्रति कर्तव्य-पालन करने में अर्जेन्टिना ने कोई त्रुटि नहीं की। महामान्य होने के साथ ही यह अतिथि अर्जेन्टिना के साहित्य-रसिक-समाज का प्रिय कवि है। स्पेनिश भाषा में अनेक पुस्तकें अनूदित होकर छप चुकी हैं, हर व्यक्ति अपने ढंग से रवीन्द्रनाथ ठाकुर के नाम का उच्चारण कर रहा है–थागोर, नातत्राको !

कवि पेरू के सम्मेलन में सम्मिलित नहीं हो सके।

डॉक्टरों ने सलाह नहीं दी। और जब डॉक्टरों की सलाह हुई, तो कविमानसी मान-अभिमान भरे स्वर में बोली–नहीं जाने दूँगी ! नहीं, नहीं, नहीं !!

रवीन्द्रनाथ ने प्रतिमादेवी के पत्र में लिखा है, 'विक्टोरिया साहब से (एल्महर्स्ट, कवि के इंग्लैण्डवासी मित्र) अप्रसन्न रहती है। कारण, साहब सदा मेरे पास ही रहता है, इसे वह सहन नहीं कर सकती। जाने की बात आयी तो उसने सोचा, साहब अपने स्वार्थ के लिए मुझे शीघ्र ले जाना चाहता है। बस खफा हो गयी साहब पर। तीनसत करती हुई बोली–नहीं जाने दूँगी··· जेते नाहि दिबॅ !'

कविपुत्र रथीन्द्रनाथ ने अपनी किताब में इस मान-अभिमान-पर्व पर प्रकाश डाला है : 'This almost led to a major political-crisis between Argentina and Peru.'

कौन है यह Senora Victoria Ocampo–जिसकी जिछ–पेरू और अर्जेन्टिना–दो राष्ट्रों के बीच एक बड़े राजनैतिक संकट की सीमा तक अटूट रही ? कौन है यह Senora कुमारी कन्या ?

किन्तु, पाठकराम के मन में कवि-चित्त विजयिनी विजया की एक प्रतिमा प्रतिष्ठित हो गयी है !

7 नवम्बर, 1924 से 3 जनवरी, 1925 तक कवि अर्जेन्टिना की राजधानी में रहे। और, इसी बीच कवि के जीवन में एक अलौकिक घटना घटी। अस्वस्थ शरीर, अवसन्न-क्लान्त-मन ! विदेश का क्लेश ! सब मिलाकर, एक मनहूस छाया छायी रहती कवि के आसपास !

ऐसे ही समय में, कवि के जीवन में, एक आश्चर्यमयी नारी का आविर्भाव हुआ। आत्मीय-स्वजनहीन सुदूर प्रवास में अस्वस्थ कवि की सेवा का समस्त दायित्व अपने हाथ में उसने ले लिया। राजधानी से पन्द्रह कोस दूर–अपने सुन्दर बँगले

में कवि को ले गयी। प्रतिमा देवी को कवि ने लिखा : 'यहाँ की एक महिला स्वजन की भाँति सेवा करती है। उसने अपना 'बगान-बाड़ी' हम लोगों के लिए खाली कर दिया है। वह यहाँ की एक विख्यात लेखिका है। बहुत दिनों से मेरी रचनाएँ पढ़ती है। इसीलिए, इतनी भक्ति– ।'

इस असाधारण नारी ने कवि को अपने घर में बुलाकर अपने को समर्पित कर दिया–अस्वस्थ कवि की सेविका के रूप में। कल्पनातीत कहिए या अलौकिक ! दो देश के दो कवि-प्रतिनिधियों का यह मिलन !! कहाँ भारतवर्ष और कहाँ अर्जेन्टिना ! दोनों एक-दूसरे की भाषा से भी अनभिज्ञ।

आमि काने-काने शुधानु आबार
भाषा की तोमार ?
हासिया दोलाले शुधु माथा
चार दिके मॅमॅरिलॅ पाता
आमि कहिलाम–जानि-जानि
सोरभेर वाणी
नीरॅबे जानायवे तॅबे आशा
विश्वासे भरेछे भोर सेई तॅबे विश्वासेर भाषा।

विश्वास की भाषा ! भाषा जहाँ व्यर्थ हो जाय, अन्तर के भाव का आदान-प्रदान सौरभ की बानी या विश्वास की भाषा से ही सम्भव है।

विक्टोरिया के सम्बन्ध में जर्मन दार्शनिक परिव्राजक, काउण्ट काइजरलिंग ने अपने ग्रन्थ में Significant memories में अपना विचार प्रकट किया है :

'In recent years,However, I have come in contact with one woman, whose superlative eminence is beyond question, namely the Argentanian Victoria Ocamps. A wonderfully beautiful of great vitality, acute intelligence, fine aesthetic feelings, enormous power of work and great Social position...'

काउण्ट की दो पंक्तियाँ और उद्धृत की जायें। कवि-गुरु के बारे में उन्होंने लिखा : 'There has been no one like him anywhere on our globe for many centuries.'

पश्चिमी यात्रीर डायरी में–अर्जेन्टिना प्रवास-काल में लिखित प्रेम के विषय में कवि की नयी उपलब्धि !

'नारी का प्रेम पुरुष को पूर्ण शक्ति से जाग्रत कर सकता है। किन्तु, वह प्रेम यदि शुक्ल-पक्ष का न होकर कृष्ण-पक्ष का हो तो उसके मालिन्य की कोई तुलना नहीं। पुरुष का सर्वश्रेष्ठ विकास तपस्या में है। नारी के प्रेम में

त्यागधर्म-सेवाधर्म–उसी तपस्या के तुल्य हैं। दोनों के योग से–परस्पर दीप्त ! नारी के प्रेम में एक और सुर बज सकता है–मदनधनु की टंकार। किन्तु, वह मुक्ति का नहीं बन्धन का सुर है।'

विक्टोरिया के चरित्र में स्पेनिश जाति-सुलभ भावुकता के साथ युक्त था, उसका प्रभावशाली व्यक्तित्व। किन्तु, 'अनुरक्त चित्र' को 'संयत सुन्दर' करने की प्रेरणा विक्टोरिया को कवि से ही मिली होगी। उन्हीं दिनों, अर्जेन्टिना प्रवास में लिखित 'वनस्पति' कविता पढ़िए :

दयाकोरो दयाकोरो आरण्यक एई तपस्वी रे,
धैर्य धरो ओगो दिगंगना,
व्यर्थ करि बारे ताय अशान्त आवेगे फिरे-फिरे
बंनेर अंगने मातियोना।
ए की तीव्र प्रेम, ए जे शिलावृष्टि निर्मम दुःसह
तुरन्त चुम्बनबेगे तबै।

4 जनवरी, 1925...

कवि अर्जेन्टिना से विदाई ले रहे हैं। इटली के जहाज में जेनेवा-बन्दर तक जायेंगे। विक्टोरिया ने जहाज में केविन-डि-लुक्स रिजर्व करवा लिया है।··· यात्रा में कवि को कोई कष्ट न हो !

हजारों नर-नारियों की भीड़ एकटक देख रही है अपने देवतुल्य अतिथि को। कवि डेक पर हाथ जोड़े खड़े हैं। रंग-बिरंगे हजारों रूमाल हिल रहे हैं–विदा ! ओ प्रेम के अतिथि कवि !··· प्रेमेर अतिथि-कवि आमार अतिथि !!

अचानक जहाज के एक हिस्से में शोरगुल सुनायी पड़ा। नारी कण्ठ ? कवि ने मुड़कर देखा : उग्रा··· उग्रप्रभा··· दीप्ता··· भीमा··· भीमवादिनी··· कलकण्ठी··· उग्रचण्डेश्वरी··· वीरा··· वीरसुन्दरी··· क्रोधिनी··· कुमारी विजया··· विक्टोरिया !

'नहीं ! नहीं !! नहीं !!'–विजया क्रोध से थर-थर काँप रही है–'यही है तुम्हारा केबिन-डि-लुक्स ? तुम्हारी उस खटोली जैसी कुर्सी पर बैठेंगे, संसार के सर्वश्रेष्ठ कवि ? मजाक समझ लिया है ?··· नहीं।'

जहाज के अधिकारियों की कोई दलील सुनना ही नहीं चाहती यह सभा-संक्षोभकारिणी। उसने कवि से कहा : 'खबरदार ! उस कुर्सी पर मत बैठिए, लाखों खटमल होंगे उसमें।'

अपने घर पर टेलीफोन करके ड्राइंग-रूम से आराम-कुर्सी मँगवा रही है विजया। कुर्सी आयी तो फिर दूसरा बखेड़ा खड़ा हुआ।

अपमानित, लांछित अधिकारियों को एक मौका मिला, "केबिन का दरवाजा छोटा है। इतनी बड़ी कुर्सी कैसे जायेगी अन्दर ?"

"क्या-ा-ा ??" महातेजस्विनी गुर्रायी, "इतनी बड़ी कुर्सी कैसे अन्दर जायेगी ? मैं बतलाती हूँ अभी, कैसे जायेगी।"

ऐसा लगा, अब कोई अशोभन घटना घटेगी। कवि चिन्तित हुए। उन्होंने विजया को समझाने की चेष्टा की। लेकिन, विजया ने दुरन्ता, दुष्कृतिहरा-दृढ़वता का रूप धारण कर लिया है। किसी की कुछ नहीं सुनती।

खुट-खुट करती इधर-से-उधर दौड़ रही है। इस बार लौटी तो साथ में मय औजार बक्स के एक मिस्त्री था। औजार बक्स से छोटी आरी निकालकर स्वयं दरवाजे को काटती हुई विक्टोरिया बोली—'समझे कप्तान साहब—इस तरह··· खर खर··· खर खर खर··· कुर्सी इस तरह अन्दर जायेगी। खर खर खर··· खटाक-खट-खटाक !!'

जहाज के अधिकारी चुपचाप देखते रहे। विजया विजयिनी हुई। दरवाजा काटकर, केबिन में आराम-कुर्सी डलवाने के बाद उसने कवि से केबिन में चलने की प्रार्थना की। कवि मुस्कुराते हुए आरामकुर्सी पर बैठे। घुटने टेककर पैरों के पास बैठी विक्टोरिया—शुद्धा, सदानन्दमयी, निवेदन-मूर्ति जैसी।

पाँच साल बाद 1930 में पुनर्मिलन हुआ—पेरिस में।

इस मिलन की भी कहानी है। इस बार यूरोप-भ्रमण में कवि अपने साथ ले गये थे अपनी आँकी हुई बहुत-सी तस्वीरें। फ्रान्स के शिल्पी-कलाकारों, गुणी-ज्ञानियों ने इन अभिनव चित्रों को देखकर, पेरिस में चित्र-प्रदर्शनी करने का प्रस्ताव किया। बाद में देखा गया, प्रदर्शनी की व्यवस्था एक कठिन व्यापार है। प्रदर्शनी के लिए हॉल चाहिए और कोई भी हॉल डेढ़ साल प्रतीक्षा करने के बाद ही मिल सकता है। इस बार कवि के साथ कविपुत्र रथीन्द्रनाथ भी तो थे। उन्होंने एक दिन हारकर कहा—प्रदर्शनी नहीं हो सकेगी। असम्भव व्यापार !

सभी निरुपाय होकर चुप हो गये। कवि का उत्साह कम नहीं हुआ, किन्तु बोले, "बुलाओ विजया को।··· डाक विजया के ! केबल कोरो !!"

"··· बुयोनेस-एयरिस··· बुयोनस-एयरिस-विजया ! विजया !!"

"आ-ऽ-ऽ-ऽ-ई !" विक्टोरिया दौड़कर पेरिस आयी।

आयी और आते ही फिर रणचण्डिका का रूप—क्या ? हॉल नहीं मिलेगा ? अभी देखती हूँ।··· केलि-विलास की नगरी के लोगों को क्या मालूम कि इन चित्रों की प्रदर्शनी करके यहाँ का कोई भी हॉल स्वयं भी धन्य होगा।

सचमुच, प्रदर्शनी के सर्वथा उपयुक्त सुन्दर हॉल मिलने में अधिक देरी नहीं हुई। विजया फिर विजयिनी हुई।

प्रतिमा देवी को कवि ने लिखा : "विक्टोरिया यदि नहीं रहती तो, मेरी तस्वीरें—भली हों, बुरी हों—किसी की दृष्टि में पड़तीं ही नहीं। रथी ने सोचा था हॉल मिलते ही प्रदर्शनी अपने-आप लग जाती है। सरासर गलत धारणा है यह। खर्च कम नहीं हुआ है—करीब तीन-चार सौ पौण्ड। विक्टोरिया पानी की तरह बहा रही है पैसा। यहाँ के सभी बड़े गुणी-ज्ञानियों को वह जानती है।··· डाक दिलेई तारा आसे।"

इस प्रदर्शनी के समय बुलायी गयी विजया, एक-डेढ़ महीने तक पेरिस में रही–कवि के साथ।

अली चचा से उस कुर्सी के बाबत पूछना भूल गया। यहाँ तक तो पता है कि कवि के साथ देश-विदेश घूमकर वह कुर्सी शान्तिनिकेतन आयी। कवि अन्तिम दिनों, उसी पर बैठना-लेटना पसन्द करते थे।

पूर्ण विश्वास है, वह अपूर्व, अमूल्य प्रेमोपहार–'आसनखानि'–जिसकी गोद में बिछी हुई है विदेश की आदरभरी वाणी–निश्चय ही 'उत्तरायन' में सुठाम प्रतिष्ठित होगी।

यदि एक बार फिर शान्तिनिकेतन गया–खूँजे निबॅ सेई आसनखानि··· !

3

'मरण' को रवीन्द्रनाथ 'श्याम समान' मानें या उससे प्रेम भरी बातें करके पुकारें–ओगो मरण गो मोर मरण !–कोई अचरज की बात नहीं। किन्तु, यदि आपसे कोई कहे कि प्रेतात्माओं ने कवीन्द्र को करीब एक पखवारे तक बेचैन कर रखा था तो आप विश्वास करेंगे ?

श्री प्रशान्तकुमार महलानबीस की पत्नी श्रीमती निर्मल कुमारी महलानबीस को कवि ने पाँच सौ से अधिक पत्र लिखे थे। पत्र ही नहीं, कवि कोई रचना करते, तो सबसे पहले उसकी एक कॉपी श्रीमती महलानबीस को भेज देते थे–नियमपूर्वक !

उन साढ़े पाँच सौ पत्रों में एक पंक्ति का पत्र भी है और दीर्घ कई पृष्ठों के भी। पिछले कई वर्षों से श्रीमती महलानबीस, विभिन्न पत्रिकाओं में विभिन्न अवसरों पर, अवसर के उपयुक्त पत्र छाँटकर प्रकाशित करवा रही हैं। पिछले साल से बंगला साप्ताहिक 'देश' ने धारावाहिक रूप से इन पत्रों का प्रकाशन शुरू किया है–सिलसिले से !

पाँच महीने पूर्व की बात है, महाराज वीतशोकानन्द (रामकृष्ण मिशन, पटना के महाराज) ने कहा, 'इस बार की चिट्ठियों को पढ़ा है ? पढ़िए जाकर।' रात में घर लौटकर पढ़ने लगा। पढ़ते-पढ़ते हठात् ऐसा लगा, मेरे कमरे में दर्जनों अदृश्य आत्माओं की सभा बैठी हुई है। आश्चर्यित, प्रकम्पित–हँसा, डरा, रोया !! इसके बावजूद लाल पेन्सिल ने अपना काम कर लिया। रात-भर जगा रहा।

पत्र प्रस्तुत करने के पहले कविगुरु रवीन्द्रनाथ ठाकुर से क्षमा माँग लूँ। उन्होंने सोलहों आने ठीक कहा है–कबिरे पाबे ना कभू कोनो अनुवादे ! एकदम सही बात। किन्तु, दबी जुबान से निवेदन करूँगा–प्रभो ! अनेक कारणों में से एक कारण यह भी है कि आपके काव्यकथा-नाटकों में प्रयुक्त अनेक शब्द ऐसे हैं, जिनके अर्थ सिर्फ आप अथवा आपके निकटतम विद्वान शिष्यगण ही जानते हैं। 'बलाका' का अनुवाद हम बगुला ही करेंगे–क्या पता कि आपने राजहंस को बलाका कहा

है। फिर, पत्रों में तो कहीं-कहीं आपके शब्द को Decode करना पड़ता है। नेत्रकोणा से लिखी गयी चिट्ठी के बारे में हम अन्दाज से यह अनुवाद करेंगे कि मयुरभंज के एक प्रसिद्ध स्थान से लिखित पत्र। जबकि 'नेत्रकोणा' श्रीमती महलानबीस के बराहनगरवाले बँगले के एक ऐसे कमरे का नाम आपने रखा–जिसकी खिड़की से पोखरा, पेड़, खेत, दिखलायी पड़ते थे। गिरिब्रज का अर्थ कोष के अनुसार पर्वतसमूह है। पत्र में उसका अर्थ होता है गिरिडीह !··· इसलिए, थोड़ा-सा कष्ट पहुँच जाये तो 'दया कोरे खोमियो प्रभू मोरे।'

एक बात और ! पत्रों में बुला-बॅलू-बेला–तीन नाम एकाधिक बार आये हैं। लिखाई या छपाई में इधर का नाम उधर हो जाये तो सज्जनजन पाठकराम को दोष न दें।

पहला पत्र

कल्याणीयेषु,

उस दिन बुला[1] आयी थी। बातचीत के सिलसिले में हठात् मालूम हुआ कि प्रेतात्मा उसके हाथ पर उतरकर पेन्सिल चलाती है। बातें करती है। कहने की आवश्यकता नहीं, सुनकर मन-ही-मन हँसा। बोला–अच्छी बात। देखा जाये, क्या है। कागज पर पेन्सिल दौड़ने लगी, घण्टा में चालीस माइल के वेग से। पहला नाम निकला–मणिलाल गांगुली। उसकी बातों का–भाषा और भंगी का विशेषत्व है। उत्तर सुनकर लगा–मणिलाल ही बोल रहा है। लेकिन, इन सब मामलों में खूब पक्का प्रमाण नहीं मिलता। इसका प्रधान कारण–मन तो सम्पूर्ण निराकार नहीं। उसकी 'धारणा' का हेतु–हमेशा बाहर नहीं बल्कि उसकी प्रकृति में ही रहता है। मैंने जब कहा कि 'सुनकर लगा, मणिलाल ही बोल रहा है' तो, उस समय यह 'लगना' सम्पूर्ण रूप से मेरा आत्मगत भी हो सकता है। फिर भी, 'धारणा' हुई, यह मानना ही होगा। असल बात, मुझे सोच में डाल दिया है।... बुला को फिर किसी दिन आने को कहा। कल आयी। पहले नाम निकला मणिलाल का। उसने कहा, सत्येन[2] आना चाहता है। मुझे दुःख है, इन बातों को किसी ने 'टेप' नहीं किया। उसके सभी उत्तर सुसम्बद्ध थे। प्रश्चिम महादेश में अपने कर्तव्य की बात पूछते ही उत्तर मिला–'पश्चिम में अभी और भी बहुत काम है। बहुत-कुछ करना बाकी है। वहाँ आपका सौभाग्य आपके साथ रहेगा।' पिछले दिन माणिकलाल ने कहा था–'अमेरिका आपको जाना ही होगा। वहाँ आपका आसन सुप्रतिष्ठित है।' माणिकलाल ने कहा–'धरती पर रहते वक्त परलोक के सम्बन्ध में अनेक आलोचना-कल्पना किया करता था। लेकिन, इन आलोचनाओं से इस लोक का कोई मेल नहीं।' मैंने पूछा–'तुम्हारे धर्म-मत में कोई परिवर्तन हुआ है ?' वह

1. उमा सेन, मोहित सेन की कनिष्ठा कन्या।
2. प्रसिद्ध कवि सत्येन्द्रनाथ दत्त।

बोला–'धरती पर मैं नास्तिक था। लेकिन, यहाँ मैं ईश्वर को अपने अन्तर में उपलब्ध करता हूँ।'

सत्येन से पूछने पर, बोला–'यहाँ किसी देवता को खोजना नहीं पड़ता। बस, इतना-सा ही परिवर्तन।' मैंने पूछा–'तुम क्या अन्तर के बीच ही उनको अनुभव करते हो ? उत्तर मिला–'खूब अच्छी तरह। इसीलिए इतनी शान्ति !' फिर पूछा–'हिवर्ट-लेक्चर में धर्म-सम्बन्धी जो मत मैं व्यक्त करना चाहता हूँ–वह सही है या नहीं ?' उत्तर पाया–'एकदम सही। लेकिन, आश्चर्य है–अभी भी तो आप पृथ्वी पर ही हैं।' मणिलाल से भी मैंने यह प्रश्न पूछा था। उससे पहले अजित से भी। दोनों ने कहा था–'एकदम सही !'

अजित बोला–'Imagination के सम्बन्ध में आप जो निबन्ध लिख रहे हैं, वह कितना सत्य है, उसे यहाँ की अभिज्ञता से ही समझता हूँ।'

अमिता ने मेरे साथ अभिनय किया था। अजित इस बात को जानता है या नहीं, पूछने पर उत्तर मिला–'जानता हूँ, जानता हूँ। खूब निकट ही था, उस दिन–मधुर अवरार था।'

सत्येन से पूछा–'तुमने मेरी आधुनिक रचनाएँ पढ़ी हैं या नहीं ?' जवाब मिला–'पढ़ी हैं, यह कैसे कहूँ। लेकिन, प्रत्येक पंक्ति को जानता हूँ।' आश्चर्य !

'शरत् चाटुर्ज्ये की रचनाओं पर तुम्हारी श्रद्धा है ?'

उत्तर–'पहले थी। किन्तु अब अच्छी तरह पकड़ नहीं पाता हूँ। सम्भव है, यह मेरी देहहीन आत्मा का दुर्भाग्य हो।'

सत्येन की हर बात को लिख रखना उचित था। यदि ऐसा होता तो तुम देखते कि चिन्तन की बातें खूब हैं। मेरी दरिद्र स्मरण-शक्ति, याद ही नहीं रहती कोई बात।

सत्येन की बारी समाप्त होने को आयी तो उसने कहा–'ज्योतिरिन्द्रनाथ ठाकुर आये हैं।'

उनकी सारी बातें सुनकर हम अत्यन्त आश्चर्यित हुए हैं। तुम होतीं यहाँ तो, उसकी एक व्यक्तिगत वास्तविकता को समझ पातीं। मैंने उनसे पूछा–'उन रचना-कार्यों का कोई सिलसिला क्या अभी भी जारी है, जिनमें पृथ्वी पर रहते समय आप संलग्न थे ?'

उन्होंने कहा–'ठीक वैसा नहीं। यहाँ केवल आत्मसृष्टि में ही आनन्द है।' मैंने पूछा–'सृष्टि का कोई उपकरण नहीं है ? वे बोले–'आत्मा ही तो हमारा सबकुछ है। उसको गठित करके परिपूर्ण करना ही आनन्द है।'

अवन (अवनीन्द्रनाथ ठाकुर) ने पूछा–'हम लोग चित्र-अंकन को लेकर जो कुछ कर रहे हैं–वे क्या बच्चों के खेल मात्र हैं ?'

वे बोले–'आर्टिस्ट होकर तुमने ऐसा प्रश्न क्यों किया ?'

ज्योतिदा ने एक बहुत नयी बात कही–'पृथ्वी पर रहते समय बार-बार केवल शान्ति चाहा था। यहाँ आकर सोचता हूँ सुख ही क्या बेजा था।'

इसका एक अर्थ मैंने निकाला है, सुख नाम की चीज सीमाबद्ध देह और कामना से ही उत्पन्न होती है। वस्तु तथा भाव के साथ जड़ित है। उसको पकड़ने के लिए, भोग करने के लिए वास्तव-उपकरण की आवश्यकता होती है। मणिलाल, अजित, सत्येन, सभी से मैंने पूछा–'क्या तुम लोग आनन्द भोग करते हो ?' सत्येन ने एक प्रश्नचिह्न लगाकर लिखा–'आनन्द ?' उसके बाद बोला–'आनन्द हम अपने अन्तर में ही सृजित करते हैं।'

मणिलाल ने भी लिखा–'सुख नहीं, किन्तु शान्ति है।'

ज्योतिदा से पूछा–'क्या देह ग्रहण करने की इच्छा होती है ?'

वे बोले–'मेरी इच्छा नहीं होती। जो सुख चाहते हैं, उनकी होती है।' आनन्द की बात पर उन्होंने कहा–'असीम शान्ति। किन्तु, आनन्द ?'

ये बातें खूब स्पष्टतः समझ में नहीं आयीं। पूछा–'किसी विशेष स्थान में वास करते हैं ?' उन्होंने कहा–'शून्य आकाश में।'

प्रश्न–यह आकाश सीमाबद्ध है ?

उत्तर–क्या, यहाँ कोई सीमारेखा तो नहीं देखता।

वहाँ की सत्ता, ठीक-ठीक क्या है, यह समझाया नहीं जा सकता–ऐसा ही एक भाव दिखलायी पड़ा उनके उत्तरों से।

सत्येन से पूछा–'पृथ्वी पर स्वदेश-साहित्य आदि में तुम्हारा जो उत्साह था, वहाँ भी वैसा कुछ है क्या ?'

सत्येन ने उत्तर दिया–'यहाँ ठीक वैसा कुछ नहीं। पृथ्वी की वह उत्तेजना नहीं। अथच्, अक्सर उसका अभाव अनुभव करता हूँ। पहले, जब आया था, पृथ्वी की प्रत्येक वेदना को हृदय के अन्दर अनुभव करता था। क्रमशः, वह वेग घटता जा रहा है।'

मणिलाल ने कहा–'सम्बन्ध रखते हुए भी उसका आकर्षण क्षय होता जाता है। नहीं तो मुक्ति कैसे होगी !'

मैंने पूछा–'पृथ्वी पर हम लोग जिन अध्यवसायों में प्रबल इच्छा और चेष्टा के द्वारा प्रवृत्त हैं, उनमें परलोकगत आत्माओं का सहयोग रहता है क्या ?'

ज्योतिदा बोले–'हमारे मन में ठीक वैसी कोई वासना नहीं होती। किन्तु, पृथ्वी पर यदि कोई कुछ सृष्टि करता है अथवा कोई अच्छा काम होता है, उसे हम अनुभव करते हैं।'

जन्मान्तर की बात पूछने पर बोले–'जन्मान्तर है। किन्तु, पृथ्वी पर रहते जैसा समझता था, वैसा नहीं।'

अपनी मुक्ति की बात उनसे पूछी। बोले–'पाओगे। किन्तु, अभी और साधना चाहिए।··· कितनी भूल-चूक !'

मेरी रचना के बारे में बोले–'तुम्हारी रचना समस्त बाधाओं को अतिक्रमण करके, चरम सार्थकता के पथ पर चल रही है। तुम सभी अवस्थाओं में शान्त रहना।'

मैं बोला–'शान्त ही तो होना चाहता हूँ। आपके इस उपदेश से मैंने विशेष बल पाया है।'

उन्होंने कहा–'जानता हूँ। इसीलिए तुम्हारे पास आया हूँ।'

अपने चित्रों के बारे में मणिलाल से प्रश्न किया। वह बोला–'आपके चित्र यूरोप में आदर पायेंगे।'

ज्योतिदा बोले–'आशंका मत करो! तुम्हारा चित्र जगत् को एक नया प्रकाश दिखलायेगा।'

आश्चर्य ! क्योंकि, मेरे मन में सचमुच इस सम्बन्ध में आशंका है। पृथ्वी पर हम जिन्हें प्यार करते हैं, परलोक में उनके साथ हमारा कैसा सम्बन्ध रहता है, इस प्रश्न के उत्तर में बोले–'जिन्हें प्यार करते हैं, वे अन्तर के देवता के साथ एक हो जाते हैं। अब तो खो जाने का भय नहीं।'

हिवर्ट-लेक्चर में जो मत व्यक्त करना चाहा है, उनके सम्बन्ध में उनकी राय पूछने पर उन्होंने चार बार चौकोर बाक्स बनाकर, खूब जोर डालकर लिखा–सत्य ! सत्य !!

कुछ देर बाद स्वयं ही लिखा–वह गुलाब का फूल यहाँ ले आओ।

तब, हठात् देखा–घर के एक दूसरे अंश में छोटे टेबुल की फूलदानी में फूलों के गुच्छे में एक गुलाब। फूल अपने टेबुल पर लाते ही बोले–'कि सुन्दर !'

इसके बाद बोले–'एक गीत सुनाओ।'

मैंने चारों ओर दृष्टि दौड़ायी–कौन गा सकता है गीत ! उन्होंने लिखा–तुमी गाउ !

मैं सोच ही नहीं पाया, क्या गाऊँ, कौन-सा गीत गाऊँ। उन्होंने लिख दिया–रूप सागरे डूब दियेछि···।

गीत शुरू करने के तनिक बाद ही मेरे शब्द मानो बँध गये। बोली भरे गले में अटक गयी। तब उन्होंने गीत के बीच की दो पंक्तियाँ लिख दीं–

"जे गान काने जाय ना शोना, से गान जेथा नित्य बाजे।
प्राणोर वीणा निये जाव, सेई अतलेर सभा माझे।"

इतना-सा गा दिया। बोले–'खूब ठीक। बहुत अच्छा लगा।'

जो बात वे कहना चाहते थे, शायद उन्हीं पंक्तियों के माध्यम से कह गये। मुझे और याद नहीं–मैंने फिर गाया नहीं। सुरेन की बात पूछी–'उसे निष्कृति मिलेगी क्या ?'

उत्तर मिला–'मिलेगी क्यों नहीं ? क्या वह उत्तेजित होता है ?'

मैंने कहा–'उत्तेजना का कारण है। वह ऋण में जकड़ा हुआ है।'

वे बोले–'कर्मफल। बीच-बीच में वह हठकारिता जो करता है।' 'नूतन बौठान[1] से भेंट-मुलाकात होती है या नहीं'–पूछा। वे बोले–'नूतन बौठान समभाव से ही है।'

---

1. ज्योतिरिन्द्रनाथ की दिवंगता पत्नी, जिन्हें रवीन्द्रनाथ 'नयी भाभी' कहते थे।

मैंने पूछा–'पृथ्वी के प्रति उनका आकर्षण है क्या ?'

वे बोले–'है। इसीलिए तो मुलाकात नहीं होती।'

मैं बोला–'मैं अभी तक उनको नहीं भूल सका हूँ। बड़ी वेदना के साथ याद आती है... ।'

वे बोले–'जानता हूँ। नूतन बौठान से कहूँगा।'

ज्योतिदा के जाने के बाद नाम निकला–साहाना। हठात् याद ही नहीं आयी–कौन साहाना ? बुला ने पूछा–'साहाना किसका नाम है ?' वह नहीं जानती थी। अवन बोले–'बैलू[1] की स्त्री।' साहाना की मृत्यु की खबर मेरे मन में स्पष्ट नहीं थी, इसलिए उनकी बात सोच नहीं सका। पूछा–'बैलू से भेंट होती है ?'

बोली–'मृत्यु के बाद एक बार भेंट हुई–अनेक के बीच।' प्रश्न–'उसे बुला दे सकती हो ?'–'बुला रही हूँ।' बैलू आया।–कैसे हो ? सुख से हो ? उत्तर था–ठीक है। प्रश्न हुआ–देहहीन आत्मा को लेकर आनन्द पाते हो ? उत्तर–आनन्द ? यदि पाता हूँ तो वह मेरी अपनी ही सृष्टि है। प्रश्न–मेरी नयी रचनाओं से परिचय है ? उत्तर–है। अच्छी लगती है–खूब। युग के बाद युग नव-नव धाराओं में चल रही है। प्रश्न हुआ–तपती देखा है। उत्तर–उपस्थित था। प्रश्न–कैसा लगा ? उत्तर–कि आश्चर्य ! प्रश्न–तुम्हारी यहाँ की रचनाओं की कोई अनुवृत्ति वहाँ है ? उत्तर–नहीं चलेगी, नहीं चलेगी–बच्चों के खेल–मेरी वे रचनाएँ।

–रचना करने को मन होता है ?

–सोचता हूँ खूब। मन के अन्दर रचना मानो स्वयं रूप लेती है।

–अपने मन की कोई सृष्टि अभी ही, हमें हमारी भाषा में सुना सकते हो ?

–आज ऐसा लगता है, सुबह की धरती पर जो धूप बिछी है, मेरे प्राण के आनन्द का रूप है।

–शरत् काल की इस धूप के साथ तुम्हारी शरत्काल की स्मृति जगती है ?

–जगती है। इसीलिए तो दौड़ा आया हूँ।

–धरती पर पाये सुख-दुख का स्वाद तुम्हारे अन्तर में अब भी है ?

–बहुत कुछ भूल चुका हूँ। कुछ अभी भी छाया की तरह मेरे साथ है। मेरा बन्धन जो है ! उससे मुझे अभी भी मुक्ति नहीं मिली।

–बन्धन से मुक्ति की कामना करते हो ?

–करता हूँ। किन्तु, मैं बहुत पिछड़ गया हूँ। वह मानो मेरा...

–मैं मुक्ति चाहता हूँ। सिद्धि-लाभ कर सकूँगा ?

–मुक्ति तो आपके अन्तर का ही दूसरा रूप है। आपने कहा है न, मुक्त कोरो हे सबारि संगे–मुक्त कोरो हे बन्ध।

–देहान्तर धारण करने की इच्छा है ?

–आपके वहाँ रहते जा सकूँ तो, इच्छा है। कितना परिवर्तन ?

---

1. स्वर्गीय बलेन्द्रनाथ ठाकुर।

–पुनर्वार देह धारण क्या इच्छा के ऊपर निर्भर है ?

–यहाँ कौन आयी हैं जानते हैं ?

–कौन हो तुम ? कहो।

–नहीं। नहीं कहूँगी। तुम मेरा नाम बताओ।

–छोटी बहू ?[1]

–हाँ।

–कैसी हो ?

–जिन्हें प्यार करती हूँ–वे एक-एक कर मेरे पास आ गये…।

–क्या पृथ्वी के साथ तुम्हारा बन्धन प्रबल है ?

–है ही। यह बात क्यों पूछते हो ? जानते नहीं ?

–मेरे काम-काज, साधना के प्रति तुम्हारा Interest है ?

–है। आज भी मेरा मन समस्त अन्तर से तुम्हारे कल्याण की कामना करता है।

–रथी के काम में तुम्हारी सम्मति है ?

–यह बात क्या मुझसे पूछने की है ? उसके पास जो हैं, वे देवता की तरह भी प्रकाश देंगे।

अन्तिम प्रश्नोत्तर मोहनलाल ने लिखा है। परम्परा की रक्षा करके लिख सका, इसी से। पहले का अंश टेढ़ी-मेढ़ी लिखावटों के जंगल से उद्धार किया गया है, इसलिए परम्परा नहीं निभा सका। और भी बहुत-सी बातें लिखी गयी थीं। खोजने पर मिलीं नहीं। सत्येन को एक बात लिखना भूल गया। उससे प्रश्न किया था–'बंगला के आधुनिक कवियों के सम्बन्ध में तुम्हारा क्या मत है ?' सत्येन ने उत्तर दिया–'अनेक के अन्दर पदार्थ है किन्तु, जानता हूँ ठीक वह सुर नहीं।'

व्यापार असल में क्या है, जोर डालकर नहीं कह सकता। ऐसा लगा कि भिन्न-भिन्न व्यक्ति से बातें हुईं। इसमें सन्देह करने की कोई आवश्यकता नहीं। बुला की भाषा तो थी ही नहीं, भाव भी बुला के नहीं हो सकते। मेरे भी नहीं। क्योंकि मैं जो कुछ सोचता हूँ या सोच सकता–उससे बहुत कुछ नहीं मिलता। मेरे अनजाने में मेरा मन यदि जवाब देता तो वह दूसरे किस्म का होता। हाँ, यदि कहो कि मेरा अवचेतन चित्त क्या विश्वास करता है–क्या कहता है वह मैं जानता ही नहीं या नहीं जान सकता। तब तो कोई तर्क ही नहीं। देहहीन आत्मा कैसी होती है या उनकी चित्तवृत्ति किस भाप की है–कल्पना करना कठिन है। किन्तु, आजकल के विज्ञान को मानने पर–यह देह क्यों वस्तु जैसी प्रतीत होने लगती है–इस रहस्य को भेदा नहीं जा सकता। वस्तु के मूल में है अवस्तु अर्थात् अनिर्वचनीय पदार्थ। इस माया को यदि मान सकते हैं तो, देहहीन सत्ता को भी मानने में दोष नहीं–यदि उसके प्रमाण मिलें। आजकल प्रमाण-संग्रह चल रहा है,

1. कवि की पत्नी

अभी भी सर्वजनसम्मत विश्वास तक नहीं पहुँचा।

जो भी हो, जिनको मैंने ज्योतिदा कहा या कल्पना किया है–उनकी बातों ने मेरे मन को गम्भीरता से स्पर्श किया है। वे मुझे 'शान्त हउ' कहने का ही सुयोग ढूँढ़ रहे थे–इस बात को सच माने बिना मुझसे रहा नहीं जाता। यही बात मेरे जीवन की सबसे आवश्यक बात है। उसी समय से इस बात की प्रतिध्वनि रह-रहकर मेरे मन में होती है। तुम्हारे पत्रों में मैंने अनेक बार लिखा है–मेरा मन अतिरिक्त वेदना-कातर है। इसलिए लोगों के बीच, अक्सर शान्ति-रक्षा नहीं कर सकता। किन्तु, थोड़ी देर के बाद ही इसकी आत्मावमानना मेरे मन को पीड़ित करती है।

जाने दो।··· कल रात रथी बउ मा के साथ आया है। इति, 6 नवम्बर, 1929।

तुम लोगों का

श्रीरवीन्द्रनाथ ठाकुर

दूसरा पत्र

जोड़ासांको

9 नवम्बर, 1929

कल्याणीयासु,

··· बुला फिर एक दिन आकर पेन्सिल चला गयी। उस दिन भी सोचने योग्य अनेक बातें निकलीं। एक बहुत बड़ी अचरज-भरी बात पायी गयी है। शमी[1] आया था। अन्य बातों के बीच उसने कहा–'शान्तिनिकेतन के ध्रुव की याद आती है मुझे।' वह बहुत दिन की बात है। ध्रुव एवं अन्य दो लड़के शमी के साथ शान्तिनिकेतन में हमारे ही घर में रहते थे। बेला ने उन लोगों की देख-रेख का भार लिया था। उन्हें पढ़ाई में भी सहायता करती। उसका नाम आया तो मैं किसी तरह उसको याद नहीं कर सका। अपूर्व ने कहा–हाँ, ध्रुव नाम का एक छात्र था। रात में बिछावन पर तीनों की याद आयी–हठात् लेटे-लेटे। उसकी याद शमी को आवे–यही संगत है। किन्तु बुला के हाथ से ये बातें कैसे निकलीं। शमी बहुत मीठी-मीठी और मजेदार बातें कर रहा था। सुकुमार की बातें भी वैसी ही–ठीक सुकुमार ही बोल रहा हो मानो। मोहनलाल ने लिख लिया है–कभी देखोगी।

शीतकाल की हवा चली है–शरत्काल का अवसान निकट है। इस समय शान्तिनिकेतन की धूप-भरी बेला के लिए मन खींच रहा है। इति।

तुम लोगों का

श्रीरवीन्द्रनाथ ठाकुर

---

1. कवि के दिवंगत पुत्र, शमीन्द्रनाथ ठाकुर।

तीसरा पत्र

कल्याणीयासु,

शान्तिनिकेतन आ गया हूँ।

प्रशान्त ने अपनी चिट्ठी में लिखा है कि बुला के हाथ से जो बातें निकलती हैं, विशेषकर उनकी परीक्षा करना आवश्यक है।

किन्तु, मुझे तो ऐसा लगता है कि इन सब व्यापारों में अति निःसंशय प्रमाण पाना सम्भव नहीं। मेरे सम्बन्ध में जिनको फैक्ट्स कहते हैं—उन्हें लेकर यदि तुम परीक्षा करो तो प्रमाणित होगा—मैं रवीन्द्रनाथ नहीं। जो गीत मैंने स्वयं रचे हैं, परीक्षा देते समय एक पंक्ति भी याद नहीं आयेगी, न कोई सुर ही। किसी ने पूछा था, चन्दननगर के 'बागान' में जब था, तो उस समय मेरी उम्र कितनी थी। कहना उचित था—प्रशान्त जानता है। मैं जो दक्षिण अमेरिका गया था उसे दो वर्ष हुए या तीन या चार—निःसंशय होकर नहीं कह सकता। शमी की मृत्यु कब हुई थी—याद नहीं। बेला का विवाह हुआ था किस वर्ष, कौन जाने! अथच्, टेलीफोन पर मुझसे बातें करते समय तुम जिस चीज को लेकर मेरे सम्बन्ध में निःसंशय हो—वह है तुम्हारी 'धारणा'। तुम जोर डालकर कहती हो—यह ठीक मेरा स्वर है, मेरी भाषा है, ढंग मेरे हैं। और यदि कोई कहे कि नहीं, तो इसके बाद कोई ही नहीं। क्योंकि, तुम्हारे मन में मेरे व्यक्तित्व की जो एक समग्र मूर्ति (मोट छवि) है, वह दूसरे के मन में नहीं हो सकती अथवा दूसरे किस्म की होगी। यह—व्यक्तित्व का साक्षी ही सबसे सच्चा साक्षी है, क्योंकि इसको कोई बना नहीं सकता। मेरे जीवन के विशेष-विशेष तथ्य, मुझसे अधिक प्रशान्त जानता है। किन्तु, हजार चेष्टा करने पर भी वह मेरी 'मोट छवि' को अपने व्यक्तित्व में निखार नहीं सकता।

इस बीच, परसों बुला के हाथ से बात निकली, किन्तु नाम नहीं निकला। पूछने पर उत्तर मिला—'नाम मत पूछो। तुम जो सोच रहे हो—मैं वही हूँ।' इसके बाद जो बातें निकलीं—बहुत अचरज की हैं। उसकी सत्यता को जितना मैं जानता हूँ और दूसरा कोई नहीं। कभी कॉपी करके भेज दूँगा। किन्तु, समय पाऊँगा या नहीं—कह नहीं सकता।··· अनेक काज! प्रशान्त अभी भी वहाँ है या नहीं—नहीं जानता। उसको यह पत्र दिखला देना।···

तुम लोगों का
श्रीरवीन्द्रनाथ ठाकुर

लाख चेष्टा करने पर भी अपने को रोक नहीं सका।

श्रीमती निर्मलकुमारी महलानबीस लिखित (गत वर्ष प्रकाशित) किताब 'बाइसे श्रावण' (इस नाम की एक फिल्म भी है, जिसको इस पुस्तक से कुछ लेना-देना नहीं!) से कुछ पंक्तियाँ नहीं दूँ, तो सब अलोना रह जायेगा। अठारह साल तक

कवि के साथ रही। कविगुरु जिन्हें अपना 'हेडनर्स' कहते थे। 'बाइसे श्रावण' है कवि के साथ अन्तिम कुछ दिनों की डायरी :

27 जुलाई,
··· अमिता, बूढ़ी सभी घर में हैं। मुझे देखकर प्रसन्न मुख बोले–'जानती हो, आज भी एक कविता हो गयी है–सुबह, सुबह। यह कैसा पागलपन है, कहो तो ! प्रत्येक बार सोचता हूँ–बस, यह अन्तिम है। लेकिन इसके बाद देखता हूँ, फिर एक निकल आयी। इस आदमी को लेकर क्या किया जाये।'

कविता सुनी–प्रथम दिनेर सूर्य··· पेलॅना उत्तर।

29 जुलाई,
··· शाम को आकर सुना–तीसरे पहर फिर एक कविता हुई है–'दुखेर आधार'–रात्रि बार-बार एसेछे आमार द्वारे···।

की काण्ड ! कलकत्ता आने के बाद भी दो कविताएँ ?

30 जुलाई
हम लोगों ने पहुँचकर सुना–कवि ने फिर एक कविता रची है। रानी (चन्द) ने कलमबन्द कर लिया है। हम लोग घर में आये। देखते ही बोले, "क्यों प्रशान्त, आज के अखबार में लड़ाई की क्या खबर है ?" उन्होंने कहा, "आज ज़रा अच्छी खबर है।··· लगता है, रसियन सेना ने जर्मनों को पीछे हटाया है।" सुनकर कवि का मुख आनन्द से उज्ज्वल हो गया। बोले, "पारे ! पारे !! ओराई पारे–वे ही सकेंगे।··· एँह ! भारी अहंकार हुआ था हिटलर को।··· गोयरिंग-गोयरिंग, अब देखे गोयरिंग कि क्या होता है–दुश्मन सब !··· रसियनों ने खूब वीरता दिखलायी है–असम्भव लड़ेछे··· वाह !!"

7 अगस्त,
··· जोड़ासाँको पहुँचकर देखा–जनसमुद्र ?··· समाप्त ? नहीं··· घर के अन्दर पहुँचने के ठीक एक-डेढ़ सेकेण्ड पूर्व तक थे ?··· भाग्य का यह कैसा निदारुण चक्रान्त! उनसे 'सत्य' किया था कि अन्तिम क्षणों तक पास रहूँगी। लेकिन··· किसने मुझे झूठमूठ टेलीफोन* करके मेरा सत्यानाश किया। इसी समय नहीं रह सकी !··· मेरी

---

* कवि की परिचर्या में लीन श्रीमती महलानबीस को रात डेढ़ बजे सूचना मिली--बरानगर से टेलिफोन आया है। जल्दी ही घर पर बुलाया है। श्रीयुक्त महलानबीस भी बीमार थे। उस रात जोड़ासाँको भवन में टेलिफोन इन्चार्ज थे 'शनिबारेर चिठी' के सम्पादक श्री सजनीकान्त दास। श्रीमती महलानबीस ने पुछवाया–किसने टेलिफोन किया था। वे बोले–पता नहीं। श्रीमती एक डाक्टर की गाड़ी माँगकर दौड़ी बरानगर गयीं। देखा, वहाँ सब राजी-खुशी हैं। बल्कि, श्रीयुक्त महलानबीस का ज्वर कम है। टेलिफोन के बारे में सुनकर सभी आश्चर्यित हुए–किसी ने किया ही नहीं टेलिफोन। इसी बीच जोड़ासाँको

बात पर उनको विश्वास था।··· कहाँ गया उनका विश्वास !!

रवीन्द्र शतवार्षिकी के उपलक्ष्य में लिखित। हिन्दी में प्रकाशन, ज्योत्स्ना/दिसम्बर, 1971

रामपाठक की डायरी से

घरौवा-व्यापार

बंगला में, किसी वस्तु या व्यक्ति अथवा प्राणी को विशिष्टता प्रदान करने का एक सहज नियम है कि उस वस्तु-व्यक्ति-प्राणी के आगे 'राम' जोड़ देते हैं। यथा–रामदा, रामछागल, रामपाखी। 'दा' के पहले राम जोड़ते ही वह साधारण 'दाब' अर्थात् लकड़ी या बाँस काटनेवाले अस्त्र से भिन्न हो जाता है। उससे सिर्फ बलि ही दी जा सकती है। 'रामछागल ? छागल हुआ, बकरा। और छागल अर्थात् बकरी के बच्चे के पहले 'राम' लगाते ही उसकी बलि कभी नहीं हो सकती। वह प्रजावृद्धि के लिए ही पलता रहता है–अपने गन्ध मादन केसर-गुच्छ के साथ बॅ-बॅ-बॅ-बॅ बमभोले शंकर को गुहराता-पगुराता मौज करता–रामछागल। इसी नियम के अनुसार सुजान पाठक 'रामपाठक' का कोई-न-कोई अर्थ निकाल ही लेंगे।

बंगला में हर व्यक्ति–नर-नारी–के दो नाम होते हैं। एक 'डाक नाम' (पुकारने के लिए) और दूसरा 'भालोनाम' (लिखने के लिए)। डाकनामों में भोंड़े और बेडौल नामों की संख्या गरिष्ठ होती है–हाबुल, भोंड़ा, घण्टा, फेला, भोंदड़, गोबरा, पचा, घुघलू··· । लड़कियों के डाकनाम खेतो, माँती, ताँछी, बुड़ी, बुलटुन, खेंदी, गुनसी··· इसलिए, किसी का सुन्दर डाकनाम सुनकर अचरज होता है। जैसे, मनु, कुणाल, मानिक; फणा··· । अनेक क्षेत्रों में 'डाकनाम' का 'नामडाक' (प्रसिद्धि) इतना प्रबल हो जाता है कि 'भालोनाम' लेकर गोबरा बाबू को सही ठिकाने पर खोजिए, उनके घर में पूछिए–घर के अधिकांश प्राणियों को पता नहीं कि गोबरा बाबू ही श्री कवि कंकनकुमार हैं।

(बंगाल के श्रेष्ठ पुरुषों के 'डाकनाम' जानने की इच्छा प्रबल हो जाती है, कभी-कभी ! रवीन्द्र, शरत्, जीवनानन्द, ताराशंकर के डाकनाम तो जरूर होंगे !)

किन्तु, हम लोगों का (आमादेर !) मीनू और फणा ही श्री समीरराय चौधुरी और श्री मलयराय चौधुरी हैं क्रमशः, यह 'ज्ञानोदय' में संदीपन चट्टोपाध्याय की

से टेलिफोन आया–शीघ्र आइए। पहुँचते-पहुँचते, पहुँचने के ठीक एक-डेढ़ सेकेण्ड पहले ही अन्तिम निःश्वास रुक गयी !

चिट्ठी को पढ़कर मालूम हुआ ! मीनू अर्थात् समीर के बारे में जानता था कि वह कविता-कहानी लिखता है। आठ साल पहले उसने, हिन्दी में एक कहानी लिखकर मुझे सुनायी थी। किन्तु···, किन्तु···, छोटका··· फणा अर्थात् मलय ही हंग्री जेनेरेशन का प्रधान पण्डा है, यह जानकर रामपाठक के मन की हालत ? 'भीषण-सुन्दर'··· !!··· मैथिली में एक कहावत है : 'संग्रही में चोखा घुर तायैत अछि।'

और यह जान लेने के बाद–'एषणा' (हंग्री के लिटल मैगेजिन समूह में एक) में प्रकाशित, मलयराय चौधुरी लिखित–'समालोचना एवं रिव्यू सम्पर्कित प्रस्ताव'–की प्रथम कई पंक्तियों को अपने 'फणा' के मुँह में पहनाने की चेष्टा करता है रामपाठक–'कि बिटकेल भाँड़ामो चलछे दिनेर पर दिन, शिल्पेर नामे, साहित्येर नामे, संस्कृति नामे। केउ नेइ गा करबार, सकलेइ निजेदेर एकटा करे हिल्ले करे नैबार ताले घुरे बेड़ाछे छिचके-चोरेर मतो···' (भाँड़ामो=भँड़ैती। छिचके चोर=छोटी-छोटी चोरी करनेवाला। धोती, गंजी अथवा अण्डरवियर चुरानेवाला चोर।)

नहीं, फणा के सुन्दर, सुशील, कोमल, निर्विकार, प्यारे मुँह में इन बातों को रामपाठक नहीं पहना सकता है। मन के अन्दर मलयराय चौधुरी की एक छवि जो अंकित हो चुकी है, इन पंक्तियों को पढ़कर··· उसकी कविता-किताब 'शयतानेर मुख' में 'आमि' शीर्षक कविता की अन्तिम पंक्ति (और सम्पूर्ण कविता का अन्तिम खण्ड) को पढ़कर–वह अमिट है।··· 'बांचोत् ईश्वर साला शुयार बच्चा द्याख–पड़े आछि हात भेगे !!' यह हम लोगों का मितभाषी, सलज्य, (लाजुक), फणा कैसे लिख सकता है ?

और, बुद्धदेव कहता है, इन्हें चौराहे पर खड़ा करके चाबुक से पिटैया··· वेश कोरे चाबकाते हँबे। थूड़ी [यहाँ बुद्धदेव नाम कुछ विभ्राट की सृष्टि कर सकता है। श्री बुद्धदेव भट्टाचार्य पटना से (एक समय) प्रकाशित होनेवाली प्रसिद्ध बंगला मासिक 'प्रभाती' के सम्पादक रह चुके हैं। कई गल्प-ग्रन्थ के प्रणेता और रामपाठक के··· राम–आत्मीय !]

किन्तु, रामपाठक कहता है–किन्तु··· !

–की किन्तु ?

–माने, अमेरिका के पत्र में अत्याधुनिक कवियों की पत्रिका City-Lights magazine में उसकी रचना··· वह EL-Corno-Emp-lumado का भारतीय सम्पादक···

बुद्धदेव, घर के दूसरे प्राणी को सतर्क करके चला जाता है–'दादार माथा खाराप कोरे दियेछे !' दादार माथा–रामपाठक का सिर फिर गया है ?··· झुका तो नहीं है !

दुःस्वप्न विलास

सोने के पहले The Hungry Generation-5 पढ़ा था। प्रथम पृष्ठ में संदीपन

चट्टोपाध्याय की साम्प्रतिक रचना–'भय' की एकमात्र पंक्ति–"रैके एकटी मात्र बई उल्टे रेखे गेछे के, माझराते आमिराखि नि !··· '

माझराते–रैके !··· 'गंडगोल' शुरू हुआ।

··· आधी रात को–किताबों का अपने आप रैक से निकल-निकलकर कूदना–(आस्फालन !) ? रवीन्द्र ग्रन्थावली की चोट खाकर रामपाठक कराह उठा ! उसने अनेक चेष्टा की। बिखरी-उड़ती-भागती किताबों को घण्टों वह दौड़-दौड़कर पकड़ता रहा। बीच-बीच में ग्रन्थावली का 'झापड़' खाता, वह अधमरा हो गया। तब एक ग्रन्थ बोला–हम इन रैकों में नहीं रह सकते। हमारे साथ तुमने 'हंग्री' के गन्दे-चिथड़े रखे हैं ? लाज नहीं आती ?··· इनकिलाब–जिन्दाबाद !

रामपाठक ने गिड़गिड़ाकर कहा–मैं उन्हें हटा देता हूँ। और 'हंग्री लिटरेचर' को स्थानान्तरित करते समय उसने पूछा–क्यों ? श्री कमलकुमार मजुमदार कृत उपन्यास 'अन्तर्जली यात्रा' को भी–(सरिये दिते हॅबे !) हटाना होगा ? किन्तु, पिछले दशक में ऐसा उपन्यास··· ?

–चौप राउ !··· हंग्री जेनेरेशन का नाया अंक को नेंहीं जालाने से हमारा जाला··· पुड़िये दाउ ! मलय के !!

–जला डालूँ, क्यों ?

रामपाठक ने 'हंग्री जेनेरेशन' के टटके अंक से आवृत्ति शुरू की :

"आमार बाबा मा अन्य हलेउ कि आमि ऐ रकम हतुम ? सम्पूर्ण भिन्न एक शुक्र थेके मलय उर्फ आमि हते पार्तुम ? आमार बाबार अन्यान्य नारीर गर्भे दुकेड कि मलय हतुम ?"

'··· शान्ति दाउ, शान्ति दाउ–शुभा !

आमाके तोमार गर्भे आमारि शुक्र थेके जन्म निते दाउ···।'

–चौप राउ ! बन्द करो।

तब, रामपाठक ने हठात् 'कुमारसम्भवम्' के दसवें सर्ग से पाठ शुरू कर दिया :

परिहृत्य परिरम्भ रभसं दुहितुगिरेः
कामकेलिरसोत्सेकाद्वीडया विररामसः।।
रंगभंगच्युतं रेतस्तदामोघं सुदुर्वहम्
त्रिजगछाहकं सद्यो मद्विग्रहमधि न्यधात्।।
दुर्विषह्येण तेनाहं तेजसा दहनात्मना
निर्दग्धमात्मनो देहं दुर्वहं बोदुमक्षभः।।
रौद्रेण दह्यमानस्य महसातिमहीयसा
मम प्राणपरित्राण प्रगुणो···

ताजा खबर : हालखबर

रामपाठक के घर का दूसरा प्राणी बंगला साहित्य में एम. ए. करने की तैयारी

में है। इसलिए, यूनिवर्सिटी और डिपार्टमेण्ट के अलावा और कहीं की बात की सुनवाई जल्दी नहीं होती।

"तोमादेर डिपार्टमेण्टे लाके जाने ?

तुरत, आँखें गोल हो गयीं—की ?"

"इस क्षुत्कातर-सम्प्रदाय को लोग जानते हैं ?"

वह गम्भीर होकर बोली, "क्यों नहीं ! मंगलकाव्येर प्रथम युगे··· ।"

रामपाठक ने, Hungry Generation क्षुत्कातर-सम्प्रदाय—भूखी-पीढ़ी—Le Hungrialisme No. 66 पढ़कर सुनाया—

Religious Manifesto of the H.G. (1)... God is shit. (2) Religion is an omnivorus system of fued... (3) Religion is the straight jacket "I" teaching God to walk upside down. (4) Religion is Murder, Rape, Suicide, Dope, Incest, Poison, Fucking...

"बन्द करो !"

दूसरा प्राणी अब तक ध्यानपूर्वक इसलिए सुन रहा था कि उसकी परीक्षा में काम आनेवाली बात हो—मंगल-काव्य के प्रथम युग की ही हो सकती है।

"किन्तु, बंगला साहित्य के विद्यार्थी को खबर होनी चाहिए—साहित्य की नवीनतम धाराओं की !"

"तोमार मुण्डू ! ··· बन्द करो !!"

तीसरे पहर, फणा की काकी (आमादेर न' काकी-माँ) दौड़ती-हाँफती आयी। उनके साथ में पटना विश्वविद्यालय के बंगला विभाग में पढ़नेवाली एक महिला भी थी। इसलिए रामपाठक ने समझा—कोई, यूनिवर्सिटी या डिपार्टमेण्ट का व्यापार है।

"की खबर ? लतिका बाड़ीते नेई !"

"लतिका से नहीं, तुमसे काम है।··· फणा, माने मलय के पुलिसे एरेस्ट कोरेछे ?··· हाँ, कोलकाता थेके पुलिसेर लोक एसेछिलो।··· हाँ, हाथकड़ा हाते दिये, कोमरे दड़ी-रस्सी में बाँधकर, सड़क पर टहलाते हुए, हाजत में ले गया।··· हाँ, सिर्फ किताब के लिए ! घर की पूरी खानातलाशी—तन्न तन्न करके कागज-पत्तर, टाइपराइटर, बई-सब निये गेलो !"

"केन ? केन ??"

"की जानी ! आज सुबह को जमानत पर छुटकर आया है। कल, कलकत्ता चला जायेगा !"

रामपाठक को शरद देवड़ा की याद आयी।··· कलकत्ते में एक आदमी है, जिसको रामपाठक लिख सकता है। वहाँ यदि जमानत-वमानत की जरूरत हो ?

अजब संयोग ! दरवाजे की कुण्डी खटखटायी और दरवाजा खुला; शरद देवड़ा अपनी प्यारी मुस्कुराहट के साथ पत्थर के लैम्पपोस्ट की तरह··· रामपाठक अवाक् खड़ा रहा—दूसरे पत्थर के लैम्पपोस्ट की भाँति !

शरद ने और भी सूचनाएँ दीं··· समीर भी गिरफ्तार हो चुका है चायबासा में। देबीराय, शैलेश्वर घोष वगैरह सभी की गिरफ्तारी हुई है।··· सुना है, बंगला के कई सम्पादकों, लेखकों ने मुख्यमन्त्री से प्रार्थना की कि इन्हें शीघ्र गिरफ्तार किया जाये !··· समीर, मलय, देबी, शैलेश्वर, सुभाष मुख्य अभियुक्त !

'न' काकी बोली—पुलिसवाले माने कलकत्ता से आये हुए पुलिस के ऑफिसर ने मलय के बाबूजी से कहा—'आप हँसते हैं ? आपको अपने पुत्र के कृत्य पर लाज नहीं आती ?' मलय के बाप ने जवाब दिया—'हम लोग 'साहित्य' क्या समझें—आर्टर की बूझी ?'

रामपाठक समझ गया, उनके व्यंग्य को। पटने का मशहूर कलाकार (फोटोग्राफर) कहता है—आमरा आर्टर की बूझी ?··· तब कौन समझता है ? कलकत्ता की पुलिस ?

उनके जाने के बाद, रामपाठक ने कुछ पढ़कर मन में साहस बटोरना चाहा। **Allen Ginsberg** के **Journals** से : **Nov. 5, 62**

Dream—We murdered someone, trying to hide the evidence now, an envelop with the photographs a man in woman's dress—1920's banglis & hair do-plus torn papers with addresses... But I still have all this evidence in breast pocket envelope...

—सुनो, बुद्धदेव ने एक खबर भेजी है। उन··· उन 'लक्ष्मीछाड़ाओं' की चीजें याने पर्चे किताब वगैरह कहाँ हैं ? लाओ, मैं चूल्हा सुलगा लूँ।

रामपाठक का चेहरा हठात् कठोर हो गया। उसे लगा, वह सन् 1937, 38, 39, 40, 41, 42 में पहुँच गया है।··· उसकी अटैची में आपत्तिजनक साहित्य है। ··· बुक-पैकेट रहेछे एकटा खाम **in breast pocket envelope...** देखूँ, कौन जलाता है, इन्हें ?

SPIT; BLOOD; BASTARD : HUNGRY

मातृहारा मातृतान्त्रिक मातृहंतारक कविता-संकलन—मांसेर त्रिकोण उ आमरा !

हंग्री जेनेरेशन ! स्रष्टा : मलयराय चौधुरी। नेतृत्व : शक्ति चट्टोपाध्याय। सम्पादन : देबीराय।··· छंदे गद्य लेखार खेलाके कविता नाम दिये चालाबार खेला एबार शेष हउया प्रयोजन। टेबललैम्प उ सिगरेट ज्वालिये, सेरिब्राल कर्टेक से कलम डूबिये कविता बानाबार काल शेष हये गेछे। एखन कविता रचित हय अरग्याज्मेर मतो स्वतः स्फूर्तिते।

रामपाठक गम्भीर होकर इस 'विस्फोट' का समाजशास्त्रीय कारण 'चिन्ता' करता है। बं-गाल ?··· साहित्य, राजनीति, विज्ञान, अध्यात्म, धर्म, तन्त्र—मातृपूजक महान् से महान्··· !! बंगला साहित्य के इतिहास-भूगोल की याद करता है !··· बंगला-साहित्य ? एक ही प्रान्त की भाषा ! एक ही नगर में समस्त पत्र-पत्रिकाएँ ! एक ही नगर में रहनेवाले 95% लेखक-सम्पादक—कवि !··· घुटन !··· विस्फोट ?

रामपाठक स्वीकार करता है, चिन्तन उसका कर्म नहीं। 'हंग्री' लोग क्या चाहते हैं ? ये क्या हैं ? क्या लिखते हैं ? यह जानने की चेष्टा में वह लगा हुआ है। इसके लिए कितनी उदारता और तटस्थता की जरूरत है, उसे मालूम है।

BLITZ के 1964 के September 19 के अंक में प्रकाशित एक पृष्ठ-व्यापी संवाद पढ़ा–मोटे अक्षरों में : Police Nab Calcutta Beatniks... Erotic lines & loves of Hungry Generation... नहीं, Blitz के कलकत्ता स्थित Correspondent महोदय ने तटस्थ होकर रिपोर्टिंग नहीं की है।

सम्भव है, "They want to chick through stunks and, may be, pseudo revolution in literary forms and themes.'–'ब्लिट्ज' संवाददाता का यह कथन, सच हो। किन्तु, किसी खास देश के किसी कवि विशेष ने इन्हें नहीं उकसाया है। न तो Inspire किया है। एलेन गिन्सबर्ग ने इन्हें अपना प्यार दिया है–यह सच है। इन्हें पहचानकर ही प्यार का व्यापार किया होगा Howl के प्रसिद्ध कवि ने !

कलकत्ता से प्रकाशित बंगला साप्ताहिक 'जनता' में एक कार्टून प्रकाशित हुआ है–हंग्री कवि का ! 'जनता' में ही प्रथम 'कॉलम' में एक सुर्खी है–'कल्लोल युगेर प्रौढ़ कवियों कि हांग्री ?' और कुछ उद्धरण श्री बुद्धदेव बसु की सद्यःप्रकाशित रचना से :

"... शिथिल साड़ी

सोनालि शरीर ग'ले जाय धीरे, स्तनेर बोंटा, चोखेर मतो कांपछे।... टेर पाई तार स्तन दूटि ऊँचू हये देखचे आयाके।... बलि, थामो जेयोना मयला जीनेर पैन्टुलिन थेके वेरिये आसबे तलोआर, ज्वलबे आमार आगुन तोमार जोयारे। जवाबे से माथार तला थेके बालिश फेले देय, दमका हवाय उड़िये देय साड़ी, तार उदर पालेर मतो एगिये आसे।... एखनो, तबू आमि लुब्ध। हाड़े-हाड़े अमर काम क्षमाहीन।"

क्या बुद्धदेव बसु की इन पंक्तियों पर, कलकत्ता के 'सत्साहित्यिक'–पुलिस के 'महाकवि'-अधिकारियों की दृष्टि नहीं पड़ी ?... शायद, विशुद्ध साहित्यिक-महल में यह भी सोचा जा रहा हो कि अमेरिका से लौटने के बाद ही श्री बुद्धदेव बसु इस तरह की रचनाएँ क्यों लिख रहे हैं ?

रामपाठक ने एक चिट्ठी पढ़ी है। एलेन ने किसी हंग्री को लिखा है। इनकी गिरफ्तारी की खबर सुनकर–उसकी क्या हालत थी, पत्र उसका प्रमाण है।... पत्र पढ़कर लगा–एक भोला-भाला शिशु या सन्त, अपने प्रियजनों के लिए व्याकुल होकर जो कुछ भी कर सकता है, कह सकता है, लिख सकता है–एलेन ने लिखा है ! पत्र के अन्त में 'जयराम' !!

रामपाठक अपने से पूछता है–एक देश का कवि, दूसरे देश के कुछ तरुण कवियों के लिए छटपटा रहा है। क्या इस पर विश्वास किया जाये ? अथवा, राजनीति के रंग से इस 'खालिस आदमियत' को रँगकर सन्तोष किया जाये ? ... हिन्दी, मराठी, गुजराती, तमिल, कन्नड़, असमिया आदि के लेखकों पर इस

संवाद की क्या प्रतिक्रिया होगी ?··· श्री खुशवन्त सिंह का एक पत्र मिला, मलय को–'Don't worry. There will be many to support you.'

रामपाठक ने इस बीच 'हंग्री' लेखक-कवियों को थोड़ा जान-पहचान लिया है। यदि उससे इस 'पीढ़ी' के लेखकों का संक्षिप्त 'प्रोफ़िल' प्रस्तुत करने को कहा गया तो, वह कुछ इस तरह से आँकेगा :

सर्वश्री मलयराय चौधुरी

चकाचौंध में डाल देने योग्य 'झलमले', चमकप्रद, 'तुखोड़' (हरफनमौला), मेधावी, ख़याली एवं हठात् काव्य-बम्बार्डमेण्ट के माध्यम से दीवार को हिला देने योग्य दोष से सम्पन्न। जन्म–2-11-39। शिक्षा–एम. ए.। रिजर्व बैंक में काम करते हैं। प्रथम काव्य-ग्रन्थ–'शय-तानेर-मुख'। इनकी तीन फर्मा व्यापी विराट कविता–'तुल-कालाम आत्महत्या'–का अंश विशेष इसी बीच banned हो चुका है। अखबार के दफ्तर में नौकरी चाहते हैं, खोजते हैं। निस्सन्देह रूप से अविवाहित। इनकी रचना (जो साँप के फण के समान होती है) को वैद्युतिक दमक (जो पाठक के दर्प को डँसने के लिए सदा उद्यत रहती है) देती है इसकी खूनी सुलभ रेशमी चिन्ताधारा। जो (चिन्ताधारा) पुराने 'गतानुगतिक' पर्सपेक्टिव की छाती पर खड़ी होकर नयी सम्भावना की घोषणा कर सकती है !

सुनील गंगोपाध्याय

सुनील एक हंग्री रूप-कथा (Hungry Legend) हैं। शक्ति और संदीपन का गुरु। वेश्या, जुआ, शराब, नशा, दलाल एवं मानव-जीवन को लेकर खूब खिलवाड़ किया है। सुनील हर 'व्यापार' में लापरवाह हैं। इनके प्रथम उपन्यास को बंगला की किसी पत्रिका अथवा प्रकाशक ने छापना स्वीकार नहीं किया। अश्लीलता की दुहाई देकर। काव्य-ग्रन्थ : 'एका एवं कयेकजन।' उम्र–33। हाल ही में Iowa (आइओवा) से लौटे हैं और बेकार हैं। अविवाहित। बंगला में एम. ए.।

देबी राय

प्रेमियों जैसा चेहरा। 'बस्ती' में पले हैं। साहित्य-जगत के श्रीकृष्ण अर्थात् सारी पृथ्वी की औरतों के 'प्रेमिक' ! उम्र–26। शिक्षा–बी. ए.। वर्धमान में पोस्ट एण्ड टेलिग्राफ डिपार्टमेन्ट में काम करते हैं। अखबार में नौकरी ढूँढ़ रहे हैं। इनका प्रथम उपन्यास–'उपनायक पार्श्व-चरित्र इत्यादि'। जिस आग, बारूद, सत्य एवं फ्रैंकनेस से लिखा गया है–उसने इनकी रचना में आश्चर्यजनक 'उन्मादना' प्रदान किया है। 'उन्मादना'–जो समालोचकों की देह को गरम या बरफ कर दे···।

विनय मजुमदार

इंजीनियर थे। इस्तीफा देकर पागल (एवं कवि) हो गये हैं। कांके में बहुत दिनों तक थे। 22 घंटे सोते हैं और दोपहर तीन बजे उठते हैं। प्रेमिका के ब्लाउज से अपनी कविता की कापी की जिल्द बँधवायी है। निस्सन्देह, ऊँची 'जाति' के एक कवि। चिन्ताधारा–विस्मयकर। मीनाक्षी दत्त (बुद्धदेव बसु की कन्या, ज्योतिर्मयदत्त की पत्नी, 'विदेशिनी', विदेशी कथा-संकलन की सम्पादिका) इनको बंगला का एकमात्र कवि मानती हैं। उम्र–29। काव्यग्रन्थ : 'फिरे एसो चाका', 'गायत्री के', 'आमार ईश्वरी के।'

उत्पल कुमार बसु

स्वयंविरोधिता से चकमक। उत्पल के 'डिक्शन' एकदम नये और अभिनव हैं। अपने रैयड स्ट्रीट (Royd street) स्थित फ्लैट को कार्निवल बना डाला है, खिड़कियों को सिमेन्ट से बन्द करवाकर, दिन में रोशनी जलाकर कविता लिखते हैं। उत्पल अविवाहित हैं या नहीं, कहना कठिन है। तब, उत्पल चिरकुमार नहीं हैं। आशुतोष कॉलेज में जियोलॉजी के अध्यापक। (अभी की डाक बतलाती है कि 'हंग्री' कवि होने के जुर्म में रिजाइन करने को बाध्य किया जा रहा है।) काव्य-ग्रन्थ–'चैत्रे रचित कविता'। सम्प्रति प्रकाशित एकदम नया 'एक्सपेरिमेण्टल' कविता-संकलन–'पुरी सिरीज'। अभी 30 के हैं।

सुबो आचार्य

अभी तक सिर्फ पाँच ही कविताएँ लिखी हैं सही, लेकिन इन्हीं के बल पर बंगला-साहित्य में अपनी एक जगह बना ली है, सुबो आचार्य ने। कविता लिखने का एक सम्पूर्ण निजस्व फॉर्म आपने आविष्कार किया है। प्रदीप चौधुरी के साथ आप भी विश्वविद्यालय को छोड़कर चले आये और कई वर्षों तक कलकत्ता के फुटपाथ पर और वेश्यालयों में रात्रिवास करने के लिए बाध्य हुए हैं। उम्र : 24। शिक्षा बी. ए.। सुबो आचार्य को परमाणु युग का कीट्स कहा जा सकता है। अविवाहित।

शैलेश्वर घोष

शान्त, शिष्ट स्कूल-शिक्षक। दिनाजपुर में जन्मे और वहीं पले। अब कलकत्ता में रहते हैं। कलकत्ता–जहाँ की हवा में साँस लेते हैं आक्सीजन, असत् प्रवृत्ति और विश्वासघातकता आदमी के हृतपिण्ड तक चला जाता है, एक स्कूल-शिक्षक वहाँ

कितना असहाय··· ? उम्र : 27। बंगला में ऑनर्स। अपने से उम्र में बड़ी एक विवाहिता महिला के प्रेम में आबद्ध। काव्य-ग्रन्थ–'घोड़ार संगे भौतिक कथावार्ता।'– 'घोड़ा' इनकी रचनाओं में अवश्य आ जाता है। कलकत्ता, कभी-कभी (इन्हें लगता है) घोड़े के पेशाब में डूब गया है !

संदीपन चट्टोपाध्याय

इस अस्वस्थ जेनेरेशन का अस्वस्थतम कापुरुष। चिन्ता करने का प्रचण्ड साहस है, लिखने का साहस थोड़ा-सा, जोर गले से डटकर मुकाबला करने का साहस न्यूनतम नहीं। फिर भी संदीपन सबसे उत्तेजक एवं सर्वाधिक पठितव्य गद्य-लेखक। संदीपन को बंगला-नूतन-गद्य का आर्किटेक्ट कह सकते हैं। अब तक सिर्फ छः कहानियाँ लिखी हैं और इन्हीं कहानियों से 'चुड़ान्त' ख्याति ! उम्र : 31। शिक्षा : बी. ए.। कारपोरेशन के एसेसमेण्ट इन्सपेक्टर। किसी 'डाइवोर्सी' से शादी की है। हंग्री जेनेरेशन में सबसे ज्यादा डरपोक होने के बावजूद, संदीपन निस्सन्देह एक 'विस्मयकर' चीज हैं। गल्प-ग्रन्थ–'क्रीतदास क्रीतदासी।'

सुभाष घोष

इनको कलकत्ता के 'साहित्यिक महल' में शैलेश्वर घोष का पीटर ऑरलबस्कि कहा जाता है। क्योंकि, अपना शारीरिक-आभिजात्य-बोध नहीं होने के कारण आप शैलेश्वर घोष को छोड़कर और किसी के साथ नहीं रहते। लाजुक, पुतुल (खिलौने) की तरह छोटे। अपने अद्भुत गद्य-तकनीकों के बारे में अत्यधिक बोलते हैं, अथच् लिखते हैं खूब कम। गद्य-कम्पोजिशन के एक्सपेरिमेण्ट में–सुभाष एक्सट्रिमिस्ट हैं। आपके एक्सपेरिमेण्टल उपन्यास का नाम है–'गोलाकृति अन्धकार'। सुभाष, सेरामिक इन्स्टिट्यूट का लाइब्रेरियन है। महिलाओं को प्रेम करना या महिलाओं का प्रेम लेना इन्हें अच्छा नहीं लगता। उम्र–26। शिक्षा : बी. एससी., बी. ए., डिप-इन लाइब्रेरियनशिप।

दीपक मजुमदार

जादवपुर विश्वविद्यालय में कम्परेटिव लिटरेचर का अधपगला-अध्यापक ! विश्वभारती में भी यही काम करते थे। किन्तु वहाँ के अधिकारियों को अध्यापक के हिसाब से आप तनिक ज्यादा 'गरम' लगे। इसलिए, शान्तिनिकेतन छोड़ना पड़ा। एक 'ड्रामा ऑफ दि एबसर्ड' लिखा है–'बेदानार कुकुर उ अमल'। नाटक के अद्भुत गीतों के सुरकार आप स्वयं हैं। उम्र : 33। विवाहित। फुलब्राइट स्कॉलरशिप लेकर अमेरिका जा रहे हैं।

रामानन्द चट्टोपाध्याय

रामानन्द को लेकर शोरगुल करने के कारण हैं कि वह सिर्फ बाइस वर्ष का है और उसने अब तक दस से ज्यादा कविता नहीं प्रकाशित करवायी। हालाँकि दिन में सोलह घण्टे कविता लिखना छोड़कर उसे कोई दूसरा काम नहीं। रामानन्द में चिकनाई है और उसके साथ ही है क्षेपणास्त्र युग (missile age) की अकालपक्वता। ग्रेजुएट। बेकार। अविवाहित। साहसी। असत् चरित्र एवं तेज। बंगला साहित्य रामानन्द को कितनी दूर तक ले जायेगा–अभी ठीक-ठीक नहीं कहा जा सकता।

तारापद राय

तारापद को इधर खूब उठते-बैठते देखा जाता है। हंग्री दृष्टिभंगी का एक अपना 'दर्शन' तैयार करने में आजकल व्यस्त हैं–जो खृष्टधर्म अथवा इस्लाम की तरह नूतन एक धर्मपत्तन का बीज होगा–यह उनका विश्वास है। 'हंगर' इनके लिए एक परिवर्तनशील समय का निर्देशक है–हिंसा-जिंघासा (Violence) नया–हिस्टिरिया, विद्रोह और गोलमाल का। जो, मृत कलकत्ता के अश्लील नीतिबोध को तोड़-फोड़कर, 'चूरमार' कर नया एक स्वस्थ जीवन-बोध गढ़ लेगा। क्योंकि, उस हीन नीतिबोध ने ही सारे बंगाल (बांग्लादेश) को अस्वस्थ बना दिया है। अस्तित्व की हर साँस में कैन्सर छींट दिया है। तारापद की कविता, हमेशा एक महत् और पापताड़ित, भयंकर और दयामय चरित्र को reveal करती है। उम्र–33। विवाहित। शिक्षा–बी. ए.। काव्य-ग्रन्थ–'तोमार प्रतिमा'।

बासुदेव दासगुप्त

आसपास, आँख खोलकर देखने पर, गद्य लेखकों के बीच बासुदेव पर सहज ही दृष्टि पड़ती है। 'छोट-गल्प' लिखने में सचमुच एक नया 'गोलमाल' आरम्भ करने में सफल हुए हैं। गल्प-ग्रन्थ : 'रंधनशाला'। इन्हें ट्रक में बन्द कर बंगोपसागर में फेंक दिया जाये तो, अपनी इन्हीं रचनाओं के बल पर, उससे बाहर निकल सकते हैं। उम्र–22। जादवपुर विश्वविद्यालय का छात्र। अविवाहित।

ज्योतिर्मय दत्त

कलकत्ता के, इस समय के कवियों में ज्योति खूब स्वतःस्फूर्त। एक जबर्दस्ती के यन्त्र की तरह उसकी कविता, जो आँधी की तरह आती है और चली जाती है। नतीजा यह है कि ज्योति की मूल्यवान कविताएँ अभी बनने के क्रम में हैं। 'ज्योति बालीगंजेर छेले'–जिसकी आठ जोड़ी आँखों की जादूगरी और विराट हृतपिण्ड की

बात किसी से छिपी नहीं। उम्र–27। काव्य-ग्रन्थ–'जलेर पुरान'। ब्रॅड स्ट्रीट में अपनी इनटेलेक्चुअल स्त्री मीनाक्षी दत्त के साथ रहता है। 'स्टेट्समैन' का एक सब-एडिटर।

देबाशीष बन्द्योपाध्याय

मीठे मिजाज का लड़का। लेकिन, कोई 'भण्डामि' नहीं, बनावटी बात नहीं उसकी बोली में। आउटरेजस और खतरनाक हंग्री नहीं। जरा 'मेयेली' (लड़की) स्वभाव का। उम्र–22। जादवपुर विश्वविद्यालय का छात्र। अविवाहित।

शक्ति चट्टोपाध्याय

कलकत्ते में ऐसा कोई भी कॉफी हाउस नहीं जहाँ किसी-न-किसी सम्पादक के पॉकेट में शक्ति की कविता न हो। अब तक करीब पच्चीस हजार कविताओं की रचना कर चुके हैं। आघात देना बचपन में ही सीख चुके हैं। सुना है, नौकरी करना पसन्द नहीं करते। उम्र–32। काव्य-ग्रन्थ है–'हे प्रेम, हे नैशब्द'। उपन्यास–'कुयोतला'। शिक्षा–आई. ए.। 'बस्ती' में रहते हैं। हंग्री कवियों में सर्वाधिक छन्द-ज्ञान शक्ति को ही है।

सुविमल बसाक

तेज-तर्रार। स्फुलिंग। मेधा, निश्चय ही है आपमें। किन्तु, अचरज की बात यह है कि मेधा के साथ ही 'आत्मा' भी है। हिन्दी से बंगला में अनुवाद करने में उस्तादी हासिल कर चुके हैं। उम्र–24। इनकमटैक्स में काम करते हैं। आजकल अपने उपन्यास 'भग्नांश-समूह' लिखने में व्यस्त हैं।

प्रदीप चौधुरी

बहुत ही गन्दा और अत्यन्त साफ-सुथरा अर्थात् 'परिष्कार छेले'। विश्वभारती से बहिष्कृत। बाद में, जादवपुर विश्वविद्यालय को प्रचुर गाली-गलौज और उपदेश देकर स्वय ही निकल आये। सिर से ऐड़ी तक कवि। अपने को Holy Barbarian कहते हैं। उम्र–24। फ्री-लान्सर। अपनी कविताओं के माध्यम से पृथ्वी को पुनः सभ्य बना डालना चाहते हैं। काव्य-ग्रन्थ–'नष्ट गाड़ी बारांदा'।

और, अन्त में–म-ल-य का बड़ा भाई।

समीर राय चौधुरी

यान्त्रिक कलकत्ता, निर्दय कलकत्ता, व्यभिचारी कलकत्ता का, इन दिनों, एकमात्र कवि ! 1960 ई. तक जिसे 'कविता' समझा जाता था और 1962 से जिसे 'कविता' कहा जाता है–समीर इन दो मेरुओं का संयोग-स्थल है। विवाहित। शिक्षा–बी. एस.-सी.। फिशरिज-इन्सपेक्टर। काव्य-ग्रथ–'झर्नार पासे शुये आछि', 'जानवर'। स्वप्न-संकलन–'एलाका 44' ! समीर बंगला से भी अच्छा हिन्दी में लिख सकता है (लिखता है !)–और, किसी भी विश्वविद्यालय के हिन्दी विभाग में अध्यापक का काम बखूबी कर सकता है। सन्त-साहित्य अथवा नयी कविता, जो भी पढ़ाने कहिए।

अन्यान्य, अनेक··· सभी सक्रिय। सभी प्राणवान··· !!

–पवित्र बल्लभ, अरुणरतन बसु, शरत्‌कुमार मुखोपाध्याय, सतीन्द्र भौमिक, जोगेश पाण्डा, अशोक चट्टोपाध्याय, मनोहर दास, शंकर चट्टोपाध्याय, तुषारचन्द्र, शंकर सेन, अमृत तनय गुप्त, भानू चट्टोपाध्याय, हरकुमार मांझी, सुनील हाजरा, पवित्र मुखोपाध्याय, रवीन्द्र गुहा, आशीष घोष, सुब्रत चक्रवर्ती, सुब्रत भारद्वाज।

साल तमामी के पहले

रामपाठक ने हंग्री के 'लिटिल जर्नल्स-पत्रिकाएँ' पर्चों को देखा है।–'एषणा', 'प्रतिद्वन्द्वी', 'हंग्री-जेनेरेशन', 'छोटो गल्प', 'सम्प्रति' आदि उनके अन्दर के साँप-बिच्छुओं के बावजूद–(विचित्र) रुचि-सम्पन्नता के जगमगाते उदाहरण हैं। रामपाठक ने अन्य भारतीय भाषाओं के भी लिटिल मैगेजिन्स देखे हैं किन्तु···

रामपाठक ने अखिल भारतीय स्तर पर आयोजित कई लेखक-सम्मेलनों में, कई बार आजमाकर देखा है। बंगला के प्रौढ़ तथा आधुनिक लेखक, हिन्दी के लेखकों से बात करते समय हर चीज का हाल-चाल और दर-भाव पूछते हैं। किन्तु, यह कभी नहीं पूछते कि हिन्दी में क्या हो रहा है। क्योंकि वे जानते हैं कि इस भू-भारत में हर भाषा में कुछ-न-कुछ हो रहा है, हिन्दी के सिवा। 'हिन्दी में भी कॅबिता को कॅबिता बोलता है।' माने, हिन्दी में भी कॅबिता लेखा होता है ? ओ बाबा !!

रामपाठक को दो-ढाई महीने पहले बंगला 'देश' में प्रकाशित, 'पुस्तक परिचय' स्तम्भ में श्री भगवतीचरण वर्मा कृत उपन्यास 'चित्रलेखा' के बंगानुवाद की संक्षिप्त आलोचना की पंक्तियाँ याद आती हैं। आलोचक ने अपने हृदय के क्षोभ (मनेर झाल !) को, अन्तिम एक पंक्ति में इस तरह व्यक्त किया है–'आशा है, अनुवादक

भविष्य में ऐसे ही ग्रन्थों के अनुवाद करें–जिनसे बंगला-साहित्य की श्रीवृद्धि हो।' अर्थात्–(रामपाठक ने अर्थ निकाला)–'की सब आजे-बाजे जा-ता राज्येर गांजा अनुवाद होच्छे ?'

··· और, आकाशवाणी कलकत्ता से ज्यों ही 'हिन्दी-शिक्षा' का प्रोग्राम शुरू हुआ कि सारी कलकत्ता-नगरी, सारे बंगला-देश के घर-घर में रेडियो का गला निर्ममता से घोंट दिया जाता है··· कर्रर कट्ट··· जॅर्तें सब !!

किन्तु, हंग्री-कवि-लेखकों–नवीनतम पीढ़ी अर्थात् वर्तमान पीढ़ी के लोगों से मिलते ही मालूम हो जाता है कि 'कल्पना' में शमशेर की कविता पढ़ ली है। 'लहर' का नया अंक देख चुके हैं ! वे प्रकाशित होनेवाले विशेषांकों को खरीदकर पढ़ते हैं। हिन्दी के कवियों के स्वास्थ्य के बारे में पूछते हैं।

रामपाठक को कलकतिया लड़कों की एक बात बहुत पसन्द है कि लड़कियों की तरह एक खास अन्दाज में, सुर के साथ बात करते हैं। देबीराय ने कलकत्ता के पुलिस-हाजत का अनुभव सुनाया। हँसते-हँसते पेट में बल पड़ गये। किन्तु, उनके चेहरे पर रत्ती-भर हँसी नहीं। निर्विकार होकर, सुर में सुना रहा है–'जानेन दादा, साला, आमाके की बोललो ?··· बोललो जे, ऍते-ऍते नतून काज होच्छे–ओ सबजेक्ट गुलोनिये केन लेखो ना ? ए सब नोंगरामी (गन्दगी) केन कोरे बेड़ाइ ? बुझलेन दादा ? साला, बले कि तुमि कि तोमार बोनेर संगे सुयेछो ?'

रामपाठक को अभी-अभी एक पत्र मिला है, कलकत्ता के एक पत्रकार मित्र का–'ब्रादार ! तुम्हारे दोनों 'गुणहारों' को–'फाइव ग्रेट्स' के बीच देखा। लगा, कोई 'बम-केस' की सुनवाई होनेवाली है। और, मलय तो सचमुच 'राजहंग्री' है। नाराज मत होना, अपनी पत्रिका में इस केस का विवरण नहीं प्रकाशित करवा सकता। मेरी मजबूरी को जानते हो। किन्तु, कोर्ट-कम्पाउन्ड में–बाहर अनेक देशी-विदेशी पत्रों के प्रतिनिधियों के कैमरा के 'फ्लैश बल्ब' रह-रहकर चमक रहे थे !··· कॉफी हाउस, लाइट हाउस जहाँ भी ये पहुँचते, हजारों-हजार आँखें इन्हें देखने के लिए चंचल हो जातीं।··· Louis Krarr (Time & Life, Bureau Chief in India) को फुसलाकर कुछ तस्वीरें प्राप्त कर सकूँगा ऐसी उम्मीद नहीं। उसने कोर्ट से लेकर हंग्री के अड्डे–खलासीटोला–में अनेक अद्भुत स्नैप्स लिये हैं। तुम्हारे दोनों गुणधर–एक प्यारी के यार–असली माँ काली मार्का-50 हिल-मिलकर चढ़ा रहे हैं ? ··· सुना नहीं, देखा उस दिन कॉलेज स्क्वायर में–एक हंग्री सड़क पर लेट गया और ट्राफिक जेम्ड। पूछने पर बतलाया कि वह कलकत्ता के ट्राफिक पुलिस को ट्राफिक-कण्ट्रोल करने की ट्रेनिंग दे रहा था। क्योंकि कलकत्ता के पुलिसवाले अब साहित्य-सृष्टि करने की ट्रेनिंग देने लगे हैं।··· 'हंग्री' एक मुहावरा हो गया है। बड़ी बहन, छोटे भाई को डाँटते हुए कहती है–'तुई एकेबारे हंग्री !'··· और तो और–अब 'नकली हंग्री' भी निकल गये हैं। कथा-कहानियों के नायक अपनी प्रेमिकाओं को समझाने लगे हैं–'हंग्री लेखकों की गन्दी चीजें क्यों नहीं पढ़नी चाहिए ?···'

रामपाठक ने इस वर्ष के अनेक पूजा-विशेषांकों को पढ़ने के बाद, एक प्रश्न उपस्थित किया है :

सवाल है··· नामी से नामी, पुराने से लेकर आधुनिक बंगला गल्प-लेखक अब फिल्म डायरेक्टरों के मुँह देखकर कथा की सृष्टि करते हैं। उत्तमकुमार, सुचित्रा सेन, सुप्रिया, अनिल, सौमित्र, शर्मिला, भानू आदि को सामने रखकर वे रचना करने लगे हैं। तब, ऐसे 'बाजार' में रामपाठक 'क्रीतदास-क्रीतदासी' को पुनः-पुनः क्यों न पढ़े ?

इधर कुछ दिनों से, बम्बई, कलकत्ता या कहीं के किसी पार्क में जब-तब जाने का मौका मिला, एक अजीब-सी अनुभूति होने लगी है। पार्क में किसी एकान्त कोने से एक रिरियाती हुई मद्धिम आवाज आती है–'आमाके धोलाई दाउ हे ईश्वर ! पये गेलूम मरे गेलूम मागो।' (मलयराय चौधरी कृत 'शयतानेर मुख' काव्य-ग्रन्थ की कविता 'धोलाई' की अन्तिम पंक्ति)। उलटकर देखता हूँ–किसी-न-किसी श्रेष्ठ पुरुष (महान वीर, विशाल व्यक्ति, महादानी, मानी) की प्रस्तर प्रतिमा काक-चील-पंछी की बीट के भार से कराहती हुई–आमाके धोलाई दाउ हे ईश्वर !···

मराल (वाराणसी) का बंगला नवलेखन विशेषांक/जनवरी, 1965

अपने-अपने त्रिलोचन

(त्रिलोचन शास्त्री)

त्रिलोचन से जब पहली बार दशाश्वमेध घाट की सीढ़ियों पर उतरनेवाली सड़क पर मेरा परिचय करवाया गया तो, उन्होंने 'उलाहना' भरे स्वर में व्यंग्यमयी मुस्कुराहट के साथ कहा था–'खूब मच्छड़ कटवाया है 'बँसवड़िया' में आपने··· ।'

'मैला आँचल' की राजपूत-टोली के शिवशक्करसिंघ के 'बेपानी' होने के प्रसंग में, उनकी यह उक्ति सुनकर उस समय मुझे लगा था, त्रिलोचनजी को किसी कारणवश 'मैला आँचल' पसन्द नहीं। होटल लौटकर, बहुत देर तक सोचता रहा था–सारे उपन्यास में बस वही 'स्थल' बँसवड़िया ही क्यों याद रहा त्रिलोचन को ? बाँसों का झुरमुट, अन्धकार में जुगनुओं की चमक, साँपों की बाँबियों से आती हुई रीस-भरी फुफकार और सहस्रों मशकों का एक ही साथ शत-शत दंशन··· ?

दूसरे दिन किसी मित्र से जब यह सुना कि, त्रिलोचनजी 'मैला आँचल' के प्रशंसकों में से हैं तो फिर उस रात को बहुत देर तक बस यही सोचता रहा कि

सारी किताब में त्रिलोचनजी को वही 'स्थल' और वही 'प्रसंग' क्यों याद रहा ?

और, पहली मुलाकात-बात के समय से आज तक जब भी त्रिलोचन को देखता हूँ, क्षण-भर के लिए 'भरम-जाल' में पड़ जाता हूँ : अपने गाँव के समृद्ध कबीर-पन्थी मठ पर, बचपन में ही—कबीर चौरा काशीजी से आये हुए एक 'सद्यः यौवन' कबिराहा बाबाजी को देखा था—लँगोट बाँधकर 'आसन' करते और ढाई सेर धारोष्ण दूध (भैंस का) पीते। मठ के अधिकारी भण्डारी, साधु-वैरागी जिसके बारे में बातें करते—'विदियारथीजी मोती जैसन अक्षर में बीजक लिखलन है··· ई विदियारथी तो बीजक के एक-एक गो 'साखी' और 'शबद' के ऐसन-ऐसन बिलच्छन आ 'अमनियाँअरथ' अपन—'तहियायेल भाखा' में समझावे हैं कि सार 'सुन्ननिहार-सब' के 'अथि' फट जाये···।'

याद है, धूनी के पास बैठकर विद्यार्थीजी कई गृहस्थ-सेवकों को कुछ समझा रहे थे। बातचीत की कई पंक्तियाँ, अपनी 'शाब्दिक-रहस्यमयता' तथा विलक्षणता के साथ आज तक याद हैं—कि, 'एक अण्ड ओंकार ते सब जग भया पसार' और 'ओ ररा रमा की भाँति रूरी; सब सन्त उघारिन चूँदरी···।'

सो, त्रिलोचन को देखते ही मुझे पहले उसी बाबाजी—विद्यार्थीजी की याद आ जाया करती है और ये ही पंक्तियाँ अन्तर्मन में ध्वनित होती हैं—'एक अण्ड ओंकार ते सब जग भया पसार···।'

कभी त्रिलोचनजी को अपने साथ अपने गाँव ले चलूँ तो, मेरा विश्वास है कि परिचय करवाने की आवश्यकता नहीं होगी। बड़े-बड़े गृहस्थ गृहों की 'भक्तिमय आत्माएँ' उनके पास आकर, अपने चेहरे से 'चुनरी' हटाकर, नैनों से नैना मिलाती 'कबिराहा अन्दाज' में दोनों हाथ जोड़कर, विगलित-सी होती हुई पुकार उठेंगी—'सा-हे-ब ! बन्दगी !!'··· त्रिलोचनजी निश्चय ही अचरज में पड़ जायेंगे। मज़ा आ जायेगा !! अथवा, यह भी हो सकता है कि, त्रिलोचन हमारे गाँव के हर 'सतरंगी' जीवन को देखते ही नाम ले-लेकर पुकार उठें और हमें ही घोर अचरज में डाल दें।··· अथवा, शाम के झुरपुटे में किसी पगडण्डी को पार करते समय, किसी 'बँसवड़िया' के घुप्प अन्धकार में डूबती हुई झाड़ी की ओर दिखलाकर पूछें—'क्यों, रेणुजी, यही वह जगह है न, जहाँ··· ?' (सोचता हूँ और अपने से ही पूछता हूँ कि आखिर··· यार ! तुम ही उस जगह की चर्चा छिड़ते ही इस तरह सर्द क्यों हो जाते हो ? तुम्हारा चेहरा रक्तहीन क्यों हो जाता है ? त्रिलोचन ने तुम्हें पकड़ा है या शिवशक्करसिंघ को गाँव के लड़कों ने ??)

कई बार चाहा कि, त्रिलोचन से पूछूँ—आप कभी पूर्णिया जिला की ओर किसी भी हैसियत से, किसी कबिराहा-मठ पर गये हैं ? किन्तु पूछकर इस 'भरम' को दूर करना नहीं चाहता। इसे पाले रहना चाहता हूँ। इसलिए, जब त्रिलोचन से मिलता हूँ, हाथ जोड़कर, मन-ही-मन कहता हूँ—'सा-हे-ब ! बं-द-गी !!'

कविता मेरे लिए समझने-बूझने या समझाने का विषय नहीं, जीने का विषय है। कवि नहीं हो सका, यह कसक सदा कलेजे को सालती रहेगी। और, अगर कहीं कवि हो जाता तो, त्रिलोचन नहीं हो पाने का मलाल जीवन-भर रहता। सम्भव है, तब त्रिलोचन के एक सॉनेट की 'पैरोडी' लिखकर सहस्रलोचन नाम से प्रकाशित करवाने की हिमाकत भी कर बैठता।··· और, मैं त्रिलोचन ही क्यों होना चाहता–पन्त, नरेन्द्र, सुमन, बच्चन, महादेवी, दिनकर, नलिनविलोचन अथवा रेणु क्यों नहीं ? यह सवाल मैं अपने-आपसे बार-बार पूछता रहता हूँ।

त्रिलोचन ने अपने बारे में अपने मुँह से अपने सॉनेट में जो कुछ भी कहा है, उसके अतिरिक्त 'और कुछ' जानने-सुनने की वासना मन में कभी नहीं जगी। और न कभी मन में लगनेवाली गुदगुदी को त्रिलोचन की ग़ज़लों को गुनगुनाकर सहलाया। ग़ज़ल, काज़ी नज़रुल की भी मुझे कभी नहीं रुची-जँची। त्रिलोचन के सॉनेट के लिए ही मैं उसे 'शबद योगी' कहता हूँ। उसके कुछ सॉनेट हद-अनहद की सीमा को लाँघकर–साखी, शबद, रमैनी की कोटि के हो गये हैं। त्रिलोचन ने बहुत कम लिखा है। अर्थात् बहुत अल्प 'उत्पादन' किया है। किन्तु, मेरे लिए त्रिलोचन का 'होना' मात्र उसकी रचनाओं से 'अधिक' है। अतएव 'सुपर मार्केट डिपार्टमेण्ट स्टोर-संस्कृति' के बटखरों से त्रिलोचन को तोलने के लिए तुले हुए लघु-गुरु आलोचकों से कभी बहस नहीं करना चाहता। बात बहककर साम्प्रदायिक युद्ध और 'जाति-संघर्ष' तक पहुँच जा सकती है। (बिहार को ही जातिवाद के लिए नाहक बदनाम क्यों किया जाता रहा है ?) और, भारत धर्मनिरपेक्ष देश है और, इस 'सुरक्षा-चैतन्य-समाज' में स्वयं को सुरक्षित रखना ही जीवन का प्रथम 'प्रिन्सिपुल' है !

यह कहना तकियाकलाम हो गया है कि, किसी व्यक्ति का उसके जीवन-काल में, सही जायजा नहीं किया जा सकता। क्या मृत्यु के बाद भी किसी व्यक्ति के जीवन का सही लेखा-जोखा करना सहज और सम्भव है ? किसी व्यक्ति के जीवन को, विभिन्न स्तरों पर, अलग-अलग दृष्टि से देखा-परखा जा सकता है। और इस तरह देखी हुई हर तस्वीर अपने-आपमें सही हो सकती है। किन्तु, एक स्तर अथवा दृष्टि से देखी हुई तस्वीर, दूसरे स्तर से देखी हुई 'छवि' से भिन्न ही नहीं–एक-दूसरे को 'कन्ट्राडिक्ट' भी करती है। ऐसी अवस्था में अन्ततः कोई भी तस्वीर सही नहीं मानी जा सकती। हम ऐसी ही 'अधूरी तस्वीरों' को 'मिथक' (कूटार्थ) अथवा लोकोक्ति और किंवदन्तियों से रँगकर, महिमामण्डित करके चला देते हैं। इसलिए हर पीढ़ी का यह कर्तव्य हो जाता है कि, वह ऐसे 'चालू सत्यों' का फिर से अन्वेषण करे, फिर से इतिहास को लिखे और पुरानी गलतियों को सुधारकर 'ज्ञान' की मशाल अगली पीढ़ी के हाथ में थमा दे।··· इस प्रसंग में, एक उदाहरण दूँ–स्वर्गीय शिशिर भादुड़ी के स्वर में रवीन्द्रनाथ की कविता की आवृत्ति सुनने के बाद स्वयं कवि के स्वर में (ग्रामोफोन रेकार्ड) उनकी कविता सुनकर कितना दुख हुआ था, यह लिखकर नहीं बता सकता। उस विराट् व्यक्तित्व के

कण्ठ से निकलनेवाली आवाज़ यूथिका राय अथवा कमला झरिया की आवाज जैसी होगी, इसकी कल्पना मैंने स्वप्न में भी नहीं की थी। बाद में, बार-बार रेकार्ड बजाकर कविता के एक-एक शब्द को उच्चरित होते हुए सुनकर—कविता की पंखड़ियों को, धीरे-धीरे खुलते देखा था—सहज ढंग से। तब, शिशिर बाबू की आवृत्ति 'मिथ्या-सी' लगने लगी थी। किन्तु शिशिर बाबू की ध्वनियों से निर्मित रवीन्द्र की तस्वीर सम्पूर्ण सत्य नहीं तो—एकदम झूठ भी नहीं।

त्रिलोचन के साथ मैंने कभी दो-ढाई घण्टे से ज्यादा नहीं बिताये हैं। लेकिन, मन को हमेशा ऐसा लगता है (?) कि, इस व्यक्ति के साथ वर्षों दिन-रात रह चुका हूँ। इसकी छोटी-से-छोटी और बड़ी-से-बड़ी, अच्छी-बुरी आदतों को, अच्छी तरह जानता हूँ।···

उस बार, शम्भूनाथ मिश्र के घर पर त्रिलोचनजी का चिमटा गड़ा था। सुबह, जिस समय पहुँचा--करीब दस बजे त्रिलोचन के 'प्रसाद' पाने का समय था। (कबिराहा बाबाजी लोग भात को 'प्रसाद', जलपान को 'बालभोग' और नमक को 'रामरस' कहते हैं और कबिराहा गृहस्थ प्याज को 'राम लड्डू' !) ड्राइंग रूम में ही टेबुल के 'कवर' को हटाकर थाली लगा दी गयी।··· हमारे परिवार में, बचपन से ही बड़ों के भोजन के समय पास बैठकर 'भोजन' देखने की आदत डलवायी जाती थी। पंखा झलते हुए, पंखे से मक्खी उड़ाते हुए अथवा गिलास का पानी बदलते हुए, हम बड़ों का भोजन देखा करते। परिवार के 'सन्तमति' कर्ता का विश्वास था कि, इससे बालक परम 'सन्तोषी' होता है और भोजन करने का सही सलीका सीखता है।—'सन्तोषी' हुआ या नहीं, कह नहीं सकता। किन्तु लोगों के भोजन करने के इतनी तरह के तरीक़े, ढंग और आदतों को देखकर मानवचरित्र की विचित्रताओं पर मुग्ध अवश्य हुआ हूँ। इसलिए, त्रिलोचन के भोजन के समय पहुँचना अच्छा ही हुआ। सोचा, अगर वे, भोजन काल में शरीर को एक 'आइलैण्ड' यानी 'द्वीप' समझनेवाले जीव हुए तो, मैं तब तक कुछ पढ़ने का बहाना करता हुआ—बैठा रहूँगा और, यदि वे, भोजन का रस लेते हुए प्रेमियों से 'रसभरी बतियाँ' करनेवाले हुए तो फिर क्या कहने ! पापड़ टूटने की कुड़कुड़ाहट ! चटनी अथवा अचार खाकर चटखारे लेते, और हरी मिर्च को दाँत से तनिक खोंटकर 'सित्कार' ··· करते बातें करेंगे तो, सबकुछ एक ही साथ देखने-सुनने का मौका मिल जायेगा। (आलू का 'चोखा' सानकर तैयार करना एक 'आर्ट' है और मुझे उसी दिन पता चल गया कि शम्भूनाथ के चौके-चूल्हे तक पर 'आर्टिस्टों' का कब्जा है।)

बहरहाल, खाते-खाते बातें होती रहीं और, उनके भोजन करने के ढंग से यह जानना बाकी नहीं रहा कि, त्रिलोचन का पेट 'बुफे' नामक किसी भोज में मेरी तरह, कभी नहीं भर सकेगा।··· दूसरे देशों में क्या होता है, नहीं जानता। अपने देश के कई महानगरों के महाभोजों के इस बुफे (का व्युत्पत्ति ?) में शरीक होने

के समय मुझे बार-बार एहसास हुआ है—'भारत में कितनी भूख है ?' झपट्टे मारते हुए चतुर चीलों (नर-मादा) से त्रिलोचन नहीं जीत सकेंगे। उन्हें कभी भी 'चिकन' का कोई बढ़िया 'पीस' नहीं मिल सकेगा ! मुर्गी की मांसल 'रान' कभी हासिल नहीं कर सकेंगे !! इसलिए—'अजी माल था ! तुष्ट हूँ यहाँ'—कहने का कोई सवाल ही नहीं उठेगा। 'पहले खाना मिला करे तो कठिन नहीं है बात बनाना।'

भोजन कर चुकने के बाद त्रिलोचन अन्य आगत सज्जनों से साहित्य-विषयक बातें करने लगे। हमारे एक भाषा-शास्त्री मित्र, अपनी पत्नी द्वारा लिखित व्यक्तिगत निबन्धों की सद्यःप्रकाशित पुस्तक ले आये थे। एक निबन्ध में 'कैक्टस' की चर्चा करते हुए—उसकी पुष्पहीनता पर तरस खाकर कुछ कहा गया था। मैंने कहा—'किन्तु, कैक्टस के भी फूल होते हैं। यानी फूलनेवाले कैक्टस भी होते हैं।'··· मैं कहना चाहता था—उदाहरण सामने है। अर्थात् त्रिलोचन, फूलनेवाला कैक्टस। कहा नहीं, क्योंकि इसके कुछ क्षण पूर्व ही, मुझे उनके उस सॉनेट की पंक्तियाँ याद आयी थीं—जिसमें दशाश्वमेध घाट के 'चित्र-कल्प' हैं। सो मेरे लिए तो—

दशाश्वमेध घाट पर गंगा की धारा है
तट पर जल के ऊपर ऊँचे (भवन नहीं)
त्रिलोचन खड़े हैं···।

कबीर को पढ़ते समय मेरा मन 'भाई साधो' का हो जाता है। फारसी के कवि जलालुद्दीन रूमी का मैंने नाम सुना ही है। अर्थात् विद्वानों के लेखों में उद्धृत उनकी कुछ पंक्तियों के भावानुवाद को पढ़कर ही रोम-रोम बजने लगते हैं। बंगाल के प्रसिद्ध बाउल-गायक लालन फकीर के गीतों को सुनते समय 'देहातीत सुख' का परस-सा पाया है और त्रिलोचन के सॉनेट पढ़ते समय यह देह-यन्त्र 'रामुरा झिं झिं' बजने लगता है और तन्मय-मन को लगता है—

वाणी से सावन फूटा ऋतुओं सहित,
भक्ति की गाँठ कस गयी भींग-भींगकर,
आत्म-व्यंजना को जगा···।
(मैंने 'आत्म-व्यंजना' ही लिखा है न ? 'आत्म-वंचना' तो नहीं ?)
साऽ··· हे-ब ! बं-द-गी !

त्रिलोचन (जी) को देखते ही हर बार मेरे मन के ब्लैक बोर्ड पर, एक 'अगणितक', असाहित्यिक तथा अवैज्ञानिक प्रश्न अपने-आप लिख जाता है : 'वह कौन-सी चीज़ है, जिसे त्रिलोचन में जोड़ देने पर वह शमशेर हो जाता है और घटा देने पर नागार्जुन··· ?'

स्थापना/सितम्बर, 1970

शरत् की श्वान-प्रीति

यह बात प्रायः सभी भारतीय भाषा के साहित्यिक तथा शरत् के पाठक जानते होंगे कि शरत् बाबू के मन में कुत्तों के लिए उग्र-ममता थी। इस 'श्वान-प्रीति' का सूत्रपात कब हुआ, यह कहना कठिन है। लेकिन, ऐसा लगता है, रंगून से लौटकर हावड़ा के 'बाजे-शिवपुर' मुहल्ले में रहते समय गली के एक आवारा और अधम-जाति के कुत्ते से गहरी दोस्ती होने के बाद ही दुनिया-भर के कुत्तों के प्रति उनके मन में प्यार उमड़ा होगा।

गली का यह मरियल-कुत्ते का बच्चा–शरत् बाबू का अतिरिक्त प्यार पाकर तथा भरपूर मांस खा-खाकर–कुछ ही दिनों में काफी तंदुरुस्त ही नहीं–भारी बदमाश भी हो गया। कथाकार ने नाम दिया–'भेलि', प्यार से पुकारते समय–'भेलू !'···

भेलि की गुर्राहट सुनकर शरत् बाबू के घर में प्रवेश करने का साहस बहुत कम लोग ही कर पाते थे। 'दुलार' के मारे वह ऐसा बदमिजाज हो गया था कि शरत् बाबू को भी कई बार काटने से नहीं चूका। कहते हैं, एक बार भेलि के दाँतों का घाव खाकर–क्रोधित होने के बदले दोनों हाथों से उसके दोनों गालों को दुलारते हुए कहा था–"ओ रे भेलू ! आमि छाड़ा तुई की आर कायड़ाबार लोक पेलि ने ?" (क्यों रे भेलू ! मेरे सिवा तुझे कोई और नहीं मिला ?)···

भेलि की मृत्यु के बाद शरत्चन्द्र ने और कुत्ता पाला था या नहीं–कह नहीं सकता। जहाँ तक मुझे याद है, 'शरत् पत्रावली' में भेलि की मृत्यु से मर्माहत शरत् की एक चिट्ठी है। शरत् बाबू ढाका जा रहे थे। रास्ते में एक बछड़े की लाश के पास कई गिद्धों को देखकर उन्हें अपने भेलि की याद आयी। मन में न जाने क्यों आशंका हुई। जी उदास हो गया। ढाका से लौटकर देखा–भेलि मानों उनकी प्रतीक्षा में ही साँसें ले रहा था। आँखें मिलीं, उठने की चेष्टा की और धीरे-धीरे अपने दोस्त की गोद में ठंडा हो गया।···

इस पत्र को पढ़ने के बाद कोई भी 'श्वान-प्रेमी' कह सकता है कि भेलि की मृत्यु के बाद से ही संसार के हर कुत्ते में वे अपने भेलि की छाया देखने लगे होंगे।

शरत् बाबू के मामा–'विचित्रा' के संपादक स्वर्गीय उपेन्द्रनाथ गंगोपाध्याय के 'संस्मरण' में एक मर्मस्पर्शी-घटना का वर्णन है। शरत्चन्द्र के प्रेमी-पाठकों तथा कुत्ते के प्रेमियों के लिए यहाँ–उन्हीं के शब्दों में प्रस्तुत है :

टेलिफोन की घंटी बजी। रिसीवर उठाकर पूछा–"हलो ! कौन ?"

"मैं शरत्।"

पूछा–"कहाँ से बोल रहे हो ! घर से ?'

"हाँ।"

शरत् उन दिनों बालीगंज के अश्विनी रोड में—अपने घर में रहते थे। पूछा—"क्या खबर ?"

"क्या कर रहे हो ?"

"ऑफिस में बैठकर जो करना चाहिए।—काम कर रहा हूँ।"

"छोड़ो भी। गाड़ी खरीदी है। आज सुबह ही 'डैलिवरी' मिली है। आध घंटा के अंदर ही आ रहा हूँ। घूमने निकलेंगे।"

उत्फुल्ल होकर कहा—"शुभ संवाद सुनकर खुशी हुई। तुम निकल पड़ो। मेरा काम खत्म ही समझो !"

आध घंटा के अंदर ही शरत् की गाड़ी नीचे आकर 'हॉर्न' देने लगी। बाहर बरामदे में निकलकर नीचे की ओर देखा—शरत् एक विशाल गाड़ी से नीचे उतर रहा है। मुझसे नजर मिलते ही चेहरे पर पुलक-प्रसन्न हँसी खिल पड़ी।

ऊपर के कमरे में आकर बैठने पर पूछा—"गाड़ी देखी तुमने ?"

"देख ली। खूब बड़ी गाड़ी है।"

संतोष स्निग्ध कंठ से शरत् बोला—"हाँ। बड़ी है। चढ़ने पर और भी जी खुश होगा। हालाँकि, सेकेन्ड हैंड है। मगर गाड़ी की हालत बहुत अच्छी है।··· इंजिन तो एकदम नयी ही समझो। और जब चलती है तो एकदम 'दृढ़ निस्तब्ध'—कोई आवाज नहीं।"

"पेट्रोल कितना खाती है ?"

"बहुत कम। हाथी जैसी देह है लेकिन चलती है गैलन में करीब बीस माइल।"

तरह-तरह की बातें हुईं। किंतु प्रसंग बस एक ही—मोटर कार। कथोपकथन के बीच शरत् ने कहा—"मेरी गाड़ी यदि कभी किसी आदमी को कुचल दे तो हो सकता है कि माफ भी कर दूँ। किन्तु, कभी किसी कुत्ते को कुचलने पर हर्गिज नहीं। तत्क्षण बेच दूँगा।"

मैंने हँसकर कहा—"यह बात किसी 'आदमी' को मत सुनाना। वह तुमको कभी क्षमा नहीं करेगा।"

बिना उत्तर दिये वह मुस्कुराने लगा। फिर बोला—"चलो ! काग़ज़-पत्तर समेटो। चलो, बैरकपुर ट्रंक रोड से थोड़ी दूर चक्कर लगा आवें।"

मैंने कहा—"कागज-पत्तर नहीं भी समेटा ज़ाय तो कोई हर्ज नहीं। इतनी जल्दी क्या है ? चाय-वाय पीयो पहले। फिर जहाँ चाहे···।"

शरत् ने काटते हुए कहा—"ना-ना ! चाय मैं पी आया हूँ। तुमने नहीं पी है तो चटपट पी लो।"

कि इसी समय बाँयी ओर का पर्दा तनिक हिला। झाँककर देखा—शरत्-मैनेजर ('बिचित्रा' के मैनेजर शरत्चन्द्र मुखोपाध्याय, जिसे शरत् बाबू—'मेसो मॅशाय' कहते थे !) पर्दे के उस पार खड़ा मुझे इशारे से बुला रहा है। उसके चेहरे पर किसी दुश्चिंता की छाया स्पष्ट थी।

मैं पर्दे के उस पार गया। शरत्-मैनेजर ने, मुझे बरामदे के एक छोर पर ले

जाकर–फुसफुसाकर कहा–"भारी मुश्किल !"

"क्या मुश्किल !"–चिंतित होकर मैंने पूछा।

"शरत् की गाड़ी को उधर 'बैक' करते समय–एक कुत्ता गाड़ी से दबकर मर गया। कुत्ता सोया हुआ था।"

बात ही कुछ ऐसी थी कि सुनकर मेरा सारा शरीर सिहर उठा। दुश्चिंता से नहीं–विस्मय के मारे ! देव का यह कैसा अद्‌भुत विधान ! दो मिनट पहले शरत् जिस 'भवितव्यता' की बात कर रहा था–घटना ठीक उसी समय घट रही थी ? यह कैसा 'मर्मांतक-संयोग' ? व्यग्र होकर मैंने कहा–"सुनो ! शरत् को इस घटना का 'छुनाक्षर' भी नहीं मालूम होने पावे। उसके ड्राइवर को मना कर दो।"

शरत् मुखोपाध्याय बोला–"ड्राइवर के चेहरे पर तो हवाई उड़ रही है। कहता है–बाबू को यह बात मालूम हुई कि मेरी नौकरी गई···।"

मैंने कहा–"कुत्ते की लाश को किसी तरह तुरत यहाँ से हटाने की व्यवस्था करो। हम लोगों के नीचे उतरने के पहले ही···।"

"लेकिन, उधर एक दूसरा बखेड़ा जो खड़ा हो गया है। दो-तीन 'जन' आकर ड्राइवर से 'हुज्जत' कर रहे हैं कि कुत्ता उनका···।"

"कुत्ते के गले में 'बकलस' है ?"

"अरे, बकलस-उकलस क्यों होने लगा–रास्ते का कुत्ता है। वे लोग झूठमूठ दावा कर रहे हैं ताकि···।"

मैंने व्यस्त होकर कहा–"उनके साथ झगड़ा करने की जरूरत नहीं। पाँचेक रुपये देकर जल्दी मामला मिटाओ। लेकिन, पहले कुत्ते की लाश वे वहाँ से हटा लें, तब पैसे देना।"

"ठीक है। लेकिन तुम लोग तनिक देर से उतरना।"

शरत्-मैनेजर नीचे चला गया। कमरे में लौटते ही शरत् ने पूछा–"मेसो मॅशाय क्या कह रहे थे ?"

शरत् ने पर्दे के 'फाँक' से शरत्-मैनेजर को देख लिया था। अतः जवाब दिया–"प्रेस के एक काम के बारे में सलाह लेने आया था।"

मेरे टेबुल के बायें हिस्से में 'इलेक्ट्रिक बेल' का 'स्विच' था। मैंने चार बार स्विच को दबाया। चार बार घंटी या रघु बेयरा को बुलाने का संकेत !

शरत् बोला–"इतना 'बेल' क्यों दे रहे हो आज ?"

"रघु को बुला रहा हूँ।"

"क्या बात है ?"

बोला–"आज पहले-पहल अपनी गाड़ी में आये हो। जरा 'मिष्टीमुख' नहीं करोगे ?"

व्यस्त होकर उठते हुए शरत् बोला–"मिष्टीमुख और किसी दिन होगा। आज उठो···।"

निरुपाय होकर चालाकी यानी कौशल से काम लेना पड़ा। बोला–"चाय पी

लूँ ?"

–"जल्दी करो।"

रघु आया। मैंने कहा–"सेन मॅशाय की दुकान से एक रुपये की 'राताबी' ले आओ। और, हम लोगों के लिए चाय की व्यवस्था करो। जल्दी···।"

फड़ियापुकुर स्ट्रीट में–ठीक हम लोगों के दफ्तर के सामने 'सेन मॅशाय' की दुकान थी। उन दिनों वही उनकी एकमात्र दुकान थी। अब तो उनकी अनेक शाखा तथा दुकानें खुल गई हैं। लेकिन, फड़ियापुकुर वाली दुकान अब भी प्रधान दुकान है। उन दिनों 'सेन मॅशाय' दुकान भी चलाते थे और ट्राम-कंपनी की नौकरी भी करते थे।

शरत् 'सेन मॅशाय' की दुकान के 'राताबी-संदेश' का 'अतिशय-अनुरागी' था। मेरे दफ्तर में जब भी आता, मैं उसे बिना संदेश खिलाये जाने नहीं देता।

मिठाई और चाय खाने-पीने में देरी हुई। हम लोग बाहर निकलकर जब गाड़ी में बैठै–साँझ का अंधकार घना हो गया था। दक्षिण की ओर दृष्टि पड़ते ही देखा–कीर्तिति लेन के अंदर–नाली के बगल में कोई 'वस्तु' अड़ा हुआ है। समझ गया–कुत्ते की लाश···। शरत् ने नहीं देखा। देखता तो भी कुछ समझ नहीं पाता।

शरत् की विशाल और 'दृढ़-निःशब्द' गाड़ी में बैठकर 'द्रुतवेग' से 'हवाखोरी' का आनंद ही पा रहा था। किंतु कुत्ता-संक्रांत दुर्घटना की बात रह-रहकर याद आती और मन में 'खच' से एक काँटा गड़ जाता। शरत् के मन का 'धर्म' न जाने कैसे मेरे मन में भी 'संक्रमित' हो गया था। रह-रहकर मुझे लगता–गाड़ी थोड़ी गंदी और अपवित्र हो गयी है।

शरत् जब तक जीवत रहा, हमने इसकी चर्चा नहीं की। और, इसीलिए जीवन के अंतिम दिन तक वह गाड़ी काम में लगी रही। मृत्यु के दिन भी शरत् उसी गाड़ी में–पार्क नर्सिंग होम से अपने अश्विनी दत्त रोड वाले घर में लौटकर आया था। हाँ, पंछी पिंजड़े से निकलकर उड़ चुका था तब तक।

आनंदलोक/1970 में प्रकाशित

भादुड़ीजी !

'तोमार साहस तो कम नय ? साहस ना, दुःसाहस··· स्पर्धा !'

बंगला भाषा में बंगला भाषा के एक महान् लेखक के बारे में लिखने बैठा हूँ और मेरे भीतर का गुप्त 'मैं' मुझको धमका रहा है। और ठीक उसी समय

मन के एकान्त में 'श्री-श्री सिद्धेश्वरी लिमिटेड' के श्री गण्डेरी की बातों की प्रतिध्वनि सुनायी पड़ती है–'बहुत बंगालीर संगे आमि मिलामिषा कोरि। बांग्ला किताब भी अन्हेक पॅड़ेछि–बंकिमचन्द्र, रवीन्द्रनाथ, और भी सब !'

बंगला में लिखने के विषय में एक बार भादुड़ीजी ने कहा था–'आ-रे ! भयेर कि आच्छे ! जो लोग श्री गण्डेरी की बंगला बर्दाश्त कर चुके हैं, वे लोग उदारता के साथ तुम्हारी भाषा भी मान लेंगे।'

अतः आज निर्भय मन से 'जय गुरु' बोलकर कलम चला रहा हूँ।

भादुड़ीजी··· !

हम लोग उनको भादुड़ीजी ही कहते थे। 'हम लोग' मतलब पूर्णिया जिले के लड़के ! भादुड़ी मोशाय, सत्तुदा, कामरेड सतीनाथ अथवा भादुड़ी भाई नहीं, सिर्फ भादुड़ीजी !

भादुड़ीजी पूर्णिया को भारतवर्ष से भी अधिक प्यार करते थे। उनके बारे में कुछ बोलने के पहले पूर्णिया का थोड़ा-बहुत परिचय देना आवश्यक है। लेकिन डरता हूँ कि पूर्णिया की बात बोलने के नाम पर अपनी ही बात बोलना शुरू न कर दूँ। आखिरी तक, अपने भीतर के गुप्त 'मैं' की धमकी भी शायद नहीं चलेगी।

आज से तीस-चालीस वर्ष पहले तक पूर्णिया जिले के ग्रामीण, साधारण गृहस्थ लोग अपने घर में बंगला शिशु-बोध, कृतिबास की रामायण, काशीराम दास का महाभारत एवं बंगला पंचांग रखना भी आवश्यक समझते थे। पढ़नेवाले लड़कों से पूछा जाता था–बंगला रामायण, महाभारत पढ़ सकते हो ? भगताई गायन की रीति में राजा हरिश्चन्द्र के गीत गा सकते हो ? प्रत्येक गाँव में एक से ज्यादा सार्वजनिक या व्यक्तिगत मृदंग अवश्य रहता था। मृदंग, याने नवद्वीप से सीधे मँगवाया हुआ श्रीखोल (एक खास तरह का मृदंग)। इसलिए भादों की रात को श्रीकृष्ण जन्माष्टमी के कुछ दिन पहले से ही बहुत रात तक मृदंग-करताल के ताल पर भगताई गायन का पद हवा में उड़ता रहता था : 'ना-रे, ना-रे, न दी या-नु हा रे–नि-त-ना-रे··· बन्दो माता सुरधुनि, पुराणे महिमा सुनि, पतित-पावनी पुरातनी··· बन्दो प्रभु नारायण अखिलार पति··· हरितेर पुत्र हरि··· हरिश्चन्द्र राजा होइलो अयोध्या नगरी··· ।'

पूरे जिले में, रेलवे स्टेशन मास्टर से लेकर स्कूल-मास्टर, वकील-मुख्तार, हाकिम, डॉक्टर-वैद्य, रौड सरकार तक बंगालियों का 'राज' था।

मेरे पिताजी सुदूर ग्रामांचल के मध्यवित्त किसान थे। ज़मीन-जायदाद के मामले-मुकद्दमे हमेशा लगे रहते। इसीलिए बहुत ही कम उम्र से–सब-डिविज़नल कोर्ट से ज़िला कचहरी तक के अपने वकीलों का (साथ ही अपोजिट पार्टी का भी) नाम याद था। उन लोगों के गुण-दोष एवं स्वभाव के बारे में भी बहुत कुछ जान गये थे। जैसे अररिया कोर्ट के तारा बाबू वकील 'मोटिया खद्दर' पहनना

शुरू किये हैं तथा मुवक्किल को भी पहनने को कहते हैं।··· पूर्णिया कचहरी के वकील निशिकान्त बाबू (रायबहादुर निशिकान्त सेन)-जैसे 'कानूनदार वकील' पटना हाई-कोर्ट में भी कम हैं। और इन्दू बाबू के बारे में, दीवानी कोर्ट के सिवाय फौजदारी कचहरी के नजदीक भी नहीं जायेंगे–हजार रुपये फीस देने से भी नहीं। लेकिन अपने भाई या भतीजे का हिस्सा **मारना** चाहनेवाले मुवक्किल ग़लती से भी श्री इन्दुभूषण भादुड़ी के पास न जायें। जैसे हमारे गाँव के एक मुकद्दमाबाज भी गये थे। दलील के एक पृष्ठ का आधा 'मिसिल' पढ़कर ही इन्दू बाबू ने अचानक उनकी कलाई पकड़ ली–"तुम अपने को ब्राह्मण कहता हाय ? मरा हुआ भाई का हक मारकर उसका नाबालक को मारना चाहता हाय ?? भागो··· !"

याद आता है, दस-ग्यारह वर्ष की उम्र में पहली बार पिताजी के साथ पूर्णिया सदर बाजार गया था,–आर. एन. शॉ कम्पनी के डॉक्टर से टॉन्सिल दिखलाने के लिए। पूर्णिया स्टेशन पर उतरकर जब पिताजी ने घोड़ा-गाड़ीवाले से कहा–"इन्दू बाबू की कोठी पर चलो !" तो मैंने रोने के स्वर में कहा था–"नय-नय ओते नय जैबो।" मतलब, वहाँ नहीं जाऊँगा !

पिताजी शुरू में चकित हुए थे, बाद में हँसते हुए बोले–"ठीक है, तुमको छोटे बाबू के पास रखकर जाऊँगा।" लेकिन इन्दू बाबू की कोठी के फाटक के पास घोड़ागाड़ी से उतरकर पिताजी भी थोड़ा घबरा गये थे। हम लोगों को दूर से देखते ही (मुझको देखकर ही) छोटे बाबू फाटक के पास चले आये–"आ-रे ! कोरेछिन कि ? छोटे बच्चे को लेकर मुकद्दमा के काम से आये हो ? बड़ी डाँट पड़ेगी··· "

लेकिन वकील साहब (इन्दू बाबू) शायद पहले ही हम लोगों को देख चुके थे। अपने चेम्बर से ही कुरबान मुंशी को बुलाया–"वो छिलेटि के ?" (वो लड़का कौन है ?)।

मेरी हालत देखकर छोटे बाबू ने मुझे साहस दिलाया–"जाओ ! भये कि आच्छे ?" (भय क्या है ?)।

पिताजी चेम्बर से बाहर बगीचे की तरफ़ छोटे बाबू के साथ रह गये और मुंशी शेख कुरबान अली मुझको लेकर चेम्बर में घुसे। मेरा परिचय और पूर्णिया आने का कारण सब उसी ने बताया। याद है, वकील साहब ने हाथ के इशारे से मुझे पास बुलाया था और मैं उनके पास जाकर मुँह फाड़कर खड़ा हो गया था। वे भी और कुछ न बोलकर मेरा टॉन्सिल देखने लगे–"हा करो···और जोर से··· वाह ! दाँत तो बहुत अच्छा है ! किस चीज़ से दाँत साफ़ करते हो ? कौन-सी दातून··· ?" गला देखकर बोले थे–"टॉन्सिलाइटिस नहीं–लगता है कि फ़ेरेनजाइटिस ··· काहे हँस रहे हो ? फेरेनजाइटिस··· स्पेलिंग है··· कुरबान ! छोटा बाबू से पूछो–गला में लगानेवाला दवाई है ? और ठाकुर (रसोइया) को बोलो, इस लड़के को गरम-गरम हलुआ बनाकर खिला देगा।"

चेम्बर से निकलने से पहले मेरे हाथ में चाँदी का एक रुपया देकर बोले थे—"तुम्हारे दाँतों का इनाम ! सेब खरीदकर खाना। दालमोट-सेव नहीं—ऐप्पल !…"

चेम्बर से निकलते ही पिताजी की डाँट मिली—"तुम इतना बेवकूफ हो—पैर छूकर प्रणाम नहीं किया !"

लेकिन छोटे बाबू मेरे दाँतों के लिए वकील साहब के हाथों से 'प्राइज़' मिलने पर इतना खुश हुए थे कि उनके मुँह से अनायास निकल पड़ा—"साबाश ! खूब तो डर रहा था… ?"

पिताजी की डाँट से घबरा गया था, लेकिन छोटे बाबू के ओठों पर ऐसी मीठी और प्रसन्नता भरी हँसी ! उन्होंने कहा—"पैर छूकर प्रणाम नहीं किया ! अच्छा ही किया। नहीं तो जिरह शुरू कर देते—कौन सिखाया ?… पैर छूकर प्रणाम करने से क्या होता है ? उसके बाद लड़का को छोड़कर लड़का के बाबूजी की बुलाहट होती…"

उसके बाद पिताजी जब भी पूर्णिया से लौटते थे—मुझको बुलाकर कहते थे—"वकील साहब और छोटे बाबू तुम्हारे बारे में पूछ रहे थे… कैसा है ? कहाँ पढ़ता है ? क्या पढ़ता है ?"

पिताजी और भी बहुत-सी बातें छोटे बाबू के बारे में बताते थे—"लड़का हो तो छोटे बाबू की तरह का ! थोड़ा-सा भी मजाज या विद्या का घमण्ड नहीं ! बेमतलब कोई बात नहीं करते हैं। वकालत पढ़ने के समय ही उनके द्वारा तैयार किये गये 'मिसिल' पढ़कर पूर्णिया के बार-लाइब्रेरी में सिनियर वकील लोग दाँतों तले उँगली दबा लेते थे—'ए तो दूसरे इन्दू बाबू तैयार हो गया !'… और, हस्तलिपि ? क्या अंग्रेजी, क्या बंगला या क्या कैथी (दस-ग्यारह साल पहले तक जो लिपि बिहार के कोर्टों में चालू थी)… अक्षर ठीक मोती के दानों जैसा ! कहीं भी काट-कूट नहीं !… उस दिन कुरबान मुंशी कह रहे थे कि इतना सुन्दर हरफ़ देखकर उर्दू के किसी शायर ने कहा था—'लिखनेवाले की उँगलियाँ चूम लूँ !'

सिर्फ पढ़ाई-लिखाई की बात ही नहीं, खेल-कूद के प्रसंग में भी छोटे बाबू की चर्चा करते थे—"जानते हो ? छोटे बाबू इस साल स्टेशन क्लब के टेनिस मैच में चैम्पियन बने। क्लब के तगड़े खिलाड़ियों को उन्होंने 'हल्दी बोलवाकर' छोड़ दिया।"

छोटे बाबू की बातें सुनते-सुनते मैं हाथ बाँधकर उनकी वही मीठी हँसी, बोली और चलने-फिरने का ढंग याद करता था। साथ ही उनके व्यक्तित्व के साथ उनकी बातों का ताल-मेल बिठाने की कोशिश करता था। जैसे, टेनिस खेलने के बारे में सुनकर अपने मन के सिनेमा के स्क्रीन पर देखता था—ज्यादा कूद-फाँद नहीं करके, कोई 'कायदाबाजी' नहीं दिखलाकर छोटे बाबू सर्विस कर रहे हैं, रिटर्न कर रहे हैं। ठण्डे मिजाज से खेलकर प्वाइण्ट जीत रहे हैं। प्वाइण्ट जीतने या हारने से चेहरे पर कोई प्रतिक्रिया नहीं दिखायी पड़ती। मुँह देखकर कुछ मालूम नहीं होता है।

उस वक्त मैं विराटनगर (नेपाल) में स्वर्गीय कृष्णप्रसाद कोइराला के आश्रम में उनके आश्रमतुल्य आदर्श विद्यालय का छात्र था। घर से पिताजी की एक विशेष चिट्ठी मिली। विशेष इसलिए कि उस चिट्ठी में एक विशेष समाचार था–"उस दिन पूर्णिया पहुँचते ही सुना, हमारे छोटे बाबू वकालत छोड़कर कांग्रेस में नाम लिखाये हैं। अब घर पर नहीं रहते हैं–टीका पट्टी या कोई आश्रम में रहते हैं–कोई गाँव में।··· सुना कि नंगे पैर चलते हैं।"

चिट्ठी मिलने पर बहुत देर तक सोचता रहा–यह अच्छी खबर है या बुरी ? अपने मन के पर्दे पर आँखें मूँदकर देख लिया था–मोटिया खद्दर की धोती और कुर्ता पहने हुए, कान्धे पर लटकता हुआ चरखा छाप झोला और एक कम्बल। साथ ही ओठों में लगी हुई है वही हँसी। नंगे पैर गाँव की पगडण्डी पर चल रहे हैं···।

इस घटना के बहुत बाद, बनारस से, रामगढ़ काँग्रेस अधिवेशन के बाद मैंने भी पिताजी को एक विशेष चिट्ठी दी थी–भादुड़ीजी के बारे में। उस वक्त मैं लिखा-पढ़ी से ज्यादा स्टुडेण्ट फेडरेशन के काम में डूबा रहता था। मेरे एक दोस्त ने मुझको चैलेन्ज किया था–"तुम खोजकर देखो, इतने दिन में तुम्हारे भादुड़ीजी निश्चित ही फारवर्ड ब्लाक में चले गये हैं।" पिताजी ने मेरे पत्र के जवाब में अपनी ओर से कुछ नहीं लिखकर पूर्णिया जिला कांग्रेस कमेटी के लेटरहेड पर हिन्दी में टाइप किया हुआ, जिले के साधारण सदस्यों के नाम पर एक सर्कुलर, लिफाफा में भरकर मुझे भेज दिया था। सर्कुलर के नीचे 'सुन्दर देवनागरी में सेक्रेटरी का हस्ताक्षर था–सतीनाथ भादुड़ी ! भादुड़ीजी के साथ दूसरी मुलाकात 1942 में भागलपुर सेण्ट्रल जेल में ! सेग्रिगेशन वार्ड उर्फ 'नया गोल वार्ड' में पहुँचते ही दूर से देखा–वही छोटे बाबू–भादुड़ीजी ! मुझे उन्होंने वही छोटी उमर में सिर्फ एक बार देखा था। लेकिन देखते ही पहचान गये–"आ-रे ! तुमि जे··· साबाश !" वही मीठी हँसी, वही स्वर ! उस दिन की भेंट और बातचीत क्या कभी भूल पाऊँगा ? पूर्णिया जिला कांग्रेस कमेटी के अध्यक्ष श्री अनाथकान्त बसु मुझसे पूर्णिया एवं भागलपुर कैम्प जेल के हालचाल खूब विस्तार से पूछ रहे थे। पर सवाल था, सरकारी वकील के जिरह की तरह ! उस समय एक प्लेट में मक्खन एवं अमरूद की जेली के साथ चार स्लाइस पावरोटी हाथ में लेकर छोटे बाबू··· भादुड़ीजी मुस्कुराते हुए आये–"आ-रे ! जरा आराम करने दीजिए इसको। यह वही लड़का है जो दस साल की उम्र में फारबिसगंज के दारोगाजी को 'बुरबक' बनाया था।··· लो, पहले खा लो !"

पिताजी ने अपने गुणधर-वंशधर की बड़ाई में न जाने और भी क्या-क्या कहा था–वकील साहब एवं छाटे बाबू को।··· फारबिसगंज के दारोगा को 'बुरबक' बनाने की कहानी ! 1931-32 की घटना ! अचानक एक दिन हमारे थाने के दारोगा साहब ने तीन-चार लाल पगड़ीवाले कांस्टेबिल तथा चौकीदारों को साथ में लेकर

हमारे घर का घेराव किया था–"आप लोगों के घर में 'चाँद' मासिक पत्रिका का फाँसी अंक और 'हिन्दू पंच' का बलिदान अंक है।··· खाना-तलाशी होगा।" बैठकखाना की 'रैक' में रखी हुई किताबों, पत्र-पत्रिकाओं की खाना-तलाशी शुरू हुई। मैं पिताजी की बिछावन पर तकिया के पास रखा हुआ–लाल खद्दर से बँधा हुआ 'बस्ता' काँख में लेकर बैठकखाना से निकल रहा था कि दारोगाजी ने धमकी दी–"ऐ लड़के! बगल में क्या लेकर जा रहा है ?··· कहाँ जा रहा है ? इधर आओ···।" मैंने कहा–"मेरे किताब··· हमारा स्कूल का घण्टी हो गया।··· पढ़ने जाते हैं।" काँख में बस्ता लेकर मैं चला गया। दारोगा साहब को कुछ नहीं मिला। बोलकर चले गये, "अगर होगा तो थाना आकर जमा कर दीजियेगा। नहीं तो पकड़े जाने से जेल एवं जुर्माना···।" सिर्फ 'चाँद' और 'हिन्दू पंच' ही नहीं, बस्ते में एक और बैण्ड (प्रतिबन्धित) किताब थी, सुन्दरलाल की लिखी हुई–'भारत में अंग्रेजी राज'···। दारोगा साहब के एक बार फिर 'इधर आओ, देखें क्या है ?'–बोलने से ही हो जाता। पिताजी मेरी इस चालाकी की कहानी वकील साहब एवं छोटे बाबू से कहे थे।··· अनाथ बाबू को उस तरह सवाल करते हुए देखकर भादुड़ीजी 'यही वह लड़का है' बोले। मतलब, भादुड़ीजी अनाथ बाबू से वो कहानी कह चुके थे। सिर्फ उनको याद दिला दिये। लेकिन अनाथ बाबू के चेहरे की ओर ताककर फिर से बोले–"फारबिसगंज के दारोगा को 'बुरबक' बनाया था, बोलकर सभी को बना सकता है–यह तो मैंने नहीं कहा।"

भीतर का गुप्त 'मैं' फिर से धमका रहा है–"फिर शुरू कर दिया ? मतलब अपनी बात··· अपने मुँह मियाँ मिट्ठू ?"

जेल में तीन साल और जेल से बाहर सोलह-सत्रह साल उनके साथ रहने का सौभाग्य मुझे प्राप्त हुआ था। एक ही साथ पूर्णिया जिले के गाँव-गाँव में घूमे थे। आज उनके बारे में लिखने बैठा हूँ तो महसूस हो रहा है कि सिर्फ एक ही रचना में सभी बातें लिखकर खत्म करना सम्भव नहीं है।

इसलिए बहुत-सी घटनाओं तथा समय को छोड़कर आगे बढ़ना पड़ रहा है। सिर्फ आठ-दस प्रसंगों के जरिये उनके व्यक्तित्व तथा चरित्र की विशेषताएँ उद्घाटित करने की चेष्टा कर रहा हूँ।

हमारे 'वॉलीबॉल' खेलने का कोर्ट था–'जुवेनाइल' वार्ड के मैदान में। सेग्रिगेशन वार्ड याने नया गोल वार्ड के रहनेवाले कैदी रोज़ दोपहर के बाद नीली टोपीवाले किसी पहरेदार (कॉन्विक्ट वाचमैन या वार्डर–ठीक से नहीं बोल पा रहा हूँ) या कैदी पहरेदार को साथ में लेकर जुवेनाइल वार्ड में एक दल के साथ जाते थे–कुछ 'वॉलीबॉल' खेलने के लिए, ज्यादा अड्डेबाजी के लिए। जुवेनाइल वार्ड नाम था,

लेकिन इस वार्ड में एक भी 'जुवेनाइल प्रिज़नर' नहीं था। बिहार के अधिकांश मोटे-मोटे आसामी (मुजरिम) अर्थात् बड़े-बड़े लीडर सब इसी वार्ड में रहते थे।

वॉलीबॉल की दो टीम थीं। एक टीम के कैप्टन थे–के. बी. सहाय (भूतपूर्व मुख्यमन्त्री, अब स्वर्गीय) तथा दूसरे दल के अधिनायक रणेन्द्रनाथ चौधरी। के. बी. सहाय खेल-कूद को इतना 'सिरीयसली' लेते थे कि खेल में हुई बात को खाने के टेबुल तक भी नहीं छोड़ते थे। और रणेन्द्रनाथ चौधरी, के. बी. को रोज़ सनकाने की कोशिश करते थे। भादुड़ीजी शायद पहले दो दिन के. बी. के 'साइड' से खेले थे। और इतना खराब खेले थे कि के. बी. खेल के बीच में ही बोल दिये थे–"ए साहब ! कल से आप हमारे तरफ़ से मत खेलिएगा !··· समझे ?"

प्रथम परिचय होते ही रणेन दा ने खेल का जिक्र किया। उन्हीं के मुँह से सुना–"अगर सतीनाथ भादुड़ी पहला दिन अच्छा खेलते, तब हमारी नया गोल टीम का 'टी' तक नहीं रहता।··· भादुड़ीजी के अगले दिन एवं प्रायः प्रत्येक दिन का खेल देखकर के. बी. के दुख की सीमा नहीं थी। एक बार हमारे साइड से मत खेलिए, बोलकर फिर हमारे साइड से खेलिए, कृपाकर–बोलने से भी भादुड़ीजी कभी राजी नहीं होंगे–वह जानते थे।"

उस दिन जुवेनाइल वार्ड में जाकर पहली बार भादुड़ीजी को खेल के मैदान में देखा। रामचरित्र बाबू थे परमानेन्ट अम्पायर। कोई वितर्कित प्वाइंट लेकर के. बी. मैदान छोड़कर जा रहे हैं एवं रणेन बाबू की टीम प्रोटेस्ट में 'तुमुल कोलाहल' कर रही है–अम्पायर रामचरित्र बाबू किसी की बात न सुनकर सिर्फ एक ही खिलाड़ी से पूछते थे–"भादुड़ीजी ! प्लीज लेट मी नो··· प्लीज टेल मी···" और, भादुड़ीजी का मन्तव्य सुनने के बाद वह किसी की बात पर कान नहीं देते–"नो-नो ! नथिंग डुइंग··· !" इसलिए, भादुड़ीजी के मन्तव्य के बाद और किसी साइड का कोई भी कुछ नहीं कहता।

उस दिन भादुड़ीजी ने खेल के बाद मुझसे पूछा था–"भॉली बॉल खेलने नहीं जानते हो ? बैडमिण्टन ? टेनिस ?··· केनो ? किसी खेल-कूद में ध्यान देने से स्टुडेण्ट फेडरेशन की सदस्यता से क्या नाम काट दिया जाता है।"

मैं शरमा गया था। वे ठीक ही बोले थे। स्टुडेण्ट लीडर लोग खेल-कूद में दिलचस्पी लेना बचकानापन समझते थे ! मैंने कहा था–"असल में पॉलिटिकल फील्ड में··· !"

रणेन दा बीच से मेरी बात काटकर बोले थे–"पॉलिटिकल फील्ड में पॉलिटिक्स ही खेलना चाहिए–क्या कहते हो ?··· अच्छा खेलने से के. बी. के साइड से खेलना होगा और खराब खेलने से रणेन दा बिगड़ जायेंगे। उससे अच्छा खेलने नहीं जानते··· क्या ठीक कहा ?" अगले दिन नया गोल के मैदान में भादुड़ीजी ने कुछ पहरेदारों एवं पानिहाँ (अपर डिविज़न के कैदियों के 'कैदी नौकर' को बिहार की जेल की भाषा में पानिहाँ कहते हैं।) को लेकर हम लोगों के लिए वॉलीबॉल का कोर्ट बनवा दिया था। उसके बाद रोज़ दोपहर बाद से नया गोल वार्ड भी वॉलीबॉल

की तीसरी टीम के खिलाड़ियों के कोलाहल-कलरव से सरगर्म रहता था।

हमारे वार्ड में उस वक्त पाँच सामूहिक मेस थे। लेकिन भादुड़ीजी 'स्वपाकी' (अपने से पकानेवाला) थे। जो लोग स्वयं खाना बनाकर खाते थे, उन लोगों में अनाथ बाबू तथा निरापद बाबू अग्रगण्य थे। दोनों ही थोड़ा में गुस्सा होने की बीमारी से पीड़ित रहते थे। इसलिए, उनके पानिहाँ के साथ रोज दोनों वक्त वे लोग जो 'डायलग' बोलते थे, वह इतना दिलचस्प तथा रोचक था कि कण्ठस्थ हो गया था—"छेदी !⋯"—अनाथ बाबू छेदी यानी अपने सेवक को कह रहे हैं—"साग अच्छा से धोया था ? यही तुम्हारा धोना है ? तुमि जो कि रतनेर मँत चोखेर माथा खिये छो ?" भागलपुर जिले का छेदीलाल 'चोखेर माथा खावा' का मतलब ठीक से समझता या नहीं समझता था, लेकिन पुरुलिया जिले का रतन अर्थात् निरापद मुखर्जी का सेवक चोरी करते हुए एक आँख खोया था।⋯ लड़की के गले के गहने में हाथ देने के पहले ही उसके हाथ के 'करैली काँटे' (बाली के तीक्ष्ण काँटे) आँख में लगे। आखिर में पकड़ा गया था, उसी आँख के चलते ही। इसलिए इसका मतलब वह अच्छी तरह समझता था। अपनी बंगला में वह तुरन्त जवाब देता था—"आमा के टेने केने कॅथा कॅन बाबू ?" (मुझे खींचकर क्यों बात करते हैं बाबू ?) उसके बाद ही निरापद बाबू की धमकी—"तुइ बेटा फीड़न दिते गेलि आबार ?⋯ बोलछि आबार लंका दियेछिस झोले ?" (तू बेटा फिर फोरन दिया ? फिर झोल में मिर्च दिया ?) रतन का जवाब सुनायी देता—"ता हुले लंका आनान कैने ? (तो मिर्च क्यों मँगाते हैं ?)

भादुड़ीजी एक दिन मुझसे चुपके से बोले थे—"उन लोगों की बातचीत को लेकर तुम लोग जो मजाक करते हो, शायद वे पकड़ लिये हैं। नहीं सुना, आज निरापद बाबू रतन से क्या कह रहे थे ?⋯ " निरापद बाबू उस दिन दुखी होकर ठण्डे मिजाज से रतन से कह रहे थे—"तुम्हें इतना कहना-सुनना पड़ता है कि इसको लेकर मेरा दुर्नाम हो गया है। और तुम फिर भी⋯"

भादुड़ीजी ने कहा था—"नहीं 'मेरा' नहीं कहे थे। 'हमारा दुर्नाम' कहे थे। उससे मालूम होता है, दोनों ही⋯।"

मैं हँसी रोक नहीं सका।

मैं अनाथ बाबू के अकेले मेस का दूसरा सदस्य बना अर्थात् मैंने अनाथ बाबू के मेस में योगदान दिया। उस दिन घूमने के समय भादुड़ीजी ने हँसते हुए पूछा—"तुम अनाथ बाबू का रोटिहा बने हो ?" मैंने 'रोटिहा' का मतलब समझा—रसोइया। भादुड़ीजी ने कहा—"आ-रे ! रोटिहा का मतलब रसोइया काहे होगा ? सिपाही लोगों के भाषा में इसका मतलब है, एक चौका में रोटी खानेवाला और जिनके साथ ड्यूटी का चार्ज़ लेन-देन, अदल-बदल का सम्बन्ध—उसको कहते हैं 'जोड़ीदार'⋯ "

अनाथ बाबू पेट के चलते चाय बहुत कम पीते थे। मुझे भी दोनों शाम चाय पीने के समय बेसी चाय पीने से मना करते थे। आधा कप दूध में, खूब हल्का,

पानी-जैसा, लाल रंग का 'लिकर' ढालते समय, कड़ी चाय पीने का दुष्परिणाम होता है, बराबर समझाते रहते थे। इस प्रसंग में 'निकोटिनिक एसिड' या 'निकोटिन' उच्चारण करते समय बार-बार उनके मुँह का आकार भय में बदल जाता था।

एक दिन मैंने भादुड़ीजी से 'किन्तु-किन्तु' करके बोल ही दिया—"मैं दोनों शाम चाय आपके पास ही पीऊँगा।"

"क्यों ? वहाँ क्या हुआ ?"

"उनि चाये एतो बेशी दूध ऐले ढेन जे चायेर समस्त निकोटिनिक एसिडई नष्ट होये जाय।"

मेरा जवाब सुनकर वह खूब हँसे—दिल-खोल हँसी ! लज्जित होकर मैंने अपनी ग़लती सुधारने की कोशिश की—"नहीं-नहीं ! मेरा मतलब—फ्लेवर···"

भादुड़ीजी ने कहा—"और सुधारने की जरूरत नहीं है। तॅबे चाये थाके ट्यानिक एसिड। और, सुपारी के एक छोटे टुकड़े में जितना ट्यानिक एसिड रहता है, पाँच पैकेट चाय के लिकर में भी उतना नहीं रहता।"

मैंने सोचकर देखा—हमारे वार्ड में चाय के विरोधियों में सभी विशेष तौर पर सुपारीखोर और पान खानेवाले हैं। रोजाना दोनों शाम तुलसी के पत्ते की चाय या त्रिफला का पानी पीकर जो लोग हमारे पास चाय के विरुद्ध 'भाषण' देते थे (अनाथ बाबू को छोड़कर), मैं देखता था, वे सभी दिन-भर सुपारी चबाते थे—मुँह हमेशा ही चलता रहता था। भादुड़ीजी ने उस दिन विश्वविख्यात चाय पीनेवालों के नाम तथा कौन कितने कप चाय पीता था उसका रेकार्ड दिया था। अभी सिर्फ ग्लाडस्टोन के नाम याद हैं—उनके रेकार्ड नहीं। सौ से अधिक जरूर ही होगा।

भादुड़ीजी प्लेट भरकर चाय पीते थे एवं अच्छी चाय बना सकते थे—मुझे मालूम था। पिताजी ने कहा था—"छोटे बाबू चाय के बारे में बहुत मजाकी बात बोलते हैं, जानते हो ? वह कहते हैं कि फ्लेवर की चाय और होमियोपैथी दवा—दोनों बराबर है। कोई सुगंधित तेल लगाकर होमियोपैथी दवाओं का बक्सा खुला छोड़ दे—सब दवा का 'धक' समाप्त ! वैसी ही चाय। किसी किस्म की गन्ध बरदाश्त नहीं कर पाता है··· ।"

भादुड़ीजी सुबह पाव रोटी और उबला अण्डा खाकर चाय पीते थे। फिर एक-दो बार और चाय ! दिन के समय भात, उबाला हुआ आलू, केला, दो चम्मच मक्खन एवं दही। अपराह्न में बिस्कुट के साथ चाय, रात को फिर चार स्लाइस पाव रोटी मक्खन। यही था उनका भोजन। कभी-कभी दूसरे मेस से झाल मछली या मांस भेज देने से इन्कार नहीं करते थे। रणेन बाबू तथा अशोक बोस (दुमका) भादुड़ीजी को अपने हाथों का आमिष भोजन खिलाकर आनन्द लेते थे।

आलू या केला पकाने में पाकशास्त्र तथा कला का ज्ञान आवश्यक नहीं है। लेकिन पाव रोटी के स्लाइस टोस्ट करना निश्चित एक आर्ट है। वैसा निखूँत, मच-मच (या कर-कर) और शुरू से अन्त तक एक जैसा ही सेंकना इलेक्ट्रिक टोस्टर में ही सम्भव है।

अण्डे की पूड़ी भी अच्छा बनाते थे। मुंगेर जिले के यमुना बाबू अच्छी रसोई बनाना जानते थे। प्रायः सब प्रकार के व्यंजन उनको मालूम थे। किसी मेस में फिस्ट होने से ही यमुना बाबू की बुलाहट होती थी। भादुड़ीजी ने एक बार उनसे पूछा था–"आप 'कचूमर' बनाना जानते हैं ?" उनका सवाल सुनकर वहाँ जो भी थे, हँस पड़े। हम सब जानते थे–'मार-मारकर कचूमर बनाना' एक चालू हिन्दी मुहावरा है। कचूमर क्या होता है, हमें मालूम नहीं था। यमुना बाबू ने एक दिन बाहर से जंगली ओल जैसे किसी आलू के पत्ते मँगवाकर यतन से कचूमर बनाया था। हरे पत्तों में मसाले तथा थोड़ा-सा आमचूर लगाकर फिर केले के पत्ते से मढ़ दिया। उसके बाद, बेलन से बहुत देर तक मुड़ियाये हुए केले के पत्ते को थेंथलाते रहे। उस दिन भादुड़ीजी के साथ हमने भी पहली बार कचूमर नामक चीज पराठे के साथ खायी। बाद में भादुड़ीजी ने एक दिन 'मोंतजन' (एक प्रकार का पोलाव) बनाकर यमुना बाबू को अवाक् कर दिया था। यमुना बाबू निरामिषभोजी थे। एक समय प्रचुर खाते थे। अब रसोई करके दूसरे को खिलाकर आनन्द पाते हैं। वे भादुड़ीजी के बनाये हुए मोंतजन का रंग देखकर और खुशबू से ही समझ गये थे– उस्ताद हाथों का बनाया हुआ। बोले–"हम तो समझते थे कि आप आलू-केला उबालना छोड़कर और कुछ भी नहीं जानते हैं। लेकिन आप तो सिद्धहस्त पाकशास्त्री निकले···।"

जेल में आने से पहले ही सुना था–इन्सान का असल चेहरा जेल के अन्दर आने से ही देखने को मिलता है।–'मुखोस-खोले असल मानुष !' बाहर रहने पर गला फाड़कर जिनका जय-जयकार करता था–उन लोगों के साथ जेल में मात्र कुछ दिन रहकर ही मन के आसन पर प्रतिष्ठित उन लोगों की प्रतिमा अपने-आप ही टूटकर बिखर गयी थी और अनेक श्रद्धेय व्यक्तियों को अपने ही हाथों से तोड़ना पड़ा था। लेकिन, भादुड़ीजी के साथ तीन साल रहने का सौभाग्य प्राप्त करने के कारण जीवन-संग्राम के आघात से मैं किसी दिन भी टूटकर बिखर नहीं पाया था। आज भी याद आता है–पिताजी की लिखी हुई 'चिट्ठीर कॅथा गुलो' (चिट्ठी की बातें)–"तोमार पूर्वजन्मेर पुण्येर जोरेई तुमि ओंर शुभ-सान्निध्य पॅयेछो··· ।"

जेल में उन्होंने किसी दिन भी मेरी 'अभिभावकगीरी' नहीं की। उस पद पर थे अनाथ काका। भादुड़ीजी मुझे कोई उपदेश या निर्देश नहीं देते थे। हम लोगों का कोई 'क्लास' भी नहीं लेते थे। फिर भी सब कोई मुझको उनके एकमात्र शिष्य के रूप में जानते थे।

एक दिन मुजफ्फरपुर के साहित्यिक रामधारी बाबू (दिनकरजी नहीं) बंगला से हिन्दी अनुवाद के सम्बन्ध में बोले थे–"वो तो खूब सहज !"

भादुड़ीजी उस दिन जेल-लाइब्रेरी से रवीन्द्रनाथ और शरत्चन्द्र की हिन्दी में अनूदित कई पुस्तकें लाकर रामधारी बाबू को सिर्फ कुछ पन्ने दिखलाकर बोले थे–"अनुवाद सहज होने के कारण ही शायद ऐसा होता है।··· 'डाकसाइटे मेये'–अनुवाद हुआ है–'डाकयार्ड-साइड में रहनेवाली लड़की'··· 'गोंआर गोबिन्द' का

माने दिया है–'गोबिन्द ग्वाला'··· 'टैंइटुम्बुर'–'कटहल',··· 'माछ-रांगा' माने 'रंगीन-मछली'··· 'कचुरीपाना'–'पानी भरी कचौड़ी'··· !··· आरो आच्छे··· !"*

रामधारी बाबू इस अनुवादक महोदय के बारे में बोले थे कि उन्होंने अच्छा अनुवाद किया है। रामधारी बाबू स्वयं भी 'बांग्ला भाषा भालो कोरे बूझते पारेन'–अन्ततः उनकी निजी धारणा यही थी। लेकिन देखा गया कि वे भी इन शब्दों का सही अर्थ नहीं जानते थे।

जेल में मैं एक नम्बर के 'लेट राइजर' के नाम से बदनाम था। अनाथ काका रोज सुबह डाँट-डपटकर हार गये थे। एक दिन भादुड़ीजी को बोले थे–"आपनि ओके बोकते पारेन ना ?" (आप उसे बोल नहीं सकते हैं ?) भादुड़ीजी ने जवाब दिया था–"निद्रा-बिलासीदेर मोते ओइ सॅमयकारा घूम भांगानो हत्यारे सामिल··· ।" (निद्रा-विलासियों के अनुसार, उस समय नींद तोड़ना हत्या के बराबर है।)

एक दिन शाम को नया गोल वार्ड में चक्कर मार रहा था कि अचानक बड़े बेल-गाछ के नीचे से मुझे बुलाये··· "ओइ···पोकाटा के धॅरो···धॅरते पारबे ना ?··· आ-रे ?··· भॅय किसेर ?··· ओटा के धॅरे पूछले भारी सुन्दर प्रजापति तैरि होते पारे··· ।" (उस कीड़ा को पकड़ो–पकड़ नहीं सकोगे ? डर किस बात का ? उसको पकड़कर पालने से बहुत ही सुन्दर प्रजापति (तितली) तैयार हो सकता है।)

प्रजापति तैयार हो सकता है ? ई क्या बात है ? मुझे बुद्धू तो नहीं बना रहे हैं ? नहीं··· वे खुद जतन से कीड़े को पकड़कर एक कार्ड-बोर्ड के बक्से में डालकर मेरे टेबुल पर रखकर बोले–"रोज सकाल-बेला उठे शिशिरे भेजा कोचि-कोचि बेल-पाता तूले खाबाते होबे किन्तु। पारबे तो ! अन्ततः प्रजापति तैरि हवा पर्यन्त चेष्टा कोरे देंखोइना··· "

उनके निर्देशानुसार, रोज कीड़े के राशन की जुगाड़ करने के लिए मेरी नींद अपने-आप ही खुलने लगी–सूर्योदय से पहले नहीं उठने से शिशिर से भींगा हुआ बेल-पत्ता मिलना क्या सम्भव है ? तीन-चार दिनों के बाद हठात् देखा कि कीड़ा नहीं है ! भादुड़ीजी आये और बक्से के एक कोने में सटा हुआ बड़े साइज का चाँदी के बटन जैसा कुछ दिखलाकर बोले–"अब पूर्ण समाधि··· तुम्हारे कीड़े का रूपान्तर हुआ है··· खबरदार··· छूना मत।··· छुए हो ?··· टेपा तो नहीं··· आ-रे ! भीतर में प्राण है तो क्या हिलेगा नहीं ? तूत का पत्ता जुगाड़ होने से इस खोल का रंग सोनाली होता। तुम्हारा प्रजापति शायद···काला और पीला मिश्रित रंग का··· ।

---

* बंगला में 'डाकसाइटे मेये' का अर्थ होता है–जबर्दस्त या बेहद तेज-तर्रार लड़की; 'गोंआर गोबिन्द' का अर्थ होता है–वैसा व्यक्ति जो बज्र मूर्ख हो और अपनी बात पर या जिद पर डटा रहे; 'टैंइटुम्बर' का अर्थ होता है–आखिरी सीमा तक भरा हुआ; 'माछ-रांगा' उस पक्षी को कहते हैं, जिसका एकमात्र आहार मछली है; 'कचुरीपाना' तालाब के पानी के ऊपर पूरे पानी की सतह को ढँके हुए हरे या पीले रंग की काई को कहते हैं। –सम्पादक

लेकिन अब से खूब भोर में उठकर देखना होगा–किस दिन निकलकर उड़ जायेगा··· ।"

"एइ··· रेणु ! एक बार चोख खुले देखेना··· तोमार सृष्टि एखुनि उड़े जाबे नोइले··· ।" (ओ रेणु ! एक बार आँख खोलकर देखो अपनी सृष्टि, नहीं तो अभी उड़ जायेगा !) उस दिन सुबह उन्होंने मेरी नींद तोड़ी । आँख खोलकर देखा–कार्ड-बोर्ड के बक्से के ऊपर एक बड़ा एवं खूबसूरत प्रजापति है। काले के ऊपर पीला, सोनाली (सुनहरा) काम किया हुआ–'बेलबूटा··· ।

हमारा 'पानिहाँ' धतूरे का एक फूल ले आया। मुँह के पास सिकुड़ा हुआ, घड़ी के 'हेयर स्प्रिंग' जैसी पतली सूँड फूल की गन्ध से खुद ही जल गयी। तितली मधु पीकर उड़ गयी।··· लेकिन उस दिन दिल में जो आनन्द हुआ था, वह अनिर्वचनीय है। प्रजापति बनाने का नशा-सा हो गया है–रोज कीड़ा ढूँढ़ता, बेल-पत्ता, तूत-पत्ता और रेड़ी-पत्ता जुटाता। सूर्योदय से पहले ही बिछावन छोड़कर उठना पड़ता।

जेल जाने से सब लोग कुछ-न-कुछ लिखना शुरू करते हैं। नियमित कापी-पेन्सिल मिलती थी और मिलता था इफरात समय। हमारा दोस्त वीरेन्द्रनारायण (भागलपुर) नाटक लिखता था और हमेशा हमें अभिनय के साथ सुनाता था। रणेन बाबू हिन्दी में लिखना शुरू किये थे–'समाजवाद की मोटी बातें'। सहरसा के एक गाँधीवादी, रामबहादुर बाबू ने 'गाँधीवादी आहार' शीर्षक पुस्तक लिखी थी। बहुत-से लोग कविता-कहानी भी लिखते थे। सब कोई कुछ-न-कुछ लिखता था।···

भादुड़ीजी भी लिखते थे। लेकिन क्या लिख रहे थे, पता तब चला, जब हम 'टी' सेल में गये।···

पहले इस 'टी' सेल की तथा वहाँ स्थानान्तरण की बातें बता दूँ। जेल के अन्दर चार-पाँच सेल थे। नया सेल, ओल्ड सेल, कण्डम्ड सेल,··· टी-सेल ! उन्नीस सौ तीस-इकतीस के साल में इस टी-सेल को बंगाली-टेररिस्ट लोगों के लिए तैयार किया गया था। सम्प्रति खाली था। भादुड़ीजी एक दिन जेल-सुपरिटेण्डेण्ट से बोले–"साहब ! आपके 'टी' सेल की डिग्री तो खाली है–वहाँ हमें नहीं रख सकते हैं ?" अंग्रेज जेल-सुपर ने अवाक् होकर भादुड़ीजी की ओर देखा··· अपनी इच्छा से इस सेल में रहना चाहता है ! यह कैसा प्रिज़नर है ! बोला–"हम जोर देकर किसी को वहाँ नहीं भेज सकते। लेकिन अपनी इच्छा से जो वहाँ जाना चाहता है–उसकी व्यवस्था वहाँ की जायेगी। किन्तु, खुद अपने को क्यों दण्ड देना चाहते हो–समझ नहीं सका।"

नया गोल के उस बैरक के कोलाहल-कलरव और 'गोलमाल' को छोड़कर सेल में कौन जाना चाहेगा : भादुड़ीजी और निरापद बाबू, अशोक बोस इत्यादि कुल मिलाकर सात 'डिटेन्यू' टी-सेल में जाने को राजी हुए। कुछ दिन बाद और दो-तीन आदमी बढ़ गये।

टी-सेल में घुसते ही समझ गया–भादुड़ीजी क्यों इस सेल के लिए जेल-सुपरिटेण्डेण्ट

से 'ओजुर' (प्रार्थना) किये थे। लिखा-पढ़ी के लिए इतनी सुन्दर जगह इस जेल में है, हमें पता नहीं था।

एक दिन उनकी डिग्री में चाय पी रहा था। सामने एक कापी थी। हाथ में लेकर पन्ना खोलकर देखा–लेड-पेन्सिल से लिखा हुआ। पढ़ते-पढ़ते अचानक लगा–यह तो डायरी है। कापी बन्द कर मैंने पूछा–"डायरी है ?" वे तुरन्त बोले–"क्यों ? किसी की डायरी पढ़ना मना है ? और बाकी सब कुछ बिना बोले पढ़ा जा सकता है क्या ?"

लज्जित होकर लौट रहा था कि बोले–"चार पन्ने जब पढ़ ही चुके हो तो बाकी पन्ने भी पढ़ लो। लेकिन तुम्हारे 'गब्बे हाउस' में इसकी चर्चा या आलोचना नहीं चलेगी।"

हम कई साथी मिलकर एक 'गप्पी गोष्ठी' बनाये थे। बाद में नाम पड़ा–'गब्बे हाउस'। उसी टी-सेल में बैठकर 'जागरी' की पाण्डुलिपि पढ़ना हमेशा के लिए याद रहेगा। बिलु का अध्याय–फाँसी-सेल पढ़ते-पढ़ते कई बार ऐसा लग रहा था कि कल सुबह ही मेरी फाँसी होगी। अध्याय समाप्त करने के समय लग रहा था–एक भयानक तूफान चल रहा है।

दूसरे दिन उनकी डिग्री में चाय पीने गया था। चाय की चुस्की लेते-लेते उनसे कहा था–"जानते हैं ? रात को 'बिलुर अध्याय' पढ़ने के समय बार-बार मुझे ऐसा लग रहा था कि सुबह ही मेरी फाँसी होगी। आखिरी पंक्तियाँ तो··· क्या बोलें··· माने-माने···।" उस वक्त वे पुस्तक के 'औरत-कित्ता' अर्थात बिलू की माँ के अध्याय में थे। बोले–"बस ! और माने समझाने की जरूरत नहीं है।··· चाय नमकीन तो नहीं लग रही है ?" मेरी आँखों के पपोटे भीग चुके थे–कुछ बोल नहीं पा रहा था।

चार महीने बाद 'नीलुर अध्याय' अर्थात् अन्तिम अध्याय पढ़कर समाप्त करने के पश्चात् दौड़कर उनके चरण छूकर बोला था–"आज आपके मना करने पर भी नहीं सुनूँगा।··· पद-रज दीजिए।" 'जागरी' के किसी पात्र या घटना के बारे में किसी भी दिन उनसे कुछ नहीं पूछा था। सिर्फ एक दिन बोला था–"बिलु भी ब्लड स्टैण्ड (बर्दाश्त) नहीं कर सकता था ?"

कोई जवाब जब नहीं मिला तो और कुछ बोलने का साहस नहीं हुआ। वास्तव में कुछ दिन पहले ही पाव रोटी के स्लाइस काटते समय उनकी उँगली थोड़ी-सी कट गयी थी और एक बूँद खून निकला था। खून देखते ही वे हाथों में कटा हुआ स्लाइस लेकर बेहोश हो गये थे। होश लौटते ही बोले थे–"उते किछु नय ! ··· अमि ब्लड स्टैण्ड कोरते पारि ना।"

जेल में एक बार 'कवि-सम्मेलन' में मैंने भी कविता की थी–'आगा खाँ के राज-भवन में' थी उसकी पहली पंक्ति। कविता थोड़ी लम्बी और मुक्त छन्द में थी। कस्तूरबा की मृत्यु के बाद गाँधीजी मन-ही-मन क्या सोच रहे हैं–मौन होकर–कविता में

इसका काल्पनिक रूपक अंकित किया था। अनाड़ी हाथों से वयस्क जैसी लिखी हुई कविता के एक स्थल पर गाँधीजी प्रथम उद्दाम प्रेम के आवेग के मुहूर्त को याद कर कहते हैं–'उस प्रथम चुम्बन का आस्वाद··· ।'

गाँधीवादी वृद्ध श्रोताओं ने आपत्ति की थी–अश्लील और अशोभन बताकर। मुझे बैठ जाना पड़ा था। उदास मन के साथ सेल में लौटकर अपनी 'डिग्री' में बैठा था कि अचानक भादुड़ीजी मेरी डिग्री में आये थे। मुस्कराते हुए बोले थे–"सुना कि आज तुम्हारा कवि-सम्मेलन खूब जमा ?··· कोई··· सुनि तोमार कविता !"

कविता की लम्बाई देखते ही उनके मुँह से निकला था–"एइ रे··· !" उसके बाद मुक्त छन्द में लिखा हुआ सुनकर मुझसे पूछा था, "तुम्हारे गाँव में, माने मैथिली में एक कहावत है न–एक तो बंगाली··· ?"

मैंने हँसकर कहावत पूरी की–"एक तो बंगाली, दोसर तोतराहाँ !" वे बोले–"तुम्हारी कविता के साथ भी वही हुआ है। एक तो लम्बी–दूसरे 'अतुकान्त' ।" पूरी कविता सुनकर बोले थे–"वे लोग क्या बोले–गाँधीजी ने कभी कस्तूरबाजी का चुम्बन नहीं किया ?"

उनके सवाल पर मैं हँस पड़ा। थोड़ी देर बाद उन्होंने कहा–"तुम गद्य··· माने गल्प, कथा-कहानी आदि क्यों नहीं लिखते ? कहानी तो देखता हूँ अच्छा जमा सकते हो।··· और··· हिन्दी कविता के बारे में मैं कुछ नहीं जानता–लेकिन बंगला में जितना मुक्त छन्द लिखा–उसमें 'तुक' नहीं रहने पर भी 'ताल' अवश्य है। ··· तुमने स्कूल में प्राइज डिस्ट्रीब्यूशन के दिन बंगला आवृत्ति (recitation) अवश्य सुनी होगी।··· मेघनाथ बध पढ़े हो ? आवृत्ति कर सकते हो··· किसेर कारणे, कोन लोभे, कॅह राजा, एसेछो ये देशे, राघव ?"[1]

भादुड़ीजी के छोटे 'बुक सेल्फ' में कई बंगला उपन्यास, बंकिम ग्रन्थावली एवं अंग्रेजी नावेल के साथ ही एम.एन. राय की अंग्रेजी पुस्तकें थीं। व्यक्तिगत सत्याग्रह के समय जो लोग भादुड़ीजी के साथ हजारीबाग जेल में थे, उन लोगों से सुना था कि भादुड़ीजी–'भीतर-भीतर से 'राय-इस्ट हैं !' युद्ध में एम.एन. राय का दल ब्रिटिश सरकार के पक्ष में था। इसलिए पुस्तकें देखकर एक दिन मैंने मूर्खों की तरह से पूछा था–"आप अभी भी राय-इस्ट हैं ?"

"हैं ही, तो हूँ !"–बोलकर हँस पड़े–"एम.एन. राय की कोई पुस्तक पढ़े हो ? ··· अच्छा, तुम लोगों को जो डायलेटिक्स पढ़ाया जाता है–तो समझो कि वही 'मात्रा-भेद से गुण-भेद' जैसा बदरीलाल रोज सुबह उठकर लालटेन जलाकर कण्ठस्थ करता है।··· भारतीय दर्शन पढ़े हो ?···. कोई उपनिषद् भी नहीं ? एक ही बार 'काण्ट-हीगेल' से शुरू किये हो ?···" उसी दिन समझ गया कि वे कोई 'इस्ट' नहीं थे–'पूर्णिया-इस्ट' के अलावा ! वे जानते थे कि मैं सिगरेट पीता हूँ। ब्रांकाइटिस

---

1. माइकेल मधुसूदन दत्त के 'मेघनाथ बध', जो मुक्त छन्द में लिखी बंगला की श्रेष्ठ काव्यकृतियों में एक है, की प्रसिद्ध पंक्ति, जिसका अर्थ है–'कहो राजा राघव ! किस कारण या लोभ से इस देश में आये हो।'-स.

होने के बाद डाक्टर ने सिगरेट पीना मना किया था। मैं छिपाकर पीता था। एक दिन मेरे किसी हितैषी ने भादुड़ीजी से कहा था—"उसने फिर सिगरेट शुरू किया है।" भादुड़ीजी ने पूछा—"छोड़ा था क्या ?... मैं तो बराबर उसके मुँह से 'अब्दुला सिगरेट' की महक पाता रहा हूँ।... सिगरेट छोड़ देने से शायद पार्टीवाले उसे पार्टी से निकाल दें, इसी डर से शायद वह सिगरेट नहीं छोड़ पा रहा है।... सिगरेट नहीं पीने से गरम राजनीतिक बहस करना थोड़े ही सम्भव है ?"

एक दिन मुझसे बोले—"तुम अपने 'सण्ड्रीज-अलावेन्स' के पैसे से क्या मँगाते हो ?... देखो, इस समय सोवियत साहित्य के नाम पर जो किताबें, पानी के दाम पर बिक रही हैं, बाद में शायद बाजार में नहीं भी मिल सकती हैं। और उन पुस्तकों को 'सेन्सर' नहीं रोकते।... व्यक्तिगत सत्याग्रह के समय हजारीबाग जेल में जो पुस्तकें 'अवैध' थीं, अब वही सबसे पहले 'सेन्सर्ड एवं पास्ड' होती हैं। इसीलिए बोल रहा था... अमुक प्रसाद ने शायद इयार्डले-लेवेण्डर मँगवाया है अपने 'सण्ड्रीज अलावेन्स' से ?"

मैं सिगरेट, सिगार, पाइप, तम्बाकू इत्यादि अपने अलावेन्स के पैसे से मँगवाता था। इसके बाद से किताब छोड़कर और कुछ मँगवाया था—याद नहीं।

भादुड़ीजी को बीच-बीच में रामबहादुर बाबू पान लगाकर खिलाते थे। देखता था—भादुड़ीजी उनके जर्दे के डिब्बे से तीन-चार दाना जर्दा लेकर हथेली पर रखकर एक नजर देखकर मुँह में डालते थे। और, किसी-किसी दिन एक मैथिल बाबाजी के अपने हाथों से बनाया हुआ—चोग डाला हुआ—नस, एक चुटकी-भर माँगकर नाक में डालते थे। इससे उनका चेहरा लाल हो जाता था। समझ गया था कि यह उनके सिरदर्द या सरदी की दवा है।

जेल की एक और घटना याद है। उस वक्त मैं नया गोलवार्ड में था। छब्बीस जनवरी के दिन का हम पालन नहीं कर पाये थे। जेल का कर्तृपक्ष सात दिन पहले से ही सतर्क था। पहले ही दिन हमारे सारे वार्ड को पूरी तरह 'सर्च' करके जातीय पताका, कलर बक्स, लाल स्याही, लाल एवं हरे रंग के कागज आदि हमसे छीन लिये गये थे। छब्बीस जनवरी के दिन हमें दिन-भर 'लॉक-अप' करने की व्यवस्था हुई थी। वार्ड के भीतर भी किसी किस्म के गोलमाल या हल्ला-गुल्ला करने पर लाठीचार्ज किया जायेगा—ऐसी धमकी दी गयी थी। ज्यादातर गाँधीवादी नेता वार्ड के भीतर किसी भी कार्यक्रम-पालन के विरुद्ध थे। उनका कहना था : हमें लॉक-अप में बन्द कर दिया गया है। हम निरुपाय हैं। इसलिए दिन-भर बन्द रहना ही हमारी ओर से छब्बीस जनवरी का पालन होगा।

इस मामले में हमारे बीच दो दल हो जाने की खबर जेल के अधिकारीगण (साहब लोग) भी पा चुके थे। इसलिए लाठीधारी वार्डर लोग लगातार पैरेड करते-करते सुबह से ही कई राउण्ड लगा चुके थे। हम अपने कार्यक्रम पूरा करने के जुगाड़

में व्यस्त रहे। शुरू में हमने लाइन में खड़े होकर कई 'स्लोगन' लगाये। उसके बाद 'बन्देमातरम्' गाना शुरू किया। हमारी पहली जय-ध्वनि सुनकर वार्ड के बाहर आफीसरों ने वार्डरों को विकट चीत्कार के साथ कोई आर्डर दिया। गाँधीवादी नेता जमीन पर कम्बल बिछाकर चरखा चला रहे थे। वार्डरों का 'क्वीक मार्च' ··· (बूटों की आवाज) हमारे वार्ड के बाहर सुनायी दे रहा था। ठीक उसी समय भादुड़ीजी लिखने के टेबुल से उठकर सीधे हमारी पहली पंक्ति में खड़े हो गये थे।··· पूर्णिया जेल के लाठी-चार्ज से भादुड़ीजी जख्मी हुए थे। गर्दन के पास उस आघात का काला दाग बहुत दिनों तक था। उस दिन 'बन्देमातरम्' करने के समय उनके बदन के पीछे वह दाग देखकर मैं सोच रहा था··· क्या इस बार भी लाठी का आघात उसी दाग पर पड़ेगा।

जेल में रहते हुए मैंने 'जागरी' के बारे में कुछ भी किसी 'गप्प-गोष्ठी' में नहीं कहा था। फिर भी बहुतों को भादुड़ीजी की किताब के बारे में पता चल चुका था। लेकिन जहाँ तक मैं जानता हूँ–'जागरी' की पाण्डुलिपि किसी ने भी नहीं पढ़ी थी। कभी-कभी मुझे बहुत हँसी आती थी। अनेक व्यक्तियों को देखकर मैं सोचता रहता था··· आपका 'स्केच' 'जागरी' में अंकित हो चुका है–निखूँत ढंग से।

हाँ, एक दिन 'जागरी' के 'औरत-कित्ता'··· माँ-अध्याय के बारे में मैंने विज्ञ-जैसा मन्तव्य दिया था–"ओइ चैप्टर टा सर्वश्रेष्ठ···"

भादुड़ीजी ने कहा था–"अन्य पाठकों को कोई दूसरा अध्याय भी सर्वश्रेष्ठ लग सकता है।"

'किन्तु, मैं ही प्रथम पाठक हूँ···। मेरे मतामत का भी मूल्य है।' मेरा साहस या लड़कपन देखकर शायद वे आश्चर्यचकित हुए थे।

और भी एक बात है। मैंने दो महीने में जेल में जितनी बातें की थीं, भादुड़ीजी तीन साल में उससे अवश्य ही कम बोले थे।

जेल के बाहर··· !

जेल से छुटकारा पाकर–भादुड़ीजी से भेंट करने गया तो दूर से देखा, भट्टा बाजार* मोड़ के नजदीक ही सी.आई.डी. इन्सपेक्टर मोंछवाला शुक्ला खड़ा है। मकान तक पहुँचने के पहले और भी एक पुलिस के आदमी को सादा लिबास में साइकिल पर चक्कर लगाते देखा। पूर्णिया ज़िले में उस वक्त भी दुर्द्धर्ष 'आज़ाद दस्ता' सक्रिय था। बीच-बीच में उन लोगों द्वारा सी.आई.डी. वालों की हत्या की खबर एवं पुलिस के साथ 'इनकाउण्टर' की खबर मिलती थी। लेकिन भादुड़ीजी तो खाँटी अहिंसा में विश्वास करनेवाले व्यक्ति ?··· किन्तु नहीं–जेल में वे ही एकमात्र

---

* भट्टा बाजार–पूर्णिया शहर का प्रसिद्ध मोहल्ला, जहाँ भादुड़ीजी का जन्म हुआ एवं इसी मोहल्ले में अब तक उनका मकान है। –सम्पादक

गाँधीवादी 'डिटेन्यू' थे, जिनको उग्रपन्थियों जैसे 'एक्स' वर्ग में चिह्नित किया गया था–तत्कालीन सी.आई.डी. विभाग द्वारा।··· गाँधीवादी 'डिटेन्यू' पर चार्ज था–'दैट ही वाज़ ट्राइंग टू ओवर थ्रो दि गोवर्नमेण्ट।' और वामपन्थियों पर–दैट ही वाज़ ट्राइंग टू ओवर थ्रो दि गोवर्नमेण्ट बाई मीन्स ऑफ टेररिस्ट एक्ट एण्ड वॉयलेन्स ···' गाँधीवादियों को 'वाई' वर्ग में अर्थात् 'लेस-डेन्ज़रस' एवं जिन लोगों को 'एक्स' मार्क दिया हुआ था उन लोगों को 'भीषण सांघातिक' माना जाता था।··· उसी 'एक्स' का प्रभाव जेल के बाहर भी चल रहा है–समझ गया।

भादुड़ीजी के घर जाकर मामला और ठीक से समझा पाया। 'आज़ाद दस्ता' के दलपति कुलदीप झा गत रात को भादुड़ीजी से भेंट करने आये थे और रात को लौट नहीं पाये थे। उनके मकान के भीतर एक कमरे में मच्छरदानी लगाकर सो रहे थे। भादुड़ीजी को गुप्तचर पुलिस की व्यस्तता के बारे में बोलने पर किसी किस्म का उद्वेग व्यक्त नहीं किया। बोले–"वह कुछ नहीं है। वे लोग रोज़ इस मोहल्ले में चक्कर लगाते हैं।"

कांग्रेस उस वक्त भी अवैध संस्था थी, इसलिए कस्तूरबा मेमोरियल फण्ड की मीटिंग के लिए ज़िले के कांग्रेस-कर्मी इकट्ठा होते थे। पहली बैठक भादुड़ीजी के घर में ही हुई थी। उसी बैठक में कई कांग्रेस कार्यकर्त्ताओं ने 'आज़ाद दस्ता' के लोगों के विरुद्ध लूट एवं छीनताई के अभियोग लगाकर प्रस्ताव किया था कि हमारी अर्थात् कांग्रेस-कर्मियों की तरफ़ से उन लोगों के विरुद्ध एक परचा छपवाकर जनता को होशियार किया जाये।

भादुड़ीजी ने इस प्रस्ताव को हास्यास्पद समझा था एवं उन्होंने इसका विरोध किया था–"यदि अभियोग सच भी है, तो हम किस अधिकार से एवं क्यों उनके विरुद्ध लिखने जायें। इससे किसका लाभ है पुलिस के अलावा ?··· असल में, प्रस्तावक बन्धुवर्ग खुद पुलिस की निगाह में अच्छा बने रहना चाहते हैं। उनका भय पुलिस··· ।"

मैं उस दिन प्रस्तावकों के 'चेहरे' की ओर ताककर 'पेट-भर' हँसा था। पकड़े जाने के बाद चोरों का चेहरा जैसा हो जाता है–वैसा 'चेहरा'।

दो-तीन महीने बाद की घटना।

उस वक्त सारे ज़िले में 'नेशनल वार-फण्ड' के लिए ज़ोर देकर रुपया वसूल किया जा रहा था। डी.एम., एस.डी.ओ., एस.पी. ने–अपना-अपना दल लेकर गाँव-गाँव में कैम्प लगाया था। बड़े-बड़े किसान से लेकर छोटे दुकानदारों तक एक सरकारी परवाना भेजा जाता था–"एक हजार··· दो हजार··· देना ही होगा। आपने 'आज़ाद दस्ता' वालों को कितना चन्दा दिया ?··· और, 'आज़ाद दस्ता' में आपका भगिना रहता है न··· ?"

इसके बाद रुपया नहीं देने के सिवा और कौन उपाय था ? घर के गहना-जेवर,

बर-बासन, गोरू-बाछू-बैल, ज़र-ज़मीन बेचकर वार-फण्ड का चन्दा निर्दिष्ट तिथि के भीतर ही देना होगा।··· कांग्रेस बाबू लोग क्या करेंगे ? वे लोग तो अभी जेल से निकलकर आये हैं–अभी ही क्यों झमेले में पड़ने जायें ! सारे ज़िले में चल रहा है–'ज़ोर-जबर्दस्ती' और अत्याचार। चारों ओर दबे क्रन्दन का हाहाकार।

ठीक उसी समय–एक दिन 'सर्च लाइट' में (जहाँ तक याद है, कलकत्ता के बड़े-बड़े दैनिकों में भी) 'लेटर टू दी एडीटर' कॉलम में इसके प्रतिवाद में एक चिट्ठी प्रकाशित हुई। अति सौम्य मुद्रा में सभ्य भाषा में लिखी हुई चिट्ठी–'सटायर' या व्यंग्य भी उचित मात्रा में था–"ऐसी ज़ोर-जबर्दस्ती से रुपये जमा करने को दिन-दोपहर डकैती क्यों न बोला जाये ?···"

डिस्ट्रिक्ट मजिस्ट्रेट चिट्ठी पढ़कर खीझ गया–"यह आदमी कौन है ? उसे अभी नोटिस दो। 'शो-कॉज' नोटिस··· !" 'शो-काउज़' नोटिस जिस वक्त तामील किया जा रहा था–मैं भी भादुड़ीजी के घर पर उपस्थित था। 'शो-काउज़' नोटिस पढ़कर हम बहुत देर तक हँसे थे। 'शो-काउज़' की हिन्दी क्या होगी, इस बात पर हम कुछ क्षणों के लिए 'वर्ड मेकिंग' खेल रहे थे। 'कारण बताओ' ना 'दिखाओ वजह' ··· 'कारण दिखलाओ'··· कि सरकार एवं युद्ध-विरोधी चिट्ठी लिखकर छपवाने के लिए तुमको डी.आई. रूल में गिरफ्तार क्यों नहीं किया जाये ? भादुड़ीजी 'शो-काउज़' नोटिस के जवाब का एक मसौदा तैयार किये थे। लेकिन, अचानक एक दिन डी.एम. साहब खुद आकर उपस्थित हुए–"प्लीज़ एक्सक्यूज़ मी··· ।"

सुना कि पटना से बिहार सरकार के ज्युडिसियल सेक्रेटरी बहुत कड़ी चिट्ठी लिखकर डी.एम. को वह नोटिस तथा उसकी प्रोसिडिंग उठा लेने के लिए बोले थे और उसके बाद ही सारे ज़िले में ज़ोर देकर 'वार-फण्ड' वसूल करना बन्द हो गया था।

कांग्रेस प्रतिबन्ध मुक्त हुआ। राजेन्द्र बाबू पूरे बिहार के दौरे पर निकले हैं–पीड़ित राजनैतिक कोष के रुपये जुटाने के लिए। पूर्णिया में उनके रहने की व्यवस्था भादुड़ीजी के मकान में की गयी थी। इसलिए उस दिन सुबह से ही भादुड़ीजी के मकान के बड़े कम्पाउण्ड तथा बगीचे में जनारण्य की स्थिति थी। दोपहर को एक घण्टा समय निर्दिष्ट किया गया था–साक्षात्कारियों के लिए। इसके लिए पहले से ही नाम लिखवाने की व्यवस्था थी।

उस भीड़ में एक ग्रामीण वृद्धा इधर-उधर अपना नाम लिखाने की चेष्टा में घूम रही थी। उसको पगली समझकर फाटक के बाहर भगा रहे हैं स्वयंसेवक–भादुड़ीजी की नजर पड़ी। वे खुद जाकर उस महिला को ले आये–"इनका नाम लिख लेना··· ।"

जिले के भूमिहार-राजपूत कांग्रेस लीडरों के चेला-चामुण्डे दौड़कर आये–"क्या कर रहे हैं ? उसको पहचानते हैं ? वो है नछत्तर की माँ। उसे आप राजेन्द्र बाबू

के पास ले जा रहे हैं ?"

नछत्तर मालाकार 'आजाद दस्ता' के एक ऐसे सदस्य थे, जिनके नाम से गोरा-पलटन भी काँपती थी। पार्टी की अन्दरूनी दलबन्दी के चलते एक दल ने उसे पार्टी से निष्कासित तथा 'क्रिमनल डाकू' घोषित किया था–वह अभी और 'पॉलिटिकल डाकू' नहीं !

भादुड़ीजी नछत्तर की माँ को सीधे राजेन्द्र बाबू के पास ले गये थे। ग्रामीण भाषा में बोले थे–"जो बोलने को है, खुलकर बोलिए–अपनी बोली में बोलिए। राजेन्द्र बाबू को कोई तकलीफ नहीं होगी समझने में।"

'जागरी' प्रकाशित हुआ है। आलोचना चल रही है। प्राइज़ मिल रहा है। लेकिन वे उस समय गाँव-गाँव में घूम रहे थे–बँटाईदारों के दरख्वास्त पर इनक्वायरी करवाने के लिए। 1947 में कांग्रेस से त्यागपत्र देकर ऑफिस से लौट रहे थे। एक पुराने ग्रामीण कांग्रेस कर्मी ने पूछा था–"क्यों भादुड़ीजी, कांग्रेस क्यों छोड़ रहे हैं ?" हँसकर बोले थे–"कांग्रेस का काम था स्वाधीनता-लाभ। वह तो हो चुका। अब 'राज-काज' छोड़कर और कोई काम नहीं रहा !"

कांग्रेस छोड़ने के बाद बहुत दिनों तक किसी पार्टी में योगदान नहीं दिया था। हम सब चुपचाप थे–देखें क्या करते हैं ? हमारी पार्टी (सी.एस.पी.) के स्थानीय नेता नरसिंह, कुलदीप झा मुझसे बार-बार कहते थे–भादुड़ीजी को अपनी पार्टी में लाने की कोशिश करो–किन्तु, भादुड़ीजी क्या किसी की कोशिश पर किसी पार्टी में योग देनेवाले व्यक्ति थे ?

तीन-चार महीने बाद अचानक हमारे ऑफिस में हाजिर हुए। शायद मुझे कुछ बोलने को आये हैं। मुझे देखकर बोले–"कहाँ, तुम्हारा 'प्लेज़' देखें।" 'प्लेंज' लेकर शुरू से अन्त तक पढ़ा, पाकेट से कलम निकाला और हस्ताक्षर करने के बाद बोले–"तुम प्रस्तावक की जगह पर 'साइन' करोगे ?"

फिर एक सौभाग्य–भादुड़ीजी का नाम प्रस्ताव करने का··· !

लेकिन पार्टी में ज्यादा दिनों तक वे नहीं रह सके। कांग्रेस के जितने गुण-दुर्गुण थे–सब हमारी पार्टी में भी आ चुके थे। ज़िले के श्रेष्ठ जमींदारों के लड़के पार्टी में घुस गये थे। वे नहीं चाहते थे कि पार्टी में ऐसा कोई व्यक्ति आये जो साधारण किसान-मजदूरों की समस्या लेकर आन्दोलन की शुरुआत करे।

अनेक राजनैतिक घटनाएँ यहाँ छोड़नी पड़ रही हैं। भादुड़ीजी के पार्टी छोड़ने से स्थानीय जमींदार पुत्रगण आनन्दित हुए थे। और मैं भी उसी समय पार्टी से निकल आया था। यहाँ पर एक मजेदार घटना का उल्लेख किये बिना नहीं रह सकता। पार्टी के काम से हम भादुड़ीजी के साथ बैलगाड़ी पर एक गाँव से दूसरे गाँव

जा रहे थे। रात को जिनके घर रहना था, वे 'कॉमरेड' भी साथ थे। दिन रहते-रहते 'परमान नदी' के घाट पर अगर पहुँच पाये तो कॉमरेड हमारे लिए मछली जुगाड़ कर पायेंगे–यह उद्देश्य लेकर वे घाट से बहुत दूर से ही मल्लाहों के नाम लेकर चिल्लाने लगे। लेकिन, आश्चर्य की बात ! मल्लाह सब अपनी-अपनी टोकरी लेकर इधर-उधर भागने लगे।··· कॉमरेड का 'चीत्कार' और बढ़ गया।··· बात क्या है ? भादुड़ीजी हँसकर कॉमरेड से बोले–"आ-रे ! पहले तुम अपनी लाल टोपी उतारो, उसके बाद चिल्लाना। वे लोग तो तुमको पुलिस समझ रहे हैं !" (उस वक्त सोशलिस्ट कार्यकर्त्ताओं में बहुतों ने लाल टोपी पहनना शुरू किया था–बेचारे मल्लाहों को मालूम नहीं था !)

'अब लिखने का काम शुरू करो ! जो देखे हो, यथेष्ठ है। लग जाओ··· !' –भादुड़ीजी ने मुझसे कहा था।

शुरू में मैंने जिस गुप्त 'मैं' के बारे में कहा है, उस 'मैं' के साथ परिचय भी उन्होंने ही कराया था–"हम जब कुछ बोलते हैं, बहुत बातें भीतर ही रह जाती हैं। अनुच्चारित रह जाते हैं अनेक शब्द··· और बातें ! वे शब्द, जो भीतर में गूँजते रहते हैं, वही है तुम्हारा गुप्त 'मैं'। उसको यतन से पकड़ने की चेष्टा किया करो। वही है तुम्हारा असल 'मैं', तुम्हारे काम का मनुष्य !" बोलने की जरूरत नहीं कि उस गुप्त 'मैं' को अब तक पकड़ रखे हूँ।

मेरी आधा दर्जन छोटी कहानियाँ, कलकत्ता के साप्ताहिक 'विश्वमित्र' पत्रिका में प्रकाशित हो चुकी थीं। वे मेरी प्रत्येक रचना पढ़कर आलोचना करते थे। उपन्यास लिखने का साहस उस समय तक नहीं हो पाया था। वे बोले–"तुमि ठीक पारबे !"

'मैला आँचल' लिखकर समाप्त किया है। खुद ही छपाने की व्यवस्था की है–जानकर श्री आशु बन्धोपाध्याय के नाम स्वयं एक चिट्ठी लिख दी–पुस्तक के गेट-अप के लिए।

पुस्तक पाकर वे इतना खुश हुए थे कि बोलते-बोलते उस दिन उनकी आँखों की पलकें भींग गयी थीं। मेरी पुस्तक प्रशंसा पा रही है–सुनकर और प्रसन्न होकर मुझको बार-बार 'शाबाश' कहते थे। उस समय स्थानीय हिन्दी लेखकों के एक दल ने प्रचार किया कि 'मैला आँचल' भादुड़ीजी की किताब 'ढोंढाइ चरित मानस' का अनुवाद है।

राजकमल प्रकाशन के (तत्कालीन) मालिक ओंप्रकाश ने उनसे पत्र लिखकर जानना चाहा–असली बात क्या है ? भादुड़ीजी ने जवाब दिया था–"रेणुर 'मैला आँचल' आमार 'ढोंढाइचरितेर' अनुबाद बा चुरि नॅय। आशा कोरि हिन्दी लेखकेर मध्ये भालो बांग्ला जानेन एमन लोग निश्चय आच्छेन। ओदेर पँड़िए जानते पारिबे

जे अभियोग टा कॅतो मिथ्या।" (रेणु का 'मैला आँचल' मेरे 'ढोंढाइ चरित' का अनुवाद या चोरी नहीं है। आशा करता हूँ कि हिन्दी लेखकों के बीच अच्छी तरह बंगला जाननेवाले अवश्य हैं। वे पढ़कर जान सकते हैं कि यह अभियोग कितना गलत है।–सं.)

बाद में मुझसे बोले थे–"वाह रे ! हठात् प्रतिष्ठा पाये हो ! 'ऑल हिन्दी फीगर' बने हो ! लोग तुमसे ईर्ष्या भी नहीं करेंगे ?··· अब सिर्फ लिखते जाना। किसी की किसी भी बात के उत्तर देने की क्या दरकार है।"

मेरा दूसरा उपन्यास 'परती:परिकथा' प्रकाशित हुआ है। दिल्ली से किताब भेज दी। सात दिनों के बाद आकर देखा–वे लाल पेन्सिल से दाग देकर 'परती:परिकथा' पढ़ चुके थे।

'तीसरी कसम' के मुहूर्त पर पूर्णिया आये थे– बासुदेव भट्टाचार्य एवं बासुदेव चटर्जी। उनका विशेष आग्रह था कि भादुड़ीजी इस मुहूर्त में 'क्लैप' दें। मैं राजी नहीं हुआ। बाद में, वे स्वयं भादुड़ीजी से अनेक बातें करने के पश्चात् समझ पाये थे कि वे एकदम ही दूसरे ढंग के मनुष्य हैं। बासुदेव भट्टाचार्य उस वक्त खूब 'तड़बड़' करके बड़ी-बड़ी बातें करते थे। भादुड़ीजी ने सब सुनकर कहा था–"सुनने में अच्छी लगती हैं आपकी बातें···।"

इतना लिखने के बावजूद भी देख रहा हूँ कि उनके बारे में कुछ भी नहीं लिख सका। सम्भव नहीं है, मात्र एक रचना में उनके बारे में सबकुछ लिखना।

उनकी पुस्तकों के चरित्रों को देखना है, उनकी बातों का साक्षी रहा हूँ–एक साथ अनेक दुख-सुख झेले हैं। बहुत घूमा हूँ उनके साथ। पूरे जिले के गाँव-गाँव में उनके कितने चरित्र बिखरे हुए हैं–जानता हूँ–उनका बागवानी का नशा··· उनका कुत्ता पालने का शौक··· उनके बचपन के दोस्तों की बातें···। उनको अनेक हिन्दी पुस्तकें पढ़कर सुनायी हैं। उनसे अनेक फ्रेन्च-अंग्रेजी कहानियाँ सुनी हैं, आलोचना की है–मुझको सबकुछ लिखना होगा–नहीं लिखने पर मैं खुद को कभी क्षमा नहीं कर पाऊँगा। उनकी मृत्यु के बाद उनके सहकर्मी वैद्यनाथ प्रसाद चौधरी ने सर्वोदय सम्मेलन के उपलक्ष्य में 'रानीयात्रा' के सभास्थल का नाम रखा था–'सतीनाथ भादुड़ी नगर'।

मेरा प्रस्ताव–अन्ततः 'भट्ठा बाज़ार' का नाम बदलकर भादुड़ीजी के नाम पर रखा जाये–'भादुड़ी नगर' या 'सतीनाथपुर' ! प्रस्ताव करके फिर सोचना पड़ रहा है : क्या वे पसन्द करेंगे कि उनके नाम से कोई नामकरण··· ?··· किन्तु, 'भादुड़ी भोग' आम का नाम तो उनको अच्छा ही लगा था !

सुबल गांगुली द्वारा सम्पादित–'सतीनाथ-स्मरणे' पुस्तक (1972) में संकलित।
बंगला से हिन्दी में अनुवाद–अमल सेनगुप्त एवं भारत यायावर

चिठिया हो तो हर कोई बाँचे···

शैलेन्द्र की मृत्यु के बाद उसके बारे में जब भी कुछ लिखने बैठा--एक मुजरिम की सफाई–'प्लीडिंग नाट गिल्टी' का दस्तावेज बनकर रह जाता। अतः कभी कुछ नहीं लिख सका। श्रीमती शकुन अथवा बांटु (हेमंत–अब शैली शैलेन्द्र) के नाम सम्वेदना का न कोई तार भेजा, न ही कोई पत्र ! एक अपराध-भाव से पीड़ित, अपनी आस्तीन दिखलाकर स्वयं को समझाता रहा, "नहीं, मेरी आस्तीन पर लहू का दाग नहीं। मैंने शैलेन्द्र का खून नहीं किया। मैं शैलेन्द्र का हत्यारा नहीं··· !"

और, ऐसे प्रत्येक अवसर पर मेरी आँखों के सामने श्रीमती शकुन की हा-हा खाती हुई तस्वीर उभर जाती। वह मेरी ओर उँगली उठाकर चीख उठती–"यही है··· यही है··· मेरे पति का हत्यारा··· !"

तब मैं मुँह छिपाकर भागता। 'तीसरी कसम' का नाम सुनते ही भय से थर-थर काँपने लगता। रेडियो से प्रसारित होते हुए–'सजन रे झूठ मति बोलो'–गीत का गला घोंट देता। किन्तु गीत और भी तेज आवाज में गूँजने लगता। मैं पागलों की तरह चिल्लाने की चेष्टा करता–"नहीं, नहीं··· मैं झूठ नहीं बोल रहा···"

ऐसे में उसकी, यानी मेरे 'बैरी सजनवा' की मुस्कुराती हुई प्यारी छवि 'फेड इन' होती। तन-मन की ज्वाला को शान्त करनेवाली उसकी मुस्कुराहट के साथ उसका परिचित स्वर गूँज उठता--"चिठिया हो तो हर कोई बाँचे, भाग न बाँचे कोई, सजनवा बैरी हो गये हमार···"

इसके बाद मैं स्वयं स्वीकार लेता, "हाँ, कविराज ! मैंने ही तुम्हारी हत्या की। सिर्फ मैंने··· शकुनदी ! मैंने ही तुम्हारा सुख-सुहाग लूटा है। बांटू बेटे ! मैंने ही तुम सबको पितृहीन बनाया है। तुम लोग मुझे कभी क्षमा मत करना। कभी नहीं···"

उसकी करीब तीन दर्जन चिट्ठियाँ मेरे पास थीं। उसके गुजरने के बाद स्थानीय कई फिल्मी पत्रकारों की कृपा से बहुत सारी चिट्ठियाँ और तस्वीरें गायब हो गयीं। यानी, न कहीं प्रकाशित हुईं और न ही मुझे वापस मिलीं। अब करीब डेढ़ दर्जन पत्र पास रह गये हैं। जब कभी उसकी याद बेहद सताने लगती है, पत्रों के पैकेट को खोलकर पढ़ने लगता हूँ। मैं पढ़ता रहता हूँ और वह मेरे पास आकर बैठ जाता है। खंजनी बजाकर गाता रहता है–"कैसे मनाऊँ पियवा, गुन मोरे एकहु नाहीं···"

धीरे-धीरे उसकी 'सगुन छवि' बिला जाती है। रह जाता है सिर्फ 'निरगुन' का वह अमर अनहद नाद, जिसके सहारे मन का हंस पंख पसारकर अंतहीन आकाश में उड़ने लगता है। उड़ता रहता है ! उसका दूसरा गीत शुरू होता है–"चली कौन-से

देश गुजरिया तू सज-धज के…"

… और अंत में–"बहुत दिया देने वाले ने तुझको, आँचल ही न समाय, तो क्या कीजै !"

उसने एक पत्र में लिखा था–"… सबकुछ पिछले जन्म की भूली-बिसरी बात मालूम होती है… खबरें 'सिने एडवांस' या 'स्क्रीन' में कहाँ से मिलेंगी। इतनी सारी खबरें और उन पर अफवाहें–सब मिलाकर छापने के लिए कई वर्षों के लिए किसी अखबार में सीरिअलाइज़ (धारावाहिक) करना होगा…"

सचमुच, उसकी 'पहली चिट्ठी' और 'आखिरी खत' के बीच–छः वर्षों में–इतनी घटनाएँ घटी हैं और इतने किस्म के लोग आये हैं कि वर्षों तक किसी अखबार में सीरियलाइज़ करना होगा, तभी उसकी कहानी और 'तीसरी कसम' के बनने-बनाने की कहानी पूरी हो सकेगी। तभी लोग यह जान पायेंगे कि उसे शराब या कर्ज़ ने नहीं मारा, बल्कि वह एक 'धर्मयुद्ध' में लड़ता हुआ शहीद हो गया।

उसने लिखा था–"… सब भाग गये–अपने-पराये, दोस्त-यार। यहाँ तक कि 'तीसरी कसम' के कथाकार 'रेणु' भी। इसलिए कि, फिल्म 'तीसरी कसम' को पूरा करने का श्रेय शायद मुझ अकेले को मिले। रोऊँ या खुश होऊँ–कुछ समझ में नहीं आता। पर, 'तीसरी कसम' पर मुझे नाज रहेगा, पछतावा नहीं।"

मैं यहाँ सबसे पहले उसकी 'पहली चिट्ठी' और 'आखिरी खत' प्रस्तुत कर रहा हूँ। इसके बाद 'पहली मुलाकात' से लेकर 'अंतिम विदा–संभाषण' तक विस्तारपूर्वक सबकुछ लिखने की इच्छा है। छः वर्षों में उसके साथ बिताये हुए दिनों के एक-एक क्षण, हर छोटी-बड़ी घटनाएँ और सारे संवाद मुझे अक्षरशः याद हैं। किन्तु, लिखते समय महसूस कर रहा हूँ कि अपने कलेजे के रक्त में लेखनी को डुबो-डुबोकर ही उसके बारे में सबकुछ लिखना संभव हो सकेगा। और यह मुझे ही लिखना पड़ेगा। अन्यथा मैं पागल हो जाऊँगा।

पहली चिट्ठी

बंधुवर फणीश्वरनाथ,

सप्रेम नमस्कार। 'पाँच लम्बी कहानियाँ' पढ़ीं। आपकी कहानी मुझे बहुत पसंद आयी। फिल्म के लिए उसका उपयोग कर लेने की अच्छी पासिबिलिटीज (संभावनाएँ) हैं। आपका क्या विचार है ? कहानी में मेरी व्यक्तिगत रूप में दिलचस्पी है।

इस संबंध में यदि लिखें तो कृपा होगी। धन्यवाद।

आपका

शैलेन्द्र

अक्तूबर 23, 1960

आखिरी खत

प्रिय भाई रेणुजी,

सप्रेम नमस्कार। फिल्म आखिर रिलीज हो गई, मालूम ही होगा। जो नहीं मालूम वह बताता हूँ। दिल्ली-यू.पी. के डिस्ट्रिब्यूटर और उसके सरदार फायनेन्सियर्स का आपसी झगड़ा—छः अदालतों में Injuctions—मेरे ऊपर वारन्ट—कोई पबलिसिटी न होते हुए फिल्म लगी। मुझे अपनी पहली फिल्म का प्रीमियर देखना भी नसीब न हुआ। यह तो उन सर्दार फायनेन्सियर्स का ही दम था कि चित्र प्रदर्शित हो सका, अन्यथा यहाँ से दिल्ली सपरिवार गये हुए राज साहब अपमानित लौटते। मुझे यहाँ आपने इस बार देखा है, कल्पना कर सकते हैं क्या हालत हुई है।

इस सबके बावजूद पिक्चर की रिपोर्ट बहुत अच्छी रही। रिव्यूज़ तो सभी 'टाप क्लास' मिले।

सी.पी. बरार में भी रिलीज हो गयी। वहाँ भी एकदम बढ़िया रिपोर्ट है। कल सी.आई. राजस्थान में हो जाएगी।

कम-से-कम बम्बई रिलीज पर तो आपको अवश्य बुला सकूँगा।

पत्र दीजिएगा। लतिकाजी को मेरा नमस्कार दीजिएगा।

शेष कुशल

आपका भाई

शैलेन्द्र

29-9-'66

··· सोचता हूँ, अगर उसकी पहली चिट्ठी का जवाब मैं नहीं देता अथवा नकारात्मक उत्तर देता तो, शैलेन्द्र प्रोड्यूसर बनने का इरादा छोड़कर गीत लिखता रहता। अपने परिवार के साथ सुख-चैन से सौ बरस तक जीवित रहता। दरअसल, मैंने ही, सिर्फ मैंने उसकी जान अकारथ ले ली !

··· अब क्या कीजै ?

माधुरी (संपादक-अरविन्द कुमार) के 31 दिसम्बर, 1973 में प्रकाशित

जब भी कुछ लिखता हूँ उनकी याद आती है
(कामताप्रसाद सिंह 'काम')

उनको पहली बार देखकर बिना किसी से पूछे ही मैंने समझ लिया था—आप निश्चय ही बिहार के उस प्रसिद्ध 'राजघराना' के सदस्य हैं, जो जमींदारी प्रथा समाप्त होने के पहले एक 'राजनैतिक घराना' में तब्दील हो चुका है। अतः उनको देखते ही मेरी आँखों के सामने राजा की पार्टी का झण्डा लगता; कानों के पास उस पार्टी के नारे और वक्तव्य आदि गूँजने लगते।··· तीन-चार साल तक ऐसा ही होता रहा।

स्पष्ट याद है : सबसे पहले उनको पटना के प्रसिद्ध जेनरल स्टोर जे.जी. कार एण्ड कम्पनी में देखा था। 'मैला आँचल' लिखने के पहले—राजनीति और पार्टी से मुक्त होकर—नेपाली कांग्रेस के लिए हिन्दी और नेपाली में 'नया कदम' साप्ताहिक पत्र निकाल रहा था। और, पटना की भयानक गर्मी के दिनों, नेपाली राजनीति पर लिखने-लिखाने के लिए रोज़ कम-से-कम पाँच बोतल 'बेक्स बीयर' खरीदने की जरूरत होती। अपने नेपाली मित्रों के साथ मैं अक्सर जे.जी. कार में जाया करता था। इसलिए 'कार कम्पनी' वाले मुझे नेपाली समझते थे। पहुँचते ही उसके सेल्समैन किसी विदेशी सिगरेट या इम्पोर्टेड सिगार या शराब के 'एराइवल' की सूचना देते। काउण्टर पर शृंगार तथा शौक की सामग्रियाँ बिखेरकर दिखलाने लगते।··· ऐसे ही क्षण में एक दिन मनोहारी सुगन्ध में बसे रूमाल से उन्नत ललाट का पसीना पोंछते, महीन खादी की धोती और सिल्क का कुर्त्ता पहने, तगड़ा शरीर और रोबीली मूँछोंवाले एक व्यक्ति ने प्रवेश किया। उनके आते ही सेल्समैन से लेकर मैनेजर तक हृदय से प्रसन्न हो गये। फिर, किताब-मैगेजिन के काउण्टर से शुरू करके, यार्डले पर्फ्यूम्स, फियाँ की डबल रोटी (ब्रान ब्रेड), अस्ट्रेलियन क्राफ्ट, चीज़, मक्खन, कलम और कलमदान वगैरह—टोकरी-भर चीजें दस-पन्द्रह मिनट में ही चटपट खरीदकर चले गये।

कई दिनों के बाद, 'प्रिन्स होटल' में देखा। उनके पहुँचते ही बेयरा से लेकर मालिक तारक बाबू तक प्रसन्न, चंचल और तत्पर हो उठे। और, यहाँ भी—दस-ग्यारह व्यक्तियों के लिए शानदार 'डिनर' के प्रमुख और विशेष 'आइटेम' लिखवाकर, एडवान्स देकर, तीन-चार किस्म की छेने और खोये की मिठाइयों की हाँड़ी और पैकेट बँधवाकर और दो प्लेट फिश-फ्राई चखकर, मुँह पोंछते हुए वे दस-पन्द्रह मिनट में ही चले गये। नहीं, चले नहीं गये; लौटकर एक 'आइटेम' और भी लिखवा गये—'तारक बाबू ! अरे, पापड़ भी लिख लीजिए।··· खाना अंग्रेजी ढंग का हो या बंगला किस्म का—पापड़ एकदम आवश्यक··· तुरत डकार करवा देता है !!'

तीसरी दफा—बाँकीपुर जंकशन स्टेशन के 'केलनर' में। आधे-दर्जन से अधिक

व्यक्तियों के साथ हड़बड़ाते हुए पहुँचे। उनसे आर्डर लेकर तुरत तामील करने के लिए बेयरा बेचैन हो गया–टोस्ट भी,··· केक भी··· अरे, सैण्डविचेज़ दे सकोगे ?··· और पोच ? चार पौट चाय ! गाड़ी खुलने में दस-पन्द्रह मिनट की ही देर है।

और, यहाँ भी सब-कुछ दस-पन्द्रह मिनट में सम्पन्न करके तुरत ही खुलनेवाली किसी गाड़ी के कम्पार्टमेण्ट की ओर लपकते चले गये।

मैंने इस दर्म्यान कभी भी किसी से उनका परिचय नहीं जानना चाहा। इसकी जरूरत नहीं समझी। क्योंकि मैं अपने जानते उनका परिचय पा चुका था। कहना नहीं होगा कि उनको हर बार देखकर, थोड़ी देर के लिए, बिहार की राजनैतिक सरगर्मी की नयी खबरें, वक्तव्य और भाषण के स्वर गूँजने लगते थे।

नेपाली कांग्रेस के साप्ताहिक पत्र का प्रकाशन बन्द हुआ और राजनीति से इस आखिरी सम्बन्ध को भी तोड़कर 'मैला आँचल' लिखना शुरू किया। लेखन के साथ प्रकाशन की व्यवस्था में व्यस्त रहा। किन्तु, इस बीच–दो-ढाई वर्षों तक–कार कम्पनी, प्रिन्स या पिण्टू होटल, ह्वीलर बुक स्टॉल, खादी इम्पोरियम वगैरह के सिवा किसी साहित्यिक समारोह में उनको कभी नहीं देखा। असल में, उन दिनों पटना की किसी साहित्यिक गोष्ठी, सभा या सम्मेलन से मेरा परिचय और सम्बन्ध दूर का भी नहीं था।

'मैला आँचल' के प्रकाशन के एक साल बाद–'परती : परिकथा' लिखने के लिए पटना छोड़कर इलाहाबाद चला गया। साल-भर तक किताब की लिखाई और छपाई होती रही। राजकमल प्रकाशन के तत्कालीन डायरेक्टर श्री ओंप्रकाश ने 'परती : परिकथा' का प्रकाशन-समारोह पहले दिल्ली और फिर पटना में अभूतपूर्व रीति से करने का निश्चय कर लिया था। उस दिन दिल्ली के सभी प्रमुख हिन्दी-अंग्रेजी पत्रों के प्रथम पृष्ठ पर, दाहिनी ओर 'बॉक्स' में एक विशेष विज्ञापन प्रकाशित करवाया गया था–'आज प्रातः दस बजे से बारह बजे तक राजकमल प्रकाशन, फैज बाजार की दुकान में पुस्तक 'परती : परिकथा' खरीदनेवाले को लेखक से साक्षात्कार, परिचय और पुस्तक पर उनके हस्ताक्षर पाने का अवसर···।'

शाम को एक प्रसिद्ध होटल के पूरे 'विंग' में दिल्ली के प्रायः सभी प्रमुख साहित्यकार नाश्ता-पान के लिए एकत्र हुए थे। बैण्ड बजे थे। भाषण हुए थे और शिवदानसिंह चौहान ने पुस्तक के सम्बन्ध में एक लम्बा निबन्ध-पाठ किया था।

दिल्ली में यह सब सम्मानपूर्वक सम्पन्न हो गया। किन्तु, पटना के लिए जब तारीख तय होने लगी तो मैंने ओंप्रकाश से हार्दिक अनुरोध तथा अनुनय किया था–'दिल्ली में प्रकाशन-समारोह हो गया। अब फिर क्या ?··· इलाहाबाद की तरह पटना को भी छोड़ दीजिए, कृपाकर।··· अब छोडिए न !' लेकिन ओंप्रकाशजी ने एक बार जब कुछ तय कर लिया तो छोड़ देने की बात सुनता कौन है ?

'मैला आँचल' की प्रसिद्धि के साथ ही, स्वभावतः पटना की साहित्यिक राजनीति में थोड़ी सरगर्मी आ गयी थी। पुस्तक के प्रशंसकों से अधिक मेरे व्यक्तित्व के विरुद्ध प्रचार करनेवालों के स्वर मुखर थे। तो, 'तामझाम' के साथ प्रकाशन-समारोह करके वैसे मित्रों की क्रोधाग्नि अथवा ईर्ष्यानल को और भड़काना मैं उचित नहीं समझता था। किन्तु, ओंप्रकाशजी ने इसी कारण से इसको सर्वथा उचित और वाजिब कर्तव्य समझकर पटना में भी वही सब किया। यहाँ भी प्रमुख पत्रों के मुखपृष्ठ पर विशेष विज्ञापन प्रकाशित करवाये गये। मैं सुबह नौ बजे ही तैयार होकर राजकमल प्रकाशन की पटना शाखा में जा बैठा। हाँ, बैठने के पहले ओंप्रकाशजी से कह दिया था–'आप चिराग तले रोशनी देखने की उम्मीद बेकार कर रहे हैं। यह दिल्ली नहीं। यहाँ एक भी वैसा ग्राहक नहीं आयेगा। बल्कि कोई आना भी चाहेगा तो उसको पटना कॉलेज अथवा साइन्स कालेज के पास रोक दिया जायेगा। सम्भवतः पोस्टर भी चिपकाये गये हों, पर्चे भी वितरित हुए हों।'

हम दुकान पर बैठे ऐसी ही बातें कर रहे थे कि सामने एक जीप आकर रुकी और उससे उतरकर दुकान की ओर आने लगे–मेरे अनुमान के अनुसार–'राजा पार्टी' के वही···। मेरा दिल धड़का। 'परती : परिकथा' में राजा पार्टी और उसके एकमात्र नेता की थोड़ी परोक्ष चर्चा है ! सम्भवतः विरोध करनेवाली प्रतिभाओं ने कुछ उल्टा-सीधा समझा दिया है, इनको। निश्चय ही यह दुकान में आकर कड़कती आवाज में पूछेंगे–'कहाँ है वह लेखक ? कौन है वह लेखक ?' मैं ओंप्रकाशजी से सिर्फ इतना ही कह सका–'राजा कामाख्या नारायण···।'

"प्रणाम-प्रणाम !"–दुकान में प्रवेश करने से पहले ही फुटपाथ पर से ही–उन्होंने हँसकर सभी को एक सार्वजनिक अभिवादन किया। दुकान में आकर बोले, "शायद, मैं पहला ग्राहक नहीं हो सका। चला तो था मैं सुबह नौ बजे ही। लेकिन, अब क्या बतावें··· क्या ? अब तक कोई ग्राहक नहीं आया ?··· तब, लाइए–एक प्रति तुरन्त। पहले हस्ताक्षरवाला काम···।"

तब तक दुकान के सामने एक गाड़ी और कई रिक्शा आकर रुकीं। वे उतावले हो गये, "लाइए भाई !"–ओंप्रकाशजी ने रजिस्टर पर नाम लिखने के लिए पूछा, "आपका शुभ नाम ?"

"ओ ! रजिस्टर भी 'मेनटेन' कर रहे हैं।··· नाम लिखा जाय–कामताप्रसाद सिंह 'काम'···।"

मेरे मुँह से एक हल्की-सी चीख जैसी आवाज निकली, "आँ··य ?"

उन्होंने मेरे खुले हुए मुँह की ओर देखते हुए पूछा, "क्यों ? क्या हुआ ?"

मैं कुर्सी छोड़कर खड़ा हो गया और दोनों हाथों से उनकी हथेली पकड़कर हकलाते हुए बोला, "कामजी ! मैं आपका पाठक और प्रशंसक रेणु। आपके यात्रा-विवरण, रेखा-चित्र और रेडियो टॉक को पढ़-सुनकर, न जाने कब आपकी शैली का भक्त··· लेकिन··· लेकिन क्या बताऊँ··· पिछले तीन-चार साल से मैं आपको देखता रहा हूँ और आपको··· राजा पार्टी का राजा समझता रहा हूँ।··· पता नहीं

क्यों··· मैं क्या बताऊँ···। अभी मैं आपको गाड़ी से उतरते देखकर आपका वही परिचय ओंप्रकाशजी से भी दे रहा था··· पूछिए न··· ओ हो ! तो आप कामजी हैं !"

कामता बाबू अचरज भरी हँसी हँसते हुए बोले, "और··· मैं भी पूरे दो-ढाई साल तक भारी गलतफहमी में था। बिहार राष्ट्रभाषा परिषद् का पुरस्कार आपको जब मिला और आपकी तस्वीर छपी तो समझा था कि आप रेणुजी हैं !··· वरना, मैं आपको नेपाल के किसी विद्रोही राणा परिवार का कोई 'जंगबहादुर शमशेर' नौजवान समझ रहा था–हा-हा-हा-हा-हा··· !"

इसके बाद दुकान में एक सम्मिलित ठहाका लगा, जिसे सुनकर फुटपाथ पर चलनेवाले अचानक रुक गये।

ओंप्रकाशजी से परिचित होने के बाद कामजी, उनके प्रकाशन-वितरण-छपाई-सफाई और सूझ-बूझ की प्रशंसा करते हुए बोले, "आप मेरी हार्दिक शुभकामनाएँ स्वीकार करें।··· विदेशों में तो यह सब खूब होता है। लेकिन, अपने यहाँ–खासकर हिन्दी में–प्रकाशन-समारोह और उस दिन लेखक से परिचय और हस्ताक्षर पाने का सुअवसर··· ! वाह भाई, लेखक और पाठक का एक ही साथ सम्मान आपने ही पहली बार किया है। भगवान आपको सफलता दें··· वाह !!"

'परती : परिकथा' की एक प्रति हाथ में लेकर 'सादर भेंट' के लिए उपयुक्त शब्द ढूँढ़ रहा था कि कामजी ने ताड़ लिया। बोले, "रेणुजी ! जरा सुना जाये। मैं यहाँ किताब खरीदने के लिए आया हूँ और ग्राहक की हैसियत से आपका हस्ताक्षर प्राप्त करने आया हूँ।–भेंटवाली प्रति आप मुझे बाद में कभी दे दीजियेगा।–कृपया प्रथम ग्राहक होने के सौभाग्य से मुझे वंचित न करें।"

किताब की खरीददारी के बाद स्वल्पाहार और चाय का आयोजन देखकर कामजी ने हँसते हुए कहा, "विज्ञापन में लेकिन चाय की बात नहीं छपी थी।"

इसके बाद फिर ठहाका, जिसे सुनकर फिर फुटपाथ पर आते-जाते लोग हठात् एक क्षण के लिए रुक गये।

इसी बीच कई ग्राहक आये। कामता बाबू चाय पीते हुए कई ग्राहकों से परिचय पूछते, बातें करते, हिन्दी की किताबें खरीदकर पढ़ने के लिए बधाई देते। और साथ ही यह कहना नहीं भूलते–'लेकिन, प्रथम ग्राहक मैं हूँ–देखिए !'

करीब एक घण्टा तक बातें करते रहे। इस बीच डॉ. नर्मदेश्वर प्रसाद तथा गोपीकृष्णजी आये। सभी से कामता बाबू ने कहा, "रेणुजी मुझे राजा पार्टी का समझते थे और मैं उनको नेपाली के किसी राणा परिवार का–हा-हा-हा–लेकिन, एक अचरज की बात यह है कि आप लोग सभी हम दोनों के 'कॉमन फ्रेण्ड' रहे और इसके बावजूद ऐसी गलतफहमी ?–देखिए न, हम दोनों एक-दूसरे की रचना से परिचित ही नहीं, प्रशंसक भी थे।"

गोपीजी ने कहा, "आपने तो 'जनता' या केसरीजी द्वारा संकलित 'प्रतिनिधि कहानियाँ' में 'डायन कोसी' अथवा···।"

"अरे नहीं गोपी बाबू ! मैं 1946-47 से ही कलकत्ता से प्रकाशित होनेवाले साप्ताहिक पत्र 'विश्वमित्र' में इनकी कहानियाँ पढ़कर मुग्ध होता रहा हूँ।–वट बाबा, पार्टी का भूत, पहलवान की ढोलक–मुझे कहानियों के शीर्षक भी याद हैं।" कामता बाबू ने मुझे फिर अचरज में डाल दिया।–अपनी उन कहानियों के पात्रों के नाम तक मैं भूल चुका और उनको सब याद हैं !

थोड़ी देर के बाद उन्होंने उठते हुए कहा, "अब आज्ञा माँगने के पहले एक निवेदन !··· हाँ-हाँ, आज शाम को 'टी-पार्टी' में मैं अवश्य आऊँगा–सिन्हा लाइब्रेरी हॉल में ही न ! निमन्त्रण मुझे मिल चुका है।–निवेदन है कि कल आप लोग दोपहर का भोजन मेरे साथ करें !–जी, होटल में नहीं। मेरे फ्लैट में–आर. ब्लॉक के फ्लैट नम्बर।···"

उनके जाने के बाद हम लोग उनकी साहित्यिक और राजनीतिक गतिविधियों की चर्चा करते रहे। वहाँ कई तथाकथित वामपन्थी लेखक भी उपस्थित थे। उन्होंने वर्ग-चेतना की बात छेड़ दी। मुझे याद है, मैंने कहा था–'भाई ! रूस और चीन और दुनिया-जहान के लेखकों की बात मैं नहीं जानता। बिहार के हिन्दी लेखकों में बेनीपुरी और राजा राधिकारमण के बाद यह तीसरा लेखक है–जिसकी अपनी शैली है। रही वर्ग-चेतना की बात। अगर आपने कामता बाबू की रचनाएँ पढ़ी होतीं तो, निश्चय ही ऐसी बात नहीं करते।'

उस दिन दोपहर को इलाहाबाद से कमलेश्वर भी आ गये थे। शाम की पार्टी में कामजी ने मेरे पास आकर धीरे से कहा, "सुना कि 'राजा निरबंसिया' के लेखक कमलेश्वरजी भी आये हुए हैं ?··· मेरा तो उनसे परिचय नहीं। कल दोपहर को··· उनको भी भोजन पर बुलाना··· ।"

मैंने कमलेश्वर और कामता बाबू को एक-दूसरे से परिचित करवाने का रस्म अदा कर दिया। बाकी काम कामता बाबू ने स्वयं कर लिया–'राजा निरबंसिया' की तारीफ से शुरू करके कल दोपहर को भोजन करने का आग्रह तथा सामिषभोजी हैं या शाकाहारी–इसकी जानकारी तक।

दूसरे दिन दोपहर को हम कामता बाबू के आर. ब्लॉक स्थित फ्लैट में पहुँचे। ओंप्रकाशजी सुबह की गाड़ी से इलाहाबाद लौट गये थे। उनके बदले में उनके भानजे श्री दिनेश (अब लोकभारती, इलाहाबाद से सम्बद्ध) हमारे साथ थे। कामता बाबू के छोटे फ्लैट में हिन्दी और अंग्रेजी की किताबों से ठसाठस भरी हुई कई आलमारियाँ थीं। सभी पुस्तकों पर नम्बर चिपकाये हुए थे–अर्थात् बजाप्ता कैटलगिंग करके–विषय के अनुसार किताबें रखी गयी थीं। कामता बाबू ने एक आलमारी से अंग्रेजी की कई किताबें निकालकर दिखलाते हुए कहा–'देखिए ! इन पुस्तकों पर इनके लेखकों ने प्रकाशन के दिन हस्ताक्षर किये थे।··· मैंने चारगुणा अधिक दाम देकर इन्हें प्राप्त किया।'

इसके बाद उन्होंने एक रजिस्टर-बुक निकालकर हमारी ओर बढ़ाया, 'इसमें कुछ अपने विचार अथवा जो जी में आये–लिख देने की कृपा करें–आप दोनों ही।'

मेहमान और मेजबान मिलाकर हम सिर्फ सात व्यक्ति थे। इतने ही लोगों के लिए भोजन बनाने के लिए प्रिंस होटल के प्रसिद्ध 'बावर्ची' माइकेल को और परोसने के लिए बेयरा गिरजा को बुलाया गया था। लंच में कितने कोर्स थे, याद नहीं। किन्तु, एक 'आइटेम' सदा याद रहनेवाला था–प्रिंस की 'बंगाली-डेलिकेसी'– मलाईकरी : नारियल के दूध में रेहू मछली के टुकड़े डालकर बनाई जाती है। दिनेशजी ने दो टुकड़े चखकर कहा–"मैंने समझा था कि कोई मीठी चीज है। यह तो कोई सब्जी मालूम···"

कामता बाबू भोजन करते हुए बोले–"सब्जी नहीं। मछली है, रेहू मछली। और लीजिए··· गिरजा ! बाबू को मलाईकरी··· ।"

"मछली ?"–शाकाहारी दिनेश के चेहरे का रंग उड़ गया–"अरे ? यह मलाईकरी–मछली थी ? मैं तो विशुद्ध शाकाहारी हूँ।"

"ओ-हो-ओ···"–कामता बाबू चिंतित हुए–"तब तो··· क्यों गिरजा ? वेजिटेरियन कुछ है ?··· मैंने तो समझा था कि एक ओंप्रकाशजी वेजिटेरियन थे–सो हैं नहीं तो बाकी जो हैं सब···। गिरजा ? कुछ नहीं है ? अरे 'छेना पायस' है न ? वही ले आओ–रोटी के साथ खायेंगे।"

जब छेना पायस आया तो दिनेशजी बोले–"इसका भी रंग-रूप तो वैसा ही लगता है···।"

भोजन के बाद मैंने दिनेशजी से पूछा–"अच्छा, अब बतलाइये कि स्वाद कैसा था–मलाईकरी का ? अच्छा लगा न··· ?"

इस पर कामता बाबू खिलखिला कर हँस पड़े। बोले–"अब आप क्यों बेचारे को···।"

करीब डेढ़ साल प्रयाग-प्रवास के बाद हम पटना लौट आये और पटना सिटी स्थित 'मंगल-तालाब' के किनारे हमने डेरा डाला। कामता बाबू एक दिन अचानक हमारे डेरे पर पहुँचे–"वाह ? यह तो बहुत ही सुरम्य-स्थल है। एक कलाकार के रहने के लिए सर्वथा उपयुक्त स्थान।··· देखिये, मैं एक विशेष काम से आया हूँ। सुना है कि अज्ञेयजी पटना आ रहे हैं और आपके डेरे पर ही ठहरेंगे। मैं यह कहने के लिए आया हूँ कि अज्ञेयजी को हमारे साथ एक शाम···।"

मैं अवाक् ! अज्ञेयजी के आने की सूचना मुझे कल ही मिली है। इनको कैसे खबर लगी ?

"हा-हा-हा !" कामता बाबू ठहाका लगाते हुए बोले थे—"खबरदार लोगों को खबर मिल ही जाती है—कहीं-न-कहीं से··· ।"

इन पंक्तियों के लिखते समय अनुभव कर रहा हूँ कि एक निबंध में उनके सम्बन्ध में जी भरकर लिखना मेरे लिए सम्भव नहीं। कम-से-कम दो-ढाई सौ पृष्ठों से कम में उनकी हर मुलाकात और बात को समेटना मुश्किल है।

यों, प्रथम परिचय के बाद ही हम लोग घनिष्ठ हो चुके थे। किंतु, रेडियो में मुलाजिम हुआ तो सप्ताह में प्रायः एक या दो दिन, कहीं-न-कहीं, मुलाकात हो जाया करती थी।··· जब भी जहाँ भी उनकी नजर मुझ पर पड़ती या मेरी उन पर—उनकी गाड़ी तत्काल ब्रेक ले लेती। मैं जब तक रिक्शा को रुकवाऊँ और उतरूँ—वे अपनी गाड़ी से उतरकर मेरे पास आ जाते—"कहिये ! कैसे हैं ? मैंने आपकी वह··· कहानी पढ़ी। वाह क्या कहना है ! सचमुच हीरा आदमी है—आपका हीरामन। कहाँ से ले आते हैं आप ऐसे-ऐसे कैरेक्टर··· और वैसी ही है हीराबाई ··· यह अकेली कहानी आपको ढेर-सा यश दिलायेगी—आप देख लीजियेगा।··· स्वास्थ्य तो ठीक ही मालूम होता है। है न ?··· बस, इसी तरह एक-एक कर हीरा-मोती-जवाहर निकालते जाइये··· ।"

जब भी कुछ नया लिखा या प्रकाशित हुआ, वे बच्चों की तरह निर्विकार होकर, 'हुलस' कर मुझे बधाई देते—"हाँ मैंने पढ़ लिया है। खूब ! बहुत अच्छा !!"

अब कौन है जो हर रचना को पढ़कर—उस तरह मुक्त हृदय, निश्छल भाव से—रास्ते चलते रोककर कुछ कहेगा ? शाबाशी और प्रेरणा देगा ?

पटना-रेडियो के वे पुराने 'टॉकर' थे। किंतु पुराना होने से ही क्या होता है। अक्सर अनेक पुराने और अनुभवी 'टॉकर' दस मिनट के स्थान पर बीस मिनट की स्क्रिप्ट ले आते अथवा निर्धारित विषय के बदले विषयान्तर करके हमसे अकारण टकरा जाते। कामता बाबू की स्क्रिप्ट हमेशा एकदम नपी-तुली होती। मुहावरेदार भाषा, निर्दोष और निर्मल हास्य-व्यंग्य—कहीं अतिशयोक्ति या बड़बोलापन नहीं। असल में, रेडियो लेखन के मर्म को उन्होंने अच्छी तरह समझ लिया था। उनकी 'डेलिवरी' (अर्थात् अंदाज़ेबयाँ) भी एक सरस ढंग की होती। अगर सुननेवाले ने नाम का 'एनाउन्समेंट' नहीं सुना है—टॉक सुनकर समझ ले सकते थे कि यह कामता प्रसाद 'काम' बोल रहे हैं। उनकी प्रत्येक वार्ता प्रसारित होने के बाद श्रोताओं के सैकड़ों प्रशंसापत्र आने लगते थे।

याद है··· मैं रेडियो की नौकरी छोड़ चुका था। फिल्म के काम से अक्सर बम्बई जाना पड़ता था। कामजी जब भी मिलते अन्य बातों के अलावा यह पूछना नहीं भूलते—"भाई ! वहाँ की 'पम्फ्रेट मछली' आपने नहीं चखी ?··· हापूस आम नहीं

लाये ?" एक बार बम्बई से लौटा तो बाँकीपुर स्टेशन पर ही मुलाकात हो गई। और, ऐसा संयोग कि उस बार एक टोकरी में 'हापुस' भी था। सुनते ही प्रफुल्लित हो गये–"क्या ? ले आये हैं हापुस-साहेब को, तब चलिये, यहीं–रिफ्रेशमेंट रूम में ही टोकरी खुले और उनसे मुलाकात हो जाये··· ।"

और, रिफ्रेशमेंट रूम में ही टोकरी खोलकर उनको आम खिलाने का जो सुख और सन्तोष मुझे मिला–वह आज तक मेरे पास है। मैंने कहा था–"लेकिन, कामता बाबू ! हमारे दीघा के लंगड़ा के आगे वह बम्बैया हापूस-उपूस सब फुस्स है।"

"वाह ! क्या बात कही आपने··· ।"

रिफ्रेशमेंट रूम हमारे ठहाके से गूँज उठा था।

अभी मुझे बार-बार उस दिन की याद आती है जिस दिन वह मेरे इस फ्लैट (राजेन्द्रनगर) में आये थे।

लतिकाजी दो-तीन दिनों के लिए हजारीबाग गई थीं। मुझे स्वयंपाकी बनने का अवसर मिला। बाजार में गोभी, नया आलू, टोमैटो और मटर की छीमी आ गई थी। उस दिन 'वेजिटेबल-स्टू' बना रहा था। दरवाजे की कुंडी खड़की।

आगंतुक ने कहा–"कामता बाबू आपसे मिलने आये हैं। नीचे हैं··· ।"

"चलिये। मैं आ रहा हूँ।"–कहकर मैंने गैस को ऑफ किया। कुर्ता पहनकर नीचे चला। लेकिन, यह क्या ?··· देखा कामजी उसी संदेशवाहक के कंधे पर हाथ रखकर सीढ़ियाँ चढ़ते हुए ऊपर आ चुके थे।

मैंने कहा–"यह आपने क्या किया ? ऊपर क्यों मैं तो नीचे आ ही रहा था। ··· नहीं, आपने अन्याय किया। आपको सीढ़ी चढ़ना मना है न ?"

मुस्कुराते, हाँफते हुए वे बोले–"अरे, चलिये। सीढ़ी चढ़ना क्या, बिछावन से नीचे उतरना भी मना है। इतना 'मना' मानकर जीने का कोई 'माने' है भला ?"

उनकी बात पर जोर से आई हुई हँसी को मैंने रोक लिया। मेरी हँसी निकली कि उनका ठहाका गूंज उठेगा–जो उनके स्वास्थ्य के लिए ठीक नहीं।

साथ में आये हुए व्यक्ति को आवश्यक आदेश-निर्देश देकर उन्होंने नीचे भेज दिया। फिर, ड्राइंगरूम में बिछी चारपाई पर लेट गये।–'अच्छा ?··· तो, आजकल आप 'फोर्स्ड' स्वयंपाकी हैं ? अच्छा ? बनाकर खाने का शौक है आपको ?··· क्या बना रहे थे ? वेजिटेबल-स्टू ? क्या-क्या डाला है ?··· प्रेसर में बना रहे हैं ?··· सुगंध तो अच्छी निकल रही है।"

कुछ देर तक बातें करने के बाद उन्होंने कहा–"आपके भोजन करने का समय टल तो नहीं रहा ?··· लाइये, देखूँ–आपका वेजिटेबल-स्टू ?··· सुगंध तो बहुत लोभनीय है।··· बस, सिर्फ स्टू ही लाइयेगा–रोटी-भात-ब्रेड कुछ भी नहीं।"

एक कटोरे में स्टू ले आया–"आलू का एक भी टुकड़ा नहीं दिया आपको।"

"एकाध टुकड़ा से क्या आता-जाता है। खैर, जो ले आये हैं, वही सही–"

कहकर चम्मच से उन्होंने स्टू का झोल चखा–"वाह रेणुजी ! आप तो सिद्धहस्त पाकशास्त्री हैं। भाई, भोजन बनाना आर्ट भी है और शायद विज्ञान भी ! यह सभी के बूते की बात नहीं। भात और आलू का भुर्ता ही क्यों न हो, सिद्धहस्त के हाथ का स्पर्श ही उसमें स्वाद ला देता है।··· बीच-बीच में यह किसमिस तो गजब का स्वाद··· ।"

उनको इस तरह रस लेकर, तृप्तिपूर्वक खाते देखकर मेरा रोम-रोम पुलकित होता रहा··· । विदुर के घर कृष्ण ने इसी तरह सराह-सराहकर साग चखा होगा।

चम्मच से रस का शेषांक तक पी लेने के बाद उन्होंने फिर एक बार मुस्कुराकर कहा–"जी तो करता है कि एक कटोरा भर और खा लूँ।···वाह ! हमेशा याद रहेगा, आपके स्टू का मधुर-सलोना स्वाद।... अब आप भी भोजन कर लीजिये। मैं आज आपका भोजन करना देखूँगा। बंगला में कहते हैं न–'आमि आपनार खाबा देखबो।'–मैं भी आपका 'खाबा देखबो'··· ।"

मैं नहा-धोकर खाने बैठा। उनको नींद आ गई थी। किन्तु ज्योंही मैंने प्रेसर का ढक्कन खोला, वे जग गये। पास की कुर्सी पर आकर बैठ गये। "···चावल पूर्णिया का··· मतलब घर का है न ?··· चावल, स्टू और दही ? वाह, अच्छा कम्बिनेशन है। आप सचमुच भोजन रसिक है। दही तो पिंटू का मालूम होता है, मीठा दही··· प्याज की हरी पत्ती, टोमैटो का लाल टुकड़ा और सुफेद आलू–यह तो टेकनीकलर स्टू है··· थोड़ा चावल और लीजिये ?··· अरे भाई, होटल और पार्टी का खाना भी कोई खाना होता है ?··· देखिये, खाने के तुरन्त बाद ही डकार–तृप्ति और रुचि पूर्वक खाये हुए भोजन के देह में लगने का··· ।"

चलते समय मेरे हाथ में एक लिफाफा देते हुए उन्होंने कहा–"इसको रख लीजिये।"

"क्या है ?–मैंने लिफाफा हाथ में लेते हुए कहा। सोचा, कोई पत्र अथवा कोई लेख या रचना··· । .

"कुछ नहीं है। आप पॉकेट में रख लीजिये–" उन्होंने कहा।

मैंने लिफाफा के अंदर देखा–सौ रुपये के कई करेंसी-नोट ? मैंने अब अचरज से पूछा–"यह क्यों ? किस लिए··· ?"

"कुछ नहीं। इसको रख लीजिये।··· और, एक बात। बम्बई के उस हड़ाशंख-शब्द 'कड़की' का व्यवहार पटना में फिर कभी मत कीजियेगा।··· कल आप कहीं कह रहे थे न··· अभी नहीं खरीदना है अभी 'कड़की' में हूँ।"–कामता बाबू खड़े हो गये।

मैंने याद करने की चेष्टा की–कल, शायद डी. लाल की दुकान में संतोषी बाबू से मैंने कहा था–अभी वह सब नहीं खरीदना है, अभी कड़की में हूँ।

कामता बाबू बोले–"पूर्णिया के तरफ के लोगों को, कभी-कभी एक शब्द का व्यवहार करते सुना है–'बेगरता'–बेर वक्त पर रुपये-पैसे की जरूरत आ पड़ने अथवा ऐसी ही किसी आवश्यकता के समय इस शब्द का व्यवहार करते हैं न ?

मैंने कहा–"हाँ। शायद 'व्यग्रता' से यह 'बेगरता' हुआ है...।"

"ठीक है ! आपने ठीक समझा है। व्यग्रता से बिगड़कर ही यह 'बेगरता' हुआ है। यह शब्द ठीक है। लेकिन, पटना में आपकी वह बम्बई की 'कड़की' नहीं चलेगी...समझे न ?"–कहकर उन्होंने मेरे कंधे पर हाथ रख दिया। मैं उनको नीचे तक पहुँचा आया। गाड़ी में बैठकर उन्होंने एक बार फिर 'स्टू' के स्वाद की सराहना की।

फ्लैट में लौटकर, बहुत देर तक मन-ही-मन उनकी बातों की प्रतिध्वनियाँ सुनता रहा।

पाँच दिन बाद–सिर्फ पाँच ही दिन के बाद, सुबह साढ़े सात बजे सूचना मिली–"कामता बाबू...।"

बोरिंग-केनाल रोड पहुँचकर, उनके पार्थिव शरीर का दर्शन करते हुए मैं रोया था–अब समझा कि उस दिन क्यों सीढ़ियाँ चढ़कर मेरे फ्लैट में पहुँचे थे... !!

मुक्तकंठ (संपादक–शंकरदयाल सिंह) के
1975-76 के दो अंकों में प्रकाशित।

दूसरा भाग

अन्य स्केच एवं
आत्म-संस्मरण

नेपाल और डॉ. कुलदीप झा

'डॉ. कुलदीप'–भारत का जो कोई ईमानदार इतिहास लेखक होगा, तवारिख में डॉ. कुलदीप का नाम बड़े शहीदों में लिखेगा।

लेकिन अगर नेपाल का भी कोई निष्पक्ष इतिहास लेखक हो तो वह भी नेपाल के शहीदों की फेहरिस्त से डॉ. कुलदीप का नाम छोड़ने की गलती नहीं करेगा।

दुनिया में ऐसे बहुत कम व्यक्ति हुए हैं जो किसी दो देशों में एक-सा ही स्थान रखते हों। डॉ. कुलदीप उन्हीं इने-गिने भाग्यवानों में से एक हैं।

मगर मेरा जैसा इतिहासकार हो तो मैं दोनों देशों के इतिहासों में डॉ. कुलदीप की शहादत को दोनों देशों की पाक दोस्ती का सबूत लिखूँगा ताकि आजकल की कूटनैतिक राजनीति के चक्कर में पड़कर दुनिया का कोई देश यदि हम पड़ोसियों को आपस में लड़ाकर अपना उल्लू सीधा करना चाहेगा तो नेताओं के दिमाग़ में उस शहीद के खून से दोस्ती का जो दास्तान लिखा गया है, एक बार उनके दिमाग़ को जोर का धक्का देगा और फिर पवित्र प्रेम-प्रवाह को अनायास अवरुद्ध करने से रोक देगा।

इतना ही नहीं, भावी पीढ़ियों के लिए इतिहास के उस पन्ने में मैं यह भी लिखूँगा कि भारतीय गणराज्य के उत्तरी छोर का आखिरी स्टेशन जोगबनी की उस जगह पर जहाँ-जहाँ भारत और नेपाल की सीमाएँ एक-दूसरे को अनवरत चूमती रहती हैं–ठीक उस सड़क के बगल में, जिससे होकर दोनों देशों के कोई यात्री बिना किसी रोक-टोक के एक-दूसरे की मिट्टी में प्रवेश करता है–एक साधारण-सा टिलहा स्थापित है, जो डॉ. कुलदीप की समाधि है। उस मामूली-सी मूक समाधि को देखते ही दोनों देशों के लोगों में दोस्ती का प्रेम-भाव एक बार जग उठता है। वह फिर ताज़ा हो जाता है, काश, कि उस पर कभी एक स्थायी स्मारक बन पाता।

उस समाधि के दर्शन मात्र से मेरे जैसे लोगों को उनके अंतिम संस्कार का कारुणिक दृश्य आँखों के सामने नाचने लगता है : जैसे अभी सबकुछ होते दीख रहा हो।

सन् 50 के दिसंबर की 26 तारीख। गोधूलि का सुहाना बेला, लेकिन पूरी

तरह याद है मुझे, अस्ताचल में अंतर्धान होते हुए अंशुमाली की सुनहली छटा हमें काट खाये जा रही थी। संध्या का शीतल वायु हमें गर्मी दे रहा था, जब हजारों नर-नारियाँ, आँखों से गंगा-यमुना की अजस्र धारा बहाती हुई डॉ. कुलदीप की अर्थी के पीछे उस जगह तक पहुँचीं। भीड़ किसी एक देश, एक वर्ग, एक दल की हो, ऐसा कहना ग़लत। उसमें तो भारतीय थे, नेपाली थे, देशवाली थे, पहाड़ी थे, थारु थे, बंगाली थे, और न जाने कौन-कौन थे–मिल मालिक थे, बड़े व्यापारी थे, छोटे-छोटे गरीब थे, मिल के कुली थे, मर्द थे, औरतें थीं–वह एक अपूर्व भीड़ थी। सब के सब रो रहे थे अपने प्यारे कुलदीप की लाश देखकर–यह अनुभव कर कि अब वे डॉ. कुलदीप के पार्थिव शरीर को चलते-फिरते नहीं देख सकेंगे। भारतीय रोता था कि ऐसा भारत का शूर-सपूत आज दुनिया से उठ गया। नेपाली रोता था–ऐसा सच्चा दोस्ती की कीमत चुकानेवाला और कहाँ मिलेगा ? अलग-अलग देश-जाति, वर्ग और वर्ण के लोगों के दिमाग अलग-अलग ढंग से उलझे हुए थे, जब तक उनके अंतिम संस्कार के सभी उपकरण होते रहे। यह क्या–अचानक उनकी चिता प्रज्वलित हो उठी और नेपाल मुक्ति सेना की तरफ से बंदूक की आवाज़ कर उस वीरगति प्राप्त सेनानी को जब आखिरी सलामी दी गयी तो लोगों की रही-सही आश के भी राख होने की आशंका से भीड़ में से एक हृदय-विदारक चीत्कार का विस्फोट हुआ और कुछ देर के लिए सब लोग अपना अस्तित्व खो बैठे। ऐसा लगा, वायुमंडल रो उठा। आकाश का शून्य कारुण्यपूर्ण हो गया। मगर चिता की ज्वाला तेज़ होती ही गयी। न जाने कहाँ से उनचास पवन आ दौड़ा और क्षण-भर में उस पवित्र आत्मा के नश्वर शरीर को स्वाहा कर दिया। डॉ. कुलदीप की अंतिम विदाई का वह दृश्य ऐसा लगा जैसे उनकी चिता की ज्वाला की वह चमक ने चिर मित्रता में बँधे भारत और नेपाल के सीमांत के गाढ़े-आलिंगन और अनवरत चुंबन को जग जाहिर कर दिया। और अब वहाँ दोनों प्रेमी देशों के मिलन स्थान पर डॉ. कुलदीप की समाधि का वह छोटा-सा टीला दोनों देशों के प्रेमबंधन की एक अकाट्य गिरह की तरह लगता है।

कौन जानता था–डॉ. साहब बंदूक उठा ही लेंगे ?

हाथ की बंदूक फेंककर सिपाही रास्ता नाप लेता है–'मिलीटरी डिसीपिलीन' के चलते कोर्ट मार्शल की परवाह न कर कोई ऐन मौके पर चलते बनता है, लेकिन डॉ. कुलदीप जैसे सिपाही ने बंदूक कोई अपने बचाव के लिए नहीं, बल्कि सच्चे दोस्त की ईमानदारी क्या है ?–इसका परिचय देने के लिए उठायी थी।

नेपाल की राणाशाही के राज्य करने के बचे-खुचे हौसले पर आखिरी चोट पड़ी तो विराटनगर के मैदान में ही। आज भले ही नेपाल की राजनैतिक पार्टियाँ उस जीत का सारा सेहरा अपने-अपने सर बाँधने की कोशिश करें। लेकिन जो कोई भी ईमानदार इतिहासकार होगा, यह जरूर लिखेगा कि राणाशाही को आखिरी चोट देने में भारत का दिल-दिमाग़ काम कर रहा था।

काश ! कि हम इतना जान पाते कि हम जिसका साथ दे रहे हैं वही हमें

दगाबाज और मक्कार कहेगा। विराटनगर विजय के बाद उसकी रक्षा का प्रश्न था, यों प्रत्येक प्रवेशद्वार पर सैनिक भेज दिये गये थे, लेकिन नेपाली सैनिक, वे भी रंग-रूट, यकीन करना मुश्किल ! सामयिक सरकार के सामने यही प्रश्न था। दुश्मनों की टोह लेने के लिए दिमागदार बहादुर और चुस्त-चालाक व्यक्ति चाहिए। आखिर डॉ. कुलदीप ही इसके लिए सबसे अधिक उपयुक्त समझे गये और उन पर सबसे बड़ा खतरा, जिधर से संभव था–कुसहा घाट की रक्षा का भार पड़ा।

कुसहा घाट !

पश्चिम का प्रवेशद्वार–राणाशाही का बड़ा लस्कर आ रहा है–अपनी सारी तैयारियों के साथ–उस पार डेरा डाले हुए–न जाने कब पार करेगा मौका पाकर !

25 दिसंबर ! बेला ढल चुकी थी–साँय-साँय पछिया चल रही थी। बालूकामयी फिजाँ–"कोई खतरा नहीं" ऐसा कहकर तैनात सैनिक शिकार में गये थे–जवाबदेही को सब समझ भी नहीं सकते–मगर डॉ. साहब हमेशा सचेत। क्षण-क्षण में पश्चिम की ओर ताक लेते खोह-खोह जंगल के किसी झुरमुट के पीछे से। लगभग चार बजे होंगे–मालूम हुआ कुछ सैनिकों का एक दल प्रसिद्ध कोशी की एक धार पार कर टापू में आ चुका था–डॉ. साहब चौंक पड़े–अब क्या होगा ? सैनिक सब बाहर–कुछ ही बचे थे–मगर थोड़ी-सी देर और राणाशाही को मौका मिल जाता–उन्होंने बंदूक उठा ली और ट्ठाँय-ट्ठाँय···

जवाब में पश्चिम क्षितिज से सैकड़ों आवाज आयी। राइफल स्टेनगन, ब्रेनगन सबकी आवाज थी। शिकार में गये सैनिक भी लौट आये और जमकर जंग होने लगा।

संध्या हो रही है–सैनिकों ने ट्रेंच पकड़ लिया है। सिर्फ डॉ. साहब बाहर हैं–कामरेड करीम ने कहा–"डॉ. साहब ट्रेंच में आ जाइये।"

"धुत्त–कुछ नहीं होगा।" डॉ. साहब ने लापरवाही जाहिर की।

–ट्ठाँय··· ट्ठाँय···

–तड़ तड़ तड़ाक··· तड़ तड़ तड़ाक···

"डॉ. साहब ट्रेंच में आ जाइये···"

"आप अपना काम करें, मेरी फिकर क्यों करते हैं···"

जंग जारी था।

"डॉ. साहब ट्रेंच पकड़िये···"

"... ..."

"डॉ. साहब ?···"

कोई आवाज़ नहीं !

करीम ने पेट के बल घिसटते-घिसटते नजदीक जाकर देखा : डॉ. साहब चोट खाकर गिर पड़े हैं–चोट खतरनाक–एक गले के आरपार–दूसरी कनपट्टी में। करीम उन्हें उठाने का उद्यम कर रहा है और वे जेब से गोली निकालकर उसे दे रहे हैं–मतलब कि लड़िए।

दिसंबर का जाड़ा–अँधेरी रात–खाहखूँह जंगल–खौफनाक जानवरों का चिग्घाड़। उसमें कंधे पर टाँगे करीम डॉ. साहब को ले चला⋯

कुछ दूर पर एक धांगड़ का घर मिला–एक खाट पर उन्हें लिटाकर–इंदरवा को प्रस्थान।

इंदरवा अस्पताल !

26 दिसंबर !

भोर होते-होते अस्पताल आ पहुँचे करीम साहब–डॉ. साहब को लेकर–अस्पताल के डॉक्टर। डॉ. साहब को देखकर–'dangerous' लंबी साँस लेकर बोल उठे वे।

सुइयों का ताँता–खून का पैखाना–थोड़ा होश–कागज-पेंसिल की ओर इशारा किया उसने–बोलना असंभव। लिखा–"नरसिंह बाबू को बुला दो !"

विराटनगर !

पत्रवाहक के विराटनगर आने में जो कुछ देर लगी हो–अच्छी गाड़ी पर काबिल डॉक्टर इंदरवा भेजे गये–मगर डॉक्टर पहुँचने के पहले ही सुना–करीब 12 बजे डॉक्टर कुलदीप का देहांत हो चुका था। वह गाड़ी उनकी लाश ही को लेकर आयी।

दूर से ही गाड़ी की धीमी चाल–ड्राइवर की अनमनस्कता–उस पर सवार लोगों का मायूस चेहरा बता रहा था–"डॉ. साहब चल बसे⋯"

धीरे-धीरे उनकी लाश उतारी जा रही थी–हम लोग नतमस्तक उस धीर पुरुष को सादर प्रणाम कर रहे थे–सभी की आँखें गीली थीं⋯

राष्ट्रसंदेश / 1953 में प्रकाशित

दिलबहादुर दाज्यु

"अभी उस दिन फिर दिलबहादुर की याद आ गयी। आँखों के आगे उसकी सूरत हँस गयी। और दिलबहादुर की 'नेपाली हँसी' !

जिस दिन उसको पहली बार देखा–जैसी मुस्कुराहट उसके ओठों पर थी, वही सब दिन बनी रही।

1942 के जन-आन्दोलन के समय की बात है। दिन भर में दर्जनों बार जेल का 'लौह कपाट' झनझनाकर खुलता–गिरोह के गिरोह घायल, आधे घायल लोग अंदर दाखिल होते। सुबह का आया हुआ आदम शाम तक पुराना हो जाता। हर गिरोह के साथ ताज़ा ख़बर–नये लोग ! यह रोज की बात थी, फिर भी लोहे के फाटक के झनझनाते ही जेल के सभी प्राणियों की निगाह उधर मुड़ जाती।

नारे लगते, 'हो-हुल्लड़' भी मच जाता कभी-कभी। आगन्तुक दल के घायलों की मरहम-पट्टी होती, उन्हें अस्पताल में दाखिल कराया जाता।··· इसी तरह के एक झुण्ड में एक दिन दिलबहादुर का दर्शन हुआ। सबसे पहले उसी पर आँखें गयीं, मानो वह उस गिरोह का दसवाँ या पन्द्रहवाँ व्यक्ति नहीं, पहला व्यक्ति हो !··· खाकी हाफ-पैंट, 'कैला' (गोरा नहीं, चरका रंग का) रंग, बग़ैर भौंहें और पपनियों वाली कौड़ी जैसी आँखें और ओठों पर 'नेपाली हँसी' !! रामलीला में 'मुखड़ा' के मुँह पर जैसी अर्थ-भाव-हीन मुस्कुराहट रहती है—वैसी ही हँसी !

भोटिया, पहाड़िया, मोरंगिया, नेपलिया, परबतिया, किरवा और न जाने किन-किन नामों से उसे लोग पुकारते—वह हमेशा की तरह मुस्कुराकर जवाब देता या टाल देता। एकदम लापरवाह ! लेकिन, 'भूत' कहने से वह चिढ़कर 'अगिया बैताल' हो जाता था। वह कब बिगड़ता है, गुस्सा होने पर उसकी मुद्रा और मुखाकृति कैसी होती है—यह समझना बड़ा कठिन काम है। प्लास्टर की तरह चेहरा चिपटा है—कुछ समझा भी जाये तो कैसे ? इसलिए कई बार लोगों के 'कपाल' पर उसकी थाली ने दूज के चाँद की तरह दाग जड़ दिये थे। वह अचानक टूट पड़ता था—जंगली बिल्लियों की तरह। उछल-उछलकर वह हमले पर हमले करता जाता और मुँह से 'फियूँ-फियूँ या छिऊँ-छिऊँ !' आवाज़ निकालता। ख़ौफ़नाक आवाज़ ! उसके तेज़ नाखून ज़हरीले थे। मेरे एक मित्र को पाँच महीने तक मरहम-पट्टी करवानी पड़ी थी !

धीरे-धीरे ऐसा हुआ कि दिलबहादुर को लोगों ने 'बायकाट' जैसा कर दिया। 'तरकारी में कीड़ा है, इसलिए तरकारी बायकाट किया जाय' की तरह। जेल-कमिटी में कोई 'प्रस्ताव-उरस्ताव' तो पास नहीं हुआ था—लेकिन यह सभी चाहते थे कि दिलबहादुर से कोई बातें नहीं करे। दिलबहादुर पर इसकी कोई प्रतिक्रिया नहीं हुई। दोपहर को जब हम सोये होते या तास खेलते रहते तो वह वार्ड से बाहर पेड़ के नीचे बैठकर आसमान की ओर एकटक निहारता। एक बार मैंने देखा कि पेड़ पर बैठकर चहकती हुई चिड़िया को वह मुँह चिढ़ा रहा है। चिड़िया बोलती—कूँई—कू-कू-कूँई ! और दिलबहादुर अपनी भोंडी आवाज़ में जवाब देता—'हू-हू-हू-हू !'··· मुझे उसकी इस हरकत को गौर से देखते देखकर पास खड़े वार्डर साहब ने कहा था—"ससुर पगला गया है !"

"हूँ ! पगला गया है !··· बात करना नहीं जानते ?"—न जाने क्यों, मुझे ऐसा लगा कि वार्डर ने मुझे ही गालियाँ दीं।··· दूसरा कोई होता तो उस दिन फिर 'पगली घंटी' बजकर ही रहती !

और जिस दिन किसी वजह से पगली घंटी बजी !

हजारों-हजार बागियों को एक जगह रखने का मतलब ही है—महीने में एक-दो बार 'पगली-घंटी' ! जेल-अधिकारियों की तरह, हम भी इसके लिए पहले से ही तैयार रहते थे।

"टू-टू ! टू-टू !!" पहले जेल के अन्दर से सीटी बजती है।

"ढन-ढन, ढनांग-ढनांग"–फिर बाहर की घण्टी घनघनाती है।

"खच्-खटाक् !"··· जेल का लौह-कपाट झनझनाया !

'रे-ए-ठ-,बो-ओ-ठन् !'

'किक्-मा-र्च !!'–कर्कश कंठ की आवाज !

–फट्-फट्, धड़-धड़··· ! एक हाथ में राइफल और दूसरे हाथ में बेंत लेकर सिपाही लोग दौड़े।

··· एक-एक कर सभी वार्ड के फाटकों को पहले ही बन्द कर दिया गया है। प्रत्येक वार्ड की खिड़की पर बन्दूक ताने एक सिपाही खड़ा है।··· खड़-खड़ाक् ··· बारी-बारी से वार्ड के फाटक खुलते हैं, सिपाही लोग घुसकर मारते हैं। चीख, कराह, आह और नारों के साथ ऑफिसरों की भद्दी-अश्लील गालियाँ दूसरे वार्डों तक पहुँचतीं। दिलबहादुर मेरे ही वार्ड में रहता था। हम सभी अपने कम्बलों पर गुरुकुल के विद्यार्थियों की तरह, 'सन्ध्यावंदन' की मुद्रा में–पंक्तियों में बैठे थे। बहुतों के चेहरे बन रहे हैं–बिगड़ रहे हैं। मेरी बगल में एक वृद्ध सज्जन थे, उन्हें मैंने बेवजह पचासों बार अपनी नाक मलते देखा। और मैं दिलबहादुर पर नज़र गड़ाये बैठा था–मानो उसका चेहरा ताकत का खजाना हो ! उसके चेहरे पर वही मुस्कुराहट थी। वह कभी-कभी उठकर इधर-उधर टहलना चाहता, लेकिन एक ही साथ सबों की हल्की डाँट सुनकर बैठ जाता–"ऐ ! बहादुर ! सिस् !··· दिलबहादुर का मुझसे हमेशा अच्छा ही रिश्ता रहा था। इसलिए मैंने उसे अपने पास बुला लिया। उसने 'फिक्' से मुस्कुराकर पूछा–"के हुन्छ ?" [क्या होगा ?]

मैंने इशारे से कहा–"मारेगा !"

"मारेगा तो हम पनि (भी) मारेगा !!"–दिलबहादुर ने बहुत सरल ढंग से जवाब दिया।

"उसे समझाइये नहीं तो मुफ्त में जान··· !"–कहनेवाले की बात पूरी भी नहीं हो पायी थी कि हमारा फाटक झनझना उठा–कच्-खटाक् !!

मुझे याद है, मैंने फिर भी अंतिम चेष्टा की थी–"दिलबहादुर दा'य, एस्तो न गर !" (दिलबहादुर भाई, ऐसा मत करो !)

··· लेकिन, मारपीट शुरू हो चुकी थी। फिर बेतों की आवाज़, आह, कराह, चीख-पुकार, नारे और ऑफिसरों की भद्दी-अश्लील गालियाँ··· !

'फोंय-फोंय, छिऊँ-छिऊँ !!'–यह क्या ?··· दिलबहादुर लड़ रहा है ??

या तो मार-पीट के लय में कोई साज बेसुरा बज गया। अचानक गति रुक गई !··· सबों की निगाह दिलबहादुर पर थी। वह एक सिपाही को दबोचकर उसकी छाती पर बैठा मुँह से–'फोंय-फोंय, छियूँ–छियूँ' आवाज़ निकाल रहा था। मैं कह सकता हूँ कि वह उसकी 'अट्टहास' की मुद्रा थी।··· महाभारत में दुःशासन की छाती पर बैठकर रक्त पीते हुए भीम की जैसी तस्वीर है–वैसा ही दृश्य !

··· सारे वार्ड के कैदियों का हिस्सा 'मार' अकेला ही खाकर, स्ट्रेचर पर लेटकर मुस्कुराता हुआ दिलबहादुर अस्पताल में दाखिल हुआ।

दिलबहादुर से मैं 'खास कुर' (खास भाषा नेपाली) में बातें करता, इसलिए उसे जब कुछ पूछना या कहना होता तो मेरे पास आ जाता। दोपहर को जब हम तास खेलते रहते तो वह बगल में बैठकर, कटी हुई पत्तियों को बिखेर देता और बीच-बीच में 'फिक्' से हँसकर कहता–'थीरी सपेड··· नो बीड !'

दिलबहादुर अपने को 'तीन नम्बर पहाड़' का रहनेवाला बतलाता था।··· गाँव के सभी नौजवान एक-एक कर 'तलऽऽ··· मधेश तिर' (नीचे हिन्दुस्तान की ओर) चले आये। उसके गाँव के भक्तबहादुर ने कहा था–-"साथ ले चलेंगे–'लखलौ' ।" दिलबहादुर की माँ बीमार पड़ गयी थी, इसलिए वह उसके साथ नहीं आ सका। माँ जब आराम हुई तो एक दिन दिलबहादुर–'तलऽऽ मधेश तिर' चला।··· जहाँ बगैर तेल की रोशनी जलती है, रेलगाड़ी, जहाज और हवाई जहाज !! जहाँ कोई काम नहीं करना पड़ता है, हाथ में बंदूक लेकर दिन भर खड़ा रहो। रात में पहरा दो और ठीक महीना के पहली गते (तारीख) को 'इंडियन क्रेन' (इंडियन क्वाइन) गिन लो–हाथ-पैर की उँगलियों को मिलाकर जितना होता है, उससे भी ज्यादे !··· पलटन में यदि नाम लिखा गया तो फिर क्या कहना ! मौज ही मौज है पलटन में ! रोज खस्सी और रक्सी (शराब) !··· सूबेदार बाबू हर साल गाँव में आते हैं और गाँव के नौजवानों को पलटन की मौज की कहानियाँ सुनाते हैं–"सिर में थोड़ा भी दर्द हो, अस्पताल चले जाओ। वहाँ मेम··· खाँटी मेम के हाथ की मीठी दवा खाओ। कुछ काम नहीं, खाओ-पीओ और परेड करो।··· पैसा ? गाय को रगत खाने··· (जो झूठ बोले, गाय का खून पीये) एक ही साल में बत्तीसों दाँतों में सोने न मढ़वा लो तो कहना ! गाँव तो सिर्फ बूढ़े-बूढ़ियों, जवान औरतों और बच्चों के रहने की जगह है। जवान आदमी भी भला घर में रहेगा ?··· खुकरी भिड़ेर काँच्छा जानू पर्छ जर्मन को धावे मां··· [खुकरी से लैश होकर जर्मनी के मोर्चे पर जाना होगा !] और, गाँव में रखा ही क्या है ? पाँच मन भारी 'सुंतुला' का 'बोको' दिन भर ढोओ तो एक 'पचन्नी' मिलेगी। घर से निकलो और अँग्रेज सरकार का इन्दरजाल देखो···

धन-धन अंगरेजी सरकार,
पानी माँ जहाज चलाये को
आकाश माँ जहाज उड़ाये को !"

यानी पानी और आकाश में जहाज चलाने वाली अंग्रेजी सरकार–'धन्न है, धन्न है'।

घर छोड़ते समय दिलबहादुर का भी दिल थोड़ी देर के लिए भर आया था। अर्थ भाव-हीन आँखें भी सजल हो गई थीं। सुनते हैं, फल्गू में भी बाढ़ आती है।··· संतोला के पेड़ की डाली पकड़कर माँ मुँह बाये खड़ी थी। दिलबहादुर का

बाप जिस दिन मरा था, उसकी माँ इसी तरह मुँह बाये खड़ी थी।

··· तीन दिन, तीन रात दिलबहादुर पहाड़ी रास्तों पर चलता रहा। पट्टियों पर रात काटता, पके हुए जंगली गूलर खाता और झरनों का पानी पीता हुआ, वह एक दिन जोगबनी पहुँच गया। शाम को जब जूट मिल का भोंपा बज उठा तो दिलबहादुर का कलेजा 'धड़धड़' करने लगा था और उसका हाथ खुकरी के बेंट पर स्वयं ही पहुँच गया था। और, जब हजारों-हजार बिजली के 'बल्ब' एक ही साथ जल उठे तो उसकी आँखें मारे खुशी के बंद हो गई थीं। स्टेशन के प्लेटफॉर्म पर लेटा हुआ वह बारम्बार आँखों को मूँदता और खोलता–'झिलिमिली, झिलिमिली··· झिल्को!' रात भर उसे नींद नहीं आयी थी। रह-रहकर वह उठ बैठता और 'भयाउरे' (पहाड़ी लोकगीत) की कड़ी जोड़ता और गुनगुनाता–

"यो झिल्को झलमली राती
जुनैली राती,
कोई छै न साथी
जानू छ मलाई तल तिर
माया छोड़र आये माथी।"

[बिजली से झलमल करती हुई यह रात–मानो चाँदनी (जुनैली) रात है। मगर, मेरे साथ कोई नहीं। मुझे नीचे की ओर जाना है और··· प्यार की बातें तो ऊपर (घर में) ही छोड़ आया हूँ।]

··· गाँव के बड़े-बूढ़ों ने कहा था–पहले ही पड़ाव पर की खूबसूरती पर भूल मत जाना। जितना आगे बढ़ोगे, उतना ही अच्छा। दिलबहादुर जब कटिहार आया तो उसे एक 'भकचकी' लग गई। सैकड़ों इंजन–पूरब-पच्छिम, उत्तर-दक्खिन–चारों ओर जाती हैं। वह किधर जाये ? बाद में मालूम हुआ–लखलौ, कलकत्ता सब जगह जानेवाली गाड़ी खराब हो गई है। रात में, कटिहार धर्मशाला के मैनेजर ने उसे धर्मशाला में ही रहने के लिए कहा। उसने पूछा–"दरबानी करेगा ?"

"ऊँ-हूँ, नहीं करेगा, पलटन मां जायेगा–लखलौ।"

"अच्छा-अच्छा। जाना लखलौ। अभी रात में इसी ओसारे पर सो रहो।"

सुबह को उसकी आँखें खुलीं तो चारों ओर पलटन-ही-पलटन !! धर्मशाला के सभी यात्रियों को पकड़कर रस्सी से बाँधा जा रहा है।

दिलबहादुर से 'दोरंग' (दारोगा को वह दोरंग ही कहता) ने पूछा–"रेल लैन काटा ?"

दिलबहादुर ने जवाब दिया–हूँ! जोगबनी में पनि (भी) काटा, यहाँ पनि काटेगा।"

गप के बीच में ही मैंने टोक दिया था–"क्यों ऐसा कहा ?"

दिलबहादुर की आँखें मानो गुड़क उठीं–"किन ? जोगबनी मां एक कम्पनी (एक रुपया) तीरेर लैन कटायें।" (क्यों ? जोगबनी में एक रुपया देकर जो रेल-लैन कटाया, सो ?)

रेलवे टिकट की बात वह कह रहा था !!

उसे अपनी गिरफ्तारी का जरा भी दुख नहीं था। उसे आदमी के स्वभाव पर अचरज होता—"खुकुरी पनि लियो, पैसा पनि लियो अरु थुनी पनि दियो।··· कुस्तो मुजी यो दोरंग ?" [खुकरी भी ले लिया, पैसा भी सब ले लिया और जेल में भी डाल दिया।··· कैसा मुजी है दोरंग ?]

एक दिन, दोपहर को लेटकर बातें करते समय उसने पूछा—"होय न ! यो सुराज भन्ने क्या हो साथी ?"

सुबह से लगातार चार घंटे तक 'द्वन्द्वात्मक भौतिकवाद' के क्लास में बैठे रहने के बाद, दोपहर को जरा-सा आराम करने के समय जब दिलबहादुर ने सुराज का मतलब पूछा तो मन अचानक ही कुढ़ गया। लेकिन दिलबहादुर के ओठों पर वही मुस्कुराहट लटक रही थी।

मैंने उसे सुराज का अर्थ समझाने के सिलसिले में कहा था—"हमारे देश के सुराज की लड़ाई में तुमने साथ दिया है। तुम्हारे देश में जब सुराज की लड़ाई होगी तो हम भी साथ देंगे। क्यों ?··· त्यसो न भये, फेरि कस्नो साथी !"

"हुन्छ !"—दिलबहादुर ने गर्दन हिलाकर सम्मति दी थी—हुन्छ !—अर्थात् पक्की बात !··· बस 'हुन्छ' कह देने के बाद और कोई सवाल नहीं पैदा होता। हुन्छ तो हुन्छ !!

पाँच-सात महीने के बाद एक दिन दिलबहादुर की भी पुकार 'जेल गेट' पर हुई।··· गेट का पहरा 'पुर्जी' लेकर जब तक भीतर आवे, सारे जेल में यह बात फैल गई थी—"इस पहड़िया भूत से कौन मिलने आया रे बाबा !"··· हर रविवार को जेल के बाहर 'मुलाकातियों' की भीड़ लगी रहती। जेल के अन्दर जब 'पुर्जी' आती तो सभी उसमें अपना नाम खोजते-दौड़ते। खाना छोड़कर अपने घरवालों का मुँह देखने के लिए दौड़ पड़ते। हाँ उस भेंट को 'मुँह-दिखौवल' ही कहना ठीक होगा।··· दिलबहादुर से कौन मिलने आया ?

"बहादुर ! को आये, को छ ?"—मैंने खुश होकर पूछा।

"कुन्नी !" (पता नहीं।)

तुरत ही वह लौट आया। मैं दौड़कर उसके पास गया। भीड़ जम गई।

"कौन आया था ?"

"कुन्नी। कुनै हाकिम छियो।"

"क्या पूछा है ?"

"मलाई भन्यो—माफी माँग।··· म भने—तिमि पनि माफी माँग। खुकरी पनि लियो, पैसा पनि लियो अरु थुनी पनि दियो।··· तुम पनि माफी माँग !"

"हो-हो-हो-हो- !! वाह, खूब जवाब दिया। वाह रे बहादुर !!"

मैं कभी-कभी उसे 'झ्याउरे' गाने के लिए कहता। 'झ्याउरे' नेपाली लोकगीत की एक खास किस्म है, जिसे पहाड़ी राह पर चलनेवाले यात्री गाते हैं। चलते-चलते जी बहलाने के लिए दो-चार कड़ी खुद जोड़ लिया और लय में बाँध दिया। पहाड़ की चोटियों की तरह इसके सुर कभी आसमान की ओर उठते हैं, फिर तुरत ही 'समतल' के सम पर आकर सहज हो जाते हैं।··· जंगलों में लकड़ी काटनेवालियों से गीत में ही सवाल-जवाब किया, भूली हुई राह के बारे में पूछा। कभी-कभी प्रतिद्वन्द्विता इस हद तक बढ़ जाती है कि यात्री अपने 'बोको' उतारकर रख देता है और दूर घने जंगलों के बीच गाती हुई (अदृश्य) स्वास्नी माँछे के हर प्रश्न का उत्तर देता जाता है। जो हारे सो जीतनेवाले के साथ चले !

··· दिलबहादुर तन्मय होकर 'झ्याउरे' गाता और बीच-बीच में रुककर जीभ से 'चक्' आवाज करके कहता–"जवाब देनेवाली कोई है नहीं ! ऊँह !!" गाते समय उसके चेहरे पर अचानक गुलाबी रंग उतर आता, कान लाल हो जाते।

पुरुष प्रश्न करता है–

भयाल मा बसी के खान् छौ सानी
जौ केराब भूटे को ?

[अर्थात् खिड़की पर बैठकर क्या खा रही हो–जौ और मटर का भूंजा मिला है खाने को, शायद ?]

नारी जवाब देती है :

कइले मा पनि बिरसने छैन
नली ले कूटे को !

[मुझसे बातें मत करो–मुझे जो मार लगी है, वह मैं कभी नहीं भूल सकती।]

सवाल :*कान को बाली हाथ को बाला*
लाऊँदी किन ना ?

[लकड़ी काटते समय तेरे कान की बाली हिलती-डुलती नहीं होगी और हाथ का बाला बजता होगा।··· क्या कहा, तुम यह सब नहीं पहनती ? क्यों नहीं पहनती ? मैं बनवा दूँगा।··· चलो मेरे साथ, तुमको गहने से लाद दूँगा।··· पहनती नहीं, आखिर क्यों ?]

जवाब : *रे मूला ! बगे को पानी*
बीते को जौबन
फर्कर आऊँ दै न !

[अरे बेवकूफ ! अपना रास्ता नापो। बात तेरी समझ में नहीं आवेगी।··· बहा हुआ पानी और बीती हुई जवानी को वापस कैसे बुलाने को कहते हो !]

"हो-हो"–बहादुर हँसकर कहता–"बूढ़ी थियो ! हो-हो- !!"

और इसे क्या कहियेगा··· कि 1947 में जब विराटनगर (नेपाल) मजदूर आन्दोलन के समय नेपाली मिलेटरी के संगीनों से घायल होकर और भारत सरकार द्वारा गिरफ्तार होकर जब पूर्णिया जेल पहुँचा तो हमें वही वार्ड मिला, जिसमें हम 1942 में थे।··· दिलबहादुर की याद आयी थी और मैंने मन-ही-मन उसे 'संदेशा' भेजा था–"दिलबहादुर दाज्यु ! मैंने कहा था न, तुम्हारे देश की लड़ाई में मैं भी साथ दूँगा।"

पता नहीं, दिलबहादुर कहाँ है ! किन्तु, किसी भी पहाड़ी को देखते ही उसकी याद आ जाती है।··· वही मुस्कुराहट !!

पिछले महीने की बात है : काठमांडू के एक होटल में बैठकर चाय पी रहा था। अकेला मैं और बड़ा-सा टेबिल ! होटल के सभी टेबिल भरे हुए थे, किन्तु कोई मेरे टेबिल के चारों ओर खाली कुर्सियों पर नहीं बैठा। मुझे देखते ही दूसरे टेबिल की ओर बढ़ जाते। उनमें से एक नौजवान के मुँह से निकल ही गया–"यो मुजी हिन्दुस्तानी हरू···" [इन कम्बख्त हिन्दुस्तानियों ने···]

उस नौजवान को मेरी सूरत से चिढ़ पैदा हुई, मेरा क्या कसूर ? झगड़े से मैं हमेशा दूर भागने की कोशिश करता हूँ। कहने को तो बहुत-सी बातें कह सकता था··· लेकिन मुझे अचानक दिलबहादुर की याद आ गई। उसके दिल में मेरे प्रति कोई बदगुमानी नहीं आई होगी–यह मैं शपथ खाकर कह सकता हूँ। होटलों में बैठकर बहस करनेवाले नेपाली नौजवानों में और तीन नम्बर पहाड़ी के दिलबहादुर में बहुत अन्तर है न !

दिलबहादुर होता तो हँसकर कहता–"भने की कुरा असल हो साथी !"

[साथी ! तुमने जो बात कही–सही है, सही है।]

नई धारा (पटना, संपादक–रामवृक्ष बेनीपुरी) के अप्रैल, 1954 अंक में प्रकाशित। इस रचना का पहला ड्राफ्ट 'अच्छे आदमी' में संकलित

स्टिल लाइफ

अस्पताल में दाखिल होते ही आपका नाम बदल जाता है। आप अपना नाम खोकर किसी नम्बर के नाम से मशहूर हो जाते हैं। बेड नम्बर 5 को 'सीपी डायट' चलेगा, नम्बर 3 को 'एनिमा' देना है, नम्बर 12 का 'ब्लड' लेना है। नम्बर 6 को 'बैक रेस्ट' लगा दो।

माँ-बाप का दिया हुआ, राशिचक्र और भृगुसंहिता द्वारा प्रमाणित आपका नाम

अथवा आपका प्यारा साहित्यिक नाम-उपनाम यहाँ नहीं चलेगा।

मैं बेड नम्बर 1 था। लगातार चौदह महीने तक अस्पताल में पड़े रहने के कारण मेरा यह नाम 'परमानेण्ट'-सा हो गया था। आज भी कभी किसी काम से अस्पताल जाता हूँ, तो वार्ड-कुली हँसकर सलाम करते हुए कहता है—बहुत दिनों के बाद इधर आना हुआ—एक नम्बर बाबू !

और जब-जब अस्पताल जाता हूँ, मुझे बेड नम्बर 4 की याद आ जाती है। दीवाल पर अंकित अक्षर को ध्यान से देखता हूँ—बेड न. 4 !

चौदह महीने में बहुत-से रोगी आये, अपना नाम खोकर किसी बेड नम्बर से पुकारे गये। आराम होकर घर गये अथवा··· । बेड नम्बर 4 पर भी बहुत-से रोगी आये, आकर चले गये। लेकिन उस बार 4 नम्बर बेड पर एक ऐसा रोगी आकर अपनी याद छोड़ गया—जिसे अभी तक भूल नहीं सका हूँ।

'आउटडोर' से स्ट्रेचर पर लेटकर आया, कुलियों ने बेड पर लिटा दिया और वार्ड-नर्स ने बुखार जाँचकर 98.5 पर एक गोल बिन्दी लगा दी। 98.5 एक स्वस्थ शरीर का तापमान !

वार्ड में दाखिल होते ही नये रोगियों की चीख-पुकार तेज हो जाती है, रोना-धोना बढ़ जाता है। नये वातावरण की प्रतिक्रिया बहुत तेजी से होती है। बुखार तेज हो जाता है, दिल की धड़कन बढ़ जाती है और आँखों की रोशनी कुछ ऐसी हो जाती है कि हर आदमी की सूरत भयावनी मालूम पड़ती है। यह अवस्था प्रायः चौबीस घण्टे तक रहती है। अस्पताल की भयावनी रातों में कभी पूर्णिमा का चाँद नहीं आता। बारहों-महीने-तीसों-रात अमावस्या की अँधियारी छायी रहती है !

दिन के उजाले में, जब वार्ड का कोई नम्बर मरता है, उसके रोनेवाले सगे-सम्बन्धियों को वार्ड के डॉक्टर से लेकर कुली तक डाँटकर चुप कर देते हैं—बाहर जाकर रोना-पीटना करो। हल्ला नहीं ! ऐ बूढ़ी, छाती क्यों पीटती है जोर-जोर से।

किन्तु, रात में तो सारे अस्पताल में मरनेवालों की संख्या का अनुमान बेड पर पड़े-पड़े ही लगाया जा सकता है ! यह आवाज 'बेबी वार्ड' की ओर से आ रही है। किसी का फूल जैसा सुकुमार बच्चा चल बसा। माँ छाती पीट-पीटकर रो रही है—तोता रे तोता ! लाली-लाली ओठ तेरे काले क्यों पड़ गये रे बेटा-आ-आ-आ ! अरे कोई मेरे तोते को पकड़कर ला दे रे दैबा-आ-आ !!

दाहिनी ओर टी.बी. वार्ड में भी रोना-पीटना चल रहा है—खून की कै करता हुआ कोई जर्जर शरीर ठण्डा हो गया—अच्छा हुआ, आखिर आदमी खून-कै करता हुआ कब तक जिन्दा रहने की कोशिश करेगा ?

और यह पतली तीखी आवाज 'विमेन्स हॉस्पिटल' से आ रही है। लेबर रूम

में ही प्रसव-पीड़ा से छटपटाती हुई कोई होनेवाली माँ मर गयी, शायद !...

ऐसी मनहूस रातें जिसने करवटें लेकर काट दीं—बस समझिए कि उसका दिल मजबूत हो गया। सुबह को उसकी हालत 'नार्मल' हो जायेगी। और तभी रोग का निदान भी सही हो सकता है, इलाज भी कारगर साबित हो सकता है।

लेकिन, बेड नम्बर 4 को लाकर 'आउट डोर' के कुलियों ने जिस तरह लिटा दिया—लेटा रहा ! न रोया न चिल्लाया। कराहने की आवाज भी नहीं सुनायी पड़ी उसकी !

उसके आने से वार्ड में कोई 'हड़कम्प' भी नहीं मचा।... कभी-कभी किसी रोगी के आते ही वार्ड में बड़ी सरगर्मी शुरू हो जाती है। सगे-सम्बन्धी बार-बार ड्यूटी-रूम से नर्स और डॉक्टरों को बुला ले जाते हैं। नर्स की चाल तेज हो जाती है—खुट-खुट-खुट-खुट ! डॉक्टरों की आवाज गम्भीर हो जाती है—सिस्टर ! आइस-कैप !... कोरामिन !

रोगी के सम्बन्धी, डॉक्टर से हर पाँच मिनट के बाद जाकर पूछते हैं—डॉक्टर साहब, एक बार बड़े डॉक्टर को 'कॉल' दिया जाय... ?

रोगी के दूसरे आदमी वार्ड के मेहतरों और कुलियों को धमकी देते हैं—पेशाबदानी साफ़ करके जल्दी दे जाओ।... यह मत समझो कि ऐसा-वैसा आदमी का रोगी है। ननकेसर बाबू को नहीं जानते ? मिनिस्टर साहब के साले के अपने भतीजे हैं ! सो समझ लो।

वार्ड-कुली बड़बड़ाता है—हाँ भाई, राज ही तुम लोगों का है।

कभी-कभी उत्पात मचानेवाले रोगी आते हैं। आते ही सबसे पहले पलँग की टूटी हुई स्प्रिग की शिकायत करते हैं, तुरंत 'स्पंजिंग' माँगते हैं, गर्म पानी का थैला उठाकर फेंकते हैं—एकदम ठण्डा है। सिस्टर ! यह गर्म पानी का थैला है ? ज़रा छूकर देखिए, एकदम बर्फ की तरह ठण्डा है।

नर्स 'हॉट वाटर बैग' को छूकर देखती है—और कितना गर्म चाहते हैं आप ?

इसके बाद रोगी और उसके साथ आये हुए दोस्त, न जाने क्यों, हँस पड़ते हैं एक साथ ! और नर्स ड्यूटी-रूम में जाकर दूसरी नर्सों से कहती है—'अरी प्रमिला ! 16 नम्बर पर एक 'पार्टी पेशेन्ट' आया है।... बड़ा कानून बघार रहा है। होशियार रहना—दिलफेंक... !' दूसरी नर्स जवाब देती है—'ये पार्टीवाले रोगी बड़े उत्पाती होते हैं, लेकिन किताबें अच्छी-अच्छी लाते हैं साथ में। फिल्मफेयर...'

बेड नम्बर 4 ने ऐसा कोई उत्पात नहीं किया। उसने डॉक्टरों को परेशान नहीं किया, नर्सों को सरपट नहीं दौड़ाया और न वार्ड के कुलियों को कॉल बुक लेकर बड़े डॉक्टरों के पास भिजवाया। 98.5 डिग्री बुखार अपने टेम्परेचर चार्ट पर लेकर वह लेटा रहा—लाल रेखा से नीचे एक काली बिन्दी !!

मैं अपना टेम्परेचर चार्ट खोलकर कभी-कभी देखता था। मिस दास हाथ से

मापती थी, मानो कपड़ा माप रही हो–बाप रे, साढ़े नौ हाथ !··· जन्म-पत्तरी है यह तो !

बेड नम्बर 11 का टेम्परेचर चार्ट देखकर कोई भी कह सकता है–हिमालय की ऊँची-ऊँची चोटियों का रेखांकन है। बेड नम्बर 2 के टेम्परेचर चार्ट और किसी विदेशी संगीत की सिम्फनी में क्या अन्तर है ! किसी सिम्फनी आर्केस्ट्रा का कण्डक्टर इस कम्पोजिशन को सामने रखकर–फर्स्ट वायलिन ग्रुप से कहेगा–मोस्ट टेण्डर नोट··· !

लाल रेखा पर तीन काली बिन्दियाँ–फिर रेखा से नीचे एक बिन्दी ! फिर लाल रेखा से ऊपर दो बिन्दियाँ !!

बेड नम्बर 4 के टेम्परेचर चार्ट पर सिर्फ एक काली बिन्दी पड़ी हुई है। लाल रेखा से नीचे एक काली बिन्दी।··· वार्ड में घूमते हुए डॉक्टरों की आँखें, लाल रेखा से नीचे पड़ी हुई बिन्दी को देखकर जरा भी चंचल नहीं होतीं कभी–नॉट सिरियस !

चार घण्टे के बाद, डायरेक्शन बुक हाथ में लेकर वार्ड-नर्स कोई टेबलेट बाँटने आयी। टेबलेट और दवा बाँटने के समय, नर्स की पगध्वनि छन्द और ताल में बँधी हुई सुनायी पड़ती है–खुट-खुट, खुट-खुट–बेड नम्बर दो··· मुँह खोलो–आँ करो··· निगल जाओ··· ठीक है··· खुट-खुट, खुट-खुट–बेड नम्बर 3 ··· मुँह खोलो–आँ करो··· । बारी-बारी से एक-एक रोगी का मुँह खुलवाती है–मुँह खोलो। रोगी चित लेटा हुआ चिड़ियों की तरह मुँह खोल देता है। मिस साहिबा, मुँह में टेबलेट देकर, छोटे गिलास से एक घूँट पानी डाल देती हैं–निगल जाओ। फिर–ठीक है–के बाद–खुट-खुट, खुट-खुट !

छन्द भंग हुआ !··· बेड नम्बर 4 ! अजी ओ··· उट्ठो ! मुँह खोलो··· बेड नम्बर 4 ?

बेड नम्बर 4 न हिला, न डुला। चुपचाप लेटा रहा। मिस साहिबा विरक्त हुई।··· ललाट पर रेखाएँ खिंच आती हैं जब इस नर्स के··· बड़ी भली दिखायी पड़ती है··· अरे ओ सोनेवाले !

मिस साहिबा ने टेम्परेचर चार्ट पर नजर डाली–नॉर्मल तो है बुखार !

फिर उसने बेड नम्बर 4 के मुँह पर से कपड़ा हटा दिया–घोड़ा बेचकर सोया है ! मिस साहिबा ने पलँग के पाँव में अपनी जूती का ठोकर दिया–बेड नम्बर·· 4 !

और अन्त में उसने कलाई पकड़ी। छूते ही न जाने क्यों, नर्स के ललाट पर खिंची हुई रेखाएँ बिला गयीं। उसने नाक के पास हाथ रखकर परीक्षा की, छाती पर तलहथी डालकर देखा–'अरे, एक्सपायर्ड ?'

खुट-खुट, खुट-खुट, खुट-खुट,··· मिस साहिबा ड्यूटी रूम की ओर तेजी से दौड़ीं–अरे बाबूलाल, 'ओ. डी.' ऑफिस जाते हो ? ज़रा एक स्लिप लेते जाओ। बेड नम्बर चार एक्सपायर्ड कर गया।··· अभी नहीं सर्टिफाई करेंगे तो फिर चार

घण्टे लग जायेंगे··· !

ऑफिसर ऑन ड्यूटी–ओ. डी. आये। स्टेथूस्कोप की थुथनी को छाती पर लगाया। फिर कान से निकेल के 'एयरपीस' को निकालते हुए नर्स की किताब पर कुछ लिख दिया !

बेड नम्बर 4–एक्सपायर्ड !··· मर गया 4 नम्बर ! वह सिर्फ मर गया। किसी का सुहाग नहीं लुटा और न किसी की आँख का तारा ही टूटा। उसके मरने के बाद किसी प्रकार के सामूहिक रुदन का भी कोई आयोजन नहीं हुआ। वह सिर्फ मर गया।··· सिर्फ मरने में अन्तर है।

अस्पताल के नियमानुसार उसका 'बेड-हेड टिकट' और टेम्परेचर चार्ट बना दिया गया था। उसने अपनी ओर से कोई प्रार्थना नहीं की थी। न दवा के लिए रोया-रिरियाया, न ही फल के लिए वार्ड-कुली से झगड़ा, न दूध का गिलास बढ़ाते हुए बोला–जरा लगा के देना, बाबूलाल भाई ! और न मेम साहब से पलँग के खटमलों की शिकायत की।··· ठण्डे होते हुए 'हॉट वाटर बैग' की तरह धीरे-धीरे वह ठण्डा हो गया !

अस्पताल में दाखिल हुआ–इनडोर रोगियों के रजिस्टर के एक कोष्ठ को भरने के लिए एक बूँद रोशनाई खर्च हुई। वार्ड में आया–टेम्परेचर चार्ट पर रोशनाई की दूसरी बूँद खर्च हुई। वह मर गया, मरे हुए रोगियों के रजिस्टर की खानापूर्ति में तीसरी बूँद···

बर्फ-घर के कुलियों का जत्था आया–मेम साहब ! लीजिए 'साइन' कर दीजिए कागज पर जल्दी से।··· बड़े साहब बैठे हैं। इम्तहान चल रहा है।

दूसरे ने कहा–बहुत मार्के से ताजा 'डेड बॉडी' मिल गया। क्यों नन्दू ?

स्ट्रेचर को उठाते हुए नन्दू नाम के कुली ने रसिकता की–चल भैया कदम-कदम बढ़ाके। हटो भाई, जरा निकलने दो–'सेकेण्ड पाट' के बाबू लोगों का 'कोस-चैन' जा रहा है।

एक मेडिकल स्टुडेण्ट हड़बड़ाता हुआ आया और वार्ड-नर्स से पूछने लगा–'मिस दास !··· प्लीज ! बेड नम्बर 4 का 'बेड-हेड-टिकट' जरा दिखलाइयेगा··· क्या केस था, कह सकती हैं ?' नर्स मिस दास अपनी मुस्कुराहट को रोककर बेड-हेड-टिकट और टेम्परेचर चार्ट निकालने लगी।··· तीन-चार और परीक्षार्थी आये, कम-से-कम केस की हिस्ट्री मिल जाये तो समझो पोस्टमार्टम में···।

मेडिकल स्टुडेण्टों ने 'बेड-हेड-टिकट' को इधर-उधर उलटकर देखा–रोगी के नाम की जगह लिखा था–एक रोगी–अचैतन्यावस्था में। पता–लावारिस !··· टेम्परेचर चार्ट पर, लाल रेखा के नीचे एक काली बिन्दी पड़ी हुई थी।

सबों ने एक साथ हँसकर कहा–धत्तेरे की जय हो !

खुट-खुट, खुट-खुट। मिस साहिबा मुस्कुराकर मिक्सचर बाँटने चलीं !

और मैंने करवट लेकर दीवार पर अंकित अपने नम्बर को देखा, बेड-हेड-टिकट

मेरा काफी मोटा हो गया है–पचासों किस्म की रिपोर्ट··· !

तकिये पर अजाने ही दो-तीन बूँद आँख का पानी गिर गया–बेवजह, बेकार, जिसका कोई अर्थ नहीं !

निकष/जनवरी 1957। 'वन-तुलसी की गन्ध' में संकलित

विषयान्तर

नान्हू चौकीदार–मेरे गाँव का चौकीदार है। बचपन से ही देख रहा हूँ, उसकी याद आते ही मन के पर्दे पर एक सिलहुट छवि उतर आती है–गाढ़े लाल रंग की छाया !! ··· सरकारी नीली वर्दी और पगड़ी ही इस 'कम्पलीमेन्टरी कलर' का कारण है–पिछले साल मेरे चित्रकार बन्धु ने बताया।··· 'कम्पलीमेन्टरी कलर' इम्प्रेशनिस्टों का आविष्कार है। फिर उसने 'कम्पलीमेन्टरी कलर' के बारे में समझाते हुए कहा था–किसी भी पत्र-पत्रिका में लाल रंग के मोटे अक्षर या ब्लॉक को देर तक देखने के बाद–सफेद दीवार पर नजर डालने से अक्षर अथवा ब्लॉक की हरी छाया दिखायी पड़ेगी।··· एकदम विरोधी रंग !··· चित्रकार मित्र ने मुझे एक भारी भ्रम से निकाल लिया ! पिछले साल तक इसे मैं कोई 'अलौकिक व्यापार' मानता था !··· नीली वर्दी का 'कम्पलीमेन्टरी कलर'–लाल रंग का नान्हू चौकीदार !

नान्हू की देह–उस नीली वर्दी के अन्दर-ही-अन्दर–इतनी जर्जर हो चुकी है, हाल में मालूम हुआ। 'ढोला कुम्मर' गीत-कथा गाते समय जब वह हाँफने लगा, तब समझा··· मेरे लोकगीतों का यह जीवन्त रेकॉर्ड अब जवाब दे रहा है।··· इसके गीतों की 'टेप रेकॉर्ड' करवाने की बहुत दिनों से बात चल रही है–यानी मेरे मन में ! और, एक स्केच करने की लालसा है; एक स्केच लिखने की इच्छा है।

सामने एक हल्का प्रकाश दे दूँ इस सिलहुट छवि पर ! नान्हू की ऊँची किन्तु भोथरी नाक पर प्रकाश का एक हल्का 'परस' !··· घनी, किन्तु छोटी मूँछों की आड़ में टूटी, उखड़ी दन्त-पंक्तियाँ··· कलेसर का 'नड़हा कुआँ' देखा है न ? टूटी हुई ईंटों पर तरह-तरह के जंगल-झाड़ पैदा हो गये हैं··· !! मगर यही उसकी सजीव मुस्कुराहट की मुद्रा है !! मूँछों के उस पार से झाँकती हुई हँसी··· लगता है, अभी-अभी उसने घुघली-घटवार की गीत-कथा गाकर समाप्त की है।

ऋणी हूँ मैं इस बूढ़े चौकीदार नान्हू ततमा का।··· कुमर बिजैभान, लोरिक, सलेस, घुघली-घटवार और होरिलसिंह के अलावा निलहे साहबों-मेमों की अनेक कहानियाँ उसने मुझे सुनायी हैं।··· मोबर्ली साहेब, एन्थैनी साहेब, मकफरसन साहेब

की··· ! अपनी भरी जवानी में वह रहिकपुर कोठी के विलियम साहब के यहाँ काम करता था !··· सैकड़ों कहानियाँ नाच की, मगरमच्छ के शिकार की, साहेब-मेम की लड़ाई··· बेहयाई की भी !!··· नान्हू का एक स्केच लिखना है। उसकी एक तस्वीर लेनी है और··· !

'स्केच !··· स्केच !!'–जब कभी स्केच लिखने बैठता हूँ–भिंमल मामा की याद आ हाजिर होती है–'क्या लिखता है ? स्केच !!'

मेरे किसी प्रकाशित स्केच को पढ़कर भिंमल मामा ने गाँव के पुस्तकालय में, 'पठनागार' में–खूब रस लेकर बातें की थीं–'हिस्ट्री, स्टोरी, नॉवेल, ड्रामा, खण्ड-अखण्ड काव्य–सब सुना; तब सुना रिपोर्टाचारज ! और, अब यह स्केच ! स्केच !! रेखा-चित्र, शब्द-चित्र !!··· क्या अर्थ ? परिभाषा बताओ !'

भिंमल मामा के चेहरे पर भी रोशनी डाल दूँ ?··· क्योंकि भिंमल मामा से पहले ही परिचय करा देना अच्छा है। स्केच लिखनेवाली कला का मूलमन्त्र मैंने उन्हीं से प्राप्त किया है।··· आज भी वे स्केच का नाम सुनकर चिढ़ते हैं; भड़कते हैं और समय पड़ने पर 'युद्धम्देहि' कहकर ललकारते भी हैं–'नो ! नो ! नहीं, नहीं !! भिंमल को राजा अकबर मत समझो कि बीरबल ने बीच 'परपट मैदान' पर परिस्तान दिखा दिया !··· साबित करो !' आदि-आदि।

भिंमल मामा–सारे परानपुर के मामा ! मेरा घर-गाँव परानपुर··· इसलिए मेरे भी मामा।··· ग्रामवासी योगी हैं। तीस साल पहले पत्नी मुई, मुकदमेबाजी में परिवार की सम्पत्ति समाप्त की। दोनों बड़े भाई तो हिम्मत से गृहस्थी में लगे रहे–किन्तु तीस साल की उम्र में ही भिंमल मामा बगैर मूड़ मुड़ाये संन्यासी हो गये।··· असमय में ही सब बाल झड़ गये। कहते हैं, लगातार आठ वर्षों तक, उन्होंने अपनी मैट्रिक-फेल विद्या-बुद्धि से बहुत किस्म के उद्योग किये, धन्धे फैलाये, मगर हाथ कुछ न आया।··· पिछले बीस साल से उनके सम्बन्ध में और उनके दिमाग के बारे में तरह-तरह की फुलझड़ी कहानियाँ सुनी-सुनायी जाती हैं। गाँव के हर टोले के लोग, कुछ-न-कुछ, जानते हैं उनके बारे में।

–इन्दरजाल पढ़ते-पढ़ते पगला गये मामू।

–न-न, झूठी बात। लग्गो बात। असल बात यह है कि 'मैटरी' में तीन बार लगातार फेल करने के बाद उनकी स्त्री ने···।

–धत् ! सब बे-बात की बात। आदमी बड़ा काबिल है। जरा 'सनकाहा' है। ज्यादा काबिल होने से ऐसा ही होता है। सच्ची बात मुँह पर कहता है, इसलिए किसी से पटती नहीं।

–महामूर्ख है।–पागल है।–कुकाठ है, आदमी नहीं।

साठ की उम्र है।··· हिसाब लगाकर देखा गया है, पिछले बीस साल में गाँव से 'पढ़ुआ' लोगों के सात-आठ दल निकले। हर दल में एक-न-एक काबिल लड़का

निकला। किन्तु भिंमल मामा से किसी काबिल की पटरी नहीं बैठी।··· भिंमलकृत 'भानुमती पेटिका' के तीन सौ तेरासी प्रश्नों के उत्तर की बात तो दूर, उनकी एक पेटेन्ट पंक्ति—'होल्डिंग डाँग ओ सब्जीवाला' का सही अर्थ कोई नहीं बता सका। रामायण की तीन चौपाइयों का शंका-समाधान किसी से न हो सका।··· तो क्या किया ? तो 'कोच्छ' नहीं किया।

गाँव के पुस्तकालय में पठनागार है, जिसे कभी-कभी 'गप्प-घर' बना दिया जाता है।··· छुट्टियों में स्कूल-कॉलेज के विद्यार्थी गाँव आते हैं। नाटक-ड्रामा का प्रोग्राम बनाते हैं, मिटिंग करते हैं अथवा सभी अपने-अपने कॉलेज की उन लड़कियों की कहानी बारी-बारी से कहते-सुनते हैं—जो हिम्मत बाँधकर, कमर कसकर उनके साथ—एक साथ पढ़ने के लिए कॉलेज में उतर पड़ी हैं। भिंमल मामा 'पठनागार' के एक कोने में बैठकर किसी बासी पत्रिका में डूबे रहते हैं। श्रवण-शक्ति को हीन करने के लिए जेब से 'देव-कपास' निकालकर कान में डाल लेते हैं।··· बोलते कम हैं, मगर दौरे के दिनों में अनवरत 'बुदुर-बुदुर' करते रहते हैं। राह चलते लोगों से प्रश्न करते हैं; परिभाषा माँगते हैं और पच्चीस भाषाओं में सलाम करते हैं—'अंग्रेजी में गुड मार्निंग, चाइनिज़ में चुंग चा, फ्रेन्च में लॉ तों, पश्तू में अकरम-बकरम'··· आदि-आदि।··· जाहिर है, दौरे के दिनों में पुस्तकालय और 'पठनागार' में उनका प्रवेश निषिद्ध घोषित कर दिया है।··· इस मामले में भिंमल मामा बहुत सभ्य हैं। बक-बक करते, खड़ाऊँ खटखटाते, आसमान में हवाई जहाज उड़ानेवाले चालक को रामायण की पंक्तियाँ सुनाते भिंमल मामा ज्यों ही पुस्तकालय के अहाते में प्रवेश करते हैं—पुस्तकालयाध्यक्ष एक कार्ड-बोर्ड की तख्ती—जिस पर कुछ लिखा होता है—लेकर खड़ा हो जाता है—पुस्तकालय में आज आपका प्रवेश अनावश्यक है।··· आपकी कोई प्रिय पत्रिका 'पठनागार' में नहीं।

'नो पत्रिका ? देन नो एडमिशन। पत्रिका नहीं तो प्रवेश भी नहीं।'—कहकर वे पास के पेड़ के नीचे जा जमते।

किसी बात को बगैर परिभाषा के यदि गाँव में चलाना चाहेगा कोई, तो उसे भिंमल मामा चलने नहीं दे सकते।··· 'धूल किसी और की आँखों में झोंकना। भिंमल ने हिन्दू पंच, मतवाला, बलिदान अंक, चाँद का फाँसी अंक पढ़ा है।··· लिख तो ले कोई 'लाल चिट्ठी' की तरह किताब ? चन्द्रकान्ता के बाद कोई उपन्यास निकला ही नहीं, उपन्यास की गलत परिभाषा भिंमल को मत समझाओ !'

फिर, परिभाषा देने से ही पिण्ड नहीं छूटने को। वह परिभाषा यदि उनकी बुद्धि में नहीं बैठी तो—ले बलैया !

सब कोई माने; माने—माने सुरुज-चनवाँ;
तबहूँ न माने रामाँ—हमर भिंमल ममवाँ !

उपर्युक्त गीत की रचना हुए दस साल हो रहे हैं। गाँव के लड़कों ने इसे गा-गाकर पुराना कर दिया है, तो क्या, बात सोलहों आने सच है।··· याद है,

रिपोरटाचारज की परिभाषा को भी लेकर भिंमल मामा भड़के थे, किन्तु मैंने उन्हें समय पर समझा दिया था। कम शब्दों में, थोड़े से कठिन वाक्यों में, पाँच बार 'आप तो समझते ही हैं, आप तो पुराने पाठक हैं'–आदि को बैठा दिया। मामा खुश हो गये–'लिखो ! लिखो ! चलेगा !··· मैं समझ गया, ह्वाट इज योर रिपोरटाचारज !'

पिछले दस साल में पन्द्रह बार लोगों ने समझा–भिंमल मामा से मेरी अब ठनी। दो-तीन बार स्वयं मेरी स्थिति डाँवाँडोल हो गयी थी। एक बार निश्चय भी कर लिया था–लड़कर मुक्ति ले लूँ। बकबक-झकझक से छुट्टी मिले। क्योंकि एक बार झगड़ा कर लेने के बाद भिंमल मामा से 'प्रत्यक्ष वार्ता' का सौभाग्य नहीं प्राप्त होता। और, 'प्रत्यक्ष' बैठकर 'अप्रत्यक्ष वार्ता' करने की कला लोगों ने उन्हीं से सीखी है। इसे सभी मानते हैं।

प्रयागचन्द की आदत है कि अपने मन के समाचार अथवा लेखक के 'लेखांश' को वह जोर-जोर से पढ़ता है। पौलिटिकल साइन्स में एम.ए. की परीक्षा देकर आया, तो भिंमल मामा से लड़ाई हो गयी। भिंमल मामा ने अधिकारपूर्ण लहजे में पूछा था, "पौलिटिक्स पढ़कर क्या करोगे, प्रयाग ?··· बगैर पौलिटिक्स पढ़े ही तुम्हारे बाबूजी ने घर-घर में 'पार्टी-पौलिटिक्स' की लत्ती लगा दी है, जो फूल-फल रही है।···"

प्रयागचन्द ने धमकी दी थी, "युवक-सभा की अगली बैठक में सर्वसम्मति से प्रस्ताव पास करके 'कांके'[1] न भेजा तो कहना ?"

इसलिए, प्रयागचन्द जब जोर-जोर से पढ़ता है, तब भिंमल मामा अपनी प्रिय बासी पत्रिका से निकलकर, एक बार चारों ओर देख लेते हैं; फिर दीवार की ओर देखकर जरा खाँसते हैं और जोर से बोल उठते हैं–'सान्ती से ! सान्ती से !'

परमा, शिवमंगल, मनोहर अथवा अन्य सदस्य उनकी 'शान्तिवाणी' का कभी 'केयर' नहीं करते हैं। प्रयाग, किन्तु, कठोर जवाब दे देता है–'चिन्तन करनेवाले कान में रूई ले सकते हैं।'

इस जवाब से भिंमल मामा जरा भी विचलित नहीं होते। पुनः अपनी प्रिय पुरानी बासी पत्रिका में डूब जाते हैं।··· उनका कथन है, 'अप्रत्यक्ष वार्ता' में बात दुहराई नहीं जाती !

हिसाब करके यह भी देखा गया है कि भिंमल मामा हर दो-ढाई महीने के अन्तर पर एक पूरा पखवारा 'पगलैट' बने रहते हैं। उन दिनों उनकी बातों का कोई बुरा नहीं मानता, उनके सवालों का कोई जवाब नहीं देता। हिन्दी, उर्दू, अँगरेजी, बंगला, राजस्थानी आदि की खिचड़ी करके जो भाषा बोलते हैं–उसका प्रयोग अखिल

---

1. राँची के निकट का वह स्थान, जहाँ पागलों की चिकित्सा होती है।

भारतीय पैमाने पर करके सफलता प्राप्त की जा सकती है; किन्तु गाँव में तो प्रलापवाणी के सिवा उसका और कोई महत्त्व नहीं। शब्दों, चीजों और नामों की परिभाषा पूछते हैं अथवा किसी सामयिक राजनीतिक समाचार पर लोगों की राय बटोरते चलते हैं–'कैन यू से व्हाट पाकिस्तान वांट्स ? कह सकते हो तुम कि क्या पाकिस्तान चाहता है ? नो, नो ! यू डोन्ट नो, आई नो–बट नॉट टेल। तुम जानते नहीं, मैं जानता, पर नहीं कहूँ !'

बिना अनुवाद के एक पद नहीं बोलेंगे। अनुवाद तो आपने सुन ही लिया। अनुवाद पर भिंमल मामा की अपनी पक्की राय है।

··· सो, 'स्केच' शब्द की परिभाषा दिये बगैर मैं स्केच लिख रहा था, लिखता जा रहा था। भिंमल मामा कैसे बर्दाश्त करें ? 'पठनागार' में कड़ककर बोले थे–'आस्क हिम दि परिभाषा ऑफ स्केच, एण्ड हि विल प्रोड्यूस चूड़ा एण्ड अमावट, वन एण्ड हाफ सियर··· (अब आप अनुवाद कर ही सकते हैं ! 'डेढ़ सेर चूड़ा अमावट' तो नहीं··· ?)

हमेशा की तरह जब उन्हें 'स्केच' की परिभाषा समझाने की चेष्टा की तों गर्दन हिलाते हुए बोले–'नो-नो ! आइ एम नॉट किंग अकबर··· !'

मानो, लड़ने की पूरी तैयारी कर चुके थे। मामा बोले–'सुनो जित्तन ! शब्द-चित्र, रेखा-चित्र अथवा··· जो भी कहो, लेकिन, मैं नहीं मानता। चित्र, चित्र है और लेख, लेख ! अक्षरों द्वारा, शब्दों द्वारा तुम चित्र प्रस्तुत करोगे ?··· बड़ा जगदीशचन्दरा बासु समझने लगे हो खुद को। क्या समझ लिया है ? सभी राजा अकबर हैं कि दिखा दिया परिस्तान !'

तीन महीने तक वे शिवजी के 'बसहा' की तरह गर्दन हिलाकर अस्वीकार करते रहे।··· प्रश्न मैं क्यों उठाने लगा ? मुझे देखते ही खुद-ब-खुद वे स्केच पर अपनी राय देने लगते थे–'नो जित्तन, नो ! परिभाषा साफ नहीं करोगे, स्केच पढ़ाओगे भिंमल को ? नो, नो !'

एक दिन हठात् मेरे घर आये। बैठे; फिर अपनी चादर के नीचे से एक पुरानी बंगला-पत्रिका निकालकर उलटने लगे। एक पृष्ठ खोलकर मेरे सामने रखते हुए बोले, "ह्वाट्स दिस ? है यह क्या ?"

"स्केच है। नन्दलाल बसु का !"

'स्केच' का नाम है–पड़ोसी। गाँव की गली का एक कोना है; कुछ औरतें एक साथ बैठकर हुक्का पी रही हैं; एक मर्द 'बहँगी' में कुछ लटकाकर जा रहा है; दो मुर्गे लड़ रहे हैं; छोटे-छोटे 'चूजे' गेंद की तरह 'रॉल' कर रहे हैं।··· एक कुत्ता घूरे पर लेटा है। स्केच को गौर से देखने लगा। भिंमल मामा ने, अचानक उत्तेजित होकर कहा–'इसे तुम शब्दों द्वारा प्रस्तुत करोगे ?··· खेल समझा है ?··· देखो जित्तन ! बात समझो !··· देखनेवाले की नजर में एक चित्र एक ही बार समा जाता है। है न ? लेकिन, पढ़ते समय तो पंक्ति-पंक्ति पकड़कर घूमना पड़ेगा पाठकों को। खण्ड-खण्ड से तब टोटल, तब ग्रेण्ड टोटल।··· किसको है इतना

धीरज ?··· कौन समझेगा ?'

समझनेवालों की कमी नहीं होगी, अथवा इसी टाइप के किसी जवाब से लड़ाई मोल ली जा सकती थी। किन्तु, मैं जरा चौंक गया। भिंमल मामा की बात में सच्चाई की मुझे गन्ध लगी–वन-तुलसी की तरह !··· वन-तुलसी की गन्ध जरा ··· कड़वी भी होती है।

दर्शक की सुविधा ? पाठक की असुविधा ?··· कितना सच ?

मुझे गुमसुम देख मामा का उत्साह बढ़ता ही गया–और तब वे 'अनवरत' बोलने लगे–'··· और दिस आर्टिस्ट दि ग्रेट नन्दो लालो को पूछो जाकर। इसे 'प्रद्यूस' (प्रोड्यूस और प्रस्तुत को मिलाकर भिंमल मामा का शब्द) करने में हाउ-मच मण्ड-लेबर करना पड़ा है··· स्पष्ट देख लो, विषय छोड़कर 'विषयान्तर' में गया है। विषय है–पड़ोसी। जो, दो लड़नेवाले मुर्गे हैं। 'विषयान्तर' हैं ये चूजे, यह बँहगीवाला···। सूखी झिंगुनी का स्पंज देखा है न ?··· वैसी ही रेखाओं से बेकार इधर-उधर काम किया है। मगर 'विषय' को जाननेवाला ही विषयान्तर से अपने विषय को स्पष्ट करता है ! जित्तन, आई से, मैं कहता हूँ–यू काण्ट डू··· भाषा द्वारा··· ?'

भिंमल मामा बकते-झकते चले गये, तो मैंने फिर एक बार उस 'स्केच' को देखा–लड़ते हुए मुर्गों की आवाज स्पष्ट सुनायी पड़ी !··· गली की गन्ध नाक में समा गयी, मुर्गों की 'झटपटाहट' से उड़नेवाली धूल के साथ··· !

··· शब्द ! नन्दलाल बसु के पास शब्द नहीं हैं, मेरे पास शब्द हैं।··· उनके लड़ते हुए मुर्गों की आवाज मैं सुन सका। शब्द-शिल्पी क्या शब्दों द्वारा इसे और स्पष्ट नहीं कर सकेगा ?

फिर उसी दिन से मेरे शब्द-चित्रों में, स्केचों में, कहानियों में मुर्गे बोलने लगे; मोटर के हॉर्न, गाड़ी की सीटी, ढोलक के ताल-शब्द उतरने लगे।··· कहीं इसकी अधिकता से कान की झिल्ली बन्द हो सकती है, यह सब अनुभवों से जान रहा हूँ।··· न-न ! पाठकों की असुविधा मैं जानता हूँ, समझने की चेष्टा करता हूँ। अपनी आदतों की अच्छाई-बुराई से सतर्क हूँ; क्योंकि स्वयं एक पाठक हूँ।··· पढ़नेवाले का धैर्य ?···

भिंमल मामा स्केच तो नहीं पढ़ते, कहानियाँ मेरी खोजकर अवश्य पढ़ लेते हैं–साल में एकाध यदि कहीं निकलती है।··· भिंमल मामा बासी पत्रिका ही पढ़ते हैं। दैनिक समाचार-पत्र के बारे में उनका कहना है–'दैनिक खबर मत पढ़।··· जैसा वह है, वैसा मैं हूँ। जो तुम्हारे गाँव की ख़बर, वही संसार का समाचार।··· गाँव की पार्टी-बन्दी में फरीक अव्वल एक मूरख-गँवार आदमी है, दूसरा सम्भवतः जाहिल। गाँव के झगड़े में जैसी बेवकूफी-भरी बातें; संसार के झगड़नेवालों के नेताओं की बातें मिलाकर देखो।··· मिलाकर देखा; एकदम सही।'

भिंमल मामा को मन-ही-मन प्रणाम किया ! गाँव के अन्य लड़कों से उनका झगड़ा जारी ही रहे, इसी की चेष्टा करता रहा। क्योंकि मुझे भय हुआ, भिंमल मामा दूसरों को भी मूल मन्त्र दे देंगे।

··· भिंमल मामा-साइकिल्स (चक्र) में एक-डेढ़ सौ कहानियाँ हैं। मैं सिर्फ स्केचवाली कहानी सुना रहा हूँ। नान्हू चौकीदार का स्केच तो आज होने से रहा। विषयान्तर हो ही गया है तो और दो कड़ी।··· मोटी रेखाओं में काम कर दूँ–आपको सुविधा होगी।

नयी प्रयोगवादी कहानी लिखते पाँच-सात साल हो रहे, चार साल पहले एक दिन भिंमल मामा आये और बोले–'वाह ! वाह ! गूड-गूड-भेरी गूड ! गूड-बेटर-बेस्ट !··· अच्छा, बहुत अच्छा ! सुन्दर–बेहतर–सर्वश्रेष्ठ !··· खूब लिखा–'मोरंग बनिजरवा !' हू-ब-हू, एक्जैक्ट !'

मुझे स्मरण हुआ, भिंमल मामा-साइकिल्स में मोरंग (नेपाल) की लदनीवाली कहानी भी है।··· वही, एक बार उन्होंने सोचा कि स्वावलम्बी होने के लिए गाड़ी की बहलमानी क्या, लाट साहब की दीवानी क्या, सब बराबर।··· घर से पूँजी लेकर, गाड़ी-बैल लेकर निकले। मोरंग से धान और लकड़ी लाकर प्रौफिट करने लगे।··· लम्बी कहानी है।

'समझे जित्तन ! ठीक तुम्हारा कहानी का झबू गाड़ीवान की तरह हम भी मोरंग की तराई में, गाँवों में घूमा है।··· साखू पेड़ के नीचे, धूनी जलाकर 'बसेड़ा' किया है।··· बाघ को कनस्तर बजाकर भड़काया है··· एकदम एक्जैक्ट ? मोरंगिया जोंक तुमने कहाँ देखा, जित्तन ? साला ! ठीक पत्तों के नोक पर आकर लकपकाता रहता है··· !'

समझ गया–कहानी ठीक उतरी है–सही !··· भिंमल मामा को मन-ही-मन प्रणाम किया। वे पुरुष द्वारा लिखी कहानी को पुलिंग कहते हैं; कहानी तो लेखिका की होती ही है।

एक-एक शब्द के लिए झगड़नेवाले भिंमल मामा ने बहुत-से शब्दों की रचना की है। उनके साथ उनके शब्दों में बातें करने से वे बहुत खुश होते हैं।··· फिर, गलती से यदि कभी गलत निकला, बस भिंमल मामा उठकर खड़ाऊँ खटखटाते–ठीक नाक की सीध··· ।

··· दुखान्त नहीं, दुखदायेण्ड। सुखान्त नहीं, सुखदाता। टेलीग्राम को तार कहिए, वे नहीं कहेंगे–ट्रा। हाँ, टेलीग्राम को 'ट्रा'। इसकी वैज्ञानिकता सुनियेगा ?

आपको एक दूसरे शब्द की कहानी बताऊँ। मेरे जिले में 'कामत' का प्रचलन खूब है। कभी 'कामत' शब्द की जाति, धर्म, नस्ल पर ध्यान नहीं दिया। लिखना पड़ा, लिख दिया–मोहनपुर कामत पर कोई कामती स्थिर होकर नहीं रहे, फिर भी एक सौ मन धान हुआ।··· आपने नहीं समझा ? घर से दूर, दूसरे गाँव में जमीन खरीदकर खेती करने के लिए जो घर बनाया जाता है, उसे 'कामत' कहते हैं। फॉर्म कह लीजिए।··· कामत की एक खास विशेषता है कि वहाँ स्त्री के साथ आप नहीं रह सकते। घर का कोई 'समांग' भी कमतिया हो, तो भी नहीं।··· फिर एक-एक किसान के पास दर्जनों 'कामत'।

तो भिंमल मामा ने प्रश्न उपस्थित किया एक दिन, " 'कामत' की परिभाषा ? उत्पत्ति ?"

मैंने कहा, "सम्भवतः यह उर्दू शब्द है। हमारे इलाक़े में मुसलमान जमींदारों के कई 'कामत' थे।"

"उँहू ! रौंग ! ग़लत ! सही अर्थ मैं जानता हूँ। एक महीने का समय देता हूँ। पटना जाते हो, लिख भेजना पण्डितों से बूझकर। देखूँ, सही अर्थ बता सकता है या नहीं।"

पटने आकर भूल गया। एक कार्ड मिला भिंमल मामा का–'ह्वाट्स कामत ?"

उर्दू के एक मशहूर कथाकार से पूछा। बोले–'यह तो अरबी का शब्द है अकामत। इसका अर्थ है–रहने की जगह। इसी से कामत हुआ है।'··· भिंमल मामा को कार्ड लिख दिया।

दूसरे दिन एक पाली जाननेवाले मित्र ने कहा–' 'कामन्ती' का अर्थ पाली में होता है–खेती की रखवाली करनेवाला। इसी से कामन्त हुआ होगा।'··· भिंमल मामा को दूसरा कार्ड लिख दिया।··· दो महीने के बाद घर गया तो भिंमल मामा हँसते हुए मिले–'बोथ रौंग। दोनों ग़लत। न अकामत, न कामन्त। सही शब्द है–कामान्त। पुराकाल में, बड़े गृहस्थ के परिवार में किसी व्यक्ति को यदि किसी कारणवश स्त्री-वियोग सहना पड़ा, तो वह अपने 'काम' का अन्त कर देता था। परिवारवाले गाँव से बाहर उसके लिए 'कामान्त' बनवा देते थे। वहीं रहकर वह खेती-बारी देखता था ! ऐसे कामान्तियों द्वारा लगायी हुई फसल···।'

स्केच की बात कहूँ। एक महीना पहले की घटना है। भिंमल मामा आकस्मिक ढंग से एक दिन लापता रहे ! मालूम हुआ कि बीमार हैं तो और भी आश्चर्य हुआ ! कभी तो उन्हें बीमार होते नहीं देखा गया।··· तीन दिनों तक जब घर से नहीं निकले, तो गाँव के लड़कों ने समझा कि भिंमल मामा क्या चीज हैं।··· प्रयाग, शिवमंगल, मनोहर आदि पूछने गये थे। भिंमल मामा की पड़ोस की मौसी ने कहा–"पगलवा तो बीमार है, बबुआ !'··· भिंमल मामा अपनी झोंपड़ी के अन्दर से ही बोले–'नो एडमिशन पेरिपड मेडिटेशन।'··· शिवमंगल कहता है, बोले–'मेडिटेशन'। मनोहर कहता है–'नहीं-नहीं', मामा बोले–'मेडिसिन।'

दूसरे पहर, मैं गया। बन्द दरवाजे पर हल्की थपकी दी। दरवाजा खुल गया। देखा, भिंमल मामा शीर्षासन करने की तैयारी में लगे हैं, "क्या है मामा ? क्या समाचार ?"

"आओ जित्तन ! मैं तुम्हें बुलानेवाला था।··· गूड, गूड, वेरी गूड ! गूड-बेटर-बेस्ट।··· सर्वश्रेष्ठ !··· तुम्हारा कहानी पढ़ा। पढ़ा ही नहीं। बड़ा जुल्म किया तुम्हारी कहानी।··· आई विल ईट फीस। मैं खाऊँगा माछ।··· नॉट मीट। नहीं मांस।"

"ऐं ? क्या बात है ?"

भिंमल मामा कण्ठीधारी वैष्णव तो नहीं थे–किन्तु 'मांस-मछली' शब्द का उच्चारण भी नहीं करते थे। और, अचानक···

"पूछता, क्या बात है ? तुम्हारा कहानी जादू डाला। उसमें एक मछली मारनेवाला की बात है।··· डिस्ट्रिक्ट बोर्ड पुल के नीचे, काली कोसी में मैं भी 'बँड़सी' लेकर मछली मारता था।··· एकदम एक्जैक्ट··· ।"–भिंमल मामा ने अपने 'छिट्टे' (बुकसेल्फ) से पत्रिका निकाली–'चाँद-सितारे'। अपने जिले की मासिक पत्रिका है 'चाँद-सितारे'। ··· इस अंक में मेरी 'माछ का झोल' प्रकाशित हुई थी।··· बाहर की किसी पत्रिका में इसलिए भी नहीं दिया कि मछली की बात थी।···

भिंमल मामा ने जरा उत्तेजित होकर कहा, "मैं वैष्णव नहीं। आत्मा नहीं माँगता था, नहीं खाता था। तुम्हारा कहानी पढ़ने के बाद–मेरा आत्मा डोला है। मैं सपने में मांगुर मछली देखता हूँ, पकड़ता हूँ।··· खाता हूँ। मैं मछली खाऊँगा। मैं कल से 'बँड़सी' की लग्गी लेकर डिस्ट्रिक्ट बोर्ड पुल के नीचे जाकर बैठूँगा··· अहा ! क्या बताऊँ।··· एक्जैक्ट, उसी तरह ! सेवार से भरी काली कोसी, करमी के खिले हुए असंख्य फूल, पानी में गोता मारकर मछली पकड़नेवाली चिड़िया–माछ लोकनी ! ··· टिटही की आवाज··· बगुले का ध्यान ! एक्जैक्ट !–पानी में तैरती हुई मछलियाँ ! ··· मछलियाँ !"

तीस साल का वैष्णव मेरे कारण फिर से पथभ्रष्ट होने जा रहा है।··· गाँव के लड़के पागल हो जायेंगे; जब भिंमल मामा बँड़सी की लग्गी लेकर निकलेंगे। ··· फिर आदत लगी तो पुस्तकालय, वाचनालय का सपना भी न देखेंगे।··· जब भिंमल मामा ही नहीं आये वाचनालय में तो··· क्या बैठेगा कोई एक क्षण पुस्तकालय के अहाते में।··· सब दोष मुझे मिलेगा।

मैं घबरा गया। भिंमल मामा ने मुझे दिखाया, उन्होंने इन तीन दिनों में सबकुछ तैयार कर लिया है। बँड़सी की जेरी कैसी होनी चाहिए, मुझे समझाने लगे !··· 'चाँद-सितारे' के सम्पादक पर गुस्सा हो आया। 'माछ का झोल' एक छोटा स्केच था। सम्पादकजी ने कुछ लिखा ही नहीं। भिंमल मामा पढ़ गये, इसी से। विषय-सूची में देखा, लिखा था–माछ का झोल (स्केच)। तुरत, मेरे मुँह से निकल पड़ा, "मामा ! यह तो स्केच है। आप कैसे पढ़ गये ?"

"धत् !··· झूठी बात ! स्केच नहीं, कहानी है।"

"देखिए, क्या लिखा है विषय-सूची में।"

"गेट आउट ! जाओ बाहर। क्रिमिनल, फौजदार !··· तुमने मुझे मछली खिला दिया धोखे में।··· यू··· यू··· वेट ! ठहरो !"

जीवन में पहली बार देखा–भिंमल मामा को आक्रमण करने की चेष्टा करते। मैं उठ खड़ा हुआ तो वे चुप हुए। फिर बोले, "जित्तन, डोण्ट··· डोण्ट !"

मैं चुपचाप चला आया। भिंमल मामा रो पड़े थे !!

भिंमल मामा से मेरी लड़ाई है। अब अप्रत्यक्ष वार्ता होती है। मैंने उनसे सन्धि करने की सैकड़ों बार चेष्टा की, पर बेकार !

कल गाँव से समरेन्द्र आया है। कह रहा था–भिंमल मामा अब आक्रमण करने लगे हैं। अपनी भाषा भूलकर अब सीधे ग्राम्य शब्दों में गाली देते हैं।··· दारोगा

साहब तीन बार आये हैं।

समरेन्द्र ने यह भी बताया कि दौरा के पहले भिंमल मामा ने समरेन्द्र की नयी कविता सुनकर कहा था–

हतो तुलसूरवीन्द्र छन्द रटि के
अब समरेन्द्र करे-हरफन्द-डटि के

मैं अपने को दोषी समझता हूँ। भिंमल मामा की आत्मा को मैंने ही 'चलायमान' कर दिया।··· देवता ! मुझे क्षमा करें।··· दोष, थोड़ा 'चाँद-सितारे' के सम्पादक के सिर थोपकर भी मुक्ति नहीं।

और, भिंमल मामा के नाम की भी कहानी है। नाम–विजयमल्ल सिंह। 'सिंह' को मामा ने सन् उन्नीस सौ बीस में ही उड़ा दिया। लिखने लगे–व्ही. मल्ल, म. म.। चूँकि भिंमल कृत 'भानुमति पेटिका' के सभी प्रश्नों का उत्तर कोई नहीं दे सकता, इसलिए उन्होंने महोमहापाध्याय जोड़ना शुरू किया। संक्षेप में–म. म.। बाद में नाम हुआ–भिंमल मामा। वे किसी के मामा नहीं, और न··· !

··· गान्हू चौकीदार का स्केच आज नहीं हो सका !

अवन्तिका/जनवरी, 1956

एक स्मृति : एक पत्र

आदरणीय

विजयादशमी के दिन उ के यहाँ मध्याह्न भोजन के पहले एक जाति विशेष के विरुद्ध आपकी 'कुपितवाणी' सुनकर आतंकित हो गया। यों, इसके पहले एक कविता में आपकी घृणा की हल्की झलक मिल चुकी थी। नहीं-नहीं, इससे भी पहले 'अग्नियुग' में, अनेकों के सुर-में-सुर मिलाकर आपने भी 'दूधवस्त्र' पानेवाले श्वानों के प्रति आक्रोश प्रकट किया था। स्वीकार करता हूँ, हमें प्रेरणा मिली थी उन पंक्तियों से।

स्वतंत्रता-प्राप्ति के बाद, राम-राज्य के किसी राम के कुत्ते के प्रति लिखित आपकी 'घृणावादी' कविता पढ़कर सहानुभूति हुई थी। आँखों के सामने जो छवि उतरी थी, उसे यहाँ आँकने की चेष्टा कर रहा हूँ।··· सुफेद खादी की धोती और रेशमी खादी कुर्ते में एक व्यक्ति, अति विरक्त मुद्रा में, बाएँ हाथ से धोती की फुकुंदी पकड़े, दाहिने हाथ की लाठी ऊपर उठी-टिकी आकाश में, सड़क के किनारे,

डस्टबीन के पास किसी राम के कुत्ते द्वारा उत्पीड़ित-आतंकित !! लाठी से इसलिए नहीं मार सकते कि लाठी कीमती है और राम का कुत्ता है 'घवहा', यानी घाववाला। क्षत-विक्षत, गलित अंग-प्रत्यंग !! भद्रव्यक्ति इस पर नालवाले जूते से ही प्रहार कर सकते हैं। अतः कामना करते हैं कि हे राम ! या तो मेरे जूते में नाल दो, अथवा अपने कुत्ते के गले में चमोटी एक डाल दो।

आपकी उक्त घृणावादी कविता को पढ़कर भरोसा हुआ था कि चमोटी-पट्टावालों से आप नाराज नहीं हैं। चाहे, वह राम का घवहा कुत्ता ही क्यों न हो !

किंतु, उस दिन जितना-सा और जो कुछ भी सुना, सुनकर दुखित हुआ। इसलिए, सेवा में यह लंबा पत्र !

··· उस दिन दिवंगत सिप्पी के लिए मेरा मन और भी ज्यादा रोया। क्योंकि पिछले आठ वर्षों से, वह विजया के आनंद-उत्सव में हमारे साथ था। यह पहली विजयादशमी थी, हम बिना सिप्पी के 'देवीदर्शन' को गए थे।··· मेरा सिप्पी जब अपने अगले दोनों पाँवों को झुकाकर, लंबे-झबरे काले बालोंवाले कानों को हिला-डुलाकर, थुथनी धरती पर रखकर देवी को साष्टांग दंडवत् करता, तब देवमंदिर में एकत्रित··· !!

क्षमा कीजिएगा ! कुत्ता पालनेवालों की पहली कमजोरी यह होती है कि वे हर बात में अपने कुत्ते की भी बात मिलाकर बोलते हैं। और, एक बार मौका मिल जाए, तो घंटों वे अपने कुत्ते की कहानी कहते रहेंगे।···

हर कुत्ता पालनेवालों की तरह, मुझे भी यह ज्ञान प्राप्त हो चुका है कि दुनिया दो भागों में विभक्त है। एक श्वान-प्रेमियों की, दूसरी कुकुर-विरोधियों की। मैं नहीं चाहता कि मेरी आशंका सही साबित हो और आपको विरोधी-कैंप में देखूँ। साहस करके, इतना लंबा साहित्यिक पत्र इसलिए लिख रहा हूँ कि आप कवि हैं। कोई इतना बड़ा कवि, श्वान-विरोधी कैसे हो सकता है ? नहीं तो, मुझे कुत्ते ने नहीं काटा कि एक जाने-माने श्वान-विरोधी के सामने अपने पोष्य श्वान का गुनगान करूँ।

हिंदी के अन्य लेखक-कवियों ने भी यदा-कदा श्वान-चर्चा की है। सूर-तुलसी-कबीर से लेकर (इस छोर पर किसका नाम उचारूँ ?) दासानुदास तक को उद्धृत कर सकता था। किंतु, नहीं करूँगा। और, कुछेक का चर्चा करने का लोभ संवरण भी नहीं करूँगा--आप पत्र पढ़ना फिलहाल स्थगित कर सकते हैं।

[अँगरेजी में, जैक लडन की किताब--White Fang ('व्हाइट फैंग') बहुत अच्छी किताबों में से एक है ! उनकी एक कहानी 'आग' में भी एक कुत्ता है।··· अँगरेजी नहीं ?]

महाकवि निराला का श्वान-प्रेम–किससे छिपा है। को नहि जानत ?··· हिंदी में 'अश्क' की पुरानी कहानियों में उस अंधश्वान की कहानी सभी श्वान-प्रेमियों द्वारा याद की जाएगी–युगों तक ! मेरा विश्वास दृढ़ है कि कुकुर-विरोधियों ने उसे पढ़ा भी नहीं होगा। और, पढ़े बिना ही–मेरी इस सामान्य उक्ति के लिए

'युद्धमूदेहि' कहकर आस्तीन समेटेंगे।

नए कवियों में श्रीमान लक्ष्मीकांत वर्मा की एक कविता ! बस, यही समझिए कि सैकड़ों राम के सैकड़ों कुत्तों से परीशान नगरी का एक जीवंत रूप आँक दिया है–ल. का. वर्मा साहब ने।··· इलाहाबाद में चातुर्मास व्यतीत करने के बाद ही उस कविता का सही मूल्य आँका जा सकता है। चार महीने में एक दिन–किसी-न-किसी दिन–प्रयाग की किसी सड़क पर एक ऐसी गाड़ी देखेंगे; नहीं-नहीं, सुनेंगे–क्योंकि उस गाड़ी के चलने की आवाज को सुनते ही सभी राम के कुत्ते भाग-भागकर अली-गली में छिपने लगते हैं। उस पिंजड़ानुमा-झड़झड़ाती-हड़बड़ाती गाड़ी के पास आने पर आप देखेंगे कि उसमें एकाध दर्जन राम के कुत्ते, बगैर पट्टा-चमोटीवाले, सभी किस्म के मरियल कुत्ते, संतों की सूरत बनाकर बैठे हैं। घाव से जरजर, क्षत-विक्षत··· गाड़ी की कर्कश झड़झड़ाहट··· [अब इसको सही शब्द (आवाज) चित्र के रूप में कौन पेश करे ? करने पर, कुछ जन कान बंद कर कोसने लगते हैं] मेरा अनुमान है (हल्का, दावा भी !) कि प्रयाग को छोड़कर ऐसी अद्‌भुत 'कुत्ता-पकड़-गाड़ी' और किसी नगर की नगरपालिका के पास नहीं होगी। श्रीमान लक्ष्मीकांत वर्मा की उस कविता को पढ़ने के पहले मैंने वह गाड़ी देखी थी या बाद में, यह याद नहीं। किंतु, आज भी जब-जब उस कविता को पढ़ता हूँ–कुत्तागाड़ी की झड़झड़ाहट के साथ पकड़े जानेवाले अभागे कुत्तों की चीख-कराह और पकड़नेवालों की क्रूर किलकिलाहट–सबकुछ स्पष्ट सुनता हूँ। ··· बहुत देर तक, सिर्फ इलायची चबाने को मन करता है।

कुट्टिचातन् ने (हाँ, हिंदी में ही) अपनी 'सब रंग' में 'कुछ वर्गवाद' शीर्षक प्रबंध में सुथरी और वैज्ञानिक चर्चा की है, श्वान की। शायद, इसी कारणवश किसी आलोचक ने वैसी अच्छी किताब की कहीं भी चर्चा नहीं की–तिल-भर भी।

और दासानुदास ने अपने मीत को रूपायित करने की चेष्टा की। तो कुछ जन ने आरोप लगाया कि किताब खोलते ही, भूँकने लगता है–बाँख-बाँख ! पढ़ना मुश्किल है, भौंक के मारे !

इतना-कुछ कहने के बाद निवेदन कर रहा हूँ, अपने उसी मीत, दिवंगत सिप्पी की स्मृति-कथाओं में से एक छोटी कथा ! सिप्पी मेरा प्यारा साथी, जिसने इस धराधाम पर किसी चूक के कारण श्वान-कुल में जन्म पाया था। (यों कहिए कि श्वान के रूप में वह आदमी था) धराधाम पर जन्म पाया था कहना ठीक नहीं हुआ। क्योंकि, सिप्पी का जन्म वायुयान में हुआ था। कलकत्ते से काठमांडू जा रही थी सिप्पी की माँ।··· एक बात। यदि कोई श्वानपालक अपने कुत्ते के उच्च और पवित्र वंश का दावा करे, तो उस पर अविश्वास मत प्रकट कीजिए। सिप्पी के सहोदर अन्य बहन-भाई राजघराने में पले, अब भी पल रहे हैं। सिप्पी ने हमारे साथ फकीरी स्वीकार की।··· अब क्या कहूँ, आपने कभी पाला ही नहीं कोई। किसी भी जाति का नहीं।

कुत्ता पालने के दूसरे ही दिन आप देखेंगे कि आपके बहुत-सारे पुराने मित्र

हठात् दुश्मन हो गए हैं और अनेक नए लोगों की मित्रता आपको अनायास ही प्राप्त हो गई है। शाम की गोष्ठियों में—साहित्य और राजनीति के बादशाह-वजीरों की शह-मात पर बहस करने के बदले, आपके विषय होंगे—कुत्ते को मिठाई क्यों नहीं देनी चाहिए ! केनाइन-टुथवाले प्राणी शाकाहारी हो सकते हैं या नहीं ? कुत्ते पर अंतरिक्ष-यात्रा की प्रारंभिक परीक्षा मानवीय कर्म है या दानवीय अथवा अमानवीय ? आदि-आदि !

जो आपके साथ ही आपके कुत्ते को प्यार करेगा, उसे ही आप अपना सच्चा मित्र मानने लगिएगा। और, सबसे बड़ी बात तो यह कि कुत्ता पालने के बाद आपकी भी—सिक्स्थ सेंस यानी छठी ज्ञानेन्द्रिय सक्रिय हो जाएगी। जीवशास्त्रियों के कथनानुसार, कुत्ते की छठी ज्ञानेन्द्रिय बहुत सक्रिय होती है। सूँघकर आगत-अभ्यागत को समझ लेता है।··· गाँव में महामारी के दिनों, रात में कुत्तों को दल बाँधकर रोते सुना है, आपने ? मैंने देखा है, वे अक्सर चौराहे पर बैठकर सम्मिलित रोदन करते हैं। कहने का मतलब यह कि कुत्ता पालने के बाद आप भी सूँघकर सबकुछ समझ सकेंगे। पलक मारते ही सारी परिस्थितियों को भाँप सकते हैं। कठिन-से-कठिन घड़ी में आपकी बुद्धि आपका साथ नहीं छोड़ेगी। सदा सतर्क रहना आपका स्वभाव हो जाएगा। रात में जगने की आदत लग जाएगी, दिन की एकाध झपकियों से ही काम चल जाएगा। कभी-कभी ऐसा होता है कि श्वान-पालक के व्यक्तित्व की विशेषताओं के कारण, कोई कुत्ता अभूतपूर्व हो जाता है। आपका पोष्य श्वान ऐसा हो कि उसके बाद उस स्वभाव का कोई कहीं नहीं दिखाई पड़े। शरत्चंद्र चट्टोपाध्याय के स्नेह में पले 'भेलू' के बारे में लोगों का यही कहना है—वैसा स्वभाववाला कुत्ता और कहीं नहीं देखा ! (शरत् बाबू के भेलू की कई कहानियाँ याद आ रही हैं लेकिन लिखूँगा नहीं !) जब आप पालना चाहें, कॉकर स्पेनियल ही पालें। ये कलाकारों के लिए ही जन्म लेते हैं। और, उसकी दुम जड़ से कटाना नहीं भूलेंगे। सिर्फ यही जाति है जिसकी पूँछ उसकी सारी सुंदरता को विनष्ट करती है। फिर कुत्ते का दुम हिलाना ही एक कुत्ते को कुत्ता बनाता है। आपका कुत्ता दुम हिलाए, यह कैसी भद्दी बात होगी, सोचिए ज़रा !

सिप्पी के रूप-रंग की सुंदरता और स्वभाव की विशिष्टता के बारे में मैं कुछ नहीं कहूँगा। हिंदी तथा बंगला के बहुत-सारे लेखकों और कवियों का स्नेह-स्पर्श उसे प्राप्त था। प्रयाग में एक वर्ष रहा। वहाँ तीन-तीन अखिल भारतीय सम्मेलन हुए, साहित्यिकों के !··· पंतजी ने बहुत मीठे शब्दों में, उसकी देह पर, हाथ फेरते हुए कहा था—मित्र हूँ, तुम्हारा ! समझे, सिप्पी !··· मशहूर (बदनाम !) मितभाषी अज्ञेय को, सिप्पी से घंटों बातें करते, देखा-सुना गया। बेनीपुरीजी कहीं भी मिलते तो सबसे पहले पूछते—तुम्हारा मीत कैसा है ? भैरवप्रसाद गुप्तजी पर, न जाने क्यों टूटता था सिप्पी उस तरह नाराज होकर—समझ नहीं सका। डंडा हाथ में लेकर तो अन्य लेखकगण भी आते थे। और, भैरवजी हमसे मिलनेवाले हर मित्र को सावधान करना नहीं भूलते थे—उनका कुत्ता बदमाश है। ज़रा सँभल के जाइएगा !

–श्वान के रूप में उस आदमी को जिसने नहीं पहचाना, वह वह··· क्या कहूँ–उसे ?

··· बात यह है कि तीन-चार मास पूर्व ही उसकी मृत्यु हुई है। घाव इतना ताजा है कि उसके संबंध में कुछ बोलते समय मन का बाँध टूट जाता है !··· विजयादशमी के दिन मुझे सिप्पी की काशी-यात्रा की याद आती रही। सिप्पी की याद कभी अकेली नहीं आती। बचपन से अब तक के सभी पोसे-पाले पशु-पक्षियों की यादों की भीड़ लग जाती है।··· कीर-कपोत-कूजन, नेवले की गुर्राहट, बिल्ली की म्याऊँ, हिरण के गले की बजती घंटी और कुत्तों की विभिन्न बोलियाँ गूँजने लगती हैं मन में ! सिप्पी ने काशीधाम में गंगा-स्नान किया था। प्रयाग में त्रिवेणी-संगम पर नहाया था। निराला-दर्शन किया था। विश्वनाथ-दर्शन किया था। बराहक्षेत्र-धाम की पहाड़ी यात्रा भी उसने खुशी-खुशी तय की थी !··· काशी से लौटने के बाद किसी भी पूर्णिमा को उसने मांसाहार नहीं किया !··· मेरे दो पत्रकार मित्रों को उसने काटकर मेरा दुश्मन बना दिया या वे दुश्मन ही थे–इसलिए उसने काट लिया–कह नहीं सकता। सिप्पी के बनाए मित्रों में–प्रसिद्ध भरतनाट्यम नाचनेवाली··· आज भी··· छोड़िए··· अब सिप्पी की काशी-यात्रा की कथा सुन लीजिए !

उस समय सिप्पी मात्र तीन साल का था। पूजा की छुट्टियाँ काशीधाम में काटने के पवित्र प्रस्ताव को मैं बार-बार काट देता। पत्नी ने अंत में झुँझलाकर पूछा–'आखिर, इस बार काशी जाने का उत्साह तुम्हारा इतना कम कैसे हो गया ? तुम ! काशी नाम सुनते ही सदा उत्फुल्ल होनेवाले तुम। तुमको क्या हो गया ?–मैंने हारकर, बात साफ कर दी–उँगली से दिखलाकर कहा, 'यह तुम्हारा सिप्पी। यह भी जाएगा तो ?'

'जाएगा ? माने··· क्या कहते हो, तुम ? इसको पंद्रह-बीस दिनों तक छोड़कर जाने की कल्पना भी तुम कर सकते हो ?'–पत्नी ने मुझे इस तरह देखा मानो मैं सौ हृदयहीनों का एक हृदयहीन होऊँ।

सिप्पी की काशी-यात्रा के विरुद्ध एकत्रित छोटे-मोटे कारण सिलसिलेवार सुनाता गया मैं, और तरकारी काटती हुई पत्नी मेरी हर दलील को थोथी बताकर किनारे रखती गई। मैंने कहा–'होटलवाले उसके प्रवेश पर एतराज करेंगे।'

'नहीं जाना है किसी होटल-वोटल में।'–मेरी पत्नी ने पुरानी बातों का बंडल खोला–'उस बार सात ही दिन में कितना वसूल किया होटलवाले ने आँख में धूल झोंककर, सो याद नहीं ! मैं तो इस बार कोई कमरा भाड़ा लेकर रहूँगी। जिसे होटल में रहना है रहे।'

मैंने अपना अंतिम एतराज सुनाया–'फिर, काशी-जैसी पवित्र नगरी में कुत्ते को लेकर जाने में क्या तुक है ? न घाट पर जा सको इसको लेकर और न किसी मंदिर में।' सड़े हुए बैंगन के टुकड़े को दूर फेंकते हुए पत्नी बोली–'तो क्या हुआ ? काशी में कुत्ते नहीं होते' क्या ?'

बात आगे नहीं बढ़ पाई, क्योंकि बातचीत के दर्म्यान गुमसुम बैठा हमारा प्यारा झबरा, रेशमी काले बालोंवाला मीत··· सिप्पी उठकर अचानक उछल-कूद करने

लगा। उसने सूँघकर समझ लिया कि उसकी यात्रा की बात भी पक्की !! नियत तिथि को हम चले। सिप्पी के टिकट में इस बार कोई दिक्कत नहीं हुई। विथ ओनर यानी अपने साथ ले चलने के लिए अलग अनुमति लेनी पड़ती है··· कुछ अतिरिक्त भाड़ा देकर। किंतु, गार्ड के साथ उस पिंजड़े में कुत्तों को ले चलनेवाले आखिर कुत्ता पालते ही क्यों हैं, समझ नहीं सका !··· स्टेशन के मालबाबू श्वान-प्रेमी जीव निकले। गाड़ी आने ही वाली थी और चेन में बँधा हुआ सिप्पी मुझे राह दिखाता हुआ 'पार्सल रूम' में ले गया। पहुँचकर उसने मालबाबू के टेबिल पर अपने अगले दोनों पाँवों को रख दिया। मालबाबू ने प्यार से कुछ कहा, फिर सभी कामों को एक ओर रखकर सबसे पहले सिप्पी का टिकट बना दिया। उन्होंने टिकट बनाते समय पूछा–'पियोर कॉकर स्पेनियल है न ?' फिर, धीरे-से बोले–'लॅवली।'

गाड़ी में, खिड़कियों पर दोनों पैर रखकर भागती हुई धरती को अचरज से देखता··· तेज हवा को सूँघता हुआ वह बैठा रहा, फिर बर्थ के नीचे जाकर सो गया। इसके पहले की यात्रा में मुगलसराय में एक बार एक बंदर ने हमें थोड़ा परीशान किया था, बनारसी चूड़ी और चुनार की मिट्टी के शेर बेचनेवालों ने भी कई बार ठग लिया था। इस बार सभी वेंडर हमारी खिड़की के पास आकर हाँक लगाते और सिप्पी की डाँट खाकर अकचकाकर भागते–हमारी खिड़की के पास कोई आवे तो–न आदमी, न बंदर !! काशी में गाड़ी से उतरते समय, बगल के कंपार्टमेंट से एक कलकतिया परिवार उतरा–छोटे-बड़े सब मिलाकर बीस-बाईस तो होंगे ही। परिवार की बड़ी माँ, अधेड़ बंग भद्र महिला सिप्पी को देखकर मुँह बनाती बोली–'ओ बाबा ! कुकुर एसे छे काशी !' भद्र महिला की मंडली के सबसे नटखट बालक को तब तक सिप्पी ने एक डाँट बता दी–'ए ! कंकड़ी से मारता क्यों है !'

इस बार हमारे ताँगे की बल्लियों को पकड़कर दोनों ओर सायकिल पर चलते हुए, अपने होटलों की तारीफ करते हुए अभद्र होटल-दलालों की भी नहीं चली। सबसे पहला जो आया, वह अपने होटल का नाम भी नहीं कह सका पूरा; ताँगे की बल्ली पर हाथ रखा कि चीख पड़ा सिप्पी–'ए ! क्या अभद्रता है ?' और वह सायकिल सहित लड़खड़ाकर गिरा। इसके बाद फिर पास खड़े पोथी-पतरा लेकर प्रस्तुत पंडाजी की भी हिम्मत नहीं हुई। और, और··· उधर उस कलकतिया परिवार के ताँगे के पीछे ? हरि बोल ! पंडे, होटल-दलाल, कुली वगैरह सब मिलाकर एक छोटी-मोटी भीड़। बाल-बच्चों से खचमखच ताँगे और उसके पीछे अपनी-अपनी टेर लगाते हुए ये लोग ! दशाश्वमेध पहुँचकर फुटपाथ पर हमारे ही साथ कलकतिया परिवार ने भी अपना सामान उतरवाया। सिप्पी ने भद्र महिला की परीशानी का अंदाज लगा लिया था–एक ही मिनट में उसने सारी परोपजीवियों की टोली को दस फर्लांग दूर हटा दिया। भद्र महिला ने आशीर्वाद दिया था–दोनों हाथ उठाकर–'बेचे थाक बाबा ! ए बार बुझलाम ये तुमी केन काशी एसेछो !'

आज अनुभव करता हूँ कि उस यात्रा में संभवतः उसी भद्र महिला के आशीर्वाद ने सिप्पी को बचा लिया। क्योंकि, दूसरे ही दिन उसको प्राण-घातक संकट का सामना करना पड़ा। कमरा भाड़ा लेकर हमने रात काटी और अहले सुबह आवश्यक सामान लेने निकल पड़े सिप्पी के साथ। आप तो जानते ही हैं–उस समय दशाश्वमेध घाट पर सुबह का मेला लगा रहता है। रंगीन बैलून और गुब्बारों को देखता, तरह-तरह के बाजों का सुर सुनता वह चेन में बँधा–हमें भीड़ में राह दिखाता आगे बढ़ रहा था कि, न जाने किधर से एक विकराल रूपवाला बिना चमोटी-पट्टावाला कुत्ता आया और उसने बिल्ली की तरह पीछे से टूटकर सिप्पी की गर्दन पकड़ ली। पकड़कर इस तरह झकझोरना शुरू किया कि मेरे हाथ से चेन छूटकर गिर पड़ी। मुझे तो काठ मार गया–पत्नी के हाथ में तुरत खरीदी हुई लोहे की कलछी थी–किंतु वह भी सिर्फ चीखती रहीं। लपककर चेन पकड़ा किंतु सिप्पी के गले का पट्टा कट चुका था। किसी तरह छुड़ाया तो सिप्पी की जीभ मुँह से बाहर निकलकर काली पड़ गई थी। साँस का कोई पता नहीं, प्राण का कोई चिह्न नहीं। वह दृश्य कभी नहीं भूल सकता–मेरी पत्नी उसको गोद में लेकर सडक पर पगली की तरह दौड़ रही है, चीख रही है–'कोई पानी दो–एक चुल्लू–अरे, मेरा सिप्पी मर रहा है।' गंगा नहाकर वापस जानेवाले पुण्यात्मा कुत्ते के लिए अपनी झारी से कैसे जल दें ? पास ही एक घोड़ा-हौज दिखाई पड़ा। हम उस पर पहुँचे तो ताँगेवालों ने एक स्वर में विरोध किया–'हें, हें उसमें नहीं !!' लेकिन मेरी पत्नी ने कुछ नहीं सुना–मुँह पर पानी के छींटे डाल-डालकर उसने सिप्पी की मूर्छा तोड़ी। रक्त और पानी से लथ-पथ शरीर सिप्पी का–मेरी पत्नी का वह रूप, हमें घेरकर खड़ी एक भीड़। किंतु, भीड़ में भी वही बात; आधी दुनिया श्वान-प्रेमियों की और आधी विरोधियों की। श्वान-विरोधियों के चेहरों पर संतोष के भाव थे, मुँह में विष-व्यंग्य में बुझी बातें थीं–'अजब शौक है !! कुत्ते के लिए कलेजा पीटते हैं, लोग–बड़ा पुण्यवान था, काशी में मर गया !'

श्वान-प्रेमियों की हमदर्दी बिना किसी मिलावट की थी। निकटतम पशु-अस्पताल की सूचना देने से लेकर घाव पर तुरत कौन-सी दवा लगाई जाए–प्रेमियों ने बता दिया। एक प्रेमी बालक दौड़कर कोई टेबलेट ले आया। हमने जिस मुहल्ले में कमरा लिया था, उसके बच्चों से सिप्पी ने एक ही घंटे में दोस्ती-दुश्मनी कायम कर ली थी–सो, जब घायल सिप्पी को गोद में लेकर हम गली में घुसे–हमारे पीछे उस मुहल्ले के बच्चों की एक पूरी मंडली थी–चुपचाप, शोकातुर, मंगलकामना में गुमसुम !! उनकी फिसफिसाहट अब भी सुनता हूँ, मानो।··· 'काट लिया है–हाय-हाय ! बहुत घाव है, भगवान जाने ! जै बाबा विश्वनाथ !'

पड़ोस की अंधी बूढ़ी ने कहा–'भैया, कालभैरो को कुछ कबूल देव। सब ठीक हो जाई।' पत्नी कालभैरो और आसभैरो को मना आई। तीन दिनों तक सिप्पी बिछावन पर लेटा रहा। तीन दिनों तक हमारी हर खिड़कियों के पास–उदास गुमसुम सिप्पी के नए बालसखाओं का दल आता और बिना कुछ बोले वापस चला जाता।

चौथे दिन सुबह, वह चंगा हुआ। घाव सूख चले थे और उसके कंठ में उसकी बोली वापस लौट आई थी। उसकी पहली ही पुकार पर हम प्रसन्न होकर जगे–जै बाबा विश्वनाथ ! सिप्पी बोलता है !!

पास-पड़ोस के प्यारे बच्चे दौड़ आए–प्रसन्न ! सिप्पी अच्छा हो गया ! चंगा हो गया ? भाल हये गेछे ?···

उस यात्रा में, सिप्पी ने गंगा-स्नान किया और जहाँ से एक श्वान जितना-सा विश्वनाथजी का दर्शन प्राप्त कर सकता है, किया ! दुर्गाजी को प्रणाम किया। विसर्जन के दिन, भीड़ में हमारे साथ रहा, हमें रास्ता दिखाता हुआ। इतना सतर्क कि राम या विश्वनाथ के किसी कुत्ते को देखते ही टूट पड़ता !!

उस यात्रा में बनाए मित्रों की चिट्ठियाँ अब भी आती हैं–सिप्पी के नाम !

यदि आप चाहें तो आपके लिए एक 'पप्पी' की व्यवस्था की जा सकती है।··· खत बंद करने का मन नहीं करता। लेकिन सोचता हूँ, कहीं आप मेरे पोष्य की कहानी सुनते-सुनते विवश होकर कुत्ता नहीं पालने की प्रतिज्ञा न कर बैठें ! अतः इत्यलम् ।

आपका

दासानुदास !

ज्योत्स्ना के अक्टूबर, 1959 में प्रकाशित
तथा 'आत्म-परिचय' में संकलित

एक बलंद खुदी··· उर्फ मशहूर नकबेसर का किस्सा (गुटका)

तब श्री चित्रगुप्त ने चिंतातुर होकर एक लंबी साँस ली और हिंदुस्तान के नक्शे की ओर देखा। अपने लेखनशाला के लेखपालों की ओर मुड़कर बोले–नहीं, इस जीव का जीवन-लेख मैं खुद लिखूँगा। मुझे ही लिखना होगा !

भारतवर्ष के मानचित्र में–बिहार प्रांत के पूर्णिया जिले के एक उजाड़-झाड़-झंखाड़ और जंगली इलाके की भूमि पर, उँगली डालकर बोले–यहाँ, इस गाँव में एक ऐसे जीव को भेजा जा रहा है जो एक ही साथ–सुर और असुर, सुंदर और असुंदर, पापी और विवेकी, दुरात्मा और संत, आदमी और साँप, जड़ और चेतन–सब कुछ होगा ! धरती की माँग पर इसे विशेष रूप से भेजा जा रहा है।

अतः 4 मार्च, 1921 ई.–शुक्रवार को उस उजड़े औराही-हिंगना गाँव में जब आम की डालियाँ मधुमयी मंजरियों से झुक गईं, फगुनियाँ हवा–मधु से माती–धूम मचाने लगी तो नकबेसर लेकर उड़ भागनेवाला कागा अचानक अमंगल की आशंका से अशुभ और डरावनी 'भाखा' में–क्-क-क् काँ-आँ-आँ-यँ वँ-वँऽऽ–बोल उठा। कि, उसके चोंच से (रतन जटित) नकबेसर छूटकर धरती पर गिरा और त्राहि-त्राहि कर उठा··· एक अंधकूप घर के घुप्प अँधेरे में इलाके की मशहूर डायन–बूढ़ी की जलती हुई निगाह कुछ ढूँढ़ने लगी तथा अपनी पतोहू के कोख से निकली हुई संतान को पुल्लिंग पाकर परम प्रसन्न हुई। किंतु, उसकी धतूरे के बीज-जैसी काली काया को देखकर घृणा से मुँह बनाती हुई बोली–अरे, यह धतुरिया कहाँ से आ गया ?···

छठ्ठी की रात तक चित्रगुप्तजी लेखनी थामकर बैठे रहे। श्रीमान धतूरी नाथ को छठ्ठी के एक दिन पूर्व से ही छींकें आने लगीं। डायन दादी ने 'चाँदमडुआ' नामक प्रसिद्ध वनौषधि की कोमल पत्ती को घी के चिराग में सेंककर इनके ब्रह्मांड पर रखा। किंतु नवजात जीव के रोदन और 'छींकन' में कोई कमी नहीं। दादी घबड़ाई–चाँदमडुआ की पत्ती भी नहीं मानती सर्दी ? और बच्चे की आवाज जब बिल्ली के मरियल बच्चे की तरह सुनाई पड़ने लगी तो उसके छह दिन के बाप से नहीं रहा गया। भुटिया घोड़े पर सवार हुआ–ऐड़ लगाई और घोड़ा हवा हो गया। (हाँ घोड़े का रंग सादा था।) शहर पहुँच, गोपाल बाबू डागडर को सब हाल सुनाया–विनय की मुद्रा में हाथ जोड़कर गुमसुम खड़ा रहा। डागडर गोपाल बाबू ने सब हाल सुनकर आलमारी से एक बोतल निकाली जिस पर लोहे के तार में जाली मढ़ी हुई थी। और लेबुल पर अंग्रेजी में एक कलापूर्ण दस्तखत किया हुआ था···

दवा की शीशी घर में पहुँची कि चूहे के बच्चे की तरह चीं-चीं करते हुए शिशु के चेहरे पर अचानक एक चमक खेल गई। आश्चर्य ! दवा की पहली बूँद मुँह में पड़ने के पहले ही वह मुस्कुरा पड़ा–आँख मूँदे ही ! मनचाही चीज आ गई !··· उस दिन गिनकर चार बूँदें जो उसे चटाई गईं, उसमें अमृत की एक ही बूँद थी। बाकी, तीन बूँदों (जहर) की आग को, इस नवजात नीलकंठ ने अपने नन्हें कलेजे पर झेल लिया–छठी की आधी रात को ! कहा भी है, होनहार बिरवान के होत चीकने पात ! सियारों के दल ने करुण सुर में सामूहिक विलाप शुरू किया। मरघट के बूढ़े पीपल पर बैठे लोलुप और उत्कर्ण राजगिद्ध ने निराश होकर डैने झटपटाए। उल्लू ने कचपचाकर रात ढल जाने की सूचना दी !··· पुरइन के पात पर पड़े एक धड़कते कलेजे से जुड़ा, सोया–नकबेसर !!

तब चित्रगुप्तजी मुस्कुराकर बोले–अहो ! इस शैतान संत की जीवन-कथा अवश्य ही मद-मधु और हलाहल में बारी-बारी से लेखनी बोरकर–लिखने योग्य है !!

और, उन्होंने ऐसा ही किया !

उन्होंने लिखा–जातक का नाम पहले फणीचंद्र पड़ेगा–जो गाँव-घर में फनींदर

से फुनेसर और फुलेसर कहलाता हुआ–बाद में अपने को फणीश्वरनाथ रेणु के नाम से प्रसिद्ध करेगा।

चूँकि, जातक ने छठ्ठी की रात को दूध के बदले–'नीट' यानी निखालिस जॉन एक्शा नंबर वन पान किया है, इसलिए छः वर्ष की उम्र से ही शीशी-बोतल में रखे हर तरल पदार्थ को पीने की चीज समझेगा। सुख-संचारक कंपनी की मशहूर दवा 'सुधा सिंधु' हो या डॉक्टर एस.के. बर्मन का अर्ककपूर 'काफ' अथवा लखीविलास चाहे किरासन तैल ! और इसके ब्रह्मांड पर चाँदमडुआ (जिसकी जड़ पागलपन और हाई ब्लड प्रेशर की रामवाण औषणि है) की सेंकी पत्तियाँ डाली गई थीं–इसलिए जड़ी-बूटी के नाम पर भाँग-धतूरा, गाँजा-चरस, चंडू-अफीम और संखिया सेवन करके सिद्ध होने की चेष्टा करेगा।

वैष्णव परिवार में जन्मे हुए शांत प्रकृति के पुत्र की बाल-लीला देखकर इसके माता-पिता चिंतित रहेंगे। सिर में तेल और आँख में काजल लगाने के डर से भागकर 'धनखेती' में सारा दिन धान रोपनेवाले मजदूरों के साथ कीचड़-पानी में मछली और केंकड़ा पकड़ता फिरेगा। घर लौटकर गुनगुनाती हुई आग में डालकर उन्हें भूनेगा। जलते हुए जीवों की चिड़ाइन गंध वैष्णव परिवार के चोआ-चंदन-धूप-धूना-मय सुगंधित वातावरण पर छा जाएगी।

नकबेसर लेकर भागनेवाले कागा के श्राप से यह सात साल की उम्र में ही प्रेमवाण से घायल होकर, विरह-व्यथा से तड़प-तड़पकर महीनों रतजगा करके सपनों के जाल बुनेगा। आलस्य की बुनियाद उन्हीं दिनों पड़ेगी। इस कारण, जीवन-यात्रा-पथ में–जवानी में कदम रखने के बहुत पहले से ही–जहाँ छाँह देखेगा वहीं लेटकर जीवन-भर सुस्ताना चाहेगा। आलसी, कामी और क्रोधी यह मनुष्य पहले दर्जे का लोभी होगा। शुक्रवासर को इसने जन्म ग्रहण किया है, इसलिए शुक्र प्रबल रहेगा। और इसके प्रबल प्रताप से हर तरह के सु और कु-कर्म का भागी हो सकता है। अर्थात् चोरी-डकैती और हत्या के इल्जाम से लेकर चिटिंगबाजी और 'चमचोरी' तक (सही अर्थ के लिए, जानने को उत्सुक पाठक आदरणीय महाकवि केदारनाथ मिश्र से पत्र-व्यवहार करें क्योंकि **धर्मयुग** की एक कहानी में इसका व्यवहार मैंने किया था। उसका अंग्रेजी अनुवाद...)।

नकबेसरवाली ने अपने नकबेसर को फिर से पाकर आनंदातिरेक में इसे दोनों आँखों से लगाकर कलेजे से लगा लिया था–इसलिए थोड़ा पुण्य, कुछ यश, और स्वल्प अर्थ भी अर्जन करेगा !...

भगवान चित्रगुप्त ने जो जीवन-लेख लिख दिया–वह कैसे मिटे। मुझे उनकी 'स्क्रिप्ट' के अनुसार चलना पड़ रहा है–चल रहा हूँ। इसलिए राह में मुझसे बुरा-भला जो कुछ हुआ–हो रहा–होनेवाला है–उसकी जिम्मेदारी मेरी नहीं। लिखने में तो कुछ लगता नहीं, भोगना पड़ता है अदा करनेवाले को। जीवन के सुख और दुःख को

भोगने को बनाई गई माटी की इस काया का भला क्या दोष ?

लेकिन, ऐसे अश्लील रचना लिखनेवाले को मैं माफ नहीं कर सकता। इरादा है–जब लिखूँगा कुछ रख-ढँककर नहीं लिखूँगा। अपने जीवन-काल में ही उसे प्रकाशित करके सारी विवादास्पद बातों की सफाई (अर्थात् रॉयल्टी की मोटी रकम खाकर) करके ही इस धराधाम से जाऊँगा। यहाँ से जाने के बाद प्रकाशित होनेवाले संस्करण में मेरी जो नंगी तस्वीर छपे–उसकी व्यवस्था करके जाऊँगा। जीवन-काल में बाँह से कटी गंजी और अंडरवियर पहनकर खिंचवाई गई अपनी तस्वीर छापने की इजाजत दे सकता हूँ। नागा-साधु संप्रदाय के लोग भी लोकालय में लँगोटी पहनते हैं !

आज आत्म-(स्केच) रेखाचित्रण के नाम पर उस वृहद ग्रंथ की विषय-सूची संक्षिप्त व्याख्या-सहित प्रस्तुत है। (विज्ञजन इसे विज्ञापन समझें तो मुझे और भी अशेष प्रसन्नता होगी।)

विषय-सूची के प्रथम अध्याय का एक अंश बतौर संक्षिप्त व्याख्या के सुनिए–

मसलन–कागा के श्राप से प्रेमवाण से घायल होने की बात को ही लीजिए। हमारे गाँव के एक किनारे से एक कच्ची सड़क गई है। सड़क के किनारे ही हम लोगों के कलमी आमों का एक बड़ा बागीचा है। उन दिनों बागीचा के पास ही एक 'पाकड़' का पुराना पेड़ था। उसके नीचे राही-बटोही बैठकर सुस्ताते थे। वहाँ गाड़ियाँ लगतीं, डोलियाँ रुकतीं। किसी दुलहिन की 'सवारी' देखते ही हम दल बाँधकर चिल्लाने लगते–लाल डोली, लाल कनियाँ (दुलहिन) पान खा हे···

लेकिन, वह दुलहिन नहीं थी–किसी की !

गाड़ी रुकी और वह अपनी माँ का हाथ पकड़कर मुस्कुराती हुई उतरी। लाल सालू की घेरदार घाघरी, कान में 'रूपे' के नन्हे-नन्हे झुमके और माथे में 'सिंथबंध' (माँग को आर-पार ढँकनेवाला जेवर)– 'सिंधबंध' के चाँद पर हरे काँच का टुकड़ा जड़ा। आम की पत्तियों को हटाकर सूरज ने उसको झाँककर देखा। मेरी आँखों के आगे–सात रंगों के तरंग !

संयोगवश मैं भी अपनी माँ के साथ था। हमारी माताओं ने आपस में बातें कीं। एक-दूसरे से परिचित हुईं। किंतु हम दोनों एक-दूसरे को देखते रहे–एकटक। मेरी सारी काया में–रोम-रोम पर एक अपूर्व राग गूँजने लगा। तब हमारी माताओं ने–हम दोनों की चर्चा की–बारी-बारी से। मेरी माता (और पिताजी भी) उन दिनों किसी आगंतुक से यह कहना नहीं भूलते–इरो हिंदी और बंगला, दोनों रामायण की बहुत-सी चौपाइयाँ कंठस्थ हैं। और, यह गाता भी है···

हर कांड के कई चौपाइयाँ, दोहे, सोरठे–बगैर किसी सिलसिले के गा देता था–पर मुझे उस दिन यही पंक्तियाँ याद आई थीं–'मन जाहि राखहु मिलहि सो बर सहज सुन्दर साँवरे–करुणा-निधान सुजान शील सनेह जानत रावरे।'

उनके बैल सानी-पानी खा-पीकर तृप्त हुए, उनका गाड़ीवान गाँव में जाकर तम्बाकू पी आया, तब उन्होंने चलने की तैयारी शुरू की। मुझे लगा–मेरा सबकुछ

जा रहा है। मैं जोर-जोर से रोना चाहता था। मैं भगवान से विनती करने लगा–गाड़ी का पहिया टूट जाय··· थोड़ी देर के लिए और 'बिलम' जाय गाड़ी।

पर दूर जानेवालों की गाड़ी ऐसी ढीली-ढीली नहीं होती कि किसी की मनौती कबूल कर बिगड़ जाए।···

··· और, मन में यह बात उपज गई कि झूठ बोलना छोड़कर यदि झूठ लिखा जाए तो यह पाप पुण्य में बदल सकता है।··· और, अब तो झूठ का जहाज ही चला रहा हूँ। पेशा ही यही है।

किंतु, अपने बारे में आज कुछ लिखते समय करीब आधा दर्जन लँगोटिया यारों की याद आ रही है।–वे किसानी करते हैं, गाड़ीवानी करते हैं, पहलवानी करते हैं, ठेकेदार हैं, पान की दुकान चलाते हैं, शिक्षक हैं, एम.एल.ए. हैं। भूतपूर्व क्रांतिकारी और वर्तमान काल के सर्वोदयी हैं, वकील हैं, मुहर्रिर हैं, चोर और डकैत हैं। वे सभी अपना पेशा करते हुए मेरी रचनाओं को सदा खोजकर पढ़ते हैं। वे मेरी कहानियों में, मेरे उपन्यासों में, मेरे जीवन में घटनाओं की छायाएँ ढूँढ़ते रहे हैं, मिलने पर आपस में बातें करते हैं। और, कभी-कभी मुझे छेड़कर कहते हैं–"साले।··· वह जो लिखा है सो 'वहाँ' वाली बात है न ? इस्स !" उस बार मेरे एक पूज्य शिक्षक ने एकांत में पूछ ही दिया था–"अच्छा एक बात बताना तो ?··· वह अफीम खाकर आत्महत्या करनेवाली घटना की कहीं कोई छाया–अथवा उस घटना के मूल में जो कहानी थी–सो··· ?" अपना यशस्वी लेखक का मुखौटा लगाकर मैं उनके इस प्रश्न पर विज्ञजनोचित हँसी नहीं हँस सका। सकपकाकर इतना-सा बोला–"वही तो··· पता नहीं क्या··· शायद, उस अप्रिय और मूर्खतापूर्ण घटना की ग्लानि के कारण मैं उसे भूलता, भूलता गया। और सच कहता हूँ सर, आपने कहा तो अचानक मुझे याद आई–अभी।"

तो, कहने का तात्पर्य यह है कि–अपने बारे में अथवा आत्मपरिचय देनेवाले लेख में, जहाँ भी मैंने किसी बात या घटना को जरा भी तोड़ा या मरोड़ा कि वे सभी–जो जहाँ हैं–मुझे गालियाँ देंगे। और कई दोस्तों से हार-जीत की बाजी लगाकर प्रतिज्ञाबद्ध हूँ–अपने बारे में जब लिखूँगा–बेपर्द होकर लिखूँगा। अपने जीवन में उसे प्रकाशित करने का भी साहस नहीं हो–जीवन-लीला समाप्ति के बाद छपाने की अनुमति किसी भी प्रतिष्ठित और जिम्मेवार प्रकाशक को दे जाऊँगा। (एडवांस जीवन-काल में ही वसूलकर खा लूँगा।)

नेपाल के जंगलों में मचान पर बैठकर जिन मित्रों के साथ शेर का शिकार किया, वे फिलहाल ऐसी स्थिति में नहीं कि मेरे डींग का विरोध कर सकें अथवा मेरी हास्यास्पद स्थितियों का रोचक वर्णन ही सुनाकर मुझे छोटा बना सकें।

अपने जिले के तीस प्रतिशत गाँवों में गया हूँ–पाँच गाँव और पाँच परिवार में वर्षों रह चुका हूँ। टी.बी. से पीड़ित होकर लगातार एक वर्ष तक अस्पताल

में (सचमुच) लेटा रहा हूँ। 'कंप्लीट रेस्ट' का अर्थ है सोए-सोए सभी कार्य। हाँ, नेपाली भी लिख-पढ़ लेता हूँ–बंगला भी। उर्दू के रोजाना अखबारों की सुर्खियों और मासिक पत्रिकाओं की कविताएँ टटोलकर पढ़-समझ लेता हूँ।

'मैला आँचल' की प्रसिद्धि के बाद–चेहरे पर लगातार एक मुखौटा धारण करके जी रहा हूँ। घुटकर मर नहीं जाता–कारण है। मैं हर दूसरे या तीसरे महीने अपने गाँव भाग जाता हूँ, जहाँ मैं घुटने से ऊपर धोती या लुंगी उठाकर–फटी गंजी पहने गाँव की गलियों में–खेतों और मैदानों में घूमता हूँ, जहाँ अश्लील से अश्लील गालियों के बगैर कोई किसी से बात नहीं करते–पशु और पक्षियों तक की माँ से निकटतर संबंध स्थापित करने की तमन्ना होती है जहाँ के लोगों में (जी, मैं भी देता हूँ। मुझे भी लोग देते हैं।), अश्लील से अश्लीलतम घटनाएँ जहाँ दिन-रात घटती हैं। एक-से-एक चोरी, एक-से-एक क्राइम··· (जी हाँ, मैं भी कर चुका हूँ।)

गाँव जाकर मुखौटा उतारकर–ताजा हवा में फेफड़ा मजबूत कर लेता हूँ–सूरज की आँच में अंग-प्रत्यंग को सेंक आता हूँ। (हमारे गाँव में लोग बाँस की झाड़ियों में या मैदान की ओर मुक्तकच्छ होकर निवृत्त होते हैं न···) फिर पटना आते समय भद्रता का मुखौटा ओढ़ लेता हूँ।

अब इसे उतार फेंकना चाहता हूँ।

चित्रगुप्तजी के 'परताप' से अपनी 'चालीसा' में जो-जो 'चलित्तर' मैंने किए हैं–उसकी मोटी-मोटी बातें बता देता हूँ। इन बातों का मेरी रचना-प्रक्रिया से क्या संबंध है या हो सकता है, वह विवेकी पाठकगण जानें।

पेशे के नाम पर मैंने राजनीति को छोड़कर (या इसे भी पेशे में ही जोड़ा जाए) जो-जो काम किए हैं–उसकी तालिका प्रस्तुत है। मित्र की मिठाई की दुकान की मैनेजरी कर चुका हूँ–दो महीने। शहर के प्रतिष्ठित पुस्तकालय में–नौ महीने लाइब्रेरियन। एक राइस एंड आयल मिल्स की नौकरी–दूर-देहात में जाकर धान खरीदने की–तीन दिन। आल इंडिया रेडियो में–ढाई-तीन वर्ष। दासानुदास ने अपने दास जीवन से काफी लाभ उठाया है···

राजनीति में–स्टुडेंट फेडरेशन से लेकर किसान सभा, मजदूर आंदोलन और दो-दो मुल्कों के आजादी के आंदोलन में–सशस्त्र क्रांति में सक्रिय भाग लिया है। गुरिल्ला लड़ाई लड़ चुका हूँ। वर्षों जेल में रहा हूँ। 'सेल' की सजा भोगी है–लाठी खाई है··· (कहीं कोई रोक रहा है–बस-बस !···)

प्रेम नहीं, प्रेमों में पड़ा हूँ प्रेमी बनकर तीन-चार सालों तक प्रेमी के निराले पंथ (यहाँ मुझे पं. राधेश्याम कथावाचक रचित अभिमन्यु नाटक का वो गीत बेहद गाने का मन कर रहा है–गा लेने दीजिए जरा सस्वर–देखो प्रेम का पांथों नि-रायला हाँ देखो···) पर ठोकरें खाते फिरने का अभिनय करना पड़ा है। प्रेमनगर में कई घर बसाए–सब संसार को तजकर। कई घर आँधी और तूफान में उड़े और किसी में घर के चिराग से आग लगी। कई घर अभी बरकरार हैं। कई दिलों में फिर घर··· (कहीं कोई टोक रहा है–कट !)

साहित्य–पठन-पाठन–रामायण, महाभारत, पंचतंत्र (बेंकटेश्वर प्रेस, मुम्बई !) से शुरू करके मेला छपनी, बेटीबेचवा, बटोहिया, ननदी-भउजिया, विदेसिया, सिंहासन बत्तीसी, बेताल पचीसी, चंद्रकांता··· (बकौल मरहूम भिंमलमामा के, हिंदी में चंद्रकांता के बाद कोई उपन्यास प्रकाशित ही नहीं हुआ। देखिए–दासानुदास कृत उपन्यास–परती:परिकथा) बेहतर हो कि पढ़ाई-लिखाई की बात गोल कर दूँ। क्योंकि स्वयं चित्रगुप्तजी मेरे जीवन-लेख में लिखते समय अन्यमनस्क हो गए थे।

साहित्य-रचना–(स्कूल-कालेज मैगेजिन छोड़कर) 1945 में कलकत्ता के साप्ताहिक 'विश्वमित्र' में पहली कहानी प्रकाशित हुई–बट बाबा। इसके बाद 1949-50 तक करीब एक दर्जन कहानियाँ 'विश्वमित्र' में ही प्रकाशित हुईं–पहलवान की ढोलक, जीवन में घुले हुए रंग, कलाकार, पार्टी का भूत (दीपावली विशेषांक में–सन्-ईस्वी याद नहीं) 1947 या 48 से पटने के साप्ताहिक 'जनता' में–रिपोर्ताज-लेखन–जै गंगा ! (बाढ़ पर) डायन कोसी, एक टु आस्ते-आस्ते। (शरणार्थी कैंप से लिखित एक पत्र जिसे संपादक मित्र ने छाप दिया और पार्टी के बाहर के स्थानीय साहित्यकारों में हाहाकार मच गया–मारो साले को ! पंचायत बैठी–स्वयं साथी जयप्रकाश नारायण ने··· (इस प्रसंग में गिरह लगा दूँ।)

अब मैं प्रस्ताव करता हूँ कि अब इस लेख में भी गिरह लगा दिया जाए।

उपसंहार करते हुए–चंद सतरें और।

मैंने रात में भैंस चराया है, रात में पानी में भीगकर मछली का शिकार किया है, जाड़े की भोर में तीन बजे ही उठकर तीसी के फूले हुए खेतों में बटेर फँसाया है। (इसकी फँसाने की विधि सचित्र जानने के इच्छुक लेखक से पत्र-व्यवहार कर सकते हैं।) कलाली (भट्ठी) में बैठकर-झूम-झूमकर गीत गा-गाकर दारू पीया है–बारातों में घोड़ा दौड़ाया है पगड़ी बाँधकर–गाँववालों के साथ मिलकर लाठी से बाघ मारा है।

(बोलो हो पंचो अर्थात् औराही-हिंगना के निवासियो–मैं झूठ कहता हूँ !)

अप्रकाशित/रचनाकाल संभवतः नवंबर, 1963

पांडुलेख

अपने बारे में जब कभी कुछ लिखना चाहा–जी.बी.एस. की मूर्ति उभरकर सामने खड़ी हो जाती–आँखों में व्यंग्य और दाढ़ी में एक भेदभरी मुस्कुराहट लेकर। और, कलम रुक जाती। अपने बारे में सही-सही कुछ लिखना संभव नहीं।··· कोई लिख

ही नहीं सकता।

इसलिए, मैं इस ओर से निश्चिंत था। मित्रों ने 'आईने के सामने' नंगा होने को कहा। किंतु, मैं अपने चेहरे पर पड़ा मुखौटा तक नहीं उतार सका। कथा-दशक-योजना की घोषणा हुई तो फिर चिंतातुर हुआ। कथा के साथ दो तस्वीरें चाहिए। एक बाहरी सूरत की, दूसरी अंदर की ? या फोटो के साथ दो कथाएँ ?··· मार डाला !

भाई रामकुमार ने कई स्केचों के माध्यम से 'आत्मकथ्य' प्रस्तुत किया और ईर्ष्या के मारे मेरा दिल जलने लगा। कहना नहीं होगा, मन कुंठित हो गया। कलम कठा गई। तकाजे की ध्वनि क्रमशः तीव्र से तीव्रतर होती गई। मैं चुपचाप बैठा रहा। आँकना आता नहीं, क्या करूँ ?··· दुहाई रवींद्रनाथ ! रक्षा करो गुरु !

'स्मृतिर पटे जीवनेर छबि के आँकिया जाय–जानि ना।··· जीवनेर बाहिरेर दिके घटनार धारा चलियाछे–आर भीतरेर दिके संगे-संगे छबि आँका चलितेछे।'

कवि की इन पंक्तियों को पढ़कर अवसाद दूर हुआ। मैंने भी अपने 'स्मृति-भांडार' के दरवाजे पर लटकता हुआ ताला खोला। किंतु–'किंतु, द्वार खुलिया देखिलाम–जीवनेर स्मृति, जीवनेर इतिहास नहे–ताहा–कोन–एक अदृश्य चित्रकरेर स्वहस्तेर रचना।'

याद है··· !

छह-सात साल की उम्र में मैंने अपने पिता को अपने संबंध में बड़े सहज ढंग से एक अद्भुत कहानी सुनाई। टटके और घनघोर आर्यसमाजी पिता के चेहरे पर हवाई उड़ने लगी। उन्होंने माँ को बुलाकर कहा–'सुनो ज़रा, यह क्या कहता है।'

मैंने माँ से भी स्पष्ट शब्दों में कह दिया–'तुम मेरी माँ नहीं। मेरी माँ ने मुझे एक मिट्टी की हंडी में बंद कर–नदी में डाल दिया था। बहते-बहते हंडी एक घाट पर जा लगी।···'

माँ ने पिताजी को उलाहना देते हुए कहा–'मैं मना कर रही थी न ? बच्चे की बोली साफ-साफ फूटी नहीं कि रामायण-महाभारत पढ़ाने लगे। उसी का नतीजा है।··· माथा न खराब हो जाए बच्चे का।'

मैंने जारी रखा–मुझे पूर्वजन्म की बात भी याद है।··· मैं स्कूल गें पढ़ता था। अहा ! कितना सुदर था हमारा स्कूल। चारों ओर रंग-बिरंगे फूलों की क्यारियाँ। पोखरे में पुरइन के फूल। एक दिन मैं फूल 'लोढ़ने' के लिए···।

माँ चीख पड़ी थी। और घनघोर आर्यसमाजी पिता ने एक कट्टर सनातनी पंडित को बुलाकर पूजा-पाठ और पुरश्चरण की व्यवस्था कार्रवाई। किंतु, मेरा रामायण-महाभारत पढ़ना बंद नहीं किया।

उन दिनों हमारे घर पर आए हुए प्रत्येक प्रतिष्ठित आगंतुक-अभ्यागतों के

सामने मुझे पेश किया जाता। मैं बारी-बारी से काशीराम दासी-महाभारत, कृत्तिबास-रामायण और रामचरित मानस के पर्वों और कांडों का सस्वर पाठ करने लगता। सुननेवाले चकित रह जाते, जब मैं अर्थ समझाने लगता।

उन्हीं दिनों की बात है। गाँव में वैष्णव (बोष्टम) भिखारियों का एक दल आया हुआ था। वे बंगला कीर्तन गा-गाकर भीख माँगते। मर्द एकतारा बजाता। औरत करताल बजाकर गाती–सखि गो-ओ-ओ-ओ–की हेरिनू जमूनार कूले··· ।

वे जब मेरे दरवाजे पर आए। मैं खोल बजाकर, कलंक भंजन (बंगाल पयार की पोथी) गाने लगा–किश्ना चूरी कइलो गो माय–आमार सोनार गेंडू हे-ए-ए-ए-ए !

वैष्णवी मेरा गीत सुनकर हँसी। फिर, फूट-फूटकर रोने लगी। करताल बजाकर जाने लगी–सई, केबा सुनाइले श्याम नाम। कानेर भीतर दिया मरमे पसिल गो–आकुल करिल मोर प्राण··· ।

पता नहीं क्यों, मैं भी रोने लगा। मुझे लगा, वे मेरे अपने लोग हैं। मुझे यहाँ जबर्दस्ती रखा गया है–पकड़कर।

आर्यसमाजी पिता ने वैष्णवों के दलपति को चोर, बदमाश, कामचोर आदि विशेषणों से संबोधित करते हुए धमकी दी थी–फिर इस इलाके में पैर रखोगे तो चालान करवा दूँगा।

मेरा जी कई दिनों तक उचाट रहा। फिर पूजा-पाठ-हवन··· ।

हमारे गाँव के उत्तर एक कच्ची सड़क है। सड़क के किनारे ही हम लोगों का 'कलमबाग' है। राह चलते राही-बटोही हमारे बाग में बैठकर सुस्ताते। गाड़ियाँ और डोलियाँ थोड़ी देर के लिए रुक जातीं ! और, हम दुलहिन की सवारी देखते ही दल बाँधकर चिल्लाने लगते–लाल कनियाँ-लाल कनियाँ पान खा हे···

उस बार एक टप्पर गाड़ी रुकी। गाड़ी से एक अधेड़ महिला उतरी। और, उसकी उँगली पकड़कर मुस्कुराती हुई उतरी–वह··· !

··· लाल सालू की घेरदार घाघरी। कान में 'रूपे' के नन्हे-नन्हे झुमके और माथे पर 'सिंथबंध' (माँग को आर-पार ढँकनेवाला जेवर), सिंथबंध के चाँद पर हरे काँच का टुकड़ा जड़ा। आम के पल्लवों को हटाकर सूरज ने उसको देखा। मेरी आँखों के आगे सात रंगों के तरंग !!

संयोगवश मैं भी अपनी माँ के साथ था। हमारी माताओं ने आपस में बातें कीं। एक-दूसरे से परिचित हुईं। किंतु, हम दोनों एक-दूसरे को देखते रहे–एकटक। तब हमारी माताओं ने हम दोनों की चर्चा की–बारी-बारी से। मेरी माता (और पिता भी !) उन दिनों किसी अजनबी से यह कहना नहीं भूलती–हिंदी-बंगला रामायण की बहुत-सी चौपाइयाँ इसे याद हैं। और यह गाता भी है !

मैंने उस दिन··· मुझे उस दिन यही पंक्तियाँ याद आई थीं–मन जाहि राखहु मिलहि सो बर सहज सुंदर साँवरो–करुणा-निधान सुजान सील सनेह जानत रावरो··· ।

उनके बैल सानी-पानी खा-पीकर तृप्त हुए। उनका गाड़ीवान गाँव में जाकर तंबाकू पी आया। उन्होंने चलने की तैयारी शुरू की। मुझे लगा–मेरा सबकुछ जा रहा है। मैं जोर-जोर से रोना चाहता था। मैं भगवान से मन-ही-मन विनती करने लगा–गाड़ी का पहिया टूट जाए–कोई गड़बड़ी लग जाए–थोड़ी देर तक के लिए और 'बिलम' जाए–गाड़ी।

लेकिन, दूर जानेवालों की गाड़ी ऐसी ढीली-ढाली नहीं होती कि किसी की मनौती मानकर बिगड़ जाए।··· गाड़ी चल पड़ी।

उसने चलते-चलाते मुझसे अंतिम बार आँखें चार कीं। सूरज की किरणों में उसके सिंथबंध के चाँद पर फिर सात रंगों के तरंग !

घर लौटकर मैंने, एक-डेढ़ घंटे में ही उस मंद-मंद हासिनी-सुहासिनी, अबोली-भोली घाघरीवाली छौंड़ी के बारे में घुमा-फिराकर, माँ से कई प्रश्न पूछे। खाते समय मैंने पूछा–'माँ ! उन लोगों ने क्या खाया होगा ?'

तब, माँ तनिक हँसकर बोली–'पूरी-तरकारी और हलुआ ! अब यह कौन बतलाए कि उन लोगों ने क्या खाया होगा। और, तू इतनी बातें क्यों पूछता है ? वह 'छौंड़ी' तुझे पसंद है ? 'बिहा' करेगा ?'

मैं लाज से दूध के कटोरे में निगाह गड़ाते हुए कहा था–'धेत्त।'

धेत्त कहने से क्या होता है।··· वह मुझे पसंद थी।

शायद, हर बीमार आदमी अपने लड़के को पढ़ा-लिखाकर डॉक्टर बनाना चाहता है। सभी मुकदमेबाज पिताओं की तमन्ना होती होगी–बेटा वकील बने।

मेरे पिता भी मुझे वकील बनाने का सपना देखते थे। कचहरी से लौटकर आते और वे तारा बाबू, निशि बाबू तथा हसन इमाम वगैरह वकील-बैरिस्टरों के जिरह-बहस का जीता-जागता चित्र उपस्थित कर देते।

किंतु, स्कूल की परीक्षा में प्रश्न पूछा गया–'तुम पढ़-लिखकर क्या बनना चाहते हो ? कारण सहित लिखो।'

और, मैंने लिखा–'मैं अपने गाँव के पासवाले स्टेशन सिमराहा स्टेशन का स्टेशन-मास्टर बनना चाहता हूँ।'

कारण बताते हुए लिखा था–'सिमराहा स्टेशन का स्टेशन-मास्टर सदा चुपचाप बैठकर लिखता रहता है। दिन में सिर्फ दो बार गाड़ी आती-जाती है। स्टेशन के ईनारे के पास खजूर के पेड़ में बया के घोंसले हैं–चिड़ियाँ दिन-रात चहचहाती रहती हैं। स्टेशन-मास्टर की स्त्री बहुत नेक है। जब तार की घंटी बजती है, स्टेशन-मास्टर उठकर तार खटखटाता है। इसके बाद वह पुकारता है–'एय मुखलाल गाड़ी छोड़ा। घंटा दो !'–वह गरीबों को मुफ्त में दवा भी देता है।

पढ़-लिखकर मैं डॉक्टर नहीं बना। वकील नहीं हो सका। सिमराहा स्टेशन का स्टेशन-मास्टर भी नहीं।

आज तक वह तमन्ना मन में है। सिमराहा स्टेशन पर नजर पड़ते ही मेरी आँखों के सामने सैकड़ों तस्वीरें नाचने लगती हैं।··· पानी पाँड़े, पैटमान जनकसिंघ, रिलिफिया–छोटा बाबू, जनकसिंघ की अधेड़ औरत, मटरा, टराकी बीवी, जगमोहन साह, उसकी बीवी, उसके दुकान की जलेबी, वह गोरी सोनारिन, स्टेशन-मास्टर का क्वार्टर, ग्रामोफोन···और, पूर्वी बंगाल के मोटे मुसलमान स्टेशन-मास्टर का बेटा मकबूल जो देखने में हू-ब-हू मेरे-जैसा था। बाहर के लोग हमें सहोदर भाई समझते थे। कई बार उसके बाप और मेरे पिताजी को भी भ्रम हो गया था।··· बहुत-सी बातें, अनेक घटनाएँ, सैकड़ों चेहरे–सिर्फ इस स्टेशन पर पहुँचकर ही याद आते हैं।

मैंने सोचा था, मेरा यह स्टेशन सिर्फ मुझे ही अच्छा लगता है। किंतु, दो वर्ष पहले जब बंबई-कलकत्ता के फिल्मी मित्र आउटडोर की शूटिंग में आए तो इस छोटे-से गँवई स्टेशन ने उन्हें भी मोह लिया।··· एक ओर दूर तक फैले हुए खेत, छोटे-छोटे गाँव–दूसरी ओर सपाट मैदान ! सामने विशाल बरगद का पेड़। कैमरामैन सुब्रत बाबू अपने गले में लटकते हुए 'आला' में आँख सटाकर दिशाओं को देखते। चटर्जी मोशाय ने कई 'स्केच' आँके। भट्टाचार्य ने अपनी दोनों तलहथियों से 'फ्रेम' बनाकर सिमराहा गाँव के बीच से गुजरनेवाली कच्ची सड़क के 'लांग-शाट' का अंदाजा लगाया।··· सत्ति जायगाटा अद्‌भुत !

सिमराहा स्टेशन के प्रति मेरे गुप्त प्रेम की बात सिमराहा का बद्री भगत भी जानता है। वह मेरा हमउम्र नहीं। मुझसे तीन-चार साल छोटा है। पान खाते-खाते उसके दाँत कत्थई हो गए हैं। नावेल पढ़ते-पढ़ते और सिनेमा देखते-देखते वह एक विज्ञ पाठक और प्रौढ़ दर्शक हो गया है। वह मुझसे कभी-कभी पूछ बैठता है–'भाई जी ! इस बार जो इस स्टेशन को लेकर एक कहानी लिखे थे–सो तो कहीं नहीं छपी ? क्यों ?··· उसको नावेल बना 'छालिए'···।'

··· हाँ, एक उपन्यास ही लिखना होगा। बद्री ठीक कहता है।

रामायण, महाभारत, प्रेमसागर, पंचतंत्र आदि मोटे ग्रंथों के अलावा हर सप्ताह आनेवाले पत्र-पत्रिकाओं की याद आती है।··· वेंकटेश्वर समाचार, रंगपुर पत्रिका (बंगला), सैनिक, प्रताप, प्रवासी (बंगला), हिंदू पंच, विश्वमित्र, विशाल भारत और हितैषी।

'हितैषी' हमें इसलिए प्रिय थी कि यह हमारे गाँव से आठ माइल पच्छिम–सिमरबनी गाँव से प्रकाशित होती थी। हस्तलिखित नहीं–सुमुद्रित सचित्र मासिक पत्रिका ! जिसके ग्राहक और पाठक अफ्रीका, फिजी और मॉरिशस में भी थे। और, इसके संपादक श्री रामदेनी तिवारी 'द्विजदेनी' से मेरे पिताजी का घनिष्ठ परिचय था। पिताजी उनके संबंध में बहुत बातें करते–तिवारीजी कवीश्वर हैं। सुराजी हैं। नाटक लिखते हैं। नाटक खेलते हैं। किस्सा लिखते हैं। हास्यरसावतार

हैं। जहाँ रहते हैं–सभी को हँसाते रहते हैं।··· यह देखो, उनकी नई किताब··· 'भैयाजी की घोड़ी।'

'दिन दिखाड़े खेत उजाड़े–बचे न मड़वा तोड़ी,
भैयाजी से बढ़कर निकली भैयाजी की घोड़ी।'

भैयाजी अर्थात् जमींदार का पटवारी। जमींदारों के प्रबल प्रताप के जमाने में, जमींदारी-प्रथा तथा जमींदारों पर ऐसा करारा व्यंग्य–ऐसी यथार्थवादी कहानी ? और, यही था वह पहला उपन्यास, जिसे मैंने जीवन में पहली बार पढ़ा था।

1930 ··· नमक कानून तोड़कर, विदेशी वस्त्रों की दूकानों पर, शराब की भट्ठी पर धरना देकर देश के सेवक जेल जा रहे थे। सुराजियों को आश्रय देनेवालों को पुलिसवाले परेशान करते। ऐसे ही दिनों में एक दिन, हाथ में तिरंगा झंडा लिए, कई वालेंटियरों के साथ एक अधेड़ व्यक्ति हमारे घर आए। पिताजी प्रसन्न हुए–तिवारीजी आए हैं।

··· तिवारीजी ? द्विजदेनीजी ? 'हितैषी' के संपादक ? 'शिव विवाह' नाटक, 'भैयाजी की घोड़ी' के लेखक ?

भक्तिपूर्ण प्रणाम करने के बाद मैंने उन्हें–'राष्ट्रीय सिंहनाद' नामक किताब से रटी हुई कविता सुनाई थी–'सुन लो भैया टेसू राय !' उन्होंने मुझे आशीर्वाद देते हुए, पिताजी से कहा था–'देखिएगा–एक दिन यह···।'

उनके आशीर्वाद के बल पर मैंने तुकबंदी शुरू की। कवि-सम्मेलनों में, समस्या-पूर्ति करके पुरस्कार प्राप्त किया। उन्हीं के आशीर्वाद से विद्यार्थी-आंदोलन में भाग लिया। उन्हीं की स्वीकृति से राजनैतिक क्षेत्र में आया। उन्हीं के आशीर्वाद से···।

सन् 1942 में, भागलपुर सेंट्रल जेल में उनके साथ था। और, अंतिम दिनों में मुझें उनकी सेवा करने का सौभाग्य प्राप्त हुआ–मुझे, संतोष है। अन्य सेवाओं के अलावा तीन उपन्यास पढ़कर सुनाए थे उन्हें। रवींद्रनाथ ठाकुर का 'योगायोग', प्रेमचंद का 'गोदान' और अज्ञेय का 'शेखर : एक जीवनी'। मृत्यु से दो दिन पहले वे किसी के नाम (शायद अपने पुत्र को) एक पत्र लिखना चाहते थे। मैं 'प्रिजनर्स-लेटर' पर कलम थामकर घंटों बैठा रहा। वे चित लेटे, नाक पर उँगली रखे सोचते रहे। बहुत देर के बाद एक लंबी साँस लेकर बोले–'नहीं। छोड़ दे बेटे ! कुछ नहीं लिखना-लिखाना है, अब !··· और सुनो, तुम कविता छोड़कर कहानी लिखना शुरू करो।··· कहानी के बाद उपन्यास।··· नाटक··· हास्य-व्यंग्य··· सब लिखना।'

··· 'मैला आँचल' प्रकाशित होने के बाद–प्रकाशन-समारोह के बाद–मैं रात में फूट-फूटकर··· रोता रहा–पिताजी, तिवारीजी दोनों में से कोई नहीं रहे ! वे होते आज··· !!

1940-41 ··· दशाश्वमेध में हम जिस मकान में रहते थे, वह चित्तरंजन पार्क के ठीक सामने है। उन दिनों उस घर का नंबर था–17/131, खुली छत पर

बैठकर–समद्विबाहु-त्रिभुजाकार पार्क की दोनों भुजाओं के बगलवाली सड़कों पर आने-जानेवालों को घंटों देखता रहता। उन दिनों नया-नया नास्तिक हुआ था। लेकिन, गंगा नहाए हुए लोगों की पवित्र देह को छूकर आई हुई हवा–मेरे मन में पूजा के असंख्य फूल खिला जाती। इसी सड़क पर एक दिन एक 'कन्या' पर नजर पड़ी। लगा, मैं उसे पहचानता हूँ। मैं पीछे-पीछे चला। घाट पर कीर्तन-मंडली के दर्शकों में वह खो गई। मेरी आँखों ने उसे ढूँढ़ निकाला। निहारता रहा–अपलक। कहाँ देखा है इसे ? पूर्वजन्म में ? कहाँ ?

वह रोज आती, अपनी माँ के साथ। जिस दिन वह नहीं आती–बेचैन हो जाता। उस पर दृष्टि पड़ते ही रोम-रोम बज उठते। कीर्तन समाप्त होने के बाद मैं प्रतीक्षा करता। फिर 'कालीस्थान' की गली, कालिसपुरा गली होते हुए एक अंधी गली तक उसके पीछे-पीछे जाता। मैंने उसका घर देख लिया था–उसका नाम जान लिया था। दिन-रात, बस उसी की चिंता, उसी की याद। साल-भर तक मैं पागल होकर उसके पीछे-पीछे चलता रहा–गोदौलिया, विश्वनाथ गली, बाँस फाटक, जहाँ-जहाँ वह जाती–मैं साथ रहता। आँखें चार होते ही उसका चेहरा लाल हो जाता। मेरी कनपटी गर्म हो जाती, कलेजे की धड़कन बढ़ जाती। किंतु मुँह से कभी कुछ नहीं निकला। साहस ही नहीं हुआ कभी। एक बार, मिठाई की दुकान में वह मुझसे कुछ कहते-कहते रुक गई–'सुनून···।' बस, इतना ही।

एक दिन वह खो गई। फिर नहीं मिली, कभी।

1958··· इलाहाबाद !

मुहल्ला लूकरगंज में–हमारे घर के सामनेवाले खुले मैदान में–फुटबॉल मैच से लेकर सांस्कृतिक कार्यक्रमों के आयोजन तक होते थे।

उस बार, सरस्वती पूजा के दिन सुबह उठकर हम संगम नहाने गए। निरालाजी का दर्शन किया–आशीर्वाद और फूल लेकर प्रसन्नचित्त लौटा।··· महान दिवस !

लौटकर देखा, सामने मैदान में–पूजा-मंडप में पुष्पांजलि देनेवाले नर-नारियों की भीड़ लगी है। मैं भी पुष्पांजलि देने लगा। बंगाली पुरोहित चिल्ला रहे थे–'बस, एइबारे शेष। आर अंजलि होबे ना।'

देखा, एक महिला अपने पंचवर्षीय बालक का हाथ जकड़े पुरोहितजी से कह रही थी–'एर हाते खड़ी···' पीली धोती और सफेद कुर्ता पहने, हाथ में स्लेट लिए उस बालक को देखकर मुझे अपने बचपन की याद आई !··· इसी तरह हाथ में स्लेट और खल्ली लेकर मैंने भी 'ओनामासीधं' (ऊँ नमः सिद्धं !) लिखा था।

'हाते-खड़ी' संपन्न होने के बाद भद्र महिला भीड़ में खड़े अपने स्वामी से बोली–'होयेछे !'

पंडितजी पुकार रहे थे–'एबार शेष अंजलि !'

भद्र महिला से आँखें चार हुईं। मैंने पहचान लिया। भद्र महिला के चेहरे पर

तरह-तरह के भाव आए-गए। अपने स्वामी से कुछ कहा, उसने। फिर, मेरे पास आकर बोली–'चिनी-चिनी मने होच्छे।'

मैंने कहा, "ना।··· मुझे आप नहीं पहचानतीं··· अवश्य आमि चिनी आपनाके। आपनि– ?"

"आपनी बेनारसेर छेले ?"

"किछुदिन छिलाम।"

भीड़ से एक किशोरी कन्या निकल आई–'माँ। आज के रात्रे रामेर सुमति देखानो होबे, एइखाने !'

मैं अवाक् खड़ा उस बालिका को देखता रहा। मैं काशी के दशाश्वमेध घाट पर चला गया–न जाने कब !

पुरोहितजी ने प्रारंभ किया–'बोलिए··· शुरू कीजिए–ऊँ भद्रकाल्ये नमोनित्य सरस्वत्ये नमोनमः वेद-वेदांत–वेदांग-विद्यास्थाने···।'

ध्यान करते समय मानसपट पर वही किशोरी कन्या की मूर्ति अंकित हो गई।

इन स्मृति-चित्रों को प्रस्तुत करते समय, अपने एक दर्जन करीब लँगोटिया यारों की याद आ रही है। वे किसानी करते हैं, गाड़ीवानी करते हैं, पहलवानी करते हैं, ठेकेदार हैं, पान की दुकान चलाते हैं, शिक्षक हैं, एम.एल.ए. हैं, भूतपूर्व क्रांतिकारी और वर्तमानकालीन सर्वोदयी हैं, वकील हैं, मुहर्रिर हैं, चोर और डकैत हैं। वे सभी, मेरी रचनाओं को खोज-खोजकर पढ़ते हैं–पढ़वाकर सुनते हैं और उनमें मेरे जीवन की घटनाओं की छायाएँ ढूँढ़ते हैं। कभी-कभी मुझे छेड़कर कहते हैं–"साले ! 'उस' कहानी में 'वह' जो लिखा है सो 'वहाँ' वाली बात है न ?"

मेरे इन मित्रों ने बहुत-कुछ दिया है। जब भी गाँव जाता हूँ–वे मुझसे मिलने आते हैं। और हर बार मुझे कुछ देकर जाते हैं। बदले में कुछ नहीं चाहते।··· यादश–बखैर।

मैं हर दूसरे या तीसरे महीने शहर से भागकर अपने गाँव चला जाता हूँ। जहाँ मैं घुटने से ऊपर धोती या तहमद उठाकर–फटी गंजी पहने–गाँव की गलियों में, खेतों-मैदानों में घूमता रहता हूँ। मुखौटा उतारकर ताजा हवा अपने रोगग्रस्त फेफड़ों में भरता हूँ। सूरज की आँच में अंग-प्रत्यंग को सेंकता हूँ (जो, हमारे गाँव में लोग बाँस की झाड़ियों में या खुले मैदान में–'मुक्तकच्छ' होकर निबटते हैं न !)। झमाझम बरखा में दौड़-दौड़कर नहाता हूँ। कमर-भर कीचड़ में घुसकर 'पुरइन' (कमल) और 'कोका' (कोकनद) के फूल 'लोढ़ता' हूँ। धनखेतों से लौटती हुई 'धानियों' (सुंदरियों) से ठिठोली करता हूँ, गीत गाता हूँ–'ओहे धानी, कांदैछऽकाहेला हे–जाइब बंगाला–लाइब मोहनमाला तोहरे पिन्हाएला हे-ए-ए।' फिर, शहर आते समय भद्रता का 'मुखोस' ओढ़ लेता हूँ।

मैंने रात में भैंस चराई है। रात में, पानी में भीगकर मछली का शिकार किया है। जाड़े की रात में, तीसी के 'फुलाए' हुए खेतों में 'बटेर' फँसाया है ! (बटेर फँसाने की विधि सचित्र जानने के इच्छुक, दासानुदास से पत्र-व्यवहार कर सकते

हैं।) बारातों में पगड़ी बाँधकर घोड़ा दौड़ाया है। गाँव के लोगों के साथ मिलकर लाठी से बाघ का शिकार किया है ! (बोलो हो औराही-हिंगना के पंचो ! क्या मैं झूठ कह रहा हूँ ?)··· और··· और··· और··· औराही-हिंगना के लोग ही बताएँगे कि मैंने क्या-क्या किया है। किंतु जो भी किया है, (सु-कर्म, कु-कर्म) उनकी स्मृतियाँ मेरी पूँजी हैं।

कहानी या उपन्यास लिखते समय थकावट महसूस होती है अथवा कहीं उलझ जाता हूँ तो कोई ग्राम-गीत गुनगुनाने लगता हूँ।

··· इस समय एक बरसाती गीत गाने को जी मचल रहा है–'भादव मास भयंकर रतिया-या-या, पिया परदेस गेल धड़के मोर छतिया-या-या-कैसे धीरा-आ-आ-आ; कैसे धीर धरौं मन धीरा–आसिन मास नयन ढरै नीरा-आ-आ-आ-आ··· ··· !!'

धर्मयुग के 1 नवंबर, 1964 में प्रकाशित तथा 'आत्म-परिचय' में संकलित

एक था फकीर !

देसवा के खातिर मजरुल हक
भइले फकीरवा से-ए-ए-ए-ए
दीन भइले राजेंदर परसाद भारथवासियो-यो !

आजादी के बाद भी बिहार के सुदूर गाँवों की सूनी सड़कों पर गाड़ी हाँकनेवाले गाड़ीवानों को अथवा खेतों में धान रोपते हुए किसानों को जब-जब गरीबी भार मालूम होती है, उन्हें गाँधीजी की याद आती है। फिर, कोई पुराना दर्द-भरा ही गीत, उसके दुख के साथ घुल-मिलकर कंठ से फूट पड़ता है।

इन गीतों की भूली-बिसरी कड़ी हमें तीस-पैंतीस साल पीछे खींच ले जाती है··· गुलामी के बंधन में जकड़ी 'जार-बेजार' रोती हुई भारत माता, तीन ओर सिंधु 'रखवरवा' अधीर होकर गरज रहा है; उत्तर, हिमालय-कोतवाल जिसके दुःख को देखकर बिलखता है··· !!

गीत की टूटी हुई कड़ी हवा में मँडराती रही है–

"चमके मँदिरवा में चम-चम चाँद तारा,
बजत मसजिदवा में बंसी भारथवासियो-यो-यो !"

'जार-बेजार' रोती भारत माता की जंजीर को काटने के लिए अपना "घर जार" कर भटकनेवालों के बारे में इन गीतों में जो कुछ कहा गया है, संभव है आजादी की चकाचौंध में उसे 'भावुकता से भरा रूपक' मात्र समझा जाये। लेकिन, इन गीतों की उतनी ही कीमत है, आज भी।

दीवाना फकीर

पटना अथवा कहीं का कोई मशहूर वकील, जो विलायत से कानून के साथ विलायती रहन-सहन में सिर से पैर तक शराबोर होकर आया है, एक दिन अचानक वकालत छोड़ दे, अपने सभी कीमती और बेहतरीन कपड़ों को हमेशा के लिए संदूक में बंदकर डेढ़ हाथ 'मोटिया' कपड़ा लपेट ले, आलीशान मकान, ऐशो-आराम और नयी मोटरगाड़ी को छोड़कर किसी दरिया के किनारे, श्मशान के आसपास आम की बगिया में बाँस-फूस की कुटिया में कंबल बिछाकर डेरा डाल दे तो, उसे लोग पागल अथवा फकीर के सिवा और क्या कहेंगे ?

स्वर्गीय सच्चिदानंद सिन्हा ने लिखा है-"1920 तक, यानी असहयोग आंदोलन में शरीक होने के पहले तक मज़हर-उल-हक़ उन पाँच बेहतरीन लिबास वाले भारतीयों में से थे, जिन्हें मैं जानता था। अन्य चार हैं-मिस्टर (अब महात्मा) गाँधी, स्वर्गीय मोतीलाल नेहरू, स्वर्गीय दीपनारायण सिंह और मुहम्मद अली जिन्ना !··· पंडित मोतीलाल, हक़ और दीपनारायण विश्वबिख्यात 'नंगा फक़ीर' से प्रभावित होने तक अपने-अपने प्रांतों के 'लीडर्स ऑफ फैशन' थे।"

किंतु मज़हर-उल-हक़ ने गाँधीजी को सिर्फ़ नेता ही नहीं-उनका अनुकरण करना भी उचित माना। अतः राष्ट्रीयता और हिंदू-मुस्लिम एकता के इस कट्टर हिमायती ने सबकुछ छोड़-छाड़कर गंगा के किनारे आम की बगिया में बाँस-फूस की एक झोपड़ी में डेरा डाल दिया। और उस कुटिया का नाम दिया-'सदाकत आश्रम', अर्थात् सत्य का निवास !

(भारत के प्रथम राष्ट्रपति स्व. डाक्टर राजेंद्रप्रसाद अवकाश ग्रहण कर जब सीधे 'सदाकत आश्रम' में लौट आये तो इसमें तनिक भी संदेह नहीं रहा कि यह सचमुच "सत्य का निवास स्थान" है।)

ज़िंदगी : एक सफ़रनामा

मज़हर-उल-हक़ पटना जिला के एक गाँव में, दिसंबर, 1866 में पैदा हुए। 1886 में, तनिक अधिक उम्र में ही-उन्होंने मैट्रिकुलेशन पास किया और पटना कालेज में दाखिल हुए। 1887 में लखनऊ गये और कैनिंग कॉलेज में भरती हुए। मगर, मई, 1888 में विलायत चले गये कानून पढ़ने। लौटकर कलकत्ता, फिर पटना-हाईकोर्ट में वकालत की। कुछ दिनों के लिए, 1892 में अवध में मुंसिफ होकर गये। मगर, 1896 में इस्तीफा देकर बिहार लौट आये और छपरा में फिर वकालत में जुट गये। थोड़े ही दिनों में फौजदारी के प्रसिद्ध वकीलों में उनकी गिनती होने लगी। किंतु, उन्होंने महसूस किया कि छपरा-जैसी छोटी जगह में आमदनी अधिक भले ही हो, सार्वजनिक तथा देश की सेवा करने के लिए उपयुक्त माहौल नहीं है। अतः 1908 में आप पटना आ गये। आये और लगा प्रसिद्धि इनकी प्रतीक्षा कर

रही थी। पटना आकर, उन्होंने अपने गैर-मुस्लिम मित्रों को बिहार प्रॉविन्शियल कॉन्फ्रेंस के आयोजन में सक्रिय सहयोग दिया। उस सम्मेलन में मुसलमानों ने जिस उत्साह और तादाद में हिस्सा लिया वह बेजोड़ था। सारे भारत में हिंदू-मुसलमानों के इस तरह कंधे से कंधा भिड़ाकर काम करने की ऐसी मिसाल कहीं नहीं मिलती। और यह मज़हर-उल-हक़ के कारण ही संभव हुआ था।

'मार्ले-मिंटो-सुधार' लागू होने के बाद हक़ साहब दो-दो बार इंपीरियल लेजिस्लेटिव एसेंबली के सदस्य हुए, वहाँ उन्होंने जो कुछ भी किया, देशभक्ति की भावना से प्रेरित होकर किया। 'सांप्रदायिक-प्रतिनिधि' और 'अलग मतदान' का घोर विरोध करके आपने गैर-राष्ट्रवादी मुसलमानों और सरकार को समझाया कि इससे देश का, कौम का भारी नुकसान होगा।

1914 में कांग्रेस ने एक प्रतिनिधिमंडल लंदन भेजा था। भूपेंद्रनाथ बसु, मुहम्मद अली जिन्ना, एन.एम. समर्थ, बी.एन. शर्मा, लाजपत राय, सच्चिदानंद सिन्हा के साथ मज़हर-उल-हक़ भी उसके एक सदस्य थे।

1917 में जब महात्मा गाँधी चंपारण के किसानों में काम करने बिहार आये तो हक़ साहब ने अपने अन्य साथी-सहयोगियों के साथ उनकी बहुत सहायता की। 1920 में वह वकालत छोड़कर असहयोग आंदोलन में कूद पड़े। स्वप्रकाशित साप्ताहिक 'मदरलैंड' में एक रचना के कारण उन्होंने तीन महीने सजा भी भुगती।

बाद में, वे अपने गाँव चले गये, जहाँ अंतिम दिनों तक उन्होंने अवकाश प्राप्त जीवन बिताया। मगर, उस अवस्था में भी राजनैतिक क्षेत्र में काम करनेवाले अनेक कर्मियों को प्रेरणा देते रहे, राजनैतिक समस्याएँ सुलझाने में सहायता करते रहे। जब 1930 में, 64 वर्ष की आयु में उनकी मृत्यु हुई, तो ऐसा लगा कि हिंदू-मुस्लिम एकता की एक सबसे ऊँची मीनार ढह गयी !!

और, आज जिस घड़ी में देश में उनकी शतवार्षिकी मनाने का आयोजन हुआ है, उसको क्या सिर्फ़ 'संयोग' कहेंगे ? मज़हर-उल-हक़ की शतवार्षिकी के अवसर पर, उनकी याद करके हमारे मन का सांप्रदायिकता का जहर निर्मूल हो, देशभक्ति की लहर उठे, हिंदू-मुस्लिम एकता की भावना जागे, यही कामना है।

दिनमान/24 दिसम्बर, 1965

ईश्वर रे, मेरे बेचारे··· !

अपने सम्बन्ध में कुछ लिखने की बात मन में आते ही मन के पर्दे पर एक ही छवि 'फेड इन' हो जाया करती है : एक महान् महीरुह··· एक विशाल वट-वृक्ष···

ऋषि-तुल्य, विराट् वनस्पति ! फिर, इस छवि के ऊपर 'सुपर इम्पोज' होती है दूसरी तस्वीर : जटाजूटधारी बाबाजी की गोद में किलकता एक नन्हा शिशु !! और तब अपने बारे में कुछ लिखने की बात मन से दूर हो जाती है। क्योंकि इस वृक्ष को बाद देकर अपनी कहानी लिख पाना मेरे लिए असम्भव है।

अतः जब लिखने बैठा हूँ, शुरू में ही कबूल कर लेना ठीक है कि मैं कुसंस्कारों में पला अन्धविश्वासी हूँ। जन्मान्धविश्वासी ? इसके अलावा क्या हो सकता था मैं ? मेरे गाँव के लोग, परिवार के लोग एक पेड़ को पूजते थे। गाँव का प्रत्येक बच्चा उस 'पेड़-देवता' की कृपा से जीता था, उसके कोप से मरता था।··· छह महीने की मेरी काया को (सुना है !) अमावस्या की एक रात–उस पेड़ के नीचे धरती पर सुलाकर मेरी दादी ने 'दण्ड-प्रणाम' करके मनौती मानी थी–'ले जाना है, तो अभी ही ले जाओ। रखना है तो 'राजी-खुशी' से रखो !'

इतने दिनों तक 'राजी-खुशी' रहने के बाद, अपने मुँह अपनी जीवन-यात्रा की कहानी कहने के पहले अपने 'बट बाबा' का 'सुमिरन' करता हूँ···।

गाँव के उत्तर, सड़क के किनारे पल्लवित-घनश्याम-शाखाओं को आकाश में छत्राकार ताने, जटाजूट लटकाये उस 'योगी-वृक्ष' को सबसे पहले नमस्कार !

सारे गाँव के लोग, गाँव से बाहर जाते और लौटते समय, कोई नया काम शुरू करने के पहले इस पेड़ को शीश नवाकर दण्डवत् करना नहीं भूलते थे।

'बट बाबा' को हमने पेड़ नहीं समझा–'देव' ही समझा सदा। ठीक उसी तरह मैलेरिया को सिर्फ बुखार नहीं–'पिशाच' मानता रहा। जूड़ी-ताप-तिल्ली की एक मशहूर पेटेण्ट दवा के विज्ञापन में 'मैलेरिया पिशाच' की तस्वीर छपी रहती थी–पाँच मुँहवाला, विकराल पिशाच–अट्टहास करता हुआ, चारों ओर अस्थिपंजर, मुण्ड और हड्डियों के ढेर बिखरे हुए।···

तीस-चालीस साल पहले तक अपने इलाके में फैले मैलेरिया और काला आजार के भीषण प्रकोपों को याद करके आज भी देह काँपने लग जाती है। कभी-कभी तो स्मरण-मात्र से ही शीत ज्वर चढ़ जाता है, जो कम-से-कम ढाई दिनों तक देह की हड्डियों के जोड़-जोड़ को निर्ममता से तोड़-मरोड़-झकझोरकर ही विदा लेता है। उन दिनों, कहते हैं, हमारे यहाँ के कौओं को भी मैलेरिया बुखार होता था।

कौओं को नहीं, अपनी बात कहता हूँ। मैलेरिया की मुझ पर विशेष कृपा थी। हर साल, हर किस्म के ज्वर-ताप में यह काया तपती थी। मैलेरिया के किस्म ? जाड़ा देकर आनेवाला–जड़ैया। एक दिन बाद देकर आनेवाला–एकैया। दो दिन बाद देकर चढ़नेवाला–तीहिया। और 'तुरत-फुरत' प्राण-पखेरू को झपट्टा मारकर उड़ जानेवाला–बाई जड़ैया। अर्थात्, 'पर्निसस-मैलेरिया–' बुखार के साथ पेट चलना शुरू होता है। हैजा के सारे लक्षण प्रकट होते और एक-दो घण्टे में पहलवान-पट्ठा

आदमी चल बसता।··· ऊँ सर्वविघ्नान्-उत्सारह हूँ-फट् स्वाहा !!

हर साल, आसिन-कातिक में गाँवों में मैलेरिया महामारी का रूप धारण करता। कभी-कभी तो अगहन में 'धनकट्टी' के समय मजदूरों के अभाव में बड़े किसानों के धान खेतों में ही झर जाते थे।··· माघ की सर्दी से उबरकर, फागुन की हवा पीकर तनिक स्वस्थ शरीर लेकर जब हम पाठशाला पहुँचते, तब मालूम होता कि हमारे बहुत-से प्यारे सहपाठी मैलेरिया के गाल में समा गये। हर वर्ष आसिन-कातिक अर्थात् दुर्गापूजा के पहले ही सारे गाँव में एक आतंक छा जाया करता : पता नहीं, इस बार किस-किसकी बारी है।··· पता नहीं, इस बार क्या हो।··· इस बार कातिक सकुशल कटे, मन-ही-मन यही कामना करते सभी। और, मेरा अनुमान है कि मन-ही-मन मनौती मानते समय सभी के हाथ स्वयं ही जुड़ जाते होंगे, सिर झुक जाते होंगे और मुँह से एक कातर-स्फुट गुहार–'दुहाई बट बाबा ! रच्छा करना साईं !'

मन-पसन्द मनौती (या उत्कोच ?) और 'चढ़ौआ' के लोभ में अथवा अपने औघड़पन में–बाबा 'रच्छा' किया करते थे।··· सन् 1929-30 ई. की बात। लगातार तीन महीने तक कुनैन की गोलियाँ निगलने और 'डी. गुप्ता' तथा 'एडवर्ड टॉनिक' जैसी जहरीली, पेटेण्ट दवाओं का कड़वा घूँट पीने के बाद, कुनैन की सुई दी जाने लगी। किन्तु, ठीक समय पर–मानो, घड़ी देखकर रोज आनेवाला ज्वर कभी नहीं रुकता। आ ही जाता। और, जब आता तो 105 डिग्री से भी ऊपर की ओर–उसके साथ प्रलाप···।

तब मेरी दादी ने एक बार फिर ढाई दिनों का निर्जला-उपवास किया। दवा और सुई बन्द कर दी गयी। बट बाबा के 'शरणागत' की तैयारी होने लगी। दादी जब 'दण्ड प्रणाम' करके बट बाबा को मनौती मानकर मेरे पास आयी, मैं ज्वर की ज्वाला में झुलस रहा था। सिर से बर्फ की थैली को सरकाकर, पान-फूल मेरे माथे से छुआकर दादी बैठ गयी। दादी की हथेली के स्पर्श की याद मुझे है··· चोआ-चन्दन की भीनी गन्ध और शीतल-कंचन हथेली !

इसके बाद, एक स्वप्न। मैंने देखा, बरगद की हर डाली नवपल्लवों से ढक गयी है। ललछौंह-कोंपल, कोमल-चिकने नये 'पात' बरगद के–हवा में काँपते-नाचते। ··· धीरे-धीरे नवपल्लव झरने लगे। पत्तों के गिरने के मृदु शब्द और उनके 'परस' की याद मुझे अब भी है। झरते हुए नये पत्तों से मेरी देह ढक गयी। सिर, मुँह, छाती, पेट, दोनों पैर, तलुवे और दोनों हाथ की हथेलियाँ नवपल्लवपुंज से आवृत। तन का ताप क्रमशः कम होने का सुख ? इन पंक्तियों को लिखते समय मेरे रोम रह-रहकर पुलकित हो उठते हैं। मेरी सारी देह में आनन्द की एक अपूर्व गुदगुदी-सी लग रही थी। मैंने कहा था, "दादी ! पत्तों को अब परे हटा दो। ठण्ड लग रही है।"

सिरहाने में बैठी दादी बोली थी, "कैसे पत्ते ? कहाँ हैं पत्ते बेटा ?"

"बट बाबा के पत्ते। मेरी देह बरगद की कोमल पत्तियों से ढकी हुई है न ?"

मैंने आँख खोलकर देखा—दादी का प्रसन्न मुखमण्डल और आँगन के उत्तर आकाश में बरगद की फुनगी पर बैठी हरबोला—चिरैया का स्वर—'शिव-शिव कहो।'

इसके बाद फिर कभी मैलेरिया से आक्रान्त हुआ, याद नहीं।

गाँव से उत्तर, सड़क के किनारे, विशाल तरुवर के तले राही-बटोही और 'बनिजारे' गाड़ीवानों के दल सदा सुस्ताते। कभी विवाह और गौना की बरात गुजरती। दुलहिन की पालकी बरगद के नीचे रुकती। सारा गाँव उमड़ पड़ता। लाल-लाल डोली से 'लाली-लाली दुलहिनियाँ' निकलकर, धरती पर माथा टेककर दण्डवत् करती। पालकी जब उठने लगती, गाँव के बच्चे तालियाँ बजाकर एक स्वर से गाने लगते—'लाली-लाली डोलिया में लाली रे दुलहिनियाँ···।'

नन्ही दुलहिन कुछ वर्षों के बाद गोद में एक नवजात 'लड़िकनवाँ' लेकर लौटती। तब, एक बार फिर बट बाबा के पास टप्परवाली गाड़ी रुकती। छाती से अपने कलेजे के टुकड़े को सटाये, नयी-नयी हुई अल्हड़-सी माँ गाड़ी से उतरती—'दुहाय बट बाबा !' बरगद पर बैठी 'खोंपावाली-चिड़िया' किलक उठती—'चुम्मा दे दे !'···

चिड़ियों की नाना जाति, रंग, वर्ण के परिचय और उनके नाम, स्वभाव, आने-जाने का मौसम, उनकी बोलियों के मतलब—दादी ही मुझे सुनाती-समझाती। कहना नहीं होगा कि बरगद की डालियों पर सदा दुनिया-भर की चिड़ियों का कलकूजन होता रहता। किन्तु, कभी गिद्ध या बगुले को बैठते किसी ने नहीं देखा, न सुना कभी। कभी-कभी कोटरों में विषधर सर्प दिखलायी पड़ते। दादी कहती—'देवहा पेड़ पर साँप तो रहेगा ही।··· गिद्ध या बगुला देवहा पेड़ पर नहीं बैठता।'

याद आती है नवान्न के दिन की !

नया चूड़ा और दही, नया गुड़ का अनुच्छिष्ट-प्रसाद केले के पत्ते में लेकर घर-घर की गृहिणियाँ पेड़ के पास आतीं, और नवान्न के दिन सूर्योदय के पहले से ही, न जाने कहाँ से उतने काग जमा हो जाते थे ! कहते हैं, सभी काग नदी, पोखरे या जलाशय में नहाकर प्रसाद पाने के लिए जुटते थे। बरगद की फुनगी पर—पात-पात पर बैठे हजारों-हजारों काग—कलरव करते हुए। केले के पत्ते में प्रसाद लेकर गृहिणी पुकारती—'आ ! आ-आ-आ !!'

प्रत्युत्तर में सैकड़ों काग एक स्वर में—'का ! का-आ-आ-आ'—कहकर पंख फड़फड़ाते, उड़ते, ज़मीन पर बैठते, और प्रसाद पाते, फिर उड़ते। बच्चे पुकारते—'खा ! खा-आ-आ-आ-आ !'

दिन के तीसरे पहर तक बरगद के नीचे 'कागभोजन' का आयोजन चलता रहता—'आ ! आ-आ-आ !!··· का ! का-आ-आ-आ !!··· खा !, खा-आ-आ-आ !!'

दिन-भर बोलने-कूकनेवाली चिड़ियों की टोलियाँ सूर्यास्त के बाद कुछ क्षणों

तक अन्तिम कलरव-कूजन करके चुप हो जातीं–सो जातीं। इसके बाद शुरू होता निशिचर पंछियों का 'शिफ्ट'–'रतजगा' करनेवाली चिड़ियों की बारी, रात के आठ बजे के बाद से···।

करकरा या कर्रा नामक काली और लम्बी टाँगवाली मौसमी चिड़ियों की टोली जिस पेड़ पर बैठती है, रात में उस पेड़ के नीचे से बिल्ली भी गुजरे, तो करकरा की टोली एक साथ कर्कश सुर में किलकिलाने लगती है–'कर्र-कर्र-काँ-हाँ-स। कर्र-कर्र···।'

हर तीन घण्टे पर अचानक एक मनहूस आवाज वातावरण में सिहरन की सृष्टि करती–'घुग्घू-घू-ऊ-ऊ'–बड़ा उल्लू, अर्थात् घुग्घू–सदा मँडरानेवाली मौत की पगध्वनि को सबसे पहले घुग्घू ही सुनता है और तब यह पेड़ की डालियों पर बोलने लगता है। इसकी बोली सुनकर जगे हुए लोग अपने इष्टदेव का नाम सुमरते हैं। यह पंछी 'टाइम कीपर' का भी काम करता है। रात के प्रत्येक पहर में यह नियमपूर्वक बोल उठता है। बरगद पर रहनेवाले घुग्घुओं में एक 'पेंचक' ऐसा है, जो रात में अनैतिक काम करनेवालों को कड़ी सजा देता है।··· एक बार एक ठग 'ओझा' (तान्त्रिक) गाँव से बाहर 'चौबटिया' पर 'चक्र' पूजकर एक कुमारी कन्या पर बलात्कार करना चाहता था। उस पेंचक ने तान्त्रिक के गाल का मांस नोच लिया था। और, एक बार एक कटहल चुरानेवाले के ब्रह्मतालु पर चोंच मारकर गहरा छेद कर दिया था। दोनों की मृत्यु तत्काल हो गयी थी।

पेंचकों (उल्लू, घुग्घू तथा मुआ) के अलावा बरगद पर 'दुदुमा' नामक पखेरू का जोड़ा भी रहता था। 'दुदुमा' को कभी किसी ने देखा नहीं। मेरी दादी ने भी नहीं। दादी कहती–'सुना है इसके दो दुम होती हैं और दस कोस में सिर्फ एक ही जोड़ा रहता है कहीं।'

रात गहरी होने के बाद अक्सर नर और मादा का सवाल-जवाब सुनायी पड़ता। नर की आवाज कुछ इस तेवर के साथ कि वह नींद में सोयी हुई मादा को जगा रहा हो–'एँ-हें-एँ ?'··· अर्थात्–'जगी हो ?'

जवाब में एक कुनमुनायी-सी नींद से माती हुई आवाज–'एह। ऐंहें-ऐंहें-ऐंहें'–अर्थात् 'ओह ! जगी ही तो हूँ। क्यों बेकार···' और तब, नर दुदुमा एक बार फिर बोलता–'ऐंहें-ऐंहें !' अर्थात्, 'हाँ, जगी रहो।'

एक चिड़िया होती है–कूँखनी। इसकी बोली, गोद के बच्चों के लिए, अशुभ और अमंगलकारी समझी जाती है। कूँखनी की बोली कराहते हुए रोगी शिशु की आवाज जैसी सुनायी पड़ती है। इसकी बोली को सुनते ही सन्तानवती माताएँ अपने शिशुओं को छातियों से चिपका लेती हैं और तब कुँखनी-चिरैया को एक अश्लील गाली देकर उसकी बोली के 'दोख' को काटती हैं–'चूप छिनाल ! यहाँ कहाँ··· आयी है ? कहीं और जाके···।'

निशिचर पंछियों के अलावा रात में बरगद की डालियों से एक साथ कई खड़खड़ाती हुई आवाज आतीं–उड़नबेंगों की। पेड़ पर रहनेवाले–कलमेघों की।···

यहाँ लोग मुझे 'गप्पी' (झूठी बात हाँकनेवाला) कह बैठेंगे, मैं जानता हूँ। हमारे गाँव में एक कहावत है–'लुच्चा मारलक बेंग, दू पसेरी के एक्के टाँग।' सो, कहनेवाले मुझे लुच्चा कह लें। किन्तु, पेड़ की डालियों से चिपके इन हरे रंग के मेढ़कों को मैंने (रात में) देखा है। इन्हें बोलते सुना है। इनके पैर, पानी में और मिट्टी पर रहनेवाले मेढ़कों से तनिक भिन्न, लम्बे होते हैं, उँगलियाँ झिल्लीदार। एक डाल से दूसरी डाल पर कूदकर चिपक जानेवाले इस मेढ़क को 'उड़नबेंग' भी कहते हैं। इसकी बोली फटे हुए बाँस की 'फराठी' की तरह सुनायी पड़ती है–'पड़र्र-र्र- ! पड़र्र-र्र-र्र !'

इन प्राणियों के अलावा कभी-कभी एक शब्द सुनायी पड़ता है–एक लम्बी साँस की तरह। यह आवाज बरगद की यानी 'बट बाबा' के साँस लेने की आवाज होती।

दस वर्ष की उम्र से ही मुझे रात में देर तक जगने का रोग है। रात के दो-ढाई बजे तक नींद नहीं आती। दवादारू, झाड़-फूँक और टोटका-टोना करके भी कोई लाभ नहीं हुआ। बिछावन पर बिना नींद के चुपचाप लेटे रहना कभी-कभी इतना बुरा लगता कि मैं रो पड़ता। दादी पीठ पर हाथ फेरती हुई कहती–'आँख मूँदकर फूले हुए कास के गुच्छों को देखो। नींद आ जायेगी।' कई बार अफीम घोलकर चटाया गया। किन्तु, नींद तीन बजे के बाद ही आती।

अन्त में, जब तक नींद नहीं आती, लेटे-लेटे बरगद की डालियों से लटकती हुई जटाओं के झूले पर–मन को बैठाकर झुलाता। गुनगुनाता–'झूला लगे कदम की डाली, झूले किसुन कन्हाई जी··· !'

इन्हीं दिनों बरगद से मेरी आत्मीयता घनिष्ठ हुई। सारा गाँव सोया रहता। परिवार का हर प्राणी नींद में खोया रहता। अकेला जगा हुआ मैं–खिड़की से बाहर बरगद की फुनगी की ओर ताकता रहता। लाखों जुगनुओं से जगमग करती हुई छत्राकार डालियाँ। कभी घुघ्घुओं की मनहूस बोली सुनकर डर जाता तो लगता, कोई ठठाकर हँस पड़ता है–'अरे ! चिरई-चुरमुन की बोली सुनकर भी डरता है रे ?'

एक बार बरगद की ऐसी ही चुनौती-भरी हँसी को सुनकर बिछावन छोड़कर उठा और अन्धकार में चुपचाप बरगद की ओर जानेवाली पगडण्डी पकड़ ली। बरगद के नीचे पहुँचकर–जोर-जोर से पाँव पटक-पटककर परिक्रमा करते हुए कहने लगा–'मैं नहीं डरता। मैं किसी से नहीं डरता। मैं डरपोक नहीं। कायर नहीं हूँ मैं···।'

दूसरे दिन सुबह, शहर से एक नामी होमियोपैथ को बुलाया गया। उन्होंने कहा–'नींद में चलना-फिरना, यह एक रोग है।' किन्तु, उनकी दवा से रोग दूर नहीं हुआ।

पिताजी 'सत्यार्थप्रकाश' पढ़कर, आर्यसमाजी प्रचारकों के उत्तेजक भाषण सुनकर 'दयानन्दी' हो गये। घर के 'देवगण' भागकर बरगद पर चले गये। अकेली दादी कहाँ तक उन्हें भरोसा देकर घर में रख सकती थी भला ? घर का बच्चा-बच्चा 'दयानन्दी' बोली और 'अरियासमाजी' कीर्तन सीख चुका था।

एक बार पिताजी के साथ एक प्रचारक भी आये। गाँवों में ढोल बजाकर खबर फैला दी गयी–'आज शाम से बरगद के तले 'अरियासमाजी कीर्तन' होगा··· ।'

प्रचारकजी के कीर्तन से पहले 'हवन' करके, सड़े हुए सनातनी वातावरण के 'शुद्धि संस्कार' का पवित्र आयोजन किया गया। हवन की आग सुलगते ही गोरैया का एक बच्चा पंख फड़फड़ाता हुआ उड़ा और सीधे हवनकुण्ड में जा गिरा।··· यज्ञ भ्रष्ट हो गया। कीर्तन नहीं हो सका।

प्रचारकजी तथा पिताजी स्तब्ध रह गये। उन्होंने 'संयोग' कहकर इस घटना को भुलाने की चेष्टा की। किन्तु, दादी का विश्वास दृढ़ था कि 'बट बाबा' की इस चेतावनी के बाद भी यदि यहाँ 'अरियासमाजी कीर्तन' किया गया, तो फिर शुरू होगी बाबा की 'कोप-लीला'··· !

दादी ने मुझे अपने पक्ष में करने के लिए, धीरे से मुझे समझाया था–'बेटा ! और देवी-देवता की बात नहीं करती। लेकिन, यह 'बट बाबा' साक्षात् देवता हैं–जाग्रत देवता। इनसे कभी रार मत करना। इन पर कभी 'ना-परतीत' मत करना। इनसे कभी मसखरी मत करना··· । तुम्हारे पितामह के पितामह से भी बड़े हैं तुम्हारे बट बाबा।'

साढ़े तीन साल की नजरबन्दी के बाद (सन् 1945 ई. में) भागलपुर सेन्ट्रल जेल से रिहा होकर गाँव लौट रहा था। सिमराहा स्टेशन से घर आते समय रह-रहकर लगता कि न जाने किस गाँव में जा रहा हूँ, पता नहीं, कहाँ जा रहा हूँ। कहाँ है अपना गाँव ? किधर गया अपना गाँव 'औराही-हिंगना' ? दिग्भ्रान्त होकर किसी अन्य दिशा की पगडण्डी तो नहीं पकड़ ली ?··· पछियारी टोले का अकेला ताड़ का पेड़ ? हाँ, है ताड़ का पेड़। लेकिन, गाँव का आकाश कहाँ है ?··· आकाश··· स्काइलाइन··· अपने गाँव का क्या हुआ ?

अचानक कलेजा धक् ! बट बाबा कहाँ हैं ? गाँव के उत्तर, सड़क के किनारे विशाल वट-वृक्ष नहीं है। और वट-वृक्ष के बिना सारा गाँव नंग-धड़ंग··· श्रीहीन छूँछा··· अजनबी-सा लग रहा था। अपने गाँव की ऐसी कुरूप छवि की झाँकी पहली बार देखकर मेरे पैर डगमगाये थे और खेत की मेंड़ से नीचे फिसल गये थे।

गाँव पहुँचकर विस्तारपूर्वक बट बाबा के तिरोधान की कहानियाँ सुनता रहा।··· पिछले साल एक रात के दूसरे पहर में बिना किसी आँधी-तूफान अथवा 'हवा बतास' के ही बट बाबा जड़ से उखड़कर भूलुण्ठित हो गये !··· गगनभेदी धमाका··· हल्का भूकम्प, और फिर आर्तनाद, कोलाहल, कलरव ! सारा गाँव जग

पड़ा और सभी एक सुर में रो पड़े—औरत-मर्द, बच्चे-बूढ़े-जवान; कुत्ते, गाय, बैल, भैंस—सभी रात-भर रोते रहे थे—दुहाय बाबा ! अब हमारा क्या होगा ? कौन हमारी रच्छा करेगा··· सुख-दुख में, सदा कौन पास में खड़ा होगा अब ?··· दादा-परदादा से भी बड़ा, गाँव के हर परिवार का पूज्य, प्रत्येक प्राणी का अपना 'समांग'—बट बाबा !

दादी की आँखें सदा गीली रहने लगी थीं। बोली, "वैसी हालत में भी जान नहीं गयी थी।··· जीवनी-शक्ति शेष थी। जड़ से उखड़ने के बावजूद, पत्ते-पत्ते पर हरियाली छायी रही। उसी अवस्था में, अर्थात् भूलुण्ठित होकर भी, पतझड़ के बाद, नवपल्लव से डालियाँ ढक गयी थीं। किन्तु, इसी को कहते हैं दुनिया ! ··· लड़ाई के कारण फैली हुई महँगाई के जमाने में 'जलावन' की लकड़ी भी महँगी हो गयी थी। बट और पीपल की लकड़ी को 'जलावन' में व्यवहार करने की कल्पना भी किसी ने नहीं की होगी। लेकिन, लड़ाई का एक ठेकेदार आया और जमींदार को मुँहमाँगी कीमत देकर बट-बाबा की 'काया' को खरीद लिया। सरकारी ठेकेदार बिजली से चलनेवाला 'आरा' और लकड़ी काटनेवाली मशीन लेकर आया और दो-तीन दिनों में ही बट बाबा का नाम निशान निश्चिह्न !"

दादी का गला भर आया था, "अब तो उत्तर की ओर से आनेवाली हल्की आँधी के हल्के-से झोंके को भी गाँव के झोंपड़े नहीं सँभाल सकते। हर बार बैसाख में गाँव के दर्जनों झोंपड़े उड़ जाते हैं।"

"और, उन पंछियों-पखेरुओं और चिड़ियों-चुरमुनियों का क्या हुआ ?" मैंने सदा की भाँति दादी से पूछा था।

दादी के चेहरे पर एक उदास हँसी की रेखा देखकर जी जुड़ा गया। हँसकर बोली थी, "तू सब दिन बच्चा ही रह गया रे ! बचपन में पूछा करता था कि कोशी की बाढ़ में यदि बरगद डूब जाये, तब चिड़ियाँ सब कहाँ रहेंगी··· ?"

असल में, मेरे मन के पंछी को कोई ठौर-ठिकाना नहीं मिल रहा था। सूने आकाश में हमेशा उड़ता हुआ-सा दिन-रात भटकता रहता। नींद आती, तो बट बाबा की छाया स्पष्ट हो जाती और उसके बाद सपनों में—बचपन से लेकर किशोरावस्था और जवानी के दिनों तक की स्मृतियों की झलक : आ-आ-आ !··· खा-खा-आ-आ !! दुहाय बाबा ! इस बार कातिक बिना किसी 'कलेश' के कट जाय।··· खेत··· खलिहान सूना न रहे, हर घर की कोठाली में अनाज भरे।··· बर-बीमारी-बिपदा-बैरी को नाश करना बाबा।··· 'जी-जान-देह-समांग' सब तुम्हारे हाथ !

कई सप्ताह इसी तरह बिताने के बाद, एक दिन लिखने बैठ गया। लिखने बैठ गया, कहना ठीक नहीं होगा। ऐसा लगा कि किसी ने मुझे पकड़कर बैठा दिया। सपना साकार हो गया··· आकाश में विशाल बरगद की शाखाएँ तन गयीं—जटाएँ हिलने लगीं और डाल-डाल पर असंख्य पंछियों के कलरव-कूजन··· प्रशान्त मुखमण्डल

पर एक प्रसन्न मुस्कान !

तन-मन हल्का हो गया–भारहीन। उस अपूर्व आनन्द के प्रथम आस्वाद को भूल नहीं पाया हूँ। अपनी ही लिखी हुई कहानी पढ़कर अचरज में पड़ गया था–मेरी लिखी कहानी !

कहानी का शीर्षक 'बट बाबा' देकर, चुपचाप साप्ताहिक 'विश्वमित्र' (कलकत्ता) के सम्पादक के नाम रजिस्टर्ड पैकेट भेज दिया–सेवा में प्रकाशनार्थ एक कहानी··· !

कई सप्ताह के बाद सम्पादकजी का प्रोत्साहनपूर्ण पत्र मिला और साथ ही 'विश्वमित्र' का ताजा अंक, जिसमें मेरी पहली कहानी 'बट बाबा' छपी थी।

दौड़कर दादी के पास गया। चरण-स्पर्श कर बोला, "दादी ! तुमने हमें, बचपन से ही न जाने कितनी कहानियाँ सुनायी होंगी।··· इस बार, मैं तुमको एक कहानी सुनाऊँ !"

कहानी समाप्त करके देखा, दादी की आँखों में एक अलौकिक ज्योति-सी कुछ जगमगा रही थी। उनका झुर्रीदार चेहरा अचानक दमकने लगा था। गद्गद कण्ठ से बोली थी, "बट बाबा की महिमा लिखकर तुमने–समझो कि अपने 'पुरखों' को पानी दिया है।··· तुमने सारे गाँव के लोगों की ओर से 'बट बाबा' की समाधि पर पहला फूल चढ़ाया। बाबा की कृपा बरसती रहे सदा··· !!"

आज भी सुख-दुख के झकोलों पर जब कभी दिशाहारा-सा होने लगता हूँ, अपने गाँव का आकाश अजनबी लगने लगता है, जब कभी अथवा किसी अव्यक्त व्यथा से मन भारी हो जाता है, आँखें मूँदकर गरदन झुका लेता हूँ। मन के आइने में एक तस्वीर स्पष्ट हो जाती है··· एक विशाल महीरुह के नीचे खेलता हुआ एक शिशु–नन्हा-सा !··· जटाजूट··· बाबाजी हँसकर अलख जगाता हुआ–चिमटा खनकाता है। स्पष्ट सुनता हूँ, कोई मेरा नाम लेकर प्यार से पुकारता है। पुकारता रहता है··· !

ज्योत्स्ना/अप्रैल 1973

गप्प का शीर्षक

इस बार गाँव पहुँचकर–पहुँचकर नहीं, पहुँचते-पहुँचते रास्ते में ही, जबर्दस्त खबर सुनने को मिली कि अब हमारे इलाके में भी एक पेड़ जिला-भर में प्रसिद्ध हो

गया है। छः महीने बाद गाँव गया था। मेरा गाड़ीवान कुसुमलाल छः महीने की गप्प सँजोये था। ट्रेन से उतरकर उस पर नजर पड़ते ही समझ गया—गाँव-घर का समाचार शुभ है। रत्ती-भर भी अशुभ होता तो वह स्टेशन नहीं आता।

तो गाड़ी को जोड़कर, बैल को हाँकते हुए उसने अपने छः मासे गप्प का थोड़ा आभास दिया, "अब अपने इलाके में भी एक टो देवहा पोखर हो गया है। लरैनपुर गाँव में नरहवा पोखर था न, वही।"

मैंने पूछा, "पोखर से क्या किसी देवता की मूर्ति निकली है ?"

"ऊँ··· ह !" वह बोला, 'पोखर के किनारे बेल का एक 'ठुठहवा' पेड़ था। कहते हैं, एक दिन एक बाबाजी उसके नीचे धूनी जोड़कर बैठ गये और बैठे-बैठे लापता हो गये। धूनी जल ही रही है। त्रिशूल-चिट्टा गड़ा हुआ है। और बाबाजी लापता ! बाबाजी को देखकर गाँव का गँजेरी सब वहाँ गया था, और उन्हीं लोगों के साथ बाबाजी का गप्प-सप्प हुआ था। बाबाजी 'कामरू-कमच्छा' के थे। कहते थे कि जो कोई मंगलवार-शुक्रवार को पोखर के किनारे उनकी धूनी में लकड़ी का एक 'चैला' चढ़ावेगा, उसका रोग-शोक साफ··· !"

मैं बीच में कुसुमलाल को टोकना चाह रहा था, लेकिन उसने मुझे वह मौका नहीं दिया। बैल की डोरी के साथ-साथ वह गप्प की डोरी भी थामे रहा। बोला, "सो अब हर मंगल-शुक्रवार को पोखर के किनारे मेला लग जाता है। कहते हैं कि बाबाजी ने कहा था—'हम बैसने-बैसने (बैठे-बैठे) 'अलोपित्त' हो जायेंगे, फिर वैहने (वैसे ही) बैसने-बैसने किसी दिन अपना आसनी पर लौट आयेंगे। हमरा धूनी की आग जेह दिन बुता जायेगा, समझना आर (और) हम नहीं लौटेंगे। तब ई पोखरा औ गाछो का महात्तम आलोपत्त···"

कच्ची लीक की ढलान में गाड़ी पहुँची तो टप्पर की छतरी से मेरा सिर टकराया। मैंने हँसते हुए कहा, "ज़रा सड़क की तरफ देखकर गप्प किया करो··· "

कुसुमलाल कच्ची सड़क की ढलान को पार करते समय बोला, "देखते नहीं हैं, सड़क कैसी हो गयी ? हरदम गाड़ी-छकड़ा का मेला। उस दिन धान कुटवाकर और आटा पिसवाकर लौटते समय···"

मैंने पूछा, "अपने गाँव के लोग भी जाते हैं क्या ?"

कुसुमलाल की गप्प ने अब रंग पकड़ा। हाथ से दुआली नचाता हुआ बोला, "जाते हैं। समूचा गाँव खाली हो जाता है। बात यह है कि वहाँ नाच-तमाशा करनेवाले भी पहुँच जाते हैं, सो गाँव के लड़के-फड़के सब जाते हैं।"

"बीमारी ठीक भी होती है, या यूँ ही ?"

"ठीक होती है न तो ! मैं भी गया था। देखते नहीं हैं—मेरे शरीर में अब एक जगह भी 'दिनाय' है ?"

मैं आश्चर्यचकित था, उसकी पीठ देखने लगा, "सचमुच !"

कुसुमलाल तड़ातड़ गाँव के दर्जन-भर असाध्य रोगी-रोगिनियों के नाम बता गया, "ठठेरी टोला के धुत्तर दास का दम्मा, पछियारी टोलावाली मुसमात की मिरगी,

पुरबारी टोला के जगेसरा की 'गर्मी'··· घर चलने पर मालूम होगा।"

उसकी गप्प की अन्तिम पंक्ति और 'मुचकी' हँसी मेरी आशंका को मजबूत कर गयी। पूछा, "क्यों रे, अपने घर से भी कोई ?"

कुसुमलाल अब विहँसने लगा, "सो तो घर चल ही रहे हैं, पता लगबे करेगा। अब गाँव में किसी को अधकपारी है ?"

"नहीं ?"

"ऊँ··· हुँक।"

मन-ही-मन समझ गया—अपनी 'अन्दर-हवेली' से कौन-कौन गये होंगे। मेरे परिवार में दो व्यक्तियों को अधकपारी था। एक तो ठीक-ठाक हो गया, अब मैं ही बच रहा हूँ।

मेरे सोचने के क्रम में ताल देता कुसुमलाल उत्साहित हुआ, "मालिक, अब आप ही बच गये हैं। आपके ही बहाने मंगलवार को···"

पता नहीं क्यों, मुझे कुसुमलाल पर अचानक गुस्सा हो आया, "बार-बार कह रहा हूँ कि सड़क की तरफ देखकर गाड़ी हाँको।"

उसके बाद वह चुपचाप गाड़ी हाँकने लगा।

कितने दिन से अपने मन में जिस शुभ-संवाद को वह सँजोये हुए था—सर्व रोग-शोक-कष्ट-दुख-विनासी समाचार—जब वही 'फेल' हो गया तो आगे क्या बात बढ़े, और कैसे बढ़े ? मुझे लगा, कुसुमलाल मन-ही-मन मुझसे रूठ गया है, और उस रूठनेवाली बात पर अचानक एक बात मुझे याद हो आयी।

एक बात पहले ही कह दूँ कि कुसुमलाल मेरा गाड़ीवान ही नहीं, लँगोटिया यार भी है। हम बचपन में एक साथ खेल चुके हैं। मुझसे वह उम्र में छोटा है, इसलिए मुझे भैया कहता है। वह मुझे ही नहीं, मेरे मन को भी अच्छी तरह जानता है और मैं उसके दिल को। उससे बढ़कर मेरा भला चाहनेवाला गाँव में कोई नहीं, और सबसे बड़ी बात यह कि वह मेरे आंचलिक शब्दों (कहावतों) का एक जीता-जागता शब्दकोष है—गन्ही महतमा, जमेहरलाल, इनकिलास जिन्दाबाघ, फेनू गिलास, भोंपा आदि शब्द मैंने उसी से प्राप्त किये हैं। पिछली बार आया तो उसने मुझे भूख-हड़ताल के लिए एक नया शब्द दिया—खटपासी !

स्टेशन के साहुजी के गुड़ के कारखाने के फाटक के सामने कई कर्मचारी अपनी माँग मनवाने के लिए उन दिनों खाट पर लेटे-लेटे भूख-हड़ताल कर रहे थे। होली का समय था और इलाके में गुड़ के कारखाने में हड़ताल—कुसुमलाल ने विरक्त होकर कहा था, "कारखाना चलेगा कैसे ? फाटक पर आज दस दिन से चार-पाँच आदमी 'खटपासी' लेकर पड़े हैं···"

इसीलिए कुसुमलाल का इस तरह अचानक चुप हो जाने का मतलब था कि वह मुझसे रूठ गया है। नहीं तो, बैलों से बातें करते हुए भी वह गाँव की कोई-न-कोई

खबर सुना देता है। उसके बात करने की हर टेकनीक और शिल्प को मैं जानता हूँ। मान लीजिए, गाँव में किसी का बैल किसी की बारात में गया और बारात से लौटने के बाद वह लँगड़ा हो गया, तो वह अपने बैलों को हाँकते हुए कहेगा, "अरे, तुम भी क्या फलान सिंह के बेटे की बारात में गये थे कि डेग खोलकर नहीं चलते ?···" इसके बाद मेरी ओर मुखातिब होकर कहेगा, "फलान सिंह के बेटा 'फुचफुच' करके बैलगाड़ी ले गया। वहाँ ऐसा खेसारी चरा कि बैल को 'बातिस' कर दिया। बातिस आप नहीं समझा ! गठिया-बात !" पा गये न एक अनमोल शब्द··· बातिस !

मुझे लगा, मैंने उसके प्रथम संवाद को ही 'भेड़िया धसान' कहकर उसके दिल को दुखाकर अन्याय किया है। मैं उसके मनोरंजन का उपाय सोचने लगा। तब तक 'बँसवारी' के उस पार से एक प्रौढ़ के गले से एक पुराना गीत–बलवाही नामक गीत–निकल पड़ा–'मैं धानी कानैछें कथिलैगे–जाइब बंगाला, आनब मोहनमाला, तोहरे पिन्हावे लागे···'

आजकल गाँव-घर का चरवाहा भी 'मेरी नजर लग जायेगी' और 'मेरा मेहबूब आया है' ही गाता है। पुराना गीत सुनकर मैं उत्कर्ण और प्रसन्न हुआ, "क्यों रे कुसुम ! बलवाही के गीत अब भी गाते हैं ?"

कुसुमलाल ने कनखी नजर से मेरी ओर देखा, फिर हँस पड़ा। बोला, "कलाली बूढ़ा है। उसको बलवाही के अलावा कोई गीत आता नहीं।"

कुसुमलाल के मन की कुण्ठा दूर हो गयी। उसने ताड़ लिया कि बाकी गप्पों की मुन्नी खोलने का यही अवसर है। हमारे इलाके में परती जमीन पर पिछले कई वर्षों से कोसी प्रोजेक्ट की कृपा से अच्छी खेती होने लगी है। नयी किस्म का धान–आई.आर. एइट, ताइचून, सोनरा आदि। कुसुमलाल इन नामों के चक्कर में नहीं पड़ता। सीधे शब्दों में कहता है–'बलैकिया धान और बलैकिया गेहूँ !' इलाके की इस सुख-समृद्धि के वर्णन के लिए जहाँ मैं पचास पंक्ति लिखकर भी अपनी पूरी बात कहने में खुद को असमर्थ पाता हूँ, वहाँ वह एक ही पंक्ति में सबकुछ कह देता है, "जमीनवालों के लिए तो समझिए कि सतजुग आ गया है, और जब जमीनवालों के लिए सतजुग है, तो बेजमीनवाले भी समझिए कि 'तेरता' में हैं। कलजुग में अब कोई नहीं हैं।"

कुसुमलाल ने हुलसकर बैलों को टिटकारी देते हुए कहा, "चल बेटा क़दम-चाल, 'लतरल रोद' तक।"

मैंने पूछा, "लतरल रोद क्या है ?"

उसने दूसरा संवाद किया, "अब अपने गाँव के बगल में भी एक सरकारी पक्की सड़क के कन्हा-ॠण पड़ गया है–लतरल रोद–डिल्ली से शुरू होकर पूरब 'कामरू-कमिच्छा-हसाम' तक।"

"ओ ! लेटरल रोड !"–मैंने पुलकित होकर कहा।

मेरा पुलकित होना था कि लगा, उसके सभी शुभ-संवाद एक ही साथ निकलने

के लिए पंख फड़फड़ाने लगे—गाँव में किसकी गाय बाछा बियाई है, किसको पोता हुआ है और किसके बाग में 'बलैकिया' पपीता हुआ है—वह सब एक-एक कर सुना गया।

गाड़ी एक 'बँसवाड़ी' की झुरमुट को पारकर जब बहुत दूर तक फैले 'वन विभाग' के साइनबोर्ड के पास आयी तो कुसुमलाल ने गाड़ी को दक्षिणवाली सड़क की ओर मोड़ा।

अचानक कुसुमलाल को एक ऐसे संवाद की याद आयी, जिसे सुनाने के लिए उसने बैलों के रास थाम लिये। बोला, "भैया, बनभाग की एक बात जानते हैं ?"

उसने 'वन विभाग' के लिए एक नया शब्द दिया !

"क्या बात रे ?"

"बनभाग के दखिनबारी दिस आजकल देखिएगा तो आसमान एकदम लाल टेस !"

"सो क्यों रे ?"

गप्प का शीर्षक देने के बाद कुसुमलाल अब अपनी भूमिका बाँधने लगा, "बनभाग के उत्तर में तो 'नड़ेलवा गाँव' है—गाँव का बच्चा-बच्चा 'नठैत'। बनभाग में हजारों सेमर के गाछ लगाये गये थे, मगर नड़ेलवा गाँव के लोगों ने एक भी गाछ बचने नहीं दिया। सब काटकर लाठी बना लिया... मगर दखिनबारी ओर जो गाछ बच गये हैं, सो आजकल फूले हैं। ऐसा फूला है कि देखनेवाला जो है सो देखता ही रह जाये।"

"सच्च रे··· तऽ गाड़ी उसी लीक पर ले चलो। हड़बड़ क्या है ? घर ही तो जाना है।"

कुसुमलाल उत्साह में गाड़ी को साबिक लीक पर ले आया। कुछ दूर जाने के बाद कुसुमलाल ने गाड़ी को रोकते हुए मुझे दिखलाया, "है वैह ! देखिए।" सचमुच देखकर बहुत देर तक देखता ही रह गया। दिन ढलने में अभी देर है मगर आसमान लाल हो गया है। जहाँ तक दृष्टि जाती है—लाल-लाल ! फूल-फूल ! देखता ही रह गया मन्त्रमुग्ध !

कुसुमलाल ने कहा, "यदि नड़ेलवा गाँववाले उत्तरबारी और 'समापत्तन' नहीं करते तो कहिए, और कैसा शोभा धरता ?"

'शोभा' शब्द ने मुझे स्मरण दिला दिया कि ऐसे अभूतपूर्व स्वर्गीय दृश्यों को सदा बाँधने का मन्त्र भी मेरे पास है। मैंने बैग से अपना कैमरा निकालकर कलकाँटा ठीक एडजस्ट किया··· व्यू-फाइण्डर··· कुसुमलाल व्यू-फाइण्डर में झाँक रहा था।

मैंने कहा, "कुसुम भाई, तू उस आक की झाड़ी की तरफ जाओ तो !··· हँ··· और··· तनिक पच्छिम··· अब दाहिना तरफ··· अरे, दाहिना। खानेवाले हाथ की तरफ ··· हूँ··· ठीक ! माथे में बँधी गमछी को तनिक ठीक कर लो··· हाँ, बस···"

कुसुमलाल विहँसा। उसके दाँतों पर पड़ती सूरज की रोशनी। क्लिक !

बहुत देर तक मैं सेंमल के पेड़ों की तरफ देखता रहा। सूर्यास्त के बहुत देर बाद तक लाल आकाश ! बदलते दृश्यों को देख, बहुत देर तक सुध-बुध गायब रही।

"भैया, अब चलिए।"

"हाँ, चलो, लेकिन कल सूरज उगने के एक घण्टा पहले इस जगह आना होगा।"

कुसुमलाल मेरी तरफ प्रश्न भरी दृष्टि से देखता रहा। मैंने कहा, "हाँ कुसुम भाई, मेरी अधकपारी का यही 'टोटमा' शुभ होगा।"

कुसुमलाल ने क्या समझा, पता नहीं। लेकिन अँधेरे में उसकी हँसी गूँजती रही।

सारिका/अप्रैल 1979

एक रात

सावन की श्यामली रात के भीगे आँचल-तले, जनरल अस्पताल के करीब एक हजार रुग्ण प्राणी छटपटा रहे थे। उमस में हवा प्राणहीन हो जाती है न !

मेरे वार्ड में शाम से ही तीन खटिया 'खड़क' चुकी थीं। अनुभवी 'अस्पताली जीवों' का कहना है कि ऐसी घुटन भरी बरसाती रातों में खटिया बहुत बार खड़कती है। टाइफॉयड, न्यूमोनिया और पेट के पुराने रोगियों के लिए, अपने आँचल में चिरशान्ति बटोरकर आती हैं–ऐसी उदार रातें !

रात ग्यारह बजे चौथी खटिया खड़की–खड़··· खर्र··· र्रर···

वातावरण में सिहरन दौड़ गयी··· इसके बाद ?

हाँ, मैं अपनी ही बात कहूँगा। मैंने सोचा था–इसके बाद शायद मेरी ही बारी हो। इस बार··· इस बार पिंगलवर्णा देवी हौले-हौले मेरे पास आ रही है।

मुझे अस्पताल में दाखिल हुए, सिर्फ पाँच दिन हुए थे और मेरा नाम यात्रियों के रजिस्टर में दर्ज था। आनेवाले सप्ताह में दिन या रात के किसी भी 'ट्रिप' से मैं कूच कर सकता था··· शाम को खून नहीं गिरा था, इसलिए बेचैनी से इन्तजार कर रहा था, क्योंकि प्रति सन्ध्या को सात बजे और प्रातःकाल दस बजे, नियमित रूप से–घड़ी देखकर–खून गिरता था, और जब गिरने लगता था तो–एक, दो, तीन बाल्टी !

याद है, नरसिंह भैया एक शाम को मेरे पास आकर बैठे। पूछा, "आज तो खून··· ?"

"जी नहीं, लेकिन पाँच मिनट में ही शायद··· पाँच मिनट क्यों··· यह लीजिए, आ गया लाल-लाल इन्कलाब !"

और उसके बाद मैं लाल कविता उगलने लगा था–एक, दो, तीन बाल्टी !

तो शाम को खून नहीं गिरा था और मैं इन्तजार कर रहा था। रोग के उपसर्ग की बात नहीं कहता, पारिपार्श्विक एवं परिस्थिति के उपसर्ग क्षण-क्षण बदल रहे थे··· बिजली फेल कर गयी थी, पंखे निस्पन्द पाँखें पसारे बेबस थे (जी हाँ, अस्पताल की बिजली भी कभी-कभी आठ घण्टों तक फेल रहती है और पानी का नल भी 'आउट ऑफ ऑर्डर' हो जाता है), रोगियों के 'एटेण्डेण्ट' आपस में बातें कर रहे थे, 'कल में पानी नहीं है'। मेरी लोहे की खटिया का स्प्रिंग टूटा हुआ था और खटमलों की विशाल फौज मैदान में उतर पड़ी थी··· बस, कुछ ही क्षणों में रक्त जम जायेगा और शोषण क्रिया नहीं हो सकेगी ! मुझे हमेशा आशीर्वाद देनेवाले, मेरे बगल के दिलचस्प और जिन्दादिल वृद्ध का 'बेड' खाली था। वे शाम को ही मुझे आशीर्वाद देकर चले गये थे। मेरी आँखों में एक हल्की-सी तन्द्रा थी, जो क्रमशः गहरी हो गयी थी··· मैं सोच रहा था–ये लक्षण शुभ हैं। कान के पास जो सिं-ईं-ईं सुर बोल रहा है–वह 'आगमनी' के सिवा और कुछ नहीं !··· आओ !··· पिंगलवर्णे !!

'खड़··· र्र-र्र !' पाँचवीं खटिया खड़की।

इसी बीच, दो यात्रियों ने 'मूक यात्रा'–यानी बगैर किसी 'आडम्बर' के यात्रा की थी। सही मायने में अस्पताल की मौत वही दोनों मरे थे। मगर, इस पाँचवें सवार ने तो मानो 'रोनेवालों' का एक मेला लगा रखा था··· राजा बेटा रे !··· मोरा सुगना रे ! सोने का सुहाग रे !!··· हाय रे ! हाय रे !

ऐसे मौकों पर, वार्ड के कुली-मेहतरों को जी खोलकर धन्यवाद देने को जी करता है। अधिकारपूर्ण आवाज से वे डाँटते हैं, "ऐ ! हल्ला मत करो !··· बाहर जाओ !!"

मुझे करवट लेना मना था। अपने कॉमरेड एटेण्डेण्ट मधुसूदनजी को मैंने जोर-जबरदस्ती ही शाम को डेरे पर भेज दिया था। 'रात में मुझे कोई जरूरत नहीं होगी तुम्हारी। तुम मेरे डेरे पर जाओ', क्योंकि बीमार होने से पहले ही मुझे सीख मिली थी और मैं उसे हमेशा याद रखता था–'डोण्ट एक्सपेक्ट टू मच फ्रॉम दिस वर्ल्ड'। लेकिन एक घूँट पानी तो 'टू मच' नहीं। प्यास से जीभ ऐंठ रही थी। लगता था, जीभ पर चिपका हुआ गोंद क्रमशः कड़ा होता जा रहा है। मैंने अपने पञ्जर की सारी शक्ति लगायी। उठ बैठा। तिपाई पर सुराही थी। मेरे हाथ के झटके से अथवा पृथ्वी की गुरुत्वाकर्षण शक्ति से हो–सुराही जमीन पर गिरकर चकनाचूर हो गयी। अँधेरे में भी मैंने फर्श पर रेंगते हुए तरल पदार्थ को देखने

की चेष्टा की। निगाह को थोड़ी ठण्डक तो नसीब होगी ! देखा, मेरे बेड से थोड़ी दूर, फर्श पर लेटा हुआ रोगी खिसकता-कराहता आया और जमीन में मुँह सटाकर पानी पीने लगा। ठीक कुत्ते-बिल्ली जिस तरह पानी पीते हैं–चटर-चटर-चट्-चट् !

इसके बाद मेरी निगाह धुँधली हो गयी। कल्पना करता हूँ–खुली हुई निस्तेज आँखें ! कफन जैसी सफेद पुतलियाँ !!

न जाने कब, कितनी दूर जाकर फिर आधी चेतना लौटी, तो आँखों में फिर एक क्षीण प्रकाश लौट आया। देखा, एक काली छाया मेरे पास खड़ी है। ऐसी भयावनी छाया मैंने पहली बार देखी। विश्वास हो गया–जमदूत की बात झूठी नहीं। उस अर्धचेतन अवस्था में भी सोचा था–इस बात को लिख जाऊँ। कम-से-कम एक लाइन–'जमदूत ! एक भयावनी छाया, दुर्गन्ध उसके रोम-रोम से निकलती है...' तकिये के नीचे घड़ी और फाउण्टनपेन है, यह भी खयाल था... छाया ने झुककर मेरे तकिये के नीचे हाथ दिया। एक तेज बदबू ने चेतना को झकझोर दिया। छाया अचानक सीधी हो गयी और दो कदम पीछे हट गयी। मेरे जमते हुए लहू में हल्की गति आयी। समझने में देर नहीं लगी कि जमदूत मेरे प्राण के लिए नहीं–बल्कि मेरी घड़ी और पेन के लिए तकिये के नीचे हाथ डाल रहा था। मैंने जमदूत को हाथ के इशारे से पास बुलाया। वह पास आया–भारी दुर्गन्ध से मेरी साँस की पतली डोरी टूटने लगी। मैंने फिर इशारा किया–पानी ! छाया बिला गयी।

खुट-खुट-खुट। मेम साहिबा आ रही हैं। नहीं, जिन्दगी आ रही है।

"क्या है ?... बेड नम्बर थर्टीन ! थर्टीन, तुमने मुझे बुलाया है ?" मेम साहिबा ने छोटी टॉर्च की धुँधली रोशनी मेरे चेहरे पर फेंकते हुए पूछा, "तुमने ?"

मेरी आँखों ने कुछ जवाब दे दिया शायद। फिर मैंने अपनी कलाई पर उनको ठण्डी उँगलियों के स्पर्श का अनुभव किया, फिर छाती पर, फिर नाक के पास। 'डेटॉल' से धोयी हुई उनकी उँगलियाँ ! मेम साहिबा ने कहा, "सिंकिंग।"

उसे भी सुना। हँसी आयी। यदि बोलने की शक्ति रहती–अपने गुरुदेव की तरह चलते-चलते एक निर्दोष दिल्लगी कर लेता। स्व. द्विजदेनी जेल अस्पताल के सेल में जिन्दगी के अन्तिम दिन काट रहे थे। रात में जब सिपाही की ड्यूटी बदलती है तो नया सिपाही सेल के बाशिन्दों को बारी-बारी से जगाकर देखता है, 'ऐ जवान, ऐ, ऐ जवान !'

द्विजदेनीजी ने जवाब दिया था, 'भाई यहाँ जवान कहाँ ? यहाँ तो सत्तर साल का खूसट है।'

मेम साहिबा ने कहा, "सिंकिंग।" अर्थात्–नैया धीरे-धीरे डूब रही है।

मैं कहता–सिंकिंग नहीं, फ्लाइंग। मैं पाँखें तौल रहा हूँ उड़ने को और आप कह रही हैं–सिंकिंग !

मैंने इशारे से पानी माँगा। मेम साहिबा एक औंस गिलास में, एक टुकड़ा बरफ गलाकर ले आयीं और गंगाजल की तरह बूँद-बूँद टपकाने लगीं। मैंने और

माँगा तो एक अधगले बरफ का टुकड़ा मेरे होंठों पर डालकर जाने लगीं। मैंने अपनी कलम और घड़ी जब उनके जिम्मे कीं तो वे पूछने लगीं, "किसको देगा ··· नाम बोलो ?"

मैंने अपने चार्ट की ओर दिखा दिया।

सुबह आँखें खुलीं तो दुनिया को मैंने अचरज से देखा। यहाँ भी रोगी ? नहीं, यह वही पुरानी दुनिया है। हमारा पुराना संसार !! शायद मेरी आँखों की ज्योति ही नयी थी, क्योंकि आँखें खोलते ही तुरन्त जो मेरी दृष्टि के पथ को घेर खड़ी हुई, वह थी मेरी स्नेहमयी लतिका। न जाने कहाँ से आ गयी–अप्रत्याशित ढंग से। उसके होंठों पर सहज मुस्कुराहट थी। पाँच साल के बाद भी उसकी मुस्कुराहट में हेर-फेर नहीं हुआ था··· 'श्रीकान्त' की राजलक्ष्मी की तरह यह ममतामयी नारी हमेशा मेरे पास आकर खड़ी हो गयी है। जब-जब प्राण संकट में रहा, जब-जब मुसीबतों के पहाड़ टूटे, वह बिना बुलाये सैकड़ों कोस की मंजिल पारकर दौड़ती-हाँफती आयी है। द्वन्द्वात्मक भौतिकवाद के चार अक्षर पढ़कर सनके हुए 'नास्तिक' के सिर पर कभी बाबा विश्वनाथ का प्रसाद, कभी कालीघाट की माँ काली की चरणधूलि चढ़ाती रही है।

देखा–मधु भाई इत्मीनान से सिगरेट फूँक रहे हैं।

सुना–वार्ड-कुली कह रहा था, "रात में सात पेसेण्ट एकदम डिसचार !"

"सात ?" लतिका ने अचरज से कहा।

"सात नहीं, आठ।" मेरे मुँह में बोली वापस उग गयी थी।

"आठ ?"

"हाँ, मेरी सुराही भी तो रात में ही फूटी है–आदमी के मरने और सुराही के फूटने में क्या फर्क है ?" मैंने हँसते हुए कहा था।

उस रात के बाद फिर वह रात कभी नहीं आयी। घड़ी देखकर ठीक समय पर आनेवाला लाल-लाल इन्कलाब फिर नहीं आया।

मृत्यु-पथ के 'बुक्ड' यात्रियों की लिस्ट से मेरा नाम काट दिया गया उस बार !

अररिया (पूर्णिया) के एक स्कूल की पत्रिका 'राष्ट्रोदय' में अगस्त, 1954 में सर्वप्रथम प्रकाशित एवं 10 नवम्बर, 1985 में 'धर्मयुग' में पुनर्मुद्रित

अपनी कथा

आप अपनी कथा के पात्र का नाम राम-श्याम-यदू रखिए या हेरी-डिक-टाम; बुझक्कड़ लोग उसको आपकी ही कहानी बूझेंगे। आपको ही आपकी कथा का पात्र मानेंगे। और, जिस दिन आप सचमुच में अपनी कथा, अर्थात् आत्मकथा सुनाने बैठेंगे, बुझक्कड़ों की मंडली त्राहि-त्राहि पुकार उठेगी··· अहं की भी सीमा होती है।··· अपने को पंडित नेहरू समझने लगा है,··· मानसिक चिकित्सागार में भेजो, इसको !

पता नहीं, आप वैसी स्थिति में क्या कीजिएगा। किंतु, मैंने जब अपनी कथा शुरू कर दी है तो, अंत तक सुनाकर ही उठूँगा। मानसिक चिकित्सागार में भेजकर मेरी कहानी को बंद कैसे कर सकता है, कोई ? मेरा अनुमान है, अपनी कथा सुनानेवाला वहाँ भी अपनी कथा सुनाता होगा। वहाँ भी सुननेवाले होंगे, रसिक-सरस-सहृदय श्रोता, पाठक !

कथा-शास्त्रियों का कथन है, सभी कथा में एक जीवन-दर्शन होना आवश्यक है। हर कथाकार का जीवन-दर्शन होना चाहिए, कोई।

अपनी कथा का जीवन-दर्शन, सोदाहरण प्रस्तुत कर रहा हूँ।···

अपनी गली की गूँगी बूढ़ी को मैंने अपनी इस कथा की पात्री के रूप में पेश किया है। तो, मैं ही यह गूँगी हूँ। उस बूढ़ी को सबसे अधिक सतानेवाला, गली का सर्वोच्च शैतान छोकरा सतना भी मैं हूँ। क्लाइमेक्स के आसपास, गूँगी बूढ़ी को चिढ़ाने-सताने में मशगूल सतना का प्यारा कुत्ता मोटर के नीचे कुचलकर मर गया जो, वह मैं ही था। वह चीख मेरे ही कंठ से निकली थी। कथा के अंत मे, सतना रोया, मैं रोया। अपने सबसे बड़े दुश्मन के प्यारे कुत्ते की मौत पर बूढ़ी रोई, मैं ही रोया। बूढ़ी ने सतना की पीठ पर बड़े प्यार से अपनी हथेली रखी, मैंने अपनी पीठ पर अपना हाथ रखा !···

मतलब यह कि हर कथा को लेखक की आत्मकथा होना चाहिए। वरना, कथा असफल है।··· मेरे सामने समस्या है, अपनी कथा से अपने को कैसे बहिष्कृत करूँ ? कैसे निकाल दूँ 'मैं' को ? क्यों निकाल दूँ ? असफल कथाकार कौन कहलाना चाहेगा, भला !

(1943-44; भागलपुर सैंट्रल जेल; सेग्रिगेसन वार्ड)

गर्मियों की रात में, कुछ दिनों के लिए, हमें बाहर में सोने की इजाजत मिली थी। हर रोज, लॉक-अप (तालाबंदी) के पहले ही, उच्च श्रेणी के नजरबंदों के वार्ड के सामने बाबुओं की खाट-खटाली लग जाती। मशहरियाँ तन जातीं। (··· वे नवाबी के दिन !)

रात को, भोजनोपरांत हम बेल-तले बैठते थे। इसी बैठने-बिठाने के सिलसिले

में, सप्ताह में एक दिन 'गब्बे हाउस' का कार्यक्रम भी हो जाता था। 'गब्बे हाउस' के तत्कालीन संचालक, वर्तमान काल में बिहार सरकार के मंत्रियों में से एक हैं। सदस्यों में कई, अपने संचालक की तरह स्थूलकाय होने के अलावा मोटे-तगड़े कई ग्रंथों के प्रणेता थे। उपनामधारी असाहित्यिक व्यक्तियों की संख्या अधिक थी। मेरे जैसा पिद्दी सदस्य एक और था, जो आजकल 'डिल्ली' में रहता है।···

जो भी हो, वैसी अच्छी साहित्यिक बैठकियों का आनंद, बाहर कभी प्राप्त हुआ हो··· याद नहीं ? न जेल जाने के पहले, न बाद में। 'गब्बे हाउस' में लोग अपनी कथा सुनाते थे। अपनी कथा, आपबीती, आपदेखी, आपसुनी–भूत-प्रेत की, आदमी की, जानवर की। संचालक जिसको हुक्म दे दें, बगैर झिझक के शुरू कर देना ही सदस्यता-रक्षा की पहली शर्त थी। नहीं तो जाइए ! शतरंज खेलिए या गीत गाइए ! फिर, कथा चढ़ती कसौटी पर। खरी उतरने पर कथा कहनेवाला खुद-ब-खुद माननीय सदस्यता प्राप्त कर लेता था।

··· भूत की कहानी सुनानेवाले कई सदस्य बीच में 'आउट' कर दिए गए। प्रचलित, यानी ट्रेडिशनल भूतकथा की कोई कड़ी पकड़ी गई और 'आउट' घोषित हो गए। भूत का खैनी-तंबाकू माँगना, पीछे-पीछे नाम लेकर पुकारना, आदि बातें चालू कथा की श्रेणी में आ जाती थीं। और हमारे 'गब्बे हाउस' में चालू कथा नहीं चल सकती थी।

पहले ही कह चुका हूँ, उस 'गब्बे हाउस' का एक पिद्दी सदस्य यह अपात्र भी था। मेरी पात्रता परखने के लिए या संचालकीय विधान के अनुसार एक दिन मुझे हुक्म हुआ–आज 'हाउस' तुम्हारा 'गब्बे' सुनेगा।

हुक्म तो नहीं, लगा पेड़ से बेल गिरा ! संचालक महोदय हुक्म देने के बाद घड़ी देख रहे थे !

अपात्र ने अपनी पात्रता प्रमाणित करने के लिए कथा शुरू कर दी ! भूत से हाथ मिलाने की कथा !–बतौर शीर्षक के मुँह से पहले ही निकल गया। हाथी के दाँत की तरह ?

सभी सदस्य उत्कर्ण हुए ! भूत की कथा कहने में मात्र एक ही व्यक्ति माननीयता प्राप्त कर सकते थे, अब तक। संचालक महोदय प्रेततत्त्व के परम पंडित समझे जाते थे। बहुत-सारी अँगरेजी, बंगला, संस्कृत पुस्तकों का हवाला देकर भूत-कथाओं को 'आउट' कर देते थे !

सो, इस पिद्दी की हिम्मत पर कई सदस्यों ने अचरज भी प्रकट किया। कुछ लोगों ने व्यंग्यबाण भी छोड़े··· नर-भूत या मादा-भूत ? मैंने सदस्यों को स्मरण करा दिया–अकारण व्यंग्य करनेवाले अथवा कथा में अन्यथा अटकाव डालनेवाला, संचालक के कथनानुसार 'हाउस' का गब्बू, 'डबल गब्बू' और 'डम्फास' कहलाता है।

अपात्र ने अपनी कथा की भूमिका में–हाउस में उपस्थित एक अर्धवधिर सदस्य

को साक्षी-साथी के रूप में पेश किया। वे जमींदार थे, शिकार-विकार की बात उन्हीं के सिर खेल गया। उनकी मंद-मंद मुस्कुराहट से मेरी कथा को बल प्राप्त हो रहा था।··· मान लीजिए, उनका नाम रायजी था।

हमारे मित्र रायजी जमींदार-सुत हैं, यह तो आप जानते ही हैं। इनके पूर्वजों ने बाघ-भालू का शिकार किया होगा। किंतु, रायजी वैसे खूँखार शिकारी नहीं।

रायजी अपने मित्रों को हर वर्ष चिड़ियों के शिकार का प्रलोभन देते और बात पक्की होकर पत्र लिखने की अवधि तक मौसम समाप्त हो जाता और चिड़ियाँ उड़ जातीं—अपने देश ! हर बार वे लाल-सर और मुर्गाबियों से लेकर किसी-न-किसी अजनबी तथा 'अब अलभ्य' जाति के पंछी की चर्बीदार चर्चा करते, जिसके मारने पर बंदूक जब्त हो जाती है, पाँच सौ रुपए दंड···।

उस बार, रायजी मिले, तो चिड़ियों के साथ-साथ भूत की चर्चा में दिलचस्पी दिखलाई और कहा—"इस बार अगहन में मेरे 'कामत' पर आओ। बस्टर्ड का गोस्त चखाऊँ और भूत से करमर्दन करवा दूँ।"

रायजी के ऐसे आमंत्रणों को हमने कभी 'सिरियसली' नहीं ग्रहण किया। उस बार भी हम भूल-भुला चुके थे। एक दिन रायजी का पत्र मिला—मित्रों को सम्मिलित आमंत्रण ! अमुक तिथि को, अमुक ट्रेन से, अमुक स्टेशन पर उतरो।··· निमंत्रण-पत्र में नए साल की किसी नई चिड़िया का जिक्र था। नाम याद नहीं।

हमारे यहाँ हर छोटे-बड़े जमींदारों के कामत होते। घर से दूर, दूसरे इलाके में, बकाश्त जमीनों की दखली के लिए वे कचहरी बनाते थे। हल-बैल रखते, हलवाहे-चरवाहे बहाल करते थे। घर का एक सदस्य कामत का इंचार्ज होता था। कामत पर घर की स्त्रियों को रखने का रिवाज नहीं था।

वर्षों से उड़ती हुई चिड़िया मानो खुद हमारे हाथ में आकर बैठ गई। हमने प्रोग्राम बना लिया, चिट्ठी का जवाब दे दिया।

छोटा-सा गँवई स्टेशन ! जहाँ गाड़ी शायद अनिच्छापूर्वक रुक जाती है। रुकते-रुकते खुल जाती है। रायजी ने अपने पत्र में लिख दिया था, स्टेशन से गाँव ज्यादा दूर नहीं। पगडंडी पकड़कर, अगहनी धान के खेतों की मेंड़ों को पार कर मैदान में आओगे, तो गाँव के शिवाला का कलस, पेड़ की आड़ से निकलकर दिखलाई पड़ेगा।··· सामान ढोने के लिए बैलगाड़ी मौजूद रहेगी, स्टेशन पर।

स्टेशन पर उतरकर हमने पूछताछ की। रायजी की गाड़ी कहीं नहीं मिली। स्टेशन के प्वाइंट्समैन को पैटमान बाबू-पैटमान बाबू कहकर प्रसन्न किया, तो वे सामान का जिम्मा लेने को तैयार हो गए—मुदा जान लीजिए ! डाकगाड़ी आने के पहले ही बैलगाड़ी भेज दीजिएगा ! नहीं तो, गोदाम में बंद हो जाएगा सामान।

अगहनी धान के खेतों को पारकर हम मैदान में पहुँचे, तो डूबते हुए सूरज की अंतिम किरण शिवाला के कलस पर चमक रही थी। धान काटकर घर लौटते हुए मजदूरों से मालूम हुआ—चनपटिया के बाबू रायजी आजकल अपने कामत पर ही हैं। धान के बोझ से लदी एक बूढ़ी ने कहा—आज सुबह को ही कामत का

नौकर गुअरटोला से घी खरीदकर ले गया। नसीबन का बेटा अंडे बेच आया है।

हमने एक-दूसरे की ओर देखा। घी, अंडे ? ? देह में गर्मी आ गई। अगहन की उस साँझ की याद मुझे हमेशा आती है। गाँव के पास, सरसों के खेत के पार एक गाँव की एक गोरी रह-रहकर अपनी गाय को पुकार रही थी—गोली-ई-ई गोली-इ-ई-ई। हि-बा-हि। हि-बा-हि।

उस लड़की की साड़ी, लाह की चूड़ी और माँग के सिंदूर को देखकर हमने समझ लिया, इसका हाल ही में गौना हुआ है। ससुराल से मायके आई है···। परदेसियों को देखकर जरा चौंकी। कमर खोंसी हुई साड़ी के छोर को ठीक करती हुई वह हमें देखती रही।

मैंने परदेसी होने का हक अदा किया। असल में, उस लड़की से बात करने की वासना पर विजय नहीं प्राप्त कर सका। पूछा—चनपटिया के बाबू का कामत किधर है, बता सकती हो··· दाय ?

दाय ! अर्थात् छोटी बहन !··· मुझे अपनी छोटी बहन की याद आई !

लड़की ने जवाब दिया—पछियारी टाल के किनारे पर, बँगला-घर है। इस रास्ते से जाइए !

वह अपनी गोली गैया को पुकारने लगी।

रायजी के कामत पर पहुँचते-पहुँचते गाँव-भर में सँझबाती हो चुकी थी। कामत के बँगला-घर में भी रोशनी हो रही थी।··· वही रोशनी देख रहे हैं न। वही है कामत !

कामत ! बँगला-घर !

बँगला-घर के ओसारे पर एक झबरा नेपाली कुत्ता सोया हुआ था। हमें देखकर उसने सिर उठाया, एक बार। फिर, चुपचाप लेट गया। हमने, हम सभी ने बारी-बारी से कुत्तों के विभिन्न नामों से उसको पुकारा—टामी··· टाइगर··· किटी···। किंतु, उसने सिर उठाकर देखने का कष्ट नहीं किया !

किंतु, कामत के बँगला-घर की खामोशी से हम शंकित हुए। किसी की आहट तक नहीं मिली। खाँसने की आवाज भी नहीं सुनाई पड़ी, किसी की।

एक मित्र ने आवाज लगाई—'रायजी-ई !···' जवाब नदारत ! मित्र की आवाज से कुत्ते की नींद भी न खुली। कामत-बँगले की निस्तब्धता में कोई बाधा नहीं पड़ी। बँगले के दोनों कमरों में हरिकेन-लालटेन की रोशनी हो रही थी। बगल, रसोईघर में हल्की रोशनी, टिमटिमाते हुए चिराग की ही होगी।

हम, एक क्षण किसी की, कहीं से प्रकट होने की, आशा में खड़े रहे। मित्रों में एक मित्र को हम क्रांतिकारी मानते थे।··· क्रां-दोस्त कहते हम।

(मैंने 'गब्बे हाउस' के सदस्यों को अपने उस दोस्त का नाम बताया। क्रां-दोस्त उसी जेल के 'ओल्ड सेल' में डंडा-बेड़ी की सजा भुगत रहा था।)

उसने, आगे बढ़कर कहा—'मालूम होता है बैलगाड़ी लेकर खुद स्टेशन गया है।'··· हम लोगों ने पगडंडी पकड़कर गलती की। घरवाला नहीं है तो क्या, घर

तो खुला है !

रायजी घर खुला छोड़कर स्टेशन गए हैं, यह मैं नहीं मान सका। क्रां-दोस्त के पीछे-पीछे हम बँगला-घर के ओसारे पर गए। उन्होंने, कमरे में झाँककर देखा और पाँवपोश पर जूते के तल्लों को घसते हुए बोले–'अंदर बैठना ही अच्छा होगा।··· पूरा साहबी-ठाठ है, यहाँ तो।'

एकमात्र आराम-कुर्सी पर चादर ओढ़कर लेटते हुए वे एक विकट हँसी हँसे ! मेरी निगाह, ओसारे पर सोए हुए रायजी के रखवारे श्वान पर थी। बीमार तो नहीं मालूम पड़ता ! हम अँगनाई से ओसारे पर चढ़े, ओसारे से कमरे में गए। और, रायजी का (नमकहराम !) कुत्ता सोया रहा चुपचाप !

क्रां-दोस्त दूसरे कमरे में ताक-झाँक आए। हमारे सोने की व्यवस्था दूसरे कमरे में की गई थी। जमीन पर पुआल की गद्दी पर गद्दा और गद्दे पर बगुले के पंख की तरह सफेद चदरी।··· रायजी, पूरे रायजी हैं। वाह रे रायजी !

दोस्त बगल के दूसरे कमरे में लालटेन लेकर घुसे–'आनंद ही आनंद है दोस्तो !··· अंडे हैं, स्टोव है, दूध है, चीनी है। भूख लगी है, सर्दी ज्यादा है।··· अरे, रायजी पूरे रायजी हैं !'

क्रां-दोस्त का प्रफुल्ल-उत्फुल्ल मुखमंडल देखने योग्य था !··· भाय-रे-भाय ! जुट पड़ो ! टूट पड़ो !!

हम सभी तुरत मूड में आ गए। बहुत दिनों के बाद मौके से हाथ लगा है। क्यों न सूद सहित वसूल कर लिया जाए ?

मेरे मन में खटकनेवाली शंका (कि इस गाँव में अशोक का शासन कहाँ से आकर छा गया है ?) दूर हो गई, आप-ही-आप।

स्टोव की सनसनाहट क्रमशः तेज हुई। रायजी के लौटने के पहले अंडा और चाय तैयार हो जाए तो खूब रहे। अपने ही घर में अपने को मेहमान पाएँगे।

स्टेशन पर बैलगाड़ी नहीं देखकर, लौटती हुई गाड़ी से ही लौटने का प्रथम प्रस्ताव करनेवाला मित्र अब खुशी से कोई गीत गुनगुना रहा था। हम सभी किसी-न-किसी तरह, उसकी गुनगुनाहट के ताल पर झूम रहे थे।

राय ? नहीं, कोई और है।

दरवाजे पर एक सुदर्शन-युवक मुस्कुराता हुआ खड़ा था। सुफेद पतलून, चेक का कुर्त्ता, पैरों में केड्स-जूता। घुँघराले बाल ! क्रां-दोस्त ने स्वागत-शब्द के लिए वैसी मसालेदार भाषा का क्यों प्रयोग किया, आज तक नहीं समझ सका हूँ। उन्होंने हाथ में चाय का प्याला लेकर अजब अभिनय और अदा के साथ कहा–'तश्रूँ-उ-उ-फ्फ् फर्माइए जनाब !'

आगन्तुक युवक इस अप्रत्याशित व्यवहार से अप्रतिभ हुआ। धीमे स्वर में बोला–"रायजी नहीं ?"···

क्रां-दोस्त नाराज होकर, मेरी ओर आग्नेय आँखों से देखते रहे। किंतु मैंने उनको बात करने का मौका नहीं दिया। नम्रतापूर्वक कहा मैंने, "आइए।"··· हमने

समझा रायजी ही आए। हम भी उन्हीं की प्रतीक्षा कर रहे हैं।

"और रायजी आप लोगों की सुबह से ही प्रतीक्षा कर रहे हैं।" सुदर्शन-युवक आकर मेरे पास बैठ गया। उसकी मुस्कुराहट खूबसूरत होती ही गई। कुछ क्षण चुप रहकर बोला। बोलते समय थोड़ा हकलाया, "मैं रायजी का मित्र हूँ।"

"तो, लिया जाए !" क्रां-दोस्त ने अपनी गलती सुधारने के लिए चाय की प्याली युवक के सामने रखते हुए, फिर अंडा बढ़ाते हुए कहा, "खाया जाए !"

रागी मित्र की गुनगुनाहट बीच में ही कट गई थी। युवक ने कहा, "बहुत अच्छा गीत गा रहे थे।··· मेरा दुर्भाग्य, मेरे आते ही बंद हो गया।"

क्रां-दोस्त ने पुनः अपनी सरदारी शुरू की। बोले, "जी हाँ। वो जरा फिल्मीस्तानी है।"

"जरा आप भी !" युवक के इस क्षिप्र और संक्षिप्त व्यंग्य पर मैं ठठाकर हँस पड़ा।

क्रां-दोस्त की समझ में बात नहीं आई। और वे अपनी हँसी को समेटकर कुछ टटोलने लगे, बोलने को। मैंने युवक से पूछा, "आप, इसी गाँव में रहते हैं ?"

"जी हाँ।"

"क्या करते हैं ? पढ़ते हैं कहीं ?"

"नहीं। मैं यहाँ डॉक्टरी करता था।"

तीन कप पर-हेड के हिसाब से चाय का पानी डाला गया था। रह-रहकर क्रां-दोस्त की गुड़गुड़ाहटदार चुस्की प्रतिध्वनित होती और बार-बार अजनबी युवक चौंक-चौंककर देखता ! क्रां-दोस्त के चेहरे पर चाय की गर्मी चमक रही थी। पूछा, "जनाब का नाम ?"

"पी. के. बनर्जी !"

"तो, आप बोंगाली मोशाय हैं ?" क्रां-दोस्त गोल-गोल बोली निकालने के लिए अपने ओंठों को संकुचित कर गोल बनाए रहे ! एक मिर्चखोर दोस्त ने अंडे की मिर्च को चबाकर, सिसियाते हुए चाय में चुस्की ली और 'आ··· ह' कर उठा ! मैंने पूछा, "अब क्या करते हैं ?"

"कुछ नहीं।" युवक ने अपने चाय का प्याला जमीन पर रखते हुए कहा, "क्या कर सकता हूँ ?"

"डॉक्टरी क्यों छोड़ दी आपने ? इलाका तो खूब अच्छा है !"

"होमोपेथी करते होंगे।" क्रां-दोस्त अपनी मित्रमंडली की ओर आँखें मारकर हँसे। मैं चुपचाप उस युवक का सप्रतिभ चेहरा देख रहा था !

"नहीं। एलोपेथी।··· छोड़ नहीं दी। कर नहीं सकता। मैं कुछ नहीं कर सकता।"

ऐसे युवक के मुँह में ऐसी उखड़ी-उखड़ी बातें नहीं शोभा दे रही थीं। क्रां-दोस्त पर मन-ही-मन क्रोधित हुआ, मैं। मैंने कहा, "बनर्जी बाबू ! आप रायजी के मित्र हैं। हमें भी मित्र ही मानिए।"

"जरूर··· जरूर··· निश्चय··· निश्चय ! मैं झूठ नहीं कहता, मैं सबकुछ करना

चाहता ! कर कुछ नहीं सकता, किंतु।··· कभी कुछ नहीं कर सका। क्या कर सका ?"

बनर्जी के दिमाग पर संदेह करने की इच्छा नहीं हुई। हालाँकि क्रां-दोस्त अपने सिर के इर्द-गिर्द अपने बाएँ हाथ की एक उँगली चक्रवत् घुमाकर मित्रों को दिखा रहा था··· ढीला है !

बनर्जी ने अपनी निगाह एक बार इधर-उधर घुमाई। फिर स्वयं ही बोलने लगा, "मैं दस वर्ष पहले इस गाँव में आया था। इसी कामत के बगल में मेरी डिस्पेंसरी थी। मैं गरीबों से विजिट का पैसा नहीं लेता था। उस समय लोग इसी तरह अपने सिर के पास उँगली घुमा-घुमाकर मेरे सिर के पुर्जों को ढीले होने की बात करते थे। मैं कहता, मेरे सिर में पुर्जे हैं ही नहीं। ढीला क्या होगा ? हा-हा-हा··· ।"

युवक की खुली हँसी सुनकर क्रां-दोस्त कुछ आतंकित हो गए !

बनर्जी कहने लगा, "आठ साल तक मैंने यहाँ काम किया, कभी बीमार नहीं हुआ। उन दिनों, इस इलाके को काला-आजार का मजबूत किला कहा जाता था। नौवें साल, मैं बीमार पड़ा। साल-भर बीमार रहा··· ।"

मैंने बात काटते हुए कहा, "एक साल ? काला-आजार··· ?"

बनर्जी फिर हँसा, "नहीं। काला नहीं, गुलाबी-आजार !"

"लंग्स ?"

"नहीं भाई, उसको तो सुफेद-प्लेग कहते हैं डॉक्टरी-कोड-भाषा में–व्हाइट-प्लेग ··· गुलाबी-आजार !"

(गब्बे हाउस के अभिव्यंजनावादी सदस्य ने गब्बे हाउस की खामोशी को तोड़ते हुए बात पकड़ी–प्रेम-व्रेम तो नहीं ?

मैंने कहा–जी !)

गुलाबी-आजार का मतलब सुन-समझकर क्रां-दोस्त ने ठहाका लगाया, "वा-वा-वा-वा-क-ई। जनाब तो जरा-मरा नहीं; पूरे फिल्मीस्तानी हैं। हा-हा-हा ! ··· उस··· जालिया का नाम ?" बनर्जी दिल खोलकर हँसा। किंतु तुरंत गंभीर हो गया। मैं उसके चेहरे को गौर से देख रहा था।

(संचालक महोदय ने टोका–और, वह कुत्ता ?

–वह लेटा ही रहा, पूर्ववत् !

–ओ !

गब्बे हाउस शांत ! सदस्यों के चेहरे पर बारी-बारी से नजर दौड़ाई, मैंने !)

बनर्जी ने अब और भी सहज सुर में शुरू किया, "इस गाँव के एक प्रमुख और प्रतिष्ठित परिवार की कन्या थी वह। सो, हम साल-भर तक एक-दूसरे को देखते ही रहे। आँखों-ही-आँखों में बातें होती रहीं··· जिस दिन वह बोली··· पहली बोली उसकी भूल सकता हूँ भला ? बोली नहीं, बजी–मीठे सुर में–'तुम मेरे दुलहा हो न ?' मैंने कहा, 'हूँ। लेकिन··· ।' वह जिद्दी लड़की की तरह बोली, 'लेकिन-बेकिन कुछ नहीं। तुम मेरे 'वर' हो, दुलहा हो··· ।' हम चोरी-चोरी मिलते। वह हर बार

एक ही बात पूछती, पूछती ही रहती लगातार, 'हो न ? तुम मेरे वर हो, तुम दुलहा··· !' साल-भर में मेरे कितने रोगी मरे, कितने बचे–मुझे याद नहीं।··· एक दिन हम दोनों ने एक-दूसरे को बेचैन होकर पूछा, 'कैसे क्या हो ?' हमने तरह-तरह के रास्ते सोचे। अंत में, उसने हिम्मत के साथ कहा, 'कल ! बस, कल !! मैं माँ से कहूँगी, डॉक्टर मेरा 'दुलहा' है। इसके बाद जो हो, कुछ होकर रहे। मैं तुमको बुलाऊँगी। डरना नहीं, आना। कहना–हाँ मैं दुलहा हूँ, कमली का, कमली मेरी दुलहिन है। मैं कहूँगी–'हाँ !' उसकी बहादुरी-भरे प्रस्ताव से मेरा साहस बढ़ा–'आऊँगा !'"

"वाह दोस्त ! मर्द की बात और हाथी का दाँत !" क्रां-दोस्त की टीका-टिपकारी बुरी नहीं लगी–बनर्जी को। उसने उत्साहित होकर कहा, "आप ठीक कहते हैं।"

मैं, बनर्जी के चेहरे पर आँखें गड़ाकर बैठा था–पर चुपचाप। उसके ओंठ जरा कँपे। उसकी बोली जरा लड़खड़ाई। वह हकलाता हुआ बोला, "दूसरे दिन, शाम को उसका नौकर दौड़ता आया।–'कमला दीदी को न जाने क्या हो गया है। जल्दी चलिए, तहसीलदार साहब बुला रहे हैं।' समझ गया, कमली ने बम फेंक दिया है। इसके बाद, मेरा काम है। तुरत चल पड़ा। साथ में कुछ नहीं लिया। जानता था, दवा के बक्स की कोई जरूरत नहीं··· ।"

"जी हाँ ! गुलाबी-आजार में बक्स और शीशी की दवा क्या काम करेगी ?"

हम हँसे। किंतु, बनर्जी अब एक पुतले की तरह, निर्विकार मुद्रा में कहता गया–"लेकिन, वहाँ जाकर देखा जरूरत दवा की ही थी।–रात-भर वह मेरे हाथ की दवा पीती रही, सूई लेती रही। भोर होने के पहले, वह चली गई। जाते-जाते मुझे पुकार गई।"

बनर्जी के मुखड़े पर बहुत देर के बाद एक रेखा उभरी–दर्द की ! फिर, बोला, "उसके बाद रोज आने लगी !··· फिर वही सवाल, प्रश्नों की झड़ी, 'हुए न ? तुम मेरे दुलहा हुए, तो मेरे साथ चलते क्यों नहीं ?···' कब तक उसकी बात को टालता !··· एक दिन, उसने मुझे पुकारा। मैंने जवाब दिया, साथ हो लिया। वह हँसी, खिलखिलाकर। उस दिन से हम साथ हैं।···"

"साथ हैं ?" प्रायः सभी के मुँह से एक ही साथ निकला।

"हाँ ! साथ-साथ !··· थोड़ी देर भी अलग होता हूँ तो वह घबड़ा जाती है।"

कामत-बँगले के ठीक ऊपर, आकाश में कोई जल-पक्षी पुकार उठा।

बनर्जी उठ खड़ा हुआ, अचानक, "वही··· बुला रही है !··· अच्छा तो, अभी मैं चला। आपके मित्र रायजी आवें तो··· ।" बनर्जी ने बात अधूरी रखकर मेरी ओर हाथ बढ़ाया, "आप चाहेंगे, तो फिर मिलूँगा। आज, बस··· ।" बनर्जी की हथेली अपने हाथ में लेते ही मैं सिहर उठा–बर्फ··· ज्जा !

बाहर फिर एक पंछी की किलकिलाहट सुनाई पड़ी। रायजी के कुत्ते ने इतनी देर के बाद खामोशी तोड़ी। एक बार 'हुँक' कहकर उठ बैठा। इतने लोगों के बीच खड़ा हँसता-मुस्कुराता मुझसे हाथ मिलाता हुआ वह गायब हो गया। हम

सभी ने एक ही साथ कुछ पुकारने की चेष्टा की। सिर्फ क्रां-दोस्त की आवाज फूट सकी–'ह-हो य-हो-य।'

मैं एक कट्टर आर्यसमाजी का अकाल-परिपक्व बेटा–भगवान को मनुष्य का मानव-पुत्र माननेवाला ! 'जय माँ काली, जय माँ काली' जप रहा था कातर स्वर में।

बाहर, घोड़े के टापों की खटपटाहट सुनाई पड़ी। कुत्ता बँगले के ओसारे से नीचे कूद गया और उछल-कूदकर भूँकने लगा।··· किसी ने मेरा नाम लेकर पुकारा। खिड़की से बाहर झाँकने की हिम्मत नहीं हुई। गीत गुनगुनानेवाले मित्र ने कहा, "रायजी। रायजी आए।" लेकिन, यह रायजी, रायजी ही हैं, क्या सबूत ?

रायजी ने सबकुछ समझ लिया पलक मारते, 'ओ ! बनर्जी आया था शायद ?"

हम सभी एक साथ बोले, "हाँ।"

रायजी ने पूछा, "हाथ भी मिलाया किसी से ? किससे मिलाया ?"

"मुझसे !" मैंने कहा।

रायजी ने प्रफुल्लित होकर कहा, "मैंने कहा था न ? मेरा खयाल है वह किसी और से हाथ मिलाता भी नहीं।–क्यों ?··· क्या होगा ?"

रायजी स्टोव को फिर से जलाने की तैयारी में लगे। उधर स्टेशन से बैलगाड़ी भी लौट आई। खाली नहीं, पैटमान से रायजी के गाड़ीवान नागेसर राम की दोस्ती है, पुरानी।

"होगा क्या। भूत से दोस्ती हुई है। निभाइए··· !"

(मेरी कहानी खत्म हुई। 'गब्बे हाउस' में सन्नाटा छाया रहा। मित्र रायजी के ओंठों पर अर्धवधिरोचित मुस्कुराहट जस-की-तस बनी रही। संचालक ने अपने भारी-भरकम शरीर को तौलते हुए 'गब्बे हाउस' के सदस्यों से पूछा, 'वह कुत्ता अर्धमृतकावस्था में क्यों पड़ा रहा समझे ?' फिर, उन्होंने इसकी प्रेतवैज्ञानिक व्याख्या की।

पिद्दी सदस्य को माननीयता प्राप्त हो गई ! किंतु, उस रात बाहर सोनेवालों ने कई बार उठते-बैठते और करवट लेते हुए व्यक्तियों से अकचकाकर पूछा, 'कौन ? कौन ?'

सुबह को रायजी ने मुझे उठाकर पूछा, 'कौन-सी कहानी थी रात जो लोग भोर-भोर मुझे तंग कर रहे हैं कि बनर्जी से आपकी पहली भेंट कैसे हुई ?··· कौन है यह बनर्जी ?' 'क्या कहूँ ?' मैंने बीच में ही रायजी की हथेली टीप दी। रायजी विहँस पड़े। पूरे एक सप्ताह के बाद रायजी मुखबीर हो गए, यानी मेरी कहानी को कोरी काल्पनिक प्रमाणित कर दिया। उन्होंने तो 'गब्बे हाउस' के सदस्यों से मिल-जुलकर मेरी पीठ की अच्छी मरम्मत की। मार रहे थे या ठोक रहे थे, याद नहीं; किंतु, संचालक ने कहा, 'मैं इसको काल्पनिक कहानी नहीं मानता। हमने अपनी आँखों से देखा है। तुमने हाथ मिलाया है। रायजी के कहने से क्या होता है, कहानी घटते समय वहाँ रायजी का कुत्ता जिस अवस्था में था, कहते समय

रायजी स्वयं उसी अवस्था में,··· तुम्हारी सदस्यता कोई नहीं छीन सकता !!')

1945 से लेकर 1952 तक कल्पना-प्रसूत प्रशांत बनर्जी की याद करता, वह हाथ बढ़ाता, मैं भी हाथ बढ़ाता। और अंत में मैं हाथ मलकर हँसने लगता अपने आप पर !

बीमार पड़ा, अस्पताल में दाखिल हुआ। काला-आजार अथवा गुलाबी-आजार नहीं ! एकदम खाँटी व्हायट-प्लेग !··· मित्रों ने देखा, आक्सीजन सिलिंडर घसीटकर मेरे पलँग के पास लाया जा रहा है। समझ लिया, कुछ देर के बाद पलँग को घसीटकर बाहर किया जाएगा।

कहते हैं, फेफड़े का रोगी मुँह में पानी देनेवाले को भी पहचानता है। गो-दान की सारी विधियों को समझता-बूझता हुआ, धीरे-धीरे सो जाता है सदा के लिए। मेरा निजी अनुभव है।

आँखें झपकीं, समझ गया–चिरनिद्रा आ गई ! बर्फ ! किसी ने मेरे ओंठ पर बर्फ का टुकड़ा रख दिया। डेटॉल की गंध से समझ गया, नर्स की उँगलियाँ हैं, नाक के पास। आँखें खोलने की चेष्टा की, किंतु किसी को देखकर रुक गया। आँखें मूँदे ही रहा। "··· कौन ? प्रशांत बनर्जी ?"

उसने कहा, "हाँ दोस्त ! उस दिन हाथ मिलाकर फिर भूल ही गए। कभी तो याद किया होता !··· चलो जरा सरको ! आज मुझे भी सोने दो अपने पास। खटमल-बटमल तो नहीं हैं, पलँग में !" वह मेरे पास आकर सो गया। "गर्म··· गर्म··· आह ! डॉक्टर··· प्रशांत !··· बनर्जी··· दोस्त··· मैं इतनी गर्मी में पिघल जाऊँगा।" ··· उसने करवट लेते हुए कहा, "वाह रे मोम का पुतला ! पिघल जाएगा ! चुपचाप सो रहो ! देखूँ किस तरह पिघलते हो !"

सुबह आँखें खुलीं और मुझे लगा–मैं स्वस्थ हूँ। एकदम स्वस्थ। डॉक्टर हई राउंड में आए और मैंने मुस्कुराकर कहा, "मैं स्वस्थ हो गया।" डॉक्टर भी बहुत देर तक··· मेरी आँखों में आँखें डालकर–मुझे देखते रहे !··· कुछ बुदबुदाए मन-ही-मन। उनकी बुदबुदाहट मेरे मन में बहुत जोरों से प्रतिध्वनित हुई–ला-इ-लाही··· !

अस्पताल से भला-चंगा होकर बाहर निकला ! कुछ दिनों तक अपनी बदली हुई सूरत और निखरी हुई काया को निहारता और पूछता, अपने से–मैं क्यों लौट आया ? मुझे क्यों लौटाया गया ? किसलिए; मैं किस काम का हूँ ?–कोई जवाब नहीं !

एक रात को छटपटा रहा था कि मेरे अंदर प्रशांत बनर्जी ने आवाज दी–

"क्यों भाई ? नींद नहीं आ रही ?··· मैं जानता हूँ। इस अनिद्रा से लाभ क्यों नहीं उठाते ?"

"प्रशांत, मुझे बताओ मैं क्या करूँ ?"

"मेरी सहायता लोगे ? दोस्ती तोड़ोगे तो नहीं ?"

"कभी नहीं।"

—उठो ! तुम्हारे पास 1950 की एक मोटी, किंतु एकदम निष्कलंक डायरी है। ले आओ। कलम पकड़ो। लिखो—प्रशांत की कहानी, कमली की कहानी। हमें जीवन दो। हम तुम्हारे साथ रहेंगे। हम दोस्त हैं। और मैंने शुरू कर दी प्रशांत की कहानी, कमली की कहानी··· अंततोगत्वा अपनी ही कहानी···।

आपने पढ़ी है ?

ज्योत्स्ना के जनवरी, 1959 अंक में प्रकाशित
तथा 'एक श्रावणी दोपहरी की धूप' में संकलित

नेपाल—मेरी सानोआमाँ !

सानोआमाँ माने छोटी माँ !···

नेपाल में मेरी छोटी माँ रहती है। हर साल विजयादशमी में प्रणाम भेजता हूँ—आशीष पाता हूँ। जब कभी नेपाल की धरती पर पाँव रखता हूँ—पहले झुककर एक चुटकी धूल सिर पर डाल लेता हूँ। रोम-रोम बज उठते हैं—स्मृतियाँ जग पड़ती हैं।··· जय नेपाल ! नेपाल मेरी सानोआमाँ !···

1935 के एक बरसाती दिन की बात !

गर्मी की छुट्टियों का शेषांश चल रहा था। इसलिए, बाकी बचे दो-तीन दिनों को और भी आजादी से बिताने के लिए मैं अपने एक रिश्तेदार के घर मेहमानी गया था।

लौटने के दिन सुबह से घनघोर वर्षा हो रही थी।

गढ़बनैली का छोटा-सा रेलवे स्टेशन, जहाँ उन दिनों गाड़ियाँ अनिच्छा से रुकती थीं और जहाँ प्लेटफार्म के नाम पर कोयले की 'छाय' बिछी रहती थी।

हमारी गाड़ी—यानी जोगबनी की ओर जानेवाली गाड़ी जब पहुँची, तो पानी के साथ पुरवा हवा भी जोर से चल रही थी। इसलिए, छाता-छतरी रहते हुए भी लोग, दौड़-भींगकर गाड़ी में सवार हो रहे थे। गाड़ी के सभी डब्बों की खिड़कियाँ बन्द, दरवाजों पर भीड़।··· गार्ड साहब की तीखी सीटी के बाद इंजन का मोटा सुर बजा। मैं तब तक इधर-उधर दौड़-भाग ही कर रहा था। गाड़ी चल पड़ी।···

चलती हुई गाड़ी का जो डब्बा सामने से निकला जा रहा था—हैण्डिल पकड़कर

लटक गया। एक ग्रामीण ने अपने छुटे हुए संगी को पुकारकर कहा–हत्था पकड़ऽ-हत्था ! बस, मुझे भी प्रेरणा मिली। लटक गया। पाँवदान पर पाँव जमाने के पहले कन्धे से लटकती हुई मेरी छतरी गिरी। उस समय प्लेटफार्म पर जो हो-हल्ला हो रहा था–वह मेरे ही लिए। गढ़बनैली के अध-पगला प्वांयट्समैन की बोली आज भी कानों के पास स्पष्ट गूँज जाती है–ए··· य ! छोटे मियाँ-आँआँ-मरेगा साला !!

छोटे मियाँ उसने मुझे ही कहा था और गाली मुझे ही दी गयी थी। बात यह है कि हमारे इलाके में उन दिनों पाजामा पहनने का रिवाज आम नहीं हुआ था। इसे मुसलमानों का ही पोशाक समझा जाता था। पाजामा नहीं–सूथना !

··· छोटे मियाँ मरेगा। हवा और बारिश की बूँदों की मिलीजुली मार को कब तक बर्दाश्त कर सकेगा। जलालगढ़ पहुँचने के पहले ही वह गिरेगा-मरेगा। छोटे मियाँ काँप उठा। लपककर 'हत्था' पकड़ते समय ही उसने दरवाजे पर फर्स्ट क्लास का रोमन-अंक देख लिया था।··· अन्दर कोई अँगरेज या एंग्लो बैठा होगा। अनुनय-विनय करने पर दरवाजा खोलेगा। खादी का पाजामा-कुर्ता देखकर बूट की ठोकर मारकर गिरा देगा। छोटे मियाँ का कलेजा धड़कने लगा। जीभ सूखकर पहले ही लकड़ी हो चुकी थी।··· मरता क्या न करता। छोटे मियाँ के मुँह से ब-मुश्किल निकला–ओपेन सर–प्लीज आइ एम डाईंग–डाईंग–ओपेन··· !!

दरवाजा खुला। एक गोरी कलाई, एक गोरा मुँह ??

छोटे मियाँ ने आँखें मूँद लीं–अब बूट मारा !

हैण्डिल से हाथ कैसे छुटा और मैं डब्बे के अन्दर कैसे गया–सो, न आज याद है और न उस दिन !

गौर वर्ण व्यक्ति कोई गोरा या एंग्लो नहीं ? शुद्ध खादीधारी ! स्वजनोचित मुस्कान ? शुद्ध हिन्दी में ही उन्होंने पूछा, "क्यों ? चलती गाड़ी में क्यों सवार हुए आप ?"

"जी, गाड़ी यहाँ ठहरना ही नहीं चाहती··· ।"

"कौन-सा स्टेशन था यह ?"

"गढ़बनैली।"

"कहाँ जाना है ?"

"सिमराहा स्टेशन।"

मैं लज्जित हुआ। क्योंकि बर्थ पर बैठी लड़की शुरू से ही मुस्कुरा रही थी–एक ही अन्दाज से। भले आदमी ने उस लड़की से कुछ कहा। न अँगरेजी, न हिन्दी, न ही बंगला-मैथिली। किन्तु, एकदम ग्रीक या चीनी भी नहीं। मैंने जितना-सा समझा–ठीक ही समझा। उन्होंने कहा था–अभी तो यह गिरकर मरता।··· लूगा ? कपड़े को हमारे गाँव में भी लूगा ही कहते हैं।

'लूगा' सुनते ही मुस्कुराती हुई लड़की उठी। चमड़े के बक्स से खादी की धोती निकालकर वह अपनी ही भाषा में बोली, "धोती तो हुई लेकिन कुर्त्ता ?"

मैंने कहा, "क्या जरूरत है। सूख जायेगा···।"

भद्र व्यक्ति ने मेरे हाथ में धोती देते हुए बाथरूम का दरवाजा दिखलाया। शहर की धुली खादी की महीन धोती पहनकर निकला–देखा, एक धुला हुआ हाफ शर्ट। पहनकर देखा–बिल्कुल फिट। कमीज के अन्दर गर्दन के पास लाल सूत से एक मोनोग्राम अंकित था टी.पी.के.···।

गाड़ी जलालगढ़ स्टेशन पर आकर रुकी। चेकर ने मुझे गढ़बनैली में ही देखा था। अतः गाड़ी रुकते ही दौड़ा आया–'कहाँ गया वह छोकरा ?' फि", मुझ पर दृष्टि पड़ते ही कर्कश स्वर में चिल्लाया–'बाहर निकलो···'

भद्र व्यक्ति ने रोककर कहा–'सिमराहा तक इसके पास थर्ड-क्लास का हाफ-टिकट है। फर्स्ट क्लास का बना दीजिए।'

धोती-कुर्त्ता लेने के समय मैंने थोड़ा 'किन्तु-परन्तु' किया था। इस बार कुछ बोल ही न सका। उधर वह लड़की, जो मेरी ही उम्र की रही होगी–मुस्कुराती जा रही थी।

इसके बाद, भले आदमी ने मुझे अपने पास बैठाया।

नाम-धाम, पढ़ाई-लिखाई के बारे में पूछा। मैंने देखा, लड़की 'चाँद' मासिक पत्रिका को खोलकर हँसी को छिपाने की चेष्टा कर रही थी।

मैंने कहा–'इन स्कूलों में मेरा मन नहीं लगता है। पहले गुरुकुल काँगड़ी जाना चाहता था। बाबूजी तैयार नहीं हुए। अब कहता हूँ कि शान्तिनिकेतन भेज दीजिए। तो माँ तैयार नहीं होती।'

लड़की ने चाँद के पृष्ठों को बन्द कर रख दिया। इस बार भले आदमी ने भी मुस्कुराना शुरू किया। मैं 'चाँद' का अंक हाथ में लेकर बोला–'नया अंक है !' दुबेजी की चिट्ठी निकालकर पढ़ने लगा। फिर बात कैसे बढ़ी कि मैंने 'भारत-भारती' का सस्वर पाठ शुरू कर दिया··· भगवान भारतवर्ष में गूँजे हमारी भारती !

भद्र व्यक्ति मन्त्रमुग्ध हुए थे या नहीं; किन्तु, मुस्कुराहट मुझे पल-पल उत्साहित कर रही थी। और उनके साथ की लड़की की मुस्कुराहट मुझे उत्तेजित, इसके बाद, रवीन्द्रनाथ ठाकुर की कई कविताएँ–दिनेर शेषे-घूमेर देश घोमता परा ए छाया···भूलालें रे भूलालें मोर प्राण···नव वत्सरे करिलाम पन लॅबें स्वदेशेर दीक्षा···।

बारिश रुक गयी थी। मेरा स्टेशन निकटतर होता जा रहा था। स्वरचित कविता सुनाने का समय नहीं ! अब मेरी प्रश्नावली की बारी थी।

"आपका नाम ? कहाँ जाइयेगा ? कहाँ से आ रहे हैं ? घर कहाँ ?

नाम सुनकर तनिक चमत्कृत हुआ था··· कोइलावाला ?

घर विराटनगर बताया, तो मुझे अचानक अपने 'दोस्तबाप' की याद आयी–विराटनगर के खरदार साहब–जिन्हें मैंने देखा नहीं। माँ और बाबूजी के मुँह से सुनी कहानी–दोस्तबाप की···।

मैंने कहा, "मेरे दोस्तबाप··· माने मेरे बाबूजी के मित्र विराटनगर में रहते हैं।"

"क्या नाम है आपके पिताजी के मित्र का ?"

"खरदार साहेब !"

बस, रूपवती कन्या की हँसी छलक पड़ी। बेवजह की इस हँसी का क्या अर्थ ? मैं अप्रतिभ तनिक भी नहीं हुआ, किन्तु।

"कौन खरदार साहेब ? वहाँ तो कई खरदार साहेब हैं। नाम क्या है उनका ? ··· खरदार साहब नाम नहीं। वह तो आपके यहाँ जैसे कहते हैं न–मुन्सिफ, डिप्टी, कलक्टर··· ।"

छोटे मियाँ का मुँह छोटा हो गया। तो, खरदार साहब नाम नहीं ? वह कुनमुनाया, "नाम नहीं ?··· जिन्होंने टेढ़ी में आश्रम बनाया था। जिनका स्कूल है।"

"अच्छा !··· कभी आप गये नहीं विराटनगर ? नहीं ? तो आइये कभी। आपके पिताजी के मित्र पहले से हैं–अब आप से मेरी मिताई···"

इस बार वह सौभाग्यवती (कहना भूल गया, माँग में सिन्दूर की रेखा थोड़ी देर पहले ही दिखलायी पड़ी थी) हँसते-हँसते मर गयी मानो।

मैं बोला, "आने का मन तो बहुत दिनों से है। लेकिन···"

मेरी मंजिल निकटतम की सीमा-रेखा पारकर डिस्टेण्ट-सिगनल के पास पहुँची, तो सकपकाया–ये कपड़े··· कमीज धोती ?

बोले, "ठीक है। आप आ ही रहे हैं··· ।"

अपने गाँव का स्टेशन–सिमराहा स्टेशन इतना शीघ्र पहुँचने का दुख पहली बार हुआ। इसके पहले, गाड़ी पर सवार होते ही सोचता–बीच के स्टेशनों पर नहीं रुककर–सीधे हमारे स्टेशन पर आकर क्यों नहीं रुकती गाड़ी ?

गाँव की सीमा से बाहर ही मालूम हुआ कि घर का वातावरण असाधारण रूप से गर्म है। बाबूजी कल से ही अगिया-बेताल होकर, मेरी पीठ के पहुँचने की प्रतीक्षा कर रहे हैं।··· खड़ाऊँ की जोड़ी एकदम नयी है !

बाबूजी हाल ही में आर्यसमाजी हुए थे। जब से आर्यसमाज की चर्चा शुरू की, बाबूजी का 'तामस' तेज होने लगा। हम पर, यानी अपनी सन्तानों पर ही उन्होंने आर्य समाज के आर्ष वाक्यों का प्रथम प्रयोग शुरू किया। बच्चों को पीटने के पहले और बाद में नियमपूर्वक एक श्लोक पढ़ते, जिसका अर्थ था–पाँच वर्ष की उम्र तक लालन, दस वर्ष के बाद, सम्भवतः सोलह तक ताड़न–इसके बाद पुत्र से मित्र का व्यवहार करना चाहिए। सो मित्रता की मंजिल दूर थी। और इस बार बाबूजी को अपना आर्यत्व दिखाने का अपूर्व संयोग !···

गृह-संवाददाता से मालूम हुआ, बाबूजी को मेरी निजी छुट्टी का पता लग गया है। लम्बी छुट्टियों में अन्ततः एक सप्ताह अपनी ओर से जोड़कर घर में सुनाता–इस बार डेढ़ महीने से भी ज्यादे की छुट्टी है। और इस प्राइवेट छुट्टी के अलावा भी मैं तीन दिनों से मेहमानी उड़ा रहा था।··· छतरी जो गिरी, बाबूजी की ही थी। नयी थी ! होस्टल का बाकी-बकाया छुट्टी के पहले ही घर से वसूल किया था·

सो जमा नहीं किया—बाबूजी को इसकी खबर भी मिली है।··· चलती गाड़ी पर क्यों चढ़ने गया था ?—इस अकेले प्रश्न पर ही पाँच बेत !··· उँहु ! इस बार हल्दी-चूना के गर्म लेप से भी देह का दर्द नहीं जायेगा।··· मार-मारकर सत्यार्थ-प्रकाश बना डालेंगे, इस बार।

गृह-संवाददाता को इकन्नी देकर निज-संवाददाता बनाया। गाँव की सीमा के अन्दर पैर नहीं दिया। पैदल, आठ माइल फारबिसगंज जाकर रुका।

गाजीराम की दुकान पर रात-भर एक बेंच पर लेटा—स्टेशन के चौराहे पर होनेवाली 'रासलीला' का गीत सुनता रहा।··· मेरे गाँव के आस-पास रामलीलावाले या रासलीलावाले पिछले चार-पाँच वर्ष से नहीं आते थे। कारण, इलाके में बहुत लोग आर्यसमाजी हुए थे। और, राम तथा कृष्ण अथवा राधा के रूप में लड़कों को नचानेवाली मण्डलियों को धूर्त्तों का गिरोह कहते थे, वे।··· बाबूजी के मित्र खरदार साहब भी आर्यसमाजी तो नहीं हैं ?

माँ के मुँह से सुनी कहानी की कुछ पंक्तियाँ याद हैं आज भी—'तुम्हारे जन्म की क्या बात—उस साल मैं गौने के बाद पहली बार ससुराल आयी थी। चौथे दिन साँझ के झुटपुट में टप्पर से उतरा एक देवता जैसा पुरुष और उसके साथ देवी दुर्गा जैसी स्त्री। बुखार से लबेजान बेचारी ? तुम्हारे बाबू ने तुम्हारी दादी से कहा—माँ, शायद देवता ही हैं ये !'

··· खरदार साहब ! शिक्षा प्रचार करने के जुर्म में—पिंजड़े में बन्द करके सपरिवार काठमाण्डू भेजने का हुक्म हुआ था। किन्तु, बड़ा हाकिम की बुद्धिमानी से सीमा पारकर इस पार आये। दूर जाना है—कलकत्ता, प्रयाग ! पुलिस को पता न हो। खरदार साहब की पत्नी मैलेरिया से ग्रस्त।··· पन्द्रह दिनों तक मिट्टी और फूस के घरों में देव-देवी ने वास किया ! जाते समय कह गये—ये दिन और यह दोस्ती नहीं भूलूँगा !

··· इतने दिनों के बाद, पिछले साल बाबूजी ने आकर एक दिन कहा—खरदार साहेब को नये तीन-सरकार (प्रधानमन्त्री) ने वापस बुला लिया है। शिक्षा प्रचार करने का शाही हुक्म मिला है। विराटनगर में एक आदर्श-विद्यालय खोला है—टेढ़ी आश्रम के सभी शिक्षक आदर्श-विद्यालय में काम करते हैं।···

उँहु ! मैं बाबूजी के घर नहीं जाऊँगा। मैं अपने मित्र के पास जाऊँगा !

सुबह की पहली गाड़ी से मैं जीवन में पहली बार—भारत की धरती के एक कगार पर स्थित—जोगबनी पहुँचा !

जोगबनी !

पच्चीस साल पहले का जोगबनी। उत्तर घनी काली तराई, हिमालय की चोटियों पर चमकती हुई धूप। तराई में सदैव कुहरा-कुहासे की चदरी—सामने जहाँ तक दृष्टि जाती, लकड़ियाँ-सिल्लियाँ बिछी हुईं ! इस पार—भारत में एक धनकुट्टा-मिल।

उस पार पहला जूट-मिल बन रहा था !

इसके पहले जब कभी घर से भागा–हमेशा दक्खिन-पूरब की ओर। कलकत्ता, भागलपुर, गोहाटी ! किन्तु, उत्तरांचल की ओर चौदह साल की उम्र में पहली बार मुँह किया था।

उन दिनों जोगबनी स्टेशन पर टी-स्टॉल में जैसी चाय मिलती थी–आज पटने के बड़े-से-बड़े होटल में नहीं मिल सकती। कटिहार-जोगबनी लाइन में पूर्णिया के बाद जोगबनी में ही रेलवे टी-स्टॉल था। आज भी है, लेकिन वैसी चाय पिछले बारह-तेरह साल से नहीं मिलती।

स्टेशन के पूरब, सीमा के पास अन्य यात्रियों के साथ मोटर-लौरी की प्रतीक्षा करते समय मालूम हुआ कि बीड़ी-सिगरेट जिसके पास पकड़ी जायेगी–उसको काठ में थुन दिया जायेगा। अर्थात् जेल भेज दिया जायेगा ! बात उन दिनों की है जब नेपाल के महाराजाधिराज यानी पाँच-सरकार के जन्मोत्सव में एकाध दीप टिमटिमाते थे और तीन-सरकार (प्रधानमंत्री) के जन्म-दिन पर विराटनगर में होली और दीपावली एक साथ मनायी जाती थी। तीन दिनों तक उत्सव के बाजे बजते रहते थे। इसलिए, छोटी-सी बात पर भी काठ में थुना जाने का खतरा था। इतनी-सी राजनैतिक चेतना उस समय भी थी !

मोटर-लौरी तो नहीं–ट्रक !

(आज भी यातायात में विशेष सुधार नहीं हुआ है।)

ट्रक नहीं–जंगली भैंसा। घुटनों तक कीचड़ में कर्दमक्रीड़ा करके आया हो, मानो। ट्रक में खचमखच पहाड़ी-पहाड़िनें–नेपाली-गैर-नेपाली कूद-कूदकर इधर-उधर उतरे। चढ़ने के लिए भी ऐसी-ही कलाबाजी···।

हाथ में खादी का झोला लटकाये–निराश मुद्रा में मैंने ड्राइवर से प्रार्थना की। ड्राइवर के बगल में बैठे हुए पण्डितजी ने मुझे अपने पास बैठा लिया।

बैठते ही एक सुगन्ध से प्राण भर गया। पण्डितजी के ललाट पर चन्दन के साथ चावल के कुछ दाने चिपके हुए थे। देखा, इधर के लोग भी खादी पहनते हैं ! कौन कहता है, नेपाली गन्दे होते है। वे तो बेचारे पहाड़ी हैं जो महीनों पानी नहीं छू पाते !

पण्डितजी ने पूछा, "कहाँ जाना है ?"

"अपने मित्र के घर।"

"क्या नाम है मित्र का ?"

"नाम ! अस्पताल से पच्छिम घर है।··· कोइलवरवाला··· खूब गोरे हैं··· मुस्कुराते रहते हैं··· खादी पहनते हैं !"

जोगबनी से विराटनगर की सड़क ?

कीचड़ में फँसी गाड़ी पाँच-पाँच दिनों तक फँसी रहती थी।

जंगलों और तराई के बीच–कच्ची सड़क की कीचड़ को मथती हुई हमारी गाड़ी बाजार-अड्डा पर जा लगी।··· चुंगी दफ्तर !

पण्डितजी ने कहा, चलो मैं पहुँचा दूँगा। मेरा घर भी अस्पताल के पच्छिम है। लेकिन, कोई कोइलवरवाला नहीं रहता मेरे घर के पास !

मैंने पूछा, "कोयलावाला कोई··· ?"

कीचड़ से मुझे सावधान करते हुए वे हँसे थे !

राह में मैंने पूछा, "यहाँ कोई म्युनिसिपल बोर्ड या लोकल बोर्ड जैसी चीज नहीं ?"

वे बोले, "अपने मित्र से पूछना घर चलकर। यहाँ राह चलते लोग कीचड़ और धूल से बचते हैं–बोलते नहीं।"

एक लकड़ी के घर के पास आकर मैं ठिठक गया। वे बोले, "क्या है ?"

मुझे लगा, मुस्कुरानेवाली लड़की एक खिड़की से झाँक रही थी। तब तो, मेरे मित्र का यही घर है ! मैंने कहा, "यहाँ पूछ लूँ।"

हँसकर बोले, "वो–वहाँ है आपके मित्र का घर। लकड़ी का दुमंजिला !"

देखा, मेरा मित्र भी कुछ कम नहीं ! दुनिया भर का गिर्दाब है घर के चारों-ओर ! ··· अरे, यह तो लड़की है घोड़े पर सवार ?

"बिशु को मीत आयेकोछ !" पण्डितजी ने नीचे से ही आवाज दी।

सीढ़ी के पास पण्डितजी पैर धोने लगे। मैंने कहा, "बहुत-बहुत धन्यवाद। अब आप जाइए पण्डितजी।"

वे बोले, "पहले पैर धो लो !"

पैर धोकर मुँह ऊपर किया। दुमंजिले के बरामदे पर एक दर्जन से अधिक लोग–रेलिंग के सहारे खड़े मुस्कुरा रहे थे। उनमें मेरे मित्र भी थे ! ट्रेन में मुस्कुरानेवाली वह शादीशुदा लड़की भी थी।

देखा, न जाने किस बात पर परिवार के सभी सदस्य हँस रहे हैं !

देखा, पण्डितजी मुझे पहुँचाकर वहीं आसनी पर बैठे रहे !!

मेरे मित्र ने पण्डितजी से परिचय कराया, "मेरे पिताजी !" ऐंय ? यह पण्डितजी ··· पिताजी ?

मित्र बोले, "आपके दोस्तबाप भी।··· ख़रदार साहेब ?" पण्डितजी··· पिताजी ? चरण छूकर प्रणाम किया।

पिताजी बोले, "उधर वे लोग क्यों हँस रहे हैं, जानते हो ?"

हँसती हुई बुनू (विजयलक्ष्मी) तुतलाकर बोली, "छक्क पर्ने अचरज की बात ! हाफ शर्ट पहना तारिणी दाज्यु का और दोस्त कहते हैं सान्दाज्यु को !"

मुस्कुरानेवाली लड़की बोली, "मैं तो ट्रेन से ही हँसते-हँसते मर रही हूँ। उन्होंने (अर्थात् बी.पी. ने) कहा, अब आपसे मेरी मिताई हुई। हि-हि-हि-हि !!"

इस बार परिवार के सान्दाज्यु यानी मेरे अब तक के मित्र ने उस हँसनेवाली लड़की का परिचय दिया, "यह सुशीला है। आपके दर्जे में ही पढ़ती है, लेकिन भारत-भारती सस्वर नहीं पाठ कर सकती !"

तब तक हाफ शर्ट का मालिक आ पहुँचा। आते ही मुझे अँकवार में भर

लिया, "देखा भाभी। देखा न–मैंने कहा था न, मेरी खोयी हुई कमीज कुछ खोजकर वापस आयेगी। एक 'मुसल्लम मितर' मिल गया।"

तुरन्त, दोस्ती बदल दी गयी। बेतकल्लुफ मित्र तारिणी ने मुझे जीत लिया। हँसनेवाली सौभाग्यवती–सुशीला भाभी को भक्तिपूर्ण प्रणाम किया झुककर। भाभी ने कोई आशीर्वाद नहीं दिया–हँसती रहीं।

तो, सान्दाज्यु, छोटे भाई श्री विश्वेश्वर प्रसाद कोइराला !

ठुलोदाज्यु–बड़े भाई श्री मातृका प्रसाद कोइराला। जो काठमाण्डू में थे और जिनकी तस्वीर हर भाई-बहन के कमरे में लटक रही थी। सान्दाज्यु ने गर्व और भक्ति भरे स्वर में कहा था–'हमारे ठुलोदाज्यु ! सदाकत आश्रम पटना में जब थे–उस समय की तस्वीर है !'

मँझले–कोशुदाज्यु। केशव प्रसाद कोइराला ! कलकत्ते में पढ़ते हैं। उनकी चिट्ठी आयी है–पार्सल से बागबाजार का रसगुल्ला जा रहा है।

सबसे छोटा भाई गिरजा प्रसाद कोइराला–जो मुश्किल से सात-आठ साल का था–बड़े पहाड़ी घोड़े को नचा रहा था। इतना बड़ा घोड़ा और इतना छोटा सवार ?

श्री कृष्ण प्रसाद कोइराला–सारे विराटनगर के··· सारे मोरंग जिले के··· समस्त नेपाल के 'पिताजी' थे।

पिताजी, कोइराला-निवास, आदर्श विद्यालय !!

गोशाले से भी बदतर एक घास-फूस के घर में आदर्श-विद्यालय के क्लास लगते थे। एक बार क्लास में बैठने के बाद मैंने निश्चय कर लिया–यहीं पढ़ूँगा।

पिताजी ने बाबूजी को पत्र लिख दिया–'रेणु यहीं पढ़ेगा।'

'रेणु' नाम भी पिताजी का ही दिया हुआ है।

उन्होंने मुझसे पूछा–'घर में किस नाम से पुकारते हैं तुम्हें ?'

मैं क्या कहता ! चूँकि, जिस साल मेरा जन्म हुआ; उसी वर्ष एक बड़े फौजदारी मुकदमे के सिलसिले में परिवार में पहली बार ऋण हुआ। इसलिए, दुलार से मेरी दादी और माँ 'रिनवां' (ऋणवां) कहतीं। बाबूजी 'तमसाये' हुए होते हैं, तभी इस नाम से पुकारते हैं। गाँववाले यथायोग्य–रनवां, रुनु, रुनुक, रीनू कहते।··· यदि पहली फौजदारी होती तो मेरा नाम निश्चय ही फौजदार पड़ता !

मैंने यथासाध्य नाम को सुधार कर कहा–'राणा कहते हैं।'

आसपास एकत्रित सभी हँसे। मेरे मित्र तारिणी ने कहा–'यह राणाशाही नहीं चलेगी यहाँ !'

पिताजी बोले–'लो, यह रेणु हो गया।'

बस, यही नाम रह गया। हालाँकि इस नाम और लम्बे केश के कारण बहुत बार लज्जित होना पड़ा है।

इसके बाद, कभी लगातार तीन महीने तक अपने गाँव में नहीं रहा। आज तक नहीं।

1935 से 1942 तक पिताजी के सहज स्नेह का अधिकांश मुझे मिलता रहा।

आश्रमतुल्य कोइराला-निवास में मेरी सारी महत्त्वाकांक्षाओं को सहारा मिला। साहित्य, राजनीति और कला की त्रिवेणी कोइराला-निवास ! जहाँ भी रहा—मन विराटनगर पर टँगा रहा। बाहर से जब लौटता—सीधे विराटनगर पहुँचता। मेरे इस व्यवहार से मेरे बाबूजी-माँ दुखित होते, कभी-कभी।

मैंने देखा है, कोइराला-निवास के एक छोटे-से कमरे में नेपाल की मुक्ति की परिकल्पना—नये सिरे से की जा रही थी। शहीद शुक्रराज जोशी आदि की हत्या की गूँज—इसी कमरे से निकलकर भारतीय पत्रों में प्रकाशित हुई थी।··· जनता में नेपाल की चिट्ठी छपाने की योजना बनायी जा रही थी।

और, श्री विश्वेश्वर प्रसाद कोइराला के कथाकार की श्रेष्ठ कहानियों की रचना भी उसी कोठरी में हुई। संसार के सभी प्रसिद्ध लेखकों के सम्बन्ध में बातें वहीं सुनीं—उनकी किताबें भी निवास-पुस्तकालय में ही पढ़ने को मिलीं। उन दिनों विजया (पाँच साल की थी, तब) हमेशा एक किताब का नाम रटती, खेलती—नो पासाराँ—नो बागाराँ !

सानोआमाँ—श्रीमती दिव्या कोइराला सबसे कहतीं—'मेरे पाँच नहीं, छै बेटे हैं !'

··· 1950 की दीपावली की झिलमिलाती रात !

जय नेपाल !—मुक्ति-संग्राम के सिपाहियों ने ट्रिगर दबाया। फर्स्ट-राउण्ड गोली—थ्री-नॉट-थ्री की सनसनाकर निकली। मैंने देखा था—नेपाल-माँ मेरी सानोआमाँ—खिलखिलाकर हँस पड़ी थीं—तिमि पनि आये को ?··· तो, तुम भी आये हो। तुम भी ? इस फौजीवर्दी में तुम ?

—सान्दाज्यु को देखियेगा—मुझे क्या देखती हैं। इस्टर्न कमाण्ड—श्री वी. पी. कोइराला की। कलम नहीं, उनके हाथ में है एक कीमती गन—डेढ़ सौ गोलियाँ उगल सकती है।

ट्रट्ठाँय ! ट्रट्ठाँय !!

—बिकू ? लेट जा भैया। लेट जा !!

राणाशाही स्टेनगन ने जवाब दिया—ट-ट-ट-ट। ट-ट-ट-ट !! ट-ट-ट-ट···।

—बिकू। तुम्हारे पास गोलियाँ हैं, गिरजा को फेंको !

बिकू को, कोइराला-निवास में ही पलनेवाला—वी.पी. का छोटा मौसेरा भाई को गोली लगी है।··· मौसी की याद आती है। सानी माँ··· मौसी ! बिकू के पास मैं हूँ, गिरजा भी है !!

—ट्रट्ठाँय ! ट्रट्ठाँय !!

जय नेपाल ! जय नेपाल !!

राणाशाही स्टेनगन चुप रहा।

बागमती के किनारे—एक गन्दे धर्मशाले की कालकोठरी में नेपाल के पिताजी ने बन्दी अवस्था में दम तोड़ा था। भारत के बापू आगा खाँ के राजभवन में बन्दी

थे। और नेपाल के पिताजी उसी जुर्म में—नेपाल में नजरबन्द थे। भारतीय मुक्ति-संग्राम के लिए—अपने देश में इस तरह शहीद होने का दूसरा उदाहरण मुझे आज तक नहीं मिला।··· बगल में लेटकर धुआँधार फ़ायरिंग करनेवाले उस सुकुमार के चेहरे पर पिताजी की आत्मा की झलक मिली—गिरजा के चेहरे पर। पिताजी का सबसे छोटा पुत्र, हमारा सबसे प्यारा छोटा भाई।··· रेणुदाज्यु ! जेल फतेह। माल-अड्डा—बाजार अड्डा, अमीनी—सब फत्तेह !! बिकू कहता है—खून की धारा बन्द नहीं हो रही है। कोई कपड़ा है ?

राणाशाही स्टेनगन फिर आग उगलने लगी !

मुक्ति-संग्राम के सिपाहियों ने जवाबी गोली नहीं दी। गुरिल्ला लड़ाई के नियम ही अलग हैं।

—विराटनगर के हर घर पर क्रान्ति का झण्डा लहरा रहा है।

—बड़े हाकिम उत्तमविक्रम राणा ने अपने घर को ही किला बना लिया है।

—मुक्ति-सेना ने विराटनगर के मिलों पर कब्जा कर लिया है—दो-दो जूट मिल, एक कॉटन मिल, एक दियासलाई फैक्टरी, हाइड्रो···।

—शहर खाली करवाने की योजना चालू है।

मैं सानी माँ को पत्र लिख रहा हूँ—काशी। मौसी बिकू को हवाई जहाज से पटने भेज दिया गया है। मामूली घाव है।···

इस बार विजयादशमी का विशेष प्रणाम प्रेषित करते समय—सानोआमाँ की तस्वीर को गौर से देखा—मानो पूछ रही हैं—क्यों तुमने तो कहा था महाराजा कवि और प्रधानमन्त्री कथाकार··· संसार में ऐसी जोड़ी बहुत कम मिली है।··· साहित्यिकों के हाथ में एक देश की बागडोर है।··· तो अपनी छोटी माँ, सानोआमाँ नेपाल की याद अभी भी है ? क्यों··· ?

कोई जवाब नहीं फुरा !

ज्योत्स्ना के नवम्बर, 1961 अंक में प्रकाशित तथा 'श्रुत-अश्रुत पूर्व' एवं 'आत्मपरिचय' में संकलित

पुरानी याद

किसी बात या घटना की याद क्यों आती है, इसका शास्त्रीय विवेचन मनोविज्ञान के विशेषज्ञों का विषय है। हम साधारण जन तो इतना ही कह सकते हैं कि

पुरानी याद उस सोने की तरह है, जिसमें मिली हुई खाद समय की आँच में तप-गलकर स्वयं ही अलग-विलग हो जाती है।

पिछले साल दूर देहात में, अपने एक निकट संबंधी के घर पर दो-चार दिनों के लिए ठहरना पड़ा। साथ में जो एकमात्र मासिक पत्रिका थी, उसकी सभी पठनीय और अपाठ्य सामग्रियों को एक ही दिन में दो बार पढ़ चुका था। विज्ञापनों से दूसरे दिन की दोपहरी किसी तरह कटी। किंतु, तीसरे दिन को काटने के लिए मेरे पास कुछ नहीं था और सुबह से शाम तक मैं खुद कटता रहा। मेरी बेचैनी का कारण जानकर मेरे संबंधी ने दुख प्रकट करते हुए कहा–'घर में तो पोथी-पत्तर के नाम पर बस एक रामायणजी हैं। रामायण पढ़िएगा ?'

अंदर हवेली से सीकी की एक पुरानी पिटारी लेकर आए। पिटारी से रामायणजी के साथ और भी कई किताबें निकलीं। एक–उस जमाने की एक मशहूर पेटेंट दवा की कंपनी का सचित्र पंचांग (सूची-पत्र सहित) था। दूसरी थी··· सन् उन्नीस सौ अट्ठाइस में मिडिल में पढ़ाई जानेवाली किताब–साहित्य-पाठ। दृष्टि पड़ते ही मेरा कलेजा धड़क उठा। पृष्ठ उलटकर देखा··· अस्य पुस्तकाधिकारी··· ??

अपने हाथ की पुरानी लिखावट को पहचानने में देर नहीं लगी। किताब मेरी ही थी, जो न जाने कब और कैसे यहाँ आकर सुरक्षित पड़ी हुई थी। रामायणजी के बालकांड तथा उत्तरकांड के अधिकांश पृष्ठ दीमकयुक्त हो चुके थे। किंतु, मेरी किताब की प्रत्येक पंक्ति में मेरा बालकांड छपा हुआ था–मानो। सचित्र साहित्य-पाठ के कई पाठों के आसपास हाशिए पर अंग्रेजी में 'इम्प.' अर्थात् इंपोर्टेंट, 'वी. इम्प.' अर्थात् वेरी इम्पोर्टेंट, और कहीं-कहीं वेरी-वेरी इम्पोर्टेंट आदि लाल-सतर्क वाणियाँ इतने दिनों के बाद भी मुझे सतर्क कर रही थीं···

यत्र तत्र, लाल पेंसिल से पंक्तियाँ रेखांकित थीं और किसी तस्वीर की मूँछ 'रिटच' करके सँवारी गई थी। किसी संत कवि को चश्मा पहना दिया गया था।··· जयद्रथ-वध··· 'उस काल पश्चिम ओर रवि की रह गई बस लालिमा, होने लगी कुछ-कुछ प्रकट-सी यामिनी की कालिमा'··· डोमन खतबे ने परीक्षा में इन पंक्तियों का अर्थ 'संदर्भ सहित' लिखा था–रवि की लाली-माँ भी रह गई और जामिनी की काली-माँ तब सामने आ गई··· बचपन की हँसी फिर लौट आई मेरे ओंठों पर।···

एक पृष्ठ पर डाल्हिया फूल की कई बदरंग पंखुड़ियाँ चिपकी पड़ी मिलीं। तितली के पंखों-जैसी। और उन्हीं पंखों के सहारे मैं तीस-बत्तीस साल पहले की दुनिया में जा पहुँचा।···

स्कूल के हेडमास्टर साहब के कमरे के सामने, बाग में एक नया फूल खिला है··· अंग्रेजी फूल, डाल्हिया ! हम सभी महीनों से इस फूल के खिलने की प्रतीक्षा कर रहे थे। जिस दिन वह खिला, हेडमास्टर साहब की बाँछें खिल गईं। इतने प्रफुल्लित हुए कि एक घंटा पहले ही छुट्टी की घंटी बजवा दी।··· हेडमास्टर साहब ने वी.पी. से उस फूल का कंद (बल्ब) मँगवाकर अपने हाथों रोपा-सींचा था। छुट्टी

की घंटी बजी। ड्रिल पेरियड और ड्रिल-मास्टर साहब से त्राण पाकर हम प्रसन्न हुए–जै हो डाल्हिया फूल की !!

किंतु हम स्कूल के अहाते से निकलकर एक फर्लांग भी नहीं जा पाए थे कि पीछे से स्कूल के चपरासी की पुकार सुनाई पड़ी। उधर स्कूल की घंटी फिर जोर-जोर से बजने लगी। टन-टनांग, टन-टनांग !!··· एक, दो, तीन··· दस, ग्यारह··· !!

हेडमास्टर साहब स्वयं घंटी बजा रहे थे !

घंटी बंद हुई तो स्काउट-मास्टर की सीटी बजने लगी–खतरे की सीटी। डेंजर ? डेंजर··· ? विभिन्न दिशाओं की पगडंडियों पर जाते हुए विद्यार्थी मुड़े, लौटे और दौड़े–क्या हुआ ? क्या हो गया ? किधर आग लगी ? कौन डूबा ?

स्कूल के अहाते में लौटकर देखा–हेडमास्टर साहब अगिया-बैताल होकर चिल्ला रहे हैं–किसने तोड़ा ! फूल किसने तोड़ा ?

एक-एक की तलाशी ली गई, हाजिरी-बहियाँ खोलकर हर दर्जे के विद्यार्थी की उपस्थिति-अनुपस्थिति मिलाई गई। पर वह फूल तो पौराणिक कथाओं का फूल हो गया।

अंत में हेडमास्टर साहब झमाकर बैठ गए, मानो उस फूल में ही उनकी जान बसी हुई थी। हम सभी झमा गए। हाय !

दूसरे दिन हेडमास्टर साहब के दफ्तर में जिन कई गिने-चुने छात्रों की बुलाहट हुई उसमें एक मैं भी था। इतना ही नहीं, दफ्तर में पहुँचकर सुना–हेडमास्टर साहब का विश्वास एकदम पक्का है कि मेरे सिवा और किसी ने यह काम नहीं किया है। संदेह के कारण ? क्योंकि, मैंने उनसे पूछा था–'सर ! क्या इस फूल में जरा भी सुगंध नहीं होती ? तब, इस फूल की क्या कीमत ?'··· और, इसलिए भी कि खिले हुए फूल को, हेडमास्टर साहब के कथनानुसार–मैं बड़ी भूखी निगाह से देख रहा था !

मेरी कोई सफाई नहीं सुनी गई और कसूर कबूल करवाने के लिए तमाचे से लेकर छड़ी तक की सहायता ली गई। मेरा चेहरा लाल हो गया। लेकिन फूल··· ?

चोट, लाज और ग्लानि के मारे मैं बीमार हो गया। तेज बुखार में मेरी आँखों के आगे सैकड़ों डाल्हिया के फूल खिले, मुर्झाए और फिर धू-धूकर जले। रात-भर मैं डाल्हिया के बाग में भरमता रहा–राह खोकर।

दूसरे दिन शाम को जी ज़रा हल्का था। पास के गाँव से मेरा एक सहपाठी मुझसे मिलने आया। उसने मेरी हालत पर हार्दिक दुःख प्रकट किया और मुझे 'विद्या-कसम' खिलाने के बाद फुसफुसाकर बतलाया–'देखो, फूल मैंने तोड़ा है।··· हेडमास्टर साहब के चपरासी ने बतलाया था एक दिन कि इसका पहला फूल जिसके पास हो, वह किसी 'इम्तहान' में फेल कर नहीं सकता। खासकर अंग्रेजी में तो कभी नहीं, क्योंकि फूल अंग्रेजी है। और, तुम जानते ही हो कि मैं सभी सबजेक्ट में कैसा भुसकोल हूँ !'

इतना कहने के बाद उसने अपन अँगोछे में लिपटे फूल को निकाला··· बासी, मुरझाई और झड़ी पपड़ियाँ, पंखुड़ियाँ !!

फिर उसने इस फूल की कुछ पंखुड़ियाँ मुझे देकर इसके व्यवहार की विधि भी बतलाई–'जिस विषय में ज्यादा नंबर पाने की इच्छा हो, उस विषय की किताब में इन पंखुड़ियों को दबाकर रख दो। फिर, काम सोना !'

चोट, दर्द और बुखार के बाद असल असामी को बा-माल देखकर मैं तनिक उत्तेजित हुआ, किंतु ! किंतु··· !

किंतु, पढ़ने में बोदा होने के बावजूद उससे मेरी दोस्ती थी। वह फुटबॉल का अच्छा खिलाड़ी था। हमारे बालचर दल का मस्तंड साथी।

इसके अलावा बार-बार माफी माँगते समय वह अपना मुँह सामने कर देता था। कनपटी टेढ़ी करके कहता–'तुमको जितनी मार लगी है, उससे ज्यादा मुझे मार लो।'

मैंने फूल की पंखुड़ियों को साहित्य-पाठ के पृष्ठों में दबाकर रख दिया और फिर कभी उस किताब को स्कूल नहीं ले गया।

सबसे अचरज की बात जो याद आ रही है वह यह कि परीक्षाफल निकलने के बाद मेरा वह फूलचोर-मित्र सभी विषयों में फेल होकर भी मुझसे सोत्साह कहने आया–'देखी न तुमने इस फूल की महिमा ? जिस किताब में दबाकर रखा, उसमें तो सबसे ज्यादा नंबर तुम्हीं को आया न ?'

खुद अपने बारे में उसने स्वीकार किया, चूँकि फूल हेडमास्टर साहब का था और सबसे बड़े गुरु का दिल दुखाकर पास करना खेल नहीं।···

मेरे उस मित्र ने आठ वर्ष पूर्व 'बिहार एलेवन' में 'सेलेक्ट' होकर–कलकत्ते के मैदान में चार दिनों तक कमाल दिखलाया था। अखबारों में उसकी तस्वीर छपी थी।···

साहित्य-पाठ की उन पंखुड़ियों को बटोरकर मनी-बैग में रख लिया।··· हमने जिसे प्यार किया था, उसको एक दिन राज्य-भर के क्रीड़ा-प्रेमियों ने प्यार किया–उसके नाम को और भी संक्षिप्त करके एक मीठा-सा नाम दिया।···

अट्ठाइस-उनतीस साल के बाद, अपनी पढ़ी हुई, कोर्स की किताब को फिर से देख पाना ही अपने में एक बड़ी बात है। तिस पर, उसके पन्नों के बीच पुरानी याद की कुछ पंखुड़ियाँ दबी-चिपकी पड़ी हों··· ?

ज्ञानोदय के मार्च, 1962 अंक में प्रकाशित तथा
'एक श्रावणी दोपहरी की धूप' में संकलित

मेरा बचपन

मेरा बचपन, विराटनगर (नेपाल) के 'कोइराला निवास' में बीता–यानी 'कोइराला परिवार' में मेरा लालन-पालन हुआ। पिताजी (स्व. कृष्णप्रसाद कोइराला) नेपाल के आदि क्रांतिकारी माने जाते हैं। उन्होंने अपने परिवार को अपने आदर्श के अनुसार संगठित किया था। 'कोइराला निवास' में वे ही नियम-कानून प्रचलित थे जो किसी 'आश्रम' के हो सकते हैं। अपने से बड़ों के सामने–चाहे वह चरवाहा ही क्यों न हो, हम कोई बेअदबी नहीं कर सकते थे। प्रार्थना की पहली पंक्ति थी–'तेरे ही जलवे से जग के कर्त्ता, ये बागे-आलम महक रहा है।' परिवार का एक-एक सदस्य अपने को स्वयंसेवक समझता था–एक दैनिक (हस्तलिखित) बुलेटिन अंग्रेजी-हिंदी-नेपाली में निकलता था, जिसमें निवास की खबरों के अलावा निवास में आए-गए अतिथियों के संबंध में जानकारी और बाजार-भाव आदि प्रकाशित होते थे।...

किंतु इन सारी बातों के बावजूद निवास में दो ऐसे प्राणी थे जिन पर निवास के कई नियमों के उल्लंघन के आरोप अक्सर लगाए जाते। तारिणी प्रसाद कोइराला और फणीश्वरनाथ रेणु के नाम 'काले रजिस्टर' में दर्ज थे, क्योंकि दोनों ही सुबह आठ बजे तक सोते रहते ! माँ तथा पिताजी ने हमारी इस आदत को छुड़ाने की बहुत चेष्टा की। हमारा सामाजिक बहिष्कार तक किया गया। सारे निवास के निवासियों और अभ्यागतों के सामने हमें लज्जित किया गया। 'निवास बुलेटिन' में हम पर फब्तियाँ कसी गईं। हमारे व्यंग्य-चित्र छपे, हमारी भद्द की गई। फिर, सहानुभूतिपूर्ण कई तरकीबों के प्रयोग भी हुए।

एक बार माँ ने, पिताजी के सामने, हम दोनों को बुलाकर बड़े प्यार से कहा–'ठीक है ! अब से तुम लोग जब तक जी चाहे, सोया करो। तुम दोनों में पहले कौन उठता है ? अच्छी बात ! कल से एक काम करो। सबसे पहले उठकर कैलेंडर की तारीख और दिनवाले कार्ड को कौन बदलता है–यह देखना है। एक सप्ताह में जिसका ज्यादा नंबर आएगा–उसको हर सप्ताह एक सुंदर पुरस्कार दिया जाएगा। समझे ?'

हम दोनों मित्रों ने आज्ञाकारी बालकों की तरह सिर झुकाकर प्रस्ताव को स्वीकार किया और अपने कमरे में वापस आ गए। रात में देर तक हम बातें करते रहे। किंतु, रात के ठीक एक बजे जब मैं बैठकखाने की दीवार टटोलने लगा तो कोई आहट हुई। माँ ने अपने कमरे से ही पूछा–'कोन हो ?' अर्थात् कौन हो ?

'हुजूर, मैं रेणु ! तारीख और दिन बदल रहा हूँ।'

एक क्षण की चुप्पी के बाद पिताजी के कमरे से उनकी उन्मुक्त खिलखिलाहट

सुनाई पड़ी। इसके बाद निवास के सभी प्राणी जग गए थे और सभी के बीच मैं सिर झुकाकर खड़ा था और माँ मुझे डाँट रही थी और आँखें मलता हुआ उनींदा तारणी, मेरी ओर से बहस करने की चेष्टा कर रहा था–'आमाँ, नया दिन और नई तारीख तो बारह बजकर एक मिनट से ही शुरू··· ।'

माँ ने झिड़की देते हुए कहा था–'चुप रहो। कल सुबह तुम दोनों का जलपान बंद ! तुमसे बातचीत बंद !! और तारीख बदलना भी बंद··· ।'

सन् 1930-31 की बात है। मैं उन दिनों अररिया हाईस्कूल में चौथे दर्जे में पढ़ता था। महात्मा गाँधी की गिरफ्तारी की खबर मिलते ही सारा बाजार बंद हो गया और स्कूल के सभी छात्र बाहर निकल आए। दूसरे दिन भी हम हड़ताल पर रहे। चूँकि मैं खद्दरधारी था, इसलिए हड़ताल के अलावा 'पिकेटिंग' भी कर रहा था। अतिरिक्त उत्साह में मैंने स्कूल के असिस्टेंट हेडमास्टर साहब को भी रोका। उन्होंने झुँझलाकर बंगला में कहा था–'तोमरा चुलोय जाच्छो, जाओ ! आमाके केन टानछो··· ?' अर्थात् तुम लोग चूल्हे-भाड़ में जाते हो, जाओ; मुझे क्यों खींचते हो ?

मैंने तत्काल जवाब दिया–'आप हमारे गुरु जो हैं।'

दूसरे दिन हम स्कूल पहुँचे तो मालूम हुआ कि हर हड़ताली विद्यार्थी को आठ आने पैसे जुर्माने की सजा होगी। दो-तीन घंटी की पढ़ाई होने के बाद हेडमास्टर साहब का नोटिस निकला–'जो विद्यार्थी कल नहीं आए थे, उन्हें आठ आने बतौर जुर्माने के··· और जो लोग बीमार थे अथवा अन्य किसी कारण से स्कूल नहीं आ सके, उन्हें दर्खास्त लिखकर देना होगा··· और जो लोग अपनी गलती स्वीकार कर माफी माँगना चाहें, वे भी दर्खास्त दें।···'

नोटिस के अंत में विशेष रूप से मेरा नाम और वर्ग लिखकर कहा गया था कि असिस्टेंट हेडमास्टर साहब के साथ अशोभनीय बर्ताव (इम्पर्टिनेंट बिहेवियर) के लिए–सारे स्कूल के छात्रों के सामने पाँचवीं घंटी के बाद इस लड़के को दस बेंत लगाए जाएँगे।

नोटिस निकलने के बाद ही मैं अचानक 'हीरो' हो गया। ऊँचे दर्जे के विद्यार्थी मुझे ढाढ़स बँधाते, शाबाशी देते और कोई-कोई तरस खाकर कहते–माफी माँग लो।

लेकिन, मैंने जलियाँबाग कांड, मदनगोपाल की कहानी पढ़ी थी। मेरे सिर पर मदनगोपाल की आत्मा आकर सवार हो गई मानो। कई अध्यापकों ने भी आकर समझाया-डराया-धमकाया। लेकिन मैं माफी माँगने को तैयार नहीं हुआ।

तब तक मित्रों ने न जाने कहाँ से फूलमाला, चंदन आदि की व्यवस्था कर ली थी।

नियत समय पर 'वार्निंग बेल' बजा। सभी वर्ग के छात्र सामने मैदान में आकर एकत्रित हुए। सिक्स्थ मास्टर साहब, तुर्की टोपी और शेरवानी पहने–हाथ में बेंत

घुमाते हुए मैदान के बीच में आए। सभी शिक्षक सिर झुकाकर खड़े थे। मेरे नाम की पुकार हुई और मैं रिंग में जाकर खड़ा हो गया, ठीक विवेकानंदीय मुद्रा में–दोनों बाँहों को समेटकर। बेंत मारने के पहले, मास्टर साहब ने अंग्रेजी में कुछ कहा। फिर चिल्लाए–

'स्ट्रेच योर हैंड।'

'व्हिच हैंड ! लेफ्ट ऑर राइट ?'

भीड़ से कई आवाज एक साथ–'शाबाश !'

मास्टर साहब ने जब 'राइट' कहा, तभी मैंने हाथ पसारा।

मास्टर साहब ने शुरू किया, 'वन !'

'बंदे मातरम् !' मैंने नारा लगाया।

एकत्रित छात्रों ने दुहराया–'बंदे मातरम् !'

'टू !'

'महात्मा गाँधी की जै।'

अब सड़क, कचहरियों और बाजार से लोग दौड़े–नारा लगाते–महात्मा गाँधी की जै !'

'थ्री-ई-ई !'

'जवाहरलाल नेहरू की जै !'

'जै-जै-जै-जै-जै-बंदे मातरम्-झंडे तिरंगे–कौमी नारा–महात्मा गाँधी की जै-जै !' 'इलाके के मशहूर सुराजी' सत्याग्रही चुन्नीदास गुसाईं उस भीड़ को चीरकर न जाने कहाँ से आ गए। जनता नारे लगाने लगी। हेडमास्टर साहब ने 'केनिंग' रोकवा दिया। छुट्टी की घंटी बजा दी गई। लेकिन, भीड़ बढ़ती ही गई और नारे बुलंद होते रहे। सारा कस्बा उमड़ पड़ा। इसके बाद मुझे किसी ने कंधे पर चढ़ा लिया और लोग जुलूस बनाकर निकल पड़े।

दस में सिर्फ तीन बेंत ही लगे। दूसरे दिन सारा बाजार फिर बंद रहा और स्कूल के सभी छात्र हड़ताल पर रहे।

मैंने अपने उपन्यास 'कितने चौराहे' में इस घटना के आधार पर एक दृश्य की रचना की है।

धर्मयुग के 1972 के किसी अंक में प्रकाशित तथा
'आत्म-परिचय' में संकलित

झूठ : जो सच है

बचपन से ही मुझे कथा-कहानी सुनने और गुनने का शौक रहा है। बुनने का शौक तो बहुत बाद में चलकर पैदा हुआ, और वह भी शायद इसलिए कि बचपन से ही इतने तरह के लोगों को नजदीक से देखने-समझने का मौका मिला कि बाद में चलकर मैंने महसूस किया—मेरा प्रत्येक परिचित अपने-आपमें अनगिनत कहानियों की खान है। बस फिर क्या था, कलम उठाई और कथा बुनने के धंधे में लग गया, सो आज तक लगा हुआ हूँ।

इस बीच स्कूल-जीवन और उसके बाद के मेरे अनगिनत मित्र-परिचित, गाँव-घर की घटनाएँ मेरी कहानियों का ताना-बाना बनी हैं और मैंने उन्हीं से अपनी अच्छी-बुरी कहानियाँ बुनी हैं। फिर भी लगता है कि अभी तो बचपन के ही बहुत सारे परिचित, दोस्त-अहवाब, कितनी सारी घटनाएँ पड़ी हैं, जिन पर मुझे कहानियाँ बुननी हैं और जब तक मैं उन सबों को अपनी कहानियों में नहीं उतार लूँगा, चैन नहीं मिलेगा।

यहाँ मैं अपने बचपन की दो ऐसी ही अविस्मरणीय घटनाओं के बारे में बतलाने जा रहा हूँ और उन दोनों घटनाओं का सीधा संबंध मेरे झूठ बोलने से है। वरना पिताजी की उन दिनों सख्त हिदायतें हुआ करती थीं कि झूठ कभी न बोलूँ। आज सोचता हूँ तो लगता है उन दो मौकों पर अगर मैंने झूठ का सहारा नहीं लिया होता, तो पता नहीं क्या-से-क्या हो जाता।

लेकिन इसका मतलब यह नहीं है कि मैं झूठ की महत्ता बढ़ाने के लिए ही उन दोनों घटनाओं का जिक्र करने जा रहा हूँ, बल्कि मतलब यह है कि जितने भी बच्चे मेरा यह संस्मरण पढ़ें, इस बात की प्रतिज्ञा करें कि जब तक उनके सामने मेरी जैसी परिस्थिति नहीं आ जाए, झूठ का सहारा कदापि न लें।

एक झूठ पिताजी का : एक झूठ पुत्रजी का

यह घटना सन् 1931-32 की है। मेरी उम्र जब दस वर्ष के लगभग रही होगी और मैं फारबिसगंज हाईस्कूल का विद्यार्थी था। वहीं होस्टल में रहता और सप्ताह में छुट्टी के दिन गाँव आ जाता। फारबिसगंज से एक स्टेशन सिमराहा। वहाँ गाड़ी से उतरकर पाँव-पैदल औराही-हिंगना, यानी अपने गाँव ! पिताजी किसान थे और इलाके के स्वराज-आंदोलन के प्रमुख कार्यकर्ता ! खादी पहनते थे, घर में चर्खा चलता था, 'तिलक स्वराज फंड' वसूलते थे और दुनिया-भर की पत्र-पत्रिकाएँ मँगाया करते थे।

मैंने जबसे होश सँभाला, अपने को पत्र-पत्रिकाओं से घिरा पाया—बंबई का 'वेंकटेश्वर समाचार', कानपुर का 'प्रताप', 'सैनिक', 'कर्मवीर', 'चाँद', 'हिंदू पंच'

आदि प्रमुख पत्र-पत्रिकाएँ नियमित आतीं और गाँव-इलाके के लोग उनका नियमित अध्ययन करते थे।

एक दिन अचानक ही थाने के दारोगा-पुलिस को अपने दरवाजे पर उपस्थित पाकर हम लोग 'अचरज' में पड़ गए। मैं भी फारबिसगंज से गाँव आया हुआ था और उन दिनों किसी गाँव में दारोगा-पुलिस के पहुँचने का मतलब होता था—पूरे गाँव के लोगों का अंडर-ग्राउंड हो जाना। यानी लोग अपने-अपने घरों के दरवाजे भीतर से बंद कर छिप जाते थे—पता नहीं किसे बाँधकर दारोगा-पुलिसजी चालान कर दें।

दारोगाजी दरवाजे पर आकर सीधे पिताजी के सामने रुके और बोले, "हमें खबर मिली है कि आपके पास 'चाँद' का फाँसी अंक आया है। आप उसे तुरंत मेरे हवाले कर दो, नहीं तो बेकार में हमरा के खानातलासी करे के पड़ी।"

पिताजी घबराए नहीं। बड़ी ही निश्चिंतता के साथ उन्होंने कहा, "आया तो था जरूर ! और 'चाँद' का फाँसी अंक ही क्यों, 'हिंदू पंच' का बलिदान अंक तथा 'भारत में अंग्रेजी राज' पुस्तक भी मेरे पास थी। कोई कुटुंब-संबंधी पढ़ने को ले गए हैं। आप खानातलाशी ले लीजिए।"

पिताजी साफ झूठ बोल गए।

मैं वहीं खड़ा था। पिताजी को इस तरह झूठ बोलते कभी नहीं देखा था, लेकिन मुझे समझते देर नहीं लगी कि वे क्यों झूठ बोल रहे हैं। उपरोक्त पत्रिकाओं के अंक और 'भारत में अंग्रेजी राज' नाम की पुस्तक एक झोले में लपेटकर उनके बिछावन पर सिरहाने रखी है, इस बात की जानकारी मुझे थी।

पिताजी ने फिर से अपने वाक्य दुहराए, 'चाँद' के फाँसी अंक के अलावा अन्य पत्रिका-पुस्तक की जानकारी आप लोगों को मैंने इसलिए दे दी कि आज-न-कल आपको फिर खबर मिलेगी कि वह सब भी मेरे यहाँ आया है और आपको नाहक ही दौड़ना पड़ेगा। चलकर खानातलाशी तो ले ही लीजिए।"

मैं वहाँ से खिसका। पिताजी के कमरे में आया और उनके सिरहाने से पुस्तक-पत्रिकाओंवाली झोली बगल में दबाई, दरवाजे पर आकर छाता लगाया और चलने लगा। दारोगाजी ने देखा तो पूछा, 'ऐ बाबू, हऊ बगलिया में का बा हो ?'

'सिमराहा जा रहा हूँ, फारबिसगंजवाली गाड़ी पकड़ने। स्कूल का समय होने को है।' मैंने बिना घबराए हुए उत्तर दिया।

दारोगाजी जैसे मेरे उत्तर से संतुष्ट हो गए—उन्हें यह भी याद नहीं रहा कि अभी फारबिसगंज जानेवाली कोई गाड़ी नहीं है। मैं दिन-भर पिताजी के एक मित्र के यहाँ टिका रहा।

शाम को वापस आया तो लोग मेरी चालाकी पर दंग थे। 'चाँद' का फाँसी-अंक न पाकर दारोगाजी ने बड़े ही निराश स्वर में पिताजी से कहा था, 'हऊ पतरिका हमरो पढ़ने का ढेर मन है।'

एक झूठ और

उन दिनों मैं हाईस्कूल का विद्यार्थी था।

एक थे काजमी साहब–शिक्षा विभाग में शायद जिला-निरीक्षक। उनका हाल यह था कि जिस स्कूल में निरीक्षण करने पहुँच जाएँ, वहाँ के अध्यापकों की तो बात ही अलग थी, स्कूल के अगल-बगल खोमचे डालनेवालों तक की डर के मारे हालत खराब हो जाती थी। अनुशासन के बड़े ही पक्के और मजबूत थे वह।

हमारे स्कूल में जब कभी आते, संस्कृत के पंडितजी तथा हेड मौलवी साहब की हालत देखने लायक होती। मौलवी साहब उस दिन बिल्कुल साफ धुले कपड़े पहनकर आते और काजमी साहब क्लास में छात्रों के बीच ही उनके शरीर के अगल-बगल दो-चार बार सूँघने का अंदाज जाहिर करते हुए कहते, "क्यों मौलवी, कितने दिनों बाद आज 'असनान' हुआ है ?"

पंडितजी खैनी खाते थे। काजमी साहब के आने के दिन वह भी अपनी हथेली और अँगूठे का दाग हजार बार साबुन लगाकर साफ करते थे, पर काजमी साहब उनसे कह उठते, "क्यों पंडत, खैनी और चूना ही खाते हो या लड़कों को पढ़ाते-लिखाते भी हो ? गीता-सास्तर का सलोक-वलोक पढ़ाते हो लड़कों को ?"

एक दिन काजमी साहब ने हमारे क्लास में लड़कों से पूछ दिया, "पंडितजी ने गीता का कोई सलोक पढ़ाया है ?"

और पंडितजी की हालत खराब ! गीता का कोई श्लोक तो उन्होंने हमें पढ़ाया ही नहीं था और लड़कों से 'नहीं' जवाब सुनकर काजमी साहब पंडितजी की जो खबर लेते कि बस !

मेरे दिमाग में तुरंत झूठ कौंधा और मैंने खड़े होकर कहा, "जी पढ़ाया है।"

"याद है ?"

"जी हाँ !"

"सुनाओ··· ।"

और मैंने धारा-प्रवाह सुनाना शुरू कर दिया–

> अहं मुनिनाम् वचनम् शृणोमि,
> शृणोति राजंस गवास्य वाच्यम्।
> न च तस्य दोषो-न च मे गुणोवा,
> संसर्ग च दोषो-गुणा भवन्ति।

अर्थात् श्रीकृष्णजी कहते हैं कि हे अर्जुन··· ।"

और काजमी साहब 'ठीक है', 'ठीक है' कहते हुए क्लास से बाहर निकल गए। 'हे अर्जुन' के बाद वह रुके नहीं। और पंडितजी के चेहरे पर जो खुशी की चमक थी, जैसे मैंने उन्हें फाँसी पर लटकने से बचा लिया हो। लड़कों की हँसी को उन्होंने इशारे से रोका। श्लोक दरअसल मैंने अपनी पाठ्-पुस्तक 'बाल-नीति-मंजरी' का सुनाया था, जिसका भावार्थ इस प्रकार है–

एक राजा के दो तोते थे। एक तोता दिन-रात भगवान का नाम लेता था, दूसरा दिन-भर गाली बकता था। राजा ने एक दिन निश्चय किया कि गाली बकनेवाले तोते को जल्लाद के हाथों मरवा दिया जाए। राजा जब जल्लाद को लेकर पहुँचे, तब भगवान को रटनेवाला तोता बोला, 'हे राजन, मैंने एक दिन मुनियों के वचन सुने हैं और वह सारे दिन गलत लोगों के वचन सुनता रहा है। न तो इसमें इसका दोष है कि वह गाली बकता रहता है, न मेरा गुण कि मैं भगवान का नाम लेता हूँ। संगति से ही गुण-दोष पैदा होते हैं। जैसी संगति मिलेगी, वह वैसा ही बनेगा।'

और इस तरह उस दिन झूठ बोलकर पंडितजी को मैंने बचा लिया। उस दिन अगर मैंने वैसा नहीं किया होता तो पता नहीं काजमी साहब उनकी कैसी फजीहत करते।

साप्ताहिक हिन्दुस्तान के 1972 के किसी अंक में
प्रकाशित तथा 'आत्म-परिचय' में संकलित

अथ बालकाण्डम्

जी नहीं, यहाँ बाल का मतलब वह नहीं है जो आप समझ रहे हैं। बाल माने केश··· !

आपने देखा अथवा सुना होगा कि कुछ महीने पहले तक मैं अपनी खोपड़ी पर 'बालविकास' यानी 'केशपालन' कर रहा था। इस 'व्रत' का पालन करते समय–पाँच वर्षों तक मुझे जो-जो अनुभव हुए, जाहिर है किसी 'गंजी खोपड़ी वाले नौजवान' के अनुभवों से भिन्न होंगे। 'चमकती-चाँदनी' वाले चँदेलों से किसी ने यह नहीं पूछा होगा–"जनाब ! आपने बाल क्यों 'उड़ाना' शुरू कर दिया है ?"

यों बाल मेरा बचपन से ही 'लब्बड़-झब्बड़' रहा है। पाँच साल की उम्र तक, मेरे सिर पर इमली के गुच्छे की तरह जटायें लटकती थीं। 'बाबा मदनेश्वर' की मनौती ! मुझे याद है, खूब धूमधाम के साथ मेरा 'मुंडन-संस्कार' हुआ था। लेकिन, उस हँसी-खुशी के दिन मैं दिन भर रोता रहा था–बलिदान के 'छागल' की तरह ! ··· 'मुंडन' के कई महीने बाद पहली बार अपने गाँव के नाई ने मेरी ऐसी हजामत बनायी कि उसके बाद नाई और कैंची और 'खूर' यानी अस्तुरा के नाम सुनते ही मैं घर छोड़कर–गाँव से बाहर किसी पेड़ की डाली पर जा बैठता।··· मेरे गाँव का बूढ़ा भैलाल हजाम ! उसके मुँह और नाक से निकलनेवाली दुर्गंध को किसी तरह बर्दाश्त किया जा सकता था–सिर झुकाकर। मगर, उसकी कैंची एक बाल

को काटती और हजारों को जड़ से उखाड़ती थी। और, वह 'हाइड्रोसिल' याने… उसका 'फोता' इस कदर बढ़ा हुआ था कि गाँव में कई 'भैलालों' में वह 'अँड़िया-भैलाल' के नाम से प्रसिद्ध था। मैंने पहली बार जाना कि बढ़ा हुआ फोता बोलता भी है–कुर्र-कुरर, ठीक 'कठ-बंग' की तरह।… 'कठ-बेंग' नहीं समझते ? पेड़ पर रहनेवाला मेंढ़क ! सिर झुकाकर सिर पर भैलाल की कैंची का अत्याचार सहन करना आसान था मगर 'हँसी' को जब्त करना बहुत मुश्किल। और, भैलाल के इस 'वर्धित-अंग' पर हँसने की मनाही थी। हमें डराया गया था कि हँसनेवाले का … यानी हँसनेवाला भी वैसा ही हो जायेगा। अतः पहली हजामत के बाद से ही भैलाल की परछाईं देखकर ही भाग खड़ा होता ! तीन-चार महीने के बाद कभी पकड़ा जाता। दो-तीन आदमी हाथ-पैर पकड़कर मुझे बेकाबू कर देते। कभी-कभी जमीन पर पटक भी देते। भैलाल की कैंची के साथ मेरे मुँह से असंख्य अश्लील गालियाँ, आँख से घड़ों आँसू, नाक से महीनों की जमी हुई सर्दी… !

इसलिए, बचपन से मैं 'लब्बड़-झब्बड़' बाल वाला था। मगर, इतने बड़े-बड़े बाल कभी नहीं हुए–जितने पिछली 'फसल' यानी पिछली हजामत के समय ! अर्थात् 'काण्ड' इसी 'खेप' के बालों ने अधिक किये ! और, इस बार बाल बढ़ाने के कई कारण थे। जिसमें ये दो कारण निश्चय ही 'प्रबल' होंगे !!

बात पाँच साल पहले की है। मेरे पड़ोसी के एक भूतपूर्व पड़ोसी को एक दिन अचानक एक 'प्राइवेट-हिन्दी-ट्यूटर' की आवश्यकता पड़ गयी। मेरे पड़ोसी ने उन्हें मेरे बारे में न जाने क्या-क्या बतला दिया था कि मिलते ही भक्ति-भाव की सरिता बहा दी, उन्होंने। मैं कुछ कहूँ, इसका मौका उन्होंने मुझे नहीं दिया। बोले–"आगाड़ी हमारा 'बोक्तोब्बो' ठो सुन लीजिये। आपको जो बोलना हो 'पाछाड़ी' से बोलियेगा।… बात ये है कि हमारा 'लेड़का-लेड़की' सबको हिन्दी पढ़ाय देना होगा। आप तो जानता है कि हिन्दी नेंही पढ़ने से तो आर इस देश में 'चाकरी' क्या–'घोड़ा का अण्डा' भी नहीं मिलने सकेगा।… हें-हें, 'एकजामिन' नजीक है। आप, नेंही मत बोलिये। हाम दू सो टाका माइना देगा।"

बेकारी के दिन और यह 'दु-सौ टकिया–ऑफर' ! हालाँकि चरम-आर्थिक, या दैहिक संकट के समय भी मुझे कभी 'ट्युशन' करने की प्रेरणा नहीं मिली थी और यह 'कर्म' मैंने कभी नहीं किया था। किन्तु, यहाँ सिर्फ ट्युशन पढ़ाने की ही बात नहीं थी–यहाँ, मातृभाषा की सेवा करने के साथ ही एक भले आदमी के बाल-बच्चों को कम-से-कम 'घोड़ा का अण्डा' पाने के योग्य बनाकर समाज की सेवा करने का स्वार्थ भी सम्मिलित था। मैंने स्वीकार कर लिया।

शाम को उनके बँगले पर पहुँचा। जब सभी लड़के-लड़की आ गये तो मैंने हिसाब लगाकर देखा–बीस रुपये प्रति छात्र ! हाँ, एक बात ! हर बच्चा मेरे बेतरतीब और बिना तेल के बाल को देखकर तनिक चकित हुआ–ऐसा मुझे लगा। सबसे बड़ा लड़का और सबसे बड़ी लड़की और उससे छोटी लड़की–तीनों एक ही श्रेणी में थे–इसलिए मैंने पहले उन्हीं से शुरू किया। मैंने पाठ्य-पुस्तक के अलावा

रामचरितमानस पढ़ाकर उन्हें शुद्ध और सही हिन्दी सिखाने की बात सोच रखी थी। साथ में एक गुटका रामायण ले लिया था। सो, तुलसीकृत रामायण पर एक संक्षिप्त वक्तव्य देकर मैंने शुरू किया–"सबसे पहले बालकाण्ड !"

मैं पृष्ठ पलटने लगा तो एकाध दबी हुई हँसी सुनाई पड़ी। चूँकि यह पेशा मेरे लिए नया था और वह पेशे का पहला दिन ही नहीं–पेशे की पहली घड़ी थी–इसलिए, मैंने गंभीर होकर उनकी ओर देखा। वे चुप हो गये। मैंने दुबारा शुरू किया–"बालकाण्ड में तुलसीदासजी ने··· ।"

बस, मैं इतना ही कह पाया था कि सभी एक साथ ठठाकर हँस पड़े और हँसते-हँसते लोटन कबूतर हो गये। बड़ी लड़की जब मुँह में कपड़ा ठूँसकर भी हँसी को नहीं रोक सकी तो अन्दर भागी। मँझली ठीक वन की मोरनी की बच्ची की तरह 'पिहकने' लगी। अंततः सभी बच्चे हँसते हुए 'अंदर-हवेली' की ओर भाग गये और अंदर में खुलकर खिलखिलाने लगे। उनकी माताजी पूजा-गृह में थीं और पितृदेव बाथरूम में। दोनों की बोली बारी-बारी से सुनायी पड़ी–"एतो हाँसछिस केन ?··· की होलो ? होयेछे की ?"

मैं बैठकखाने में दम साधे, कान खड़ाकर–अंदर की बातें सुन रहा था और हैरत में था कि हँसने की क्या बात हो गयी। सामने आइने में अपनी सूरत देखी। चेहरा साफ था–कहीं कोई दाग नहीं। अपने कपड़ों को अगल-बगल से देखा–कहीं कुछ हास्यास्पद नहीं। तो, फिर··· ?

भद्रव्यक्ति अंदर से इस तरह मुँह बनाकर निकले मानो मधुमक्खी ने डंक मारा हो। बोले–"एजी ! आप ये क्या-क्या खराब-खराब बात पढ़ाता है ?"

"खराब-खराब बात ?"–मैंने अचरज से कहा–"मैं तो रामायण पढ़ा रहा था।"

"ये आपका कैसा रामायण है कि शुरू में ही 'असोब्बो' बात लिखा है ? एँ ?"

··· असोब्बो बात ? माने··· असभ्य बात ? मैंने हकलाते हुए कहा–"असभ्य बात कैसी ? मैं तो रामायण का बालकाण्ड··· ?"

मैं इतना-सा ही कह पाया था कि अंदर से गृहस्वामिनी रणचण्डी का रूप धरकर निकली–"आप चला जाइये हियाँ से। आभी चला जाइये। नेंही माँगता ऐसा 'असोब्बो-शिक्खोक'··· फाजलामी कारने का आउर केंही टेकाना नेंही !!"

इसके बाद वहाँ ठहरना असभ्यता समझकर मैं बँगले से तुरत निकल आया। सुना, भले आदमी कह रहे थे–"आमि भाबलाम, भद्र लोकेर संतान–किन्तु लोकटा एतो बोड़ो बदलोक··· ।"

निकलते समय देखा और सुना–पिछवाड़े में उनके सभी बच्चे हँस रहे थे। बड़ी लड़की कह रही थी–"बदलोक ना। लोकटा बोका ! आस्तो बोका !!"···

बोका अर्थात् बेवकूफ ! 'आस्तो' माने मुकम्मिल !! मैंने उनके हँसने और अपनी बेवकूफी का कोई कारण जाने बिना भी इतना-सा समझा कि बात मेरे बेतरतीब, बिना तेल वाले बाल से 'असोब्बो' हो गयी है। अतः उसी क्षण से बाल बढ़ाने का फैसला कर लिया। यानी, छोड़ दिया बढ़ने को।··· असोब्बो होने को।

तो, बाल बढ़ने लगा और दाहिनी ओर रहनेवाले पड़ोसी क्रमशः मुझसे 'बाम' होने लगे। पहले, जब मिलते–बेवजह हँसते-मुस्कुराते रहते। अब मुझे देखकर उनका चेहरा संकुचित हो जाता। एक दिन मैंने उनकी धर्मपत्नी से उनकी अनुपस्थिति में उनके (पतिदेव का) स्वास्थ्य का हाल पूछ दिया। बोलीं–"नहीं। कोई तकलीफ नहीं।··· मैं आपसे एक बात जानना चाहती थी। बताइयेगा ?··· आपने कहाँ से बाल उगाने की 'जड़ी' मँगवाई है ?"

बाल उगाने की जड़ी ? मैं उस 'भद्रयुवती' को नहीं समझा सका कि मेरे बाल अपने हैं यानी खास अपने। किसी जड़ी-बूटी के प्रयोग से नहीं–अपने-आप पैदा हुए हैं। वह मानती नहीं। कहती गयी–"ऐसा भी होता है, भला ? ऐसा काला, घुँघराला बाल तो कभी नहीं था आपका··· आप छिपाते हैं··· आप जरूर कोई जड़ी-बूटी··· ।"

पता नहीं क्या हुआ कि उसके बाद ही मेरे दाहिने पड़ोसी ने अपना डेरा बदल दिया। हमउम्र थे, हमदर्द थे, हमपड़ोस थे–उनके जाने का गम मुझे हुआ। मैं उनकी जुदाई में घनघोर गमगीन हो जाता यदि उनके चले जाने का दोष मेरे मत्थे न मढ़ा जाता। मेरे बायें पड़ोसी की मौसी मेरी बूढ़ी महरी से कह रही थी–"तुम्हारे मालिक के 'बाल' के कारण ही दोनों, मियाँ-बीबी में मनमुटाव हो गया··· ।"

मियाँ-बीबी के बीच मेरा बाल क्या करने गया राम ? मैं चिन्ता में पड़ गया और तुरत ही समझ गया। मेरे पड़ोसी हमउम्र थे मगर उनकी खोपड़ी सपाट थी। दिन-रात चाँदनी छिटकी रहती थी–उनके सिर पर !

पिछले पाँच साल में–बाल बढ़ाकर मैंने बहुत सारे अनुभव प्राप्त किये हैं। अव्वल तो यह कि बाल बढ़ाते ही आपसे हर नागरिक को यह पूछने का अधिकार स्वतः प्राप्त हो जाता है कि आप बाल क्यों बढ़ा रहे हैं ? दूसरा यह कि बाल के साथ दाढ़ी नहीं बढ़ाने के नतीजे दिलचस्प भी हो सकते हैं। गोल-मटोल सपाट-सफाचट चेहरा, तनुक सुनहरे फ्रेम का चश्मा–और लम्बे-लम्बे (बाबूड नहीं !) घुँघराले बाल–ऐसी सूरत और मूरत को देखकर कभी-कभी 'लिंगनिरूपण' में गलती हो जा सकती है। और, 'रोडसाइड-रोमियो' को कभी आपकी एक गलत झलक मिल गयी तो बहुत दूर तक आपके रिक्शे के पीछे साइकिल दौड़ाता–कोई जुल्फ लहरानेवाला लहरदार गीत गाता हुआ जा सकता है। फिर, आपकी सही 'जाति' देखकर अचरज और निराशा के मारे संतुलन खोकर–आपके सामने साइकिल सहित लड़खड़ाकर गिर जा सकता है। इसके बाद अपनी झेंप मिटाने के लिए–धूल झाड़ता हुआ आप पर कोई भद्दा 'रिमार्क' चस्पाँ कर सकता है–"अरे, मौगा है रे मौगा !"····

बाल बढ़ाने का कारण–आप भी स्थान-काल-पात्र देखकर दे सकते हैं–जैसा मैं दिया करता था। कभी जवाब दिया–"सिर अपना है। बाल अपने हैं।" कभी कहता–"आपके सिर पर चाहकर भी बाल नहीं बढ़ा सकता। इसलिए, अपनी खोपड़ी पर ही··· ।" एक बार कहना पड़ा था–"मेरे बाल काले हैं, घुँघराले हैं। इसलिए,

छोड़ दिया है। मगर दाढ़ी और नाखून मैं नियमपूर्वक कटाता हूँ। देखिये न ?"

लेकिन एक बार, हार्डिंग-पार्क में मेरा कोई जवाब नहीं सुना गया। भले आदमी ने मुझे न जाने क्यों–'बालवाले बालब्रह्मचारी बाबा समझ लिया और पैर पकड़कर इस तरह रोना शुरू किया कि पार्क में एक मजमा लग गया। जरा कल्पना कीजिये–एक गोल भीड़, भीड़ के बीच एक लम्बे बालोंवाला आदमी, उसके पैरों को जकड़कर पकड़े दूसरा आदमी रो रहा है और चिल्ला रहा है–"नहीं छोड़ेंगे। बहुत दिन के बाद पकड़ा है। अब चाहे मेरा हाथ टूटे या आपका पैर–मैं छोड़ नहीं सकता। ... बोलिये–मेरे घर पर चरणधूलि दीजियेगा ? बोलिये–तब छोड़ेंगे... ।"

उनके प्रारम्भिक 'डाइलग' को सुनकर लोगों ने जो समझना था समझ लिया था। एक ने तो कह ही दिया–"जब बहुत दिन के बाद पकड़ा है तो रोता है काहे ? लगाओ न पकड़कर एक झापड़... ।" किन्तु, मेरे भक्त ने जब उन्हें सुनाया कि मैं ही वह चमत्कारी-महात्मा 'बालवाले बालब्रह्मचारी' हूँ जो चाहे तो आम को इमली बना दे–तो भीड़ में भक्ति की ऐसी उत्तेजना फैली कि लोग नारे लगाने लगे। मेरी जान साँसत में थी और मुझे लग रहा था कि वे मेरा एक भी 'बाल' नहीं छोड़ेंगे... ।

यों, भले लोग आपको कलाकार–सितारवादक, नर्तक, चित्रकार, मूर्तिकार, कवि, लेखक, कथाकार–भी समझ सकते हैं ? किन्तु, दुनिया में सिर्फ भले लोग ही तो नहीं रहते ? ऐसा भी हो सकता है कि लोग आपके बाल को 'नकली' बाल समझें। ... बम्बई में एक बार एक सज्जन मुझसे सिर्फ दो दिनों के लिए बाल उधार माँगने आये थे !!... बहुत किस्से हैं।

अब सिक्के का दूसरा रुख !

घर से आ रहा था–उस बार। कटिहार जंकशन स्टेशन। मेरे कम्पार्टमेंट में धुँधली रोशनी जल रही थी और मैं अकेला गले तक रेशमी रजाई ओढ़कर लेटा हुआ था। गाड़ी जब खुलने को हुई तो एक 'भद्रयुवती' कुली के सिर पर सामान डलवाकर–हड़बड़ाती हुई आई। मेरे कम्पार्टमेंट में खिड़की से झाँककर मुझे भी देखा और कुली से बोली–"ए ! इधर ले आओ।" फिर, अपने-आप बड़बड़ायी–"सेकेण्ड क्लास लेडिज-कम्पार्टमेंट में एकदम अँधेरा है।"

गाड़ी खुली। उसने बिस्तर बिछाया–सामनेवाले बर्थ पर। बाथरूम गयी। लौटकर आयी। ओवरकोट उतारकर खूँटी से लटकाने के बाद मेरे बर्थ के करीब आकर बोली–"बहिनजी ! आपको कहाँ तक चलना है ?"

'बहिनजी' सम्बोधन सुनकर मैंने करवट बदली। हड़बड़ाकर उठ बैठा। उसने मेरी ओर गौर से देखा। फिर, रोशनी जलाकर देखा और रोशनी के साथ उसके चेहरे पर आतंक की छाया घनी होती गयी। अस्फुट स्वर में बोली–"आप...आप... मेल हैं... आप... मर्द हैं... ?"

मैं मुस्कुराने के सिवा और क्या जवाब दे सकता था ऐसे 'जनाना-सवाल' का ? अतः सरलतापूर्वक मुस्कुराता रहा। लेकिन, उसकी हालत बद से बदतर होती गयी। वह धम्म से अपने बर्थ पर जा गिरी। फिर उठी। उठकर खतरे की जंजीर के हैन्डल को पकड़कर खींचने लगी। मेरी मुस्कुराहट हवा हो गयी। किन्तु, खतरे की जंजीर खींचनेवाली कलाई में–घोड़े की लगाम खींचने योग्य 'हार्स पावर' होना आवश्यक है। इसलिए, गाड़ी नहीं रुकी। वह जोर-जोर से चीखने लगी–"ए। गाड़ी रोको। रोक् के··· ए··· ए··· ।"

एक क्षण में ही मैंने अपना भविष्य देख लिया।··· जंजीर खींचकर गाड़ी रुकवाने के बाद पता नहीं यह औरत की जाति और क्या-क्या तोहमत लगा दे। बिना कारण चेन खींचने के जुर्माने से बचने के लिए ही कुछ कह दे सकती है।··· क्या विश्वास !

बालवाले बालब्रह्मचारी बाबा को मैंने नहीं देखा। मगर, उनकी जय हो ! उनकी याद आते ही एक वर्त्तमान-कर्तव्य की सुधि अपने-आप आ गयी। फक्कड़ साधुओं की 'सधुक्कड़ी-बाणी' और फिल्मी-मलंग-बाबाओं के लहजे में मैंने उसको ललकारते हुए कहा–"अरी पगली ! साधु-बैरागियों को देखकर भी इस तरह घबराती है ? छिः छिः। इतना पढ़-लिखकर भी इतनी कमजोर है तैं ?··· पगली कहीं की !"

संतवाणी ने जादू का काम किया। तनी हुई कमानी उसकी देह की–ढीली पड़ गयी। जंजीर को छोड़–दोनों हाथ जोड़ वह नतसिर बोली–"बाबा ! खोमा कोरून··· ।"

कहना नहीं होगा कि उस यात्रा में मैं बाल-बाल बच गया।

अब इस 'गप्प' में एक 'टीप' का 'बंद' लगा दूँ।··· यह कि, ट्रेन के कम्पार्टमेन्ट में मुझे देखकर डर से रिरियानेवाली युवती वही थी··· यानी, उसी भद्रव्यक्ति की बड़ी बेटी··· जो 'बालकाण्ड' सुनकर हँसते-हँसते एक दिन लोट-पोट हो गयी थी !

और, बहुत दिनों के बाद मुझे मालूम हुआ कि 'बंगला रामायण' में 'बालकाण्ड' नहीं–'आदिकाण्ड' होता है। और क्यों होता है ?

विहंगिनी, अप्रैल, 1968, में प्रकाशित। असंकलित

जहाँ पमन को गमन नहिं

गाँव से कुछ-न-कुछ 'नया' लेकर आता हूँ–हर बार। कभी नया चूड़ा, नया चावल, नया गुड़ और कभी–नया शब्द। बिना डूबे हुए क्या ऐसी नई वस्तु–'शब्दमोती'

किसी को मिल सकती है ? गाँव से लौटकर आता हूँ तो शहर के मित्रों को इसी प्रश्न का उत्तर मुझे हर बार देना पड़ता है, "क्यों भाय, कहाँ जाके डूब जाते हैं ?"

समझ में बात आई··· गाँव जाने का अर्थ हुआ–डूब जाना। एक मायने में यह सही भी है अर्थात् मैं गाँव जाकर डूब जाता हूँ, मतलब यह कि मुझे जब भी डूबने का मन होता है, तब मैं गाँव की दिशा में चल देता हूँ। भगवान और भगवती की सम्मिलित कृपा से मेरा गाँव आज भी घोर गाँव ही है। मेरे गाँव में पढ़ना-लिखना किसी को नहीं धारता है। और धारने-साजने की बात। किसी को पान का लत्तर लगाना नहीं धारता है तो किसी को नारियल रोपना और किसी को कुत्ता पोसना। उस पर भी मेरे गाँव में जो कोई भी 'दु अछर' लिख लेता है, वह गाँव छोड़कर विदा हो जाता है।

शहर में सुबह-सुबह, जब तक अखबारवाला अखबार नहीं दे जाता–दीर्घ या लघु, किसी भी शंका का निवारण सरलता से संभव नहीं, परंतु गाँव पहुँचते ही अखबार का नशा अपने-आप ही टूट जाता है। हमारे गाँव के पाँच-सात सौ व्यक्ति बिना अखबार पढ़े जहाँ जीवित रहते हैं–निर्भय-निःशंक, वहीं मैं भी जीता हूँ। नहीं कहीं लड़ाई, नहीं कहीं दंगा-फसाद, नहीं कोई बमविस्फोट की हुमकी-धमकी। अब कोलालालंपुर में कोई माता एक ही साथ पाँच बच्चों को जन्म दे अथवा कोस्तर्मरका में प्रलयंकारी भूकंप आए–मुझे इससे क्या ? उस पर, एक सप्ताह भी गाँव हो आता हूँ तो लगता है–सूखा हुआ मन पुनः पनिया गया है, साथ ही कान, आँख और नाक–सबको 'नया' मिल गया है। और भी क्या सब मिलता है–सो सब तो विस्तारपूर्वक क्रमबद्ध तरीके से तो नहीं कह सकता–किंतु, गाँव से कुछ-न-कुछ 'नया' लेकर आता हूँ–हर बार ! किसी बार नया चूड़ा, नया चावल, नया गुड़ और कई बार–नया शब्द ! बिना डूबे ऐसी नई वस्तु–'शब्दमोती' किसी को मिलती है भला ?

गाँव का नया नहर कहीं टूट गया था। पूरा गाँव-घर, खेत-खलिहान जलामय ! मेरे गाँव की भाषा में 'उजहिया' कहा जाता है इसे। अघोरीदास हरवाहा से पूछा, "की हो ? कोन ठाम नहरि टूटल छैक ?" अर्थात् क्या हो, किस जगह नहर टूटी है ?

जवाब मिला, "टूटल नहि छै। कनेक सन 'बिरचि' भ गेल छैक, दस 'आरडी' लग।" अर्थात् टूटी नहीं है। कहीं 'बिरचि' हो गया है। 'दस आरडी' के पास। कौन पतिआएगा यानी विश्वास करेगा कि ऐसे घनघोर गाँव का यह अघोरीदास हरवाहा–बासी भात के साथ हरी मिर्च की तरह–एक ही साथ दो पूरे हरे अंग्रेजी शब्द कचर गया··· 'टूटल नहि छैक–कनेक बिरचि'··· बिरचि माने ब्रीच···

किंतु, ई 'आरडी' की ? पूछा, "ई दस आरडी कोन ठाम छैक हो ··· ?" अर्थात् यह दस आरडी किस जगह है ?

बोला, "दुगछिया लग !"

पूछा, " 'आपन हर कत' बहैत छहु ?" यानी अपना हल कहाँ चल रहा है ?

जवाब मिला, "मैनरक ओह पार, साइफन से उत्तर–भीसीक भिठवा पर।" अर्थात् मैनर के उस पार, साइफन से उत्तर, भीसी के भिठवा पर।

इसके बाद मेरा सब साहस ही फुरा गया। समझिए–'आरडी' का अर्थ तो नहीं ही मिला। ऊपर से 'भीसीक भिठवा'। इस बार डरता-डरता अंतिम प्रश्न, "तो तुम लोग बैल हाँकने किधर जाओगे ?"

वह बोला, "अहीठाम 'कलवर्ट' पर जाएब···।"

गाँव की नवनिर्मित नहर टूट गई है, नहीं-नहीं–दस आरडी के पास··· कहीं ब्रीच हो गया है और चारों ओर जलामय··· उजहिया ! गाँव के लोग सब धाँसा-धिम्मरि, टोपीजाल, कोयना आदि मछली पकड़ने की औजार-पाती लेकर मछुबरबा बाँध के पास–धनखेतों के मेंड़-मेंड़ पर बैठकर मछली पकड़ते हुए कोलाहल कर रहे हैं। एक महोत्सव ही समझिए–मत्स्य-क्रीड़ा का किल्लोल ! छोटे-छोटे बच्चों का भी अंग अंग फड़कता हुआ !

धौंसा-धिम्मरि में सोना-चाँदी का लावा-फरही फुट रहा हो जैसे–पोठी चुन्नी, टेडरा, पैना आदि छोटी मछलियाँ सब ! किसी धाँसा में एक-आध अमेरिकन 'कबैय' मछली देखकर कोई बोला, "जा-जा, लै अल्हुआ ! फोचाय बाबू के पोखर सेहो 'उमटाम' भेलौ रे !"

इस गाँव में अमेरिकन 'कबैय' फोचाय बाबू ही सिर्फ अपने पोखर में पालते हैं। इसी से इसने यह अनुमान लगाया कि फोचाय बाबू का पोखर 'उमटाम' हो गया है। और उसका अनुमान सोलहों आना सच !

मछुबरबा बाँध पर मैं भी मत्स्य-क्रीड़ा में मग्न हो गया हूँ। इसी बाँध पर बैठा था, गाँव का सबसे अहद्दी छऔड़ा–क्या तो सुंदर-सा नाम है उसका–अब वही बाँध का 'पेट्रोल' हो गया है। इस पेट्रोल साहब से, हरवाहा अघोरीदास से सुबह प्राप्त शब्दों की अर्थावली समझी तथा और भी कितने ही नवागत शब्दों से परिचित हुआ। 'आरडी' का अर्थ हुआ–रिड्युस्ड डिस्टैंट। 'मैनर' माने माइनर अर्थात् छोटी नहर ! 'साइफन' और 'कलवर्ट' में क्या अंतर होता है ! भीसी का मतलब–विलेज चैनल !

मछली पकड़नेवाले दल में एक कोलाहल हुआ–गंगाजी की मछली ! देखा–ठीक तो–एक आदमी टापी से छापकर हिल्सा मछली पकड़े है ! फोचाय बाबू के पोखर के अमेरिकन कबैय को पहचाननेवाला मछली-बुझक्कड़ चिंतित स्वर में बोला, "ओह, ससुराल की तरफ के सभी गाँव-घर गंगाजी में भसिया (डूब) गए होंगे···"

उसकी ससुराल–हमारे गाँव से तीस कोस दक्षिण सेमपुर काबर कोठी-गंगा के पास में और हमारे गाँव के मछिबरबा बाँध के पास धान के खेत में मात्र एक हिल्सा मछली पकड़ी–जिसे देखकर बूझनेवाला बूझ गया कि फलाँ इलाका का गाँव-घर गंगा की बाढ़ में जलमग्न हो गया··· बुझनिहारजी को चिंतित छोड़कर

एक अन्य आदमी बोला, "हो, इसमें आश्चर्य करने को क्या है ? ऐसा चारों ओर 'जलामय' होने से तो समुद्र की मछली भी इस बाँध के कछार पर बैठकर पकड़ सकते हो···" मछली के सभी शिकारियों की रसना एक ही साथ सरसराकर सरस हो गई, "एह ! समुद्र की मछली ? सुनते हैं कि समुद्र की मछली में नमक देने की कोई जरूरत नहीं ! ठीके हो !"

मैं मन-ही-मन सोचने लगा—हँ ! चारों ओर जलमग्न—तो समुद्र की मछली क्या, और सात समुद्र पार का शब्द क्या ? सब यहाँ, इस जगह—छलमल करता हुआ—छटपट करता हुआ—धाँसा, कोयना, धिम्मरि—इन्हीं में फँसना ही है।

नया माछ, नया शब्द ! दोनों के संबंध में कुछ 'नई' अनुभूति हुई।

इसके बाद एक आदमी बोला, "ऐसा बाढ़ रहा तो इस बार फिर धान का कमीशन···"

कमीशन ? नहीं-नहीं—कमीशन माने इस जगह वह 'कमीशन' नहीं ! कमीशन का यहाँ अर्थ हुआ—अभाव !

ऐसे ही बहुत-से विदेशी-देशी शब्द हैं, जिन्हें मेरे गाँववाले सूखी हुई मछली की सुगंठी की तरह उपयोग करते हैं। अब गाँव में किसी से अनबन, झगड़ादान, बोला-भुक्की बंद आदि स्थानों पर एक ही शब्द से काम चलता है—'कनटेस' ! आजकल फलाने से उनका कनटेस (कंटेस्ट) चलता है—फलाने बाबू उनका 'सपोट' (सपोर्ट) क्या करेंगे ? जहाँ तक होगा 'प्रोटेस' (प्रोटेस्ट) करेंगे।

मेरे गाँव के किसी-न-किसी टोले में, कालांतर में—एकाध ऐसा आदमी अवश्य ही उत्पन्न होता रहा है, जो अपने-अपने युग में नया-नया शब्द, नई-नई गारी (गाली) एवं एक-से-एक विकट कहावत गढ़कर मेरे गाँव की सरस्वती के 'मुनहर' में जमा कर जाता रहा है।

एक बार मेरे कवि मित्र—सुकंठ-कवि-गायक मित्र से एक पसनिहाँ बनिहार ने पूछ दिया, "बाबू, अपने तो इसलोक (श्लोक)—दोहा कवित्त बनाते हैं। हमको इसका अरथ बुझा दीजिए कि 'जहाँ पमन को गमन नहिं, रवि-ससि उगे न भान; की जो फल बरमाह रचौ नहिं, की सो अबला माँगति दान।' ई कौन फल··· ?"

मेरे साहित्यिक मित्र गाँव के एक भद्र व्यक्ति के 'सार' (साले) थे; और हमारे गाँव में अभी तक ऐसे प्रिय 'कुटुम' (संबंधी) को सार्वजनिक संपत्ति समझा जाता है। तो जब कविजी को कोई जवाब नहीं सूझा तो वह बनिहार 'कूट' (व्यंग्य) करता हुआ बोला, "की हौ कुटुम ? 'सोन-पिपही' सटक गेल··· ?"

सोन-पिपही का अर्थ क्या ? यह देखने में कहीं 'चिड़िया-चुनमुनी' अथवा कोई बाजा कि सोन-पिपही नामक कोई वस्तु होती है या नहीं—यह किसी की समझ में नहीं आया, किंतु 'सोन-पिपही' शब्द सुनते ही जो हँसी का एक हिलोर उठा तो उसके बाद गाँव में यह शब्द टिक ही गया—मेरे कवि मित्र के नए कथा-संग्रह

को उपयुक्त नाम मिल गया—'सोन-पिपही' उनकी प्रकाशित होकर बिख्यात हुई और शब्दकोष के अंतर्गत एक शब्द की बढ़ोत्तरी हो गई, जिस 'सोन-पिपही' का अर्थ हुआ—उत्तर बिहार तथा नेपाल की तराई की तरफ बजनेवाला वाद्ययंत्र !

एक बात और मेरी स्मृति में आ गई है। खेती-बाड़ी में गृहस्थ की सहायता एवं सलाह देनेवाले किसी विभाग के एक अधिकारी साहेब 'जीप' पर आ रहे थे। गाँव से पचास रस्सी दूर पर ही सड़क के किनारे एक गृहस्थ को मडुआ रोपते देखकर साहेब जीप रोककर पूछने लगे, "बूढ़े, धान छोड़कर मडुआ क्यों रोपते हो ?"

अपनी झुकी हुई कमर को सीधा करते हुए उसने जवाब दिया, "बाबू आपकी गाड़ी तो चार ही पहिए पर चलती है—यह पाँचवाँ पहिया पीछे की तरफ क्यों खोंस लेते हैं ?—जैसे आपका पाँचवाँ पहिया, वैसे ही हम लोगों का यह मडुआ ! धान, गेहूँ, जौ, मकई—नहीं हुआ, तो नहीं हुआ, पर यह मडुआ तो कभी नहीं 'नहीं होनेवाला' है।

वे साहब मेरे गाँव से एक नया शब्द ले गए और अपने गाँव में चला दिए—'स्टेपनी क्राप' ! मडुआ, कौनी, सावाँ आदि—स्टेपनी क्राप !

एक बार मेरे साथ चलकर डुबकी लगा आइए। मोती अथवा शंख अथवा घोंघी अथवा माछ—कुछ-न-कुछ—'नया' अवश्य ही मिल जाएगा।

मैथिली से अनुवाद : भारत यायावर। सारिका / 1-15 मार्च, 1985

हे कलकत्ता, मेरे कलकत्ता !

"कलकत्ता आने पर फिर लोग कलकत्ता छोड़ना नहीं चाहते हैं, रे"—भवानीपुर के एक उच्च सम्भ्रान्त पर की बूआजी ने कहा था। यह दस वर्ष पहले की बात है। 'दादखानी' चावल के भात के साथ रेहू मछली के झोल को सानते-सानते मैंने कहा था—"बूआजी, असली बात तो है कि कलकत्ता ही जो नहीं छोड़ता।"

हाँ, कलकत्ता ही नहीं छोड़ता। छोड़-छाड़ के मामले में इस बार भी वही हुआ। कलकत्ता को छोड़ते हुए मन में ऐसा लगा—छोड़ नहीं पाता हूँ, छोड़ ही नहीं पाता। परन्तु इस बार खिंचाव कुछ ज्यादा था—नस-नाड़ियों के खिंचाव की तरह।

इस बार भी चिड़ियाखाना नहीं देख पाया, बिरला प्लेनोटोरियम भी नहीं, नेशनल

लाइब्रेरी भी नहीं··· । ठीक है। दूसरी बार आने पर सारा कलकत्ता देख लूँगा। जैसे यह उस चींटी की बात हो जिसने मुँह में चीनी का एक दाना लेकर वापस लौटते हुए सोचा था–दूसरे किसी दिन आकर चीनी का गोटा पहाड़ ही ढोकर ले जायगी।

इस यात्रा में केवल 'कृतिबास-दफ्तर' देख आया। कृतिबासी लेखकों के अड्डे पर कुछ समय के लिए रहा। सुनील, शक्तिश्यामल, पूर्णेन्दु, पार्थसारथी, सुविमल दे की बात अभी छोड़ दें। सबसे पहले सन्दीपन की बात बताऊँ।··· राजकमल चौधरी सम्पादित 'मराल' (हिन्दी की एक मासिक पत्रिका जो काशी से प्रकाशित हुई और काशी में जिसे काशीलाभ भी हुआ) के बंगला नवलेखन विशेषांक में मेरा एक लेख प्रकाशित हुआ था। मैंने बंगला के नवलेखकों का 'प्रोफिल' प्रस्तुत किया था–शक्ति, सुविमल, सन्दीपन, सुनील, तारापद, मलय, सुभाष घोष, उत्पल आदि के लेख तथा व्यक्तित्व से सम्बन्धित छोटे-छोटे स्केच में। लेख के प्रकाशित होने के बाद सन्दीपन का एक पोस्टकार्ड मिला था। उसने अपने बारे में लिखा था–"मैं Coward हूँ, भीषण डरपोक।" उसके हाथ की लिखावट और हस्ताक्षर मैं पहचानता था। 'क्रीतदास-क्रीतदासी' की एक प्रति मेरे पास आयी थी जिसके प्रथम अध्याय के ऊपर खाली स्थान में लिखा था–"श्री समीर राय चौधरी तथा श्रीमती बेला राय चौधरी के करकमलों में।"

इस बार हम लोगों ने 'पेरेलल इण्डिपेण्डेंस डे' मनाया था। झण्डोत्तोलन के समय सन्दीपन की उस पुस्तक–उसकी भूमिका (?) की ये अन्तिम पंक्तियाँ बार-बार याद आयी थीं–"हम लोगों को अपने बचपन के उस स्वतन्त्रता दिवस का इतना ही स्मरण है कि जब झण्डोत्तोलन होता–हम पराधीन लोग उस फहराते हुए झण्डे को देखते, ठण्ड में खड़े-खड़े, पंक्तिबद्ध, हाथ जोड़े हुए··· ।" कह नहीं सकता क्यों रविबाबू या काजी नज़रुल की कोई पंक्ति याद नहीं पड़ी।

उस दिन, अर्थात् 24 फरवरी '75 की सन्ध्या को कॉफी हाउस (सेण्ट्रल एवेन्यू) जाने पर, जब कृतिबासियों की कोई खोज-खबर नहीं मिली न वे मिले तो कई 'अबंगाली' लेखकों को बताना पड़ा–मैं उन लोगों के लिए इतना परेशान क्यों था। 'कृतिबास' का दफ्तर तो बिल्कुल निकट है। वहाँ जाने से ही उन लोगों का सही-सही समाचार पायेंगे। तरुण प्रेस चले जायँ–अक्रूरदत्त लेन तो बिल्कुल नजदीक है।

हो सकता है 'कॉफी हाउस' से अक्रूरदत्त लेन बहुत पास हो लेकिन किसी 'लेन', 'बाइलेन' या गली का पता लगाते हुए जैसा हुआ करता है कि अक्रूरदत्त लेन का रहनेवाला भी गर्दन टेढ़ी करके कह देगा–"नहीं जानता···, मालूम नहीं है।··· कौन दत्त लेन बोले ? गरुड़दत्त ?" कलकत्ता या अन्य किसी भी बड़े शहर में लेन-बाइलेन या गली का पता लगाते समय ऐसा ही होता है।

इसी खोज-खबर के समय याद आ जाती है, प्रायः तीस वर्ष पहले के एक बरसते हुए दिन की बात। जो याद आने से अपनी बेवकूफी पर शर्मिन्दा होकर अपने-आप हँसता हूँ। वह 'रामतनु लाहिरी लेन' की 'मेस' को ढूँढ़ने के लिए भटकने

की बेवकूफी। श्री विभूति भूषण मुखोपाध्याय की एक कहानी में रामतनु लाहिरी लेन के एक मेस में वर्षा के दिन की खिचड़ी और चिंगड़ी मछली के कटलेट का जायकेदार वर्णन पढ़ा था। इसलिए उस बार कलकत्ता पहुँचकर दूसरे ही दिन वर्षा की परवाह किये बिना रामतनु लाहिरी लेन को ढूँढ़ने के लिए निकल पड़ा था। अन्त में पैदल चलते-चलते थक गया, भींजकर हालत खराब थी–परेशान। इधर भय के कारण रिक्शा पर भी नहीं बैठ सकता था। (हाथरिक्शा, आदमी के द्वारा खींचा जानेवाला रिक्शा–रिक्=आदमी, शा=खींचा गया)। रिक्शे की ठङ्-ठङ् की आवाज सुनने से ही शरीर सिहर उठता है। रिक्शा से इस भय की भी एक कथा है। प्रायः चालीस वर्ष पहले किसी मासिक पत्रिका (प्रवासी या भारतवर्ष या शनिवासरीय चिट्ठी-पत्री) में पढ़ी हुई एक कहानी। अब लेखक का भी नाम ठीक याद नहीं। सिर्फ याद है कहानी का 'फस्ट पर्सन' में लिखा होना। एक बार लेखक का परिचय एक अनोखे रिक्शेवाले से हुआ। रिक्शावाला रिक्शे पर दो आदमियों को बैठाने पर राजी नहीं होता, रिक्शावाले के साथ इसी कलकत्ता शहर में एक जानलेवा घटना घटित हुई थी। एक बार दो बाबू लोग उसके रिक्शा पर बैठे। काफी दूर जाने के बाद एक निर्जन एवं अँधेरे स्थान पर पहुँचकर अचानक पाया कि उसके रिक्शे पर दोनों बाबू लोग नहीं हैं। सिर्फ है एक व्यक्ति की लाश–खून-खराबे का काण्ड। उसके बाद से ही उसके मन में यह धारणा घर कर गयी थी कि वह सारा जीवन उसी लाश को रिक्शे पर ढोता फिर रहा है। बीच-बीच में सड़ी हुई गन्ध भी उसे मिलती। इसीलिए साथ दो आदमियों को नहीं बैठाता था। ठङ् ··· ठङ्··· फिर हाथ रिक्शे की ठङ्··· ठङ् आवाज सुनकर शरीर झनझना उठा था। जीवन में कभी भी मैं आदमी से खींचे जाते रिक्शे पर नहीं चढ़ा।

खोज-ढूँढ़ की एक और घटना याद आती है। यों ही एक बार 'बोजे शिवपुर हावड़ा' पहुँचने पर रास्ते में एक वृद्ध-सज्जन से पूछा था–

"महाशय, इस 'बाजे शिवपुर' में शरत्चन्द्र चट्टोपाध्याय कहाँ रहते थे, क्या बता सकते हैं। प्रसिद्ध लेखक शरत् बाबू··· चरित्रहीन, देवदास, श्रीकान्त···।"

मेरे प्रश्न के समाप्त होने से पहले ही जो सूखा जवाब पाया था जीवन-भर याद रहेगा–"ऐ छोकड़ा··· तब इस मुहल्ले में क्यों··· उस तरफ सोनागाछी की किसी चन्द्रमुखी के पास क्यों नहीं जाते ?··· गला दबाने से दूध निकलता है ? इस तरफ शरत्चन्द्र का खण्डहर खोजते घूम रहे हैं।"

आखिरकार साढ़े आठ बजे (रात में) अक्रूरदत्त लेन, तरुण प्रेस और कृतिबास कार्यालय एक ही साथ मिला। किन्तु वहाँ मेरे एकमात्र परिचित व्यक्ति–कृतिबास के सम्पादक सुनील गंगोपाध्याय नहीं मिले।

आफिस में उपस्थित अपरिचित व्यक्तियों को अपना परिचय देने के बाद जानना चाहा–"सुनील बाबू हैं क्या ?"

"वे यही कुछ ही पहले निकले हैं। मालूम होता है कोई फिल्म समारोह का खेल देखने के लिए···।"–तरुण प्रेस के श्रीगणेश बाबू ने बात का श्रीगणेश किया।

किन्तु बीच में ही पास ही खड़े, काँधे से झोला लटकाये, राजकमल चौधरी जैसे उन्नत ललाट के एक व्यक्ति ने रोक दिया। उसने सामने के कागज पर कलम लेकर घिसते हुए कुछ लिख दिया। (हाय, गूँगा बेचारा, गूँगे का भला कौन दुश्मन) गणेश बाबू भी खोये हुए थे। लज्जित होकर बोले–"सुनील बाबू, 'रसियन' फिल्म देखने गये हैं। आप बैठिए।··· किन्तु तुमको हुआ क्या है ? बात क्यों नहीं बोलते, सन्दीपन ?"

"अच्छा, आप ही हैं सन्दीपन बाबू ?"

सन्दीपन ने कागज पर लिखकर बताया–"मेरा आज मौनव्रत है। मैं सप्ताह में एक दिन Cow meat खाता हूँ और बात नहीं करता। मैंने हँसते हुए सिर्फ, "वाह" कहा।

किन्तु बात को पढ़कर चकित नहीं हुआ। थोड़ा सोचना पड़ा। सन्दीपन ने 'बीफ' या 'गोमांस' न लिखकर Cow meat लिखा है। हो सकता है Hot Dog–ऐसा ही कोई···। अगर सन्दीपन मुझे चकित करने के लिए यह 'काउ मिट का बम' छोड़ा है तो वह बेकार, बल्कि 'मिसफायर' हुआ है। बंगाली कवि निशिकान्त तो बाघ का मांस खाये थे। सन्दीपन ने लिखकर समझाया–"इसका फायदा है कि सप्ताह में एक दिन पत्नी के साथ झगड़ा तो नहीं होता।" मैं बोला–"एक महीने में कुल पाँच दिन। वाह !" मौनव्रतधारी सन्दीपन की कलम की राह बात निकली–"मैं सुनील को बुला लाऊँ।"

मुझे यह लिखालिखी का खेल अचानक बड़ा अच्छा लगा। बड़ा मजेदार 'व्यापार' है, जैसे 'प्लेनचट' की भौतिक लीला। सन्दीपन माध्यम हो, लिखता है कोई अन्य व्यक्ति। इसी समय शान्ति लाहिड़ी आ पहुँचे। मुँह पर भरपूर मुस्कुराहट छायी हुई। शान्ति भी अवाक् होकर पूछ बैठे–"तुम्हारा आज अचानक बोलना कैसे बन्द हुआ।"

मैंने कहा–"अभिनव विनोबा भावे।"

आश्चर्यचकित शान्ति के लिए सन्दीपन की कलम ने लिख दिया–"प्रेमिका के साथ बात नहीं की। थोड़ी देर पहले फोन की थी।"

इस बार पास बैठे मित्र की ओर दिखाकर लिखा–"ASK HIM." उसके बाद फिर–"मैं सुनील को बुला लाऊँ।"

मैंने मना किया–"वे फिल्म देखने गये हैं। क्यों बेकार 'डिस्टर्ब' किया जाय।"

इस बार गणेश बाबू बोले–"तुम लोग रेणुजी को ऊपर 'आफिस' में ले जाओ।"

हम लोग सभी ऊपर 'कृतिबास' के कार्यालय में गये। पार्थ बाबू आये। परिचय हुआ। किन्तु वे भी सन्दीपन की बोली बन्द देखकर विस्मित हो गये–"अरे, छोड़ो यह सब। आज रेणुजी आये हैं।"

'दफ्तर' में उन लोगों ने जोर देकर मुझे सम्पादक की कुर्सी पर बैठा दिया।

सन्दीपन की कलम ने मित्रों को आदेश दिया–"तुम लोग रेणुजी के साथ बात करो। यही भद्रता है।"

"मैं सुनील को बुला लाऊँ।"–फिर !

मैंने फिर मना किया–"आप बैठें।"

"आज दो घण्टे तक प्रेमिका से इसी तरह बात की है। लिखकर।"

"वाह !"

"आप महान् हैं। आप आन्दोलन करते हैं···।"

मैंने हँसकर पूछा–"महान् ! अब यह क्या है ?"

सन्दीपन बाबू होंठ बन्द किये हुए मौन हँसी हँसे। लिखे–"यही महान् है कि आप मिटिंग करने आये हैं।"

"मिटिंग करने बिल्कुल नहीं। एक सुयोग मिलने से अचानक कलकत्ता आया हूँ। मिटिंग करने नहीं, आप लोगों से मिलने और बातचीत करने।"

"कामू बोले थे···।"

उनके लिखने के बीच ही इच्छा हुई, कहूँ–"अब हम लोगों के बीच कामू को खींचकर लाना, किसलिए।" लेकिन कुछ भी न बोलकर उनके लिखे वक्तव्य को पढ़ने लगा–"कामू बोले थे–प्रत्येक लेखक के लिए 'लेबर यूनियन' करना सही है।" मेरे चेहरे पर बेवकूफ जैसा भाव देखकर फिर लिखा गया–इसके अन्त में, इण्टरव्यू–"मिथ ऑफ सिसिफास।"

चाय आयी। पार्थ और शान्ति मुझसे बातचीत कर रहे हैं, यह देखकर सन्दीपन मुझसे बोले यानी लिखे–"कल आपके साथ 'अजस्र' बात करूँगा। मालूम होता है आप नहीं जानते कि मैं कलकत्ते का द्वितीय महावाचाल व्यक्ति हूँ।"

"–प्रथम महावाचाल कौन है ?"

"रेडियो।"

फिर सन्दीपन, "मैं सुनील को बुला लाऊँ।"–लिखकर निकल पड़े। दस-पन्द्रह मिनटों के बाद आये और लिखकर बताये–"सुनील आता है। मैं जाकर खबर अन्दर भेज आया हूँ।"

कुछ क्षण बाद ही सुनील आये। मैं कुर्सी से उठकर बोला–"आइए, आपकी कुर्सी पर दखल जमाये बैठा हूँ।"

सुनील ने मेरे कन्धे पर हाथ रखकर मुझे बिठा दिया–"यह आपकी ही कुर्सी है।"

सुनील ने परिचय करा दिया–"स्वाती।"

सन्दीपन का बोलना बन्द होने की बात सुनकर सुनील बाबू के चेहरे और आँखों पर छायी बात मैं पढ़ सका था और उसके बाद का सन्दीपन के मुख का भाव भी···। सुनीलसेन-पुलिस अफसर ने जैसे चोर को पकड़ लिया हो और सन्दीपन जैसे पकड़े जाने पर इशारे से, संकेत से कहना चाहते हों–"ठीक ही पकड़े हैं, सर ! लेकिन आपका प्राप्य···।"

सुनील के आ जाने से सन्दीपन का लिखना क्रमशः बन्द जो हो गया। मैंने शक्ति बाबू के बारे में पूछा।

"भालऽ आछेन। तथा मौज में हैं।"–सुनकर प्रसन्न हुआ।

कवियों के मौज में होने का मतलब ही है खूब लिखते हैं, लिख जाते हैं। ठीक।

शक्ति की बात पर ग़ालिब की बात यानी ग़ालिब की कविता की बात एवं ग़ालिब की बात पर अज़ान रशीद की बात तथा रशीद की बात पर प्रस्ताव किया गया–"लेट अस गो टू रशीद। आप तो अलीपुर में ठहरे हैं। रशीद अलीपुर में ही रहते हैं।"

हम लोग दो-तीन गाड़ियों में ठुसाकर रात के साढ़े दस बजे रशीद के अलीपुर निवासस्थान पर उपस्थित हुए। वहाँ 'दौर' चल रहा था–जाम छलकाये जा रहे थे। हम लोगों को देखकर रशीद की महफिल और गुलजार हो उठी···। "उनके देखे से जो आ जाती है मुँह पर रौनक। वो ये समझते हैं कि बीमार का हाल अच्छा है।"

रशीद ने मुझे ग़ालिब की कविता की एक प्रति (हिन्दी में लिखकर) प्रेजेन्ट की। धन्यवाद देने के बाद फिर शक्ति के विषय में पूछताछ।··· कल्ह सबके साथ बातचीत होगी। कल्ह सबसे मिला जायगा। हाँ, पूर्णेन्दु, श्यामल, मति नन्दी तथा और अनेक लोगों के साथ। कल्ह मैं 'आनन्द बाजार पत्रिका' और 'देश' के कार्यालय में जाऊँगा। शुभरात्रि··· 'गुड नाइट।'

दूसरे दिन शक्ति, पूर्णेन्दु, श्यामल तथा मति नन्दी के साथ मिल गया। लेकिन बातचीत नहीं हुई। कवि शक्ति की कविता नहीं सुनी जा सकी। सन्दीपन का कण्ठ-स्वर भी नहीं सुना गया···। दुबारा जब कलकत्ता आऊँगा–सब पा लूँगा–सब देख-सुन जाऊँगा।

बांग्ला में सुनील गंगोपाध्याय द्वारा संपादित पत्रिका 'कृतिबास', अप्रैल, 1977, में प्रकाशित। हिन्दी में अनुवाद : भूपाल उपाध्याय। 'श्रुत-अश्रुत पूर्व' में संकलित

टूटते-बिखरते सपनों की दास्तान

किशोरावस्था में, कालेज के दिनों में कुछ मूर्तियाँ सामने आई थीं, जिन पर भरोसा था। भावुकतावश कहिए या दिल की सच्चाई कहिए कि पढ़ाई-लिखाई के साथ-साथ देशप्रेम ही नहीं, समाजवाद की बात भी करता रहा। बाद में 1942 का दौर आया। पढ़ाई-लिखाई खत्म करके हम आंदोलन में लगे और 1942 के आंदोलन का पूरा कार्यक्रम देनेवाला जेल के सींखचों में बंद था–नजरबंद। 1942 में बंबई से आई

आवाज, 'इंकलाब-जिन्दाबाद', हमारे गाँव तक पहुँची थी, लेकिन बंबई से सिर्फ इतनी ही आवाज गई थी कि महात्मा गाँधीजी पकड़ लिए गए हैं। इसके बाद क्या करना है, यह समाजवादियों को मालूम था और मालूम था देश के युवकों को ! उस चिट्ठी के जरिए, जो दिल्ली कैंट जेल से श्री जयप्रकाश नारायण ने स्मगल करके भेजी थी। सरकार ने यह समझा था कि इस चिट्ठी को प्रकाशित कर देने के बाद कम-से-कम महात्मा गाँधी तो जरूर ही इस आदमी को रिनाउंस करेंगे, लेकिन गाँधीजी ने वैसा कुछ नहीं किया, बल्कि उन्होंने जयप्रकाशजी को सर्टीफिकेट ही दिया।

हम उसी प्रोग्राम को लेकर आगे बढ़े। वे लोग, जिन्हें याद होगा वह जमाना, उन्हें यह जरूर मालूम होगा कि बिहार में हमने आजाद दस्ता कायम किया था। इसी बीच जयप्रकाशजी जेल की दीवार लाँघकर हमारे बीच आए थे, क्रांति की बुझती हुई मशाल को उन्होंने आगे बढ़कर सँभाला था और क्रांति जारी की थी। हम जेल गए, जेल से निकले हमारे बहुत-से साथियों ने फिर पढ़ना-लिखना शुरू किया।

लेकिन मैंने पढ़ाई जारी रखने के बदले राजनीति करने की ही बात सोची, क्योंकि राजनीति करने से तो सीधे मंत्रित्व पद प्राप्त होनेवाला था ! फिर पढ़ाई-लिखाई करके छोटी-सी नौकरी भी मिलती कि नहीं, इसलिए भी राजनीति की ओर ही कदम बढ़ाया। राजनीति ने मुझे बहुत दिया। गाँव-गाँव में भटकाया और अपने लोगों को पहचानने का अवसर दिया। लेकिन मुझे यह अनुभव हुआ कि सत्ता की होड़ में हमारी पार्टी बी टीम है। अपनी पार्टी में भी हमने वही तौर-तरीके देखे, जो कांग्रेस पार्टी में थे। खास करके बुद्धिजीवियों के साथ जो सुलूक हो रहा था, उसमें तो यही बात दिखाई दी। लेफ्ट-राइट, किसी भी पार्टी में बुद्धिजीवियों को राजनीतिकों के मुकाबले दूसरे दर्जे का नागरिक समझा जाता। मैं पढ़ा-लिखा नहीं हूँ, लेकिन शायद अरस्तू या सुकरात या किसी का नाम लेकर लोग कहते हैं कि उन्होंने राजनेताओं को चेतावनी दी है कि बुद्धिजीवियों पर कभी भरोसा मत करना और उनसे राजकाज के मामले में कभी सलाह मत लेना ! तब मैं एक दोराहे पर आया। बुद्धिजीवी··· मतलब कि कुछ लिखता-पढ़ता भी था। अपनी पार्टी की पत्रिका होती थी, उसमें लिखता था। लोग पीठ ठोकते थे। कहते थे, बहुत अच्छा लिख रहा है। मगर जो मिलिटेंट वर्कर थे वे कहते थे : 'नहीं, सबकुछ ठीक लिखते हैं, पर्चा भी बढ़िया लिखते हैं, नेता आते हैं तो मानपत्र भी अच्छा लिखते हैं, बाढ़ और अकाल के समय रिपोर्ताज भी बढ़िया लिखते हैं। सबकुछ सही है, मगर एक खामी है। खामी यह कि बाढ़ और अकाल में काम करने के लिए जो लोग जाते हैं, नौजवानों का वह गिरोह जो नाव लेकर गाँव-गाँव पहुँचता है, रोटियाँ बाँटता है, आपने तो उसे आदमी ही रखा। उसे पार्टी का आदमी होना चाहिए था, और अपनी पार्टी का आदमी होना चाहिए था।'

मुझे लगने लगा कि हमारी नियति यही है कि राजनेताओं के भाषण लिखो

और उनको किस पाइंट में छापा जाए, कहाँ छापा जाए, किस तरह से छापा जाए, यह तय करो। इतना ही नहीं, बल्कि बाद में नियति तो इतनी बिगड़ी कि हमारी नीयत पर भी संदेह किया जाने लगा। अगर किसी नेता के बारे में बड़ी सुर्खी चली जाए, कंपोजिंग सेक्शन की वजह से या किसी और वजह से तथा दूसरे का नाम यदि छोटे टाइप में छप जाए, तो हमारी नीयत पर संदेह किया जाने लगता। तब मेरा दिल दरका और मैंने अपने को दोराहे पर खड़ा पाया। कौन-सा रास्ता चुना जाए ?

बचपन से एक आदत थी। वह आदत भी अपनी आदत नहीं थी। किसी बड़े आदमी के बारे में पढ़ा था, देवेंद्रनाथ ठाकुर के बारे में कि वे पुड़िया पढ़ा करते थे। मैं भी एक बार पार्टी-दफ्तर में एक ठोंगे में कुछ भजिया-वजिया खा रहा था। थैला बहुत अच्छे कागज का था, अच्छी छपाई थी। लगा कि विदेशी कागज का टुकड़ा है। उसमें दो लाइनें छपी थीं–'जब कोई आदमी राजनीति और साहित्य दोनों क्षेत्रों में समान रूप से काम कर सकता हो और अचानक उसे फैसला करना पड़ जाए कि दोनों में वह किसे चुने, तो साहित्य को चुननेवाला व्यक्ति बुद्धिमान होता है।' मैंने कहा बुद्धिमान ही होना चाहिए और मैंने राजनीति को तिलांजलि दे दी। राजनीति को तिलांजलि दी, माने उन पार्टियों को तिलांजलि दी, लेकिन जिन मूल्यों के लिए मैं पार्टियों में आया था, वे मूल्य मेरे साथ रहे।

उन मूल्यों को लेकर मैंने लिखना शुरू किया। मैं घनघोर आस्थावादी हूँ। मूर्तिपूजक भी हो गया हूँ, इसलिए मैं यह कहूँगा कि सरस्वती की कृपा थी। इसके पहले छोटे-छोटे रिपोर्ताज मैंने बहुत लिखे थे, कहानियाँ भी लिखी थीं, लेकिन अगाध समुद्र में एक कंकड़ फेंकने से क्या होता है ? हिमालय से लेकर कन्याकुमारी तक बोली और लिखी जानेवाली भाषा में अगर छोटा-सा कोई काम करता भी है, तो क्या ! इसीलिए सोचा कि दिल की बात तो बड़ी चीज में ही कही जा सकती है। और मैं लिखता गया। उसने जो शक्ल ली, उसका नाम कहा गया कि उपन्यास है।

'मैला आँचल' मेरा पहला उपन्यास हुआ। साहित्यिकों ने मुझे पीढ़ी-पानी ही नहीं दिया, यानी पंगत में ही नहीं बिठाया, बल्कि अगली पंगत में बिठाया और बहुत धूमधाम से बिठाया ! मेरा हौसला बढ़ा। आलोचनाएँ छपने लगीं, प्रशस्तियाँ हुईं, फिर प्रत्यालोचना ! किसी भी लेखक के लिए पागल हो जानेवाली स्थिति होती है, अगर उसकी पहली ही चीज इस तरह हाथों-हाथ ले ली जाए। मगर मैं पागल नहीं हुआ। उसका कारण यह था कि उन प्रशस्तियों और प्रत्यालोचनाओं के बीच कुछ बातें अंदर-ही-अंदर पक रही थीं। मैं राजनीति से आया था। मैंने देखा कि साहित्य के अंदर भी एक राजनैतिक अंतर्धारा है। सवाल था, चीज अच्छी है या बुरी ? ऐसे भी आलोचक थे, जिन पर मुझे भरोसा था कि वे झूठ नहीं बोलेंगे। ऐसे भी आलोचक थे, जिन्होंने मेरी किताब पढ़ी ही नहीं थी, पर उन्होंने तारीफें लिखी थीं। साहित्यिकों का एक विशाल जनसमूह ऐसा था, जो यह समझकर

कि इस आदमी ने एक पार्टी छोड़ी है, क्योंकि निश्चय ही वहाँ उसका दिल दुखा होगा, तो यह हमारी पार्टी में आएगा, इसलिए उधर से भी प्रशस्ति-गान होने लगे।

मैं पटना में था। उन दिनों इलाहाबाद हिंदी साहित्य की मंडी समझी जाती थी। सभी दिग्गज वहीं विराजमान थे। और खतों के जरिए जब मैं लेखा-जोखा लेने लगता था, तो मेरा माथा चकराने लगता कि प्रगतिशील साहित्यकार भी मेरी तारीफ कर रहे हैं और अप्रगतिशील भी। मैं समझता था कि बात कहाँ है ! फिर मैं लेखन की मंडी में पहुँचा–इलाहाबाद ! 'जैसे कंता घर रहे, वैसे रहे विदेश।' ... मैं गाँव छोड़ करके पटना में था, तो पटना छोड़कर इलाहाबाद चला गया। वह भी यह देखने के लिए कि सारा हिंदुस्तान अपना है या नहीं ! पढ़ने के समय बनारस हिंदू यूनिवर्सिटी में ऐसा लगता था कि सारा हिंदुस्तान अपना है। लेकिन इस दौरान आजादी के बाद ऐसा माहौल हुआ था कि अपने ही प्रांत में मैं उत्तर का हूँ या दक्षिण का, पूरब बिहार का हूँ या पश्चिम बिहार का, या इस जाति का हूँ या उस जाति का–यह बात आम हो रही थी। इसलिए मैं दूसरी जगह भी जाकर देखना चाहता था। इलाहाबाद में तब तक प्रगतिशील लेखक संघ खत्म हो चुका था और उसके लोग उसका नाम भी नहीं लेना चाहते थे। इसलिए उसके बदले में एक नाम चालू किया गया था–'साहित्यकार संघ'। भारतीजी वगैरह 'परिमल' के साथ थे। परिमलवालों ने मुझे बुलाया और वहाँ अंदर-ही-अंदर मेरी घिसाई होने लगी कि देखा जाए, इसके अंदर कितना-सा समाजवाद अभी बाकी है या वह 'फेलो-ट्रेवलर' क्यों होने जा रहा है ! सवालात पूछे गए। मैं गाँव का आदमी और मुझसे प्रोफेसर लोग जब सवाल करें तो मैं क्या जवाब देता ? मैं अपने व्यवहार से ही जवाब देता था। मेरी किताब उनके सामने खुली पड़ी थी। मैं उसमें से उदाहरण दे दिया करता था। इसके बाद प्रगतिशीलों ने कहा कि यह देखना है कि हम लोगों की सभा में यह आता है या नहीं। मैं वहाँ भी गया। फिर उन लोगों ने जँचइया शुरू की कि कितना-सा सोशलिज्म इसमें रह गया है ! इसने इस ओर कितनी दूर कदम बढ़ाया है। उनको भी कुछ हाथ नहीं लगा। क्योंकि मैं तो सही साहित्य की बात पकड़े हुए था। मतलब यह कि यहाँ भी वही बात थी कि अपना अगर कोई मुखौटा हो, तो खोलो। अपने पास कोई मुखौटा था नहीं, जो मैं खोलता ! मैं मुकम्मिल आदमी हूँ, हाथ में मेरी कलम है और मैं लिखता हूँ। अगर प्रेम-कहानियाँ लिखता होता, अगर मेरा पहला उपन्यास प्रेम-उपन्यास होता, तो बात और होती। किताब गवाह है, मैंने बुनियादी सवाल उठाए थे।

आजादी के तुरंत बाद की बात है। मेरा एक गाँधीवादी पात्र है–बौना। गाँधीजी की मृत्यु के बाद उसका दिल इतना टूटता है कि वह निर्मोही हो जाता है। वह अपने माहौल को देखता है और कहता है कि सभी लोग एम.एल.ए. होना चाहते हैं। सभी लोग अपना गाँव छोड़कर पटना शहर में जाकर बस जाना चाहते हैं। इलाके को कौन देखेगा ? आम लोगों के दुख-सुख की बात कौन सुनेगा ? वह जो कुछ अपने चारों ओर देखता है, उससे उसको चोट लगती है। वह कहता

है कि अब हर कांग्रेसी को अपनी-अपनी टोपियों पर लिख लेना चाहिए–भूमिहार कांग्रेसी, कायस्थ कांग्रेसी, राजपूत कांग्रेसी। इतना ही नहीं, वह गाँधीजी के मरने के बाद कहता है–'अब कौन रह गया ? एक जयपरगास बाबू हैं, उनको भी कोई किसी दिन गोली मार देगा।'

और जिस दिन आजादी का जश्न मनाया जा रहा था, शहरों और कस्बों में फुलझड़ियाँ छूट रही थीं, तब वह अकेला बौना हिंदुस्तान और पाकिस्तान की सीमा पर स्मगलरों की गाड़ी के नीचे दबकर मर गया–दबाकर मार दिया गया। बैलगाड़ियाँ उस पर से पार हो गईं, उसकी हड्डी पटपटाकर रह गई, इस दुख-दर्द के साथ। हिंदुस्तान-पाकिस्तान की सीमा पर नागर नदी होती है। स्मगलरों ने उसे उठाकर उस पार पाकिस्तान में फेंक दिया। पाकिस्तानी सिपाही जब गश्त लगाने आए, तो उन्होंने उसे पहचाना कि अरे यह तो उस पार का बौना है। इधर किसलिए मारकर फेंक दिया ? अब बेकार रिपोर्ट-विपोर्ट लिखने की जरूरत हो जाएगी, फेंको इसको उस पार ! उन लोगों ने उसको बीच नदी में डाला और उसके बैग को एक पेड़ में बाँधकर लटका दिया। मैंने लिखा–'उस बौने ने फिर से दो देश की ईमानदारी को दो ही डग में नाप लिया।' यह मेरा दुख था। यह मेरा दर्द था। मैं समझता हूँ कि मेरा 'मैला आँचल' बहुत पैथेटिक या दुखांत उपन्यास है, लेकिन उसमें एक प्रेम-कथा भी है–उसका सुखांत हुआ है। इसका मतलब यह है कि एक भरोसा है–उम्मीद है–आशा है।

उसके बाद मैंने दूसरी किताब शुरू की। पहली किताब में मैलेरिया की बात थी। मेरे इलाके में मैलेरिया इस तरह होता था कि गाँव के गाँव लोग मर जाते थे। मैलेरिया-उन्मूलन हुआ। 'विश्व स्वास्थ्य संगठन' की कृपा से हुआ या जिसकी कृपा से हुआ–मैं मान गया कि यह आजादी की उपलब्धि है। आजादी के बाद से मैलेरिया खत्म ! मेरे पहले उपन्यास में जो डॉक्टर गाँव जाता है, वह मैलेरिया सेंटर का आखिरी डॉक्टर होता है। दूसरा उपन्यास–'परती:परिकथा'। परती यानी पड़ी हुई, ऊसर जमीन ! उसकी कथा। इसका संकेत मैंने अपनी पहली ही किताब में दे दिया था कि पूर्णिया जिले के नक्शे को दो असम भागों में बाँटती हुई एक विशाल परती है, और इस परती की न जाने कितनी कथाएँ होंगी। गाँव में लोग बोलते थे कि यह धरती वीरान कैसे हो गई, जरूर इसकी कहानी होगी। हजारों वर्षों से पड़ी होगी यह धरती। जैसे कि महाभारत की कथा में से एक कथा निकाल लेने को परिकथा कहते हैं, मैंने भी अपने युग की परिकथा शुरू की।

पंडित नेहरूजी नहीं, बल्कि जाते-जाते वह काना वाइसराय एक बुनियाद डालकर गया था। उसने कोसी-इलाके की विभीषिका को देखा था। बाढ़ ले आती थी वह नदी। बाढ़ के बाद महामारी, अकाल और उसके बाद मैलेरिया-हैजा। इसके बाद जो प्राणी बच जाते थे, उनके लिए वह वीरान धरती होती थी। बरसात में क्षणिक आशा की तरह, जिस पर दूब हरी होती थी–सिर्फ बरसात में, वह भी 15 दिनों के लिए। फिर ऊसर का ऊसर। बादामी रंग की धरती। वेवेल साहब

ने उसकी परिकल्पना की थी। जब हम आजाद हुए, तो पंडित नेहरू ने भी एक बार आकाश से नीचे की ओर देखा। वह जलमग्न इलाका। वह समंदर। इसका जरूर कुछ होना चाहिए। जल्दी कुछ करो। बहुत बड़ा हौसला हुआ।

मैंने 'परती:परिकथा' लिखनी शुरू की। मेरे मित्रों ने जब उसके कुछ हिस्से सुने, तो कहने लगे कि यह तो रूस का लेखक हो गया! यह तो पंचवर्षीय योजनाओं पर लिखने लगा है! यह नवनिर्माण की बात करने लगा है! यह पंडित जवाहरलाल नेहरू का फॉलोअर हो गया है। मैं कहता, हाँ, क्यों नहीं पंडित नेहरू का फॉलोअर होऊँगा। बचपन से छाती पर उस आदमी का बैज लगाकर 'युवक-हृदय-सम्राट-पंडित-जवाहरलाल नेहरू' की जय किया करता था। आज उसका राज आया है और वह हमारे इलाके की परती को आबाद करने की बात करता है, तब मैं तटस्थ होकर प्रेम-कहानियाँ लिखूँ, यह कैसे हो सकता है? किताब छपकर निकली। जिन लोगों ने किताब को पढ़ा उनमें से बहुतों ने मुझसे पूछा कि क्या आप कभी भू-संरक्षण विभाग में काम करते थे? क्या आप कभी इंजीनियरिंग सेक्शन में जाते थे? कुछ नहीं। जब कोसी प्रोजेक्ट का काम शुरू हुआ, उस परती पर बड़े-बड़े कैंप लग गए। नगरी की नगरी बस गई। उसके कामगार अपने होते थे, वे बातों में जिन-जिन शब्दों का इस्तेमाल करते थे, हमारे गाँव का आदमी उनको अपनी बोली की तरह इस्तेमाल करता जाता था। विलेज चैनल, मेन कैनाल, आर.डी. जिसे 'रिड्यूस द डिस्टेंस' कहते हैं, हरवाहे-चरवाहे भी यह बोलने लगे, तो लेखक, जिसकी परती जमीन आबाद होने जा रही हो, आज नहीं दस बरस के बाद ही सही, तो वह नहीं लिखेगा उसके बारे में? सचमुच मुझे पंडितजी पर भरोसा था। यह भी एक मूर्ति थी, जिसे मैंने तोड़ा नहीं, लेकिन उनके प्रति श्रद्धा और विश्वास रखते हुए भी उनकी पार्टी में कभी कदम नहीं रखा और न ही कभी लालच किया कि उस पार्टी में कभी जाऊँ। तटस्थ लेखक का जो काम होना चाहिए, मैंने निभाया या नहीं? वह मेरी किताब है। इसमें दूसरा इलाका था, बहुत उन्नत इलाका। पढ़े-लिखे लोग थे। वहाँ परती जमीन तोड़ी जा रही है। उसको सींचने की व्यवस्था हो रही है। लेकिन आदमी का हृदय एक-एक कर बंजर होता जा रहा है। यह मैंने उस उपन्यास में कहा था। यह संकेत था। मगर राजनेताओं को फुरसत कहाँ? उन्होंने पुरस्कार दिए, पर पढ़ा नहीं कि इसके अंदर क्या लिखा गया है। यह मैं दावे के साथ कह सकता हूँ।

पानी आया। जिस दिन वह पानी आया, मैंने उसको गंगा-जल की तरह सिर पर लिया। इस बीच हमारे देश में बौने किस्म का गेहूँ तथा नई किस्म का धान भी पैदा होने लगा था। उस उपन्यास में मैंने लिखा था कि जब तक वह वीरान हरा-भरा होगा, तब तक हमारे देश में कलर फोटोग्राफी भी काफी उन्नति कर लेगी। तो लोग मुझ पर फब्तियाँ कसते थे कि क्यों कलर फोटोग्राफी तो काफी उन्नति कर गई, लेकिन आपके इलाके की धरती का क्या हुआ? क्या वह सतरंगी हुई?

लेकिन मुझे लगा कि धरती सतरंगी हो रही है। हम भी तीन फसलें लेने लगे–लरमा रोजो गेहूँ, आई.आर.8 धान। तो हमने क्या, सरकार के प्रचार विभाग ने ही सारी बात फैला दी। लेकिन इसका राज खोला मेरे हलवाहे ने। मेरे हलवाहे ने क्या, बल्कि उस इलाके के सब हलवाहों ने, जो हल जोतते हैं–मालिक लोग तो मेंड़ पर छाता लगाकर बैठते हैं; उसने कहा : 'हुजूर, यह जो खेत में बालू आता है, वह तो बैशाख के महीने में भी गर्म नहीं होता।' बैशाख के महीने में हमारे यहाँ धरती खूब तपती है, बालू का तो काम है, गरम होना। यह क्या है ? उधर सरकार हर साल अपने मेन कैनाल की डिसिल्टिंग कर रही थी। लेकिन यह हमारे खेतों में जो आ रहा है, उसकी डिसिल्टिंग कौन करेगा ? हम पूरी खाद देते हैं, पानी देते हैं, तो पैदावार लेते हैं। ऐसा भी तो हो सकता है कि पूरी खाद दें, पानी दें और फिर भी पैदावार न हो।

ऐसे प्रोजेक्ट के कुछ और नतीजे भी दीखने लगे। एक इंजीनियर साहब भूमिहार आए, तो मेन कैनाल की बात छोड़िए, विलेज कैनाल का चौकीदार भी उसी जाति का होने लगा। फिर वह उस गाँव में उसी जाति के लोगों को मजदूरी देता था। तीसरी समस्या सामने आई कि भूमिहीनों की संख्या बढ़ती गई। जब परती आबाद हुई और लोग तीन-तीन फसलें लेने लगे तो जाहिर है कि पैदावार ज्यादा होनी चाहिए–लोगों को खुशहाल होना चाहिए। लेकिन नहीं, भूमिहीनों की संख्या बढ़ने लगी।

जिस गति से खेत में बालू आ रही थी, उसी गति से भूमिहीन की संख्या भी बढ़ने लगी।

फिर सरकार की ओर से कहा जाने लगा कि बोरिंग कराइए। अरे, यह सिंचित इलाका है। करोड़ों रुपया लगाकर यहाँ डैम बनाया गया है, फिर बोरिंग की क्या जरूरत ? लेकिन वे लोग बात तो धीरे-धीरे न खोलेंगे ! अचानक एक दिन कह दें कि भाई यह तो बड़ी गलती हो गई, तो वह कैसे होगा ! उस गलती को तब कबूल करना है, जबकि पानी सिर से गुजर जाए।

लोग बोरिंग कराने लगे। वह तो जहाँ रोग होता है, दवा वहीं पैदा होती है। हमारे इलाके में एक किसान का बेटा ऐसा निकला, जिसने बाँस-बोरिंग शुरू की। साढ़े चार हजार सरकार देती थी और साढ़े चार हजार अपना लगाकर जहाँ बोरिंग होती थी, वहाँ सिर्फ डेढ़ सौ रुपए से काम होने लगा। सरकार ने काफी बढ़ावा दिया। पद्मश्री भी दी गई। पानी की कीमत को हम लोगों ने समझा।

अकाल भी नहीं पड़ा। लेकिन एक नई जाति पैदा हो गई। दो एकड़वाले किसान हमारे यहाँ गरीब समझे जाते थे। उनका अपना साल-भर का खर्चा नहीं चलता था। लेकिन दो एकड़वाले किसानों ने जब तीन फसलें लेनी शुरू कीं, तो उन लोगों ने होर्डिंग करना शुरू किया और उस समय के लिए जुगाकर रखने लगे, जब भाव बढ़ें। यह एक तीसरी जाति पैदा हो गई। शोषण-दर-शोषण और कहाँ कांस्टिट्यूशन और कहाँ संविधान ! हरिजन, महा हरिजन होता गया। क्योंकि

हरिजन, हरिजन होने में ही अपना कल्याण देखता रहा।

पानी 'मैला आँचल' के समय अगर मेरी कमर तक था, तो मेरी दूसरी किताब के खत्म होने तक सिर के ऊपर से गुजरने लगा। यह कहाँ आकर फँस गया मैं ? मैं पसोपेश में था। यह लोकतंत्र है भी या नहीं, इसमें भी मुझे संदेह होने लगा। खेतीबाड़ी करता था, सोचा यही करूँ। लेकिन एक कनफ्यूज्ड किसान ढंग से किसानी भी नहीं कर सकता, क्योंकि उसको भी तो उन्हीं गलियों से जाना होगा। मैंने किसानी के सिलसिले में देखा कि मुझे खाद के लिए फलाने बाबू का आदमी होना होगा। अगर मैं उनका आदमी बन जाऊँ, तो वे मुझे बतला देंगे कि एक ही तीर में तीन निशाने कैसे साधे जा सकते हैं। 50 क्विंटल के लिए अप्लाई कर दो। आवश्यकता तो दस क्विंटल की भी नहीं है। फिर दस क्विंटल खेत में लगाओ, बाकी का 40 काले बाजार में बेचकर उस पैसे से दूसरा धंधा शुरू करो। ऐसा काम वे लोग भी करने लगे, जो कल तक कह रहे थे कि जमींदारी प्रथा का नाश हो। किसान सभा–जिंदाबाद कहनेवाला अनाज दबाए बैठा है–तो अब क्या करता ?

मेरे ही जिले से सटा हुआ एक स्थान है। प्रांत बदल जाता है, लेकिन राजनैतिक और भौगोलिक सीमाओं को मैं नहीं मानता। इसलिए मैं यही कहूँगा कि वह मेरे ही इलाके से सटा हुआ क्षेत्र है, जहाँ नक्सलवादियों ने अनाज दबाए रखनेवालों के लिए तरीका निकाला। उन लोगों ने कहना शुरू किया कि यह डेमोक्रेसी-फ्रेमोक्रेसी कुछ नहीं है। उस पर मुझे भी विश्वास होने लगा। वे कहने लगे कि बैलेट के जरिए नहीं, बुलेट के जरिए परिवर्तन होगा, तो वह भी मान लेने का मन करने लगा। लेकिन एक बार मन में हुआ कि नहीं, जूता कहाँ काटता है, यह एक बार खुद पहनकर देखना चाहिए।

अगर कुछ भी नहीं लिखता उसके बाद, तो फिर क्या सार्थकता होगी लेखन की ? लेकिन हुआ कुछ और ही।

अचानक एक सुबह उठा और अपने एंग्री यंगमैन साथी जुगनू शारदेय से कहा कि मैं चुनाव लड़ने जा रहा हूँ। 'चुनाव ! यह क्या ? कल तक तो आप इंदिराजी के भक्त थे। बांगलादेश के वक्त आप से जो मैंने 'दिनमान' के लिए इंटरव्यू लिया था, उसमें तो आप उनका गुणगान कर रहे थे।' मैंने कहा, 'देवी के सहस्र नामों में से 25 नाम मैंने लिए थे–लेकिन अब आपकी गलती या मेरी गलती या वहाँ छापे की गलती कि एक लाइन तो आपने छापी नहीं। मैंने कहा था, इंदिराजी रणचंडिका हैं, दलिनी हैं और क्या-क्या सब कहे थे–देवी के अनेक नामों में से कई नाम। लेकिन मैंने यह भी कहा था कि हम विजयोन्माद में हैं–यूफोरिया में हैं और उन्माद चाहे विजय का हो या पराजय का, उस समय आदमी सही निर्णय नहीं लेता। तो विजयोन्माद के क्षण में चुनाव कराना कहाँ तक न्यायसंगत है ? लेकिन राजनीति के शास्त्र में ऐसे ही क्षण पैदा किए जाते हैं, जब आदमी उन्माद में पागल हो जाए, एक वेव चल जाए और फिर वोट गिरने लगें।'

चुनाव की डुगडुगी बजते ही आदमी किस तरह बदल जाता है, यह इससे पहले मुझे अनुभव नहीं था। आप चिनिया बादामवाले से बात कीजिए। आप उससे चिनिया बादाम ले लीजिए, लेकिन वोट वह आपको देगा या नहीं देगा, इसके बारे में एकदम चुप ! तो फिर कहा जाने लगा कि आपकी तो कोई पार्टी नहीं है। अकेला चना भाड़ नहीं फोड़ता !–मेरे विरोधियों ने नारा लगाया–बड़े हैं, पद्मश्री की टाइटिल है। लेखक हैं, लेकिन वहाँ जाकर क्या करेंगे ? किसी राजनीतिक दल से तो इनका संबंध नहीं है। मैं कहता था, भाई, एक गरीब आदमी जिसका नाम वोटर-लिस्ट में लिखा हुआ है, संविधान में है कि अगर उसका नाम वोटर-लिस्ट में है, तो वह चुनाव लड़ सकता है। तो एक गरीब आदमी चुनाव लड़ सकता है या नहीं, यह मैं देखने के लिए आया हूँ। कहा कि बहुत अच्छा ख़याल है आपका। उसमें कुछ जो दूर की कौड़ी लानेवाले थे, उन्होंने कहा कि यह किताब लिखने के लिए आया है। तो अगर यह किताब लिखने के लिए आया है, तो वोट देकर होगा क्या ? और मैं जानता था कि मैं जीतनेवाला हूँ नहीं।

और जिस दिन वोट गिरे, उस दिन देखा की मधुबनी में जो प्रयोग छोटे पैमाने पर हुआ था, वह वहाँ व्यापक रूप से हो रहा है ! गाँव-के-गाँव लोग जा रहे हैं, और वापस आ रहे हैं, क्योंकि लाठी लेकर वह खड़ा है ! तब लगा कि नहीं, ये लड़के ठीक कहते हैं, यह चेंज बैलेट के जरिए नहीं हो सकता–यह बैलेट जो है, भ्रमजाल है। यह डेमोक्रेसी भी भ्रमजाल है। और तब जो निराशा बढ़ी, तो जैसे प्रेम में असफल हुआ व्यक्ति कविता करने लगता है, राजनीति में असफल होकर मैं उपन्यास लिखने लगा। लेकिन चुनाव हारने के बाद मैं क्या करूँगा ? चुनाव हारनेवाले व्यक्ति जानते होंगे कि वह घर में बीवी तक की निगाह में गिर जाता है। थोड़ा कर्ज भी चढ़ गया। लोगों ने कहा कि चुनाव के अनुभव लिखो। तो मैंने कहा कि नाव मेरा चुनाव-चिह्न था, इसलिए कागज की नाव कहकर एक रिपोर्ताज लिखूँगा। लेकिन लगा कि कलम छूने का अधिकार अब मुझे नहीं है। अगर कुछ थामना है, तो दो ही चीजें थाम सकते हैं–या तो बंदूक या कलेजा। कलेजा थामकर बैठो ! अब कहीं से कुछ नहीं होनेवाला है।

आजादी के बाद जाति-पाँति और भी जगह हुआ होगा–प्रादेशिकता भी हुई होगी, एक प्रदेश के लोग दूसरे प्रदेश के लोगों से नफरत करते होंगे। लेकिन आप कल्पना कीजिए, एक ही गाँव में एक जात के लोग, दूसरी जात के लोगों से नफरत करते हैं–दुश्मन मानते हैं, राजनीतिक आधार पर दुश्मन मानते हैं। क्या समाज होगा वहाँ ? 'अहा ग्राम्य जीवन भी क्या है !' एक जमाने में किसी ने लिखा था। कहाँ गया वह गाँव ? जब लोग शाम को थके-माँदे आते थे, बैठकर ढोलक बजाते थे, गाते थे, एक सामाजिक जिंदगी होती थी। लेकिन गाँव का एक-एक आदमी एक द्वीप हो गया है। समाज टूटा, परिवार टूटा, व्यक्ति टूट रहा है, लेकिन इसको उपलब्धि मानकर हम आगे बढ़े जा रहे हैं ! पंचवर्षीय योजनाएँ बन रही हैं–हर पाँच साल बाद चुनाव हो रहे हैं। क्यों नहीं किसी ओर से आवाज आती ?

इसके सिवा और क्या हो सकता था कि अश्लील कविताएँ की जाएँ ! गालियाँ दी जाएँ !

ऐसे समय में जब यह हृदय काठ हो गया था, तो नौजवानों ने आवाज उठाई। गुजरात में कुछ हो चुका था। मुझे बिहार पर भरोसा नहीं था। गुजरात में बहादुर लोग होंगे। बिहार में ! बिहार में क्रांति होगी, यह नहीं हो सकता ! वही कुछ बददिमाग लड़के, जो नक्सलाइट कहे जाते हैं, वही कुछ करेंगे, तो करेंगे—बाकी कहीं कुछ नहीं हो सकता। लेकिन उसका भी काट जयप्रकाश नारायण पहले से ही तैयार किए बैठे थे। मुशहरी में जाकर उन्होंने प्रयोग किया था। हमारे प्रांत के मुशहरी ब्लॉक में नक्सलाइटों का बड़ा जोर फैला था, तो उन्होंने वहाँ जाकर पलथी मार दी। और क्या किया, नहीं किया उन्होंने कि सब नौजवान शांति सेना में भर्ती होने लगे। बड़ा गुस्सा आया। यह तो अद्भुत-सा है। यह तो नसबंदी जैसी बात होने लगी। यह क्या कर रहे हैं जयप्रकाश ? सर्वोदय में थे, चुपचाप थे, भले थे, उन्होंने यह क्या करना शुरू कर दिया ? बागी नौजवानों को शांति सेना में भर्ती कर रहे हैं।

नहीं—जब एक चिट्ठी उन्होंने मुझे लिखी—मुशहरी से—कि 'मैला आँचल' आज भी मैला है, बल्कि पहले से ज्यादा मैला हो गया है और, आपके-जैसा लेखक चुप है ! आप गाँव में आइए··· इत्यादि तो मुझे बड़ी हँसी आई। ये आज मुशहरी गए हैं, तो गाँव की हालत देख रहे हैं। मैं वहाँ जन्मा हूँ, भोग रहा हूँ सबकुछ। हँसी आई थी, लेकिन एक भरोसा भी हुआ था कि कम-से-कम भूमिहीनों की अवस्था को इन्होंने गाँव में पलथी लगाकर देखा तो है। इमेज को तोड़ा नहीं था अभी। बीच में लोहिया साहब का बुलंदी से आना और जाना, वह भी साल रहा था। कहीं से कोई आवाज नहीं आ रही हो, और कटघरे चारों तरफ से करीब होते जा रहे हों, इतना करीब कि फाँसी का फंदा आदमी के सिर पर हमेशा झूलता हुआ नजर आता हो, वैसे समय में बिहार के नौजवानों ने जब आवाज लगाई और जयप्रकाशजी को अगुवाई करने की दावत दी, तो फिर संदेह होने लगा कि सब-के-सबकी फिर नसबंदी करा देंगे ये ! फिर कुछ हो जाएगा, मेरे मन में भी यह संदेह था। इतना भक्त था उनका। उनके एक इशारे पर मर-मिटने को तैयार था, लेकिन इस दौरान राजनीति ने दिल में इतनी दरारें डाल दी थीं, पार्टियाँ टूटी थीं—एक नहीं, हर पार्टी टूटी थी। मैं पार्टी में नहीं था, लेकिन कोई पार्टी टूटती थी, तो मेरा भी दिल दरकता था। मेरा भी कोई अंग टूटता था। चाहे कम्युनिस्ट पार्टी हो, सोशलिस्ट हो या कांग्रेस हो। ये जिन कारणों से टूटती थीं, उसकी चोट सीधे हमारे दिल पर पड़ती थी—आम आदमी के ऊपर। गाँव में था, भला था। पटने की खबर रेडियो से छनकर आती थी, लेकिन फिर उस एंग्री यंगमैन ने कहा—यहाँ क्या कर रहे हैं ? चलिए··· क्या बात है ? मैंने कहा। कर्फ्यू हमने देखा है। "कर्फ्यू में मेरा जन्म हुआ—कर्फ्यू में मैंने होश सँभाला !" ऐसी कविताएँ कुछ-कुछ अपने-आपको बहुत तेज-तर्रार कहनेवाले नौजवानों ने हमारे

यहाँ लिखी थीं, हमने दाद दी थी। पर उन्होंने कर्फ्यू कभी नहीं देखा था। कर्फ्यू क्या होता है, इस बार देखा। अरे राम-राम ! कर्फ्यू ! जो भयानकता खिंची हुई थी उसके चेहरे पर ! हमने कहा, यह हाल है ! उसने कहा, हाँ, आप ज़रा पटना चलकर देख लीजिए। तो आया। सारा शहर वीरान। खिड़कियाँ आधी खुली हुईं। औरतें ज़रा-सा झाँकती हुईं। बच्चे अगर बाहर जा रहे हैं तो उनका हाथ पकड़कर घसीटती हुई माताएँ। एक खौफ चारों ओर छाया हुआ था। आदमी कहीं नहीं नजर आ रहे थे। सिर्फ लोहे की टोपियाँ और संगीनों पर सूरज की चमक। एक मोटरगाड़ी मेरे मोड़ से गुजरती थी और सैकड़ों किरचों पर एक साथ रोशनी कौंध जाती थी। सैकड़ों हेलमेट चमक जाते और गाड़ियाँ गुर्राती हुई बगल से गुजर जातीं। यह क्या हुआ ? मैंने एक पत्रकार मित्र से कहा, यह तो प्रोवोक किया जा रहा है। उन्होंने आँख मूँदकर धीरे-धीरे कहा कि यही हमारी नियति है ? इन ट्रकों के नीचे कूदकर खुदकशी कर लेना अच्छा है।

फ़िर उपाय क्या है ? उपाय ? उपाय बताया इस 75 वर्ष के बूढ़े ने। पर्चा छपा कि जयप्रकाशजी एक मौन जुलूस निकालेंगे। मैंने कहा, हो गया ! हो गई क्रांति। मौन जुलूस और उस पर भी मुँह पर पट्टी बाँधकर। यह एक और तमाशा ! और कहा कि हाथ भी पीछे बँधे होंगे ! लीजिए ! लेकिन मेरे ही जैसे कुछ लोगों ने जाकर कहा होगा कि जब इधर-उधर खुजलाने की जरूरत होगी, तब क्या करेंगे ? तो कहा कि नहीं, हाथ पीछे रहें, बँधे हुए नहीं। मैंने अपने एंग्री यंगमैन दोस्त से पूछा कि कितने लोग आएँगे ? उसने कहा, यही कोई एक सौ एक ! मैंने कहा, एक सौ एक आदमी मुँह पर पट्टी बाँधकर निकलेंगे, तो अच्छा तमाशा होगा। उसने कहा–हाँ, चलकर देख लीजिए आप भी ! उसके पहले मैं जयप्रकाशजी के दर्शन को नहीं गया था, क्योंकि एक ऑपरेशन हुआ था। उसमें एक ट्यूब लगी हुई थी, एक शीशी लगी हुई थी। और उस अवस्था में जब आदमी निकले तो दो ही बात हो सकती हैं। लोग कहेंगे कि नाटक कर रहा है। माने यह दिखलाने की कोशिश कर रहा है कि देखिए मेरी यह हालत है, फिर भी मैं आ रहा हूँ। अथवा यह आदमी मरना चाहता है, क्योंकि जब डॉक्टर ने कह दिया है, तो इस आदमी को पूरा रेस्ट करना चाहिए…

लेकिन रेस्ट कहाँ था ? किस ओर था ?… तब मैं नहीं गया था। पर बाद में जाने में मुझ पर कोई पाबंदी नहीं थी।… अब मैं गया तो साथ ही हो लिया।

उसके बाद आज तक जो कुछ घटित हुआ है–उसके गवाह आप सब हैं… पूरा देश है।

रेणुजी ने 1975 में बम्बई के एक लेखक सम्मेलन में यह आत्म-वक्तव्य दिया था, जिसे उनकी मृत्यु के बाद 'रविवार' [कलकत्ता] के प्रवेशांक, 28 अगस्त, 1977 में आवरण-कथा के रूप में तत्कालीन सम्पादक एम. जे. अकबर ने प्रकाशित किया था। 'आत्म-परिचय' पुस्तक में संकलित

अपने गाँव और पटना के बीच

इस बार मैं अपने गाँव में नौ महीने तक लगातार रहा। आठ वर्ष की उम्र के बाद, यह पहला अवसर था, जब मैं इतने लम्बे समय तक लगातार गाँव में रहा। इक्कीस-बाइस वर्ष की उम्र तक, मैं स्कूल या कॉलेज के हॉस्टलों में रहता रहा। इसके उपरांत, राजनीति और साहित्य ने मुझे अपने गाँव से दूर रक्खा। पिछले बीस वर्षों से यानी अपने माता-पिता की मृत्यु के बाद मैंने अपना निवास पटना में बना रक्खा है।

हाँ, मैंने अपना निवास बना रक्खा है, किन्तु पटना का नागरिक होने योग्य अपने को कभी नहीं बना पाया। शहर मेरे लिए कभी भरपूर आकर्षण नहीं रख पाया। अन्यथा मैं एक पुराना 'पटनैया' हो चुका हूँ, अब तक। शहर मुझे प्रसिद्ध हिन्दी कवि अज्ञेय की एक कविता याद दिलाता रहा है—वह कविता, जिसके बारे में अफवाह है कि वह मुझे ही सम्बोधित है, क्योंकि वह कविता 'साँप' के नाम से पुकारी जाती है, और मेरे नाम के शुरू में जुड़ा हुआ है--'फणी' ! अन्ततः मैं गाँव का रहनेवाला हूँ—ग्राम-वासी ! किसी भी हिन्दी की 'नयी कविता' के पाठक को ये पंक्तियाँ याद होंगी :

साँप ! तुम सभ्य तो हुए नहीं
शहर में बसना भी नहीं सीखा
फिर विष कहाँ पाया ?
डँसना कहाँ सीखा ?

मैं कभी नगर-वासी नहीं हो सका। प्रायः मेरे मित्र और शुभचिंतक मुझे पूरी गम्भीरता के साथ सलाह देते—बेवकूफ मत बनिये, अपने बेकार गाँव को भूल जाइये। अब भी समय बचा है—एक नयी कालोनी बनने जा रही है। वहाँ थोड़ी जमीन खरीदिये और सरकार से कर्ज लेने की कोशिश कीजिए...

मैं वह सब नहीं कर सका : मैं आसानी से नहीं कर सकता था। मेरे भीतर कुछ ऐसा था, जो अपने गाँव को हमेशा के लिए छोड़ देने के विचार से विद्रोह करता रहा। अपने गाँव के खुले आकाश के बिना मैं कैसे रह सकता था ? हर दो-तीन महीने जहाँ बिताकर मेरा रचनाकार-मन संतुष्ट होता था और आनंद पाता था। फसल की कटनी के समय या आम के मौसम में दिल्ली या बम्बई या कोई भी नगर मुझे अपने गाँव से दूर नहीं रख सका। रवीन्द्रनाथ की सभी रचनाओं में, वह कहानी जिसे मैं सबसे अधिक पसंद करता हूँ—'घर की वापसी' है। मैं अपने को 'फटिक' में पहचान पाता हूँ।

किन्तु, नौ महीने लगातार गाँव में रहने के बाद, मैंने निर्णय लिया—अपनी

भावुकता को दरकिनार कर, मैं अपने गाँव को छोड़ दूँगा। मैं फिर कभी लौटकर नहीं आऊँगा। मैं अपने खेत और बगीचे बेच दूँगा। मैं अपनी इस मूर्खता को खत्म करूँगा कि एक मालगाड़ी की तरह पटना से गाँव आता-जाता रहूँ। सचमुच मैं निपट गँवार ही बना रहा—पूरी तरह। एक बार मैंने महसूस किया कि गाँव मेरी आँखों में अपना रूप बदल चुका है। घर-परिवार के लोग ऐसा व्यवहार करते, मानो मुझे निरर्थक समझ रहे हों—और मेरे दिन क्लांति से बोझिल होते गये। बीस वर्षों तक इस गाँव ने मुझे बेवकूफ बनाया ! अब मैं एक दिन भी और यहाँ नहीं रह सकता !

एक दिन, अकस्मात्, मैंने अपने 'बैग' में सामान रखा और गाँव छोड़ दिया। मैंने किसी को स्टेशन तक साथ चलने की इजाजत भी नहीं दी, जबकि इससे पहले ऐसा कभी नहीं हुआ था। मैं अकेला ही घर से निकला।···

और मैंने महसूस किया जैसे आर्तनाद कर रहा हूँ : एक निर्जन वृक्ष के नीचे बैठा हुआ और आर्तनाद करता हुआ ! धान के खेत, पेड़, पखेरू मेरे पैरों को सम्मोहित कर उतना ही रोक रहे थे, जितना मैं गाँव से दूर चलता गया। मैंने अपनी आँखें मूँद लीं··· अगर आप अपनी आँखें मूँद लें तो कोई भी नहीं···

जब मैं ट्रेन में चढ़ रहा था, एक आदमी नीचे उतरते हुए मुझ पर चिल्लाया—"अन्दर जाने के पहले अपनी आँखें तो खोले रखिये ! क्या आपको नहीं दिखाई पड़ रहा कि एक महिला उतर रही है ?"

मैं नहीं जानता, उस 'थ्री टायर कम्पार्टमेंट' के दूसरे यात्रियों ने मेरे चेहरे पर क्या देखा कि दिन के ग्यारह बजे ही वे सोने के लिए तैयार हो अपना बिस्तर बिछाने लगे। किन्तु मैं बैठना चाहता था।

"यह 'सीट' रिजर्व है ?"—मैंने एक व्यक्ति से पूछा, जो लेटने की मुद्रा में था।

"यह 'सिटिंग कम्पार्टमेंट' नहीं है," उस आदमी ने आराम से उत्तर दिया—"यह 'स्लीपिंग कम्पार्टमेंट' है।"

मैं ऊपर के 'बर्थ' पर चला गया। यद्यपि वहाँ बेहद गर्मी थी और पंखे की हवा भी वहाँ नहीं लग पा रही थी। इसे प्रमाणित करने का कोई बिन्दु भी नहीं था। ऐसी हालत में, भावाकुलता, जो मेरे हृदय को ज्वलित कर रही थी, सूरज की तपन से भी तेज थी, और यह द्वितीय श्रेणी के इस कम्पार्टमेंट के पंखे की ठंडक से भी कमने वाली नहीं थी। वहाँ लेटा हुआ था और मेरे दिमाग से चित्र गुजरते हुए—बचपन के, जवानी के, इधर के दिनों के—एक-दूसरे पर 'सुपर इम्पोज' होते हुए ! सच में, ऐसा था ! ज्यादा अच्छा था कि मैं ऊपर के बर्थ पर था : यदि मैं नीचे बैठा हुआ होता तो प्रत्येक स्टेशन पर किसी आत्मीय चेहरे से आकस्मिक भेंट होती और मुझे जबर्दस्ती एक व्याकुल कर देनेवाले प्रश्न का उत्तर

देने को बाध्य होना पड़ता, जिससे मैं बचना चाहता था–"लौटकर कब आ रहे हैं ?"

गाड़ी रुकी। अररिया स्टेशन ? मैंने प्लेटफार्म पर शोर सुनकर स्टेशन का नाम जानने की कोशिश की। नहीं, आज यहाँ बाजार का दिन नहीं है। निश्चय ही यह छात्रों के समूह का शोरगुल है ! यह सही भी था। और उन लोगों को देखकर मैंने अनुभव किया–क्या हो रहा था : वे फुटबॉल-मैच खेलने जा रहे थे।

दूसरे यात्रियों ने कम्पार्टमेंट में छात्रों के अवैध समागम का विरोध करना शुरू किया–'रिजर्व' और 'सिटिंग' और 'स्लीपिंग' जैसे शब्द चारों तरफ उछाले जा रहे थे। उनमें से एक छात्र ने होशियारी-से जवाब दिया–"कोई बात नहीं, हम 'स्टैंडिंग पैसेन्जर' हैं।"–एक युवा ठहाके के झोंके ने कम्पार्टमेंट को बुहार-सा दिया, किन्तु इस पर मैं खिन्न ही हुआ। एक यात्री, जो सोता हुआ आ रहा था और अपने-आप को बीमार प्रदर्शित कर रहा था, अचानक इस शोर-शराबे में एक बुलंद आवाज में रुकावट पैदा करता हुआ बोला–"अर-रे भाई !··· यह उत्तर बिहार है और उसके ऊपर पूर्णिया जिला ! इस धरती पर नियम-कानून की बात करना बेकार है।"

एक लड़का, जो लगातार चुप था, अचानक जगा–"क्या मतलब ?"

उसके मित्र ने व्यंग्योक्ति में व्याख्या की–"पाल, गोल्डेन वर्ड्स आर नॉट रिपीटेड, नॉर इज देयर मीनिंग क्लेयरीफाइड ! (यानी स्वर्णिम शब्दों को न दुहराया जाता है, न उनका अर्थ ही स्पष्ट किया जाता है !) तुम उनसे मतलब क्यों पूछना चाहते हो ? मैं तुम्हें बताता हूँ–उनका मतलब है कि उत्तर बिहार के लोग लट्ठ-गँवार और पतित हैं, वे अनुनय-विनय को नहीं समझते। वे डंडों से ही व्यवहार किये जाने योग्य हैं। क्यों महाशय, क्या मैं आपके मतलब की साफ-साफ व्याख्या नहीं कर पाया ?"

वह युवक, जिसने अपने को 'स्टैंडिंग पैसेन्जर' कहा था, इस तकरार में शामिल हुआ–"बिल्कुल ठीक ! किन्तु, महाशय, हम लोगों ने भी अपने बड़ों से सीखा है कि 'थ्री टायर कम्पार्टमेंट' में 'रिजर्वेशन' का नियम सिर्फ रात के नौ बजे के बाद से पूरी तरह लागू होता है। बावजूद इसके, टिकट लेकर भी हम लोग एक पैर पर खड़े हैं–क्या यह नियमों के प्रति हमारी महान् घृणा को नहीं दर्शाता ?"

मैंने अनुभव किया, हर कोई कष्ट का सामना कर रहा था। अकेला ईश्वर जानता था, अब आगे क्या होगा ? उत्तेजना बढ़ती ही जा रही थी। शायद, अगर मैं हस्तक्षेप करता तो मेरे जिले के लड़के मेरी बातों को मानते और शान्त भी हो जाते, किन्तु मैं अपने भीतरी द्वन्द्व में उलझा हुआ था और किसी भी आदमी को शान्त कराने की मनःस्थिति में नहीं था। इसके पहले तक मुझमें मेरा कवि अनुगूँज पैदा करता रहता था और कहता रहता था कि यदि पृथ्वी पर कहीं स्वर्ग है तो वह पूर्णिया है; और आज मैं अपनी गृह-भूमि के अटल रिश्ते को तोड़ रहा था।

गाड़ी अगले स्टेशन पर पहुँची : अररिया-कोर्ट स्टेशन ! पुनः वही नजारा, फुटबॉल

खेलनेवाले और उनके सहयोगियों की भीड़ ! वस्तुतः वह 'टीम' अररिया-कोर्ट स्कूल की टीम के नाम से पुकारी जाती थी और वह कहीं दूसरी जगह एक मैच खेलने जा रही थी। मैंने भी इस स्कूल में अध्ययन किया था। जैसे ही गाड़ी रुकी, छात्र अन्दर आये। वे 'फॉक्स कप टूर्नामेंट' खेलने जा रहे थे और उसी के बारे में बातें कर रहे थे। भागलपुर··· दुमका··· किसनगंज,··· नौलखा शील्ड में खेलने के लिए अजीमगंज से··· बनैली शील्ड मैच··· पूर्णिया··· 1936 ··· 'अ··· '38 ··· !

स्टेशन पर लोग हिन्दी, बंगला और स्थानीय बोली में जोर-जोर से बोल रहे थे–"क्या सब लोग गाड़ी पर चढ़ गये ?" "माखन कोथाय ?" (माखन, कहाँ है ?) "उठते पेयरेछे ?" "की हो रामलगीना ?"

कोई भी व्यक्ति अब यह नहीं कह रहा था कि यह 'रिजर्व' या 'स्लीपिंग' कम्पार्टमेंट है। वहाँ बहुत सारे युवा थे।··· और अचानक मैंने प्लेटफॉर्म पर एक आवाज सुनी, जिसने मेरी नसों में सनसनाहट-सी भर दी। यह पोचादा की आवाज थी। पोचादा अब भी जीवित है ! नहीं, यह कोई दूसरा होगा ! किसी दूसरे ने पुकारा–"पोचादा, पोटला कोथाय ?" (पोटला कहाँ है ?) पोचादा मेरे कम्पार्टमेंट में चढ़ा।

अब मै क्या करूँ ? अपनी आँखें बंद कर लूँ और सोने की कोशिश करूँ ! अपने चेहरे को अपने अखबार से ढँक लूँ ?··· मैंने ऐसा ही किया। अपने चेहरे को ढँक लिया और ध्यान से सुनने लगा। पोचादा का रंग धूसर हो गया था, अन्यथा वह उसी तरह था, जिस तरह मैंने उसे 1936, '37, '38 में देखा था। आश्चर्यजनक बात थी कि पोचादा अब भी फुटबॉल टीम को वैसे ही उत्साह से ले जा रहा था।

हमने पोचादा की सुस्पष्ट आवाज को कम्पार्टमेंट में सुना : एक आवाज जो नासिका से होकर बदल जाती थी, एक ऐसा उच्चारण जो हल्का और अस्पष्ट हो चुका था–नसवार लेने के जीवन-काल को धन्यवाद करता हुआ ! पोचादा 'गंगा' नहीं कह सकता था, वह कहता–गग्गा; 'मंगल' नहीं, बल्कि मग्गल ! वह कम्पार्टमेंट के पुराने यात्रियों को संबोधित कर कह रहा था–"मत सोचिये कि हम 'डब्ल्यू टी' (विदाउट टिकट) यात्रा कर रहे हैं। प्रत्येक के पास टिकट है। किन्तु ये सब युवा बालक हैं और अगर ये कोई गलती करते हैं तो इन्हें क्षमा कर दें। हम लोग सिर्फ कटिहार तक जा रहे हैं। कृपया जरा घसकिये और इन्हें बैठने दीजिए।" अब सभी के लिए बैठने की जगह हो जाना प्रायः निश्चित था।

पोचादा ! वह अररिया-कोर्ट शहर में अपने-आपमें एक संस्था था। उसका सही नाम कोई नहीं जानता था। वास्तव में, यह अकल्पनीय था कि उसका 'पोचादा' के अतिरिक्त भी कोई दूसरा नाम भी हो सकता था। किसी ने भी उसे फुटबॉल खेलते नहीं देखा। वह किसी टीम का प्रतिनिधित्व भी नहीं करता था। किन्तु, फुटबॉल के मौसम के दौरान उस क्षेत्र की किसी भी टीम के द्वारा कोई भी मैच खेले जाने के पाँच दिन पहले पोचादा व्यवस्था देखकर चिंतित होने लग जाता

था। किसी स्कूल या शहर की जब कभी कोई टीम होती–पोचादा उसका 'अनऑफिसियल' मैनेजर होता और वह 'स्पेक्टेटरों' को संगठित करता था। पोचादा फुटबॉल के मौसम के बाद क्या करता था, कहाँ रहता था–कोई नहीं जानता था।

मैं उस अखबार के नीचे कष्ट अनुभव करने लगा। पोचादा एक सहयात्री को उत्तर दे रहा था, जो उसे कुरेदने की कोशिश कर चुका था–"अर्-रे साहब ! आप क्या कह रहे हैं ? आपको पूर्णिया के एक हिस्से की भी जानकारी नहीं है। पूर्णिया भारतीय फुटबॉल के इतिहास में स्थान रखता है। क्या आपने समद खान का नाम सुना है ? हाँ, हाँ, वही समद खान, जो 1928-29 में 'ऑल इंडिया चैम्पियन फुटबॉलर' था। वह पूर्णिया का था। यही वह जगह है जहाँ उसने फुटबॉल खेलना सीखा। और क्या आप दामू के बारे में जानते हैं ? दामू का मतलब है–ए. डे–उसका पूरा नाम है अनिल डे। 1940 से 1945 तक वह मोहन बागान का कैप्टेन था। अपने बचपन में उसने खेलना यहीं अररिया कोर्ट में सीखा। फिर, लतीफ के बारे में क्या जानते हैं ? मोहम्मेदान स्पोर्टिंग का कैप्टन कौन था ? क्या वह भी पूर्णिया से नहीं आता था ? हमारा पूर्णिया किसी भी क्षेत्र में किसी भी क्षेत्र से पीछे नहीं है। कृषि पर बात कीजिए : पूर्णिया का एक किसान किसी भी क्षेत्र के दो किसानों के बराबर है। यदि आप मेरी बात पर विश्वास नहीं कर सकते तो किसी से भी पूछ सकते हैं। पूर्णिया बिहार का एकमात्र जिला है, जहाँ जूट की खेती होती है।··· शिक्षा ? बंगाल के दादा मोशाय या केदारनाथ बन्धोपाध्याय, बनफूल या बालायचन्द मुखोपाध्याय, सतीनाथ भादुड़ी··· और हिन्दी के बहुत सारे लेखक !"

ट्रेन कुसियार गाँव पहुँची–मैंने सोचा। पोचादा ने खिड़की से सिर बाहर निकालकर प्लेटफार्म पर गुजरनेवाले एक आदमी से पूछा कि कल के मैच का 'रिजल्ट' क्या हुआ ? उसने प्रत्युत्तर में जो भी सुना, उससे उसके चेहरे पर चमक दिखाई पड़ी। "ग्रेट !" वह आश्चर्यित हुआ, "फिर आज का मैच सम्मोहक होगा !"

अनायास ही मेरे मुँह के ये शब्द बाहर आ गये–"क्यों पोचादा, क्या यह शील्ड मैच है ?"

पोचादा ने एक क्षण के लिए मुझे अजनबी निगाहों से देखा, और फिर अचानक ही खुशी से उछल पड़ा–"अर्-रे तुम ! ऊपर वहाँ बैठे क्या कर रहे हो ? यहाँ नीचे आओ ! वाह ! कितने वर्षों के बाद तुम्हें देख रहा हूँ, और वह भी कैसे संयोग में !"

जब मैं नीचे उतरा, पोचादा ने मुझे आलिंगनबद्ध कर लिया और बंगला में बोला–"तुम बड़े आदमी हो गये हो, मैंने सुना। मैं हर जानकारी रखता हूँ।"

मैंने हकलाते हुए कहा–"नहीं, नहीं पोचादा, मेरे बारे में कुछ भी 'बड़ा' नहीं है।··· आप टीम को कहाँ ले जा रहे हैं ?"

पोचादा ने उत्तर नहीं दिया, बदले में वह दूसरे यात्रियों से सम्बोधित हो गया और बोला–"देखिए महाशय, मैं पूर्णिया में पैदा हुए महान् लोगों की संख्या गिना

रहा था, यहाँ आपके सामने उसका एक सही उदाहरण है। आप लोगों में से किसने इसका नाम नहीं सुना है, इसकी किताबें नहीं पढ़ी हैं, इसकी किताबों से बनी फिल्में नहीं देखी हैं !"

संकुचित होकर मैंने विषय को बदलना चाहा—"पोचादा, मैंने सुना है कि अररिया कोर्ट टाउन क्लब अब किसी काम का नहीं रह गया है !"

मैंने जो अपेक्षा की थी, ठीक-ठीक वही प्रतिक्रिया हुई। पोचादा भड़क उठा—"तुम्हें यह किसने कहा ? सभी घटिया लोग ऐसा झूठ बकते हैं ! अररिया कोर्ट की कोई भी टीम कमजोर नहीं है, न कभी कमजोर हो सकती है !"

पोचादा शान्त हो गया, जब उसने मुझे मुस्कुराते हुए देखा। उसने अनुभव कर लिया कि मैं जान-बूझकर उसे छेड़ रहा था। मैंने उससे अपने बचपन के सभी मित्रों के बारे में पूछा। पोचादा उनमें से प्रत्येक के बारे में प्रायः जानता था कि वे कहाँ हैं ?

पोचादा ने कहा—"तुम हम लोगों के पास क्यों नहीं आते हो ? एक लम्बा समय बीत गया ! अब तो तुम इतने बड़े हो गये हो··· !"

मैं फुटबॉल के विषय पर पुनः लौटा—"क्या नानीदा, नेपीदा और दूसरे अब तक फुटबॉल में रुचि लेते हैं ? युवा सेनगुप्ताओं और दासगुप्ताओं के बीच कितने फुटबॉल खिलाड़ी वहाँ हैं ?"

पोचादा ने अपनी नासिका में नसवार लिया—"नानी, नेपी, भोला, कालू, नीलू, फेला, कांती, सचिन, मोती, नेमाई, इब्राहिम, अलीम, बलुआ, मग्गन लाल—इन सभी के बेटे और भतीजे खेलते हैं।··· ऐय्य पोटला, यहाँ आओ ! देखो, यह कांती का भतीजा है, और वह नीलू का भतीजा ! और, वह तुम्हारी शेफालीदी का बेटा, किरन, हमारा अच्छा 'फारवर्ड' है। अररिया कोर्ट टीम कभी बेकार नहीं हो सकती ! तो, तुम कब आ रहे हो ? तुम पूजा के समय क्यों नहीं आते ? तब तुम सबसे एकसाथ मिल सकोगे। तुम नहीं जानते, लोग तुम्हें कितना याद करते हैं ?"

पोचादा ने ऐसा ही बहुत-कुछ कहा, और फिर अचानक ही—"देखो, तुम पटना जा रहे हो, क्या ऐसा नहीं है ? तुम क्यों नहीं इस ट्रेन को कटिहार में छोड़ देते, मैच देखते और शाम को मेल ट्रेन पकड़ लेते ?"

"यह असंभव है, दादा !" मैंने उत्तर दिया।

"क्यों ? यह क्यों असंभव है ?" मेरे पास पोचादा के इस सरल प्रश्न का कोई उत्तर नहीं था।

अपने गाँव की कटु स्मृतियाँ, इसकी जिंदगी और इनके प्रति मेरा अस्वीकार—मेरा मस्तिष्क हृदय को भूल जाने की माँग कर रहा था।··· मैं चुप रहा। मै दूर जा रहा था, अपने गाँव, अपने जिले, अपने लोगों के साथ के सम्बन्धों को तोड़ रहा था—जिनके बीच ही पला-बढ़ा था। मैं निर्णय ले चुका था कि मैं किसी को भी अपने इस निर्णय को प्रभावित करने नहीं दूँगा।

पोचादा ने मुझे उद्विग्न होते हुए देखा और कहा—"अर्-रे ! अगर यह वास्तव

में असंभव है, फिर कोई बात नहीं। किन्तु, कोशिश करना और देखना, यदि तुम आ सके तो मैं तुम्हें अपने बीच देखकर बहुत खुश होऊँगा…।"

"नहीं दादा, इस बार नहीं…।"

गाड़ी कटिहार जंक्शन पहुँची। पोचादा लड़कों से बोला–"बिल्कुल ठीक, अब अपना सामान तैयार करो।" ट्रेन रुकी। कम्पार्टमेंट छोड़ते हुए, पोचादा ने अंतिम बार मुझसे पूछा–"तुम क्यों नहीं इन युवा लड़कों का खेल देखते ? ऐसा था, इसीलिए मैं तुमसे रुकने के लिए कह रहा था…"

मैं पूर्ववत् चुप रहा। पोचादा अपने खिलाड़ियों के साथ उतर पड़ा। मैं भी थोड़ी देर राहत की सांस लेने प्लेटफॉर्म पर उतर पड़ा। लड़के एक ग्रुप में खड़े थे, हँस रहे थे, खुश थे। मैंने अपनी आँखें मूँद लीं, और एक बूँद आँसू चू पड़ा। … मेरा दिमाग पैंतीस-छत्तीस वर्षों पूर्व लौट गया। मैं भी ठीक नीलू के भतीजे की तरह था–साफ रंग का और खूबसूरत। इसे भी अवश्य ही 'सेन्टर फारवर्ड' में खेलना चाहिए। कान्ती का भतीजा, ठीक बलुआ की तरह–इसे अवश्य ही 'गोलकीपर' होना चाहिए। पटाला, ठीक नेपीदा के समान–इसे शान्त और व्यवस्थित खिलाड़ी होना चाहिए। क्या कोई भोला की जगह भी ले चुका है–जो खेल के मैदान में भी मजाक करता था और प्रफुल्लित रहता था ?

पोचादा ने मेरे विचारों में व्यवधान उपस्थित किया–"क्या सोच रहे हो 'यंग मैन' ? आओ भी, इस ट्रेन को छोड़ो !"

नीलू के भतीजे ने पूछा–"चाचाजी, क्या आप हमारा खेल देखना नहीं चाहते ?"

मैं परास्त हो गया। मैं सोचता था कि अब मैं सम्मान पाने योग्य कभी नहीं हो सकूँगा। मैं नहीं सोचता था कि अब मैं अपने गाँव को छोड़ने योग्य कभी भी हो सकूँगा। मैंने एकाएक कहा–"एक कुली बुलाइये, कृपया !"

किसी कुली की जरूरत नहीं पड़ी। लड़के छलाँग लगाकर ट्रेन में घुसे और मेरा सामान बाहर ले आये। पोचादा चमक से भरकर खिल उठा–"इसके लिए तीन बार जय-जयकार…'

अंग्रेजी से अनुवाद–भारत यायावर। Sunday 26 / नवंबर, 1976

तीसरा भाग

विविध विधाएँ (निबन्ध, नाटिका,
हास्य-व्यंग्य रचनाएँ, मूल मैथिली
रचनाएँ, उपन्यास-अंश)

निबन्ध

सामाजिक कार्यकर्त्ताओं से दो शब्द

दुनिया के हर एक समाज में ऐसी दशाएँ उत्पन्न होती ही रहती हैं, जब दूसरों की मदद की जरूरत आ पड़ती है। पुरुष तगड़े होकर भी अपने पैरों आप नहीं खड़े हो सकते। गरीबी और इससे पैदा हुई मुश्किलें तो आम तौर पर हमेशा ही नजर आती रहती हैं। अलावा कुटुम्बों में गड़बड़ें और छोटे-छोटे झगड़े हो ही जाते हैं। यह ऐसी चीज है, जिसकी ओर समाज को ध्यान देना ही पड़ता है। फिर भी बहुत-से लोग ऐसे निकल जाते हैं, जो समाज और कुटुम्ब में उचित ढंग से चल नहीं सकते। उनमें चोरी, गुण्डापन, झगड़े आदि बहुत-सी ऐसी आदतें पड़ जाती हैं, जिनसे समाज को या तो नुकसान सहना पड़ता है, नहीं तो उन्हें सुधारने की कोशिश करनी पड़ती है। स्कूल के बच्चों की कभी-कभी ऐसी हालत हो जाती है कि अगर सहानुभूति रखनेवाले किसी बड़े आदमी की उन्हें मदद मिल सके, तो ऐसे बच्चों का आचरण बजाय पतनोन्मुख होने के, उन्नत होने लगे। लोगों की प्रतिदिन की जिन्दगी में ऐसी समस्याएँ आ जाती हैं, जिनसे दिमाग चकराने लगता है और अगर ऐसे वक्त में उन्हें किसी की मदद मिल सके तो उन्हें पागलपन के रास्ते से बचा लिया जा सकता है। अस्पतालों में बहुत दफा ऐसे मरीज देखे जाते हैं, जिन्हें दवा के अलावा सहानुभूति से बातचीत करनेवाले व्यक्ति की ज्यादा जरूरत महसूस होती है। और भी बहुत-सी हालतें हैं, जिनमें लोगों, कुटुम्बों और जाति को बाहर से मदद की जरूरत पड़ती है।

भारतवर्ष में गरीबों में रुपये बाँटने के तो कितने ही तरीके चलते आये हैं। फकीरों को अनाज और पैसा देना परम्परागत परिपाटी है। सदावर्त और धर्मशालाओं का रिवाज भी चारों ओर है। सेठ और व्यापारी धर्मादे की पेटियाँ रखते हैं। पर यह सब खर्च या तो पुरातन से आयी लकीरों पर होता है या किसी व्यक्ति ने किसी वक्त सबसे ज्यादा दिल में टीस पैदा कर दी, तो उसके लिए हो जाता है। सोच-विचारकर, लोगों की जरूरतों को ध्यान में रखकर कोई ऐसा काम नहीं किया जाता। फलतः बहुत-से लोग, जो थोड़ी-सी मदद से भी अपने को सँभाल

सकते थे, बिना मदद के गिरते चले जाते हैं और जो ढोंगी होते हैं, बेकार पड़े-पड़े मजे उड़ाने लगते हैं। रुपये के अलावा जिन लोगों को और तरह की जरूरत होती है, उनकी ओर भारतीय समाज ने कोई खास ध्यान नहीं दिया है।

इंगलैंड और अमेरिका में भी 200 वर्ष पहले तक यही हालत थी। पर धीरे-धीरे वहाँ के लोगों का ध्यान समाज के लिए इस बड़े जरूरी कार्य की ओर आकर्षित होता गया। समाज का हर-एक व्यक्ति समाज को बनाता है। और अगर उन लोगों को, जो किसी वजह से आम ढर्रे से बिछुड़कर गिरने लगते हैं, शुरू में ही सँभालकर अपने पैरों पर खड़ा कर दिया जाय, तो समाज को बहुत-से कष्टों से छुटकारा मिल जाय। यही विचार वहाँ के सामाजिक कार्यकर्त्ताओं को नये-नये तरीके ढूँढ़ने को उत्साहित करता रहा, और कर रहा है। एक बात जो बहुत-से पश्चिमी देशों ने अब अख्तियार कर ली है, वह है ज्यादातर लोगों को मदद के लिए रुपये देने की रीति को छोड़ देना। इसकी जगह अब वहाँ हर-एक आदमी के, हर-एक कुटुम्ब के मामले को अलग-अलग देखा जाता है; उसकी जरूरतें समझने की कोशिश की जाती है; और इस निगाह से कि उसे अपने पैरों पर फिर खड़ा कर दिया जाय–ताकि वह औरों की तरह बिना मदद चल सके–तरीके सोचे जाते हैं। इसी को वहाँ सामाजिक काम कहते हैं। मतलब यह है कि जैसे वकील या डॉक्टर अपने मामलों की अलग-अलग जाँच-पड़ताल करता है और उनके लिए उनकी जरूरत के मुताबिक तरीके निकालता है, ऐसे ही सार्वजनिक कार्य करनेवाला भी उसके सामने आये हुए हर-एक मामले की अलग जाँच करता है और उसकी जरूरत के मुताबिक काम करता है।

सामाजिक कामों में सबसे पहले यह खयाल रखा जाता है कि मदद के लिए जो मामला सामने आया है, वह किन वजहों से मदद के लिए सामने आया। यदि वह व्यक्ति आसानी से समाज में चल नहीं पाता है, तो सिर्फ रुपये देने या बँधे हुए नियमों पर काम करने से ही उसकी हालत न बदल सकेगी; उन कारणों को, जिन्होंने उसे विचलित करना शुरू किया है, दूर करना होगा। हर-एक मामले पर विस्तृत रूप से विचार करना होगा। एक बेकार आदमी को जो सिर्फ रुपये की मदद माँगने आया हो, यह जरूरी नहीं है कि रुपया मिलने से फिर मदद की जरूरत न पड़े। शायद उसकी बेकारी इस वजह से हो कि घर पर उसकी औरत बीमार है, उसको खाना ठीक से नहीं मिलता है, और इसलिए वह काम में दिल नहीं लगा सकता है। ऐसे व्यक्ति को रुपये की मदद से फायदा न होगा, बल्कि उसके घर की हालत बदलनी होगी। एक कुटुम्ब को, जो अपना खर्च न चला सकता हो, महीनों से भाड़ा न दे सका हो, और खाने के लाले पड़े हों, ऊपर से देखने में ऐसा लगेगा कि उसे रुपये के सिवाय और किसी चीज की जरूरत नहीं है। पर शायद अगर तह में पहुँचा जाय, तो पता चलेगा कि स्त्री-पुरुष में झगड़ा रहने

की वजह से, कुटुम्ब में झूठी शान कायम करने की आदत से ऐसी हालत उत्पन्न हुई है, और उस वक्त रुपये के बजाय पति-पत्नी की कार्य-प्रणाली में परिवर्तन करना शायद ज्यादा लाभप्रद होगा। एक बच्चा, जो क्लास में न पढ़ सकता हो, बुद्धू कहकर टाल दिया जाता है। पर शायद पता लगाया जाय, तो मालूम पड़ेगा कि उसका बुद्धूपन इस वजह से है कि उसकी आँखें कमजोर हैं, और श्याम-पट्ट की लिखावट को देख नहीं पाता है; या उसके कानों में खराबी है, और वह अच्छी तरह सुन नहीं सकता; या उसके घर में झगड़े चलते हैं, जिनकी वजह से उसका दिमाग पढ़ने के बजाय घबराहट में ज्यादा लगा रहता है। इसी तरह इन समस्याओं के और बहुत-से कारण हो सकते हैं। उनको ढूँढ़ने की जरूरत है और वह काम सामाजिक कार्यकर्त्ताओं का है। पश्चिमी देशों में दो अलग-अलग समस्याओं के कार्य करनेवालों की अलग-अलग संस्थाएँ बनती जा रही हैं; और वे अपने कामों में विशेषज्ञ होते जा रहे हैं।

हम भारतवासियों में एक अजीब आदत है, चाहे कोई विषय पूरी तरह जानें या न जानें, पर अपने विचारों को उन विषयों पर सबसे आगे रख देते हैं। बीमार के पास जो भी ऐरे-गैरे आते हैं, चाहे उन्हें सारे शरीर के अंगों के नाम भी न मालूम हों, अस्पतालों, लेबोरेटरियों और डॉक्टरी कॉलेजों की भले ही सूरत न देखी हो, पर बीमार को कौन-सी दवा लेनी चाहिए, इसकी राय देने में वे सबसे आगे बढ़ जायेंगे; और उनके खयाल से उनकी दवा अक्सीर होती है। मकान बनाने जो आयेगा, चाहे उसने इंजीनियरिंग का नाम भी न सुना हो—आपको कैसे मकान बनाना चाहिए, इसकी पूरी तफसील आपके सामने पेश कर देगा। कोई भी लाइन लीजिए, हम लोग अपने को, विशेषज्ञों के भी विशेषज्ञ समझने लगते हैं, और समाज के काम में तो कुछ कहना ही नहीं। बच्चों से कैसा बर्ताव करना चाहिए, बिगड़ों को कैसे सुधारना चाहिए, पढ़ाने का क्या ढर्रा होना चाहिए, गिरते लोगों से कैसे बर्ताव करना चाहिए, इन सब बातों में तो बुद्धू से बुद्धू और बुद्धिमान से बुद्धिमान, सब अपने को विशेषज्ञ समझते हैं। सामाजिक कार्यों में बुद्धि की कितनी जरूरत है, इसको हम लोग इसी कारण से पूरी तरह समझ नहीं सके हैं। और जहाँ कहीं यह काम शुरू भी होता है, तो सच्चे कार्यकर्त्ताओं को अपनी सारी जानकारी के साथ भी अपने-आप बने विशेषज्ञों की भी वजह से बड़ी अड़चन पड़ती है। हमारे यहाँ समस्याओं की कुछ कमी नहीं है, और अब समय है कि हम भी अपनी विशेषज्ञता को छोड़कर सच्चे सामाजिक काम करनेवालों को अपनायें। हिन्दुस्तान में भी कुछ संस्थाएँ हैं, जो ऐसे काम करनेवालों को शिक्षा दे रही हैं; और उनका नम्बर बढ़ता ही जा रहा है। इनमें बम्बई के सर सोहराबजी टाटा ग्रेजुएट स्कूल ऑफ स्पेशल वर्क्स में ट्रेनिंग सबसे बड़े पैमाने पर होती है। इसके अलावा बम्बई में सोशल सर्विस लीग और यूनिवर्सिटी सेटिलमेंट, इलाहाबाद की यूनिवर्सिटी और कुछ संस्थाएँ

भी छोटे-छोटे ट्रेनिंग-कोर्स चलाती हैं, जहाँ इस काम को करने की शिक्षा दी जाती है।

भूले-भटकों को सँभलने की रीतियाँ

समाज की रफ्तार में जहाँ ज्यादातर आदमी अपने को समाज की माँगों और जरूरतों के मुताबिक ढालते हैं, वहाँ थोड़े-से ऐसे भी व्यक्ति निकल आते हैं जो अपने को बदलती हालतों में अच्छी तरह जमा नहीं सकते। ये लोग अपने निराले ढंग की वजह से समाज को काँटे-से लगने लगते हैं और समाज को भारी लगने लगता है। जीवन के जो थोड़े-से ढर्रे होते हैं, उनसे ये लोग हट जाते हैं और समाज को अपना ढाँचा बराबर रखने के लिए इनके वास्ते कुछ-न-कुछ करना पड़ता है।

समाज की रफ्तार में जो ये छोटी-छोटी अड़चनें आती हैं, उनमें सबसे आगे तो कानून के खिलाफ जानेवाले जुआरी, चोर, स्त्रियों के व्यापारी, जालसाज वगैरह हैं; फिर खानाबदोश, भिखारी और ऐसे ही लोगों का नम्बर आता है। नारियों के सवालों में वेश्या, पति द्वारा निष्कासन (यानी परित्यक्ता), बाल-विधवा और ऐसी ही समस्याएँ आती हैं। बच्चों की समस्याओं में घर से भागना, पढ़ने और काम में दिलचस्पी न लेना, ज्यादा लड़ना-झगड़ना और किसी के डाँट में न आना, बे-माँ-बाप का होना, और ऐसे ही कुछ सवाल आ जाते हैं। घरों से अनबन, कुटुम्बों का टूटना, अच्छे घरों की माली हालत गिरती जाना—यहाँ तक कि अपने को सम्भाल न सकना वगैरह सवाल घरों में पैदा हो जाते हैं।

आजकल के तरीके में किसी भी समस्या को सिर्फ एक बुरा नाम देकर टाल नहीं दिया जाता—कोशिश की जाती है कि उसकी तह तक जाकर उसका हल निकाला जाये। हर बात का कोई-न-कोई कारण होता है; और अगर किसी भी समस्या को ऊपरी रूप से न देखकर उसके कारणों का पता लगा लिया जाये तो उसका हल भी ज्यादा कारगर हो सकेगा। किसी आदमी या कुटुम्ब में जब कोई समस्या पैदा होती है, तो उसकी वजहें, उसके व्यक्तित्व, कुटुम्ब और समाज में ढूँढ़नी पड़ती हैं। व्यक्तित्व में सबसे बड़ा प्रश्न दिमाग का उठता है—चरित्र कितना गठ सका है, आदतें कैसी बन सकी हैं, स्वभाव बचपन की हालत से निकलकर समाज को अपनाने के लिए कितना परिपक्व हो सका है, स्वभाव कमजोर है या तेज, बे-सलामती की भावना, एवं नये अनुभव प्राप्त करने की इच्छा कितनी तेज है और कितनी नहीं, कुटुम्ब में या घर में एक-दूसरे से कितनी बनती है, घर का कामकाज कितनी होशियारी से चलाया जाता है, बहुत ज्यादा आदमी तो नहीं हैं, बीमारी तो ज्यादा-ज्यादा नहीं रहती, बेकारी तो ज्यादा नहीं है, नाजायज रिश्ते नहीं हैं, माँ-बाप का बच्चों की ओर कैसा रुख है, वगैरह सवाल देखने लायक होते हैं। समाज के ढाँचे की वजह से जो सवाल पैदा होते हैं, उनमें रहने के लिए

मकानों की हालत, खेलकूद और दिल-बहलाव की सहूलियतों की कमी, बदचलन और जुर्मी लोगों की बस्ती का होना, विदेशों में जाकर बसना वगैरह गिने जा सकते हैं।

सामाजिक मामलों में हर समस्या को उसकी अपनी निगाह से देखा जाता है और उसके हल के तरीके भी अलग-अलग अख्तियार किये जाते हैं। कुटुम्बों के मामलों का काम करने के लिए अलग संस्थाओं को काम करना पड़ता है, जिनका काम सारे कुटुम्ब को स्वस्थ बनाकर अपने पैरों पर खड़ा कर देना होता है। बच्चों के काम के लिए स्कूलों में ऐसी शिक्षिकाएँ रखने की रीति चलने लगी है, जो उनकी मुश्किलों को हल करने की कोशिश करती हैं। लावारिस और बिना देख-रेख के बच्चों का काम अलग संस्थाएँ करती हैं, जिनमें नये ढंग के यतीमखाने, औद्योगिक स्कूल और बच्चों की मदद करनेवाली संस्थाएँ हैं। जो बच्चे चोरी वगैरह करने लगते हैं, उनके लिए जिन खास तरीकों की जरूरत होती है, वे काम कचहरियों से सम्बन्ध रखनेवाली संस्थाएँ करती हैं। हिन्दुस्तान में ये शिशु सहायक समिति कहलाती हैं। जिन बच्चों का दिमाग कमजोर है या जो अपाहिज हैं, उनके लिए खास स्कूल होते हैं, जैसा कि बम्बई के पास चेम्बूर में 'होम फॉर मेंटल डिफेक्टिव चिल्ड्रेन' है। जैसे बदन में बीमारियाँ होती हैं, वैसे ही दिमाग और स्वभाव में भी गड़बड़ी पैदा हो जाती है। उनका इलाज बच्चों और बड़ों के लिए अलग-अलग खास तरीकों पर किया जाता है।

सामाजिक कामों के लिए उतने ही हुनर और उतने ही संघों की जरूरत होती है, जितने और किसी काम के लिए और उतना ही उनका दायरा भी। जिन तरीकों से दूसरे देशों में लोग फायदा उठा रहे हैं, उनको हमारे अपनाने का वक्त आ गया है।

साप्ताहिक विश्वमित्र / 2 अप्रैल, 1945। शीर्षक में 'सामाजिक' शब्द सम्पादक का लगाया हुआ। 'प्राणों में घुले हुए रंग' पुस्तक में संकलित

राष्ट्र-निर्माण में लेखक का सहयोग

वास्तव में प्रस्तुत विषय, सवालों का सवाल है। स्वतन्त्रता-प्राप्ति के पहले राष्ट्र की गुलामी ही हमारी प्रमुख समस्या थी। स्वतन्त्र भारत की प्रमुख समस्या–राष्ट्र-निर्माण की समस्या है। इस समस्या के मूल में बहुत सारी समस्याओं की गुत्थी उलझी हुई है। और, मुझे लगता है कि यही एक प्रश्न है जिसको हल करने के लिए

हमें बार-बार एकत्र होने की आवश्यकता पड़ रही है। इसलिए आरम्भ में ही निवेदन कर दूँ—ऐसे कठिन और महत्त्वपूर्ण विषय पर मुझ-जैसे नये चिन्तक के विचार सहचिन्तन को उलझायेंगे ही। आदर्श राष्ट्र के बारे में, जन-मन-गन-अधिनायक के गायक ने कहा था—आधुनिक युग में हम उसी राष्ट्र-नीति को श्रेष्ठ कहेंगे जो सर्वजन की स्वाधीन बुद्धि और स्वाधीन शक्ति को प्रकाशित करने का समुचित अवसर दे।

देश को स्वाधीन हुए एक दशक हो रहा है, किन्तु प्रवीण चिन्तन की परम्परा हमारे देश में अभी अंकुरित ही नहीं हुई है। अन्य क्षेत्रों में जो कुछ भी हुआ है—चिन्तन के क्षेत्र में कोई अग्रगति नहीं हुई है। प्रवीण-चिन्तन—जिसको कवि-गुरु ने चित्र का स्वराज्य एवं मोहयुक्त बुद्धि का उदार अनुशीलन कहा है। आत्मानुसन्धान, तीव्र विचार विरोध—गणतन्त्र की सफलता और अग्रगति के न्यूनतम उपकरण हैं। कहने का तात्पर्य यह नहीं कि जीवन को उपवासी और जीर्ण रखकर मनन और चिन्तन का उन्नयन किया जाये। सभ्यता के सभी उपकरण प्रस्तुत कर देने से ही अन्तर की स्वाधीनता प्राप्त नहीं हो जाती। इसलिए कुछ दिन तक अविरत आत्मानुसन्धान करने की आवश्यकता है। वर्ना, हमारे सामने जो रूमानी आवरण है, वह दूर नहीं होगा। और, उस आलोक के बिना अन्धकार में अग्रसर होने का अर्थ—पतन की ओर बढ़ना है।

हमारे देश में चित्त का स्वराज्य नहीं हुआ है। हमारी बुद्धि मोह-मुक्त नहीं हो सकी है। राष्ट्र-निर्माण की जिन परिकल्पनाओं के कार्य प्रारम्भ हुए हैं, क्या उनसे हमारे दुःख और दारिद्र्य का सचमुच ही अवसान होगा ? हमने इस पर भी कभी विचार किया है ? अपने इस दैन्य का अभिशाप हम भोग रहे हैं।

राष्ट्र-व्यवस्था-गठन करके, जन-कल्याण के पथ पर हमारा देश अग्रसर हुआ है। कल्याण-साधन के कार्य भी प्रारम्भ हुए हैं। किन्तु, हमारे राष्ट्रनायकों के जन-कल्याण की प्रचेष्टा में, बुद्धि को जागृत करने का अभिप्राय कहीं नहीं मिलता। तरह-तरह के वैज्ञानिक प्रतिष्ठानों के द्वारा, सर्वसाधारण के बीच विज्ञान का प्रसाद वितरण कर देने से कुछ नहीं होगा। जन-साधारण की वैज्ञानिक दृष्टि को खोलने की आवश्यकता है। वैज्ञानिक सम्पद-लाभ करने के साथ-साथ वैज्ञानिक दृष्टि-लाभ श्रेयस्कर है। देश की खर-स्रोता-नदियों के जल-स्रोत को विज्ञान की शृंखला में बाँधकर, देश की बंजर और गैर-आबाद जमीन को शस्य-श्यामल बनाने के साथ-साथ मानसिक दुर्भिक्ष-ग्रस्त राष्ट्र की चित्र-भूमि को उर्वर बनाने की आवश्यकता थी। जन-साधारण के सूखते हुए मनन-स्रोत की ओर हमारे राष्ट्रनायकों का ध्यान कभी नहीं गया। यही कारण है कि कोई भी परिकल्पना जन-साधारण के हृदय में प्रविष्ट होकर प्रतिष्ठित नहीं हो पा रही है। इसे राष्ट्र-जीवन का दुरुपयोग ही समझना चाहिए।

विद्युत-आलोक से गाँव-गाँव की अली-गली को आलोकित करने का क्या अर्थ, जबकि सर्वजन के मन के कोटर में चिर-अन्धकार बद्धमूल हो रहा है ? शिक्षा

की अपूर्णता हमारे साहित्य के मुक्ति-विधान में बाधक हो रही है–इसे हम देखकर भी नजरअन्दाज कर रहे हैं। शिक्षा और साहित्य का सम्बन्ध अभिन्न है। किन्तु हमारा दुर्भाग्य, हमारे देश में शिक्षा और साहित्य का प्रत्यक्ष संयोग अभी तक नहीं हुआ। निश्चय ही यह स्थिति किसी राष्ट्र के लिए संकटपूर्ण प्रमाणित हो सकती है।

पंचवार्षिक परिकल्पनाओं का शुभ सन्देश लेकर जब हमारे राष्ट्रनायक जनता के बीच आते हैं तो जन-गन के खाली दिल-दिमाग को देखकर परेशान होते हैं। झुंझलाते हैं। अपने अजीबोग़रीब मुल्क पर तरस खाते हैं। और, कभी-कभी ललाट पर बल डालकर अपने राष्ट्र के लेखकों को खोजते हैं–कहाँ हैं वे–सपनों के संसारवाले ? हम यहाँ कितने सपनों को साकार करने जा रहे हैं। हमारे राष्ट्र के लेखक और कलाकार निर्विकार पड़े हुए हैं।

लेखक और कलाकार निर्विकार नहीं हैं। हाँ, वे असमंजस में अवश्य पड़े हुए हैं। असमंजस का कारण है। स्वाधीनता का कारण है। स्वाधीनता-संग्राम के मूल में जो त्याग और सेवा का आदर्श जीवन्त था–वह धीरे-धीरे विलुप्त हो चुका है, हमारे राष्ट्र के आचरण से। महात्मा गाँधी ने अपनी जीवन-साधना से इस राष्ट्र के जनमानस में जिस प्रचण्ड शक्ति को उद्दीप्त किया था, वह भी लुप्तप्राय है। विदेशी नौकरशाही प्रतिवेश से चिपके रहने के कारण हमारे राष्ट्रनायक इस हकीकत को नहीं समझ सकते हैं। राष्ट्र को संगठनमूलक प्रचेष्टा में प्रवृत्त कराने के लिए जिस आदर्श की आवश्यकता है, उसे हमारे राष्ट्रनायक खो चुके हैं। जबकि स्वाधीनता-संग्राम में उसकी जितनी आवश्यकता थी, उससे भी अधिक आवश्यकता आज है। राष्ट्र-निर्माण की परिकल्पनाओं को सफल करने के लिए देश की जनता को त्याग स्वीकार करना होगा। भविष्य की ओर देखकर वर्तमान का दुःख-कष्ट सहन करना होगा। किन्तु, उपर्युक्त आदर्श की अनुपस्थिति में देश की जनता को वृहत्तर स्वार्थ के लिए अनुप्राणित करना बहुत कठिन व्यापार है।

इस अन्धकारपूर्ण परिपार्श्व में, लोकतन्त्र की प्रतिश्रुति ही आशा का एकमात्र प्रकाश है। इसी के भरोसे हमें सबकुछ करना है। प्लेटो ने लेखक और कलाकार को अपांक्तेय और अछूत करार देकर, राजकाज के मामले से इन्हें बहिष्कृत करने की सलाह दी थी। उसने लेखक और कलाकार को गैर-जिम्मेवार, पागल और नमक हराम समझा था। किन्तु, लोक-तन्त्र के नेताओं ने अनुभव से यह जान लिया है कि किसी भी राष्ट्र के निर्माण में लेखक और कलाकार की सहयोगिता अत्यावश्यक ही नहीं, अनिवार्य है।

यह सही है कि लेखक-वर्ग विभिन्न राजनीतिक मतवादों से प्रभावित हैं। जिन पर किसी राजनीति का प्रभाव नहीं, उनकी अपनी राजनीति है, उनका अपना दर्शन है। इनमें से अनेक ऐसे हैं, जिन्होंने अंतर्राष्ट्रीय दृष्टि प्राप्त कर ली है। इसलिए राष्ट्र-निर्माण को हम विभिन्न दृष्टि से देखते हैं। इसके बावजूद, भारतीय लेखक-वर्ग राष्ट्र-निर्माण में सहायक सिद्ध हो सकता है। यह हमारा विश्वास है। क्योंकि,

भारतीयजन ने राष्ट्रीयता का पाठ अच्छी तरह पढ़ा है। फिर लेखक या कलाकार जिसका धरती से इतना लगाव हो, वह राष्ट्र-निर्माण के कामों को देख-सुनकर अनुप्राणित हुए बिना कैसे रह सकता है ? बहुजन हिताय परिकल्पनाओं को शंका की दृष्टि से देखनेवाले आलोचकों को भी सम्भवतः कोई वाजिब दलील नहीं मिलेगी। यहाँ मुझे एक ऐसी ही दलील की याद आ रही है। हमारे एक प्रतिष्ठित लेखक-बन्धु कोई 'डैम' देखने गये थे। नवनिर्माण को देखकर रचनाकार प्रभावित अवश्य हुआ। किन्तु, 'डैम' के पास ही एक किसान से उसकी भेंट हो गयी। किसान ने कहा–'क्या देख रहे हैं बाबू साहेब ? यह नदी तो विधवा हो गयी।' और, हमारे मित्र कलाकार के मन में यह बात बैठ गयी। उसका सारा उत्साह शेष हो गया। उसने देखा–वास्तव में नवनिर्माण कर्ताओं ने नदी का सुहाग लूट लिया है। नदी विधवा हो गयी है। कवि का हृदय कातर हो गया और सम्भवतः नवनिर्माण-विमुख भी।

आरम्भ में ही मैंने प्रवीण-चिन्तन की चर्चा की है। उपर्युक्त कातरता यदि राजनीतिक पूर्वग्रह की उपज नहीं तो नाबालिग चिन्तन का अकाल परिपक्व फल अवश्य है। राष्ट्र-निर्माण के कार्यों को देखने के पहले उसकी निगाह या तो शासक-पार्टी के झण्डे पर थी अथवा जन-जीवन से परे पले हुए व्यक्तित्व पर–जो ऐसे क्षणों में अपनी लघुता में काँप-काँप जाता है। नहीं तो उस अचैतन्य किसान के सामने वह उस नदी की सही तस्वीर उपस्थित करता–आँचल में सुख-समृद्धि लिए खड़ी सुहागिन पुण्य सलिला ! जो कुछ दिन पूर्व तक डायन थी, अपने बच्चों को खाती थी, वह जन-जन में नवजीवन बाँटने के लिए आयी है। यदि किसी एक व्यक्ति के सरोवर को परिपूर्ण करने के लिए उस नदी को श्रीहीन किया गया तो हमारे बन्धु का ही कर्तव्य था–जन-साधारण को इस बर्बरता की सूचना को देकर, इसके विरुद्ध जनमत तैयार करना। किन्तु, उसका तटस्थ रहना तो किसी भी अवस्था में क्षम्य नहीं। विज्ञान-भवन की भव्य अट्टालिका में–सर्वाधुनिक प्रसाधनों से परिपूर्ण तथा आरामदेह आसनी पर बैठते समय निश्चय ही अनेक लेखकों को अपने जन-साधारण की याद आयी होगी। किन्तु, किसी कवि का हृदय कातर नहीं हुआ, अन्दाज़ की बात है।

प्रश्न उठता है, लेखक या कलाकार राष्ट्र-निर्माण में किस तरह सहयोग दे ? क्या वह 'अप्सरा' पर महाकाव्य लिखे ? चिरन्तन पर नाटक की रचना करे ? मेरे विचार से, यही वह भ्रमपूर्ण स्थल है, जहाँ हम भटक जाते हैं। अपने देश की नौकरशाही ने इस भ्रम को और भी गाढ़ा कर दिया है।··· राज्य को लेखकों और कलाकारों की जरूरत है। उनके सहयोग की आवश्यकता है। भ्रष्ट नौकरशाही आगे बढ़कर लेखकों को बटोरने का काम शुरू कर देती है। तरह-तरह के सार-सरंजाम के साथ लेखक बटोरने का राष्ट्रव्यापी आयोजन प्रारम्भ होता है। वे जानते हैं कि लेखक गरीबी और अवहेलना का मारा हुआ है। इसलिए वह पुकार-पुकार कर कहता है–लेखको ! महाप्राप्ति योग उपस्थित है तुम्हारे द्वार पर। इस लुभावनी पुकार से लेखकों में चांचल्य की सृष्टि होती है। सहयोगिता के नाम पर बटोरे

हुए लेखकों को राष्ट्रनायक-गुण-कीर्तन रचने से लेकर नदी-घाटी योजना के भ्रष्ट पदाधिकारियों का यशोगान करने के लिए तक सलाह दी जाती है। बीच-बीच में तफ़रीह के लिए देश में विभिन्न निर्माण-क्षेत्रों में भेजकर नौकरशाही अपने कर्तव्य से मुक्त हो जाती है। लेकिन लेखक का सन्देहशील मन क्रमशः कोटरग्रस्त हो जाता है। नौकरशाही मशीन का नट-वाल्ट बनकर वह रह जाता है। उधर, राजनेता जब लेखा-जोखा करने बैठता है तो उसकी झुंझलाहट फिर बढ़ जाती है। क्या बात है ? हमने लेखक माँगे थे–ये तो मुहर्रिर हैं। लेखक का क्या कुसूर ? उसे मुहर्रिर होने का कम दुःख नहीं। किन्तु व्रत छोड़कर वृत्ति स्वीकार करने के बाद कलम, नश्लन-बाद-नश्लन पुष्ट होते हुए फाइलों के दस्तावेज़ों की नकल करने में ही घिसती है। हमारा प्रचार-साहित्य इसी का प्रमाण है।

असल में लेखक से सहयोगिता स्थापित करने के ये सारे नौकरशाही तरीके ग़लत ही नहीं, अहितकर भी हैं। इससे राष्ट्र-निर्माण में न तो कोई सहायता मिल सकती है और न साहित्य का कोई मंगल होता है। इसके विपरीत साहित्य का निर्मल जल अकारण ही गन्दला होता है और लेखकीय मंच पर शोर-गुल, छीना-झपटी तथा ईर्ष्या-कातरता को पनपने का मौका मिलता है। इस तरीके को किसी भी आत्म-सम्मानशील लेखक की स्वीकृति नहीं मिल सकती।

यदि हमारे राष्ट्र के लेखक को महान् निर्माण-कार्यों से प्रेरणा नहीं मिलती, तो उसे राजकीय पैमाने पर प्रेरित न किया जाये। रचने दीजिए उन्हें देहवादी रचनाएँ। नवनिर्माण की पहली शर्त है–राष्ट्र को नयी प्रेरणा प्रदान करना। और, बावजूद सारी खामियों के इसने हमारे देश की जनता को प्रेरित करना शुरू किया है। आन्तरिकता-शून्य उपदेशों का असर उलटा होता है। जन-जीवन के सुख-दुःख से परे रहनेवाले साहित्यकार की कटाई हुई रचनाओं का प्रभाव जन-जीवन पर नहीं पड़ सकता। जीवन के क्षेत्र में कुण्ठा, अव्यवस्था और घुटन महसूस करनेवाले लेखकों से, नवनिर्माण से रागात्मक सम्बन्ध स्थापित करने की आशा करना, हिमाकत के सिवा और कुछ नहीं।

क्या पता कि नवनिर्माण की तीव्र प्रेरणा कहीं किसान के बेटे को स्पन्दित कर रही हो। और वह अपनी अटपटी भाषा में मन के उल्लास को जोड़ने की चेष्टा कर रहा हो। दूर किसी उदास गाँव में बैठा कोई बूढ़ा लुहार ट्रेक्टरों, बुलडोजरों की गड़गड़ाहट को सुनकर फिर से जवान हो रहा हो। उसकी बाँहों में फिर से फौलादी ताकत आ रही हो। सेनेटोरियम की खिड़की से, पचास कोस दूर थरमल-पावर प्लाण्ट की चिमनियों को देखकर किसी क्षयग्रस्त युवक के घाव भर रहे हों। विपुल प्राण-धर्म से ओत-प्रोत जीवन-छन्द रचने को वह बेदार हो रहा है।

सम्भव है, साहित्य के इतिहास में उनका नाम कभी न लिया जाये। साहित्यकारों की पंक्ति में उन्हें स्थान न मिले। किन्तु, जन-जीवन में नवीन प्रेरणा और आदर्श स्थापित करने का सारा श्रेय उन्हीं कलाकारों का होगा। एक फ्रेन्च राष्ट्रनायक ने कहा था–"वार इज़ टू सीरियस ए थिंग टू बि लेफ्ट ओनली टु दि जनरल्स।"

इस विख्यात उक्ति के आधार पर हम कह सकते हैं कि रचना का गुरुत्व इतना अधिक है कि इसे सिर्फ साहित्यकारों के हाथ में छोड़ देने से अनिष्ट अवश्यम्भावी है।

आलोचना के अक्तूबर, 1957 में प्रकाशित। 'श्रुत-अश्रुतपूर्व' एवं 'आत्म-परिचय' में संकलित

वह एक कहानी

कई माह पहले यदि मुझसे यह व्यक्तिगत निबन्ध लिखने को कहा गया होता, तो मैं एक विचित्र संकट में पड़ जाता। धर्मसंकट नहीं–मर्म-संकट।

दो कहानियाँ, जो पिछले पच्चीस साल से पहलू में पल रही हैं, 'भिन्न-धर्मा' होते हुए भी मुझे समान रूप से प्रिय हैं। और, कुछ महीने पहले तक मैं इन कहानियों के पात्र और पात्री को भुलावा देता आ रहा था–तुम दोनों मुझे समान रूप से प्रिय हो। किन्तु लिखने की बात होती, तो निश्चय ही श्री ताराशंकर बंद्योपाध्याय की (सर्वश्रेष्ठ ?) कथा 'राइकमल' का नाम लेता। श्री विश्वेश्वरप्रसाद कोइराला की कहानी 'सिपाही' के पात्र गुरखाबहादुर को नेपाली में बड़े प्यार से समझा देता, 'साथी ! स्वास्नी मांछे लाई प्रथम-स्थान दिनू पर्छ भने··· !' (अर्थात्–दोस्त ! चूँकि औरत को पहली जगह मिलती है, वरना तुम ही मेरे सर्वप्रिय हो।) फिर, युवती वैष्णवी राइकमल का आँचल पकड़कर कृष्ण-कीर्तन की एक 'कली' (पंक्ति) तोड़कर गुनगुनाते हुए कहता, 'तोमारि लागिया बंधुआ-आ-आ–त्यागिन् संसार !' (ओ बंधुआ ! तुम्हारे लिए ही सबकुछ छोड़ा !)

लेकिन, आज लिखने बैठा, तो देखा, 'सिपाही' ने वैष्णवी का हृदय जीत लिया है। राइकमल के कण्ठ में आज वैष्णव-पदावली की ललित पंक्ति नहीं, श्यामा संगीत (काली कीर्तन) की पदावली है और सदा मद बरसानेवाली आँखों में है एक अपूर्व चिनगारी, 'के रणरंगिनी–के नारी अंगने एलो–ए समर-साजे साजे !!' (कौन यह रणरंगिनी आयी आँगन में–युद्धवेष में सजकर ?) युवती वैष्णवी की देह से निकलती हुई मधुर गन्ध न जाने कहाँ बिला गयी है ! इन पंक्तियों के लिखते समय, चारों ओर महीनों बिना नहाए-धोए शरीर की गन्ध (पसीने की गन्ध, बूट-पट्टे की गन्ध, बारूद की गन्ध !) फैली हुई है, जो मुझे बहुत भली लग रही है। साइरेन की सतर्क ध्वनि दिशाओं में शब्द-वृत्त बनाती मँडरा रही है और एक ही साथ

सारे नगर की रोशनी गुल हो गयी !··· वैष्णवी ने अब एक नज़रुल-संगीत शुरू किया—उर्ध्वे गगने बाजे मादल, निम्ने उतला धरणी-तल··· !

पहलू में पलनेवाली इन कहानियों की गन्ध ?

हाँ, पहले ही बता दूँ कि इन कहानियों की गन्ध ने ही मुझे युगों से मोह-बन्धन में बाँध रखा है। लखनऊ की ककड़ियाँ खाने की चीज हैं या सूँघने की, नहीं जानता। लेकिन, एक अकाल-परिपक्व पाठक की हैसियत से यह कहने का साहस मुझमें है कि कहानियों में कोई-न-कोई गन्ध अवश्य बसी होती है। एक सफल रचना को पढ़ते समय पाठक रूप, रस, गन्ध और ध्वनि, सभी का स्वाद लेता है।

सन् उन्नीस सौ छत्तीस या सैंतीस की बात है—जब हम ऐसी ही कोई कहानी खोजते रहते थे, जिसमें 'चालू सेन्ट' के बदले कोई नया सौरभ हो। विदेशी—खासकर रूसी और फ्रेंच—कथा-साहित्य में हमें एक नई गन्ध मिलती थी और उन्हीं गन्धों के सहारे हम उस देश की हवा में पहुँच जाते थे—गोर्की, चेखव, तुर्गनेव, मोपासाँ और शोलोखोव के कथांचल में। उन दिनों हिन्दी या अन्य भारतीय भाषा में भी जब ऐसे यथार्थ का स्वाद हमें मिलता, हम तृप्त हो जाते। कथा-साहित्य हमें और कुछ दे या न दे, 'टेस्ट ऑफ़ रियलिटी' की माँग पाठकों की ओर से सदा पेश की गयी है—दादी-नानी की परी और जिन्नवाली कहानियों के युग से ही। सो, किसी सस्ते होटल के गन्दे टेबल पर बिखरे बासी प्याज के टुकड़े, ताड़ीखाना के पास की दूकान में भूनते हुए सींककबाब खानेवाले, गन्दी गलियों की अन्धी कोठरियों के अन्दर से आती हुई अश्लील गालियाँ, औरतों की चीख-पुकार, भिखारियों के अड्डे वगैरह का वर्णन हम जिन रचनाओं में पाते, उन पर 'लाल दाग' लगाकर अपने अन्य (अप्रत्यक्ष) पाठक-बन्धुओं के लिए अपना मन्तव्य लिख देते—'यथार्थवादी और आधुनिक ! अवश्य पठनीय !!' क्योंकि हम अकाल-परिपक्व पाठकों में से अधिकांश 'फ्लेवर' की खोज में उन किताबों को सबसे पहले खरीदकर पढ़ते थे, जिनके मुखपृष्ठ पर यह सतर्कवाणी छपी होती—'स्त्रियाँ और बच्चे इसे न पढ़ें।' ··· षोडशवर्षीय भारतीय पुरुष ने हमेशा यह प्रतिवाद किया है—हम बच्चे नहीं ! उन्हीं दिनों (बचपन में !) की पढ़ी हुई हैं दोनों कहानियाँ—'सिपाही' (नेपाली) और 'राइकमल' (बंगला)।

बचपन में पढ़ी हुई कहानी यदि जवानी में कोई पढ़ने बैठे, तो उसे अकसर निराशा ही हाथ लगेगी। लेकिन, इन दोनों कहानियों को 'बज़ाप्ता बालिग' और जवान होकर भी जब-जब पढ़ा—हर बार कुछ नयी अनुभूति हुई। बहुत सारी बातें—जिन्हें किशोर बुद्धि नहीं पकड़ सकी थी—उभरकर सामने आयीं बाद में। अलबत्ता, गन्ध में कोई फर्क नहीं आया था—उसी तरह मँह-मँह कर रही थीं। किन्तु धरती के रूप, रस और गन्ध की सफल सृष्टि और उन्हें युगों तक टिकाये रखनेवाले अन्य कौशल को 'जवान नज़रों' ने ही सही-सही समझा। रस और व्यंग्य की अनेक बारीक रेखाएँ, वर्णन की अभिनव-शैली, भाषा की चातुरी, शब्दों के सन्तुलित प्रयोग

(सिम्बल और इमेज !) को जब नयी दृष्टि से देखा, तो ये कहानियाँ मर्म के और भी निकट पहुँचती गयीं।

राइकमल और सिपाही।

याद है, पहले 'सिपाही' की कहानी ही पढ़ी थी। पढ़ी नहीं, सुनी थी, कहना ठीक होगा। इसके एक-डेढ़ मास बाद ही 'कल्लोल' (बंगला मासिक पत्रिका) में 'राइकमल' पढ़ने को मिली (जहाँ तक मुझे मालूम है, उस समय तक ताराबाबू का कोई उपन्यास नहीं प्रकाशित हुआ था)। तभी से, ज़िन्दगी एक अजीब कशमकश के दौर से गुजर रही थी। तभी से मैं मोहाच्छन्न अवस्था में (सशरीर और अशरीर) नेपाल के पहाड़ों और घाटियों में घूम रहा हूँ–बंगाल के हर गाँव और घाट का चक्कर काट रहा हूँ। कभी चन्दन की पवित्र सुगन्ध, खोल करताल और कीर्तन की सुरलहरी लेकर हवा डोल गयी है। कभी घोड़े और आदमी की 'घमाई' हुई देह की गन्ध एक तलख़ी बो गयी है। और हर बार यौवन की यन्त्रणा तीव्रतर हुई है। काठमाण्डू और शान्तिपुर-नवद्वीप के 'आकर्षण' को एक ही साथ झेलना बहुत कठिन है। हाथ में 'गोपीयन्त्र' (गुबगुबी बाजा–एकतारा-जैसा एक तार-वाद्य) लेकर–'कृष्ण कली आमि तारे बलि' गुनगुनाने बैठा हूँ, ठीक उसी समय 'बहादुर' आकर खड़ा हो गया है–'कस्तो मांछे ? कैसा आदमी है ? स्वास्नी मांछे (औरत) के पीछे भला मर्द इस तरह मारा-मारा फिरता है ? और गीत गाते समय आँख में आँसू क्यों बाबा ? भगवान ने क्या इसीलिए तुम्हें पुरुष बनाकर भेजा था ? चलो, उठो–ज़िन्दगी की चढ़ाई और उतराई को जवानी ही झेल सकती है, साथी ! आओ–सावधान ! कदम बढ़ाओ–लेफ्ट-राइट, लेफ्ट··· !!'

और, उसके कदम-से-कदम मिलाकर ऊबड़-खाबड़ धरती की कठोर वास्तविकता से जूझता हुआ आगे बढ़ गया हूँ। जब-जब घाव लगे हैं, घायल होकर कराहा हूँ–बहादुर ने झिड़की दी है। लेकिन, जब कभी बेहाल होकर ढेर हुआ, राइकमल आकर सिरहाने में बैठ गयी है–चन्दन-भरी कटोरी, कीर्तन-भरे कण्ठ और मद-भरी आँखें लेकर।

गुरखा सिपाही की निश्छल हँसी और युवती वैष्णवी की आँखों के मद से मेरी ज़िन्दगी सींची गयी है।

किन्तु, मुझे सर्वाधिक प्रिय–'कहानियों' के बारे में नहीं–'कहानी' के सम्बन्ध में लिखना है। इसलिए 'सिपाही' कहानी का कथासार प्रस्तुत है :

'सिपाही' एक नेपाली कहानी है, जिसका प्रमुख पात्र है एक गुरखा फौजी सिपाही। लेखक ने 'फर्स्ट परसन' (पुरुषोत्तम शैली ?) में कहानी लिखी है।

पोलिटिकल-साइन्स के एक नेपाली (तराईवासी) विद्यार्थी को अचानक पहाड़ की यात्रा करनी पड़ी है। बनारस से तराई तक वह आनन्दपूर्वक यात्रा समाप्त कर लेता है। लेकिन, पहाड़ और पहाड़ी रास्ते का उसे पूर्व अनुभव नहीं। जब

चढ़ाई-उतराई का सामना करना पड़ा, तो सारे काल्पनिक 'एडवेन्चर' गायब ! ऐसी ही दुर्वस्था में पीछे से एक आत्मीय पुकार सुनायी पड़ी, 'होय साथी, पर्ख-पर्ख य पनि आऊँन्छू !' (ऐ दोस्त ! जरा ठहरना, मैं भी आ रहा हूँ।)

उसने उलटकर देखा–एक गुरखा सिपाही अपनी पीली दन्त-पंक्ति विस्फारित करके हँस रहा है। उसे बड़ी कोफ्त हुई–एक सिपाही मुझे 'साथी' कहेगा ? साथी भी नहीं–छोटा साथी ? सम्भवतः उसके आभिजात्य को भी थोड़ी ठेस लगी, वह अनिच्छापूर्वक रुका रहा। सिपाही ने पास आकर उसी तरह खुले दिल से पूछा, 'कता हिंडे को ?' (कहाँ तक जाना है ?)··· ऊपर ? चलिए, अमुक चट्टी तक हम साथ रहेंगे। कहा है, अकेला से दुकेला भला। है कि नहीं ? पहाड़ी राह में यदि मन के माफ़िक कोई साथी न हो तो, 'तपाईं को रगत खाने' (झूठ बोलूँ तो आप ही का खून पीऊँ) मुझे कोई मजा नहीं आता।··· देखिए एक बात मैं बिना आपसे पूछे ही बता सकता हूँ कि आप विद्यार्थी हैं। हैं या नहीं, कहिए ? ठीक बताया न ? देखिए, मैंने कैसा पकड़ा ? 'गाय को रगत खाने' (झूठ बोलूँ तो गाय का खून पीऊँ) मैंने आदमी को देखकर ही उसका पेशा जानने में कभी गलती नहीं की। कहिए तो भला, मैंने कैसे जाना ? कहूँ ? आपकी पतली गर्दन और चिड़िया की हड्डी जैसी कलाई को देखकर। हे-हे !! पढ़नेवाले की गर्दन पतली होगी ही। इसीलिए मेरे बाप ने मुझे कभी पढ़ाने का नाम भी न लिया। आज यदि पढ़ा-लिखा होता, तो, हे-हे–आप ही की तरह–हे-हे–पतली गर्दन···'

पहली मुलाकात और एक ही साँस में वह इतनी बातें कह गया। किन्तु, लेखक अपने दिल का दरवाज़ा इतनी जल्दी नहीं खोल सका। वह गम्भीर ही रहा–पोलिटिकल साइन्स का विद्यार्थी और उच्च वंश का नेपाली जो ठहरा ! राह चलते, गन्ने की खेती देखकर सिपाही हुलसित हुआ। दौड़कर गया और बेझिझक दो गन्ने तोड़कर ले आया–मानो खेती उसी की हो। लेखक ऐसा कभी नहीं कर सकता था। एक गन्ना लेखक की ओर बढ़ाते हुए उसने कहा, 'पहाड़ की यात्रा में इससे बढ़कर उम्दा और कोई चीज नहीं। चढ़ाई के समय लाठी बनाकर टेकते चलिए और ऊपर पहुँचकर प्रेम से बैठकर चूसिए और थकान छूमन्तर ! कहिए ठीक है न ?'

राह में जहाँ लेखक के पाँव फिसलने लगते, वह सहारा देता अथवा सावधान कर देता। कभी-कभी ताने भी देता, 'इसीलिए मेरे बाप ने मुझे पढ़ाने का नाम नहीं लिया कभी !'

इतना ही नहीं, समतल रास्ते में दौड़कर लक्ष्य तक पहुँचने की बाज़ी भी वह बद बैठा, 'एक-एक बोतल रक्सी (दारू) की बाज़ी रहे–दौड़िए !'

सामने सिर पर लकड़ी के गट्ठर लेकर आती हुई औरतों पर दृष्टि पड़ते ही सिपाही के चेहरे पर एक अजीब शैतानी खेल गयी। उसने लेखक से फुसफुसाकर कहा, 'देखिए, एक मज़ा दिखलाता हूँ।'

लेखक उसे रोकना चाहता था। तब तक उसने दल की सबसे बूढ़ी औरत को पुकारकर कहा, 'ओ सासजी, ज़रा ठहरना !'

औरतों की टोली ठहर गयी। सिपाही ने बूढ़ी को एक 'असल सिगरेट' (बढ़िया सिगरेट) ऑफ़र किया और एक युवती के पास जाकर खड़ा हो गया। और न जाने उसने क्या कहा कि वह 'धत्त' कहकर राह से हट गयी और बाकी सभी लड़कियाँ खिलखिलाकर हँस पड़ीं।

सिपाही हँसता हुआ अपनी राह लगा। उसने लेखक की ओर एक भेदभरी दृष्टि से देखा, 'बस, राह चलते इन औरतों से इतना ही नाता–इससे आगे और कुछ नहीं। नहीं तो फिर मंजिल, सो भी पहाड़ी मंजिल··· अजगर की तरह लील लेगी।'

लेखक ने लिखा है, "तब मैंने राजनीति के एक गम्भीर विद्यार्थी की हैसियत से पूछा, 'तुम लोगों की फौजी ज़िन्दगी कैसी है ?' "

"बहुत मज़े की !" छूटते ही उसने जवाब दिया, "हमारे लखनऊ के बारिक में जाकर देखिए–आनन्द-ही-आनन्द है। जब तक ज़िन्दा हो–मांस और रक्सी उड़ाओ और मर जाओ, तो सीधे स्वर्ग पहुँचोगे। ऐसी ज़िन्दगी और कहाँ मिलेगी··· लड़ाई मर मर्ना ले सोझै स्वर्ग पुगिन्छ।··· देखिए न, नये रंगरूटों को लाने जा रहा हूँ···"

राजनीति के गम्भीर विद्यार्थी ने तब दूसरा गम्भीर सवाल किया, "तुम कितने दिनों के बाद घर जा रहे हो ? घर में तुम्हारे और कौन-कौन हैं ?"

"बहुत दिनों के बाद। घर में ? औरत भी थी, बच्चे भी थे। पर, अब तक क्या वे बैठे होंगे ? बीवी किसी और के साथ चली गयी होगी। बच्चे आवारा हो गये होंगे। जहन्नुम में जायें !" उसने उसी तरह हँसते हुए बत्तीसी निकालकर कहा।

शाम को दोनों एक चट्टी पर पहुँचते हैं। चट्टी पर एक बुढ़िया की सरायनुमा दूकान है। बूढ़ी का बेटा निठल्ला और बेकाम है। शराब की दूकान पर बुढ़िया की जवान बेटी बैठती है। रोटी बुढ़िया बेचती है।

साँझ के झुटपुटे में दोनों इस सराय में पहुँचते हैं। सिपाही को देखकर पोपली बूढ़ी पहचानने की चेष्टा करती है। फिर, उसकी बाछें खिल आती हैं।

"अहा ! कितने युगों के बाद ऊपर हुए ?" अन्दर से युवती-कण्ठ से उलाहना-भरी आवाज आयी, "इन्हें हमारी याद क्यों आये ? रास्ता भटककर आ गये हैं !"

युवती आकर सामने खड़ी हो गयी–मुस्कुराती रही।

अन्धकार में भी उस युवती की मुस्कुराहट को परखने में लेखक ने गलती नहीं की। ऐसे परिवेश और वातावरण में रहने की उसने कभी कल्पना भी न की होगी। लेकिन, सिपाही के साथ पहाड़ी राह तय करने के बाद उसकी दृष्टि में थोड़ा परिवर्तन आया है। इसलिए, इस गन्दी जगह में रात काटने में उसे कोई हिचक नहीं हुई। बूढ़ी पर अपने 'छोटे साथी' की देखभाल की जिम्मेवारी देकर सिपाही उसकी बेटी के साथ बगलवाले कमरे में चला गया।

कोठरी के अन्धकार में लेटा-लेटा–नहीं चाहकर भी–वह सुन रहा है, बगल

के कमरे में उसका सिपाही साथी, उस लड़की को गुदगुदाकर कुछ कहता है, शायद ? लड़की खिलखिलाकर हँसती है। वह रूठती है, सिपाही मनाता है--दूसरी बार मनचाही चीज़ ला देने का पक्का वादा करता है, लाख-लाख कसमें खाता है—मान-भंजन और मन को मोहनेवाली कितनी बोलियाँ, कितने शब्द ??

और, लेखक को न जाने कब नींद आ जाती है।

भोर की मीठी नींद को झकझोरकर तोड़ते हुए सिपाही ने जगाया, 'उठिए ! अब मैं चला।' लेखक आँखें मलता हुआ उठता है। चारों ओर कुहरा छाया हुआ है और सामने उन्मुक्त हँसी बिखेरता हुआ साथी सिपाही उससे विदा माँग रहा है।

सिपाही ने कहा, 'मेरे छोटे साथी ! मैं चला। यहाँ से हमारे रास्ते अलग... मुझे इधर जाना है और आपको उधर...'

पहाड़ के घने कुहासे में सिपाही की सिलहुट घुल-मिलकर बिला गयी।

लेखक ने कथा समाप्त करते हुए लिखा है, 'मैं जीवन में कई बार युद्ध में मरे हुए सिपाहियों के कब्रिस्तान में गया हूँ। और प्रत्येक बार मुझे अपने उस सिपाही साथी की याद आयी है।'

कथासार समाप्त।

•

अब प्रश्न पूछे जा सकते हैं—क्या अच्छी लगी और क्यों अच्छी लगी ? इसके जवाब में यदि फिर से दुहराऊँ कि सबसे पहले कहानी की मनोहारी गन्ध ने मुझे मुग्ध किया, तो मेरे कृपालु पाठक झुँझलाकर मुझे 'लकड़ सूँघा' अथवा 'गन्धजीवी' की उपाधि तो नहीं देंगे ?

लेकिन, शुरू से अन्त तक इस कथा में मुझे तरह-तरह की गन्ध लगी—एक गोरखा सिपाही की पीली दन्त-पंक्तियों से छनकर आनेवाली, रक्सी गन्धवाही उन्मुक्त हँसी की गन्ध—कता हिंडे को ?

गन्ध—पहाड़ी गन्ने के टटके रस की, मोटरमार सिगरेट की, बुढ़िया की गन्दी 'खास्टो' (नेपाली ओढ़नी) की, युवती पहाड़िन के जूड़े में खोंसे हुए बकइन-फूल की, बुढ़िया की दुकान के पास बहनेवाले गन्दे पतनाले की, बासी रोटियाँ और प्याज़ की, सीलन-भरी गन्दी कोठरी की, बुढ़िया की बेटी की जवान देह की, बालों की, मुँह की, सुबह के पहाड़ी कुहासे की !!

सबसे बढ़कर, एक ऐसी कौम की आत्मा की गन्ध, जिसकी बहादुरी, हौसले और जाँनिसारी की हजारों कहानियाँ सुनने के बावजूद, जिसे हम उन दिनों सिर्फ क्रूर, निर्मम और विवेकहीन समझते थे। गोरे और गोरखे को हम एक ही दृष्टि से देखते थे। किन्तु, इस कहानी को पढ़ने के बाद, मैंने लेखक की दृष्टि से ही इस लड़ाकू और दिलेर कौम को देखना शुरू किया। उनसे जब कभी मिला, दिल खोलकर मिला। ऐसे भी दिन आये, जब हमारी आहट पाकर ही उनकी राइफल

हमारा काम तमाम कर सकती थी। लेकिन, ऐसी घड़ियों में भी मेरे सामने एक मुखड़ा बार-बार आकर–उन्मुक्त हँसी बिखेरकर पूछ जाता–कता हिंडे को ?

'सिपाही' के लेखक को एक दिन नेपाली मुक्ति सेना के ईस्टर्न कमाण्ड की वर्दी में, मुक्ति फौज के सैकड़ों गुरखे सिपाहियों को कमाण्ड देते हुए भी देखा। तराइयों, पहाड़ियों, घाटियों, कोसी नदी के किनारे निशाना साधकर बैठे हुए एक-एक सिपाही, अपने कमाण्डर को 'सान्दाज्यु' (छोटे भैया) कहते थे। नेपाली मुक्ति सेना के सिपाहियों का प्यार उन्हें सहज ही प्राप्त हो गया था।

सम्भवतः यह कहानी मुझे इसलिए भी अच्छी लगी हो कि इसके लेखक को मैं बहुत निकट से जानता था और कहानी प्रकाशित होने के पूर्व ही स्वयं लेखक के मुँह से कहानी मैंने सुनी थी। अथवा यह भी हो कि कुछ दिन पहले ही धरान-धनकुट्टा और वराहक्षेत्र की पहाड़ी यात्रा से लौटा था और एक पहाड़ी लड़की की याद ताज़ा थी। हो यह भी सकता है कि बचपन से ही शारीरिक शूरता के अभाव के कारण मुझे एक सिपाही में अपने को 'आइडेंटिफाई' करने का अवसर मिला और कहानी मुझे भा गयी।

कहानी में जिनकी कोई चर्चा तक नहीं है–किन्तु कहानी पढ़ते समय हमारी आँखों के सामने ऐसे अनेक दृश्य स्वयं ही आ खड़े हुए–पहाड़ी नदी का कलकल सुर, जंगल में लकड़ी काटनेवाली औरतों और राहियों के बीच 'मयाउरे'–गीतमय वार्तालाप, फौज में भरती होने के लिए विदा होते हुए नौजवान, मृत सिपाहियों के पेन्शन पानेवाले परिवारों के मुखड़े, पहाड़ी पक्षियों की उड़ती हुई पाँतियाँ, हिममण्डित चोटियाँ और घाटी में बसे हुए गाँव का एक लैण्डस्केप !

'सिपाही' के लेखक ने जिस लहज़े में कथा का उपसंहार किया है, उसी गम्भीरता के साथ मैं स्वीकार करता हूँ–देश पर आक्रमण होने के बहुत पहले से ही मेरे मन में यह सत्य सैकड़ों बार प्रतिध्वनित हुआ है–यदि हिमालय के उस पार से कभी हम पर हमला हुआ–हमारा यह साथी–दुर्गम पहाड़ की भयानक लड़ाई की सारी मुश्किलों को हँसते-हँसते आसान कर देगा–लड़ाई में मरनेवाला सीधे स्वर्ग पहुँचता है। किन्तु, यदि अपने देश की रक्षा के लिए लड़ाई में मृत्यु हो, तो स्वर्ग के द्वार पर देवकन्याएँ हाथ में पारिजात की माला लेकर स्वागत में खड़ी रहती हैं–यह उनका दृढ़ विश्वास है। और यह दृढ़ विश्वास मेरे मन में–बस इसी एक कहानी 'सिपाही' ने कूट-कूटकर पच्चीस साल पहले ही भर दिया है।

पारिजात का नाम लेते ही वैष्णवी राइकमल की मूर्ति 'फेड इन' करती है।

लेकिन, यह आज 'बक बाबाजी' के लिए चन्दन नहीं घिस रही और न 'फूल चन्दन' की तैयारी के लिए कमल के फूल के लिए परेशान है। वह अपने देश के घायल बहादुर सिपाहियों के घाव की पट्टी बदल रही है।

वैष्णवी जानती है, उसका किसन काला–घुँघराले बालोंवाला–बाँसुरीवाला, समय पर युद्ध में सारथी का काम करता है। बाँसुरी कमर में खोंसकर–हाथ में सुदर्शन 'गहता' है। इसलिए, आज राइकमल की देह से डिटॉल, ईथर, आयडिन की गन्ध

आ रही है।··· राइकमल हवाई हमले से हिफ़ाजत की ट्रेनिंग ले चुकी है।··· राइकमल राइफल ट्रेनिंग के कैम्प में जा रही है। गुरखा सूबेदार कमाण्ड आर्डर देता–सावधान ··· लेफ्टराइट-लेफ्ट-राइट··· !

मेरी दो सर्वाधिक प्रिय कहानियाँ आज घुल-मिलकर एकाकार हो गयी हैं।

नई कहानियाँ / फरवरी, 1963। 'श्रुत-अश्रुत पूर्व' एवं 'आत्म-परिचय' में संकलित

पतिआते हैं तो मानिए आंचलिकता भी एक विधा है

बंधु ! आपने जो सवाल सामने रख दिया है, उससे मैं पिछले कई सालों से भागता आया हूँ–आँखें चुराकर, दम साधकर, चुप्पी लगाकर। नहीं तो और क्या करता ? आंचलिक कथा लिखता हूँ, इसका यह अर्थ कदापि नहीं कि मैं उसकी वकालत करना भी जानूँ। जानता तो यह भी नहीं कि (दासानुदास द्वारा) मेरे द्वारा आंचलिक (माल ?) क्यों लिखा जा (प्रस्तुत किया जा) रहा है ?

छह साल पहले, मेरे एक प्रिय पाठक ने पत्र लिखा था : "मैला आँचल के नीचे कोष्ठक में 'एक आंचलिक उपन्यास' लिखने के बाद भी आपको संतोष नहीं हुआ तो आपने भूमिका में फिर बल देकर लिखा, 'यह है मैला आँचल, एक आंचलिक उपन्यास। कथांचल है···।' इसके पहले भी इस तरह के उपन्यास लिखे हुए हैं, किंतु किसी ने ऐसा नहीं लिखा। उन पुस्तकों के विद्वान आलोचकों ने भी कहीं आंचलिक उपन्यास की संज्ञा नहीं दी। कोई वर्गीकरण नहीं किया। अधिक-से-अधिक यह कहा, 'स्थानीय शब्दों के प्रयोग चिंत्य हैं।'··· और, श्रीमान ने जब इतना बल डालकर लिखा है, तो निश्चय ही आपके पास मेरे सवालों के जवाब होंगे। कृपया उत्तर दें··· !"

और, इसके बाद उनके तीस प्रश्न। उन्हें यहाँ लिखना इसलिए भी अनावश्यक है कि वे सभी आम सवाल हैं। अलबत्ता, पहला प्रश्न आज भी मौलिक है–'आप उपन्यास-लेखक हैं या आंचलिक उपन्यास-लेखक ?'

विश्वास कीजिए, चर्चा-परिचर्चा में श्री राजेंद्र अवस्थी द्वारा उठाए गए सभी सवाल मेरे पाठक के पत्र में हैं।··· 'अंचल है क्या ?' से लेकर 'रूप बदल कर नहीं मुग्ध कर रहा' तक। हाँ, मेरे प्रिय पाठक की भाषा लेखकीय भाषा नहीं। यों, उन्होंने भी अपने ढंग से व्यंग्य करते हुए परम 'आंचलिक' अथवा 'आंचलिक श्रेष्ठ' कहा है मुझे।··· मुजरिम नंबर एक–अव्वल आसामी।··· पाठक के छद्मवेश में छिपा हुआ कोई लेखक नहीं था वह। वरना वह लिखता, "भूमिका में यह है :

'मैला आँचल' एक आंचलिक··· आदि लिखकर भी आपको संतोष नहीं हुआ··· ।"

मुझे दुख है कि मैंने अपने एक ऐसे प्रिय पाठक को रुष्ट कर दिया। कोई जवाब नहीं 'फुरा'–नहीं दे सका प्रश्नोत्तर। क्योंकि आंचलिक उपन्यास का लेबल चिपकाते समय मुझे आंचलिक उपन्यास की इतनी विस्तृत परिभाषा भी नहीं मालूम थी। बाद में, आलोचनाओं को पढ़कर मैंने परिभाषा सीखी है।

क्षमा करें, इस संदर्भ में मुझे एक चुटकुला याद आ रहा है–बुरी तरह। सुनाया था प्रयाग के कॉफी-हाउस में डॉ. धर्मवीर भारतीजी ने। चुटकुला है :

साहित्यिक गुरु ने शिष्य से पूछा, "वत्स, उपन्यास कितने प्रकार के होते हैं ?"

शिष्य ने हकलाते हुए प्रश्नोत्तर देना प्रारंभ किया, "जी, गुरुजी, धार्मिक, ऐतिहासिक, सामाजिक, राजनीतिक··· और··· और आंचलिक।"

गुरु ने कहा, "मूर्ख ! एक नाम तो तुमने छोड़ दिया–धारावाहिक उपन्यास कहाँ गया ?"

चुटकुला सुनकर मैं जी खोलकर हँसा था। आज भी हँसता हूँ। लेकिन, इतने दिनों के बाद अब उनसे एक प्रश्न पूछना आवश्यक समझता हूँ : "डॉक्टर साहब ! 'मैला आँचल' के प्रकाशन के बाद तुरंत ही 'आलोचना' (विशेषांक) के संपादकीय में आपने 'आंचलिक उपन्यास' नाम का अनुमोदन किया था, सो क्यों ? आपने इस वर्गीकरण को सही क्यों माना ?"

और, परिभाषा की बात ?

अच्छा, यदि कोई कहे कि बिना एक पंक्ति लोकगीत और लोककथा के भी आंचलिक उपन्यास लिखे जा सकते हैं, यहाँ तक कि आंचलिक अथवा स्थानीय शब्दों के सहारे के बिना भी यथार्थ वातावरण और परिवेश की सृष्टि की जा सकती है, तब ?

जानता हूँ आपका जवाब। आप कहिएगा–हाँ, कोई लिखकर दिखला दे तो हम यह भी मान लेंगे।

तब तो सबकुछ उस 'कोई' की शक्ति के ऊपर ही निर्भर करता है, किंतु उस 'कोई' की व्यक्तिगत दुर्बलताओं को भी हम परिभाषा मान लें, यह अन्याय है !

परिचर्चा के लिए लेख लिखते समय सैकड़ों सवाल प्रतिध्वनित हुए–स्थायी मूल्य किन उपन्यासों का है ? जीवन में स्थायी मूल्य किन चीजों का है ? जीवन का स्थायी मूल्य क्या है ? मूल्य क्या है ? यह किसके द्वारा निर्धारित होता है ? कौन आँकता है ?

इतने सवाल कि आदमी कुंठित हो जाए–भरम जाए। इसलिए इस गंभीर चर्चा-परिचर्चा से परे, आइए, हम 'जंगल के फूल' तोड़ें और 'मैला आँचल' के तले··· इधर-उधर की, बेमतलब की बातें करें।

हाँ, समय पर बात याद आई। सुना है, मिखाइल शोलोख़ोव की एक नई आंचलिक किताब आई है–'कुमारी धरती का जागरण' (वर्जिन सायल अपटर्न्ड)

का दूसरा खंड है। सुना है, इस खंड में–दन अंचल के ग्रेमियाची लंग कागासी गाँव में–इस शतक के चतुर्थ दशक में घटनेवाली घटनाएँ हैं। कागासी अंचल की मिट्टी की गंध से ओतप्रोत नवनिर्माण-कार्य में लगे हुए वहाँ के लोग, उनके वैर-विरोध, हँसी-रुदन, जीवन के अनेक द्वंद्व, मधुर चित्रों से भरपूर।

पढ़नेवालों का कहना है कि इस उपन्यास के प्रकाशन के बाद सोवियत रूस में और बाहर फैली हुई कई शंकाएँ दूर हो गई हैं। शोलोख़ोव की धारा (आंचलिक) सूख नहीं गई है। शोलोख़ोव की क्षमता चुक नहीं गई है।

मैं पढ़ने को आतुर हूँ, दन के किनारे फिर क्या हुआ ? वीर प्रवाहिनी दन नदी के किनारे कसाको के गाँव में शोलोख़ोव के साथ घूम चुका है दासानुदास--डेढ़ दशक पूर्व ही।··· ऐतिहासिक तथा सामाजिक पृष्ठभूमि में दन के किनारे बसे कसाको की कहानी कहनेवाले इस महान् कलाकार के प्रथम ग्रंथ को पढ़कर ही मैं चिल्ला उठा था–'महाभारत ! महाभारत ! रूस का महाभारत !'

गोष्ठी अथवा समष्टि की कहानी सुनाते समय उन्होंने व्यष्टि के चित्रांकन में तनिक भी उपेक्षा नहीं की, बल्कि व्यक्ति के जीवन को यथार्थ रूप में अंकित कर उन्होंने गोष्ठी के संबंध में अपने वक्तव्य को स्पष्ट किया।

एक काम की बात !··· कुट (या नुट ?), हैमसुन के 'ग्रोथ ऑफ द सायल' का संक्षिप्त हिंदी अनुवाद आप 'सारिका' में धारावाहिक रूप से क्यों नहीं प्रकाशित करते ? पता नहीं, ऐसा क्यों होता है ? इस किताब (ग्रोथ ऑफ द सायल) को पढ़ते समय हम नार्वे के उत्तरांचल के एक खंड में–परती जमीन पर बसनेवाले प्रथम गाँव में पहुँच जाते हैं। नायक आइजक में हम आदिम मानव की प्रतिछवि देखते हैं। हम उस मोटी बुद्धिवाले हृदयवान आइजक में अपने को पहचानते हैं। ··· ऐसा क्यों होता है ?

अनुवाद विलियम फाकनर (1949 का नोबेल पुरस्कार-विजेता) के कई प्रसिद्ध आंचलिक उपन्यासों के भी किए जा सकते हैं। हाँ, विलियम फाकनर भी आंचलिक लेखक था। यह ठीक है कि हैमसुन की तरह उसने ग्राम-परिवेश की सृष्टि नहीं की, फिर भी वह आंचलिक लेखक था। संयुक्त राज्य अमेरिका का दक्षिणांचल ही उसके सभी उपन्यासों का कथांचल है। उत्तरांचल से प्रतियोगिता चल रही है दक्षिणांचल की–आर्थिक और नैतिक ह्रास का क्रमबद्ध अनुलेखन किया उसने। फाकनर ने अपने अंचल की जनश्रुति, कुसंस्कार, आचार-व्यवहार इत्यादि के निपुण प्रयोग द्वारा एक नये जगत की रचना की है। इस दुनिया में खून, यौन-अपराध, सामूहिक कलह के कोलाहल होते रहते हैं।··· क्या इनके उपन्यासों का भी कोई स्थायी मूल्य है ?

और, नोबेल पुरस्कार-विजेता इर्वा आंद्रिच (युगोस्लाव लेखक) भी आंचलिक लेखक है। 'ड्रिना नदी के कगार पर' सर्विया प्रांत के हर्जेगोविना और बास्र्तनमा अंचल की कहानी है।··· आप बंबई में हैं। आपको तो इस पुस्तक का अंग्रेजी अनुवाद शीघ्र ही मिल जाएगा।

नाज़िम हिकमत के बाद तुर्की लेखकों में स्वात दरवेश का इधर खूब नाम हुआ है। उसका उपन्यास 'अंकारा का बंदी' भी आंचलिक उपन्यास है।

शरत्चंद्र के बाद बंगला साहित्य में आंचलिक लेखकों ने ही उपन्यास-लेखन को एक दिशा दी है। शैलजानंद, ताराशंकर, सतीनाथ भादुड़ी, मानिक बंद्योपाध्याय, समरेश बसु के उपन्यासों के हिंदी अनुवाद शीघ्र ही सामने आएँगे, पाकेट बुक प्रकाशन आंदोलन को देखते हुए ऐसी आशा की जा सकती है। दुराशा और शंका भी होती है–बंकिम, रवींद्र, शरत्चंद्र के आम हिंदी अनुवादों को पढ़कर। (मेरा विश्वास है, इन उपन्यासों के अनुवाद 'आंचलिक लेखक' ही कर सकते हैं। तैयार रहिए)।

मित्रवर ! इतनी बेमतलबी बातें परिचर्चा में उठाए गए सवालों के कुप्रभाव को काटने के लिए ही कर गया। क्षमा करेंगे।

भाई अवस्थीजी, अंत में एक बात पूछूँ चुपके-चुपके ? यदि 'चर्चा-परिचर्चा' में विद्वानों ने मिलकर यह घोषित कर दिया कि आंचलिक लेखक ने हिंदी साहित्य की निर्मल धारा को गँदला किया है, तो क्या आप जो कुछ लिखते हैं, लिखना बंद कर देंगे ?··· आप कर सकते हैं, मैं कैसे कर सकता हूँ ?

जनवरी, 1962 की 'सारिका' में आंचलिकता पर आयोजित एक परिचर्चा के तहत प्रकाशित। 'आत्म-परिचय' में संकलित

उतरी स्वप्न-परी–हरी-क्रान्ति

कोसी या उसके किसी अंचल के सम्बन्ध में जब भी कुछ कहने या लिखने बैठता हूँ, बात बहुत हद तक 'व्यक्तिगत' हो जाती है। ऐसा होना स्वाभाविक भी है। क्योंकि, कोसी हमारे लिए नदी ही नहीं, माई भी है। पुण्यसलिला, छिन्नमस्ता, भीमा, भयानका, भी : प्रभावती–कोसी मैया !!

हम कोसी के उस अंचल के वासी हैं, जिससे होकर करीब तीन-चार सौ वर्ष पहले कोसी बहा करती थी। और यह तो सर्वविदित है कि कोसी जिधर से गुजरती, धरती बाँझ हो जाती। सोना उपजानेवाली काली मिट्टी सफेद बालूचरों में बदल जाती। लाखों एकड़ बन्ध्या धरती–उत्तर नेपाल की तराई से शुरू होकर दक्षिण गंगा के किनारे तक फैली हुई परती–पूर्णिया के नक्शे को दो असम भागों में बाँटती

हुई।

इस 'परती' के उदास और मनहूस बादामी रंग को बचपन से ही देखता आया हूँ–दूर तक फैली साकार उदासी। जिस पर बरसात के मौसम में क्षणिक आशा की तरह कुछ दिनों के लिए हरियाली छा जाती–वरना बारहों महीने, दिन-रात, सुबह-शाम धूसर और वीरान···।

और इस मरी हुई मिट्टी पर बसे हुए इन्सान ?

मैलेरिया और काला आजार से जर-जर शरीर–रक्त-मांसहीन चलते-फिरते नरकंकालों के समूह, जिनकी जिन्दगी में न कहीं रस और न कोई रंग। रोने और कराहने के सिवा कुछ नहीं जानते थे–न हँसना, न मुस्कुराना। जिनके चेहरों पर हमेशा आतंक की रेखाएँ छायी रहतीं और आँखों में दुनिया-भर की उदासी। ऐसी आँखों में रंगीन और सुनहले सपने कैसे पल सकते हैं ?

··· बचपन के उन दिनों की याद आती है। हर साल हमारे एक दर्जन साथी, हमजोली हमसे बिछुड़ जाते··· हमारे साथ पढ़नेवाले, साथ खेलनेवाले। और, हर ऐसे मौके पर हमें यह एहसास होता–शायद, अगले साल हम भी नहीं रहेंगे। अगले साल क्या, अगले महीने या दूसरे ही दिन अथवा–घड़ी में घड़ा फूट जा सकता है। हमने मैलग्नेण्ड-मैलेरिया में मरते हुए लोगों को देखा था–डेढ़ घण्टे में ही मृत्यु।

किन्तु विधाता की सृष्टि में मानव ही सर्वश्रेष्ठ प्राणी है। वह निराशा के घोर अन्धकार में भी नन्ही आशा का टिमटिमाता हुआ दीप लेकर आगे बढ़ता रहा है–अन्धकार से लड़ता रहा है।

मैंने शुरू में ही कह दिया है कि कोसी के किसी अंचल पर कुछ कहते समय मेरी बात बहुत हद तक व्यक्तिगत हो जाया करती है। आज ही नहीं–बीस-पच्चीस साल पहले से ही··· !!

याद है, बीस-बाइस साल पहले–'डायन कोसी' शीर्षक से मेरा एक रिपोर्ताज 'जनता' में प्रकाशित हुआ था। जिसका अन्त आशा भरे इन शब्दों में हुआ था–"परती के दिन फिरेंगे।··· प्राणों में घुले हुए रंग धरती पर फैल जायेंगे।"

इस रिपोर्ताज ने मेरे दोस्तों को एक मसाला दिया। वे अक्सर मुझे चिढ़ाने के लिए कहा करते, "क्यों, आपके प्राणों में घुले हुए रंग धरती पर फैल गये क्या ?··· जनाब ! आपके सुनहले सपनों के अण्डे कब फूटेंगे–सोने की चिड़ियाँ कब चहचहायेंगी ?"

मैं पहले थोड़ा अप्रतिभ हो जाता। फिर हँसकर दृढ़तापूर्वक जवाब देता, "आजादी की पहली सुबह···।"

आजादी के बाद इसीं अंचल की पृष्ठभूमि में मेरा पहला उपन्यास प्रकाशित हुआ, जिसका एक प्रमुख पात्र जो मैलेरिया और कालाजार-उन्मूलन में लगा हुआ है, इसी इलाके से अपने एक प्रियजन को पत्र लिखता है–'यहाँ की मिट्टी में बिखरे, लाखों-लाख इन्सानों की जिन्दगी के सुनहरे सपनों और अधूरे अरमानों को बटोरकर यहाँ के प्राणियों के जीव-कोष में भर देने की कल्पना मैंने की थी। मैंने कल्पना

की थी–हजारों स्वस्थ इन्सान–हिमालय की कन्दराओं में, अरुण-तिमुर-सुणकोसी के संगम पर–एक विशाल 'डैम' बनाने के लिए पर्वत-तोड़ परिश्रम कर रहे हैं। ··· लाखों एकड़ बन्ध्या धरती; कोसी-कवलित, मरी हुई मिट्टी शस्य-श्यामला हो उठेगी। कफन-जैसे सुफेद, बालू-भरे मैदानों में धानी-रंग की जिन्दगी के बेल लग जायेंगे। मकई के खेतों में घास गढ़ती हुई औरतें बेवजह हँस पड़ेंगी। मोती-जैसे सफेद दाँतों की दुधिया चमक··· !!'

और, तब मेरे दोस्तों को मजाक के लिए–'धानी रंग, जिन्दगी की बेल, मकई के खेत और दुधिया-चमक'-जैसे कई शब्द मिल गये। समय-असमय मेरे इन शब्दों के व्यंग्यबाण से मुझे ही मर्माहत करने का अवसर वे नहीं खोते। और, मैं हमेशा पूर्ववत् हँसकर कभी आशा-भरी कोई बहुत बड़ी बात अथवा किसी श्लोक या किसी पद्य की ऐसी ही पंक्ति–'नर हो न निराश करो मन को।'

इसलिए, जब सचमुच एक दिन कोसी-योजना का आयोजन होने लगा–मैं अपने को जब्त नहीं रख सका। दूने उत्साह से अपना दूसरा उपन्यास 'परती : परिकथा' में हाथ लगा दिया। उपन्यास लिखने के दौरान–पहाड़ों की कन्दराओं में तपस्या में लीन देवगणों को बार-बार जाकर देख आता। मेरा नया तीर्थ वराहक्षेत्र, जहाँ आदमी लड़ रहे थे। बड़े-बड़े टनेल में पहाड़ काटनेवाले पहाड़ी जवानों से बातें करके धन्य हो जाता। अरुण-तिमुर और सुणकोसी के संगम पर बैठकर पानी मापनेवाले, सिल्ट की परीक्षा करनेवाले विशेषज्ञों को श्रद्धा तथा भक्ति से प्रणाम करके लौट आता। हर बार नयी आशा की रंगीन किरण लेकर लौटता।

मेरा उपन्यास समाप्त हुआ, फिर प्रकाशित हुआ। किन्तु, उस समय कोसी-प्रोजेक्ट 'परीक्षा-निरीक्षा' के स्तर पर ही चल रहा था। अतः मेरे कृपालु मित्रों को इस बार मजाक का ही नहीं, बहस का भी विषय मिला।

"धूसर, वीरान अन्तहीन-प्रान्तर। पतिता-भूमि, परती-जमीन, बन्ध्या धरती। धरती नहीं, धरती की लाश ! जिस पर कफन की तरह फैली हुई है–बालुचरों की पंक्तियाँ··· !" 'परती : परिकथा' का प्रारम्भ इन्हीं शब्दों से हुआ है।

और, अन्त हुआ है इन पंक्तियों से–"पर्दे पर धीरे-धीरे बादामी छाया छा जाती है। वीरान धरती का रंग बदल रहा है और धीरे-धीरे–हरा, लाल, पीला, बैंगनी। हरे-भरे खेत। परती पर रंग की लहरें··· बाँसुरी रंगों को सुर प्रदान कर रही है। अमृत-हास्य परती पर अंकित हो रहा।··· आसन्नप्रसवा परती हँसकर करवट लेती है !"

बाद में, मुझे भी लगने लगा कि मैंने अतिरिक्त उत्साह में सम्भवतः बहुत बढ़-चढ़कर बातें कह दी हैं। मित्रों की बातें मेरे कानों के पास रह-रहकर गूँज जातीं–"भाई साहब ! कागज पर रंग की लहरें लहराना और अमृत-हास्य अंकित करना बहुत आसान है, परती पर नहीं।··· अभी कोसी-प्रोजेक्ट का 'क' भी नहीं शुरू हुआ और आप हरे-भरे खेत देखने लग गये ?··· सावन के अन्धे को हरियाली-ही-हरियाली सूझती है। ऐसा भी तो हो सकता है कि डैम बनने और

बनाने के बावजूद–इस परती धरती को सींचकर भी खेती सम्भव नहीं हो ? तब, आपकी करवट लेती इस आसन्नप्रसवा धरती–एक स्वप्न का क्या होगा ? आपके वे सपने मिट्टी में बिखरे ही बिखरे रह जाएँगे।"

किन्तु, इन सारी निराश वाणियों के बावजूद–अन्ततः मेरे मन के कोने में प्रतिष्ठित दृढ़ विश्वास का स्वर कवि चण्डीदास के सुर में मुखरित होता–'सुन रे मानिस भाय। सबारि ऊपर मानुस सत्य तार ऊपर किछु नाय।'

तीन साल पहले की बात है। गाँव पहुँचकर एक नयी और दिलचस्प कहानी सुनने को मिली। हमारे गाँव का एक कर्मठ आदमी दस-बारह साल पहले गाँव छोड़कर पूरब-मुलुक-बंगाला की ओर कमाने गया। पहले तो वह छठे-छमाहे, होली-दिवाली में गाँव आता भी था। लेकिन, पिछले आठ साल से वह गाँव नहीं आया था। उधर ही बस गया था। गाँव में एक-डेढ़ बीघे जमीन थी, उसी को बेचने के लिए वह आठ साल के बाद आया। स्टेशन पर उतरकर उसने अपने गाँव की पगडण्डी पकड़ी। कुछ दूर जाने के बाद उसने अपने गाँव की ओर निगाह दौड़ायी। विशाल परती के उस छोर पर उसका गाँव··· लेकिन, यह क्या··· यहाँ परती कहाँ है ? उसे लगा, वह रास्ता भूलकर दूसरी ओर आ गया है–जहाँ तक नजर जाती है, धान के खेत लहरा रहे हैं–चारों ओर हरियाली है। नहर, आहर और पैन-पुलिया और बाँध–यह कहाँ आ गया वह ? उसको विश्वास हो गया कि वह नींद में ऊँघता हुआ किसी दूसरे स्टेशन पर उतर गया है। वह स्टेशन लौट आया और चिन्तित होकर पूछने लगा कि क्या यह वही स्टेशन है और अगर यह वही स्टेशन है तो उसका गाँव कहाँ चला गया, किधर चला गया ?

इसीलिए, गाँव के लड़कों ने इस आदमी का नया नाम दिया है–'सुदामा।' उसको देखते ही लोग गुनगुनाने लगते हैं–'सुदामा मंदिर देखि डर्‌यो।'

सो, गाँव को हमेशा छोड़कर पूरब-मुलुक-बंगाला में बस जानेवाले सुदामाजी ने तब जमीन बेचने का इरादा बदल दिया। बंगाला में बसे परिवार को उठाकर फिर गाँव ले आये। पिछली बार डेढ़ बीघे जमीन में तीस मन 'लर्मा-रोजो' मैक्सिकन गेहूँ पैदा करने के बाद संकर-मकई और मकई के बाद आई-आर-एइट धान···।

इस अभिनव सुदामा-चरित के बाद इस अंचल की प्रगति और परिवर्तन के बारे में और क्या कहा जाय ?··· जिस धरती पर कभी दूब भी हरी नहीं होती थी–वहाँ धान और गेहूँ की बालियाँ झूमती हैं··· नहरों के जाल बिछ गये हैं··· परती का चप्पा-चप्पा हँस रहा है। सिंचाई, रासायनिक खाद और उन्नत बीज की महिमा से बन्ध्या धरती अन्नपूर्णा ही नहीं, परिपूर्णा हो गयी है।···

जिस दिन हमारे खलिहान पर गेहूँ की पहली फसल कटकर आयी–मेरा रोम-रोम पुलकित हो गया। मैंने बालियों को सिर से छुलाकर मूल मन्त्र का जाप किया। फिर, अपने दोनों उपन्यासों की निजी प्रतियाँ निकाल लाया और उनके अन्तिम

पृष्ठों पर लिख दिया–

'लाखों एकड़ कोसी-कवलित, मरी हुई मिट्टी शस्य-श्यामला हो उठी है। कफन-जैसे सुफेद बालू-भरे मैदान में धानी रंग की जिन्दगी के बेल लग गये हैं। मकई के खेतों में घास गढ़ती औरतें सचमुच बेवजह हँस पड़ती हैं।··· सारी धरती मानो इन्द्रधनुषी हो गयी है।···

'दिन फिरे हैं किसानों के। खेतों में ट्रैक्टर चल रहे हैं। सब मिलाकर एक स्वप्नलोक की सृष्टि साकार हो गयी है। चारों ओर अमृत-हास्य। एक हरी क्रान्ति अपनी पहली मंजिल पर पहुँचकर सफल हुई है। सपने सच भी होते हैं और 'अपने' भी।···

'जिन्हें विश्वास न हो, वे स्वयं आकर देख जायें–प्राणों में घुले हुए रंग धरती पर किस तरह फैल रहे हैं–फैलते जा रहे हैं।'

ज्योत्स्ना / नवम्बर, 1968। 'श्रुत-अश्रुत पूर्व' में संकलित

जन-जागरण में साहित्यकार की भूमिका

साहित्यकारों ने और देशों में अपने साहित्य के द्वारा क्या किया है, यह तो मैं ज्यादा नहीं कह सकता हूँ, लेकिन अपने देश की बात लीजिए तो मैं 'भारत-भारती' से ही शुरू करूँगा। 'भारत-भारती' यदि आज का नौजवान पढ़ता होगा, तो पता नहीं उस पर उसकी क्या प्रतिक्रिया होती होगी, लेकिन जब हम गुलाम थे और बच्चे थे और यह जानते थे कि हम गुलाम हैं, तब के दिनों की बात याद आती है कि 'भारत-भारती' को पढ़कर हम कभी रोते थे और कभी हमारी किशोर काया में न जाने कहाँ से कौन-सा उफान आ जाता था। माखनलाल चतुर्वेदीजी की 'पुष्प की अभिलाषा' और 'कोकिल बोलो तो' ने उस ज़माने के क्रान्तिकारियों और देशप्रेमियों को जितनी प्रेरणा दी, अभी बिहार के जन-आन्दोलन के समय भी उसी तरह प्रेरित कर रही है–यह देखकर मुझे भी बड़ा अचरज हुआ। मैंने देखा कि जेल की कोठरी में घुसने के बाद एक नौजवान ने 'शेखर : एक जीवनी' विशेष रूप से मँगवायी और उसे पढ़कर वह जेल-यातनाओं को झेलने की ताकत हासिल करता था और उसे लगता था कि सारी बातें जैसे उसी के साथ घट रही हैं और वह स्वयं शेखर हो। जेल में जो नौजवानों के समूह आते थे, उनके हाथों में यशपाल के उपन्यासों की नयी प्रतियाँ, दिनकर की 'हुंकार', 'बेनीपुरी ग्रन्थावली', बेनीपुरी लिखित 'लाल चीन' आदि ग्रन्थों की प्रतियाँ तीन-तीन, चार-चार युवकों के दलों में पढ़ी जाती

थीं। इन किताबों की बिक्री बिहार जन-आन्दोलन के दौरान जरूर बढ़ी होगी, ऐसा मेरा अनुमान है, यद्यपि मैंने यह जायजा प्रकाशकों से नहीं लिया है। आजादी के बाद 'बन्दे मातरम्' गीत को इतनी श्रद्धा और तन्मयता से गाते हुए मैंने फिर इसी जन-आन्दोलन में सुना है, हालाँकि इस बीच राजनीतिक कारणों से 'बन्दे मातरम्' शब्द ही कुछ लोगों द्वारा प्रतिक्रियावादी करार दे दिया गया था, अपनी माँ को प्यार से पुकारने की बात पर भी राजनीतिक रंग चढ़ा दिया गया था। किन्तु जब सम्पूर्ण क्रान्ति का बिगुल बजा तो अनायास ही युवा कण्ठों से यह पुकार स्वयं ही फूट पड़ी।

बिहार-आन्दोलन में क्यों ?

आपने 'मैला आँचल' अगर पढ़ा हो तो आजादी के पूर्व की राजनीतिक, सामाजिक तथा आर्थिक झलक के साथ आपको आजादी के बाद की झलक भी मिली होगी। उसका एक पात्र 'बावनदास' जो गाँधीजी का अन्धभक्त है और साधारण जन ही नहीं–बौना है, कहता है, "अब तो सभी लोग 'मेले' (एम.एल.ए.) बनना चाहते हैं। पटना में रहना चाहते हैं। अब जनता को कौन पूछता है !" फिर आगे चलकर वह अपने प्राणों से प्रिय दल (कांग्रेस) में क्रमशः बढ़ती हुई जातिवादिता से इतना घबरा गया है कि व्यंग्य करता है, "अब सभी कांग्रेसियों को अपनी-अपनी टोपियों पर अपनी जाति लिखवा लेनी चाहिए··· 'भूमिहार कांग्रेसी', 'राजपूत कांग्रेसी', 'कायस्थ कांग्रेसी'।" गाँधीजी की मृत्यु के बाद वह निराश और उदास होकर कहता है, "अब कौन रह गया है ? एक 'जयपरगास'जी हैं, उनको भी कोई एक दिन गोली मार देगा।"

'परती : परिकथा' में मैंने जमीन, भूमिहीनों और खेतिहर मजदूरों की समस्या को लेकर बातें कीं। जातिवाद, भाई-भतीजावाद और भ्रष्टाचार की पनपती बेल की ओर मात्र इशारा नहीं किया था, इसे समूल नष्ट करने की आवश्यकता पर भी बल दिया था। बाद में एक छोटी-सी कहानी 'आत्म-साक्षी' के द्वारा राजनीतिक पार्टियों के आपसी कलह और जनता से अलगाव की ओर अपने पाठकों का ध्यान आकर्षित किया था। अपनी अन्य कहानियों में मैंने निम्न-मध्यवर्ग, पिछड़े लोगों, भूमिहीनों, खेतिहर मजदूरों तथा समाज के ऐसे लोगों का चित्रण किया जिन्हें हरिजन कहकर गौरवान्वित तो कर दिया गया, किन्तु वे आजादी के बाद भी बे-ज़मीन, पिछड़े और अछूत एवं आक्रान्त होते रहे। शोषण तो कभी बन्द नहीं हुआ, बल्कि सारी विकृतियाँ दिन-दूनी, रात-चौगुनी होकर समाज को ग्रसती गयीं। जाहिर है मेरे पाठकों ने (शायद बिहार के पाठकों ने) इनमें काल्पनिक और कोरी कल्पनाओं का आनन्द लिया और क्रमशः इन विकृतियों में जकड़ते गये। तो क्या हुआ लिखकर यह सब ? मैं सोचता हूँ कि लिखने के बजाय अगर मैं किसी लड़के पर मोटी रकम तिलक में गिनानेवाले पड़ोसी के दरवाजे पर सत्याग्रह करके बैठ जाता, अछूतों

को सही जगह दिलाने के लिए कम-से-कम अपने ही गाँव में कोई प्रयत्न करता या जाति-पाँति के विरुद्ध अनशन करता तो अच्छा था। एक हजार से ज्यादा पृष्ठ लिखने और उसकी भूरि-भूरि प्रशंसा और यश प्राप्त करने के बावजूद मुझे मिला यह सड़ा हुआ बिहार ! आपने यह सुना होगा कि नेपाल की क्रान्ति में कलम के बदले मैंने रायफल सँभाली थी और 'मास मीडिया' को अपनाया था। 'नेपाली क्रान्ति' के समय पहाड़ियों और तराइयों में पीठ पर 'ट्रांसमीटर' लादे घूमता था और नेपाल के कोने-कोने में क्रान्ति के सन्देश प्रसारित किया करता था। उसी तरह इस बार जब जनक्रान्ति हुई तब मेरी आत्मा पुकार उठी। सिर्फ कलम से नहीं, अपनी काया से भी कुछ लिखना जरूरी है। अपने ही कलेजे के रक्त में अपनी उँगली डुबाकर दीवार पर 'क्रान्ति अमर हो' लिख पाऊँ, यही कामना मन में लहरें लेने लगी। स्पष्ट है कि मैं आन्दोलन में शरीक नहीं हुआ, बल्कि आन्दोलन मेरे अन्दर समा गया।··· और इसके बाद जो हुआ, जो हो रहा है, जो कर पा रहा हूँ–वह आप देख ही रहे हैं। और कुछ हो या न हो, ऐसा लगता है कि गंगा में नहाकर अपने सारे सामाजिक पापों को धो रहा हूँ। अगर इस जनक्रान्ति के बाद फिर कलम से लिखने का मौका मिला तो वह लेखन स्वतःस्फूर्त और सत्य के बहुत करीब होगा।

लड़ाई जारी है !

हमारे हजारों बच्चे जेलों में यातनाएँ झेल रहे हैं। हजारों फरार हैं और हमारी लड़ाई अभी जारी है। आपने इस दर्म्यान देखा होगा कि बिहार से कुछ लोगों को गैर-बिहारी कहकर सरकार ने निष्कासित किया। अभी और भी लोगों को करेंगे। एक ओर राष्ट्रीय एकता (नेशनल इण्ट्रीगेशन) की लम्बी बातें और दूसरी ओर किसी भारतवासी का अपने ही देश के किसी प्रान्त से निष्कासन--कैसी विडम्बना है ? राज्य की ओर से यह अलगाव की भावना हमें आश्चर्य में ही नहीं डाल रही, बल्कि आशंकित करती है कि किसी दिन हमें, यानी हम बुद्धिजीवियों को अपने देश से ही निष्कासित करने का परवाना न निकाल दें ! व्यवस्था का जो रूप है, जो तेवर है, उसे देखते हुए मैं बिस्तर बाँधकर बैठा हूँ कि मुझे हठात् किसी एक सुबह को अपने मैला आँचल से उठाकर किसी अज्ञात देश में (कौन-सा होगा वह देश, अपनी मातृभूमि तो वह नहीं होगी) भेज दिया जायेगा। इसके बावजूद मुझे सन्तोष होगा !

अपने आप से लड़ना है !

समाज के एक-एक मोरचे पर हमें लड़ना है, यहाँ तक कि हमें अपने-आपसे लड़ना है। सम्पूर्ण क्रान्ति सिर्फ सरकार बदलने तक ही सीमित नहीं रह जाती, उसका

अर्थ होता है–एक नयी जिन्दगी की शुरुआत के लिए निर्मम होकर आततायियों पर प्रहार। जातिवाद, भाई-भतीजावाद आदि मोरचे पर लड़ते समय हम देख रहे हैं कि हमारे दुश्मन हमारी अपनी ही जाति के लोग, अपने ही भाई, अपने ही भतीजे हो रहे हैं। और ऐसे महाभारत के लिए, अब किसी अर्जुन को समझाने के लिए किसी कृष्ण की जरूरत नहीं।

पीछे कौन-सी शक्तियाँ हैं ?

जो लोग यह कहते हैं कि इस आन्दोलन में जनसंघ और राष्ट्रीय स्वयंसेवक संघ आदि के लोग हैं, उनकी सूचना के लिए मैं यह बता दूँ कि अगर इसके पीछे जनसंघ और राष्ट्रीय स्वयंसेवक संघ हैं तो उनको समझ लेना चाहिए कि इनके अतिरिक्त कम-से-कम एक अदद 'रामकृष्णाइट' भी है, जिसका नाम है फणीश्वरनाथ 'रेणु', जिसका विश्वास है कि रामकृष्ण और विवेकानन्द से बढ़कर क्रान्तिकारी गाँधी के पहले इस देश में कोई नहीं हुआ। दरिद्रनारायण की सेवा को असली पूजा माननेवाले आज प्रतिक्रियावादी कहला सकते हैं और चूँकि विवेकानन्द ने अमरीका में कोने-कोने में भाषण देकर दलितों और पीड़ितों के उत्थान के लिए, प्रचार किया था और अमरीकावासियों से धन एकत्र करके 'रामकृष्ण मिशन' जैसी दरिद्रनारायण की सेवा में लगी संस्था को जन्म दिया, अतः उन्हें सी.बी.आई. का सबसे पहला 'एजेण्ट' भी वे लोग 'ब्रैण्ड' कर सकते हैं।

मैं मानता हूँ कि रामकृष्ण परमहंस ने मार्क्स से भिन्न कुछ नहीं कहा था, बल्कि कुछ ज्यादा ही कहा था (मैं आज के मार्क्सवाद की बात नहीं करता) जो समय की कसौटी पर सच साबित हो रहा है। दरिद्रनारायण की कल्पना किसने पहले की थी ?

पाठकों के लिए सन्देश

इस बीच मेरे पास हजारों चिट्ठियाँ अपने पाठकों की आयी हैं, उन्हें मैं अलग-अलग उत्तर नहीं दे सका हूँ और न दे सकूँगा। उनके पत्रों ने मुझे ही नहीं, बिहार के समस्त जन-संघर्षी रचनाकारों को बल दिया है। इन पत्र लिखनेवालों ने एक स्वर से हमारी क्रान्ति की सफलता की कामना की है। मुझे विश्वास है कि उनकी शुभकामनाएँ, जो निश्चय ही मौखिक नहीं, हार्दिक हैं, हमारे लिए हथियार का काम करेंगी। सच कहता हूँ, अगर इस जन-आन्दोलन से अपने को किसी तरह अलग-थलग रख पाने में सफल हो पाता या तटस्थ हो पाता अथवा मौखिक सहानुभूति प्रकट कर रह जाता तो न प्रेमचन्द ने मुझे माफ किया होता और न निराला ने।

बिहार आन्दोलन में गिरफ्तार होकर जेल से लौटने के बाद 1975 की 'कादम्बिनी' में प्रकाशित। 'श्रुत-अश्रुत पूर्व' में संकलित

उलझे हुए रिश्ते सुलझे हुए विचार

सिनेमा सर्वश्रेष्ठ कला है और ललित कलाओं का संगम है। फिर कला को तो अपनी यह जिम्मेदारी पूरी करनी ही चाहिए। यदि यह जिम्मेदारी पूरी नहीं हो रही है तो इसमें कला का कोई दोष नहीं है। जहाँ तक हिंदी सिनेमा की बात है, 'देवदास' का युग देखिए, 'पड़ोसी', 'दुनिया न माने', 'अमर ज्योति', 'अमृत मंथन' इत्यादि सामाजिक चित्रों में 'देवदास' की मिसाल ली जा सकती है। उस समय भारतीय फिल्म घुटनों पर चलने की उम्र में थी। सन बत्तीस या तैंतीस की बात है यह ! उस समय नायक या नायिका बढ़िया हिंदी नहीं बोल पाते थे। कानन गलत बोलती थी। सिवाय पहाड़ी संन्याल के जो लखनऊ से आया था, कोई भी बढ़िया डायलाग नहीं बोल सकता था। आज यदि कोई नायक हिंदी या उर्दू का गलत उच्चारण करता है तो तुरंत बात पकड़ में आ जाती है। उस समय लोगों के कानों में गलत उच्चारण खटकता नहीं था। उस समय का नायक पात्र को सजीव कर देता था। विषय में स्वयं को इतना ओतप्रोत कर देता था कि सारे भारत की जनता उसके डायलाग को समझती थी। समझकर रोती थी।

अब 'देवदास' को ही लीजिए। जिसने भी पहले किताब पढ़कर फिल्म देखी, कहा–भई, हमें तो फिल्म वैसी ही लगी जैसा पढ़ा था, बल्कि उससे भी बढ़कर लगी। हिंदी फिल्म में सहगल देवदास बने थे। बंगला में प्रमथेश बरुआ। फिर बिमल राय ने 'देवदास' बनाई, जिसमें दिलीपकुमार देवदास थे। पर हमने सहगल की 'देवदास' के बाद जानबूझकर बंगला की और बिमल राय वाली 'देवदास' नहीं देखी। हमारा इमेज था, देवदास का मतलब सहगल ही हो सकता है। प्रमथेश बरुआ नहीं, तो फिर दिलीपकुमार भी नहीं।

उस समय फिल्मी गीतों का भी मतलब हो गया था सहगल-जैसी आवाज और वैसी ही धुनें। जैसे पंकज मलिक का मोटे गले में गाया हुआ 'दुख के अब दिन बीतत नाहीं।' फिल्मी गीत बस इसी एक खास टाइप के हो गए थे।

फिल्मी गीतों में नया मोड़ आया, जब पंजाब से आए पंचोली भाई ने गाया 'सावन के नजार हैं अहा अहा' तो लोग झूम उठे। पंजाबी हवा के आने से तेज आ गया, पुरुषत्व आ गया। परंतु फिर लड़ाई के बाद से सस्ते मनोरंजन के नाम पर जनता की रुचि जो बिगड़ी तो बिगड़ती चली गई और आगे पीढ़ी-दर-पीढ़ी बिगड़ती ही जाएगी। पर हम यह नहीं मानते कि इसमें कला का दोष है, यह तो बनानेवाले पर निर्भर करता है।

आजकल अच्छी हिंदी फिल्में जरूर बन रही हैं, पर आज का हिंदी सिनेमा अपना दायित्व पूरा कर रहा है या नहीं, इसके बारे में निश्चित रूप से कुछ कहना मुश्किल है। यह भी तो एक क्रेज़ है कि सभी फिल्में एक ही ढंग पर चल रही

हैं। मैं यह नहीं कहूँगा कि सभी क्रेज में ही ऐसी फिल्में बना रहे हैं। कोई भी नई धारा जब चलती है तब शुरू-शुरू में उसके साथ कूड़ा-करकट भी बह आता है। जब पानी स्थिर हो जाता है तो कूड़ा-करकट बैठ जाता है और अच्छाई सामने आ जाती है। वह अच्छाई सामने आ रही है; फिर भी हिंदी सिनेमा अपना दायित्व उस माने में पूरा नहीं कर पा रहा है, जिस माने में करना चाहिए। आजकल तो कुछ फिल्मवाले अपनी फिल्मों में ऐसी चीजें दिखाते हैं जो आम जिंदगी से हटकर हैं, अस्वाभाविक हैं। उनका कहना है कि जो जिंदगी में है उसे पब्लिक क्यों देखना चाहेगी भला ! जो नहीं है, वही तो देखना चाहेगी ! मैं ऐसी बातों से कतई सहमत नहीं हूँ। यदि सहमत होता तो आज बंबई में होता। कुछ ऐसे लोग हैं जिन्होंने ऐसी परिस्थितियों से समझौता कर लिया है। पर उन्हीं से हमारा फिल्म-जगत बहुत नुकसान उठा रहा है।

हिंदी का रंगमंच

मैं नहीं मानता कि सिनेमा से हिंदी रंगमंच का पतन हुआ है। हिंदी रंगमंच गठित ही कहाँ हुआ था जो पतन होगा। हिंदी रंगमंच तो अभी बन ही रहा है। तुलनात्मक दृष्टि से देखें तो पहले बंगला और मराठी रंगमंच का विकास हुआ। जब ये उत्कर्ष पर आए, इनकी फिल्में भी उत्कर्ष पर आईं।

पर हिंदी रंगमंच अभी बन ही रहा है। इस दिशा में बड़ी चेष्टाएँ हुई हैं। पारसी थियेटर के बाद पृथ्वीराज कपूर ने हिंदी रंगमंच के लिए काम किया, फिर भी न तो उस समय के हिंदी के नाटक-लेखक इस तरह के रहे कि उनका कोई स्टेज हो और न स्टेज करनेवालों की तरफ से यह कहा गया कि साहब आप जो लिख रहे हैं वह पढ़ने की चीज है, स्टेज करने की चीज नहीं है। पारसी थियेटर के बाद जो नाटक-लेखक हुए, राधेश्याम हैं, रामकुमार वर्मा भी हैं और जगदीशचंद्र माथुर भी हैं और कौन ऐसा लेखक नहीं होता था जो एकांकी नहीं लिखता था। लेकिन इससे रंगमंच का कोई भला नहीं हुआ। अब हर शहर में गतिविधियाँ बढ़ी हैं, रंगमंच हैं। हमारे शहर में भी हैं। पहले कहाँ कुछ ऐसा होता था ? एक-दो संस्थाएँ थीं। अब तो काफी संस्थाएँ हैं और अच्छी चीजें प्रस्तुत कर रही हैं। जो भी अच्छे नाटक लिखे जा रहे हैं, सब कर रहे हैं। दूसरी भाषाओं में अनुवाद भी हो रहे है।

अब रही बात रंगमंच पर फिल्मी प्रभाव की ! तो यह प्रभाव उन पात्रों पर पड़ता है। वे डायलाग वैसा ही बोलना नहीं भूलते। पर यह बात बंगला और मराठी रंगमंच पर लागू नहीं होती, क्योंकि वहाँ रंगमंच पहले से बना हुआ था। फिल्म और रंगमंच के अंतर को वे अच्छी तरह समझते हैं। बंगला फिल्मों में कलाकार प्रायः बंगला के रंगमंचों पर भी काम करते हैं। वे अपने अभिनय के अंतर को समझते हैं कि यहाँ हम रंगमंच पर काम कर रहे हैं और वहाँ हमें फिल्मों

में काम करना है।

शंभू मित्रा आखिर क्यों नहीं फिल्मों में आने लगे ? मेरा खयाल है वे समझते हैं फिल्म उन पर हावी हो जाएगी। उन्हें नाटक से प्यार था, वे नाटक में ही रह गए। बाकी लोग भी जो बंगला फिल्मों और स्टेज पर काम करते हैं, इस अंतर को अच्छी तरह जानते हैं। कभी भी उनकी फिल्म में यह नहीं लगेगा कि ये स्टेज की तरह डायलाग बोल रहे हैं या स्टेज पर ऐसा नहीं महसूस होगा कि ये फिल्म की तरह डायलाग बोल रहे हैं।

दूसरे रंगमंचों पर यह बात नहीं है। लोग तो राजेश खन्ना या शत्रुघ्न सिन्हा-जैसा मेकअप कर रहे हैं, वैसा ही हुलिया बना रहे हैं। स्टेज पर भी वैसा ही करते हैं, कैरेक्टर चाहे कुछ भी हो। यह गलत है। इसमें भला नहीं होगा। फिर भी रंगमंच काफी उन्नति करेंगे, क्योंकि अच्छे गुरु लोग हैं सामने मैदान में। अच्छे काम करनेवाले भी आते ही जा रहे हैं।

सिनेमा और साहित्य

सिनेमा और साहित्य को निकट कैसे लाया जा सकता है ? हिंदी की कोई एक कहानी लीजिए किसी भी साहित्यकार की ! चलिए अज्ञेय के 'शेखर' का ही नाम लें। अब हम चलें, कि साहित्य और सिनेमा को मिलाने चले हैं। साहित्य को सिनेमा के करीब लाने के लिए 'शेखर' को फिल्मवालों ने चुना है। अब सिचुएशन पर बात हो रही है। सीक्वेंस पर हो रही है। शेखर को अगर ईमानदारी से उतारना है, तो लेखक का सहयोग नितांत आवश्यक है। डिसकशन चल रहे हैं। 'शेखर' के लेखक, निर्देशक, पटकथा-लेखक, संगीतकार सभी मौजूद हैं। बात ऐसे शुरू होती है–

"हाँ यार, वह शेखर की लड़की ठीक हो गई ? लड़की पसंद आ गई ? छोकरी चालू है कि नहीं ?" यह लड़की पर बातें हो रही हैं।

"कैसी है देखने में ? पीछे से देखने में ?"

लेखक भी वहाँ मौजूद है। यहाँ तक तो मान गए कि इन लोगों का यही ढंग है बात करने का। तो 'शेखर' के लेखक चुप रहेंगे। ठीक है भई, चित्र बन रहा है, लड़की होगी ही। फिर ऐसी बातें भी होंगी।

फिर 'शेखर' के लेखक से ही पूछा जाता है–क्यों साहब, आपने लड़की देख ली ? आगे-पीछे ठीक है न ! वो कमर-वमर ठीक है न ! आपके मन से ठीक है न !

लेखक कहेंगे : "हाँ, ठीक है !"

उसके बाद डायलाग आया ! अब वो 'शेखर' साहब जो हैं, एक शब्द 'आश्चर्यजनक' नहीं बोल सकते हैं। वह कहेंगे, "ये शब्द अपन को नईं चलने का है।"

ठीक है। साहित्य को चूँकि सिनेमा के निकट लाना है, एक सज्जन कहेंगे, "लेखक साहब, इसकी जगह 'ताज्जुबदेह' ठीक रहेगा।"

लेखक कहेंगे, "ठीक है। पर 'आश्चर्यजनक' और 'ताज्जुबदेह' में अंतर··· फिर भाषा भी बदलनी पड़ेगी।"

फिल्मवाले कहेंगे, "तो बदल डालो जी ! और ये इतने बड़े-बड़े डायलाग हैं, इन्हें काटो !"

इसके बाद वह हीरो जो शेखर का पार्ट करने आया है, लेखक को समझाना शुरू कर देगा कि कैसे डायलाग लिखा जाता है। वह आत्मा, मर्म सब पहचानने लगेगा। मेरा खयाल है, हद हो जाएगी। यहाँ तक लेखक साहब नहीं सह सकेंगे और वापस चले जाएँगे।

यह तो हुआ एक पहलू। दूसरा पहलू यह हो सकता है कि लेखक सोचेगा कि साहब, हमारी जो यह कहानी है, इसमें फलाँ कुमार काम कर रहे हैं, म्यूजिक डाइरेक्टर फलाँ बैठा हुआ है, तो ऐसी की तैसी हिंदी-साहित्य की और भाषा की। हमें क्या करना है। यह जो कहता है ठीक कहता है। आखिर हिंदी साहित्य ने क्या हमको खाने को दिया है ? अरे तीन जन्मों में यह किताब रिप्रिंट होती, तब भी इतना पैसा नहीं मिलता, जितना ये लोग दे रहे हैं।

··· और समझौता

ये दो पक्ष हुए। कांप्रमाइज–समझौते–वाली लड़ाई अब भी जारी है। 'दो बीघा जमीन' बंबइया फिल्मों से हटकर बनी थी, फिर भी फामूर्मलेवाली चीजें इसमें भी डाली गई थीं।

'उसने कहा था' पर जब फिल्म बनने की घोषणा हुई तो लोगों को खुशी हुई थी। चलिए साहब, इतने दिनों बाद इस कहानी पर फिल्म आ रही है। पर जब 'उसने कहा था' की हत्या हो गई तो लोगों को लगा, अब 'तीसरी कसम' काहे को बचेगी ? इसका भी मर्डर जरूर हो जाएगा।

'तीसरी कसम' की यूनिट में मैंने जिन लोगों को देखा, प्रायः वही लोग न्यू वेव या समांतर फिल्मों में फैले हुए हैं। जैसे फर्स्ट डाइरेक्टर बासु भट्टाचार्य, सेकेंड डाइरेक्टर बासु चटर्जी और थर्ड डाइरेक्टर बी. आर. इशारा ! इशारा ने बहुत काम किया था। फिनिशिंग टच देते समय इशारा ही थे। नवेंदु घोष, जो 'मैला आँचल' बना रहे हैं, 'तीसरी कसम' के स्क्रीन-प्ले राइटर थे। अरुण कौल इसमें नहीं थे, पर वे शैलेंद्र के अच्छे मित्र थे। 'तीसरी कसम' बनते समय यह बात भी चल रही थी कि वही इसका निर्देशन करेंगे। इस तरह हम तो देखते हैं वही लोग हैं ! पढ़े-लिखे लोग हैं ! सही पकड़ है। यह दूसरी बात है कि कौन कितना सफल हो पाता है, कि किसने कौन-सा रास्ता अख्तियार कर रखा है।

शिवेंद्र सिन्हा ने 'फिर भी' बनाई। जैसा कि कई गोष्ठियों में शिवेंद्र सिन्हा

से कहा गया कि आपने केवल बंबई की जिंदगी, एक छोटी-सी समस्या ली। हम लोगों ने पूछा कि वह छोटी-सी समस्या कैसे हो गई ? आदमी से संबंधित कोई भी समस्या हो, वह छोटी-सी कैसे कही जा सकती है ? आनेवाले दिनों की समस्या है यह ! इस फिल्म से वह आदमी जो इसके पीछे है, उसकी पकड़ तो हम समझ ही सकते हैं। जाने दीजिए कि 'एक अधूरी कहानी' फ्लाप होती है। बाक्स आफिस पर ही नहीं, बल्कि जो खास उसके देखनेवाले हैं, उनमें भी फ्लाप होती है, पर इतना तो मानेंगे कि विषय जो चुना है, पेश करने का ढंग उन लोगों से भिन्न है। वे कुछ करना चाहते हैं। अगर मात्र व्यवसाय ही करना चाहते तो उसके लिए उनके पास जगह थी। बासु भट्टाचार्य के लिए मार्केट खुल चुका था। एक अच्छी तस्वीर वे बना चुके थे, और भी बना सकते थे। लेकिन फिर वही बात–समझौता !

लेकिन नये लोग जो आ रहे हैं, वे हर जगह समझौता नहीं करना चाहते। कुछ जो हैं वे एकदम विद्रोही हैं। प्रतिबद्ध भी। मृणाल सेन, अरुण कौल ने 'अधूरी कहानी' बनाई। मैं जानता था इस पर बहस होगी। रिलीज नहीं हुई है। जो प्रतिक्रियाएँ हुई हैं, उनमें लगता है, अब मृणाल सेन हों, चाहे बासु चटर्जी हों, चाहे भट्टाचार्य हों, ये लोग भिन्न जाति के हैं और इन्हीं पर भरोसा है।

सिनेमा, संस्कृति और विकृति

सिनेमा संस्कृति का अंग तो है ही। बंगाल हम गए थे, निपट एक गाँव में। वहाँ एक बंगाली लड़की भोजपुरी गीत गा रही थी। यह भी फिल्म का ही प्रभाव है।

हमारा भारतीय जीवन अवरोधों से भरा है। जहाँ अवरोध होगा ऐसी चीजें भी सामने आएँगी। यह क्यों लिखी, बनाई और देखी जाती हैं, अलग प्रश्न है। हालीवुड भी बहुत-सी रद्दी तस्वीरें बनाता है और देखनेवाले देखते हैं। सेक्स की फिल्में बनाते हैं; ब्लू फिल्में बनाते हैं। सामाजिक रोग है यह ! कभी-कभी कोई रोग एपिडेमिक की अवस्था में पहुँचता है, तभी उसका निदान भी होता है। वह रोग जिस गति से बढ़ा है, फुटपाथ से सिनेमा तक, किस-किस से कहिएगा ?

विज्ञापन में प्रकृतिवाद

फिल्म ही क्यों ? विज्ञापन लीजिए ! अब ब्लेड और दाढ़ी बनाने के शैंपू से औरत का क्या ताल्लुक ? पर वहाँ भी औरत की ही तस्वीर होनी चाहिए। वह औरत भी जरा खुली हुई हो। आजकल के लोग औरत-माइंडेड हो गए हैं या यों कहिए, सब प्रकृति के पुजारी हो गए हैं। सब नेचुरलिस्ट हो गए हैं। पर प्रकृतिवाद और यथार्थवाद में बहुत फर्क है !

कहानी के मूड और नायिका को ध्यान में रखकर शिवेंद्रजी ने 'फिर भी' बनाई।

पर मेरा खयाल है कि ऐसी दो-तीन तस्वीरें बनाएँगे तो उनके दर्शक कम हो जाएँगे। फिल्म अपने ढंग की अकेली है, बस यही सही मानिए और शिवेंद्र को शुभकामनाएँ दीजिए।

किन-किन किताबों पर अच्छी फिल्में बन सकती हैं ! यदि लोगों को मालूम हो जाए, कि जैनेंद्रजी की 'सुनीता' में भी कहीं कपड़ा उतरवा दिया गया है तो दौड़कर पहले जैनेंद्र को ही बुक करेंगे। वैसे सभी साहित्यिक रचनाएँ जो छपती हैं, 'फिल्म' होती हैं। उधर दस-पंद्रह साल का बंगला-साहित्य देखिए। उपन्यासकार, कहानीकार सोच लेते थे कि कौन इसे खरीदेगा, कौन नायिका होगी, फिल्म जगत में कौन-कौन हास्य अभिनेता और कौन-कौन चरित्र अभिनेता हैं। छवि विश्वास जब तक रहे, उन्हीं को, उनके हावभाव को सामने रखकर चरित्र लिखे गए। लिखने से पहले लेखक फिल्म देख लेते थे उन्हीं चरित्रों के माध्यम से ! यह साहित्य चौदह कैरेट था, पर सोना था। यह सोना कहाँ तक रहेगा ? फिर वही बिजनेस की बात। टका हावी हो रहा है। बंगला फिल्मों का हिंदीकरण हो रहा है। मेरे खयाल में सभी साहित्यिक रचनाओं पर फिल्में बन सकती हैं।

माधुरी / मार्च, 1975। 'आत्म-परिचय' में संकलित

'तीसरी कसम' को जानबूझ कर फेल किया गया था

'तीसरी कसम' के निर्माण के समय बंबई आया था और अब आया हूँ 'मैला आँचल' पर आधारित 'डागदर बाबू' के निर्माण के सिलसिले में। अब की बार यहाँ के फिल्म उद्योग की फिजाँ ही बदली-बदली-सी या कह लीजिए बदलती-सी नजर आयी। यह कैसा परिवर्तन है कि लेखक शर्तें रखता है और सब उन शर्तों को पूरा करते हैं। 'हमारी कहानी में हीरो फलाँ को लेना होगा, हीरोइन फलाँ।' बल्कि हीरोइन किस रंग की साड़ी पहनेगी। यहाँ तक सुना है कि लेखक द्वय सलीम-जावेद ने लेखक की इज्जत को इतना बुलंद कर दिया है। लेखक को उसका स्थान दिलाने का यह जो काम सलीम-जावेद ने कर दिखाया है, उसके लिए लेखक सदा उनके आभारी रहेंगे।

वरना इस उद्योग में लेखक की हस्ती ही क्या थी ? लेखक या तो मुंशी होते या पंडितजी। वेतन या पारिश्रमिक नाम का, शायद सबसे कम। इस दीन-हीन प्राणी नेजो संवाद लिख दिया जरूरी नहीं कि हीरो-हीरोइन या अन्य पात्र बोलें ही। जिस शब्द पर अटक गया या उच्चारण नहीं कर पाया तो मुंशी-पंडित दोषी।

यही वजह रही कि प्रेमचंद और अन्य जो भी साहित्यकार यहाँ आये, निराश होकर लौट गये।

'तीसरी कसम' पूरी हो चुकी थी। शैलेंद्र के बुलावे पर मैं बंबई आया। इस बार मुझे होटल में ठहराया गया, क्योंकि मैं शैलेंद्र का नहीं, फाइनांसर का अतिथि था। शैलेंद्र ने बताया कि वे लोग फिल्म का अंत बदलकर हीरामन-हीराबाई को मिला देना चाहते हैं। शैलेंद्र का रोम-रोम कर्ज में डूबा हुआ था फिर भी वे इसके लिए तैयार नहीं थे। उनका जवाब था कि बंबइया फिल्म ही बनानी होती तो वे 'तीसरी कसम' जैसे विषय को लेते ही क्यों ? और जब वह विषय लिया है तो उसका मतलब है कि वे कुछ अलग काम कर दिखाना चाहते हैं। दबाव से तंग आकर आखिर उन्होंने कह दिया कि लेखक को मना लीजिए तो वे आपत्ति नहीं करेंगे।

दोनों को मिला दो

शैलेंद्र ने मुझे सारी स्थिति समझा दी। टक्कर राज कपूर जैसे व्यक्ति से थी, जो न केवल फिल्म के हीरो थे, बल्कि उनके मित्र और शुभचिंतक भी। भाषण शुरू हुआ। उपन्यास क्या है, साहित्य क्या है, फिल्म क्या है, पाठक क्या हैं और दर्शक क्या हैं ? कहानी लिखने से पाठक तक पहुँचने की प्रक्रिया क्या है, खर्च क्या है और फिल्म निर्माण क्या है, उसका आर्थिक पक्ष क्या है ? ऐसे विचार-प्रवर्तक भाषण शायद पूना फिल्म इंस्टीट्यूट में भी नहीं होते होंगे। इतना ही नहीं तो शैलेंद्र पर चढ़े कर्ज और उसे उबारने की भी दुहाई दी गयी। और तो और, पैसा लगानेवाला मारवाड़ी भी जो आँखें बंद किये बैठा था, कहने लगा, 'आप यह मत समझिए कि मैं सो रहा था। मैं तो कहानी का एंड सोच रहा था। चेन खींचकर गाड़ी रोक लो और दोनों को मिला दो।'

आखिर मैंने कह दिया कि वे जो चाहें कर लें। मेरा पारिश्रमिक मिल चुका है। हाँ, अगर कुछ परिवर्तन होता है, तो मेरा नाम लेखक के रूप में न दिया जाये। जब मैं अंतिम निर्णय देकर लौटा तो शैलेंद्र छाती से लगकर सुबकने लगे। ऐसा निर्माता आज तक किस लेखक को मिला होगा ?

मुझे पूरा विश्वास है कि अगर शैलेंद्र का निधन न होता और यह फिल्म ठीक से प्रदर्शित हो पाती तो व्यावसायिक दृष्टि से भी सफल होती। लेकिन वह एक साजिश का शिकार हो गयी, जिसमें अपने-बेगाने जाने किन-किन का हाथ था और इसकी वजह यह थी कि उन्हें भय था कि 'तीसरी कसम' अगर सफल हो गयी तो बंबइया फार्मूले पर वह बहुत बड़ा आघात होगा।

फार्मूले के फंदे में साहित्य

बंबइया फिल्मकार साहित्यिक कृतियों को छूने में हिचकिचाते हैं, क्योंकि साहित्यकार उन्हें कृति को चाहे जिस तरह तोड़ने-मरोड़ने नहीं देता और उन्हें तो हर कहानी में तथाकथित मसाला ठूँसने की आजादी चाहिए। इसके लिए जिम्मेदार ठहराते हैं वे दर्शकों को। किसी जमाने में 'मुक्ति' में पानी में कंकड़ फेंकने के प्रतीक से दर्शक समझ जाते थे कि पात्र के हृदय में उथल-पुथल हो रही है, फिर वह बुद्धि अब कुंद हो गयी है ?

हाल में 'रजनीगंधा', 'अंकुर' जैसी साहित्यिक रुचि की फिल्में देखने को मिलीं। मन पुलक उठा। इस वर्ष फिल्मफेयर एवार्ड के लिए दर्शकों ने पाँच फिल्में नामजद कीं, जिनमें से चार विशुद्ध भावनात्मक कृतियाँ थीं, व्यावसायिक ढर्रे से बिल्कुल अलग–'रजनीगंधा', 'अंकुर', 'गरम हवा' और 'कोरा कागज'। यह मतदान भी दर्शकों का ही है।

कलकत्ता में सदा से साहित्यकारों की रचनाओं पर फिल्में बनती रही हैं, लेकिन वहां के फिल्म उद्योग को भी बंबइया फार्मूलेबाजी और स्टार सिस्टम ने ग्रस लिया।

बंगालियों की पूजा की खरीददारी में विभिन्न पत्रिकाओं के पूजा विशेषांकों की खरीददारी आवश्यक रूप से शामिल होती है। एक विशेषांक में 3-4 उपन्यास होते हैं। हर कोई अपनी रुचि के अनुसार देख, आनंद, उल्टो रथ, जलसा या अन्य पत्रिका खरीदता है। इन उपन्यासों को देखिए। बड़े-बड़े नामवर लेखक, लेकिन साफ नजर आता है कि यह नायक फलाँ स्टार को ध्यान में रखकर गढ़ा गया है और फलाँ नायिका फलाँ हीरोइन को नजर में रखकर। यह पागलपन इस हद तक बढ़ गया है कि अगर इस वर्ष सुचित्रा सेन लोकप्रिय रहीं तो सभी दुर्गा प्रतिमाओं के चेहरे सुचित्रा जैसे होंगे। सुप्रिया लोकप्रिय हुई तो उसके जैसे और अपर्णा सेन लोकप्रिय हुई तो उसकी अनुकृति।

छोटे-छोटे समझौते कर लेखक भी अपनी स्थिति कमजोर बना लेते हैं। बंबई आते हुए मैंने जगह-जगह 'आँधी' के होर्डिंग देखे। उन पर लिखा हुआ था 'रिटन ऐंड डाइरेक्टेड बाई गुलजार।' क्यों भाई कमलेश्वर, कहानी तो तुम्हारी है न ? गुलजार लेखक कैसे हो गये ? और वे तो तुम्हारे मित्र हैं। कल 'रेणु' के साथ भी यही व्यवहार होगा। मार्कंडेय आयेंगे तो या और कोई साहित्यिक आयेगा तो उसके साथ भी यही सलूक होगा।

मुझे याद है 'तीसरी कसम' के होर्डिंग बन रहे थे। निर्माण विभाग का आदमी आकर शैलेंद्र से कहने लगा, 'फणीश्वरनाथ रेणु' तो बहुत लंबा नाम है, बहुत जगह घेर लेगा। इसे पी. एन. रेणु कर देते हैं। शैलेंद्र ने उसे डाँटा कि नाम पूरा जायेगा। हाँ, अपने नाम में से शंकर कटवा कर सिर्फ शैलेंद्र लिखने को कह दिया।

अंत में इन दिनों बन रही फिल्मों की शैलियों के बारे में। एक शैली है विशुद्ध बंबइया व्यावसायिक फिल्म शैली। इसके बारे में तो कुछ कहना ही बेकार है।

दूसरी शैली है मणि कौल, कुमार शाहनी जैसे निर्देशकों की, जो अपने प्रयोगों में किसी तरह का समझौता करने को तैयार नहीं हैं। उनके लिए उनका विषय और उनकी चित्रांकन शैली ही सर्वोपरि है। लोग उनकी शैली से भले ही सहमत न हों, उनकी प्रतिभा के बारे में तो कोई आशंका नहीं उठायी जा सकती।

बाबूराम इशारा ने एक नया रास्ता अख्तियार किया। स्टूडियो के नकली वातावरण से फिल्मों को उठाकर वास्तविक स्थानों पर खींच लाया। छोटी-सी लागत में कड़वे सच को उजागर करने लगा, क्योंकि उसकी मान्यता है कि इस विषय पर कोई कुछ नहीं कर रहा है। इधर उसकी कई फिल्में असफल हुई हैं, इसका कारण शायद यह भी है कि वह जीवन से छोटे-छोटे सच उठाकर अपनी फिल्म में एक साथ नत्थी करने लगा और यह जोड़ इतना भयानक लगने लगा कि दर्शक अपने-आपको एकदम नंगा पाने लगा। उसकी फिल्मों से कतराने लगा। लेकिन मैं कहना चाहूँगा कि वह चुका नहीं है, हारा नहीं है। उसने बहुत महत्त्वपूर्ण काम किया है। बस उसे चाहिए कि अब वह लेखन का दायित्व किसी और पर सौंप दे। उससे बहुत आशाएँ हैं।

और चौथा रास्ता अपनाया हृषिकेश मुखर्जी, गुलजार जैसे निर्देशकों ने। इन निर्देशकों ने व्यावसायिक सिनेमा में अपनी जड़ें मजबूत कर ली हैं। कोई यह कहने की हिम्मत तो नहीं कर सकता कि इन्हें साहित्य की समझ नहीं है, लेकिन उन्होंने इस तथ्य को स्वीकारा है कि दर्शकों का बड़ा वर्ग स्टार्स के नाम से पीछे आता है और अगर अपनी बात ज्यादा से ज्यादा दर्शकों तक पहुँचानी है तो इस दर्शक वर्ग को जीतना, उसे सिनेमाघर तक खींच लाना जरूरी है। उसकी रुचि अच्छी, यथार्थवादी, समांतर सिनेमा में जगाना जरूरी है। वे यह काम बखूबी कर रहे हैं।

नाटिकाएँ

एकतंत्री नाटक

उत्तर नेहरू चरितम्

[महाकवि भवभूति से भला कौन भकुवा भारतीय साहित्यिक परिचित नहीं होगा। 'उत्तर रामचरित' लिखने के बाद पुष्यपंथियों ने जिंदा ही उन्हें दफना दिया था। लेकिन

कब्र में पड़े-पड़े ही उन्होंने 'नई दिशा' के लिए बहुत-सी रचनाएँ कीं। यहाँ हम उनका 'उत्तर नेहरू चरितम्' प्रकाशित कर रहे हैं। और एकतंत्री नाटिका—यह सर्वथा नवीन पंथ है। नाट्य साहित्य में, चंपू नाटक और एकांकी के बाद वह नये अध्याय का 'बिसमिल्लाह' करता है। एकतंत्री नाटिका में—एक ही अंक, एक ही दृश्य, एक ही अभिनेता—मतलब यह कि एक ही सबकुछ। राजनीति के ***One party rule*** *(एक पार्टी-राज) की ही तरह।—संपादक]*

उत्पत्सये ममतु कोऽपि / समानधर्मा कालोऽहम / निरगधिविपुला च पृथ्वी
—भवभूति

1950 की होली की रात !

स्थान—प्रधानमंत्री नेहरू का शयन-कक्ष।

समय—एक बजे रात।

(प्रधानमंत्री नेहरू स्लिपिंग शूट में, एक आदमकद आईने के पास खड़ा होकर, सिर के शेष बालों की सुफेदी और उजाड़ प्रदेश की चिकनाई पर हाथ फेर रहे हैं। दरवाजे पर एक खटका होता है। प्रधानमंत्री नेहरू आईने पर निगाह डाले हुए ही पूछते हैं—'कौन ?' मुड़ने की आवश्यकता नहीं महसूस करते हैं, क्योंकि पीठ की ओर पड़नेवाला दरवाजा आईने में साफ दिखाई पड़ता है। अचानक छः व्यक्ति प्रवेश करते हैं। प्रधानमंत्री नेहरू पीठ बगैर घुमाए आईने पर निगाह डाले, बगैर रू-ब-रू हुए ही वार्तालाप शुरू कर देते हैं।)

प्रधानमंत्री नेहरू : (अचरज से) : आप लोग कौन हैं और इतनी रात गए बगैर इत्तला किए, बगैर अप्वाइंटमेंट किए, बगैर हुक्म लिए आ गए ? क्या मकसद है ?

सभी एक साथ : योर मेजेस्टी, आपने अभी-अभी हम लोगों को याद किया है।

प्रधानमंत्री नेहरू : (आश्चर्य से) : मैंने··· (वंडर, इट कांट बी), लेकिन मुझे तो याद नहीं। (ललाट पर बल डालते हुए) और मैं तो आप लोगों में से किसी एक को भी नहीं पहचानता।

सभी एक साथ : संभव है योर मेजेस्टी ! काम के बोझ से याददाश्त को बरकरार रखना असंभव है योर मेजेस्टी !

प्रधानमंत्री नेहरू : तो बेहतर हो कि आप एक-एक कर परिचय दें।

पहला : मैं हूँ वीर जवाहर ! रावी के तट पर पूर्ण स्वतंत्रता की प्रतिज्ञा करनेवाला वीर ! (सीना तान लेता है।)

दूसरा : मैं हूँ राष्ट्रपति जवाहरलाल—दूसरी दफा का।

तीसरा : मैं हूँ कामरेड नेहरू, समाजवाद-मंत्र-जापी ! (मुट्ठी बाँधकर

एटेंशन।)

चौथा : मैं मि. जे.एल. नेहरू ! 'मेरी कहानी' का लेखक !

पाँचवाँ : और मैं मि. नेहरू, 'डिस्कवरी ऑफ इंडिया' का राइटर।

छठा : मैं पंडित जवाहरलाल नेहरू, 1945 मॉडल, ब्लैक मार्केटियरों को फाँसी पर लटकाने की इच्छा रखनेवाला।

प्रधानमंत्री नेहरू : (हाथ जोड़कर) : जयहिन्द !

सभी एक साथ : (भिन्न-भिन्न मुद्रा और ढंग से) : वंदे मातरम्, नमस्ते, लाल सलाम, गुड नाइट, जयहिंद।

प्रधानमंत्री नेहरू : क्या आप सभी एक ही काम से आए हैं ?

सभी एक साथ : जी नहीं योर मेजेस्टी, हमारे अलग-अलग सवाल हैं।

प्रधानमंत्री नेहरू : तो बातें भी एक-एक करके ही होनी चाहिए। मगर एक शर्त है, एक सवाल से ज्यादा आप कुछ नहीं पूछ सकते। जवाब मिल जाने पर बहस नहीं कर सकते। समझे ? अच्छा तो वीर जवाहर जी महाराज, पहले आप।

वीर जवाहर : (अचानक गुस्साते हुए) : मैं पूछना चाहता हूँ कि यही है वह पूर्ण स्वराज्य ? यह पूर्ण स्वराज्य है या...

प्रधानमंत्री नेहरू : (रोकते हुए) : देखिए, एक ही सवाल...

वीर जवाहर : (तुरंत ठंडा पड़ते हुए) : योर मेजेस्टी, सवाल एक ही है, मगर कहने का ढंग जुदा है। (फिर सुस्ताते हुए) हाँ, तो मैं पूछ रहा था कि यही है वह पूर्ण स्वराज जिसकी मैंने प्रतिज्ञा की थी ? यह पूर्ण स्वराज है या उसकी लाश या उसकी हड्डी-पसली ? रावी से पूछिए। रावी के पानी से पूछिए, पानी की खारी से पूछिए...

प्रधानमंत्री नेहरू : (रोकते हुए) : बस-बस ! तो जनाब, प्रतिज्ञा करें आप और पूरा करूँ मैं, यह कैसी अजीबोगरीब बात है ? जी, यह वह पूर्ण स्वराज है, जिसे मैंने हासिल किया है, जिसे मेरे और दोस्तों के सिवा और कोई भी समझने की ताकत नहीं रखते। ज्यादा खून गर्म है; जोश है तो रावी के किनारे चले जाइए, हाथ मटका-मटकाकर तकरीरें झाड़िए। प्रतिज्ञा कीजिए, आग उगलिए, आग निगलिए, वीरता बघारिए। यह गवर्न-मेंट हाउस है, रावी का मनहूस किनारा नहीं। समझे ? और शरीफों से कैसे बर्ताव करना चाहिए, यह अपने बुजुर्गों से जाकर सीखिए। नौसिखिए हैं आप, इसीलिए उबाल में आ रहे हैं। तजुर्बा और बुजुर्गी हासिल किए बगैर इधर रुख करने की जुर्रत मत कीजिएगा। गेट आउट...

[**वीर जवाहर का प्रस्थान**]

प्रधानमंत्री : (दूसरे की ओर आईने में ही देखते हुए) : अब आप अपना चर्खा ओंट सकते हैं !

राष्ट्रपति जवाहरलाल : किसानों की समस्याओं का जो हल मैंने बताया था···

प्रधानमंत्री नेहरू : (रोकते हुए) : बस मैं समझ गया जनाब ! आप वही पुराना किस्सा सुनाने आए हैं। क्या आप उन्हीं मूर्ख किसानों की बातें करते हैं, जिन्हें समझाने के लिए मेरे 'ग्रोमोड फूड' डिपार्टमेंट के सभी रुपए सिर्फ प्रचार में ही साफ हो गए, मगर वे अहमक एक भी गमले या एक भी टीन या एक भी सिगरेट के डब्बे में खेती कर अन्न नहीं पैदा कर सके। और जनाब, किसानों की समस्याओं का आपने जो हल बताया था, वही आखिरी हल था, यह आपसे किसने कहा ? मैं भी उनकी समस्याओं का हल जानता हूँ। आपने क्या सरकारी प्रचार-विभाग की फिल्म में मुझे हल जोतते नहीं देखा है ? यदि नहीं देखा हो तो अभी फौरन जाइए, शायद थर्ड शो हाथ लग जाए। वरना पछताना पड़ेगा। जल्दी···

[**राष्ट्रपति जवाहर लाल का प्रस्थान**]

प्रधानमंत्री नेहरू : (तीसरे से) : अब कामरेड ! आप अपना मंत्र-जाप शुरू कर सकते हैं। मगर मुख्तसर में।

कामरेड नेहरू : औद्योगिक केंद्रों के राष्ट्रीयकरण और राष्ट्रीय ट्रेड यूनियन के कठपुतले नाच के बारे में मैं एक ही सवाल···

प्रधानमंत्री नेहरू : (रोकते हुए) : तो सुन लीजिए कामरेड ! मैं आपकी एक भी बात सुनने को तैयार नहीं। हजरत, आपको मालूम है कि आप ही के बदौलत आज मैं इतना परेशान हूँ। आपके समाजवाद मंत्र-जाप का ही नतीजा है कि हिंदुस्तान में समाजवादी कीड़े प्लेग के पिस्सुओं की तरह फैल गए हैं—तरह-तरह के। शुक्र है कि आप जे.पी. कट कुर्ता पहनकर आए हैं—वरना अभी हथकड़ी डलवाकर जेल भेज देता। हिंदुस्तान के अलावा, आपने बाहर भी मुझे कहीं का न रखा। अमेरिकन दोस्त मुझे अभी भी शंका की निगाह से देखते हैं। मेरे सबसे प्यारे लेडी दोस्त मैडम च्यांग काई शेक के पति च्यांग को आप आलू चौप के साथ चट कर गए। और अब आए हैं मेरे पास मंत्र-जाप करने। जल्दी रुखसत होइए, वरना अभी सारा डायलेक्टिकल मैटेरियलिज्म, मैटेरियलाइज कर दूँगा। क्वीक !

[कामरेड नेहरू का गमन]

प्रधानमंत्री नेहरू : (बालों पर हाथ फेरते हुए) : अब मि. जे. एल. नेहरू और मि. नेहरू साहब ! आप दोनों को मैं कुछ बोलने की इजाजत हरगिज नहीं दे सकता। दुनिया में सबसे ज्यादा नफरत मुझे किसी से है तो बस आप दोनों और आप दोनों हजरतों की उन खुराफाती किताबों से। मैं उन दोनों किताबों को नेस्तनाबूद कर दूँगा। मुझे गुस्सा आ रहा है, जाइए, वरना आप ही दोनों को किताब समझकर चित्थी-चित्थी कर दूँगा।

[दोनों का भागते हुए प्रस्थान]

प्रधानमंत्री नेहरू : (छठे से) : अब जनाब, 1945 मॉडल के पंडित जवाहरलाल नेहरूजी, रह गए हैं सिर्फ आप और मैं। सो आपके और मेरे विचारों में बस चंद सालों का ही फासला है। मगर यह असंभव है कि आपकी इच्छा के मुताबिक मैं सभी ब्लैक मार्केटियरों को फाँसी दे दूँ। आप उन्हें नहीं जानते। वे बड़े अच्छे हैं, बड़े उदार, बड़े परोपकारी, बड़े देशभक्त, बड़े राजभक्त। और थोड़ी-बहुत गलतियाँ तो सभी करते हैं। हरज क्या है ? करने दीजिए; और मेरे दोस्त, फाँसी देने लग जाऊँ तो अ.भा. कांग्रेस ही खत्म हो जाएगी। सारे देश में मुश्किल से एक सौ कांग्रेस के सदस्य बच सकेंगे ! सोचो तो ज़रा, कांग्रेस के ऐसे दर्दनाक खात्मे को तुम पसंद करोगे ? कम-से-कम कांग्रेस के लिए कांग्रेस को जिस भी हालत में जिंदा रखना है। बकवास मत करो (हँसते हुए) वरना अकेले हो, बस पहले तुम्हीं से शुरू कर दूँगा। जाओ मेरे दोस्त ! अपने विचार को बदलकर फिर मिलो तो तुम्हारा, तुम्हारे परिवार, तुम्हारे दोस्त, तुम्हारा सेंट-पर-सेंट भला-ही-भला हो।

[प्रस्थान]

प्रधानमंत्री नेहरू : (विरक्त होकर) : इन बददिमागों ने सिर खा लिया। (टेलिफोन उठाते हुए) हलो ! येस प्राइम मिनिस्टर स्पीकिंग ! सुनो, वीर जवाहर को अभी फौरन गिरफ्तार कर अलाहाबाद जेल में और राष्ट्रपति जवाहरलाल को नैनी जेल में डाल दो, और कामरेड नेहरू को लालकिले में नजरबंद... और अभी फौरन फरमान निकालो—'मेरी कहानी' और 'डिस्कवरी ऑफ इंडिया' गैर-कानूनी किताबें हैं। सारे मुल्क में जहाँ भी यह किताबें हों, जब्त कराके बर्बाद

कर दी जाएँ। और पंडित जवाहरलाल नेहरू के 1945 मॉडल से कहो कि यदि वे प्रधानमंत्री नेहरू के विचारों से सोलहों आने सहमत हैं तो कल वे प्रधानमंत्री के दफ्तर में आकर प्राइम मिनिस्टर बन सकते हैं। गुड नाइट··· नो-नो··· जयहिंद···

[आईने से रुख हटाकर सिर थामते हुए बिछावन पर धम्म-से लेट जाते हैं।]

ये हैं आप की पड़ोसिन : कवयित्री

वाचिका : मेरे पड़ोस में कोई कवयित्रीजी रहती हैं, मुझे क्या मालूम ! और जो बात मैं नहीं जानूँ, वह दुनिया के लोग भी नहीं जानते हों–यह कैसे हो सकता है ? दुनिया के लोगों को अर्थात् इस शहर के लोगों को अच्छी तरह मालूम है कि इस फ्लैट में एक कवयित्रीजी रहती हैं। एक दिन ऐसा हुआ कि मैं अपने स्कूल से लौटकर अपनी सीढ़ी पर पाँव रख ही रही थी कि दो-तीन सज्जनों की सम्मिलित नमस्कार की बौछार मुझ पर हुई। स्कूल में लड़के-लड़कियों के गार्जियन आते हैं, लेकिन ऐसा आह्लादित-नमस्कार कभी नहीं करते। ये कौन हैं ? इनमें से एक सज्जन आगे बढ़ आये और बोले–"हें हें··· क्षमा कीजियेगा ! आप सुषमा देवी हैं न ?" मैंने संक्षिप्त-सा उत्तर दिया–"हां, हूँ तो ! कहिये, आप ?" वे बोले–"बात यह है कि 'युगाधार' में आपकी रचना के साथ आपका पता-ठिकाना भी छपता है। और··· और··· हमारी साहित्यिक संस्था में एक कवि-सम्मेलन का आयोजन है।" मेरी समझ में कोई बात नहीं आई। "कैसा युगाधार और कैसी रचना ? मैं तो स्थानीय कन्या विद्यालय में पढ़ाती हूँ सिर्फ़।" भद्र व्यक्ति ने पाकेट से पुर्जा निकालकर पढ़ा और पूछा–"आप बावन नम्बर में रहती हैं न ? कुमारी सुषमा देवी, देवनगर··· फ्लेट नम्बर बावन !" मुझे हँसी आ गई। मैं बोली–"मैं दस नम्बर में रहती हूँ। लेकिन बावन नम्बर भी इसी ब्लाक में है।"

उस दिन पता लगा कि हमारे पड़ोस में कोई कवयित्रीजी रहती हैं और उनका नाम भी वही है जो मेरा। यही नहीं, इसके कई सप्ताह बाद एक दूसरी घटना घटी, यानी पत्रविभ्राट कहिए। मेरे उन्होंने (पतिदेव ने) जो भावुकता-भरी लम्बी चिट्ठी परदेस से लिखी, सो हमारी पड़ोसिन कवयित्रीजी के पते पर चली गई और कवयित्रीजी ने उसे खोलकर पढ़ भी लिया। और, पढ़कर इतनी प्रभावित हुईं कि सीधे दौड़ी आईं

मेरे फ्लैट का दरवाजा खटखटाने…

[दरवाजा खटखटाने की ध्वनि]

वाचिका : कौन है ?

कवयित्री : दरवाजा खोलिए। मैं हूँ, शुभ सन्देश लेकर आई हुई एक चिड़िया। (गुनगुनाती है मद्धिम सुर में) आई हूँ, आई हूँ लेकर के तेरे प्रियतम की प्रिय पाती। प्रिय पाती… (फिर खटखटाती है)

वाचिका : (दरवाजा खोलती है) जी, आप ?

कवयित्री : जी, मैं !… आई हूँ लेकर के तेरे प्रियतम की पाती।

वाचिका : क्षमा कीजियेगा।… आप… आप किसको… ?"

कवयित्री : जिसे प्यार से, दुलार से कोई 'सुशी' कहता है।
जिस का प्रियतम किसी दूर देश में रहता है।
जिसको पिछले तीन महीने से नींद नहीं है आई।
उसके लिए, उस सुषमा देवी के लिए संदेशा लेकर आई।

वाचिका : (घबराकर) देखिए, वह सुषमा देवी नम्बर बावन में रहती हैं।

कवयित्री : नहीं वहाँ है कोई इस परदेशी का, जो अबरख के खानों में साहब है… ल ल, इसके आगे तुक नहीं मिल रही है। माफ कीजिए देवी सुषमाजी ! बावन नम्बर में रहनेवाली सुषमा का कोई चिर-सदैव साथी नहीं ! यदि है भी कहीं कोई अनजान नगर की भूली गली में, तो वह हर सप्ताह पतियाँ नहीं लिखता। (लम्बी साँस लेकर) दुःख इसी बात का है, आपके पतिदेव कवि-हृदय हैं और आप शायद स्कूल में मैथेमेटिक्स पढ़ाती हैं। हैं न ? (हँसती है)

वाचिका : हाँ, मैं मैथेमेटिक्स ही पढ़ाती हूँ। लेकिन, आप… ?

कवयित्री : आपके चेहरे पर आने-जानेवाले भावों को देखकर ही मैं समझ गई थी, आप हिसाब पढ़ाती हैं। अतः अब आपसे अलजेबरा और ज्योमेट्री की भाषा में ही बात करूँगी। तो सुनिए ! मान लीजिए कि ए है ब्लाक नम्बर पाँच। अब इस ब्लाक के बी. और सी. दो फ्लैट हैं जिनके नम्बर हैं क्रमशः दस और बावन। अब, इन बी. और सी. फ्लैटों यानी दस और बावन में–दोनों में डी. नाम की देवीजी रहती हैं। किन्तु…

वाचिका : देखिए, मेरे स्कूल का समय हो रहा है।

कवयित्री : (हँसती है) अब नहीं सताऊँगी। यह लीजिए अपना पत्र। और, अपने पतिदेव को लिख दीजिए कि सिर्फ ब्लाक नम्बर ही नहीं, फ्लैट नम्बर भी लिफाफे पर लिखा करें। और, इस पत्र को पढ़कर मेरा दिल जो धड़का, मेरे कोमल हृदय को जो चोट लगी, उसकी क्षतिपूर्ति के लिए आपको एक प्याली चाय तैयार करनी होगी।

वाचिका : (हँसती है) अच्छा, तो आप ही हैं कवयित्री सुषमा देवीजी ! भई मुझे

क्षमा कीजियेगा। मैं तो घबड़ा गई कि यह कौन···

कवयित्री : फिर मेरे बिखरे-बिखरे बाल, अस्त-व्यस्त कपड़ों को देखकर आप ने मुझे कोई अकाल-पीड़िता पगली···

वाचिका : नहीं नहीं, ऐसी बात नहीं।

[दोनों हँसती हैं]

वाचिका : *यह तो हुआ प्रथम परिचय। हम दोनों में मित्रता हो गई और धीरे-धीरे गाढ़ी होती गई। वह मुझे सुशी भाभी कहने लगी और उसकी ज़िद्द पर मैं उसको तुम कहने लगी। बुलाती थी 'पोयट' कहकर। पड़ोस में कवयित्री का होना या रहना और बात है, और कवयित्री की मित्रता दूसरी बात। हर बात के अच्छे और बुरे दो पहलू होते हैं। सो मित्रता के बाद मुझे दोनों पहलुओं को झेलना पड़ा। मेरे घर में कवयित्री का आना-जाना बेरोकटोक जारी रहा। जब कभी वह कोई नई रचना करती, मेरे पास दौड़ी आती। मैं उस समय कुछ भी करती रहूँ, उसकी कविता सुननी पड़ती, राय देनी पड़ती—और कभी-कभी अपनी नासमझी पर झिड़कियाँ भी सहनी पड़तीं। भावों की दुनिया में रहनेवाली इस कवयित्री को काव्य-ज्ञान कितना भी हो लेकिन बेचारी को संसार-ज्ञान बहुत कम था। एक दिन उदास होकर आई···*

कवयित्री : सुशी भाभी ! आज मैं बहुत दुःखी हूँ। दर्द से मेरा हृदय टीस रहा है। एक दुःखभरी अजानी रागिनी मेरे मन की वीणा पर बज रही है। वीणा नहीं··· किसी बैरागी का एकतारा।

वाचिका : अब ज्यादे दिन की देर नहीं। फाल्गुन शुक्ल द्वादशी के बाद से तुम्हारा यह दर्द दूर हो जायगा।

कवयित्री : (सूखी हँसी हँसते हुए) सुशी भाभी ! तुम सदा हिसाब की मास्टरनी ही रहीं। तुमने रस का व्यापार कभी किया नहीं। तुम क्या जानो इस दर्द को ? और फाल्गुन शुक्ल द्वादशी के बाद की बात ? (हँसती है) फाल्गुन शुक्ल द्वादशी, त्रयोदशी, चतुर्दशी··· हा··· हा··· हा··· लेकिन पूर्णिमा नहीं। मैं इतनी जल्दी किसी को पूनम का चाँद नहीं बनने दूँगी, भाभी ! पूर्णिमा नहीं होगी। घोर अमा के अन्धकार में मुझे रहना पसंद है, लेकिन विवाह···

वाचिका : पोयट, सुनो तो ! आज तुमको क्या हो गया है ?

कवयित्री : होगा क्या ? वही जो सदा से, चिरकाल से होता आया है। (जल्दी साँस लेकर) सुशी भाभी ! तुम क्या समझोगी इस दुःख-दर्द को। लेकिन तुमको तो नींद जरूर आई होगी। क्यों न आवे नींद तुम्हें ? तुम सुखी हो। दो में दो को जोड़कर उत्तर चार निकाल लेती हो और परमानन्द सुख की प्राप्ति से तुम्हारी आँखें झिप जाती हैं। लेकिन, मेरा दर्द···

वाचिका : तुम्हारा दर्द-वर्द मेरी समझ में कभी नहीं आया। दर्द की गोली भी नहीं मेरे पास। मैं पूछती हूँ कि इस शादी में बाधा किस ओर से पड़ रही है। हमने तो सुना था कि दोनों पक्ष के अभिभावकों ने प्रसन्नता से रिश्ते को स्वीकार किया है। और, यह तो तुम्हारा प्रेम-परिणय है। फिर···

कवयित्री : प्रेम-परिणय ? यही तो वह महान भ्रम है जिसे मैंने कल रात को दूर किया है। प्रेम-परिणय कैसा ? जिस पत्रिका में मेरी कविता प्रकाशित हुई, उसी में श्रीमान की भी रचनाएँ छपती थीं। एक बार मेरी 'सूखी क्यारी' शीर्षक कविता प्रकाशित हुई। तुम्हें कविता सुना दूँ ?

वाचिका : सुनाओ !

कवयित्री : मेरी कविता थी :

ओ वनमाली, ओ वनमाली !
तेरी बगिया सूनी-सूनी
तेरी क्यारी खाली-खाली।
ओ वनमाली, तेरे तरु की सूखी डाली···

वाचिका : लेकिन इससे श्रीमान का क्या सम्बन्ध ?

कवयित्री : सम्बन्ध अब होता है न। तो, मेरी इस कविता के प्रकाशित होने के बाद श्रीमान को भ्रम हुआ कि मैंने यानी कवयित्री कुमारी सुषमा ने उनके जीवन की मर्मव्यथा को जान लिया है। और उसके बाद श्रीमान ने···

वाचिका : तुम्हारे श्रीमान कविजी का नाम मैं भूल जाती हूँ।

कवयित्री : नाम ने ही तो यह सब घनचक्कर शुरू किया। सौभाग्य से या दुर्भाग्य से श्रीमान का नाम वनमाली था। इसलिए इन्हें यह मीठा भ्रम होना स्वाभाविक था। सो, आप ने मेरी कविता के प्रत्युत्तरस्वरूप यह प्रकाशित करवाया–

मेरी सूनी बगिया में तुम हरियाली बन छा जाओ तो।
मेरी क्यारी में कुसुम कली-सी एक बार मुस्काओ तो।।

वाचिका : (हँसती है) और तुम्हारी कविता की पहली पंक्ति क्या थी ?

कवयित्री : *ओ वनमाली, ओ वनमाली*
तेरी बगिया सूनी-सूनी
तेरी क्यारी खाली-खाली

वाचिका : (हँसती है) वाह ! खूब जवाब दिया तब तो।

कवयित्री : खूब रही, खाक ! इसके बाद पत्रिकाओं में अपनी कविता छपाने के बदले, श्रीमान मेरे नाम से मेरे पते पर भेजने लगे।

वाचिका : तो यों बात बढ़ती गई, आग लगती गई।

कवयित्री : (चमत्कृत होकर) अरी भाभी ! तुमने तो कविता की पूरी पंक्ति रच दी। हाँ, भाभी ! दुर्भाग्य से वह आग बढ़ती गई और आज निमंत्रणपत्र तक बँट गये हैं हमारी शादी के।

वाचिका : तो अब क्या हुआ है ?

कवयित्री : मैंने कल इस भ्रमजाल से मुक्ति पा ली है। मैं पुरानी पत्रिकाओं के पृष्ठ उलट रही थी। श्रीमान की कविताएँ पढ़ रही थी खोज ढूँढ़ कर। अचानक खयाल हुआ कि मुझसे प्यार होने के पहले ये कविताएँ जो श्रीमान ने लिखीं, सो किसकी प्रेरणा से, सो किसको लक्ष्य कर के ? वह स्वप्न-वन की किन्नरी कौन थी ? कहाँ गई ?

वाचिका : इसी तरह, वह भी तो पूछ सकता है कि तुम्हारी कविताओं के अनजाने प्रियतम किस देश के वासी थे ? आज कहाँ हैं और क्या कर रहे हैं ?

कवयित्री : पूछना चाहिए। लेकिन क्यों पूछेगा वह ? क्या हक है उसका ?

वाचिका : (जरा संयत और गम्भीर होकर) पोयट ! तुम दिल्लगी कर रही हो और मेरा प्राण सूख रहा है। क्या बात है ? जरा खोलकर कहो।

कवयित्री : बात यह है कि वह भी कवि है। कवि ही नहीं, प्रतिष्ठाप्राप्त कवि। अब समझो। शादी के पहले ही लोगों ने यह कहना शरू कर दिया है कि मेरी सारी कविताएँ उसी की रची हुई हैं। तो शादी के बाद तो लोग खुलेआम कहेंगे–सुषमा देवी कुछ नहीं जानती, उसके बदले उसके पतिदेव लिख दिया करते हैं। सो, ज्यों ही मेरे दिमाग में यह प्रश्न आया, मेरा सारा भ्रम दूर हो गया। और आज सुबह मैंने अपना फैसला सुना दिया है–शादी नहीं होगी।

वाचिका : पोयट !

कवयित्री : सुशी भाभी, माफ करना। मैं आज बहुत दुखी हूँ, बहुत।

[कवयित्री चली जाती है]

वाचिका : *कवयित्री की शादी रुक गई। लेकिन कविवर वनमाली से किसी ने यह कह दिया कि इस ब्याह को मैंने ही अपनी हिसाब वाली बुद्धि से भंग किया है। उनका कहना है, जब से मेरे साथ परिचय हुआ, कवयित्री सुषमा की बुद्धि ही बदल गई। लेकिन किसे समझाऊँ। कविवर वनमाली मेरे पतिदेव के पुराने परिचित हैं। बात वहाँ तक पहुँची और उन्होंने तनिक अप्रसन्न होकर पत्र लिखा। मैंने कवयित्री के पास जाना बंद कर दिया। लेकिन कैसे मना करती इस भावुक लड़की को–*

कवयित्री : भाभी, जरा मेरी मदद करो ! रंग के तुक पर शब्दावली गिनाओ तो। रंग-संग-ढंग-अंग-नंग। नहीं··· नहीं··· भंग··· जंग··· और··· और···

वाचिका : तंग।

कवि : ठीक ठीक तंग ! मिल गया उपयुक्त शब्द··· तंग।

वाचिका : सुनो पोयट ! तुम्हारे कारण मैं बदनाम हो रही हूँ।

कवयित्री : और मैं तुम्हारे कारण। लोग कहते हैं, मुझे हिसाब से पैर रखना जमीन पर तुमने ही सिखाया है।

वाचिका : और मुझे कहा गया है कि मैं अब कविता लिखना शुरू कर दूँ।

कवयित्री : किसने लिखा है ? तुम्हारे परदेसी ने ?

वाचिका : तब और कौन लिखेगा ?

कवयित्री : (उत्तेजित स्वर में) लिख दो अपने परदेसी को, कविता करना पाप नहीं है।

वाचिका : आ रहे हैं इस बार, तुम्हीं कहना, जो कुछ भी कहना हो।

कवयित्री : आ रहे हैं !

वाचिका : अकेले नहीं। साथ में रहेंगे उनके प्रोफेसर मित्र जो पहाड़गंज कालेज में मैथेमेटिक्स पढ़ाते हैं।

कवयित्री : क्या नाम है उनका भला ? उस प्रोफेसर का ?

वाचिका : नवेन्दु कुमार।

कवयित्री : (चौंकती है) सच ?

वाचिका : क्यों क्या हुआ ?

कवयित्री : कुछ नहीं। कुछ नहीं—यह नाम पहले भी सुना है कहीं।

वाचिका : (हँसती है) कवयित्रीजी, मैं कविता करना नहीं जानती। लेकिन हिसाब जोड़ना खूब आता है। क्या यह वही प्रोफेसर नहीं है जिसके साथ आपके बड़े भाई ने बात चलाई है ?

कवयित्री : भाभी ! मैं किसी मैथेमेटिक्स के प्रोफेसर से ही विवाह कर सकती हूँ—चाहे वह पहाड़पुर में पढ़ावे या मैदानगंज में।

वाचिका : अच्छा।

कवयित्री : (बात बदलने की चेष्टा करती है) बात यह है कि मैंने अब नयी कविता शुरू की है—अतुकांत···।

वाचिका : बेतुकांत तो नहीं ?

कवयित्री : नहीं, अब बेतुकांत नहीं करूँगी। सुनो, मैंने एक नयी कविता की है :

मैं निर्झरणी की धारा
मुझे बाँधो,
मुझे साधो—मेरी गति
तुम्हें बल देगी।
इसलिए—मुझ से माँगो
जो कुछ माँगना हो।

वाचिका : *कवयित्री का संग सुखकर भी है और दुखदाई भी। छोटी-छोटी बात पर झगड़ना, बात-बात पर तुनक कर हाय-हाय करना, शंका, संदेह और कल्पना के संयोग से कुछ-से-कुछ सोच लेना, इनका धर्म होता है। आज कवयित्री अपनी ससुराल में अपने बाल-बच्चों को प्रथम भाग की कविताएँ रटा रही है–*

उठो लाल आँखों को खोलो,
पानी लाई हूँ मुख धो लो।

लेकिन जब वह पूरी कवयित्री थी तो कभी इसने ऐसे जीवन की कल्पना भी नहीं की होगी। जो भी हो, अपनी कवयित्री पड़ोसिन को मैं कभी नहीं भूल सकती। आज भी मैं उसे 'पोयट' ही कहती हूँ।

आकाशवाणी पटना से प्रसारित एवं 'सारंग' के 7 जनवरी, 1961 के अंक में प्रकाशित

एबसर्ड नाटिका

पाँच नम्बर प्लेटफार्म

पर्दा खुलने के पहले ही–पर्दे के अन्दर से–टेपरेकार्डर चलाने की आवाज आती है। ऐसा लगता है, कोई 'टेप' को 'एडजस्ट' कर रहा है। आगे और पीछे की ओर चला कर–बार-बार कुछ खोज रहा है। एकाध अधूरी पंक्ति, कई कटे-अधकटे शब्द। तेज 'स्पीड' में बजायी गयी आवाज–कुंकुंकुंई कुंई-कुंई··· कट्ट-कुट्ट, खट्ट-खुट्ट–के बाद मानो इच्छित अंश मिल गया हो और टेपरिकार्डर से, एक फटी हुई चिड़चिड़ी आवाज में मंत्र अथवा स्तोत्र पाठ की ध्वनि निकलती है–लयबद्ध !

पर्दा धीरे-धीरे खुलता है।

मंच पर अंधकार में कई छोटी-छोटी मोमबत्तियाँ जल रही हैं–ऊँचे-नीचे, अगल-बगल ! टेपरेकार्डर को घेरकर तीन व्यक्ति उत्सुक बैठे हैं। टेपरेकार्डर पर स्तोत्र जारी है।

तीन व्यक्तियों में से एक ने बड़ी-सी मोमबत्ती जला दी। मोटी-लाल मोमबत्ती। शहनाईनुमा मोमबत्ती।··· प्रकाश में तीनों व्यक्तियों के चेहरे तनिक स्पष्ट होते हैं–दो विदेशी-हिप्पीनुमा युवक। एक दाढ़ी और लम्बे-लम्बे बालोंवाला। दूसरा–सिर घुटाये बौद्ध भिक्षु जैसा। तीसरा–देसी आदमी यानी भारतीय, अधेड़–एक-दो सप्ताह की

बढ़ी हुई दाढ़ी-मूँछ खिचड़ी। गले में भाँति-भाँति की रुद्राक्ष मालाओं की ढेरी। गंजी और लुंगी पहने हुए। टेपरेकार्डर यही बजा रहा है। टेपरेकार्डर पर मन्त्रोच्चार बार-बार दुहराया जा रहा है।

प्रकाश में–मंच धीरे-धीरे स्पष्टतर हुआ।··· एक अति पुरातन दीवार में जमे विशाल वटवृक्ष का तना–तने के चारों ओर गोल चबूतरा ! ऊपर फटे-पुराने तिरपाल का चँदोवा टँगा है। बरगद के तने में, कोटरों में छोटी-छोटी मोमबत्तियाँ जल रही हैं।

दाहिनी ओर सुरंग की तरह गलियारा ! चारों ओर एक सिलेटी रंग। सिर्फ पुरानी दीवार की लाल-लाल पतली ईंटों की रेखाएँ मंच पर थोड़ी-सी लाली खींचती-सी··· गलियारे में भी मोमबत्ती जलायी जा रही है। गलियारे में तनिक प्रकाश हुआ। मन्त्रोच्चारण पूर्ववत् हो रहा है।

गलियारे में एक कम्बल के नीचे सोये दो व्यक्ति कम्बल हटाकर उठ बैठे। गलियारे में मोमबत्ती, एक लड़की ने जलायी है। वह मोमबत्ती हाथ में लेकर मंच की ओर मुँह करती है–दर्शकों को अचरज से देखती है।

टेप रिकार्डर बजानेवाला हठात् 'टेप' को 'खट' से बन्द कर देता है। और गलियारे की ओर मुँह करके कहता है, "नाउ ! नाउ !! एवरीबडी हियर··· आवर बाबा स्पीक्स।"

दाढ़ीवाला विदेशी युवक [हाथ जोड़कर शून्य में नमस्कार करता हुआ]–अमारा बाबा बोलता।

दूसरा विदेशी–घुटे सिरवाला–युवक [हाथ जोड़कर शून्य में नमस्कार करता हुआ]–अमारा बाबा बोलता।

गलियारे में खड़ी लड़की, एक ही कम्बल से ढके, अधलेटे व्यक्तियों से कहती है–बाबा बोलेगा।

दोनों व्यक्ति कम्बल हटाकर खड़े होते हैं। एक हट्टा-कट्टा, स्वस्थ-सबल, पहलवान जैसा युवक–वो सिर्फ अण्डरवियर पहने है। दूसरा धारीदार पाजामा और धारीदार कुर्त्ता में है।

गलियारे की लड़की मोमबत्ती लेकर आगे बढ़ आती है। उसके पीछे दोनों व्यक्ति। प्रकाश में उनके चेहरे स्पष्ट होते हैं, अब। मोमबत्तीवाली लड़की के लम्बे-लम्बे काले बाल खुले बिखरे हैं पीठ पर और उसकी साड़ी–बंगालिनें घर में जिस ढंग से साड़ी पहनती हैं। अंडरवियर पहना हुआ व्यक्ति सुन्दर भी है–क्लीनशेव्ड, भरा पूरा चेहरा। धारीदार पाजामा और कुर्त्ता में–यह लड़की है। सांवली-सलोनी। जिसके बाल आधुनिक ढंग से छोटे-छोटे कटे हुए हैं। प्रकाश की हल्की-सी आभा उसके वक्षस्थल पर पड़ती है और तब उसका लड़की होना साबित होता है।

तीनों–साड़ीवाली, अंडरवियरवाला और धारीदार पाजामावाली–टेपरेकार्डर के पास–अर्धवृत्ताकार बैठ जाते हैं।

दाढ़ीवाला विदेशी युवक, उतावली में उस पाजामावाली की बाहें पकड़कर अपनी ओर खींचता है। लड़की नाराज होकर–खिसियाकर मुँह से एक विचित्र-सा शब्द निकालती है। ठीक बिल्ली की तरह–'छिऊं !' दाढ़ीवाला युवक तुरंत पद्मासन लगाकर, आँखें मूँद लेता है।

टेपरिकार्डर बजानेवाला व्यक्ति, अब बायीं ओर–अर्थात् ढहती हुई दीवार की ओर मुखातिब होकर पुकारता है, 'सुन्दरी ! ओ सुन्दरी-ई-ई-ई।'

दाढ़ीवाले विदेशी युवक को छोड़कर, सभी उसी ओर मुड़कर देखते हैं। तने की वेदी और दीवार के ओझल में हल्की रोशनी हुई। कोई बर्तन ढनमना कर लुढ़का।

घुटे हुए सिरवाला युवक पुकारता है, "सुन्दारी ! ओ शुन्दारी-ई-ई।" साड़ीवाली लड़की। (गाती हुई-सी) "ओ-गो-सुन्द-री-ई।"

उस ओर से–अर्थात् बायीं ओर से प्रकट होता है, हाथ में एक बड़ा चिलम लेकर–एक पुरुष, नकचिपटा बूढ़ा। जिसकी ठुड्ढी में एक चुटकी उजली दाढ़ी–चिपकायी-सी लगती है। सिर पर एक पुरानी–कान तक ढँकनेवाली टोपी। देह पर पुरानी बण्डी और घुटने तक धोती। उसके पोपले मुँह पर हँसी खेल रही है। वह आकर साड़ीवाली लड़की और पाजामावाली लड़की के बीच बैठते हुए कहता है–"बिना बाबा महाराज के परसाद के बाबा महाराज की वाणी समझ में आये भला ?"

वह एक हाथ से चिलम थामे, दूसरे से बण्डी के पॉकेट से टटोलकर कुछ निकालता है।

टेपरेकार्डरवाला व्यक्ति, कलाई पर बँधी, बड़ी-सी बेडौल घड़ी को देखकर कहता है "सुन्दरी ! जरा जल्दी कर !"

बूढ़ा [चटपटाता हुआ, चुटकी बजाता हुआ] "बस, तुरत !" बूढ़ा पॉकेट से चाकलेट जैसी कोई काली चीज निकालता है। पाजामावाली लड़की, एक जलती हुई मोमबत्ती बूढ़े के सामने धरती पर पिघले मोम को टपकाकर–चिपका देती है। बूढ़ा मोमबत्ती की लौ से, उस काले पदार्थ को छुलाता है। आग में वह ठोस पदार्थ पिघलता-सा लगता है। एक उत्कट और विचित्र गंध फैलती है।

सभी, अपने-अपने नथुने फड़काकर, संकुचित करके–घ्राण लेते हैं, सूँघते हैं। आँखें मूँदे, पद्मासन लगाकर बैठा युवक भी सूँघता है। साड़ीवाली लड़की मोमबत्ती की लौ में कई अगरबत्तियाँ जला रही है। बूढ़ा उस 'पदार्थ' के पिघले हुए अंश को–चुटकियों से मसलकर, चिलम में डालकर–अंडरवियरवाले व्यक्ति की ओर देखता है।

अंडरवियरवाला व्यक्ति, उसके हाथ से चिलम लेकर–अपना हाथ इस तरह पसार देता है मानो हाथ में चिलम नहीं, मशाल हो।

साड़ीवाली लड़की दोनों हाथ में जलती हुई अगरबत्तियों को लेकर खड़ी हो जाती है।

बूढ़ा पॉकेट से दियासलाई की डिबिया निकालकर जलाता है और चिलम में सतर्कतापूर्वक दोनों हाथ से जलती हुई काँटी डालता है।

सभी एक साथ–"जय भगलिंगानन्दनम् !"

मुंडित मस्तक युवक मंजीरा बजाने लगता है–'किन किट किट किन्ना–किन किट किन किट किन्ना !'

साड़ीवाली लड़की इसी ताल पर हाथ में अगरबत्तियाँ लेकर पहले चिलम के चारों ओर अगरबत्तियों का वृत्त बनाती है फिर मंजीरा के ताल पर नाचती हुई–बैठे हुए लोगों की परिक्रमा करने लगती है–"किन-किट-किट किन-किट-किट, ता-थैया-ता-थैया… !"

अण्डरवियरधारी व्यक्ति चिलम में दम लगाता है। बूढ़ा उसके पास जाकर फिर दियासलाई जलाकर चिलम में डालता है।

धुएँ का गुब्बारा छोड़ता हुआ–अण्डरवियरधारी–हाथ बढ़ा देता है।

अब टेपरेकार्डरवाला चिलम लेता है–दम लगाता है। धुएँ का गुब्बारा छोड़ता हुआ–हाथ बढ़ा देता है। पाजामावाली लड़की चिलम लेकर पुरुषों की तरह ही दम लगाती है और खाँसने लगती है। बूढ़ा उसके हाथ से चिलम ले लेता है। साड़ीवाली लड़की पूर्ववत् नाच रही है। मुंडित मस्तक मंजीरा बजाने में तल्लीन है। पाजामावाली लड़की रह-रहकर खाँस रही है।

बूढ़ा चिलम दोनों हाथों से थामकर–आँखें मूँदकर बैठे हुए विदेशी युवक के मुँह के पास सटा देता है। वह आँखें मूँदे ही दम मारता है। अण्डरवियरवाला व्यक्ति खाँसती हुई लड़की को अपनी गोदी में दबोच लेता है। वह औंधी–उसकी गोदी में पड़ जाती है और उसकी खाँसी रुक जाती है। बूढ़ा अब मंजीरा बजानेवाले मुंडित मस्तक युवक को चिलम पिलाता है। वह मंजीरा बजाता हुआ ही दम लगाता है।

टेपरिकार्डर बजानेवाला व्यक्ति हाथ में बँधी घड़ी की ओर देखकर–दाहिना हाथ ऊपर की ओर उठाता है। मंजीरा बजना बन्द–नृत्य भी रुक जाता है। साड़ीवाली लड़की के ललाट पर पसीने की बूँदे चमकती हैं। वह बैठ जाती है। बूढ़ा उठकर–तिरपाल के चँदोवे के एक छोर को खोलकर हटा देता है। चाँदनी का एक टुकड़ा–ठीक मंच के बीच में–लोगों के ऊपर पड़ता है।

टेपरिकार्डर बजानेवाला सावधान करता है–"अवर बाबा स्पीकिंग !"

सभी हाथ जोड़कर–"हमारा बाबा बोलता।"

टेपरेकार्डर से फटी हुई आवाज–पहले मद्धिम स्वर में, फिर तेज होकर उभरती–'इसअ–संसारअ में नाहि कोई पुरुखअ सब जन यहाँ नारि अपरुख। पुरुखअ एकअ शिवअ–दोसरा नाहि कोय–पण गुरु कृपाते नारिहु पुरुखअ होख–अरु पुरखअ होख नारि–वाके देख विचारि–जबअलौ भरमअ न छूटेहि–मोहपास नाहि टूटेहि–तअ भरमअ कैसे टूटेहि ? गुरु कृपा ते जब काया मांहि अनन्दीफूल खिलहीं तबअ जाके आत्मा के दरसन मिलहीं– ।'

टेपरेकार्डर बजानेवाला घड़ी देखकर–टेपरेकार्डर बंद कर देता है। वह कहता है–'अनन्दी फूल–फ्लावर ऑफ जॉय !'

सभी आनन्द से,–'अहा ! अहा !–फ्लावर आफ जॉय !'

साड़ीवाली हाथ में एक लाल अड़हुल फूल लेकर धीरे-धीरे उठती है। बैकग्राउन्ड में खोल बज उठता है–'तांग-खेर्र-ताग खेर्र-कत।'

साड़ीवाली हाथ में लाल फूल लिए बंगला कीर्तन गाने लगती है–पाजामावाली अंडरवियरवाले की गोद से उठकर नाचने लगती है :

'जवा होय फ़ूटबो माँगौ
तोमार चरण तले–
जवा होय फूटबौ मांगो तोमार चरण तले···।'

आँख मूँदे बैठा हुआ दाढ़ीवाला युवक–जीभ निकाल लेता है। सभी जीभ निकाल लेते हैं।

सभी गीत पर झूम रहे हैं।

अचानक बूढ़ा चीख उठता है–गीत बीच में ही रुक जाता है–'हाय रे ! सारा जीवन–नारी होकर रह गयी कबहु पुरुख न भइली !'

अंडरवियरवाला–"गुरु कृपा से मैं पुरुष हूँ। यहाँ सिर्फ पुरुष–मैं ही एकमात्र पुरुष !"

सभी एक साथ–"हम सब दासी हैं।"

बूढ़ा रोता है–"हाय रे ! सारा जीवन नारी ही रह गया। कबहूँ पुरुख न भइलीं।"

अंडरवियरवाला–'रो मत सुन्दरी ! धीरज धरो।'

आँखें मूँदकर बैठा हुआ युवक–'रो मत–शू-न्ड-री-ई।'

गलियारे की ओर एप्रोन पहने, सिर पर सफेद रुमाल लपेटे–गले में रुद्राक्ष की माला डाले–एक महिला दोनों हाथ पसारे दौड़ती प्रवेश करती है–'चुप-चुप, चुप-चुप--सब रमणी समाज।'

'माता-महरानी भी क्या कहती हैं आज ?'

'सुनो-सुनो स्वर्गीय वाणी–बोलती हैं माता महारानी।'

वह मंच की ओर पीठ फेरकर–बरगद के तने के पास चली जाती है। और, एक कोटर के पास जाकर बटन 'आन' कर देती है–एक सुरीली आवाज सुनाई पड़ती है–शिव ओं ओं ओं ओं ओं···।

सभी दोनों हाथ ऊपर की ओर उठाकर सिर झुका लेते हैं।

एप्रोनवाली महिला उसी तरह हाथ पसारे–मंच की ओर पीठ करके खड़ी रहती है।

माताजी की वाणी 'माइक' पर मुखरित होती है–'की कहिब तोमारे–कहिते के पारेन आरे–हतभागीरा जारे-जारे–जमुना किनारे–तमाल गाछी ते बसे आछे मोहन मुरारे–सुन-सुन आहारे-आहारे–राधा नाम धरे बंसिया पुकारे–जारे-जारे–नगन हइया

कर नदी ते सिनाने–तारपर कर निज जउबन दाने–कृष्ण यदि कृपा करि मधुरस चाखे–जनम सुफल तब मातारानी भाखे… जय-जय राधे…'

सभी एक साथ–जय राधे-कृष्ण राधे-कृष्ण राधे-कृष्ण राधे-कृष्ण–जय राधे-कृष्ण राधे-कृष्ण राधे-कृष्ण–गाते हुए नाचने लगते है। किन्तु अंडरवियरधारी त्रिभंग होकर खड़ा हो जाता है और दोनों हाथों से मुरली बजाने का भाव दिखाता है। पाजामावाली लड़की ठीक राधा की तरह उससे लिपटकर खड़ी हो जाती है–सभी उसकी परिक्रमा करते हुए, नाचते हुए गा रहे हैं–जय राधे-कृष्ण राधे-कृष्ण…।

मोमबत्तियाँ बुझा दी जाती हैं। मंच पर धीरे-धीरे प्रकाश मद्धिम होता जाता है ! अंधकार के साथ ही–नृत्य-गीत की आवाज धीमी पड़ती जाती है। अंततः अंधकार छा जाता है। अंधकार में सभी व्यक्ति नृत्य की मुद्रा में हठात्–'फ्रीज' तस्वीर की तरह–थम जाते हैं। सारा वातावरण निस्तब्ध और सभी लोग अचल।

माइक पर ऊँघती हुई-सी–भोंड़ी आवाज में–पुरुष कंठ में घोषणा हो रही है–'जोगबानी की ओर जानेवाली थ्री-डाउन गाड़ी पाँच नम्बर प्लेटफार्म पर आ रही है। जिन यात्रियों को भवानीपुर, गौरीगाय, पारबतीनगर, कालीगंज और ताराथान होते हुए जोगबानी जाना है–वो सब पाँच नम्बर प्लेटफार्म पर चले जायँ…।'

दूर रेल की सीटी बजती है और बैकग्राउण्ड में ट्रेन की आवाज क्रमशः निकट होती जाती है… एकदम करीब !

स्टेज पर चलती गाड़ी की भागती हुई आलोछाया–स्टेज पर जमे हुए पात्रों को मानो अचानक जीवन मिल जाता है। वे हड़बड़ाकर अपना-अपना सामान उठाकर, कन्धे से लटकाकर, सिर पर डालकर–प्लेटफार्म की ओर भागते हैं। स्टेज पर रह जाती साड़ीवाली लड़की और सुन्दरी नायक बूढ़ा।

ट्रेन की गड़गड़ाहट थमी।

सुन्दरी–(कातर स्वर में)–सभी चले गये।

साड़ीवाली–(लम्बी साँस लेकर)–चले गये ! चली गयीं !

सुन्दरी–(उदास स्वर में)–हम कभी कहीं नहीं जा सकेंगे।

साड़ीवाली–(उदास स्वर में)–कभी नहीं, कहीं नहीं जा सकेंगे। जा सकेंगी।

सुन्दरी–हम सब दिन यहीं रहेंगे।

साड़ीवाली–यहीं रहेंगे। यहीं रहेंगी।

सुन्दरी जाकर चबूतरे पर बायीं ओर–स्टेज की ओर मुँह कर बैठ जाता है। साड़ीवाली चबूतरे की दायीं ओर बैठ जाती है।

सुन्दरी–हाय ! सारा जीवन नारी ही रह गया।… कबहुँ पुरुख नहिं भइली, हाय…

साड़ीवाली–(डाँटती हुई) ए ! बस…।

सुन्दरी नायक बूढ़ा–घुटनों को दोनों हाथों से बाँध कर सिर रख लेता है। साड़ीवाली भी ऐसा ही करती है।

[दृश्यान्तर]

नेपथ्य में कोई व्यक्ति पूछ रहा है–'ओ भैयो–जनानो–मुसाफिरखानो किधर को है ?...

एक तेज कर्कश आवाज में जवाब मिलता है–'यहाँ जनाना-मर्दाना सब मुसाफिरखाना मिलजुम्ले सामिल हैं।'

मंच पर प्रवेश करता है एक दुबला-पतला व्यक्ति। किन्तु उसकी चाल से लगता है, वह बहुत मोटा आदमी है, जो बहुत मुश्किल से अपनी भारी काया को ढोता हुआ-सा चल रहा है। उसके पीछे–सिर से पैर तक जरी साड़ी में लिपटी–सिर झुकाकर उसकी स्त्री, जो ओढ़नी को घसीटती हुई चल रही है। सबसे पीछे है–एक कुली। उसके सिर पर कोई सामान नहीं, किन्तु ऐसा लगता है–मनों सामान उसके सिर पर है। वह दोनों हाथ ऊपर उठाये–सामान को पकड़े हुए–भार से दबा हुआ-सा चलता है।

सर्वत्र पूर्ववत् निस्तब्धता–कोई आहट, कोई शब्द नहीं।

सबसे अगला व्यक्ति बोलता है–'यहाँ तो अँधेरा ही अँधेरा है।' किन्तु, उसकी आवाज नहीं सुनाई पड़ती। सिर्फ, उसके हाथ हिलते नजर आ रहे हैं और मुँह-हाथ के हाव-भाव से लगता है कि वह रोशनी के बारे में कुछ कह रहा है। उनकी निगाह–सुन्दरी और साड़ीवाली पर पड़ती है। वे पूर्ववत् घुटनों पर सिर रखकर आँखें मूँदे बैठे हैं।

अगला आदमी सुन्दरी के पास जाकर कुछ पूछता है। आवाज नहीं निकलती। सुन्दरी नायक बूढ़ा सिर उठाकर–विरक्त होकर कोई जवाब देता है–किन्तु, आवाज नहीं निकलती। वह साड़ीवाली की ओर दिखलाकर कुछ कहता है, फिर सिर घुटने पर रख लेता है। वह व्यक्ति साड़ीवाली के पास जाकर फिर कुछ कहता है। साड़ीवाली भी उसी तरह सिर उठाकर झुँझलाकर कुछ कहती है और फिर सिर घुटनों पर रख लेती है।

दर्शकों के मध्य से कई आवाजें–"माइक फेल ! माइक ! साउण्ड प्लीज ! साउण्ड !!" सेठनुमा व्यक्ति हैरत से हाथ-पाँव हिलाता हुआ कुछ कहता है और अपने सामान के पास प्रस्थान करता है। उसके पीछे-पीछे उसकी स्त्री और कुली का प्रस्थान।

दूसरी ओर से प्रवेश करते हैं–पुलिस के दो सिपाही, जिनकी वर्दी और पगड़ी सहस्रखण्ड फटी हुई दीखती है। उनके कन्धे पर बन्दूक नहीं–किन्तु, ऐसा लगता है कि वे बन्दूक लेकर चल रहे हैं। उनसे पीछे, दोनों हाथ बाँधे–एक व्यक्ति जो काफी साफ-सुथरा और कीमती पोशाक पहने हुए है। उसके हाथों में हथकड़ी नहीं लगी, न रस्सी-डोरी है। किन्तु, लगता है उसके दोनों हाथों में हथकड़ी पड़ी है और रस्सी से बँधा हुआ सिपाहियों के पीछे-पीछे आता है। वे मंच पर आकर इधर-उधर देखते हैं। आपस में कुछ बोलते हैं। फिर इस स्थान को ठहरने योग्य

नहीं समझकर चले जाते हैं।

प्रवेश करते हैं—एक-एक कर—टेपरेकार्डर बजानेवाला, दाढ़ीवाला विदेशी, मुंडित मस्तक विदेशी युवक, पाजामावाली साँवली लड़की और अण्डरवियरवाला। किन्तु, उनके पोशाक और पहरावे बदले हुए हैं। दाढ़ीवाला नीली पगड़ी बाँधे हुए है—चुस्त पाजामा और सैंडो गंजी पहने, हाथ में मूवी केमरा। मुंडित मस्तक युवक के सिर पर गोल टोपी है—धोती-कुर्ता। गले में लटका स्टिल कैमरा। अण्डरवियरवाला ओवरकोट पहने हुए है सिर पर फैल्ट हैट। हाथ में गार्ड का लैम्प—एक ही ओर रोशनी देने वाला। हरी रोशनी जल रही है। सांवली युवती संन्यासियों की तरह गले में कपड़ा बाँधे है और हाथ में टोंटीवाला पीतल का पात्र !

मूवी कैमरावाला कुछ पूछता है। किन्तु, उसकी आवाज नहीं निकलती। होंठ चलते हैं सिर्फ।

युवती चुल्लू में अपने पात्र से कुछ ढालकर बरगद के चबूतरे पर छिड़कती है।

लैम्पवाला व्यक्ति—रोशनी को लाल करके सुन्दरी और साड़ीवाली पर डालता है, बारी-बारी। फिर रोशनी को हरा करके—डालता है। रोशनी बदलते समय आवाज नहीं होती। सभी निरुपाय-मुद्रा में एक दूसरे से कुछ कहते हैं। दर्शकों के मध्य कोई कहता है—"माइक ! माइक !! साउण्ड प्लीज-साउण्ड !!"

वे मंच पर बैठ जाते हैं—अर्धवृत्ताकार, दर्शकों की ओर पीठ करके।

दर्शकों के बीच से एक बिजली मैकेनिक जैसा आदमी, कंधे से एक बैग लटकाये उठता है और धीरे-धीरे मंच पर चढ़ जाता है।

वह बरगद के तने पर प्लग लगे हुए कोई स्थान को छूता है। फिर, वह बैठे हुए लोगों के पास आकर अपने बैग से कोई औजार निकालकर, हर व्यक्ति की देह से छुलाकर परीक्षा करता है।

वह दाढ़ीवाले की पगड़ी पर पेंचकस से कुछ कसता-सा है। फिर एक छोटा-सा बल्ब लगाकर उसकी नाक को पकड़कर हिलाता है। बल्ब जलने लगता है।··· जलता है, बुझता है।

मैकेनिक बरगद के तने के पास जाकर, टेलीफोन का एक चोंगा मुंह से लगाकर कुछ कहता है। फिर, घबराकर प्रस्थान कर जाता है।

पगड़ीवाले के सिर पर बल्ब जलता है, बुझता है।

साड़ीवाली सिर उठाकर देखती है और अचरज से कुछ कहती है—उसकी आवाज माइक पर—'हाऊँ हाऊँ हाऊँ···'

साड़ीवाली स्वयं अपने कान मूँदकर चुप रह जाती है।

मुंडित मस्तक युवक मंजीरा निकालकर बजाता है। किन्तु मंजीरे की आवाज—'गंगा की तरह गुरु गंभीर सुनाई पड़ती है—डिंग-डांग-डिंग-डांग।

सभी के चेहरे पर अचरज की हँसी !

मूवीवाला व्यक्ति कैमरा चलाकर कुछ शाट्स लेता है। किन्तु, कैमरे से 'किर्र-र-र्र'

आवाज नहीं–रेलगाड़ी के चलने की आवाज होती है।

वह मूवी रोक देता है। आवाज भी बन्द हो जाती है।

सभी के चेहरे पर अचरज की हँसी।

सुन्दरी सिर उठाकर देखता है और प्रसन्न होकर इधर-उधर देखता हुआ उठता है। साड़ीवाली के पास जाकर उसका हाथ पकड़कर उठाता है! वे अर्धवृत्ताकार बैठे लोगों के पास आते हैं।

सुन्दरी नायक बूढ़ा ओवरकोट वाले व्यक्ति को छूता है और उसके साथ ही 'ता धिना' तबले की आवाज होती है।

साड़ीवाली–साँवली युवती को छूती है–'धिन्ना' आवाज निकलती है। वे हँसते हैं, फिर छूते है बूढ़ा पगड़ीवाले को–'ता धिन'।

साड़ीवाली मूवीवाले को–'धिन्ना'।

अब वे ताल पर सभी को बारी-बारी से छूते हैं। तबला-तरंग बजने लगता है–'ता धिन धिन्ना–ता धिन धिन्ना,' मुंडित मस्तक मंजीरा बजाता है–'डिंग-डांग।'

ता धिन धिन्ना–ता धिन धिन्ना। डिंग डांग। ताधिन धिन्ना ताधिन धिन्ना डिंग डांग।

दाढ़ीवाले युवक की पगड़ी पर बल्ब पूर्ववत् जल रहा है, बुझ रहा है।

प्रवेश करती है कान मूँदे हुए एप्रोनवाली महिला! किन्तु इस बार एप्रोन का रंग चमकीला हरा है। सिर पर भी हरे रंग की साफी बँधी हुई है।

वह बरगद के तने के पास जाकर किसी बटन को टटोलती है और अचानक सबकुछ सहज हो जाता है।

'ताधिन धिन्ना डिंग डांग' शब्द अचानक बन्द !

वह बरगद के तने पर दूसरी ओर कुछ टटोलती है और स्विच ऑन करती है। बरगद के तने पर कोटरों से दो गोल-गोल नीली-नीली रोशनी जल उठती हैं। मंच पर नीली रोशनी की दो तिरछी धाराएँ फूटती हैं–दो ओर !

एप्रोनवाली महिला, इस बार मंच के एक कोने पर जाकर दर्शकों की ओर मुँह करके एक हाथ ऊपर की ओर उठाती है। मूर्तिवत् खड़ी रहती है।

मूवीवाला व्यक्ति खड़ा रहता है और बरगद के तने पर जलती हुई रोशनी के करीब जाकर–सिर ऊपर की ओर उठाकर कहता है–'हम बाबा लालानन्द महराज और माता लीलानन्दा की तस्वीर उतारने आये हैं। आज्ञा हो-ओ-ओ-तो...।'

एप्रोनवाली महिला ऊपर की ओर हाथ उठाये हुए–दर्शकों की ओर देखती हुई ही कहती है–'नहीं !'

मूवीवाला व्यक्ति चुपचाप आकर अपनी जगह पर बैठ जाता है।

साड़ीवाली उठकर अगरबत्तियाँ ले आती है। सुन्दरी बूढ़ा दियासलाई से जला देता है।

मंजीरावाला नौजवान मंजीरा बजाता है–'किन किट किट किन्ना ! किन किट किट किन्ना !!'

साड़ीवाली अगरबत्तियों को हाथ में लेकर–एप्रोनवाली महिला के पास आती है, फिर मंजीरा के ताल पर नाचती हुई बरगद के तने के पास चली जाती है।

बैकग्राउन्ड में दूर से नारे लग रहे हैं–'हौ–ओ, हौ–ओ ! नाश हो ! हौ–ओ--नाश हो !! हौ–ओ, हौ–ओ–जिन्दाबाद। हौ–ओ–जिन्दाबाद। हौ–ओ, हौ-ओ। मंच पर बैठे-खड़े सभी इस नारे के तर्ज पर सिर हिलाते हैं। सिर्फ एप्रोनवाली महिला मूर्तिवत् खड़ी है।

सभी सतर्क-उत्कर्ण सुन रहे हैं।

नारे बन्द हो जाते हैं। घोषणा शुरू होती है–'भाइयो ! भाइयो ! आज। सन्ध्या साढ़े दस बजे। पोखरवाले मैदान में। विशाल सभा होगी। जिसमें बाबा लीलानन्द महाराज। और माता लीलानन्दा महारानी। प्रकट होकर–अपनी वाणी...'

एप्रोनवाली महिला अपना दाहिना हाथ गिरा कर कहती है–'नहीं !' फिर बायाँ हाथ ऊपर की ओर उठाती है। घोषणा की आवाज बन्द हो जाती है। उसके हाथ गिराने तथा उठाने के साथ ही बरगद के तने पर–कोटरों से आती हुई नीली रोशनियाँ बुझ जाती हैं और फिर दो लाल रोशनियाँ जल उठती हैं।

एप्रोनवाली कहती है–"सुनो ! बाबा महराज और माता महरानीकी वाणी–"

बरगद के तने से लगे 'माइक' में खड़खड़ाहट होती है। फटी हुई पूर्व परिचित आवाज बाबा महाराज की–"इसअ संसारअ मांहि शरीर काहू के नाहीं। शरीर नाश होत। आत्मा नहीं नाश होत। आत्मा को क्या रूप ?..."

माता महारानी का स्वर–'नाहि रे नाहि रे कोनो रूप। मिटे सब माया–छाया काया सब माया। छाया छाया काया काया। छाया-छाया-छाया-छाया-छाया... कर्र-कर्र-कर्र-कर्र...'

एप्रोनवाली महिला दौड़कर बरगद के तने के पास जाती है और कोई स्विच 'ऑफ' कर देती है।

दोनों रोशनियाँ एक साथ बुझ जाती हैं और आवाज बन्द !

एप्रोनवाली महिला अर्धवृत्ताकार बैठे लोगों के पास आती है। सबकी ठुड्ढी पकड़कर बारी-बारी से चेहरा देखती है। उसके साथ एक ओर है सुन्दरी बूढ़ा–दूसरी ओर साड़ीवाली। जब एप्रोनवाली एक-एक की ठुड्ढी पकड़कर देखती है तब दोनों सुन्दरी और साड़ीवाली–एक ही साथ कह उठते हैं 'अहा ! अहा !! क्या सुन्दर चाँद मुखड़ा !'

एप्रोनवाली ओवरकोट-फैल्ट हैट पहने हुए व्यक्ति को कन्धे से पकड़कर उठाती है–उसके उठने के साथ ही–बैकग्राउण्ड में 'गुड़गुडुम-गुड़गुडुम' गोपी-यन्त्र बज उठता है।

एप्रोनवाली उस व्यक्ति का चेहरा दर्शकों की ओर फेर देती है। उस व्यक्ति के चेहरे पर रोशनी पड़ती है।

सुन्दरी और साड़ीवाली उसका ओवरकोट उतारती है। ओवरकोट उतरते समय भी बैकग्राउन्ड में 'गुड़गुडुम-गुड़गुडुम' ध्वनि होती है। एप्रोनवाली उसके सिर से

फैल्ट हैट उतारती है। फैल्ट हैट के उतरते ही बैक ग्राउण्ड में सितार पर धीमे-धीमे विदेसिया गीत का तर्ज बजने लगता है।···

साड़ीवाली गाना शुरू करती है–'गवना कराई सैंया देहरी बैठाई गइले–फिरिहु ना लिहले सन्देश रे भउजिया। हमरा से छोटी-छोटी गोदी लरिकनवा से··· ।'

मंजीरावाला मुंडित मस्तक नौजवान उसके पास मंजीरा बजाता हुआ जा खड़ा होता है।

ओवरकोटवाला व्यक्ति अब सिर्फ अण्डरवियर में खड़ा है। ऐप्रोनवाली उसकी ओर मुस्कुराती मुग्धा-सी देखती है।

गीत चलता रहता है।

पुरुष-त्रिभंग रूप में खड़ा है, बंसी टेरता हुआ। एप्रोनवाली बायीं ओर राधा की तरह सटकर खड़ी हो जाती है।

विदेसिया गीत नक्कारे के 'किड़किड़किड़' ताल पर आकर कट जाता है।

खोल की आवाज खनक उठती है–'गदगिन गदगिन'–तांखेरे-तांखेरे तारे-नारे गदगिन-गदगिन–तांग-तांग, तांग-तांग··· ।'

संन्यासिनी सजीसाँवली युवती उठकर अपने पात्र से जल लेकर युगल मूर्ति पर छिड़कती है।

मूवीवाला युवक युगल मूर्ति को 'लक-थ्रू' करता हुआ–दो कदम आगे और पीछे की ओर बढ़ता हुआ 'शॉट्स' ले रहा है।

अकेला पगड़ीवाला दर्शकों की ओर पीठ किये बैठा है। उसकी पगड़ी पर लगा हुआ बल्ब जल-बुझ रहा है, पूर्ववत्।

इस बार सुन्दरी बूढ़ा गीत शुरू करता है–विकृत स्वर में–'जनम अवधि हम नारी रहली-ई-ई–पुरुष न कबहूँ भेली-ई-ई-ई– ।'

साड़ीवाली–इसी तर्ज पर–उसकी भोंड़ी आवाज 'कवर' करके–भाव दिखलाकर गाने लगती है–

तातल सैकत वारि बिन्दु सम
सुन मित रमनि समाने–
तोहे बिसारि मन ढाहे समायलु
अब मझु होब कोन काजे।

खोल, मंजीरा और सितार पर गीत चलता है। अचानक, आवाज बन्द हो जाती है। उनके होंठ हिल रहे हैं–मंजीरा बजा रहा है वह युवक–किन्तु आवाज नहीं।

बैकग्राउन्ड से घोषणा होती है–'भाइयो ! भाइयो !! हम दुख के साथ सूचित करते हैं कि बाबा लीलानन्द महराज, माता लीलानन्दा महरानी ने अपना-अपना शरीर बदल लिया है। अतः आज शाम की सभा/आज साढ़े दस बजे शाम में नहीं होकर / कल साढ़े दस बजे शाम में होगी– ।'

सभी अचरज से सुनते हैं।

नारे की आवाज–हौ-ओ-हो-ओ ! नाश हो ! हौ-ओ, हौ-ओ–मुर्दाबाद ! हौ-ओ-हौ-ओ ! जिन्दाबाद !

मंच पर प्रकाश धीरे-धीरे कमता जाता है। सभी अचल, जो जैसे हैं–मुँह बाये, हाथ उठाये, पैर बढ़ाये खड़े हैं–'फ्रीज' तस्वीर की तरह !

दूसरे लाउडस्पीकर पर ऊँघती हुई आवाज में कोई घोषणा कर रहा है–'जोगबानी जानेवाली फौट्टी डाउन गाड़ी–पाँच नम्बर प्लेटफार्म पर आ रही है। जिन यात्रियों को नारायणगंज, किसनपुर, गोविन्दाबाजार, यदुवंशीगांव वगैरह होते हुए जोगबनी जाना है–वे लोग पाँच नम्बर प्लेटफार्म पर चले जायँ।

मंच पर प्रकाश मन्द हो गया है। दूर रेलगाड़ी की सीटी सुनाई पड़ती है। गाड़ी आने की आवाज क्रमशः निकट आती जाती है और इसके साथ ही धीरे-धीरे पर्दा बंद हो जाता है।

हास्य-व्यंग्य रचनाएँ

प्रतिनिधि-चिट्ठियाँ

प्रतिनिधि-चिट्ठियाँ=जनता के प्रतिनिधि द्वारा लिखी गईं–अपने प्रतिनिधियों के नाम ! पत्र की भाषा के लिए लेखक, संपादक और पाठक–कोई जिम्मेदार नहीं। राजभाषा का व्यवहार, जिसे जैसे जी में आए, कर सकता है–छोटन बाबू की राय है ! फिर भी, यथासाध्य संपादन कर दिया गया है।–लेखक

शहर अजीमाबाद
12.6.62

प्रिय मनरखन,

यहाँ का हवा-पानी का खबर अखबार से जितना-सा मिला होगा उससे ज्यादा गरम है, असल में। लीडर के चुनाव के समय तो तुम 'देखिए' गए हो। हाँ, उस बार जितना 'कार्यकर्त्ता'[1] तुम्हारे साथ आया था–उसका बिल 'लाल बाबू'[2] ने पास

1. कार्यकर्त्ता=यहाँ लठैत के अर्थ में प्रयुक्त।
2. बड़ी कुर्सी के उम्मीदवार और हक़दार किसी मिनिस्टर का पुकार-नाम=लाल बाबू।

कर दिया है। सो, इधर का हवा-पानी का रुख ऐसा ही रहा, तो समझो कि डिप्टी मिनिस्टरी नहीं तो पार्लियामेंटरी-सिकरेटरी की जगह धरी हुई है। इसी सबब से तुमको यह लंबा चिट्ठी लिखा है। इधर दो-तीन सब कमेटी का लगातार बैठक है, फिर इसके बाद से ही 'सेसन' शुरू हो जाएगा। सो दो-तीन महीना हम 'छेत्र'[1] में नहीं आ सकेंगे। और अब 'छेत्र' तो तुम्हारा है। तुम्हारे भरोसे ही खड़ा हुआ और तुम्हारे बल से जीता भी। हमको अफसोस है कि तुम्हारे लायक कोई 'पाटी'[2] अभी तक नहीं ठीक कर सके। मगर, तुम घबराना मत। अच्छा अब पहले जरूरी काम के बारे में नोट कर लो–

यह तो जाहिर ही हो चुका है कि रामपुर और मदारगंज के लोगों ने एकजुट होकर हम लोगों का विरोध किया–इसलिए ऐसे विरोधी-गाँव के 'अगुआ' लोगों का एक 'लिस्ट' तैयार कर लो। रामपुर और मदारगंज गाँव में पुश्तैनी दुश्मनी चली आ रही थी। इधर, पिछले कई साल से 'एच'[3] और 'एम'[4] में खूब हेल-मेल हो गया है। और यह हुआ है हम लोगों के सभापतिजी के चलते। तो, रामपुर और मदारगंज गाँव में फिर से 'खटपटी' लगा देना तो आसान है। बाहरी चमाइन को 'ठीक'[5] करके रामपुर-ठाकुरबाड़ी के सामने और स्कूल के कूप में 'बीफ' फेंकवा दो। इसके बाद मदारगंज के 'एम' लोगों के 'अगुआ' नौजवानों को थानेदार गिरफ्तार करके–'पीटपाट' करके कबूल करवाए–दो-तीन धनी 'एम' का नाम लिखवाए ! और यदि तुम रामपुर के 'मैजरोटी-कास्ट' गोप लोगों में से किसी एक-दो को भड़काने में समर्थ और सफल हो जाओ तो फिर क्या कहना ! पुलिस के आने के पहले 'रैट'[6] हो जाए तब रामपुर के विरोधी लोग भी गिरफ्तार होंगे। इसके बाद, मैं तो 'छेत्र' में पहुँच ही जाऊँगा। लेकिन, तुम तीन-चार 'नाम' से मुझे तार दिलवाना–इसके साथ सभी अफसरों और चीफ मिनिस्टर के नाम भी टेलीग्राम दिलवाना !

इस बीच एजूकेशन बोर्ड का बैठक होनेवाला है शायद ? तुमको उसका मेंबर 'कोपट' करवा दिया है। इस बैठक के पहले एक लिस्ट ऐसा तैयार करो जिसमें विरोध करनेवालों के लड़के, उनके सगे-संबंधियों के लड़के, जो भी हों और जहाँ भी पढ़ते हों–उनके नाम मय पता-ठिकाना के लिखा रहे। यदि संरकारी 'मदद'–किसी भी किस्म का–मिलता हो, तो उसको 'नोट' करो। और–उन सभी का 'मदद' जल्दी ही कैंसिल करवाना तुम्हारा मुख्य कर्त्तव्य है।

तुम तो जानते ही हो कि सभापतिजी कैसा चाल चल रहे हैं। इस बार

1. छेत्र = क्षेत्र, कंस्टिच्युएंसी (धर्मक्षेत्र, कुरुक्षेत्र…)।
2. पाटी = पैसे देनेवाला कोई व्यक्ति या फर्म।
3. एच = हिंदू।
4. एम = मुसलमान
5. ठीक करना = ले-देकर तैयार करना।
6. रैट = दंगा।

जिला कमिटी की बैठक में तुम किसी भी 'औफिसियल-प्रस्ताव' पर 'न्यूटरल' रहना और थोड़ा अलगाव का भाव दिखलाना। यदि भगवान ने चाहा और यहाँ 'लाल बाबू' की गोटी लाल हुई तो तुम्हारे लिए 'डिस्टिक्ट-सिकरेटरी' की जगह धरी हुई है !

हाँ, एक बात–सबसे पहले नोट कर लो–मैं भूला जा रहा था। रामदत्त-रामलगन वाला मामला में कुछ गड़बड़ी न हो–इसलिए एक दिन रामदत्त का नाड़ी जाकर 'टीप' आना जरा। यदि रामदत्त ने मेरे साथ चार सौ बीस किया तो कह देना कि छोटन बाबू सौ 'चार सौ बीस' के एक 'चार सौ बीस' हैं। मिनिस्टर को पाटी दिया, उसका खर्चा हम लोगों के हिसाब में जोड़ता है तो जोड़ने दो। रामदत्त से कह देना कि 'बिजनेस इज बिजनेस'–दोस्ती अपनी जगह। हम यहाँ आए हैं जनता का प्रतिनिधि होकर–रामदत्त-रामलगन के इनकमटैक्स के मुकदमों की पैरवी करने के लिए नहीं ! यह बात उससे तुम साफ-साफ कह देना।··· महासभापति का दौरा होनेवाला है, 'बाढ़ पीड़ित फंड' के बकाया हिसाब का भुगतान तुम इसी बार कर लेना–चालाकी से। 'वौचर' सभी तुम्हारे जिम्मे लगाकर आया हूँ।

नरकटिया के 'पाटी' के तरफ से कोई आवे तो पहले 'फंड'[1] में जमा करवा लेना।

सुना है अगले महीने मार्टिनगंज में 'साहित-सम्मेलन' की तैयारी के लिए कोई बैठक होनेवाला है। उस बैठक में जहाँ तक हो सके, बहुमत अपना हो। देहात से अपने 'कार्यकर्त्ता' को बुला लेना। रामगुलाम और नकछेदी लाल-टाइप के दो-चार गलाबाज कार्यकर्त्ता को तैनात रखना। बैठक चाहे कोई भी हो–बैठक का दस्तूर है कि जो गलाबाज़ी करता है–बात उसी की रहती है। और गले की आवाज बुलंद रहती है–लाठी के जोर पर। सो तुम्हारे 'कार्यकर्त्ता' लोगों की लाठी 'लाल बाबू' देख चुके हैं–राजधानी में–तब वहाँ उस छोटे-से कस्बे में···। बात यह है कि यह 'साहित-सम्मेलन' जो होनेवाला है, उसका उद्घाटन 'काले बाबू'[2] करनेवाले हैं। तुम मेरा नाम स्वागताध्यक्ष के लिए 'परपोज' करके 'सेकेंड' करवाकर बहुमत से पास करवा लेना–किसी भी तरह। फिर देखना–बात यह है कि 'लाल बाबू' तो अपने हाथ में हैं ही। हम लोग उन्हीं के 'साइड' के हैं यह बात छिपी नहीं। 'काले बाबू' को अपने 'छेत्र' में पाकर–यदि उनको भी हाथ में कर लिया जाए–तो क्या हर्ज है। इसलिए, यह बैठक महत्त्वपूर्ण है। यदि किसी कारण से बैठक में बहुमत नहीं हो सके तो इसको भंग करने की हर कोशिश करना। हो सके तो एक 'पैरेलल-कमिटी' कायम कर लेना–चटपट ! और सबसे बड़ी बात–उस सीतारमवाँ को अपने 'साइड' में, जैसे भी हो, रखना। वह ड्रिंक करता है–इसलिए उसको

---

1. फंड = उत्कोच का दूसरा नाम।
2. बड़ी कुर्सी पर आसीन और सदा बिराजे रहने की कसम खाए हुए एक मिनिस्टर का पुकार-नाम= काले बाबू।

साइड में रखना आसान है। 'पैरेलल कमिटी' कायम करके तुरत सीताराम से कहना कि प्रेस में 'प्रेस-टेलिग्राम' खटखटा दे।

तुम वहाँ के 'फंड' का हिसाब रखना। मैं यहाँ के 'फंड' के बारे में क्या कहूँ–जितने मेरे सगे-संबंधी हैं, लगता है, सभी को इसी समय बारी-बारी से बड़ी-बड़ी बीमारी का इलाज करवाने का मौका मिला है। आज इसको टी.बी. वार्ड में भरती करवाओ तो कल उसको कैंसर अस्पताल में रेडियम लगवाओ··· । तबाह हो गया हूँ। यह तो भला कहो अपनी भाभी को–दस-ग्यारह रिक्सा चलता है उनका और उसी से यहाँ का खाना-खर्चा और बच्चों की पढ़ाई चल रही है। इसलिए वहाँ जमा हुए 'फंड' से तुम अपने लिए अपने 'कोटा' से फाजिल खर्च मत करना।

बैकवार्ड-स्टाइपेंड-कमिटी के लिए तुम्हारा नाम 'परपोज' कर दिया है। 'लाल बाबू' को और उनके पी. ए. को नोट करवा दिया है। यहाँ के सभी काम के लिए तुम बेफिकर रहो और वहाँ के सभी काम को अंजाम दो। ज्यादे,··· जयहिंद।

तुम्हारा शुभचिंतक

छोटन बाबू (एम. एल. ए.)

शहर अजीमाबाद

12.6.62

प्रिय मँझले भैया,

मैं अभी दो-तीन महीना 'छेत्र' से बाहर रहूँगा। इसलिए घर और गाँव आने की उम्मीद नहीं। आप मेरे घर-गृहस्थी के प्रतिनिधि हैं। आपके ही भरोसे मैं राजनीति जैसे कठिन पेशा में आया और सफल हुआ। हालाँकि, आपको भी बड़े भैया की तरह मुझ पर भरोसा नहीं था। माँ तो मुझे अपना बेटा मानती नहीं। उनके लिए सबसे छोटा ही सबकुछ है ! और, उनका 'लाल' एक दिन मेरा काल होगा यह मुझे क्या पता था। आप लोगों ने बार-बार कहा था इसलिए उसको अपने साथ ले आया था। खैर, उसका किस्सा छोड़िए–बाद में लिखूँगा !

आपको यह लंबा पत्र इस सबब से लिख रहा हूँ कि बड़े भैया के नीयत पर अब हमको कोई भरोसा नहीं है। चुनाव के पहले ही यदि मैं चेत नहीं जाता तो क्या होता, कहना मुश्किल है। विरोधी पाटी से–भाभी के मारफत–घूस खाकर–भंग में धतूरा मिलाकर–मिठाई में डालकर खिलाया ताकि मैं सुबह में समय पर नहीं उठ सकूँ और समय पर 'नौमनेशन' फाइल नहीं हुआ, तो गया। खैर, उसका किस्सा छोड़िए–बाद में लिखूँगा। कहना यह है कि इस बार जूट कटने के समय मैं नहीं रहूँगा। लेकिन, इस बार यदि बड़े भैया ने मेरे हिस्से में कोई गड़बड़ी की तो मैं सीधे सी.एम. के पास 'डेपुटेशन' लेकर चला जाऊँगा और यदि यहाँ नहीं हुआ कुछ तो सीधे दिल्ली जाकर पी.एम. से प्रार्थना करूँगा··· । आप कृपा करके यह चिट्ठी उनको भी सुना देंगे पढ़कर। घर से उस बार दो बोरी चावल भेज देने को लिखा तो बड़ी भाभी ने साफ जवाब लिखवा दिया। खैर, उसका किस्सा छोड़िए,

बाद में लिखूँगा।

आपने मुनिया के लिए 'बर' खोजने को कहा है–इधर बहुत महँगा है–साधारण घर का फटेहाल फेलियर लड़के का बाप भी पाँच हजार माँगता है। दस हजार से कम में एक का बच्चा भी नहीं मिलेगा। उधर अपने 'छेत्र' में कोई लड़का नजर में आवे तो मुझे लिखवाइएगा। मैं हरचंद कोशिश करूँगा। लेकिन, 'तिलक' के नाम पर मुनिया की शादी में एक पैसा मदद नहीं कर सकूँगा। इसके लिए आप मुझे माफ करें। अपना-अपना आदर्श है। खैर, उसका किस्सा छोड़िए…।

माँ से कहिए कि 'लाल' यहाँ दो महीना रहा और दो ही महीने में अपने मामा लोगों के सभी गुन प्रकट करके दिखा दिया। पहले तो घर में सभी के पाकिट से पैसे उड़ाने लगा, बाद में फ्लैट में चोरी करने लगा–बल्ब और पर्दे चुराकर बेचते हुए पकड़ा गया। तब, उसको अपना सगा भाई हम कैसे कहें ? कैसे कबूल करें। यह अपने गाँव-घर की बात नहीं। यहाँ तो तुरत अखबार में बात छप जाती है। यह तो कहिए कि अखबारवाले भी मेरे दोस्त हैं, नहीं तो खबर प्रेस में चला गया था, समझिए। इसके बाद एक रिक्शावाला से लड़ाई करके सिर तुड़ा आया। एक दिन जुआ खेलता हुआ पकड़ा गया ! मुँह पर कालिख पोतना और किसको कहते हैं ? और माँ के दुलारे लाल ने जाकर गाँव में यह प्रचार किया है कि हम लोग उसको नौकर बनाकर रखे हुए थे, जूठा और बासी खिलाते थे। ऊपर भगवान है। माँ क्या चाहती है, सो मैं जानता हूँ। माँ से कहिएगा कि बाबूजी ने उनके नाम से जितना जायदाद बेनामी करके रखा है उसमें एक धूर भी किसी भाई को फाजिल दिया कि सीधे सी.एम. के पास डेपुटेशन लेकर चला जाऊँगा। वहाँ नहीं सुनवाई होगी तो सीधे दिल्ली पी.एम. से मिलकर कहूँगा। आप यह पत्र माँ को भी सुना दीजिएगा। और उनके 'लाल' को 'रिफौरमेंटरी स्कूल' में भर्ती करने की मंजूरी मिल गई है। माँ से कहिएगा कि यदि सीधे मन से नहीं आने देगी तो लाल को पुलिस पकड़कर ले आवेगी।

इस बार दशहरा के समय सबकुछ फैसला हो जाना चाहिए। दुर्गापूजा में हर साल पाँच हजार रुपए किस तरह खर्च देते हैं बड़े भैया–इस बार मुझे भी देखना है।

आपके लिए लुंगी खरीदकर राम भाई के हाथ भेज दूँगा। रुपया-पैसा हाथ में अभी नहीं है। इसलिए [अभी] नहीं भेज सकता। आप मेरा काम कीजिएगा तो पैसा क्यों नहीं दूँगा। खाना-पीना लेना-देना तो जग-ब्योहार है !

आपका भाई

छोटन बाबू (एम.एल.ए.)

नोट– आपका 'पोस्काट' अभी मिला है। आप मुखिया के लिए खड़ा हो रहे हैं सुनकर दुखित हुआ। आप खुद क्यों खड़ा होते हैं–पिछड़ी जाति के किसी को खड़ा करके चुनाव में खर्च करने के लिए कर्ज दीजिए। फिर

जब वह जीत जाएगा तो पंचायत में अपना जो काम हो करवाइए। और आगे आपको मालूम हो कि सुलेमान ठिकेदार से अब आप रुपया मत माँगिएगा।··· स्टेशन टोला के स्कूल का टेंडर किसका मंजूर हुआ ?

छोटन बाबू (एम.एल.ए.)

पुनः– माँ से कहिएगा कि उनका दुलारा बेटा यहाँ प्रोपगंडा कर गया है–सारे एम.एल.ए. फ्लैट में कि छोटन भैया व्यापारियों से, बसवालों से, ठेकेदारों से घूस लेते हैं। यदि यही हरकत रहा उसका तो एक दिन मुझे डेपुटेशन लेकर सीधे सी.एम. के पास जाना पड़ेगा। यह पत्र आप बड़े भैया और माताजी को पढ़कर सुना दीजिएगा।

छो.बा.

शहर अजीमाबाद
15 अगस्त, 1962

आदरनीय लाल बाबू,

अब मालूम हुआ कि क्यों आप हमसे इस तरह भागे-भागे चलते थे। मैं पहुँचूँ लालगंज तो आप अजीमाबाद और मैं अजीमाबाद तो आप बाढ़-पीड़ित 'छेत्र' में। खैर, छोड़िए उस किस्से को–अब ज़ो होना था सो हो गया। नतीजा निकल गया, अब आपको भागने का कष्ट नहीं उठाना पड़ेगा। मैं नहीं कह सकता कि आपने किस अपराध का ऐसा कठिन दंड दिया। आपने मुझे–अपने 'साइड' के लोगों में–डिपटी-मिनिस्टरी के काबिल नहीं समझा। लेकिन, 'फलाने बाबू' ने तो सब दिन 'आधे-जी' से आपका साथ दिया। उनको डिपटी-मिनिस्टरी और मुझे 'पार्लियामेंटरी सिकरेटरी', यही आपका न्याय है ? यदि 'लीडर' के चुनाव के समय मेरे यहाँ के दो दर्जन 'कार्यकर्त्ता' नहीं आते तो आपकी जगह कहाँ होती ? एक बार सोचकर देखिएगा। यों यह बात कटु है। लेकिन आपके लिए हमने क्या नहीं किया ? खैर, छोड़िए उस किस्सा को। आपने न्याय किया हो, अन्याय, यह आप समझें। मुझे यही मंजूर है। मैं पार्लियामेंटरी सिकरेटरी के पद को ही स्वीकार करके, जनता की सेवा करूँगा।

आपने मुझे दंड दिया है, मैं आपको बल दूँगा। आपके स्थानीय और गैर-स्थानीय सभी दुश्मनों का मुकाबला करूँगा और आपको ऐसे लोगों से दूर रहने की सलाह दूँगा–आप मानें या नहीं मानें।

मेरे 'छेत्र' के करीब पाँच बहादुर कार्यकर्त्ता लोगों पर बेवजह मुकदमा चल रहा है। आपसे कई बार विनय किया।

'जूट मिलवालों' का क्या हुआ ? जवाब मुझे देना पड़ता है। यूनियन के नाम पर इतने रुपए का कर्जा लिखने को वे तैयार नहीं हैं। आप एक दिन टेलीफोन पर बात कर लें तो अच्छा।

इधर मेरे 'छेत्र' में कुछ लोग मजहबी झगड़ा सुलगा रहे हैं। आप नोट कर लीजिएगा–कृपाकर !

भवदीय
छोटन बाबू (एम.एल.ए.)

नोट– जिस बँगले में नबी साहेब रहते थे मुझे यदि वही 'एलोट' हुआ तो मैं नहीं कबूल करूँगा। आप चाहें, तो हमारे लिए अपने पासवाले बँगले का एलोटमेंट करा सकते हैं।

छो.बा. (एम.एल.ए.)

शहर अजीमाबाद
16 अगस्त, 1962

आदरनीय काले बाबू,

आप हमको हमेशा विरोधी साइड का आदमी मानते आए हैं। लेकिन हमारे 'छेत्र' के 'साहित-सम्मेलन' के अवसर पर आपने देखा ही होगा कि हमारे छेत्र में हमारा कितना प्रभाव है। आपको इस सबब से यह पत्र लिख रहा हूँ कि आप मुझे विरोधी साइड का आदमी मत मानिए। मैं लाल बाबू का जैसा सेवक वैसा आपका सेवक। आप कहिएगा तो वक्त पड़ने पर एक दर्जन क्या, दस दर्जन 'कार्यकर्त्ता' मँगाकर सेवा में तैनात कर सकता हूँ। आप चाहेंगे तो लाल बाबू का साइड छोड़कर–बजाप्ता आपके साइड में आ सकता हूँ।

हम बहुत कम पढ़ा-लिखा आदमी है। लेकिन एक बार जिससे दोस्ती करते हैं, निभाना जानते हैं।

योग्य सेवा–

भवदीय
छोटन बाबू (एम.एल.ए.)

शहर अजीमाबाद। 2 अक्तूबर, 1962। शांति और सुरक्षा-विभाग के पार्लियामेंटरी सिक्रेटरी श्री छोटन बाबू ने, दंगाग्रस्त क्षेत्र से लौटने के बाद–आज शाम को प्रेस-प्रतिनिधियों के समक्ष यह वक्तव्य दिया :

"पिछले कुछ दिनों से उस क्षेत्र में 'समाज विरोधी तत्त्वों' का जोर बढ़ गया था। स्मरण रहे कि ऐसे दंगे के पीछे मुट्ठी-भर स्वार्थी व्यक्तियों के हाथ होते हैं–देश की नाजुक परिस्थिति को मद्देनजर रखते हुए ऐसी घटनाओं की पुनरावृत्ति नहीं हो··· !"

अपने पाठकों के नाम–एक पत्र और !

इन पाँच पत्रों को प्रस्तुत करने के बाद मैं अपने पाठकों से क्षमा चाहूँगा। छोटन बाबू 'मोबोक्रेट' के इन पत्रों को प्रकाशित करने का एकमात्र उद्देश्य अपने पाठकों

को अपनी स्थिति का यही संकेत देना है ! शांति और सुरक्षा-विभाग के पार्लियामेंटरी सेक्रेटरी मुझे समाज-विरोधी तत्त्वों में 'प्रधान तत्त्व' समझें—मेरी बला से। मैं अपने पाठकों को समाज की गलत तस्वीर नहीं दिखाऊँगा। किसी के डर से नहीं। किसी चीज के लोभ से नहीं। नहीं-नहीं-नहीं !!!—हम मोबोक्रेसी को अपने देश में जड़ नहीं जमाने देंगे !

ज्ञानोदय/पत्र विशेषांक/नवंबर, 1963

छोटन बाबू जिंदाबाद !

[छोटन बाबू, 'मैला आँचल' का केवल एक पात्र ही नहीं, वास्तविक जीवन में भी एम.एल.ए., कांग्रेस के प्रभावशाली नेता (?) यानी जन-प्रतिनिधि ! इस प्रतिनिधि की चिट्ठियों के द्वारा आप उनके चरित्र से पूरी तरह परिचित हो ही चुके हैं--इसलिए उनके नाम का 'जिंदाबाद' नारा लगाना जरूरी है। यदि आपने ऐसे जन-प्रतिनिधि (?) के 'जिंदाबाद' का नारा नहीं लगाया, तो रेणुजी की तरह ही कई चोरी-चमचोरी आदि के मामलों में फँसवा दिए जाएँगे। 1962 ई. में बिहार हिंदी साहित्य सम्मेलन में उपस्थित साहित्यकारों को संबोधित कर 'छोटन बाबू जिंदाबाद !' उन्हें क्यों करना चाहिए, बता रहे हैं रेणुजी !

यह रचना स्वतंत्र रूप से एक फोल्डर के रूप में प्रकाशित की गई थी, निवेदक के रूप में श्री सरयू मिश्र, एम.एल.ए. का नाम छपा था। रेणुजी का नाम लेखक के रूप में नहीं था। फारबिसगंज के श्री जयशंकर से 'खोजीराम' को यह रचना प्राप्त हुई है।—संपादक]

सरस्वती के लाड़ले-सपूतो, साहित्य-रसिको !

आपको आमंत्रित करते हुए, बिहार हिंदी साहित्य सम्मेलन की स्वागतकारिणी समिति ने लिखा है—"इस 'मैला आँचल' में हम सादर आपका आवाहन करते हैं।"

हम भी (फारबिसगंज-क्षेत्र की जनता—आपके साधारण पाठक) स्वागत-समिति के स्वर में स्वर मिलाकर आपका हार्दिक स्वागत करते हैं—छोटन बाबू की इस नगरी में, जिसका नाम छोटन बाबू की कृपा से अब 'फरेबगंज' पड़ गया है। इसलिए, यहाँ की धरती पर पैर रखते ही आपको 'छोटन बाबू—जिंदाबाद' का नारा लगाना ही पड़ेगा ?

क्या ? आप छोटन बाबू को नहीं पहचानते ? यह कैसे संभव है कि आपको

साहित्य से प्रेम हो और छोटन बाबू को आप नहीं जानें ? रूस और रूमानिया तक के लोग उनका नाम जानते हैं। किंतु, इसमें आपका क्या दोष ? कसूर है आपके साहित्यालोचकों का। उन लोगों में से किसी ने डॉ. प्रशांत को 'मैला आँचल' का नायक कहा। किसी ने बालदेवजी का नाम लिया और बहुतों ने बावनदास की अपूर्व शहादत से प्रभावित होकर–उस डेढ़ हाथ के आदमी को ही 'हीरो' के आसन पर बैठाया। किंतु, हम साधारण और स्थानीय (कथांचल के) पाठकों की दृष्टि में 'मैला आँचल' का असल 'हीरो' छोटन बाबू ही हैं। आप उनसे परिचय प्राप्त करके हमसे सहमत होंगे। लेखक के शब्दों में ही पात्र-परिचय सुनिए–

"छोटन ! फारबिसगंज का यह लुच्चा-लौंडा हर बात में फुच-फुच करता है। अमीन बाबू के साथ दिन-रात रहता है न ! इसलिए, मुँहजोर भी हो गया है। ··· झूठा तो नंबर एक का। फारबिसगंज का नाम 'फरेबगंज' करेगा, इसमें कोई संदेह नहीं।"

('मैला आँचल', पाकेटबुक–पृष्ठ 330)

आप पहचानें या नहीं पहचानें, छोटन बाबू अपने को पहचानते हैं। इसी नगरी में पाँच माइल दक्खिन, पिछड़े हुए एक गाँव का लेखक जिस किताब को लिखकर अमर हुआ, (उसके एक प्रमुख पात्र की ऐसी उपेक्षा और अवहेलना ?) जिसके पात्र अमर हुए और छोटन बाबू का किसी ने नाम भी नहीं लिया ? वे अब 'मैला आँचल' के पृष्ठों में पड़े नहीं रह सके। बहुत दिनों से, (पृष्ठ 331) दोरिक सरमा नामक स्पष्टवक्ता पात्र के मुँह से अपनी 'वंश-पंजी' सुनकर, उसका खून खौल रहा था। इधर दुनिया-भर में दूसरे पात्रों की प्रसिद्धि फैली और छोटन बाबू··· ?

वे 'मैला-आँचल' के पृष्ठों से निकलकर खरामा-खरामा बाहर आ गए और, सीधे लेखक के गाँव पहुँचे। लेखक महोदय को अचरज हुआ–अपनी किताब के कुपात्र को साकार देखकर। उसने पूछा–क्यों छोटन, बात क्या है ? आज इस तरह कुपित-कपि की मुद्रा क्यों ? कड़ककर कहा छोटन बाबू ने–बोलो ! मेरा जिंदाबाद बोलो ! बोलते हो या नहीं··· ?

ज़रा कल्पना कीजिए, स्थिति की–लेखक के समक्ष उसका पात्र साकार खड़ा 'कजिया' करने पर आमादा है और लेखक का नशा हिरन ! बोला–आखिर, जिंदाबाद बोलने का कोई वजह भी हो !

छोटन बाबू बोले–वजह अभी बतलाता हूँ। यह कहकर उन्होंने 'परती:परिकथा' के पात्र, परानपुर के लुत्तो बाबू को बुलाया। लुत्तो बाबू, छोटन बाबू का ही ग्राम्य संस्करण है। असल में इस 'गुटका लीडर' के वही स्रष्टा हैं।

अब लेखक महोदय के दोनों उपन्यास के दो-दो पात्र खड्गहस्त होकर उपस्थित–बोलो, छोटन बाबू की जै ! लेखक ने नाराजगी जाहिर की–तुम लोग मेरे पात्र होकर, मुझसे ही 'जयकार' करवाना चाहते हो ?

छोटन बोला–तुम तो जानते ही हो, मैं भस्मासुर हूँ। तुमने लिखा है–छोटन बाबू और अमीन बाबू बतिया रहे थे–गाँधीजी का भसम लेकर ससांकजी आवेंगे।

छोटन बाबू बोले, जिला का कोटा 'भसम' जिला सभापति को लाना चाहिए। ससांकजी क्यों ला रहे हैं। इसमें बहुत बड़ा 'रहस' है।··· अमीन बाबू तुरत उठकर बैठ गए; बोले–आप ठीक कहते हैं छोटन बाबू !··· तुरत मोटर 'इस्टाट' करके 'रमाना' हो गए··· सभापति-मंतरी–राम मिलाए जोड़ी। चले दोनों–हा-हा भसम लाने ! देस को भसम कर देंगे ये लोग ! भसमासुर !···

लेखक ने बाधा डालने की चेष्टा की। किंतु, छोटन बाबू कहते गए–राजनैतिक लंगी शब्द तुमने व्यवहार किया है लेकिन इसका अर्थ तुम्हारे ससांकजी जानते हैं। क्या हुआ, भसम लेकर आए तो ? भसम-तत्त्व पर कोई ग्रंथ भी नहीं लिख सके और इतने दिनों तक भसम रमाए ही रहे। मुझे देखो···।

लेखक ने अब खुशामद के स्वर में कहा–सो तो ठीक है, छोटन। तरक्की तो तुमने काफी की है। और भी उन्नति होगी। क्योंकि तुम्हीं लोगों की उन्नति के ऊपर देश का सत्यानाश निर्भर है···। सुना है, इस भावात्मक एकता के नारे को असफल करने के सभी भेद तुम्हें मालूम हैं। तुम चाहो तो मिनट में सांप्रदायिक झगड़े करवा सकते हो। पलक मारते ही सैकड़ों मन सिमेंट को बालू और बालू को चीनी बना सकते हो। लेकिन, भैया ! यह जै-जैकार और जिंदाबाद बोलना मैंने छोड़ दिया है–गाँधीजी के मरने के बाद से मैं बस एक ही··· !

छोटन बाबू पाँव पटककर, आँखें तरेरते हुए चले गए। 'परती:परिकथा' के लुत्तो बाबू को बुलाकर कहा–उपन्यास में तुमने अपनी 'जंता' को लेकर जित्तन बाबू के कलमबाग पर चढ़ाई की थी। वास्तविक जगत में उपन्यास के लेखक के कलमबाग से ही शुरू करो। पर्वा मत करना। पुलिस घटना-स्थल पर नहीं जाएगी, क्योंकि पुलिस के बहुत-से छोटे बाबू को बड़ा बाबू बनाया है बन्दा ने। जिला क्या, प्रांत के अधिकारियों को फोन कर दूँ तो वे सारा कानून भूल जावें।

और लुत्तो बाबू ने वह सबकुछ कर दिखाया जो वास्तववादी किताब के लेखक ने लिखी थी–लूटपाट से लेकर मवेशी तक चुराने के कर्मों को वास्तव कर दिया।

जिस प्रकार मैला आँचल के लेखक को इस बात का गर्व है कि उसने गाँव के ऐसे शब्दों को अपनी रचनाओं में स्थान देने की चेष्टा की है, जो अब तक अपांक्तेय थे–उसी तरह छोटन बाबू को भी फख्र है कि उसने इस लेखक के एक-एक शब्द से प्रेरणा ग्रहण करके–लेखक पर ही उनका प्रयोग किया है। मसलन, अभी हाल में ही एक कहानी में एक शब्द 'चमचोरी'[1] लिखकर उसका शब्दार्थ बताया लेखक ने। छोटन बाबू पुलकित हुए–क्या ? चमचोरी लिखता है ? फँसा दो कमबख्त को चमचोरी में ! तब सही शब्दार्थ समझेगा··· !

---

1. 'चमचोरी' शब्द का इस्तेमाल रेणुजी ने अपनी कहानी 'अच्छे आदमी' में किया है, जो 'धर्मयुग' के 24 जून, 1962 के अंक में छपी थी। अब राजकमल प्रकाशन से प्रकाशित रेणुजी की असंकलित-अप्रकाशित कहानियों की पुस्तक 'अच्छे आदमी' नाम से ही प्रकाशित है, जिसमें यह कहानी भी है।–संपादक।

लेखक डरा जरूर। मगर, जिंदाबाद वह नहीं बोल सका। यही कारण है कि 'मैला आँचल' की कथाभूमि में आयोजित इस साहित्य-सम्मेलन में सम्मिलित होने का सौभाग्य, 'मैला आँचल' के लेखक को नहीं प्राप्त हो सका। उसका दुर्भाग्य तो है ही–दोष भी उसी का है। आखिर वह क्यों नहीं 'छोटन बाबू–जिंदाबाद' बोल देता है ?

अंत में आप सभी विद्वानों से हमारी प्रार्थना है कि एक बार छोटन बाबू जिंदाबाद का नारा (ज़रा प्रेम से !) लगाइए। नहीं तो, शायद आपको भी भोगना और पछताना पड़े बाद में।··· वह आपके पास ही सटकर चुपचाप बैठा है। सावधान रहिए–आपके दुग्धोज्ज्वल श्वेत परिधान पर पीछे से गोबर न लगा दे कोई !

गोस्वामी तुलसीदास की वाणी को याद करके छोटन की वंदना शुरू में ही कर दीजिए। हिंदी की जय बाद में कहिएगा !

मैला आँचल

['मैला आँचल' के प्रकाशन के बाद हिंदी साहित्य जगत में एक हलचल की स्थिति रही। प्रायः सभी महत्त्वपूर्ण आलोचकों ने इसे एक श्रेष्ठ औपन्यासिक कृति स्वीकार किया। पर ढेर सारे आलोचकों ने इस पर तरह-तरह के आरोप भी लगाए। उन सभी आरोपों का उल्लेख करते हुए (व्यंग मुद्रा में) रेणु जी ने 'मैला आँचल' का यह विज्ञापन तैयार किया था। इसका प्रकाशन जनवरी 1957 के 'प्रकाशन समाचार' में हुआ था।–संपादक]

'मैला आँचल' ? वही उपन्यास जिसमें हिंदी का एक भी शुद्ध वाक्य नहीं है ? जिसे पढ़कर लगता है कि कथानक की भूमि में सती-सावित्री के चरण-चिन्हों पर चलनेवाली एक भी आदर्श भारतीय नारी नहीं है ? मद्य-निषेध के दिनों में जिसमें ताड़ी और महुए के रस की इतनी प्रशस्ति गाई गई है कि लेखक जैसे नशे का ही प्रचारक हो। सरकार ऐसी पुस्तकों को प्रचारित ही कैसे होने देती है जी !

वही 'मैला आँचल' न जिसमें लेखक ने न जाने लोक-गीतों के किस संग्रह से गीतों के टुकड़े चुराकर जहा-तहाँ चस्पा कर दिए हैं ? क्योंजी, इन्हें तो उपन्यास लिखने के बाद ही इधर-उधर भरा गया होगा ?

'मैला आँचल' ! हैरत है उन पाठकों और समीक्षकों की अक्ल पर जो इसकी

तुलना 'गोदान' से करने का साहस कर बैठे ! उछालिए साहब, उछालिए ! जिसे चाहे प्रेमचंद बना दीजिए, रवींद्रनाथ बना दीजिए, गोर्की बना दीजिए ! जमाना ही डुग्गी पीटने का है !

तुमने तो पढ़ा है न 'मैला आँचल' ? कहानी बताओगे ? कह सकते हो उसके हीरो का नाम ? कोई घटना-सूत्र ? नहीं न ! कहता ही था। न कहानी है, न कोई चरित्र ही पहले पन्ने से आखिरी पन्ने तक छा सका है। सिर्फ ढोल-मृदंग बजाकर 'इन्किलास जिंदाबाघ' जरूर किया गया है। 'पाटी' और 'कलस्टर' और 'संघर्ख' और 'जकसैन'—भोंड़े शब्द भरकर हिंदी को भ्रष्ट करने का कुप्रयास खूब सफल हुआ है !

मुझे तो लगता है कि हिंदी साहित्य के इतिहास में या यूँ कहूँ कि हिंदी-साहित्यिकों की आँखों में, ऐसी धूल-झोंकाई इससे पहले कभी नहीं हुई। 'मैला आँचल', 'मैला आँचल' सुनते-सुनते कान पक गए। धूल-भरा मैला-सा आँचल ! लेखक ने इस धूल की बात तो स्वयं भूमिका में कबूल कर ली है एक तरह से !! फिर भी...

अरे, हमने तो यहाँ तक सुना है, 'मैला आँचल' नकल है किसी बंगला पुस्तक की और बंगला पुस्तक के मूल लेखक जाने किस लाज से कह रहे हैं, 'नहीं, 'मैला आँचल' अद्वितीय, मौलिक कृति है।' एक दूसरे समीक्षक ने यह भी कह दिया, जाने कैसे, कि यदि कोई कृतियाँ एक ही पृष्ठभूमि पर लिखी गई विभिन्न हो सकती हैं तो ये हैं !

पत्थर पड़े हैं उन कुंदजेहन आलोचकों के और तारीफ के पुल बाँधनेवालों के जो इसे ग्रेट नावल कह रहे हैं। ग्रेट नावल की तो एक ही परख हमें मालूम है, उसका अनुवाद कर देखिए ! कीजिए तो 'मैला आँचल' का अनुवाद अंग्रेजी में, फिर देखिए उसका थोथापन !

अरे भाई, उस मूरख, गँवार लेखक ने न केवल समीक्षकों को ही भरमाया है, पाठकों पर भी लद बैठा है। देखते-देखते, सुनते हैं, समूचा एडीशन ही बिक गया—न्यूज़ प्रिंट के सस्ता कागज पर छपा। एक कापी भी नहीं मिलती कई महीनों से !

रेडियो चतुर्थलोक

चतुर्थलोक की एक शाम

स्टेशन डायरेक्टर : श्री निरंजन वर्मा। ट्रांसमिशन : विशेष। मीटर : आपकी मर्जी।

[हम 'चतुर्थलोक' से बोल रहे हैं। अभी शाम के सवा सात बजे हैं। सड़कों पर, कीचड़ में सड़नेवाली सूअरों की गिलाजात का खास प्रबंध यहाँ के बोर्ड के अधिकारियों ने कर रखा है। नालियों के कीड़े कुलबुला रहे हैं और शाम की हवा में बदबू बढ़ रही है। गली-गली में, घर-घर से प्याज भूनने की गंध आ रही है। इसे चतुर्थलोक का सलोना मौसम और सुहावनी शाम कहते हैं।

अभी-अभी कुछ देर पहले 'गुटरी' पर फुलौड़ी और मछलीवाली की लड़ाई का 'रिले' किया जा रहा था। अब 'चतुर्थलोक की एक शाम' का विशेष 'रिले' किया जा रहा है। आपने अपने यहाँ के कलकत्ते के प्रोग्राम में बहुतों बार बड़े-बड़े फुटबाल मैचों का और नेताओं के भाषणों का रिले सुना होगा। हमारा यह प्रोग्राम भी उसी ढंग की चीज है। बीच-बीच में कुछ अल्फ़ाज़ या शब्दों की लड़ी टूटी मालूम होगी। यह हमारे चतुर्थलोक रेडियो स्टेशन की कमजोरी है कि कुछ खास शब्दों को ही पकड़ पाती है। इसलिए हम आपसे माफी चाहते हैं। प्रोग्राम को सुनकर आप आसानी से समझ सकें, इसलिए एक बात बता देना जरूरी है। सुनने के समय यह न भूलें कि आप पूरे एक गिरोह की बातचीत सुन रहे हैं। इसलिए हरेक बोलनेवाले की आधी, पूरी, टूटी, फूटी, स्पष्ट, अस्पष्ट पंक्तियों पर विशेष ध्यान नहीं देना है।

अच्छा तो अब आप तैयार हो जाइए। यह रेडियो चतुर्थलोक है और सबसे पहले ***कलाली का किलोल*** *रिले किया जा रहा है। कुछ हो-हल्ला जरूर होगा, मगर आप सिर्फ जोर-जोर से सुनाई पड़नेवाली बातों को ही गौर से सुनिए।]*

कलाली का किलोल

'आ-गे भौजी सोनवा न गो···। अरे कौन पुत पंजबिया हमर इजतिया नि लेलके हे भउजो··· ओ··· ओ···।'

'अरे हे हौ ! हे हौ रुपली सा। हे हौ···।'

'हम कुसूका बाप का नहीं पीते हैं। अपाना कमाई का पीते हैं। साला अपाना बाप का कमाई का भी नहीं पीते हैं।'

'समधी ! समधी ! अरे हे··· रऽ बेटा समधी। हमरऽ बात सूनू। एहनऽ एहनऽ मोकदमा हमरऽ आगू-पाछू झूलैछे। अरे जिनगी बनलऽ रहे फकीरा बाबू ओकीलऽ रऽ।'

'हौ कैहियाकरऽ कंगरेसी ई रमलैन हो ?'

'देख बाबू। आपनऽ जलाना के सौंठ। ओकरऽ चाल चलित्तर···।'

'हौ हम्में की करबै काका। सालारऽ बेटी के तऽ साला बुढ़वा माथऽ खराब

करी देलकऽ छै।'

'अरे देखले नि जन्हैंऽ। घरऽ में तऽ कैहियो पोठियो माछेऽ रऽ भाजी नि साला खैते हैतऽ।'

'रे ई दारू कैन्हैं ई रंग लागै छै रे ! साला रऽ बेटा पानी मिलैलकऽ छै।'

'हे हौ ! हे हौ रुपली सा। हे हौ।'

'समधी ! हम रऽ बेटी रऽ मैं कोनो कसूर देखू त यहाँ हमरा पच्चास जूता गीनी करि मुखऽ में मारू।'

'अरे कंगरेजी देखा है हम।··· पिकेटिन का माना में। साला के पीछे में टीन बजाता था। मतए की हमरा दारू एको रोज नै छूटा। आर कैल कऽ छौंड़ा रमलरैना अरिया समाजी छाँटता है। अरे तब सूराज माने क्या। दारू नै दो बोतल पचास आर एक बोतल सत्तर।'

'देख बाबू, हम्में बात जानियऽ साफ। जे मौगी तिरिया चलित्तर···।'

'हौ काका हम्में की करबै हौ। सालारऽ बेटी तऽ हमरा कुच्छू नि बुझै छै।'

'खबरदार ! मुख सम्हालि के बात बोल नेगड़ा। नैतऽ खराब बात···।'

'अरे कथी रऽ कजिया ?'

'दो आना रऽ खसिया चार पैसा रऽ पियाजी।'

'हे हम रऽ बात राखू। एके पियाली। बस एके पियाली।'

'हे हौ। हे हौ रुपली सा। हे हौ।'

'अरे पुरुबे बनौनियाँ नि गे··· पूरबे बनौनियाँ···।'

'मर्रऽ हो देखऽ। बोतले मुखऽ में लगै देलकै।'

'अरे कोय लाखपति छै तऽ आप नऽ घरऽ में।'

'अरे आब कऽ जमाना बड़े खराब आबी रैहलऽ छै। आर जे को की भगवान ही हमरां सनी के देखालावैछै।'

'याद छै यहाँ के समधी ? रात-रात भरी अहमदभागऽ में तजमुनिया रऽ घरऽ में जब साला के तबला उनके आर लबनी रऽ लबनी ताड़ी आर टपका मांस। जा रे जा रे जमाना।'

'हौ एक सेर दारू तऽ हमर ऽ छौड़ा ठाढ़े ठाढ़ पीबी जै छै।'

'हे हौ। हे है रुपली सा। हे हौ···।'

'अच्छा तों हमरा बतलावऽ भगलू सा, ई साठ बरसऽर उमेर ! राती हमरा सूझे नै छै, बाहर-भीतर करै में परलै।'

'लोगें कुछू नि कहे··· हम्में तऽ ई बुढ़ारी में आपनऽ दुखे बीहा कैल्ही ले। ··· अरिया समाज, कंगरेजी जे बोलै छे, ऊ सनि हमरा एको लोटा पानियों भरी देतऽ कि ?'

'हो दोसरा रऽ दूख बूझै वाला ई दुनिया में कोय नै।'

'ऊ छौड़ियाँ नि ? ऊ छौड़ियाँ जहर खिलै करि कुकरू साह के नै मारे तऽ हमरऽ नामऽ पर तों कुत्ता पाली लिहऽ।'

'कुकरू साह रऽ नाम के लेलक ?··· के बोलनेवाला तों ?'

'हे हौ। हे हौ रुपली सा। हे हौ··· ।'

'जे मौगी रात-रात भरी तरबन्ना में छौंड़ा सि सँगे बैहर चुक्का खेलै, ऊ करे एकादशी।'

'साला दारू में पानी मिलाया है।··· हमारा हाथ सों इसको मार लिखा है।'

'हौ कैल खनाँ मिटिनऽ में की सब भेले ?'

'अरे हैते कि ? गैले गीत। साला के सुनते सुनते केश पाकी गेलऽ। देश का भलै करो। दानाँ-पानी रऽ भा चढ़ि के असमान में लागि गेलऽ, आर देशऽ रऽ भलै··· ।'

'हौ कैहियाक कंगरेजी ई रभलरैना हौ। तीन बरस में ई बड़का लीडर। जिनगी भरी कलाली में भूज्जा दारू माँगि-माँगि के पीलकऽ ऐज बड़का लीडर।'

'··· हो हमरा नजर लगि जायगी। हो हमरी नजर··· ।'

'हे हौ रुपली सा··· ।'

'उये। ओयक ! ओयक··· क··· थू। रे भगमँना पीठ चाँप। ओं··· ।'

'कुकरू सारऽ नाम कोन··· रऽ बेटा लेलकऽ।'

'मुख सम्हारी के बात करऽ।'

'मारऽ साला के।'

'हे हौ। हे रुपली सा।'

'कजिया नै करऽ।'

'मारते जुता रऽ साला के··· ।'

'बाप ! ई साला त हमरऽ माथ भांगि देलकऽ रे बाप।'

'मारऽ साला रऽ बेटा के।'

'मार। मारो।'

'भौं। भौं। भौं।'

'उयेक। ओ··· या··· क··· थू।'

'काका।'

'समधी··· ।'

'ओयाक। ओ··· या··· क··· थू।'

[अभी आप 'चतुर्थलोक की एक शाम' प्रोग्राम में 'कलाली का किलोल' सुन रहे थे। दूसरे सप्ताह में इसी प्रोग्राम में आप 'पनघट का जमघट' सुनेंगे।

हाँ, एक दूसरा दिलचस्प एलान सुनिए। 'चतुर्थलोक' में छठ पूजा के बाद 'सप्तमी' को एक खास मेला लगता है। उस मेले की खूबी यही है कि उस मेले का नाम अद्वितीय है। जिस देवता की पूजा होती है, उनका

नाम आप किसी शास्त्र या पुराण में नहीं पाइएगा।–तो इस बार–चतुर्थलोक स्टुडियो ने उस मेले का फिल्म लेने का निश्चय किया है। घर बैठे ही आप उस मेले की सैर कर सकें, इसके लिए 'नई दिशा' वालों ने प्रबंध कर लिया है। बस, आज का प्रोग्राम यहीं खत्म। 'जय चतुर्थलोक !']

खो गई ! खो गई !!

खोजो, लाओ–इनाम पाओ !

भाइयो !

यानी उन्हीं की। अजी मेरे भैया की। हाँ, हाँ, बासो भैया की, मेरे अग्रज और अररिया स. डि. के अजगर की ! जी हाँ, श्री बासुदेव प्रसाद एम.एल.ए. की मशहूर नुकीली 'स्त्री' की हुई सुफेद खादी की किश्तीनुमा गाँधी टोपी अररिया में कहीं गुम हो गई है अथवा खो ली गई है। भगवान जाने कहीं रह गई है या रख दी गई है। हो सकता है कहीं छूट गई है या छोड़ दी गई है। जो भी हो, खो गई है, पुराने दफ्तर 'सब डिविजनल' कांग्रेस के पच्छिम टोले में खोजने पर पाई जा सकती है। जिन्हें हिम्मत हो, जिनकी पीठ काफी मजबूत हो यानी कम-से-कम वजन का 'चप्पलप्रूफ' हो, अपनी किस्मत को आजमाकर, मेरे भैया की टोपी लाकर मुझसे, मेरे भैया से, कांग्रेस दफ्तर से, सरकार बहादुर से मुँह-माँगा (परमीट) इनाम पा सकते हैं।

कृपया इस पते पर सूचित करें–

बासो भैया के छोटे भैया

बासो भैया के बासे में

बस।

मिल गई ! मिल गई !!

मत खोजो–मत खोजो !

सज्जनो !

यानी मिल गई। अभी-अभी मँझले भैया की टोपी··· डि. मंत्री थे क्या ? अजी वे अब भी हैं। किसकी मर्जी है उन्हें निकालने की। मुँह धो रखिए, उन्होंने खुद कांग्रेस को निकाल दिया है। हाँ, मेरे तीरथु भैया ने अभी तार प्राप्त किया है कि मिल गई। सवाल है अब इनाम का। तीरथु भैया को मिले या पानेवाले को। पाया है दूसरे ने। इसी मकसद से वह निकला था, उसे काफी परेशानी उठानी पड़ी है। लेकिन इनाम हम तीरथु भैया को देंगे। तो क्या आप समझते हैं दरोगा प्रसाद चौधरी जिला कांग्रेस के मंत्री हैं और उनके जूते ने टोपी को खोज निकाला है तो इनाम पा लेंगे ? यह सही है श्री चौधरीजी के श्री जूता ने मेहनत की है, मगर इनाम मेरे भैया का होगा।

अखिल भारतीय ब्लैक मार्केटियर्स सम्मेलन का प्रथम अधिवेशन

• धनघोरानंद रिपोर्टराचार्य

तारीख बताने की आवश्यकता नहीं, स्थान से आपको कोई ताल्लुक नहीं। किसी पुण्य दिन और प्रातःस्मरणीय तारीख को किसी पवित्र नगरी में यह महाअधिवेशन श्री रायबहादुर चुहाड़चंद चोरबजरिया के सभापतित्व में संपन्न हुआ। प्राप्त काल 'कृष्ण पताका उत्तोलन' समारोह में भाषण देते हुए स्वागताध्यक्ष श्री गायब प्रसाद लोहाचोर ने कहा–"यह कृष्ण पताका भारत भूमि पर उदय होनेवाले 'समाजवाद' को एक महान चुनौती देते हुए जनता को विश्वास दिलाता है कि जनतंत्र, प्रजातंत्र या इस किस्म के हर तंत्र की 'लाली' पर हमारा काला रंग हावी रहेगा।"

हाँ, यह बताना भूल ही गया कि सभापतिजी का जुलूस आधी रात के सन्नाटे में चोरी से 'पाकिस्तान' जानेवाले सामानों से लदी गाड़ी पर निकला। जिस गाड़ी

पर सभापतिजी विराज रहे थे, उस पर चीनी के बोरे थे, स्वागतार्थ सरकारी अधिकारियों की आँखों में धूल झोंकने के लिए धूल की तीन-चार बोरियाँ भी रखी हुई थीं। जुलूस में करीब पचास गाड़ियाँ थीं, जिन पर मैदा, चीनी, कपड़े वगैरह लदे हुए थे। स्मरण रहे, यह मौन जुलूस था, जिसमें किसी के पैर की आहट भी नहीं सुनाई पड़ती थी।

दोपहर दो बजे से खुला अधिवेशन शुरू हुआ। मंच पर सारे आर्यावर्त्त के 420 प्रतिनिधिगण आलथी-पालथी मारे बैठे हुए थे। कहना नहीं होगा कि मुल्क के एक से एक माहिर उस्ताद, चुस्त चालाक और सफल चोर–वाणिज्यकर्त्ताओं का अभूतपूर्व सम्मेलन था।

सर्वप्रथम चार पुरुषार्थी महिलाओं (शरणार्थी का सरकारी नाम) ने राष्ट्रीय गीत शुरू किया। सभी सम्मान में उठ खड़े हुए ।

"–जय जन गण जीवन नाशक जय हे
चोरबाजार विधाता ! जय हे...
हे अकाल अधिनायक गायक
मृत्युगीत प्रलयंकर !
जर-जर बंग बिहार मराठा
उत्कल कंपित थर-थर !
तब शुभनामे काँपे, तब शुभनामे कांदे
माहे तज जय गाथा !"

तत्पश्चात् सम्मेलन के प्रधानमंत्री श्री छुछंदरलाल छोआचोरजी ने रिपोर्ट-पाठ किया और भागलपुर में गिरफ्तार हुए अपने सदस्यों को बहादुरी का संदेश देते हुए सरकार को चेतावनी दी कि शीघ्र ही उन्हें निर्दोष घोषित करे, वरना हम आंदोलन शुरू करेंगे।

–'हमारे नेताओं को छोड़ो !' नारे से सभा-मंडप गूँज उठा।

स्वागताध्यक्ष ने अपने संक्षिप्त भाषण द्वारा आगत सज्जनों का स्वागत करते हुए कहा–"आपको यह जानकर बड़ी खुशी होगी कि आप महान् अतिथियों के स्वागत के लिए हमने जितनी भी चीजें व्यवहार की हैं, वे शुद्ध सुदेशी हैं अर्थात् सब चोरबाजारी की हैं।"

अंत में ठीक 'पौंड़े तीड़' बजे सभागतिजी ने इधर-उधर देख गुनकर अपना भाषण शुरू किया। उपस्थित जन-समूह ने नारा लगाया–'माखन चोर कृष्ण की जय !'–आधे से अधिक नवयुवकों ने एक नया नारा लगाया–

'छोआ चोर कृष्ण की भी जय !'

सभापति का अभिभाषण

बंधुओ,

इस सश्य श्यामला भारत-भूमि के हम श्यामल संतान हैं। हमं काले हैं। हमारा तन काला है, मन काला है, इसलिए यदि हमारा वचन और कर्म भी काला नहीं हुआ तो हम राष्ट्र-द्रोही हैं, देश-द्रोही ! अपनी संस्कृति की रक्षा करना हमारा सर्वप्रथम कर्तव्य है।

अभी जो आपने नारा लगाया–'माखन चोर कृष्ण की जय'–क्या आपमें से कोई इसके सही अर्थ को समझते हैं ? मैं कहूँगा, नहीं। अभी-अभी मैं हाल में ही जर्मनी से आया हूँ। वहाँ मुझे एक ग्रंथ प्राप्त हुआ, जिसके अधिकांश अध्याय जल चुके थे। मैंने बहुत परिश्रम से उस ग्रंथ का अध्ययन किया। उस ग्रंथ में लिखा था–श्रीकृष्ण ने माखन, दूध, दही वगैरह की चोरबाजारी की थी। चोरबाजारी के पुण्यप्रताप से वे भगवान के पद पर आ सके। इतना ही नहीं, वे गोपियों का 'चीर-हरण' कर, उन्हें नग्न कर ही गीता-जैसे महान् दर्शन की रचना करने में समर्थ हो सके। तो आप बताइए कि हमारा यह 'कर्म' सर्वथा शास्त्रोक्त है या नहीं ?

('अवश्य ! अवश्य !'–जनता चिल्लाती है।)

हमें यह देखकर महान हर्ष होता है कि हम अपने पूर्वजों यानी श्रीकृष्ण से भी एक मील आगे बढ़ गए हैं। उन्होंने तो सिर्फ माखन और चीर-हरण किया। और हमने ? अन्न से शुरू कर मिट्टी तक की चोरबाजारी की। क्या यह क्रांति नहीं ? आपने देखा कि हमारी कृपा से न जीवितों को अन्न मिला, न मुर्दों को कफन ! असल में, अब हमारे हाथ में शासन का सही बागडोर आ गया है। अब हम जब चाहें जिस किसी भी चीज का अकाल पैदा कर सकते हैं। हाँ, हम इंसानियत का भी अकाल लाएँगे। वह दिन हमारे सौभाग्य-सूर्य के उत्कर्ष का दिन होगा, जिस दिन इंसानियत चिराग लेकर ढूँढ़ने पर भी नहीं मिलेगी।

आपको मालूम होगा, हमारे मुल्क के प्रधानमंत्रीजी ने कभी कहा था–'अगर मेरी चले, तो मैं इनको (ब्लैकमार्केटियरों को) फाँसी दे दूँ।'

और आज आप देख रहे हैं कि प्रधानमंत्री होने पर भी उनकी कुछ नहीं चल रही है। हमें गर्व है कि फाँसी की रस्सी के बदले इस महाअभिमानी नेता के हाथ से पुष्पहार मेरे गले में पड़ चुका है। सरदार पटेल ने हमें 'युग-युग जीओ' का आशीर्वाद दिया है !···*[करतल-ध्वनि]*

··· ज़रा गौर कर आप ही बताइए युगों से स्वतंत्रता-संग्राम में जूझकर अपना तन-मन-धन होम कर देनेवाले देशभक्तों की दुर्दशा की हृदय-विदारक कहानी किससे छुपी है। यदि हमने इनको पहचानकर, इनकी महत्ता को पहचानकर, इनकी सेवा से गद्‌गद होकर इनके खाने-पहनने, मकान, ऐशो-आराम, चैन, सुख, आमोद-प्रमोद का प्रबंध कर दिया तो कौन-सा महाभारत अशुद्ध किया। समय आ रहा है, जब

इतिहासकार राष्ट्रीय आंदोलन के उपसंहार में हमारी प्रशंसा में हजारों सफेद पृष्ठ स्याह कर देगा। हमने जो कुछ भी किया है, राष्ट्रीय भावना से प्रेरित होकर किया है। बिहार में छोये और लोहे की चोरी की बड़ी चर्चा है। मैं आपको विश्वास दिलाता हूँ (कि) कांग्रेस के विधान को मैं आश्चर्यजनक परिवर्तन करवानेवाला हूँ। आप देखिएगा कि बगैर एक बूँद छोवा चाटे और बगैर लोहा छुवे कोई कांग्रेस का सदस्य नहीं बन पाएगा।··· *[करतल-ध्वनि]*

··· खुशी की बात है कि देश का बहुमत हमारे पक्ष में है। सरकारी कर्मचारियों में सैकड़े निनान्बे मेरे हाथ में हैं, कांग्रेसी सैकड़े पंचानबे। हमारे असल शत्रु समाज़वादी यानी सोशलिस्ट पार्टीवाले हैं। यानी अगले चुनाव में हम बहुत आसानी से शुद्ध 'ब्लैकमार्केटियर मिनिस्ट्री' बनाने में समर्थ होंगे।

[ब्लैक मार्केटियर राज्य कायम हो !–नारा गूँजता है।]

इसके लिए हम चोरबाजार से उपार्जित सारा धन व्यय कर देंगे। इन 'समाजवादियों' को हमें पछाड़ना है। हमारा संयुक्त मोर्चा (United Front) कायम हो चुका है। तिरंगा और काले झंडे का गठबंधन करके हम संसार की सारी ताकत को परास्त कर सकते हैं।

दो-तीन स्वयंसेवकों ने दौड़ते हुए प्रवेश किया–"सोशलिस्टों का एक जत्था आ रहा है।"

प्रधानमंत्रीजी ने कहा–"नहीं, नहीं ! ये हमारे कांग्रेसी प्रतिनिधि होंगे। उन्हें प्रवेश करने दो !"

स्वयंसेवकों ने कहा–"लेकिन वे सफेद टोपी पहने हुए नहीं हैं। उनके सिर पर लाल टोपी है।

[पांडुलिपि में आगे की कुछ पंक्तियाँ नहीं हैं।]

मेरे मालिक

इससे पहले कि मैं मुख्य विषय को शुरू करूँ, पाठकों से एक अर्ज करूँगा। चूँकि 'होलिकांक' में यह संस्मरण प्रकाशित हो रहा [है], इसलिए मुझे खौफ है कि इसे महज हँसी-दिल्लगी ही न समझ लिया जाय। चुनांचे अर्ज है–यह हकीकत है। और हकीकत कभी-कभी ऐसी दिलचस्प होती है कि खामख़ाह उसे काल्पनिक समझ लिया जाता है। फिर बहुत-सी ऐसी हकीकतें हैं, जिन्हें आप मौसम और

'मौके' पर ही इस्तेमाल कर सकते हैं। होलिकांक में प्रकाशित करवाने का यही मकसद है।

हाँ, अपने मालिक का संस्मरण ही लिख रहा हूँ, जिन्होंने मुझे जीवन में पहली बार नौकरी दी। वे उदार, परोपकारी, दयावान मालिक ! उन्हें मैं कैसे भूलूँ !

शायद आठवें दर्जे में पढ़ता था। हाँ, वह आठवाँ दर्जा ही था। क्योंकि उसी साल धरती डोली थी। जिस दिन मुझे मिड्ल पास कराकर मेरे बाबूजी मेरा नाम लिखवाने हाई स्कूल में ले गए (शायद जिस क्षण मेरा नाम लिखा जा रहा था) कि धरती डोलने लगी। जिन्हें विश्वास न हो अररिया हाई स्कूल के पुराने रजिस्टर को उलटकर देख सकते हैं या मेरे बाबूजी से पूछ सकते हैं। न जाने क्यों ऐसा हुआ। शायद मुझ-जैसे सपूत को पाकर माँ सरस्वती मारे प्रसन्नता के प्रफुल्लित हो उठी थी [अथवा भय से काँपा भी जा सकता है !] जो भी हो। यह कह सकता हूँ कि माँ के बहुत जिद करने पर भी मेरे बाबूजी ने यह कहकर मेरी शादी नहीं कराई कि तीन साल तक यदि इसकी शादी की गई तो 'शारदा बिल' में हम जेल चले जाएँगे।

दशमी की छुट्टी हुई। दशहरे का मेला। मेले के पास यदि कोई दूर या निकट के संबंधी का घर हो तो मेले का प्रोग्राम अवश्य बन जाता है। मेले के लिए तैयार होने-भर की देरी थी। घर का बड़ा लड़का ठहरा। दादी-चाची-माँ-चाचा-बाबू जी सबों से सब मिलाकर पंद्रह रुपए मिले (आज का पंद्रह नहीं, आज से पंद्रह साल पहले का पंद्रह)। और घर का बड़ा बेटा क्या खुद-ब-खुद बिगड़ता है ? फिर ऐसा बेटा, जिसका जन्म 'फाल्गुन मासे शुक्ल पक्षे' हुआ हो। गढ़बनैली पहुँचा। पंद्रह रुपए पास में हों और उसे खुद-मुख्तार होकर खर्च करना हो, तो यह जाहिर है कि कोई अपने स्कूल के 'धर्मशिक्षा' पढ़ानेवाले पढ़-पंडित [को] नहीं खोजता फिरेगा। और मेला मेला ही था ! नाच-तमाशे-नाटक-नौटंकी के घर ! तरह-तरह की दुकानें ! तरह-तरह के लोग ! किस्म-किस्म [की] बोलियाँ !–अचरज में डाल देनेवाली, चकित कर देनेवाली। आकर्षित करनेवाली। मशहूर लेखक ऋषभचरण जैन की किताबों पर स्पष्ट लिखा होता है कि स्त्रियाँ और बच्चे इसे न पढ़ें–लेकिन मेले में (मुझे जहाँ तक ख़याल है) ऐसा कोई साइनबोर्ड न था। हम बेरोक-टोक सभी चीजों को देख सकते थे–देखकर खरीद सकते थे। यदि कहीं गुमानियत के चंद लफ्ज लिखे भी होते तो हम और 'खटन' से देखते। क्योंकि बावजूद 'पेशेलफ़्ज़' के मैं ऋषभचरण जैन की बहुत-सी किताबों को पढ़ चुका था। मसलन–मयखाना, तीन ईक्के पर बुर्काफरोश वगैरह-वगैरह !

तो जनाब, मेले में पहुँचकर एक इकन्नी को पान की दुकान [को] कुर्बान कर–पीक की पिचकारी छोड़ता हुआ मैं कुछ कदम ही आगे बढ़ा था कि एक अजीबोगरीब आवाज सुनकर चौंक पड़ा। देखा, एक दुकान के सामने अच्छी भीड़ जमी हुई है। बड़ी-सी दुकान–घड़ी, ग्रामोफोन, हारमोनियम, दीवालघड़ी, चश्मा, खिलौने, स्टोव, कैंची, छुरी, प्याले और दर्जनों किस्म की छोटी-बड़ी चीजें। मगर

यहाँ चीजें नगद नहीं बेची जाती थीं, लुटाई जाती थीं। यही इस दुकान की खास सिफ्त थी। एक मोटा-सा, गोरा-सा थुलथल व्यक्ति (मेरे मालिक !) मूछों पर ताव-पेंच देता हुआ रह-रहकर अजीब ढंग से चिल्लाता था–"ल्येज्याव, ल्येज्याव, लुटा दिया, लुटा दिया। केसमेत का सौदा लुटा दिया। छोटा म्याल कंपनी का, बड़ा म्याल केसमेत वाले का।"

अब आप ही बताइए, एक भला-सा आदमी सरे-बाज़ार अपनी चीज़ें लुटा रहा हो और कोई न लूटे ! कई लूटनेवाले आगे बढ़ आए। रुपया लेकर आठ ताश के पत्ते उन्होंने उठाए। उस व्यक्ति (दुकानदार) ने पत्तों के सदर रुख को उलटकर उसी खास और विचित्र आवाज में फर्राटे से पढ़ना शुरू कर दिया–"कयेच्ये-च्याकू, स्वेफ्टे पेन, झुनझुना, व्योतनाम लालटेन का फीत्ये-चोरेंट।" यह 'चोरेंट' क्या बला ? समझा–चोरेंट का मतलब हुआ किस्मत का सौदा नहीं पटा। दूसरे ने लगाया, शायद पट जाए। लीजिए, यह हजरत भी चोरेंट। मेरी जेब में पंद्रह रुपए थे। लेकिन चोरेंट का खतरा भी सामने ही था। ग्रामोफोन का रिकार्ड चढ़ा दिया गया–'छोटे से बलमा मोरे आँगना में गिल्ली खेले !' यह ग्रामोफोन भी एक है रुपए में ? रुपए में क्यों, अगर किस्मत हो तो आठ ही आने में। और यदि चोरेंट हुए तो गिल्ली खेलिए। मेरे पास पंद्रह रुपए थे। यह ग्रामोफोन ! मेले से लौटकर जब गिल्ली खेलाऊँगा तो लोग दंग पड़ जाएँगे। और यह हारमोनियम ? फिर पंद्रह में से एक-आध रुपया चोरेंट हो भी जाए ! सभी रुपए कैसे चोरेंट हो सकते हैं ! यह आया फिर कोई किस्मतवाला। सचमुच में किस्मतवर है–एक अधेड़ देहाती मेरी आँखों के सामने ही एक दीवाल घड़ी, एक एलार्म टाइम पीस बस आठ आने के पत्ते में बटोर रहा था। दुकानदार ने जरा मायूस होकर कहा–'इसे बोंच्योगे ? बेचना हो तो पाँच रुपए टाइमपीस के, बीस रुपए दीवाल घड़ी के। पच्चीस रुपए।' अधेड़ तैयार हो गया और पच्चीस रुपए लेकर बट्टू में कोंचने लगा। अब चोरेंट का सारा भय जाता रहा। छोटे-से बलमा जब गिल्ली खेल सकते हैं, अधेड़ देहाती जब घड़ी जीत सकता है तो मैं आठवें दर्जे का विद्यार्थी, जिसके पास पंद्रह रुपए हों, जिसे महज तीन साल के बाद ही कानूनन शादी करने का हक हासिल होनेवाला हो, कैसे चूक सकता था !

–एक रुपया का पत्ता !

मेरे आठों पत्तों के सदर रुख को उलटकर उस व्यक्ति ने जीभ के थूक से अँगुली को तर कर पत्तों को सरकाना शुरू किया और पढ़ता गया–"··· पौप्ये बाबा स्येफ्टे प्येन, केश्य का फूल, क्यांटा प्याउडर··· चोरेंट !"

–"सब चोरेंट···"

–"हाँ !"

–"एक रुपया का और !"

–"पेंस्येल कयोंच्ये साब्यून व्योताभ मोती का हार··· चोरेंट !"

–"चोरेंट !"

अब मैं ज़रा सोच में पड़ गया। ज़रा सोच लेना अच्छा है, ज़रा दम मार लेना जरूरी है। हँसी-खेल की बात नहीं, मेरे सोलह पत्ते चोरेंट हो चुके थे। सोलह पत्ते–सोलह घड़ियाँ, हारमोनियम या सोलह ग्रामोफोन ?

–"स्प्रिंग-स्प्रिंग ल्ये ज्याव ल्ये !" दुकानदार चिल्लाया।

एक पवित्र भोजनालय के बाबाजी डिजायन का आदमी सामने आता है। पत्ते उठाता है और ग्रामोफोन मार लेता है। फिर पचास में बेच भी देता है।··· मेरे दो रुपयों की क्या बिसात–वे तो पलक मारते ही वापस होकर रहेंगे, साथ ही ग्रामोफोन भी लाएँगे।

–"अच्छा जरा हटिए बाबाजी ! इस बार मैं बगैर ग्रामोफोन लिए नहीं छोड़ता हूँ।" मैं आगे बढ़ा। भीड़ में से किसी तेज व्यक्ति ने मेरे ऊपर काफी तेज शिगूफा छोड़ा–"हाँ भाई, पहले इस बाबू को ग्रामोफोन ले ही लेने दो।"

–"देखिए, लेता हूँ या नहीं ?" मैं तैश में था। मेरे पास तेरह रुपए थे। आखिर दो ही तो चोरेंट हुए थे। मैं छोड़ता कैसे ?

–"अरे भाई, पहले न हो तो रिकार्ड ही ले लीजिए।"–भीड़ में से एक दूसरी आवाज आई। आखिर वह मेला था, जहाँ चंद किस्म के चंद खयालात के लोग थे। और मुझे तो ग्रामोफोन लेना था, झगड़ा करना नहीं।

–"एक रुपए का पत्ता !"

–"कड़ी झुनझुना··· चोरेंट !"

–"एक रुपए का और !"

–"स्येफ्टे फेन फ्यीता··· चोरेंट !"

–"एक रुपए का और !"

–"व्योताम क्योंच्ये··· चोरेंट !"

–"रुपया !"

–"चोरेंट!"

–"रुपया !"

–"चोरेंट !"

चोरेंट चोरेंट चोरेंट चोरेंट चोरेंट ! बाकी तेरह भी चोरेंट–सब चोरेंट ! चोरारैट ! मेरा माथा चक्कर मार रहा था।

–"की यौ बटुक, एकटा कूली न करू ? एतेक सामान इ बावड़ी कला माथ पर कोना के ल जाइब ?"[1] भीड़ के उस व्यक्ति ने हँसकर कहा। मेरा मन किया कि उसका मुँह नोच लूँ। कमबख्त चिढ़ाता है। पास में तो फूटी कौड़ी नहीं होगी, जो किस्मत आजमाए। दूसरे पर हँसते हैं। चोरेंट हुए तो मेरे बाप के रुपए, इससे तुम्हारा क्या ?

1. मैथिली भाषा में बोला गया संवाद, जिसका अर्थ है–क्यों भई बटुक (विद्यार्थी), एक कुली कर लीजिए न, इतना सामान अपने सिर पर कैसे ले जाइएगा?–संपादक।

लेकिन मैं उसे कुछ भी नहीं कह सका। मैं उसकी ओर बेजान-सी निगाह से देखता रहा। मैं रोना चाहता था फूट-फूटकर–एकांत में, भीड़ से दूर, मेले से दूर। मेरा दम मानो खुद-ब-खुद घुटा जा रहा था। भीड़ से बाहर हुआ तो उस तेज व्यक्ति ने फिर खोंचा मारा–"की बटुक, खलास भ गैलो, जाउ मधुर खाउगे दिग्विजयी भैलो, घर तार द दियौग गे।"

अब मेरे पास फूटी कौड़ी भी नहीं थी। चलते-चलते मैंने दुकानदार की ओर एक असहाय निगाह डाली, ऐसी निगाह, जिसमें याचना भरी हो, मगर वह··· वह तो चिल्ला रहा था–'ले ज्याव, ल्ये जायब···' और फिर वही '··· चोरेंट !'

किस्सा यहीं खत्म मत समझिए। यूँ ही जरा दम मार रहा था। दिन-भर मेले में चोरेंट की-सी शक्ल बना डोलता रहा। मैं रुपए के सवील में था। एक अठन्नी भी मिल जाए तो काम चल सकता है। हालाँकि शाम हो रही थी और मैंने कुछ खाया नहीं था। आँसुओं के घूँट के लिए एक बूँद पानी भी हलक के नीचे नहीं उतरा था। लेकिन मुझे भूख नहीं थी, प्यास नहीं थी। और भाई साहब, मैं अर्ज करूँ कि इस हालत में मेले में चक्कर काटना खतरे से खाली नहीं। चोरी, पाकेटमारी या इसी किस्म के किसी दूसरे लफड़े में फँस सकता था।

अचानक एक संबंधी से मुलाकात हो गई। मैं उनकी खातिरदारी को कभी भूल नहीं सकता। यों भूख नहीं मालूम हो रही थी, मगर ज्यों ही एक मिठाई मुँह में रखी कि उदर-कुंड की ज्वाला की लपटें तेज हो गईं। खाने-पीने के बाद न जाने क्या हुआ, शायद मिठाई में कोई ऐसी चीज थी या पूड़ी में या मेरे संबंधी के बर्ताव में कि वे चोरेंट गए रुपए को पत्ते खरीदकर लौटाने के सारे इरादे काफूर हो गए। अब मेरे दिमाग पर जासूसी का भूत सवार हुआ। जासूसी उपन्यास पढ़कर आपने भले ही कोई फायदा न उठाया हो मगर मैं उस दिन जासूसी करने की अभिलाषा को दबाकर नहीं रख सका। बस, इस 'चोरेंट-कांड' से ही क्यों न शुरू हो ! जासूसी-जासूसी ! जै मि. ब्लैक, जै. स्मिथ, जै सुंदरी अमेलिया, जै आस्कर वाइल्ड !

पेशेवर जासूस की तरह दुकान के सामने जा खड़ा हुआ। भीड़ लगी हुई थी। लोग आते थे, पत्ते उठाते थे, चोरेंट हो जाते थे या लूट लिए जाते थे। ल्ये ज्याब ··· चोरेंट या फिर टर्राई लक-टर्राई लक। मैं भी पूरे डेढ़ घंटे तक दूर खड़ा 'टर्राई लक' करता रहा–खड़ा-खड़ा–दुकानदार की बोली पर, उसकी निगाह पर, पत्ते पढ़ने पर, बेकार चिल्लाने पर, बेमतलब के लफ़्ज़ इस्तेमाल करने पर बहुत सावधानी से गौर करता रहा।

जै मि. ब्लैक !··· गौर किया, दो-चार चोरेंट हो जाने के बाद भीड़ में एक खौफ छा जाता है, मानो जाल में फँसनेवाली मछलियों ने मछुए की छाया देख ली हो और ज्यों ही ऐसी सूरत पैदा होती कि रिकार्ड आँगन में गिल्ली खेलने लग जाता। रिकार्ड खत्म होते ही फिर वही आवाज–ल्ये ज्याब, ल्ये ज्याब ! और इस बार इस ल्ये ज्याब में बेमतलब का लफ़्ज़ इस्तेमाल किया जाता–स्प्रिंग-स्प्रिंग

ल्ये ज्याब ! बस यही स्प्रिंग सारे चोरेंट की जड़ है। चूहेदानी में फँसानेवाले फलों के टुकड़े ! स्प्रिंग कहते ही हर बार एक नया आदमी आता था और कभी ग्रामोफोन, कभी घड़ी और कभी स्टोव लूट लेता था, बेच देता था। रुपए कमर में गोंजने का ढंग करता था। गौर किया, सभी रुपया लेनेवालों [का] ढंग, उनकी भाव-भंगी और कमर में रुपया गोंजने के तरीके एक [होने] से ही खटका। फिर खटका पाकर जासूस को लापरवाह नहीं होना चाहिए। इंतजार किया–स्प्रिंग बोला–एक भोला-भाला इंसान आया। घड़ी लूट लिया, बेच-बाच दिया और रुपया कमर में जाने का ढंग ? ठीक, एकदम ठीक ! जै मि. ब्लैक ! मैंने साफ देखा–रुपया उसने अपने कमर में नहीं, बल्कि अपने बगल में सटे भले मानस के हाथ में गोंज दिया। स्प्रिंग चोरेंट ! असल चीज यह स्प्रिंग है, चोरेंट नहीं। स्प्रिंग की अहमियत को ढँकने के लिए यह चोरेंट शब्द है। तब ?

जासूसी मजाक नहीं। उस भोले-भाले इंसान यानी स्प्रिंग का पीछा किया, बातें कीं–स्प्रिंग बनना चाहता हूँ। उसने मेरी परीक्षा ली। पूछताछ वगैरह हुए। फिर दुकान के रूपोश मैनेजर से मिलाया गया। उसने भी ठोंका-बजाया और मैं खरा सिक्का साबित हुआ। तय हुआ–दिन में दो बार ड्यूटी, आठ आने प्रति ड्यूटी कमीशन। मंजूर ?–मंजूर ! रुपया मिला। स्प्रिंग का सिगनल हुआ और मैं हाजिर हुआ। दुकानदार ने गौर से देखा। मैं पत्ते चुन रहा था और वह एक घड़ी उठाकर अपने अंदरवाले से पूछता है–"इसमें नया स्प्रिंग फिट है न ?" अंदरवाला कहता है–"हाँ, नया स्प्रिंग !"–"मजबूत है न !"–"हाँ, मजबूत है।" मैंने पत्ते उठाए। सात पत्ते चोरेंट, एक पत्ता स्टोव, दस रुपए··· और मैंने बड़ी सफलता से रुपए कमर में गोंजने का अभिनय किया।···

काश ! इन दस रुपयों को अपने कमर में खोंस पाता। वे दस रुपए मेरे थे, मेरे। मेरे बाबूजी ने, मेरी बूढ़ी दादी ने, माँ ने, चाची ने मुझे मेला देखने को दिया था। पाँच रुपए चोरेंट ही सही। पर दस रुपए ? लेकिन···। लेकिन क्या, जासूस सर्वनाशे समुत्पन्ने अर्ध पर विश्वास नहीं करता, 'पूर्ण' चाहिए–पूर्ण पंद्रह !

रात तीन बजे दुकान बंद हो जाने के बाद मालिक से मिला। मुझे कुछ पूछने के लिए उन्होंने रोक रखा था। मुझसे पूछा–तूँ नै तो पंदरा रुपया लगाए थे बे ?"–"जी ई ! वह मैंने बतौर जमानत रखा है।"

"और भी कुछ स्प्रिंगबाजी जानता है ?"

"जी नहीं !"

"पाकेट ?"

"जी नहीं !"

"अभी कहाँ जाएगा ?"

[अपूर्ण]

नग्न चित्रपट आलूचना

काले पर्दे पर

[इस स्तंभ में हम वर्ष की सर्वश्रेष्ठ नग्न फिल्म की 'आलूचना' करेंगे। 'नई दिशा' के प्रसिद्ध फिल्म-आलूचख श्री अभिनेत्री पति रडुवाजी ने दो फिल्मों की आलूचना की है। अब से महीने में एक बार रडुवाजी की रचना प्रकाशित हुआ करेगी।]

राजन राज

(टेकनीकलर न्यू फिल्म)

निर्माता : दी टकापट्टी टॉकीज लिमिटेड।
प्रोड्यूसर : चौधरी 'बनप्र'।
डायरेक्टर : बज्जर बिहारी।
गीत : कवयित्री दौरकाजी 'ससपेंडित'।
म्युजिक डायरेक्टर : षड्जसुर शास्त्री अयोध्या दंते।
नृत्य डायरेक्टर : हरिशचंदर।
वाद्ययंत्र : मतवाला दढ़ियल।
लाइट निक्षेपक : भग्न नयन महबीर।
फोटोग्राफी : कपिकुल किलकिलाकार लरसि मंडल।
बैकग्राउंड : दो श्रीमतियाँ।
मुख्यांश में : धनी के लाल के प्रेमीजी निर्झरिणी, सुश्री सौरभ, भाई राय परिथीचन्न सहकारी एकस्ट्रा मस्त-मस्त, रोज, ओज, बनोज, कुसुमी, तेतरी, पनबतिया, चुनरी, मुनरी, तूफान, वर्षा, हवा, बिजली, ओले, भूचाल।

दि टकापट्टी टॉकीज का यह नग्न चित्र अधरमपुर के मशहूर 'दोजख' सिनेमा हाल (एयर टाइप) में वर्षों से प्रदर्शित हो रहा है। सफलता की बात मत पूछिए, जनता टकटकी लगाकर देखते ही रह जाती है। ऐसे सामाजिक चित्र के लिए हम T को बधाई भेज देते हैं। अच्छे-अच्छे दृश्यों, कथोपकथनों, गीतों, नृत्यों की बानगी नजरे-पेश है :

(1) राम भाई हनुमान की भूमिका में :

राम भाई : नहीं यह हरगिज नहीं हो सकता। तुम डायरेक्टर हो डिक्टेटर नहीं।

बज्जर बिहारी : चुप रहो, फलाहार के सकरकंदो, आलुओ, टमाटरो ! मैं सोने की लंका जलाने आया हूँ।

	बनाने नहीं।
(2) सीता नं. 1 (राजनैतिक) :	निर्झरिणी का शोक कानन का वह गीत : रावण के भाइयो ! चुपके से आ सुनो ! होता यहाँ जो कुछ भी उनसे जा कहो ! रावण !! जिस दिन से जुदा मैं हूँ, उस दिन से खफा वो है, मजलिश यहाँ जो होती, पबलिश वहाँ न हो।
(3) सीता नं. 2 (साहित्यिक) :	सुश्री सौरभ का मथचक्कर नृत्य !
(4) अयोधा दाँते का :	तातूम्ननन तान दिरमा दानी दिए तुमनन ता दियन रे तान रे !
(5) दढ़ियल मतवाला का :	अललुम अला उला दियरे तान रे धिता कड़ान धा धिता कड़ान धा
(6) मंदोदरी की भूमिका में :	धनी के लाल के प्रेमी का व 'सायरेनी' गले में कहना— नाछा तुमको लाल मच्याई की कछम सबसे कमाल की बात तो यह है—एक 'बल्ब फ्यूज' होते हुए भी लाइट का सुंदर निक्षेप किया गया है।

गाली-गलौज

प्रोड्यूसर, डायरेक्टर, संवादलेखक, सबकुछ श्री बी. मंडल।

गीत :	श्री यादव सिंह नेवालालजी ठेका।
म्युजिक :	छेदीलाल वृषभ।
नृत्य :	पद्मनाथ दूबे व ए. रामाधार दुबे दी।
फोटोग्राफी :	भगत परिवार।
आर्ट डायरेक्टर :	श्री सवूरी लाल।
लाइट निक्षेपक :	समदर्शी श्यामल भगत।
बैकग्राउंड :	शीतल [डबल डीलर या (M & F) दोनों की भूमिका में]। डी. गुप्ता, सदानंद सिंह, डॉ. अलख सीताराम अग्रवाल, चम्पा भागवत नारायण, आधा दर्जन कुँजड़िनें और एक दर्जन मेहतरानियाँ।
निर्माता :	फरेबगंज फेमस फिल्म फैक्चरिंग फर्म।

फरेबगंज के नामी फटीचर सिनेमा हॉल में यह खेल कई सालों से धूम मचा रहा है। 'गाली-गलौज' देख-सुनकर दर्शक क्षत-विक्षत हो जाते हैं और विक्षिप्त कंपनी को धन्यवाद देते हैं। ट्रेलर देखिए और खुद आलूचना करिए :

(1) बी. मंडल प्रधान नायक प्रार्थना करते हैं :

'भगवन मुझे बीस सिर दो, उसमें बीसों जीभ दो, ताकि मैं बीसों से विषवमन कर अपने कलेजे को शांत कर सकूँ। एक मुँह से यह कैसे संभव है–आस-पास, अड़ोस-पड़ोस, अगल-बगल, सामने-पीछे–सभी दुश्मनों को गालियाँ दे सकूँ।

और इन कुत्ते हरामजादे कम्बख्त पिल्ले सोशलिस्टों, उसके माँ-बाप, उसके सात पुरखों, चौदह पुश्तों को कैसे एक जीभ से गाली दे सकूँगा ?'

(2) शीतल (M) का मनोहर गीत :

'बिरौली के बाजार से झुमका लाया हो।'

('पुकार' की रानी धोबन की याद आती है न ?)

(3) युगल नर्तक दुबे दी का सम्मिलित नृत्य-गीत :

नाचीं नाचीं जी डालि गलबहियाँ

ससुरन सबके श्राध लगचइयाँ

(4) बाबू बी. सिंह (बैकग्राउंड से) :

'देखिए, मैं बैकग्राउंड से भी सैकड़ों अंधों को आँखें दिलाता हूँ और यह आँखवालों को भी अंधा बना रहा है ! अंधेर है।'

(5) लाइट निक्षेपक समदर्शी का जवाब :

अँधेरे तो होगा ही। यहाँ बहुत पहले से ही एक बल्ब फ्यूज है।

(6) डॉ. अलख :

बकने दो भाई, बकने दो। डेलेरियम है, ठीक हो जाएगा, एकदम बंद हो जाएगा, कांके भेजने की कोई जरूरत नहीं।

(7) भागवत :

नैचरोपैथी फायदा करेगा ?

(8) सदानंदसिंह :

मेरे ऊख का सीजन खतम हुआ–उसकी चीनी का मौसम

[पांडुलिपि फटी है]

और मेहतरानियों के झगड़े ने सबको मात कर दिया है...

सिर्फ अररिया के रियाया के नाम सरकारी नोटिश

[जो ब-हुक्म किसी सरकारी अदालत के नहीं तामील हुआ]

बजरिए इस इश्तेहार के अररिया के कुछ लँगड़े आम व कुछ गुलाब खास रियाया को आगाह किया जाता भया, चूँकि पूर्णिया जिला साहित्य-सम्मेलन का जलसा इस साल अररिया में होने का फैसला हुआ है, इसलिए अररिया के इन हजरातों को A. R. P. P. (एयर रेड प्रोटेक्शन नहीं, इसका मतलब है एटैक रेड पीट प्रोटेक्शन) की ट्रेनिंग तुरत लेकर अभी से अपने काम पर मुस्तैद हो जावें। हुक्म उदूली करनेवाले के साथ बुरा सलूक किया जाएगा। मगर चंदा देने से माफी मिल सकती है।

अव्वल नंबर : लंपटी लाला लल्लू बाबूजी लॉयर !

इनका काम होगा कि अंतिम दम तक यह कोशिश करें कि अररिया हाई स्कूल में यह जलसा न होने पावे और न कोई 'डेलीगेट' रात या दिन में टिकने पाए।

दो : हरीलाल झाँहारेला बजाज झाल !

अगर, आखिर नहीं मानकर स्कूल में जलसा होने ही लगे, तो इनका काम होगा कि डेलीगेटों से चिल्लाकर कह दें कि कोई रात में मैदान में बेंच पर न सोवें।

तीन : रामानंद ठाकुर दंडित मुंडित !

और आखिर नहीं मानकर लोग बाहर सोने की तैयारी कर ही दें तो ये सबको आगाह कर देंगे कि–

'अपने जूतों से रहें सारे नमाजी होशियार !
कि इक 'बसर आता है याँ जूते चुराने के लिए।'

चार : कुमर चौधरी 'रेड क्रॉस' !

वह लाल जवान रात में रेड क्रॉस का 'फस्टएड' वाला बक्सा लेकर हो-हल्ला का इंतेजाम करेगा।

पाँच : श्री शिवनाथ झा 'धमभ्रष्ट' !

सोशलिस्ट गायत्री पाठ करते हुए अहं शांत करेंगे।

छह : नेबी बाबू 'रेफरी' !

काली बाजार रोड पर, लोकल बोर्ड के पास मेहतरों को झाड़ू से तैयार करके उस राह से भागनेवालों की अभ्यर्थना इस गीत से करेंगे–

'जोय जोन गोन मोन अधिनायक
जोय हे भारत भोग्य बिधाता।'

छोए के छींटे

(छींटक–गोयवेल्स)

[छोआ भांडम फूट जाने पर जो बह चला, उसी से बूँद-बूँद कर एकत्रित किया हुआ।]

1. वैद्यनाथ बाबू के सिवा और भी कोई सूत कातते वक्त बग़ैर सूत टूटे हुए गहरे, गंभीर, गोपनीय बातों का तार जारी रख सकते हैं ?
2. अशर्फीलाल वर्माजी नेपाल गए थे तो उनके साथ उनका कपाल भी था या नहीं ?
3. अनाथ बाबू फारवर्ड ब्लॉक में किस उम्मीद पर नहीं जाते ?
4. बोकाय बाबू ने खड़ाऊँ, गंजी वगैरह छोड़कर भ्रद पोशाक, चप्पल और पंजाबी कोट वगैरह किस ईस्वी या सन् या मुल्की से पहनना शुरू किया है ?
5. जीवत्स शर्मा 'हिमांशु' दिन-भर में कितने घंटे सोशलिस्ट और कितनी देर तक कांग्रेसी रहते हैं ?
6. श्री पुष्यानंद झा जी हिंदूसभा में कब जा रहे हैं ?
7. कामरेड नरसिंह नारायण सिंह पजामा से बाहर क्यों हैं, धोती ही क्यों धारते हैं ?
8. रामनारायण सिंह 'आनंद' खिजाब क्यों नहीं लगाते ?
9. कमलदेव जी का कारबार को-ऑपरेटिव बेसिस पर चलता है या प्राइवेट ढंग पर ही चलता है ?
10. भुवनेश्वर चौधरी जी की गाड़ी मरम्मत की हुई सड़क पर या पुरानी लीक पर ही चलती है ?
11. 'द्विज' जी के कालेज में 'सतलरैन ब्रतकथा' की पढ़ाई होती है या नहीं ?
12. उपेंद्रनारायण चौधरी को पूर्णिया कालेज से ज्यादा मुहब्बत है या बार लाइब्रेरी से ?
13. लाल कपड़े से ज्यादा कौन भड़कता है–या साँड़ जी या नेता जी ?
14. प्रोफेसर नारायण वर्मा ज्यादा बनने की कोशिश करते हैं या बिगड़ने का पोज बनाते हैं ?
15. सरयूकुमर जी की भाषा में शुद्ध सर्वोदय की मात्राएँ रहती हैं या शुद्ध हिंदी सा. स. की और 'लिंग' बंगला की या हिंदुस्तानी की ?
16. गणेशलाल वर्मा जी के लंबे और गोल उदर में कितने सेर माँस की पिंडलियाँ रह सकती है ?

17. डि. बो. के चेयरमैन साहब डि. बो. की मिटिंग के दिन राम भाई के सिर पर 'माया पंप' क्यों नहीं फिट कर देते या गमछा भिंजाकर रखवाने का प्रबंध क्यों नहीं करते ?
18. मेहता जी को पता है कि 'चक्रधर' नाम का 'नीमजवान' गुरु जी किस स्कूल में हैं ?
19. श्री शीतल किसके पहलू में गर्म होते हैं ?
20. श्री रावतमल जी का अनाथालय ज्यादा चालू है या रामकुमार बाँयवाला का 'गूँगा-अंधा-काना' आश्रम ?
21. बबुआ कवि 'सौरभ' जी ने ब्रज-वेणु में जो ट्रेन में सफर करती हुई 'रमणी' को देखते-देखते कविता की है सो उस रमणी के पास कहीं का टिकट और खुद सौरभ जी 'बेटीकस' थे या नहीं ?
22. अहमद हुसैन 'शम्स' क्या है–उलेमा या उमरा ?
23. नहर-पोखरा-बाँध-योजना-दफ्तर से फायदा उठाकर जिले के कितने कांग्रेसियों और गैर-कांग्रेसियों ने अपने-अपने पुराने पोखर-गड्ढों, ताल-तलैया की पुरानी तरी को उठाया ? उसका निरीक्षण किसने और कैसे किया ?
24. ग्राम पंचायत औफिसर रामचंद जी पतलून में कैसे लगते हैं और उनका 'ट्रेडमार्क' बतलाइए ?
25. पवित्र मैथिल, कांग्रेसी, सोशलिस्ट जमींदार श्री देवनाथ राय और सरयू मिश्र के खाँटी सोशलिस्ट हो जाने पर पवित्र मैथिलों को ज्यादे सदमा है या जमींदारों को विशेष दुख है या कांग्रेसियों के पेट में ज्यादे चूहे कूदते हैं, इन चीजों में कौन-कौन से 'विटामिन' कितनी मात्रा में है–टिन-लोहा-सिमेंट कपटी चीनी-छोआ ?
26. ... रेणु जी सोशलिस्ट पार्टी छोड़कर हर मर्ज और हर दर्द की दवा 'अमृतांजन' कब से बेचना शुरू करेंगे ?
27. कटिहार के इन खूबसूरत कामरेडों का अनुपात से खूबसूरती मापकर बताइए–रमन-अरुण-समर !
28. अनिरुद्ध बाबू सोशलिस्ट पार्टी के सेक्रेटरी हुए हैं या कौमिक करने उतरे हैं ?
29. उमापति पंडित जी सिमरबनी क्यों गए थे ?
30. मुरलीधर सिंह जी की हुलिया बताइए ?
31. सौरभ जी की आध दर्जन से अधिक ('मधुचक्र' के अंतिम पृष्ठ पर विज्ञापित प्रकाशित प्रायः) पुस्तकें कब प्रकाशित होकर 'आउट ऑफ प्रिंट' हो गईं ?
32. जगदीश मिश्र जी राष्ट्र-निर्माता हैं या 'निर्माण' के संपादक ?
33. मोतीलाल पंडित जी जब बोलने लगते हैं तो विराम, अर्द्धविराम, पूर्णविराम

ब्रेक का क्यों नहीं इस्तेमाल करते ?

34. डॉ. कुलदीप झा हिंदू हैं या मुसलमान ?
35. भोलानाथ जी की शारदा सोशलिस्ट पार्टी में क्यों नहीं दाखिल होतीं ?
36. कंठजी किसके कंठ की शोभा बढ़ाते हैं ?
37. कामरेड मधुसूदन और कन्हैयालाल वर्मा को हिंद सरकार पाकिस्तान सरकार को सुपुर्द कराएगी ?
38. हरिवल्लभ सिंह जी 'नई दिशा' के मैनेजर हैं या शरणार्थी ?
39. श्री फेकन चौधरी जी ने जोगबनी की सड़कों के गढ़े भरने के लिए किनके जमीन और नाले से मिट्टी काटी और उस सिलसिले में किनके दिल पर कुदाली का घाव लगा ?
40. 'मिस्टे जेमने सैसेड चौढ़े वो' का परिचय दीजिएगा ?
41. दूजा साहब के यहाँ पूजा होती है या नमाज पढ़ी जाती है ?

होली का शुभ संदेश

(यह सिर्फ घोषणा है, प्रोस्पेक्टस के लिए आवेदन करें)
(Vide L. S. G. कंपनी एक्ट, धारा 420)

दि डिस्ट्रिक्ट बोर्ड कम्पनी ऑफ पूर्णिया लि.

(ऑल इंडिया डि. बो. कंपनी से संबंधित एवं संरक्षित)

(Authorised Capital) अधिकृत मूलधन–गद्दी, कुर्सी एवं कांग्रेसी करेंसी के रूप में अपार धन-राशि।

(Issued & Subscription) चालू और लगाये गये मूलधन–गांधी नामधन अशेष भण्डार।

(Paid-up Capital) चुकता मूलधन–गरीब गुरुमंडल को छोड़, टी. ए. भत्ता, मोटर भत्ता के अलावा किस्म-किस्म के एलावेंस के रूप में जीवन की पूरी मंजिल के लिए अग्रिम (Advance) चुकता।

(Reserve Fund) रिजर्व और दूसरे फंड–अधिकार बल समुद्र।

"We serve better as we grow older."

अर्थात्

"दिन बीत रहे हैं और हम पुराने घाघ से घक्काड़ हो रहे हैं !"

सूत्रधार – श्री 108 श्री वैद्यनाथ प्रसाद चौधरी 'स्वयंसूत्री' (सदाकत गोकुल कृष्ण आश्रम। जब खोजो तो पटना, जब मिलें तो पूर्णिया)

चेयरमैन – श्री अनूपलाल मेहता 'सदाबहार' (डायरेक्टर–अनूपलाल एण्ड अनूप लाल एण्ड मेहता एण्ड सिंह एण्ड फ्रेंड्स कंपनी, कलकत्ता।)

सोल डिस्ट्रीब्युटर – माया पाप एण्ड स्टुडियेकर कार एण्ड ट्रक कम्पनी (पूर्णिया)

सम्पादक – भोजप्रबन्ध

राष्ट्र संस्थापक एवम्
राष्ट्र संचालक – 'राष्ट्र संदेश'

बोर्ड ऑफ डायरेक्टर्स

1. श्री भोलानाथ विश्वास–'मिट्टी के महादेव' (कुम्हड़ागंज)।
2. श्री अनाथ कान्त बसु–'स्पंज रोस्गोगोल्ला' (खांटी गायेर घी विक्रेता कोम्पनीर प्रधान एजेण्ट, हिंसावादी, अहिंसक, सामाजिक प्रतिष्ठाता, बांगलार माटी एवम् मारबाड़ेर बालूर तत्त्वद्रष्टा) (किश्नगोंज)।
3. श्री गिरिवर नारायण वर्मा–वृद्ध जरद्गव (डबल राशन कार्ड एण्ड सिमेंट होल्डर, सभापति बीड़ी स्मोकर्स संघ, रचयिता–गड़बड़ पुराण), भागीरथी तीरे।
4. श्री गुलाबचन्द राय–'गुलरोगन'–(अररिया समाज के प्रधान प्रचारक, किसी का सिरदर्द और किसी की आँखों का तारा और किसी के राह का रोड़ा, 'रंग-भंग' रंगमंच के डायरेक्टर)।

बैंकर्स–श्री रघुवंश नारायण सिंह एण्ड सन्स, दाता 'कर्ण-धार', संचालक–पुष्पक विमान, राज प्रमुख करसेला, देशी राज्य।

सोलिसिटर–श्री वीर नारायण चन्द 'जयचंद' (मैनेजर किक्ड एण्ड किस्ड कम्पनी, विष्णुपुर (Kicked & Kissed Co.)

कानूनी सलाहकार–स्वनामधन्य दुर्गाप्रसाद एडवोकेट 'पंचगव्य' ('42 आन्दोलन के अजर-अमर शहीद, मौसम और मौका कानून के विशेषज्ञ।)

प्रचारक–सम्पादक प्रबल रूप, राष्ट्र, साहित्य, संदेश, लाल, रत्न।

ऑडिटर–श्री बौकाय मण्डल–काग भुसुंडी (ब्रीक मेकर एण्ड ब्रीक बैटर एण्ड को., 'ईंटा-पत्थर जोड़कर कोठा लेहू बनाय के'–प्रवर्तक राजनीतिक विद्यालय के

दूधमुँहे विद्यार्थियों के प्यारक, संहारक एवं सँभालक, सुलेखक–वसंत वनवास नाटक ।)

जेनेरल मैनेजर–श्री फनी गोपाल सेन **M. P.**–'एम. बी. की गोली' (के बले भाई आमि अबलाश्रम के संचालक)

बे-रजिस्टर्ड ऑफिस यानी बड़ा मसजिद–गोकुल कृष्ण आश्रम।

रजिस्टर्ड ऑफिस–हर डाक बँगले में।

नोट– कम्पनी के नये शेयर होल्डर पर वशीकरण (यानी कंट्रोल, रघुवीरी भाषा सृष्टि के मुताबिक) लगा रखा था, किन्तु इस होली के अवसर पर उदारतापूर्वक द्वारा उन्मुक्त कर दिया गया है। किसी किसिम का बन्धन नहीं, कोई नियम नहीं, कोई पाबन्दी नहीं, जो चाहे एक बार 'जै मेहता जी' बोलकर शेयर होल्डर बन सकता है। द्वाररक्षकों की सलामी अनिवार्य है।

मोफतिया शेयर की लूट ! फोकट में शेयर होल्डर !

पुनः नोट–जो दस्तखत करना नहीं जानते, वे 'अंगूठे का टीप लगावें' और योग्य परम् पद पावें। अपने बाल-बच्चों के साथ जीवन-भर बैठकर रामधुन गावें।

याद आई : हँसी आई

हँसाने या सतानेवाली यादें सभी को आती ही रहती हैं। फिर भी, सतानेवाली याद का मारा हुआ आदमी हँसी ले आनेवाली याद को कभी नहीं भूलना चाहेगा। सिर-दर्द की गोलियों की तरह, ऐसी याद को पहलू में पालने की कोई आवश्यकता नहीं। जो याद हँसी ले आती है, वह खुद-ब-खुद आती है और वह समय का कोई खयाल नहीं करती। और, कभी-कभी तो बहुत विकट स्थिति में डाल देती है। एक बैठा-बिठाया, गुमसुम आदमी यदि अचानक ठठाकर हँसना शुरू कर दे और लगातार हँसता ही जाए तो देखने-सुननेवाले पर इसकी क्या प्रतिक्रिया होगी, इसका सहज ही अंदाज लगाया जा सकता है।

ऐसी कई यादें याद आती है।

ऐसी पुरानी याद !

स्कूल का विद्यार्थी था। शहर के स्कूल में हम गाँव के गँवार विद्यार्थी नुमाइश की चीज समझे जाते थे। पढ़ाई-लिखाई की बात क्या, शहर के लड़के हमारी बोली-वाणी पर हँसते, रहन-सहन पर व्यंग्य-विद्रूप करते। पढ़ाई-लिखाई के अलावा खेलकूद में भी शहर के लड़के बाजी मार ले जाते, हर साल। हम गँवई लड़कों ने प्रतिरक्षा के लिए एक गिरोह बना लिया था। उस बार हमारे दल में सौभाग्य से एक ऐसा बहादुर आ गया, जो दौड़ने में बेजोड़ था। पुरस्कार-वितरणोत्सव के समय प्रतियोगिता हो रही थी। हमारे गिरोह का बहादुर, स्कूल के सभी तेज दौड़नेवाले विद्यार्थियों को हराकर, अंतिम दौड़ के लिए चुन लिया गया [था]। याद है, हम ग्रामवासी विद्यार्थी कंधे पर बैठाकर अपने 'हीरो' को डेरे पर ले आए थे। अंतिम दौड़ के दिन, बाजे-गाजे के साथ फूल-माला पहनाकर हम उसे खेल के मैदान में ले गए।

सभी दौड़नेवाले पंक्तिबद्ध तैयार हैं, एक पैर आगे की ओर बढ़ाए। जिलाधीश साहब ने मोटी आवाज में चेतावनी दी–रेडी ! और अंतिम संकेत के लिए धड़ाक से बंदूक छोड़ी गई–ट्··· ट्··· ठाँय ! बंदूक दगते ही सभी खिलाड़ी तो सामने की ओर दौड़े, किंतु हमारा बहादुर, ठीक विपरीत दिशा की ओर यानी पीछे की ओर तीर की तरह निकल भागा। और, भागा सो ऐसा भागा कि आठ मील जाकर ही दम लिया। फिर कभी स्कूल लौटकर नहीं आया। किसी खेलकूद-प्रतियोगिता के समय आज भी अपने बहादुर की याद आ जाती है और मन को गुदगुदा जाती है।

दूसरी याद की एक झलक !

किसी ने दरवाजे की कुंडी खटखटाई। पूछा–कौन है ? जवाब मिला–ज़रा, दरवाजा खोलिए।

दरवाजा खुलते ही आगंतुक ने सलामी दागी–'नमफ्कार !'

मैं मुँह देखने लगा और आगंतुक ने कमरे में दाखिल होकर पूछा–'आप ही फ्री फनीफर जी हैं ? जी, मैं फहरफा फे फीधे आपके पाफ आ रहा हूँ। फामान इफटेफन पर छोड़ आया हूँ।

मैंने अपनी हँसी को रोकते हुए पूछा–'कहिए, मैं आपकी क्या सेवा करूँ ?'

'फेवा ?' आगंतुक हँसकर झोली से कुछ निकालने लगा–'अरे फाहब, फेवा-फतकार की क्या बात ? फुकदेव फिंह ने आपके लिए एक फीफी फुद्ध फहद भेज दिया है।··· फाहब, आजकल के इफकुल इफटुडेंटों को क्या हो गया है ? फुकदेव फिंह के फाहबजादे फाहब आज फात दिन फे इफकुल फे गायब हैं। इफकुल-फीफ, फीफ-रेंट का फब पैफा··· फुटकेफ फहित··· फब फाफ !!'

किसी के मुद्रादोष पर हँसना उचित नहीं। किंतु उनकी शब्द-योजना और 'फुफकार' की याद करके हँसी आज भी नहीं रुकती।

हँसी ले आनेवाली इन यादों ने मेरे बहुत-से बिगड़े-उखड़े क्षणों की मनहूसी और मायूसी को दूर कर मन को तरोताजा किया है।

1960

दर्जी और गायक के बीच फँसे राजेंद्र बाबू

जिंदादिल आदमी मरते वक्त भी हास-परिहास खोजता है, यह मेरा अनुभव है। अस्पताल के वार्ड में जब आह-कराह, रोने-चिल्लाने और सिर पटकने की आवाज तेज होती, मैं अपनी स्मृति के अँधेरे कमरे में उन किस्से-कहानियों, घटनाओं और क्षणों को टटोलने लगता, जिनमें हँसी की गुदगुदी छिपी होती, जिनकी याद से ही होंठों पर हँसी थिरकने लगती।

इस बार ऐसी ही घड़ियों में जो किस्से मुझे याद आए और जिनकी याद ताजा करके प्राणांतक कष्ट के समय मैं घंटों मुस्कुराता रहा, उनमें से दो किस्से गंगा भाई अर्थात् गंगाशरण सिंह के मुँह से सुना था।

गंगा भाई ने ये किस्से मुझे पंद्रह साल पहले अस्पताल में ही, मेरे बेड के पास बैठकर सुनाए थे। तब से आज तक, जब भी उनसे मिलता हूँ और मौका भी मिलता है, मैं इन दोनों घटनाओं को उनसे सुनकर 'रिवाइज' कर लेता हूँ। दोनों किस्से स्व. राजेंद्र बाबू से संबंधित हैं। होली के अवसर पर पुनः इन्हें दुहराते समय मैं इस स्वर्गीय आत्मा को अपनी महफिल में शरीक पाता हूँ। आप भी सुनिए–

वाकया उस समय का है जब देश आजाद हो चुका था और अंतरिम सरकार के मंत्रिमंडल में देशरत्न राजेंद्र बाबू के नाम की भी घोषणा हो चुकी थी। राजेंद्र बाबू उन दिनों सदाकत आश्रम में ही थे और गंगा बाबू और फूलनप्रसाद वर्मा उनसे रोज मिलने जाते थे। एक दिन फूलन बाबू और गंगा बाबू ने आपस में बातचीत कर फैसला किया कि राजेंद्र बाबू को एक बढ़िया-सा कोट बनवा दिया जाए। नहीं तो ये उसी तरह लबड़-झबड़ पोशाक में शपथ ग्रहण करने चल देंगे। फूलन बाबू ने बड़ी गंभीरतापूर्वक नए कोट की आवश्यकता की बात राजेंद्र बाबू के सामने उठाई। राजेंद्र बाबू कुछ 'किंतु-परंतु' करने लगे तो गंगा बाबू ने भी गंभीरतम मुद्रा बनाकर फूलन बाबू का ही समर्थन किया। अंततः दोनों ने मिलकर उन्हें राजी कर लिया। दोनों खुश होकर वहाँ से सीधे खादी भंडार गए और पशमीने की गठरियाँ खुलवाकर, कपड़े के रंग-रूप और कीमत का पूरा हिसाब लगाया और एक कत्थई रंग का पशमीना तजवीज किया। खादी भंडार से बाहर निकलकर

दोनों ने एक-दूसरे से कहा—राजेंद्र बाबू से सही कीमत बताने की जरूरत नहीं, बल्कि यह कहना ठीक होगा कि पुराने कट-फट जानेवाले कपड़ों की गाँठों में से, जो कम दाम पर बिक रहे थे, यह कपड़ा लिया है। दोनों ने यह भी तय किया कि किसी फटीचर दर्जी से नहीं, फूलन बाबू का कपड़ा सीनेवाले मास्टर टेलर से ही राजेंद्र बाबू का कोट सिलवाया जाएगा।

जिस समय दोनों सदाकत आश्रम पहुँचे, राजेंद्र बाबू कोई आवश्यक पत्र लिख रहे थे, इसलिए उन्होंने न कपड़ा देखा और न इस बारे में कोई बात ही की। आते वक्त फूलन बाबू ने उन्हें इतना सूचित किया कि कल सुबह दर्जी माप लेने आएगा, कपड़ा भी ले जाएगा। लौटते वक्त गंगा बाबू ने कहा, 'भाई, तुम्हारे मास्टर टेलर के बोलने का जैसा होता है कि वहाँ बेकार की कोई बात लेकर न बैठ जाए। उससे कह देना कि कपड़े की सिलाई और कीमत वगैरह के बारे में भी कुछ न बोले। दूसरे दिन, मास्टर टेलर को फूलन बाबू ने बार-बार यह हिदायत दी—'तुम कुछ मत कहना। माप लेकर, कपड़े ले आना। मास्टर टेलर ने दाँतों से जीभ काटते हुए यकीन दिलाया, 'हुजूर ! मैं जुबान भी नहीं हिलाऊँगा।'

एक-डेढ़ घंटे के बाद मास्टर टेलर लौटे, मगर खाली हाथ ! फूलन बाबू ने पूछा, 'ले आए ?' दर्जी ने कनपटी खुजलाते हुए कहा, 'जी, माप तो ले आया, मगर कपड़वा नहीं दीहिन !'

'नहीं दीहिन, माने ?'

गंगा बाबू पास ही बैठे थे। बोले—'अब माने क्या पूछते हो ? इन्होंने अपनी कैंची की काट, लाट और लेफटेंट की बात शुरू कर दी होगी !'

फूलन बाबू नाराज हुए। मामला बदरंग देखकर मास्टर टेलर तुतलाने और कसमें खाने लगे—'खुदा कसम ! कोई लाम-काफ नहीं कहा, फकत इतना-सा कहा कि ऐसे बेहतरीन कपड़े पर कोई बेदर्द दर्जी ही मशीन चलावेगा। सारा काम हाथ से बनेगा।'

दोनों मित्रों ने एक-दूसरे को भेद-भरी निगाह से देखा और मास्टर टेलर साहब मुजरिम की सूरत बनाकर खड़े रहे।

शाम को दोनों बिगड़ी बात बनाने के उपाय खोजते हुए सदाकत आश्रम पहुँचे। घंटों राजेंद्र बाबू से इधर-उधर की बातें करने के बाद उपयुक्त अवसर आते ही फूलन बाबू ने पूछ ही लिया—'आपने दर्जी को कपड़ा क्यों नहीं दिया ?'

राजेंद्र बाबू ने अनमना-सा, नन्हा-सा जवाब दिया, 'ठीक बा !'

'का ठीक बा ?'

राजेंद्र बाबू कपड़े और कोट के प्रसंग को टालने लगे। बोले, 'ऐसने ठीक बा। बकरम-उकरम के दुनिया-भरक झमेला से...'

गंगा बाबू समझ गए। मास्टर टेलर ने विस्तारपूर्वक कोट तैयार करने की पूरी विधि उन्हें बतलाई होगी।... और वहाँ लगातार कसम खाए जा रहा था।

फूलन बाबू ने कहा, 'किसी दूसरे दर्जी को बुलवाता हूँ।'

यह सुनकर राजेंद्र बाबू और भी कातर हो गए। बोले–'दर्जी ठीके बा। बाकी छोड़ द ऊ सब झमेला। अब एकरा ओढ़बे करब !'

इतना सुनते ही फूलन बाबू और गंगा बाबू के साथ उपस्थित अन्य लोग भी ठठाकर हँस पड़े।

दूसरी घटना गंगा बाबू के कथानुसार जीरादेई की है और वह भी राजेंद्र बाबू के मंत्रित्वकाल की।

राजेंद्र बाबू अपने गाँव आ रहे थे। ऐसे अवसरों पर जीरादेई में एक पर्व का उत्साह छा जाता। जिले-भर के नए-पुराने कार्यकर्त्ता, नेता, शिक्षक और साहित्यिकों की जमघट लग जाती। उस बार एक संगीतज्ञ भी पहुँचा हुआ था। दिन-भर में कई बार संगीतज्ञ जी ने अपना संदेशा राजेंद्र बाबू के पास भेजा था कि वे विशेषकर उन्हीं को सुनाने के लिए उतनी दूर से आए हैं। इसलिए शाम को संगीत का कार्यक्रम रखा गया।

शाम को राजेंद्र बाबू आए। मसनद का सहारा लेकर बैठे। गायक ठीक उनके सामने बैठकर तानपुरा मिलाने लगा। गायन आरंभ हुआ और बोल के पहले 'सम' पर ही राजेंद्र बाबू, तनिक पीछे की ओर मसनद खिसकाकर सरक गए। किंतु, उसी क्षण 'सम' पर आने के पहले ही गायक महोदय भी तनिक आगे की ओर खिसक लिए। 'सम' पर पहुँचकर देखा कि राजेंद्र बाबू अपना सिर बचाने की चेष्टा करते हुए फिर पीछे की ओर सरके। राजेंद्र बाबू के पीछे जो लोग बैठे थे, वे भी खिसक गए। यह क्रम आलाप से ही शुरू हुआ और जब द्रुत के पद द्रुत गति से गाए जा रहे थे, राजेंद्र बाबू पाँच गज पीछे दीवार से सट चुके थे और गायक का दाहिना हाथ तलवार की तरह उनके सिर के चारों ओर नाच रहा था !

दूसरे दिन सुबह से ही गायक महोदय राजेंद्र बाबू से एक 'प्रशंसा-पत्र' पाने के लिए परेशान नजर आए। राजेंद्र बाबू के हर मिलने-जुलनेवालों से वे निवेदन करने लगे तो गंगा बाबू ने राजेंद्र बाबू से सिफारिश की। राजेंद्र बाबू को पहले जरा संकोच हुआ, फिर उन्होंने एक कागज पर प्रशंसापत्र लिखा और गंगा बाबू के हाथ में देते हुए बोले, 'उनका के दे आव !'

गंगा बाबू प्रशसा-पत्र पढ़ने लगे। लिखा था–श्री अमुक गायकजी एक उच्चकोटि के साधक हैं। मुझे उनके सुमधुर कंठ से शास्त्रीय गायन सुनने का सौभाग्य प्राप्त हुआ। उनके गायन की जितनी भी प्रशंसा की जाए थोड़ी है, किंतु, इनका संगीत दूर से ही सुनना श्रेयस्कर है।

गंगा बाबू अंतिम पंक्ति पढ़कर ठठाकर हँस पड़े।

अप्रकाशित, रचनाकाल–लगभग 1966

विगतवार्षिकी

विभिन्न प्रतिष्ठानों के नए साल के कैलेंडरों का संग्रह कर चुकने के बाद पिछले साल की साहित्यिक प्रगति का लेखाजोखा प्रकाशित करनेवाली पत्रिकाओं की पुरानी प्रतियाँ–कबाड़ी के यहाँ से ले आने की लत कई सालों से लग गई है। किस-किस कंपनी का कैलेंडर इस बार अव्वल, दोयम, थर्ड, फोर्थ ग्रेड का है और गुजरता साल किस-किस प्रकाशनों की किन-किन पत्रिकाओं के संपादकों के किन-किन लोगों को लेखक-कवि-आलोचक बनाया और बिगाड़ा–जीने के लिए इतना-सा ज्ञान किसी आदमी में होना ही चाहिए। आशा है, अब तक लोगों ने यह ज्ञान अनायास ही प्राप्त कर लिया होगा।

नहीं, गत वर्ष भी कोई लेखक अपने को प्रकाशक में परिवर्तित नहीं कर सका। *जैनेंद्र*, *यशपाल*, *अश्क* (*अमृत-श्रीपत*-नहीं !) से शुरू होकर यह परंपरा *मार्कंडेय* तक आकर रुक गई-सी लगती है। कहानी लिखते-लिखते, अचानक किसी तगड़ी कहानी-पत्रिका के संपादक हो जाने की आशा-आशंका सभी को लगी रही। मगर, *कमलेश्वर-मार्कंडेय* और *बक्षी* के सिवा, इस दिशा में किसी का भाग्योदय नहीं हुआ। यह सुख की बात है। *नागार्जुन* ने पिछले साल भी कहानी नहीं लिखी। किसी ने जवाब भी नहीं तलब किया, कि कहानी क्यों नहीं लिखी।

1954 से 1964 तक राजकमल प्रकाशन ने अपने ही द्वारा कई पालतू लेखकों को 'परसना-ननग्राटा' करार दिया है और किन लोगों को राजकमल-विभूषण की उपाधि मिली–इसका लेखा-जोखा अब हो जाना चाहिए। क्योंकि, स्वामी *शिवदानीसिंह चौहान* फिर 'आलोचना' चलाने के लिए बहाल कर लिए गए हैं। हम अफवाहों पर कान नहीं दें, मगर जैसा कि लोग कहते हैं, हाल ही में कई लोग वहाँ से निकाल भी दिए गए हैं। 'प्रकाशन समाचार' में इस आशय का कोई समाचार नहीं निकलने के बावजूद यह सच्ची अफवाहें हैं। लोगों ने कई लोगों को पीठ और चूतड़ से धूल झाड़ते देख लिया है।

इतने दिनों के बाद इधर कई वर्षों में लोगों ने यह जानना शुरू किया है कि 1954 से 1957-58 तक बिना मूठ की तलवार लेकर धूरिहीन धरती पर धुरीहीन रथ पर चढ़कर मैदाने-जंग में धूल उड़ाने के क्या-क्या नतीजे निकले और निकल रहे हैं। इन धर्मधुरंधरों में *धर्मवीर भारती* ने *धर्मयुग* के लिए ही अवतार लिया था–यह पहले कौन जानता था। *कमलेश्वर* 'नई कहानियाँ' न नई कहानियाँ का *ठाकुर नामवर* [और][1] ठाकुर *मार्कंडेय* के नाम के लिए संपादन करें–सभी आश्वस्त

1. बड़े कोष्ठकवाले शब्द रेणुजी ने लिखकर काट दिए हैं, इसलिए उन्हें कोष्ठक में कर दिया गया है।–संपादक

हैं कि बड़े ठाकुर नामवर छोटे ठाकुर मार्कंडेय को भीड़ में खोने नहीं देंगे ! और *भैरवप्रसाद गुप्त* को कथाकार बनाए रखें–यह बात अब *प्रकाशचंद्र गुप्त* के भी बस में नहीं।

देखा ? किस तरह चुपचाप, उस आदमी ने अपनी कविता की किताब पर–आँगन के पार द्वार पर–*अकादमी-पुरस्कार* पा लिया ? देखा ? किस तरह [घनाक्षरी और शार्दूल] तार-सप्तक (छप्तक-छप्तक) छापते-छापते आदमी छप्पर पर चढ़ जाता है [और अपना छप्पर फाड़ लेता है।]

अप्रकाशित/रचनाकाल–1965

मूल मैथिली रचनाएँ

नेपथ्यक अभिनेता

यद्यपि, एहिसँ पहिने ओकरा पच्चासो बेरि देखने छलिऐ, मुदा तैयो, ओइदिन देखि क कने चिहुँकि जकाँ उठलौं। चकविदोर लागि गेल। लागल जेना बिनु मौसमक कोनो फूल वा फल देखि रहल होइ। साओन भादोक एहि किचकिच मे, सुपानै वर्षा मे ई कतऽ सँ आबि गेल ? किऐ ?

हमहींटा नञि, ओकरा देखि प्रत्येक चिनहार, अधचिनहार, अकचका क ठमकि जाइ छै। केओ केओ ओकरा टेबुल, लग जा क किछु पुछितो छै, आ, हम इहो देखे छी जे ओ घोर अनाटकीय ढङ सँ छोट छिन उत्तरो द दै छै।

हमरा ई बुझवा मे भाङठ नञि रहल जे, जे केओ ओकरा फारबिसगंजक एहि छोटकिनमा चाहक दोकानक एकबहिञा कुर्शी पर बैसल देखै छै सब कने काल लै अकचका क रहि जाइ छै।

हम मोने-मोने अटकर लगेलौं–प्रायः तीस एकतीस बरख पहिले, पहिले-पहिल अइ व्यक्ति के देखने छलौं, सन् उन्नैस सै उनतीस मे। ओही साल पहिले-पहिल गुलाब बागक मेला मे एते सटि क हवाइ जहाज देखने छलौं, तै सन इसवी एना जकाँ झक-झक मोन अछि। सन उन्नैरा सै उनतीस मे हम आठ नौ बरखक छलौं; ओही बरख गुलाब बाग मेला मे कलकत्ताक मशहूर थियट्रिकल कम्पनी ऐल छलै, आ' तैयो लोकक मिस पड़ै छलै, तिल धरबा लेल जग्गह नञि। मंचे पर गाड़ी आबि जाइ छलै, इंजिन सहित, पुक्का पाड़ैत, धुआँ उगलैत, आ' लाल हरियर पीयर इजोत मे परी सब नचैत··· एह ! केहन रमनगर होइ !

जीवन मे पहिले-पहिल थियेटर देखि क उत्तेजित भ गेल छलौं—आइयो ओ दिन ओहिना मोन अछि। कले आश्चर्यजनक !

मुदा स्कूल जखन खूललै त सहपाठी बकुल बनर्जी हमर मोन बड़ छोट क देलक। यद्यपि ओहो छल ओइ दिन मे आठे नौ बरखक मुदा, बड़ चंसगर, जन्मजात आर्ट क्रिटिक, ओकरा कथनानुसार अइ नकली कम्पनी मे—पछिला बरख नागेसरबाग मेला मे ऐल असली कम्पनीक छटुआ लोक सब छलै। बकुल कहने छल जे नागेसरबाग मेला मे ऐल असली कम्पनीक छटुआ लोक सब छलै। बकुल कहने छल जे नगेसरबाग मेला मे ऐल कम्पनीक गप्प त सब कें बुझले छै··· चौबीस घण्टाक भीतरे भीतर कम्पनी कें मेला छोड़ि क चल जेबाक हुकुम कलक्टर साहेब देने रहथिन। कलक्टर साहेबक कहब जे जँ दुइयो दिन ई कम्पनी मेला मे रहि गेल तजिला दरिद्र भ जैत, कंगाल भ जैत। बकुल, मुदा अन्त मे हमरा उदास देखि कहने छल—'तोव एक ठो बात हाइ—ईस कम्पनी में जिस मानुष ने रेलवे पोर्टर का पार्ट ये किया हाइ, वह नागेसरबाग मे आया हुआ कम्पनी मे भी यही पार्ट करता था, यानी वेटिंग रूम मे सोये हुए लड़िका को मारता था, छूरा से··· उसको तो नकली नेही कहने सोकते'।

हमारा अइयो सबटा गप्प ओहिना मोन अछि··· गुलाबबाग मेला··· पंजाब-मेल रेलवे पोर्टर··· छौंड़ाक खून··· बकुलक गप्प···

करीब चारि वा पाँच बरखक उपरान्त सिंहेश्वर मेला मे ऐल उमाकान्त झा कम्पनी मे अइ व्यक्ति के फेरो देखने छलिऐ। बिल्वमंगल नाटक मे चिन्ता-बाइक मजलिस मे भोथिया क ऐल बाबाजी भेष मे, 'काया का पिंजरा डोले रे, साँस का पंछी बोले' गबैत। बड़ सुरगर ठोंठ छलै। गुलाबबाग बला कम्पनी मे छौंड़ाक हत्या करै बला मने हत्याराक पार्ट करै बला बाबाजी क गेरुआ वस्त्र मे अपन बोली अधिक काल धरि नञि नुका सकल। हम भट्ट द चिन्हि गेल छलिऐ। मुदा, जखन ओ पारसी नौटंकीक छवि मे कवित पढ़ने छल जे—मृदंग कहै धिक है धिक है—मंजीर कहै किनको-किनको ! तब हाथ नचाय के गनिका कहती—'इनको—इनको—इनको—इनको'—तखन हमरा कनेको शंका नञि रहल छल। खूब फरिछा क चिन्हि गेल छलिऐ बाबाजी कें—वैह छल जे गुलाबबाग बला कम्पनी मे—वेटिंग रूम मे सूतल छौंड़ा कें छूरा भोंकबा सँ पहिने कपैत हाथ आ' थरथराइत छूरा कें देखि सनकल जकाँ बड़बड़ा उठल छल—क्याँ मेरे हाथ ! तू क्यों थरथरा रहा है ? तू तो केवल अपने मालिक का हुक्म अदा कर रहा है, मत काँप मेरे खंजर, बख्त बर्बाद मत कर, शिकार सोया है चादर तानकर, ले तू भी अपना काम कर।

बस कि डुग्गी पर बड़ी जोर सँ चोट पड़ल छलै, सौंसे हड़-हड़ा गेल छलै—हमरा ओहिना सबटा मोन अछि।

एकरा बाद··· फेर तेसर बेर—आद्या प्रसादक नाटक कम्पनीक 'श्रीमती मंजरी' खेला मे अँग्रेज जजक भेष बना क टेबुल पर काठक हथौड़ा ठोकैत शान्ति स्थापित करैत यैह व्यक्ति बाजल छल—बेल मोंजरी बाइ ! हाम टुमको सिड़ीमटी मोंजरी

का खेटाब डेटा हाइ। आज से टुमको सिड़ीमटी मोंजरी बोलेगा। हम बोलेगा, साब बोलेगा, सामझा ?' आ' अइ दृश्यक उपरान्त किछु काल मे वैह गीत गबैत स्टेज पर ऐल छल–'काया का पिंजड़ा डोले रे'–अपन ओही पुरना तर्ज मे…।

हमरा कहियो कत्तौ एकरा चिन्हबा मे भाङठ नञि रहल, सबठाँ चिन्हैत गेलिऐ।

कतेको बेर हम एकदा देखिने छिऐ, मुदा एना बेमौसिम मे नञि, अनटेम नञि अइ झहरैत साओन-भादब मे नञि। सतति एकरा मेलाक मौसिम मे देखने छिऐ अर्थात कातिक सँ चढैत बैसाख धरि ! से आइ अनचोके मे अइ चाहक दोकान पर बैसल देखि क हम चिहुँकि जेकाँ उठलौं–ताहू मे अइ झपसी मे।

एकटा अन्दाज लगौल–अइ बेर दश-एगारह बरखक बाद एकरा अइ इलाका मे देखि रहल छिऐ, से एकटा विस्मय भेल, एकटा उत्सुकता !

ओ दोकानक कुर्सी पर बैसल छल अवश्य मुदा छल ओ कतौ आनठां, उदास-उखड़ल, डूबल। मेघक झहरब ओ बड़ी काल सै टकटकी लगा क देखि रहल छल।

ओ… ओ… हत्यारा पोर्टर–बबाजी–अंग्रेज जज… उपदेशक… सिपाही…डाकू… आन्हर फकीर–तथा आदि आदि, सब एके गोटा… एक गोटा।

बड़ी जोर सँ बिजलौका छिटकल, मेघ हड़हड़ैल आ' बड़ी कालक बाद ओ ओहने मुद्रा बनौलक जेहन मे 'काया का पिंजड़ा' बला गीत गबै छल, स्टेज पर।

एते काल बाद हमर नजरि ओकर पहिरनाक बुश-सर्ट पर पड़ल। कार्टूनक छाप सब धोखरि रहल छलै, मैल पकड़ जाइ छलै। नब डिजाइनक टूटल चप्पल। ओ उचकि क गम्भीर दृष्टिञे चाह बला दिस तकैत बाजल–'एक इधर भी…'

ओकर बोली सूनि ई बुझबा मे एको रत्ती भाङठ नञि रहल जे हत्यारा पोर्टर वा दहलाबै बला भयंकर डाकू वा रोबीला अंग्रेज जज वा शान्त उपदेशक आदि आदि ई व्यक्ति बूढ़ भ गेल अछि।

चाह ओकरो भेटलै आ' हमरो।

एक घोंट पिबैत-पिबैत हमरा मोन पड़ि ऐल जे कोना ताहि दिन मे मने नेन्ना मे रातुक स्टेजक एक्टर कें दिनक इजोत मे सड़क पर वा मेला मे चलैत देखि क विस्मय होइ छल, कोना ओकरा लोकनिक ई सब, बाजब, गप्प सब अद्भुते लगै छल, विचित्रे, मुदा नीक।

मोन पड़ल–फारबिसगंज मेलाक एकटा थियेटर कम्पनीक किछु एक्टरक पाछू बड़ी काल सँ घुमैत छलौं। एकटा पानक दोकान पर सब ठाढ़ भेल, पाछू मे हमहूँ ठाढ़ छलौं। ओइ दल मे बहुत गोटा छलै, मने लैला, मजनू आ' फरहाद, राजा डकैतक हाथ सँ राजकुमारी कें छोड़बै बला राजकुमार आ' प्रयोजन पड़ला पर सब खेल मे जल्लाद बनै बला आ' सभक सङे ई, 'काया का पिंजड़ा' गबै बा। हमरा पाछू मे ठाढ़ देखि क ई बाजलो छल–'क्यों बे छोकरे इस तरह क्यों घूम रहा है पीछे-पीछे ? पाकेट मारेगा क्या ?'

ओहू अवस्था मे मने नेनपनी मे हमरा बुझना गेल जे आत्म सम्मान पर आघात

पड़ल अछि, अहं जागि गेल, कड़ाका उतारा देने छलिये–'आपके पाकेट में है ही क्या जो कोई मारेगा !'

–'क्यों'–ओ अप्रतिभ होइत बाजल छल–'तू यह कैसे जानता है कि मेरा पाकिट खाली है ?' यद्यपि ताहि दिन हम अपना स्कूलक सब सँ उपरका क्लास मे पढ़ै छलौं आ' मास्टर साहेबक आदेशानुसार प्रत्येक अनचिन्हार सँ अङरेजीये मे गप्प करबाक अभ्यासी छलौं मुदा तैयो हम खड़िये बोली मे उतारा देलिऐ–'क्यों रात जो भीख माँग रहे थे–दाता तेरा भला हो !'

सब ठठा क हँसि उठल छलै, ओ बाजल छल–'छोकरा तेज है !'

आब अगत्या हमरा अङरेजी झारै पड़ल छल–'यू सी मिस्टर–रेलवे पोर्टर–एक्टर–डोन्ट से मी छोकरा, आइ एम मैट्रिक एस्टूडेण्ट, यू नो ?'

एते पुराने गप्प सप्प मोन पड़ि ऐला सन्ता हमरा ठोर पर हँसी पसरि गेल। प्रश्न उठल मोन मे जे एखन ई कोन कम्पनी मे काज करै अछि ? की एखनो ई ओहने रोबीला डॉयलाग बजै अछि ? ओहिना स्टेसनक बेटिंग रूम में छौंड़ा पर खंजर चलवै अछि, ओहिना··· ओहिना···।

हमर ध्यान भंग भेल। ओकर चाह खतम भ गेल छलै, हमरा टेबुल लग आबि ठाढ़ छल। पुछलक–'आप मुझे पहिचानते हो सेठ ?'

ओकर बाँहि पकड़ि वैसबैत कहलिऐ–मैं सेठ नहीं हूँ, खालिस आदमी हूँ, कहिए आजकल किस कम्पनी में हैं, इस बेमौसम में आपको इस इलाके में देखकर मुझे काफी आश्चर्य हो रहा है। हैं किस कम्पनी में ?

–'साहब, अब कहाँ की कम्पनी और कैसा थियेटर ! सबको फिलम खा गया।' ओ हँसबाक निरर्थक चेष्टा कएलक ?

–आपने कितनी कम्पनियों में काम किया है ?

–साहब, पन्द्राँ।' लागल जेना सभटा ओकरा मोन मे खतिऐले होइ। आ' निमिष मात्र बिलमि क हमरा दिस शून्य दृष्टि सँ तकैत बाजल–'नौ साल की उम्र में पहली बार स्टेज पर उतरा था–क्रिशन के रौल मे।'

हमरा अनुभव भेल जे समक्ष मे बीतल युग केर एकटा शेषांक बैसल अछि। पारसी थियेटरक एकटा टूटल अभिनेता।

सिकरेट नमरबैत पुछलिऐ–'तो आजकल करते क्या हैं आप ?'

ओ एक क्षणधरि चुपचाप हमरा दिस तकैत रहल फेर सिकरेट सुनगबैत बाजल–'क्या करूँगा साहब ! वह जो किसी शायर ने कहा है कि इश्क ने कर दिया निकम्मा'··· ओ हँसबाक असफल नाटक कएलक–'दस साल बाद इस इलाके में आया हूँ, क्या नाम बताया लोगों ने मिथला देश, साहब इस इलाके में नाटक के काफी शौकीन लोग हैं··· जाने को तो फिलम में भी गया, पर जी नहीं लगा।' ओ बाजि कऽ एक वेर कनखी सँ एम्हर ओम्हर तकलक फेर दयनीय दृष्टि सँ तकैत नहुँ नहुँ बाजल··· 'साब ! एक्सक्यूज मी, फॉर लास्ट टू डेज आइ एम हंगरी, वेरी हंगरी, माँगने की हिम्मत नहीं होती किसी से–।'

ओकर एखनुक अँगरेजी डायलाग घोर अनाटकीय छलै। हम किछु कहबा लै छलिऐके कि ओ आकृति पर आज्ञा मङबाक भाव पसारैत खेखनिञाक स्वर मे बाजि उठल··· 'हुकम हो तो कुछ पेश करूँ··· अब तो यही एक सहारा बचा है, ड्रामा के पुराने शौकीन मिलते हैं, सुना देता हूँ, जी हल्का हो जाता है और कुछ··· ।'

ओ अपूर्ण पाँती कें छोड़ि कोन मे राखल अपन अटची तड़पि क ल अनलक, एकटा करिया लुंगी बहार कै, मुँह झपलक, फेर लुंगीक परदा उठौलक, तलबार कट मोंछ बला एकटा विचित्र आकृति बहरेलै, मद्धिम स्वरें बाजल–'यह एक उदास निराश नौजवान प्रेमी का डॉयलाग है।' एकवेर ओ खखसल पुनः बाजल–'जालिम चपला ! यह क्या किया ! तुमने मेरे दिल के हजार टुकड़े कर दिये। जालिम ! तू ने यह क्या कर डाला, क्या कर डाला, चपला···चपला···चली गयी तूँ चपला,

चली गयी तू चपला, मुझे तड़पता छोड़कर··· ।'

एकरा बाद हिचकी लैत जे सम्बाद बाजल से हम नञि कहि सकब।

दोकान मे लोकक ठठ लागि गेल छलै। चारू कात सँ नमरि नमरि क देखि रहल छल ! सभक आकृति पर एकटा विचित्रता आ' कौतूहलक भाव छलै ! मुदा सब छल चुप्प, स्तब्ध। बाहर मेघटा रहि रहि गरजि उठै।

ओ पुनः आकृति पर लुँगीक परदा खसौलक मने अपना कें ग्रीनरूम ल गेल। अइ वेर पैघ-पैघ मोंछबाला सरदार बनल बहरैल, परदा उठल, गरजल–'क्यों बे बदकार ! बता कहाँ है राजकुमार, कहाँ है मक्कार की औलाद··· ।'

हठात् अइ जोशीला सम्वादक उठा पटक मे नकली दाँतक सेट छिटकि क मुँह सँ बहरा गेलै।

एवं क्रमे ओ दर्जनो मुखड़ा बनौलक, कतेक रास सम्वाद सुनौलक, अन्त मे टोपी कें भिक्षा पात्र बनबैत लोक दिस तकैत बाजल–'दादा तेरा लाख लाख भला हो, आना दो आना··· दो पैसे भी सही··· ।'

हमर पैर धरती सँ ठेकि गेल, कने चोट जकाँ लागल, एकटा झटका जकाँ लागल। ई व्यक्ति अपन कलाक जादू सँ कतेको वर्ष पाछू धकेलि देने छल। हम पुनः वर्तमान मे घूमि ऐलौं। देखल, बकुल बनर्जी हमरा दिस टुकुर टुकुर ताकि रहल अछि, कने कने कोनदन विहुँसब बिहुँसि रहल अछि।

बकुल' ओकरा कने जोर सँ पूछ बैसलै–'क्यों एक्टर मोशाय, काल्ह एतना मेहनोत से चोन्दा कर दिया सो सब एक ही रात भट्ठी में फूँका दिया ? बाह रे मोशाय !'

जन्मजात आर्ट क्रिटिक हमर सहपाठी बकुल बनर्जी आइयो कला आ' कलाकार कें चिन्हबाक धँधा ओहिना करैत अछि, सब दिन ओ एके रहल। हमरा दिस तकैत बकुल बाजल–'तू भी इसका बात मे फँस गये, मुझसे काल यह कह रहा था–फॉर टू डेज आइ एम हंगरी··· ।'

नञि जानि किऐ हमरा ओहि काल बकुलक एहन गप्प नीक नञि लागल। ओकरा चुप्पे रहबाक कनखी देलिऐ, आ' फुसफुसाइत पुछलिऐ–'बकुल, इसके डोलते

हुए काया के पिंजड़े में जो पञ्छी बोल रहा है··· उसकी बोली को सुनकर तुमको कुछ नहीं लगा ? ठीक-ठीक बताना।'

बकुल जेना अवाक भ गेल, निमिष मात्र स्तब्ध रहल, फेर नहुँ नहुँ बाजल–'कुछ नहीं लागता तो काल्ह ठो सारा दिन इसके साथ भीख माँगता, चोन्दा तो भीख ही हुई–'ओ एकटा पैघ निसास फेकलक फेर बाजै लागल–'क्या बतायें–कैसा लगा। लगा··· तुम्हारे अथवा अन्य मित्रगणों के साथ रात-भर भागकर थियेटर देखने गया हूँ, होस्टल से।'

हम कहलिऐ–'हाँ बकुल ! मुझे भी कुछ ऐसा ही लगा।'

ता' वृद्ध एक्टर अपन दोसर पुरान प्रसिद्ध गीतक पहिल पाँती आरम्भ क देने छल–

'सुबह हो गयी निकल गये तारे–मुझे छोड़ो, चलो मेरे प्यारे।'

हठात् पुनः हमरा लोकनिक मोन में मेलाक मौसिम जगजगार भ गेल।

मैथिली पत्रिका 'अभिव्यंजना' दूसरे अंक 1960 में प्रकाशित

'जहाँ पमन को गमन नहिं'

मुदा गामसँ किछु-नहि-किछु नव ल क अबैत छी–सभ बेरि। कोनो बेरि नव चूड़ा, नव चाउर, नव गूड़, आओर कोनो बेरि–नव शब्द। बिनु डुबने की एहन नव वस्तु–शब्दमोती–ककरो भेटतनि ?···

गामसँ लौटि क अबितहिं, शहरूआ मित्र सभक एहि प्रश्नक उत्तर हमरा हरेक बेरि देबए पड़ैत अछि–की यौ ! कत' जा क डूबि जाइत छी ?

बुझलियैक··· गाम जेबाक अर्थ भेल–डूबि जेनाइ ! एक अर्थे ई कहब यथार्थे। अर्थात हम गाम जाक' डूबि जाइत छी। मने, हमरा जेँ कहियो डुबबाक मोन होइत अछि तँ हम गाम दिसि विदाह होइत छी।

भगवान तथा भगवतीक सम्मिलित कृपासँ, हमर गाम आइयोधरि घोर गामे अछि। हमरा गाममे ककरो पढ़ब-लिखब नहि धारैत छैक। धार-साजक गप्प ! ककरो पानक लत्तरि लगाएब नहि धारैत छैंक तँ ककरो नारियर रोपब आ' ककरो कुकुर पोसब-तैं, हमरा गामक जे केओ दुइयो आखर लिखि लेताह–से सभ गाम छोड़ि विदाह होइत जेताह।

शहर मे प्रातहि काल, जावत् अखबार बला अखबार नहि द जैत, दीर्घ बा लघु की, कोनो शंकाक निवारण सरलतासँ सम्भव नहि। मुदा गाम पहुँचितहि

अखबारक दिशा अपनहि टूटि जाइत अछि। हमरा गामक आइ पाँच-सात सय व्यक्ति बिनु अखबार पढ़ितहुँ जहिना जीवित रहैत अछि–निर्भय, निशंक; तहिना हमहूँ जीबैत छी। नहि कत्तहु लड़ाइ, नहि कत्तहु दंगा-फसाद आदि, नहि कोनो बम-विस्फोटक हुमकी-धमकी। आब, कोलालुम्पुरमे कोनो माता एकहि संग पाँच गोट नेनाके जन्म दैक अथवा कोस्तर्मरकामे प्रलयंकारी बिहाड़ि आबए–हमरा एकरासँ की ? तैं, एक्को सप्ताह गामसँ भ अबैत छी तँ लगैत अछि–सूखल मोन फेर पनिया गेल। जेना कान, आँखि आओर नाक सभ नव भेटि गेल हो ! आरो की सब भेटैत अछि–से सब विस्तारपूर्वक खतिया क रखैत तँ नहि कहि सकब–मुदा, गामसँ किछु-नहि-किछु नव ल क अबैत छी–सभ बेरि। कोनो बेरि नव चूड़ा, नव चाउर, नव गूड़, आओर कोनो बेरि–नव शब्द ! बिन डुबने एहन नव वस्तु–शब्दमोती–ककरो नहि भेटतनि ! गामक नवका नहरि कत्तहु टूटि गेल छलैक, सौंसे गाम-घर, बाध-बोन जलामय। हमरा गामक भाखामे उजहिया कहल जाइत छैक। अघोरीदास हरबाहाकें पुछलिऐक–की हौ ? कोन ठाम नहरि टूटल छैक ?

जबाब भेटल–टूटल नहि छै। कनेक सन 'बिरचि' भ' गेल छैक–दस आरडी लग।

के पतिआओत जे एहन घनघोर गामक ई अघोरीदास हरबाहा–बासि भातक संग हरियर मरिचाइ जकाँ–एकहि संग दुई गोट हरियरे अंग्रेजी शब्द कचरि गेल ! ··· टूटल नहि छैक–कनेक 'बिरचि' अर्थात् ब्रीच !···

मुदा, इ आरडी की ? पुछलियैक–ई दस आरडी कोन ठाम छैक हौ··· ?

बाजल–दुगछिया लग।

पुछलियैक–अपन हर कत' बहैत छहु ?

जबाब भेटल–मैनरक ओहि पार, साइफनसँ उत्तर–भीसीक भिठवा पर।

एकर बाद हमर सब साहसे फुरा गेल। बुझू–आरडीक अर्थ तँ नहियें भेटल–उपरसँ भीसीक भिठवा। एहि बेर डरैत-डरैत-कैल अन्तिम प्रश्न–तों, एम्हर कत'। जाइत छह बड़द हाँकने ?

ओ बाजल–अही ठाम कलवर्ट पर जायेब···

गामक नवका नहरि कत्तहु टूटि गेल छलैक, नहि-नहि, दस आरडी लग··· कतेक ब्रीच भ गेल छैक, आओर चारू कात जलामय उजहिया ! गामक लोक सभ धाँसा-धिम्मरि, टापीजाल, कोयना आदि माछ धरबाक औजार-पाती ल क मछबरबा बान्हक कात–धनखेतियाक आरि-आरि पर, बैसाल माछ बझपैत कोलाहल क रहल छल। एकटा महोत्सव बूझू–मत्स्यक्रीड़ाक किलोल ! नेनाभुटको सभक बुट्टी-बुट्टी चमकैत !

धाँसा-धिम्मरिमे सोना-चानीक लाबा-फरही फुटैत जकाँ–पोठी, चुन्नी, टेङरा, पैना आदि नन्हकी माछ सभ। कोनो धाँसामे एक-आधटा अमेरिकन 'कबैय' देखि केओ बाजल–जा-जा, लै अल्हुआ ! फोचाय बाबूक पोखरि सेहो 'उमटाम' भेलो रे !

ऐ गामसे अमेरिकन कबैय फोचाय बाबुएटा अपन पोखरिमे पोसैत छथि। ताहिसँ ओ अनुमान लगौलक जे फोचाय बाबक पोखरि उमटाम भ गेल। आओर ओ कर अनुमान सोड़हो आना सत्य !

मछुबरबा बान्ह पर हमहूँ मत्स्य-क्रीड़ामे मग्न भ गेलहुँ। एहि बाँध पर बैसल छल, गामक सबसँ अहद्दी छओंड़ा—की दऽन तँ नाम ओकर—आब ओइ बाँधक 'पेट्रोल' भ गेल अछि। ई पेट्रोल साहेबसँ हम हरबाहा अघोरीदाससँ प्रातहि धरि प्राप्त शब्द सभक अर्थावली बुझलहुँ तथा आओर कतोक गोट नवागत शब्दसँ परिचित भेलहुँ। आरडीक अर्थ भेल—रिड्युस्ड डिस्टैण्ट। मैनर माने माइनर अर्थात छोटकी नहर। साइफन आ' कलवर्टमे की अन्तर होइत छैक ! भीसीक मतलब—विलेज चैनल।

माछ बझौनिहार दलमे एकटा कोलाहल भेल—गंगाजीक माछ ! देखलियैक—ठीके तँ—एकगोटे टापीसँ छापि क हिल्सा माछ धैने अछि ! फोचाय बाबूक पोखरिक अमेरिकन कबैयकें चीन्ह' बला माछबुझक्कड़ चिन्तित स्वर मे बाजल—ओह ! ससुरारि दिसुक सभ गाम-घर गंगाजी मे भसिया गेल···

हुनकर ससुरारि—हमर गामसँ तीन कोस दक्षिण सेमपुर काबर कोठी—गंगाक कातमे। आओर हमर गाम मछुबरबा बान्ह लग धानक खेतमे मात्र एकटा हिल्सा माछ पकड़ै लैक—तेकरा देखिकें बुझनिहार बुझि गेल जे फलान इलाकाक गाम-घर गंगाक बाढ़िमे जलमग्न भ गेल··· बुझनिहारजीकें चिन्तित छोड़ि कए एक आन व्यक्ति बाजल—हौ, एकरामे आश्चर्य करबाक की छैक ? एहन सगरे जलामय भेलासँ तँ समुद्रोक माछ एहि बान्हक कछारिपर बैसि क मारि सकैत छी··· माछक शिकारी सभक रसना एकहि सङ सरसरा क सरस भ गेल—एह ! समुद्रक माछ ? सुनै छियै जे समुद्रक माछ मे नोन देबाक कोनो प्रयोजन नहि। ठीके हौ ?

हम मोनहि मोन सोचए लगलहुँ—हँ ! सगरे जलमग्न तँ समुद्रक माछ की आर सात समुद्र पारिक शब्द की ? सभ एहिना—छलमलबैत, छटपटबैत—धाँसा, कोयना, धिम्मरि, एहिमे खसबे करत।

नव माछ, नव शब्द ! दुनुक सम्बन्धम किछु नव अनुभूति भेल। तावत् एक गोटे बाजल—एहन बाढ़ि रहल तँ एहि बेर फेर धानक कमीशन।

कमीशन ? नहि-नहि, कमीशन माने एहिठाम ओ कमीशन नहि। कमीशनक अर्थ एत' भेल—अभाव। एहन बहुतो विदेशी-देशी शब्द अछि, जकरा हमर गाम बला सुखा क माछक सुंगठी जकाँ उपयोग करैत अछि। आब गामसे ककरोसँ अनबन, झगड़ादन, बोला-भुक्की बन्द आदिक स्थान पर एक्के गोट शब्दसँ काज चलैत छैक—'कनटेस'। आइकाल्हि फलनासँ हुनका कनटेस (कनटेस्ट) चलैत छन्हि—फलना बाबू हुनक 'सपोट' (सपोर्ट) कोना करताह ! जहाँ धरि 'पोटेसे' (प्रोटेस्ट) करताह।

हमरा गामक कोनो-ने-कोनो टोलमे, कालाँतरमे—एकाध एहन आदमी फरैत रहलाह अछि, जे सब अपन-अपन युगमे नव-नव शब्द, नव-नव गारि ओ एक सँ एक बिकटाह कहबी गढ़ि क हमरा गामक सरस्वती कें 'मुनहर' मे जमा क गेलाह अछि।

एक बेरि, हमर कवि, सुकण्ठ कवि गायक मित्रककें एक गोट पसनिहाँ बनिहार पूछि देने छलैक—बाबू, अपने तँ इसलोक-दुहा-कवित्त बनबैत छी। हमरा एकर अरथ बुझा दिय' जे जहाँ पमनको गमन नहि, रवि ससि उगे न भान, कि जो फल बरमाह रचौ नहि, की सो अबला माँगति दान—ई कोन, फल··· ?

हमर साहित्यिक मित्र गामक एक भद्र व्यक्तिक 'सार' छलाह। आओर हमरा गाम मे एखनहुँ एहन प्रिय 'कुटुम' के सार्वजनिक सम्पत्ति बूझल जाइत छैक। तें जखन कविजीकें कोनो जबाब नहि फुरलन्हि तँ ओ बनिहार कूट करैत बाजल—की हौ कुटुम ? सब 'सोनपिपही' सटकि गेल··· ?

सोनपिपहीक अर्थ की ? ई देखै मे कोहन, चिड़ै-चुनमुनी अथवा ई कोनो बाना, कि सोनपिपही नामक कोनो वस्तु होइतो छैक वा नहि—ई ककरो नहि बूझल, मुदा सोनपिपही सुनितहि जे हँसीक हिलोर उठल तकरा बाद गाममे ई शब्द तँ टिकिये गेल—हमर कवि मित्रकें नवकथासंग्रहक उपयुक्त नामो भेटि गेलनि—'सोनपिपही' हुनक प्रकाशित भ क विख्यात भेल आओर शब्द-कोषक अन्तर्गत एक शब्दक बढ़ौतरी भेल जे सोनपिपहीक अर्थ—उत्तर बिहार तथा नेपाल तराइ दिस बाज' बला वाद्ययन्त्र !

एकटा गप्प आरो मोन पड़ि गेल। खेती-बारीमे गृहस्थक सहायता एवं सलाह देब' बला कोनो विभाग अधिकारी साहेब 'जीप' पर अबैत छलाह। गामसँ पचास रस्सी दूरहि सड़कक कातमे एक गोट गृहस्थकें मड़ुवा रोपैत देखि क साहेब जीप रोकि क पूछए लगलाह—बूढ़ा, धान छोड़कर मड़ुआ क्यों रोपता है ?

अपन झुकल डाँड़ साझ करैत ओ जबाब देलकैक—बाबू ! अपनेक गाड़ी तँ चारिये गोट पहियासँ चलैत अछि—ई पाँचम पहिया पाछाँ दिस कि एक खोंसि लैत छी ?··· ज हिना अपनेक पाँचम पहिया, तहिना हमरा सभक ई मड़ुआ। धान, गहूँम, जौ, मकई—हुसि गेल तँ हुसि गेल—मुदा ई मड़ुआ कहियो नहि हुसए बला !

ओ साहेब हमरा गामसँ एकटा नव शब्द ल' गेलाह आओर अपन विभागमे चला देलनि—'स्टेपनी क्राप'। मड़ुआ, कौनी, सावाँ, जनेर आदि—स्टेपनी क्राप।

एक बेरि हमरा संग चलि डुबकी लगाउ। मोती अथवा शंख अथवा घोंघी अथवा माछ, किछ ने किछु—नव अवश्य भेटि जाएत !

मैथिली पत्रिका 'सोनामाटि' के अक्तूबर-नवम्बर, 1970 के अंक में प्रकाशित

उपन्यास-अंश

परिवर्त

धूसर, वीरान, अंतहीन प्रांतर।

पतित भूमि, परती जमीन–वंध्या धरती···

धरती नहीं, धरती की लाश। जिस पर कफन की तरह फैली हुई हैं–बालूचरों की पंक्तियाँ। उत्तर नेपाल से शुरू होकर, दक्षिण गंगा तट तक, पूर्णियाँ जिले के नक्शे को दो असम भागों में विभक्त करता हुआ–फैला-फैला यह विशाल भू-भाग। लाखों एकड़ भूमि जिस पर सिर्फ बरसात में क्षणिक आशा की तरह दूब हरी हो जाती है।

संभवतः तीन-चार सौ वर्ष पहले इस अंचल में 'कोसी मैया' की यह महाविनाश-लीला हुई होगी।···लाखों एकड़ जमीन को अचानक लकवा मार गया।···कूप, तालाब, नदी-नाले सुफेद बालू से पट गये होंगे। एक विशाल भू-भाग हठात्··· कुछ से कुछ हो गया होगा। मिटती हुई हरियाली पर हल्का बादामी रंग धीरे-धीरे छा गया होगा।···

कच्छपपृष्ठ सदृश भूमि। कछुआपीठा जमीन ? तंत्र-साधकों से पूछिये, ऐसी धरती के बारे में वे कहेंगे–'असल स्थान वही है। कछुआपीठा जमीन, जहाँ बैठकर सब कुछ 'साधा' जा सकता है ! कथा है···'

कथा होगी अवश्य इस परती की भी। व्यथा भरी कथा वंध्या धरती की ! इस 'प्रांतर' की छोटी-मोटी, दुबली-पतली नदियाँ आज भी चार महीने तक भरे गले से, कलकल सुर में गाकर सुना जाती हैं जिसे हम नहीं समझ पाते।

कथा की एक कड़ी, कातिक से माघ तक प्रति रात्रि के पिछले प्रहर में–सुनाई पड़ती है, आज भी ! सुफेद बालूचरों में चरनेवाली 'हंसा चकेवा' की जोड़ी रात्रि की निस्तब्धता को भंग कर किलक उठती है कभी-कभी ! हिमालय से उतरी परी बोलती है–केंक्-केंक्–कें-एँ-एँ-गाँ-आँ-केंक् !

एक बालूचर से दूसरे बालूचर, दूसरे से तीसरे में··· हजारों जोड़े पखेरू अपनी-अपनी भाषा में इस कड़ी को दुहराते हैं। दूर तक फैली हुई धरती पर सरगम के सुर में प्रतिध्वनि की लहरें बढ़ती जाती हैं··· एक बाइब्रेशन !

हिमालय के परदेसी पंछियों की टोलियाँ, नाना जाति-वर्ण-रंग की जोड़ियाँ प्रतिवर्ष हजारों की संख्या में पहाड़ से उतरती हैं–'हहास्' मारती हुई। फागुन-चैत के पहले ही लौट जाती हैं। भूली-भटकी एकाध जोड़ी रह जाती हैं जो कभी-कभी उदास होकर पुकारती हैं–केंक्-केंक्–कें-एँ-एँ··· !

कोई जवाब न पाकर चुप हो जाती हैं। बाँस के घने जंगल में एक हल्की

प्रतिध्वनि भरी हुई। पाँखें फैलाकर उड़ती हैं। इस जंगल से उस वन की डाली पर, वहाँ से फिर केंक्-केंक्··· !

वंध्या धरती की व्यथा को 'पंडुकी' ही समझती है, जो बारहों मास अपना दुख-दर्द सुनाकर मिट्टी के मन की पीड़ा को दूर करने की चेष्टा करती है। बैशाख-जेठ की भरी दोपहरी में सारी परती काँपती रहती है, सुफेद बालूचरों की पंक्तियाँ मानो आकाश में उड़ने के लिए पाँखें तौलती रहती हैं। रह-रहकर धूलों का गुब्बारा–घूर्णिचक्र-सा ऊपर उड़ता है।··· परती पर बहुत से 'देव-दानव' रहते हैं। किंतु वंध्या धरती की पीड़ा हरने की क्षमता किसी में नहीं। पंडुकी व्यथा समझती है, क्योंकि वह एक बंध्या रानी की परिचारिका रह चुकी है। वैशाख की भरी, उदास दोपहरी में वह किसी पेड़ की डाली पर बैठकर, करुण सुर में पुकारती है–'तुर तुतू-उ-उ, तू-उ, तू-उ, तूः।'

अर्थात्–'उठा जित्तू, चाउर पूरे, पूरे, पूरे··· !'

वैशाख को दोपहरी और भी मनहूस हो जाती है। किंतु पंडुकी निराश नहीं होती। अपने मृत पुत्र जित्तू को वह भूलने का बहाना करती है। आँसू पोंछ उठ खड़ी होती है–फिर नाच-नाचकर शुरू करती है, सुर बदल जाता है और छोटे घुंघरू की तरह 'शब्द' भनक उठते हैं–

'तु तु-तुर, तुरा-तुत्त !'
'बेटा भेल, लोकी लेल !'
'बेटा भेल, फेंकी देल !!'

'क्या करोगी बेटा-बेटी लेकर–ओ रानी माँ ! क्या होगा बेटा ?··· मुझे देखो, बेटा हुआ। कलेजे से सटा लिया। खुशी से नाचने लगी। इस खुशी में 'बेटी' को फेंक दिया !··· बेटा को काल ले गया। अब ?··· सब 'विध विधाता' का खेल है रानी माँ। दुख मत करो। मुझे देखो, दुख से कलेजा फटता है फिर भी कूटती हूँ, पीसती हूँ, कमाती हूँ, खाती हूँ, गाती हूँ, नाचती हूँ–

'तुत्त–तुर, तुरा तुत्त !'
'बेटा भेल··· !'

किंतु, वंध्या धरती माता की पीड़ा और भी बढ़ जाती है। 'ओ पंडुकी सखी !' कोखजली की ग्लानि–तुम क्या समझो !'··· तब पंडुकी पुनः अपने प्यारे जित्तू को आतुर होकर पुकारती है, जगाती है–'उठ जित्तू, चाउर पूरे, पूरे, पूरे !!'

वंध्या रानी माँ का धान कूटती थी पंडुकी। जित्तू जब गोदी में ही था–डगमग कर चलता था थोड़ा-थोड़ा। उसी उम्र में जित्तू को कहानी सुनने का कितना शौक ! आँचल पकड़कर रोता फिरता। कान के बीच में कभी-कभी पंडुकी उसे गोद में लेकर दूध पिलाती और एक कथा सुनाकर सुला देती। रोज-रोज नयी कथा कहाँ से आवे ! रानी माँ के मुँह से सुनी, रानी माँ की दुख-दर्द भरी कहानी के एकाध

टुकड़े चुपचाप सुना देती।··· रानी माँ पंडुकी से 'सत्त' (प्रतिज्ञा : तुकबंदी है–एक सत्त, दो सत्त, ब्रह्मा-बिसुन सत्त; जो सत्त से बेसत्त जाय–रौरव नरक विधाय) करा कर अपनी कहानी सुनाती। पंडुकी 'सत्त' करती–किसी 'और' से नहीं कहूँगी रानी माँ। एक सत्त, दो सत्त, ब्रह्मा बिसुन सत्त, दो सत्त से बेसत्त जाय···। जित्तू तो कोई 'और' नहीं। उसे सुनाने में क्या दोष : एक दिन ऐसा हुआ कि भरी दोपहरी में, काम के बेर–जित्तू आकर रोने लगा–वंध्या रानी का पता-ठिकाना पूछने लगा। वह उस रानी के पास जायेगा।··· देवी मंदिर का 'खांड़ा' लेगा, पंखराज घोड़े पर सवार होकर–"बिजूवन-बिजूखंड' जायेगा। वह उस वंध्या का बेटा···। भोला जित्तू !

जित्तू वंध्या रानी माँ की उमड़ती हुई आँखों को पोंछना चाहता था। अपनी माँ के आँसुओं को भी तो वही पोंछा करता था।··· पंडुकी बोली, 'देखो बेटा। रोज-रोज चावल घट जाता है। समय पर तैयार नहीं होता। चावल 'पुर' जाय तो तुझे बाकी कथा सुना दूँगी। तब तक 'पाखर' पेड़ के नीचे जाकर सो रहो। ··· जित्तू चुपचाप चला गया, सो रहा पेड़ की छाया में। पंडुकी धान कूटने में मग्न हो गयी। उधर 'काल' ने आकर जित्तू की कहानी समाप्त कर दी।

चावल पूरा हो गया। धान कूटते समय पंडुकी कथा की कड़ी गूँथ चुकी थी। जित्तू को पुकारा–'उठ बेटा जित्तू, चावल पूरा हो गया–तुर-दुत्तू-ऊ···।'

··· एक बार जित्तू उठ जाय, एक ही क्षण के लिए। पंडुकी ऐसी कहानी सुनायेगी, ऐसी कहानी··· कि फिर ! बेचारा जित्तू, अधूरी कहानी के सपने देखता सोया हुआ है। आँखें खोलो ! पाँखें तोलो। ओ जित्तू ! ओ जित्तू !!··· उठ जित्तू-उ··· !

'चिरई चुरमुन' की कहानी पर सभी 'परतीत' न करें संभव है।

परती की अंतहीन कहानी की एक 'परिकथा' वह बूढ़ा भैंसवार भी कहता है। 'गंजेड़ी' है तो क्या कीजियेगा।··· गुनी आदमी जरा 'अमलपात' लेता ही है। एक चिलम गाँजा 'चढ़ा' कर कितने पीर-फकीर और साँईजी से लोग यंत्र, मंत्र और 'वाक्' (वरदान, वाक्य) लेते हैं। गीतकथा-गायक इस बूढ़े भैंसवार की थोड़ी इज्जत कीजिए।··· आप अवश्य गुनगाहक हैं; नहीं तो अब 'पुरानी चीज' सुननेवाला मिलता है कहाँ ?

कथा का एक खंड–परिकथा··· कोसी मैया की कथा। जै ! कोसका महारानी···।

परिव्याप्त परती की ओर सजल दृष्टि से देखकर वह मन-ही-मन अपने गुरु को 'सुमरेगा', फिर कान पर हाथ रखकर शुरू करेगा–मंगलाचरण, जिसे वह 'बंदौनी' कहता है : हे-ए-ए-ए, पूरूबे बंदौनी हे बंदौ उगंतः सुरूजे··· !

बीच-बीच में टीका करके समझा देगा–कोसका मैया का नैहर ? पच्छिम तिरहौत। ससुराल–पुरुब ! (ठीक उसकी लाठी जिस दिशा में उठी है, उधर ही देखिये–ठीक उसी कोण में।)

कोसका मैया की सास बड़ी 'झगड़ाही', जिलाजटार, टोला परोपट्टा में मशहूर। और दोनों 'ननदों' की क्या पूछिये ? गुणमंती और जोगमंती। तीनों मिलकर जब गालियाँ देने लगतीं तो लगता कि भाँड़ में मकई के दाने भूने जा रहे हैं।–फर्ड़-र-र-र··· ! कोखजली, पुतखौकी, भतारखौकी, बाँझ··· !

–एक बार बड़ी ननद ने 'बाप लगा' कर गाली दी।

–छोटी ने भाई के नाम कुछ कहा।

–सास ने टीप का बंद लगाया–'और माँ ही कौन सतवंती थी···।'

··· कि, समझिये कि बारूद की ढेरी में आग की 'लुत्ती' पड़ गयी। कोसका महारानी क्रोध से पागल हो गयी !··· आ-आ-आ-आ-र, ए-ए।

"रेशमी पटोर मैया फाड़ि के फेकाओली-ई,
सोना के गहनवाँ मैया गाँठ में बँटाओली-ई। आँ-आँ-रे !
रूपा के जे सोलह मन के चूर··· रखबि केलक चूर··· अ-जी-ई-ई !!"

सास-ननद से आखिरी लड़ाई लड़कर, झगड़कर छिन्नमस्ता कोसी भागी। रोती-पीटती-चीखती-चिल्लाती, 'हहाती-फुफुआती' भागी पच्छिम की ओर–नैहर ! सास-ननद को 'पंचपहरिया मूरछाबान' मारकर सुला दिया था कोसी ने।··· रास्ते में उसे याद आयी–'जाः–गौर में तो माँ के नाम दीप जला ही न पायी !'

गीतकथा-गायक अपनी लाठी उठाकर एक ओर दिखायेगा–ठीक इसी 'सीध' में है–गौर। मालदह मलुक में। हर साल अपनी माँ के नाम 'दिया-बाती' जलाने के लिए औरतों का बड़ा भारी मेला लगता है। महीना और 'तिथ' उसे याद नहीं–किसी अमावस्या की रात में ही 'दिया-बाती' मेला लगता है–ऐसा उसका अनुमान है।

अब यहाँ का किस्सा यहीं रहे, और आगे का सुनहु हवाल : देखिये कि क्या 'रंगताल' लगा है। कोसी मैया लौटी। गौर पहुँचकर दीप जलाया। दीप जलते ही–उधर सास की मूर्छा टूट गयी। क्योंकि 'गौर' में दीप जलाने से 'बापकूल-स्वामीकूल' दोनों कुल में 'इंजोत' (प्रकाश) होता है। उसी 'इंजोत' से सास की मूर्छा टूटी। अपनी दोनों बेटियों को 'गुन' मारकर जगाया–अरी ! उठ बेटी गुनमंती-जोगमंती दुनू बहिनियाँ···।

छोटी ने करवट लेकर कहा–माँ, चुपचाप सो रहो। बीस कोस भी तो नहीं गयी होगी। पचास कोस पर तो मैं उसको 'झोंटा' (केश) धरकर घसीटती ला सकती हूँ।

बड़ी बोली–सौ कोस तक मेरा 'बेड़ी बान कड़ी छान' गुन चलता है। भागने दो, कहाँ जायगी भागकर !

माँ बोली–अरी, आज ही तो सब 'गुन मंतर' देखूँगी तुम दोनों का। तुम्हें पता है ! पुतोहिया ने (कोसी ने) गौर में दीप जला दिया। तुम्हारे जादू का असर उस पर अब नहीं होगा।

ऐं-य-य ??··· 'दुनू बहिनियाँ' गुनमंती-जोगमंती हड़बड़ाकर उठीं। अब सुनिये कि कैसा 'भौचाल' हुआ है। तीनों माँ-बेटी अपनी-अपनी गुन की 'किया' [छोटी

डिबिया, सिंदूर रखने की डिब्बी] लेकर निकली !

छोटी ने अपनी 'किया' का ढक्कन खोला–भरी दोपहरी में आठ-आठ अमावस्या की रातों का अंधकार छा गया !!

बड़ी ने अपनी अँगूठी के नगीने में बंद 'आँधी-पानी' को छोड़ा !

उधर कोसी मैया बेतहासा भागी जा रही है, भागी जा रही है। रास्ते की नदियों की धाराओं को, छोटे-बड़े तालों को बालू से भरकर पार होती, फिर उलट कर बबूल, झरबेर, खैर, साँहुड़, पनियाला, तिनकटिया आदि कँटीले कुकाठों से घाटबाट बंद करती–छिन्नमस्ता भागी जा रही है !

थर थर काँपे धरती मैया रोये जी अकास;
घड़ी-घड़ी पर मूर्छा लागे डेग-डेग पियास :
घाट न सूझे, बाट न सूझे, सूझ न अप्पन हाथ :...

मूर्छा खाकर गिरती, फिर उठती और भागती। अपनी दोनों बेटियों पर उनकी माँ हँसी–इसी के बल तुम लोग इतना गुमान करती थी रे ! देख, सात पुश्त के दुश्मनों पर जो 'गुन' छोड़ना मना है–उसे छोड़ती हूँ–कुल्हड़िया आँधी, पहड़िया पानी !!

कुल्हड़िया आँधी के साथ एक सहस्र कुल्हाड़े वाले दानव रहते हैं, पहड़िया पानी तो पहाड़ को भी डुबा दे !... अब देखिये कि कुल्हड़िया आँधी, पहड़िया पानी ने कैसा 'परलय' मचाया' है–ह-ह-ह-र-र-र-र...

गुड़-गुड़-गुडुम्-सोंय-अँ-आँ-आ-गर-गर-गुडुम् !!

... गाँव-घर, माछ-बिरिच्छ, घर-दरवाजा कतरती कुल्हड़िया आँधी जब 'गर्जन' करने लगी तो पातालपुरी में बराह भगवान भी घबड़ा गये। पहड़िया पानी सात समुंदर का पानी लेकर एकदम 'जलामय' करता दौड़ा।... तब कोसी मैया हाँफने लगी–हाथ भर जीभ बाहर निकाल कर ! अंदाज लगाकर देखा–नैहर के करीब पहुँच गई थी। और पचास कोस ! भरोसा हुआ। एक सौ कोसों तक फैले हुए हैं–मैया के सगे-संबंधी, भाई-बंधु। मैया ने पुकारा–अपने बाबा का नाम लेकर, वंश का नाम लेकर–ममेरे, फुफेरे, मौसेर भाइयों को !... भैया रे-ए-ए-ए-ए-ए–बहिनी के इज्जतिया तोहरे हाथ।

फिर एक-एक भौजाई का नाम लेकर, अनुनय करके रोयी–... भउजी हे भउजी, लड़िका तोहर खेलायब हे भउजी, ओढ़नी तोहर पखारब हे भउजी... भइया के भेजी तनि दे...।

कुल्हड़िया आँधी, पहड़िया पानी अब एकदम करीब है। एकदम करीब ! अब; अब क्या हो ??... कोसी की पुकार पर एक 'मुनियाँ' भी न बोली, एक 'सीकी' भी न डोली। कोई जवाब नहीं। तब... मैया गला फाड़कर चिल्लाने लगी–अरे कोई है तो आओ–रे-ए-ए ! कोई एक दीप जला दो कहीं !

कोई एक दीप जला दे, एक क्षण के लिए भी तो फिर कोसी मैया से कौन

जीत सकता है ?··· कुल्हड़िया आँधी कोसी का आँचल पकड़ने ही वाली थी··· कि उधर एक दीप टिमटिमा उठा। कोसी मैया की सबसे छोटी, सौतेली बहन दुलारी दाय, बरदिया घाट पर आँचल में एक दीप लेकर आ खड़ी हुई। बस, मैया को सहारा मिला और तब उसने पलटकर अपना 'आखिरी गुन' मारा।··· पातालपुरी में बराह भगवान डोले और धरती ऊँची हो गई। गुनमंती और जोगमंती, 'दुनू बहिनियाँ' अपने ही गुन में जल मरीं। सास महरानी 'समा' कर काली हो गयी। ··· उजाला हुआ। कोसी मैया दौड़कर दुलारी दाय से आ लिपटी। फिर तो–

आ-आ-आ-रे,
दोनों रे बहिनियाँ रामा गला जोड़ी बिलखय,
नयना से ढरे झर-झर लो-ओ-र !!

गला भर आया है बूढ़े कथा-गायक का। जरा दम लेने दीजिये !

··· दोनों बहन 'गला जोड़' कर घंटों रोती-बिलखती रहीं।

हिचकियाँ लेती हुई बोली दुलारी दाय–दीदी, जरा उलट के देख। धरती की कैसी दुर्दशा कर दी है तुम लोगों ने मिलकर। गाँव के गाँव उजड़ गये, हजारों हजार लोग मर गये। अर्धमृतकों की आह-कराह से आसमान काँप रहा है।

–मरे ! मरे !! सब मरे। मेरे पिता के टुकड़े पर पलनेवाले ऐसे आत्मीय संबंधियों का न जीना ही अच्छा, जो अपने 'कूल' की एक अभागिन कन्या की पुकार पर–अपने घर की खिड़की भी न खोल सके।··· धरती का भार हल्का हुआ–वे मरे।

–धरती कहाँ है दीदी। अब तो धरती की लाश है।··· सुफेद बालूचरों के कफन से ढँकी हुई धरती की लाश !

इस अंचल में सबसे छोटी बहन को बड़े प्यार से 'दाय' कहकर सम्बोधित करते हैं। दुलारी दाय बहनों में सबसे छोटी, सो भी सौतेली।··· बड़ी प्यारी बहन। शील सुभाव इतना अच्छा कि···।

–दीदी। अब भी समय है। उलटकर देखो। क्रोध त्यागो। दुनिया क्या कहेगी ?

कोसी ने उलटकर देखा : सिकियो न डोले ! कहीं हरियाली की एक रेखा भी न बची थी। सिहर पड़ी मैया भी। बोली–नहीं। धरती मरेगी नहीं। जहाँ-जहाँ बैठकर मैं रोई हूँ–आँसू की उन धाराओं के आसपास धरती का प्राण सिमटा रहेगा।··· हर वर्ष पौष पूर्णिमा के दिन इन धाराओं में स्नान से पाप धुलेगा। युग-युग के बाद एक एक प्राणी पाप से मुक्त होगा। तब फिर सारी धरती पर हरियाली छा जायगी।··· धाराओं के आसपास सिमटे हुए प्राण–नये-नये रंगों में उभरेंगे।···

दुलारी दाय ने चरणधूलि ली और मुस्कुराकर खड़ी हा गयी। कोसी मैया खिलखिलाकर हँस पड़ी–पगली ! दुलारी !!··· हँसती क्यों है ?

कोसी मैया हँसी–दुलारी के आँचल में नौ मन हीरे झरे। हाँ, कोसी मैया हँसे तो नौ मन हीरा झरे और रोवे तो दस मन मोती ! दुलारी दाय को वरदान

मिला–युग-युग तक तुम्हारा नाम रहे। तुम्हारे इलाके का एक प्राणी न भूख से मरेगा, न दुख से रोयेगा। न खेती जरेगी, न असमय में अन्न झरेंगे।··· गुनी-मानी लोग तुम्हारे आँगन में जन्मेंगे।··· कछुआपीठा जमीन पर तंत्र-साधना करके तुम्हारी संतान–तुम्हारा मान बढ़ायेगी।

आज भी देखिये–दुलारी दाय के आँचल-तले पलते जनपद को ! गाँवों को, गाँवों के लोगों को। उनकी एक परंपरा है।··· परानपुर की बात छोड़िये–यह तो इस अंचल का प्राण ही है।··· हाँसा, बिसुनपुर, पान-पत्ती, गीतवास कोठी, महेंद्रपुर, मधुलता, कँचनार टोली, पलास की··· रानीडूबी !

सिर्फ रानीडूबी गाँव पुराकाल से अपनी बदनामी ढो रहा है–बाकी सभी गाँव किसी-न-किसी अंश में अपने नाम की लाज बचा रहे हैं।

दुलारी दाय के दोनों बाजुओं में पलते इन सुखी-समृद्ध गाँव का प्राण है–प्राणपुर !

दुलारी दाय के पूरबी 'महार' पर बसा है यह गाँव ! गाँव के पच्छिम-उत्तर कोश में है–बरदिया घाट। जहाँ दुलारी दाय आँचल में दीप लेकर प्रकट हुई थी !···

··· अब तो बैमान जमाना आ गया है बाबू साहेब। किसी चीज का न धरम है और न तेज। न कोई देवता, न रहे देव।··· जब से रेलगाड़ी आयी, सभी देव-देवी भागे पहाड़ ! एकाध पीर, फकीर साँई रह गये तो वे अब रेलगाड़ी में चढ़कर दूर-दूर हज, तीरथ करने चले जाते हैं।··· किसी की 'सतिया' नहीं बची। लोग बुरे हो गये।··· नहीं तो दुलारी दाय के आँचल में लगातार चार साल सूखा पड़े ? अंधेर है !··· पहले तो हर साल बरदिया घाट पर 'मानिक दियरा' जलता था किसी न किसी रात में !··· पिछले दस साल से वह भी जलना बंद हो गया। कलियुग अब 'समाप्ति' पर है–

बूढ़े गीत-कथाकार की उपर्युक्त 'वाणी' पर आप विशेष ध्यान नहीं दें।–कोसी मैया की वाणी पर भी हँसने की आवश्यकता नहीं। मैया के 'माँ-बाप' का नाम ? ··· जिसका कोई बाप नहीं, बाबा बमभोला उसका बाप। जिसकी कोई माँ नहीं, माता उसकी गौरा पारबती !···

पंडुकी का जित्तू आज भी सोया सपना देख रहा है। उठता ही नहीं।··· वंध्या रानी माँ का सारा सुख-ऐश्वर्य छिपा हुआ है सोने के एक कलस में–बिजूबन-बिजूखंड में। देवी का 'खाँडा' कौन उठावे !··· पंखराज घोड़े पर कौन सवार होकर जायगा–कलस लाने ?

हटाइये, परिंदे-पक्षियों की कथा ! किंतु, गीतकथा-गायक बूढ़ा भैंसवार सारे युग को 'बैमान' कह रहा है।··· एक-एक आदमी पापमुक्त जिस दिन हो जायगा–सारी परती हरी-भरी हो जायेगी।··· प्राणी के नये-नये रंग उभरेंगे !···

अपढ़, गँवार, बड़े भैंसवार के 'जीवन-दर्शन' की कोई महत्ता नहीं। संभव हो तो टेप रेकर्डिंग कर डालिए गीतकथा की। लोकगीतों की फेहरिस्त में इनको थोड़ी जगह मिल जायगी !··· कथा की बात नहीं कहता। क्योंकि, परियों की कहानी

तंत्र-मंत्र और जादू-टोने की बातें सुनकर लोग हँसेंगे। किंतु इस जिले के विभिन्न अंचलों पर—पिछले तीस साल से जो कथा-साहित्य की रचना हो रही है, आप उन्हें न तो 'चिरई चुरमुन' की कहानी कहकर उड़ा सकते हैं और न उन लेखकों को आप बूढ़े भैंसवार जैसा गँवार ही कह सकते हैं।

बंगला कथा साहित्य में 'आरण्यक' [ले. स्व. विभूतिभूषण वंद्योपाध्याय] की अपनी जगह है। पच्चीस-तीस साल पहले—गंगा-कोसी संगम के आसपास की जिंदगी को अपने पृष्ठों में लपेटकर जब यह किताब निकली तो साहित्य रसिकों ने एक स्वर से प्रशंसा की।··· दस साल से श्री सतीनाथ भादुड़ी, 'जागरी' तथा 'ढोढ़ाई चरितमानस' आदि की रचना करके बंगला पाठकों को एक सर्वथा नवीन रस का आस्वादन करा रहे हैं। पूर्णियाँ की शहरतली गाँठों (urban) की जिंदगी पर बेजोड़ चीज है।··· हाल की बात है, इसके एक अंचल को हिंदी के एक उत्साही लेखक ने भी अपनी किताब का 'कथांचल' बनाया है।

और, इसके एक अंचल की पृष्ठभूमि में 'परती-परिकथा' कहने का यह आयोजन ?

"··· धूसर वीरान, अंतहीन प्रांतर !"

कछुआपीठा भूमि पर खड़ा होकर एक नौजवान देख रहा है—अपने कीमती कैमरे की आँखों से—धूसर, वीरान, पतित भूमि··· बालूचरों की शृंखला ! हिमालय की चोटी पर सूरज की किरणें चमकती हैं। अर्धवृत्ताकार होकर चली गयी है नार्थ-ईस्टर्न रेलवे की एक ब्रांच लाइन ! लाइन के किनारे टेलीग्राफ के खंभों की पंक्तियाँ··· टेलीग्राफ के तारों पर बैठी हुई हैं पंक्तिबद्ध··· किस्म-किस्म की चिड़ियाँ ! सबों का मुँह लाइन की ओर है। ठीक गाड़ी आने के समय परती पर चरती हुई चिड़ियों में एक हल्की चुनचुनाहट होती है और वे टेलीग्राफ के तारों पर जा बैठती हैं। चुपचाप बैठी नहीं रहतीं—अपनी भाषा में कुछ 'कचर-पचर' बोलती रहती हैं।

युवक कैमरामैन श्री भवेशनाथ इसी इलाके का लड़का है। एम.ए. की परीक्षा देकर आया है—परती के विभिन्न रूपों की स्टडी करता है। कैमरा ही उसकी असली आँख है।··· वह मन ही मन सोचता है—तीस साल बस और तीस साल ! इसके बाद तो सारी धरती इंद्रधनुषी हो जायेगी।··· तब तक 'कलर फोटोग्राफी' और भी डेवलप करेगी···

मालगाड़ी जा रही है—कोसी डैम के लिए सामान जा रहे हैं; रोज तीन मालगाड़ी !

श्री भवेशनाथ को बराह क्षेत्र की याद आती है—पिछले दस साल से वह बराह क्षेत्र जाता है। हिंदुओं का पुरातन तीर्थ तो है ही—भवेश का वह क्या तीर्थ है !··· बड़े-बड़े टनेल के अंदर काम होते उसने देखा है—पहाड़ काटनेवाले पहाड़ी जवानों के कितने 'क्लोज अप' उसके पास हैं।··· अरुण, तिमुर और मुनकोशी के संगम पर बैठकर पानी मापनेवाले सिल्ट की परीक्षा करनेवाले विशेषज्ञों को यह भूल नहीं पाता है—!··· प्राणों में घुले हुए रंग धरती पर फैलते क्यों नहीं ? वह रंगीन फोटोग्राफी जानता है !

गाड़ी परानपुर स्टेशन पर कुछ देर रुककर–खुल जाती है। आश्चर्य ! गाड़ी जाते ही चिडियों की टोलियाँ भी फुर्र हो गयीं।··· किसकी प्रतीक्षा में वे सामूहिक रूप से पंक्तिबद्ध होकर रोज बैठती हैं।··· निराश भी नहीं होतीं कभी।

··· सुरपति राय 'डॉक्ट्रेट' की तैयारी कर रहे हैं। नदियों के घाटों के नाम, नाम के साथ जुड़ी हुई कहानी नोट करते हैं, गीत सुनते हैं और थिसिस लिखते हैं··· रानीडूबी घाट, नदी दुलारी दाय···। रानी ने अपने वृद्ध राजा को पान में विष देकर खिला दिया और डोली में बैठाकर नवाबी दरबार में भेज दिया। रास्ते में कहारों ने देखा–राजा साहब निष्प्राण पड़े हैं !··· कोतवाल साहब ने धोखेबाजी की। बोले–रानी, राजपाट आधा दे दो, नहीं तो भेद खोल दूँगा। रानी के कोमल हृदय को बड़ी चोट लगी, क्योंकि उसने कोतवाल के प्रेम में पड़कर राजा को विष दिया था।··· रात में रानी उठी और गले में घड़ा बाँधकर दुलारी दाय के एक 'कूँड' में डूब मरी। चूः चूः !!

सुरपति अभी तक तीन ही 'घाट' की कहानियाँ बटोर सका है–सो भी भूली-बिसरी, आधी-पूरी कहानी के टुकड़े।··· सात घाट का पानी पी चुकने पर सुरपति को भी विश्वास हो जायगा–चिरईचुरमुन और भैंसवार ही असल कथाकार हो सकते हैं ?

आज परानपुर स्टेशन पर सुबह की गाड़ी से उतरी है एक युवती।··· (··· हीरोइन ?) नहीं, वह हिरोइन नहीं। वह सिर्फ इरावती है और सिर्फ इरावती रहना चाहती है। देखने में हिरोइन जैसी लगती है अवश्य–किंतु हीरो का दुर्भाग्य। इतनी बड़ी तकदीर लेकर प्राणपुर गाँव में जन्म लेना संभव नहीं ?··· 'म्युजिक डांस-ड्रामा' के काम से इरावती इस जिले में आयी थी।··· दस साल के बाद वह हीरो के प्रति अचानक थोड़ा सदय हुई और··· कटिहार से सीधे प्राणपुर !···

परानपुर स्टेशन पर उतरकर वह शिप्रा को टेलीग्राम देती है–'तुम्हारी आवश्यकता नहीं, जित्तन के घर जा रही हूँ। पत्र जा रहा है।'

और प्राणपुर गाँव के एक उजड़े खंडहर जैसे मकान की एक कोठरी में बैठ कर हीरो–यानी जित्तन··· अर्थात् जितेंद्रनाथ मिश्रजी–एकटक खिड़की से देख रहे हैं–सामने, पोखर में सुपारी और नारियल के वृक्षों की परछाइयों को !··· दाहिनी ओर दीवाल पर 'देगा' की एक तस्वीर की कापी फ्रेम में लटकी है–आध दर्जन अर्धनग्न नर्तकियों की टोली, नृत्यरता नायिकाएँ। स्वस्थ फ्रेंच युवतियों की इन तस्वीरों की कृपा से जित्तन बाबू इधर काफी कुख्यात हो गये हैं ?··· गाँव के पुराने लाल बुझक्कड़ भिंमल मामा ने ग्राम पुस्तकालय के 'पठनागार' में घोषणा की थी–'बुद्धिभ्रष्ट होने से आदमी सबकुछ कर सकता है।'··· जितेंद्रनाथ अकेले में भी मुस्कुराते हैं–'पिजारो', 'वैन गां', 'रनोआर', 'देगा' आदि को फ्रांस के कला पारखियों ने भी गालियाँ दी थीं–'पागल होने पर आदमी ऐसी ही तस्वीरें बना सकता है।' जितेंद्रनाथ मुस्कुराते हैं, भिंमल मामा को उन कला आलोचकों की श्रेणी में बैठाकर देखा जाय या लाल बुझक्कड़ ही समझा जाय ?··· किंतु, जितेंद्रनाथ तो कलाकार

नहीं हैं। फिर ऐसी तस्वीरें··· !!

–जित्तन ! ओ-हो ! तुम डर गये ?··· सरप्राइज्ड !

–इरावती ! तुम ?

–इरावती को भूल नहीं सके हो देखती हूँ। अभी भी उसकी तस्वीर तुम्हारी मेज पर मुस्कुरा रही है।··· अपनी सूरत तो 'क्यूबिज्म' का नमूना होती जा रही है···। प्रदर्शनी करवाकर देखो एक बार। आजकल कलाकारों को प्रचुर पुरस्कार मिल रहा है।

··· और उपर्युक्त दोनों प्राणी पूरे दस वर्ष के बाद मिले हैं।··· इस हठात् मिलन के पहले दोनों ने कभी इन क्षणों की कल्पना भी नहीं की होगी।··· इस मिलन को एक 'महामिलन' का रूप देकर एक वृहत् उपन्यास की समाप्ति की जा सकती थी। किंतु··· कथा का श्रीगणेश भी न कर सकी–इनकी मिलन की घड़ी। हालाँकि दोनों की आँखें काफी देर तक चमकती रहीं।–

··· इस पुराने खंडहर में घुसी हुई कोठरी की एक ईंट भी विस्मित नहीं हुई। क्योंकि इस कोठरी में ग्रेट ब्रिटेन की एक परम सुंदरी युवती पूर्व-पच्छिम के दर्शनों पर बहस कर चुकी है–पैंतालीस साल पहले !··· उसकी मुस्कुराहट का जादू आज तक कमरे को 'भुतहा' बनाये हुए है।

इसलिए, जित्तन तथा इरावती की जिंदगी की इस अभूतपूर्व घटना को परिभाषा का प्रथम पृष्ठ नहीं मिल सकेगा।··· दुख है !

पंडुकी, बूढ़ा भैंसवार,··· आदि की परंपरा में नये लोग आये हैं, श्री भवेशनाथ, सुरपति, जितेंद्र, इरावती। इससे कहिये··· परिकथा प्रारंभ करने के लिए कोई एक सामने आ जायें ! लेकिन स्मरण रहे। जित्तू अधूरी कहानी के सपने देखता सोया पड़ा है, वंध्या रानी माँ के कलश का उद्धार कैसे हो,··· विशाल परती पर इंद्रधनुषी जिंदगी कैसे उतरे, आदि 'चाक्रिकपद्धति' के प्रश्नों के उत्तर दिये बगैर वे कहानी आगे नहीं बढ़ा सकेंगी।

··· दालवाली 'चिरैया' की कहानी है न ?··· राजा-राजा कोतवाल बुला, कोतवाल न परवाना भेजे, बढ़ई न खुट्टा चीरे··· खुट्टा मेरी दाल है। क्या खाऊँ ? क्या पीऊँ ? क्या लेकर परदेश जाऊँ ?

उसी पद्धति से प्रारंभ किया जाय ! क्योंकि 'बिजूबन-बिजूखंड' में वंध्या रानी की सुख-समृद्धि एक 'कलस' में बंद पड़ी है। जित्तू उठे तब तो कुछ हो ! जैसा कि आप जानते हैं, उसके बगैर वहाँ कोई जा नहीं सकता।–

"तुर तुत्तु··· उ–

उठ जित्तू···

निकष [संपादक–धर्मवीर भारती, लक्ष्मीकांत वर्मा] के दूसरे अंक, 1956 में प्रकाशित]

चौथा भाग

कविताएँ

होली

साजन ! होली आयी है !
    सुख से हँसना
    जी भर गाना
    मस्ती से मन को बहलाना
    पर्व हो गया आज–
        साजन ! होली आयी है !
        हँसाने हमको आयी है !

साजन ! होली आयी है !
    इसी बहाने
    क्षण भर गा लें
    दुखमय जीवन को बहला लें,
    ले मस्ती की आग–
        साजन ! होली आयी है !
        जलाने जग को आयी है !

साजन ! होली आयी है !
    रंग उड़ाती
    मधु बरसाती
    कण कण में यौवन बिखराती,
    ऋतु वसंत का राज–
        लेकर होली आयी है !
        जिलाने हमको आयी है !

साजन ! होली आयी है !
    खूनी और बर्बर

लड़कर-मरकर—
मथकर नर-शोणित का सागर
पा न सका है आज—
सुधा वह हमने पायी है !
साजन ! होली आयी है !

साजन ! होली आयी है !
यौवन की जय !
जीवन की लय !
गूँज रहा है मोहक मधुमय
उड़ते रंग-गुलाल
मस्ती जग में छायी है
साजन ! होली आयी है !

सा. विश्वमित्र/26 फरवरी, 1945

समर्पण

उड़ती फिरो स्वच्छंद अब
तितलिके ! प्रति कुंज में उड़ती फिरो स्वच्छंद अब !

आज कलियों को सुनाओ, प्रेम की मोहक कहानी
मुस्कुरा जागे हृदय की युगों से सोयी जवानी
चूम पुष्पों के अधर, संचय करो मकरन्द अब !
उड़ती फिरो स्वच्छंद अब !

अब न दौड़ूँगी सजनि, सच जान लो, पीछे तुम्हारे
आज मेरा अलस जीवन, शिथिल मेरे चरण हारे
रागिणी चंचल हृदय की हो गयी है बन्द अब !
उड़ती फिरो स्वच्छंद अब !

फिर गयी है लाल की सखि, तूलिका इन पलक दल पर
डोलते ही, बिखर पड़ती, नयन की मदिरा छलक कर
आज मेरी मुक्त गति को बाँध बैठा छन्द नव !
उड़ती फिरो स्वच्छंद अब !

चंचले ! तुमको समर्पित, स्नेह का अनमोल धन यह
याद शैशव की मधुर, जलजात-सा सुकुमार मन यह
आज उपवन की तुम्हीं रानी, उड़ो निर्द्वन्द्व अब !
उड़ती फिरो स्वच्छंद अब !

सा. विश्वामित्र/26 सितम्बर, 1945

[रेणुजी के पास पार्कर' 51 कलम थी, जिससे उन्होंने अपनी अधिकांश रचनाएँ लिखीं। 1946 में उन्होंने इस कलम पर एक कवित्त की रचना की थी, जो इस प्रकार है–]

पार्कर '51 के प्रति

'गोल्ड क्लिप', 'गोल्ड कैप' सुन्दर-सुघड़ 'शेप'
कवियों की कल्पना में जिसकी रसाई है।
रूप है अनूप, शोभा का ही है स्वरूप यह,
देव जिसे पा न सके, सबके मन भायी है।
मानो तुम, जानो तुम इसकी गुणावली,
वेद पुरातन ने बहुबार गायी है।
भूषण भनत शिवराज वीर तेरे पास,
'फिफ्टी-वन' पहले-पहल अब आयी है।

एक पार्कर '51 धारी नाम से लिखित एवं सा. विश्वमित्र के 13 मार्च, 1946 अंक में प्रकाशित

नूतन वर्षाभिनंदन

नूतन का अभिनंदन हो
प्रेम-पुलकमय जन-जन हो !

नव-स्फूर्ति भर दे नव-चेतन
टूट पड़ें जड़ता के बंधन;
शुद्ध, स्वतंत्र वायुमंडल में
निर्मल तन, निर्भय मन हो !
प्रेम-पुलकमय जन-ज़न हो,
नूतन का अभिनंदन हो !

प्रति अंतर हो पुलकित-हुलसित
प्रेम-दिए जल उठें सुवासित
जीवन का क्षण-क्षण हो ज्योतित,
शिवता का आराधन हो !
प्रेम-पुलकमय प्रति जन हो,
नूतन का अभिनंदन हो !

विशाल भारत/जनवरी, 1946

मुझे तुम मिले !

मुझे तुम मिले !

मृतक-प्राण में शक्ति-संचार कर;
निरंतर रहे पूज्य, चैतन्य भर !
पराधीनता–पाप - पंकिल धुले !
मुझे तुम मिले !

रहा सूर्य स्वातंत्र्य का हो उदय !
हुआ कर्मपथ पूर्ण आलोकमय !
युगों के घुले आज बंधन खुले !
मुझे तुम मिले !

विशाल भारत/नवंबर, 1947

अपने जिले की मिट्टी से

कि अब तू हो गई मिट्टी सरहदी
इसी से हर सुबह कुछ पूछता हूँ
तुम्हारे पेड़ से, पत्तों से
दरिया औ' दयारों से
सुबह की ऊँघती-सी, मदभरी ठंडी हवा से
कि बोलो ! रात तो गुजरी खुशी से ?
कि बोलो ! डर नहीं तो है किसी से ?

तुम्हारी सर्द आहों पर सशंकित
सदा एकांत में मैं सूँघता हूँ
उठाकर चंद ढेले
उठाकर धूल मुट्ठी-भर
कि मिट्टी जी रही है तो !

बला से जलजला आए
बवंडर-बिजलियाँ-तूफाँ हजारों जुल्म ढाएँ
अगर जिंदी रही तू
फिर न परवा है किसी की
नहीं है सिर पे गो-के 'स्याह-टोपी'
नहीं हूँ 'प्राण-हिंदू' तो हुआ क्या ?
घुमाता हूँ नहीं मैं रोज डंडे-लाठियाँ तो !
सुनाता हूँ नहीं–
गाँधी-जवाहर, पूज्यजन को गालियाँ तो !
सिर्फ 'हिंदी' रहा मैं

सिर्फ जिंदी रही तू
और हमने सब किया अब तक !

सिर्फ दो-चार क़तरे 'ध्रुव'[1] का ताज़ा लहू ही
बड़ी फिरकापरस्ती फौज को भी रोक लेगा
कमीनी हरकतों को रोक लेगा
कि अब तो हो गई मिट्टी सरहदी
(इसी से डर रहा हूँ !)
कि मिट्टी मर गई पंजाब की थी
शेरे-पंजाब के प्यारे वतन की
'भगत' की आग से सींचे चमन की
बहादुरशाह की मज़ार की मिट्टी !

कि मिट्टी मर गई उस दिन
मजहरुल औ' सदाकत के वतन की
कि जिस दिन
मादरजाद नंगी औरतों पर
हमल के बोझ ढोती औरतों पर
खिलौनों-सी अबोली बच्चियों पर
गली, बाजार, सड़कों, नुक्कड़ों पर
धरम का मुँह किया काला
धरम-मजहबपरस्तों ने
हमल को चीर नन्हों को निकाला
नचाया भोंककर भाला
लगाकर कौम का नारा—
हर-हर बम : अल्लाह हो अकबर !

मरी मिट्टी कि जिसमें—
हज़ारों युवतियों ने माँग के सिंदूर बोए
बहनों ने अस्मत और ईमान बोए
उगा जिस दिन हमारे देश का आजाद पौधा
उसी दिन मर गई मिट्टी
कहो यह व्यंग्य कैसा ?

---

1. ध्रुव कुंडू—बारहवर्षीय किशोर जो, 9 अगस्त, '42 को पूर्णिया में कचहरी में तिरंगा फहराते हुए शहीद हुए। रेणुजी ने 'कितने चौराहे' उपन्यास इन्हें ही समर्पित किया है।

सिर्फ जिंदी रही तू
हिमालय की कसम
मरती हुई इंसानियत को हम
जिला रखेंगे मरते दम
कि तुम पर गिरने नहीं देंगे
लहू का एक भी क़तरा
किसी असहाय, बेबस का
किसी मासूम बच्चे का
बिला घर-बार लोगों का
तिरंगे की कसम
रक्षा करेंगे हम
माँ-बहनों की पाक अस्मत
तुम्हारे जिस्म पर पड़ने नहीं देंगे
कदम नापाक उन फिरकापरस्तों का !

सजग हम हैं
कि तू आबाद रह मिट्टी
हँसो तू कमल के संग रोज अपने प्रिय तलैयों में
सरस सरसों के खेतों में,
बसंती डाल घूँघट
सदा तू मुस्कुराओ
हरे मैदान में, खलिहान में तू मस्त इतराओ !

सजग हम हैं री प्यारी पाक मिट्टी
कि इन्कलाबी यह 'रूपौली'[1] की अभी भी
उन्हीं जज़्बों में अब तक है मचलती !

राष्ट्र संदेश साप्ताहिक/पूर्णिया, 16 जनवरी, 1948

1. रूपौली–पूर्णिया जिले का एक कस्बा, जहाँ 1942 के आंदोलन में सैकड़ों लोग आंदोलन करते हुए शहीद हुए।

खड्गहस्त !

दे दो हमें अन्न मुट्ठी-भर औ' थोड़ा-सा प्यार !
भूखा तन के, प्यासे मन से
युग-युग से लड़ते जीवन से
ऊब चुके हैं हम बंधन से
जग के तथाकथित संयम से
भीख नहीं, हम माँग रहे हैं अब अपना अधिकार !

श्रम-बल और दिमाग खपावें,
तुम भोगो, हम भिक्षा पावें
जाति-धर्म-धन के पचड़े में
प्यार नहीं हम करने पावें
मुँह की रोटी, मन की रानी, छीन बने सरदार !

रक्खो अपना धरम-नियम अब
अर्थशास्त्र, कानून ग़लत सब
डोल रही है नींव तुम्हारी
वर्ग हमारा जाग चुका अब
हमें बसाना है फिर से अपना उजड़ा संसार
दे दो हमें अन्न मुट्ठी-भर औ' थोड़ा-सा प्यार !

राष्ट्र संदेश, साप्ताहिक/पूर्णिया, 26 मार्च, 1948

कौन तुम वीणा बजाते ?

कौन तुम वीणा बजाते ?
कौन उर की तंत्रियों पर
तुम अनश्वर गान गाते ?...

सुन रहा यह मन अचंचल
प्रिय तुम्हारा स्वर मनोहर
विश्वमोहन रागिनी से
प्राणदायक द्रव रहा झर
ध्यान हो तन्मय बनाते
सकल मन के दुख नसाते
कौन तुम विष-वासना को
प्रेममय अमृत पिलाते ?
कौन तुम वीणा बजाते ?

बन गए वरदान–
जीवन के सकल अभिशाप तुझको !
आत्म-कल्याणी बने दुख,–
वेदना, परिताप मुझको !
तुम 'अहं' को हो भुलाते
'द्वैत' जीवन का मिटाते
कौन तुम अमरत्व का
संदेश हो प्रतिपल सुनाते !
कौन तुम वीणा बजाते ?

विशाल भारत/जुलाई, 1948

मिनिस्टर मँगरू

'कहाँ गायब थे मँगरू ?'–किसी ने चुपके से पूछा
बे बोले–यार, मैं गुगनागियाँ जाहिल मिनिस्टर था।
बताया काम अपने महकमे का तानकर सीना–
कि मक्खी हाँकता था सबके छोए के कनस्टर का।

सदा रखते हैं करके नोट सब प्रोग्राम मेरा भी,
कि कब सोया रहूँगा औ' कहाँ जलपान खाऊँगा।

कहाँ 'परमिट' बेचूँगा, कहाँ भाषण हमारा है,
कहाँ पर दीन-दुखियों के लिए आँसू बहाऊँगा।

'सुना है जाँच होगी मामले की ?'—पूछते हैं सब
जरा गंभीर होकर, मुँह बनाकर बुदबुदाता हूँ !
मुझे मालूम है कुछ गुर निराले दाग धोने के,
'अहिंसा लाउंड्री' में रोज मैं कपड़े धुलाता हूँ।

नई दिशा/9 अगस्त, 1949

मँगरू मियाँ के नए जोगीड़े

ताक धिन्ना धिन, धिन्नक तिन्ना, ताक धिनाधिन
धिन्नक तिन्नक।
जोगीजी सर-र-र, जोगीजी सर-र-र··· ···

एक रात में महल बनाया, दूसरे दिन फुलवारी
तीसरी रात में मोटर मारा, जिनगी सुफल हमारी
जोगीजी एक बात में, जोगी जी एक बात में,
जोगीजी भेद बताना, जोगी जी कैसे-कैसे ?

काँग्रेस का टिकट कटाया बनकर खद्दरधारी
मोरंग की सीमा पर हमने रात में पलथी मारी
जोगीजी सर-र-र··· ···

चाहे लोहा, चाहे छोआ, चाहे चीनी कपड़ा
जिसने चाहा, पाया, पूछरी काँग्रेस का पकड़ा
जोगीजी सर-र-र··· ···

बाप हमारा पुलिस सिपाही, बेटा है पटवारी
हाल साल में बना सुराजी, तीनों पुश्त सुधारी
जोगीजी सर-र-र··· ···

चच्चा मेरा कंट्रोल की चोर-दुकान चलाता
मैं लीडर हूँ खादीधारी, अँगुली कौन उठाता
जोगीजी सर-र-र··· ···

रुपया जोड़ा, पैसा जोड़ा, जोड़ी मैंने रेजगारी
जिसने मेरा भंडा फोड़ा, उसकी रोजी मारी
जोगीजी सर-र-र··· ···

गाँव-गाँव में किला बनाया, मुखिया-मुखिया मेरे सिपाही
चीनी और किरासन मेरे, होगी जीत हमारी
जोगीजी सर-र-र··· ···

सोशलिस्टों को रोज सुनाओ, बुरी सैकड़ों गाली
गोलमाल कर गपतगोल में कर गोदाम लो खाली
जोगीजी सर-र-र··· ···

टर-टर करनेवाले जितने निसपिट्टर, एडीटर
सब मेरे थैले के चट्टे, मैं उनका डिक्टेटर
जोगीजी सर-र-र··· ···

रघुपति राघव राजा जी का राम धुन जो गावे
राज-मंत्र यह राम बाण है, राज तुरत ही पावे
जोगीजी सर-र-र··· ···

काँग्रेस की करो चाकरी, योग्य सदस्य बनाओ
परम पूज्य का ले परवाना खुलकर मौज उड़ाओ
जोगीजी सर-र-र··· ···

खादी पहनो, चाँदी काटो, रहे हाथ में झोली
दिन दहाड़े करो डकैती, बोल सुदेशी बोली
जोगीजी सर-र-र··· ···

नई दिशा/होली अंक/2 मार्च, 1950

धमार फगुआ

[श्री होलैयाजी रचित यह धमार फगुआ जरा मृदंग और झाल पर आजमाकर गाइए।]

फेरू होइहैं राम के राज
अरे लाला, फेरू होइहैं राम के राज
अरे हो एतना··· अरे एतना जुलुम जनि
करु मूढ़ रावन, फेरू होइहैं राम के राज।

जनता के नामें गद्दी चढ़ बैठे–गद्दी चढ़ बैठे
झुट्ठन के सरताज
गाँधी के सत्य अहिंसा रोए,
रोवत राम के राज।
हो एतना जुलुम जनि करु मूढ़ रावन···

निशिचर नाचे, मौज उड़ावै–मौज उड़ावै
सोने का लंक सुराज
रीवा, झुमरी तलैया में रायफल
भूनल श्रमिक समाज।
    हो एतना··· ···

भूखी नंगी जनता रोवे–जनता रोवे
नेहरू रोपत पियाज
जमींदरवन के पीठ ठोकि के पोंसे
पटेल सरदार।
    हो एतना··· ···

पूँजी-पतियन के पाँचों अँगुलियाँ–पाँचों अँगुलियाँ
नेशनल घी में आज
महँगी के चक्की में पिसल मुलुकवा
मिल मालिकन के राज।
    हो एतना··· ···

उलटे चोर कोतवालन डाँटे,
करि के गरम मिजाज
सोशलिस्टन के जेल भेजावे–जेल भेजावे
टाटा-बिड़ला समाज।
    हो एतना··· ···

लोंगा, लोहा, तेल किरासन–तेल किरासन
चीनी, कपड़ा, अनाज
भरि-भरि गाड़ी 'सीमा' टपावे
सेवक संत समाज।
    हो एतना··· ···

खादी के धोती, उजली टोपी–उजली टोपी
चोरवन के सब साज
शहर-शहर के गली-गलियन में
झपटत त्यागी बाज।
    हो एतना··· ···

गाँव-गाँव में जन्मत निशिदिन
नव कंगरैसिया चुहाड़
गाँव उजाड़ि के चोरवा बसावे
चुगलन के दरबार।
    हो एतना··· ···

रस में डूबि के रास रचावे–रास रचावे
राष्ट्रीय रसिया आज
खादी के चुनरिया चम-चम चमके
लहरे छापेदार।
    हो एतना··· ···

पुआ माल, मलाई, मुरब्बा
निशिदिन पकत पुलाव
जब सुधि आवे, गाल बजावे
कैसे के जीतब चुनाव।
    हो एतना··· ···

बाबू चुकंदर बाजा बजावे–बाजा बजावे
आज होलैया बेहाल
एक ही ताल में तबला तोड़े
मुनशी ठगेंदर लाल।

हो एतना जुलुम जनि करु मूढ़ रावन
फेरु होइहैं राम के राज।

नई दिशा/होली अंक/2 मार्च, 1950

जागो मन के सजग पथिक ओ !

मेरे मन के आसमान में पंख पसारे
उड़ते रहते अथक पखेरू प्यारे-प्यारे !

मन का मरु मैदान तान से गूँज उठा
थकी पड़ी सोई-सूनी नदियाँ जागीं
तृण-तरु फिर लह-लह पल्लव दल झूम रहा
गुन-गुन स्वर में गाता आया अलि अनुरागी

यह कौन मीत अगणित अनुनय से
निस दिन किसका नाम उचारे !
हौले-हौले दखिन पवन नित
डोले-डोले द्वारे-द्वारे !

बकुल-शिरिष-कचनार आज है आकुल
माधुरी-मंजरी मंद-मधुर मुस्काई
क्रिश्नझड़ा की फुनगी पर अब रही सुलग
सेमल वन की लहकी-लहकी प्यासी आगी

जागो मन के सजग पथिक ओ !
अलस-थकन के हारे-मारे

कब से तुम्हें पुकार रहे हैं
गीत तुम्हारे इतने सारे !

रचनाकाल–1956/सारिका/1 अप्रैल, 1979

यह फागुनी हवा

यह फागुनी हवा
मेरे दर्द की दवा
    ले आई ई··· ई··· ई
मेरे दर्द की दवा !

आँगनऽ बोले कागा
पिछवाड़े कूकती कोयलिया
मुझे दिल से दुआ देती आई
कारी कोयलिया-या
    मेरे दर्द की दवा
    ले के आई-ई–दर्द की दवा !

वन-वन
गुन-गुन
बोले भौंरा
मेरे अंग-अंग झनन
बोले मृदंग मन–
    मीठी मुरलिया !
यह फागुनी हवा
मेरे दर्द की दवा लेके आई
कारी कोयलिया !

अग-जग अँगड़ाई लेकर जागा
भागा भय-भरम का भूत
दूत नूतन युग का आया

गाता गीत नित्य नया
यह फागुनी हवा··· !

रचनाकाल–1956/सारिका/1 अप्रैल, 1979

निवेदन

फिर बासी आँसुओं की फुहार में नहा
आई पुजारिन,
सवेरे-सवेरे–
हरसिंगार तले !
पूजा के साज सजे,
मंदिर की सीढ़ियों पर
पदचाप बजे !

देवता जगे,
(होश, देवता का आज दुरुस्त हुआ
सवेरे-सवेरे !)

रिक्त पद्म आसन !
पाद पद्म में झुकती गर्दन को,
बाहुओं में समेटे,
बोल सके !
"पूजा हो चुकी तुम्हारी–पहले ही
सवेरे - सवेरे !
हरसिंगार तले !"

तुम पर निवेदित इन फूलों से पूछो !
घुँघराली लटों की लहरों में
कैद थर-थर काँप रहे
दो जीवित फूल !
देवि !

··· निवेदन है !
निवेदन है !

कविता/संपादक–नलिन विलोचन शर्मा, अंक दो, फरवरी, 1956

प्रथम शीत-स्पर्श

उतर गया वर्ष का बुखार !
रात-दिन की आँखों के,
जलती हुई पाँखों के
स्पर्श में उतर आया खुमार !

खिड़की से आई हुई
शरत की चाँदनी–
लजा गई
कठा गई
खिड़की के पास !

नशे में चूर जैसे–मेरे
तन को नीहार !
कुछ लेकर आई हुई
चाँदनी बेचारी
ऐसी लजाई !

बेसुधी में भी–स्वस्थ-संस्कृत···
आदत ही कहिए,
चदरी बिछाई–
कबीर की पंक्तियाँ बना गई !
अटपटी
किंतु–कीमती !
बिछाई चदरी पर
जो तन था,

चदरी ने ही उसे ढँक
दिया !

फिर कहा–तन ने
माटी के तन ने–
चाँदी की गुड़िया-जैसी
खड़ी–लजाई-कठाई
चाँदनी से–
"दे दो ओ ! लज्जावती
जो कुछ भी लाई !"

मुस्कराई–
"ताप शांत हुआ तो ?
नींद आ रही ?
तो–सो जाओ !
··· रख जाती हूँ
रजनीगंधा कोषों में
शुभ सौरभ !
तुम्हारे रोम-रोम में
मिट्टी के तन के–
रमेगी जीवन-गंध !"

और इधर चाँदनी खींचती
सुगबुगाई,
'माया' मेरे तन की
–मेरे मन की
–जीवन की
–यौवन की !
–उमस में कब से
कुढ़ी हुई !
–बाहुओं से बिछुड़ हुई
बोली–बेसुधी में
और भी झूमती !

–"कितने स्वा-र-थी–हो-जी–तु-म !
कल दर्द करेगा–फिर टा-न-सि-ल !

··· आज पहली··· सर्दी··· पड़ी··· ना ?
बाजार में··· ऊँ-ऊँ··· ऊ-ऊ-ल··· आ··· !"
(सुफेद भेड़ों के झुंड-मुंड देखती)
शायद–सो गई
माया।

अथवा,
रजनीगंधा की प्यालियाँ छलक गईं–
शायद, कुछ ज्यादा !
स्वस्थ सुरभि का हल्का नशा छा गया,
शायद, कुछ ज्यादा !
सुबह को–मुरेड़े पर···
–नहाई
बाल विधवा
युवती-पवित्रा,
कोकटी रंग की धूप तापती
धरती की चदरी पर बिखेरे–
मोतियों को ताकती
बोली–
"एक चदरी-भर दी सरदी
पड़ गई–दीदी !
··· अन्नकूट के पहले
ही !"

खुली खिड़ी से–
खेतों से
धान के झरते
फूलों की गंध दुधिया,
दे गई–
तन को–स्वस्थ-मन
उपहार !

कविता/अंक दो, फरवरी, 1956

टेबिल पर अनेक किताब

[जीवनानंद दास की कविता का भावांतर]

इस बार चिंता स्थिर होने का अवसर
आया है जीवन में
हृदय वयस्क हो गया है—बहुत :
गहरी रात में—जलती मोमबत्ती चुपचाप
बुझ जाती है।

अंधकार में एकाध अस्पष्ट चूहों का
फर्श पर चलना-फिरना अनुभव करता हूँ।

संभवतः छत पर,
बाहर शिशिर-कणा झरती है
ठंड में 'लक्ष्मीउलूक' सहिजन की डाल पर
पाँखें फटफटा रहा है।

टेबिल पर बहुत-सारी किताबें
बिखरी पड़ी हैं
चिंतन (गण) मानो अनुलोम-प्रतिलोम
परस्पर—
[ठंडी सीधी-सादी नारी-जैसी
चुपचाप खड़ी है मोमबत्ती !]
—ग्रथित होंगे कभी क्या एक गंभीर
सूत्र में ?

किताब की सारी चिंताएँ
जीवन की सभी अभिज्ञताएँ

सभी नक्षत्रों और समय की अपार गति
इतिहासवृत्तांत की आद्यंत कथाएँ
ग्रथित होंगी, कभी ?

इन आश्चर्य-तत्त्वों को विचारते, फिर
भी मन अनुभव करता है—
इस अंधकार-घर में आज कोई नहीं,
सिर्फ एक बिंदू मूल्य-निर्णय की चेष्टा
को छोड़कर !

किसी, दूर एक महासागर का ज्वार
आकर स्पर्श करता है,
इस अंधकार-बंदरगाह को—चुपचाप
किसी एक दूर-दिशा की ओर चला जाता है।

तो क्या, समय के अंतिम संचय में
प्रेम-करुणा के कंकण भी हैं ?
तो क्या, व्यक्ति और मानव की सफलता होगी ?

हो सकता है, इस ब्रह्मांड के अविनाशी अंधकार
के सिवा, मनुष्य के भाग्य में नहीं कुछ,
मनुष्य के हाथ में—सेवा, क्षमा, स्निग्धता आदि
मशाल की तरह
उनके बुझते हुए अंध-आधार, बार-बार
एक बड़ी परिवर्तनीयता की ओर जाना चाहते हैं
सनातन अंधकार में यह प्रयास अच्छा है !

फिर भी
धरती पर प्रेम की

अनेक–गहरी--लंबी–कथाएँ
रह गई हैं !
उनके (अपरूप) प्रतिभात प्रकाश
जीवन में हैं।

आधुनिक कविताएँ/संपादक–रणधीर सिन्हा, पद्मनारायण, प्र. सं.-1959, पारिजात प्रकाशन, पटना

गत मास का साहित्य !!

गत माह, दो बड़े घाव
धरती पर हुए, हमने देखा
नक्षत्र खचित आकाश से
दो बड़े नक्षत्र झरे !!
रस के, रंग के–दो बड़े बूँद
ढुलके-ढुलक गए।
कानन कुंतला पृथ्वी के दो पुष्प
गंधराज सूख गए !!

(हमारे चिर नवीन कवि,
हमारे नवीन विश्वकवि
दोनों एक ही रोग से
एक ही माह में–गए
आश्चर्य ?)

तुमने देखा नहीं–सुना नहीं ?
(भारत में) कानपुर की माटी-माँ, उस दिन

लोरी गा-गाकर अपने उस नटखट शिशु को
प्यार से सुला रही थी !
(रूस में) पेरेडेलकिनो गाँव के
उस गिरजाघर के पास–
एक क्रॉस··· एक मोमबत्ती
एक माँ··· एक पुत्र··· अपूर्व छवि
माँ-बेटे की ! मिलन की !!··· तुमने देखी ?

यह जो जीवन-भर उपेक्षित, अवहेलित
दमित-दूमित्रि कारामज़व
(अर्थात बोरिस पास्तरनाक;
अर्थात एक नवीन जयघोष
मानव का !) के अंदर का कवि
क्रांतदर्शी-जनयिता, रचयिता
(··· परिभूः स्वयंभूः ···)

ले आया एक संवाद
आदित्य वर्ण अमृत-पुत्र का :
अमृत पर हमारा
है जन्मगत अधिकार !
तुमने सुना नहीं वह आनंद मंत्र ?

[आश्चर्य : लाखों टन बर्फ के तले भी
धड़कता रहा मानव-शिशु का हृत्-पिंड ?
निरंध्र आकाश को छू-छूकर
एक गूँगी, गीत की कड़ी–मँड़राती रही
और अंत में–समस्त सुर-संसार के साथ
गूँज उठी !
धन्य हम–मानव !!]

बोरिस !

तुमने अपने समकालीन—अभागे
मित्रों से पूछा नहीं
कि आत्महत्या करके मरने से
बेहतर यह मृत्यु हुई या नहीं ?
[बोरिस !
तुम्हारे आत्महंता मित्रों को
तुमने कितना प्यार किया है
यह हम जानते हैं !]

कल्पना कर सकता हूँ उन अभागे पाठकों की
जो एकांत में, मन-ही-मन अपने प्रिय कवि
को याद करते हैं—छिप-छिपकर रोते—आँसू पोंछते हैं;
पुण्य भूमि रूस पर उन्हें गर्व है
जहाँ तुम अवतरे—उनके साथ

विश्वास करो, फिर कोई साधक
साइबेरिया में साधना करने का
व्रत ले रहा है।··· मंत्र गूँज रहा है !!
··· बाँस के पोर-पोर को छेदकर
फिर कोई चरवाहा बाँसुरी बजा रहा है।
कहीं कोई कुमारी माँ किसी अस्तबल के पास
चक्कर मार रही है—देवशिशु को
जन्म देने के लिए !

संत परंपरा के कवि पंत
की साठवीं जन्मतिथि के अवसर पर
(कोई पतियावे या मारन धावे
मैंने सुना है, मैंने देखा है)
पास्तरनाक ने एक पंक्ति लिख भेजी :
"पिंजड़े में बंद असहाय प्राणी मैं
सुन रहा हूँ शिकारियों की पगध्वनि··· आवाज !

किंतु, वह दिन अत्यंत निकट है
जब घृणित-कदम-अश्लील पशुता पर
मंगल-कामना का जयघोष गूँजेगा
निकट है वह दिन...
हम उस अलौकिक के सामने
श्रद्धा में प्रणत हैं।"

फिर नवीन ने ज्योति विहग से अनुरोध किया
"कवि तुम ऐसी तान सुनाओ !"

सौम्य-शांत-पंत मर्मांत में
स्तब्ध एक आह्वान... ??

हमें विश्वास है
गूँजेगा,
गूँजेगा !!

नूना माँझी नाम से लिखित बोरिस पास्तरनाक और बालकृष्ण शर्मा 'नवीन' की मृत्यु पर। रचनाकाल–1960। अप्रकाशित

फर्ज़ी अर्ज़ी ?

(सुनियेगा 'इक) अरज है !
गरज है।

करज है।
(यह मत समझें) मरज है।
(यों, काबुली के
खाते में, मेरा नाम) दरज है।
(चूल्हा आज) सरद है।
(घरवाली को)··· दरद है।
बेपरद है।
जरद है।
(मेरे जैसा) मरद है।
(याकि) गरद है।

फरज है ?
—शरम है।
—करम है।
—धरम है !!
—खरच है।
—बरच है।

अरज है।
हरज है ?

(हें-हें, हें-हें, हें-हें, हें-हें किरपाकर फिर) करज दें करज दें
(दिल में आपके) दरद है
(इसीलिए तो) —अरज है
(सरद है—दरद है—जरद है—बेपरद है)
(माँगने में—तरज है !)

नूना माँझी छद्मनाम से ज्योत्स्ना के सितम्बर, 1960 अंक में प्रकाशित/असंकलित

मालिक ! आज माफ करो !

सुबह-सुबह वर्षा—
मन हर्षा
सूरज सिर्फ दो घंटे
टिका—किंतु प्रचंड रूप से
फिर बदली उमस
हवा गुम्म !
सावन की पुरवैया
या पछवैया—क्या चले
क्या चले ?

हठात् पछिया हवा का
एक झोंका
आया—नारियल-सुपारी-बाँस
की फुनगियों पर
रुकी-थमी हवा हरहराती—
तोते का बच्चा टाँय-टाँय
कर रोता उड़ता
फिरता !

पाट धान के हरे-भरे
डेढ़ सेर चावल
घर में है, पिछवाड़े में कद्दू
··· आज कोई काम नहीं होगा···
मछलियों के शिकार के सिवा।
मालिक ! आज माफ करो
घरवाली का पैर भारी
मछली खाने को जी हुआ है।

··· जी, जी !
बाबा रामचंदर
भगवान थे
हम दास हैं, सेवक हैं
हमारी स्त्रियाँ सोने के हिरण
की खाल खिंचवाकर
नहीं मँगवाएँगी।
दो-जीवा हैं
बेचारी के मन में
मछली-भात खाने की साध है।
डेढ़ सेर चावल घर में है
पिछवाड़े में कद्दू !

सारिका/रेणु-स्मृति अंक, 1 अप्रैल, 1979

सुंदरियो !

सुंदरियो-यो-यो
हो-हो
अपनी-अपनी छाती पर
दुद्धी फूल के झूले डाल लो !
नाच रोको नहीं !
बाहर से आए हुए
इस परदेशी का जी साफ नहीं।

इसकी आँखों में कोई
आँखें न डालना
यह 'पचाई' नहीं

बोतल का दारू पीता है
सुंदरियो, जी खोलकर
हँसकर मत मोतियों
की वर्षा करना
काम-पीड़ित इस भले आदमी को
विष-भरी हँसी से जलाओ !
यों, आदमी यह अच्छा है
नाच देखना
सीखना चाहता है।

सारिका/रेणु-स्मृति अंक, 1 अप्रैल, 1979

बहुरूपिया

दुनिया दूषती है
हँसती है
उँगलियाँ उठा
कहती है…
कहकहे कसती है—
'राम रे राम !
क्या गहरावा है
क्या चाल-ढाल
सबड़-भबड़
आज-जाल-बाल
हाल में लिया है भेख ?
जटा या केश ?
जनाना-ना-मर्दाना

या जन···
अ—खा—हा-हा
ही-ही'
मर्द रे मर्द !
दूषती है दुनिया
मानो दुनिया मेरी बीवी
हो—पहरावे-ओढ़ावे
चाल-ढाल
उसकी रुचि, पसंद के अनुसार
या रुचि का
सजाया-सँवारा पुतुल मात्र,
मैं
मेरा पुरुष !
बहुरूपिया !

सारिका/रेणु-स्मृति अंक, 1 अप्रैल, 1979

अग्रदूत

'हमारा सबकुछ चला गया !'
—रो उठा सर्वहारा !
बांगला देश से आगत एक जन

'तुम्हारा सबकुछ चला गया ?'
नहीं-नहीं-नहीं, कुछ भी नहीं गया
विश्वास करो, कुछ भी नहीं गया
विवेक तो बचा हुआ है न

—जानते हो न ?
तब, सबकुछ है
नीति
मानते हो न ?
तब, सबकुछ है
देश को 'माँ' के रूप में देखा है न ?
तुम्हारा सब सुरक्षित है
जीवितों की तरह जीना चाहा था न ?
तब, तुम्हें कौन मार सकता है ?
अन्याय के
दिव्य प्रतिवाद से ही जीवन जलता है
प्रलोभन को जीत लिया है—
और क्या चाहिए ?

देश के लिए
प्राण देने को ही प्रस्तुत
तुम्हीं तो हो अग्रदूत—
फिर भी कहते हो—
'सबकुछ चला गया हमारा !'
बोलो-बोलो
देश
माँ मेरी है—
हम हैं उसके सपूत
हम हैं अजेय
हम हैं अग्रदूत।

21 फरवरी, 1971

नदी-मातृक देश के जलजीवी सपूत

अंधकार घिर आए फिर भी हम लौट आएँगे
माँ के हम लायक बेटे
अंधकार से भय पाएँगे ?
माँ को छोड़ घोर दुर्दिन में
हम कहीं नहीं जा पाएँगे

बार-बार विभिन्न नाम ग्रहण कर
तुम्हारी ही गोद में हमें आना है
तुम्हारी एक ही पुकार पर
सारी किश्तियाँ
तुम्हारे ही घाट पर आ लगेंगी–
नदी-मातृक देश के जलजीवी सपूत
रणबाँकुरों के वेश में आएँगे
पद्मा-मेघना-यमुना के साथ
एक और नदी बहाएँगे
अपने पवित्र रक्त की उस नदी में
माँ को नहलाएँगे
पवित्र बनाएँगे
हम बार-बार लौट आएँगे।

25 फरवरी, 1971

खून की कसम

नयन से नीर बहा मत माँ !
अभी भी जीवित तेरे पूत
किया है हमने अर्पित प्राण
तुम्हारा मान रखूँ साबूत

शोणित की
[हर] बूँद
खिलेगी बनकर सुरभित फूल
दस्यु-दुश्मन भागेंगे दूर
हमारा सुनकर के हुंकार
प्राण का बीज वपन कर एक
उगाए जिसने वीर हज़ार
जननि, हम तेरे पूत असंख्य
हम खड़े–
इज्जत के पहरेदार !

कभी भी मर सकता वह नहीं
तुम्हारा बेटा वीर मुजीब
शत्रु खुद हो जाएँगे क्षार–
मुक्ति का दिन है बहुत करीब।
एक भाई देकर बलिदान
सैकड़ों मरने को तैयार
भाल पर रक्त-तिलक की छाप
हृदय के मातृप्रेम का ज्वार
हमारी माटी यह रंगीन
घुला है मन-प्राणों के रंग
हमारी रंगीनी को देख
आज सारी दुनिया है दंग !

होंठ पर 'जय बांगला' का गान
चले हम करने को निर्मूल
दुश्मनों के सारे अभियान !

13 अप्रैल, 1971

रुद्रशिव

रुद्रशिव के नृत्य तांडव पर
थिरकते हैं हमारे पाँव
कौन है ये जो हमारे साथ
करना चाहता है वैर ?

आग से ये खेलते आए—
नहीं ये जानते हैं
मूरखों के दल
जिनका मात्र पशुबल
    ही रहा संबल

तोप औ' मोर्टार बम नापाम
धूल से मिलकर हुए नाकाम—
मँगनी के मिले सब
जंग के सामान !

ओ लुटेरो !
लूट सकते हो नहीं तुम देश
नहीं अब चाल कोई
चल सकेगी
बंग-भू पर
तुम्हारा जाल भ्रम का
हो चुका है दूर
अब फिर—

भाई ने भाई को पहचाना—
        कुहासा चीरकर
सूरज उगा है
सत्य का
मिटी है कालिमा सारी

आज हैं हम एक

सबके एक हैं मन-प्राण
नहीं अब भेद की
वह भावना-कलुषित
नहीं हिंदू–न मुसलिम
हम महज़ हैं
एक जननी की सभी संतान
हम महज़ इनसान !

नाचता है शिव
प्रलय का नाच
नाचते हर ताल पर रणबाँकुरे
गा रहे हैं अग्निसुर में गीत–
दस्यु-दल भयभीत-
कंपित भागते हैं
ग्राह जल में
और वन में बाघ बनकर
मुक्ति-योद्धा टोह में बैठे हुए हैं
उड़ रहे आकाश में
ये बाज बनकर
दुश्मन पर झपट्टा मारने को

जंगबाजो
अब नहीं है खैर
तेरे प्राण की
सुन ले–
गगन में उठ रहा जयघोष !

रचनाकाल–मई, 1971। 'अग्रदूत', 'नदी-मातृक देश के जलजीवी सपूत', 'खून की कसम' और 'रुद्रशिव' कविताएँ एक साथ 'रविवार', 3-9 मार्च, 1985 में प्रकाशित

मेरा मीत सनीचर !

पद्य नहीं यह, तुकबंदी भी नहीं, कथा सच्ची है
कविता-जैसी लगे भले ही, ठाठ गद्य का ही है।

बहुत दिनों के बाद गया था, उन गाँवों की ओर
खिल-खिलकर हँसते क्षण अब भी, जहाँ मधुर बचपन के
किंतु वहाँ भी देखा सबकुछ अब बदला-बदला-सा
इसीलिए कुछ भारी ही मन लेकर लौट रहा था।

लंबी सीटी देकर गाड़ी खुलने ही वाली थी
तभी किसी ने प्लेटफार्म से लंबी हाँक लगाई,
'अरे फनीसरा !' सुनकर मेरी जान निकल आई थी,
और उधर बाहर पुकारनेवाला लपक पड़ा था
चलती गाड़ी का हत्था धर झटपट लटक गया था

हाँक लगाता लेकर मेरा नाम पुनः चिल्लाया–
"अरे फनीसरा, अब क्यों तू हम सबको पहचानेगा !"
गिर ही पड़ता, अगर हाथ धर उसे न लेता खींच।
अंदर आया, तब मैंने उसकी सूरत पहचानी।
'अरे सनिचरा !' कहकर मैं सहसा ही किलक पड़ा था।

बचपन का वह यार हमारा ज़रा नहीं बदला था–
मोटी अकल-सकल-सूरत, भोंपे-सी बोली उसकी,
तनिक और मोटी, भोंड़ी, कर्कश ही मुझे लगी थी।
पढ़ने-लिखने में विद्यालय का अव्वल भुसगोल
सब दिन खाकर मार बिगड़ता चेहरे का भूगोल

वही सनिचरा ? किंतु तभी मेरे मुँह से निकला था–
"कुशल-क्षेम सब कहो, सनीचर भाई, तुम कैसे हो ?"
बोला था वह लगा ठहाका–"हमरी क्या पूछो हो ?
हम बूढ़े हो चले दोस्त, तुम जैसे के तैसे हो !"

बात लोककर अपनी बात सुनाने का वह रोग

नहीं गया उसका अब भी, मैंने अचरज से देखा
मुझे देखकर इतना खुश तो कोई नहीं हुआ था !

मौका मिलते ही उसने, बातों की डोरी पकड़ी
अब फिर कौन भला उसकी गाड़ी को रोक सकेगा ?
"सुना बहुत पोथी-पत्तर लिख करके हुए बड़े हो,
नाम तुम्हारा फिलिम देखनेवाले भी लेते हैं
और गाँव की रायबरेली[1] में किताब आई है
'मेला चल'[2] क्या है ? वह तुमरी ही लिखी हुई है ?

तुम न अगर लिखते तो लिखता ऐसा था फिर कौन ?
बोर्डिंग से हर रात भागकर मेला देखा करता था
इसीलिए अब सबको, मेला चलने को कहते हो
मैंने समझा ठीक, काम यह तुम ही कर सकते हो।

अरे, याद है वह नाटक जिसमें तुम कृशन बने थे
दुर्योधन के मृत सैनिक का पाट[3] मुझे करना था
ऐन समय पर पाट भूल उठ पड़ा और बोला था–
नहीं रहेंगे हम कौरव सँग, ले लो अपना पाट,
सभी मुझे जीते - जी ले जाएँगे मुर्दा - घाट

आँख मूँद सह ले अब ऐसा मूरख नहीं सनिचरा
कौरव दल में मुझे ठेल, अपने बन गया फनिसरा
किसुन कन्हैया चकर[4] सुदर्सनधारी सिरी[5] भगवान
रक्खो अपना नाटक थेटर[6], हम धरते हैं कान
जीते-जी हम नहीं करेंगे यह मुर्दे का काम
और तभी दुरनाचारज[7] ने फेंका ताक खड़ाम
बाल - बाल बचकर मैंने उसको ललकारा था–
मास्टर साहब, क्लास नहीं यह नाटक का स्टेज
यहाँ मरा सैनिक भी उठ तलवार चला सकता है
असल शिष्य से गुरु को अब तक पाला नहीं पड़ा था
याद तुम्हें होगा ही आखिर पट्टाछेप[8] हुआ था !"

---

1. लायब्रेरी; 2. मैला आँचल; 3. पार्ट; 4. चक्र; 5. श्री; 6. थिएटर; 7. द्रोणाचार्य; 8. पटापेक्ष।

"खूब याद है !"–मैं बोला–"वह घटना नाटकवाली
लिखकर मैंने ब्राडकास्ट कर पैसे प्राप्त किए हैं
उस दिन अंदर हँसते-हँसते, हम सब थे बेहाल
दर्शक समझ रहे थे लेकिन, देखो किया कमाल
पाट नया कैसा रचकर के डटकर खेल रहा है
भीतर से इसको जरूर पांडव से मेल रहा है।"

मैंने कहा, "आज भी जी भरकर मन में हँसता हूँ
आती है जब याद तुम्हारी, याद बहुत आती है !"

वह बोला–"चस्का नाटक का अब भी लगा हुआ है
जहाँ कहीं हो रहा डरामा[1], वहीं दौड़ जाता हूँ
लेकिन भाई कहाँ बात वह, अपना हाय जमाना !
पाट द्रोपदी का करती है अब तो खूद[2] जनाना !"

नाटक से फिर बात दीन-दुनिया की ओर मुड़ी तो
उसके मुखड़े पर छन-भर मायूसी फैल गई थी
लंबी साँस छोड़ बोला था, "सब फाँकी[3] है यार
सभी चीज में यहाँ मिलावट, खाँटी[4] कहीं नहीं है
कुछ भी नहीं पियोर[5] प्यार भी खोटा ही चलता है
गाँवों में भी अब बिलायती मुर्गी बोल रही है !"

मैंने पूछा–"खेती - बारी, या करते कुछ धंधा ?
बही - रजिस्टर कागज - पत्तर लेकर के झोली में
कहाँ चले हो यार सनीचर ? यह पहले बतलाओ !"

"खेती-बारी कहाँ कर सका," वह उदास हो बोला–
"मिडिल फेल हूँ, मगर लाज पढ़ुआ की तो रखनी थी
अपना था वह दोस्त पुराना फुटबालर जोगिंदर
नामी ठेकेदार हो गया है अब बड़ा धुरंधर।
काम उसी ने दिया, काम क्या समझो बस आराम
सुबह - शाम सब मजदूरों के ले - लेकर के नाम
भरता हूँ हाजिरी बही 'हाजिर बाबू' सुन करके
इसीलिए सब मुझे 'हाजिरी बाबू' ही कहते हैं।

---

1. ड्रामा; 2. खुद, स्वयं; 3. धोखा; 4. शुद्ध; 5. प्योर।

भले भाग से मिले दोस्त तो एक अरज करता हूँ
सुना सनीमा नाटक थेटरवाले मित्र तुम्हारे
बहुत बने हैं बम्बई, दिल्ली, कलकत्ता में
अगर किसी से कहकर कोई पाट दिला दो एक बार भी !"

तभी अचानक गड़गड़ करती गाड़ी पुल पर दौड़ी
"छूट गया कुरसेला टीशन, पीछे ही !" वह चौंका,
"अच्छा कोई बात नहीं 'थट्टी डाउन' धर लेंगे
ऐन हाजिरी के टाइम पर साइट पर पहुँचेंगे
कहा-सुना सब माफ करोगे, लेकिन याद रखोगे
बचपन के सब मित्र तुम्हारे, सदा याद करते हैं
गाँव छोड़कर चले गए हो शहर, मगर अब भी तुम
सचमुच गँवई हो, सहरी तो नहीं हुए हो !

इससे बढ़कर और भला क्या हो सकती है बात
अब भी मन में बसा हुआ है इन गाँवों का प्यार !"

इसके आगे एक शब्द भी नहीं सका था बोल
गला भर गया, दोनों आँखें डब-डब भर आईं थीं
मेरा भी था वही हाल, मुश्किल से बोल सका था
"जल्दी ही आऊँगा फिर" पर आँखें बरस पड़ी थीं।

पद्य नहीं यह, तुकबंदी भी नहीं, किंतु जो भी हो
दर्द नहीं झूठा जो अब तक मन में पाल रहा हूँ।

नंदन/फरवरी, 1973

अपनी ज्वाला से ज्वलित आप जो जीवन

हाँ, याद है !
उचक्के जब मंचों से गरज रहे थे
हमने उन्हें प्रणाम किया था

पहनाया था हार !
भीतर प्राणों में काट रहे थे हमें
हमारे वे बाप
हमारी बुझी ज्वाला को धधकाकर
हमें अग्निस्नान कराकर पापमुक्त
खरा बनाया।
पल-विपल हम अवरुद्ध जले
धारा ने रोकी राह
हम विरुद्ध चले
हमें झकझोरकर तुमने जगाया था

'रथ के घर्घर का नाद सुनो...'
'आ रहा देवता जो, उसको पहचानो...'
'अंगार हार अरपो रे...'

वह आया सचमुच, एक हाथ में परशु
और दूसरे में कुश लेकर
किंतु... तुम ही रूठकर चले गए !

विशाल तम-तोम और चतुर्दिक घिरी
घटाओं की व्याकुलता से अशनि जनमी,
धुआँ और उमस में
छटपटाता हुआ प्रकाश
खुलकर बाहर आया !
किंतु, तुम... ?
अच्छा ही किया
तुम सप्राण
नहीं आए, नहीं तो
पता नहीं क्या हो जाता ?

यहाँ जवानी का झंडा उड़ाते
कालकूट पिए
और भाल पर अनल-किरीट लिए
कृपाण, त्याग, तप, साधना, यज्ञ, जप को टेरते
गरजते, तरंग से भरी आग भड़काते
तुम्हारे बाग के असंख्य अनल-कुसुम

तुम्हारी अगुआनी में आँखें बिछाकर
प्रस्तुत थे···
उनकी जवानियाँ लहू में तैर-तैरकर
नहा रही थीं।

ऐसे में तुम आते
तो पता नहीं और क्या-क्या होता
पता नहीं, अब तक क्या-क्या हो जाता
और, तब तुमको फासिस्ट और चीनी
और अमेरिकी और देसी सेठों की दलाली
और देशद्रोह के जुर्म में
निश्चय ही देश से
बाहर निकाल दिया जाता !
पता नहीं कहाँ··· किस देश···
किस हिमालय और गंगाविहीन देश में

अच्छा ही किया, चले गए
उत्तर की दिव्य, कंचन काया को
दक्षिण की माटी माता की गोद में छोड़
बाहर-ही-बाहर
भले गए !

हमें क्षमा करना, कविवर विराट !
हम तुम्हारी आत्मा की शांति के बदले
उसको अपनी काया के एकांत और पवित्र
कोने में
प्रतिष्ठित करने की कामना करते हैं
ताकि, जहाँ कहीं भी अनय हो,
उसे रोक सकें
जो करें पाप शशि-सूर्य भी,
उन्हें टोक सकें
हमारे भीतर जो एक नया अंगार भर रहा है
बस, वही एक आधार है हमारा !

कपट शोकातुर मुखौटा लगा
रुआँसी आवाज में, गले को कँपा-कँपा

तुमको श्रद्धांजलि देने का नाटक
हम नहीं करेंगे !
तुम तो जीवित हो,
जीवित रहोगे हमारे बीच
तेजोदीप्त !
मरने को हमेशा दोपहरी के तिमिर
तुम्हारे दुश्मन ही मरेंगे !

इस बार जब गाँव जाकर
उत्तर की ओर निहारूँगा
हिमालय के स्वर्ण-किरणों में देखूँगा
एक और नया शिखर
निश्चय ही–दिनकर

इसे क्या संयोग कहेंगे ?
तुम्हारी शवयात्रा से लौटकर बैठा ही था
कि पड़ोस में कहीं रेडियोग्राम पर
साधक गायक हरींद्रनाथ का भावाकुल कंठस्वर–
'सूर्य अस्त हो गया
गगन मस्त हो गया, सूर्य अस्त हो गया !'

दिनकर की शवयात्रा से लौटकर लिखी गई कविता/दिनमान, 5 मई, 1974

शब्द कहेगा

डेट लाइन पाटना–
चार थेके आठारो नभेम्बर

भाई समीर,[1]
तार परे[2]... अर्थात् तोमार संगे देखा-कथा हउयार परे

---

1. समीर राय चौधरी, बंगला के प्रसिद्ध कवि–जिन्हें संबोधित कर पत्र-शैली में रेणुजी ने यह कविता लिखी; 2. उसके बाद;

तोमार चले जाउयार परे,
सारा पटना शहर टा के बाँसेर बेड़ा दिए घिरे
एकटा बिराट 'बाँसेर केल्ला' वा खाँचा[1]...
ना, 'इन्दरजाल' तैरी करा हल
बाँधा होलो आकाश-पाताल, नदी-झरना-पाहाड़
माठ-मयदान...

तबू ओरा[2] ऐसेछिल[3] आसते पेरेछिल[4]
आकाश-पाताल गुंजारित–
'तुम प्रतिनिधि नहीं रहे हमारे
विधायको इस्तीफा दो, मंत्रियो गद्दी छोड़ दो।'

['टिटहरी' पाखी देखे छो तुमि कखनो
पहाड़ धसे-पड़े गिये चापा पड़े मारा जाबो भये
ठ्यांग[5] दुटो आकाशेर दिके तुले घुमोय
टिटहरी पाखी, आमि देखेछि एबार
टिटहरी पाखी : स्त्रीलिंग किंतु हिंदी ते, जानो तो ?]

तार पर...
आमार रोजनामचाय अनेक किछु घटे गिए छे
जमे गिए छे अजस्र रक्तेर थाकार मत[6]
अनेक शब्द
बेली रोड वा किंग जार्ज एवेन्यू ते अथवा
गाँधी-मयदान के घिरे जे कोनो पीच रोडे
कोनो काल बैशाखीर झड़ेर परे
कृष्णचुड़ार[7] झरा फूलेर मत !
तुमि बलबे–'ए सब आमरा अनेक देखेछि आमादेर
कोलकाताय आमादेर जाना आछे...।'
किंतु, पाँच नभेम्बर तोमादेर कोलकातार ई एक छेले
आमार 'बेडेर' काछे एसे बलेछिल–
'किंतु दादा,. आमादेर कोलकाताय ए रकम
निर्भेजाल[8] कांदुने-गैस[9] कखनो फाटाय नि
आपनादेर बेहारे अर्थात् पाटनाय अंततः[10]

---

1. पिंजरा; 2. वे; 3. आए थे; 4. आ सके थे; 5. टाँग; 6. थक्का की तरह; 7. गुलमोहर; 8. विशुद्ध 9. आँसू गैस; 10. कम-से-कम।

ओई टि जिनिस[1] एके बारे खाँटि। सत्यि···
सालार की 'धक' ? एखनो सिगरेट खेते पाच्छि ना
दुटो फुसफुस जेन विषेर धोयार काजललता हए गेछे।'
'आमि जानि ना, आमार एई प्रथम अस्वाद !'
आमि बलि
लाठीर घात[2] तो उन्नीसो बेयालिस उ खेएछिलाम प्रचुर
गोरा-टामिदेर एवं सी. पी. आई. देर नोंगरा गालगालाज
तबू सी. आर. पी. बालादेर–भैनचोद ! मादरचोद !
केन एतो गाने लागे बेसी ?

एदेरई कब्जि[3] ते सोनाली-राखी बेंधे आदर
कोरेछिलो–मायेरा–दीदीरा–बोनेरा··· ?
कोलकातार छेले आमार छोट भाईयेर मत, आरो
एकटा बड़ो कथा बलेगेल से दिन–
'आर, आयनादेर ए लड़ाई ? एकटा अद्‌भुत व्यापार
मार खाबो अथच् मारबो ना !
'हमला चाहे जैसा होगा
हाथ हमारा नहीं उठेगा !'
एई स्लोगनेर एत 'धक' ? आमादेर अंततः
आमार जाना छिलो ना। एतो राउंड टियार गैस
एतो हेवी लाठी चार्ज
तबू एकटा ढिल वा पाथर[4] केउ छूँड़े मारलो ना ?
आर जेपी जॅखन जीप थेके लाफिये नेम
मारो, मारो मुझे मारो–निजेर माथा पेते–
'यहाँ मारो।'
तारपरे जा घटे गेल ना ! जा घटे छे आमि
देखे छि अद्‌भुत सब व्यापार।

आमियो देख छि : आमि बलि
परेर चिठ तो सब कथा खुले लिखबो
तार परे··· !

चौरंगी वार्ता/कलकत्ता, साप्ताहिक, 2-9 दिसंबर, 1974

---

1. वह चीज; 2. लाठी की चोट; 3. कलई; 4. ढेला या पत्थर।

जित्तू बहरदार

[रेणुजी की मैथिली में लिखी यह एकमात्र कविता 'खोजीराम' को अररिया आर. एस. के श्री रामानंद सिंह से प्राप्त हुई है, जिसे उन्होंने रेणुजी से जनवरी, 1976 में सुना था और संग्रह कर लिया था। यह कविता अब तक अप्रकाशित थी। कविता का हिंदी अनुवाद डा. चंद्रेश्वर कर्ण ने किया है।]

साँझ खन आयल जित्तू बहरदार
बाबू बौबजन चौधरिक दरबार
झोलंगी खटिया बिछौना झंडीमार
ताहिपर सूतल चौधरी टाँग पसार
धनुषाकार

ओसार पर बैसल कइयक सुननिहार
चौधरिक बेटा रोज पढ़ैत अछि
लबका लमटेन बार–
एक्के गोट पुरना बासी सप्ताहिक अखबार !

एक्के गोट पुरना बासी सप्ताहिक अखबार–
भीजल और भुआयल सूखल और टटायल !
कत्तेक समाचार–
कोसीक बाढ़ि जरी दहार चोरी घुसखोरी
रोकय लेल
की कय रहल अछि अप्पन सरकार
हे लिय लिय लिय–
घरे बैसल करू डाकडरी पास डेढ़े टका में लूटू
तिरसठ गोट इलाम !

देखलक जित्तू गप्पक गिरल बजार
गप्पक खसल बजार
झोलंगी खटिया लग गेल
बैसल चुक्की मार !
इशारा सँ पुछलक, 'सरकार चलतैक ?'
अनने छी अपनही लेल असल मोरंगिया माल

एक्के चिलम में सौंसे दुनिया अन्हार।

लटवैत पटवैत चिलमक गिट्टीक
नीक जकाँ खोधरी में बसवैत
आरो कइयक खुदरा खुदरी गप्प कथलक
जित्तू बहरदार !
चिलम भेल तैयार–
बम शंकर केर परल गोहार
दुइए फेरा चारिए दम में चिलम जरि के छार
ऊपर धुँआक भोंमकार
नीचा चौधरी बहरदार
दुहु निर्विकार
दार्शनिक जकाँ हथउड़िया करैत–
गरम जराठी में पाबिक गिट्टी केर संधान
हर्खित भेल बहरदार !

बंद भऽ गेल चौधरिक बेटाक पुरना
बासी सप्ताहिक अखबार
छोड़लक जित्तू अप्पन गरमा गरम पियाजी समाचार–
सरकार ! की कहू अजुका रंगताल–
कोसी कछार पर छारन के ओहिपार
झउआ झलास कास खरही पटेर के
पुरना खढ़ौर में–
काटैत छलौं पटिया लेल हरियल पटेर हम
आयल छल साहेब सब–
कारी कारी कोट ओ पतलून ओ टोपा
मारे पैजम्मा के अनठेकान।
संग छलै जनियोजात–
बेश सुन्नर चिक्कन चुन्नर
सुग्गा जकाँ लाल ठोर मैना जकाँ बोली
हे हो धर्मास्ति ! भगतक पहड़िया मैना जकाँ
पारैत शोर–पी पी ही ! पी पी ही !! पी पी ही !!

हमरा देखि कऽ बीच खढ़ौर में ठाढ़
हुनका भेलनि बेगारक दरकार–
सीधे हमरे सोझ डलेबर छोड़लक

मट्टर काठ !
की कहू काटल पटेर पर पट्टे हम पड़ि रहलौं
पड़लौं से एहन पड़लौं...
कटकटा उठल खटियाक पाटी चौधरिक दाँत—
धुर ! भकचोन्हर बहरदार !
रहि गेलऽ भरिजन्म फेर हरिजन्ने तो !
आयल हैतऽ करय लेल बनभोज
रिलिफिया साहेब लोग
कनियो सन कनिकों खन पहिने तों
खबर पठौते रे बहरदार
एक्को टाड़ा घी ल कभऽ जैतऊ
हजूर में ठाढ़—
टाका एक्को हजार लइए लितऊ सूतारि !
हाथ मलैत बाजल जित्तू बहरदार—
सरकार ! अबकी दा हम हुसि गेलौं।

जित्तू बहरदार (हिंदी अनुवाद)

साँझ को आया जित्तू बहरदार
बाबू बौबजन चौधरी का दरबार
झोलंगी खटिया बिछौना झंडीमार
उस पर सोए चौधरी टाँग पसार
धनुषाकार

दरवाजे पर बैठे हैं कई सुननिहार
चौधरी का बेटा रोज पढ़ता है
नया लालटेन बार—
एक ही पुराना बासी साप्ताहिक अखबार !

एक ही पुराना बासी साप्ताहिक अखबार—
भींगा और भुआया सूखा और टटाया !
कितने ही समाचार—
कोसी की बाढ़ सूखा दहार चोरी घूसखोरी
रोकने के लिए

क्या कर रही है अपनी सरकार
ए लीजिए लीजिए लीजिए–
घर बैठे कीजिए डाकडरी पास डेढ़ ही रुपए में लूटिए
तिरसठ तरह का इनाम !

देखा जित्तू ने गप्प का गिरा बजार
गप्प का उतरा बजार
झोलंगी खटिया के पास गया
फिर बैठा चुक्को मार !
इशारे से पूछा, चलेगा सरकार ?
आपके लिए ही लाया हूँ असली मोरंगिया माल
एक ही चिलम में सारी दुनिया अंधार।

लटाते-पटाते चिलम को गिट्टी के
खोंधर में ठीक से बैठाते
और कितने ही छोटे-मोटे गप्प किए
जित्तू बहरदार ने !
चिलम हुई तैयार–
बम शंकर हुई गोहार–
दो ही फेरे चार ही दम में चिलम जलकर हुई छार
ऊपर धुएँ का भोंमकार
नीचे चौधरी बहरदार
दोनों निर्विकार
दार्शनिक की तरह हथौड़िया देते
गरम जराठी में पाकर गिट्टी का संधान
हर्षित हुआ बहरदार !

बंद हो गया चौधरी के बेटे का पुराना बासी साप्ताहिक अखबार
छोड़ा जित्तू ने अपना गरमा गरम प्याजी समाचार–
सरकार ! क्या कहूँ आज का रंगताल–
कोसी कछार पर छारन के उस पार
झउआ झलास कास खरही पटेर के पुराने खढ़ौर में–
काट रहा था पटिए के लिए हरियर पटेर मैं
आया था साहब सब–
काला-काला कोट और पतलून और टोपा
और पैजामे अनगिनत !

साथ में थीं स्त्रियाँ भी–
खूब सुंदर चिक्कन चुन्नर
सुग्गे-जैसी ठोर लाल मैने-जैसी बोली
हे हो धर्मास्ति ! भगत के पहाड़ी मैने-जैसी
करती थीं शोर–पी पी ही ! पी पी ही !! पी पी ही !!

मुझे देखकर बीच खढ़ौर में खड़ा
उन्हें हुई बेगार की दरकार–
सीधे मेरे सामने डलेबर ने छोड़ा मोटर कार !
क्या कहूँ कटे पटेर पर पट्टे मैं पड़ रहा
पड़ा सो ऐसा पड़ा
कटकटा उठी खाट की पाटी और चौधरी का दाँत
दुत् ! भकचोन्हर बहरदार !
रह गए भर-जन्म फिर हरिजन ही तुम !
आया होगा करने के लिए बनभोज
रिलिफिया साहेब लोग !
ज़रा भी थोड़ी देर पहले तुम
खबर भेजते रे बहरदार
एक भी टाड़ा घी लेकर हो जाता
हज़ूर में खड़ा–
एक हजार रुपया ले ही लेता सुतार !
हाथ मसलता बोला जित्तू बहरदार–
सरकार ! इस बार तो मुझसे भूल हो ही गई।

विपक्ष/प्रवेशांक, जून, 1985

इमर्जेंसी

इस ब्लॉक के मुख्य प्रवेश-द्वार के सामने
हर मौसम आकर ठिठक जाता है
सड़क के उस पार
चुपचाप दोनों हाथ

बगल में दबाए
साँस रोके
खामोश
इमली के शाखों पर हवा

'ब्लॉक' के अंदर
एक ही ऋतु

हर 'वार्ड' में बारहों मास
हर रात रोती काली बिल्ली
हर दिन
प्रयोगशाला से बाहर फेंकी हुई
रक्तरंजित सुफेद
खरगोश की लाश
'ईथर' की गंध में
ऊँघती जिंदगी
रोज का यह सवाल, 'कहिए ! अब कैसे हैं ?'
रोज का यह जवाब–ठीक हूँ ! सिर्फ कमजोरी
थोड़ी खाँसी और तनिक-सा... यहाँ पर... मीठा-मीठा दर्द !

इमर्जेंसी वार्ड की ट्रालियाँ
हड़हड़-भड़भड़ करती
ऑपरेशन थियेटर से निकलती हैं–इमर्जेंसी !

सैलाइन और रक्त की
बोतलों में कैद जिंदगी !

–रोग-मुक्त, किंतु, बेहोश काया में
बूँद-बूँद टपकती रहती है–इमर्जेंसी !

सहसा मुख्य द्वार पर ठिठके हुए मौसम
और तमाम चुपचाप हवाएँ
एक साथ
मुख और प्रसन्न शुभकामना के स्वर–इमर्जेंसी !

धर्मयुग/26 जून, 1977

ओ लाल आफताब !

प्यारे 9 अगस्त ! सलाम !

पूरब आसमान में उठते हुए, 9 अगस्त के लाल आफताब ! तुम्हें भी सलाम !! अपनी किरणों में, हमारे लाखों-लाख शहीदों की उठती हुई जवानियों के तेज, हँसती हुई रंगीनियों के रंग समेटकर, आज तुम उग आये हो। शहीदों की समाधियों पर, फैली हुई हरियालियों पर, रात में सितारे ओस की माला चढ़ा गये हैं। उन मोतियों पर, तुम्हारी किरणों की छटा, विभिन्न रंगों की सृष्टि कर रही है। और उन रंगों को अपने प्राणों में घुलाने के लिए हमारी आत्मा आतुर हो उठती है। आज से सात वर्ष पहले, ऐसी ही आतुरता आत्मा में लगी थी।

याद है तुम्हारा वह रूप ! ठीक इसी तरह 'उग' कर तुमने हमें सन्देश सुनाया था–'सदा शान्त हिमालय के विशाल हृदय को फोड़कर ज्वालामुखी भड़क उठा है। उठो ! दिशाओं में 'करो या मरो' का महामन्त्र गूँज रहा है।' तुम्हारी प्रचण्ड किरणों ने हमें झकझोर कर जगा दिया था। और उस दिन हम जगे थे...

इन्कलाब के देवता ! तुम साक्षी हो कि हम जगे थे। कोई यह नहीं कह सकता कि हिन्दुस्तानियों ने 'सप्ताश्व अरुण रथ' के झंकार को सुनकर भी अनसुना कर दिया था। कोई यह नहीं कह सकता कि हम अपने देवता की पुकार पर नहीं जगे थे। शिक्षा, सभ्यता, संस्कृति, ज्ञान-विज्ञान की श्रेष्ठता की डींग हाँकनेवाले राष्ट्रों ने अचरज-भरी निगाहों से हमें देखा था और हमारी 'क्रान्ति' की 'नवीन पद्धति' की सफलता ने उनकी आँखों में चकाचौंध डाल दिया था। हाँ, हम उस दिन जगे थे।

शक्ति के भण्डार 9 अगस्त ! प्रकाश पुंज--प्यारे--लाल आफताब ! हममें फिर वही शक्ति भरो, हमें फिर वही प्रकाश दो !!

प्यारे ध्रुव,[1] तुम्हारे 'रक्तपर्व' का दिन है आज। ज़रा उठो, देखो–9 अगस्त फिर तुम्हारी समाधि पर फूल चढ़ाने आया है।

चिताओं, कब्रों, समाधियों में सोये हुए देवताओ ! आज जन-जन के मन में फिर वैसी ही बेदारी भर दो कि अपमानित और लांछित होने से पहले वे अपनी गर्दन दे दें।

हमारे बाग़वानो ! तुम्हारे खून से सींचे हुए आजादी के पौधे और फूल के

---

1. ध्रुव कुण्डू--जो सिर्फ 12 वर्ष की उम्र में 9 अगस्त, '42 को एक जुलूस को 'लीड' करते हुए 'शहीद' हुए। रेणुजी ने 'कितने चौराहे' उपन्यास इन्हीं को समर्पित किया है।

हम नये रखवाले हैं। विश्वास करो ! तुम्हारे लहू की लाली को लेकर जो कली खिली है वह कभी सूखकर झड़ नहीं सकती। हम प्रतिज्ञा करते हैं कि इस पर कभी किसी बेदर्द सैयाद की उँगलियाँ भी नहीं पड़ने देंगे। भगवान के मुकुट या माला में गूँथने के लिए भी यदि कोई इसे तोड़ना चाहेगा तो उसे निराश होना पड़ेगा।

और, आज जागो फिर से, करोड़ों करोड़ कब्रों में गड़े हुए जीवित नरकंकालो ! वह पुण्य महीना, वह पवित्र सप्ताह, वह महान दिवस और वह अलौकिक क्षण, फिर उपस्थित हुआ है जिसने तुम्हारी सूखी हड्डियों और निस्पन्द तन्तुओं में बिजलियाँ भर दी थीं !

आजाद भारत के गुलाम नर-नारियो ! आओ, देखो ! आज जलियाँवाले आये हैं, आज भगतसिंह आये हैं, जतीन्द्र आये हैं, खुदीराम आया है।

नौजवानो ! सुनो ! मौन दिवस भंग कर आज 'बापू' बोलनेवाले हैं। आज आसमान में फिर से गूँजेगा महामन्त्र, पवित्र मन्त्र–'करो या मरो' !

'करो या मरो !'

फिर इसी मन्त्र को दुहराने की आवश्यकता है। क्योंकि 'सत्य' कहता है कि 'वादा' अधूरा ही है, 'अहिंसा' कहती है कि कुर्बानी में कमी रह गयी। हमें फिर से करना है, फिर से मरना है।

जेलों, सेलों और फाँसी के तख्तों से सन्देश लेकर जो अल्हड़ हवा आती है, वह कहती है कि 'सुनहरा सपना' पूरा नहीं हुआ है।

यह कैसा स्वप्न भंग है ? यह कैसी छलना है ? कलाइयों और पैरों में बेड़ियाँ मौजूद हैं। अपने अंग-अंग पर बन्धनों को देखकर हम कैसे विश्वास कर लें कि हम स्वतन्त्र हैं। विश्वास की बात तो दूर, कोई ऐसी कल्पना भी नहीं कर सकता। हमें विश्वास हो गया है, सुराज हुआ है जरूर, लेकिन वह हमारे लिए नहीं हुआ है। वह सुराज हुआ है बिड़लाओं के लिए, टाटाओं के लिए, डालमियाओं के लिए, देशी नरेशों और जमींदारों के लिए, भ्रष्टाचारियों के लिए। यह जनता का सुराज नहीं। महाभारत छिड़ा हुआ है, जनता का संघर्ष अभी जारी है। दरिद्रता, भूख और रोगों से मरनेवाले एक-एक प्राणी को आज हम 'शहीद' कहते हैं। क्योंकि दुश्मनों के इन अस्त्रों से जूझनेवाले, मरनेवाले वीरों को हम 'वर्ग संघर्ष' में लड़नेवाला सिपाही समझते हैं।

इस भ्रष्टाचार के आलम में घुल-घुलकर मरने से अच्छा है एक ही बार कुछ करना या करते-करते मर जाना। इसीलिए फिर से टटोलता हूँ अपनी बेड़ियों को !

किन्तु हम हिम्मत नहीं हारेंगे, हम विश्वास नहीं खोयेंगे। हमने देखा है क्रुद्ध जनसमुद्र के उत्ताल तरंगों को, जनशक्ति की प्रचण्ड ज्वाला को ! हमने सुना है अपने महामानव के महाशंखनाद को !··· हिमालय के विशाल हृदय को फोड़कर एक बार फिर आग

भड़कना चाहती है, उसे कौन बुझावेगा ? 'गंगा' फिर एक बार अपने पवित्र जल में लहू घोलने को मचल रही है, इसे कौन समझा सकता है ? आसमान पर चढ़कर 'न्याय' फिर बोलना चाहता है—इस संसार में कौन-सी ऐसी शक्ति है जो उसे चुप कर सके ?

सब्र का प्याला भरने को है, इस प्याले से छलककर एक बूँद भी गिरी कि दुनिया जलकर क्षार हो जायेगी !

प्यारे 9 अगस्त !

ये हैं शहीदों की विधवाएँ ! इनकी सुधि के दीपकों के पवित्र प्रकाश को स्वीकार करो और इनकी खाली माँगों में सिन्दूर को आज फिर से हवा में बिखेर दो। ये हैं उनके बच्चे ! इन्हें एक बार दुलार दो ताकि यह आसमान से चाँद-खिलौना तोड़ ला सकें।

ये हैं उनकी वृद्धा मातायें—इनकी ज्योतिहीन आँखों में आज थोड़ी देर के लिए भी प्रकाश दे दो !

ये हैं उनके निस्सहाय पिता ! इन्हें सहारा दो ! और··· यह है हमारी टोली, श्रमजीवी, सर्वहारा की टोली ! सैंकड़े 99 की टोली, दुखी-दरिद्रों का दल !··· इन्हें आदेश दो !

और··· वे हैं—हमारे मुँह से कौर छीननेवाले, अनाज चोर, काले बाजारवाले, भ्रष्टाचार के देवता, शोषण के आचार्य, अन्धकार के सम्राट, गरीबी के जनक, आजादी के शत्रु। दुनिया भटक जाय ! धोखा खाये जाय ! लेकिन तुम तो उनकी, छद्मवेष के अन्दर छिपी हुई, सूरतों को पहचानते हो !

और··· स्वर्ण सिंहासन पर बैठकर अपने मुल्क को भूल जानेवाले वे हैं—8 अगस्त '42 के उस ऐतिहासिक प्रस्ताव की धज्जियाँ उड़ानेवाले महापुरुष गण, जिन्होंने अँगरेजों को भगाने का बीड़ा उठाया था, वे आज अँगरेजों के चरण पर आजादी को फिर चढ़ाकर राष्ट्रध्वज तिरंगे के 'चक्र' के पास 'यूनियन जैक' की मनहूस रेखाएँ अंकित करवाने के लिए बेचैन हैं, वे हैं किसान-मजदूर राज्य स्थापित करने की प्रतिज्ञा करनेवाले, जिन्होंने 'ताकत' को अपनी बपौती सम्पत्ति समझ ली है और जनसाधारण को पद-पद पर लांछित और अपमानित करके जनशक्ति को दबाने की नापाक हरकत कर रहे हैं।

··· बगावत के प्रतीक ! हमें बगावत का वरदान दो ! हम इनके स्वर्ग में आग लगाना चाहते हैं, हम सच्चा स्वराज्य लाना चाहते हैं।

इन्कलाब के आफताब, तुम साक्षी रहना ! कोई यह नहीं कह सके कि हमने··· !

9 अगस्त ! सलाम !

नई दिशा के शहीद विशेषांक 9 अगस्त, 1949 में अग्रलेख के रूप में प्रकाशित तथा 'एकांकी के दृश्य' में संकलित

पाँचवाँ भाग

आधी-अधूरी एवं अन्य रचनाएँ

कोइराला-निवास

कोइराला निवास ! नहीं, इसकी तुलना 'आनंद भवन' से नहीं करूँगा। लकड़ी की वह दुमंजिला आज भी खड़ी है। हालाँकि उसके कमरों में पलनेवाले प्राणियों में से देश के दो-दो प्रधानमंत्री हो चुके हैं।

इस बार–कुछ ही दिन पहले फिर देख आया हूँ–कोइराला निवास को। चौदह-पन्द्रह साल की उम्र से ही इस 'मकान' के व्यक्तित्व को श्रद्धा की दृष्टि से देखता आया हूँ। अब तो, इसके सुनसान कमरों और टूटी कड़ियों को भी बोलते सुनता हूँ। विराटनगर अस्पताल के पास पश्चिम वाली सड़क पर आकर बाएँ मुड़ते ही–कोइराला निवास सिर ऊँचा किए हुए दिखाई पड़ता है। आह्लाद भरे स्वर में हँसकर कहता है–हः हः, एत्ति दि पछि कसरि सझना··· कितने दिनों के बाद, कैसे याद आई ?

निवास ही नहीं, शिविर भी। क्योंकि प्रत्येक कोइराला को यही शिक्षा मिली है–मातृभूमि को राणाशाही के चंगुल से कैसे छुड़ाया जाए ? देश को किन उपायों से शिक्षित बनाया जाए ?···

नेपाल का एक तत्कालीन प्रधानमंत्री (तीन सरकार) विदेश गया था। उसने पार्लियामेंट में मान्य अतिथि की हैसियत से भाषण दिया–आप लोग भारत के हर शहर में स्कूल-कॉलेज खोल रहे हैं और साथ ही यह भी उम्मीद करते हैं कि भारत की जनता स्वराज्य नहीं माँगे। हमें देखिए, हमारे देश में न एक पब्लिक स्कूल है और न एक कॉलेज।

ब्रिटिश पार्लियामेंट के सदस्य मन ही मन हँसे थे। किंतु जब वह संवाद सात समुद्र पारकर नेपाल की तराई तक पहुँचा तो 'कोइराला निवास' के संस्थापक प्रबुद्ध नेपाली पंडित श्रीकृष्णप्रसाद कोइराला की आत्मा विद्रोही हो गई।···

रात-भर 'कोइराला निवास' के कमरों ने खामोश रहकर देखा, सुखी-संपन्न-संतुष्ट दीखनेवाला यह व्यक्ति इतना बेदार होकर रो क्यों रहा है ? ग्लानि-दुख-लज्जा और अपमान से दिव्य मुखमंडल झमा गया है ! बस, रह-रहकर एक ही टेक : अब पुग्यों नहीं, अब सहन नहीं किया जा सकता !

इस अपमान का बदला उन्होंने अपने ही ढंग से लेने का निश्चय किया।

विजयादशमी के अवसर पर 'कोइराला निवास' से तीन सरकार को स्वस्ति की 'डाली' दी जाती थी—उसमें रेशमी वस्त्र अशर्फी के स्थान पर फटे-चिटे चीथड़े भेजे गए—"महाराज ! आपकी प्रजा को चीथड़े भी मयस्सर नहीं। हम रेशमी वस्त्र कहाँ से भेजें ?"

और, इसके बाद ही भाई-भतीजों को 'कोतपर्व' में तलवार के घाट उतार बैठनेवाले तीन सरकार ने 'लालमोहर' का छाप डालकर फरमान भेजा—"कृष्ण प्रसाद कोइराला को पिंजड़े में बंद करके काठमांडू भेजो !"

स्थानीय बड़ा हाकिम मोरंग जिला का गवर्नर—हुक्मनामा पढ़कर किंकतर्व्यविमूढ़ ! क्या किया जाए ? श्रीकृष्णप्रसाद कोइराला के पक्ष में सत्य और धर्म है। ऐसे व्यक्ति को गिरफ्तार करके वह पाप नहीं लेगा। उसने राजद्रोह किया। रात के सन्नाटे में उसने 'कोइराला निवास' के हमेशा खुले रहनेवाले दरवाजे में प्रवेश किया। लेकिन, श्रीकृष्ण प्रसाद कोइराला ने तर्क शुरू किया—तुम क्यों राजद्रोह करते हो ? तुम अपना कर्तव्य पालन करो। लो हथकड़ी पहनाओ !

"खबरदार साहेब ! आप मेरे पितातुल्य हैं इसलिए अपने कर्तव्य का पालन नहीं कर रहा—ऐसी बात नहीं। आपको हथकड़ी लगाने का अर्थ है—नेपाल को हथकड़ी लगाना। आप आज ही रात को सीमा पार करके 'मधेस' (भारत) चले जाइए। आपकी गिरफ्तारी के साथ ही यह चिनगारी सदा के लिए बुझ जाएगी।"

श्रीकृष्ण प्रसाद कोइराला तैयार हो गए—सिर्फ एक खुखरी (नेपाली कटार) और कुछ पैसे लेकर—अपनी पत्नी के साथ वे रात के पिछले पहर में निकले। भुरूकवा तारा के प्रकाश में 'कोइराला निवास' मौन, स्तब्ध खड़ा—मन-ही-मन मंगलकामना के मंत्र पढ़ रहा है।

मॉरिसस, कलकत्ता, प्रयाग, बनारस प्रवास में वे रहे—उनका जी सदा इस काठ के मकान पर टँगा रहता—घनी तराई के बीच छोटा-सा कस्बा—विराटनगर ! अपना छोटा-सा देश नेपाल !

भारतीय स्वतंत्रता-संग्राम के प्रमुख नेताओं से वे मिले। सभी ने इस विद्रोही का स्वागत किया। कहते हैं, सर तेजबहादुर सप्रू ने कानूनी सलाह देकर कहा था—भारत की भूमि पर आप निर्भय विचरण करें—अंग्रेजी सरकार का कोई भी कानून आपका बाल-बाँका नहीं कर सकता।

उन्हीं दिनों की एक घटना है। देशबंधु दास के कमरे में एक सम्माननीय अतिथि मिलने के लिए आए हैं। साथ में है आठ-नौ वर्ष का सुंदर बालक। अतिथि बहुत देर तक अपना दुखड़ा रोते रहे। अपना दुखड़ा माने अपने देश की दुर्दशा की कहानी। बातें करते-करते उन्हें बीच में रुकना पड़ता था। उनका पुत्र तनिक चंचल है। देशबंधु के कमरे में घूम-घूमकर वह देख रहा है। जब कभी कुछ छूना चाहता है, पिता प्यार से पुकार कर कहते हैं—नहीं विशु ! कुछ छू-छा मत करो ! पिता की बात सुनकर वह एक क्षण चुप रहता। फिर, कौतूहलवश किसी वस्तु में हाथ लगा देता। तब, देशबंधु दास ने बालक को पास बुलाकर प्यार करते हुए

कहा–देखो, यदि तुम दो मिनट चुपचाप बैठोगे तो··· यह कलमदान तुम्हें इनाम में दिया जाएगा। लेकिन ठीक दो मिनट–घड़ी देखकर–चुप बैठा रहना होगा। तैयार ?

बालक मुस्कुराया–हुँह ! (ठीक है।)

देशबंधु अपने अतिथि से बातें करने लगे। इसी बीच लड़के ने 'कलमदान' को हठात् उलट दिया। दोनों एक साथ चिहुँके–अरे ?

बस, एक मिनट भी चुप नहीं ?

बालक लज्जित हुआ। बोला–असल में मैं देखना चाहता था कि इस कलमदान में ऐसी क्या खास बात है ? अब मालूम हुआ कि इसे उलट देने पर भी रोशनाई–पोखिन्दैन–नहीं गिरती।

सुना है, देशबंधु ने बालक को गोदी में लेते हुए अपने अतिथि से कहा था–कोइरालाजी, आप व्यर्थ ही नेपाल की चिंता करते हैं। आपका यह बालक जो एक मिनट भी चुप नहीं बैठ सकता और जानबूझकर 'इनाम' हार जाता है। कलमदान को उलट देता है, वही एक दिन राणाशाही को भी उलटेगा। यह चैन से नहीं बैठेगा कभी।

देशबंधु की बात ठीक निकली।

विराटनगर में विद्यालय स्थापना और मोरंग जिले में शिक्षा प्रचार करने की शर्त पर श्रीकृष्ण प्रसाद कोइराला का परिवार एक युग के बाद नेपाल लौटा। इसके पहले टेढ़ी भागलपुर में एक आश्रम चला रहे थे। बड़ा बेटा मातृका प्रसाद कोइराला–1929-30 के सत्याग्रह के समय सदाकत आश्रम में राजेंद्र बाबू का प्राइवेट सेक्रेटरी रह चुका है। छोटा बनारस में पढ़ते समय हमेशा सी.आई.डी. वालों की निगाह में रहा। एक बार पकड़ा भी गया है। हवालात की हवा खा आया है। भारत के प्रसिद्ध क्रांतिकारियों से परिचित हो चुका है। रूस की बातें करता है।

उजाड़ कोइराला निवास युगों के बाद फिर आबाद हुआ। फिर जिंदगी चल पड़ी। लेकिन एक नई राह पर ! इन आश्रमवासियों ने पूरी गृहस्थी को आश्रम के नियम-ढंग पर चलाने का व्रत लिया। बाँस-फूस के झोपड़ों में 'आदर्श विद्यालय' की स्थापना हुई। घर-घर घूमकर विद्यार्थियों को बटोरना, स्लेट-किताब बाँटना–यही काम था कोइराला दंपति का।

आदर्श बियालय की बात बाद में कभी। अभी तो 'कोइराला निवास' की याद आ रही है। इसी सप्ताह की एक प्रमुख खबर है–महाराजाधिराज महेंद्र मोरंग जिले के दौरे पर जानेवाले हैं। वी. पी. कोइराला की बूढ़ी माता विरोध प्रदर्शन की तैयारी कर रही हैं। गाँव-गाँव घूम रही है। प्रचार कर रही हैं।

इन पंक्तियों के लिखते समय फिर एक खबर मिली है–महाराजाधिराज ने अपनी यात्रा दो-तीन दिनों के लिए स्थगित कर दी है।···

इस समाचार के पढ़ने के बाद, कथाकार का मन इसे रूपक में बाँधने को ललच उठा था :

नारायण हिटा दरबार पाँच सरकार ने भेजा हरकारा, बजा नगाड़ा–पूर्वी तराई–जिला मोरंग में सवारी श्री पांच की–

अपनी प्यारी प्रजा को देखने के निमित्त असंतुष्ट, उच्छृंखल और विरोधियों को दलने के निमित्त··· डिग-डिग-डिग !

हँसा बूढ़ा कोइराला निवास ठठाकर–हा-हा !

धनकटनियाँ

इस बार, पन्द्रह दिन कातिक से ही धनकटनियाँ–मजदूरों की टोलियाँ हर गाँव के छोटे-बड़े किसानों के दरवाजे पर पहुँचकर 'बंदगी' बजा-बजाकर खड़ी हो गयीं। 'निधनिया' इलाका (जिस इलाके में धान नहीं होता) परिवार-सहित चार महीने के लिए 'धनहर-इलाके' में आकर झोपड़ी डालकर–'चार दिन की चाँदनी' काट जाते हैं। अगहन से पूरा-माघ तक कटाई, फिर माघ से फागुन तक मड़ाई। फिर चार महीने की कमाई-धान की बोरियाँ-बहँगियों पर, बच्चों को पीठ पर लादकर वे जिस समय विदा होते हैं–हवा में चैती गीत की उदासी छा जाती है–हो रामा, चैत क महिनवाँ··· वाँ··· वाँ··· !

धनकटनियाँ-मजदूरों को हमारे इलाके में 'लक्ष्मी' कहा जाता है। जिस बार इन्द्र महाराज की कृपा होती है, आद्रा और हथिया नक्षत जी खोलकर झरते हैं–इधर की धरती के हर कण में रोज रंगों का खेल शुरू हो जाता है। पहले हरा, सुगापंखी धानी रंग। छोटे-छोटे गड्ढे और तलैयों में–कोका फूल के फल यानी भेंट, और मांगुर, सोन मछलियों के रंग गहरे काले हो जाते हैं। हिमालय में मुर्गाबियों और वनहाँसों की या इनके रंगों की जादूगरी सबसे पहले चलती है। अन्नकूट के पहले ही वे हजारों की संख्या में, पूर्णिया के धनहर इलाके के आकाश में–रात के सन्नाटे में–मंडराती रहती हैं। इसके बाद आती हैं 'धनकटनियों' की टोलियाँ–बहँगियों, सिर और पीठ पर सारे संसार को सँभाले–धानी रंग की डोर में बँधी-बँधी। हर टोली की कम से कम एक या दो या कभी-कभी तीन–बाँके छौड़ियाँ और तेज हँसियाँ–जिससे धान तो क्या आदमी···

खलिहान के पास, आम की बगिया में जहाँ हर साल (हर साल तो नहीं, जिस साल धान की खेती अच्छी होती है) इनके टोले बसते हैं, इस बार भी इन्हें वहीं बसाया गया। मगर, जब इनके 'सीधा-सम्बर' का सवाल उठा तो सोच में पड़ गया। जब तक धनकटनी शुरू नहीं हो जाती, किसान इन्हें खिलाते हैं। और

खलिहान खुलने के बाद, 'दबनी-मड़नी' के बाद इयोढ़ा सूद के साथ वसूल लेते हैं। किन्तु, इस बार क्या हागा ? बड़े-बड़े काश्तकारों के घर में 'घर खर्च' के लिए चावल नहीं। इन्हें क्या खिलायेंगे ? धनकटनी के समय स्थानीय मजदूरों की 'ऐंठ' और 'मिजाज' की याद करके, इन सीधे-सादे मुसहरों-तीयरों को 'पोसना' जरूरी हो जाता है। स्थानीय मजदूर इन बाहरी मजदूरों को भली निगाह से कभी नहीं देखते और मौका मिलते ही इन्हें तरह-तरह से जलील करने की कोशिश करते हैं। और, इनके 'टोले' को बाबुओं के दिल बहलाने का अड्डा कहकर तरह-तरह की कहानियाँ कहते सुनते हैं।

गाँव के मजदूर लोग रोज एक बार 'धरना' देकर जाते हैं। इन 'बाहरी' मजदूरों के अन्न की व्यवस्था सहज ही होते देखकर, मेरे हलवाहे की बीवी तिलमिला उठी थी–"साल-भर खेती में मरें गाँव के लोग और काटने के समय 'पछवरिया-जन'··· ?"

अन्दर हवेली से ही उसको जवाब मिला–"चुप रह सुनरी ! गाँव के जन साल-भर सेंत में ही नहीं खेत में खटते हैं। इधर पानी सूख रहा है, चार बजे भोर में ही बाबुओं को खुशामद करके उठाया जाता है। दो जून खाना, तिस पर फरमाइश–मांस मछली-कबूतर-आम-कटहल–इसमें जरा भी डेढ़-वेढ़ हुआ कि दूसरे गृहस्थ के खेत में हाजिर। तुम्हारे खेत में पानी सूखे या बज्जर गिरे। यदि ये पछवरिया-कटनियाँ नहीं आवें, आधा धान खेत में ही पार हो जाये···।"

समय के साथ सबकुछ बदलता है। इस बार इन बाहरी मजदूरों ने तय किया है, वे मुफ्त में बैठकर नहीं खायेंगे। औरतें जंगल से सूखी लकड़ियाँ काटकर लायेंगी, साखू के पत्तों की पतरियाँ बनायेंगी और दँतुअन के लिए नीम की टहनियाँ रोज एक ट्रेन से फारबिसगंज जाकर बेच आयेंगी। मर्दों में जो जवान हैं, मछलियाँ पकड़ेंगे, भेंट के फूल 'लोढ़ेंगे' और यहीं स्टेशन के हाट में ही साँझ तक तीन-चार रुपये हो जायेंगे।

दल के बूढ़े भेंट ने कहा–"बाबू ! रहने के लिए तो पतराहा के बाबू भी खूब जिद्द कर रहे थे। मगर दो कौड़ी, दस साल (पचास साल) जिस खेत-खलिहान में काटा-मांड़ा है–उसका 'मोह' भला··· ?"

अंधकार में भी मैंने बूढ़े की आँखों में 'मोह' के नशे की खुमारी देखी। इस बार मुझे खुद खेत-खलिहान में दिलचस्पी लेते देखकर बूढ़ी बोली, 'बाबू' अब गाँव में ही रहते हैं ? जबाब मैंने नहीं, बूढ़े ने ही दिया, "गाँव में नहीं रहेंगे तो क्या जिंदगी-भर परदेस ही 'सेवेंगे' ?"

सुबह आँख खुली तो कान में सबसे पहले एक अपरिचित ध्वनि–गिलट की पैरियों की सुनायी पड़ी। बूढ़े भेंट की बूढ़ी कह रही थी–मेरी भाँजी है। दलसिंह सराय शहर के पास ब्याह हुआ था। घरवाला मारवाड़ी के गोला में 'गठिया' बाँधता था और यह बाबुओं के घर में बरतन-बासन माँजती थी।··· बहूजी। अब कहाँ किस जात का पानी नहीं चलता है ? सुराज सब जगह हुआ है कि···।

फिर, पैरियों की झनक। मैंने पगध्वनि से ही चलनेवाली के चेहरे की कल्पना कर ली। बाहर निकलकर देखा—पैरियों की रुन-झुन जिसके चरण-चाप से प्रतिध्वनित होता था—उसके चम्पई चेहरे पर पानी चमचमा रहा है और आँखों में ऐसी गहराई कि आदमी पहली बार ही डूबते-डूबते बचे...।

मालूम हुआ—बूढ़ी की यह अभागिन भाँजी—रनिया जंगल में लकड़ी नहीं काट सकेगी। इसीलिए बूढ़ी चाहती है कि यदि 'आँगन-घर' के काम के लिए इसको रख लिया जाय, कुछ दिन।

उसको जवाब मिल गया—'कुछ दिन' के लिए यहाँ कोई काम नहीं।

न जाने क्यों, आज भोजन करते समय बार-बार हलवाहे की गंदी बीवी के नाखूनों की याद आयी। लगा, बीड़ी पीकर बगैर हाथ धोए ही उसने मसाला पीसा है। बीवी हाथ-पैर धोकर चौके-चूल्हे में जाती है तो ?

जीवन मूल जड़ी

इस हरी-भरी रसवंती धरती की सुंदरता में कहीं भी, तिल-भर की कमी नहीं हुई। ऋतुओं के रंग तनिक भी मलिन नहीं हुए। लेकिन, किसी को यह दुनिया वीरान नजर आ रही है। माटी के मोह ने ही उसे भावुकता दी। धरती के रूप-रस-रंग को उसी ने सबसे पहले अनुभव किया—भोगा। मन की अतल गहराई में अपने संसार की सृष्टि की। वही प्राणी अपने चारों ओर एक मायूसी और मनहूसी का आलम देखता है। कहीं जी नहीं लगता। और यह कष्ट—सुनते हैं—सिर्फ मनुष्य ही अनुभव करता है। जिस दिल में दर्द नहीं—वह मुर्दे का दिल होगा—देखिए, जफर का यह दर्द हजारों-हजार दिलों का दर्द बनकर जी रहा—जिला रहा है—

लगता नहीं है दिल मेरा...

और, जब यह दुनिया उजड़ा हुआ दयार ही साबित हो चुकी, जहाँ जी ही नहीं लगता—वहाँ रहने से फायदा ! आदमी माटी के मोह को काटने की कोशिश करता है। वह कहीं और चल देने के लिए गठरी बाँधता है। कहाँ जाएगा—बेचारा आदमी—संवेदनशील प्राणी—

ऐ दिल, तू कहीं और चल !...

लेकिन, कहीं और चल देना इतना सहज नहीं। यह धरा राधा का रूप लेती है—यशोधरा

बनकर सामने आती है–और मीरा के कंठों से स्वर-लहरी बनकर फूट पड़ती है–धरती की पीर–

जोगी, मत जा, मत जा !

लेकिन, जानेवाले के रथ को कौन रोक सकी है ? रस भरी गलियाँ गोकुल की पीछे रह गईं–रथ की धूल में गाँव ओझल हो गया। मानो सोने के पिंजड़े में बंद पंछी पंख फड़फड़ाकर उड़ चला हो–खुले आसमान में। अब यहाँ क्या रहना–यह तो रैन बसेरा था, दो दिन का डेरा था। इसका क्या मोह ?–

चल उड़ जा रे पंछी…

कौन कहता है धरती वीरान हो गई है ? नहीं-नहीं, यह उजड़ा दयार नहीं। यहाँ आरजू और इंतजार में कट जानेवाली घड़ियों के बावजूद एक ऐसी घड़ी आती है–जिस समय आदमी के दर्द भरे दिल पर कोई हौले-हौले हाथ रखता है। देखो–चारों ओर रस की झड़ी लगी हुई है। आओ, रस बरसे, हम भींगें–

ओ सजना–रस की बहार…

बरखा बहार और रस की फुहार को उसने झुठला दिया है–इन बहारों से क्या फायदा ? झूठी आशा के सितारों पर उसे भरोसा नहीं ! नैनों में प्यार उमड़े-घुमड़े या बरसे–जानेवाले का पथ ज़रा भी गीला न होगा। उसके मन के आकाश में कोई घटा नहीं छाई है। वह क्यों रुके ?

बरखा बहार का कोई प्रभाव नहीं पड़ा तो क्या हुआ–धरती की धानी चुनर में अब भी लहरें आती हैं। बरखा बहार के बाद बसंत की पागल बयार की पुकार होती है–समस्त वन-प्रांतर में मँडराती है–आसन्न विरहिणी की दर्द भरी पुकार–

ओ बसंती पवन पागल…

मानो, बजता हुआ साज हठात् बंद हो गया। वह मुहूर्त–सबकुछ शून्य-गतिहीन-शब्दहीन-प्राणहीन !! सब खाली हो गया ! अब–कैसे प्राण पिया बिन राखौ ?–जीवन मूल जड़ी। गिरिधर के हाथ बिकानी मीरा का अब क्या हो ? नहीं, नहीं, मीरा मन की आशा को नहीं छोडेगी–पंछी रे काहे होत उदास !

विरह की ओदी लाकड़ी
जलै औ' धुँधुआये
दुख से तबहि वाँचिहौं
जब सकलौ जरि जाए !

जब सकलौ जरि जाए ! जब सारे भेदभाव दूर हो जाएँ—मन के सारे कलुष धुल जाएँ—तब द्वैत का लोप हो जाए।

और, इस अवस्था की प्राप्ति के बाद तो—मेरे पिया मेरे मन में बसतु हैं—निशदिन दर्शन पाती—मीरा। आँखें जुड़ा जाती हैं—प्यासी अंखियों में फिर आनंद का सागर लहराता है—

घर आया मेरा परदेशी...

अनाहत पद्म

रेणुजी ने भूल-सुधार के लिए यह पत्र राजकमल चौधरी की ओर से संभवतः लिखा था, पर यह प्रकाशन के लिए भेजा नहीं गया।

मई, 1968/सारिका/पृष्ठ 45 पर—मेरे अधूरे आत्मकथ्य की दूसरी और (तथाकथित !) अंतिम किस्त में—प्रेस के प्रेतों ने मात्र एक 'अक्षर' की गलती करके दसगुना विभ्राट की सृष्टि कर दी है। अतः भूल-सुधार।

छपा है—"रेणुजी के साथ ही मैं पहली बार सेंट्रल होटल में शाम काटने के लिए गया था। आखिरी बार भी उन्हीं के साथ। इन दोनों घटनाओं में कुल तीस साल और सात महीनों का तिथि-भेद है।"

मैंने लिखा था—कुल 'तीन' साल और सात महीनों का तिथि-भेद ! तीस नहीं तीन। स नहीं न··· स र ग म प ध न—सगुण का 'स' नहीं निर्गुणवाला 'न'···।

इस भूल-सुधार के बाद भी जब 'मिड़िया-महोदय' ने मुझे यानी मेरी आत्मा को विदा नहीं किया तो उसका यही मतलब हो सकता है कि उस 'पहली' और 'अंतिम' बार की 'सेंट्रल होटल एण्ड बार' की घटनाओं को विस्तारपूर्वक लिपिबद्ध करने के सिवा मेरे पास और कोई चारा नहीं।···

रेणुजी के साथ··· रेणुजी जब रेणुजी नहीं थे। उनको मैंने देखा तक नहीं था। 1953-54 की बात। उनको देखने से पहले उनकी पहली कृति 'मैला आँचल' के छपे हुए फर्मों से मेरा परिचय क्रमशः घनिष्ठ हो चुका था। दिन-भर सेक्रेटेरियट में काम करने के बाद, शाम को फुटपाथ-होटलों में से किसी एक होटल—चाहे वह पिण्टू के सामनेवाली बुढ़िया का (सस्ता) हो अथवा मँहगू का मँहगा होटल—रोटियाँ खाकर मुझे जहाँ मुफ्त सोने की जगह मिली थी, वहीं बैठकर 'मैला आँचलकार महोदय' दिन-भर प्रूफ देखा करते थे। युनियन प्रेस, पटना के 'फोरमेन' मेरे दूर

के रिश्तेदार थे। उन्होंने कृपापूर्वक मुझे रात काटने के लिए प्रेस के बरामदे पर पड़े टेबल पर मुफ्त सोने की अनुमति दी थी। बशर्ते कि मैं बरामदे की बत्ती गुल नहीं कर सकता इसलिए मुझे रोशनी के चकाचौंध से बचने का और नींद को बुलाने के लिए नित्य चित्त लेटकर कुछ देर तक कुछ-न-कुछ पढ़ने की क्रिया सम्पन्न करनी पड़ती। इसी सिलसिले में एक रात मेरे हाथ 'मैला आँचल' का पहला 'फर्मा' आया।··· पूरे बारह महीने तक कच्छपगति से किताब की छपाई चली। यानी किसी महीने दो फर्मे, तो किसी महीने सिर्फ एक। लेकिन, पहला 'फर्मा' पढ़ने के बाद से ही मैं अक्सर उस 'किताब' की 'प्रगति' के बारे में–उसके लेखक के स्वास्थ्य और सम्पत्ति (हेल्थ एण्ड वेल्थ) के बारे में पूछताछ करता रहता। लेकिन, उससे मिलने की ख्वाहिश कभी नहीं हुई।

किताब छपने के बाद जब रेणुजी सचमुच रेणुजी हो गये तब एक दिन मैंने नागार्जुनजी के साथ उनके तत्कालीन निवास स्थान पर जाने की ख्वाहिश जाहिर की। मुझे याद है, उस दिन नागार्जुनजी मेरे साथ कहीं और जाने···

अपूर्ण-अप्रकाशित। रचनाकाल–1968

राजकमल-प्रसंग

['राजकमल-प्रसंग' रेणु ने मासिक 'पतझर' (सम्पादक–नरेन्द्र घायल) के जनवरी, 1972 अंक में प्रकाशित करवाया था। यह धारावाहिक रूप से छपना था। रेणु ने 'पतझर' के सम्पादक को इसकी पहली किस्त देते हुए लिखा था–"तीन साल के कितने ही अन्तरंग प्रसंग हैं। उन्हें 'राजकमल-प्रसंग' के रूप में तुम्हारी पत्रिका के लिए देता रहूँगा।"··· किन्तु, उसकी अगली किस्त कभी नहीं छपी। इसी शीर्षक से सवा तीन पृष्ठ उनके निजी फाइल में मिला था, जिसे 'आजकल' के जुलाई, 1977 अंक (रेणु-स्मृति अंक) में प्रकाशित किया गया था। इसके प्रारंभ में जो सम्पादक की ओर से टिप्पणी लिखी गई है–वह स्वयं रेणु की ओर से। इससे पता चलता है कि रेणु इसे 'साप्ताहिक हिन्दुस्तान' के लिए लिख रहे थे। रेणु की 'राजकमल-प्रसंग' शीर्षक से एक पूरी किताब लिखने की योजना थी, जिसे वे पूरी नहीं कर पाये। यहाँ एक ही रचना के दो पाठ एक साथ पढ़ना एक अलग स्वाद देता है।

–भा. या.]

[यह जानकर प्रसन्नता हुई कि तुम 'पतझर' नामक 'लघु पत्रिका' निकाल रहे हो। कोई सलाह या सुझाव अथवा आशीर्वाद, या शुभकामना नहीं दे रहा हूँ। 'लघु पत्रिका' को उन सब चीजों की अपेक्षा नहीं करनी चाहिए।

राजकमल चौधरी की मृत्यु के बाद 'सारिका' में 'भैरवीचक्र' या ऐसे ही किसी शीर्षक के अंतर्गत राजकमल का एक संस्मरणात्मक निबंध प्रकाशित हुआ था। जिसमें, छापे की गलती से (एक अक्षर की गलती) एक भ्रम की सृष्टि हुई थी। उसमें राजकमल ने मेरे बारे में लिखते हुए कुछ ऐसा ही कहा था 'रेणुजी से पिछले 'तीन साल' का परिचय है"–किन्तु, छपा था "तीस साल"। इस संबंध में कई पत्र भी आये थे कि तीस साल से जो लेखक मेरे सम्पर्क में रहा–उसकी मृत्यु के बाद मैंने उस पर अब तक क्यों नहीं लिखा कुछ भी ?

इस भ्रम का निवारण करते हुए 'सारिका' में ही मुझे राजकमल के सम्बन्ध में कुछ लिखना था। लेकिन, अब तक नहीं लिख पाया। अब तुम्हारी पत्रिका निकल रही है तो उसके बारे में ही लिखने को मन कर रहा है।

तीन साल के कितने ही अंतरंग प्रसंग हैं। उन्हें 'राजकमल-प्रसंग' के रूप में तुम्हारी पत्रिका के लिए देता रहूँगा !··· तुम्हारा, रेणु]

'मैला आँचल' का प्रकाशन हो चुका था। थोड़ी-बहुत चर्चा भी शुरू हो चुकी थी। उन दिनों भँवरपोखर, सब्जीबाग में अपना डेरा था। वहीं एक दिन एक 'स्टुडेंट जैसा नौजवान'–नागार्जुनजी का कोई 'संवाद' और 'चेतना' गोष्ठी (मैथिली) के कविता सम्मेलन का निमंत्रण-पत्र एक ही साथ लेकर आया था। उसने अपना नाम मणिकांत या मणीन्द्र बतलाया। और यह भी कि वह मैथिली में कविता-कहानी आदि, लिखता है। लेकिन, शाम की गोष्ठी में वह अनुपस्थित था।

कई महीने के बाद, फिर मछुआटोली में–बीच सड़क पर रिक्शा रुकवाकर–उसने उस दिन की गोष्ठी में अनुपस्थित होने का कारण बतलाया और यह बताने लगा कि उसने 'मैला-आँचल' के प्रत्येक अध्याय को छपाई के दिनों में ही पढ़कर समाप्त कर दिया था।··· युनियन प्रेस–(जिस प्रेस में 'मैला-आँचल' का प्रथम संस्करण छपा था)–में उसके कोई रिश्तेदार कम्पोजिटर थे जो रात में उसको उसी टेबल पर सोने की अनुमति दिये हुए थे–जिस टेबल पर दिन में मैं फर्मे का 'फाइल-प्रूफ' देखता था। इसके बावजूद उसने मुझे इतना प्रभावित नहीं किया कि उसको अपने डेरे पर आकर बातें करने का निमंत्रण देता।

इसके बाद फिर उस मणीन्द्र या मणिकांत अथवा मणिशंकर नामक नौजवान से कभी मुलाकात नहीं हुई।

पांच-सात वर्षों के बाद–'परती-परिकथा' के प्रकाशन के उपरान्त–आकाशवाणी, पटना के दफ्तर में–लाल धोती और मटके का बंगला कुर्त्ता पहने वह मधुकर (गंगाधर) के साथ आया। लेकिन, उसने अपना नाम बतलाया–राजकमल चौधरी !··· मुझे असमंजस में पड़ा देखकर उसने अपनी ताम्बुलरंजित दंत पंक्तियों को बाहर निकालते

हुए कहा था–उस नाम को अब भूल ही जाइये !

मैंने राजकमल चौधरी की कई रचनाएँ अब तक कलकत्ता से प्रकाशित कई पत्रिकाओं में पढ़ ली थी। किन्तु, मैंने इसकी चर्चा नहीं की। मैंने उसकी 'लाल धोती' को गौर से देखते हुए कुछ पूछा तो उसने बतलाया कि वह द्विरागमन संस्कार सम्पन्न कर गाँव से लौटा है अब फिर परदेश जा रहा है–कलकत्ता !

डेढ़ साल के बाद वह फिर आकाशवाणी में आकर अचानक उपस्थित हुआ। उपस्थित हुआ कहना ठीक नहीं होगा। उसने अपने को प्रस्तुत किया नये रूप में 'रागरंग' के प्रवेशांक के साथ। और, इस बार इतना प्रभावित और प्रसन्न हुआ कि उसको सीधे 'प्रिंस होटल' ले जाकर पूछा था–कितने स्पंज रसगुल्ले खा सकते हैं आप ? उसने असल 'मैथिलाम-ठहाका' लगाकर जवाब दिया था–बीस···पच्चीस ··· तीस से अधिक नहीं।··· आप चालीस तक खा लेते हैं–सुना है। हरिमोहन झा जी 'बेड-टी' के साथ डेढ़ सौ तक और सुना है, डाक्टर अमरनाथ झा··· ।'

इसके बाद न 'रागरंग' का कोई अंक देखने को मिला और न राजकमल की सूरत। एकाध लेख के दर्शन हुए जिन पर प्रत्यक्ष रूप से अंग्रेजी मासिक 'एनकाउन्टर' में प्रकाशित कई निबंधों के सम्मिलित प्रभाव थे। हाँ, पिछली बार 'रागरंग' के सम्पादक (या डिक्टेटर ?) के रूप में जब वह मिला तो काफी 'स्मार्ट'–यानी मोटे फ्रेम का चश्मा–डी.सी.एम. दुसुत्ती का बुश्शर्ट और पतलून में।··· इधर की रचनाओं में वह और भी ज्यादा 'स्मार्ट' होने की चेष्टा कर रहा था। ऐसी चेष्टा देखकर मुझे स्वामी विवेकानन्द की वाणी याद आ जाती है–"चालाकीर द्वारा कोनो महत् कार्य सम्पन्न हय ना–हते पारे ना !"

उसने कई लघु-पत्रिकाओं में एकाध पंक्तियों के द्वारा मुझे याद किया यानी मेरा ध्यान आकर्षित। बाद में–एक-दो आलोचनात्मक प्रबंध में चिकोटी काटकर देखा। मैंने 'इस्स-बिस्स' कुछ नहीं किया।

उस बार कलकत्ते से कोई पटनिया-मित्र वापस आया जिसने मुझे सूचना देते हुए सावधान किया कि राजकमल चौधरी नामक आधुनिक लेखक कलकत्ते में मुझसे बहुत क्रुद्ध है।

मैं रेडियो की नौकरी छोड़कर 'तीसरी कसम' के चक्कर में पटना से बम्बई और बम्बई से पटना कर रहा था। उन्हीं दिनों, पटना की नयी पीढ़ी के एक तरुण 'अरुण लेखक' ने आकर सूचना दी–"एक बात मालूम है आपको ?··· वह राजकमल चौधरी अब फिर पटना आ रहा है।···अरे वहाँ बहुत चक्कर···कलकत्ता··· अब कलकत्ता में नहीं रह सकेंगे।"

मैं सचमुच प्रसन्न हुआ तो तरुण अरुण लेखक जी (भारती नहीं !) आश्चर्यित हुए।

मैंने पूछा–"यहाँ कोई नौकरी मिल गई है कहीं ?"

"नौकरी क्या ? यहीं··· फ्री लांसिंग करेंगे और क्या ?" अर्थात् जो कलकत्ता में करते थे–वही यहाँ आकर भी करेंगे तो, आप क्यों दुबले हुए जा रहे हैं ?

तरुण अरुण लेखक जी ने मार्क्सवादी मुहावरे में बतलाया कि उसके लेखों से लगता है कि वह अमेरिकी दलालों के चंगुल में··· ?

मैंने बीच ही में टोककर कहा—भाई साहब ! अमेरिकी दलालों के चंगुल में पड़ा हुआ आदमी पेट पालने के लिए एक महानगर से दूसरे छोटे नगर में भटकता नहीं फिरेगा ? वह रोयेगा भी तो मोती झरेंगे !

"लेकिन, वह खुद कहता है कि वह···।"

मैंने प्रसंग बदलकर बात को वहीं दबा दिया।

[क्रमशः]

[यहाँ हम प्रस्तुत करते हैं—

फणीश्वरनाथ 'रेणु' द्वारा लिखी जा रही किताब 'राजकमल-प्रसंग' के कई अध्यायों के कुछ अंश—जिन्हें लेखक ने हमारे दीपावली विशेषांक, 72 के पाठकों के लिए—विशेष शुभकामना के साथ भेजा है। 'साप्ताहिक हिंदुस्तान' में 'रेणु' की रचना पहली बार प्रकाशित··· इत्यादि जो संपादक जी उचित समझें।—संपादक*]

तब राजकमल अरुण भारती को साथ लेकर एक दिन मेरे फ्लैट में पहली बार आया। 'नवराष्ट्र' में 'कंट्रोवर्सियल कॉलम' लेखन-काल से लेकर 'भारत मेल' ज्वायन करते हुए राजकमल को करीब बारह-तेरह महीने हो रहे थे और उससे करीब बारह-तेरह बार मेरी मुलाकात हो चुकी थी। और करीब-करीब हर बार उसने कहा था—'एक दिन आपके डेरे पर आना चाहता हूँ।' और, मैंने भी सदा कहा था—'आइए, किसी भी दिन—किसी भी समय।'

मेरे कमरे में आकर उसकी निगाह टेबुल पर पड़े हुए—'हंग्री जेनरेशन' उर्फ क्षुत्कातर (अथवा भूखी पीढ़ी) के लिटरेचर पर पड़ी। कई दिन पहले, मलयराय चौधुरी (हंग्री जेनरेशन का आवाँगार्द !) आकर दे गया था··· 'आमादेर मैनिफेस्टो बेरियेछे।'

अरुण मुझसे हमेशा मैथिली में ही बोलता है। उसने इस वर्ष में दुर्गोत्सव में संपन्न हुए संगीत समारोहों की बात छेड़ दी—'अहाँ कोने कोन प्रोग्राम घोलों—आप कहाँ-कहाँ का प्रोग्राम··· ?'

हमारी बातचीत के दर्म्यान राजकमल 'हंग्री लिटरेचर' पढ़ता रहा और अकस्मात् पढ़ना बंद कर मैथिली में ही बोला—'पटना क पूजा क एह अलगे शान··· पटने की पूजा का एक अलग ही शान है। दुर्गोत्सव में ऐसा संगीत समारोह मेरे जानते सारे भारतवर्ष में कहीं नहीं··· इस बार तो नहीं हो सका—अब हम एक साथ मिलकर प्रोग्राम देखेंगे।'

---

* संपादक की ओर से रेणुजी ने यह टिप्पणी स्वयं लगाई थी। यह रचना डायरी में न होकर अलग से फुलस्केप कागजों को दुहरा करके लिखी गई थी। कुल जमा सवा तीन पृष्ठ।

इसके बाद अरुण ने अपने आने का उद्देश्य बतलाया–'हम एक विशेष काम से आए हैं। 'भारत-मेल' का 'दीवाली अंक' निकल रहा है···।'

'दीवाली परसों ही है न ?'

'केक् !' अरुण बातें करते समय खास-खास मौके पर मुँह से–जबड़े के दाहिनी ओर से–ऐसी ही आवाज निकालकर दाहिनी भौंह को तनिक सिकोड़ देता है। उसकी इस आवाज और मुद्रा के कई मतलब होते हैं। यहाँ मतलब था–कोई बात नहीं ! परसों ही है तो क्या हुआ ? आज नहीं तो कल सुबह तक भी कुछ दे दीजिए तो···।'

'पत्रम पुष्पम··· नगद···।'–राजकमल मुस्कराता–चार मीनार का धुँआ नाक से निःसृत करता हुआ मद्धिम आवाज में (जिसे मैथिली में 'नहुं नहुं स्वर' कहते हैं) बोला।

बात तय पाई कि कल दस बजे सुबह आकर राजकमल पचीस रुपये पारिश्रमिक चुकाकर रचना ले जाएगा।

काम की बात समाप्त करने के बाद राजकमल फिर 'हंग्री लिटरेचर' में मशगूल हो गया।

चाय पीते समय उसने प्रसंगवश बताया, कि 'हंग्री जेनेरेशन'··· में अधिकांश उसके मित्र हैं। शक्ति (चट्टोपाध्याय), संदीपन के अलावा मलय (राय चौधुरी) से उसकी गहरी जान-पहचान है। और कलकत्ता में रहते समय ही उसने 'हंग्री जेनरेशन' का मैनिफेस्टो पढ़ा था··· पढ़ा ही नहीं था, बल्कि इस पर हुई एक 'फ्री और फ्रेंक' बहस में शरीक भी हुआ था।

चलते समय उसने मैनिफेस्टो को छोड़कर बाकी सभी पत्र-पत्रिका-पर्चे-पैंफ्लैट समेटते हुए कहा 'रात्रि पढ़ि कै काल्हि नेने आएब··· रात में पढ़कर कल लेता आऊँगा।'

हठात् मुझे एक बात की याद आई। मैंने पूछा, 'मैला आंचल' प्रकाशित होने के दिनों नागार्जुनजी ने एक मैथिल विद्यार्थी को मेरे पास किसी किताब के लिए भेजा था। वह भी कोई 'चौधरी' था। मछुआटोली में कहीं रहता था···।'

'दैट वाज मी··· हमहि छलहुँ।'–अब राजकमल की भेद-भरी गंभीर मुस्कुराहट धीरे-धीरे खिल गई थी।

'किंतु, उसका नाम तो ?'

'मणिंद्र चौधरी··· हे हे हे–दैट नेम वाज माइन। हमहि छलहूँ। नागार्जुन ने आपकी एक बंगला पुस्तक पढ़कर मेरे हाथों वापस भेजा था। और, दूसरी बार 'चेतना समिति' के कवि सम्मेलन का निमंत्रण पत्र लेकर गया था।'–उसने याद दिलाया।

मैंने कहा–'लेकिन, कवि सम्मेलन में आप कहीं भी नहीं दिखलाई पड़े थे···।'

'मैं गया चला गया था। लेकिन, आपकी मैथिली कविता जमी थी। मेरे एक मित्र को उसका···

यह लेख यहीं अधूरा रह गया है।

रतन ठाकुर

[इस कहानी के प्रारम्भ में रेणु ने पात्र का नाम अर्जुन ठाकुर रखा है, पर बाद में रतन ठाकुर कर दिया है। मैंने प्रारंभिक पृष्ठ में 'अर्जुन' की जगह 'रतन' कर दिया है एवं इसका शीर्षक भी 'रतन ठाकुर' रख दिया है।–सं.]

जापानी बमबारी के बाद जब लोग कलकत्ता छोड़कर भाग रहे थे रतन ठाकुर गाँव छोड़कर अर्थात् घर से भागकर जा रहा था। कटिहार में जब उसने हावड़ा का टिकट माँगा था तो 'टिकट बाबू' अचरज से उसकी ओर देखते रह गये थे··· पागल है क्या ? किंतु, बम गिरने-गिराने की भीषण-धमाकेदार अफवाहों-खबरों को सुनकर रतन ठाकुर तनिक भी विचलित नहीं हुआ था। जितना जल्दी हो सके, वह कलकत्ता पहुँचना चाहता था। प्लेटफार्म पर एक अंधा भिखारी किसी लोक-कवि का टटका-गीत गा रहा था–"अब ना बचि हैं कलिकाता–विधाता सुन लऽ··· ।" रतन ठाकुर भोजपुरी इलाके का नहीं, मिथिला क्षेत्र का आदमी है, लेकिन इस भोजपुरी गीत का मतलब वह समझता था। और, सबकुछ समझ-बूझकर ही उसने वैसे दुर्दिन में कलकत्ते की यात्रा की थी। बस, उसी बार का आया हुआ–अभी तक वह कलकत्ते में है। फिर कभी अपने गाँव-घर या प्रान्त की ओर उलटकर उसने नहीं देखा। हवड़ा स्टेशन से शिवपुर, फिर शिवपुर से भवानीपुर के जगू बाबू बाजार का दस नम्बर रोड···। रतन ठाकुर हमेशा उँगलियों पर जोड़कर कहेगा–"चौबीस साल हो गये और लगता है जैसे पिछले साल की बात हो।" रतन ठाकुर जब कभी किसी को मौके-बेमौके कहानी सुनावेगा–पहली कई पंक्तियाँ होंगी–"जापानी बमबारी के बाद जब लोग कलकत्ता छोड़कर भाग रहे थे, रतन ठाकुर गाँव छोड़कर अर्थात् घर से भागकर कलकत्ता आया था।"

किस्सा सुननेवालों की आँखों के सामने एक ऐसी औरत की तस्वीर अंकित हो जायेगी, जिसके सभी चाहनेवाले उसे छोड़कर भाग गये थे। रतन ठाकुर नहीं आता तो वह बेमौत मर जाती, उसकी इज्जत लुट जाती !

मेरी आँखों के सामने उभर आती है, डॅली की माँ यानी मिसस सेन की मूर्ति–जरीदार-किनारी की ढाकाई साड़ी, ललाट पर टीका, सुनहरे फ्रेम का चश्मा और ओंठों पर पान की लाली ! प्रसन्नवदना–लावण्य प्रभा सेन ! उन्होंने हँसकर कहा था–"सत्ति ! से दिन··· सचमुच, रतन ठाकुर उस दिन हमारे लिए 'रतन' और 'ठाकुर' होकर ही आया।"

मिसस सेन को गर्व है कि उन्होंने अब तक इस अनमोल 'रतन' को खोया नहीं है। इसलिए, जब उन्हें मालूम हुआ कि मैं रतन ठाकुर के गाँव-घर, थाना-ज़िला, बाप-दादा वगैरह के बारे में पूछने के लिए आया हूँ तो रतन ठाकुर के बदले

में वह स्वयं नीचे आ गईं। करीब डेढ़ घंटे तक मुझसे तरह-तरह के सवाल पूछने के बाद उनको मेरी नीयत पर आधा ही विश्वास हुआ।–"की जानी बापू···" कहकर वह ऊपर चली गईं और इसके बाद अपने पति–सफल और प्रसिद्ध व्यापारी मिस्टर डी. पी. सेन और कुत्ता को साथ ले आईं। विरक्त भद्र व्यक्ति ने आते ही मुझसे धुँआदार अंग्रेजी (यानी सिगार का धुँआ फूँकते हुए) में जिरह करना शुरू किया। उनकी समझ में यह बात नहीं आ रही थी कि किसी मैथिली मासिक पत्रिका को 'प्रवासी मैथिलों' की डायरेक्टरी तैयार करने की आवश्यकता क्यों पड़ गई ?–उन्होंने असंतुष्ट होकर अपनी गृहिणी से कहा–"तुमी काछे थेको किंतु !"

मैं पूछने लगा। रतन ठाकुर जवाब देने के पहले श्रीमती सेन की ओर देखता। श्रीमती सेन से आँखें मिलाने के बाद फिर कोई जवाब देता। रतन ने बतलाया कि उसको माँ-बाप की याद नहीं। अपने गाँव का नाम भी नहीं बतला सकता। वह मामा के घर में पला। मामा भी अपना मामा नहीं–चचेरा मामा। मधेपुरा में चचेरा मामा के पवित्र भोजनालय में रतन ठाकुर लड़कपन से ही था।

मैंने जब विशुद्ध मैथिली में उससे पूछा कि फिर लौटकर 'उधर' कभी नहीं जाने का कारण ? तो श्रीमती सेन बीच में बोल पड़ीं–"यह भी कोई सवाल है ?···

उस दिन रतन ठाकुर ने कोई जवाब नहीं दिया।

अधूरी-अप्रकाशित कहानी

गोरख प्रसाद

बत्तीस महीने के अज्ञातवास ने गोरख प्रसाद को फिर एक नया आदमी बना दिया है। कम-से-कम उसको ऐसा लगता है कि उसे करीब-करीब सभी भूल चुके हैं या भूल रहे हैं। पावनेदारों ने उसको 'फौत-फिरार' के कॉलम में दर्ज कर दिया होगा। 'लेनी-देनी-भूल-चूक, झड़ती-पड़ती' की तरह 'फौत-फिरार' ! जिस पर मुकदमा दायर करके भी वसूली की उम्मीद नहीं। क्योंकि अब तक सभी जान गये होंगे कि गोरख प्रसाद किसी भी समय कचहरी में अपने को दिवालिया घोषित सहर्ष दाखिल कर सकता है–जनाब आली ! मेरे पास एक 'खरमोहरा' भी नहीं···।

दोस्तों ने···[दोस्त ! हुँ ! दोस्ती··· कैसे-कैसे रिश्ते बनाये हैं इन्सान ने !] अपने अनेक आवश्यक पत्रों के उत्तर नहीं पाकर उसके नाम के साथ भोंड़ी और भद्दी गालियाँ गोरख प्रसाद को दिये होंगे।

और, स्वप्ना भी अब अपने को ऐसी स्कूल मास्टरनियों की जमात की समझने लगी होगी, किसी कारणवश जिनके पति रहते हुए भी नहीं हैं। आश्चर्य! आरती अब भी प्रसाद उपाधि नहीं छोड़ सकी। स्टाफ नर्स से सिस्टर, फिर सिस्टर से मेटर्न हुई, फिर भी गोरख का विश्वास है–स्वप्ना सिंदूर पहनती रहेगी और जब-जब जरूरत होगी अपने पति के कॉलम में गोरख का नाम बेहिचक लिखती रहेगी।···

गोरख प्रसाद ! दस साल पहले मशहूर उर्दू लेखिका निगारे-आलम ने हँसते हुए कहा था–"गोरख ! तेरा नाम खूब है यानी लिखने-पढ़ने में सीधा-सादा, मगर मेरे··· यानी किसी भी कथाकार के किसी काम का नहीं। यानी, अपने किसी भी नाविल के नायक का नाम गोरख प्रसाद मैं सपने में भी नहीं रख सकूँगी···।" निगारे-आलम खुलकर खिलखिलाने की तैयारी कर रही थी कि गोरख प्रसाद ने जवाब दिया–निगार ! सारी दुनिया के कथाकार-लेखक जब नायक से पीछा छुड़ाना चाहते हैं, ताज्जुब है आपको इस जमाने में भी नायक की तलाश जारी है··· !

अपने नाम को लेकर अब तक की जिन्दगी में, गोरख को बहुत बार बहुत सुनना पड़ा है।··· गोरखनाथ··· गोरक्ष··· गोरस··· गोबर··· गोर्खा··· गोरखधंधा··· और मिसेस सेन कहती–गोखरा प्रसाद। 'गोखरा' यानी गेहुँअन साँप !

··· की भीषण-सुन्दर ! आमार गोखुरा साँप के भीषण-भालो लागे। देखलेई इच्छा कॅरे। देखते ही छूने की इच्छा करती है !

अपने सीधे-सादे नाम को खौफनाक बनाने की कोशिश में–गोरख प्रसाद ने खुद बहुत दिनों तक अंग्रेजी में अपना नाम–GHORUXH PRUCAAD–लिखा।··· गोरख नहीं मानता है कि नाम में कुछ नहीं।

अधूरी-अप्रकाशित कहानी

किरपाल

"तो, माँ अपने कु-पुत्र पर भी दया की दृष्टि फेरती हैं। नहीं तो···" आजकल दिन-रात यह पंक्ति, इसी तरह कारणानन्द बाबाजी के मन में गूँजती रहती है। मन, मानो एक विशाल देवालय का आँगन ! अपने ही अंदर अपनी वाणी इस तरह कभी प्रतिध्वनित नहीं होती थी। इधर कुछ दिनों से कारणानन्द बाबा इतने व्यस्त रहते हैं कि उन्हें दम लेने का भी समय नहीं मिलता। और, जब समय मिलता है, दम लगाकर अपने मन के आँगन में पहुँच जाते हैं··· तो, माँ अपने कु-पुत्र··· !

"बाबा ! 'न्यूजरील' का आदमी आया है। साहेब है।"

"यह न्यूजरील क्या है रे ?"–बाबा ने सेवक से पूछा।

"अखबार है। अंग्रेजी अखबार।"

"जा, किरपाल को भेज दे।"

कारणानन्द ने विरक्त होकर धीमे स्वर में कहा–न्यूज रील–न फ्यूज रील !

किरपाल के आते ही उबल पड़े–"क्यों रे साला ! यहाँ क्या रंडी का कोठा है कोई जो जब जिसका चाहा दनदनाता पहुँच गया। एँ ? कौन सूअर का बच्चा है ? जा कह दे, चार बजे के पहले बाबा से मुलाकात नहीं होगी। समझा ?"

किरपाल ने मुस्कुराकर जवाब दिया–"जी !"

वह जाने लगा तो बाबाजी बोले–"और सुन ! तू तो अंग्रेजी जानता है। बात करके देख ले न, कैसा आदमी है, क्या चाहता है।··· क्या इरादा है। समझा ?"

किरपाल चला गया तो बाबाजी ने सेवक को अपने पास बुलाकर धीरे से कहा–"तू भी जा। तू उसके चेहरे-मोहरे को परखकर देखना कि किस 'भाव' का आदमी है। समझा ?"

अधूरी-अप्रकाशित कहानी

ज्वाला

बात उन दिनों की है–जब भारत गणराज्य पर चीन की कम्युनिस्ट सरकार का हमला होनेवाला था। यानी, हमला होने के एक वर्ष पूर्व की बात। लदाख के मारे गये भारतीय जवानों की लाशें जिस दिन वापस मिली थीं। तारीख याद नहीं। हालाँकि, बात उतनी पुरानी नहीं है।

बहरहाल, उसी दिन एक उपन्यास के 'प्लाट' की हल्की छाया मानसपट पर प्रतिफलित हुई थी। नायक 1950 तक–पढ़ा-लिखा-विद्वान-विचारक और राजनीतिक दुनिया से लंगोटी-सहित भागा हुआ भूत।··· पार्टी आफिस में एक रात उस पर एक ब्रह्मदैत्य सवार हुआ और वह भूत-भूत चिल्लाता हुआ जो पुरनिया स्टेशन की ओर भागा सो फिर लौटकर नहीं आया। उसके घरवालों ने उसका नाम रखा था–सुशील, किंतु उसे अपना यह नाम बहुत ठंडा-सा जँचा और वह अपने नाम के अंत में उपनाम 'ज्वाला' जोड़ने लगा–श्री सुशील सिंह 'ज्वाला'। उसने अपने नाम में 'ज्वाला' लगाया तो उसके विरोधी पार्टी के नेता ने भी तत्काल अपने नाम में बढ़ोतरी करना आवश्यक समझा था–श्री मँहगू महासेठ 'आजाद हिंद'।

तो, उसके घरवालों ने 'आजाद हिंद' जी पर संदेह किया। 'आजाद हिंद' ने उसके घरवालों पर संदेह किया। मगर, उसके इस तरह गुम होने का कोई कारण क़हीं भी नहीं मिला था।

ब्रह्मदैत्य से साक्षात्कार होने के बाद···

अधूरी-अप्रकाशित कहानी

जागो मोहन प्यारे !

मेरे मित्र (और शत्रु भी) जानते हैं कि मैं सुबह में देर तक सोनेवाला प्राणी हूँ और यह भी कि इस अवगुण के लिए मुझे लाज भी नहीं आती।··· रात को तीन बजे तक जागनेवाला आदमी सुबह आठ बजे सोकर उठने में भला क्यों लजायेगा ?

कई वर्ष पहले स्थानीय एक कागजी-क्रांतिकारी किशोर ने इसे (स्वीकारोक्ति) मेरी सामंती ऐब कहकर 'वर्ग संघर्ष' के सन्दर्भ में मेरी तीव्र भर्त्सना की थी। और हाल के इस 'सम्पूर्ण क्रांति' के तूफानी दौर के बावजूद मैं बिछावन पर लेटे-लेटे पड़ोसी के रेडियो से 'बंदना' कार्यक्रम में प्रसारित होनेवाला गीत सुनता रहता हूँ–'जागो मोहन प्यारे···।' अतः मेरे मित्र (और शत्रु भी !) सुबह साढ़े आठ बजे के पहले मेरे फ्लैट के दरवाजे की कुंडी खटखटाकर मुझे कभी विरक्त नहीं करते।

किंतु, उस दिन अर्थात् जनवरी के तीसरे सप्ताह की एक सुबह मुझे यह कहकर जगाया गया कि दो व्यक्ति मुझसे मिलने के लिए दूसरे रूम में बैठे हुए हैं, बाहर के हैं शायद। (··· आश्रमेर ब्रह्मचारी छेलेर मतन एकटा छेले तार संगे अन्य जन–बोध हय कोन्नो गाँवेर !···) पड़ोसी के रेडियो से उस समय 'गाँधी प्रार्थना' प्रसारित हो रहा था, इसलिए कह सकता हूँ कि या तो शुक्रवार था अथवा तीस जनवरी ! और मेरे घर के कोने में अगरबत्ती जला दी गई थी। कार्यक्रम में गाँधीजी की एक प्रार्थना सभा का रेकर्ड बज रहा है, जिसे मैंने इस तरह सैकड़ों बार सुना है और सैकड़ों बार सुनना चाहता हूँ। लेकिन, ड्राइंगरूम में आकर मेरे उठने की प्रतीक्षा में बैठे हुए व्यक्तियों की सूचना पाकर प्रार्थना-भाषण से सद्यःप्राप्त 'अक्रोध' भाव प्रायः भंग हो गया।··· ब्रह्मचारीजी हों या संन्यासी महाराज–चतुर कम नहीं हैं। लेकिन मैं बगैर पेट-मुँह साफ किये इनसे नहीं मिलता। प्रतीक्षा नहीं कर सकें तो··· मेरी मजबूरी है। अक्सर ऐसी अवस्था में मैं 'लोकल कन्स्टिपेसन' यानी तात्कालिक कब्जियत का शिकार हो जाया करता हूँ। किंतु, उस दिन ऐसा नहीं हुआ तो मन प्रसन्न हुआ कि आज किसी भी हालत में पुराने दुश्मन–माइग्रेन यानी

अधकपाली–आधाशीशी का आक्रमण नहीं हो सकता। सरस्वती को प्रक्षालित करने के पहले आइने में देखा–मेडिकली इट्स एन-ए-ऽ यानी नथिंग एबनार्मल···।

तब ड्राइंगरूम में बैठे हुए व्यक्ति से निबटने को पहुँचा तो आश्वस्त था।

अधूरा-अप्रकाशित संस्मरण। रचनाकाल–1975

कुछ कमेंट्स

[1] ··· उपन्यासकार जैसा भी चाहे वैसा विषय पसंद कर सकता है, उसे ऐसा करने का पूरा-पूरा अधिकार है। परन्तु, आज के उपन्यासों में निम्नतर तत्त्वों के वर्णन का ही अपेक्षाकृत अधिक प्रचलन है। सम्भवतः इसके मूल में उस अतिरंजित आदर्शवादिता के विरुद्ध प्रतिक्रिया है, जिसे कभी ऐसी ही लोकप्रियता मिली थी। आज के औपन्यासिक साधिकार इस बात की घोषणा करते हैं कि उनकी रचनाएँ यथार्थ जीवन का चित्रण करती हैं।···

[2] "आधुनिक कविताओं के अर्थ 'बटन्ड अप' ही होते हैं जो शीघ्र नहीं खुलते।"
"यदि पैंट के बटन खुले हों तो ?"

[3] हम अवादी हैं–
तबला ताल
बीनी चाल
और अवाद
जिन्दाबाद

[4] अरुण-आवाद
भों-भों वादा
अंजु-बीनी
कुकुरवाद
हलवा पूरी
जिन्दाबाद

[5] अच्छा सुनो–एक गधे में एक हजार मूर्खों की मूर्खता भरी है तो एक हजार गधों में कितनी मूर्खता होगी।

[6] गीतों के बारे [में] लिखना बेकार है, क्योंकि अच्छे गीतों के सुकुमार भावों की हत्याओं को रोकने में आकाशवाणी वाले कभी सफल नहीं हो सकते। कम-से-कम संकुचित मनोवृत्ति का त्याग और नये गीतों तथा गीतकारों का चुनाव ही इसकी दवा नहीं–गीत गाने वाले गीत के भाव को कितना समझते हैं, इसकी परीक्षा होनी चाहिए !

रचनाकाल–1952

[7] सांस्कृतिक लहर !

गणतंत्र दिवस के उपलक्ष में दिल्ली में सांस्कृतिक समारोह हुआ–वह एक चिरस्मरणीय दृश्य होकर रहेगा। खासकर ऐसे मौके पर जबकि दुनिया के बड़े-बड़े राष्ट्र लड़ाई के लिए परोक्ष तथा अपरोक्ष में दाँव को लगा रहे हैं, हिन्दुस्तान सांस्कृतिक लहरों में डुबकियाँ ले रहा है। रूस की कला-मंडली भारत में है। रूसी दूतावास अपनी कूटनीतिज्ञता से भारत के कितने लोगों को अपनी राजनीति की ओर मुखातिब कर सकी है, हमें नहीं मालूम। किन्तु रूसी कलाकारों ने जहाँ-तहाँ भी प्रदर्शन किये हैं–जनता को मुग्ध कर लिया है।

गणतंत्र दिवस के मौके पर सारे भारत के प्रांतों में, राज्यों में सांस्कृतिक समारोह हुए। [अपूर्ण]

रचनाकाल-1957-58

[8] वह क्या चीज है जिसे त्रिलोचन में जोड़ दें तो वह शमशेर हो जाता है और ऐसी क्या चीज है जिसे त्रिलोचन से घटा दिया जाये तो वह नागार्जुन हो जाता है–जब भी त्रिलोचनजी को देखता हूँ, यही एक शुभकरणीय प्रश्न मेरे मन में सदा उदित हुआ है।

मुझे यह कबूल करने में कभी लाज-शर्म नहीं आयी कि मैं कविता नहीं समझता। मेरे लिए कविता समझने की चीज कभी नहीं रही। इसीलिए अपने मन में उठनेवाले इस सवाल का जवाब–शमशेर-त्रिलोचन-नागार्जुन की कविताओं में मैं कभी नहीं ढूँढ़ता।

शुक्रवार, 17 जून, 1966 की डायरी में लिखित

[9] मैं ऐसी तीन फढ़ी-लिखी लड़कियों को जानता हूँ जिनकी शादियों

के निमंत्रणपत्र छपकर वितरित हो चुके थे, किंतु शादियाँ नहीं हुईं। पहली, वीरा मित्रा (LHV), दूसरी मिस मुखर्जी (MBBS), तीसरी, रामबाला (M.A., Dip. in-Ed.)।

वीरा–क्रिश्चियन

मुखर्जी–बंगाली ब्राह्मण

रामबाला–बिहारी

सोमवार, 6 फरवरी, 1967 की डायरी में लिखित

प्रतिभा

यदि आत्मविश्वास से युक्त नैसर्गिक प्रतिभा हो तो सारे के सारे कार्य अत्यन्त सुगम हो जाते हैं। यदि आत्मविश्वास और प्रतिभा हो तो उपन्यास क्या महाकाव्य का प्रणयन भी बायें हाथ का काम हो जाय–यदि ये उपलब्ध न हों तो वर्षों बैठिए, वाग्देवी की प्रार्थना की जाये अथवा भाग्य के भरोसे दिन काटिए। प्रेरणा पर अत्यधिक निर्भर होना अवैज्ञानिक है और सरस्वती की अनुकम्पा पर निर्भर होना अंधविश्वास। फिर भी जब शब्द नहीं मिलते और जब बुद्धि नव-नवोन्मेष में असफल रहती है, तब सारी वैज्ञानिकता हवा हो जाती है और हम देवी-देवताओं से प्रेरणा के लिए विनती करने लगते हैं।··· इसीलिए मेरी दृष्टि में प्रेरणा और अभ्यास दोनों के लिए प्रतिभा अनिवार्य है।

··· इस समय जब विमानिता की यह कथा अपने जीवन के एक मोड़ पर आ गई है, तब मेरा प्रेरणास्रोत ही सूख गया प्रतीत होता है।··· क्षमा करना, विमानिते–सारा दोष मेरा था। क्षमा करना, कल्पने, मैं जैसा भी हूँ तुम्हारा हूँ।

अधूरा-अप्रकाशित। रचनाकाल–सम्भवतः 1960 से 1965 के बीच। रेणुजी कोई कहानी लिख रहे थे, जिसे पूरा नहीं कर पाने के बीच यह टिप्पणी लिखी थी। शीर्षक सम्पादक की ओर से लगाया हुआ।

मेक-अप नहीं मेकअप··· !

'इरोड्रा' सिनेमा के मुँड़ेरे पर–गोल-कारिडर में एक ओर एक सार्वजनिक सोफासेट और कई 'गुलगुली' कुर्सियों के पास एक विशाल 'एश-ट्रे' एक लोहे के डंडे पर–बगैर-मुँड़ेर के खड़ा रहता है। इसकी अजीब बनावट में बात यह है कि इसको देखकर मुरादाबादी–पेंचदार हुक्के का भ्रम होता है। ध्यान देने पर आप आश्वस्त होंगे कि यह 'एश-ट्रे' ही नहीं, उगलदान के काम भी आता है। सिगरेट या पान फेंक/थूककर इसे दबाइये–यह घूमकर सबकुछ आत्मसात [कर लेता है।]

सामने एक 'केबिन' है–जो, सुना है, अन्दर जाकर छोटा ऑडिटोरियम जैसा है। 'टी-सेंटर' के सिनेमा-केबिन की तरह ? इसी में बैठते हैं–फिल्म-सेंसर-बोर्ड के सदस्य तथा अध्यक्ष। बाहर के सोफे और कुर्सियों पर प्रतीक्षा के प्रत्येक क्षण को काटते, विराजते हैं फिल्म बनानेवाले–प्रोड्यूसर, डाइरेक्टर, एडिटर, राइटर··· यानी, एक-से-एक टर ! [एक गँवई लतीफे की जोरों से याद आती है। एक तालाब में दो मेंढक निवास करते थे। दोनों ही अपने-अपने इलाके के टर्रे-खाँ ! ··· एक बार··· । मैं अपने 'गँवारपन' के लिए क्षमा-याचना करता हूँ।··· लतीफा अभी रहे !] इन गद्दियों और सोफे में सार्वजनिक क्षेत्र के एक भी खटमल नहीं–यह बड़े अचरज की बात है।··· शायद, 'सेंसर' की अवस्था··· फिल्म बनानेवालों की देह में खून रहता ही नहीं, अथवा रहता हो तो जम जाता है, या उनकी चमड़ियाँ मोटी हो जाती हैं। शून्य हो जाती हैं ?··· कोई बात तो जरूर होगी !

उस दिन, यानी 16 अगस्त को यहाँ पान-सिगरेट खा-पीकर एक खास लहजे में बातें कर रहे थे कुछ लोग। प्रोड्यूसर जो गीतकार भी है। राइटर, जो एकदम 'गँवार' है और (धोती कुर्त्ता और सिर के बालों के जंगल सहित) एडिटर··· !

गीतकार पुलकित होकर बोला : 16 अगस्त मेरे लिए स्मरणीय। पहली बार, 16 अगस्त के विराट सर्वभाषा कवि-सम्मेलन में मैंने कविता पढ़ी थी। और उसी कविता ने···। और, आज भी यानी जिंदगी के प्रथम सेंसर–16 अगस्त ?···

'लिफ्ट' से आता है, प्रतीक्षा करती 'युनिट' का एक अन्यतम सदस्य–एक्टर यानी नायक। 'छबि' का 'हीरो'। आते ही पूछता है–"गाड़ी कहाँ तक पहुँची है ?"

गीतकार-कथाकार ओर एडिटर एक ही साथ कहते हैं–'नायिका' रेलवे-स्टेशन पर पहुँच चुकी है।

अधूरा-अप्रकाशित। रचनाकाल–1966

बम्बई से गाँव तक–लानत !

दस दिन पहले तक महानगर बम्बई में था। जब तक काम में बझा हुआ था–किसी की याद नहीं आयी। किसी को पत्र नहीं लिखा। काम खत्म होने को आया तो लगा, तीन महीने नहीं, तीन साल से यहाँ हूँ। और अचानक इतना 'बोर' हुआ कि कई दिन नहाने के घर में 'माँ के लिए' रोया।··· लतिकाजी पटने से दौड़ी गईं तो उन्होंने देखा कि मैं विचित्र मनःस्थिति में हूँ। अत्यधिक प्रसन्न हूँ कि तस्वीर बन गई, अच्छी बन गई। साथ ही घोर दुखी हूँ कि इस साल 'सुकुल-सिपिया' आम अघाकर नहीं खा सका। (आम के नाम पर बम्बई के 'हापुस' पर लानत !···)। सावन की वर्षा में धान के खेतों और पाट के खेतों में खुले बदन दौड़-दौड़कर नहा नहीं सका। (नहाने के नाम पर समुद्र में नहाने पर लानत !) 'झिरझिर' पानी में छलमलाती चाँदी और सोने की मछलियों का शिकार नहीं कर सका। (मछली के नाम पर बम्बई के 'पम्फ्रेट' पर लानत !)··· लतिकाजी हँस पड़ी थीं खिलखिलाकर, मुझे रोते देखकर। शैलेन्द्रजी ने स्पष्ट शब्दों में उन्हें बतला दिया कि जब तक बैकग्राउण्ड म्युजिक तैयार होकर नहीं लग जाता, रि-रेकार्डिंग नहीं हो जाती, फायनल-ट्रायल नहीं हो जाता, सेंसर नहीं हो जाता, राइटर्स-शो नहीं हो जाता–इन्हें छुटकारा नहीं। अतः मुझे समझा-बुझाकर लतिकाजी पटना वापस आ गईं–अकेली–दो ही दिन बाद। मैं एक पखवारा 'विलम' गया। काम शुरू हुआ फिर सबकुछ भूल गया। सुबह साढ़े छै बजे से रात के दस बजे तक। सेंसर के बाद एक विशेष शो–जिसे 'राइटर्स शो' कह लें। इसके बाद जो दो-तीन दिन कटे (खुद पर लानत !) ··· हर बार मुझे लगता कि मैं बम्बई से भागकर जा रहा हूँ।··· खार, बांद्रा, अंधेरी, सांताक्रुज, मलाड, चेम्बूर, तारदेव, पेडर रोड, चर्च रोड, जुहू–(रहेगा इश्क तेरा खाक में मिलाके मुझे !) फिरकी की तरह चक्कर ! दिन-रात–संवाद, अभिनय, नकल, सुर-ताल-लय-धुन के टुकड़े, हँसी-खुशी, आह-कराह, चीख-पुकार-आँसू–असली-नकली ? कौन असली, कौन नकली ? चक्कर ? चाल–और भी तेज, और भी तेज। द्रुत, द्रुततर, द्रुततम। फिरकी !··· अचानक छिटक कर मैं निकल पड़ता हूँ। सुरंगों के रास्ते–निकल भागता हूँ। (नासिक आकर मुझे हर बार-आते-जाते स्वर्गीय युसूफ मेहरअली साहब की याद क्यों आती है ?)

पटना आकर सुना–गाँव में अभूतपूर्व बाढ़ का पानी घुस आया है। कोशी प्रोजेक्ट के सभी नहरों के कच्चे तटबन्ध टूट जाने के कारण, यह संकट ! दौड़कर गाँव आया। अभूतपूर्व दृश्य ! किंतु, तीसरे ही दिन से इस संकट ने अपना 'शुभ-रूप' दिखलाना शुरू किया–पानी कमने लगा और कोशी की मछलियाँ (अनेक अलभ्यप्राय जाति की) परती खेतों में छटपटाने लगीं। खेतों की तैयारी और धान की रोपनी शुरू हो गई। धान की 'रोपाई' में डूब गया। मजदूरों की कमी, उनके नखरे, खेतिहरों

की परीशानी–हर आदमी चाहता है कि उसका खेत पहले ही रोपा जाय। उसके खेत का पानी न निकलने पाये। कोई मेंड़ बाँध आता है, कोई रात में काट आता है। किसी ने मछली फँसाने के लिए बाँस की तिलियों के···। हर आदमी कंधे पर कुदाल लिये चलता है। पानी बाँधना, पानी खोलना। स्लूइस गेट पर बैठा आदमी–चर्खी घुमाता है। पानी खुलता है, पानी बंद होता है। मैं हाथ में 'अम्पायर्स-स्टिक' लेकर चलता हूँ।

अधूरी-अप्रकाशित रचना। शीर्षक सम्पादक का लगाया हुआ।
रचनाकाल–1966

एक अधूरा पत्र

औराही-हिंगना

आदरणीय,

उस रात मुझे नींद नहीं आई। जाड़े की अँधेरी रात। तिस पर घनघोर बादल और विद्युत···। आप लोग किस तरह लौटे, यह अब मिलने पर ही सुनूँगा। पहले, मुझे एक बार फिर क्षमा-याचना कर लेने दीजिये।

उस दिन न जाने मैं क्या-क्या (आँय-बाँय) बकवास कर आया। किंतु यह सोचकर कि जो कुछ भी कहा-किया घर में ही–कुंठा मिट जाती है।

कवि-सम्मेलन में पठित, कॉलेज के कवियों की कविताओं की प्रतिलिपियाँ मेरे पास रहना चाहिए। सुवास के जिम्मे यह काम लगा दीजिये। हाँ, उस दिन पुरस्कृत कथाकारों और विद्यार्थी कवियों की रचनाओं पर कुछ कहना चाहता था।

प्रथम पुरस्कार विजेता की व्यंग्य-कथा।··· जातक कथा।··· इस कच्ची उम्र में यह सुकुमार कवि 'व्यंग्य' क्यों करने लगा ? मेरे कहने का मतलब यह नहीं कि व्यंग्य और हास्य किसी खास उम्र में लिखने की चीज है। किंतु, व्यंग्य के बारे में मेरी धारणा है कि वह जिन्दगी के खट्टे-तीखे और कड़वे घूँट को पीकर पचा चुका है अथवा झेल रहा है। [बंगला के राजशेखर बसु 'परशुराम' की रचनाएँ पढ़ने के बाद जब राजशेखर बसु···]–मेरी चिंता तब और बढ़ी, जब उनके रुबाइयात सुने ! बहुत देर तक सोचता रहा कि उसने अपनी उस मैथिली कविता का पाठ क्यों किया जिसमें– ? और, कहानी में–होमियोपैथ-डाक्टर साहब का जिक्र ! न जाने क्यों, जब कोई लेखक किसी होमियोपैथ या होमियोपैथी पर छींटा कसता है तो उसे 'घटिया' समझ लेता हूँ। हालाँकि, न तो मैं होमियोपैथ हूँ और न होमियोपैथी दवाओं का सेवक। भीषण-व्याधि के मुँह से एलोपैथी ने ही छुड़ाया है। माना कि

गारंटी के साथ घर बैठे डाक्टरी पास करवानेवाली (डिप्लोमाएँ बाँटनेवाली) संस्थाओं ने इस चिकित्सा-पद्धति को 'हीन' कर दिया है। किंतु, कोटि-कोटि लोगों का कल्याण भी हुआ है, हो रहा है, इसके भी प्रमाण हैं।...

फारबिसगंज महाविद्यालय में 1966-67 में एक साहित्यिक आयोजन हुआ था, जिसमें रेणुजी ने मुख्य अतिथि के रूप में भाग लिया था। उसी पर अपनी प्रतिक्रिया व्यक्त करते हुए वे यह पत्र लिख रहे थे, जो अधूरा ही रह गया।

अब चीजें लिखी जाएँगी

['साप्ताहिक हिन्दुस्तान' में 1975 में 'सन्नाटा : साहित्य में या शहर में' स्तम्भ के अन्तर्गत विभिन्न शहरों के साहित्यकारों के वक्तव्य छपे थे। पटना के साहित्यकारों से मिलकर, उनकी बातों का संयोजन श्री शम्भुनाथ मिश्र ने किया था, जो 'सा. हिन्दुस्तान' के 23 नवम्बर, 1975 के अंक में छपा था। इसमें फणीश्वरनाथ रेणु पर शम्भुनाथ मिश्र के प्रारंभिक नोट के बाद रेणु का वक्तव्य है, जिसे अविकल उद्धृत किया जा रहा है, साथ ही इसके प्रकाशन के बाद रेणु ने 'सा. हिन्दुस्तान' के सम्पादक को अपने वक्तव्य में आवश्यक भूल-सुधार के लिए जो पत्र लिखा था, उसे भी दिया जा रहा है।—सम्पादक]

राजेन्द्रनगर [पटना] में ही रहते हैं रेणुजी यानी श्री फणीश्वरनाथ रेणु। लम्बे बाल। दाढ़ी। झकाझक कुर्ता-पाजामा पहने, मुँह पर रुमाल रखे, रिक्शे पर, जिसका हुड उठा हुआ रहता है, जाते हुए कोई उन्हें देखे तो लगेगा कि कोई अभिजात विशिष्ट प्राणी जा रहा है। वह कॉफी-हाउस में सुबह-शाम नियमित बैठनेवालों में से हैं। वह अपने शब्दों, अपने कर्तृत्व के माध्यम से बड़ी ईमानदारी के साथ यह समझाने की कोशिश करते रहे हैं कि अपने समय और समाज से कटकर लेखन नहीं चल सकता।

काफी घेरने के बाद, कॉफी-हाउस से लेकर घर तक, अन्ततः वह पकड़ में आ जाते हैं। जिस तरह अपने लेखन में वह अक्सर 'फ्लैश-बैक' से कारगर काम लेते हैं, सवालों के जवाब में भी 'पीछे लौटने' या 'अतीत को टटोलने' का सिलसिला जारी रहता है। सन्नाटे के बारे में वह अपनी बात यों शुरू करते हैं :

सन् 1958-59 का जमाना बहुत उर्वर था, धूमधाम थी। साहित्यिक परिवेश में होड़ चल रही थी—कमलेश्वर का 'राजा निरबंसिया' सामने आ रहा है तो धर्मवीर

भारती 'सूरज का सातवाँ घोड़ा' लिख रहे हैं; 'अश्क' भी पीछे नहीं हैं–मगर, अब इलाहाबाद भी जैसे खत्म हो गया। कारण, शायद यही है कि अब लोग प्रतिष्ठित हो गये हैं और अपने ही 'मेनिफेस्टो' से अपना ही जूता पोंछने लगे हैं। मुझे लतिकाजी की बात ठीक लगती है–'जारकोनो काम नेईं से लेखक।'

लेकिन अब चीजें लिखी जायेंगी। मौसम आया है फिर से देह, फूल, मन को लेकर कविता करने का। इसीलिए अभी कुछ दिनों तक–

"ऊँचाइयाँ, पहाड़ की चोटियाँ उतरीं
तलहटी सोई कविता फूल मन तोड़ीं
गिलाफ में आवृत सितार, औरत, मन
बस लिखन, खिलन और रमण।"

मेरा प्रश्न रहेगा, पण्डितों से–क्या कवि कालिदास ने किसी प्रेयसी के बासी मुख की सुगन्ध का वर्णन किया है–भले ही उसमें से कश्मीरी जाफरान, लवंग आदि सुगन्धित द्रव्य की खुशबू आती हो ?

मेरे खयाल में, उन्मुक्त वातावरण में कोई कुछ नहीं लिख सकता। जब तक लेखक के सामने दिक्कत, पाबन्दी, सरकार और समाज का डर न हो, वह कभी लिख नहीं सकता। आपात स्थिति से फायदा यह होगा कि बहुत अच्छे लेखन के लिए पृष्ठभूमि बनेगी। लोग तर्जे-बयाँ और अन्दाजे-बयाँ से लेकर भाषा को परिमार्जित करेंगे। शब्द ढूँढ़ेंगे, शब्दों की कीमत मालूम होगी–जैसी कि मुझे हो रही है। इमरजेन्सी ने मेरी आजादी को बहुत अधिक अण्डरलाइन कर दिया है। मुझे लगता है, मैं बहुत स्वतंत्र हूँ, मुक्त हूँ। यह एक बात हुई !

अब दाढ़ी पक गई है, रवैया भी बदला है। इस बीच मैंने माँजा है खूब, बस अनावृत करना है–'तीसरी कसम' का हिरामन जो छिपा-छिपाकर लाया था न, कहता था, 'घुर-घुर कर देखते हैं ?'–उसे ही। मेरा अहं कहता है कि मैं जी गया तो 'मदाम बावरी' से बढ़कर रचना दे सकता हूँ। 'मैला आँचल', 'परती:परिकथा' की त्रयी को पूरा करने के लिए जो दण्ड-बैठक-कुश्ती-योगासन करता रहा हूँ, उसे दो खण्डों में पूरा करने की योजना है। काफी कुछ लिख चुका हूँ–फरवरी में दे दूँगा, जिसमें महानायक जवाहरलाल नेहरू के अंत तक की बात रहेगी। बाढ़ और सूखे सम्बन्धी संस्मरणों पर एक संकलन आ रहा है–'ऋणजल-धनजल'। एक कहानी-संग्रह भी दे रहा हूँ। बंगला में एक उपन्यास लिखा है जो 'कृतिबास' (कलकत्ते से प्रकाशित) में तीन किस्तों में आयेगा।

[लेखन के बाद पढ़ने की बात पूछने पर रेणुजी चौंक गये। तुरंत बोले–"लेखक, पाठक थोड़े ही है !" फिर जैसे 'आत्मस्वीकृति' के अन्दाज में कहा–]

मेरा तो यह हाल है कि पत्रिकाओं के और अंक तो पढ़ भी लूँ, मगर जिसमें

मेरी कोई रचना छपती है, उसमें सिर्फ अपनी रचना पढ़ता हूँ–इतनी बार कि पत्रिका गन्दी हो जाती है। छापे के अक्षरों में अपना नाम पढ़ना बड़ा अच्छा लगता है। फिर, पढ़ने पर जी उदास हो जाता है।

पढ़ने का एक मौसम, एक उम्र होती है शायद–जो मिले उसे गाय की तरह चबा डालो। इधर कम पढ़ पा रहा हूँ। दो बातें हैं। पढ़ने पर जब भूसा हाथ लगता है तो दिल बैठ जाता है। अच्छा हो तो लगता है, यह तो मैं भी लिख सकता था। कोई मास्टर-पीस पढ़ने पर डर लगता है कि यह मेरे सिर पर सवार हो गया तो छह महीने लिख नहीं पाऊँगा। जिस तरह ब्रह्म की प्राप्ति के लिए पढ़ना-सुनना जरूरी नहीं, उसी प्रकार लिखना-पढ़ना बेकार लगता है।

वैसे, इन दिनों 'महाभारत', 'पंचांग' पढ़ रहा हूँ। 'महाभारत' में सारी घटनाएँ, सारे सूत्र किस कदर एक-दूसरे से गुँथे हुए हैं। अगर वह इतिहास न होकर 'मिथ' है तो और भी अच्छी बात है। मैं तो कहूँगा, चाँद-सूरज पर भी इतनी बड़ी प्रतिभा पैदा नहीं होगी। उपनिषद या वेदांत जो चीज नहीं बताते, वह सार्त्र या कामू भी नहीं बता सकते। मुझे लगता है, हम लोग कहीं आगे नहीं हैं–वेदान्त ने जो कुछ दिया है, मार्क्सवाद उससे बहुत कम दे रहा है।

पत्र-पत्रिकाएँ ? सचित्र पत्रिकाओं के चित्र ज्यादा देखता हूँ। और, आजकल तो दिल्ली अधिक जाना नहीं होता, जब जाता था तो रेलवे स्टेशनों पर खिड़की के पास किताब बेचनेवाले पूछते थे–हाट किताब चाहिए ? मैं इधर-उधर देखकर एकाध ले लेता था, मगर वह भी कृत्रिम लगता था–'कान झालापाला' जैसी चीज नहीं रहती थी। अब सबकुछ छूट गया है। बंगला पत्रिका 'एखोन' में मानिक बंद्योपाध्याय की डायरी पढ़ रहा हूँ। 'कृतिबास' पढ़ता हूँ–लगता है वह अब व्यापारिक पत्रिका के नजदीक होती जा रही है।

[एक बंगला पत्रिका में ताराशंकर बंद्योपाध्याय के उपन्यास पर छपी आलोचना की प्रशंसा करते हुए रेणुजी बोले–"काश ! वैसी आलोचना हम लोगों की पुस्तकों की भी होती !"]

'साप्ताहिक हिन्दुस्तान' के संपादक के नाम पत्र

सेवा में,
संपादक, 'साप्ताहिक हिन्दुस्तान',
नई दिल्ली

प्रिय महोदय,

निवेदन है, 23 नवम्बर, 1975 के अंक में प्रकाशित श्री शंभुनाथ मिश्र के लेख (पटना : सन्नाटा···) के अन्तर्गत मेरे वक्तव्य में कई शब्द और वाक्य को

सुधार दें। अर्थात् मेरे इस पत्र को अगले अंक में प्रकाशित कर दें।

पृष्ठ-32, प्रथम कॉलम में–"मेरा प्रश्न रहेगा पंडितों से..." के स्थान पर–"मैं किसी संस्कृत के पंडित से पूछ लूँगा कि क्या कवि कालिदास ने किसी 'नायिका' के बासी 'मुँह' की महक का भी वर्णन किया है ?"

पृष्ठ-32, तीसरे कॉलम में–" 'पंचांग' पढ़ रहा हूँ" के स्थान पर होगा–"पंचतंत्र पढ़ रहा हूँ।"

पृष्ठ-वही, कॉलम वही–"पत्र-पत्रिकाएँ ? सचित्र पत्रिकाओं के 'रंगीन' विज्ञापनों के 'जीवंत' चित्र ज्यादा देखता हूँ।"

" 'कृतिबास' पढ़ता हूँ। यह लघु पत्रिका अब इतना आत्म-निर्भर हो गई है कि लेखकों को पारिश्रमिक की राशि देने के मामले में व्यापारिक पत्रिकाओं के नजदीक होती जा रही है।"

धन्यवाद सहित।

भवदीय

फणीश्वरनाथ रेणु

राजेन्द्रनगर, पटना-16

एक परचा

शरद के सुहावने मौसम में, जब पूर्णिया के हर गड्ढे और तालाब में 'पुरइन' (कमल) और 'कोका' (कमलिनी) खिले होंगे, फूले हुए धान के खेतों से जब मंद-मंद पवनिया गंध आती रहेगी–जब दूर कहीं पूजा के बोल पर ढोल बजता रहेगा–जब साँझ-सलोनी धानी-चूनर पहनकर घर में, वन में, मन-उपवन में दिन रहते ही उतरेगी–जब हमारी दुबली-पतली नदियों के घाटों पर निर्मल जल में चाँद और सितारे अपने मुँह देखेंगे और जब ऊषा हमारे चरवाहों के बंसी से निकली 'प्रातकी' धुन को सुनकर आँखें खोलेगी–हिमालय से आए हुए पंछियों की टोलियाँ–नाना वर्ण और जाति की चिड़ियाँ–समवेत स्वर में सुर आलापेंगी–तब हम पूर्णिया के 'पूत' अपनी समस्त सांस्कृतिक निधियों के साथ श्रद्धापूर्वक देश के साहित्यिकों के स्वागत में लीन रहेंगे।

स्वागत-समिति की गतिविधियों की सूचना बीच-बीच में प्रकाशित परिपत्रों से आपको मिलती रहेगी। अभी यह शुभ संवाद सुन लीजिए कि स्कूल-कॉलेज के विद्यार्थी और प्राध्यापकों में सरगर्मी है–वे इसमें आगे बढ़कर हिस्सा लेने की तैयारी कर रहे हैं।

युवकों में एक अपूर्व उत्साह है।

बुद्धिजीवियों ने बीड़ा उठाया है।

व्यापारियों के दल और भी उदार हो गये हैं।

खिलाड़ियों ने–'चैरिटी मैच' करके पैसे बटोरने की व्यवस्था की है। सिनेमा-गृहवालों ने सहर्ष 'शो' देना स्वीकार किया है।

अब, आप अपना कर्तव्य समझें। नमस्कारान्ते।

पूर्णिया में एक साहित्यिक आयोजन हो रहा था, जिसके लिए रेणु ने यह परचे के लिए संभवतः लिखा था। रचनाकाल–1950-60 के बीच

एक नाटक

शहर–पूरैनियाँ का एक बाजार है।

बूढ़ा वकील

उसकी पत्नी

मुंशी जी

दाई

नौकर

लड़के

लड़कियाँ

पुतोहू

समय–तीन बजे

दृश्य आँगन में

स्थान : *एक नये डिजायन के मकान की अन्दर हवेली का हिस्सा। तुलसी चौरा के पास आराम-कुर्सी पर जो व्यक्ति लेटा है, उसकी चाँद दिखाई पड़ती है। थोड़ी दूर पर दो बछड़े बँधे हैं। पास ही दीवाल से लगे हुए नल पर घर की अधेड़ नौकरानी बर्तन माँज रही है। माँजने के साथ ही साथ उसकी बड़बड़ाहट भी जारी है। हाथ की चूड़ियाँ खनक रही हैं। उसकी भी सिर्फ पीठ देखी जा रही है।*

दृश्य : *ड्राइंगरूम की दाहिने ओर लल्लनजी के कमरे से···* आराम-कुर्सी पर लेटे हुए व्यक्ति को सामने से देखा जा सकता है। हृष्टपुष्ट, जतन से पाला-पोसा

हुआ शरीर और गौर रंग, कलप लगी मूँछ, जिसकी जड़ की ओर भी सुफेदी, एक नयी··· । बाँह पर बँधी हुई ताबीज–उम्र लगभग 55–अखबार पढ़ रहे हैं ।··· एक छोटे-से कुत्ते के पिल्ले के गले में चेन लगाकर घसीटते हुए टुनटुनजी का प्रवेश ।

टुनटुन : बाबूजी ! (कुत्ते की ओर दिखाते हुए) इसे सुधारना मेरे बस की बात नहीं ।··· फिर आज राख की ढेरी पर जाकर बैठा था । सानो कहती है, उसने अपनी आँखों से देखा है–चुराकर नाली का माँड़ चाटता है ।

वकील साहब : आखिर कुत्ता ही तो है !

टुनटुन : कभी नहीं ! विलायती कुत्तों को एक बार समझा दीजिए कि यह करना है, यह बाजी रहा, बस सारी जिंदगी वह नहीं भूल सकता है । मेरे को एक क्रोकर स्पेनियल··· ।

वकील साहब : [बीच में ही, विरक्त होकर] भई ! दिन-भर सिर खपाने के बाद कुत्तों पर लेक्चर सुनने के काबिल यह दिमाग नहीं रह गया है । बेटा ! जाओ–खेलो !··· मैं समझता हूँ कि आप क्या कहना चाहते हैं । रोबी सेन की कुतिया को जब बच्चा होगा तो एक हमें जरूर देगा–यह तो आप सुन ही चुके हैं । इसके पहले तो कुछ हो नहीं सकता । जाइए !

टुनटुन : [अचानक] यह देखिए !··· बैठा-बैठा आपकी चप्पल चबाने की कोशिश कर रहा था । [कुत्ता को घसीट कर ले जाते हुए कहता है]–आज इसे गंगाजी में फेंक आता हूँ ।

[कुत्ता को घसीटते हुए जाता है । नेपथ्य में बहुत देर तक पिल्ले की म्याऊँ सुनी जाती है । नौकरानी की बड़बड़ाहट तेज हो जाती है ।]

वकील साहब : [बाँयी ओर गर्दन मोड़ने की चेष्टा करते हुए पुकारते हैं ।] विभा ! विभा-आ-आ !··· बेटी विभा ! [फिर विरक्ति की मुद्रा बनाकर नौकरानी की ओर मुड़कर]–ऐ ! ऐ ! कुसमी ! चुप !

[अचानक एक बहुत देर से चलती हुई चरखी जो बन्द हुई, तब मालूम होता है कि इसमें लल्लनजी के कमरे में बजते हुए रेडियो का भी सहयोग है ।]

वकील साहब : [लल्लनजी के कमरे की ओर मुड़कर पुकारते हैं ।]–विभा ! विभा !··· [एक क्षण के बाद, फिर जोर से]–अरे कोई है, जरा रेडियो बन्द करे !

[अचानक रेडियो ऑफ हो जाता है । वातावरण निःशब्द हो जाता है । लल्लनजी के कमरे से विभा निकल आती है । रसोईघर से बड़ी पुतोहू नन्द रानी चाय लेकर आ रही है । उसके हाथ में नास्ते का भी प्लेट है ।]

वकील साहब : मैं चाय पी चुका हूँ।··· अ-विभा ! तुम्हारी माँ क्या कह गयी थी, कब तक लौटेगी ?

विभा : [चोटी के फीते में गिरह लगाते हुए] माँ तो कह गयी है कि यदि चार बजे तक नहीं आऊँ तो तुम लोग चली जाना।··· भाभी को कह रही हूँ तो तैयार ही नहीं हो रही है।

वकील साहब : अजीब बात है ! इसीलिए एक बजे दिन में ही मुंशीजी को भेज दिया ताकि इधर फिर देरी नहीं हो। अजीब बात है !··· विभा ! ··· कहाँ गई ?··· सुनो ! तुम दोनों टुनटुन को साथ लेकर चली जाओ। आज आने दो उसे !··· दिन-दिन वह क्या होती जा रही है ?··· ऐ ! कुसमी, मनोहर कहाँ गया ? एक रिक्शा बुलाने को कहो।

[हाथ धो–पोंछते हुए नौकरानी चली जाती है। पुतोहू चाय की प्याली लेकर खड़ी है। पुतोहू विभा से इशारे में चाय की प्याली की ओर दिखाती हैं। विभा भी इशारे से जवाब देती है–हरगिज नहीं पियेंगे ! तो चलो, जल्दी करो।]

[सभी प्रस्थान]

कुसमी : (मटकती हुई आती है) बुला देलीं।··· त चहवा काहे ना···।

[टुनटुनजी का हल्ला करते हुए प्रवेश।]

टुनटुन–हर होली नेस मदर ऐण्ड मुंशी रघुनन्दन लाल दास इज वेटिंग इन दि बालकोनी··· टेलिफोन मैसेज टु इनफारम विभा एण्ड···

वकील साहब : क्यों बेवजह हल्ला मचा रहा है। एक दिन जरा बहन-भाभी को सिनेमा दिखला लायेगा तो बहाने बना रहा है।

[टुनटुनजी भाभी के कमरे में चले जाते हैं। नौकरानी चिलम फूँक रही है। खिड़कियों के बन्द होने की आवाज··· चप्पलों की चटचट करती हुई आवाजें।]

वकील साहब : [चारों ओर देखकर उठते हुए] कुसुमी ! हुक्का अन्दर ले आओ।

[एक हाथ में चश्मे का खोल और एक हाथ में टावेल झुलाते हुए वकील साहब उठे। पीछे-पीछे कुसमी हुक्का लेकर जाती है।]

अधूरा-अप्रकाशित नाटक

काबुलीवाला

प्रथम दृश्य : निरंजन का बैठक।

ज्यो : तो, भाई निरंजन, तुम बैठो। मैं अब चलूँ।

नि : अरे भाई, बैठो-बैठो ! दो आदमी के बैठने के लिए काफी जगह है। बात यह है कि, मैंने अपने नये उपन्यास का सतरहवाँ अध्याय–करीब-करीब समाप्ति पर ले आया हूँ। मेरी यह रचना धार वाली हुई है–सो उसकी जरा परीक्षा··· समझते हो ज्योतिष।

ज्यो : सर्वनाश ! तुमने, अपने सतरहवें अध्याय की धार की परीक्षा, मेरे ही दोनों कान के ऊपर करने का निश्चय किया है क्या ?

नि : हाँ–यही सुविधा है। बैठो तो, बहुत देर नहीं लगेगी।
सुनो ! (पाठ) घोर अरण्य ! सूर्य को अस्तगत हुए बहुत देर हो चुकी है। बन की छाया में निविड़ निशा का आविर्भाव हुआ है। ऐसे ही समय, इसी घन अंधकार में–इस पथहीन बनपथ में कौन है वह अकेला युवक ? वह कौन है ?
[दूध की कटोरी हाथ में लेकर केस्ट का प्रवेश।]

के : जी–मैं केस्टो हूँ–बाबू !

नि : किस्टो बाबू ? ओः तुम ! क्यों··· क्या चाहिए ?

के : जी–मिनू दीदी दूध नहीं पी रही हैं–

नि : तो मैं क्या करूँगा ? जाओ अपनी माँजी से बोलो–

के : माँजी कहती हैं रोज-रोज दूध बर्बाद होता है, जो-सो आप यदि दूध–

नि : अब मार खाकर–मरोगे केस्टा। जाओ, ले जाओ दूध यहाँ से। गधा··· पाजी···।

के : जी मैं क्या करूँ ? माँजी बोली कि जो-सो दूध आपको···

नि : भागो

[केस्ट का प्रस्थान। ज्योतिष का हास्य।]

नि : पागल कर देगा ! देखो ज्योतिष ! जो यह कहते हैं कि गृहस्ती में रहकर भी कोई बड़ा काम किया जा सकता है–उन्होंने या तो कभी घर-संसार नहीं बसाया–अथवा कोई बड़ा काम ही नहीं कर पाये–यह मेरा पक्का विश्वास है।

ज्यो : अच्छा ही किया। मेरी एक दुश्चिंता दूर हुई।

नि : बेकार की बातों में समय नष्ट मत करो। सुनो ! (पाठ) कौन है वह युवक ? वह कौन है ? पाठक–आपने पहचाना कि वह युवक कौन है ?

पाठिका—आपने निश्चय ही पहचाना है ! कांचीनगर के स्वनामधन्य सेनापति वीर कुल चुड़ामणि प्रताप सिंह का नाम—किसी को कहने की आवश्यकता नहीं होती है।

उसी निविड़ अंधकार में, उसी निविड़ अरण्य पथ पर, हृदय पर निविड़ दुश्चिंता का भार ढोता हुआ—निर्भीक, निर्निमेष, निष्कंप…

ज्यो : समझ गया। समझ गया—जितने प्रकार के 'नि' हो सकते हैं; और क्या ? नि-रंजन की बात ठहरी ? लेकिन—मूल बात क्या है—वही बताकर मुझे जरा निश्चिंत करो तो—

नि : देखो ! विरक्त मत करो। सुनो—निर्निमेष, निवात, निष्कंप…

ज्यो : भाई—वह सब हो चुका है—निः निर्भीक, निर्निमेष… निर्दय, निर्मम, निर्लज्य…

नि : निष्कंप दीपशिखा की तरह, निस्तरंगचित्त प्रताप सिंह दुर्ग प्राकार के नीचे

रवीन्द्रनाथ ठाकुर की कहानी का रेडियो के लिए नाट्य रूपांतर रेणुजी ने किया था, उसका प्रारम्भिक अंश ही उपलब्ध हो पाया है। रचनाकाल—अनुमानित 1960। अधूरा, अप्रकाशित

समीक्षा

हमारे कर्मयोगी राष्ट्रपति

लेखक—श्रीयुत इन्द्र विद्या वाचस्पति। प्रकाशक—आत्माराम एण्ड संस, दिल्ली मूल्य—आठ आना

श्रीयुत इन्द्र विद्या वाचस्पति हिन्दी जगत के लिए सुपरिचित हैं। राष्ट्रपति राजेन्द्र प्रसाद का संक्षिप्त जीवन-परिचय और चार संस्मरणों का संकलन इस पुस्तिका में किया गया है। जीवन-परिचय के लिए लेखक 'अपने मित्र श्री बालकृष्णजी का' आभारी है। शेष चार संस्मरण लेखक ने कई वर्षों के अन्तर में लिखे हैं। अहंकार-शून्य महापुरुष, जनता का सेवक, महापुरुष, कर्मयोगी राष्ट्रपति—ये हैं चार संस्मरण। पहला संस्मरण 1938 ई. का लिखा हुआ है। तब तक राजेद्र बाबू देश-रत्न हो चुके थे। इस संस्मरण में उनकी सादगी और कर्मनिष्ठता का परिचय है। "राजेन्द्रबाबू में प्रकाशन का अभाव है, उन्होंने सादगी को बिल्कुल सादा ढंग पर

अपनाया है।" इसमें कोई अतिशयोक्ति नहीं। दूसरे संस्मरण का कोई समय नहीं दिया गया है। गया-कांग्रेस और बिहार-भूकम्प के समय लेखक ने जिस रूप में राजेन्द्र बाबू को सेवा-निष्ठ देखा था, उसी को प्रस्तुत करने का प्रयास किया गया है। तीसरा संस्मरण उस समय का लिखा हुआ मालूम होता है, जबकि राजेन्द्र बाबू वायसराय की कार्यकारिणी के सदस्य बन चुके थे। कार्य-भार से दबे रहने पर भी लोगों के आग्रह पर अपने ऊपर अधिक जिम्मेदारियाँ लेने की उनकी उदार प्रवृत्ति पर प्रकाश डाला गया है। चौथा संस्मरण राष्ट्रपति बनने के बाद का है। इसमें पिछले तीन संस्मरणों की पुनरावृत्ति के अलावा कोई नई बात नहीं। लेखक ने प्रकाशन के समय सभी संस्मरणों में नये सिरे से कुछ परिवर्तन किया है। लेखक ने अपने 'निवेदन' में कहा है–"स्वतंत्र भारत का संविधान ऐसा बना है कि इसमें राष्ट्रपति को प्रेम और आशीर्वाद के सिवा अन्य किसी वस्तु के देने का अधिकार नहीं है। इस कारण यह संदेह भी नहीं हो सकता कि राष्ट्रपति के प्रति मेरा यह शब्दमय उपहार किसी सांसारिक लाभ की इच्छा का फल है।" राजेन्द्र बाबू भारत के राष्ट्रीय जीवन में उन थोड़े-से लोगों में हैं, जिनको भारतीय इतिहास में स्थायी स्थान मिलेगा। उनकी जीवनी या संस्मरण के लिए लेखक की ओर से इस तरह का निवेदन अनावश्यक लगता है।

अवंतिका के अगस्त, 1953 अंक में पुस्तक-परिचय वाले स्तम्भ 'पुस्तकालोचन' के अन्तर्गत प्रकाशित। असंकलित

बाज़ार-दर

रविवार, 3 जनवरी, 1960

इधर पिछले कई वर्षों से 'आंचलिक' मालों का बाजार गर्म है। ताड़-खजूर छाप माल असली है या नकली, पता लगानेवाले पारखियों के व्यक्तिगत विचारों का बाजार भी काफी सस्ता है। पुरस्कार, सर्टिफिकेट और तमगों के 'फोटोस्टेट' के साथ विज्ञापन-प्रचार करनेवाले, प्रस्तुतकर्त्ताओं की बातों से नहीं, फुसलनेवाले लोग भी रहते हैं, और बहस कीजिए तो हर माल वाले यही कहते हैं कि उनका माल ही असली है। उपभोक्ताओं को पता नहीं–इस आंचलिक नामक नये माल का आफ्टर-इफेक्ट क्या होगा। इस नयी चीज में विष की मात्रा कितनी है, किसी को नहीं मालूम। उसी के बाद यह भी कहा जाता है–यह बिल्कुल ही नयी चीज

नहीं हिंदी के बाज़ार में। कई पीढ़ी पुरानी चीज है, जिसमें कुछ कूड़ा मिलाकर, इधर 'आंचलिक' नाम से मशहूर करने की कुचेष्टा की गयी है। अगल-बगल (अंगूल-बंगूल) की भाषा के बाजारों का कुप्रभाव भी कम नहीं पड़ा है। बंगाल के वीरभूम और बिहार के पूर्णिया जिले की मिट्टी में संभवतः आंचलिक साहित्य पैदा करने की ताकत अधिक मात्रा में है। बंगला का सर्वप्रथम आंचलिक लेखक शैलजानंद, सर्वश्रेष्ठ लेखक ताराशंकर–दोनों वीरभूम के। उस समय का बंगला-साहित्य-बाजार-गजट की पुरानी फाइलों को पढ़कर देखा, तो पाया कि श्री शैलजानंद को अपराधी साबित करने के लिए जो-जो दलीलें पेश की गयी थीं, वही सब दलीलें हिंदी में भी प्रस्तुत की जा रही हैं। शैलजानंद की प्रथम रचना का एकांत-अभिनंदन करनेवाले शरत्‌चंद्र ने भी अंततः लिखित एतराज़ प्रकट कर दिया और शैलजाबाबू का साथ छोड़ दिया। तो–(बकलम-बकौल शैलजानंद के) शैलजा बाबू का कलेजा बैठ गया और वे लेखनी को गंगा में बहाने का फैसला कर कोयले के व्यापार में लगने की तैयारी करने लगे थे। कि ठीक जापान जाते हुए, सागर के वक्षस्थल पर बैठकर विश्वकवि ने पत्र लिखा–(शैलजा बाबू ने अपनी स्मृति-रचना में उद्धृत कर पिछले साल प्रकाशित करवाया है)–उसका भावार्थ कि आंचलिक शब्दों की ऐसी चाट लगी है कि अपनी रसोई में भी मैं यह···

शैलजा बाबू का कथन है कि इसके बाद ही गुरुदेव की भाषा पर आंचलिकता का स्पष्ट प्रभाव कोई देख सकता है। शैलजा बाबू की बंद होती हुई धुकधुकी फिर तेज हुई और आज तक सही चल रही है, इसका यह कारण है कि उनके बाद ताराशंकर बंद्योपाध्याय ने उनके सुर में सुर मिलाकर और भी स्पष्ट स्वर में नारा बुलंद किया–वीरभूम जिंदाबाद ! आंचलिक माल जिंदाबाद !

दुर्गत ताराशंकर की कम हुई हो, ऐसी बात नहीं है। ताराशंकर बंद्योपाध्याय के 'आमार साहित्य जीवन' के प्रारंभिक अध्याय के कई पृष्ठों का अनुवाद यहाँ प्रस्तुत किया जा रहा है। मूल घटना का सारांश पहले बता देना जरूरी है। तारा बाबू असहयोग आंदोलन के सिलसिले में 1930 में निकले–जेल में ही उन्होंने दो उपन्यासों··· **(अधूरा पृष्ठ)**

सारिका, 1 अप्रैल, 1979

बाइ-वीकली बंबई मेल !

सोमवार, 4 अप्रैल, 1960

यह दूसरा खेप है—बंबई से वापस जा रहा हूँ। इस बार भी अपनी प्रतिज्ञा पूरी करके लौट रहा हूँ। जो काम नहीं करने की प्रतिज्ञा की थी—इस बार भी नहीं किया वह सब। जो कार्यावली पूरी करने की प्रतिज्ञा की थी, इस बार भी नहीं कर पाया। यह और बात है···

गाड़ी वी.टी. [अपने 'आंचलिक' पाठकों के लिए 'पाद टीका' देना आवश्यक है। पादटीका की भी पादटीका ?], तो, गाड़ी विक्टोरिया टर्मिनस छोड़ने की पूरी तैयारी कर रही है। गाड़ी के अंदर और बाहर प्लेटफार्म पर खच्चमखच्च भीड़। निर्देशक, सह-प्रोड्यूसर और प्रोडक्शन मैनेजर मिलजुलकर प्लेटफार्म पर साहस बँधा रहे हैं। जो कुछ भी कह रहे हैं, उसका सारांश यह कि मैं दारासिंह हूँ, किंगकांग हूँ, मैं अकरम हूँ—इस भीड़ को धकमपेल और 'उड़नचोट' प्रहार करने के काबिल हूँ।

बहुत मुश्किल से अंदर से गर्दन निकालकर एक चरित्र-अभिनेता—मेरा सहयात्री—कह रहा है, 'फणिदा' आसून··· ऊपर बर्थ पर बिस्तर बिछा दिया है। नीचे के दो सहयात्री इलाहाबाद में उतर जायेंगे। सीट खाली होये जाबे,··· तब तक मैं बैठा ही··· हँसी आयी। इलाहाबाद में उतर जायेंगे का अर्थ है—कल रात में साढ़े बारह बजे ! साढ़े छब्बीस घंटे बाद मिलनेवाली आरामदेह जगह के सुख का लोभ !

मन ने धिक्कार-पर-धिक्कार देना शुरू किया—यात्रा की कठिनाइयों से डरता है ? तू इन हजारों लोगों से अपने को क्यों भिन्न मानता है ? क्या तू 'जनता' नाम से ही चिढ़नेवाला तो नहीं है ? क्या तू जनता नहीं ?

डायरेक्टर बासुदेव भट्टाचार्य, सहनिर्माता संतोष ठाकुर और प्रोडक्शन मैनेजर मृणाल चक्रवर्ती ! सभी को थोड़ा-बहुत जान-पहचान चुका हूँ। सभी कमो-बेश संघर्ष (स्ट्रगल) कर चुके हैं, कर रहे हैं। चरित्र-अभिनेता अमल, जो मेरे साथ अपने घर पटना लौट रहा है, हर बात पर गर्व के साथ यह बात सुना चुका है—"दादा, आठ साल होये गेछे।··· स्ट्रगल कर रहा हूँ। करूँगा···"

खार से वी.टी. तक प्रोडक्शन मैनेजर मृणाल चक्रवर्ती के सुरीले स्वभाव का परिचय मिला है। शास्त्रीय बोल के बाद स्वरचित शब्दों के द्वारा तेज रफ्तार से भागती मोटर की गति के साथ तालमेल रखकर तरह-तरह के म्यूजिक उसके मुँह से सुन चुका हूँ। कभी रविशंकर के सितार का झंकार—अली अकबरखाँ की ठुमरी में जगह-जगह लगनेवाले कीर्तन के सुर—सभी स्पष्ट झंकृत होती रही हैं। मृणाल

चक्रवर्ती का कहना है–बाबा ! मैंने प्रोडक्शन मैनेजर की हैसियत से स्ट्रगल नहीं किया तो क्या हुआ ! हर काम में एक सुर है। मुझे एक बार पकड़ने का मौका तो दीजिए, फिर उस सुर को··· म्युजिक-डायरेक्शन नहीं–प्रोडक्शन मैनेजरी सही ··· हम 'इमेज मेकर्स' हैं। हम सभी।

'यंग बासु' [बासुदेव चटर्जी क्षमा करें : अंग्रेजी की एक प्रसिद्ध सिनेपत्रिका का शब्द उधार ले रहा हूँ] तो, 'यंग बासु' को गर्व है, उसकी यूनिट में एक-से-एक संघर्षरत, कर्मशील तथा सफल लोग हैं।

जब इतने संघर्षरत लोग कहते हैं कि यात्रा सुखकर होगी, तो जरूर होगी··· मैं दारासिंह हूँ, मैं किंगकांग हूँ, मैं अकरम हूँ। जाप करता हुआ गाड़ी में घुसा। प्रोडक्शन मैनेजर मेरी खाली सुराही लेकर बहुत दूर, नल पर जाकर भर लाये हैं–पानी ! अंदर पंखा नहीं चल रहा है। डिब्बे में सभी यात्री अगले किसी बड़े स्टेशन पर इन नहीं चलनेवाले पंखों को मरम्मत करवाने की बात दुहरा चुके हैं। तो, सोलह घंटे बाद ये पंखे भी चलने लगेंगे। हवा मिल जायेगी। बासु की दी दियासलाई सहित सिगरेट की डिब्बियाँ साथ हैं। आग-पानी-हवा से लैस [ऊँह ! लगता है, अंतरिक्ष की यात्रा से लौट रहा होऊँ !]–

गाड़ी चली–मेरी दूसरी खेप की वापसी-यात्रा शुरू हुई। बंबई-हावड़ा बाई वीकली जनता एक्सप्रेस बंबई से कलकत्ता तक की दौड़ पर निकली। यदि इस बार भी कार्निक लिखित 'कश्मीर प्रिंसेस' पुस्तक नहीं पढ़ने को मिलती तो हवाई जहाज ही से लौटता। किंतु उस किताब को पढ़ने के बाद लगातार चार दिनों तक इतने भयानक सपने आते रहे कि एक सप्ताह तक अच्छी नींद नहीं आयी। इसका यह मतलब कदापि नहीं कि मैं हवाई-यात्रा से सदा-सर्वदा के लिए घबड़ा गया हूँ।

यह दूसरा खेप है। इस बार भी अपनी प्रतिज्ञा पूरी करके जा रहा हूँ। समुद्र में आया, समुद्र पर पैर नहीं रखा··· इस बार भी कुछ लोग पूछेंगे–एलिफेंटा नहीं गये ? कहूँगा–मैं एलिफेंटा देखने तो नहीं गया था भाईजान !

जलगाँव में भोर की चाय पीते वक्त एक माह पूर्व की दुर्घटना की याद जल उठी धधककर ! गरम चाय !

अमल ने विहँसकर कहा–"नीचे के एक सज्जन खँडवा में उतर रहे हैं।"

(अधूरा पृष्ठ)

सारिका/1 अप्रैल, 1979

जसोधा प्रसाद

शुक्रवार, 1 मार्च, 1966

... नहीं, यह मेरी 'कही' या 'गढ़ी' कहानी नहीं ! यानी, मैं इसका लेखक नहीं !

उत्तरी बिहार के एकदम उत्तरी छोर पर–नेपाल की सीमा के–दसगज्जा, यानी नौ मेन्स लैंड–उस पार नेपाल में वीरगंज, विराटनगर झापा–फिलोमलिया अथवा इस पार भारत में वीरपुर। बथनाहा, फारबिसगंज की ओर आपको कभी जाना पड़े और (जसोधा प्रसाद) नामक किसी व्यक्ति से मुलाकात हो जाये और आपसे उसकी चार घड़ी की भी दोस्ती हो जाये, तो मेरा विश्वास है कि वह आपको ऐसे ही किस्से, ठीक इसी लहजे में सुनायेगा !... यह बात ठीक है कि मेरा नाम लेने पर वह आपका गहरा मित्र हो जायेगा और तरह-तरह की प्यारी गालियों से मुझे याद करेगा और गप्प में लीन हो जायेगा।

पिछले आठ-दस वर्षों से मैं स्वयं उसके पीछे हूँ। वह मुझे कभी मिला नहीं। कभी सुनता हूँ, उसने भारत-नेपाल की सीमा पर इस पार–भारत में–एक बड़ी-सी टिंबर कंपनी खोल ली है। कभी पता चला–वह उस पार (नेपाल में) चतरा गद्दी में कोशी प्रोजेक्ट का कंट्रैक्टर है... विराटनगर में 'मधुशाला' नामक बार चला रहा है... बराह क्षेत्र के पास एक गुफा में 'साधना' कर रहा है... तीन बीवियाँ हैं उसकी ... आदि। लेकिन उससे जो भी, जहाँ कहीं भी मिला है, उसने ऐसी ही कहानियाँ, इसी शैली में सुनायी हैं।

याद कीजिए, आपसे उसकी मुलाकात और दोस्ती भी हो गयी है और वह आपको किस्सा सुना रहा है : "ए भाय ! यह जो चारों ओर पाँच कोस हजारों-हजार छलामल सतरंगा बिजली देखते हैं न–यहाँ चालीस-पचास साल पहले राज-महाराज बाघ का शिकार करने के लिए आते थे... वह जो 'वर्गीज होटल' है न, दसगज्जा के किनारे–वहाँ तक घनी तराई थी... उस पार मोगलान में..."

(अधूरा पृष्ठ)

सारिका/1 अप्रैल, 1979

डायरी के दो पृष्ठ

1967

पिछले पन्द्रह-बीस वर्षों से हमारे इलाके–उत्तर-बिहार के कोसी कवलित अंचल में एक नयी जिंदगी आ रही है। हरियाली फैल रही है–फैलती जा रही है 'बालूचरों' पर। बंजर-धूसर पर रोज-रोज हरे-पीले और धानी रंग मोटे ब्रश से पोते जा रहे हैं··· लरमा रोजो, सोनरा गेहूँ, ताइचुंग, एइट धान, संकर मक्के के अलावा पुराने किस्म के देशी अगहनी और गमई धान की खेती में हर साल बढ़ोत्तरी हो रही है। अब यहाँ लोगों को 'परतीत' होने लगा है कि कुछ ही दिनों में वीरान धरती का चप्पा-चप्पा 'गुलज़ार' हो जायेगा।

कई नये नगर, नये गाँव, नयी कॉलोनी और कस्बे बस गये हैं··· एक किसान ने सिर्फ दो साल ताइचुंग उपजाकर एक पोख्ता मकान बनवा लिया। चूँकि उसका नाम 'प्रगतिशील किसानों' में दर्ज था, इसलिए कोसी प्रोजेक्ट के अफसर उसके घर पर आते-जाते थे। किसी ने सलाह दी–घर का नाम रख दीजिए–ताइचुंग हाऊस। संशोधन के साथ यह नाम स्वीकृत हो गया–ताइचुंग भवन। इसके बाद उस किसान के लड़के ने, शहर के स्कूल में दसवें दर्जे में पढ़ता है, अपने नाम में जोड़ दिया–ताइचुंगवाला। शिवकुमार दास ताइचुंगवाला।

सोमवार, 11 जनवरी, 1977

आज पौष पूर्णिमा है। अपने गाँव की बोली में 'पूसी पूरनिमा'। मिरजापुर-कोठी मेला की याद ! खबासपुर मेले की याद आती है और याद आता है बचपन में एक 'पूसी पूरनिमा' को गुड़-खिचड़ी खाकर दोपहर को खलिहान में, धान के बोझों पर मरियल धूप में लेटा रहा और जड़ैया बुखार अचानक चढ़ आया। तब से गुड़सियड़ी या रसिया रकुसियार के रस में बनी खिचड़ी कभी नहीं खायी। याद करता हूँ तो हर वर्ष का यह दिन–बादलों की भीनी सफेद चदरी में ढँका-ढँका याद आता है··· बंगला, यानी बंगाल का प्रसिद्ध पर्व–पौष पार्वन–आज के दिन ही होता है–पिठे-फुली खाने का दिन। पिठे यानी 'पिट्ठी', दसांपेढी, गुड़पिट्ठी, हमारे गाँव की ओर भी खाते हैं लोग !

सारिका/1 अप्रैल, 1979

लोकगीतों के बारे में

मैं लोकगीतों की गोद में पला हूँ। इसीलिए हर मौसम में मेरे मन के कोने में उस ऋतु के लोकगीत गूँजते रहते हैं। मैं कहीं भी हूँ–इन लोकगीतों की स्मृति-ध्वनियाँ मुझे अपने गाँव में–कुछ क्षण के लिए पहुँचा देती हैं।...

अगहन शुरू होते ही पके हुए धन-खेतों की अगहनी सुगंध के लिए मन मचलता है। अलाव तापते हुए–खलिहान में दवनी को आए हुए लोगों से बातें करने की बड़ी इच्छा होती है। ढलती हुई लंबी रात, 'भुरुकुवा' [शुक्र] तारा उगते ही नींद उचट जाती है। खलिहान में दवनी शुरू हो गई। 'प्रातकी' गीत की पहली कड़ी मँड़रा रही है। पवित्र धुन-प्रातकी–जिसे अगहन से माघ तक, भुरुकुवा तारा उगने के बाद गाते हैं।...

भोर को गाए जानेवाले गीतों में प्रातकी के बाद 'बिकय' की याद आती है। श्रावणी पूर्णिमा से आरंभ करके कृष्णाष्टमी की भोर में–खोल-करताल बजाकर यह बिकय गीत गाया जाता है। काली घटाओं में लुका-छिपा चाँद भादों के भरे हुए पोखर-तालाब में तैरता हुआ दिखाई पड़ता है, और फिर, तुरत ही झड़ी लग जाती है। ऐसे क्षणों में बिकय गानेवालों का मूलगैन अलाप उठता है।...

लोकगीतों में ऐसे भी गीत हैं जिनके गाने का समय वर्ष में सिर्फ एक घंटा निर्धारित है। होली और फगुआ गाने फागुन की अंतिम घड़ियों तक, और चैत के प्रथम क्षणों में चैती शुरू करने के पहले–एक घंटा। फागुन-चैत की संधि बेला में गाए जानेवाले इस गीत को 'बसकर' कहते हैं। इस गीत में फागुन की मस्ती की हल्की खुमारी और चैती की मीठी-मीठी उदासी मिली-जुली रहती है।...

'कवि रेणु कहे' से

बात बोलेगी

साहित्यकार को चाहिए कि वह अपने परिवेश को सम्पूर्णता और ईमानदारी से जिये। वह अपने परिवेश से हार्दिक प्रेम रखे, क्योंकि इसी के द्वारा वह अपनी जरूरत के मुताबिक खाद प्राप्त करता है। इस प्रेम का मतलब यह कदापि नहीं है कि वह अपने संदर्भों की विषमताओं और असंगतियों पर दृष्टिपात न करे।

वह परिवेश से प्रेम इसलिए करे कि वह उसके मूल्यों के साथ ही विषमताओं और असंगतियों से खुलकर और गहरा परिचय प्राप्त कर सके। दोनों प्रकार के चित्रण का औदात्य ही साहित्यिक ईमानदारी कहा जायेगा। लेखक के सम्प्रेषण में ईमानदारी है तो रचना सशक्त होगी–चाहे जिस विधा की हो।

साहित्य की पौध बड़ी नाजुक और हरी होती है। इसे राजनीति की भैंस द्वारा चर लिए जाने से बचाये रख सकें तभी उसकी फसल हमें मिल सकती है।

एक कीड़ा होता है अँखफोड़वा, जो केवल उड़ते वक्त बोलता है–भन्-भन्-भन्। क्या कारण है कि वह बैठकर नहीं बोल पाता ? सूक्ष्म पर्यवेक्षण से ज्ञात होगा कि यह आवाज उड़ने में चलते हुए उसके पंखों की है। सूक्ष्मता से देखना और पहचानना साहित्यकार का कर्तव्य है–परिवेश से ऐसे ही सूक्ष्म लगाव का सम्बन्ध साहित्य से अपेक्षित है।

फारबिसगंज में सर्जना की संगोष्ठी में रेणुजी के भाषण से।
दिनमान के 11 मार्च, 1966 के अंक में प्रकाशित

छठा भाग

पत्र

नागार्जुन के नाम

[मैथिली में लिखा पत्र, साथ ही हिन्दी अनुवाद]

औराही
18.12.1954 या 55]

भैयाजी,
प्रणाम।

'राजा भरथरी जी के चुप होने का–
कारण ?'
पेशेनजर कैल !
"...जेहि दिन नग्र पधारयो राजा भरथरी-ई-ई-ई,
मंजरल बगियन में आँ-या-या-म् !
फूलवा जे फूले कँचनार राजा-आ-आ-आ !!
... कुँहुँ-कुँहुँ-कुँहुँ-कुँहुँ-ऊँ-ऊँ... ...
ले-या-ली ऊड़े आसमाँआँ-आँ-न्।
ल्याल-ल्याल सेमली के बाग फू-ऊ ले-ए-ए !
धरती धरेला धे-या-न,
'तीसी फूल' चदरी बिछाय-के-ए-ए !
कुँहुँ-कुँहूँ... ...

अरे, एतना बात जब देखा राजा भरथरी ने-एँ-एँ !
गन गें करे 'छगुताँन्'
एक डेग आगे–पाछे दूसरा धरे,
देखे धरती-असमान,
गेरुआ गुदड़ि लाल होई रहे-ए-ए !!
कि–
'मालिक आवि गेल गाम'

–नग्र भर में शोर करी कोयली ने-एँ-एँ··· ।
जोगी मन में हैरान–
अब रे धरम मेरा नाँहि बचेगा !!
जब 'चौबटिया' पर थमक गये जोगी-ई-ई-ई !
बाँस-बन हँसल हहाय,
सूखल पतेर पै धामन भाग चला,
जोगी सुने चितलाय,
पीपरी के कोपरी हँसति राजा-आ-आ !!
राजा गये रिसियाय···
गुणवाँ के जोर राजा ताकि मारे
करे 'बात रे जवाब'
'कौन रे करणवाँ तुम हँसति हौ-ओ-ओ-ओ !!'

जब एतना सवाल किया जोगी ने···
सब गये थर-थराय,
चढ़ली दोपहरी जरा काँप गयी,
काँपे धरती-असमान–
सेमलि के बाग अगिया लागि गई-ई-ई !
पछिया चली धुधुआय
पीपरी के कोपरी कुम्हलाई गइली,
कौन करे रे जवाब ?
सीकियो न डोले डर से जोगी के-ए-ए-ए-ए ।

[जब किसी ने जवाब नहीं दिया तो–
चौबटिया के पुराने साँहुण के पेड़ ?
नहीं, चेथरिया पीर ने
दिया जवाब··· ।

खूब सवाल-जवाब हुआ और आखिर में चेथरिया पीर ने कहा कि 'फागुन के जादू जोगी–खेल नहीं।···' पत्र-पत्र पर जो चीथड़े बँधे हैं मेरे, इसे खोलो–पढ़ो ।

"खोलि-खोलि राजा लगा बाँचने जी··· ।"]
एहि रे करणवाँ राजा चू-ऊ-प भये !–

तदोपरांत !

आर सब कुशल अपने लोकनिक आशीर्वादे नीके अछि ! ठीक जकाँ आसनि नँहि 'पाथै' सकलौं –एय एखनौं। झंझटों त कम्म नँहियें। कोन्हुना खेपने चलि जाइ छी। 'तावतवरतन' कैने कतेक काज छियानत भेल। जीये लेल, करमी सागहुक आब खेति कैइएली-ई–; की विचार अहाँ केर ?

एक गोटे–जवतुरिया छौड़ा हँसिके हमरा पूछलक–'गाम में अहाँक मन लागत कि ?' हम कहैलियेक, 'हे रौ, हमरा सब जखन जवान भेल रही··· !' ··· किछु 'उटका-पैंहची' करैत हम फेरि कहैलियेग–"रौ हम भी छौं माटिक घैल। गराँ में 'फँसरफन्नी' बान्हि के कूप में हम ऐल छी। हमरो विश्वास अछि जे हम जीवन भरि लेल ऐने छी। 'माटिक घैल'–तँह से 'विष रस भरे' केर कोनो संदेह करन-- मूर्खता !"

··· पछवरिया बँसवाड़ी में 'नड़हिया' बताह भेल अछि; साँझ खन टहले लेल निकललौं; त 'बाबूजी' क बात मोन भेल, पूछिलैग–"लाठी-उठी, छड़ी-उड़ी··· !" गामक एक गोटे पुराना व्यक्ति बजलाह–"आब लाठी आपन ने बनाऊ ?"··· टहलेक काल काम भेल लाठी केर ! लाठी आब के राखइये ! "अहाँक बाबूजी लाठिक बाँस केर खातिर केकरा-केकरा से ने दोस्ती कैलक !"··· फेरि जितियाक राति में काटल लाठीक महागुण-वर्णन करैत गप्प समाप्त भेल !··· किछु, बुझने तऽ जरूरे छलियेग हुम्हूँ··· 'जतरकि' आब लाठीक बाड़ी लगैवाक कोन प्रयोजन, नै लठैत पोसबाक कोनो कारण बुझये में आयत अछि; तब बतहा नड़हिया कुकुर क खातिर··· ।

बन्नूक क लैसन क गप्प चलल !··· ई 'पोथा-पोथी' रक्षा केर खातिर जौं बन्नूक क लैसन करैयबाक प्रयोजन बूझि पड़े–तऽ-हम एकरा शू-भे बुझब··· । 'विश्वकोश' क चोर गाम एखनौं नैह पहुँचल अछि। शिकार-उकार खेलायलेल जौं कही त हमरा गुलेल केर बेश 'पेराकटिस' अछि। मारि एहेन ताकि के कि···

'दो पीर : एक नदी'–नामकेर खण्डकाव्य लिखे केर विचार अछि। (1) जीन पीर (हमर ग्राम्य देव), (2) चेथरिया पीर–गामक बाहर पहरा देति अछि। (3) दुलारी दाय [नदी] सुजला··· पुरैन आर माछ से भरल ! दुलारी दाय केर कछारि केर खेसारी, गेंहुम, जौ मय रबिया फसिल, मय अगहनी-फसिल : इम्हरका बाबू सभक बबुआनि : दुलारी दाय केर परतापे। संग-संग जतैक धार कुंड बहैत छलीह, सबके कोशी महरानी बाँझ बनाय देल थिन्ह। पाँच–दुलारी दाई–छोटछिन बहिन पर कोशिक बड्ड करुणा···" आशीर्वाद दीयऽ सम्पूर्ण करी, शुभ करी, सुन्दर करी !

'आयावर्त्त' केर ग्राहक हम बनी कि नँाहे ? से लिखब। 'वैदेहि' कतेक दिन से नँहि भेंटल अछि। गामक पुस्तकालय लेल वी. पी. लिखल गेल अछि। हम जे मैथिली में पाँती लिखैक धृष्टता केय रहल छी–से तकर की हैत ?

श्रीमती लतिका से भेंट कऽ के सब हाल-समाचार कैह-देबैक : हम हुनकर [स्वास्थ्योपयोगी] सब आज्ञा क पालन कैय रहल छी–पत्रोत्तर क आशा में रोज-रोज डाकघर में धरना देबै क शुरु हम करब। अहाँक स्वास्थ्य ?··· [राष्ट्रीय प्रकाशन],

राज भाई के हमर नमस्कार कैह देवेन्ह ? इति !–रेणु

[रेणु के इस मैथिली भाषा में लिखे पत्र को नागार्जुन जी ने पटना के डॉ. हरिनारायण मिश्र को सौंप दिया था। डॉ. मिश्र ने नागार्जुन एवं रेणु के अन्तर्सम्बन्धों पर एक टिप्पणी एवं इस पत्र के गद्य अंश के अनुवाद के साथ 'साम्य' पत्रिका के 19वें अंक में प्रकाशित करवाया है। प्रस्तुत है डॉ. हरिनारायण मिश्र के द्वारा किया हुआ अनुवाद :]

और सब कुशल आप लोगों के आशीर्वाद से ठीक ही है। अभी तक आसन नहीं जमा पाया हूँ ठीक से। झंझट भी तो कम नहीं है। किसी तरह समय बिता रहा हूँ–खेप रहा हूँ। 'तावतवरतन' करने पर कितने ही काम नष्ट हुए। जीने के लिए करमी के साग की खेती भी अब कर ही लूँ।··· आपकी क्या राय है ?

एक व्यक्ति–नयी उम्र के छोकरे ने–मुझसे पूछा–"गाँव में आपका जी लगेगा क्या ?" मैंने कहा–"हाँ रे, हम लोग जब जवान हुए थे···" कुछ बखिया उधेड़ते हुए मैंने फिर कहा–अरे, मैं हूँ मिट्टी का घड़ा। गले में फंदा डालकर कुएँ में आया हूँ। मुझे भी विश्वास है कि मैं जीवन भरने के लिए आया हूँ। मिट्टी का घड़ा–उसके विष भरे होने का संदेह करना मूर्खता है।

पछवरिया बँसवाड़ी में दुमकटा कुत्ता पगला गया है। साँझ को टहलने निकला तो पिताजी की बात याद आयी। पूछा था–'लाठी-वाठी, छड़ी-वड़ी।'–गाँव के एक बूढ़े-पुराने व्यक्ति बोले–"अब अपनी लाठी बनाइये न !"··· टहलने के समय बातें हुईं लाठी की। लाठी अब कौन रखता है ? "आपके पिताजी ने लाठी के बाँस के लिए किस-किससे दोस्ती नहीं की ?" फिर जितिया [जीवित्पुत्रिका पर्व] की रात में काटी गयी लाठी के महागुण वर्णन से बात समाप्त हुई !··· कुछ समझा तो था मैंने भी जरूर। अब लाठी की बाड़ी [बगिया] लगाने का क्या प्रयोजन ? न ही लठैत पालने का कोई कारण समझ में आता है, तब इस पगले दुमकटे कुत्ते के लिए···।

बन्दूक के लाइसेंस की बातें चलीं। इन पोथों-पोथियों की रक्षा के लिए यदि बन्दूक का लाइसेंस लेने का प्रयोजन हो तो मैं इसे शुभ ही समझूँगा। 'विश्वकोश' के चोर अब तक गाँवों में नहीं पहुँचे हैं। शिकार-विकार खेलने की कहें तो मुझे गुलेल की अच्छी 'पेराकटिस' (प्रैक्टिस) है। साधकर ऐसा निशाना मारूँ कि···

'दो पीर : एक नदी' खंड-काव्य लिखने का विचार है। (1) जीन पीर (हमारे ग्राम्य देवता), (2) चेथरिया पीर (गाँव के बाहर पहरा देते हैं।) (3) दुलारी दाई (नदी)–सुजला–पुरइन और मछलियों से भरी हुई। दुलारी दाई के कछारों के खेसारी, गेहूँ, जौ मय रब्बी फसल मय अगहनी फसल–इधर के बाबुओं की शान-शौकत (बबुआनी) इन्हीं पर है–दुलारी दाई के साथ बहने वाले धारा-कुण्डों को कोशी महारानी ने बाँझ बना दिया है। पाँच–दुलारी दाई–छोटी-नन्हकी बहन पर कोशी की बड़ी करुणा है। आशीर्वाद दें, शुभ करूँ, सुन्दर करूँ !

'आर्यावर्त्त' का ग्राहक मैं बनूँ या नहीं ? यह लिखेंगे। 'वैदेही' [मैथिली मासिक पत्रिका] कितने ही दिनों से नहीं मिली है। गाँव के पुस्तकालय की ओर से वी.पी.पी. से भेजने के लिए लिखा गया है। मैथिली पाती लिखने की धृष्टता कर रहा हूँ, उसका क्या होगा ?

श्रीमती लतिका से मिलकर सभी समाचार कह देंगे। मैं उनकी (स्वास्थ्योपयोगी) सभी आज्ञाओं का पालन कर रहा हूँ। पत्रोत्तर की आशा में रोज डाकघर में धरना देना मैं शुरू करूँगा। आपका स्वास्थ्य ? (राष्ट्रीय प्रकाशन) राज भाई को मेरा नमस्कार कह देंगे ? इति !–रेणु

मधुकर गंगाधर के नाम

[मधुकर गंगाधर के नाम लिखे रेणु के पत्र उनसे कई बार मिलने पर भी नहीं मिल पाये। मधुकरजी ने रेणु के कुछ पत्रों को रेणु पर लिखे अपने संस्मरण में उद्‌धृत किया है। इसलिए ये पत्र आधे-अधूरे-से हैं।–संपादक]

[1]

पटना
21.5.55

तुम्हारा पूरा नाम उच्चारण कर ही पूरी कविता का मजा ले लेता हूँ…

बुरा मत मानना, तुमने मुझे 'भैय्या' कहा है। इसीलिए कह रहा हूँ–यह कि तुम्हारे 'भैय्या' साहब के साथ मजबूरियाँ भी हैं, और उन सारी मजबूरियों का जनक है आलस्य। बीमारी का बहाना जब से मिला है, तब से और मौज है–'रेस्ट' ले रहे हैं। लेकिन इस बार का केस एक 'जेन्विन' है।… 'तमाशा' [मधुकर गंगाधर की कविता, जिसमें टी.बी. ग्रस्त फेरी लगानेवाले का वर्णन है।] पढ़ते-पढ़ते मुझे चक्कर आने लगा, तुम्हें मालूम है कि मैं बाल्टी भर-भर कर खून थूक चुका हूँ। अच्छी कविता है। किसी स्थानीय पत्र में दूँगा… दूसरी किताब की लिखाई* 'आस्ते-सुस्ते' चल रही है। जल्दी क्या है ? कड़कते घी में बैंगन छौंकने वालों में मैं नहीं। समीक्षकों की बात तो दूर, विद्यार्थियों की निगाह से भी सच्ची बात बचकर नहीं निकल सकती ! रिपीटेशन, फ्राउड, एगझाउस्टेड, ट्रैस… क्या-क्या न कहते हैं !

अन्त में, प्रिय मधुकर, प्रिय गंगाधर, प्रिय मधुर गंगाधर, भाई मेरे, बड़े भाई से गुस्सा नहीं करते ? आओ मेल-मफत कर लें।

–'भैया'

---

* रेणु ने इस पत्र में अपने दूसरे उपन्यास–'परती:परिकथा' के लिखे जाने का उल्लेख किया है।

[2]

पटना
3 नवम्बर, 1955

प्रिय मधुकर, प्रियवर गंगाधर,

शहर घूमने गया था, सकुशल आ गया। तुम्हारी याद आती थी हमेशा। लिखकर क्या बताऊँ ? राजकमल वालों का मेहमान था, किन्तु उनके यहाँ 9 दिनों में सिर्फ एक ही शाम 'जीमन-जूठन' हुआ।··· लंच, डीनर, टी, बिफे (Buffet) या बफ्ट अथवा बफा–जो भी कहते हों ! जिस दिन पहुँचा, उसी दिन 'डाक एडिसन' में प्रयाग के सभी पत्रों ने सूचना प्रसारित की··· 'मैला आँचल' के लेखक··· इत्यादि। दूसरे दिन सुबह से ही राजकमल वालों के घरवाले टेलिफोन पर और बैठक-खाने में प्रयाग के साहित्य-सेवियों की आवाजें आने लगीं। उसी दिन शाम में राजकमल वालों ने एक विशाल चाय-पार्टी का आयोजन किया था। रात्रि-भोज श्री भगवतशरण उपाध्याय के यहाँ। उनकी पुत्री डॉ. चित्रा उपाध्याय अहले सुबह आकर कह गयी–विजया (वी.पी. कोइराला की छोटी बहन) मेरी सहेली है। आप उसे किताब नहीं भेज सके, मैंने उसे अमेरिका के पते पर भेज दी है।···

चाय-पार्टी में करीब दो सौ निमंत्रित 'लेडीज एण्ड जेण्टलमैन' थे। सर्वश्री वासुदेव शरण अग्रवाल ने तुम्हारे भैया की तारीफ शुरू की और पूरे पन्द्रह मिनटों तक बोलते रहे। भगवतशरण उपाध्यायजी का नम्बर दूसरा था। बोले–जीवन में पहली बार मेरा मोहभंग हुआ। किसी किताब को एक ही बैठक में समाप्त कर फिर तुरत प्रथम पृष्ठ से शुरू करना···।

डॉ. भारती, गंगाप्रसाद पाण्डेय, प्रकाशचन्द्र गुप्त आदि ने भी काफी तारीफ की। दूसरे दिन बड़े-बड़े 'हेड लाइन' लगाकर पत्रों ने भगवतशरण उपाध्याय के कथन को छापा–Portyal better than Premchand... etc...। मुझे लगा, मुझे पिटवाने की व्यवस्था तो नहीं हो रही ? तुम्हारी याद आती थी, इसलिए कि घरेलू चिकारी में हम दोनों बातें कर परिस्थिति से निपटने के लिए तैयार रहते। प्रयाग हिन्दी-साहित्यकारों का अखाड़ा समझा जाता है–नये तथा पुराने लेखकों का विशाल झुण्ड वास करता है यहाँ। इनकी अलग-अलग छोटी-बड़ी संस्थाएँ हैं–परिमल, साहित्यिकी, झंकार, पराग, मिलन आदि-आदि। सबों को आश्चर्य हुआ कि बिना यह पूछे कि अमुक संस्था या व्यक्ति किस राजनैतिक दल का है, रेणुजी सबों के यहाँ मुक्त हृदय से गये, गोष्ठियों में भाग लिया···। आने के दिन सरस्वती प्रेस (श्रीपतराय) के यहाँ जमावड़ा था–प्रोग्रेसिवों (कम्युनिस्ट पार्टी वाले) ने कहा–रेणुजी की कृति तथा उनके प्रयाग आगमन के बाद हम यह सोचने को मजबूर हो गये हैं कि ऐसे साहित्य की रचना संभव है, जिसे सभी दल वाले एक स्वर से स्वीकार करें···।

अमृत बाजार पत्रिका, लीडर, भारत, अमृत पत्रिका आदि की कटिंग्स लेता

आया हूँ। पटने आओ तो मालूम होगा और क्या लाया हूँ।··· भारतीजी को तुम्हारी रचनाएँ मिल गई हैं। निकष-2 में कविताएँ छाप रहे हैं तुम्हारी। बहुत तारीफ कर रहे थे, तो मैंने कहा कि··· मेरा छोटा भाई है। कहते समय जरा छाती···। 'कहानियाँ' में तुम्हारी कहानी प्रकाशित कर रहे हैं लोग। बड़ा भरोसा हुआ है ··· बहुत भरोसा··· नहीं तो प्रेस कांफ्रेंस में एक पत्रकार ने आखिर पूछ ही दिया—आंचलिक साहित्य क्यों ? मैंने कहा—यह अंचल-विशेष पर निर्भर है। पूर्णिया के विभिन्न हिस्सों पर बंगला में कम-से-कम चार उपन्यास लिखे जा चुके हैं, दर्जनों कहानियाँ प्रकाशित हुई हैं। साहित्यिक प्रगति की बात मैंने सबसे पहले की—अनूपजी, सुधांशुजी के बाद बंगला-हिन्दी के लेखकों की तालिका दी और तुम्हारे नाम पर जरा जोर देकर कहा—और लगता है, हमारी मिट्टी में अवश्य कुछ विशेषता है।···

··· अपनी ही बातों से भर गई चिट्ठी। दीपावली के पहले ही घर आ रहा हूँ। औराही आओगे ? प्यार लो अशेष।

—रेणु
तुम्हारा भैया

[3]

[रेणुजी का गौरा, एम. ए. नाम से जब 'अवंतिका' में, लेख-इण्टरव्यू-प्रतिवाद-प्रत्यालोचना या उसे जो भी कहें, छपने आया तो वहीं मधुकर गंगाधर भी थे, जिन्होंने पहचाना कि यह रेणुजी की लिखावट में है यानी रेणुजी का छद्म नाम से लिखा लेख है। इस बात की चर्चा उन्होंने 'अवंतिका' के दफ्तर में की। यह बात घूमती-फिरती रेणुजी के कानों तक पहुँची। रेणुजी को तभी गाँव जाना पड़ा और उन्होंने इस सन्दर्भ में मधुकर गंगाधर को वहीं से यह पत्र लिखा। रेणुजी ने इस पत्र में गौरा मुखर्जी को एक वयोवृद्ध पत्रकार की बेटी बताया है, जबकि 'प्रकाशन समाचार' में प्रकाशित गौरा मुखर्जी के पत्र में उनका पता रेणुजी की ससुराल का यानी हजारीबाग के कोर्रा मुहल्ले का पता दिया है, जिनके घर कोई पत्रकार कभी पैदा ही नहीं हुआ। दरअसल 'गौरा मुखर्जी' रेणुजी का ही छद्म नाम था, जिसे वे उस समय बदनामी के डर से छुपाना चाहते थे।—संपादक]

औराही-हिंगना
23.12.55

··· एक बात गौराजी के संबंध में। 'नारी' के संपादक ने शायद सुधीर के ही गौरा होने की शंका पाल ली है। गौराजी का सचित्र लेख प्रकाशित होगा। यदि समय रहा तो सदयजी को सूचना दे दूँगा। कृष्णानन्दजी ('नारी' के संपादक) ने कुछ सोच-समझकर ही उनकी (गौराजी की) आइडेण्टिटी छिपाई है, ऐसी धारणा

है सुधीर की। देखो, यदि सशरीर नहीं तो सचित्र तो उनकी रचना निकट भविष्य में अवश्य प्रकाशित होगी।–क्योंकि, यदि मुझे हिप्नोटाइज ही किया गया हो–तो मेरी बात दूर करो, लतिकाजी, मधु (सुधीर की बहन), अरुणा हाल्दार, शिप्राजी आदि के बीच जो महिला अपने को गौराजी कह रही थी, उसे मैंने अकेले ही तो नहीं देखा था ? प्रयाग में भारतीजी आदि से मिली। भारतीजी ने उनके सम्बन्ध में एक पत्र लिखा भी है। पटने आकर मैं तुम्हें दिखा दूँगा।··· और आजकल अपनी बुरी रचना को भी लोग दूसरे के नाम से प्रकाशित करवाना नहीं चाहते–उनका तो 'साहित्यकार' में धारावाहिक लेख प्रकाशित हो रहा है। आशा है, इस महिला के बारे में तुम बेवजह अन्य बातें नहीं सोचोगे। पटने में मेरे डेरे पर तुम उनसे मिल भी सकते हो···। नाम अवश्य उनका दूसरा है (किंतु हैं महिला ही)। पिता एवं पति के आपसी झगड़ों की मारी गौराजी की जिंदगी में बड़ी-बड़ी ट्रेजडियाँ हैं–यह मुझे बाद में मालूम हुआ। विस्तारपूर्वक लिखने का कारण तुम समझ रहे हो। 'अवंतिका' में लेख प्रकाशित होने के बाद लोग उन्हें पूछेंगे–और इस बीच यदि यह संकेत प्रकट करके फैला दिया गया तो विशेष क्षति तो कुछ नहीं होगी–लोग यह भी जानने लगेंगे कि यहाँ के वयोवृद्ध एक पत्रकार (दकियानूसी) की बेटी फ्री-सेक्स आदि में विश्वास करती है और अच्छी लेखिका है।

हर भाषा में, हर महिला आलोचना लेखिका पर किसी-न-किसी लेखक के स्त्रीरूप होने का इल्जाम लगा है। श्री शरत्‌चन्द्र चट्टोपाध्याय 'अनिला देवी' के नाम से आलोचना-निबन्ध आदि लिखते थे। बड़ी कहानियाँ 'अनुपमा देवी' के नाम से।··· तो मुझ पर भी इल्जाम लग सकता है, लेकिन एक या दो महीनों के लिए ही, क्योंकि इसके बाद तो, जैसा ऊपर कह चुका हूँ।

[रेणुजी ने मधुकर गंगाधर को लिखे इस पत्र में गौरा मुखर्जी के अलग व्यक्तित्व को सिद्ध करने के लिए कई प्रमाण दिये हैं, पर वे सभी झूठे थे। गौरा मुखर्जी के नाम से रेणु ने 'अवंतिका' एवं 'नई धारा' में पत्र भी छपवाया, 'साहित्यकार' पत्रिका (संपादक–महादेवी वर्मा) में लेख भी छपा। खेद है, खोजीराम को अब तक 'साहित्यकार' पत्रिका के अंक उपलब्ध नहीं हो पाये हैं। गौरा मुखर्जी के नाम से लिखे उपलब्ध पत्रों एवं लेख को अन्यत्र दिया जा रहा है।

रेणुजी के चौथे पत्र का एक टुकड़ा उस वक्त का लिखा हुआ है, जबकि रेणुजी एवं मधुकरजी के संबंधों के बीच दरार आ गई थी।]

[4]

पटना

4 फरवरी, 1956

तुम जब मुझे 'पूज्य भैय्यां' कहकर पत्र लिखते हो तो एक बात याद आ

जाती है। मैं 'छोटा भाई-खोर' हूँ, इसलिए घबड़ाता हूँ। महेन्द्र, हरि* आदि तो मर गये–बाकी जो कुछ मुँह-बोले लोग रहे तो वे छोटा भाई सिर्फ 'भैय्या' कहने के लिए ही। इस बार सर्वे के हाकिमों के सामने मेरे जन्म का वृतान्त खोल बैठे। तब मालूम हुआ कि वे मुझसे अवश्य बड़े थे।··· तुम समर्थ कलाकार हो, इस हेतु भी मुझे कहना है, मुझे बड़ा भाई मत बनाओ–'बंधु' ठीक है।

[5]

[रेणुजी ने यह पत्र जयशंकर के द्वारा मधुकरजी को भेजा था, जो जयशंकरजी के पास ही रह गया था।]

प्रिय भाई मधुकरजी,

आपसे 'काफी हाउस' में भेंट होने के बाद–जलप्रलय के कारण–फिर मिलना नहीं हो सका। किंतु, इस संकट में हमेशा आप-मित्रों की याद आती रही और भगवान से कुशलता की कामना करता रहा। आशा है, आप सपरिवार सानंद होंगे। कभी फुर्सत मिले तो इधर भी किसी दिन आयें।

जयशंकर आये हुए हैं। कृपया थोड़ा समय निकालकर इनसे वार्तालाप कर लेंगे।··· चतुर्भुज का क्या हुआ, जानने की इच्छा है।

नमस्कार स्वीकार करें।

भाई ही
रेणु
8.10.75

जानकी जीवन के नाम

[जानकी जीवनजी बिहार राष्ट्रभाषा परिषद् में टंकक थे एवं उन्होंने 'मैला आँचल' की पाण्डुलिपि को टाइप किया था। रेणुजी इनका बेहद सम्मान किया करते थे।]

---

* महेन्द्र एवं हरि–रेणु के छोटे भाई। महेन्द्र सबसे छोटा, उसकी 1950 में मृत्यु हुई, हरि की मृत्यु 1953 में।

[1]

औराही-हिंगना
5.3.'55

भाई जा. जीवनजी,

बधाई स्वीकार कीजिये !

हाँ, 'मैला आँचल' के सम्मान में हम दोनों का ही हिस्सा है, मैं कहूँ–थोड़ा बहुत नहीं; एकदम बराबर। आप ही 'मैला आँचल' के सर्वप्रथम पाठक, आलोचक और प्रशंसक हैं। बावजूद इसके–आपने इसे 'लिखवाया' है ! ठीक कहता हूँ न ?

कल 'परिषद्' का भी कृपापत्र प्राप्त हुआ। रसीद हस्ताक्षरित करके, वापस कर रहा हूँ। पूज्य शिवपूजन सहायजी ने अपनी 'लेखनी' से लिखकर आग्रह किया है : जीवनी और नये चित्र के लिए।··· मानसचक्षु से स्पष्ट देख रहा हूँ–कागज को आँखों के एकदम पास लाकर लिख रहे हैं और आपसे बार-बार पूछ रहे हैं : 'उनके गाँव का पता सही है न ? आपने उनके डेरे पर पूछ लिया है, आप जानते हैं'–आदि-आदि !··· इसलिए, मैं भी आपको कष्ट दे रहा हूँ। मेरे डेरे पर जाकर आप मेरी नई तस्वीर माँग लाइये। मैंने लिख दिया है। पूज्य शिवजी से आप कह दीजियेगा कि तस्वीर यहीं है।

मैं ता. 15/3 तक पटने आ रहा हूँ। घर के झंझटों के बीच नई किताब लिखना–असंभव व्यापार है बंधु ! अप्रैल के प्रथम पक्ष में पाण्डुलिपि आपके जिम्मे लगा दूँगा–विश्वास कीजिये !

हाँ, आप श्रीमती लतिका 'रेणु' से 'मैला आँचल' की दो प्रतियाँ ले लेंगे। एक प्रति पर उनसे ही "श्री चरणकमलेषु–आचार्य शिवजी" लिखवाकर हस्ताक्षरित करवा लीजियेगा। दूसरी प्रति पर आप यथायोग्य लिखकर 'परिषद्-पुस्तकालय' को प्रदान करने की कृपा करेंगे।

बंधु रंजनजी तथा–(उनका नाम भूल रहा हूँ–विश्वास कीजिये, उन्हें नहीं भूला हूँ) कैसे हैं ? मेरा 'प्रीत-पूर्ण' वासन्ती अभिवादन उन्हें दे देंगे।

आशा है, आप स्वस्थ एवं प्रसन्न हैं। श्रीमती जानकी जीवन को मेरा प्रणाम !

शेष कुशल है।

आप मेरा नमस्कार ग्रहण करें :

रेणु
आपका

[2]

'ग्राम्या'
पो. औराही-हिंगना
28.3.56

भाई जीवनजी,

आपका कार्ड।

आज ही रजिस्टर्ड पैकेट से किताब* जा रही है। मुझे बहुत दुःख है कि थोड़ी-सी असावधानी के कारण आपकी किताब मेरे साथ चली आयी। उपकार का खूब अच्छा बदला मिला आपको। क्षमा करेंगे–मैं लज्जित हूँ। किताब जा ही रही है। हम लोग मजे में हैं। पढ़ाई-लिखाई चल रही है। जुलाई में पटने आयेंगे हम। मैं आपको हमेशा पत्र लिखकर विरक्त करूँगा।··· 'मैला आँचल' के साथ आपकी स्मृति अविभाज्य रूप में जुड़ी हुई है।

बंधुवर रंजनजी तथा दामोदर भाई आदि से मेरा प्रणाम कह देंगे। रंजनजी को भी पत्र दूंगा। आशा है आप स्वस्थ एवं प्रसन्न हैं। हमारा अभिवादन ग्रहण करें।

आपका
रेणु

उपेंद्रनाथ अश्क के नाम

[1]

C/O लेडी सिफटन चाइल्ड वेलफेयर सेंटर
सब्जीबाग–पटना-6
1.7.55

भाई साहब,

एक-डेढ़ सप्ताह के अंदर ही 'संकेत' के लिए रचना भेज रहा हूँ।–विश्वास करें। मुझे दुख है, बहन डेजी के हाथों रचना नहीं भेज सका। उनसे माफी मिल चुकी है–अब, आप लोग माफ कर दें।

मैं इधर 'हजार चक्कर' में फँसा रहा। पढ़ाई-लिखाई कच्छप गति से चल रही है। पत्र लिखकर समय-समय पर 'खबर' लिया करें–यही निवेदन है।

---

* दूसरे पत्र में जिस किताब का उल्लेख है, वह नागार्जुन का उपन्यास 'बलचनमा' है।

कौशिल्यादि कैसी हैं ? उन्हें मैं भक्तिपूर्ण प्रणाम भेज रहा हूँ। बच्चों को प्यार। मैं 'संकेत' के लिए ही आजकल लिख रहा हूँ।

प्रयाग आने की बात बहुत दिनों से सोच रहा हूँ।···

–तो, आपको पाँच-सात साल पहले की बात याद है ? हमारे दोस्तों ने 'लाल आसमान' भेंट करने चाय पर बुलाया था।–चम्मच के अभाव की पूर्ति दियासलाई की काठी से आपने की थी–'काठी' को रसगुल्ले में गड़ाकर खाते-खाते आपने बातें जारी रखी थीं।

कल शाम को भाई नागार्जुन के साथ 'आलोचना' में प्रकाशित 'मूल्यांकन' पढ़ा। पढ़ रहे थे नागार्जुनजी ही !··· मैं क्या कहूँ ? धन्यवाद देता हूँ भगवान को।

इसी तरह 'दोखगुन' बताते जाइयेगा तो दूसरे 'टेस्ट मैच' में भी सेंचुरी तो बना ही लूँगा।–प्रयाग के बंधुओं के दर्शन की लालसा बड़ी तीव्र हो रही है। भारतीजी, कांताजी, शरद आदि को हमारा प्यार या नमस्कार ! बड़ों को प्रणाम !

··· और देखिये न ! घर में मेरी कैसी 'दुर्गति' हो रही है। लतिका को काम करते-करते बोलने की आदत है–बोले जा रही है··· "मैं पहले ही कह रही थी word मत दो। क्या समझेंगे लोग तुम्हें ?··· वह भद्र महिला क्या सोच रही होंगी मन में। बड़ा डींग हाँकते हो, महिलाओं की इज्जत करता हूँ।···क्या समझ रहे होंगे लोग।"···

10-7 से पहले ही रचना भेज दूँ–संभव है। साबित करना है–कि मैं 'भद्रलोक' हूँ।··· हर बार ऐसा ही होता है–वह Challange दे बैठती है भद्रता की। किस्सा फिर कभी :

और··· लछमी दासिन ?? ममता की वकालत नहीं करूँगा।

पत्रोत्तर शीघ्र देंगे।

लतिकाजी मजे में हैं। एंटिनेटेल : प्रि-नेटेल, पोस्ट-नेटेल और प्राइमी और मल्टी–बस, दिन-रात यही धंधा है।–

पत्रोत्तर देंगे तो ?

रचना मैं 10-7 तक तो अवश्य भेज दूँगा।

यहाँ के साहित्यिक बंधुओं के बारे में मैं कुछ नहीं बता सकूँगा। आप तो जानते ही हैं कि पटने में रहकर भी मैं पटने से बाहर रहता हूँ।

प्रणाम ग्रहण करें आप।

मैं स्वस्थ हूँ।

आपका क्या हाल है ?

हम दोनों तो 'समगोत्री' ठहरे। बीच-बीच में Checkup कराते रहिए।··· मैं इसी बरसात में करवा रहा हूँ।

रेणु

आपका

सेवा में–

श्री उपेन्द्रनाथ 'अश्क'

प्रयाग

[2]

पटना
29.10.55

भाईजी,

चिट्ठी देर से जा रही है, क्षमा करेंगे।

'नागार्जुन' जी से कई दिनों तक भेंट हुई नहीं और मैं भी अस्वस्थ हो गया। परसों उनसे भेंट हुई। बहुत परीशान हैं। खुद बीमार हैं, सुपुत्र भी ज्वर लेकर पड़ा है उनका। 'संकेत' के लिए लिख रहे हैं।

'एकलव्य के नोट्स' की टाइप्ड कापी भेज दें। तीन-चार दिनों के अंदर ही—मैं वापस कर दूँगा।

सर्दी-खाँसी-बुखार लेकर लेटा हुआ हूँ।

आशा है, आप अच्छे हैं।

प्रणाम।

आपका
रेणु

[यह पत्र अन्तर्देशीय पत्र-कार्ड पर लिखा गया है, दूसरे एवं तीसरे पृष्ठ पर कौशल्या, अश्क एवं कमलेश्वर के नाम पत्र है।]

भाभीजी,

लंबी चिट्ठी लिखना चाहता था।

अस्वस्थ हूँ। जरा-सा जी अच्छा होते ही आपको पत्र दूँगा। बुखार के बाद आलू भरी, मूली भरी रोटी··· खाने की बड़ी इच्छा होती है।

मिस डेजी को मेरा 'नमस्कार'।

गुड्डा प्यारे को सलाम !

आप सश्रद्ध प्रणाम ग्रहण करें मेरा।

आपका
रेणु

भाई कमलेश्वरजी,

क्या हाल है प्यारे ?

अपना जी बड़ा 'बेहाल' है बुखार के मारे।

मार्कंडेयजी को मेरा प्रणाम देंगे।

प्रयाग की याद आ रही है।

आपका
रेणु

पुनश्च :

आप इन लोगों का पता लिख कर भेज दें–

–श्री प्रकाशचंद्र गुप्त।

–श्री शमशेर बहादुर।

पुनः पुनश्च :

आपको याद हो, मैंने कहा था–मेरे एक मित्र 'कहानियाँ' निकाल रहे हैं। चीज अच्छी निकल रही है। यदि एकाध कहानी उन्हें दें तो उनका तथा हमारा बड़ा उपकार हो।–दे सकेंगे ? मार्कंडेयजी का पता तो मिंटो रोड ही है न !

रमण के नाम

[पटना, 1955 की कोई तारीख]

भाई रमणजी,

आप मेरे अग्रजों में हैं, आप मुझे हर तरह की गालियाँ दे सकते हैं। अधिकार है आपको, किन्तु चोरी का इल्जाम ?

चार्जशीट भेजिए, कृपाकर। मैं अपनी सफाई देने की चेष्टा करूँगा। आप संतुष्ट न हों, साहित्य-संसार के चौराहे पर खड़ाकर कोड़े लगवाइये, बाद में···

'मैला आँचल' के संबंध में बहुत सारी बातें कही जाती हैं, सुनी जाती हैं, सुनायी जाती हैं, फैलायी जाती हैं, किन्तु कुछ लिखकर क्यों नहीं दी जातीं–मुझे इस बात पर आश्चर्य हो रहा है। इस तरह अँधेरे में किसको जवाब दिया जाये और किस बात का जवाब दिया जाये ? आप शायद नहीं जानते कि मैं बहुत छोटी उम्र से श्री सतीनाथ भादुड़ीजी के साथ हूँ। वे मेरे साहित्यिक गुरु हैं। जो कुछ भी हूँ, उन्हीं का बनाया हुआ। बिगड़ा हूँ दूसरों के कूचे में···। मैं जरा भी नहीं घबड़ा रहा हूँ। भीम है मेरे अन्दर !

आपका

रेणु

वाचस्पति पाठक के नाम

औराही-हिंगना, वाया–फारबिसगंज

जिला–पूर्णियाँ (बिहार)

22.10.56

आदरणीय पाठक जी, सादर प्रणाम।

पत्र लिखने में देरी हुई, क्षमा करेंगे। कानून और कचहरी के पैंतरे ! भगवान

बचावें, मुकद्दमा दिलचस्प है, इसलिए मेरी तारीख के दिन कचहरी में भीड़ लग जाती है··· मेरे गाँव के पास एक सज्जन हैं–(जिनके बारे में आपको बता चुका हूँ।) उन्होंने 'मैला आँचल' के तहसीलदार को अपनी तस्वीर समझ लिया है। मूरख आदमी है, पुराना मुकद्दमेबाज है। संभवतः उसने अपने वकील से पहले भी सलाह ली होगी। अब तक वे चुप रहे। 'संकेत' में प्रकाशित रिपोर्ताज[1] का नाटकवाला अंश–एक गाँव की सच्ची घटना है। 'दलित वर्ग' के लोगों ने समझ लिया, उनकी खिल्ली उड़ायी गयी है।

क्योंकि··· इनकी किताब पर 'भारत सरकार' ने पुरस्कार दिया है, इसलिए 'यह बात' दिल्ली तक जरूर पहुँच गयी होगी। फिर 'पंडित जमाहिर लाल' को भी मालूम होने में कितनी देर, छिः छिः क्या समझते होंगे जमाहिर लाल भी ? दलित वर्ग के बारे में क्या समझते होंगे भला··· । दलित से लेकर सवर्ण की नकेल जिस पार्टी के हाथ में है, उसके स्थानीय नेताजी के बड़े नेता ने भी जो थाना के नेता हैं–शायद अपनी सिलहुत छवि देखी कहीं मेरी रचना में। उन्होंने जो सुना तो 'चियर अप' कर दिया। 'ठीक है, दलित वर्ग के नौजवानो बढ़ जाओ।'

तहसीलदार विश्वनाथ प्रसाद का भूत (!) ऐसे मौके पर चुपचाप बैठा रहे ?–'खर्च की क्या बात, एक वकील मैं रख दूँगा··· लेकिन मामला हो जरा संगीन। रेप-टेपवाला केस हो तो सारे मुकद्दमे का खर्चा मेरा··· कोई लड़की तैयार नहीं होगी ? कोशिश करो··· फिर देखो यह सारी 'लेखकी' निकल जाती है कि नहीं। सुना–पंद्रह दिनों तक चेष्टा की, लेकिन कोई कुमारी लड़की के बाप-भाई तैयार नहीं हुए। माँएँ तो तैयार भी हो गयीं !··· लेकिन कुमारी लड़की ही चाहिए संगीन रेप-केस के लिए···

अंत में, 'हरिजन-कानून'–घर की मुर्गी ! मुकद्दमे की पेशी के दिन संचालक, सूत्रधार छाते की ओट से फौजदारी कचहरी कंपाउंड के बाहर, दीवानी कचहरी के आसपास चक्कर मारते रहते हैं। पिछली तारीख को दलित-संघ के सेक्रेटरी साहब भी कचहरी में नहीं आये, क्योंकि 'वकीलों' की टोली 'मैला आँचल' तथा अन्य रचनाओं के जीते-जागते पुतलों को उँगलियाँ बता-बताकर इधर-उधर चक्कर मारती है। बेवजह पान की दुकान पर खड़े एक आदमी से नाम पूछ लेते हैं–'आपका नाम ? क्या आपका घर फारबिसगंज थाना है ?'

'जी ! मेरा नाम··· ?'

पान खाते हुए नौजवान वकील साहब ने नाम को एक बार दुहराया, फिर ठठाकर हँस पड़े–'ओ, आप 'मैला आँचल' के फलानेजी हैं !'

'क्या बात, क्या बात !'

एक नया वकील–जो अपने लेखक को भी समझता है–इन मौकों का फायदा

---

1. 'संकेत' इलाहाबाद से उपेंद्रनाथ अश्क के संपादन में निकला था, जिसमें रेणु का रिपोर्ताज 'एकलव्य के नोट्स' प्रकाशित हुआ था।

उठा रहा है। उसने सिर्फ तीन पेशी के दिन घूम-घूमकर देख लिया है–'अलबत्ता तस्वीर उतारी है, तस्वीर बनानेवाले ने !'

अब तक दूर बैठकर तमाशा देखनेवालों ने देखा–'न, अब 'कंपरमाइज' करवा देना चाहिए।'

लेकिन एक ही तारीख में चुटकी बजाकर निबटनेवाले लेखकजी को जब सब कुछ सहकर एक महीना अटकना पड़ा है। मुद्दई गवाहोंवाली तारीख खत्म हो गयी डिफेंस गवाही में, यानी मेरी ओर से श्री मातृका प्रसाद कोइराला[1] आ रहे हैं। घटना के दिन पटने में लेखक से उनकी भेंट हुई। श्री मातृका बाबू उन दिनों पटने में बीमार थे–'कंपरमाइज' करने की आवश्यकता नहीं समझता···दो तारीख और··· यानी 26-10-56 को फाइनल डेट है··· मैंने मुकदमा लड़ लेना ही अच्छा समझा है।

29-30 तक मैं प्रयाग की सेवा में पहुँच रहा हूँ। कानून और कचहरी, सो भी सब-डिविजनल कोर्ट, बहुत अच्छी जगह है, तीन-चार कहानियाँ, अच्छी कहानियाँ मिल गयी हैं।

तारीख के दिन लगता है–किसी गोष्ठी में जा रहा हूँ। गाँव में बेकार पड़े रहने के बाद–जिस दिन अपने कस्बे में जाता हूँ, अच्छा लगता है। 'बार लाइब्रेरी' में बैठकर दिलचस्प बातें सुनता रहता हूँ। अच्छी चाय मिल जाती है हर आधे घंटे पर··· अच्छी चाय की बात पर चावल की बात याद आयी। बाढ़ के कारण श्रीमान जिलाधीश ने चावलों का बाहर जाना रोक दिया है, अर्थात् दो मन चावल भी जिला से बाहर भेजनेवाला जिला सप्लाई आफिसर की कचहरी में चार दिन अवश्य चक्कर लगावे, नहीं तो स्टेशन मास्टर बाबू बुक ही नहीं करेगा। फिर भी मैं चेष्टा में हूँ। मुँह खोलकर किसी वाजिब आदमी से कह दूँ तो वह 'परमिट-गिरमिट' ला देगा। वाजिब आदमी मिल जाये। श्री मालवीयजी वाले घर का क्या हुआ ? यदि वे इस महीने भर का पैसा लेना चाहते हैं तो उन्हें दे दूँगा। मैं इस महीने की आखिरी तारीख तक आ ही रहा हूँ।

मैं पूजा की छुट्टी के बाद यहाँ आता तो अच्छा होता, लेकिन सोचने-समझने में गलती हो गयी। इतने दिनों तक रुकना पड़ेगा, मैंने कल्पना भी नहीं की थी।

भाई जितेंद्रजी की याद सदा आती है। इस तरह फँसा हुआ हूँ कि बेकार बैठा रहता हूँ। एक पत्र भी नहीं लिख पाता हूँ, फिर भी भारती भाईजी आदि से भेंट हो तो मुकद्दमेबाज मित्र रेणु का सादर नमस्कार दे देंगे।

आप फिर से मेरा प्रणाम ग्रहण करें।

–रेणु
आपका

---

1. मातृका बाबू कोइराला भाइयों में सबसे वरिष्ठ। नेपाल के भूतपूर्व प्रधानमंत्री।

विष्णु किशोर बेचन के नाम

सेवा में, पटना
श्री विष्णुकिशोर बेचन 27.6.58
भगवान पुस्तकालय,
भागलपुर-2

प्रिय बेचनजी,

हजारीबाग से लौट आया, 'भँवर के बीच' पढ़ गया हूँ। पहली पढ़ाई में ही जो 'आलोचिका दृष्टि' (?) को मंद कर दे पाठक की, मैं उसे (सफल) उतरी हुई रचना मानता हूँ। एक बार और पढ़ूँगा, फिर पढ़ूँगा तब कहीं जाकर कोई खोट निकाल सकूँ। यदि श्यामलजी बुरा न मानें, तो एकाध सलाह भी लाद सकता हूँ। मैं **ओमप्रकाशजी** तथा देवराजजी, दोनों भाइयों को लिख रहा हूँ, इसके प्रकाशन के संबंध में। मुझे सचमुच बहुत पसंद आयी है। 'भाषा प्रयोग' पर एक बार हम आपस में बहस कर लें, तो हमें लाभ ही··· होगा। श्यामलजी की मेरी अग्रिम बधाई।

अनुजजी से भेंट नहीं हुई है। खगेंद्रजी से आपकी भेंट हो, तो कहें, मैं उनको भी पत्र दे रहा हूँ।

कथा के लिए दो ही मित्रों को लिख सका हूँ। इधर **श्री नर्मदेश्वर प्रसादजी 'अपरंपरा'** को जुलाई से प्रकाश में ला रहे हैं, आप भी **'अपरंपरा'** के लिए कुछ भेजें।

नर्मदेश्वरजी ने कहा है, कविताएँ भेजिए। कथा हो कोई तैयार···

कल, पटना विश्वविद्यालय क्लब में फिल्म-शो देखने गया था। परशुराम विरचित तथा सत्यजीत राय द्वारा रूपायित बँगला छवि 'परस पाथर' हमने देखी। तस्वीर देखने के बाद ध्वनि पर बात छिड़ी। क्योंकि, 'परस पाथर' में ध्वनियों के अभिनव प्रयोग सफल हुए हैं। अनेक विदेशी फिल्मों के द्रष्टाओं ने स्वीकार किया, एक ही साथ, इसलिए बात वजनी मालूम हुई। ऐसी ध्वनिव्यंजित तस्वीर मैंने पहली बार देखी। इसके बाद, बात जब मेरी किताबों पर आयी, तब मैंने हँसकर आपत्ति की–बनाइये मत मुझे ! कहाँ राजा भोज··· **प्रोफेसर दुर्गानंद सिन्हा** आये हुए थे। आजकल खड़गपुर में सोशल साइंस और ह्यूमनिज्म के प्रधान हैं। बोले–"हम लिख रहल छि अंग्रेजी में। नांहे लिखने उपाय ? सबजेक्ट जॉर्नल के एडिटरे पठैने छथि, कोनो इंडियन लैंग्वेज के लिटरेचर में माससाइकोलॉजी, बिहेवियर···" आदि-आदि !

दुर्गानंदनजी तीन बार पढ़ चुके हैं दोनों किताब।

धर्मयुग में प्रकाशित आपका पत्र अभी-अभी पढ़ा। देखिए। बात यदि सीधे समझ जायें, तो ठीक है। नहीं तो चाहनेवाले इसी बात पर पुस्तक को निकृष्ट कोटि की घोषित कर, 'युद्धं देहि' कह मैदान में उतर सकते हैं।

खबर है, (मैंने आजकल दैनिक पत्र नहीं पढ़ने का प्रयोग शुरू किया है। पंद्रह दिन हो गये, कुछ नहीं बिगड़ा है।) कई आस्थावादी और अनास्थावादी के बीच, या यों कहें कि इन दोनों के अलावा इस 'अविचल आस्थावादी वर्ग' को आप जानते हैं ? अगले पत्र में। क्यों ? अविचल आस्थावादी मुझको नैराश्यवादी, जीवन-विरोधी, प्रतिक्रियाशील, पलायनवादी आदि साबित करने के लिए शास्त्रमंथन कर रहे हैं ? मैं अविचल हूँ। जीवन-दर्शन-शून्य तो कह ही रहे हैं। भाई साहब, मुश्किल यह है कि कलम पकड़ते ही लेखक और लेखक होते ही दार्शनिक का परम पद हमें स्वयं प्राप्त हो जाता है। बिना किसी जिज्ञासा के ही हमें उत्तरमाला मिल जाती है। (मुझे अपने पुराने मित्र की याद आती है, जिसके पास (चक्रवर्ती) अंकगणित कभी नहीं देखा, सिवा उत्तरमाला के) बिना किसी जीवन-जिज्ञासा के जीवन-दर्शन जिन्हें लोकता है, वे महान् हैं। मैं लंडूरा ही भला··· क्यों देखूँ किसी के उपनेत्र से ? कोई जबर्दस्ती है ? मैं जानता हूँ, इस बात पर भी ललकारनेवाले मिल जायेंगे–ठीक बात। जरा अपनी जीवन-जिज्ञासाएँ ही फरमाइये हजरत !

सज्जनता से कह दूँ, मेरी रचनाएँ पढ़ें, तो 'टिटकारी' मारेंगे। मैं उन्हें अपने उपनेत्र से नहीं दिखाना चाहता। वे अपनी आँखों से ही देखें।

(मैं Fiction नहीं लिख रहा। मेरे साथ घट चुकी है।) ताल ठोंककर सवाल किया जा सकता है–एक हजार पेज कौन पढ़ने जायेगा ? कुछ शब्दों में अपनी जीवन-जिज्ञासा व्यक्त कीजिए··· मैं जानता हूँ, इस आदमी को। पोला है, फोक है अंदर !

मैं उन्हें नहीं समझा सकूँगा कि शिल्पी और मिस्त्री में फर्क होता है, कि हर शिल्पी की तरह मेरी भी जिज्ञासाएँ हैं, जो पुरानी हैं··· मनुष्य की हैसियत से (यानी as a man) मनुष्य के अस्तित्व का क्या मूल्य है, इस पृथ्वी पर ? क्यों हम जिंदा हैं ? जीवित रहने की युक्ति ढूँढ़कर कैसे पा लेते हैं हम ? इतनी व्यर्थताओं के बीच भी मैं (मनुष्य मैं), रेतकण से भी नगण्य मैं, क्यों नहीं इतने अन्याय, अविचार, अनाचार के बीच आत्महत्या कर लेता हूँ ? मृतप्राय होकर भी जीवित रहने का आनंद कैसे प्राप्त कर लेता हूँ, कहाँ से ? प्रश्न पुराने हैं, उत्तर नये हो सकते हैं। या नहीं हो सकते। पता नहीं, वह क्या समझेगा। लेकिन, आध दर्जन मित्रों और दादा-मित्रों को अवश्य लिख देगा–अब उपन्यासकार-प्रवर आत्महत्या की बात सोच रहे हैं। अथवा वैसा कोई आंदोलन चलाना चाहते हैं साहित्य द्वारा।

और, इसी को साहित्यिक महल की मौलिक-खबर कहते हैं, जिसको 'खबर' है कहकर कोई भी घटा या बढ़ा सकते हैं। गाँव में रहता हूँ, कम-से-कम ताल ठोंककर ललकारने नहीं आता कोई। शीघ्र ही गाँव जा रहा हूँ, लौटूँगा, भागलपुर होकर। गोपीजी पटने आये हुए हैं। भेंट नहीं हुई है। हो जायेगी।

मैंने अपनी बातों से ही चिट्ठी सारी भर दी। आप कैसे हैं ? पत्रोत्तर दीजिए। देरी के लिए मुझे क्षमा करें।

आलोचना 2-4 मिली हैं ?–'बात' इस पर भी है। अगले पत्र में ! आपकी याद हमेशा आती है।

भाई ही
रेणु

राजेन्द्र यादव के नाम

[1]

पटना
29.10.63

प्रिय यादवजी,

10.10.63 का आपका पत्र–आगरे से भेजा हुआ तार–और मेरा जवाब आज जा रहा है। 'इस सैट में मैं जरा दूर पड़ जाता हूँ न'–बाकी से दिल्ली में आपकी मुलाकात हुई होगी। और दिल्लीवालों में कमलेश्वरजी को मेरी परीशानी का पता है और उन्होंने आपसे कहा भी हो।

['रेणु की श्रेष्ठ कहानियाँ' पुस्तक के लिए कहानियों की सूची–संपादक]

1. मारे गये गुलफाम, 2. रसप्रिया, 3. टेबुल, 4. लाल पान की बेगम, 5. प्रेम कथा विशेषांक में प्रकाशित होनेवाली कहानी।[1]

भाई, कहानियों की कटिंग का सवाल बहुत टेढ़ा है। मेरे पास 'ठुमरी' की एक भी प्रति नहीं। धर्मयुग का यह विशेषांक भी नहीं जिनमें 'टेबुल' छपी थी। तब क्या हो ?

स्केच आप लोगों में से कोई एक लिखें। आप ही लिखें।

मैं यह पत्र कमलेश्वर के पते पर भेज रहा हूँ। आप जहाँ भी होंगे–वह पहुँचा देगा।

मुझे इस योजना[2] से खुशी हुई है–यह लिखकर बताना होगा क्या ?

तब एक बात–खस्ताहाल लेखक को यदि पारिश्रमिक अग्रिम और तत्काल ही भेजवा सकें तो कल्याण हो…।

विजयादशमी की शुभकामनाओं के साथ पत्रोत्तर दें।

भाई ही
रेणु

---

1. 'नयी कहानियाँ' के प्रेमकथा विशेषांक में प्रकाशित कहानी–'रोमांशशून्य प्रेमकथा की भूमिका', जिसे बाद में विस्तृत कर रेणुजी ने 'जुलूस' उपन्यास की रचना की।
2. राजेंद्र यादव ने 'श्रेष्ठ कहानियाँ' सीरीज़ के प्रकाशन की योजना बनायी थी, जिसके अंतर्गत राजपाल एंड संज़ से उन्हीं के संपादन में फणीश्वरनाथ रेणु, मोहन राकेश, कमलेश्वर, मन्नू भंडारी आदि की पुस्तकें प्रकाशित हुईं।

[2]

पटना

13.11.63

भाई,

'टेबुल' की कटिंग जुगाड़ करने में देरी हो गयी।

'धर्मयुग' की विशिष्ट कहानियों के लिए आत्म-स्केच लिख रहा हूँ। 16/11 तक आपकी सेवा में भेज दूँगा।

'हंग्री जेनेरेशन' के श्री मलय चौधरी यहीं रहते हैं। मुझे उनकी बातें बहुत पसंद हैं। वे हिंदी के नये कथाकार और नये कवियों को कुछ भद्दी गालियाँ देने की तैयारी कर रहे हैं–तैयार रहिये। दिसंबर के अंतिम सप्ताह में हिंदी में उनका मेनिफेस्टो निकलनेवाला है।

अब परीशानियों से परीशान नहीं होता। आनंद ले रहा हूँ।

हाँ, ओंप्रकाशजी के गले उतर पाये अथवा गले में अटक जाय–मेरी बला से। आप 'ठुमरी' से निर्भय तीन कहानियाँ निकाल लें। पिछले साल से ही 'ठुमरी' को 'आउट ऑफ प्रिंट' करके–मेरी रायलिटी को कम करने का प्रयास उनका सफल हुआ–यही क्या कम है।

नमस्कार ग्रहण करें। हम प्रसन्न हैं। लतिकाजी आपको याद कर रही हैं। पटना आइये न एक बार !

–रेणु

[3]

पटना

31.12.63

भाई,

कल आपका पत्र मिला। मेरे दाहिने हाथ का प्लास्टर 25/12 को कटा है। 6/12 को फिसलकर गिरा और दाहिने हाथ की बाँह की हड्डी अलग हो गयी–जोड़ से।

[देखा, बहाना ?]

यों, मैं मानता हूँ कि यह मेरी अकर्मण्यता की सजा मिली है–लिखता नहीं है तो हाथ तोड़ दो कमबख्त का।

हाँ, कहानियों के बारे में–एक कहानी ('रोमांशशून्य प्रेमकथा' के बदले) भेज रहा हूँ–'अच्छे आदमी'। 'रोमांशशून्य प्रेमकथा' मेरे एक उपन्यास का अंश मात्र है। 'अच्छे आदमी' को ही संग्रह में स्थान दें।

जन्मतिथि–4 मार्च, शुक्रवार, 1921।

प्रकाशित पुस्तकें–मैला आँचल, परती : परिकथा (उप.), ठुमरी (कथासंग्रह)।
पहली रचना–साप्ताहिक विश्वमित्र (कल.) में 1945 में
'बटबाबा' नामक कहानी छपी।

फ्लैप पर अपना क्या मैटर दूँ ? आप ही दे दीजिये न कुछ !

चित्र कल भेज दूँगा और चेक की स. टिकट रसीद भी। आगरे के पते पर ही भेजूँगा। कमलेश्वर का तार आया है–'रात की बाँहों में' के लिए। और इधर बाँह तुड़ाकर बैठा हूँ। दर्द अभी भी है। Infra Red की सेंक ले रहा हूँ।

कल फिर लिखूँगा।

नववर्ष की शुभकामनाओं के साथ

आपका
रेणु

प्रति,
श्री राजेंद्र यादव, आगरा

[4]

पटना
1.1.64

भाई,

नववर्ष की शुभकामनाएँ।

फोटो और रसीद भेज रहा हूँ।

हाँ, 15 जनवरी '64 तक मेरा एक लघु उपन्यास आ रहा है–नाम है–'दीर्घतपा'।
दर्द है हाथ में अभी भी।
नमस्कार ग्रहण करें–हमारा।

भाई ही
रेणु

[5]

पटना
29.1.64

भाई यादवजी,

हाथ में दर्द है। मौसम सर्द है।··· कनकनी और शीतलहरी में पुराना दर्द उभर जाता है लोगों का। नये दर्दवालों की तो मौत ही समझिये।

'दीर्घतपा' एक-दो दिनों में भेज रहा हूँ। आपकी किताबें [मन्नू, कमलेश्वर राकेश, रेणु, राजेंद्र !] कब तक आ रही हैं ?

श्री सुविमल बसाक का पता-ठिकाना है–Subimal basak, 16, Justice Manmath Mukherjee Road, Calcutta-9

मैं कल दो-चार दिनों के लिए बाहर जा रहा हूँ। पत्रोत्तर दीजियेगा।

लतिकाजी प्रसन्न हैं।

हाँ, मन्नूजी पर आपका लेख ! खूब !··· लतिकाजी को मैं सुना रहा था और बीच-बीच में वह स्वयं आकर पढ़े हुए पैराग्राफ की परीक्षा करती थी कि सचमुच लिखा हुआ है अथवा उसे चिढ़ाने के लिए मैं गढ़कर पढ़ता जा रहा हूँ।

आप कलकत्ता कब जा रहे हैं ? इसलिए पूछ रहा हूँ कि मुझे भी आना है। भारतीय ज्ञानपीठ वालों को उपन्यास देना है। हाथ लेकर पड़ा हुआ हूँ। श्री लक्ष्मीचंद्र जैन तो मुझे झूठा नंबर एक समझते होंगे। कमलेश्वर मुझे बहानाबाज समझता होगा। भारतीजी मन ही मन रोज नाराज हो रहे होंगे।··· मैं क्या करूँ ?

आशा है, आप मजे में हैं।

नमस्कार ग्रहण करें।

रेणु

आपका

[6]

2/30, राजेंद्रनगर

पटना-4

11.11.64

भाई यादवजी,

7/10 के पत्र का जवाब आज दे रहा हूँ। मैं, ओंप्रकाशजी के पत्र की प्रतीक्षा में था। अब, जबकि उनका Regd. AD युक्त पत्र मिल गया है–आपको लिख रहा हूँ।

'श्रेष्ठ कहानियाँ' की एक प्रति मैं कल ले आया हूँ–दिल्ली पुस्तक सदन से। छपाई-सफाई–Prodution–सब मनपसंद है। बधाई स्वीकार करें।

मेरी प्रतियाँ ? सीरीज की अन्य किताबों की प्रतियाँ ?–

भाई ओंप्रकाशजी के पत्र का जवाब तैयार कर रहा हूँ। आप निश्चिंत रहें। मुझे दिल्ली के उस मशहूर होटल की बालकनी में आयोजित सम्मान-पार्टियों की याद है। दिल्ली की कचहरी के हवालात में–वे मेरा सम्मान करेंगे–यह भी आप लोग देख लें तो अच्छा। मैं तो अभी से रोमांचित और पुलकित हो रहा हूँ।

स्वास्थ्य ठीक नहीं जा रहा है। आर्थिक स्वास्थ्य भी गिरा हुआ है।

आप कैसे हैं ? मन्नूजी को प्रणाम।

नमस्कार ग्रहण करें। निश्चय ही

रेणु

पुनः··· कुछ नहीं। पूछना चाहता था कि कुछ 'माया' की व्यवस्था करवा सकते हैं ?

रेणु

पता–Shree Rajendra Yadav
29/17, Shakti Nagar
Delhi-6

डॉ. प्रेमशंकर के नाम*

2/30, राजेन्द्र नगर
पटना-4
11.11.64

आदरणीय प्रेमशंकरजी,

आपकी सभी चिट्ठियाँ मुझे मिलीं। आप, सबसे पहले, मुझे क्षमा कर दें–एक भी पत्र का जवाब नहीं दिया अब तक। बीमार था और पटने से बाहर। लेकिन, यह कोई बात नहीं हुई। पत्र का जवाब मुझे बहुत पहले ही देना चाहिए।

प्रश्नावली मेरे सामने है और बहुत शीघ्र जवाब तैयार करके भेज दूँगा। सच पूछिये तो जवाब तैयार करने के लिए समुचित समय की प्रतीक्षा कर रहा था। स्वास्थ्य अब ठीक है। गाँव जा रहा हूँ और वहीं से जवाब भेज दूँगा।

और, आप मुझे आदरणीय लिखेंगे तो मैं भी आपको आदरणीय ही लिखूँगा। आधा दर्जन से अधिक चिट्ठियों के जवाब नहीं पाकर भी आप मुझे आदरणीय समझते हैं, लिखते हैं–आप निश्चय ही आदरणीय हैं।

मैं 20/11 तक गाँव चला जाऊँगा और 30/11 तक प्रश्नोत्तर आपको मिल जायेगा।

आप मेरा नमस्कार ग्रहण करें।

श्रद्धेय वाजपेयीजी को मेरी याद ? उनसे मेरा प्रणाम निवेदन कर देंगे।

भाई ही
रेणु

---

* प्रेमशंकर जी सागर विश्वविद्यालय के हिन्दी विभाग में प्राध्यापक। इनके निर्देशन में एक छात्र रेणु के साहित्य पर शोध कर रहा था। उसी शोध के संदर्भ में उन्होंने रेणु को एक प्रश्नावली भेजी थी। रेणु ने उस प्रश्नावली का उत्तर लिख भेजा था। उस वक्त सागर विश्वविद्यालय के हिन्दी विभाग के अध्यक्ष नन्ददुलारे वाजपेयी जी थे, जिन्हें रेणु ने 'याद एवं प्रणाम' लिखा है।–संपादक

नामवरसिंह के नाम

औराही-हिंगना
दिनांक 4.5.66

आदरणीय नामवर भाईजी,

आपका 21 मार्च का कृपा पत्र समय पर ही मिल गया था। पत्रोत्तर समय पर नहीं दे सका। किंतु आपके पत्र की एक ही पंक्ति ने मेरी सारी परेशानियों को खत्म कर दिया—"कृपया हमें निःसंकोच खबर दें। शायद, हम किसी काम आ सकें।"...

हाँ, मैं अपना उपन्यास पूरा करने के लिए ही आया था। अब तक गाँव में ही हूँ। किंतु, देखता हूँ कि तीन-चार महीने में 'हरिभजन' कम और 'कपास ओटन' ही ज्यादा हुआ। बहरहाल 15 जून '66 तक पांडुलिपि तैयार हो जायेगी। 17 जून तक मैं पटना वापस आ जाऊँगा। मुझे इसका कम दुख नहीं है कि 'कितने चौराहे' अन्य प्रकाशन से प्रकाशित हुआ। मुझे यकीन है कि जब आप मेरी मजबूरियों का किस्सा सुनेंगे तो आप इस खता के लिए मुझे माफ कर देंगे।

स्वस्थ हूँ। प्रसन्न नहीं। खेती सूख रही है। कहीं एक बूँद पानी नहीं।

प्रणाम ग्रहण करें।

भाई ही
रेणु

चेर्निशोव के नाम

[रूसी अक्षरों में लिखा]

आदरणींय मित्र वि. चेर्निशोव जी,

मुझे क्षमा करें—मेरा पत्र आपको बहुत दिनों के बाद मिल रहा है। 'मैला आँचल' के अनुवाद के संबंध में पहला पत्र आपका मिला था। उसके बाद भी मैंने आपको पत्र दिया। फिर, 'मैला आँचल' का रूसी अनुवाद मिला। मैंने इस पुस्तक की पहुँच की सूचना के साथ अपना हार्दिक धन्यवाद प्रेषित किया था। किंतु, साथी उमाशंकरजी जब इस बार लौटे (जो अपनी आँख की चिकित्सा के लिए सोवियत संघ गये थे) तो उन्होंने बताया कि मेरी कोई चिट्ठी-पत्री आपको नहीं मिली है। संभवतः पता लिखने में गलती होती हो। इसलिए इस बार मैं उमाशंकर जी के मित्र के द्वारा (जो सोवियत संघ में ही हैं।) पत्र दे रहा हूँ।

सबसे पहले, 'मैला आँचल' के सुंदर अनुवाद के लिए मेरी हार्दिक बधाई ग्रहण करें। मैंने अपने पहले पत्र में भी आपको लिखा था और अब भी—इतने दिनों बाद भी—मैं इस पुस्तक को देखते ही पुलकित हो उठता हूँ। सुंदर छपाई और सही तस्वीरें ! हाँ, पृष्ठ 97 के पास जो रंगीन चित्र (गाँव के झोपड़े, नारियल

के पेड़, तालाब और कई नर-नारी) है, वह सही-सही पूर्णिया के गाँव की तस्वीर है। पृष्ठ 64 के पास–गुलमुहर और अमलतास के बाग में कमली और डॉक्टर का चित्र ! सभी चित्र मानो मेरी कल्पना की दुनिया के–सजीव हो उठे हैं। मैं आपको, चित्रकार को तथा भूमिका लेखक को फिर से बधाई देता हूँ।

अनुवाद की प्रति को बार-बार देखकर उलट-पलटकर मैंने अपना नाम लिखना सीख लिया है।[1]

शिक्षक मिलते ही मैं रूसी भाषा पढ़ना शुरू कर दूँगा। महान् देश की भाषा की महत्ता मुझे मोह रही है। पत्र लिखते समय बार-बार मन में एक तीखा दर्द होता है–अब तक आपको मेरा कोई पत्र नहीं मिला। आप क्या-क्या सोच रहे होंगे !–मुझे क्षमा करें।

पिछले दो वर्षों से मैं आकाशवाणी की सेवा में नियुक्त था। किंतु मैं 22 अगस्त से मुक्त हो रहा हूँ। मेरा स्वास्थ्य अच्छा नहीं है।

इधर फिर एक उपन्यास लिख रहा हूँ। मेरी कहानियों का संग्रह ('ठुमरी') पिछले साल निकला है। सेवा में भेज रहा हूँ। इस संग्रह की एक कहानी ('तीसरी कसम') का फिल्मीकरण हो रहा है। 'मैला आँचल' भी फिल्म के लिए ले लिया गया है।

आशा है आपने क्षमा कर दिया है मुझे। मुझे शीघ्र उत्तर दीजिये–आप नाराज तो नहीं हैं ?

इधर मैं कभी-कभी हर सप्ताह सपना देखने लगा हूँ।··· मैं कभी नीपर डैम के पास टहल रहा हूँ–कभी **Volga** के किनारे अपने को पाता हूँ। **Bolshoi-Theatre** के विशाल हॉल में आपेरा देख रहा हूँ। सच कहता हूँ मैं सपने में देखता हूँ। सोवियत भूमि के लोगों को ! उनके सौम्य, शांत और कर्मठ मुखड़े मेरी आंखों के सामने चलचित्र की तरह आते-जाते रहते हैं।

मैं आपके पत्र की आशा में बैठा हुआ हूँ। यदि आपका पत्र नहीं आया तो समझूँगा आप मुझसे नाराज हैं। मेरी पत्नी श्रीमती लतिका आपको नमस्कार भेज रही हैं, प्यार भरा नमस्कार !

मेरा हार्दिक अभिवादन ग्रहण करें।

आपका साथी

फणीश्वरनाथ रेणु

नोट : मैं 'मैला आँचल' (रूसी) के प्रकाशक से पुस्तक की रायल्टी वगैरह के संबंध में पत्र व्यवहार करना चाहता हूँ। किस पते पर करूँ ? कृपया लिखें।

मेरा पता : फ. ना. रेणु

फणीश्वरनाथ रेणु,
ब्लाक नं. 2, फ्लैट नं. 30, राजेंद्रनगर,
पटना (बिहार) भारत।

---

1. यहाँ रेणुजी ने अपना नाम, महात्मा मोहनदास करमचंद गाँधी, अपने गाँव तथा चेर्निशोव के नाम रूसी लिपि में लिखे हैं।–संपादक

नवेन्दु घोष के नाम

पटना
3.6.61

श्रद्धेय नवेन्दु दा,

मेरी भाषा और लेखन की त्रुटियों पर ध्यान नहीं देंगे। बम्बई से लौटते ही पत्र लिख न सका और भद्रता बनाये रख न सका। पटने की इस बार की गरमी ने सबको अभद्र बना दिया है–कई दिन के भीतर ही।

आशा है मुन्शीजी से अनेक बातें सुनने को मिली होंगी। मुन्शीजी को इस बार अच्छा और भरोसे का फाइनेन्सर मिला है। इधर के साहित्यिक परिवेश में नवेन्दु दा का नाम सुनकर अनेक लोग आश्वस्त हो सके हैं कि 'मैला आँचल' का साँवलापन बना रहेगा। मैं सिनॉपसिस भेज न सका। टुकड़ों में सोचना और लिखना बहुत हुआ है। आसमान में बादल घिर आये हैं। यदि एक-दो दिन में वर्षा हुई तो सिनॉपसिस जरूर भेजूँगा।

त्यागपत्र दे दिया है–इसलिए तीन महीने तक काम करना पड़ेगा। लेन-देन सभी केन्द्रों से पूछा गया है–मेरे लिए कहीं कोई काम पड़ा तो नहीं है। मैं 6 को घर जा रहा हूँ। उधर वर्षा हुई है। आप नाराज नहीं होंगे–अपने मन की एक बात बता रहा हूँ। मैंने सोच-विचारकर देखा है–डॉक्टर की भूमिका में युसुफ ही ठीक रहेंगे। लेकिन, मुन्शीजी से यह नहीं होगा–आप सोचकर देखेंगे। आप चाहेंगे तो दिलीप को राजी करा सकेंगे।

लतिका देवी कहती हैं, हरिश्चन्द्रपुर की ओर से···यानी कि आपको बहनोई जी कहकर सम्बोधन करना चाहिए। उस सम्बन्ध को मानने पर भी मैं आपको नवेन्दु दा ही कहूँगा।

हम अच्छे हैं।

('मैला आँचल' के गीत शैलेन्द्रजी ही लिखेंगे तो ?)

आशा है, परिवार में सब लोग अच्छे हैं। पूजनीया माताजी के चरणों में भक्तिपूर्ण प्रणाम भेज रहा हूँ। दीदी और आप हमारा प्रणाम स्वीकारेंगे। बच्चों को प्यार और स्नेह। इति, प्रणाम के साथ

फणीश्वर

बासु बाबू को पत्र दिया है। जवाब की प्रतीक्षा है–लेकिन आशा टूट गयी है। शैलेन्द्रजी का पत्र मिला है। पत्र का जवाब उन्हें दे रहा हूँ। पत्र देंगे।

रेणु

बांग्ला से अनुवाद–अमिताभ चक्रवर्ती

शंकर शैलेंद्र के नाम

2/30, राजेंद्रनगर
पटना-4
[संभवतः 66 की कोई तारीख]

आदरणीय भाई शैलेंद्रजी !

मैं बहुत बीमार हूँ। वजन 10 पाउंड घट गया है। शाम को बुखार रहता है। खाँसी है। एक्सरे रिपोर्ट अच्छा है। किंतु, बहुत अच्छा नहीं। दवा चल रही है–सूइयाँ पड़ रही हैं। अच्छा हो जाऊँगा··· मुझे देखकर पहचान नहीं सकियेगा, अब। मैं तो चाहता हूँ कि फिर 'गुलफाम' [अर्थात्, जब हम पहली बार मिले थे !] होकर ही आपसे मिलूँ। इसलिए, दिन-रात एक कर–जाती हुई तंदुरुस्ती को वापस लाने में लगा हूँ। पीना एकदम छोड़ दिया है। और अब पीने का जी भी नहीं करता। अब ठाकुर श्रीरामकृष्ण के ऊपर है, सबकुछ। क्योंकि बिला कसूर वे अपने प्यारे गुलफाम को क्यों मारेंगे ? [··· प्यारे गुलफाम ! आफरी-सदआफरी !!]

इधर की खबरों से चिंतित हूँ। पता नहीं राज साहब किस 'मूड' में हों। लगता है, सब कुछ अपने साथ घटा है।

आप राज साहब से [मौका सही देखकर] कहें–कृपया ! उनका जितना गया है उससे सौ गुना ज्यादा उनके पास है। उसको कौन छीनेगा ? 'राज' चाहे तो 'राज' खरीद सकता है। और करोड़ों के दिलों पर राज करनेवाला चक्रवर्ती सम्राट नहीं तो और क्या ?

तब ? 'खेला' का, क्या हाल है कविराज ! [मैं भी कविराज कहूँ तो··· आप नाराज तो नहीं होइयेगा ?]··· वैसी चीजें अर्थात् डायरी और क्यों नहीं (लिखते) प्रकाशित करवाते ? गीतों के संकलन का क्या हुआ ? उसकी भूमिका तो मैं (?) लिखनेवाला था न ?

[अपूर्ण]

कमलेश्वर के नाम

2/30, राजेन्द्रनगर
पटना-16 [बिहार]
'महाशिवरात्रि'
6.3.70

'भाय !

मैं 25/2 को अस्पताल से डेरे पर 'चला' आया हूँ। चला आया हूँ, मगर डेरे और अस्पताल में कोई विशेष अंतर नहीं पा रहा हूँ।··· बीमार आदमी दुनिया में सबसे 'हीन' प्राणी है। उसे, चाहे तो घर की कुतिया भी डाँटकर उपदेश पिला सकती है–'फिर शुरू कर दिया सिगरेट पीना / रोटी में अँचार छिपाकर खा रहे हो, ठहरो ! / तुमको जोर-जोर से हँसना-बोलना मना है न ?'··· लेकिन लतिकाजी डाँटती नहीं हैं इस बार। न उपदेश देती हैं। मेरी बेबसी को देखकर अब वह दयामयी-जैसी हो जाती हैं।··· अभी-अभी जो आदमी नीचे पाँच-सात बार हाँक लगा गया–वह मुर्गाबी··· यानी मुर्गाबियाँ तथा अन्य 'टेबूल-वईस'··· चहा, लालसर, धनेष, बटेर आदि जंगली-तालाबी पखेरुओं को पिटारियों में बंदकर हाँक लगानेवाला–'चिड़ियाचहंबटर्रर्र··· !'–वह हाँक लगाकर निराश होकर इस मौसम में [लतिकाजी के अनुसार] दस बार पहले भी लौट चुका है। लतिकाजी उसके जाने के बाद कुछ क्षण तक मेरी ओर देखती हैं। फिर कहती हैं–"बगैर मसाला-मिर्च के खाओगे ? अच्छा लगेगा ? बुलावें ? खाओ न ! मना तो नहीं है ?"–

लेकिन 'भाय, सच कहूँ–इस बार की बीमारी ने सचमुच मुझे वैष्णव-जैसा प्राणी बना दिया है।··· एक वैष्णव-कथा सुन लो–'एक वैष्णव-मठ के महंतजी को राह-घाट में एक बार डाकुओं ने मिलकर लूट-पिट लिया। छुरे से आहत महंत साहब गिर पड़े। उनका एक चेला दौड़ा मठ पर यह दुःसंवाद देने। किन्तु, मठ के पास जाकर वह हठात् एक सवाल के सामने सम्मुखीन हुआ–संवाद को कैसे कहा जाय ? क्योंकि वैष्णवजन साधारण बोल-चाल में भी–'काटना', 'रक्त' अथवा 'खून की धारा' आदि शब्दों का व्यवहार नहीं करते। धर्म की हानि के साथ जीभ अपवित्र हो जाती है। इसलिए, वैष्णवजन सब्जी काटने को 'अमनियाँ' करना कहते हैं। यदि किसी ने गलती से 'काटना' कह दिया तो 'लौकी' भी मांस–यानी वैष्णवों के लिए अखाद्य ! सो उस चेले राम ने बहुत देर बाद इन शब्दों में संवाद सुनाया–गुरु भाय रे भाय ! दस्युदल ने गुरुजी को राह में 'अमनियाँ' करके रख दिया है। गुरुजी एकदम 'रस' में सराबोर होकर··· आदि आदि !–लेकिन भाय, अब पेट की सर्दी के बहाने बदपरहेजी नहीं चलेगी। असल में इस बार जो कष्ट भोगना पड़ा है, उसकी याद आते ही सबकुछ भूल जाता हूँ।···

मजबूरी में मैं 'अन्तर्देशीय-पत्र-कार्ड' पर पत्र लिख रहा हूँ। असल में चिट्ठी

लिखनेवाला यानी कुछ भी लिखनेवाला बढ़िया कागज अब तक नहीं आया है। पत्र लम्बा होना चाहता है और मैं अभी कुछ नहीं कह पाया हूँ। बहरहाल, पटना मेडिकल कालेज अस्पताल दवा-दारू, पथ्य-पानी ठीक-ठाक दे या न दे–रोगियों को गंगाजी की शुद्ध और पवित्र हवा देता है।··· हवा के अलावा मैं लेटे-लेटे अपने कॉटेज के कमरे की एक खिड़की के रंगीन काँच पर दिनभर गंगा में होने वाली हरकतों को–स्टीमर और नावों के चलचित्र देखा करता था। कभी अघाया नहीं। मेरा खयाल है, गंगा के तट पर कहीं कोई अस्पताल नहीं है, पटना के सिवा।

तुम्हारा पत्र अस्पताल में रहते ही मिला था। 4 मार्च से तो लिखने-पढ़ने की आज्ञा मिली है। तुम्हारे लिए एक कहानी 'अगली पीढ़ी के आवाँ-गार्द से एक मुलाकात'[1]–शुरू कर दिया है। खत्म हो जाय, तुरत भेज दूँगा।

और सब ठीक है। लतिकाजी आपको हमेशा याद करती हैं, यानी जब-जब इलाहाबाद का कोई ऐसा प्रसंग छिड़ता है।

पिछली बार [1951 में] रोग-मुक्त होकर अस्पताल से निकलने के बाद जिस तरह लिखने के लिए मन आतुर रहता था, वैसी आतुरता मन में फिर जगी है। ··· जय बम भोलेनाथ ! जगाये रखो इसको [जगाये कोई जोगिया जोग-जति !] संयोगवश, जब जी गया हूँ तो अकारण ही नहीं। कोई बात बाकी रह गई है। देखा जाय···।

पत्र देना / देते रहना।

–भाई ही
रेणु

सभी मित्रों को सलाम। शिवेन्द्रजी कहाँ हैं ? क्या-क्या कर रहे हैं ? उन्हें भी पत्र देने को कहें।

श्री कमलेश्वर
सम्पादक : 'सारिका'
पो. बॉ. नं. 213, टाइम्स ऑफ इन्डिया बिल्डिंग,
बम्बई-1

1. यह शीर्षक रेणु ने अपनी प्रसिद्ध कहानी 'अगिनखोर' के लिए शायद पहले रखा था। –**सम्पादक**

मातृकाप्रसाद कोइराला के नाम

रेणु चुनाव-कार्यालय
फारबिसगंज
1-3-72

श्री चरणकमलेषु,

ठुलोदाज्यु[1]

मैं एक बार स्वयं सेवा में उपस्थित हुआ था। किंतु, दुर्भाग्यवश आपके दर्शन नहीं हो सके। दूसरी बार पत्रवाहक को भेजा। तब भी आप काठमांडू में थे।

निवेदन है–मैं चुनाव लड़ रहा हूँ। लड़ ही नहीं रहा–जीत रहा हूँ। सिर्फ, साधन–खासकर अर्थाभाव है।

पत्रवाहक को आपकी सेवा में भेजकर–उम्मीद में बैठा हूँ–ठुलोदाज्यु निश्चय ही मेरी सहायता के लिए कुछ उठा नहीं रखेंगे।

मैं गाँवों की ओर जा रहा हूँ। आशा है, मुझे निराश नहीं होना पड़ेगा।

प्रणाम स्वीकार करें।

सेवक–
रेणु

प्रति,
श्री मातृकाप्रसाद कोइराला
विराटनगर (नेपाल)

डॉ. लोटार लुत्से के नाम

2/30, राजेंद्रनगर
पटना-16
1.12.72

भाई लुत्सेजी,

पत्रोत्तर विलंब से दे रहा हूँ, इसके लिए क्षमा करेंगे। असल में, मैं अपने गाँव के पत्र की प्रतीक्षा कर रहा था। फसल की कटाई के सिलसिले में मुझे गाँव जाना था। किंतु, कल संवाद मिला कि हम लोगों की "कटाई" (Harvesting) 10.12.72 से शुरू होगी।

---

1. 'ठुलोदाज्यु' नेपाली में बड़े भाई को कहते हैं। मातृका बाबू 'कोइराला-भाइयों' में सबसे ज्येष्ठ होने के कारण 'ठुलोदाज्यु' कहे जाते हैं।

मैं 6 दिसंबर (11.40 A.M.) 'पटना एयरपोर्ट' पर उपस्थित रहूँगा। आप 6 दिसंबर को पटना अवश्य आयें। यदि मेरे पत्रोत्तर में देरी के कारण आपने अपना कार्यक्रम बना लिया हो तो कृपया उसमें संशोधन कर पटना आने का प्रोग्राम अवश्य जोड़ दें। यह मेरी प्रार्थना है।

हाइडेलबर्ग से लिखा पत्र भी आपका प्राप्त हुआ था। मेरा भी मन बहुत करता है आपको देखने को…

नमस्कार स्वीकार करें।

आपका

फणीश्वरनाथ रेणु

पुनः–

कृपया श्री सुनील गंगोपाध्याय को सूचित कर दें कि मेरा पत्रोत्तर मिल गया है। और उन्हें मेरा नमस्कार कह देंगे।

प्रति,

डॉ. लोठार लुत्से

कलकत्ता

अरुण कौल के नाम

[संदर्भ 'गोत्रांतर' यानी 'एक अधूरी कहानी' फिल्म की पटकथा]

[1]

2/30 राजेन्द्र नगर

पटना-16

22/5/70

प्रिय भाई अरुणजी,

अनुबंध के साथ ड्राफ्ट तथा पत्र मिले। मैं 20/5 को ही गाँव जानेवाला था। किन्तु, हठात् ज्वर हो जाने के कारण 25/5 तक रुक जाना पड़ा।

'गोत्रांतर' के नायक की काया में पैठकर–कई बार कहानी को भोगने की चेष्टा की है। कुछ नोट्स भी लेता गया हूँ। इसे लिखना शुरू करूँगा–गाँव जाकर ही। एक सप्ताह जम कर बैठना है–बस, जो बनना होगा संजय साहब को, बन जायेंगे।

मैं 'मैला आँचल' के कई अंशों को इसमें समेटना चाहता हूँ। डॉक्टर प्रशांत ने गाँव पहुँचकर 'खलिहान' खुलने के दिन 'बिदापत नाच' देखा था, संजय भी

देखेगा।⋯ गाँव की औरतें 'जाट-जट्टिन' खेलती हैं ['मैला आँचल'] अथवा 'सामा-चकेवा' पर्व मानती हैं ['परती:परिकथा']–रुक्मिणी या रुक्मी वैसे आनन्द-उत्सवों में क्यों नहीं भाग लेगी ?

सब मिलाकर–'गोत्रांतर' में सुबोध बाबू की सिर्फ ['बम्बइया भाषा में'] 'आइडिया' भर रह जाती है

कंट्रेक्ट में आपने कुछ धनराशि बढ़ा दी है। आपको इसके लिए धन्यवाद दूँ ?

गाँव पहुँचकर आपको पत्र दूँगा। कहानी समाप्त होते ही पटना लौट आऊँगा और तब आपको बुला लूँगा।

इधर कई मित्रों ने मुझसे इस सम्बन्ध में–यानी 'गोत्रांतर' गोष्ठी में मेरे युक्त होने के बारे में–पूछताछ की। क्या आपने इसे कहीं किसी पत्र में प्रचारित किया है ? मैं 'पबलिसिटी' को बुरा नहीं मानता। लेकिन, गलत ढंग से न हो। हम जो काम करने जा रहे हैं, वह 'फिल्मवालों' का काम नहीं–इसलिए, लोग हमें महज 'फिलमवाला' न समझें। इससे शूटिंग के समय में हमें सुविधा होगी–इस क्षेत्र में ऐसे लोग हैं जो हमारी कद्र करेंगे। हमको बम्बइया फिल्मवालों और भोजपुरी फिल्मवालों से भिन्न पाकर फिर शूटिंग देखनेवालों की भीड़ भी नहीं उमड़ेगी। हम आसानी से अपना काम कर सकेंगे।

आशा है, आप स्वस्थ और प्रसन्न हैं। अगर नहीं हैं तो इस पत्र को पाने के बाद अवश्य हो जायेंगे।

पत्रोत्तर देंगे।

आपका
रेणु

पुनः–इस पत्र के साथ वाउचर तथा कंट्राक्ट की प्रतियाँ भेज रहा हूँ।–रेणु

[2]

2/30, राजेन्द्रनगर
पटना-16
1.7.70

प्रिय भाई अरुणजी,

गाँव से मैं 21/6 को लौटा। नोट्स मैं गाँव में ही पूरा कर चुका था। लौट कर एक सप्ताह में उसे Script का रूप देना था। आपको इस आशय का तार लगाकर पत्र लिखने बैठा था कि श्री लक्ष्मीनारायण 'सुधांशु' जी के भयंकर रूप से अस्वस्थ होने की सूचना, उनके पुत्र ने आकर दी–सेरब्रल हेमॅरेज, कॉमा आदि। चूँकि सुधांशुजी साहित्यिक के अलावा हमारे आत्मीय एवं ग्रामीण हैं–इसलिए 21/6 से 28/6 तक अस्पताल का चक्कर !

और, इस बीच में मैंने कितनी बार चेष्टा की कि आपको एक दूसरा तार

लगा दूँ–अंततः नहीं हो सका। LettersFollows वाली चिट्ठी अधूरी लिखी पड़ी रही।

मैं कल से Script पर अपने नोट्स लेकर बैठ गया हूँ। एक बार सोचा कि आपको नोट्स ही rough अवस्था में भेज दूँ। किन्तु, मैं बेगार टाल नहीं रहा–इतना ज्ञान मुझे है।

मैंने संजय और नेमियार और रुक्मी की कहानी अपने मन के पर्दे पर जिस तरह घटते देखी–उसे लिख दिया है। इसके बाद आप और मृणाल बाबू हैं। फिर, इसके बाद हम कहीं एक साथ मिलकर बैठें।

अरुणजी, मैंने देखा है–जब भी मैं Emergency में रहा हूँ–विचित्र संयोग और अभावनीय घटनाएँ घट जाती हैं।

इस बार भी कुछ ऐसा ही हुआ है। और हर Emergency में मैंने जो काम किया है–वह बुरा नहीं हुआ है।

इस बार भी बुरा नहीं होगा।

मैं दिन-रात Script पर काम करके–5/7/70 तक डाक से भेज दूँगा, इसका मुझे पूरा विश्वास है।

मैं अभी कैसे विश्वास दिलाऊँ कि मैंने कहानी में डूबकर काम किया है।

Script आपको 9/7 तक अवश्य मिल जायेगी–एक सप्ताह का मुहलत कोई लम्बा अर्सा नहीं है। अतः अभी इतना ही।

भाई ही

रेणु

P.S.

कृपया एक सप्ताह समय और दें।–इस आशय का तार आज लगाया है–Letter Follow नहीं लिख रहा।–रेणु

[3]

2/30, राजेन्द्रनगर

पटना-16

15.7.70

प्रिय भाई अरुणजी,

आज रजिस्टर्ड पैकेट से Script भेज रहा हूँ। 'संवाद' आवश्यकतानुसार बदले और बढ़ाये जा सकते हैं। यानी–इसे मैं Final Script नहीं मानता।

आप और मृणाल बाबू इस Script में जैसा परिवर्तन-परिवर्धन करना चाहें–करें। अब मृणाल बाबू का काम है। इसके बाद, मुझे एक Script और करना होगा।

Script मिलने की सूचना के साथ यह भी लिखेंगे कि मोटे तौर पर Script आपको कैसी लगी।

संजय और नेमियार के चरित्र को कहानी की माँग के मुताबिक ही मैंने उजागर

किया है।

नाच में मैंने अभी 'ननदी-भउजिया' रख दिया है। इसे 'बिदापत नाच' अथवा अन्य कोई लोकनृत्य भी बनाया जा सकता है। असल में, नाचवाला प्रसंग आवश्यकता के अनुसार लिख लिया जायेगा।

काम में देरी हुई–इसलिए क्षमा-प्रार्थना करता हूँ।

पत्रोत्तर दें। नमस्कार ग्रहण करें।

आप अपना प्रोग्राम लिखें।

मैं 25/7 को फारबिसगंज (पूर्णिया) जा रहा हूँ। उम्मीद है, 7/8 तक लौट आऊँगा।

आपका

रेणु

[4]

पटना

19.8.70

प्रिय भाई अरुणजी,

आपका पत्र तथा पटकथा की प्रति। धन्यवाद !

मुझे दुख है कि आपको इस बीच कोई पत्र नहीं दे सका। गाँव गया था–'भूमि हड़पो आंदोलन' के समय अपनी जमीन पर मौजूद रहने के लिए।

पहले आपके प्रश्नों के उत्तर दे लूँ।

(1) सितम्बर के अंतिम सप्ताह में आप उत्तर बिहार में शूटिंग कर सकते हैं। गन्ने की फसल उस समय 'नीमजवान' रहेगी–यानी कटने के लिए तैयार नहीं–हाथी भी डूब जाय–पौधे इतने बड़े हो जायेंगे।

(2) लोकेशन : उत्तर बिहार के पूर्णिया तथा छपरा, चम्पारण वगैरह। पूर्णिया में एक नयी मिल खुली है। छपरा और चम्पारण में पुरानी मिलें हैं।

(3) बिजली तो है उन इलाकों में–किन्तु AC/DC के बारे में पता लगाकर लिख भेजूँगा।

(4) नेमियार के योग्य एक पात्र है। पटना में–नाटक तथा सिनेमा ('राहगीर' हिन्दी) में काम कर चुका है। नाम भूल रहा हूँ।

(5) 20 अगस्त से 10 सितम्बर तक मैं पटना में ही रहूँगा। आप आने के पहले मुझे तार से सूचना दे देंगे–आशा है।

मैंने अपने पत्र में लिखा था कि 'पटकथा' से मैं ही पूर्ण संतुष्ट नहीं हूँ। Revision करना आवश्यक है।

'गोत्रान्तर' के लिए उपयुक्त नाम सूझ नहीं रहा है। खोज रहा हूँ।

कुछ 'घटनायें' और हैं। मृणाल बाबू से बात करके उन्हें जोड़ दूँगा।

अक्तूबर से नवम्बर तक ऊख में फूल लग जायेंगे। उन दिनों मेले भी लगते हैं।

पत्रोत्तर तनिक विलम्ब से जा रहा है। क्षमा करेंगे।

पत्रोत्तर दें। प्रोग्राम लिखें।

नमस्कार ग्रहण करें।

भाई ही
रेणु

[5]

पटना
1 सितम्बर, '70

प्रिय भाई अरुणजी,

आपका पत्र प्राप्त हुआ। आवश्यक 'कागज-पत्तर' दस्तखत करके भेज रहा हूँ।

(1) जिस क्षेत्र में आप शूटिंग करेंगे–वहाँ AC/Current ही है !

(2) उस सज्जन का नाम श्री प्यारे मोहन है। मैं उनसे मिलकर तस्वीरें भेजवाने का अनुरोध करूँगा।··· तरुण मजुमदार की तस्वीर 'राहगीर' में उसने काम किया है। भोजपुरी फिल्मों में भी। अच्छा आर्टिस्ट है।

(3) पटना से डेढ़-दो घंटे की यात्रा करने पर–स्टीमर से गंगा पार करके–'गोरौल' (जि. मुजफ्फरपुर) में एक पुराना सुगर फैक्टरी है। पुराने मकान, पुरानी मशनरी तथा पुराने आवासगृह आदि।

क्या मृणाल बाबू बम्बई में हैं ? उन्हें मेरी बधाइयाँ दे दें। और, यदि अभी बम्बई में न हों तो वे अभी जहाँ भी हों–उन तक मेरी बधाई अवश्य भिजवा देने की कृपा करें।

विशेष फिर।

कब तक आप लोग इधर आने का प्रोग्राम बना रहे हैं ? लिखें।

नमस्कार ग्रहण करें।

भाई ही
रेणु

P.S.

Crop के लिए पूर्णिया-चम्पारण। गाँव के दृश्यों के लिए पूर्णिया और hill & hill area के लिए गोरौल (Goraul)

2/30, राजेन्द्रनगर
पटना-16
22.9.'70

प्रिय भाई अरुणजी,

मैं आज आपको पत्र लिखने जा रहा था कि अभी आपका पत्र प्राप्त हुआ।

बात यह है कि बाढ़ के कारण–करीब-करीब सारा उत्तरी बिहार ही पानी में डूबा हुआ है और अभी 'हथिया-नक्षत्र' [पानी बरसानेवाला नक्षत्र !] बाकी ही है। यों, बाढ़ तो हर साल आती है। इस बार देर से आयी। अतः अक्तूबर के अंतिम सप्ताह से ही इन इलाकों में आप शूटिंग कर पा सकेंगे। जहाँ-जहाँ हम जाते–गौरोल [छपरा] मझौलिया [चम्पारण] और बनमनखी [पूर्णिया]–हर जगह पानी ही पानी है।

आपने लिखा है–"जाने किस बुरे नक्षत्र में मैंने इस फिल्म का काम आरम्भ··· ।"

क्या आपने 'मुहुरत' कर लिया है ? अगर आपका 'मुहुरत' वगैरह पर विश्वास नहीं तो फिर नक्षत्र को क्यों दोष देना ?

श्री प्यारे मोहनजी को मैंने कई संवाद दिये। किंतु, ऐसा लगता है कि उन्हें दिलचस्पी नहीं। किंतु, प्यारे मोहनजी से भी उपयुक्त [नेमियार के लिए] एक और अच्छे कलाकार हैं–श्री आर. एस. चोपड़ा। श्री चोपड़ा–बहुत अच्छे फोटोग्राफर हैं, 'सारिका', 'धर्मयुग', 'स्टार एण्ड स्टाइल' वगैरह पत्रिकाओं में उनकी रंगीन तस्वीरें प्रायः छपती ही रहती हैं। सितम्बर की 'सारिका' की पहली कहानी में इनकी दो तस्वीरें दी गयी हैं। 18 सितम्बर के Star & Style में संजीव के फोटोग्राफ्स आदि। 'बिहार आर्ट थियेटर्स' के एक प्रमुख चरित्र अभिनेता हैं। अभी बंगला–'काबुलीवाला' में इन्होंने काफी प्रशंसा अर्जित की है–'काबुलीवाला' की भूमिका में। बंगलौर में होनेवाले नाट्य-समारोह में अपने दल के साथ जा रहे हैं।–चोपड़ा ही नेमियार के लिए बेहतर चुनाव होगा–गले की आवाज–लम्बाई-चौड़ाई वगैरह सबकुछ ठीक है। आप आयेंगे तो उनसे मिलाऊँगा–अथवा आप स्वयं उनसे पत्र-व्यवहार कर लें–उनका पता है–Shree R.S. Chopra, GREEN MEDICAL AGENCY, GOVIND MITRA ROAD, PATNA-4... यों, मैं उनसे मिलकर कुछ तस्वीरों के लिए कहूँगा।

आप 20 अक्तूबर के बाद ही इधर का प्रोग्राम बनायें।

अब, एक आवश्यक एवं आवश्यक बात : सामने दुर्गापूजा है और हमें उम्मीद थी कि दुर्गापूजा के पहले आपसे कुछ राशि मिल जायगी। आपने शूटिंग के बाद भेजने की बात लिखी है। निवेदन है, 2 अक्तूबर तक एक हज़ार रुपये भेज दें तो–दुर्गापूजा सँभाल सकूँ। बस, इसी पर्व में हमें औकात से अधिक खर्च करना पड़ जाता है। अतः आप यदि कृपा करें–तो बहुत उपकार हो। विशेष क्या लिखूँ ?

‘गोत्रान्तर’ का सरल-सा नाम मिल ही नहीं रहा है। स्वयं सोच रहा हूँ–कई ऐसे मित्रों से भी कहा है–जो नामकरण में माहिर समझे जाते हैं।

पत्रोत्तर दें। मैं आपकी आशा में हूँ–संपूर्णतः।

– रेणु

[7]

2/30, राजेन्द्रनगर
पटना-16
25.9.70

प्रिय भाई अरुणजी,

आशा है, मेरा पत्र आपको मिला होगा। और, आप पत्रोत्तर दे ही रहे होंगे अथवा दे चुके होंगे।

पत्रवाहक श्री सुवास कुमार मेरे मित्र हैं। कथाकार-कवि हैं। बेनेट कोलमेन में ‘इण्टरव्यू’ देने के लिए बम्बई जा रहे हैं। ‘धर्मयुग’ तथा ‘सारिका’ आदि में इनकी कहानियाँ छपती रहती हैं। बम्बई जाकर ये आपसे भी मिलना चाहते हैं–बातें करना चाहते हैं। आप इन्हें अपने (तथा मेरे भी) मित्रों से मिला देंगे। श्री बासुदेव (भट्टाचार्य तथा चटर्जी) से भी, और जिनसे आप चाहें।

आप लोग 15/10 के बाद ही इधर आ रहे हैं क्या ? जैसा भी हो सूचित करेंगे। और हाँ, मैंने अपने पिछले पत्र में श्री आर. एस. चोपड़ा के सम्बन्ध में लिखा था। फिर भी लिख रहा हूँ कि नेमियार के सर्वथा उपयुक्त हैं वे। उनका पता दे दिया था ताकि आप उनसे स्वयं पत्र-व्यवहार कर लें। बहुत अच्छे कलाकार के साथ बहुत अच्छे आदमी भी हैं। बहुत काम के आदमी !

रेणु
आपका

[8]

2/30, राजेन्द्रनगर
पटना-16
19.10.70

प्रिय भाई अरुणजी,

आपका तार अभी-अभी मिला है। आपकी 10/10 की भेजी हुई चिट्ठी मुझे 17/10 को मिली। श्री दुर्गापूजा के समय से ही यहाँ ‘महा-मेला’ लगा हुआ था। आपका मनिआर्डर समय पर ही मिला।··· किंतु, ‘जवाबी-लिफाफा’ क्यों ?

मेले और त्योहारों के बारे में पहले सूचना दे दूँ।

(a) 12 नवम्बर से कार्तिक-पूर्णिमा का विश्वप्रसिद्ध सोनपुर मेला शुरू हो रहा है। पटना में गंगा पार करके—उस पार 10-12 माइल जाना पड़ता है। पन्द्रह दिनों तक रहता है।

(b) 25 नवम्बर से—पूर्णिया में फारबिसगंज का प्रसिद्ध मेला—एक महीना तक चलता है। भारत-नेपाल की सीमा पर होने के कारण—नेपाल-तराई की जनता भी इस मेले में शरीक होती है।

(c) 10 दिसम्बर से—पूर्णिया का गुलाबबाग मेला जनवरी 15 तक लगा रहेगा। यहाँ 'तीसरी कसम' वालों ने शूटिंग की थी।

आप लोगों का प्रोग्राम क्या है, यह मुझे ठीक-ठीक पता नहीं। किंतु, फसल तो अभी 'नीमजवान' ही है। एक महीना बाद से—Early Vaitus की फसल कटने और 'पेराई' का काम भी दिसम्बर के प्रथम सप्ताह से ही शुरू होने की आशा है।

15 दिसम्बर से 15 जनवरी तक—मेरे खयाल से बेहतर समय होगा—जब आप फसल के खेत में पूरी तरह तैयार—कटते हुए, मिल में ढोते जाते तथा 'पेराई' वगैरह करते हुए देख सकते हैं। 1 दिसम्बर से भी आप काम शुरू कर सकते हैं। इस दर्म्यान आपको—फारबिसगंज, चन्द्रदेही और गुलाबबाग के मेले मिलेंगे और पौष पूर्णिमा त्योहार भी इन्हीं दिनों होगा।

12 दिसम्बर को उत्तर बिहार में 'सामा-चकेवा' पर्व मनाया जायगा—दरभंगा जिला में—मधुबनी क्षेत्र में उस समय जाकर मिट्टी के पुतलों की कारीगरी और उन पर की गयी चित्रकारियों का चित्रांकन आप कर सकते हैं। किंतु, महिलाओं के इस उत्सव में पुरुषों का सम्मिलित होना वर्जित है। इसलिए—'सामा-चकेवा' के गीतों को उत्सव के साथ फिल्माना कठिन-सा लगता है।

श्री चोपड़ा ने आपको शायद कुछ तस्वीरें भेज दी हैं। और भी कुछ भेज रहे हैं। मैं वाउचर पर दस्तखत करके भेज रहा हूँ। किंतु, आपने 'जवाबी लिफाफा' क्यों भेजा ?

पत्रोत्तर दें। नमस्कार ग्रहण करें।

भाई ही
रेणु

[9]

2/30, राजेन्द्रनगर
पटना-16
25.11.70

भाई अरुणजी,

मैं 8/11/70 को लौटकर आया। आप लोगों के बारे में मालूम हुआ कि आप

Location देखने को गये हुए हैं। दो दिनों के बाद, जब Prince Hotel में टेलिफोन किया तो मालूम हुआ कि आप कलकत्ता के लिए तुरत प्रस्थान कर चुके हैं [यानी एयरोड्रम जा चुके थे]। गिरीशजी तथा पटेल साहब वगैरह से मुलाकात हुई। फिर 16 या 17 को मृणाल बाबू से भेंट हुई। वे कृपापूर्वक मेरे घर पर आये थे। किंतु, Script पर एक बार बैठने का अवसर नहीं था। मैंने उनसे एक-दो विशेष बातें जान लीं–जैसे, संजय की भाषा। कलकत्ते से कभी बाहर नहीं गया हुआ बंगाली युवक उत्तर बिहार में नौकरी पाकर जाता है और अच्छी हिन्दी बोलने लगता है, यह अस्वाभाविक-सा मुझे लग रहा था। मृणाल बाबू ने संजय की भाषा पर यथासंभव बंगला-उच्चारण और गलत हिन्दी उच्चारण का आवरण देने की अनुमति दे दी है। इसके साथ ही, एक-दो घटनाएँ भी सोचकर रखा है। सिर्फ–'गोत्रांतर' नाम के बदले कोई सटीक नाम नहीं मिल पा रहा है। आशा है, शीघ्र ही कोई नाम मिल जायेगा।

आप फिर कब आ रहे हैं ? क्या Artists के चुनाव हो गये ?

मैं इधर फिर लगातार संकटों की मार खा रहा हूँ। गाँव की जमीन हमारी आधी छीन ली गई। मुकदमे, झंझट, फौजदारी ! इधर, लतिकाजी के मँझले भाई की मृत्यु हठात् हृदय की गति बंद हो जाने से हो गयी।

आपने पिछले महीने ही एक हजार रुपये दिया है। किंतु, हमारा अस्तित्व ही संकट में है। दिन-रात जूझ रहा हूँ। ऐसे समय में मैं आपसे प्रार्थना–विशेष प्रार्थना–कर रहा हूँ कि कृपया पत्र पाते ही डेढ़ हजार रुपये भेज देने की व्यवस्था करें। मेरी परीशानी की सीमा नहीं। इसके बाद जो पैसे रहेंगे–आप तस्वीर शेष करने पर दीजियेगा। अभी हम बेहाल हैं।

और, क्या बात है कि इस बार आपने कोई पत्र नहीं दिया ? नाराज हैं मगर, मैंने ऐसा कुछ भी नहीं किया। अगर अनजाने में कोई गलती हो गयी हो तो उसे यह समझकर क्षमा कर देंगे कि मेरी मानसिक अवस्था अच्छी नहीं।··· कृपया मेरी प्रार्थना पर ध्यान देकर शीघ्र पत्रोत्तर दें तथा पैसे भेजने की व्यवस्था कर दें।

नमस्कार ग्रहण करें।

आपका

रेणु

सुवास कुमार के नाम

[1]

पटना
5.10.66

प्रिय सु. कुमारजी,[1]

क्षमा कीजियेगा। ऐसा–'संयोग' कि आपकी हर चिट्ठी मुझे Re-direct... Re-Re-Direct होकर मिली। बंबई–शैलेंद्रजी के पते पर लिखे गये पत्र को उन्होंने मेरे 'पैडर रोड'–वाले डेरे पर Re-direct किया–पैडर रोड जब खत आया तो मैं जुहूवाले फ्लैट में चला गया था। और, चूँकि बंबई एक बेढब-सा महानगर है और काम भी अजब लोगों के साथ कर रहा था–बंबईवाला पत्र पटना आया। तब मैं औराही-हिंगना चला गया था। जाहिर है, पत्र को 'वहीं' भेज दिया गया। घर से लौटकर आया तो आपकी सभी चिट्ठियाँ एक-एक कर लौट-लौटकर आयीं। जवाबी-कार्ड भी !··· आप तो जानते ही हैं कि 'संयोग' पर मेरा कितना विश्वास है।

सबसे पहले बधाई स्वीकार कीजिये।

यहाँ रामकृष्ण आश्रम के 'स्टूडेंट-होम' में जगह खाली नहीं। इसके अलावा मैंने जिस विद्यार्थी की भर्ती करवायी थी–उससे संन्यासी-महाराज लोग संतुष्ट नहीं। बहुत ग्लानि होती है कि उसके व्यवहार के कारण महाराज लोग मुझसे असंतुष्ट-सा रहते हैं··· समझ गये होंगे मेरी स्थिति को।

वहाँ 'पीयूष'[2] जी हैं ? वे मेरे मित्र हैं। आपकी प्रतिभा को भला वे नहीं परखेंगे जो मैं उन्हें लिखूँगा ? परखेंगे और प्रोत्साहन भी देंगे–अपनी 'पात्रता' (क्षमा करें, इस पर मुझे तनिक संदेह नहीं) पर भरोसा कीजिये और प्रमाणित कीजिये–प्रमाणपत्र और सिफारिश की आपको कोई जरूरत नहीं होगी। 'ज्ञानोदय'[3] की कहानी के लिए आपको पुरस्कार मिला। 'कहानी' में कहानी छपी और छपेगी अन्य प्रतिष्ठित पत्रिकाओं में। कविताएँ भी ! आप अपने स्वास्थ्य पर ध्यान रखते हुए पढ़ाई-लिखाई के साथ सबकुछ संपादित करते जाइये ! मगर चुपचाप।

मेरा स्वास्थ्य आजकल ठीक है। ढाई महीने बंबई में रहकर फिर एक महीना गाँव में रह आया हूँ। यानी कीचड़-कादो-धान-पाट-दही-माछ का रस ले आया

---

1. सु. कुमार–कवि-कथाकार सुवास कुमार। छात्र-जीवन से रेणुजी के संपर्क में रहे। संप्रति प. बंगाल के वर्द्धमान विश्वविद्यालय के हिंदी-विभाग में प्राध्यापक।
2. पीयूष–कवि-श्रीकृष्णनंदन 'पीयूष'।
3. 'ज्ञानोदय' के 'नयी कलम अंक' में सु. कुमार की पहली कहानी 'स्थान-पूर्ति' छपी, जिसे पुरस्कृत भी किया गया था।

हूँ। आशा है, दीपावली तक यहाँ रहूँगा। फिर, गाँव। तब अगहन में धान-कटाई के बाद ही लौटूँगा।

आपका स्वास्थ्य अब कैसा ? लिखेंगे।

आपका
फणीश्वरनाथ रेणु

प्रति,
Su. Kumar
Vth Year, 44
Postgraduate Hindi D.P.
Bhagalpur University
Bhagalpur-7

[2]

पटना
16-2-68

प्रिय भाई सुवासजी,

मैं 11/2 को पटना आ गया–'लरमा रोहो' का चार 'शीष' लेकर। 'ठाकुर' को समर्पित करके निश्चिंत हूँ। मुझे जो कुछ करना था–खाद, पानी और संरक्षण–कर दिया। अब तो एक-एक पौधा स्वयं आकाश की ओर हाथ उठाकर प्रार्थना कर रहा होगा। और मैं यहाँ बैठकर कागज पर रोज एक 'शीष' आँकता हूँ–रंग भरता हूँ। नहीं, आप अपनी रचना कहीं मत भेजिये। आप तस्वीरें मुझे शीघ्र भेज दें।

आपका स्वास्थ्य कैसा है ?

पुण्यानन्द कहाँ हैं ? पत्र दें।

प्यार के साथ–

आपका
रेणु

श्री सुवास कुमार
एफ. एफ. 51, पी. जी. हॉस्टल
भागलपुर विश्वविद्यालय
भागलपुर-7

'कल्पना' के आकाशवाणी स्तंभ-लेखक के नाम

प्रिय श्रुतिमानजी,

यह कैसा संयोग है कि आज ही मैंने आकाशवाणी (पटना) का एक अनुबंध-पत्र–चौथी शर्त को (दी फी··· आर ट्रांसलेशन) (समूल) काटकर–वापस किया है। और आज ही 'कल्पना' का 127वाँ अंक मिला। इसके बाद आकशवाणीवाले क्या कहते हैं, देखना है–सूचित करता रहूँगा।

श्री वात्स्यायन-कांड का मैं साक्षी दर्शक तो था ही। मुझे भुगतना भी पड़ा है और इस कांड का स्मृति-चित्र मेरे पास लिखा पड़ा हुआ है। मेरी ही टेबुल पर, मेरे सामने ही 'अज्ञेय' जी ने इस शर्त को काटा था। फिर इसके बाद पटना से दिल्ली तक ट्रंक की घंटियाँ घंटों घनघनाती रहीं। दिलचस्प किस्सा है।

बंगला के पत्रों में बंगाली साहित्यिकों की (इस पर, धारावाहिक रूप से) प्रतिक्रिया प्रकाशित हो रही है। मैंने डॉ. भारती से भी निवेदन किया है। आपसे भी अनुरोध है–इस शर्त को कटवाने के लिए–हिंदी में भी चेष्टा होनी चाहिए।

'तटवर्ती वृक्ष पर बने हुए घोंसले' में बसनेवालों से भी आग्रह करें–क्योंकि लेखकों के सम्मान और स्वाभिमान का सौदा इन्हीं के हाथों करवाया जाता है। अभी इतना ही। आपके 'स्तंभ' का मुझे–सभी साहित्यिकों को–बहुत भरोसा है।

नमस्कार ग्रहण करें।

आपका

पटना, 27 दिसंबर, 1961 फणीश्वरनाथ रेणु

सम्पादक–माया के नाम

प्रेषक : फणीश्वरनाथ रेणु
2/30, राजेन्द्रनगर, पटना-4.

सेवा में,
श्री आलोक मित्र,
मित्र प्रकाशन प्राइवेट लि., इलाहाबाद.

प्रिय महाशय,

'माया में भारत-1965'–विशेषांक में मेरी एक कहानी प्रकाशित हुई थी। इसका पारिश्रमिक मुझे अभी तक नहीं मिला। किंतु, एक इस सिलसिले में जो दिलचस्प अनुभव हुए हैं, वे अभूतपूर्व तो अवश्य हैं।··· बार-बार पत्र लिखने पर भी महीनों कोई उत्तर नहीं। फिर, चार महीने के बाद एक हिसाब मिलाके एक पत्र कि शीघ्र ही पारिश्रमिक की राशि भेजी जा रही है–फिर सन्नाटा। फिर रिमाइन्डर, तब आया

एक चेक–जिस पर तारीख नहीं। उसे सादर निवेदन के साथ लौटाया तो अब तक कोई जवाब नहीं।···

मैं नहीं जानता कि मेरे साथ ऐसा व्यवहार क्यों किया जा रहा है।

आपकी प्रकाशन संस्था तो बहुत ही प्रतिष्ठित है। फिर ऐसा क्यों ?

कृपया मेरा पारिश्रमिक भिजवाने की व्यवस्था करें।

भवदीय

फणीश्वरनाथ रेणु

दिनेश ठाकुर के नाम

पटना / 20.11.75

प्रिय भाई दिनेशजी,

बहुत दिनों के बाद पत्र लिख पा रहा हूँ। आपसे मिलकर अर्थात् बंबई में मैंने वादा किया था कि पटना पहुँचकर पत्र दूँगा। लेकिन अब तक वह पत्र नहीं लिख सका। यह पत्र उस वादे को पूरा करने के लिए नहीं लिख रहा। वह पत्र निश्चय ही ऐतिहासिक होगा।··· इस बीच आपके कई सचित्र वक्तव्य पढ़ने को मिले। मन प्रसन्न हो गया और सहज शुभकामनाएँ हृदय से स्वयं ही निकल पड़ीं।

पत्रवाहक श्री भूपेंद्र अबोधजी साप्ताहिक 'हिंदुस्तान' की ओर से बंबई की फिल्मी दुनिया का ताजा हाल-समाचार संग्रह करने जा रहे हैं। इनके साथ अपना छायाकार श्री सत्यनारायण दूसरे भी हैं। आपके नाम–परिचय पत्र–देकर विशेष रूप से आग्रह कर रहा हूँ कि अपने अमूल्य समय में कुछ क्षण निकालकर इन्हें देंगे।

मैं स्वस्थ हूँ। प्रसन्न नहीं।

शुभकामनाओं के साथ,

आपका

फणीश्वरनाथ रेणु

प्रति,
श्री दिनेश ठाकुर,
खार, बंबई।

जुशा यानी जुगनू शारदेय के नाम

[गाँव से, 1975]
रविवार

जुशाजी,

दर्द-यानी उस दुश्मन का जिसका नाम भी सुबह-सुबह ले लेने पर वमन हो जाय–रात भर छटपटाता और कै करता रहा हूँ। Calimpose नहीं है। आज दिन भर सोऊँगा। शाम को गरम पानी से स्पंज करके–रात में गरम-गरम रोटी-दूध खाकर सुबह स्वस्थ हो जाऊँगा। ढाई दिन ही रहेगा–आसार यही है। अगर आज दिन भर नहीं सोया तो यह पाँच दिन ले लेगा। दो Tabs. Calimpose का है। दोपहर तक रजनी लौट आये तो और भी एक-दो खा लूँगा। कल बरौनी-जोगबनी वाली में देरी होगी तो आपको Forbesganj Station के मार्फत जगदीश मिल्स में सूचना दूँगा। अगर कोई सहायता कर सकें आप··· जो हो रहा है, ठीक ही हो रहा है। मैं दालभात में मूसलचंद भी नहीं होना चाहता और फारबिसगंज क्षेत्र की नागरिकता से मुझे कोई वंचित भी नहीं कर सकता। फारबिसगंज की राजनीति में जल बीच कमलवत् रहता आया हूँ और रहता रहूँगा। अतः नये दोस्त-दुश्मन अब बनाना नामुमकिन है–मेरे लिए।

भाई बिरजू बाबू का हिस्सा नवान्न का दही-चूड़ा बाकी है। मालकिन शायद बुधवार को खुद लेकर आयें या उससे एक दिन पहले। आज मूली और केले भेज रही हैं।

आपने पटना से जेपी के भोजन वगैरह के बारे में पूछ लिया। यों मेरे ख्याल से सुबह के नाश्ते में छेना। पोरिजा बिस्कुट (मुझे इस समय खाने-पीने की चीजों का नाम भी नहीं लेना चाहिए) सब ठीक ही रहेगा।

रेणु

राष्ट्रपति के नाम

प्रिय राष्ट्रपति महोदय,

21 अप्रैल, 1970 को तत्कालीन राष्ट्रपति वाराहगिरि वेंकटगिरि ने व्यक्तिगत गुणों के लिए सम्मानार्थ मुझे 'पद्मश्री' प्रदान किया था।

तब से लेकर आज तक संशय में रहा हूँ कि भारत के राष्ट्रपति की दृष्टि में अर्थात् भारत सरकार की दृष्टि में वह कौन-सा व्यक्तिगत गुण है, जिसके लिए मुझे पद्मश्री से अलंकृत किया गया। 1970 और 1974 के बीच देश में ढेर सारी घटनाएँ घटित हुई हैं। उन घटनाओं में, मेरी समझ से बिहार आंदोलन अभूतपूर्व है। 4 नवंबर को पटना में लोकनायक जयप्रकाश नारायण के नेतृत्व में प्रदर्शित

लोक-इच्छा के दमन के लिए लोक और लोकनायक के ऊपर नियोजित लाठी प्रहार झूठ और दमन की चरम पराकाष्ठा थी।

आप जिस सरकार के राष्ट्रपति हैं, वह कब तक लोक-इच्छा को, झूठ, दमन और राज्य की हिंसा के बल पर दबाने का प्रयास करती रहेगी ? ऐसी स्थिति में मुझे लगता है कि 'पद्मश्री' का सम्मान अब मेरे लिए 'पापश्री' बन गया है।

साभार यह सम्मान वापस करता हूँ। धन्यवाद।

भवदीय

फणीश्वरनाथ रेणु

राज्यपाल, बिहार के नाम

प्रिय राज्यपाल महोदय,

बिहार सरकार द्वारा स्थापित एवं निदेशक, बिहार राष्ट्रभाषा परिषद्, पटना द्वारा प्रचालित साहित्यकार, कलाकार कल्याण-कोष परिषद् द्वारा मुझे आजीवन 300 रुपये प्रतिमाह आर्थिक वृत्ति दी जाती है। अप्रैल, 1972 से अक्तूबर, 1974 तक यह वृत्ति लेता रहा हूँ।

परंतु, अब उस सरकार से, जिसने जनता का विश्वास खो दिया है, जो जन-आकांक्षा को राज्य की हिंसा के बल पर दबाने का प्रयास कर रही है, उससे किसी प्रकार की वृत्ति को लेना अपमान समझता हूँ।

कृपया इस वृत्ति को अब बंद कर दें।

भवदीय

फणीश्वरनाथ रेणु

जयप्रकाश नारायण के नाम

[1]

पूर्णिया मण्डल कारा

12.8.'74

श्रीचरणेषु,

जयप्रकाशजी,

मैं पिछली 7 जुलाई से गाँव पर था और आंदोलन के पहले चरण की तैयारी कर रहा था। एक अगस्त को सामूहिक उपवास के बाद शाम को फारबिसगंज जन-संघर्ष समिति के अध्यक्ष श्री दयानंद साहू की अध्यक्षता में सभा हुई, जिसके माध्यम से आंदोलन के संदेश और संकल्प को दुहराया गया। इसी बीच सारे इलाके में अभूतपूर्व बाढ़ आ गयी। इस प्राकृतिक प्रकोप से पीड़ितों को राहत दिलाने

के उद्देश्य से, लायंस क्लब, फारबिसगंज के सहयोग से करीब पचास हजार रुपये इकट्ठे किए गये। यह योजना बनी कि छात्र एवं जन-संघर्ष समिति के सदस्य संघर्ष के साथ-साथ राहत का भी कार्य करें। इस सिलसिले में मैं स्वयं छात्रों की एक टोली के साथ नरपतगंज, फारबिसगंज के संकटग्रस्त क्षेत्र को देख आया, और किस प्रकार राहत का कार्य किया जाये, इस संबंध में बैठकर फैसला किया। छात्र और जन-संघर्ष समिति ने 'बाढ़ पीड़ित सहायता टोली' बनाकर राहत कार्य शुरू कर दिया। इसने जोगबनी, कुसुमाहा, अमहारा, रमई आदि क्षेत्रों में पुराने तथा नये कपड़े, घाव की दवाइयाँ, चूड़ा, चना, किरासन तेल, दियासलाई की डिब्बियाँ आदि सामग्रियों का वितरण किया और कराया। जेल में जैसी सूचना मिली है, उसके अनुसार राहत का कार्य चल रहा है। किंतु अधिकारी तथा पुलिसवाले हमारे छात्र स्वयंसेवकों के पीछे पड़े हुए हैं, जिसके कारण राहत कार्य में भी बाधा पड़ रही है।

आंदोलन के कार्यक्रम के अनुसार हमने एक विशाल जुलूस, जिसमें करीब दो-ढाई हजार प्रदर्शनकारी सम्मिलित हुए, निकाला। हम जुलूस लेकर प्रखंड कार्यालय की तरफ जा रहे थे, सीताबाट पुल (रानीगंज रोड) पर स्थानीय पुलिस दारोगा और इंस्पेक्टर, सी.आर.पी., बी.एस.एफ. की टुकड़ी के साथ-साथ इस तरह खड़े थे मानो हम पुल को तोड़ने या उड़ाने जा रहे हों। पुल के पास पहुँचते ही जुलूस की अगली पंक्ति पर लाठी से प्रहार हुआ और रिक्शागाड़ियों को इस तरह धकेल दिया गया कि रिक्शा पुल के नीचे अथाह जल में गिरते-गिरते किसी प्रकार बच सका। रिक्शा-चालक जहूरी यादव और लाउडस्पीकर से नारा लगानेवाले साथी रामाशंकर गुप्त को लाठी से चोट लगी। हमने आगे बढ़कर पुलिसवालों को रोका और कहा, "आप यह क्या कर रहे हैं ? लाठी चार्ज क्यों करवा रहे हैं ?"

दारोगा ने मुझसे कहा, "जुलूस यहाँ से आगे नहीं बढ़ेगा !"

"क्यों ? आप हमें बी.डी.ओ. से मिलने नहीं देंगे ? आप नहीं देख रहे हैं कि जुलूस में दर्जनों बच्चे हैं, बुढ़ियाँ हैं। इनसे आपको क्या खतरा है ? ये सभी बाढ़पीड़ित हैं और इन्हें बी.डी.ओ. से फरियाद करनी है।"

पुलिस दारोगा ने कहा–"आपको नहीं मालूम है कि धारा 144 लागू है ?"

"मालूम है। और आपको नहीं मालूम है कि सारा इलाका बाढ़ से पीड़ित है ? हम तो जुलूस लेकर आगे बढ़ेंगे, आप लाठी चलाएँ या गोली !"

इसके बाद हम आगे बढ़े। करीब 30-40 मिनट तक गुत्थम-गुत्थी और घेर-घार होती रही। अंततः वे हमें रोकने में असमर्थ रहे।

जब हम ब्लॉक-ऑफिस पहुँचे तो वहाँ पहले से ही मुख्य द्वार पर सी.आर.पी. और बी.एस.एफ. के जवान तैनात थे। फिर वही रस्साकसी शुरू हुई। अंततः मैं अन्य 6 साथियों (सर्वश्री लालचंद साहनी, सत्यनारायणलाल दास, शिवकुमार नेता, जयनंदन ठाकुर, रत्नेश्वरलाल दास एवं रामदेव सिंह) के साथ अंदर बी.डी.ओ. के दफ्तर में पहुँचा। हमारे साथियों ने कार्यालय में जनता का ताला लटकाया और

हमने बी.डी.ओ. से कहा कि बाढ़ से सारा इलाका तबाह है और आप सिर्फ 'ला एंड आर्डर' 'मेंटेन' कर रहे हैं ?

हमने अपनी माँगें उनके सामने रखीं तो वे बोले कि आप लोग मिलकर खाली कांग्रेस को बदनाम करने का काम कर रहे हैं। आप जान लें कि महँगाई और भ्रष्टाचार को कोई भी पार्टी और कोई भी व्यक्ति, चाहे वह कितना भी बड़ा क्यों न हो, नहीं मिटा सकता। हमने उनसे बात करना फिजूल समझा। हमने एलान किया कि हम आपका कोई भी काम नहीं चलने देंगे और हम अपने साथियों सहित धरने पर बैठ गये। पुलिस दारोगा ने आगे बढ़कर कहा, "हमने आप लोगों को गिरफ्तार किया।"

हम गिरफ्तार हो गये, किंतु बाहर प्रदर्शनकारी मुख्य द्वार को घेरकर खड़े रहे जिसमें सात-सात साल की बच्चियाँ और सत्तर साल की बूढ़ी महिला भी थीं। प्रदर्शनकारी नारे लगा रहे थे–'हमारे नेताओं को रिहा करो या हमें भी गिरफ्तार करो !'

पुलिस ने उन्हें खदेड़ने की चेष्टा की, किंतु वे अडिग रहे। अंततः पुलिस ने 205 प्रदर्शनकारियों को गिरफ्तार किया, जिसमें सत्ताईस औरतें (कुछ गोद में बच्चे लेकर) थीं।

एक ट्रक, एक बस और एक जीप में हमें भरकर फारबिसगंज थाना में ले गये, जहाँ संघर्ष-समिति की ओर से जलपान की व्यवस्था थी। मेरे कहने के बाद पुलिसवालों ने छात्रों को खिलाने की अनुमति दी। वहाँ से हमें सीधे अररिया भेजा गया ! हमें दिन में करीब ढाई बजे गिरफ्तार किया गया था।

अररिया हम करीब 9 बजे रात को पहुँचे। वहाँ अररिया जेल के जेलर ने हमें लेने से इंकार किया, क्योंकि उनके पास इतनी जगह नहीं थी। हमें पूरी रात खुले में पुलिस क्लब के भीगे मैदान में घेरकर रखा गया। पुलिस के द्वारा हमारे खाने-पीने की कोई व्यवस्था नहीं थी··· और वे हमें सी.आर.पी., बी.एस.एफ. के घेरे में छोड़कर न जाने कहाँ चले गये।

हमारे साथियों ने फैसला किया कि हम एस.डी.ओ. के घर पहुँचकर उनका घेराव करें। रात के करीब डेढ़ बज रहे थे। हम नारे लगाकर आगे बढ़े। सी.आर.पी., बी.एस.एफ., पुलिस दारोगा के जत्थे ने हमें फिर घेरा। हमने भोजन तथा पानी की माँग की। मगर उन्होंने एक बूँद पानी भी हमें नहीं दिया।

हमने अपने कानों से बिहार पुलिस के जवानों को आपस में बातें करते सुना–'ये तो जुल्म है। हमें तीन सौ, ढाई सौ महीना देंगे ये, और चावल तीन रुपये किलो है। ये लड़के ठीक ही तो कह रहे हैं। अफसर लोग चलावें इन पर लाठी। हमसे तो अब यह पाप नहीं होगा !' उन्होंने हमारे बच्चों को पानी पिलाया।

तीन बजे रात में अररिया के एस.डी.ओ., एस.पी. दल-बल सहित पहुँचे और आते ही 18 व्यक्तियों की (टार्च की रोशनी से चेहरे देखकर) गिनती की। बाकी लोगों को जबर्दस्ती पकड़-पकड़कर बस में धकेलना और लादना शुरू किया। उनके

विरोध करने पर उन्हें गालियाँ दी गयीं और तुरंत बस को न जाने कहाँ खाली कर दिया गया। पूछने पर बोले कि उन्हें फारबिसगंज भेज दिया गया।

इसके बाद फिर वे अधिकारीगण न जाने कहाँ गायब हो गये। हम रात-भर वहीं बैठे रहे।

सुबह हमने नारे लगाने शुरू किये तो एक पुलिस दारोगा आकर बोला कि आप लोगों को तुरंत पूर्णिया भेजा जा रहा है। हमने–जब खाने-पीने की बात की तो वे बोले–'व्यवस्था हो रही है।'

लेकिन 11 बजे तक वे फिर गायब रहे। 1 बजे वे हमारा वारंट तैयार कराकर आये और हमें चलने को कहा। हमने एतराज किया–हमें मजिस्ट्रेट के सामने हाजिर किये बिना वारंट पर दस्तखत कैसे और क्यों करवाया गया ? हमें मजिस्ट्रेट के सामने हाजिर होने दें।

उन्होंने कुछ भी नहीं सुना और हमें पकड़-पकड़कर खुले ट्रक में चढ़ाया गया। हम चार बजे (10 तारीख को) पूर्णिया जेल पहुँचे।

हमारे साथियों पर चार-चार वारंट और दस-दस दफाएँ लगायी गयी हैं। हमारे प्रचार करनेवालों को पीटा गया है। लाउडस्पीकर छीना गया है। रिक्शा जब्त किया गया है। रिक्शा-चालक को गिरफ्तार किया गया है।

उस दिन (10 तारीख को) फारबिसगंज बाजार पूरी तरह बंद रहा। नरपतगंज प्रखंड ऑफिस में तालाबंदी हुई। फारबिसगंज में मोहन यादव और अशोक दास (दोनों छात्र) को गिरफ्तार किया गया। इसके बावजूद हमारे बहादुर साथियों ने फैसला किया है कि वे 13 तारीख को, फारबिसगंज के 8 चौकों पर कम-से-कम 10 व्यक्ति 12 घंटे के अनशन पर–पुलिस जुल्म के खिलाफ–बैठेंगे। 15 तारीख को काला दिवस मनाने का फैसला किया गया है। इसी के साथ-साथ अगले चरण के कार्यक्रम के अनुसार छात्र एवं जन-संघर्ष समिति के लोग आंदोलन के घोषित कार्यक्रम के अनुसार भी काम करेंगे।

मेरा स्वास्थ्य ठीक ही है। यों, पिछले एक सप्ताह से मेरा पेप्टिक के दर्द का दौरा शुरू हुआ है, फिर भी मानसिक रूप से पूर्ण स्वस्थ हूँ।

जेल की बात ? कुछ दिन पहले··· ने मुझसे कहा था कि गुलाम भारत के जेल और स्वतंत्र भारत के जेल में काफी अंतर है ! सचमुच, पूर्णिया जेल मौजूदा भारत का असली नमूना है, जिसमें आदमी भी जानवर बन जाये। एक हजार एक सौ बारह कैदियों में शायद एक भी व्यक्ति स्वस्थ नहीं है··· शायद नर्क ऐसा ही होगा··· 1942 और 1974 में इतना अंतर ?

प्रणाम स्वीकार करें।

भाई ही,
रेणु

प्रति,
श्री जयप्रकाश नारायण
पटना

[2]

राजेन्द्र सर्जिकल ब्लॉक,
के.एल. वार्ड, बेड नं. 21,
पटना
10.2.77

पूजनीय

जयप्रकाश जी,

इस समय जब आप सम्पूर्ण देश के लोगों की समस्याओं के समाधान में व्यस्त हैं, मैं अपनी समस्याओं को लेकर आपके सामने उपस्थित होने की धृष्टता कर रहा हूँ। आशा है, आप क्षमा करेंगे। मैं स्वस्थ और आनंद में हूँ। पेप्टिक अलसर का ऑपरेशन होगा। फिर तीन या चार महीने के पश्चात् किडनी का ऑपरेशन होगा। यानी पूरे छह महीने का धक्का। अब तक पेप्टिक अलसर के लिए तिथि निर्धारित नहीं हुआ है। यदि हुआ तो इस महीने के अन्तिम सप्ताह में किसी दिन होगा।

मेरी तात्क्षणिक तकलीफ दूर हो गयी है। होमोग्लोबिन 60 प्रतिशत से 95 प्रतिशत तक बढ़ गया है। वजन भी बढ़ा है। अलसर या वायु की परेशानी भी नहीं है। इसलिए इसी समय ऑपरेशन होना उतना जरूरी नहीं है।

चुनाव की घोषणा के बाद से मैं थोड़ा विचलित था। इस बीच कुछ दिन इतना उत्तेजित और तनाव में रहा कि रात में अच्छी नींद नहीं आयी। नींद की गोलियों की भी कोई प्रतिक्रिया नहीं हुई। कई दिन तक सोच-विचारकर मैंने यह तय किया कि ऑपरेशन चुनाव के बाद ही कराऊँगा। हालाँकि घर में रहकर भी मैं बहुत-कुछ कर सकूँगा। अखिल भारतीय स्तर पर चुनाव-प्रचार का क्या कार्यक्रम होगा, मुझे नहीं मालूम। लेकिन बिहार, अर्थात पटने में प्रचार की एक मजबूत इकाई तैयार की जा सकती है।

30.1.77 के अखबारों को देखकर यह स्पष्ट हो गया है कि बिहार के अंग्रेजी, हिन्दी दैनिक अखबारों में कुछ भी नहीं छापा जायेगा। जबकि 30.1.77 के बाद के इण्डियन एक्सप्रेस या स्टेटमेन में इतनी सामग्री भरी पड़ी है कि उससे कम-से-कम दो पुस्तिकाएँ छापी जा सकती हैं। रोज जो शब्द-भेदी बाण छोड़े जा रहे हैं, उनके प्रत्युत्तर में उनसे भी तीव्र ढंग से अपनी बात आम लोगों के बीच पहुँचाया जाना जरूरी है। सप्ताह भर समय लग जाये, तब भी।

टेप-कैसेट के लिए तीस मिनट के कुछ लेख तैयार किये जा सकते हैं। आन्दोलन के समय दिये गये आपके भाषणों के अंशों को उनमें शामिल करना होगा। अखिल भारतीय स्तर पर इसी समय आन्दोलन के कुछ गीत जानकी बहन की आवाज में रिकॉर्ड करने की आवश्यकता महसूस करता हूँ।

पत्र लम्बा हो रहा है। मैं अभी ऑपरेशन करवाना नहीं चाहता हूँ। चुनाव में मैं जितना कर सकता हूँ, कर लेने के बाद ही ऑपरेशन कराऊँगा। आशा है,

आप अनुमति देंगे।

श्रद्धापूर्ण नमस्कार ग्रहण करेंगे। आपकी सेवा में कब उपस्थित होऊँ ?

आपका
फणीश्वरनाथ रेणु

श्रीमती लतिका रेणु के नाम

[1]

पूर्णिया जेल
15 अगस्त, 1974

मोकी रानी,

तुम्हारी चिट्ठी मिली थी। जुगनू से भी सब समाचार मालूम हुआ। जुगनू जे.पी. की चिट्ठी लेकर आया था।

जेल में मुझे डिवीजन 'ए' मिला है। तुम जानती हो कि इस डिवीजन में खाने-पीने की व्यवस्था अच्छी है। मांस और मछली भी देने का नियम है। मगर, वह मिलता नहीं। अपने पैसे से मैंने एक दिन मछली मँगवायी थी और सभी बंदी साथियों के साथ मिलजुलकर खूब खाया। अमूल मक्खन आज से मिल रहा है। इसी से सब्जी बन रही है। हमारे साथ सौ छात्र भी हैं, मगर उन्हें थर्ड डिवीजन दिया गया है। हम अपने राशन से उन लोगों को भी खिलाते हैं। जैसे–घी, सूजी, चना, पनीर इत्यादि। हम उन लड़कों के साथ घुल-मिलकर रहते हैं। गाँव से सत्तू मँगवाया है। दो-तीन कैदी नौकर के रूप में मिले हैं। एक कैदी खाना बनाता है, दूसरा कपड़ा साफ करता है।

तुम हमारी चिंता मत करना। लखनऊ का काम शुरू कर दिया है। ठीक रात में–सिरहाने लैंप जलाकर लिखने बैठ जाता हूँ। पूरा दिन बेकार ही चला जाता है, लोगों की आवाजाही लगी रहती है। कुछ नहीं कर पाता, सिवाय गप्प मारने को छोड़कर। यहाँ साधारण कैदियों और डिवीजन कैदियों में जमीन-आसमान का फर्क है। सोचता हूँ कि अंगरेज के जमाने में यही जेल स्वर्ग थी और अपने राज में यही रौरव-नरक बनी हुई है।

यहाँ हमने दूसरा कुछ लिखने के बजाय जीवन के इन्हीं संघर्षों को लिखना शुरू किया है।

तुम्हारी याद आती है, तो बेचैन हो उठता हूँ। लेकिन तुम थोड़ा भी विचलित मत होना। हम ठीक-ठाक हैं। तुम्हें कोई कष्ट न हो, इसके लिए पहले से मैंने कुछ करके तो रखा नहीं ? कष्ट तो होगा, मगर मुझे विश्वास है कि तुम हँसते हुए यह सब सह लोगी। तुम अगर नहीं होती, तो मेरे लिए कुछ भी करना संभव नहीं होता। तुम्हारे ही पुण्य-प्रताप से मेरा सारा कार्य पलक झपकते हो जाता है।

मेरे मना करने पर भी यदि तुम मुझे देखने के लिए आना ही चाहती हो, तो आओ। यूँ तो हम चेष्टा कर रहे हैं कि पटना जेल में मेरा ट्रांसफर हो जाय, अगर नहीं होता, तो यहीं रहना पड़ेगा। असल में बंदी छात्र मुझे छोड़ना नहीं चाहते। तो उन लोगों के 'मोरल बूस्टिंग' के लिए हमारा रहना आवश्यक है।

आज जब झंडा फहराने के लिए डी.एम. आये, तो ठीक उसी मुहुर्त में दो लड़कों ने उनके आगे बढ़कर झंडा फहरा दिया। हजारों-हजार दर्शकों की तालियों से पूरा मैदान गूँज उठा। भीड़ से आवाज आयी–ले, ले, ले··· और लोगों ने अँगूठा दिखला दिया। डी.एम. और एस.पी. चिल्लाने लगे–पकड़ो, पकड़ो ! लेकिन वे लड़के भागे नहीं, बल्कि हँसते-हँसते उन दोनों ने अपने हाथ आगे बढ़ा दिये। कमाल हो गया। शेष फिर !

तुम्हारा
रेणु

[2]

पूर्णिया जेल
30.8.74

मोकी रानी,

उस दिन रास्ते में निश्चय बहुत तकलीफ हुई होगी तुम्हें। सारी रात बस यात्रा के बाद फिर सारा दिन रास्ते में बीता होगा। तुम्हारे जाने के बाद अकेला अपने सेल में बैठकर तुम्हारे सकुशल पटना पहुँचने के लिए देर तक प्रार्थना करता रहा। तुम उस दिन शाम छ बजे या सात बजे पहुँची थी ? इतनी तकलीफ कर मात्र आधे घंटे की मुलाकात के लिए यहाँ आयी··· ? क्या तुम्हें याद नहीं–हमारी पहली मुलाकात मेरी बंदी-अवस्था में हुई थी। इतने दिनों बाद–एक युग के बाद भी मुझे लगता है पिछले दिन की ही तो बात है। हममें परिवर्तन नहीं आया, तुम्हें क्या लगता है ?

मुझे सर्दी-खाँसी हुई थी। ठीक हो गया हूँ। हॉरलिक्स, प्रोटिनेक्स और ओवलटीन चल रहे हैं। विजय बाबू दो दिन पहले आये थे। आफ्टर शेव लोशन, सेविंगक्रीम, सिगरेट, बिस्किट और पत्रिकाएँ दे गये हैं। राँची से कोई नहीं आया था। आएगा '

मेरे सेल के बगल वाले सेल में एक पागल रहता है। अपने को 'निराला'

कहता है। बी.ए. पास है, शिक्षक था, घोर पागल है। मेरे आने के बाद क्रमशः शांत और सहज हो गया है। सहानुभूति ही इसका उपचार है। मेरे पास आता है, अखबार पढ़ता है, बातें करता है, खूब सहज हो जाता है। पहले सारी रात घोर गर्जन करता था और सिपाहियों को गाली-गलौज करता था। अब रात को सोता है। जेल सुपरिन्टेन्डेन्ट, डॉक्टर, जेलर और अन्य कैदी आश्चर्य व्यक्त करते हैं कि आपने तो इसे अच्छा कर दिया⋯। नहीं, वह अब तक सम्पूर्ण स्वस्थ नहीं हुआ है। कभी-कभी अचानक चिल्लाने लगता है। लेकिन मेरी पुकार सुनते ही बिल्कुल शांत हो जाता है। उसके परिवार के लोग आए थे। स्त्री, पुत्र, पुत्री, चाचा। सबके साथ उसने बहुत अच्छे तरीके से बात की। दस दिन पहले तक वह दिगम्बर अवस्था में रहता था। अब साफ कपड़े पहनता है। दिन में चार बार नहाता है। उसकी पत्नी मेरे पैर पकड़कर रोने लगी। बाबा, आप उन्हें अच्छा कर दीजिए।⋯ अभी-अभी मेरे सेल में आया था, मुझे लिखता देख Excuse me sir कहते हुए चला गया। देखो पागल की बातों में ही मैंने पत्र भर दिया। कैसी हो ? श्रद्धेय मोतीलाल बाबू और टॉनी कैसे हैं ? करवी लोग ? लिफाफे में पत्र लिखना। जुगनू शायद फिर आएगा। तुम्हारे साथ सम्पर्क रखेगा। शायद High Court में कुछ किया जा रहा है। गहरा प्रेम रहा।

केवल तुम्हारा ही
जाजन

[3]

बम्बई
13.4.75

मोकी रानी,

ठीक एक महीने बाद तुम्हें पत्र लिखने बैठा हूँ। घर से 23 को कलकत्ता रवाना होकर 24 की सुबह शियालदह स्टेशन में उतरा। बिरजू बाबू के छोटे भाई विद्याबाबू मुझे लेने आये थे। और भी अनेक बाँग्ला के साहित्यकार थे। विद्याबाबू का मकान न्यू अलीपुर के पार्कप्लेस यानी बहुत अमीरों के इलाके में है। उनका मकान ही नहीं सारी कलकत्ता महानगरी अपना घर-द्वार लग रहा था। लेकिन यह बम्बई है। यदि जुगनू मेरे साथ नहीं रहता, सारा दिन मुझे रोकर गुजारना पड़ता।

कलकत्ता सम्मेलन में नागार्जुन भी आये थे। लेकिन वहाँ के लोग तुम्हारे जाजी रेणु को इतना चाहते हैं कि मुझे पैंसठ मिनट तक बोलना पड़ा। मेरी टूटी-फूटी और गलत बाँग्ला उन्हें इतनी अच्छी लगी कि मेरे अपने वक्तव्य को छोटा करने की कोशिश पर वे समवेत स्वर से बार-बार कहते रहे—आप जारी रखिए और कहिए आदि। उनके जीवंत सहज व्यवहार को मैं सारा जीवन भूल नहीं सकूँगा।

सुनील, शक्ति, संदीपन आदि सचमुच समर्पित साहित्यकार हैं। कलकत्ते की

सारी बात घर लौटकर सुनाऊँगा। अभी बम्बई की बातें सुनो। बम्बई हम 28 फरवरी को पहुँचे। होटल पहुँचकर सिर्फ दो घंटे में तैयार होकर सम्मेलन भवन में उपस्थित हुआ। रामवचन और वासुदेवजी से वहाँ के एक दिन पहले तक के समाचार से ऐसी धारणा बनी थी कि इस सम्मेलन में जे.पी. के विरोधियों की संख्या ही ज्यादा होगी। खैर, ईश्वर का नाम लेकर सभाकक्ष में उपस्थित हुआ। मुझे कथा-कहानी का अध्यक्ष बनाया गया। एक के बाद एक वक्ता आये और अपनी विद्वता प्रकट कर गये। ईश्वर ही जानते हैं, मैं कैसे और क्या-क्या कह गया। अपनी बड़ाई अपने मुँह से नहीं किया जाता। फिर भी मेरा विश्वास है कि ईश्वर ने ही मुझसे सबकुछ कहलवाया। मेरे भाषण के बाद सबकुछ जैसे बदल गया। भारतीजी की आँखों में पानी था। आकर मंच के ऊपर ही लिपट गये–आपने हम सबकी इज्जत रख ली है। रामवचनजी या वासुदेवजी ने अवश्य तुमसे कहा होगा। पता नहीं वे तुमसे मिल भी पाये या नहीं। खैर, यह तो हुई सम्मेलन की बातें।

अब दूसरी बात। कलकत्ते में ठहरते हुए ही श्री रजनीकांत बाबू का पत्र मिला था। नीता को उन लोगों ने पसंद किया है और सम्बन्ध को पक्का कर लिया है।

'मैला आँचल' का महूरत मुंशीजी ने 27 को किया लेकिन हमें पहले से कोई सूचना नहीं दी। यहाँ आकर सुना कि डायलॉग किसी दूसरे से लिखवाने की व्यवस्था की गयी है। सुनते ही बदन में आग लग गयी। लेकिन झगड़ा-झंझट के बगैर बात निबट गयी।

ये मार्च के अन्तिम में शूटिंग आरम्भ करेंगे। इसलिए डायलॉग लिखने की बात कही। सोचा था 10 मार्च तक खत्म हो जायगा, लेकिन स्क्रिप्ट ये लोग किश्तों में दे रहे हैं–दिन भर में दो पेज। इसलिए रुक गया हूँ। फिर भी आज जुगनू को 19 मार्च के लिए टिकट कटवाने भेजा है। पता नहीं मिलेगा या नहीं। यदि आरक्षण नहीं मिला तब भी 19 को रवाना होकर 21 को हम पटना पहुँचेंगे। 22 को फलदान करना स्थिर किया है।

मैं रामवचनजी और रजनी बाबू को पत्र दे रहा हूँ। शैलेन्द्रजी के घर दो दिन गया था। पहला दिन तो रोने-धोने में ही बीत गया। शिवरात्रि के दिन फिर गया। कुछ खाने का साहस नहीं हुआ। पानी तक नहीं पीया। कह आया हूँ बम्बई छोड़ने से पहले एक दिन खाना-पीना कर आऊँगा।

मेरी तबीयत ठीक है। घर से पाँच किलो सत्तू ले आया हूँ। कलकत्ते में भात खाने के बाद भारतीजी के घर में एक दिन और नवेन्दू बाबू के घर में एक दिन मछली-भात खाया हूँ। बस।

श्रद्धेय मोतीलाल बाबू की बात हमेशा सोचता हूँ। टॉनी की याद आती है। सच हमारा पटना स्वर्ग है। बम्बई में मैं कभी रह नहीं सकूँगा। पत्र काफी लम्बा हो गया, फिर भी लगता है कुछ कह नहीं सका। मैं 21 को आ रहा हूँ। सारी

बातें कहूँगा। तुम नाराज मत होना रानी, देर से लिख रहा हूँ इसलिए। धर्मेन्द्र-जया (डॉक्टर-कमली), शत्रुघन सिन्हा (कालीचरण), नन्दिता ठाकुर (कोठारिन), ओमप्रकाश (महन्त) तय किये गये हैं। कलाकारों का चयन अब भी चल रहा है।

तुम कैसी हो। हमारी नटखट सुचित्रा ? रानी ! मेरा प्राण तड़प रहा है। जल्द आ रहा हूँ। गहरा प्रेम रहा। इति,

केवल तुम्हारा
जाजी

[4]

औराही-हिंगना
29.1.76

मोकी रानी

11/1 को घर पहुँच, 12/1 ठहरकर अररिया, फारबिसगंज और पूर्णिया आवागमन करना पड़ा। हमारी ओर से अपनी जमीन का जो स्टेटमेंट दिया गया था सरकार ने उसे रद्द कर दिया है और अब, जो जमीन हमारी नहीं है, उसके लिए भी हमें झमेले में डाल दिया है।··· पत्र लिखने में विलम्ब हुआ।

तबीयत ठीक है। कोर्ट की दौड़-धूप से थोड़ा ढीला पड़ गया हूँ। धान तैयार हो गया है। गेहूँ के पौधे भी अच्छे आये हैं।

नवनीता के लिए द्विरागमन का दिन मैं पाँच फरवरी तय कर आया था। परन्तु वह स्थगित है। अचानक एक रिश्तेदार की मृत्यु के कारण अशौच हो गया है। इस बार श्रीपंचमी के दिन का हमारा मुख्य हल-प्रवाह भी न हो सका। यह बहुत खराब लक्षण है। अतः द्विरागमन की तिथि बढ़ाकर रजनीबाबू को पत्र लिखा है। शुद्ध होने के उपरांत 20 फरवरी अच्छा दिन है, यही लिखा है। आगे उनकी इच्छा। मैं सम्भवतः 25 फरवरी से पहले ही पटना लौट आऊँगा। द्विरागमन के समय मेरा रहना आवश्यक नहीं है।

तुम सब कैसी हो ? आजकल जहाँ बिल्ली के बच्चे देखता हूँ–हमारे नीली, मिली, जुली की याद आती है। उनकी चंचलता, तोड़ना-फोड़ना बढ़े हैं क्या ? वे क्या दीवार फाँदकर इधर-उधर जाना सीख गये हैं ? सामने वाले दरबानजी ने एक बच्चा माँगा था, ले गये हैं क्या ? यहाँ कुत्ते के चार नये बच्चे हैं–तीन पु. और एक स्त्री.। आश्चर्य की बात है कि मैं उस दिन घर पहुँचकर कुरसी पर बैठा कि वे चिरपरिचित की तरह मेरे पास आकर आनन्द से··· सच, आदमी का सच्चा साथी कोई जानवर ही हो सकता है–आदमी नहीं।

तुम्हारी नयी घड़ी आ गयी, यानी सतीश ने ला दिया है तो ? कैसी लगी ? समय कैसी दे रही है ?

मैं सम्भवतः 12 फरवरी तक पटना लौट रहा हूँ। तुम्हारी डॉली की क्या खबर

है ? मोती लाल बाबू लोग कैसे हैं ? बुद्धदेव जरूर आया होगा 'माणिक' पत्रिका की योजना लेकर। मैं 12 तक लौटकर फिर जो कुछ बन पड़ेगा करूँगा।

आशा है अच्छी हो। प्रेम रहा। नीली, मिली, जुली को प्यार।

इति, तुम्हारा ही केवल

जाजी

[5]

औराही-हिंगना

13 सितम्बर, 1976

मोकी

मैं और नहीं रुक रहा हूँ। अब किसी का निषेध नहीं मानूँगा। मैं शनिवार 18 को रवाना होकर रविवार 19 सितम्बर की सुबह पहुँच रहा हूँ। तुम दस बजे तक घर में रहना। गाड़ी लेट हो जाय तो बारह बजे तक पटना पहुँचूँगा।

मैं कैसा हूँ, कैसा था, कैसा रहूँगा—यह लिखकर नहीं समझाया जा सकता। इसलिए मुलाकात में ही सारी बातें होंगी। इतना ही कहूँगा, असीम कष्ट में तुम्हारी याद ही मेरी रक्षा करती रही। अनन्त और गहरा प्रेम रहा। इति,

केवल तुम्हारा ही

जाजी

बाँग्ला से अनुवाद—अमिताभ चक्रवर्ती

दिनेशजी [लोकभारती प्रकाशन] के नाम

[1]

पटना / 9.2.75

प्रिय दिनेशजी,

मैं आज भागलपुर जा रहा हूँ। 11/2 को शाम तक लौट आऊँगा। आपसे निवेदन है कि आप 11/2 तक पटना में रुक जाइये। 12/2 को हम मिलकर जे. पी. वाली किताब की योजना पर बातें कर लें तो अच्छा होगा।

विशेष भेंट होने पर—

आपका

फणीश्वरनाथ रेणु

[2]

बम्बई / 5 मार्च, 1975

प्रिय दिनेशजी,

गाँव पर आपका भेजा पैसा मिल गया था, बहुत-बहुत धन्यवाद।

भाग-दौड़ के कारण न लिख सका, पर आपका काम चल रहा है।

12 को पवनार में लोकनायक से मिलूँगा। पहले सोचा था, इलाहाबाद रुकूँ, पर अब संभव नहीं दिखता, किन्तु स्टेशन पर भेंट होनी चाहिए : यहाँ से रवाना होने के पहले तार दे दूँगा।

स्वस्थ और प्रसन्न होंगे ही।

आपका

रेणु

पुनश्च – भाई चोपड़ाजी को नमस्कार।

[रेणुजी जयप्रकाश नारायण पर एक पुस्तक लिख रहे थे। पुस्तक वे पूरी कर चुके थे, पर जून, 1975 में कई पाण्डुलिपियों के साथ वह भी चोरी चली गई थी। उन्होंने लोकभारती के दिनेशजी को इस पत्र के साथ उस पुस्तक के दो विज्ञापन भी तैयार कर भेजे थे, जो इस प्रकार हैं।]

लोकनायक जयप्रकाश-यात्रा

एक व्यक्तिगत विवेचन-विवरण

फणीश्वरनाथ रेणु के द्वारा

9 अगस्त, 1975

को

प्रकाशित होगी

लोकभारती प्रकाशन

इलाहाबाद

राधो बाबू [लोकभारती प्रकाशन] के नाम

2/30, राजेन्द्रनगर

पटना-16

11.2.75

भाई राधो बाबू,

क्या आपको अब भी मुझ पर–मेरी ईमानदारी पर विश्वास (तिल भर भी !) है ?

'लोकनायक' का विज्ञापन भाई दिनेशजी के मार्फत भेज रहा हूँ। प्रचार आरम्भ कर दें। जून तक (1975) पाण्डुलिपि अवश्य आपकी सेवा में लेकर उपस्थित हो जाऊँगा। कुछ एडवांस भेजें–बातें दिनेशजी से हो गयी हैं।

सधन्यवाद।

भाई ही
रेणु

पुनः –

ड्राफ्ट गाँव के पते पर भेज दें–

ग्राम–औराही-हिंगना
वाया–फारबिसगंज
जिला–पूर्णिया (बिहार)

State Bank of India, Forbesganj पर ड्राफ्ट बनवायें।

रेणु

मुझे रुपये की आवश्यकता गाँव में 15/2/75 को है। अतः T.M.O. से भेजें तो बड़ा उपकार हो। आपका पिछला रुपया डूबा नहीं है। विश्वास करें।

प्रफुल्ल सिंह 'मौन' के नाम

New Delhi
11.5.73

प्रिय मौनजी,

आपका पत्र यथासमय प्राप्त हुआ था। आप पटना आये और मुझसे बिना मिले चले गये। मैं समय पर पत्रोत्तर नहीं दे सका–कृपया क्षमा करेंगे।

श्री नंदलाल मंडलजी से सम्बन्ध स्थापित करने के प्रस्ताव से मुझे बड़ी प्रसन्नता हुई है। अब यह कार्य आपके हाथ है। किन्तु, एक बात है। एक गरीब साहित्यकार ... खैर, यह सब अभी नहीं।

मैं दिल्ली National Film Award की Meeting में आया था। दो दिनों तक Screening के बाद July के लिए स्थगित हो गई Meeting.

आज मैं अपना Check up और चिकित्सा के लिए All India Institute of Medical Science में भर्ती हो गया हूँ। एक-डेढ़ सप्ताह तक जाँच और चिकित्सा का सिलसिला चलेगा। इसके बाद पटना। फिर गाँव। तब तक आप लोगों की छुट्टी हो चुकी होगी। मैं घर आते ही आप लोगों से सम्पर्क स्थापित करूँगा। संभव हुआ तो निर्मली भी जाऊँगा।

अब यह सम्बन्ध आप तय करें। विवाह अगहन में करानी है। अषाढ़ में नहीं। क्योंकि इस शुभ कार्य में दिल्ली, पटना तथा प्रयाग के मेरे मित्रों के सम्मिलित होने की आशा है।

मौनजी, मैं ज्यादा क्या लिखूँ ? बेटी नवनीता को सुयोग्य सुपात्र के हाथ सौंप सका तो मैं सुख से जी सकूँगा, मर सकूँगा।

आशा है आप स्वस्थ एवं प्रसन्न हैं।

पत्रोत्तर दें।

आपका भाई ही
रेणु

रमेश बक्षी (संपादक–ज्ञानोदय) के नाम

भाई बख्शीजी,

'महानगर-विशेषांक' के लिए मुझ जैसे गँवार-आदमी से भी किसी सामग्री की अपेक्षा आपने की। पिछले कई वर्षों से बम्बई आता-जाता रहा हूँ। कम-से-कम 'महानगर की महामाया में एक महाग्रामीण' के देखी-सुनी-भोगी घड़ियों की कहानी सुना ही सकता हूँ।

किंतु, किसी भी हालत में 10.10.66 के पहले रचना डिस्पैच नहीं कर पाऊँगा। यानी आपको 11 या 12.10 तक अवश्य मिल जायेगी। यदि समय और स्थान रह गया हो तो तार द्वारा सूचित करें। मैं 10.10 को रचना Express Delivery से डिस्पैच कर दूँगा।

'तीसरी कसम' कलकत्ता में (जब भी) रिलीज होगी, तो आऊँगा।··· मैं लिखने जा रहा हूँ।

पत्र दें। पत्र के पहले तार दें।

नमस्कार।

भाई ही
रेणु

प्रो. तिप्पे स्वामी के नाम

पटना
6.10.75

प्रिय तिप्पे स्वामीजी,

आपका पत्र मुझे ठीक समय पर मिल गया था। किंतु, पत्रोत्तर देने में थोड़ा

विलम्ब हो गया। कृपया, क्षमा कर देंगे।

मैं इस पत्र के द्वारा आपको अपने बाढ़ संबंधी रिपोर्ताज [जो 'दिनमान' में प्रकाशित हो रहे हैं] का अनुवाद कन्नड़ भाषा में प्रस्तुत करने की अनुमति देता हूँ।

... हम लोग फिर एक 'मिनी बाढ़' से घिर गये थे। घनघोर वृष्टि के फलस्वरूप फिर कमर से लेकर घुटने भर पानी में हम थे। अतः पत्रोत्तर में देरी के लिए क्षमा करेंगे।

आशा है, आप स्वस्थ और प्रसन्न हैं।

पत्र लिखते रहेंगे।

नमस्कार स्वीकार करें।

आपका
फणीश्वरनाथ रेणु

Shree Tippeswamy M.A.
Teacher ,
3830, IVth Menson,
Vth cross, Sarswatipuram,
Mysore-9

स्टेशन डायरेक्टर, पटना के नाम

सेवा में,
स्टेशन डायरेक्टर साहब
ऑल इंडिया रेडियो
पटना

[1961 का अगस्त]

महोदय,

सेवा में कुछ निवेदन करने के पूर्व मैं श्रीमान् को विश्वास दिला देना चाहता हूँ कि मैं जो कुछ भी लिख रहा हूँ—सही होश-हवास में लिख रहा हूँ।

निवेदन यह है कि दासानुदास को नया घर 'धारता' नहीं है। [इस आँचलिक शब्द-व्यवहार के लिए क्षमा करें; अर्थ समझा देता हूँ ! 'धारता' माने सह्य नहीं होता !] जब कभी नये घर में गया—जान पर बन आई। सन् 1934 में, नये होस्टल बिल्डिंग (अररिया) में गया—भूकम्प में अन्य लड़कों के साथ जमींदोज हुआ—तीन दिनों बाद निकाला गया मलवे से ! दूसरी बार, 1953 में—एक नये घर में तीन-चार मास रहना पड़ा और यक्ष्मा का शिकार हुआ [शिकार तो पहले

ही हुआ होऊँगा–उस बीच, उसका हाथ जबर्दस्त हो गया होगा !!] इसके बाद मैं नये मकानों से डरता हूँ। पुराने घर को 'चुनौटने' के पंद्रह दिन बाद मैं घर में घुसता हूँ। इसके पहले प्रवेश किया–भीषण सर्दी-जुकाम से महीनों पड़ा रहा।

यह पत्र अधूरे एवं रफ अवस्था में रेणुजी के घर से मिला था।

पूर्णिया अंचल के विभिन्न लोगों के नाम लिखे गए पत्र

वाणेश्वरजी के नाम

North Medical Ward
Bed No.1
Medical College Hospital
Patna
21.5.46

भाई वाणेश्वरजी,

जय हिंद !

मुझे आपका 'जय हिंद' किसी के द्वारा प्राप्त हुआ था और उस दिन मैं Chest Pain से इतना बेचैन था कि वह जय हिंद एक मरहम-सा लगा। आज मौका मिलते ही सोये-सोये लिख रहा हूँ, लेकिन आपके 'जय हिंद' का जवाब तो उसी दिन–उसी वक्त दर्द की हालत में आँख के दो बूँदों ने ढुलक कर दे दिया था और उसकी 'सर्दी-गर्मी' को लेकर जो 'आह !' उड़ चली थी ?

मेरा X'ray हो चुका है। मुझे कहा गया है कि कुछ भी नहीं है, महज Infiltration है, ठीक हो जायेगा। इलाज चल रहा है। Bed पर ही सबकुछ–स्नान-भोजन-पेशाब-पैखाना होता है। Inj. : Calcium + Redoxen + Glucose वगैरह चल रहा है। खैर, जो भी हो–बुखार अब नहीं आ रहा है तीन दिनों से।

रोज 99.5 और 101° के दर्म्यान रहता था–और भाईजी ! यह न मालूम कब से आ रहा था ? डाक्टर हई साहब का इलाज चल रहा है।

मुझे हर वक्त खुश रहने की नसीहत दी जाती है। यों मैं बहुत कम वक्त मनहूसी अनुभव करता हूँ। मुझे वार्ड का 'कॉर्नर बेड' मिला है, जिसे बड़े-बड़े पर्दों से घेर दिया गया है। बेड पर करवटें लेते-लेते थक जाता हूँ तो जरा-सा पर्दा सरकाकर वार्ड का नजारा देखता हूँ–एक छोर से दूसरे छोर तक प्लूरुसी, जॉन्डिस, ड्रापसी, टापका यउ··· । डाक्टर और नर्सों की अलग-अलग जूते और जूतियों की आवाज–खट्-खट्··· ड्यूटी की आवाज, ड्यूटी की चाल, जैसे एक संगीत हो, एक ताल् हो। रोगियों की कराहने की, विभिन्न तरह के दर्द को अपने-अपने ढंग और

तकलीफ के अंदाज से प्रकट करने के अपने-अपने निराले ढंग–जैसे अपना-अपना छंद हो। कोई मरते-मरते जी जाता है, कोई जीते-जीते मर जाता है। दिन-भर में मौत न जाने कितने रूप में आती है। कभी-कभी ऐसा मालूम होता है एक तूफान, एक बवंडर चल गया है, आसमान टूट पड़ा है और कभी-कभी उसकी पगध्वनि भी किसी को नहीं सुनाई पड़ती। सुबह जब नर्स Temp. देखने जाती तो देखती कि··· कोई चुपके-चुपके आयी थी···। और न चीख, न पुकार; न रोना और न धोना। डाक्टर ने Certify कर दिया। स्ट्रैचर उठाते हुए Impatic मेहतरों ने पूछा, कहाँ बाबू मुर्दाघर न ?··· मुझे यह पूछना बड़ा बेजा लगता। सब ठीक था लेकिन हरामजादों ने आखिर में गलती कर दी··· पूछकर खराब कर दिया। चुपचाप उठा लेता। और चल देता··· कितना अच्छा होता ?

अस्पताल की रात बड़ी भयानक होती है। सन्नाटे के आलम में रोगियों का प्रलाप, मातम मनानेवालों की टोली, औरतों का रोना···। यहाँ जिसे जागकर रात काटनी पड़ती है ?

भाईजी, आपने ऐसी मुस्कुराहट देखी है। कल तक कोई समझ रहा हो कि उसे सिर्फ प्लूरुसी है लेकिन खखार जाँच करने पर Pure T.B. पाया गया है। जिसका पता उसने किसी तरह लगा लिया था। और जब उसे T.B. WARD में Transfer करने के लिए स्ट्रेचर पहुँचा, उसके घरवाले पहुँचे, वह मुझ-सा ही–ठीक मुझ-सा ही नौजवान अपना सामान सम्हाल रहा, अपनी चीजें एक-एक कर ले रहा, माँ खड़ी, भाई खड़े, बहन खड़ी··· स्ट्रेचर पर सोते हुए, मुस्कुराते हुए जा रहा T.B. WARD की ओर··· जैसे 'तीरथ' करने जा रहा हो, जैसे पुण्य लेने जा रहा हो। उसकी वह मुस्कुराहट, मेरे गले में खसखसाहट पैदा कर देती है, छाती में दर्द ला देती है··· खाँसता हूँ, थूकता हूँ और एक्यूटमेंट में गौर से देखता हूँ ··· देख लेना चाहता हूँ। कलेजे के टुकड़ों से निकलते हुए लाल कतरों को।

यह लीजिये, मैं झुककर लिख रहा हूँ–लिखना मना है, आप फरमा गयीं··· और इस शर्त पर आर्डर मिला कि मैं बता दूँ कि कैसा लेटर है। मैं जानता था कि Love-Letter कहने से बस··· मैं Capital का नोट अपनी कॉपी पर लिख सकता हूँ। मैं इन लोगों को कैसे समझाऊँ कि मैं आदमी नहीं हूँ कलम हूँ–पेंसिल हूँ, कार्बन पेपर हूँ, जैसे उस बेड नं. 26, एक इंजनियरिंग के स्टूडेंट को मैं--पिस्टन और हैंडिल कहता हूँ। यह क्या समझने गयीं, यह लिखना तो मेरा दिल का लिखना है, मगर मुझे बेदिल का लिखना भी लिखना-पढ़ना है। मशीन की तरह बिना सोचे-बिना समझे। सचमुच मैं कलम बनाकर ही रखा गया और शायद मैं जब वहाँ मर जाता तो मेरी लाश के पास भी लोग कुछ-न-कुछ लेकर आते। आप सुनकर हैरान होंगे कि फारबिसगंज के मेरे हमदर्द कहानेवाले लोगों को मैंने कितनी जो चिट्ठियाँ लिखीं, कम-से-कम वहाँ का समाचार लिख भेजने के लिए, मगर नहीं–एक भी जवाब नहीं मिला। हाय री दुनिया ! मैं भूल चका हूँ कि मेरा कहीं घर है और मेरे कोई हैं। क्योंकि यही एक तरीका है खुशी हासिल करने का। डाक्टरों

ने राय दी है ए.पी. लेने की। मैं सोच रहा हूँ लूँ या न लूँ। कोई कहते हैं अच्छी चीज है, कोई कहते हैं बुरी चीज है। मैं सोच रहा हूँ लूँ या न लूँ।

मैं यह पत्र आपको लिख रहा हूँ। लिखने के समय मुझे अपने दोस्तों की याद आती है जिन्हें आप कह देंगे। देशबंधु औषधालय में बैठे हुए दोस्तों के बीच मैं अक्सर पहुँचता हूँ, पहुँचकर वापस आना भूलने लगता हूँ।

आहें न भरीं, शिकवे न किये, नहीं कुछ भी जुबाँ से काम लिया
फिर भी मुहब्बत रुक न सकी जब तेरा किसी ने नाम लिया

पत्रोत्तर की उम्मीद है।

रेणु

अपने श्वसुर के नाम

औराही
26.11.50

पूज्य पिताजी,

सादर प्रणाम !

लिखते हुए हृदय फट रहा है ! बाबूजी हम लोगों को छोड़कर चले गये। त्रयोदशी, बुधवार को सायंकाल करीब आठ बजे हम अनाथ हो गये। यों तो सभी के पिता मरते हैं, और वृद्धावस्था की तकलीफों से मृत्यु श्रेयस्कर होती हैं लेकिन मैं तो अब अपने को एकदम अनाथ समझता हूँ। महेंद्र की अवस्था अब और चिंताजनक हो रही है, हरि को दुनियादारी की दृष्टि है ही नहीं–और मुझे न तो दुनियादारी का ज्ञान है और न घर-गृहस्थी का। अथाह समुद्र में तूफानों के बीच, बगैर नाविक की नाव की तरह मेरे परिवार की हालत है। किसका सहारा लें ? मेरा दिमाग स्थिर नहीं। कुछ सोच नहीं सकता। क्या करें-कैसे करें समझ में नहीं आ रहा है।

श्रीमान् मुझसे नाराज हैं–मगर बाबूजी से तो आपको कोई दुख नहीं पहुँचा। बाबूजी मरने के एक मिनट पहले तक आपकी राह देखते रहे। हर गाड़ी से आपकी इंतजारी वे करते थे और गाड़ी जाने से कुछ देर पहले वे कहा करते थे कि–"समधी आवै छैं"। मरने के एक मिनट पहले भी वे श्रीमान् की चर्चा करते हुए निराश होकर बोले–"अब समधी से भेंट नैं होलो" ! खैर ! जो उनके भाग्य में नहीं था वह कैसे हो सकता है। यह मुझ जैसे कुपुत्र को जन्म देने का प्रायश्चित्त उनको भोगना पड़ा। यह मेरे चलते हुआ है कि अंतिम काल में उनके मन की कामना पूरी नहीं हो सकी।

मैं तो अनाथ हूँ और दुर्दशा के रास्ते पर चढ़ चुका हूँ। आप लोग मुझे ठेल

दें और मेरे कसूर को माफ नहीं करें–मगर मुझे तो आपका ही सहारा है–आपके सहारे पर मुझे जीना है। ज्यादे क्या लिखें।

आपकी गरीब बेटी पद्‌मजा सेवा में, श्रद्धापूर्वक प्रणाम कह रही है।

पू. छोटे बाबू, तथा दादी, माँ वगैरह को मेरा सश्रद्ध प्रणाम।

आपका आज्ञाकारी पुत्र
फणीश्वरनाथ रेणु

गणेश प्रसाद विश्वास के नाम

C/O लेडी सिफ्टन चाइल्ड वेलफेयर सेंटर
सब्जीबाग, पटना-1
19.8.53

पूज्यवर ![1]

प्रणाम,

आपका पत्र अभी-अभी मिला है, संवेदना प्रकट करने के लिए उपयुक्त शब्द नहीं मिल रहा है। चि. रमेश की असामयिक मृत्यु ने आपको कितना मरोड़ दिया है--इसकी कल्पना मैं कर सकता हूँ। रमेश का गोल-मटोल चेहरा मुझे याद है। और जब वह मैट्रिक परीक्षा में बैठने के लिए जा रहा होगा--उसकी मृत्यु का अंदाज लगाकर उसकी सूरत गढ़ने की चेष्टा करता हूँ, किसी भी माँ-बाप के नैन जुड़ा जायें, ऐसी कोमल कमनीय तस्वीर उतर आती है आँखों के आगे। मिट गयी वह तस्वीर ! उसकी माँ कैसे टूटे कलेजे को लेकर जी रही होगी, उसका बाप–संसार चक्र में जुता हुआ–किस तरह उसे भूलने की असफल कोशिश करता होगा !··· दिल दर्द से भर जाता है पंडितजी !

पंडितजी !

महेंद्र[2] भी आपका शिष्य था, पुत्र था। वह मेरी गोद में दम तोड़ते हुए जब 'भैया' कहकर पुकार रहा था–तो मैं अपनी आँखों के आँसू को बर्फ बना चुका था। अद्वितीय पिता का सहारा सिर्फ़ पंद्रह दिन पहले छूट गया था–आशा की चिराग मेरे हाथों में बुझी पड़ी थी !

उसके बाद मेरी मानसिक अवस्था–प्रायः विक्षिप्तावस्था के दायरे में ही रही है। दुहरे शोक को कलेजा फैलाकर सँभालना बड़ा कठिन होता है। फलस्वरूप, मैंने खुद अंतिम यात्रा की तैयारी कर ली। जीवन इतना नीरस, इतना दुखद और

---

1. गणेश बाबू–रेणुजी के प्राथमिक स्कूल के शिक्षक।
2. महेंद्र–रेणुजी का छोटा भाई, जिसे उन्होंने अपना प्रसिद्ध उपन्यास 'परती : परिकथा' समर्पित किया।

इतना बेमतलब का मालूम होने लगा कि जीने और मरने में कोई फर्क ही नहीं। मैं जानता हूँ पंडितजी, आप अंदर-ही-अंदर घुल रहे हैं, आपके पत्र की भाषा बता रही है कि आपके अंदर की चिता अभी भी धू-धूकर जल रही है। मैं किन शब्दों में आपको ढाढ़स दूँ–लेकिन इतना तो अवश्य कहूँगा–सब भूल जाइये ! समझिये कि एक तस्वीर बनायी थी, उस पर काला रंग गिर गया !··· काल का काला रंग, जो हर तस्वीर पर गिरता ही है।

और मैं तो अब हर रिश्ते को Biology के सिद्धांत से मापता हूँ ! आदमी क्या करे ? इतना बेचारा है आदमी कि वह कुछ नहीं कर सकता। "चाहे आस्तिक होओ, नास्तिक हो जाओ,–मनुष्य ! तुम्हारा विद्रोह भी तुम्हारी हार का ढिंढोरा मात्र है।"

चंद्रानन के परीक्षक मेरे एक मित्र के मित्र हैं। मैं आज ही उनके पास जाऊँगा। आपको इतना··· ??? होकर पत्र नहीं लिखना चाहिए–कम-से-कम मुझे। मैं आपका शिष्य हूँ–पुत्रवत् हूँ। मुझसे जो भी सेवा ले सकें यह आपका हक है। चेष्टा करने जा रहा हूँ। तकदीर परीक्षार्थी की ! लेकिन, मुझे तो उम्मीद है कि महज कुछ ही अंकों के लिए उसे फेल नहीं होने दिया जा सकता है। चंद्रानन को नहीं भेजकर आपने अच्छा ही किया है–क्योंकि उसके आने से कोई खास बात तो नहीं हो जाती। आपका एक पुर्जा ही काफी था।

मैं स्वस्थ हूँ। आशीर्वाद दीजिये कि इसी तरह स्वस्थ रहकर कुछ आप लोगों की सेवा कर सकूँ। मुझे आपके पत्र से ही रमेश के स्वर्गवास की बात मालूम हुई, नहीं तो मैं फारबिसगंज में अवश्य आपकी सेवा में उपस्थित होता। विशेष प्रणाम।

आपका आज्ञाकारी
रेणु

P.S.

तीन-चार दिनों के अंदर ही मैं फिर पत्र दूँगा–जो बात होगी–लिखूँगा। चेष्टा जहाँ तक हो सकती है–करूँगा; इसके लिए आप एकदम निश्चिंत रहें।

प्रति,
श्री गणेशप्रसाद विश्वास
फारबिसगंज

किसी 'भाईजी' के नाम

पटना
10 फरवरी, 54

भाईजी,

खत लिखने में देर हुई। पावापुरी आने की बात थी। इसलिए लिखा नहीं।

आप शायद पावापुरी में हों–और पटने होकर लौटें, लिखते वक्त यह उम्मीद बाकी है।

दो-तीन दिन पहले एक खत लिखने बैठा था। खत नहीं था, द्विजदेनी[1] साहित्यिक श्राद्ध की एक स्कीम थी; जो स्कीम क्या थी–मेरे मन की भट्ठी में पकनेवाले पुलावों की एक किस्म थी। आप जानते हैं कि मेरे मकान (जो कभी नहीं बनेगा) का नक्शा बनाया हुआ पड़ा है। उसी तरह की यह चीज है, जो कभी पूरा हो तो समझूँ स्वर्ग पा लिया, दिल्लगी की बात नहीं, उसमें सही मानों में स्कीम है। मिलकर दिखलाऊँगा, उसमें आपकी सलाहों की सख्त जरूरत है और यह तभी पास भी समझी जा सकती है।

किताब की छपाई समाप्ति की ओर है। मैंने कहा था न कि अब छपाई में कोई झंझट नहीं, अब उसे निकालने में जो परेशानी हो। छपाई के अलावा भी तो कई कर्म हैं ! सबसे निबट लूँगा। अप्रैल में आपके हाथों में नहीं, दूँगा मार्च में ही।

सारा बोझ अकेले सँभाले चल रहा हूँ। राजकमल प्रकाशन ने सोल एजेंसी स्वीकार कर ली है। वह हमें वही कमीशन देंगे, जो **बलचनमा** पर दिया है। और 30 प्रतिशत कीमत पहले ही चुका देंगे। राजकमल एक तगड़ी प्रकाशन संस्था है। सारे भारत में उसकी पहुँच है। 'प्रकाशन समाचार' निकालकर वह अपनी किताबों का जोरदार वैज्ञानिक प्रचार भी करता है। 'आलोचना' त्रैमासिक उसी की है और हिंदी का एक बेजोड़ पत्र समझा जाता है। फोल्डर छापने के लिए कुछ लोगों की राय का संग्रह कर लिया है : बतौर Review के। **नागार्जुन, नलिन विलोचन शर्मा, दिवाकर प्रसाद विद्यार्थी, नर्मदेश्वर प्रसाद, अनूप** आदि की राय मिल चुकी है। नर्मदेश्वरजी ने बहैसियत सोशियोलोजी के हेड ऑफ दि डिपार्टमेंट लिखा है–"किताब समाजविज्ञान के विद्यार्थियों के लिए भी उपयोगी है।"

कल या परसों मैं काठमांडू जा रहा हूँ। 16-17 तक लौटूँगा। 21-22 तक घर जा रहा हूँ।

आपका

रेणु

यह पत्र किसे लिखा गया, यह पता नहीं चल सका है।

---

1. द्विजदेनीजी–पूरा नाम रामदेनी तिवारी "द्विजदेनी"। पूर्णिया जिले के प्रसिद्ध साहित्यकार व क्रांतिकारी। 1942 में जेल में मृत्यु। रेणुजी के गुरु।

अमोघनारायण झा के नाम

[1]

98, लूकरगंज
इलाहाबाद
20.5.57

भाई अमोघजी,

सादर वन्दे।

आपके दोनों पत्र–सही और गलत पते पर भेजे गये–समय पर ही पहुँचे। मैं ही बाहर था; कुछ दिनों से। आशा है, क्षमा करेंगे।

आप अपनी कविताएँ भेजिए, शीघ्र। एक बात कह देना आवश्यक समझता हूँ : छायावाद और प्रगतिवाद के बाद 'प्रतीकवाद-प्रयोगवाद अथवा नयी कविता-वाद' की जो धारा चली है, मेरा संबंध उन्हीं विवादी कवियों से है। एकाध संपादकों से परिचय है, वे भी ऐसी ही कविता प्रकाशित करते हैं। बहरहाल, कविताएँ भेजिए। रसोत्तीर्ण रचना को कोई झुठला नहीं सकता, मेरा विश्वास है।··· कहानियाँ लिखते हैं या नहीं ? मैं जून के अंत में या जुलाई के प्रथम सप्ताह में घर आऊँगा। तब तक 'परती : परिकथा' प्रकाशित हो जायगी। आने के पहले आपको अवश्य लिखूँगा। आप आयेंगे तो एक-दो दिन आनन्द की बातें होंगी खूब जमकर। पंडितजी (उमाकांत भाईजी) कहाँ हैं ? क्या कर रहे हैं ? भाई, क्या बताऊँ–उनके लिए मैं कुछ भी नहीं कर सका। लेकिन, उम्मीद है निकट भविष्य में न सही, कभी अपने मित्रों के काम आ सकूँगा। अभी तक काम का आदमी कहाँ हो सका हूँ। निकम्मा··· !

'मैला आँचल' का दूसरा संस्करण प्रकाशित हो गया है। एशियन राइटर्स कान्फ्रेंस में हिंदी के प्रतिनिधि की हैसियत से गत दिसंबर में सम्मिलित होने का सौभाग्य हुआ। देश-विदेश के लेखकों से परिचय प्राप्त किया–रूसी भाषा में अनुवाद की बात भी वहीं सुनने में आई। रूस के वारान्निकोफ [स्लोकोव का एकमात्र लेखक शिष्य] ने कहा–तीन बार 'मैला आँचल' पढ़ चुका हूँ। मेरीगंज देखने की लालसा है। वह रूसी दूतावास में रहता है और हिंदी का पंडित है··· भेंट होने पर विस्तार से बताऊँगा।

एक बात : पता नहीं आपको कैसी लगे मेरी बात। पठन-पाठन के संबंध में कुछ राय दे रहा हूँ। संभव है आपने मेरे कहने के पहले ही पढ़ ली हो। 'प्रतीक-1', 'प्रतीक-2' की फायल सरस्वती प्रेस से प्राप्त हो सकती है। नई कविता की जन्मभूमि या भावभूमि 'प्रतीक' को पृष्ठ मानते हैं लोग। अपने साथ कुछ किताबें मैं लेता आऊँगा। विभिन्न भाषाओं के क्लासिक को पढ़े बिना तृप्ति नहीं मिल सकती।

अंग्रेजी के माध्यम से आप संसार की सभी भाषाओं के अमर ग्रंथों का स्वाद ले सकते हैं–अविकल रूप में। और सस्ते संस्करण में दस रुपये की किताब दस आने में मिल जाती है। फ्रांस के एक युवक लेखक [जो पचीस वर्ष की आयु में मर गया] पियरे लुई की रचनाएँ पढ़ रहा हूँ। कभी-कभी सारा दिन मैं खोया रहता हूँ। अभिभूत होकर। और उसकी एक प्रसिद्ध रचना का हिंदी अनुवाद अभी हाल में ही प्रकाशित हुआ है। 'एफ्रोडाइट' (यौवन की आँधी) सुनकर मुझे आश्चर्य हुआ। किसकी हिम्मत इतनी बढ़ी कि··· । क्योंकि प्रथम पृष्ठ से लेकर अंतिम पंक्ति तक भारतीय दृष्टिकोण से महाअश्लील। अनुवाद देखा–हाय, हाय !! अश्लील [तथाकथित, हमारी निगाह में अश्लील] अंशों को निकालकर किताब को जनखा बना दिया है··· मूल ग्रंथ का अंग्रेजी अनुवाद मैं आपको दूँगा–पढ़कर देखिएगा। कैसी चीज है। संस्कृत के काव्यों में 'कुच-युगल' को Flower of Flesh कहीं नहीं कहा गया है, मेरे जानते–माँस के फूल।

पत्रोत्तर देंगे। गर्मी बहुत है। काम करना मुश्किल हो रहा है। 'परती:परिकथा' के प्रकाशित होने के पहले कहीं नहीं जाना है। बेकार की बातों में ही पृष्ठ भर गया। आपका स्वास्थ्य कैसा है ? पढ़ाई-लिखाई ? छुट्टी कब से है ?

आपका

रेणु

पुनश्च : इधर कथा-संग्रह के संपादन में लगा हूँ। फिर एक रिपोर्ताज संग्रह भी अगस्त तक प्रकाशक को दे देना चाहता हूँ। व्यस्त हूँ।

सेवा में : श्री अमोघनारायण झा
लालजी उच्च विद्यालय, रानीगंज
पो. मेरीगंज
जिला-पूर्णिया (बिहार)

[2]

आकाशवाणी
पटना
22.6.59

भाई अमोघजी,

आपका पत्र मिला। आपके पत्रों का कोई उत्तर नहीं दे सका। इसके लिए नाराज तो आप जरूर होंगे। किंतु··· बहुत सारे 'किंतुओं' में असल किंतु मेरा प्रमाद ही है।

रेडियो के काम से इधर बाहर ही बाहर रहना पड़ा। दिल्ली-साहित्य समारोह से लौटा तो–लौह नगरी टाटा। फिर काठमांडू। काठमांडू से लौटकर [बीमार !]

अस्वस्थ हो गया। लेकिन काम करता रहा। मैं मई में ही छुट्टी लेकर घर आने वाला था। छुट्टी मिली नहीं।

प्रकाशकों से मैंने बहुत पहले ही आपके संग्रह के बारे में बात कर ली। किंतु, उत्साहवर्धक उत्तर नहीं पाकर, मन छोटा हो गया। अब तो आप आ ही रहे हैं।

मैं 1ली तारीख [जुलाई] से छुट्टी लेकर घर आ रहा हूँ–पंद्रह-बीस दिनों के लिए। बेटी की शादी करनी है। माँ बहुत नाराज हैं।

मेरा प्यारा मीत [सिप्पी] चल बसा। आपने उसको देखा था ?

लिखाई-पढ़ाई इस भीषण गर्मी में संभव नहीं। हाँ, कुछ रचनाएँ–रेडियो के लिए भी लेते आइएगा–या भेजिये। पखवारे में एक बार तरुण कवियों की रचनाएँ प्रसारित की जाती हैं–किंतु, सिर्फ Script स्वीकार किया जाता है। यानी आपकी रचना पढ़कर सुनवा दी जायगी। श्रीगणेश यहाँ इसी तरह किया जाता है। आप कब तक आ रहे हैं ? मैं 30 तारीख को छुट्टी लेकर तैयार रहूँगा–1ली तारीख को घर जाने के लिए। पत्रोत्तर दें। और सब समाचार अच्छा है।

आपका भाई ही

रेणु

सदानन्द मण्डल के नाम*

पटना

7.11.55

प्रिय मंत्रीजी,

आपका पत्र मिला। इससे पहले श्री यमुनाप्रसाद की भी चिट्ठी मिली थी। हाँ, मैं दीपावली के अवसर पर घर आनेवाला हूँ। विस्तृत बातें उसी समय कर सकूँगा। किन्तु एक बात कहने की आज्ञा दीजिए तो कहूँ।··· उद्घाटन आदि के मामले पर मेरी अपनी जो राय है, वही दे रहा हूँ। संभव है, इसे आप न मानें अथवा आपके अन्य सदस्यगण इससे सहमत न हों।

··· सबसे पहले अपनी मजबूरी कि जिन उच्च पदस्थ व्यक्तियों के द्वारा आप उद्घाटन कराना चाहते हैं··· वे मेरे लिए··· आकाश के चाँद हैं। चाँदनी बड़ी अच्छी लगती है··· मगर चन्द्रलोक की यात्रा की कल्पना भी नहीं करता। तैयारी करनेवाले कर रहे हैं।··· यदि आप न मानकर मुझे उनके पास भेजेंगे तो नतीजा साफ है

---

* सदानन्द मण्डल–सिमराहा हाईस्कूल में शिक्षक। रेणुजी के परम भक्त और उनकी रचनाओं के संग्रही भी। साहित्य के अच्छे पाठक। उन्होंने अपने गाँव के पुस्तकालय के उद्घाटन के लिए किसी बड़े आदमी को तय करने के लिए रेणुजी को लिखा था, उसी के उत्तर में रेणु ने यह पत्र लिखा था।

कि उन्हें मजबूरन चपरासी के द्वारा निकाल बाहर करने की आवश्यकता प्रतीत होगी। मैं उनका नाम भी नहीं जानता। वे लोग उद्घाटन आदि करते हैं या नहीं—सो भी नहीं जानता। ये तो ये ही हैं, जरा शिक्षा-विभाग के डिविजनल अधिकारियों को ही कहकर देखिए—आश्चर्य से मुँह फाड़कर देखेंगे—गाँव का पुस्तकालय !··· मेरे द्वारा उद्घाटन !—बड़े लोगों की इज्जत की परिधि बहुत छोटी होती है।—आप स्थानीय राजनैतिक, सामाजिक कार्यकर्त्ताओं से कहेंगे—वे अवश्य ही उद्घाटनकर्त्ता जुटा देंगे। सर्वश्री भोलानाथ मण्डल, बाबू बौकाय मण्डल, एम.एल.ए., शीतलप्रसाद गुप्त, सरयुगप्रसाद मिश्रा आदि हैं—जिनके हाथों में सरकारी-गैरसरकारी सूक्ष्म सूत्र हैं। मैं फटकनाथ गिरधारी टाइप का आदमी, मेरी बात कोई क्यों सुनेगा। मैं आप लोगों के उत्साह में साथ हूँ।··· दस टोकरी मिट्टी ढुलवा लीजिए, मगर हाकिम-हुक्काम, अफसरान, लीडरान आदि की सेवा मेरी किस्मत में नहीं।—और स्पष्ट बात मुझे यह लगती है कि जिस व्यक्ति से, जिस उम्मीद से आप लोग उद्घाटन करवाना चाहते हैं—सम्भव नहीं प्रतीत होता है।··· उद्घाटन और सभापति ठीक करने का कार्य, उन्हें निमंत्रित करने का, उनसे वचन लेने का काम मुझसे नहीं हो सकेगा। आप बुरा न मानें और न इसे अन्यथा समझें।—स्थानीय किसी हाकिम-हुक्काम, लीडर-लीडरान को पकड़िये और यह काम स्थानीय लोगों से ही सहज है। मुझे दुख है··· किन्तु और कोई मेरे योग्य सेवा तजवीज करें—तैयार हूँ।

आपका
रेणु

रामानंद सिंह 'वीरान' के नाम

[1]

हजारीबाग
18.6.56

प्रिय राम आनंद,*
आम की तारीफ में एक लम्बी चिट्ठी औराही से ही लिखना चाहता था। अचानक ही मुझे आना पड़ा और अब 'आम प्रशस्ति' के बदले काम की बात लिख रहा हूँ।

'संकेत' और 'निकष' की आवश्यकता डेग-डेग पर अनुभव कर रहा हूँ।···

* रामानंदजी अररिया आर. एस. में रहते हैं एवं किसानी करते हैं। पहले वे कहानियाँ भी लिखा करते थे। 'संकेत' में 'एकलव्य के नोट्स' प्रकाशित हुआ था एवं 'निकष' में 'परिवर्त'—'परती:परिकथा' के प्रारम्भ में जिससे कुछ अंश जोड़ने के लिए उन्होंने हजारीबाग में इन्हें मँगवाया था।—संपादक

फलाहार करवाने के बाद अब 'दक्षिणा' दो। रजिस्टर्ड पैकेट में पैसे तो लगेंगे, किन्तु किताबें खोने का मतलब तुम्हारी अपनी क्षति भी है !–शीघ्रम् !–

[डाइरेक्शन : मोस्ट अरजेंट]

पत्र समाप्त कर उठिये, किताबों के रैप कीजिये। पैसा जोगाड़ कीजिये और रजिस्टर्ड पैकेट से किताबें निम्नांकित पते पर चलता कीजिये।··· विश्वास है, आप इसकी अहमियत को समझेंगे, क्योंकि आप स्वयं 'कलाकार' [**Penman**] हैं। मेरा काम प्रैक्टिकली रुका हुआ है।

पता–

C/O Late Prof. C.C. Roychoudhury

Village–Korrah

P.O.–Hazaribagh

HAZARIBAGH

एक बात : मेरा पता स्वयं तक रखना।

किताब की लिखाई, हजारीबाग के सलोने वातावरण में जमकर हो रही है। केनाड़ी पहाड़ी की घाटी में, केनेल और जंगलों में चक्कर काटता हूँ।–भेंट होने पर बताऊँगा अथवा इस बीच यदि 'रम्य रचना' कर सका तो किसी पत्रिका में अवश्य पढ़ोगे।

अभी इतना ही कहूँ कि मेरे सौभाग्य पर देवगणों को न ईर्ष्या होने लगे–यही भय है। औराही-प्रवास सब मिलाकर अच्छा ही रहा। सिर्फ साहित्य-पक्ष··· जरा 'डिस्टर्ब्ड' रहा।

आम के लिए धन्यवाद लो। कांछा को शुभाशीर्वाद।

पत्र देना। 'कहानी' वालों का कोई जवाब ?

पुनश्च :

संकेत : निकष : रजिस्टर्ड पैकेट : अति आवश्यक : कृपया जल्दी : समझे ?

तुम्हारा

भैया

[2]

प्रयाग

25-8-58

प्रिय राम आनंद,

'वीरान' मैं जानबूझकर नहीं पुकारता।··· तुम्हारे जैसे हरे-भरे [शायद, लाल भी ! क्योंकि हरा पान दाँत पर पीस जाने के बाद रंग लाता है !!] युवक को वीरान कहते मन हिचकता है। इन मायूस नामों की परंपरा को तोड़ना होगा। भग्न-हृदय, दर्दे··· वगैरह नाम अब नहीं सुहाते। और मैं तुमको हमेशा सदाबहार

की तरह खिला-फूला देखता हूँ ! सो ?

बहरहाल, आपका पत्र ! हिमालय से आप नीचे उतर रहे हैं ! आप नहीं, आप लोग ! बहुत अच्छी बात है। मैं संभवतः होली में घर आ रहा हूँ। आप लोगों से मिलकर [आनंद तो प्राप्त होगा ही, साथ ही बहुत-सी नयी बातों का ज्ञान लाभ भी होगा] मुझे खुशी होगी, बड़ी खुशी होगी।

और सब क्या हाल-समाचार है ?

कांछा+दीपक+परशुराम (आदि) कैसे हैं ?

भाई कन्हैयाजी से मिलकर कहो, मुझे उसकी इतनी याद आती है और उसको इतनी लंबी चिट्ठी लिखना चाहता हूँ, जो अंततः किताब का रूप धारण कर ले तो कोई अजब नहीं। मैं 28.8.58 को पटना आ रहा हूँ। इसके बाद पूर्णियाँ।

फिर ? इधर तुमने कुछ लिखा-विखा है या नहीं ? [सीखा है, नहीं पूछता। क्योंकि यह बड़ा··· कैसा प्रश्न है !]

तुम्हारा स्वास्थ्य कैसा है ? उस पर ध्यान देना क्यों नहीं अनिवार्य समझा जा रहा है ? पान ? कम किया जा सकता है ! जर्दा भी उसी अनुपात में कम हो जायेगा।··· जी हाँ ! हमने तो सारे विषों को अपने शरीर पर प्रयोग करके प्रमाणित कर दिया है, दिखला दिया है। अब हमारे छुटभैये उन्हें अपनी देह पर क्यों प्रयोग कर रहे हैं ? इस पर सोचना।

विशेष भेंट होने पर। स्नेह लो। परशुराम को प्यार !

[देखो जी रामआनंद, भैया पुकारो तो जरा संभल के। क्योंकि··· क्योंकि···]

तुम्हारा
भैया

[3]

पटना
11 सितम्बर, 1962

प्रिय राम आनंद,

रजिस्ट्री (चिट्ठी) मिली। कहानी भी। लिफाफा क्यों ? शायद पत्रिका ऑफिस में देने के लिए। आज ही 'ज्योत्स्ना' कार्यालय को कहानी दे रहा हूँ।

टाइपराइटर मशीन मिली है। दाम 500/–सेकेण्ड-हैण्ड बढ़िया मेक–चालू हालत में। मैं 15 से 19 सितम्बर तक अवश्य आ रहा हूँ। कहो तो लेता आऊँगा। दाम तैयार रखना। नहीं लेनी है, तुरत लिखो।

शेष कुशल।

भाई
रेणु

पु. : अभी Tele. करके फिर पूछ लिया है। दाम कम नहीं करेगा। मैंने अन्ततः अपनी dispose off नहीं करने की सोची। Make है यह भी।

[4]

औराही-हिंगना
1 दिसंबर, '74

प्रिय रामानंद 'आबाद' जी,

हाँ, आबाद रहिये। मुझे तो कहीं वीरानगी नहीं नजर आ रही। अतः आपके 'उपनाम' को अमान्य कर रहा हूँ। क्षमा करेंगे।

इस लिफाफा-हीन खत के मजमून को अगर आपने अब तक नहीं भाया हो तो, मुझे भूमिका संक्षिप्त करनी होगी। यानी ट्रेक्टर··· । आसपास के ट्रैक्टरवालों के घर के सामने 'क्यू' देखकर इतना तो मैंने जरूर भाँप लिया है कि आपकी भी वही दुर्दशा हो रही होगी जो 'जितिया' के समय किसी 'भैंसान' [दुधार भैंस पालनेवाले] की होती है। लेकिन, आपने ट्रैक्टर खरीदने के बाद ही मुझसे कहा था।··· फिर पिछले साल भी कहा था कि आवश्यकता पड़ने पर आपको आपके ट्रैक्टर सहित याद करूँ।

पत्रवाहक 'वेणु'–पद्मपराग को आपकी सेवा में भेज रहा हूँ। इनसे बातें कर लीजियेगा। जो कहना हो इनसे कहियेगा अथवा मुझे लिखियेगा। लेकिन, कृपाकर औपचारिकता में अपना काम 'हरजा' करके कुछ मत करियेगा।

मैं 9-30 की गाड़ी से फारबिसगंज जा रहा हूँ। 4 दिसंबर तक वहीं रहूँगा। भाई कन्हैया को अलग से कोई पत्र नहीं दे रहा हूँ। उनसे कह देंगे–मैं स्वस्थ हूँ। थोड़ा लँगड़ाकर चल रहा हूँ। दाहिने हाथ में दर्द इधर कल से फिर बढ़ गया है। अगर वह फारबिसगंज आ सके तो बहुत-सारी बातें कर सकूँ।

आशा है आप स्वस्थ और प्रसन्न हैं।

शुभकामनाओं सहित–

आपका
रेणु

[5]

औराही-हिंगना
9.5.75

प्रिय वीरान,

निमंत्रण-पत्र जा रहा है। कई पत्र सादा दे दिया है। मेरी व्यस्तता के कारण जो स्नेही छूट गये हों, उन्हें दे देना।

तुम क्या इस बीच एक दिन के लिए आ सकते हो। यों, मैं सोमवार (12.5.75) को अररिया-कोर्ट सुबह 10 बजे तक पहुँच रहा हूँ। कोर्ट में अगर मिलो तो बहुत बातें करनी हैं। तुम्हारा बहुत भरोसा है। मेरे पास कोई साधन नहीं–बस तुम्हीं लोगों के भरोसे सब करना है।

दरी, लाइट, बर्तन (परोसनेवाला) जाजिम, शामियाना, टब–वगैरह, जहाँ से जैसे मिलेगा–सब व्यवस्था करनी है।

क्या अररिया में किसी के पास जेनेरेटर है ? अगर किसी के पास हो तो उनसे कैसे और किस तरह प्राप्त किया जाय, यह सब तुम्हीं को करना होगा।

मिलने पर बाकी बातें होंगी।

शुभकामनाओं सहित

तुम्हारा
रेणु

[6]

औराही-हिंगना
28.5.75

प्रिय रामानंद,

जाजिम जा रहा है।

··· मेरे मित्रों एवं स्नेहाधीनों ने मुझे इस बार हैरत में डाल दिया है। देवदूतों की तरह, चारों ओर से आकर यज्ञ को सफल बना गये। इसके लिए धन्यवाद ज्ञापन भी नहीं कर सकता।··· सचमुच, किन शब्दों में तुम लोगों को क्या कहूँ ? भगवान से प्रार्थना है कि वे मेरे सभी मित्रों, स्नेहियों और भाइयों का जीवन सफल करें।

तुम तो बगैर खाये-पिये ही रहे शाम तक। मैं अभी 1 जून तक घर में हूँ। कब जाऊँगा–ठीक नहीं है।

अनेकानेक शुभकामनाओं के साथ

तुम्हारा
रेणु

[7]

औराही-हिंगना
7.2.'76

प्रिय आबाद (वीरान नहीं !),

शुभाशीष !

उस दिन 'मा बनासा' और 'पद्मा बाई' के उत्सव में पहुँचकर घर-गृहस्थी तथा 'स्वारथ' की बात करना मैंने कत्तई उचित नहीं समझा ! हालाँकि, अररिया के लिए प्रस्थान करने के पहले ही मुझसे कहा गया था कि···।

बहरहाल, आज वेणु जा रहा है। हल के बैल हैं नहीं। धरमगंज अथवा हिरनपुर

हाट (संथाल परगना) जाकर लाना होगा। किंतु, इस बीच पाट-भदई के लिए जमीन जोत देना आवश्यक है ताकि जमीन सूखे। सिर्फ आठ-नौ बीघे की जुताई हो जाय तो पंद्रह दिन के लिए निश्चिंत हो जायँ। इस बीच बैलों की व्यवस्था हो जायेगी।

वेणु से बातें कर लेना। सभी जानते हैं और जान गये हैं कि हमारी खेती तुम्हारे (हमारे !) ट्रैक्टर से होती है।

गाड़ी यदि आवे तो उसके साथ तुम (कुछ घंटों के लिए ही सही) निश्चय आना। बहुत-बहुत सारी बातें करनी हैं।

आशा है, शीघ्र भेंट होगी।

तुम्हारा

रेणु

[8]

औराही-हिंगना

13.2.76

प्रिय रामानंद,

आशा है कि ट्रैक्टर ठीक हो गया होगा।

वेणु के कथनानुसार पत्र दे रहा हूँ कि जितना शीघ्र हो सके, ट्रैक्टर लेकर एक दिन के लिए आने का कष्ट करो।

शुभकामनाओं के साथ

तुम्हारा

रेणु

प्रो. कमलाप्रसाद सिंह 'बेखबर'[1] के नाम

[1]

औराही-हिंगना

21.12.67

प्रिय भाई बेखबरजी,

यदि मैं स्वस्थ होता तो स्वर्गीय हरि भाय के श्राद्ध के अवसर पर ही क्यों, उनकी मृत्यु की खबर पाकर ही फारबिसगंज दौड़ता। आखिर कल भी नहीं जा सका। पिछले एक सप्ताह से यही रफ्तार है। सर्दी-जुकाम और भीषण सिर-दर्द के साथ पेट की गैस्ट्रिक–परीशान हूँ।

---

1. बेखबर–पूरा नाम : कमलाप्रसाद सिंह 'बेखबर'। फारबिसगंज कालेज में हिंदी के प्राध्यापक। मूलतः व्यंग्य-लेखक। इन्होंने एक बार फारबिसगंज में रेणुजी का बड़ी मुश्किल से अभिनंदन करवाया था।

अच्छा हो कि आप कवि-सम्मेलन का आयोजन छुट्टियों के बाद करें।

मैं 15 जनवरी तक गाँव में हूँ। इस बीच डाक्टरों से मिलने तथा खासकर जयविजय के पास जाकर तनिक खड़ा होने को किसी दिन अवश्य आऊँगा। सूचना दे दूँगा आपको।

विशेष मिलने पर ही–

रेणु

[2]

औराही-हिंगना
1967 की कोई तारीख

भाई बेखबर,

आपका पत्र तथा पत्रवाहक द्वय ! मैं पिछले दो-तीन दिनों से 'गैस्ट्रिक' से परीशान था, रात से दर्द ज्यादा है और मैं चैन से नहीं हूँ। यदि 10.30 बजे तक यानी 10.30 वाली गाड़ी के समय तक थोड़ा भी चंगा हुआ तो चल पड़ूँगा। अन्यथा भाषा-विधेयक के विरोधियों के लाखों स्वर में एक मेरा स्वर भी संयुक्त कर लेंगे।

भाई ही
रेणु

श्री बेखबर
फारबिसगंज

[3]

औराही-हिंगना
12 अगस्त, 68

प्रिय बेखबर,

बेखबर की खबर मिली !

यानी एक हद भी है इस तरह–बेखबर की खबर देकर खबर लेने की ? मैं गत बैशाख महीने से गाँव-घर में हूँ। कभी तो सुधि लेते। अगर लेते तो मेरा इतना-सा उपकार अवश्य होता कि मैं स्वयं किसी दिन कॉलेज आकर मित्रों के दर्शन प्राप्त करता और आप अपने कॉलेज में जो साहित्यिक समारोह करना चाहते हैं उसके लिए उचित 'अतिथि' को बुलवाने की व्यवस्था कर देता।

"यदि 23/8 को दो बजे आप समय दें तो हम लोग 'तुलसी जयंती मना लें। और यदि 30/8 को समय दें तो भारतेंदु जयंती' मना लें।"

आपके पत्र की इन पंक्तियों को पढ़कर मेरा मन [मन-ही-मन] बहुत दिनों तक गुदगुदायेगा और बहुत दिनों तक हँसी पहलू में पलती रहेगी।

बेखबर भाई, आपको शायद खबर नहीं कि गाँव आकर मुझे 'जयंतियों और दिवसों' की कोई खबर नहीं रहती। यहाँ तो जन्माष्टमी, अनंत चतुर्दशी, जितिया, चोरचन आदि की याद करके मन को पावन किया जा सकता है। बहरहाल, 30/8 को मैं आपकी सेवा में उपस्थित हो जाऊँगा। आप उस दिन जिस किसी पुण्यात्मा की जयंती मना लें–आपकी सुविधा पर निर्भर है।

आपके दूसरे महत्त्वपूर्ण संवाद कि आपके आमंत्रण पर दिसंबर '68 में पूर्णिया जिला साहित्य-सम्मेलन का 24वाँ अधिवेशन फारबिसगंज में होगा–पढ़कर आतंकित हूँ। यों आपने भी दिलासा दिया है–'आप चिंतित न होइये। आपसे केवल मस्तिष्क लूँगा' –मगर यह दिलासा भी कोई दिलासा है ? या तो सरासर··· । खैर, इसका फैसला तो अब धनेश्वरनाथजी के सामने होगा, किसी दिन ! अभी इतना ही कहूँगा–"आपके दूसरे महत्त्वपूर्ण संवाद के लिए असंख्य असाधुवाद आपको।··· जिनका स्वागत आप करेंगे–उनकी खैरियत मैं अभी से मना रहा हूँ।"

मैं दशहरा तक गाँव में हूँ, यानी दशहरा के पहले तक। दशहरा में गाँव में नहीं रहूँगा।

आशा है आप स्वस्थ और प्रसन्न हैं।

पत्रवाहक को उत्तर दे दिया ?

[अग्रज–बाखबर]
भाई ही
रेणु

[4]

औराही-हिंगना
16.11.69

भाई बेखबर,

मैं इस गाड़ी से नहीं आ सका। लेकिन तुम जीप लेकर अभी ही सिमराहा मत आना। यदि तीसरी गाड़ी समय पर नहीं आई अथवा मैं उस गाड़ी से फारबिसगंज नहीं आऊँ तब समझना कि मैं सिमराहा स्टेशन पर बैठा तुम्हारी जीप का इंतजार कर रहा हूँ। विश्वास करो। मैं आज की कवि गोष्ठी में अवश्य उपस्थित रहूँगा।

भाई ही
रेणु

[5]

ओराही-हिंगना
10.6.70

प्रिय बेखबर,

मैं उस दिन यानी सोमवार को फारबिसगंज नहीं आ सका। आज मैं गया लेकिन बहुत जल्दी ही लौट आना पड़ा।

धर्मशाला के कवि सम्मेलन के बाद जो ड्राइवर हमें घर तक छोड़ गया था वह संकट में पड़ गया है–ऐसा सुना है। ऐसा क्यों हुआ, मैं नहीं जानता। किंतु अगर हमें पहुँचाने के कारण ही वह संकट में पड़ा है तो यह देखना आवश्यक है, जिससे वह संकटमुक्त हो जाय। उसकी जाँच में तुमसे जो मदद हो करने में कसर नहीं रखेंगे, ऐसी उम्मीद है।

आशा है तुम स्वस्थ और प्रसन्न हो।

विशेष मिलने पर,

तुम्हारा ही
भैया

पुनः–ता. 17-6-70 को इनके दफ्तर में ही इनकी इन्क्वायरी है। इसलिए जो कहना है वह इनके दफ्तर में कहिएगा।

श्री कमलाप्रसाद सिंह 'बेखबर'
फारबिसगंज

[6]

औराही-हिंगना
5.11.71

प्रिय बेखबर,

श्री निखिल कुमार के मार्फत भेजा हुआ पत्र तथा पैसे (मो. 151 रु.) प्राप्त हुए।

उस दिन मुझे या तो कुछ भी नहीं बोलना था और जब बोलना ही था तो जरा बेलौस बातें··· लेकिन मैं चाहकर भी कुछ नहीं बोल पाया। अन्यथा, अपने अंचल की अच्छाइयों और बुराइयों पर प्रकाश डालना चाहता था–मुझे अच्छा अथवा बुरा बनाने का श्रेय मेरे अंचल को ही है।

मेरा अभिनंदन करके तुम लोगों ने मेरा फारबिसगंज आना फिलहाल बंद ही कर दिया। 20/11 को लौटकर आ रहा हूँ–तब फिर इस सामयिक लाज को भगाने

की चेष्टा करूँगा।

अपने अभिनंदन से कौन नहीं आनंदित होता ? किंतु, मेरा आनंद 'दुहरा-तिहरा' हो गया है। सबसे बड़ी बात फारबिसगंज की 'नयी पीढ़ी' का आंतरिक परिचय पाकर–मन फारबिसगंज की सड़कों पर फिर आवारा डोलते फिरने को मचलने लगा है।

क्या बताऊँ और किन शब्दों में इन्हें व्यक्त करूँ। संभवतः किसी साप्ताहिक (दिनमान, धर्मयुग या सा. हिंदुस्तान) में शीघ्र ही इस एक दिन की डायरी प्रकाशित हो।

उस दिन अनेक मित्रों और स्नेहियों से बातें नहीं हो सकीं। (प्राचार्य) भाई धनेश्वर झा जी से भी नहीं। उन्हें मेरा प्रणाम निवेदन कर देना।

जय[1] क्या आज ही जा रहा है ? मैं कल यानी 6/11 को शाम की गाड़ी से अवश्य ही जा रहा हूँ। यदि जय एक दिन रुक सके तो कल हम साथ ही चले चलें।

प्यार के साथ–

तुम्हारा
रेणु भैया

पुनः-

नहीं-नहीं प्यारे–जिसने तुमसे कहा कि–"रेणुजी ने तुमको आड़े हाथों लिया"–वह और कुछ नहीं तो दया का पात्र अवश्य है। बेखबर के द्वारा अपने नगर की थोड़ी सी "खबर ले ली" तो क्या बुरा किया ?

तुम लोगों ने मुझे उस दिन फारबिसगंज का सबसे बड़ा धनी बना दिया। अब इस पूँजी और इस व्यक्तिगत पूँजीवाद की रक्षा करना मेरा धर्म है।

एक शिकायत है, किंतु–तुम इतना तेज-तर्रार व्यंग्य लिख सकने की क्षमता रखकर भी–इस तरह खामोश क्यों हो और कैसे हो ? हिंदी में 'शंकर्स-वीकली' निकलने लगी है–'धर्मयुग' में भी 'बैठे-ठाले' में हास्य-व्यंग्य प्रकाशित होता है। इस संबंध में फिर बातें करूँगा।

---

1. जय–पूरा नाम : जयशंकरप्रसाद सिंह। फ़ारबिसगंज के भारतीय स्टेट बैंक में कारकून। रेणुजी के बेहद आत्मीय व स्नेहपात्र। रेणुजी की मृत्यु के बाद इन्होंने लगातार उनके बारे में संस्मरण लिखे व रेणुजी के कई पात्रों का इंटरव्यू लिया।

डॉ. बालगोविंद विश्वास[1] के नाम

[1]

C/O Shri Deena Nath
"PANDURANG WADI"
Block-B, Flate No. 31
Juhu Church
Bombay-54
27.6.66

प्रिय डॉक्टर साहब,

मैंने पटना से एक Inland आपके नाम लिखा था। किंतु, वह अंततः Post किया गया अथवा नहीं–कह नहीं सकता। क्योंकि उन दिनों पटने में मारात्मक गर्मी पड़ रही थी और होश-हवास सही नहीं था।

मैं 17.6.66 को बंबई पहुँचा हूँ। दिन में 12.30 बजे उतरा और 2 बजे से काम पर दाखिल हुआ सो डटा हुआ हूँ। यों, Censor से पास होकर आ गयी है तस्वीर। किंतु, Editing और Dubbing का सिलसिला लगा हुआ है ताकि तस्वीर में सामान्य त्रुटि भी न रह जाय। सुबह आठ बजे तैयार होकर निकलता हूँ तो रात 12 बजे; कभी-कभी 1 बजे वापस आता हूँ। थक जाता हूँ लेकिन नींद नहीं आती। एक-एक दृश्य दिमाग में नाचते रहते हैं। मैंने आकर पूरे तीन-तीन दृश्यों की dubbing फिर से करवाई है। यानी संवादों को फिर से कहलवाया है। यों, 14 जुलाई तस्वीर Release होने की deadline है किंतु व्यावसायिक पहलू को ध्यान में रखकर थोड़ी देर भी की जा सकती है। मसलन, जब तक Guide न उतर जाय, इसको नहीं Release करें। मगर, तस्वीर मुकम्मिल हो गयी और भगवान की दया से ऐसी बनी है कि वर्षों तक लोग इसे याद रखेंगे। अपने मुँह अपनी तारीफ नहीं–कोई भी व्यक्ति यही कहेगा।–"सजनवाँ बैरी हो गय हमार" तो ऐसा बन गया है कि पुराने 'देवदास' के 'बालम आय बसो मोरे मन में' की तरह युगों तक गाया जायेगा। मैं ही नहीं–कई लोग ऐसे हैं जो इस गीत को सुनकर आँसू मुश्किल से रोक पाते हैं।

आपका स्वास्थ्य कैसा है ? नरेंद्र का शुभ-विवाह संपन्न हो गया ? कब तक छुट्टी है आपको ? पत्र देंगे।

श्रीमान समधीजी को मैं सादर नमस्कार भेज रहा हूँ। हाँ, जयगोविंदजी के नाम से संभवतः एक रेलवे पार्सल जायगा। जिन Loud-speaker वालों को मुफ्त में 'तीसरी कसम' के Records मिलेंगे–उनकी List में 15th पर उनका नाम है।

---

1. डॉ. बालगोविंद विश्वास–रेणुजी की भांजी के पति। एम.बी.बी.एस. डाक्टर।

Release से 15 दिन पहले ही पहुँच जायगा।

शीघ्र ही लंबा पत्र दूँगा। आप पहले इसका पत्रोत्तर दें।

प्यार सहित आपका
रेणु

प्रति,

Dr. Balgovind Bishwas
Village–Shankarpore
P.O.–Aurahi-Hingna
Via–Forbesganj
Dist–Purnea (Bihar)

[2]

पटना
28 अगस्त, '68

डियर डॉक्टर साहब,

उस दिन स्टेशन से घर लौटने में काफी परीशानी उठानी पड़ी होगी। मेरी यात्रा सकुशल समाप्त हुई, मगर कुछ नये तजुर्बों के साथ। गाड़ी कटिहार से जब डेढ़ घंटे लेट होकर चली–तभी मैं बरौनी के कनेक्शन से निराश होकर–'तब क्या होगा ?'–सोचने लगा। घड़ी में समय देखते–गाड़ी की रफ्तार को परखते और हिसाब लगाते हुए अंततः एक समय ऐसा आया कि गाड़ी के ड्राइवर की ईमानदारी को दाद देनी पड़ी। यानी डेढ़ घंटे के अन्तराल को उसने पूरा कर लिया बेगूसराय पहुँचते-पहुँचते। बल्कि दो मिनट 'बिफोर-टाइम' आने के कारण आउटर सिगनल पर गाड़ी को अटकाने की जरूरत हुई।··· किन्तु, हाय हंत ! बेगुसराय [··· मैं बेगुसराय लिखते वक्त यह एकदम भूल गया हूँ कि 'बेगु' या 'बेगू' क्या है ? यों, बेगुसराय के विद्यार्थियों ने अपने को बेकूफसराय का रहनेवाला बतलाया] सो उस 'सराय' के बाद जो चेन-पूलिंग शुरू हुई कि कदम-कदम पर–छानी हुई बछेड़ी की तरह–गाड़ी चलती भई। आखिर, बरौनी पहुँचे तो सभी प्लेटफार्म साफ–यानी हर जगह सन्नाटा–जानेवाली गाड़ियाँ कब की चली गयी थीं।

टैक्सी से मोकामा भागा।··· और टैक्सी ? ग्यारह पैसेंजर को ठूँसने के बाद भी ड्राइवर 'एक सवारी मोकामा' चिल्लाने लगा तो मैंने दोनों हाथ जोड़कर उससे प्रार्थना की–"भैया, मुझे कम-से-कम अपनी गाड़ी से बाहर निकालने की कृपा करो। मैं मरा··· मेरी चिड़िया पिंजड़ेसहित··· ?"–जरा कल्पना कीजिये कि चार दायें और चार बाँये के बीच में इस गरीब की क्या हालत हुई होगी। मेरी आर्त-पुकार पर सभी ठठाकर हँसे और मुझे अगली सीट पर बैठाया गया। हमें मोकामा में 'जनता' पकड़ना था। सो, जब हमारी टैक्सी (यानी छकड़ा-गाड़ी !) लदी-फदी मोकामा स्टेशन

पर पहुँची तो जनता एक्सप्रेस छुक-छुक करती प्लेटफार्म छोड़कर पटना की ओर जा रही थी। अंततः दानापुर-शट्ल–जो हर स्टेशन पर रुकती हुई मोकामा से दानापुर जाती-आती है। गनीमत यह कि बैठने के दस मिनट बाद ही गाड़ी खुली। क्योंकि, यह गाड़ी गृहस्थों की कम–भिखारियों, बाबाजी लोगों की ज्यादा है।··· 10 बजे पटना पहुँचा।

टेबल पर 'डाक' का अम्बार। छोटे-मोटे कामों की भीड़–गोर्की सेन्टेनरी के अवसर पर निकलनेवाली अन्तर्राष्ट्रीय पत्रिका के लिए एक लेख देना है; वर्किंग जर्नलिस्ट एसो. का नया चुनाव निकट है, वार्षिक अधिवेशन–राष्ट्रभाषा परिषद् के कई उलाहने···। सर्वोपरि लतिकाजी के लिए पटना के किसी विद्यालय में व्यवस्था करना।

आप घर में कब तक हैं ? वर्षा फिर हुई ? उस रात को सारी रात वर्षा होती रही जमकर–यानी नौगछिया से शुरू करके खगड़िया तक–घनघोर।

हाँ, राजधानी के डाकघरों में लिफाफे का अभाव है–Q (क्यू) लगाना पड़ता है। अतः एक साथ सभी चिट्ठियाँ एक ही लिफाफे में डाल रहा हूँ। शिवनारायण को जानबूझकर भूल गया हूँ, ताकि वह मुझे गालियाँ दे सके, खुलकर–अधिकारपूर्वक !

घर में था तो हजार चीजें खाने का जी करता था। यहाँ आकर कुछ खाने को जी नहीं करता।

आप क्या घर में रहते मुझे पत्र दे सकेंगे ?

शुभकामनाओं के साथ–

आपका
रेणु

[3]

कॉटेज वार्ड स्पेशल रूम 2
मेडिकल कॉलेज हॉस्पिटल
पटना (11.2.70)

प्रिय डॉक्टर साहब,

आपका पत्र मुझे ठीक समय पर ही मिला था। लेकिन मैं अपने हाथ से लिखकर पत्रोत्तर देना चाहता था। इसलिए पत्रोत्तर में विलंब ! आशा है, आप मुझे क्षमा करेंगे।

मुझे 24 जनवरी को जनरल वार्ड से कॉटेज के वी.आई.पी. रूम में आना पड़ा। मैं नहीं आना चाहता था लेकिन अस्पताल के अधिकारियों का कहना था कि राज्यपाल महोदय का आदेश है। अतः पालन करना पड़ा। दो दिन के बाद 26/1 को जब राष्ट्रपति द्वारा 'पद्मश्री' की घोषणा हुई तब समझ में आया हठात् इस अयाचित Fevour का कारण··· 26/1 को जब-जब लोग फूलमालाएँ, गुलदस्ते और मिठाइयाँ

लेकर मुझे बधाई देने आये थे–मुझे आपकी याद, फारबिसगंज से पटने तक की रेलयात्रा की याद–बार-बार आई··· सचमुच भगवती की अद्‌भुत लीला है। जो फूलमालाएँ मेरी अंतिम-यात्रा के समय मेरी अर्थी पर चढ़नेवाली थीं–वे मेरे क्रमशः स्वस्थ होते हुए शरीर और मन को रोमांचित और सुरभित कर रही थीं। और, इसका श्रेय आपको, आप लोगों को यानी डाक्टर तथा नर्सों का भी है··· अतः मेरे रोम-रोम से यह आशीर्वचन आपके लिए सदैव प्रतिध्वनित होता है : "जुग-जुग जीयो मेरे प्रिय बाल बालगोविंद !" इसे आप रुग्ण-मन की भावुकता मात्र न समझें। भगवान ने आपको विशाल हृदय दिया है–जो 'दर्द' से भरपूर है। 'दर्द' यानी मानवता का प्रकाशपुंज !!

मैं ता. 3/2 को रेजिडेंसियल सर्जन को फाँकी देकर–डिस्चार्ज-टिकट बनवा कर–अस्पताल को श्रद्धापूर्वक नमस्कार करके डेरे पर चला गया था–अभय बाबू की अनुपस्थिति में। उन्होंने एक दिन सभी के सामने कहा था कि 3 फ़रवरी को छुट्टी दे दूँगा। किंतु डेरे पर महज सात घंटे रह पाया। रात 9 बजे डॉक्टर अभय डेरे पर पहुँचे और लाल-पीला होने लगे और कहा कि तुरंत बोरिया-बँधना लेकर मेरे साथ चलो। कोई सुनवायी नहीं हुई और रात 10 बजे पुनः अस्पताल के अपने कमरे में लौट आया। उनका कहना है कि 70% हिमोग्लोबिन पर्याप्त नहीं है। 40% हो जाय तो अस्पताल से छुट्टी मिलेगी। मैंने Complete Surrender कर दिया है। अब, जब छुट्टी मिले।

वार्ड में था तो भीड़-भड़ाके और चीख-कराह में खोया रहता था। यहाँ एकांत में आकर लिखने के लिए जी आतुर हो रहा है। कब यहाँ से निकलूँ और कब लिखना शुरू कर दूँ। पिछली लंबी बीमारी के बाद, 'मैला आँचल' को कागज पर उतार देने की जैसी उत्कट अभिलाषा और अदम्य उत्साह मन में जगे थे–कुछ वैसा ही इस बार अनुभव कर रहा हूँ। निश्चय ही इस बार भी, भगवान ने मुझे काम का आदमी समझकर, मेरे अंदर सृजनशक्ति को देखकर अधूरे अरमानों को पूरा करने के लिए ही पुनः 'संसार-लीला' में भाग लेने का अवसर दिया है··· देखिये, क्या कर सकता हूँ। उनकी कृपा रही तो निश्चय ही कुछ कर पाऊँगा। मैं तो यंत्र मात्र हूँ–यंत्री वे ही हैं।

आप कैसे हैं ? विमला और बिन्नी[1] कैसी हैं ? गीता का क्या समाचार है–जल्द पत्रोत्तर देंगे।

आप मुझे लेकर पटना आये थे। इसके लिए पिताजी का कोपभाजन तो नहीं बनना पड़ा ?

नरेंद्र इधर नहीं आया है। 3/2 को अस्पताल छोड़ते समय वह मौजूद था। शायद उसको पता नहीं कि मैं उसी रात को लौट आया अथवा वह परीक्षा की तैयारी में व्यस्त हो, संभव है।

---

1. विमला–रेणुजी की भाँजी। बिन्नी–डाक्टर साहब की लड़की।

घर की याद आती है। बच्चों की याद आती है। फिर, भगवती पर सब कुछ छोड़कर निश्चिंत हो जाता हूँ–"सब तुम्हारे हाथ है !"

आप अपना समाचार विस्तारपूर्वक दें। विमला को आशीर्वाद ! बिन्नी को हार्दिक दुलार ! वह जब तुतलाकर बोलने लगेगी–मैं तभी उसका दर्शन करूँगा··· आप मेरी हार्दिक शुभकामनाएँ लें··· वीरेंद्र कल सिर में अबीर पोतकर हँसता हुआ आया था–सरस्वती पूजा के अवसर पर प्रणाम करने···

आप लोगों के स्वास्थ्य और प्रसन्नता की कामना करता हुआ–

(रेणु) मामाजी

पुनः – भारत सरकार के शिक्षा-विभाग द्वारा विदेश यात्रा का जो निमंत्रण मिला था, उसको अंततः अस्वीकार करना पड़ा ! अब मई-जून में संभवतः अवसर मिले··· मिले या न मिले, मैं इसके लिए तनिक भी चिंता नहीं करता। भगवान चाहेंगे तो सबकुछ होगा।

प्रति,

Dr. Balgobind Bishwas, M.B.B.S.

Medical Officer, C.D. Block Khajauli

खजौली KHAJAULI, Darbhanga

[4]

औराही-हिंगना

28.5.72

प्रिय डॉक्टर साहब,

आपको यह जानकर प्रसन्नता होगी कि कल दिनांक 29/5 सोमवार को, मेरी बेटी नवनीता के निरीक्षण के लिए ग्राम शंकरपुर से अभ्यागतगण मेरे यहाँ अपनी चरणधूलि दे रहे हैं।

इस अवसर पर आपकी उपस्थिति मेरे तथा मेरे परिवार के सभी सदस्यों के आनन्द और हर्ष में और भी वृद्धि करेगी। अतः निवेदन है कि कल दोपहर के पहले आप निश्चय ही पधारने की कृपा करेंगे।

पत्रवाहक को मौखिक तौर पर जो संदेशा आपको देने के लिए कहा–वह नहीं देगा। इसलिए लिख रहा हूँ कि कोकाकोला और बर्फ की व्यवस्था आपके ऊपर। यानी लोगों को 'शीतल' करने की जिम्मेदारी आपकी–सो जानेंगे।

विमला, बिन्नी तथा B.B.Bishwas को आशीष, स्नेह, प्यार···

आशा है, आप निश्चय ही आयेंगे–

आपका

रेणु

डॉ. बालगोबिन्द विश्वास

मेडिकल ऑफिसर, अररिया

[5]

औराही-हिंगना
11.6.72

प्रिय डॉक्टर साहब !

एक लंबे अंतराल के बाद आज पुनः पटने की ओर प्रस्थान कर रहा हूँ। ग्रामवास और गृहवास की इस लंबी अवधि की उपलब्धियों का लेखा-जोखा अब पटने में जाकर लूँगा। किंतु, मैं प्रसन्न हूँ कि गठरी भारी है। इसमें से धूल-गर्द, भूसा-चोकर बाद देकर भी बहुत-कुछ प्राप्ति की आशा है।··· आश्चर्य ! मेरे साथ कुछ भी ऐसा नहीं घटता–जिसको साधारण कहा जाये।

सोचा था, जाने के पहले आपसे मिलकर ढेर सारी बातें कर लूँगा। किंतु, जब वैसा नहीं हो सका तो अब यह पत्र लिखकर I.R.8–Post Box में डाल रहा हूँ। आशा है, आप अन्यथा नहीं लेंगे।

आपके सलाह के मुताबिक मैंने कल समधीजी से जाकर खुलकर बातें कीं। एक अजब संयोग यह कि कल भी 'ढलैया' का दिन था। मुझे ऐसा लगा कि समधीजी पर मेरे कथन की उचित प्रतिक्रिया ही हुई है। अब आप एक दिन मौका पाकर उनसे बातें कर लें तो भला हो।

आप बिन्नी वगैरह को लेकर पटने जाने के प्रोग्राम में लगे हुए हैं, ऐसा अंदाज लग रहा है ही। अगर ऐसा हो तो (यदि उचित समझें तो) मुझे इसकी अग्रिम सूचना मिलनी चाहिए।

आप वैद्यनाथ जाने का भी प्रोग्राम बना रहे थे न ? जाना तो मुझे भी था और राह में श्री अजगैबीनाथ के दर्शन करने की लालसा भी है। मगर सब अजगैबीनाथ की कृपा पर है।

विमला, बिन्नी और टुलु को प्यार, स्नेह आदि।

आप अशेष शुभकामनाओं की झोली सँभालिये।

··· सचमुच इस चुनाव-अभियान ने मेरा बहुत लिया तो बहुत-बहुत कुछ दिया भी है।

प्यार के साथ–

आपका
रेणु

2/30, राजेंद्रनगर
पटना-16
8.7.72

प्रिय डॉक्टर साहब,

इसके पहले भी एक पत्र आपको लिखा था। वह आपको मिला या नहीं–कह नहीं सकता। यों उसमें कोई Top Secret बात नहीं थी। किंतु, ऐसी बातें थीं, जिन्हें आदमी किसी को अपना दिल हल्का करने के लिए मात्र लिखता है। मैं उसको Super-Secret इसलिए कहना चाहता हूँ कि वे बातें सभी को नहीं लिखी जा सकतीं। सो, अगर नहीं मिली हो वह चिट्ठी तो कोई बात नहीं। सिर्फ–Continuity भंग होगी !

इधर मेरे साथ एक नया तमाशा हुआ है। बंबईवाले 20/25 तारीख तक आनेवाले थे। किंतु, इसी बीच एक अन्य फिल्म कंपनी 'दिव्या फिल्म्स' ने 'स्क्रीन' (अंग्रेजी) में पूरे पेज का विज्ञापन देकर 'मैला आँचल' की घोषणा कर दी–Ramdayal Presents Surendra S. Kapoor's 'Maila-Aanchal'... Story by–Surendra S. Kapoor... etc. etc.

हमारे Producer ने IMPA (इंडियन मोशन पिक्चर्स एशोसियेन) में बहुत पहले ही नाम को रजिस्टर्ड करवा लिया था। हर दो साल के बाद Renewal भी करवाया है। इसके बावजूद ऐसा किया गया है और जान-बूझकर किया गया है। डॉ. धर्मवीर भारती के 'गुनाहों के देवता' के साथ भी यही हुआ था। किंतु, 'गुनाहों के देवता' IMPA में रजिस्टर्ड नहीं था। इसलिए, भारतीजी का नाम उन्होंने मान लिया। मेरे भी साथ यही करने की सोचकर उन्होंने ऐसा किया। किंतु, हम तो उन्हें छठी का दूध याद करा देंगे।··· 'Screen' का वह कतरन तथा इसके बाद इसके विरोध में जो लेखकों, कलाकारों की सभाएँ और बैठकें देश में हो रही हैं–उनके संवादों के कतरन मैं चाहकर भी आपको नहीं भेज पा रहा हूँ।··· अभी तत्काल जो मेरी क्षति हुई है–और बड़ी क्षति हुई है–वह है मेरा Payment का रुक जाना।

मेरे साथ कुछ भी साधारण ढंग से नहीं घटता है। सब कुछ असाधारण !··· सरकारी पेंसन का कागज A.G. Office से अभी तक नहीं आया है। अतः आप समझ ही रहे होंगे कि–कैसे दिन कट रहे हैं और रैना कैसे बीत रही है ?

स्वास्थ्य अच्छा है। वजन बढ़ नहीं रहा है। डॉक्टर साहब दिल्ली जाकर Medical Institute से जाँच करवाने के लिए प्रायः नित्य ही टोकते हैं।

भरोसा है गर्दिश के दिन शीघ्र ही गुजर जायेंगे और सब कुछ सहज हो जायेगा।

आप कैसे हैं ? घर गये थे ? विमला तथा बच्चों का समाचार भी मैंने अपने पत्र में जानना चाहा था। विमला को–'सदा सुहागवती भवः' आशीष भेजता हूँ और बच्चों को स्नेह और दुलार। बिन्नी को 'झोंटावाला नाना' की याद दिला

देंगे।

आशा है, इतना-सा 'बोर' करने का अधिकार मुझे है। आप स्वस्थ और प्रसन्न रहें, इसी कामना के साथ–

रेणु

आपका

पुनश्च : ता. 15-7-72 को यानी इसी शनिवार को आकाशवाणी पटना से चौपाल प्रोग्राम में–6.30 बजे शाम–मेरी एक रचना प्रसारित होगी !

12.7.72

डॉक्टर साहब–मैं अब निराश हो चुका हूँ। अब कुछ अच्छा भी नहीं लगता है।

[7]

2/30, राजेंद्रनगर

पटना-16

24.7.72

प्रिय डॉक्टर साहब,

आज सुबह ही वेणु का एक बैरंग पत्र मिला है। उसने लिखा है कि माँ 16.7.72 से ही बीमार है। डॉक्टर से सूई दिलवा रहे हैं लेकिन हालत बहुत खराब है। उसके शब्दों में–"माँ का समझिये कि एकदम लास्ट हालत है।"

मैंने पत्र पढ़ते ही घर चलने की तैयारी शुरू कर दी। जिस भी अवस्था में हूँ–वहाँ जाने को तैयार हुआ। लेकिन, ऐसी अवस्था में भी वेणु ने यह नहीं लिखा है कि आप जल्दी घर चले आइये। बल्कि रुपये के अभाव में दवा-दारू की व्यवस्था नहीं कर पाने की असमर्थता प्रकट करते हुए लिखा है कि 29.7.72 तक रुपये जरूर भेज दीजिये।··· कुछ अजीब और Fishy Statement लगा।

अतः आपसे प्रार्थना है कि आप मेरी थोड़ी मदद करें। आज मैंने एक सौ रुपये का T.M.O. लगा दिया है। आप मेहरबानी करके औराही जाकर–खासकर रोगी देखने के लिए ही वहाँ आप जायँ–देखें कि कैसी बीमारी हैं। अगर, फारबिसगंज ले जाना हो तो उन्हें ऐसा ही करने को कहेंगे और उन्हें यथासाध्य सहायता करेंगे–डाक्टर को दिखलाने और ठहरने-ठहराने की व्यवस्था आदि में आपकी सहायता अपेक्षित होगी। और, वैसी अवस्था में सबसे पहले मुझे Urgent Telegram से सूचित करें। अगस्त के प्रथम सप्ताह तक मेरा यहाँ रहना मेरे हित में ही है। लेकिन, अगर वेणु की माँ की अवस्था वैसी ही होगी तो मुझे सब काम छोड़कर तुरंत घर आ जाना होगा।··· अगर आपने मुझे तनिक भी समझा होगा तो आप मेरी वर्तमान अवस्था की कल्पना कर रहे होंगे।

क्या आप मुझ पर कृपा कर–आज ही औराही जाकर देखेंगे ? जीवन भर शुक्रगुजार रहूँगा आपका। कभी इस उपकार को नहीं बिसारूँगा। अच्छी-बुरी जो

भी अवस्था हो–आप मुझे तार द्वारा सूचित करें।

प्यार के साथ–

आपका
रेणु

[8]

2/30, राजेंद्रनगर
पटना-16
5.8.72

प्रिय डॉक्टर साहब,

चलिये, चार चिट्ठियों में तीन तो आपको मिल गयीं–! किंतु, डर है इस पत्र के साथ भी यदि वही हो जो 'प्रथम पत्र' के साथ हुआ तो सब लिखना बेकार जायेगा !

आपका पत्र पाकर यत्परोनास्ति खुशी हुई। और, खासकर 'सिवा दि ग्रेट'··· ! प्रसंग पढ़कर तो अकेले ही ठठा-ठठाकर बहुत देर तक हँसता रहा··· हँस रहा हूँ। जब-जब हँसने का जी होगा उस पंक्ति को पढ़ लिया करूँगा।

लेकिन, मुझे धन्यवाद देना है आपकी उस 'सेवा' के लिए जो आपने 'रेणु दंपति' को दी। हाँ, वेणु की माँ को आप जिस वक्त जाँच करके दवा आदि दे रहे होंगे–मेरी आत्मा की आँखें सबकुछ मुझे दिखला रही होंगी–इस उक्ति पर आप विश्वास करेंगे ? आपका बेटा युग-युग जीये। आपको 'अनेक धन्यवाद' लिखकर काट दिया है। किंतु दूसरा उद्‌गार सीधे हृदय के गह्वर से अनायास निकला है, अतः यह अकाट्य है !

इस दर्म्यान मुझे एक ऐसा पत्र भी प्राप्त करना पड़ा है–जो एक लंबे अर्से तक मेरे कौतूहल तथा अध्ययन का खुराक जुगाता रहेगा। वाह ! क्या खत है। प्रत्येक पंक्ति स्मरणीय और हर मजमून लाजवाब। होना ही चाहिए, बेजोड़ का हर काम तो बेजोड़ ही होना चाहिए। बेजोड़ का एक अर्थ–जिसे जोड़ा न जा सके, जो किसी से जुड़ न सके–भी हो सकता है। पत्र में तो यहाँ तक लिखा हुआ है–'अफसोस तो इस बात का है कि आप पर उचित रूप से मन का आक्रोश भी नहीं उतार सकता–क्योंकि आप महान व्यक्ति हैं और यहाँ से दूर···।'–अर्थात्··· [कोई भी यही अर्थ लगायेगा] यहाँ होते तो आपके महान व्यक्तित्व को सही अर्थ में खंडित कर देता ?–

इस पत्र को बाँच-बाँचकर मैं अपने-आपको बार-बार 'धन्य-धन्य' कहकर साधुवाद देता हूँ–खूब हो तुम भी ! "धन्य हैं रेणुजी महाराज, ऐसो मजमा लगानेवाले।" (इसे सुर के साथ गाता भी हूँ !)

श्रीकृष्ण जन्माष्टमी के अवसर पर आऊँगा तो आप भी उस पत्र का अध्ययन

और मनन करने का सुख और सौभाग्य प्राप्त कर सकेंगे।

और सब क्या हाल है, नहीं पूछता। समय-समय पर पत्र दे दिया करें–यही कहना है। वीरेंद्र घर गया है। परीक्षा में उसने अच्छा ही किया है, जैसा कि उसके मित्रों ने बताया।

बच्चों को प्यार। आप दोनों मेरा आशीर्वाद लें। सर्वे सुखिनः संतु, सर्वे संतु निरामया··· !!

आपका
रेणु मामा

उपेन्द्रनाथ मण्डल के नाम

[1]

पटना
24.1.55

प्रिय उपेन्द्र[1],

पता नहीं घर की क्या हालत है और कौन कैसे हैं ? तुम्हारी कोई भी चिट्ठी करीब 20 दिनों से नहीं मिली।

मेरी हालत ठीक उसी पेड़ की तरह है जिसके ऊपर से एक तूफान गुजर चुका है तुरत–और भी तूफानों की संभावना के लिए–डाल पसार खड़ा हूँ। आओ ! ओ तूफान ! जब तक मुझे जड़ से नहीं उखाड़ फेंकोगे–मैं तुम्हारा मुकाबला करता रहूँगा।

हरि की मृत्यु ने महेंद्र से भी ज्यादे झकझोर दिया है।··· जिंदगी-भर जो नहीं समझा–सो उसने पटने आकर समझा दिया। यदि वह पटने नहीं आता तो उसकी मृत्यु और भी दुखपूर्ण होती। जब वह रोता था, मचलता था··· मुझे लगता था–दो वर्ष का छोटा हरि रो रहा है। मैंने अपने जानते–अपनी पहुँच और औकाद से ज्यादे उसका इलाज करवाया। इसका मुझे संतोष है–किंतु सबसे ज्यादे दुख भी है कि···वह मेरी ही सेवा में मरा। मुझी को दोनों भाइयों की लाश देखनी पड़ी··· बाजार से जब गुजरता हूँ–फलों की दूकान पर अचानक आदत के मुताबिक खड़ा हो जाता हूँ। दुकानदार पूछता है–कितना बदाना दें बाबू। अकचका कर आगे बढ़ जाता हूँ। किसके लिए अब बेदाना खरीदूँगा ! अस्पताल की ओर देखने की हिम्मत नहीं होती है, लगता है मेरा भाई अकेला पड़ा मुझे पुकार रहा है··· हरि भाई–तुम सोओ सुख से। तुम्हारी आत्मा को शांति मिले बाबू !··· तुम मेरे परिवार

---

1. उपेन्द्र–रेणुजी के चचेरे भाई

में अब तक के सभी गुजरनेवालों में सौभाग्यवान हो। उसकी रंथी में दो मैथिल और एक सारस्वत ब्राह्मण ने कंधा दिया, उसे गंगा लाभ हुआ। हुआ है प्राप्त अपने दादा, परदादा, दादी, नानी-नाना–किसी को यह सौभाग्य ! अभागे तो हम लोग हैं–न जाने कहाँ की और कैसी मिट्टी नसीब हो। खैर··· हरि की आत्मा तो शांति पा चुकी–अब जो जिंदे हैं उनकी फिक्र तो हमें ही करनी है··· करूँगा। हाँ मैं कभी हिम्मत नहीं हारूँगा। मैं औराही में ही रहूँगा। हम लोगों ने फैसला कर लिया है··· वह यहाँ रहेगी–मैं औराही में। और अभी कोई उपाय भी तो नहीं है। उसकी नौकरी अभी कुछ दिन सहारा देगी। मैं भी अब काम का आदमी समझा जाने लगा हूँ। मैं भी कुछ पैदा कर सकता हूँ। लिखकर। हिम्मत से–लड़ते और बढ़ते जाना है। दुनिया के सुख भोगनेवालों को दुख के लिए भी तैयार रहना चाहिए।

··· मुझे देखो न ! दुख और सुख दोनों की खबरें रोज आती हैं ? पारिवारिक समस्याओं तथा अन्य दुख-संकट की कथा सुनकर दिल बैठने लगता है तो दिल्ली अथवा एलाहाबाद वगैरह से उपन्यास की सफलता पर बधाइयाँ आ रही हैं। 'सरिता' मासिक पत्रिका के जनवरी अंक में प्रसिद्ध विद्वान मन्थननाथ गुप्त ने 'मैला आँचल' को स्पष्ट रूप से लिख दिया है–यह उपन्यास, प्रेमचंद के 'गोदान' के बाद बस एक ही है। यह छोटी बात नहीं। डॉ. धर्मवीर भारती–इलाहाबाद विश्वविद्यालय के प्रोफेसर ने लिखा है–"मिथिला की भूमि ने दूसरा विद्यापति पैदा किया, जिसके 'गद्य'··· [यहाँ के बाद के पृष्ठ अनुपलब्ध हैं। आगे की पंक्तियाँ पहले पृष्ठ के हाशिये पर लिखी गयी हैं।–सम्पादक !]

माँ से कहना–धोखा देकर भागनेवाले बेटों के लिए रोओ मत। हिंदी साहित्य के इतिहासकारों ने अपने इतिहास में लिख दिया–"पूर्णिया के मध्यवित्त किसान श्री शिलानाथ[1] के घर श्रीमती पन्ना देवी[2] ने सन् 1328[3] के फाल्गुन में··· जन्म दिया। और क्या चाहिए माँ को ?

[2]

पटना

सोमवार, 12 फरवरी, 68

प्रिय उपेन्द्र,

मैं कल सुबह साढ़े आठ बजे सकुशल पटना पहुँच गया। रास्ते में कोई तकलीफ नहीं हुई।

आने को तो मैं पटना आ गया हूँ मगर मैं औराही में ही हूँ। आज पहली रात (सपने में) 'रमना' में ही था। देखा··· पानी के बिना फसल का रंग फीका

1.2. रेणु के पिताजी-माताजी; 3. 1328 बंगला वर्ष है, जिसका मतलब है सन् 1921 ई.।

हो गया है।

क्या तमन्ना लहना गया था ? पंपिंग-सेट आया या नहीं। जल्दी लिखना।

हाँ, मैं अभी किसी से नहीं मिल पाया हूँ। घर में बैठकर सबकुछ का जायजा ले रहा हूँ। तुम एक काम करके रखना। तीस या अड़तीस एकड़ जमीन की तालिका तैयार रखना। ट्रेक्टर के संबंध में ज्यों ही कोई सुयोग मिला कि तुमको तार या पत्र दूँगा। तुम यहाँ आ जाना।

लतिका के लिए दही नहीं ला सका। बेचारी उम्मीद लगाकर बैठी थी। खैर, कोई बात नहीं। होली में निश्चय ही आ जाऊँगा। आने के पहले तुमसे तथा सभी से मैं जो-जो बातें करना चाहता था–चाहकर भी नहीं कर पाया। क्योंकि यदि बात एक बार शुरू करता तो बात के बदले में आँखों से आँसू ही झरते !

गेहूँ का चारों 'शीष' लाकर यहाँ 'ठाकुर' को समर्पित करके–प्रार्थना किया कि प्रभु ! अब तुम जानो !

मेरे आने के बाद से ही वेणु ने बैल से बदला चुकाना शुरू कर दिया होगा। जरा उसको बुलाकर मेरी बात सुना देना कि बैल को वह सिर्फ खिलाने-पिलाने का प्रबंध करे–हाँकने का काम नहीं। टिनटिन-टुलटुल को बेल्ट-चेन में रखना। नहीं तो किसी दिन मार खाकर मर जायेगा। कमला को यदि बैल पसंद नहीं आया हो तो मेला में बैल बेचकर नया खरीदने को कहना।

कल शाम में, साढ़े सात बजे के करीब जब कई पत्रकार मित्रों के साथ पीने बैठा तो तुम लोगों की याद इतनी आयी कि जब तक पीता रहा उन लोगों को सिर्फ औराही की साँझ की बैठकी के किस्से ही सुनाता रहा। प्रांतीय समाचार सुनने की किसी को जरूरत ही नहीं रही।

हाँ ! बैठक का क्या होगा ? मैं संभवतः इस महीने के अंतिम सप्ताह में खड़ के लिए रुपये भेज सकूँगा। जितना जल्दी हो सकेगा भेजूँगा। क्या तुम पोठिया गये थे बाँस के लिए ?

होली के पहले या बाद–यदि संभव हुआ तो पत्रकारों की एक टोली उस इलाके में जायेगी और जब वे लोग उधर जायेंगे तो औराही में जरूर डेरा डालेंगे। सो जान रखो !

धीरेंद्र भाई से कहना–धीरज धरें–यदि भगवान ने चाहा तो घर में खेती के अलावा व्यापार भी शुरू किया जा सकता है। तुम इस बात का ध्यान रखना कि दोनों भाई ने जिस प्रकार का संबंध हम लोगों से स्थापित किया है–उस पर जरा भी आँच नहीं आने पाये। अपने छोटे भाइयों को यह समझा देना उचित होगा कि श्रीनारायण और धीरनारायण का भ्रातृप्रेम कितना गाढ़ा है और कितना अच्छा है।··· मैं होली में अवश्य आ रहा हूँ।

अब बच्चों की बात ! वेणु, कमला, अप्पू, जैनेंद्र, जितेंद्र, नीरा, नीता, दीता, मीखा, ममता, हेमना, भूपना, रजना और गार्ड साहब ! सभी को शुभाशीष।

अब बूढ़ों की बात ! माँ, चाचियों को प्रणाम ! तुम, तमन्ना, मोहन, जगदीश,

शंभु, कामा वगैरह को शुभाशीष। श्रीनारायण और धीरनारायण को भी।

अंत में अन्ना काली और वहीदा को प्यार।

गेहूँ का समाचार शीघ्र लिखकर भेजो।

तुम्हारा
भैया

पुनश्च : तमन्ना को शायद ललित केस में गवाही देनी पड़े। उससे कहना कि यदि देनी पड़े तो दे–मगर अपने लोगों को बचा ले।

गेहूँ में पानी दिया गया या नहीं। लिखो।

नगेंद्रनाथ मंडल के नाम

[1]

पटना
23.7.63

प्रिय नगेंद्र,[1]

मनिहारी-घाट-सकरी-साहेबगंज की 'बदली' के डर से जब मैंने इस होकर प्रोग्राम बनाया था तो, शायद भगवानजी हँसे थे। जिस 'बोगी' में मुझे चढ़ाया तुम लोगों ने वह बिहपुर में कटकर महादेवपुर जानेवाली बोगी थी! अब कल्पना कर सकते हो मेरी परीशानी का। परीशानी के अलावा संयोग यह देखो कि थाना बिहपुर में जाकर गाड़ी पता नहीं क्यों दो घंटे बैठ गई। साढ़े छै बजे जब बरौनी पहुँची तो पटनावाली ही नहीं–इसके मेल की हर तरफ की गाड़ी निकल चुकी थी। बरौनी से 10 बजे मोकामा-सटल में बैठकर मोकामा चले इस उम्मीद में कि 11 बजे अपर-इंडिया एक्सप्रेस जो कलकत्ते से आता है–उससे पटना पहुँचूँगा। जब मोकामा डिस्टेंट सिगनल पर गाड़ी पहुँची तो इसे रोक दिया गया। अपर-इंडिया आयी और धड़धड़ाती हुई मोकामा स्टेशन। फिर, जब हमारी गाड़ी मोकामा स्टेशन पहुँची तो एक्सप्रेस चलने के लिए बिगुल देकर तैयार !!··· बहुत-बहुत हंगामा के बाद गाड़ी पकड़ में आई। दिन में डेढ़ बजे यहाँ पहुँचा हूँ। नहा-धो, खा-पीकर सोया–7 बजे शाम में गाड़ी है। अब तैयारी कर रहा हूँ।

इस बार घर की यात्रा मेरी अच्छी रही–मैंने इस बार काम किया है। आते समय हड़बड़ी में तुम लोगों को 'टिफिन' के लिए कुछ दे भी नहीं सका।

कविता की माँ से कहना कि बच्चों पर निगरानी रखे और तूफान और मस्तान पर भी वैसी ही नजर रखे।

---

1. नगेंद्र–रेणुजी का चचेरा भाई।

विशेष कलकत्ता पहुँचकर।

तुम स्कूल कब जा रहे ? या चले गये ?

प्यार और शुभाशीष के साथ–

तुम्हारा
भैया

[2]

पटना
6.5.64

प्रिय नगेंद्र,

तुम्हारा पत्र मिला।

अच्छा, एक बात पूछता हूँ कि उम्र बढ़ने के साथ तुम लोगों की बुद्धि घटती जाती है क्या ? साधारण शिष्टाचार-ज्ञान भी नहीं तुमको ?

लतिका ने [और मैंने भी कहा था, मगर मेरी बात जाने दो] कहा था चलते-चलते स्टेशन पर कि पहुँचते ही पत्र दीजियेगा। चूँकि, साथ में एक वृद्धा और एक बच्चा है, इसलिए तुम लोगों के पहुँच की चिट्ठी की उम्मीद उन्हें बुधवार को थी। बृहस्पतिवार की डाक देखने के बाद वह चिंतित हुईं और मेरी चिंता दूनी हो गयी।··· शायद, न जाने घर पहुँचते-पहुँचते या पहुँचकर क्या हुआ–आदि-आदि ! अंततः शनिवार को भी जब चिट्ठी नहीं मिली तो हमने एक लंबी साँस ले ली। इस बीच एक पत्र उपेंद्र के नाम लगा दिया था–गिरीश से कहकर टेलीफोन से फारबिसगंज दर्याफ्त करवाया तो पता चला कि तुम लोगों को किसी ने सिमराहा स्टेशन पर उतरते देखा है या गाड़ी में। निश्चिंत हुआ। किंतु, दिल टँगा रहा।

और, तुम्हारी चिट्ठी जब आयी तो लतिका के हाथ में देने का साहस नहीं हुआ मुझे। क्योंकि उस पत्र में कहीं, किसी कोने में–कहीं भी यह नहीं लिखा हुआ था कि "भाभी को प्रणाम !"

छिः-छिः नगेंद्र ! तुम क्या से क्या होते जा रहे हो ? यह तुम्हारा पत्र है ? देखो, जब मैं किसी छोटे भाई को प्यार करता हूँ तो उसके साथ मैं ही उसका छोटा भाई हो जाता हूँ और वैसा ही व्यवहार करता हूँ उसके साथ। इसका यह अर्थ नहीं कि मुझे डाँटना और फटकारना नहीं आता है।···

जिस भाभी पर तुम लोगों को गर्व होना चाहिए या नहीं यह तुम समझो। लेकिन, जिसने स्टेशन पहुँचकर टिकट कटा दिया, उसके निमित्त मुँह से एक प्रणाम या नमस्कार या 'खोज-पूछार' तक नहीं ?? और, तुम उम्मीद करते हो कि सरयू बाबू या भोला बाबू[1] या और कोई बाबू तुमको देखते ही पहचान लें। क्योंकि

---

1. सरयू बाबू = सरयू मिश्र। भोला बाबू = भोलाप्रसाद मंडल; दोनों तत्कालीन विधायक, पूर्णिया के प्रमुख राजनेता।

तुम लतिका से कह रहे थे–मैंने भी सुना था कि भोला बाबू या सरयू बाबू वगैरह की आँखें हम लोग को नहीं पहचानतीं।–मैं पूछता हूँ, क्यों पहचानेंगे वे ? उस दिन भोला बाबू जब डेरे पर आये थे तो तुमने हाथ जोड़कर या सिर्फ मुँह से 'प्रणाम भोला बाबू' कहा था ? [आगे का पृष्ठ अनुपलब्ध]

[3]

C/O Shri Dinanath
Pandurang Wadi
Block-3, Flate No. 31
Juhu Church, Bombay-54

प्रिय नगेंद्र,

तुम्हारा कार्ड मिला, बड़ी प्रसन्नता हुई। किंतु जवाब देने में देरी हुई। यहाँ आकर गर्दन तक काम में डूब जाना पड़ा है। मैंने यहाँ से एक Inland तुमको दिया था, पता नहीं मिला या नहीं। आज रविवार है, किंतु सुबह आठ बजे का निकला हुआ अभी नौ बजे रात में डेरे पर लौटा हूँ। नहा-धोकर तुमको पत्र लिखने बैठा हूँ। और जब पत्र लिखने बैठा तो जी एकदम उदास और उचाट हो गया है। आँखें रह-रहकर छलछला आती हैं और लगता है कि दम फूल रहा है।

इस बार मुझे जिस मकान में टिकाया गया है, वह समुद्र से दस रस्सी ही दूर है, सामने वाली खिड़की से दूर, बहुत दूर तक–जहाँ तक आँखें जाती हैं–उत्ताल तरंगें और भीषण गर्जन। रात में इसकी खिड़की पर खड़ा होता हूँ तो कभी-कभी भय होने लगता है।

शायद बंबई में मेरा मन कभी रमेगा नहीं। इतनी सहूलियतें यानी यदि प्रेस और पत्रों की बात ही लो, समझो कि पूरा टाइम्स ऑफ इंडिया में अपने लोग भरे पड़े हैं–धर्मयुग, माधुरी, सारिका आदि में। व्यक्तियों की बात लो : फिल्म जगत के प्रसिद्ध से प्रसिद्ध व्यक्तियों से मित्रता स्थापित हो गयी है। निवास ? इस फ्लैट का मासिक भाड़ा है पूरे पाँच सौ रुपये ! सर्वाधिक साज-सरंजाम से लैस ! यानी, पावरोटी भी बिजली की सहायता से सेंकी जाती है। नल में हमेशा गर्म और ठंडा जल रहता है। रेफ्रिजरेटर है और कमरे को ठंडा करने के लिए गुलमर्ग कूलर लगा है। तीन तल्ले से उतरने और चढ़ने के लिए लिफ्ट है और उतरते ही नीचे नयी फियाट गाड़ी लगी हुई रहती है।

किंतु-किंतु··· जी हमेशा अपने टूटे-फूटे झोपड़े में, उजड़े हुए गाँव में पड़ा रहता है। नींद आती है, तो गाँव और घर के सपने देखता हूँ। सुबह जगता हूँ तो मन विशाद से भर जाता है। काम में जुट जाता हूँ तब तक ठीक रहता हूँ, काम खत्म और सिर पर उदासी सवार। किसी बच्चे को देखा और अपने बच्चों की याद आ गयी। किसी कुत्ते को देखा–अपनी नौमी अपने–अपने छंदू की याद आयी

··· हाँ, सुब्रत ने मेरे एक अनुरोध का अक्षरशः पालन किया है। संवाद लिखते वक्त पांडुलिपि में मैंने "लाली लाली डोलिया" वाले दृश्य में लिखा था–"बच्चों के झुंड के साथ, यानी पीछे-पीछे एक कुत्ता (देहाती) हो। और जब झुंड गाता, तालियाँ बजाता हुआ दूर निकल जाय, गाड़ी के पीछे–तब एक नंग-धड़ंग ढाई-तीन साल के बच्चे को सबसे पीछे दौड़ता हुआ दिखाया जाय।" सुब्रत ने हू-ब-हू उस दृश्य को वैसा ही फिल्माया है। लगता है अपना ही कोई बच्चा दौड़ा जा रहा है। "गाँव की गोरी" के लेखक की हरकतों के कारण फिल्म से पूर्णिया के सभी जगहों के नाम हटा दिए गये हैं। "सिमराहा" स्टेशन का साइन-बोर्ड काट दिया गया है। सिर्फ एक जगह 'गढ़बनैली" का नाम रह गया है। गीतों में दो गीतों ने धूम मचाना शुरू कर दिया है–"सजन रे झूठ मत बोलो" और दूसरा "सजनवाँ बैरी हो गये हमार।" दूसरे गीत को सुनकर मेरी आँखों से झरझर आँसू झरने लगते हैं। जितनी बार सुनता हूँ–यही हाल होता है। दुख इसी बात का है कि तुम लोग सुन नहीं पा रहे हो। मैं क्या करूँ ? चेष्टा हो रही है कि बंगाल, बिहार, उत्तर प्रदेश और दिल्ली में एक साथ रिलीज किया जाय–पंद्रह दिन देर ही लगे किन्तु हो हर जगह एक साथ। यदि ऐसा हुआ तो अगस्त में पटना अथवा कटिहार में तुम लोग देख सकोगे। यदि पटना रिलीज के समय राजकपूर, शैलेंद्र पटना आये तो तुमको पत्र दूँगा।

मुझे शुरू से अंत तक के संवाद की कापी तैयार कर देनी पड़ी है। संक्षिप्त कहानी, कथासार तथा प्रमुख दृश्यों का Transcription आलेख तैयार किया है। अभी और न जाने क्या-क्या काम है ! भगवान से दिन-रात हाथ जोड़कर बस यही प्रार्थना करता रहता हूँ सभी सुखी और प्रसन्न रहें। बच्चों के मुँह पर हमेशा हँसी खेलती रहे। माँ काली के जिम्मे अपना पूरा परिवार लगा दिया है। आम मुख्तारनामा दे दिया है उनको, जो करें ! क्योंकि जो कुछ भी हो रहा है, उन्हीं की लीला है, सब उनका ही खेला है।

प्यार के साथ

भैया

रेणु

26 जून, 66

पुनश्च : चाचाजी कैसे हैं ! उनको मेरा सादर प्रणाम। जगदीश, शंभू, उपेंद्र, कामेश्वर वगैरह कैसे हैं ?

प्रति,

श्री नगेंद्र मंडल

औराही-हिंगना, पूर्णियाँ

पद्मपराग राय 'वेणु' के नाम

[1]

पटना
[1974 की कोई तारीख]

प्रिय वेणु[1],

जुगनूजी से सारा समाचार मालूम होगा। चार सौ रुपये भेज रहा हूँ। माँ को दे देना। खेतीबारी कैसी है ? पत्र लिखना।

बच्चों को प्यार।

तुम्हारा
पिता

[2]

पटना
9.9.75

प्रिय वेणु,

आज सुबह समधी और रामबुझावन बाबू आये। उन्होंने वह पत्र मुझे देखने दिया जो बेनामी है।

पत्र पढ़कर मैं जोर से ठठाकर हँस पड़ा। क्योंकि मेरे मन की सारी चिंता दूर हो गई। मैंने उन लोगों से कहा कि नवनीता एकदम भली चंगी है। घबराने की कोई बात नहीं।

वह पत्र मेरे पास है और मैं समझ गया हूँ कि वह पत्र किसने लिखा है।

तुम या तुम्हारी माँ–नवनीता से इस संबंध में कुछ मत कहना। समधी बहुत जिद कर रहे थे कि दशहरा में ही गौना हो जाना चाहिए। मैंने कहा कि अगर आपको लानी है तो अरुण को भेज दीजिये। वह नीता को कहेगा कि चलो। और नीता चली आवेगी। इस पर बोले कि आप एक पत्र दे दीजिये। मैंने कहा कि यह नहीं हो सकता।

इसके बाद समझाने पर वे लोग समझ गये। क्योंकि अरुण का कमरा ऊपर में जो है उसमें काम हो रहा है–डेढ़-दो महीना लगेगा। ऐसा समधी बोल रहे थे। लेकिन–अब कमरा का काम होता रहेगा–द्विरागमन पहले हो जाना चाहिये। मैंने एकदम नहीं कर दिया। लेकिन, संभवतः अरुण और सुभाष जायें।

---

1. पद्मपराग राय 'वेणु'–रेणुजी के सबसे बड़े पुत्र। रेणुजी जब पटना में रहते थे, तो घर-गृहस्थी और खेतीबारी इन्हीं को सँभालना होता था।

नवनीता के लिए कह रहे थे कि उसको तो यहाँ आते ही सारे परिवार की रोटी बेलनी पड़ेगी। सास की सेवा करनी पड़ेगी। मैंने कहा कि सब करेगी।

लेकिन–इस दो-ढाई महीने में नवनीता को सबकुछ की आदत डालनी होगी। सबसे बड़ी बांत यह कि यहाँ ससुराल में उसको जो कुछ भी करना है–मेरी इज्जत का खयाल करके करना है। नहीं तो मुझे पटना छोड़कर किसी और शहर में रहना पड़ेगा। यह सब मैं घर आकर उसको समझाऊँगा–यदि वह समझे तो…

तुम आज ही या कल फारबिसगंज जाकर मेरे नाम से यह टेलिग्राम कर दो।–

NAVNEETA ALL RIGHT NOTHING TO WORRY–VENU

पुनश्च : नीता से इस संबंध में कुछ मत कहना।

[3]

2/30,राजेंद्रनगर
पटना
8.9.75

'चिरंजीव वेणु'

सदा खुश रहो !

रेडियो तथा समाचारपत्रों से पटना का सारा समाचार मालूम ही होगा। एक सप्ताह तक हम लोग जीवन और मृत्यु के बीच झूलते रहे। भगवान की दया से ही हम लोग इस बार बच गये हैं। एक सप्ताह तक दिन-रात तुम लोगों की याद आती रही। कोई सहारा नहीं, कोई चारा नहीं कि तुम लोगों तक अपना आखिरी संवाद भी दे सकें। अभी भी डाकतार ठीक से सँभल नही पाया है। टेलीफोन तो अब तक काम नहीं कर रहा है। इस जल-प्रलय से ठीक एक दिन पहले चतुर्भुज के हाथ एक पत्र और दो सौ रुपये भेजा था, बस यही संतोष मन में होता था कि इस जल-प्रलय में शेष होने के पहले तुमको पत्र दे दिया था… समधी के प्रेस में कमर-भर पानी घुस गया था। डेरा के सामने छाती-भर पानी और नीचेवाले कमरे में घुटने-भर पानी था। सात दिन तक हम लोग बाहर नहीं निकल सके। नीचे डुबान पानी था–पहले मंजिले के बरामदे और ऊपरवाली सीढ़ी पर आधे दूर तक पानी। अगर एक फुट भी पानी और बढ़ता तो यह मकान ढह जाता और हम लोग सब समाप्त हो जाते। भगवती की करुणा और कृपा से ही पानी बढ़ना रुक गया–1965 में पुनपुन नदी का पानी आया था, वह इसके सामने पासंग-भर भी नहीं था। इस बार तो पानी की धारा इतनी तेज थी कि घुटना-भर पानी में आदमी चल नहीं सकता था–उठाकर फेंक देता था। खैर ! यह सब भगवान की लीला है।

घर के पत्र का बाट मैं रोज जोहता हूँ। कोई भी चिट्ठी नहीं पाकर मन इतना उदास हो जाता है कि खाना-पीना कुछ अच्छा नहीं लगता। जल्दी मुझे पत्र दो

नहीं तो मेरा दिमाग खराब हो जायेगा–एकदम ! कल चतुर्भुज का पत्र मिला कि वह तुमसे मिला है और मेरा पत्र और रुपया तुमको मिल गया है, खेती-बारी संपन्न हो गयी है और परिवार के सभी स्वस्थ और सानंद (स+आनंद = आनंद से। जब सानंद लिखो तो इसके बाद 'से' नहीं लगाना चाहिए) हैं। मन को थोड़ी-सी शांति मिली थी। लेकिन रात में करीब 9 बजे समधीजी आये कि घर का कोई समाचार आया है ? मैंने जब 'नहीं' कहा तो उन्होंने कहा कि पाँच दिन पहले अरुण को नीता का पत्र मिला–जिसमें लिखा था कि 'आप लोग पटना में मौज से हैं–आप लोगों को मेरी क्या चिंता कि मैं कैसी हूँ।' फिर कल एक पत्र शायद नीता की किसी सहेली ने लिखा है–जिसमें किसी का नाम नहीं है–बस इतना ही लिखा है कि 'नीता बीमार है, सारी देह में सूजन है। अरुण कल जाना चाहता है।' मैंने कहा मेरे पास कोई पत्र नहीं आया है और नीता की कोई सहेली नहीं तो इस पर–समधी इधर-उधर की बात बतियाने लगे। मैंने कहा कि आप अरुण को, सुभाष को या किसी और को भेज दीजिए। मेरी बात पर विश्वास नहीं होता तो मुझसे सलाह क्यों लेने आये हैं ? तब थोड़ा नरम हुए और बोले कि पहले भी नीता ने लिखा था कि उसका स्वास्थ्य गाँव में ठीक नहीं रहता है।··· मैंने कहा कि अगहन के शुरू में ही हम विदाई करने की बात सोचकर रखे थे। लेकिन, जब आप ऐसी बात करते हैं तो जब चाहें हम विदाई कर देंगे। इस पर और भी नरम हुए। तब बोले कि–वहाँ दवाई-दारू क्या होता होगा–यहीं ले आइये। मैंने कहा कि जब मुझे घर से पत्र आयेगा तो मैं स्वयं जाकर उसको ले आऊँगा और सभी व्यवस्था करूँगा। आपको जो पत्र आया है आप उस पर विश्वास करते हैं तो अपने आदमी को जाकर ले आइये। मैंने कहा कि हम लोग गाँव में रहते हैं–पटना के जैसे-इलाज किसी गाँव में नहीं हो सकता–यह जानी हुई बात है। मगर गाँव में भी लोग बीमार पड़ते हैं। तो दवा-दारू, डॉक्टर-वैद्य से ही आराम होते हैं। वे चले गये, मगर अरुण और सुभाष शायद उनकी बात नहीं मानेंगे और शायद वे लोग वहाँ पहुँचेंगे।

बेटे ! मेरे समझ में कोई बात नहीं आ रही है ! जो बात समझ में आ रही है, वह यही कि नीता की सहेली का जो बेनामी पत्र आया है वह जरूर किसी की बदमाशी है। अगर नीता सचमुच वैसी बीमार है तो तुरंत उसको फारबिसगंज ले जाओ–पहले अलख बाबू के पास। वह जैसा कहें–वैसा करना। साथ ही मुझे तुरंत एक तार दो। अगर अच्छी है और कुछ नहीं हुआ तो–नीता संपूर्ण रूप से स्वस्थ है–ऐसा तार दो। अगर बीमार है तो वैसा तार दो।

एक बात यह भी समझ में आती है कि नीता बहुत जल्द पटना आना चाहती यानी ससुराल आना चाहती है। लेकिन दो महीना बाद हम द्विरागमन देनेवाले हैं। दुर्गा पूजा के समय हम द्विरागमन नहीं देते। ठीक, अगहन के पहले सप्ताह में ही द्विरागमन हो सकेगा। नहीं तो सब दिन ठीक ही दिन है। शुभ दिन ही है। जब चाहे विदा दे सकते हैं। अब तो मैं चाहता हूँ कि जितना शीघ्र हो सके उसे

विदा ही कर दिया जाये। किंतु, वैसी अवस्था में पटना में रहकर नीता मेरे लिए योजन भर दूर रहेगी।–हो सकता है मेरा यह समझना गलत हो और बात कोई ही हो इसलिए मैं स्थिर चित्त से कुछ नहीं कह सकता। तुम यह पत्र अपनी माँ को पढ़कर सुनाना। मैं जब से आया हूँ दिन-रात मेरा दिल अपने बाल-बच्चों के पास रहता है। इन शहरी लौंडों को कौन समझावे कि मुझे अपने बच्चों से कितना प्यार है। तुम्हारी माँ पढ़ी-लिखी नहीं है मगर मैं पढ़ा-लिखा होकर भी उसकी भी वाजिब और सही बात को कभी काट नहीं सका। और न कभी काट सकूँगा। मैं उसकी कितनी इज्जत करता हूँ यह वही जानती है। मेरा दावा है कि पढ़ा-लिखा शहरी नौजवान हमारे प्रेम की गंभीरता को कभी नहीं पा सकेगा।··· अच्छर कट्टू लड़कियाँ–तुम्हारे माँ के मुकाबले में पासंग के बराबर भी नहीं हो सकेंगी।

बेटे ! मेरा मन बहुत दुखी है। क्योंकि अरुण और सुभाष ने शायद समधी से कहा है कि उनको अपने बाल-बच्चों पर घर-परिवार से कोई नाता नहीं है। ··· मैंने भी इसके जवाब में जैसी कड़ी बात समधी के मार्फत कहला भेजा है–वह समधी और उसका बेटा और बेटे का साथी जीवन-भर याद रखेगा।

बेटे ! यही दुनिया है।

तुम शीघ्र मुझे सारे समाचार से अवगत कराओ। तार दो पहले, फिर पत्र लिखो। मैं अब बंबई जाना स्थगित करके पटना में ही हूँ। ताबड़-तोड़ रुपये-पैसे की व्यवस्था में लगा हूँ। सब कुछ अस्त-व्यस्त पहले ही हो गया था। पंद्रह-बीस दिन में जो कुछ किया था–बाढ़ के बाद फिर सब गड़बड़ है। अब घर के इस अजूबा संवाद के कारण मन इतना चिंतित और दुःखी है कि कुछ नहीं कर पा रहा हूँ।

घर जाने को मन छटपटा रहा है, लेकिन अभी पटना से कहीं बाहर जाना हितकर नहीं है। लेकिन जरूरत हुई तो तुरंत घर आ सकता हूँ–इसीलिए नहीं जा रहा।

पप्पू बाबू की याद आती है। अप्पू कहाँ है ? सभी बच्चों को प्यार ! बेटी सबाना को दुलार–

'पिता'

[4]

राजेंद्र सर्जिकल ब्लाक
के. एल. वार्ड, बेड नं. 21
पटना कालेज हास्पिटल, पटना
31 दिसंबर, 1976

चि. पद्मपराग,

नया वर्ष शुभ और मंगलमय हो !

आज 31 दिन हुए। आज इस वर्ष की अंतिम तारीख है। मैं सबसे पहले तुमको लिखने के लिए इतने दिनों के बाद आज वर्ष की अंतिम तिथि को कलम पकड़ी है।

तुम लोग कैसे हो ? तुम्हारी माँ कैसी है ? बच्चे कैसे हैं ? पत्र दो। इन 31 दिनों में पंद्रह-सोलह दिन पेट में अम्ल शूल (एसिडिटी का दर्द) कम-अधिक मात्रा में रहा। इसी बीच करीब दस बार पेट का (छाती का एक बार) और किडनी (गुर्दे) का एक्स-रे हो चुका है। मलमूत्र तथा रक्त की परीक्षा तीन-चार बार हो चुकी है। दो बार 300 सी. सी. करके खून चढ़ाया गया है।··· पिछले पाँच-सात दिनों से क्रमशः दर्द तथा अन्य कष्टों में कमी होती गयी है और अभी मैं अच्छा हूँ।

डॉ. उपेंद्र नारायण साही भारत के प्रसिद्ध सर्जनों में हैं। मैं उन्हीं का मरीज हूँ। डॉ. साही के बारे में लोग जानते हैं कि वे 'तुरत-फुरत' आपरेशन कर डालनेवाले डॉक्टर हैं। लेकिन मेरे बारे में लोग हैरान हैं कि इस तरह 'आस्ते-सुस्ते' फूँक-फूँककर कदम बढ़ा रहे हैं। जो हो, उनकी मुझ पर कृपा है, मुझको बहुत भरोसा है। और वे भी मुझे चाहने लगे हैं। आपरेशन शायद 15 जनवरी से पहले नहीं करेंगे। क्योंकि शुरू में 'हीमोग्लोबीन (लाल कण=जो जीवन है) 60परसेंट था। डॉक्टर साही आपरेशन के पहले उसको 90 परसेंट करना चाहते हैं।

भोजन तथा विटामिन टेबलेट्स, आइरन (लोहा) के कैप्स्यूल्स से जितना हो सके–बाकी फिर खून चढ़ाकर पूरा करेंगे। भोजन में सुबह केला-सत्तू-दूध-शहद। एक घंटा के बाद एक अमरूद। एक घंटा बाद हरा चना। दोपहर की रोटी+सामिष। यानी किसी दिन चिकेन, किसी दिन लीवर (कलेजी), किसी दिन कीमा चने की दाल के साथ, किसी दिन मांस। निरामिष एक बेला मंगलवार (हनुमानजी का दिन है न) को, रात को टोस्ट के साथ एक अंडा लतिका जबर्दस्ती खिला देती है। दोपहर को भोजन के बाद एक खूब पका हुआ केला और इलाहाबादी एक अमरूद। फलों में यही दो फल हैं जो पेट में अम्ल (एसिड) को बढ़ाता नहीं है। बल्कि मुझे तो लगा कि अमरूद पेट के अम्ल को घटाता भी है। हाँ, अमरूद का गुद्दा··· एक भी बीज खाना मना है। रात में रोज चार टोस्ट थोड़ा मक्खन के साथ, एक-आधा सिद्ध अंडा, अमावट और दूध-ओवलटिन। भात खाना एकदम छोड़ दिया है, इसलिए मछली नहीं खा पाता हूँ।···

कहने का मतलब है कि भगवान की मुझ पर असीम अनुकंपा है कि इस तरह दवा-परिचर्या, पथ्य और इलाज मिल रहा है। और भगवती मुझसे फिर कोई बड़ा काम करवाना चाहती हैं, यानी इसके योग्य समझती हैं कि मैं अभी कुछ कर सकता हूँ–लिखने के लिए मेरे पास अब भी बहुत कुछ है।

इसलिए मुझे विश्वास है (और यही दृढ़ निश्चय भी) कि मैं यहाँ से पूर्ण स्वास्थ्य लाभ करके ही निकलूँगा। आपरेशन से अब एकदम नहीं डरता। बिना आपरेशन यह रोग दूर होगा नहीं। और वैसा जीना जो मैं पिछले कई सालों से जी रहा

हूँ–वह भी कोई जीना है ? इतना परहेज, हर महीने दर्द, हर रोज सुबह-शाम दवा तिस पर पता नहीं कब किस रूप में उभरे कि जान ही ले ले। जान ले ही नहीं ले–कष्ट से जान ले। सचमुच यह रोग भगवान किसी को नहीं दें। लेकिन भगवान यों ही यह रोग नहीं देते। वे निश्चय ही आदमी को उसके दोष के लिए सजा के रूप में यह रोग देते हैं। खैर ! अब इस सजा के अंतिम भाग में हूँ। भगवती को पटा–मना लिया हूँ–मना रहा हूँ। कसमें खा रहा हूँ–रो-रोकर कसमें खाता हूँ फिर वह सब नहीं करूँगा। किंतु वह सब जरूर करूँगा, जो मेरे लेखन के लिए आवश्यक है। नहीं तो फिर जीना किस काम के लिए।

··· डॉक्टर हसन साहब भी आकर मीठे-मीठे कह गये। लिखना-पढ़ना जरा कम ही। डॉक्टर हसन हमारे वार्ड के सीनियर इंचार्ज रेसिडेंसियल-सर्जन हैं। सभी हाउस-सर्जनों के ऊपर जिसको गाँव की बोली में 'बल चटिया' कहते हैं। बहुत ही जिंदादिल और हँसोड़ व्यक्ति हैं। अतः मुझसे काफी पटती है। सभी हाउस-सर्जन मुझे इज्जत की निगाह से देखते हैं और मैं भी उन्हें स्नेह करता हूँ। एक तो भतीजी ही है। बसादन बाबू की बेटी। वीरेन बच्चा वार्ड का हाउस-सर्जन है। रोज एक-दो बार शाम को आता है। शाम को कोका कोला लाने की ड्यूटी उसी की है। दिन में भी समय निकालकर (खासकर जिस दिन एक्स-रे होता है अथवा खून चढ़ाया जाता है) उस दिन अवश्य आता है। मित्र लोग शाम को, दिन को आते ही रहते हैं। कई लोग तो रोज आते हैं–नियमपूर्वक–डॉ. रामवचन राय, वासुदेव साह वगैरह। समधी सप्ताह में–एक बार। नीता अपने घरवाले के साथ दो-तीन बार आयी है।

यह तो हुई मेरी बात !

··· घर-परिवार, पोती, तुम लोगों की बात जब सोचता हूँ तो मन चिंता से आकुल हो जाता है लेकिन यह भी मानता हूँ कि यदि मैं स्वस्थ नहीं हुआ तो सबकुछ नष्ट-भ्रष्ट हो जायेगा। इसलिए मुझे स्वस्थ होना ही होगा। कम-से-कम और कुछ दिन परिवार के लिए मेरा स्वस्थ रहना आवश्यक है। वैसे प्रभु की मर्जी !!

अप्पू के लिए डॉ. रामवचन रायजी को कहा है, उसकी एडमिशन की व्यवस्था करने को। जब हो जायेगा तो पत्र या तार दूँगा–तभी T.C. लाने के लिए जाना। उसने पास किया है या नहीं ? रामकृष्ण आश्रम के होस्टल में रहने की व्यवस्था करवाने के लिए महाराजजी से निवेदन किया है। यदि यह सब–नाम लिखाई और होस्टल–हुआ तो उसे शीघ्र ही बुला लूँगा। क्योंकि फरवरी तक उसके कान की जाँच और आवश्यक इलाज या आपरेशन कराना पड़े तो करवा लेना चाहता हूँ।

अब सचमुच ज्यादा नहीं लिख पा रहा। शंभू कैसा है ? उसके बच्चे कैसे हैं ? उपेंद्र, नगेंद्र तथा जगदीश वगैरह के बारे में समाचार देना। फिर पत्र दूँगा। सभी बच्चों को प्यार। शुभाशीष–

अपनी माँ से कहो–चिंता की बात नहीं। वह चिंता नहीं करे। यदि मैं भला-चंगा नहीं रहा तो उसकी जो भी दशा हो। लेकिन मैं स्वस्थ और प्रसन्न रहा तो अपने

हर अंग को स्वस्थ और सुखी रखूँगा। स्त्री-पुत्र-पुत्री-पोता-पोती सबके लिए मुझे स्वस्थ होना ही पड़ेगा।

तुम्हारा 'पिता'
–'फणीश्वर'

बृजमोहन बॉयवाला (बिरजू बाबू) के नाम

[1]

औराही-हिंगना
19.2.66

प्रिय भाई बृजमोहन जी,

मैं 12/2 और 13/2 को फारबिसगंज में था। फारबिसगंज में रहकर भी नहीं आ सका–मुझे इसकी ग्लानि है। किंतु, नहीं आने का किस्सा है···।

उस दिन मैं एक [भूतपूर्व समाजवादी] काँग्रेसी एम.एल.ए. मित्र के साथ था और उन्हीं की [मर्जी और सुविधा के अनुसार !] कृपा से 'एक साथ हजार प्रोग्राम' जैसा प्रोग्राम बनाकर घर से निकला।··· 30-32 वर्ष पहले देखे हुए कई गाँवों को देखने निकला था। और, किसी एम.एल.ए. के साथ गाँवों को देखने निकलना भी बहुत दिनों के बाद हुआ था। सो भी 'जीप' पर ! डेढ़ बजे दिन के बदले करीब तीन बजे फारबिसगंज पहुँचा। सबसे पहले भाई साहब की सेवा में उपस्थित हुआ। यही प्रोग्राम था। किंतु, मिल में पहुँचकर पता चला कि कुछ देर पहले ही एक [भूतपूर्व समाजवादी] काँग्रेसी एम.एल.ए. अपनी 'जीप' पर आकर जा चुका है। मालूम हुआ–बिरजू बाबू पूर्णियाँ गये हैं। सच कहूँ–उस समय साहस नहीं हुआ भाई साहब से मिलने का। यानी मुझे उपयुक्त समय नहीं लगा। क्योंकि भाई साहब के 'मिजाज' को मैं जानता हूँ। श्री कमलनाथजी से बातें करने के बाद वे विश्राम करने गये थे। उसी समय मैं श्री सरयुग मिश्र के साथ पहुँचता तो बात कहाँ से शुरू होती ? अतः दूसरे दिन प्रातः आने की बात कहकर लौट आया। मुझे क्या पता था कि सुबह आने का मतलब दो बजे दिन ही होता है। कॉलेज में दो बजे उपस्थित होना था–ढाई बजे पहुँचा। रात साढ़े आठ बजे तक वहीं बैठा रहा। आप तो जानते ही हैं कि मेरा गाँव क्या से क्या हो गया है। इसलिए, रात में ही घर भागना पड़ा !

··· नहीं तो, ऐसा भी कभी हुआ है [इधर !] कि फारबिसगंज आऊँ और मिल में पहुँचकर अपनी [सुख-सुविधा-स्वार्थ के लिए ही सही !] हाजिरी न बोलूँ ? तिस पर यह मालूम हो कि 'भाई साहब' यहीं हैं।

भाई साहब से इस बार मिलने का 'विशेष कार्यक्रम' मैंने बनाकर रखा है। यानी इस बार बजाप्ता 'भेंट' करनेवाला 'अर्धसाहित्यिक-अर्धपत्रकार' बन कर जाना है।

कृपया पत्रवाहक के द्वारा सूचित करें कि सोमवार (21/2) को भाई साहब और आप फारबिसगंज में ही रहेंगे तो ? सुबह पहली गाड़ी से आकर–दिन-भर रहना है। रात भी रह सकता हूँ। दूसरे दिन भी रह जाना पड़े तो रह जाऊँगा।

पत्रोत्तर दें। नमस्कार ग्रहण करें।

भाई ही
रेणु

सेवा में,
श्री बृजमोहन बॉयवालाजी
फारबिसगंज

[2]

औराही-हिंगना
14.3.72

भाई बिरजू बाबू,

उत्तर से कोई खबर नहीं आई हो तो (यदि आप उचित समझें और आपको सुविधा हो) आखिरी बार हम कल चलने का प्रोग्राम बनावें ?

कृपया पत्रवाहक के मार्फत संवाद देंगे। भीषण संकटग्रस्त हूँ।

शुभकामनाओं सहित,

भाई ही
रेणु

पुनः – कल मैं अपने विधायक महोदय से आपके समक्ष कुछ बातें करना चाहता हूँ। कृपया उन्हें सूचित कर देंगे।–रेणु

[3]

औराही-हिंगना
17.3.72

भाई बिरजू बाबू,

सुबह से ही पुराना दुश्मन 'माइग्रेन' (आधाशीशी) सिर पर आकर सवार हो गया है। आपने कृपापूर्वक आज का दिन मुझे दिया था। निवेदन है–कल का दिन अपना मेरे लिए सुरक्षित रख दें। मैं कल पहली गाड़ी से आ जाऊँगा।

जुगनू की कोई चिट्ठी आपके नाम आई है–क्या ?

भीषण वेदना भोग रहा हूँ–इसको मैं शुभ लक्षण भी मानता हूँ। यानी यह लेखक (मेरे) के 'कनसीव' करने के प्रणाम हैं।··· मैं अपने 'चुनाव-संस्मरण' का शीर्षक–'कागज की नाव मेरी' होना है। 'कागज की किश्ती' भी है नामों के पैनल में। देखिये, अंततः कौन-सा रह जाता है।

कल आपको मेरे साथ चलना है। यह बात आपके और मेरे बीच ही है।

नमस्कार ग्रहण करें।

भाई ही
रेणु

पुनश्च – इस चुनाव-अभियान के सिलसिले में मुझे एक दर्जन से अधिक 'क्रेक' मिले। एक मटियारी के मास्टर ही नहीं–अनेक ऐसे पात्र हैं, जिनको मैं टेप कर लेना चाहता हूँ।

[4]

[गाँव से, 1973]

भाई बिरजू बाबू,

अचानक बीमार हो गया। अतः नहीं आ सका।

जुगनूजी ने पीना एकदम छोड़ दिया है।

विशेष भेंट होने पर

भाई ही
रेणु

[5]

औराही-हिंगना
24.1.73

भाई बिरजू बाबू,

मैं 27/1 को पटना वापस जा रहा हूँ। 26/1 को सारा दिन आपके साथ फारबिसगंज में रहूँगा। यदि आप जगदीश भैया को पटना फोन करें तो मेरे मित्रों से मेरे 28/1 को पटना पहुँचने का संवाद दे देने को कहें–कृपया।

पत्रवाहक पद्मपराग (वेणु) को आपकी सेवा में ढाई सौ रुपये के लिए भेज रहा हूँ। आपके नाम एक चेक दिया है। [डीडी/5 756785–State Bank of India, Judges Court Road, Patna] कृपया इसे रखकर–वेणु को ढाई सौ रुपये दे दें। वरना मैं संकट में पड़ जाऊँगा। विश्वास करें–मेरे खाते में चेक के भुगतान के योग्य पैसे जमा हैं।

आप 26/1 को फारबिसगंज में रहेंगे या नहीं ? पत्रोत्तर देंगे। नमस्कार ग्रहण करें।

भाई ही

रेणु

[6]

औराही-हिंगना

4.5.73

प्रिय भाई बिरजू बाबू,

मेरे घुटनों का दर्द आज भी बरकरार है। इसलिए आने में असमर्थ हूँ। कल निश्चय ही आऊँगा। अगर दर्द भी रहा फिर भी आना है।

आप मेरी अनुपस्थिति में जो कुछ भी कर सकें–करेंगे।

नमस्कार ग्रहण करें।

भाई ही

रेणु

पुनः – मुझे ढूँढ़ने के लिए जगदीश मिल्स में कई लोग आयेंगे। आप समुचित समाचार बता देंगे। – रेणु

[7]

औराही-हिंगना

[1973]

भाई बिरजू बाबू,

आशा है, लंदन से उत्साहवर्द्धक और उत्तम समाचार प्राप्त हो रहे होंगे।

आपके आदेशानुसार हमने सारे परिवार के सदस्यों को टीका लगवा दिया है। मुझे ज्वर है और टीका जोर से react किया है। अतः आज आने में असमर्थ हूँ।

उत्तरांचल से कोई खबर ?

पटना से जो डाक मुझे प्राप्त हुआ है उसके अनुसार मुझे 20 या 21 तक पटना के लिए प्रस्थान कर देना चाहिए।

पत्रोत्तर दें। मैं बहुत बेकल हूँ।

नमस्कार ग्रहण करें।

भाई ही

रेणु

पुनः – वेणु को पाँच लीटर डीजल चाहिए।

[8]

औराही-हिंगना
23.7.73

भाई बिरजू बाबू,

मैं 23 तारीख़ तक पटना वापस जानेवाला था। इस आशय का एक पत्र मैंने लतिकाजी को दिया था। लेकिन, अब ऐसा लगता है कि 1 अगस्त के पहले किसी भी हालत में नहीं जा सकूँगा। अतः आप (जुगनू को किसी तरह सूचित कर दें।) यदि जुगनूजी न मिलें तो श्री जीतेंद्रजी को संवाद दे दें।

मेरे पास सुनाने के लिए अभी दुःख की एक लंबी कहानी के सिवा कुछ भी नहीं। रोज-रोज तिल-तिल कर भोग रहा हूँ।··· दो-दो विधवा मुसम्मातों की संपत्ति को लूटने के लिए तीन-तीन जमाताओं की गुटबंदी–खड़ी फसल जाती के लिए कानूनी कार्रवाई के साथ गैरकानूनी तरीके और रोज चौबीसों घंटे रोने-पीटने का अटूट सिलसिला। जिस बेटे ने दिन-रात मेहनत करके पाट और भदई धान लगाया था, वह तो चला गया। लेकिन, लगता है फसल भरी खेतों के बीच कहीं पर स्वयं उपस्थित है।··· मजदूर तक फसल काटते समय रोता रहता है। और, अपने जीवन में पहली बार देख रहा हूँ कि खलिहान पर फसल कटकर आने का दिन–रोने-पीटने का दिन होता है।··· ऐसा लगता है, कमल की माँ अब सदा के लिए पागल हो जायेगी। नींद एकदम नहीं आती है और रोने के साथ, अब अट्टहास-हँसी शुरू हुई है।··· मैं कल फारबिसगंज आ रहा हूँ–डॉक्टरों की जैसी सलाह होगी किया जायेगा।

और, गाँव-घर, खेत-खलिहान अभी बेपानी हो रहा है। मडुआ का आँव एक रुपया सात आना किलो, तीस रुपये मन पाट–खेत में पानी नहीं। नहरी इलाका होने के बावजूद–हम सभी इंद्र महाराज के आसरे बैठे हैं। पता नहीं क्या होगा ?

अभी-अभी देवजी का पत्र मिला है कि बाबा आये हुए हैं। वे कहाँ ठहरे हुए हैं ? निश्चय वे मिल में हों। मैं कल बरौनी-जोगबनी से आ रहा हूँ।

आप कैसे हैं ?

नागा बाबा को प्रणाम।

भाई ही
रेणु

[9]

औराही-हिंगना
26 जुलाई, 73

भाई बिरजू बाबू,

बाबा के पत्र से सारी बातें जान लें और एक मेरी ओर से ताबीद जानें कि

बाबा औराही-हिंगना आये बगैर पटना न लौट पायें।

विशेष क्या लिखूँ। आप रविवार को औराही आ रहे हैं, सब काम छोड़कर ?

भाई ही

रेणु

[10]

औराही-हिंगना

23.8.73

भाई बिरजू बाबू,

कुशलपूर्वक हूँ।

नगेन्द्र को भेज रहा हूँ।

देवजी, विराटनगरवालों के आने का कार्यक्रम आज शाम तक ले आयेंगे—ऐसा उन्होंने कहा था। कृपया आप स्वयं देवजी से बातें करके कल के कार्यक्रम का निर्देश मुझे देंगे। आप भी आयेंगे।

विशेष मिलने पर।

कल पहली गाड़ी से फिर कोई फारबिसगंज पहुँच जायगा।

रेणु

[11]

औराही-हिंगना

[सित. 1973]

भाई बिरजू बाबू,

मैं पूर्णिया से सीधे फारबिसगंज नहीं जा सका।

कल, रविवार को दोपहर की गाड़ी से आप श्री नागा बाबा को लेकर औराही-हिंगना आ रहे हैं। स्टेशन पर बैलगाड़ी या भैंसा गाड़ी रहेगी, शेष कुशल है।

विशेष मिलने पर

भाई ही

रेणु

[12]

औराही-हिंगना

24.11.73

भाई बिरजू बाबू,

नवान्न का दही-चूड़ा आपका हिस्सा जा रहा है। इसे स्वीकार करें।

यहाँ का सब समाचार अब ठीक है।

मैं 'माधुरी' के लिए 'शैलेन्द्र स्मृति' लिखने में आज से लग गया हूँ। अतः सोमवार या मंगलवार के पहले फारबिसगंज नहीं आ सकूँगा।

नमस्कार ग्रहण करें।

भाई ही

रेणु

[13]

औराही-हिंगना

[1973 के संभवतः नवम्बर का महीना]

भाई बिरजू बाबू,

सबसे पहले आप मुझे क्षमा कर दें कि आपके पटना आने का संवाद पाकर भी मैं घर चला आया। घर से टेलिग्राम गया हुआ था, शीघ्र आने के लिए। अतः... ।

घर पहुँचकर–अर्थात् स्टेशन पर पहुँचकर ही जो संवाद मिला वह पाव-भर खून सुखा देनेवाला। सुना कि सारे इलाके की धान की खेती को कुचलकर रख दिया है शिलावृष्टि ने। स्टेशन से चला तो दोनों ओर के खेतों की अवस्था देखकर सचमुच रो पड़ा... नागार्जुनजी के साथ आप लोगों ने जिस खेत और बाघ में धान रोपा था वह भगवती की कृपा से बच गया है।

मैं कल दोपहर को (बरौनी-जोगबनी) फारबिसगंज आ रहा हूँ। मिलकर सब कुछ सुनाऊँगा।

नमस्कार ग्रहण करें।

भाई ही

रेणु

[14]

औराही-हिंगना

8.1.74

भाई बिरजू बाबू,

मेरा अम्लशूल और सिरदर्द कम नहीं हुआ है। एक-दो रोज और दुख देगा ऐसा लगता है।

शम्भू को भेज रहा हूँ।

घर आकर कल श्री मौन का कार्ड मिला, जो भेज रहा हूँ।

आप श्री नन्दलाल बाबू से जो बातें करेंगे–शम्भू के द्वारा प्रेषित करेंगे।

मेरी ओर से विलम्ब का कारण तो आप जानते ही हैं। धान-कटाई और गेहूँ बोवाई से लेकर मामले-मुहल्ले आदि के अलावा और कई झंझट थे। 7 फरवरी (पूर्णिमा) का दिन निश्चित हमने किया है। यह हर तरह से शुभ है।

मौनजी को आज पत्र दे रहा हूँ।

शेष कुशल

भाई ही

रेणु

पुनः – मैं संभवतः 14-1 को महनार जाऊँगा।

[15]

औराही-हिंगना

[1974]

भाई बिरजू बाबू,

मैं कल दोपहर की गाड़ी से निश्चय ही महनार जा रहा हूँ। समझ में कोई बात नहीं आ रही है। मौनजी का पत्र तो आपने देखा होगा।

अगर देवजी (चन्द्रशेखर) मेरे साथ चलें तो ठीक रहेगा।

आप मौनजी के नाम एक पत्र दे देंगे।

मैंने हिम्मत नहीं हारी है।

आपके नाम श्री नन्दलालजी ने पत्र दिया था वह भेज देंगे क्या ?

नमस्कार

आपका

रेणु

[16]

औराही हिंगना

12.1.74

भाई बिरजू बाबू,

सादर नमस्कार !

नहीं, मैं आज भी फारबिसगंज नहीं आ सका। क्योंकि, कल हर हालत में मुझे महनार रोड के लिए प्रस्थान करना है ! आप तो जानते ही हैं कि मेरे पेट के रोग में मानसिक तनाव से और बढ़ोतरी होती है।

इस बीच आपकी किससे क्या बातचीत हुई। आनेवाले आये या नहीं अथवा

अन्य कोई प्रतिक्रिया–सारी बातें आप मुझे लिखकर भेज दें–तो कृपा होगी।

श्री ठाकुरजी के प्रस्ताव और मेरी सहमति की बात ?··· भाई बिरजू बाबू, अतिरिक्त उत्साह में आकर संपादक बनने की स्वीकृति दे भी दूँ तो क्या ? मैं अभी जिस अवस्था में हूँ–मुझे सबसे पहले अपने इलाज का सिलसिला शुरू करना चाहिए। किंतु, पारिवारिक दायित्व जो तत्काल सामने है–इसी के कारण मैं Institute नहीं जा पा रहा हूँ। ऐसे में जिम्मेदारी लेकर व्यर्थ दूसरों को क्यों परीशान करूँ ? इसके अलावा–यानी स्वास्थ्य लाभ के बाद ही अपने लेखन के जो अधूरे काम पड़े हैं–जो कमिटमेंट्स हैं–उन्हें पूरा करने का सवाल है। साप्ताहिक पत्र के संपादन का दायित्व कितना है–यह सब समझते हुए–(मुझे दुख है कि) मैं कह रहा हूँ कि श्री ठाकुरजी अन्यथा न लें–मुझसे इस अवस्था में यह दायित्वपालन नहीं हो सकेगा।

श्री देव कल मेरे साथ जायेंगे या नहीं ? क्या आप टेलीफोन पर बातें कर (अगर लाइन मिल जाये सौभाग्य से) श्री मौन को मेरे कल रात में दस बजे महनार रोड पहुँचने की सूचना दे सकेंगे ?

··· बिरजू बाबू ! मुझे आपका तथा अपने अन्य मित्रों का ही संबल और सहारा है–इसी विश्वास को लेकर जीता आया हूँ–जी रहा हूँ।

विशेष फिर–

भाई ही

रेणु

पुनः – मैंने 12 तारीख वाला काम तार के द्वारा करवा दिया है। हाईकोर्ट का एक केस है।

[17]

औराही-हिंगना

27.1.74

आदरणीय भाई,

पिछले साल 26 जनवरी आपके साथ बिताया था। इस बार भी चाहता था कि वैसा ही वह दिन बीते। किंतु पेट के रोग का दौरा और मानसिक कष्ट आदि के कारण इस बार नहीं आ सका। कल सारा दिन तो कष्ट था ही–रात से और भी काबू कर लिया है। पेट बेहद चलने लगा है। आज तीन दिन हो गये–अन्न नहीं लिया है। फल तो खाता ही नहीं हूँ–दूध भी कल से नहीं लिया जाता है–मिचली आती है, कै हो जाता है।

दवा लाने के लिए वेणु को भेज रहा हूँ। कल किसी भी हालत में–यानी अगर हालत बिगड़ी तब भी अथवा सुधरी तब भी–आ रहा हूँ–बरौनी वाली गाड़ी से। 26 जनवरी नहीं तो सरस्वती पूजन के दिन हम सब साथ रहें। चाहे जैसे

भी रहें। ठीक है न !

आप आज फ़ोन पर जुगनू अथवा जितेंद्रजी को पकड़ सकें तो 29 तारीख को होनेवाली राष्ट्रभाषा परिषद् की बैठक में मेरे नहीं शरीक होने की सूचना दे देंगे। यों मैंने टेलिग्राम लगा दिया है। अपना कार्यक्रम यानी पटना लौटने की तारीख आपसे मिलकर कल तय करूँगा।

पप्पू अब ठीक है। आपसे मिलने के लिए आना चाहता है।

विशेष साक्षात्कार होने पर

भाई ही
रेणु

[18]

औ.-हिं.
19.2.74

भाई बिरजू बाबू,

कल आपका कोई पत्र नहीं मिला। मैं आज भी आ सकने की स्थिति में नहीं हूँ। वेणु (पद्मपराग) जा रहा है पत्र लेकर। श्री नन्दलालजी ने अगर कोई संवाद भेजा हो तो मुझे लिखें। और यदि नहीं भेजा हो तब भी लिखें कि मुझे अब क्या करना उचित है।

विशेष साक्षात्कार होने पर।

नमस्कार स्वीकार करें।

आप कैसे है ?

भाई ही
रेणु

पुनः – अज्ञेयजी का एक पत्र पटने के पते पर आया हुआ था। आपको भेज रहा हूँ। ऐसे सभी पत्र मैं आपके जिम्मे लगा दूँगा–सुरक्षित रहेगा। अज्ञेय के एक दर्जन से अधिक पत्र होंगे। अन्य साहित्यकारों के [पंत, महादेवी, बच्चन, भारतभूषण, सर्वेश्वर, रघुवींर, भारती, साही आदि के] भी पत्र हैं–बहुत खो भी गये हैं। 'प्रतीक' की वी.पी. आयी ? – रेणु

[19]

औराही-हिंगना
2.3.74

भाई बिरजू बाबू,

घाव, ज्वर और माइग्रेन के कारण आज नहीं आ सका। कल निश्चय ही

हर हालत में, आऊँगा।

मैगजिन, पत्र-पत्रिकाएँ और क्या-क्या ले आये हैं पटने से ?

भाई ही
रेणु

[20]

औराही-हिंगना
[1974 के मार्च की कोई तारीख]

भाई,

अगर आप पटना चल रहे हैं और आज ही ट्रेन से चल रहे हैं तो ठीक। एकदम नहीं ही जा रहे हैं तो ठीक। यदि चल रहे हैं और गाड़ी से चल रहे हैं तब कल सुबह किस समय फारबिसगंज छोड़ियेगा ? मैं उसी हिसाब से अपना प्रोग्राम ठीक करूँगा। अगर आप सात बजे सुबह फारबिसगंज से चलना चाहते हैं तो मैं आपको 'बारा' गाँव में–महावीर मंडल के दरवाजे पर उपस्थित मिलूँगा।

कृपया पत्रवाहक के हाथ पत्रोत्तर दें।

रजना अपना कोई निवेदन लिखाना चाहता है। मैं कुछ नहीं लिखना चाहता।

आशा है, आप स्वस्थ हैं।

भाई ही
रेणु

[21]

औराही-हिंगना
16.3.74

प्रिय भाई,

मैं कल शाम जोगबनी-बरौनी वाली गाड़ी से पटना वापस जा रहा हूँ। आज, चाहकर भी फारबिसगंज नहीं आ सका। जाने के पहले, संसार प्रपंच की छोटी-मोटी समस्याओं को सुलझाने में दो दिन लग ही जायेंगे।

साढ़े चार महीने घर में रहा। साढ़े चार महीने आप से करीब हर सप्ताह सत्संग का सुख प्राप्त किया। खूब खाया-पिया। इस वर्ष का यह 'चातुर्मास' सदा याद रहेगा।

लेकिन, वापस होने के क्षणों में ऐसा लग रहा है कि चार मास पूर्व मन में जो हुलास था, जो उम्मीदें थी, जो अपेक्षाएँ थीं–वे नहीं हैं। लगता है–अचानक बूढ़ा हो गया हूँ। थकावट और परीशानी ही नहीं–अवसाद भी है।

श्री मंडलजी ने हमें जिस तरह अधर में लटका रखा–यह भी कुछ अद्‌भुत

अनुभव हुआ है··· अब क्या करूँ ? आपने मेरे लिए जो भी किया है और जो भी कर रहे हैं–बस जीने के लिए यही बहुत है।

वेणु की माँ थोड़ा सत्तू भेज रही है–आपके लिए। मैं इसे दूध-चीनी में घोल कर लेता हूँ। आप सिर्फ दूध में ले सकते हैं। मैं सुबह-दोपहर-शाम-रात–जब जी में आता है ले लेता हूँ। आप सुबह नाश्ते के समय ले सकते हैं।

पत्र देंगे। और, अगर पटना आने का थोड़ा-सा भी कोई बहाना मिले, समझेंगे कि मैं आपको बहुत बुरी तरह याद कर रहा हूँ।

नमस्कार ग्रहण करें।

काकू को प्यार

भाई ही

रेणु

सेवा में,
श्री बृजमोहन बॉयवाला
जगदीश मिल, फारबिसगंज

[22]

पटना

3.4.74

प्रिय भाई,

सकुशल हूँ। आप कैसे हैं ?

आप ही के भरोसे इस बार सब कुछ छोड़ आया हूँ। मैं 14 अप्रैल के पहले ही एक-दो दिनों के लिए आऊँगा। आप इस बीच पटना आ सकेंगे क्या ? आवें तो साथ ही चलूँ।

नमस्कार ग्रहण करें।

भाई ही

रेणु

[23]

भाई बिरजू बाबू,

मैं कल दस बजे की गाड़ी से फारबिसगंज आऊँगा और कल ही शाम की गाड़ी से पटना के लिए प्रस्थान करूँगा।

विशेष भेंट होने पर,

भाई ही

रेणु

2.6.74

[24]

2/30, राजेंद्रनगर,
पटना-16
4.7.74

भाई,

कुशल है यहाँ। वहाँ भी कुशल होगा–यही आशा है। लेकिन, कुशल है कहाँ ?

यहाँ की सारी बातें और अपने दिल-दिमाग पर जो गुजर रही है–उन्हें पत्र में लिखकर बता नहीं सकता !··· बस, यही समझ लीजये कि असाध्य-साधना कर रहा हूँ। नहीं तो और क्या ? गृहस्थी की तात्कालिक जिम्मेदारियाँ, सामाजिक उत्तरदायित्व, लेखकीय कर्तव्य और शारीरिक स्वास्थ्य–इन सभी को एक साथ निभाने के क्रम में··· ज्यादा 'ट्रेंक्विलाइजर' लेना पड़ता है।

विधान-सभा के सामने सत्याग्रह नहीं कर पाने की अपनी असमर्थता पर–दीवार से सिर टकराकर तोड़ लेने को जी करता है।

जुगनू न जाने कहाँ है–दिल्ली या बंबई ? नागार्जुनजी का पता नहीं। रामवचनजी गुजरात हो आये–एक Conf. में गये थे।

और मैं 7 जुलाई, रविवार को गाँव पहुँच रहा हूँ। दूसरे ही दिन फारबिसगंज आकर सारी व्यथा-कथा सुनाऊँगा।··· आप कैसे हैं ? माँ ?? नमस्कार ग्रहण करें।

भाई ही
रेणु

प्रति,
श्री बृजमोहन बॉयवाला
जगदीश मिल्स
फारबिसगंज (पूर्णियाँ)

[25]

भाई बिरजू बाबू,

मैं कल निश्चय ही आ रहा हूँ··· नमस्कार

रेणु
8.7.74

पुनः – दीघा के मात्र दस मालदह हैं।

[26]

भाई बिरजू बाबू,

11.7.74

अन्नशूल, शिरशूल और मनःशूल (?) की सम्मिलित चुभन को कई दिनों से झेलता रहा।

कल सुबह आ रहा हूँ यानी हम लोग आ रहे हैं–वेणु की माँ तथा परिवार के अन्य बीमार और आधे बीमार लोगों को डॉक्टर (ठाकुर) के पास ले जाना है।

बाबा[1] आ गये हैं–सुनकर फिर पिछले साल के इन्हीं दिनों और ऐसे ही दिनों की याद आ रही है··· जुगनू की कई चिट्ठियाँ बंबई से आई हैं। वह भी (अगर वह जीवित है !) आज-कल-परसों तक फारबिसगंज पहुँच रहा है।

कल आ रहा हूँ। बातें होंगी।

बाबा को प्रणाम,

भाई ही,
रेणु

[27]

7.12.74

भाई बिरजू बाबू,

बीमार नहीं हूँ। काम कर रहा हूँ। गेहूँ और संकर मक्के के लिए खेत तैयार करवा रहा हूँ। अतः आज और कल आने में असमर्थ हूँ। आप तो काकू के वापस आ जाने के बाद ही कलकत्ता जाइयेगा न ? आपके हाथ अशोकजी के नाम डाक भेजूँगा।

जुशा आ गये हैं ? उनका क्या प्रोग्राम है ?

भाई ही
रेणु

[28]

[गाँव से, 1974]

प्रिय भाई,

पटना से कोई आये हैं ? अथवा कोई पटना गया है ? बहुत चिंतित हूँ।

---

1. बाबा–यानी नागा बाबा यानी नागार्जुन।

Tele.-लाइन्स चालू हुए हैं या नहीं ? अगर पटना से बातचीत का संयोग लगे तो लतिकाजी को यह संवाद दें कि स्टेट बस चालू होते ही मैं पटना चल पड़ूँगा।

भाई

रेणु

पुनः – कलकत्ते से आनेवाले दैनिक पत्र T.O.I., States, Stand, Patrika 19/20/21/22 वगैरह के भेज दें।

[29]

औराही-हिंगना

8.7.74

प्रिय भाई,

मैं आज रात 10 बजे वाली गाड़ी से आ रहा हूँ।

मेरा पेप्टिक का दर्द कई दिनों से उभरा है। आज थोड़ा ठीक हूँ। रात निश्चय ही आ रहा हूँ।

भाई ही

रेणु

[30]

(गाँव से)

6 दिसंबर, 74

भाई बिरजू बाबू,

घर आकर बस यही सोचता रहा कि जेपी को डाक बँगले की पोर्टिकों में See Off करना अच्छा हुआ या बुरा ? कटिहार जाने की तैयारी मैं करके आया था। नहीं गया अथवा नहीं जा सका सो अच्छा किया या बुरा ? और अंततः इसी नतीजे पर पहुँचा कि जो हुआ या जो किया अच्छा ही किया। जेपी को एक पत्र लिखकर (लंबा पत्र) सबकुछ के लिए माफी माँग लूँगा। किंतु, वह पत्र एकदम व्यक्तिगत होगा अर्थात् भक्तिमूलक।

मेरी Wooly-cot गंजी के बदले किसी और की गंजी आ गयी है। वापस भेज रहा हूँ। मेरीवाली मिल जाय (अर्थात् बदल न गयी हो--जुशा-दीपकजी की गंजी से)··· तो भेजवा देंगे।

कल यदि आ गया तो सब बातें होंगी।

आखिर, कल ट्रैक्टर लेकर नहीं आया। आज आ जाय संभवतः।

जुगनूजी भी आये हैं ?

भाई ही

रेणु

[31]

[गाँव से, 1974 की कोई तारीख]

प्रिय भाई बिरजू बाबू,

मैं रात की गाड़ी से आ रहा हूँ। स्टेशन से सीधे आपके निवास-स्थान पर पहुँचूँगा। मैं भोजन करके आऊँगा, इसलिए आप लोग मेरी प्रतीक्षा (भोजन के लिए) नहीं करेंगे।

मैंने परिवार के सभी सदस्य तथा वेणु की माँ से सहमति ले ली है। मैं अब बहुत हल्का महसूस कर रहा हूँ।

विशेष मिलने पर

क्रांति अमर हो।

भाई ही
रेणु

[32]

औराही-हिंगना
29.12.74

भाई बिरजू बाबू,

मुझे कल ही यानी 28/12 को ही पटना के लिए प्रस्थान कर देना था। किंतु आज जा रहा हूँ और बिना आपसे मिले ही जा रहा हूँ। तुरत ही यानी 6.1.75 तक ही वापस आना है अतः आज जा रहा हूँ।

अभी भाई सत्यनारायण लाल दास जी यहाँ आये। यद्यपि संघर्ष प्रशिक्षण शिविर फारबिसगंज में करने का प्रस्ताव मेरा ही था और मैं इसमें शुरू से अंत तक रहनेवाला था–अब पारिवारिक कार्य के कारण प्रारंभिक दिनों में सम्मिलित नहीं हो सकूँगा। इस सिलसिले में हम लोग (छात्र सं. स. के कई सदस्य श्री सत्यनारायणलाल दास, रमाशंकर आदि) आपसे मिलनेवाले थे और जो कुछ भी गलतफहमियाँ फैली और फैलाई गई हैं, खुलकर उन पर बातें करनेवाले थे। किंतु अब तो मेरे आने के बाद ही वह हो सकेगा।

फिलहाल, शिविर के लिए सहायता की आवश्यकता है और इसकी पूरी जिम्मेदारी आप पर है–ऐसा हम सोचते हैं। मेरा आपसे नम्र निवेदन है कि आप सबकुछ उदारतापूर्वक भूलकर अभी जहाँ तक हो सके शिविर में मदद दें और दिलावें। धर्मशाला तो आप देंगे ही, इसके साथ ही देवानी कम्पनी के पीछे जो कमरे हैं–उनमें से एक कार्यकर्ता निवास के लिए दें तो बहुत उपकार हो।

इस संबंध में आप भाई सत्यनारायण लाल गुप्ताजी से विशेष रूप से बातें कर लें।

आशा है आप स्वस्थ और प्रसन्न हैं।

भाई ही
रेणु

[33]

औराही हिंगना
30.12.74

भाई बिरजू बाबू,

कल मैंने फारबिसगंज आकर आपसे मिलने का कार्यक्रम रखा था। लेकिन, सुबह की गाड़ी से ही श्री सत्यनारायण लाल दास (छात्र !) जी मुझे लेने को आ गये। वे खासकर मुझे आपके पास ले चलने के लिए ही आये थे। अतः अपना कार्यक्रम स्थगित करने का बहाना निकालना पड़ा। लेकिन, उन्होंने आपके नाम एक पत्र मुझसे लिखवा लिया। आशा है आप उसे लाइटली ही लेंगे।

आज जा रहा हूँ। 15 तारीख तक निश्चय ही लौटकर आ जाऊँगा। बहुत उम्मीद है कि मेरे सरकारी चेक्स (फ्रेश) बनकर आ गये होंगे और मैं आपके नाम ड्राफ्ट बनवाकर ला सकूँगा। घर का समाचार सब ठीक है। मेरे नाम कोई पत्र आया हो तो भेज देंगे।

शुभकामनाओं सहित,

भाई ही
रेणु

[34]

औराही-हिंगना
13.1.75

प्रिय भाई बिरजू बाबू,

मैं अभी तक घर पर ही हूँ। कल अशौच से निवृत्त हुआ हूँ।

मैं किस अवस्था में हूँ इसका वर्णन नहीं कर सकता हूँ। पिछले एक सप्ताह से मानसिक क्लान्ति और अवसन्नता अपनी चरम सीमा पर है। इस बीच जुगनू के दो-दो तार आये और मैं निश्चेष्ट यहाँ पड़ा हुआ हूँ। बहुत संकट में हूँ। कल, सोच रहा हूँ कि जिस भी अवस्था में हूँ–गाड़ी में जाकर बैठ जाऊँ।

मुझे आज मालूम हुआ है कि वेणु दो-तीन शीशम का पेड़ बेचना चाहता है और इसके लिए उसने रजना को आपके पास भेजा था। उसे दस-पंद्रह दिन के अंदर ही बैल लेना है। मेरी ओर से निराश होकर–माँ-बेटे ने मिलकर शायद यह तय किया है। चूँकि आपने उसी बगीचे का एक पेड़ मोल लिया है, इसलिए आपके

ही पास रजना को भेजा था। आज मुझसे कहा गया है कि मैं आपको पत्र लिख दूँ इस संबंध में। सो, मैं लिख रहा हूँ। आगे आपकी मर्जी।

बिरजू बाबू ! मैं अब एकदम उड़कर पटना चला जाना चाहता हूँ।

आशा है, आप स्वस्थ और प्रसन्न हैं।

अगर Contact हो सके तो श्री जितेंद्रजी को Telephone से कह दें कि मैं 15th January बुधवार को सुबह निश्चय ही पहुँच रहा हूँ–मेरे डेरे पर इसकी सूचना दे दें।

मैं अब लौटकर आऊँगा, तभी आपसे सीधे फारबिसगंज जाकर मिलूँगा। नमस्कार।

आपका

रेणु

[35]

कस्बा और गढ़बनैली के बीच चलती गाड़ी से

15.2.75

भाई बिरजू बाबू,

श्री जुशा से सारी बातें मालूम हो जायेंगी।

निवेदन है कि कल आप किसी समय आध घंटे के लिए भी मेरे घर पर आवें तो मैं बहुत उपकृत होऊँगा।

चूँकि शहर के मेहमान आ रहे हैं–मुझ ग्रामीण के पास उनके स्वागत-सत्कार के सामान्य साधन भी नहीं हैं। जुशा के मार्फत जो भी चीजें भेज सकें–भेज दें।

अगर शम्भू से बात करके जीप का जोगाड़ हो सके तो कल 9 बजे तक (बरौनी-जोगबनी के पहले) सिमरोहा–जुशा तथा शम्भू के साथ आ सकें तो बहुत अच्छा हो।

ज्यादा क्या लिखूँ। बाकी बातें मिलने पर।

नमस्कार,

भाई ही

रेणु

[36]

औराही-हिंगना

21.2.75

भाई बिरजू बाबू,

रजना ने आज तीन पेड़ कटवा लिया है। कल, उन्हें 'टोनी' यानी टुकड़े में

करेंगे। परसों तीन पेड़ की टोनियाँ या तो बैलगाड़ी अथवा ट्रैक्टर के ट्रेलर पर पहुँचायी जा सकती हैं–ऐसा इसका कहना है।

मैं इसको आपके पास सीधे भेज रहा हूँ–इससे साफ-साफ सारी बातें कर लेंगे कि कब तक सारी लकड़ियाँ और किस तरह यह पहुँचायेगा।

वेणु की माँ आपके लिए खीर भेज रही हैं–इसमें चीनी नहीं डाली गयी है।

हम लोग कल आ रहे हैं। बाकी बातें होंगी।

भाई ही

रेणु

[37]

औराही-हिंगना,

4.4.75

भाई बिरजू बाबू,

नहीं, मैंने फारबिसगंज आना नहीं छोड़ा है। आज आना था। नहीं आ सका। कल निश्चय ही आ रहा हूँ··· टोकरी भर बातें हैं, आकर आपसे करूँगा। बगैर मिले कैसे जा सकता हूँ ?

आशा है आप स्वस्थ और सानन्द हैं ?

भाई ही

रेणु

पुनश्चः – अगर पिछले दो दिनों की कलकत्ता के किसी पत्र की कोई प्रति हो भेज सकें तो बहुत अच्छा हो।

रेणु

[38]

औराही-हिंगना

25.3.75–10 बजे रात

भाई बिरजू बाबू,

पौने नौ बजे रात रेडियो से 'दीपकजी' के हठात् हमारे बीच से उठ जाने का सुनकर मुझे काठ मार गया है। क्या लिखूँ ? किन शब्दों में व्यक्त करूँ ?

दिल के रोगी होने के बावजूद इधर उनके काम करने की क्षमता और दक्षता को देख-सुनकर अवाक् होना पड़ता था। अब समझा कि बुझने के पहले शमा की लौ कैसे तेज हो जाती है। मन से इतना मजबूत आदमी कि कभी न हारा और न थका।

लोकनायक जयप्रकाश और विद्रोही युवा पीढ़ी के बीच का एक सही और

सफल 'संवदिया' ऐसी घड़ी में चला गया ? मैं मानता हूँ कि एक सक्रिय-सजग साहित्यकार और ईमानदार पत्रकार की हैसियत से हमारा दीपक··· बिहार जन-आंदोलन को संपूर्ण समर्पित हो गया। लेकिन, बुझ नहीं गया है। वह सदा हमारे दिलों में उसी तरह जलता रहेगा।···

मैं यहाँ गाँव में साधनहीन, लाचार हूँ। अगर आप पहुँचा सकें तो कृपया मेरी ओर से भी श्रीमती दीपक तक मेरी हार्दिक संवेदना पहुँचा दें–"बुझ जाने के बावजूद दीपक बिहार के जन-जन के मन में जल रहा है और जलता रहेगा। भगवान आपको सहने की शक्ति दें। उनकी आत्मा को शांति, संपूर्ण क्रांति के सफल होने पर ही मिलेगी।"

26/3/75 सुबह : बिरजू बाबू ! मैं शांत-चित्त होने के लिए रामकृष्ण और विवेकानंद और लोहिया को बारी-बारी से रात-भर पढ़ता रहा हूँ। आप भी शांत होकर बस यही सोचिये कि हमारा साथी लड़ाई के मैदान में वीरगति को प्राप्त हुआ है।··· जनक्रांति जिंदाबाद ! दीपकजी, जिंदाबाद !!

भाई ही–रेणु

पुनश्च – श्री जितेंद्रजी को telephone पर contact करके अथवा Everymans के पते पर या सीधे श्रीमती दीपक तक–जैसे भी हो, पहुँच सके–हमें अपनी संवेदना वार्ता अवश्य पहुँचा देनी चाहिए। – रेणु

पुनश्च – बिरजू बाबू, शांत होइये।··· सब भगवान की इच्छा पर है। – रेणु

[39]

[गाँव से, 1975]

बिरजू बाबू,

मैं नहीं समझता कि जनसंघर्षी रचनाकारों ने आपको और ज्यादा विरक्त किया होगा। यानी 'चरम' से तो हम लोगों ने शुरू ही किया है।

मुझे लगता है कि फारबिसगंज में इनका कार्यक्रम एक दिन में ही नहीं पूरा हो सकेगा। जुशा प्रदर्शनी और कवि गोष्ठी के लिए कोई शर्त रखनेवाले हैं–जो उचित है या नहीं विचार करेंगे।

आपको हम लोग कभी भी नहीं भूलेंगे। यह औपचारिक वचन नहीं। [मैं (रा. मू.) नहीं]

भाई ही
रेणु

[40]

गाँव से–
5.4.75

बिरजू बाबू,

भगवान को अशेष धन्यवाद। जेपी इस यात्रा में बाल-बाल बचकर आ गये। लेकिन अब बंगाल की बारी है। यानी जनक्रांति की लपट में बंग-भूमि भी आ गयी।

मैं मस्तिष्क-शूल से पीड़ित हूँ आज।

भगवान जेपी की रक्षा करें।

कल मैं आऊँ या न आऊँ–आप फारबिसगंज से बाहर का प्रोग्राम मत बनाइयेगा।

नमस्कार,

भाई ही
रेणु

[41]

2/30, राजेंद्रनगर
पटना-16
1.6.75

भाई बिरजू बाबू,

मैं 21/5 को दिल्ली से सकुशल लौट आया। ऑल इंडिया इंस्टिट्यूट ऑफ मेडिकल साइंस में एक सप्ताह रुककर पूरा चेक-अप करवा लिया–डॉ. आत्मप्रकाश के तत्त्वावधान में सारी जाँच हुई। अब जुलाई में फिर बुलाया गया हूँ–Acid freezing therapy के लिए। यह Therapy–भारत में बस इंस्टिट्यूट में ही शुरू किया गया है। पेट को एकदम freezing point पर ले जायेंगे–4 घंटे में आठ बार दस से पंद्रह मिनट के लिए यह प्रक्रिया चलेगी। डॉक्टरों ने बल देकर कहा है कि वे मुझे संपूर्ण स्वस्थ कर देंगे।

मैं 6 से 10 जून तक घर आ रहा हूँ। पंद्रह-बीस दिनों तक रहूँगा। साथ रहेगा आपका कई दिनों तक। श्री प्रफुल्ल मौन की मार्फत एक संबंध भी तय करना है।

मैंने 17 या 18 मई को जगदीश भाईजी को टेलीफोन किया था। मिले थे फोन पर और उन्हें बाहर जाना था दो-तीन दिनों के लिए। सुना–काकू भी माँ को लेकर आया हुआ है। लेकिन मुझे 20/5 को ही पटना चल देना पड़ा।

और सब समाचार उत्तम है।

घर आते ही आपको सूचित करूँगा।

नमस्कार ग्रहण करें।

भाई ही
रेणु

[42]

(गाँव से)
15.6.'75

प्रिय बिरजू बाबू,

आपका पत्र मिला।

मैं अब तक फारबिसगंज आ सकने की स्थिति में अपने को नहीं ला सका हूँ। शादी के तुरंत बाद ही आपके बकाया पैसे का अधिकांश (कम-से-कम तीन हजार) चुका देने की व्यवस्था मैंने की थी। किंतु, अब किसी को क्यों दोष दूँ। अपना ही सारा कसूर है। जहाँ डेढ़ हजार रुपये लगते और परीशानी भी नहीं होती–वहाँ (श्री जुगनू शारदेयजी की कृपा से) साढ़े तीन हजार लग गये। परीशानी जो हुई–वह अलग। पटना से जो चीजें वह खरीदकर लाये–वे या तो बेकार साबित हुईं, बहुत ज्यादा दाम लगे··· अब क्या लिखूँ ? सब मेरा दोष है। मेरी मूर्खता।

अब बंबई से उनका पत्र आया है कि उनके चलते कुछ फिजूल खर्च हो गया और कुछ अव्यवस्था भी। इसके लिए वे दुखी हैं और प्रायश्चित्त और दंड के लिए तैयार हैं।

बिरजू बाबू ! मैं चुप हूँ। अवाक् हूँ–शादी के बाद से ही। ऐन शादी के दिन उनके मुँह से मेरे लिए गालियाँ फुलझड़ी की तरह छूट रही थीं। सिमराहा, बारा, अररिया से लेकर पूर्णियाँ तक–वे मेरे नाम पर अश्लील गालियाँ बो गये हैं। जो उन्हें पहचानते थे, हैरान थे। जो नहीं पहचानते थे–समझ रहे थे कि बारात का कोई आदमी है और गाली दे रहा है।··· क्यों गाली दे रहा था–अब समझा।

मुझे एक महीने का समय और दीजिये कृपया। पिछले बीस दिनों से लिख रहा हूँ। और दस-पंद्रह दिनों में जो पांडुलिपि तैयार होगी–उस पर सात हजार रुपये एडवांस मिल जायेंगे–राजपाल ने भरोसा दिया है। इसलिए–बावजूद भीषण गर्मी और अस्तव्यस्तता के लिखे जा रहा हूँ। निश्चय ही जुलाई 75 के अंतिम सप्ताह तक मैं रुपये वापस कर दूँगा।

कप-प्लेट का भाड़ा और बिस्कुट की कीमत 25/5/75 तक मैं स्वयं लेकर आ जाऊँगा।

आपको क्या लिखूँ ? आप लोग मेरे यहाँ से भूखे गये–मुझे मालूम है। मेरा सब किया-किराया बेकार हुआ। यों, मैंने अपने जानते सब ठीक ही किया था। लेकिन, 18/5 यानी शादी के दिन–दोपहर से ही जुगनूजी की हरकतों के कारण हम सभी बदहवाश हो गये। उस दिन जैसे-जैसे संवाद उन्होंने भेजे–उसका कुछ

नमूना–"घर में बैठे हैं रेणुजी। वर और बारात वापस चला गया–कह दीजियेगा।"–जुगनू ने बारा से समाचार भेजा।

–"पूर्णियाँ जाकर लौट आया हूँ–बारात लापता है। मैं टैक्सी लेकर गया था।"–सिमराहा से खबर।

अब समझ रहा हूँ कि यह सब वह क्यों कर रहे थे। उनके पास मुझे देने के लिए दो प्रकाशकों के करीब दो हजार रुपये थे (राजकमल, पटना–अनुपम, पटना)। उसमें से मुझे एक पैसा भी नहीं देना था–इसलिए भूमिका बाँध रहे थे।

विद्या बाबू कब तक यहाँ रहेंगे ? मैं मंगलवार को आ रहा हूँ।

स्वस्थ हूँ।

आप कैसे हैं ?

नमस्कार ग्रहण करें।

आपका
फणीश्वरनाथ रेणु

[43]

औराही-हिंगना
25.6.75

भाई बिरजू बाबू,

पत्र मिला।

रात मेरा सबकुछ चोर उठा ले गया।

एक ट्रंक जिसमें मेरे सारे कपड़े, पोर्ट-फोलियो बैग–दोनों (VIP Box) को तोड़कर–चीजें निकालकर–पाट के खेत में छोड़ दिया–500 नकद, मेरी प्राण से भी प्यारी 'Parkar-51' कलम, शैलेंद्र के पचास से भी अधिक पत्र, साढ़े तीन सौ पेज लिखी हुई पांडुलिपि, एक बुश रेडियो बड़ा–बहुत सारे अन्य अत्यावश्यक कागजात–सब ले गये। मेरे पास सिर्फ देह पर जो कपड़े हैं–बस।

सुबह से किंकर्त्तव्यविमूढ़ हूँ। थाना में सुबह ही रपट लिखा देना आवश्यक था। अभी किसी को भेज रहा हूँ··· शादी के समय एक नौकर सहरसा जिले का मेरे यहाँ दो महीने रहकर गया है और जो चोर था–यह उसके सिवा और किसी का काम नहीं। गाँव के एकाध चोर होंगे निश्चय ही। मैं आज ही फारबिसगंज और फिर वहीं से पटना जानेवाला था।

ऐसी दुर्वस्था में आपके निमंत्रण को सहर्ष स्वीकार कर भी–आने में असमर्थ हूँ।

क्या करूँ–कुछ समझ में नहीं आता। मेरा आदमी भी–श्री रामचंद्र चौधरी–थाना पर पत्र लेकर जा रहा है। क्या ऐसी व्यवस्था नहीं हो सकती कि फारबिसगंज थाना से रानीगंज थाना के अधिकारियों को फोन के द्वारा सूचित कर दिया जाये !

कृपया अन्यथा न लेंगे और मुझे इस विपत्तिं में क्या करना है–लिखेंगे और सुधि लेंगे। नमस्कार–

भाई ही

रेणु

सेवा में,

बृजमोहन बॉयवाल

फारबिसगंज

[44]

औराही-हिंगना

3.8.76

आदरणीय भाई बिरजू बाबू,

आपका पत्र मिला।

मैंने पटना के समधी श्री रजनीकांत बाबू को 29-1-76 को ही एक पत्र भेज कर सूचित कर दिया था कि अकस्मात् हमारे एक सगोत्र (Blood relation) की मृत्यु के कारण–पूर्वनिश्चित श्रीपंचमी के दिन द्विरागमन का कार्य संपन्न नहीं हो सकेगा। इस आशय का एक पत्र मैंने डॉ. रामवचन राय के नाम भी उसी दिन दिया ताकि वह भी जाकर रजनी बाबू को इसकी सूचना दे सकें। किंतु ऐसा लगता है कि पत्र मिलने के बावजूद ये लोग चले आये हैं।

हम लोग जिस समाज में रहते हैं–उसमें अशौचावस्था में कोई शुभ कार्य नहीं होता। पटनावाले इन सब बातों को रूढ़ि मानते हैं। शायद, यह रूढ़ि हो भी। लेकिन मुझे रहना इसी समाज में है। अशौचावस्था में मेरे ख्याल से किसी हिंदू के घर में कोई शुभ कार्य नहीं होता। बल्कि, इस उद्देश्य से आना अथवा आ पहुँचना भी अशुभ है। मेरे दामाद साहब सदलबल आये हैं–सदलबल फारबिसगंज से ही वापस चले जायँ। इस अशौचावस्था में–पहली विदाई के निमित्त उनका यहाँ पहुँचना अच्छा नहीं।

हम लोगों के शुद्ध होने के बाद 20 फरवरी को शुभ दिन है। मैंने श्री रजनी बाबू को इसी तारीख के लिए लिखा था। किंतु, ऐसा लगता है कि उन्होंने इस पर कोई ध्यान नहीं दिया।

सुबह को वेणु और शम्भु को भेज रहा हूँ। ये दोनों उन लोगों से बातें करने के लिए जा रहे हैं। मेरा जाना, मैं उचित नहीं समझता। क्योंकि मेरे साथ अब तक जो व्यवहार हुआ है–यह आखिरी तिनका है··· ये लोग हम लोगों को महामूर्ख समझते हैं। मैं इनके व्यवहार से द्रवित ही नहीं–क्रोधित भी हूँ।

विशेष भेंट होने पर–प्रणाम

भाई ही

रेणु

पुनश्च – एक दो दिन में मैं आपकी सेवा में उपस्थित हो रहा हूँ। क्या वे लोग विराटनगर से लौटते हुए आपसे मिलेंगे ? अगर, वेणु और शम्भु के पहुँचने से पहले आवें तो उन्हें रोकेंगे। वेणु वगैरह पहली गाड़ी से पहुँचेंगे। – रेणु

[45]

[गाँव से]
4.2.76

आदरणीय भाई,

आपका पत्र मिला। शुरू से अंत तक कई बार पढ़ गया। किंतु मेरी किंकर्त्तव्यविमूढ़ता पूर्ववत् बनी रही। यह मान लेने पर भी कि यह लोग जानबूझ कर नहीं आये हैं–समस्या बनी रहती है। अशौचावस्था में कोई शुभ काम संभव नहीं। यह तो आप जानते हैं ? इसमें अरुणजी के मुँह दिखलाने या नहीं दिखलाने का सवाल ही कहाँ उठता है ?

मधुर संबंध को बनाये रखने के लिए ही मेरी भी सारी चेष्टा है। मेरे या हमारे परिवार के मन में हमेशा यह कांटे की तरह नहीं खटकता रहे कि अमुक बेटी का गौना अशौच में हुआ अथवा अमुक दामाद का अशुभ घड़ी में पदार्पण हुआ।

साइत-शुभ-अशुभ घड़ी तथा ग्रह-नक्षत्र, लग्न, राशि के मामले में बहुत ही रूढ़िवादी और कट्टरपंथी हूँ। इसके लिए मुझे लज्जा भी नहीं।

20 फरवरी के पहले द्विरागमन हम नहीं संपन्न करवा सकते।

अरुणजी को जो पत्र मैंने दिया है वही पर्याप्त है–इसके अलावा एक शब्द ज्यादा मैं उनको नहीं लिखूँगा।

मेरी इज्जत का यहाँ कोई प्रश्न नहीं। बेटी-दामाद के सुखमय भविष्य के लिए ही मेरी यह जिद्द है।

प्रणाम,

भाई ही
रेणु

[46]

[गाँव से, 1976]

प्रिय भाई,

तार और आपका पत्र प्राप्त हुआ। मैंने कल भात खाया है। तीन-चार दिनों तक बेसुध और बेहाल रहा।

कृपया रा. म. जी को सूचित कर दें (किसी भी माध्यम से) कि मैं 20

तारीख तक—हर हालत में पटना जा रहा हूँ।

पिछले एक-दो दिनों का अखबार अगर भेज सकें तो अच्छा हो। पटना का कोई समाचार ?

मैं कल भी नहीं आ सकूँगा। परसों, यानी सोमवार को निश्चय ही फारबिसगंज आ रहा हूँ। आप कैसे हैं ? माताजी का समाचार ?

नमस्कार ग्रहण करें।

पत्रोत्तर दें।

भाई ही
रेणु

[47]

औराही-हिंगना
10.3.76

आदरणीय भाई बिरजू बाबू,

आपका पत्र मिला। हाँ, मैं अच्छी तरह हूँ—यदि इसी को 'अच्छी तरह' रहना कहा जाता है तो सचमुच अच्छी तरह हूँ। स्वर्ग का सुख भोग रहा हूँ। और क्या चाहिए ? मनुष्य-योनि में जन्म लेकर अब 'धन्य' हो रहा हूँ।

आपसे मिलने की उत्कट-अभिलाषा मन में सदा बनी रहती है। किंतु, जिस कारण से मुँह नहीं दिखला पा रहा हूँ—वह आप भलीभाँति समझते होंगे।

जमीन औन-पौन दाम में बेचना चाह रहा हूँ—ग्राहक मिलते नहीं। उम्मीद है, होली के बाद—जमीन, कुछ अचल संपत्ति (जैसे पंपिंग सेट, पेड़ वगैरह) तथा रिवाल्वर के ग्राहक मिल जायेंगे। अन्य आवश्यक उपाय भी कर रहा हूँ। 'मार्च' के कारण—मेरे प्रकाशक अभी कुछ देने की स्थिति में असमर्थ हैं। अप्रिल के अंतिम सप्ताह में—जैसे भी हो—मैं पैसे लेकर ही आपके दर्शन को पहुँचूँगा। मुझे पूरा विश्वास है (अभी भी मन में जीवन के प्रति विश्वास बाकी है थोड़ा) कि मैं इस बार वादाखिलाफी नहीं करूँगा।··· आपने जैसे वक्त में मेरी सहायता की है—उसको भूला नहीं हूँ। इसलिए, यदि आदमी की हैसियत से जीना है तो आपकी आवश्यकता के समय मुझे अविलंब पैसे पहुँचा देना चाहिए। परिस्थितियाँ लगातार प्रतिकूल नहीं होती जातीं तो शायद ऐसा नहीं होता। आप कुछ दिन और मुझ पर अपना विश्वास बनाये रखें तो मेरा भी हौसला बढ़ेगा। यों, अभी तो अपने कलेजे का दर्द भी—'हमदर्द' नहीं। किंतु—आप पर मुझे भरोसा है।

एक महीने से अखबार पढ़ना और रेडियो सुनना बंद है। चिट्ठी-पत्तरी भी कहीं से नहीं आती, न किसी को लिखता हूँ। ऐसे में आपका—होली के पहले पाकर—मन में एक अजीब-सी गुदगुदी लग रही है। मन के किसी कोने में टेसू खिल उठता है, रंग-गुलाल उड़ने लगते हैं और मिलकर—जी खोलकर—हँसने-हँसाने की ललक

पड़ती है। किंतु, अब सबकुछ 'आकाश-कुसुम' प्रतीत हो रहा है।

आपके स्वास्थ्य के लिए भगवती से प्रार्थना करता रहता हूँ।

यदि आवश्यक समझें, पत्रोत्तर देंगे। आपका कोई भी पत्र मुझे सुख देगा।

प्रणाम स्वीकार करें।

भाई ही

रेणु

[48]

औराही-हिंगना

4.7.76

भाई बिरजू बाबू,

आपका पत्र मिला। किंतु ऐसा संयोग कि पिछले दो दिनों से ज्वर तथा खाँसी से पीड़ित हूँ। अतः मुनि रूपचंद्र जी के स्वागत समारोह के उत्सवों में सम्मिलित नहीं हो सका। यह मेरा दुर्भाग्य !

किस अवस्था में हूँ। लिखकर बता नहीं सकता। ज्वरमुक्त होते ही फारबिसगंज आकर मिलूँगा।

जु शा ने बिहार सरकार के लिए डाक्युमेंटरी फिल्म बनाने का काम लिया है–सुना है। मुझसे पत्र व्यवहार और मुलाकात नहीं है। श्री नागार्जुनजी बाहर हैं। किंतु सुना है कि...।

मुझे बहुत दुख हो रहा है कि मैं आज फारबिसगंज नहीं आ सका। बच्चे अच्छे हैं। आशा है दिल्ली में जगदीश बाबू तथा कलकत्ते में विद्या बाबू सपरिवार सानन्द होंगे। नमस्कार ग्रहण करें।

भाई ही

रेणु

रामाशीष यादव[1] के नाम

औराही-हिंगना

29.5.74

आदरणीय मास्टर साहब,

प्रणाम।

आपका स्नेहपूर्ण पत्र प्राप्त हुआ। मिर्जापुर आने का कार्यक्रम मैं हर वार

1. प्रधानाध्यापक (राष्ट्रीय पुरस्कार प्राप्त), आदर्श मध्य विद्यालय, मिर्जापुर (पूर्णिया)।

घर आने पर बनाता हूँ किंतु, प्रत्येक अवसर पर कुछ-न-कुछ हो जाता है कि आप लोगों के दर्शन एवं सत्संग से वंचित रह जाना पड़ता है। मैं मिर्जापुर, सुबह जाकर शाम तक लौटने की बात नहीं सोचता कभी। यानी, वहाँ एक-दो दिन रहने के लिए मुझे आना है। मेरे कई मित्र भी मेरे साथ रहेंगे। विद्यालय की ख्याति और आपकी शिक्षण-पद्धति के संबंध में वे बहुत सुन चुके हैं। मुझे आशा है कि गर्मी की छुट्टियों के तुरत बाद ही आपकी सेवा में हम लोग उपस्थित हो सकेंगे—एक (मूवी) कैमरामैन रहेगा, एक टेपरेकार्डर तथा शिक्षा एवं संस्कृति के क्षेत्र में सक्रिय दो-तीन बुद्धिजीवी मित्र। मैं आपको पंद्रह दिन पहले ही सूचित कर दूँगा।

मैं एक सप्ताह के लिए आया था, 20/5 तक ही लौटना था। किंतु घर आकर संसार-प्रपंच में फँस गया हूँ। अस्वस्थ भी हो गया हूँ। 30/5 तक हर हालत में मुझे पटना पहुँच जाना चाहिए।

अपराजित को आज खाली हाथ ही भेजना पड़ रहा है। मैं पटना पहुँचकर ही उसको पैसे भेज सकूँगा। स्कूल बंद होने के पहले ही उसका बकाया साफ कर दिया जायेगा।

आप बढ़ रहे हैं, विद्यालय बढ़ रहा है और उसके साथ मेरा भी कलेजा 'डेढ़-बित्ता' बढ़ रहा है।

शुभकामनाओं सहित,

स्नेहभाजक
फणीश्वरनाथ रेणु

सरयू मिश्र के नाम

[1]

औराही-हिंगना
3.4.65

भाई सरयुग,

मैं घर पर हूँ। वीरपुर जाना चाहता हूँ। तुमको फुर्सत है क्या ? निकाल सकोगे समय ? साथ रहता तो अच्छा होता। कैसे हो ?

'दिनमान' देखा है ? सुना है नाम ? इसके 14/3, 21/3, 28/3 और अब 4/4 का अंक देखना और अब देखते रहना। क्योंकि, बिहार का प्रतिनिधित्व मैं ही कर रहा हूँ यानी बिहार का 'डिस्पैच' मैं ही लिख रहा हूँ।

विशेष मिलने पर। तुमसे कई काम हैं प्यारे। सूचित करो कि कब तक, कहाँ और कब मिलोगे ? या मिल सकते हो ?

यदि जीप सही हो तो एक दिन आ जाओ न ?

विशेष कुशल,

भाई ही

रेणु

[2]

औराही-हिंगना

8.4.65

सायंकाल

भाई सरयुग,

तुम्हारा पत्र मिला। मैं तो निराश हो गया था। मैं सुबह की पहली गाड़ी से लाख चेष्टा करने पर भी नहीं आ सकूँगा। इसलिए दूसरी गाड़ी यानी बरौनी-जोगबनी से आऊँगा। जैसा तुमने लिखा है–उतरकर जगदीश मिल्स में चला जाऊँगा। वहाँ रात में कम-से-कम 10 बजे तक नहीं ठहरा जा सकता है क्या ? अर्थात्, वीरपुर में। दिन में किसी स्थान को देखकर उसका रात का रूप देखना बहुत आवश्यक हो जाता है–मुकम्मिल तस्वीर आँकने के लिए।

तुम तथा मेरे अन्य स्नेही मेरा इतना ख्याल रखते हैं–इसीलिए तो जिंदा हूँ और रहने का जी करता है।

भाई ही

रेणु

पुनश्च – यार ! तुम हो कांग्रेसी और मैं जरा भी नहीं बदला हूँ। यानी वही खाने पीनेवाला आदमी जिसका नाम रेणु होता है। – रेणु

डॉ. महेश नारायण के नाम

[1]

पटना, राजेंद्रनगर

7.8.61

डॉक्टर साहब,

नमस्कार,

मैं आपकी ओर दो बार गया। एक बार जलेबी खाने और दूसरी बार पत्रवाहक के काम से। दोनों बार आपका दर्शन दुर्लभ ही रहा।

पत्रवाहक की बातें ध्यानपूर्वक सुनेंगे। यह अपने साहित्यिक जीवन के अनुभवों

में एक है।

विशेष मिलने पर,

आपका ही
रेणु

[2]

पटना
3.9.61

भाई,

पच्चीस दिनों के बाद गाँव से कल लौटा हूँ। मुझे बहुत दुख है कि अब तक मैं आपकी सेवा में न तो कुछ लिखकर भेज सका और न पत्रों के उत्तर गये।

आशा है मुझे क्षमा करेंगे।

आप इधर कब पटने आ रहे हैं ? लिखें। मैं एक-दो दिन में निश्चय ही लिखकर तैयार रखूँगा।

लतिकाजी ने Urssline Training में नाम लिखाया है। आपको नमस्कार भेज रही हैं।

पत्र दें। नमस्कार ग्रहण करें।

भाई ही
रेणु

[3]

पटना
21.3.1963

भाई डॉक्टर साहब,

आपका कार्ड मिला। धन्यवाद।

लतिकाजी ने यह एडमिट कार्ड दिया है और उनका कथन है कि यही रजिस्ट्रेशन रसीद की एटेस्टेड कापी है। मेरी बात वह सुनतीं ही नहीं–क्योंकि मेरा खयाल है कि एडमिट कार्ड और रजिस्ट्रेशन रसीद की एटेस्टेड कापी में भी अंतर है।

देखिये, यदि इससे काम चल जाय तो ठीक है। नहीं तो कृपया लौटती डाक से सूचित करें कि यह कौन-सा कागज है। मैं कुछ नहीं जानता और जिसे जानना चाहिए वह मुझसे भी ज्यादा नहीं जानती।

आशा है आप स्वस्थ हैं, प्रसन्न हैं।

पत्रोत्तर देने में देरी हुई सिर्फ इसी बहस में कि आखिर भेजना क्या है।

आप इधर कब आ रहे हैं।
नमस्कार ग्रहण करें।

भाई ही
रेणु

[4]

पटना
30.3.63

भाई,

अशेष धन्यवाद मेरा और लतिकाजी का ग्रहण करें। कल की डाक से उनका माइग्रेशन सार्टिफिकेट आ गया है।

आप इधर कब तक आ रहे हैं। पत्रोत्तर दें।

प्रणाम

भाई ही
रेणु

पुनश्च – लतिकाजी कह रही हैं कि admit card आप लेते जायेंगे, यदि वह आपके पास हो या वह युनिविर्सिटी वालों के पास हो।

पता–

डॉ. महेश नारायण
मेडिकल ऑफिसर
पुलिस हॉस्पिटल
गया

सत्येन्द्रनाथ शरण के नाम

[1]

14-5-75

प्रिय सत्येन्द्र बाबू,

'जीप' की गड़बड़ी के बारे में इन लोगों से मौखिक रूप से मालूम ही होगा। दूसरे की बैटरी लेकर काम चलाया जा रहा है। अगर आपके पास कोई बैटरी हो तो रजा साहब की गाड़ी की बैटरी को चार्ज होने के लिए दे दिया जाय।

आशा है, कोई व्यवस्था कर देंगे। परितोष ठीक है। हमारे दोस्त के परिवार का लड़का है। अतः 19-5-75 तक मैं इसी को रखना चाहूँगा।

विशेष शुभ

आपका
रेणु

पुनः – डॉ. बालगोविन्दजी के नाम एक पत्र है और पं. बा. कृ. झा के नाम पत्र–निमंत्रण-पत्र। सब डॉक्टर बालगोविन्दजी के डेरे पर भेज देंगे। – रेणु

[2]

औराही-हिंगना
5.6.75

प्रिय सत्येन[1]

पत्र मिला।

परितोष[2] एक दिन (करीब एक सप्ताह पहले) तुम्हारा पत्र लेकर आया था। मैंने उससे कहा था कि एक सप्ताह के अंदर मैं किसी दिन अररिया आकर रजा[3] का हिसाब चुकता कर जाऊँगा।

नवनीता[4] ससुराल से आ गयी है। प्रसन्न है। सास और जेठानी ने बहुत पसंद किया है। कल उसने अपने दुल्हा को पत्र दिया है, शायद। बस, मुझे इससे ज्यादा और क्या चाहिए ?

विवाह के बाद से ही मैं हैरत में हूँ कि मेरे द्वारा इतना सबकुछ कैसे संपन्न हो गया ? ऐसा लगा कि 'लगन' बाँट होने के बाद ही चारों ओर से मेरे मित्र, स्नेही और स्नेहाधीनों की टोली–देवदूतों की तरह–अचानक आकर छा गयी और मेरा यज्ञ सफल बना गयी। यह सब भगवती की कृपा है। (ऐसा मैं मानता हूँ और हृदय से विश्वास करता हूँ।) सचमुच तुम लोगों को किन शब्दों में क्या कहूँ ?

शुभकामनाओं के सिवा मेरे पास क्या है ?

पत्रवाहक के हाथ अभी मात्र एक सौ रुपये भेज पा रहा हूँ। इसी सप्ताह में बाकी एक सौ मैं स्वयं लेकर आऊँगा या मेरा चचेरा भाई (उपेन्द्र) पहुँचा देगा–निश्चय ही।

वीरेन[5] दिल्ली से आये या नहीं ? बुल्लू[6] कैसे हैं। चुन्नू[7], कहाँ हैं ?

मैं 15/6 तक पटना वापस जाने को सोच रहा हूँ।

आशा है, सपरिवार सानन्द और प्रसन्न हो।

अनेकानेक शुभकामनाओं और प्यार के साथ

तुम्हारा
रेणु (भाई जी)

---

1. सत्येन–सत्येन्द्रनाथ शरण, इंजीनियर, अररिया कोर्ट; 2. परितोष–एक ड्राइवर; 3. रजा–रजा का जीप भाड़े पर ले गये थे; 4. नवनीता–रेणुजी की बेटी; 5. वीरेन–पूरा नाम वीरेन्द्रनाथ शरण, सत्येन्द्र के बड़े भाई; 6. बुल्लू–शैलेन्द्रनाथ शरण, सत्येंद्र के भाई; 7. चुन्नू–संजीवशरण, रेणुजी के साथ 1974 में पूर्णिया जेल में थे।

महेन्द्रनाथ शरण के नाम

औराही-हिंगना
6.5.76

प्रिय भाई महेंद्रजी,

जैसा कि शैलेंद्र से मालूम होगा—अररिया से एक 'अर्धवार्षिक संकलन'[1] प्रकाशित करने की योजना है। उत्साही युवकों के साथ, मैं भी इस शुभ काम में सम्मिलित हूँ। आपसे अनुरोध है कि आप भी इसमें सक्रिय सहयोग दें।

प्रकाशन-योजना की विस्तृत परिकल्पना बाद में भेजूँगा। अभी इतना ही कहना है कि यदि हमारा संकलन अखिल भारतीय पाठक वर्ग के स्तर का नहीं होगा (अर्थात् यदि हम वैसी सामग्री नहीं दे सकेंगे) तो हम इसका प्रकाशन नहीं करेंगे।

इस योजना को लेकर मैं स्वयं आपसे मिलूँगा।

मैं स्वस्थ हूँ। आशा है आप सपरिवार सानन्द होंगे।

शुभकामनाओं के साथ

भाई ही
फणीश्वरनाथ रेणु

अशर्फीलाल भगत के नाम

[1]

औराही-हिंगना
8.2.76

आदरणीय भाई,

प्रणाम।

आपका पत्र प्राप्त हुआ।

वार्षिकोत्सव की प्रस्तावित तिथि 22.2.76 से मैं पूर्ण सहमत हूँ—मुझे कोई परेशानी नहीं होगी। मैं 22/2 को सुबह 10 बजे तक सिमरबनी पहुँच जाऊँगा।

आशा है, वार्षिकोत्सव संपूर्ण रूप से सफल होगा।

आपका भाई ही
रेणु

---

1. जिस अर्धवार्षिक संकलन की योजना रेणु ने बनायी थी, उसका नाम 'उत्तरा' रखा था।

[2]

औराही-हिंगना
फरवरी के अंत में, 1986

श्रद्धेय भाईजी,

प्रणाम।

मेरे पैर में कई फोड़े (बलतोड़) निकल आये हैं। बहुत कष्ट है।

सिमरबनी के बारे में मैं जो कुछ भी लिख रहा हूँ, उसके लिए बहुत सारे चित्रों की आवश्यकता होगी। सोच रहा हूँ, होली के बाद फारबिसगंज के किसी पेशेवर फोटोग्राफर को साथ में लेकर आऊँगा। इसके अतिरिक्त—1930 से 40, 40 से 60 और इसके बाद के कई आवश्यक आँकड़ों का संग्रह भी करना है।

निरीक्षण पुस्तिका (पुस्तकालय वाली) नहीं भेज पा रहा हूँ। होली की छुट्टी में जाते समय चौधरीजी ले जायेंगे।

सिमरबनी से लौटने के बाद से ही मैं इन फोड़ों के कारण परीशान हूँ। 'धर्मयुग' के संपादक को लिख दिया है। 'दिनमान' वालों को भी लिखा है। दोनों ही उस लेख को धारावाहिक—तीन अंकों में प्रकाशित करना चाहते हैं।

आशा है आप स्वस्थ तथा प्रसन्न हैं।

आपका
रेणु

प्रतिष्ठा में,
श्री अशर्फीलाल भगत,
सिमरबनी

अप्पू तथा जैनेंद्र के नाम

औराही-हिंगना
25.11.73

चि. अप्पू तथा जैनेंद्र,[1]

खुश रहो।

यहाँ हम लोग सकुशल हैं। तुम लोग स्वस्थ और प्रसन्न हो, यह जानकर खुशी हुई। तुम लोगों की परीक्षा चल रही है क्या ? परीक्षा के बारे में लिखना!

---

1. अप्पू रेणुजी का दूसरा पुत्र। जैनेन्द्र उनके भाई का लड़का। वे दोनों जब स्कूल में हॉस्टल में रहकर पढ़ रहे थे तब रेणुजी ने उन्हें यह पत्र लिखा था।

2 पैंट, 2 गंजी, आइना-कंघी तो भेजी जा रही है। तौलिया बाद में किसी दिन (जल्दी ही) भेज दूँगा।

यहाँ पप्पू आजकल दिन-भर धान लेकर भिखारी की दुकान जाता रहता है। कभी पैसे, कभी लेमनचूस, दालमोंट आदि ले जाता है। पढ़ने की बात करते ही कहता है कि नाम नहीं लिखाया गया है तो कैसे पढ़ें।

तुम लोग मन लगाकर पढ़ना। अपने सभी शिक्षकों को सदा पूज्य समझना।

पाँच रुपये गणेश के हाथ भेज रहा हूँ। तुम दोनों हम लोगों का सम्मिलित शुभाशीष लो।

–पिता

पुनः – हाँ, तुम लोगों की दोनों चिट्ठियाँ मिल गयी थीं, समय पर ही। ऐसे ही समय-समय पर एक कार्ड लिखा करो।

कन्हैयालाल वर्मा के नाम

औराही-हिंगना
27.12.73

प्रिय भाई,

तुमने ठीक ही अंदाज लगाया है–मेरा सिरदर्द (आधाशीशी) चरम पर है कल से ही। आज शाम की गाड़ी से फारबिसगंज जाकर किसी डॉक्टर की शरण लेने की बात थी–वह नहीं हो सका। कल **State Bank of India** की जोगबनी शाखा का उद्घाटन है और सभापतित्व करना है–D.M. आ रहे हैं। कल सुबह की गाड़ी से फारबिसगंज जाऊँगा।

मैं शनिवार को दोपहर की गाड़ी से, किसी भी हालत में रहूँ, अवश्य पहुँच जाऊँगा। और कुछ कर सकूँ या नहीं, 'सालतमामी' (1973) का एक दिन हम साथ-साथ बितायेंगे।··· मैं निश्चय शनिवार को आ रहा हूँ।

भाई ही
रेणु

प्रति,
श्री कन्हैयालाल वर्मा
स्वतंत्रता सेनानी
अररिया आर. एस. [पूर्णियाँ]

जयशंकर/बैजनाथ के नाम

[1]

2/30, राजेंद्रनगर
पटना-16
3.8.71

प्रिय जय,

कल शाम से ही 'भाईजी' की याद में डूबा हुआ हूँ। 'झूलनोत्सव' अब मेरे लिए 'हरि संस्मरण–सप्ताह' के रूप में हर साल आया करेगा ?

तुम्हारे पत्र का जवाब देर से जा रहा है।

तुमने पत्र में 'समय' माँगा है और पत्रोत्तर देर से देने का यही पहला कारण है।··· क्यों मेरी 'मिट्टी पलीद' करने पर तुम लोग तुले हुए हो ? मैंने पिछली बार तुमसे इस योजना को नये रूप में कार्यान्वित करने की राय दी थी। पता नहीं–सभी सहमत हों, तो मैं एक तारीख तय करके सूचना दे दूँ।

घर गया था। तीन-चार दिन ही रह सका। दुर्गोत्सव के पहले–यानी पूजा की छुट्टी के पहले अपना कार्यक्रम रखो।··· मेरे पास समय ही समय है। जब कहोगे आ जाऊँगा।

अब इस तरह अपना लिफाफा भेजकर मुझसे जवाब तलब करोगे तो जवाब के बदले डाँट मिलेगी। मैंने तुम्हारा यह 'लिफाफा' रख लिया है।

एक बात ! मैं अपने ब्लॉक के बी.डी.ओ. साहब का नाम भूल गया हूँ। जल्दी लिख भेजो। वे कैसे हैं ? उनसे मिलो तो मेरा प्रणाम कह देना। और यह भी कि आपसे बहुत बातें करनी हैं।

और क्या पूछूँ ? खेती-गृहस्ती का हाल पूछकर क्या होगा ? महाअकाल विकराल मुँह बाये आ रहा है। उससे जूझने की तैयारी कर रहा हूँ।

आशा है तुम लोग सभी सानन्द और प्रसन्न हो। इसी की कामना दिन-रात माँ से किया करता हूँ–सर्वे भवन्तु सुखिनः सर्वे सन्तु निरामयाः···

मैं आजकल ठीक हूँ। मगर शारीरिक 'ठीक-ठाक' ही सबकुछ नहीं। मानसिक रूप से··· भोग रहा हूँ–अकथ-कष्ट।

शुभाशीर्वाद और शुभकामनाओं सहित।

तुम्हारा
रेणु चाचा

[2]

औराही हिंगना
13.12.74

प्रिय जय,

शुभ हो।

आज ही राजकमल प्रकाशन के हेड ऑफिस (दिल्ली) से पत्र आया है कि मेरी रॉयल्टी का हिसाब करके शीघ्र ही मेरे घर के पते पर रॉयलिटी की राशि भेजी जा रही है जो 20/1 तक मुझे मिल जायगी।

ऐसी अवस्था में ब्रांच आफिस (पटना) के मैनेजर से भुगतान के लिए कहना ठीक नहीं होगा क्योंकि पत्र की प्रतिलिपि उनके पास भी भेजी गयी है··· तुमको पटना में··· दिन लगेंगे ?

मेरा पेप्टिक का दर्द जो उभरा है वह अब तक चल रहा है। बहुत कष्ट में हूँ। उम्मीद है कि दो-तीन दिन में ठीक हो जाऊँगा। इस बार रानीपतरा प्राकृतिक चिकित्सा केंद्र में जाकर देखूँ। सिगरेट छोड़ने को अब तैयार हूँ।

मेरे मित्रों से मुलाकात हो तो उन्हें मेरा समाचार दे देना। ज्यादा क्या लिखूँ। तुम शीघ्र लौटकर आओ।

चतुर्भुजजी की सफलता की कामना करता हूँ।

तुम लोगों की यात्रा सुखद हो यही कामना है।

प्यार के साथ,

तुम्हारा
चाचाजी (रेणु)

[3]

औराही-हिंगना
27.5.75

प्रिय जय,

तुम्हारा पत्र मिला।

भुवनेश्वर के मार्फत Coke की एक दर्जन बोतल भेज रहा हूँ (क्रेट के साथ)। बाकी आठ के लिए 12 बारह रुपये (40+12=52 रुपये)। भुवनेश्वर को कंपनी में नहीं भेजकर तुम्हारे पास भेज रहा हूँ। व्यवस्था कर लेना।

मैं स्वस्थ हूँ। नीता कल शाम को आ गयी। सास-ससुर और ससुराल के लोगों से नीता बहुत प्रसन्न है। बस, मुझे अब किसी बात की चिंता नहीं।

मैं आज ही फारबिसगंज आना चाहता था। लेकिन, कड़ी धूप के कारण नहीं आ सका।

तुम लोगों की याद हर क्षण आती रहती है। तुम कैसे हो ? यहाँ से जाने के बाद तुम कैसे रहे ? तुम लोगों का घर है–जब चाहे आकर जितना दिन रहना चाहो–रह सकते हो। मैं अभी 5/6 तक तो निश्चित रूप से घर में ही हूँ। चतुर्भुज और बैजनाथ कैसे हैं ? थकावट ? अथवा अन्य कोई प्रतिक्रिया ?... किन शब्दों में तुम लोगों को क्या लिखूँ। भगवान से बस यही प्रार्थना करता हूँ कि तुम लोगों का जीवन सार्थक करें। उनकी असीम अनुकम्पा तुम लोगों पर बरसती रहे।

Orange Squace लौटाना नहीं है। घर के काम आ रहा है। भुवनेश्वर को 100/- रुपये का नोट दिया है। 52 रुपये कोक वालों का देना है। उसको कुछ खरीदारी भी करनी है।

कब आ रहे हो तुम लोग ?

कारू कहाँ है ?

तुम्हारा

रेणु चाचा

पुनः – मेरा Bed-Cover जैसा था–वैसा किसी दुकान में देख कर रखना। मैं जिस दिन आऊँगा ले लूँगा।

भुवनेश्वर की खरीदारी के लिए

1. सिगरेट 2 पैकेट
2. टुथब्रश (विजडम) एक
3. निको साबुन एक
4. कल अथवा आज का कोई भी अखबार
5. Digen tabs. 10
6. बंबई आम 25

[4]

9.9.75

प्रिय जय

नवनीता बीमार नहीं है, यह खबर मुझे मिल गयी है। लेकिन उनके श्वसुर आदि को विश्वास दिलाने के लिए तुम मेरे नाम से निम्न आशय का एक तार अभी ही लगा दो–

Navneeta quite hale and hearty

–Jaya

आशा है टेलिग्राम आज ही लगा दोगे।

रेणु

[5]

[1975 की जुलाई]

प्रिय जय / बैजनाथ,

अब अगर एक दिन भी मैं घर में रह गया तो निश्चय ही मैं विक्षिप्त हो जाऊँगा। अतः मैंने तय कर लिया है कि कल शनिवार की शाम की गाड़ी से पटना के लिए प्रस्थान कर दूँ। यद्यपि समाचारों में पटना में बाढ़ आने की संभावनाओं की बात कही गयी है। किंतु मैं जाऊँगा ही।

कल बरौनी वाली गाड़ी में एक सीट (स्लीपिंग सीट) मिल जाय इसकी चेष्टा करने के लिए यह पत्र लिख रहा हूँ।

विशेष क्या लिखूँ। चाहता तो था कि जय मेरे साथ चले। किंतु अपने चाहने से क्या होता है ?

फिर भेंट होगी।

तुम्हारा / चाचा
रेणु

[6]

औराही-हिंगना
28.7.76

प्रिय बैजनाथ,

प्रसन्न रहो। सुखी रहो। नियमित 'देश' पाकर–पढ़कर–सदा यही प्रार्थना और कामना करता हूँ।

मैं अब तक पटना नहीं जा पा रहा हूँ। कारण–वही सब है जो अब तक रहते आये हैं··· अब सारी चेष्टाएँ छोड़कर–खुदा के भरोसे किस्ती को छोड़ दिया है।

नगेन्द्र को एक विशेष कार्य से भेज रहा हूँ। वह तुमसे कहेगा।

और एक बात–आवश्यक बात। यदि संभव हो सके तो नगेन्द्र के हाथ 100/- रुपये की व्यवस्था करके भेज दो तो बड़ा उपकार हो। पटुआ पानी में है। उसी के भरोसे मैं बैठा हूँ–एक सप्ताह में ही तैयार हो जायेगा–सातवें दिन रुपये तुमको वापस मिल जायेंगे।

ऐसा लगता है–इस बार भी पटना यात्रा के पूर्व तुम्हारी और जय की वैसी ही ऐतिहासिक आवश्यकता हो। पिछले साल की विराटनगर यात्रा की याद आती है।

औराही-हिंगना पहुँचना आजकल रौरव-नरक में आना तो है ही–संकटपूर्ण भी है। इसके बावजूद यदि कष्ट करके तुम लोग आ जाते हो तो लगता है–थोड़ी

देर के लिए जिंदगी मिल गयी।

तुम्हारा / तुम लोगों का
रेणु

[7]

प्रिय बैजनाथ / जय !

उस दिन तुम लोग इस तरह क्यों चले गये ?

मैं तो फिर पड़ गया। कल पटना वापस जाना चाहता हूँ। लेकिन अकेला जाने की हिम्मत नहीं होती।

कल शाम को गाड़ी से किसी तरह चला ही जाऊँगा।

रेणु

[8]

प्रिय बैजनाथ / जय

शुभाशीष।

मैं कल शाम को घर पहुँचा हूँ।

आज तो फारबिसगंज में दुकानें बंद होंगी। इसलिए किसी दुकान से यदि 100 ग्राम अच्छी चाय की व्यवस्था। अगर लोपचु मिले तो वही देना।

शेष कुशल

तुम्हारा
रेणु

सौदा सिमराहा हाट

गोला पर

1. दाल चना ढाई किलो
2. दाल अरहर ढाई किलो
3. इलायची बड़ी
4. इलायची छोटी
5. मैदा दो किलो
6. चीनी 5 किलो
7. घी 2 किलो
8. जीरा, गोलमिर्च पाव भर
9. लाल मिर्च आधा सेर
10. तेल कड़वा दो किलो
11. नमक एक रुपये का
12. किरासन तेल दो रु. का
13. चना दो रुपये का

सिमराहा हटिया

1. परवल एक सेर
2. करैला एक सेर
3. कद्दू 3
4. झिंगली
5. खीरा 6
6. आलू 2 किलो
7. चावल उसना महीन 4 पसेरी

[9]

जय, बैजनाथ जी की जय !!

जु. शा. का कोई समाचार नहीं मिला है। स्वस्थ हूँ। कोई समाचार हो तो देना। उधर गये थे क्या ? अगर गये तो उधर का क्या समाचार है। गाँव में बहुत कीचड़ है–अतः आने का कष्ट मत करना। जु. शा. के आने से पहले मैं तैयार रहना चाहता था। किंतु, अर्थाभाव। वेणु को अब एक दिन की रोपनी और है। पानी में पटुआ है मगर हाथ में पैसा नहीं। एम.ओ. का इंतजार है। कम से कम 50 रुपये हो सके तो भेज देना। सात दिन में वापस कर दूँगा, कहता है। रविजी आये ?

चाचा

[10]

25.2.75

प्रिय जय / बैजनाथ,

कैसे हो तुम लोग ? मैं बलतोड़ के कारण परेशान हूँ। सिमरबनी का प्रोग्राम अच्छा ही रहा।

श्री शंभुनाथ मिश्र कहाँ है ? जय पटना से आये ? अखबार-'धर्मयुग' यदि मिले तो पेट्रोमिक्स भेज रहा हूँ।

रेणु

[11]

प्रिय जय / बैजनाथ जी,

सदा खुश रहें।

हम लोग कल (बुधवार) बरौनी वाली गाड़ी से जाना चाहते हैं। दो जगह स्लीपिंग में रिजर्व हो सके–ऐसी व्यवस्था करना। C. Bhuj जी पटना आने के पहले मुझे पत्र दे देंगे।

अनेकानेक शुभकामनाओं के साथ,

चाचा

[12]

प्रिय जय,

आदमी के अभाव में आठ बजे किसी को नहीं भेज सका।

2-75 प्रति इंच के हिसाब से जो सूटकेश मिल रहा है—वही दो खरीदकर पत्रवाहक के हाथ भेज दो।

शाम की गाड़ी में स्लीपर में दो व्यक्ति के लिए जगह रिजर्व करके लेते आओ तो बड़ी कृपा हो।

शुभकामनाओं के साथ,

रेणु

[13]

[1975 की जुलाई]

प्रिय बैजनाथ !

सुबह रेडियो से प्रसारित हुआ है कि पटना शहर के राजेंद्रनगर, लोहानीपुर आदि इलाके में पुनपुन का पानी घुस रहा है।

मैंने आज यात्रा स्थगित कर दी है। कल का समाचार सुनकर यदि पटना स्टेशन तक पहुँचने में कोई बाधा नहीं दीखी तो परसों चल पड़ूँगा।

विशेष फिर,

तुम्हारा
चाचा

[14]

प्रिय जय,

टेलिग्राम का मजमून आज नहीं कल ही भेजूँगा।

सामानों की लिस्ट लिख दिया है। सबसे पहले आवश्यक चीजें—यानी सीने-सिलाने वाली चीजें—उसके बाद शृंगार सामग्री वगैरह।

कल फिर कोई जायेगा।

शुभकामनाओं के साथ,

तुम्हारा
चाचा

[15]

प्रिय बैजनाथ,

दो दिनों से मैं फिर सिरदर्द आदि से पड़ा हुआ हूँ। इसलिए कल विराटनगर जाने का प्रोग्राम नहीं हो सकेगा। अब इधर–द्विरागमन का दिन भी श्रीपंचमी से आगे कर दिया गया है–यानी 20 फरवरी, इसलिए श्रीपंचमी के दिन ही हम लोग विराटनगर जायेंगे।

शुभकामनाओं के साथ,

रेणु

[16]

प्रिय बैजनाथ,

भगवती की दया से मैं आज अच्छा अनुभव कर रहा हूँ। डॉक्टर साहब की दवा चल रही है। लेकिन, प्यास बहुत लगती है। बर्फ अथवा खीरा का पानी पीता हूँ तो शांति रहती है।

पत्रवाहक श्री···मूली सामान खरीदने गये हैं लेकिन इन्हें अच्छी चीजें नहीं मिलती हैं और दाम ज्यादा ले लेता है।

कृपा कर–दो बोतल कोका कोला, बर्फ एक-दो सेर और ब्रिटानिया बिस्कुट दो पैकेट छोटा खरीद देना।

शुभकामनाओं के साथ,

चाचा

[17]

औराही-हिंगना

10.2.76

प्रिय बैजनाथजी,

अप्पू जा रहा है। 5 किलो गेहूँ खरीद देंगे। अप्पू के लिए एक छोटी रजाई सिलवा देना है और रूई भी खरीदवा देंगे।

जय कहाँ है ? क्या वह पटना गया था ? मैं इधर कई दिनों से फारबिसगंज आने का प्रोग्राम बना रहा हूँ–पर जा नहीं पा रहा हूँ। जय से आवश्यक बातें करनी है।

शुभकामनाओं के साथ,

रेणु

पुनः – सादा लम्बा लिफाफा स्टुडेंट बुक डिपो में नहीं मिलता है। कहीं से जरूर कर देंगे।

[18]

12.1.76

प्रिय बैजनाथ,

अप्पू को भेज रहा हूँ। ढाई सेर मछली का दाम–आठ रुपये प्रति सेर के हिसाब से 20 रुपये दिया है अंदाज से।

इसके अलावा तुम निम्नलिखित चीजें स्वयं साथ रहकर खरीदवा देना–

1. अमौट– आधा किलो
2. किसमिस–सबसे अच्छी क्वालिटी का
3. इलायची छोटी–6/- रु.
4. दाल चीनी–3/- रु.
5. ब्रिटानिया थीन अरारोट बिस्कुट–दो छोटे डिब्बे

मैं अब तीन-चार दिन के बाद ही आ सकूँगा।

और एक बात–अखबारवाले से रोज–एक इंडियन नेशन, एक टाइम्स ऑफ इंडिया और एक बंगला आनंद बाजार पत्रिका लेने की व्यवस्था कर सको तो बहुत अच्छा। **Indian Nation** इस रविवार का मिल सके तो आज ही भेज देना। दैनिक अखबार–एक दिन के बाद दूसरे दिन भी जाकर ले आया करेगा। तुम वहाँ रोज रखते जाना।

विशेष शुभ–

तुम्हारा
रेणु चाचा

पुनः – सिगरेट-कैप्सटन 3 पैकेट।

[19]

17.2.76

प्रिय जय-बैजनाथ !

चार किलो मैदा। 15 किलो चीनी। साढ़े चार K.G. घी–बेसन दाल चना आदि के मद में 50/- रु. और कल का बकाया 55/- रु. अप्पू के हाथ भेज रहा हूँ। 20-25 सेर मिठाई–10 सेर खाजा–10 सेर लड्डू के लिए घर पर हलुवाई से बनवाने के बदले वहीं किसी से बनवाना अच्छा रहेगा। वहीं व्यवस्था कर देना।

मैं यदि स्वस्थ रहा तो कल जरूर आऊँगा। नहीं तो नगेंद्र आयेगा। बर्तन बृहस्पतिवार तक भी आयेगा तो ठीक। तुम बृहस्पतिवार की छुट्टी ले लेना, बाकी बात कल। कल कुछ लिख नहीं सका। ट्रैक्टरवाला आ गया। खेत जोतवाता रहा और क्रिकेट सुनता रहा। कल आकर–सिमरबनी जाने का प्रोग्राम तय कर लेना है। मेरे विचार से तुम लोग सुबह की गाड़ी से यहाँ आ जाओ–10 बजे भी चलेंगे

तो 12 बजे तक पहुँच जायेंगे।

तुम्हारा
रेणु चाचा

[20]

औराही-हिंगना
19.2.76

प्रिय जय-बैजनाथ,

मुझे लगता है कि मैं तुम लोगों पर अत्याचार कर रहा हूँ। इसलिए अपनी अक्षमता पर बहुत क्लेश हो रहा है।

बस, एक ही काम है। आज शाम तक मिठाइयाँ (10 सेर खाजा–10 सेर लड्डू) बनवाकर भेजवा देना है।

दूसरा काम–अनूप वस्त्रालय में दो चादर रखवाया हुआ था। उसका क्या हुआ ? अगर दूसरे चादर की व्यवस्था हो गयी हो तो पहलेवाले को लौटा देना है। नहीं तो, जो खरीदे गये हैं–ठीक हैं।

दो गिफ्ट चेक है। इन्हें अब Cash करवाया जा सकता है या नहीं ?

तुम 20 को Via सहरसा पटना जा रहे हो। तो, तुम लोगों का सिमरबनी भी जाना स्थगित ही समझूँ ?–

मिठाई की बनवाई देव से ले लेना।

तुम्हारा
रेणु चाचा

चंद्रशेखर देव के नाम

औ. हि.
24.7.73

प्रिय देवजी,

शंभुजी को भेज रहा हूँ।

अगर आप यह अनुभव करें कि 'मौन' जी के बगैर उनके मित्रगण हमारे प्रस्ताव को गंभीरतापूर्वक नहीं ले रहे हैं तो अच्छा हो कि मैं पहले मौनजी से संपर्क स्थापित करने की चेष्टा करूँ ?

मैं कल नहीं जा रहा हूँ।

अब किस तारीख को जाऊँगा, कह नहीं सकता।

आपको यह स्मरण दिला देना आवश्यक समझता हूँ कि जो भी बात तय पावे–आप भाई बिरजू बाबू को सबसे पहले विस्तारपूर्वक प्रोग्राम बता देंगे।

जुशा आज आनेवाले हैं।

विशेष मिलने पर–

भाई ही

रेणु

पुनश्च – कृपया शंभु को विस्तारपूर्वक सब कुछ समझा देंगे। – रेणु

जगनारायण गुप्ता (सिमराहा) के नाम

[1]

औराही-हिंगना

31.1.73

प्रिय जगनारायणजी,

कुशलोपरांत विदित हो कि मैं आज शाम वाली गाड़ी से पटना जा रहा हूँ। आपसे इधर कई दिनों से मुलाकात नहीं हुई। अगर आप स्टेशन पर मिल सकें तो बहुत अच्छी बात है।

वेणु को और एक विशेष कार्य से भेज रहा हूँ। कृपया आप एक सौ (100) रुपये की व्यवस्था करके वेणु के मार्फत भेज दें अथवा मुझे स्टेशन पर देने की व्यवस्था करें। अन्यथा मेरा जाना स्थगित हो जायगा। आप चाहेंगे तो मैं आपको चेक दे दूँगा। रुपये की व्यवस्था आपको करना ही है।

शेष कुशल

आपका

रेणु

[2]

प्रिय जगनारायणजी,

मेरा प्रोग्राम फिर आज स्थगित हुआ। यानी फिर एक-दो दिन के लिए।

मुझे विश्वास है कि आपने मेरे लिए रुपये की व्यवस्था कर दी होगी। अगर कल आपको सुबह फुर्सत हो तो इधर आने का कष्ट करें अथवा मैं ही कल हाट के समय सिमराहा आ जाऊँगा।

विशेष मिलने पर।

भवदीय

रेणु

[3]

औराही-हिंगना

प्रिय जगनारायणजी,

आप आज मेरे साथ जा रहे हैं या नहीं ?

आपने मेरे लिए एक सौ रुपये की व्यवस्था की है या नहीं ?

कृपया श्री मोहनलालजी के मार्फत एक सौ की व्यवस्था करके भेज दें।

मैं आज निश्चय ही जा रहा हूँ। कृपया थ्री टायर स्लीपिंग में जगह सुरक्षित करवाने की व्यवस्था कर दें।

विशेष मिलने पर।

रेणु

[4]

भाई जगनारायणजी,

धनिकलाल को भेज रहा हूँ। अगर आप कृपा नहीं करेंगे तो मैं पागल हो जाऊँगा। बच्ची का दूध, बेटी की दवाएँ तथा फल आदि नहीं जुटा सका तो जी कर ही क्या होगा। आपने मेरा सदा उपकार किया है--इस बार भी कीजिए। ज्यादा क्या लिखूँ।

आपका
रेणु

[5]

24.6

प्रिय जगनारायणजी,

मैं कल स्टेशन नहीं आ सका। अन्ना का बुखार उतरा नहीं है। ऐसा लगता है कि शनिवार तक उतरेगा। मैंने हर तरह से चेष्टा की कि 25 तारीख को आपके साथ चलने का प्रोग्राम तय हो। लेकिन, मैं किसी भी अवस्था में कल नहीं जा पाऊँगा। कम-से-कम 18-6 के पहले तो मैं घर छोड़ नहीं सकूँगा। 28 तारीख सोमवार को शाम की गाड़ी से मैं निश्चय ही चलूँगा।

आपका
रेणु

[6]

प्रिय जगनारायणजी,

आवश्यक कारण से मेरा जाना कल नहीं, परसों मंगलवार को हो सकेगा। आप चल रहे हैं या नहीं, स्पष्ट जानकारी दें। मैं सिमराहा आने में हर तरह से असमर्थ हूँ–नहीं तो स्वयं ही मैं आता। मेरा जाना और नहीं जाना आप पर मुनहसर है–सो जानेंगे।

धनिकलाल को खाली वापस नहीं करेंगे।

आपके पास औराही तक आने का साधन (घोड़ा) है। आप युवक भी हैं। कल दस मिनट के लिए किसी समय आइये तो बहुत आवश्यक बातें हो जायँ।

आपका

रेणु

[7]

पटना

29.10.76

प्रिय जगनारायणजी,

आपका कृपापत्र प्राप्त हुआ।

पत्र पढ़कर मैं कुछ भी नहीं समझ पाया कि आखिर हुआ क्या है और मुझे क्या करना है। वेणु से भी कुछ नहीं मालूम हुआ।

और इस संबंध में पत्र-व्यवहार से सारी बातों पर न प्रकाश पड़ेगा और न पत्र द्वारा कोई निराकरण। अतः मैं 5/11 तक इसी काम के लिए आ रहा हूँ। आप जानते हैं कि मेरी आर्थिक अवस्था कितनी नाजुक है। उतने पैसे अभी मैं वापस कैसे कर सकूँगा ? दूसरी बात यह कि उस दिन आपके सामने मुझसे कई कागजों पर दस्तखत कराये गये थे। शायद एक रजिस्टर पर भी। फिर उन कागजों का क्या होगा ? यह सब ऐसे प्रश्न हैं जिनके उत्तर मैं स्वयं आऊँ तभी मिल सकते हैं अथवा आप पटना आयें–तभी। यों, आप जैसा कहियेगा लिखने को–लिख दूँगा। पत्रोत्तर दें।

विशेष फिर,

आपका

रेणु

[8]

जगनारायणजी,

आप अगर फारबिसगंज जा रहे हैं तो बिरजू बाबू को सूचित कर दें कि मैं

4 बजे की गाड़ी से फारबिसगंज आ रहा हूँ।–रेणु

[9]

औराही-हिंगना

14.3

प्रिय जगनारायण,

श्री सरयू मिश्रजी ने मुझे एक पखवारा पहले सूचना देने की कृपा की थी कि वे मुझसे मिलने मेरे घर पर किसी दिन आयेंगे। फिर उनके प्रोग्राम में रद्दोबदल होने के कारण वे नहीं आ सके। इस आशय का एक पत्र उनका आया था।

अगर वे फारबिसगंज आ गये हों और स्वस्थ हों तो तुम मिलकर उनसे निवेदन कर देना कि मैं अब भी घर में ही हूँ। पाँच-सात दिन और रहना है और कल यानी 15-3 को दस बजे वाली गाड़ी से फारबिसगंज आ रहा हूँ। यदि वे कल फारबिसगंज में रहें तो मैं उन्हें कहीं-न-कहीं ढूँढ़ लूँगा।

जो भी जवाब मिले नगेन्द्र के माध्यम से भेज देना। नगेन्द्र को कुछ सामान खरीद देना। तुम्हारी चीज (तुम्हारा हिस्सा) पड़ा हुआ है।

तुम्हारा

रेणु

[10]

12.8.73

प्रिय जगनारायणजी,

वेणु (9 बोझा) 9 मन सन लेकर जा रहा है। यह मेरी ओर के हिसाब में है। इस हिसाब में 100/- (एक सौ रुपये) पहले आपने दिया है। आज मेहमान को बैल का दाम चुकता करने के लिए चार सौ पचीस (425) रुपये वेणु के हाथ अवश्य भेज दें।

वेणु के हिसाब में एक सौ रुपये (100/-) पहले आया है। वेणु के हाथ में अभी तीन मन पाट है जो परसों तक आपके पास पहुँचा देगा। उसको तत्काल पटुआ कटाई और रोपनी के लिए दो सौ रुपये कल-परसों तक जरूरत है। उसका पटुआ (लयखी पाट) पानी में है। आपका 40/- रुपये का हिसाब और है जो उस सुबह को लिया गया था। उसे आप मेरे या वेणु के हिसाब में दर्ज रखेंगे–जैसी आपकी मर्जी।

425/- रुपये की व्यवस्था नहीं होने से मैं बहुत लज्जाजनक स्थिति में पड़ जाऊँगा। अतः इसका खयाल रखेंगे।

आपका

रेणु

[11]

19.2.76

प्रिय जगनारायणजी,

बहुत संकट में पड़ गया हूँ। कृपया वेणु को 300 रुपये (तीन सौ रुपये) की व्यवस्था करके आज ही दे दें। अन्यथा मैं बेइज्जत हो जाऊँगा। बहुत संभव है कि मेरा मनीआर्डर अब 25/26 तारीख तक आ जायेगा। अगर मनीआर्डर नहीं आया तो आपको चेक दे दूँगा। अथवा अन्य व्यवस्था करके निश्चय ही दे दूँगा।

आशा है आप इसमें तनिक भी हिला-बहाना नहीं करेंगे और 300/- (तीन सौ) की व्यवस्था करके वेणु को दे देंगे।

विशेष मिलने पर,

आपका
रेणु

[12]

प्रिय जगनारायणजी,

मैं 6/11 शनिवार को रानीपतरा से प्रयाग वाली गाड़ी से सिमराहा पहुँच रहा हूँ। कृपया वेणु को खबर कर दें कि शनिवार को तीन बजे वाली गाड़ी के समय स्टेशन पर बैलगाड़ी भेज दे।

शेष कुशल,

आपका
रेणु

[13]

[1975 की कोई तारीख]

प्रिय जगनारायणजी,

तबियत खराब रहने के बावजूद मैं अभी जब चलने की तैयारी करने लगा तो पाया कि मेरे सभी कपड़े इतने गंदे हैं कि उसे पहनकर कहीं जाया नहीं जा सकता।

कल निश्चय ही जाऊँगा। मेरा खयाल है कि पुलिस को सूचना देने के साथ ही साथ अखबार वालों को एक बयान देना भी उचित और आवश्यक है।

आप नाराज मत होइयेगा। मैं कल निश्चय ही आऊँगा।

रेणु

बद्रीप्रसाद भगत (सिमराहा) के नाम

[1]

प्रिय भाई बद्रीप्रसादजी,

कृपया वेणु को 50 रुपये दे देंगे। आपके पेट्रेयिकी का पैसा सन-पटुआ में चुकता कर दूँगा।

भाई ही
रेणु

[2]

प्रिय भाई बद्रीप्रसादजी,

आशा है आप सकुशल होंगे। अप्पू को भेज रहा हूँ। पारिवारिक खर्च के अलावा कल सुबह की गाड़ी से कचहरी (अररिया कोर्ट) जाना है। इसलिए निवेदन है कि अप्पू के हाथ दो सौ (200/-) रुपये भेज देने की कृपा करें। आपने 300/- दिया है। बहुत आवश्यक है। अतः हिलाबहाना नहीं करेंगे।

भाई ही
रेणु

[3]

भाई बद्रीप्रसादजी,

अप्पू को भेज रहा हूँ। कल आपने मात्र 100 रुपये दिया जो मिला। धन्यवाद। किंतु जैसा कि मैंने लिखा था–दवा पथ्यादि में ही सब शेष हो गये। खेत में मजदूर बैठे हैं। हिला-बहाना आप नहीं करेंगे–ऐसा मेरा विश्वास है। कृपया 100/- आज दे देंगे। कल भेंट करूँगा। हाट आऊँगा।

भाई ही
रेणु

[4]

भाई बद्रीप्रसादजी,

अप्पू को भेज रहा हूँ। कृपया इसके मार्फत 200/- (दो सौ रुपये की) व्यवस्था करके भेज देंगे। मैंने कल 100/- कहा था। लेकिन, बीमार बच्चों की दवा में

ही साठ-सत्तर रुपये लग जायेंगे। मजदूरी देना है, आशा है आप निराश नहीं करेंगे।

विशेष भेंट होने पर।

आपका
फणीश्वरनाथ रेणु
25.5.75

डॉ. ठाकुर (फारबिसगंज) के नाम

[1]

औराही-हिंगना
10.11.73

भाई ठाकुरजी,

श्रीमती पद्मा जा रही हैं। रोग जो भी हो, आप इन्हें भोजन करने की बात–समय पर भोजन और प्रोटीनपूर्ण भोजन–समझा देंगे।

मै और क्या लिखूँ।

हाँ, वेणु ने उस दिन आपको Fee नहीं दिया था।

और, जो डॉक्टर Fee नहीं लेता है उस पर Patient का मानसिक रूप से भरोसा नहीं रहता है–अतः आपको पत्रम्-पुष्पम् के रूप में ही सही Fee अवश्य लेना चाहिए।

शुभकामनाओं सहित,

भाई ही
रेणु

पुनश्च – मैं इधर कई दिनों से अपने तीस वर्ष पुराने दुश्मन माइग्रेन से पीड़ित हूँ। इसकी कोई दवा नहीं, कोई इलाज नहीं। – रेणु

[2]

20.1.74

प्रिय डाक्टर साहब,

सादर नमस्कार।

पप्पू को कल रात 12 बजे फिर 101° ज्वर हो गया। सुबह 98.5° और दोपहर को फिर 101° हो गया।

गोली फिर जारी कर दें ?

सीरप चल रहा है।

मैं कल आ रहा हूँ। आज के लिए जो निर्देश देना हो पत्रवाहक को दे देंगे।

भाई ही

रेणु

परिशिष्ट

धर्मयुग-सम्पादक के नाम एक पत्र-प्रतिक्रिया

भूखी पीढ़ी परिचर्चा !

ता. 17 जनवरी के 'धर्मयुग' में प्रकाशित (विचारोत्तेजक !) 'भूखी पीढ़ी या पश्चिमी अविद्या' तथा 'लेकिन यह भूखी पीढ़ी है क्या ?' लेख-युगल को पढ़कर उत्तेजित हुए बगैर अपनी प्रतिक्रिया प्रेषित कर रहा हूँ।

श्री मिश्रजी के लेख के प्रारम्भ में जो सम्पादकीय वक्तव्य (इन्ट्रो ?) प्रकाशित हुआ है, उसमें एक गलती रह गयी है। वक्तव्य की पौने आठ पंक्तियाँ–अर्थात् 'आज कुछ लोगों के एक समूह को'–से शुरू करके 'साहित्य का सृजन किया गया' तक इनवर्टेड कॉमा में बन्द होनी चाहिए। क्योंकि, मैं समझता हूँ कि यह राय 'धर्मयुग' के सम्पादक की नहीं, श्री मिश्रजी की है।

राजकमल का लेख और शीर्षक और कविताओं के अनुवाद ! राजकमल ने शीर्षक में भूखी पीढ़ी के बारे में सवाल पूछा है और लेख में जवाब नहीं देकर अच्छा ही किया है। क्योंकि, जवाब 'भूखी पीढी' वालों को देना चाहिए। किन्तु, राजकमल ने (जिसे लिखने और पढ़ने और सृजन करने और सोचने की आजादी हासिल है !) उन कवितओं के अनुवाद क्यों नहीं दिये, जिन्हें अश्लील कहा जा रहा है ? अपने लेख की अन्तिम पंक्तियों में–'अश्लीलता इनकी सीमा अथवा इनका उद्देश्य है या नहीं··· इसकी सही साक्षी तो इनकी रचनाएँ ही दे सकती हैं'–लिखकर एक-एक की कविता की गवाही दी है।

क्या राजकमल ने पाठकों के साथ ईमानदारी की है ? नहीं, इसे गलत साक्षी देना कहेंगे। 'फाउल' खेल में कोई खेले या लेख में, अच्छी बात नहीं।···

सम्भव है, राजकमल ने दोनों किस्म की कविताओं के अनुवाद दिये हों और 'धर्मयुग' सम्पादक ने 'निरामिष कविताओं' के अनुवाद को ही प्रकाशन की स्वीकृति दी हो ! **(श्री राजकमल ने केवल यही कविताएँ भेजी थीं–सं.)** सम्भव है, लेखक ने यह प्रमाणित करना चाहा हो कि ये (हंग्री लोग) ऐसी ही कविता लिखते हैं ! ··· मुकदमा पाँच ही लेखकों पर चलाया गया है, दस पर नहीं। और, मुकदमा उठा नहीं लिया गया है–चल रहा है।

इधर 'भूखी पीढ़ी' के बारे में 'धर्मयुग' में कई पत्र प्रकाशित हुए हैं ? इन पंक्तियों को लिखते समय, 14 फरवरी, 1965 के 'धर्मयुग' में श्री समीरराय का पत्र ! समीर बाबू ने सुनील गंगोपाध्याय और दीपक मजुमदार के बारे में सही सवाल उठाया है सही, लेकिन मैं समझता हूँ इसमें राजकमल का कोई दोष नहीं। बंगाल की तरुणतम पीढ़ी के लेखकों में कौन हंग्री है, कौन बीट, कौन 'तीव्र, उदासीन, उन्मत्त, धीमान, क्रुद्ध, सम्भ्रान्त, शान्त, भयंकर, मग्न, कापुरुष, चतुर, सत् भूतग्रस्त, धार्मिक और अतृप्त' है यह—'कृतिबास' या 'मोहेनजोदारो' या 'एषणा' या 'प्रतिद्वन्द्वी' या 'छोटी गल्प' एवं 'चिह्न' आदि लिटिल मैगजीन के अलावा 'हंग्री जेनरेशन' के अनेकानेक अंकों को लगातार पढ़ने पर भी नहीं बता सकता कोई सही-सही ! अभी हाल ही, 'मराल' के बंगला नवलेखन-विशेषांक में मेरा एक लेख प्रकाशित हुआ है। लेख लिखते समय मेरे सामने भी यही कठिनाई थी। जो कल तक हंग्री थे, आज (सुनते हैं !) वे हंग्री के दुश्मन हैं या जो कल तक सबसे आगे झण्डा लेकर था वह कल्लोल-कालीन कुलीन लेखकों के साथ हो गया है, कोई ऐसा भी है, जो अपनी अश्लीलतम रचना को आर्ट का एक नमूना कहता है और अपने सहधर्मी की कम-अश्लील रचना को पढ़कर 'अन्नप्रासन का भात' कै करता है ! ये 'आर्ट और लिटरेचर' पर बहस करते-करते आपस में मारपीट, गाली-गलौज करते हैं। एक-दूसरे पर कीचड़ उछालते हैं, पैर खींचते हैं। कभी-कभी एक-दूसरे के गले में हाथ डालकर एक-दूसरे की तारीफ करते हैं। हर महीने नये नाम, नये चेहरे, नयी रचनाएँ !! लेकिन, 'गार्जियन-लेखकों' या 'कनवेन्सनल-लेखकों' की नजर में ये सभी एक ही थैले के चट्टे-बट्टे हैं। सभी बिगड़े, बहके, जहन्नुम में गये हुए लड़के हैं जो साहित्य और कला के नाम पर गन्दगी फैला रहे हैं। इसीलिए, 'भूखी पीढ़ी' का जीवन-दर्शन, काव्य-दर्शन अथवा राजनीतिक-घोषणापत्र पढ़ने के लिए हमें सुदूर विदेशों से 'कुलचुर', 'सिटी लाइट्स मैगजीन' मँगाना पड़ता है। इसीलिए, इनका परिचय कोई बंगला लेखक नहीं देता—क्यूबा में बैठा एलेन गिंसबर्ग इनकी 'परिचिति' लिखता है। इनकी रचनाओं के गुण-दोष का विवेचन करता है। और, इनकी रचनाओं को आदरपूर्वक प्रकाशित करता है। किन्तु, एलेन के सामने भी ठीक वही कठिनाई, जो हम लोगों के सामने है। कौन बिटनिक, कौन हंग्री, कौन एंग्री··· ??

अभी हाल ही में हंग्री जेनेरेशन के सरगना श्री मलयराय चौधुरी ने हंग्री जेनेरेशन का काव्य-दर्शन प्रकाशित किया है जिसकी कीमत है : एक करोड़ चौवालीस लाख पैंतीस हजार रुपये अथवा पचास टी. वी. सील के बदले में ! इसकी एक हजार कापी छपी है। (मैं एक हजार कापियों की कीमत नहीं निकाल सका हिसाब करके !)

पिछले सप्ताह पटना में आयोजित सोशल साइन्टिस्टों के सम्मेलन में देखा, मलयराय चौधुरी और समीरराय चौधुरी को घेरकर कई सोशल-साइन्टिस्ट (समाज-विज्ञानी !) सवाल-जवाब कर रहे थे। बहुत दिलचस्पी से इनकी बातें सुन रहे थे। पर्चे पढ़ रहे थे। एक डॉक्टर (किसी विश्वविद्यालय के समाज विज्ञान-विभाग

के अध्यक्ष ही होंगे !) ने तो जोर-जोर से पढ़ना शुरू कर दिया–मेनिफेस्टो ऑन हंग्रिलिएस्टिक पोलिटिक्स (भूखी पीढ़ी का राजनैतिक घोषणापत्र !) टु डिपोलिटिसाइज दि सोल आफ ईच सोलिटरी इन्डिविजुअल··· टु नेवर रेस्पेक्ट ए पोलिटिसीयन टु ह्वाट सोएवर स्पेसीज और ऑरगेनिज्म ही मे विलांग।

मुझे विश्वास है कि शीघ्र ही कोई समाजविज्ञानी इस 'पीढ़ी' का समाज-वैज्ञानिक अध्ययन करके बतलायेंगे कि ये किस रोग से पीड़ित हैं। यह रोग छुतहा है या नहीं। इन्हें समाज से दूर तहखाने में डाल दिया जाये या क्या किया जाये।

मुश्किल यह भी है कि नवीनतम पीढ़ी के बारे में बंगाल के प्रौढ़ और प्रतिष्ठित लेखक-आलेचकों से कुछ पूछिए तो वे कोई जवाब देने के पहले आपकी नीयत पर सन्देह कर बैठेंगे और बदले में आपको सलाह देंगे कि गंगाजल से मुँह धोकर जीभ को पवित्र कीजिए महाशय–आपने किसका नाम लिया।

श्री समीरराय तथा अन्य तरुण बंगला-आलोचकों-लेखकों को चाहिए कि वे इस 'भूखी पीढ़ी' के बारे में खुलकर बातें करें। ताकि बेकार भ्रम न फैले, कोई !

धर्मयुग, 7 मार्च, 1965

गौरा मुखर्जी के पत्र

[रेणुजी का गौरा मुखर्जी के नाम से लिखा यह पत्र एक प्रकार का यह स्पष्टीकरण था कि गौरा मुखर्जी का रेणु से अलग व्यक्तित्व है। यह स्पष्टीकरण जुलाई, 1956 के 'प्रकाशन समाचार' में छपा था।]

"श्री रेणु द्वारा आपका संवाद प्राप्त हुआ और मई के 'प्रकाशन समाचार' में 'साहित्यकार' के नये आक्षेप भी देखे। भ्रमनिवारण उचित और आवश्यक है, अतएव मेरा निम्नांकित वक्तव्य सेवा में प्रेषित है।"

23 जून, 56

"श्री रेणु को परीशान करने की दिशा में, नवआक्रमणरूप 'गौरा रेणुजी का ही छद्मनाम है' सदृश लाल-बुझक्कड़ी स्थापना अकेले रमणजी का आविष्कार नहीं। कहीं अधिक शिष्टता और सौजन्य से अन्य कितनों ने यही अनुमान लगाया है तथा सद्भावपूर्वक कसमें खाई हैं कि 'रेणु को हिन्दी से उखाड़कर दम लेंगे।" इनका यह कार्य स्वाभाविक था क्योंकि हिन्दी में अपनी पत्नियों के नाम से कविता-कहानी लिखने एवं यशोपलब्धि की ईर्ष्या में किसी को निराधार आरोप आक्षेपों के सागर में डुबो देने की परम्परा पुराकालीन है !··· परम्परा सही हो या गलत, किन्तु इस आसानी से अपना अस्तित्व रेणुजी में विलयित किया जाते देखना

मेरी सहनशीलता के बाहर है !

"यह सही है कि (निबन्ध के लिए सबसे सस्ते विषय) नयी कविता पर रमणजी का लेख 'नई धारा' में छपा था और उसके बौद्धिक स्तर तथा प्रोपगण्डावादी रूप को देख मैंने 'नईधारा' सम्पादक को एक पत्र दिया था जिसकी (मेरे हाथों की हुई) प्रतिलिपि रमणजी को भी गई थी। इस प्रकार उस पत्र का सारा दायित्व मेरा है। फिर भी यदि साहित्यकार को शंका है कि उक्त पत्र श्री रेणु ने लिखा तो वे अपने पास सुरक्षित या अन्यत्र से प्राप्त कर, रेणु तथा मेरी हस्तलिपियों की वैज्ञानिक परीक्षा किसी सरकारी हस्तलिपि विशेषज्ञ से कराएँ, आवश्यक व्यय देने को मैं प्रस्तुत हूँ। उससे सन्तोष न हो तो हमारे 'लेखों' की भाषागत, शैलीगत, मनोवैज्ञानिक··· जितनी परीक्षाएँ चाहें कराएँ। परीक्षागत फलों से, निश्चय ही उन्हें निराश होकर अपनी धारणा बदलनी होगी। वस्तुतः हमारे (श्री रेणु एवं मेरे) बात-व्यवहार, रहन-सहन, स्वभावादि में इतना अन्तर विद्यमान है जितना सर्वथा भिन्न एवं स्वतन्त्र व्यक्तित्वों वाले दो व्यक्तियों में सम्भव है। फिर, रेणुजी को उतनी फुरसत कहाँ कि प्रतिमास हजारों की संख्या में प्रकाशित होनेवाले निस्सार निबन्धों को पढ़कर उनके सम्बन्ध में सम्पादकों को पत्र लिखें या लिखवाएँ ? मुझे समय रहता है, और मैं दुहराती हूँ कि इस सम्बन्ध में सम्पूर्ण दायित्व मेरा है। मैंने उचित किया या अनुचित, यह बाद का प्रश्न है, पहले यह निर्णय हो ले कि 'साहित्यकार' का उक्त आरोप कितना संगत है।

पटना-प्रवास
कदम कुआँ

" 'अवंतिका' में मेरे निबन्ध (जिसके विषय में कुछ लोगों को भ्रम है कि वह 'मैला आँचल' की समालोचना है, जबकि वस्तुतः वह 'आलोचनात्मक रिपोर्ताज' का उदाहरण है) पर उपरोक्त आरोप प्रमाणित करते हैं कि उसने अपनी अपूर्णताओं के बावजूद सही जगहों पर चोट की। उसमें श्री रेणु के इण्टरव्यूगत वक्तव्यों के आधिक्य एवं तदूनिष्कृत अनेक महत्त्वपूर्ण तथ्यों के प्रथम उद्घाटन से कुछ लोगों ने सोचने का दुस्साहस किया कि उसके लेखक स्वयं श्री रेणु हैं। इस निराधार, हास्यास्पद आरोप पर मुझे आश्चर्य नहीं हुआ। मैंने सुना है कि हिन्दी के कुछ महालेखकों ने समीक्षा के लिए पुस्तक भेजते समय स्वलिखित आलोचना भी भेजने की प्रथा चलाई है। जो भी हो, यह सर्वविदित है कि आलोचना या साहित्यचिन्तन श्री रेणु की रुचि का क्षेत्र नहीं तथा वे चाहकर भी निबन्धादि नहीं लिख पाते। ऊपर मैंने व्यक्तित्वगत अन्तर की बात की थी—जो हमारी रचनाओं में निरन्तर मिलेगा। और, सबसे अकाट्य प्रमाण तो मैं स्वयं हूँ। न जाने कितने निबन्ध-प्रबन्ध लिखना मेरे भाग्य में अंकित है, उन सबका श्रेय रेणुजी इस सरलता से ले सकेंगे।'

"कतिपय भद्रजनों को मुझ पर मौलिक अविश्वास है। पत्निनामे कविता लिखनेवालों के कारण 'बंग नवोदिता' पर अविश्वास संगत है। खेद है कि मेरे

कोई ऐसे प्रियजन नहीं हैं जो घरगृहस्थी, मेकअप-ड्रेसअप आदि जंजाल सँभालने के अतिरिक्त पाठ्य-अपाठ्य सब पढ़कर मेरे लिए निबन्धादि तैयार कर दिया करें। सभी शंकालुओं को कला और साहित्य पर शिष्ट गम्भीर विवाद को आमन्त्रित करती हूँ। अपने स्थायी आवास पर उनका स्वागत कर मुझे प्रसन्नता होगी।"

"अन्त में, श्री रेणु के असूयक-आलोचकों की बात। उन्होंने श्री रेणु के साथ मुझे भी निन्दा-भर्त्सना दी है। वे श्री रेणु के प्राप्य हैं, क्योंकि उन्होंने 'मैला आँचल' जैसा उपन्यास लिखने का अपराध किया। मैंने तो ऐसा कुछ किया नहीं, अतएव यदि वे सोचते हों कि श्री रेणु के साथ मेरी रुचि और मर्यादा पर भी आक्षेप कर मुझे यश-सम्मान दे सकेंगे तो यह उनकी भ्रान्त धारणा है। मैं अपनी स्थिति और क्षमताओं से अवगत हूँ। कृपाकर वे मेरी चिन्ता छोड़ दें। उन्होंने स्वयं यदि प्रशंसा के योग्य कुछ नहीं किया तो मेरा क्या दोष ?"

भवदीय
गौरा मुखर्जी
मार्फत स्वर्गीय प्रोफेसर सी. सी. राय चौधरी,
ग्राम कोर्राह
पो. आ. हजारीबाग, बिहार।

राजेंद्र यादव के नाम सुधीर कुमार उर्फ रेणु के पत्र

[1]

2.30 P.M.
2.8.57
PATNA

विनयसंभाषणपूर्वक,

आपका 5.9 का पत्र मिला था। धन्यवाद। उपन्यास के विषय में जानकर प्रसन्नता हुई। उसे कहीं छपा रहे हैं ? उ. हु. लो.[1] की कोई और रिव्यू ? हम लोगों ने यहाँ, आपका पत्र आने तक, आपकी प्रतीक्षा की थी। खैर, जिंदगी रही तो मुलाकात हो ही जायेगी कभी न कभी···

हम लोग एक anthology की योजना बना रहे हैं–(संकलन बदनाम शब्द है)। एक दिलदार प्रकाशक का सहयोग !! हम चाहते हैं, वह बाजार के संकलनों से एक departure हो। इसलिए बड़ी विशाल योजना है–कट-छँटकर भी काफी

1. उ. हु. लो.–राजेंद्र यादव का उपन्यास 'उखड़े हुए लोग'।

बच जायेगी। रहेंगे उसमें–साहित्य-चित्र, संगीत, नृत्य, भास्कर्य, स्थापत्य। अंतिम प्रारूप संप्रति अनुपलब्ध !

फिलहाल यह बतलाइये कि (यदि अनुरोध किया जाय तो)

1. आप उसके गद्य भाग के संपादक बनना पसंद करेंगे ? उसका जितना हिस्सा कलकत्ते में छपे, (कवरादि)–उसकी जिम्मेवारी केवल व्यवस्था और Supervision की, आप ले सकेंगे ?

अ. ला. ना.[1] वाला निबंध 'कल्पना' में पढ़ा और पसंद किया। राय ? क्या दूँ ? वयबुद्धि से आप ज्येष्ठ हैं, इसलिए संकुचित हूँ। फिर भी, अलग से दे रहा हूँ। शायद आपके सामने आये। After all it should be a healthy discussion.

'नई धारा' के जुलाई अंक में–d' you care to glance ?–सव्यसाची का रिव्यू-निबंध छपा है, पढ़कर राय दीजिए। उस सीरीज में **उ. हु. लो.** और **बू. औ. स.**[2] की विस्तार से चर्चा की जायेगी–उम्मीद है। वैसे आपकी idea उपयोग में लाने के लिए क्षमाप्रार्थी।

क्या कर रहा हूँ ? अधूरे काम ?…यही सवाल मैं अपने से पूछा करता हूँ… अब जमकर करूँगा, देखें–

वैसे, फिलहाल कलाचर्चा में निमग्न। Abstract Art, Modern painting, Modern Sculpture ए प्रेटी डैम बिजनेस। एकाध निबंध पर काम चल रहा है … दो-चार महीने डेस्क में बंद कर अचार लगने देना है, तारपोरे रिविजन और प्रकाशन…

शेष फिर कभी। सूरजजी मजे में हैं तो ?

नमस्कार सहित आपका

सुधीर कुमार[3]

प्रति,
श्री राजेंद्र यादव
कलकत्ता

---

1. अमृतलाल नागर।

2. बू. औ. स.–अमृतलाल नागर का उपन्यास 'बूँद और समुद्र'।

3. सुधीर कुमार–असंख्य छद्मनामों की तरह रेणुजी का एक ऐसा छद्मनाम जिससे कई रचनाएँ कई पत्रिकाओं में लिखकर छपवायीं। यादवजी को सुधीर कुमार के अलावा उन्होंने गौरा मुखर्जी के नाम से भी कई पत्र लिखे। यहाँ ध्यातव्य है कि सुधीर कुमार व गौरा मुखर्जी जीवित व्यक्तियों के नाम हैं, जिनके लिए रेणुजी ने इतना कुछ लिखा। यादवजी ने बाद में जब इसका कारण उनसे पूछा तो उन्होंने इसे स्वीकार किया, पर कारण बताने से टाल गये।

[2]

Patna, the 16th october, '57

निवेदन :

पत्र आया, जवाब जरा जल्द ही दे रहा हूँ।

जानकर कैसा-कैसा तो लगा कि आप इधर से गुजरे और भेंट ना हुई। खैर···

मैं भी काफी परीशान रहा हूँ। घर में एक जन को उन्माद हो गया है। (20th century disease) देख-सँभाल करनी पड़ती है। राँची ले जाना है··· कहाँ कुछ कर पा रहा हूँ। बहुत झिकझिक के बाद उपन्यासवाला लेख लिखा जा सका। मगर देखता हूँ बिना कार्य किये 'चोलये ना' सो कमर कस रहा हूँ। एकाध नये 'डिजेन' के नाटक या अनुवाद, एलिगट पाउंड के चुने हुए काव्य का भाषांतर···। अपने रायजी के व्यंग्य का जवाब पढ़िए नूतन साहित्य में–लेखक भवानी गंगोप। यों दर्पण हिंदी वालों के लिए भी है। युलिसीज एक असंभव सपना है। मेरे अब तक के सर्वे का निष्कर्ष है कि हिंदी वालों में उसे पूरा पढ़ने का साहस नहीं–मैं तो उसके असंभव हिंदी काव्य पर तफरीहन लगा हुआ हूँ–महीने में दो पेज। हाँ, दूसरे उपन्यास के हिंदीकरण पर सोचा जा सकता है–ऐरा-गैरा नहीं हो तब ! जैसे जायस का Stephen या उल्फ का Prefareen the arts नहीं तो फिर ज्याँ क्रिस्ताफ का तीन सौ पृष्ठीय संक्षिप्तीकरण। और सब ठीक है। नागा बाबा यहीं समाधिस्थ हैं। एक ग्रैंड प्राकाशनोत्सव देखने को मिला। तबियत बाग-बाग हुई। और पटने का तो उस···। कलकत्ते में एक सनीचर है तो पटने में तीन हैं। समझिए कि···

आपका
रेणु

Shri Rajendra Yadav
C/O Nirala
208, Rasbihari Avenue
CALCUTTA-29

[3]

भाई जान,

आपका कार्ड मिला था। समय पर उत्तर न दे सका, मुआफी चाहता हूँ। अच्छी खत-किताबत वो होती है जो ज्यादा regular नहीं होती–क्यों ? नाराज क्यों होऊँगा। जरा व्यक्तिव्यस्त हूँ। कहा गया है कि Examination is test of no merit ! यों भी merit नहीं है, इसलिए लाचारी ज्यादा है।

आपका नया उपन्यास कब तक आ रहा है ! मैं उसके लिए विशेष उत्सुक हूँ।

लक्ष्मी कैद है, ले आया हूँ। मगर कुछ कहानियों के अलावा नहीं पढ़ सका। यार लोग ले गये। कहते हैं : यार तेरा तो इम्तहाँ है। कहिये तो उनकी राय भिजवा दूँ। मैं उस पर एक रिव्यू लिखना चाह रहा हूँ–पृथ्वीनाथ शास्त्री छापेंगे उसे ? भाई शरद देवड़ा कहाँ हैं ? हाल-हाल तक तो आरोग्य भवन, राँची थे।

कहानी की रूढ़ियाँ-लेख का एक off print भेजेंगे।

D.N.S. अंक नहीं भेजा करते। इसलिए और सब हाल सादिक दस्तूर है। मैं बराबर झँखता हूँ कि कुछ कर नहीं पा रहा। यार लोग कहते हैं हड़बड़ी क्या है !! अपनी तबीयत का हालचाल लिखे।

अपना ही

सु

पु. – साहित्य जगत में सनसनी नहीं दिखती। कोई फुलझड़ी छोड़ी जा सकती है। सुप्रभात वाला लेख आपका खूब रहा–मगर जरा कम तीखा था–और under-rated भी। नया...कुछ सोचिए।

●●●